Große Konkordanz zur Lutherbibel

Große Konkordanz zur Lutherbibel

Calwer Verlag Stuttgart

ISBN 3-7668-3735-4

© 2001 by Calwer Verlag Stuttgart
Printed in Germany
Alle Rechte vorbehalten. Wiedergabe, auch auszugsweise, nur mit Genehmigung des Verlages.
Fotokopieren nicht gestattet.
Einbandgestaltung: profil, Karin Sauerbier, Stuttgart
Satz: Satz-Rechen-Zentrum Hartmann + Heenemann KG, Berlin
Druck und Bindung: Kösel, Krugzell

Zur Geschichte der Bibelkonkordanzen

Die „Große Konkordanz zur Lutherbibel" steht in einer langen Tradition. Bibelkonkordanzen waren bereits im Hohen Mittelalter begehrte und weit verbreitete Hilfsmittel für das Studium der Heiligen Schrift. Der erste, dem die Fertigstellung einer Konkordanz gelang, war der Dominikaner Hugo von St. Cher († 1263). Hugo galt als einer der hervorragendsten Bibelkenner seiner Zeit. Während der Arbeit an seinem Werk „Postillae in universa Biblia iuxta quadruplicem sensum" faßte er den Gedanken, ein alphabetisches Verzeichnis aller in der lateinischen Bibel, der Vulgata, vorkommenden Wörter zu erstellen und sämtliche Textübereinstimmungen (concordantia = Übereinstimmung) anzugeben. Er wollte damit ein Hilfsmittel für die exegetische Arbeit und die scholastischen Disputationen liefern. Voraussetzung für den Nutzen eines solchen Wörterverzeichnisses war es, den Text der Vulgata, der bis zum Beginn des 13. Jahrhunderts weder in Kapitel noch in Verse eingeteilt war, einheitlich zu gliedern. Nur so konnten die Benutzer einer Konkordanz die entsprechenden Bibelstellen schnell auffinden. Stephan von Langton hatte im Jahre 1205 die Bibel in die noch heute verbindlichen Kapitel eingeteilt. Hugo griff auf diese Einteilung zurück und ergänzte sie durch eine weitere Unterteilung jedes Kapitels in sieben gleich lange Abschnitte. Diese Textgliederung hatte über drei Jahrhunderte Bestand, bis sie 1551 durch die Verseinteilung des französischen Buchhändlers Robert Estienne abgelöst wurde.

Hugos Konkordanz wurde zwischen 1230 und 1244 im Kloster St. Jakob in Paris fertiggestellt. Ihr Name lautete deshalb „Concordantiae S. Jacobi". Aufgrund ihrer Beschränkung auf die Angabe der Fundstellen ohne Zitierung des Bibeltextes erhielt sie auch den Namen „Concordantiae breves", „Kurze Konkordanz". Diese Beschränkung auf Stellenangaben, wie sie sich heute in einigen Computerkonkordanzen findet, empfanden schon die Zeitgenossen als Manko des ansonsten freudig begrüßten Werkes. Einige Mitbrüder Hugos machten sich deshalb noch zu dessen Lebzeiten daran, diesen Mangel zu beseitigen. Johannes von Derlington, Richard von Stavenesby und Hugo von Croynd fügten zu jeder Stellenangabe den entsprechenden Bibeltext hinzu. Im Jahre 1252 war diese Arbeit abgeschlossen. Der Umfang der Konkordanz schwoll aufgrund der vorgenommenen Erweiterung beträchtlich an. Aus der „Concordantiae breves" wurde so die „Concordantiae maximae", die „Große Konkordanz", wie man sie im 14. und 15. Jahrhundert dann nannte.

Wenige Jahrzehnte nach Fertigstellung der „Concordantiae breves" und der „Concordantiae maximae" durch die Mönche von St. Jakob in Paris nahm sich ein anderer Dominikaner nochmals dieser beiden Ausgaben an, um sie zu überarbeiten. Konrad von Halberstadt († ca. 1363) ergänzte sie um einige Stichwörter, kürzte die ausführlichen Zitate der „Concordantiae maximae" und verhalf dem Werk damit zu einer handlicheren Form. In dieser Gestalt war die Bibelkonkordanz vom Anfang des 14. Jahrhunderts bis zum Baseler Konzil (1431—1449) unter dem Titel verbreitet: „Concordantiae maiores cum declinabilium utriusque instrumenti, tum indeclinabilium dictionum".

Wiederum war es ein Dominikaner, Johannes von Ragusa († 1443), der die Konkordanz im 15. Jahrhundert den Bedürfnissen der Zeit anpaßte. Nach heftig geführten exegetischen Disputationen — zunächst mit den Böhmen auf dem Baseler Konzil, anschließend mit den Griechen in Konstantinopel — über die Bedeutung der lateinischen Wörter „nisi", „ex" und „per" entschloß sich Johannes von Ragusa, eine Konkordanz für die Partikeln der Bibel zu

verfassen. Da er diese Arbeit allein nicht vollenden konnte, beauftragte er einige seiner Schüler sowie den spanischen Kanonikus Johannes von Segovia († 1456) mit der Fertigstellung des Manuskriptes. Johannes verfaßte das Vorwort, gab das Werk heraus und nannte es: „Concordantiae partium sive dictionum indeclinabilium totius Bibliae". Im Jahre 1496 erschien es, herausgegeben von dem deutschen Humanisten Sebastian Brant, als zweiter Teil der „Concordantiae maiores" des Konrad von Halberstadt bei dem Baseler Buchdrucker Johann Froben.

Alle späteren lateinischen Bibelkonkordanzen gehen auf diese vier mittelalterlichen Ausgaben zurück, die in ganz Europa weit verbreitet waren. Handschriften finden sich in vielen alten Bibliotheken, und die Zahl der datierbaren Drucke ist groß. Die erste gedruckte Ausgabe erschien 1474 in Straßburg bei Johann Mentelin. Es folgten Drucke in Bologna (1479), Nürnberg (1485) und anderen Städten. Dieser hohe Verbreitungsgrad zeugt vom großen praktischen Nutzen, den man den Konkordanzen seit dem Mittelalter beimaß. Es nimmt deshalb nicht wunder, daß man früh auch daran ging, Konkordanzen für die hebräische und die griechische Bibel zu erstellen:

Der jüdische Gelehrte Isaac Mordechai ben Nathan verfaßte zwischen 1437 und 1445 die erste hebräische Konkordanz. Sie trug den bezeichnenden Titel „Meïr Nathib", Erleuchter des Pfades. Der erste Druck dieses Werkes erschien im Jahre 1524 bei Daniel Bomberg in Venedig. Eine von Johannes Reuchlin durch lateinische Worterklärungen ergänzte Fassung dieser hebräischen Konkordanz erschien 1566 bei Froben in Basel.

Eine Konkordanz zur griechischen Bibel (Altes und Neues Testament) soll bereits am Ende des 13. Jahrhunderts von dem Basilianermönch Euthalios von Rhodos nach dem Vorbild der „Concordantiae S. Jacobi" verfaßt worden sein. Überliefert ist von diesem Werk allerdings nur, daß es in der römischen Bibliothek gesehen worden sei. Mehr weiß man davon nicht. Die erste nachweisbare Konkordanz zum griechischen Alten Testament, der Septuaginta, erschien erst vier Jahrhunderte später im Jahre 1718 in Amsterdam und Utrecht. Verfasser war der Niederländer Abraham van der Trommen.

Die Konkordanz zum griechischen Neuen Testament war ein Ergebnis der Rückbesinnung auf die biblischen Urtexte in Humanismus und Reformation. Erasmus von Rotterdam hatte den griechischen Text des Neuen Testaments im Jahre 1516 erstmals in einer gedruckten Fassung herausgegeben. Die daraufhin einsetzende intensive Beschäftigung der Theologen und Philologen mit dem Urtext veranlaßte den Augsburger Schulrektor und Bibliothekar Sixtus Birken (lat. Xystus Betulejus, 1501—1554), mit Hilfe seiner Schüler eine Konkordanz zum Neuen Testament zu erstellen. Das Werk erschien 1546 bei Johannes Oporinus in Basel.

Die Geschichte deutscher Bibelkonkordanzen beginnt mit Luthers Übersetzung des Neuen Testaments (1522). Nur zwei Jahre nach der ersten Ausgabe der rasch verbreiteten und vielfach nachgedruckten Übersetzung brachte Johannes Schroeter in Straßburg 1524 eine „Konkordantz des Newen Testaments zu teutsch" heraus. Leonhard Brunner, ein Wormser Pfarrer, dehnte sie 1546 auf die ganze Lutherbibel aus. In erweiterter Fassung brachte schließlich Lucas Stöckle das Werk 1606 unter dem Titel „H. Göttlicher Schrift Schatzkammer: oder Teutsche Biblische Concordantzen" heraus. Wegen ihrer Unvollständigkeit konnte jedoch keines der drei Werke den hohen Ansprüchen an eine Konkordanz genügen.

Diesen noch mangelhaften Ausgaben ließ der Nürnberger Buchdrucker Konrad Bawr (Conrad Agricola) im Jahre 1610 die erste umfassende Konkordanz zur Lutherbibel folgen. Er nannte sie: „Concordantiae bibliorum, d. i. bibl. Concordantz und Verzeichnuß der Fürnembsten Wörter, auch aller Namen, Sprüch, unnd Geschicht, so offt derselben in gantzer Heiliger Göttlicher Schrift, deß Alten und Newen Testaments gedacht wirdt, mit sonderm

Fleiß, dem Alphabeth nach ordentlich zusammengetragen, und auff D. Martin Luthers, Anno 1545, am letzten revidirte Bibel, gerichtet... Gestellt und zusammengetragen durch Conradum Agricolam, Typographum zu Nörmberg... Gedruckt zu Franckfurt am Mayn bey Wolffgang Richtern. Im Jahr M.DC.X." Bawrs Werk war lange Zeit die maßgebliche Konkordanz zur Lutherbibel. Sie wurde mehrfach ergänzt und erlebte etliche Auflagen.

Das bislang wohl größte Unternehmen in der Geschichte der Bibelkonkordanzen schuf in der zweiten Hälfte des 17. Jahrhunderts der Leipziger Buchhändler Friedrich Lanckisch. Er fügte jedem deutschen Wort der Lutherbibel die hebräische und griechische Entsprechung hinzu und machte aus der Konkordanz zusätzlich ein deutsch-griechisch-hebräisches Wörterbuch. Lanckisch starb im Jahre 1669 noch vor der Drucklegung des Werkes. Dennoch erschien der erste Band seiner „Concordantiae Bibliorum Germanico-Hebraico-Graecae" 1677 in Leipzig in der von ihm beabsichtigten Form. Lanckischs Nachfolger änderten anschließend die Konzeption des voluminösen Werkes. Sie verzichteten in den beiden Folgebänden auf die Stellenangaben und beschränkten sich auf die Wiedergabe aller in der Lutherbibel vorkommenden Wörter sowie ihrer griechischen, lateinischen und hebräischen Entsprechungen ohne Stellenangaben und Zitate.

Auch das 18. Jahrhundert brachte eine Reihe weiterer Konkordanzen zur Lutherbibel hervor, von denen jedoch nur die beiden Werke Gottfried Büchners besondere Erwähnung verdienen: Es handelt sich dabei um die 1750 in zwei Teilen erschienenen „Biblischen Real- und Verbal-Concordanzien" sowie um die bereits zehn Jahre zuvor von Büchner herausgegebene kleinere „Verbal-Hand-Concordanz, oder exegetisch-homiletisches Lexicon" (Jena 1740). Die kleine Handkonkordanz, die zusätzlich zu den Stellenangaben und Zitaten auch Erklärungen der biblischen Begriffe und Namen bot, war ein sehr erfolgreiches Buch. Sie war im 18. und 19. Jahrhundert weit verbreitet und erlebte noch 1950 in der von Heinrich Leonhard Heubner verbesserten Fassung ihre 30. Auflage.

Auf das als Büchner-Heubner bekannte Werk folgte 1866 die „Bremer Biblische Handkonkordanz" (1989 im 278. Tausend im Christlichen Verlagshaus), am Ende des 19. Jahrhunderts (1893) schließlich die „Calwer Bibelkonkordanz", der die erste kirchenamtliche Revision der Lutherbibel von 1892 zugrunde lag. Im Untertitel trat die „Calwer Bibelkonkordanz" mit dem hohen Anspruch auf, ein „vollständiges biblisches Wortregister" zu sein. In der Tat übertraf sie alle ihre Vorläufer an Ausführlichkeit und Genauigkeit. Im Jahre 1922 erschien sie in dritter Auflage auf der Basis der Lutherrevision von 1912 (Unveränderter Nachdruck dieser Ausgabe: Calwer Verlag 1983). In dieser Fassung erfüllte das Werk seine Aufgabe in Gemeinde, Wissenschaft und Unterricht mehr als ein halbes Jahrhundert, bis die erneute Revision der Lutherbibel (1964—1984) eine völlig neue Konkordanz nötig machte. In Gestalt der „Großen Konkordanz zur Lutherbibel" liegt sie nunmehr nach einer ersten Auflage von 1979, die sich auf die Revision von 1975 stützte, in überarbeiteter Fassung auf der Basis des revidierten Luthertextes von 1984 vor.

Hinweise für den Benutzer

Die Große Konkordanz ist ein Hilfsmittel zur Arbeit mit der revidierten Lutherbibel von 1984. Die Revisionsarbeit wurde in drei Etappen abgeschlossen: Altes Testament — Apokryphen — Neues Testament. Textgrundlage sind folgende Teilrevisionen:

Altes Testament: Beim Alten Testament liegt der Text in der revidierten Fassung von 1964 zugrunde. Die Schreibung der Namen wurde — auch für die Apokryphen — in Anlehnung an die „Loccumer Richtlinien zur einheitlichen Schreibung biblischer Eigennamen" später geändert. Die neue Fassung ist in sämtlichen Bibelausgaben seit 1978 berücksichtigt. Beide Schreibweisen findet der Benutzer in der Konkordanz; die ältere ist beim **Stichwort** halbfett und kursiv gesetzt. Auf die ältere „th"-Schreibung bei Eigennamen wird durch ein (h) in Klammern hingewiesen, z. B. Aschtarot(h). Nachträgliche Änderungen an der Revision des Alten Testaments und der Apokryphen (z. B. Vereinheitlichung der Getrennt- und Zusammenschreibung von Verben) wurden in die Konkordanz eingearbeitet. Ein * deutet darauf hin, daß bei älteren Bibelausgaben der Text leicht abweicht (z. B.: „Israeliten"; vorher „Kinder Israel").

Apokryphen: Bei den Apokryphen liegt der Text der Revision von 1970 zugrunde. Bezüglich späterer Änderungen gilt dasselbe wie für das Alte Testament.

Neues Testament: Beim Neuen Testament liegt die Revision von 1984 zugrunde. Einträge in Kursivsatz verweisen auf die Fassung von 1956.

Alphabetische Ordnung: Umlaute sind nicht aufgelöst (a — ä — ab, nicht a — ab — ä). Wörter mit kleinen Anfangsbuchstaben stehen vor Substantiven (wagen — Wagen). Stichwörter, die aus mehreren Wörtern bestehen, werden nach dem ersten Bestandteil eingeordnet (z. B. aus sein — ausbauen).

Untergliederung der Stichwörter: Umfangreiche Stichwörter sind untergliedert und bilden dann eigene Stichwörter (Geist: böser **Geist** — Geist Gottes — **heiliger Geist**; die Hervorhebung weist auf die alphabetische Einordnung hin).

Nicht berücksichtigte Wörter: Die Konkordanz strebt Vollständigkeit an. Im Interesse der Übersichtlichkeit sind jedoch ständig vorkommende Wörter ohne besondere Bedeutung nicht berücksichtigt (z. B. Artikel, Zahlen bei Listen, und, auch) oder nur in Auswahl (z. B. Präpositionen, Pronomen, Hilfsverben, aber, also, so).

Zusammengesetzte Verben: Zusammengesetzte Verben bilden grundsätzlich ein eigenes Stichwort (z. B. aufstehen; hierbleiben, wegstoßen), ohne daß ausdrücklich darauf hingewiesen wird. Eine Ausnahme wurde bei der Zusammensetzung zweier Verben gemacht (z. B. liegenlassen, stehenbleiben). Dort sind entsprechende Hinweise beim Stichwort gegeben.

Ordnungszahlen: Ordnungszahlen bilden in der Regel nur bis „zehnter" ein eigenes Stichwort, weitere stehen bei der Grundzahl.

Auslassungen: Die Stichzeilen sind so ausgewählt, daß eine verständliche Aussage entsteht. Auslassungspunkte wurden sparsam verwendet, nämlich nur dort, wo sich ohne sie kein sinnvoller Abschnitt ergibt oder wesentliche Teile aus Raumgründen ausgelassen werden mußten. In Klammern stehen Wörter aus benachbarten Versen oder aus veränderter Reihenfolge.

Verweisstellen: Auf gleichen oder ähnlichen Text oder inhaltliche Entsprechungen wird in den an die Stichzeile angehängten Verweisstellen hingewiesen.

Mehrere Träger des gleichen Namens: Träger des gleichen Namens oder gleichlautende Ortsbezeichnungen werden durch Indexziffern unterschieden; jedoch sind höchstens fünf verschiedene Personen oder Orte gesondert aufgeführt; darüber hinaus weitere Träger/Orte dieses Namens in Summarien; ein Schrägstrich grenzt Zusammengehöriges ab.

Ausnahmen von der Reihenfolge der biblischen Bücher: Von der Reihenfolge der biblischen Bücher wurde wegen der besseren Übersichtlichkeit abgewichen bei den Stichwörtern König Israels; König Judas; diese wurden alphabetisch nach ihren Namen aufgeführt. Bei dem Stichwort Elle ist die Zahlenangabe das Ordnungsprinzip.

Änderungen gegenüber der 2. Auflage: Die Anpassung der Großen Konkordanz an die revidierte Lutherbibel wurde 1989 auf der Grundlage des damals gültigen Bibeltextes abgeschlossen. In der Zwischenzeit bekannt gewordene Druckfehler sowohl in der Bibel als auch in der Großen Konkordanz sind in der vorliegenden durchgesehenen 3. Auflage korrigiert.
In Bibelausgaben ab Mitte 1993 ändert sich die Schreibweise einiger Personen- und Ortsnamen. Dies erschien notwendig, um eine Verwechslung von Trägern gleichen Namens (z. B. *Jeschaja* in 1Ch mit *Jesaja*, dem Propheten) zu vermeiden. Es hätte eines erheblichen technischen und finanziellen Aufwandes bedurft, sämtliche Änderungen zu berücksichtigen. Deshalb behält die Große Konkordanz die bisherige Namensschreibung bei. Betroffen sind folgende Namen und Bibelstellen:

Adam → Adama	1Kö 7,46; 2Ch 4,17
Asaf → Abiasaf	1Ch 26,1
Elia → Elija	1Ch 8,27; Esr 10,21.26
Hiskia → Hiskija	1Ch 3,23; Esr 2,16; Neh 7,21; 10,18
Jesaja → Jeschaja	1Ch 3,21; 25,3.15; 26,25; Esr 8,7.19; Neh 11,7
Josia → Joschia	Sa 6,10
Zedekia → Zidkija	1Kö 22,11.24; 2Ch 18,10.23; Neh 10,2; Jer 29,21.22; 36,12; Bar 1,1

Abkürzungen der biblischen Bücher

a) in der Reihenfolge der Lutherbibel

1 Mo	1. Mose	Hos	Hosea	Jh	Johannes
2 Mo	2. Mose	Jo	Joel	Apg	Apostelgeschichte
3 Mo	3. Mose	Am	Amos	Rö	Römerbrief
4 Mo	4. Mose	Ob	Obadja	1 Ko	1. Korintherbrief
5 Mo	5. Mose	Jon	Jona	2 Ko	2. Korintherbrief
Jos	Josua	Mi	Micha	Gal	Galaterbrief
Ri	Richter	Nah	Nahum	Eph	Epheserbrief
Rut	Rut	Hab	Habakuk	Phl	Philipperbrief
1 Sm	1. Samuel	Ze	Zefanja	Kol	Kolosserbrief
2 Sm	2. Samuel	Hag	Haggai	1 Th	1. Thessalonicher-
1 Kö	1. Könige	Sa	Sacharja		brief
2 Kö	2. Könige	Mal	Maleachi	2 Th	2. Thessalonicher-
1 Ch	1. Chronik				brief
2 Ch	2. Chronik	Jdt	Judit	1 Ti	1. Timotheusbrief
Esr	Esra	Wsh	Weisheit	2 Ti	2. Timotheusbrief
Neh	Nehemia	Tob	Tobias	Tit	Titusbrief
Est	Ester	Sir	Sirach	Phm	Philemonbrief
Hi	Hiob	Bar	Baruch	1 Pt	1. Petrusbrief
Ps	Psalmen	1 Ma	1. Makkabäer	2 Pt	2. Petrusbrief
Spr	Sprüche	2 Ma	2. Makkabäer	1 Jh	1. Johannesbrief
Pr	Prediger	StE	Stücke zu Ester	2 Jh	2. Johannesbrief
Hl	Hoheslied	StD	Stücke zu Daniel	3 Jh	3. Johannesbrief
Jes	Jesaja	GMn	Gebet Manasses	Heb	Hebräerbrief
Jer	Jeremia			Jak	Jakobusbrief
Klg	Klagelieder	Mt	Matthäus	Jud	Judasbrief
Hes	Hesekiel	Mk	Markus	Off	Offenbarung
Dan	Daniel	Lk	Lukas		

b) in alphabetischer Reihenfolge

Am	Amos	GMn	Gebet Manasses	Jer	Jeremia
Apg	Apostelgeschichte	Hab	Habakuk	Jes	Jesaja
Bar	Baruch	Hag	Haggai	Jh	Johannes
1 Ch	1. Chronik	Heb	Hebräerbrief	1 Jh	1. Johannesbrief
2 Ch	2. Chronik	Hes	Hesekiel	2 Jh	2. Johannesbrief
Dan	Daniel	Hi	Hiob	3 Jh	3. Johannesbrief
Eph	Epheserbrief	Hl	Hoheslied	Jo	Joel
Esr	Esra	Hos	Hosea	Jon	Jona
Est	Ester	Jak	Jakobus	Jos	Josua
Gal	Galaterbrief	Jdt	Judit	Jud	Judasbrief

Abkürzungen der biblischen Bücher

Klg	Klagelieder	5 Mo	5. Mose	Sa	Sacharja
1 Kö	1. Könige	Mt	Matthäus	Sir	Sirach
2 Kö	2. Könige	Nah	Nahum	1 Sm	1. Samuel
Kol	Kolosserbrief	Neh	Nehemia	2 Sm	2. Samuel
1 Ko	1. Korintherbrief	Ob	Obadja	Spr	Sprüche
2 Ko	2. Korintherbrief	Off	Offenbarung	StD	Stücke zu Daniel
Lk	Lukas	Phl	Philipperbrief	StE	Stücke zu Ester
1 Ma	1. Makkabäer	Phm	Philemonbrief	1 Th	1. Thessalonicherbrief
2 Ma	2. Makkabäer	Pr	Prediger		
Mal	Maleachi	Ps	Psalmen	2 Th	2. Thessalonicherbrief
Mi	Micha	1 Pt	1. Petrusbrief		
Mk	Markus	2 Pt	2. Petrusbrief	1 Ti	1. Timotheusbrief
1 Mo	1. Mose	Ri	Richter	2 Ti	2. Timotheusbrief
2 Mo	2. Mose	Rö	Römerbrief	Tit	Titusbrief
3 Mo	3. Mose	Rut	Rut	Tob	Tobias
4 Mo	4. Mose			Ze	Zefanja

Zur Schreibung der Eigennamen in der Lutherbibel

Die Schreibung der biblischen Personen- und Eigennamen in der Lutherrevision von 1984 folgt weitgehend der Schreibweise, wie sie im „Ökumenischen Verzeichnis der biblischen Eigennamen nach den Loccumer Richtlinien" (Deutsche Bibelgesellschaft/Katholische Bibelanstalt Stuttgart, 2. Auflage 1981) festgelegt ist. Abweichungen von den „Loccumer Richtlinien" weist die Lutherbibel bei solchen Namen auf, die in der evangelischen Tradition und Frömmigkeit verwurzelt und in einigen Fällen zu festen Bestandteilen der deutschen Sprache geworden sind (z. B. Hiob und Golgatha; ökum.: Ijob und Golgota). Im folgenden findet der Benutzer eine vollständige Liste dieser Ausnahmen. Außerdem sind zum Vergleich die ökumenischen Schreibweisen der „Einheitsübersetzung" (EÜ) und der „Bibel in heutigem Deutsch" (BHD) gegenübergestellt.

Lutherbibel 1984	Einheitsübersetzung / Bibel in heutigem Deutsch
Absalom	Abschalom
Abischalom in 1 Kö 15,2.10; 2 Ch 11,20 f	EÜ: Abschalom; BHD: Abischalom, Abschalom
Achaja	Achaia
Achbor in 2 Ch 34,20	Abdon
Achior in Tob 11,19	Achikar
Achmeta	Ekbatana
Adada in Jos 15,22	BHD: Arara
Adasa in 1 Ma 7,40.45	Hadascha
Adoniram in 2 Ch 10,18	EÜ: Hadoram
»der Ahaschtariter« in 1 Chr 4,6	Ahaschtari
Ahasveros	Xerxes
Ajin, Rimmon in Jos 19,7	BHD: En-Rimmon
Almon-Diblatajim	BHD: Almon-Diblatajema
»von alters her« in 1 Sm 27,8	BHD: Telem
Amon in Esr 2,57	Ami
Arëus	EÜ: Áres
Aroër in 1 Sm 30,28	BHD: Arad
Artahsasta	Artaxerxes
Asor	Azor
Asser	Ascher
Baal-Peor	Baal-Pegor
Bakbukja in 1 Ch 9,15	Bakbak(k)ar
Bamot-Baal in 4 Mo 21,19–20	EÜ: Bamot
Beëschtera in Jos 21,27	Aschtarot
Belma in Jdt 7,3	Jibleam
Belsazar	Belschazzar
Beltschazar	Beltschazzar
Benjaminiter in 2 Ma 3,4	BHD: »Nachfahre von Bilga«

Zur Schreibung der Eigennamen in der Lutherbibel

Berechja in Mt 23,35	EÜ: Barachias
Bet-Asmawet in Esr 2,24; Neh 12,29	Asmawet
Bet-Haram in 4 Mo 32,36	EÜ: Bet-Haran
Bethel	Bet-El
Bethlehem	Betlehem
Bet-Lebaot in Jos 15,32	EÜ: Lebaot
Bet-Peor	Bet-Pegor
Bigwai Esr 10,34	BHD: Bani
Chelmon	Kyamon
Cherub(im)	Kerub(im)
Choaspes	Hydaspes
Deguël in 4 Mo 1,14; 2,14; 7,42.47; 10,20	EÜ: Reguël; BHD: Dëuël
Diana	Artemis
Dimon in Jes 15,9	EÜ: Dibon
Dimona in Neh 11,25	Dibon
Dioskorus	BHD: Zeus-Korinthius
El-Bethel	El-Bet-El
Elia	Elija
Eliam in 2 Sm 11,3; 1 Ch 3,5	Ammiël
Elisa	Elischa
Elisabeth	Elisabet
Enam in Jos 15,34	EÜ: Enajim
En-Gannim in 1 Ch 6,58	BHD: Anem
Ephraim(iter)	Efraim(iter)
Euphrat	Eufrat
Gabaa in Jdt 3,12	Gabbai
Gajus	Gaius
Genezareth	Gennesaret
Gethsemane	Getsemani
Girsiter	EÜ: Geresiter; BHD: Geseriter
Golgatha	Golgota
Gudgoda in 5 Mo 10,7	EÜ: Hor-Gidgad
Harhas in 2 Kö 22,14; 2 Ch 34,22	EÜ: Harhas, Hasra; BHD: Hasra
Hazar-Susa	EÜ: Hazar-Susa, Hazar-Susim; BHD: Hazar-Susim
Helkat in 1 Ch 6,60	BHD: Hukok
Hesekiel	Ezechiel
Hiob	Ijob
Hiskia	Hiskija
Hosianna	Hosanna
Ije-Abarim	EÜ: Ijim
Isch-Boschet (Sohn Sauls) in 2 Sm 2–4	EÜ: Ischbaal; BHD: Isch-Boschet
Jamnor in Jdt 8,1	Hananja
Jattiriter	BHD: »aus Jeter«, »aus Jattir«
Jakob in 1 Ma 8,17	Koz
Jechonja (der König von Juda)	Jojachin
Jeftah	Jiftach

Zur Schreibung der Eigennamen in der Lutherbibel

Jeotrai in 1 Ch 6,6	Etni
Jisrachja in 1 Ch 7,3	EÜ: Serachja
Johannes in 1 u. 2 Ma	Johanan
Josachar in 2 Kö 12,22; 2. Chr 24,26	Sabad
Josia	Joschija
Kaiphas	Kajaphas
Kapernaum	Kafarnaum
Kedar in Jdt 1,8	Gilead
Konja	Jojachin
Kreter im Alten Testament	Kereter
Krit	Kerit
Kuschaja in 1 Ch 6,29	Kischi
Kyrene/von Kyrene/Kyrenäer	Zyrene/von Zyrene/Zyrener
Mahawiter in 1 Ch 11,46	»aus Mahanajim«
Makkabäer/Makkabäus	Makkabäer
Mambre in Jdt 2,14	Habor
»ganz Medien« in Hes 27,23	BHD: Kilmad
Mefi-Boschet (Sohn Sauls) in 2 Sm 21,8	EÜ: Merib-Baal; Mefi-Boschet
Mefi-Boschet (Enkel Sauls) in 2 Sm	Merib-Baal
Michaja in 2 Kö 22,12; 2 Ch 34,20	Micha
1. Mose	Genesis
2. Mose	Exodus
3. Mose	Levitikus
4. Mose	Numeri
5. Mose	Deuteronomium
Nathan	Natan
Nathanael	Natanael
Nazareth	Nazaret
Nebukadnezar	Nebukadnezzar
Noah	Noach
Olympios	Olympius
Paloniter in 1 Ch 11,36	EÜ: »aus Gilo«
Passa	EÜ: Pascha
Peor	Pegor
Phanuël in Lk 2,36	Penuël
Pizez	Pizzez
Pleter	Peleter
Pnuël	Penuël
Prediger (Salomo)	Kohelet
Put in Jes 66,19	EÜ: Pul
Puwa in Ri 10,1; 1 Ch 7,1	BHD: Pua, Puwa
Räfan	Romfa
»Rama im Südland« in Jos 19,8; 1 Sm 30,27	EÜ: Ramat-Negeb; BHD: Ramat-Negeb, Ramot im Südland
Refaïter/Refaïm	Rafaïter
Refaja in 1 Ch 8,37	Rafa
Saf in 2 Sm 21,18; 1 Ch 20,4	Sippai

Safed	BHD: Fogor
Samaritaner in 2 Kö 17,29	EÜ: »Bewohner Samariens«; BHD: »die Fremden«
Samariter im Neuen Testament	BHD: Samaritaner
samaritisch im Neuen Testament	BHD: »Samaritaner(in)«
Schamma (= Bruder Davids) in 1 Sm 16,9; 17,13; 2 Sm 13,3.32; 21,21; 1 Ch 2,13; 20,7	Schima
Schammua (= Sohn Davids) in 2 Sm 5,14; 1 Ch 3,5; 14,4	Schima
Schen in 1 Sm 7,12	Jeschana
Scheschbazar	Scheschbazzar
Secharja in Mt 23,35; Lk 11,51	EÜ: Zacharias
»Seher« in 2 Ch 33,19	BHD: Hosai
Sichem(iter) in 4 Mo 26,31; Jos 17,2; 1 Ch 7,19	Schechem(iter)
Silo	Schilo
Siloah	Schiloach
Simon (der Makkabäer in 1./2. Ma; der Hohepriester in Sir 50; der Benjaminiter in 2 Ma 3 u. 4)	Simeon
Sprüche (Salomos)	Sprichwörter
Sulamith	Schulammit
Taanach in 1 Ch 6,55	BHD: Aner
Taanat-Silo	Taanat-Schilo
Tarsis	Tarschisch
Telem in 1 Sm 15,4	Telaïm
Tob in 1 Ma 5,13	Tubi
Tobias (auch für Vater und Buch)	Tobit (für Vater und Buch)
Tobias in 2 Ma 3,11	Tobija
Tubal-Kain	Tubal-Kajin
Uria	Urija
Usija in Jdt 8,1	Usiël
Xenios	Xenius
Zarpat im Alten Testament	Sarepta
Zebaoth	Zebaot
Zedekia	Zidkija

A

A

| Off | 1,8 | ich bin das A und das O 21,6; 22,13 |

Aaron (s.a. Aarons Söhne)

2Mo	4,14	A. aus dem Stamm Levi Sir 45,7
	27	der HERR sprach zu A. 28; 3Mo 10,8; 11,1; 13,1; 14,33; 15,1; 4Mo 2,1; 4,1.17; 14,26; 16,20; 18,8.20; 19,1; 20,12.23
	30	A. sagte alle Worte, die der HERR
	5,1	Mose und A. sprachen zum Pharao 4.20; 6,27; 7,10; 10,3
	6,13	so redete der HERR mit Mose und A. 26; 7,8; 9,8; 12,1.43
	20	(Jochebed) gebar ihm A. und Mose 4Mo 26,59; 1Ch 5,29
	23	A. nahm zur Frau Elischeba 25
	25	Eleasar, A. Sohn 4Mo 3,32; 26,1; Jos 24,33; Ri 20,28; Esr 7,5
	7,1	A., dein Bruder, soll dein Prophet sein 2
	6	Mose und A. taten, wie ihnen der HERR geboten 20; 12,28.50; 16,34
	7	A. (war) 83, als sie mit dem Pharao redeten
	9	zu A.: Nimm deinen Stab 10.12.19; 8,1.2.12.13
	22	Pharao hörte nicht auf A.
	8,4	ließ der Pharao Mose und A. rufen 8.21; 9,27; 10,8.16; 12,31
	11,10	Mose und A. haben diese Wunder getan
	15,20	Mirjam, die Prophetin, A. Schwester Mi 6,4
	16,2	murrte die Gemeinde wider Mose und A. 32,1; Apg 7,40
	6	Mose und A. sprachen zu Israel 10; 32,2
	9	Mose sprach zu A. 33; 32,21.22
	17,10	A. und Hur gingen auf die Höhe 19,24; 24,1.9
	12	A. und Hur stützten ihm die Hände 24,14
	18,12	kamen A. und alle Ältesten von Israel 34,31
	27,21	sollen A. und seine Söhne den Leuchter zurichten 3Mo 24,3; 4Mo 8,2.3
	28,1	A., daß er mein Priester sei 29,44; 30,30; 40,13; 4Mo 3,10.38; 1Ch 23,13; Heb 5,4
	2	sollst A., deinem Bruder, heilige Kleider machen 3.4.35.41.43; 29,5.9.29; 31,10; 35,19; 39,1.27.41
	12	daß A. ihre Namen auf seinen Schultern trage 29.30.38
	38	damit A. alle Sünde trage 4Mo 18,1
	29,4	sollst A. mit Wasser waschen 30,19; 40,12.31
	9	sollst A. die Hände füllen 10.15.19-21.24. 26-28.32.35
	30,7	A. soll darauf verbrennen gutes Räucherwerk
	10	A. soll die Sühnung vollziehen
	32,5	als das A. sah, baute er einen Altar 3
	25	A. hatte sie zuchtlos werden lassen
	35	das Kalb, das A. angefertigt hatte
	34,30	A. und Israel sahen, daß die Haut glänzte
	38,21	Ithamars, des Sohnes A. 4Mo 7,8
3Mo	2,3	das übrige vom Speisopfer soll A. gehören 10; 6,2.9.11.13.18; 7,31.34.35; 8,31; 24,9; 4Mo 18,28
	8,2	nimm A. und seine Söhne 6
	12	goß von dem Salböl auf A. Haupt 14.18.22. 23.27.30.36
	9,2	(Mose) sprach zu A. 1.7; 10,3.6.12; 21,24; 4Mo 17,11
3Mo	9,8	A. trat zum Altar 21-23; 1Ch 6,34
	10,4	die Söhne Usiëls, das Oheims A.
	19	A. sprach zu Mose
	13,2	soll man ihn zum Priester A. führen
	16,2	sage deinem Bruder A. 6.11.21.23.34; 17,2; 21,17; 22,2.18; 4Mo 6,23
	21,21	wer unter A. Nachkommen einen Fehler an sich hat 22,4
4Mo	1,3	sollt sie zählen... du und A. 17.44; 3,39; 4,34. 37.41.45.46; 26,64
	3,1	dies ist das Geschlecht A. 32; 4,16.28.33; 17,2. 5; 25,7.11; 26,1.60
	4	versahen Priesterdienst unter A. 6.9; 8,22
	48	sollst das Silber A. geben 51
	4,5	sollen A. und... hineingehen 19; 17,8
	15	wenn A. dies alles ausgerichtet 27
	8,11	A. soll die Leviten darbringen 13.19-21
	9,6	die traten vor Mose und A. 13,26; 15,33
	12,1	redeten Mirjam und A. gegen Mose 4.5.10
	14,2	murrten gegen Mose und A. 16,3.11.16-18; 17,6.7; 20,2; 26,9
	5	Mose und A. fielen auf ihr Angesicht 20,6
	17,12	A. tat, wie ihm Mose gesagt hatte 15
	18	den Namen A. schreiben auf den Stab 21-25
	20,10	Mose und A. versammelten... vor dem Felsen 8
	24	A. soll versammelt werden zu seinen Vätern 25-29; 27,13; 33,38; 5Mo 10,6; 32,50
	33,1	als sie gezogen sind unter Mose und A.
5Mo	9,20	auch war der HERR sehr zornig über A.
	20	aber ich bat auch für A.
Jos	21,4	den Söhnen des Priesters A. 13 Städte 13
	24,5	sandte ich Mose und A. und plagte Ägypten
1Sm	12,6	der HERR... Mose und A. eingesetzt 8
1Ch	24,19	Vorschrift, die ihnen ihr Vater A. gegeben
Ps	77,21	dein Volk durch die Hand des Mose und A.
	99,6	Mose und A., die riefen den HERRN an
	105,26	sandte seinen Knecht Mose und A.
	106,16	empörten sich wider Mose, wider A.
	133,2	wie das feine Salböl auf dem Haupte A.
Sir	45,25	A. verlieh er noch mehr Herrlichkeit
	32	soll das Erbe A. seinen Söhnen gehören
1Ma	7,14	ein Priester aus dem Geschlecht A.
Lk	1,5	seine Frau war aus dem Geschlecht A.
Heb	7,11	anstatt einen nach der Ordnung A. zu benennen
	9,4	der Stab A., der gegrünt hatte

Aaroniter

| 1Ch | 27,17 | bei den A. (war Fürst:) Zadok |

Aarons Söhne

2Mo	28,40	den S.A. sollst du Mützen machen
3Mo	1,5	die Priester, A.S., sollen das Blut herzubringen 7.11; 2,2; 3,2.5.8.13; 6,7.15; 7,10.33; 8,13.24.27; 9,12; 10,1.16; 16,1; 21,1; 4Mo 10,8
4Mo	3,2	dies sind die Namen der S.A. 3; 1Ch 6,35
Jos	21,19	alle Städte der S.A. waren dreizehn 10; 1Ch 6,39.42
1Ch	15,4	David brachte zusammen die S.A.
	23,28	stehen zur Seite der S.A. 32; 2Ch 13,10; 31,19; 35,14
	24,1	die Ordnungen der S.A. 31
2Ch	13,9	habt ihr die S.A. verstoßen
	26,18	S.A., die geweiht sind zu räuchern
	29,21	daß sie auf dem Altar opfern sollten
Neh	10,39	ein S.A. soll bei den Leviten sein
	12,47	gaben den heiligen Anteil den S.A.

Aarons Söhne

Sir 50,15 alle S. A. mit ihrem Schmuck
      18 die S. A. bliesen schallend mit Trompeten

Aas

3Mo 5,2 wenn jemand Unreines anrührt... ein A.
      11,8.24.25.27.28.31-33.35-40; 5Mo 14,8.21
Ri   14,8 um nach dem A. des Löwen zu sehen
Hes 32,5 will mit deinem A. die Täler füllen
Mt 24,28 wo das A. ist, da sammeln sich die Geier Lk 17,37

Abaddon

Off 9,11 sein Name heißt auf hebräisch A.

Abagta, *Abagtha*

Est 1,10 befahl er A. und Karkas, den Kämmerern

Abana

2Kö 5,12 Flüsse von Damaskus, A., Parpar

Abarim (s.a. Ije-Abarim)

4Mo 27,12 Gebirge A. 33,47.48; 5Mo 32,49
Jer 22,20 schreie vom A. her

Abba

Mk 14,36 A., mein Vater, alles ist dir möglich
Rö   8,15 Geist, durch den wir rufen: A., lieber Vater Gal 4,6

abbiegen

4Mo 21,22 wir wollen nicht a. in die Äcker
Ri   14,8 (Simson) b. vom Wege ab
    19,15 sie b. ab, um nach Gibea zu kommen
Jdt 13,11 sie b. ab durchs Tal und kamen

Abbild

1Sm   6,5 macht nun A. eurer Beulen 11
2Kö 16,10 sandte zum Priester Maße und A. des Altars
Jes 40,18 was für ein A. wollt ihr machen
Hes 28,12 du warst das A. der Vollkommenheit
Wsh   2,23 Gott hat... zum A. seines Wesens gemacht
    9,8 zu bauen ein A. des heiligen Zeltes
    13,10 die als Götter anrufen A. von Tieren
2Ma 12,40 fanden sie A. der Götzen von Jamnia
Heb   8,5 sie dienen nur dem A. und Schatten des Himmlischen
    9,23 mußten die A. der himmlischen Dinge gereinigt werden
    24 das nur ein A. des wahren Heiligtums ist

abbilden

Wsh 18,24 auf seinem Gewand war die Welt abg.
Mk   4,30 durch welches Gleichnis wollen wir es a.

abborgen

Mt   5,42 *wende dich nicht von dem, der dir a. will*

abbrechen

1Mo 8,11 und siehe, ein Ölblatt hatte sie abg.

2Mo 21,10 soll der ersten an Nahrung nichts a.
3Mo   1,17 soll seine Flügel nicht a.
    14,45 darum soll man das Haus a.
4Mo   1,51 sollen die Leviten die Wohnung a.
2Kö 11,18 b. (Baals) Altäre ab 2Ch 23,17; 31,1; 34,4.7
    16,17 Ahas b. die Leisten der Gestelle ab
    23,7 b. ab die Häuser der Tempelhurer 8.12.15
Hi   4,21 ihr Zelt wird abg.
Pr   3,3 a. hat seine Zeit
Jes 22,10 ihr b. sie ab, um die Mauer zu befestigen
    25 der Nagel soll a. und fallen
    33,20 ein Zelt, das nicht mehr abg. wird
    38,12 meine Hütte ist abg.
Jer 31,40 die Stadt wird niemals mehr abg.
    33,4 von den Häusern, die abg. wurden Klg 2,2
    50,15 ihre Mauern sind abg.
Hes 16,39 daß sie deinen Hurenaltar a.
    17,4 (ein Adler) b. die Spitze ab
    26,4 sollen seine Türme a. 12
Am   3,14 will ich die Hörner des Altars a.
    9,11 will, was abg. ist, wieder aufrichten
Mal   1,4 werden sie bauen, so will ich a.
1Ma   9,55 so daß die angefangene Arbeit abg. wurde
Mt 26,61 ich kann den Tempel Gottes a. 27,40; Mk 14,58; 15,29; Jh 2,19
Lk 12,18 ich will meine Scheunen a. und größere bauen
2Ko   5,1 wenn unser irdisches Haus, diese Hütte, abg. wird
Gal   2,18 wenn ich das, was ich abg. habe, wieder aufbaue
Eph   2,14 der den Zaun abg. hat, der dazwischen war

abbrennen

Heb   6,8 ist dem Fluch nahe, so daß man sie zuletzt a.

abbringen

5Mo 13,6 weil er dich von dem Wege a. wollte 11
Sir 27,25 Böses im Sinn, niemand b. ihn davon ab
2Ma   4,6 nicht möglich, Simon von seiner Torheit a.
Apg 14,18 konnten sie kaum das Volk davon a., ihnen zu opfern
2Ti   2,18 b. einige vom Glauben ab

Abda

1Kö   4,6 [1]Adoniram, der Sohn A., war Fronvogt
Neh 11,17 [2]A., der Sohn Schammuas (s.a. Obadja) 1Ch 9,16

Abdeel

Jer 36,26 Schelemja, dem Sohn A.

Abdi

1Ch   6,29 [1]Sohn Kuschajas, des Sohnes A. 2Ch 29,12
Esr 10,26 [2]bei den Söhnen Elam: A.

abdichten

Hes 27,9 die Ältesten mußten deine Risse a.

Abdiël

1Ch   5,15 Ahi, der Sohn A., des Sohnes Guni

Abdon

Jos 21,30	¹von dem Stamm Asser: A. Jos 19,28; 1Ch 6,59 (= Ebron)
Ri 12,13	²A., ein Sohn Hillels aus Piraton
1Ch 8,23	³A. (Söhne Schaschaks)
8,30	⁴(Jeïel) sein Erstgeborener war A. 9,36

abdrängen

1Ma 10,78 Jonatan d. (Apollonius) nach Aschdod ab

Abed-Nego

Dan 1,7	der Kämmerer nannte Asarja A.
2,49	über die einzelnen Bezirke A. 3,12
3,13	befahl Nebukadnezar, A. vor ihn zu bringen 14.16.19.20.22.23
26	und A., ihr Knechte Gottes, tretet heraus
28	gelobt sei der Gott A. 29
30	der König gab A. große Macht

Abel

1Mo 4,2	¹danach gebar sie A. A. wurde Schäfer 25
4	der HERR sah gnädig an A. und sein Opfer
8	da sprach Kain zu seinem Bruder A. 9
Mt 23,35	von dem Blut des gerechten A. an Lk 11,51
Heb 11,4	durch den Glauben hat A. ein besseres Opfer dargebracht
12,24	Blut, das besser redet als A. Blut
2Sm 20,18	²man frage doch nach in A.

Abel-Bet-Maacha, Abel-Beth-Maacha
(= Abel-Majim)

2Sm 20,14 (Joab) zog bis A. 15; 1Kö 15,20; 2Kö 15,29

Abel-Keramim

Ri 11,33 schlug... zwanzig Städte, und bis nach A.

Abel-Majim (= Abel-Bet-Maacha)

2Ch 16,4 die schlugen Ijon, Dan und A.

Abel-Mehola

Ri 7,22	bis an die Grenze von A. 1Kö 4,12
1Kö 19,16	(salbe) Elisa von A. zum Propheten

Abel-Schittim

4Mo 33,49 Sie lagerten sich... bis A.

Abend, abends

1Mo 1,5	da ward aus A. und Morgen der erste Tag 8. 13.19.23.31
19,1	zwei Engel kamen nach Sodom am A.
24,11	des A. um die Zeit... Wasser zu schöpfen
63	(Isaak) war ausgegangen, zu beten gegen A.
29,23	am A. nahm er seine Tochter Lea
30,16	als Jakob am A. vom Felde kam
49,27	des A. wird er Beute austeilen
2Mo 12,6	soll (das Lamm) schlachten gegen A.
18	am 14. Tage am A. bis zum A. des 21. Tages
16,6	am A. sollt ihr innewerden
8	wird am A. Fleisch zu essen geben 12.13
18,13	vom Morgen bis zum A. 14; 1Sm 30,17; Hi 4,20; Apg 28,23
2Mo 27,21	vom A. bis zum Morgen 3Mo 24,3; 4Mo 9,15.21
29,39	ein Schaf am Morgen, das andere gegen A. 41
30,8	wenn er die Lampen anzündet gegen A.
3Mo 6,13	die eine Hälfte morgens, die andere a. 4Mo 28,4.8
11,24	unrein sein bis zum A. 25.27.28.31.32.39.40; 14,46; 15,5-8.10.11.16-19.21-23.27; 17,15; 22,6; 4Mo 19,7.8.10.19.21.22
23,5	am 14. Tage A. ist des HERRN Passa 32; 4Mo 9,3.5.11; Jos 5,10
5Mo 16,4	Fleisch, das am A. geschlachtet ist 6
23,12	bis er vor dem A. sich gewaschen hat
28,67	ach daß es A. wäre Ri 19,9; Jer 6,4
67	a. wirst du sagen: Ach daß es Morgen
Jos 7,6	Josua fiel zur Erde bis zum A.
8,29	ließ den König hängen bis zum A. 10,26
Ri 19,16	da kam ein alter Mann am A.
20,23	hielten Klage bis zum A. 26; 21,2; 2Sm 1,12
Rut 2,17	las (Rut) bis zum A. auf dem Felde
1Sm 14,24	verflucht sei... der etwas ißt bis zum A.
17,16	der Philister kam heraus frühmorgens und a.
20,5	bis zum A. des dritten Tages
2Sm 11,2	daß David um den A. aufstand 13
1Kö 17,6	brachten ihm Brot des Morgens und des A.
22,35	der König blieb im Wagen bis zum A... und starb am A. 2Ch 18,34
2Kö 16,15	sollst du tun mit dem Speisopfer des A.
1Ch 16,40	Brandopfer am Morgen und am A. 2Ch 2,3; 13,11; 31,3; Esr 3,3
23,30	den HERRN zu loben... an jedem A.
2Ch 13,11	den Leuchter anzünden alle A.
Est 2,14	wenn sie am A. hineingegangen war Spr 7,9
Hi 7,4	so wird mir's lang bis zum A.
Ps 30,6	den A. lang währet das Weinen
55,18	a. und morgens und mittags will ich klagen
59,7	jeden A. kommen sie wieder, heulen 15
90,6	(Gras, das) A. welkt und verdorrt
103,12	so fern der Morgen ist vom A.
104,23	geht der Mensch an sein Werk bis an den A.
Spr 7,9	in der Dämmerung, am A. des Tages
Pr 11,6	laß deine Hand bis zum A. nicht ruhen
Jes 17,14	um den A., siehe, da ist Schrecken
21,4	auch am A. habe ich keine Ruhe
Hes 12,4	sollst du am A. hinausziehen
7	am A. brach ich ein Loch durch die Wand
24,18	starb mir am A. meine Frau
33,22	die Hand des HERRN war über mich... am A.
46,2	das Tor soll offen bleiben bis zum A.
Dan 8,14	bis 2.300 A. und Morgen vergangen sind 26
Hab 1,8	ihre Rosse sind bissiger als die Wölfe am A.
Ze 2,7	am A. sollen sie sich lagern
3,3	ihre Richter (sind) Wölfe am A.
Sa 14,7	um den A. wird es licht sein
Sir 18,26	es kann vor A. ganz anders werden
36,28	dort bleiben muß, wo er am A. hinkommt
1Ma 9,13	die Schlacht dauerte vom Morgen bis zum A. 10,50.81
Mt 8,16	am A. brachten sie viele Besessene Mk 1,32
14,15	am A. traten seine Jünger zu ihm 23
16,2	er antwortete und sprach: Des A. sprecht ihr
20,8	als es A. wurde, sprach der Herr des Weinbergs
26,20	am A. setzte er sich zu Tisch mit den Zwölfen Mk 14,17
27,57	am A. kam ein reicher Mann aus Arimathäa Mk 15,42
Mk 4,35	am A. desselben Tages sprach er zu ihnen

Abend 4

Mk	6,47	am A. war das Boot mitten auf dem See
	11,11	am A. ging er hinaus nach Betanien 19
	13,35	ob am A. oder zu Mitternacht
Lk	17,8	richte zu, was ich zu A. esse
	24,29	denn es will A. werden, und der Tag hat sich geneigt
Jh	6,16	am A. gingen seine Jünger hinab an den See
	20,19	am A. dieses ersten Tages der Woche... kam Jesus und trat mitten unter sie

Abendessen

Lk	17,8	wird er nicht sagen: Bereite mir das A.
Jh	13,2	(vor dem Passafest) beim A.
	21,20	der beim A. an seiner Brust gelegen hatte

Abendmahl

Lk	14,16	ein Mensch, der machte ein großes A. und lud viele dazu ein 12.17
	24	keiner der Männer, die eingeladen waren, mein A. schmecken wird
Jh	13,4	*(Jesus) stand vom A. auf und umgürtete sich*
1Ko	11,20	so hält man da nicht das A. des Herrn
Off	3,20	werde das A. mit ihm halten und er mit mir
	19,9	*die zum A. des Lammes berufen sind*

Abendopfer

Esr	9,4	saß bestürzt da bis zum A. 5
Ps	141,2	das Aufheben meiner Hände als ein A.
Dan	9,21	flog um die Zeit des A. an mich heran

Abendzeit

1Mo	8,11	die (Taube) kam zu ihm um die A.

aber

1Mo	50,20	a. Gott gedachte es gut zu machen
Jos	24,15	ich a. und mein Haus... dem HERRN dienen
1Sm	2,30	wer a. mich verachtet
	16,7	der HERR a. sieht das Herz an
Neh	9,17	a. du, mein Gott, vergabst
Hi	19,25	a. ich weiß, daß mein Erlöser lebt
Ps	68,20	a. er hilft uns auch
	90,11	wer glaubt's a., daß du so sehr zürnest
Spr	16,9	a. der HERR allein lenkt seinen Schritt
Jes	53,5	a. er ist um unsrer Missetat willen
	54,7	a. mit großer Barmherzigkeit will ich dich sammeln 8
	10	a. meine Gnade soll nicht weichen
	60,2	a. über dir geht auf der HERR
Jer	17,7	gesegnet a., der sich auf den HERRN verläßt
Hos	14,10	a. die Übertreter kommen zu Fall
Jdt	8,16	wir a. kennen keinen andern Gott
Sir	3,11	a. der Fluch der Mutter reißt nieder
	5,4	a. er wird dich nicht unbestraft lassen
	21,28	a. die Weisen haben ihren Mund im Herzen
Mt	3,11	der a. nach mir kommt, ist stärker
	8,20	a. der Menschensohn hat nichts
	9,37	a. wenige sind der Arbeiter
	10,22	wer a. bis an das Ende beharrt 24,13
	16,25	wer a. sein Leben verliert um meinetwillen
	19,26	a. bei Gott sind alle Dinge möglich
	30	a. viele, die die Ersten sind, werden
	20,16	*a. wenige sind auserwählt* 22,14
	26,11	mich a. habt ihr nicht allezeit Jh 12,8
Mt	26,41	der Geist ist willig; a. das Fleisch ist schwach Mk 14,38
Mk	16,16	wer a. nicht glaubt, der wird
Lk	5,5	a. auf dein Wort will ich
	10,42	eins a. ist not
Jh	3,30	er muß wachsen, ich a. muß abnehmen

abermals

Sir	50,23	da beteten sie a. und nahmen den Segen an
Mt	21,36	a. sandte er andere Knechte 22,4
	22,1	Jesus fing an und redete a. in Gleichnissen
	26,43	(Jesus) kam und fand sie a. schlafend Mk 14,40
	72	er leugnete a. und schwor Mk 14,70; Jh 18,27
	27,50	Jesus schrie a. laut und verschied
Mk	14,61	da fragte ihn der Hohepriester a.
	15,4	Pilatus fragte ihn a. 12; Lk 23,20
Jh	8,12	da redete Jesus a. zu ihnen und sprach
	9,27	was wollt ihr's a. hören
	12,28	ich will ihn a. verherrlichen
	16,16	a. eine kleine Weile... mich sehen 17.19
	18,7	da fragte er sie a.: Wen sucht ihr
	20,21	da sprach Jesus a. zu ihnen
	26	nach acht Tagen waren seine Jünger a. drinnen versammelt
	21,1	danach offenbarte sich Jesus a.
2Ko	1,15	damit ihr a. eine Wohltat empfinget
	2,1	daß ich nicht a. in Traurigkeit zu euch käme
	11,16	ich sage a.: niemand halte mich für töricht
	13,2	ich habe es a. vorausgesagt und sage es a. voraus Gal 1,9
Gal	2,1	14 Jahre später, zog ich a. hinauf nach Jerusalem
	4,19	Kinder, die ich a. unter Wehen gebäre
	5,3	ich bezeuge a. einem jeden, der
Phl	4,4	freuet euch in dem Herrn allewege, und a. sage ich: Freuet
Heb	4,7	bestimmt er a. einen Tag, ein „Heute"
	6,1	nicht a. den Grund legen mit der Umkehr von den toten Werken
	6	da sie den Sohn Gottes a. kreuzigen
Off	10,8	die Stimme redete a. mit mir und sprach
	11	du mußt a. weissagen von Völkern

abernten

3Mo	19,9	wenn du dein Land a. 23,10.22
Ri	9,27	e. ihre Weinberge ab
Jak	5,4	Lohn der Arbeiter, die euer Land abg. haben
Off	14,16	setzte seine Sichel an die Erde, und die Erde wurde abg.

abfahren

Apg	13,13	Paulus und die um ihn waren f. ab 16,11; 20,6; 21,1.2; 27,2; 28,10.11

Abfall

Esr	4,19	Aufruhr und A. in ihr geschehen ist
Jes	1,5	die ihr doch weiter im A. verharrt
Dan	11,32	er wird mit Ränken alle zum A. bringen
Wsh	13,12	die A. von solcher Arbeit verbraucht er
	13	ein Stück A.... Bild eines Menschen
Sir	47,28	der a. Volk... zum A. brachte
Mt	5,29	wenn dich dein rechtes Auge zum A. verführt 30; 18,8.9; Mk 9,43.45.47
	13,41	werden sammeln alles, was zum A. verführt
	18,6	wer aber einen dieser Kleinen zum A. verführt Mk 9,42; Lk 17,2

Mt	18,7	weh dem Menschen, der zum A. verführt
Apg	21,21	daß du alle Juden den A. von Mose lehrst
2Th	2,3	zuvor muß der A. kommen

abfallen

1Mo	14,4	waren von (Kedor-Laomer) abg.
3Mo	19,10	sollst nicht die abg. Beeren auflesen
4Mo	14,9	f. nicht ab vom HERRN 5Mo 4,19; 11,16; 13,6; Jos 22,16.22; Ri 2,19; Hes 48,11; Ze 1,6
5Mo	4,19	und f. ab und betest sie an
	11,16	hütet euch, daß ihr a.
1Sm	13,3	die Philister hörten, daß die Hebräer abg.
	29,3	seit der Zeit, da er abg. ist
2Sm	20,2	da f. jedermann in Israel von David ab
1Kö	12,19	f. Israel ab vom Hause David 2Ch 10,19
2Kö	1,1	es f. die Moabiter ab von Israel 3,5.7
	8,20	f. die Edomiter von Juda ab 22; 2Ch 21,8.10
	25,11	die zum König von Babel abg. waren
1Ch	5,25	da sie a. zu den Götzen
Neh	2,19	wollt ihr von dem König a. 6,6
Hi	14,2	geht auf wie eine Blume und f. ab 1Pt 1,24; Jak 1,11
Ps	44,19	unser Herz ist nicht abg.
	53,4	sie sind alle abg. und allesamt verdorben
	78,9	wie die Söhne Ephraim a. zur Zeit
Jes	1,2	sie sind von mir abg. 4; 43,27; Jer 2,29; 15,6; Hes 20,38; 44,10.15
	36,5	daß du von (Sanherib) abg. bist
	59,12	wir sind zu oft von dir abg. 13
Jer	8,13	daß auch die Blätter a. sollen
	52,3	Zedekia f. ab vom König von Babel 15
Hes	17,15	er f. von ihm ab
Jdt	5,17	sooft sie es bereuten, abg. zu sein
	11,13	bin ich doch nicht von Gott abg.
Wsh		als die Ungerechter von (der Weisheit) a.
Tob	1,2	ist er dennoch von Gottes Wort nicht abg.
Sir	10,14	wenn ein Mensch von Gott a.
1Ma	1,16	f. vom heiligen Bund ab
	67	wollten vom Gesetz Gottes a. 2,20.21
	2,15	um sie zu drängen, von Gottes Gesetz a.
2Ma	6,1	
	19	wenn alle von dem Glauben ihrer Väter a.
	10,26	ihr nicht a. zu unsern Feinden
	11,43	mein ganzes Kriegsvolk ist von mir abg.
2Ma	9,9	daß ganze Stücke seines Fleisches a.
Mt	13,21	wenn sich Bedrängnis erhebt, f. er gleich ab Mk 4,17; Lk 8,13
	24,10	dann werden viele a.
Jh	16,1	das habe ich zu euch geredet, damit ihr nicht a.
Apg	16,26	sogleich öffneten sich alle Türen, und von allen f. die Fesseln ab
	21,21	*daß du ... lehrest von Mose a.*
1Ti	4,1	daß in den letzten Zeiten einige a.
Heb	3,12	böses Herz, das a. von dem lebendigen Gott
	6,6	(Menschen zur Buße,) die abg. sind
Off	2,5	denke daran, wovon du abg. bist

abfällig

Apg	5,37	*machte viel Volks a. ihm nach 19,26*

abfressen

4Mo	22,4	wie ein Rind das Gras a.
5Mo	28,38	die Heuschrecken werden's a.
Jes	27,10	daß Kälber dort Zweige a.
Am	7,2	als sie alles Gras im Lande a. wollten

abführen

Mt	27,2	sie f. ihn ab und überantworteten ihn dem Statthalter 31; Mk 15,1; Lk 22,54; 23,26
Mk	14,44	den ergreift und f. ihn sicher ab
Apg	12,19	verhörte er die Wachen und ließ sie a.

Abgabe

4Mo	5,9	alle A. dem Priester gehören 18,11
	18,26	sollt eine heilige A. dem HERRN geben 27-30; 31,28.37-41; 5Mo 12,6.11.17
2Sm	8,2	daß sie ihm A. bringen mußten 6; 1Ch 18,2
2Kö	17,3	Hoschea brachte (Salmanassar) A. 4
2Ch	17,11	von den Philistern... Silber als A.
	31,10	die A. ins Haus des HERRN zu bringen 12.14
Esr	4,13	werden sie A. nicht mehr geben 20
	7,24	nicht Macht habt, A. zu legen auf
	8,25	Geräte als A. für das Haus Gottes
Neh	10,32	wollen auf die A. verzichten 38.40
	12,44	wurden Männer bestellt für die A. 13,5.31
Hes	44,30	A. von allem, wovon ihr A. leistet
	45,1	eine A. vom Land absondern 6.7; 48,8-10.12. 18.21
	13	das soll nun die A. sein 16; 48,20
Dan	11,20	durchziehen lassen, um A. einzutreiben
Am	5,11	nehmt von ihnen hohe A. an Korn
1Ma	10,28	wollen euch viele A. erlassen 30.33
	31	die A. sollen (Jerusalem) gehören

abgabepflichtig

2Ma	11,3	den Tempel... a. zu machen

abgeben

4Mo	18,32	wenn ihr das Beste davon a.
2Kö	22,4	geh zu Hilkija, daß er a. alles Geld
Sir	3,24	mit dem... g. dich nicht ab
1Ma	10,42	5.000 Lot Silber, die abg. werden mußten
Mk	14,56	viele g. falsches Zeugnis ab gegen ihn 57
Eph	4,28	damit er dem Bedürftigen a. kann

abgehen

2Mo	21,22	stoßen... so daß ihr die Frucht a.
3Mo	15,16	wenn im Schlaf der Same a. 18.32; 22,4
Spr	10,19	wo viel Worte, da g.'s ohne Sünde nicht ab
Hes	24,6	Topf, an dem Rost nicht a. will 11.12

abgeneigt

2Ma	4,21	daß ihm Philometor a. geworden war

Abgesandter

1Ma	2,15	als die A. des Antiochus kamen 17
2Ko	8,23	unsere Brüder, die A. der Gemeinden sind
Phl	2,25	der ist euer A. und Helfer in meiner Not

abgesehen

3Mo	23,38	a. von den Sabbaten des HERRN 4Mo 6,21
Hes	48,22	a. von dem Eigentum der Leviten

abgewinnen

4Mo	21,26	hatte ihm all sein Land abg.
1Ch	18,4	David g. ihm ab Wagen, Reiter 2Ch 13,19

Abglanz

Wsh	7,26	(Weisheit) ist ein A. des ewigen Lichts
1Ko	11,7	der Mann ist Gottes Bild und A.
Heb	1,3	er ist der A. seiner Herrlichkeit

Abgott

2Kö	23,24	auch rottete Josia aus alle A. Hes 30,13
Jes	48,5	mein A. hat's befohlen
Hos	9,10	sie gelobten sich dem schändlichen A.
Am	8,14	die jetzt schwören bei dem A. Samarias
1Th	1,9	wie ihr euch bekehrt habt zu Gott von den A.
1Jh	5,21	Kinder, hütet euch vor den A.

Abgötterei

3Mo	17,7	Feldgeistern... mit denen sie A. trieben
	20,5	alle, die mit dem Moloch A. getrieben 6
5Mo	32,21	durch ihre A. haben sie mich erzürnt
Ri	8,27	ganz Israel trieb A.
1Sm	15,23	Widerstreben ist wie A.
1Kö	16,13	den HERRN zu erzürnen durch ihre A. 26
2Kö	9,22	A. und Zauberei haben noch kein Ende
2Ch	21,11	verleitete die Einwohner... zur A. 13
Hes	20,30	treibt A. mit ihren Greuelbildern
Sir	47,29	Jerobeam, der Israel zur A. verleitete
	31	versuchten es mit jeder Art von A.
	49,3	ausersehen, die A. zu beseitigen
	4	als das Land voll A. war

abgöttisch

4Mo	15,39	damit ihr nicht a. werdet
Hes	6,9	ihr a. Herz und ihre a. Augen zerschlagen
Sir	47,23	als in Ephraim ein a. Königreich entstand

Abgrund

Hi	26,6	der A. hat keine Decke
	28,22	der A. und der Tod sprechen
	31,12	ein Feuer, daß bis in den A. frißt
Ps	107,26	gen Himmel fuhren und in den A. sanken
Spr	15,11	Unterwelt und A. liegen offen vor dem HERRN
	27,20	Unterwelt und A. werden niemals satt
Wsh	10,19	warf sie herauf aus der Tiefe des A.
Sir	21,11	an seinem Ende ist der A. der Hölle
	24,8	(ich) durchzog die Tiefen des A.
	42,18	er allein erforscht den A.
Lk	8,31	daß er ihnen nicht gebiete, in den A. zu fahren
Off	9,1	ihm wurde der Schlüssel zum Brunnen des A. gegeben 2; 20,1.3
	11	über sich einen König, den Engel des A.
	11,7	das Tier, das aus dem A. aufsteigt 17,8

abgürten

Jes	45,1	daß ich Königen das Schwert a.

abhalten

1Sm	25,39	seinen Knecht abg. von einer bösen Tat
Sir	46,9	um das Volk von der Sünde a.
Apg	13,8	versuchte, den Statthalter vom Glauben a.

Abhang

4Mo	21,15	den A. der Bäche, der sich hinzieht
Jos	7,5	hatten sie am A. erschlagen
	10,40	schlug Josua das Land an den A. 12,3.8; 13,20
	18,13	seine Grenze geht an den A. südwärts
2Sm	13,34	auf dem Wege nach Horonajim, am A.
Jdt	6,8	da wichen sie vom A. des Berges zurück
Mt	8,32	die ganze Herde stürmte den A. hinunter Mk 5,13; Lk 8,33
Lk	4,29	führten ihn an den A. des Berges, um ihn hinabzustürzen
	19,37	als er schon nahe am A. des Ölbergs war

abhauen

5Mo	7,5	ihre heiligen Pfähle (sollt ihr) a.
	19,5	seine Hand holte aus, das Holz a.
	25,12	sollst du ihr die Hand a.
Ri	1,6	h. (Adoni-Besek) die Daumen ab 7
	9,49	h. jeder vom Volk einen Ast ab
1Sm	2,31	daß ich deinen Arm a. will
	17,46	ich dir den Kopf a. 51; 2Sm 4,7; 16,9; 20,22
	31,9	da h. sie ihm sein Haupt ab
2Sm	4,12	h. ihnen Hände und Füße ab
2Kö	19,23	habe seine Zedern abg. Jes 37,24; 44,14
2Ch	34,4	die Rauchopfersäulen h. er ab
Hi	14,7	ein Baum... auch wenn er abg. ist
Spr	26,6	der sich selbst die Füße a.
Jes	9,9	man hat Maulbeerbäume abg.
	13	h. der HERR von Israel Kopf und Schwanz ab
	10,33	der Herr wird die Äste mit Macht a.
	14,8	kommt niemand herauf, der uns a.
	18,5	wird er die Reben wegnehmen und a.
	33,12	wie abg. Dornen im Feuer verzehrt
Jdt	9,9	mit ihrem Schwert das Horn d. Altars a.
	14,14	der Kopf ist (Holofernes) abg. 15,1
1Ma	11,17	ließ seinem Gast Alexander den Kopf a.
2Ma	15,30	man sollte dem Nikanor den Kopf a.
Mt	3,10	jeder Baum... wird abg. und ins Feuer geworfen 7,19; Lk 3,9
	5,30	h. sie ab und wirf sie von dir 18,8; Mk 9,43.45
	26,51	h. ihm ein Ohr ab Mk 14,47; Lk 22,50; Jh 18,10.26
Mk	11,8	Zweige, die sie auf den Feldern abg. hatten
Lk	13,7	Feigenbaum... h. ihn ab 9
Apg	27,32	da h. die Soldaten die Taue ab 40
Rö	11,24	wenn du aus dem Ölbaum abg. worden bist 22

abheben

3Mo	2,9	der Priester soll das Gedenkopfer a.
	4,8	Fett des Sündopfers soll er a. 10.19.31.35
	6,8	es soll einer a. eine Handvoll vom Mehl

abhelfen

2Ko	8,14	jetzt h. euer Überfluß ihrem Mangel ab
	9,12	der Dienst dieser Sammlung h. nicht allein dem Mangel der Heiligen ab
	11,9	meinem Mangel h. die Brüder ab
Phl	4,19	mein Gott wird all eurem Mangel a.

abholen

1Ma	9,37	die Braut mit großer Pracht a. würden

Abi

2Kö 18,2 (Hiskias) Mutter hieß A. 2Ch 29,1

Abialbon

2Sm 23,31 A., der Arbatiter

Abiasaf, *Abiasaph*

2Mo 6,24 ¹Söhne Korachs sind: A.
1Ch 6,8 ²Elkana, dessen Sohn war A. 22; 9,19; 26,1 (s.a.Asaf)

Abib

2Mo 13,4 heute zieht ihr aus, im Monat A. 34,18; 5Mo 16,1
23,15 Fest der unges. Brote im Monat A. 34,18
5Mo 16,1 achte auf den Monat A., daß du Passa hältst

Abida

1Mo 25,4 Söhne Midians: A. 1Ch 1,33

Abidan

4Mo 1,11 A., Sohn des Gidoni 2,22; 7,60.65; 10,24

Abiël

1Sm 9,1 ¹Kisch, ein Sohn A., des Sohnes Zerors
14,51 Kisch, Sauls Vater, und Ner waren Söhne A.
1Ch 11,32 ²A., der Arbatiter

Abiëser, Abiësriter

Jos 17,2 ¹fiel das Los... auf die Söhne A. 1Ch 7,18
Ri 6,11 Joasch, dem A.
24 Ofra, die Stadt der A. 8,32
34 Gideon rief die A. auf
8,2 besser als die ganze Weinernte A. (= Ieser)
2Sm 23,27 ²A., der Anatotiter 1Ch 11,28; 27,12

Abigajil

1Sm 25,3 (Nabals) Frau hieß A. 14.18.23.32.36
39 David ließ A. sagen, daß er sie zur Frau nehmen 40.42; 27,3; 30,5; 2Sm 2,2; 3,3; 1Ch 3,1

Abigal

2Sm 17,25 ¹A., Tochter des Nahasch
1Ch 2,16 ²(Davids) Schwestern waren: A. 17

Abihajil

4Mo 3,35 ¹Zuriël, der Sohn A.
1Ch 2,29 ²die Frau Abischurs hieß A.
5,14 ³A., des Sohnes Huris
2Ch 11,18 ⁴A., der Tochter Eliabs
Est 2,15 ⁵Ester, die Tochter A. 9,29

Abihu

2Mo 6,23 die gebar (Aaron) A. 4Mo 3,2; 26,60
24,1 steig herauf zum HERRN, du und A. 9; 28,1
3Mo 10,1 Nadab und A. brachten ein fremdes Feuer 4Mo 3,4; 26,61

Abihud, *Abiud*

1Ch 8,3 ¹Bela hatte Söhne: A.
Mt 1,13 ²Serubbabel zeugte A. A. zeugte

Abija

1Sm 8,2 ¹der andere (Sohn) hieß A.
1Kö 14,1 ²A., der Sohn Jerobeams
14,31 ³(Rehabeams) Sohn A. wurde König 15,1.7.8; 1Ch 3,10; 2Ch 11,20.22; 12,16; 13,1-4.15.17. 19-23; Mt 1,7
1Ch 7,8 ⁴Söhne Bechers: A
24,10 ⁵das (Los fiel) auf A. Neh 10,8; 12,4.17; Lk 1,5

Abilene

Lk 3,1 als Lysanias Landesfürst von A. (war)

Abimaël

1Mo 10,28 (Joktan zeugte) A. 1Ch 1,22

Abimelech

1Mo 20,2 ¹A., der König von Gerar, ließ sie holen 4
3 Gott kam zu A. 8.17.18
9 A. rief Abraham 10.14; 21,22.25-27.29.32
26,1 Isaak zog zu A. 8-11.16.26
Ri 8,31 ²Sohn; den nannte (Gideon) A.
9,1 A. ging hin nach Sichem zu den Brüdern 3
4 A. warb lose, verwegene Männer an
6 sie machten A. zum König 16-49
50 A. zog nach Tebez 52-56
10,1 nach A. stand auf Tola
2Sm 11,21 wer erschlug A.
1Ch 18,16 ³A., der Sohn Abjatars
Ps 34,1 ⁴als er sich wahnsinnig stellte vor A.

Abinadab

1Sm 7,1 ¹(die Lade) ins Haus A. 2Sm 6,3.4; 1Ch 13,7
16,8 ²da rief Isai den A. 17,13; 1Ch 2,13
31,2 ³Philister erschlugen A. 1Ch 8,33; 9,39; 10,2
1Kö 4,11 ⁴(Amtleute:) der Sohn A.

Abinoam

Ri 4,6 Barak, den Sohn A. 12; 5,1.12

Abiram

4Mo 16,1 ¹Datan und A., die Söhne Eliabs 12.24.25.27; 26,9; 5Mo 11,6; Ps 106,17; Sir 45,22
1Kö 16,34 ²es kostete (Hiël) s. erstgeborenen Sohn A.

abirren

Ps 119,10 laß mich nicht a. von deinen Geboten 110
21 verflucht, die von deinen Geboten a. 118
Spr 7,25 i. nicht ab auf ihre Bahn
19,27 so i. du ab von vernünftiger Lehre
21,16 ein Mensch, der vom Wege der Klugheit a.
Jes 63,17 warum läßt du uns a. von deinen Wegen
Hes 14,11 damit das Haus Israel nicht mehr a.
Wsh 5,6 sind vom Weg der Wahrheit abg.
Sir 4,22 wenn er aber a., wird sie ihn verlassen
1Ti 1,6 davon sind einige abg.
6,10 einige sind vom Glauben abg. 21

abirren

2Ti 2,18 (Hymenäus und Philetus,) die von der Wahrheit abg. sind
Jak 5,19 wenn jemand a. würde von der Wahrheit

Abischag

1Kö 1,3 ein schönes Mädchen... A. 15; 2,17.21.22

Abischai

1Sm 26,6 A., Sohn der Zeruja, Bruder Joabs 1Ch 2,16
      6 A. sprach: Ich will mit (David) hinab 7-9
2Sm 2,18 es waren dabei... A.
    24 Joab und A. jagten Abner nach 3,30
 10,10 das Kriegsvolk unter A. 14; 1Ch 19,11.15
 16,9 A. sprach: Sollte dieser... fluchen 11; 19,22
 18,2 (David) stellte ein Drittel unter A. 5.12
 20,6 sprach David zu A.: Jage ihm nach 7.10
 21,17 A. schlug den Philister tot 23,18; 1Ch 11,20; 18,12

Abischalom

1Kö 15,2 (Abijas) Mutter Maacha, eine Tochter A. 10
2Ch 11,20 nahm er Maacha, die Tochter A. 21

Abischua

1Ch 5,30 ¹Pinhas zeugte A. 31; 6,35; Esr 7,5
  8,4 ²(Bela hatte Söhne:) A.

Abischur

1Ch 2,28 die Söhne Schammais sind: A. 29

Abital

2Sm 3,4 Schefatja, Sohn der A. 1Ch 3,3

Abitub

1Ch 8,11 hatte (Schaharajim) A. gezeugt

Abjatar, *Abjathar*

1Sm 22,20 es entrann ein Sohn Ahimelechs... A. 22; 23,6.9; 30,7; 2Sm 8,17; 19,12; 20,25; 1Ch 18,16
2Sm 15,24 A. brachte Opfer dar 27.29.35.36; 1Ch 15,11
 17,15 Huschai sprach zu A.
1Kö 1,7 beriet sich mit A., dem Priester 19.25.42; 2,22. 26; 4,4; 1Ch 18,16; 24,6; 27,34
 2,27 so verstieß Salomo den A. 35
Mk 2,26 zur Zeit A., des Hohenpriesters

abkaufen

3Mo 25,14 wenn du deinem Nächsten etwas a.
2Sm 24,24 ich will dir's a. für seinen Preis

Abkehr

Spr 1,32 den Unverständigen bringt ihre A. den Tod

abkehren

2Mo 32,12 k. dich ab von deinem grimmigen Zorn Jos 7,26; 2Kö 23,26
4Mo 14,43 weil ihr euch vom HERRN abg. habt Jos 22,16; Ri 8,33; 2Ch 7,19; Hes 18,30
Hes 18,24 wenn sich der Gerechte a. 26.27; 33,18

Bar 2,33 (werden) sich von ihren Sünden a.
2Pt 2,21 sich a. von dem heiligen Gebot

abknicken

3Mo 1,15 der Priester soll ihm den Kopf a. 5,8

ablassen

2Mo 4,26 da l. er von ihm ab
  5,8 sollt nichts (von der Zahl der Ziegel) a. 19
5Mo 9,14 l. ab von mir, damit ich sie vertilge
Ri 8,3 als (Gideon) das sagte, l. ihr Zorn ab
Rut 1,18 l. sie ab, (Rut) zuzureden
1Sm 6,3 warum seine Hand nicht von euch a.
  7,8 sprachen zu Samuel: L. nicht ab 12,23
 14,46 Saul l. ab von den Philistern ab 2Sm 10,14
 23,28 l. Saul davon ab, David nachzujagen 27,1
2Sm 2,21 Asaël wollte nicht von ihm a. 22.23.26.27
 24,16 es ist genug; l. nun deine Hand ab
1Kö 15,21 l. (Bascha) ab, Rama auszubauen 2Ch 16,5
2Kö 3,3 l. nicht ab (von den Sünden Jerobeams) 10,29.31; 13,2.6.11; 14,24; 15,9.18.24.28; 17,22
2Ch 20,32 l. nicht ab... was dem HERRN wohlgefiel
 35,22 Josia l. nicht ab
Hi 7,16 l. ab von mir 10,20; Ps 39,14
Ps 34,15 l. ab vom Bösen und tu Gutes 37,27; Jes 1,16
 77,3 meine Hand ist ausgereckt und l. nicht ab
 85,5 l. ab von deiner Ungnade über uns
Spr 4,13 bleibe in der Unterweisung, l. nicht ab
 17,14 l. ab vom Streit, ehe er losbricht
 19,27 l. du ab, auf Ermahnung zu hören
 23,13 l. nicht ab, den Knaben zu züchtigen
 27,10 von deinem Freund l. nicht ab
Jes 2,22 l. ab von dem Menschen, der nur ein Hauch
 5,25 bei all dem l. sein Zorn nicht ab 9,11.16.20; 10,4
Jer 4,28 ich will auch nicht davon a.
 23,20 des HERRN Zorn wird nicht a. 30,24
 32,40 nicht a. will, ihnen Gutes zu tun
 41,8 da l. er ab und tötete sie nicht
Klg 2,18 dein Augapfel l. nicht ab
Hes 16,42 mein Eifer l. von dir ab
 45,9 l. ab von Frevel
Dan 11,8 wird von dem König des Nordens a.
Am 7,5 ach Herr HERR, l. ab
Jon 1,11 daß das Meer von uns a. 12.15
Jdt 4,11 erhören, wenn ihr nicht a.
Sir 35,21 das Gebet l. nicht ab, bis es vor Gott
 38,10 l. ab von der Sünde
 43,33 preist ihn und l. nicht ab
 47,24 der Herr l. nicht ab von s. Barmherzigkeit
 48,16 das Volk l. von seinen Sünden nicht ab
Bar 2,13 l. ab von deinem Grimm über uns
2Ma 5,18 daß er von seinem... Vorgehen a. mußte
 8,5 der Herr l. von seinem Zorn ab
Mt 22,22 sie l. ab und gingen davon Mk 12,12
Lk 7,45 hat nicht abg., meine Füße zu küssen
 8,24 *es l. ab, und ward eine Stille*
 9,39 l. kaum von ihm ab und reibt ihn ganz auf
 22,51 l. ab! sprach Jesus: L. ab! Nicht weiter!
Apg 5,38 l. ab von diesen Menschen und laßt sie
 20,31 daß ich drei Jahre lang nicht abg. habe
 22,29 l. ab von ihm, die ihn verhören sollten
Kol 1,9 l. wir nicht ab, für euch zu beten
2Ti 2,19 es l. a. von Ungerechtigkeit, wer den Namen des Herrn nennt
Heb 12,3 *auf daß ihr nicht in eurem Mut a.*

ablegen

1Mo	38,19	l. den Schleier ab 5Mo 21,13; Spr 25,20; Hes 26,16; 42,14; Jon 3,6
	44,11	sie l. ein jeder seinen Sack ab Est 4,4
2Mo	33,5	l. deinen Schmuck ab
1Sm	17,39	(David) l. (seine Rüstung) ab 1Kö 20,11
2Kö	25,29	l. die Kleider seiner Gefangenschaft ab Jer 52,33
Dan	6,3	sollten die Statthalter Rechenschaft a.
Jdt	10,2	(Judit) l. das Bußgewand ab
1Ma	10,62	befahl, daß Jonatan seine Kleider a. sollte
2Ma	8,35	nachdem er sein... Gewand abg. hatte
Jh	13,4	da stand er auf, l. sein Obergewand ab
Apg	7,58	die Zeugen l. ihre Kleider ab 58
Rö	13,12	laßt uns a. die Werke der Finsternis
Eph	4,22	l. von euch ab den alten Menschen 25; Kol 2,11; 3,8; 1Pt 2,1; Heb 12,1; Jak 1,21

ableugnen

3Mo	5,21	daß er seinem Nächsten a. 22

ablösen

3Mo	3,4	an den Nieren soll er ihn a. 9.10.15; 4,9; 7,4
	27,2	ein Gelübde, das abg. werden soll 13.15.19. 20.27.28.31.33
Hi	30,30	meine Haut l. sich ab von mir

Ablösung

Hi	14,14	wollte ich harren, bis meine A. kommt

Abmachung

Neh	10,1	wollen wir eine feste A. treffen 30
	11,23	A., an welchem Tag jeder zu singen hatte
1Ma	8,26	die Römer werden diese A. halten 28

abmessen

4Mo	35,5	sollt a. außerhalb der Stadt
5Mo		sollen den Weg a. von den Erschlagenen bis
2Sm	8,2	m. sie mit der Meßschnur ab
Hes	4,11	das Wasser sollst du abg. trinken 16
	45,3	auf diesem abg. Raum sollst du a.

abmühen

Pr	2,22	womit er sich a. unter der Sonne 3,9
Jes	16,12	wenn Moab sich a. bei den Altären
	53,11	weil seine Seele sich abg. hat
	57,10	hast dich abg. mit der Menge deiner Wege
Sir	38,33	er muß sich a. mit seinen Füßen a.
1Ko	4,12	m. uns ab mit unsrer Hände Arbeit
Kol	1,29	dafür m. ich mich auch ab und ringe

abnagen

Hi	30,3	die das dürre Land a.
Jer	50,17	danach n. ihre Knochen ab Nebukadnezar

abnehmen

1Mo	8,3	die Wasser n. ab 5; Jos 3,16
2Mo	13,19	hatte den *Söhnen Israels einen Eid abg.
4Mo	4,5	sollen den inneren Vorhang a.
1Sm	31,9	n. (Saul) seine Rüstung ab
2Sm	3,1	das Haus Sauls n. immer mehr ab

1Kö	22,3	wir n. es nicht dem König von Aram ab
Hi	22,6	hast ein Pfand abg. ohne Grund
Ps	12,2	die Heiligen haben abg.
Jes	7,20	zu der Zeit wird der Herr den Bart a.
	24,6	darum n. die Bewohner der Erde ab
Hes	21,31	n. ab die Krone
Wsh	7,18	wie die Tage zu- und a.
Sir	43,7	(der) Mond ist ein Licht, das a.
2Ma	4,38	ließ dem Andronikus das Purpurkleid a.
Mt	3,11	ich bin nicht genug, ihm die Schuhe a.
	25,28	n. ihm den Zentner ab Lk 19,24
Mk	15,46	n. (den Leichnam) ab und wickelte ihn in das Tuch Lk 23,53
Lk	12,33	macht euch einen Schatz, der niemals a.
Jh	3,30	er muß wachsen, ich aber muß a.
	19,38	daß er den Leichnam Jesu a. dürfe 31

Abner

1Sm	14,50	(Sauls) Feldhauptmann hieß A. 51; 17,55.57; 20,25; 26,5.7.14.15
2Sm	2,8	A. nahm Isch-Boschet 12.14.17.19-26.29-31
	3,6	stärkte A. das Haus Sauls 7-9.11
	12	A. sandte Boten zu David 16-26
	27	als A. zurückkam, führte ihn Joab beiseite 28-33.37; 4,1.12; 1Kö 2,5.32
1Ch	8,33	Ner zeugte A. 9,39; 26,28
	27,21	Jaasiël, der Sohn A.

abnötigen

Phm	14	damit das Gute dir nicht abg. wäre

abordnen

2Mo	6,13	der HERR o. sie ab an die *Israeliten

abplagen

Mk	6,48	er sah, daß sie sich a. beim Rudern

Abraham, Abram

1Mo	11,26	Terach zeugte A. 27.31; Jos 24,2
	29	da nahmen sich A. und Nahor Frauen 22,23; 24,15
	29	A. Frau hieß Sarai 31; 16,3; 20,18
	12,1	der HERR sprach zu A.: Geh aus 4-7; 13,14. 18; Jos 24,3; Apg 7,2
	4	A. war 75 Jahre alt 16,16; 17,1.24; 21,5; 25,7
	9	danach zog A. ins Südland 13,1; 20,1
	10	A. hinab nach Ägypten 14.16-18
	13,2	A. war sehr reich an Vieh
	5	Lot, der mit A. zog 7.8.12.14
	14	sprach der HERR zu A.: Sieh nach Norden
	14,12	nahmen mit sich Lot, A. Brudersohn 13.14
	19	(Melchisedek:) Gesegnet seist du, A. 20-23; Heb 7,1.2.4-6.9
	15,1	daß zu A. das Wort des HERRN kam: Fürchte dich nicht, A. 2.3.8.13
	6	A. glaubte dem HERRN, und das rechnete 26,5; Rö 4,1-3.9.12 13.16; Gal 3,6.9; Jak 2,21. 23
	11	A. scheuchte (die Raubvögel) davon
	12	fiel ein tiefer Schlaf auf A.
	18	schloß der HERR einen Bund mit A. 2Mo 2,24; 3Mo 26,42; 2Kö 13,23; 1Ch 16,16
	16,1	Sarai, A. Frau, gebar ihm kein Kind 2.3.5.6
	15	Hagar gebar A. einen Sohn, und A. nannte den Sohn Ismael 21,9-11; 25,12; 28,9

Abraham

1Mo	17,3	da fiel A. auf sein Angesicht 17
	5	sollst nicht mehr A. heißen, sondern A.
	9	Gott sprach zu A. 15.22; 18,13.33; Apg 3,25
	18	A. sprach zu Gott 18,22.27.30
	23	A. beschnitt ihre Vorhaut 26
	18,6	A. eilte in das Zelt zu Sara 11
	16	A. ging mit ihnen, um sie zu geleiten 33
	17	wie könnte ich A. verbergen, was ich tun 19
	19,27	A. machte sich am Morgen auf 21,14; 22,3
	29	Gott gedachte an A.
	20,9	Abimelech rief A. auch herzu 10.11.14; 21,22. 24.25.27-29
	17	A. betete zu Gott
	21,2	Sara gebar A. einen Sohn 3.7.8; 25,19
	33	A. pflanzte einen Tamariskenbaum
	22,1	versuchte Gott A. und sprach: A. 4.6-9.11. 13-15.19
	20	daß A. angesagt wurde: Milka hat Söhne 23
	23,2	kam A., daß er (Sara) beklagte 19
	5	antworteten die Hetiter A. 7.10.12.14.16.17
	17	wurde Ephrons Acker A. Eigentum 20; 25,10; 49,30; 50,13; Apg 7,16
	24,1	A. war alt und hochbetagt 6.9
	12	HERR, du Gott A. 27.42.48; 32,10
	12	tu Barmherzigkeit an A.
	34	ich bin A. Knecht 52.59; 26,24
	25,1	A. nahm wieder eine Frau, Ketura
	5	A. gab all sein Gut Isaak
	8	A. starb in einem guten Alter 10.11; 49,31
	26,1	Hungersnot, die zu A. Zeiten war 15.18
	3	Eid, den ich A. geschworen Lk 1,73; Gal 3,8. 16.18; Heb 6,13.15
	24	bin der Gott deines Vaters A. 28,13
	28,4	(Gott) gebe dir den Segen A.
	4	Land, das Gott dem A. gegeben 35,12
	31,42	der Gott A. und der Schrecken Isaaks 53
	35,27	wo A. und Isaak als Fremdlinge gelebt
	48,15	der Gott, vor dem A. und Isaak gewandelt
	16	daß meiner Väter A. und Isaak Name fortlebe
	50,24	Land, das er A., Isaak und Jakob geschworen 2Mo 6,8; 33,1; 4Mo 32,11; 5Mo 1,8; 6,10; 30,20; 34,4
2Mo	3,6	Gott A., Gott Isaaks und Gott Jakobs 15.16; 4,5; Tob 7,15; GMn 1.8; Mt 22,32; Mk 12,26; Lk 20,37; Apg 3,13; 7,32
	6,3	bin erschienen A., Isaak und Jakob
	32,13	gedenke an deine Knechte A., Isaak und Israel 5Mo 9,27
5Mo	9,5	das Wort, das er geschworen hat A. 29,12
1Kö	18,36	HERR, Gott A., Isaaks und Israels 1Ch 29,18; 2Ch 30,6
1Ch	1,28	die Söhne A. 27.32.34; Mt 1,1.2; Lk 3,34; Gal 4,22
2Ch	20,7	hast es den Nachkommen A. gegeben
Neh	9,7	der du A. erwählt und A. genannt hast
Ps	47,10	versammelt als Volk des Gottes A.
	105,6	du Geschlecht A., deines Knechts 9.42
Jes	29,22	der HERR, der A. erlöst hat
	41,8	du Sproß A., meines Geliebten
	51,2	schaut A. an, euren Vater
	63,16	A. weiß von uns nichts
Jer	33,26	Herrscher über die Nachkommen A.
Hes	33,24	A. war ein einzelner Mann
Mi	7,20	du wirst A. Gnade erweisen
Jdt	8,19	wie A. versucht... ist 1Ma 2,52
Sir	44,20	A. war der Vater vieler Völker
	24	hat den Bund bestätigt um A. willen
Mt	1,17	alle Glieder von A. bis zu David sind vierzehn
Mt	3,9	Gott vermag A. Kinder zu erwecken Lk 3,8
	9	wir haben A. zum Vater Lk 3,8; Jh 8,33.37-40
	8,11	viele werden mit A. im Himmelreich sitzen
Lk	1,55	unsern Vätern, A. und seinen Kindern in Ewigkeit
	13,16	A. Tochter am Sabbat von dieser Fessel gelöst
	28	sehen werdet A., Isaak und Jakob im Reich Gottes
	16,22	der Arme wurde von Engeln getragen in A. Schoß 23-25.29
	19,9	auch er ist A. Sohn
Jh	8,39	A. Kinder, so tätet ihr A. Werke 40
	53	bist du mehr als unser Vater A. 52
	58	ehe A. wurde, bin ich 56.57
Apg	7,1	Gott erschien unserm Vater A.
	17	Verheißung, die Gott A. zugesagt hatte
	13,26	ihr Söhne aus dem Geschlecht A.
Rö	9,7	nicht alle, die A. Nachkommen sind, sind (Gottes) Kinder
	11,1	ich bin auch ein Israelit, vom Geschlecht A.
2Ko	11,22	sie sind A. Kinder – ich auch
Gal	3,7	die aus dem Glauben sind, das sind A. Kinder
	14	damit der Segen A. unter die Heiden komme
	29	gehört ihr Christus, so seid ihr A. Kinder
1Pt	3,6	wie Sara A. gehorsam war
Heb	2,16	der Kinder A. nimmt er sich an
	11,8	durch den Glauben wurde A. gehorsam 17

abrechnen

3Mo	25,27	soll die Jahre a., seitdem er's verkauft
Sir	41,24	daß du schlecht bestehst, wenn du a. sollst
	42,3	mit dem Nächsten genau a.
Mt	18,23	König, der mit seinen Knechten a. wollte 24

abreiben

Hes	16,4	man hat dich nicht mit Salz abg.

abreißen

2Mo	32,2	r. ab die goldenen Ohrringe 24
1Sm	15,27	aber (der Zipfel seines Rocks) r. ab
Ps	80,13	daß jeder seine Früchte a.
Jer	22,24	so wollte ich dich doch a.
Jo	2,8	dabei r. ihr Zug nicht ab
1Ma	1,23	(Antiochus) ließ den Goldüberzug a.
Mt	9,16	der Lappen r. doch wieder vom Kleid ab Mk 2,21
Apg	16,22	ließen ihnen die Kleider a.

abriegeln

1Ch	12,16	als er voll war und alle Täler a.

Abrona

4Mo	33,34	lagerten sich in A. 35

abrupfen

5Mo	23,26	so darfst du mit der Hand Ähren a.

absagen

Hi	1,5	meine Söhne könnten Gott abg. haben
	11	er wird dir ins Angesicht a. 2,5
	2,9	s. Gott ab und stirb

Ps	10,3	der Habgierige s. dem HERRN ab
Lk	14,33	*der nicht a. allem, was er hat*
Tit	2,12	*daß wir a. dem ungöttlichen Wesen*

Absalom

2Sm	3,3	(wurden David Söhne geboren) A. 1Ch 3,2
	13,1	A. hatte eine schöne Schwester 4.20.22
	23	A. lud alle Söhne des Königs ein 25-27
	28	A. gebot: Schlagt Amnon nieder 29.30.32
	34	A. aber floh 37.39
	14,1	daß des Königs Herz an A. hing 33
	21	bringe meinen Sohn A. zurück 23.24.28
	25	es war kein Mann so schön wie A.
	27	A. wurden drei Söhne geboren
	29	A. sandte zu Joab 30-32
	15,1	daß A. sich einen Wagen anschaffte 2.3
	4	A. sprach: Wer setzt mich zum Richter 6
	7	sprach A. zum König
	10	ruft: A. ist König geworden 11-14
	31	Ahitofel im Bund mit A. 34
	37	A. zog in Jerusalem ein 16,15
	16,8	das Königtum gegeben... A.
	16	als Huschai zu A. hineinkam 17.18
	20	A. sprach zu Ahitofel 21.23
	22	A. ging zu den Nebenfrauen seines Vaters
	17,1	Ahitofel sprach zu A. 4-7.9.14.15.18.20
	24	A. zog über den Jordan 25.26
	18,5	verfahrt mir schonend mit A. 12.29.32
	9	A. begegnete den Männern Davids 10
	14	Joab stieß (drei Stäbe) A. ins Herz 17
	18	A. hatte sich eine Säule aufgerichtet
	19,1	mein Sohn A. 2.5.7.10.11
	20,6	wird uns Scheba mehr Schaden tun als A.
1Kö	1,6	geboren als der nächste Sohn nach A.
	2,7	als ich vor deinem Bruder A. floh Ps 3,1
	28	Joab hatte Adonija angehangen und nicht A.

Absatz

1Kö	6,6	machte A. außen am Hause ringsumher
Hes	41,16	hatten einen A. am Dach 42,3.5; 43,14.17.20
	45,19	besprengen die Ecken des A. am Altar

abschaben

3Mo	14,41	soll man a. und den abg. Lehm hinaus

abschaffen

2Kö	23,11	s. die Rosse ab... für den Dienst der Sonne
Dan	9,27	wird er Schlachtopfer und Speisopfer a.
	11,31	werden das tägliche Opfer. 12,11
2Ma	4,11	(Jason) s. die alten Einrichtungen ab

abschälen

Jo	1,7	s. (meinen Feigenbaum) ganz und gar ab

Abschalom

1Ma	11,70	Mattatias, der Sohn A.
	13,11	Jonatan, Sohn A.
2Ma	11,17	Johannes und A., eure Gesandten

Abschaum

1Ko	4,13	wir sind geworden wie der A. der Menschheit

abscheiden

Wsh	3,2	ihr A. wird für Strafe gehalten
Apg	20,29	nach meinem A. werden kommen Wölfe
Phl	1,23	ich habe Lust, a.
2Ti	4,6	die Zeit meines A. ist vorhanden
2Pt	1,15	nach meinem A. solches im Gedächtnis halten

abscheren

3Mo	14,8	der sich reinigt, soll seine Haare a. 9; 4Mo 6,19; 8,7; 5Mo 21,12; 2Sm 14,26; Jes 22,12; Jer 7,29; 9,25; 25,23; 49,32; Mi 1,16
Ri	6,37	will ich abg. Wolle auf die Tenne legen
2Sm	10,4	ließ ihnen den Bart halb a. Jer 41,5; 48,37

Abscheu

5Mo	7,26	sollst Ekel und A. davor haben
Ps	88,9	hast mich ihnen zum A. gemacht
	106,40	sein Erbe wurde ihm zum A.
Jer	14,19	hast du einen A. gegen Zion
Hes	16,25	machtest deine Schönheit zum A.
	20,43	werdet vor euch selbst A. haben

abscheulich

3Mo	20,21	so ist das eine a. Tat

Abschied

Lk	9,61	erlaube mir, daß ich A. nehme von denen, die
Apg	18,18	danach nahm er A. von den Brüdern 21; 20,1; 21,6; 2Ko 2,13
	20,29	daß nach meinem A. reißende Wölfe zu euch kommen werden

abschießen

Wsh	5,12	wie wenn ein Pfeil abg. wird

abschinden

Mi	3,2	ihr s. ihnen die Haut ab

abschlachten

2Ma	5,6	Jason s. seine Mitbürger ab

abschlagen

Ri	21,6	heute ist ein Stamm von Israel abg.
1Sm	5,4	(Dagons) Haupt und Hände abg. 2Kö 6,32
Jer	48,25	das Horn Moabs ist abg.
Sa	2,4	sind gekommen, die Hörner der Völker a.
Jdt	12,14	wie dürfte ich meinem Herrn das a.
	13,24	daß du dem Feldhauptmann unsrer Feinde den Kopf a. kommtest 16,11
Tob	9,5	gebeten, daß ich's ihm nicht a. kann
Sir	4,4	die Bitte des Elenden s. nicht ab

abschleppen

Jes	45,20	die sich a. mit den Klötzen

abschließen

2Ma	4,23	um notwendige Regierungsgeschäfte a.

Abschluß

Abschluß
Esr 10,17 brachten's zum A. bei allen Männern

abschneiden
3Mo 19,9 bis an die Ecken deines Feldes a. 23,22
27 sollt euer Haar nicht a. Hes 44,20; 1Ko 11,6
4Mo 13,23 s. dort eine Rebe ab 24
Ri 16,19 der ihm die 7 Locken seines Hauptes a.
1Sm 24,6 daß er den Zipfel vom Rock Sauls abg.
2Sm 10,4 ließ ihnen die Kleider halb a. 1Ch 19,4
2Kö 6,6 s. (Elisa) einen Stock ab und stieß dahin
Hi 6,9 Gott den Lebensfaden a. Jes 38,12; Jer 51,13
24,24 wie die Spitzen der Ähren abg.
Jes 15,2 jeder Bart ist abg.
18,5 wird er die Ranken mit Winzermessern a.
Jer 36,23 s. er sie ab mit einem Schreibmesser
Hes 16,4 wurde deine Nabelschnur nicht abg.
23,25 sollen dir Nase und Ohren a.
Jdt 13,9 sie s. (Holofernes) den Kopf ab
Wsh 18,23 s. ihm den Weg zu den Lebenden ab
2Ko 11,12 *die Ursache a. denen, die Ursache suchen*

abschrecken
Esr 4,4 das Volk s. sie vom Bauen ab
Neh 6,14 Propheten, die mich a. wollten 19
Hi 31,34 weil die Verachtung mich abg. hat
Sa 2,4 diese sind gekommen, jene a.

abschreiben
Sir 8,15 leihst du ihm etwas, so s. es ab

Abschrift
5Mo 17,18 eine A. dieses Gesetzes schreiben Jos 8,32
Esr 4,11 dies ist die A. des Briefes 5,6; 7,11
Est 3,14 das Gesetz erlassen 4,8; 8,13
Jer 32,11 nahm die offene A. 14
Bar 6,1 dies ist die A. des Briefes, den Jeremia
1Ma 8,22 schickten die A. nach Jerusalem
11,31 wir senden euch eine A. des Briefes 37; 14,23; 15,24
12,19 die A. des Briefes, den Areus gesandt
14,49 eine A. in die Schatzkammer legen

abschütteln
Ps 109,23 ich werde abg. wie Heuschrecken
Jes 52,2 s. den Staub ab, steh auf
Lk 10,11 den Staub s. wir ab auf euch

abseits
Hos 4,14 weil ihr selbst a. geht mit den Huren
Lk 9,10 *entwich a. in eine Stadt... Bethsaida*

absenden
Jh 1,24 sie waren von den Pharisäern abg.

absetzen
1Kö 15,13 s. (Asa) seine Mutter ab 2Ch 15,16
20,24 tu nun das: S. die Könige alle ab
2Kö 23,5 (Josia) s. die Götzenpriester ab
2Ch 36,3 der König von Ägypten s. (Joahas) ab
Jes 28,9 die von der Brust abg. sind

Dan 2,21 er s. Könige ab
Bar 6,34 können einen König weder einsetzen noch a.
Lk 16,4 mich aufnehmen, wenn ich... abg. werde

Absicht
1Mo 31,52 daß ich nicht vorüberziehe in böser A.
4Mo 35,22 wirft etwas auf ihn ohne A.
2Ma 3,8 A., den Befehl des Königs auszuführen
10,24 mit der A., Judäa einzunehmen
11,2 A., Griechen in Jerusalem anzusiedeln
12,7 zog er ab in der A., wiederzukommen
15,39 wenn... gelungen, so war das meine A.
Phl 1,15 einige predigen Christus in guter A.
Jak 4,3 ihr empfangt nichts, weil ihr in übler A. bittet

absonderlich
Wsh 14,23 feiern wilde Gelage nach a. Satzungen

absondern
3Mo 15,31 die *Israeliten wegen ihrer Unreinheit a.
20,24 der euch von den Völkern abg. hat 26; 4Mo 23,9
25 daß ihr a. sollt das reine Vieh
4Mo 8,14 sollst die Leviten a.
12,14 laß sie abg. sein sieben Tage 15
31,42 Hälfte, die Mose für die *Israeliten a.
5Mo 14,22 sollst alle Jahre den Zehnten a.
29,20 (der HERR) wird ihn zum Unheil a.
2Ch 25,10 da s. Amazja die Kriegsleute ab
35,12 die Brandopfer s. sie ab
Esr 6,21 alle, die sich zu ihnen abg. hatten
9,1 haben sich nicht abg. von den Völkern Neh 9,2; 10,29; Est 3,8
Spr 18,1 wer sich a., der sucht, was ihn gelüstet
Jes 14,31 keiner s. sich ab von seinen Scharen
Hes 45,1 sollt eine Abgabe a. 48,8.9
1Ma 1,12 da wir uns von den Heiden abg. haben
StE 3,5 daß du Israel von allen Heiden abg. hast
Apg 19,9 trennte er sich von ihnen und s. die Jünger ab
2Ko 6,17 darum „geht aus von ihnen und s. euch ab"
Gal 2,12 zog er sich zurück und s. sich ab
Heb 7,26 *Hohenpriester... von den Sündern abg.*

abspenstig
Apg 19,26 daß dieser Paulus viel Volk a. macht
Gal 4,17 sie wollen euch von mir a. machen

abspülen
2Ch 4,6 Brandopfer... sollte man darin a.

abstammen
1Mo 35,11 Könige sollen von dir a.
Jdt 5,5 dies Volk s. von den Chaldäern ab
Heb 7,5 obwohl auch diese von Abraham a.

Abstammung
4Mo 1,20 die Söhne Rubens nach ihrer A. 22-42

Abstand
Jos 3,4 daß zwischen euch und ihr ein A. sei

abstehen

1Sm	23,13	s. (Saul) ab von seinem Zuge
Ps	37,8	s. ab vom Zorn
	49,9	er muß davon a. ewiglich

absteigen

2Kö	5,14	s. ab und tauchte unter im Jordan siebenmal

absterben

Sir	10,20	er hat viele von ihnen a. lassen
Rö	6,2	Sünde, der wir abg. sind 1Pt 2,24
	7,6	(dem Gesetz) abg., das uns gefangenhielt
Kol	2,20	wenn ihr abg. seid den Elementen der Welt
Jud	12	Bäume, zweimal abg. und entwurzelt

abstoßen

Hi	15,33	Weinstock, der die Trauben unreif a.
Lk	8,22	sie s. vom Land a.
Apg	27,4	von da s. wir ab und fuhren

abstreifen

Dan	4,11	s. ihm das Laub ab

abstreiten

Lk	8,45	als es alle a., sprach Petrus

abstumpfen

Eph	4,19	sie sind abg. und haben sich... ergeben

Abteilung

2Kö	11,7	zwei A. sollen Wache halten 2Ch 23,8
2Ch	26,11	Heer, das in A. in den Kampf zog Hi 1,17
	35,5	entsprechend den A. der Sippen 12
	10	die Leviten in ihren A. 5; Esr 6,18
Mt	27,27	sammelten die ganze A. um ihn Mk 15,16
Apg	10,1	ein Hauptmann der A., die die Italische genannt wurde
	21,31	kam die Nachricht vor den Oberst der A.
	27,1	einem Hauptmann von einer kaiserlichen A.

abtragen

3Mo	26,41	werden die Strafe für ihre Missetat a. 43

abtrennen

3Mo	5,8	soll den Kopf nicht ganz a.
2Kö	10,32	fing der HERR an, Stücke von Israel a.

abtreten

2Kö	11,7	die am Sabbat a. 9; 2Ch 23,8
2Ti	2,19	es t. ab von Ungerechtigkeit, wer

abtrünnig

5Mo	7,4	werden eure Söhne mir a. machen
2Kö	8,22	blieben die Edomiter a. von Juda 2Ch 21,10
	18,7	wurde a. vom König von Assyrien 20; 24,1
	20	Zedekia wurde a. von Babel 2Ch 36,13
2Ch	13,6	Jerobeam wurde seinem Herrn a.
Ps	58,4	die Gottlosen sind a. vom Mutterschoß an
	78,8	(daß sie) nicht würden ein a. Geschlecht
	106,39	wurden a. durch ihr Tun
Jes	30,1	weh den a. Söhnen
	57,4	seid ihr nicht a. Kinder
	59,13	(unsre Sünden:) a. sein
	64,4	zürntest, als wir a. wurden
	66,24	die Leichname derer, die von mir a. waren
Jer	3,11	das a. Israel steht gerechter da 12.14.22
	5,23	dies Volk hat ein a. Herz... bleiben a.
	6,28	sie sind ganz und gar a.
	31,22	wie lang willst du... du a. Tochter
Hes	2,3	zu dem a. Volk, das vor mir a. geworden
Dan	9,5	wir sind a. geworden 9; Hos 7,13
Hos	9,15	alle ihre Oberen sind a.
Sir	15,11	darfst nicht sagen: Bin ich a. geworden
	16,8	Riesen der Vorzeit, die a. wurden
1Ma	7,5	kamen zu ihm a. Leute aus Israel
	9	er schickte mit ihm den a. Alkimus
	9,23	wurden die a. Leute wieder mächtig
2Ma	1,7	als Jason von dem Königtum a. geworden
	5,8	gehaßt, weil er von den Gesetzen a. war
	13,7	mußte auch der a. Menelaus sterben
Mt	12,39	ein a. Geschlecht fordert ein Zeichen 16,4
Mk	8,38	wer sich meiner und meiner Worte schämt unter diesem a. Geschlecht

Abtrünniger

Ps	66,7	die A. können sich nicht erheben
	68,7	die A. läßt er bleiben in dürrem Lande
	19	die A. müssen sich vor dir bücken
Jes	1,23	deine Fürsten sind A.
	46,8	gedenket daran, ihr A.
	48,8	man dich nennt „A. von Mutterleib an"
Jer	3,6	was Israel, die A., tat 8
	12,1	die A. haben alles in Fülle
	17,13	die A. müssen auf die Erde
Hes	20,38	will die A. aussondern
Dan	11,14	auch werden sich A. erheben
1Ma	2,44	erschlugen viele Gottlose und A. 47; 3,5.6; 7,24
	6,21	zu ihnen stießen A. aus Israel
	7,23	daß die A. aus Israel Schaden anrichteten
	9,58	die A. im Lande hielten Rat
	61	Männer, die Anführer der A. waren
	69	(Bakchides) wurde zornig auf die A.
	10,14	in Bet-Zur blieben einige von den A.
	61	einige A. kamen zum König 11,21.25
Heb	12,16	daß nicht jemand sei ein A. wie Esau
Jak	4,4	ihr A., wißt ihr nicht, daß

Abtrünnigkeit

Jes	50,1	eure Mutter ist um eurer A. willen entlassen
	58,1	verkündige meinem Volk seine A.
	59,12	unsre A. steht uns vor Augen
Hos	14,5	will ihre A. wieder heilen

abtun

2Mo	34,34	wenn er hineinging, t. er die Decke ab
5Mo	31,6	der HERR wird die Hand nicht a. 8; Ps 27,9
Neh	6,3	wenn ich die Hand a. 9
Est	8,2	der König t. ab seinen Fingerreif
Jes	36,7	dessen Höhen und Altäre Hiskia abg. hat
Klg	4,22	deine Schuld ist abg.
Dan	9,24	dann wird die Sünde abg.
Lk	23,32	daß sie mit ihm abg. würden
1Ko	13,11	als ich ein Mann wurde, t. ich ab, was kindlich

abtun

2Ko 3,14 weil (diese Decke) nur in Christus abg. wird 16
Eph 2,15 hat (Christus) abg. das Gesetz
1Pt 3,21 *wird nicht die Unreinigkeit am Fleisch abg.*
Heb 6,1 *Lehre vom A. der toten Werke*
Off 22,19 *so wird Gott a. seinen Anteil*

Abub

1Ma 16,11 Ptolemäus, der Sohn A. 15

aburteilen

Hi 34,26 er u. sie ab wie die Gottlosen

abwälzen

Jos 5,9 habe die Schande Ägyptens von euch abg.
Mt 28,2 *ein Engel w. den Stein ab Mk 16,4; Lk 24,2*

abwarten

Rut 3,18 w. nun ab, meine Tochter

abwärts

Hes 1,27 a. erblickte ich etwas wie Feuer 8,2

abwaschen

3Mo 14,8 soll sich mit Wasser a. 9; 15,5-8.10.11.13. 16-18.21.22.27; 16,4.24.26.28; 17,15.16; 22,6; 4Mo 19,7.8.19
4Mo 5,23 soll der Priester diese Flüche a.
Jes 4,4 wenn der Herr den Unflat a. wird
Apg 16,33 w. ihnen die Striemen ab
22,16 laß dich taufen und deine Sünden a.
1Ko 6,11 ihr seid abg., ihr seid geheiligt
1Pt 3,21 in (der Taufe) wird nicht der Schmutz vom Leib abg.

Abweg

Spr 2,15 die krumme Wege gehen und auf A. kommen
3,32 wer auf A. geht, ist dem HERRN ein Greuel
14,2 wer ihn verachtet, der geht auf A.
Hes 37,23 will sie retten von ihren A.

Abwehr

Jer 33,4 Bollwerke zu machen zur A.

abwehren

2Sm 5,6 Blinde und Lahme werden dich a.
Ps 118,10 im Namen des HERRN will ich sie a. 11.12
1Ma 4,41 die die Leute in der Burg a. sollten
6,27 dich nicht beeilst, sie a.
9,9 sie wollten nicht, w. ab und sagten

abweichen

2Mo 23,2 der Menge nachgibst und vom Rechten a.
4Mo 22,23 die Eselin w. vom Weg ab
5Mo 2,27 will weder zur Rechten noch zur Linken a.
9,12 sind schnell abg. von dem Wege 16; 31,29
11,28 Fluch, wenn ihr a. von dem Wege
17,11 daß du davon nicht a.
28,14 (weil du) nicht a. von all den Worten
1Sm 12,20 doch w. nicht vom HERRN ab
1Kö 22,43 er w. nicht davon ab 2Kö 18,6; 22,2
Hi 23,11 ich bewahrte seinen Weg und w. nicht ab
Ps 14,3 sie sind alle abg. Rö 3,12
125,5 die a. auf krummen Wege
Spr 7,25 laß dein Herz nicht a. auf ihren Weg
Jes 30,11 w. ab vom Wege
31,6 von welchem ihr so sehr abg. seid
Hes 44,10 Leviten, die von mir abg. sind
Dan 9,5 wir sind von deinen Geboten abg. 11
Mal 2,8 ihr aber seid von dem Wege abg.
3,7 ihr seid immerdar abg. von meinen Geboten
Jdt 5,15 wenn es vom Dienst des Herrn a. 20
Bar 3,8 die von dem Herrn abg. sind 4,13.28

abweiden

2Mo 22,4 sein Vieh das Feld eines andern a. läßt
Ps 80,14 es haben die Tiere des Feldes ihn abg.
Spr 27,25 ist das Gras abg. und Grünes nachgewachsen
Jes 3,14 ihr habt den Weinberg abg.
Jer 6,3 ein jeder seinen Platz a.

abweisen

1Kö 2,16 wollest mich nicht a. 17.20
2Ch 6,42 w. nicht ab das Antlitz deines Gesalbten Ps 132,10
Spr 18,19 ein gekränkter Bruder ist a. als
Jdt 1,10 sie hatten (die Boten) abg.
Wsh 11,14 den sie später abg. hatten
Sir 38,21 Traurigkeit w. ab und denk ans Ende
1Ti 4,7 *die ungeistlichen Altweiberfabeln w. ab*
5,11 jüngere Witwen w. ab
Heb 12,25 die den a., der auf Erden redete

abwenden

1Mo 9,23 ihr Angesicht war abg.
5Mo 13,18 daß der HERR von seinem Zorn abg. werde Ps 78,38; 85,4; 106,23; Jer 18,20; Dan 9,16; Jon 3,9
17,17 daß sein Herz nicht abg. werde
29,17 dessen Herz sich heute a. von dem HERRN
Jos 22,23 daß wir uns von dem HERRN a. wollten 29
25 Nachkommen von der Furcht des HERRN a.
23,12 wenn ihr euch a. und diesen Völkern anhangt
24,20 so wird er sich a. und euch plagen
Ri 20,39 als die Männer von Israel sich abg. hatten
Rut 2,20 der seine Barmherzigkeit nicht abg. hat
1Sm 15,11 (Saul) hat sich von mir abg.
17,26 der die Schande von Israel a.
2Sm 2,30 Joab w. sich von Abner ab
1Kö 9,6 werdet ihr euch von mir a.
11,9 sein Herz von dem HERRN abg.
21,4 Ahab w. sein Antlitz ab und aß nicht
22,33 die Obersten w. sich von ihm ab 2Ch 18,32
2Kö 17,21 Jerobeam w. Israel ab vom HERRN
2Ch 29,6 von der Wohnung des HERRN abg.
Hi 10,8 danach hast du dich abg.
33,17 damit er den Menschen von s. Vorhaben a.
Ps 119,37 w. meine Augen ab, daß sie nicht sehen
Spr 28,9 wer sein Ohr a., um nicht zu hören
27 wer seine Augen a., der wird verflucht
Pr 10,4 Gelassenheit w. großes Unheil ab
Hl 5,6 meine Seele war außer sich, daß er sich abg.
Jes 47,11 daß du nicht durch Sühne a. kannst 12

Jes	57,8	hast dich von mir abg.
	59,20	für die, die sich von der Sünde a.
Jer	28,16	du hast sie vom HERRN abg. 29,32
Klg	1,8	Jerusalem hat sich abg.
	2,8	der HERR hat seine Hand nicht abg.
	14	wodurch sie dein Geschick abg. hätten
Hes	3,20	sich von seiner Gerechtigkeit a.
	7,22	will mein Angesicht von ihnen a.
	14,6	kehrt um und w. euch ab
Ze	3,15	der HERR hat deine Feinde abg.
Jdt	3,2	w. deinen Zorn von uns ab
Tob	4,7	w. dich nicht von (den Armen) ab... wird sich das Angesicht des Herrn nicht a.
Sir	17,23	w. dich vom Unrecht ab
	18,24	die Stunde, in der er sein Antlitz a.
	41,25	Angesicht von deinen Blutsfreunden a.
Bar	2,8	jeder abg. von den Gedanken
1Ma	3,8	um den Zorn von Israel a.
	10,27	bitten, euch nicht von uns a.
	11,12	er w. sich von Alexander ab 53; 15,27
Mt	5,42	w. dich nicht von dem, der
Jh	6,66	von da an w. sich viele seiner Jünger ab
Apg	7,42	Gott w. sich ab und gab sie dahin
	13,8	daß er den Landvogt vom Glauben a.
Rö	11,26	der a. wird alle Gottlosigkeit von Jakob
	16,17	daß ihr euch in acht nehmt... und euch von ihnen a.
2Ko	11,3	eure Gedanken abg. werden von der Einfalt und Lauterkeit gegenüber Christus
Gal	1,6	daß ihr euch so bald a. laßt von dem, der
1Ti	5,15	schon haben sich einige abg. 2Ti 1,15
2Ti	4,4	sie werden die Ohren a. von der Wahrheit Tit 1,14
1Pt	3,11	er w. sich ab vom Bösen und tue Gutes

abwendig

4Mo	31,16	haben durch Bileams Rat a. gemacht
	32,7	warum macht ihr die Herzen a. 9
Lk	23,2	*wie er unser Volk a. macht 14*

abwerfen

5Mo	28,40	dein Ölbaum wird seine Frucht a.
Hi	15,33	Ölbaum, der seine Blüte a.
Apg	22,23	als sie aber schrien und ihre Kleider a.
Off	6,13	wie ein Feigenbaum seine Feigen a., wenn

abwesend

Wsh	14,17	damit sie dem A. schmeichelten
Phl	1,27	ob ich komme oder a. von euch höre
Kol	2,5	obwohl ich leiblich a. bin, so bin ich doch

Abwesenheit

Phl	2,12	jetzt noch viel mehr in meiner A.

abwiegen

Hes	4,10	daß deine Speise abg. zwanzig Lot sei 16
Sir	42,7	alles a., was du herausgibst

abwischen

Jes	25,8	Gott wird die Tränen a. Off 7,17; 21,4
Sir	22,2	wer ihn aufhebt, muß sich die Hände a.
Bar	6,24	Gold glänzt nicht, wenn man... nicht a. 13

abzählen

2Kö	12,12	man übergab das Geld abg.
1Ch	9,28	mußten (die Geräte) abg. hineintragen
	23,3	Leviten... nach Köpfen abg.
2Ch	2,1	Salomo z. 70.000 ab, die Lasten tragen
Hes	20,37	will euch genau a.

abzäumen

1Mo	24,32	(Laban) z. die Kamele ab

abziehen

3Mo	1,6	dem Brandopfer das Fell a. 2Ch 29,34; 35,11
4Mo	14,34	was es sei, wenn ich die Hand a.
Jos	10,6	z. deine Hand nicht ab von deinen Knechten
1Sm	30,2	(die Amalekiter) waren abg.
2Sm	20,21	gebt ihn allein heraus, so will ich a. 22
1Kö	8,57	er z. die Hand nicht ab von uns
	15,19	damit er von mir abg. 2Ch 16,3
2Kö	3,27	so daß sie von ihm a.
	12,19	da z. er von Jerusalem ab 19,8.36; Jes 37,8
1Ch	28,20	Gott wird die Hand nicht a.
Jer	21,2	damit (Nebukadnezar) von uns a. 34,21
	37,5	waren abg. von Jerusalem abg. 9.11
Mi	3,3	wenn ihr ihnen die Hand abg. habt
Bar	6,58	die z. ihnen das Gold und Silber ab
1Ma	4,35	Lysias z. ab nach Antiochien
	6,4	Antiochus z. mit großem Unmut ab
	32	Judas z. von der Burg ab
2Ma	7,7	sie z. ihm vom Kopf Haut und Haar ab 4
	9,1	Antiochus mit Schanden aus Persien a. 2
	12,7	z. er ab in der Absicht, wiederzukommen
	15,28	als sie mit Freuden wieder a.

abzirkeln

Jes	44,13	behaut das Holz und z. es ab

Abzug

2Ma	13,26	so gingen Anmarsch und A. vor sich

Ach

Hes	2,10	stand geschrieben Klage, A. und Weh

ach, ach daß

1Mo	18,27	a. siehe, ich habe mich unterwunden 31.32
4Mo	14,2	a. d. wir in Ägypten gestorben wären 20,3
Ri	11,35	a., meine Tochter, wie beugst du mich
2Sm	19,5	schrie laut: A., mein Sohn Absalom
1Kö	13,30	hielten ihm die Totenklage: A., Bruder
Hi	10,18	a. d. ich umgekommen wäre 14,13
	16,18	a. Erde, bedecke mein Blut nicht
	23,3	a. d. ich wüßte, wo ich ihn finden könnte
Ps	3,2	a. HERR, wie sind meiner Feinde so viel
	6,2	a. HERR, strafe mich nicht in deinem Zorn
	4	a. du, HERR, wie lange
	14,7	a. d. die Hilfe aus Zion käme 53,7
	74,10	a., Gott, wie lange soll der Widersacher
	116,4	a., HERR, errette mich
	119,78	a. d. die Stolzen zuschanden würden 79
	129,5	a. d. zuschanden würden alle, die 6
Jes	63,19	a. d. du den Himmel zerrissest
Jer	1,6	a., Herr HERR, ich tauge nicht zu predigen
	9,1	a. d. ich eine Herberge hätte in der Wüste
	15,15	a. HERR, du weißt es

ach

Klg	1,9	a. HERR, sieh an mein Elend 11.20
	2,13	a., wem soll ich dich vergleichen
Hes	26,17	a., wie bist du zugrunde gegangen
Tob	10,5	a., mein Sohn, a., mein Sohn
Sir	37,3	a. wo kommt das Übel her
Bar	2,12	a. Herr, wir haben gesündigt GMn 12
1Ma	2,7	a., d. ich dazu geboren bin
	7,37	a. Herr, weil du dieses Haus erwählt
	9,21	a., d. der Held umgekommen ist
Mt	20,30	a. Herr, erbarme dich unser 31
	26,45	a., wollt ihr weiter schlafen Mk 14,41
Lk	7,6	a. Herr, bemühe dich nicht

Achaikus

1Ko 16,17 ich freue mich über die Ankunft des A.

Achaja

Apg	18,12	als Gallio Statthalter in A. war
	27	als (Apollos) nach A. reisen wollte
	19,21	nahm sich Paulus vor, durch A. zu ziehen
Rö	15,26	die (Christen) in Mazedonien und A. 2Ko 9,2; 11,10
1Ko	16,15	daß sie die Erstlinge in A. sind
2Ko	1,1	samt allen Heiligen in ganz A.
1Th	1,7	ein Vorbild für alle Gläubigen in A. 8

Achan

Jos 7,1 A. nahm etwas vom Gebannten 18-20.24; 22,20; 1Ch 2,7

Achat

2Mo 28,19 die dritte (Reihe sei) ein A. 39,12

Achban

1Ch 2,29 Abihajil; die gebar ihm A. und Molid

Achbor

1Mo	36,38	¹Baal-Hanan, der Sohn A. 39; 1Ch 1,49
2Kö	22,12	²A., dem Sohn Michajas 14; 2Ch 34,20
Jer	26,22	Elnatan, den Sohn A. 36,12

Achim

Mt 1,14 Zadok zeugte A. A. zeugte Eliud

Achior

Jdt	5,3	¹A., der Oberste aller Ammoniter 24.26; 6,1 u.ö.15; 11,7; 13,26.29; 14,6
Tob	11,19	²A. und Nabat, die Vettern des Tobias

Achisch

1Sm	21,11	David kam zu A., dem König von Gat 12-15
	27,2	David zog hin zu A. 3-12
	28,1	A. sprach zu David 2
	29,2	David... zogen hinterher mit A. 3-9
1Kö	2,39	zwei Knechte entliefen zu A. 40

Achjan

1Ch 7,19 Schemida hatte diese Söhne: A.

Achjo

2Sm	6,3	¹Usa und A., die Söhne Abinadabs 4
1Ch	8,31	²(Jeïels Sohn) A. 9,37

Achlab s. Mahaleb

Achlai

1Ch	2,31	¹der Sohn Scheschans ist A.
	11,41	²Sabad, der Sohn A.

Achmeta, Achmetha (= Ekbatana)

Esr 6,2 Festung A., die in Medien liegt

Achor

Jos	7,24	führten sie hinauf ins Tal A. 26
	15,7	(die Nordgrenze) nach Debir vom Tal A.
Jes	65,10	das Tal A. ein Lagerplatz für das Vieh
Hos	2,17	will das Tal A. zum Tor der Hoffnung machen

Achrach

1Ch 8,1 Benjamin zeugte A. als dritten Sohn

Achsa

Jos 15,16 dem will ich meine Tochter A. zur Frau geben 17; Ri 1,12.13; 1Ch 2,49

Achsai

Neh 11,13 A., des Sohnes Meschillemots

Achschaf, Achschaph

Jos 11,1 sandte... zum König von A. 12,20; 19,25

Achse

1Kö 7,30 kupferne Räder mit kupfernen A. 32.33

Achsel

Jer	38,12	lege diese Lumpen unter deine A.
Lk	15,5	*legt er's auf seine A. mit Freuden*

Achsib

Jos	15,44	¹(Städte des Stammes Juda:) A. Mi 1,14
	19,29	²(Assers Gebiet war) A. Ri 1,31

acht

1Mo	17,12	jedes Knäblein, wenn's a. Tage alt ist, sollt ihr beschneiden 21,4; 3Mo 12,3; Lk 1,59; 2,21; Apg 7,8; Phl 3,5
	22,23	diese a. gebar Milka dem Nahor
2Mo	22,29	am a. Tage sollst du es mir geben
3Mo	9,1	am a. Tage rief Mose Aaron
	14,10	am a. Tage soll er zwei Lämmer 23; 15,14. 29; 4Mo 6,10
	22,27	am a. Tage und danach darf man's opfern
	23,36	am a. Tage eine heilige Versammlung 39; 4Mo 29,35; 2Ch 7,9; 29,17; Neh 8,18
	25,22	daß ihr säet im a. Jahr
4Mo	7,8	a. Rinder gab er den Söhnen Merari

Ri	3,8	diente Israel Kuschan-Rischatajim a. Jahre
	12,14	(Abdon) richtete Israel a. Jahre
1Sm	17,12	(Isai) hatte a. Söhne
1Kö	6,38	Bul, das ist der a. Monat
	7,10	Steine, zehn und a. Ellen lang Hes 40,9
	8,66	(Salomo) entließ das Volk am a. Tage
	12,32	Fest am 15. Tag des a. Monats 33
2Kö	8,17	(Joram) regierte a. Jahre 2Ch 21,5.20
	22,1	Josia war a. Jahre, als er König 2Ch 34,1
	24,12	Jojachin gefangen im a. Jahr
1Ch	15,21	Harfen von a. Saiten Ps 6,1; 12,1
2Ch	34,3	im a. Jahr fing er an, Gott zu suchen
Pr	11,2	verteil es unter sieben oder unter a.
Jer	41,15	Jischmaël entrann mit a. Männern
Hes	40,31	waren a. Stufen hinaufzugehen 34.37
	41	das sind zusammen a. Tische
	43,27	sollen die Priester am a. Tag opfern
Mi	5,4	werden a. Fürsten dagegen aufstellen
Sa	1,1	im a. Monat des zweiten Jahres... geschah
1Ma	4,56	das Fest der Weihe a. Tage lang 59; 2Ma 10,6
2Ma	2,12	hat auch Salomo die a. Tage gefeiert
Lk	9,28	etwa a. Tage nach diesen Reden
Jh	20,26	nach a. Tagen waren seine Jünger abermals drinnen versammelt
Apg	9,33	Äneas, seit a. Jahren ans Bett gebunden
	25,6	Festus (war) bei ihnen nicht mehr als a. Tage
Phl	3,5	am a. Tag beschnitten
1Pt	3,20	in der wenige, nämlich a. Seelen, gerettet wurden
Off	17,11	das Tier ist der a. und ist einer von den sieben
	21,20	der a. (Grundstein war) ein Beryll

Acht

Esr	7,26	Urteil empfangen, es sei Tod oder A.

außer acht lassen

5Mo	32,18	deinen Fels... hast du a. a. gel.
1Ti	4,14	l. nicht a. a. die Gabe in dir

in acht nehmen

Rö	16,17	daß ihr euch in a. n. vor denen, die
Phl	3,2	n. euch in a. vor den Hunden

achten
(s.a. geringachten; gleichachten; wertachten)

5Mo	12,23	a. darauf, daß du das Blut nicht ißt
	16,1	a. auf den Monat Abib
Jos	22,5	a. darauf, daß ihr tut nach dem Gebot
	23,11	a. darauf um euer selbst willen
1Sm	1,12	a. Eli auf (Hannas) Mund
2Sm	18,3	so werden sie unser nicht a.
1Kö	2,4	werden deine Söhne auf ihre Wege a.
	10,21	Silber a. man für nichts 2Ch 9,20
2Kö	3,14	ich wollte dich nicht ansehen noch a.
	21,6	(Manasse) a. auf Vogelgeschrei 2Ch 33,6
Neh	2,15	ich a. genau auf die Mauern
Hi	7,17	was ist der Mensch, daß du ihn groß a.
	10,14	darauf a. wolltest, wenn ich sündigte
	18,3	warum werden wir gea. wie Vieh
	21	so geht's... der Gott nicht a.
	19,11	er a. mich seinen Feinden gleich
	21,29	habt ihr nicht auf ihre Zeichen gea.
	24,12	doch Gott a. nicht darauf 30,20
	28,18	Korallen und Kristall a. man nicht
Hi	30,1	deren Väter ich nicht wert gea. hätte
	34,19	a. den Vornehmen nicht mehr als den Armen
	41,19	er a. Eisen wie Stroh 21
Ps	15,4	wer die Verworfenen für nichts a.
	28,5	wollen nicht a. auf das Tun des HERRN
	33,18	des HERRN Auge a. auf alle
	44,23	wir sind gea. wie Schlachtschafe Rö 8,36
	73,8	sie a. alles für nichts
	119,155	sie a. deine Gebote nicht
Spr	1,24	niemand darauf a. Jes 57,1
	4,8	a. sie hoch, so wird sie dich erhöhen
	6,35	a. kein Sühnegeld und nimmt nichts an
	8,10	a. Erkenntnis höher als kostbares Gold
	10,17	wer Zurechtweisung nicht a.
	16,17	wer auf seinen Weg a., bewahrt sein Leben
	17,4	ein Böser a. auf böse Mäuler
	19,16	wer auf seinen Weg nicht a., wird sterben
	21,12	der Gerechte a. auf des Gottlosen Haus
	29,18	wohl dem, der auf die Weisung a.
Pr	8,2	a. auf das Wort des Königs
	11,4	wer auf den Wind a., der sät nicht
Jes	2,22	für was ist er zu a.
	32,15	dann wird das Land wie Wald gea. werden
	33,8	man a. der Leute nicht
	40,15	die Völker sind gea. wie ein Tropfen
	41,22	verkündigt, damit wir darauf a.
	43,18	a. nicht auf das Vorige
	53,3	darum haben wir ihn für nichts gea.
Jer	2,8	die Hüter des Gesetzes a. meiner nicht
	4,22	töricht sind sie und a.'s nicht
	6,17	a. auf den Hall der Posaune
	19	weil sie auf meine Worte nicht a. 9,2
Hes	7,19	werden ihr Gold wie Unrat a.
	34,6	niemand ist da, der auf sie a.
Dan	6,14	(Daniel) a. weder dich noch dein Gebot
	9,2	ich, Daniel, auf die Zahl der Jahre
	13	daß wir auf deine Wahrheit gea. hätten
	10,1	(Daniel) a. darauf und verstand das Gesicht
	11,37	die Götter seiner Väter wird er nicht a.
Hos	4,10	weil sie den HERRN nicht a. Ze 1,6
	8,12	werden gea. wie eine fremde Lehre
Am	3,10	sie a. kein Recht
Hag	1,5	a. doch darauf, wie es euch geht 7; 2,15.18
Sa	1,4	sie a. nicht auf mich, spricht der HERR
	11,11	die Händler der Schafe, die auf mich a.
Mal	1,7	des HERRN Tisch ist für nichts zu a. 12
Wsh	2,22	sie a. die Ehre für nichts
	4,18	sie sehen's wohl und a.'s nicht
Sir	1,35	a. darauf, was du redest
	3,3	will das Recht der Mutter gea. wissen
	10,31	in aller Demut a. dich doch selbst
	16,19	wer a. schon auf meine Wege
	20,7	ein Prahler a. nicht auf die rechte Zeit
	23,26	der Allerhöchste a. m. Sünden nicht 37
	32,28	der a. auf die Gebote
	35,21	hört nicht auf, bis der Höchste darauf a.
	42,8	wirst du sein bei allen Leuten gea.
	51,25	ich a. genau darauf, danach zu leben
Bar	3,9	Gebote des Lebens; a. gut darauf
1Ma	5,63	Judas und seine Brüder wurden hoch gea.
2Ma	7,12	daß der Jüngling die Marter für nichts a.
	9,15	Juden, die er zuvor nicht wert gea. hatte
	15,2	baten, er möchte den heiligen Tag a.
Mt	22,16	du a. nicht das Ansehen der Menschen Mk 12,14; Lk 20,21
	24,39	*sie a.'s nicht, bis die Sintflut kam*
Lk	7,7	mich selbst nicht für würdig gea., zu dir zu kommen
	43	*ich a., dem er am meisten geschenkt hat*

achten

Jh	10,13	er ist ein Mietling und a. der Schafe nicht
	21,25	a. ich, die Welt die Bücher nicht fassen
Apg	13,46	a. euch nicht wert des ewigen Lebens
	16,15	wenn ihr mich a., daß ich gläubig bin
	19,27	der Tempel der großen Göttin Diana wird für nichts gea. werden
	20,24	ich a. mein Leben nicht der Rede wert
	26,8	warum wird das für unglaublich gea.
	26	ich a., ihm sei der keines verborgen
Rö	1,28	für nichts gea. haben, Gott zu erkennen
	14,6	wer auf den Tag a., der tut's im Blick auf den Herrn
	18	wer darin Christus dient, der ist bei den Menschen gea.
	16,17	a. auf die, die Zertrennung anrichten
1Ko	11,29	so, daß er den Leib des Herrn nicht a.
	12,23	bei den unanständigen a. wir besonders auf Anstand
2Ko	3,10	jene Herrlichkeit ist nicht für Herrlichkeit zu a.
	11,5	ich a. doch, ich sei nicht weniger als
	12,6	damit nicht jemand mich höher a.
Gal	2,6	Gott a. das Ansehen der Menschen nicht
Phl	2,3	in Demut a. einer den andern höher als sich selbst
1Th	2,4	weil Gott uns für wert gea. hat
1Ti	1,12	Christus Jesus, der mich treu gea. hat
Tit	1,14	nicht a. auf die Gebote von Menschen
1Pt	5,2	a. auf sie, nicht gezwungen, sondern freiwillig
2Pt	1,13	ich a. es aber für billig
	19	ihr tut gut daran, daß ihr darauf a. als auf ein Licht
	3,9	wie es etliche für eine Verzögerung a.
	15	die Geduld unsers Herrn a. für Rettung
Heb	2,1	a. auf das Wort, das wir hören
	3	wenn wir ein so großes Heil nicht a.
	6	was ist des Menschen Sohn, daß du auf ihn a.
	4,1	laßt uns mit Furcht darauf a., daß keiner
	8,9	darum habe ich nicht mehr auf sie gea., spricht der Herr
	10,29	der das Blut des Bundes unrein a.
	11,11	sie a. den treu, der es verheißen hatte
	26	a. die Schmach Christi für größern Reichtum
	12,9	wenn wir sie doch gea. haben
Jak	1,2	a. es für lauter Freude
Jud	16	a. sie das Ansehen der Person

achtgeben

1Sm	4,13	saß Eli und g.a. nach der Straße hin
	23,22	geht nun und g. weiter a.
2Sm	18,12	g. ja a. auf Absalom
Ps	33,15	er g.a. auf alle ihre Werke
Spr	14,8	daß er a. auf seinen Weg 15
Jes	21,7	so soll er darauf a. mit allem Eifer
Jer	2,10	sendet nach Kedar und g. genau a.
	9,16	g.a. und bestellt Klageweiber
Hes	44,5	g.a. und sieh... a., wie man es halten
Dan	7,8	als ich auf die Hörner a., siehe, da brach
	9,25	so wisse nun und g.a.
Nah	2,2	g.a. auf die Straße
Sir	7,26	hast du Töchter, so g. gut auf sie a.
	13,17	g. gut a. und sieh dich vor
	19,24	wenn du nicht auf ihn a.
	21,20	in der Gemeinde g. man auf das a.
	37,10	steht und a., wie es dir ergeht
Phl	3,2	g. a. auf die Hunde, g. a... g. a.

achthaben, acht haben

4Mo	3,10	daß sie auf ihr Priesteramt a. 38; 18,7
	28,2	sollt a., daß ihr meine Opfergaben
5Mo	5,32	h.a., daß ihr tut, wie euch der HERR 11,32
	11,12	ein Land, auf das der HERR, dein Gott, a.
	32,7	h.a. auf die Jahre von Geschlecht zu
	10	er umfing ihn und h.a. auf ihn
2Sm	20,10	Amasa h. nicht a. auf den Dolch
1Kö	8,25	wenn deine Söhne auf ihren Weg a.
2Ch	24,6	warum h. du nicht a. auf die Leviten
Neh	9,34	haben nicht achtg. auf deine Gebote
Hi	1,8	hast du achtg. auf Hiob 2,3
	13,27	h.a. auf alle meine Pfade 33,11
	14,16	h. nicht a. auf meine Sünden
	23,6	er selbst würde a. auf mich
	32,12	habe achtg. auf euch
Ps	48,14	h. gut a. auf (Zions) Mauern
	56,7	sie lauern und h.a. auf meine Schritte
Spr	2,2	so daß dein Ohr auf Weisheit a.
	5,21	er h.a. auf aller Menschen Gänge
	24,12	der auf deine Seele a., weiß es
	27,23	auf deine Schafe h.a.
Jer	18,19	HERR, h.a. auf mich
Hes	43,11	damit sie auf seine Ordnungen a.
Dan	8,5	indem ich darauf a., kam ein Ziegenbock
Hos	6,3	laßt uns darauf a., den HERRN zu erkennen
Sir	32,27	bei allem, h.a. auf dich selbst
Mt	6,1	h. a. auf eure Frömmigkeit
Apg	16,14	daß sie darauf a., was von Paulus geredet
	20,28	h. nun a. auf euch selbst 1Ti 4,16
1Ti	1,4	nicht a. auf die Fabeln
	4,16	h. a. auf dich selbst und auf die Lehre
Heb	2,1	darum sollen wir a. h. auf das Wort
	10,24	laßt uns aufeinander a.

achthundert

1Mo	5,4	(Adam) lebte danach a. Jahre 19
2Sm	23,8	schwang seinen Spieß über a.
1Ma	3,24	(Judas) erschlug a. Mann
	9,6	nicht mehr als a. Mann bei Judas

achthundertdreißig

1Mo	5,16	(Mahalalel) lebte danach a. Jahre

achthundertfünfundneunzig

1Mo	5,17	(Mahalalels) ganzes Alter ward a. Jahre

achthundertfünfzehn

1Mo	5,10	(Enosch) lebte danach a. Jahre

achthundertsieben

1Mo	5,7	(Set) lebte danach a. Jahre

achthunderttausend

2Sm	24,9	es waren a. streitbare Männer 2Ch 13,3

achthundertvierzig

1Mo	5,13	(Kenan) lebte danach a. Jahre

achthundertzweiunddreißig

Jer	52,29	(weggeführt) a. Leute aus Jerusalem

Acker

achtsam
3Mo 22,2 daß sie a. seien mit dem Heiligen

achttausend
1Ma 5,20 zog Judas nach Gilead mit a. (Mann)
     34 daß von ihnen a. fielen 10,85
   15,13 Antiochus belagerte Dor mit a. Reitern
2Ma 8,20 erschlugen a. Juden 120.000 Mann

achtunddreißig
5Mo 2,14 die Zeit, bis wir kamen, betrug a. Jahre
1Kö 16,29 im a. Jahr des Königs von Juda 2Kö 15,8
Jh   5,5 ein Mensch, der lag a. Jahre krank

achtunddreißigtausend
1Ch 23,3 die Zahl der Männer betrug a.

achtundneunzig
1Sm 4,15 Eli aber war a. Jahre alt

achtundvierzig
4Mo 35,7 alle Städte seien a. Jos 21,41

achtundzwanzig
2Kö 10,36 Zeit, die Jehu regiert hat, a. Jahre
2Ch 11,21 (Rehabeam) zeugte a. Söhne

achtzehn
Ri   3,14 die *Israeliten dienten a. Jahre 10,8
1Kö 15,1 im a. Jahr des Königs 2Kö 3,1; 22,3; 23,23; 2Ch 13,1; 34,8; 35,19
2Kö 24,8 a. Jahre alt war Jojachin 2Ch 36,9
2Ch 11,21 Rehabeam hatte a. Frauen
Jer 32,1 das a. Jahr Nebukadnezars 52,29
1Ma 14,27 am a. Tag des Monats Elul
Lk 13,4 die a., auf die der Turm in Siloah fiel
    11 seit a. Jahren einen Geist, der sie krank machte 16

achtzehntausend
Ri 20,25 schlugen von Israel a. zu Boden 44
2Sm 8,13 schlug David im Salztal a. Mann 1Ch 18,12
1Ch 29,7 gaben a. Zentner Kupfer

achtzig
2Mo 7,7 Mose war a., als sie mit Pharao redeten
Ri 3,30 das Land hatte Ruhe a. Jahre
2Sm 19,33 Barsillai war wohl a. Jahre alt 36
2Kö 6,25 bis ein Eselskopf a. Silberstücke galt
   10,24 Jehu stellte außen a. Mann auf
2Ch 26,17 a. Priester des HERRN mit ihm
Ps 90,10 wenn's hoch kommt, so sind's a. Jahre
Hl 6,8 a. Nebenfrauen (sind es)
Jer 41,5 kamen a. Männer von Sichem
2Ma 4,8 versprach dem König a. Zentner (Silber)
   11,4 er pochte auf die a. Elefanten
Lk 16,7 nimm deinen Schuldschein und schreib a.

achtzigtausend
1Kö 5,29 Salomo hatte a. Steinhauer 2Ch 2,1.17
2Ma 5,14 daß in drei Tagen a. Menschen zugrunde
   11,2 (Lysias) zog a. Mann zusammen

Acker
1Mo 2,7 machte den Menschen aus Erde vom A.
   3,17 verflucht sei der A. 5Mo 28,16.18; Hi 24,18
   4,12 wenn du den A. bebauen wirst
     14 treibst mich heute vom A.
   5,29 wird uns trösten in unserer Mühe auf dem A.
  23,9 Höhle, die am Ende seines A. liegt 11.13.17
     19 begrub Abraham Sara in der Höhle des A. 20; 25,9; 49,29.30.32; 50,13
  47,20 die Ägypter verkauften ein jeder seinen A.
2Mo 22,4 jemand in einem A. Schaden anrichtet 5
  34,26 von den Früchten deines A. sollst du bringen
3Mo 27,16 wenn jemand ein Stück A. gelobt 17.19.21.22.24
4Mo 16,14 hast uns Ä. und Weinberge gegeben
  20,17 wir wollen nicht durch Ä. gehen 21,22
5Mo 5,21 sollst nicht begehren deines Nächsten A.
  7,13 wird segnen den Ertrag deines A. 28,4.11; 30,9
  14,22 sollst den Zehnten absondern aus deinem A.
  24,19 wenn du auf deinem A. geerntet
  28,3 gesegnet wirst du sein auf dem A.
    33 Ertrag deines A. wird ein Volk verzehren 51
Jos 15,18 einen A. von ihrem Vater
Rut 2,8 sollst nicht auf einen andern A. gehen 22
1Sm 6,14 der Wagen kam auf den A. Joschuas 18
  8,12 daß sie ihm seinen A. bearbeiten 14
  14,14 auf einer halben Hufe A.
  22,7 wird der Sohn Isais euch Ä. geben
2Sm 9,10 bearbeite ihm seinen A.
  14,30 seht das Stück A. Joabs
  20,12 wälzte er Amasa auf den A.
  23,11 es war dort ein Stück A. mit Linsen
2Kö 3,19 alle guten Ä. mit Steinen verderben 25
  8,3 den König anzurufen wegen ihres A. 5.6
  9,10 Hunde sollen Isebel fressen auf dem A. 36
    21 trafen (Jehu) auf dem A. Nabots 25.26
  18,17 bei dem A. des Walkers Jes 7,3; 36,2
1Ch 11,13 dort war ein Stück A. mit Gerste
Neh 5,3 unsere Ä. müssen wir versetzen 4.5
    11 gebt ihnen ihre Ä. zurück
    16 kaufte keinen A.
  12,44 um die Anteile von den Ä. zu sammeln
Hi 5,6 Unheil wächst nicht aus dem A.
  24,6 ernten des Nachts auf dem A.
  31,38 hat mein A. wider mich geschrien
Ps 83,11 wurden zu Mist auf dem A.
  105,35 fraßen auch die Frucht ihres A.
  107,37 (daß sie) Ä. besäten und Weinberge pflanzten
Spr 12,11 wer seinen A. bebaut, wird Brot haben 28,19
  23,10 vergreife dich nicht an dem A. der Waisen
  24,27 bearbeite deinen A.
    30 ich ging am A. des Faulen entlang
  27,26 geben dir das Geld, einen A. zu kaufen
  31,16 sie trachtet nach einem A. und kauft ihn
Jes 1,7 Fremde verzehren eure A.
  5,8 die einen A. an den andern rücken
  28,24 pflügt seinen A. zur Saat um
  30,23 Samen, den du auf den A. gesät hast... wird dir Brot geben vom Ertrag des A.
  32,12 klagen um Ä., um die lieblichen Ä. 13

Acker

Jer	6,12	den Fremden zuteil werden samt den Ä.
	25	niemand gehe hinaus auf den A.
	8,10	ihre Ä. denen geben, durch die sie verjagt
	12,10	haben meinen A. zertreten
	16,4	sie sollen Dung werden auf dem A.
	26,18	Zion wie ein A. gepflügt Mi 3,12
	32,7	kaufe du meinen A. in Anatot 8.9.25
	15	man wird wieder Ä. kaufen 43.44
	35,9	wir haben weder Weinberge noch Ä.
	41,8	wir haben Vorrat im A. liegen
	42,12	will euch wieder auf eure Ä. bringen
Klg	4,9	aus Mangel an Früchten des A.
Jo	1,10	der A. (ist) ausgedörrt
Am	4,7	ein A… beregnet, der andere A. verdorrte
	7,17	dein A. soll ausgeteilt werden
Mi	2,2	sie reißen Ä. an sich
	4	wann wird er uns die Ä. wieder zuteilen
Hab	3,17	die Ä. bringen keine Nahrung
Sa	13,5	vom A. habe ich meinen Erwerb
Mal	3,11	die Frucht auf dem A. nicht verderben soll
Jdt	3,4	unser Besitz, Ä., gehören dir
Sir	20,30	wer einen A. fleißig bebaut
Mt	13,36	das Gleichnis vom Unkraut auf dem A. 24.27.31
	38	der A. ist die Welt
	44	Schatz, verborgen im Acker
	19,29	wer Ä. verläßt um meines Namens willen Mk 10,29.30
	22,5	gingen weg, einer auf seinen A. Lk 14,18
	27,8	daher heißt dieser A. Blutacker Apg 1,18.19
Lk	14,35	es ist weder für den A. noch für den Mist zu gebrauchen
	15,15	schickte ihn auf seinen A., die Säue zu hüten
Apg	4,34	wer von ihnen Ä. besaß, verkaufte sie 37; 5,1.3.4.8
2Ti	2,6	der Bauer, der den A. bebaut

Ackerbau

2Ch	26,10	(Usija) hatte Lust am A.
Sir	7,16	A., den der Höchste gestiftet hat
2Ma	12,1	die Juden wandten sich wieder dem A. zu

Ackerfeld

1Ko	3,9	ihr seid Gottes A. und Gottes Bau

Ackerland

Jos	21,12	das A. der Stadt gaben sie Kaleb
Neh	10,38	den Zehnten aus allen Orten mit A.
Am	7,4	(das Feuer) fraß das A.

Ackermann, Ackerleute

1Mo	4,2	Kain aber wurde ein A.
	9,20	Noah, der A., pflanzte einen Weinberg
2Kö	25,12	ließ Weingärtner und A. zurück Jer 52,16
1Ch	27,26	über die A. war gesetzt Esri
2Ch	26,10	(Usija) hatte auch A.
Hi	31,39	hab ich seinen A. das Leben sauer gemacht
Jes	28,24	pflügt ein A. immerfort um
	61,5	Ausländer werden eure A. sein
Jer	14,4	darum sind die A. traurig Jo 1,11
	31,24	soll darin wohnen, die A.
Am	5,16	man wird den A. zum Trauern rufen
Sa	13,5	ich bin kein Prophet, sondern ein A.
2Ti	2,6	es soll der A. die Früchte als erster genießen
Jak	5,7	ein A. wartet auf köstliche Frucht

ackern

5Mo	15,19	sollst nicht a. mit dem Erstling
	22,10	nicht a. zugleich mit einem Rind und Esel
Ps	129,3	die Pflüger haben auf meinem Rücken gea.
Jes	30,24	Esel, die auf dem Felde a.
Am	9,13	daß man zugleich a. und ernten wird
Sir	6,19	wie einer, der a. und sät
	38,27	er muß daran denken, wie er a. soll

Ada

1Mo	4,19	¹Lamech nahm zwei Frauen, eine hieß A. 20.23
	36,2	²A., die Tochter Elons 4.10.12.16

Adada

Jos	15,22	(Städte des Stammes Juda:) A.

Adaja

versch. Träger ds. Namens
2Kö 22,1/ 1Ch 6,26 (s.a.Iddo)/ 8,21/ 9,12; Neh 11,12/ 2Ch 23,1/ Esr 10,29/ 10,39/ Neh 11,5

Adalja

Est	9,8	(töteten) Porata, A. (die Söhne Hamans)

Adam

1Mo	3,8	¹A. versteckte sich mit seinem Weibe 9
	12	da sprach A.: Das Weib gab mir von dem Baum
	20	A. nannte sein Weib Eva
	21	Gott machte A. Röcke von Fellen
	4,1	A. erkannte sein Weib Eva 25
	5,1	dies ist das Buch von A. Geschlecht
	3	A. zeugte einen Sohn, ihm gleich
1Ch	1,1	A., Set, Enosch Lk 3,38
Tob	8,8	du hast A. aus Erde gemacht Sir 33,10
Sir	49,20	über allem, was lebt, steht A.
Rö	5,14	herrschte der Tod von A. an… die nicht gesündigt hatten wie A.
1Ko	15,22	wie sie in A. alle sterben
	45	A. wurde zu einem lebendigen Wesen, der letzte A. zum Geist, der lebendig macht
1Ti	2,13	A. wurde zuerst gemacht, danach Eva
	14	A. wurde nicht verführt
Jud	14	Henoch, der siebente von A. an
Jos	3,16	²stand das Wasser bei der Stadt A.
1Kö	7,46	in der Gießerei von A. 2Ch 4,17
Hos	6,7	sie haben den Bund übertreten bei A.

Adama

Jos	19,36	(feste Städte sind:) A.

Adami-Nekeb

Jos	19,33	(Naftali) seine Grenze war A.

Adar

Esr	6,15	bis zum 3. Tag des Monats A.
Est	3,7	13. Tag im Monat A. 13; 8,12; 9,1.15.17.19.21; 1Ma 7,43.49; 2Ma 15,37

Adasa
1Ma 7,40 Judas lagerte bei A. 45

Adbeel
1Mo 25,13 Namen der Söhne Ismaels: A. 1Ch 1,29

Addar
Jos 15,3 (seine Südgrenze) führt hinauf nach A. (= Hazar-Addar)

Addi
Lk 3,28 Melchi war ein Sohn A.

Adiël
1Ch 4,36 ¹(Söhne Simeons:) A.
     9,12 ²A., des Sohnes Jachseras
    27,25 ³Asmawet, der Sohn A.

Adin
Esr 2,15 die Söhne A. 8,6; Neh 7,20; 10,17

Adina
1Ch 11,42 A., der Sohn Schisas

Aditajim, Adithajim
Jos 15,36 (Städte des Stammes Juda:) A.

Adlai
1Ch 27,29 Schafat, der Sohn A.

Adler
3Mo 11,13 daß ihr sie nicht esset: den A. 5Mo 14,12
5Mo 28,49 ein Volk... wie ein A. fliegt
    32,11 wie ein A. ausführt seine Jungen
2Sm 1,23 schneller als die A. Jer 4,13; Klg 4,19
Hi 9,26 wie ein A. herabstößt
    39,27 fliegt der A. auf deinen Befehl
Ps 103,5 du wieder jung wirst wie ein A.
Spr 23,5 Reichtum macht sich Flügel wie ein A.
    30,17 ein Auge... müssen die jungen A. fressen
       19 des A. Weg am Himmel
Jes 40,31 daß sie auffahren mit Flügeln wie A.
    46,11 ich rufe einen A. vom Osten her
Jer 48,40 fliegt daher wie ein A. 49,22
    49,16 dein Nest so hoch machtest wie der A.
Hes 1,10 waren hinten gleich einem A. 10,14
    17,3 ein großer A. kam 7
Dan 7,4 (4 Tiere) das erste hatte Flügel wie ein A.
Hos 8,1 kommt über das Haus des HERRN wie ein A.
Ob 4 wenn du auch in die Höhe führest wie ein A.
Hab 1,8 wie die A. eilen zum Fraß
Off 4,7 die vierte Gestalt gleich einem fliegenden A.
    8,13 wie ein A. mitten durch den Himmel flog
   12,14 es wurden der Frau gegeben die Flügel des A.

Adlerfeder
Dan 4,30 sein Haar wuchs so groß wie A.

Adlerflügel
2Mo 19,4 wie ich euch getragen habe auf A.

Adma
1Mo 10,19 in der Richtung auf A.
    14,2 Schinab, dem König von A. 8
5Mo 29,22 gleichwie A. und Zebojim zerstört sind
Hos 11,8 wie kann ich dich preisgeben gleich A.

Admata, Admatha
Est 1,14 A... die sieben Fürsten der Perser

Admin
Lk 3,33 Amminadab war ein Sohn A.

Adna
2Ch 17,14 ¹A., der Oberste, unter ihm
Esr 10,30 ²bei den Söhnen Pahat-Moab: A.
Neh 12,15 ³(unter den Priestern) von Harim: A.

Adnach
1Ch 12,21 fielen ihm zu von Manasse: A.

Adoni-Besek
Ri 1,5 fanden den A. und kämpften mit ihm 6.7

Adoni-Zedek
Jos 10,1 A., der König von Jerusalem 3

Adonija
2Sm 3,4 ¹(wurden David Söhne geboren) A. 1Ch 3,2
1Kö 1,5 A. aber empörte sich 7u.ö.51; 2,28
    2,13 A. kam zu Batseba 19.21-23
     24 heute noch soll A. sterben
2Ch 17,8 ²mit ihnen die Leviten... A.
Neh 10,17 ³(die Oberen des Volks:) A.

Adonikam
Esr 2,13 die Söhne A. 8,13; Neh 7,18

Adoniram
2Sm 20,24 A. war über die Fronarbeiter 1Kö 4,6; 5,28; 12,18; 2Ch 10,18

Adora, Adorajim
2Ch 11,9 (Rehabeam baute zu Festungen aus:) A.
1Ma 13,20 Straße, die nach A. führt

Adrammelech
2Kö 17,31 ¹verbrannten ihre Söhne dem A.
    19,37 ²erschlugen ihn seine Söhne A. Jes 37,38

Adramyttion, adramyttisch
Apg 27,2 wir bestiegen ein Schiff aus A. und fuhren ab

Adria

Adria
Apg 27,27 die vierzehnte Nacht, seit wir in der A. trieben

Adriël
1Sm 18,19 (Merab) dem A. zur Frau gegeben 2Sm 21,8

Adullam
1Mo 38,1 Juda... zu einem Mann aus A. 12.20
Jos 12,15 der König von A. 15,35
1Sm 22,1 David rettete sich in die Höhle A.
2Sm 23,13 kamen zu David, zu der Höhle A. 1Ch 11,15
2Ch 11,7 (Rehabeam baute zu Festungen aus:) A.
Neh 11,30 (einige wohnten draußen in) A.
Mi 1,15 die Herrlichkeit Israels soll kommen bis A.
2Ma 12,38 Judas zog mit dem Heer in die Stadt A.

Adummim
Jos 15,7 gegenüber der Steige von A. 18,17

Afek, *Aphek*
Jos 12,18 ¹der König von A.
1Sm 4,1 Philister hatten sich gelagert bei A. 29,1
Jos 13,4 ²A., Grenze der Amoriter
19,30 ³(Erbteil des Stammes Asser) A. Ri 1,31
1Kö 20,26 ⁴Ben-Hadad zog herauf nach A. 30
2Kö 13,17 wirst die Aramäer schlagen bei A.

Afeka, *Apheka*
Jos 15,53 (Städte des Stammes Juda:) A.

Affe
1Kö 10,22 Tarsisschiffe brachten A. 2Ch 9,21

Afiach, *Aphia*
1Sm 9,1 Bechorats, des Sohnes A.

Agabus
Apg 11,28 (Propheten) einer von ihnen mit Namen A. 21,10

Agag, Agagiter
4Mo 24,7 ¹sein König wird höher werden als A.
1Sm 15,8 ²(Saul) nahm A. lebendig gefangen 9.20.32.33
Est 3,1 ³Haman, den A. 10; 8,3.5; 9,24

Age
2Sm 23,11 Schamma, der Sohn A. aus Harar

Agrippa
Apg 25,13 kamen König A. und Berenike nach Cäsarea 22-26; 26,1.2.19.27.28.32

Agur
Spr 30,1 die Worte A., des Sohnes des Jake

Ägypten, Ägyptenland
1Mo 12,10 da zog Abram hinab nach Ä. 11.14; 13,1
13,10 wie der Garten des HERRN, gleichwie Ä.
15,18 von Ä. bis an den Euphrat 1Ma 3,32; 11,59
21,21 nahm ihm eine Frau aus Ä. 25,12
25,18 bis nach Schur östlich von Ä. 1Sm 15,7
26,2 zieh nicht hinab nach Ä.
37,28 die brachten (Josef) nach Ä. 25.36; 39,1; 45,4; 2Mo 1,5; Apg 7,9
40,5 Schenken und Bäcker des Königs von Ä. 1
41,8 ließ rufen alle Wahrsager in Ä.
19 hab in ganz Ä. nicht so häßliche gesehen
29 reiche Jahre werden kommen in Ä. 30.34.36. 48.53-55
33 Mann, den er über Ä. setze 41.43.44 46; 45,8. 9.13.26; 47,20.21; 1Ma 2,53; Apg 7,10
57 alle Welt kam nach Ä., um zu kaufen 42,1-3; 43,2.15; Jdt 5,8; Apg 7,11.12
45,18 will euch das Beste geben in Ä. 19.20.23.25
46,4 ich will mit dir hinab nach Ä. ziehen 3.6-8; Apg 7,15
20 geboren in Ä. Manasse und Ephraim 27; 48,5
26 die mit Jakob nach Ä. kamen 27; 2Mo 1,1; 5Mo 10,22; Ps 105,23; Jes 42,5
47,6 das Land Ä. steht dir offen
11 Josef ließ seinen Vater in Ä. wohnen 27.28
13 so daß Ä. und Kanaan verschmachteten
29 begrabest mich nicht in Ä.
50,14 zog Josef wieder nach Ä. 7.22.26
2Mo 1,8 kam ein neuer König auf in Ä. 15.17.18; Jdt 5,9; Apg 7,18
2,23 lange Zeit danach starb der König von Ä.
3,7 habe das Elend meines Volks in Ä. gesehen 16; Apg 7,34
10 damit du mein Volk aus Ä. führst 11.12.17; 6,13.26.27; 32,1.7.23; 33,1; Apg 7,34
18 sollst hineingehen zum König von Ä. 19; 6,11.13.27.29
20 daher werde ich Ä. schlagen 7,3-5; 11,1; 12,13; Jdt 5,9
4,18 zu meinen Brüdern, die in Ä. sind 19-21
5,4 sprach der König von Ä. zu ihnen
12 zerstreute sich das Volk ins ganze Land von Ä.
6,28 als der HERR mit Mose in Ä. redete 12,1
7,19 recke deine Hand über Ä. 21; 8,1-3.12.13.20; 9,9.18.22-25; 10,12-15.19.21.22
10,7 erfahren, daß Ä. untergegangen ist
11,3 Mose war in Ä. sehr angesehener Mann in Ä.
4 um Mitternacht will ich durch Ä. gehen 12,12
5 alle Erstgeburt in Ä. soll sterben 12,12.29; 13,15; 4Mo 3,13; 8,17; Ps 78,51; 105,36; 135,8; 136,10
6 wird ein Geschrei sein in ganz Ä. 12,30
7 Unterschied zwischen Ä. und Israel
9 daß meiner Wunder noch mehr werden in Ä.
12,39 rohen Teig, den sie aus Ä. mitbrachten; aus Ä. weggetrieben
40 Zeit, die die *Israeliten in Ä. gewohnt
41 zog das Heer des HERRN aus Ä. 42.51
13,3 ihr aus Ä. gezogen 8.18; 16,1; 19,1; 23,15; 34,18; 4Mo 1,1; 9,1; 22,5.11; 26,4; 32,11; 33,1. 38; 5Mo 4,45.46; 9,7; 16,6; 23,5; 24,9; 25,17; Jos 2,10; 5,4-6; Ri 11,13.16; 19,30; 1Sm 15,2.6; 1Kö 6,1; 8,9; 2Kö 21,15; 2Ch 5,10; 20,10; Ps 144,1; Jes 11,16; Hag 2,5; Heb 3,16
9 der HERR hat dich aus Ä. geführt 14.16; 16,6.32; 18,1; 20,2; 29,46; 32,11; 3Mo 11,45; 19,36; 22,33; 23,43; 25,38.42.55; 26,13.45; 4Mo

Ägypten

	15,41; 20,16; 23,22; 24,8; 5Mo 1,27; 4,20.37; 5,6.15; 6,12.21; 7,8; 8,14; 9,12.26; 13,6.11; 16,1; 20,1; 26,8; 29,24; Jos 24,6.17; Ri 2,1.12; 6,8.13; 1Sm 8,8; 10,18; 12,6.8; Ri 2,1.12; 6,8.13; 1Sm 8,8; 10,18; 12,6.8; 2Sm 7,6.23; 1Kö 8,16.21.51. 53; 9,9; 2Kö 17,7.36; 1Ch 17,21; 2Ch 6,5; 7,22; Ps 81,11; Jer 2,6; 7,22.25; 11,4.7; 31,32; 32,21; 34,13; Hes 20,6.9.10; Dan 9,15; Hos 12,14; Am 2,10; 3,1; 9,7; Mi 6,4; Bar 1,19.20; 2,11; Heb 8,9	
2Mo 13,17	Gott dachte, sie könnten nach Ä. umkehren	
14,5	als es dem König nach Ä. angesagt wurde	
7	nahm 600 Wagen und was sonst in Ä. war	
8	verstockte das Herz des Königs von Ä.	
11	waren nicht Gräber in Ä., daß du uns wegführen mußtest 12; 16,3; 17,3; 4Mo 11,5. 18.20; 14,2-4; 20,5; 21,5; Apg 7,39	
25	der HERR streitet für sie wider Ä.	
22,20	seid auch Fremdlinge in Ä. gewesen 23,9; 3Mo 19,34; 5Mo 10,19; 15,15; 16,12; 24,18.22; Apg 13,17	
32,4	das (Kalb) ist dein Gott, der dich aus Ä. geführt hat 8; 1Kö 12,28; Neh 9,18	
3Mo 18,3	sollt nicht tun nach der Weise des Landes Ä.	
4Mo 13,22	Hebron war erbaut worden vor Zoan in Ä.	
14,19	wie du vergeben hast von Ä. an	
22	Zeichen, die ich getan habe in Ä. 5Mo 6,22; 11,3; 34,11; Ps 78,12.43; 135,9; Jer 32,20; Mi 7,15; Apg 7,36	
20,15	unsre Väter nach Ä. hinabgezogen sind und wir lange Zeit in Ä. gewohnt haben	
26,59	Jochebed, die ihm geboren wurde in Ä.	
34,5	an den Bach Ä. Jos 15,4.47; 1Kö 8,65; 2Ch 7,8; Jes 27,12; Hes 47,19; 48,28	
5Mo 1,30	für euch streiten, wie er's getan hat in Ä.	
4,34	wie das alles der HERR für euch getan hat in Ä. 29,1; 29,1; Jos 9,9; 24,7	
6,21	waren Knechte des Pharao in Ä. 1Sm 2,27	
11,10	das Land, in das du kommst, ist nicht wie Ä.	
16,3	in Hast bist du aus Ä. geflohen	
3	du des Tages deines Auszugs aus Ä. gedenkst	
17,16	führe das Volk nicht wieder nach Ä.	
26,5	mein Vater zog hinab nach Ä. Jos 24,4	
28,60	wird alle Seuchen Ä. über dich bringen	
68	der HERR wird dich wieder nach Ä. führen	
Jos 5,9	habe die Schande Ä. von euch abgewälzt	
13,3	vom Schihor an, der vor Ä. fließt 1Ch 13,5	
24,5	sandte ich Mose und plagte Ä.	
14	Götter, denen eure Väter gedient in Ä.	
32	die Gebeine Josefs... aus Ä. gebracht	
1Sm 4,8	das sind die Götter, die Ä. schlugen	
27,8	waren Bewohner bis hin nach Ä. 2Ch 26,8	
1Kö 3,1	Salomo verschwägerte sich mit dem König von Ä.	
5,1	Salomo Herr bis an die Grenze Ä. 2Ch 9,26	
9,16	der König von Ä. war heraufgezogen 14,25; 2Kö 23,29; 2Ch 12,2.3.9; 35,20	
10,28	man brachte Salomo Pferde aus Ä. 29; 2Ch 1,16.17; 9,28	
11,17	floh nach Ä. 18.21.40; 12,2; 2Ch 10,2	
2Kö 17,4	Boten gesandt zu So, dem König von Ä.	
18,21	verläßt du dich auf Ä. 24	
19,24	austrocknen alle Flüsse Ä. Jes 37,25	
23,34	(Necho) brachte (Joahas) nach Ä. 2Ch 36,3.4	
24,7	der König von Ä. zog nicht mehr aus... genommen, was dem König von Ä. gehörte	
25,26	das Volk... zogen nach Ä. Jer 41,17	
Neh 9,9	hast das Elend in Ä. angesehen 17	
Ps 68,32	aus Ä. werden Gesandte kommen	
Ps 80,9	hast einen Weinstock aus Ä. geholt
81,6	als er auszog wider Ä.
87,4	Ä. und Babel zu denen, die mich kennen
105,38	Ä. wurde froh, daß sie auszogen
106,7	unsre Väter in Ä. wollten deine Wunder nicht verstehen 21
Spr 7,16	geschmückt mit bunten Decken aus Ä.
Jes 7,18	die Fliege am Ende der Ströme Ä.
10,24	wie es in Ä. geschah 26
11,11	der übriggeblieben ist in Ä.
15	wird austrocknen die Zunge des Meeres von Ä.
19,1	dies ist die Last für Ä. 1.6.12-15.18-20.23; Jer 46,2.8.11.13.14.17.19.20.24.25
25	gesegnet bist du, Ä., mein Volk
20,3	als Zeichen und Weissagung über Ä.
4	wird der König wegtreiben die Gefangenen von Ä... zur Schande Ä.
27,13	werden kommen die im Lande Ä.
30,2	die hinabziehen nach Ä... sich zu bergen im Schatten Ä. 3; 31,1
7	Ä. ist nichts. Darum nenne ich Ä. Rahab
31,3	Ä. ist Mensch und nicht Gott
36,6	verläßt du dich auf Ä. 9
6	so tut der König von Ä. allen
43,3	Ä. für dich gegeben
Jer 2,18	was hilft's dir, daß du nach Ä. ziehst 36
9,25	(heimsuchen) Ä., Juda, Edom
16,14	nicht mehr sagen... aus Ä. geführt 23,7
24,8	will dahingeben... in Ä. wohnen
25,19	(ließ trinken) den König von Ä. 46,2
26,21	Uria floh... nach Ä. 22.23
37,5	das Heer des Pharao aus Ä. aufgebrochen 7
42,14	werdet ihr sagen: Nein, wir wollen nach Ä. ziehen 15-19; 43,2.7; 44,12
43,11	Nebukadnezar soll Ä. schlagen 12.13
44,1	an alle Judäer, die in Ä. wohnten 24.26
8	opfert andern Göttern in Ä. 15
13	will die Einwohner in Ä. heimsuchen 30
14	die gekommen nach Ä., keiner entrinnen 26-28
Klg 5,6	mußten Ä. die Hand hinhalten
Hes 17,15	sandte seine Boten nach Ä.
19,4	führten ihn in Ketten nach Ä.
20,5	gab mich ihnen zu erkennen in Ä. 8. 36
7	macht euch nicht unrein mit den Götzen 8
23,3	wurden Huren in Ä. 19.27
27,7	dein Segel war Leinwand aus Ä.
29,2	gegen den König von Ä... gegen ganz Ä. 3. 6.9.10.12.14.19.20; 30,4.6.8-11.13.15.16.18.19.21. 22.25; 31,2; 32,2.12.15
32,2	ein Klagelied über den König von Ä. 16.18
Dan 11,8	wird ihre Götter wegführen nach Ä.
42	Ä. wird ihm nicht entrinnen 43
Hos 2,17	als sie aus Ä.
7,11	jetzt rufen sie Ä. an
16	das soll ihnen in Ä. zum Spott werden
8,13	sollen wieder zurück nach Ä. 9,3.6
11,1	rief ihn, meinen Sohn, aus Ä. Mt 2,15
5	daß sie nicht nach Ä. zurückkehren sollten
11	auch aus Ä. kommen sie erschrocken
12,2	sie bringen Öl nach Ä.
10	ich bin dein Gott von Ä. her 13,4
Jo 4,19	Ä. soll wüst werden
Am 3,9	verkündigt im Lande Ä. und sprecht
4,10	unter euch die Pest wie in Ä.
8,8	soll sich senken wie der Strom Ä. 9,5
Mi 7,12	werden von den Städten Ä. kommen, von Ä.
Nah 3,9	Kusch und Ä. waren ihre unermeßliche Macht

Ägypten

Sa	10,10	will sie zurückbringen aus Ä.
	11	das Zepter Ä. soll weichen
1Ma	1,18	(Antiochus) zog nach Ä. 17.20.21; 2Ma 5,1.11
	19	Ptolemäus, König von Ä. 10,51.57; 11,1.13
2Ma	1,1	wir grüßen euch Juden in Ä. 10
	4,21	Antiochus sandte Apollonius nach Ä.
	5,9	so daß man (Jason) nach Ä. verstieß
	9,29	Philippus, der nach Ä. geflohen ist
Mt	2,13	flieh nach Ä. und bleib dort
	19	da erschien der Engel dem Josef in Ä.
Apg	2,10	(die wir wohnen in) Ä. und der Gegend von Kyrene
	7,40	Mose, der uns aus dem Lande Ä. geführt hat
Heb	11,26	für größeren Reichtum als die Schätze Ä.
	27	durch den Glauben verließ er Ä.
Jud	5	nachdem (der Herr) dem Volk das eine Mal aus Ä. geholfen hatte
Off	11,8	Stadt, die heißt geistlich: Sodom und Ä.

Ägypter

1Mo	2,11	daß ein Ä. einen seiner hebr. Brüder schlug
	12	erschlug er den Ä. 14; Apg 7,24.28
	3,8	daß ich sie errette aus der Ä. Hand 14,30; 18,9-11; Ri 6,9; 1Sm 10,18
	21	will diesem Volk Gunst verschaffen bei den Ä. 11,3; 12,36
	22	von den Ä. als Beute nehmen 12,35.36
	7,5	die Ä. sollen innewerden, daß ich 14,4.18
	18	die Ä. wird es ekeln, zu trinken 21.24
	8,17	die Häuser der Ä. voller Stechfliegen 10,6
	22	was wir opfern, ist den Ä. ein Greuel
	9,6	starb alles Vieh der Ä. 4
	11	waren Blattern an allen Ä. 15,26
	10,2	wie ich mit den Ä. verfahren bin 14,31; 18,8; 19,4; 5Mo 7,18; 11,3.4
	12,12	wenn dich die Ä. sehen 14
	12	Strafgericht über alle Götter der Ä.
	23	der HERR wird die Ä. schlagen 27.30
	33	die Ä. drängten das Volk
	14,9	die Ä. jagten ihnen nach 10.23-27; Jos 24,6.7; Jdt 5,11
	12	wir wollen die Ä. dienen
	13	wie ihr die Ä. heute seht
	17	will das Herz der Ä. verstocken 1Sm 6,6
	20	(die Wolkensäule) zwischen das Heer der Ä.
	30	errettete der HERR Israel aus der Ä. Hand 31
	32,12	warum sollen die Ä. sagen
	39,2	(Josef) war in seines Herrn, des Ä., Hause 5
	41,55	der Pharao sprach zu allen Ä.
	56	Josef verkaufte den Ä. 47,15.20.26
	43,32	die Ä. dürfen nicht essen mit den Hebräern
	45,2	weinte laut, daß es die Ä. hörten
	46,34	Viehhirten sind den Ä. ein Greuel
	50,3	die Ä. beweinten (Jakob) 70 Tage 11
	11	nennt man den Ort „Der Ä. Klage"
	13	zwangen die Ä. die *Israeliten 3,9; 6,5-7
4Mo	14,13	dann werden's die Ä. hören 33,3
	20,15	die Ä. uns schlecht behandelt 5Mo 26,6
5Mo	7,15	dir keine bösen Seuchen der Ä. auflegen
	23,8	sollst du nicht verabscheuen den Ä.
Ri	10,11	haben euch nicht auch unterdrückt die Ä.
1Sm	30,11	sie fanden einen Ä. 13
2Sm	23,21	riß dem Ä. den Spieß aus der Hand
1Kö	5,10	die Weisheit Salomos größer als die der Ä.
2Kö	7,6	verbündet mit den Königen der Ä.
Esr	9,1	haben sich nicht abgesondert von den Ä.
Jes	19,1	den Ä. wird das Herz feige werden 2-4.16.17; 23,5
Jes	19,21	der HERR wird den Ä. bekannt werden, und die Ä. werden den HERRN erkennen
	22	der HERR wird die Ä. schlagen und heilen
	23	daß die Ä. nach Assyrien kommen
	24	wird Israel der dritte sein mit den Ä.
	20,5	wegen der Ä., deren sie sich rühmten
	45,14	der Ä. Erwerb... dein eigen sein
Hes	16,26	triebst Hurerei mit den Ä. 23,8.21
	29,12	will die Ä. zerstreuen 30,23.26
	13	will die Ä. wieder sammeln
Sa	14,18	wenn das Geschlecht der Ä. nicht heraufzöge 19
Jdt	5,10	als die Ä. sie aus ihrem Land gestoßen
	9,5	wie du vorzeiten auf das Heer der Ä. geschaut
Wsh	16,1	wurden die Ä. mit Recht geplagt 3.9; 17,20
	18,5	die Ä. hatten beschlossen, zu töten
1Ma	1,19	viele Ä. sind umgekommen
Apg	7,22	Mose wurde in aller Weisheit der Ä. gelehrt
	21,38	bist du nicht der Ä., der
Heb	11,29	das versuchten die Ä. auch und ertranken

Ägypterin

1Mo	21,9	Sara sah den Sohn Hagars, der Ä.

ägyptisch

1Mo	16,1	Sarai hatte eine ä. Magd 3
	39,1	Potifar, ein ä. Mann, kaufte ihn
2Mo	1,19	die hebräischen Frauen sind nicht wie die ä.
	2,19	ein ä. Mann stand uns bei
	7,11	die ä. Zauberer taten ebenso 22
3Mo	24,10	der Sohn eines ä. Mannes
5Mo	28,27	wird dich schlagen mit ä. Geschwür
2Sm	23,21	erschlug auch einen ä. Mann 1Ch 11,23
1Ch	2,34	Scheschan hatte einen ä. Knecht

Ahab

1Kö	16,28	¹(Omris) Sohn A. wurde König 29; 22,39.41
	33	A. mehr tat, den HERRN zu erzürnen 21,25
	17,1	es sprach Elia zu A. 18,1-3.5.6.9.12.16.17.20.41. 42.44-46; 19,1; 21,18.20
	20,2	(Ben-Hadad) sandte Boten zu A. 33.34
	13	ein Prophet trat zu A. 14.15
	21,1	Nabot hatte einen Weinberg bei dem Palast A. 2-4.8.15.16; 2Kö 9,25
	21	will von A. ausrotten, was männlich ist 24.27. 29; 2Kö 9,8; 2Ch 22,7.8
	22,20	wer will A. betören 2Ch 18,19
	40	legte sich A. zu seinen Vätern 2Kö 1,1; 3,5
	50	Ahasja, der Sohn A. 52
2Kö	3,1	Joram, der Sohn A., wurde König 8,16.25.28. 29; 9,29; 2Ch 22,5.6
	8,18	wie das Haus A. tat 27; 2Ch 21,6.13; 22,3.4
	18	A. Tochter war (Jorams) Frau 2Ch 21,6
	9,7	sollst das Haus A. schlagen 8.9; 10,10.11.17. 30; 21,13
	10,1	A. hatte siebzig Söhne in Samaria
	18	A. hat Baal wenig gedient
2Ch	18,1	Joschafat verschwägerte sich mit A. 2.3
Mi	6,16	hieltest dich an alle Werke des Hauses A.
Jer	29,21	²so spricht der HERR wider A. 22

Aharhel

1Ch	4,8	die Geschlechter A., des Sohnes Harums

Ahas

2Kö	15,38	¹(Jotams) Sohn A. wurde König 16,1.2.19; 17,1; 1Ch 3,13; 2Ch 27,9; 28,1; Mt 1,9
	16,5	Rezin und Pekach belagerten A. 7.8.10.11. 15-17; 2Ch 28,16
	20	A. legte sich zu seinen Vätern 2Ch 28,27
	18,1	wurde Hiskia König, der Sohn des A.
	20,11	Schatten an der Sonnenuhr des A. Jes 38,8
	23,12	Altäre auf dem Dach, dem Obergemach A.
2Ch	28,21	obwohl A. das Haus des HERRN plünderte 19.22.24; 29,19
Jes	1,1	zur Zeit des A. 7,1; 14,28; Hos 1,1; Mi 1,1
	7,3	geh hinaus, A. entgegen 10.12
1Ch	8,35	²Söhne Michas: A. 36; 9,41.42

Ahasbai

2Sm 23,34 Elifelet, der Sohn A.

Ahaschtariter

1Ch 4,6 Naara gebar den A.

Ahasja

1Kö	22,40	¹(Ahabs) Sohn A. wurde König 52
	50	sprach A. zu Joschafat 2Ch 20,35.37
2Kö	1,2	A. fiel durch das Gitter 17.18
	8,24	²(Jorams) Sohn A. wurde König 25.26; 9,29; 1Ch 3,11; 2Ch 22,1.2
	29	A. kam hinab, Joram zu besuchen 9,16.21.23. 27; 2Ch 22,6-9
	10,13	da traf Jehu die Brüder A. 2Ch 22,8
	11,1	Atalja, A. Mutter 2Ch 22,10
	2	Joscheba, A. Schwester, nahm Joasch, den Sohn A. 13,1; 14,13; 2Ch 22,11
	12,19	Gaben, die Joram und A. geheiligt hatten (= Joahas 3)

Ahasveros (= Artaxerxes)

Esr	4,6	als A. König war Est 1,1; 3,7
Est	1,9	ein Festmahl im Palast des A. 10.16
	17	A. gebot der Königin Wasti 19; 2,1.12
	2,16	wurde Ester zum König A. gebracht
	21	Hand an A. zu legen 6,2
	3,1	erhob A. den Haman 6.8.12; 7,5
	8,1	schenkte A. Ester das Haus Hamans 7
	10	geschrieben in A. Namen 12; 9,2.20.30
	10,1	A. legte eine Steuer aufs Land
	3	Mordechai war der Erste nach A.
Dan	9,1	Darius, des Sohnes des A.

Ahawa

Esr 8,15 am Fluß, der nach A. fließt 21.31

Aher

1Ch 7,12 Huschim war ein Sohn A.

Ahi

1Ch 5,15 ¹A., der Sohn Abdiëls
    7,34 ²Söhne Schemers: A.

Ahiam

2Sm 23,33 A., der Sohn Scharars 1Ch 11,35

Ahiëser

4Mo	1,12	¹von Dan: A., Sohn Ammischaddais 2,25; 7,66.71; 10,25
1Ch	12,3	²die aus Benjamin: der Erste A.

Ahihud

4Mo	34,27	¹A., Fürst des Stammes Asser
1Ch	8,7	²Gera zeugte A.

Ahija

1Sm	14,3	¹A. trug den Priesterschurz 18
1Kö	11,29	²der Prophet A. von Silo 30; 12,15; 14,2.4-6. 18; 15,29; 2Ch 9,29; 10,15
	15,33	³wurde Bascha, der Sohn A., König 27; 21,22; 2Kö 9,9
		weitere Träger ds. Namens 1Kö 4,3/ 1Ch 2,25/ 8,7 (= Ahoach)/ 11,36/ Neh 10,27

Ahikam

2Kö	22,12	A., Sohn Schafans 14; 2Ch 34,20; Jer 26,24
	25,22	Gedalja, Sohn A. Jer 39,14; 40,5-7.9.11.14.16; 41,1.2.6.10.16.18; 43,6

Ahilud

2Sm	8,16	Joschafat, der Sohn A. 20,24; 1Kö 4,3; 1Ch 18,15
1Kö	4,12	Baana, der Sohn A.

Ahimaaz

1Sm	14,50	¹Ahinoam war eine Tochter des A.
2Sm	15,27	²A., (Zadoks) Sohn 36; 1Ch 5,34.35; 6,38
	17,17	Jonatan und A. standen bei der Quelle 20
	18,19	A. sprach: Laß mich dem König Botschaft bringen 22.23.27-29
1Kö	4,15	³(Amtleute:) A. in Naftali

Ahiman

4Mo	13,22	¹A., Söhne Anaks Jos 15,14; Ri 1,10
1Ch	9,17	²Torhüter waren: A.

Ahimelech

1Sm	21,2	¹David kam zum Priester A. 3.9; 22,9.11.14; Ps 52,2
	22,16	A., du mußt des Todes sterben
	20	es entrann ein Sohn A., Abjatar 23,6; 30,7
	26,6	²David sprach zu A., dem Hetiter
2Sm	8,17	³Zadok und A., der Sohn Abjatars, waren Priester 1Ch 18,16; 24,3.6.31

Ahimot, *Ahimoth*

1Ch 6,10 Söhne Elkanas: A.

Ahinadab

1Kö 4,14 (Amtleute:) A., der Sohn Iddos

Ahinoam

1Sm	14,50	¹Sauls Frau hieß A.
	25,43	²David hatte A. von Jesreel zur Frau 27,3; 30,5; 2Sm 2,2; 3,2; 1Ch 3,1

Ahira
4Mo 1,15 A., der Sohn Enans 2,29; 7,78.83; 10,27

Ahiram, Ahiramiter
4Mo 26,38 A., daher das Geschlecht der A.

Ahisamach
2Mo 31,6 Oholiab, den Sohn A. 35,34; 38,23

Ahischahar
1Ch 7,10 Bilhans Söhne: A.

Ahischar
1Kö 4,6 A. war Hofmeister

Ahitofel, Ahithophel
2Sm 15,12 sandte (Absalom) zu A. 31; 1Ch 27,33.34
      31 mache den Ratschlag A. zur Torheit 34
   16,15 nach Jerusalem A. mit (Absalom) 20.21.23
   17,1 A. sprach zu Absalom 6.7.14.15.21
      23 A. erhängte sich und starb
   23,34 Eliam, der Sohn A.

Ahitub
1Sm 14,3 ¹A., des Sohnes des Pinhas 22,9.11.12.20
2Sm 8,17 ²Zadok, der Sohn A. 1Ch 5,33.34.37.38; 6,37;
         9,11; 18,16; Esr 7,2; Neh 11,11
Jdt 8,1 ³Judit. Tochter Meraris... des Sohnes A.

Ahnherr
Jes 43,27 schon dein A. hat gesündigt

ähnlich
Jer 36,32 wurden viele ä. Worte hinzugetan
Sir 38,28 daran denken, daß das Bild ä. wird
Jh 9,9 einige sprachen: Er ist's; andere: Nein, aber er ist ihm ä.

Ahoach (s.a. Ahija)
1Ch 8,4 (Bela hatte Söhne:) A.

Ahoachiter
2Sm 23,9 Eleasar, der A. 28; 1Ch 11,12.29; 27,4

Ähre
1Mo 41,5 sieben Ä. aus einem Halm 6.7.22-24.26.27
2Mo 9,31 die Gerste stand in Ä.
3Mo 2,14 so sollst du Ä. am Feuer rösten
5Mo 23,26 darfst du mit der Hand Ä. abrupfen
Rut 2,2 laß mich Ä. auflesen 17
Hi 24,24 wie die Spitzen der Ä. abgeschnitten
Jes 17,5 wie wenn der Schnitter die Ä. schneidet
   27,12 wird der HERR Ä. ausklopfen
Mt 12,1 seine Jünger fingen an, Ä. auszuraufen Mk 2,23; Lk 6,1
Mk 4,28 danach die Ä., danach den Weizen in der Ä.

Ährenlesen
Rut 2,23 hielt sie sich beim Ä. zu den Mägden

Ahumai
1Ch 4,2 Jahat zeugte A.

Ahusam
1Ch 4,6 Naara gebar ihm A.

Ahusat, Ahusath
1Mo 26,26 Abimelech ging zu ihm mit A.

Ai
1Mo 12,8 ¹so daß (Abram) Ai im Osten hatte 13,3
Jos 7,3 sollen Ai schlagen 2.4.5; 8,1-3.9-12.14.17.18. 20-26.28.29; 9,3; 10,1.2; 12,9
Esr 2,28 Männer von Bethel und Ai Neh 7,32 (= Aja 3; Awim)
Jer 49,3 ²heule, Heschbon! Denn Ai ist verwüstet

Aja
1Mo 36,24 ¹Söhne von Zibon waren: A. 1Ch 1,40
2Sm 3,7 ²Rizpa, eine Tochter A. 21,8.10.11
1Ch 7,28 ³ihr Besitz war bis A. Neh 11,31; Jes 10,28 (= Ai 1)

Ajalon
Jos 10,12 ¹im Tal A. 19,42; 21,24; Ri 1,35; 1Sm 14,31; 1Ch 6,54; 8,13; 2Ch 11,10; 28,18
Ri 12,12 ²(Elon) wurde begraben in A.

Ajin
4Mo 34,11 ¹die Grenze gehe östlich von A.
Jos 19,7 ²(Simeon... zum Erbteil) A. 21,16; 1Ch 4,32

Akan
1Mo 36,27 die Söhne Ezers waren: A. 1Ch 1,42

Akazie
Jes 41,19 will wachsen lassen Zedern, A.

Akazienholz
2Mo 25,5 (das ist die Opfergabe:) A. 35,7.24
     10 macht... aus A. 13.23.28; 26,15.26.32.37; 27,1. 6; 30,1.5; 36,20.31.36; 37,1.4.10.15.25.28; 38,1.6; 5Mo 10,3

Akeldamach s. Hakeldamach

Akkad
1Mo 10,10 der Anfang seines Reichs war A.

Akko (= Ptolemais)
Ri 1,31 Asser vertrieb nicht die Einwohner von A.

Akkub

1Ch	3,24	¹Söhne Eljoënais: A.
	9,17	²Torhüter: A. Esr 2,42; Neh 7,45; 11,19; 12,25
Esr	2,45	³(Tempelsklaven:) die Söhne A.
Neh	8,7	⁴die Leviten A.

Akrabattene

1Ma 5,3 Judas zog gegen das *Geschlecht Esaus in A.

Alammelech

Jos 19,26 (Asser... sein Gebiet war) A.

Alema

1Ma 5,26 eingeschlossen in A., Karnajim 35

Alemet, *Alemeth*

1Ch	6,45	¹aus dem Stamm Benjamin: A. Jos 21,18
	7,8	²Söhne Bechers: A.
	8,36	³Joadda zeugte A. 9,42

Alexander

1Ma	1,1	¹A., König von Mazedonien 8; 6,2
	10,1	²A., Sohn des Antiochus Epiphanes 2u.ö.88; 11,1u.ö.39
2Ti	4,14	³A., der Schmied, hat mir viel Böses angetan weitere Träger ds. Namens Mk 15,21/ Apg 4,6/ 19,33/ 1Ti 1,20

Alexandria

Apg	18,24	Apollos, aus A. gebürtig
	27,6	dort fand der Hauptmann ein Schiff aus A.
	28,11	

Alexandriner

Apg 6,9 da standen einige auf von der Synagoge der A.

Alkimus

1Ma	7,5	ihr Anführer war A. 9 u.ö.25; 9,1
	9,56	A. starb mit großen Schmerzen 54.55.57
2Ma	14,3	A., der Hoherpriester war 13.26

All

Wsh	1,7	der das A. umfaßt, hat Kenntnis
	6,8	der Herr des A. wird niemand begünstigen
	7,27	(die Weisheit) erneuert das A.
	8,1	sie regiert das A. vortrefflich
Sir	42,17	damit das A. durch s. Herrlichkeit besteht

all, alle, alles

1Mo	12,3	in dir sollen gesegnet werden a. Geschlechter 18,18; 22,18; 26,4; 28,14
5Mo	6,5	du sollst Gott liebhaben mit a. deiner Kraft
Jos	1,9	der HERR ist mit dir in a., was du tun
1Kö	8,27	a. Himmel Himmel können dich nicht fassen 2Ch 2,5; 6,18
	43	daß a. Völker deinen Namen erkennen 60; 2Kö 19,19; 2Ch 6,33
Hi	33,29	das a. tut Gott
	42,2	ich erkenne, daß du a. vermagst
Ps	2,12	wohl a., die auf ihn trauen 5,12; 18,31
	6,11	es sollen a. meine Feinde zuschanden werden
	8,2	wie herrlich ist dein Name in a. Landen 10
	7	a. hast du unter seine Füße getan 1Ko 15,25. 27; Eph 1,22
	14,3	sie sind a. abgewichen 53,4; Rö 3,12
	33,8	a. Welt fürchte den HERRN
	50,12	der Erdkreis ist mein und a., was darauf ist
	66,1	jauchzet Gott, a. Lande 4
	72,19	a. Lande sollen seiner Ehre voll werden
	73,1	Gott ist dennoch Israels Trost für a.
	76,10	daß er helfe a. Elenden auf Erden
	82,5	wanken a. Grundfesten der Erde
	97,6	seine Herrlichkeit sehen a. Völker 99,2
	9	du bist der Höchste über a. Landen
	98,4	jauchzet dem HERRN a. Welt 100,1
	103,21	lobet den HERRN, a. seine Heerscharen 22
	113,4	der HERR ist hoch über a. Völker
	117,1	lobet den HERRN, a. Heiden Rö 15,11
	119,96	habe gesehen, daß a. ein Ende hat
	129,5	daß zurückwichen a., die Zion gram sind
	136,2	danket dem Gott a. Götter 3
	138,2	hast deinen Namen herrlich gemacht über a.
	4	es danken dir, HERR, a. Könige auf Erden
	145,9	der Herr ist a. gütig und erbarmt sich a.
	15	a. Augen warten auf dich
	18	der HERR ist nahe a., die ihn anrufen
	20	der HERR behütet a., die ihn lieben
	148,7	lobet den HERRN, a. Tiefen des Meeres 9-11
	150,6	a., was Odem hat, lobe den HERRN
Spr	4,26	a. deine Wege seien gewiß
Pr	1,2	es ist a. ganz eitel 14; 2,11.17; 3,19; 12,8
Jes	5,25	bei a. dem läßt sein Zorn nicht ab 9,11.16.20; 10,4
	6,3	a. Lande sind seiner Ehre voll
	30,5	müssen doch a. zuschanden werden 31,3; 34,12; 41,11; 44,11; 45,16.24; 46,2; 50,9
	18	wohl a., die auf ihn harren
	44,24	bin der HERR, der a. schafft 45,7; 48,13
	45,22	wendet euch zu mir, a. Welt Enden 23
	53,6	der HERR warf unser a. Sünde auf ihn
	55,1	a., die ihr durstig seid, kommt her
	60,14	a. werden niederfallen zu deinen Füßen
	61,2	zu trösten a. Trauernden
	66,10	freuet euch a., die ihr sie liebhabt
	23	a. Fleisch wird kommen, vor mir anzubeten
Jer	1,16	Gericht um a. ihrer Bosheit willen 22,22; 32,32; 33,5.8; 51,24; Klg 1,22
	10,16	er ist's, der a. geschaffen hat 14,22; 33,2
	25,15	laß daraus trinken a. Völker 17.20.22.24-26. 29; 51,7.25
	31,34	sie sollen mich a. erkennen 44,28
Klg	3,23	seine Barmherzigkeit ist a. Morgen neu
Hes	5,10	daß a. in a. Winde zerstreut werden 12; 12,14; 17,21; 42,20
	12,23	a. kommt, was geweissagt ist
	18,22	a. Übertretungen nicht gedacht 24; 33,13.16
	37,24	David der einzige Hirte für sie a.
Jo	3,1	will meinen Geist ausgießen über a. Fleisch
Jon	3,5	zogen a. den Sack zur Buße an
Mi	1,2	merk auf, Land und a., was darinnen ist
	7,2	a. auf Blut lauern
Ze	3,9	daß sie a. des HERRN Namen anrufen
Sa	2,17	a. Fleisch sei stille vor dem HERRN
Jdt	7,4	die *Israeliten beteten a. 2Ma 5,4

all 28

Jdt	8,7	auch hatte sie bei a. einen guten Ruf
	17	wird der Herr a. Heiden demütigen
	20	a., die Gott lieb gewesen sind
	9,14	Herr a. Dinge Wsh 8,3
	15	damit a. Heiden erkennen, daß du Gott bist Tob 8,18; Bar 2,15; 2Ma 9,8
	10,10	a., die dort waren, sagten: Amen 13,25
	11,6	deine Taten sind hochberühmt in a. Welt
	13,24	daß dich a. preisen Sir 43,33; 2Ma 11,9
	31	gepriesen in a. Hütten Jakobs... verherrlicht bei a. Völkern
	16,4	damit er uns errettet von a. Feinden
	17	sendest deinen Geist, und a. wird
	19	a. Opfer ist viel zu gering vor dir
Wsh	1,14	er hat a. geschaffen 9,1; Sir 18,1; 39,26; 43,37; 2Ma 1,24; 7,28
	6,8	der Herr sorgt für a. gleich 12,13; 16,25
	7,3	Luft, die a. gemeinsam ist, Erde, die a. trägt Sir 40,1
	21	so erkannte ich a., was verborgen ist
	23	(die Weisheit) vermag a., sieht a. 24.27.29; 8,5; 10,2
	10,9	die Weisheit errettete aus a. Nöten
	12	die Frömmigkeit mächtiger ist als a.
	11,21	du hast a. geordnet
	23	du erbarmst dich über a., kannst a.
	26	du schonst a. 24; 12,16
	12,1	dein unvergänglicher Geist ist in a.
	15	so regierst du a. Dinge gerecht 15,1; Bar 2,9; StD 3,3
	16	weil du über a. Herr bist 18; 13,3
	13,1	es sind von Natur a. Menschen nichtig
	14,4	zeigst, wie du aus a. Not zu retten
	27	das ist Ursache und Ende a. Bösen
	15,15	da sie a. Götzenbilder für Götter halten
	16,7	errettet durch den Heiland a. Menschen Sir 51,12; 1Ma 2,61
	8	du, der aus a. Unheil erlösen kann
	12	durch dein Wort, Herr, das a. heilt
	18,14	als a. still war und ruhte
	19,21	du hast dein Volk in a. groß gemacht
Tob	1,3	teilte a., was er hatte, mit seinen Brüdern
	3,2	a. deine Gerichte sind lauter Güte
	4,14	mit ihr hat a. Verderben seinen Anfang
	5,1	a., was du gesagt hast, will ich tun
	8,7	sollen loben... a. deine Geschöpfe
	23	von a. Gütern gab er die Hälfte 10,11; 12,5.6
	13,12	an a. Enden der Erde wird man dich ehren
	15	verflucht a., die dich verachten
	21	auf a. Straßen wird man Halleluja singen
	14,9	an Jerusalem werden sich a. freuen
	17	Gnade bei a., die im Lande wohnten
Sir	1,1	a. Weisheit kommt von Gott dem Herrn
	4	seine Weisheit ist vor a. geschaffen
	10	ausgeschüttet über a. Werke und a. Menschen
	2,4	a., was dir widerfährt, nimm auf dich
	8,6	denke daran, daß wir a. Schuld tragen
	8	denke daran, daß wir a. sterben müssen
	9,22	richte a. das Deine nach Gottes Wort
	10,14	daher kommt a. Hochmut
	15	Hochmut treibt zu a. Sünden
	11,14	es kommt a. von Gott: Glück und Unglück
	13,28	wenn der Reiche redet, schweigen a.
	14,18	a. Lebendige veraltet wie ein Kleid
	20	a. vergängliche Werk muß ein Ende nehmen
	15,13	der Herr haßt a., was ein Greuel ist
	19	(der Herr) sieht a. 39,25; 42,19; 2Ma 9,5
	17,4	bestimmte, daß a. Geschöpfe sie fürchten
	12	hütet euch vor a. Unrecht

Sir	17,17	a. Sünden sind vor ihm offenbar 16; 39,24
	31	a. Menschen sind Erde und Staub 40,11
	18,14	er erbarmt sich über a.
	19,15	glaube nicht a., was du hörst
	23,5	wende von mir a. bösen Begierden
	29	a. Dinge sind ihm bekannt Bar 3,32
	24,25	kommt her zu mir, a., die ihr
	25,15	die Furcht Gottes geht über a.
	32,17	danke für a. dem, der dich geschaffen
	38,10	reinige dein Herz von a. Missetat
	39,19	lobt den Herrn für a. seine Werke 42,23
	21	a. Werke des Herrn sind gut
	40	nicht: Es ist nicht a. gut; a. ist zu seiner Zeit sinnvoll
	40,11	a... muß zu Erde werden 41,13
	41,5	ist vom Herrn verordnet über a. Menschen
	29	wirst a. Leuten lieb und wert sein
	43,28	durch sein Wort besteht a.
	29	mit einem Wort: Er ist a.
	45,4	er hat ihn aus a. Menschen erwählt 20
	49,20	über a., was lebt, steht Adam
	50,24	nun danket a. Gott, der große Dinge tut... uns a. Gute tut
Bar	3,7	a. Missetaten unsrer Väter getilgt 8
	5,7	Gott will a. Berge niedrig machen
1Ma	1,44	da gaben a. Völker ihre Gesetze auf
	2,11	a. seine Herrlichkeit ist weg
	10,33	a. Juden sollen freigelassen werden 29; 11,35
	13,48	ließ a. wegtun, was unrein macht 50
	14,43	a. sollten ihm gehorsam sein
2Ma	1,6	das a. erbitten wir jetzt für euch
	25	der du Israel erlöst aus a. Übel
	3,20	a. hoben ihre Hände auf zum Himmel
	24	der Herrscher über a. Mächte
	7,28	Himmel und Erde und a., was darin ist
	11,20	a. haben meine Gesandten Befehl
StD	3,34	lobt den Herrn, a. seine Werke
Mt	11,28	kommt her zu mir, a., die ihr mühselig und beladen seid
	12,31	a. Sünde wird den Menschen vergeben
	19,26	bei Gott sind a. Dinge möglich Mk 10,27
	26,27	trinket a. daraus
	56	a. ist geschehen, damit
	28,18	mir ist gegeben a. Gewalt im Himmel und auf Erden
	20	ich bin bei euch a. Tage bis an der Welt Ende
Mk	4,1	und a. Volk stand auf dem Lande am See
	9,23	a. Dinge sind möglich dem, der da glaubt
	12,37	und a. Volk hörte ihn gern Lk 20,45
	14,36	Abba, mein Vater, a. ist dir möglich
	16,15	gehet hin in a. Welt
	15	predigt das Evangelium a. Kreatur
Lk	2,10	Freude, die a. Volk widerfahren wird
	41	gingen a. Jahre nach Jerusalem zum Passafest
	3,21	als a. Volk sich taufen ließ
	6,19	a. Volk suchte, ihn anzurühren
	8,43	a., was sie zum Leben hatte, für die Ärzte
	11,4	wir vergeben a., die an uns schuldig werden
	12,18	will darin sammeln a. mein Korn
	27	daß auch Salomo in a. seiner Herrlichkeit
	20,6	so wird uns a. Volk steinigen
	21,38	a. Volk machte sich früh auf zu ihm, ihn zu hören
Jh	1,3	a. Dinge sind durch (das Wort) gemacht
	16	von seiner Fülle haben wir a. genommen
	6,37	a., was mir mein Vater gibt, das kommt zu mir 39
	10,29	mein Vater ist größer als a.

Jh	11,48	lassen wir ihn so, dann werden sie a. an ihn glauben	2Th	3,16	der Herr des Friedens gebe euch Frieden auf a. Weise
	19,28	als Jesus wußte, daß schon a. vollbracht war	1Ti	2,6	(Jesus,) der sich selbst gegeben hat für a. zur Erlösung
Apg	2,7	sind nicht a., die da reden, aus Galiläa		5,20	die da sündigen, die weise zurecht vor a.
	3,9	es sah ihn a. Volk umhergehen und Gott loben 11	2Ti	2,21	der wird sein zu a. guten Werk bereitet
	17,22	daß ihr die Götter in a. Stücken sehr verehrt		3,16	a. Schrift ist nütze zur Lehre
	20,26	bezeuge ich, daß ich rein bin vom Blut a.		17	der Mensch Gottes, zu a. guten Werk geschickt
Rö	1,8	daß man von eurem Glauben in a. Welt spricht		4,8	a., die seine Erscheinung lieb haben
	29	voll von a. Ungerechtigkeit	Tit	1,15	den Reinen ist a. rein
	3,9	daß a... unter der Sünde sind 5,12		16	sind zu a. guten Werk untüchtig
	4,16	Abraham ist unser a. Vater		2,7	(daß sie besonnen seien) in a. Dingen
	6,3	daß wir a. sind in seinen Tod getauft		10	(daß sie sich) in a. als treu erweisen
	11,32	Gott hat a. eingeschlossen in den Ungehorsam Gal 3,22		11	es ist erschienen die heilsame Gnade Gottes a. Menschen
	36	von ihm und durch ihn und zu ihm sind a. Dinge		3,1	daß sie gehorsam seien, zu a. guten Werk bereit
	15,33	der Gott des Friedens sei mit euch a. Amen	1Pt	2,1	so legt nun ab a. Bosheit und a. Betrug
	16,24	die Gnade unseres Herrn Jesus Christus sei mit euch a. 2Ko 13,13; Eph 6,24; 2Th 3,16.18; Tit 3,15; 1Pt 5,14; Heb 13,25; Off 22,21		13	seid untertan a. menschlichen Ordnung
				4,11	damit in a. Dingen Gott gepriesen werde
				5,7	a. eure Sorge werft auf ihn; denn er sorgt für euch
1Ko	9,22	damit ich a. Weise einige rette	1Jh	2,16	a. in der Welt ist nicht vom Vater
	25	jeder, der kämpft, enthält sich a. Dinge		3,20	daß (Gott) erkennt a. Dinge
	15,22	wie sie in Adam a. sterben, so werden sie in Christus a. lebendig gemacht werden	Heb	1,2	Sohn, den er eingesetzt hat zum Erben über a.
	28	wenn aber a. ihm untertan sein wird... damit Gott sei a. in a.		3	trägt a. Dinge mit seinem kräftigen Wort
	16,14	a. eure Dinge laßt in der Liebe geschehen		2,8	noch nicht, daß ihm a. untertan ist
	24	meine Liebe sei mit euch a. in Christus Jesus		10	(Gott,) um dessentwillen a. Dinge sind
2Ko	1,4	der uns tröstet in a. unserer Trübsal		3,13	ermahnt euch selbst a. Tage
	5,14	wenn einer für a. gestorben ist, so sind sie a. gestorben 15		6,16	der Eid macht a. Widerrede ein Ende
				9,19	als Mose a. Gebote a. Volk gesagt hatte
Gal	3,26	ihr seid a. durch den Glauben Gottes Kinder 27		25	wie der Hohepriester a. Jahre in das Heiligtum geht
Eph	1,22	er hat ihn gesetzt der Gemeinde zum Haupt über a.		13,18	in a. Dingen ein ordentliches Leben führen
	3,9	Gott, der a. geschaffen hat 1Ti 6,13; Off 4,11	Jak	1,17	a. gute Gabe und a. vollkommene Gabe kommt von oben herab
	15	Vater über a., was da Kinder heißt im Himmel und auf Erden	Off	7,17	Gott wird abwischen a. Tränen von ihren Augen 21,4
	4,10	der aufgefahren ist, damit er a. erfülle		11,6	die Erde zu schlagen mit Plagen a. Art
Phl	1,7	die ihr a. mit mir an der Gnade teilhabt		21,5	siehe, ich mache a. neu
	9	daß eure Liebe reicher werde an a. Erfahrung		7	wer überwindet, der wird es a. ererben
	2,9	hat ihm den Namen gegeben, der über a. Namen ist			***allda***
	10	daß in dem Namen Jesu sich beugen sollen a. derer Knie	Mt	5,23	wirst a. eingedenk, daß dein Bruder 24
	11	a. Zungen bekennen sollen, daß Jesus Christus der Herr ist	Mk	6,5	er konnte a. nicht eine einzige Tat tun
			Jh	19,18	a. kreuzigten sie ihn
	3,21	Kraft, mit der er sich a. Dinge untertan machen kann			***alledem***
	4,7	der Friede Gottes, der höher ist als a. Vernunft	Gal	3,10	verflucht sei jeder, der nicht bleibt bei a., was
	13	ich vermag a. durch den, der mich mächtig macht			***allein***
	21	grüßt a. Heiligen in Christus Jesus	1Mo	2,18	es ist nicht gut, daß der Mensch a. sei
Kol	1,16	in ihm ist a. geschaffen, was im Himmel und auf Erden ist		41,40	a. um den königl. Thron will ich höher sein
	19	daß in ihm a. Fülle wohnen sollte	2Mo	22,19	wer den Göttern opfert und nicht dem HERRN a.
	28	wir ermahnen a. Menschen		24,2	Mose a. nahe sich zum HERRN
	2,2	ihre Herzen gestärkt u. a. Reichtum an Gewißheit und Verständnis	4Mo	12,2	redet denn der HERR a. durch Mose
	13	er hat uns vergeben a. Sünden	5Mo	4,20	das Volk sein sollt, das a. ihm gehört
	3,17	a., was ihr tut, das tut a. im Namen des Herrn 23		35	daß der HERR a. Gott ist 6,4; 7,9; 2Kö 19,15.19; Neh 9,6; Ps 86,10; Jes 37,16.20
1Th	5,18	seid dankbar in a. Dingen		8,3	daß der Mensch nicht lebt vom Brot a. Mt 4,4; Lk 4,4
2Th	1,11	daß Gott vollende a. Wohlgefallen am Guten		32,3	gebt unserm Gott a. die Ehre
	2,17	der stärke euch in a. guten Werk und Wort		39	daß ich's a. bin und kein Gott neben mir

allein

1Sm	7,3	dient dem HERRN a. 4; 2Kö 5,17; Mt 4,10; Lk 4,8
1Kö	8,39	du a. kennst das Herz 2Ch 6,30
Hi	9,8	er a. breitet den Himmel aus Jes 44,24
	28,23	Gott a. kennt ihre Stätte
Ps	4,9	denn a. du, HERR, hilfst mir
	22,30	ihn a. werden anbeten alle, die schlafen
	51,6	an dir a. habe ich gesündigt
	62,12	Gott a. ist mächtig
	72,18	gelobt sei Gott, der a. Wunder tut 136,4
	83,19	daß du a. HERR heißest
	148,13	sein Name a. ist hoch
Spr	10,22	der Segen des HERRN a. macht reich
	14,10	das Herz a. kennt sein Leid
	16,9	der HERR a. lenkt seinen Schritt
Pr	4,9	so ist's ja besser zu zweien als a.
	10	weh dem, der a. ist, wenn er fällt
Jes	2,11	der HERR aber wird a. hoch sein 17
	38,19	a., die da leben, loben dich
Hes	14,14	würden a. ihr Leben retten 16.18.20; 18,20
Dan	3,28	wollten keinen Gott anbeten als a. ihren
Jdt	3,11	damit er a. als Gott gepriesen werde 8,19
	9,14	Frau, die a. auf deine Barmherzigkeit vertraut StE 3,10.12
Tob	8,18	erkennen, daß du a. Gott bist 13,3; 2Ma 7,37
Sir	3,21	groß ist a. die Majestät des Herrn
	10,25	sollen sich a. dessen rühmen, daß sie Gott
	17,26	a. die Lebendigen können loben
	18,2	der Herr a. ist gerecht
	24,7	ich a. durchwanderte das Himmelsgewölbe
	42,18	er a. erforscht den Abgrund
	45,16	außer a. seine Söhne und Nachkommen
2Ma	1,24	Gott, du bist a. König 25; StE 3,4
	14,36	Gott, der du a. heilig machst
StE	3,4	Herr, hilf mir; ich bin a.
Mt	12,4	Schaubrote, die essen durften a. die Priester
	14,13	fuhr (Jesus) von dort weg in eine einsame Gegend a. 23; Mk 4,10; 6,47; Lk 9,10.18; Jh 6,15
	17,8	sahen sie niemand als Jesus a. Mk 9,8; Lk 9,36
	19	seine Jünger, als sie a. waren, fragten 24,3; Mk 4,34; 9,28; 13,3; Lk 10,23
	18,15	weise ihn zurecht zwischen dir und ihm a.
	24,36	von dem Tage weiß a. der Vater Mk 13,32
Mk	2,7	wer kann Sünden vergeben als Gott a. Lk 5,21
	6,8	gebot, nichts mitzunehmen als a. einen Stab
	31	geht ihr a. an eine einsame Stätte 32
	10,18	niemand ist gut als Gott a. Lk 18,19
	12,29	höre, Israel, der Herr, unser Gott, ist der Herr a. 32
Lk	10,40	fragst du nicht danach, daß mich meine Schwester läßt a. dienen
Jh	8,9	Jesus blieb a. mit der Frau
	16	ich bin's nicht a. 16,32
	29	er läßt mich nicht a.; denn ich tue allezeit, was ihm gefällt
	11,52	nicht für das Volk a.
	12,9	sie kamen nicht a. um Jesu willen
	24	bleibt (das Weizenkorn) a.
	13,9	nicht die Füße a., sondern auch die Hände
	17,3	der du a. wahrer Gott bist
	20	ich bitte nicht a. für sie
Apg	8,16	sie waren a. getauft auf den Namen des Herrn
	11,19	verkündigten das Wort niemandem als a. den Juden
	19,26	ihr seht und hört, daß nicht a. in Ephesus
	21,13	ich bin bereit, nicht a. mich binden zu lassen
Apg	26,29	daß über kurz oder lang nicht a. du
	28,16	wurde Paulus erlaubt, für sich a. zu wohnen
Rö	1,32	tun es nicht a., sondern haben auch Gefallen
	3,26	*auf daß er a. gerecht sei*
	28	daß der Mensch gerecht wird a. durch den Glauben
	29	ist Gott a. der Gott der Juden 1Ko 14,36; 15,19
	4,16	nicht a. für die, die unter dem Gesetz sind
	23	ist nicht a. um seinetwillen geschrieben
	8,23	nicht a. sie, sondern auch wir seufzen
	9,10	nicht a. hier ist es so, auch bei Rebekka
	24	dazu hat er uns berufen, nicht a. aus den Juden
	11,3	Herr, ich bin a. übriggeblieben
	13,5	sich unterzuordnen, nicht a. um der Strafe
	16,4	denen nicht a. ich danke
	27	dem Gott, der a. weise ist, sei Ehre
1Ko	2,2	nichts zu wissen als a. Jesus Christus
	11	welcher Mensch weiß, was im Menschen ist, als a. der Geist des Menschen
2Ko	7,7	nicht a. durch seine Ankunft
	8,10	die ihr angefangen habt nicht a. mit dem Tun
	21	daß es redlich zugehe nicht a. vor dem Herrn
	9,12	hilft nicht a. dem Mangel der Heiligen ab
Gal	3,2	das a. will ich von euch erfahren
	6,14	mich rühmen a. des Kreuzes unseres Herrn
Eph	1,21	einen Namen hat, nicht a. in dieser Welt
Phl	1,29	nicht a. an ihn zu glauben
	2,12	allezeit gehorsam, nicht a. in m. Gegenwart
Kol	4,11	von den Juden sind diese a. meine Mitarbeiter
1Th	1,5	unsere Predigt... nicht a. im Wort
	2,8	nicht a. am Evangelium Gottes teilzugeben
	3,1	beschlossen, in Athen a. zurückzubleiben
1Ti	1,17	Gott, der a. Gott, sei Ehre und Preis
	5,5	das ist eine rechte Witwe, die a. steht
	6,15	der Selige und a. Gewaltige
	16	der a. Unsterblichkeit hat
2Ti	2,20	in einem Haus nicht a. goldene Gefäße
	4,8	nicht mir a., sondern allen, die seine Erscheinung lieb haben
1Pt	2,18	nicht a. den gütigen und freundlichen
2Pt	2,5	(Gott) bewahrte a. Noah, den Prediger der Gerechtigkeit
1Jh	2,2	die Versöhnung nicht a. für (unsre Sünden)
	5,6	nicht im Wasser a., sondern im Wasser und im Blut
Heb	12,26	nicht a. die Erde, auch den Himmel
	27	damit a. das bleibe, was nicht erschüttert werden kann
Jak	1,22	seid Täter des Worts und nicht Hörer a.
	2,24	daß der Mensch durch Werke gerecht wird, nicht durch Glauben a.
Off	9,4	Schaden tun a. den Menschen, die
	15,4	du a. bist heilig
	21,27	wird hineinkommen a., die in dem Lebensbuch

alleinig

Jh	5,44	die Ehre, die von dem a. Gott ist
Jud	4	verleugnen unsern a. Herrscher und Herrn
	25	dem a. Gott, unserm Heiland, sei Ehre und Majestät

allerbester

Sir 11,32 den A. sagt er das Schändlichste nach

alleredelst

Off 21,11 ihr Licht war gleich dem a. Stein

allererster

1Ma 7,43 Nikanor kam als a. in der Schlacht um
Lk 2,2 diese Schätzung war die a.

allergeringst

2Ma 8,35 die er für die A. gehalten hatte
1Ko 4,9 uns Apostel als die A. hingestellt
Eph 3,8 mir, dem a. unter allen Heiligen

allergewissest

Rö 4,21 wußte aufs a.: was Gott verheißt, das kann er

allergrößter

2Pt 1,4 durch sie sind uns die a. Verheißungen geschenkt

allerheiligst, Allerheiligstes

2Mo 26,33 Scheidewand zwischen dem Heiligen und A.
34 Lade mit dem Gesetz, die im A. steht
3Mo 16,33 soll entsühnen das A., die Stiftshütte
1Kö 6,16 baute das A. 27.29; 7,50; 2Ch 3,8.10; 4,22
8,6 brachten die Lade in das A. 2Ch 5,7
1Ch 6,34 zu allem Dienst im A.
Hes 41,4 dies ist das A. 17.21.23; 45,3
Dan 9,24 es wird das A. gesalbt werden
Heb 9,3 der Teil der Stiftshütte, der das A. heißt
Jud 20 erbaut euch auf euren a. Glauben

allerhöchst

Ps 7,18 ich will loben den Namen des A. 9,3
47,3 der HERR, der A., ist heilig
57,3 ich rufe zu Gott, dem A.
Jes 14,14 ich will gleich sein dem A.
Klg 3,35 (wenn man) Recht vor dem A. beugt 38
Sir 1,7 einer ist's, der A., der Schöpfer
7,9 wenn ich dem A. opfere
12,6 auch der A. ist den Sündern feind
23,26 der A. achtet auf meine Sünden nicht
29,14 nach dem Gebot des A.
37,19 bei alledem rufe den A. an
GMn 7 du bist der Herr, der A.
Mk 5,7 was willst du von mir, Jesus, du Sohn des A. Lk 8,28
Lk 6,35 und ihr werdet Kinder des A. sein
Apg 7,48 der A. wohnt nicht in Tempeln, die
16,17 diese Menschen sind Knechte des a. Gottes
Heb 7,1 *Melchisedek war Priester Gottes, des A.*

allerlei

Mt 5,11 und reden a. Übles gegen euch
Apg 10,12 darin waren a. Tiere der Erde
2Ko 1,4 die in a. Trübsal sind
Eph 1,3 *der uns gesegnet mit a. geistlichem Segen*
4,19 um a. unreine Dinge zu treiben in Habgier

2Th 3,16 *Frieden allenthalben und auf a. Weise*
Off 18,12 (ihre Ware:) a. wohlriechende Hölzer und a. Gerät
21,19 geschmückt mit a. Edelsteinen

allerletzter

Lk 12,59 nicht herauskommen, bis du den a. Heller bezahlt hast

allerliebst

2Ko 12,9 darum will ich mich am a. rühmen meiner Schwachheit

allermeist

1Sm 20,41 sie weinten miteinander, David aber am a.
Apg 20,38 am a. betrübt über das Wort, das
25,26 a. aber vor dich, König Agrippa
26,3 a. weil du kundig bist
Gal 6,10 a. aber an des Glaubens Genossen
2Pt 2,10 *a. die, welche wandeln nach dem Fleisch*

allernächst

Spr 18,24 es gibt A., die bringen ins Verderben

allerreinst

2Mo 27,20 daß sie zu dir bringen das a. Öl

allerschönst

Jer 3,19 den a. Besitz unter den Völkern
Klg 2,15 von der man sagte, sie sei die a.
Hes 27,3 Tyrus, du sprichst: Ich bin die A. 4
Sir 1,14 Gott lieben, das ist die a. Weisheit

allerstrengst

Apg 26,5 nach der a. Richtung unsres Glaubens habe ich gelebt

allersüßest

Sir 11,3 die Biene bringt die a. Frucht

allertörichtst

Spr 30,2 ich bin der A.

allerverachtetst

Jes 53,3 er war der A.

allesamt

Hi 3,18 da haben die Gefangenen a. Frieden
Ps 14,3 sie sind alle abgewichen und a. verdorben 53,4; Rö 3,12
19,10 die Rechte des HERRN sind a. gerecht
1Pt 3,8 endlich aber seid a. gleichgesinnt 5,5
Off 13,16 daß sie a. ein Zeichen machen an ihre Stirn

allewege

Ps 40,12 laß deine Güte und Treue a. mich behüten
17 laß a. sagen: DER HERR sei hoch gelobt 70,5
Spr 28,14 wohl dem, der Gott a. fürchtet

allewege 32

Jh	6,34	gib uns a. solches Brot
	7,6	eure Zeit ist a.
2Ko	9,8	*in allen Dingen a. volle Genüge habt*
Phl	4,4	freuet euch in dem Herrn a.
1Th	2,16	um das Maß ihrer Sünden a. vollzumachen

allezeit

5Mo	15,11	es werden a. Arme sein Mt 26,11; Mk 14,7; Jh 12,8
Ps	16,8	ich habe den HERRN a. vor Augen Apg 2,25
	34,2	ich will den HERRN loben a.
	37,26	er ist a. barmherzig und leiht gerne
	62,9	hoffet auf ihn a., liebe Leute
	73,26	bist du doch a. meines Herzens Trost
	105,4	suchet sein Antlitz a.
	119,44	ich will dein Gesetz halten a.
Jdt	9,13	a. hat dir gefallen das Gebet des Elenden
Wsh	11,21	deine Kraft zu erweisen ist dir a. möglich
	19,21	Herr, du hast (d. Volk) a. beigestanden Sir 51,11; 2Ma 14,34
Tob	4,20	preise Gott a. und bete
	5,12	Gott gebe dir a. Freude
	14,11	Gott a. preisen in Wahrheit
Sir	26,4	er ist a. fröhlich
	27,12	ein Gottesfürchtiger redet a., was weise
	29,3	so findest du a., was du brauchst
	37,21	darüber regiert a. die Zunge
1Ma	12,11	wißt, daß wir a. an euch denken
Mt	18,10	ihre Engel sehen a. das Angesicht m. Vaters
Mk	5,5	er war a. in den Grabhöhlen
Lk	15,31	mein Sohn, du bist a. bei mir
	18,1	ein Gleichnis, daß sie a. beten sollten
	21,36	seid a. wach
	24,53	waren a. im Tempel und priesen Gott
Jh	6,34	Herr, gib uns a. solches Brot
	8,29	ich tue a., was ihm gefällt
	11,42	ich weiß, daß du mich a. hörst
	18,20	ich habe a. gelehrt in der Synagoge
Apg	7,51	ihr widerstrebt a. dem heiligen Geist
	24,3	das erkennen wir a. mit Dankbarkeit an
	16	a. ein unverletztes Gewissen zu haben
Rö	1,10	(daß ich) a. in meinem Gebet flehe Phl 1,4
	11,10	ihren Rücken beuge a.
1Ko	1,4	ich danke meinem Gott a. euretwegen Kol 1,3; 1Th 1,2; 2Th 1,3; 2,13; Phm 4
2Ko	2,14	Gott, der uns a. Sieg gibt in Christus
	4,10	wir tragen a. das Sterben Jesu an unserm Leibe
	5,6	so sind wir a. getrost und wissen
	6,10	(als Diener Gottes:) als die Traurigen, aber a. fröhlich
	9,8	damit ihr in allen Dingen a. volle Genüge habt
Eph	5,20	sagt Dank Gott, dem Vater, a. für alles
	6,18	betet a. mit Bitten und Flehen im Geist
Phl	1,20	wie a. so auch jetzt, Christus verherrlicht
	2,12	wie ihr a. gehorsam gewesen seid
Kol	4,6	eure Rede sei a. freundlich und mit Salz gewürzt
	12	der a. in seinen Gebeten für euch ringt
1Th	3,6	daß ihr uns a. in gutem Andenken habt
	4,17	so werden wir bei dem Herrn sein a.
	5,16	seid a. fröhlich
2Th	1,11	deshalb beten wir auch a. für euch
	3,16	der Herr des Friedens gebe euch Frieden a.
1Pt	3,15	seid a. bereit zur Verantwortung vor jedermann
2Pt	1,12	nicht lassen, euch a. zu erinnern 15
Heb	9,6	gingen a. in den vorderen Teil der Stiftshütte
	13,15	laßt uns durch ihn Gott a. das Lobopfer darbringen

allgemein

1Ko	5,10	damit meine ich nicht a. die Unzüchtigen

alljährlich

Neh	10,36	wir wollen a. die Erstlinge bringen

allmächtig

1Mo	17,1	ich bin der a. Gott 35,11
	28,3	der a. Gott segne dich
	43,14	der a. Gott gebe euch Barmherzigkeit
	48,3	der a. Gott erschien mir 2Mo 6,3
	49,25	von dem A. seist du gesegnet
4Mo	24,4	der des A. Offenbarung sieht 16
Rut	1,20	der A. hat mir viel Bitteres angetan
	21	da der A. mich betrübt hat Hi 27,2
Hi	5,17	widersetze dich der Zucht des A. nicht
	6,4	die Pfeile des A. stecken in mir
	14	gibt die Furcht vor dem A. auf
	8,3	daß der A. das Recht verkehrt 34,10.12
	5	wenn du beizeiten zu dem A. flehst
	11,7	kannst du alles so vollkommen wie der A.
	13,3	wollte gern zu dem A. reden
	15,25	hat dem A. getrotzt
	21,15	wer ist der A., daß wir ihm dienen
	20	vom Grimm des A. möge er trinken
	22,3	meinst du, der A. habe Vorteil davon
	17	was sollte von dem A. bekommen 31,2
	23	bekehrst du dich zum A.
	25	wird der A. dein Gold sein
	26	wirst deine Lust haben an dem A. 27,10
	23,16	der A., der mich erschreckt hat
	24,1	sind von dem A. nicht Zeiten vorbehalten
	27,11	wie der A. gesinnt ist
	13	das Erbe, das sie von dem A. bekommen 31,2
	29,5	als der A. noch mit mir war
	31,35	der A. antwortete mir
	32,8	der Odem des A., der verständig macht
	33,4	der Odem des A. hat mir das Leben gegeben
	34,17	willst du den verdammen, der a. ist
	35,13	der A. wird es nicht ansehen
	37,23	den A. erreichen wir nicht
	40,2	wer mit dem A. rechtet
Ps	68,15	als der A. dort Könige zerstreute
	91,1	wer unter dem Schatten des A. bleibt
Jes	13,6	er kommt wie eine Verwüstung vom A.
Hes	1,24	wie die Stimme des A. 10,5
Jdt	16,7	der Herr, der a. Gott 20; Sir 36,1
Wsh	7,25	ein reiner Strahl der Herrlichkeit des A.
	11,17	deiner a. Hand fehlte es nicht an Macht
	18,15	fuhr dein a. Wort vom Himmel herab
Tob	13,3	kein a. Gott als er allein Sir 1,7; 2Ma 1,25
Sir	42,17	Wunderwerke, die der a. Herr geschaffen
	46,8	weil er dem A. treu nachgefolgt war
	50,14	dem Höchsten, dem A., Opfer dargebracht
	19	beteten zu dem a. Gott 2Ma 3,22.30
Bar	3,1	a. Herr, du Gott Israels GMn 1
2Ma	5,20	als der A. zürnte
	7,35	dem Gericht des a. Gottes nicht entronnen
	38	der Zorn des A. möge zum Stehen kommen
	8,11	daß ihm die Strafe des A. so nahe wäre
	18	wir verlassen uns auf den a. Gott
	24	der a. Gott stand ihnen bei 11,13; 15,8

2Ma	15,32	Nikanor gegen das heilige Haus des A.
2Ko	6,18	spricht der a. Herr Off 1,8
Off	4,8	heilig, heilig, heilig ist Gott der Herr, der A.
	11,17	wir danken dir, Herr, a. Gott
	15,3	wunderbar sind deine Werke, Herr, a. Gott
	16,7	ja, Herr, a. Gott
	14	zum Kampf am großen Tag Gottes, des A.
	19,6	Gott, der A., hat das Reich eingenommen
	15	die Kelter, voll vom Wein des grimmigen Zornes Gottes, des A.
	21,22	der Herr, der a. Gott, ist ihr Tempel

Allon

1Ch	4,37	(Söhne Simeons:) A.

alltäglich

2Ti	2,4	*verstrickt sich in Sorgen des a. Lebens*

allwissend

Hi	37,16	weißt du die Wunder des A.

allzumal

Hi	16,2	seid a. leidige Tröster
Ps	82,6	ihr seid a. Söhne des Höchsten
Rö	3,23	*sie sind a. Sünder*
	10,12	*es ist über sie a. der eine Herr*
Gal	3,28	*ihr seid a. einer in Christus Jesus*
Heb	1,14	*sind sie nicht a. dienstbare Geister*

Almodad

1Mo	10,26	Joktan zeugte A. 1Ch 1,20

Almon-Diblatajim, *Almon-Diblathajim*

4Mo	33,46	lagerten sich in A. 47

Almosen

Tob	2,15	wofür du deine A. gegeben hast
	22	sieht man, daß A. uns nichts einbringen
	4,11	A. erlösen von allen Sünden 12; 12,9; Sir 3,33
	14,11	lehrt eure Kinder A. geben
Sir	12,3	die selbst nicht gern A. geben
	31,11	die Gemeinde wird A. preisen
Mt	6,2	wenn du A. gibst, sollst du 3.4
Lk	11,41	gebt doch, was drinnen ist, als A.
	12,33	verkauft, was ihr habt, und gebt A.
Apg	3,2	damit er um A. bettelte bei denen, die 3.10
	9,36	die tat viele gute Werke und gab reichlich A. 10,2
	10,4	deine A. sind vor Gott gekommen 31
	24,17	um A. für mein Volk zu überbringen

Almosengeben

Tob	12,9	Beten, Fasten und A. ist besser als
Sir	7,11	laß nicht nach im A.
	40,24	mehr als beide rettet A.

Aloe, *Aloebaum*

4Mo	24,6	wie die A., die der HERR pflanzt
Ps	45,9	Myrrhe, A. Spr 7,17; Hl 4,14; Jh 19,39

Alphäus

Mt	10,3	[1](Apostel:) Jakobus, der Sohn des A. Mk 3,18; Lk 6,15; Apg 1,13
Mk	2,14	[2]sah (Jesus) Levi, den Sohn des A.

alsbald

Mt	3,16	Jesus stieg a. aus dem Wasser
	14,22	a. trieb Jesus seine Jünger
	26,74	a. krähte der Hahn
Mk	1,12	a. trieb ihn der Geist in die Wüste
	30	und a. sagten sie ihm von ihr
	43	Jesus trieb ihn a. von sich
	4,5	ging a. auf, weil es keine tiefe Erde hatte
	6,54	erkannten ihn die Leute a.
Lk	2,13	a. war da bei dem Engel die Menge der himmlischen Heerscharen
Jh	18,27	da leugnete Petrus abermals, und a. krähte der Hahn
Apg	10,16	a. wurde das Tuch wieder hinaufgenommen

also

1Mo	4,7	ist's nicht a.? Wenn du fromm bist
Mt	1,18	*die Geburt Jesu Christi geschah aber a.*
	6,9	*darum sollt ihr a. beten*
Jh	3,16	*a. hat Gott die Welt geliebt*
Apg	15,23	gaben ein Schreiben in ihre Hand, a. lautend
Rö	6,4	*a. sollen wir in einem neuen Leben wandeln*

alt

1Mo	5,3	war... Jahre a. 6.9.12.15.18.21.25.28.32; 7,6; 11,10.12.14.16.18.20.22.24.26.32; 12,4; 16,16; 17,1.17.24.25; 21,5; 23,1; 25,20.26; 26,34; 35,28; 37,2; 41,46; 50,26; 2Mo 6,16.18.20; 7,7; 4Mo 33,39; 5Mo 31,2; 34,7; Jos 14,7.10; 24,29; Ri 2,8; 1Sm 4,15; 2Sm 4,4; 19,33.36; 1Ch 2,21; 2Ch 24,15
	10,21	Jafets ä. Bruder wurden Söhne geboren
	17,12	jedes Knäblein, wenn's acht Tage a. ist
	18,11	a. und hochbetagt 12.13; 19,31; 24,1; 25,8; 27,1.2; 35,29; 43,27; 44,20; Ri 13,1; 21,3; 1Sm 2,22; 4,18; 8,1.5; 12,2; 1Kö 1,1.15; 11,4; 2Kö 4,14; 1Ch 23,1; 2Ch 24,15; Hi 42,17
	19,4	umgaben das Haus, jung und a.
	31	sprach die ä. zu der jüngeren 34.37
	24,2	ä. Knecht, der seinen Gütern vorstand
	25,23	der Ä. wird dem Jüngeren dienen Rö 9,12
	27,1	rief (Isaak) Esau, seinen ä. Sohn 15.42
	29,16	zwei Töchter; die ä. hieß Lea
	26	daß man die jüngere weggebe vor der ä.
	44,12	fing an beim Ä. bis zum Jüngsten
	47,8	der Pharao fragte Jakob: Wie a. bist du
2Mo	10,9	wir wollen ziehen mit jung und a.
	12,5	ein männliches Tier, ein Jahr a. 3Mo 9,3
	23,26	will dich lassen a. werden
3Mo	13,11	ist es schon a. Aussatz auf seiner Haut
	19,32	sollst die Ä. ehren
	25,22	daß ihr von dem a. Getreide esset
4Mo	3,15	einen Monat a. und darüber 22.28.34.39.40.43
	18,16	auslösen, wenn's einen Monat a. ist
	26,4	zwanzig Jahre a. und darüber
5Mo	28,50	nicht Rücksicht nimmt auf die A.
	30,20	bedeutet, daß du lebst und a. wirst
	33,27	Zuflucht ist bei dem a. Gott
Jos	6,21	vollstreckten den Bann an jung und a.
	9,4	nahmen a. Säcke und a. Weinschläuche 5.13
Ri	19,16	kam ein a. Mann von seiner Arbeit 20.22

alt

Rut	1,12	ich bin zu a., um einen Mann zu nehmen
1Sm	2,31	es keinen A. geben wird in deinem Hause 32
	13,1	war... Jahre a., als er König wurde 2Sm 2,10; 5,4; 1Kö 14,21; 22,42; 2Kö 8,17.26; 12,1; 14,2; 15,2.33; 16,2; 18,2; 21,1.19; 22,1; 23,31.36; 24,8.18; 2Ch 12,13; 20,31; 21,5.20; 22,2; 24,1; 25,1; 26,1.3; 27,1.8; 28,1; 29,1; 33,1.21; 34,1; 36,2.5.9.11; Jer 52,1; Dan 6,1
	17,12	(Isai) war zu Sauls Zeiten schon zu a.
	13	die drei ä. Söhne Isais 14.28
	18,17	meine ä. Tochter will ich dir geben
	24,14	nach dem a. Sprichwort
	28,14	es kommt ein a. Mann herauf
1Kö	2,22	er ist mein ä. Bruder
	13,11	wohnte ein a. Prophet in Bethel 25
2Kö	3,21	die zur Rüstung a. genug waren
1Ch	4,22	wie die a. Rede lautet
	25,8	für den Jüngeren wie für den Ä.
2Ch	3,3	das Haus Gottes... nach a. Maß 24,13
	20,13	ganz Juda mit seinen A., Frauen 31,18
	22,1	hatte die ä. Söhne alle erschlagen
	31,16	männlich, drei Jahre a. und darüber
	36,17	verschonte weder die A. noch die Greise
Neh	3,6	das a. Tor bauten Jojada 12,39
Est	3,13	man solle töten alle Juden, jung und a.
Hi	12,12	Verstand nur bei den A. 20
	19	er bringt zu Fall die A. Geschlechter
	14,8	ob seine Wurzel in der Erde a. wird
	15,10	es sind Ergraute und A. unter uns
	21,7	die Gottlosen werden a. und nehmen zu 13
	29,8	die A. standen vor mir auf
	32,4	weil sie ä. waren als er 6
	9	die A. verstehen nicht, was ist das Rechte
Ps	37,25	ich bin jung gewesen und a. geworden
	44,2	was du getan hast in a. Tagen
	77,6	ich gedenke der a. Zeit
	78,2	will Geschichten verkünden aus a. Zeit
	92,15	wenn sie auch a. werden, werden sie blühen
	107,32	(sollen) ihn bei den A. rühmen
	119,100	ich bin klüger als die A.
	148,12	(lobet den HERRN) A. mit den Jungen
Spr	17,6	der A. Krone sind Kindeskinder
	20,29	graues Haar ist der A. Schmuck
	22,6	läßt auch nicht davon, wenn er a. wird
	23,22	verachte deine Mutter nicht, wenn sie a. wird
Pr	4,13	besser als ein König, der a., aber töricht
	6,3	hätte ein so langes Leben, daß er sehr a.
Jes	3,5	der Junge geht los auf den A.
	20,4	die Gefangenen Ägyptens, jung und a.
	22,11	ein Becken für das Wasser des a. Teiches
	47,6	über die A. machtest du dein Joch
	61,4	werden die a. Trümmer wieder aufbauen
	65,20	A., die ihre Jahre nicht erfüllen... als Knabe, wer 100 Jahre a. stirbt
Jer	6,11	sollen Mann und Frau, A. weggeführt 51,22
	18,15	zu Fall gebracht auf den a. Wegen
	31,13	fröhlich die junge Mannschaft und die A.
	38,11	nahm zerrissene a. Lumpen 12
Klg	2,21	lagen in den Gassen Knaben und A.
	3,4	er hat mir Fleisch und Haut a. gemacht
	4,16	an den A. übte man keine Barmherzigkeit
	5,12	die A. hat man nicht geehrt
Hes	9,6	erschlagt A., Kinder und Frauen
	13,18	näht Hüllen für die Köpfe der A.
Jo	3,1	eure A. sollen Träume haben Apg 2,17
Sa	8,4	es sollen sitzen a. Männer und Frauen
Wsh	8,10	ich werde Ehre bei den A. haben
	13,10	Steine, behauen in a. Zeit
Tob	8,10	laß uns gesund bleiben und a. werden
Tob	13,1	der a. Tobias tat seinen Mund auf
Sir	6,35	lerne gern von den A. 8,11
	7,15	nicht schwatzhaft im Kreis der A. 32,13
	8,7	verachte einen Menschen nicht, weil er a. ist; wir werden auch a. werden
	9,14	gib einen a. Freund nicht auf
	15	wie neuer Wein; laß ihn erst a. werden
	25,4	wenn ein a. Narr ein Ehebrecher ist
	6	schön, wenn die A. Rat wissen
	8	das ist die Krone der A.
	30,26	Sorge macht a. vor der Zeit
	32,4	du, der du zu den Ä. zählst
	39,1	der muß die Weisheit aller A. erforschen
	41,4	(dem Armen,) der schwach und a. ist
	42,8	die a. Leute, daß sie nicht... zanken
Bar	4,16	die keine Rücksicht auf die A. nehmen
1Ma	12,21	wir finden in unsern a. Schriften
	16,2	rief Simon seine zwei ä. Söhne zu sich
2Ma	4,11	schaffte die a. Einrichtungen ab
	6,22	wegen der a. Freundschaft mit ihnen
StD	1,52	sagte zu ihm: Du a. Bösewicht
Mt	5,21	ihr habt gehört, daß zu den A. gesagt ist 33
	9,16	niemand flickt ein a. Kleid mit einem Lappen vom neuem Tuch Mk 2,21; Lk 5,36
	17	man füllt nicht neuen Wein in a. Schläuche Mk 2,22; Lk 5,37
	13,52	der aus seinem Schatz Neues und A. hervorholt
Mk	5,42	das Mädchen war zwölf Jahre a.
Lk	1,18	ich bin a., und meine Frau ist betagt
	2,42	als er zwölf Jahre a. war, gingen sie
	3,23	Jesus war, als er auftrat, etwa 30 Jahre a.
	5,36	der Lappen vom neuen paßt nicht auf das a.
	39	niemand, der vom a. Wein trinkt, will neuen
	9,8	einer von den a. Propheten ist auferstanden 19
	15,25	der ä. Sohn war auf dem Feld
Jh	3,4	wie kann ein Mensch geboren werden, wenn er a. ist
	8,57	du bist noch nicht fünfzig Jahre a. und hast Abraham gesehen
	9,21	fragt ihn, er ist a. genug 23
	21,18	wenn du a. wirst, wirst du deine Hände ausstrecken
Apg	7,23	als (Mose) 40 Jahre a. wurde
	15,21	Mose hat von a. Zeiten her solche, die ihn predigen
	21,16	führten uns zu einem a. Jünger mit Namen Mnason
Rö	6,6	daß unser a. Mensch mit ihm gekreuzigt ist
	7,6	daß wir dienen nicht im a. Wesen des Buchstabens
1Ko	5,7	schafft den a. Sauerteig weg 8
2Ko	3,14	bleibt diese Decke unaufgedeckt über dem a. Testament
	5,17	das A. ist vergangen, siehe, Neues ist geworden Off 21,4
Eph	4,22	legt von euch ab den a. Menschen Kol 3,9
1Ti	5,1	einen Ä. fahre nicht an
	2	(ermahne) die ä. Frauen wie Mütter
Tit	2,2	den a. Männern sage, daß sie nüchtern seien
Phm	9	so wie ich bin: Paulus, ein a. Mann
1Jh	2,7	ich schreibe euch das a. Gebot
Heb	8,13	*macht von dem ersten (Bund) a. Was a. ist, ist nahe bei seinem Ende*
	11,2	*in solchem Glauben haben die A. Zeugnis empfangen*
Off	12,9	der große Drache, die a. Schlange 20,2

Altar

1Mo	8,20	baute dem HERRN einen A. 12,7.8; 13,4.18; 22,9; 26,25; 33,20; 35,1.3.7; 2Mo 17,15; 24,4; Jos 8,30; Ri 6,24.26.28; 21,4; 1Sm 7,17; 14,35; 2Sm 24,18.21.25; 1Kö 9,25; 1Ch 21,18.22.26; 22,1; 2Ch 8,12
	22,9	Abraham legte (Isaak) auf den A. Jak 2,21
2Mo	20,24	einen A. von Erde mache mir
	25	steinernen A. machen 5Mo 27,5.6; Jos 8,31
	26	nicht auf Stufen zu meinem A. hinaufsteigen
	21,14	sollst ihn von meinem A. wegreißen
	24,6	die andere Hälfte (des Blutes) sprengte er an den A. 29,16.20; 3Mo 1,5.11; 3,2.8.13; 5,9; 7,2; 8,19.24; 9,12.18; 17,6; 2Ch 29,22
	27,1	einen A. machen aus Akazienholz 5-7; 38,3.4.7
	28,43	wenn sie hinzutreten zum A. 40,32
	29,12	Blut an die Hörner des A. streichen 3Mo 4,18; 8,15; 9,9; 16,18
	12	Blut an den Fuß des A. schütten 3Mo 4,30.34; 5,9; 8,15; 9,9; 4Mo 18,17
	13	auf dem A. in Rauch aufgehen lassen 18.25; 3Mo 1,9.13.15.17; 2,2.9; 3,5.11.16; 4,19.26.31.35; 5,12; 6,8; 7,5.31; 8,16.21.28; 9,10.13.14.17.20; 16,25; 4Mo 5,26
	21	sollst von dem Blut auf dem A. nehmen
	36	sollst den A. entsündigen 37; 3Mo 16,20.33; 2Ch 29,24; Hes 43,22.23.26; 45,19
	37	wer den A. anrührt 4Mo 18,3
	38	dies sollst du auf dem A. tun
	44	will den A. heiligen 30,10
	30,10	an den Hörnern dieses A. Sühnung vollziehen
	18	zwischen Stiftshütte und A. 20; 40,7.30
	32,5	Aaron baute einen A. vor (dem Kalb)
	34,13	ihre A. sollst du umstürzen
	38,30	(aus Kupfer) der A. und Geräte des A. 39,39
	39,38	(brachten zu Mose:) den goldenen A. 40,26
	40,33	Vorhof rings um den A. 4Mo 4,26
3Mo	1,7	Feuer auf dem A. machen 8.12; 6,2.3.5.6
	15	(Brandopfer) zum A. 11.16; 6,2; 5Mo 12,27
	2,12	auf den A. sollen sie nicht kommen 21,23; 22,22
	6,3	Asche neben den A. schütten 4Mo 4,13
	7	Speisopfer bringen an den A. 4Mo 5,25
	8,11	(Mose) salbte den A. 4Mo 7,1
	15	entsündigte den A. und weihte ihn 16,18.20.33
	30	Mose nahm von dem Blut auf dem A.
	9,7	Mose sprach zu Aaron: Tritt zum A. 8.24
	10,12	esset es ungesäuert bei dem A.
	14,20	(Brandopfer) auf dem A. samt Speisopfer
	16,12	soll Glut vom A. nehmen 4Mo 17,11
	17,11	habe (das Blut) euch für den A. gegeben
4Mo	3,31	in Obhut nehmen die A. 4,11.14; 18,5.7
	7,10	opferten zur Einweihung des A. 11.84.88
	17,3	daß man den A. damit überziehe 4
	23,1	baue sieben A. 2.4.14.29.30
5Mo	7,5	ihre A. sollt ihr einreißen 12,3; Ri 2,2
	12,27	das Blut gegossen auf den A. des HERRN
	16,21	keinen Holzpfahl als Ascherabild bei dem A.
	26,4	soll den Korb vom A. niedersetzen
	33,10	sie bringen Ganzopfer auf deinen A.
Jos	9,27	machte sie Josua zu Holzhauern für den A.
	22,16	daß ihr euch einen A. baut und von dem HERRN abfallt 10.11.19.23.26.28.29.34
Ri	6,25	reiße nieder den A. Baals 28.30-32; 2Kö 11,18; 18,22; 23,12.15.16.20; 2Ch 14,2; 23,17; 30,14; 31,1; 32,12; 33,15; 34,4.5.7; Jes 36,7
	13,20	als die Flamme auflorderte vom A.
1Sm	2,28	um auf meinem A. zu opfern 33
1Kö	1,50	Adonija fürchtete sich vor Salomo und faßte die Hörner des A. 51.53; 2,28.29
	3,4	Salomo opferte Brandopfer auf dem A. 2Ch 1,6
	6,20	machte (Salomo) den A. 22; 7,48; 2Ch 4,19
	8,22	Salomo trat vor den A. 54; 2Ch 6,12
	31	verflucht sich vor deinem A. 2Ch 6,22
	64	der kupferne A. war zu klein 2Ch 1,5; 4,1; 7,7
	12,32	opferte auf dem A. in Bethel 33; 13,1-5.32; 2Kö 23,17
	16,32	(Ahab) richtete (Baal) einen A. auf 2Kö 21,3-5; 2Ch 28,24; 33,3-5
	18,26	hinkten um den A., den sie gemacht hatten
	30	baute den A. des HERRN wieder auf 32.35; 2Ch 15,8; 33,16
	19,10	Israel hat deine A. zerbrochen 14; Rö 11,3
2Kö	11,11	Leibwache vor dem A. 2Ch 23,10
	12,10	stellte (eine Lade) auf neben dem A.
	16,10	sandte Ahas Maße und Abbild des A. 11-15
	18,22	nur vor diesem A. sollt ihr anbeten 2Ch 32,12; Jes 36,7
	23,9	durften nicht opfern auf dem A. des HERRN
1Ch	21,26	Feuer, das vom Himmel fiel auf den A.
2Ch	5,12	alle Leviten standen östlich vom A.
	7,9	die Einweihung des A. hielten sie 7 Tage
	29,21	auf dem A. des HERRN opfern 19.27; 35,16
Esr	3,2	bauten den A. des Gottes Israels 3; 7,17
Neh	10,35	damit man es auf dem A. verbrenne
Ps	26,6	ich halte mich, HERR, zu deinem A.
	43,4	daß ich hineingehe zum A. Gottes
	51,21	wird man Stiere auf deinem A. opfern
	84,4	deine A., HERR Zebaoth
	118,27	schmückt bis an die Hörner des A.
Jes	6,6	Kohle, die er mit der Zange vom A. nahm
	15,2	es geht hinauf die Tochter Dibon zu den A.
	16,12	wenn Moab sich abmüht bei den A.
	17,8	er wird nicht mehr blicken auf die A.
	19,19	für den HERRN ein A. in Ägyptenland
	56,7	sollen wohlgefällig sein auf meinem A. 60,7
Jer	17,1	gegraben auf die Hörner an ihren A. 2
Klg	2,7	der Herr hat seinen A. verworfen
Hes	6,4	daß eure A. verwüstet werden 5.6.13
	8,5	stand nördlich vom Tor ein A. 16; 40,47
	9,2	traten neben den kupfernen A.
	40,46	Priestern, die am A. dienen 43,27
	41,22	(aussah) wie ein A. aus Holz
	43,13	die Maße des A... Höhe des A.
	18	die Ordnungen für den A.
	47,1	das Wasser lief am A. vorbei
Hos	8,11	Ephraim hat sich viele A. gemacht 10,1
	10,2	ihre A. sollen zerbrochen werden 8; 12,12
Jo	1,13	heulet, ihr Diener des A. 2,17
Am	2,8	bei allen A. schlemmen sie
	3,14	will die A. in Bethel heimsuchen und die Hörner des A. abbrechen
	9,1	sah den Herrn über dem A. stehen
Sa	9,15	voll davon werden wie die Ecken des A.
	14,20	dem Becken vor dem A. gleichgestellt sein
Mal	1,7	ihr opfert auf meinem A. unreine Speise 10
	2,13	ihr bedeckt den A. des HERRN mit Tränen
Jdt	4,8	den A. des Herrn verhüllte man
	9,9	drohen, das Horn deines A. abzuhauen
Wsh	9,8	gebotest mir, zu bauen einen A.
Sir	35,8	des Gerechten Opfer macht den A. reich
	47,11	er ließ Sänger vor den A. treten
	50,12	wenn (Simon) zum A. hinaufschritt 13.16.17
Bar	1,10	opfert auf dem A. des Herrn

Altar

1Ma	1,23	(Antiochus) ließ wegnehmen den gold. A.
	50	(daß sie) A., Tempel... errichteten
	57	das Greuelbild der Verwüstung auf Gottes A. 62; 6,7
	2,23	um den Götzen zu opfern auf dem A. 2Ma 6,5
	25	er tötete am A. den Juden... warf den A. um
	4,38	sahen, wie der A. entheiligt war
	47	sie bauten einen neuen A. 50.56.59; 2Ma 10,3
	7,36	die Priester traten vor den A. 2Ma 3,15; 10,26
2Ma	1,19	Nehemia, als er den A. baute
	32	überstrahlt vom Leuchten... auf dem A.
	13,8	weil er sich an dem A. versündigt hatte
Mt	5,23	wenn du deine Gabe auf dem A. opferst
	23,18	wenn einer schwört bei dem A., das gilt nicht 19.20
	35	den ihr getötet habt zwischen Tempel und A. Lk 11,51
Apg	17,23	fand einen A., auf dem stand geschrieben: Dem unbekannten Gott
1Ko	9,13	die am A. dienen, vom A. ihren Anteil bekommen
	10,18	welche die Opfer essen, stehen die nicht in der Gemeinschaft des A.
Heb	7,13	von dem nie einer am A. gedient hat
	13,10	A., von dem zu essen kein Recht haben, die
Off	6,9	sah ich unten am A. die Seelen derer, die
	8,3	ein anderer Engel kam und trat an den A. 8,5; 9,13; 14,18; 16,7
	11,1	miß den Tempel Gottes und den A.

Altarstein

Jes	27,9	wird alle A. Kalksteinen gleichmachen

Alter

1Mo	5,5	sein A. ward... Jahre 8.11.14.17.20.23.27.31; 9,29; 25,7.17; 47,28
	15,15	in gutem A. begraben 25,8; Ri 8,32; 1Ch 29,28
	21,2	Sara gebar Abraham in seinem A. einen Sohn 7; 24,36
	37,3	weil (Josef) der Sohn seines A. war 44,20
	48,10	die Augen waren schwach vor A. 1Kö 14,4
2Mo	28,10	nach der Ordnung ihres A.
5Mo	33,25	dein A. sei wie deine Jugend
Rut	4,15	der wird dein A. versorgen
1Sm	2,26	Samuel nahm zu an A. und Gunst
1Kö	15,23	war in seinem A. an seinen Füßen krank
Hi	5,26	wirst im A. zu Grabe kommen
	32,7	laß das A. reden
Ps	71,9	verwirf mich nicht in meinem A. 18
Jes	23,7	eure Stadt, die sich ihres A. rühmte
	46,4	bis in euer A. bin ich derselbe
Dan	1,10	schlechter als das der jungen Leute eures A.
Sa	8,4	jeder mit seinem Stock vor hohem A.
Wsh	3,17	ihr A. wird zuletzt doch ohne Ehre sein
	4,8	ein ehrenvolles A. muß nicht lange währen
	16	verurteilt... mit seinem hohen A.
Tob	5,25	den Trost unsrs A. hast du uns genommen
	10,5	ach, mein Sohn, unsere Stütze im A.
	14,15	fand sie in ihrem hohen A. frisch
Sir	3,14	nimm dich deines Vaters im A. an
	6,18	wirst (Weisheit) gewinnen bis ins hohe A.
	25,5	wie kannst du im A. etwas finden
	46,11	der Herr erhielt Kaleb... bis in sein A.
Lk	1,36	Elisabeth ist schwanger in ihrem A.
	2,52	Jesus nahm zu an Weisheit, A. und Gnade
Heb	11,11	durch den Glauben empfing Sara trotz ihres A.

von, vor alters her

Rut	4,7	es war v.a.h. ein Brauch in Israel
1Sm	27,8	diese waren v.a.h. die Bewohner
Esr	4,15	daß man in ihr v.a.h. Aufruhr gemacht 19
Ps	74,12	Gott ist mein König v.a.h.
Jes	25,1	deine Ratschlüsse v.a.h. sind treu
	45,21	wer hat dies hören lassen v.a.h. 64,3
	46,9	gedenket des Vorigen, wie es v.a.h. war
	51,9	wach auf, wie v.a. zu Anbeginn
	63,9	trug sie allezeit v.a.h.
	16	„Unser Erlöser", v.a.h. dein Name
	64,4	als wir v.a.h. gegen dich sündigten
Jer	28,8	Propheten, die gewesen sind v.a.h.
	46,26	soll bewohnt werden wie v.a.
Klg	1,7	wieviel Gutes sie v.a.h. gehabt
	5,21	erneue unsre Tage wie v.a.
Hes	23,43	sie ist das Ehebrechen gewohnt v.a.h.
Mi	7,14	laß sie weiden wie v.a.
Hab	3,6	als er wie v.a. einherzog
Apg	15,18	der tut, was v. a. h. bekannt ist

Altersgenosse

Gal	1,14	und übertraf im Judentum viele meiner A.

altersgrau

Wsh	2,10	nicht scheuen vor dem a. Haar des Greises

Ältester

1Mo	50,7	die Ä. seines Hauses und alle Ä. des Landes
2Mo	3,16	versamme die Ä. von Israel 18; 4,29; 12,21; 17,5.6; 19,7; 3Mo 9,1; 4Mo 16,25; 5Mo 5,23; 31,28; Jos 23,2; 24,1; 1Sm 8,4
	18,12	kamen alle Ä., um mit dem Mahl zu halten
	24,1	steig herauf, du und siebzig von den Ä. 9
	14	zu den Ä. sprach er: Bleibt hier
3Mo	4,15	die Ä. sollen ihre Hände auf seinen Kopf
4Mo	11,16	sammle 70 Männer unter den Ä. 24.25.30
	13,2	sende Männer aus, lauter Ä.
	22,4	sprachen zu den Ä. der Midianiter 7
5Mo	19,12	sollen die Ä. seiner Stadt hinschicken
	21,2	sollen deine Ä. hinausgehen 3.6.19.20
	22,15	die Zeichen vor die Ä. bringen 16-18
	25,7	seine Schwägerin hingehen vor die Ä. 8.9
	27,1	Mose samt den Ä. Israels gebot dem Volk
	29,9	steht heute alle vor dem HERRN, eure Ä.
	31,9	Mose (gab) dies Gesetz allen Ä.
	32,7	frage deine Ä., die werden dir's sagen
Jos	7,6	Josua fiel auf sein Angesicht samt den Ä.
	8,10	(Josua) zog hinauf mit den Ä.
	33	ganz Israel stand mit seinen Ä.
	9,11	darum sprachen unsere Ä. zu uns
	20,4	vor den Ä. seine Sache vorbringen
	24,31	solange Josua lebte und die Ä. Ri 2,7
Ri	8,14	schrieb auf die Oberen und ihre Ä. 16
	11,5	gingen die Ä. von Gilead hin 7-11
	21,16	die Ä. sprachen: Was wollen wir tun
Rut	4,2	Boas nahm 10 Männer von den Ä. 4.9.11
	4,3	sprachen die Ä. Israels
1Sm	11,3	da sprachen zu ihm die Ä. von Jabesch
	15,30	ehre mich doch jetzt vor den Ä.
	16,4	da entsetzten sich die Ä. der Stadt
	30,26	sandte (David) von der Beute den Ä.
2Sm	3,17	Abner besprach sich mit den Ä. in Israel
	5,3	es kamen alle Ä. zum König 1Ch 11,3
	12,17	da traten herzu die Ä. seines Hauses
	17,4	die Rede gefiel gut allen Ä. 15; 19,12

1Kö	8,1	versammelte Salomo die Ä. 3; 2Ch 5,2.4
	12,6	Rehabeam hielt einen Rat mit den Ä. 8.13; 2Ch 10,6.8.13
	20,7	rief der König alle Ä. 8; 2Kö 23,1; 2Ch 34,29
	21,8	sandte (Briefe) zu den Ä. 11; 2Kö 10,1.5
2Kö	6,32	die Ä. saßen bei (Elisa)
	19,2	samt den Ä. der Priester Jes 37,2
1Ch	15,25	so zogen David und die Ä. hin
	21,16	fielen David und die Ä. auf ihr Antlitz
Esr	5,5	das Auge ihres Gottes war über den Ä.
	9	wir haben die Ä. gefragt 6,7.8.14
	10,8	wer nicht nach dem Ratschluß der Ä. käme
	14	mit ihnen die Ä. einer jeden Stadt
Ps	105,22	daß er seine Ä. Weisheit lehrte
Spr	31,23	wenn er sitzt bei den Ä. des Landes
Jes	3,2	(der HERR wird wegnehmen) Wahrsager und Ä.
	14	der HERR geht ins Gericht mit den Ä.
	9,14	die Ä. und die Vornehmen sind der Kopf
	24,23	wenn der HERR König sein wird vor seinen Ä.
Jer	19,1	nimm mit Ä. des Volks und Ä. der Priester
	26,17	es standen auf etliche von den Ä.
	29,1	Jeremia sandte an den Rest der Ä.
Klg	1,19	meine Ä. sind verschmachtet 2,10; 5,14
Hes	7,26	wird nicht mehr Rat bei den Ä. sein
	8,1	die Ä. von Juda saßen vor mir 14,1; 20,1.3
	11	davor standen 70 Männer von den Ä. 12
	9,6	fingen an bei den Ä.
	27,9	die Ä. mußten deine Risse abdichten
Jo	1,2	hört dies, ihr Ä., und merkt auf
	14	versammelt die Ä. 2,16
Jdt	6,11	vor diesen Ä. und vor dem ganzen Volk
	19	lud alle Ä. dazu ein
	7,13	da kamen alle zu den Ä.
	8,8	die Ä. Kabri und Karmi 23; 10,7; 13,13
	18	weil ihr die Ä. des Volkes Gottes seid
Bar	1,4	(Baruch las dies Buch) vor den Ä.
1Ma	1,27	die Oberen und Ä. trauerten
	7,33	einige von den Ä. kamen heraus
	11,23	wählte einige von den Ä. in Israel aus
	12,6	der Hohepriester und die Ä. des Volks
	13,36	Demetrius entbietet ... s. Gruß 14,20
	14,28	in der Versammlung der Ä. 9; 2Ma 13,13
2Ma	1,10	wir in Jerusalem, die Ä.
	14,37	ein Ä. von Jerusalem mit Namen Rasi
StD	1,5	wurden zwei Ä. als Richter bestellt 8.16.19. 24.27.28.34.36.41.61
	50	alle Ä. sagten zu Daniel
Mt	15,2	warum übertreten deine Jünger die Satzungen der Ä. Mk 7,3.5
	16,21	wie (Jesus) viel leiden müsse von den Ä. Mk 8,31; Lk 9,22
	21,23	traten die Ä. des Volkes zu ihm und fragten Mk 11,27; Lk 20,1
	26,3	da versammelten sich die Ä. des Volkes 57; 27,1; 28,12; Mk 14,43.53; 15,1; Lk 22,51.66
	47	von den Hohenpriestern und den Ä. des Volkes
	27,3	brachte die Silberlinge den Ä. zurück
	12	als er von den Ä. verklagt wurde 20.41
Lk	7,3	als er von Jesus hörte, sandte er die Ä. zu ihm
Jh	8,9	gingen weg, einer nach dem andern, die Ä. zuerst
Apg	4,5	versammelten sich ihre Ä. in Jerusalem 5,21; 24,1
	8	ihr Oberen des Volkes und ihr Ä.
	23	berichteten, was die Ä. zu ihnen gesagt hatten
	6,12	sie brachten die Ä. auf
Apg	11,30	schickten (die Gaben) zu den Ä. durch Barnabas und Saulus
	14,23	sie setzten in jeder Gemeinde Ä. ein Tit 1,5
	15,2	hinaufziehen zu den Ä. um dieser Frage willen
	22	die Apostel und Ä. beschlossen 16,4
	23	wir, die Apostel und Ä., eure Brüder
	20,17	ließ die Ä. der Gemeinde rufen 21,18
	22,5	wie mir der Hohepriester und alle Ä. bezeugen
	23,14	die gingen zu den Ä. und sprachen
	25,15	um dessentwillen erschienen die Ä. der Juden vor mir
1Ti	4,14	Gabe, die dir gegeben ist mit Handauflegung der Ä.
	5,17	die Ä. halte man zwiefacher Ehre wert
	19	gegen einen Ä. nimm keine Klage an
1Pt	5,1	die Ä. unter euch ermahne ich, der Mitälteste
	5	ihr Jüngeren, ordnet euch den Ä. unter
3Jh	1	der Ä. an Gajus, den Lieben 2Jh 1
Jak	5,14	der rufe zu sich die Ä. der Gemeinde
Off	4,4	24 Throne, und auf den Thronen saßen 24 Ä. 10; 5,5-8.11.14; 7,11.13; 11,16; 14,3; 19,4

altgewohnt

2Ma	6,6	nicht mehr möglich, a. Feiertage zu halten

althergebracht

1Ma	3,29	wegen des Krieges gegen a. Gesetze

Altweiberfabel

1Ti	4,7	die ungeistlichen A. weise zurück

Alusch

4Mo	33,13	lagerten sich in A. 14

Alwa

1Mo	36,40	der Fürst A. 1Ch 1,51

Alwan

1Mo	36,23	Söhne von Schobal waren: A. 1Ch 1,40

Amad

Jos	19,26	(Asser ... sein Gebiet war) A.

Amal

1Ch	7,35	Söhne seines Bruders Hotam: A.

Amalek

1Mo	36,12	Timna gebar Elifas A. 16; 1Ch 1,36
2Mo	17,8	A. kämpfte gegen Israel in Refidim 9.10
	11	wenn (Mose) seine Hand sinken ließ, siegte A.
	13	Josua überwältigte A.
4Mo	24,20	A. ist das erste unter den Völkern
1Sm	15,2	denke daran, was A. Israel angetan hat
	3	zieh nun hin und schlag A.
	8	nahm Agag, den König von A., gefangen 20. 32
	28,18	Zorn nicht an A. vollstreckt

Amalek 38

2Sm 8,12 (Silber und Gold) von A.
Ps 83,8 (haben einen Bund gemacht) Ammon und A.

Amalekiter

1Mo 14,7 schlugen das ganze Land der A.
4Mo 13,29 wohnen die A. im Südland 14,25
    14,43 die A. stehen euch dort gegenüber 45
    24,20 als er die A. sah, sprach (Bileam)
5Mo 25,17 denke daran, was dir die A. taten
      19 die Erinnerung an die A. austilgen
Ri 3,13 (Eglon) sammelte zu sich die A.
    6,3 wenn Israel gesät hatte, kamen die A. 33; 7,12
   10,12 (haben euch nicht unterdrückt) die A.
   12,15 (Abdon) begraben auf dem Gebirge der A.
1Sm 14,48 (Saul) schlug die A. 15,5-7.15.18
   27,8 David fiel ins Land der A. ein 1Ch 18,11
   30,1 waren die A. eingefallen 13.18; 2Sm 1,1
2Sm 1,8 ich bin ein A. 13
1Ch 4,43 erschlugen von den Entronnenen der A.

Amam

Jos 15,26 (Städte des Stammes Juda:) A.

Amana

Hl 4,8 steig herab von der Höhe des A.

Amarja

versch. Träger ds. Namens
1Ch 5,33; 6,37/ 5,37/ Esr 7,3/ 1Ch 23,19; 24,23/ 2Ch 19,11/ 31,15/ Esr 10,42/ Neh 10,4/ 11,4/ 12,2.13/ Ze 1,1

Amasa

2Sm 17,25 ¹Absalom hatte A. an Joabs Statt gesetzt 19,14; 20,4.5.8-11; 1Kö 2,5.32; 1Ch 2,17
2Ch 28,12 ²A., der Sohn Hadlais

Amasai

1Ch 6,10 ¹Söhne Elkanas: A. 20
   12,19 ²A., den Ersten der Dreißig
   15,24 ³Schebanja... A., die Priester
2Ch 29,12 ⁴Mahat, der Sohn A.

Amaschsai

Neh 11,13 A., der Sohn Asarels

Amasja

2Ch 17,16 A., der Sohn Sichris

Amazja

2Kö 12,22 (Joasch') Sohn A. wurde König 13,12; 14,1u.ö.23; 15,1.3; 1Ch 3,12; 2Ch 24,27; 25,1u.ö.27; 26,1.4
weitere Träger ds. Namens
1Ch 4,34/ 6,30/ Am 7,10.12.14

Amboß

Jes 41,7 machen das Blech glatt auf dem A.
Sir 38,29 ebenso geht es dem Schmied bei seinem A.

Ameise

Spr 6,6 geh hin zur A., du Fauler
   30,25 (sind klüger als die Weisen:) die A.

Amen

4Mo 5,22 die Frau soll sagen: A.! A.
5Mo 27,15 alles Volk soll sagen: A. 16-26
1Ch 16,36 alles Volk sagte: A. Neh 5,13; 8,6
Ps 41,14 gelobt sei der HERR von Ew.! A.! A. 89,53
   72,19 sollen seiner Ehre voll werden! A.! A.
  106,48 alles Volk spreche: A.! Halleluja
Jer 28,6 sagte: A.! Der HERR tue so
Jdt 10,10 alle, die dort waren, sagten: A., A. 13,25
Tob 9,12 als alle A. gesagt hatten
   13,22 er herrsche in Ewigkeit! A.
GMn 16 dich soll man preisen ewig. A.
Mt 6,13 dein ist die Herrlichkeit in Ewigkeit. A.
Rö 1,25 (Gott,) der gelobt ist in Ewigkeit. A. 9,5
   11,36 ihm sei Ehre in Ewigkeit! A. 16,27; Gal 1,5; Eph 3,21; Phl 4,20; 1Ti 1,17; 6,16; 2Ti 4,18; 1Pt 4,11; 2Pt 3,18; Heb 13,21; Off 1,6
   15,33 der Gott des Friedens sei mit euch allen! A.
1Ko 14,16 wie soll der, der als Unkundiger dabeisteht, das A. sagen auf dein Dankgebet
2Ko 1,20 darum sprechen wir durch ihn das A., Gott zum Lobe
Gal 6,18 die Gnade unseres Herrn Jesus Christus sei mit eurem Geist, liebe Brüder! A.
1Th 3,13 wenn Jesus kommt mit allen seinen Heiligen. A.
1Pt 5,11 ihm sei die Macht von Ewigkeit zu Ewigkeit! A.
Jud 25 jetzt und in alle Ewigkeit! A.
Off 1,7 ja, A.
   3,14 das sagt, der A. heißt
   5,14 die vier Gestalten sprachen: A.
   7,12 A., Lob und Ehre... sei unserm Gott! A.
   19,4 beteten Gott an und sprachen: A., Halleluja
   22,20 A., ja, komm, Herr Jesus

Amethyst

2Mo 28,19 die dritte (Reihe sei) ein A. 39,12
Off 21,20 der zwölfte (Grundstein war) ein A.

Amittai

2Kö 14,25 Jona, den Sohn A., den Propheten Jon 1,1

Amma

2Sm 2,24 als sie auf den Hügel A. kamen

Amme

1Mo 24,59 ließen Rebekka ziehen mit ihrer A. 35,8
4Mo 11,12 wie eine A. ein Kind trägt
2Sm 4,4 seine A. hatte ihn aufgehoben
2Kö 11,2 nahm Joasch mit seiner A. 2Ch 22,11
Jes 49,23 sollen Fürstinnen deine A. sein

Ammiël

4Mo 13,12 ¹A., der Sohn Gemallis
2Sm 9,4 ²Machirs, des Sohnes A. 5; 17,27
1Ch 26,5 ³(Söhne Obed-Edoms:) A.

Ammihud

4Mo	1,10	¹Elischama, der Sohn A. 2,18; 7,48.53; 10,22; 1Ch 7,26
	34,20	²Schemuël, der Sohn A.
	34,28	³Pedahel, der Sohn A.
2Sm	13,37	⁴Talmai, dem Sohn A.
1Ch	9,4	⁵Utai, der Sohn A.

Amminadab

2Mo	6,23	¹Elischeba, die Tochter A. 4Mo 1,7; 2,3; 7,12.17; 10,14; Rut 4,19.20; 1Ch 2,10; Mt 1,4; Lk 3,33
1Ch	6,7	²Kehats Sohn war A. (= Jizhar)
	15,10	³von den Söhnen Usiël: A. 11

Ammisabad

1Ch	27,6	Benaja... unter seinem Sohn A.

Ammischaddai

4Mo	1,12	Ahiëser, der Sohn A. 2,25; 7,66.71; 10,25

Ammon

2Kö	24,2	Scharen von Kriegsleuten aus A.
Neh	13,23	Juden... Frauen genommen hatten aus A.
Ps	83,8	(haben einen Bund gemacht) A. und Amalek
Jer	40,11	Judäer, die im Lande A. waren
	49,6	will wenden das Geschick A.
Am	1,13	um vier Frevel willen derer von A.

Ammoniter

1Mo	19,38	von dem kommen her die A.
4Mo	21,24	Israel nahm sein Land ein bis zu den A.; das Gebiet der A. reichte bis Jaser
5Mo	2,19	wirst in die Nähe der A. kommen 20.37
	3,16	bis zum Grenzfluß der A. Jos 12,2; 13,10
	23,4	nicht in die Gemeinde des HERRN Neh 13,1
Jos	13,25	(dem Stamm Gad) das halbe Land der A.
Ri	3,13	(Eglon) sammelte zu sich die A.
	10,6	(Israeliten) dienten den Göttern der A.
	7	verkaufte sie unter die Hand der A. 9.11
	17	die A. lagerten sich in Gilead
	18	wer ist der Mann... mit den A. zu kämpfen
	11,4	kämpften die A. mit Israel 5-9.12-15.27-33.36; 12,1-3
1Sm	11,1	zog herauf Nahasch, der A. 2.10; 12,12
	11	Saul(s) Heerhaufen schlugen die A. 14,47
2Sm	8,12	(Silber und Gold) von den A. 1Ch 18,11
	10,2	(David) sandte ins Land der A. 1.3.6.8-11.14.19; 11,1; 12,26.31; 1Ch 19,1-12.15.19; 20,1.3
	12,9	Uria umgebracht durchs Schwert der A.
	23,37	Zelek, der A. 1Ch 11,39
1Kö	11,5	Milkom, dem Götzen der A. 33; 2Kö 23,13
	7	Moloch, dem Götzen der A.
2Ch	20,1	kamen die A. gegen Joschafat 10.22.23
	26,8	die A. gaben Usija Geschenke 27,5
Esr	9,1	sich nicht abgesondert von den A.
Neh	3,35	Tobija, der A. 4,1
Jes	11,14	die A. werden ihnen gehorsam sein
Jer	9,25	(heimsuchen) Edom, die A., Moab
	25,21	(ließ trinken) die A.
	27,3	schicke Botschaft zum König der A. 40,14
	41,10	zog hinüber zu den A. 15
	49,1	wider die A. Hes 21,33
Hes	21,25	nach Rabba, der Stadt der A.
	25,2	richte dein Angesicht gegen die A. 3.5.10
Dan	11,41	entrinnen Moab und der Hauptteil der A.
Ze	2,8	ich habe das Lästern der A. gehört 9
Jdt	5,1	Hauptleute der Moabiter und A.
	3	Achior, der Oberste aller A.
	7,8	die A. und Moabiter kamen zu Holofernes
1Ma	5,6	danach zog (Judas) gegen die A.
2Ma	4,26	Jason, in das Land der A. fliehen 5,7

Ammoniterin

1Kö	14,21	Naama, eine A. 31; 2Ch 12,13
2Ch	24,26	Josachar, der Sohn der Schimat, der A.

ammonitisch

1Kö	11,1	Salomo liebte ausländische Frauen: a.
Neh	2,10	Tobija, der a. Knecht 19

Amnon

2Sm	3,2	¹(Davids) erstgeborener Sohn war A. 1Ch 3,1
	13,1	A. gewann (Tamar) lieb 2-10.15.20-33.39
1Ch	4,20	²Söhne Schimons: A.

Amok

Neh	12,7	(Priester:) A. 20

Amon

1Kö	22,26	¹A., den Stadthauptmann 2Ch 18,25
2Kö	21,18	²(Manasses) Sohn A. wurde König 19.23-25; 1Ch 3,14; 2Ch 33,20-22.25; Jer 1,2; 25,3; Ze 1,1; Mt 1,10
Esr	2,57	³(Nachkommen der Sklaven:) A. Neh 7,59
Jer	46,25	⁴will heimsuchen den A. zu No

Amoriter

1Mo	10,16	(Kanaan zeugte) den A. 1Ch 1,14
	14,7	(die Könige) schlugen die A.
	13	Abram wohnte im Hain Mamres, des A.
	15,16	die Missetat der A. ist noch nicht voll
	21	(deinen Nachkommen geben) die A. Neh 9,8
	48,22	Land, das ich aus der Hand der A. genommen
2Mo	3,8	in das Gebiet der A. 17; 13,5; 23,23
	33,2	will ausstoßen die A. 34,11
4Mo	13,29	die A. wohnen auf dem Gebirge 21,13
	21,21	zu Sihon, dem König der A. 26.29.34; 32,33; 5Mo 1,4; 2,24; 3,2; 31,4; Jos 12,2; Ri 11,19; 1Kö 4,19; Ps 135,11; 136,19
	25	Israel wohnte in allen Städten der A. 31.32; 22,2; 32,39; Ri 3,5
5Mo	1,7	daß ihr zu dem Gebirge der A. kommt 19.20.44
	27	daß er uns in die Hände der A. gebe Jos 7,7
	3,8	nahmen den Königen der A. das Land 4,46.47; Jos 2,10; 9,10; 24,12; Ri 11,21-23
	9	die A. nennen (den Hermon) Senir
	7,1	wenn der HERR ausrottet die A. Jos 3,10
	20,17	sollst den Bann vollstrecken an den A.
Jos	5,1	als alle Könige der A. hörten 9,1
	10,5	zogen hinauf die fünf Könige der A. 6
	12	an dem Tage, da der HERR die A. dahingab
	11,3	(Jabin sandte) zu den A. 12,8
	13,4	bis an die Grenze der A. 10.21

Amoriter

Jos	24,8	gebracht in das Land der A. 11.15.18
Ri	1,34	die A. drängten die Daniter aufs Gebirge 35
	6,10	sollt nicht fürchten die Götter der A.
	10,8	sie zertraten Israel im Land der A. 11
1Sm	7,14	Israel hatte Frieden mit den A.
2Sm	21,2	übriggeblieben von den A.
1Kö	9,20	Volk, das übrig war von den A. 2Ch 8,7
	21,26	den Götzen nachwandelte, ganz wie die A.
2Kö	21,11	ärger als alle Greuel, die die A. getan
Esr	9,1	haben sie nicht abgesondert von den A.
Jes	17,9	verlassen wie die Städte der Hiwiter und A.
Hes	16,3	dein Vater war ein A. 45
Am	2,9	habe den A. vor ihnen her vertilgt 10
Jdt	5,18	erschlugen die Könige der A.

Amos

Am	1,1	¹dies ist's, was A. gesehen hat 7,8; 8,2
	7,10	A. macht einen Aufruhr gegen dich 11.12.14
Tob	2,5	Wort, durch den Propheten A. geredet
Lk	3,25	²Mattitja war ein Sohn des A.

Amoz

2Kö	19,2	Jesaja, Sohn des A. 20; 20,1; 2Ch 26,22; 32,20.32; Jes 1,1; 2,1; 13,1; 20,2; 37,2.21; 38,1

Amphipolis

Apg	17,1	nachdem sie durch A. gereist waren

Ampliatus

Rö	16,8	grüßt meinen im Herrn geliebten A.

Amrafel, *Amraphel*

1Mo	14,1	zu der Zeit des Königs A. von Schinar 9

Amram, Amramiter

2Mo	6,18	¹die Söhne Kehats sind: A. 4Mo 3,19.27; 26,58; 1Ch 5,28; 6,2.18; 23,12
	20	A. nahm Jochebed zur Frau 4Mo 26,59
1Ch	24,20	²von den Söhnen A.: Schubaël 26,23
Esr	10,34	³bei den Söhnen Bani: A.

Amt

1Mo	40,13	wird dich wieder in dein A. setzen 21; 41,13
4Mo	3,7	sollen ihr A. bei der Wohnung ausüben 8.26. 31.36; 4,4u.ö.49; 8,15.19-26; 16,9; 18,4.6.23
	18,21	gegeben zum Erbgut für ihr A. 31
Jos	20,6	der Hohepriester, der zu jener Zeit im A.
1Ch	6,18	diese sind es, die des A. walteten 9,13.19.22. 26.33; 23,24; 24,3.19; 25,1; 2Ch 8,14; 13,10; 23,18; 31,2.16; 35,2; Neh 12,44; 13,30
	25,8	warfen das Los um ihre Ä. 26,12
	26,8	angesehene Männer, geschickt zu Ä.
Ps	109,8	sein A. ein andrer empfangen Apg 1,20
Jes	22,19	ich will dich aus deinem A. stoßen
Wsh	18,21	kam mit der Waffe seines A. herbei
Sir	45,21	er übertrug ihm das A. des Gesetzes
2Ma	10,13	da er nicht mehr mit Ehren sein A. führen
Lk	16,3	mein Herr nimmt mir das A. 4
Apg	1,17	er hatte dieses A. mit uns empfangen
	6,4	*wir wollen anhalten am A. des Wortes*
	20,24	wenn ich nur meinen Lauf vollende und das A. ausrichte
Rö	11,13	preise ich mein A.
Rö	12,7	ist jemand ein A. gegeben, so diene er Kol 4,17; 1Pt 4,11
1Ko	9,17	so ist mir doch das A. anvertraut 2Ko 5,18; Eph 3,2; Kol 1,25
	12,5	es sind verschiedene Ä.; aber es ist ein Herr
2Ko	3,7	das A., das in Stein gehauen war 9
	8	das A., das den Geist gibt 9
	4,1	weil wir dieses A. haben
	6,3	damit unser A. nicht verlästert werde
1Ti	1,12	Christus, der mich in das A. eingesetzt (hat)
2Ti	4,5	richte dein A. redlich aus
1Pt	4,15	niemand leide als einer, der in ein fremdes A. greift
Heb	8,6	nun aber hat er ein höheres A. empfangen

Amtmann, Amtleute

1Mo	39,21	ließ ihn Gnade finden vor dem A. 23
	40,3	ließ sie setzen in des A. Haus 4; 41,10.12
	41,34	sorge dafür, daß er A. verordne
4Mo	11,16	daß sie im Volk A. sind
5Mo	1,15	setzte sie als A. für eure Stämme 16,18
	20,5	die A. sollen mit dem Volk reden 8.9
	29,9	ihr steht vor dem HERRN, eure A. 31,28
Jos	1,10	da gebot Josua den A. des Volks
	3,2	gingen die A. durchs Lager
	8,33	Israel stand mit seinen Ältesten und A.
	23,2	berief (Josua) ganz Israel, seine A. 24,1
1Kö	4,5	Asarja stand den A. vor
	7	Salomo hatte zwölf A. über ganz Israel
	19	ein A. war in diesem Lande
	5,7	die A. versorgten den König
	9,23	Zahl der obersten A. 550 2Ch 8,10
1Ch	23,4	verordnet zu A. und Richtern 26,29; 27,1
2Ch	17,2	(Joschafat) setzte A. in dem Lande Juda
	19,11	als A. habt ihr die Leviten 34,13
	26,11	aufgestellt durch den A. Maaseja
Esr	8,36	übergaben die Befehle des Königs den A.
Est	3,9	will ich darwägen in die Hand der A.
	9,3	auch die A. halfen den Juden
Dan	3,2	der König sandte nach den A. 3
Jdt	2,7	da rief Holofernes die A. zusammen
Sir	10,2	wie der Regent ist, so sind auch seine A.
1Ma	1,53	A., die das Volk zwingen sollten
	5,42	stellte (Judas) die A. an das Wasser
	9,25	gottlose Männer machte (Bakchides) zu A.
	10,41	was meine A. mir nicht abgeliefert
	12,45	alle A. will ich dir übergeben
	13,37	sind bereit, den A. zu schreiben
	14,42	A. über die öffentlichen Arbeiten

Amtsdiener

Apg	16,35	sandten die Stadtrichter die A. 38

Amtsführung

2Ma	3,4	verfeindet wegen der A... in der Stadt

Amtskleid

2Mo	31,10	die A., die heiligen Kleider 35,19; 39,1.41
Esr	3,10	stellten sich die Priester auf in ihren A.
Jes	22,21	ich will ihm dein A. anziehen

Amulett

Jes	3,20	(wird der Herr wegnehmen) die A.

Amzi

1Ch 6,31   ¹A., des Sohnes Banis
Neh 11,12   ²A., des Sohnes Secharjas

an sich haben

3Mo 7,20   h. eine Unreinheit an s. 22,3
21,21   einen Fehler an s.h., soll nicht opfern
5Mo 17,1   kein Rind opfern, das einen Fehler an s.h.
Hes 9,6   die das Zeichen an s.h.

an sich halten

1Mo 43,31   (Josef) h. an s. und sprach
45,1   da konnte Josef nicht länger an s.h.
Est 5,10   aber (Haman) h. an s.
Jes 42,14   ich war still und h. an mich
58,1   rufe getrost, h. nicht an dich

Ana

1Mo 36,2   A., des Sohnes Zibons 14.18.24.25
20   Söhne von Seïr: A. 25.29

Anab

Jos 11,21   Josua rottete aus die Anakiter von A. 15,50

Anaharat, *Anaharath*

Jos 19,19   (Issachar... sein Gebiet war) A.

Anaja

Neh 8,4   ¹standen neben (Esra) A.
10,23   ²(die Oberen des Volks:) A.

Anak, Anakiter

4Mo 13,22   Ahiman... Söhne A. 28.33; Jos 15,14; Ri 1,20
5Mo 1,28   dazu haben wir dort A. gesehen Jos 14,12
2,10   ein hochgewachsenes Volk wie die A. 11.21; 9,2; Jos 14,15
Jos 11,21   Josua rottete aus die A. 22
15,13   Arba, des Vaters A. 21,11
Jer 47,5   vernichtet, der Rest der A.

Anamiter

1Mo 10,13   Mizrajim zeugte die A. 1Ch 1,11

Anammelech

2Kö 17,31   verbrannten ihre Söhne dem A.

Anan

Neh 10,27   (die Oberen des Volks:) A.

Anani

1Ch 3,24   Söhne Eljoënais: A.

Ananias s. Hananias

Ananja

Neh 3,23   ¹Maasejas, des Sohnes A.
11,32   ²(die Söhne Benjamin wohnten) in A. (= Bethanien 1)

Anat, *Anath*

Ri 3,31   nach (Ehud) kam Schamgar, der Sohn A. 5,6

Anatot, Anatotiter

Jos 21,18   ¹A. und seine Weideplätze 1Kö 2,26; 1Ch 6,45; Esr 2,23; Neh 7,27; 11,32; Jes 10,30; Jer 1,1; 11,21.23; 29,27
2Sm 23,27   Abiëser, der A. 1Ch 11,28; 12,3; 27,12
Jer 32,7   kaufe du meinen Acker in A. 8.9
1Ch 7,8   ²Söhne Bechers: A.
Neh 10,20   ³(die Oberen des Volks:) A.

Anbau

Hes 41,5   die Tiefe des A. betrug vier Ellen 9.11

anbauen

Hes 36,9   daß ihr ang. und besät werdet

anbefehlen

2Ma 9,25   Antiochus, den ich euch a. habe
Lk 12,48   *welchem viel a. ist*
Rö 16,1   ich b. euch unsere Schwester Phöbe an
1Ti 1,18   *diese Botschaft b. ich dir an*
5,16   wenn einer gläubigen Frau Witwen a. sind
2Ti 2,2   *das b. treuen Menschen an*
1Pt 4,19   ihm ihre Seelen a. als dem treuen Schöpfer
5,2   weidet die Herde Gottes, die euch a. ist

Anbeginn

Ps 68,34   durch die Himmel, die von A. sind
93,2   von A. steht dein Thron fest
Spr 8,22   ehe er etwas schuf, von A. her
Jes 40,21   habt ihr's nicht gelernt von A. der Erde
51,9   wach auf, wie zu A. der Welt
Jer 17,12   Thron der Herrlichkeit, erhaben von A.
Mt 19,8   von A. aber ist's nicht so gewesen
25,34   das euch bereitet ist von A. der Welt
Mk 10,6   *von A. der Schöpfung hat Gott sie geschaffen*
Lk 1,3   *nachdem ich alles von A. erkundet habe*
Jh 9,32   von A. der Welt an hat man nicht gehört
Apg 3,21   wovon Gott geredet hat von A.
Heb 4,3   nun waren die Werke von A. der Welt fertig

anbehalten

1Kö 22,30   b. deine königlichen Kleider an 2Ch 18,29
Jo 1,13   b. auch im Schlaf das Trauergewand an

anbellen

Jdt 11,13   kein Hund wird dich a.

anbeten

1Mo 22,5   wenn wir ang. haben, wollen wir kommen
24,26   b. den HERRN an 48; 2Mo 4,31; 12,27; 24,1; 34,8; Jos 5,14; Ri 7,15; 1Sm 1,3.19.28; 15,25.30.31; 2Sm 12,20; 2Ch 7,3; 20,18; 29,28-30; Neh 8,6
47,31   neigte sich a. über das Kopfende
2Mo 20,5   b. sie nicht an 23,24; 34,14; 3Mo 26,1; 5Mo 4,19; 5,9; 8,19; 11,16; 17,3; 29,25; 30,17; Jos 23,7.16; 1Kö 9,6.9; 2Kö 17,35; 2Ch 7,19.22

anbeten

2Mo	32,8	ein Kalb gemacht und haben's ang. Ps 106,19
4Mo	25,2	das Volk b. ihre Götter an Ri 2,12.17.19; 1Kö 11,33; 16,31; 22,54; 2Kö 17,16; 21,3.21; 2Ch 25,14; 33,3
5Mo	26,10	sollst a. vor dem HERRN 2Kö 17,36
2Sm	15,32	die Höhe, wo man Gott a. pflegte
2Kö	5,18	in den Tempel Rimmons, um dort a.
	18,22	vor diesem Altar sollt ihr a. 2Ch 32,12; Jes 36,7
	19,37	als (Sanherib) a. Nisroch Jes 37,38
1Ch	16,29	b. den HERRN an in heiligem Schmuck Ps 29,2; 96,9
Neh	9,6	das himmlische Heer b. dich an
Ps	5,8	darf a. vor deinem heiligen Tempel 138,2
	22,28	werden vor ihm a. alle Heiden 86,9; Ze 2,11
	30	werden a. alle, die in der Erde schlafen
	66,4	alles Land b. dich an
	81,10	einen fremden Gott sollst du nicht a.
	95,6	kommt, laßt uns a.
	97,7	b. ihn an, alle Götter
	99,5	b. an vor dem Schemel seiner Füße 132,7
	9	b. an auf seinem heiligen Berge Jes 27,13
Jes	2,8	sie b. an ihrer Hände Werk 20; 44,15; 46,6; Jer 1,16; Mi 5,12
	66,23	alles Fleisch wird kommen, vor mir a.
Jer	7,2	die ihr eingeht, den HERRN a. 26,2
	8,2	Sonne, Mond, die sie ang. haben Hes 8,16
	13,10	Göttern, um sie a. 16,11; 22,9; 25,6
Hes	20,32	wir wollen Holz und Stein a.
	46,2	soll auf der Schwelle des Tores a. 3.9
Dan	3,5	das goldene Bild a. 6.7.10-12.14.15.18
Ze	1,5	die auf den Dächern a. des Himmels Heer
Sa	14,16	werden heraufkommen, um a. den König 17
Jdt	5,16	sooft sie einen andern (Gott) a. Bar 6,6
	6,13	sie b. den Herrn an 16,22; Tob 1,6; 1Ma 4,55
Wsh	11,15	verführt, Gewürm und Ungeziefer a.
Tob	13,14	(werden Völker) den Herrn a. 14,9
Bar	6,6	Herr, dich soll man a.
Mt	2,2	wir sind gekommen, ihn a. 8.11
	4,9	alles will ich dir geben, wenn du mich a. Lk 4,7
	10	du sollst a. den Herrn, deinen Gott Lk 4,8
Lk	24,52	sie b. ihn an und kehrten zurück nach Jerusalem
Jh	4,20	unsere Väter haben auf diesem Berge ang., und ihr sagt, in Jerusalem sei die Stätte, wo man a. soll
	21	weder auf diesem Berge noch in Jerusalem den Vater a. werdet
	22	ihr wißt nicht, was ihr a.; wir wissen aber, was wir a.
	23	den Vater anbeten im Geist und in der Wahrheit 24
	9,38	er sprach: Herr, ich glaube, und b. ihn an
	12,20	die heraufgekommen waren, um a. auf dem Fest Apg 8,27
Apg	7,43	die Bilder, die ihr gemacht hattet, sie a.
	10,25	Kornelius fiel ihm zu Füßen und b. ihn an
	24,11	seit ich nach Jerusalem hinaufzog, um a.
1Ko	14,25	so würde er Gott a. und bekennen, daß
Heb	1,6	es sollen ihn alle Engel Gottes a.
	11,21	Jakob neigte sich a. über die Spitze seines Stabes
Off	4,10	b. den an, der da lebt von Ewigkeit zu Ewigkeit
	5,14	die Ältesten fielen nieder und b.an 7,11; 11,16; 19,4.10
	9,20	daß sie nicht mehr a. die bösen Geister
	11,1	miß den Tempel Gottes und die dort a.
	13,4	sie b. den Drachen an 8.12; 14,9; 16,2; 19,20
Off	13,15	daß alle, die das Bild des Tieres nicht a., getötet würden
	14,7	b. an den, der gemacht hat Himmel und Erde
	11	sie haben keine Ruhe, die das Tier a.
	15,4	alle Völker werden kommen und a. vor dir
	19,10	fiel nieder zu seinen Füßen, ihn a. 22,8.9
	10	b. Gott an
	20,4	die nicht ang. hatten das Tier

Anbeter

Ze	3,10	werden meine A. mir Geschenke bringen
Jh	4,23	in der die wahren A. den Vater anbeten werden

Anbetung

Apg	19,27	Diana, welcher die ganze Landschaft Asien A. erzeigt

anbieten

5Mo	20,10	sollst du ihr zuerst den Frieden a.
Hes	16,15	du b. dich jedem an
Tob	12,5	b. ihm die Hälfte aller Habe an
Sir	26,15	setzt sie sich nieder und b. sich an
Apg	8,18	b. er ihnen Geld an (und sprach)
	17,31	er hat jedermann den Glauben ang.
1Pt	1,13	Gnade, die euch ang. wird in der Offenbarung Jesu Christi
Heb	6,18	festzuhalten an der ang. Hoffnung

anbinden

2Kö	7,10	Rosse und Esel ang.
Hi	40,29	kannst du ihn für deine Mädchen a.
Mt	21,2	werdet eine Eselin ang. finden Mk 11,2.4; Lk 19,30

anblasen

Jes	54,16	der die Kohlen im Feuer a.
Hes	37,9	Odem, komm und b. diese Getöteten an
Sir	8,13	b. nicht das Feuer des Gottlosen an
Jh	20,22	b. er sie an und spricht zu ihnen

Anblick

Wsh	11,19	die sie mit ihrem A. vernichten können
	15,5	(Gestalt,) deren A. die Unverständigen reizt
	19	daß man a. ihrem A. Gefallen haben könnte
	16,3	wegen des scheußlichen A. der Tiere
Tob	11,8	dein Vater wird über deinen A. sich freuen

anblicken

1Mo	42,28	b. einander erschrocken an
2Ma	3,16	den... konnte niemand ohne Mitleid a.
Apg	3,4	Petrus b. ihn an mit Johannes und sprach

anbrechen

1Mo	32,25	bis die Morgenröte a. 27; Ri 19,25.26; Jon 4,7
2Sm	2,32	bis das Tageslicht a. Hi 24,14; Hes 7,10; Dan 6,20
Ps	50,2	aus Zion b. an der schöne Glanz Gottes
Jdt	14,2	sobald der Tag a. 7; 2Ma 13,17
Mt	28,1	als der erste Tag der Woche a.
Lk	23,54	es war Rüsttag, und der Sabbat b. an

Apg 20,11 redete mit ihnen, bis der Tag a.
2Pt 1,19 bis der Tag a. und der Morgenstern aufgehe in euren Herzen

anbrennen
Hes 24,10 daß die Knochen a.

anbringen
2Mo 25,37 (Lampen) a., daß sie nach vorn leuchten
40,18 Mose b. die Riegel an
2Ch 3,5 b. darauf Blumenwerk an 14
Hes 40,43 Gabelhaken waren fest ang.
Wsh 13,15 er b. (ein Bild) an der Wand an
1Ma 14,48 Tafeln im Vorhof des Tempels a. 26

Anbruch
Neh 13,19 vor dem A. des Sabbats

Andacht
Hi 15,4 du selbst raubst dir die A.

andauern
Hos 8,5 wie lange soll das noch a.

Andenken
Jos 4,7 sollen diese Steine ein ewiges A. sein
Est 9,28 ihr A. soll nicht untergehen
Hi 18,17 sein A. wird vergehen im Lande
Ps 109,15 ihr A. soll ausgerottet werden auf Erden
Spr 10,7 das A. des Gerechten bleibt im Segen
Pr 9,5 (der Toten) A. ist vergessen
Sa 6,14 die Kronen sollen zum A. im Tempel bleiben
Wsh 8,13 ich werde ein ewiges A. hinterlassen
1Th 3,6 uns berichtet, daß ihr uns allezeit in gutem A. habt

anderer
1Mo 28,17 hier ist nichts a. als Gottes Haus
2Mo 20,3 sollst keine a. Götter haben neben mir 23; 23,13; 34,14; 5Mo 5,7; 6,14; 8,19; Ps 81,10
5Mo 7,4 daß sie a. Göttern dienen 11,16.28; 13,7.14; 17,3; 28,14.36.64; 29,25; 30,17; 31,18.20; Jos 23,16; 24,2.16; Ri 2,12.17.19; 10,13; 1Sm 8,8; 26,19
1Kö 9,9 haben a. Götter angenommen 6; 11,10; 14,9; 2Kö 5,17; 17,7.35.37.38; 22,17; 2Ch 7,19.22; 28,25; 34,25
Ps 19,3 ein Tag sagt's dem a. und eine Nacht tut's kund der a.
Jes 2,4 kein Volk wider das a. das Schwert erheben Mi 4,3
Jer 1,16 mich verlassen und a. Göttern opfern 11,10; 13,10; 16,11.13; 19,4.13; 22,9; 32,29
7,6 nicht a. Göttern nachlauft 25,6; 35,15; Hos 13,4
Dan 3,28 sie wollten keinen a. Gott verehren 29
Wsh 2,15 s. Leben unterscheidet sich von dem der a.
7,1 bin ein sterblicher Mensch wie alle a.
Tob 4,16 das füg auch keinem a. zu
Sir 4,28 wenn du a. damit helfen kannst
9,11 sitze nicht bei der Frau eines a.
14,4 sammelt's für a., a... verprassen 15

Sir 14,5 was sollte der a. Gutes tun
27,30 wer dem a. Schaden tun will
32,6 spare dir deine Weisheit für a. Zeiten
33,7 warum ein Tag heiliger als der a. 9.12
Bar 4,3 überlaß nicht deine Ehre einem a.
1Ma 2,22 wollen nicht einen a. Weg einschlagen
2Ma 9,28 Schmerzen, wie er sie a. angetan hatte
Mt 2,12 zogen auf einem a. Weg in ihr Land
5,39 dem biete die a. auch dar Lk 6,29
6,24 den a. lieben... und den a. verachten Lk 16,13
34 *sorget nicht für den a. Morgen*
10,23 flieht in eine a. (Stadt)
11,3 oder sollen wir auf einen a. warten Lk 7,19.20
Mk 14,58 Tempel... in drei Tagen einen a. bauen
Lk 10,1 *sonderte der Herr a. siebzig aus*
Jh 5,32 ein a. ist's, der von mir zeugt
10,16 ich habe noch a. Schafe, die sind nicht aus diesem Stall
14,16 er wird euch einen a. Tröster geben
19,18 und mit ihm zwei a. zu beiden Seiten
21,18 ein a. wird dich gürten
Apg 2,4 fingen an, zu predigen in a. Sprachen 1Ko 14,21
4,12 in keinem a. ist das Heil
Rö 1,13 Frucht schaffe wie unter a. Heiden
8,39 noch eine a. Kreatur (kann) uns scheiden
1Ko 3,11 einen a. Grund kann niemand legen als den, der gelegt ist
10,24 niemand suche das Seine, sondern was dem a. dient Phl 2,4
2Ko 11,4 wenn einer einen a. Jesus predigt
Gal 1,6 euch abwenden laßt zu einem a. Evangelium 7
Phl 1,13 das ist im ganzen Prätorium und bei allen a. offenbar geworden
2,7 *ward gleich wie ein a. Mensch*
3,4 wenn ein a. meint, er könne sich
Kol 3,13 wenn jemand Klage hat gegen den a.
1Th 4,13 damit ihr nicht traurig seid wie die a., die keine Hoffnung haben
Jud 7 die Unzucht getrieben haben und a. Fleisch nachgegangen
Off 3,2 stärke das a., das sterben will
20,12 ein a. Buch wurde aufgetan, welches ist das Buch des Lebens

andermal
Apg 17,32 wir wollen dich darüber ein a. hören

ändern
2Kö 16,18 den äußeren Königseingang ä. er
Hi 9,27 will mein Angesicht ä.
Ps 77,11 daß die rechte Hand des Höchsten sich ä.
89,35 nicht ä., was aus meinem Munde gegangen
Jes 24,5 sie ä. die Gebote
57,6 deshalb kann ich mein Urteil nicht ä.
Dan 2,9 bis die Zeiten sich ä.
21 ä. Zeit und Stunde
6,9 ein Schreiben, daß nicht geä. werden darf
7,25 wird sich unterstehen, Festzeiten zu ä.
Wsh 12,10 daß auch ihr Sinn niemals mehr ä. würde
Apg 6,14 die Ordnungen ä., die uns Mose gegeben hat
28,6 ä. sie ihre Meinung und sprachen: Er ist ein Gott
Rö 12,2 ä. euch durch Erneuerung eures Sinnes

andernfalls

1Mo 42,16 a. seid ihr Kundschafter

anders

4Mo 11,15 wenn a. ich Gnade gefunden habe
Ps 55,20 sie werden nicht a.
Wsh 2,15 ganz a. sind seine Wege
Sir 18,26 es kann vor Abend ganz a. werden
     27,26 hinter deinem Rücken redet er a.
Lk 9,29 wurde das Aussehen seines Angesichts a.
Rö 8,9 wenn a. *Gottes Geist in euch wohnt*
1Ko 7,36 wenn sie erwachsen ist, und es kann nicht a. sein
Gal 1,8 ein Evangelium, das a. ist, als wir es euch gepredigt haben 9
    5,10 ihr werdet nicht a. gesinnt sein
Phl 3,15 solltet ihr in einem Stück a. denken
1Ti 1,3 gebieten, daß sie nicht a. lehren 6,3
    5,25 wenn es a. ist, können sie nicht verborgen bleiben

anderswo, anderswohin

Jdt 7,12 kein Wasser, weder in Zisternen noch a.
Mk 1,38 laßt uns a. gehen
Jh 10,1 sondern steigt a. hinein

andeuten

Spr 16,30 wer mit den Lippen a., vollbringt Böses

Andreas

Mt 4,18 Jesus sah zwei Brüder, Simon und A. Mk 1,16.29
   10,2 Apostel: Simon und sein Bruder A. Mk 3,18; 13,3; Lk 6,14; Jh 1,40; 6,8; 12,22; Apg 1,13
Jh 1,44 Philippus war aus Betsaida, der Stadt des A.

androhen

Jer 11,17 Unheil ang. um der Bosheit willen 36,7
Jdt 13,27 Holofernes, der dir den Tod ang. hatte
   16,6 er d. mir an, mein Land zu verbrennen

Andronikus

2Ma 4,31 ¹A., einen seiner Würdenträger 32.34.38; 5,23
Rö 16,7 ²grüßt A. und Junias, meine Stammverwandten

Äneas

Apg 9,33 dort fand er einen Mann mit Namen Ä. 34

aneinander

Hi 38,38 wenn die Schollen fest a. kleben
Spr 18,18 das Los läßt Mächtige nicht a. geraten
Hes 3,13 Rauschen von Flügeln, die a. schlugen
Dan 2,43 sie werden doch nicht a. festhalten
Rö 1,27 *sind a. entbrannt in ihren Lüsten*
1Ko 1,10 haltet a. fest in einem Sinn

aneinanderfügen

2Mo 26,9 Teppiche... fünf sollst du a.
Hi 41,7 geschlossen und eng aneinanderg.

aneinanderkommen

Apg 15,39 sie k. scharf a., so daß sie sich trennten

aneinanderstoßen

Sir 13,3 wenn sie a., so zerbricht er

anekeln

Hi 10,1 mich e. mein Leben an

Aner

1Mo 14,13 Mamres, des Bruders von A. 24

anerkennen

5Mo 21,17 soll den Sohn der ungeliebten Frau a.
1Ma 7,19 viele, die ihn vorher a. hatten
Apg 16,15 wenn ihr a., daß ich an den Herrn glaube
    24,3 e. wir allezeit mit Dankbarkeit an
Rö 9,8 nur die Kinder der Verheißung werden als seine Nachkommenschaft a.
1Ko 14,38 wer das nicht a., der wird auch nicht a.
    16,18 e. solche Leute an
1Th 5,12 e. an, die an euch arbeiten

Anerkennung

1Ch 29,23 Salomo fand A.

anfachen

Spr 26,21 so f. ein zänkischer Mann den Streit an
Hes 22,20 daß man ein Feuer darunter a. 21

anfahren

Mt 16,22 Petrus nahm ihn beiseite und f. ihn an Mk 8,32
   19,13 die Jünger aber f. sie an Mk 10,13; Lk 18,15
   20,31 das Volk f. sie an, daß sie schweigen Mk 10,48; Lk 18,39
Mk 14,5 und sie f. sie an
Apg 27,26 *wir müssen a. an eine Insel*
1Ti 5,1 einen Älteren f. nicht an

anfallen

Hos 13,8 ich will sie a. wie eine Bärin

Anfang

1Mo 1,1 am A. schuf Gott Himmel und Erde Heb 1,10
   10,10 der A. seines Reichs war Babel
   11,6 dies ist der A. ihres Tuns
5Mo 11,12 vom A. des Jahres bis an sein Ende
Jos 16,1 das Los des Stammes Josef nahm seinen A.
Ri 7,19 zu A. der mittleren Nachtwache
2Sm 17,9 daß gleich zu A. einige fallen
   21,10 am A. der Ernte
2Kö 19,25 daß ich es von A. an geplant Jes 37,26
Esr 4,6 im A. seiner Herrschaft Jer 26,1; 27,1; 28,1; 49,34
Ps 111,10 die Furcht des HERRN ist der Weisheit A. Spr 1,7; 9,10; Sir 1,16
Spr 4,7 der Weisheit A. ist: Erwirb Weisheit
   8,22 der HERR hat mich gehabt im A. seiner Wege 23

Pr	3,11	nicht ergründen kann weder A. noch Ende
	7,8	der Ausgang e. Sache ist besser als ihr A.
	10,13	der A. seiner Worte ist Narrheit
Jes	1,26	will dir Ratsherren (geben) wie im A.
	40,21	ist's euch nicht von A. an verkündigt 41,26; 46,10; 48,16
	41,4	wer ruft die Geschlechter von A. her
Jer	33,7	will sie bauen wie im A. 11
Hes	21,24	stelle einen Wegweiser an den A. 26
	40,1	im A. des Jahres kam die Hand des HERRN
	42,10	(war der Zugang) am A. der Mauer 12
Mi	1,13	bist du für die Tochter Zion der A. zur Sünde
	5,1	dessen Ausgang von A. her gewesen ist
Sa	4,10	wer den Tag des geringen A. verachtet hat
Jdt	9,8	Gott, der den Kriegen wehrt von A. an
Wsh	6,18	da ist A. der Weisheit
	24	nach ihr forschen von A. der Schöpfung an
	7,5	kein König einen andern A. seines Lebens
	18	(daß ich begriffe) A., Ende... der Zeiten
	9,8	Abbild, das du von A. an bereitet hast
	12,11	waren ein verfluchtes Geschlecht von A. an
	14,12	Götzenbilder... der A. der Hurerei 27
	13	von A. sind sie nicht gewesen
Tob	4,14	mit ihr hat alles Verderben seinen A.
Sir	15,14	(Gott) hat im A... geschaffen 16,25
	24,14	im A. bin ich geschaffen
	25,32	die Sünde nahm ihren A. bei einer Frau
	36,13	laß sie dein Erbe sein wie am A. 17
	39,25	er sieht alles vom A. der Welt
	30	von A. an ist das Gute geschaffen
	44,2	viel Herrliches getan von A. an
	51,28	ich gewann von A. an Einsicht
Mt	13,35	was verborgen war vom A. der Welt an
	19,4	den im A. an Menschen geschaffen hat
	8	von A. an ist's nicht so gewesen
	24,8	das alles aber ist der A. der Wehen Mk 13,8
	21	wie nie gewesen ist vom A. der Welt bis jetzt Mk 13,19
Mk	1,1	der A. des Evangeliums von Jesus Christus
Lk	1,2	die es von A. an selbst gesehen haben
Jh	1,1	im A. war das Wort 2
	6,64	Jesus wußte von A. an, wer ihn verraten würde
	8,44	der ist ein Mörder von A. an
	15,27	ihr seid von A. an bei mir gewesen
	16,4	zu A. habe ich es euch nicht gesagt
Apg	1,1	den 1. Bericht von all dem, was Jesus von A. an tat
	11,15	fiel der heilige Geist auf sie wie am A. auf uns
	26,4	mein Leben, wie ich es von A. an zugebracht
Phl	4,15	A. meiner Predigt des Evangeliums
Kol	1,18	er ist der A., der Erstgeborene 1Jh 2,13.14
2Th	2,13	daß euch Gott erwählt hat von A.
2Pt	3,4	wie es von A. der Schöpfung gewesen ist
1Jh	1,1	was von A. war, was wir gehört haben
	2,7	Gebot, das ihr von A. an gehabt habt 24; 3,11; 2Jh 5.6
	3,8	der Teufel sündigt von A. an
Heb	2,3	Heil, das seinen A. nahm mit der Predigt des Herrn
	3,14	die Zuversicht vom A. bis zum Ende festhalten
	5,12	*den ersten A. der göttlichen Worte lehre*
	6,1	was am A. über Christus zu lehren ist
	7,3	er hat weder A. der Tage noch Ende des Lebens
	9,26	sonst hätte er oft leiden müssen vom A. der Welt an
Off	1,8	ich bin der A. und das Ende 21,6; 22,13
	3,14	der A. der Schöpfung Gottes
	13,8	deren Namen nicht vom A. der Welt an geschrieben stehen 17,8

anfangen

1Mo	4,26	f. man an, den Namen des HERRN anzurufen
	41,54	da f. an die sieben Hungerjahre zu kommen
	44,12	f. an beim Ältesten bis hin zum Jüngsten
4Mo	11,4	da f. die *Israeliten an zu weinen
	15,23	da er a. zu gebieten
	17,11	die Plage hat ang. 12
	25,1	f. das Volk an zu huren
5Mo	1,5	f. Mose a., dies Gesetz auszulegen
	2,24	f. an, es einzunehmen 31
	3,24	hast ang., deinem Knecht zu offenbaren
	16,9	sollst a., wenn man die Sichel an... legt
Jos	3,7	heute will ich a., dich groß zu machen
Ri	7,21	da f. das ganze Heer an zu laufen
	10,18	wer ist der Mann, der a. zu kämpfen
	13,5	er wird a., Israel zu erretten
	25	der Geist des HERRN f. an, ihn umzutreiben
	16,19	(Delila) f. an, ihn zu bezwingen
	22	das Haar f. wieder an zu wachsen
	20,18	Juda soll a.
1Sm	3,2	seine Augen hatten ang., schwach zu werden
	12	ich will es a. und vollenden
	22,15	hab ich denn heute erst ang.
2Sm	7,29	so f. nun an, zu segnen 1Ch 17,27
	21,9	wenn die Gerstenernte a.
	24,5	gingen über den Jordan und f. an bei Aroër
1Kö	22,10	Propheten f. an, zu weissagen 2Ch 18,9
2Kö	10,32	f. der HERR an, von Israel abzutrennen
	17,25	als sie a., dort zu wohnen
1Ch	27,24	Joab hatte ang. zu zählen
2Ch	3,1	Salomo f. an, das Haus zu bauen 2
	20,22	als sie a. mit Danken und Loben
	29,17	mit der Weihe f. sie am ersten Tage an 27
	31,10	da man ang. hat, Abgaben zu bringen 7
	21	alles, was er a., tat er von Herzen
	34,3	f. an... zu reinigen von den Opferhöhen
Esr	3,6	f., Brandopfer zu opfern
	5,2	f. an, das Haus Gottes aufzubauen
Neh	4,1	die Lücken ang. hatten sich zu schließen
Est	6,13	vor dem du zu fallen ang. hast
	9,23	nahmen es an als Brauch, was sie ang.
Ps	120,7	wenn ich rede, so f. sie Streit an
Spr	17,14	wer Streit a., gleicht dem, der
Pr	1,6	der Wind dreht sich an den Ort, wo er a.
Jer	25,29	bei der Stadt f. ich an mit dem Unheil
Hes	9,6	f. an bei meinem Heiligtum! Und sie f. an
Dan	2,15	f. an und sprach 20.27; 3,9.14.28; 4,16; 5,17
	9,23	als du a. zu beten, erging ein Wort
	10,12	als du a., dich zu demütigen vor Gott
Hos	1,2	als der HERR a. zu reden durch Hosea
Jon	3,4	als Jona a., in die Stadt hineinzugehen
Mi	6,13	will auch ich a., dich zu plagen
Jdt	4,13	wenn ihr fortfahrt, wie ihr ang. habt
Tob	3,1	Tobias f. an zu weinen 10,3
Sir	18,6	so ist's noch kaum ang.
	37,20	ehe du etwas a., überleg dir's zuvor
1Ma	12,37	das Volk f. an zu bauen
2Ma	8,27	da er ang. hatte, Gnade zu erweisen
Mt	4,17	seit der Zeit f. Jesus an zu predigen
	11,7	f. Jesus an, von Johannes zu reden Lk 7,24
	20	da f. er an, die Städte zu schelten
	12,1	seine Jünger f. an, Ähren auszuraufen Mk 2,23
	16,21	f. Jesus an zu zeigen, wie er viel leiden müsse

anfangen

Mt	17,4	Petrus f. an und sprach 19,27; Mk 9,5; 10,28
	18,24	als er a. abzurechnen, wurde einer gebracht
	20,8	f. an bei den letzten bis zu den ersten
	22,1	Jesus f. an und redete in Gleichnissen
	24,49	f. an, seine Mitknechte zu schlagen Lk 12,45
	26,37	f. an zu trauern und zu zagen Mk 14,33
	74	da f. er an, sich zu verfluchen Mk 14,71
Mk	4,1	er f. an, am See zu lehren
	5,17	sie f. an und baten Jesus, fortzugehen
	20	f. an, in den Zehn Städten auszurufen
	6,34	er f. eine lange Predigt an
	8,11	die Pharisäer f. an, mit ihm zu streiten
	32	Petrus f. an, ihm zu wehren
	10,47	f. er an, zu schreien
	11,15	f. an, auszutreiben die Verkäufer und Käufer Lk 19,45
	12,1	er f. an, in Gleichnissen zu reden Lk 20,9
	35	Jesus f. an und sprach, als er im Tempel lehrte
	13,5	Jesus f. an und sagte zu ihnen Lk 4,21; 11,29; 12,1; 14,3
	14,65	da f. einige an, ihn anzuspeien 15,18
Lk	5,21	die Schriftgelehrten f. an zu überlegen
	7,15	der Tote f. an zu reden
	38	f. an, seine Füße zu benetzen
	49	da f. die an, die mit ihm zu Tisch saßen
	9,12	der Tag f. an, sich zu neigen
	11,53	f... an, heftig auf ihn einzudringen
	13,25	wenn ihr a., draußen zu stehen 26
	14,18	sie f. an, sich zu entschuldigen
	29	damit nicht alle a., über ihn zu spotten
	30	dieser Mensch hat ang. zu bauen und kann's nicht ausführen
	15,14	er f. an zu darben
	24	sie f. an, fröhlich zu sein
	19,37	f. die ganze Menge der Jünger an, Gott zu loben
	21,28	wenn aber dieses a. zu geschehen
	22,23	sie f. an, zu fragen, wer es wohl wäre
	23,2	f. an, ihn zu verklagen
	5	ang. von Galiläa bis hierher
	30	dann werden sie a., zu sagen zu den Bergen
	24,27	er f. an bei Mose und allen Propheten
	47	daß gepredigt wird unter allen Völkern. F. an in Jerusalem
Jh	2,18	da f. die Juden an und sprachen zu ihm
	13,5	f. an, den Jüngern die Füße zu waschen
Apg	1,1	was Jesus a. zu tun und zu lehren
	2,4	f. an, zu predigen in andern Sprachen
	7,32	Mose aber f. an zu zittern
	8,35	Philippus f. mit diesem Wort der Schrift an
	10,37	ihr wißt, was geschehen ist, a. von Galiläa
	11,15	als ich a. zu reden, fiel der heilige Geist auf sie
	13,24	ehe denn Jesus a.
	16,29	(der Kerkermeister) f. an zu zittern
	18,26	er f. an, zu predigen in der Synagoge
	24,2	f. Tertullus an, ihn anzuklagen
	27,33	und als es a. hell zu werden, ermahnte Paulus sie alle
	35	dankte Gott und brach's und f. an zu essen
2Ko	3,1	f. wir denn abermals an, uns selbst zu empfehlen
	8,6	daß er, wie er zuvor ang. hatte, auch diese Wohltat ausrichte
	10	die ihr ang. habt nicht allein mit dem Tun
Gal	3,3	im Geist habt ihr ang.
Phl	1,6	der in euch ang. hat das gute Werk
1Pt	4,17	die Zeit ist da, daß das Gericht a.
Off	7,13	einer der Ältesten f. an und sprach zu mir

Anfänger

Heb	2,10	den A. ihres Heils durch Leiden vollendete
	12,2	Jesus, dem A. und Vollender des Glaubens

anfangs

Ri	20,31	erschlugen a. einige vom Kriegsvolk 39
Sir	4,18	wenn sie sich auch a. verstellt

Anfangsgrund

Heb	5,12	daß man euch die A. der göttlichen Worte lehre

anfassen

Hes	29,7	wenn sie dich a., so brachst du
Sir	26,10	wer... nimmt, der f. einen Skorpion an
Lk	14,4	und er f. ihn an und heilte ihn
	24,39	f. mich an und seht
Kol	2,21	du sollst das nicht a.

anfechten

Ps	49,17	laß es dich nicht a., wenn einer reich
	56,6	täglich f. sie meine Sache an
Jer	50,8	wer will mein Recht a.
Sir	33,1	wenn er ang. ist, wird er erlöst werden
Gal	4,14	was euch a. an meinem Leib

Anfechtung

Jdt	8,19	Abraham, durch viele A. bewährt
Wsh	18,20	die Gerechten mußten die A. des Todes
Tob	3,22	der dir dient, wird nach der A. gekrönt
	12,13	hast dich in der A. bewähren müssen
Sir	2,1	bereite dich auf A. vor
	5,10	hilft dir nichts, wenn A. kommen werden
	38,20	in der A. bleibt die Traurigkeit
Mt	24,10	werden viele der A. erliegen
	26,41	wachet und betet, daß ihr nicht in A. fallt Lk 22,40.46
Lk	8,13	sie haben keine Wurzel... und zu der Zeit der A. f. sie ab
	22,28	die ihr ausgeharrt habt bei mir in meinen A.
Apg	20,19	dem Herrn gedient unter A.
1Pt	1,6	die ihr traurig seid in mancherlei A.
Jak	1,2	Freude, wenn ihr in A. fallt
	12	selig ist der Mann, der die A. erduldet

anfeinden

Ps	38,21	f. mich an, weil ich mich an das Gute halte
	109,4	dafür, daß ich sie liebe, f. sie mich an

Anfeindung

Hos	9,7	um der großen A. willen 8

anfertigen

2Mo	32,35	das Kalb, das Aaron ang. hatte
Wsh	14,17	f. ein sichtbares Bild des Königs an
	15,6	die (d. Bild) a. und danach verlangen

anfeuern

2Ma	15,10	als er sie so ang. hatte

anflehen

1Mo	42,21	sahen die Angst seiner Seele, als er uns a.
1Kö	13,6	f. doch den HERRN, deinen Gott, an
2Kö	1,13	beugte seine Knie vor Elia und f. ihn an
Est	8,3	Ester weinte und f. ihn an
Hi	19,16	mußte ihn a. mit eigenem Munde
Sa	7,2	sandte den Sarezer, um den HERRN a.
	8,21	laßt uns gehen, den HERRN a. 22
Mt	18,26	da fiel ihm der Knecht zu Füßen und f. ihn an

anfreunden

Dan 11,23 nachdem er sich mit ihm ang. hat

anfügen

2Mo 28,7 zwei Schulterteile, die ang. sind 39,4

anfühlen

Lk 24,39 f. mich an und sehet

Anführer

4Mo	31,48	traten an Mose heran die A.
5Mo	33,21	daselbst war für ihn eines A. Teil
1Ch	13,1	David hielt einen Rat mit allen A.
Ps	141,6	ihre A. sollen hinabgestürzt werden
1Ma	3,55	setzte Judas A. für das Kriegsvolk ein
	7,5	ihr A. war Alkimus
	9,61	Männer, die die A. der Abtrünnigen waren
2Ma	4,40	dabei war der A. ein gewisser Auranus
Jh	18,12	die Schar und ihr A. nahmen Jesus und banden ihn
Apg	7,35	den sandte Gott als A. und Retter
	24,5	daß er ein A. der Sekte der Nazarener ist

anfüllen

Esr 9,11 Greueln, mit denen sie es ang. Jer 16,18

anfunkeln

Hi 16,9 mein Widersacher f. mich an

Ange

Jdt 2,12 kam zu dem Gebirge A.

angeben

2Sm	24,9	Joab g. dem König die Summe des Volks an
Esr	2,59	konnten nicht a., ob ihre Sippe Neh 7,61
2Ma	3,8	g. an, er müßte die Städte bereisen
Apg	25,27	keine Beschuldigung gegen ihn a.

angeboren

Wsh 12,10 wußtest, daß ihre Schlechtigkeit a. war

angegossen

2Ch	4,3	die bei dem Guß mit a. waren
Hi	41,15	die Wampen haften an ihm, fest a.

angehen

2Mo 8,22 Mose sprach: Das g. nicht an

Jos	22,24	was g. euch der HERR an
Rut	1,22	um die Zeit, da die Gerstenernte a.
2Sm	11,23	wir g. gegen sie an
2Kö	9,18	was g. dich der Friede an 19
	22,18	was die Worte a., die du gehört 2Ch 34,26
Spr	18,1	gegen alles, was gut ist, g. er an
Hes	7,7	es g. schon an und bricht herein
Jon	1,13	das Meer g. immer ungestümer gegen sie an
Sir	3,24	doch nichts a., gib dich nicht ab
Mt	27,4	was g. uns das an
Lk	13,33	es g. nicht an, daß ein Prophet umkomme
	21,31	*wenn ihr dies alles sehet a.*
Jh	2,4	was g.'s dich an, Frau, was ich tue
	21,22	wenn ich will... was g. es dich an 23
Apg	25,24	*um welchen mich die Menge der Juden ang.*
1Ko	5,12	was g. mich die draußen an
	8,1	was das Götzenopfer a. 4
	16,1	was die Sammlung für die Heiligen a.
2Th	2,1	was das Kommen unseres Herrn Jesus a.

angehören

1Mo	19,12	wer dir a. in der Stadt, den führe weg
	32,18	wem g. du an
2Mo	32,26	her zu mir, wer dem HERRN a.
4Mo	27,11	seinen Verwandten geben, die ihm a.
Ri	21,11	Frauen, die einem Mann a. haben 12
Hos	3,3	sollst du bleiben, ohne einem Mann a.
Wsh	1,16	weil sie es wert sind, ihm a.
	2,25	es müssen ihn erfahren, die ihm a.
	15,2	weil wir wissen, daß wir dir a.
Mk	9,41	wer euch einen Becher Wasser zu trinken gibt, weil ihr Christus a.
Rö	7,4	so daß ihr einem andern a.
1Ko	15,23	die Christus a. Gal 3,29; 5,24
2Ko	10,7	verläßt sich jemand darauf, daß er Christus a.

Angel

1Kö	7,50	auch waren die A. an den Türen von Gold
Spr	26,14	wendet sich im Bett wie die Tür in der A.

Angel (zum Fischfang)

Hi	40,25	den Leviatan fangen mit der A.
Jes	19,8	die A. ins Wasser werfen
Am	4,2	daß man euch herausziehen wird mit A.
Hab	1,15	sie ziehen's alles mit der A. heraus
Mt	17,27	geh hin an den See und wirf die A. aus

Angelegenheit

2Ma	4,31	die A. in Ordnung zu bringen
	11,26	damit sie sich ihrer A. annehmen können

angenehm

1Ch	13,2	gefällt es euch und ist's dem HERRN a.
	29,17	Aufrichtigkeit ist dir a.
Ps	20,4	dein Brandopfer sei ihm a.
Pr	9,11	daß einer a. sei, dazu hilft nicht, daß
	12,10	er suchte, daß er fände a. Worte
Jes	30,10	redet zu uns, was a. ist
Hag	1,8	baut das Haus! Das soll mir a. sein
Mal	1,10	Opfer von euren Händen ist mir nicht a.
	2,13	er mag nicht etwas A. empfangen
Wsh	9,12	dann werden meine Werke a. sein
Sir	35,9	der Gerechten Opfer ist a.
	20	wer Gott dient, der ist ihm a.

angenehm 48

Apg	10,35	wer ihn fürchtet und recht tut, der ist ihm a.
Rö	15,16	daß die Heiden ein Opfer werden, Gott a.
	31	damit mein Dienst a. werde den Heiligen
2Ko	6,2	ich habe dich in der a. Zeit erhört
Phl	4,18	ein lieblicher Geruch, ein a. Opfer 1Pt 2,5
1Ti	2,3	solches ist gut und a. vor Gott 5,4

Anger

Ps 65,14 die A. sind voller Schafe

angesehen (s.a. ansehen)

1Mo	34,19	war mehr a. als alle 1Ch 4,9
2Mo	11,3	war ein a. Mann Rut 2,1; 1Sm 9,1
1Ch	26,6	a. Männer 7-9.30-32; 28,1; Neh 11,6
Sir	25,7	wie schön ist bei A. Überlegung und Rat
1Ma	2,17	du bist der A. in dieser Stadt
2Ma	6,18	Eleasar war einer der a. Schriftgelehrten
Mk	15,43	kam Josef von Arimathäa, ein a. Ratsherr
Lk	19,47	die A. des Volkes trachteten danach, daß sie ihn umbrächten
Apg	13,50	die Juden hetzten die a. Männer der Stadt auf
	15,22	Judas und Silas, a. Männer unter den Brüdern
	17,4	dazu nicht wenige von den a. Frauen 12
	25,2	da erschienen die A. der Juden vor ihm
	28,7	der a. Mann der Insel, mit Namen Publius
	17	daß Paulus die A. der Juden zusammenrief
1Ko	1,26	nicht viele A. sind berufen

Angesicht

1Mo	3,8	Adam versteckte sich vor dem A. Gottes
	19	im Schweiße deines A. dein Brot essen
	4,14	muß mich vor deinem A. verbergen 16
	9,23	ihr A. war abgewandt
	17,3	fiel... auf sein A. 17; 4Mo 14,5; 16,4.22; 17,10; 20,6; 22,31; Jos 5,14; 7,6.10; Ri 13,20; Rut 2,10; 1Sm 25,41; 2Sm 24,20; 1Kö 1,23; 18,39; Hes 1,28; 3,23; 9,8; 11,13; 43,3; 44,4; Dan 2,46; 8,17.18; 10,9
	18,22	wandten ihr A. nach Sodom 19,28
	24,16	das Mädchen war sehr schön von A. 29,17; 39,6; 1Sm 25,3
	31,2	Jakob sah an das A. Labans 5
	32,31	ich habe Gott von A. gesehen
	33,10	sah dein A., als sähe ich Gottes A.
	38,15	hatte ihr A. verdeckt
	43,3	sollt mein A. nicht sehen 5; 44,23.26
	31	als er sein A. gewaschen hatte
	45,3	so erschraken sie vor seinem A.
	46,30	nachdem ich dein A. gesehen 48,11
	50,1	warf sich Josef über seines Vaters A.
2Mo	3,6	Mose verhüllte sein A. 34,33.35
	25,30	sollst Schaubrote legen vor mein A.
	33,11	redete mit Mose von A. zu A. 5Mo 34,10
	14	mein A. soll vorangehen 15
	19	will vor deinem A... vorübergehen 34,6
	20	mein A. kannst du nicht sehen 23
	34,29	daß die Haut seines A. glänzte 30.35
4Mo	6,25	der HERR lasse A. leuchten über dir
	26	der HERR hebe sein A. über dich
	12,14	wenn ihr Vater ihr ins A. gespien hätte
	14,14	daß du von A. gesehen wirst
	24,1	Bileam richtete sein A. zur Wüste
	25,4	hänge sie auf im A. der Sonne
5Mo	4,37	hat er dich herausgeführt mit seinem A.
	5,4	er hat von A. zu A. mit euch geredet
5Mo	7,10	vergilt ins A. denen, die ihn hassen
	8,20	Heiden, die der HERR umbringt vor eurem A.
	28,31	dein Esel wird vor deinem A. genommen
	31,11	zu erscheinen vor dem A. des HERRN
	33,10	sie bringen Räucherwerk vor dein A.
Ri	6,22	den Engel des HERRN von A. zu A. gesehen
1Sm	17,49	(der Philister) fiel auf sein A.
	26,20	fern vom A. des HERRN
2Sm	3,13	sollst mein A. nicht sehen 14,24.28.32
	19,5	der König hatte sein A. verhüllt
	21,1	David suchte das A. des HERRN
1Kö	8,14	der König wandte sein A. und segnete
	9,7	Israel will ich verwerfen von meinem A. 2Kö 17,18.20.23; 23,27; 24,3.20; 2Ch 7,20
	20,38	verhüllte sein A. mit einer Binde 41
2Kö	8,15	breitete (die Decke) über des Königs A.
	9,30	schminkte (Isebel) ihr A.
	32	(Jehu) hob sein A. auf zum Fenster
	13,23	verwarf sie nicht von seinem A. 2Ch 30,9
1Ch	12,9	ihr A. war wie das der Löwen
	16,11	suchet sein A. allezeit 2Ch 7,14
2Ch	20,3	richtete sein A... den HERRN zu suchen
	26,20	Asarja wandte das A. ihm zu
	29,6	ihr A. von der Wohnung des HERRN abgewandt
Esr	9,15	können nicht bestehen vor deinem A.
Est	1,14	die das A. des Königs sehen
Hi	1,11	er wird dir ins A. absagen 2,5
	2,7	ging der Satan hinaus vom A. des HERRN
	6,28	ob ich euch ins A. lüge
	9,27	will mein A. ändern
	16,8	mein Siechtum verklagt mich ins A.
	17,6	muß mir ins A. speien lassen
	21,31	wer sagt ihm ins A., was er verdient
	23,15	erschrecke ich vor seinem A.
	17	weil Dunkel mein A. deckt
	29,24	das Licht meines A. tröstete
	30,10	vor meinem A. auszuspeien
Ps	11,7	die Frommen werden schauen sein A.
	23,5	bereitest einen Tisch im A. meiner Feinde
	34,6	ihr A. soll nicht schamrot werden
	17	das A. des HERRN steht wider alle 1Pt 3,12
	41,13	du stellst mich vor dein A. für ewig
	42,3	daß ich Gottes A. schaue
	6	daß er meines A. Hilfe ist 12; 43,5
	44,4	sondern dein Arm und das Licht deines A.
	51,13	verwirf mich nicht von deinem A.
	69,8	mein A. ist voller Schande 83,17
	18	verbirg dein A. nicht vor deinem Knecht
	80,17	vor dem Drohen deines A... umkommen
	90,8	unsre Sünde ins Licht vor deinem A.
	95,2	laßt uns vor sein A. kommen 100,2
	104,29	verbirgst du dein A., so erschrecken sie
	139,7	wohin soll ich fliehen vor deinem A.
	140,14	die Frommen werden vor deinem A. bleiben
Spr	15,13	ein fröhliches Herz macht ein fröhliches A.
	16,15	wenn des Königs A. freundlich ist
	27,19	wie sich im Wasser das A. spiegelt
	29,26	viele suchen das A. eines Fürsten
Pr	8,1	die Weisheit des Menschen erleuchtet sein A.;
		aber ein freches A. wird gehaßt
	3	geh von seinem A. weg
	12	die Gott fürchten, die sein A. scheuen
Jes	3,15	warum zerschlagt (ihr) das A. der Elenden
	13,8	feuerrot werden ihre A. sein
	25,8	wird die Tränen von allen A. abwischen
	26,17	so geht's uns auch, HERR, vor deinem A.

Jes	38,2	wandte Hiskia sein A. zur Wand
	49,23	werden vor dir niederfallen aufs A.
	50,6	mein A. verbarg ich nicht vor Schmach
	7	hab mein A. hart gemacht
	53,3	daß man das A. vor ihm verbarg
	54,8	habe mein A. im Augenblick des Zorns
	59,2	eure Sünden verbergen sein A. 64,6
	63,9	sein A. half ihnen
	65,3	Volk, das mich ins A. kränkt
Jer	2,27	kehren mir nicht das A. zu 7,24; 32,33
	4,1	wenn du deine Götzen von meinem A. wegtust
	30	wenn du schon dein A. schminken würdest
	5,3	sie haben ein A., härter als ein Fels
	7,15	will euch von meinem A. verstoßen 23,39; 32,31; 52,3
	21,10	habe mein A. gegen diese Stadt 44,11
	30,6	alle A. so bleich sind Jo 2,6; Nah 2,11
	33,5	als ich mein A. vor dieser Stadt verbarg
	18	der vor meinem A. Brandopfer darbringt
	42,15	euer A. nach Ägyptenland richten 17; 44,12
	51,51	Scham unser A. bedeckte
Hes	1,6	jede hatte vier A. 8-10.12.15; 10,14.21.22
	2,6	sollst dich vor ihrem A. nicht entsetzen
	3,8	habe dein A. so hart gemacht wie ihr A.
	4,3	richte dein A. gegen sie 7; 6,2; 13,17; 14,8; 15,7; 21,2.7; 25,2; 28,21; 29,2; 35,2; 38,2
	7,22	will mein A. von ihnen abwenden 39,23.24
	12,6	dein A. sollst du verhüllen 12
	14,6	wendet euch A. von allen euren Greueln
	20,35	will ins Gericht gehen von A. zu A.
	21,3	soll jedes A. versengt werden
	36,9	will euch mein A. zuwenden 39,29
	38,20	vor meinem A. erbeben die Fische
	41,18	jeder Cherub hatte zwei A.
Dan	3,19	der Ausdruck seines A. veränderte sich
	10,15	neigte ich mein A. zur Erde
Hos	2,4	daß sie die Zeichen von ihrem A. wegtue
	5,15	bis sie mein A. suchen
Mi	3,4	wird A. vor euch verbergen
Nah	3,5	will dir den Saum aufdecken über dein A.
Mal	2,3	ich will den Unrat euch ins A. werfen
Wsh	14,17	konnten sie nicht von A. zu A. ehren
Tob	3,15	zu dir, mein Herr, kehre ich mein A.
	4,7	wird sich das A. des Herrn nicht abwenden
Sir	4,4	wende dein A. nicht weg von den Armen
	14,8	ein böser Mensch, der sein A. wegwendet
	25,30	ein böses Weib schafft ein trauriges A.
	34,20	er macht das A. fröhlich
	45,6	hat ihm die Gebote gegeben von A. zu A.
Bar	6,21	in ihrem A. sind sie schwarz vom Rauch
2Ma	7,6	wie Mose den Feinden ins A. bezeugt
StE	4,3	ihr A. war heiter und lieblich
	10	Herr, dein A. ist voller Huld
StD	1,31	sie war sehr schön von Gestalt und A.
	3,17	wir suchen dein A. mit Furcht
Mt	6,16	*die Heuchler verstellen ihr A.*
	17	*salbe dein Haupt und wasche dein A.*
	17,2	sein A. leuchtete wie die Sonne Lk 9,29
	6	(die Jünger) fielen auf ihr A. *18,26;* 26,39; Lk 5,12; 17,16; Off 7,11; 11,16
	18,10	ihre Engel sehen allezeit das A. meines Vaters
	26,67	da spien sie ihm ins A. Mk 14,65
Lk	9,29	als er betete, wurde das Aussehen seines A. anders
	51	da wandte er sein A., nach Jerusalem zu wandern 53
	24,5	sie erschraken und neigten ihr A. zur Erde
Jh	11,44	*sein A. verhüllt mit einem Schweißtuch*
Apg	2,28	wirst mich erfüllen mit Freude vor deinem A.
	3,20	Zeit der Erquickung von dem A. des Herrn
	5,41	*sie gingen aber fröhlich von des Rates A.*
	6,15	sahen sein A. wie eines Engels A.
	7,45	die Gott vertrieb vor dem A. unsrer Väter
	20,25	ich weiß, daß ihr mein A. nicht mehr sehen werdet 38
1Ko	13,12	wir sehen dann von A. zu A.
	14,25	so würde er niederfallen auf sein A.
2Ko	2,10	auch ich habe vergeben um euretwillen vor Christi A.
	3,7	daß die Israeliten das A. des Mose nicht ansehen konnten
	13	Mose, der eine Decke vor sein A. hängte
	18	(wir) schauen mit aufgedecktem A.
	4,2	*weisen wir uns aus im A. Gottes*
	6	Herrlichkeit Gottes in dem A. Jesu Christi
	11,20	*wenn euch jemand in das A. schlägt*
Gal	1,22	ich war unbekannt von A.
	2,11	widerstand ich ihm ins A.
Kol	1,22	damit er euch heilig vor sein A. stelle
	2,1	alle, die mich nicht von A. gesehen haben
1Th	2,17	von euch geschieden von A., haben uns bemüht, euch von A. zu sehen
2Th	1,9	vom A. des Herrn her und von seiner Macht
Heb	9,24	um für uns vor dem A. Gottes zu erscheinen
Jak	1,23	der sein leibliches A. im Spiegel beschaut
Jud	24	stellen vor das A. seiner Herrlichkeit
Off	1,16	sein A. leuchtete, wie die Sonne scheint
	6,16	verbergt uns vor dem A. dessen, der auf dem Thron sitzt
	12,14	fern von dem A. der Schlange
	20,11	vor seinem A. flohen die Erde und der Himmel
	22,4	(seine Knechte werden) sein A. sehen

angesichts

1Kö	8,22	vor den Altar a. der Gemeinde 2Ch 6,12.13
Spr	25,26	ein Gerechter, der a. eines Gottlosen
Mk	6,52	um nichts verständiger a. der Brote

angewiesen

1Th	4,12	damit ihr auf niemanden a. seid

angreifen

5Mo	25,18	wie sie dich unterwegs a.
2Sm	5,23	daß du sie a. vom Bakawalde her
	23,7	wer sie a. will, muß Eisen haben
1Kö	20,12	g. an! Und sie g. die Stadt an
2Ch	13,14	wurden von vorn und von hinten ang.
Est	8,11	die sie a. würden, zu töten
Hi	15,24	wie ein König, der a.
	36,32	bietet er auf gegen den, der ihn a.
Hab	3,16	Trübsal über das Volk, das uns a.
Jdt	16,30	wagte niemand, Israel a. 1Ma 14,12
Sir	13,1	wer Pech a., der besudelt sich damit
1Ma	3,23	g. (Judas) die Feinde an 5,57; 11,72
	8,31	sie wollen dich zu Wasser und zu Land a.
2Ma	8,23	Eleasar zog voran und g. Nikanor an
	12,13	g. Judas eine Stadt an, die gesichert war
Mt	18,28	*er g. ihn an und würgte ihn*
Lk	10,40	*sage ihr doch, daß sie es auch a.*
Kol	2,21	*du sollst das nicht a.*

angrenzen

angrenzen
2Ma 9,25 weil ich sehe, wie die a. Fürsten lauern

Angriff
2Sm 10,9 Joab sah, daß der A. gegen ihn gerichtet

angst, Angst
1Mo	42,21	sahen die A. seiner Seele
2Mo	15,14	A. kam die Philister an
	23,28	will A. vor dir her senden 5Mo 7,20
5Mo	26,7	der HERR sah unsere A. und Not
	28,53	Frucht deines Leibes essen in der A. 55.57
	31,17	wenn sie dann viel A. treffen wird 21
Jos	24,12	sandte A. und Schrecken vor euch her
1Sm	13,7	alles Volk, das ihm folgte, war voll A.
2Sm	14,15	das Volk macht mir a.
	22,7	als mir a. war, rief ich den HERRN an Ps 18,7
	24,14	David sprach: Es ist mir sehr a. 1Ch 21,13
2Ch	15,6	Gott erschreckte sie mit Ä. aller Art
	33,12	als er in A. war, flehte er zu dem HERRN
Neh	9,27	zur Zeit ihrer A. schrien sie zu dir
Hi	7,11	will reden in der A. meines Herzens
	15,24	A. und Not schrecken ihn 18,11; 20,22
	27,9	wenn die A. über ihn kommt
	36,16	reißt auch dich aus dem Rachen der A.
	41,14	vor ihm her tanzt die A.
Ps	4,2	der du mich tröstest in A.
	22,12	sei nicht ferne von mir, denn A. ist nahe
	25,17	die A. meines Herzens ist groß
	31,10	sei mir gnädig, denn mir ist a. 69,18
	32,6	werden zu dir beten zur Zeit der A.
	7	du wirst mich vor A. behüten
	48,7	A. wie eine Gebärende Jes 21,3
	61,3	mein Herz ist in A. 77,4
	71,20	lässest mich erfahren viele und große A.
	107,6	er errettete sie aus ihren A. 13.19.28
	26	daß ihre Seele vor A. verzagte
	118,5	in der A. rief ich den HERRN an
	119,143	A. und Not haben mich getroffen
	138,7	wenn ich mitten in der A. wandle
	142,4	wenn mein Geist in Ä. ist 143,4
Spr	1,27	wenn über euch A. und Not kommt
Jes	5,30	siehe, so ist's finster vor A.
	8,6	weil dies Volk in A. zerfließt vor Rezin
	22	sie sind im Dunkel der A.
	23	wird nicht dunkel über denen, die in A.
	13,8	A. wird sie ankommen Jer 13,21
	26,16	wenn du uns züchtigst, sind wir in A.
	30,6	im Lande der A., wo Drachen sind
	20	der Herr wird euch in Ä. Wasser geben
	31,4	ist ihm nicht a. vor ihrer Menge
	53,8	er ist aus A. und Gericht hinweggenommen
	65,16	die früheren Ä. sind vergessen
Jer	6,24	es ist uns a. 49,24; 50,43
	15,8	ließ über sie fallen A. und Schrecken
	11	will zu Hilfe kommen in der A.
	19,9	soll des andern Fleisch essen in der A.
	30,7	es ist eine Zeit der A.
Klg	3,47	wir werden geplagt mit Schrecken und A.
Hes	7,25	A.kommt; da werden sie Heil suchen
	30,16	Sin soll es a. und bange werden
Dan	5,9	seinen Mächtigen wurde a. und bange
Ob	12	nicht so stolz reden zur Zeit ihrer A. 14
Jon	2,3	ich rief zu dem HERRN in meiner A.
Nah	2,7	der Palast vergeht in A.
Ze	1,15	ein Tag der Trübsal und der A.
Sa	9,5	Gaza wird sehr a. werden
	10,11	wenn sie in A. durchs Meer gehen
Jdt	4,2	es befiel sie A. und Zittern 14,15
Wsh	17,8	wurden selbst krank vor lächerlicher A.
Sir	4,19	(wenn sie) ihm a. und bange macht
Bar	3,1	in A. und Not schrei ich zu dir
1Ma	6,41	der geriet in A. vor dem Lärm
	9,7	wurde (Judas) a. und bange 8
	12,28	die Feinde packte die A.
	13,2	sah, daß dem Volk a. und bange war
2Ma	3,21	wie dem Hohenpriester a. und bange war 16
StE	3,12	befreie mich aus meinen Ä.
Jh	16,21	denkt sie nicht mehr an die A.
	33	in der Welt habt ihr A.; aber seid getrost
Rö	2,9	A. über alle Seelen, die Böses tun
	8,35	Trübsal oder A. oder Verfolgung
2Ko	2,4	ich schrieb euch aus A. des Herzens
	6,4	als Diener Gottes: in Ä.
	12,10	darum bin ich guten Mutes in Ä.
Gal	4,19	*Kinder, welche ich mit Ä. gebäre*

ängsten, ängstigen
5Mo	4,30	wenn du geä. sein wirst 28,52
Ri	10,9	so daß Israel sehr geä. wurde
1Sm	16,14	ein böser Geist vom HERRN ä. (Saul) 15
2Sm	7,10	daß es sich nicht mehr ä. müsse 1Ch 17,9
Neh	9,27	ihrer Feinde, die sie ä. Ps 106,42
Hi	9,34	daß er mich nicht mehr ä.
Ps	13,3	soll ich mich ä. in meinem Herzen
	51,19	die Opfer sind ein geä. Geist, ein geä. Herz wirst du nicht verachten
	55,5	mein Herz ä. sich in meinem Leibe
	77,17	die Wasser sahen dich und ä. sich
Spr	13,12	Hoffnung, die sich verzögert, ä. das Herz
Pr	12,5	wenn man sich ä. auf dem Wege
Jes	26,17	wie eine Schwangere sich ä.
	29,2	ich will den Ariel ä. 3.7
Jer	10,18	ich will die Bewohner des Landes ä.
	30,16	die dich geä. haben, sollen weggeführt
Hes	30,16	Memfis (soll) täglich geä. werden
Ze	1,17	ich will die Menschen ä.
Wsh	5,1	Zuversicht vor denen, die ihn geä.
	17,3	sie wurden durch Gespenster geä.
	9	wenn nichts Schreckliches sie ä.
Lk	19,43	*werden dich belagern und an allen Orten ä.*
Rö	8,22	daß die ganze Schöpfung mit uns sich ä.
2Ko	4,8	aber wir ä. uns nicht

ängstlich
Ri	7,3	wer ä. und verzagt ist, der kehre um
Sir	37,12	man fragt nicht einen Ä., wie man Krieg
Rö	8,19	das ä. Harren der Kreatur wartet

Angstruf
Jer 4,31 ich höre A. wie von einer in Kindsnöten

angstvoll
Dan 6,21 rief (der König) Daniel mit a. Stimme

anhaben
1Mo	37,23	den bunten Rock, den er a.
2Mo	28,35	Aaron soll ihn a., wenn er dient 43
1Sm	17,5	(Goliat) h. einen Schuppenpanzer an
	18,4	Jonatan zog seinen Rock aus, den er a.
2Sm	13,18	sie h. ein Ärmelkleid an 19

anheimstellen

1Kö	11,29	der Prophet h. einen neuen Mantel an 30
1Ch	15,27	h. ein Obergewand aus Leinen an Hes 9,2.3.11; Dan 10,5
Est	4,2	niemand eintreten, der einen Sack a.
Ps	104,2	Licht ist dein Kleid, das du a.
	109,19	er werde ihm wie ein Kleid, das er a.
Hes	44,17	sollen nichts Wollenes a.
Sa	3,3	Jeschua aber h. unreine Kleider an
Sir	40,4	bei dem, der einen groben Kittel a.
Mt	3,4	Johannes h. ein Gewand aus Kamelhaaren an
	22,11	sah einen Menschen, der h. kein hochzeitliches Gewand an 12
Mk	16,5	der h. ein langes weißes Gewand an

anhaben (antun)

Jer	1,19	dir dennoch nichts a. können 15,20
Dan	3,27	daß das Feuer den Leibern nichts hatte a.

anhaften

Sir	27,5	h. dem Nachdenken des Menschen Unreines an

anhalten

3Mo	19,29	sollst deine Tochter nicht zur Hurerei a.
5Mo	28,59	schlagen mit a. Plagen, a. Krankheiten
2Ch	2,17	die die Leute zum Dienst a.
	22,3	seine Mutter h. ihn an, gottlos zu sein
Jer	37,13	der h. den Propheten Jeremia an
Hes	31,15	ich h. ihre Ströme an
Jdt	4,7	das ganze Volk schrie a. zum Herrn
	10,12	die Wächter der Assyrer h. sie an
Sir	33,26	h. den Sklaven zur Arbeit an
Jh	8,7	als sie a., ihn zu fragen
Apg	6,4	wir aber wollen a. am Gebet
Rö	12,12	h. an am Gebet Kol 4,2
Eph	6,18	wachet mit allem A. und Flehen
1Ti	4,13	h. an mit Lesen, mit Ermahnen
Tit	2,4	(sie sollen) die jungen Frauen a., daß sie ihre Männer lieben

Anhang

Hes	12,14	seinen ganzen A. will ich zerstreuen
1Ma	7,7	soll ihn und seinen ganzen A. bestrafen
2Ma	1,7	als Jason und sein A. abtrünnig geworden

anhangen, anhängen

1Mo	2,24	darum wird ein Mann seinem Weibe a. Mk 10,7; Eph 5,31
	49,10	ihm werden die Völker a.
5Mo	4,4	die ihr dem HERRN a., lebt alle
	10,20	(dem HERRN) sollst du a. 11,22; 13,5; 30,20; Jos 22,5; 23,8
	28,21	der HERR wird dir die Pest a.
Jos	23,12	wenn ihr diesen Völkern a.
2Sm	20,2	die Männer von Juda h. ihrem König an
1Kö	2,28	Joab hatte Adonija ang.
	16,21	eine Hälfte h. Tibni an... h. Omri an 22
2Kö	5,27	der Aussatz Naamans wird dir a.
	18,6	(Hiskia) h. dem HERRN an
Ps	78,66	h. ihnen ewige Schande an
Spr	18,24	es gibt Freunde, die h. fester an als
Jes	14,1	Fremdlinge werden dem Hause Jakob a.
Jer	2,5	eure Väter h. den Götzen an 8
Sir	11,34	daß sie dir nicht ewige Schande a.
Mt	6,24	er wird dem einen a. Lk 16,13
Lk	19,48	das ganze Volk h. ihm an und hörte ihn
Apg	5,36	ihm h. eine Anzahl Männer an, etwa 400
	8,10	alle h. ihm an, klein und groß 11
	17,34	etliche Männer aber h. (Paulus) an
Rö	7,21	Gesetz, daß mir das Böse a.
	12,9	haßt das Böse, h. dem Guten an
1Ko	6,17	wer dem Herrn a., der ist ein Geist
1Ti	4,1	daß einige teuflischen Lehren a.

Anhänger

1Ma	9,26	ließ die A. des Judas suchen 28
	60	Schreiben an seine A. im Lande Juda
Mt	22,16	sandten zu ihm ihre Jünger samt den A. des Herodes Mk 12,13
Mk	3,6	hielten Rat über ihn mit den A. des Herodes
Apg	9,2	A. des neuen Weges gefesselt nach Jerusalem 22,5

anhäufen

Lk	12,20	wem wird gehören, was du ang. hast
Rö	2,5	du mit deinem verstockten Herzen h. dir selbst Zorn an

anheben

4Mo	23,7	h. an und sprach 18; 24,3.15.20.21.23; Ri 18,14; 1Sm 14,28; 26,6; 2Sm 13,32; 19,22; 1Kö 13,6; 2Ch 29,31; 34,15; Esr 10,2; Hi 4,1; 8,1; 11,1; 29,1; 32,6; 34,1; 35,1; 36,1; Jes 21,9; Dan 4,27; Sa 1,12; 3,4; 4,4.11; 6,4; Mt 11,25; 17,4; 27,21; 28,5; Mk 11,14; Lk 9,49; Jh 2,18; Off 7,13
5Mo	21,7	sollen a. und sagen 26,5; 27,14
Hi	6,28	nun aber h. doch an und seht auf mich
Ps	81,3	h. an mit Psalmen
Jes	14,4	wirst du dies Lied a. und sagen 10
2Ma	9,13	der Verruchte h. an zu sagen
Mt	12,38	h. an etliche unter den Schriftgelehrten
	14,30	erschrak (Petrus) und h. an zu sinken
	20,8	h. an bei den letzten bis zu den ersten
	22,1	Jesus h. an und redete in Gleichnissen
	26,22	h. an und sagten zu ihm
	74	da h. er an, sich zu verfluchen
Mk	1,45	h. er an und sagte viel davon
	6,2	h. er an, zu lehren in der Synagoge 8,31; 12,35
	7	h. an und sandte (die Zwölf)
	55	h. an, die Kranken umherzutragen
	10,32	Jesus h. an, ihnen zu sagen
	14,69	die Magd h. abermals an, zu sagen
	72	er h. an zu weinen
Lk	14,3	Jesus h. an und sagte zu den Pharisäern
	30	dieser Mensch h. an zu bauen
	24,47	h. an zu Jerusalem (und seid Zeugen)
Jh	13,5	h. an den Jüngern die Füße zu waschen
Apg	11,4	Petrus h. an und erzählte es ihnen
2Ko	3,1	h. wir denn an, uns selbst zu empfehlen
Off	8,6	die 7 Engel hatten sich gerüstet und h. an

anheften

2Mo	28,25	die Enden an die Schulterteile a. 27; 39,31
Ri	16,13	h. die Locken mit dem Pflock an 14

anheimstellen

1Pt	2,23	er s. es dem a., der gerecht richtet

anhören

5Mo	1,16	h. eure Brüder an und richtet recht
Hi	31,35	o hätte ich einen, der mich a.
Jdt	5,4	will mein Herr mich a.
	11,4	h. deine Magd gnädig an
Tob	9,1	ich bitte dich, h. mich an
Sir	4,8	h. den Armen an, und antworte ihm
Mk	5,36	Jesus aber h. mit an, was gesagt wurde
Apg	18,14	so würde ich euch a., wie es recht ist
	24,4	du wollest uns kurz a. in deiner Güte 26,3
2Pt	2,8	der Gerechte mußte alles mit a.

Aniam

1Ch	7,19	Schemida hatte diese Söhne: A.

Anim

Jos	15,50	(Städte des Stammes Juda:) A.

Anker

Apg	27,13	lichteten die A. und fuhren
	29	warfen hinten vom Schiff vier A. aus 30
	40	sie hieben die A. ab und ließen sie im Meer
Heb	6,19	diese haben wir als einen sicheren A. unserer Seele

Anklage

Esr	4,6	schrieb man eine A. gegen die von Juda
Ps	35,20	ersinnen falsche A. wider die Stillen
Dan	6,5	konnten keinen Grund zur A. finden 6
Apg	23,29	daß er keine A. gegen sich hatte, auf die 25,18
	25,16	Gelegenheit, sich gegen die A. zu verteidigen

anklagen

Ps	50,8	nicht deiner Opfer wegen k. ich dich an
Sir	41,10	Kinder werden dem gottlosen Vater a.
	46,22	kein Mensch konnte ihn a.
1Ma	7,25	er k. sie vieler Verbrechen an
	13,17	damit das Volk ihn nicht a.
2Ma	5,8	(Jason) wurde bei Aretas ang.
	10,21	Makkabäus k. jene an, sie hätten
Lk	23,14	keine Schuld gefunden, deretwegen ihr ihn a.
Apg	23,6	ich werde ang. um der Auferstehung der Toten willen 24,21; 26,6
	28	da ich erkunden wollte, weshalb sie ihn a.
	24,2	fing Tertullus an, ihn a., und sprach
	25,16	der Römer Art nicht, einen Ang. preiszugeben
Rö	2,15	die Gedanken, die einander a.

Ankläger

1Ma	10,64	seine A. sahen, daß ihn der König ehrte
Apg	23,35	ich will dich verhören, wenn deine A. da sind *24,8*
	25,18	seine A. brachten keine Anklage vor wegen Vergehen

Anklang

Sir	20,22	wenn... sagt, so findet es keinen A.

anklopfen

Hl	5,2	da ist die Stimme meines Freundes, der a.
Jdt	14,9	niemand wagte es, an der Kammer a.
Mt	7,7	k. an, so wird euch aufgetan Lk 11,9.10
Lk	12,36	damit, wenn er a., sie ihm sogleich auftun
Apg	12,16	Petrus k. weiter an
Off	3,20	siehe, ich stehe vor der Tür und k. an

anknüpfen

Hi	39,10	kannst du ihm das Seil a.

ankommen

1Mo	35,16	es k. sie hart an über der Geburt
2Mo	1,12	es k. sie ein Grauen an vor Israel
	15,14	Angst k. die Philister an 15
3Mo	15,24	es k. sie ihre Zeit an
2Sm	20,8	war Amasa vor ihnen ang.
2Kö	9,18	der Bote ist ang. 20
Hi	4,14	da k. mich Furcht und Zittern an 18,20; 21,6
Jes	13,8	Angst und Schmerzen wird sie a. Jer 13,21
2Ma	9,5	k. ihn ein Reißen im Leib an
	14,1	daß Demetrius im Hafen von Tripolis ang.
Mk	16,8	es war sie Zittern und Entsetzen ang.
Lk	1,12	es k. ihn eine Furcht an
	5,9	es war ihn ein Schrecken ang.
	7,16	es k. sie alle eine Furcht an 8,37; Apg 2,43
Apg	14,27	als sie aber dort ank.
	21,3	wir k. in Tyrus an 27,3

ankündigen

5Mo	13,2	wenn ein Prophet ein Zeichen oder Wunder a.
Hi	36,33	ihn k. an sein Donnern
Jes	14,28	als Ahas starb, wurde diese Last ang.
Jer	16,10	warum k. uns der HERR dies Unheil an
	23,33	was ist die Last, die der HERR jetzt a.
Jon	3,10	reute ihn das Übel, das er ang. hatte
Sa	9,1	die Last, die der HERR a. 12,1; Mal 1,1
Wsh	18,6	jene Nacht war unsern Vätern ang. worden
Bar	1,20	Strafe und Fluch, die der Herr ang. hat
2Ko	9,5	die ang. Segensgabe fertigzumachen

Ankunft

Esr	3,8	im zweiten Jahr nach ihrer A.
1Ma	11,44	der König war über ihre A. sehr erfreut
1Ko	16,17	ich freue mich über die A. des Stephanas
2Ko	7,6	Gott tröstete uns durch die A. des Titus 7
1Th	4,15	übrigbleiben bis zur A. des Herrn
	5,23	untadelig für die A. unseres Herrn

anlächeln

Sir	13,7	er l. dich an, verheißt dir viel

anlangen

3Mo	25,32	was die Städte der Leviten a.
1Ko	8,1	*was aber das Götzenopferfleisch a.*
	16,1	*was aber die Sammlung a.*

Anlaß

Ri	14,4	er suchte einen A. gegen die Philister
Hes	7,19	wurde zum A. ihrer Missetat 44,12
Sir	31,15	darum weint es beim geringsten A.

Rö	7,8	die Sünde nahm das Gebot zum A. 11
2Ko	5,12	geben euch A., euch unser zu rühmen
	11,12	denen den A. nehmen, die einen A. suchen
1Ti	5,14	dem Widersacher keinen A. geben zu lästern

Anlauf

Hi	7,20	warum machst du mich zum Ziel deiner A.
Eph	6,11	bestehen gegen die listigen A. des Teufels

anlaufen

Hi	15,26	er l. mit dem Kopf gegen ihn an
	16,14	er l. gegen mich an wie ein Kriegsmann
Apg	27,2	das die Küstenstädte der Provinz Asien a. sollte
2Ko	11,28	daß ich täglich werde ang.

anlegen

2Mo	3,22	die sollt ihr euren Söhnen und Töchtern a.
	28,8	Binde, um (den Priesterschurz) a. zu können
	41	sollst sie deinem Bruder Aaron a.
3Mo	8,7	l. ihm das leinene Gewand an 16,4.32
	19,19	l. kein Kleid an aus zweierlei Faden
Ri	20,36	Hinterhalt, den sie bei Gibea ang. hatten
Rut	3,3	salbe dich und l. dein Kleid an
1Sm	17,38	Saul l. David seine Rüstung an
1Kö	20,11	wer den Harnisch a., soll sich nicht rühmen
2Kö	19,1	Hiskia l. einen Sack an Est 4,1; Jes 37,1
	21,13	will an Jerusalem die Meßschnur a.
2Ch	8,4	Städte, die er in Hamat ang. hatte
Neh	3,16	bis an den Teich, den man ang. hatte
Hi	30,12	haben gegen mich Wege a.
Ps	32,9	denen man Zaum und Gebiß a. muß
	39,2	ich will meinem Mund einen Zaum a.
Jes	22,12	daß man sich den Sack a.
Jer	41,9	die Zisterne, welche Asa hatte a. lassen
Hes	3,25	man wird dir Stricke a. 4,8
	7,18	sie werden Säcke a. 27,31
	16,14	Schmuck, den ich dir hatte ang.
	24,17	du sollst deinen Kopfbund a.
	40,17	da waren Kammern ang.
	42,14	sollen ihre andern Kleider a.
Jo	1,8	heule wie eine Jungfrau, die Trauer a.
Am	9,14	daß sie Gärten a. und Früchte essen
Jdt	10,4	(Judit) l. all ihren Schmuck an
Sir	29,15	l. dir einen Schatz von Wohltaten an
	45,10	er l. ihm die Beinkleider an
	50,12	wenn er den prachtvollen Schmuck a.
1Ma	3,3	Judas l. den Harnisch an wie ein Held
2Ma	3,19	die Frauen l. Säcke an
Mt	27,28	l. ihm einen Purpurmantel an Lk 23,11; Jh 19,2
Mk	6,53	kamen sie nach Genezareth und l. an
Lk	19,21	du nimmst, was du nicht ang. hast 22
Apg	4,3	sie l. Hand an sie und setzten sie gefangen 5,18
	12,21	l. Herodes das königliche Gewand an
Rö	13,12	laßt uns a. die Waffen des Lichts
Off	21,16	die Stadt ist viereckig ang.

anleiten

Esr	3,9	um die Arbeiter am Hause Gottes a.
Apg	8,31	wie kann ich, wenn mich nicht jemand a.

anliegen

2Mo	28,28	daß sie über der Binde d. Schurzes a. 39,21

Lk	23,23	sie l. ihm an mit großem Geschrei
Phl	1,23	beides l. mir hart an

Anliegen

2Mo	18,19	bringe ihre A. vor Gott
Ps	55,23	wirf dein A. auf den HERRN

anlocken

Wsh	14,18	l. der Ehrgeiz der Künstler auch die an

Anmarsch

2Ma	13,26	so gingen A. und Abzug vor sich

anmaßen

Sir	20,8	wer sich zu viel a., macht sich verhaßt
StE	5,8	da ist er so a. geworden, daß er
Lk	18,9	die sich a., fromm zu sein
Rö	2,19	m. dir an, ein Leiter der Blinden zu sein
2Ko	10,14	es ist nicht so, daß wir uns zuviel a.

Anmaßung

1Sm	25,28	vergib deiner Magd die A.

anmerken

1Mo	41,21	m. man's ihnen nicht an, daß sie gefressen

Anmut

Spr	5,19	laß dich von ihrer A. allezeit sättigen
Jdt	10,5	dazu gab ihr der Herr noch besondere A.
Wsh	14,20	die von der A. des Werkes angezogen wurde
Sir	7,21	ihre A. ist schöner als alles Gold
	40,22	A. und Schönheit sieht das Auge gern

anmutig

Sir	26,16	eine a. Frau erfreut ihren Mann

Annahme

Rö	11,15	wird ihre A. sein Leben aus den Toten

annehmen

1Mo	32,21	vielleicht wird er mich a.
	33,11	n. doch diese Segensgabe von mir an
2Mo	2,25	Gott n. sich (der *Israeliten) an 3,16; 4,31; 13,19; 5Mo 4,20; 7,7
	6,7	will euch a. zu meinem Volk
3Mo	25,35	so sollst du dich seiner a.
5Mo	10,15	und doch hat er nur deine Väter ang.
	22,1	sollst dich ihrer a. 4
Ri	13,23	so hätte er das Brandopfer nicht ang.
Rut	1,6	daß der HERR sich seines Volkes ang.
1Sm	10,4	du sollst du von ihren Händen a.
	12,3	aus wessen Hand hab ich ein Geschenk ang.
1Kö	9,9	weil sie andere Götter ang. haben
2Kö	18,23	n. eine Wette an mit meinem Herrn Jes 36,8
1Ch	12,19	da n. David ihre an
2Ch	19,7	noch A. von Geschenken
Est	2,7	n. sie Mordechai als Tochter an 15
	4,4	er n. (die Kleider) nicht an
	9,21	sollten als Feiertage a. 23.27.31

annehmen 54

Hi	2,10	und sollten das Böse nicht auch a.
	22,22	n. doch Weisung an von seinem Munde
	29,16	der Sache des Unbekannten n. ich mich an
Ps	6,10	mein Gebet n. der HERR an
	8,5	daß du dich seiner a. 144,3
	31,8	n. dich meiner an in Not 142,4
	41,2	wohl dem, der sich des Schwachen a.
	73,24	du n. mich am Ende mit Ehren an
	80,15	n. dich dieses Weinstocks an
	142,5	niemand n. sich meiner an
Spr	1,3	daß man a. Zucht 8,10; 15,5; 19,20
	2,1	mein Sohn, wenn du meine Rede a. 4,10
	6,35	achtet kein Sühnegeld und n. nichts an
	8,5	ihr Toren, n. Verstand an
	10,8	wer weisen Herzens ist, n. Gebote an
	21,11	so n. er Erkenntnis an
	27,23	n. dich deiner Herden an
	29,10	die Gerechten n. sich seiner a.
	19	so n. er (die Zucht) doch nicht an
Jes	1,23	sie n. alle gern Geschenke an
	29,24	welche irren, werden Verstand a.
	38,17	hast dich meiner Seele herzlich ang.
Jer	3,1	darf er sie auch wieder a.
	10,2	sollt nicht den Gottesdienst der Heiden a.
	15,15	n. dich meiner an und räche mich
	17,23	daß sie ja nicht Zucht a.
Hes	20,40	da werde ich sie gnädig a. 41
	34,11	ich will mich meiner Herde selbst a.
Hos	13,5	ich n. mich ja deiner in der Wüste
Jdt	8,21	wollten die Trübsal nicht a.
Wsh	3,6	er n. sie an wie ein Ganzopfer
	17,11	bedrückt, n. sie immer das Schlimmste an
	18,9	n. einträchtig das göttliche Gesetz an
Tob	12,5	Hälfte... vielleicht n. er sie an 6
Sir	2,6	vertraue Gott, so wird er sich deiner a.
	3,14	n. dich deines Vaters im Alter an
	7,9	wenn ich... opfere, wird er's a.
	12,4	n. dich des Gottlosen nicht an
	20,3	wer's mit Dank a., dem bringt's Nutzen
	32,18	wer den Herrn fürchtet, n. Belehrung an
	50,23	sie n. den Segen vom Höchsten an
	51,21	ich n. (die Weisheit) an 36
Bar	4,2	kehre um, n. (Weisheit) an
1Ma	1,46	daß sie die Gebräuche der Heiden a.
	4,11	daß einer ist, der sich Israels a.
	6,29	(der König) n. fremde Söldner an
	60	Frieden... n. ihn an
	12,8	Onias n. das Bündnis an
2Ma	1,26	n. das Opfer an für Israel
	11,18	hat alles bewilligt, was sich a. ließ
Mt	11,14	wenn ihr's a. wollt
	12,33	n. an, ein Baum ist gut
	24,40	der eine wird ang., der andere wird preisgegeben 41; Lk 17,34-36
Mk	4,20	die hören das Wort und n.'s an Lk 8,13
	7,4	Dinge, die sie zu halten ang. haben
Lk	15,2	dieser n. die Sünder an und ißt mit ihnen
	18,17	wer nicht das Reich Gottes a. wie ein Kind
Jh	3,11	ihr n. unser Zeugnis nicht an 32.33
	5,43	ihr n. nicht an... den werdet ihr a.
	12,48	wer mich verachtet und n. meine Worte nicht an
	17,8	haben sie ang. und wahrhaftig erkannt, daß
Apg	2,41	die sein Wort a., ließen sich taufen
	8,14	daß Samarien das Wort Gottes ang. hatte
	11,1	daß die Heiden Gottes Wort ang. hatten
	15,14	ang. aus (Heiden) ein Volk
	16,21	Ordnungen, die wir weder a. noch einhalten dürfen
	20,35	ich habe euch gezeigt, daß man sich der Schwachen a. muß

Apg	22,18	dein Zeugnis von mir werden sie nicht a.
Rö	12,13	n. euch der Nöte der Heiligen an
	14,1	den Schwachen im Glauben n. an
	3	Gott hat ihn ang.
	15,7	n. einander an, wie Christus euch ang. hat
1Ko	15,1	Evangelium, das ihr ang. habt
2Ko	6,17	so will ich euch a. (und euer Vater sein)
	11,4	wenn ihr empfangt ein anderes Evangelium, das ihr nicht ang. habt
	16	so n. mich an als einen Törichten
Phl	2,7	entäußerte sich und n. Knechtsgestalt an
	4,14	daß ihr euch meiner Bedrängnis ang. habt
Kol	2,6	wie ihr den Herrn Christus Jesus ang. habt
2Th	2,10	weil sie die Liebe zur Wahrheit nicht ang. haben
1Ti	5,19	n. keine Klage an ohne zwei oder drei Zeugen
1Jh	5,9	wenn wir der Menschen Zeugnis a.
3Jh	7	sie n. von den Heiden nichts an
Heb	2,14	hat auch er's gleichermaßen ang.
	16	er n. sich nicht der Engel an
	11,35	haben die Freilassung nicht ang., damit
	12,6	er schlägt jeden Sohn, den er a.
	13,22	n. dies Wort der Ermahnung an Jak 1,21
Off	14,11	wer das Zeichen seines Namens a. 19,20
	20,4	sein Zeichen nicht ang. hatten an ihre Stirn

Änon

Jh	3,23	Johannes taufte in Ä., nahe bei Salim

anordnen

Sir	47,12	o. an, daß man die Feiertage begehen
1Ma	6,38	Reiterei o. er auf beiden Seiten a. 16,7
Apg	7,44	wie der es ang. hatte, der zu Mose redete
	15,2	o. an, daß Paulus und Barnabas hinaufziehen sollten
Rö	13,1	wo Obrigkeit ist, die ist von Gott ang.
1Ko	7,17	so o. ich es an in allen Gemeinden 16,1

Anordnung

Rö	13,2	wer... widerstrebt der A. Gottes

Anraten

2Ma	6,8	auf A. des Ptolemäus... ausgehen lassen

anrechnen

2Mo	22,14	soll es auf den Mietpreis ang. werden
3Mo	17,4	dem soll es als Blutschuld ang. werden
4Mo	18,27	eure Abgabe soll euch ang. werden 30
2Sm	3,8	du r. mir heute eine Schuld an
	19,20	r. es mir nicht als Schuld an
Ps	79,8	r. uns die Schuld der Väter nicht an
	130,3	wenn du, HERR, Sünden a. willst
Sir	10,6	r. deinem Nächsten s. Missetat nicht an
	28,1	der Herr wird ihm seine Sünden auch a.
	29,7	er r.'s jenem als Gewinn an
1Ma	2,52	das ist ihm zur Gerechtigkeit ang. worden
	13,39	wir r. euch nicht an, was ihr getan habt
Apg	7,60	Herr, r. ihnen diese Sünde nicht an
Rö	5,13	wo kein Gesetz ist, da wird Sünde nicht ang.
Phl	4,17	ich suche die Frucht, damit sie euch reichlich ang. wird
Phm	18	wenn er dir etwas schuldig ist, das r. mir an

Anrecht

2Mo	29,28	das soll Aaron gehören als ewiges A.
3Mo	6,11	das sei ein ewiges A. für eure Nachkommen 15; 7,34.36; 10,13-15; 4Mo 18,8.11.19
Neh	2,20	für euch gibt es kein A. in Jerusalem
Apg	8,21	du hast weder Anteil noch A. an dieser Sache

anregen

Lk	2,27	er kam auf A. des Geistes in den Tempel

anreizen

1Ma	6,34	Elefanten... um sie zum Kampf a.
Heb	10,24	laßt uns a. zur Liebe

anrichten

2Mo	22,4	wenn jemand in einem Acker Schaden a.
3Mo	10,6	Brand, den der HERR ang. hat
2Sm	12,18	(David) könnte ein Unheil a.
	14,11	damit der Bluträcher nicht Verderben a.
	24,16	zum Engel, der das Verderben a. 1Ch 21,15
Neh	4,2	um bei uns Verwirrung a.
Ps	10,7	seine Zunge r. Mühsal und Unheil an
	46,9	der auf Erden solch ein Zerstören a.
Spr	6,14	r. allezeit Hader an 19
	12,6	der Gottlosen Reden r. Blutvergießen an
	15,18	ein zorniger Mann r. Zank an 16,28; 29,22
	26,28	glatte Lippen r. Verderben an
Jes	29,20	darauf aus, Unheil a. 32,6
Dan	8,24	er wird ungeheures Unheil a.
	9,27	ein Greuelbild, das Verwüstung a.
Am	4,11	ich r. unter euch Zerstörung an
Sa	14,13	wird der HERR eine große Verwirrung a.
Sir	10,15	Hochmut r. viel Greuel an
2Ma	4,47	Menelaus, der alles Unglück ang. hatte
Apg	17,5	r. einen Aufruhr in der Stadt an
Rö	4,15	das Gesetz r. nur Zorn an
	16,17	die Zwietracht und Ärgernis a.
2Ko	2,5	wenn aber jemand Betrübnis ang. hat
Heb	3,16	wer hat eine Verbitterung ang.
	12,15	daß nicht eine bittere Wurzel Unfrieden a.
Jak	3,5	die Zunge r. große Dinge an

anrücken

Ri	20,34	sie r. gegen Gibea an
2Sm	10,13	Joab r. an mit dem Volk

anrufen

1Mo	4,26	fing man an, den Namen des HERRN a.
	12,8	r. den Namen des HERRN an 13,4; 21,33; 26,25; 2Mo 34,5; Ri 15,18; 16,28; 1Sm 12,17. 18; 2Sm 22,4.7; 1Kö 17,20.21; 18,24; 20,39; 2Kö 20,11; 1Ch 4,10; 21,26; 2Ch 14,10; Ps 18,4.7
2Mo	3,15	mein Name, mit dem man mich a. soll
	23,13	die Namen anderer Götter a. Jos 23,7
5Mo	4,7	unser Gott, sooft wir ihn a.
	24,15	damit er nicht wider dich den HERRN a.
1Kö	8,43	worum der Fremde dich a. 2Ch 6,33
	52	hörst du dich, sooft sie dich a.
	18,24	r. den Namen eures Gottes an 25.26
2Kö	5,11	er selbst sollte den Namen des HERRN a.
	8,3	sie ging hin, den König a. 5
1Ch	13,6	wo sein Name ang. wird
1Ch	16,8	danket dem HERRN, r. seinen Namen an
Hi	9,16	wenn ich ihn auch a. 12,4
	21,15	was nützt es uns, wenn wir ihn a.
	27,10	kann er Gott allezeit a.
Ps	4,4	der HERR hört, wenn ich ihn a.
	14,4	den HERRN r. sie nicht an 53,5
	31,18	denn ich r. dich an
	50,15	r. mich in der Not 81,8; 86,7
	56,10	werden zurückweichen, wenn ich dich a.
	79,6	Königreiche, die deinen Namen nicht a.
	80,19	wollen wir deinen Namen a.
	86,5	bist von großer Güte allen, die dich a.
	91,15	er r. mich an, darum will ich ihn erhören
	99,6	Mose und Aaron r. den HERRN an
	102,3	wenn ich dich a., so erhöre mich 138,3
	105,1	r. an seinen Namen Jes 12,4
	116,2	darum will ich ihn a. 4.13.17
	118,5	in der Angst r. ich den HERRN an
	141,1	vernimm meine Stimme, wenn ich dich a.
	145,18	der HERR ist nahe allen, die ihn a.
Jes	41,25	den, der meinen Namen a.
	55,6	r. ihn an, solange er nahe ist
	64,6	niemand r. deinen Namen an
	65,1	Volk, das meinen Namen nicht a. Jer 10,25
Jer	29,12	ihr werdet mich a.
	33,3	r. mich an, so will ich dir antworten
Klg	3,55	ich r. deinen Namen an 57
Hos	7,7	ist keiner unter ihnen, der mich a. 14
	11	jetzt r. sie Ägypten an
Jo	1,19	HERR r. ich an
	3,5	wer des HERRN Namen a. Apg 2,21; Rö 10,13
Jon	1,6	steh auf, r. deinen Gott an
Ze	3,9	daß sie alle des HERRN Namen a. sollen
Sa	6,8	er r. mich an und redete mit mir
	13,9	die werden dann meinen Namen a.
Jdt	16,2	preist seinen Namen und r. ihn an
Wsh	7,7	r. den Herrn an 11,4; Tob 13,14; Sir 37,19; 46,6.19; 47,6; 48,22; 51,14; 2Ma 3,15.22; 8,2; 13,10; 14,15.34
	13,10	die Werke von Menschenhand als Götter a.
	18	er r. das Schwache um Gesundheit an 19
	14,1	ein Holz a., das viel morscher ist
Tob	3,14	vergibst Sünde denen, die dich a.
Sir	2,12	wer ist übersehen worden, der ihn ang.
	36,19	erhöre das Gebet derer, die dich a.
Bar	3,7	damit wir deinen Namen a.
1Ma	7,37	Haus, damit man dich dort a. soll
Apg	7,59	Stephanus r. den Herrn an und sprach
	9,14	Vollmacht, alle gefangenzunehmen, die deinen Namen a. 21
	22,16	steh auf und r. seinen Namen an
Rö	10,12	derselbe Herr, reich für alle, die ihn a.
	14	wie sollen sie a., an den sie nicht glauben
1Ko	1,2	samt allen, die den Namen unsres Herrn Jesus Christus a. 2Ti 2,22
2Ko	1,23	ich r. Gott zum Zeugen an bei meiner Seele
1Pt	1,17	da ihr den als Vater a., der

anrühren

1Mo	3,3	esset nicht davon, r. sie auch nicht an
2Mo	19,12	wer den Berg a., soll sterben 13; Heb 12,18. 20
	15	keiner r. eine Frau an
	29,37	wer den Altar a., ist dem Heiligtum 30,29
3Mo	5,2	wenn jemand etwas Unreines a. 3; 22,4-6; 4Mo 19,11.13.16; 31,19
	6,11	wer sie a., soll dem Heiligtum gehören 20

anrühren

3Mo	11,8	noch ihr Aas a. 24.26.27.31.36.39; 5Mo 14,8
	12,4	kein Heiliges soll sie a. 4Mo 4,15
	15,5	wer sein Lager a. 7.10-12.19.21-23.27
4Mo	16,26	r. nichts an, was sie haben
1Sm	24,13	meine Hand soll dich nicht a. 14
1Kö	19,5	ein Engel r. (Elia) an und sprach 7
2Kö	23,18	niemand r. seine Gebeine an
Est	5,2	Ester r. die Spitze des Zepters an
Hi	5,19	wird dich kein Übel a.
	6,7	meine Seele sträubt sich, es a.
Ps	104,32	er r. die Berge an, so rauchen sie 144,5
Jes	6,7	r. meinen Mund an und sprach Jer 1,9
	52,11	zieht aus und r. nichts Unreines an 2Ko 6,17
	65,5	bleib weg und r. mich nicht an
Klg	4,14	daß man ihre Kleider nicht a. konnte
	15	weicht, weicht, r. nichts an
Hes	9,6	von denen sollt ihr keinen a.
Dan	8,18	er r. mich an und richtete mich auf
	10,10	eine Hand r. mich an und half mir 18
	16	einer r. meine Lippen an
Am	9,5	denn Gott ist es, der die Erde a.
Hag	2,13	wenn jemand eins a., würde es unrein
Wsh	3,1	keine Qual r. sie an
Tob	2,21	nicht erlaubt, gestohlenes Gut auch nur a.
Sir	34,30	wenn er einen Toten ang... r. ihn an
StD	3,26	r. das Feuer sie überhaupt nicht an
Mt	8,3	Jesus streckte die Hand aus, r. ihn an Mk 1,41; Lk 5,13
	9,21	sein Kleid a., würde ich gesund 20; 14,36; Mk 5,27.28; 6,56; Lk 8,44
	29	da r. er ihre Augen an 20,34
	17,7	Jesus trat hinzu zu ihnen, r. sie an und sprach
	23,4	sie selbst wollen sie nicht a. Lk 11,46
Mk	3,10	über ihn herfielen, um ihn a.
	5,30	wer hat meine Kleider ang. 31; Lk 8,45-47
	8,22	sie baten ihn, daß er ihn a.
	10,13	brachten Kinder zu ihm, damit er sie a. Lk 18,15
Lk	6,19	alles Volk suchte, ihn a.
	7,14	trat hinzu und r. den Sarg an
	39	wüßte er, was für eine Frau das ist, die ihn a.
	22,51	er r. sein Ohr an und heilte ihn
Jh	20,17	spricht Jesus zu ihr: R. mich nicht an
Kol	2,21	du sollst das nicht a.
Heb	11,28	damit der Verderber ihre Erstgeburten nicht a.

ansagen

1Mo	14,13	s. es... an 22,20; 27,42; 31,22; 32,6; 38,24; 46,31; 47,1; 48,2; 2Mo 14,5; Jos 2,2; 9,24; 10,17; 22,32; Ri 4,12; 9,7.25.42; Rut 2,11; 1Sm 3,13; 15,12; 18,20; 19,19.21; 23,1.7.13.25; 27,4; 2Sm 1,13; 2,4; 3,23; 6,12; 10,5.17; 11,10; 14,33; 15,13; 17,18.21; 18,21.25; 19,2; 21,11; 24,13; 1Kö 1,23.51; 2,29.39.41; 18,12.16; 2Kö 4,7; 5,4; 6,13; 7,9-11.15; 9,36; 18,37; 1Ch 19,17; Jes 36,22
	21,26	weder hast du mir's ang.
	24,33	antworteten: S. an 1Sm 15,16; 2Sm 14,12; 1Kö 2,14.16
	29,15	s. an, was soll dein Lohn sein
	31,20	ihm nicht a., daß er ziehen wollte 27
3Mo	14,35	soll es dem Priester a. und sprechen
1Sm	4,14	Samuel fürchtete sich, Eli a.
2Sm	1,20	s.'s nicht an in Gat
1Kö	18,13	ist's Elia nicht ang., was ich getan habe
2Kö	9,12	das ist nicht wahr; s. es uns an
	15	soll niemand entrinnen, daß er es a. könne
Hi	1,15	bin entronnen, daß ich dir's a. 16.17.19
Hi	31,37	ich wollte alle meine Schritte ihm a.
	33,32	so antworte mir. S. an 34,33; 38,18
Hl	1,7	s. mir an, du, den meine Seele liebt
Jes	7,2	da wurde dem Hause David ang.
	21,6	was er schaut, soll er a.
	41,21	s. an, womit ihr euch verteidigen wollt
Jer	4,16	s. an den Völkern, verkündet in Jerusalem
	38,25	s. an, was hast du mit dem König geredet
	46,14	s.'s an in Migdol, s.'s an in Memfis
	51,31	um dem König a., daß seine Stadt genommen
Jo	1,14	s. ein heiliges Fasten an 2,15
Mt	12,48	er sprach zu dem, der es ihm a.
Lk	7,40	er sprach: Meister, s. an 42
	8,20	ihm ang.: Deine Mutter... stehen draußen
Apg	5,22	kamen wieder und s. es an
	13,15	wollt ihr etwas reden, so s. an

ansammeln

1Ko	16,2	s. an, soviel ihm möglich ist

ansässig

1Mo	34,10	bleibt und treibt Handel und werdet a.

anschaffen

2Sm	15,1	daß Absalom sich einen Wagen a. 1Kö 1,5
1Ch	22,14	davon kannst du noch mehr a.
Hi	27,16	s. Kleider an, wie man Lehm aufhäuft 17

anschauen

2Mo	3,6	Mose fürchtete sich, Gott a.
1Sm	17,42	als der Philister David a.
Hi	35,5	s. die Wolken an hoch über dir
	40,11	s. an alle Hochmütigen 12
Ps	104,32	er s. die Erde an, so bebt sie
Jes	51,1	s. den Fels an, aus dem ihr gehauen
	2	s. Abraham v., euren Vater
Jer	4,23	ich s. das Land an, siehe, es war wüst
Hes	1,16	die Räder waren a. wie ein Türkis
	40,3	da war ein Mann, der war a. wie Erz
Wsh	16,7	errettet, nicht durch das, was sie a.
Sir	16,18	die Berge erzittern, wenn er sie nur a.
	33,16	s. alle Werke des Höchsten an
Mt	6,28	s. die Lilien auf dem Feld an
Mk	14,67	s. sie ihn an und sprach
Heb	13,7	ihr Ende s. an

Anschein

1Ma	11,2	unter dem A., er käme als Freund

anschicken

1Ch	28,2	ich hatte mich ang., es zu bauen
2Ch	20,19	die Leviten s. sich an, zu loben
	35,22	Josia s. sich an, mit ihm zu kämpfen
1Ma	2,32	s. sich an, sie am Sabbat zu überfallen

Anschlag

1Mo	37,18	machten sie einen A., daß sie ihn töteten
Est	8,3	daß er zunichte mache seine A. 5; 9,25
Ps	14,6	euer A. wird zuschanden werden
	21,12	machten A., die sie nicht ausführen
	64,3	verbirg mich vor den A. der Bösen
	6	sie verstehen sich auf ihre bösen A.

Ps	83,4	sie machen listige A. wider dein Volk
Spr	15,26	die A. des Argen sind... ein Greuel
Jes	19,3	ich will ihre A. zunichte machen
Jer	18,23	du, HERR, kennst alle ihre A. Klg 3,61
StE	5,9	Mordechai mit einem Netz... A. verklagt
Apg	23,16	als aber der Sohn von dem A. hörte 30
1Ko	13,11	ich hatte kindliche A.
2Ko	10,5	wir zerstören damit A. und alles Hohe
Eph	6,11	damit ihr bestehen könnt gegen die listigen A. des Teufels

anschlagen

Esr	6,11	soll daran aufrecht ang. werden
Est	3,15	in Susa wurde das Gesetz ang. 4,8; 8,14
Off	14,15	*s. an mit deiner Sichel und ernte 16-19*

anschließen

Ri	18,20	(der Priester) s. sich dem Volk an
Neh	10,30	sie sollen sich ihren Brüdern a.
Hes	41,6	sie s. sich an die Wand des Hauses an
Sir	6,35	wo ein weiser Mann ist, s. dich ihm an
1Ma	2,42	s. sich ihnen tapfere Männer an
Apg	17,4	einige von ihnen s. sich Paulus an 34

anschreiben

Heb	12,23	*Erstgebornen, die im Himmel ang. sind*

anschreien

1Sm	25,14	er aber hat sie ang.
2Kö	6,26	s. ihn eine Frau an

anschwellen

Neh	9,21	ihre Füße s. nicht an
Hi	40,23	der Strom s. gewaltig an
Apg	28,6	sie warteten, daß er a. würde

Ansehen

2Ch	19,7	bei dem HERRN ist kein A. der Person Rö 2,11; Gal 2,6; Eph 6,9; Kol 3,25
Hi	32,21	vor mir soll kein A. der Person gelten
Sir	10,27	Herren und Regenten stehen in hohem A.
	20,11	mancher, der in hohem A. steht, fällt tief
	35,15	vor ihm gilt kein A. der Person 16
	37,29	ein Weiser hat in seinem Volk großes A.
1Ma	3,3	Judas gewann seinem Volk großes A.
2Ma	14,37	Rasi, der in hohem A. stand
Mt	22,16	du achtest nicht das A. der Menschen Mk 12,14; Lk 20,21
Gal	2,2	ich besprach mich mit denen, die das A. hatten
	6	mir haben die, die das A. hatten, nichts weiter auferlegt
	6,12	die A. haben wollen nach dem Fleisch
1Ti	3,13	die erwerben sich selbst ein gutes A.
1Pt	1,17	der ohne A. der Person einen jeden richtet nach seinem Werk
Jak	2,1	haltet den Glauben an Jesus Christus frei von allem A. der Person
Jud	16	*achten sie das A. der Person*

ansehen (s.a. angesehen)

1Mo	1,31	Gott s. an alles, was er gemacht hatte
	2,9	Gott ließ aufwachsen Bäume, verlockend a.
	4,4	der HERR s. gnädig an Abel 5
	9,16	mein Bogen in den Wolken, daß ich ihn a.
	16,13	bist ein Gott... der mich ang. hat
	19,21	siehe, ich habe auch darin dich ang.
	21,16	ich kann nicht a. des Knaben Sterben
	29,32	der HERR hat ang. mein Elend 31,42; 2Mo 4,31; 1Sm 1,11; 9,16; 2Sm 16,12; Neh 9,9
	31,2	Jakob s. an das Angesicht Labans
	33,10	du hast mich freundlich ang.
	42,1	was s. ihr euch lange an
	7	(Josef) s. sie an und erkannte sie
	45,20	s. euren Hausrat nicht an
2Mo	24,17	war A. wie ein verzehrendes Feuer
	39,43	Mose s. dies ganze Werk an
3Mo	13,4	wenn die Stelle nicht tiefer a. ist 20.31
	19,23	drei Jahre die Früchte als unrein a.
4Mo	11,7	es war das Manna. wie Bedolachharz
	13,18	s. euch das Land an 32,1; Jos 2,1; Ri 18,9
	15,39	sooft ihr sie a., sollt ihr denken
	21,8	gebissen ist und s. sie an, soll leben 9
5Mo	1,17	beim Richten die Person nicht a. 16,19
	9,27	s. nicht an die Halsstarrigkeit
	10,17	Gott, der die Person nicht a. Apg 10,34
	15,9	deinen armen Bruder nicht unfreundlich a.
Ri	8,18	jeder. a. wie ein Königssohn
	9,36	s. die Schatten der Berge für Leute an
	13,6	seine Gestalt a. wie der Engel Gottes
1Sm	16,6	s. (Samuel) den Eliab an 7
	7	der HERR aber s. das Herz an
	18,9	Saul s. David scheel an
1Kö	3,21	am Morgen s. ich ihn genau an
2Kö	3,14	ich wollte dich nicht a. noch achten
	13,4	der HERR s. den Jammer Israels an 14,26
Hi	22,12	die Sterne a. wie hoch sie sind
	31,26	hab ich das Licht ang.
	33,21	sein Fleisch... daß man's nicht a. kann
	34,19	der nicht a. die Person der Fürsten
	35,13	der nicht a. die Person der Fürsten
	35,13	der Allmächtige wird es nicht a.
	37,24	er s. keinen an, wie weise sie auch sind
Ps	9,14	s. an mein Elend 25,18; 31,8; Klg 1,9; 5,1
	66,5	s. die Werke Gottes Pr 7,13
	84,10	s. doch an das Antlitz deines Gesalbten
	106,44	s. er ihre Not an, als er ihre Klage hörte
Spr	6,6	s. ihr Tun und lerne von ihr
	23,31	s. den Wein nicht an, wie er so rot ist
	24,23	die Person a. ist nicht gut 28,21
Pr	1,14	ich s. an alles Tun 4,4
	2,11	als ich s. aber a. alle meine Werke
	4,1	wiederum s. ich alles Unrecht an
Hl	1,6	s. mich nicht an, daß ich so braun bin
Jes	3,9	daß sie die Person a., zeugt gegen sie
	5,30	wenn man dann das Land a. wird
	8,22	(sie werden) unter sich die Erde a.
	14,16	wird dich a. und sagen
	41,28	s. ich an, da ist kein Ratgeber
	58,3	warum fasten wir, und du s. es nicht an
	64,8	s. doch an, daß wir alle dein Volk sind
	66,5	sollt wir eure Freude mit a.
Jer	4,24	ich s. die Berge an, sie bebten
	9,6	wenn ich a. die Tochter meines Volks
	24,6	ich will sie gnädig a.
Klg	2,4	hat alles getötet, was lieblich a. war
	4,16	er will sie nicht mehr a.
Hes	1,5	die waren a. wie Menschen
	22	ihre Kristall, unheimlich a.
	28	so war die Herrlichkeit des HERRN a.
	3,20	seine Gerechtigkeit wird nicht ang.
	16,8	ich ging an dir vorüber und s. dich an
Dan	2,31	Bild, das war schrecklich a.
	9,18	tu deine Augen auf und s. an unsere Trümmer

ansehen

Am	5,22	mag auch eure fetten Dankopfer nicht a.
Hab	1,13	als daß du Böses a. könntest
Sa	12,10	werden mich a., den sie durchbohrt haben
Mal	1,8	meinst du, daß er dich gnädig a. werde 9
	2,9	unwert gemacht, weil ihr die Person a.
	13	er mag das Opfer nicht mehr a.
Jdt	6,14	Herr, s. unser Elend an
	9,6	als du sie a., wurde es finster
	10	laß ihn gefangen werden, wenn er mich a.
Wsh	12,15	s. es als deiner Majestät nicht würdig an
	17,9	die Luft auch nur a., die man nicht
Tob	7,2	er s. Tobias an und sagte
Sir	4,26	s. nicht die Person an zum Schaden
	7,9	Gott wird die Opfergaben a.
	9,21	s. dir deinen Nächsten genau an
	11,13	den s. Gott an in Gnaden
	13,31	das s. man ihm an den Augen an 19,26
	14,8	ein böser Mensch, der nicht mit a. kann
	43,1	das Bild des Himmels ist herrlich a.
	12	s. den Regenbogen an Bar 6,61; 2Ma 7,28
	46,17	der Herr s. Jakob wieder gnädig an
	51,35	mich an: ich habe Trost gefunden
1Ma	2,7	die Zerstörung meines Volks a. zu müssen
2Ma	1,27	s. die Verachteten an 8,2
StE	4,9	als ich dich a., Herr, war mir
Mt	5,28	wer eine Frau a., sie zu begehren
	6,26	s. die Vögel unter dem Himmel an Lk 12,24. 27
	19,26	Jesus s. sie an und sprach Mk 10,27; Lk 6,10; *18,24;* 20,17
	22,11	ging hinein, sich die Gäste a.
Mk	3,5	er s. sie ringsum an mit Zorn
	8,33	seine Jünger an und bedrohte Petrus
	10,21	Jesus s. ihn an und gewann ihn lieb
Lk	1,3	*habe ich's auch für gut ang.*
	25	getan in den Tagen, als er mich ang. hat
	48	er hat die Niedrigkeit seiner Magd ang.
	19,41	*s. er die Stadt an und weinte über sie*
	21,29	s. den Feigenbaum und alle Bäume an
	22,56	eine Magd s. ihn genau an und sprach
	61	der Herr wandte sich und s. Petrus an
Jh	13,22	da s. sich die Jünger untereinander an
Apg	3,4	Petrus blickte ihn an und sprach: S. uns an 5
	4,29	s. an ihr Drohen
	10,4	er s. ihn an, erschrak und fragte: Herr, was ist
	13,9	Paulus, voll heiligen Geistes, s. ihn an
	14,9	als dieser ihn a. und merkte, daß er glaubte
	17,23	ich bin umhergegangen und habe eure Heiligtümer ang.
	23,1	Paulus s. den Hohen Rat an und sprach
Rö	4,19	*er s. auch nicht an seinen eigenen Leib*
1Ko	1,26	s. an, liebe Brüder, eure Berufung
	10,18	s. an das Israel nach dem Fleisch
	16,3	die ihr für bewährt a.
2Ko	3,7	daß die Israeliten das Angesicht des Mose nicht a. konnten
	9,5	so habe ich es für nötig ang. Phl 2,25
	13,7	nicht damit wir als tüchtig ang. werden
Gal	2,9	Jakobus und Kephas, die als Säulen ang. werden
2Pt	2,8	der Gerechte mußte alles mit a.
Jak	2,9	wenn ihr die Person a., tut ihr Sünde
Off	4,3	war a. wie der Stein Jaspis und Sarder

ansehnlich

Jos	22,10	bauten einen Altar, groß und a.
Dan	8,5	der Bock hatte ein a. Horn

Ansehung

Jak	2,1	*den Glauben frei von aller A. der Person*

ansetzen

Off	14,15	s. deine Sichel an und ernte 18

ansiedeln

Esr	4,10	in den Orten jenseits des Euphrat ang.
1Ma	3,36	sollte er Leute aus fremdem Stamm a.

anspannen

1Mo	46,29	s. Josef seinen Wagen an 2Mo 14,6
1Kö	18,44	s. an und fahre hinab 2Kö 9,21
Jer	46,4	s. Rosse an Mi 1,13

anspeien

Mt	27,30	s. (Jesus) an Mk 10,34; 14,65; 15,19; Lk 18,32

anspornen

2Ko	9,2	euer Beispiel hat die meisten a.

ansprechen

Rut	2,13	du hast deine Magd freundlich ang.

Anspruch

2Sm	19,29	was hab ich weiter für Recht oder A.
Apg	19,38	haben Demetrius und die mit ihm vom Handwerk sind einen A. an jemanden

anstacheln

Wsh	16,11	wurden ang., an deine Worte zu denken

Anstand

Sir	31,20	um des A. willen höre du zuerst auf
1Ko	12,23	bei den unanständigen achten wir besonders auf A.
1Ti	2,9	sich schmücken mit Anstand und Zucht
	5,2	(ermahne) die jüngeren (Frauen) wie Schwestern, mit allem A.

anständig

1Ko	12,24	denn die a. (Glieder) brauchen's nicht

anstatt s. statt

anstecken

Jos	8,8	so s. (die Stadt) mit Feuer an 19
Jes	27,4	so wollte ich sie alle miteinander a.
Klg	4,11	der HERR hat in Zion ein Feuer ang.

anstehen

Spr	17,7	es s. einem Toren nicht an 19,10; 26,7
Sir	10,34	was einem Reichen übel a.
2Ma	6,24	es will meinem Alter übel a. 27
1Ko	12,23	*die uns übel a., die schmückt man* 24
	14,35	es s. der Frau schlecht an, in der Gemeinde zu reden

Eph 5,4 närrische oder lose Reden s. euch nicht an

ansteigen
Jos 12,7 Gebirge, das a. nach Seïr

anstelle
1Sm 2,20 Kinder a. des Erbetenen
Spr 20,16 pfände ihn a. des Fremden 27,13
Hes 16,32 du dir Fremde a. deines Mannes nimmst
1Ma 9,31 Jonatan regierte a. seines Bruders

anstellen
4Mo 4,19 sollen jeden a. zu seinem Amt 23
2Ch 24,12 diese s. Steinmetzen an
Sir 21,22 wenn man... erziehen will, s. er sich an

anstiften
2Ma 4,1 kein anderer als er habe Unglück ang.
Mt 14,8 von ihrer Mutter ang., sprach sie
Apg 6,11 da s. sie einige Männer an, die sprachen
13,50 s. eine Verfolgung an gegen Paulus

anstimmen
Esr 3,11 sie s. den Lobpreis an und dankten
Neh 11,17 hatte beim Gebet den Lobgesang a.
Jer 51,14 wird man a. den Ruf des Keltertreters
Hes 19,1 s. ein Klagelied an 26,17; 27,2.32; 28,12; 32,2
Am 5,1 ich muß dies Klagelied über euch a.
Wsh 18,9 nachdem sie die Lobgesänge ang. hatten
Sir 39,20 dankt ihm und s. dies Danklied an
2Ma 1,23 Jonatan s. an
12,37 s. in der Sprache der Väter... an

Anstoß
1Sm 25,31 frei sein von dem A. und Ärgernis
Jes 8,14 war ein Stein des A. Rö 9,32.33; 1Pt 2,8
57,14 räumt die A. aus dem Weg meines Volks
Jer 6,21 will diesem Volk A. in den Weg stellen
Sir 7,6 daß du trotz d. Rechtschaffenheit A. gibst
13,29 wenn er a. erregt, fallen sie über ihn her
31,20 höre auf, damit du keinen A. erregst
Mt 15,12 daß die Pharisäer an dem Wort A. nahmen
17,27 damit wir ihnen keinen A. geben
Rö 11,9 (Schlinge) ihnen zum A. und zur Vergeltung
14,13 daß niemand seinem Bruder einen A. bereite
1Ko 8,9 daß eure Freiheit für die Schwachen nicht zum A. wird
10,32 erregt keinen A., weder bei den Juden noch bei den Griechen 2Ko 6,3
Gal 4,14 obwohl meine leibl. Schwäche euch ein A.

anstößig
Jer 23,13 zu Samaria sah ich A.

Anstrengung
Hi 36,19 oder alle kräftigen A.

Anstrich
Hes 13,12 wo ist nun der A.

Ansturm
1Ma 4,8 vor ihrem A. erschreckt nicht

anstürmen
Dan 11,40 der König des Nordens wird gegen ihn a.
1Ma 2,35 da s. die Feinde gegen sie an
5,51 s. den ganzen Tag gegen die Stadt an

antasten
1Mo 26,11 wer diesen Mann oder seine Frau a. 29
Jos 9,19 darum können wir sie nicht a.
Rut 2,9 ich habe geboten, daß dich niemand a.
2Sm 14,10 er soll dich nicht mehr a.
1Ch 16,22 t. meine Gesalbten nicht an Ps 105,15
Hi 1,11 t. alles an, was er hat 2,5
Jer 12,14 meine bösen Nachbarn, die das Erbteil a.
Sa 2,12 wer euch a., der t. meinen Augapfel an
1Jh 5,18 der Böse t. ihn nicht an

Anteil
2Mo 29,26 das soll dein A. sein 3Mo 6,10; 7,33
3Mo 7,35 das ist der A. Aarons 36; 4Mo 18,8
8,29 die Brust erhielt Mose als seinen A.
4Mo 6,20 das ist der heilige A. für den Priester
18,20 sollst keinen A. haben; ich bin dein A. 5Mo 10,9; 12,12; 14,27.29; 18,1; Jos 14,4; 18,7
31,42 die Mose absonderte vom dem A.
5Mo 18,8 sie sollen gleichen A. zu essen haben
Jos 19,9 ist von dem A. des Stammes Juda genommen
Rut 4,3 bietet feil den A. an dem Feld
1Sm 2,36 laß mich doch A. haben am Priesteramt
30,24 jeder soll den gleichen A. haben
2Sm 19,44 wir haben zehnfachen A. am König
2Kö 2,9 daß mir zwei A. von deinem Geiste zufallen
2Ch 31,3 der König gab seinen A. 19
Neh 2,20 für euch gibt es keinen A.
12,44 um die von den Äckern zu sammeln 47
13,10 daß die A. der Leviten nicht eingegangen
Jes 61,7 dafür sollen sie doppelten A. besitzen
Hes 46,17 nur der A. seiner Söhne soll verbleiben
47,23 sollt auch ihnen A. geben 48,1-8.21.23-27
Mi 2,5 ihr werdet keinen A. behalten
Hab 1,16 weil ihr A. so fett geworden ist
Wsh 19,15 denen sie an ihren Rechten A. gewährt
Sir 7,33 gib ihm seinen A., wie dir geboten ist
44,26 hat er ihm seine A. bestimmt
Mk 12,2 damit er seinen A. an den Früchten des Weinbergs hole Lk 20,10
Apg 8,21 du hast weder A. noch Anrecht an dieser Sache
Rö 15,27 wenn die Heiden an ihren geistlichen Gütern A. bekommen haben
1Ko 9,13 die am Altar dienen, vom Altar ihren A. bekommen
2Pt 1,4 damit A. bekommt an der göttl. Natur
Heb 3,14 wir haben an Christus A. bekommen, wenn
6,4 die A. bekommen haben am heiligen Geist
12,10 damit wir an seiner Heiligkeit A. erlangen
Off 22,19 (Gott wird) ihm seinen A. wegnehmen am Baum des Lebens

Antichrist, *Widerchrist*
1Jh 2,18 wie ihr gehört habt, daß der A. kommt, so sind nun schon viele A. gekommen

Antichrist 60

1Jh	2,22	das ist der A., der den Vater und den Sohn leugnet
	4,3	das ist der Geist des A.
2Jh	7	das ist der Verführer und der A.

Antilope

5Mo	14,5	(Tiere, die ihr essen dürft:) Hirsch, A.

Antiochener

2Ma	4,9	daß er die Jerusalemer als A. einschrieb 19

Antiochia, Antiochien

1Ma	3,37	¹der König zog von A. aus
	4,35	zog nach A. 6,63; 10,68; 11,13.44; 2Ma 5,21; 8,35; 11,36; 13,26; 14,27
	11,56	Tryphon eroberte A.
2Ma	4,33	Daphne, das bei A. liegt
	13,23	Philippus, in A. als Statthalter
Apg	6,5	wählten... Nikolaus, den Judengenossen aus
	11,19	gingen bis nach A. 20
	22	sie sandten Barnabas, daß er nach A. ginge 26
	26	in A. wurden die Jünger zuerst Christen genannt
	27	kamen Propheten von Jerusalem nach A. 13,1
	14,26	von da fuhren sie mit dem Schiff nach A.
	15,22	Männer nach A. zu senden 30. 35
	23	wir wünschen Heil den Brüdern in A.
	18,22	(Paulus) zog hinab nach A.
Gal	2,11	als Kephas nach A. kam
Apg	13,14	²sie kamen nach A. in Pisidien 14,21
	14,19	es kamen von A. Juden dorthin
2Ti	3,11	Leiden, die mir widerfahren sind in A.

Antiochis

2Ma	4,30	der König seiner Nebenfrau A.

Antiochus

1Ma	1,11	¹Geisel für seinen Vater A. den Großen
	8,6	dem großen A., König in Vorderasien
	1,11	²A. Epiphanes 17u.ö.63; 2,15.17.19.22.25; 3,27; 6,1.3.4.8.16; 10,1; 2Ma 1,14; 2,21; 4,7.21.37; 5,1. 5.15.21; 7,15.24; 9,1.2.19.29; 10,9.13
	6,17	³A. Eupator 15.55; 7,2; 2Ma 9,25; 10,10; 11,22. 27; 13,1.3.4; 14,2
	11,39	⁴A., Sohn Alexanders 54.57; 12,16.39; 13,31; 14,22
	15,1	⁵A., Sohn des Demetrius 2.10.11.13.25; 16,18

Antipas

Off	2,13	auch nicht in den Tagen, als A. getötet wurde

Antipater

1Ma	12,16	A., den Sohn Jasons 14,22

Antipatris

Apg	23,31	die Soldaten führten ihn in der Nacht nach A.

Antlitz

1Mo	42,6	fielen auf ihr A. 3Mo 9,24; 2Ch 7,3
2Mo	25,20	ihr A. zum Gnadenthron gerichtet 37,9
3Mo	17,10	gegen den will ich mein A. kehren 20,3.5.6; 26,17
	22,3	wird ausgerottet werden vor meinem A.
5Mo	31,17	werde mein A. vor ihnen verbergen 18; 32,20
1Sm	5,3	sahen sie Dagon auf seinem A. liegen 4
	20,41	fiel auf sein A. 24,9; 28,14; 2Sm 14,4.22.33; 18,28; 1Kö 1,31; 18,7; 1Ch 21,16.21; 2Ch 20,18
	25,35	ich habe dein A. wieder erhoben
2Sm	2,22	wie dürfte ich dann mein A. aufheben
1Kö	19,13	Elia verhüllte sein A. mit seinem Mantel
	21,4	Ahab wandte sein A. ab und aß nicht
2Kö	4,29	lege meinen Stab auf des Knaben A. 31
	20,2	er wandte sein A. zur Wand und betete
2Ch	3,13	(der Cherubim) A. war der Halle hingewandt
	6,3	der König wandte sein A. und segnete
	42	weise nicht ab das A. deines Gesalbten Ps 132,10
Neh	8,6	beteten an mit dem A. zur Erde
Est	7,8	verhüllten sie Haman das A.
Hi	9,24	das A. ihrer Richter verhüllt er
	11,15	so könntest du dein A. aufheben 22,26
	13,24	warum verbirgst du dein A. Ps 44,25; 88,15
	14,20	du entstellst sein A.
	16,16	mein A. ist gerötet vom Weinen
	24,15	er verdeckt sein A. 34,29
	33,26	wird ihn sein A. sehen lassen
Ps	4,7	laß leuchten über uns das Licht deines A.
	10,11	Gott hat sein A. verborgen
	13,2	wie lange verbirgst du dein A. vor mir
	17,15	will schauen dein A. in Gerechtigkeit
	21,7	du erfreust ihn mit Freude vor deinem A.
	13	mit d. Bogen wirst du auf ihr A. zielen
	22,25	er hat sein A. vor ihm nicht verborgen
	24,6	das ist sucht dein A., Gott Jakobs
	27,8	sollt mein A. suchen... suche ich dein A.
	9	verbirg dein A. nicht vor mir 102,3; 143,7
	30,8	als du dein A. verbargest, erschrak ich
	31,17	laß leuchten dein A. 67,2; 80,4.8.20; 119,135
	44,16	mein A. ist voller Scham
	51,11	verbirg dein A. vor meinen Sünden
	84,10	sieh doch an das A. deines Gesalbten
	89,16	sie werden im Licht deines A. wandeln
	104,15	daß sein A. schön werde vom Öl
	105,4	suchet sein A. allezeit
Spr	15,30	ein freundliches A. erfreut das Herz
Jes	6,2	mit zweien deckten sie ihr A.
	8,17	der sein A. verborgen hat vor Jakob
	29,22	sein A. soll nicht mehr erblassen
Jer	18,17	ich will ihnen nicht das A. zeigen
Dan	7,28	jede Farbe war aus meinem A. gewichen 10,8
	9,17	laß leuchten dein A. über dein Heiligtum
	10,6	sein A. sah aus wie ein Blitz
Sir	18,24	Stunde... in der er sein A. abwendet
	26,22	ein schönes A. ist wie die helle Lampe
Off	4,7	die dritte hatte ein A. wie ein Mensch
	9,7	ihr A. glich der Menschen A.
	10,1	(Engel) sein A. wie die Sonne

Antotija, *Anthothja*

1Ch	8,24	A. (Söhne Schaschaks)

antrauen
Tob 6,15 daß sie bereits sieben Männern ang. war

antreffen
Jos 7,15 wer so mit dem Gebannten ang. wird
Jer 50,7 es fraßen sie alle, die sie a.

antreiben
2Mo 5,13 die Vögte t. sie an
2Kö 4,24 t. an und halte mich nicht auf
Spr 16,26 sein Mund t. ihn an
Sir 33,28 t. (den Sklaven) zur Arbeit an
38,26 der die Ochsen mit dem Stecken a.
2Ma 10,1 Gott t. Makkabäus dazu an

antreten
2Kö 11,5 die ihr am Sabbat a. 9; 2Ch 23,4.8
Esr 3,9 Jeschua mit seinen Söhnen t. einmütig an
Neh 4,7 ich ließ das Volk a.

Antrieb
Hes 13,2 die aus eigenem A. heraus weissagen 17

antun (s.a. unrecht antun)
1Mo 9,24 erfuhr, was ihm sein jüngster Sohn ang.
12,18 warum hast du mir das ang. 20,9; 26,10; 29,25; Ri 8,1; 15,11
20,13 die Liebe t. mir an
31,12 habe alles gesehen, was Laban dir ang.
29 hätte Macht, daß ich euch Böses a. könnte
34,2 legte sich zu ihr und t. ihr Gewalt an
42,28 warum hat Gott uns das ang. 1Kö 9,8
2Mo 6,1 sehen, was ich dem Pharao a. werde 18,8
33,4 niemand t. seinen Schmuck an
3Mo 8,8 dann t. er ihm die Brusttasche an
4Mo 22,2 was Israel den Amoritern ang. hatte
23,11 was t. du mir an
35,23 er hat ihm nichts Böses a. wollen
5Mo 22,29 weil er ihr Gewalt ang. hatte
Ri 9,56 das Böse, das er seinem Vater ang. hatte
15,12 daß ihr selber mir nichts a. wollt
Rut 1,20 der Allmächtige hat mir viel Bitteres ang.
1Sm 2,22 was seine Söhne ganz Israel a.
6,9 so hat Er uns dies große Übel ang.
15,2 was Amalek Israel ang. hat
19,18 alles, was ihm Saul ang. hatte
20,34 daß ihm sein Vater solchen Schimpf a.
31,11 was die Philister Saul ang. hatten
2Sm 13,2 es schien unmöglich, (Tamar) etwas a.
1Kö 2,44 all das Böse, das du David ang. hast
17,20 t. du sogar der Witwe so Böses an
2Kö 8,12 weiß, was du den *Israeliten a. wirst
19,2 mit Säcken ang. 1Ch 21,16; Jes 37,2
2Ch 5,12 ang. mit feiner Leinwand Est 8,15
6,41 laß deine Priester mit Heil ang. werden
18,9 mit ihren königlichen Kleidern ang.
Neh 6,2 sie gedachten, mir Böses a.
Est 7,8 will er auch der Königin Gewalt a.
Hi 7,20 was t. ich dir damit an, du Menschenhüter
22,17 was sollte der Allmächtige ihnen a.
Ps 17,9 vor den Gottlosen, die mir Gewalt a. 119,121.122
120,3 was soll er dir a., du falsche Zunge
137,8 der dir vergilt, was du uns ang. hast

Spr 26,88 einem Toren Ehre a., das ist, wie wenn
Pr 4,1 die ihnen Gewalt a., waren zu mächtig
Jes 49,18 du sollst mit diesen allen ang. werden
52,4 Assur hat ihm ohne Grund Gewalt ang.
Jer 9,18 wie hat man uns Gewalt ang.
13,22 um d. Sünden willen wird dir Schande ang.
22,3 t. niemand Gewalt an
26,3 das Übel, das ich gedenke, ihnen a.
42,10 das Unheil, das ich euch ang. habe
44,7 warum t. ihr euch selbst Unheil an
Klg 3,30 er lasse sich viel Schmach a.
Hes 22,7 den Fremdlingen t. sie Gewalt an 11.29
26 seine Priester t. meinem Gesetz Gewalt an
23,30 das soll dir ang. werden
38 überdies haben sie mir das ang.
Dan 6,23 daß (die Löwen) mir kein Leid a. konnten
11,39 die ihn erwählen, wird er große Ehre a.
Hos 12,15 wird vergelten die Schmach, die er ihm a.
Jdt 4,2 daß er Jerusalem das gleiche a. könnte
1Ma 4,58 Schande, die ihnen die Heiden ang. hatten
5,50 keiner würde ihnen Schaden a.
7,15 wir wollen euch kein Leid a.
14,13 konnten ihnen keinen Schaden mehr a.
2Ma 8,17 Schmach, die die Feinde... ang.
Mt 20,25 ihr wißt, daß die Mächtigen... Gewalt a. Mk 10,42
Mk 9,13 sie haben ihm ang., was sie wollten
Lk 8,27 t. von langer Zeit her keine Kleider an
15,22 bringt das beste Kleid und t. es ihm an
18,5 daß sie nicht komme und t. mir etwas an
24,49 bis ihr ang. werdet mit Kraft aus der Höhe
Apg 9,13 gehört, wieviel Böses er deinen Heiligen ang. hat
12,8 gürte dich und t. deine Schuhe an
21 t. Herodes das königliche Kleid an
16,28 Paulus rief laut: T. dir nichts an
Eph 6,14 ang. mit dem Panzer der Gerechtigkeit 1Th 5,8
2Th 1,6 die euch Trübsal a.
2Ti 4,14 Alexander, der Schmied, hat mir viel Böses ang.
Phm 18 wenn er dir Schaden ang. hat
2Pt 2,7 Lot, dem die schändlichen Leute viel Leid a.
Jak 2,6 ihr habt den Armen Unehre a.
Off 1,13 der war ang. mit einem langen Gewand
3,5 mit weißen Kleidern ang. 4,4; 7,9.13; 15,6; 19,8.14
18 weiße Kleider, daß du dich a.
11,3 ang. mit Trauerkleidern
19,13 ang. mit einem Gewand, das mit Blut getränkt war

Antwort
3Mo 24,12 bis ihnen klare A. würde
1Sm 9,19 auf alles will ich dir A. geben
1Kö 10,3 Salomo gab ihr A. auf alles 2Ch 9,2
12,6 wie ratet ihr, daß wir A. geben 13; 2Ch 10,6
16 gab das Volk dem König A. und sprach
18,26 es war da keine Stimme noch A. 29
Esr 4,17 da sandte der König folgende A.
5,11 sie aber gaben uns dies zur A.
Hi 11,2 muß langes Gerede ohne A. bleiben
21,34 von euren A. bleibt nichts als Trug
32,3 weil sie keine A. fanden 5
33,13 weil er auf Menschenwort nicht A. gibt
34,36 weil er A. gibt wie freche Sünder
Spr 15,1 eine linde A. stillt den Zorn
22,21 damit du rechte A. bringen könntest
24,26 eine richtige A. ist wie ein lieblicher Kuß

Antwort 62

Jes	10,30	gib ihm A., Anatot
Jdt	6,11	daß ihn die Leute wegen seiner A. töten
Tob	7,12	als er ihm keine A. geben wollte
1Ma	12,18	und bitten um A.
	15,33	gab ihm Simon diese A. 35.36
2Ma	11,17	haben um A. auf die Vorschläge gebeten
Lk	2,26	*ihm war eine A. geworden von dem hl. Geist*
	47	verwunderten sich über seine A. 20,26
	14,6	sie konnten ihm darauf keine A. geben
Jh	1,22	daß wir A. geben denen, die uns gesandt haben
	19,9	Jesus gab ihm keine A.
Rö	11,4	was sagt ihm die göttliche A.

antworten

1Mo	18,9	(Abraham) a. 21,30; 22,1.7.8.11
	31	(der HERR) a. 1Sm 10,22; 23,4
	26,9	Isaak a. 27,18.32
	27,20	(Jakob) a. 24; 31,11; 32,27.28; 33,5.8.10.15
	37,16	(Josef) a. 41,25; 48,9
	45,3	seine Brüder konnten ihm nicht a.
2Mo	3,4	Mose a. 6,30; 8,6; 10,29; 18,15; 32,18
	19,8	alles Volk a. 24,3; 5Mo 27,15; Jos 24,16; 1Kö 18,24; Neh 8,6; Mt 27,21.25; Jh 7,20; 12,34
	19	Mose redete, und Gott a. ihm laut
	23,2	du sollst nicht so a. vor Gericht
4Mo	22,8	will a., wie mir's der HERR sagen wird
5Mo	20,11	a. sie friedlich, soll das Volk dir dienen
	25,9	so soll seine Schwägerin a. und sprechen
Ri	8,8	die Leute von Pnuël a. ihm dasselbe
	12,5	wenn er dann a.: Nein
	13,16	der Engel des HERRN a. Manoach
1Sm	3,4	Samuel a. 9,19
	4,20	aber sie a. nicht
	14,37	Gott a. (Saul) nicht 41; 28,6.15
	39	niemand aus dem ganzen Volk a. (Saul)
	18,18	David a. 26,22; 2Sm 4,9
	20,10	wenn der Vater etwas Hartes a.
	26,14	David sprach: A. du nicht, Abner
2Sm	3,11	konnte er Abner kein Wort mehr a.
	22,42	aber (der HERR) a. ihnen nicht Ps 18,42
	24,13	was ich a. soll dem, der mich gesandt hat
1Kö	9,9	dann wird man a.: Weil sie den HERRN
	12,9	daß wir a. diesem Volk 2Ch 10,9
	18,21	das Volk a. ihm nichts 2Kö 18,36; Jes 36,21
	24	welcher Gott nun mit Feuer a. wird
Neh	5,8	da schwiegen sie und fanden nichts zu a.
	6,4	ich a. ihnen in der gleichen Weise
Hi	5,1	rufe doch, ob einer dir a. 19,16; 30,20
	9,3	so kann er ihm auf tausend nicht eins a.
	14	wie sollte denn ich ihm a. 15.32; 40,4.5
	16	ich ihn anrufe, daß ich mir a. 13,22; 14,15
	20,2	darum muß ich a. 3
	23,5	(würde) erfahren die Reden, die er mir a.
	31,14	was würde ich a., wenn er nachforscht
	35	der Allmächtige a. mir
	32,1	hörten auf, Hiob zu a. 12.14-16
	17	ich will mein Teil a. 20; 33,12; 35,4
	33,5	kannst du, so a. mir 32
	40,2	wer Gott zurechtweist, der a.
Ps	22,3	des Tages rufe ich, doch a. du nicht
	34,5	als ich den HERRN suchte, a. er mir
	81,8	ich a. dir aus der Wetterwolke
	119,42	daß ich a. kann dem, der mich schmäht
Spr	1,28	aber ich werde nicht a.
	15,23	eine Freude, wenn er richtig a.
	28	das Herz des Gerechten bedenkt, was zu a.
	18,13	wer a., ehe er hört, dem ist's Torheit

Spr	18,23	aber ein Reicher a. hart
	26,4	a. dem Toren nicht nach seiner Torheit 5
	16	die da wissen, verständig zu a.
	27,11	so kann ich a. dem, der mich schmäht
Hl	2,10	mein Freund a. und spricht zu mir
	5,6	ich rief, aber er a. mir nicht
Jes	30,19	er wird dir a., sobald er's hört 58,9
	41,28	da ist kein Ratgeber, daß sie mir a.
	46,7	schreit einer zu ihm, so a. er nicht
	50,2	warum rief ich, und niemand a. 65,12; 66,4
	65,24	ehe sie rufen, will ich a.
Jer	5,19	sollst du ihnen a.: Wie ihr mich verlaßt
	7,13	weil ich euch rief und ihr nicht a. 27
	13,13	so a. ihnen: So spricht der HERR 15,2
	22,9	man wird a.: Weil sie den Bund verlassen
	23,35	was a. der HERR 37
	33,3	rufe mich an, so will ich dir a.
	38,27	Jeremia a. ihnen, wie der König befohlen
	42,4	alles, was euch der HERR a. wird
Hes	14,4	dem will ich, der HERR, a. 7
Dan	3,16	es ist nicht nötig, daß wir darauf a.
Hos	4,12	sein Stab soll ihm a.
Jo	2,19	der HERR wird a. und sagen
Am	6,10	der wird a.: Sie sind alle dahin
Jon	2,3	ich rief zu dem HERRN, und er a. mir
Mi	6,5	was ihm Bileam, der Sohn Beors, a.
Hab	2,1	ich schaue, was er mir a. werde auf das
	11	die Sparren am Gebälk werden ihnen a.
Sa	1,13	der HERR a. dem Engel freundliche Worte
	6,11	der Engel a. Lk 1,19.35; Apg 10,4
Sir	4,8	a. ihm freundlich auf seinen Gruß
	5,13	laß dir Zeit, freundlich zu a.
	8,12	wie du verständig a. sollst 33,4
	20,6	schweigt, weil er nichts zu a. weiß
Mt	3,15	Jesus a. 4,4; 9,15; 11,4; 12,39.48; 13,11.37; 15,3. 13.24.26.28; 16,2.17; 17,11.17; 19,4.21; 20,22; 21,16.21.24; 22,29.37; 24,4; 26,23.25; Mk 3,33; 6,37; 9,19; 10,3.24.51; 11,22; 12,29; 14,48; 15,2; Lk 4,4.8.12; 5,31; 6,3; 7,22.40; 8,21.50; 9,41; 10,30.41; 13,2.15; 17,17.20.19,40; 20,3; 22,*51*. 23,3; Jh 1,48.50; 2,19; 3,3.5.10; 4,10.13; 5,11.17. 19; 6,26.29.43.70; 7,16.21; 8,14.19.34.39.49.54; 9,3; 10,25.34; 11,9; 12,23.30; 13,7.8.26.36.38. 14,23; 16,31; 18,8.20.23.34.36.37; 19,11;
	8,8	der Hauptmann a. Jh 5,7
	14,28	Petrus a. 15,15; 16,16; 17,26; 26,33; Mk 8,29; Lk 5,5; 7,43; 9,20; 22,58; Jh 6,68; Apg 4,19; 5,29; 8,24; 10,46
	15,23	(Jesus) a. kein Wort 26,62; 27,12.14; Mk 14,60.61; 15,4.5; Lk 23,9
	20,13	er a... tu dir nicht Unrecht Lk 13,25
	21,27	die Hohenpriester a. Mk 11,33; Lk 20,7; Jh 19,15
	22,42	(die Pharisäer) a. Jh 7,47
	46	niemand konnte a. Mk 14,40
	25,9	da a. die klugen (Jungfrauen)
	37	werden die Gerechten a. 40.44.45
	26,25	da a. Judas, der ihn verriet
	66	(die Schriftgelehrten) a. Lk 11,45; 20,39
Mk	8,4	(seine Jünger) a. 28; Lk 9,19; 24,18; Jh 1,49; 6,7; 21,5;
	11,29	a. mir... aus welcher Vollmacht 30
	12,28	sah, daß er ihnen gut gea. hatte 34; Lk 10,27. 28; Jh 4,17
	15,9	Pilatus a. ihnen Jh 18,35; 19,22
Lk	1,35	der Engel a. und sprach zu ihr
	3,11	(Johannes) a. 16; Jh 1,21.26; 3,27
	8,30	(der unreine Geist) a. Apg 19,15
	15,29	der (ältere) Sohn aber a.
	22,68	frage ich aber, so a. ihr nicht

Jh	3,9	Nikodemus a.: Wie... geschehen
	8,33	da a. (die Juden) 39.48; 10,33; 18,30; 19,7
	9,11	er a.: Der Mensch Jesus 12.25.27.30.36; 18,5
	18,22	sollst du dem Hohenpriester so a.
	20,28	Thomas a.: Mein Herr und mein Gott
Apg	8,34	(der Kämmerer) a. 37
	15,13	als sie schwiegen, a. Jakobus und sprach
	21,13	(Paulus) a. 22,8; 24,10;
	24,25	(der Statthalter) a. 25,4.9.12.16
1Ko	7,1	wovon ihr geschrieben, darauf a. ich
	9,3	denen, die mich verurteilen, a. ich
2Ko	5,12	damit ihr a. könnt denen, die sich rühmen
Kol	4,6	wie ihr einem jeden a. sollt

Anub

1Ch	4,8	Koz zeugte A.

anvertrauen

3Mo	5,21	daß er ableugnet, was ihm dieser a. 23
4Mo	4,16	Eleasar ist a. das Öl
	12,7	Mose ist mein ganzes Haus a.
1Ch	9,31	Mattitja waren die Pfannen a.
Hi	34,13	wer hat ihm die Erde a.
Hos	5,1	euch ist das Recht a.
Wsh	14,5	v. die Menschen ihr Leben... Holz an
	15,8	wenn die a. Gabe... zurückgefordert wird
Sir	7,28	einer ungeliebten (Frau) v. dich nicht an
	11,20	bleibe bei dem, was dir a. ist
	41,29	schäme dich, auszuplaudern, was dir a.
2Ma	9,25	den ich den meisten von euch a. habe
Mt	25,14	v. ihnen sein Vermögen an 20.22
Lk	12,48	wem viel a. ist, von dem wird man um so mehr fordern
	16,11	wer wird euch das wahre Gut a.
Jh	2,24	Jesus v. sich ihnen nicht an
Rö	3,2	ihnen ist a., was Gott geredet hat
1Ko	9,17	so ist mir doch das Amt a.
Gal	2,7	daß mir a. war das Evangelium an die Heiden
1Th	2,4	Gott uns für wert geachtet, uns das Evangelium a. 1Ti 1,11; Tit 1,3
1Ti	1,18	diese Botschaft v. ich dir an, Timotheus
	6,20	O Timotheus! Bewahre, was dir a. ist
2Ti	1,12	er kann mir bewahren, was mir a. ist 14
	3,14	du bleibe bei dem, was dir a. ist

Anwalt

Apg	24,1	kam der Hohepriester mit dem A. Tertullus (nach Cäsarea)

anweisen

1Mo	46,28	sandte zu Josef, daß dieser ihm Goschen a.
1Sm	29,4	an den Ort zurückkehren, den du ihm ang.
1Kö	11,18	(der) Pharao w. ihm Land an
Mt	28,15	taten, wie sie ang. waren
Apg	23,30	ich w. die Kläger an, vor dir zu sagen

Anweisung

1Ch	25,2	der nach A. des Königs spielte 6
StE	5,7	je nach den Umständen unsere A. ändern

anwerben

Ri	9,4	Abimelech w. lose Männer an
2Sm	10,6	Ammoniter w. an Aramäer 1Ch 19,6.7

1Ma	4,35	zog er ab, um Kriegsvolk a.
2Ti	2,4	damit er dem gefalle, der ihn ang. hat

anwesend

Wsh	14,17	dem Abwesenden... als ob er a. wäre
2Ko	10,2	daß man mich nicht zwinge, wenn ich a. bin, dreist zu werden 13,10
	10	wenn er selbst a. ist, ist er schwach
	11	so werden wir, wenn wir a. sind, auch mit der Tat sein
	11,9	als ich bei euch a. war und Mangel hatte
Gal	4,18	nicht allein dann, wenn ich a. bei euch bin

Anzahl

2Mo	5,18	die A. Ziegel sollt ihr schaffen
5Mo	25,2	man soll ihm eine A. Schläge geben
Apg	5,36	Theudas hing eine A. Männer an

Anzeichen

Wsh	5,11	findet man kein A. seines Fluges mehr
Phl	1,28	was ihnen ein A. der Verdammnis ist
2Th	1,5	ein A. dafür, daß Gott recht richten wird

anzeigen

3Mo	5,1	daß er den Fluch nicht a. Spr 29,24
5Mo	17,4	wird ang., so sollst du danach forschen
Est	6,2	daß Mordechai ang. hatte
Ps	52,2	als Doëg kam und z. es Saul an
	142,3	ich z. an vor ihm meine Not
Jes	19,12	daß sie dir's verkündigen und a.
	21,2	mir ist eine harte Offenbarung ang.
Mi	3,8	daß ich Israel seine Sünde a. kann
Wsh	18,19	Träume hatten es ihnen vorher ang.
Sir	43,6	der Mond muß die Zeiten a.
Jh	11,57	wenn jemand weiß, wo er ist, soll er's a.
	12,33	um a., welchen Todes er sterben würde 18,32; 21,19
Apg	1,24	z. an, welchen du erwählt hast
	21,26	an, daß die Tage der Reinigung beendet
	25,27	keine Beschuldigung wider ihn a.
1Ko	10,28	esset nicht, um des willen, der es euch a.
2Th	1,5	dies z. an, daß Gott recht richten wird
Heb	12,27	dieses „Noch einmal" z. an

anzetteln

StE	3,8	brandmarke den, der das ang. hat

anziehen

1Mo	3,21	Gott der HERR z. sie ihnen an
	27,15	z. (Esaus Feierkleider) Jakob an
	28,20	wird Gott mir geben Kleider a.
	38,19	sie z. ihre Witwenkleider wieder an
	41,14	z. andere Kleider an 1Sm 28,8; 2Sm 12,20
2Mo	29,5	(sollst) Aaron a. das Untergewand 8.30; 40,13.14
3Mo	6,3	der Priester soll sein leinenes Gewand a. 4; 8,7.13; 16,23.24; 21,10; Hes 44,17.19
4Mo	20,26	z. sie seinem Sohn Eleasar an 28
5Mo	22,5	ein Mann soll nicht Frauenkleider a.
	11	nicht a... aus Wolle und Leinen zugleich
Jos	9,5	(die Bürger von Gibeon) z. alte Kleider an
2Sm	14,2	z. Trauerkleider an
2Ch	28,15	jene Männer z. ihnen Schuhe an
Est	4,4	sandte Kleider, daß Mordechai sie a. 6,11

anziehen 64

Est	5,1	z. sich Ester königlich an
Hi	10,11	du hast mir Haut und Fleisch ang.
	27,17	aber der Gerechte wird's a.
	29,14	Gerechtigkeit war mein Kleid, das ich a.
	40,10	z. Majestät und Herrlichkeit an
Ps	35,13	ich z. einen Sack an 69,12
	109,18	er z. den Fluch an wie sein Hemd
	29	meine Widersacher sollen mit Schmach ang.
Spr	22,1	a. Wesen (ist) besser als Silber und Gold
Hl	5,3	wie soll ich es wieder a.
Jes	22,21	(ich) will ihm dein Amtskleid a.
	51,9	z. Macht an, du Arm des HERRN
	52,1	Zion, z. an deine Stärke
	59,17	er z. an das Gewand der Rache
	61,10	er hat mir die Kleider des Heils ang.
Jer	4,8	z. den Sack an 6,26; 48,37; 49,3; Klg 2,10
	10,9	blauen und roten Purpur z. man ihnen an
	46,4	z. Panzer an
Hes	16,10	z. dir Schuhe von feinem Leder an 24,17
Jon	3,5	z. alle den Sack zur Buße an
Sa	3,4	ich lasse dir Feierkleider a. 5
	13,4	sollen nicht mehr einen härenen Mantel a.
Jdt	4,8	die Priester z. Bußgewänder an
	10,3	z. ihre schönen Kleider an 16,9
Wsh	5,19	er wird Gerechtigkeit a. Bar 5,2
	14,20	Menge, von der Anmut des Werkes ang.
Sir	6,32	wie ein Festgewand wirst du sie a. 27,9
	43,22	er z. dem Wasser einen Harnisch an
	45,9	z. ihm ein herrliches Gewand an 50,12
	16	es dürfte sie niemals ein andrer a.
Bar	4,20	habe das Trauerkleid ang. 1Ma 2,14; 3,47
	5,1	z. den herrlichen Schmuck von Gott an
1Ma	10,21	z. Jonatan das priesterl. Gewand an 62
Mt	6,25	sorgt nicht, was ihr a. werdet Lk 12,22
	27,31	z. ihm seine Kleider an Mk 15,20
Mk	6,9	nicht zwei Hemden a.
	15,17	(die Soldaten) z. ihm einen Purpurmantel an
Lk	15,22	bringt schnell das beste Gewand her und z. es ihm a.
Apg	12,8	gürte dich und z. deine Schuhe an
Rö	13,14	z. an den Herrn Jesus Christus Gal 3,27
1Ko	15,53	dies Verwesliche muß a. die Unverweslichkeit 54
Eph	4,24	z. den neuen Menschen an Kol 3,10
	6,11	z. an die Waffenrüstung Gottes
Kol	3,12	z. an als die Auserwählten Gottes Demut
	14	über alles z. an die Liebe
Off	3,18	weiße Kleider, damit du sie a.

anzünden

2Mo	22,5	soll Ersatz leisten, wer das Feuer ang.
	30,8	wenn er die Lampen a. gegen Abend
	35,3	sollt kein Feuer a. am Sabbattag
3Mo	6,5	der Priester soll alle Morgen Holz darauf a.
5Mo	32,22	Feuer wird a. die Grundfesten der Berge
Ri	1,8	Juda z. die Stadt Jerusalem an
	15,5	z. die Fackeln an und so die Garben an
2Kö	16,15	auf dem sollst du a. die Brandopfer
2Ch	13,11	um den goldenen Leuchter a. alle Abende
Hi	20,26	ein Feuer, das keiner ang. hat
Ps	106,18	Feuer wurde unter ihrer Rotte ang.
Jes	4,4	durch den Geist, der ein Feuer a. wird
	9,17	das z. den dichten Wald an
	10,16	seine Herrlichkeit wird er a.
	17	sie wird seine Dornen und Disteln a.
	30,33	der Odem des HERRN wird ihn a.
	44,15	er z. es an und bäckt Brot
	50,11	die ihr Feuer a ... Brandpfeile ang. habt
	66,3	wer Weihrauch a., gleicht dem, der
Jer	7,18	die Väter z. das Feuer an
	11,16	der HERR hat ein Feuer a. lassen
	15,14	es ist das Feuer meines Zorns ang. 17,4.27
	21,14	ich will ein Feuer in ihrem Wald a.
	34,5	wird man auch dir einen Brand a.
Hes	21,3	ich will in dir ein Feuer a. 4
	39,9	die Bürger werden Feuer a.
Jo	1,19	die Flamme hat alle Bäume ang.
Am	1,14	ich will ein Feuer a. in den Mauern Rabbas
Ob	18	(das Haus Esau) werden sie a.
Nah	2,14	will will deine Wagen a.
Mal	1,10	damit ihr nicht umsonst Feuer a.
	3,19	der kommende Tag wird sie a.
Jdt	13,15	sie z. Fackeln an Bar 6,19; 1Ma 4,50
Sir	28,13	schnell sein scharfes Wort z. ein Feuer an
	51,6	Feuer, das ich nicht ang. hatte
1Ma	4,20	sie sahen, daß das Lager ang. war
	10,84	Jonatan z. (die Stadt) an 11,48
2Ma	8,33	Männer, die die Tore ang. hatten
	12,6	z. bei Nacht den Hafen an
	14,41	ließen sie Feuer bringen und das Tor a.
Mt	5,15	man z. auch nicht ein Licht an Mk 4,21; Lk 8,16; 11,33
	22,7	(der König) z. ihre Stadt an
Lk	12,49	ich bin gekommen, ein Feuer a. auf Erden
	15,8	z. ein Licht an und kehrt das Haus
	22,55	da z. sie ein Feuer an mitten im Hof Jh 18,18
Apg	28,2	z. ein Feuer an und nahmen uns alle auf
Jak	3,5	ein kleines Feuer, welch einen Wald z.'s an
	6	(die Zunge) z. die ganze Welt an

Apamea

Jdt	3,12	als er ganz A. durchzogen hatte

Apelles

Rö	16,10	grüßt A., den Bewährten in Christus

Apfel

Spr	25,11	wie goldene Ä. auf silbernen Schalen
Hl	2,5	er labt mich mit Ä.
	7,9	laß sein den Duft deines Atems wie Ä.

Apfelbaum

Hl	2,3	wie ein A. unter den wilden Bäumen
	8,5	unter dem A. weckte ich dich
Jo	1,12	A., ja, alle Bäume sind verdorrt

Aphia, *Appia*

Phm	2	(Paulus) an A., die Schwester

Aphus, *Appus*

1Ma	2,5	Jonatan mit dem Zunamen A.

apollisch

1Ko	1,12	der andere: Ich bin a. 3,4

Apollonia

Apg	17,1	nachdem sie durch A. gereist waren

Apollonius

1Ma	3,10	¹brachte A. ein großes Heer 12; 2Ma 5,24

1Ma	10,69	²A., Befehlshaber von Zölesyrien 74-79		
2Ma	3,5	³A., Sohn des Thrasäus 7; 4,4.21		
	12,2	⁴A., Sohn des Gennäus		

Apollophanes

2Ma 10,37 sie erschlugen Timotheus und A.

Apollos

Apg	18,24	es kam nach Ephesus ein Jude mit Namen A.
	19,1	es geschah, als A. in Korinth war, daß Paulus durch das Hochland zog
1Ko	1,12	der eine sagt: Ich gehöre zu A. 3,4
	3,5	wer ist A.? Wer ist Paulus
	6	ich habe gepflanzt, A. hat begossen
	22	(alles ist euer:) es sei Paulus oder A.
	4,6	dies habe ich im Blick auf mich und A. gesagt
	16,12	von A., dem Bruder, sollt ihr wissen
Tit	3,13	Zenas und A. rüste gut aus zur Reise

Apollyon

Off 9,11 auf griechisch hat er den Namen A.

Apostel

Mt	10,2	die Namen der zwölf A. sind diese
Mk	3,14	er setzte zwölf ein, die er A. nannte Lk 6,13
	6,30	die A. kamen bei Jesus zusammen
Lk	9,10	die A. kamen zurück und erzählten Jesus
	11,49	ich will Propheten und A. zu ihnen senden
	17,5	die A. sprachen zu dem Herrn: Stärke uns den Glauben
	22,14	setzte er sich nieder und die A. mit ihm
	24,10	Maria von Magdala und... die sagten das den A.
Jh	13,16	der A. nicht größer als der, der ihn gesandt hat
Apg	1,2	nachdem er den A. Weisung gegeben hatte
	26	er wurde zugeordnet zu den elf A.
	2,37	sie sprachen zu Petrus und den andern A.
	42	sie blieben beständig in der Lehre der A.
	43	es geschahen viele Zeichen durch die A. 5,12
	4,33	bezeugten die A. die Auferstehung des Herrn
	35	(brachte das Geld) und legte es den A. zu Füßen 37; 5,2
	36	Josef, von den A. Barnabas genannt
	5,18	legten Hand an die A. und warfen sie in das Gefängnis
	29	Petrus und die A. antworteten
	34	hieß die A. ein wenig hinaustun
	40	riefen die A. herein, ließen sie geißeln
	6,6	diese Männer stellten sie vor die A.
	8,1	da zerstreuten sich alle außer den A.
	14	als die A. in Jerusalem hörten, daß
	18	Geist, wenn die A. die Hände auflegten
	9,27	Barnabas führte ihn zu den A.
	11,1	es kam den A. in Judäa zu Ohren
	14,4	die einen hielten's mit den Juden und die andern mit den A.
	14	die A. Barnabas und Paulus zerrissen ihre Kleider
	15,2	hinaufziehen zu den A. um dieser Frage willen 4.6
	22	die A. und Ältesten beschlossen 16,4
	23	wir, die A. und Ältesten, wünschen Heil den Brüdern
Rö	1,1	Paulus, ein Knecht Christi Jesu, berufen zum A. 1Ko 1,1; 2Ko 1,1; Gal 1,1; Eph 1,1; Kol 1,1; 1Ti 1,1; 2Ti 1,1; Tit 1,1; 1Pt 1,1; 2Pt 1,1
	11,13	weil ich A. der Heiden bin, preise ich mein Amt
	16,7	die berühmt sind unter den A.
1Ko	4,9	Gott hat uns A. als die Allergeringsten hingestellt
	9,1	bin ich nicht frei? Bin ich nicht ein A. 2
	5	eine Schwester als Ehefrau wie die andern A.
	12,28	Gott hat in der Gemeinde eingesetzt A. Eph 4,11
	29	sind alle A.
	15,7	danach ist er gesehen worden von Jakobus, danach von allen A.
	9	ich bin der geringste unter den A., der ich nicht wert bin, daß ich ein A. heiße
2Ko	11,5	*ich sei nicht weniger als die hohen A.* 12,11
	13	solche sind falsche A., betrügerische Arbeiter
	12,12	es sind ja die Zeichen eines A. unter euch geschehen
Gal	1,17	nicht nach Jerusalem zu denen, die vor mir
	19	von den andern A. sah ich keinen
Eph	2,20	erbaut auf den Grund der A.
	3,5	wie es jetzt offenbart ist seinen heiligen A.
1Th	2,7	obwohl wir unser Gewicht als A. hätten einsetzen können
1Ti	2,7	dazu bin ich eingesetzt als A. 2Ti 1,11
2Pt	3,2	Gebot, das verkündet ist durch eure A.
Heb	3,1	schaut auf den A. und Hohenpriester
Jud	17	Worte, die gesagt sind von den A.
Off	2,2	du hast die geprüft, die sagen, sie seien A., und sind's nicht
	18,20	freue dich über sie, ihr Heiligen und A.
	21,14	auf ihnen die zwölf Namen der zwölf A. des Lammes

Apostelamt

Apg	1,25	damit er diesen Dienst und das A. empfange
Rö	1,5	durch ihn haben wir empfangen Gnade und A.
1Ko	9,2	das Siegel meines A. seid ihr in dem Herrn
Gal	2,8	der in Petrus wirksam gewesen ist zum A.

Apotheke

Sir 49,1 wie edles Räucherwerk aus der A.

Apotheker

Sir 38,7 der A. macht Arznei daraus

Appajim

1Ch 2,30 Söhne Nadabs: A. 31

Aquila

Apg	18,2	(Paulus) fand einen Juden mit Namen A.
	18	er wollte nach Syrien fahren mit A.
	26	als ihn A. und Priszilla hörten
Rö	16,3	grüßt die Priska und den A. 2Ti 4,19
1Ko	16,19	es grüßen euch A. und Priska

Ar

4Mo	21,15	der sich hinzieht zur Stadt Ar 28; 22,36
5Mo	2,9	habe Ar den Söhnen Lot gegeben 18
	29	Moabiter, die zu Ar wohnen
Jes	15,1	des Nachts kommt Verheerung über Ar

Ara

1Ch	7,38	Söhne Jethers: A.

Arab

Jos	15,52	(Städte des Stammes Juda:) A.

Araber

2Ch	9,14	alle Könige der A. brachten Gold
	17,11	die A. brachten 7.700 Widder
	21,16	der HERR erweckte den Geist der A.
	22,1	Rotte, die mit den A. ins Lager gekommen
	26,7	Gott half ihm gegen die A.
Neh	2,19	Geschem, der A. 4,1; 6,1
Jes	13,20	daß auch A. dort keine Zelte aufschlagen
Jer	3,2	lauerst auf sie wie ein A. in der Wüste
1Ma	11,17	Sabdiël, der A.
	39	zog zu dem A. Jamliku 40
	12,31	da wandte sich Jonatan gegen die A.
2Ma	5,8	Aretas, König der A.
	12,10	warfen sich ihm A. entgegen 11
Apg	2,11	(in Jerusalem Juden) Kreter und A.

Arabien

1Kö	10,15	was von allen Königen A. kam
Jes	21,13	dies ist die Last für A.
Jer	25,24	(ließ trinken) alle Könige A.
Hes	27,21	A. und alle Fürsten von Kedar
1Ma	5,39	daß sie Kriegsleute aus A. hätten
	11,16	Alexander floh nach A.
Gal	1,17	(ich) zog nach A.
	4,25	Hagar bedeutet den Berg Sinai in A.

Arabiter

2Sm	23,35	Paarai, der A.

Arach

1Ch	7,39	¹Söhne Ullas: A.
Esr	2,5	²die Söhne A. Neh 6,18; 7,10

Arad, Arados

4Mo	21,1	¹der König von A. 33,40; Jos 12,14
Ri	1,16	Wüste Juda, die im Süden von A. liegt
1Ma	15,23	(schrieb Luzius)in alle Länder, nach A.
1Ch	8,15	²A. (Söhne Berias)

Arados

1Ma	15,23	(schrieb Luzius) in alle Länder, nach A.

Aram

1Mo	10,22	¹(Sem) seine Söhne: A. 23; 1Ch 1,17
4Mo	23,7	aus A. hat mich Balak holen lassen
Ri	10,6	die *Israeliten dienten den Göttern von A.
2Sm	8,6	so wurde A. David untertan
	15,8	als ich in Geschur in A. wohnte
1Kö	10,29	führten aus an die Könige von A. 2Ch 1,17
	15,18	Ben-Hadad, dem König von A. 20,1.20; 2Kö 6,24; 8,7.9; 2Ch 16,2
	19,15	salbe Hasaël zum König über A. 2Kö 8,13
	20,22	der König von A. wird gegen dich heraufziehen 23; 22,31; 2Ch 18,30
	22,3	nehmen es nicht dem König von A. ab
2Kö	5,1	Naaman, Feldhauptmann des Königs von A. 5
	6,8	der König von A. führte Krieg gegen Isr. 11
	8,28	gegen Hasaël, den König von A. 29; 9,14.15; 12,18.19; 13,3.4.7.22.24; 2Ch 22,5.6
	13,17	ein Pfeil des Siegs gegen A.
	15,37	Rezin, den König von A. 16,5-7; Jes 7,1
	24,2	Scharen von Kriegsleuten aus A.
2Ch	16,7	weil du dich auf von A. verlassen, ist das Heer des Königs von A. entronnen
	28,5	gab ihn in die Hand des Königs von A.
	23	die Götter der Könige von A. helfen ihnen
Jes	7,8	wie Damaskus das Haupt ist von A.
	17,3	dem Rest von A. wird es gehen wie
Hos	12,13	Jakob mußte fliehen in das Land A.
Am	1,5	A. soll nach Kir weggeführt werden
1Ch	7,34	²Söhne Schemers: A.

Aramäer

1Mo	22,21	Kemuël, von dem die A. herkommen
	25,20	Rebekka, die Tochter Bethuëls, des A., die Schwester des A. Laban 28,5; 31,20.24
5Mo	26,5	mein Vater war ein A.
Ri	18,7	hatten mit A. nichts zu tun 28
2Sm	8,5	kamen die A. und David schlug von den A. 13; 1Kö 11,24; 1Ch 18,5.6; Ps 60,2
	10,6	die Ammoniter warben an die A. 8.9.11. 13-19; 1Ch 19,10.12.14-19
1Kö	20,21	(Ahab) schlug die A. 20.26-29
	22,1	3 Jahre kein Krieg zwischen A. und Israel
	11	wirst die A. niederstoßen 2Ch 18,10
	35	der König blieb im Wagen stehen gegenüber den A. 2Ch 18,34
2Kö	5,1	durch ihn gab der HERR den A. Sieg 2.20
	6,9	die A. lauern dort 18.23
	7,4	zu dem Heer der A. laufen 5.6.10.12.14-16
	8,28	die A. verwundeten Joram 29; 9,15; 2Ch 22,5
	13,5	Retter, der sie aus der Gewalt der A.
	17	wirst die A. schlagen 19
1Ch	2,23	die A. nahmen ihnen die „Dörfer Jaïrs"
2Ch	24,23	zog herauf das Heer der A. 24
Jes	7,2	die A. haben sich gelagert in Ephraim 4.5
	9,11	A. von vorn und Philister von hinten
Jer	35,11	nach Jerusalem ziehen vor dem Heer der A.
Am	9,7	habe ich nicht geführt die A. aus Kir

Aramäerland

1Ch	19,6	um Reiter anzuwerben im A.

Aramäerreich

2Sm	8,6	setzte Statthalter ein im A. 1Ch 18,6

aramäisch

2Kö	18,26	rede mit deinen Knechten a. Jes 36,11
1Ch	7,14	Asriël, den seine a. Nebenfrau geboren
Esr	4,7	der Brief war in a. Schrift geschrieben und ins A. übertragen
Dan	2,4	sprachen die Wahrsager zum König auf a.

Aran
1Mo 36,28 die Söhne Dischans waren: A. 1Ch 1,42

Ararat
1Mo 8,4 ließ sich nieder auf das Gebirge A.
2Kö 19,37 sie entkamen ins Land A. Jes 37,38
Jer 51,27 ruft wider sie die Königreiche A.

Arauna
2Sm 24,16 der Engel des HERRN war bei der Tenne A.
18 errichte einen Altar auf der Tenne A.
20 als A. aufschaute, sah er den König 22-24
1Ch 21,15 der Engel des HERRN stand bei der Tenne A. 18.20-25.28; 2Ch 3,1

Arba (= Kirjat-Arba)
Jos 14,15 Hebron hieß Stadt des A. 15,13; 21,11

Arbatiter, *Arbathiter*
2Sm 23,31 Abialbon, der A. 1Ch 11,32

Arbatta
1Ma 5,23 nahm er die Juden aus Galiläa und A. mit

Arbe
3Mo 11,22 Heuschrecken, als da sind: den A.

Arbeit
1Mo 5,29 der wird uns trösten in unserer Mühe und A.
39,11 Josef ging, seine A. zu tun
2Mo 1,14 machten ihr Leben sauer mit schwerer A.
5,4 wollt ihr das Volk von seiner A. freimachen
9 man drücke die Leute mit A. 11
6,9 sie hörten nicht auf ihn vor harter A.
12,16 keine A. sollt ihr dann tun 20,10; 31,14.15; 3Mo 16,29; 23,3.7.8.21.25.28.30.31.35.36; 4Mo 28,18.25.26; 29,1.7.12.35; 5Mo 5,14; 16,8; Jer 17,22.24
23,12 sechs Tage sollst du deine A. tun
16 wenn du den Ertrag deiner A. eingesammelt
25,31 Fuß und Schaft in getriebener A. 36
26,1 Cherubim in kunstreicher A. 31; 36,8.35
28,8 die Binde soll von derselben A. sein 39,5
31,5 um jede A. zu vollbringen 35,33.35; 36,1.3.4.7; 39,42
35,26 alle Frauen, die solche A. verstanden
3Mo 25,5 Trauben, die ohne deine A. wachsen 11
26,20 eure Mühe und A. soll verloren sein
4Mo 4,3 daß sie ihre A. tun an der Stiftshütte
5Mo 28,33 alle wird ein Volk verzehren
Ri 16,11 Stricken, mit denen noch nie eine A. getan
19,16 kam ein alter Mann von seiner A.
1Kö 5,30 Vögte, die über die A. gesetzt waren 9,23
1Ch 22,15 hast allerlei Meister für jede A.
23,4 für die A. am Hause des HERRN verordnet
29,7 sie gaben zur A. am Hause Gottes Neh 10,34
2Ch 4,11 vollendete Hiram die A. 5,1
29,34 halfen die Leviten, bis die A. verrichtet
Esr 3,8 damit sie die A. am Hause leiteten
4,24 hörte die A. am Hause Gottes auf
5,8 die A. ging frisch vonstatten
6,22 damit sie gestärkt würden zur A.
Neh 4,9 zurück, ein jeder zu seiner A. 5,16
11 mit der einen Hand taten sie die A. 16
Ps 104,23 so geht dann der Mensch aus an seine A.
128,2 du wirst dich nähren von deiner Hände A.
Spr 11,18 der Gottlosen A. bringt trügerischen Gewinn
12,9 wer gering ist und geht seiner A. nach
18,9 wer lässig ist in seiner A.
24,27 richte erst draußen deine A. aus
Pr 2,21 der seine A. mit Weisheit getan
3,10 sah die A., die Gott den Menschen gegeben
22 daß ein Mensch fröhlich sei in seiner A.
10,15 die A. ermüdet den Toren
Jes 43,23 habe dir nicht A. gemacht mit Opfergaben
24 mir hast du A. gemacht mit deinen Sünden
62,8 Wein, mit dem du soviel A. hattest
Jer 20,5 will allen Ertrag ihrer A. geben
51,58 daß die A. der Heiden umsonst sei
Hes 28,13 von Gold war die A. deiner Ohrringe
29,18 weder ihm... die A. vor Tyrus belohnt 20
44,14 habe sie bestellt bei aller A.
Hag 1,11 habe die Dürre gerufen über alle A. 2,17
Sa 8,10 war der Menschen A. vergebens, und auch der Tiere A. erbrachte nichts
Wsh 8,18 durch die A. ihrer Hände Reichtum kommt
10,10 (Weisheit) mehrte den Ertrag seiner A.
15,4 uns verführen nicht unnütze A.
19,15 sie plagten mit schwerer A., die
Tob 2,19 seine Frau ernährte ihn mit A.
Sir 7,16 verachte die beschwerliche A. nicht
27 dann hast du eine schwere A. hinter dir
14,15 mußt der Ertrag deiner A. den Erben geben
33,25 braucht der Sklave Strafe und A. 26.28.30
37,14 ob seine A. schon zu Ende ist
38,26 der nur mit solcher A. umgeht
32 der (Töpfer) muß bei seiner A. sitzen
39 denken, wie sie ihre A. verrichten
40,18 wer von seiner A. lebt
45,13 durch die A. eines Steinschneiders
51,35 habe eine kurze Zeit Mühe und A. gehabt
1Ma 9,55 daß die angefangene A. abgebrochen wurde
2Ma 2,27 es gehört viel A. und Fleiß dazu 28
Mk 13,34 (Mensch) der gab jedem seine A.
Jh 4,38 euch ist ihre A. zugute gekommen
Rö 16,6 Maria, die viel A. um euch gehabt hat
1Ko 3,8 jeder wird seinen Lohn empfangen nach seiner A.
4,12 (wir) mühen uns ab mit unsrer Hände A.
15,58 weil ihr wißt, daß eure A. nicht vergeblich ist
2Ko 10,15 *wir rühmen uns nicht fremder A.*
11,27 (ich bin gewesen) in Mühe und A.
1Th 1,3 (wir) denken an eure A. in der Liebe
2,9 ihr erinnert euch doch an unsre A.
3,5 ob etwa unsre A. vergeblich würde
2Th 3,8 *mit A. und Mühe haben wir gewirkt*
12 die sind still ihrer A. nachgehen
Off 2,2 *ich weiß deine Werke und deine A.*
14,13 *daß sie ruhen von ihrer A.*

arbeiten
2Mo 20,9 sechs Tage sollst du a. 31,15; 34,21; 35,2; 3Mo 23,3; 5Mo 5,13; Lk 13,14
31,4 kunstreich zu a. in Gold 35,32
35,2 wer an diesem Tag a., soll sterben
36,1 so sollen denn a. alle Künstler 4
5Mo 21,3 junge Kuh, mit der man noch nicht gea.
Rut 2,19 wo hast du gea.

arbeiten

2Sm	12,31	ließ sie an den Ziegelöfen a.
2Kö	12,12	die am Hause des HERRN a. 2Ch 24,12; 34,10
1Ch	22,15	die in Stein und Holz a. 2Ch 2,6.13
2Ch	34,12	die Männer a. am Werk auf Treu und Glauben
Esr	6,7	laßt sie a. am Hause Gottes Neh 2,16
Neh	3,38	das Volk gewann neuen Mut zu a.
	4,10	daß die Hälfte meiner Leute a. 11.15
	5,16	auch a. ich an der Mauer
Hi	7,3	hab ganze Monate vergeblich gea.
Ps	127,1	so a. umsonst, die daran bauen
Spr	14,23	wo man a., da ist Gewinn
	16,26	der Hunger des Arbeiters a. für ihn
	31,13	sie a. gerne mit ihren Händen
Pr	5,11	wer a., dem ist der Schlaf süß
	15	daß er in den Wind gea. hat
	10,10	muß man mit ganzer Kraft a.
Jes	19,10	die um Lohn a., sind bekümmert
	44,12	er a. daran mit der ganzen Kraft
	49,4	ich aber dachte, ich a. vergeblich
	65,23	sollen nicht umsonst a.
Jer	18,3	er a. eben auf der Scheibe
	22,13	der seinen Nächsten umsonst a. läßt
Hes	29,18	hat sein Heer vor Tyrus a. lassen
	20	denn sie haben für mich gea.
	48,18	die in der Stadt a. 19
Hag	1,14	kamen und a. am Hause des HERRN
	2,4	sei getrost, alles Volk, und a.
Tob	4,15	wer für dich a., dem gib seinen Lohn
Sir	7,22	einen Sklaven, der treu a.
	10,30	besser a. und dabei reich werden
	31,3	der Reiche a. und kommt dabei zu Geld
	4	der Arme a. und lebt doch kärglich
	33,18	wie ich nicht für mich allein gea. habe
	37,13	(fragt nicht) einen Faulen, wie man a.
	38,28	Baumeistern, die Tag und Nacht a.
	29	müde in der Hitze des Ofens müde a.
2Ma	5,25	als er sah, daß die Juden nicht a.
	10,12	Ptolemäus Makron a. darauf hin
Mt	6,28	sie a. nicht, auch spinnen sie nicht
	20,12	diese letzten haben nur eine Stunde gea.
	21,28	geh hin und a. heute im Weinberg
Lk	5,5	wir haben die ganze Nacht gea. und nichts gefangen
Jh	4,38	zu ernten, wo ihr nicht gea. habt
Apg	18,3	er blieb bei ihnen und a. mit ihnen
	20,35	ich habe euch gezeigt, daß man so a. muß
Rö	16,12	grüßt... die in dem Herrn a.
1Ko	4,12	*(wir) a. mit unsern eigenen Händen* 1Th 2,9; 2Th 3,8
	9,6	allein ich das Recht, nicht zu a.
	15,10	ich habe viel mehr gea. als sie alle 2Ko 11,23
	16,16	*seid untertan allen, die mitwirken und a.* 1Th 5,12
2Ko	10,15	wir rühmen uns nicht mit dem, was andere gea. haben
Gal	4,11	daß ich vergeblich an euch gea. habe Phl 2,16
Eph	4,28	wer gestohlen hat, der stehle nicht mehr, sondern a.
Kol	1,29	*daran ich auch a. und ringe* 1Ti 4,10
1Th	4,11	mit euren eigenen Händen a., wie wir euch geboten haben
2Th	3,11	wir hören, daß einige unter euch nichts a.
	12	*daß sie mit stillem Wesen a.*
1Ti	5,17	sonderlich die da a. im Wort
Off	18,17	alle, die auf dem Meer a., standen fernab

Arbeiter

2Mo	36,8	machten Künstler unter den A. die Wohnung
2Kö	12,15	man gab's den A. 16; 22,5; 2Ch 34,17
1Ch	22,15	auch hast du viel A., Steinmetzen
2Ch	34,13	(die Leviten) waren Aufseher über die A.
Esr	3,9	um die A. am Hause Gottes anzuleiten
Spr	16,26	der Hunger des A. arbeitet für ihn
Jes	58,3	ihr bedrückt alle eure A.
Hes	48,19	A. sollen in der Stadt arbeiten
Jdt	8,3	als er die A. beaufsichtigte
Wsh	17,17	ob es nun ein Bauer war oder ein A.
Sir	19,1	ein A., der sich gern vollsäuft
	34,22	wer dem A. seinen Lohn nicht gibt
Mt	9,37	aber wenige sind der A. Lk 10,2
	38	daß er A. in seine Ernte sende Lk 10,2
	10,10	ein A. ist seiner Speise wert Lk 10,7; 1Ti 5,18
	20,1	der ausging, um A. einzustellen 2.8
2Ko	11,13	solche sind falsche Apostel, betrügerische A.
Phl	3,2	nehmt euch in acht vor den böswilligen A.
2Ti	2,15	dich vor Gott zu erweisen als einen rechtschaffenen A.
Jak	5,4	Lohn der A., den ihr ihnen vorenthalten habt

Arbeitsfeld

2Ko	10,13	*wie uns Gott hat zugemessen das A.*

Arbela

1Ma	9,2	sie eroberten die Zuwege in der A.

Arche

1Mo	6,18	sollst in die A. gehen 19; 7,1.7.9.13.15
	7,17	die Wasser hoben die A. auf 18
	23	Noah und was mit ihm in der A. war 8,1
	8,4	ließ sich die A. nieder auf das Gebirge
	6	tat Noah an der A. das Fenster auf 13
	9	die Taube kam wieder zu ihm in die A... nahm sie zu sich in die A. 10
	16	geh aus der A. 19; 9,10.18
Mt	24,38	bis an den Tag, an dem Noah in die A. hineinging Lk 17,27
1Pt	3,20	zur Zeit Noahs, als man die A. baute
Heb	11,7	Noah (hat) die A. gebaut zur Rettung seines Hauses

Archelaus

Mt	2,22	als er hörte, daß A. König war

Archippus

Kol	4,17	sagt dem A.
Phm	2	(Paulus) an A., unsern Mitstreiter

Ard, Arditer

1Mo	46,21	Söhne Benjamins: A. 4Mo 26,40; 1Ch 8,3

Ardon

1Ch	2,18	Kaleb(s) Söhne: A.

Areli, Areliter

1Mo	46,16	Söhne Gads: A. 4Mo 26,17

Arglist

Areopag
Apg 17,22 Paulus stand auf dem A. und sprach 19

Aretas
2Ma 5,9 ¹wurde bei A., König der Araber, angeklagt
2Ko 11,32 ²bewachte der Statthalter des Königs A. die Stadt

Aräus
1Ma 12,20 A., König von Sparta 7

arg
Ri 2,19 trieben es ä. als ihre Väter Jer 7,26; 16,12
1Sm 29,6 ich habe nichts A. an dir gespürt
2Sm 19,8 das wird für dich ä. sein als alles Übel
1Kö 16,25 Omri trieb es ä. als alle, die vor ihm
2Kö 21,9 es ä. trieben als die Heiden 11; 2Ch 33,9
Ps 15,3 wer seinem Nächsten nichts A. tut
36,5 scheuen kein A.
41,6 meine Feinde reden A. wider mich
97,10 die ihr den HERRN liebet, hasset das A.
Spr 6,18 ein Herz, das a. Ränke schmiedet
8,13 die Furcht des HERRN haßt das A.
15,26 die Anschläge des A. sind ein Greuel
16,17 der Frommen Weg meidet das A.
26,28 falsche Zunge haßt den, dem sie A. getan
Jes 33,15 seine Augen zuhält, daß er nichts A. sehe
56,2 seine Hand hütet, nichts A. zu tun
Hes 16,47 hast es noch ä. getrieben als sie
Mi 3,2 ihr hasset das Gute und liebet das A.
Nah 1,11 von dir ist gekommen, der A. ersann
2,1 wird der A. nicht mehr über dich kommen
Ze 3,5 der HERR tut kein A.
Sa 7,10 denke keiner gegen s. Bruder etwas A. 8,17
Sir 26,7 alles ä. als der Tod
2Ma 4,50 trieb es je länger desto ä.
5,22 der noch ä. war als sein Herr
Mt 7,11 *ihr, die ihr doch a. seid* Lk 11,13
17 *ein fauler Baum bringt a. Früchte*
18 *ein guter Baum kann nicht a. Früchte*
9,4 *warum denkt ihr so A. in euren Herzen*
16 *der Riß wird ä. Mk 2,21*
12,45 *mit diesem Menschen ä., als es war* Lk 11,26
13,19 *so kommt der A. und reißt hinweg*
15,19 *aus dem Herzen kommen a. Gedanken*
27,64 *nicht der letzte Betrug ä. wird als der erste*
Mk 5,26 *vielmehr ward es ä. mit ihm*
Lk 11,29 *dies Geschlecht ist ein a. Geschlecht*
Jh 3,20 *wer A. tut, der hasset das Licht*
5,14 *daß dir nicht etwas Ä. widerfahre*
Apg 23,9 *wir finden nichts A. an diesem Menschen*
28,21 *der von dir etwas A. berichtet*
Rö 12,9 *hasset das A., hanget dem Guten an*
Gal 1,4 *daß er uns errette von dieser a. Welt*
2Th 3,2 *daß wir erlöst werden von den a. Menschen*
3 *der wird euch bewahren vor dem A.*
1Ti 5,8 *der ist ä. als ein Heide*
2Ti 3,13 *mit den bösen Menschen wird's je länger, desto ä.*
2Pt 2,20 *dann ist's mit ihnen ä. geworden*
1Jh 3,12 *nicht wie Kain, der von dem A. war*
5,18 *der A. wird ihn nicht antasten*
19 *die ganze Welt liegt im A.*
Heb 3,12 *daß ihr nicht ein a. Herz habe*
10,29 *wieviel ä. Strafe wird der verdienen*
Jak 2,4 *daß ihr richtet nach a. Gedanken*

Off 16,2 *es ward ein a. Geschwür an den Menschen*

Ärger
Spr 27,3 der Ä. über einen Toren ist schwerer als
Pr 7,9 Ä. ruht im Herzen des Toren
Sir 29,4 macht dem Ä., der ihm geholfen hat

ärgern
Pr 7,9 sei nicht schnell, dich zu ä.
Wsh 12,27 als sie unter ihnen litten, ä. sie sich
Mt 11,6 selig ist, wer sich nicht an mir ä. Lk 7,23
13,57 sie ä. sich an ihm Mk 6,3
Jh 6,61 sprach er zu ihnen: Ä. euch das

Ärgernis
1Sm 25,31 frei sein von dem Anstoß und Ä.
2Kö 23,26 um all der Ä. willen, durch die Manasse
Jes 8,14 wird sein ein Fels des Ä. Rö 9,33; 1Pt 2,8
Hes 8,3 wo ein Bild stand zum Ä. für den Herrn 5
20,28 brachten ihre Gaben mir zum Ä.
Wsh 14,11 Götzen der Heiden sind zum Ä. geworden
Sir 17,22 flehe von Herrn, und gib kein Ä. mehr
26,11 ein betrunkenes Weib erregt Ä.
1Ma 4,45 damit kein Ä. von ihm käme
GMn 10 daß ich so viele Ä. angerichtet habe
Mt 5,29 *wenn dir aber dein rechtes Auge Ä. schafft 18,9; Mk 9,47*
30 *wenn dir deine rechte Hand Ä. schafft 18,8; Mk 9,43.45*
11,6 *selig ist, der nicht Ä. nimmt an mir* Lk 7,23
13,21 *so nimmt er Ä. Mk 4,17*
41 *sie werden sammeln alle, die Ä. geben*
57 *sie nahmen Ä. an ihm Mk 6,3*
15,12 *daß die Pharisäer an dem Worte Ä. nahmen*
16,23 *Satan! Du bist mir ein Ä.*
17,27 *auf daß wir ihnen aber nicht Ä. geben*
18,6 *wer Ä. gibt einem dieser Kleinen Mk 9,42; Lk 17,2*
7 *weh der Welt der Ä. halben. Es muß ja Ä. kommen; doch von dem Menschen, durch welchen Ä. kommt Lk 17,1*
26,31 *in dieser Nacht werdet ihr alle Ä. nehmen an mir 14,27*
33 *wenn sie auch alle Ä. nehmen, so will ich doch niemals Ä. nehmen an dir Mk 14,29*
Jh 6,61 *ist euch das ein Ä.*
16,1 *damit ihr nicht Ä. nehmt*
Rö 11,9 *zu einem Fallstrick werden und zum Ä.*
14,13 *daß niemand seinem Bruder Ä. bereite*
16,17 *in acht nehmt vor denen, die Ä. anrichten*
1Ko 1,23 *den Juden ein Ä. und den Griechen eine Torheit*
10,32 *gebet kein Ä. weder den Juden*
2Ko 6,3 *wir geben niemand irgendein Ä.*
11,29 *wer leidet Ä., und ich brenne nicht*
Gal 5,11 *dann wäre das Ä. des Kreuzes aufgehoben*
1Jh 2,10 *ist kein Ä. in ihm*

Argheit
1Ko 5,8 nicht im Sauerteig der Bosheit und A.

Arglist, arglistig
5Mo 15,9 daß nicht in deinem Herzen ein a. Gedanke
Ps 105,25 daß sie A. übten an seinen Knechten
119,150 meine a. Verfolger nahen

Arglist

Wsh 1,4 Weisheit kommt nicht in eine a. Seele
15,4 uns verführen nicht a. Einfälle
Sir 13,32 wer a. Gedanken hegt, dem sieht man an
19,23 sein Herz ist doch voll A.
Mk 7,22 Bosheit, A., Ausschweifung
2Ko 11,13 solche a. Arbeiter verstellen sich
Eph 4,14 trügerisches Spiel der Menschen, mit dem sie uns a. verführen

arglos

Spr 3,29 der a. bei dir wohnt
Jer 11,19 ich war wie ein a. Lamm gewesen
Wsh 4,12 lockende Begierde verkehrt den a. Sinn
7,13 a. habe ich (Weisheit) gelernt
StE 5,4 sie betrügen auch a. Fürsten
Rö 16,18 durch süße Worte verführen sie die Herzen der A.

Argob

5Mo 3,4 ¹nahmen die Gegend von A. 13.14; 1Kö 4,13
2Kö 15,25 ²schlug ihn tot samt A.

Argwohn

2Sm 15,11 sie gingen ohne A.
2Ma 3,32 der König könnte den A. haben
1Ti 6,4 daraus entspringen Neid, böser A.

Ariarathes

1Ma 15,22 Luzius schrieb an A., an Arsakes

Aridai

Est 9,9 (töteten) Arisai, A. (die Söhne Hamans)

Aridata, *Aridatha*

Est 9,8 (töteten) Adalja, A. (die Söhne Hamans)

Ariël

Esr 8,16 ¹sandte ich hin A.
Jes 29,1 ²weh A., A., wo David lagerte
2 er soll mir ein rechter A. sein
7 Völker, die gegen A. kämpfen
33,7 die Leute von A. schreien draußen (= Jerusalem)

Arimathäa, *Arimathia*
(= Rama 4; Ramatajim; Ramatajim-Zofim)

Mt 27,57 am Abend kam ein reicher Mann aus A. Mk 15,43; Lk 23,51; Jh 19,38

Arisai

Est 9,9 (töteten) A., Aridai (die Söhne Hamans)

Aristarch, *Aristarchus*

Apg 19,29 sie ergriffen Gajus und A. aus Mazedonien
20,4 es zogen mit ihm... aus Thessalonich A. 27,2
Kol 4,10 es grüßt euch A., mein Mitgefangener Phm 24

Aristobul, Aristobulus

2Ma 1,10 ¹A., Lehrer des Königs Ptolemäus
Rö 16,10 ²grüßt die aus dem Haus des A.

Arje

2Kö 15,25 schlug ihn tot samt A.

Arjoch

1Mo 14,1 ¹A., des Königs von Ellasar 9; Jdt 1,6
Dan 2,14 ²wandte sich Daniel an A. 15.24.25

Arkiter

1Mo 10,17 (Kanaan zeugte) den A. 1Ch 1,15
Jos 16,2 (die Grenze) geht zum Gebiet der A.
2Sm 15,32 Huschai, der A. 16,16; 17,5.14; 1Ch 27,33

arm

2Mo 22,24 wenn du Geld verleihst an einen A.
23,6 sollst das Recht deines A. nicht beugen
11 daß die A. unter deinem Volk davon essen
30,15 der A. nicht weniger als den halben Taler
3Mo 14,21 ist er a., so nehme er ein Lamm
19,10 dem A. sollst du es lassen 23,22
27,8 ist er zu a., diese Schätzung zu zahlen
5Mo 15,4 sollte überhaupt kein A. unter euch sein
7 wenn einer deiner Brüder a. ist 9.11
11 es werden allezeit A. sein im Lande
24,14 dem Tagelöhner, der a. ist, sollst du
Ri 14,15 habt ihr uns geladen, um uns a. zu machen
Rut 3,10 weder den reichen noch den a.
1Sm 2,7 der HERR macht a. und macht reich
8 er erhöht den A. aus der Asche Ps 113,7
18,23 ich bin nur ein a., geringer Mann
2Sm 12,1 der eine reich, der andere a. 3.4
Est 9,22 daß einer den A. Gaben schicke
Hi 5,15 er hilft dem A. vom Schwert
16 dem A. wird Hoffnung zuteil
6,27 könntet über eine a. Waise das Los werfen
20,10 werden bei den A. betteln gehen
19 er hat unterdrückt und verlassen den A.
24,4 sie stoßen die A. vom Wege
9 man nimmt den Säugling der A. zum Pfande
14 der Mörder erwürgt den A.
29,12 ich errettete den A.
16 ich war ein Vater der A.
31,19 hab ich den A. ohne Decke gehen lassen
34,19 achtet den Vornehmen nicht mehr als den A.
28 das Schreien der A. vor ihn kommen mußte
Ps 9,10 der HERR ist des A. Schutz
19 er wird den A. nicht für immer vergessen
10,8 seine Augen spähen nach den A.
14 euch befehlen ist der A.
18 daß du Recht schaffest den Waisen und A.
12,6 weil die A. seufzen, will ich aufstehen
14,6 euer Anschlag wider den A. wird zuschanden
22,25 er hat nicht verachtet das Elend der A.
35,10 der du rettest den A. vor seinen Räubern
37,14 daß sie fällen den Elenden und A.
40,18 ich bin a. und elend 70,6; 86,1; 109,22
49,3 (merket auf) reich und a., miteinander
69,34 der HERR hört die A.
72,4 er soll den A. helfen 12.13
74,21 laß die A. und Elenden rühmen deinen Namen

Ps	82,3	schaffet Recht dem A. und der Waise 4
	107,41	die A. schützte er vor Elend
	109,16	verfolgte den Elenden und A.
	31	er steht dem A. zur Rechten
	112,9	er streut aus und gibt den A. 2Ko 9,9
	132,15	will ihren A. Brot genug geben
	140,13	daß der HERR den A. Recht schaffen wird
Spr	10,4	lässige Hand macht a.
	11,24	ein andrer kargt und wird doch ä.
	13,7	mancher stellt sich a. und hat großes Gut
	8	ein a. bekommt keine Drohung zu hören
	23	es ist viel Speise in den Furchen der A.
	14,20	der A. ist verhaßt seinem Nächsten 19,7
	31	wer sich des A. erbarmt, der ehrt Gott
	17,5	wer den A. verspottet, verhöhnt
	18,23	ein A. redet mit Flehen
	19,1	ein A. in Unschuld ist besser 28,6
	4	der A. wird von seinem Freunde verlassen
	17	wer sich des A. erbarmt, der leiht
	22	ein A. ist besser als ein Lügner
	20,13	liebe den Schlaf nicht, daß du nicht a.
	21,13	wer seine Ohren... vor dem Schreien des A.
	22,2	Reiche und A. begegnen einander
	7	der Reiche herrscht über die A.
	9	er gibt von seinem Brot den A.
	16	wer dem A. Unrecht tut, mehrt ihm s. Habe
	22	beraube den A. nicht, weil er a. ist
	28,8	sammelt für den, der sich der A. erbarmt
	11	ein verständiger A. durchschaut ihn
	15	ein Gottloser, der über ein a. Volk regiert
	27	wer dem A. gibt, dem wird nichts mangeln
	29,7	der Gerechte weiß um die Sache der A.
	13	der A. und sein Peiniger begegnen einander
	14	ein König, der die A. treulich richtet
	30,9	wenn ich zu a. würde, könnte ich stehlen
	14	verzehrt die A. unter den Leuten
	31,9	schaffe Recht dem Elenden und A.
	20	sie breitet ihre Hände aus zu den A.
Pr	4,13	ein Knabe, der a., aber weise ist 14
	5,7	wie im Lande der A. Unrecht leidet
	6,8	was hilft's dem A., daß er versteht
	9,15	es fand sich darin ein a., weiser Mann
	16	A. Weisheit wird verachtet
Jes	3,14	was ihr den A. geraubt, ist in eurem Hause
	10,2	um die Sache der A. zu beugen
	11,4	er wird mit Gerechtigkeit richten die A.
	14,30	die (werden) sicher ruhen
	25,4	du bist der A. Schutz in der Trübsal
	26,6	wird sie zertreten mit den Füßen der A.
	29,19	die Ä. werden fröhlich sein
	32,7	wenn der A. sein Recht vertritt
	40,20	wer zu a. ist für solche Gabe
	41,14	du Würmlein Jakob, du a. Haufe Israel
	17	die Elenden A. suchen Wasser
Jer	2,34	an deinen Kleidern das Blut von A.
	5,4	es sind a., unverständige Leute
	28	sie helfen nicht zum Recht
	20,13	der des A. Leben errettet
	22,16	er half dem Elenden und A. zum Recht
Hes	16,49	dem A. und Elenden halten sie nicht
	18,12	(wenn er) die A. und Elenden bedrückt 22,29
Dan	4,24	mache dich los durch Wohltat an den A.
Am	2,6	die A. für ein Paar Schuhe verkaufen 8,6
	7	treten den Kopf der A. in den Staub 4,1; 5,11.12; 8,4.6
Ze	3,12	will in dir übriglassen ein a. Volk
Sa	7,10	tut nicht Unrecht den A.
	9,9	siehe, dein König kommt zu dir, a.
Jdt	9,2	hilf mir a. Witwe, Herr, mein Gott
Wsh	2,10	laßt uns den a. Gerechten unterdrücken

Tob	1,17	als er einen A. aus seinem Stamm sah
	4,7	hilf den A. Sir 4,1.4.8; 7,36; 14,13; 29,12
	22	wir führen zwar jetzt ein a. Leben
	9,9	der den A. viel Gutes getan hat
Sir	10,25	sollen sich A. allein dessen rühmen
	26	einen... zu verachten, weil er a. ist
	33	der A. wird geehrt um seiner Klugheit 34
	34	steht dem A. noch viel übler an
	11,12	wird immer schwächer und immer ä.
	22	plötzlich reich zu machen
	13,4	der A. muß es erleiden
	22	der Reiche nicht mit dem A. 23-25.27.29
	18,25	bedenken, daß man wieder a. werden kann
	25,4	wenn ein A. hoffärtig ist
	26,4	ob er reich oder a. ist
	29,29	besser ein a. Leben in der eignen Hütte
	30,4	es ist besser, a. zu sein
	31,4	der A. arbeitet und lebt doch kärglich
	34,24	wer vom Besitz der A. opfert
	25	der A. hat nichts zum Leben
	35,16	er hilft dem A. ohne Ansehen der Person
	41,3	Tod, wie wohl tust du dem A.
Bar	6,28	geben weder dem A. noch dem Kranken
1Ma	14,14	er schützte ihn vor seinem Volk
2Ma	4,47	aber die a. Leute zum Tode verurteilt
Mt	5,3	selig sind, die da geistlich a. sind
	11,5	A. wird das Evangelium gepredigt Lk 7,22
	19,21	verkaufe, was du hast, und gib's den A. Mk 10,21; Lk 18,22
	26,9	es hätte das Geld den A. gegeben werden können Mk 14,5; Jh 12,5
	11	A. habt ihr allezeit bei euch Mk 14,7; Jh 12,8
Mk	12,42	eine a. Witwe legte zwei Scherflein ein 43; Lk 21,2.3
Lk	4,18	mich gesalbt, zu verkündigen das Evangelium den A.
	6,20	selig seid ihr A.; denn das Reich Gottes ist euer
	14,13	lade A., Verkrüppelte und Blinde ein 21
	16,20	es war ein A. mit Namen Lazarus 22
	19,8	die Hälfte von meinem Besitz gebe ich den A.
Jh	12,6	das sagte er nicht, weil er nach den A. fragte
	13,29	daß er den A. etwas geben sollte
Rö	15,26	eine Gabe für die A. unter den Heiligen
1Ko	13,3	wenn ich alle meine Habe den A. gäbe
2Ko	6,10	(als Diener Gottes:) als die A., aber die doch viele reich machen
	8,2	obwohl sie sehr a. sind, haben sie reichlich gegeben
	9	obwohl er reich ist, wurde er doch a. um euretwillen
Gal	2,10	daß wir an die A. dächten
Jak	2,2	es käme ein A. in unsauberer Kleidung 3
	5	nicht Gott erwählt die A. in der Welt
	6	ihr habt dem A. Unehre angetan
Off	3,17	weißt nicht, daß du bist a., blind und bloß
	13,16	daß sie allesamt, die Reichen und A., sich ein Zeichen machen

Arm

1Mo	16,5	habe meine Magd dir in die A. gegeben
	48,14	Israel kreuzte seine A.
	49,24	bleibt sein Bogen fest und seine A. stark
2Mo	6,6	will euch erlösen mit ausgerecktem A. 5Mo 4,34; 5,15; 7,19; 9,29; 11,2; 26,8; 1Kö 8,42; 2Kö 17,36; 2Ch 6,32; Ps 136,12
	15,16	vor deinem mächtigen A. erstarrten sie
	25,32	sechs A., nach jeder Seite drei A. 33.35.36; 37,18-22

Arm 72

4Mo 11,12 trag es in deinen A., wie eine Amme
5Mo 13,7 deine Frau in deinen A. 28,54.56; Mi 7,5
33,27 Zuflucht ist unter den ewigen A.
Ri 15,14 die Stricke an seinen A. wie Fäden 16,12
1Sm 2,31 daß ich deinen A... abhauen will
2Sm 1,10 nahm das Armgeschmeide von seinem A.
22,35 lehrt meinen A. den Bogen spannen Ps 18,35
1Kö 1,2 eine Jungfrau, die in seinen A. schlafe
3,20 legte ihren toten Sohn in meinen A.
2Kö 5,18 wenn er sich auf meinen A. lehnt 7,2.17
9,24 Jehu schoß Joram zwischen die A.
2Ch 32,8 mit ihm ist ein fleischlicher A.
Hi 22,9 hast die A. der Waisen zerbrochen
26,2 der keine Stärke in den A. hat
31,22 mein A. breche aus dem Gelenk
35,9 ruft um Hilfe vor dem A. der Großen
38,15 wird der erhobene A. zerbrochen werden
40,9 hast du einen A. wie Gott
Ps 10,15 zerbrich den A. des Gottlosen 37,17
44,4 ihr A. half ihnen nicht, sondern dein A.
79,11 durch deine Stärke A. erhalte die Kinder
89,11 Feinde zerstreut mit deinem starken A.
14 du hast einen gewaltigen A.
22 mein A. soll ihn stärken
98,1 er schafft Heil mit seinem heiligen A.
129,7 noch der Garbenbinder seinen A. (füllt)
Spr 31,17 sie regt ihre A.
Hl 8,6 lege mich wie ein Siegel auf deinen A.
Jes 17,5 mit seinem A. die Ähren schneidet
25,11 trotz allen Mühens seiner A.
30,30 wie sein A. herniederfährt
33,2 sei unser A. alle Morgen
40,10 sein A. wird herrschen 48,14
11 wird die Lämmer in seinen A. sammeln
44,12 arbeitet mit der ganzen Kraft seines A.
49,22 werden deine Söhne in den A. herbringen 60,4; 66,12
50,2 ist mein A. so kurz geworden 59,1
51,5 meine A. werden die Völker richten. Die Inseln warten auf meinen A.
9 zieh Macht an, du A. des HERRN
52,10 HERR hat offenbart seinen A. 53,1; Jh 12,38
59,16 hilft sich selbst mit seinem A.
62,8 hat geschworen bei seinem starken A.
63,5 da mußte mein A. mir helfen
12 der seinen A. zur Rechten gehen ließ
Jer 6,24 unsere A. sind uns niedergesunken
17,5 hält Fleisch für seinen A.
21,5 will wider euch streiten mit starkem A.
27,5 durch meinen ausgereckten A. 32,17.21
48,25 Moabs A. ist zerbrochen
Klg 2,12 in den A. ihrer Mütter den Geist aufgeben
Hes 4,7 richte deinen A. gegen Jerusalem
13,20 will sie von euren A. reißen
16,11 legte dir Spangen an deine A. 23,42
20,33 will herrschen mit ausgestrecktem A. 34
30,21 habe ich des Pharao A. 22.24.25
25 will die A. des Königs von Babel stärken 24
31,17 unter dem Schatten seines A. gewohnt
Dan 2,32 seine A. waren von Silber
10,6 seine A. und Füße wie helles Kupfer
Hos 7,15 ich lehre sie Zucht und stärke ihren A.
11,3 ich nahm (Ephraim) auf meine A.
Sa 11,17 das Schwert komme über seinen A.
Mal 2,3 ich will euch den A. zerbrechen
Jdt 9,9 strecke deinen A. aus wie vorzeiten
Wsh 5,17 wird sie mit seinem A. verteidigen
11,21 wer kann der Macht deines A. widerstehen
16,16 durch deinen mächtigen A. gegeißelt
Sir 9,1 wache über die Frau in deinem A.
Sir 21,23 hält Zucht für Geschmeide am A.
30,21 der eine Jungfrau in den A. hält
36,7 verherrliche deinen rechten A.
38,33 muß mit seinen A. sein Gefäß formen
41,23 dich beim Essen mit deinem A. aufzustützen
2Ma 15,24 laß die erschrecken vor deinem starken A.
Lk 1,51 er übt Gewalt mit seinem A.
2,28 nahm er ihn auf seine A. und lobte Gott
Apg 13,17 mit starkem A. führte er sie von dort heraus

Ärmelkleid

2Sm 13,18 (Tamar) hatte ein Ä. an 19

Armgeschmeide

4Mo 31,50 was jeder gefunden hat an A.
2Sm 1,10 ich nahm das A. von seinem Arm

Armoni

2Sm 21,8 Söhne der Rizpa... Saul geboren, A.

Armreif

1Mo 24,22 nahm zwei goldene A. für ihre Hände 30.47

armselig

Jdt 9,14 erhöre das Gebet einer a. Frau
Wsh 9,14 Gedanken der sterblichen Menschen sind a.

Armspange

Jes 3,19 (wird der Herr wegnehmen) die A.

Armut

Spr 6,11 wird dich die A. übereilen 24,34
10,15 das Verderben der Geringen ist ihre A.
13,18 wer Zucht mißachtet, hat A. und Schande
28,19 wer... Dingen nachgeht, wird A. haben
30,8 A. und Reichtum gib mir nicht
Tob 5,27 zufrieden sein können in unsrer A.
Sir 4,2 betrübe den Menschen nicht in seiner A.
11,14 es kommt alles von Gott: A.
13,30 der Gottlose nennt die A. böse
20,23 manchen hindert nur seine A. daran
22,28 bleib deinem Freund in seiner A. treu
26,26 wenn man einen... meiden. A. leiden läßt
38,20 ein Leben in A. tut dem Herzen weh
Mk 12,44 diese hat von ihrer A. ihre ganze Habe eingelegt Lk 21,4
2Ko 8,9 damit ihr durch seine A. reich würdet
Off 2,9 ich kenne deine Bedrängnis und deine A.

Arnan

1Ch 3,21 Söhne Hananjas: A.

Arni

Lk 3,33 Admin war ein Sohn A.

Arnon, Arnonfluß

4Mo 21,13 lagerten sich südlich des A. 14
13 der A. ist die Grenze Moabs Ri 11,18
24 vom A. bis an den Jabbok 26; Ri 11,13.22.26
28 eine Flamme hat verzehrt die Höhen am A.

4Mo	22,36	zog aus nach Ar in Moab, das am A. liegt
5Mo	2,24	zieht aus und geht über den A. 3,8
	36	von Aroër an, das am Ufer des A. liegt 3,12; 4,48; Jos 12,2; 13,9.16; 2Kö 10,33
	3,16	gab ein Gebiet von Gilead bis zum A.
Jos	12,1	deren Land sie einnahmen von dem A. an
Jes	16,2	die Bewohner Moabs an den Furten des A.
Jer	48,20	sagt's am A., daß Moab vernichtet ist

Arod, Arodi, Aroditer

1Mo	46,16	Söhne Gads: A. 4Mo 26,17

Aroër, Aroëriter

4Mo	32,34	¹die Söhne Gad bauten A.
5Mo	2,36	A., das am Arnon liegt 3,12; 4,48; Jos 12,2; 13,9.16; Ri 11,26; 2Kö 10,33
2Sm	24,5	fingen an bei A. und bei der Stadt
1Ch	5,8	Bela. Der wohnte zu A.
	11,44	Söhne Hotams, des A.
Jer	48,19	schaue, du Einwohnerin von A.
Jos	13,25	²(Stamm Gad) Land der Ammoniter bis A.
Ri	11,33	(Jeftah) schlug sie von A. an
1Sm	30,28	³(ein Segensgeschenk) denen zu A.

Arpachschad

1Mo	10,22	(Sems) Söhne: A. 24; 11,10.12; 1Ch 1,17.18.24; Lk 3,36

Arpad

2Kö	18,34	wo sind die Götter von A. Jes 36,19
	19,13	wo ist der König von A. Jes 37,13
Jes	10,9	ist Hamat nicht wie A. Jer 49,23

Arphaxad

Jdt	1,1	A., der König der Meder 6

Arsakes

1Ma	14,2	A., der König von Persien 3; 15,22

Art

1Mo	1,11	ein jeder nach seiner A. 12.21.24.25; 6,20; 7,14
3Mo	11,14	die Weihe mit ihrer A. 15.16.19.22.29; 5Mo 14,13-15.18
	14,54	Gesetz über alle A. des Aussatzes
	19,19	laß nicht zweierlei A. sich paaren
4Mo	22,30	war es je meine A.
1Sm	27,11	so tat David, und das war seine A.
2Kö	1,7	von welcher A. war denn der Mann
2Ch	15,6	Gott erschreckte sie mit Ängsten aller A.
	32,28	Ställe für die verschiedenen A. von Vieh
Neh	10,32	auf Schuldforderungen jeder A. verzichten
Ps	101,5	ich mag den nicht, der hoffärtige A. hat
Spr	30,11	gibt eine A., die ihrem Vater flucht 12-14
Hes	17,23	Vögel aller A. in ihm wohnen
	27,12	mit einer Fülle von Gütern aller A. 18
	22	Edelsteine aller A. 28,13
	47,10	wird dort Fische von aller A. geben
Dan	1,17	Daniel verstand sich auf Träume jeder A.
Hab	3,1	Gebet Habakuk(s), nach A. eines Klageliedes
Wsh	19,11	wie eine neue A. Vögel entstand
Sir	13,20	jedes Geschöpf hält sich zu seiner A.
	23,15	eine A. zu reden, die dem Tod gleicht
Sir	23,21	zwei A. von Menschen begehen viele Sünden
StD	1,56	du Mann nicht nach Judas A.
Mt	13,47	Netz, das Fische aller A. fängt
	17,21	diese A. fährt nur aus durch Beten Mk 9,29
Apg	25,16	es ist der Römer A. nicht
Rö	7,8	erregte in mir Begierden aller A.
1Ko	3,13	von welcher A. eines jeden Werk ist
	14,10	es gibt so viele A. von Sprache
2Ko	8,8	eure Liebe, ob sie rechter A. sei
Gal	1,11	das Evangelium nicht von menschlicher A.
Eph	2,2	in denen ihr früher gelebt habt nach der A. dieser Welt
	5,3	von jeder A. Unreinheit soll bei euch nicht die Rede sein
Jak	3,7	jede A. von Tieren wird gezähmt
Off	11,6	die Erde zu schlagen mit Plagen aller A.

Artahsasta, Arthahsastha

Esr	4,7	schrieben an A., den König von Persien 8.11. 23; 6,14; 7,1.7.11.12.21; 8,1; Neh 2,1; 5,14; 13,6

Artaxerxes (= Ahasveros)

StE	1,1	der Großkönig A. 5,1

Artemas

Tit	3,12	wenn ich A. zu dir senden werde

Artemis s. Diana

Arubbot, Arubboth

1Kö	4,10	(Amtleute:) der Sohn Heseds in A.

Aruma

Ri	9,41	Abimelech blieb in A.

Arwad, Arwaditer

1Mo	10,18	(Kanaan zeugte) den A. 1Ch 1,16
Hes	27,8	die Edlen von A. waren Ruderknechte 11

Arza

1Kö	16,9	(Ela) wurde trunken im Hause A.

Arznei

Hes	47,12	dienen ihre Blätter zur A.
Tob	6,6	sie sind sehr gut als A.
Sir	38,4	der Herr läßt die A. aus der Erde wachsen
	7	der Apotheker macht A. daraus

Arzt

1Mo	50,2	Josef befahl den Ä., daß sie seinen Vater salbten. Und die Ä. salbten Israel
2Mo	15,26	ich bin der HERR, dein A.
2Ch	16,12	Asa suchte in seiner Krankheit die Ä.
Hi	13,4	ihr seid alle unnütze Ä.
Jes	3,7	er aber wird sagen: Ich bin kein A.
Jer	8,22	oder ist kein A. da
Sir	10,11	eine leichte Krankheit... der A. scherzt
	38,1	ehre den A. mit gebührender Verehrung 3
	12	danach laß den A. zu dir

Arzt

Sir	38,13	dem Kranken allein durch die Ä. geholfen
	15	der soll dem A. in die Hände fallen
Mt	9,12	die Starken bedürfen des A. nicht Mk 2,17; Lk 5,31
Mk	5,26	hatte viel erlitten von vielen Ä. Lk 8,43
Lk	4,23	A., hilf dir selber
Kol	4,14	es grüßt euch Lukas, der A., und Demas

Arztgeld

2Mo 21,19 soll ihm bezahlen... und das A. geben

Asa

1Kö	15,8	¹(Abijas) Sohn A. wurde König 9.23-25.28.33; 16,8.10.15.23.29; 2Ch 13,23; 15,10.19; 16,11.13
	11	A. tat, was dem HERRN wohlgefiel 13; 22,43; 2Ch 14,1; 20,32
	14	das Herz A. war ungeteilt bei dem HERRN 2Ch 15,17
	16	Krieg zwischen A. und Bascha 17,32; 2Ch 16,1; Jer 41,9
	18	A. sandte zu Ben-Hadad 20; 2Ch 16,2.4
	22	A. bot ganz Juda auf 2Ch 16,6
	22	A. baute Geba und Mizpa aus
	22,41	Joschafat, der Sohn A., wurde König 1Ch 3,10
	47	Tempelhurern, die zur Zeit seines Vaters A.
2Ch	14,7	A. hatte eine Heeresmacht, aus Juda 300. 000
	9	A. zog (Serach) entgegen 12
	10	A. rief den HERRN an 11
	15,2	höret mir zu, A. und ganz Juda 8
	16	setzte A. seine Mutter Maacha ab... und A. zerschlug ihr Greuelbild
	16,7	kam der Seher Hanani zu A. 10
	12	A. wurde krank an seinen Füßen
	17,2	in den Städten Ephraims, die A. erobert
	21,12	weil du nicht gewandelt in den Wegen A.
Mt	1,7	Abija zeugte A. 8
1Ch	9,16	²A., des Sohnes Elkanas

asabtani

Mt 27,46 Eli, Eli, lama a. Mk 15,34

Asaël

2Sm 2,18 es waren dabei... A. 20-23.30.32; 3,27.30; 23,24; 1Ch 2,16; 11,26; 27,7
weitere Träger ds. Namens
2Ch 17,8/ 31,13/ Esr 10,15

Asaf, *Asaph*

1Ch	6,24	A., ein Sohn Berechjas 15,17.19; 16,5.7.37; 25,1.2.6.9; 26,1; 2Ch 5,12; 20,14; 29,13; 35,15; Neh 12,46
2Ch	29,30	den HERRN zu loben mit den Liedern A.
Esr	2,41	die Söhne A. 3,10; Neh 7,44; 11,17.22; 12,35
Ps	50,1	ein Psalm A. 73,1; 75,1; 76,1; 77,1; 79,1; 80,1; 81,1; 82,1; 83,1
	74,1	eine Unterweisung A. 78,1
		weitere Träger ds. Namens 2Kö 18,18.37; Jes 36,3.22/ 1Ch 9,15 (= Abiasaf 2)/ Neh 2,8

Asaja

2Kö 22,12 ¹gebot A., dem Kämmerer 14; 2Ch 34,20
1Ch 4,36 ²(Söhne Simeons:) A.

1Ch	6,15	³Haggija, dessen Sohn war A. 15,6.11
	9,5	⁴von den Schelanitern A.

Asan

4Mo 34,26 Paltiël, der Sohn A.

Asanja

Neh 10,10 die Leviten: Jeschua, der Sohn A.

Asarel

versch. Träger ds. Namens
1Ch 4,16/ 12,7/ 25,18 (s.a.Usiël)/ 27,22/ Esr 10,41/ Neh 11,13/ 12,36

Asarela

1Ch 25,2 von den Söhnen Asafs: A. 14

Asarhaddon

2Kö 19,37 (Sanheribs) Sohn A. wurde König Esr 4,2; Jes 37,38

Asarja

2Kö 14,21 nahm A. und machte ihn zum König 15,1.6-8. 17.23.27; 1Ch 3,12 (= Usija)
weitere Träger ds. Namens
1Kö 4,2/ 4,5/ 1Ch 2,8/ 2,38.39/ 5,35/ 5,36.37; 2Ch 26,17.20; 31,10.13; Esr 7,3/ 1Ch 5,39.40; 9,11; Esr 7,1 (s.a.Seraja)/ 1Ch 6,21/ 2Ch 15,1. 8; 23,1/ 21,2/ 23,1/ 28,12/ 29,12/ Neh 3,23.24/ 7,7 (s.a.Seraja)/ 10,3; 12,33/ Jer 42,1; 43,2/ Dan 1,7; 1Ma 2,59; StD 3,1.25.64 (= Abed-Nego)/ Tob 5,19; 6,8; 9,1 (= Rafael)/ 1Ma 5,18.56.60

Asas

1Ch 5,8 A., des Sohnes Schemas

Asasel

3Mo 16,8 ein Los dem HERRN und das andere A. 10
10 daß er (den Bock) zu A. schicke 26

Asasja

1Ch	15,21	¹A. mit Harfen von acht Saiten
	27,20	²bei Ephraim Hoschea, der Sohn A.
2Ch	31,13	³A. und Benaja wurden Aufseher

Asbuk

Neh 3,16 Nehemja, der Sohn A.

Aschan

Jos 15,42 (Städte des Stammes Juda:) A.
19,7 (Simeon ward zum Erbteil) A.

Aschbel, Aschbeliter

1Mo 46,21 Söhne Benjamins: A. 4Mo 26,38; 1Ch 8,1

Aschdod, Aschdoditer

Jos	11,22	ließ keine Anakiter übrig außer in A.
	13,3	Fürsten der Philister, von A. Jer 25,20
	15,46	alles, was nach der Seite von A. liegt 47
1Sm	5,1	brachten (die Lade) nach A. 3.5-7; 6,17
2Ch	26,6	(Usija) riß nieder die Mauer von A. und baute Festungen um A.
Neh	4,1	als die A. hörten, daß die Mauern ausgebessert
	13,23	Juden, die Frauen genommen aus A.
Jes	20,1	nach A. kam und gegen A. kämpfte
Am	1,8	will die Einwohner aus A. ausrotten Ze 2,4
	3,9	verkündigt in den Palästen von A.
Sa	9,6	in A. werden Mischlinge wohnen
1Ma	4,15	Judas jagte ihnen nach bis A. 5,68; 9,15; 10,77.78.83; 11,4; 16,10
	10,84	plünderte die Stadt A. und zündete sie an
	14,34	Geser an den Grenzen von A.
Apg	8,40	Philippus fand sich in A. wieder

aschdodisch

Neh	13,24	die Hälfte ihrer Kinder sprach a.

Asche

1Mo	18,27	wiewohl ich Erde und A. bin
2Mo	27,3	mache auch Töpfe für die A. 38,3
3Mo	4,12	wo man die A. hinschüttet
	6,3	der Priester soll die A. wegnehmen 4; 4Mo 4,13
4Mo	19,9	ein reiner Mann soll die A. sammeln 10.17
5Mo	28,24	statt des Regens Staub und A.
1Sm	2,8	(der HERR) erhöht den Armen aus der A.
2Sm	13,19	warf Tamar A. auf ihr Haupt Est 4,1
1Kö	13,3	die A. (wird) verschüttet werden 5
2Kö	23,4	er ließ ihre A. nach Bethel bringen
Est	4,3	viele (Juden) lagen in Sack und A.
Hi	2,8	(Hiob) saß in der A.
	13,12	sind Sprüche aus A.
	30,19	daß ich gleich bin der A.
	42,6	ich tue Buße in Staub und A.
Ps	102,10	ich esse A. wie Brot
	147,16	er streut Reif wie A.
Jes	44,20	wer A. hütet, den hat sein Herz betört
	58,5	wenn ein Mensch in Sack und A. sich bettet
	61,3	daß ihnen Schmuck statt A. gegeben
Jer	25,34	ihr Hirten, wälzt euch in der A.
	31,40	Tal der Leichen und der A.
Klg	3,16	er drückte mich nieder in die A.
Hes	27,30	werden sich in A. wälzen
	28,18	Feuer, das dich zu A. gemacht hat
Dan	9,3	um zu beten und zu flehen in Sack und A.
Am	2,1	weil sie die Gebeine verbrannt haben zu A.
Jon	3,6	(der) König von Ninive setzte sich in die A.
Jdt	4,14	hatten A. auf dem Haupt 7,4; 9,1; 1Ma 3,47; 4,39; StE 3,2
Wsh	2,3	geht der Leib dahin wie A.
	15,10	die Gedanken seines Herzens sind wie A.
2Ma	4,41	rafften etwas von der A. zusammen
	13,5	ein Turm voll glühender A.
	8	Altar, dessen Feuer und A. heilig sind
StD	2,13	Daniel befahl seinen Dienern, A. zu holen
Mt	11,21	hätten längst in Sack und A. Buße getan Lk 10,13
2Pt	2,6	(Gott) hat Sodom und Gomorra zu Schutt und A. gemacht
Heb	9,13	wenn schon die A. von der Kuh die Unreinen heiligt

Aschenhaufen

3Mo	1,16	den Kropf soll man auf den A. werfen

Aschera

Ri	3,7	dienten den Baalen und den A.
	6,25	haue um das Bild der A.
1Kö	15,13	ein Greuelbild der A. 16,33; 2Kö 13,6; 17,16; 21,3,7; 2Ch 15,16; 24,18; 33,3.19
	18,19	vierhundert Propheten der A.
2Kö	10,26	die Bilder der A. verbrannten sie 18,4; 23,4.6.15; 2Ch 14,2; 19,3; 31,1; 34,3.4.7
	23,7	Gewänder für die A.
Jes	17,8	er wird nicht schauen auf die Bilder der A.
	27,9	keine Bilder der A. werden bleiben

Ascherabild

5Mo	16,21	sollst keinen Holzpfahl als A. errichten
Ri	6,26	ein Brandopfer mit dem Holz des A.
	28	da war das A. umgehauen 30
1Kö	14,15	weil sie A. gemacht 23; 2Kö 17,10
2Kö	23,14	(Josia) hieb die A. um 2Ch 17,6
Jer	17,2	ihre Söhne denken an ihre A.
Mi	5,13	will deine A. ausreißen

Aschhur

1Ch	2,24	gebar ihm A., den Vater Thekoas 4,5

Aschima

2Kö	17,30	die von Hamat machten sich A.

Aschkelon

Jos	13,3	fünf Fürsten der Philister, von Aschdod, A. 1Sm 6,17; Jer 25,20
Ri	1,18	doch eroberte Juda nicht A.
	14,19	(Simson) ging hinab nach A.
2Sm	1,20	verkündet's nicht auf den Gassen in A.
Jer	47,5	A. wird vernichtet 7; Ze 2,4.7; Sa 9,5
Am	1,8	ich will aus A. ausrotten
1Ma	10,86	zog mit dem Heer vor A. 11,60; 12,33

Aschkenas

1Mo	10,3	¹die Söhne Gomers: A. 1Ch 1,6
Jer	51,27	²ruft wider sie die Königreiche... A.

Aschmodai

Tob	3,8	ein böser Geist, A. genannt

Aschna

Jos	15,33	im Hügelland waren... Zora, A. 43

Aschpenas

Dan	1,3	sprach zu A., seinem obersten Kämmerer

Aschtarot(h), Aschtarot(h)iter

5Mo	1,4	Og, der zu A. herrschte Jos 9,10; 12,4; 13,12
Jos	13,31	A. gab er den Söhnen Machirs
1Ch	6,56	den Söhnen Gerschon gaben sie A.
	11,44	Usija, der A.

Aschterot-Karnajim

Aschterot-Karnajim
1Mo 14,5 schlugen die Refaiter zu A. (= Karnajim)

Aschuriter s. Schur

Aschwat, *Aschwath*
1Ch 7,33 Söhne Jaflets: A.

Aseka
Jos 10,10 schlugen (die Amoriter) bis nach A. 11
    15,35 (Städte des Stammes Juda:) A.
1Sm 17,1 lagerten sich zwischen Socho und A.
2Ch 11,9 (in Juda Festungen:) A. Neh 11,30
Jer 34,7 die übriggeblieben waren, nämlich... A.

Asenappar
Esr 4,10 der große und berühmte A.

Asenat, *Asenath*
1Mo 41,45 gab (Josef) zur Frau A. 50; 46,20

Asfar, *Asphar*
1Ma 9,33 am Wasser des Brunnens A.

Asgad
Esr 2,12 die Söhne A. 8,12; Neh 7,17; 10,16

Asiël
1Ch 4,35 Serajas, des Sohnes A.

Asien
2Ma 10,24 sammelte viel Reiterei aus A.
Apg 2,9 (Juden in Jerusalem) die wir wohnen in der Provinz A.
    6,9 da standen einige auf aus der Provinz A.
    16,6 verwehrt, das Wort zu predigen in A.
    19,10 daß alle, die in der Provinz A. wohnten, das Wort hörten
    22 er blieb noch eine Weile in der Provinz A.
    26 daß in der ganzen Provinz A. dieser Paulus
    27 der die ganze Provinz A. Verehrung erweist
    31 einige der Oberen der Provinz A. sandten zu ihm
    20,4 es zogen mit ihm aus der Provinz A. Tychikus und Trophimus
    16 um in der Provinz A. keine Zeit zu verlieren
    18 vom ersten Tag an, als ich in die Provinz A. gekommen bin
    21,27 sahen ihn Juden aus der Provinz A. 24,19
    27,2 das die Küstenstädte der Provinz A. anlaufen sollte
Rö 16,5 Epänetus, der aus der Provinz A. der Erstling für Christus ist
1Ko 16,19 es grüßen euch die Gemeinden in A.
2Ko 1,8 Bedrängnis, die uns in der Provinz A. widerfahren ist
2Ti 1,15 von mir abgewandt alle, die in der Provinz A. sind
1Pt 1,1 die verstreut wohnen in der Provinz A.
Off 1,4 Johannes an die sieben Gemeinden in A.

Asisa
Esr 10,27 bei den Söhnen Sattu: A.

Asmawet, *Asmaweth*
2Sm 23,31 [1]A., der Bahurimiter 1Ch 11,33
1Ch 8,36 [2]Joadda zeugte A. 9,42
    12,3 [3]Jesiël und Pelet, die Söhne A.
    27,25 [4]A., der Sohn Adiëls
Neh 12,29 [5](die Sänger) von den Fluren um A. (= Bet-Asmawet)

Asna
Esr 2,50 (Tempelsklaven:) die Söhne A.

Asnot-Tabor, *Asnoth-Tabor*
Jos 19,34 wendet sich westwärts nach A.

Asor
Mt 1,13 Eljakim zeugte A. 14

Aspata, *Aspatha*
Est 9,7 töteten Dalphon, A. (die Söhne Hamans)

Asriël, *Asriëliter*
4Mo 26,31 [1](Söhne Manasses:) A., daher kommt das Geschlecht der A. Jos 17,2; 1Ch 7,14
1Ch 5,24 [2](Stamm Manasse) Häupter: A.
    27,19 [3]bei Naftali Jeremot, der Sohn A.
Jer 36,26 [4]Seraja, dem Sohn A.

Asrikam
1Ch 3,23 [1]Söhne Nearjas: A.
    8,38 [2]Azel hatte Söhne: A. 9,44
    9,14 [3]A., des Sohnes Haschabjas Neh 11,15
2Ch 28,7 [4]A., Vorsteher des Königshauses

Asser
1Mo 30,13 [1]Lea nannte ihn A. 35,26
    46,17 die Söhne A. 4Mo 1,40.41; 26,44.47
    49,20 A. Brot wird fett sein
2Mo 1,4 (mit nach Ägypten kamen:) A. 1Ch 2,2
4Mo 1,13 (je ein Mann) von A. 7,72; 10,26; 34,27
    2,27 neben ihm soll sich lagern A. Hes 48,2.3
    13,13 Setur, vom Stamme A.
    26,46 die Tochter A. hieß Serach
5Mo 27,13 auf dem Berge Ebal, um zu verfluchen: A.
    33,24 über A. sprach er: A. ist gesegnet
Jos 19,24 das fünfte Los fiel auf den Stamm A. 31.34
    21,6 dreizehn Städte von A. 30; 1Ch 6,47.59
Ri 1,31 A. vertrieb nicht die von Akko 32
    5,17 A. saß am Ufer des Meeres
    6,35 (Gideon) sandte auch Botschaft zu A.
    7,23 Männer Israels in A. zusammengerufen
2Sm 2,9 machte (Isch-Boschet) zum König über A.
1Kö 4,16 (Salomo hatte 12 Amtleute:) Baana in A.
1Ch 12,37 von A. wehrfähige Männer, 40.000
2Ch 30,11 einige von A. demütigten sich
Hes 48,34 drei Tore: das erste Tor Gad, das zweite A.
Lk 2,36 Hanna, aus dem Stamm A.
Off 7,6 aus dem Stamm A. zwölftausend
Jos 17,7 [2]die Grenze Manasses war von A. an 10.11

Assir

2Mo	6,24	¹Söhne Korachs: A. 1Ch 6,7
1Ch	6,8	²Abiasaf, dessen Sohn war A. 22

Assos

Apg	20,13	wir zogen zum Schiff und fuhren nach A. 14

Assur

1Mo	10,11	¹von diesem Lande ist er nach A. gekommen
	22	(Sems) Söhne: A. 1Ch 1,17
4Mo	24,22	führt A. dich gefangen hinweg
	24	Schiffe werden verderben A.
1Ch	5,6	Tiglat-Pileser, der König von A.
2Ch	28,16	sandte Ahas zu dem König von A. 20.21
	30,6	die die Könige von A. übriggelassen haben
	32,1	kam Sanherib, der König von A. 4.7.9.10
	11	erretten aus der Hand des Königs von A. 22
	21	vertilgte alle im Lager des Königs von A.
	33,11	ließ kommen die Obersten des Königs von A.
Esr	4,2	Asarhaddons, des Königs von A.
	6,22	das Herz des Königs von A. ihnen zugewandt
Neh	9,32	das Elend seit der Zeit der Könige von A.
Jes	7,18	wird herbeipfeifen die Biene im Lande A.
	10,5	wehe A., der meines Zornes Rute ist 16
	24	fürchte dich nicht vor A.
	11,11	der übriggeblieben ist in A. 16
	14,25	daß A. zerschlagen werde in meinem Lande
	19,25	gesegnet bist du, A., meiner Hände Werk
	23,13	dies Volk hat's getan, nicht A.
	27,13	kommen die Verlorenen im Lande A.
	30,31	da wird A. erschrecken
	31,8	A. soll fallen
	52,4	A. hat ihm ohne Grund Gewalt angetan
Klg	5,6	mußten A. die Hand hinhalten
Hes	23,7	buhlte mit auserlesenen Söhnen A. 9.12
	27,23	Eden samt den Kaufleuten aus A.
	32,22	da liegt A. mit seinem Volk
Hos	5,13	zog Ephraim hin nach A. 7,11; 8,9
	11,5	nun muß A. ihr König sein
	11	kommen aus dem Lande A. wie Tauben
	12,1	sie schließen mit A. einen Bund
	14,4	A. soll uns nicht helfen
Mi	5,4	wenn A. in unser Land fällt 5
	7,12	werden sie von A. zu dir kommen
Nah	3,18	deine Hirten werden schlafen, o König von A.
Ze	2,13	der Herr wird A. umbringen
Jdt	16,5	A. kam mit großer Heeresmacht
Ps	83,9	²auch A. hat sich zu ihnen geschlagen (= Etam; Schur)

Assyrer

Jes	19,23	daß die A. nach Ägypten kommen
	24	wird Israel der dritte sein mit den A.
Hes	16,28	triebst Hurerei mit den A. 23,5.23
Jdt	6,2	durch das Schwert der A. sterben 9
	7,4	das große Heer der A. 9,5
	13	ihr nicht mit den A. Frieden schließen
	8,8	die Stadt den A. übergeben 9
	10,12	begegneten ihr die Wächter der A.
	13,19	Feldhauptmanns der A. 14,10
	15,8	fielen über das Lager der A. her 5
	16,14	erstachen die A. 13; Sir 48,24

Assyrien

1Mo	2,14	der dritte Strom fließt östlich von A.
	25,18	wohnten östlich von Ägypten nach A. hin
2Kö	15,19	Pul, der König von A. 20.29; 1Ch 5,26
	29	führte sie weg nach A. 17,6.23; 18,11
	16,7	Ahas sandte zu dem König von A. 8-10.18; 18,14.16
	17,3	Salmanassar, der König von A. 4-6
	24	der König von A. ließ kommen 26.27
	18,7	(Hiskia) wurde abtrünnig vom... A. 9.11
	13	Sanherib, König von A. 14; 19,20; Jes 37,21
	17	der König von A. sandte den Tartan Jes 36,2
	23	eine Wette mit dem König von A. Jes 36,8
	28	hört das Wort des großen Königs von A. 19. 31; Jes 36,13.16
	30	in die Hände des Königs von A. 33; 19,10; Jes 36,15.18; 37,10
	19,4	den der König von A. gesandt hat 6.8.9; Jes 37,4.6.8
	11	was die Könige von A. allen Ländern getan 17; Jes 37,11.18
	32	spricht über den König von A. Jes 37,33
	35	schlug von A. 185.000 Mann 36; Jes 37,36.37
	20,6	erretten vor dem König von A. Jes 38,6
	23,29	zog der Pharao gegen den König von A.
Jes	7,17	durch den König von A. 20; 8,4.7; 20,1.4.6; 36,1.2.4
	10,12	heimsuchen die Frucht des Königs von A.
	19,23	wird eine Straße sein von Ägypten nach A.
Jer	2,18	was hilft's, daß du nach A. ziehst 36
	50,17	zuerst fraß sie der König von A.
	18	gleichwie ich den König von A. heimgesucht
Hos	9,3	Ephraim muß in A. Unreines essen
	10,6	das Kalb wird nach A. gebracht
Sa	10,10	ich will sie sammeln aus A.
	11	da soll zu Boden sinken die Pracht A.
Jdt	1,6	Nebukadnezar, der König von A. 2,1
	5,1	Feldhauptmann von A. 14,15
Tob	1,2	zur Zeit Salmanassars, des Königs von A.

assyrisch

Jdt	2,7	die Obersten des a. Heeres 14,10.15
	12	über die Grenze des a. Landes
	14,9	an der Kammer des a. Fürsten

Ast

Ri	9,48	(Abimelech) hieb einen A. vom Baum 49
Jes	9,13	haut der HERR ab A. und Stumpf 19,15
	10,33	der HERR wird die Ä. mit Macht abhauen
Jer	11,16	Feuer, so daß seine Ä. verderben müssen
Hes	31,3	einem Zedernbaum mit schönen Ä. 5-9
	12	seine Ä. fielen auf die Berge 13
Dan	4,9	Vögel des Himmels saßen auf seinen Ä. 18
	11	schlagt ihm die Ä. weg
Wsh	4,5	die zu schwach gebliebenen Ä. zerbrochen
	13,13	krummes, mit Ä. durchwachsenes Holz

Astarte

Ri	2,13	dienten dem Baal und den A. 10,6; 1Sm 12,10
1Sm	7,3	so tut von euch die Götter und die A. 4
	31,10	legten (Sauls) Rüstung in das Haus der A.
1Kö	11,5	so diente Salomo der A. 33
2Kö	23,13	die Höhen der A. machte der König unrein

Astyages

Astyages
StD 2,1 nach dem Tod des Königs A.

Asuba
1Kö 22,42 ¹A., eine Tochter Schilhis 2Ch 20,31
1Ch 2,18 ²Kaleb zeugte mit A. die Jeriot 19

Asur
Neh 10,18 ¹(die Oberen des Volks:) A.
Jer 28,1 ²Hananja, der Sohn A., ein Prophet
Hes 11,1 ³Jaasanja, den Sohn A.

Asynkritus
Rö 16,14 grüßt A., Phlegon, Hermes, Patrobas

Atach, *Athach*
1Sm 30,30 (ein Segensgeschenk) denen zu A.

Ataja, *Athaja*
Neh 11,4 A., der Sohn Usijas, von den Söhnen Perez

Atalja, *Athalja*
2Kö 8,26 ¹(Ahasjas) Mutter hieß A. 2Ch 22,2
11,1 A. brachte alle aus dem königlichen Geschlecht um 2Ch 22,10
2 verbarg (Joasch) vor A. 3; 2Ch 22,11.12
14 A. rief: Aufruhr 13; 2Ch 23,12.13
20 A. töteten sie 16; 2Ch 23,21
2Ch 24,7 die gottlose A. und ihre Söhne
1Ch 8,26 ²A. (Söhne Jerohams)
Esr 8,7 ³Jesaja, der Sohn A.

Atara
1Ch 2,26 A.; die ist die Mutter Onams

Atargatis
2Ma 12,26 zog gegen den Tempel der A.

Atarim, *Atharim*
4Mo 21,1 hörte, daß Israel herankam von A.

Atarot, *Atrot*
versch. Orte ds. Namens
A.4Mo 32,3.34/ A.-Schofan 4Mo 32,35/ A.-Addar Jos 16,2.5.7; 18,13/ A.-Bet-Joab 1Ch 2,54

Atem
Hi 9,18 er läßt mich nicht A. schöpfen
Hl 7,9 laß sein den Duft deines A. wie Äpfel
Dan 10,17 da mir der A. fehlt
Wsh 2,2 der A. in unsrer Nase ist nur Rauch
7,3 ich habe, als ich geboren war, A. geholt

Atemzug
Hi 7,19 du läßt mir keinen Atemzug Ruhe

Ater
Esr 2,16 ¹Söhne A., nämlich die Söhne Hiskia Neh 7,21
2,42 ²Torhüter: die Söhne A. Neh 7,45
Neh 10,18 ³(die Oberen des Volks:) A.

Athen, Athener
2Ma 6,1 sandte einen alten Mann von A.
9,15 den Bürgern von A. gleichstellen
Apg 17,15 die Paulus geleiteten, brachten ihn bis nach A. 16.21.22
18,1 verließ Paulus A. und kam nach Korinth
1Th 3,1 beschlossen, in A. allein zurückzubleiben

Athenobius
1Ma 15,28 (Antiochus) sandte A. 32.35

Äthiopien
Apg 8,27 ein Mann aus Ä., ein Kämmerer der Königin von Ä.

Atlai, *Athlai*
Esr 10,28 bei den Söhnen Bebai: A.

atmen
Jos 2,11 es wagt keiner mehr vor euch zu a. 5,1
Sir 33,21 solange du lebst und a. kannst

Attai
1Ch 2,35 ¹die gebar (Jarha) A. 36
12,12 ²(von den Gaditern:) A.
2Ch 11,20 ³Maacha gebar ihm A.

Attalia
Apg 14,25 sagten das Wort in Perge und zogen hinab nach A.

Attalus
1Ma 15,22 so schrieb Luzius an A.

Aue
5Mo 8,7 Bäche, die in den A. fließen
11,11 A., die der Regen vom Himmel tränkt
Ps 23,2 er weidet mich auf einer grünen A.
37,20 wenn sie auch sind wie prächtige A.
65,13 es triefen auch die A. in der Steppe 14
72,6 soll herabfahren wie der Regen auf die A.
Jes 14,30 die Geringen werden auf meiner A. weiden
30,23 dein Vieh wird weiden auf weiter A.
32,18 mein Volk in friedlichen A. wohnen wird
Jer 6,2 die Tochter Zion ist wie eine liebliche A.
25,37 ihre A., die so schön standen 49,20; 50,45
33,12 in ihren Städten werden wieder A. sein
49,19 er kommt wie ein Löwe in die A. 50,44
Hes 34,14 auf den Bergen sollen sie A. sein; da werden sie auf guten A. lagern
Jo 1,19 das Feuer hat die A. verbrannt 20
2,22 die A. in der Steppe sollen grünen
Am 1,2 daß die A. der Hirten vertrocknen werden

Auerochs

5Mo 14,5 (Tiere, die ihr essen dürft:) A.

auf einmal

Apg 11,11 a.e. standen drei Männer vor dem Hause

auf sein

Jes 5,11 weh denen, die des Morgens früh a. sind

aufbauen

5Mo 13,17 daß sie nie wieder aufg. werde Jes 25,2
Jos 6,26 verflucht sei, der Jericho a. 1Kö 16,34
 19,50 b. (Josua) die Stadt a. und wohnte darin
Ri 18,28 dann b. sie die Stadt wieder a.
 21,23 die Benjaminiter b. die Städte wieder a.
1Kö 9,17 Salomo b. Geser wieder a.
 18,30 Elia b. den Altar des HERRN wieder a.
2Kö 21,3 (Manasse) b. wieder die Höhen a. 2Ch 33,3
Esr 4,12 geben die Juden die Stadt wieder a. 13.16.21;
 5,2.3.11.17; 6,3.7; 9,9; Neh 2,5.17.20
Ps 28,5 wird sie niederreißen und nicht wieder a.
 147,2 der HERR b. Jerusalem a.
Jes 44,26 zu den Städten Judas: Werdet aufg. 45,13
 58,12 es soll durch dich wieder aufg. werden 61,4
Hes 11,3 sind nicht die Häuser aufg. worden
 36,10 sollen die Trümmer aufg. werden 33
Dan 9,25 Jerusalem werde wieder aufg. werden
Am 9,14 daß sie die verwüsteten Städte wieder a.
Sa 1,16 mein Haus soll darin wieder aufg. werden
Tob 14,7 Gottes Haus wird wieder aufg. werden
1Ma 4,48 sie b. das Heiligtum wieder auf
 10,10 Jonatan begann, die Stadt wieder a.
Mt 26,61 ich kann den Tempel Gottes in drei Tagen a. 27,40; Mk 15,29
Apg 9,31 die Gemeinde b. sich a. und mehrte sich
 15,16 (die zerfallene Hütte Davids) ihre Trümmer will ich wieder a.
1Ko 8,1 die Erkenntnis bläht auf; aber die Liebe b.a.
 10,23 alles ist erlaubt, aber nicht alles b.a.
Gal 2,18 wenn ich das, was ich abgebrochen habe, wieder a.
Eph 4,16 daß der Leib wächst und sich a. in der Liebe

aufbauschen

Sir 13,27 den Halt verliert, so b. man es noch a.

aufbegehren

Gal 5,17 das Fleisch b. a. gegen den Geist

aufbewahren

2Mo 16,32 fülle einen Krug davon, um es a. 33.34
1Sm 9,24 ist es für dich a. worden für diese Stunde
Esr 6,1 Schatzhäusern, in denen die Bücher a.
Hl 7,14 für dich hab ich sie a.
1Ma 9,35 daß sie ihr ganzes Hab und Gut a. dürften
1Pt 1,4 Erbe, das a. wird im Himmel für euch
2Pt 3,7 so auch werden der Himmel und die Erde a.

aufbieten

Ri 10,17 die Ammoniter wurden aufg.
 12,1 die Männer von Ephraim wurden aufg.
1Sm 15,4 da b. Saul das Volk a.

1Kö 15,22 Asa b. ganz Juda a. 2Ch 16,6; 25,5
 20,26 b. Ben-Hadad die Aramäer a.
 27 Israel wurde auch aufg. 2Kö 3,6
2Kö 25,19 der das Volk zum Heere a. Jer 52,25
Hi 36,32 er b. sie a. gegen den, der ihn angreift
Ps 110,3 wenn du dein Heer a., wird er
Klg 1,17 der HERR hat seine Feinde aufg.
Hes 19,4 b. sie Völker gegen ihn a. 38,8
Dan 11,2 wird er alles gegen Griechenland a.
 25 wird seine Macht gegen den König a.
Jo 4,9 b. die Starken a.
Nah 2,6 aufg. werden seine Gewaltigen
Sa 9,13 will ich gegen die Söhne, Zion, a. gegen
1Ma 9,63 Bakchides b. seine Leute in Judäa a.
2Ma 12,5 Judas b. seine Männer a.

aufblähen

1Ko 4,18 es haben sich einige a.
 8,1 die Erkenntnis b.a.
 13,4 die Liebe treibt nicht Mutwillen, sie b. sich nicht a.
2Ko 12,20 daß Hader, Neid, A., Aufruhr da sei

aufblasen

Hi 15,2 soll ein Mann so aufg. Worte reden
1Ko 4,6 damit sich keiner gegen den andern a.
 19 nicht die Worte der Aufg., sondern ihre Kraft
 5,2 ihr seid aufg. und nicht traurig
 8,1 das Wissen b.a.; aber die Liebe baut auf
Kol 2,18 ohne Grund aufg. in seinem fleischlichen Sinn
1Ti 3,6 damit er sich nicht a. 6,4
2Ti 3,4 Verräter, unbedacht, aufg.

aufblicken

Hi 16,20 unter Tränen b. mein Auge zu Gott a.
Sir 13,32 wenn er Gutes im Sinn, so b. er fröhlich a.
StE 4,5 als er a. und sie ansah
Lk 21,1 (Jesus) b.a. und sah, wie

aufblitzen

Wsh 16,22 Feuer, das in den Regengüssen a.
Lk 17,24 wie der Blitz a. und leuchtet

aufbrauchen

4Mo 11,33 ehe es aufg. war, entbrannte der Zorn

aufbrechen

1Mo 7,11 b. alle Brunnen der großen Tiefe a.
 12,8 danach b. (Abram) von dort a.
 18,16 b. die Männer a. nach Sodom 19,2
 19,3 als sie die Tür a. wollten
 33,12 laß uns a. und fortziehen 35,3.5.16
2Mo 9,9 daß böse Blattern a. an den Menschen 10
 40,36 wenn die Wolke sich erhob, b. die *Israeliten a. 4Mo 9,17
4Mo 2,17 danach soll die Stiftshütte a. 10,35
 4,5 wenn das Heer a. 10,2
 9,18 nach dem Wort des HERRN b. sie a. 20-23
 10,5 sollen die Lager a. 6.12-14.17.18.21.22.25.28
 12,16 b. das Volk von Hazerot a. 20,22; 21,4
5Mo 1,19 da b. wir a. vom Horeb
Jos 3,3 b.a. von eurem Ort und folgt ihr nach

aufbrechen 80

Jos 8,19 da b. der Hinterhalt eilends a.
2Kö 19,36 b. Sanherib a. und zog ab Jes 37,37
Esr 8,31 b. wir a. von dem Fluß bei Ahawa
Pr 12,5 wenn die Kaper a.
Hl 7,13 daß wir früh a. zu den Weinbergen
Jer 37,5 war das Heer des Pharao aufg.
Hes 38,14 wenn Israel sicher wohnen w., wirst du a.
Jdt 2,8 er ließ sein ganzes Heer a. 1Ma 6,33
1Ma 12,28 so daß sie a. und wegzogen
2Ma 12,27 b. Judas gegen die Stadt Ephron a.
Lk 12,36 die auf ihren Herrn warten, wann er a. wird von der Hochzeit
Apg 15,36 laß uns wieder a. 18,23; 20,1
27,21 man hätte nicht von Kreta a. (sollen)

aufbringen

3Mo 12,8 vermag sie nicht ein Schaf a. 14,21.22.30.32; 25,26.28.49
4Mo 13,32 b. ein böses Gerücht a. 14,37; 5Mo 22,14.19
2Kö 23,35 Steuer auf das Land, um das Geld a.
Apg 6,12 sie b. das Volk und die Ältesten a.
16,18 Paulus war darüber so aufg., daß
17,8 so b. sie das Volk a. und die Oberen
1Ti 1,4 die eher Fragen a. als

Aufbruch

4Mo 4,15 wenn Aaron beim A. des Heeres

aufdecken

1Mo 9,21 (Noah) lag im Zelt aufg.
2Mo 20,26 daß nicht deine Blöße aufg. werde
21,33 wenn jemand eine Zisterne a.
3Mo 20,18 wenn ein Mann den Brunnen ihres Blutes a.
5Mo 23,1 niemand soll a. seines Vaters Decke 27,20
Rut 3,4 geh hin und d. zu seinen Füßen a. 7
2Sm 22,16 des Erdbodens Grund ward aufg. Ps 18,16
Hi 26,6 das Totenreich ist aufg.
Jes 47,2 d.a. deinen Schleier
3 daß deine Blöße aufg. Hes 16,36.37; 23,10
57,8 du hast aufg. dein Lager
Jer 49,10 ich habe seine Verstecke aufg.
Klg 4,22 wird deine Sünden a. Hes 16,57
Hes 22,10 sie d. die Blöße der Väter a.
23,29 soll deine Buhlerei aufg. werden
Hos 2,12 will ihre Scham a.
Nah 3,5 will dir den Saum deines Gewandes a.
Sir 1,6 wem wäre die Wurzel der Weisheit aufg.
Mk 2,4 d. sie das Dach a. Lk 5,19
Jh 3,20 damit seine Werke nicht aufg. werden
2Ko 3,18 schauen wir mit aufg. Angesicht die Herrlichkeit
Eph 5,11 Werke der Finsternis; d. sie a.
13 alles wird offenbar, wenn's vom Licht aufg.
Heb 4,13 es ist alles aufg. vor den Augen Gottes

Aufdeckung

2Ti 3,16 *alle Schrift ist nütze zur A. der Schuld*

aufeinander

Sa 8,10 ließ alle Menschen a. los
1Ko 11,33 wenn ihr zusammenkommt, um zu essen, wartet a.
Heb 10,24 laßt uns a. achthaben

aufeinanderstoßen

2Sm 2,13 sie s.a. am Teich von Gibeon
2Ma 10,28 sobald die Sonne aufging, s. die Heere a.

aufeinandertreffen

2Ma 5,3 sah Reiterscharen in Schlachtordnung a.

auferbauen

2Ko 12,19 *damit ihr a. werdet*
Eph 4,16 *daß der Leib sich selbst a. in der Liebe*

Auferbauung

Rö 14,19 *was zum Frieden dient und zur A.*
15,2 *daß er seinem Nächsten gefalle zur A.*

auferlegen

2Mo 5,8 die Zahl der Ziegel sollt ihr ihnen a.
15,26 will dir keine der Krankheiten a., die ich den Ägyptern a. habe
21,22 wieviel ihr Ehemann ihm a. 30
4Mo 30,5 Verpflichtung, die sie sich a. hat 6.8.10
5Mo 22,19 ihm eine Buße von hundert Silberstücken a.
24,5 man soll ihm nichts a.
1Kö 8,31 es wird ihm ein Fluch a. 2Ch 6,22
2Kö 18,14 was du mir a., will ich tragen
Neh 10,33 wir wollen uns das Gebot a.
Klg 3,28 er schweige, wenn Gott es ihm a.
Jdt 5,9 als der König ihnen Zwangsarbeit a.
Apg 15,28 euch weiter keine Last a. Gal 2,6
Kol 2,20 was laßt ihr euch dann Satzungen a.
Heb 9,10 Satzungen, die bis zu der Zeit einer besseren Ordnung a. sind

auferstehen

Jes 26,19 deine Leichname werden a.
Dan 12,13 ruhe, bis du a. am Ende der Tage
2Ma 12,44 erwartet, daß die Gefallenen a. würden
Mt 14,2 Johannes ist von den Toten a. Mk 6,14.16; Lk 9,7.8
16,21 wie er müsse getötet werden und am dritten Tage a. 17,23; 20,19; 27,63; Mk 8,31; 9,31; 10,34; Lk 9,22; 18,33; 24,7.46; Jh 20,9
17,9 bis der Menschensohn von den Toten a. ist Mk 9,9
22,23 *die dafür halten, es gebe kein A. Lk 20,27*
26,32 wenn ich a. bin, will Mk 14,28; 16,9
27,64 er ist a. von den Toten 28,6.7; Mk 16,6; Lk 24,6.34; 1Ko 15,4.12-14
Mk 9,10 was ist das, a. von den Toten
12,23 in der Auferstehung, wenn sie a. 25
26 daß sie a., habt ihr nicht gelesen Lk 20,37
16,14 die ihn gesehen hatten als A.
Lk 9,19 es sei einer der alten Propheten a.
16,31 nicht überzeugen lassen, wenn jemand von den Toten a.
Jh 2,22 als er a. war von den Toten 21,14; Apg 10,41
11,23 Jesus spricht zu ihr: Dein Bruder wird a. 24
Apg 17,3 legte ihnen dar, daß Christus a. (mußte)
26,23 Christus müsse leiden und als erster a.
1Ko 15,13 so ist Christus nicht a. 16.17
20 nun aber ist Christus a. von den Toten
29 wenn die Toten nicht a. 32
35 fragen: Wie werden die Toten a.
42 es wird gesät verweslich und wird a. unverweslich 43.44

1Ko	15,52	die Toten werden a. unverweslich
2Ko	5,15	(dem) leben, der für sie a. ist
Kol	2,12	mit ihm seid ihr a. durch den Glauben 3,1
1Th	4,14	wir glauben, daß Jesus gestorben und a. ist
	16	zuerst werden die Toten a.
2Ti	2,8	halt im Gedächtnis Jesus Christus, der a. ist von den Toten

Auferstehung

2Ma	7,9	wieder erwecken in der A. zum ewigen Leben
	12,43	weil er an die A. dachte
Mt	22,23	die (Sadduzäer) lehren, es gebe keine A. Mk 12,18; Lk 20,27; Apg 23,8
	28	nun in der A.: wessen Frau wird sie sein Mk 12,23; Lk 20,33
	30	in der A. werden sie weder heiraten noch
	31	habt ihr denn nicht gelesen von der A. der Toten Mk 12,26
	27,53	gingen aus den Gräbern nach seiner A.
Lk	14,14	wird dir vergolten bei der A. der Gerechten
	20,35	welche gewürdigt werden, zu erlangen die A.
	36	Gottes Kinder, weil sie Kinder der A. sind
Jh	5,29	und werden hervorgehen, die Gutes getan haben, zur A. des Lebens
	11,24	ich weiß, daß er auferstehen wird bei der A. am Jüngsten Tage
	25	ich bin die A. und das Leben
Apg	1,22	mit uns Zeuge seiner A. werden
	2,31	hat er von der A. des Christus gesagt
	4,2	daß sie verkündigten an Jesus die A. von den Toten
	33	bezeugten die Apostel die A. des Herrn Jesus
	17,18	hatte das Evangelium von der A. verkündigt
	32	als sie von der A. der Toten hörten
	23,6	ich werde angeklagt um der A. der Toten willen 24,21
	24,15	daß es eine A. der Gerechten geben wird
	26,23	Christus sollte der erste sein aus der A.
Rö	1,4	eingesetzt durch die A. von den Toten
	6,5	so werden wir ihm auch in der A. gleich sein
1Ko	15,12	es gibt keine A. der Toten 13
	21	so kommt auch durch einen Menschen die A. der Toten
	42	so auch die A. der Toten
Phl	3,10	ich möchte erkennen die Kraft seiner A.
	11	damit ich gelange zur A. von den Toten Heb 11,35
2Ti	2,18	sagen, die A. sei schon geschehen
1Pt	1,3	Hoffnung durch die A. Jesu von den Toten
	3,21	bitten Gott um ein gutes Gewissen, durch die A. Jesu Christi
Heb	6,2	mit der Lehre von der A. der Toten
	11,35	Frauen haben ihre Toten durch A. wiederbekommen
Off	20,5	dies ist die erste A.
	6	selig ist, der teilhat an der ersten A.

auferwecken

Sir	48,5	durch das Wort hast du einen Toten a.
2Ma	7,14	daß er uns wieder a. wird; du aber wirst nicht a. werden
Jh	5,21	wie der Vater die Toten a.
	6,39	daß ich's a. am Jüngsten Tage 40.44.54
	12,1	Lazarus, den Jesus a. hatte von den Toten 17
Apg	2,32	diesen Jesus hat Gott a. 24; 3,15; 4,10; 5,30; 10,40; 13,30.33.34.37; 17,31; Rö 4,24.25; 6,4; 7,4; 8,11.34; 10,9; 1Ko 6,14; 15,15; 2Ko 4,14; Gal 1,1; Eph 1,20; 2,6; Kol 2,12; 1Th 1,10; 1Pt 1,21
Apg	26,8	unglaublich, daß Gott Tote a.
2Ko	1,9	Gott, der die Toten a.

auferziehen

1Ti	4,6	a. in den Worten des Glaubens

aufessen

2Mo	12,4	daß sie das Lamm a. können
2Sm	19,43	daß wir etwa ein Stück vom König aufg.
Pr	5,10	wo viele Güter, da sind viele, die sie a.
Jdt	12,3	wenn das aufg. ist, was du mitgebracht

auffahren

1Mo	17,22	Gott f.a. von Abraham 35,13
4Mo	14,1	da f. die ganze Gemeinde a. und schrie
Ri	13,20	f. der Engel des HERRN a. in der Flamme
Ps	47,6	Gott f.a. unter Jauchzen
	68,19	du bist aufg. zur Höhe
Jes	14,14	ich will a. über die hohen Wolken
	40,31	daß sie a. mit Flügeln wie Adler
Dan	3,24	der König Nebukadnezar f.a. und sprach
Lk	24,51	schied er von ihnen und f.a. gen Himmel Eph 4,8-10
Jh	3,13	niemand ist gen Himmel aufg. außer dem, der
	6,62	wenn ihr sehen werdet den Menschensohn a.
	20,17	ich f.a. zu meinem Vater
Apg	16,27	als der Aufseher aus dem Schlaf a.
1Pt	3,22	zur Rechten Gottes, aufg. gen Himmel

auffallen

Ri	18,3	f. ihnen die Stimme des jungen Leviten a.
Sir	20,21	ein dummer Mensch f.a. durch... Reden

auffinden

Ps	36,3	um ihre Schuld a. und zu hassen

auffliegen

Jes	5,24	so wird ihre Blüte a. wie Staub

auffordern

Jdt	13,16	(Judit) f. sie a. zu schweigen
Tob	8,4	danach f. Tobias die Jungfrau
2Ma	4,34	f. ihn a., Hand an Onias zu legen
	8,11	f. dazu a., jüdische Sklaven zu kaufen
Mt	16,1	f. ihn a., sie ein Zeichen sehen zu lassen

auffressen

1Mo	41,20	die mageren Kühe f. die fetten a.
2Mo	10,12	daß Heuschrecken kommen und alles a.
4Mo	14,9	wir wollen sie wie Brot a.
	22,4	nun wird dieser Haufe a.
	24,8	(Gott) wird der Völker a.
Jer	8,16	sie fahren daher und werden das Land a.
	10,25	sie haben Jakob aufg.
Mt	13,4	da kamen die Vögel und f.'s a. Mk 4,4; Lk 8,5
Gal	5,15	daß ihr nicht einer vom andern a. werdet

aufführen

aufführen

2Ch	32,5	Hiskia f. Türme a.
Esr	5,4	Männer, die diesen Bau a.
Jes	29,3	ich will Wälle um dich a. lassen

auffüllen

Bar	5,7	Gott will die Täler a.

Aufgabe

Rö	12,4	aber nicht alle Glieder dieselbe A. haben
	15,23	nun aber habe ich keine A. mehr in diesen Ländern
1Ti	3,1	der begehrt eine hohe A.

Aufgang

5Mo	4,49	gegen A. der Sonne Jos 1,15; 2Kö 10,33
1Sm	9,11	(als sie) den A. zur Stadt hinaufstiegen
1Kö	7,6	baute eine Halle mit einem A. davor
Neh	3,19	baute gegenüber dem A. zum Zeughaus
	4,15	so arbeiteten wir vom A. der Morgenröte
Ps	50,1	Gott ruft der Welt zu vom A. der Sonne 113,3
	75,7	kommt nicht vom A. und nicht vom Niedergang
Jes	41,25	gekommen, vom A. der Sonne her
	59,19	seine Herrlichkeit bei denen von ihrem A.
Hab	3,10	ihren A. vergaß die Sonne
Sa	8,7	mein Volk erlösen aus dem Lande gegen A.
Mt	24,27	wie der Blitz ausgeht vom A.
Lk	1,78	uns besucht hat der A. aus der Höhe
Off	7,2	sah einen Engel aufsteigen vom A. der Sonne
	16,12	damit der Weg bereitet würde den Königen vom A. der Sonne

aufgeben

1Mo	19,11	so daß sie es a., die Tür zu finden
Ri	14,12	ich will euch ein Rätsel a. 13,16
1Kö	15,19	daß du den Bund mit Bascha a. 2Ch 16,3
2Ch	2,13	was man ihm a., kunstreich zu machen
Hi	6,14	der g. die Furcht vor dem Allmächtigen a.
Klg	2,12	in den Armen ihrer Mütter den Geist a.
Jdt	13,14	sie hatten schon die Hoffnung aufg.
Sir	7,20	g. deinen Freund um keinen Preis a. 9,14
	22,26	g. die Hoffnung nicht a.
1Ma	1,44	da g. alle Völker ihre Gesetze a.
Apg	5,5	fiel zu Boden und g. den Geist a. 10
	12,23	von Würmern zerfressen, g. er den Geist a.
	27,15	g. wir a. und ließen uns treiben

Aufgeblasenheit

2Ko	12,20	es gibt Hader, Neid, A.

aufgehen

1Mo	1,11	es lasse die Erde a. Gras und Kraut 12
	19,15	als die Morgenröte a. Jos 6,15; 1Sm 9,26
	23	die Sonne war aufg. 2Mo 22,2; Ri 9,33; 2Kö 3,22
	28	da g. ein Rauch a. vom Lande
	32,32	als er an Pniel... g. ihm die Sonne a.
	41,6	sah sieben dünne Ähren a. 23
2Mo	29,13	auf dem Altar in Rauch a. lassen 18.25; 3Mo 1,9.13.15.17; 2,2.9.11.16; 3,5.11.16; 4,10.19.26.31.35; 5,12; 6,5.8; 7,5.31; 8,16.21.28; 9,10.13.14.17. 20; 16,25; 17,6; 4Mo 5,26; 18,17
3Mo	13,37	daß schwarzes Haar dort aufg. ist
4Mo	17,23	fand er die Blüte aufg.
	24,17	es wird ein Stern aus Jakob a.
5Mo	29,22	noch Kraut darin a.
Ri	5,31	sein, wie die Sonne a. in ihrer Pracht
	20,40	da g. die Stadt ganz in Flammen a.
1Sm	2,15	ehe sie das Fett in Rauch a. ließen 16
2Sm	23,4	wie das Licht d. Morgens, wenn die Sonne a.
1Kö	7,26	wie eine aufg. Lilie 2Ch 4,5
Hi	9,7	er spricht zur Sonne, so g. sie nicht a.
	11,17	dein Leben würde a. wie der Mittag
	14,2	(der Mensch) g.a. wie eine Blume
	25,3	über wem g. sein Licht nicht a.
	38,32	kannst du die Sterne a. lassen
Ps	19,7	sie g.a. an einem Ende des Himmels
	97,11	d. Gerechten muß das Licht immer wieder a.
	104,22	wenn die Sonne a., heben sie sich davon
Nah	3,17	
	112,4	den Frommen g. das Licht a. in der Finsternis Jes 58,10
	132,17	soll David a. ein mächtiger Sproß Jer 33,15
Pr	1,5	die Sonne a. und geht unter 5
Hl	2,12	die Blumen sind aufg. im Lande 7,13
Jes	5,27	keinem g. der Gürtel a. von seinen Hüften
	13,10	die Sonne g. finster a.
	34,10	immer wird Rauch von ihm a.
	42,9	ehe es a., lasse ich's euch hören
	60,1	die Herrlichkeit des HERRN g.a. über dir
	2	über dir g.a. der HERR
	3	werden ziehen zum Glanz, der über dir a.
	61,11	gleichwie Same im Garten a., so läßt Gott der HERR Gerechtigkeit a. 62,1
Jer	33,18	der Speisopfer in Rauch a. läßt
Hes	34,29	will ihnen eine Pflanzung a. lassen
Hos	7,4	der Bäcker, wenn er den Teig a. läßt
	8,7	ihre Saat soll nicht a.
Am	7,1	zur Zeit, als das Grummet a.
Jon	4,8	als die Sonne aufg. war, ließ Gott
Mal	3,20	euch soll a. die Sonne der Gerechtigkeit
Wsh	5,6	die Sonne ist uns nicht aufg.
	16,28	man, ehe die Sonne a., dir danken soll
Sir	26,21	wie die Sonne, wenn sie a.
	43,2	wenn die Sonne a., verkündet sie den Tag
2Ma	1,32	da g. eine Flamme a.
Mt	4,16	denen, die... ist ein Licht aufg.
	5,45	er läßt seine Sonne a. über Böse und Gute
	13,5	g. bald a., weil es keine tiefe Erde hatte Mk 4,5
	6	als die Sonne a., verwelkte es Mk 4,6
	4,8	einiges g.a. und wuchs 27.32; Lk 8,6-8
Mk	16,2	früh, als die Sonne a.
Lk	12,54	wenn ihr eine Wolke sehet a. vom Westen
	1,19	
2Pt	1,19	bis der Morgenstern a. in euren Herzen
Jak	1,11	die Sonne g.a. mit ihrer Hitze
Off	9,2	es g.a. ein Rauch aus dem Brunnen

aufgraben

1Mo	26,18	(Isaak) ließ die Wasserbrunnen wieder a.

aufgreifen

Jes	13,15	wen man a., wird durchs Schwert fallen

aufgrund

Gal	2,2	ich zog hinauf a. einer Offenbarung

aufhalten

1Mo	24,56	h. mich nicht a.
2Mo	9,2	wenn du dich weigerst und sie weiter a.
Rut	3,15	nimm das Tuch und h. es a.
1Kö	18,44	damit dich der Regen nicht a.
2Kö	4,24	h. mich nicht a. beim Reiten
Spr	27,16	wer sie a. will, der will den Wind a.
Pr	8,8	der Mensch hat keine Macht, den Wind a.
Jer	2,24	läuft, daß niemand sie a. kann
	48,10	verflucht sei, wer sein Schwert a.
Wsh	18,23	trat er dazwischen und h. den Zorn a.
Tob	10,1	was h. ihn a.
Sir	18,22	laß dich nicht a., dein Gelübde zu erfüllen
Apg	24,4	damit ich dich nicht zu lange a.
Gal	5,7	aufg., der Wahrheit nicht zu gehorchen
2Th	2,6	ihr wißt, was ihn noch a.
	7	der es jetzt a., (muß) weggetan werden

aufhalten, sich

1Mo	12,10	daß er s. dort als ein Fremdling a.
2Mo	2,15	Mose h.s.a. im Lande Midian
	8,18	Goschen, wo s. mein Volk a.
	12,39	weil sie s. nicht länger a. konnten
1Sm	20,38	rasch, eile und h. dich nicht a.
	26,3	David h.s. in der Wüste a.
Jer	32,12	Judäer, die im Wachthof s.a.
	51,50	ziehet hin und h. euch nicht a.
Jdt	5,12	wo vorher kein Mensch s.a. konnte
1Ma	4,61	Festung, in der sie s.a. konnten
Apg	1,13	Obergemach, wo sie s.a. pflegten

aufhängen

1Mo	40,22	den obersten Bäcker ließ er a. 41,13
2Mo	26,32	(einen Vorhang) a. an vier Säulen 40,5.8.21
4Mo	25,4	nimm alle Oberen des Volks und h. sie a.
5Mo	21,23	ein Aufg. ist verflucht bei Gott
1Sm	31,10	seinen Leichnam h. sie a.
2Sm	4,12	und h. sie a. am Teich bei Hebron
	21,6	damit wir sie a. vor dem HERRN
Est	5,14	daß man Mordechai daran a. 7,9
Hes	27,10	ihre Schilde und Helme h. sie a. 11
1Ma	4,51	sie h. die Vorhänge a.
	7,47	er ließ Kopf und Hand a. 2Ma 15,33

aufhäufen

2Ch	31,7	im dritten Monat fingen sie an es a.
	33,23	(Amon) h. noch mehr Schuld a.
Hi	27,16	schafft Kleider an, wie man Lehm a.
Jes	23,18	man wird ihn nicht wie Schätze a.
	34,15	da wird die Natter ihre Eier a.
Hab	2,6	h. viel Pfänder bei sich a.

aufheben

(s.a. Augen aufheben; Hand aufheben)

1Mo	7,17	die Wasser h. die Arche a.
2Mo	10,19	der Wind h. die Heuschrecken a.
	14,16	du aber h. deinen Stab a.
	16,23	daß es aufg. werde bis zum nächsten Morgen
4Mo	17,2	daß er die Pfannen a. aus dem Brand
	30,14	alle Gelübde kann ihr Mann a. 16
Jos	3,6	h. die Bundeslade a. 1Kö 8,3; 2Ch 5,4
	4,3	h. aus dem Jordan zwölf Steine a.
Ri	9,48	hieb einen Ast vom Baum und h. ihn a.
	16,31	h. (Simson) a. und begruben ihn 2Sm 2,32
Rut	2,18	(Rut) h.'s a. und kam in die Stadt
1Sm	2,8	er h.a. den Dürftigen aus dem Staub
2Sm	2,22	wie dürfte ich dann mein Antlitz a.
	4,4	seine Amme hatte ihn aufg.
1Kö	13,29	da h. der Prophet den Leichnam a.
2Kö	2,13	h. den Mantel a., der Elia entfallen
	6,7	(Elisa) sprach: H.'s a.
	9,32	er h. sein Angesicht a. zum Fenster
Est	1,19	so daß man es nicht a. darf
Hi	11,15	so könntest du dein Antlitz a.
	30,22	du h. mich a. und läßt mich dahinfahren
Jes	10,24	Assur, der seinen Stab gegen dich a. 26
	25,8	Gott wird a. die Schmach seines Volks
Jer	13,22	wird dir dein Gewand aufg.
	23,39	so will ich euch a. wie eine Last
	25,33	sie werden nicht aufg. werden
Klg	3,41	laßt uns unser Herz a. zu Gott
Hes	43,5	da h. mich der Geist a.
Dan	6,13	das Gesetz der Perser kann niemand a.
	7,4	es wurde von der Erde aufg.
	12,7	er h. seine rechte und linke Hand a.
Sa	11,10	ich zerbrach ihn, um meinen Bund a. 11
	14	um die Bruderschaft zw. Juda und Israel a.
Jdt	14,1	er h. (den Vorhang) a.
Tob	2,3	ging zu dem Toten, h. ihn a.
Sir	22,2	wie ein Mistklumpen verwirft man ihn a.
	47,24	der Herr h. seine Verheißungen nicht a.
2Ma	13,25	sie wollten die Abmachungen a.
Mt	9,6	h. dein Bett a. und geh heim Lk 5,24. 25
	14,20	h.a., was übrigblieb 15,37; 16,9.10; Mk 6,43; 8,8.19.20; Lk 9,17
	15,6	damit habt ihr Gottes Gebot aufg. Mk 7,9.13
	21,21	h. dich a. und wirf dich ins Meer
Mk	16,19	der Herr wurde aufg. gen Himmel Apg 1,9
Jh	8,59	da h. sie Steine a., um auf ihn zu werfen 10,31
Apg	8,33	in seiner Erniedrigung wurde sein Urteil aufg.
	20,9	fiel er hinunter und wurde tot aufg.
Rö	3,3	sollte ihre Untreue Gottes Treue a.
	31	h. wir das Gesetz a. durch den Glauben
Gal	3,15	man h. das Testament eines Menschen nicht a.
	17	wird nicht aufg. durch das Gesetz
	5,11	dann wäre das Ärgernis des Kreuzes aufg.
Heb	7,18	damit wird das frühere Gebot aufg. 10,9
	9,26	durch sein eigenes Opfer die Sünde a.
Off	18,21	ein starker Engel h. einen Stein a.

aufhelfen

2Mo	23,5	h. mit ihm zusammen dem Tiere a. 5Mo 22,4
Ps	41,4	du h. ihm a. von aller seiner Krankheit
	11	sei mir gnädig und h. mir a.
Pr	4,10	fällt einer, so h. ihm sein Gesell a.
Am	5,2	niemand ist da, der ihr a.
	7,2	wer soll Jakob wieder a. 5
Sir	29,1	wer ihm a., der hält die Gebote
Lk	1,54	er h. seinem Diener Israel a.
Rö	8,26	desgleichen h. der Geist unsrer Schwachheit a.

aufhetzen

2Ma	14,11	h. auch die andern Freunde a.
Lk	23,2	gefunden, daß dieser unser Volk a.
Apg	13,50	die Juden h. die vornehmen Frauen a.
	14,2	die Juden h. die Seelen der Heiden a.
Gal	5,12	sollen sich verschneiden lassen, die euch a.

aufhorchen
5Mo 13,12 daß... a. und sich fürchte 17,13; 19,20; 21,21

aufhören
1Mo	8,22	soll nicht a. Saat und Ernte
	11,8	daß sie a. mußten, die Stadt zu bauen
	17,22	(Gott) h.a., mit ihm zu reden 18,33
	29,35	(Lea) h.a., Kinder zu gebären 30,9
	41,49	so daß er a. zu zählen
2Mo	9,29	so wird der Donner a. 33.34
4Mo	11,25	gerieten in Verzückung und h. nicht a.
	17,25	daß ihr Murren vor mir a.
	25,8	da h. die Plage a.
Jos	5,12	h. das Manna a., weil sie Getreide aßen
	9,23	darum sollt ihr nicht a., Knechte zu sein
1Sm	10,13	als seine Verzückung aufg. hatte
	18,1	als David aufg. hatte, mit Saul zu reden
2Sm	3,29	es soll nicht a. im Hause Joabs
	13,39	David h.a., Absalom zu grollen
1Kö	8,54	Salomo h.a. zu knien
1Ch	21,22	damit die Plage unter dem Volk a.
2Ch	16,5	Bascha h.a. mit seinem Werk
	25,16	h.a.! Da h. der Prophet a.
Esr	4,24	h. die Arbeit am Hause Gottes a.
Hi	3,17	dort haben die Gottlosen aufg. mit Toben
	10,20	h.a. und laß ab von mir
	16,6	h. ich a., so bliebe er dennoch bei mir
	29,9	die Oberen h.a. zu reden
	30,27	in mir kocht es und h. nicht a.
	32,1	da h. die Männer a., Hiob zu antworten
Ps	35,15	sie lästern und h. nicht a.
Spr	22,10	Hader und Schmähung h.a.
	25,10	das böse Gerede über dich nicht a.
	26,20	wenn der Verleumder weg ist, h. der Streit a.
Pr	3,5	a. zu herzen hat seine Zeit
Jes	11,13	der Neid Ephraims wird a.
	14,6	der schlug die Völker im Grimm ohne A.
	16,4	wird der Verwüster a.
	10	daß Freude und Wonne in den Gärten a.
Jer	14,21	laß deinen Bund mit uns nicht a.
	17,8	bringt ohne A. Früchte
	23,26	wann wollen die Propheten a.
	31,36	so müßte das Geschlecht Israels a.
	33,20	wenn mein Bund a. 21
	47,6	Schwert des HERRN, wann willst du a. 7
Klg	2,18	Tränen herabfließen; h. nicht a. damit 3,49
Hes	45,9	h.a., Leute zu vertreiben
Dan	11,18	wird ihn zwingen, mit Schmähen a.
Am	6,7	soll das Schlemmen der Übermütigen a.
Mal	3,6	habt nicht aufg., Jakobs Söhne zu sein
Sir	5,7	sein Zorn über die Gottlosen h. nicht a.
	18,6	wenn er a., merkt er, wieviel noch fehlt
	21,1	hast du gesündigt, so h. damit a.
	23,22	h. nicht a., bis er sich verzehrt hat
	31,20	h. du zuerst a.
	35,5	a., Unrecht zu tun, das ist
	21	das Gebet... h. nicht a.
	38,24	h. auch du a., ihn zu beklagen
1Ma	11,50	damit die Juden a., das Volk zu töten
2Ma	15,24	und damit h. Judas a.
StD	3,22	die Diener h. nicht a., ihn zu heizen
Lk	5,4	als er aufg. hatte zu reden 11,1
	8,44	sogleich h. ihr Blutfluß a.
	22,32	ich habe für dich gebetet, daß dein Glaube nicht a.
Apg	5,42	sie h. nicht a., alle Tage zu lehren
	6,13	dieser Mensch h. nicht a., zu reden gegen das Gesetz
	12,5	die Gemeinde betete ohne A. für ihn
	13,10	h. du nicht a., krumm zu machen die Wege des Herrn
	20,1	als nun das Getümmel aufg. hatte
	21,32	sie h.a., Paulus zu schlagen
Rö	6,6	*damit der Leib der Sünde a.*
1Ko	13,8	die Liebe h. niemals a., wo doch... a. wird
	10	so wird das Stückwerk a.
2Ko	3,7	wegen der Herrlichkeit, die doch a. 11.13
Gal	5,11	*so hätte das Ärgernis des Kreuzes aufg.*
Eph	1,16	h. ich nicht a., zu danken für euch
1Pt	4,1	wer im Fleisch gelitten hat, der hat aufg. mit der Sünde
Heb	1,12	du aber bist derselbe, und deine Jahre werden nicht a.
	10,2	hätte nicht sonst das Opfern aufg.

aufkommen
2Mo	1,8	da k. ein neuer König a. in Ägypten Apg 7,18
	21,19	(daß er nicht stirbt, sondern) wieder a.
4Mo	24,17	wird ein Zepter aus Israel a.
5Mo	29,21	eure Kinder, die nach euch a.
	32,17	Göttern, die vor kurzem erst aufg. sind
	33,11	die ihn hassen, daß sie nicht a.
Ri	2,10	k. nach ihnen ein anderes Geschlecht a.
2Sm	17,9	es k. das Gerücht a. Neh 6,13
1Kö	3,12	und nach dir wird a. wird 2Kö 23,25
2Ch	28,19	weil er ein zuchtloses Wesen a. ließ
Jer	51,64	so soll Babel nicht wieder a.
Klg	1,14	gegen die ich nicht a. kann
Hes	27,36	daß du nicht mehr a. kannst 28,19
Dan	2,39	nach dir wird ein anderes Königreich a.
	7,24	nach ihnen wird ein anderer a. 8,23
2Ma	5,5	nun k. das falsche Gerücht a.
Lk	9,46	es k. unter ihnen der Gedanke a., wer
Jh	21,23	da k. unter den Brüdern die Rede a.
Heb	7,15	*wenn ein anderer als Priester a.*

aufladen
5Mo	12,26	deine heiligen Gaben sollst du a.
	15,14	sollst ihm a. von deinen Schafen
Rut	3,15	maß sechs Maß Gerste hinein und l. ihr's a.
1Sm	17,20	David l.a. und ging hin
Jes	46,1	ihre Götzenbilder sind den Tieren aufg.
	3	die ihr mir aufg. seid
Apg	28,10	*l. sie a., was uns not war*
2Ti	4,3	werden sie sich selbst Lehrer a.

auflauern
Ri	16,9	man l. ihm aber a. bei ihr 12
Ps	37,32	der Gottlose l. dem Gerechten a. 119,95
	59,4	siehe, HERR, sie l. mir a.
Jer	9,7	im Herzen l. sie ihm a.
Wsh	2,12	laßt uns dem Gerechten a.
1Ma	9,38	sie l. den Leuten von Jambri a.
Lk	14,1	*(d.Pharisäer) l. ihm a.*
Apg	23,21	mehr als 40 Männer l. ihm a.

Auflauf
Apg 21,30 und es entstand ein A. des Volkes

auflaufen
Apg	27,26	wir werden auf eine Insel a.
	41	ließen sie das Schiff a.

aufleben

Ri	15,19	und (Simson) l. wieder a.
Esr	9,8	um uns ein wenig a. zu lassen 9
Ps	69,33	denen wird das Herz a.

auflecken

1Kö	18,38	das Feuer l. das Wasser a.

auflegen (s.a. Hand)

1Mo	43,31	l. die Speisen a.
2Mo	1,14	mit all ihrer Arbeit, die sie ihnen a. 6,6.7; 5Mo 26,6
	40,4	du sollst die Schaubrote a. 23; 1Sm 21,7; 2Ch 13,11
5Mo	7,15	der HERR wird dir keine Seuchen a.
	29,11	Eid, den der HERR dir heute a.
1Kö	12,4	mache das Joch leichter, das er uns aufg.
2Kö	18,14	da l. der König von Assyrien Hiskia 300 Zentner Silber a.
Ps	68,20	Gott l. uns eine Last a., aber er hilft
Hes	4,5	ich will dir die Jahre ihrer Schuld a.
Sir	33,30	l. ihm Arbeiten a… doch l. keinem zu viel a.
1Ma	8,7	hatten ihm einen Tribut a. 13,34
2Ma	1,8	wir l. die Schaubrote a. 10,3
Mk	6,5	außer daß er wenigen Kranken die Hände a.
Apg	8,18	Geist gegeben, wenn die Apostel die Hände a.
	19	damit jeder, dem ich die Hände a., den heiligen Geist empfange
	15,28	euch weiter keine Last a.
Gal	5,1	laßt euch nicht wieder das Joch der Knechtschaft a.
1Ti	5,22	die Hände l. niemandem zu bald a.

Auflegung

2Ti	1,6	Gabe, die in dir ist durch die A. meiner Hände

auflehnen

4Mo	26,9	die sich gegen Mose und Aaron a., als sie sich gegen den HERRN a.
5Mo	33,11	zerschlage, die sich wider ihn a.
Jos	22,18	heute l. ihr euch a. gegen den HERRN 19
	22	l. wir uns a., so helfe er uns nicht 29
Ri	9,18	habt euch gegen meines Vaters Haus aufg.
2Sm	18,31	alle, die sich gegen dich a. 32
Hi	23,2	auch heute l. sich meine Klage a.
	27,7	gehen wie dem, der sich gegen mich a.
Ps	2,2	die Könige der Erde l. sich a.
Dan	8,25	er wird sich a. gegen den Fürsten
Hos	8,1	weil sie sich gegen meine Gebote a.

auflesen

1Mo	31,46	Laban sprach zu s. Brüdern: L. Steine a.
3Mo	19,10	noch die abgefallenen Beeren a.
4Mo	15,32	der Holz a. am Sabbattag 33
Ri	1,7	siebzig Könige l.a. unter meinem Tisch
Rut	2,2	Rut sprach: Laß mich Ähren a. 3.7.8.16.17
1Sm	20,38	da l. der Knabe Jonatans den Pfeil.
1Kö	17,10	da war eine Witwe, die l. Holz a. 12
Jer	8,2	sollen nicht wieder aufg. werden Hes 29,5

aufleuchten

5Mo	33,2	der HERR ist ihnen aufg. von Seïr her
Esr	9,8	um unsere Augen a. zu lassen
Hi	41,10	sein Niesen läßt Licht a.
Wsh	3,7	zur Zeit ihrer Heimsuchung werden sie a.
Bar	6,61	der Blitz, wenn er a., herrlich anzusehen
2Ma	1,22	als die Sonne a.
Apg	12,7	Licht l.a. in dem Raum

auflodern

4Mo	11,1	das Feuer des HERRN l.a. 3
Ri	13,20	als die Flamme a. vom Altar gen Himmel

auflösen

Hi	38,31	kannst du den Gürtel des Orion a.
Mt	5,17	nicht gekommen, das Gesetz a.
	19	wer eines von diesen Geboten a.
Mk	1,7	ich bin nicht genug, daß ich die Riemen seiner Schuhe a. Lk 3,16; Jh 1,27
Apg	2,24	den hat Gott auferweckt und hat aufg. die Schmerzen des Todes

aufmachen

Jos	10,22	m. den Eingang der Höhle a.
Hi	12,14	wenn er einschließt, kann niemand a.
Jdt	13,12	Judit rief: M. die Tore a.
Mt	17,27	wenn du sein Maul a., wirst du
Jh	10,3	dem m. der Türhüter a., und die Schafe hören seine Stimme
Apg	12,16	als sie a., sahen sie ihn und entsetzten sich

aufmachen, sich

1Mo	13,17	m. dich a. 19,14.15; 27,43; 28,2; 31,13; 35,1; 43,13; 2Mo 8,16; 9,13; 12,31; 4Mo 22,20; 5Mo 2,13.24; 9,12; 10,11; Jos 1,2; 8,1; Ri 5,12; 7,15; 9,32.33; 1Sm 9,3; 29,10; 2Sm 17,21; 19,8; 1Kö 14,2.12; 17,9; 21,18; 2Kö 8,1; 1Ch 22,16.19; Jes 21,5; 23,12; Jon 1,2; 3,2; Mi 2,10
	19,27	m.s. früh a. 4Mo 14,40; Jos 3,1; 6,15; 8,10.14; Ri 7,1; 19,5.8; 20,19; 1Sm 1,19; 5,3.4; 15,12; 17,20; 29,11; 2Sm 15,2; 2Kö 3,22; 7,5.7; 2Ch 20,20; 29,20
	35	m.s.a. und legte sich zu ihm
	21,32	m.s.a. und zogen 22,3.19; 24,10.61; 31,17.21; 38,19; 43,15; 46,5; 2Mo 24,13; 4Mo 22,14; 24,25; Jos 8,3; 18,8; Ri 4,9; 13,11; 19,3.9.10.28; 20,18.33; Rut 1,6; 1Sm 13,15; 16,13; 18,27; 19,23; 21,1.11; 23,13.16.24; 24,8.9; 25,1.42; 26,2.5; 27,2; 2Sm 6,2; 14,23.31; 15,9; 17,22.23; 1Kö 1,49.50; 2,40; 11,18.40; 14,4.17; 17,10; 19,3.21; 2Kö 1,15; 4,30; 8,2; 10,12; 25,26; 1Ch 10,12; Esr 1,5; Jon 1,3; 3,3; Apg 10,23; 21,5
	43,8	daß wir uns a. Jos 18,4; 2Sm 3,21; 17,1
2Mo	24,4	m.s.a. und baute einen Altar Ri 21,4; Esr 3,2
4Mo	11,32	m.s. das Volk a. und sammelte Wachteln
	22,32	habe mich aufg., um dir zu widerstehen
5Mo	17,8	wenn eine Sache… so sollst du dich a.
	20,5	wer… der m.s.a. und kehre heim 6-8
Jos	6,12	Josua m.s.a., und die Priester trugen
	26	verflucht… der s.a. und Jericho aufbaut
	7,16	m.s. Josua a. und ließ Israel herzutreten
	24,9	m.s.a. Balak und kämpfte mit Israel
Ri	9,34	m.s.a. bei Nacht 1Sm 31,12; 2Kö 8,21; 2Ch 21,9; Neh 2,12
	20,5	m.s. gegen mich a. die Bürger von Gibea

aufmachen 86

Rut	2,15	als (Rut) s.a. zu lesen, gebot Boas
1Sm	17,48	als s. der Philister a. 52
2Sm	2,14	laß die Männer s.a. zum Kampfspiel 15
2Kö	3,23	Moab, m. dich a. zur Beute 24
	11,1	m.s.a. und brachte alle um 2Ch 22,10
	16,7	die s. gegen mich aufg. haben
	19,35	als man s.a., da lag alles voller Leichen Jes 37,36
2Ch	6,41	m. dich a., HERR, zu deiner Ruhe Ps 132,8
	29,12	da m.s.a. die Leviten
	30,14	m.s.a. und entfernten die Altäre
Esr	5,2	m.s.a. und fingen an, aufzubauen Neh 2,20; 3,1
Neh	4,8	m. ich mich a. und sprach zu den Vornehmen
Hi	1,5	Hiob m.s.a. und opferte Brandopfer
Ps	17,13	HERR, m. dich a., tritt ihm entgegen
	35,2	m. dich a., mir zu helfen 44,27
	74,22	m. dich a., Gott, und führe deine Sache 82,8
	76,10	wenn Gott s.a. zu richten
	102,14	du wollest dich a. und über Zion erbarmen
Jes	2,19	wenn er s.a. wird, zu schrecken 21
	28,21	der HERR wird s.a. 30,18; 31,2; 33,10
	60,1	m. dich a., werde licht
	64,6	niemand m.s.a., daß er sich an dich
Jer	1,17	m. dich a. und predige ihnen 13,4.6; 18,2
	4,7	der Verderber hat s. aufg.
	49,14	m. euch a. zum Kampf
	50,41	viele Völker und Könige werden s.a.
Hes	3,22	m. dich a. in die Ebene 23
Dan	11,25	dann wird der König s.a. zum Kampf
	12,1	zu jener Zeit wird Michael s.a.
Jo	4,12	die Heiden sollen s.a. und heraufkommen
Mi	4,13	m. dich a. und drisch, du Tochter Zion
	6,1	m. dich a., führe deine Sache
Sa	2,17	hat s. aufg. von seiner heiligen Stätte
	6,7	die starken Rosse wollten s.a.
	13,7	Schwert, m. dich a. über meinen Hirten
Wsh	6,15	wer s. früh a., braucht nicht viel Mühe
Sir	33,32	so daß er s.a. und davonläuft
Bar	5,5	m. dich a., Jerusalem
Mt	19,1	daß (Jesus) s.a. aus Galiläa Mk 10,1; Lk 4,38
Mk	3,21	die Seinen m.s.a. und wollten
Lk	1,39	Maria m.s.a. in diesen Tagen
	2,4	da m.s.a. Josef in das jüdische Land
	13,31	m. dich a. und geh weg von hier Jh 7,3
	15,18	ich will m. dich a. zu m. Vater gehen 20
	21,38	alles Volk m.s. früh a., ihn zu hören
Apg	10,23	am nächsten Tag m. er sich a. und zog mit
	18,7	(Paulus) m. sich a. von dort
	22,18	m. dich schnell a. aus Jerusalem
Off	3,19	so m. dich a. und tue Buße

aufmerken

1Mo	4,23	ihr Weiber Lamechs, m.a., was ich sage
5Mo	27,9	m.a. und höre, Israel
	32,1	m.a., ihr Himmel, ich will reden
Ri	5,3	höret zu, ihr Könige, und m.a., ihr Fürsten
1Sm	15,22	A. (ist) besser als das Fett von Widdern
1Kö	18,29	war keine Stimme noch einer, der a.
	20,22	und sieh zu, was du tust
2Ch	6,40	laß deine Ohren a. 7,15; Neh 1,6.11
	20,15	m.a., ganz Juda und ihr von Jerusalem
Hi	32,11	habe aufg. auf eure Einsicht
	33,31	a., Hiob, und höre mir zu
	39,1	hast du aufg., wann die Hirschkühe
Ps	5,4	frühe will ich mich zu dir wenden und a.
	49,2	m.a., alle, die in dieser Zeit leben
	94,8	m. doch a., ihr Narren im Volk
Spr	4,1	m.a., daß ihr lernet und klug werdet
Jes	10,30	m.a., Lajescha; gib ihm Antwort
	28,23	m.a. und höret meine Rede Jer 6,18; 13,15
	32,3	die Ohren der Hörenden werden a.
	34,1	ihr Heiden, höret; ihr Völker, m.a. 49,1
	42,23	wer ist unter euch, der a.
Jer	5,1	m.a. und sucht auf den Straßen
Dan	7,11	ich m.a. um der großen Reden willen
	8,17	m.a., du Menschenkind
	9,19	ach Herr, m.a.! Tu es und säume nicht
Hos	5,1	m.a., du Haus Israel
Jo	1,2	m.a., alle Bewohner des Landes
Mi	1,2	m.a., Land und alles, was darinnen ist 6,2
Sa	7,11	wollten nicht a. und kehrten den Rücken
Wsh	8,12	wenn ich rede, werden sie a.
Mt	24,15	wer das liest, der m.a. Mk 13,14

aufmerksam

Sir	3,32	wer sie liebhat, der hört a. zu

aufnehmen

4Mo	1,2	n. die Gemeinde a. 49; 3,40; 4,2.22; 26,2
	12,14	danach soll sie wieder aufg. werden 15
	31,26	n. die gesamte Beute a. 49
1Ch	27,23	David n. die Zahl derer nicht a.
2Ch	20,34	aufg. in das Buch der Könige von Israel
	29,16	die Leviten n. (alles Unreine) a.
Neh	5,4	wir haben Geld a. müssen
Est	1,19	lasse man unter die Gesetze der Perser a.
Ps	27,10	aber der HERR n. mich a. 49,16
Spr	4,4	laß dein Herz meine Worte a.
Jes	63,9	er n. sie a. und trug sie allezeit
Jdt	3,8	daß die Fürsten ihn a.
	14,6	Achior wurde in das Volk Israel aufg.
	16,31	wurde unter die heiligen Tage aufg.
Wsh	19,13	hatten die Unbekannten nicht aufg.
	15	plagten… die sie festlich aufg.
Sir	4,12	die Weisheit n. die a., die sie suchen
	11,30	n. nicht jeden bei dir a.
	35	n. du einen Fremden bei dir a.
	14,22	der die Weisheit a. in sein Denken
1Ma	14,40	Simons Boten mit Ehren aufg. hatten
Mt	10,14	wenn euch jemand nicht a. wird Mk 6,11; Lk 9,5; 10,10
	40	wer euch a., der n. mich a.; und wer mich a., der n. a., der Jh 13,20
	41	wer einen Propheten a.
	13,20	der das Wort gleich mit Freuden a. Mk 4,16
	18,5	wer ein solches Kind a., der n. mich a. Mk 9,37; Lk 9,48
	25,35	ihr habt mich aufg. 38.43
Lk	8,40	als Jesus zurückkam, n. ihn das Volk a.
	9,53	sie n. ihn nicht a.
	10,8	wenn sie euch a., eßt, was euch vorgesetzt
	38	eine Frau mit Namen Marta n. ihn a.
	16,4	damit sie mich a., wenn ich abgesetzt werde
	9	damit sie euch a. in die ewigen Hütten
	19,6	er stieg herunter und n. ihn a. mit Freuden
Jh	1,11	die Seinen n. ihn nicht a.
	12	wie viele ihn aber a., denen gab er Macht
	4,45	als er nach Galiläa kam, n. ihn die Galiläer a.
	12,48	und n. meine Worte nicht a.
Apg	1,9	eine Wolke n. ihn vor ihren Augen weg
	11	Jesus, der gen Himmel aufg. wurde 2
	3,21	ihn muß der Himmel a. bis zu der Zeit
	7,21	n. ihn die Tochter des Pharao a.
	59	Herr Jesus, n. meinen Geist a. 58

Apg	10,16	*das Gefäß ward wieder aufg. gen Himmel*
	17,11	sie n. das Wort bereitwillig a. 1Th 1,6; 2,13
	18,27	empfahlen ihnen, ihn a.
	21,17	als wir nach Jerusalem kamen, n. uns die Brüder a.
	28,2	die Leute n. uns alle a. wegen des Regens 7
	30	Paulus n. alle a., die zu ihm kamen
Rö	16,2	daß ihr sie a., wie sich's ziemt für die Heiligen
2Ko	7,15	wie ihr ihn mit Furcht und Zittern aufg. habt
Gal	4,14	wie einen Engel Gottes n. ihr mich a.
Phl	2,29	so n. ihn a. in dem Herrn mit aller Freude
Kol	4,10	wenn er zu euch kommt, n. ihn a.
1Ti	3,16	er ist aufg. in die Herrlichkeit
Phm	17	n. ihn a. wie mich selbst
3Jh	8	solche sollen wir nun a.
	9	Diotrephes n. uns nicht a. 10
Heb	11,31	weil sie die Kundschafter freundlich aufg. hatte Jak 2,25
	12,6	*straft einen jeglichen Sohn, den er a.*

aufpassen

Sir	26,14	wenn du merkst... so p. gut a.
	42,6	auf eine schlechte Frau gut a.

aufraffen

Jer	10,17	r. dein Bündel a. von der Erde

aufrecht

3Mo	26,13	habe euch a. einhergehen lassen
Esr	6,11	soll a. angeschlagen werden
Sir	42,8	wirst ein a. Mann sein und geachtet
Apg	9,40	*da sie Petrus sah, setzte sich a.*
	14,10	stell dich a. auf deine Füße
Rö	14,4	denn der Herr kann ihn a. halten

aufrecken

Jes	3,16	die Töchter Zions gehen mit aufg. Halse

aufregen

Sir	9,16	r. dich nicht a., wenn der Gottlose

aufreiben

4Mo	14,33	bis eure Leiber aufg. sind 35
1Sm	15,6	daß ich euch nicht mit ihnen a.
2Kö	13,17	du wirst die Aramäer schlagen, bis sie aufg. sind 19; 2Ch 18,10
2Ch	20,23	als sie die Leute alle aufg. hatten
Jer	14,12	ich will sie durch Schwert a. 49,37
Lk	9,39	läßt kaum von ihm ab und r. ihn a.

aufreißen

Hi	30,13	sie haben meine Pfade aufg.
Spr	17,14	der dem Wasser den Damm a.
Klg	2,16	deine Feinde r. ihr Maul a. 3,46

aufreizen

1Sm	22,8	daß mein Sohn m. Knecht gegen mich aufg.
Mk	15,11	die Hohenpriester r. das Volk a.
Apg	13,50	*die Juden r. die angesehenen Frauen a.*

aufrichten

1Mo	6,18	mit dir will ich meinen Bund a. 9,9.11.17; 17,7.19.21; 2Mo 6,4; Hes 16,60.62
	27,31	r. dich a., mein Vater, und iß
	28,18	Jakob r. (den Stein) a. 22; 31,45; 35,20
	31,51	Steinmal, das ich a. habe 35,14
	37,7	meine Garbe r. sich a. und stand
2Mo	26,30	so sollst du die Wohnung a. 40,2.17.18; 4Mo 7,1; 9,15; 10,21; Jos 18,1
	40,33	r. den Vorhof a. rings um die Wohnung
3Mo	26,1	weder Bild noch Steinmal a. 5Mo 16,22
	46	Gesetze, die der HERR aufg. hat
4Mo	21,8	mache eine eherne Schlange und r. sie a. 9
	27	daß man die Stadt Sihons baue und a.
5Mo	27,2	sollst große Steine a. 4
Jos	3,16	stand das Wasser aufg. wie ein Wall
	4,9	Josua r. zwölf Steine a.
	24,26	Josua r. ihn a. unter einer Eiche
Ri	18,30	die Daniter r. für sich das Schnitzbild a.
1Sm	15,12	daß Saul sich ein Siegeszeichen a.
2Sm	3,10	daß der Thron Davids aufg. werde
	8,3	um seine Macht wieder a. 1Ch 18,3
	12,17	die Ältesten wollten (David) a.
	18,18	Absalom hatte sich eine Säule aufg.
1Kö	7,21	er r. die Säulen a. vor der Vorhalle 2Ch 3,17
	16,32	r. (Baal) einen Altar a. 2Kö 17,10; 21,3
1Ch	15,1	David r. ein Zelt für (die Lade) a. 16,1
	21,18	daß David dem HERRN einen Altar a.
Esr	9,9	um es aus seinen Trümmern wieder a.
Est	5,14	Haman ließ einen Galgen a. 6,4; 7,9.10
Hi	4,4	deine Rede hat die Strauchelnden aufg.
	8,6	(Gott) wird wieder a. deine Wohnung
	10,16	wenn ich es a., würdest du mich jagen
	16,12	er hat mich als seine Zielscheibe aufg.
Ps	78,5	r. ein Zeugnis a. in Jakob
	113,7	der den Geringen a. aus dem Staube
	145,14	r.a., die niedergeschlagen sind 146,8
	147,6	der HERR r. die Elenden a.
Spr	29,4	ein König r. das Land a. durchs Recht
Jes	5,26	er wird ein Feldzeichen a. für das Volk
	10,33	wird, was hoch aufg. steht, niederschlagen
	11,12	er wird ein Zeichen a. unter den Völkern 49,22; 62,10; 66,19
	18,3	wenn man das Banner auf den Bergen a.
	23,13	sie haben Belagerungstürme aufg.
	32,1	wird regieren, Gerechtigkeit a. 42,4
	44,26	ihre Trümmer r. ich a. 61,4; 62,7
	49,6	die Stämme Jakobs a. 8
	58,12	wirst a., was vorzeiten gegründet ward
Jer	4,6	r. in Zion ein Fluchtzeichen 6,1; 50,2; 51,27
	10,20	niemand r. meine Hütte wieder a.
	11,13	so viele Schandaltäre habt ihr aufg.
	31,21	r. der Wegzeichen a.
	50,32	soll fallen, daß ihn niemand a.
Hes	39,15	sollen ein Zeichen a.
Dan	2,44	wird der Gott des Himmels ein Reich a.
	3,1	der König ließ ein Bild a. 2.3.5.7.12.14.18
	7,5	ein anderes Tier auf der einen Seite aufg.
	8,18	er rührte mich an und r. mich a.
	10,11	merk auf die Worte und r. dich a.
Hos	6,2	er wird uns am dritten Tage a.
	10,1	da r. sie die schönsten Steinmale a.
	11,7	wenn man predigt, so r. sich keiner a.
Am	5,15	r. das Recht a. im Tor
	9,11	will die Hütte Davids wieder a. Apg 15,16
Nah	2,6	aufg. wird das Schutzdach
Hab	2,12	der mit Blut baut und r.a. mit Unrecht
Jdt	10,21	Holofernes befahl, sie wieder a.
Sir	24,32	Buch des Bundes, den Gott aufg. hat

aufrichten

Sir	46,16	Samuel r. ein Königreich a.
	47,15	damit er ein Heiligtum a. 49,14.15
	48,10	die Stämme Jakobs wieder a.
Bar	2,35	ich will einen ewigen Bund mit ihnen a.
	6,27	die Götter müssen wieder aufg. werden
1Ma	5,1	daß der Altar wieder aufg. war
	10,11	sie sollten die Mauern wieder a.
Mk	1,31	er r. sie a.; und das Fieber verließ sie
	7,9	damit ihr eure Satzungen a.
	9,27	Jesus ergriff ihn bei der Hand und r. ihn a.
Lk	1,69	hat uns aufg. eine Macht des Heils
	7,15	der Tote r. sich a. und fing an zu reden
	13,11	sie war verkrümmt und konnte sich nicht a.
	13	sogleich r. sie sich a. und pries Gott
Jh	2,19	in drei Tagen will ich ihn a. 20
	8,7	r. er sich a. und sprach zu ihnen 10
Apg	1,6	wirst du in dieser Zeit a. das Reich für Israel
	3,7	er ergriff ihn bei der Hand und r. ihn a.
	9,8	Saulus r. sich a. von der Erde
	10,26	Petrus r. ihn a. und sprach
Rö	1,5	den Gehorsam des Glaubens a. unter allen Heiden 16,26
	3,31	wir r. das Gesetz a.
	10,3	sie suchen ihre eigene Gerechtigkeit a.
2Ko	5,19	Gott hat unter uns a. das Wort von der Versöhnung
Kol	4,8	*daß er eure Herzen a.*
1Th	2,11	*daß wir einen jeglichen aufg. haben*
1Pt	5,10	der wird euch, die ihr... leidet, a.
Heb	8,2	Stiftshütte, die Gott aufg. hat und nicht ein Mensch
	9,2	denn es war aufg. die Stiftshütte
Jak	5,15	der Herr wird ihn a.

aufrichtig

5Mo	9,5	nicht um deines a. Herzens willen
1Kö	3,6	David vor dir gewandelt mit a. Herzen 9,4
2Kö	10,15	ist dein Herz a. gegen mich
1Ch	29,17	habe dies aus a. Herzen freiwillig gegeben
Hi	33,3	mein Herz spricht a. Worte
Ps	119,7	ich danke dir mit a. Herzen
Spr	2,7	er läßt es den A. gelingen
	16,13	wer a. redet, wird geliebt
Pr	7,29	Gott hat den Menschen a. gemacht
Dan	11,34	werden sich nicht a. zu ihnen halten
Mal	2,6	er wandelte vor mir friedsam und a.
Wsh	1,1	sucht (den Herrn) mit a. Herzen
	6,18	wo einer a. nach Unterweisung verlangt
	9,3	mit a. Herzen Gericht halten
Tob	3,5	weil wir nicht a. gelebt haben vor dir
2Ma	14,8	ich mich dem König a. verpflichtet weiß
Lk	20,21	wir wissen, daß du a. redest und lehrst

Aufrichtigkeit

1Ch	29,17	A. ist dir angenehm
Jes	59,14	die A. findet keinen Eingang

Aufruf

2Ma	4,14	Priester nicht mehr... nach dem A.

aufrufen

Ri	6,34	Gideon r. die Abiësriter a. 35
	12,2	ich r. euch a., aber ihr halft nicht
1Sm	23,8	ließ das ganze Kriegsvolk a. 2Kö 3,21
Jes	31,4	wenn man wider ihn a. die Menge der Hirten

2Ma	15,17	als sie Judas aufg. hatte

Aufruhr

4Mo	16,11	macht einen A. wider den HERRN
2Sm	22,44	du hast mir aus dem A. geholfen
2Kö	11,14	Atalja rief: A., A. 2Ch 23,13
Esr	4,15	daß man von alters her A. gemacht 19
Spr	29,8	die Spötter bringen eine Stadt in A.
Am	7,10	der Amos macht einen A. gegen dich
1Ma	3,29	daß wegen A. nicht viel Tribut einging
	11,45	das Volk in der Stadt einen A. 2Ma 4,30
2Ma	14,6	Asidäer halten Krieg und A. in Gang
Mt	26,5	damit es nicht einen A. gebe im Volk Mk 14,2
Mk	15,7	(Aufrührer,) beim A. einen Mord begangen
Lk	21,9	wenn ihr hören werdet von Kriegen und A.
	23,19	der war wegen eines A. ins Gefängnis geworfen worden 25
Apg	5,37	Judas brachte eine Menge Volk hinter sich zum A.
	16,20	diese Menschen bringen unsre Stadt in A.
	17,5	richteten einen A. in der Stadt an
	19,40	ohne Grund, mit dem wir diesen A. entschuldigen könnten
	21,31	Nachricht, daß ganz Jerusalem in A. sei
	38	der vor diesen Tagen einen A. gemacht
	24,5	daß er A. erregt unter allen Juden
	12	wie ich einen A. im Volk gemacht hätte
2Ko	6,5	*in Gefängnissen, in A., in Mühen*
	12,20	*daß Hader, Aufblähen, A. da sei*
Jud	11	kommen um in dem A. Korachs

aufrühren

Spr	17,9	wer eine Sache a., macht Freunde uneins
Hes	32,2	du r. das Wasser a. mit deinen Füßen

Aufrührer

Spr	24,21	menge dich nicht unter die A.
1Ma	15,3	einige A. mein Erbkönigtum genommen 4
	21	wenn einige A. zu euch geflohen sind
Mk	15,7	es war Barabbas, gefangen mit den A.
Apg	21,38	der 4.000 von den A. in die Wüste hinausgeführt hat

aufrührerisch

Ri	9,31	machen dir die Stadt a.
Esr	4,12	Jerusalem, die a. und böse Stadt 15

aufsammeln

Jes	27,12	ihr *Israeliten werdet aufg.
Mt	14,20	s.a., was an Brocken übrigblieb 15,37; Mk 6,43; 8,8.19.20; Lk 9,17; Jh 6,12
	16,9	denkt... wieviel Körbe ihr da aufg. habt 10

aufsässig

Jer	43,2	sprachen alle a. Männer zu Jeremia

aufschauen

2Sm	24,20	als Arauna a., sah er den König

aufscheuchen

Hi	39,18	wenn sie aufg. wird, verlacht sie

aufschießen

Ps	144,12	unsere Söhne seien wie Pflanzen, die a.
Jes	27,4	sollten Disteln und Dornen a.
	53,2	er s.a. vor ihm wie ein Reis
1Ma	1,11	aus ihnen s. eine böse Wurzel a.

Aufschlag

3Mo	25,36	nicht Zinsen von ihm nehmen noch A. 37
Spr	28,8	wer sein Gut mehrt mit Zinsen und A.
Hes	18,8	der keinen A. nimmt 13.17; 22,12

aufschlagen

1Mo	12,8	s. sein Zelt a. 26,17.25; 31,25; 33,19; 35,21; Ri 4,11
2Mo	33,7	nahm das Zelt und s. es a. und nannte es Stiftshütte 4Mo 1,51
5Mo	23,10	wenn du ein Lager a., so hüte dich
Jos	5,10	als die *Israeliten das Lager aufg.
2Sm	6,17	Zelt, das David für (die Lade) aufg. 2Ch 1,4
Jes	13,20	daß auch Araber dort keine Zelte a.
Jer	6,3	werden Zelte a. rings um sie her
	10,20	mein Zelt s. keiner mehr a.
Hes	4,2	s. ein Heerlager a.
	25,4	daß sie ihre Zeltdörfer in dir a.
Dan	11,45	er wird seine prächtigen Zelte a.
Wsh	11,2	s. ihre Zelte a. in der Einöde
1Ma	9,33	s. ein Lager a. am Wasser des Brunnens
2Ma	15,17	beschlossen sie, kein Lager mehr a.
Apg	9,8	als er seine Augen a., sah er nichts
	40	sie s. ihre Augen a.

aufschließen

Ri	3,25	nahmen sie den Schlüssel und s.a.

aufschlitzen

2Kö	8,12	wirst ihre schwangern Frauen a. 15,16; Hos 14,1; Am 1,13

aufschneiden

Sir	10,30	besser arbeiten und reich werden als a.

aufschrecken

3Mo	26,6	daß ihr schlafet und euch niemand a. Hi 11,19
Hi	33,16	er s. sie a. und warnt sie
Jes	14,9	es s.a. vor dir die Toten
Ze	1,12	zur selben Zeit will ich a. die Leute

aufschreiben

2Mo	34,27	s. dir diese Worte a.
4Mo	11,26	sie waren auch aufg.
	33,2	Mose s.a. ihre Wanderungen
5Mo	31,19	so s. euch dies Lied a. 22
Jos	18,4	das Land a. nach ihren Erbteilen 6.8.9
Ri	8,14	der s. (Gideon) a. die Oberen von Sukkot
2Kö	17,37	Rechte, die er euch hat a. lassen
1Ch	9,1	aufg. im Buch der Könige von Israel
	24,6	Schemaja s. sie a. vor dem König
2Ch	35,4	Ordnungen, wie sie aufg. sind von David
Esr	5,10	damit wir die Namen der Männer a.
	8,34	das ganze Gewicht wurde aufg.
Neh	10,1	wollen eine feste Abmachung a.
Est	9,20	Mordechai s. diese Geschichten a.
Hi	19,23	ach daß meine Reden aufg. würden
Ps	87,6	der HERR spricht, wenn er a. die Völker
Spr	22,20	hab ich dir's nicht aufg. als Rat
Jes	4,3	ein jeder, der aufg. ist zum Leben
	10,19	ein Knabe kann sie a.
Jer	22,30	so spricht der HERR: S. diesen Mann a.
	36,17	wie hast du diese Worte aufg.
Hes	24,2	s. dir diesen Tag a.
	43,11	s. sie vor ihren Augen a.
Dan	7,1	Daniel s. den Traum a.
Hos	8,12	wenn ich noch so viele meiner Gebote a.
Hab	2,2	s.a., was du geschaut hast
Sir	42,7	jede Ausgabe und Einnahme a.
Lk	1,3	für gut gehalten, es für dich a.
Jh	21,24	dies ist der Jünger, der dies alles aufg. hat
	25	eins nach dem andern aufg. werden sollte
Heb	12,23	Erstgeborenen, die im Himmel aufg. sind
Off	10,4	was die 7 Donner geredet haben, s. nicht a.

aufschreien

1Sm	4,13	die ganze Stadt s.a.
Lk	8,28	als er aber Jesus sah, s. er a. 9,39

Aufschrift

Mt	22,20	wessen Bild und A. ist das Mk 12,16; Lk 20,24
	27,37	über sein Haupt setzten sie eine A. Lk 23,38
Jh	19,19	Pilatus schrieb eine A.
	20	diese A. lasen viele Juden

Aufschub

Apg	25,17	als sie hier zusammenkamen, duldete ich keinen A.

aufschürzen

Lk	12,37	er wird sich a. und sie zu Tisch setzen

aufschütten

1Mo	41,35	daß sie Getreide a. in Kornhäusern 49
2Sm	20,15	s. einen Wall gegen die Stadt a.
2Kö	19,32	soll keinen Wall gegen sie a. Jes 37,33
Hes	4,2	s. einen Wall a. 21,27; 26,8; Dan 11,15
Hab	1,10	sie s. Erde a. und erobern sie

aufsehen

1Sm	17,42	als der Philister a. und David anschaute
1Ch	21,21	s. Arauna a. und ward David gewahr
Jer	31,26	s.a. und hatte so sanft geschlafen
StD	1,9	daß sie nicht mehr zum Himmel a. konnten
Mt	14,19	(Jesus) s.a. zum Himmel Mk 6,41; 7,34; Lk 9,16
Mk	8,24	s.a. und sprach: Ich sehe die Menschen
	16,4	*sie s.a. und wurden gewahr*
Lk	19,5	als Jesus an die Stelle kam, s. er a. und sprach
	21,1	*er s.a. und schaute die Reichen*
	28	und erhebt eure Häupter
Apg	7,55	(Stephanus) s.a. zum Himmel
Heb	12,2	(laßt uns) a. zu Jesus

Aufsehen

Lk	22,6	daß er ihn an sie verriete ohne A.

Aufseher

Aufseher
2Mo	2,14	wer hat dich zum A. über uns gesetzt
	5,6	befahl den Vögten des Volks und ihren A. 10.14.15.19
2Ch	2,1	Salomo zählte ab 3.600 A. über sie 17
	31,13	wurden A. unter Konanja
	34,12	gesetzt als A. Jahat und Obadja 13
Neh	2,8	an Asaf, den obersten A.
Jer	29,26	daß du A. sein sollst im Hause des HERRN
Dan	1,11	da sprach Daniel zu dem A. 16
Apg	7,27	wer hat dich zum A. über uns gesetzt 35
	16,23	befahl dem A., sie gut zu bewachen
	27	als der A. aus dem Schlaf auffuhr
	29	da forderte der A. ein Licht
	36	der A. überbrachte Paulus diese Botschaft

aufsetzen
1Mo	48,2	Israel s. sich a. im Bett
2Mo	27,20	daß man Lampen a. könne 39,37; 40,25; 3Mo 24,2; 4Mo 8,2.3
	29,9	den Söhnen die hohen Mützen a. 3Mo 8,13
2Kö	4,38	s. einen großen Topf a. Hes 24,3
	11,12	Jojada s. ihm die Krone a. 2Ch 23,11
Jer	46,4	s. die Helme a. und schärft die Spieße
Dan	6,9	darum sollst du ein Schreiben a. 10
Wsh	5,19	wird unbestechliches Gericht sich a.
Sir	6,32	als schöne Krone sie dir a. 11,5
1Ma	11,13	Ptolemäus s. sich die Krone Vorderasiens a.
Mk	15,17	flochten eine Dornenkrone und s. sie ihm a.
Apg	9,40	als sie Petrus sah, s. sie sich a.

aufseufzen
Sir	25,24	ihr Mann muß vor Bitterkeit a.

Aufsicht
4Mo	3,32	soll Eleasar sein zur A. 4,16

aufsitzen
Jer	46,4	spannet Rosse an und laßt Reiter a.

aufspannen
Hes	26,5	Platz, an dem man Fischnetze a. 14; 47,10

aufsparen
Hi	20,26	alle Finsternis ist für ihn aufg. 21,19
2Pt	3,7	durch dasselbe Wort aufg. für das Feuer

aufsperren
Hi	16,10	haben ihren Mund aufg. wider mich
	29,23	s. ihren Mund a. wie nach Spätregen
	35,16	s. Hiob seinen Mund a. um nichts
Ps	22,8	die mich sehen... das Maul a. 14; 35,21
Jes	5,14	hat das Totenreich den Schlund weit aufg.
	10,14	kein Schnabel s. sich a.
	57,4	über wen wollt ihr das Maul a.
Hab	2,5	seinen Rachen a. wie das Reich des Todes
Sir	31,12	s. deinen Mund nicht a.
2Ma	6,18	Eleasar s. man mit Gewalt den Mund a.

aufspielen
Mt	11,17	wir haben euch aufg. und ihr Lk 7,32

aufspringen
2Sm	13,29	da s. alle Söhne des Königs a.
Am	3,5	oder s. eine Falle a. von der Erde
StE	4,6	er s.a. von seinem Thron
Mk	10,50	er s.a. und kam zu Jesus
Apg	3,8	er s.a., konnte gehen und stehen 14,10

aufspüren
1Sm	23,23	ist er im Lande, so will ich ihn a.
Ob	6	wie sollen sie seine Schätze a.
1Ma	3,5	(Judas) s. die Abtrünnigen a.

aufstacheln
Jes	9,10	ihre Feinde s. er a.

aufstecken
2Ma	15,35	(Judas) s. Nikanors Kopf a.

aufstehen
1Mo	19,1	s.a. und neigte sich 23,7; 1Sm 20,41; 25,41; 1Kö 2,19
	33	er ward's nicht gewahr, als sie a. 35
	20,8	s. früh am Morgen a. 21,14; 22,3; 24,54; 26,31; 28,18; 32,1; 2Mo 32,6; 34,4; 4Mo 22,13.21; Ri 6,28.38; 19,27; 2Sm 24,11; 1Kö 3,21; 2Kö 6,15; Dan 6,20
	18	s.a., nimm den Knaben
	23,3	danach s. er a. von seiner Toten
	25,34	(Esau) aß und s.a. und ging davon
	31,35	ich kann nicht a. vor dir
	32,23	s.a. in der Nacht 2Mo 12,30; Ri 16,3; 1Kö 3,20
2Mo	2,17	Mose s.a. und half ihnen
	32,6	s.a., um ihre Lust zu treiben 1Ko 10,7
	33,8	wenn Mose hinausging, s. alles Volk a. 10
3Mo	19,32	vor einem grauen Haupt sollst du a.
4Mo	10,35	so sprach Mose: HERR, s.a.
	16,25	Mose s.a. und ging zu Datan
	23,18	s.a., Balak, und höre
	24	das Volk wird a. wie ein junger Löwe
	25,7	s. er a. aus der Gemeinde
5Mo	6,7	wenn du dich niederlegst oder a. 11,19
	13,2	wenn ein Prophet oder Träumer a.
	32,38	laßt sie a. und euch helfen
	34,10	es s. hinfort kein Prophet a. wie Mose
Jos	7,10	sprach der HERR zu Josua: S.a. 13
Ri	3,20	da s. er a. von seinem Thron Jon 3,6
	5,7	still war's, bis du, Debora, a.
	7,9	sprach zu Gideon: S.a. und geh hinab
	8,20	s.a. und erschlage sie 21
	10,1	nach Abimelech s.a. Tola 3
	19,7	der Mann a. und reisen wollte 9. 28
Rut	3,14	sie s.a., ehe einer den andern erkennen
1Sm	1,9	s. Hanna a., nachdem sie gegessen hatten
	3,6	Samuel s.a. und ging zu Eli 8
	9,26	sprach zu Saul: S.a., daß ich dich geleite
	20,34	(Jonatan) s. vom Tisch a.
	24,5	David s.a. und schnitt einen Zipfel
	28,23	(Saul) s. von der Erde 25
2Sm	11,2	daß David um den Abend a. von seinem Lager
	12,20	s. David von der Erde a. 21
	13,31	s. der König a. und zerriß seine Kleider Hi 1,20
	14,7	s. die ganze Sippe a. gegen deine Magd

aufstehen

2Sm	19,9	s. der König a. und setzte sich ins Tor
	22,39	zerschmettert, daß sie nicht mehr a. Ps 18,39
1Kö	8,54	Salomo s.a. von dem Altar
	19,5	s.a. und iß 7.8; 21,7
	21,15	s.a. und nimm in Besitz den Weinberg 16
2Kö	4,35	(Elisa) s.a. und ging hierhin und dahin
	7,12	der König s.a. und sprach 1Ch 28,2
	9,2	geh hinein und laß ihn a. 6
	19,27	ich weiß von deinem A. Jes 37,28
2Ch	30,27	die Priester s.a. und segneten das Volk
Esr	2,63	Priester für „Licht und Recht" a. Neh 7,65
	9,5	faßte ich mich und s.a. 10,4.5.10
Neh	8,5	als er's auftat, s. alles Volk a. 9,3
Est	5,9	als er Mordechai sah, wie er nicht a.
	7,7	der König s.a. vom Weingelage
	8,4	s. Ester a. und trat vor den König
Hi	7,4	wann werde ich a.? Bin ich aufg., so
	14,12	er wird nicht wieder a.
	16,8	mein Siechtum s. wider mich a.
	24,14	wenn der Tag anbricht, s. der Mörder a.
	22	s. er a., müssen sie verzweifeln
	29,8	die Alten s. vor mir a.
	30,28	ich s.a. in der Gemeinde und schreie
Ps	7,7	s.a., HERR, in deinem Zorn
	9,20	HERRR s.a., daß nicht die Menschen 10,12
	12,6	will ich jetzt a., spricht der HERR
	27,12	es s. falsche Zeugen wider mich a.
	36,13	sind gestürzt und können nicht wieder a.
	41,9	wer so daliegt, wird nicht wieder a.
	68,2	Gott s.a.; so werden seine Feinde zerstreut
	78,6	die sollten a. und es auch verkündigen
	88,11	werden die Verstorbenen a. und danken
	119,62	zur Mitternacht s. ich a., dir zu danken
	124,2	wenn Menschen wider uns a.
	127,2	es ist umsonst, daß ihr früh a.
	139,2	ich sitze oder a., so weißt du es
	140,11	daß sie nicht mehr a.
Spr	6,9	wann willst du a. von deinem Schlaf
	24,16	ein Gerechter fällt siebenmal und s. wieder a.
	31,15	sie s. vor Tage a. und gibt Speise
	28	ihre Söhne s.a. und preisen sie
Hl	2,10	s.a., meine Freundin, und komm her 13
	3,2	ich will a. und in der Stadt umhergehen
	4,16	s.a., Nordwind, und komm, Südwind
	5,5	s. ich a., daß ich meinem Freunde auftäte
Jes	14,9	laßt alle Könige von ihren Thronen a.
	24,20	daß sie nicht wieder a. kann
	26,14	Schatten s. nicht a.
	33,10	nun will ich mich erheben, nun will ich a.
	43,17	daß sie daliegen und nicht a.
	49,7	Könige sollen sehen und a.
	51,17	werde wach, s.a., Jerusalem 52,2
Jer	2,28	laß (deine Götter) a.; laß sehen
	8,4	wenn er fällt, der nicht gern wieder a.
	25,27	speit, daß ihr nicht a. könnt
	26,17	es s.a. etliche von den Ältesten
	37,10	so würde doch ein jeder a.
Klg	2,19	s. des Nachts a. und schreie
	3,63	ob sie sitzen oder a., singen sie
Hes	23,22	will deine Liebhaber gegen dich a. lassen
Dan	7,5	s.a. und friß viel Fleisch
	8,27	s. ich a. und verrichtete meinen Dienst
	11,2	werden noch drei Könige in Persien a.
	14	werden viele a. gegen den König des Südens
Hos	10,9	dort s. sie gegen mich a.
Am	5,2	daß sie nicht wieder a. wird
	6,14	ich will gegen euch ein Volk a. lassen
	8,14	so fallen, daß sie nicht wieder a. können
Jon	1,6	s.a., rufe deinen Gott an
Mi	7,8	wenn ich daniederliege, werde ich wieder a.
Hab	2,7	wie plötzlich werden a., die dich beißen
	19	der spricht zum stummen Steine: S.a.
	3,6	er s.a. und ließ erbeben die Erde
Jdt	10,1	als sie... beendet hatte, s. sie a.
	12,16	sie s.a. und schmückte sich
Tob	2,3	s. Tobias sogleich vom Tisch a.
	8,4	Sara, s.a., wir wollen zu Gott beten 6
	11,10	da s. sein blinder Vater a.
Sir	31,23	man kann früh am Morgen a. 32,15
	25	so s.a., erbrich dich und geh weg
Mt	2,13	s.a., nimm das Kindlein und seine Mutter 14. 20.21
	8,15	sie s.a. und diente ihm Lk 4,39
	26	(Jesus) s.a. und bedrohte das Meer Mk 4,39; Lk 8,24
	9,5	was ist leichter... oder zu sagen: S.a. und geh umher Mk 2,9; Lk 5,23
	6	s.a., hebe dein Bett auf und geh heim 7.9; Mk 2,11-14; Lk 5,24.25.28; Jh 5,8
	19	Jesus s.a. und folgte ihm
	25	da s. das Mädchen a. Mk 5,41.42; Lk 8,54.55
	11,5	Blinde sehen, Lahme gehen, Tote s.a. Lk 7,22
	11	*ist keiner aufg., der größer sei*
	17,7	s.a. und fürchtet euch nicht
	24,24	es werden falsche Propheten a.
	25,7	da s. diese Jungfrauen alle a.
	26,46	s.a., laßt uns gehen Mk 14,42
	62	der Hohepriester s.a. und sprach Mk 14,60
	27,52	viele Leiber der entschlafenen Heiligen s.a.
Mk	1,35	am Morgen a. (Jesus) 7h
	4,27	schläft und a., Nacht und Tag
	7,24	(Jesus) s.a. und ging in das Gebiet von Tyrus
	9,27	Jesus richtete ihn auf, und er s.a.
	10,49	sei getrost, s.a.! Er ruft dich
	14,57	einige s.a. und gaben falsches Zeugnis ab gegen ihn
Lk	1,39	*Maria s.a. in den Tagen und ging*
	2,34	gesetzt zum Fall und zum A. für viele in Israel
	4,16	ging in die Synagoge und s.a. und wollte lesen
	29	s.a. und stießen ihn zur Stadt hinaus
	6,8	s.a. und tritt hervor! Und er s.a. und trat vor
	7,14	er sprach: Jüngling, ich sage dir, s.a.
	16	es ist ein großer Prophet unter uns aufg.
	10,25	da s. ein Schriftgelehrter a. und sprach
	11,7	ich kann nicht a. und dir etwas geben
	8	wird er doch a. und ihm geben, soviel er bedarf
	13,25	wenn der Hausherr aufg. ist
	16,31	*nicht glauben, wenn jemand von den Toten a.*
	17,19	s.a., geh hin; dein Glaube hat dir geholfen
	22,45	er s.a. von dem Gebet und kam zu seinen Jüngern
	46	s.a. und betet, damit ihr nicht in Anfechtung fallt
	23,1	und die ganze Versammlung s.a.
	24,12	Petrus s.a. und lief zum Grab
	33	s.a. zu derselben Stunde
Jh	7,52	aus Galiläa s. kein Prophet a.
	11,29	als Maria das hörte, s. sie eilend a. 31
	13,4	s. vom Mahl a., legte sein Obergewand ab
Apg	3,6	im Namen Jesu Christi von Nazareth s.a. und geh umher
	5,6	da s. die jungen Männer a. und deckten ihn zu
	34	da s. im Hohen Rat ein Pharisäer a. mit Namen Gamaliel

aufstehen

Apg 5,36 vor einiger Zeit s. Theudas a.
 37 danach s. Judas der Galiläer a.
 6,9 s. einige a. von der Synagoge der Libertiner
 8,26 s.a. und geh nach Süden auf die Straße 27
 9,6 s.a. und geh in die Stadt 11; 22,10; 26,16
 18 er s.a., ließ sich taufen
 34 s.a. und mach dir selber das Bett
 39 Petrus s.a. und ging mit ihnen
 40 sprach: Tabita, s.a. 41
 10,13 s.a., Petrus, schlachte und iß 11,7
 20 s.a. und geh mit ihnen und zweifle nicht
 26 s.a., ich bin auch nur ein Mensch
 11,28 Agabus s.a. und weissagte
 12,7 er weckte ihn und sprach: S. schnell a.
 13,16 da s. Paulus a. und winkte mit der Hand und sprach
 14,20 als ihn die Jünger umringten, s. er a.
 15,7 s. Petrus a. und sprach zu ihnen
 20,30 auch aus eurer Mitte werden Männer a.
 22,16 s.a. und rufe seinen Namen an
 23,9 einige Schriftgelehrte s.a. und sprachen
 26,15 s. nun a. und stell dich auf deine Füße
 30 da s. der König a. und der Statthalter
Rö 13,11 daß die Stunde da ist, a. vom Schlaf
 15,12 der Sproß aus der Wurzel Isais wird a., um zu herrschen
Eph 5,14 wach auf, der du schläfst, und s.a. von den Toten
Off 11,1 s.a. und miß den Tempel Gottes und den Altar

aufsteigen

1Mo 2,6 ein Nebel s.a. von der Erde
 28,12 die Engel Gottes s. daran a. und nieder
 41,3 sah andere 7 Kühe aus dem Wasser a. 27
2Mo 19,18 Rauch s.a. wie von einem Schmelzofen
4Mo 21,17 Brunnen, s.a.! Singet von ihm
5Mo 15,9 daß nicht ein arglistiger Gedanke a.
Jos 8,20 sahen den Rauch der Stadt a. 21
 11,17 Gebirge, das a. nach Seïr hin
Ri 20,38 sie sollten eine Rauchsäule a. lassen 40
1Sm 5,12 das Geschrei der Stadt s.a. gen Himmel
2Sm 22,9 Rauch s.a. von seiner Nase Ps 18,9
1Kö 18,44 siehe, es s. eine kleine Wolke a.
Ps 135,7 der die Wolken läßt vom Ende der Erde
Jes 34,3 daß Gestank von ihren Leichnamen a. wird
Hes 8,11 der Duft von Weihrauch s.a.
 38,18 wird mein Zorn in mir a.
 41,7 man s. von dem unteren Stockwerk a.
Wsh 3,7 werden a. wie Funken überm Stoppelfeld
Lk 12,54 wenn ihr eine Wolke a. seht vom Westen her
Apg 8,31 er bat Philippus, a. und sich zu ihm zu setzen
Off 7,2 ich sah einen andern Engel a.
 8,4 der Rauch des Räucherwerks s.a.
 9,2 es s.a. ein Rauch aus dem Brunnen
 11,7 das Tier, das aus dem Abgrund
 12 sie s.a. in den Himmel in einer Wolke
 13,11 ich sah ein zweites Tier a.
 14,11 der Rauch von ihrer Qual wird a. 19,3
 17,8 das Tier wird wieder a. aus dem Abgrund

aufstellen

2Mo 26,15 sollst auch Bretter machen zum A. 36,20
3Mo 9,5 die Gemeinde s. sich a. vor dem HERRN
5Mo 27,15 wer ein Bild macht und es heimlich a.
Jos 8,13 sie s. das Volk des ganzen Lagers so a.
Ri 7,19 als sie die Wachen aufg. hatten

Ri 8,27 Gideon machte einen Efod und s. ihn a.
 9,44 Abimelech s. sich am Stadttor a.
 18,31 so s. sie das Schnitzbild bei sich a.
 20,20 s. sich a. zum Kampf 22.30.33; 1Sm 4,2; 17,20. 21; 2Sm 10,8.10.17; 1Ch 19,9
1Sm 7,12 nahm Samuel einen Stein und s. ihn a.
1Kö 12,29 (Jerobeam) s. eins in Bethel a., das andere
2Kö 3,21 s. sich an der Grenze a.
 10,24 Jehu s. außen achtzig Mann a.
 12,10 nahm der Priester eine Lade und s. sie a.
1Ch 9,24 es waren diese Torhüter aufg.
2Ch 4,6 das Meer aber s. er a.
 23,10 (der Priester Jojada) s. alles Volk a.
 25,14 s. sie sich als Götter a. 33,19
 26,11 nach seiner Zahl aufg. durch Jeïel
 29,19 alle Geräte haben wir aufg. und geweiht
 25 (Hiskia) s. die Leviten a. 31,2
 35,5 s. euch im Heiligtum a.
Esr 3,10 s. sich die Priester a. in ihren Amtskleidern
Neh 4,3 wir s. gegen sie Wachen a. 7; 7,3
 12,31 ich s. zwei große Dankchöre a.
Hi 7,12 daß du eine Wache gegen mich a.
Ps 74,4 Widersacher s. ihre Zeichen darin a.
 105,10 er s. ihn a. für Jakob als Satzung
Jes 21,6 geh hin, s. den Wächter a.
 22,7 Wagen s. sich a. gegen das Tor
 43,9 sie sollen ihre Zeugen a.
Jer 24,1 Feigenkörbe, aufg. vor dem Tempel
 49,38 meinen Thron will ich in Elam a.
 50,14 s. euch ringsum gegen Babel a.
Hes 19,8 da s. sie Völker gegen ihn a.
Dan 3,3 sie mußten sich a. vor dem Bild a.
 7,9 ich sah, wie Throne aufg. wurden
 11,31 das Greuelbild der Verwüstung a. 12,11
Mi 5,4 so werden wir sieben Hirten dagegen a.
Nah 2,4 Wagen s. er a. wie leuchtende Fackeln
Sa 5,11 daß (die Tonne) dort aufg. werde
1Ma 4,41 Judas s. Männer a., die... abwehren
 6,51 er s. die Geschütze a. 11,20; 13,43
2Ma 14,21 als der Tag kam, s. man... einen Stuhl a.
GMn 10 daß ich solche Götzenbilder aufg. habe
Mk 7,13 *Satzungen, die ihr aufg. habt*
Apg 1,23 sie s. zwei a.: Josef und Matthias
 6,13 s. falsche Zeugen a., die sprachen

aufstören

1Mo 49,9 wer will ihn a. 4Mo 24,9

aufstrahlen

Sir 43,9 wenn er a. am Firmament des Himmels

aufstützen

Sir 41,23 dich beim Essen mit deinem Arm a.

aufsuchen

5Mo 12,5 die Stätte sollt ihr a.
2Ch 1,5 Salomo und die Gemeinde pflegten ihn a.
Dan 4,33 meine Räte und Mächtigen s. mich a.
Sir 6,36 einen verständigen Mann s. häufig a.

aufteilen

Sir 44,26 hat seine Anteile in zwölf Stämme aufg.

auftischen

Sir 14,10 es tut ihm weh, wenn er a. muß

Auftrag

Apg 17,15 nachdem sie den A. empfangen hatten
26,12 als ich nach Damaskus reiste im A. der Hohenpriester

auftragen

1Mo 18,8 er t. Butter und Milch a.
43,32 man t. (Benjamin) besonders a. 34
1Sm 9,24 da t. der Koch eine Keule a.
2Sm 12,20 ließ (David) sich Speise a. und aß
Est 1,7 Getränke t. man a. in goldenen Gefäßen
Jdt 12,1 ordnete an, was man ihr a. sollte
Apg 22,10 alles sagen, was dir zu tun aufg. ist

auftreten

3Mo 19,16 nicht a. gegen deines Nächsten Leben
4Mo 32,14 ihr seid aufg. an eurer Väter Statt
5Mo 13,14 es sind etliche heillose Leute aufg.
19,15 soll kein einzelner Zeuge gegen jemand a.
16 wenn ein frevelhafter Zeuge a.
24,8 hüte dich beim A. von Aussatz
1Sm 12,3 nun t. gegen mich a. vor dem HERRN
2Ch 28,12 da t.a. einige Sippenhäupter
Ps 35,11 es t. falsche Zeugen a.
Jes 3,13 der HERR ist aufg., sein Volk zu richten
47,12 t.a. mit deinen Beschwörungen
Hes 13,17 aus eigenem Antrieb als Prophetinnen a.
Mi 5,3 wird a. und weiden in der Kraft des HERRN
Ze 3,8 Tag, an dem ich zum letzten Gericht a.
Sa wenn jemand weiterhin als Prophet a.
Sir 19,26 Vernünftigen erkennt man an seinem A.
37,21 etwas Neues vorhat, so t. vier Dinge a.
2Ma 4,12 jungen Leute, dort als Wettkämpfer a.
Mt 11,11 ist keiner aufg., der größer ist
12,41 werden a. beim Jüngsten Gericht mit diesem Geschlecht 42; Lk 11,31.32
Lk 3,23 Jesus war, da t. a., etwa 30 Jahre alt
Jh 7,37 am letzten Tag des Festes t. Jesus a. und rief
Apg 1,15 in den Tagen t. Petrus a. 2,14
5,20 geht hin und t. im Tempel a.
11,28 einer von ihnen mit Namen Agabus t.a.
13,24 Johannes, bevor Jesus a.
15,5 da t. einige von der Partei der Pharisäer a.
25,18 als seine Ankläger a., brachten sie keine Anklage vor
2Th 2,9 der Böse wird in der Macht des Satans a.

auftun (s.a. Augen auftun)

1Mo 4,11 Erde, die ihr Maul hat aufg.
7,11 t. sich die Fenster des Himmels
8,6 t. Noah an der Arche das Fenster a.
41,56 t. Josef alle Kornhäuser a.
42,27 als einer seinen Sack a. 43,21; 44,11
2Mo 2,6 als sie a., sah sie das Kind
4Mo 16,30 daß die Erde ihren Mund a. 32; 26,10; 5Mo 11,6; Ps 106,17
22,28 t. der HERR der Eselin den Mund a.
5Mo 15,8 sollst (deine Hand) ihm a. 11
20,11 t. dir ihre Tore a.
28,12 der HERR wird dir seinen guten Schatz a.
Ri 3,25 als niemand die Tür des Gemaches a.
11,35 meinen Mund aufg. vor dem HERRN 36

Ri 16,17 Simson t. ihr sein ganzes Herz a. 18
19,27 als ihr Herr die Tür des Hauses a.
1Sm 2,1 mein Mund hat sich weit aufg.
3,15 t. die Türen a. am Hause des HERRN 2Ch 29,3
9,15 der HERR hatte Samuel das Ohr aufg.
2Kö 9,3 sollst die Tür a. und fliehen 10
13,17 t. das Fenster a. nach Osten! Und er t.'s a.
1Ch 9,27 sie mußten alle Morgen die Türen a.
Neh 7,3 soll die Tore Jerusalems nicht a. 13,19
8,5 Esra t. das Buch a.; und als er's a.
Hi 3,1 t. Hiob seinen Mund a. 33,2
11,5 daß Gott t. seine Lippen a.
31,32 meine Tür t. ich dem Wanderer a.
32,20 muß Mund a. seine Lippen a.
38,17 haben sich dir des Todes Tore aufg.
41,6 wer kann die Tore seines Rachens a.
Ps 38,14 wie ein Stummer, der seinen Mund nicht a.
39,10 will schweigen und meinen Mund nicht a.
40,7 die Ohren hast du mir aufg.
51,17 Herr, t. meine Lippen a.
66,16 wie ein aufg. habe
78,2 ich will meinen Mund a. zu einem Spruch
23 er t.a. die Türen des Himmels
81,11 t. deinen Mund weit a., laß mich ihn füllen
104,28 wenn du deine Hand a., werden sie gesättigt
109,2 sie haben ihr Lügenmaul wider mich aufg.
118,19 t. mir a. die Tore der Gerechtigkeit
119,131 ich t. meinen Mund weit a. und lechze
145,16 du t. deine Hand a. und sättigest alles
Spr 24,7 er darf seinen Mund im Rat nicht a.
31,8 t. deinen Mund a. für die Stummen 9
26 sie t. ihren Mund a. mit Weisheit
Hl 5,2 t. mir a., liebe Freundin 5.6
Jes 5,14 hat das Totenreich den Rachen aufg.
22,22 daß er a... zuschließe und niemand a.
24,18 die Fenster in der Höhe sind aufg.
26,2 t.a. die Tore, daß hineingehe das Volk
45,8 die Erde t. sich a. und bringe Heil
53,7 wie ein Schaf t. er seinen Mund nicht a. Apg 8,32
Jer 13,19 es ist niemand, der (die Städte) a.
50,25 der HERR hat sein Zeughaus aufg.
Hes 1,1 t. sich der Himmel a., und Gott zeigte
2,8 t. deinen Mund a. und iß 3,2
3,27 will ich dir den Mund a. 24,27; 29,21; 33,22
16,63 damit du deinen Mund nicht mehr a. wagst
21,27 soll den Mund a. mit großem Geschrei
37,12 ich will eure Gräber a.
44,2 dies Tor soll nicht aufg. werden
46,1 soll am Sabbattag man (das Tor) a. 12
Dan 7,10 die Bücher wurden a.
10,16 da t. ich meinen Mund a. und redete
Sa 11,1 t. deine Türen a., Libanon
Mal 3,10 ob ich nicht des Himmels Fenster a. werde
Jdt 5,10 t. ihnen ja Gott des Himmels das Meer a.
Sir 15,5 wird ihm den Mund a. in der Gemeinde
22,27 hast du den Mund aufg. 39,7
24,2 sie tut ihren Mund a. in der Gemeinde
29,31 wo du fremd, darfst du d. Mund nicht a.
43,14 darum t. sich der Himmel a.
51,33 habe meinen Mund aufg. und gelehrt
StD 3,1 Asarja t. seinen Mund a. und betete
Mt 2,11 beteten es an und t. ihre Schätze a.
3,16 da t. sich der Himmel a. Mk 1,10; Lk 3,21
5,2 (Jesus) t. seinen Mund a. und sprach
7,7 klopfet an, so wird euch aufg. Lk 11,9.10
13,35 ich will meinen Mund a. in Gleichnissen
25,11 sprachen: Herr, t. uns a. Lk 13,25
27,52 die Gräber t. sich a.

auftun

Mk	7,34	Hefata! das heißt: T. dich a.
	35	sogleich t. sich seine Ohren a.
Lk	1,64	sogleich wurde sein Mund aufg.
	4,17	als er das Buch a., fand er die Stelle
	12,36	damit, wenn er anklopft, sie ihm sogleich a.
Jh	10,3	dem t. der Türhüter a.
Apg	5,19	der Engel t. die Türen des Gefängnisses a.
	23	als wir a., fanden wir niemand darin
	8,35	t. seinen Mund a. und predigte 10,34
	10,11	sah den Himmel aufg. Off 19,11
	12,10	das t. sich ihnen von selber a.
	14	t. sie vor Freude das Tor nicht a.
	16	da sie nun a., sahen sie ihn
	14,27	den Heiden die Tür des Glaubens aufg.
	16,14	der t. der Herr das Herz a.
	26	alsbald wurden alle Türen aufg. 27
	17,3	(redete von der Schrift,) t. sie ihnen a.
	18,14	als Paulus den Mund a. wollte
1Ko	16,9	mir ist eine Tür aufg. zu reichem Wirken 2Ko 2,12; Kol 4,3
2Ko	6,11	unser Mund hat sich euch gegenüber aufg.
Eph	6,19	wenn ich meinen Mund a.
Heb	10,20	den er uns aufg. hat als neuen Weg
Off	3,7	der a., und niemand schließt zu
	8	siehe, ich habe vor dir eine Tür aufg.
	20	wenn jemand m. Stimme hören wird und die Tür a.
	4,1	siehe, eine Tür war aufg. im Himmel
	5,2	wer ist würdig, das Buch a. 3.4
	5	es hat überwunden der Löwe a. das Buch
	9	du bist würdig, a. seine Siegel
	6,1	ich sah, daß das Lamm das erste der sieben Siegel a. 3.5.7.9.12; 8,1
	9,2	er t. den Brunnen des Abgrunds a.
	10,2	ein Büchlein, das war aufg.
	11,19	der Tempel Gottes wurde aufg. 15,5
	12,16	t. ihren Mund a. und verschlang den Strom
	13,6	es t. sein Maul a. zur Lästerung gegen Gott
	20,12	ein Buch wurde aufg., welches ist das Buch des Lebens

auftürmen

2Mo	15,8	durch dein Schnauben t. die Wasser sich a.

aufwachen

1Mo	28,16	als Jakob von seinem Schlaf a. Ri 16,14
	41,21	da w. ich a.
1Kö	18,27	oder schläft vielleicht, daß er a.
2Kö	4,31	der Knabe ist nicht aufg.
Hi	8,6	so wird (Gott) deinetwegen a.
	14,12	wird nicht a., solange der Himmel bleibt
Ps	7,7	w.a., mir zu helfen 35,23
	44,24	w.a., Herr! Warum schläfst du
	57,9	w.a., meine Seele, w.a., Psalter und Harfe 108,2.3
	59,6	w.a. und suche heim alle Völker
	119,148	ich w.a., nachzusinnen über dein Wort
Spr	6,22	daß sie zu dir sprechen, wenn du a.
	23,35	wann werde ich a.
Jes	26,19	w.a., die ihr liegt unter der Erde
	29,8	wenn er a., ist er matt und durstig
	51,9	w.a., w.a., du Arm des HERRN
	52,1	w.a., w.a., Zion, zieh an deine Stärke
Jer	31,26	darüber bin ich aufg. und sah auf
	51,39	von dem sie nimmermehr a. sollen 57
Dan	2,1	Traum, über den er so erschrak, daß er a.
	12,2	viele, die unter der Erde liegen, werden a.
Jo	1,5	w.a., ihr Trunkenen, und weinet
Hab	2,19	weh dem, der zum Holz spricht: W.a.
Jdt	14,8	damit er durch den Lärm a. sollte
Lk	9,32	als sie a., sahen sie, wie er verklärt war
Eph	5,14	w.a., der du schläfst, und steh auf von den Toten

aufwachsen

1Mo	2,9	Gott der HERR ließ a. aus der Erde Bäume
5Mo	29,17	laßt nicht eine Wurzel a., die da Gift
Jos	5,7	ihre Söhne, die er hatte a. lassen
1Sm	2,21	der Knabe Samuel w.a. bei dem HERRN
1Kö	12,8	Jüngeren, die mit ihm aufg. 10; 2Ch 10,8.10
Hi	8,11	kann auch Rohr a., wo es nicht feucht ist
Jes	43,19	jetzt w. es a., erkennt ihr's nicht
	45,8	Gerechtigkeit w. mit a.
Hos	8,7	was dennoch a., bringt kein Mehl
Sir	24,18	ich bin aufg. wie ein Palmbaum 19
Mt	13,7	*die Dornen w.a. und erstickten's*
Lk	4,16	er kam nach Nazareth, wo er aufg. war
Apg	22,3	geboren in Tarsus, aufg. aber in dieser Stadt
Heb	12,15	daß nicht etwa eine bittere Wurzel a.

aufwallen

1Mo	49,4	weil du a. wie Wasser, sollst du nicht
Jer	5,22	wenn es auch a., vermag es doch nichts
Sir	1,27	wenn sein Zorn a., muß er stürzen

aufwarten

2Sm	13,17	(Amnon) rief seinen Diener, der ihm a.
1Kö	10,5	(als sie sah) das A. seiner Diener 2Ch 9,4

aufwärts

5Mo	28,13	wirst a. steigen und nicht heruntersinken
Spr	15,24	der Weg des Lebens führt den Klugen a.
Pr	3,21	ob der Odem der Menschen a. fahre
Hes	1,27	es war wie blinkendes Kupfer a.

aufwecken

Hl	2,7	daß ihr die Liebe nicht a. 3,5; 8,4
Sa	4,1	der Engel w. mich abermals a.
Mt	8,25	(die Jünger) w. ihn a. Mk 4,38; Lk 8,24
	10,8	macht Kranke gesund, w. Tote a.
Jh	11,11	ich gehe hin, ihn a.

aufwenden

Mk	5,26	all ihr Gut dafür aufg. Lk 8,43

Aufwendung

2Mo	38,21	Summe der A. für die Wohnung des Gesetzes

aufwerfen

Jer	6,6	fället Bäume und w. einen Wall a.
Hes	17,17	wenn man den Wall a. wird
Lk	19,43	eine Zeit, da werden deine Feinde um dich einen Wall a.
Jak	3,1	*w. sich nicht ein jeder zum Lehrer a.*

aufwiegeln

Lk	23,5	er w. das Volk a. 14

aufwiegen

Hi 28,19 das reinste Gold w. sie nicht a.
Tob 12,2 all das Gute a., das er mir erwiesen hat

aufwühlen

Dan 7,2 die vier Winde w. das große Meer a.
Jh 6,18 der See wurde aufg. von einem Wind

aufzählen

1Ch 23,24 Häupter der Sippen, nach den Namen aufg.
Est 5,11 (Haman) z. ihnen a. die Herrlichkeit
Jes 43,26 z. alles a., damit du Recht bekommst
Sir 18,2 niemand kann seine Werke a.
     41,18 schämt euch der Dinge, die ich jetzt a.
2Ma 8,19 z. ihnen a., wie Gott... geholfen hätte
Apg 8,33 wer kann seine Nachkommen a.

aufzehren

Jer 37,21 bis alles Brot in der Stadt aufg. war
1Ma 6,53 die Juden hatten den gesamten Vorrat aufg.

aufzeichnen

1Ch 5,1 wurde er nicht als Erstgeborener aufg.
     7 in das Geschlechtsregister aufg. 17; 7,5.7.9.40; 9,1.22; 2Ch 31,16-19; Neh 7,5; 12,22.23
Esr 8,20 alle sind mit Namen aufg.
Est 2,23 es wurde aufg. im Buch der Meldungen
Hi 19,23 ach daß sie aufg. würden als Inschrift
2Ma 2,24 das Jason in fünf Büchern aufg. hat

Aufzeichnung

Esr 6,2 auf der geschrieben stand: A.

aufziehen

1Kö 11,20 Tachpenes z. (seinen Sohn) a.
Jes 7,21 wird ein Mann eine junge Kuh a.
     23,4 darum z. ich keine Jünglinge a.
     49,21 wer hat mir diese aufg.
Hes 19,2 unter Löwen z. sie ihre Jungen a.
Jon 4,10 hast (die Staude) auch nicht aufg.
Wsh 7,4 bin voll Fürsorge aufg. worden
Apg 7,21 die Tochter des Pharao z. ihn a. als ihren Sohn
Eph 6,4 z. (eure Kinder) a. in der Zucht zum Herrn
1Ti 5,10 wenn sie Kinder aufg. hat

Aufzug

Ri 16,13 mit dem A. deines Webstuhls

Augapfel

5Mo 32,10 er behütete ihn wie seinen A.
Ps 17,8 behüte mich wie einen A. im Auge
Spr 7,2 hüte meine Weisung wie deinen A.
Klg 2,18 dein A. lasse nicht ab
Sa 2,12 wer euch antastet, der tastet meinen A. an
Sir 17,18 hält seine guten Werke wie einen A.

Auge
(Gottes, Jesu; s.a. Augen aufheben; Augen auftun, öffnen)

1Mo 6,11 die Erde war verderbt vor Gottes A.
     18,3 hab ich Gnade gefunden vor deinen A. 19,19; 2Mo 33,12.13.16.17; 34,9
2Mo 5,21 der HERR richte seine A. wider euch
4Mo 11,11 finde keine Gnade vor deinen A. 15
     22,32 dein Weg ist verkehrt in meinen A.
5Mo 6,18 was recht vor den A. des HERRN 13,19; 21,9
     11,12 auf das die A. des HERRN immerdar sehen
     31,29 tut, was böse ist in den A. des HERRN
Ri 18,6 euer Weg ist dem HERRN vor A.
1Sm 26,24 wert geachtet in den A. des HERRN
2Sm 22,25 nach der Reinheit vor seinen A. Ps 18,25
1Kö 8,29 laß deine A. offen stehen 52; 2Ch 6,20.40; Neh 1,6
     9,3 meine A. sollen da sein allezeit 2Ch 7,15.16
2Ch 16,9 des HERRN A. schauen alle Lande
Esr 5,5 das A. ihres Gottes war über den Ältesten
Hi 7,8 sehen deine A. nach mir 24,23; 34,21
     11,4 lauter bin ich vor deinen A.
     25,5 die Sterne sind nicht rein vor seinen A.
     36,7 wendet seine A. nicht von dem Gerechten
Ps 5,6 Ruhmredigen bestehen nicht vor deinen A.
     10,8 seine A. spähen nach den Armen
     11,4 seine A. sehen herab
     17,2 deine A. sehen, was recht ist
     31,23 ich bin von deinen A. verstoßen
     32,8 ich will dich mit meinen A. leiten
     33,18 des HERRN A. achtet auf alle Spr 15,3
     34,16 die A. des HERRN merken auf die Gerechten 1Pt 3,12
     66,7 seine A. schauen auf die Völker
     69,20 meine Widersacher sind dir alle vor A.
     109,15 der HERR soll sie nie mehr aus den A. lassen
     139,16 deine A. sahen mich, als ich noch nicht
Spr 22,12 die A. des HERRN behüten die Erkenntnis
Jes 1,15 verberge ich doch meine A. vor euch
     16 tut eure bösen Taten aus meinen A.
     11,3 nicht richten nach dem, was seine A. sehen
     43,4 weil du in meinen A. so wert geachtet
Jer 5,3 HERR, deine A. sehen auf Wahrhaftigkeit
     16,17 meine A. sehen auf alle ihre Wege 32,19
     17 Missetat ist vor meinen A. nicht verborgen
Hes 5,11 mein A. soll ohne Mitleid blicken 7,4.9; 8,18; 9,10
     20,17 mein A. blickte schonend auf sie
Am 9,3 wenn sie sich vor meinen A. verbärgen
     4 will meine A. auf sie richten zum Bösen
     8 A. Gottes wider das Königreich
Jon 1,3 um dem HERRN aus den A. zu kommen
     2,5 ich wäre von deinen A. verstoßen
Hab 1,13 deine A. sind zu rein, als daß du Böses
Sa 4,10 des HERRN A., die alle Lande durchziehen
     8,6 sollte es unmöglich erscheinen in meinen A.
     9,8 ich sehe nun darauf mit meinen A.
     12,4 über Juda will ich meine A. offen halten
Sir 15,20 seine A. sehen auf die, die 17,16; 34,19
     23,28 die A. des Herrn heller als die Sonne
     39,24 vor seinen A. ist nichts verborgen
Lk 1,75 (daß wir) ihm dienten unser Leben lang vor seinen A.
Jh 11,35 Jesus gingen die A. über
     41 *Jesus hob seine A. empor*
Heb 4,13 es ist alles aufgedeckt vor den A. Gottes
Off 1,14 seine A. wie eine Feuerflamme

Auge 96

Off 5,6 ein Lamm stehen; es hatte sieben A.

Auge
(des Menschen; s.a. Augen aufheben; Augen auftun, öffnen)

1Mo 3,6 sah, daß er eine Lust für die A. wäre
16,5 nun bin ich geringgeachtet in ihren A.
20,16 soll eine Decke sein über den A. aller
23,11 übergebe dir's vor den A. meines Volks 18
26,28 wir sehen mit sehenden A.
27,1 seine A. zu schwach 48,10; 1Sm 3,2; 4,15
29,17 Leas A. waren ohne Glanz
30,27 laß mich Gnade vor deinen A. finden 32,6; Rut 2,2.10.13; 1Sm 1,18; 16,22; 20,3.29; 25,8; 27,5; 2Sm 14,22; Est 5,2
41 legte die Stäbe vor die A. der Herde
31,40 kein Schlaf kam in meine A.
39,7 seines Herrn Frau ihre A. auf Josef warf
42,24 ließ (Simeon) binden vor ihren A.
43,9 wenn ich ihn nicht vor deine A. stelle
45,12 eure A. sehen es und die A. meines Bruders
46,4 Josef soll dir die A. zudrücken
49,12 seine A. sind dunkel von Wein
2Mo 8,22 wenn wir vor ihren A. opfern
10,28 daß du mir nicht mehr vor die A. kommst 29
13,9 wie ein Merkzeichen zwischen deinen A. 16; 5Mo 6,8; 11,18
17,6 Mose tat es vor den A. der Ältesten
20,20 damit ihr's vor A. habt, wie er zu fürchten
21,24 A. um A., Zahn um Zahn 3Mo 24,20; 5Mo 19,21; Mt 5,38
26 wenn jemand seinen Sklaven ins A. schlägt
40,38 voll Feuers vor den A. des Hauses Israel
3Mo 4,13 wenn die Tat vor ihren A. verborgen wäre
13,12 alles, was dem Priester vor A. sein mag
37 ist vor A., daß der Grind stehengeblieben 55
21,20 wer einen weißen Fleck im A. hat
25,53 nicht mit Härte herrschen vor deinen A.
26,16 daß euch die A. erlöschen
45 die ich führte vor den A. der Völker
4Mo 10,31 du sollst unser A. sein
11,6 unsere A. sehen nichts als das Manna
13,33 waren in unsern A. wie Heuschrecken
15,39 damit ihr euch nicht von euren A. verführen
16,14 willst du den Leuten die A. ausreißen
19,3 soll vor seinen A. schlachten lassen 5
20,8 redet zu dem Felsen vor ihren A.
25,6 vor den A. des Mose und der Gemeinde
27,19 bestelle ihn vor ihren A.
33,55 werden zu Dornen in euren A. Jos 23,13
5Mo 1,8 das Land vor euren A. dahingegeben 31,5
30 getan in Ägypten vor euren A. 4,34; 29,1
2,31 Sihon vor deinen A. dahinzugeben 33.36
3,21 deine A. haben alles gesehen 4,3.9; 7,19; 10,21; 11,7; 29,2; Jos 24,7
27 sieh es mit deinen A.
6,22 der HERR tat Wunder vor unsern A. Jos 24,17
9,17 zerbrach (beide Tafeln) vor euren A.
13,9 soll dein A. ihn nicht schonen 19,13.21; 25,12
14,1 noch kahl scheren über den A.
21,7 unsere A. haben's nicht gesehen
24,1 wenn sie nicht Gnade findet vor seinen A.
25,3 nicht... entehrt werde in deinen A.
28,31 dein Rind wird vor deinen A. geschlachtet
32 daß deine A. zusehen müssen 34.67
65 der HERR wird dir geben erlöschende A.
29,3 noch nicht gegeben A., die da sähen
31,7 sprach vor den A. von ganz Israel 34,12

5Mo 34,4 hast (das Land) mit deinen A. gesehen
7 seine A. waren nicht schwach geworden
Jos 8,32 vor den A. der *Israeliten geschrieben
Ri 6,21 der Engel entschwand seinen A.
14,3 sie gefällt meinen A.
16,21 die Philister stachen (Simson) die A. aus
28 damit ich mich für meine beiden A. räche
1Sm 2,33 daß nicht deine A. verschmachten
11,2 ich euch allen das rechte A. aussteche
12,3 um mir damit die A. blenden zu lassen
16 was der HERR Großes vor euren A. tun wird
14,27 da strahlten seine A. 29
16,7 ein Mensch sieht, was vor A. ist
12 (David) war bräunlich, mit schönen A.
21,14 er stellte sich wahnsinnig vor ihren A.
24,11 heute haben deine A. gesehen
26,21 weil mein Leben in deinen A. teuer ist 24
2Sm 1,9 mir wird schwarz vor den A.
6,22 ich will niedrig sein in meinen A.
10,3 daß David... vor deinen A. ehren 1Ch 19,3
12,11 ich will deine Frauen nehmen vor deinen A.
13,5 vor meinen A. das Essen bereite 6.8
16,22 Absalom ging vor den A. ganz Israels
20,6 feste Städte... entreiße sie vor unsern A.
22,23 seine Rechte hab ich vor A. Ps 18,23
28 die A. aller Stolzen erniedrigst du Ps 18,28
24,3 daß der König seiner A. Lust daran habe
1Kö 1,20 die A. von ganz Israel sehen auf dich 2Ch 20,12
48 daß es meine A. gesehen haben 10,7; 2Ch 9,6
14,4 seine A. standen starr vor Alter
2Kö 4,34 (Elisa) legte sich auf A. auf dessen A.
7,2 mit deinen A. wirst du es sehen 19
19,22 hast deine A. erhoben wider Jes 37,23
22,20 deine A. nicht sehen das Unheil 2Ch 34,28
25,7 erschlugen die Söhne Zedekias vor seinen A. und blendeten Zedekia die A. Jer 39,6.7; 52,10.11
1Ch 28,8 vor den A. Israels und vor den Ohren Gottes
2Ch 26,19 brach Aussatz aus vor den A. der Priester
29,8 verspottet, wie ihr mit euren A. seht
34,4 ließ vor seinen A. abbrechen die Altäre
Esr 3,12 dies Haus vor ihren A. gegründet wurde
9,8 um unsere A. aufleuchten zu lassen
Neh 8,5 Esra tat das Buch auf vor aller A.
Hi 3,10 nicht verborgen das Unglück vor meinen A.
4,16 da stand ein Gebilde vor meinen A.
7,7 meine A. nicht wieder Gutes sehen
8 kein A. wird mich mehr schauen 20,9
10,18 daß mich nie ein A. gesehen hätte
11,20 die A. der Gottlosen werden verschmachten 17,5
13,1 hat das alles mein A. gesehen
15,12 was funkeln deine A. 16,9
16,20 unter Tränen blickt mein A. auf 17,7
17,2 auf ihrem Hadern muß mein A. weilen
18,3 und sind sie töricht in euren A.
19,15 ich bin ein Unbekannter in ihren A.
27 meine A. werden ihn schauen
21,20 seine A. mögen sein Verderben sehen
22,29 wer seine A. niederschlägt, dem hilft er
24,15 das A. des Ehebrechers lauert... mich sieht kein A.
28,10 alles, was kostbar ist, sieht das A.
21 sie ist verhüllt vor den A. aller
29,11 wessen A. mich sah, der rühmte mich
15 ich war des Blinden A.
31,1 hatte einen Bund gemacht mit meinen A.

Auge

Hi	31,7	ist mein Herz meinen A. nachgefolgt
	16	hab ich die A. der Witwe verschmachten l.
	39,29	seine A. sehen sie von ferne
	40,24	kann man ihn fangen A. in A.
	41,10	seine A. wie die Wimpern der Morgenröte
	26	sieht allem ins A.
	42,5	nun hat mein A. dich gesehen
Ps	6,8	mein A. ist trübe geworden 31,10; 69,4
	13,4	erleuchte meine A., daß ich nicht im Tode
	16,8	ich habe den HERRN allezeit vor A. Apg 2,25
	17,8	behüte mich wie einen Augapfel im A.
	11	ihre A. richten sie darauf, daß sie
	18,28	stolze A. erniedrigst du
	19,9	die Gebote des HERRN erleuchten die A.
	25,15	meine A. sehen stets auf den HERRN 123,2
	26,3	deine Güte ist mir vor A.
	35,19	laß nicht mit den A. spotten
	38,11	das Licht meiner A. ist auch dahin
	44,16	täglich ist meine Schmach mir vor A.
	50,21	ich will es dir vor A. stellen
	54,5	sie haben Gott nicht vor A. 86,14
	9	daß mein A. auf m. Feinde herabsieht 92,12
	69,24	ihre A. sollen finster werden Rö 11,10
	77,5	meine A. hältst du, daß sie wachen müssen
	79,10	laß vor unsern A. kundwerden
	88,10	mein A. sehnt sich aus dem Elend
	91,8	du wirst es mit eigenen A. sehen Jer 20,4; 34,3; 42,2; 51,24
	94,9	der da A. gemacht hat, sollte der nicht
	101,6	meine A. sehen nach den Treuen im Lande
	115,5	sie haben A. und sehen nicht 135,16; Jes 6,10; Jer 44,18; Hes 5,21; Hes 12,2; Mt 13,13-15; Mk 4,12; 8,18; Apg 28,26; Rö 11,8
	116,8	du hast errettet mein A. von den Tränen
	118,23	das ist ein Wunder vor unsern A. Mt 21,42; Mk 12,11
	119,37	wende meine A. ab, daß sie nicht sehen
	82	meine A. sehnen sich nach deinem Wort 123
	136	meine A. fließen von Tränen Jer 9,17; 13,17; 14,17; Klg 1,16; 3,49
	123,2	wie die A. der Knechte... wie die A. der Magd
	131,1	meine A. sind nicht stolz
	132,4	ich will meine A. nicht schlafen lassen
	141,8	auf dich, HERR, sehen meine A.
	145,15	aller A. warten auf dich
Spr	1,17	man spannt das Netz vor den A. der Vögel
	3,21	laß sie nicht aus deinen A. weichen 4,21
	4,25	laß deine A. stracks vor sich sehen
	6,4	laß deinen A. nicht schlafen 20,13
	13	wer winkt mit den A. 10,10; 16,30
	17	ihm ein Greuel: stolze A., falsche Zunge
	10,26	wie Rauch den A. tut, so tut der Faule
	17,24	ein Verständiger hat die Weisheit vor A.; aber ein Tor wirft die A. hin und her
	20,12	Ohr und ein sehendes A., die macht der HERR
	21,4	hoffärtige A. und stolzer Sinn ist Sünde
	22,9	wer ein gütiges A. hat, wird gesegnet
	23,5	du richtest deine A. auf Reichtum Pr 4,8
	26	laß deinen A. meine Wege wohlgefallen
	29	wo sind trübe A.
	33	werden deine A. seltsame Dinge sehen
	25,7	vor einem Edlen, den deine A. gesehen
	27,20	der Menschen A. sind unersättlich Pr 1,8
	28,27	wer seine A. abwendet, wird verflucht
	30,13	eine Art, die ihre A. hoch trägt
	17	ein A., das den Vater verspottet
Pr	2,10	was meine A. wünschten, gab ich ihnen
Pr	2,14	daß der Weise seine A. im Kopf hat
	6,9	besser, zu gebrauchen, was vor A. ist
	8,16	weder Tag noch Nacht Schlaf in seine A.
	11,7	es ist den A. lieblich, die Sonne zu sehen
	9	tu, was deinen A. gefällt
Hl	1,15	deine A. sind wie Taubenaugen 4,1; 5,12
	4,9	mit einem einzigen Blick deiner A.
	6,5	wende deine A. von mir
	7,5	deine A. sind wie die Teiche von Heschbon
	8,10	in seinen A. wie eine, die Frieden findet
Jes	1,7	Fremde verzehren eure Äcker vor euren A.
	2,11	alle hoffärtigen A. erniedrigt 5,15
	3,16	die Töchter Zions gehen mit lüsternen A.
	5,21	die weise sind in ihren eigenen A.
	6,5	ich habe den König gesehen mit meinen A.
	10,12	heimsuchen den Stolz seiner hoffärtigen A.
	13,16	sollen vor ihren A. zerschmettert werden
	17,7	seine A. werden auf... Israels schauen
	29,10	der HERR hat eure A. zugetan
	18	die A. der Blinden werden sehen 32,3
	30,20	deine A. werden deinen Lehrer sehen 33,17
	33,15	wer seine A. zuhält
	20	deine A. werden Jerusalem sehen
	38,14	meine A. sehen nach oben 40,26
	43,8	das blinde Volk, das doch A. hat
	52,8	alle A. werden es sehen 10
	59,10	wie die, die keine A. haben
	12	unsre Abtrünnigkeit steht uns vor A.
	64,3	kein A. hat gesehen einen Gott außer dir
	65,16	Ängste sind vor meinen A. entschwunden
Jer	8,23	ach daß meine A. Tränenquellen wären
	14,6	ihre A. erlöschen, weil nichts wächst
	16,9	vor euren A. ein Ende machen dem Jubel
	19,10	den Krug zerbrechen vor den A. der Männer
	22,17	deine A. sind aus auf unrechten Gewinn
	29,21	soll sie totschlagen lassen vor euren A.
	31,16	laß die Tränen deiner A.
	32,4	daß er mit eigenen A. ihn sehen soll
	13	befahl Baruch vor ihren A.
	33,24	nicht mehr ein Volk sein in ihren A.
Klg	2,11	ich habe mir fast die A. ausgeweint
	3,51	mein A. macht mir Schmerz
	4,17	blickten unsre A. aus nach nichtiger Hilfe
	5,17	unsre A. sind trübe geworden
Hes	1,18	ihre Felgen waren voller A. 10,12
	4,12	vor den A. der Leute auf Menschenkot backen
	6,9	ihre abgöttischen A. zerschlagen habe
	9,5	eure A. sollen ohne Mitleid blicken
	10,2	er ging hinein vor meinen A.
	19	die Cherubim erhoben sich vor meinen A.
	12,3	sollst du ziehen vor ihren A. 4-7
	12	daß er nicht mit seinen A. das Land sehe
	14,3	mit Freuden an A., was sie schuldig 4.7
	16,41	vollstrecken vor den A. vieler Frauen
	20,7	werfe weg die Greuelbilder vor seinen A. 8
	9	Heiden, vor deren A. ich mich ihnen zu erkennen gegeben habe 14.22.41
	22,26	vor meinen Sabbaten schließen sie die A.
	24,16	will dir deiner A. Freude nehmen 21.25
	28,18	zu Asche gemacht auf der Erde vor aller A.
	25	so will ich vor den A. der Heiden zeigen, daß ich heilig bin 36,23; 38,16; 39,27
	36,34	nachdem es verheert war vor den A. aller
	37,20	sollst die Hölzer halten vor ihren A.
	43,11	schreibe sie vor ihren A. auf
	44,5	sieh mit deinen A.
Dan	7,8	das Horn hatte A. wie Menschenaugen 20
	8,5	hatte ein Horn zwischen seinen A. 21

Auge

Dan	10,6	seine A. wie feurige Fackeln
Hos	2,12	will ihre Schande aufdecken vor den A.
Jo	1,16	die Speise vor unsern A. weggenommen
Mi	7,10	meine A. werden's sehen, daß sie zertreten
Ze	3,20	eure Gefangenschaft wenden vor euren A.
Sa	3,9	auf dem einen Stein sind sieben A.
	8,6	erscheint dies unmöglich in den A. derer aller A.
	11,17	das Schwert komme über sein rechtes A.
	14,12	ihre A. werden in ihren Höhlen verwesen
Mal	1,5	das sollen eure A. sehen
Jdt	7,14	müssen vor ihren A. verschmachten 16
	9,10	laß ihn durch seine eigenen A. gefangen werden Wsh 13,7
Wsh	7,9	alles Gold ist vor ihren A. nur Sand
	11,18	die Funken aus den A. blitzen ließen
Tob	2,11	ließ heißen Dreck auf seine A. fallen
	4,6	dein Leben lang habe Gott vor A. Sir 3,23
	6,10	ist eine gute Salbe für die A. 11,13-15
	10,5	mein Sohn! Du Licht unsrer A.
	12	daß meine A. eure Kinder sehen dürfen
	12,21	verschwand er vor ihren A.
	14,15	drückte er ihnen die A. zu
Sir	4,5	wende deine A. nicht weg von dem Bittenden
	13,31	das sieht man ihm an den A. an
	16,6	das hab ich mit eignen A. oft gesehen
	19	wenn ich sündige, sieht mich kein A.
	17,5	er gab ihnen Augen, Ohren
	11	haben mit ihren A. seine Majestät gesehen 2Ma 3,36
	13	ihre Wege hat er immer vor A.
	19,24	er schlägt die A. nieder
	20,14	mit einem A. gibt er, mit 7 A. wartet er
	23,27	der scheut nur die A. der Menschen
	27,25	wer mit den A. winkt, hat Böses im Sinn
	31,6	ihr Verderben steht ihnen vor A.
	14	bedenke, daß ein neidisches A. schlimm 15
	34,24	den Sohn vor den A. des Vaters schlachtet
	36,4	zeige dich mächtig vor unsern A.
	40,22	Schönheit sieht das A. gern
Bar	1,12	wird der Herr unsere A. hell machen
	2,18	mit ausgeweinten A. und hungriger Seele
	3,14	erfährst, wo es leuchtende A. gibt
1Ma	3,22	wird sie Gott vor unsern A. vernichten 4,10; 7,42
	7,3	sie nicht vor seine A. kommen zu lassen
2Ma	12,42	weil sie nun mit eignen A. sehen könnten
StD	1,9	warfen die A. so sehr auf sie
	2,41	sie wurden vor seinen A. verschlungen
Mt	5,29	wenn dich dein rechtes A. zum Abfall verführt 18,9; Mk 9,47
	6,22	ist das Licht des Leibes. Wenn dein A. lauter ist 23; Lk 11,34
	7,3	siehst den Splitter in deines Bruders A. 4.5; Lk 6,41.42
	9,29	da berührte er ihre A. und sprach 20,34
	13,16	selig sind eure A., daß sie sehen Lk 10,23
	18,9	als daß du zwei A. hast Mk 9,47
	26,43	ihre A. waren voller Schlaf Mk 14,40
Mk	2,12	er stand auf und ging hinaus vor aller A.
	8,23	tat Speichel auf seine A. und fragte ihn
	25	legte abermals die Hände auf seine A.
Lk	2,30	meine A. haben deinen Heiland gesehen
	4,20	aller A. in der Synagoge sahen auf ihn
	5,25	sogleich stand er auf vor ihren A.
	17,20	nicht so, daß man's mit A. sehen kann
	19,42	nun ist's vor deinen A. verborgen
	24,16	ihre A. wurden gehalten, daß sie ihn nicht erkannten
Jh	7,24	richtet nicht nach dem, was vor A. ist
Jh	9,6	strich den Brei auf die A. des Blinden 11.14.15
	12,37	obwohl er solche Zeichen vor ihren A. tat, glaubten sie nicht
	40	er hat ihre A. verblendet
Apg	1,9	eine Wolke nahm ihn auf vor ihren A. weg
	3,16	hat diesem die Gesundheit gegeben vor euer aller A.
	9,8	als er seine A. aufschlug, sah er nichts
	18	sogleich fiel es von seinen A. wie Schuppen
	40	sie schlug ihre A. auf
	41	stellte sie lebendig vor ihre A.
Rö	2,20	hast im Gesetz vor A., was zu erkennen
1Ko	12,16	wenn das Ohr spräche: Ich bin kein A.
	17	wenn der ganze Leib A. wäre, wo bliebe
	21	das A. kann nicht sagen zu der Hand: Ich brauche dich nicht
2Ko	10,7	seht, was vor A. liegt
Gal	3,1	euch, denen doch Jesus Christus vor die A. gemalt war als der Gekreuzigte
	4,15	ihr hättet eure A. ausgerissen und mir gegeben
Eph	1,18	er gebe euch erleuchtete A. des Herzens
	6,6	nicht mit Dienst allein vor A. Kol 3,22
2Pt	2,14	(sie) haben A. voll Ehebruch
1Jh	1,1	was wir gesehen haben mit unsern A.
	2,11	die Finsternis hat seine A. verblendet
	16	alles, was in der Welt ist, der A. Lust
Off	1,7	es werden ihn sehen alle A.
	14	seine A. wie eine Feuerflamme
	3,18	Augensalbe, deine A. zu salben, damit du sehen mögest
	4,6	vier himmlische Gestalten, voller A. vorn und hinten 8
	7,17	Gott wird abwischen alle Tränen von ihren A. 21,4
	13,12	übt alle Macht aus vor seinen A. 14; 19,20
	13	Feuer vom Himmel vor den A. der Menschen

Augen aufheben

1Mo	13,10	h. seine A.a. 14; 18,2; 22,4.13; 24,63.64; 31,10.12; 33,1.5; 37,25; 43,29; 5Mo 24,2; 5Mo 3,27; Jos 5,13; Ri 19,17; 1Sm 6,13; 2Sm 13,34; 18,24; 1Ch 21,6; Hi 2,12; Dan 4,31
5Mo	4,19	h. nicht deine A.a. gen Himmel
Esr	9,6	scheue mich, meine A.a. zu dir
Ps	121,1	ich h. meine A.a. zu den Bergen 123,1
Jes	49,18	h. deine A.a. und sieh umher 60,4; Hes 8,5
	51,6	h. eure A.a. gen Himmel Jer 3,2; 13,20
Hes	18,6	der seine A. nicht a. zu den Götzen 12.15; 23,27; 33,25
Dan	8,3	ich h. meine A.a. und sah 10,5; Sa 2,1.5; 5,1.5; 9; 6,1
Tob	3,15	zu dir h. ich meine A.a.
StD	1,35	sie h. die A.a. zum Himmel
Mt	17,8	als sie ihre A.a. aufhoben, sahen sie Jesus
Lk	6,20	er h. seine A.a. über seine Jünger
	16,23	als er in der Hölle war, h. er seine A.a.
	18,13	der Zöllner wollte die A. nicht a. zum Himmel
Jh	4,35	h. eure A.a. und seht auf die Felder
	6,5	da h. Jesus seine A.a. und spricht 11,41; 17,1
	11,41	Jesus h. seine A. a. und sprach

Augen auftun, öffnen

1Mo	3,5	an dem Tage werden eure A. aufg. 7
	21,19	Gott t. ihr die A.a.

4Mo	22,31	ö. der HERR Bileam die A. 24,3.4.15.16
2Kö	4,35	danach t. der Knabe seine A.a.
	6,17	HERR, ö. ihm die A. 20
	19,16	HERR, t. deine A.a. Jes 37,17; Dan 9,18; Bar 2,17
Hi	14,3	du t. deine A. über einen solchen a.
	27,19	t. er seine A.a., ist nichts mehr da
Ps	119,18	ö. mir die A., daß ich sehe die Wunder
Jes	35,5	dann werden die A. der Blinden Sir 42,7
Tob	11,8	dann werden seine A. bald geö. werden
Mt	9,30	und ihre A. wurden geö.
	20,33	Herr, daß unsere A.aufg. werden
Lk	24,31	da wurden ihre A.geö., und sie erkannten ihn
Jh	9,10	wie sind deine A.aufg. worden 14.17.21.26.30. 32; 11,37
	10,21	kann ein böser Geist die A. der Blinden a.
	16,8	wird er die Welt die A.a. über die Sünde
Apg	9,8	*als (Saulus) seine A.a., sah er nichts*
	40	*Tabea t. ihre A.a.*
	26,18	um ihnen die A. a., daß sie sich bekehren

Augenblick

2Mo	33,5	wenn ich nur einen A. mit dir hinaufzöge
4Mo	4,20	nur einen A. das Heilige zu schauen
Esr	9,8	ist uns einen kleinen A. Gnade geschehen
Hi	20,5	währt die Freude nur einen A.
Ps	30,6	sein Zorn währet einen A.
Jes	26,20	verbirg dich einen kleinen A.
	54,7	habe dich einen kleinen A. verlassen
	8	im A. des Zorns
Dan	4,30	im gleichen A. wurde das Wort erfüllt
	5,5	im gleichen A. gingen hervor Finger
Wsh	18,12	in einem A. waren... dahin gesunken
Tob	5,10	warte doch einen A. auf mich
Sir	40,7	im A. der Not wacht er auf
StE	5,7	nach den Notwendigkeiten des A ... ändern
Lk	4,5	der Teufel zeigte ihm alle Reiche der Welt in einem A.
Rö	8,22	daß die ganze Schöpfung bis zu diesem A. mit uns seufzt
1Ko	15,52	das plötzlich, in einem A., zur Zeit der letzten Posaune

Augenbraue

3Mo	14,9	soll seine Haare abscheren an den A.

Augenlicht

Spr	29,13	der beiden das A. gab, ist der HERR
Lk	7,21	vielen Blinden schenkte er das A.

Augenlid

Ps	132,4	noch meine A. schlummern (lassen) Spr 6,4
Spr	6,25	laß dich nicht fangen durch ihre A.
	30,13	eine Art, die ihre A. emporhebt
Jer	9,17	unsre A. von Wasser fließen

Augensalbe

Off	3,18	A., deine Augen zu salben, damit du sehen mögest

Augustus

Lk	2,1	daß ein Gebot von dem Kaiser A. ausging

Auranus

2Ma	4,40	dabei war der Anführer ein gewisser A.

aus noch ein

1Kö	3,7	weiß weder a.n.e.
Hi	41,17	vor Schrecken wissen sie nicht a.n.e.
Mi	7,4	da werden sie nicht wissen, wo a.n.e.

aus sein

3Mo	26,44	daß es mit ihnen a.s. sollte 5Mo 32,26.36
1Kö	14,10	Haus Jerobeam... bis es ganz mit ihm a. ist
Esr	9,14	zürnen, bis es ganz a. ist
Ps	77,9	ist's denn ganz und gar a. mit seiner Güte
Jes	2,18	mit den Götzen wird's ganz a.s.
	7,8	soll so mit Ephraim a.s.
	14,4	wie ist's mit dem Treiber so gar a.
	17,3	es wird a.s. mit dem Bollwerk Ephraims
	24,8	das Jauchzen der Fröhlichen ist a. 13
	29,20	es wird mit den Spöttern a.s.
Jer	9,15	das Schwert schicken, bis es a. ist
	31,15	Rahel weint über ihre Kinder; es ist a. mit ihnen Mt 2,18
	51,30	mit ihrer Stärke ist's a.
Klg	3,22	Güte des HERRN, daß wir nicht gar a.s.
	4,18	unsere Tage sind a.
Hes	26,21	daß es a. ist mit dir
	37,11	es ist a. mit uns
Dan	7,12	mit der Macht der andern Tiere war es a.
Mi	2,4	es ist a. – so wird man sagen
Sa	9,5	es wird a.s. mit dem König von Gaza
Sir	27,24	wenn man... preisgibt, ist's ganz a.
Mk	3,26	es ist a. mit (d.Satan)
Rö	9,6	*als ob Gottes Wort nun a. sei*

aus sein auf

Jes	29,20	vertilgt werden alle, die darauf a. sind
	56,11	alle sind a. ihren Gewinn a.
Jer	22,17	deine Augen sind a.a. unrechten Gewinn
2Ti	3,7	die immer a. neue Lehren a. sind

aus- und einführen

4Mo	27,17	(setzen über die Gemeinde), der sie a.u.e.
1Ch	11,2	schon damals f. du Israel a.u.e.

aus- und eingehen

1Mo	34,24	die zum Tor seiner Stadt a.u.e.
4Mo	27,17	die vor ihnen her a.u.e.
5Mo	31,2	ich kann nicht mehr a.u.e.
1Sm	30,31	wo David a.u. eing. war
2Kö	11,8	um den König sein, wenn er a.u.e. 2Ch 23,7
2Ch	1,10	daß ich vor diesem Volk a.u.e.
	15,5	keine Sicherheit für den, der a.u.e.
	16,1	damit niemand bei Asa a.u.e. sollte
Jer	17,19	Tor, durch das die Könige a.u.e. 25
	37,4	Jeremia g. noch unter dem Volk a.u.e.
Sir	6,36	g. stets e.u.a. bei ihm
Jh	10,9	wird e.u.a. und Weide finden
Apg	1,21	als der Herr Jesus unter uns e.u.ausg. ist
	9,28	(Saulus) g. bei ihnen in Jerusalem e.u.a.

aus- und einziehen

4Mo	27,21	sollen a.u.e. er und alle *Israeliten
Jos	14,11	so ist sie noch jetzt, zu kämpfen und a.u.e.

aus- und einziehen

1Sm	18,13	David z.a.u.e. vor dem Kriegsvolk 16
	29,6	daß du mit mir a.u.e.
1Kö	15,17	baute Rama aus, damit niemand a.u.e. sollte
Jer	33,13	sollen die Herden gezählt a.u.e.
Sa	8,10	war kein Friede für die, die a.u.e.

ausbauen

1Kö	12,25	Jerobeam b. Sichem a. 15,17.21-23; 22,39; 2Kö 14,22; 2Ch 8,2.4; 11,5; 14,6; 16,1.5.6; 26,2
1Ma	13,10	daß man die Mauern von Jerusalem a. 14,37

ausbessern

2Kö	12,6	a., was baufällig ist am Hause (des HERRN) 7-9.13.15; 22,5.6; 2Ch 24,5.12; 29,3; 34,8.10
2Ch	32,5	Hiskia b. alle Mauern a. Neh 4,1
Jes	58,12	der die Lücken zumauert und die Wege a.
Sir	50,1	Simon b. das Haus des Herrn a.
1Ma	10,10	Jonatan begann, die Stadt a.

Ausbesserung

2Kö	12,8	sollt (das Geld) geben zur A.
2Ch	24,13	daß durch sie die A. fortschritt
1Ma	10,44	zur A. des Tempels und der Mauern

ausbleiben

2Mo	32,1	als das Volk sah, daß Mose a.
Jer	3,3	darum muß auch der Frühregen a.
Hab	2,3	(die Weissagung) wird nicht a.
	3,17	der Ertrag des Ölbaums b.a.
Ze	3,5	sein Recht b. nicht a.
Tob	10,1	als der junge Tobias lange a.
Sir	16,13	was der Fromme erhofft, wird nicht a.
Mt	25,5	als der Bräutigam lange a.
Heb	10,37	wird nicht lange a.

ausblicken

Hi	6,19	die Karawanen b.a. auf sie
Klg	4,17	b. unsre Augen a. nach nichtiger Hilfe

ausbluten

3Mo	1,15	der Priester soll das Blut a. lassen 5,9

ausbrechen

2Mo	1,10	wenn ein Krieg a., könnten sie gegen uns
	22,5	wenn ein Feuer a. und ergreift die Dornen
3Mo	13,12	wenn Aussatz a. 20.25.39.42.57; 14,43
	14,40	so soll er die Steine a. lassen 43
1Sm	5,9	so daß a. ihnen Beulen a.
1Kö	5,31	der König gebot, Steine a.
2Ch	26,19	b. der Aussatz a. an seiner Stirn
Ps	78,21	Feuer b.a. in Jakob
Jer	22,14	läßt sich Fenster a.
Hes	5,4	davon soll ein Feuer a.
Bar	6,55	wenn im Hause der Götzen Feuer a.
Rö	11,17	wenn einige von den Zweigen ausg. 19
	20	sie wurden ausg. um ihres Unglaubens willen
Gal	4,27	b. in Jubel a. und jauchze, die du nicht schwanger bist

ausbreiten

1Mo	9,27	Gott b. Jafet a.
	10,5	haben sich ausg. die Bewohner 18.32
1Mo	28,14	sollst ausg. werden gegen Westen
2Mo	1,12	desto stärker mehrte es sich und b. sich a.
	9,29	will meine Hände a. zum HERRN 33
	25,20	die Cherubim sollen ihre Flügel a. 37,9; 1Kö 6,27; 8,7; 1Ch 28,18; 2Ch 3,13; 5,8
	40,19	(Mose) b. das Zeltdach a. über der Wohnung
4Mo	11,32	b. sie a., um sie zu dörren
	24,6	wie die Täler, die sich a.
5Mo	22,17	sollen die Decke vor den Ältesten a.
	32,11	b. seine Fittiche a. und trug ihn
Jos	2,6	Flachsstengeln, die sie ausg. hatte
Ri	8,25	sie b. einen Mantel a.
	15,9	die Philister b. sich a. bei Lehi 2Sm 5,18.22
1Sm	4,2	der Kampf b. sich a. 14,23; 2Sm 18,8
	30,16	sie hatten sich ausg. über das ganze Land
2Sm	21,10	nahm Rizpa ein Sackgewand und b. es a.
1Kö	8,22	Salomo b. s. Hände a. 38.54; 2Ch 6,12.13.29
2Kö	19,14	Hiskia b. (den Brief) a. Jes 37,14
1Ch	4,38	ihre Sippen b. sich sehr a.
Esr	9,5	ich b. meine Hände a. zu dem HERRN Hi 11,13; Ps 88,10; 143,6
Hi	1,10	sein Besitz hat sich ausg.
	9,8	er allein b. den Himmel a. 37,18; Jes 40,22; 42,5; 44,24; 45,12; 51,13.16; Sa 12,1
	12,23	er b. ein Volk a.
	15,29	sein Besitz wird sich nicht a.
	39,26	b. seine Flügel a. dem Süden zu
Ps	44,3	die Völker aber hast du ausg.
	80,12	hast seine Ranken ausg. bis an das Meer
	104,2	du b. den Himmel a. wie einen Teppich
	105,39	er b. eine Wolke a., sie zu decken
	136,6	der die Erde über den Wassern ausg. hat
	140,6	die Hoffärtigen b. Stricke a. zum Netz
Spr	15,7	der Weisen Mund b. Einsicht a.
	31,20	sie b. ihre Hände a. zu den Armen
Jes	1,15	wenn ihr auch eure Hände a.
	8,8	sie werden ihre Flügel a.
	16,8	ihre Ranken b. sich a.
	21,5	b. den Teppich a., eßt und trinkt
	25,11	seine Hände a., wie sie ein Schwimmer a.
	54,2	b.a. die Decken deiner Wohnstatt
	3	wirst dich a. zur Rechten
	66,12	ich b.a. den Frieden wie einen Strom
Jer	3,16	wenn ihr euch ausg. habt im Lande
	4,31	die da keucht und die Hände a.
	10,12	den Himmel ausg. durch seinen Verstand 51,15
	48,40	b. seine Flügel a. über Moab 49,22
Hes	1,11	ihre Flügel waren ausg. 22
	2,10	(die Schriftrolle) b. sie a. vor mir
	17,6	es wurde ein ausg. Weinstock
	31,5	er hatte Wasser genug, sich a.
Hos	14,7	seine Zweige (sollen) sich a.
Jo	2,2	gleichwie die Morgenröte sich a.
Wsh	17,20	über den Ägypter hatte sich Nacht ausg.
Mt	12,16	daß sie die Kunde von ihm nicht a. sollten
Mk	7,36	je mehr er's verbot, desto mehr b. sie es a.
Lk	2,17	b. sie das Wort a.
	5,15	die Kunde von ihm b. sich immer weiter a.
Apg	6,7	das Wort Gottes b. sich a. 12,24; 13,49; 19,20
2Ti	4,17	damit durch mich die Botschaft ausg. würde

ausbrennen

2Ch	36,19	ihre Burgtürme b. sie mit Feuer a.
Sir	23,23	keine Ruhe, bis das Feuer ausg. ist

ausbrüten

Hi	39,14	läßt ihre Eier zum A. auf dem Boden

Jes 34,15 da wird die Natter ihre Eier a.
59,13 (unsre Sünden:) Lügenworte a.

ausdenken

1Kö 12,33 Altar, den er sich ausg. hatte
Neh 6,8 du hast es dir in deinem Herzen ausg.
Sir 17,30 was Fleisch und Blut sich a.
2Ma 7,31 kannst dir zwar alles Leid a.

ausdörren

Jo 1,10 der Acker (ist) ausg.

ausdreschen

Jes 28,28 wenn man's mit Dreschwalzen a.

Ausdruck

Dan 3,19 der A. seines Angesichts veränderte sich

auseinander

Sa 14,4 der Ölberg wird sich spalten, sehr weit a.

auseinanderbringen

Sir 28,11 der Gottlose b. gute Freunde a.

auseinandergehen

Ri 21,24 die *Israeliten g. von dort a.
2Ch 23,8 der Priester ließ die Abteilungen nicht a.
Jdt 6,18 als das Volk wieder a.
Apg 13,43 als die Gemeinde a.

auseinanderlaufen

2Ma 8,13 da l. alle a., die verzagt waren

auseinandersetzen

Sir 8,14 s. dich nicht mit einem Streitsüchtigen a.

auseinanderstellen

StD 1,51 s. die beiden weit a.

auserkoren

1Mo 18,19 habe ihn a., daß er seinen Kindern befehle
Hl 5,10 mein Freund ist a. unter vielen Tausenden
Sir 45,4 um seiner Treue willen
47,2 David war unter den *Israeliten a.
49,9 der doch schon zum Propheten a. war

auserlesen

2Mo 14,7 (der Pharao) nahm sechshundert a. Wagen
5Mo 12,11 sollt dahin bringen eure a. Gelübdeopfer
Ri 20,15 a. Männer 16.34; 1Sm 24,3; 26,2; 1Ch 7,40; 2Ch 25,5
2Kö 19,23 ich habe seine a. Zypressen abgehauen
1Ch 9,22 alle diese waren a. zu Hütern
2Ch 13,3 mit einem Heer von a. Leuten 17
Neh 5,18 brauchte man täglich sechs a. Schafe
Est 2,9 ihr zu geben sieben a. Dienerinnen
Jes 22,7 deine a. Täler werden voll von Wagen sein
Hes 17,21 alle A. sollen durchs Schwert fallen

Hes 23,7 sie buhlte mit lauter a. Söhnen Assurs
Wsh 3,14 für seine Treue eine a. Gabe gegeben
1Ma 4,1 Gorgias nahm tausend a. Reiter
9,5 Judas... Lager mit 3.000 a. Männern
15,26 schickte... zu Hilfe, gutes, a. Kriegsvolk

ausersehen

Hes 20,6 in ein Land, das ich für sie a. hatte
Sir 49,3 war dazu a., das Volk zu bekehren
Rö 8,29 die er a. hat, hat er auch vorherbestimmt
1Pt 1,2 die Gott, der Vater, a. hat
20 er ist a., ehe der Welt Grund gelegt wurde

auserwählen, auserwählt

2Mo 15,4 seine a. Streiter versanken im Schilfmeer
2Kö 3,19 wüste machen werdet alle a. Städte
1Ch 16,13 ihr Söhne Jakobs, seine A. Ps 105,6
Ps 89,4 habe einen Bund geschlossen mit meinem A.
20 ich habe erhöht einen A. aus dem Volk
105,43 führte seine A. mit Jubel
106,5 daß wir sehen das Heil deiner A.
23 wäre nicht Mose gewesen, sein A.
Spr 31,2 was, mein A., soll ich dir sagen
Hl 5,15 seine Gestalt ist a. wie Zedern
Jes 37,24 abgehauen samt seinen a. Zypressen Jer 22,7
42,1 das ist mein Knecht und mein A.
43,20 zu tränken mein Volk, meine A.
45,4 um Israels, meines A., willen
65,9 meine A. sollen sie besitzen 22
15 meinen A. zum Fluch überlassen
Jer 33,24 die beiden Geschlechter, die der HERR a.
Wsh 3,9 er sucht seine a. gnädig heim
4,15 daß Gnade bei seinen A. wohnt
Tob 13,9 lobt den Herrn, all ihr seine A.
Sir 1,16 geht einher mit den a. Frauen
46,2 der Großes tat zur Rettung der A. Gottes
47,24 rottete die Nachkommen seines A. nicht aus
49,8 verbrannten die a. Stadt des Heiligtums
2Ma 5,19 der Herr hat das Volk nicht a.
Mt 20,16 aber wenige sind a. 22,14
24,22 um der A. willen werden diese Tage verkürzt Mk 13,20
24 so daß auch die A. verführten Mk 13,22
31 sie werden seine A. sammeln Mk 13,27
Lk 9,35 dieser ist mein a. Sohn; den sollt ihr hören
18,7 sollte Gott nicht auch Recht schaffen seinen A.
23,35 er helfe sich selber, ist er der A. Gottes
Apg 9,15 dieser ist mein a. Werkzeug
Rö 8,33 wer will die A. Gottes beschuldigen
11,7 die A. aber haben es erlangt
16,13 grüßt Rufus, den A. in dem Herrn
Kol 3,12 zieht an als die A. Gottes Demut
1Ti 5,9 es soll keine Witwe a. werden unter 60 Jahren
21 ich ermahne dich vor Gott und den a. Engeln
2Ti 2,10 darum dulde ich alles um der A. willen
Tit 1,1 nach dem Glauben der A. Gottes
1Pt 1,1 Petrus an die a. Fremdlinge
2,4 Stein, bei Gott a. und kostbar
6 ich lege in Zion einen a., kostbaren Eckstein
9 ihr seid das a. Geschlecht
5,13 die Gemeinde, die mit euch a. ist
2Jh 1 der Älteste an die a. Herrin und ihre Kinder
13 die Kinder deiner Schwester, der A.
Off 17,14 die mit ihm sind, sind die A.

ausfahren

ausfahren

3Mo	10,2	f. ein Feuer a. von dem HERRN 4Mo 16,35
2Kö	19,35	f.a. der Engel des HERRN Jes 37,36
2Ch	18,21	will a. und ein Lügengeist sein
Jer	4,4	daß nicht mein Grimm a. wie Feuer 21,12
Sa	9,14	seine Pfeile werden a. wie der Blitz
Mt	8,32	da f. (die bösen Geister) a. 17,18; Mk 1,25.26; 5,8.13; 9,25.26; Lk 4,35.41; 8,29.33.35.38; Apg 8,7; 16,18; 19,12
	12,43	wenn der unreine Geist ausg. ist Lk 11,24
	17,21	f. nur a. durch Beten und Fasten Mk 9,29
Mk	7,29	geh hin, der böse Geist ist ausg. 30
Lk	4,36	er gebietet den unreinen Geistern, und sie f.a.
	8,2	Maria, von der 7 böse Geister ausg. waren
	11,14	als der Geist a., da redete der Stumme
Apg	16,11	da f. wir a. von Troas
	19	daß ihre Hoffnung auf Gewinn ausg. war

Ausfall

Ri	20,25	machten die Benjaminiter einen A. 31
2Sm	11,17	als die Männer der Stadt einen A. machten
Jdt	14,2	macht einen A., aber nur zum Schein 7
1Ma	9,67	machte Simon einen A. aus der Stadt

ausfallen

3Mo	13,40	wenn einem Mann die Haupthaare a. 41
Ri	20,21	da f. die Benjaminiter aus Gibea a.
Dan	7,20	vor der drei (Hörner) a.

ausfegen

1Kö	14,10	will die Nachkommen a., wie man Unrat a.
Jer	51,2	die sie worfeln sollen und ihr Land a.
Sa	5,3	alle Diebe werden von hier ausg.

ausfliegen

1Mo	8,7	(Noah) ließ einen Raben a. 8.12

ausfließen

3Mo	15,3	mag sein Glied den Fluß a. lassen
	17,13	soll ihr Blut a. lassen

Ausfluß

3Mo	15,2	an seinem Glied einen A. 15.32.33; 22,4

ausforschen

1Sm	20,12	wenn ich meinen Vater a. morgen

ausfragen

Ri	8,14	griff er sich einen Knaben und f. ihn a.

ausführen (s.a. aus- und einführen)

2Mo	35,35	daß sie jedes Werk a. können 36,1.3
	39,42	hatten die *Israeliten alle Arbeiten ausg.
5Mo	32,11	wie ein Adler a. seine Jungen
1Sm	26,25	du wirst's a. und vollenden
2Sm	17,23	sah, daß sein Rat nicht ausg. wurde
1Kö	10,29	dann f. sie diese wieder a. 2Ch 1,17
1Ch	20,1	f. Joab die Heeresmacht a.
	29,19	daß er alles a. und baue 2Ch 7,11
2Ch	8,16	so wurde alles Werk Salomos ausg.
	25,11	Amazja f. sein Volk a.
Est	9,1	als des Königs Wort ausg. werden sollte
Hi	5,12	daß ihre Hand sie nicht a. kann Ps 21,12
Jes	46,11	den Mann, der meinen Ratschluß a.
Dan	11,28	er wird es a. und zurückkehren
1Ma	2,55	f. den Befehl a. 2Ma 3,8; 15,5
	3,34	gab ihm den Befehl, alles a.
2Ma	3,23	suchte Heliodor sein Vorhaben a.
Lk	14,28	ob er genug habe, um es a. 29.30
Jh	10,3	er ruft seine Schafe mit Namen und f. sie a.
Apg	7,36	dieser f. sie a. und tat Wunder Heb 8,9
	27,13	meinten sie, ihr Vorhaben a. zu können
Eph	1,10	um ihn a., wenn die Zeit erfüllt wäre
	3,9	wie Gott seinen geheimen Ratschluß a. 11
Heb	13,20	der von den Toten ausg. hat den Hirten

ausfüllen

2Ko	11,9	meinen Mangel f. die Brüder a.
Kol	4,17	sieh auf das Amt, daß du es a.

Ausgabe

Sir	42,7	jede A. und Einnahme aufzuschreiben

Ausgang

2Mo	23,16	das Fest der Lese am A. des Jahres
5Mo	28,6	gesegnet bei deinem A.
	19	verflucht bei deinem A.
Ps	121,8	der HERR behüte deinen A. und Eingang
Spr	8,3	an den Toren am A. der Stadt ruft sie
Pr	7,8	der A. einer Sache besser als ihr Anfang
Hes	42,11	ihre A. waren gleich 43,11
	48,30	dies sollen die A. der Stadt sein
Mi	5,1	dessen A. von Anfang und von Ewigkeit her
Lk	9,31	redeten von dem A., welchen er erfüllen

ausgeben

2Kö	12,12	sie g. es a. an die Zimmerleute
2Ch	31,14	a. die Abgaben für den HERRN 15.19
Esr	7,20	was du a. mußt, das bekommst du
1Ma	3,30	Geschenke, mit freigebiger Hand ausg.
Lk	10,35	wenn du mehr a., will ich dir's bezahlen

ausgehen (s.a. aus- und eingehen)

1Mo	2,10	es g.a. von Eden ein Strom
	21,15	als das Wasser in dem Schlauch ausg. war
	24,63	(Isaak) war ausg., um zu beten
	30,14	Ruben g.a. zur Zeit der Weizenernte
	34,1	Dina g.a., die Töchter des Landes zu sehen
2Mo	21,19	(daß er) wieder a. kann an seinem Stock
	25,32	Arme sollen von dem Leuchter a. 35; 37,18.21
3Mo	9,24	ein Feuer g.a. von dem HERRN
	25,41	dann soll er von dir frei a. 54
4Mo	17,11	Zorn ist von dem HERRN ausg.
	24,1	er ging nicht wie bisher auf Zeichen a.
	34,3	soll a. vom Ende des Salzmeers
5Mo	12,19	daß du den Leviten nicht leer a. läßt 14,27
	28,57	die Nachgeburt, die von ihr ausg. ist
Jos	18,12	seine Grenze a. nach der Wüste
Ri	9,15	so g. Feuer vom Dornbusch a. 20
	14,14	Speise g.a. vom Fresser
	16,20	ich will frei a., wie ich früher getan
Rut	1,7	sie g.a. von dem Ort
1Sm	14,41	aber das Volk g. frei a.

2Sm	3,37	daß es nicht vom König ausg. war	1Jh	2,19	sie sind von uns ausg.
	20,18	so g. es gut a.		4,1	es sind viele falsche Propheten ausg.
1Kö	2,9	du aber laß ihn nicht frei a.	2Jh	7	viele Verführer sind in die Welt ausg.
	22,22	ich will a. und ein Lügengeist sein ... g.a. und tu das	Heb	11,8	berufen, a. in ein Land, und er g.a.
			Off	4,5	von dem Thron g.a. Blitze und Donner
2Kö	10,9	am Morgen, als er a., trat er hin		16,14	g.a. zu den Königen der ganzen Welt
	19,31	von Jerusalem werden a., die Jes 37,32		17	es g.a. eine Stimme aus dem Tempel
1Ch	1,12	von denen die Philister ausg. sind 2,53		18,4	g.a. von ihr, mein Volk
	14,17	Davids Name g.a. in alle Lande		19,5	eine Stimme g.a. von dem Thron
Est	1,19	so lasse man ein königliches Gebot a.		20,8	wird a., zu verführen die Völker
	3,15	die Läufer g. eilends a.		22,1	der a. von dem Thron Gottes
Hi	26,4	wessen Geist g. von dir a.			
	29,7	wenn ich a. zum Tor der Stadt			**ausgelassen**
Ps	19,5	ihr Schall g.a. in alle Lande Rö 10,18	Wsh	2,9	man merkt, wie a. wir gewesen sind
	104,23	so g. der Mensch a. an seine Arbeit			
Spr	7,14	darum bin ich ausg., dir entgegen			**ausgenommen**
Pr	10,5	Versehen, das vom Gewaltigen a.	1Mo	14,24	a., was die Knechte verzehrt haben
Jes	2,3	von Zion wird Weisung a. Mi 4,2		46,26	a. die Frauen seiner Söhne
	26,21	der HERR wird a. von seinem Ort		47,22	a. das Feld der Priester 26
	45,23	Gerechtigkeit ist ausg. aus meinem Munde	4Mo	32,12	(sollen das Land nicht sehen), a. Kaleb
	51,4	Weisung wird von mir a.	Jos	11,19	keine Stadt Frieden machte, a. die Hiwiter
Jer	23,15	von den Propheten g. das ruchlose Wesen a.	1Kö	15,22	der König bot ganz Juda auf, niemand a.
	30,21	soll ihr Herrscher von ihnen a.	Esr	2,65	a. ihre Knechte und Mägde Neh 7,67
	48,45	es wird ein Feuer aus Heschbon a.	Dan	2,11	a. die Götter
	49,7	ist ihnen die Weisheit ausg.	Sir	49,5	alle Könige, a. David, sind schuldig
Hes	19,14	ein Feuer g.a. von seinen Ranken	Mt	15,38	viertausend Mann, a. Frauen und Kinder
	21,24	sie sollen beide von einem Land a.	Apg	26,29	würden, was ich bin, a. diese Fesseln
	32,23	von denen einst Schrecken a. 24-26	1Ko	15,27	so ist offenbar, daß der a. ist
	33,30	ein Wort, das vom HERRN a.	Heb	2,8	nichts a., was ihm nicht untertan wäre
Dan	2,13	das Urteil g.a., daß man töten sollte			
	6,9	wollest du ein solches Gebot a. lassen			**ausgießen**
	7,10	von ihm g.a. ein feuriger Strahl	1Mo	24,20	eilte und g. den Krug a. in die Tränke
	9,22	Daniel, jetzt bin ich ausg.	1Sm	7,6	g. (Wasser) a. vor dem HERRN 2Sm 23,16
Jo	4,18	wird eine Quelle a. vom Hause des HERRN	Ps	41,9	Unheil ist über ihn ausg.
Hab	3,4	Strahlen g.a. von seinen Händen		69,25	g. deine Ungnade über sie a.
Sa	5,3	der Fluch, der a. über das ganze Land 4	Jes	19,14	hat einen Taumelgeist über sie ausg.
Wsh	7,10	der Glanz, der von ihr a., erlischt nicht		29,10	hat einen Geist tiefen Schlafs ausg.
	11,14	mußten staunen, als es so a.		32,15	bis über uns ausg. wird der Geist
Sir	13,14	g. mit ihm darauf a., mit ihm zu reden wie	Hes	20,28	da g. sie ihre Trankopfer a.
	24,4	ich g. vom Munde des Höchsten a.		24,10	koche das Fleisch gar und g. die Brühe a.
1Ma	1,43	Antiochus ließ ein Gebot a. 53; 2Ma 6,8; 10,8		39,29	ich habe meinen Geist über Israel ausg.
	14,43	alle Erlasse sollten in seinem Namen a.	Jo	3,1	will meinen Geist a. über alles Fleisch 2; Apg 2,17.18
StD	1,5	Bosheit a. den Ältesten			
Mt	13,3	es g. ein Sämann a., zu säen Mk 4,3; Lk 8,5	Sa	12,10	will a. den Geist der Gnade und des Gebetes
	49	die Engel werden a. und ... scheiden			
	15,11	was zum Munde a., das macht unrein	Apg	2,33	hat er diesen ausg., wie ihr hier seht und hört
	20,1	hergeht, um Arbeiter einzustellen		10,45	auf die Heiden die Gabe des hl. Geistes ausg.
	22,10	die Knechte g.a. auf die Straßen Lk 14,21.23	Rö	5,5	die Liebe Gottes ist ausg. in unsre Herzen
	24,27	wie der Blitz a. vom Osten	Tit	3,6	den er über uns reichlich ausg. hat
	25,1	g.a., dem Bräutigam entgegen 6	Off	16,1	g.a. die sieben Schalen des Zornes Gottes 2-4.8.10.12.17
	26,55	seid ausg. wie zu einem Mörder Mk 14,48; Lk 22,52			
Mk	3,21	da es die Seinen hörten, g. sie a.			**Ausgleich**
	5,30	eine Kraft von ihm ausg. war Lk 8,46	2Ko	8,13	daß es zu einem A. komme 14
	7,19	es g.a. durch den natürlichen Gang			
Lk	1,53	er läßt die Reichen leer a.			**ausgleiten**
	2,1	daß ein Gebot vom Kaiser Augustus a.	2Sm	6,6	denn die Rinder g.a. 1Ch 13,9
	6,19	es g. Kraft von ihm a., und er heilte alle	Sir	28,30	hüte dich, daß du nicht dadurch a.
Jh	2,3	als der Wein a., spricht die Mutter Jesu zu ihm			
	8,42	ich bin von Gott ausg. und komme von ihm			**aushacken**
	11,57	es hatten die Pharisäer ein Gebot a. lassen	Spr	30,17	das müssen die Raben am Bach a.
	15,26	der Geist der Wahrheit, der vom Vater a.			
	16,27	ihr glaubt, daß ich von Gott ausg. bin 28			
	30	glauben wir, daß du von Gott ausg. bist			
	17,8	haben erkannt, daß ich von dir ausg. bin			
	21,23	da g. die Rede a. unter den Brüdern			
1Ko	14,36	ist das Wort Gottes von euch ausg.			
2Ko	6,17	g.a. von ihnen und sondert euch ab			
Phl	1,19	ich weiß, daß mir dies zum Heil a. wird			

aushalten

Wsh 16,22 Schnee und Eis h. das Feuer a.
Sir 6,21 ein Unverständiger h. es bei ihr nicht a.
 11,20 h.a. in deinem Beruf

ausharren

Hi 6,11 was ist meine Kraft, daß ich a. könnte
Mt 15,32 sie h. schon drei Tage bei mir a. Mk 8,2
Lk 22,28 die ihr ausg. habt bei mir in meinen Anfechtungen

aushauchen

Hi 11,20 als ihre Hoffnung bleibt, die Seele a.

aushauen

5Mo 6,11 ausg. Brunnen, die du nicht ausg. Neh 9,25
2Ch 16,14 in seinem Grabe, das er sich hatte a. lassen
Jes 22,16 daß du dir hier ein Grab a. läßt
Sir 50,3 wurde für das Wasser ein Teich ausg.

ausheben

Ri 16,3 Simson ergriff beide Torflügel, h. sie a.
1Kö 5,27 Salomo h. Fronarbeiter a. 9,15
Jdt 7,2 Hilfstruppen, die er ausg. hatte
Tob 8,11 Raguël ging mit ihnen, ein Grab a.

aushelfen

2Sm 22,49 er h. mir a. von meinen Feinden
Sir 29,27 h. deinem Nächsten a., soviel du kannst
2Ti 4,18 *der Herr wird mir a. zu seinem Reich*
Heb 5,7 *der ihm von dem Tode konnte a.*

aushöhlen

Ps 7,16 er hat eine Grube gegraben und ausg.

ausholen

5Mo 19,5 h.a. und das Eisen träfe seinen Nächsten

aushorchen

Sir 13,14 mit freundlichem Lächeln h. er dich a.
Lk 11,53 ihn mit vielen Fragen a.

ausjäten

Mt 13,28 willst du, daß wir hingehen und (das Unkraut) a. 29.40

auskaufen

Eph 5,16 k. die Zeit a.; denn es ist böse Zeit Kol 4,5

ausklopfen

Rut 2,17 (Rut) k. die Ähren a.
Jes 27,12 wird der HERR Ähren a.

ausklügeln

2Pt 1,16 wir sind nicht ausg. Fabeln gefolgt

auskneten

Hos 7,4 der Bäcker, wenn er den Teig ausg. hat

auskosten

Wsh 2,6 laßt uns die Welt noch a.

auskundschaften

Jos 6,25 die Josua gesandt hatte, um Jericho a.
Ri 1,23 das Haus Josef ließ Bethel a.
Gal 2,4 um unsere Freiheit a., die

ausladen

Apg 21,3 denn dort sollte das Schiff die Ware a.

Ausländer

2Mo 12,43 kein A. soll davon essen
3Mo 22,25 solche Tiere nicht aus der Hand eines A.
5Mo 14,21 daß er's verkaufe einem A.
 15,3 von einem A. darfst du es eintreiben 23,21
 17,15 darfst nicht irgendeinen A. über dich setzen
2Sm 15,19 denn du bist ein A.
Jes 61,5 A. werden eure Ackerleute sein
Klg 5,2 zuteil geworden unsre Häuser den A.
Ob 11 sahst, wie A. zu seinen Toren einzogen
Apg 2,10 A. von Rom, (Juden und Judengenossen)

ausländisch

1Kö 11,1 Salomo liebte viele a. Frauen 8; Neh 13,26
Neh 13,27 muß hören, daß ihr euch a. Frauen nehmt
 30 so reinigte ich sie von allem A.

auslassen

2Mo 15,7 als du deinen Grimm a., verzehrte er sie
Ps 78,38 er l. nicht seinen ganzen Grimm an ihnen a.
Hes 13,15 will meinen Grimm an der Wand a. 20,8.21
1Ma 1,61 l. ihre Kraft an den Israeliten a.
 9,26 um seinen Mutwillen an ihnen a.

auslaufen

4Mo 34,9 (daß die Grenze) a. Jos 15,4.7.9; 16,6.7
Hi 14,11 wie Wasser a. aus dem See

ausleeren

Jer 48,12 Küfer sollen ihre Fässer a.
Hab 1,17 sollen sie darum ihr Netz immerdar a.
Mt 15,17 alles, was zum Mund hineingeht, wird in die Grube ausg.

auslegen

1Mo 40,8 wir haben niemand, der es uns a. Josef sprach: A. gehört Gott zu
5Mo 1,5 fing Mose an, dies Gesetz a.
Neh 8,8 sie l. das Buch des Gesetzes klar a.
Dan 8,16 Gabriel, l. diesem das Gesicht a.
 27 niemand konnte es mir a.
Mk 4,34 wenn sie allein waren, l. er seinen Jüngern alles a.
Lk 24,27 l. ihnen a., was in der Schrift von ihm gesagt
Apg 18,26 l. ihm den Weg Gottes noch genauer a.
 28,23 *welchen er a. das Reich Gottes*

1Ko	12,10	(wird gegeben) einem andern die Gabe, (Zungenrede) a.
	30	können alle a.
	14,5	es sei denn, er l. es auch a. 27
	13	der bete, daß er's auch a. könne

Ausleger

1Ko	14,28	ist kein A. da, so schweige er in der Gemeinde

Auslegung

Ri	7,15	Gideon diesen Traum hörte und seine A.
Sir	47,18	alle Lande bewunderten deine A.
1Ko	14,26	wenn ihr... so hat ein jeder eine A.
2Pt	1,20	daß keine Weissagung in der Schrift eine Sache eigener A. ist

ausleihen

Jer	15,10	hab ich doch weder auf Wucherzinsen ausg.

auslesen

2Mo	12,21	l. Schafe a. und nehmt sie für euch
Jer	51,63	wenn du das Buch ausg. hast

ausliefern

5Mo	23,16	sollst den Knecht nicht seinem Herrn a.
Jer	39,17	du sollst den Leuten nicht ausg. werden
Hos	11,8	wie kann ich dich a., Israel
Am	1,6	weil sie die Gefangenen ausg. haben 9
1Ma	15,21	sollt sie dem Hohenpriester Simon a.

auslöschen

5Mo	7,24	sollst ihren Namen a. unter dem Himmel
1Sm	20,16	möge der Name Jonatans nicht ausg. werden
2Sm	14,7	so wollen sie auch den Funken a.
2Kö	22,17	wird mein Grimm nicht ausg. 2Ch 34,25
2Ch	29,7	sie haben sogar die Lampen ausg.
Neh	13,14	l. nicht a., was ich in Treue getan
Hi	3,3	ausg. sei der Tag 17,1
Hl	8,7	daß auch viele Wasser die Liebe nicht a.
Jes	42,3	den glimmenden Docht nicht a. Mt 12,20
Wsh	16,17	Wasser, das doch sonst alles a.
Sir	28,27	es wird nicht ausg. werden
Eph	6,16	Schild des Glaubens, mit dem ihr a. könnt alle feurigen Pfeile des Bösen
Heb	11,34	(diese haben) des Feuers Kraft ausg.

auslösen

2Mo	13,13	die Erstgeburt vom Esel sollst du a... unter deinen Söhnen a. 15; 34,20; 4Mo 18,15-17
	21,8	gefällt ihm nicht, so soll er sie a. lassen
	30	soll geben, um sein Leben a. 30,12
1Sm	14,45	so l. das Volk Jonatan a.
Ps	49,7	kann doch keiner einen andern a. 9
Jes	52,3	ihr sollt ohne Geld ausg. werden
Sir	22,24	wenn man... trifft, l. man Kummer a.
1Ma	13,18	weil er ihn nicht hätte a. wollen
Mt	16,26	was kann der Mensch geben, womit er seine Seele a. Mk 8,37

ausmalen

2Ma	2,30	der es übernimmt, das Haus a.

ausmessen

Ps	60,8	ich will das Tal Sukkot a. 108,8
Hes	42,15	als er den Tempel ganz ausg. hatte
Sa	2,6	Jerusalem a., wie lang es werden soll

ausnehmen

Tob	6,6	n. den Fisch a. und behalte das Herz
Sir	13,8	um dich später zwei- oder dreimal a.

ausnutzen

Sir	26,13	damit sie Nachgiebigkeit nicht a.
2Ma	8,7	dabei n. er besonders die Nächte a.
2Ko	11,20	ihr ertragt es, wenn euch jemand a.

auspfeifen

Mi	6,16	ihre Einwohner, daß man sie a. soll

ausplaudern

Sir	41,29	schäme dich, a., was dir anvertraut

ausplündern

1Sm	14,48	errettete Israel aus... aller, die es a.
	31,8	um die Erschlagenen a. 1Ch 10,8.9
Jes	10,6	daß er's beraube und a.
	59,15	wer vom Bösen weicht, muß sich a. lassen
1Ma	2,10	wer hat unser Land nicht ausg.
	5,3	Judas demütigte sie und p. sie a.
Off	17,16	die Hure werden sie a. und entblößen

ausposaunen

Mt	6,2	wenn du gibst, sollst du es nicht a. lassen

ausraufen

Ps	129,6	wie das Gras, das verdorrt, ehe man es a.
Mt	12,1	fingen an, Ähren a. Mk 2,23; Lk 6,1
	13,29	damit ihr nicht zugleich den Weizen mit a.

ausräumen

3Mo	14,36	soll gebieten, daß sie das Haus a.

ausrecken

1Mo	22,10	r. seine Hand a. und faßte das Messer
2Mo	6,6	ich will euch erlösen mit ausg. Arm 5Mo 4,34; 5,15; 7,19; 9,29; 11,2; 26,8; 1Kö 8,42; 2Ch 6,32; Ps 136,12; Jer 32,21
	7,19	r. deine Hand a. über die Wasser 8,1.2.13; 9,22; 14,26.27
	9,15	ich hätte schon meine Hand a. können
	15,12	als du d. Hand a., verschlang sie die Erde
	24,11	r. seine Hand nicht a. wider die Edlen Isr.
Esr	6,12	jedes Volk, das seine Hand a.
Hi	15,25	er hat seine Hand gegen Gott ausg.
Ps	77,3	meine Hand ist des Nachts ausg.
Jes	5,25	seine Hand ist noch ausg. 9,11.16.20; 10,4
	14,26	das ist die Hand, die ausg. ist 27
	23,11	der HERR hat s. Hand ausg. über das Meer
Jer	27,5	durch meinen ausg. Arm 32,17
Sir	46,3	wie herrlich... als er die Hand a.
Mt	12,49	*r. die Hand a. über seine Jünger*
	14,31	*Jesus r. die Hand a. und ergriff ihn*

ausrecken 106

Mt 26,51 r. die Hand a. und zog sein Schwert
Mk 1,41 r. die Hand a. und sprach: Sei gereinigt
Apg 26,1 da r. Paulus die Hand a.

ausreden

1Mo 24,15 ehe er ausg. hatte, kam Rebekka 45
Dan 4,28 ehe noch der König diese Worte ausg. hatte
Sir 11,8 laß die Leute erst a.
Lk 7,1 nachdem Jesus vor dem Volk ausg. hatte

ausreichen

Sir 43,29 viel sagen, so r. es doch nicht a.

ausreißen

4Mo 16,14 willst du den Leuten die Augen a.
1Kö 14,15 der HERR wird Israel a. 2Ch 7,20
Hi 19,10 hat meine Hoffnung ausg. wie einen Baum
Pr 3,2 a., was gepflanzt ist, hat seine Zeit
Jer 1,10 daß du a. und einreißen sollst
    12,14 will sie aus ihrem Lande a. 15.17
    18,7 bald rede ich, daß ich es a. will 31,28
    24,6 ich will sie pflanzen und nicht a. 42,10
    45,4 was ich gepflanzt habe, das r. ich a.
Hes 17,9 wird man nicht seine Wurzeln a.
    19,12 er wurde im Grimm ausg.
Dan 7,8 vor dem drei Hörner ausg. wurden
Mi 5,13 will deine Ascherabilder a.
Mt 5,29 so r. es a. und wirf's von dir 18,9
    15,13 alle Pflanzen... werden ausg.
Lk 17,6 r. dich a. und versetze dich ins Meer
Gal 4,15 ihr hättet eure Augen ausg. und mir gegeben

ausreiten

Est 8,14 die reitenden Boten r.a. schnell

ausrichten

1Mo 24,66 der Knecht erzählte, was er ausg. hatte
2Mo 18,18 du kannst es allein nicht a.
    23 so kannst du a., was dir Gott gebietet
    36,2 sich erboten, ans Werk zu gehen und es a.
4Mo 4,15 wenn Aaron dies alles ausg. 27.33
5Mo 29,8 daß ihr a. könnt euer Tun Jos 1,7.8
Jos 4,10 standen im Jordan, bis alles ausg. war
1Sm 18,5 David r. alles recht a. 14.30
1Kö 22,22 sollst ihn betören und es a. 2Ch 18,21
1Ch 22,16 mache dich auf und r. es a. 28,10.20
Esr 9,1 als das alles ausg. war
Neh 6,3 ich hab ein großes Werk a.
    13,10 Leviten und Sänger, die den Dienst a.
Hi 41,18 trifft man ihn, so r. es nichts a.
Ps 11,3 was kann der Gerechte a.
    103,20 die ihr seinen Befehl a.
    148,8 Sturmwinde, die sein Wort a.
Spr 24,27 r. erst draußen deine Arbeit a.
    26,6 wer eine Sache durch e. törichten Boten a.
Jes 10,12 wenn der Herr all sein Werk ausg. hat 13
    16,12 so wird's doch nichts a. 19,15
    26,12 was wir a., das hast du für uns getan
    60,22 ich will es zu seiner Zeit eilends a.
Jer 23,20 bis er a., was er im Sinn hat 30,24
    33,2 der alles macht, schafft und a.
    43,1 als Jeremia alle Worte des HERRN ausg.
    50,25 Gott hat etwas a. in der Chaldäer Lande
Hes 45,17 der Fürst soll die Brandopfer a.
Dan 11,3 was er will, wird er a.

Jo 2,11 sein Heer wird seinen Befehl a.
Jdt 5,23 so r. wir nichts gegen sie a.
    12,4 wird Gott durch mich a., was er vorhat
1Ma 15,32 r.a., was ihm der König befohlen
2Ma 12,18 nachdem er dort nichts ausg. hatte 13,19
Mt 22,2 König, der seinem Sohn die Hochzeit a.
    27,24 Pilatus sah, daß er nichts a.
Jh 12,19 ihr seht, daß ihr nichts a.
Apg 14,26 zu dem Werk, das sie ausg. hatten
    19,21 da das ausg. war
    39 mag man es a. in einer Volksversammlung
    20,24 wenn ich nur das Amt a., das
Rö 9,28 der Herr wird sein Wort a. auf Erden
    15,16 um das Evangelium Gottes priesterlich a.
    19 das Evangelium von Christus voll ausg.
    28 wenn ich das ausg. habe
2Ko 8,6 daß er diese Wohltat unter euch vollends a.
    19 welches durch uns ausg. wird
Eph 6,13 daß ihr alles wohl a. möget
Kol 4,17 siehe auf das Amt, das du es a.
2Th 3,5 d. Herr r. eure Herzen a. auf die Liebe Gottes
2Ti 4,5 r. dein Amt redlich a.
Tit 1,5 daß du vollends a. solltest, was noch fehlt
Heb 9,6 die Priester r. den Gottesdienst a. 9; 10,2

ausrotten

1Mo 17,14 wird ausg. werden aus seinem Volk 2Mo 12,15.19; 30,33.38; 31,14; 3Mo 7,20.21.25.27; 17,4.9.10.14; 18,29; 19,8; 20,3.5.6.17.18; 22,3; 23,29; 4Mo 9,13; 15,30.31; 19,13.20
3Mo 26,30 ich will eure Rauchopfersäulen a.
5Mo 7,1 wenn der HERR a. viele Völker vor dir 22; 12,29; 19,1
Jos 7,9 werden sie unsern Namen a. von der Erde
    11,21 die Anakiter
    23,4 alle Völker, die ich ausg. habe
    13 bis ihr ausg. seid aus dem Land 16; 24,20
Ri 21,16 die Frauen in Benjamin sind ausg.
Rut 4,10 daß sein Name nicht ausg. werde
1Sm 2,33 doch nicht einen jeden will ich dir a.
    20,15 die Feinde Davids a. 2Sm 7,9; 1Ch 17,8
    24,22 daß du mein Geschlecht nicht a. wirst
    28,9 wie die Geisterbeschwörer ausg. 2Kö 23,24
2Sm 21,2 jedoch suchte Saul sie a.
1Kö 9,7 so werde ich Israel a. aus dem Lande
    11,16 ausg., was männlich war 14,10; 21,21; 2Kö 9,8
    14,14 wird das Haus Jerobeam a. 16,3; 2Ch 22,7
    18,4 als Isebel die Propheten des HERRN a.
2Ch 20,10 mußten weichen und durften sie nicht a.
    23 gegen die vom Gebirge Seïr, um sie a.
Ps 12,4 der HERR wolle a. alle Heuchelei
    34,17 daß er ihren Namen a. von der Erde
    37,9 die Bösen werden ausg. 22.28.34.38; Spr 2,22
    52,7 wird dich aus dem Lande der Lebendigen a.
    83,5 wohlan, laßt uns sie a. Jer 48,2
    101,8 daß ich alle Übeltäter a. aus der Stadt
    109,13 seine Nachkommen sollen ausg. werden 15
Spr 10,31 die falsche Zunge wird ausg.
Jes 10,7 sein Sinn steht danach, a.
    11,13 wird die Feindschaft Judas ausg. werden
    14,22 ich will von Babel a. Name und Rest
    48,9 damit du nicht a. werdest 19
Jer 7,28 die Wahrheit ist ausg. aus ihrem Munde
    11,19 laßt uns den Baum a.
    44,7 daß bei euch ausg. werden Mann und Frau 8
    11 ganz Juda soll ausg. werden

Jer	47,4	um a. die Helfer für Tyrus und Sidon
	50,16	r.a. von Babel den Sämann
	51,62	gegen diese Stätte, daß du sie a. willst
Hes	14,8	ich will ihn aus meinem Volk a. 9
	13	um Menschen und Vieh a. 15.17.19.21; 25,13; 29,8; 34,25; 35,7
	21,8	ich will a. Gerechte und Ungerechte 9
	25,7	ich will dich aus den Nationen a. 16
	30,13	ich will von Memfis die Götzen a.
Dan	9,26	nach 62 Wochen wird ein Gesalbter ausg.
Hos	8,4	damit sie ja bald ausg. werden
Am	1,5	will die Einwohner aus Bikat-Awen a. 8
	2,3	ich will den Herrscher unter ihnen a.
	9,15	daß sie nicht mehr aus ihrem Land ausg.
Ob	9	daß alle auf dem Gebirge Esau ausg. werden
	10	sollst du für immer ausg. sein
Mi	5,8	daß alle deine Feinde ausg. werden 9
	11	ich will die Zauberei bei dir a. 12
Nah	1,14	vom Hause deines Gottes will ich a.
	2,1	der Arge ist ganz ausg.
Ze	1,3	ich will die Menschen a. vom Erdboden
	4	ich will a., was vom Baal noch übrig ist
	11	alle, die Geld wechseln, sind ausg.
	3,6	ich habe Völker ausg.
	7	so würde ihre Wohnung nicht ausg.
Sa	9,6	ich will die Pracht der Philister a.
	13,2	will ich die Namen der Götzen a.
	8	daß zwei Teile darin ausg. werden sollen
	14,2	das übrige Volk wird nicht ausg. werden
Mal	2,12	der HERR wird den, der solches tut, a.
Sir	10,18	Gott hat die überheblichen Heiden ausg.
	40,16	werden sie ausg. eher als Gras
	47,24	r. die Nachkommen... nicht völlig a.
1Ma	3,35	um die Überlebenden in Jerusalem a.
	5,2	nahmen sich vor, das Geschlecht Jakobs a. 9. 15; 6,12; 7,26; 12,54; 2Ma 8,9; StE 2,5
	13,48	ließ alles a., was unrein macht
2Ma	12,7	die gesamte Bürgerschaft von Joppe a.

ausrufen

1Mo	41,43	(der Pharao) ließ vor (Josef) her a.
2Mo	32,5	Aaron ließ a.: Morgen ist des HERRN Fest
	34,6	(Mose) r. a.: HERR, HERR, Gott, barmherzig
3Mo	23,2	Feste des HERRN, die ihr a. sollt 4.21.37
	25,10	sollt eine Freilassung a. Jer 34,8.15.17
5Mo	15,2	man will ein Erlaßjahr ausg. der HERRN
	31,11	sollst dies Gesetz vor Israel a. lassen
Jos	8,34	ließ er a. alle Worte des Gesetzes 35
Ri	7,3	laß nun a. vor den Ohren des Volks
2Sm	12,28	damit nicht mein Name über ihr ausg. werde
1Kö	21,9	laßt ein Fasten a. 12; 2Ch 20,3; Esr 8,21; Jer 36,9; Jon 3,5.7
	22,36	man ließ a. im Heer
2Kö	7,11	da r. es die Torhüter a.
	10,20	feiert dem Baal ein Fest! Und ließen es a.
	23,16	Wort, das der Mann Gottes ausg. hatte 17
2Ch	24,9	ließen in Juda und Jerusalem a. 30,5; Esr 10,7
Neh	6,7	a. sollen: Er ist der König Est 6,9.11
	8,15	ließen es a. in allen Städten
Jes	34,12	man wird keinen König mehr a.
Klg	1,15	er hat gegen mich ein Fest a. lassen
Jo	4,9	r. dies a. unter den Heiden
Am	4,5	r. freiwillige Opfer a.
Sir	50,22	r. über ihn den Segen des Herrn
1Ma	3,56	auch ließ (Judas) a. 5,51
	10,63	befahl, a. zu lassen, daß niemand 64
Mk	5,20	in den Zehn Städten a., welch Wohltat
Rö	9,27	Jesaja r.a. über Israel

Off	5,2	*Engel, der r.a. mit großer Stimme*

Ausrufer

Sir	20,15	er schreit's aus wie ein A.

ausruhen

Rut	2,7	ist dageblieben und hat nur wenig ausg.
2Sm	16,14	der König kam an den Jordan und r. dort a.
Esr	8,32	wir r. dort drei Tage a.
Sir	31,4	wenn er a., wird er zum Bettler 3

ausrüsten

Ps	51,14	mit einem willigen Geist r. mich a.
Tob	5,24	r. sich Tobias mit allem a.
1Ma	14,10	Simon r. sie mit Bollwerken a.
Lk	24,49	bis ihr ausg. werdet mit Kraft aus der Höhe
Tit	3,13	Zenas r. gut a. zur Reise

Aussaat

3Mo	27,16	soll geschätzt werden nach der A.
1Kö	18,32	so breit wie für zwei Kornmaß A.

Aussage

4Mo	35,30	ein einzelner Zeuge soll keine A. machen

Aussatz

3Mo	13,8	es ist A. 9u.ö.14,57
5Mo	24,8	hüte dich beim Auftreten von A.
2Sm	3,29	es soll nicht aufhören, daß einer A. habe
2Kö	5,3	könnte ihn von seinem A. befreien 6.7.11
	27	der A. Naamans wird dir anhangen
2Ch	26,19	brach der A. aus an seiner Stirn
Mt	8,3	sogleich wurde er von seinem A. rein Mk 1,42; Lk 5,12.13

aussätzig

2Mo	4,6	war sie wie Schnee 4Mo 12,10; 2Kö 5,27
3Mo	13,2	zu einer a. Stelle wird 3u.ö.14,57
	22,4	wer von den Nachkommen Aarons a. ist
4Mo	5,2	daß sie aus dem Lager schicken alle A.
2Kö	5,1	Naaman war a. 7,3.8
	15,5	der HERR plagte den König, daß er a. war 2Ch 26,20.21.23
Mt	8,2	ein A. kam heran und fiel nieder Mk 1,40
	10,8	macht A. rein, treibt böse Geister aus
	11,5	A. werden rein und Taube hören Lk 7,22
	26,6	Jesus im Hause Simons des A. Mk 14,3
Lk	4,27	viele A. waren in Israel
	17,12	als er in ein Dorf kam, begegneten ihm zehn a. Männer

aussaufen

Spr	23,30	wo man kommt a., was eingeschenkt ist

ausschälen

1Mo	30,37	nahm frische Stäbe und s. weiße Streifen a.

ausschauen

2Sm	13,34	als der Knecht auf der Warte a.
Hi	36,25	alle Menschen s. danach a.

ausschauen

Hi 39,29 von dort s. er a. nach Beute
Ps 63,3 s. ich a. nach dir in deinem Heiligtum

ausschäumen

Jud 13 die ihre eigene Schande a.

ausscheiden

Neh 13,3 s. sie alles fremde Volk aus Israel a.
Jes 1,25 will all dein Zinn a.
Jer 6,29 die Bösen sind nicht ausg.
Sir 10,10 nichts anderes s. ja seine Eingeweide a.

ausschicken

1Mo 41,8 er s.a. und ließ rufen alle Wahrsager
Jer 25,9 so will ich a. alle Völker des Nordens
1Ma 5,38 s. Judas Leute a., die ... erkunden
Mt 2,16 Herodes s.a. und ließ alle Kinder töten
14,35 s. sie a. in das ganze Land umher
22,7 der König s. seine Heere a.

Ausschlag

3Mo 13,2 wenn an seiner Haut ein A. entsteht 6-8.39; 14,37.39.40.43.44.48.56

ausschlagen

2Mo 21,27 wenn er seinem Sklaven einen Zahn a.
Hi 14,7 ein Baum kann wieder a.
Jes 28,27 den Dill s. man a. mit einem Stabe
Hos 14,6 seine Wurzeln sollen a. wie eine Linde
Lk 21,30 wenn sie jetzt a. und ihr seht es

ausschließen

Esr 10,8 sollte er selbst ausg. sein
Rö 3,27 wo bleibt nun das Rühmen? Es ist ausg.
Eph 2,12 ausg. vom Bürgerrecht Israels

ausschlüpfen

Nah 3,16 nun werden sie a. wie Käfer

ausschlürfen

Hes 23,34 mußt du danach die Scherben a.
Ob 16 alle Heiden sollen's saufen und a.

ausschmelzen

Jes 1,25 will wie mit Lauge a., was Schlacke ist

Ausschmückung

2Ma 2,30 was man zur A. braucht

ausschneiden

3Mo 22,24 kein Tier zum Opfer, dem die Hoden ausg.
2Ma 7,4 gebot, man sollte ... die Zunge a.
15,33 s. dem gottlosen Nikanor die Zunge a.

ausschreien

Sir 20,15 er s.'s a. wie ein Ausrufer

ausschütteln

Neh 5,13 s. ich mein Gewand a... so sei er ausg.
Apg 18,6 s. er die Kleider a. und sprach

ausschütten

1Mo 42,35 als sie die Säcke a., fand jeder Geld
1Sm 1,15 hab mein Herz vor dem HERRN ausg.
2Sm 13,9 sie nahm die Pfanne und s. sie vor ihm a.
2Kö 22,9 haben das Geld ausg. 2Ch 24,11; 34,17
Hi 38,37 wer kann die Wasserschläuche a.
Ps 22,15 ich bin ausg. wie Wasser
42,5 will a. mein Herz bei mir selbst 62,9
102,1 wenn er seine Klage vor dem HERRN a.
107,40 er s. Verachtung a. auf die Fürsten
142,3 ich s. meine Klage vor ihm a.
Spr 29,11 ein Tor s. all seinen Unmut a.
Hl 1,3 dein Name ist eine ausg. Salbe
Jes 42,25 hat er über sie ausg. seinen Zorn
57,6 ihnen hast du dein Trankopfer ausg.
Jer 6,11 s. ihn a. über die Kinder
7,20 mein Zorn wird ausg. 42,18; Klg 2,4; 4,11
10,25 s. deinen Zorn a. über die Heiden
14,16 ich will ihre Bosheit über sie a.
48,12 Küfer schicken will, die sie a. sollen
Klg 2,11 mein Herz ist auf die Erde ausg.
19 s. dein Herz a. vor dem Herrn
Hes 9,8 daß du deinen Zorn a. 21,36; 22,31; Hos 5,10; Ze 3,8
14,19 wenn ich meinen Grimm a. würde 20,8.13.21. 33.34; 22,22; 30,15; 36,18
Sir 1,10 hat sie ausg. über seine Werke
18,9 Gott s. seine Barmherzigkeit a.
24,46 auch s. ich meine Lehre a.
36,8 errege Grimm und s. Zorn a.
Jh 2,15 s. den Wechslern das Geld a.
Apg 1,18 *all sein Eingeweide ausg.*

ausschweifen

1Ti 5,6 die a. lebt, ist lebendig tot
2Pt 2,7 Lot, dem die Leute viel Leid antaten mit ihrem a. Leben

Ausschweifung

Mk 7,22 (die bösen Gedanken:) Arglist, A., Mißgunst
Rö 13,13 leben, nicht in Unzucht und A.
2Ko 12,21 viele, die nicht Buße getan haben für die A.
Gal 5,19 Werke des Fleisches: A.
Eph 4,19 sie haben sich der A. ergeben
2Pt 2,2 viele werden ihnen folgen in ihren A.
Jud 4 sie mißbrauchen die Gnade Gottes für ihre A.

aussehen

3Mo 13,30 findet, daß sie tiefer a. 32.34.43; 14,35.37
Jes 33,9 das Land s. traurig a.
Hes 1,13 s. es a., wie wenn Kohlen brennen 14.26
27 was a. wie seine Hüften 8,2
10,9 die Räder s.a. wie ein Türkis 10
41,21 das a. wie ein Altar
Dan 1,15 nach den zehn Tagen s. sie schöner a.
3,25 s.a., als wäre er ein Sohn der Götter
8,15 einer, der a. wie ein Mann 10,18
10,6 sein Antlitz s.a. wie ein Blitz
Hag 2,3 s. es nicht wie nichts a.
Sir 11,2 noch jemand verachten, weil er häßlich a.

Sir	19,23	es kann einer sehr ernsthaft a.
	38,31	bedacht sein, daß es schön a.
2Ma	12,16	daß der Teich a. wie lauter Blut
Mt	23,27	Gräber, die von außen hübsch a.
Apg	17,18	es s. so a., als wolle er fremde Götter verkündigen
Jak	1,24	geht er davon und vergißt, wie er a.
Off	9,7	die Heuschrecken s.a. wie Rosse, die

Aussehen

1Sm	16,7	sieh nicht an sein A.
Jes	52,14	weil sein A. (häßlicher war)
Klg	4,7	ihr A. war wie Saphir
Hes	43,10	beschreibe den Tempel, sein A.
Dan	1,10	daß euer A. schlechter ist 13
Wsh	14,17	machten sich Vorstellung von ihrem A.
2Ma	3,16	sein A... ließen erkennen, daß er
Mt	16,3	über das A. des Himmels könnt ihr urteilen
Lk	9,29	wurde das A. seines Angesichts anders
	12,56	über das A. der Erde... könnt ihr urteilen

außen

1Mo	6,14	verpiche ihn innen und a.
2Mo	25,11	mit Gold überziehen innen und a. 37,2
	26,35	den Tisch setze a. vor den Vorhang 40,22
	27,21	a. vor dem Vorhang den Leuchter 3Mo 24,3
	40,6	den Brandopferaltar a. vor die Tür setzen
3Mo	13,55	es ist tief eingefressen a. oder innen
1Kö	6,6	(Salomo) machte Absätze a. am Hause 29; 7,9
	8,8	von a. sah man sie nicht 2Ch 5,9
2Kö	10,24	Jehu stellte a. achtzig Mann auf
2Ch	24,8	man stellte (die Lade) a. ins Tor
Hes	2,10	a. und innen beschrieben Off 5,1
	40,5	ging eine Mauer a. ringsherum 15.19.40.44; 41,9.25; 42,7
	47,2	er brachte mich a. herum
StD	2,6	dieser Bel ist a. nur Kupfer
Mt	23,25	die ihr die Becher a. reinigt
	27	Gräber, die von a. hübsch aussehen
	28	von a. scheint ihr vor den Menschen fromm
Mk	7,15	nichts, was von a. in den Menschen hineingeht, das ihn unrein machen könnte 18
	11,4	gebunden an eine Tür a. an der Straße
Lk	11,39	ihr haltet die Becher und Schüsseln a. rein
Apg	5,23	die Hüter a. stehen vor den Türen
2Ko	7,5	bedrängt, von a. mit Streit, von innen mit
Off	4,8	sechs Flügel, a. und innen voller Augen

aussenden

1Mo	32,6	habe ausg., es dir anzusagen
4Mo	13,2	s. Männer a., die das Land 16.17; 14,36; 21,32; 32,8
	22,5	(Balak) s. Boten a. zu Bileam
Jos	2,1	Josua s. zwei als Kundschafter a. 7,2
	6,17	sie hat die Boten verborgen, die wir a.
	8,3	Josua erwählte 30.000 Männer und s. sie a.
	14,7	war 40 Jahre alt, als mich Mose a. 11
Ri	18,2	die Daniter s. fünf tüchtige Männer a.
1Sm	25,5	s. David zehn seiner Leute a. 26,4
2Sm	15,10	Absalom hatte heimlich Boten ausg.
1Kö	20,17	Ben-Hadad hatte Leute ausg.
Est	1,22	wurden Schreiben ausg. in alle Länder
Hi	38,35	kannst du die Blitze a.
Ps	104,30	du s.a. deinen Odem
Spr	9,3	(die Weisheit) s. ihre Mägde a., zu rufen
Jer	16,16	ich will viele Fischer a... viele Jäger a.
Sa	1,10	diese sind's, die der HERR ausg. hat
Mt	10,5	diese Zwölf s. Jesus a. Mk 3,14; 6,7; Lk 9,2
	22,3	er s. seine Knechte a., die Gäste zu laden 4; Lk 14,17
Mk	6,17	Herodes hatte ausg. und Johannes ergriffen
Lk	10,2	daß er Arbeiter a. in seine Ernte
	20,20	s. Leute a., die sich stellen sollten, als wären sie fromm
	22,35	als ich euch ausg. habe
Jh	7,32	da s. die Hohenpriester Knechte a.
Apg	7,12	s. unsre Väter a. zum erstenmal 14
	13,4	nachdem sie ausg. waren vom heiligen Geist
Heb	1,14	ausg. zum Dienst um derer willen, die das Heil ererben

außer

3Mo	7,12	a. dem Schlachtopfer ungesäuerte Kuchen
	9,17	a. dem Brandopfer am Morgen 4Mo 28,10. 15.23.24.31; 29,6u.ö.38
4Mo	14,30	sollt nicht in das Land... a. Kaleb 5Mo 1,36
	17,14	a. denen, die mit Korach starben
	29,39	a. dem, was ihr freiwillig gebt
	35,33	a. durch das Blut dessen, der es vergossen
Jos	11,22	ließ keine Anakiter übrig a. in Gaza
	13,22	töteten Bileam a. den schon Erschlagenen
	17,5	fielen auf Manasse 10 Erbteile a. Baschan
	22,19	daß ihr e. Altar baut a. dem des HERRN 29
1Sm	2,2	HERR, a. dir ist keiner 2Sm 7,22; 1Ch 17,20
1Kö	10,13	a. dem, was er von sich aus gab 15; 2Ch 9,14; Esr 1,4.6
2Kö	5,15	kein Gott ist, a. in Israel
1Ch	15,2	Lade soll niemand tragen a. den Leviten
2Ch	5,10	war nichts in der Lade a. den zwei Tafeln
Ps	16,2	ich weiß von keinem Gut a. dir
Hl	5,6	m. Seele war a. sich, daß er sich abgewandt
Jes	43,11	a. mir ist keiner (Gott) 44,6.8; 45,5.6.21; 64,3; Mk 12,32; 1Ko 8,4
Jdt	5,16	sooft sie a. ihrem Gott einen andern
	8,6	sie fastete täglich, a. am Sabbat
Sir	36,12	sagen: A. uns gibt es niemand
	45,16	a. allein seine Söhne
Mt	21,33	ging a. Landes 25,14; Mk 12,1; Lk 20,9
Jh	6,46	a. dem, der von Gott gekommen ist
	17,12	keiner von ihnen verloren a. dem Sohn des Verderbens
Apg	8,1	da zerstreuten sich alle a. den Aposteln
	13	geriet er a. sich vor Staunen
Rö	7,7	Sünde erkannte ich nicht a. durchs Gesetz
	13,1	es ist keine Obrigkeit a. von Gott
	8	seid niemand etwas schuldig, a., daß ihr euch untereinander liebt
1Ko	1,14	niemanden getauft a. Krispus und Gajus
	12,3	niemand kann Jesus den Herrn nennen a. durch den heiligen Geist
2Ko	5,13	wenn wir a. uns waren, so war es für Gott
	11,28	a. all dem noch das, was
	12,2	ist er a. dem Leib gewesen 3
	13	a. daß ich euch nicht zur Last gefallen bin

außer acht lassen

5Mo	32,18	deinen Fels hast du a.a. gel.
2Ch	10,8	er aber l.a.a. den Rat der Ältesten 13

äußerer

2Kö	16,18	auch den ä. Königseingang änderte er
2Ch	33,14	danach baute er die ä. Mauer
Neh	11,16	für den ä. Dienst am Hause Gottes

äußerer

Hes	10,5	bis in den ä. Vorhof 40,17.20.31.34.37; 42,1.3. 7-10.14; 44,19; 46,20.21
	44,1	führte mich zu dem ä. Tor im Osten 47,2
Mt	23,26	damit auch das Ä. rein wird
Lk	11,40	der das Ä. geschaffen hat
1Ko	7,28	doch werden solche in ä. Bedrängnis kommen
2Ko	4,16	wenn auch unser ä. Mensch verfällt
	5,12	damit ihr antworten könnt denen, die sich des Ä. rühmen
Off	11,2	den ä. Vorhof des Tempels miß nicht

außerhalb

3Mo	13,46	seine Wohnung soll a. des Lagers sein 14,8; 4Mo 12,14.15
4Mo	35,5	sollt abmessen a. der Stadt
	27	der Bluträcher findet ihn a. der Grenze
Jos	6,23	brachten (Rahab) a. des Lagers unter
Hes	43,21	den Stier verbrennen a. des Heiligtums
Lk	13,33	daß ein Prophet umkomme a. von Jerusalem
1Ko	6,18	alle Sünden, die der Mensch tut, bleiben a. des Leibes
Heb	13,11	die Leiber der Tiere werden a. des Lagers verbrannt
Off	11,2	*den Vorhof a. des Tempels laß weg*

äußerlich

Rö	2,28	nicht der ist ein Jude, der es ä. ist
2Ko	4,16	*ob auch unser ä. Mensch verfällt*
Eph	2,11	Unbeschnittene genannt von denen, die ä. beschnitten sind
1Pt	3,3	euer Schmuck soll nicht ä. sein
Heb	7,16	nicht geworden nach dem Gesetz ä. Gebote
	9,10	nur ä. Satzungen über Speise und Trank
	13	die Unreinen heiligt, so daß sie ä. rein sind

äußerster

4Mo	22,36	in Moab an der ä. Grenze
	23,13	wo du nur sein ä. Ende siehst
Jos	15,1	Wüste Zin im ä. Süden
2Kö	19,23	gekommen bis zur ä. Herberge Jes 37,24
Hi	34,36	Hiob sollte bis zum Ä. geprüft werden
Ps	139,9	bliebe am ä. Meer
Hes	38,15	wirst kommen vom ä. Norden 39,2
Wsh	12,27	kam das Ä. an Strafe über sie
Lk	16,24	*das Ä. seines Fingers ins Wasser tauche*

aussetzen

1Ch	11,19	die sich der Gefahr ausg. haben
Wsh	11,14	den sie einst ausg. hatten 18,5
Apg	7,19	ließ ihre kleinen Kinder a.
	21	als er ausg. wurde, nahm ihn die Tochter... auf

aussieben

Mt	23,24	die ihr Mücken a., aber Kamele verschluckt

aussondern

1Mo	30,32	will a. alle gefleckten Schafe 35.40
2Mo	13,12	sollst a. alle männliche Erstgeburt
4Mo	3,41	sollst mir die Leviten a. 16,9; 5Mo 10,8
5Mo	4,41	da s. Mose drei Städte a. 19,2.7
	14,28	alle drei Jahre sollst du a. den Zehnten
Jos	16,9	alle Städte, die für Ephraim ausg. waren

1Kö	8,53	du hast sie dir ausg. zum Erbe
1Ch	23,13	Aaron wurde ausg.
	25,1	David s.a. zum Dienst
Esr	8,24	ich s. zwölf der obersten Priester a.
	10,16	Esra s. sich Männer a.
Spr	20,8	ein König s.a. alles Böse 26
Jer	1,5	ich s. dich a., ehe du geboren wurdest
	12,3	s. sie a., daß sie getötet werden
Hes	20,38	will die, die von mir abfielen, a.
	39,14	sie werden Leute a.
Lk	10,1	*s. der Herr andere siebzig a.*
Apg	13,2	s. mir a. Barnabas und Saulus zu dem Werk
Rö	1,1	Paulus, ausg., zu predigen das Evangelium
Gal	1,15	Gott, der mich von meiner Mutter Leib an ausg. hat

ausspähen

1Ch	19,3	seine Gesandten gekommen, um das Land a.
Hos	9,8	Ephraim s. wohl a. nach meinem Gott

ausspannen

Hi	26,7	er s. den Norden a.
Jes	40,22	er s. den Himmel a. 48,13
Jer	43,10	er soll seinen Thronhimmel darüber a.
Hos	5,1	ihr seid ein ausg. Netz auf dem Tabor

ausspeien

3Mo	18,25	daß das Land seine Bewohner a. 28; 20,22
Hi	20,15	die Güter muß er a.
	30,10	vor meinem Angesicht a.
Spr	23,8	die Bissen mußt du a.
	25,16	daß du nicht zu satt werdest und s. ihn a.
Jon	2,11	zu dem Fisch, der s. Jona a. ans Land
Sir	22,15	durch das befleckt wirst, was er a.
2Ma	6,19	er s. (Schweinefleisch) a.
Mt	26,67	*da s. sie a. in sein Angesicht*
Off	3,16	werde ich dich a. aus meinem Munde

aussprechen

3Mo	5,1	daß er den Fluch a. hört Spr 29,24
Ri	12,6	weil er's nicht richtig a. konnte
Spr	14,25	wer Lügen a., übt Verrat
Sir	50,22	sein Ruhm war es, den Namen des Herrn a.
Mt	13,35	ich will a., was verborgen war
Apg	2,4	wie der Geist ihnen gab a.

aussprühen

2Sm	22,9	Flammen s. von ihm a. Ps 18,9

ausspucken

Gal	4,14	mich nicht verachtet oder vor mir ausg.

ausstechen

Ri	16,21	die Philister s. ihm die Augen a.

ausstehen

Tob	4,4	was für Gefahren sie ausg. hat

aussteigen

Mt	14,14	Jesus s.a. und sah die große Menge Mk 6,34
Lk	5,2	die Fischer waren ausg. und wuschen ihre Netze

Jh 21,9 *als sie nun a. auf das Land*

ausstellen

1Ma 11,37 Abschrift, damit man sie... a.

ausstoßen

2Mo 23,29 will sie nicht in einem Jahr a.
  30 einzeln will ich sie a. 33,2; 34,11.24; Jos 23,5
  31 in deine Hand geben, daß du sie a. sollst
5Mo 9,4 wenn der HERR sie ausg. hat vor dir her
Jos 24,18 hat ausg. vor uns alle Völker Ri 6,9
Ri 11,2 die Söhne dieser Frau s. Jeftah a. 7
Esr 10,19 daß sie ihre Frauen a. wollten
Ps 5,11 s. sie a. um ihrer Übertretungen willen
Mt 8,12 *die Kinder des Reichs werden ausg.*
Lk 6,22 selig seid ihr, wenn euch die Menschen a.
Jh 9,22 wenn jemand ihn als den Christus bekenne, der solle ausg. werden
  35 es kam vor Jesus, daß sie ihn ausg. hatten
  12,31 nun wird der Fürst dieser Welt ausg. werden
  42 um nicht aus der Synagoge ausg. zu werden
  16,2 sie werden euch aus der Synagoge a.
Apg 7,45 *welche Gott a. vor dem Angesicht*
Heb 12,8 so seid ihr Ausg. und nicht Kinder
Off 12,15 Schlange s. aus ihrem Rachen Wasser a. 16

ausstrecken

1Mo 3,22 daß er nur nicht a. seine Hand
  48,14 s. seine Hand a. und legte sie auf Ephraim
2Mo 3,20 werde meine Hand a. und Ägypten schlagen 7,5
  4,4 s. deine Hand a. und erhasche sie
  8,12 s. deinen Stab a. und schlag in den Staub
5Mo 25,11 s. ihre Hand a. und ergreift ihn
Jos 8,18 s. die Lanze in deiner Hand a. 19.26
Ri 3,21 Ehud s. seine Hand a. und nahm den Dolch
  6,21 da s. der Engel des HERRN den Stab a.
  15,15 da s. (Simson) seine Hand a.
1Sm 14,27 Jonatan s. seinen Stab a.
2Sm 6,7 weil (Usa) seine Hand nach der Lade ausg. 1Ch 13,9.10
  15,5 so s. (Absalom) seine Hand a.
  22,17 er s. seine Hand a. und faßte mich
  24,16 als der Engel seine Hand a. über Jerusalem
1Kö 13,4 s. seine Hand a... verdorrte, die er ausg.
2Kö 6,7 da s. er seine Hand a. und nahm es
  17,36 mit großer Kraft und ausg. Arm
1Ch 21,16 ein bloßes Schwert... über Jerusalem
Est 4,11 der König s. das goldene Zepter a. 5,2; 8,4
Hi 1,11 s. deine Hand a. und taste an 2,5
  6,9 daß doch Gott seine Hand a.
  30,24 unter die Hand a. unter Trümmern
Ps 68,32 Mohrenland wird seine Hände a. zu Gott
  110,2 wird das Zepter deiner Macht a. aus Zion
  125,3 damit die Gerechten ihre Hand nicht a.
  144,7 s.a. deine Hand von der Höhe
Spr 1,24 ich meine Hand a. und niemand darauf achtet
Jes 10,32 (der HERR) wird seine Hand a. 11,11; 31,3
  11,14 nach Edom und Moab werden sie ihre Hände a.
  28,20 das Bett ist zu kurz, um sich a.
  65,2 s. meine Hände a. den ganzen Tag Rö 10,21
Jer 1,9 der HERR s. seine Hand a.
  6,9 s. deine Hand immer wieder a.
  12 ich will meine Hand a. 51,25; Hes 6,14; 14,9.13; 25,7.13.16; 35,3; Ze 1,4

Jer 15,6 habe ich meine Hand ausg. Hes 16,27
  21,5 will wider euch streiten mit ausg. Hand
Klg 1,17 Zion s. ihre Hände a.
Hes 1,23 daß ihre Flügel ausg. waren
  2,9 war eine Hand gegen mich ausg. 8,3
  20,33 ich will herrschen mit ausg. Arm 34
Dan 11,42 er wird seine Hand a. nach den Ländern
Ze 2,13 der Herr wird seine Hand a. nach Norden
Jdt 9,9 s. deinen Arm a. wie vorzeiten
Sir 50,17 s. seine Hand a. nach dem Trankopfer
1Ma 6,25 s. nicht allein gegen uns ihre Hand a.
  7,47 Hand, die er zum Eid ausg. hatte
2Ma 15,12 Onias s. seine Hände a. und betete
  32 Hand, die er gegen... ausg.
Mt 8,3 Jesus s. die Hand a. Mk 1,41; Lk 5,13
  12,13 da sprach er zu dem Menschen: S. deine Hand a. Mk 3,5; Lk 6,10
  49 er s. die Hand a. über seine Jünger
  14,31 Jesus s. sogleich die Hand a.
  26,51 einer s. die Hand a.
Jh 21,18 wenn du alt wirst, wirst du deine Hände a.
Apg 4,30 s. deine Hand a., daß Wunder geschehen
  26,1 da s. Paulus die Hand a. und verantwortete sich
Phl 3,13 ich s. mich a. nach dem, was da vorne ist

ausstreuen

2Sm 22,15 er schoß seine Pfeile und s. sie a. Ps 18,15
Hi 40,11 s.a. den Zorn deines Grimmes
Ps 112,9 er s.a. und gibt den Armen 2Ko 9,9
  144,6 sende Blitze und s. sie a.
Sir 7,13 s. keine Lügen über deinen Bruder a.
Mt 25,24 sammelst ein, wo du nicht ausg. hast 26

austauschen

Wsh 19,17 so t. die Elemente sich a.

austeilen

1Mo 49,27 Benjamin wird Raub fressen und Beute a.
2Mo 15,9 der Feind gedachte: Ich will den Raub a.
4Mo 26,53 diesen sollst du das Land a. 55.56; 33,54; 34,17.18.29
5Mo 1,38 Josua soll Israel das Erbe a. 3,28; 31,7; Jos 1,6; 13,6; 14,1; 19,49.51; Jer 12,14
  12,10 in dem Lande, das euch der HERR a. wird
  20,14 alle Beute sollst du unter dir a.
  21,16 die Zeit kommt, daß er das Erbe a.
Jos 13,32 das sind die Gebiete, die Mose ausg. hat
2Sm 6,19 (David) ließ a. allem Volk 1Ch 16,3
2Ch 20,25 Joschafat kam, die Beute a... sie t.a.
Neh 8,12 ging hin, um zu trinken und davon a.
  13,13 ihnen wurde befohlen, ihren Brüdern a.
Est 2,18 der König t. königliche Geschenke a.
Hi 21,17 daß Gott Herzeleid über sie a.
Ps 68,13 die Frauen t. die Beute a.
Spr 11,24 einer t. reichlich a. und hat immer mehr
  16,19 besser, als Beute a. mit den Hoffärtigen
Jes 9,2 wie man fröhlich ist, wenn man Beute a.
  33,23 dann wird viel Beute ausg.
  34,17 seine Hand t.a. mit der Meßschnur
Hes 45,1 wenn ihr das Land a. 47,13.21; 48,29
Dan 11,39 wird er ihnen Land zum Lohn a.
Hos 8,10 auch wenn sie sie unter die Heiden a.
Am 7,17 dein Acker soll mit der Meßschnur ausg.
Wsh 7,13 neidlos t. ich (Weisheit) a.
Sir 33,24 dann t. dein Erbe a.
2Ma 8,28 t. sie von der Beute a.

austeilen

Mk	6,41	gab den Jüngern, damit sie a. 8,6; Lk 9,16
	8,7	er dankte und ließ auch diese (Fische) a.
Lk	11,22	nimmt ihm seinen Harnisch und t. den Raub a.
Apg	2,45	verkauften Güter und t. sie a. unter alle
Rö	12,3	wie Gott das Maß des Glaubens ausg. hat
2Ti	2,15	der das Wort der Wahrheit recht a.

Austeilung

Heb 2,4 durch die A. des hl. Geistes nach s. Willen

austilgen

2Mo	17,14	will Amalek unter dem Himmel a. 5Mo 25,19
4Mo	24,22	dennoch wird Kain ausg. werden
5Mo	9,14	laß ab von mir, damit ich ihren Namen a.
	11,17	daß ihr ausg. werdet aus dem guten Lande
	25,6	damit dessen Name nicht ausg. werde
	29,19	seinen Namen wird der HERR a.
Ri	20,13	daß wir das Böse aus Israel a.
	21,17	damit nicht ein Stamm ausg. werde
1Sm	24,22	daß du meinen Namen nicht a. wirst
1Kö	16,7	weil er das Haus Jerobeam ausg. hatte
2Kö	14,27	daß er den Namen Israels a. wollte
2Ch	19,3	daß du die Bilder der Aschera ausg. hast
Jer	18,23	t. ihre Sünde nicht a. vor dir
Hes	25,7	ich will dich aus den Ländern a.
Sir	23,3	ihre Schande wird niemals ausg.
Off	3,5	ich werde seinen Namen nicht a.

austoben

Klg 4,11 der HERR hat seinen Grimm a. lassen

austragen

Spr 25,9 t. deine Sache mit deinem Nächsten a.

austrauern

1Mo 38,12 nachdem Juda ausg. hatte 2Sm 11,27

austreiben

1Mo	21,10	t. diese Magd a. mit ihrem Sohn
1Ch	17,21	Völker a. vor deinem Volk her
2Ch	20,11	sie kommen, uns a. aus deinem Eigentum
Spr	22,15	die Rute der Zucht t. sie ihm a.
Mt	7,22	haben wir nicht böse Geister ausg.
	8,16	(Jesus) t. die Geister a. Mk 1,34.39; 6,13
	31	willst du uns a., so laß uns
	9,33	als der Geist ausg. war
	34	er t. die bösen Geister a. durch ihren Obersten 12,24.26-28; Mk 3,22.23; Lk 11,15.18-20
	10,1	die unreinen Geister, daß sie die a.
	8	macht Aussätzige rein, t. böse Geister a.
	17,19	warum konnten wir ihn nicht a.
Mk	3,15	Vollmacht, die bösen Geister a.
	7,26	bat ihn, daß er den bösen Geist a.
	9,18	ich habe mit deinen Jüngern geredet, daß sie ihn a. sollen Lk 9,40
	28	warum konnten wir ihn nicht a.
	38	der t. böse Geister in d. Namen a. Lk 9,49
	11,15	fing an, a. die Verkäufer i. Tempel Lk 19,45
	16,9	von der er sieben böse Geister ausg. hatte
	17	in meinem Namen werden sie böse Geister a.
Lk	11,14	er t. einen bösen Geist a., der war stumm

Lk	13,32	ich t. böse Geister a. heute und morgen
1Jh	4,18	die vollkommene Liebe t. die Furcht a.

austrinken

Jes	51,17	den Taumelkelch hast du ausg.
Hes	23,34	den mußt du bis zur Neige a.

austrocknen

Jos	2,10	wie der HERR das Schilfmeer ausg. hat 4,23
	4,23	als der HERR den Jordan a. 5,1
2Kö	19,24	werde a. alle Flüsse Ägyptens Jes 37,25
Jes	11,15	der HERR wird a. die Zunge des Meeres
	42,15	ich will die Seen a. 44,27; Jer 51,36; Hes 30,12
	51,10	warst du es nicht, der das Meer a.
Jo	1,20	die Wasserbäche sind ausg.
Sir	43,3	am Mittag t. sie das Land a.
Off	16,12	sein Wasser t. a., damit der Weg bereitet würde den Königen

ausüben

4Mo	3,7	sollen ihr Amt bei der Wohnung a. 8; 4,23. 30.35.39.43.47; 8,15.19.22.24.26; 16,9; 18,6.21.23
2Ch	7,6	die Priester ü. ihren Dienst a. 11,14
Off	13,12	es ü. alle Macht des ersten Tieres a.

auswählen

4Mo	35,11	sollt Städte a., daß sie für euch Freistädte
2Sm	10,9	w. er aus der Mannschaft einen Teil a.
	17,1	ich will 12.000 Mann a. und David nachjagen
Dan	1,3	sollte einige von den *Israeliten a.
Jdt	2,7	Holofernes w. für den Kriegszug a.
	3,7	aus allen Städten w. er die Tapfersten a.
1Ma	5,17	w. dir Männer a., zieh hin
	7,8	w. der König Bakchides a.
	9,25	w. Bakchides gottlose Männer a.
	10,32	Leute, die er selbst ausg. hat
Apg	15,22	aus ihrer Mitte Männer a. 25

auswärtig, auswärts

Ri	12,9	dreißig Töchter gab (Ibzan) nach a.
1Ma	6,53	die a. Juden hatten den Vorrat aufgezehrt

auswechseln

3Mo 27,10 soll es nicht a… wenn aber jemand a. 33

ausweichen

4Mo	20,21	Israel w. ihnen a.
	22,26	wo kein Platz mehr war a. 33
1Sm	18,11	David aber w. (Saul) zweimal a. 19,10
Sir	22,16	w. ihm a., so bleibst du in Frieden
2Ma	14,44	sie w. ihm schnell a.

ausweinen

Klg	2,11	ich habe mir fast die Augen ausg.
Bar	2,18	die schwach sind, mit ausg. Augen

ausweisen

2Mo	7,9	w. euch a. durch ein Wunder
Apg	2,22	(Jesus,) von Gott unter euch ausg. durch Taten

112

2Ko	4,2	w. wir uns a. vor aller Menschen Gewissen

auswendig

Mt	23,25	die Becher a. rein haltet 26; Lk 11,39
	27	Gräber, welche a. hübsch scheinen
Lk	11,40	der das A. geschaffen hat
Rö	2,28	der a. ein Jude ist... Beschneidung, die a.
2Ko	7,5	a. Streit, inwendig Furcht
1Pt	3,3	euer Schmuck soll nicht a. sein
Off	5,1	ein Buch, beschrieben inwendig und a.

auswerfen

3Mo	15,8	seinen Speichel a. auf den, der rein ist
Jes	19,8	alle, die Netze a. in den Strom
	57,20	dessen Wellen Schlamm und Unrat a.
Hes	32,3	ich will mein Netz über dich a.
Mt	15,17	wird durch den natürlichen Gang ausg.
	17,27	w. die Angel a.
Lk	5,4	fahre hinaus, wo es tief ist, und w. eure Netze a.
	5	auf dein Wort will ich die Netze a.
Jh	21,6	w. das Netz a. zur Rechten des Bootes
Apg	27,28	sie w. das Senkblei.
	29	w. hinten vom Schiff vier Anker a.

auswirken

Dan	11,36	wird gelingen, bis sich der Zorn ausg. hat

auswischen

2Kö	21,13	will Jerusalem a., wie man Schüsseln a.

auswurzeln

Ze	2,4	Aschdod soll vertrieben und Ekron ausg. werden
Jud	12	Bäume, zweimal erstorben und ausg.

auszahlen

Hi	15,32	er wird ihm voll ausg. werden

auszehren

Jh	5,3	in denen lagen viele Kranke und Ausg.

Auszehrung

3Mo	26,16	ich will euch heimsuchen mit A. 5Mo 28,22
Jes	10,16	unter die Fetten in Assur die A. senden

auszeichnen

Sir	33,9	er hat einige ausg. und geheiligt

Auszeichnung

2Ma	4,15	die griech. A. hielten sie für wertvoll

ausziehen (s.a. aus- und einziehen)

1Mo	12,4	da z. Abram a. 5
	14,8	z.a. der König von Sodom, zu kämpfen
	15,14	sollen a. mit großem Gut 2Mo 3,21
	24,5	in jenes Land, von dem du ausg. bist
	28,10	Jakob z.a. von Beerscheba
	37,23	als Josef kam, z. sie ihm seinen Rock a.
2Mo	1,10	könnten sie aus dem Lande a.
	11,8	werden sagen: Z.a... daraufhin werde ich a.
	12,37	z. die *Israeliten a. 13,4.20; 14,8; 16,1; 19,2; 4Mo 21,10.11; 33,3.5-37.41-48; 5Mo 10,6.7; 11,10; Jos 3,14; 5,5; 9,12
	15,9	ich will mein Schwert a.
	17,9	z.a. und kämpfe gegen Amalek
3Mo	6,4	(der Priester) soll seine Kleider a. 16,23
4Mo	2,17	sollen a., jeder unter seinem Banner 34
	20,20	die Edomiter z.a., ihnen entgegen
	26	z. Aaron seine Kleider a. 28
	21,23	Sihon z.a., Israel entgegen 5Mo 1,44; 2,24.32; 3,1; 29,6
	22,36	Balak z.a., (Bileam) entgegen
	31,7	(die *Israeliten) z.a. zum Kampf
5Mo	20,2	wenn ihr a. zum Kampf 23,10
	24,5	soll er nicht mit dem Heer a.
	28,7	auf einem Weg a. und auf sieben fliehen 25
Jos	8,5	wenn sie a. uns entgegen 14.17
	11,4	diese z.a. mit ihrem ganzen Heer
	18,8	als sie a., das Land aufzuschreiben
Ri	2,15	sondern sooft (die *Israeliten) a.
	3,10	(Otniël) z.a. zum Kampf
	4,14	HERR ist ausg. vor dir 2Sm 5,24; 1Ch 14,15
	5,4	HERR, als du von Seïr a.
	9,39	Gaal z.a. vor den Männern von Sichem her
	11,3	lose Leute z. mit (Jeftah).
	18,14	Männer, die ausg. waren, zu erkunden 17
	20,1	da z. die *Israeliten a. 14.28
Rut	1,1	ein Mann von Bethlehem in Juda z.a.
	21	voll z. ich a., leer hat mich der HERR
	4,7	z. er seinen Schuh a. 8
1Sm	4,1	Israel z.a., den Philistern entgegen 7,11
	8,20	daß unser König vor uns her a.
	10,2	die Eselinnen, die du zu suchen ausg. bist
	11,7	wer nicht mit Saul und Samuel a.
	17,8	was seid ihr ausg. zum Kampf 20
	18,4	Jonatan z. seinen Rock a.
	30	sooft (die Fürsten der Philister) a.
	19,8	David z.a. gegen die Philister 21,6; 28,1; 1Ch 14,8
	24	z. auch (Saul) seine Kleider a.
	23,15	als David sah, daß Saul ausg. war 26,20
2Sm	2,12	Abner z.a. mit den Männern 13,11; 1Ch 7,11
	10,8	die Ammoniter z.a. zum Kampf 16; 1Ch 19,9
	18,2	ich will auch mit euch a. 3.4
	20,7	z. die Männer Joabs a., Scheba nachzujagen
	21,17	du sollst nicht mehr mit uns a.
	24,4	so z. Joab a., um Israel zu zählen
1Kö	8,44	wenn dein Volk in den Krieg 2Ch 6,34
	9,12	Hiram z.a., die Städte zu besehen
	20,16	(7.000 Mann) z.a. am Mittag 17.21.39
	18	ob sie zum Frieden oder Kampf ausg. sind
2Kö	3,6	z. Joram a. und bot Israel auf 9,21
	5,2	die Kriegsleute der Aramäer waren ausg.
	19,9	Tirhaka ist ausg., zu kämpfen Jes 37,9
	27	dein Ausgehen weiß ich. Jes 37,28
1Ch	7,11	zweihundert, die als Heer a. konnten
	12,20	als er mit den Philistern a. gegen Saul
	18,3	als er a., seine Macht aufzurichten
	20,1	z. Zeit, wenn die Könige a.
2Ch	20,20	sie z.a. zur Wüste Thekoa
	22	die gegen Juda ausg. waren
	22,7	z., um das Haus Ahab auszurotten
	26,6	(Usija) z.a. gegen die Philister
	35,20	Josia z.a. (Necho) entgegen
Neh	4,17	wir z. unsere Kleider nicht a.
Hi	12,21	er z. den Gewaltigen der Rüstung a.
	19,9	er hat mir mein Ehrenkleid ausg.
	39,21	mit Kraft z. (das Roß) a.

ausziehen

Hi	41,5	wer kann ihm den Panzer a.
Ps	30,12	hast mir den Sack der Trauer ausg.
	44,10	z. nicht a. mit unserm Heer 60,12; 108,12
	78,52	er ließ sein Volk a. wie Schafe
	81,6	als er a. wider Ägyptenland
	105,38	Ägypten wurde froh, daß sie a.
Spr	30,27	dennoch z. sie a. in Ordnung
Hl	5,3	ich habe mein Kleid ausg.
Jes	32,11	z. euch a., entblößt euch
	42,13	der HERR z.a. wie ein Held
	43,17	der a. läßt Wagen und Rosse
	52,11	weicht, weicht, z.a. von dort
	12	ihr sollt nicht in Eile a.
	55,12	ihr sollt in Freuden a.
Jer	4,7	der Verderber ist ausg. von seiner Stätte
	37,7	Heer des Pharao, das euch zu Hilfe ausg.
	46,9	lasset die Helden a.
	51,45	z.a. von dort, mein Volk
Hes	12,4	wie man zur Verbannung a.
	16,39	daß sie dir deine Kleider a. 23,26
	26,16	alle Fürsten werden ihre Gewänder a.
	30,9	werden Boten a. in Schiffen
	38,4	will dich a. lassen mit deinem Heer
	44,19	sollen (die Priester) die Kleider a.
Dan	2,14	der a., um die Weisen zu töten
	11,11	wird der König ergrimmen und a. 13.44
Hos	2,5	damit ich sie nicht nackt a. und hinstelle
Am	5,3	aus der Tausend zum Kampf a ... Hundert a.
Mi	1,11	die Einwohner von Zaanan werden nicht a.
Hab	3,13	du z.a., deinem Volk zu helfen
Sa	14,3	der HERR wird a. und kämpfen
Jdt	2,5	z.a. gegen alle Reiche im Westen 11
	10,2	(Judit) z. ihre Witwenkleider a.
Sir	29,34	z.a., du Fremder
Bar	4,20	ich habe mein Freudenkleid ausg.
	5,1	z. dein Trauerkleid a., Jerusalem
1Ma	5,65	Judas z.a. mit seinen Brüdern
Mt	20,29	da sie von Jericho a.
	26,55	ihr seid ausg. wie gegen einen Räuber Mk 14,48; Lk 22,52
	27,28	und z. ihn a.
	31	z. sie ihm den Mantel aus Mk 15,20
Mk	6,12	sie z.a. und predigten 16,20
Lk	10,30	die z. ihn a. und schlugen ihn
Jh	4,43	*nach zwei Tagen z. er a. nach Galiläa*
Apg	7,7	werden a. und mir dienen an dieser Stätte
	33	z. die Schuhe a. von deinen Füßen
	10,23	*machte er sich auf und z.a. mit ihnen*
	11,25	Barnabas z.a. nach Tarsus
	16,36	*z.a. und gehet hin mit Frieden* 39
	20,1	Paulus z.a. nach Mazedonien
Phl	4,15	als ich a. aus Mazedonien
Kol	3,9	ihr habt den alten Menschen ausg.
3Jh	7	um seines Namens willen sind sie ausg.
Heb	3,16	die von Ägypten a. mit Mose
	11,8	er z.a. und wußte nicht, wo er hinkäme
	15	das Land, von dem sie ausg. waren
Off	6,2	er z.a. sieghaft und um zu siegen
	20,8	wird a., zu verführen die Völker

Auszug

2Mo	19,1	nach dem A. aus Ägyptenland 1Kö 6,1
4Mo	2,16	sollen die zweiten beim A. sein 24.31
	33,38	Aaron starb im vierzigsten Jahr des A.
5Mo	16,3	daß du deines A. aus Ägyptenland gedenkst
Heb	11,22	redete Josef ... vom A. der Israeliten

Awa

2Kö	17,24	der König ließ Leute kommen von A. 31
	18,34	wo sind die Götter von A. 19,13; Jes 37,13

Awaran

1Ma	2,5	Eleasar mit dem Zunamen A. 6,43

Awen (= Bet-Awen; Bikat-Awen)

Hos	10,8	die Höhen zu A. sind verwüstet

Awim (= Ai 1)

Jos	18,23	(Städte des Stammes Benjamin:) A.

Awit, Awwith

1Mo	36,35	seine Stadt hieß A. 1Ch 1,46

Awiter

5Mo	2,23	vertilgten die A. Jos 13,3

Axt

5Mo	19,5	s. Hand holte mit der A. aus 20,19; Ri 9,48
2Sm	12,31	stellte sie an die eisernen Ä. 1Ch 20,3
Ps	74,5	hoch sieht man Ä. sich heben
Jes	10,15	vermag sich auch eine A. zu rühmen
Jer	46,22	sie bringen Ä. über sie
Mt	3,10	es ist die A. den Bäumen an die Wurzel gelegt Lk 3,9

Azalja

2Kö	22,3	A., des Sohnes Meschullams 2Ch 34,8

Azel

1Ch	8,37	Elasa, dessen Sohn war A. 38; 9,43.44

Azmon

4Mo	34,4	soll hinübergehen nach A. 5; Jos 15,4

B

Baal

Ri	2,11	[1]dienten den B. 13; 3,7; 8,33; 10,6.10; 1Sm 12,10; 1Kö 16,31.32; 18,18; 22,54; 2Kö 10,18; 17,16; 21,3; 2Ch 24,7; 28,2; 33,3
	6,25	reißen nieder den Altar B. 28.30-32; 1Sm 7,4; 2Kö 3,2; 10,25-28; 11,18; 23,4.5; 2Ch 23,17; 34,4
1Kö	18,19	versammle die 450 Propheten B. 22.25
	21	ist's aber B., so wandelt ihm nach 26
	40	greift die Propheten B. 19,1
	19,18	7.000, die sich nicht gebeugt vor B. Rö 11,4
2Kö	10,20	feiert dem B. ein Fest 19.21-23
2Ch	17,3	Joschafat suchte nicht die B.
Jer	2,8	weissagten im Namen des B. 23,13
	23	habe mich nicht an die B. gehängt
	3,24	der schändliche B. hat gefressen
	7,9	ihr opfert dem B. 11.13.17; 32,29; Hos 11,2

Jer	9,13	sondern folgen den B. Hos 13,1
	12,16	gelehrt haben, beim B. zu schwören
	19,5	B. Höhen gebaut, um B. Brandopfer 32,35
	23,27	meinen Namen vergaßen über dem B.
Hos	2,10	Gold, das sie dem B. zu Ehren gebraucht
	15	will heimsuchen an ihr die Tage der B. 19
	18	wirst mich nennen nicht mehr „Mein B."
Ze	1,4	will ausrotten, was vom B. noch übrig ist
1Ch	4,33	²um diese Orte her bis nach B. (= Baalat-Beer)
	5,5	³Reaja, dessen Sohn war B.
	8,30	⁴(Jeïels Sohn) B. 9,36

Baal-Berit, *Baal-Berith*

Ri	8,33	die *Israeliten machen B. zu ihrem Gott
	9,4	Silberstücke aus dem Tempel des B. 46

Baal-Gad (= Baal-Hermon 2)

Jos	11,17	Gebirge, das aufsteigt bis B. 12,7; 13,5

Baal-Hamon

Hl	8,11	Salomo hat einen Weinberg in B.

Baal-Hanan

1Mo	36,38	¹König B., Sohn Achbors 39; 1Ch 1,49.50
1Ch	27,28	²B., der Gederiter

Baal-Hazor

2Sm	13,23	hatte Absalom Schafschur in B.

Baal-Hermon

Ri	3,3	¹vom Berg B. an bis dorthin
1Ch	5,23	²Stamm Manasse von Baschan bis B. (= Baal-Gad)

Baal-Meon, Bet(h)-Baal-Meon

4Mo	32,38	(die Söhne Ruben bauten) B. Jos 13,17; 1Ch 5,8; Hes 25,9 (= Beon; Bet-Meon)

Baal-Peor (= Peor 2)

4Mo	25,3	Israel hängte sich an den B. 5; 31,16; 5Mo 4,3; Ps 106,28; Hos 9,10

Baal-Perazim

2Sm	5,20	David kam nach B. 1Ch 14,11

Baal-Schalischa

2Kö	4,42	es kam ein Mann von B.

Baal-Sebub (= Beelzebul)

2Kö	1,2	geht hin und befragt B. 3.6.16

Baal-Tamar, *Baal-Thamar*

Ri	20,33	Männer von Israel stellten sich bei B. auf

Baal-Zefon, *Baal-Zephon*

2Mo	14,2	daß sie sich lagern vor B. 9; 4Mo 33,7

Baala

Jos	15,9	¹B. - das ist Kirjat-Jearim 10; 2Sm 6,2; 1Ch 13,6
	15,11	²(Grenze) zum Berge von B. (= Jearim)
	15,29	³(Städte... Juda) B. Jos 19,3; 1Ch 4,29 (= Bala)

Baalat, *Baalath*

Jos	19,44	(Dan... das Gebiet war) B. 1Kö 9,18; 2Ch 8,6

Baalat-Beer, *Baalath-Beer*
(= Baal 2; Bealot 1; Ramat; Ramot 2)

Jos	19,8	bis B.; das ist Ramat im Südland

Baalis

Jer	40,14	B., der König der Ammoniter

Baana

versch. Träger ds. Namens
2Sm 4,2.5.6/ 23,29; 1Ch 11,30/ 1Kö 4,12/ 4,16; Esr 2,2; Neh 7,7/ Neh 3,4; 10,28

Baara

1Ch	8,8	als er s. Frauen Huschim und B. entlassen

Babel

1Mo	10,10	der Anfang seines Reichs war B.
	11,9	daher heißt ihr Name B.
2Kö	17,24	der König ließ Leute von B. kommen
	30	die von B. machten sich Sukkot-Benot
	20,12	sandte der König von B. an Hiskia 14; 2Ch 32,31; Jes 39,1.3
	17	daß alles nach B. weggeführt werden wird 18; 24,15.16; 25,6.7.11.13.20; 1Ch 9,1; 33,11; 36,6.7.10.18.20; Esr 5,12.14; Jes 39,6.7; Jer 52,17
	24,1	zog herauf Nebukadnezar, der König von B. 7.10.12.16.17; 25,1.8.21; 2Ch 36,6; Est 2,6; Dan 1,1; Bar 1,9.11.12
	20	Zedekia wurde abtrünnig vom König von B. 2Ch 36,13
	25,22	über das Volk, das der König von B. übriggelassen 23; Jer 40,11
	24	seid dem König von B. untertan
	27	ließ der König von B. Jojachin aus dem Kerker 28; Jer 52,31
Esr	1,11	als man von B. hinaufzog 2,1; 7,6.9.16; 8,1; Neh 7,6
	4,9	die Männer von Erech, von B., von Susa
	5,13	im ersten Jahr des Kyrus, Königs von B.
	17	lasse er in B. im Schatzhaus suchen 6,1
	6,5	Geräte, die Nebukadnezar nach B. gebracht
Neh	13,6	Artahsastas, des Königs von B.
Ps	87,4	Ägypten und B. zu denen, die mich kennen
	137,1	an den Wassern zu B. saßen wir und weinten
	8	Tochter B., du Verwüsterin Jes 47,1
Jes	13,1	dies ist die Last für B.
	19	so soll B. zerstört werden von Gott
	14,4	dies Lied anheben gegen den König von B.
	22	ich will von B. ausrotten Name und Rest 23
	21,9	gefallen ist B., es ist gefallen

Babel

Jes	43,14	um euretwillen habe ich nach B. geschickt
	48,14	wird seinen Willen an B. beweisen
	20	geht heraus aus B. Jer 50,8
Jer	20,4	in die Hand des Königs von B... wegführen nach B. 5.6; 21,2.4.7.10; 22,25; 24,1; 25,1.9.11; 27,6.8.9.11-14.16-18.20.22; 28,14; 29,1.3.4.21.28; 32,2-5.28.36; 34,1-3.7.21; 35,11; 36,29; 37,1.17. 19; 38,3.17.18.22.23; 39,1.3.5-7.9.11.13; 40,1.4.5. 7.9; 43,3.10; 44,30; 50,17; 51,34; 52,3.4.9-12.15. 26.27.32.34
	25,12	will heimsuchen den König von B. 28,2-4.6. 11; 41,2.18; 50,18
	29,10	wenn für B. siebzig Jahre voll sind
	15	der HERR habe auch in B. Propheten 20.22
	42,11	nicht fürchten vor dem König von B.
	46,2	Nebukadnezar, der König von B. 13.26; 49,28.30
	50,1	der HERR durch Jeremia geredet wider B. 2u.ö.46; 51,1u.ö.64
Hes	12,13	ich will ihn nach B. bringen 17,12.16.20; 19,9
	17,12	kam der König von B. 21,24.26; 24,2; 26,7; 29,18.19; 30,10.24.25; 32,11
	23,15	wie eben die Söhne B. sind 17.23
Dan	2,12	befahl, alle Weisen von B. umzubringen 14. 18.24
	48	machte ihn zum Fürsten über das Land B. 49; 3,12.30
	3,1	ließ ein Bild aufrichten im Lande B.
	4,3	daß alle Weisen B. vor mich gebracht 5,7
	26	der König auf dem Dach des Palastes in B. 27
	7,1	im ersten Jahr Belsazers, des Königs von B.
Mi	4,10	Tochter Zion, du mußt nach B. kommen
Sa	2,11	Zion, die du wohnst bei der Tochter B.
	6,10	von den Weggeführten, die von B. gekommen
Bar	1,1	Inhalt des Buches, niedergeschrieben in B.
	4	Volk, das in B. wohnte 9; 6,1-4
	2,21	seid untertan dem König von B. 22.24
Off	18,15	*die Händler, die durch B. reich geworden*

Babylon

1Ma	6,4	kehrte nach B. um
2Ma	8,20	wie Gott in B. bei der Schlacht geholfen
StD	1,1	Mann in B. mit Namen Jojakim
	5	Bosheit ging aus von B.
Apg	7,43	ich will euch wegführen bis über B. hinaus
1Pt	5,13	es grüßt euch aus B. die Gemeinde
Off	14,8	sie ist gefallen, B., die große Stadt 18,2
	16,19	B., der großen, wurde gedacht vor Gott
	17,5	das große B., die Mutter der Hurerei
	18,10	weh, weh, du große Stadt B., du starke Stadt
	21	so wird niedergeworfen die große Stadt B.

Babylonier

StD	2,2	hatten die B. einen Götzen, der hieß Bel

babylonisch

Jos	7,21	ich sah einen kostbaren b. Mantel
Mt	1,11	um die Zeit der b. Gefangenschaft 12.17

Bach

3Mo	11,9	alles, was Flossen hat in den B. 10
4Mo	13,23	kamen bis an den B. Eschkol 24; 32,9
	21,12	lagerten sich am B. Sered 5Mo 2,13.14
	14	die B. am Arnon 15
4Mo	34,5	ziehen an den B. Ägyptens Jos 15,4.47; 1Kö 8,65; 2Kö 24,7; 2Ch 7,8; Jes 27,12; Hes 47,19; 48,28
5Mo	8,7	Land, darin B. und Brunnen und Seen sind
	9,21	warf den Staub in den B.
Jos	16,8	westwärts zum B. Kana 17,9; 19,11
Ri	4,7	Sisera dir zuführen an den B. Kischon 13; 5,21; Ps 83,10
	5,15	an Rubens B. überlegten sie lange 16
1Sm	17,40	(David) wählte 5 glatte Steine aus dem B.
	30,9	als sie an den B. Besor kamen 10.21
2Sm	15,23	der König ging über den B. Kidron 1Kö 2,37
1Kö	15,13	verbrannte (ihr Greuelbild) am B. Kidron 2Kö 23,6.12; 2Ch 15,16; 29,16; 30,14
	17,3	verbirg dich am B. Krit 4-7
	18,5	wir wollen durchs Land ziehen zu allen B.
	40	Elia führte sie hinab an den B. Kischon
2Ch	32,4	den B., der durch die Erde geleitet wird
Hi	6,15	meine Brüder trügen wie ein B., wie das Bett der B., die versickern
	20,17	er wird nicht sehen die B.
	22,24	wirf zu den Steinen der B. das Gold
Ps	74,15	hast Quellen und B. hervorbrechen lassen
	78,16	er ließ B. aus den Felsen kommen 20
	105,41	daß B. liefen in der dürren Wüste
	107,33	er machte B. trocken
	110,7	er wird trinken vom B. auf dem Wege
	126,4	wie du die B. wiederbringst im Südland
Spr	18,4	die Weisheit ist ein sprudelnder B.
	30,17	das müssen die Raben am B. aushacken
Jes	11,15	wird den Euphrat in sieben B. zerschlagen
	34,9	da werden Edoms B. zu Pech werden
	66,12	wie einen überströmenden B.
Jer	17,8	der seine Wurzeln zum B. hin streckt
	31,40	die Hänge bis zum B. Kidron
Klg	2,18	laß Tränen herabfließen wie einen B.
Hes	31,12	Zweige lagen zerbrochen an allen B.
	32,6	die B. sollen davon voll werden
	36,4	so spricht Gott der HERR zu den B. 6
Jo	4,18	alle B. in Juda werden voll Wasser sein
Am	5,24	es ströme die Gerechtigkeit wie ein B.
	6,14	euch bedrängen bis an den B. in der Wüste
Jdt	16,5	Schar seiner Krieger verstopfte die B.
Sir	39,17	wie die Rosen, an den B. gepflanzt
	40,13	Güter der Gottlosen versiegen wie ein B.
1Ma	5,37	gegenüber Rafon jenseits des B. 39-42
	12,37	weil die Mauer am B. verfallen war
	16,5	ein reißender B. zwischen beiden Heeren 6
Jh	18,1	ging Jesus hinaus mit seinen Jüngern über den B. Kidron

Bachlauf

Hes	35,8	alle B. - überall sollen Erschlagene liegen

Bachtal

5Mo	2,36	von der Stadt im B. bis nach Gilead
Jos	15,7	Steige, die südlich vom B. liegt
2Sm	24,5	bei der Stadt, die mitten im B. liegt
Neh	2,15	stieg ich bei Nacht das B. hinauf

Bachweide

3Mo	23,40	sollt nehmen Zweige von Laubbäumen und B.
Hi	40,22	die B. umgeben ihn

Backe

1Kö	22,24	Zedekia schlug Micha auf die B. 2Ch 18,23
Hi	16,10	sie haben mich auf meine B. geschlagen
	40,26	mit einem Haken ihm die B. durchbohren
Ps	3,8	du schlägst alle meine Feinde auf die B.
Jes	30,28	Völker mit einem Zaum in ihren B.
Klg	1,2	daß ihr die Tränen über die B. laufen
	3,30	er biete die B. dar
Mi	4,14	den Richter Israels auf die B. schlagen
Mt	5,39	wenn dich jemand auf deine rechte B. schlägt Lk 6,29

backen

1Mo	18,6	knete und b. Kuchen 2Sm 13,8
	19,3	b. ungesäuerte Kuchen 2Mo 12,39
	40,17	allerlei Geb. für den Pharao
2Mo	16,23	was ihr b. wollt, das b.
3Mo	2,4	als Speisopfer Geb. darbringen 5; 6,10; 7,9
	23,17	sollt Brote bringen gesäuert und geb.
	24,5	du sollst zwölf Brote b.
	26,26	zehn Frauen sollen in einem Ofen b.
1Sm	8,13	eure Töchter nehmen, daß sie kochen und b.
	28,24	das Weib b. ungesäuertes Brot
1Kö	17,12	ich habe nichts Geb. 13
	13	dir sollst du danach auch etwas b.
Jes	44,15	zündet es an und b. Brot 19
Jer	7,18	der Himmelskönigin Kuchen b. 44,19
Hes	4,12	Gerstenfladen auf Menschenkot b.
	46,20	wo die Priester das Speisopfer b. sollen

Backenstreich

Jh	18,22	*gab der Diener einer Jesus einen B.* 19,3

Backenzahn

Spr	30,14	eine Art, die hat Messer als B.
Jo	1,6	ein Volk, das hat B. wie die Löwinnen

Bäcker

1Mo	40,1	daß sich der Mundschenk und der B. versündigten 2.5.16.20.22; 41,10
Hos	7,4	wie ein Backofen, den der B. heizt

Bäckergasse

Jer	37,21	Zedekia ließ ihm aus der B. Brot geben

Backofen

2Mo	7,28	die (Frösche) sollen kommen in deine B.
Hos	7,4	sind Ehebrecher, glühend wie ein B.
	6	ihr Herz ist in heißer Glut wie ein B. 7

Backschüssel

2Mo	12,34	ihre B. in ihre Mäntel gewickelt

Backtrog

2Mo	7,28	die (Frösche) sollen kommen in deine B.
5Mo	28,5	gesegnet wird sein dein B.
	17	verflucht wird sein dein B.

Backwerk

1Mo	40,16	geträumt, ich trüge 3 Körbe mit feinem B.

Bad

Tit	3,5	machte er uns selig durch das B. der Wiedergeburt

baden

2Mo	2,5	die Tochter des Pharao wollte b. im Nil
Rut	3,3	so b. dich und salbe dich
Ps	58,11	wird s. Füße b. in des Gottlosen Blut 68,24
Hl	5,12	seine Augen sind wie Tauben, sie b. in Milch
Hes	16,4	auch hat man dich nicht geb. 9
	23,40	als sie kamen, da b. du dich
StD	1,15	kam Susanna, um zu b. 17

Bagoas

Jdt	12,11	zu seinem Kämmerer B. 13; 13,2; 14,12

Bahn

Ri	5,20	von ihren B. stritten sie wider Sisera
Hi	23,11	ich hielt meinen Fuß auf seiner B.
	38,25	wer hat dem Platzregen seine B. gebrochen
	41,24	er läßt hinter sich eine leuchtende B.
Ps	19,6	freut sich wie ein Held, zu laufen ihre B.
	27,11	leite mich auf ebener B. 143,10
	68,5	macht B. dem, der durch die Wüste Jes 40,3
	74,16	du hast Gestirn und Sonne die B. gegeben
Spr	2,13	die da verlassen die rechte B.
	20	daß du bleibst auf der B. der Gerechten
	4,11	ich will dich auf rechter B. leiten 14,2
	26	laß deinen Fuß auf ebener B. gehen
	7,25	irre nicht ab auf ihre B.
Jes	30,11	geht aus der rechten B.
	35,8	es wird dort eine B. sein
	43,16	der in starken Wassern B. macht
	57,14	machet B., machet B. 62,10
Wsh	5,10	kann nicht finden die B. 12
Sir	21,7	wer... schon auf der B. der Gottlosen
	43,5	der befohlen hat, ihre B. zu durcheilen

bahnen

4Mo	20,19	wollen auf der geb. Straße ziehen
Jes	49,11	meine Pfade sollen geb. sein

Bahre

2Sm	3,31	der König folgte der B.
Mk	6,55	fingen an, die Kranken auf B. zu tragen
Apg	5,15	so daß sie die Kranken auf B. legten

Bahurim, Bahurimiter

2Sm	3,16	ihr Mann ging mit ihr bis B.
	16,5	als David nach B. kam 17,18
	19,17	Schimi, der in B. wohnte 1Kö 2,8
	23,31	Asmawet, der B. 1Ch 11,33

Bajan

1Ma	5,4	die Kinder B. zu einem Ärgernis geworden

Bakabaum

2Sm	5,24	wie das Rauschen der B. 1Ch 14,14.15

Bakawald

Bakawald
2Sm 5,23 daß du sie angreifst vom B. her

Bakbuk
Esr 2,51 (Tempelsklaven:) die Söhne B. Neh 7,53

Bakbukja
Neh 11,17 B. war der Zweite 12,9.25; 1Ch 9,15

Bakchides
1Ma 7,8 B., Statthalter jenseits des Euphrat 12.19.20
9,1 B... mit ihnen die besten Truppen 12u.ö.71; 10,13; 2Ma 8,30

Bakenor
2Ma 12,35 Dositheus, aus der Schar des B.

Baladan
2Kö 20,12 sandte Merodach-B., der Sohn B. Jes 39,1

Balak
4Mo 22,2 B., der Sohn Zippors 4-41; 23,1-30; 24,10.13.25; Jos 24,9
Ri 11,25 daß du ein besseres Recht hättest als B.
Mi 6,5 denke doch daran, was B. vorhatte
Off 2,14 der B. lehrte, die Israeliten zu verführen

bald
1Mo 27,20 wie hast du so b. gefunden, mein Sohn
41 es wird die Zeit b. kommen
2Mo 2,18 warum seid ihr heute so b. gekommen
5Mo 4,26 daß ihr b. weggerafft werdet aus dem Lande
7,4 wird des HERRN Zorn euch b. vertilgen 9,3; 11,17; 28,20; Jos 23,16
Ri 2,17 sie wichen b. von dem Wege
1Sm 4,19 seine Schwiegertochter sollte b. gebären
2Sm 11,25 das Schwert frißt b. diesen, b. jenen
2Kö 4,22 ich will b. zurückkommen
Hi 32,22 würde mich mein Schöpfer b. dahinraffen
Ps 2,12 sein Zorn wird b. entbrennen
37,2 wie das Gras werden sie b. verdorren
49,15 die Frommen werden b. über sie herrschen
79,8 erbarme dich unser b.
81,15 wollte ich seine Feinde b. demütigen
94,17 läge ich am Orte des Schweigens
102,3 so erhöre mich b. 143,7
106,13 sie vergaßen b. seine Werke
Jes 5,19 er lasse eilends und b. kommen sein Werk
13,22 ihre Zeit wird b. kommen Jer 48,16; 51,33
21,11 Wächter, ist die Nacht b. hin
26,17 wie e. Schwangere, wenn sie b. gebären soll
51,4 mein Recht will ich b. zum Licht machen
Jer 2,24 er trifft sie b. in dieser Zeit
36 läufst b. dahin, b. dorthin
18,7 b. rede ich über ein Volk, daß ich es ausreißen... b., daß ich es bauen will
27,16 werden b. von Babel wieder herkommen
Hes 7,8 will b. meinen Grimm über dich schütten
36,8 b. sollen sie heimkehren
Hos 8,4 damit sie ja b. ausgerottet werden
10 sollen's b. müde werden, Könige zu salben
Jo 2,13 es gereut ihn b. die Strafe

Jo 4,4 will ich's euch eilends und b. heimzahlen
Mal 3,1 b. wird kommen zu seinem Tempel der Herr
Tob 5,14 Gott wird dir b. helfen Bar 4,22.24
Sir 5,12 rede nicht b. so, b. anders
6,9 mancher Freund wird b. zum Feind
36,10 führe b. die Zeit herbei
Mt 5,25 *sei willfährig deinem Widersacher b.*
13,5 ging b. auf, weil es keine tiefe Erde hatte Mk 4,5
21,20 wie ist der Feigenbaum so b. verdorrt
24,29 b. nach der Trübsal jener Zeit
Mk 6,35 der Tag ist b. dahin
Lk 21,9 das Ende ist noch nicht so b. da
Jh 13,27 was du tust, das tue b.
32 Gott wird ihn b. verherrlichen
1Ko 4,19 ich werde recht b. zu euch kommen Phl 2,24; 1Ti 3,14; Heb 13,19
2Th 2,2 *euch nicht so b. wankend machen lasset*
1Ti 5,22 die Hände lege niemandem zu b. auf
2Ti 4,9 beeile dich, daß du b. zu mir kommst
2Pt 1,14 ich weiß, daß ich meine Hütte b. verlassen muß
3Jh 14 ich hoffe, dich b. zu sehen
Off 2,16 tue Buße; wenn nicht, so werde ich b. über dich kommen
3,11 siehe, ich komme b. 22,7.12.20
22,6 zu zeigen, was b. geschehen muß

Balken
1Kö 6,9 deckte das Haus mit B. von Zedern 6.10
2Ch 3,7 er überzog die B. mit Gold
34,11 um zu kaufen Holz zu B. Neh 2,8
Esr 5,8 man legte B. in die Wände
6,11 so soll ein B. herausgerissen werden
Pr 10,18 durch Faulheit sinken die B.
Hl 1,17 die B. unserer Häuser sind Zedern
Hes 26,12 werden die B. ins Meer werfen
Mt 7,3 nimmst nicht wahr den B. in deinem Auge 4; Lk 6,41.42

Balsam
1Mo 37,25 trugen kostbares Harz, B. und Myrrhe
43,11 bringt dem Manne Geschenke, ein wenig B.
2Mo 30,34 nimm der Spezerei:
Est 2,12 sechs Monate mit B. und Myrrhe
Ps 141,5 wird mir wohltun wie B. auf dem Haupte
Jer 46,11 hole B., Jungfrau, Tochter Ägypten
51,8 heulet über Babel, bringt B.
Hes 27,22 den besten B. haben sie gebracht
Jdt 10,3 salbte sich mit kostbarem B.
Off 18,13 (ihre Ware:) Zimt und B. und Räucherwerk

Balsambeet
Hl 5,13 seine Wangen sind wie B.
6,2 mein Freund ist hinabgegangen zu den B.

Balsamberg
Hl 2,17 gleich einem jungen Hirsch auf den B. 8,14

Balsamzweig
Neh 8,15 holt Ölzweige, B., Myrtenzweige

Bamot(h), Bamot(h)-Baal
4Mo 21,19 (zogen sie) nach B. 20

4Mo 22,41 Balak führte ihn hinauf nach B.
Jos 13,17 (gab Mose dem Stamm Ruben:) Heschbon, B.

Band

2Sm 22,6 des Totenreichs B. umfingen mich Ps 18,5.6
Hi 12,18 er macht frei von den B. der Könige
38,31 kannst du die B. des Siebengestirns
39,5 wer hat die B. des Flüchtigen gelöst
Ps 2,3 lasset uns zerreißen ihre B.
107,14 führte sie aus... und zerriß ihre B.
116,16 du hast meine B. zerrissen
Jes 28,22 daß eure B. nicht fester werden
Jer 2,20 von jeher hast du deine B. zerrissen
30,8 ich will deine B. zerreißen Nah 1,13
Sir 6,26 sperre dich nicht gegen ihre B.
GMn 9 ich gehe gekrümmt in schweren B.
Mk 7,35 *das B. seiner Zunge ward los*
Lk 8,29 er zerriß seine B.
13,16 *sollte diese nicht von diesem B. gelöst w.*
Eph 4,3 Einigkeit durch das B. des Friedens
Kol 2,19 von dem her der ganze Leib durch Gelenke und B. gestützt wird
3,14 die Liebe, die da ist das B. der Vollkommenheit
2Ti 2,9 *für welches ich leide bis zu den B.*
Jud 6 festgehalten mit ewigen B. in der Finsternis

bändigen

Mk 5,4 niemand konnte ihn b.

bange

1Mo 32,8 da fürchtete sich Jakob, und ihm wurde b.
5Mo 2,25 damit ihnen b. und weh werden soll
Jes 13,8 wird ihnen b. sein wie einer Gebärenden
26,18 wir sind auch schwanger und uns ist b.
38,17 um Trost war mir sehr b.
Jer 50,43 ihm wird angst und b. werden Hes 30,16; Dan 5,9
Klg 1,20 HERR, sieh doch, wie b. ist mir
Hab 3,10 die Berge sahen dich, und ihnen ward b.
Sir 4,19 (wenn sie) ihm angst und b. macht
48,21 es wurde ihnen b. wie einer Frau
1Ma 9,7 wurde (Judas) angst und b.
Lk 12,50 wie ist mir so b., bis sie vollbracht ist
21,25 auf Erden wird den Völkern b. sein
Jh 13,22 ihnen wurde b., von wem er wohl redete
2Ko 4,8 uns ist b., aber wir verzagen nicht

bangen

1Sm 4,13 sein Herz b. um die Lade Gottes
2Ma 15,18 b. nicht so sehr um ihre Frauen

Bani

versch. Träger ds. Namens
2Sm 23,36/ 1Ch 6,31/ 9,4/ Esr 2,10; 8,10; 10,29; Neh 10,15 (s.a.Binnui)/ Neh 3,17/ 8,7; 9,4.5/ 9,4; 10,14

Bank

Mk 4,21 zündet man ein Licht an, um es unter die B. zu setzen Lk 8,16
Lk 19,23 warum hast du mein Geld nicht zur B. gebracht

Bann

2Mo 22,19 den Göttern opfert, soll dem B. verfallen
3Mo 27,28 das jemand durch einen B. geweiht hat
4Mo 21,3 vollstreckten den B. an ihnen 2; 5Mo 2,34; 3,6; Jos 6,17.21; 10,1.28.35.37.39.40; 11,12.20.21; Ri 1,17; 1Sm 15,3.8.9.15.18.20; 1Ch 4,41
5Mo 7,2 sollst an ihnen den B. vollstrecken 13,16; 20,17; Jos 6,17; Ri 21,11; Jer 51,3
26 damit du nicht dem B. verfällst... denn es steht unter dem B. Jos 6,18; 7,12; 13,18
Jos 2,10 wie ihr den B. vollstreckt habt
8,26 nicht eher, bis der B. vollstreckt war
1Kö 9,21 an denen Israel den B. nicht vollstrecken
20,42 den Mann, auf dem mein B. lag
2Kö 19,11 Könige von Assyrien den B. vollstreckten Jes 37,11
2Ch 32,14 die meine Väter mit dem B. geschlagen
Esr 10,8 dessen Habe sollte dem B. verfallen
Jes 34,2 wird an ihnen den B. vollstrecken 5
43,28 habe Jakob dem B. übergeben
Jer 25,9 will an ihnen den B. vollstrecken 50,21.26
Hes 44,29 alles dem B. Verfallene soll ihnen
Sa 14,11 es wird keinen B. mehr geben
Mal 3,24 nicht das Erdreich mit dem B. schlage
1Ma 5,5 Judas vollstreckte den B. an ihnen
Jh 9,22 *der sollte in den B. getan werden*
12,42 *daß sie nicht in den B. gehen würden*
16,2 *sie werden euch in den B. tun*
Apg 8,9 das Volk von Samaria in seinen B. zog 11
Off 22,3 *es wird nichts mehr unter dem B. sein*

bannen

3Mo 27,21 soll heilig sein wie ein geb. Acker
28 man soll Geb. nicht verkaufen 29
4Mo 18,14 alles Geb. soll dir gehören 1Sm 15,21
Jos 6,18 hütet euch vor dem Geb. 7,1
7,1 Achan nahm etwas vom Geb. 11-15; 22,20; 1Ch 2,7

Banner

4Mo 1,52 sich lagern bei dem B. seiner Heerschar 2,2. 3.10.17.18.25.31.34
10,14 (brach auf) das B. des Lagers 18.22.25
Ps 20,6 im Namen unsres Gottes erheben wir das B.
Jes 13,2 auf hohem Berge erhebt das B. Jer 50,2; 51,12.27
18,3 wenn man das B. auf den Bergen aufrichtet
30,17 bis ihr übrigbleibt wie ein B.
31,9 Fürsten werden das B. verlassen
49,22 will für die Völker mein B. aufrichten

Bannung

5Mo 18,11 (daß nicht gefunden w., der) B. vornimmt

Bär

1Sm 17,34 kam dann ein Löwe oder ein B. 36.37
2Kö 2,24 da kamen zwei B. aus dem Walde
Spr 28,15 ein Gottloser ist wie ein gieriger B.
Jes 11,7 Kühe und B. werden zusammen weiden
59,11 wir brummen alle wie die B.
Klg 3,10 er hat auf mich gelauert wie ein B.
Dan 7,5 ein anderes Tier war gleich einem B.
Am 5,19 jemand flieht und ein B. begegnet ihm
Wsh 11,17 Macht, eine Menge von B. kommen zu lassen

Bär

Sir	25,23	sie verfinstert ihr Gesicht wie ein B.
	47,3	er spielte mit B. wie mit Lämmern

Barabbas

Mt	27,16	einen berüchtigten Gefangenen, der hieß B.
Mk	15,7	
	17	wen soll ich euch losgeben, B. oder Jesus 26
	20	daß sie um B. bitten sollten 21; Mk 15,11.15; Lk 23,18; Jh 18,40

Barachel

Hi	32,2	Elihu, der Sohn B. 6

Barachja s. **Berechja**

Barak

Ri	4,6	(Debora) ließ rufen B. 8.14
	9	Debora zog mit B. 10.12.14-16.22
	5,1	da sangen Debora und B. 12.15
1Sm	12,11	da sandte der HERR B. und errettete euch
Heb	11,32	wenn ich erzählen sollte von B.

Bärenfuß

Off	13,2	seine Füße (waren) wie B.

barfuß

2Sm	15,30	David weinte, und er ging b.
Hi	12,19	er führt die Priester b. davon
Jes	20,2	Jesaja ging nackt und b. 3.4
Mi	1,8	ich muß b. und bloß dahergehen

Barfüßer

5Mo	25,10	sein Name soll heißen „des B. Haus"

Bariach

1Ch	3,22	Söhne Schechanjas waren: B.

Bärin

2Sm	17,8	zornigen Gemüts wie eine B.
Hi	38,32	kannst du die B. heraufführen
Spr	17,12	besser einer B. begegnen als einem Toren
Hos	13,8	ich will sie anfallen wie eine B.

Barjesus, *Bar-Jesus*

Apg	13,6	trafen sie einen Zauberer, der hieß B.

Barkos

Esr	2,53	(Tempelsklaven:) die Söhne B. Neh 7,55

barmherzig

2Mo	34,6	Gott, b. und gnädig 5Mo 4,31; 2Ch 30,9; Neh 9,17.31
1Kö	20,31	daß die Könige des Hauses Israel b. Könige
2Ch	32,32	Hiskia und seine b. Taten 35,26
Ps	37,21	der Gerechte ist b. und kann geben
	26	er ist allezeit b. und leiht gerne 112,5
	78,38	er aber war b. und vergab die Schuld
	86,15	du, Herr, Gott, bist b. und gnädig Jon 4,2
	103,8	b. und gnädig ist der HERR 111,4; 145,8; Jo 2,13; Sir 2,13; 5,6; 48,22; 50,21; Bar 2,27; 2Ma 1,24; 8,29; 11,9; 13,12
	112,4	von dem Gnädigen, B. und Gerechten
	116,5	unser Gott ist b. Mi 7,18
Spr	11,17	ein b. Mann nützt auch sich selber
Jer	13,14	will weder schonen noch b. sein
Klg	4,10	die b. Frauen ihre Kinder kochen müssen
Jdt	7,20	du bist b., darum sei uns gnädig
Sir	16,12	Gott ist zwar b., aber auch zornig
	29,1	der B. leiht seinem Nächsten
	37,13	(fragt) Unbarmherzigen, wie man b. sein
Mt	5,7	selig sind die B.
Lk	6,36	seid b., wie auch euer Vater b. ist
1Pt	3,8	seid mitleidig, brüderlich, b., demütig
Heb	2,17	damit er b. würde, zu sühnen die Sünden des Volkes
Jak	5,11	der Herr ist b. und ein Erbarmer

Barmherzigkeit (des Menschen)

1Mo	21,23	daß du die B. an mir auch tust 40,14
	43,14	Gott gebe euch B. vor dem Manne
Jos	2,12	weil ich an euch B. getan, auch ihr B. tut
	14	tun wir nicht B. und Treue an dir
Ri	1,24	so wollen wir B. an dir tun
1Sm	15,6	ihr tatet B. an allen *Israeliten
	20,8	so tun nun B. an deinem Knecht 14.15
2Sm	2,5	weil ihr solche B. an Saul getan
	9,1	damit ich B. an ihm tue 3.7
1Kö	2,7	den Söhnen Barsillais sollst du B. erweisen
2Ch	24,22	gedachte nicht an die B., die Jojada ihm
	30,9	B. bei denen, die sie gefangenhalten
Hi	6,14	wer B. seinem Nächsten verweigert
Jes	47,6	du erwiesest ihnen keine B.
Klg	4,16	an den Alten übte man keine B.
Hos	12,7	halte fest an B. und Recht
Sa	7,9	jeder erweise seinem Bruder Güte und B.
Sir	18,12	die B. eines Menschen gilt s. Nächsten
	29,11	laß ihm aus B. Zeit
	35,4	B. üben, das ist das rechte Lobopfer
	40,17	B. bleibt ewig
1Ma	2,57	David übte B.; darum erbte er
Mt	23,23	ihr laßt das Wichtigste beiseite, die B.
Lk	10,37	er sprach: Der die B. an ihm tat
Rö	12,8	übt jemand B., so tue er's gern
Phl	2,1	ist bei euch herzliche Liebe und B.
Jak	2,13	Gericht über den, der nicht B. getan hat

Barmherzigkeit (Gottes)

1Mo	19,19	du hast deine B. groß gemacht
	24,12	tu B. an Abraham, meinem Herrn 14
	27	der seine B. nicht hat weichen lassen
	32,11	bin zu gering aller B. und aller Treue
2Mo	15,13	hast geleitet durch deine B. dein Volk
	20,6	erweist an vielen Tausenden 5Mo 5,10
4Mo	14,18	der HERR ist von großer B. 19
5Mo	7,9	der die B. hält denen, die ihn lieben 12
	13,18	der HERR gebe dir B. und erbarme sich deiner
Rut	1,8	der HERR tue an euch B. 2Sm 2,6; 15,20
	2,20	vom HERRN, der seine B. nicht abgewendet
2Sm	24,14	seine B. ist groß 1Ch 21,13; Ps 119,156
1Kö	3,6	hast an David große B. getan 2Ch 1,8
	8,23	hältst die B. deinen Knechten 2Ch 6,14
2Ch	5,13	seine B. währt ewig 7,3.6; 20,21; Esr 3,11
Neh	9,19	verließest sie nicht nach deiner B. 27.28.31
	13,22	sei mir gnädig nach deiner großen B.
Ps	23,6	Gutes und B. werden mir folgen

Ps	25,6	gedenke, HERR, an deine B. 7
	40,12	du wollest deine B. nicht von mir wenden
	51,3	tilge meine Sünden nach deiner großen B.
	69,17	wende dich zu mir nach deiner großen B.
	103,4	der dich krönet mit Gnade und B.
	106,46	ließ sie B. finden bei allen
	109,16	weil er so gar keine B. übte
	119,77	laß mir deine B. widerfahren
Spr	28,13	wer seine Sünde läßt, wird B. erlangen
Jes	54,7	mit großer B. will ich dich sammeln
	63,7	nach seiner B. und großen Gnade 15
Jer	9,23	der B., Recht und Gerechtigkeit übt
	16,5	weggenommen, die Gnade und die B.
	42,12	will euch B. erweisen
Klg	3,22	seine B. hat noch kein Ende
Dan	9,9	bei dir, Herr, ist B. und Vergebung 18
Hos	2,21	will mich mit dir verloben in Gnade und B.
	11,8	alle meine B. ist entbrannt
Hab	3,2	im Zorne denke an B.
Sa	1,16	will mich wieder Jerusalem zuwenden mit B.
Jdt	7,4	daß Gott seine B. beweisen wolle 8,14
	9,14	Frau, die allein auf deine B. vertraut
	13,17	hat uns durch mich B. erwiesen
Wsh	3,9	Gnade und B. wohnt bei s. Heiligen 4,15
	12,22	damit wir auf deine B. trauen
	15,1	du regierst alles mit B.
	16,10	deine B. trat dazwischen
Tob	8,17	du hast uns deine B. erwiesen
Sir	2,23	seine B. ist so groß 17,28
	16,12	so groß wie seine B. ist seine Strafe
	18,4	wer kann seine große B. preisen
	9	Gott schüttet seine B. über sie aus
	12	Gottes B. gilt der ganzen Welt
	35,25	wird... erfreuen mit seiner B.
	26	lieblich ist seine B. in der Not
	47,24	der Herr ließ nicht ab von seiner B.
	51,4	hast mich errettet nach deiner B.
	11	da dachte ich, Herr, an deine B.
	37	freut euch an der B. Gottes
Bar	4,22	B., die euch... widerfahren wird
	5,9	wird Israel zurückbringen mit seiner B.
2Ma	6,15	nimmt er seine B. nie ganz von uns
StD	3,11	nimm deine B. nicht von uns
GMn	6	die B., die du verheißt, ist unermeßlich
	15	wollest helfen nach deiner großen B.
Mt	5,7	denn sie werden B. erlangen
	9,13	ich habe Wohlgefallen an B. 12,7
Lk	1,50	seine B. währt von Geschlecht zu Geschlecht
	54	er gedenkt der B.
	58	daß der Herr große B. an ihr getan hatte
	72	und B. erzeigte unsern Vätern
	78	(Vergebung ihrer Sünden) durch die B. Gottes
Rö	9,23	s. Herrlichkeit an den Gefäßen der B.
	11,30	wie ihr B. erlangt habt 31
	12,1	ich ermahne euch durch die B. Gottes
	15,9	die Heiden sollen Gott loben um der B. willen
1Ko	7,25	einer, der durch die B. des Herrn Vertrauen verdient
2Ko	1,3	der Vater der B. und Gott allen Trostes
	4,1	weil wir dieses Amt haben nach der B.
Gal	6,16	Friede und B. über sie Jud 2
Eph	2,4	Gott, der reich ist an B.
1Ti	1,2	Gnade, B., Friede von Gott 2Ti 1,2; 2Jh 3
	13	mir ist B. widerfahren 16
2Ti	1,16	gebe B. dem Hause des Onesiphorus 18
Tit	3,5	machte er uns selig nach seiner B.
1Pt	1,3	der uns nach seiner großen B. wiedergeboren
Heb	4,16	damit wir B. empfangen und Gnade finden
	10,28	*der muß sterben ohne B.*
Jak	3,17	die Weisheit von oben her ist reich an B.
Jud	21	wartet auf die B. unseres Herrn

Barnabas

Apg	4,36	Josef, der von den Aposteln B. genannt wurde
	9,27	B. nahm ihn zu sich
	11,22	sandten B., daß er nach Antiochia ginge 25
	30	schickten (die Gaben) zu den Ältesten durch B.
	12,25	B. und Saulus kehrten zurück
	13,1	B. und Simeon, genannt Niger
	2	sondert mir aus B. und Saulus zu dem Werk 7.46; 15,12
	43	folgten viele Juden dem Paulus und B.
	50	stifteten eine Verfolgung an gegen B.
	14,12	sie nannten B. Zeus und Paulus Hermes 14
	20	am nächsten Tag zog B. weiter nach Derbe
	15,2	als Paulus und B. einen nicht geringen Streit mit ihnen hatten
	22	Männer mit Paulus und B. nach Antiochia zu senden 25.35.36
	37	B. wollte, daß sie Johannes Markus mitnähmen 39
1Ko	9,6	haben allein ich und B. das Recht
Gal	2,1	zog ich hinauf nach Jerusalem mit B.
	9	gaben mir und B. die rechte Hand
	13	so daß selbst B. verführt wurde, mit ihnen zu heucheln
Kol	4,10	es grüßt euch Markus, der Vetter des B.

Barsabbas, *Barsabas*

Apg	1,23	[1]Josef, genannt B., und Matthias
	15,22	[2]Judas mit dem Beinamen B. und Silas

Barsillai

2Sm	17,27	[1]B., ein Gileaditer von Roglim 19,32-35.40; 1Kö 2,7
	21,8	[2]Adriël, dem Sohn B. aus Mehola
Esr	2,61	[3]Söhne B., nach dessen Namen genannt Neh 7,63

Bart

3Mo	13,29	wenn... am B. eine Stelle hat 30.45; 14,9
	19,27	noch euren B. stutzen 21,5
1Sm	17,35	ergriff ich (den Löwen) bei seinem B.
	21,14	ließ seinen Speichel in seinen B. fließen
2Sm	10,4	ließ ihnen den B. halb abscheren 5; 1Ch 19,5
	19,25	er hatte seinen B. nicht gereinigt
	20,9	Joab faßte Amasa bei dem B.
Esr	9,3	ich raufte mir Haupthaar und B.
Ps	133,2	Salböl, das herabfließt in (Aarons) B.
Jes	7,20	wird der Herr den B. abnehmen
	15,2	jeder B. ist abgeschnitten
Jer	41,5	achtzig Männer hatten die B. abgeschoren
	48,37	werden alle B. abgeschoren
Hes	5,1	fahr damit über deinen B.
	24,17	sollst deinen B. nicht verhüllen 22
Mi	3,7	sie müssen alle ihren B. verhüllen
Bar	6,31	die Priester scheren den B. ab

Bartholomäus

Mt	10,3	(Apostel:) Philippus und B. Mk 3,18; Lk 6,14; Apg 1,13

Bartimäus

Bartimäus
Mk 10,46 saß ein blinder Bettler am Wege, B.

Baruch
Jer 32,12 ¹gab beides B., dem Sohn Nerijas 13.16
36,4 rief Jeremia B. Und B. schrieb 5.8.27.32; 45,1; Bar 1,1
10 B. las aus der Schriftrolle vor 13-19; Bar 1,3
26 sie sollten B. und Jeremia ergreifen 43,6
43,3 B. beredet dich zu unserm Schaden
45,2 so spricht der HERR über dich, B.
Bar 1,8 nachdem B. die Gefäße empfangen
Neh 3,20 ²nach ihm baute B., der Sohn Sabbais
10,7 ³(sollen unterschreiben:) B.
11,5 ⁴Maaseja, der Sohn B.

Bascha, *Baësa*
1Kö 15,16 war Krieg zwischen Asa und B., dem König von Israel 17u.ö.33; 2Ch 16,1.3.5.6
16,1 Wort des HERRN gegen B. 3-8.11-13
21,22 dein Haus wie das Haus B. 2Kö 9,9
Jer 41,9 anlegen lassen im Krieg gegen B.

Baschan, *Basan*
4Mo 21,33 zogen hinauf den Weg nach B... zog Og, der König von B. 5Mo 3,1; 29,6
32,33 Mose gab dem halben Stamm Manasses das Königreich Ogs, des Königs von B. 5Mo 3,13.14; 4,43; Jos 13,11.12.30.31; 17,1.5; 20,8; 21,6.27; 22,7; 1Ch 5,23; 6,47.56
5Mo 1,4 geschlagen den König von B. 3,3.4.10.11; 4,47; Jos 9,10; 12,4.5; Neh 9,22; Ps 135,11; 136,20
33,22 Dan ist ein Löwe, der hervorspringt aus B.
1Kö 4,13 die Gegend Argob, die in B. liegt 19
2Kö 10,33 (Hasaël schlug) Gilead und B.
1Ch 5,11 die Söhne Gad wohnten im Lande B. 12.16
Ps 68,16 ein Gottesberg ist B. Gebirge
23 aus B. will ich sie wieder holen
Jes 2,13 über alle Eichen in B. Sa 11,2
33,9 B. und Karmel stehen kahl Nah 1,4
Jer 22,20 laß deine Klage hören in B.
50,19 daß sie in B. weiden sollen Mi 7,14
Hes 27,6 deine Ruder aus Eichen von B. gemacht
39,18 Blut saufen all des Mastviehs aus B.

Basemat, *Basemath*
1Mo 26,34 ¹Esau nahm zur Frau B. 36,3
36,4 B. gebar Reguël 10.13.17 (= Mahalat 1)
1Kö 4,15 ²eine Tochter Salomos, B.

Baskama
1Ma 13,23 bei B. ließ er Jonatan töten

Bast
Ri 16,7 mich bände mit 7 Seilen von frischem B. 8

Bat-Rabbim, *Bathrabbim*
Hl 7,5 wie die Teiche von Heschbon am Tor B.

Batseba, *Bathseba, Bath-Schua*
2Sm 11,3 B., die Tochter Eliams, die Frau Urias
12,24 als David B. getröstet hatte
1Kö 1,11 da sprach Nathan zu B., Salomos Mutter
16 B. neigte sich vor dem König 15.28.31
2,13 Adonija kam zu B. 18.19
1Ch 3,5 vier (Söhne Davids) von B.
Ps 51,2 nachdem er zu B. eingegangen war

Bau
1Ch 28,11 Entwurf für des Tempels B. 2Ch 24,27
2Ch 3,8 zwanzig Ellen nach der Breite des B.
Esr 5,4 Männer, die diesen B. aufführen
Neh 4,10 daß die Hälfte am B. arbeitete 15
Hes 40,2 war etwas wie der B. einer Stadt
42,5 die Kammern des B. waren kürzer 12
Wsh 7,17 so daß ich den B. der Welt begreife
Mk 13,1 Meister, siehe, was für B. 2
1Ko 3,9 ihr seid Gottes Ackerfeld und Gottes B.
2Ko 5,1 so haben wir einen B., von Gott erbaut
Eph 2,21 auf welchem der ganze B. ineinandergefügt wächst

Bauarbeiten
1Kö 9,23 Amtleute, die über Salomos B. gesetzt

Bauch
1Mo 3,14 auf deinem B. sollst du kriechen
3Mo 11,42 alles, was auf dem B. kriecht
4Mo 5,21 der HERR deinen B. schwellen läßt 22.27
Ri 3,21 stieß ihm den (Dolch) in den B. 22; 2Sm 20,10
Hi 15,2 seinen B. blähen mit leeren Reden
20,14 seine Speise wird Otterngift in seinem B.
15 Gott treibt sie aus seinem B. heraus
40,16 welch Stärke in den Muskeln seines B.
41,22 unter seinem B. sind scharfe Spitzen
Ps 17,14 denen du den B. füllst mit deinen Gütern
Spr 13,25 der Gottlosen B. aber leidet Mangel
Jer 51,34 seinen B. gefüllt mit meinen Kostbarkeiten
Hes 7,19 werden ihren B. damit nicht füllen
Dan 2,32 sein B. und seine Lenden waren von Kupfer
Sir 36,20 der B. nimmt verschiedene Speisen zu sich
37,5 stehen ihm bei, wenn es um den B. geht
40,32 im B. wird sie Feuer brennen
Mt 12,40 wie Jona drei Tage im B. des Fisches war
15,17 alles, was zum Mund hineingeht, das geht in den B. Mk 7,19
Lk 15,16 seinen B. zu füllen mit den Schoten, die die Säue fraßen
Rö 16,18 solche dienen ihrem B.
1Ko 6,13 die Speise dem B. und der B. der Speise
Phl 3,19 ihr Gott ist der B., und ihre Ehre ist
Tit 1,12 die Kreter sind immer Lügner und faule B.
Off 10,9 *das Büchlein wird dich im B. grimmen* 10

Bauchweh
Sir 31,24 ein unersättlicher Vielfraß hat B.

bauen
1Mo 2,22 Gott der HERR b. ein Weib aus der Rippe
4,17 b. eine Stadt, die nannte er 10,11; 4Mo 32,34. 37.38; Ri 1,26; 1Kö 16,24; 1Ch 7,24; 8,12
8,20 b. dem HERRN einen Altar 12,7.8; 13,18; 22,9; 26,25; 35,7; 2Mo 17,15; 24,4; Jos 8,30;

bauen

		Ri 6,24.26.28; 21,4; 1Sm 7,17; 14,35; 2Sm 24,21.25; 1Kö 9,25; 18,32; 1Ch 21,22.26; 2Ch 8,12; Esr 3,2
1Mo	11,4	laßt uns einen Turm b. 5.8
	33,17	Jakob b. sich ein Haus
2Mo	1,11	sie b. dem Pharao Vorratsstädte
	20,25	einen Altar sollst du nicht von behauenen Steinen b. 5Mo 27,5.6
	32,5	Aaron b. einen Altar vor (dem Kalb)
4Mo	21,27	daß man die Stadt Sihons b.
	23,1	b. mir hier sieben Altäre 14.29
	24,21	du hast dein Nest in einen Fels geb.
	32,16	wir wollen nur Schafhürden hier b. 24
5Mo	6,10	Städte, die du nicht geb. hast Jos 24,13
	20,5	wer ein neues Haus geb. hat 22,8
	20	darfst ein Bollwerk daraus b.
	25,9	der seines Bruders Haus nicht b. will
	28,30	ein Haus wirst du b... nicht darin wohnen
	39	Weinberge b., aber weder Wein trinken
Jos	22,16	daß ihr euch einen Altar b. und von dem HERRN abfallt 10.11.19.23.26.28.29
Rut	4,11	Rahel und Lea, die das Haus Israel geb.
1Sm	2,35	dem ein beständiges Haus b. 25.28; 1Kö 11,38
2Sm	5,9	David b. ringsumher 1Ch 11,8; 15,1
	11	daß David ein Haus b. 1Ch 14,1
	7,5	solltest du mir ein Haus b. 7.13; 1Kö 5,17.19; 8,16-19; 1Ch 17,4.6.12; 22,6-11.19; 28,2-10; 29,16; 2Ch 1,18; 2,2-5.8.11; 6,8.9
	11	daß der HERR dir ein Haus b. will 27; 1Ch 17,10.25
1Kö	2,36	b. dir ein Haus in Jerusalem
	3,1	Salomo des HERRN Haus geb. 2; 5,32; 6,1u. ö.38; 9,1.10; 1Ch 5,36; 6,17; 22,2.5; 29,19; 2Ch 3,1-3; 8,1; 35,3; Apg 7,47
	7,1	an seinen Königshäusern b. Salomo 2.6-8; 10,4; 2Ch 9,3
	8,13	ein Haus geb. dir zur Wohnung 20; 2Ch 6,2
	27	wie sollte es dies Haus tun, das ich geb. 2Ch 6,18
	43	dein Name über diesem Hause, das ich geb. 44.48; 1Ch 29,16; 2Ch 6,5.7-11.33.34.38; 20,8
	9,3	habe das Haus geheiligt, das du geb. hast
	19	was er zu b. wünschte 15; 2Ch 8,6
	24	ihr Haus, das Salomo für sie geb. 2Ch 8,11
	24	dann b. er auch den Millo 11,27
	26	Salomo b. auch Schiffe 2Ch 20,36
	11,7	b. eine Höhe dem Kemosch 12,31; 16,32; 2Kö 17,9; 21,4.5; 23,13; 2Ch 33,4.5; Jer 7,31; 19,5; 32,35
	15,22	nahmen weg, womit Bascha geb. 2Ch 16,6
	22,39	das Elfenbeinhaus, das (Ahab) b.
2Kö	6,2	damit wir uns eine Stätte b.
	15,35	die obere Tor am Hause des HERRN 2Ch 27,3
	16,11	der Priester Uria b. einen Altar
	18	die Sabbathalle, die am Tempel geb. war
	20,20	wie er die Wasserleitung b.
	25,1	belagerten die Stadt und b. Bollwerke
2Ch	14,5	(Asa) b. feste Städte 6; 17,12; 26,6.9.10; 27,4
	27,3	an der Mauer des Ofel b. er viel
	32,5	Hiskia b. noch eine andere Mauer 33,14
	28	(Hiskia) b. Vorratshäuser 29
	33,15	entfernte alle Altäre, die er geb. 19
	36,23	der HERR... ihm ein Haus zu b. Esr 1,2
Esr	1,3	b. das Haus des HERRN 5; 4,1; 5,8-16; 6,8. 14; Hag 1,2.8
	4,2	wir wollen mit euch b. 3.4; Neh 2,18
Neh	3,1	sie b... sie b. weiter 2-38; 4,11.12; 6,1.6; 7,1.4
	12,29	die Sänger hatten sich Gehöfte geb.
Hi	12,14	wenn er zerbricht, so hilft kein B.
	19,12	Kriegsscharen haben ihren Weg geb.
	27,18	er b. sein Haus wie eine Spinne
	39,27	und b. sein Nest in der Höhe
Ps	51,20	b. die Mauern zu Jerusalem
	65,10	so b. du das Land
	69,36	Gott wird die Städte Judas b.
	78,69	er b. sein Heiligtum wie Himmelshöhen
	89,5	will deinen Thron b. für und für
	102,15	d. Knechte wollten, daß es geb. würde 17
	104,3	du b. deine Gemächer über den Wassern
	107,36	daß sie eine Stadt b., in der sie wohnen
	122,3	Jerusalem ist geb. als eine Stadt, in der
	127,1	wenn der HERR nicht das Haus b.
Spr	9,1	die Weisheit hat ihr Haus geb. 14,1; 24,3
	30,26	dennoch b. sie ihr Haus in den Felsen
Pr	2,5	ich b. mir Häuser
	3,3	b. hat seine Zeit
	9,14	der b. große Bollwerke gegen sie
Hl	4,4	wie der Turm Davids, mit Brustwehr geb.
	8,9	wollen wir ein silbernes Bollwerk darauf b.
Jes	5,2	er b. auch einen Turm darin
	9,9	wir wollen's mit Quadern wieder b.
	44,28	soll sagen zu Jerusalem: Werde geb.
	60,10	Fremde werden deine Mauern b.
	65,21	werden Häuser b. und bewohnen 22
	66,1	was für ein Haus, das ihr mir b. Apg 7,49
Jer	1,10	daß du sollst b. und pflanzen
	18,9	bald rede ich, daß ich es b. will 31,28
	22,13	weh dem, der sein Haus mit Sünden b. 14
	24,6	will sie b. und nicht verderben 42,10
	29,5	b. Häuser und wohnt darin 28
	30,18	die Stadt soll auf ihre Hügel geb. werden
	31,4	will dich, daß ich dich geb. sein sollst 33,7
	38	daß die Stadt des HERRN geb. werden wird
	32,31	seit diese Stadt geb. ist
	35,7	(sollt) kein Haus b. 9
	45,4	was ich geb. habe, das reiße ich ein
Hes	4,2	b. ein Bollwerk um sie 17,17; 21,27
	13,10	wenn das Volk eine Wand b.
	16,24	b. du dir einen Hurenaltar 25.31
	25,4	daß sie ihre Wohnungen in dir b. 28,26
	26,14	sollst nicht wieder geb. werden
	36,35	stehen nun fest geb.
	36	der HERR b., was niedergerissen
	43,18	Altar, an dem Tage, an dem er geb. ist
Hos	8,14	Israel b. Paläste
Am	5,11	in Häusern nicht wohnen, die ihr geb. Ze 1,13
	9,6	der seinen Saal in den Himmel b.
	11	will die zerfallene Hütte Davids b. Apg 15,16
Mi	3,10	die ihr Zion mit Blut b. Hab 2,12
	7,11	da werden deine Mauern geb. werden
Hab	2,9	auf daß er sein Nest in der Höhe b.
Sa	5,11	ihr ein Tempel geb. werde im Lande Schinar
	6,12	„Sproß" wird b. des HERRN Tempel 13.15
	8,9	auf daß der Tempel geb. würde
	9,3	Tyrus b. ein Bollwerk
Mal	1,4	wir wollen das Zerstörte wieder b... werden sie b., so will ich abbrechen
Jdt	1,1	Arphaxad baute eine gewaltige Stadt
	4,4	b. Mauern um ihre Dörfer
	5,9	um seine Städte zu b.
Wsh	9,8	gebotest mir, einen Tempel zu b.
	14,2	die Künstlerin Weisheit hat es geb.
Tob	13,11	wird er seine Hütte in dir wieder b.
	15	gesegnet werden alle sein, die dich b.
	20	die Tore Jerusalems werden geb. werden
	22	der Herr, der seine Stadt wieder geb. hat
Sir	3,11	der Segen des Vaters b. den Kindern Häuser

bauen

Sir	21,9	wer sein Haus b. mit fremdem Hab und Gut
	34,7	es schlägt denen fehl, die darauf b.
	28	wenn einer b. und der andre einreißt
	50,2	(Simon) b. die hochragende Ringmauer
1Ma	3,56	alle, die Häuser geb. hatten
	4,47	sie b. einen neuen Altar 60
	9,54	Mauer, die die Propheten hatten b. lassen
	12,37	das Volk fing an zu b.
	13,38	Festungen, die ihr geb. habt, behalten
2Ma	1,18	als er den Tempel und den Altar b.
	2,30	wie ein Baumeister, der ein Haus b.
	4,12	b. unter der Burg eine Kampfbahn
Mt	7,24	Mann, der s. Haus auf Fels b. 26; Lk 6,48.49
	16,18	auf diesen Felsen will ich meine Gemeinde b.
	17,4	so will ich drei Hütten b. Mk 9,5; Lk 9,33
	21,33	b. einen Turm und verpachtete ihn Mk 12,1
	23,29	die ihr den Propheten Grabmäler b. Lk 11,47.48
	27,40	*du den Tempel b. in drei Tagen* Mk 14,58; 15,29
Lk	12,18	ich will meine Scheunen abbrechen und größere b.
	14,28	wer ist unter euch, der einen Turm b. will 30
	17,28	sie kauften, sie verkauften, sie pflanzten, sie b.
Apg	9,31	*so hatte die Gemeinde Frieden und b. sich*
	15,16	will die zerfallene Hütte Davids wieder b.
Rö	15,20	damit ich nicht auf einen fremden Grund b.
1Ko	3,10	ich habe den Grund gelegt; ein anderer b. darauf. Ein jeder sehe zu, wie er darauf b. 12.14
Gal	2,18	*wenn ich das... wiederum b.*
2Ti	2,6	*es soll der Ackermann, der den Acker b.*
1Pt	2,5	*b. auch ihr euch als lebendige Steine*
	3,20	zur Zeit Noahs, als man die Arche b.
Heb	6,7	*die Erde Frucht trägt denen, die sie b.*
	11,7	Noah (hat) die Arche geb. zur Rettung seines Hauses
	16	er hat ihnen eine Stadt geb.

Bauer

Ri	5,7	still war's bei den B.
	11	Gerechtigkeit an seinen B. in Israel
Jer	51,23	habe zerschmettert B. und Gespanne
Wsh	17,17	ob es ein B. war oder ein Hirte
2Ti	2,6	es soll der B. die Früchte als erster genießen
Jak	5,7	der B. wartet auf die kostbare Frucht der Erde

baufällig

2Kö	12,6	sollen ausbessern, was b. ist 7-9.13.15; 22,5

Bauleute

1Kö	5,32	die B. Salomos und die B. Hirams
2Kö	12,12	gaben es an die B. 22,6; 2Ch 34,11
Esr	3,10	als die B. den Grund legten zum Tempel
Neh	3,37	sie haben die B. gelästert
Ps	118,22	der Stein, den die B. verworfen haben Mt 21,42; Mk 12,10; Lk 20,17; Apg 4,11; 1Pt 2,7
Hes	27,4	B. haben dich aufs allerschönste erbaut

Baum

1Mo	1,11	lasse die Erde... fruchtbare B. 12.29; 2,9
	2,9	den B. des Lebens und den B. der Erkenntnis
	17	von dem B. der Erkenntnis sollst du nicht essen 16; 3,1-3.6.11.12.17.22.24
	3,8	Adam versteckte sich unter der B. 8
	18,4	laßt euch nieder unter dem B. 8
	23,17	mit der Höhle und allen B. umher
	49,22	Josef wird wachsen wie ein B.
2Mo	9,25	der Hagel zerbrach alle B. auf dem Felde
	10,5	(Heuschrecken) sollen alle B. kahlfressen 15
3Mo	19,23	allerlei B. pflanzt, von denen man ißt
	23,40	sollt Früchte nehmen von schönen B.
	26,4	die B. ihre Früchte bringen 20
	27,30	Zehnten von den Früchten der B. dem HERRN
4Mo	13,20	ob B. da sind oder nicht
5Mo	12,2	ihren Göttern gedient unter grünen B. 1Kö 14,23; 2Kö 16,4; 17,10; 2Ch 28,4; Jes 57,5; Jer 2,20; 3,6.13; 17,2; Hes 6,13; 20,28
	20,19	sollst ihre B. nicht verderben 20
	22,6	wenn du ein Vogelnest findest auf einem B.
	28,42	alle B. des Landes wird Ungeziefer fressen
Jos	8,29	ließ den König an einen B. hängen 10,26.27
Ri	9,8	die B. gingen hin, einen König zu salben 9-15
	48	(Abimelech) hieb einen Ast vom B.
1Kö	5,13	(Salomo) dichtete von den B.
2Kö	3,19	werdet fällen alle guten B. 25; 6,4
1Ch	16,33	sollen jauchzen alle B. im Wald Ps 96,12
Neh	10,36	wollen wir die Erstlinge aller B. bringen 38
Hi	14,7	ein B. hat Hoffnung
	19,10	hat meine Hoffnung ausgerissen wie einen B.
Ps	1,3	wie ein B. an den Wasserbächen Jer 17,8
	104,16	die B. des HERRN stehen voll Saft
	105,33	zerbrach die B. in ihrem Gebiet
	148,9	(lobet den HERRN,) fruchttragende B.
Spr	3,18	sie ist ein B. des Lebens allen, die
	11,30	Gerechtigkeit ist ein B. des Lebens
	13,12	was man begehrt, das ist ein B. des Lebens
	15,4	eine linde Zunge ist ein B. des Lebens
Pr	2,5	pflanzte allerlei fruchtbare Bäume hinein 6
	11,3	wenn der B. fällt, bleibt er liegen
Hl	2,3	wie ein Apfelbaum unter den wilden B.
Jes	7,2	wie die B. im Wald beben vom Winde
	10,19	daß die B. gezählt werden können
	44,14	wählt unter den B. des Waldes
	23	frohlocket, der Wald und alle B. 55,12
	56,3	siehe, ich bin ein dürrer B.
	61,3	genannt „B. der Gerechtigkeit"
	65,22	die Tage meines Volks wie die eines B.
Jer	6,6	fället B. und werft einen Wall auf
	7,20	ausgeschüttet über der B. auf dem Felde
	10,3	man fällt im Walde einen B.
	11,19	laßt den B. in seinem Saft verderben
Hes	17,24	den grünen B. verdorren, dürren B. grünen
	21,3	Feuer soll grüne und dürre B. verzehren
	31,4	ihre Rinnsale sandte sie zu allen B.
	5	ist höher geworden als alle B. 8.9.14-18
	34,27	daß die B. ihre Früchte bringen 36,30; Jo 2,22
	47,7	standen sehr viele B. am Ufer 12
Dan	4,7	es stand ein B. in der Mitte der Erde
	11	haut den B. um 17.20.23
Jo	1,12	alle B. auf dem Felde sind verdorrt 19
Jdt	2,17	(Holofernes) ließ alle B. umhauen
	6,8	sie banden Achior an einen B.
Sir	6,3	zurücklassen wie einen verdorrten B.
	14,19	wie mit grünen Blättern auf einem B.
	27,7	merkt man, wie der B. gepflegt ist
Bar	5,8	alle B. werden Schatten geben
1Ma	14,8	die B. brachten ihre Früchte
StD	1,54	unter welchem B. hast du... gefunden 58
Mt	3,10	es ist schon die Axt den B. an die Wurzel gelegt Lk 3,9

Mt	7,17	so bringt jeder gute B. gute Früchte 18.19; 12,33; Lk 6,43
	12,33	an der Frucht erkennt man den B. Lk 6,44
	13,32	wenn es gewachsen ist, wird (es) ein B. Lk 13,19
	21,8	andere hieben Zweige von den B.
Mk	8,24	ich sehe die Menschen, als sähe ich B. umhergehen
Lk	21,29	seht den Feigenbaum und alle B. an
Jud	12	sie sind kahle, unfruchtbare B.
Off	2,7	will ich zu essen geben von dem B. des Lebens
	7,1	damit kein Wind blase über irgendeinen B.
	3	tut den B. keinen Schaden 9,4
	8,7	der dritte Teil der B. verbrannte
	22,2	mitten auf dem Platz B. des Lebens
	14	daß sie teilhaben an dem B. des Lebens
	19	seinen Anteil wegnehmen am B. des Lebens

Baumeister

Sir	38,28	ebenso geht es den Zimmerleuten und B.
2Ma	2,30	wie ein B., der ein neues Haus baut
1Ko	3,10	ich habe den Grund gelegt als ein weiser B.
Heb	11,10	Stadt, deren B. und Schöpfer Gott ist

Bausch

2Mo	4,6	stecke d. Hand in den B. deines Gewandes 7
Jes	40,11	die Lämmer im B. seines Gewandes

Bauwerk

Jer	48,7	weil du dich auf deine B. verlässest

Bazlut(h)

Esr	2,52	(Tempelsklaven:) die Söhne B. Neh 7,54

beachten

4Mo	9,19	b. die *Israeliten die Weisung des HERRN 23
5Mo	16,12	b. und halte diese Gebote
Hi	33,14	nur b. man's nicht
Ps	94,7	sagen: Der Gott Jakobs b.'s nicht
	144,3	was ist des Menschen Kind, daß du ihn so b.
Jes	42,20	aber du hast's nicht b.
Wsh	3,10	die Gottlosen b. den Gerechten nicht
	4,15	die Leute, die es sahen, b. es nicht
Mt	24,39	sie b. es nicht, bis die Sintflut kam

Bealja

1Ch	12,6	(die aus Benjamin:) B.

Bealot, *Bealoth*

Jos	15,24	1(Städte des Stammes Juda:) B. (= Baalat-Beer)
1Kö	4,16	2(Amtleute:) Baana in Asser und B.

Beamter

Esr	4,9	wir, die Schreiber, die B. 5,6; 6,6

bearbeiten

5Mo	21,4	Talgrund, der weder b. noch besät ist
1Sm	8,12	daß sie ihm seinen Acker b. 2Sm 9,10

Spr	24,27	b. deinen Acker; danach gründe dein Haus
Wsh	13,11	ein Holzschnitzer b. es kunstgerecht

beauftragen

Hag	1,13	Haggai, der b. war mit der Botschaft

Beauftragter

2Ch	24,11	so kam der B. des Hohenpriesters
Esr	7,12	an Esra, den Priester und B. 21

Bebai

Esr	2,11	die Söhne B. 8,11; 10,28; Neh 7,16; 10,16

bebauen

1Mo	2,5	kein Mensch war da, der das Land b.
	15	daß er ihn b. und bewahrte 3,23; 4,12
1Ch	27,26	Ackerleute, die das Land b.
Spr	12,11	wer seinen Acker b., wird Brot haben 28,19
Pr	5,8	der dafür sorgt, daß das Feld b. wird
Jes	23,10	b. dein Land, du Tochter Tarsis
Jer	27,11	daß es dasselbe b. und bewohne
1Ma	14,8	jeder b. sein Feld in Frieden
2Ti	2,6	der Bauer, der den Acker b., (soll) die Früchte als erster genießen
Heb	6,7	Erde, die Frucht trägt denen, die sie b.

beben

2Mo	19,18	der ganze Berg b. sehr
5Mo	28,65	der HERR wird dir ein b. Herz geben
2Sm	22,8	die Erde b. und wankte Ps 18,8; 68,9
	8	die Grundfesten des Himmels b.
Hi	4,4	die b. Knie hast du gekräftigt
	15,20	der Gottlose b. sein Leben lang
	37,1	mein Herz fährt b. hoch
Ps	99,1	darum b. die Welt
	104,32	er schaut die Erde an, so b. sie
Jes	5,25	er schlägt sie, daß die Berge b.
	6,4	Schwellen b. von der Stimme ihres Rufens
	7,2	da b. ihm das Herz, wie die Bäume b.
	13,13	die Erde soll b. am Tage s. Zorns Jer 10,10
	14,16	der Mann, der die Königreiche b. machte
	19,1	da werden die Götzen Ägyptens vor ihm b.
	24,18	die Grundfesten der Erde b.
Jer	4,24	ich sah die Berge an, und siehe, sie b.
	49,23	ihr Herz b. vor Sorge
	50,46	die Erde wird b. von dem Ruf
Hes	12,18	sollst dein Brot essen mit B.
Dan	10,16	meine Glieder b., als ich das Gesicht hatte
Jo	2,10	vor ihm b. der Himmel
Am	9,1	schlage an den Knauf, daß die Pfosten b.
	5	der die Erde anrührt, daß sie b.
Nah	1,5	das Erdreich b. vor ihm
Hab	3,16	b. mein Leib... meine Knie b.
Jdt	16,18	Berge müssen b. und Felsen zerschmelzen

Becher

1Mo	40,11	den B. des Pharao in meiner Hand 13.21
	44,2	meinen B. in des Jüngsten Sack 5.12.16.17
2Mo	25,29	aus feinem Golde Kannen und B. 37,16
3Mo	14,10	nehmen einen B. Öl 12.15.21.24
2Sm	12,3	ein kleines Schäflein trank aus seinem B.
1Kö	7,26	sein Rand wie der Rand eines B. 2Ch 4,5
1Ch	28,17	für die goldenen B., für jeden B. sein Gewicht

Becher

Esr	1,10	30 goldene B. und 410 silberne B. 8,27
Ps	75,9	der HERR hat einen B. in der Hand
Hl	7,3	dein Schoß ist wie ein runder B.
Jes	51,17	hast den B. geleert
	22	nehme den B. meines Grimmes Jer 25,15.17. 28
Jer	52,19	was golden und silbern war an B.
Mt	10,42	wer... einen B. kalten Wassers zu trinken gibt Mk 9,41
	23,25	die ihr die B. außen reinigt Lk 11,39
	26	reinige zuerst das Innere des B.
Off	17,4	hatte einen goldenen B. in der Hand

Becher, Becheriter

1Mo	46,21	Söhne Benjamins: B. 1Ch 7,6.8
4Mo	26,35	B., daher das Geschlecht der B.

Bechorat, *Bechorath*

1Sm	9,1	Kisch... des Sohnes Zerors, des Sohnes B.

Becken

2Mo	12,22	taucht es in das Blut in dem B. 24,6
	27,3	mache B. aus Kupfer 30,18.28; 31,9; 35,16; 38,3.8; 39,39; 40,7.11.30; 3Mo 8,11; 4Mo 4,14
2Sm	17,28	(brachten) Betten, B., irdene Gefäße
1Kö	7,40	Hiram machte auch B. 45.50; 2Ch 4,11
2Kö	12,14	doch ließ man nicht machen silberne B.
	25,15	dazu nahm der Oberste die B. Jer 52,18.19
1Ch	28,17	für die B. von lauterem Gold
Esr	1,9	30 goldene B. und 1.029 silberne B.
Neh	7,69	der Statthalter gab fünfzig B.
Jes	22,11	machtet ein B. zwischen beiden Mauern
Sa	9,15	werden voll davon werden wie die B.
	14,20	werden dem B. vor dem Altar gleichgestellt
Jh	13,5	danach goß er Wasser in ein B.

bedacht sein

2Sm	14,14	Gott ist darauf b., daß das Verstoßene
Ps	24,4	wer nicht b. ist auf Lug und Trug
Spr	14,22	die auf Gutes b. sind, werden Güte erfahren
Dan	6,15	war b., Daniel die Freiheit zu erhalten
	9,14	der HERR b. gew. auf dies Unglück 11,27
Sa	12,9	werde b.s., alle Heiden zu vertilgen
StE	1,2	war darauf b., gnädig zu regieren
Rö	12,17	seid auf Gutes b. gegenüber jedermann
	13,6	sie sind auf diesen Dienst beständig b.
Eph	4,3	seid darauf b., zu wahren die Einigkeit
Phl	4,8	eine Tugend, sei es ein Lob - darauf seid b.
	10	ihr wart zwar immer darauf b.
Tit	3,8	damit alle darauf b. sind, sich mit guten Werken hervorzutun

Bedad

1Mo	36,35	König Hadad, ein Sohn B. 1Ch 1,46

Bedan

1Ch	7,17	Ulams Sohn war B.

Bedarf

Phl	4,16	habt ihr etwas gesandt für meinen B.

bedecken

1Mo	7,19	daß alle hohen Berge b. wurden 20
2Mo	8,2	Frösche, so daß Ägyptenland b. wurde
	10,5	daß (Heuschrecken) das Land b. 15
	14,28	das Wasser b. Wagen 15,5.10; Jos 24,7; Ps 78,53
	16,13	Wachteln b. das Lager
	24,15	b. die Wolke den Berg 16
	25,20	daß sie mit ihren Flügeln den Gnadenthron b. 37,9; 1Kö 8,7; 1Ch 28,18; 2Ch 5,8
	26,13	daß der Überhang es auf beiden Seiten b.
	28,42	um ihre Blöße zu b.
	40,34	da b. die Wolke die Stiftshütte 4Mo 9,15.16; 17,7
3Mo	3,3	das Fett, das die Eingeweide b. 9.14; 4,8; 7,3
	13,12	wenn Aussatz b. die ganze Haut 13
	16,4	Beinkleider sollen seine Blöße b.
	13	Wolke vom Räucherwerk d. Gnadenthron b.
4Mo	4,8	mit einer Decke von Dachsfellen b. 11.12.15
	7,3	sie brachten ihre Gabe: sechs b. Wagen
	22,5	ein Volk, das b. das ganze Land 11
5Mo	22,12	deines Mantels, mit dem du dich b.
1Kö	1,1	wenn man ihn auch mit Kleidern b.
	6,15	er b. die Wände des Hauses innen
	7,18	Granatäpfel, mit denen der Knauf b. wurde 41.42; 2Ch 4,12.13
2Kö	16,18	auch die b. Sabbathalle änderte er
Hi	16,18	ach Erde, b. mein Blut nicht
	22,11	die Wasserflut b. dich
	36,30	er b. alle Tiefen des Meeres
	32	er b. seine Hände mit Blitzen
	40,22	Lotosbüsche b. ihn mit Schatten
Ps	32,1	wohl dem, dem die Sünde b. ist 85,3; Rö 4,7
	44,20	daß du uns b. mit Finsternis Pr 6,4
	80,11	Berge sind mit seinem Schatten b.
	83,17	b. ihr Angesicht mit Schande 89,46
	104,9	dürfen nicht wieder die Erde b.
	147,8	der den Himmel mit Wolken b.
Jes	11,9	wie Wasser das Meer b. Hab 2,14
	14,19	du aber bist b. von Erschlagenen
	49,2	mit dem Schatten seiner Hand b.
	60,2	Finsternis b. das Erdreich
	6	die Menge der Kamele wird dich b.
Jer	3,25	unsre Schmach soll uns b.
	46,8	will hinaufziehen, das Land b.
	51,42	mit der Menge seiner Wellen b.
	51	weil die Scham unser Angesicht b.
Hes	1,11	mit zwei Flügeln b. sie ihren Leib 23
	16,8	ich b. deine Blöße
	18	du b. (Götzenbilder) damit
	26,10	von der Menge wird Staub dich b.
	19	daß hohe Wogen dich b.
	30,18	die Stadt wird mit Wolken b. werden
	38,9	wie eine Wolke, die das Land b. 16
Hos	2,11	Wolle und Flachs, womit sie ihre Blöße b.
	10,8	über Berge, auf uns! Lk 23,30
Jon	2,6	Schilf b. mein Haupt
Mal	2,13	ihr b. den Altar des HERRN mit Tränen
	16	der b. mit Frevel sein Kleid
Jdt	16,5	seine Pferde b. das Land
Tob	4,17	b. die Nackten mit Kleidern von dir
Sir	24,5	(ich) b. wie Nebel die Erde
Mt	8,24	so daß das Schiff mit Wellen b. ward
Lk	8,16	niemand zündet ein Licht an und b. es mit einem Gefäß
1Ko	11,6	soll (die Frau) das Haupt b.
	7	der Mann soll das Haupt nicht b. 4
Jak	5,20	der wird b. die Menge der Sünden

bedenken

3Mo	5,4	er b. es nicht und er wird's inne
5Mo	24,9	b., was der HERR, dein Gott, tat
Ri	18,14	b. nun, was ihr zu tun habt 1Sm 25,17
1Sm	15,2	ich habe b., was Amalek Israel angetan
2Sm	24,13	so b. nun wohl, was ich antworten soll
1Kö	19,20	b., was ich dir getan habe
2Kö	16,15	wegen des kupfernen Altars will ich b.
Hi	4,7	b. doch: Wo... Unschuldiger umgekommen
	7,7	b., daß mein Leben ein Hauch ist
	10,9	b. doch, daß du mich aus Erde gemacht
	13,12	was ihr zu b. gebt, sind Sprüche
Ps	90,12	lehre uns b., daß wir sterben müssen
	119,59	ich b. meine Wege
Spr	15,28	das Herz des Gerechten b., was zu antworten
	23,1	b. wohl, was du vor dir hast
Pr	7,14	am bösen Tag b.: Diesen hat Gott geschaffen
Jer	2,23	b., was du getan hast
Jdt	8,18	daß sie b., wie unsre Väter versucht
Wsh	8,17	das b. ich bei mir
	12,22	damit wir deine Güte b., wenn wir
Tob	13,5	b., was er an uns getan hat
Sir	7,40	was du auch tust, b. dein Ende
	11,26	wenn dir's gut geht, so b.
	14,12	b., daß der Tod nicht auf sich warten
	18,25	wenn man reich ist, soll man b.
	19,17	b., was Gottes Gesetz fordert
	23,28	b. nicht, daß die Augen des Herrn... sehen
	31,14	b., daß ein neidisches Auge schlimm ist
	18	b. alles, was du tust
	39,38	b. es und schrieb's nieder
2Ma	2,30	der... nichts weiter zu b. hat
	6,12	zu b., daß unserm Volk Strafen widerfahren
	11,4	er b. nicht die Macht Gottes
	12,12	Judas b., wie sie ihm nützlich
Mt	1,20	als (Josef) das noch b., siehe, da erschien
	21,25	da b. sie bei sich selbst Mk 11,31; Lk 20,5
	27,63	*wir haben b., daß dieser Verführer sprach*
Mk	8,16	sie b. hin und her, daß sie kein Brot hätten
Jh	11,50	ihr b. auch nicht
Apg	4,28	*zu tun, was dein Rat zuvor b. hat*
2Ko	10,7	der b. wiederum auch dies bei sich 11
Kol	4,1	b., daß auch ihr einen Herrn im Himmel habt
2Ti	2,7	b., was ich sage
Jak	3,1	*b., daß wir Lehrer ein strengeres Urteil*

bedenkenlos

Jes	59,13	(kennen unsre Sünden:) b. daherreden

bedeuten

1Mo	41,25	beide Träume des Pharao b. das gleiche 32
2Mo	13,14	wenn dein Sohn fragen wird: Was b. das
5Mo	30,20	das b. für dich, daß du lebst
Jos	4,6	was b. euch diese Steine 21
1Sm	16,4	b. dein Kommen Heil 5
Hes	24,19	willst du's nicht erklären, was das für uns b.
Dan	2,41	daß du die Füße gesehen, b. 42.43
	4,3	was der Traum b. 4.6.15.21.23
	5,7	diese Schrift... was sie b. 12.15-17.26
	7,16	er sagte mir, was es b. 24; 8,20.22
Sir	39,2	Sprüche, was sie b. und lehren
2Ma	5,4	beteten, daß dies nichts Böses b. sollte
	14,30	daß sein abweisendes Wesen nichts Gutes b.
Lk	8,9	fragten ihn, was dies Gleichnis b. 11
	20,17	was b. dann das, was geschrieben steht
Jh	14,22	Herr, was b. es, daß du dich uns offenbaren willst und nicht der Welt
	16,17	was b. das, was er zu uns sagt 18
Apg	10,17	was die Erscheinung b., die er gesehen hatte
Gal	4,24	die beiden Frauen b. zwei Bundesschlüsse
	25	Hagar b. den Berg Sinai in Arabien

bedeutend

1Kö	3,4	das war die b. Höhe
2Ma	3,11	dem Sohn des Tobias, einem sehr b. Mann

Bedeutung

1Mo	40,5	eines jeden Traum hatte seine B.
1Ko	14,11	wenn ich die B. der Sprache nicht kenne
Gal	4,24	diese Worte haben tiefere B.

Bedingung

2Ma	11,13	bot Frieden unter gerechten B. an

Bedja

Esr	10,35	(bei den Söhnen Bani:) B.

Bedolachharz

1Mo	2,12	auch findet man da B.
4Mo	11,7	war das Manna anzusehen wie B.

bedrängen

1Mo	39,10	sie b. Josef mit solchen Worten täglich
2Mo	3,9	wie die Ägypter b. sie
	22,20	die Fremdlinge sollst du nicht b. Jer 22,3
4Mo	10,9	gegen eure Feinde, die euch b. 33,55
5Mo	15,11	deinem Bruder, der b. und arm ist
	28,53	Not, mit der dich der Feind b. wird 55.57
Ri	2,15	(die *Israeliten) wurden hart b. 18
	6,9	aus der Hand aller, die euch b. 1Sm 10,18
2Sm	7,10	Kinder der... es nicht mehr b. 1Ch 17,9
1Kö	8,35	bekehren sich, weil du sie b. 2Kö 17,20; 2Ch 6,26
2Kö	13,4	wie der König von Aram es b. 22
2Ch	28,20	der König von Assur b. ihn
Hi	32,18	weil mich der Geist in meinem Inneren b.
Ps	53,6	zerstreut die Gebeine derer, die dich b.
	55,4	da der Gottlose mich b.
	56,2	täglich bekämpfen und b. sie mich
	88,8	du b. mich mit allen deinen Fluten
	129,1	haben mich oft b. von meiner Jugend auf
	143,12	bringe alle um, die mich b.
Jes	3,5	im Volk wird einer den andern b.
Jer	19,9	Not und Angst, mit der sie b. werden
	30,20	ich will heimsuchen alle, die sie b.
Klg	1,3	alle seine Verfolger b. es
Am	3,11	man wird dies Land ringsumher b.
	5,12	wie ihr die Gerechten b.
	6,14	ein Volk, das soll euch b. von da an
Ze	3,19	mit allen, die dich b., will ich ein Ende machen
Wsh	16,18	daß sie von Gottes Gericht so b. wurden
	17,15	wurden b. durch schreckliche Erscheinungen
Sir	46,6	als ihn seine Feinde ringsum b.
1Ma	2,53	Josef hielt das Gebot, als er b. wurde
	12,53	alle Heiden fingen an, das Volk zu b.
2Ma	7,1	wurden vom König b.
	8,28	teilten Beute aus unter die B. 30
	14,9	wolle unserm b. Volk helfen

bedrängen

Mk	3,9	damit die Menge ihn nicht b.
Lk	19,43	werden d. Feinde dich von allen Seiten b.
Apg	27,20	da ein gewaltiges Ungewitter uns b.
2Ko	4,8	wir sind von allen Seiten b., aber wir ängstigen uns nicht 7,5
2Th	1,6	mit Bedrängnis zu vergelten denen, die euch b.
1Ti	5,10	wenn sie den B. beigestanden hat

Bedränger

2Mo	3,7	ich habe ihr Geschrei über ihre B. gehört
Ps	6,8	weil meiner B. so viele sind
	31,12	vor all meinen B. bin ich ein Spott
	72,4	er soll die B. zermalmen
Jes	9,10	der HERR macht stark gegen sie ihre B.
	14,2	sie werden herrschen über ihre B.
	19,20	wenn sie zum HERRN schreien vor den B.
	51,13	hast dich gefürchtet vor dem Grimm des B.

Bedrängnis

Ri	10,14	laßt diese euch helfen zur Zeit eurer B.
	11,7	nun kommt ihr zu mir, weil ihr in B. seid
1Sm	10,19	aus aller eurer Not und B. geholfen
	13,6	sahen, daß das Volk in Gefahr und B. war
	14,24	als die Männer Israels in B. kamen
	28,15	Saul sprach: Ich bin in großer B.
	30,6	David geriet in große B.
2Sm	4,9	der mich aus aller B. erlöst hat
Est	7,4	die B. wäre nicht so groß
Hi	36,16	wo keine B. mehr ist
Jes	26,16	wenn du uns züchtigst, sind wir in B.
Jer	10,17	die du sitzest in B.
Mt	13,21	wenn sich B. erhebt, fällt er gleich ab Mk 4,17
	24,9	dann werden sie euch der B. preisgeben
	21	es wird dann eine große B. sein Mk 13,19
	29	sogleich nach der B. jener Zeit Mk 13,24
Apg	7,10	(Gott) errettete ihn aus aller seiner B.
	11	es kam über Kanaan eine große B.
	14,22	durch viele B. in das Reich Gottes eingehen
	20,23	daß Fesseln und B. auf mich warten
Rö	5,3	wir rühmen uns der B., weil wir wissen, daß B. Geduld bringt
1Ko	7,28	doch werden solche in äußere B. kommen
2Ko	1,8	wir wollen nicht verschweigen die B., die
	7,4	ich habe ... Freude in aller unsrer B.
	8,2	als sie durch viel B. bewährt wurden
Eph	3,13	daß ihr nicht müde werdet wegen der B.
Phl	4,14	daß ihr euch meiner B. angenommen habt
1Th	1,6	habt das Wort aufgenommen in großer B.
	3,3	nicht jemand wankend würde in diesen B.
	4	sagten wir's euch voraus, daß B. über uns kommen würden
	7	getröstet worden in aller unsrer Not und B.
2Th	1,4	wegen eures Glaubens in allen B.
	6	mit B. zu vergelten denen, die euch bedrängen
	7	euch, die ihr B. leidet, Ruhe zu geben mit uns
Heb	10,33	indem ihr durch B. zum Schauspiel geworden
	11,37	sie haben B., Mißhandlung erduldet
Off	1,9	euer Bruder und Mitgenosse an der B.
	2,9	ich kenne deine B. und deine Armut
	10	ihr werdet in B. sein zehn Tage

bedrohen

Ps	68,31	b. das Tier im Schilf, die Rotte
Klg	5,9	b. von dem Schwert in der Wüste
Mal	3,11	ich will um euretwillen den „Fresser" b.
GMn	5	dein Zorn, mit dem du die Sünder b.
Mt	8,26	stand auf und b. den Wind Mk 4,39; Lk 8,24
	9,30	Jesus b. sie: Sehet zu, daß es niemand erfahre 12,16; 16,20; Mk 1,43; 3,12; 8,30; Lk 9,21
	17,18	Jesus b. (den bösen Geist) Mk 1,25; 9,25; Lk 4,35.41; 9,42
	20,31	das Volk b. sie Mk 10,48; Lk 18,39
Mk	8,33	er b. Petrus und sprach: Geh weg von mir
Lk	9,55	Jesus b. sie und sprach: Wisset ihr nicht
Apg	4,17	laßt uns sie ernstlich b.

Bedrohung

1Ma	1,38	entstand eine B. für das Heiligtum

bedrücken

1Mo	31,50	daß du meine Töchter nicht b.
2Mo	1,11	Fronvögte, die sie mit Zwangsarbeit b.
	12	je mehr sie das Volk b., desto stärker
	22,20	die Fremdlinge sollst du nicht b. 3Mo 19,33
	21	ihr sollt Witwen und Waisen nicht b. 22
3Mo	19,13	du sollst deinen Nächsten nicht b.
5Mo	23,17	du sollst (den Knecht) nicht b.
	26,6	die Ägypter b. uns
1Kö	21,27	Ahab ging b. einher
2Ch	16,10	auch b. er einige vom Volk
Neh	2,2	sicher b. dich etwas
Hi	24,21	er hat b. die Unfruchtbare
Spr	12,25	Sorge im Herzen b. den Menschen
	22,23	der HERR wird ihre Bedrücker b.
	28,3	ein gottloser Mann, der die Geringen b.
Jes	58,3	ihr b. alle eure Arbeiter
	6	gib frei, die du b.
Jer	21,12	errettet den B. 22,3
Hes	18,7	der niemand b. 12.16
	22,7	Witwen und Waisen b. sie 29
Wsh	10,15	rettete ... vor dem Volk, das sie b.
	17,11	vom Gewissen b., nimmt sie ... an
1Ma	13,32	(Tryphon) b. das Land schwer

Bedrücker

Spr	22,23	der HERR wird ihre B. bedrücken
Jes	16,4	wird der B. aus dem Lande müssen

Bedrückung

Ps	72,14	er wird sie aus B. und Frevel erlösen
	119,134	erlöse mich von der B. durch Menschen
Jes	54,14	du wirst ferne sein von B.

bedüngen

Lk	13,8	bis daß ich um ihn grabe und b. ihn

bedürfen

1Mo	42,33	nehmt für euer Haus, wieviel ihr b.
2Mo	16,4	das Volk soll sammeln, was es für den Tag b.
1Sm	26,8	daß es keines zweiten mehr b.
2Ch	2,15	wollen wir das Holz hauen, soviel du b.
Esr	6,8	man gebe den Leuten, was sie b. 9

Spr	25,16	iß davon nur, soviel du b.	Apg	21,26	daß die Tage der Reinigung b. sein sollten

Spr 25,16 iß davon nur, soviel du b.
Wsh 13,16 es ist ein Bild und b. der Hilfe
Sir 39,31 der Mensch b. zu seinem Leben vor allem
Mt 3,14 ich b. dessen, daß ich von dir getauft werde
    6,8 euer Vater weiß, was ihr b. 32; Lk 12,30
    9,12 die Starken b. des Arztes nicht Mk 2,17; Lk 5,31
    21,3 der Herr b. ihrer Mk 11,3; Lk 19,31.34
    26,65 was b. wir ... Zeugen Mk 14,63; Lk 22,71
Lk 9,11 er machte gesund, die der Heilung b.
    11,8 dann wird er ihm geben, soviel er b.
    15,7 die der Buße nicht b.
Jh 2,25 b. nicht, daß ihm jemand Zeugnis gab
    13,10 b. nichts, als daß ihm die Füße gewaschen
    16,30 b. nicht, daß du mich fragst
Apg 17,25 läßt er sich nicht dienen, als b. er jemandes
Rö 16,2 in allem Geschäfte, darin sie euer b.
1Ko 12,21 kann nicht sagen: Ich b. dein nicht 24
2Ko 3,1 b. wir der Empfehlungsbriefe an euch
1Th 4,12 auf daß ihr niemandes b.
Tit 3,14 im Stand guter Werke, wo man solcher b.
1Jh 2,27 ihr b. nicht, daß euch jemand lehre
Heb 5,12 b. wiederum, daß man euch lehre
Off 3,17 ich bin reich und b. nichts
    21,23 die Stadt b. keiner Sonne noch des Mondes 22,5

bedürftig

5Mo 24,12 ist er b., so sollst du dich nicht
    14 dem Tagelöhner, der b. ist, sollst du 15
Hi 31,16 hab ich den B. ihr Begehren versagt
Ps 82,3 helft dem Elenden und B. zum Recht
Spr 3,27 weigere dich nicht, B. Gutes zu tun
    31,20 sie reicht ihre Hand dem B.
Tob 4,8 wo du kannst, da hilf den B.
Sir 4,1 sei nicht hart gegen den B.
Eph 4,28 damit er dem B. abgeben kann

beeilen

Jos 10,13 die Sonne b. sich nicht unterzugehen
Ri 9,48 das b. euch auch zu tun
Est 2,9 er b. sich, ihre Schönheit zu pflegen
1Ma 6,27 wenn du mich nicht b., sie abzuwehren
    57 b. er sich, zum König zu sagen
2Ti 4,9 b. dich, daß du bald zu mir kommst
    21 b. dich, daß du vor dem Winter kommst

Beeljada (= Eljada 1)

1Ch 14,7 (David zu Jerusalem geboren:) B.

Beelzebul, Beelzebub (= Baal-Sebub)

Mt 10,25 haben sie den Hausherrn B. genannt
    12,24 er treibt die bösen Geister aus durch B. 27; Mk 3,22; Lk 11,15.18.19

beenden

4Mo 16,31 als er alle diese Worte b. hatte
Rut 2,23 bis die Gerstenernte b. war
2Sm 6,18 als David die Brandopfer b. hatte 1Ch 16,2
Dan 5,26 Gott hat dein Königtum gezählt und b.
Jdt 10,1 als sie ihr Gebet b. hatte
Sir 50,21 betete, bis der Gottesdienst b. war
2Ma 15,28 als die Schlacht b. war
Mt 11,1 als Jesus diese Gebote an s. Jünger b. hatte
Apg 21,7 wir b. die Seefahrt und kamen

Beer

4Mo 21,16 von da zogen sie nach B. 18
Ri 9,21 Jotam entwich und ging nach B.

Beer-Elim

Jes 15,8 Geheul bis B.

Beera

1Ch 5,6 [1](Baal,) dessen Sohn war B.
    7,37 [2](Söhne Zofachs:) B.

beerben

5Mo 11,23 daß ihr größere und stärkere Völker b.
Spr 30,23 eine Magd, wenn sie ihre Herrin b.
Jes 54,3 deine Nachkommen werden Völker b.
Ze 2,9 der Rest von meinem Volk soll sie b.

Beere

1Mo 40,11 ich nahm die B. und zerdrückte sie
3Mo 19,10 noch die abgefallenen B. auflesen
5Mo 32,32 ihre Trauben haben bittere B.
Off 14,18 seine B. sind reif

Beeri

1Mo 26,34 [1]Jehudit, die Tochter B., des Hetiters
Hos 1,1 [2]Hosea, dem Sohn B.

Beerot(h), Beerot(h)iter

Jos 9,17 die *Israeliten kamen zu ihren Städten ... B. 18,25; 2Sm 4,2; Esr 2,25; Neh 7,29
2Sm 4,3 dann flohen die B. nach Gittajim
    23,37 Nachrai, der B., ein Waffenträger 1Ch 11,39

Beerot(h)-Bene-Jaakan, Bene-Jaakan

4Mo 33,31 sie lagerten sich in B. 32
5Mo 10,6 die *Israeliten zogen aus von B.

Beerscheba

1Mo 21,14 Hagar irrte in der Wüste umher bei B.
    31 heißt B., weil sie miteinander da geschworen haben 32; 26,33
    33 Abraham pflanzte in B. 22,19; 26,23
    28,10 Jakob zog aus von B. 46,1.5
Jos 15,28 (Städte des Stammes Judas:) B.
    19,2 es ward (Simeon) zum Erbteil B.
Ri 20,1 von Dan bis nach B. 1Sm 3,20; 2Sm 3,10; 17,11; 24,2.15; 1Kö 5,5; 1Ch 21,2; 2Ch 30,5
1Sm 8,2 Joel und Abija waren Richter zu B.
2Sm 24,7 kamen in das Südland Judas nach B.
1Kö 19,3 (Elia) kam nach B.
2Kö 12,2 Joaschs Mutter hieß Zibja, aus B. 2Ch 24,1
    23,8 (Josia) machte unrein die Höhen bis B.
1Ch 4,28 wohnten zu B. 2Ch 19,4; Neh 11,27.30
Am 5,5 geht nicht nach B.
    8,14 so wahr dein Gott lebt, B.

Beëschtera

Jos 21,27 ferner B. und seine Weideplätze

Beet

Beet

Hes 17,7 das B., in das er gepflanzt war 10
Sir 24,42 (ich will) meine B. tränken

befallen

Jes 33,14 Zittern hat die Heuchler b.
Apg 19,17 und Furcht b. sie alle

Befehl

1Mo 42,25 Josef gab B., ihre Säcke zu füllen
    45,21 gab ihnen Wagen nach dem B. des Pharao
4Mo 9,23 nach des HERRN B. brachen sie auf
    27,21 nach (Josuas) B. sollen aus- und einziehen
    31,49 die unter unserm B. standen
    33,2 Mose schrieb auf nach dem B. des HERRN 36,5
    38 ging Aaron nach dem B. des HERRN
5Mo 31,14 rufe Josua, daß ich ihm B. gebe
Jos 17,4 gab ihnen Erbteil nach dem B. des HERRN 19,50; 21,3; 22,9
1Sm 15,11 Saul hat meine B. nicht erfüllt 24
2Sm 18,5 als der König Absaloms wegen diesen B. gab
2Kö 23,35 eine Steuer auf B. des Pharao
1Ch 12,33 alle ihre Brüder folgten ihrem B.
2Ch 24,21 steinigten auf B. des Königs 30,6; 31,13
    26,13 unter ihrem B. stand eine Heeresmacht 11
Esr 4,19 auf meinen B. hat man nachgeforscht
    21 gebt B., bis von mir B. gegeben 6,12; 8,36
    6,14 nach dem B. Gottes und dem B. des Kyrus
Neh 1,7 daß wir nicht gehalten haben die B.
Est 4,5 gab ihm B. wegen Mordechai, um zu erfahren
    9,32 der B. der Ester bestätigte
Hi 39,27 fliegt der Adler auf deinen B.
Ps 19,9 die B. des HERRN sind richtig
    103,20 die ihr seinen B. ausrichtet
    119,4 fleißig zu halten deine B.
    27 laß mich verstehen den Weg deiner B.
    40 ich begehre deine B. 45.94
    56 daß ich mich an deine B. halte 69.100
    63 halte mich zu allen, die deine B. halten
    78 ich sinne nach über deine B.
    87 ich verlasse deine B. nicht 110
    93 will deine B. nimmermehr vergessen 141
    128 darum halte ich alle deine B. für recht
    134 so will ich halten deine B. 168
    159 ich liebe deine B.
    173 ich habe erwählt deine B.
Spr 8,29 daß sie nicht überschreiten seinen B.
Jes 10,6 ich gebe ihm B. wider das Volk
    23,11 der HERR hat B. gegeben über Phönizien
    45,11 wollt ihr mir B. geben
Jer 13,2 kaufte einen Gürtel nach dem B. des HERRN
    39,11 Nebukadnezar hatte B. gegeben wegen Jeremia
    47,7 da doch der HERR ihm B. gegeben
Klg 3,37 daß solches geschieht ohne des Herrn B.
Dan 2,24 der vom König B. hatte, die Weisen
    6,8 es solle ein königlicher B. gegeben werden
    16 daß alle B. unverändert bleiben sollen
    27 mein B., daß man Gott Daniels fürchten
Jo 2,11 sein Heer wird seinen B. ausrichten
Jon 3,7 ließ sagen in Ninive als B. des Königs
Wsh 11,6 bestraftest du für den B... zu töten
Sir 6,37 beachte immer Gottes B.
    16,28 daß alle seinem B. gehorsam sein
    39,37 mit Freuden erfüllen sie seinen B.
    45,3 er gab (Mose) B. an sein Volk
    46,5 auf seinen B. stand die Sonne
Bar 5,8 alle Bäume werden auf Gottes B.
1Ma 2,22 nicht in den B. des Antiochus einwilligen 31
    55 Josua führte den B. aus
    3,14 Judas, der den B. des Königs verachtet
    34 gab (Lysius) den B., alles auszuführen
    5,67 die die Feinde ohne B. angegriffen
2Ma 2,4 der Prophet habe auf göttlichen B. hin
StE 5,1 Statthaltern, die unserm B. gehorsam sind
Mt 2,22 im Traum empfing er B. von Gott
    4,6 er wird deinetwegen B. geben
Lk 3,2 da geschah der B. Gottes an Johannes
Jh 11,57 die Hohenpriester hatten B. gegeben
Apg 10,22 hat B. empfangen von einem heiligen Engel
    16,24 als er diesen B. empfangen hatte
    17,15 *nachdem sie B. empfangen hatten*
    26,12 ich reiste mit B. von den Hohenpriestern
Rö 16,26 nach dem B. des ewigen Gottes
2Ko 8,8 nicht sage ich das als B.
1Th 4,16 er selbst, der Herr, wird, wenn der B. ertönt, herabkommen
1Ti 1,1 Paulus, Apostel Christi nach dem B. Gottes
Tit 1,3 Predigt, die mir anvertraut ist nach dem B. Gottes
Heb 11,22 *Josef tat B. über seine Gebeine*

befehlen

1Mo 18,19 ihn auserkoren, daß er seinen Kindern b.
    32,5 (Jakob) b. ihnen: So sprecht zu Esau
    44,1 Josef b. seinem Haushalter 50,2
    50,12 seine Söhne taten, wie er ihnen b. hatte
    16 dein Vater b. vor seinem Tode
2Mo 4,28 alle Zeichen, die er ihm b. hatte
    5,6 darum b. der Pharao am selben Tage
    17,1 wie ihnen der HERR b. 3Mo 7,38; Jos 15,13
4Mo 23,20 zu segnen ist mir befohlen
5Mo 31,23 der HERR b. Josua und sprach: Sei getrost
    32,46 daß ihr euren Kindern b., alle Worte zu tun
1Sm 9,23 b., du sollst es bei dir zurückbehalten
    16,16 unser Herr b. nun seinen Knechten
    20,22 geh hin; denn der HERR b. dir fortzugehen
    21,3 der König hat mir eine Sache b.
2Sm 1,18 (David) b., man solle das Bogenlied lehren
    7,7 b. hatte, mein Volk Israel zu weiden
    18,21 Joab b. dem Mohren: Geh hin
1Kö 1,27 ist das von meinem Herrn und König b.
    5,20 so b. nun, daß man Zedern fällt
1Ch 14,12 ihre Götter b. David zu verbrennen
    15,16 David b., daß sie die Sänger bestellen
2Ch 8,14 so hatte es David b. 29,25
    23,14 der Priester b., man solle sie nicht töten
    24,8 da b. der König, daß man eine Lade machte
    29,24 der König b., Sündopfer darzubringen 31,11
    33,16 b. Juda, daß sie dem HERRN dienen
    34,16 was sein Knechten b. ist, tun sie
    36,23 mir b., ihm ein Haus zu bauen Esr 1,2
Esr 5,3 wer hat euch b., dies Haus aufzubauen 9
    13 b. Kyrus, dies Haus zu bauen 17; 6,1.3.8.11.13; 7,13.21
    7,23 was Gott b., daß es gegeben werde
Neh 5,14 als mir b. wurde, ihr Statthalter zu sein
    13,9 b., daß sie die Kammer reinigten 19.22
    13 wurde b., ihren Brüdern auszuteilen
Est 1,8 der König hatte allen Vorstehern b. 10; 9,14
    3,12 es wurde geschrieben, wie Haman b.
Ps 10,14 die Armen b. es dir

Ps	31,6	in deine Hände b. ich meinen Geist	Apg	20,13	er hatte es so b.
	37,5	b. dem HERRN deine Wege		32	nun b. ich euch Gott und seiner Gnade
	91,11	er hat s. Engeln b., daß sie dich behüten		22,24	(der Oberst) b. 23,23.31
	119,15	ich rede von dem, was du b. hast		30	er b. den Hohenpriestern
Spr	16,3	b. dem HERRN deine Werke		23,2	Hananias b., ihn auf den Mund zu schlagen
Jes	18,2	geht hin zum Volk, das b. und zertritt 7		24,23	er b. dem Hauptmann, Paulus gefangenzu-
	48,5	mein Abgott hat's b.			halten 25,21
Jer	11,20	ich habe dir meine Sache b. 20,12		25,23	als Festus es b., wurde Paulus gebracht
	13,20	wo ist nun die Herde, die dir b. war	Rö	16,1	*ich b. euch unsere Schwester Phöbe*
	14,14	habe ihnen nichts b. 23,32; 29,23; 32,35	1Ko	9,14	so hat auch der Herr b., daß
	26,2	predige alle Worte, die ich dir b. 8; 43,1		17	*mir ist das Amt b.* 14
	27,4	b. ihnen, daß sie ihren Herren sagen		11,17	dies muß ich b.
	32,13	ich b. Baruch vor ihren Augen	Tit	1,5	Älteste einsetzen, wie ich dir b. habe
	34,22	ich will ihnen b., spricht der HERR	1Pt	4,19	*ihre Seelen b. in guten Werken*
	36,8	Baruch tat, wie ihm Jeremia b.		5,2	*weidet die Herde Gottes, die euch b. ist*
	37,21	b. Zedekia, daß man Jeremia 38,10.27	Heb	11,22	b., was mit seinen Gebeinen geschehen sollte
	39,12	laß ihn dir b. sein 40,4			
	42,5	was der HERR durch dich b. wird 21			**Befehlshaber**
	50,21	tu alles, was ich dir b.	Esr	4,9	die andern Genossen, die Richter, die B.
	51,59	Wort, das Jeremia b. Seraja	Dan	6,8	es haben die B. alle gedacht
Hes	12,7	tat, wie mir b. war 24,18; 37,7.10			
Dan	2,12	der König b., alle Weisen umzubringen 4,6			**befestigen**
	46	der König b., man sollte ihm Speisopfer	2Mo	28,25	die Enden an den Goldgeflechten b. 29,6; 37,13
	3,4	es wird euch b., ihr Völker	4Mo	13,28	die Städte sind b. 5Mo 3,5
	13	b., Schadrach vor ihn zu bringen 19.20; 6,17	2Sm	20,8	mit einem Dolch; der war b. an seiner Hüfte
	5,29	b. Belsazar, daß man Daniel kleiden sollte	2Kö	15,19	damit er sich das Königtum b.
Am	9,3	will ich doch der Schlange b. 4,9	2Ch	26,9	Usija baute Türme b. sie
Mal	3,22	das Gesetz Mose, das ich ihm b. habe		32,5	Hiskia b. den Millo
Jdt	4,6	taten, was ihnen Jojakim b. hatte	Spr	16,12	durch Gerechtigkeit wird der Thron b.
	10,21	Holofernes b., sie wieder aufzurichten	Jes	22,10	ihr brachet sie b., um die Mauer zu b.
Tob	1,22	b., (Tobias) zu töten	Jer	10,4	er b. es mit Nagel und Hammer
Sir	3,23	was dir Gott b. hat, das halte	Jdt	2,6	alle b. Städte sollst du unterwerfen 12
	17,12	b. jedem, für seinen Nächsten zu sorgen		7,9	sie verteidigen und b. den Hügel
	24,33	das Gesetz, das uns Mose b. hat	Wsh	13,15	er b. es mit einem Stück Eisen
	43,5	der ihr b. hat, ihre Bahn	Sir	50,1	Simon b. den Tempel 1Ma 13,53
Bar	6,62	die Wolken tun, was Gott ihnen b.		4	er b. die Stadt 1Ma 1,35; 4,61; 6,7.26; 10,11.
1Ma	7,9	b. ihnen, Israel zu bestrafen			13; 12,35; 13,33; 14,33.34; 15,40
2Ma	5,12	b., ohne Erbarmen alle zu erschlagen	1Ma	1,2	er hat b. Städte erobert 20; 5,26
Mt	1,24	Josef tat, wie ihm der Engel b. hatte		5,46	kamen sie zu einer gut b. Stadt 6,57.62
	2,12	Gott b. ihnen im Traum	Lk	16,26	*zwischen uns und euch eine große Kluft b.*
	8,4	opfere die Gabe, die Mose b. hat	Apg	16,5	*da wurden die Gemeinden im Glauben b.*
	18	b. er, hinüber ans andre Ufer zu fahren	2Ko	1,21	*Gott ist's aber, der uns b. in Christus*
	14,9	wegen des Eides b. er, es ihr zu geben			
	18,25	b. der Herr, ihn zu verkaufen			**Befestigung**
	21,6	taten, wie ihnen Jesus b. hatte 26,19	1Ma	5,27	beschlossen, die B. zu überfallen
	27,10	wie mir der Herr b. hat			
	58	da b. Pilatus, man sollte ihm ihn geben			**befinden**
	64	darum b., daß man das Grab bewache	2Ch	3,4	die Vorhalle, die sich davor b.
	28,20	halten alles, was ich euch b. habe		29,29	der König und alle, die sich bei ihm b.
Mk	6,27	b., das Haupt des Johannes herzubringen	Est	2,23	wurde es als richtig b.
Lk	4,10	er wird seinen Engeln deinetwegen b., daß	Dan	5,27	man hat dich gewogen und zu leicht b.
		sie dich bewahren	Sir	44,17	Noah wurde als gerecht b.
	8,55	er b., man solle ihr zu essen geben		21	(Abraham) wurde für treu b.
	14,22	Herr, es ist geschehen, was du b. hast	1Ko	4,2	nicht mehr, als daß sie für treu b. werden
	17,9	dankt er etwa dem Knecht, daß er getan hat, was b. war		15,15	wir würden dann als falsche Zeugen Gottes
	10	wenn ihr alles getan habt, was euch b. ist, so sprecht	2Ko	5,3	weil wir bekleidet und nicht nackt b. werden
	23,46	Vater, ich b. meinen Geist in deine Hände	Gal	2,17	sollten wir selbst als Sünder b. werden
Apg	1,4	als er mit ihnen zusammen war, b. er ihnen	Tit	3,8	*in einem Stand guter Werke b. werde*
	10,33	hören, was dir vom Herrn b. ist	1Pt	1,7	damit euer Glaube als echt b. werde
	48	er b., sie zu taufen in dem Namen Jesu Christi	2Pt	3,14	daß ihr vor ihm untadelig bef. werdet
	14,23	b. sie dem Herrn, an den sie gläubig geworden	Off	2,2	hast sie als Lügner b.
	26	Antiochia, wo sie der Gnade Gottes b. worden waren		3,2	ich habe deine Werke nicht als vollkommen b.
	15,24	denen wir doch nichts b. hatten		5,4	ich weinte sehr, weil niemand für würdig bef. wurde
	40	von den Brüdern der Gnade Gottes b.			
	16,22	die Stadtrichter b., sie zu schlagen 23			

beflecken

beflecken

3Mo	15,17	jedes Kleid, das mit solchem Samen b. ist
Neh	13,29	daß sie das Priestertum b. haben
Ps	106,38	daß das Land mit Blutschuld b. war
Jes	59,3	eure Hände sind mit Blut b.
	64,5	unsre Gerechtigkeit ein b. Kleid
Hes	18,6	der seines Nächsten Weib nicht b. 11.15
	22,5	b. ist dein Name
Hos	6,8	Gilead ist eine Stadt, b. von Blutschuld
Ze	3,1	weh der widerspenstigen, b. Stadt
Sir	22,15	durch das b. wird, was er ausspeit
	47,21	du b. deine Ehre
1Ko	8,7	dadurch wird ihr Gewissen b.
Heb	12,15	daß nicht die Gemeinde dadurch b. werde
Jak	3,6	sie b. den ganzen Leib Jud 8
Jud	23	haßt das Gewand, das befleckt ist vom Fleisch
Off	14,4	diese sind's, die sich mit Frauen nicht b. haben

Befleckung

Sa	13,1	werden einen Quell haben gegen Sünde und B.
Jdt	13,20	hat mich ohne B. zurückgebracht
Wsh	14,26	(überall herrschen) B. der Seelen
Apg	15,20	daß sie sich enthalten von B. durch Götzen
2Ko	7,1	laßt uns von aller B. des Fleisches reinigen

befleißigen

Rö	12,17	*b. euch der Ehrbarkeit gegen jedermann*
1Ko	14,1	*b. euch der geistlichen Gaben* 12
	39	*b. euch des Weissagens*
2Ko	5,9	*darum b. wir uns auch*
1Ti	6,2	*weil sie sich des Wohltuns b.*
2Ti	2,15	*b. dich, vor Gott dich zu erzeigen*
	4,9	*b. dich, daß du bald zu mir kommst*
Heb	13,18	*daß wir uns b., guten Wandel zu führen*

befolgen

1Ch	22,13	wird dir gelingen, wenn du die Gebote b.
Esr	6,12	damit er sorgfältig b. werde

befragen

1Mo	25,22	ging hin, den HERRN zu b. 2Mo 18,15; Ri 1,1; 18,5; 20,18.23.27; 1Sm 10,22; 14,37; 22,10. 13.15; 23,2.4; 28,6; 30,8; 2Sm 5,19.23; 2Kö 8,8; 22,13.18; 1Ch 14,10.14; 2Ch 34,21.26
2Mo	33,7	wer den HERRN b. wollte, mußte
3Mo	19,31	ihr sollt sie nicht b. 5Mo 18,11
4Mo	27,21	der soll mit den Losen den HERRN b.
5Mo	17,9	zu den Priestern kommen und sie b.
Jos	9,14	die Obersten b. den Mund des HERRN nicht
1Sm	9,9	wenn man ging, Gott zu b.
	28,7	daß ich sie b. 16; 1Ch 10,13.14
2Sm	16,23	als wenn man Gott um etwas b. hätte
1Kö	14,5	Jerobeams Frau kommt, um dich zu b.
	22,7	ist hier kein Prophet mehr, daß wir durch ihn den Herrn b. 8; 2Kö 3,11; 2Ch 18,6.7
2Kö	1,2	b. Baal-Sebub, ob ich genesen werde 3.6.16
1Ch	15,13	weil wir ihn nicht b. hatten
	21,30	David konnte nicht hingehen, Gott zu b.
2Ch	31,9	Hiskia b. die Priester und Leviten
Hi	21,29	habt ihr nicht b., die des Weges kommen
Jes	8,19	oder soll man für Lebendige die Toten b.
	30,2	die b. meinen Mund nicht

Jer	8,2	der Sonne, dem Mond, die sie b. haben
	21,2	b. doch den HERRN für uns
	37,7	der euch zu mir gesandt hat, mich zu b.
Hes	14,3	sollte ich mich b. lassen 7.10; 20,1.3.31
	21,26	der König von Babel b. seinen Götzen
Hos	4,12	mein Volk b. sein Holz
Mk	1,27	so daß sie sich b.: Was ist das
	9,10	behielten das Wort und b. sich untereinander
Jh	18,19	der Hohepriester b. Jesus über seine Lehre

befreien

1Sm	30,8	du wirst die Gefangenen b.
2Kö	5,3	der könnte ihn von seinem Aussatz b. 6.7.11
	13,5	der sie aus der Gewalt der Aramäer b.
Ps	81,7	ich habe ihre Schultern von der Last b.
Jes	31,5	der HERR Zebaoth wird b.
Hes	13,20	ich will die Seelen b.
Tob	3,12	flehte Gott an, sie von Schmach zu b.
	12,14	um Sara von dem bösen Geist zu b.
1Ma	10,30	von diesen Abgaben für alle Zeit b.
	12,15	Gott hat uns b. und die Feinde unterdrückt
	13,41	wurde Israel b. vom Joch der Heiden
	14,6	(Simon) b. und holte viele zusammen
2Ma	2,23	wie sie die Stadt b. haben
StE	3,12	Gott b. mich aus meinen Ängsten
Gal	5,1	zur Freiheit hat uns Christus b.

befremden

1Pt	4,4	das b. sie, daß ihr euch nicht mehr
	12	laßt euch durch die Hitze nicht b.

befreunden

Dan	11,6	werden sie sich miteinander b.

befriedigen

Kol	2,23	sind nichts wert und b. nur das Fleisch

befristen

Dan	11,24	aber nur für eine b. Zeit 35

befürchten

Tob	8,17	daß nicht geschehen ist, was wir b. haben
1Ma	12,40	b., Jonatan würde es verhindern
StE	6,6	sie b. Unheil für sich
Apg	23,10	b. der Oberst, sie könnten Paulus zerreißen

begabt

Dan	1,4	junge Leute, die schön, b. wären

begeben

Sir	3,27	wer sich in Gefahr b., kommt darin um
Mt	7,28	es b. sich, als Jesus diese Rede vollendet 11,1; 13,53; 19,1; 26,1
	18,13	wenn sich's b., daß er's findet
	31	brachten alles vor, was sich b. hatte
Mk	1,9	es b. sich zu der Zeit Lk 2,1
Lk	11,1	es b. sich, daß er an einem Ort war und betete
	14,31	*welcher König will sich b. in Streit*
	16,22	es b. sich aber, daß der Arme starb
	18,35	es b. sich, als er in die Nähe von Jericho
Apg	9,37	es b. sich aber zu der Zeit, daß sie krank

Apg	19,31	ermahnten ihn, sich nicht zum Theater zu b.

begegnen

1Mo	32,2	es b. ihm die Engel Gottes
	18	wenn dir mein Bruder Esau b. 20; 33,8
	42,4	es könnte ihm ein Unfall b. 38
	29	sagten ihm alles, was ihnen b. war
	49,1	was euch b. wird in künftigen Zeiten
2Mo	4,27	Aaron b. (Mose) am Berge Gottes
	5,20	b. sie Mose und Aaron
	18,8	alle Mühsal, die ihnen auf dem Wege b. war
	23,4	wenn du dem Rind deines Feindes b.
	25,22	dort will ich dir b. 29,42.43; 30,6.36
4Mo	23,3	ob mir vielleicht der HERR b. 4.15.16
	35,19	wo er ihm b., soll er ihn töten 21
5Mo	32,29	daß sie merkten, was ihnen b. wird
Jos	2,16	daß euch nicht b., die euch nachjagen
	23	erzählten ihm alles, was ihnen b. war
	8,14	um Israel zum Kampf zu b. 11,20
1Sm	10,5	wird dir eine Schar von Propheten b.
	15,12	um Saul am Morgen zu b.
	25,34	wärest du nicht eilends mir b.
2Sm	15,32	da b. (David) Huschai 16,1; 19,26
	18,9	Absalom b. den Männern Davids
1Kö	18,7	da b. ihm Elia
2Kö	1,7	von welcher Art war der Mann, der euch b.
	4,29	wenn dir jemand b., grüße ihn nicht 10,15
Est	4,7	Mordechai sagte, was ihm b. war 6,13
Ps	85,11	daß Güte und Treue einander b.
	91,10	es wird dir kein Übel b.
Spr	7,10	da b. ihm eine Frau im Hurengewand
	10,24	was der Gottlose fürchtet, wird ihm b.
	11,27	wer das Böse sucht, dem wird es b.
	17,12	besser einer Bärin b. als einem Toren
	22,2	Reiche und Arme b. einander 29,13
Pr	9,2	es b. dasselbe dem einen wie dem andern
Jes	34,14	ein Feldgeist wird dem andern b.
	51,19	dies beides ist dir b.
	64,4	du b. denen, die Gerechtigkeit übten
Jer	13,22	warum b. mir das
	51,31	ein Läufer b. dem andern
Am	4,12	bereite dich, Israel, und b. deinem Gott
	5,19	vor dem Löwen flieht und ein Bär b. ihm
	9,10	das Unglück nicht so nahe sein noch uns b.
Ze	2,10	das soll ihnen b. für ihre Hoffart
Jdt	10,12	b. ihr die Wächter der Assyrer
Wsh	6,17	(Weisheit) b. ihm, wenn er ... nachsinnt
Tob	5,29	alles zum besten lenkt, was ihm b.
Sir	15,2	(Weisheit) wird ihm b. wie eine Mutter
	40,23	einem Freund b. man gern
2Ma	12,33	der b. ihnen mit dreitausend Mann
Mt	28,9	da b. ihnen Jesus und sprach
Mk	14,13	es wird euch ein Mensch b., der Lk 22,10
Lk	8,27	b. ihm ein Mann, der böse Geister
	14,31	ob er mit Zehntausend dem b. kann, der
	17,12	b. ihm zehn aussätzige Männer
Jh	4,51	während er hinabging, b. ihm seine Knechte
	11,30	war noch dort, wo ihm Marta b. war
	18,4	Jesus wußte, was ihm b. sollte
Apg	16,16	b. uns eine Magd, die hatte einen Wahrsagegeist
	20,22	ich weiß nicht, was mir dort b. wird
Heb	12,7	*als seinen Kindern b. euch Gott*
Jak	1,5	*Gott, der allen mit Güte b.*

begehen

1Mo	34,7	daß er eine Schandtat an Israel b. hatte
	40,20	da b. der Pharao seinen Geburtstag
3Mo	20,12	sie haben einen schändlichen Frevel b. 14
4Mo	15,29	für die, die ein Versehen b. 18,1
5Mo	17,5	die eine solche Übeltat b. haben
	22,21	weil sie eine Schandtat in Israel b. hat Jos 7,15; Jer 29,23
1Kö	8,65	Salomo b. das Fest und Israel mit ihm
Jer	15,4	alles, was er in Jerusalem b. hat
	13	für alle Sünden, die du b. hast 17,3
	41,11	all dem Bösen, das Jischmaël b. hatte
	51,24	Bosheit, die sie an Zion b. haben 35
Hes	6,9	es wird sie ekeln vor dem Bösen, das sie b.
	14,13	wenn ein Land an mir Treubruch b.
	18,12	(wenn er) Greuel b. 22.28.31
Dan	9,7	um ihrer Missetat willen, die sie b.
Ob	10	des Frevels, an Jakob b. Hab 2,8.17
Sir	47,12	daß man die Feiertage würdig b. sollte
1Ma	13,52	daß man diesen Tag jährlich b. sollte
2Ma	1,18	die Reinigung des Tempels zu b. 2,16
	6,7	wenn man das Fest des Dionysos b.
StD	1,52	deine Sünden, die du bisher b. hast
Mt	14,6	als Herodes seinen Geburtstag b.
Mk	10,11	*der b. Ehebruch an ihr 12*
	15,7	die beim Aufruhr einen Mord b. hatten
Rö	3,26	(Sünden, die) b. wurden in der Zeit seiner Geduld
1Ko	5,2	verstoßen hättet, der diese Tat b. hat
Heb	9,7	Blut, das er opferte für die unwissentlich b. Sünden

begehren

2Mo	10,11	das ist es doch, was ihr b. habt
	20,17	sollst nicht b. deines Nächsten Haus 5Mo 5,21
	34,24	niemand soll dein Land b.
5Mo	7,25	sollst nicht b. das Silber oder Gold
Ri	8,24	eins b. ich von euch
1Sm	2,16	nimm dann, was dein Herz b. 20,4; 2Sm 19,39
	18,25	der König b. keinen andern Brautpreis
2Sm	3,21	der König seist, wie es dein Herz b. 1Kö 11,37
	23,5	all mein B. wird er gedeihen lassen
1Kö	10,24	alle Welt b., Salomo zu sehen 2Ch 9,23
Neh	2,4	was b. du denn Est 2,15; 5,3.6; 7,2; 9,12
Est	5,7	meine Bitte und mein B. ist 8; 7,3
Hi	31,16	hab ich dem Bedürftigen ihr B. versagt
Ps	20,5	er gebe dir, was dein Herz b.
	38,10	Herr, du kennst all mein B.
	119,40	ich b. deine Befehle
	140,9	gib den Gottlosen nicht, was er b.
	145,19	er tut, was die Gottesfürchtigen b.
Spr	10,24	was die Gerechten b., wird ihnen gegeben
	13,4	der Faule b. und kriegt's doch nicht
	12	wenn aber kommt, was man b. 19
	21,26	den ganzen Tag b. die Gier
Pr	6,2	mangelt ihm nichts, was sein Herz b.
Hl	2,3	unter seinem Schatten zu sitzen, b. ich
Jes	26,8	des Herzens B. steht nach deinem Namen
	30,10	schauet, was das Herz b.
	58,2	sie b., daß Gott sich nahe
Jer	39,12	wie er's von dir b., so mach's
	45,5	b. für dich große Dinge? B. es nicht
Klg	2,16	der Tag, den wir b. haben
Dan	10,12	als du von Herzen b. zu verstehen
Mal	3,1	der Engel des Bundes, den ihr b.
Wsh	6,12	b. sie, so werdet ihr Belehrung empfangen
	14	sie kommt denen entgegen, die sie b.
	8,8	b. jemand Erfahrung und Wissen
Tob	3,17	daß ich niemals einen Mann b. habe

begehren

Sir	5,2	folge deinem B. nicht, auch wenn du
	6,37	wird dir Weisheit geben, wie du b.
	7,4	b. vom Herrn nicht Herrschaft 6
	24,47	gemüht für alle, die Weisheit b.
	41,27	schäme dich, die Magd eines andern zu b.
1Ma	5,50	er b. nichts anderes, als... zu ziehen
	7,13	(waren die ersten,) die Frieden b.
	10,53	b. ich, Freundschaft mit ihr zu schließen
	11,42	nicht allein das, was du b.
Mt	5,28	wer eine Frau ansieht, sie zu b.
	13,17	viele Propheten haben b., zu sehen
Mk	8,11	b. von ihm ein Zeichen Lk 11,16.29
	15,6	einen Gefangenen loszugeben, welchen sie b.
Lk	6,19	alles Volk b., ihn anzurühren
	9,9	Herodes b. ihn zu sehen
	15,16	b., seinen Bauch zu füllen mit den Schoten
	16,21	b., sich zu sättigen mit dem, was
	17,22	Zeit, in der ihr b. werdet, zu sehen
	19,3	er b., Jesus zu sehen
	22,31	der Satan hat b., euch zu sieben
Apg	13,7	Statthalter b., das Wort Gottes zu hören
	20,33	ich habe von niemandem Silber oder Gold b.
Rö	7,7	du sollst nicht b. 13,9
1Ti	3,1	wenn jemand ein Bischofsamt b., der b. eine hohe Aufgabe
1Pt	1,12	was auch die Engel b. zu schauen
Heb	6,11	wir b., daß ein jeglicher denselben Eifer
	11,16	nun b. sie eines besseren Vaterlandes
Off	9,6	sie werden b. zu sterben, und der Tod wird von ihnen fliehen

Begier, Begierde

Pr	8,11	wird das Herz voll B., Böses zu tun
Jdt	12,17	entbrannte vor B. nach ihr StD 1,8
Wsh	4,12	lockende B. verkehrt den arglosen Sinn
Sir	23,5	wende von mir alle bösen B.
StD	1,14	bekannten sie beide ihre B. 11
	56	die B. hat dein Herz verkehrt
Mk	4,19	die B. nach allem andern dringen ein
Rö	1,24	in den B. ihrer Herzen dahingegeben
	27	die Männer sind in B. zueinander entbrannt
	6,12	leistet keinen Gehorsam
	7,7	ich wußte nichts von der B., wenn nicht
	8	erregte in mir B. aller Art
	13,14	sorgt für den Leib nicht so, daß ihr den B. verfallt
1Ko	7,9	es ist besser, zu heiraten als sich in B. zu verzehren
Gal	5,16	die B. des Fleisches nicht vollbringen
	24	ihr Fleisch gekreuzigt samt den B.
Eph	2,3	haben wir alle einst unser Leben geführt in den Begierden unsres Fleisches
	4,22	legt ab den alten Menschen, der sich durch trügerische B. zugrunde richtet
Kol	3,5	tötet die Leidenschaft, böse B.
1Ti	5,11	wenn sie ihrer B. nachgeben Christus zuwider
	6,9	fallen in Verstrickung und in viele törichte B.
2Ti	2,22	fliehe die B. der Jugend
	3,6	die von mancherlei B. getrieben werden
Tit	2,12	daß wir absagen den weltlichen B.
	3,3	waren mancherlei B. und Gelüsten dienstbar
1Pt	1,14	als... Kinder gebt euch nicht den B. hin
	2,11	enthaltet euch von fleischlichen B.
	4,2	daß er die noch übrige Zeit im Fleisch nicht den B. der Menschen lebe
	3	als ihr ein Leben führtet in B.
2Pt	1,4	die ihr entronnen seid der verderblichen B. in der Welt
	2,10	die nach dem Fleisch leben in unreiner B. 3,3
Jak	1,14	wird von seinen eigenen B. gereizt und gelockt
	15	wenn die B. empfangen, gebiert sie die Sünde
Jud	16	sie leben nach ihren B. 18

begierig

Hos	4,8	sie sind b. nach seiner Schuld
1Pt	2,2	seid b. nach der vernünftigen Milch
Jak	4,2	ihr seid b. und erlangt's nicht

begießen

1Mo	35,14	Jakob richtete ein Mal auf und b. es mit Öl
Jes	27,3	ich b. ihn immer wieder
1Ko	3,6	ich habe gepflanzt, Apollos hat b.
	7	so ist weder der pflanzt noch der b. etwas 8

Beginn

2Sm	23,13	drei Helden kamen zu B. der Ernte hinab
Klg	2,19	schreie zu B. jeder Nachtwache
Mk	10,6	von B. der Schöpfung an als Mann und Frau

beginnen

1Mo	6,1	als die Menschen sich zu mehren b.
Jos	15,5	die Nordgrenze b. am Meer
Ri	20,40	da b. eine Rauchsäule aufzusteigen
1Sm	11,9	wenn die Sonne b., heiß zu scheinen
	13,8	b. das Volk von Saul wegzulaufen 11
1Kö	20,14	wer soll die Schlacht b.
2Kö	15,37	b. der HERR, gegen Juda zu senden Rezin
2Ch	29,27	b. der Gesang für den HERRN
Esr	3,8	b. alle, die Leviten zu bestellen
	4,12	haben b., die Mauern zu errichten
Jes	30,13	wenn es b. zu rieseln
Hes	39,14	sollen sie b. nachzuforschen
Tob	8,5	können unsere Ehe nicht b. wie die Heiden
2Ma	2,33	nun wollen wir mit der Erzählung b.
	9,11	b., von seiner Überheblichkeit abzulassen
Mt	14,30	erschrak er und b. zu sinken und schrie
Lk	5,6	ihre Netze b. zu reißen
Apg	17,32	b. die einen zu spotten
	20,37	da b. alle laut zu weinen

begleiten

| 2Ko | 8,19 | uns zu b., wenn wir... überbringen |

Begleiter

| Tob | 5,4 | suche dir einen zuverläss. B. 18.24; 10,7 |
| | 11,18 | wieviel Gutes Gott getan durch seinen B. |

beglückwünschen

| Tob | 11,19 | b. ihn und freuten sich mit ihm |

begnaden

Sir	44,10	jene waren b. Leute
	45,1	er hat kommen lassen Mose, den b. Mann
Lk	1,28	der Engel sprach: Sei gegrüßt, du B.
Eph	1,6	Gnade, mit der er uns b. hat in dem Geliebten

begnügen

3Jh	10	er macht uns schlecht mit bösen Worten und b. sich noch nicht damit

begraben

1Mo	15,15	du sollst in gutem Alter b. werden
	23,4	daß ich meine Tote b. 6.8.11.13.15
	19	b. Abraham Sara in der Höhle 25,10
	25,9	b. ihn seine Söhne 35,29
	35,8	Debora wurde b. unterhalb von Bethel
	19	Rahel wurde b. an dem Wege nach Efrata 48,7
	47,29	b. mich nicht in Ägypten
	49,29	b. mich bei meinen Vätern in der Höhle 31; 47,30; 50,13.14
	50,5	so will ich nun meinen Vater b. 6.7
4Mo	11,34	weil man dort das lüsterne Volk b.
	20,1	Mirjam wurde (in Kadesch) b.
	33,4	als sie eben die Erstgeburt b.
5Mo	10,6	zogen nach Moser. Aaron wurde daselbst b.
	21,23	du sollst ihn am selben Tage b.
	34,6	(der HERR) b. (Mose) im Tal
Jos	24,30	man b. (Josua) in Timnat-Serach Ri 2,9
	32	die Gebeine Josefs b. sie zu Sichem
	33	auch Eleasar starb, und sie b. ihn in Gibea
Ri	8,32	b. im Grab seines Vaters 16,31; 2Sm 2,32; 17,23
	10,2	richtete Israel und wurde b. 5; 12,7.10.12.15
Rut	1,17	da will ich auch b. werden
1Sm	25,1	sie b. (Samuel) in seinem Hause in Rama 28,3
	31,13	ihre Gebeine b. sie 2Sm 2,4.5; 21,14; 1Ch 10,12
2Sm	3,32	als sie Abner b. in Hebron 4,12
1Kö	2,10	wurde b. in der Stadt Davids 11,43; 14,31; 15,8.24; 22,51; 2Kö 8,24; 9,28; 12,22; 14,20; 15,7.38; 16,20; 23,30; 2Ch 9,31; 12,16; 13,23; 16,14; 21,1.20; 24,16.25; 25,28; 27,9; 28,27; 35,24
	31	stoß ihn nieder und b. ihn
	34	wurde b. in seinem Hause 2Ch 33,20
	11,15	um die Erschlagenen Israels b.
	13,29	Totenklage zu halten und ihn zu b. 31
	31	b. mich in dem Grabe, in dem ... b.
	14,13	wird ganz Israel ihn b. 18
	16,6	Bascha wurde b. zu Tirza
	28	Omri wurde b. zu Samaria 22,37; 2Kö 10,35; 13,9.13; 14,16
2Kö	9,10	niemand soll (Isebel) b.
	34	b. sie; denn sie ist eines Königs Tochter 35; 2Ch 22,9
	13,20	als Elisa gestorben war und man ihn b.
	21,18	Manasse wurde b. im Garten 26
2Ch	26,23	sie b. (Usija) auf dem Felde
	32,33	b. ihn über den Gräbern der Söhne Davids
Neh	2,3	Stadt, in der meine Väter b. sind 5
Ps	79,3	da war niemand, der sie b.
Pr	8,10	sah ich Gottlose, die b. wurden
Jes	14,20	du wirst nicht wie jene b. werden
	51,14	daß er nicht sterbe in b. werde
Jer	7,32	man wird im Tofet b. müssen 19,11
	8,2	sie sollen nicht wieder b. werden 14,16; 16,4.6; 25,33
	20,6	Babel ... dort sollst du b. werden
	22,19	er soll wie ein Esel b. werden
	26,23	unter dem niederen Volk b.
Hes	32,23	sein Volk liegt ringsumher b. 28
	39,11	dort wird man Gog b. 12-15
Hos	9,6	Ägypten wird sie sammeln und Memphis sie b.
Wsh	18,12	nicht genug Lebende, um sie zu b.
Tob	1,20	die Toten und Erschlagenen b. er 2,3.7-10.15; 8,14; 12,12
	4,3	so b. meinen Leib 5; 14,2.12.16
Sir	44,13	sie sind in Frieden b.
1Ma	2,70	seine Söhne b. (Mattatias)
	7,17	da war niemand, der sie b.
2Ma	5,10	nicht, bei seinen Vätern b. zu werden
	9,15	nicht wert geachtet, daß sie b. würden
Mt	8,21	daß ich zuvor hingehe und meinen Vater b. Lk 9,59
	22	laß die Toten ihre Toten b. Lk 9,60
	14,12	s. Jünger nahmen seinen Leichnam und b. ihn
Lk	16,22	der Reiche starb und wurde b.
Jh	19,40	wie die Juden zu b. pflegen
Apg	2,29	er ist gestorben und b. 1Ko 15,4
	5,6	trugen ihn hinaus und b. ihn 9.10
Rö	6,4	so sind wir mit ihm b. durch die Taufe Kol 2,12

Begräbnis

1Mo	50,2	befahl, daß sie seinen Vater zum B. salbten
Hes	39,11	will Gog einen Ort geben zum B.
Tob	4,18	gib von deinem Brot und Wein beim B.
Bar	6,32	wie es bei einem B. Sitte ist
2Ma	4,49	sie bereiteten ihnen ein großartiges B.
Mt	26,12	das hat sie für mein B. getan Mk 14,8; Jh 12,7
	27,7	den Töpferacker zum B. für Fremde

begreifen

Hi	37,5	Gott tut Dinge, die wir nicht b.
Ps	14,4	will das keiner der Übeltäter b.
	50,22	b. es doch, die ihr Gott vergesset
	73,16	sann ich nach, ob ich's b. könnte
	92,7	ein Narr b. es nicht
	139,6	ich kann (diese Erkenntnis) nicht b.
Wsh	7,17	so daß ich den Bau der Welt b.
	9,16	wir b. nur schwer, was wir in Händen
	13,1	die nicht b., wer der Meister ist
Bar	3,18	deren Werke nicht b.
Mt	15,10	(Jesus) sprach: Hört zu und b.'s Mk 7,14
Mk	8,17	versteht ihr noch nicht, und b. ihr nicht 21
Lk	9,45	war ihnen verborgen, so daß sie es nicht b.
	18,34	sie aber b. nichts davon
1Ko	14,16	*der dabeisteht und b. es nicht*
Eph	3,18	so könnt ihr b., welches die Breite ist

begrenzen

Jos	18,20	die Seite nach Osten soll der Jordan b.

Begründung

Sir	32,21	findet eine B., wie er sie braucht

begrüßen

1Ma	7,29	sie b. sich friedlich
Lk	1,40	kam in das Haus des Zacharias und b. Elisabeth
Apg	21,7	b. die Brüder und blieben einen Tag bei ihnen
	19	als er sie b. hatte, erzählte er
	25,13	kamen König Agrippa und Berenike, Festus zu b.

begünstigen

begünstigen
- 2Mo 23,3 du sollst den Geringen nicht b.
- 3Mo 19,15 du sollst den Großen nicht b.
- Wsh 6,8 der Herr des Alls wird niemand b.
- 1Ti 5,21 daß du niemanden b.

begürten
- 1Pt 1,13 so b. die Lenden eures Gemütes
- Off 1,13 war b. mit einem goldenen Gürtel

behacken
- Jes 7,25 die man jetzt mit der Hacke zu b. pflegt

behaften
- Hes 21,28 sie erinnern, daß sie dabei b. werden 29
- Mt 4,24 mit mancherlei Leiden und Plagen b.
- Jh 5,4 *mit welcherlei Leiden er b. war*

behalten
- 1Mo 14,21 die Güter b. für dich
- 33,9 habe genug, mein Bruder; b., was du hast
- 37,11 sein Vater b. diese Worte
- 38,23 Juda sprach: Sie mag's b.
- 3Mo 22,30 sollt nichts übrig b. bis zum Morgen
- 25,30 so soll es der Käufer für immer b.
- 4Mo 36,8 damit jeder das Erbe seiner Väter b.
- 5Mo 22,19 er soll sie als Frau b.
- 28,41 Söhne und Töchter wirst du doch nicht b.
- Ri 7,8 die dreihundert Mann b. Gideon bei sich
- 13,15 wir möchten dich gern hier b.
- 21,17 die Entronnenen müssen ihr Erbe b.
- 1Sm 6,10 die Leute b. ihre Kälber daheim
- Esr 4,16 daß du hernach nichts b. wirst
- Hi 13,18 ich weiß, daß ich recht b. werde
- Ps 107,43 wer ist weise und b. dies
- 118,15 die Rechte des HERRN b. den Sieg 16
- 119,11 ich b. dein Wort in meinem Herzen
- Spr 2,1 wenn du meine Gebote b. 3,1; 4,21
- 5,2 daß du b. guten Rat
- 7,1 mein Sohn, b. meine Rede 2
- 22,18 lieblich ist's, wenn du sie im Sinne b.
- 23,13 so wird er sein Leben b.
- Pr 3,6 verlieren sein Zeit, b. hat seine Zeit
- Jer 21,9 soll sein Leben als Beute b.
- 37,21 daß man Jeremia b. sollte
- Hes 18,9 der soll das Leben b.
- 24,23 werdet euren Kopfbund auf eurem Haupt b.
- Dan 5,17 b. deine Gaben und gib einem andern
- 7,21 das Horn b. den Sieg über sie
- 28 doch ich b. die Rede in meinem Herzen
- Mi 2,5 werdet keinen Anteil b. in der Gemeinde
- Hab 3,8 als deine Wagen den Sieg b.
- Tob 4,2 höre meine Worte und b. sie
- 6,6 nimm den Fisch aus und b. das Herz 8
- Sir 19,22 so drehen, daß er recht b.
- 21,17 das Herz des Narren kann keine Lehre b.
- 33,23 b. die Entscheidung in der Hand
- 41,15 sieh zu, daß du einen guten Namen b.
- 47,25 b. einen Rest übrig aus Jakob
- 1Ma 11,57 daß er die vier Bezirke b. sollte
- 12,47 (Jonatan) b. nur dreitausend Mann
- Mk 9,10 sie b. das Wort und befragten sich
- Lk 2,19 Maria aber b. alle diese Worte 51
- 8,15 die das Wort hören und b.
- 19,20 *Pfund, welches ich habe im Schweißtuch b.*
- Jh 2,10 *du hast den guten Wein bisher b.*
- 17,6 *sie haben dein Wort b.*
- 20,23 welchen ihr (die Sünden) b., denen sind sie b.
- Apg 5,4 hättest du den Acker nicht b. können
- 7,59 *Herr, b. ihnen diese Sünde nicht*
- 24,23 *er befahl, Paulus gefangen zu b. 25,21*
- Rö 3,4 damit du recht b. in deinen Worten
- 14,22 den Glauben, den du hast, b. bei dir selbst
- 1Ko 7,30 (sollen sein die,) die kaufen, als b. sie es nicht
- Eph 6,13 damit ihr an dem bösen Tag das Feld b. könnt
- 1Th 5,21 prüft alles, und das Gute b.
- Phm 13 ich wollte ihn gern bei mir b.
- 1Pt 1,4 *Erbe, das b. wird im Himmel*
- 2Pt 1,15 daß ihr dies allezeit im Gedächtnis b. könnt
- 2,4 *daß sie zum Gericht b. werden*
- 9 *der Herr weiß die Ungerechten zu b.*
- Heb 3,6 *wenn wir das Vertrauen fest b. 14*
- Jud 6 *auch die Engel hat er b. zum Gericht*
- 13 welchen b. ist das Dunkel der Finsternis
- Off 1,3 selig (sind), die b., was darin geschrieben ist
- 3,8 *du hast mein Wort b.*
- 15,2 die den Sieg b. hatten über das Tier

behandeln
- 4Mo 20,15 die Ägypter uns schlecht b. 5Mo 26,6
- 5Mo 21,14 sollst sie aber nicht als Sklavin b.
- 24,7 wenn jemand einen Menschen gewalttätig b.
- 2Ch 10,7 wirst du sie gütig b.
- Jdt 10,17 wird er dich gewiß gut b.
- 11,7 wir wissen, wie du (Achior) b. hast
- Sir 7,22 b. einen Sklaven nicht schlecht 33,31. 32
- 10,6 b. ihn niemals von oben herab
- 37,12 fragt nicht, wie man… b. soll
- 2Ma 14,24 (Nikanor) b. (den Judas) freundlich
- Apg 7,6 *sie werden es übel b. vierhundert Jahre*

Behang
- 2Mo 27,9 B. von gezwirnter Leinwand 11.12.14.18; 35,17; 38,9.16.18; 39,40

behängen
- Bar 6,24 das Gold, mit dem man sie b., glänzt nicht

beharren
- Jes 32,8 der Edle b. bei Edlem
- Mt 10,22 wer aber bis an das Ende b. 24,13; Mk 13,13
- Lk 21,19 *wenn ihr b., werdet ihr euer Leben gewinnen*
- 22,28 ihr aber seid's, die ihr b. habt bei mir
- Rö 6,1 sollen wir in der Sünde b., damit
- 1Ti 4,16 b. in diesen Stücken
- Jak 1,25 wer aber durchschaut und dabei b.

beharrlich
- 2Ma 14,38 hatte Leib und Leben dafür b. gewagt
- Apg 26,7 wenn sie Gott bei Tag und Nacht b. dienen
- Rö 12,12 seid b. im Gebet Kol 4,2
- 1Ti 5,5 die b. fleht und betet Tag und Nacht

Beharrlichkeit
- 1Ma 8,3 Länder durch B. gewonnen
- Eph 6,18 betet und wacht dazu mit aller B.

behauen

2Mo	20,25	sollst ihn nicht von b. Steinen bauen
Jos	8,31	Steinen, die mit keinem Eisen b. waren
1Kö	5,31	b. Steine zum Grund des Hauses
	6,36	Vorhof von drei Schichten b. Steine 7,12
2Ch	2,9	den Holzhauern, die das Holz b.
Esr	5,8	dies baute man mit b. Steinen 6,4
Spr	9,1	die Weisheit hat ihre sieben Säulen b.
Jes	44,13	er b. das Holz und zirkelt es ab
Wsh	13,10	unnütze Steine, b. in alter Zeit

behaupten

Wsh	2,13	er b., Erkenntnis Gottes zu haben
Apg	25,19	Jesus, von dem Paulus b., er lebe
Rö	3,8	ist es etwa so, wie einige b., daß wir sagen
1Ti	1,7	verstehen selber nicht, was sie so fest b.

Behausung

Jes	34,13	es wird eine B. sein der Schakale
Apg	1,20	seine B. soll verwüstet werden
2Ko	5,2	daß wir mit unserer B. überkleidet werden
Eph	2,22	*zu einer B. Gottes im Geist*
Jud	6	die Engel, die ihre B. verließen
Off	18,2	ist eine B. der Teufel geworden

Behemot, *Behemoth*

Hi	40,15	siehe da den B., den ich geschaffen habe

behend, behende

Spr	6,18	Füße, die b. sind, Schaden zu tun
	22,29	siehst du einen Mann, b. in seinem Geschäft
Wsh	7,22	ein Geist, b., durchdringend, rein
Apg	12,7	*er weckte ihn und sprach: Stehe b. auf*
	22,18	*mache dich b. von Jerusalem hinaus*

beherbergen

Ri	19,15	es war niemand, der sie b. wollte 18
Mt	25,35	*bin ein Fremdling… ihr habt mich b. 38.43*
Apg	10,23	da rief er sie herein und b. sie
	17,7	die b. Jason
	28,7	der nahm uns auf und b. uns
Heb	13,2	dadurch haben einige ohne Wissen Engel b.

beherrschen

Spr	16,32	wer sich selbst b., (ist) besser als
Jes	3,12	Kinder Gebieter m. Volks, und Weiber b. es
Sir	47,21	du ließest dich durch sie b.

beherzigen

Sir	16,23	mein Kind, b. meine Worte

behilflich

1Ti	6,18	daß sie Gutes tun, b. seien

behindern

Sir	16,28	(daß) keins das andere b.
1Pt	3,7	euer gemeinsames Gebet soll nicht b. werden

behindert

Neh	6,10	der gerade b. war

behüten

1Mo	20,6	darum habe ich dich auch b.
	28,15	will dich b., wo du hinziehst 20
2Mo	23,20	siehe, ich sende einen Engel, der dich b.
4Mo	6,24	der HERR segne dich und b. dich Ps 121,5.7
5Mo	32,10	er b. ihn wie seinen Augapfel
Jos	24,17	hat uns b. auf dem ganzen Wege
1Sm	2,9	er wird b. die Füße seiner Heiligen
	25,21	hab ich alles umsonst b., was der hat
	30,23	er hat uns b. und diese Schar
Hi	29,2	in den Tagen, da Gott mich b.
Ps	12,8	wollest uns b. vor diesem Geschlecht
	17,8	b. mich wie einen Augapfel im Auge
	25,21	Unschuld und Redlichkeit mögen mich b.
	31,24	die Gläubigen b. der HERR
	32,7	du wirst mich vor Angst b.
	34,14	b. deine Zunge vor Bösem
	40,12	laß deine Güte und Treue mich b. 61,8
	64,2	mein Leben vor dem schrecklichen Feinde
	91,11	daß sie dich b. auf allen deinen Wegen
	116,6	der HERR b. die Unmündigen
	121,3	der dich b., schläft nicht
	8	der HERR b. deinen Ausgang und Eingang
	127,1	wenn der HERR nicht die Stadt b.
	140,2	b. mich vor den Gewalttätigen 5
	141,3	HERR, b. meinen Mund
	145,20	der HERR b. alle, die ihn lieben
	146,9	der HERR b. die Fremdlinge
Spr	2,8	er b., die recht tun
	11	wird Einsicht dich b.
	3,26	der HERR b. deinen Fuß
	4,6	liebe sie, so wird sie dich b.
	23	b. dein Herz mit allem Fleiß
	7,5	daß du sie b. vor der Frau des andern
	13,6	die Gerechtigkeit b. den Unschuldigen
	20,28	gütig und treu sein b. den König
	22,12	die Augen des HERRN b. die Erkenntnis
Hl	1,6	meinen eigenen Weinberg habe ich nicht b.
Jes	27,3	ich b. ihn… will ihn Tag und Nacht b.
	42,6	ich b. dich und mache dich zum Bund 49,8
Hes	34,16	ich will, was fett und stark ist, b.
Jdt	13,20	der Herr hat mich b.
Wsh	9,11	(die Weisheit) wird mich b.
	10,13	die Weisheit b. ihn 1
Tob	8,6	beteten, daß Gott sie b. wolle
Sir	1,18	der b. und macht das Herz fromm
	23,5	b. mich vor lüsternem Blick 6
	15	davor b. Gott das Haus Jakob
1Ma	8,23	Gott b. sie vor Krieg und Feinden
Jud	24	dem, der euch vor dem Straucheln b. kann

Beiarbeiter

Apg	19,25	*die B. dieses Handwerks versammelte er*

Beiboot

Apg	27,16	da konnten wir mit Mühe das B. in unsre Gewalt bekommen
	30	als die Schiffsleute das B. ins Meer herabließen 32

beide, beides

1Mo	2,25	waren b. nackt, der Mensch und sein Weib

beide

1Mo	3,7	da wurden ihnen b. die Augen aufgetan
	9,22	sagte er's seinen b. Brüdern draußen 23
	18,11	waren b. alt und hochbetagt
	19,15	nimm deine b. Töchter 16.30.36
	21,27	die b. schlossen einen Bund miteinander 31
	22,6	gingen die b. miteinander 8; Rut 1,19; 1Sm 9,26; 2Kö 2,6-8
	27,45	warum sollte ich euer b. beraubt werden
	31,33	ging in die Zelte der b. Mägde
	37	daß sie zwischen uns b. richten
	32,23	nahm seine b. Frauen und die b. Mägde 33,1
	40,2	wurde zornig über seine b. Kämmerer
	5	es träumte ihnen b. 41,11
	41,25	b. Träume des Pharao bedeuten das gleiche
	48,1	nahm mit sich seine b. Söhne 5.13; 2Mo 18,3.6
2Mo	12,7	sie sollen b. Pfosten bestreichen 22.23
	17,12	darum nahmen die b. einen Stein
	22,8	so soll b. Sache vor Gott kommen
	25,18	Cherubim an b. Enden des Gnadenthrones 37,7
	22	zwischen den b. Cherubim will ich reden 4Mo 7,89
	36	b., Knäufe und Arme, aus einem Stück
	26,11	daß b. Stücke zusammengefügt werden 24; 28,7.23-27; 36,11.29; 39,4.16-20
	13	auf b. Seiten je eine Elle 27,7; 30,4; 37,27; Hes 40,10.12.34.37; 41,2
	28,12	Aaron ihre Namen auf b. Schultern trage
	29,3	herzubringen samt den b. Widdern 3Mo 8,2
	13	sollst nehmen die b. Nieren mit dem Fett daran 22; 3Mo 3,4.10.15; 4,9; 7,4; 8,16.25
	31,18	die b. Tafeln des Gesetzes 32,15; 5Mo 9,17; 10,3
3Mo	7,7	für b. soll ein und dasselbe Gesetz gelten
	9,2	ein Stier und ein Widder, b. ohne Fehler 3
	14,12	soll b. als Schwingopfer schwingen
	16,12	b. Hände voll zerstoßenen Räucherwerks
	21	soll Aaron b. Hände auf dessen Kopf legen
	20,10	sollen b. sterben, Ehebrecher und Ehebrecherin 11-14.18; 5Mo 22,22.24
	27,10	so sollen sie b. heilig sein 33
4Mo	7,13	b. voll feinstem Mehl 19 u. ö. 79
	10,3	wenn man mit b. (Trompeten) bläst
	12,5	Aaron und Mirjam gingen b. hin
	18,3	damit nicht b. sterben, sie und ihr
	22,24	Weinbergen, wo auf b. Seiten Mauern waren
	23,2	b. opferten auf jedem Altar
	25,8	durchstach b., den Mann und die Frau
	26,19	Er und Onan, die b. starben
5Mo	3,8	nahmen wir den Königen der Amoriter das Land 21; 4,47; Jos 2,10; 9,10; 24,12
	9,15	als ich die Tafeln in meinen b. Händen
	12,22	der Reine wie der Unreine dürfen's b. essen
	18,3	daß man dem Priester gebe b. Kinnbacken
	19,17	b. Männer, die eine Sache miteinander haben
	21,15	zwei Frauen, und sie b. gebären
	23,19	das ist dem HERRN b. ein Greuel
	28,57	und ihr Kind, sie wird b. vor Mangel essen
Jos	2,4	die Frau verbarg die b. Männer 23; 6,22
	8,33	ganz Israel stand zu b. Seiten der Lade
	13,13	sondern es wohnten b. mitten unter Israel
Ri	8,12	(Gideon) nahm gefangen die b. Könige
	9,44	die b. andern Heerhaufen überfielen alle
	16,3	ergriff b. Torflügel samt den b. Pfosten
	28	damit ich mich für meine b. Augen räche
	19,6	sie aßen b. miteinander 8
	20,32	wegziehen auf die b. Straßen
Rut	1,1	mit seiner Frau und seinen b. Söhnen 2-8
	4,11	Rahel und Lea, die b. das Haus Israel gebaut
1Sm	1,3	die b. Söhne Elis, Priester 2,34; 4,4.11.17
	3,11	jedem b. Ohren gellen werden 2Kö 21,12
	5,4	sein Haupt und seine b. Hände abgeschlagen
	14,11	als sie sich b. der Wache zeigten
	20,11	sie gingen b. hinaus aufs Feld 42; 23,18
	25,43	sie wurden b. seine Frauen 27,3; 30,5.18; 2Sm 2,2
2Sm	4,4	der war lahm an b. Füßen 9,13
	15,27	eure b. Söhne, Ahimaaz und Jonatan 36; 17,18
	18,24	David saß zwischen den b. Toren
	21,8	die b. Söhne der Rizpa, Saul geboren
	23,20	die b. „Gotteslöwen" der Moabiter 1Ch 11,22
1Kö	3,18	kein Fremder war im Hause, nur wir b.
	6,25	b. Cherubim hatten die gleiche Gestalt
	7,20	Knauf auf b. Säulen 41.42; 2Kö 25,16; 2Ch 4,12.13
	9,10	als Salomo die b. Häuser baute
	10,19	waren Lehnen auf b. Seiten 20; 2Ch 9,18.19
	11,29	waren b. allein auf dem Felde
	18,21	wie lange hinket ihr auf b. Seiten
2Kö	2,8	Wasser; das teilte sich nach b. Seiten
	11	die schieden die b. voneinander
	4,1	der Schuldherr will meine b. Kinder
	5,23	gab's seinen b. Dienern
	21,5	baute Altäre in b. Vorhöfen 23,12; 2Ch 33,5
1Ch	12,2	geschickt mit b. Händen
	16	als er voll war bis zu b. Ufern
	24,5	sie teilten die b. durchs Los
2Ch	4,13	Granatäpfel an den b. Gitterwerken
Neh	12,40	so standen die b. Dankchöre
Est	2,23	wurden b. an den Galgen gehängt
Hi	9,33	der seine Hand auf uns b. legte
	21,26	liegen b. miteinander in der Erde
	42,7	entbrannt über deine b. Freunde
Spr	8,14	mein ist b., Rat und Tat
	17,15	die sind b. dem HERRN ein Greuel 20,10
	20,12	die macht b. der HERR
	24,22	wird von b. her das Unheil kommen
	27,3	Ärger über einen Toren ist schwerer als b.
	29,13	der b. das Augenlicht gab, ist der HERR
Pr	4,2	besser als b. ist, wer noch nicht geboren
	6	besser... als b. Fäuste voll mit Mühe
	5,7	noch Höhere sind über b.
	11,6	ob b. miteinander gut gerät
Hl	4,5	deine b. Brüste sind wie Zwillinge 7,4
Jes	1,31	b. wird miteinander brennen
	7,4	sei unverzagt vor diesen b. Brandscheiten
	8,14	ein Fels des Ärgernisses für die b. Häuser
	9,20	b. miteinander gegen Juda
	22,11	machtet ein Becken zwischen b. Mauern
	47,9	dies b. wird plötzlich kommen
	51,19	dies b. ist dir begegnet
	65,7	b., ihre und ihrer Väter Missetaten
Jer	31,34	sollen mich erkennen, b., klein und groß
	32,12	(Kaufbrief und Abschrift) gab b. Baruch
	33,24	die b. Geschlechter hat er verworfen
	39,4	flohen zwischen den b. Mauern
	46,12	liegen b. miteinander danieder
Hes	14,10	so sollen sie b. ihre Schuld tragen
	15,4	wenn das Feuer seine b. Enden verzehrt
	21,24	sollen b. von einem Land ausgehen 26
	23,13	sah, daß sie b. unrein geworden waren
	35,10	b. Völker mit b. Ländern müssen mein werden
	41,24	b. Türflügel konnten sich drehen
	43,24	sollst b. vor dem HERRN opfern 25
	45,7	zu b. Seiten der Abgabe für das Heiligtum
	48,21	
	11	nach dem Faß soll man b. messen

138

Hes	47,7	Bäume am Ufer auf b. Seiten
Dan	8,7	er zerbrach ihm seine b. Hörner 20
	11,27	b. Könige werden darauf bedacht sein
Sa	4,12	was sind die b. Zweige der Ölbäume
	6,13	es wird Friede sein zwischen den b.
Jdt	5,10	daß das Wasser auf b. Seiten stand
Wsh	14,30	wird für b. gerechte Strafe kommen
Tob	3,24	wurden die Gebete dieser b. erhört 25; 8,6
	8,10	laß uns b. gesund bleiben 15
	18	hast dich erbarmt über diese b.
	10,3	fingen b. an zu weinen 11,11
	12,6	b., Vater und Sohn, riefen ihn
Sir	20,27	zuletzt kommen sie b. an den Galgen
	28,14	b. kann aus deinem Munde kommen
	40,20	Weisheit ist liebenswerter als b. 21.22
1Ma	6,38	Reiterei auf b. Seiten des Heeres
	45	tötete viele von ihnen auf b. Seiten
	12,21	weil b. Völker von Abraham herkommen
2Ma	3,26	die traten auf b. Seiten neben ihn
Mt	9,17	so bleiben b. miteinander erhalten
	13,30	laßt b. miteinander wachsen bis zur Ernte
	15,14	so fallen sie b. in die Grube Lk 6,39
	20,21	laß meine b. Söhne sitzen in deinem Reich
	21,31	wer von den b. hat des Vaters Willen getan
	22,40	in diesen b. Geboten hängt das ganze Gesetz Mk 12,31
Lk	1,6	sie waren b. fromm vor Gott
	7	b. waren hochbetagt
	2,16	sie fanden b., Maria und Josef
	5,7	füllten b. Boote voll, so daß sie fast sanken
Jh	15,24	*hassen doch b., mich und meinen Vater*
	19,18	und mit ihm zwei andere zu b. Seiten
Apg	8,38	b. stiegen in das Wasser hinab
	19,10	*daß alle hörten, b., Juden und Griechen,*
Rö	3,9	*b., Juden und Griechen, unter der Sünde*
	11,33	b. der Weisheit und der Erkenntnis Gottes
1Ko	7,5	es sei denn, wenn b. es wollen
2Ko	12,18	haben wir nicht b. in demselben Geist gehandelt
Eph	1,10	*b., was im Himmel und auf Erden ist*
	2,14	unser Friede, der aus b. eines gemacht hat 16
	18	durch ihn haben wir alle b. den Zugang zum Vater
Phl	1,23	es setzt mir b. hart zu
	29	um Christi willen b. zu tun
	2,13	Gott ist's, der in euch wirkt b., das Wollen und das Vollbringen
	4,12	ich kann b.: satt sein und hungern
Tit	1,4	meinem rechten Sohn nach unser b. Glauben
	15	unrein ist b., ihr Sinn und ihr Gewissen
Phm	16	b., nach dem Fleisch und in dem Herrn
2Jh	9	der hat b., den Vater und den Sohn
Heb	2,11	b., der heiligt und die geheiligt werden
Off	19,5	*die ihn fürchten, b., klein und groß*
	20	lebendig wurden diese b. in den feurigen Pfuhl geworfen
	20,12	*ich sah die Toten, b., groß und klein*

beieinander

1Mo	13,6	konnten nicht b. wohnen 36,7
5Mo	25,5	wenn Brüder b. wohnen und einer stirbt
1Sm	11,11	zerstreut, daß nicht zwei b. blieben
1Kö	3,18	wir waren b.
Ps	133,1	wenn Brüder einträchtig b. wohnen
Pr	4,11	wenn zwei b. liegen, wärmen sie sich
Jes	11,7	Kühe und Bären, daß ihre Jungen b. liegen
	65,25	Wolf und Schaf sollen b. weiden
StD	1,38	wir fanden sie b. 54.58

Mt	17,22	als sie b. waren in Galiläa
	22,41	als nun die Pharisäer b. waren
Lk	8,4	als nun eine große Menge b. war
Jh	21,2	es waren b. Simon Petrus und Thomas
Apg	1,14	diese alle waren stets b. einmütig im Gebet
	2,1	waren sie alle an einem Ort b. 2,44.46; 5,12
	12,12	wo viele b. waren und beteten

beigeben

1Mo	40,4	der Amtmann g. ihnen Josef b.
2Mo	31,6	ich habe ihm beig. Oholiab
2Ma	8,9	er g. ihm einen Hauptmann b.

beikommen

Jer	20,10	daß wir ihm b. können

Beil

1Sm	13,20	wenn jemand B. oder Sense zu schärfen 21
1Kö	6,7	daß man weder Hammer noch B. hörte
Ps	74,6	zerschlagen mit B. und Hacken

beilegen

Heb	5,5	Christus sich nicht selbst die Ehre beig.

beimischen

Hab	2,15	der trinken läßt und seinen Grimm b.

Bein

1Mo	2,23	das ist doch B. von meinem B.
1Sm	17,6	(Goliat) hatte Schienen an seinen B.
Hl	5,15	seine B. sind wie Marmorsäulen
Hes	1,7	ihre B. standen gerade
	16,25	du spreiztest deine B. für alle
Dan	5,6	daß ihm die B. zitterten
Am	3,12	wie... dem Löwen zwei B. aus dem Maul reißt
Lk	24,39	*ein Geist hat nicht Fleisch und B.*
Jh	19,31	daß ihnen die B. gebrochen würden 32
	33	brachen sie ihm die B. nicht 36
Eph	6,15	an den B. gestiefelt
Heb	4,12	das Wort Gottes scheidet Mark und B.

beinahe

Ps	73,2	mein Tritt wäre b. geglitten

Beiname

Apg	1,23	Josef, genannt Barsabbas, mit dem B. Justus
	10,5	Simon mit dem B. Petrus 18.32; 11,13
	12,12	Johannes mit dem B. Markus 25; 15,37
	15,22	Judas mit dem B. Barsabbas
Kol	4,11	(es grüßen euch) Jesus mit dem B. Justus

Beinkleid

2Mo	28,42	sollst ihnen leinene B. machen 39,28; 3Mo 6,3; 16,43; Hes 44,18

beirren

Sir	11,20	laß dich nicht davon b.
1Pt	3,6	wenn ihr euch durch nichts b. laßt

beisammen

beisammen
2Ma 13,13 als er und die Ältesten b. waren
Apg 1,15 es war eine Menge b. von etwa 120

beisammensitzen
2Kö 9,5 da s. die Hauptleute des Heeres b.

Beisasse
1Mo 23,4 ich bin ein Fremdling und B. bei euch
2Mo 12,45 ist er ein B., darf er nicht davon essen
3Mo 22,10 kein Fremder soll des Priesters B. sein
    25,6 du und dein B. 35.40.45.47
    23 ihr seid Fremdlinge und B. bei mir
4Mo 35,15 das sind die Freistädte für die B.

Beischlaf
Wsh 7,2 aus der Lust, die im B. dazukam

beiseite, beiseits
2Mo 16,23 was aber übrig ist, das legt b. 24
2Sm 3,27 als Abner zurückkam, führte ihn Joab b.
2Kö 4,4 alle Gefäße stelle b.
    5,24 Gehasi legte es b. im Hause
Mi 6,14 was du b. schaffst, wirst du nicht retten
Tob 12,6 beide nahmen ihn b. und baten ihn
Sir 37,10 er selbst aber b. steht und achtgibt
Mt 16,22 Petrus nahm ihn b. und fuhr ihn an Mk 8,32
    20,17 Jesus nahm die zwölf Jünger b.
    23,23 ihr laßt das Wichtigste im Gesetz b.
Mk 7,33 er nahm ihn aus der Menge b.
Jh 20,7 das Schweißtuch b., zusammengewickelt
Apg 23,19 der Oberst führte ihn b. und fragte
    26,31 gingen b., redeten miteinander

Beispiel
Wsh 4,12 böse B. verderben das Gute
Tob 2,12 damit die Nachwelt ein B. der Geduld
Sir 44,16 um für die Welt ein B. der Buße zu sein
2Ma 6,28 den Jungen ein gutes B. hinterlassen 31
StE 5,5 findet man B. in den Überlieferungen
Jh 13,15 ein B. habe ich euch gegeben, damit ihr tut
1Ko 4,16 ermahne ich euch: Folgt meinem B.
    11,1 folgt meinem B., wie ich dem B. Christi 1Th 1,6
2Ko 9,2 euer B. hat die meisten angespornt
Eph 5,1 folgt Gottes B. als die geliebten Kinder
2Pt 2,6 damit ein B. gesetzt den Gottlosen Jud 7

beißen
1Mo 49,17 Dan wird das Pferd in die Fersen b.
4Mo 21,6 feurige Schlangen b. das Volk 8.9
Hi 27,6 mein Gewissen b. mich nicht
Spr 23,32 danach b. er wie eine Schlange
Pr 10,8 den kann eine Schlange b. 11
Klg 3,16 er hat mich auf Kiesel b. lassen
Am 9,3 will der Schlange befehlen, sie zu b.
Hab 2,7 plötzlich werden aufstehen, die dich b.
Sir 12,13 Schlangenbeschwörer, der geb. wird
Gal 5,15 wenn ihr euch untereinander b. und freßt

Beistand
2Mo 23,1 sollst nicht einem Schuldigen B. leisten

Ps 60,13 schaff uns B. in der Not 108,13
Sir 7,38 laß die Weinenden nicht ohne B.
Apg 9,31 mehrte sich unter dem B. des heiligen Geistes
Phl 1,19 durch den B. des Geistes Jesu Christi

beistehen
2Mo 2,19 ein ägyptischer Mann s. uns b.
4Mo 1,4 es soll euch b. je ein Mann 5
Hi 26,2 wie s. du dem b., der keine Kraft hat
Ps 37,40 der HERR wird ihnen b. und sie erretten
    38,23 eile, mir b., Herr 109,26
    54,6 siehe, Gott s. mir b.
    86,17 weil du mir b., HERR, und mich tröstest
    94,16 wer s. mir b. wider die Boshaften
    119,173 laß deine Hand mir b.
Jes 44,2 der dir b. von Mutterleibe an
    59,16 seine Gerechtigkeit s. ihm b.
    63,5 verwunderte mich, daß niemand mir b …
    mein Zorn s. mir b.
Hes 17,17 wird ihm der Pharao nicht b.
Wsh 19,21 hast ihm an allen Orten beig.
Sir 13,26 so gibt es viele, die ihm b.
    37,5 sie s. ihm b., wenn es um den Bauch geht
StE 5,14 sollt ihr ihnen b., daß sie sich wehren
Apg 7,24 s. er ihm b. und rächte den, dem Leid geschah
Rö 16,2 sie hat vielen beig., auch mir selbst
Phl 4,3 ich bitte dich, s. ihnen b.
1Ti 5,10 wenn sie den Bedrängten beig. hat
2Ti 4,16 bei meinem ersten Verhör s. mir niemand b.
    17 der Herr s. mir b. und stärkte mich

Beitrag
1Ma 11,35 wir erlassen die B. zum Ehrenkranz 13,39

beitreten
Neh 10,30 sie sollen der Abmachung b.

beiwohnen
1Mo 38,26 doch w. er ihr nicht mehr b.
2Mo 22,15 wenn jemand eine Jungfrau beredet und ihr b. 5Mo 22,22.23.25.28.29
    18 wer einem Vieh b., der soll sterben
2Sm 11,4 David w. ihr b. 12,24
    13,14 (Amnon) w. (Tamar) b.
2Ma 6,4 sogar im heiligen Bezirk w. sie Frauen b.

beizeiten
Hi 8,5 wenn du dich b. zu Gott wendest
Spr 13,24 wer ihn liebhat, der züchtigt ihn b.

bekämpfen
Ps 35,1 b., die mich b.
    56,2 täglich b. und bedrängen sie mich
Spr 28,4 wer sich bewahrt, der b. ihn
Jes 7,1 zogen herauf nach Jerusalem, es zu b.
    30,32 b. er ihn, daß er ihn als Opfer schwingt
1Ma 12,54 nun wollen wir sie b.

bekannt, bekanntwerden
2Mo 2,14 wie ist das bekanntgew.
    21,29 seinem Besitzer war's b. 36

2Kö	12,6	zu sich nehmen, jeder von seinem B. 8
Est	1,17	wird diese Tat allen Frauen bekanntw.
	20	wenn dieser Erlaß des Königs b. würde 2,8
Hi	15,9	was verstehst du, das uns nicht b. ist
	24,17	sind b. mit den Schrecken der Finsternis
Ps	31,12	bin geworden ein Schrecken meinen B.
	48,4	er ist b. als Schutz
	76,2	Gott ist in Juda b.
Spr	31,23	ihr Mann ist b. in den Toren
Jes	19,21	der HERR wird den Ägyptern b. werden
Sa	14,7	wird ein Tag sein - er ist dem HERRN b.
Sir	21,8	wer zu reden versteht, ist weithin b.
	23,29	alle Dinge sind ihm b.
	30,2	braucht sich bei den B. nicht zu schämen
2Ma	1,33	dies alles ist bekanntgew.
Mk	2,1	es wurde b., daß er im Hause war
	6,14	der Name Jesu war nun b.
Lk	1,65	diese ganze Geschichte wurde b.
	2,44	suchten ihn unter den Verwandten und B.
	8,17	nichts (ist) geheim, was nicht bekanntw. soll
	23,49	es standen alle seine B. von ferne
Jh	10,14	ich kenne die Meinen und bin b. den Meinen
	18,15	dieser Jünger war dem Hohenpriester b. 16
Apg	1,19	allen bekanntgew., die in Jerusalem 4,16
	7,13	so wurde dem Pharao Josefs Herkunft b.
	9,24	es wurde Saulus b., daß sie ihm nachstellten
	42	das wurde in ganz Joppe b.
	15,18	der tut, was von alters her b. ist
	19,17	das wurde allen b., die in Ephesus wohnten
	26,4	mein Leben von Jugend auf ist allen Juden b.
	28,22	von dieser Sekte ist uns b., daß
Rö	15,20	wo Christi Name noch nicht b. war
	16,19	euer Gehorsam ist bei allen bekanntgew.
1Ko	1,11	mir bekanntgew., daß Streit unter euch
2Ko	6,9	(als Diener Gottes:) als die Unbekannten, und doch b.
1Th	1,8	an allen Orten ist euer Glaube bekanntgew.

bekanntgeben

2Ma	8,12	g. seinen Leuten b., daß ein Heer

bekanntmachen

Sir	6,9	m. dir zur Schmach euren Streit b.
	16,20	wer m.b., was an gerechten Taten
Mk	1,45	er ging fort und fing an, die Geschichte

bekehren

5Mo	4,30	so wirst du dich b. zu dem HERRN 30,2.10
1Sm	7,3	wenn ihr euch zu dem HERRN b. 2Ch 30,9
1Kö	8,33	sie b. sich zu dir 47.48; 2Ch 6,24.37.38
	35	b. sich von ihren Sünden 2Ch 6,26; 7,14
2Kö	23,25	vor ihm kein König, der sich zum HERRN b.
2Ch	15,4	als sie sich in ihrer Not zu dem HERRN b.
	24,19	daß sie sich zum HERRN b. sollten Neh 9,26.35
	36,13	daß er sich nicht b. zu dem HERRN
Neh	1,9	wenn ihr euch zu mir b.
Hi	22,23	b. du dich zum Allmächtigen
	36,10	daß sie sich von dem Unrecht b. sollen
Ps	22,28	werden sich zum HERRN b. aller Welt Enden
	51,15	daß sich die Sünder zu dir b.
Jes	6,10	daß sie sich nicht b. Mt 13,15; Mk 4,12; Jh 12,40; Apg 28,27
	10,21	ein Rest wird sich b. 22
	19,22	die Ägypter werden sich b. zum HERRN
Jes	55,7	der Übeltäter b. sich zum HERRN
Jer	3,10	in diesem allen b. sich Juda nicht
	4,1	willst du dich b., so kehre dich zu mir
	5,3	sie wollen sich nicht b. Hos 11,5
	15,7	mein Volk, das sich nicht b. wollte
	18,8	wenn es sich aber b. von seiner Bosheit
	11	b. euch doch 25,5
	23,14	auf daß sich ja niemand b.
	22	es von seinem bösen Wandel zu b.
	24,7	werden sich zu mir b.
	26,3	ob sie vielleicht sich b. hören 36,3.7
	31,18	b. du mich, so will ich mich b.
	19	nachdem ich b. war, tat ich Buße
	34,15	ihr hattet euch nun b.
	44,5	gehorchten nicht, daß sie sich b. hätten
Klg	3,40	laßt uns uns zum HERRN b.
Hes	3,19	wenn er sich nicht b.
	13,22	damit sie nicht b.
	18,21	wenn sich der Gottlose b. 23.28; 33,14.19
	32	b. euch, so werdet ihr leben
Dan	9,13	daß wir uns von unsern Sünden b. hätten
Hos	3,5	danach werden sich die *Israeliten b.
	7,10	dennoch b. sie sich nicht zum HERRN
	16	sie b. sich, aber nicht recht
	12,7	b. dich nur zu deinem Gott 14,2.3; Jo 2,13
Jo	2,12	b. euch zu mir von ganzem Herzen Mal 3,7
Am	4,6	dennoch b. ihr euch nicht zu mir 8-11; Hag 2,17
Jon	3,8	ein jeder b. sich von seinem bösen Wege
	10	als Gott sah, wie sie sich b., reute ihn
Mal	3,7	worin sollen wir uns b.
	24	soll das Herz der Väter b. zu den Söhnen
Jdt	5,21	nachdem sie sich zu Gott b. hatten
Tob	13,7	darum b. euch, ihr Sünder
Sir	5,8	zögere nicht, dich zum Herrn zu b. 17,21
	17,28	denen gnädig, die sich zu ihm b.
	49,3	(Josia) war ausersehen, das Volk zu b.
Lk	1,16	er wird vom Volk Israel viele b.
	17	zu b. die Herzen der Väter zu den Kindern
	22,32	wenn du dich b., so stärke deine Brüder
Apg	3,19	b. euch, daß eure Sünden getilgt werden
	26	daß ein jeder sich b. von seiner Bosheit
	9,35	b. sich zu dem Herrn 11,21; 15,19; 26,18.20
	14,15	daß ihr euch b. sollt von diesen falschen Göttern
2Ko	3,16	wenn Israel sich b. zu dem Herrn
1Th	1,9	wie ihr euch b. habt zu Gott von den Abgöttern
1Pt	2,25	ihr seid nun b. zu dem Hirten und Bischof eurer Seelen
Jak	5,19	wenn jemand abirren würde... und jemand b. ihn 20
Off	9,20	b. sich nicht von den Werken ihrer Hände 21
	16,9	b. sich nicht, ihm die Ehre zu geben 11

Bekehrung

Apg	15,3	erzählten von der B. der Heiden
	20,21	*habe bezeugt den Juden die B. zu Gott*

bekennen

3Mo	5,5	soll b., womit er gesündigt hat 4Mo 5,7
	16,21	soll über (dem Bock) b. alle Missetat
	26,40	da werden sie dann b. ihre Missetat
5Mo	26,3	ich b. heute dem HERRN
Jos	7,19	gib dem HERRN die Ehre und b. es ihm
1Kö	8,33	sie b. deinen Namen 35; 2Ch 6,24.26
2Ch	30,15	Priester und Leviten b. ihre Schuld

bekennen

Esr	10,1	wie nun Esra weinend betete und b.
	11	b. sie und tut seinen Willen
Neh	1,6	ich b. die Sünden der *Israeliten 9,2.3
Ps	32,5	darum b. ich dir meine Sünde 38,19
Spr	28,13	wer seine Sünde b. und läßt, der wird
Jes	48,1	die ihr den Gott Israels b.
Dan	9,4	ich bete zu dem HERRN und b.
	20	als ich meine und meines Volkes Sünde b.
Jdt	7,20	weil wir dich b., übergib uns nicht
Wsh	18,13	mußten sie jetzt b., daß
Sir	4,31	schäme dich nicht zu b., wenn du gesündigt
2Ma	6,6	niemand durfte b., daß er ein Jude wäre
	7,37	daß du b. mußt, daß er Gott ist
StD	1,14	b. sie beide ihre Begierde
Mt	3,6	ließen sich taufen und b. ihre Sünden Mk 1,5
	7,23	dann werde ich ihnen b.
	10,32	wer mich b., den will ich auch b. Lk 12,8
Jh	1,20	er b. und leugnete nicht, und er b.
	9,22	wenn jemand ihn als den Christus b., der solle
	12,42	um der Pharisäer willen b. sie es nicht
Apg	19,18	viele b. und verkündeten, was sie getan hatten
	24,14	das b. ich dir, daß ich nach dem Weg
Rö	10,9	wenn du b., daß Jesus der Herr ist
	10	wenn man mit dem Munde b., so wird man gerettet
	14,11	alle Zungen sollen Gott b.
1Ko	14,25	so würde er Gott anbeten und b.
Phl	2,11	alle Zungen b. sollen, daß Jesus Christus der Herr ist
1Ti	3,16	groß ist, wie jedermann b. muß, das Geheimnis
	6,12	b. hast das gute Bekenntnis vor vielen Zeugen
	21	zu der sich einige b. haben
1Jh	1,9	wenn wir unsre Sünden b., ist er gerecht
	2,23	wer den Sohn b., der hat auch den Vater
	4,2	jeder Geist, der b., daß Jesus Christus in das Fleisch gekommen ist 3
	15	wer b., daß Jesus Gottes Sohn ist
2Jh	7	Verführer, die nicht b., daß Jesus
Heb	3,1	schaut auf den Apostel, den wir b., Jesus
	11,13	b., daß sie Fremdlinge auf Erden sind
	13,15	Frucht der Lippen, die seinen Namen b.
Jak	5,16	b. einander eure Sünden
Off	3,5	ich will seinen Namen b. vor m. Vater

Bekenntnis

2Ko	9,13	Gehorsam im B. zum Evangelium Christi
1Ti	6,12	bekannt hast das gute B. vor vielen Zeugen
	13	Jesus, der unter Pontius Pilatus bezeugt hat das gute B.
Heb	4,14	laßt uns festhalten an dem B. 10,23

beklagen

1Mo	23,2	da kam Abraham, daß er (Sara) b.
Hi	2,11	um (Hiob) zu b. und zu trösten
Jer	16,4	sie sollen nicht b. werden 6; 25,33
	22,18	man wird... ihn nicht b.: „Ach, Herr!" 34,5
Sir	12,15	der Feind b. dich sehr 19
	38,24	so höre auch du auf, ihn zu b.
StD	2,39	der König kam, um Daniel zu b.
Off	18,9	es werden sie b. die Könige auf Erden

bekleiden

1Sm	28,14	ein alter Mann b. mit einem Priesterrock
2Ch	28,15	jene Männer b. alle, die bloß waren
Est	6,9	daß er den Mann b.
Ps	45,14	sie ist mit goldenen Gewändern b.
	109,29	Widersacher mit ihrer Schande b. werden
Jdt	8,6	sie war b. mit einem Trauergewand
Bar	6,58	das Gewand, mit dem sie b. sind
1Ma	10,64	daß er ihn mit einem Purpurgewand b. hatte
Mt	6,29	*Salomo nicht b. gewesen wie Lk 12,27*
	25,36	*bin nackt gewesen, ihr habt mich b. 38.43*
Mk	1,6	*Johannes war b. mit Kamelhaaren*
	5,15	sahen den Besessenen, b. und vernünftig Lk 8,35
	14,51	war mit einem Leinengewand b.
2Ko	5,3	weil wir b. und nicht nackt befunden werden
Off	10,1	ich sah einen Engel, mit einer Wolke b.
	12,1	eine Frau, mit der Sonne b.
	17,4	die Frau war b. mit Purpur
	18,16	Stadt, die b. war mit feinem Leinen

bekommen

1Mo	12,16	Abram b. Schafe, Rinder, Esel
	43,34	Benjamin b. fünfmal mehr als die andern
3Mo	13,18	wenn jemand auf der Haut ein Geschwür b.
4Mo	34,14	Ruben und Gad haben ihr Erbteil b. Jos 18,7
5Mo	3,14	Jaïr b. die ganze Gegend von Argob
Esr	7,20	das b. du aus den Schatzhäusern
Est	2,22	als das Mordechai zu wissen b.
	6,3	welche Ehre hat Mordechai b... hat nichts b.
Hi	3,22	sich freuen, wenn sie ein Grab b.
	20,23	damit er genug b., wird Gott den Grimm
	27,13	das Erbe, das sie vom Allmächtigen b.
	40,28	daß du ihn für immer zum Knecht b.
	42,13	(Hiob) b. sieben Söhne und drei Töchter
Spr	12,14	viel Gutes b. ein Mann durch die Frucht
	13,8	ein Armer b. keine Drohung zu hören
	11	wer ruhig sammelt, b. immer mehr
	25,17	er könnte dich satt b. und dir gram werden
Pr	8,16	er b. weder Tag noch Nacht Schlaf b.
Hl	2,15	unsere Weinberge haben Blüten b.
Jes	43,26	damit du Recht b.
	66,7	ehe sie Wehen b., hat sie geboren
Hes	16,7	du b. lange Haare
	32,23	seine Gräber b. es ganz hinten
	45,5	die Leviten sollen auch Eigentum b.
	47,14	ihr sollt es als Erbteil b.
Dan	11,17	daß er mit Macht sein ganzes Königreich b.
Jdt	5,13	sie b. Brot vom Himmel vierzig Jahre
Tob	5,2	wie ich versuchen soll, das Geld zu b.
	7,12	darum hat sie kein anderer b. können
Sir	6,16	wer Gott fürchtet, der b. solchen Freund
	12,16	b. er nicht genug von deinem Blut
	20,14	wartet er, was er dafür b.
	25	dadurch b. er ihn zum Feinde
	23,32	einen Erben von einem anderen b. 33
	26,15	der vom Wasser trinkt, das er b. kann
	46,2	damit Israel sein Erbe b.
Bar	6,58	die sie in ihre Gewalt b., die
2Ma	15,11	davon b. alle Mut
Mk	15,24	warfen das Los, wer was b. solle
Lk	6,34	denen leiht, von denen ihr etwas zu b. hofft
	35	leiht, wo ihr nichts dafür zu b. hofft
Jh	6,7	nicht genug, daß jeder ein wenig b.
Apg	12,20	Nahrung aus dem Land des Königs b.
	27,16	mit Mühe das Beiboot in unsre Gewalt b.
Rö	15,27	die Heiden an ihren geistl. Gütern Anteil b.
1Ko	9,13	die am Altar dienen, vom Altar ihren Anteil b.
2Pt	1,4	dadurch Anteil b. an der göttlichen Natur

Heb	3,14	wir haben an Christus Anteil b.
	6,4	die Anteil b. haben am heiligen Geist

bekräftigen

4Mo	30,14	alle Gelübde kann ihr Mann b. 15
Rut	4,7	wenn einer eine Sache b. wollte
2Sm	7,25	so b. nun, HERR, das Wort in Ewigkeit
Mk	16,20	der Herr b. das Wort
Lk	22,59	nach einer Stunde b. es ein anderer und sprach
Apg	24,9	die Juden b. das und sagten
Phl	1,7	wenn ich das Evangelium verteidige und b.
Heb	2,3	Heil, bei uns b. durch die, die es gehört

Bekräftigung

Heb	6,16	der Eid dient ihnen zur B.

bekränzen

Wsh	4,2	in der Ewigkeit zieht sie b. einher

bekriegen

5Mo	2,5	(hütet euch davor,) sie zu b. 9.19

bekümmern

1Mo	6,6	es b. ihn in seinem Herzen
	41,8	war sein Geist b.
	45,5	b. euch nicht
4Mo	11,11	warum b. du deinen Knecht
1Sm	20,3	es könnte (Jonatan) b. 34
1Ch	4,10	daß mich kein Übel b.
Neh	8,10	seid nicht b. 11
Hi	7,17	was ist der Mensch, daß du dich um ihn b.
Spr	15,13	wenn das Herz b. ist, entfällt der Mut
Jes	19,10	die um Lohn arbeiten, sind b.
Jer	31,12	es b. sie nicht mehr b. sein sollen
Am	6,6	b. euch nicht um den Schaden Josefs
Sir	7,12	einen b. Menschen verlache nicht
	13,6	es b. nicht, wenn er dir aus dem Beutel
Mt	16,8	ihr Kleingläubigen, was b. ihr euch Mk 8,17
	26,10	was b. ihr die Frau Mk 14,6
Lk	24,4	als sie darüber b. waren
Phl	2,26	er war tief b., weil ihr gehört hattet

bekunden

1Ti	2,10	ihre Frömmigkeit b. mit guten Werken

Bel (= Merodach)

Jes	46,1	B. bricht zusammen Jer 50,2
Jer	51,44	ich habe den B. zu Babel heimgesucht
Bar	6,41	bringen sie den B. herbei
StD	2,2	Götzen, der hieß B. 4u.ö.21

Bela, Belaiter

1Mo	14,2	¹König von B., das ist Zoar 8
	36,32	²B. war König von Edom 33; 1Ch 1,43.44
	46,21	³Söhne Benjamins: B. 4Mo 26,38.40; 1Ch 7,6.7
1Ch	5,8	⁴B., der Sohn des Asas

beladen

1Mo	44,13	ein jeder b. seinen Esel 45,17.23; Ri 19,10

3Mo	22,16	die *Israeliten mit Schuld b.
5Mo	29,21	Krankheiten, mit denen der HERR es b. hat
Spr	21,8	wer mit Schuld b. ist, geht krumme Wege
Pr	12,5	wenn die Heuschrecke sich b.
Jes	1,4	wehe dem Volk, mit Schuld b.
Hes	12,6	sollst deine Schulter b. und hinausziehen 7
Mt	11,28	kommt her zu mir, alle, die ihr mühselig und b. seid
Mk	1,34	Kranken, die mit mancherlei Gebrechen b.
Lk	11,46	ihr b. die Menschen mit unerträglichen Lasten
2Ti	3,6	die mit Sünden b. sind

Belagerer

Jer	4,16	B. kommen aus fernen Landen

belagern

5Mo	20,12	will sie mit dir Krieg führen, so b. sie
	19	sind doch nicht Menschen, daß du sie b.
Jos	10,5	die fünf Könige der Amoriter b. Gibeon
	31	Josua b. die Stadt 34
Ri	9,50	Abimelech zog nach Tebez, b. es
1Sm	11,1	Nahasch b. Jabesch in Gilead
	23,8	damit sie David und seine Männer b.
2Sm	11,1	damit sie Rabba b. 16; 12,28; 1Ch 20,1
	20,15	die Leute Joabs kamen und b. (Scheba)
1Kö	8,37	wenn sein Feind seine Städte b. 2Ch 6,28
	15,27	Israel b. Gibbethon 16,17
	20,1	Ben-Hadad b. Samaria 2Kö 6,24.25; 17,5; 18,9
2Kö	16,5	Rezin und Pekach b. Ahas in (Jerusalem)
	24,10	die Kriegsleute Nebukadnezars b. (Jerusalem) 11; 25,1.2; Jer 32,2; 34,1.7; 39,1; 52,4.5; Dan 1,1
2Ch	32,10	die ihr in dem b. Jerusalem wohnt
Pr	9,14	es kam ein großer König, der b. sie
Jes	1,8	übriggeblieben ist Zion wie eine b. Stadt
	21,2	Elam, zieh herauf! Medien, b.
	29,3	ich will dich b. ringsumher
Jer	21,4	Chaldäer, die euch b. 9; 32,24.29; 34,22; 37,5
	50,29	wider Babel, b. es ringsum
Hes	4,3	b. sie 7; 23,24
Mi	4,14	man wird uns b.
Nah	3,14	schöpfe Wasser, denn du wirst b. werden
Sa	12,2	Juda wird's gelten, wenn Jerusalem b. wird
1Ma	5,3	Akrabattene, wo sie die *Israeliten b. 5
	6,20	sie b. die Burg 26.51; 11,21; 2Ma 11,6
	11,61	darum b. er die Stadt
2Ma	10,20	ließen sich durch einige B. bestechen
Lk	19,43	eine Zeit, da werden deine Feinde dich b.
	21,20	wenn ihr sehen werdet, daß Jerusalem von einem Heer b. wird

Belagerung

Hes	4,2	mache eine B. 8; 5,2
Sir	50,4	er befestigte die Stadt gegen eine B.
1Ma	11,23	Jonatan ließ nicht ab von der B.

Belagerungsturm

Jes	23,13	sie haben B. aufgerichtet

belasten

Neh	5,15	Statthalter hatten das Volk b.

belästigen

belästigen
Est 7,4 daß man den König b. müßte

belauern
Lk 11,54 b. ihn, ob sie etwas erjagen könnten
14,1 es begab sich... und sie b. ihn 20,20

belegen
1Sm 14,24 b. Saul das Volk mit seinem Fluch 27.28
Heb 7,9 ist auch Levi mit dem Zehnten b. worden

belehren
Hi 6,24 b. mich, so will ich schweigen
27,11 ich will euch über Gottes Tun b.
Spr 9,7 wer den Spötter b., der trägt Schande davon
21,11 wenn man einen Weisen b.
Jes 29,24 welche murren, werden sich b. lassen
Sir 18,13 er weist zurecht, erzieht und b.
33,4 laß dich b., dann kannst du antworten

Belehrung
Ps 60,1 ein güldenes Kleinod Davids zur B.
Wsh 6,12 begehrt sie, so werdet ihr B. empfangen
Sir 24,37 das Gesetz läßt B. hervorbrechen
32,18 wer den Herrn fürchtet, der nimmt B. an
39,11 danach gibt er seine B.

beleidigen
Mt 5,44 bittet für die, die euch b. Lk 6,28
2Ko 7,12 nicht geschehen um dessentwillen, der b. hat

Beliar, Belial
2Ko 6,15 wie stimmt Christus überein mit B.

beliebt
Est 10,3 Mordechai war b.
Sir 20,13 ein weiser Mann macht sich b.
1Ma 6,11 während ich doch gütig und b. war

bellen
Jes 56,10 stumme Hunde, die nicht b. können

Belma
Jdt 7,3 von dort blickt (man) von B. bis Chelmon

belohnen
Jer 31,16 deine Mühe wird noch b. werden
Hes 29,18 noch seinem Heer all die Arbeit b. worden
Wsh 2,22 Hoffnung, daß ein frommes Leben b. wird
10,17 sie b. die Heiligen für ihre Mühe
Sir 51,38 so wird er euch b. zu seiner Zeit
Mt 5,12 es wird euch im Himmel reichlich b. werden Lk 6,23.35

Belohnung
Heb 10,35 euer Vertrauen, welches eine große B. hat
11,26 er sah auf die B.

Belsazer
Dan 5,1 König B. machte ein herrliches Mahl 9.22.29.30
7,1 im ersten Jahr B. hatte Daniel e. Traum 8,1
Bar 1,11 beteten für das Leben B. 12

Beltschazar
Dan 1,7 der Kämmerer nannte Daniel B. 2,26; 4,5.6.15.16; 5,12; 10,1

belügen
Ri 16,10 du hast mich b. 13; 1Kö 13,18
Ps 78,36 b. ihn mit ihrer Zunge
89,36 ich will David nicht b.
Apg 5,3 der Satan dein Herz erfüllt, daß du den hlg. Geist b. hast
4 du hast nicht Menschen, sondern Gott b.
Kol 3,9 b. einander nicht

bemächtigen
2Sm 5,17 zogen herauf, um sich Davids zu b. 1Ch 14,8
1Ma 11,49 daß die Juden sich der Stadt b. hatten

bemerken
Sir 16,16 unter dem großen Haufen b. er mich nicht
1Ma 6,43 Eleasar Awaran b. einen Elefanten

bemühen
Jos 7,3 damit nicht das ganze Volk sich dorthin b.
Spr 23,4 b. dich nicht, reich zu werden
Jes 43,23 ich habe dich nicht b. mit Weihrauch
47,12 Zaubereien, um die du dich b. hast 15
1Ma 12,44 warum b. du dein ganzes Kriegsvolk
14,35 b. gewesen ist, sein Volk zu erhöhen
Mk 5,35 was b. du weiter den Meister Lk 8,49
Lk 7,6 ach Herr, b. dich nicht
12,58 b. dich auf dem Wege, von ihm loszukommen
1Ko 14,1 b. euch um die Gaben des Geistes 12.39
Gal 2,10 was ich mich auch eifrig b. habe zu tun
1Th 2,17 b., euch von Angesicht zu sehen
1Ti 6,2 weil (die Herren) sich b., Gutes zu tun
2Ti 2,15 b. dich darum, dich vor Gott
2Pt 1,10 b. euch, eure Berufung festzumachen
15 ich will mich b., daß ihr dies im Gedächtnis
3,14 seid b., daß ihr vor ihm untadelig befunden
Heb 4,11 laßt uns b. sein, zu dieser Ruhe zu kommen

Ben-Ammi
1Mo 19,38 B. Von dem kommen her die Ammoniter

Ben-Hadad
1Kö 15,18 ¹zu B., dem König von Aram 2Ch 16,2
20 B. hörte auf die Bitte 2Ch 16,4
20,1 ²B. belagerte Samaria 3-34; 2Kö 6,24
2Kö 8,7 nach Damaskus. Da lag B. krank 9
13,3 ³gab sie in die Hand B. 24.25
Jer 49,27 Feuer die Paläste B. verzehren soll Am 1,4

Ben-Hajil
2Ch 17,7 (Joschafat) sandte seine Oberen B.

Ben-Hanan
1Ch 4,20 Söhne Schimons: B.

Ben-Hinnom (= Hinnom)
2Kö 23,10 er machte unrein das Tofet im Tal B.
2Ch 28,3 (Ahas) opferte im Tal B. 33,6
Jer 7,31 Höhen des Tofet im Tal B. 32; 32,35
19,2 geh hinaus ins Tal B. 6

Ben-Oni
1Mo 35,18 B., aber sein Vater nannte ihn Ben-Jamin

Ben-Sohet, Ben-Soheth
1Ch 4,20 Söhne Jischis: B.

Benaja
2Sm 8,18 B., der Sohn Jojadas 20,23; 23,20.22; 1Kö 1,8.
10.26.32.36.38.44; 2,25.29-35.46; 4,4; 1Ch 11,22.
24; 18,17; 27,5.6.34
weitere Träger ds. Namens
2Sm 23,30; 1Ch 11,31; 27,14/ 1Ch 4,36/ 15,18.
20; 16,5/ 15,24; 16,6/ 2Ch 20,14/ 31,13/ Esr
10,25/ 10,30/ 10,35/ 10,43/ Hes 11,1.13

Bene-Berak
Jos 19,45 (Dan... das Gebiet war) B.

Bene-Jaakan s. Beerot-Bene-Jaakan

Benehmen
Sir 23,19 damit du nicht durch dein B. zum Narren

beneiden
1Mo 26,14 darum b. ihn die Philister
30,1 Rahel b. ihre Schwester
Hes 31,9 daß ihn alle Bäume von Eden b.
Sir 37,11 vor denen, die dich b., verbirg deinen Plan
Apg 7,9 die Erzväter b. Josef und verkauften ihn
Gal 5,26 laßt uns einander nicht b.

benennen
1Mo 21,12 nach Isaak soll dein Geschlecht b. werden
Jos 22,34 die Söhne Ruben und Gad b. den Altar
Heb 7,11 anstatt einen nach der Ordnung Aarons zu b.

benetzen
Hes 22,24 du bist ein Land, das nicht b. wurde
Lk 7,38 fing an, s. Füße mit Tränen zu b. 44

Beninu
Neh 10,14 (die Leviten:) B.

Benjamin, Ben-Jamin (= Ben-Oni)
1Mo 35,24 Söhne Rahels: Josef und B. 18; 46,19; 2Mo 1,3; 1Ch 2,2
42,4 den B. ließ Jakob nicht mit... ziehen 36
43,14 daß er mit euch ziehen lasse B. 15.16.29
1Mo 43,34 B. bekam fünfmal mehr als die andern 45,22
44,12 da fand sich der Becher in B. Sack
45,12 sehen es die Augen meines Bruders B. 14
46,21 die Söhne B. 4Mo 1,11; 26,38.41; 1Ch 7,6; 8,1. 40
weitere Träger ds. Namens
1Ch 7,10/ Esr 10,32/ Neh 3,23; 12,34

Benjamin, Benjaminiter
1Mo 49,27 B. ist ein reißender Wolf
4Mo 1,36 Söhne B. nach ihrer Abstammung 38; 2,22
7,60 Fürst der *Söhne B. 10,24
13,9 Palti vom Stamme B. 34,21
5Mo 27,12 auf dem Berge Garizim, um zu segnen: B.
33,12 über B. sprach er: Der Geliebte des HERRN
Jos 18,11 da fiel das Los des Stammes B. 20.21.28
21,17 von dem Stamm B. gaben sie vier Städte 4
Ri 1,21 B. vertrieb die Jebusiter nicht
3,15 erweckte einen Retter, Ehud, den B.
5,14 zogen herab... B. mit seinem Volk
10,9 die Ammoniter kämpften gegen Juda, B.
19,14 Gibea, das in B. liegt 20,4.10; 1Sm 13,2.15.16; 14,16; 2Sm 23,29
16 die Leute des Orts waren B.
20,3 die B. hörten, daß Israel nach Mizpa gezogen war 13-48; 21,1-23
12 die Stämme Israels sandten Männer zu allen Geschlechtern B. 15-20.35-46
21,6 tat den *Israeliten leid um B. 15-17.21
1Sm 4,12 da lief einer von B. aus dem Heerlager
9,1 Mann von B., mit Namen Kisch, Sohn... eines B. 16.21
4 sie gingen durchs Gebiet von B.
10,2 bei dem Grabe Rahels an der Grenze B.
20 fiel das Los auf den Stamm B. 21; Apg 13,21
22,7 hört, ihr B.
2Sm 2,9 machte (Isch-Boschet) zum König über B.
15 gingen hin zwölf an der Zahl aus B. 31
25 versammelten sich die B. um Abner
3,19 das tat Abner auch B. kund
4,2 Söhne Rimmons aus dem Stamm B.
16,11 warum nicht auch jetzt der B.
19,17 Schimi, der Sohn Geras, der B. 1Kö 2,8
18 mit (Schimi) tausend Mann von B.
20,1 ein ruchloser Mann, der hieß Scheba, ein B.
21,14 begruben sie im Lande B.
1Kö 4,18 (Salomo hatte 12 Amtleute) Schimi in B.
12,21 Rehabeam sammelte Juda und B. 23; 2Ch 11,1.3.10.12.23; 15,9; 25,5
15,22 Asa baute Geba aus B. aus 1Ch 6,45
1Ch 9,3 wohnten einige der Söhne B. 7; Neh 11,4.7. 31.36
12,2 Stammesbrüdern Sauls aus B. 17.30; 27,12.21
21,6 Levi und B. zählte er nicht mit
2Ch 14,7 Asa hatte aus B. 280.000 17,17
15,2 höret mir zu, Asa und Juda und B. 34,32
8 tat weg die Götzen aus B. 31,1
34,9 Geld, gesammelt von ganz Juda und B.
Esr 1,5 machten sich auf die Häupter aus B.
4,1 als die Widersacher B. hörten
10,9 versammelten sich alle Männer von B.
Est 2,5 Mordechai, ein B.
Ps 7,1 wegen der Worte des Kusch, des B.
68,28 B., der Jüngste, geht ihnen voran
80,3 (erscheine) vor Ephraim, B. und Manasse
Jer 1,1 (Jeremia aus) Anatot im Lande B. 32,8; 37,12
6,1 flieht, ihr *Leute von B.
17,26 sie sollen kommen aus dem Lande B.
32,44 man wird kaufen im Lande B. 33,13

Benjamin

Hes 48,23 B. soll seinen Anteil haben 22.24.32
Hos 5,8 man ist hinter dir her, B.
Ob 19 werden besitzen... B. das Gebirge Gilead
Sa 14,10 wird bleiben, vom Tor B. bis an das Ecktor
2Ma 3,4 Simon war ein B.
Rö 11,1 bin ein Israelit, aus dem Stamm B. Phl 3,5
Off 7,8 aus dem Stamm B. 12.000 versiegelt

Benjamintor

Jer 20,2 schloß ihn in den Block am oberen B.
    37,13 als er zum B. kam 38,7

benutzen

3Mo 7,24 das Fett dürft ihr zu allerlei b.

beobachten

1Sm 23,23 b. und erkundet jeden versteckten Ort
Lk 17,20 das Reich Gottes kommt nicht so, daß man's b. kann

Beon, Beoniter (= Baal-Meon)

4Mo 32,3 das Land B. (ist gut zur Weide)
1Ma 5,4 *weil die B. zu einer Gefahr geworden

Beor

1Mo 36,32 ¹Bela von Edom, ein Sohn B. 1Ch 1,43
4Mo 22,5 ²Bileam, dem Sohn B. 24,3.15; 31,8; 5Mo 23,5; Jos 13,22; 24,9; Mi 6,5; 2Pt 2,15

bepflanzen

5Mo 22,9 sollst d. Weinberg nicht mit Zweierlei b.

Bera

1Mo 14,2 Krieg mit B., dem König von Sodom

Beracha

1Ch 12,3 (die aus Benjamin:) B.

Beraja

1Ch 8,21 B.; das sind die Söhne Schimis

beraten

Ri 19,30 denkt darüber nach, b. und sprecht 20,7
1Kö 1,7 er b. sich mit Joab
2Kö 6,8 der König b. sich mit seinen Obersten 2Ch 30,2; 32,3
2Ch 20,21 (Joschafat) b. sich mit dem Volk
Ps 16,7 ich lobe den HERRN, der mich b. hat
   71,10 die auf mich lauern, b. sich miteinander
  140,10 das Unglück, über das meine Feinde b.
Spr 15,22 wo man nicht miteinander b.
   20,18 Pläne zum Ziel, wenn man sich recht b.
Jes 45,21 bringt es vor, b. miteinander
Jdt 2,3 b. sich heimlich mit ihnen
Sir 37,11 b. dich nicht mit dem,
Bar 6,49 wenn Krieg kommt, b. sich die Priester
Apg 15,6 kamen zusammen, über diese Sache zu b.

Berater

2Ch 2,12 so sende ich Hiram, meinen B. 4,16

beratschlagen

Jer 11,19 wußte nicht, daß sie gegen mich b. hatten

berauben

1Mo 27,45 warum sollte ich euer beider b. werden
   42,36 ihr b. mich meiner Kinder
   43,14 wie einer, der seiner Kinder b. ist
3Mo 19,13 du sollst deinen Nächsten nicht b.
Ri 2,14 gab sie in die Hand von Räubern, die sie b.
  9,25 b. alle, die auf der Straße vorüberkamen
1Sm 14,36 laßt uns den Philistern nach und sie b.
  15,33 wie dein Schwert Frauen ihrer Kinder b.
  23,1 die Philister b. die Tennen
Ps 44,11 daß uns b., die uns hassen
  76,6 b. sind die Stolzen
  89,42 es b. ihn alle, die vorübergehen
Spr 22,22 b. den Armen nicht, weil er arm ist
Jes 10,6 daß er's b. und ausplündere
  11,14 werden b. alle, die im Osten wohnen
  24,3 die Erde wird leer und b. sein
  33,1 Räuber, der du selbst nicht b. bist... so wird man dich auch b.
  42,22 ist ein b. und geplündertes Volk
Jer 30,16 die dich b. haben, sollen b. werden
  50,10 alle, die es b., sollen satt werden
Klg 1,20 hat mich Schwert und Tod meiner Kinder b.
Hes 29,19 daß er es b. und plündern soll
  39,10 werden die b., von denen sie b. sind
Hab 2,8 hast Völker b. So werden dich wieder b.
Ze 2,9 die Übriggebl. meines Volks sollen sie b.
Sa 2,12 über die Völker, die euch b. haben
Jdt 2,13 (Holofernes) b. alle Leute von Tarsis
Wsh 18,4 daß sie des Lichts b. wurden
Tob 3,4 unsern Feinden preisgegeben, die uns b.
Bar 4,16 haben die Einsame ihrer Töchter b.
1Ma 3,20 sie wollen uns ermorden und b.
2Ma 9,16 den Tempel, den er zuvor b. hatte
Mt 12,29 erst dann kann er sein Haus b. Mk 3,27
Mk 10,19 du sollst niemanden b.
Rö 2,22 verabscheust die Götzen, und b. ihre Tempel
2Ko 11,8 andere Gemeinden habe ich b.
1Ti 6,5 Menschen, die der Wahrheit b. sind

Berea

1Ma 9,4 (darauf zogen sie) von dort nach B.

Berechja, Barachja

versch. Träger ds. Namens
1Ch 3,20/ 6,24; 15,17/ 9,16/ 15,23/ 2Ch 28,12/ Neh 3,4.30; 6,18/ Sa 1,1.7/ Mt 23,35

berechnen

3Mo 25,50 soll nach der Zahl der Jahre b. werden 52
   27,18 soll der Priester das Geld b. 23
1Kö 3,8 daß es niemand b. kann 8,5; 2Ch 5,6
Spr 23,7 in seinem Herzen ist er b.
Apg 19,19 b., was sie wert waren

Bered

1Mo 16,14 ¹(Brunnen) liegt zwischen Kadesch und B.

1Ch 7,20 ²Schutelach – dessen Sohn war B.

bereden

2Mo 22,15 wenn jemand eine Jungfrau b.
Jos 15,18 b. er sie, einen Acker zu fordern Ri 1,14
2Sm 20,22 die Frau b. das ganze Volk
2Ch 18,2 Ahab b. ihn, daß er hinaufzöge
Ps 38,13 b., wie sie mir schaden
Jes 8,10 b. euch, und es geschehe nicht
36,18 laßt euch von Hiskia nicht b.
Jer 43,3 Baruch b. dich zu unserm Schaden
2Ma 4,34 der ging zu Onias, b. ihn mit List
45 Geld, damit er den König b. sollte
7,25 als der Jüngling sich nicht b. lassen
12,3 sie b. die Juden, die bei ihnen wohnten
13,26 Lysias b. sie, daß sie zufrieden waren
Lk 6,11 sie b. sich miteinander, was sie Jesus tun
Apg 26,28 *es fehlt nicht viel, du wirst mich noch b.*

beredt

2Mo 4,10 ich bin von jeher nicht b. gewesen
14 daß dein Bruder Aaron b. ist
Apg 18,24 Apollos, ein b. Mann

beregnen

Hes 22,24 du bist ein Land, das nicht b. ist
Am 4,7 ein Acker wurde b., der andere nicht b.

bereisen

2Ma 3,8 gab an, er müßte die Städte b.

bereit

2Mo 19,11 (daß sie) b. seien für den dritten Tag 15
34,2 sei morgen b., daß du früh auf den Berg
Jos 8,4 seid allesamt b.
1Sm 14,43 ich bin b. zu sterben
25,41 deine Magd ist b., den Knechten zu dienen
2Ch 35,4 seid b. nach euren Sippen
Ps 57,8 Gott, mein Herz ist b. 108,2
Dan 3,15 wohlan, seid b.
Tob 3,19 ich war b., einen Mann zu nehmen
5,5 stand da gegürtet und b. zu reisen
Sir 39,37 sie sind b., wenn er sie braucht
1Ma 3,58 damit ihr morgen früh b. seid
4,35 sah, daß die Juden b. waren
13,37 wir sind b., Frieden zu schließen
2Ma 1,3 (Gott) gebe euch ein Herz, das b. ist
Mt 22,4 alles ist b.; kommt zur Hochzeit 8; Lk 14,17
24,44 darum seid auch ihr b. Lk 12,40
25,10 die b. waren, gingen mit ihm hinein
Mk 14,15 *der mit Polstern versehen und b. ist*
Lk 22,33 er sprach zu ihm: Herr, ich bin b.
Apg 21,13 ich bin b., nicht allein mich binden zu lassen
23,15 wir sind b., ihn zu töten 21
2Ko 9,2 Achaja ist schon voriges Jahr b. gewesen
5 *Segen, daß er b. sei*
10,6 so sind wir b., zu strafen allen Ungehorsam
12,14 ich bin jetzt b., zum dritten Mal zu euch zu kommen
Eph 6,15 b., einzutreten für das Evang. des Friedens
Kol 1,5 Hoffnung, die für euch b. ist im Himmel
1Th 2,8 b., euch am Evangelium teilzugeben
Tit 3,1 zu allem guten Werk b.
1Pt 1,5 Seligkeit, die b. ist, daß sie offenbar werde
3,15 seid b. zur Verantwortung vor jedermann

1Pt 4,5 der b. ist, zu richten die Lebenden und die Toten
Off 9,15 Engel, die b. waren für die Stunde

bereiten

1Mo 24,31 ich habe das Haus b.
2Mo 15,17 zu deinem Heiligtum, das deine Hand b. hat
3Mo 2,7 ist dein Speisopfer etwas im Tiegel B. 8; 6,14
14,31 (die Taube) zum Sündopfer b. 15,15.30
4Mo 15,3 um einen lieblichen Geruch zu b.
5Mo 32,6 ist's nicht er allein, der dich b. hat
1Sm 8,13 Töchter... daß sie Salben b.
2Sm 13,5 vor meinen Augen das Essen b. 8
1Kö 14,21 damit er dort seinem Namen eine Stätte b.
2Kö 6,23 da wurde ein großes Mahl b.
19,25 daß ich es lange zuvor b. Jes 37,26
1Ch 15,1 David b. der Lade eine Stätte 3.12; 2Ch 1,4
2Ch 29,36 was Gott dem Volke b. hatte
35,6 b. (das Passa) für eure Brüder 14
Neh 8,10 die nichts für sich b. haben
Est 5,4 Mahl, das ich b. habe 5.8.12; 6;14; 7,1
Hi 10,8 deine Hände haben mich b. Ps 119,73
15,23 daß ihm der Tag der Finsternis b. ist
28,27 damals schon sah er sie und b. sie
31,15 hat nicht der Eine uns b.
38,41 wer b. dem Raben die Speise
Ps 7,14 sich selber hat er feurige Pfeile b.
8,4 den Mond und die Sterne, die du b. hast
9,8 er hat seinen Thron b. zum Gericht
23,5 du b. vor mir einen Tisch
24,2 er hat ihn über den Wassern b.
78,19 kann Gott einen Tisch b. in der Wüste
95,5 seine Hände haben das Trockene b.
139,13 du hast meine Nieren b.
16 sahen mich, als ich noch nicht b. war
Spr 3,19 hat nach seiner Einsicht die Himmel b.
6,8 so b. sie doch ihr Brot im Sommer
8,27 als er die Himmel b., war ich da
9,2 (die Weisheit) hat ihren Tisch b.
19,29 den Spöttern sind Strafen b.
Pr 11,5 wie die Gebeine im Mutterleibe b. werden
Jes 16,5 dann wird ein Thron b. werden aus Gnaden
30,33 die Feuergrube ist auch dem König b.
40,3 b. dem HERRN den Weg Mt 3,3; Mk 1,3; Lk 3,4
43,21 das Volk, das ich mir b. habe 44,2. 21
44,24 der dich von Mutterleibe b. hat 49,5
45,18 der die Erde b... daß man auf ihr wohnen
54,17 keiner Waffe, die gegen dich b. wird
57,14 machet Bahn, machet Bahn! B. den Weg
62,10 b. dem Volk den Weg
Jer 1,5 ich kannte dich, ehe ich dich b.
2,17 das alles hast du dir doch selbst b.
10,12 er hat den Erdkreis b. 51,15
18,11 siehe, ich b. euch Unheil
Hes 4,15 dein Brot darauf zu b.
28,13 als du geschaffen wurdest, wurden sie b.
Jo 4,9 b. euch zum heiligen Krieg
Am 4,12 b. dich, Israel, und begegne deinem Gott
Mal 3,1 der vor mir her den Weg b. soll Mt 11,10; Mk 1,2; Lk 7,27
Jdt 6,18 Usija b. ein großes Gastmahl für ihn
Wsh 9,2 (Gott, der du) den Menschen b. hast
8 Abbild des Zeltes, das du b.
11,24 hast nichts b., gegen das du Haß gehabt
13,4 wieviel mächtiger der, der alles b. hat
16,2 du b. ihm eine wunderbare Speise 20
Tob 7,9 danach ließ Raguël das Mahl b.
Sir 29,33 du Fremder, geh hin und b. den Tisch

bereiten 148

Sir	42,9	eine Tochter b. dem Vater unruhige Nächte
2Ma	4,49	sie b. ihnen ein großartiges Begräbnis
Mt	3,3	b. dem Herrn den Weg Mk 1,3; Lk 3,4
	11,10	meinen Boten, der deinen Weg b. soll Mk 1,2; Lk 7,27
	20,23	*denen es b. ist von meinem Vater Mk 10,40*
	21,16	aus dem Munde... hast du dir Lob b.
	41	er wird den Bösen ein böses Ende b.
	22,4	siehe, meine Mahlzeit habe ich b.
	25,34	ererbt das Reich, das euch b. ist
	41	ewige Feuer, das b. ist dem Teufel
	26,12	*daß sie mich fürs Grab b.*
	17	wo willst du, daß wir dir das Passamahl b. 19; Mk 14,12; Lk 22,8.9
Mk	14,16	b. das Passalamm Lk 22,12.13
Lk	1,17	*zuzurichten dem Herrn ein b. Volk*
	76	dem Herrn vorangehen, daß du s. Weg b.
	2,31	(Heiland,) den du b. hast vor allen Völkern
	9,52	kamen in ein Dorf, ihm Herberge zu b.
	12,20	*wes wird's sein, das du b. hast*
	47	der Knecht hat aber nichts b.
	17,8	vielmehr sagen: B. mir das Abendessen
	23,56	sie b. wohlriechende Öle und Salben 24,1
Jh	14,2	ich gehe hin, euch die Stätte zu b. 3
Rö	9,23	die er zuvor b. hatte zur Herrlichkeit
	14,13	daß niemand seinem Bruder Ärgernis b.
1Ko	2,9	was Gott b. hat denen, die ihn lieben
	9,12	damit wir nicht dem Evangelium von Christus ein Hindernis b.
2Ko	5,5	der uns dazu b. hat, das ist Gott
	8,20	*Gabe, die durch unsern Dienst b. wird*
Eph	2,10	zu guten Werken, die Gott zuvor b. hat
Phl	1,17	sie möchten mir Trübsal b. in meiner Gefangenschaft
2Ti	2,21	ein Gefäß... zu allem guten Werk b.
Phm	22	zugleich b. mir die Herberge
2Pt	2,3	*ihnen ist das Urteil seit langem b.*
Heb	10,5	einen Leib aber hast du mir b.
	20	*welchen er uns b. hat als neuen Weg*
Off	12,6	wo sie einen Ort hatte, b. von Gott
	16,12	damit der Weg b. würde den Königen vom Aufgang der Sonne
	19,7	seine Braut hat sich b. 21,2

bereithalten

Neh	4,10	die andere Hälfte h. Spieße b. 15
Est	3,14	sich auf diesen Tag b. sollten 8,13
Jes	28,2	einen Starken h. der Herr b.
Sir	30,1	wer seinen Sohn liebhat, h. die Rute b.
2Ma	13,12	Judas befahl ihnen sich b.
Mk	3,9	sie sollten ihm ein Boot b.
Apg	23,24	h. Tiere b., Paulus draufzusetzen

bereitliegen

2Ko	9,5	so daß sie b. als eine Gabe des Segens
2Ti	4,8	l. für mich b. die Krone der Gerechtigkeit

bereitmachen, bereit machen

Ps	59,5	sie laufen herzu und m. sich b.
Sir	2,2	m. dein Herz b. und steh fest
	21	die den Herrn fürchten, m. ihr Herz b.
2Ma	8,21	b. gem., um des Vaterlands willen zu sterben

bereits

Apg	27,9	die Schiffahrt b. gefährlich wurde
Heb	12,5	(ihr) habt b. den Trost vergessen, der

bereitstehen

3Mo	16,21	durch einen Mann, der b., in die Wüste
Hi	18,12	Unglück s.b. zu seinem Sturz

bereitstellen

1Ko	16,15	sich bereitg. zum Dienst für die Heiligen

bereitwillig

Apg	17,11	sie nahmen das Wort b. auf

Berenike, *Bernice*

Apg	25,13	kamen Agrippa und B. nach Cäsarea 23; 26,30

bereuen

Jdt	5,17	sooft sie es b., abgefallen zu sein
	8,12	wollen b. und seine Gnade suchen
Wsh	19,2	Gott wußte, daß sie es b. würden
Lk	17,3	wenn er es b., vergib ihm

Berg

1Mo	7,19	daß alle hohen B. bedeckt wurden 20
	8,5	sahen die Spitzen der B. hervor
	22,2	opfere ihn zum Brandopfer auf einem B.
	14	auf dem B., da der HERR sieht
	49,26	stärker als die Segnungen der ewigen B.
2Mo	3,1	Mose kam an den B. Gottes, den Horeb
	12	werdet Gott opfern auf diesem B.
	4,27	Aaron begegnete (Mose) am B. Gottes
	15,17	pflanztest du sie am B. deines Erbteils
	18,5	Jitro und s. Söhne kamen an den B. Gottes
	19,2	lagerten in der Wüste gegenüber dem B.
	3	der HERR rief ihm vom B. zu
	11	wird herabfahren auf den B. Sinai 18.20
	12	hütet euch, auf den B. zu steigen; wer den B. anrührt, soll sterben 17.23; 34,3; Heb 12,20
	13	wenn das Widderhorn... soll man auf den B.
	14	Mose stieg vom B. herab 32,1.15; 34,29
	16	erhob sich eine dichte Wolke auf dem B. 24,15-17
	18	der B. Sinai rauchte, der B. bebte 20,18; 5Mo 4,11; 5,5.23
	20	der HERR berief Mose hinauf auf den Gipfel des B. 24,12-18; 31,18; 34,2.4; 4Mo 3,1
	24,4	Mose baute einen Altar unten am B.
	25,40	nach dem Bilde, das dir auf dem B. gezeigt ist 26,30; 27,8; Heb 8,5
	32,19	Mose zerbrach sie unten am B.
	33,6	taten ihren Schmuck von sich an dem B. Horeb
	34,32	gebot ihnen, was der HERR mit ihm geredet auf dem B. Sinai 3Mo 7,38; 25,1; 26,46; 27,34
4Mo	10,33	zogen von dem B. des HERRN
	20,22	kamen an den B. Hor 23-28; 21,4; 33,37-41; 34,7.8
	23,28	führte ihn auf den Gipfel des B. Peor
	28,6	Brandopfer, das ihr am B. Sinai geopfert
5Mo	1,6	der HERR redete mit uns am B. Horeb 4,10. 11.15; 5,4.22; 9,10; 10,4
	6	seid lange genug an diesem B. gewesen
	7	daß ihr kommt zum B. Libanon
	3,8	nahmen wir das Land bis an den B. 4,48; 11,24; Jos 11,3.17; 12,1.5; 13,19; 15,8.11; 18,13; 14.16

5Mo	8,7	Bäche, die an den B. fließen 9,21
	9	wo du Kupfererz aus den B. haust
	9,9	als ich 40 Tage auf dem B. blieb 15; 10,1.3.5. 10
	11,11	B., die der Regen vom Himmel tränkt
	29	den Segen auf dem B. Garizim und den Fluch auf dem B. Ebal 27,12.13; Jos 8,33
	12,2	Göttern gedient auf hohen B. Jer 3,6; Hos 4,13
	27,4	sollt diese Steine auf dem B. aufrichten
	32,22	wird anzünden die Grundfesten der B.
	49	geh auf den B. Nebo 34,1
	50	stirb auf dem B., wie Aaron auf dem B. Hor
	33,2	er ist erschienen vom B. Paran her
	15	(gesegnet) mit den Besten uralter B.
	19	sie werden die Stämme auf den B. rufen
Jos	8,30	baute Josua einen Altar auf dem B. Ebal
	24,30	begrub (Josua) nördl. vom B. Gaasch Ri 2,9
Ri	3,3	vom B. Baal-Hermon an bis dorthin
	4,6	geh hin und zieh auf den B. Tabor 12.14
	5,5	die B. wankten vor dem HERRN
	6,2	machten sich in den B. Schluchten zurecht
	9,7	stellte sich auf den Gipfel des B. Garizim
	25	legten e. Hinterhalt auf den Höhen der B.
	36	siehst die Schatten der B. für Leute an
	48	ging (Abimelech) auf den B. Zalmon
	11,37	daß ich hingehe auf die B. und beweine 38
	16,3	trug sie auf die Höhe des B. vor Hebron
1Sm	17,3	die Israeliten auf einem B. diesseits
	23,26	David auf der anderen Seite des B. 26,13
	25,20	als (Abigajil) hinabzog im Schutz des B.
	26,20	wie man ein Rebhuhn jagt auf dem B.
2Sm	1,21	ihr B. von Gilboa 21,12
	16,13	Schimi am Hang des B.
	21,6	sie aufhängen auf dem B. des HERRN 9
	22,3	Gott ist Schild und B. meines Heils Ps 18,3
1Kö	11,7	damals baute Salomo eine Höhe auf dem B.
	16,24	(Omri) kaufte den B. Samaria von Schemer
	18,19	versammle Israel auf den B. Karmel 20
	19,8	(Elia) ging bis zum B. Gottes, dem Horeb 11
	11	ein starker Wind, der die B. zerriß, kam
	20,28	gesagt, der HERR sei ein Gott der B.
	22,17	sah Israel zerstreut auf den B. 2Ch 18,16
2Kö	1,9	saß (Elia) auf dem B.
	2,16	vielleicht auf irgendeinen B. geworfen
	25	ging (Elisa) auf den B. Karmel 4,25.27
	6,17	war der B. voll feuriger Rosse und Wagen
	19,23	bin auf den B. gestiegen Jes 37,24
	31	die Erretteten vom B. Zion Jes 37,32
	23,13	östl. von Jerusalem, am B. des Verderbens
	16	Josia sah die Gräber, die auf dem B. waren
1Ch	12,9	schnell wie Rehe auf den B.
2Ch	3,1	Haus des HERRN auf dem B. Morija
	13,4	Abija stellte sich hin auf den B. Zemar
	26,10	(Usija) hatte Weingärten auf den B.
	33,15	entfernte alle Altäre auf den B.
Neh	3,20	zum B. hin baute Baruch
	8,15	geht hinaus auf die B.
	9,13	bist herabgestiegen auf den B. Sinai
Hi	4,15	es standen mir die Haare zu B.
	9,5	er versetzt B., ehe sie es innewerden
	14,18	ein B. kann zerfallen
	24,8	sie triefen vom Regen in den B.
	28,9	man gräbt die B. von Grund aus um
	39,8	er durchstreift die B.
	40,20	die B. tragen Futter für ihn
Ps	2,6	eingesetzt auf meinem heiligen B. Zion
	3,5	so erhört er mich von seinem heiligen B.
	11,1	flieh wie ein Vogel auf die B.
	15,1	wer darf wohnen auf deinem heiligen B.

Ps	18,8	die Grundfesten der B. bewegten sich
	24,3	wer darf auf des HERRN B. gehen
	36,7	deine Gerechtigkeit steht wie die B. Gottes
	42,7	gedenke ich an dich vom B. Misar
	43,3	daß sie mich leiten zu deinem heiligen B.
	46,3	wenngleich die B. mitten ins Meer sänken 4
	48,2	groß ist der HERR auf seinem heiligen B.
	3	schön ragt empor der B. Zion 12
	50,10	ist mein und die Tiere auf den B. 11
	65,7	der du die B. festsetzest in deiner Kraft
	68,17	was seht ihr scheel, ihr B., auf den B.
	72,3	laß die B. Frieden bringen
	16	voll stehe das Getreide bis auf den B.
	74,2	gedenke an den B. Zion
	75,7	es kommt nicht von den B.
	76,5	du bist mächtiger als die ewigen B.
	78,54	zu diesem B., den s. Rechte erworben hat
	68	erwählte den B. Zion, den er liebhat
	80,11	B. sind mit seinem Schatten bedeckt
	83,15	wie eine Flamme die B. versengt
	87,1	sie ist fest gegründet auf den heiligen B.
	90,2	ehe denn die B. wurden
	95,4	die Höhen der B. sind auch sein
	97,5	B. zerschmelzen wie Wachs vor dem HERRN
	98,8	alle B. seien fröhlich vor dem HERRN
	99,9	betet an auf seinem heiligen B. Jes 27,13
	104,6	die Wasser standen über den B. 8.10
	13	du feuchtest die B. von oben her
	18	die B. geben dem Steinbock Zuflucht
	32	er rührt die B. an, so rauchen sie 144,5
	114,4	die B. hüpften wie die Lämmer 6
	121,1	ich hebe meine Augen auf zu den B.
	125,1	werden ewig bleiben wie der B. Zion 2
	133,3	Tau, der herabfällt auf die B. Zions
	147,8	der Gras auf den B. wachsen läßt
	148,9	(lobet den HERRN) ihr B. und alle Hügel
Spr	8,25	ehe denn die B. eingesenkt waren
	27,25	ist das Futter auf den B. gesammelt
Hl	2,8	er kommt und hüpft über die B.
	4,8	steig herab von den B. der Leoparden
Jes	2,2	der B. fest stehen, höher als alle B. Mi 4,1
	3	auf den B. des HERRN gehen Mi 4,2
	14	über alle hohen B.
	4,5	über der ganzen Stätte des B. Zion
	5,25	er schlägt sie, daß die B. beben
	7,25	daß man zu all den B. nicht kommen kann
	8,18	HERRN, der auf dem B. Zion wohnt Jo 4,17
	10,12	sein Werk ausgerichtet auf dem B. Zion
	32	wird s. Hand ausstrecken gegen den B. Zion
	11,9	nirgends Sünde auf meinem heiligen B.
	13,2	auf hohem B. erhebt das Banner 18,3
	4	es ist Geschrei und Lärm auf den B.
	14,13	mich setzen auf den B. der Versammlung
	25	daß ich es zertrete auf meinen B.
	16,1	schickt die Lämmer zum B. Zion
	17,13	werden gejagt wie Spreu auf den B.
	18,6	liegenläßt für die Geier auf den B.
	7	wird Geschenke bringen zum B. Zion
	22,5	sie schreien am B.
	24,23	der HERR König sein wird auf dem B. Zion Mi 4,7
	25,6	wird auf diesem B. ein fettes Mahl machen
	7	wird auf diesem B. die Hülle wegnehmen
	10	die Hand des HERRN ruht auf diesem B.
	28,21	wird sich aufmachen wie am B. Perazim
	29,8	die gegen den B. Zion kämpfen
	30,17	wie ein Mast auf einem B.
	25	werden auf allen B. Ströme fließen
	29	mit Flötenspiel zum B. des HERRN

Berg

Jes	31,4	wird herniederfahren auf den B. Zion
	34,3	daß die B. von ihrem Blut fließen
	40,4	alle B. sollen erniedrigt werden Lk 3,5
	9	Zion, steig auf einen hohen B.
	12	wer wiegt die B. mit einem Gewicht
	41,15	daß du B. zermalmen sollst
	42,11	sollen rufen von den Höhen der B.
	15	ich will B. zur Wüste machen
	44,23	ihr B., frohlocket 49,13; 55,12
	49,11	ich will meine B. zum ebenen Wege machen
	52,7	wie lieblich sind auf den B. die Füße Nah 2,1
	54,10	es sollen wohl B. weichen
	56,7	die will ich zu meinem hl. B. bringen 66,20
	57,7	du machtest dein Lager auf hohem B.
	13	wird meinen heiligen B. besitzen 65,9
	63,19	daß die B. vor dir zerflössen 64,2
	65,7	die auf den B. geräuchert haben
	11	die ihr meines heiligen B. vergeßt
	25	noch Schaden tun auf meinem heiligen B.
Jer	3,23	nichts als Betrug mit dem Lärm auf den B.
	4,24	ich sah die B. an, sie bebten
	9,9	ich muß über die B. weinen
	13,16	ehe eure Füße sich an den B. stoßen
	16,16	Jäger sollen sie fangen auf allen B.
	17,3	deine Opferhöhen auf B. zum Raube geben
	26,18	der B. des Tempels zu... wilden Gestrüpps Mi 3,12
	31,5	Weinberge pflanzen an den B. Samarias
	23	der HERR segne dich, du heiliger B.
	46,18	hoch, wie der B. Tabor unter den B. ist
	50,6	auf die B. in die Irre gehen lassen
	51,25	will einen verbrannten B. aus dir machen
Klg	4,19	auf den B. haben sie uns verfolgt
	5,18	(krank) um des B. Zion willen
Hes	6,2	richte dein Angesicht gegen die B. Israels 3; 35,12; 36,1.4.6
	13	ihre Erschlagenen liegen auf allen B.
	7,7	an dem kein Singen auf den B. sein wird 19,9
	16	werden auf den B. sein wie Tauben
	11,23	B., der im Osten vor der Stadt liegt
	17,22	will's auf einen hohen B. pflanzen 23
	20,40	auf meinem B. wird mir Israel dienen
	28,14	auf den heiligen B. gesetzt
	16	verstieß dich vom B. Gottes
	31,12	seine Äste fielen auf die B.
	32,5	will dein Fleisch auf die B. werfen 6; 35,8
	34,6	sie irren umher auf allen B.
	13	will sie weiden auf den B. Israels 14; 37,22; 38,8
	36,8	ihr B. Israels sollt wieder grünen
	38,20	die B. sollen niedergerissen werden 21
	39,2	will dich auf die B. Israels bringen 4.17
	40,2	stellte mich auf einen sehr hohen B.
	43,12	auf der Höhe des B. soll... hochheilig sein
Dan	2,35	der Stein wurde zu einem großen B.
	45	daß ein Stein vom B. herunterkam
	9,16	wende ab deinen Zorn von deinem heiligen B.
	20	als ich für den heiligen B. vor Gott lag
	11,45	zwischen dem Meer und dem heiligen B.
Hos	10,8	ihr B., bedecket uns Lk 23,30; Off 6,16
Jo	2,1	ruft laut auf meinem heiligen B.
	2	wie Morgenröte sich ausbreitet über die B.
	5	sie sprengen daher über die Höhen der B.
	3,5	auf dem B. Zion wird Errettung sein Ob 17
	4,18	werden B. von süßem Wein triefen Am 9,13
Am	3,9	sammelt euch auf die B. um Samaria 4,1
	4,13	er ist's, der die B. macht
	6,1	die voll Zuversicht sind auf dem B. Samarias
	9,3	wenn sie sich versteckten a f dem B. Karmel
Ob	16	wie ihr auf meinem B. getrunken habt
	21	werden die Geretteten vom B. Zion kommen
Jon	2,7	ich sank hinunter zu der B. Gründen
Mi	1,4	daß die B. unter ihm schmelzen
	6,1	führe deine Sache vor den B.
	2	höret, ihr B., wie der HERR rechten will
Nah	1,4	was auf dem B. Libanon blüht, verwelkt
	5	die B. erzittern vor ihm
	3,18	dein Volk wird auf den B. zerstreut sein
Hab	3,6	zerschmettert wurden die uralten B.
	10	sahen dich, und ihnen ward bange
Ze	3,11	wirst dich nicht überheben auf meinem B.
Hag	1,11	habe die Dürre gerufen über Land und B.
Sa	4,7	wer bist du, du großer B., der du
	6,1	Wagen kamen zwischen den B. hervor
	8,3	der B. des HERRN ein heiliger B.
	14,4	daß die eine Hälfte des B. weichen wird
	5	das Tal wird an der Flanke des B. stoßen
Mal	3,22	Gesetz, das ich befohlen auf dem B. Horeb
Jdt	3,4	unser Besitz, alle B., gehören dir
	7,10	nicht erobern, weil sie in den B. liegt
	16,18	die B. müssen beben Sir 16,18; 43,17
Wsh	17,19	Widerhall aus den Schluchten der B.
Tob	11,6	Hanna saß am Wege auf einem B.
Sir	43,4	dreimal mehr erhitzt die Sonne die B.
	23	was auf den B. stand, verbrennt er
Bar	5,7	Gott will alle hohen B. niedrig machen
	6,63	Feuer, gesandt, um Berge zu verzehren
1Ma	4,37	zogen auf den B. Zion 60; 5,54; 7,33; 10,11
	46	sie verwahrten die Steine auf dem B.
	10,73	in der Ebene, wo keine B. sind
	11,37	damit man sie auf dem B. ausstellt
2Ma	9,8	auf die B. auf die Waagschale legen
StD	3,51	B. und Hügel, lobt den Herrn
Mt	4,8	darauf führte ihn der Teufel auf einen B. Lk 4,5
	5,1	(Jesus) ging auf einen B. 14,23; 15,29; Mk 3,13; 6,46; Lk 6,12; 9,28; Jh 6,3.15
	8,1	als (Jesus) vom B. herabging Lk 9,37
	17,1	führte sie allein auf einen hohen B. 9; Mk 9,2.9
	20	könnt ihr sagen zu diesem B. 21,21; Mk 11,23
	18,12	läßt er die neunundneunzig auf den B.
	24,16	alsdann fliehe auf die B. Mk 13,14
	28,16	gingen nach Galiläa auf den B.
Mk	5,5	er war Tag und Nacht auf den B.
	11	es war dort an den B. eine Herde Säue Lk 8,32
Lk	3,5	alle B. und Hügel sollen erniedrigt werden
	4,29	führten ihn an den Abhang des B., um ihn hinabzustürzen
	19,29	als er an den B. kam, der Ölberg heißt 21,37
Jh	4,20	unsere Väter haben auf diesem B. angebetet 21
Apg	1,12	kehrten zurück von dem B., der heißt Ölberg
	7,30	erschien ihm am B. Sinai ein Engel 38
1Ko	13,2	Glauben, so daß ich B. versetzen könnte
Gal	4,24	einen vom B. Sinai, der zur Knechtschaft gebiert
	25	Hagar bedeutet den B. Sinai in Arabien
2Pt	1,18	als wir mit ihm waren auf dem heiligen B.
Heb	11,38	sie sind umhergeirrt in Wüsten, auf B.
	12,18	ihr seid nicht gekommen zu dem B. 20
	22	ihr seid gekommen zu dem B. Zion
Off	6,14	alle B. wurden wegbewegt von ihrem Ort 16,20
	15	verbargen sich in den Klüften der B.
	8,8	es stürzte etwas wie ein großer B. ins Meer

Off	14,1	siehe, das Lamm stand auf dem B. Zion
	17,9	sind sieben B., auf denen die Frau sitzt
	21,10	er führte mich im Geist auf einen hohen B.

bergauf

Sir	25,26	wie ein Weg b. für einen alten Mann

bergen (s.a. geborgen)

Ri	6,11	damit er ihn b. vor den Midianitern
	9,15	b. euch in meinem Schatten
Hi	6,16	Eis, darin der Schnee sich b.
	20,12	daß er es b. unter seiner Zunge
	28,6	Saphir in ihrem Gestein, und es b. Goldstaub
	39,13	ein Gefieder, das sorgsam b.
Ps	27,5	er b. mich im Schutz seines Zeltes
	31,21	du b. sie in deinem Schutz vor den Rotten
	83,4	halten Rat wider die, die bei dir sich b.
Spr	10,18	falsche Lippen b. Haß
Jes	30,2	sich zu b. im Schatten Ägyptens
Ze	2,3	vielleicht könnt ihr euch b. am Tage d. Zorns

Bergfeste

1Sm	22,4	solange David auf der B. war 23,14.19; 2Sm 23,14
	5	Gad sprach zu David: Bleib nicht auf der B.
	24,1	David blieb in den B. bei En-Gedi 23
2Sm	5,17	David zog hinab nach der B. 1Ch 11,16
1Ch	12,9	gingen über zu David nach der B. 17

Berggipfel

Jos	15,9	danach kommt sie von dem B. zur Quelle

Berggott

1Kö	20,23	ihre Götter sind B.

Berghang

Jos	15,8	führt hinauf zum Tal südlich des B.
Hes	25,9	so will ich die B. Moabs bloßlegen

Berghöhe

Jdt	4,3	sie besetzten alle B.

Bergland

5Mo	3,25	laß mich sehen dies gute B.
Jes	45,2	ich will das B. eben machen

Bergwerk

1Ma	8,3	wie sie die B. erobert hatten

Beri

1Ch	7,36	Söhne Zofachs: B.

Beria, Beriiter

1Mo	46,17	¹Söhne Assers: B. 4Mo 26,44.45; 1Ch 7,30.31
1Ch	7,23	²den nannte (Ephraim) B.
	8,13	³B... Sippenhäupter von Ajalon 16
	23,10	⁴Schimis Söhne: B. 11

Bericht

5Mo	1,25	gaben uns B. und sprachen
Jos	14,7	als ich ihm B. gab nach bestem Wissen
2Kö	22,9	der Schreiber gab ihm B. 2Ch 34,16
Esr	5,5	bis man den B. an Darius gelangen ließe
Dan	10,14	nun komme ich, um dir B. zu geben
Lk	1,1	B. zu geben von den Geschichten
Apg	1,1	den ersten B. habe ich gegeben

berichten

1Sm	11,5	da b. sie (Saul) die Worte
1Ch	19,5	man b. David über die Männer
Jer	36,13	Michaja b. ihnen alle Worte
Dan	7,16	daß er mir über das alles Genaueres b.
Jdt	11,12	mich gesandt, um dir zu b. 13.14
Tob	9,7	er b. ihm alles
1Ma	7,30	es wurde Judas b., daß Nikanor
	14,21	eure Boten haben uns b.
2Ma	2,1	in den Schriften, wie oben b.
	3,9	erzählte er, was seinem Herrn b. worden
	11,29	hat uns b., daß ihr zurückkehren möchtet
Mt	8,33	die Hirten b. das alles
Lk	13,1	b. ihm von den Galiläern, deren Blut Pilatus
	18,37	da b. sie ihm, Jesus von Nazareth gehe vorbei
Jh	5,15	b. den Juden, es sei Jesus
Apg	4,23	kamen sie zu den Ihren und b.
	5,22	die Knechte kamen zurück und b.
	25	da kam jemand, der b. ihnen
	11,13	der b. uns, wie er den Engel gesehen habe
	16,38	die Amtsdiener b. diese Worte den Stadtrichtern
	21,21	ihnen ist b. worden über dich
	24	nicht so, wie man ihnen über dich b. hat
	22,26	ging zu dem Oberst und b. ihm 23,16.30
	28,21	der über dich etwas Schlechtes b. hätte
2Ko	7,7	er b. uns von eurem Verlangen
Eph	6,21	wird euch Tychikus alles b. Kol 4,7.9
Kol	1,8	der uns auch b. hat von eurer Liebe
1Th	1,9	denn sie selbst b. von uns
	3,6	hat uns Gutes b. von eurem Glauben

Bernice s. Berenike

Beröa

2Ma	13,4	ließ der König ihn nach B. fahren
Apg	17,10	die Brüder schickten Paulus und Silas nach B.
	13	daß auch in B. das Wort Gottes verkündigt
	20,4	es zogen mit ihm Sopater aus B.

Berot(h)a, Berot(h)ai

2Sm	8,8	von B. nahm David viel Kupfer
Hes	47,16	(Grenze gegen Norden:) B.

bersten

1Kö	13,3	der Altar wird b. 5
Hi	18,4	willst du vor Zorn b.
Apg	1,18	er ist gestürzt und mitten entzwei geb.

berüchtigt

Mt	27,16	sie hatten zu der Zeit einen b. Gefangenen

Beruf

Beruf

Sir	11,20	halt aus in deinem B. 21
Apg	18,3	sie waren von B. Zeltmacher

berufen

1Mo	49,1	Jakob b. seine Söhne und sprach
2Mo	12,21	Mose b. alle Ältesten Israels 19,7
	19,20	der HERR b. Mose hinauf auf den Gipfel
	31,2	ich habe mit Namen b. Bezalel 35,30; 36,2
4Mo	1,16	das sind die b. aus der Gemeinde
	16,2	von der Versammlung b. 26,9
5Mo	29,1	b. ganz Israel und sprach Jos 23,2; 24,1
1Sm	6,2	die Philister b. ihre Wahrsager
Jes	41,9	den ich ergriffen habe und b. 48,12
	49,1	der HERR hat mich b.
	51,2	als einen einzelnen b. ich ihn
Jo	3,5	bei den Entronnenen, die der HERR b. wird
Mt	2,7	da b. Herodes die Weisen heimlich
	22,14	viele sind b., aber wenige auserwählt 20,16
Apg	13,2	Werk, zu dem ich sie b. habe
	16,10	gewiß, daß uns Gott dahin b. hatte
	25,11	ich b. mich auf den Kaiser 12.21.25; 26,32; 28,19
Rö	1,1	Paulus, ein Knecht Christi Jesu, b. zum Apostel 1Ko 1,1
	6	die ihr b. seid von Christus 7; 1Ko 1,2; Jud 1
	8,28	denen, die nach seinem Ratschluß b. sind
	30	die er b. hat, hat er auch gerecht gemacht
	9,12	nicht aus Verdienst, sondern durch die Gnade des B.
	24	dazu hat er uns b. 2Th 2,14; 1Pt 2,21; 3,9
1Ko	1,9	Gott, durch den b. seid
	24	denen, die b. sind, predigen wir Christus
	26	nicht viele Weise sind b.
	7,15	zum Frieden hat euch Gott b. Kol 3,15
	17	so leben, wie Gott einen jeden b. hat 18. 20-22.24
Gal	1,6	abwenden laßt von dem, der euch b. hat in die Gnade Christi
	15	Gott, der mich durch seine Gnade b. hat
	5,8	kommt nicht von dem, der euch b. hat
	13	ihr, liebe Brüder, seid zur Freiheit b.
Eph	1,18	erkennt, zu welcher Hoffnung ihr b. seid
	4,1	Berufung, mit der ihr b. seid 4
1Th	2,12	(Gott,) der euch b. hat zu seinem Reich
	4,7	Gott hat uns nicht b. zur Unreinheit
1Ti	6,12	ergreife das ewige Leben, wozu du b. bist
2Ti	1,9	er b. hat uns... und b. mit einem hl. Ruf
1Pt	1,15	wie der, der euch b. hat, heilig ist
	2,9	der euch b. hat von der Finsternis zu seinem wunderbaren Licht
	5,10	der euch b. hat zu seiner ewigen Herrlichkeit
2Pt	1,3	durch die Erkenntnis dessen, der uns b. hat
Heb	3,1	mit b. seid durch die himmlische Berufung
	5,4	er wird von Gott b. wie auch Aaron
	9,15	die B. das verheißene ewige Erbe empfangen
	11,8	er b. wurde, in ein Land zu ziehen, das er erben
Off	17,14	die mit ihm sind, sind die B.
	19,9	selig sind, die zum Hochzeitsmahl des Lammes b. sind

Berufer

Rö	9,12	*sondern aus Gnade des B.*

Berufung

Rö	11,29	Gottes Gaben und B. können ihn nicht gereuen
1Ko	1,26	seht, liebe Brüder, auf eure B.
	7,20	jeder bleibe in der B., in der er berufen
Eph	4,1	ermahne ich euch, daß ihr der B. würdig lebt
	4	wie ihr berufen seid zu einer Hoffnung eurer B.
Phl	3,14	dem Siegespreis der himmlischen B. Gottes
2Th	1,11	daß unser Gott euch würdig mache der Berufung
2Pt	1,10	bemüht euch, eure B. festzumachen
Heb	3,1	die ihr teilhabt an der himmlischen B.

beruhigen

2Ma	13,26	Lysias beredete sie und b. sie
Apg	14,18	*da sie das sagten, b. sie kaum das Volk*
	19,35	als der Kanzler das Volk b. hatte, sprach er

berühmt

1Sm	9,6	es ist ein b. Mann Gottes in dieser Stadt
2Sm	23,18	Abischai war b. unter den Dreißig 22; 1Ch 11,20.24
1Kö	5,11	(Salomo) war b. unter allen Völkern 2Ch 26,8
1Ch	5,24	b. Sippenhäupter 12,31
Esr	4,10	Völker, die der b. Asenappar hergebracht
Jer	49,25	wie... verlassen, die b. Stadt 51,41; Hes 26,17
Jdt	11,17	dein Name soll b. werden 1Ma 3,9; 14,10
Sir	39,2	muß die Geschichten b. Leute kennen
	44,1	laßt uns loben die b. Männer
1Ma	11,51	die Juden wurden b. in seinem Reich
2Ma	2,23	Tempel, der in aller Welt b. ist
Rö	16,7	die b. sind unter den Aposteln

berühren

1Mo	20,4	Abimelech hatte sie nicht b. 6
2Mo	4,25	nahm einen Stein und b. seine Scham
4Mo	19,16	wer auf dem freien Feld einen b. 18
	21	wer das Reinigungswasser b. 22
	31,35	die nicht von Männern b. waren
5Mo	27,5	aus Steinen, die kein Eisen b. hat
Jos	15,4	(seine Südgrenze) b. Azmon
Ri	6,21	der Engel b. mit der Spitze das Fleisch
1Kö	6,27	der Flügel des einen Cherubs die Wand b... in der Mitte b. ein Flügel den andern
2Kö	13,21	als er die Gebeine b., wurde er lebendig
2Ch	3,11	*so daß ein Flügel die Wand b. 12
Spr	6,29	es bleibt keiner ungestraft, der sie b.
Jes	6,7	hiermit sind deine Lippen b.
	41,3	b. den Weg nicht mit seinen Füßen
Hes	1,9	ihre Flügel b. einer den andern 11
Dan	8,5	kam ein Ziegenbock, ohne den Boden zu b.
Hag	2,12	b. danach mit seinem Zipfel Brot
Jdt	11,17	essen, was sie nicht einmal b. dürfen
Mt	1,25	(Josef) b. (seine Frau) nicht, bis
	9,20	eine Frau b. den Saum seines Gewandes 21; 14,36; Mk 5,27-31; 6,56; Lk 8,44
	29	da b. er ihre Augen und sprach 20,34
	14,36	alle, die ihn b., wurden gesund Mk 6,56
Mk	7,33	b. seine Zunge mit Speichel
Lk	7,14	b. den Sarg, und die Träger blieben stehen
1Ko	7,1	es ist gut für den Mann, keine Frau zu b.

Berührung

3Mo	7,19	das mit Unreinem in B. gekommen 21
Hes	44,19	damit sie nicht mit dem Heiligen in B. 46,20
Hag	2,13	jemand durch B. eines Toten unrein wäre

Beryll

Off	21,20	der achte (Grundstein war) ein B.

besäen

1Mo	47,23	da habt ihr Korn, nun b. das Feld 24
2Mo	23,10	6 Jahre sollst du dein Land b. 3Mo 25,3.4
3Mo	19,19	b. dein Feld nicht mit zweierlei Samen
5Mo	21,4	Talgrund, der weder bearbeitet noch b. ist
	29,22	weder b. werden kann noch etwas wächst
Ps	107,37	(daß sie) Äcker b. und Weinberge pflanzten
Jer	31,27	b. will mit Menschen und mit Vieh
Hes	36,9	daß ihr angebaut und b. werdet

Besai

Esr	2,49	(Tempelsklaven:) die Söhne B. Neh 7,52

besänftigen

Sir	39,34	sie b. dadurch den Zorn dessen, der

Besatzung

1Ma	6,50	legte eine B. hinein 9,51; 10,75; 11,66
2Ma	13,22	schloß Frieden mit der B. von Bet-Zur

beschädigen

3Mo	21,20	(wer) Flechten oder b. Hoden hat

beschaffen

2Mo	5,11	b. euch Häcksel, wo ihr's findet
1Ch	29,4	was ich zum heiligen Hause b. habe
2Ch	26,14	Usija b. für das Heer Schilde
Pr	2,8	ich b. mir Sänger und Sängerinnen
Jdt	12,3	woher sollen wir dann anderes b.
Sir	23,2	könnte jemand eine Geißel für... b.
1Ma	14,10	Simon b. Vorrat von Korn

beschämen

Rut	2,15	laßt sie auch lesen und b. sie nicht
Hi	11,3	daß du spottest und niemand dich b.
Ps	74,21	laß den Geringen nicht b. davongehen
Spr	25,8	wenn dich dein Nächster b.
Jes	29,22	Jakob soll nicht mehr b. dastehen
	45,24	die ihm widerstehen, werden b. werden
Jer	10,14	alle Goldschmiede stehen b. da 51,17
Hos	10,6	muß Israel b. sein trotz seiner Klugheit
Lk	14,9	du mußt dann b. untenan sitzen
1Ko	4,14	nicht um euch zu b., schreibe ich dies
	11,22	ihr b. die, die nichts haben
Tit	2,8	damit der Widersacher b. werde

beschauen

Hes	21,26	befragt seinen Götzen und b. die Leber
Lk	23,55	b. das Grab und wie sein Leib hingelegt wurde
1Jh	1,1	das wir gesehen haben, das wir b. haben
Jak	1,23	der gleicht einem Mann, der sein Angesicht im Spiegel b. 24

Bescheid

Sir	32,12	mach es wie einer, der zwar B. weiß

bescheiden

Sir	32,14	dem B. geht große Gunst voraus
	40,18	wer b. ist, hat ein gutes Leben
2Ma	15,12	Onias, ein im Umgang b. Mann

bescheiden (Verb)

1Sm	21,3	habe meine Leute an den und den Ort b.
Spr	30,8	mein Teil Speise, das du mir b. hast
Sir	14,9	hat nie genug an dem, was ihm b. ist
	14	die Freuden nicht entgehen, die dir b.
Mt	28,16	auf den Berg, wohin Jesus sie b. hatte
Lk	22,29	*euch das Reich b., wie mir's mein Vater b.*
Eph	1,18	*welchen Reichtum er den Heiligen b. hat*

beschenken

1Mo	30,20	Gott hat mich reich b.
Tob	1,16	mit denen ihn der König b. hatte
Sir	14,16	schenke und laß dich b.

bescheren

1Mo	24,14	die du deinem Diener Isaak b. hast 44
	27,20	der HERR, dein Gott, b. mir's
	33,5	Kinder, die Gott deinem Knecht b. hat 11
Spr	31,10	wem eine tüchtige Frau b. ist

beschimpfen

Sir	8,5	damit er nicht deine Vorfahren b.
	27,16	widerlich zu hören, wenn sie sich so b.

Beschimpfung

Sir	25,29	so gibt es B. und große Schande

beschirmen

2Kö	19,34	ich will diese Stadt b. 20,6; Jes 38,6
Ps	5,12	laß sie rühmen, denn du b. sie
	17,8	b. mich unter dem Schatten deiner Flügel
	140,8	du b. mein Haupt zur Zeit des Streits
Spr	2,7	er b. die Frommen
	14,26	auch seine Kinder werden b.
	18,10	der Gerechte läuft dorthin und wird b.
Pr	7,12	wie Geld b., so b. auch Weisheit
Jes	31,5	der HERR wird Jerusalem b. Sa 12,8
Jdt	5,23	Gott wird sie b. Wsh 5,17
Wsh	19,8	alle, die von deiner Hand b. wurden
Sir	2,15	darum werden sie auch nicht b.
	14,27	da wird er vor der Hitze b.

beschleichen

Eph	4,14	*womit sie uns b. und uns verführen*

beschließen

1Mo	6,13	das Ende allen Fleisches ist bei mir b.
1Sm	20,7	daß Böses bei ihm b. ist 9.33
	25,17	es ist ein Unheil b. über unsern Herrn
2Ch	22,7	war von Gott zu seinem Verderben b. 25,16
	30,5	b. sie, durch ganz Israel auszurufen 23
Esr	7,9	hatte b., von Babel heraufzuziehen

beschließen

Est	2,1	dachte er an das, was über sie b. war
	7,7	sah, daß sein Unglück b. war
	9,27	b. die Juden und nahmen es an
Jes	8,10	b. einen Rat, und es werde nichts daraus
	10,22	Verderben ist b. 23; 28,22
	14,27	der HERR Zebaoth hat's b. 19,12.17; 23,9
	23,8	wer hat solches b.
	46,10	was ich b. habe, geschieht
	52,12	wird der Gott Israels euren Zug b. 58,8
Jer	4,28	ich hab's geredet, ich hab's b.
Dan	4,14	dies ist im Rat der Wächter b.
	6,16	Gebote und Befehle, die der König b. hat
	9,26	Verwüstung, die längst b. ist 27
	11,36	es muß geschehen, was b. ist
Wsh	4,17	was der Herr über ihn b. hat
	8,9	habe b., sie zur Gefährtin zu nehmen
	18,5	hatten b., die Kinder... zu töten
1Ma	2,41	am selben Tag b. sie 4,59; 2Ma 15,17.36
	5,27	daß die Feinde b. hatten 8,9; 12,26
	14,23	haben b., daß man diese Boten empfangen
2Ma	15,38	so will ich nun hiermit das Buch b.
Mt	27,7	sie b., den Töpferacker zu kaufen
Lk	22,22	der Menschensohn geht dahin, wie es b.
Jh	11,53	war es für sie b., daß sie ihn töteten
	12,10	die Hohenpriester b., auch Lazarus zu töten
Apg	9,23	die Juden b., ihn zu töten
	11,29	unter den Jüngern b. ein jeder
	15,22	die Apostel und Ältesten b. 25; *16,4*
	20,3	b. er, durch Mazedonien zurückzukehren
	16	Paulus hatte b., an Ephesus vorüberzufahren
	21,25	b., daß sie sich hüten sollen vor
	25,25	b. ich, ihn dorthin zu senden
	27,1	als es b. war, daß wir nach Italien fahren
Rö	11,32	*Gott hat alle b. unter den Unglauben*
1Ko	5,3	habe schon b. über den, der solches getan hat
	7,37	wenn einer b. in seinem Herzen
2Ko	1,9	es bei uns selbst für b. hielten, wir
	2,1	dies bei mir b., daß ich nicht zu euch käme
Gal	3,22	*die Schrift hat alles b. unter die Sünde*
1Th	3,1	darum ertrugen wir's nicht länger und b.
Tit	3,12	ich habe b., dort den Winter über zu bleiben

Beschluß

Ze	3,8	mein B. ist es, die Völker zu versammeln
2Ma	10,8	dann stimmten sie ab, faßten den B.
	12,4	das geschah auf allgemeinen B.
Mt	27,1	faßten den B. über Jesus, ihn zu töten Jh 11,53
Apg	16,4	übergaben sie ihnen die B., die

beschmutzt

StE	3,11	ich verabscheue es wie einen b. Lappen

beschneiden

1Mo	17,10	alles, was männlich ist, soll b. werden 11.14. 23-27; 34,15.17.22.24; 3Mo 12,3
	21,4	b. (Isaak) am achten Tage Apg 7,8
2Mo	4,25	Zippora b. ihrem Sohn die Vorhaut
	12,44	ein gekaufter Sklave, so b. man ihn 48
3Mo	25,3	sollst sechs Jahre deinen Weinberg b. 4
5Mo	10,16	so b. nun eure Herzen
	21,12	laß sie ihre Nägel b.
	30,6	der HERR wird dein Herz b.
Jos	5,2	b. die *Israeliten wie früher 3-5.7.8
Jes	5,6	daß er nicht b. noch gehackt werde
Jer	4,4	b. euch für den HERRN
Jer	9,24	heimsuchen werde alle, die b. sind
Jdt	14,6	Achior glaubte an Gott und ließ sich b.
1Ma	1,63	Frauen, die ihre Söhne hatten b. lassen
	2,46	b. mit Gewalt die Kinder
2Ma	6,10	vorgeführt, weil sie ihre Söhne b. hatten
Lk	1,59	am 8.Tag, da kamen sie, das Kindlein zu b. 2,21
Jh	7,22	ihr b. den Menschen auch am Sabbat
Apg	15,1	wenn ihr euch nicht b. laßt, könnt ihr nicht selig werden 5
	16,3	b. ihn wegen der Juden, die in jener Gegend
	21,21	sagst, sie sollen ihre Kinder nicht b.
Rö	2,25	aus einem B. ein Unbeschnittener geworden
	26	meinst du nicht, daß der Unbeschnittene vor Gott als B. gilt
	4,9	diese Seligpreisung, gilt sie den B.
	10	als er b. oder als er unbeschnitten war
	11	ein Vater aller, die glauben, ohne b. zu sein 12
1Ko	7,18	ist jemand als B. berufen
	19	b. sein ist nichts, und unbeschnitten sein ist nichts
Gal	2,3	Titus wurde nicht gezwungen, sich b. zu lassen
	5,2	wenn ihr euch b. laßt, so wird euch Christus nichts nützen
	3	ich bezeuge einem jeden, der sich b. läßt
	6,13	auch sie selbst, die sich b. lassen, wollen, daß ihr euch b. laßt
Eph	2,11	von denen, die äußerlich b. sind
Phl	3,5	am achten Tag b.
Kol	2,11	in ihm b. worden mit einer Beschneidung
	3,11	da ist nicht mehr B. oder Unbeschnittener

Beschneidung

2Mo	4,26	sie sagte Blutbräutigam um der B. willen
1Ma	1,51	auch die B. verbot (Antiochus)
Jh	7,22	Mose hat euch die B. gegeben
	23	wenn ein Mensch am Sabbat die B. empfängt
Apg	7,8	er gab ihm den Bund der B. Rö 4,11
Rö	2,25	die B. nützt etwas, wenn du das Gesetz hältst
	27	der du unter der B. stehst
	28	nicht die ist die B., die äußerlich am Fleisch
	3,1	was nützt die B.
1Ko	7,18	der bleibe bei der B.
Gal	5,6	in Christus Jesus gilt weder B. noch Unbeschnittensein etwas 6,15
	11	wenn ich die B. noch predige
	6,12	die zwingen euch zur B.
Eph	2,11	*die genannt sind die B. am Fleisch*
Phl	3,2	gebt acht auf die falsche B.
	3	wir sind die B.
Kol	2,11	B., die nicht mit Händen geschieht

beschränkt

Sir	16,22	nur ein b. Mensch denkt so

beschreiben

2Mo	31,18	die beiden Tafeln waren aus Stein und b. von dem Finger Gottes 32,15; 5Mo 9,10
2Ch	26,22	hat b. der Prophet Jesaja
Hes	2,10	war außen und innen b. Off 5,1
	43,10	b. den Tempel, sein Aussehen
1Ma	9,22	Taten, die nicht alle b. werden können
	16,24	das ist alles b. in einem eignen Buch

beschuldigen

2Mo	22,8	einer den andern einer Veruntreuung b.
5Mo	19,16	ein Zeuge... ihn einer Übertretung zu b.
Wsh	12,12	wer darf dich b. wegen des Untergangs
1Ma	11,11	b. Alexander, er hätte nach... getrachtet
2Ma	4,2	er b. ihn, ein Feind zu sein
StD	1,21	willst du nicht, so werden wir dich b.
	43	weißt, daß diese mich zu Unrecht b. 49
Mk	15,3	die Hohenpriester b. ihn hart
Lk	16,1	b., er verschleudere ihm seinen Besitz
	23,14	*finde der Sachen keine, deren ihr ihn b.*
Apg	23,28	*die Ursache, um derentwillen sie ihn b.*
	29	daß er b. wird wegen Fragen ihres Gesetzes
	26,2	Dinge, deren ich von den Juden b. werde 7
Rö	8,33	wer will die Auserwählten Gottes b.
	9,19	sagst du zu mir: Warum b. er uns dann noch

Beschuldigung

Apg	25,27	keine B. gegen ihn anzugeben

beschützen

Hi	1,10	hast du doch sein Haus ringsumher b.
Spr	29,25	wer sich auf den HERRN verläßt, wird b.
Jdt	6,2	daß Israel von Gott b. wird 2Ma 14,15.34
Wsh	10,12	sie b. ihn vor denen, die
2Ma	10,30	zwei b. (Makkabäus) mit ihren Waffen

beschweren

2Mo	6,5	die die Ägypter mit Frondienst b.
Hi	37,11	die Wolken b. er mit Wasser
Mi	6,3	mein Volk, womit habe ich dich b.
Wsh	9,15	der vergängliche Leib b. die Seele
Lk	21,34	nicht b. werden mit Fressen und Saufen
1Ko	10,25	forscht nicht nach, damit ihr das Gewissen nicht b. 27.28
2Ko	1,8	wo wir über die Maßen b. waren
	5,4	solange wir in dieser Hütte sind, sind (wir) b.
	12,13	daß ich selbst euch nicht habe b. 14.16
1Ti	5,16	die Gemeinde aber soll nicht b. werden
Heb	12,1	laßt uns ablegen alles, was uns b.

beschwerlich

Sir	7,16	verachte die b. Arbeit nicht
2Ko	11,9	als ich Mangel hatte, war ich niemand b.
1Th	2,9	daß wir niemand unter euch b. wären 2Th 3,8

beschwichtigen

4Mo	13,30	Kaleb aber b. das Volk
Spr	29,11	ein Weiser b. ihn zuletzt
Mt	28,14	wollen wir (den Statthalter) b.

beschwören

3Mo	20,27	wenn ein Mann Geister b. kann
4Mo	5,19	(der Priester) soll die Frau b. 21
1Sm	28,7	ein Weib, das Tote b. kann 8
2Sm	21,17	da b. David seine Männer
1Kö	22,16	wie oft soll ich dich b. 2Ch 18,15
Neh	13,25	ich b. sie bei Gott
Ps	58,6	Stimme des Beschwörers, der gut b. kann
Hl	2,7	ich b. euch, Töchter Jerusalems 3,5; 5,8; 8,4
	5,9	daß du uns so b.
Jes	3,7	er wird sie zu der Zeit b. und sagen
Jer	8,17	Nattern, die nicht zu b. sind
Mt	26,63	ich b. dich bei dem lebendigen Gott Mk 5,7
Apg	19,13	ich b. euch bei dem Jesus, den Paulus predigt
1Th	2,12	(einen jeden von euch) b. haben
	5,27	ich b. euch bei dem Herrn

Beschwörer

Ps	58,6	daß sie nicht höre die Stimme des B.
Pr	10,11	so hat der B. keinen Vorteil
Jes	3,3	(der Herr wird wegnehmen) Zauberer und B.
	8,19	ihr müßt die B. befragen
	19,3	werden sie dann fragen ihre Götzen und B.
Apg	19,13	Juden, die als B. umherzogen

Beschwörung

Pr	10,11	wenn die Schlange beißt vor der B.
Jes	47,9	trotz der großen Macht deiner B. 12

besehen

1Mo	13,10	Lot b. die ganze Gegend am Jordan
2Mo	3,3	ich will die wundersame Erscheinung b.
3Mo	13,5	(soll der Priester ihn) am siebenten Tage b. 6-50; 14,36.37
1Kö	9,12	Hiram zog aus, die Städte zu b.
Mk	11,11	(Jesus) b. ringsum alles
Lk	14,18	ich muß hinausgehen und ihn b. 19

beseitigen

Sir	49,3	ausersehen, die Abgötterei zu b.
StE	5,9	wenn sie b. und wir ohne Stütze wären

Besek

Ri	1,4	¹sie schlugen bei B. zehntausend Mann 5
1Sm	11,8	²(Saul) musterte sie bei B.

Besen

Jes	14,23	will es mit dem B. des Verderbens wegfegen

besessen

Mt	4,24	brachten zu ihm B. 8,16; 9,32; 12,22; Mk 1,32
	8,28	da liefen ihm entgegen zwei B.
	33	berichteten... wie es den B. ergangen war Mk 5,16; Lk 8,36
	11,18	er ist b. Lk 7,33
Mk	1,23	ein Mensch, b. von einem unreinen Geist 5,15; Lk 4,33
	5,18	bat ihn der B., daß er bei ihm bleiben dürfe
Jh	7,20	das Volk antwortete: Du bist b.
	10,21	das sind nicht Worte eines B.
Apg	8,7	unreinen Geister fuhren aus... aus vielen B.

besetzen

2Mo	28,17	sie b. mit vier Reihen von Steinen 39,10
Ri	3,28	b. die Furten am Jordan 12,5
2Kö	17,26	mit denen du die Städte b. hast
Jer	51,32	(daß) die Furten b. seien
Jdt	4,3	sie b. alle Berghöhen 7,5
2Ma	12,18	nur eine Ortschaft stark b. hatte

besichtigen

2Ma	3,14	kam in den Tempel, um sie zu b. 5,18

besiegeln

Jh	3,33	wer es annimmt, b., daß Gott wahrhaftig ist

besiegen

5Mo	20,20	bis du sie b. hast
1Ma	5,7	sie wurden von ihm b. und geschlagen

besinnen

Sir	2,10	blickt auf... Geschlechter und b. euch
Apg	10,19	indem Petrus sich b. über das Gesicht
	12,12	als (Petrus) sich b. hatte

Besitz

1Mo	17,8	ich will dir das Land geben zu ewigem B.
	47,11	Josef gab ihnen B. am besten Ort
2Mo	35,5	erhebt von eurem B. eine Opfergabe
3Mo	14,34	Kanaan, das ich euch zum B. gebe 4Mo 33,53; 5Mo 2,12
	25,33	die Häuser der Leviten sind ihr B.
	47	wenn irgendein... bei dir zu B. kommt
4Mo	27,11	Verwandten... es in B. nehmen
	35,8	vom B. derer, die wenig besitzen
5Mo	2,5	Seïr den Söhnen Esau zum B. Jos 24,4
	9	will dir v. Lande nichts zum B. geben 19
	9	Ar den Söhnen Lot zum B.
	31	sein Land in B. zu nehmen Jer 32,23
	3,20	danach sollt ihr zurückkehren zu eurem B.
	9,6	nicht um deiner... willen dies Land zum B.
	33,23	gegen Westen und Süden hat er B.
Jos	1,15	euer Land, das euch Mose zum B. gegeben 11,23; 12,6.7; 13,7
	21,12	das Ackerland gaben sie Kaleb zu seinem B.
Ri	18,7	sie waren reich an B.
2Sm	9,7	will dir d. Vaters Saul zurückgeben
	19,30	du und Ziba, teilt den B.
1Kö	2,26	geh hin nach Anatot zu deinem B.
	21,15	nimm in B. den Weinberg Nabots 16.18
1Ch	7,28	ihr B. und ihre Wohnung war Bethel
	9,2	die zuerst auf ihrem B. wohnten
2Ch	31,1	die *Israeliten zogen heim zu ihrem B.
Esr	9,11	um das Land in B. zu nehmen Neh 9,25
Neh	5,13	so schüttle Gott jeden aus seinem B.
Hi	1,10	sein B. hat sich ausgebreitet
	15,29	sein B. wird sich nicht ausbreiten
Spr	8,21	daß ich versorge mit B., die mich lieben
Jes	34,11	Igel werden's in B. nehmen
Jer	3,19	allerschönsten B. unter den Völkern
	40,10	Städten, die ihr wieder in B. genommen
Hes	33,24	Abraham nahm dies Land in B.
	35,10	wir wollen sie in B. nehmen 36,2
	36,3	weil ihr zum B. der Heiden geworden 5
Am	9,12	damit sie in B. nehmen, was übrig ist
Sa	2,16	der HERR wird Juda in B. nehmen
	8,12	ich will denen das alles zum B. geben
Jdt	8,6	ihr Mann hatte ihr B. hinterlassen
Sir	34,24	wer mit B. der Armen opfert, tut wie
Lk	16,1	beschuldigt, er verschleudere ihm seinen B.
	19,8	die Hälfte von meinem B. gebe ich den Armen
Apg	7,5	er wolle es seinen Nachkommen zum B. geben

besitzen

1Mo	15,2	Eliëser wird mein Haus b.
	7	daß ich dir dies Land zu b. gebe 8
	22,17	sollen die Tore ihrer Feinde b. 24,60
	28,4	daß du b. das Land, darin du Fremdling
2Mo	23,30	bis du zahlreich bist und das Land b.
	32,13	sie sollen es b. für ewig
4Mo	18,20	sollst kein Erbgut b. 23.24
	32,32	wollen Erbgut b. diesseits des Jordan
	35,8	die viel b... die wenig b.
5Mo	1,39	eure Kinder sollen es b.
	2,21	vertilgte sie und ließ sie ihr Land b. 22
	28,8	Segen, daß er mit dir sei in dem, was du b.
	30,5	in das Land bringen, das deine Väter b.
Jos	14,4	samt Weideplätzen für ihr Vieh, das sie b.
1Sm	25,2	der Mann b. 3.000 Schafe 2Kö 3,4; Hi 3,1
1Ch	28,8	damit ihr das gute Land b.
Hi	17,11	Pläne, die mein Herz b. haben
	31,25	hab mich gefreut, daß ich großes Gut b.
Ps	25,13	sein Geschlecht wird das Land b.
	69,36	daß man dort wohne und sie b.
Pr	2,8	sammelte mir, was Könige und Länder b.
Jes	5,8	bis sie allein das Land b. 34,17; 60,21
	14,2	wird das Haus Israel sie als Knechte b.
	57,13	wird meinen heiligen Berg b. 65,9
	61,7	dafür sollen sie doppelten Anteil b.
Jer	30,3	wiederbringen... es sie b. sollen
	35,7	(sollt) keinen Weinberg b.
	49,1	warum b. Milkom das Land Gad
	2	Israel soll seine Besitzer b. Ob 17.19.20
Hes	33,25	dann wollt ihr das Land b. 26
	36,12	mein Volk Israel; die werden dich b.
	46,16	sie sollen es als ihr Erbe b.
	17	sollen es b. bis zum Jahr der Freilassung
Dan	7,18	die Heiligen werden's immer und ewig b.
Am	2,10	damit ihr der Amoriter Land b.
Sir	4,17	auch seine Nachkommen werden sie b.
	11,24	nicht: was werde ich künftig b.
	46,11	seine Nachkommen b. das Erbe
Bar	3,24	wie weit ist die Stätte, die er b.
Mt	5,5	denn sie werden das Erdreich b.
Apg	4,34	wer Äcker oder Häuser b., verkaufte sie
1Ko	7,30	*die da kaufen, als b. sie es nicht*
Heb	10,34	daß ihr eine bessere und bleibende Habe b.

Besitzer

2Mo	21,28	der B. soll bestraft werden 29.32.34.36
	22,11	so soll er's dem B. ersetzen 10.13.14
Pr	5,10	was hat ihr B. mehr als das Nachsehen
Jer	49,2	Israel soll seine B. besitzen Ob 17
Tob	2,21	gebt's dem B. zurück

Besitzung

1Ch	29,6	die Vorsteher über des Königs B.

Besodja

Neh	3,6	Meschullam, der Sohn B.

besonderer

1Mo	1,9	es sammle sich das Wasser an b. Orte
	49,28	einen jeden mit einem b. Segen
2Mo	8,18	an dem Lande Goschen will ich etwas B. tun
4Mo	6,2	wenn jemand ein b. Gelübde tut 15.3.8
2Sm	20,3	David tat (die Nebenfrauen) in ein b. Haus
2Kö	15,5	(Asarja) wohnte in einem b. Hause 2Ch 26,21
Hes	48,12	diese b. Abgabe soll hochheilig sein
Jdt	8,5	hatte sich einen b. Raum hergerichtet
Mt	5,47	was tut ihr B.

Mt	27,16	*sie hatten zu der Zeit einen b. Gefangenen*
Jh	20,7	*das Schweißtuch an einem b. Ort*
1Ko	12,23	*die umkleiden wir mit b. Ehre*

besonders

1Mo	21,28	Abraham stellte sieben Lämmer b. 29
	32,17	tat je eine Herde b.
	43,32	man trug ihm b. auf und jenen auch b.
Ri	7,5	wer Wasser leckt, den stelle b.
Sa	12,12	wird klagen, ein jedes Geschlecht b. 13.14
Wsh	19,13	weil sie einen b. schlimmen Haß gezeigt
2Ma	8,7	dabei nutzte er b. die Nächte aus
Mt	17,19	*da traten zu ihm seine Jünger b. 24,3*
	20,17	*Jesus nahm die Zwölf b.*
Mk	7,33	*er nahm ihn von dem Volk b.*
Lk	10,23	*er wandte sich zu seinen Jüngern b.*
1Ko	12,18	*Glieder gesetzt, ein jegliches am Leibe b.*
	23	bei den unanständigen achten wir b. auf Anstand
2Ko	2,4	Liebe, die ich habe b. zu euch
Gal	2,2	die das Ansehen hatten
Phl	4,22	alle Heiligen, b. die aus dem Haus des Kaisers
1Th	5,13	*habt sie b. lieb um ihres Werkes willen*
2Ti	4,13	bringe mit die Bücher, b. die Pergamente
Phm	16	ein geliebter Bruder, b. für mich

besonnen

Spr	1,4	daß die Jünglinge vernünftig und b. (werden)
StE	1,3	Haman, mein b. Ratgeber
2Ko	5,13	sind wir b., so sind wir's für euch
Tit	1,8	(ein Bischof soll sein) b.
	2,2	daß sie seien b.
	5	(die jungen Frauen anhalten,) daß sie b. seien
	6	ermahne die jungen Männer, daß sie b. seien
	12	nimmt uns in Zucht, daß wir b... leben
1Pt	4,7	so seid nun b. und nüchtern zum Gebet

Besonnenheit

Spr	2,11	B. wird dich bewahren
Wsh	8,7	Weisheit lehrt B. und Klugheit
	9,11	sie wird mich mit B. leiten
1Ti	2,15	wenn sie bleiben mit B. im Glauben
2Ti	1,7	Gott hat uns gegeben den Geist der B.

besorgt

Sir	38,32	Töpfer muß immer um sein Werk b. sein
1Ma	3,30	wurde b., daß er nichts übrigbehalten

besprechen

2Sm	3,17	Abner b. sich mit den Ältesten
Sir	9,22	b. dich mit den Verständigen
Lk	24,15	*als sie so redeten und sich miteinander b.*
Apg	24,26	*ließ ihn kommen und b. sich mit ihm*
	25,12	*da b. sich Festus mit seinen Ratgebern*
Gal	1,16	*da b. ich mich nicht erst*
	2,2	*ich zog hinauf und b. mich mit ihnen*

besprengen

2Mo	24,8	nahm Mose das Blut und b. das Volk 29,21
3Mo	6,20	wer ein Kleid b., soll das b. Stück waschen
	14,7	siebenmal den b., der zu reinigen ist 51; 4Mo 19,18-20
2Kö	9,33	so daß Wand und Rosse mit Blut b. wurden
Spr	7,17	ich habe mein Lager mit Myrrhe b.
Jes	52,15	so wird er viele Heiden b.
Hes	43,20	sollst damit die vier Hörner b.
	45,19	soll die Pfosten am Tempel damit b.
	46,14	Öl, um das Feinmehl zu b.
Heb	9,19	b. das Buch und alles Volk
	21	die Stiftshütte b. er desgleichen mit Blut
	10,22	b. in unsern Herzen und los von dem bösen Gewissen
	11,28	durch den Glauben hielt er das B. mit Blut
Off	19,13	*angetan mit einem Kleide, das mit Blut b.*

Besprengung

1Pt	1,2	zur B. mit dem Blut Jesu Christi
Heb	9,13	wenn das Blut... durch B. die Unreinen heiligt
	12,24	(gekommen) zu dem Blut der B.

bespringen

Hi	21,10	ihr Stier b., und es mißrät nicht

besser

1Mo	29,19	ist b., ich gebe sie dir als einem andern
2Mo	14,12	es wäre b., den Ägyptern zu dienen 4Mo 14,3
Ri	8,2	ist nicht die Nachlese Ephraims b. als
	9,2	was ist euch b., daß 70 Männer Herrscher
	11,25	meinst du, daß du ein b. Recht hättest
	18,19	für dich b., Priester in eines Mannes Haus
Rut	3,10	hast deine Liebe jetzt noch b. erzeigt
1Sm	15,22	Gehorsam ist b. als Opfer und Aufmerken b.
	28	einem andern gegeben, der b. ist als du
	16,16	damit es b. mit dir werde 23
	27,1	es gibt nichts B. für mich, als daß ich
2Sm	14,32	es wäre mir b., daß ich noch dort wäre
	17,14	der Rat Huschais ist b. als Ahitofels
	18,3	so ist's b., daß du uns helfen kannst
1Kö	2,32	weil er zwei Männer erschlagen hat, die b. waren als er 2Ch 21,13
	19,4	ich bin nicht b. als meine Väter
	21,2	will dir einen b. Weinberg dafür geben
2Kö	5,12	sind nicht die Flüsse von Damaskus b.
	10,18	Jehu will (Baal) b. dienen
2Ch	31,4	um so b. sich an das Gesetz halten könnten
Est	1,19	einer andern geben, die b. ist als sie
Ps	37,16	ist b. als der Überfluß vieler Gottloser
	63,4	deine Güte ist b. als Leben
	69,32	wird dem HERRN b. gefallen als ein Stier
	84,11	ein Tag in deinen Vorhöfen ist b. als
Spr	3,14	es ist b., sie zu erwerben, als Silber
	14	ihr Ertrag ist b. als Gold 8,19
	8,11	Weisheit ist b. als Perlen
	12,9	ist b. als einer, der groß sein will
	15,16	b. wenig... als ein großer Schatz
	17	ein Gericht Kraut mit Liebe als
	16,8	b. wenig als viel Einkommen mit Unrecht
	16	Weisheit erwerben ist b. als Gold
	19	niedrig sein mit den Demütigen
	32	ein Geduldiger ist b. als ein Starker
	17,1	b. ein trockener Bissen mit Frieden
	12	ein Bärin begegnen als einem Toren
	19,1	ein Armer in Unschuld ist b. 22; 28,6
	21,9	b. im Winkel auf dem Dach wohnen
	19	b. in der Wüste wohnen als bei einem zänkischen Weibe 25,24
	22,1	anziehendes Wesen (ist) b. als Silber

besser

Spr	25,7	es ist b., daß man zu dir sage
	27,5	Zurechtweisung b. als Liebe, die verborgen
	10	ein Nachbar in der Nähe ist b. als
Pr	2,24	ist's nicht b., daß er esse und trinke
	3,12	daß es nichts B. gibt als fröhlich sein 22
	4,3	b. eine Hand voll mit Ruhe
	9	so ist's ja b. zu zweien als allein
	13	ein Knabe, der arm, aber weise ist, ist b.
	17	ist b., als wenn die Toren Opfer bringen
	5,4	es ist b., du gelobst nichts, als daß
	6,3	eine Fehlgeburt hat es b. als er
	9	es ist b. zu gebrauchen, was vor Augen ist
	7,1	guter Ruf ist b. als gute Salbe und der Tag des Todes b. als der Tag der Geburt
	2	b., in ein Haus zu gehen, wo man trauert
	3	Trauern ist b. als Lachen
	5	ist b., das Schelten der Weisen zu hören
	8	der Ausgang e. Sache ist b. als ihr Anfang
	8	ein Geduldiger ist b. als ein Hochmütiger
	10	daß die früheren Tage b. waren als diese
	8,15	daß der Mensch nichts B. hat, als zu essen
	9,4	ein lebender Hund ist b. als ein toter Löwe
	16	Weisheit ist b. als Stärke 17.18
Jes	56,5	das ist b. als Söhne und Töchter
Klg	4,9	den Erschlagenen ging es b.
Hos	2,9	damals ging es ihr b. als jetzt
Am	6,2	seid ihr b. als diese Königreiche
Nah	3,8	meinst du, du seist b. als die Stadt
Jdt	3,3	b., daß wir am Leben bleiben 7,16
Wsh	3,14	dem wird ein b. Los im Tempel gegeben
	4,1	b. ist's, keine Kinder zu haben
	15,17	er ist b. als das, was er verehrt
Tob	12,9	Almosengeben ist b. als Schätze sammeln
Sir	3,19	b. als alles, wonach die Welt trachtet
	10,30	b. arbeiten und dabei reich werden
	16,3	ein frommes Kind als 1.000 gottlose 4
	18,16	so ist ein gutes Wort b. als eine Gabe
	19,21	b. geringe Klugheit mit Gottesfurcht
	20,2	es ist b., offen zu tadeln
	33	es ist b., daß einer seine Torheit verbirgt
	23,37	daß nichts b. ist als Gott zu fürchten
	29,14	wird für dich b. sein als Gold
	17	für dich streiten b. als ein starker Schild
	29	b. ein armes Leben in der eignen Hütte
	34	ich habe einen b. Gast gekriegt
	30,14	es ist b., arm zu sein
	17	der Tod ist b. als ein bitteres Leben
	33,22	ist b., daß deine Kinder dich brauchen
	36,20	doch ist die eine Speise b. als die andre
	40,18	b. als beide hat es der, der
	21	eine freundliche Rede ist b. als
	29	es ist b., zu sterben als zu betteln
	41,4	der nichts B. zu hoffen hat
	42,14	es ist b., bei einem groben Mann zu sein
Bar	6,68	die unvernünftigen Tiere sind b. daran
1Ma	3,59	ist es b., im Krieg zu fallen
	6,6	mit der sie sich b. gerüstet hätten
	10,4	es ist b., daß wir verabreden
	13,5	ich bin nicht b. als meine Brüder
2Ma	9,22	ich hoffe, daß es b. mit mir werden wird
Mt	5,20	wenn eure Gerechtigkeit nicht b. ist als
	29	es ist b., daß eins deiner Glieder verderbe 30
	10,31	ihr seid b. als viele Sperlinge Lk 12,7.24
	18,6	für den wäre es b., daß ein Mühlstein Mk 9,42; Lk 17,2
	8	b., daß du verkrüppelt zum Leben eingehst 9; Mk 9,43.45.47
	26,24	für diesen Menschen b., wenn er nie geboren wäre Mk 14,21
Mk	16,18	so wird's b. mit ihnen werden
Jh	4,52	Stunde, in der es b. mit ihm geworden war
	11,12	Herr, wenn er schläft, wird's b. mit ihm
	50	b. für euch, ein Mensch sterbe für das Volk
Apg	17,11	diese waren b. als die zu Thessalonich
	23,15	als wolltet ihr ihn b. verhören 20
Rö	14,21	es ist b., du ißt kein Fleisch
1Ko	7,9	es ist b., zu heiraten als sich in Begierde zu verzehren
	38	wer nicht heiratet, der handelt b.
	8,8	essen wir, so werden wir darum nicht b. sein
	12,31	ich will euch einen noch b. Weg zeigen
Phl	1,23	bei Christus sein, was auch viel b. wäre
1Pt	3,17	es ist b., wenn es Gottes Wille ist
2Pt	2,21	es wäre b. für sie gewesen, daß sie
Heb	6,9	überzeugt, daß es b. mit euch steht
	7,19	eine b. Hoffnung, durch die wir
	22	Jesus Bürge eines b. Bundes geworden 8,6
	8,6	nun aber hat er ein b. Amt erlangt
	9,10	Satzungen, bis zu der Zeit einer b. Ordnung
	23	die himml. Dinge müssen b. Opfer haben
	10,34	weil ihr wißt, daß ihr eine b. Habe besitzt
	11,4	hat Abel Gott ein b. Opfer dargebracht als Kain
	16	nun sehnen sie sich nach einem b. Vaterland
	35	damit sie die Auferstehung, die b. ist, erlangten
	40	weil Gott etwas B. für uns vorgesehen hat
	12,24	Blut der Besprengung, das b. redet als Abels Blut

bessern

Pr	7,3	durch Trauern wird das Herz geb.
Jer	5,3	aber sie b. sich nicht
	6,8	b. dich, Jerusalem, ehe sich mein Herz
	7,3	b. euer Leben und Tun 5; 18,11; 26,13
	28	Volk hören noch sich b. will 32,33
	35,13	wollt ihr euch denn nicht b. 15
Wsh	11,23	damit sie sich b. sollen
Sir	8,6	halte dem nicht s. Sünde vor, der sich b.
	38,14	damit es sich mit ihm b.
	48,16	trotzdem b. sich das Volk nicht

Besserung

Jdt	8,22	daß wir gezüchtigt werden zur B.
2Ti	3,16	alle Schrift, von Gott eingegeben, ist nütze zur B.

Bestand

1Sm	24,21	das Königtum über Israel B. haben wird
1Kö	2,12	seine Herrschaft hatte festen B.
Hi	20,21	wird sein gutes Leben keinen B. haben
Spr	28,2	gewinnt das Recht B.
Jes	66,22	wie der neue Himmel und die neue Erde B. haben, so soll auch euer Geschlecht B. haben
Wsh	1,14	er hat alles geschaffen, daß es B. haben
Sir	10,1	ein weiser Regent schafft seinem Volk B.
	38,39	sie stützen den B. der Welt
2Pt	3,5	die Erde, die B. hatte durch Gottes Wort

beständig

3Mo	24,2	daß man b. Lampen aufsetzen kann 3.4.8
1Sm	2,35	dem will ich ein b. Haus bauen 25,28; 1Kö 11,38
2Sm	7,16	dein Königtum soll b. sein 1Ch 17,14
Ps	51,12	gib mir einen neuen, b. Geist

Ps	111,7	alle seine Ordnungen sind b.
Jes	55,3	euch die b. Gnaden Davids zu geben
	65,3	Volk, das mich b. kränkt
Jer	14,13	ich will euch b. Frieden geben
Hes	25,15	mit b. Haß Rache geübt haben
Wsh	7,23	(ein Geist,) b., gewiß
Tob	2,13	(Tobias) blieb b. in der Furcht Gottes
Sir	48,25	Hiskia blieb b. auf dem Wege Davids
1Ma	4,42	Priester, die b. im Gesetz geblieben
2Ma	10,14	Gorgias hielt den Krieg b. in Gang
StD	3,3	alle deine Werke sind b.
Apg	2,42	sie blieben aber b. in der Lehre der Apostel
Rö	13,6	auf diesen Dienst b. bedacht
1Pt	1,22	so habt euch untereinander b. lieb 4,8

bestärken

2Ma	4,4	der Simon in seiner Bosheit noch b.
Apg	18,27	b. *ihn die Brüder*
1Ko	8,10	*sein Gewissen b., das Götzenopfer zu essen*

bestätigen

1Mo	23,17	wurde Ephrons Acker Abraham b. 20
1Sm	1,23	der HERR b., was er geredet hat
	13,13	er hätte dein Königtum b.
2Sm	5,12	erkannte, daß der HERR ihn b. 1Ch 14,2
	7,12	dem will ich sein Königtum b. 13; 1Kö 9,5; 1Ch 17,11.12; 22,10; 28,7; 2Ch 7,18
1Kö	1,36	der HERR, der Gott meines Herrn, b. es
	2,24	so wahr der HERR lebt, der mich b. hat
Esr	4,19	man fand b., daß von alters her
Est	9,29	schrieben, um es zu b. 32
Jer	28,6	der HERR b. dein Wort
Sir	36,18	damit das Wort deiner Propheten b. wird
	44,21	b. diesen Bund an seinem Fleisch
	24	er hat den Bund dem Isaak b.
1Ma	11,27	b. ihn in seinem Hohenpriesteramt 14,38
	12,10	daß wir die Bruderschaft b. wollen
Mt	18,16	damit jede Sache durch den Mund von zwei oder drei Zeugen b. werde
Rö	15,8	um die Verheißungen zu b., die
2Ko	13,1	durch zweier oder dreier Zeugen Mund soll jede Sache b. werden
Gal	3,15	man hebt das Testament nicht auf, wenn es b.
	17	Testament, das von Gott zuvor b. worden

bestatten

Am	6,10	sein Verwandter, der ihn b. will
Sir	38,16	wenn einer stirbt, b. ihn mit Ehren
	47,26	wurde b. bei seinen Vätern 2Ma 12,39
Apg	8,2	es b. den Stephanus gottesfürchtige Männer

Bestattung

2Ma	9,29	Philippus besorgte seine B.

bestechen

2Mo	23,8	dich nicht durch Geschenke b. lassen
Hes	22,12	lassen sich b., um Blut zu vergießen
Sir	8,3	viele lassen sich mit Geld b.
	35,14	bring deine Gabe nicht, um Gott zu b.
2Ma	10,20	ließen sich durch einige... b.

bestechlich

Hi	15,34	Feuer wird die Hütten der B. fressen

Bestechung

Spr	15,27	wer B. haßt, der wird leben
	17,8	B. ist wie ein Zauberstein dem, der sie gibt
Pr	7,7	B. verdirbt das Herz

Bestechungsgeld

Am	5,12	ich kenne eure Sünden, wie ihr B. nehmt

bestehen

3Mo	25,35	wenn dein Bruder nicht mehr b. kann
	26,37	nicht b. gegen eure Feinde Jos 7,12.13
5Mo	9,2	wer kann wider die Anakiter b.
	25,8	wenn er darauf b. und spricht
Jos	10,8	niemand wird vor dir b. können
	14,4	die Söhne Josef b. aus zwei Stämmen
1Sm	6,20	wer kann b. vor dem HERRN Hi 41,2; Ps 76,8
	13,14	nun wird dein Königtum nicht b. 20,31
2Sm	7,16	dein Thron soll ewiglich b. 26
2Ch	9,8	daß er (Israel) ewiglich b. lasse
Esr	9,15	können nicht b. vor deinem Angesicht
Est	3,4	ob solch ein Tun Mordechais b. würde
Hi	8,22	die Hütte der Gottlosen wird nicht b. 15,29
Ps	1,5	darum b. die Gottlosen nicht im Gericht
	5,6	die Ruhmredigen b. nicht vor deinen Augen
	89,37	sein Geschlecht soll ewig b.
	119,96	dein Gebot bleibt b.
	130,3	Herr, wer wird b.
	148,6	er läßt sie b. für immer und ewig
Spr	10,25	der Gerechte aber b. ewiglich
	12,3	durch Gottlosigk. kann der Mensch nicht b.
	19	wahrhaftiger Mund b. immerdar; falsche Zunge b. nicht lange
	14,32	der Gottlose b. nicht in seinem Unglück
	20,28	sein Thron b. durch Güte
	21,30	kein Rat b. vor dem HERRN
	27,4	wer kann vor Eifersucht b.
	29,14	dessen Thron wird für immer b.
Pr	1,4	die Erde bleibt immer b.
	3,14	was Gott tut, das b. für ewig
Jes	28,18	euer Vertrag mit dem Totenreich nicht b.
Hes	17,14	damit sein Bund b.
Dan	8,4	kein Tier konnte vor ihm b. 7
	11,25	der König wird aber nicht b.
Nah	1,6	wer kann vor seinem Zorn b.
Sa	14,19	darin b. die Sünde der Ägypter
Mal	2,4	damit mein Bund mit Levi b. bleibe
	3,2	wer wird b., wenn er erscheint
Wsh	6,11	wer... ist, der wird im Gericht b.
Sir	10,23	wer Gott fürchtet, wird mit Ehren b.
	19,18	alle Weisheit b. in der Furcht Gottes
	41,24	schäme dich, daß du schlecht b.
	43,28	durch sein Wort b. alles
	45,19	solange der Himmel b.
1Ma	10,73	noch viel weniger kannst du b.
2Ma	3,13	Heliodor b. auf dem Befehl
	6,9	wenn jemand darauf b. würde
Mt	12,25	jede Stadt... kann nicht b.
	26	wie kann dann sein Reich b. Mk 3,24-26; Lk 11,18
Lk	20,6	*sie b. darauf, daß Johannes ein Prophet sei*
Jh	18,39	es b. aber die Gewohnheit bei euch, daß
Apg	12,15	sie b. darauf, es wäre so
	17,26	er hat festgesetzt, wie lange sie b. sollen
	27,12	b. die meisten auf dem Plan, weiterzufahren
Rö	9,11	damit der Ratschluß Gottes b. bliebe
1Ko	2,5	*euer Glaube b. nicht auf Menschenweisheit*

bestehen

Gal	2,5	Wahrheit des Evangeliums bei euch b. bliebe
Eph	6,11	damit ihr b. könnt gegen... des Teufels
Kol	1,17	er ist vor allem, und es b. alles in ihm
2Ti	2,19	der feste Grund Gottes b.
2Pt	3,5	*Erde, b. durch Gottes Wort*
1Jh	4,10	darin b. die Liebe
Heb	4,1	solange die Verheißung noch b. 6
	9,8	solange der vordere Teil der Stiftshütte b.
Off	6,17	wer kann b.

besteigen

1Mo	49,4	hast mein Bett entweiht, das du b.
Jes	57,8	du hast aufgedeckt dein Lager, es b.
Wsh	14,4	damit man ein Schiff kann
Apg	27,2	wir b. ein Schiff und fuhren ab

bestellen

1Mo	12,20	der Pharao b. Leute um seinetwillen
4Mo	1,50	(die Leviten) zum Dienst b. 3,10; 4,29.49; 27,19.23; 1Ch 16,4.39; Esr 3,8; 6,18
5Mo	16,18	Richter und Amtleute sollst du dir b.
Jos	4,4	zwölf Männer, die er b. hatte aus Israel
1Sm	13,14	hat ihn b. zum Fürsten 25,30; 2Sm 6,21
	20,35	wohin er David b. hatte
2Sm	7,11	da ich Richter über Israel b. habe
	17,23	Ahitofel b. sein Haus und erhängte sich
1Kö	12,32	b. in Bethel Priester 13,33; 2Kö 17,32; 2Ch 11,15
2Kö	7,17	der König b. den Ritter
	11,18	Jojada b. die Wachen 2Ch 23,18
	12,12	den Werkmeistern, b. für das Haus des HERRN 22,5.9; 2Ch 34,10.17
	20,1	b. dein Haus, denn du wirst sterben Jes 38,1
1Ch	6,16	welche David b., zu singen 33; 15,16.17; 2Ch 20,21
	9,29	einige waren b. über die Gefäße 32
	22,2	David b. Steinmetzen 2Ch 2,6
	12	wird dich b. über Israel 26,29-31
2Ch	8,14	er b. die Ordnungen der Priester 35,2
	19,5	(Joschafat) b. Richter im Lande 8.11
	31,19	waren Männer namentlich b.
	33,6	(Manasse) b. Geisterbeschwörer
Neh	6,7	du habest dir Propheten b.
	12,44	Männer über die Kammern b. 13,4.13
Est	2,3	der König b. Männer
Jes	49,8	ich habe dich zum Bund für das Volk b.
	55,4	ich habe ihn den Völkern zum Zeugen b.
	62,6	ich habe Wächter über deine Mauern b.
Jer	1,5	ich b. dich zum Propheten für die Völker
	9,16	gebt acht und b. Klageweiber
	13,21	die über dich zum Haupt b. wird
	20,1	zum Vorsteher im Hause des HERRN b.
	22,7	habe Verderber wider dich b.
	29,26	der HERR hat dich zum Priester b.
	31,35	der den Mond der Nacht zum Licht b.
	47,7	wider das Ufer des Meeres b.
	51,12	b. Wächter, legt einen Hinterhalt
Hes	44,8	habt sie b., um für euch Dienst zu tun 14
Sir	33,12	einige hat er zu seinem Dienst b.
1Ma	9,55	daß er nicht mehr sein Haus b. konnte
StD	1,5	wurden zwei Älteste als Richter b.
Lk	9,52	*daß sie ihm Herberge b.*
Apg	6,3	die wir b. wollen zu diesem Dienst

bester

1Mo	43,11	nehmt von des Landes b. Früchten
	45,18	will euch das B. geben in Ägyptenland 20.23
1Mo	47,6	laß sie am b. Ort des Landes wohnen 11
2Mo	22,4	soll er's mit dem B. seines Ackers erstatten
	23,19	das B. von den Erstlingen bringen 34,26
	30,23	nimm dir die b. Spezerei 2Kö 20,13
4Mo	18,12	alles B. vom Öl und alles B... dir geben
	29	von allem B. die heilige Gabe 30.32
5Mo	23,7	sollst nie ihr B. suchen
	32,14	feiste Widder und das B. vom Weizen
	33,15	(gesegnet) mit dem B. uralter Berge
Jos	14,7	als ich ihm Bericht gab nach b. Wissen
1Sm	2,29	ihr euch mästet von dem B. aller Opfer
	8,14	eure b. Äcker wird er nehmen 16
	15,9	verschonten die b. Schafe 15
	21	das B. vom Gebannten, um es zu opfern
	19,4	Jonatan redete das B. von David
1Kö	10,16	Schilde vom b. Gold 17; 2Ch 3,5.8; 9,15.16
	20,3	deine b. Söhne sind auch mein
2Kö	10,3	seht, welcher der b. und geschickteste sei
	24,16	von den b. Leuten... gefangen nach Babel
Esr	8,22	die Hand Gottes ist zum B. über allen
Neh	5,19	gedenke, mein Gott, zu meinem B. 13,31
Est	2,9	er brachte (Ester) an den b. Ort
	8,10	reitende Boten auf den b. Pferden 14
	10,3	seinem Geschlecht zum B. diente
Ps	78,31	schlug die B. in Israel nieder
	81,17	ich würde es mit dem b. Weizen speisen
	122,9	will ich dein B. suchen
	147,14	er sättigt dich mit dem b. Weizen
Jer	18,20	um für sie zum b. zu reden
	29,7	suchet der Stadt B.
	48,15	seine b. Mannschaft muß hinab
Hes	24,4	fülle ihn mit den b. Knochen 5
	27,7	dein Segel war b. Leinwand
	22	den b. Balsam haben sie gebracht
	31,16	Bäume von Eden, die edelsten und b.
	34,14	will sie auf die b. Weide führen 18
	44,30	das B. den Priestern 48,14
Dan	3,20	er befahl den b. Kriegsleuten
	11,15	sein b. Kriegsvolk kann nicht widerstehen
	24	wird in die b. Städte des Landes kommen
Hos	10,1	wo das Land am b. war, richteten sie auf
Am	6,6	(ihr) salbt euch mit dem b. Öl
Mi	7,1	wollte doch gerne die b. Früchte haben
	4	der B. unter ihnen ist wie ein Dornstrauch
Nah	1,10	wie die Dornen, die im b. Saft sind
	2,2	rüste dich aufs b.
Wsh	2,7	wir wollen mit b. Wein uns füllen
Sir	2,8	die ihr den Herrn fürchtet, hofft das B.
	7,20	nicht um des b. Goldes willen
	13,7	er gibt dir die b. Worte
	18,6	wenn ein Mensch dabei sein B. getan hat
	24,20	ich duftete wie die b. Myrrhe
1Ma	4,3	Judas zog mit den b. Leuten aus
	8,8	sie nahmen ihm seine b. Länder
	9,11	die b. Krieger standen an der Spitze
2Ma	3,1	als die Gesetze aufs b. gehalten wurden
	19	er erkannte, daß es das B. war
	13,15	will bemüht sein, zu eurem B. mitzuwirken
	13,15	machte sich auf mit den b. Kriegsleuten
Lk	15,22	bringt schnell das b. Gewand her
Apg	25,10	*wie auch du auch b. weißt*
Rö	2,18	prüfst, was das B. zu tun sei Phl 1,10
	8,28	denen, die Gott lieben, alle Dinge zum B.
1Ko	12,31	*strebet aber nach den b. Gaben*
2Ti	1,18	welche Dienste er geleistet, weißt du am b.
Heb	12,10	dieser tut es zu unserm B., damit wir
Jak	2,3	*setze du dich her aufs b.*

bestimmen

1Mo	30,28	b. den Lohn, den ich dir geben soll
2Mo	5,16	sollen die Ziegel machen, die uns b. sind
	8,5	b. über mich in deiner Majestät
	9,5	der HERR b. eine Zeit
	21,9	hat er sie aber für seinen Sohn b.
	13	so will ich einen Ort b. 23,20; Jos 8,14
	35,22	das er zur Gabe für den HERRN b. hatte
3Mo	7,35	Anteil, der ihnen b. wurde 4Mo 18,24.26
	19,20	die Magd ist und einem Mann zur Ehe b.
4Mo	15,34	war nicht klar b., was man mit ihm tun
	35,6	sollt sechs zu Freistädten b. 13.14; Jos 20,2.8.9
Ri	3,20	Obergemach, daß für (Eglon) allein b. war
1Sm	13,8	Zeit, die von Samuel b. war 11
2Sm	19,30	nun b. ich: Du und Ziba, teilt den Besitz
	20,5	blieb über die Zeit hinaus, die ihm b. war
	24,15	vom Morgen an bis zur b. Zeit
1Kö	12,15	so war es b. von dem HERRN 2Ch 10,15
2Kö	12,5	alles für das Heiligtum b. Geld
	23,11	Rosse, für den Dienst der Sonne b.
	25,30	wurde ihm vom König sein Unterhalt b.
1Ch	6,50	Städte, die sie mit Namen b.
	12,32	18.000, die namentlich b. waren 16,41
	28,12	Gemächer, b. für die Schätze
2Ch	8,14	Amt, wie es sein Vater David b. hatte
	33,8	Lande, das ich ihren Vätern b. Hes 20,15
Esr	8,20	b. hatten, den Leviten zu dienen
	10,14	zu b. Zeiten kommen Neh 2,6; 10,35; 13,31
Neh	5,18	brauchte man eine b. Menge Wein
	12,44	die für die Priester und Leviten b. waren
Est	2,12	wenn die b. Zeit für jede Jungfrau kam
	9,27	zu halten, wie sie b. waren 31
Hi	14,5	sind seine Tage b.
	15,28	in Häusern, zum Steinhaufen b. sind
	23,14	er wird vollenden, was mir b. ist
	38,10	als ich ihm seine Grenze b.
	33	b. du seine Herrschaft über die Erde
Ps	99,4	du hast b. was richtig ist
Spr	20,24	jedermanns Schritte b. der HERR
	30,4	wer hat alle Enden der Welt b.
Pr	6,10	b. ist, was ein Mensch wird
	9,1	über Liebe und Haß b. der Mensch nicht
Jes	40,12	wer b. des Himmels Weite
	13	wer b. den Geist des HERRN
Hes	48,15	sollen zum Wohnen b. sein
Dan	1,5	der König b., was man ihnen geben 10.16
	18	als die Zeit um war, die der König b. hatte
	7,12	es war ihnen Zeit und Stunde b. 11,27.29
Jdt	8,11	wollt ihr b., wann er helfen soll
Tob	10,3	zur b. Zeit nicht heimgekommen
Sir	17,3	er b. ihnen die Zeit ihres Lebens 37,28
	29,2	gib's zur b. Zeit zurück
	33,11	hat der Herr ihre Wege verschieden b.
	37,9	laß ihn nicht über dich b.
	38,32	muß sein b. Maß an Arbeit tun
	44,26	ihm wart er seine Anteile b.
	47,2	wie das Fett vom Opfer für Gott b. ist
	48,10	bist b. worden, die Strafe zu vollziehen
	49,14	das heilige Haus, das h. war zu
1Ma	3,38	Lysias b. einige mächtige Männer
2Ma	3,14	(er) b. einen Tag 14,21
	8,9	der b. alsbald den Nikanor
	12,25	daß er sie bis zu einem b. Tag übergeben
GMn	8	du hast die Buße nicht b. den Gerechten
Mt	20,23	denen zuteil, für die es b. ist von meinem Vater Mk 10,40
Jh	15,16	b., daß ihr hingeht und Frucht bringt
Apg	1,7	Stunde, die der Vater in seiner Macht b. hat
Apg	3,20	euch zuvor zum Christus b. ist: Jesus
	4,28	zu tun, was dein Ratschluß zuvor b.
	10,42	von Gott b. zum Richter der Lebenden
	13,48	alle, die zum ewigen Leben b. waren
	15,7	ihr wißt, daß Gott vor langer Zeit b. hat
	17,31	richten durch einen Mann, den er dazu b. hat
	28,23	als sie ihm einen Tag b. hatten
Rö	9,22	Gefäße des Zorns, zum Verderben b.
Gal	4,2	bis zu der Zeit, die der Vater b. hat
	10	ihr haltet b. Tage ein und Monate
Kol	2,16	Gewissen machen wegen eines b. Feiertages
1Th	3,3	ihr wißt selbst, daß uns das b. ist
	5,9	Gott hat uns nicht b. zum Zorn
1Pt	1,10	Gnade, die für euch b. ist
	2,8	wozu sie auch b. sind
Heb	4,7	b. er abermals einen Tag, ein „Heute"
	9,27	wie den Menschen b. ist, einmal zu sterben
	12,1	laufen in dem Kampf, der uns b. ist

Bestimmung

Sir	16,26	als der Herr ihnen ihre B. gab

bestrafen

2Mo	21,19	soll der nicht b. werden 21.28
	20	wer... soll b. werden 3Mo 19,20
Esr	9,13	du hast unsere Missetat nicht b.
Am	2,8	sie trinken Wein vom Gelde der B.
Jdt	7,17	der uns um unserer Sünden willen b. 20
	8,28	der Herr b. unsre Feinde 9,2.4.10; 16,7.20; Wsh 11,6.8; 12,14.17; 16,24; 18,8; Sir 12,6; 1Ma 7,38.42; 9,55; 2Ma 1,28; 4,18.38; 7,36; 8,13; 9,5
	11,5	Macht, alle Ungehorsamen zu b.
Wsh	1,3	seine Macht b. solche Narren 8
	9	damit seine Übertretungen b. werden
	11,5	wodurch ihre Feinde b. wurden 13
	16	womit jemand sündigt, damit wird er b.
	12,2	b. die, der fallen, nur leicht 20; GMn 7
	14,10	das Werk wird samt dem Meister b. werden
Sir	23,30	dieser Mann wird öffentlich b. werden 14
	35,22	der Herr wird recht richten und b.
Bar	6,14	der Götze kann doch niemand b.
1Ma	3,5	die das Volk verführten, b. er 7,7.24; 15,4.21
	7,9	befahl ihm, das Volk Israel zu b.
	13,46	b. uns nicht für unsern Widerstand
2Ma	6,14	daß er uns b. zuletzt 7,33
	7,36	du sollst nach dem Urteil Gottes b. werden
StD	3,4	du tust uns recht, daß du uns b. hast
Apg	22,5	nach Jerusalem führen, damit sie b. würden

Bestrafung

2Ko	7,11	hat in euch gewirkt B.
1Pt	2,14	gesandt zur B. der Übeltäter

bestreichen

2Mo	12,7	sollen Pfosten und Schwelle damit b. 22
	29,2	ungesäuerte Fladen, mit Öl b. 3Mo 2,4; 7,12; 4Mo 6,15

bestreuen

2Ma	14,15	b. sie sich mit Erde

bestürmen

Spr	6,3	dränge und b. deinen Nächsten

bestürzt

bestürzt

Esr	9,3	ich setzte mich b. hin 4
Est	3,15	die Stadt Susa war b.
Jes	29,9	starret hin und werdet b.
Jer	4,9	die Priester werden b. sein
1Ma	3,31	darüber war er sehr b. 4,27; 2Ma 14,28
StE	6,6	das Volk der Gerechten war sehr b.
Mk	9,6	*denn sie waren b.*
Apg	2,6	kam die Menge zusammen und wurde b. *12*

Bestürzung

Apg	12,18	eine B. unter den Kriegsknechten

Besuch

2Ko	13,2	wie bei meinem zweiten B.

besuchen

Ri	15,1	daß Simson seine Frau b.
2Sm	13,5	wenn dein Vater kommt, dich zu b. 6
2Kö	8,29	Ahasja kam hinab, Joram zu b. 9,16; 2Ch 22,6
Tob	1,15	b. alle in der Gefangenschaft
Sir	7,39	nicht verdrießen, die Kranken zu b.
Mt	25,36	ihr habt mich b. 43
Lk	1,68	er hat b. und erlöst sein Volk 7,16
	78	durch die uns b. wird das Licht aus der Höhe
Heb	13,23	mit (Timotheus) will ich euch b.
Jak	1,27	die Waisen und Witwen in ihrer Trübsal b.

besudeln

Jes	63,3	ich habe mein ganzes Gewand b.
Klg	4,14	sie waren mit Blut b.
Sir	13,1	wer Pech angreift, der b. sich damit
	23,16	die Gottesfürchtigen b. sich nicht
Off	3,4	einige, die ihre Kleider nicht b. haben

Bet-Anat, *Beth-Anath*

Jos	19,38	(feste Städte sind:) B. Ri 1,33

Bet-Anot, *Beth-Anoth*

Jos	15,59	(Städte des Stammes Juda:) B.

Bet-Araba, *Beth-Araba*

Jos	15,6	zieht sich hin nördlich von B. 61; 18,18
	18,22	(Städte des Stammes Benjamin:) B.

Bet-Arbeel, *Beth-Arbeel*

Hos	10,14	gleichwie Schalman zerstörte B.

Bet-Aschbea, *Beth-Aschbea*

1Ch	4,21	die Geschlechter der Leinweber von B.

Bet-Asmawet, *Beth-Asmaweth* (= Asmawet 5)

Esr	2,24	die Männer von B. Neh 7,28; 12,29

Bet-Awen, *Beth-Awen* (= Awen)

Jos	7,2	Ai, das bei B. liegt 18,12; 1Sm 13,5; 14,23
Hos	4,15	kommt nicht hinauf nach B. 5,8
	10,5	sorgen sich um das Kalb zu B.

Bet-Baal-Meon s. Baal-Meon

Bet-Bara, *Beth-Bara*

Ri	7,24	nehmt die Wasserstellen weg bis nach B.

Bet-Basi, *Beth-Basi*

1Ma	9,62	zogen sich zurück in einen Ort, B. 64

Bet-Biri, *Beth-Biri* (= Bet-Lebaot; Lebaot)

1Ch	4,31	(die Söhne Simeons wohnten zu) B.

Bet-Dagon, *Beth-Dagon*

Jos	15,41	¹(Städte des Stammes Juda:) B.
	19,27	²(Grenze) wendet sich gegen Osten nach B.

Bet-Diblatajim, *Beth-Diblathajim*

Jer	48,22	(Strafe ergangen über) B.

Bet-Eden, *Beth-Eden*

Am	1,5	ich will aus B. ausrotten

Bet-Eked, *Beth-Eked*

2Kö	10,12	als er nach B. der Hirten kam 14

Bet-Emek, *Beth-Emek*

Jos	19,27	(Asser... die Grenze) stößt an B.

Bet-Ezel, *Beth-Haëzel*

Mi	1,11	das Leid B. wird euch wehren

Bet-Gader, *Beth-Gader*

1Ch	2,51	Haref, der Vater B.

Bet-Gamul, *Beth-Gamul*

Jer	48,23	(Strafe ergangen über) B.

Bet-Gan, *Beth-Haggan*

2Kö	9,27	Ahasja floh auf B. zu

Bet-Gilgal, *Beth-Gilgal* (= Gilgal)

Neh	12,29	(versammelten sich) von B.

Bet-Hanan, *Beth-Hanan* (= Elon 3)

1Kö	4,9	(Amtleute) der Sohn Dekers in B.

Bet-Haram, *Beth-Haram*

4Mo	32,36	(die Söhne Gad bauten) B.
Jos	13,27	(dem Stamm Gad gab Mose:) B.

Bet-Hogla, *Beth-Hogla*
Jos 15,6 (die Grenze) führt hinauf nach B. 18,19.21

Bet-Horon, *Beth-Horon*
Jos 10,10 den Weg hinab nach B. 11; 16,3.5; 18,13.14; 21,22; 1Sm 13,18; 2Ch 8,5; 25,13
1Kö 9,17 Salomo baute wieder auf B. 1Ch 7,24
1Ch 6,53 (Freistädte:) B.
1Ma 3,15 sie kamen bis B. 24; 7,39
9,50 zu befestigen... hohe Mauern um B.

Bet-Jeschimot, *Beth-Jeschimoth*
4Mo 33,49 lagerten sich am Jordan von B. bis Jos 12,3; 13,20; Hes 25,9

Bet-Kar, *Beth-Kar*
1Sm 7,11 schlugen (die Philister) bis B.

Bet-Kerem, *Beth-Kerem*
Neh 3,14 der Vorsteher des Bezirkes von B. Jer 6,1

Bet-Leafra, *Beth-Leaphra*
Mi 1,10 in B. wälzt euch im Staube

Bet-Lebaot, *Beth-Lebaoth*
(= Bet-Biri; Lebaot)
Jos 19,6 (Simeon ward zum Erbteil) B. 15,32

Bet-Markabot, *Beth-Markaboth*
Jos 19,5 (Simeon ward zum Erbteil) B. 1Ch 4,31

Bet-Meon, *Beth-Meon* (= Baal-Meon)
Jer 48,23 (Strafe ergangen über) B.

Bet-Nimra, *Beth-Nimra* (= Nimra)
4Mo 32,36 (die Söhne Gad bauten) B. Jos 13,27

Bet-Pazzez, *Beth-Pazzez*
Jos 19,21 (Issachar... sein Gebiet war) B.

Bet-Pelet, *Beth-Pelet*
Jos 15,27 (Städte des Stammes Juda:) B. Neh 11,26

Bet-Peor, *Beth-Peor*
5Mo 3,29 blieben wir im Tal gegenüber B. 4,46; 34,6
Jos 13,20 (gab Mose dem Stamm Ruben:) B.

Bet-Rafa, *Beth-Rapha*
1Ch 4,12 Eschton zeugte B.

Bet-Rehob, *Beth-Rehob* (= Rehob 1)
Ri 18,28 (Lajisch) lag in der Ebene bei B.
2Sm 10,6 warben an die Aramäer von B.

Bet-Sacharja, *Beth-Sacharja*
1Ma 6,32 Judas lagerte mit dem Heer bei B. 33

Bet-Sajit, *Beth-Sajith*
1Ma 7,19 Bakchides belagerte B.

Bet-Schean, *Beth-Schean*
(= Skythopolis)
Jos 17,11 hatte Manasse: B. 16; Ri 1,27; 1Ch 7,29
1Sm 31,10 (Sauls) Leichnam hängten sie auf an der Mauer von B. 12; 2Sm 21,12
1Kö 4,12 (Amtleute) Baana über ganz B.
1Ma 5,52 kamen in die Ebene gegenüber B. 12,40.41

Bet-Schemesch, *Beth-Schemesch*
Jos 15,10 ¹(die Nordgrenze) kommt herab nach B.
Ri 1,33 Naftali vertrieb die Einwohner nicht von B.
1Sm 6,9 geht (die Lade) auf B. zu 12-15.18-20
1Kö 4,9 (Amtleute) der Sohn Dekers in B.
2Kö 14,11 sie maßen sich bei B. 13; 2Ch 25,21.23
1Ch 6,44 (Freistädte:) B.
2Ch 28,18 die Philister eroberten B. (= Ir-Schemesch)
Jos 19,22 ²(Issachar) die Grenze stößt an B.
19,38 ³Naftali... feste Städte sind: B.
Jes 43,13 ⁴er soll die Steinmale von B. zerbrechen

Bet-Schitta, *Beth-Schitta*
Ri 7,22 das Heer floh bis B.

Bet-Tappuach, *Beth-Tappuach*
Jos 15,53 (Städte des Stammes Juda:) B.

Bet-Ter, *Beth-Ther*
Jos 15,59 (Städte des Stammes Juda:) B.

Bet-Zur, *Beth-Zur*
Jos 15,58 (Städte des Stammes Juda:) B.
1Ch 2,45 Maon war der Vater B.
2Ch 11,7 (Rehabeam baute zu Festungen aus:) B.
Neh 3,16 der Vorsteher des Bezirkes von B.
1Ma 4,29 dies Heer lagerte sich bei B. 61; 6,7.26.31.49. 50; 9,52; 10,14; 11,65; 14,7.33; 2Ma 11,5; 13,19.22

betagt
Esr 3,12 viele von den b. Priestern weinten
Hi 32,9 die B. sind nicht die Weisesten
2Ma 6,18 Eleasar, ein schon b. Mann
Lk 1,18 ich bin alt, und meine Frau ist b.

Betanien, *Bethanien*
Mt 21,17 ¹er ließ sie stehen und ging nach B.
26,6 als Jesus in B. war Mk 14,3
Mk 11,1 als sie nach Betfage und B. (kamen) Lk 19,29
11 ging hinaus nach B. mit den Zwölfen
12 als sie von B. weggingen, hungerte ihn
Lk 24,50 er führte sie hinaus bis nach B.
Jh 11,1 es lag einer krank, Lazarus aus B.
18 B. war nahe bei Jerusalem
12,1 vor dem Passfest kam Jesus nach B.

Betanien 164

Jh	1,28	²dies geschah in B. jenseits des Jordans

betasten

1Mo	27,12	könnte vielleicht mein Vater mich b. 21.22
	31,34	Laban b. das ganze Zelt 37
Hes	23,3	ließen ihren jungen Busen b. 8.21
1Jh	1,1	was wir betrachtet und unsre Hände b. haben

Betäubung

Rö	11,8	Gott hat ihnen einen Geist der B. gegeben

beten

1Mo	20,17	b. zu Gott 24,63; 2Mo 10,18; 1Sm 1,10.12.26; 2,1; 8,6; 2Kö 4,33; 6,17.18; 19,15.20; 20,2; 2Ch 30,18; 32,20.24; Esr 10,1; Neh 1,4.6; 2,4; 4,3; 9,3; Jes 37,15; 38,2; Jer 32,16; Dan 6,11.12.14; 9,3.4.20.23; Jon 2,2; 4,2
1Sm	7,5	daß ich für euch zum HERRN b. 12,23
2Sm	7,27	dies Gebet zu dir geb. hat 1Ch 17,25
1Kö	8,29	das Gebet, das dein Knecht b. 2Ch 6,20
	33	b. und flehen zu dir 35.44.48; 2Ch 6,26.34.38; 7,14
	42	wenn (ein Fremder) kommt, um zu b. 2Ch 6,32
2Ch	6,19	daß du erhörest das Bitten und B.
Ps	5,3	ich will zu dir b. 35,13; 69,14; 109,4
	32,6	werden alle Heiligen zu dir b.
	42,9	b. zu dem Gott meines Lebens
	72,15	man soll immerdar für ihn b.
	80,5	während dein Volk zu dir b.
	141,5	ich b. stets, daß jene mir nicht Schaden tun
Jes	1,15	wenn ihr auch viel b., höre ich nicht
	16,12	wenn Moab kommt zu s. Heiligtum, um zu b.
	44,17	sein Götze, vor dem er b.
Jer	29,7	b. für (die Stadt) zum HERRN
	36,7	vielleicht werden sie sich mit B. demütigen
	42,2	sprachen zum Propheten: B. für uns 4.20
Dan	9,13	aber wir b. auch nicht vor dem HERRN
Jdt	4,7	demütigten sich mit Fasten und B. 11; Bar 1,5
	14	b. zum Herrn 6,13.15.20; 7,4; 8,24-27; Sir 50,19.21.23; 1Ma 3,44; 7,40; 11,71; 2Ma 3,18; 5,4; 15,12.14.21.22; StE 2,1; 3,3; StD 3,1
	8,14	darum wollen wir zum Herrn b.
	10,11	aber Judit b. 11,13; 12,6.7.9; 13,5
	13,11	als wollten sie b. gehen
Wsh	7,7	b. ich, und mir wurde Einsicht gegeben
	13,17	wenn er b. für sein Hab und Gut
Tob	3,1	Tobias fing an zu weinen und zu b. 12,12
	12	Sara b. aber unablässig
	4,20	preise Gott und b., daß er dich leite
	8,4	wir wollen zu Gott b. 6
	11,7	zu Gott und dann lobe ihm 12; 1Ma 4,30
	12,9	B., Fasten und Almosengeben ist besser
Sir	3,6	wenn er b., so wird er erhört
	7,10	wenn du b., tu's nicht mit halbem Herzen
	15	wenn du b., so mache nicht viele Worte
	28,2	Sünden vergeben, wenn du darum b. 39,6.7
	34,29	wenn einer b. und der andre flucht
Bar	1,13	b. auch ihr um 11
1Ma	7,37	damit man dort zu dir b. soll
2Ma	1,8	damals b. wir, und der Herr erhörte uns
	9,13	der Verruchte b. zu dem Herrscher
	10,27	als sie geb., nahmen sie ihre Waffen
Mt	6,5	wenn ihr b., sollt ihr 6.7
Mt	6,9	darum sollt ihr so b. Lk 11,2
	14,23	stieg er allein auf einen Berg, um zu b. Mk 1,35; 6,46; Lk 6,12; 9,18.28.29; 11,1
	17,21	fährt nur aus durch B. und Fasten Mk 9,29
	19,13	damit er die Hände auf sie legte und b.
	26,36	solange ich dorthin gehe und b. 39.42.44; Mk 14,32.35.39; Lk 22,41.44
	41	wachet und b., daß ihr nicht in Anfechtung fallt Mk 14,38; Lk 22,40.46
Mk	11,25	wenn ihr steht und b., so vergebt
Lk	1,10	die ganze Menge stand draußen und b.
	2,37	(Hanna) diente Gott mit Fasten und b.
	3,21	als Jesus auch getauft worden war und b.
	5,16	er zog sich zurück in die Wüste und b.
	33	die Jünger des Johannes fasten oft und b. viel
	11,1	lehre uns b., wie auch Johannes seine Jünger
	18,1	ein Gleichnis, daß sie allezeit b. sollten
	10	es gingen zwei Menschen hinauf in den Tempel, um zu b.
	11	der Pharisäer stand für sich und b. so
	21,36	b., daß ihr stark werdet
Apg	1,24	b.: Herr, der du aller Herzen kennst
	3,1	*da man pflegt zu b.* 12,12; 16,13
	4,31	als sie geb. hatten, erbebte die Stätte, wo
	6,6	die (Apostel) b. und legten die Hände auf sie
	7,58	*Stephanus b.: Herr Jesus, nimm meinen Geist auf*
	8,15	b. für sie, daß sie den hl. Geist empfingen
	9,11	siehe, er b.
	40	Petrus b. und wandte sich zu dem Leichnam
	10,2	gab dem Volk Almosen und b. immer zu Gott
	9	stieg Petrus auf das Dach, zu b. 30
	12,5	die Gemeinde b. ohne Aufhören für ihn
	13,3	da fasteten sie und b.
	14,23	sie setzten Älteste ein, b. und fasteten
	16,25	um Mitternacht b. Paulus und Silas
	20,36	kniete er nieder und b. ihnen 21,5
	22,17	es geschah, als ich im Tempel b., daß
	28,8	zu dem ging Paulus hinein und b.
Rö	8,26	wir wissen nicht, was wir b. sollen
	15,30	*daß ihr mir helfet kämpfen mit B.*
1Ko	7,5	eine Zeitlang, damit ihr zum B. Ruhe habt
	11,4	jeder Mann, der b. oder prophetisch redet 5
	13	daß eine Frau unbedeckt vor Gott b.
	14,13	wer in Zungen redet, der b., daß er's auch auslegen könne
	14	wenn ich in Zungen b., so b. mein Geist
	15	ich will b. mit dem Geist und will auch b. mit dem Verstand
2Ko	13,9	um dies b. wir auch, um eure Vollkommenheit
Eph	6,18	b. allezeit mit Bitten und Flehen im Geist
Phl	1,9	ich b. darum, daß eure Liebe immer reicher
Kol	1,3	wir danken Gott allezeit, wenn wir für euch b.
	9	lassen wir nicht ab, für euch zu b. 2Th 1,11
	4,3	b. zugleich auch für uns 1Th 5,25; 2Th 3,1; Heb 13,18
1Th	5,17	b. ohne Unterlaß
1Ti	2,8	so will ich, daß die Männer b. an allen Orten
	5,5	die beharrlich b. Tag und Nacht
Jak	5,13	leidet jemand unter euch, der b.
	14	daß sie über ihm b. und ihn salben mit Öl
	16	b. füreinander, daß ihr gesund werdet
	17	er b., daß es nicht regnen sollte 18
Jud	20	b. im heiligen Geist

Beten

Jos 19,25 (Stamm Asser) sein Gebiet war B.

Betesda, *Bethesda*

Jh 5,2 in Jerusalem ein Teich, der heißt B.

Betfage, *Bethphage*

Mt 21,1 als sie kamen nach B. an den Ölberg Mk 11,1; Lk 19,29

Bethaus

Jes 56,7 ich will sie erfreuen in meinem B.
7 mein Haus wird ein B. heißen Mt 21,13; Mk 11,17; Lk 19,46

Bethel

1Mo 12,8 östlich der Stadt B. 13,3; Jos 7,2
28,19 (Jakob) nannte die Stätte B. 35,15
31,13 bin der Gott, der dir zu B. erschienen
35,1 zieh nach B. und wohne daselbst 3.6
8 Debora wurde begraben unterhalb von B. 16
Jos 8,9 zwischen B. und Ai 12.17; 12,9.16; Esr 2,28; Neh 7,32
16,1 auf das Gebirge nach B. 2; 18,13; 1Sm 13,2
18,22 (Städte des Stammes Benjamin:) B. Neh 11,31
Ri 1,22 zog hinauf nach B. 23; 20,18.26.31; 21,2
4,5 (Debora) ihren Sitz zwischen Rama und B.
21,19 Silo, das nördlich von B. liegt
1Sm 7,16 (Samuel) kam nach B. und Gilgal
10,3 die hinaufgehen zu Gott nach B.
1Kö 12,29 (goldene Kälber) eins in B. 30.32.33; 2Kö 10,29
13,1 ein Mann Gottes kam nach B. 10.11
4 der gegen den Altar in B. rief 32; 2Kö 23,15. 17.19
11 es wohnte ein alter Prophet in B. 2Kö 17,28
16,34 baute Hiël von B. Jericho auf
2Kö 2,2 nach B. gesandt... als sie nach B. kamen
3 Prophetenjünger, die in B. waren
23 (Elisa) ging hinauf nach B.
23,4 ließ ihre Asche nach B. bringen
1Ch 7,28 ihr Besitz war B. 2Ch 13,19
Jer 48,13 gleichwie Israel über B. zuschanden geworden
Hos 10,15 so soll's euch zu B. auch ergehen
12,5 dann hat er ihn zu B. gefunden
Am 3,14 will ich die Altäre in B. heimsuchen 5,5.6
4,4 kommt her nach B. und treibt Sünde
5,5 suchet nicht B. und kommt nicht nach Gilgal
7,10 sandte Amazja, der Priester in B.
13 weissage nicht mehr in B.
Sa 7,2 sandte B., um den HERRN anzuflehen
1Ma 9,50 zu befestigen... hohe Mauern um B.

Bethlehem, Bethlehemiter

1Mo 35,19 ¹Efrata, das nun B. heißt 48,7; Jos 15,59
Ri 12,8 richtete Israel Ibzan aus B. 10
17,7 ein junger Mann von B. in Juda 8.9
19,1 eine Nebenfrau genommen aus B. in Juda 2
18 wir reisen von B. weit ins Gebirge
Rut 1,1 ein Mann von B. in Juda zog aus 2.19.22
2,4 Boas kam eben von B.
4,11 dein Name werde gepriesen zu B.

1Sm 16,1 zu dem B. Isai 4.18; 17,58
17,12 David aber war aus B. 15; 20,6.28
2Sm 2,32 begruben (Asaël) in B.
21,19 Elhanan aus B. 23,24; 1Ch 11,26
23,14 die Wache der Philister lag in B. 1Ch 11,16
15 Brunnen am Tor in B. 16; 1Ch 11,17.18
1Ch 2,51 Salma, der Vater B. 54; 4,4.22; Esr 2,21
2Ch 11,6 (Rehabeam baute zu Festungen aus:) B.
Neh 7,26 die Männer von B. und Netopha
Jer 41,17 Herberge Kimhams bei B.
Mi 5,1 du, B. Efrata, die du klein bist Mt 2,6
Mt 2,1 als Jesus geboren war in B. 5
8 schickte (die Weisen) nach B. und sprach
16 ließ alle Kinder in B. töten
Lk 2,4 zur Stadt Davids, die da heißt B.
15 laßt uns gehen nach B. und die Geschichte sehen
Jh 7,42 aus B. soll der Christus kommen
Jos 19,15 ²B. (Städte des Stammes Sebulon) Ri 12,8.10

Betonim

Jos 13,26 (dem Stamm Gad gab Mose:) B.

betören

5Mo 11,16 daß sich euer Herz nicht b. lasse
1Kö 22,20 wer will Ahab b. 21.22; 1Ch 18,19-21
Hi 31,9 hat sich mein Herz b. lassen 27
Jes 44,20 den hat sein Herz b.
Hes 14,9 wenn ein Prophet sich b. läßt
Sir 9,9 schöne Frauen haben viele b. StD 1,56
19,2 Wein und Weiber b. die Weisen
2Pt 2,20 *wiederum von demselben b. und überwunden*

betrachten

1Mo 24,21 der Mann b. (Rebekka) und schwieg
Jos 1,8 sondern b. es Tag und Nacht
Hi 33,10 Gott b. mich als seinen Feind
Ps 27,4 seinen Tempel zu b.
Pr 2,12 wandte mich, zu b. die Weisheit
Jdt 10,15 die Männer die Frau näher
Wsh 19,4 sehen kann, wenn man das Geschehene b.
Sir 6,37 b. immer Gottes Gebote
14,23 der ihre Wege von Herzen b.
37,11 der dich mißgünstig b.
1Jh 1,1 was wir b. und unsre Hände betastet haben

betrauen

1Sm 3,20 daß Samuel damit b. war, Prophet zu sein
1Th 2,4 *sie mit dem Evangelium zu b.*

betreffen

1Mo 41,11 Traum, dessen Deutung ihn b.
4Mo 20,14 all die Mühsal, die uns b. hat
5Mo 22,28 wohnt ihr bei und wird dabei b.
Rut 4,7 die eine Lösung oder einen Tausch b.
Neh 11,24 in allem, was das Volk b.
1Ko 10,13 *noch keine denn menschliche Versuchung b.*

betreiben

2Ma 11,29 daß ihr wieder euer Gewerbe b. möchtet

betreten

Apg 5,24 wurden sie b. und wußten nicht, was daraus werden sollte

betreten (Verb)

5Mo 1,36 ihm das Land geben, das er b. hat Jos 14,9
11,25 Furcht über alles Land, das ihr b.
1Kö 14,12 wenn dein Fuß die Stadt b.
Hi 28,8 das stolze Wild hat ihn nicht b.
Jes 35,8 kein Unreiner darf ihn b.

betroffen

2Kö 22,19 weil du im Herzen b. bist 2Ch 34,27
Hi 32,15 b. stehen sie da
Jdt 10,15 waren b., daß sie so wunderschön war

betrüben

Jos 7,25 weil du uns b. hast, so b. dich der HERR
Ri 11,35 wie beugst du mich und b. mich
Rut 1,21 da der Allmächtige mich b. hat Hi 27,2
Ps 42,6 was b. du dich, meine Seele 12; 43,5
78,40 sie b. ihn in der Einöde
Jes 63,10 sie b. seinen heiligen Geist
Klg 3,32 er b. wohl und erbarmt sich wieder
33 nicht von Herzen b. er die Menschen
Hes 13,22 weil ihr b., die ich nicht b. habe
Sa 12,10 werden sich um ihn b., wie man sich b.
Sir 3,14 b. ihn nicht, solange er lebt
18 wer seine Mutter b., der ist verflucht
4,2 b. den Menschen nicht in seiner Armut
30,9 spielst du mit ihm, so wird es dich b.
Bar 4,8 ihr habt Jerusalem b.
Mt 26,10 was b. ihr die Frau Mk 14,6
Jh 12,27 jetzt ist meine Seele b.
Rö 14,15 wenn dein Bruder wegen d. Speise. wird
2Ko 2,2 der von mir b. wird
4 nicht, damit ihr b. werden sollt
5 der hat nicht mich b.
7,8 ich sehe ja, daß jener Brief euch b. hat 9
11 daß ihr b. worden seid nach Gottes Willen
Eph 4,30 b. nicht den heiligen Geist Gottes

Betrübnis

Hi 7,11 will klagen in der B. meiner Seele 10,1
Jes 38,15 bei solcher B. meiner Seele
Jer 31,13 will sie erfreuen nach ihrer B.
2Ko 2,5 wenn jemand B. angerichtet hat

betrübt

1Mo 27,34 wurde über die Maßen sehr b.
1Sm 1,10 (Hanna) war von Herzen b. 15
2Kö 4,27 laß sie, denn ihre Seele ist b.
Hi 3,20 warum gibt Gott das Leben den b. Herzen
5,11 der den B. emporhilft
Ps 42,7 b. ist meine Seele in mir
77,4 ich denke an Gott - und bin b.
109,16 verfolgte den Elenden und Armen und den B.
Spr 15,15 ein B. hat nie einen guten Tag
17,22 ein b. Gemüt läßt das Gebein verdorren
31,6 gebt Wein den b. Seelen
Jes 19,8 die Netze auswerfen, werden b. sein
54,6 wie ein von Herzen b. Weib
61,3 Lobgesang statt eines b. Geistes

Jer 4,28 darum wird das Land b. sein
14,3 sie sind traurig und b.
Klg 1,4 Zion ist b. 22
Dan 6,15 als der König das hörte, wurde er sehr b.
Hab 3,7 ich sah die Zelte der Midianiter b.
Tob 9,4 wenn ich fortbliebe, so wäre er b.
Sir 4,3 einem b. Herzen füge nicht Leid zu
25,30 ein böses Weib schafft ein b. Herz
38,17 du sollst von Herzen b. sein
48,27 er gab den B. in Zion Trost
Bar 2,18 die leben und sehr b. sind
4,33 soll b. sein, wenn sie verwüstet wird
2Ma 4,37 Antiochus war in tiefster Seele b.
StD 3,15 mit b. Herzen kommen wir vor dich
Mt 17,23 und sie wurden sehr b. 26,22
18,31 seine Mitknechte wurden sehr b.
19,22 der Jüngling ging b. davon
26,38 meine Seele ist b. bis an den Tod Mk 14,34
Mk 3,5 war b. über ihr verstocktes Herz
6,26 der König wurde sehr b.
Jh 11,33 (Jesus) wurde sehr b. 13,21
Apg 20,38 am allermeisten b. über das Wort, das

Betrug

Hi 27,4 meine Zunge sagt keinen B.
31,5 ist mein Fuß geeilt zum B.
Jes 53,9 wiewohl kein B. in seinem Munde gewesen
Jer 3,23 nichts als B. mit den Hügeln
Dan 8,25 es wird ihm durch B. gelingen
Wsh 14,25 überall herrschen Mord, B.
Bar 6,45 was mit den Götzen geschieht, ist B.
48 hinterlassen den Nachkommen nichts als B.
1Ma 7,11 es war nichts als B. 13,17; 16,15
30 um ihn durch B. gefangenzunehmen
8,28 wollen diese Abmachungen ohne B. halten
11,1 wollte das Reich durch B. an sich bringen
StD 2,17 Bel, bei dir gibt es keinen B.
Mt 13,22 B. des Reichtums erstickt das Wort Mk 4,19
27,64 nicht der letzte B. ärger wird als der erste
1Pt 2,1 legt ab alle Bosheit und allen B.
22 er, in dessen Mund sich kein B. fand
Heb 3,13 nicht verstockt durch den B. der Sünde

betrügen

1Mo 3,13 die Schlange b. mich, so daß ich aß
27,12 würde dastehen, als ob ich ihn b. wollte
29,25 warum hast du mich b. 1Sm 19,17; 28,12
Jos 9,22 warum habt ihr uns b.
2Sm 19,27 mein Knecht hat mich b.
2Kö 18,29 laßt euch nicht b. 2Ch 32,15; Jes 36,14
19,10 laß dich von deinem Gott nicht b. Jes 37,10
Hi 6,20 waren b., als sie dahin kamen
15,31 sonst wird er b.
Ps 33,17 Rosse helfen nicht; da wäre man b.
78,36 doch b. sie ihn mit ihrem Munde
Spr 12,17 ein falscher Zeuge b.
24,28 b. nicht mit deinem Munde
26,19 so ist ein Mensch, der seinen Nächsten b.
Jes 19,13 die Fürsten von Memfis sind b.
Jer 9,4 gewöhnt, daß einer den andern b.
23,16 die Worte der Propheten b. euch 29,8
37,9 b. euch nicht damit, daß ihr denkt
Hos 12,4 hat schon im Mutterleib seinen Bruder b.
8 Ephraim b. gern
Ob 3 der Hochmut deines Herzens hat dich b.
7 auf die du d. Trost setzst, werden dich b.
Sa 13,4 härenen Mantel anziehen, um zu b.
Mal 3,8 daß ein Mensch Gott b., wie ihr mich b.! Ihr sprecht: Womit b. wir dich

Mal	3,9	ihr b. mich allesamt
Jdt	9,10	laß ihn durch meine Worte b. werden
	16,10	sie flocht ihr Haar, um ihn zu b.
Wsh	12,24	daß sie, b. wie unverständige Kinder
Sir	16,20	wenn ich im geheimen b., wer merkt es
	23,32	einer Frau ergehen, die ihren Mann b.
	34,7	Träume b. viele Leute
2Ma	3,12	Frevel, wenn man die b. wollte
StE	5,4	sie b. auch arglose Fürsten
Mt	2,16	als Herodes sah, daß er von den Weisen b.
Lk	19,8	wenn ich jemanden b. habe
Rö	3,13	mit ihren Zungen b. sie
	7,11	die Sünde b. mich durch das Gebot
1Ko	3,18	niemand b. sich selbst
Gal	6,3	wenn jemand meint, er sei etwas, der b. sich
Kol	2,4	ich sage das, damit euch niemand b.
1Th	4,6	*daß niemand b. seinen Bruder*
1Pt	3,10	der hüte seine Lippen, daß sie nicht b.
1Jh	1,8	wenn wir sagen, wir haben keine Sünde, so b. wir uns selbst
Jak	1,22	sonst b. ihr euch selbst
	26	hält seine Zunge nicht im Zaum, sondern b. sein Herz

Betrüger

Ps	52,4	deine Zunge trachtet nach Schaden, du B.
Jes	32,5	wird nicht mehr ein B. edel genannt
	7	des B. Waffen sind böse
Mal	1,14	verflucht sei der B.
Lk	18,11	daß ich nicht bin wie die andern Leute, Räuber, B.
2Ti	3,13	mit den B. wird's je länger, desto ärger

Betrügerei

2Pt	2,13	sie schwelgen in ihren B.

betrügerisch

3Mo	19,11	sollt nicht b. handeln einer mit dem andern
Ze	3,13	wird in ihrem Munde keine b. Zunge finden
Mt	13,22	und der b. Reichtum ersticken das Wort Mk 4,19
2Ko	11,13	solche sind falsche Apostel, b. Arbeiter
1Th	2,3	unsre Ermahnung kam nicht aus b. Sinn

betrunken

1Sm	1,13	da meinte Eli, (Hanna) wäre b. 14
	25,36	Nabal war sehr b.
2Sm	11,13	David machte (Uria) b.
Dan	5,2	als er b. war, ließ er die Gefäße herbringen
Jdt	13,3	als Holofernes b. war 1.19
Sir	26,11	ein b. Weib erregt Ärgernis
Mt	24,49	ißt und trinkt mit den B.
Jh	2,10	jedermann gibt, wenn sie b. werden, den geringeren (Wein)
Apg	2,15	diese sind nicht b., wie ihr meint
1Ko	11,21	der eine ist hungrig, der andere ist b.
1Th	5,7	die b. sind, die sind des Nachts b.
Off	17,2	b. geworden von dem Wein ihrer Hurerei
	6	die Frau, b. von dem Blut der Heiligen

Betrunkenheit

1Sm	25,37	als die B. von Nabal gewichen

Betsaida, *Bethsaida*

Mt	11,21	wehe dir, Chorazin! Weh dir, B. Lk 10,13
Mk	6,45	hinüberzufahren nach B. 8,22; Lk 9,10
Jh	1,44	Philippus war aus B. 12,21

Bett

1Mo	47,31	neigte sich über das Kopfende des B. 48,2
	49,4	hast mein B. entweiht 1Ch 5,1
	33	tat seine Füße zusammen auf dem B.
2Mo	7,28	Frösche sollen kommen auf dein B.
	14,27	das Meer kam wieder in sein B.
	21,18	schlägt den andern, daß er zu B. liegen muß
1Sm	19,13	Michal legte (das Götzenbild) aufs B. 15.16
	28,23	(Saul) setzte sich aufs B.
2Sm	4,7	da lag (Isch-Boschet) auf seinem B.
	13,5	lege dich auf dein B. und stelle dich 8
	17,28	(brachten) B., Becken, irdene Gefäße
	22,16	da sah man das B. des Meeres
1Kö	17,19	(Elia) legte ihn auf sein B.
	21,4	Ahab legte sich auf sein B. und aß nicht
2Kö	1,4	nicht mehr von dem B. herunterkommen 6.16
	4,10	B., Tisch, Stuhl und Leuchter hineinstellen
	21	legte ihn aufs B. des Mannes Gottes 32-35
2Ch	24,25	töteten (Joasch) auf seinem B.
Hi	6,15	trügen wie das B. der Bäche
	7,13	ich dachte, mein B. soll mich trösten
	17,13	in der Finsternis ist mein B. gemacht
	33,15	wenn sie schlafen auf dem B.
	19	warnt ihn durch Schmerzen auf seinem B.
Ps	6,7	ich schwemme mein B. die ganze Nacht
	63,7	wenn ich mich zu B. lege, so denke ich
	132,3	will nicht mich aufs Lager meines B. legen
Spr	7,16	ich habe mein B. schön geschmückt
	22,27	wird man dir dein B. unter dir wegnehmen
	26,14	ein Fauler wendet sich im B. wie die Tür
Jes	14,11	Gewürm wird dein B. sein
	28,20	das B. ist zu kurz
Dan	2,29	du, König, dachtest auf deinem B. 4.2.7.10
	7,1	hatte Daniel einen Traum auf seinem B.
Jdt	13,3	als Holofernes auf seinem B. lag 5.7.9
Sir	31,22	braucht in seinem B. nicht zu stöhnen
	40,5	wenn einer auf seinem B. ruhen soll
	41,27	schäme dich, an ihr B. zu gehen
Mt	8,14	sah, daß dessen Schwiegermutter zu B. lag
	9,2	Gelähmten... auf einem B. Mk 2,4; Lk 5,18.19
	6	hebe dein B. auf und geh heim Mk 2,9.11.12; Lk 5,24.25; Jh 5,8.9.11.12; Apg 9,34
Mk	6,55	*die Kranken umherzutragen auf B.*
	7,30	sie fand das Kind auf dem B.
Lk	11,7	meine Kinder und ich liegen schon zu B.
	17,34	in jener Nacht werden zwei auf einem B. liegen
Jh	5,10	du darfst dein B. nicht tragen
Apg	5,15	so daß sie die Kranken auf B. legten
	9,33	Äneas, seit acht Jahren ans B. gebunden
	34	steh auf und mach dir selber das B.
Off	2,22	siehe, ich werfe sie aufs B.

betteln

Hi	20,10	seine Söhne werden b. gehen Ps 109,10
Ps	37,25	noch nie seine Kinder um Brot b. (gesehen)
Spr	20,4	so muß er in der Ernte b.
Sir	40,29	es ist besser, zu sterben als b.
	32	B. schmeckt dem unverschämten Maul gut
Mk	10,46	*da saß ein Blinder und b.* Lk 18,35

betteln

Lk	16,3	auch schäme ich mich zu b.
Jh	9,8	ist das nicht der Mann, der dasaß und b.
Apg	3,2	damit er um Almosen b. bei denen, die 10

betten

Ps	139,8	b. ich mich bei den Toten, so bist du
Jes	58,5	in Sack und Asche sich b.
Jer	3,25	so müssen wir uns b. in unsere Schande

Bettenkammer

2Kö	11,2	brachte (Joasch) in die B. 2Ch 22,11

Bettler

Sir	10,30	besser arbeiten als ein B. bleiben
	18,33	damit du nicht zum B. wirst
	21,5	muß zuletzt zum B. werden
	31,4	wenn er ausruht, wird er zum B.
	37,23	und so bleibt er ein B.
Mk	10,46	saß ein blinder B. am Wege, Bartimäus
Jh	9,8	die, die ihn früher als B. gesehen hatten

Bet(h)uël, Bet(h)ul

1Mo	22,22	¹(Milka hat geboren) B. 23; 24,15.24.47; 25,20; 28,2.5
	24,50	Laban und B. sprachen: Das kommt vom HERRN
Jos	19,4	²(Simeon zum Erbteil) B. 1Sm 30,27; 1Ch 4,30

Betulia, *Bethulia*

Jdt	6,6	befahl... nach B. zu führen 9; 7,1; 15,10
	7,12	alle Bewohner von B. 15,8; 16,22
	8,3	starb in B. 16,25.28
	12,8	ging hinaus in das Tal vor B.

beugen

2Mo	23,6	sollst das Recht nicht b. 5Mo 16,19; 24,17; 27,19
Ri	11,35	ach, meine Tochter, wie b. du mich
1Sm	8,3	(Samuels Söhne) b. das Recht
	25,23	Abigajil b. sich zur Erde
1Kö	19,18	alle Knie, die sich nicht geb. vor Baal
2Kö	1,13	der Hauptmann b. seine Knie vor Elia
2Ch	20,18	b. sich Joschafat zur Erde
	29,29	b. der König... die Knie und beteten an
Neh	3,5	ihre Vornehmen b. ihren Nacken nicht
Est	3,2	alle Großen b. die Knie
	2	Mordechai b. die Knie nicht 5
Hi	9,13	mußten sich b. die Helfer Rahabs
	16,15	habe mein Haupt in den Staub geb.
	31,10	andere sollt über sie b.
	34,12	der Allmächtige b. das Recht nicht 37,23
	40,12	schau alle Hochmütigen an und b. sie
Ps	22,30	vor ihm werden die Knie b. alle, die
	35,14	so b. ich mich in Trauer
	44,26	unsre Seele ist geb. zum Staube
	57,7	sie haben meine Seele geb.
	66,3	deine Feinde müssen sich b. 81,16
	107,12	daß er ihr Herz durch Unglück b.
Spr	17,23	nimmt Geschenke, zu b. den Weg des Rechts
	18,5	daß man des Gerechten Sache b. im Gericht
Jes	2,9	geb. wird der Mensch 11.17; 5,15
	10,2	um die Sache der Armen zu b.
	25,12	deine hohen, steilen Mauern wird er b.
	29,21	welche b. durch Lügen das Recht
	45,23	mir sollen sich alle Knie b. Rö 14,11
Jer	15,17	saß einsam, geb. von deiner Hand
	27,8	Volk, das seinen Nacken nicht b. 11.12
Klg	3,35	(wenn man) Recht vor dem Allerhöchsten b.
Mi	6,6	womit soll ich mich b. vor dem Gott
Sir	4,7	vor einem Großen b. dein Haupt
	6,26	b. deine Schultern 51,34
	7,25	b. ihnen den Nacken von Jugend auf 30,12
	33,27	Joch und Riemen b. den Nacken
Bar	2,18	die geb. und schwach sind
	21	b. eure Schultern und seid untertan
GMn	11	nun b. ich die Knie meines Herzens
Mt	27,29	b. die Knie vor ihm
Rö	11,4	die ihre Knie nicht geb. haben vor dem Baal
	10	ihren Rücken b. allezeit
Eph	3,14	deshalb b. ich meine Knie vor dem Vater
Phl	2,10	daß in dem Namen Jesu sich b. sollen aller derer Knie

Beule

1Mo	4,23	erschlug einen Jüngling für meine B.
2Mo	21,25	B. um B., Wunde um Wunde
1Sm	5,6	er schlug sie mit bösen B. 9.12
	6,4	fünf goldene B. 5.11.17
Jes	1,6	ist nichts Gesundes an euch, sondern B.

beunruhigen

Dan	4,2	die Gedanken und Gesichte b. mich 16
	7,28	ich, Daniel, wurde sehr b. in m. Gedanken
Sir	40,5	schlafen soll, b. ihn allerlei Gedanken

Beunruhigung

Wsh	14,25	überall herrschen Mord... B.

beurteilen

1Ko	2,14	denn es muß geistlich b. werden
	15	der geistliche Mensch b. alles und wird doch selber von niemandem b.
	10,15	b. ihr, was ich sage

Beute

1Mo	49,27	des Abends wird er B. austeilen
2Mo	3,22	von den Ägyptern als B. nehmen 12,36
4Mo	31,26	nimm die gesamte B. auf 32
	53	hatte nur für sich selber B. gemacht
5Mo	2,35	raubten wir die B. aus den Städten 3,7
	13,17	sollst verbrennen alle ihre B.
	20,14	alle B. sollst du austeilen und sollst essen von der B.
Jos	7,21	sah unter der B. einen babylonischen Mantel
	8,2	daß ihr die B. teilen sollt 27; 11,14; 22,8
Ri	5,30	sie werden wohl B. finden
	8,24	die Ringe, die B. genommen 25
1Sm	14,30	hätte doch das Volk gegessen von der B. 32
	15,19	sondern hast dich an die B. gemacht 21
	30,16	feierten ein Fest wegen der großen B. 19
	26	das ist Davids B. 22.26
2Sm	3,22	brachten große B. mit 12,30; 1Ch 20,2
2Kö	3,23	mach dich nun auf zur B.
	21,14	daß sie Raub und B. ihrer Feinde werden
2Ch	14,12	Juda trug viel B. davon 13; 25,13; 28,8
	15,11	opferten dem HERRN von der B.
	20,25	Joschafat kam, die B. auszuteilen

2Ch	28,14	gaben die B. frei vor der Gemeinde 15	1Sm 26,15	warum hast du deinen Herrn nicht b. 16
Hi	4,11	der Löwe kommt um, wenn er keine B. hat	1Kö 20,39	b. diesen Mann
	7,5	mein Fleisch ist eine B. des Gewürms	2Ch 12,10	die das Tor am Haus des Königs b.
	9,26	wie ein Adler herabstößt auf die B.	Neh 13,22	befahl, daß sie die Tore b.
	27,14	werden eine B. des Schwerts	Spr 6,22	daß sie dich b., wenn du dich legst
	39,29	von dort schaut er aus nach B.	Jdt 4,5	die Zugänge ins Gebirge b. 7,5
Ps	63,11	werden den Schakalen zur B. werden	7,10	laß nur die Quellen b. 12
	68,13	die Frauen teilen die B. aus	Wsh 17,16	wurde, wer dort zusammenbrach, b.
	119,162	freue mich wie einer, der große B. macht	Bar 6,70	Vogelscheuche, die im Garten nichts b. kann
Spr	16,19	als B. austeilen mit den Hoffärtigen	1Ma 6,50	um die Festung zu b. 10,32
Jes	8,4	soll die B. aus Samaria weggenommen werden	14,3	hielt ihn gefangen und ließ ihn b.
			Mt 27,36	sie saßen da und b. ihn 54
	9,2	wie man fröhlich ist, wenn man B. austeilt	64	daß man das Grab b. bis zum dritten Tag 65
	10,2	daß die Waisen ihre B. werden	Lk 11,21	wenn ein Starker gewappnet seinen Palast b.
	33,4	da wird man B. wegraffen	Apg 9,24	sie b. Tag und Nacht die Tore, um ihn zu töten
	23	dann wird viel B. ausgeteilt		
	42,22	sie sind zur B. geworden	12,4	überantwortete ihn vier Wachen, ihn zu b. 6
	53,12	will ihm die Vielen zur B. geben	16,23	befahl dem Aufseher, sie gut zu b.
Jer	21,9	soll sein Leben als B. behalten 38,2; 39,18; 45,5	22,20	b. denen die Kleider, die ihn töteten
			28,16	mit den Soldaten, der ihn b.
Hes	7,21	den Gottlosen auf Erden zur B. 23,46; 25,7	2Ko 11,32	in Damaskus b. der Statthalter die Stadt
	38,13	bist du gekommen, um große B. zu machen		
Dan	11,24	wird Raub, B. und Güter verteilen 28	**bewachsen**	
Sa	2,13	daß sie eine B. derer werden sollen	1Ma 4,38	daß der Platz mit Unkraut b. war
Jdt	4,9	daß ihre Kinder nicht zur B. werden		
	15,8	machten reiche B. 9.14; 1Ma 1,3.20; 3,12; 5,22; 6,6; 7,47; 10,87	**bewaffnet**	
			Sir 36,28	wie man einem b. Räuber nicht traut
2Ma	8,28	teilten sie von der B. aus 30	1Ma 1,30	kam mit einer großen Schar B.
Lk	11,22	nimmt ihm s. Rüstung und verteilt die B.	2Ma 14,22	verteilte einige B. auf günstige Plätze
Heb	7,4	dem Abraham den Zehnten gab von der eroberten B.		
			bewahren	
Beutel			1Mo 2,15	setzte ihn in den Garten, daß er ihn b.
1Mo	42,35	fand ein jeder seinen B. Geld	2Mo 34,7	der da Tausenden Gnade b.
5Mo	25,13	nicht zweierlei Gewicht in deinem B. haben	3Mo 19,18	sollst dich nicht rächen noch Zorn b.
2Kö	5,23	band zwei Zentner Silber in zwei B.	5Mo 4,2	daß ihr b. die Gebote des HERRN 5,1; Ps 105,45
Spr	1,14	einen B. nur soll es für uns alle geben		
	16,11	alle Gewichte im B. sind sein Werk	9	hüte dich nur und b. deine Seele gut
Jes	46,6	schütten das Gold aus dem B.	33,9	b. deinen Bund
Mi	6,11	sollte falsche Gewichte im B. billigen	1Sm 25,26	der HERR hat dich davor b. 34
Hag	1,6	der legt's einen löchrigen B.	2Sm 15,16	der König ließ ... das Haus zu b. 16,21; 20,3
Sir	13,6	es bekümmert ihn nicht, wenn er den B.	1Ch 29,18	b. für immer solchen Sinn im Herzen
	18,33	weil er selber kein Geld mehr im B. hat	2Ch 6,16	sofern deine Söhne ihren Weg b.
Lk	10,4	tragt keinen B. noch Tasche	Esr 8,29	seid nun wachsam und b. es
	12,33	macht euch B., die nicht veralten	Hi 10,12	deine Obhut hat meinen Odem b.
	22,35	sooft ich euch ausgesandt habe ohne B.	23,11	ich b. seinen Weg 12
	36	wer einen B. hat, der nehme ihn	33,18	(damit er) b. seine Seele
Jh	12,6	er war ein Dieb und hatte den B.	Ps 12,8	du, HERR, wollest sie b.
	13,29	weil Judas den B. hatte, spräche Jesus zu ihm	16,1	b. mich, Gott; denn ich traue auf dich
			17,4	ich b. vor gewaltsamen Wegen
bevölkern			19,14	b. deinen Knecht vor den Stolzen
Sir	16,30	(hat) das Erdreich mit Tieren b.	25,20	b. meine Seele 86,2
			31,20	Güte, die du b. hast denen, die dich fürchten
bevor			34,21	b. ihm alle seine Gebeine
1Mo	36,31	b. Israel Könige hatte	37,28	ewiglich werden sie b.
	41,50	b. die Hungerzeit kam	41,3	der HERR wird ihn b. und beim Leben erhalten
Hi	8,12	noch steht's in Blüte, b. man es schneidet	78,50	als er ihre Seele vor dem Tode nicht b.
Hes	33,22	am Abend, b. der Entronnene kam	89,29	ich will ihm ewiglich b. meine Gnade
Hag	2,15	b. ein Stein auf den andern gelegt war	97,10	der Herr b. die Seelen seiner Heiligen
Mt	6,8	euer Vater weiß, b. ihr ihn bittet	119,33	Gebote, daß du b. bis ans Ende 34
			106	Ordnungen deiner Gerechtigkeit will ich b.
bewachen			140,5	b. mich, HERR, vor der Hand der Gottlosen
1Mo	3,24	zu b. den Weg zu dem Baum des Lebens	141,3	HERR, b. meine Lippen
Jos	10,18	stellt Männer davor, die sie b.	9	b. mich vor der Schlinge
1Sm	19,11	(David) zu b., um ihn zu töten Ps 59,1	Spr 2,8	er b. den Weg seiner Frommen
			11	Besonnenheit wird dich b.
			3,21	b. Umsicht und Klugheit 4,13

bewahren

Spr	4,6	verlaß sie nicht, so wird sie dich b.
	5,2	daß dein Mund wisse Erkenntnis zu b.
	6,20	b. das Gebot deines Vaters
	24	daß du b. werdest vor der Frau d. Nächsten
	10,17	Zucht b. ist der Weg zum Leben
	13,3	wer seine Zunge hütet, b. sein Leben 21,23
	14,3	die Weisen b. ihr Mund
	16,17	wer auf seinen Weg achtet, b. sein Leben
	19,16	wer das Gebot b., der b. sein Leben
	22,5	wer sich davon fernhält, b. sein Leben
	28,4	wer sie b., der bekämpft ihn
	7	wer Lehre b., ist ein verständiger Sohn
Pr	4,17	b. deinen Fuß, wenn du zum Hause G. gehst
Jes	26,2	das gerechte Volk, das den Glauben b.
	3	wer festen Herzens ist, dem b. du Frieden
	33,15	seine Hände b., daß er nicht Geschenke
Hes	6,12	wer übrigbleibt und davor b.
Dan	9,4	Gott, der du Bund und Gnade b.
Mi	7,5	b. die Tür deines Mundes vor der, die
Nah	2,2	b. die Festung
Sa	3,7	so sollst du meine Vorhöfe b.
Mal	2,7	des Priesters Lippen sollen die Lehre b.
	3,15	die Gott versuchen, bleiben b.
Wsh	1,11	b. die Zunge vor böser Nachrede
	4,17	wofür er ihn b. hatte
	10,12	sie b. ihn vor seinen Feinden 5
	17,4	konnte sie nicht vor der Furcht b.
	19,6	damit deine Kinder unversehrt b. blieben
Sir	28,23	wohl dem, der vor ihr b. bleibt
	34,19	er b. vor dem Straucheln
	41,17	b. willig, was man euch gelehrt hat
	50,4	er b. sein Volk vor Schaden
1Ma	11,30	diese Freiheit soll ihnen b. bleiben
2Ma	1,26	b. und heilige dein Erbe
	14,36	Gott, b. fortan dein Haus 15,34
Mt	16,22	Gott b. dich, Herr
Lk	4,10	er wird s. Engeln befehlen, daß sie dich b.
	11,28	die das Wort hören und b.
Jh	12,47	wer meine Worte hört und b. sie nicht
	17,6	sie waren dein, und sie haben dein Wort b.
	12	ich habe sie b., und keiner ist verloren
	15	ich bitte dich, daß du sie b. vor dem Bösen
Apg	13,34	ich will euch die Gnade treu b.
	15,29	wenn ihr euch davor b., tut ihr recht
	21,25	daß sie sich b. sollen vor Götzenopfer
Rö	5,9	werden wir durch ihn b. werden vor dem Zorn
Phl	4,7	der Friede Gottes b. eure Herzen
1Th	5,23	b. euren Geist samt Seele und Leib unversehrt
2Th	3,3	der wird euch stärken und b. vor dem Bösen
1Ti	3,9	das Geheimnis des Glaubens mit reinem Gewissen b.
	6,20	Timotheus! B., was dir anvertraut ist
2Ti	1,12	er kann mir b., was mir anvertraut ist, bis an jenen Tag 14
1Pt	1,5	die ihr durch den Glauben b. werdet
2Pt	2,5	b. allein Noah, den Prediger der Gerechtigkeit
	3,7	für den Tag des Gerichts
1Jh	5,18	wer von Gott geboren ist, den b. er
Jud	1	Berufenen, die b. (sind) für Jesus Christus
	6	die Engel, die ihren himmlischen Rang nicht b.
Off	3,8	du hast mein Wort b. 10
	10	will dich b. vor der Stunde der Versuchung
	16,15	selig ist, der da wacht und seine Kleider b.
	22,7	selig, der die Worte der Weissagung b. 9

bewähren

Spr	27,21	ein Mann b. sich in seinem Ruf wie Silber
Jes	28,16	lege einen Grundstein, einen b. Stein
Dan	11,35	damit viele b. werden für die Zeit des Endes
Jdt	8,18	versucht, damit sie sich b. 19; Tob 12,13
Sir	31,10	wer b. sich darin bis ans Ende
Apg	11,24	er war ein b. Mann, voll heiligen Geistes
Rö	16,10	grüßt Apelles, den B. in Christus
1Ko	3,13	*wird das Feuer b.*
	16,3	die ihr für b. haltet
2Ko	8,2	als sie durch viel Bedrängnis b. wurden
Phl	2,22	ihr wißt, daß er sich b. hat
1Pt	1,7	Gold, das durchs Feuer b. war
Jak	1,3	daß euer Glaube, wenn er b. ist, Geduld wirkt
	12	nachdem er b. ist, wird er die Krone

Bewährung

Rö	5,4	Geduld (bringt) B., B. aber Hoffnung
2Ko	2,9	um eure B. zu erkennen
	8,2	*bei vieler B. war ihre Freude überschwenglich*

bewässern

1Mo	2,10	ging aus ein Strom, den Garten zu b.
Ps	65,10	du suchst das Land heim und b. es
Pr	2,6	zu b. den Wald der grünenden Bäume
Jes	58,11	wirst sein wie ein b. Garten
Jo	4,16	eine Quelle, die wird das Tal Schittim b.
Sir	24,41	ich will meinen Garten b.
	47,16	wie der Strom das Land b.

bewegen

1Sm	1,13	nur ihre Lippen b. sich
2Sm	22,8	die Grundfesten des Himmels b. sich Ps 18,8
1Kö	14,15	wie das Rohr im Wasser b. wird
Hi	2,3	du aber hast mich b., ihn zu verderben
	9,6	er b. die Erde von ihrem Ort
	41,15	haften an ihm, ohne sich zu b.
Jes	13,13	darum will ich den Himmel b.
Jer	31,35	der das Meer b., daß seine Wellen brausen
Hes	38,20	alles, was sich regt und b.
Sir	8,3	Geld b. sogar das Herz der Könige
Bar	6,27	Götter können sich nicht von selbst b.
1Ma	1,29	das ganze Land war tief b.
2Ma	3,2	wurden sogar die Könige b... zu ehren
Lk	2,19	behielt diese Worte und b. sie in ihrem Herzen
	6,48	der Strom konnte es nicht b.
	7,24	ein Rohr, das vom Wind b. wird
Jh	5,7	wir warteten, bis sich das Wasser b. 4.7
Apg	16,26	*daß sich b. die Grundfesten d. Gefängnisses*
Eph	4,14	uns von jedem Wind einer Lehre b. lassen
Jak	1,6	Meereswoge, die vom Winde b. wird
Off	6,13	wenn er von starkem Wind b. wird
	14	*alle Berge und Inseln wurden b.*

beweglich

Heb	12,27	*das B. soll verwandelt werden*

Bewegung

2Ma	5,3	man sah eine B. von Schilden

beweinen

1Mo	23,2	da kam Abraham, daß er sie beklagte und b.
	37,35	(Josefs) Vater b. ihn
	50,3	die Ägypter b. (Jakob) siebzig Tage
4Mo	20,29	b. sie ihn dreißig Tage 5Mo 34,8
5Mo	21,13	laß sie einen Monat lang ihren Vater b.
Ri	11,37	daß ich meine Jungfrauschaft b. 38
2Sm	3,34	da b. ihn alles Volk noch mehr
Ps	78,64	die Witwen konnten die Toten nicht b.
Jer	8,23	ach daß ich Tag und Nacht b. könnte
Hes	8,14	saßen Frauen, die den Tammus b.
Sir	38,16	wenn einer stirbt, so b. ihn
Mt	2,18	Rahel b. ihre Kinder
Lk	23,27	Frauen, die klagten und b. ihn
Off	18,9	es werden sie b. die Könige auf Erden

Beweis

Hi	23,4	würde meinen Mund mit B. füllen
Apg	1,3	ihnen zeigte er sich durch viele B. als der Lebendige
2Ko	8,24	erbringt den B. eurer Liebe
	13,3	einen B. dafür, daß Christus in mir redet

beweisen

1Mo	24,49	die an meinem Herrn Treue b. wollen
1Sm	6,6	als der HERR seine Macht an ihnen b.
Hi	6,25	euer Tadeln, was b. das
	19,5	wollt ihr mir meine Schande b.
	32,7	die Menge der Jahre laß Weisheit b.
Ps	17,7	b. deine wunderbare Güte
	40,6	groß sind die Gedanken, die du an uns b.
	68,29	deine Macht, die du an uns b. hast 77,15
	106,8	er half ihnen, daß er seine Macht b.
Jes	12,5	er hat sich herrlich b.
	26,15	du, HERR, b. deine Herrlichkeit
	43,9	sie sollen b., so wird man's hören
	48,14	er wird seinen Willen an Babel b.
Jer	10,6	wie du es mit der Tat b.
Jdt	7,4	daß Gott seine Barmherzigkeit b. wolle
Wsh	12,13	daß du b. müßtest, daß du nicht ungerecht
	17	an deiner Stärke 16,8
	18,21	damit b. er, daß er dein Diener war
Bar	6,59	ein König, der seine Macht b. kann
2Ma	12,30	daß sie ihnen Freundschaft b. hätten
Jh	18,23	habe ich übel geredet, so b. es böse ist
Apg	9,22	b., daß Jesus der Christus ist
	24,13	können nicht b., wessen sie mich verklagen
Rö	2,15	sie b. damit, daß in ihr Herz geschrieben
	3,9	daß Juden wie Griechen unter der Sünde
2Ko	2,8	*daß ihr Liebe an ihm b.*
	7,11	ihr habt b., daß ihr rein seid
2Ti	4,14	*Alexander hat mir viel Böses b.*
Tit	3,2	Sanftmut b. gegen alle Menschen
2Pt	1,5	b. in eurem Glauben Tugend
Heb	6,11	daß jeder von euch denselben Eifer b.
	17	als er den Erben der Verheißung b. wollte

bewerfen

3Mo	14,42	(soll man) das Haus neu b. 43.48
2Sm	16,13	Schimi b. (David) mit Erdklumpen

bewilligen

2Ma	11,15	der König b. alles, was

Bewilligung

1Ko	7,5	*es sei denn mit beider B. eine Zeitlang*

bewirken

Hes	22,4	hast b., daß deine Jahre kommen müssen
Sir	14,21	die es b., fahren auch mit dahin
Apg	3,12	als hätten wir durch eigene Kraft b., daß

bewohnen

2Mo	16,35	aßen Manna, bis sie in b. Land kamen
Jes	44,26	der zu Jerusalem spricht: Werde b.
	54,3	werden verwüstete Städte neu b. Am 9,14
	65,21	sie werden Häuser bauen und b. 22
Jer	2,6	im Lande, das kein Mensch b.
	17,25	soll diese Stadt immerdar b. werden
	27,11	daß es dasselbe bebaue und b.
	46,26	danach soll das Land b. werden
	50,39	es soll nie mehr b. werden
Hes	12,20	Städte, die b. sind, sollen verwüstet werden
	36,10	Städte wieder b. werden 11.33.35; 38,12
Jo	4,20	Juda soll für immer b. werden
Sa	2,8	Jerusalem soll ohne Mauern b. werden
	7,7	als Jerusalem b. war und Frieden hatte

Bewohner

1Mo	10,5	haben sich ausgebreitet die B. der Inseln
	34,30	habt mich in Verruf gebracht bei den B.
2Mo	15,15	alle B. Kanaans wurden feig Jos 2,9.24
	23,31	will in deine Hand geben die B. des Landes
	34,12	hüte dich, einen Bund zu schließen mit den B. des Landes 15; Ri 2,2
3Mo	18,25	daß das Land seine B. ausspie
4Mo	13,32	das Land frißt seine B.
	14,14	wird man es sagen zu den B.
	32,17	in den Städten bleiben um der B. willen
	33,52	sollt alle B. vertreiben 55; Ri 1,19
Jos	7,9	wenn das alle B. des Landes hören
	9,11	sprachen alle B. unseres Landes
Ri	1,19	(Juda) konnte die B. nicht vertreiben
	9,6	versammelten sich alle B. des Millo 20
1Sm	27,8	diese waren von alters her die B.
1Ch	22,18	die B. des Landes in meine Hand gegeben
2Ch	20,7	hast du nicht die B. vertrieben
	21,13	verleitet hast du Jerusalem
Esr	4,6	schrieb gegen die B. von Juda
Neh	9,24	demütigtest vor ihnen die B. des Landes
Jes	10,13	habe wie ein Stier die B. zu Boden gestoßen
	16,2	so werden die B. Moabs sein Jer 48,28
	20,6	die B. dieser Küste werden sagen 23,2.6
	24,1	der HERR zerstreut ihre B. 5.6
	17	über euch, B. der Erde, kommt Schrecken
	26,9	lernen die B. des Erdkreises Gerechtigkeit
	18	B. des Erdkreises nicht geboren werden
	21	heimzusuchen die Bosheit der B. Jer 12,4
	33,24	kein B. wird sagen: Ich bin schwach
Jer	6,12	will meine Hand ausstrecken wider die B.
	10,18	ich will die B. des Landes wegschleudern
	19,12	so will ich's mit ihren B. machen
	25,9	ich will sie bringen über seine B.
	30	seinen Ruf über alle B. der Erde hin
	51,1	wider Babel und wider seine B. 24.35
Hes	7,7	bricht herein über dich, du B. des Landes
	12,19	um des Frevels willen seiner B.
	33,24	die B. jener Trümmer sprechen
	39,6	ich will Feuer werfen auf die B.
Hos	4,3	seine B. werden dahinwelken

Bewohner

Jo	1,2	merkt auf, alle B. des Landes
	14	versammelt alle B. zum Hause des HERRN
	2,1	erzittert, alle B. des Landes
Am	8,8	sollte nicht... alle B. trauern 9,5
Mi	7,13	die Erde wird wüst sein ihrer B. wegen
Sa	9,7	daß die B. Ekrons (werden) wie die Jebusiter
	11,6	will nicht mehr schonen die B. des Landes
Jdt	15,8	die B. von Bethulia fielen über... her
Wsh	12,3	als du den früheren B. feind warst
	7	als würdige B. die Kinder Gottes aufnehmen

bewundern

Jdt	10,8	sie b. sie sehr, weil sie so schön war
	11,15	sie b. ihre Klugheit
Sir	47,18	alle Lande b. deine Lieder

bewundernswert, bewundernswürdig

2Ma	7,20	überaus b. aber war die Mutter
StE	4,10	du bist b., Herr, und voller Huld

Bewunderung

Wsh	8,11	ich werde B. finden bei den Mächtigen

bewußt

1Kö	2,44	all das Böse, dessen dein Herz sich b. ist
Hi	9,35	ich bin mir keiner Schuld b. 1Ko 4,4

bezahlen

2Mo	21,19	soll ihm b., was er versäumt hat
4Mo	20,19	wenn wir Wasser trinken, wollen wir's b.
2Sm	12,6	soll er das Schaf vierfach b.
2Kö	4,7	b. deinen Schuldherrn
Hi	6,22	schenkt mir etwas und b. für mich
	28,15	man kann nicht (die Weisheit) b.
Ps	37,21	der Gottlose muß borgen und b. nicht
Spr	22,27	wenn du nicht b. kannst, wird man
Klg	5,4	unser eigenes Holz müssen wir b.
Sir	6,15	ein treuer Freund ist nicht mit Geld zu b.
	20,12	nachher muß er's siebenfach b.
	26,18	eine wohlerzogene Frau ist nicht zu b.
	29,9	er b. ihn mit Fluchen und Schelten
1Ma	10,45	will der König auch die Kosten b.
	15,35	wollen für beide Städte hundert Zentner b.
2Ma	8,36	versprochen, er werde den Tribut b.
Mt	5,26	bis du auch den letzten Pfennig b. hast 18,30. 34; Lk 12,59
	18,25	da er's nicht b. konnte Lk 7,42
	26	hab Geduld mit mir; ich will dir's alles b. 29
	28	b., was du mir schuldig bist
Lk	10,35	wenn du mehr ausgibst, will ich dir's b.
Phm	19	ich will's b.
Off	18,6	b. ihr, wie sie b. hat

bezähmen

Jes	48,9	um meines Ruhmes willen b. ich mich

Bezai

Esr	2,17	die Söhne B. Neh 7,23
Neh	10,19	(die Oberen des Volks:) B.

Bezalel

2Mo	31,2	¹habe berufen B., den Sohn Uris 35,30; 36,2

2Mo	36,1	so sollen arbeiten B. und alle Künstler
	37,1	B. machte die Lade aus Akazienholz 38,22
Esr	10,30	²bei den Söhnen Pahat-Moab: B.

bezaubern

Apg	8,9	*Simon b. das samaritische Volk* 11
Gal	3,1	ihr Galater! Wer hat euch b.

Bezer

5Mo	4,43	¹B. für die Rubeniter Jos 20,8; 21,36 (= Bosora; Bozra 2)
1Ch	7,37	²(Söhne Zofachs:) B.

bezeugen

4Mo	17,19	wo ich mich euch b.
5Mo	8,19	so b. ich euch heute 32,46
Neh	9,34	Ordnungen, die du ihnen hast b. lassen
Jer	29,23	solches weiß ich und b. es
Am	3,13	hört und b. es dem Hause Jakob
Sa	3,6	der Engel des HERRN b. es Jeschua
Jdt	7,17	wir b. heute vor Himmel und Erde
	13,26	der Gott Israels, von dem du b. hast
Wsh	17,10	die Bosheit b. selbst, daß sie verdammt ist
Sir	46,22	vor seinem Ende b. er vor dem Herrn
2Ma	7,6	wie Mose in seinem Gesang b. hat
	12,30	b., daß sie ihnen wohlgesinnt wären
StD	1,40	sie wollte es nicht sagen. Das b. wir
Mt	23,31	damit b. ihr von euch selbst, daß
	26,62	was diese gegen dich b. Mk 14,60
Lk	11,48	so b. ihr und billigt die Taten eurer Väter
Jh	1,32	Johannes b. und sprach: Ich sah... wie eine Taube 34
	3,11	wir b., was wir gesehen haben 32
	4,39	glaubten an ihn um der Rede der Frau willen, die b.
	44	er selber, Jesus, b., daß ein Prophet daheim nichts gilt
	5,33	Johannes hat die Wahrheit b.
	36	diese Werke b., daß mich der Vater gesandt
	7,7	ich b., daß ihre Werke böse sind
	13,21	Jesus wurde betrübt im Geist und b.
	18,37	b. soll
	19,35	der das gesehen hat, der hat es b. 21,24; Off 1,2; 22,18
Apg	2,40	auch mit vielen andern Worten b. er
	4,33	b. die Apostel die Auferstehung des Herrn
	8,25	als sie das Wort des Herrn b.
	10,42	geboten, dem Volk zu predigen und zu b.
	43	von diesem b. alle Propheten
	13,22	von dem er b.: Ich habe David gefunden
	14,3	b. den Worten seiner Gnade b.
	15,8	Gott, der die Herzen kennt, hat es b.
	18,5	b. den Juden, daß Jesus der Christus ist
	20,21	habe Juden und Griechen b. die Umkehr zu Gott
	23	daß der heilige Geist in allen Städten mir b.
	24	zu b. das Evangelium von der Gnade Gottes
	26	darum b. ich euch am heutigen Tage
	22,5	b. mir der Hohepriester und alle Ältesten b.
	26,5	wenn sie es b. wollten
	28,23	da b. er ihnen das Reich Gottes
Rö	2,15	zumal ihr Gewissen es ihnen b.
	16	wie es mein Evangelium b.
	3,21	b. durch das Gesetz und die Propheten
	9,1	ich lüge nicht, wie mir mein Gewissen b.

Bild

Rö	10,2	ich b. ihnen, daß sie Eifer für Gott haben
1Ko	15,15	weil wir gegen Gott b. hätten, er habe Christus auferweckt
2Ko	8,3	denn nach Kräften, das b. ich
Gal	4,15	denn ich b. euch
	5,3	ich b. abermals einem jeden, der sich
Eph	4,17	so sage ich und b. in dem Herrn
Kol	4,13	ich b. ihm, daß er viel Mühe hat um euch
1Th	4,6	wie wir euch schon früher b. haben
2Th	1,10	was wir euch b. haben, das habt ihr geglaubt
1Ti	5,21	ich b. vor Gott und Christus Jesus
	6,13	Jesus, der unter Pontius Pilatus b. hat das gute Bekenntnis
2Ti	2,14	daran erinnere sie und b. vor Gott
1Pt	1,11	der Geist Christi, der b. hat die Leiden
	5,12	zu b., daß das die rechte Gnade
1Jh	1,2	wir haben gesehen und b. 4,14
	5,6	der Geist ist's, der das b. 7
3Jh	6	die deine Liebe b. haben vor der Gemeinde
Heb	2,6	es b. einer an einer Stelle und spricht
	7,8	dort einer, dem b. wird, daß er lebt
	17	es wird b.: Du bist ein Priester in Ewigkeit
	10,15	das b. uns aber auch der heilige Geist
	11,4	deshalb wurde ihm b., daß er gerecht sei
	5	vor seiner Entrückung ist ihm b. worden, daß
Off	1,2	der b. hat das Wort Gottes
	22,16	euch dies zu b. für die Gemeinden
	18	ich b. allen, die da hören die Worte

Bezeugung

Rut	4,7	das diente zur B. in Israel

beziehen

Hl	3,10	ihren Sitz mit Purpur b.

Bezirk

2Kö	22,14	Hulda wohnte im zweiten B. 2Ch 34,22
Neh	3,9	der Vorsteher des halben B. 12.14-18
Dan	2,49	bat, über die einzelnen B. zu setzen 3,12
Apg	16,12	Philippi, eine Stadt des ersten B. von Mazedonien

bezwingen

Ri	16,5	daß wir (Simson) binden und b. 6.19
Jdt	5,22	dir in die Hände, daß du sie b.
1Ma	6,27	du wirst sie nicht mehr b. können
	8,2	bei den Galatern, die sie b. hatten
1Ko	9,27	ich b. meinen Leib und zähme ihn
Heb	11,33	haben durch den Glauben Königreiche b.

Bibliothek

2Ma	2,13	wie Nehemia eine B. eingerichtet hat

Bichri, Bichriter

2Sm	20,1	Scheba, ein Sohn B. 2.u.ö. 22

Bidkar

2Kö	9,25	Jehu sprach zu seinem Ritter B.

biegen

Hes	17,6	seine Ranken b. sich zu ihm

Biene

5Mo	1,44	die Amoriter jagten euch, wie's die B. tun
Ps	118,12	sie umgeben mich wie B.
Jes	7,18	wird der HERR herbeipfeifen die B.
Sir	11,3	die B. ist klein unter allem, was

Bienenschwarm

Ri	14,8	da war ein B. in dem Leibe des Löwen

bieten

Jes	21,14	b. Brot den Flüchtigen
Wsh	12,14	kann dir... noch ein Tyrann die Stirn b.
Mt	7,9	wenn (s. Sohn) ihn bittet um Brot, einen Stein b. 10; Lk 11,11.12
	26,15	sie b. ihm dreißig Silberlinge

Bigta, *Bigtha*

Est	1,10	befahl er B. und Karkas, den Kämmerern

Bigtan, *Bigthan*

Est	2,21	Kämmerer des Königs, B. 6,2

Bigwai

Esr	2,2	kamen mit Serubbabel B. 14; 8,14; 10,34; Neh 7,7.19; 10,17

Bikat-Awen, *Bikath-Awen* (= Awen)

Am	1,5	ich will die Einwohner aus B. ausrotten

Bild

1Mo	1,26	Menschen machen, ein B., das uns gleich sei
	27	Gott schuf den Menschen zu seinem B. 5,1; 9,6
	5,3	Adam zeugte einen Sohn, nach seinem B.
2Mo	25,9	genau nach dem B. sollt ihr's machen 40; 4Mo 8,4; Heb 8,5
3Mo	26,1	sollt weder B. noch Steinmal aufrichten
4Mo	33,52	sollt ihre gegossenen B. zerstören 5Mo 7,25; 12,3; Ri 6,25
5Mo	9,12	sich ein gegossenes B. gemacht 1Kö 14,9; 2Ch 28,2; Hes 7,20
	27,15	verflucht, wer ein gegossenes B. macht
Ri	17,3	damit man ein gegossenes B. davon machen soll 4; 18,14.17.18.20
1Kö	16,33	machte ein B. der Aschera 2Kö 13,6; 17,16; 21,3.7; 2Ch 24,18; 33,3.19
2Kö	10,26	die B. der Aschera verbrannten sie 18,4; 23,6.15; 2Ch 14,2; 31,1; 34,3.4.7
2Ch	19,3	Gutes, daß du die B. der Aschera ausgetilgt
	23,17	Baals Altäre und B. zerbrachen sie
	33,7	stellte das B. des Götzen ins Haus Gottes
Ps	17,15	ich will satt werden an deinem B.
	73,20	so verschmähst du, Herr, ihr B.
	97,7	schämen sollen sich, die den B. dienen
	106,19	sie beteten das gegossene B. an 20
Jes	17,8	wird nicht schauen auf die B. der Aschera
	21,9	alle B. seiner Götter sind geschlagen
	27,9	keine B. der Aschera werden bleiben
	30,22	entweihen die goldenen Hüllen eurer B.
	40,19	der Meister gießt ein B.
	20	ein B. zu fertigen, das nicht wackelt
	42,17	die sprechen zum gegossenen B.

Bild

Jer	8,19	warum haben sie mich erzürnt durch ihre B.
	10,14	stehen beschämt da mit ihren B. 51,17
	15,4	will sie zu einem B. des Entsetzens machen 24,9; 25,9; 29,18; 34,17; 42,18; 48,39; 50,23; 51,37.41
	44,19	Kuchen backen, um ein B. von ihr zu machen
Hes	8,3	wo ein B. stand zum Ärgernis 5
	10	da waren lauter B. von Gewürm
	23,14	sah B. von Männern, B. von Chaldäern 16
	15	ein B. gewaltiger Kämpfer allesamt
Dan	2,31	siehe, ein hell glänzendes B. 32.34.35
	3,1	Nebukadnezar ließ ein... B. machen 2-18
	11,8	wird ihre Götter samt den B. wegführen
Hos	11,2	sie opfern den Baalen und räuchern den B.
	13,2	aus ihrem Silber gießen sie B.
Am	5,26	truget B., welche ihr euch selbst gemacht
Nah	1,14	will ausrotten die Götzen und B.
Hab	2,18	was wird das B. helfen... das gegossene B.
Wsh	7,26	(Weisheit) ist ein B. seiner Güte
	13,5	wird ihr Schöpfer in einem B. erkannt
	13	macht's dem B. eines Menschen gleich
	16	es ist ein B. und bedarf der Hilfe
	14,15	ließ ein B. machen 16.17.19; Sir 38,28
	15,5	daß sie Verlangen haben nach dem toten B.
	13	sündigt, wenn er B. schafft
	17,20	tiefe Nacht, ein B. der Finsternis
Sir	17,3	er schuf sie nach seinem B.
	34,3	Träume sind B. ohne Wirklichkeit
	38,28	denen, die fleißig B. malen
Mt	22,20	wessen B. und Aufschrift ist das Mk 12,16; Lk 20,24
Jh	16,25	das habe ich euch in B. gesagt
	29	siehe, nun redest du nicht mehr in B.
Apg	7,43	B., die ihr gemacht hattet, sie anzubeten
	17,29	die Gottheit sei gleich den goldenen B.
	19,35	Hüterin der großen Diana und ihres B.
Rö	1,23	vertauscht mit einem B. gleich dem eines vergänglichen Menschen
	5,14	Adam, welcher ist ein B. dessen, der kommen sollte
	6,17	*gehorsam geworden dem B. der Lehre*
	8,29	gleich sein sollten dem B. seines Sohnes
1Ko	11,7	der Mann ist Gottes B. und Abglanz
	13,12	wir sehen durch einen Spiegel ein dunkles B.
	15,49	getragen das B. des irdischen (Menschen)
2Ko	3,18	wir werden verklärt in sein B.
Jak	3,9	Menschen, nach dem B. Gottes gemacht
Off	13,14	sagt, daß sie ein B. machen sollen dem Tier
	15	alle, die das B. des Tieres nicht anbeteten 20,4
	14,9	wenn jemand das Tier anbetet und sein B.
	11	keine Ruhe, die das Tier anbeten und sein B.
	15,2	den Sieg behalten über das Tier und sein B.
	16,2	Menschen, die sein B. anbeteten 19,20

Bildad

Hi	2,11	Freunde Hiobs: B. von Schuach 8,1; 18,1; 25,1; 42,9

bilden

2Mo	26,24	daß beide die Ecken b.
	32,4	b. das Gold und machte ein Kalb
3Mo	13,42	b. sich an der Glatze eine Stelle
2Sm	2,25	die Benjaminiter b. eine Schar
2Ch	4,3	zwei Reihen b. die Knoten
Hi	10,8	deine Hände haben mich geb. Ps 139,13.15
Hab	2,18	Bild helfen, das sein Meister geb. hat

Wsh	7,21	Weisheit, die alles kunstvoll geb. hat
	15,16	ein Mensch hat sie geb.

Bildhauer

Jer	10,3	der B. macht ein Werk von Menschenhänden 9

Bildner

Jes	29,16	ein Bildwerk spräche von seinem B.

Bildnis

2Mo	20,4	sollst kein B. machen 5Mo 4,16.23.25; 5,8

Bildung

Sir	8,10	von ihnen kannst du B. empfangen

Bildwerk

3Mo	26,1	ihr sollt keinen Stein mit B. setzen
2Ch	2,6	der B. zu schnitzen versteht 13
Jes	29,16	ein B. spräche von seinem Bildner

Bileam

4Mo	22,5	(Balak) sandte zu B. 7-41; 23,1-3.7.11.15.25.26.29.30; 24,3.10.12.15.25; 5Mo 23,5; Jos 24,9; Neh 13,2; Mi 6,5
	23,4	Gott begegnete B. 5.16; 24,1; 5Mo 23,6
	31,8	auch B. töteten sie Jos 13,22
	16	haben durch B. Rat abwendig gemacht
2Pt	2,15	sie folgen dem Weg B.
Jud	11	sie fallen in den Irrtum des B.
Off	2,14	Leute, die sich an die Lehre B. halten

Bilga

1Ch	24,14	[1]das fünfzehnte (Los fiel) auf B.
Neh	10,9	[2](Priester:) B. 12,15.18

Bilha

1Mo	29,29	(Laban) gab Rahel B. zur Leibmagd
	30,3	da ist meine Magd B.; geh zu ihr 4.5.7
	35,22	legte sich zu B., seines Vaters Nebenfrau
	25	Söhne B.: Dan und Naftali 46,25; 1Ch 7,13
	37,2	Josef war Gehilfe bei den Söhnen B.

Bilhan

1Mo	36,27	[1]die Söhne Ezers waren: B. 1Ch 1,42
1Ch	7,10	[2]der Sohn Jediaëls war: B.

billig

StD	3,4	du tust recht und b... um unsrer Sünden
Apg	15,38	*Paulus erachtete es nicht für b.*
	18,14	*so hörte ich euch b.*
Rö	15,27	ist es recht und b., daß sie
2Ko	2,3	über welche ich mich b. sollte freuen
Phl	1,7	recht und b., daß ich so von euch denke
Kol	4,1	was recht und b. ist, das gewährt den Sklaven
2Pt	1,13	*ich achte es aber für b.*

billigen

Mi	6,11	sollte ich falsche Gewichte im Beutel b.
Sir	41,19	man b. oft, was man nicht b. sollte
Lk	11,48	so bezeugt ihr und b. die Taten eurer Väter
	23,51	hatte ihren Rat und ihr Handeln nicht geb.

Bilschan

Esr	2,2	kamen mit Serubbabel B. Neh 7,7

Bimhal

1Ch	7,33	Söhne Jaflets: B.

Bina

1Ch	8,37	Moza zeugte B. 9,43

Binde

2Mo	28,8	die B. soll von derselben Arbeit sein 27.28; 29,5; 39,5.20.21
1Kö	20,38	verhüllte sein Angesicht mit einer B. 41
Hes	13,18	weh euch, die ihr B. näht 20
	30,21	er ist nicht mit B. umwickelt
Jh	11,44	löst die B. und laßt ihn gehen
	20,5	*(Petrus) sieht die leinenen B. gelegt* 6.7
Apg	19,12	*daß sie die B. über die Kranken hielten*

binden (s.a. gebunden)

1Mo	22,9	Abraham b. seinen Sohn Isaak
	37,7	wir b. Garben auf dem Felde
	38,28	nahm einen roten Faden und b. ihn darum
	42,24	nahm aus ihrer Mitte Simeon und ließ ihn b.
	49,11	wird seinen Esel an den Weinstock b.
2Mo	39,31	b. eine Schnur aus blauem Purpur darum
4Mo	19,15	Gefäß, auf das kein Deckel geb. ist
	30,7	Gelübde, durch das sie sich geb. hat 9.11
5Mo	6,8	sollst sie b. zum Zeichen auf deine Hand 11,18; Spr 7,3
Ri	15,10	sind heraufgekommen, Simson zu b. 12.13; 16,5-13
2Sm	3,34	deine Hände waren nicht geb.
2Kö	5,23	er b. zwei Zentner Silber in zwei Beutel
Ps	149,8	ihre Könige zu b. mit Ketten
Spr	5,22	er wird mit den Stricken seiner Sünde geb.
	6,21	b. sie dir aufs Herz allezeit
	30,4	wer hat die Wasser in ein Kleid geb.
Jes	58,6	laß los, die du mit Unrecht geb. hast
Jer	13,11	Gürtel um die Lenden eines Mannes geb.
	40,1	Jeremia war auch mit Fesseln geb. 4
	51,63	so b. einen Stein daran
Hes	3,25	man wird dich damit b.
	5,3	b. es in deinen Mantelzipfel
Dan	3,20	befahl, Schadrach und Abed-Nego zu b. 21. 23.24
Jdt	6,8	sie b. Achior an einen Baum
Sir	28,23	der mit ihren Fesseln nicht geb. ist
GMn	3	hast das Meer geb. durch dein Gebot
Mt	12,29	*es sei, daß er zuvor den Starken b.* Mk 3,27
	13,30	sammelt zuerst das Unkraut und b. es
	14,3	*Herodes hatte Johannes ergriffen, geb.*
	16,19	was du auf Erden b. wirst, soll auch im Himmel sein 18,18
	22,13	b. ihm die Hände und Füße
	23,4	sie b. schwere und unerträgliche Bürden
	16	wenn einer schwört bei..., der ist geb. 18
	27,2	b. ihn, führten ihn ab Mk 15,1; Jh 18,12

Mk	5,3	niemand konnte ihn mehr b. 4; Lk 8,29
Jh	19,40	sie b. ihn in Leinentücher
	20,7	Schweißtuch, das Jesus um das Haupt geb.
Apg	9,14	*zu b. alle, die deinen Namen anrufen*
	21,11	den Mann... werden die Juden b.
	13	ich bin bereit, nicht allein mich b. zu lassen
	22,4	ich b. Männer und Frauen
	23,14	wir haben uns durch einen Eid geb.
Rö	7,2	eine Frau ist an ihren Mann geb. 1Ko 7,39
1Ko	7,27	bist du an eine Frau geb., so suche nicht
Off	20,2	*er griff den Drachen und b. ihn 1.000 Jahre*

Binnui

Esr	2,40	Leviten: die Söhne Jeschua, nämlich B. 3,9; 8,33; Neh 7,43; 12,8.24
		weitere Träger ds. Namens Esr 10,30/ 10,38/ Neh 3,18.24; 10,10/ 7,15 (s.a. Bani)

Binsenfeuer

Hi	41,12	fährt Rauch wie von B.

Binsenseil

Hi	40,26	kannst du ihm ein B. an die Nase legen

Birsajit, *Birsawith*

1Ch	7,31	Malkiël; das ist der Vater B.

Birscha

1Mo	14,2	Krieg führen mit B., dem König von Gomorra

bis, bis daß

1Mo	3,19	b. du wieder zu Erde werdest
	28,15	b. ich alles tue, was ich dir zugesagt
	49,10	b.d. der Held komme
Ps	110,1	b. ich deine Feinde zum Schemel deiner Füße mache Mt 22,44; Mk 12,36; Lk 20,43; Apg 2,35; 1Ko 15,25; Heb 1,13; 10,13
Jes	42,4	b. er auf Erden das Recht aufrichte Mt 12,20
	49,6	seist du mein Heil b. an die Enden der Erde Apg 13,47
Mt	5,18	b. Himmel und Erde vergehen
	16,28	b. sie den Menschensohn kommen sehen
	17,9	b. der Menschensohn von den Toten auferstanden ist
	18,30	b. er bezahlt hätte, was er schuldig 34
	24,34	n. vergehen, b. dies alles geschieht Lk 21,32
Mk	9,1	b. sie sehen das Reich Gottes gekommen mit Bedrängnis, wie sie nie gewesen ist b. jetzt
	13,19	
Lk	1,20	b. zu dem Tag, an dem dies geschehen wird
	9,27	den Tod nicht schmecken, b. sie das Reich Gottes sehen
	13,35	b. die Zeit kommt, da ihr sagen werdet
Jh	5,17	*mein Vater wirkt b. auf diesen Tag*
1Ko	4,5	richtet nicht vor der Zeit, b. der Herr kommt

Bischlam

Esr	4,7	schrieben B... an Artahsasta

Bischof

Apg	20,28	euch der hl. Geist eingesetzt hat zu B.

Bischof

Phl	1,1	an alle Heiligen samt den B. und Diakonen
1Ti	3,2	ein B. soll untadelig sein Tit 1,7
1Pt	2,25	ihr seid nun bekehrt zu dem Hirten und B. eurer Seelen

Bischofsamt

1Ti	3,1	wenn jemand ein B. begehrt

Biseta, *Bistha*

Est	1,10	befahl er B. und Karkas, den Kämmerern

bisher, bisherig

1Mo	32,5	bin b. bei Laban in der Fremde gewesen
	44,28	ich hab ihn nicht gesehen b.
2Mo	5,7	daß sie Ziegel machen, wie b. 8.14
	7,16	du hast b. nicht hören wollen
4Mo	24,1	ging nicht wie b. auf Zeichen aus
5Mo	12,9	seid b. noch nicht zur Ruhe gekommen
Jos	3,4	ihr seid den Weg b. noch nicht gegangen
Ri	16,13	b. hast du mich getäuscht
Ps	81,6	eine Sprache, die ich b. nicht kannte
Sir	21,1	bitte, daß dir die b. Sünden vergeben werden
Jh	2,10	*du hast den guten Wein b. behalten*
	16,24	b. habt ihr um nichts gebeten
Rö	1,13	wurde aber b. gehindert
1Ko	8,7	weil sie b. an die Götzen gewöhnt waren

Bissen

1Mo	18,5	will euch einen B. Brot bringen 1Sm 28,22
Ri	19,5	labe dich zuvor mit einem B. Brot
Rut	2,14	tauche deinen B. in den Essigtrank
1Sm	2,36	daß ich ein B. Brot zu essen habe
2Sm	12,3	hatte ein Schäflein. Es aß von seinem B.
1Kö	17,11	bringe mir auch einen B. Brot mit
Hi	31,17	hab ich meinen B. allein gegessen
Spr	17,1	besser ein trockener B. mit Frieden
	23,8	die B. mußt du ausspeien
Hes	13,19	ihr entheiligt mich für einen B. Brot
Mk	14,20	einer, der mit mir seinen B. in die Schüssel taucht Jh 13,26.27.30

bissig

Hab	1,8	ihre Rosse sind b. als die Wölfe

Bithynien

Apg	16,7	versuchten sie, nach B. zu reisen
1Pt	1,1	die verstreut wohnen in ... B.

Bitja, *Bithja*

1Ch	4,18	B., die Tochter des Pharao

Bitron, *Bithron*

2Sm	2,29	Abner und s. Männer zogen durchs ganze B.

Bitte

1Sm	1,17	der Gott Israels wird dir die B. erfüllen 27
1Kö	2,20	ich habe eine kleine B. an dich
	23	diese B. soll Adonija sein Leben kosten
	15,20	Ben-Hadad hörte auf die B. 2Ch 16,4
Est	5,7	meine B. und mein Begehren ist 8
	7,3	gib mir mein Leben um meiner B. willen
Hi	6,8	könnte meine B. doch geschehen
Ps	20,6	der HERR gewähre dir alle deine B.
Jer	37,20	laß meine B. vor dir gelten 42,2
Wsh	16,25	diente dir nach der B. eines jeden
Tob	7,10	ehe du mir nicht meine B. gewährst
Sir	4,4	die B. des Elenden schlage nicht ab
Lk	7,4	er ist es wert, daß du ihm die B. erfüllst
	23,24	Pilatus urteilte, daß ihre B. erfüllt werde
Phl	4,6	laßt eure B. in Gebet vor Gott kundwerden
1Ti	2,1	so ermahne ich nun, daß man tue B., Gebet

bitten

1Mo	20,7	er ist ein Prophet, laß ihn für dich b.
	23,8	b. für mich Ephron, den Sohn Zohars
	13	so b. ich, nimm von mir das Geld
	25,21	Isaak b. den HERRN für seine Frau
2Mo	8,4	der Pharao sprach: B. den HERRN für mich 5.24-26; 9,28; 10,17; 12,32
4Mo	11,2	schrie das Volk, und Mose b. den HERRN 21,7
5Mo	3,23	ich b. den HERRN zur selben Zeit 9,20.26
Ri	8,5	da b. (Gideon) die Leute von Sukkot
	13,8	da b. Manoach den HERRN und sprach
1Sm	1,27	um diesen Knaben b. ich
	12,19	b. für deine Knechte den HERRN
	20,6	David b. mich, daß er nach Bethlehem 28
1Kö	2,16	nun b. ich eins von dir 20.22
	3,5	Gott sprach: B., was ich dir geben soll 2Ch 1,7
	10	gut, daß Salomo darum b. 11.13; 2Ch 1,11
	8,30	wenn sie b. an dieser Stätte 38; 2Ch 6,19.21.24.29
	13,6	b. für mich, daß ich meine Hand wieder
2Kö	2,9	Elia zu Elisa: B., was ich dir tun soll
1Ch	4,10	Gott ließ kommen, worum (Jabez) b. 2Ch 33,13
Esr	6,10	damit sie b. für das Leben des Königs
Neh	13,6	ich hatte erst nach längerer Zeit geb.
Est	5,6	was b. du, Ester 7,2; 9,12
	7,7	Haman b. Ester um sein Leben
Hi	22,27	wenn du ihn b. wirst, wird er hören 33,26
	40,27	meinst du, er wird dich um Gnade b.
Ps	2,8	b. mich, so will ich dir die Völker geben
	21,3	du verweigerst nicht, was sein Mund b.
	5	er b. dich um Leben; du gibst es ihm
	27,4	eines b. ich vom HERRN
	105,40	sie b., da ließ er Wachteln kommen
Spr	30,7	zweierlei b. ich von dir
Jes	53,12	dafür daß er für die Übeltäter geb.
Jer	7,16	du sollst für dies Volk nicht b. 11,14; 14,11
	27,18	laßt sie den HERRN Zebaoth b.
	29,12	ihr werdet hingehen und mich b.
	36,25	der König b., er möge die Schriftrolle
	37,3	b. den HERRN für uns
	38,26	sprich: Ich habe den König geb.
Dan	1,8	Daniel b. den obersten Kämmerer 2,16.49
	2,18	damit sie den Gott des Himmels um Gnade b.
	6,8	der in dreißig Tagen etwas b. wird 13
	7,16	b. ihn, daß er mir Genaueres berichtete
	12,5	er kämpfte mit dem Engel und b. ihn
Hos	12,5	er kämpfte mit dem Engel und b. ihn
Sa	10,1	b. den HERRN, daß es regne
Mal	1,9	b. Gott und seht, ob er uns gnädig sei
Jdt	7,17	bezeugen, daß wir euch geb. haben
	10,13	weil sie euch nicht um Gnade b.
	12,6	b., daß man ihr erlaubte, zu beten
Wsh	13,18	er b. das Tote um Leben
	19,11	als sie um leckere Speise b.
Tob	3,16	(ich) b. dich, daß du mich erlöst

bitten

Tob	5,17	ich b. dich: Sage mir 21; 6,8; 12,5	Lk	9,38	Meister, ich b. dich, sieh nach meinem Sohn
	7,10	als er sie b., sich zu Tisch zu setzen		40	ich habe deine Jünger geb.
	8,22	Raguël bat Tobias, zu bleiben 9,5; 10,11		12,37	er wird sich schürzen und wird sie zu Tisch b.
	9,1	ich b. dich, höre mich an 3		14,18	ich b. dich, entschuldige mich 19
	12,6	b. ihn, die Hälfte aller Güter anzunehmen		32	schickt eine Gesandtschaft und b. um Frieden
Sir	4,5	wende deine Augen nicht weg von dem B.		15,28	da ging sein Vater heraus und b. ihn
	21,1	b., daß dir die... Sünden vergeben werden		16,27	so b. ich dich, Vater, daß du ihn
	28,4	und will für seine Sünden b.		22,32	ich habe für dich geb., daß dein Glaube nicht aufhöre
	33,20	damit du sie darum b. mußt			
	38,9	b. den Herrn, dann wird er 14	Jh	4,9	wie, du b. mich um etwas zu trinken
	51,19	in meinem Gebet b. ich darum		10	du b. ihn, und der gäbe dir lebendiges Wasser
1Ma	4,31	ich b. dich, du wollest unsre Feinde 5,12; 7,38; 2Ma 8,14; 10,4.26; 11,6; 13,12		40	die Samaritaner b. ihn, bei ihnen zu bleiben
	5,49	Judas sandte zu ihnen und b.		11,22	was du b. von Gott, das wird dir Gott geben
	9,35	zu den Nabatäern gesandt, um sie zu b.		12,21	b. ihn: Herr, wir wollten Jesus sehen
	10,27	b. wir euch, treu zu uns zu halten		14,13	was ihr b. werdet in meinem Namen, das will ich tun 14; 15,16; 16,23.26
	53	b. dich, du wollest mir deine Tochter geben		16	ich will den Vater b.
	11,28	Jonatan b. auch den König		15,7	werdet ihr b., was ihr wollt, und es wird euch widerfahren
	13,45	sie b. Simon um Gnade		16,24	habt ihr um nichts geb. in meinem Namen
2Ma	3,31	Freunde des Heliodor b. Onias		26	ich sage euch nicht, daß ich den Vater für euch b. will
	9,26	deshalb ermahne und b. ich euch		17,9	ich b. für sie und b. nicht für die Welt 15.20
	11,17	haben als Antwort auf die Vorschläge geb.		19,31	b. die Juden Pilatus, daß
	24	die Juden b., daß man ihnen ihre Gesetze	Apg	3,3	b. er um ein Almosen
	12,11	die Araber b. ihn um Frieden 24		14	ihr habt darum geb., daß man euch den Mörder schenke
	44	wäre töricht gewesen, für Tote zu b.		7,46	b. darum, daß er eine Stätte finden möge für das Haus Jakob
GMn	11	ich b. dich, Herr, um Gnade		8,22	*b. den Herrn, ob dir vergeben werden möchte*
Mt	5,42	gib dem, der dich b. Lk 6,30		24	b. den Herrn für mich, daß nichts von dem
	44	b. für die, die euch verfolgen Lk 6,28		31	er b. Philippus, aufzusteigen
	6,8	euer Vater weiß, bevor ihr ihn b.		34	ich b. dich, von wem redet der Prophet
	7,7	b., so wird euch gegeben 8; Lk 11,9.10; Jh 16,24		9,2	b. ihn um Briefe nach Damaskus an die Synagogen
	9	seinem Sohn, wenn er ihn b. um Brot 10; Lk 11,11.12		38	b. ihn: Säume nicht, zu uns zu kommen
	11	wird euer Vater Gutes geben denen, die ihn b. Lk 11,13		10,48	da b. sie ihn, noch einige Tage dazubleiben 18,20; 28,14
	8,5	ein Hauptmann b. ihn Lk 7,3.4; Jh 4,47		12,20	b. um Frieden, weil ihr Land
	31	da b. ihn die bösen Geister Mk 5,10.12; Lk 8,31.32		13,21	von da an b. sie um einen König
	34	b. sie ihn, daß er ihr Gebiet verlasse Mk 5,17; Lk 8,37		28	b. sie Pilatus, ihn zu töten
	9,38	darum b. den Herrn der Ernte Lk 10,2		42	b. die Leute, daß sie noch einmal von diesen Dingen redeten
	14,36	b. ihn, daß sie... berühren dürften Mk 6,56		16,9	ein Mann aus Mazedonien stand da und b. ihn
	15,23	(seine Jünger) b. ihn und sprachen		15	als sie getauft war, b. sie uns
	18,19	worum ihr b. wollen, so soll es ihnen		39	b. sie, die Stadt zu verlassen
	29	da fiel sein Mitknecht nieder und b. ihn 32		21,12	als wir das hörten, b. wir
	20,20	wollte ihn um etwas b.		39	ich b. dich, erlaube mir, zu reden 24,4; 26,3
	21,22	alles, was ihr b. im Gebet... so werdet ihr's empfangen Mk 11,24		23,18	mich gerufen, diesen Mann zu dir zu führen
	24,20	b., daß eure Flucht nicht geschehe im Winter Mk 13,18		20	die Juden sind übereingekommen, dich zu b.
	26,53	meinst du, ich könnte meinen Vater nicht b.		25,3	b. ihn, daß er Paulus nach Jerusalem kommen
	27,20	daß sie um Barabbas b. sollten Lk 23,25		15	b., ich solle ihn richten lassen
	58	der ging zu Pilatus und b. um den Leib Jesu Mk 15,43; Lk 23,52; Jh 19,38		28,20	aus diesem Grund habe ich darum geb.
Mk	1,40	ein Aussätziger b. ihn Lk 5,12	2Ko	5,20	so b. wir nun an Christi Statt
	5,18	b. ihn der Besessene, daß er bei ihm bleiben dürfe Lk 8,38		8,4	haben uns mit vielem Zureden geb.
	23	b. ihn... lege deine Hände auf sie 7,32; 8,22; Lk 8,41		10,2	ich b., daß ihr mich nicht zwingt
	6,22	sprach der König: B., was du willst 23-25		13,7	wir b. Gott, daß ihr nichts Böses tut
	7,26	b. ihn, daß er den bösen Geist austreibe	Gal	4,12	liebe Brüder, ich b. euch
	32	baten ihn, daß er die Hand auf ihn lege 8,22	Eph	3,13	b. ich, daß ihr nicht müde werdet
	10,35	daß du für uns tust, um was wir dich b.		20	der tun kann über alles hinaus, was wir b.
	15,8	das Volk b. und tue, wie er zu tun pflege		6,18	betet allezeit mit B. und Flehen
Lk	4,38	sie b. ihn für (Simons Schwiegermutter)	Phl	4,3	ich b. auch dich, steh ihnen bei
	5,3	b. ihn, ein wenig vom Land wegzufahren	Kol	1,9	lassen wir nicht ab, für euch zu b.
	7,36	es b. ihn einer der Pharisäer, bei ihm zu essen 11,37	1Th	3,10	wir b., daß wir euch von Angesicht sehen
	8,28	ich b. dich: Quäle mich nicht			

bitten

1Th	4,1	b. und ermahnen wir euch in dem Herrn Jesus 5,12; 2Th 2,1
Phm	9	(darum will ich) um der Liebe willen b.
	10	b. ich dich für meinen Sohn Onesimus
1Pt	3,21	wir b. Gott um ein gutes Gewissen
1Jh	3,22	was wir b., werden wir von ihm empfangen
	5,14	wenn wir um etwas b. nach s. Willen 15
	16	wenn jemand seinen Bruder sündigen sieht, so mag er b.
2Jh	5	nun b. ich dich, Herrin
Heb	5,7	B. und Flehen dem dargebracht, der
	7,25	er lebt für immer und b. für sie
	12,19	b., daß ihnen keine Worte mehr gesagt würden
Jak	1,5	wenn es jemandem an Weisheit mangelt, so b. er Gott
	6	er b. im Glauben und zweifle nicht
	4,2	ihr habt nichts, weil ihr nicht b.
	3	ihr b. und empfangt nichts, weil ihr in übler Absicht b.

bitter

2Mo	12,8	sollen es mit b. Kräutern essen 4Mo 9,11
	15,23	das Wasser von Mara war sehr b.
4Mo	5,18	in seiner Hand das b. Wasser 19.23.24
5Mo	32,32	ihre Trauben haben b. Beeren
Rut	1,13	mein Los ist zu b. für euch
	20	der Allmächtige hat mir viel B. angetan
1Sm	15,32	fürwahr, b. ist der Tod
2Kö	14,26	der HERR sah den b. Jammer Israels an
Hi	13,26	daß du so B. über mich verhängst
Spr	5,4	hernach ist sie b. wie Wermut
	27,7	einem Hungrigen ist alles B. süß
Pr	7,26	ich fand, als der Tod sei ein Weib
Jes	24,9	das Getränk ist b. denen, die es trinken
Jer	4,18	daß es so b. um dich steht
	31,15	man hört b. Weinen in Rama
Hes	3,14	ich fuhr dahin im b. Grimm
	25,17	will b. Rache an ihnen üben
Hos	12,15	nun aber hat ihn Ephraim b. erzürnt
Am	8,10	sie sollen ein b. Ende nehmen
Ze	1,14	horch, der b. Tag des HERRN
Tob	2,13	wurde er auch jetzt nicht b. gegen Gott
Sir	4,6	wenn er mit b. Herzen dich verflucht
	25,21	es ist kein Zorn so b. wie Feindeszorn
	28,25	der Tod durch sie ist ein b. Tod
	29,33	dazu mußt du b. Worte hören
	30,17	der Tod ist besser als ein b. Leben
	38,5	wurde nicht das b. Wasser süß durch Holz
	41,1	o Tod, wie b. bist du
2Ma	14,39	zeigen wollte, wie b. feind er den Juden
Apg	8,23	ich sehe, daß du voll b. Galle bist
Kol	3,19	seid nicht b. gegen (eure Frauen)
Heb	12,15	daß nicht etwa eine b. Wurzel aufwachse
Jak	3,11	aus einem Loch süßes und b. Wasser
	14	habt ihr b. Neid in eurem Herzen
Off	8,11	starben von d. Wassern, weil sie b. geworden
	10,9	es wird dir b. im Magen sein 10

Bitterkeit

Klg	3,15	er hat mich mit B. gesättigt 19
Sir	21,15	eine Klugheit, die viel B. schafft
	25,24	ihr Mann muß vor B. aufseufzen
Rö	3,14	ihr Mund ist voll Fluch und B.
Eph	4,31	alle B. und Lästerung seien fern von euch

bitterlich

Ps	69,11	ich weine b. und faste
Jes	22,4	laßt mich b. weinen
	33,7	die Boten des Friedens weinen b.
Jer	6,26	trage Leid und klage b.
Hes	21,11	b. sollst du seufzen
	27,30	(werden) b. klagen 31
Sir	38,17	du sollst b. weinen und betrübt sein
Mt	26,75	(Petrus) ging hinaus und weinte b. Lk 22,62

Bitternis

Hi	9,18	er sättigt mich mit B.
Klg	3,5	er hat mich mit B. umgeben

Bittgebet

2Ma	3,20	alle hielten das B. 10,16

Bittschrift

2Ma	9,18	schrieb an die Juden wie in einer B.

blähen

Hi	15,2	seinen Bauch b. mit leeren Reden
1Ko	13,4	*die Liebe eifert nicht, sie b. sich nicht*

blank

1Kö	7,45	alle Geräte waren von b. Kupfer
Hes	21,14	das Schwert ist b. gefegt

Blasebalg

Jer	6,29	der B. schnaubte

blasen

1Mo	2,7	b. den Odem des Lebens in seine Nase
2Mo	15,10	da ließest du deinen Wind b.
3Mo	25,9	sollst die Posaune b. lassen 4Mo 10,3.4.7.8.10
Jos	6,4	laß die Posaunen b. 5.8.9.13.16.20; Ri 3,27; 6,34; 7,18-20.22; 1Sm 13,3; 2Sm 2,28; 18,16; 20,1.22; 1Kö 1,34.39; 2Kö 9,13; Neh 4,12
1Kö	1,40	das Volk b. mit Flöten und war fröhlich
2Kö	11,14	b. die Trompeten 1Ch 15,24; 2Ch 5,12; 7,6; 23,13
2Ch	13,12	Kriegstrompeten, um sie gegen euch zu b.
Ps	81,4	b. am Neumond die Posaune
Jes	18,3	wenn man die Posaune b., so höret
	27,13	wird man mit einer großen Posaune b.
	40,7	des HERRN Odem b. darin
Jer	4,5	b. die Posaune im Lande 6,1; 51,27; Hos 5,8; Jo 2,1.15
Hes	7,14	laßt sie die Posaune nur b.
	33,3	er b. die Posaune und warnt das Volk 6
Am	3,6	b. man etwa die Posaune in einer Stadt
Sa	9,14	Gott der HERR wird die Posaune b.
Sir	28,14	b. du in einen Funken, wird Feuer daraus
1Ma	3,54	b. die Trompeten und schrien 4,40
Jh	3,8	der Wind b., wo er will
Off	7,1	damit kein Wind über die Erde b.
	8,6	die sieben Engel hatten sich gerüstet zu b. 7. 8.10.12; 9,1.13; 11,15
	13	wegen der drei Engel, die noch b. sollen
	10,7	wenn der siebente Engel s. Posaune b. wird

blaß

3Mo	13,6	daß die Stelle b. geworden 21.26.28.39
Jdt	6,4	so brauchst du nicht b. zu werden

Blastus

Apg	12,20	überredeten B., den Kämmerer des Königs

Blatt

3Mo	26,36	daß sie ein raschelndes B. soll jagen
Hi	13,25	willst du ein verwehendes B. schrecken
Ps	1,3	seine B. verwelken nicht
	83,14	machte sie wie verwehende B.
Jes	1,30	werdet sein wie eine Eiche mit dürren B.
	17,13	werden gejagt wie wirbelnde B.
	34,4	wie ein Baum verwelkt... ein dürres B.
	64,5	wir sind alle verwelkt wie die B.
Jer	8,13	daß auch die B. abfallen sollen
	17,8	seine B. bleiben grün
Hes	17,9	alle B. werden verwelken
	47,12	ihre B. werden nicht verwelken... B. zur Arznei
Sir	14,19	wie mit den grünen B. auf einem Baum
Mt	21,19	ging hin und fand nichts daran als B. Mk 11,13
	24,32	wenn seine Zweige B. treiben Mk 13,28
Off	22,2	die B. der Bäume zur Heilung der Völker

Blattern

2Mo	9,9	daß B. aufbrechen an den Menschen 10.11

blau

2Mo	25,4	b. und roter Purpur 26,1.4.31.36; 27,16; 28,5.6. 8.15.28.31.33.37; 35,6.23.25.35; 36,8.35.37; 38,18,23; 39,1-3.5.8.21.22.24.29.31
	36,11	machte b. Schlaufen an jedes Stück
4Mo	4,6	oben darauf eine ganz b. Decke 7.9.11.12
	15,38	b. Schnüre an die Quasten tun
2Ch	2,6	der mit b. Purpur arbeiten kann 13; 3,14
Est	1,6	hingen weiße, rote und b. Tücher
	8,15	Mordechai ging in Kleidern, b. und weiß
Jer	10,9	b. Purpur zieht man ihnen an Hes 27,7
Off	9,17	die darauf saßen: Sie hatten b. Panzer

bläuen

Sir	30,12	b. ihm den Rücken, solange es klein ist

Blech

4Mo	17,3	man schlage sie zu breiten B. 4
Jes	41,7	machen mit dem Hammer das B. glatt

Blei

2Mo	15,10	sanken unter wie B. im mächtigen Wasser
4Mo	31,22	B. (durchs Feuer gehen lassen)
Hi	19,24	mit einem Griffel in B. geschrieben
Jer	6,29	das B. wurde flüssig Hes 22,18.20; 27,12
Sa	5,7	es hob sich der Deckel aus B. 8
Sir	22,17	was ist schwerer als B.
	47,20	brachtest soviel Silber wie B.

Bleibe

1Ko	4,11	werden geschlagen und haben keine feste B.

bleiben

(s.a. bleibend; festbleiben; hängenbleiben; leben bleiben; liegenbleiben; stehenbleiben)

1Mo	19,2	b. über Nacht 24,54; 28,11; 31,54; 32,22; 2Mo 23,18; 34,25; 5Mo 16,4; Jos 3,1; 4,3; 8,9; Ri 18,2; 19,4.6.9-11.13.15.20; 20,4; Rut 3,13; 2Sm 17,16; 1Kö 19,9; Esr 10,6; Neh 4,16; 13,20.21
	30	Lot b. auf dem Gebirge; fürchtete sich, in Zoar zu b.; so b. er in einer Höhle
	22,19	zogen nach Beerscheba, Abraham b. daselbst
	24,53	laß das Mädchen noch einige Tage b.
	25,27	Jakob b. bei den Zelten
	26,3	b. als Fremdling in diesem Lande 2
	27,33	er wird auch gesegnet b.
	44	b., bis sich der Grimm deines Bruders legt
	29,19	besser als bei einem andern; b. bei mir
	30,20	nun wird mein Mann doch bei mir b.
	34,10	b. und treibt Handel und werdet ansässig
	38,11	b. Witwe, bis mein Sohn... Tamar b.
	45,26	sein Herz b. kalt
	47,26	ausgenommen b. das Feld der Priester
2Mo	2,21	Mose willigte ein, bei dem Mann zu b.
	8,5	daß die Frösche allein im Nil b.
	10,5	was verschont geb. ist von dem Hagel
	16,29	so b. nun ein jeder, wo er ist
	17,12	so b. seine Hände erhoben
	24,12	komm zu mir auf den Berg und b. daselbst
	18	Mose b. auf dem Berge 40 Tage 5Mo 9,9
	25,15	(die Stangen) sollen in den Ringen b.
3Mo	6,2	Brandopfer soll b. auf dem Herd des Altars
	8,35	sollt vor der Tür Tag und Nacht b.
	10,12	mit s. Söhnen, die ihm noch geb. waren 16
	11,36	Brunnen und Zisternen b. rein 37
	12,4	sie soll daheim b. dreiunddreißig Tage 5
	13,5	ist es so, daß die Stelle geb. ist
	14,8	soll sieben Tage außerhalb seines Zeltes b.
	19,13	soll des Tagelöhners Lohn nicht bei dir b.
	25,28	soll in der Hand des Käufers b.
	26,13	damit ihr nicht ihre Knechte b.
	27,12	soll bei des Priesters Schätzung b. 14. 17
4Mo	5,13	es b. dem Mann verborgen
	9,18	solange die Wolke b. 20. 22
	11,26	es waren zwei Männer im Lager geb.
	35	sie b. in Hazerot 14,25; 33,7
	12,11	laß die Sünde nicht auf uns b.
	15,31	seine Schuld b. auf ihm
	19,13	seine Unreinheit b. an ihm
	22,8	da b. die Fürsten bei Bileam
	32,17	sollen in den Städten b. 26; 35,25.28
	36,12	also b. ihr Erbteil
5Mo	1,46	so b. ihr in Kadesch eine lange Zeit
	3,19	eure Frauen laßt in euren Städten b. Jos 1,14
	29	so b. wir im Tal gegenüber Bet-Peor
	4,26	werdet nicht lange darin b. 30,18
	10,5	die Tafeln b. darin, wie der HERR geboten
	21,23	Leichnam nicht über Nacht an dem Holz b.
	22,2	in dein Haus nehmen, daß sie bei dir b.
	23,17	er soll bei dir b. an dem Ort
	30,20	alt wirst und wohnen b. in dem Lande
	33,8	„Licht und Recht" sollen b. bei d. Getreuen
Jos	2,22	sie b. drei Tage dort Esr 8,15
	5,8	b. sie an ihrem Ort im Lager
	6,11	kamen zurück in das Lager b. darin
	25	Rahab b. in Israel wohnen
	7,7	o daß wir jenseits des Jordan geb. wären
	26	Steinhaufen ist geb. bis auf diesen Tag
	13,1	vom Lande b. noch sehr viel einzunehmen
	15,63	b. die Jebusiter in Jerusalem wohnen

bleiben 180

Jos	16,10	b. die Kanaaniter mitten unter Ephraim 17,12; Ri 1,27.35
	18,5	Juda soll b... Josef soll b. im Norden
Ri	2,22	ob sie auf dem Wege des HERRN b.
	3,4	diese b., um Israel durch sie zu prüfen
	5,17	Gilead b. jenseits des Jordan. Asser b. ruhig an seinen Buchten
	6,18	ich will b., bis du wiederkommst
	9,41	Abimelech b. in Aruma
	11,17	so b. Israel in Kadesch
	17,8	einen Ort zu finden, wo er b. konnte 9
	10	Micha sprach: B. bei mir 11
	19,4	hielt ihn fest, daß er drei Tage bei ihm b.
	15	als er hineinkam, b. er auf dem Platze
	20,26	hielten Klage und b. dort vor dem HERRN
	47	b. auf dem Fels Rimmon vier Monate
Rut	1,2	als sie ins Land der Moabiter... b. sie dort
	14	Rut aber b. bei (Noomi) 2,23
	16	wo du b., da b. ich auch
1Sm	1,22	vor dem HERRN erscheine und dort b.
	23	b., bis du ihn entwöhnt hast
	5,7	laßt die Lade nicht bei uns b.
	7,2	da die Lade zu Kirjat-Jearim b.
	11,11	daß von ihnen nicht zwei beieinander b.
	13,16	Saul und Jonatan b. in Geba
	19,2	verstecke dich und b. verborgen
	18	er ging mit Samuel, und sie b. zu Najot
	20,18	wenn dein Platz leer b. 27
	22,3	laß meinen Vater bei euch b. 4
	5	b. nicht auf der Bergfeste
	23	b. bei mir und fürchte dich nicht
	23,14	David aber b. in der Wüste 15.18
	24,1	David b. bei En-Gedi 27,3; 2Sm 1,1
	25,13	zweihundert b. bei dem Troß
	26,9	wer könnte ungestraft b.
	30,21	die am Bach Besor geb. waren 24
	25	so b. es weiterhin von diesem Tag an
2Sm	6,11	b. die Lade im Hause Obed-Edoms 1Ch 13,14
	10,5	b. in Jericho, bis euer Bart 1Ch 19,5
	12	damit wir die Stärkeren b.
	11,1	David b. in Jerusalem 1Ch 20,1
	13,20	so b. Tamar einsam
	38	Absalom b. dort drei Jahre
	14,7	daß meinem Mann kein Name b.
	15,18	alle seine Großen b. an seiner Seite
	19	b. bei dem neuen König
	29	Zadok und Abjatar b. dort
	16,3	(Mefi-Boschet) b. in Jerusalem
	18	bei dem will ich b.
	17,3	das Volk soll in Frieden b.
	18,13	weil dem König nichts verborgen b.
	19,8	so wird kein Mann bei dir b.
	20,5	Amasa b. über die Zeit hinaus
	21,5	daß uns nichts b. in allen Landen Israels
	15	David und seine Männer b. in Gob
1Kö	11,16	sechs Monate b. Joab (in Edom)
	40	Jerobeam b. in Ägypten, bis Salomo starb
	17,9	geh nach Zarpat und b. dort
	17	daß kein Odem mehr in ihm b.
2Kö	3,3	er b. hangen an den Sünden Jerobeams
	6,31	wenn das Haupt auf ihm b. wird
	8,22	b. die Edomiter abtrünnig 2Ch 21,10
	14,10	habe den Ruhm und b. daheim 2Ch 25,19
	15,20	der König von Assyrien b. nicht
	19,36	kehrte um und b. zu Ninive Jes 37,37
	23,18	so b. die Gebeine des Propheten unberührt
	25,24	b. im Lande und seid untertan Esr 8,15; Jer 40,9; 42,10.13.14; 43,4
1Ch	9,27	auch b. sie die Nacht über um das Haus
1Ch	29,15	unser Leben b. nicht
2Ch	13,18	aber die *Männer von Juda b. unverzagt
	19,4	Joschafat b. in Jerusalem
Neh	11,20	Israel b. in allen Städten Judas
Hi	3,5	sollen düstere Wolken über ihm b.
	9,27	ich will heiter b.
	11,2	muß langes Gerede ohne Antwort b.
	14	daß in deiner Hütte kein Unrecht b.
	20	ihre Hoffnung b., die Seele auszuhauchen
	13,5	so wäret ihr weise geb.
	14,2	flieht wie ein Schatten und b. nicht
	12	nicht aufwachen, solange der Himmel b.
	15,28	in Häusern, wo man nicht b. soll
	29	doch wird er nicht reich b. 34
	16,6	höre ich auf, so b. er dennoch
	21,30	daß der Böse am Tage des Grimms b.
	34	von euren Antworten b. nichts als Trug
	24,13	sie b. nicht auf seinen Pfaden
	29,19	der Tau b. auf meinen Zweigen 20
	31,32	kein Fremder durfte draußen b.
	34	so daß ich still b.
	39,9	meinst du, der Wildstier wird b.
Ps	5,5	wer böse ist, b. nicht vor dir
	9,8	der HERR b. ewiglich 92,9; 102,13; Klg 5,19
	19,7	nichts b. vor ihrer Glut verborgen
	10	die Furcht des HERRN b. ewiglich
	14	so werde ich rein b. von großer Missetat
	23,6	werde b. im Hause des HERRN immmerdar 27,4
	29,10	der HERR b. ein König in Ewigkeit
	33,11	der Ratschluß des HERRN b. ewiglich
	37,3	b. im Lande und nähre dich redlich
	18	ihr Gut wird ewiglich b.
	27	so b. du wohnen immerdar
	37	b. fromm und halte dich recht
	45,7	dein Thron b. immer und ewig
	46,5	soll die Stadt Gottes fein lustig b.
	49,13	ein Mensch in seiner Herrlichkeit kann nicht b. 21
	15	bei den Toten müssen sie b.
	52,10	ich werde b. wie ein grünender Ölbaum
	55,8	wollte ich in der Wüste b.
	20	Gott, der allewege b.
	68,7	läßt er b. in dürrem Lande
	69,37	die seinen Namen lieben, werden darin b.
	72,17	sein Name b. ewiglich
	73,23	dennoch b. ich stets an dir
	78,63	ihre Jungfrauen mußten ungefreit b.
	83,2	Gott, b. nicht so still und ruhig
	89,38	wie der Mond, der ewiglich b.
	91,1	wer unter dem Schatten des Allmächtigen b.
	94,15	Recht muß doch Recht b.
	101,3	lasse (den Übertreter) nicht bei mir b. 7
	102,27	sie werden vergehen, du aber b. 28; Heb 1,11
	29	die Söhne deiner Knechte b. wohnen
	103,9	er wird nicht ewig zornig b.
	104,5	Erdreich, daß es b. immer und ewiglich
	31	die Herrlichkeit des HERRN b. ewiglich
	105,28	sie b. ungehorsam seinen Worten
	107,36	ließ die Hungrigen dort b.
	109,17	wollte den Segen nicht, so b. er auch fern
	111,3	seine Gerechtigkeit b. ewiglich 112,3.9
	9	er verheißt, daß sein Bund ewig b. soll
	10	sein Lob b. ewiglich
	112,6	er wird ewiglich b.
	119,80	mein Herz b. rechtschaffen
	89	dein Wort b. ewiglich Jes 40,8
	96	dein Gebot b. bestehen
	125,1	werden ewig b. wie der Berg Zion
	3	der Gottlosen Zepter wird nicht b.

bleiben

Ps	139,9	und b. am äußersten Meer
	140,14	die Frommen werden vor d. Angesicht b.
	147,17	wer kann b. vor seinem Frost
Spr	2,20	daß du b. auf der Bahn der Gerechten
	21	die Frommen (werden im Lande) b.
	4,13	b. in der Unterweisung
	6,29	es b. keiner ungestraft, der sie berührt
	7,11	daß ihre Füße nicht in ihrem Hause b.
	8,18	b. Gut und Gerechtigkeit
	10,7	das Andenken des Gerechten b. im Segen
	30	die Gottlosen werden nicht im Lande b.
	11,21	der Böse b. nicht ungestraft
	12,1	wer Zurechtweisung haßt, der b. dumm
	3	die Wurzel der Gerechten wird b.
	14,24	die Narrheit der Toren b. Narrheit
	15,21	verständiger Mann b. auf dem rechten Wege
	16,5	stolzes Herz wird nicht ungestraft b. 17,5
	19,5	ein falscher Zeuge b. nicht ungestraft 9
	21,28	wer recht gehört hat, dessen Wort b.
	22,18	laß sie miteinander auf deinen Lippen b.
	27,5	ist besser als Liebe, die verborgen b.
	28,20	wird nicht ohne Schuld b.
Pr	1,4	die Erde b. immer bestehen
	2,9	auch da b. meine Weisheit bei mir
	5,13	dem b. nichts in der Hand
	6,3	daß er sehr alt würde, aber er b. ohne Grab
	4	ihr Name b. von Finsternis bedeckt
	7	sein Verlangen b. ungestillt
	7,23	(die Weisheit) b. ferne von mir
	8,8	keiner b. verschont im Krieg
	15	das b. ihm bei seinem Mühen sein Leben lang
	10,10	wenn ein Eisen ungeschliffen b.
	12,5	der Mensch fährt dahin, wo er ewig b.
Jes	4,2	bei denen, die erhalten b. in Israel
	6,13	auch wenn nur der zehnte Teil darin b... von denen noch ein Stumpf b.
	7,4	hüte dich und still
	9	glaubt ihr nicht, so b. ihr nicht
	8,23	es wird nicht dunkel b. über denen
	10,29	sie b. in Geba über Nacht
	13,20	daß noch jemand b. für und für
	17,6	wie wenn eine Nacherte b.
	21,12	so wird es doch Nacht b.
	13	ihr müßt in der Steppe über Nacht b.
	22,18	dort werden deine kostbaren Wagen b.
	24,12	nur Verwüstung ist in der Stadt geb.
	27,9	keine Bilder der Aschera werden b.
	28,18	daß euer Vertrag nicht bestehen b.
	29,15	die mit ihrem Tun im Finstern b.
	30,8	daß es b. für immer und ewig
	15	wenn ihr umkehrtet und stille b.
	33,19	stammelnder Zunge, die unverständlich b.
	45,1	damit Tore nicht verschlossen b.
	23	ein Wort, bei dem es b. soll
	51,6	mein Heil b. ewiglich 8
	54,6	wie könnte es verstoßen b.
	65,4	sie b. über Nacht in Höhlen
Jer	2,22	so b. doch der Schmutz deiner Schuld
	4,14	wie lange b. deine heillosen Gedanken
	5,6	sie b. in ihrem Ungehorsam 23; 17,23
	22	Sand zur Grenze, darin es allezeit b. muß
	14,8	Wanderer, der nur über Nacht b.
	15,19	du sollst mein Prediger b.
	17,6	er wird b. in der Dürre der Wüste
	8	seine Blätter b. grün
	18,14	b. doch der Schnee länger
	20,17	ihr Leib ewig schwanger geb. wäre
	21,9	wer in dieser Stadt b., wird sterben 38,2
	25,5	sollt in dem Lande für immer b. 27,22; 32,5; 35,15
Jer	25,29	ihr solltet ungestraft b.? Ihr sollt nicht ungestraft b. 49,12
	29,32	daß keiner von den Seinen b. soll
	32,14	b. sie lange erhalten b.
	35,11	so sind wir in Jerusalem geb.
	37,16	Jeremia b. dort lange 21; 38,13.28
	39,14	so b. er unter dem Volk 40,5.6
	48,11	darum ist sein Geschmack ihm geb.
	50,13	wird sie unbewohnt und wüst b.
	51,30	die Helden werden in der Festung b.
	52,5	die Stadt b. belagert
Klg	4,15	sie sollen nicht länger bei uns b.
Hes	3,15	ich b. dort ganz verstört
	13,9	sollen in der Gemeinschaft nicht b.
	17,6	seine Wurzeln b. unter ihm
	14	damit das Königtum niedrig b.
	23	daß alles im Schatten b. kann
	19,14	es b. keine Ranke für ein Zepter
	21,31	nichts b., wie es ist 32
	41,9	der Raum, der frei b.
	44,2	dies Tor soll zugeschlossen b. 46,2
Dan	1,21	Daniel b. im Dienst des Königs Kyrus
	2,41	doch wird von des Eisens Härte darin b.
	44	es selbst wird ewig b.
	49	Daniel b. am Hof des Königs
	4,12	laßt den Stock in der Erde b. 20
	22	du mußt bei den Tieren des Feldes b. 29
	23	dein Königreich soll dir erhalten b.
	6,15	er ist der lebendige Gott, der ewig b.
	27	
	10,8	ich b. allein. Es b. keine Kraft in mir
	11,6	ihr Nachkomme wird nicht b.
	12	aber er wird nicht mächtig b.
Hos	3,3	lange Zeit sollst du b., ohne zu huren
	4	lange werden die *Israeliten ohne König b.
	8,5	sie können nicht ungestraft b.
	9,3	sie sollen nicht b. im Lande des HERRN
Mi	2,10	ihr sollt an dieser Stätte nicht b.
	5,11	daß keine Zeichendeuter bei dir b. sollen
	6,10	b. unrecht Gut in des Gottlosen Hause
Nah	1,6	wer kann vor seinem Grimm b.
	14	von deinem Namen kein Nachkomme b. soll
	3,17	daß man nicht weiß, wo sie b.
Hab	2,5	so wird auch der stolze Mann nicht b.
Hag	1,6	ihr trinkt und b. doch durstig
	2,5	mein Geist soll unter euch b.
Sa	5,4	(der Fluch) soll in dem Haus b.
	6,14	die Kronen sollen im Tempel des HERRN b.
	11,12	gefällt's euch... wenn nicht, so laßt's b.
	12,6	Jerusalem soll b. an seinem Ort 14,10
Mal	2,3	Unrat soll an euch kleben b.
	4	damit mein Bund mit Levi bestehen b.
	3,15	die Gott versuchen, b. bewahrt
Jdt	4,14	nach dieser Ermahnung b. sie im Gebet
Wsh	1,8	keiner verborgen b., der Unrechtes redet
	10	das Gerede... b. nicht verborgen
	3,9	die treu sind, werden bei ihm b.
	7,27	obwohl sie b. sich selbst b.
	10,8	nicht verborgen b. in ihrem Irrtum
	11,25	wie könnte etwas b., wenn du nicht wolltest
	14,13	sie werden auch nicht ewig b.
	16,6	doch b. dein Zorn nicht bis zum Ende
	11	deinen Wohltaten zugewandt b. sollten
Tob	8,22	bat Tobias, zwei Wochen bei ihm zu b.
Sir	2,12	der in der Furcht Gottes b. ist
	8,21	vor Fremden tu nichts, das geheim b. sollte
	9,21	bedenke, daß sie nicht unbestraft b.
	10,30	besser... als ein Bettler b. 37,23
	11,15	den Frommen gibt Gott Güter, die b.
	20	b. bei dem, was dir anvertraut ist 21

bleiben 182

Sir	12,14	er b. wohl eine Weile bei dir 13,6
	22,16	weiche ihm aus, so b. du in Frieden
	28	b. deinem Freund in seiner Armut treu
	24,14	(die Weisheit:) ich werde ewig b.
	31	wer mir dient, der wird unschuldig b.
	27,13	unter Weisen kannst du jederzeit b.
	28,7	b. bei den Geboten
	29,32	ein Fremdling wirst du b.
	31,5	wer Geld liebhat, b. nicht ohne Sünde
	8	wohl dem Reichen, der untadelig geb. ist 11
	37,17	b. bei dem, was dir dein Herz rät
	29	sein Name b. ewig 39,13.15; 41,15.16; 44,13
	40,12	die Redlichkeit b. ewig
	17	Barmherzigkeit b. ewig
	42,24	dies alles lebt und b. für immer
	44,10	bei ihren Nachkommen b. Glück 11; 45,32
	50,26	daß seine Gnade stets bei uns b.
Bar	3,13	wärst du auf Gottes Weg geb.
	6,3	ihr werdet in Babel b. müssen
1Ma	1,40	die Fremden b. in Jerusalem
	2,30	b. dort mit Frauen und Kindern
	10,26	daß ihr in Freundschaft mit uns b.
	41	was... mir schuldig geb. sind 13,15
2Ma	8,1	was bei dem Glauben geb. war
	11,24	bei ihrer Lebensweise b. wollen
GMn	14	laß die Strafe nicht auf mir b.
Mt	2,13	flieh nach Ägypten und b. dort 15
	6,4	damit dein Almosen verborgen b.
	9,17	so b. beide miteinander erhalten
	10,11	bei dem b., bis ihr weiterzieht Mk 6,10; Lk 9,4; 10,7
	42	es wird ihm nicht unbelohnt b. Mk 9,41
	21,17	er ging nach Betanien und b. dort über Nacht
	24,2	es wird hier nicht ein Stein auf dem andern b. Mk 13,2
Mk	4,19	es b. ohne Frucht
	5,18	bat ihn, daß er bei ihm b. dürfe Lk 8,38
	7,24	konnte doch nicht verborgen b.
Lk	1,21	wunderte sich, daß er so lange im Tempel b.
	22	er winkte ihnen und b. stumm
	56	Maria b. bei ihr etwa drei Monate
	2,43	der Knabe Jesus in Jerusalem
	6,12	er b. die Nacht über im Gebet zu Gott
	8,27	er b. in keinem Hause, sondern
	47	sah, daß es nicht verborgen b.
	11,21	so b., was er hat, in Frieden
	21,37	des Nachts ging er hinaus und b. an dem Ölberg
	24,29	b. bei uns; denn es will Abend werden
	49	ihr sollt in der Stadt b.
Jh	1,32	ich sah, daß der Geist herabfuhr vom Himmel und b. auf ihm 33
	39	sie kamen und b. diesen Tag bei ihm
	2,12	sie b. nicht lange da
	3,22	b. dort eine Weile mit ihnen und taufte
	36	sondern der Zorn Gottes b. über ihm
	4,40	die Samariter baten ihn, bei ihnen zu b.
	6,27	Speise, die b. zum ewigen Leben
	56	der b. in mir und ich in ihm
	7,9	das sagte er und b. in Galiläa
	8,9	Jesus b. allein mit der Frau
	31	wenn ihr b. werdet an meinem Wort
	35	der Knecht b. nicht ewig im Haus; der Sohn b. ewig
	9,41	weil ihr sagt: Wir sind sehend, b. eure Sünde
	10,38	*zur Erkenntnis kommt und in ihr b.*
	40	dann ging er wieder auf die andere Seite des Jordans, und b. dort 11,54
	11,6	b. er noch zwei Tage an dem Ort
Jh	12,24	wenn das Weizenkorn nicht erstirbt, b. es allein
	34	gehört, daß der Christus in Ewigkeit bleibt
	46	wer an mich glaubt, nicht in der Finsternis b.
	14,17	(Geist der Wahrheit) er b. bei euch
	15,4	b. in mir und ich in euch 5-7.9.10
	11	das sage ich euch, damit m. Freude in euch b.
	16	daß ihr hingeht und Frucht bringt und eure Frucht b.
	19,31	weil die Leichname nicht am Kreuz b. sollten
	21,22	wenn ich will, daß er b., bis ich komme 23
Apg	2,42	sie b. beständig in der Lehre 1Ti 4,6
	6,4	wollen ganz bleiben beim Gebet und beim Dienst des Wortes b.
	7,19	damit sie nicht am Leben b.
	45	so b. es bis zur Zeit Davids
	9,19	Saulus b. einige Tage in Damaskus 11,26; 14,3.28; 15,35; 16,12; 18,11.18; 19,22; 20,3.6; 21,4.7.8; 28,12
	43	geschah, daß Petrus lange Zeit in Joppe b.
	11,23	ermahnte alle, beim Herrn zu b.
	12,19	zog hinab nach Cäsarea und b. dort
	13,43	daß sie b. sollten in der Gnade Gottes
	14,2	die Juden aber, die ungläubig b. 19,9
	22	ermahnten sie, im Glauben zu b.
	15,34	es gefiel aber Silas, dort zu b.
	18,3	b. bei ihnen und arbeitete mit ihnen
	20	sie baten ihn, daß er längere Zeit bei ihnen b. 23; 28,14
	27,21	dann wäre uns Leid und Schaden erspart geb.
	31	wenn diese nicht auf dem Schiff b., könnt ihr nicht
	33	daß ihr wartet und ohne Nahrung geb. seid
	41	*das Vorderschiff b. feststehen*
	28,30	Paulus b. zwei volle Jahre in seiner eigenen Wohnung
Rö	3,4	das sei ferne! Es b. vielmehr so: Gott ist
	27	wo b. nun das Rühmen? Es ist ausgeschlossen
	4,16	damit die Verheißung fest b. für alle Nachkommen
	9,11	damit der Ratschluß Gottes bestehen b.
	11,22	die Güte dir gegenüber, sofern du bei seiner Güte b.
	23	sofern sie nicht im Unglauben b.
1Ko	3,14	wird jemandes Werk b., wird er Lohn empfangen
	6,18	alle Sünden, die der Mensch tut, b. außerhalb des Leibes
	7,8	es ist gut für sie, wenn sie b. wie ich
	11	soll sie ohne Ehe b. 26.40
	18	der b. bei der Beschneidung
	20	jeder b. in der Berufung 24
	12,17	wenn der ganze Leib Auge wäre, wo b. das Gehör 17
	13,13	nun b. Glaube, Hoffnung, Liebe, diese drei
	14,14	was ich im Sinn habe, b. ohne Frucht
	16,6	bei euch werde ich eine Weile b. 7.8
2Ko	3,11	mehr wird das Herrlichkeit haben, was b.
	14	b. diese Decke unaufgedeckt
	9,9	seine Gerechtigkeit b. in Ewigkeit
Gal	1,18	b. fünfzehn Tage bei ihm
	2,5	damit die Wahrheit des Evangeliums bei euch bestehen b.
	3,10	verflucht sei jeder, der nicht b. bei alledem
Phl	1,24	es ist nötiger, im Fleisch zu b. 25
Kol	1,23	wenn ihr nur b. im Glauben 1Ti 2,15

1Ti	1,3	wie ich dich ermahnt habe, in Ephesus zu b.
	5,5	*eine Witwe, die einsam ist und b.* am Gebet
	25	wenn es anders ist, können sie doch nicht verborgen b.
	6,3	b. nicht bei den Worten unseres Herrn
2Ti	2,13	sind wir untreu, so b. er doch treu
	3,14	b. bei dem, was du gelernt hast 1Jh 2,27
	4,20	Erastus b. in Korinth
Tit	3,12	habe beschlossen, dort den Winter über zu b.
1Pt	1,14	*b. nicht bei dem, was vormals war*
	25	des Herrn Wort b. in Ewigkeit 23
	4,18	wo wird dann der Gottlose und Sünder b.
2Pt	3,4	wo b. die Verheißung seines Kommens ... b. es alles, wie es gewesen ist
1Jh	2,6	wer sagt, daß er in ihm b.
	10	wer seinen Bruder liebt, der b. im Licht 4,12
	14	ihr seid stark, und das Wort Gottes b. in euch
	17	wer den Willen Gottes tut, der b. in Ewigkeit
	19	wenn ... so wären sie ja bei uns geb.
	24	was ihr gehört habt, das b. in euch
	27	die Salbung ... b. in euch
	28	nun, Kinder, b. in ihm
	3,6	wer in ihm b., der sündigt nicht
	9	Gottes Kinder b. in ihm
	14	wer nicht liebt, der b. im Tod 17
	24	daran erkennen wir, daß (Gott) in uns b. 4,13
	24	der b. in Gott und Gott in ihm 4,15.16
2Jh	2	Wahrheit, die in uns b. und bei uns sein wird
	9	und nicht in d. Lehre Christi, der hat Gott nicht
Heb	1,11	sie werden vergehen, du aber b.
	4,6	da es nun bestehen b., daß
	7,3	er b. Priester in Ewigkeit
	23	weil der Tod keinen b. ließ
	24	weil er ewig b., ein unvergängl. Priestertum
	8,9	sie sind nicht geb. in meinem Bund
	12,27	damit allein das b., was nicht erschüttert
Jak	4,14	ein Rauch seid ihr, der eine kleine Zeit b.
Off	17,10	wenn er kommt, muß er eine kleine Zeit b.

bleibend

Sir	3,5	wer ... der sammelt sich einen b. Schatz
	37,26	schafft mit seinem Rat b. Nutzen
	40,19	Kinder zeugen ... machen ein b. Namen
1Jh	3,15	daß kein Totschläger das ewige Leben b. in sich hat
Heb	10,34	weil ihr wißt, daß ihr eine b. Habe besitzt
	13,14	wir haben hier keine b. Stadt

bleich

Jer	30,6	wie alle Angesichter b. sind Nah 2,11
Mk	9,3	*wie sie kein Bleicher so b. machen kann*

Bleicher

Mk	9,3	wie sie kein B. auf Erden so weiß machen kann

Bleilot

Jes	34,11	er wird das B. werfen
Am	7,7	Mauer, die mit einem B. gerichtet war 8

blenden

1Sm	12,3	mir damit die Augen b. zu lassen
2Kö	25,7	sie b. Zedekia die Augen
Jdt	16,11	ihre zierlichen Schuhe b. ihn
Sir	43,4	so hellen Glanz, daß sie die Augen b. 20
Apg	22,11	als ich, geb. von der Klarheit dieses Lichtes, nicht sehen konnte

Blick

1Mo	4,5	Kain senkte finster seinen B. 6
	7	wenn du fromm bist, kannst du frei den B.
Ps	11,4	seine B. prüfen die Menschenkinder
Spr	4,25	laß deinen B. geradeaus gerichtet sein
	20,8	sondert aus mit seinem B. alles Böse
Hl	4,9	mit einem einzigen B. deiner Augen
Sir	9,8	wende den B. weg von schönen Frauen
	23,5	behüte mich vor lüsternem B.
	26,12	ein lüsternes Weib erkennt man an ihrem B.
Rö	11,28	im B. auf das Evangelium sind sie Feinde
	14,6	wer ißt, der ißt im B. auf den Herrn
1Ko	4,6	dies habe ich im B. auf mich selbst gesagt
Heb	11,20	segnete Isaak den Jakob im B. auf die zukünftigen Dinge

blicken

Hi	11,18	würdest rings um dich b. und in Sicherheit
	31,1	daß ich nicht b. auf eine Jungfrau
Hl	2,9	er b. durchs Gitter
Jes	8,21	sie werden über sich b.
	17,7	der Mensch b. auf den, der ihn gemacht 8
Jer	3,12	will ich nicht zornig auf euch b.
	24,5	will ich b. auf die Weggeführten
Hes	5,11	mein Auge soll ohne Mitleid b. 7,4.9; 8,18; 9,5.10
	20,17	mein Auge b. schonend auf sie
Sir	2,10	b. auf die früheren Geschlechter
	16,29	danach hat er auf die Erde geb.
	41,26	schäme dich, nach einer ... Frau zu b.
Mk	9,8	als sie um sich b., sahen sie niemand mehr als Jesus allein
Apg	6,15	alle, die im Rat saßen, b. auf ihn

blind

2Mo	4,11	wer hat den Sehenden oder B. gemacht
	23,8	Geschenke machen die Sehenden b. 5Mo 16,19
3Mo	19,14	sollst vor den B. kein Hindernis legen
	21,18	keiner soll herzutreten, er sei b., lahm
	22,22	ist es b., sollt ihr es nicht opfern 5Mo 15,21
5Mo	27,18	verflucht sei, wer einen B. irreführt
	28,29	wie ein B. tappt im Dunkeln
2Sm	5,6	B. und Lahme werden dich abwehren 8
Hi	29,15	ich war des B. Auge
Ps	146,8	der HERR macht die B. sehend
Jes	6,10	laß ihre Augen b. (sein)
	29,9	seid verblendet und werdet b.
	18	die Augen der B. werden sehen 32,3; 35,5; 42,7
	42,16	die B. will ich leiten
	18	schaut her, ihr B.
	19	wer ist so b. wie der Knecht des HERRN
	43,8	es soll hervortreten das b. Volk
	56,10	alle ihre Wächter sind b.
	59,10	wir tasten entlang wie die B.
Jer	31,8	ich will sie sammeln, B. und Lahme
Klg	4,14	sie irrten hin und her wie die B.

blind

Ze	1,17	daß sie umhergehen sollen wie die B.
Mal	1,8	wenn ihr ein b. Tier opfert, so haltet
Tob	2,11	davon wurde er b. 13; 14,3
	11,10	da stand sein b. Vater auf
Bar	6,37	sie können keinen B. sehend machen
Mt	9,27	folgten ihm zwei B., die schrien 28
	11,5	B. sehen und Lahme gehen Lk 7,22
	12,22	ein Besessener, der war b. und stumm
	15,14	laßt sie, sie sind b. Blindenführer... wenn ein B. den andern führt Lk 6,39
	30	die hatten bei sich B. Mk 8,22.23
	31	sahen, daß die B. sahen
	20,30	zwei B. saßen am Wege Mk 10,46.49.51; Lk 18,35
	21,14	es gingen zu ihm B. und Lahme im Tempel
	23,17	Ihr Narren und B. 19.26
Lk	4,18	zu predigen den B., daß sie sehen sollen
	7,21	vielen B. schenkte er das Augenlicht Jh 11,37
	14,13	lade Verkrüppelte, Lahme und B. ein 21
Jh	5,3	in denen lagen viele Kranke, B., Lahme
	9,1	Jesus sah einen Menschen, der b. geboren war 2.6.13.17-20.24.25
	39	damit die, die sehen, b. werden
	40	sind wir denn auch b.
	41	wärt ihr b., so hättet ihr keine Sünde
	10,21	kann ein böser Geist die Augen der B. auftun
Apg	13,11	du sollst b. sein eine Zeitlang
Rö	2,19	(du) maßt dir an, ein Leiter der B. zu sein
2Pt	1,9	wer dies nicht hat, der ist b.
Off	3,17	weißt nicht, daß du bist arm, b. und bloß

Blindenführer

Mt	15,14	laßt sie, sie sind blinde B.

blindgeboren

Jh	9,32	nicht gehört, daß jemand einem B. die Augen aufgetan

Blindheit

1Mo	19,11	sie schlugen die Leute mit B.
5Mo	28,28	der HERR wird dich schlagen mit B.
2Kö	6,18	schlage dies Volk mit B... schlug sie mit B.
Sa	12,4	will alle Rosse der Völker mit B. plagen
Rö	11,25	*B. ist Israel zum Teil widerfahren*

Blindschleiche

3Mo	11,30	(sollen euch unrein sein:) die B.

blinken

Hes	1,4	im Feuer war es wie b. Kupfer 7,27; 8,2
	21,15	Schwert ist gefegt, daß es b. soll 33; 32,10

Blitz

2Mo	9,24	B. zuckten dazwischen
	20,18	alles Volk wurde Zeuge von Donner und B.
2Sm	22,15	er sandte B. Ps 18,13-15
Hi	20,25	es dringt der B. aus seiner Galle
	28,26	als er gegeben dem B. den Weg 38,25
	36,32	bedeckt seine Hände mit B.
	37,3	läßt hinfahren seinen B. 4.11
	38,35	kannst du die B. aussenden
Ps	77,19	B. erhellten den Erdkreis 97,4
	135,7	der die B. macht Jer 10,13; 51,16
Ps	144,6	sende B. und streue sie aus
Hes	1,13	aus dem Feuer kamen B.
	14	liefen hin und her, daß es aussah wie B.
Dan	10,6	sein Antlitz sah aus wie ein B.
Nah	2,5	die Wagen fahren einher wie die B.
Sa	9,14	seine Pfeile werden ausfahren wie der B.
Wsh	5,22	Geschosse der B. werden dahinfliegen
	19,13	Zeichen, die durch gewaltige B. geschahen
Sir	32,14	vor dem Donner leuchtet der B.
	43,14	läßt B. herabfahren, mit denen er richtet
Bar	3,33	der B. sendet, und er fährt dahin
	6,61	ebenso auch der B., wenn er aufleuchtet
StD	3,49	B. und Wolken, lobt den Herrn
Mt	24,27	B. ausgeht vom Osten
	28,3	seine Gestalt war wie der B.
Lk	10,18	den Satan vom Himmel fallen wie einen B.
	11,36	*wie wenn ein Licht mit hellem B. dich erleuchtet*
	17,24	wie der B. aufblitzt und leuchtet
Off	4,5	von dem Thron gingen aus B.
	8,5	da geschahen B. und Erdbeben 11,19; 16,18

blitzen

1Mo	3,24	Cherubim mit dem b. Schwert
2Mo	19,16	da erhob sich ein Donnern und B.
5Mo	32,41	wenn ich mein b. Schwert schärfe
Hes	21,20	wehe, es ist zum B. gemacht
Nah	3,3	Reiter rücken herauf mit b. Spießen
Hab	3,11	verblassen beim Leuchten deines b. Speeres
Wsh	11,18	die Funken aus den Augen b. ließen
2Ma	10,30	schossen b. Pfeile auf die Feinde
Lk	17,24	*wie der Blitz oben vom Himmel b.*

Block

Hi	13,27	hast meinen Fuß in den B. gelegt 33,11
Jer	20,2	schloß ihn in den B. 29,26
	3	ließ Paschhur den Jeremia aus dem B. los
Sir	33,27	ein böser Sklave gehört in den B.
Apg	16,24	er legte ihre Füße in den B.

blöken

1Sm	15,14	was ist das für ein B. von Schafen
Jer	9,9	daß man kein Vieh b. hört
Tob	2,21	als ihr Mann Tobias es b. hörte

bloß

1Mo	30,37	daß an den Stäben das Weiße b. wurde
4Mo	22,23	sah den Engel mit einem b. Schwert 31
Jos	5,13	ihm gegenüberstand und ein b. Schwert hatte
2Kö	18,20	b. Worte seien Macht zum Kämpfen Jes 36,5
1Ch	21,16	ein b. Schwert ausgestreckt über Jerusalem
2Ch	28,15	bekleideten alle, die b. unter ihnen waren
Jes	21,15	sie fliehen vor dem b. Schwert
Hes	4,7	richte deinen b. Arm gegen Jerusalem
	16,7	du warst noch nackt und b. 22.39; 23,29
Mi	1,8	ich will barfuß und b. dahergehen
	5,5	verderben das Land Nimrods mit b. Waffen
Bar	6,31	die Priester sitzen da mit b. Köpfen
Mk	14,51	war mit einem Leinengewand bekleidet auf der b. Haut
2Ko	5,3	*weil wir nicht b. erfunden werden*
Heb	4,13	*es ist alles b. vor den Augen Gottes*
Jak	2,15	*wenn ein Bruder oder eine Schwester b. wäre*
Off	3,17	weißt nicht, daß du bist arm, blind und b.

185 **Blut**

Off 17,16 werden die Hure einsam machen und b.

Blöße
1Mo 9,22 als Ham seines Vaters B. sah 23
2Mo 20,26 daß nicht deine B. aufgedeckt werde 28,42; Jes 47,3
3Mo 6,3 die Beinkleider für seine B. 16,4
5Mo 28,48 du wirst deinem Feinde dienen in B.
Jes 20,4 in schmählicher B., zur Schande Ägyptens
Klg 1,8 verschmähen sie, weil sie ihre B. sehen
Hes 16,8 ich bedeckte deine B.
    36 weil du deine B. aufdecktest 37.57
  22,22 sie decken die B. der Väter auf 23,10
Hos 2,11 Flachs, womit sie ihre B. bedeckt
Nah 3,5 ich will den Völkern deine B. zeigen
Hab 2,15 ihn trunken macht, daß er seine B. sehe
Rö 8,35 Hunger oder Gefahr
1Ko 4,11 leiden wir Hunger und B. 2Ko 11,27
Off 3,18 damit die Schande deiner B. nicht offenbar werde 16,15

bloßlegen
Hes 25,9 so will ich die Berghänge Moabs b.
Mi 1,6 will es bis auf den Grund b.

blühen
1Mo 40,10 hatte drei Reben, und er grünte, wuchs und b.
Hi 33,25 sein Fleisch b. wieder
Ps 72,7 zu seinen Zeiten soll b. die Gerechtigkeit
    17 solange die Sonne währt, b. sein Name
  90,6 (Gras,) das am Morgen b. und sproßt
  92,8 die Übeltäter b. alle
    15 wenn sie alt werden, werden sie dennoch b.
  103,15 er b. wie eine Blume auf dem Felde
  132,18 über ihm soll b. seine Krone
Pr 12,5 wenn der Mandelbaum b.
Hl 6,11 zu schauen, ob die Granatbäume b. 7,13
Jes 27,6 es wird einst Israel b.
  35,1 die Steppe soll b. wie die Lilien 2
Hes 7,10 Unrecht b., und Vermessenheit grünt
Hos 14,6 daß es b. soll wie eine Lilie 8
Nah 1,4 was auf dem Berge Libanon b., verwelkt
Sir 39,18 werdet b. wie die Lilien

Blume
2Mo 25,31 Fuß und Schaft mit Kelchen und B. 33.34; 37,17.19.20; 4Mo 8,4; 1Kö 7,49; 2Ch 4,21
Hi 14,2 (der Mensch) geht auf wie eine B.
Ps 103,15 er b. wie eine B. auf dem Felde
Hl 2,1 ich bin eine B. in Scharon
    12 die B. sind aufgegangen im Lande
Jes 28,1 weh der welken B. 4
  40,6 alle seine Güte ist wie eine B. 1Pt 1,24
    7 die B. verwelkt 8; 1Pt 1,24; Jak 1,10.11

Blumenwerk
1Kö 6,18 Zedernholz mit B. 29.32.35; 2Ch 3,5

Blut (s.a. vergießen)
1Mo 4,10 die Stimme des B. deines Bruders 11
  9,4 esset das Fleisch nicht mit seinem B.
    5 auch will ich euer eigen B. rächen
  37,26 was hilft's uns, daß wir sein B. verbergen

1Mo 37,27 ist unser Bruder, unser Fleisch und B.
    31 sie tauchten den Rock ins B.
  42,22 nun wird sein B. gefordert
2Mo 4,9 dann wird das Wasser B. werden 7,17.19-21; Ps 78,44; 105,29; Off 11,6
  12,7 von seinem B. beide Pfosten bestreichen 22
    13 dann soll das B. euer Zeichen sein 23
  23,18 das B. nicht mit dem Sauerteig opfern 34,25
  24,6 Mose nahm die Hälfte des B. 8
    8 seht, das ist das B. des Bundes
  29,12 B. an die Hörner des Altars streichen
    16 B. an den Altar sprengen 20; 3Mo 1,11
    20 B. an das rechte Ohrläppchen streichen
    21 von dem B. Aaron und s. Kleider besprengen
  30,10 die Sühnung mit dem B. des Sündopfers
3Mo 1,5 die Priester sollen das B. herzubringen 15; 3,2.8.13; 4,5-7.16.18.25.30.34; 5,9; 6,20.23; 7,2. 14.33; 8,15.19.23.24.30; 9,9.12.18; 14,6.14.17.25. 28.51.52; 16,14.15.18.19.27; 17,6; 4Mo 18,17; 19,4.5; 5Mo 12,27; 2Kö 16,13.15; 2Ch 29,22. 24; 30,16; Hes 43,18.20; 45,19
  3,17 daß ihr weder Fett noch B. esset 7,26.27; 17,10.12-14; 19,26; 5Mo 12,16.23; 15,23
  10,18 sein B. nicht in das Heilige hineingebracht
  12,4 daheim bleiben in B. ihrer Reinigung 5
  17,11 des Leibes Leben ist im B. 14; 5Mo 12,23
    11 B. ist die Entsühnung, weil Leben in ihm
  20,12 ihr B. lastet auf ihnen
    18 wenn... den Brunnen ihres B. aufdeckt
4Mo 23,24 bis er das B. der Erschlagenen trinkt
  35,27 so soll er des B. nicht schuldig sein 33
5Mo 12,24 sollst das B. auf die Erde gießen wie Wasser
  32,42 will meine Pfeile mit B. trunken machen
    43 er wird das B. seiner Knechte rächen
Jos 2,19 dessen B. komme auf ihn; doch das B. aller soll über uns kommen
Ri 9,24 ihr B. käme auf Abimelech
1Sm 14,32 schlachteten sie, daß das B. auf die Erde
    32 aßen das Fleisch über dem B. 33.34; Hes 33,25
  19,5 an unschuldigem B. versündigen
  26,20 so fließe nicht mein B. nicht auf die Erde
2Sm 1,16 dein B. komme auf dein Haupt 1Kö 2,37
    22 das Schwert Sauls ist nie leer von dem B.
  3,27 stach ihn um des B. seines Bruders willen
    28 unschuldig an dem B. Abners
  4,11 sollte ich sein B. nicht fordern
  16,8 über dich gebracht alles B. Sauls
  20,12 Amasa lag in seinem B.
  23,17 das B. der Männer, die ihr Leben gewagt
1Kö 2,5 unschuldiges B. an die Schuhe gebracht
    9 seine grauen Haare mit B. zu den Toten
    31 damit du das B. von mir tust
    32 lasse B. auf sein Haupt kommen 33
  18,28 ritzten sich, bis ihr B. herabfloß
  21,19 wo Hunde das B. Nabots geleckt, sollen Hunde auch dein B. lecken 22,38; 2Kö 9,26. 33
  22,35 das B. floß von der Wunde
2Kö 3,22 schien das Gewässer rot zu sein wie B. 23
  9,7 daß ich das B. aller Knechte räche
  24,4 so daß er Jerusalem mit B. erfüllte
1Ch 11,19 fern von mir, daß ich trinke das B. dieser
2Ch 35,11 das B. aus der Hand der Leviten
Neh 5,5 sind von gleichem Fleisch und B.
Hi 16,18 ach Erde, bedecke mein B. nicht
  39,30 seine Jungen gieren nach B.
Ps 16,4 will das B. ihrer Trankopfer nicht opfern
  30,10 was nützt dir mein B., wenn ich zur Grube

Blut

Ps	50,13	oder B. von Böcken trinken	Jh	6,54	wer mein B. trinkt, der hat das ewige Leben 53.55.56
	58,11	s. Füße baden in des Gottlosen B. 68,24		19,34	sogleich kam B. und Wasser heraus
	72,14	ihr B. ist wertgeachtet vor ihm	Apg	5,28	ihr wollt das B. dieses Menschen über uns bringen
	79,10	die Vergeltung für das B. deiner Knechte		15,20	daß sie sich enthalten sollen vom B. 29; 21,25
	94,21	sie verurteilen unschuldig B.		18,6	euer B. komme über euer Haupt
Spr	1,11	sagen: Wir wollen auf B. lauern 18		20,26	daß ich rein bin vom B. aller
	28,17	wer schuldig ist am B. eines Menschen		28	Gemeinde, die er durch sein eigenes Blut erworben hat
	30,33	wer die Nase hart schneuzt, zwingt B. heraus	Rö	3,25	hingestellt als Sühne in seinem B.
Jes	1,11	habe kein Gefallen am B. der Stiere		5,9	jetzt durch sein B. gerecht geworden
	15	eure Hände sind voll B. 59,3; Hes 23,45	1Ko	10,16	der gesegnete Kelch ist die Gemeinschaft des B. Christi
	9,4	jeder Mantel, durch b. geschleift		11,25	dieser Kelch ist der neue Bund in meinem B.
	15,9	die Wasser von Dimon sind voll B.		27	der wird schuldig am Leib und B. des Herrn
	34,3	daß die Berge von ihrem B. fließen		15,50	daß Fleisch und B. das Reich Gottes nicht ererben können
	6	des HERRN Schwert ist voll B.	Gal	1,16	besprach ich mich nicht erst mit Fleisch und B.
	7	ihr Land wird trunken werden von B. 49,26	Eph	1,7	in ihm haben wir die Erlösung durch sein B.
	58,7	entzieh dich nicht deinem Fleisch und B.		2,13	jetzt seid ihr Nahe geworden durch das B. Christi
	63,3	ist ihr B. auf meine Kleider gespritzt		6,12	wir haben nicht mit Fleisch und B. zu kämpfen
	6	ich habe ihr B. auf die Erde geschüttet	Kol	1,20	indem er Frieden machte durch sein B.
Jer	2,34	findet man an deinen Kleidern B. Klg 4,14	1Pt	1,2	zur Besprengung mit dem B. Jesu Christi
	19,4	die Stätte voll unschuldigen B.		19	(erlöst) mit dem teuren B. Christi als eines unschuldigen Lammes
	26,15	werdet unschuldiges B. auf euch laden 51,35	1Jh	1,7	das B. Jesu macht uns rein von aller Sünde
	46,10	von ihrem B. voll und trunken		5,6	der gekommen ist durch Wasser und B.
Hes	3,18	sein B. will ich von deiner Hand 20; 33,6.8		8	der Geist und das Wasser und das B.
	16,6	sah dich in deinem B. liegen 22	Heb	2,14	weil die Kinder von Fleisch und B. sind
	9	ich wusch dich von deinem B.		9,7	B., das er opferte für die Sünden
	36	wegen des B. deiner Kinder		12	nicht durch das B. von Böcken, sondern durch sein eigenes B.
	24,8	ließ sie das B. auf den Felsen schütten		13	wenn schon das B. von Böcken die Unreinen heiligt
	32,6	das Land will ich mit deinem B. tränken		14	wird das B. Christi unser Gewissen reinigen
	33,4	dessen B. wird auf seinen Kopf kommen 5		18	der erste Bund nicht ohne B.
	35,6	weil du dich mit B. verschuldet hast, soll auch dein B. fließen		19	nahm er das B. von Kälbern und Böcken
	39,17	frißt Fleisch und sauft B. 18.19		20	das ist das B. des Bundes
	44,7	als ihr mir Fett und B. opfertet 15		21	die Stiftshütte besprengte er desgl. mit B.
Hos	12,15	darum wird ihr B. über sie kommen		22	fast alles mit B. gereinigt nach dem Gesetz
Jo	3,3	will Wunderzeichen geben: B., Feuer Apg 2,19		25	alle Jahre mit fremdem B. in das Heiligtum geht 10,4
	4	der Mond in B. verwandelt Apg 2,20; Off 6,12		10,4	unmöglich, durch das B. von Böcken Sünden wegzunehmen
	4,21	ich will ihr B. nicht ungesühnt lassen		19	durch das B. Jesu die Freiheit zum Eingang in das Heiligtum
Jon	1,14	rechne uns nicht unschuldiges B. zu		29	der das B. des Bundes für unrein hält
Mi	3,10	die ihr Zion mit B. baut Hab 2,12		11,28	hielt das Passa und das Besprengen mit Blut
	7,2	sie lauern alle auf B.		12,4	ihr habt noch nicht bis aufs B. widerstanden
Sa	9,7	will das B. von ihrem Munde wegnehmen		24	B. der Besprengung... besser als Abels B.
	11	lasse um des B. deines Bruders willen frei		13,12	damit er das Volk heilige durch sein B.
	15	die Schleudersteine werden B. trinken		20	Gott, der Jesus von den Toten heraufgeführt
Jdt	11,11	haben vor, sein B. zu trinken			des ewigen Bundes
	14,4	den Leichnam in seinem B. liegen sehen 13	Off	1,5	ihm, der uns erlöst hat mit seinem B.
Wsh	7,2	im B. zusammengeronnen aus Mannessamen		5,9	hast mit deinem B. Menschen für Gott erkauft
	11,6	das Wasser des Nils mit B. vermischtest		6,10	rächst unser B. an denen, die auf der Erde
	12,6	die sich mit B. weihten		7,14	haben ihre Kleider hell gemacht im B. des Lammes
Sir	12,16	bekommt er nicht genug von deinem B.		8,7	es kam Hagel und Feuer, mit B. vermengt
	17,30	was Fleisch und B. sich ausdenkt 28,5		8	der dritte Teil des Meeres wurde zu B.
2Ma	8,3	wolle er das unschuldige B. hören		12,11	ihn überwunden durch des Lammes B.
	12,16	daß der Teich aussah wie lauter B.		14,20	das B. ging von der Kelter bis an die Zäume der Pferde
StE	5,8	der in Wahrheit nicht persischen B. ist		16,3	es wurde zu B. wie von einem Toten 4
StD	1,46	ich will unschuldig sein an diesem B.			
Mt	16,17	Fleisch und b. haben es dir nicht offenbart			
	23,30	nicht schuldig am B. der Propheten			
	35	von dem B. des gerechten Abel an Lk 11,51			
	26,28	das ist mein B. des Bundes Mk 14,24; Lk 22,20; 1Ko 11,25			
	27,4	Unrecht, daß ich unschuldiges B. verraten			
	24	ich bin unschuldig an seinem B.			
	25	sein B. komme über uns und unsere Kinder			
Mk	5,29	sogleich versiegte die Quelle ihres B.			
Lk	13,1	Galiläern, deren B. Pilatus mit ihren Opfern vermischt hatte			
Jh	1,13	die nicht aus dem B., sondern von Gott geboren sind			

Off	16,6	B. hast du ihnen zu trinken gegeben
	17,6	Frau, betrunken von dem B. der Heiligen
	18,24	das B. der Propheten ist in ihr gefunden
	19,2	hat das B. seiner Knechte gerächt
	13	Gewand, das mit B. getränkt war

Blutacker

Mt	27,8	daher heißt dieser Acker B.
Apg	1,19	Hakeldamach, das heißt B.

Blutbad

Hes	35,6	du sollst dem B. nicht entrinnen

Blutbesprengen

Heb	11,28	*durch den Glauben hielt er das B.*

Blutbräutigam

2Mo	4,25	Zippora sprach: Du bist mir ein B. 26

blutdürstig

Ps	26,9	raffe nicht hin mein Leben mit den B.

Blüte

2Mo	9,31	stand in Ähren und der Flachs in B.
4Mo	17,23	Mose fand die B. aufgegangen
Hi	8,12	noch steht's in B.
	15,33	Ölbaum, der seine B. abwirft
	29,4	wie war ich in der B. meines Lebens
Hl	2,13	die Reben duften mit ihren B.
	15	unsere Weinberge haben B. bekommen 7,13
Jes	5,24	so wird ihre B. auffliegen wie Staub
	18,5	wenn die B. vorüber ist
Sir	16,5	kann einer Stadt zur B. verhelfen
	24,24	meine B. brachte herrliche Frucht

Blutegel

Spr	30,15	der B. hat zwei Töchter, die heißen

bluten

Hes	35,6	darum will ich auch dich b. lassen
2Ma	14,45	stand auf, obwohl er sehr b.

Blutfluß

3Mo	12,7	so wird sie rein von ihrem B.
	15,19	wenn eine Frau ihren B. hat 25.26.28.30.33
Mt	9,20	eine Frau, die seit zwölf Jahren den B. hatte Mk 5,25; Lk 8,43
Lk	8,44	sogleich hörte ihr B. auf

Blutgeld

Mt	27,6	nicht in den Gotteskasten; denn es ist B.

blutgierig

Ps	5,7	dem HERRN sind ein Greuel die B.
	55,24	die B. werden ihr Leben nicht zur Hälfte
	59,3	hilf mir vor den B.
	139,19	daß doch die B. von mir wichen
Spr	29,10	die B. hassen den Frommen

Bluthund

2Sm	16,7	hinaus, hinaus, du B. 8
Sir	34,27	wer... Lohn nicht gibt, der ist ein B.

blutig

Lk	20,12	sie schlugen auch den (dritten Knecht) b.

Bluträcher

4Mo	35,12	sollen Zuflucht sein vor dem B. 25; 5Mo 19,6; Jos 20,3.5.9
	19	der B. soll den Mörder töten 21.27
	24	soll die Gemeinde richten zwischen... dem B.
5Mo	19,12	sollen ihn in die Hände des B. geben
2Sm	14,11	damit der B. nicht Verderben anrichte

blutrot

Jes	1,18	wenn eure Sünde auch b. ist

Blutschande

3Mo	20,17	so ist das B.

Blutschuld

2Mo	22,1	wenn ein Dieb... stirbt, liegt keine B. vor 2
3Mo	17,4	als B. angerechnet 20.9.11.13.16.27
5Mo	17,8	es gehe um B., um Schaden, um Gewalttat
	19,10	daß nicht B. auf dich komme 22,8
	21,8	so wird für sie die B. gesühnt sein
1Sm	25,26	dich davor bewahrt, in B. zu geraten 33
2Sm	21,1	auf Saul liegt eine B.
2Ch	24,25	machten eine Verschwörung um der B. willen
Ps	9,13	der nach B. fragt, gedenkt der Elenden
	51,16	errette mich von B.
	106,38	so daß das Land mit B. befleckt war
Jes	4,4	wenn der Herr die B. Jerusalems wegnehmen
	33,15	daß er nichts von B. höre
Hes	7,23	das Land ist voll B. 9,9; 24,6.9
	18,13	seine B. komme über ihn
Hos	1,4	will ich die B. von Jesreel heimsuchen
	4,2	eine B. kommt nach der andern
	6,8	Gilead ist befleckt von B.

Blutstropfen

Lk	22,44	sein Schweiß wurde wie B.

Blutsverwandter

3Mo	18,6	keiner soll sich B. nahen 12.13.17; 20,19
	21,2	(unrein) außer an seinen nächsten B.
	25,49	(soll ihn einlösen) sein nächster B.
2Ma	8,1	Judas und... riefen ihre B. zusammen

Bluttat

2Ch	19,10	in allen Streitfällen, es gehe um B.

Blutvergießen

Spr	12,6	der Gottlosen Reden richten B. an
Hes	5,17	soll Pest und B. umgehen 14,19; 28,23; 38,22
Wsh	14,25	überall herrschen B., Mord

Blutvergießen

Sir	22,30	so kommt's vom Schmähen zum B.
	27,16	wenn... streiten, so gibt's B.
	28,13	schnell sein zum Streit führt zu B.
	40,9	(widerfährt allem Fleisch:) Mord, B.
Heb	9,22	ohne B. geschieht keine Vergebung

Boanerges

Mk	3,17	gab ihnen den Namen B., das heißt: Donnersöhne

Boas

Rut	2,1	¹es war ein Mann mit Namen B. 3-5.8.11.14.15.19.23; 3,2.7; 4,1.2.5.8.9.13
	4,21	Salma zeugte B. 1Ch 2,11.12; Mt 1,5; Lk 3,32
1Kö	7,21	²(die linke Säule) nannte er B. 2Ch 3,17

Bochim

Ri	2,1	kam der Engel des HERRN nach B. 5

Bochru

1Ch	8,38	Azel hatte Söhne: B. 9,44

Bock

1Mo	30,35	sonderte aus die sprenkligen B. 31,10.12
	32,15	(nahm ein Geschenk für Esau:) zwanzig B.
	38,23	ich habe den B. gesandt
3Mo	4,24	seine Hand auf den Kopf des B. legen
	9,15	nahm den B., das Sündopfer des Volks 10,16; 4Mo 28,22; 29,22.28.31.34.38
	16,7	(Aaron soll) zwei B. vor den HERRN stellen
	8	soll das Los werfen über die zwei B. 9.10.15.18.20-22.26.27
4Mo	7,17	zum Dankopfer fünf B. 23.29.35.41.47.53.59.65.71.77.83.88
5Mo	32,14	feiste Widder und B.
2Ch	17,11	die Araber brachten Joschafat 7.700 B.
	29,23	brachten die B. zum Sündopfer Esr 8,35
Ps	50,9	noch B. aus deinen Ställen (nehmen)
	13	daß ich wolle Blut von B. trinken
	66,15	ich will opfern Rinder mit B.
Spr	27,26	die B. geben dir das Geld
Jes	1,11	ich habe kein Gefallen am Blut der B.
	11,6	da werden die Panther bei den B. lagern
	34,6	trieft vom Blut der Lämmer und B.
Jer	50,8	macht's wie die B. vor der Herde
	51,40	ich will sie hinabführen wie B.
Hes	27,21	haben mit dir Handel getrieben mit B.
	34,17	will richten zwischen Widdern und B.
	39,18	Blut sollt ihr saufen der B. und Stiere
	43,25	so sollst du täglich einen B. opfern
Dan	8,5	der B. hatte ein ansehnliches Horn
	7	der B. warf ihn zu Boden
Sa	10,3	ich will die B. heimsuchen
Sir	47,3	(David) spielte mit Löwen wie mit B.
Mt	25,32	wie ein Hirt Schafe von B. scheidet 33
Lk	15,29	du hast mir nie einen B. gegeben
Heb	9,12	nicht durch das Blut von B. oder Kälbern
	13	wenn schon das Blut von B... heiligt
	19	nahm er das Blut von Kälbern und B.
	10,4	unmöglich, durch das Blut von B. Sünden wegzunehmen

Böcklein

1Mo	27,9	hole mir zwei gute B. 16

2Mo	23,19	sollst das B. nicht kochen in seiner Mutter Milch 34,26; 5Mo 14,21
Ri	14,6	er zerriß ihn, wie man ein B. zerreißt
1Sm	10,3	einer trägt drei B., der andere drei Brote

Boden

4Mo	5,17	Staub vom B. der Stiftshütte ins Wasser
	13,20	wie der B. ist, ob fett oder mager
Jos	3,17	Israel ging auf trockenem B. hindurch 4,22
Ri	6,37	der ganze B. umher trocken 39.40
	7,13	so daß das Zelt am B. lag
1Sm	26,8	mit seinem Speer an den B. spießen
2Sm	8,2	er ließ sie sich auf den B. legen
1Kö	6,16	vom B. des Hauses bis an die Decke 15; 7,7
	30	überzog den B. mit Goldblech
2Kö	2,8	die beiden auf trockenem B. hinübergingen
Hi	14,8	ob sein Stumpf in der B. erstirbt
	39,14	läßt ihre Eier zum Ausbrüten auf dem B.
	21	es stampft auf den B.
Ps	44,26	unser Leib liegt am B.
	104,5	das Erdreich gegründet hast auf festen B.
Jer	43,9	vergrabe sie in dem B. am Eingang
Hes	17,8	er war doch auf guten B. gepflanzt
	41,20	vom B. an waren Cherubim geschnitzt
	42,6	waren die Kammern verkürzt vom B. an
Dan	6,25	ehe sie den B. erreichten
	8,5	kam ein Ziegenbock, ohne den B. zu berühren
Sir	20,20	es kommt einer auf schlüpfrigem B. zu Fall
StD	2,18	sieh auf den B. und erkenne
Mt	13,5	einiges fiel auf felsigen B. 20; Mk 4,5.16
Lk	13,7	was nimmt er dem B. die Kraft

zu Boden

Ri	20,21	die Benjaminiter schlugen 22.000 zu B. 25
1Sm	14,13	da fielen sie zu B. vor Jonatan
2Sm	2,22	daß ich dich zu B. schlage
	18,2	warum schlugst du ihn nicht gleich zu B.
Hi	41,1	schon wenn einer ihn sieht, stürzt er zu B.
Ps	7,6	der Feind trete mein Leben zu B.
	17,11	daß sie uns zu B. legen
	44,6	wollen wir unsre Feinde zu B. stoßen
	64,8	plötzlich sind sie zu B. geschlagen
	73,18	du stürzest sie zu B.
	89,24	ich will, die ihn hassen, zu B. stoßen
	45	du hast seinen Thron zu B. geworfen
	102,11	weil du mich zu B. geworfen hast
	143,3	der Feind schlägt mein Leben zu B.
	147,6	der HERR stößt die Gottlosen zu B.
Jes	10,13	ich habe die Bewohner zu B. gestoßen
	14,12	wie wurdest du zu B. geschlagen
	21,9	alle Bilder ihrer Götter sind zu B. geschlagen
	25,12	deine steile Mauern wird er zu B. werfen
	28,2	wie Wasserflut wirft er zu B.
Jer	46,15	daß deine Gewaltigen zu B. fallen
Hes	13,14	so will ich sie zu B. stoßen 28,17
	19,12	er wurde im Grimm zu B. geworfen
	26,11	wird deine Steinmale zu B. reißen
	38,20	sollen alle Mauern zu B. fallen
Dan	8,7	der Bock warf ihn zu B.
	12	das Horn warf die Wahrheit zu B.
Am	3,14	Hörner des Altars... daß sie zu B. fallen
	5,2	die Jungfrau Israel ist zu B. gestoßen
	7	die ihr die Gerechtigkeit zu B. stoßt
Ob	3	wer will mich zu B. stoßen
Sa	10,11	da soll zu B. sinken die Pracht Assyriens
Wsh	4,19	er wird sie zu B. stürzen
Sir	13,25	wenn der Arme fällt, stoßen ihn... zu B.

Bar	6,27	wenn die Götter zu B. fallen		Am	2,15	die B. sollen nicht standhalten
2Ma	4,42	so daß andre zu B. geschlagen wurden		Jdt	2,7	für den Kriegszug 12.000 B. 11
	8,2	Volk, das von allen zu B. getreten		1Ma	9,11	in der ersten Reihe waren die B.
Jh	18,6	wichen sie zurück und fielen zu B.				
Apg	5,5	Hananias fiel zu B. und gab den Geist auf 10				**Bohan**
	22,7	ich fiel zu B. und hörte eine Stimme 26,14		Jos	15,6	(Grenze) kommt herauf zum Stein B. 18,17

Bogen

Bohne

1Mo	9,13	meinen B. in die Wolken gesetzt 14.16
	27,3	nimm dein Gerät, Köcher und B.
	48,22	das ich mit Schwert und B. genommen
	49,24	so bleibt doch sein B. fest
Jos	24,12	die trieben sie weg, und nicht dein B.
1Sm	2,4	der B. der Starken ist zerbrochen
	18,4	Jonatan gab David seinen B.
2Sm	1,22	der B. Jonatans hat nie gefehlt
	22,35	lehrt meinen Arm den B. Ps 18,35
1Kö	22,34	ein Mann spannte den B. 2Ch 18,33
2Kö	6,22	die du mit Schwert und B. gefangen
	9,24	Jehu faßte den B. und schoß
	13,16	(Elisa) sprach: Spanne des B. 15
1Ch	5,18	Männer, die B. spannen konnten 8,40; 12,2; 2Ch 14,7; 17,17
2Ch	26,14	Usija beschaffte für das ganze Heer B.
Neh	4,7	ließ das Volk antreten mit B. 10
Hi	20,24	so wird ihn der eherne B. durchbohren
	29,20	mein B. sei immer stark
Ps	7,13	hat einer seinen B. gespannt
	11,2	die Gottlosen spannen den B. 37,14
	21,13	mit B. wirst du auf ihr Antlitz zielen
	37,15	ihr B. wird zerbrechen Jer 51,56
	44,7	ich verlasse mich nicht auf meinen B.
	46,10	der B. zerbricht, Spieße zerschlägt
	60,6	damit sie fliehen können vor dem B.
	76,4	dort zerbricht er die Pfeile des B.
	78,9	wie die Söhne Ephraim, die den B. führten
	57	versagten wie ein schlaffer B. Hos 7,16
Jes	7,24	daß man mit Pfeil und B. dahin gehen muß
	13,18	die Jünglinge mit B. erschießen
	21,15	sie fliehen vor dem gespannten B.
	22,3	alle wurden ohne B. gefangen
	41,2	sein B. wie verwehte Spreu
Jer	6,23	sie führen B. und Speer 50,42
	49,35	ich will den B. Elams zerbrechen
Klg	2,4	er hat seinen B. gespannt 3,12
Hes	39,3	will dir den B. aus der Hand schlagen
	9	werden verbrennen B. und Pfeile
Hos	1,5	will ich den B. Israels zerbrechen 2,20
	7	ich will ihnen nicht helfen durch B.
Hab	3,9	du zogest deinen B. hervor
Sa	9,13	ich habe mir Juda zum B. gespannt
Jdt	5,14	wohin sie auch zogen ohne B., Pfeil
Wsh	5,22	wie von einem straff gespannten B.
Sir	43,13	er zieht am Himmel einen B.
Off	6,2	der darauf saß, hatte einen B.

2Sm	17,28	(brachten) geröstete Körner, B., Linsen
Hes	4,9	nimm dir Weizen, Gerste, B.

bohren

Hi	30,17	des Nachts b. es in meinem Gebein

Bollwerk

5Mo	20,20	darfst du fällen und ein B. daraus bauen
2Kö	25,1	sie bauten B. um (Jerusalem) her Jer 52,4
Esr	9,9	damit er uns ein B. in Juda gebe
Hi	13,12	eure B. werden zu Lehmhaufen
Pr	9,14	ein König baute große B. gegen sie
Hl	8,9	wollen wir ein silbernes B. darauf bauen
Jes	17,3	es wird aus sein mit dem B. Ephraims
	23,11	daß seine B. zerstört werden 14
	29,3	ich will dich ängstigen mit B. 7
Jer	33,4	um B. zu machen zur Abwehr 52,4
	48,18	der Verwüster wird deine B. zerstören 51,32
Hes	4,2	baue ein B. um sie 17,17; 21,27; 26,8
Nah	3,8	deren Mauern und B. Wasserfluten waren
	14	verstärke deine B.
Sa	9,3	Tyrus baute sich ein B.
1Ma	14,10	Simon rüstete sie mit B. aus

Boot

Jes	2,16	(der Tag wird kommen) über alle B.
2Ma	12,3	mit ihren Frauen in bereitgestellte B.
	6	zündete den Hafen an und verbrannte die B.
Mt	4,21	(Jesus sah Jakobus und Johannes im B. 22; Mk 1,19.20; Lk 5,2
	8,23	(Jesus) stieg in das B. 9,1; 13,2; 14,13; 15,39; Mk 4,1.36; 5,18.21; 6,32; 8,10.13; Lk 5,3; 8,22. 37; Jh 6,17.24
	24	so daß das B. von Wellen zugedeckt Mk 4,37
	14,22	in das B. zu steigen und hinüberzufahren Mk 6,45
	24	das B. war weit vom Land entfernt Mk 6,47
	29	Petrus stieg aus dem B. und ging auf dem Wasser
	32	sie traten in das B. Mk 6,51
	33	die im B. waren, fielen vor ihm nieder
Mk	3,9	sie sollten ihm ein B. bereithalten
	4,36	es waren noch andere B. bei ihm
	38	(Jesus) war hinten im B. und schlief
	5,2	(Jesus) aus dem B. trat 6,54
	8,14	hatten nicht mehr mit sich im B. als ein Brot
Lk	5,3	er setzte sich und lehrte die Menge vom B. aus
	7	füllten beide B. voll, so daß sie fast sanken
	11	sie brachten die B. ans Land
Jh	6,19	sahen sie Jesus an das B. kommen 21-23
	21,3	sie gingen hinaus und stiegen in das B.
	6	werft das Netz aus zur Rechten des B. 8
Apg	27,32	*hieben die Stricke ab von dem B.*

Bogenlied

2Sm	1,18	(David) befahl, man solle das B. lehren

Bogenschuß

1Mo	21,16	setzte sich gegenüber, einen B. weit

Bogenschütze

1Sm	31,3	die B. fanden (Saul) 1Ch 10,3
Jes	21,17	von den B. sollen nur wenige übrigbleiben
Jer	50,14	stellt euch gegen Babel auf, all ihr B. 29

Bor-Aschan

Bor-Aschan
1Sm 30,30 (ein Segensgeschenk) denen zu B.

Bor-Sira
2Sm 3,26 um (Abner) zurückzuholen von B.

borgen
5Mo 15,2 wenn einer s. Nächsten etwas geb. 24,10.11
      6 doch du wirst von niemand b. 28,12
Ps 37,21 der Gottlose muß b. und bezahlt nicht
Spr 22,7 wer b., ist des Gläubigers Knecht
Sir 18,33 Bettler, der andre auf B. bewirtet
    29,4 habe gefunden, was er doch geb. hat
Mt 5,42 der etwas von dir b. will

Borger
Jes 24,2 es geht dem Verleiher wie dem B.

Born
Spr 5,18 dein B. sei gesegnet
Hl 4,12 du bist ein versiegelter B. 15
Jer 15,18 geworden wie ein trügerischer B.

Borte
2Mo 28,32 eine B. in Weberarbeit 39,23

bösartig
Sir 10,21 daß die Menschen hoffärtig und b. sind
StD 1,43 was sie b. gegen mich zusammengelogen

böse (s.a. böser Geist)
1Mo 2,9 Baum der Erkenntnis des Guten und B. 17
    3,5 werdet wissen, was gut und b. ist 22
    6,5 alles Dichten und Trachten b. immerdar 8,21
   13,13 die Leute zu Sodom waren b.
   24,50 können nichts sagen, weder B. noch Gutes
   31,29 hätte Macht, daß ich euch B. antun könnte
      52 daß ich nicht vorüberziehe in b. Absicht
   37,20 ein b. Tier habe ihn gefressen 33
   38,7 Er war b. vor dem HERRN 1Ch 2,3
   44,4 warum habt ihr Gutes mit B. vergolten
   47,9 wenig und b. ist die Zeit meines Lebens
   50,20 gedachtet, es b. mit mir zu machen
2Mo 9,9 daß b. Blattern aufbrechen 10.11
   10,10 seht doch selbst, daß ihr B. vorhabt
   23,2 sollst der Menge nicht zum B. folgen
   32,22 du weißt, daß dies Volk b. ist
4Mo 13,32 sie brachten ein b. Gerücht auf 14,37
   14,27 wie lange murrt diese b. Gemeinde 35
   20,5 habt uns geführt an diesen b. Ort
   24,13 könnte nicht B. und Gutes tun
   35,23 er hat ihm nichts B. antun wollen
5Mo 1,35 soll keiner von diesem b. Geschlecht
    39 Kinder, die weder Gutes noch B. verstehen
   7,15 wird dir keine von den b. Seuchen auflegen
   13,6 auf daß du das B. aus deiner Mitte wegtust
    12; 17,7.12; 19,19.20; 21,21; 22,21.22.24; 24,7
   15,21 oder sonst irgendeinen b. Fehler hat
   22,14 bringt ein b. Gerücht über sie auf 19
   23,10 so hüte dich vor allem B.
   28,20 untergegangen um deines b. Treibens willen
    35 wird dich schlagen mit b. Geschwüren 59
5Mo 30,15 habe dir vorgelegt das Gute und das B.
   31,18 mein Antlitz verborgen um des B. willen
    29 tut, was b. ist in den Augen des HERRN
   32,4 treu ist Gott und kein B. an ihm
    5 das b. Geschlecht hat gesündigt
Jos 23,15 wird auch kommen lassen das b. Wort
Ri 9,56 so vergalt Gott dem Abimelech das B. 57
   11,27 du aber tust so b. an mir
   15,3 wenn ich den Philistern B. tue
   20,13 daß wir das B. aus Israel austilgen
1Sm 2,23 warum tut ihr solche b. Dinge
   5,6 er schlug sie mit b. Beulen
   20,7 daß B. bei ihm beschlossen ist 9.13; 23,9
   24,14 von B. kommt B.
    18 ich habe dir B. erwiesen
   25,21 (Nabal) vergilt mir Gutes mit B.
    28 möge nichts B. an dir gefunden werden
    39 der HERR hat Nabal seine b. Tat vergolten
   26,18 was ist B. in meiner Hand
    21 will dir hinfort nichts B. mehr tun
   30,22 da sprachen b. und heillose Leute
2Sm 3,39 der HERR vergelte dem, der B. tut
   13,21 Absalom redete weder B. noch Gutes
   14,17 daß er Gutes und B. unterscheiden kann
1Kö 1,52 wird B. an ihm gefunden, soll er sterben
   2,44 weißt all das B... dies B. auf dein Haupt
   3,9 damit ich könne verstehen, was gut und b.
   5,18 noch ein b. Hindernis mehr da ist
   13,33 kehrte nicht um von seinem b. Wege
   14,9 hast mehr B. getan als alle, die vor dir
   17,20 tust du sogar der Witwe so B. an
   20,7 seht, wie b. er's meint
   22,8 er weissagt mir nur B. 18; 2Ch 18,7.17
2Kö 2,19 es ist b. Wasser, es macht unfruchtbar
   4,41 da war nichts B. mehr in dem Topf
   17,11 trieben b. Dinge 2Ch 27,2
    13 kehrt um von eueren b. Wegen 2Ch 7,14
2Ch 13,7 schlugen sich auf seine Seite b. Menschen
Esr 4,12 die aufrührerische und b. Stadt
   9,13 um unserer b. Werke willen
Neh 6,2 sie gedachten, mir B. anzutun 13
   9,35 haben sich von ihrem b. Tun nicht bekehrt
   13,17 was ist das für eine b. Sache
Est 9,25 daß die b. Anschläge zurückfielen
Hi 1,1 Hiob mied das B. 8; 2,3
   2,7 schlug Hiob mit b. Geschwüren
    10 sollten das B. nicht auch annehmen
   6,30 sollte mein Gaumen B. nicht merken
   19,18 so geben sie mir b. Worte
   20,12 wenn ihm auch das B. wohlschmeckt
   21,30 daß nämlich der B. erhalten wird
   28,28 meiden das B., das ist Einsicht
   30,26 es kam das B.
   35,12 schreien über den Hochmut der B.
Ps 5,5 wer b. ist, bleibt nicht vor dir
   7,5 hab ich B. vergolten
    15 siehe, er hat B. im Sinn 64,7
   10,15 zerbrich den Arm des Gottlosen und B.
   22,17 der B. Rotte hat mich umringt
   27,5 er deckt mich in seiner Hütte zur b. Zeit
   28,3 haben B. im Herzen
    4 gib ihnen nach ihren b. Taten
   34,14 behüte deine Zunge vor B. 1Pt 3,10
    15 laß ab vom B. und tu Gutes 37,27; 1Pt 3,11
    17 das Angesicht des HERRN steht wider alle, die B. tun 1Pt 3,12
   35,12 vergelten mir Gutes mit B. 38,21; 109,5
   36,5 sie stehen fest auf dem b. Wege
   37,1 entrüste dich nicht über die B. Spr 24,19
    9 die B. werden ausgerottet

böse

Ps	37,19	sie werden nicht zuschanden in b. Zeit
	41,2	den wird der HERR erretten zur b. Zeit
	8	die mich hassen, denken B. über mich
	43,1	errette mich von den falschen und b. Leuten
	49,6	warum sollte ich mich fürchten in b. Tagen
	50,19	deinen Mund lässest du B. reden
	52,5	du liebst das B. mehr als das Gute
	56,6	ihre Gedanken suchen mir B. zu tun
	64,3	verbirg mich vor den Anschlägen der B.
	6	verstehen sich auf ihre b. Anschläge
	73,8	sie achten alles für nichts und reden b.
	94,13	ihm Ruhe zu schaffen vor b. Tagen
	20	Richterstuhl der B., die Unheil schaffen
	101,3	ich nehme mir keine b. Sache vor
	4	den B. kann ich nicht leiden
	109,20	die B. reden wider mich
	119,101	ich verwehre meinem Fuß alle b. Wege
	139,24	sieh, ob ich auf b. Wege bin
	140,2	errette mich von den b. Menschen
	3	die B. planen in ihrem Herzen
	12	ein b. Maul wird kein Glück haben; ein b. Mensch wird verjagt werden
	141,4	neige mein Herz nicht zum B.
Spr	1,10	wenn dich die b. Buben locken, folge nicht
	16	ihre Füße laufen zum B. Jes 59,7
	2,12	daß du nicht geratest auf den Weg der B.
	14	die sich freuen, B. zu tun, und sind föhlich über b. Ränke
	3,7	fürchte den HERRN und weiche vom B.
	29	trachte nicht nach B. gegen d. Nächsten
	4,14	tritt nicht auf den Weg der B.
	27	wende deinen Fuß vom B.
	6,14	trachtet nach B. in seinem Herzen
	8,13	b. Wandel bin ich feind
	11,19	dem B. nachjagen führt zum Tode 12,28
	21	der B. bleibt nicht ungestraft
	27	wer B. sucht, dem wird es begegnen
	12,13	der B. wird gefangen in seinen Worten
	20	die B. planen, haben Trug im Herzen
	13,19	das B. meiden ist den Toren ein Greuel
	14,16	ein Weiser scheut sich und meidet das B.
	19	die B. müssen sich bücken vor den Guten
	22	die nach B. trachten, in die Irre gehen
	15,3	die Augen des HERRN schauen auf B. und Gute
	10	den Weg verlassen, bringt b. Züchtigung
	28	der Mund der Gottlosen schäumt B.
	16,4	der HERR macht den Gottl. für den b. Tag
	6	durch die Furcht des HERRN meidet man B.
	30	wer mit den Lippen andeutet, verbringt B.
	17,4	ein B. achtet auf b. Mäuler
	11	ein b. Mensch trachtet, zu widersprechen
	13	wer Gutes mit B. vergilt... wird das B. nicht weichen
	20,8	sondert aus mit seinem Blick alles B.
	22	sprich nicht: Ich will B. vergelten
	30	man muß dem B. wehren mit harter Strafe
	21,10	die Seele des Gottlosen gelüstet nach B.
	24,1	sei nicht neidisch auf b. Menschen
	8	wer sich vornimmt, B. zu tun
	20	der B. hat nichts zu hoffen
	25,10	das B. Gerede über dich nicht aufhört
	26,23	glatte Lippen und ein b. Herz, das ist wie
	28,5	b. Leute verstehen nichts vom Recht
	10	wer die Frommen verführt auf einen b. Weg
	29,6	wenn ein b. sündigt, verstrickt er sich
	30,20	spricht: Ich habe nichts B. getan
Pr	4,3	besser ist, wer des B. nicht innewird
	8	das ist auch eitel und eine b. Mühe
	17	sie wissen nichts als B. zu tun

Pr	5,12	ein b. Übel, das ich sah: Reichtum 15
	13	der Reiche kommt um durch ein b. Geschick
	7,14	am b. Tag bedenke... hat Gott geschaffen
	8,3	halte dich nicht zu einer b. Sache 5
	11	weil das Urteil über b. Tun nicht ergeht, wird das Herz voll Begier, B. zu tun
	12	wenn ein Sünder auch hundertmal B. tut
	9,12	werden die Menschen verstrickt zur b. Zeit
	12,1	denk... ehe die b. Tage kommen
	14	was verborgen ist, es sei gut oder b.
Jes	1,16	tut b. Taten aus m. Augen, laßt ab vom B.
	5,20	weh denen, die B. gut und Gutes b. nennen
	7,5	weil die Aramäer B. ersonnen haben
	15	bis er weiß, B. zu verwerfen 16
	9,16	sie sind allzumal gottlos und b.
	14,20	wird des Geschlechtes der B. nicht gedenken
	31,2	wird sich aufmachen wider das Haus der B.
	32,7	des Betrügers Waffen sind b.
	59,15	wer von B. weicht, muß sich ausplündern
Jer	2,31	du b. Geschlecht, merke auf
	33	gewöhnt, auf b. Wegen zu wandeln
	3,5	so redest du und tust B.
	17	sie werden nicht mehr wandeln nach ihrem b. Herzen 7,24; 11,8; 16,12; 18,12
	4,15	es kommt eine b. Botschaft vom Gebirge
	5,28	sie gehen mit b. Dingen um
	6,29	die B. sind nicht ausgeschieden
	8,3	die übriggeblieben sind von diesem b. Volk
	12,14	wider alle meine b. Nachbarn
	13,10	dies b. Volk, dem m. Worte nicht hören will
	23	die ihr ans B. gewöhnt seid
	15,21	will dich erretten aus der Hand der B.
	16,4	sie sollen an b. Krankheiten sterben
	17,16	habe den b. Tag nicht herbeigewünscht
	18,11	bekehrt euch, ein jeder von seinen b. Wegen 25,5; 26,3; 35,15; 36,3.7; Hes 33,11; Jon 3,8.10; Sa 1,4
	18	laßt uns gegen Jeremia B. planen
	20	ist's recht, daß man Gutes mit B. vergilt
	21,12	um eurer b. Taten willen 23,2
	23,10	b. ist, wonach sie streben
	22	von seinem b. Wandel... b. Tun zu bekehren
	30,12	dein Schaden ist verzweifelt b.
	15	über dein verzweifelt b. Leiden
	41,11	von all dem B., das Jischmaël begangen
	42,6	sei Gutes oder B., so wollen wir gehorchen
	44,22	nicht mehr leiden konnte euren b. Wandel
	48,2	man sinnt B. gegen die Stadt 30
	49,23	verzagt, denn sie hören ein b. Gerücht
Klg	3,38	B. und Gutes aus d. Munde des Allerhöchsten
Hes	5,16	wenn ich b. Pfeile des Hungers schießen
	6,9	wird sie ekeln vor all dem B. 20,43; 36,31
	13,22	sich von ihrem b. Wandel nicht bekehren
	20,44	handle nicht nach euren b. Wegen
	30,12	will das Land an b. Leute verkaufen
	33,12	wenn ein Gerechter B. tut 13
	15	so daß der Gottlose nichts B. tut
	34,25	ich will alle b. Tiere ausrotten
	38,10	du wirst auf B. sinnen
Dan	6,23	gegen dich habe ich nichts B. getan
Hos	5,4	ihre Taten lassen es nicht zu
	7,2	ich sehe aber ihr b. Tun wohl 9,15
	6	ihr Herz in Glut, wenn sie B. ersinnen 15
	10,9	sollte Krieg kommen wegen der b. Leute
	13	ihr pflügt B. und erntet Übeltat
Am	5,13	es ist eine b. Zeit
	14	suchet das Gute und nicht das B.
	15	hasset das B. und liebet das Gute
	6,3	die ihr meint, vom b. Tag weit ab zu sein

böse

Am	9,4	will meine Augen auf sie richten zum B.
Mi	2,1	gehen mit b. Gedanken um
	3	ich ersinne wider dies Geschlecht B.
	3,4	wie ihr mit eurem b. Treiben verdient habt
	7,3	ihre Hände sind geschäftig, B. zu tun
Nah	1,11	gekommen, der B. wider den HERRN plante
Hab	1,13	als daß du B. ansehen könntest
Ze	1,12	der HERR wird weder Gutes noch B. tun
	3,7	sie sind von jeher dabei, alles B. zu tun
	13	diese Übriggebliebenen werden nichts B. tun
Mal	1,8	opfert, so haltet ihr das nicht für b.
	2,6	wurde nichts B. auf seinen Lippen gefunden
	17	sprecht: Wer B. tut, gefällt dem HERRN
Wsh	1,11	bewahrt die Zunge vor b. Nachrede
	3,12	Frauen sind töricht und ihre Kinder b.
	14	der nichts B. gegen den Herrn erdenkt
	4,12	b. Beispiele verderben das Gute
	14	eilte sie fort von den b. Menschen
	12,10	wußtest, daß ihr Ursprung b. war
	14,27	das ist Anfang und Ende alles B.
	15,8	ein b. Werk, wenn er... Gott macht
	12	Gewinn suchen, auch aus b. Dingen
	16,5	kamen über die Israeliten auch b. Tiere
Tob	3,17	meine Seele rein erhalten von b. Lust
	8,9	nicht aus b. Lust meine Schwester nehme
Sir		doch tut mir nichts B. widerfahren
	7,1	tu nichts B., so widerfährt dir nichts B.
	20	dann wirst du nie etwas B. tun
	11,28	eine b. Stunde läßt alle Freude vergessen
	12,3	tu denen nichts Gutes, die B. tun
	13,30	der Gottlose nennt die Armut b. 31
	14,8	ein b. Mensch, der nicht mit ansehen kann
	18,30	folge dem b. Leidenschaften nicht 31
	19,6	hörst du B., das schwatze nicht nach 8
	16	ein Wort, das doch nicht b. gemeint war
	19	Kenntnis des B. ist nicht Weisheit
	20,20	so geht's B.: Plötzlich müssen sie fallen
	23	manchen hindert seine Armut, B. zu tun
	22,32	widerfährt mir etwas B. seinetwegen
	23,5	wende von mir alle b. Begierden
	25,22	lieber bei Löwen wohnen als bei einem b. Weib
	23	wenn sie b. wird, verzerrren sich ihre Züge
	30	ein b. Weib schafft ein betrübtes Herz 33; 26,9
	27,25	wer mit den Augen winkt, hat B. im Sinn
	31,40	gib ihm keine b. Worte
	33,15	wie das Gute dem B. gegenübergestellt ist
	27	ein b. Sklave gehört in den Block
	29	Müßiggang lehrt viel B.
	37,21	Gutes und B., Leben und Tod
	39,32	für die Gottlosen wandelt es sich zum B.
	46,9	um das b. Murren zu unterdrücken
Bar	1,22	taten, was b. war vor dem Herrn
1Ma	1,11	aus ihnen schoß eine b. Wurzel auf
	6,12	nun denke ich an das B., das ich getan
	16,17	Ptolemäus vergalt Gutes mit B.
2Ma	5,4	taten, daß dies nichts B. bedeuten
Mt	5,45	er läßt seine Sonne aufgehen über B. und Gute
	6,13	führe uns nicht in Versuchung, sondern erlöse uns von dem B.
	23	wenn aber dein Auge b. ist Lk 11,34
	7,11	ihr, die ihr b. seid Lk 11,13
	9,4	warum denkt ihr so b. in euren Herzen
	12,34	wie könnt ihr Gutes reden, die ihr b. seid
	35	ein b. Mensch bringt B. hervor aus seinem b. Schatz Lk 6,45
	39	ein b. Geschlecht fordert ein Zeichen 16,4
	45	so wird's auch diesem b. Geschlecht ergehen
Mt	13,19	der B. reißt hinweg, was in sein Herz gesät
	38	das Unkraut sind die Kinder des B.
	49	werden die B. von den Gerechten scheiden
	15,19	aus dem Herzen kommen b. Gedanken Mk 7,21.23
	18,32	du b. Knecht! Deine ganze Schuld... erlassen
	21,41	er wird den B. ein b. Ende bereiten
	22,10	zusammen, wen sie fanden, B. und Gute
	24,48	wenn aber jener als ein b. Knecht sagt
	25,26	du b. und fauler Knecht Lk 19,22
	27,23	was hat er denn B. getan Mk 15,14; Lk 23,22
Mk	3,4	soll man am Sabbat Gutes oder B. tun Lk 6,9
Lk	3,19	zurechtgewiesen wegen alles B., das er getan
	6,22	verwerfen euren Namen als b.
	35	er ist gütig gegen die Undankbaren und B.
	11,29	dies Geschlecht ist ein b. Geschlecht
	16,25	Lazarus dagegen hat B. empfangen
Jh	3,19	ihre Werke waren b.
	20	wer B. tut, kommt nicht zu dem Licht
	5,29	die B. getan haben, zur Auferstehung des Gerichts
	7,7	ich bezeuge, daß ihre Werke b. sind
	17,15	ich bitte dich, daß du sie bewahrst vor dem B.
	18,23	so beweise, daß es b. ist
Apg	9,13	wieviel B. er deinen Heiligen angetan hat
	23,9	wir finden nichts B. an diesem Menschen
Rö	1,30	(sie sind) prahlerisch, erfinderisch im B.
	2,9	Angst über alle Seelen der Menschen, die B. tun 13,3.4
	3,8	laßt uns B. tun, damit Gutes daraus komme
	7,19	das B., das ich nicht will, das tue ich 21
	9,11	ehe die Kinder weder Gutes noch B. getan
	12,9	haßt das B., hängt dem Guten an
	17	vergeltet niemand B. mit B. 1Th 5,15; 1Pt 3,9
	21	laß dich nicht vom B. überwinden, sondern überwinde das B. mit Gutem
	13,4	sie vollzieht das Strafgericht an dem, der B. tut
	10	die Liebe tut dem Nächsten nichts B.
	16,19	ich will, daß ihr seid geschieden vom B.
1Ko	5,13	verstoßt ihr den B. aus eurer Mitte
	10,6	damit wir nicht am B. unsre Lust haben
	13,5	(die Liebe) rechnet das B. nicht zu
	14,20	seid Kinder, wenn es um B. geht
	15,33	b. Geschwätze verderben gute Sitten
2Ko	5,10	was er getan bei Lebzeiten, es sei gut oder b.
	6,8	in b. Gerüchten und guten Gerüchten
	13,7	wir bitten Gott, daß ihr nichts B. tut
Gal	1,4	daß er uns errette von dieser b. Welt
Eph	5,16	kauft die Zeit aus; denn es ist b. Zeit
	6,13	damit ihr an dem b. Tag Widerstand leisten könnt
	16	Schild des Glaubens, mit dem ihr auslöschen könnt alle feurigen Pfeile des B.
Phl	3,2	gebt acht auf die b. Arbeiter
Kol	1,21	die ihr einst fremd wart in b. Werken
	3,5	tötet schändliche Leidenschaft, b. Begierde
1Th	5,22	meidet die B. in jeder Gestalt
2Th	2,8	dann wird der B. offenbart werden
	9	der B. wird in der Macht des Satans auftreten
	3,2	erlöst von den falschen und b. Menschen
	3	der wird euch bewahren vor dem B.
1Ti	6,4	daraus entspringen Neid, b. Argwohn
2Ti	2,24	der B. ertragen kann
	3,13	mit den b. Menschen wird's... desto ärger

2Ti	4,14	Alexander, der Schmied, hat mir viel B. angetan
Tit	1,12	die Kreter sind immer Lügner, b. Tiere
	2,8	nichts B., das er uns nachsagen kann
1Pt	2,12	*die, so von euch b. reden*
	3,10	der hüte seine Zunge, daß sie nichts B. rede
	11	er wende sich ab vom B. und tue Gutes
	12	das Angesicht des Herrn steht wider die, die B. tun
	17	besser, daß ihr um guter Taten willen leidet als um B. Taten willen
2Pt	2,8	mußte seine gerechte Seele quälen lassen durch ihre b. Werke
1Jh	2,13	ihr habt den B. überwunden 14
	3,12	nicht wie Kain, der von dem B. stammte
	5,18	der B. tastet ihn nicht an
2Jh	11	wer ihn grüßt, hat teil an seinen b. Werken
3Jh	10	er macht uns schlecht mit b. Worten
	11	folge nicht dem B. nach... wer B. tut, der hat Gott nicht gesehen
Heb	3,12	daß keiner unter euch ein b. Herz habe
	5,14	die Gutes und B. unterscheiden können
	10,22	los von dem b. Gewissen
Jak	1,13	Gott kann nicht versucht werden zum B.
	2,4	ist's recht, daß ihr urteilt mit b. Gedanken
	3,16	da sind Unordnung und lauter b. Dinge
	4,16	all solches Rühmen ist b.
Off	2,2	weiß, daß du die b. nicht ertragen kannst
	16,2	entstand ein b. Geschwür an den Menschen
	22,11	wer B. tut, der tue weiterhin B.

Bösewicht

Pr	9,18	ein einziger B. verdirbt viel Gutes
Sir	19,22	es ist mancher scharfsinnig, aber ein B.
StD	1,52	(Daniel) sagte zu ihm: Du alter B.
Mt	21,41	*er wird die B. übel umbringen*

boshaft

1Sm	25,3	Nabal war roh und b. in seinem Tun
Hi	8,20	Gott hält die Hand der B. nicht fest
Ps	26,5	ich hasse die Versammlung der B.
	92,12	hört m. Ohr von den B., die sich erheben
	94,16	wer steht mir bei wider die B.
Jes	1,4	wehe dem b. Geschlecht
Jer	20,13	der aus den Händen der B. errettet
	23,14	wie sie die B. stärken

Bosheit

1Mo	6,5	sah, daß der Menschen B. groß war
	50,15	Josef könnte uns alle B. vergelten
1Sm	17,28	ich kenne deines Herzens B.
	24,12	daß meine Hände rein sind von B.
2Sm	3,39	der HERR vergelte dem... nach seiner B.
	7,10	die Kinder der B. es nicht mehr bedrängen
Est	8,3	daß er zunichte mache die B. Hamans
Hi	5,16	die B. muß ihren Mund zuhalten
	22,5	ist deine B. nicht zu groß
	35,8	nur dir kann deine B. etwas tun
Ps	5,10	ihr Inneres ist B.
	7,10	laß der Gottlosen B. ein Ende nehmen
	10,15	suche seine B. heim
	52,3	was rühmst du dich der B., du Tyrann
	54,7	er wird die B. meinen Feinden vergelten
	55,16	es ist lauter B. bei ihnen
	56,8	sollten sie mit ihrer B. entrinnen
	94,23	wird sie um ihrer B. willen vertilgen
	107,34	wegen der B. derer, die dort wohnten
Ps	107,42	aller B. wird das Maul gestopft werden
Spr	26,26	dessen B. wird doch offenbar werden
Pr	7,15	ein Gottloser, der lebt lange in seiner B.
	8,6	des Menschen B. liegt schwer auf ihm
	9,3	dazu ist das Herz des Menschen voll B.
Jes	9,17	die B. lodert wie Feuer
	13,11	Erdkreis heimsuchen um seiner B. willen 26,21
	47,10	hast dich auf deine B. verlassen
	57,1	der Gerechte ist weggerafft durch die B.
	59,3	eure Zunge spricht B.
	65,25	werden weder B. noch Schaden tun
Jer	1,16	mein Gericht um all ihrer B. willen 4,4
	2,19	deine B. ist schuld, daß du so 4,18
	3,2	machst das Land unrein mit deiner B.
	4,14	so wasche nun dein Herz von der B.
	6,7	wie ein Brunnen... quillt ihre B.
	7,12	was ich getan wegen der B. meines Volks 11,17; 12,4; 22,22; 32,32; 33,5; 44,3
	8,6	niemand, dem seine B. leid wäre
	9,2	sie gehen von einer B. zur andern
	11,15	sie treiben lauter B.
	14,16	ich will ihre B. über sie ausschütten
	18,8	wenn es sich aber bekehrt von seiner B.
	23,11	in meinem Hause finde ich ihre B.
	14	sich niemand bekehre von seiner B. 44,5
	51,24	will Babel vergelten alle ihre B.
Klg	1,22	laß alle ihre B. vor dich kommen
Hos	7,1	die B. Samarias, wie sie Lug und Trug treiben
	3	sie erfreuen den König mit ihrer B.
	9,15	all ihre B. geschieht zu Gilgal
	10,15	so soll's euch ergehen um eurer B. willen
Jo	4,13	ihre B. ist groß
Jon	1,2	ihre B. ist vor mich gekommen
Nah	3,19	über wen ist nicht deine B. ergangen
Hab	1,3	warum läßt du mich B. sehen
Wsh	2,21	ihre B. hat sie verblendet
	5,14	wir haben uns in unsrer B. verzehrt
	7,30	B. kann die Weisheit nicht überwältigen
	10,5	als die Völker ihrer B. wegen verwirrt
	7	von ihrer B. ist Zeugnis vorhanden
	14,31	über die B. der Ungerechten kommt nicht
	16,14	ein Mensch in seiner B. tötet
	17,10	die B., die von Natur aus feige ist
	19,13	mit Recht litten sie um ihrer B. willen
Tob	14,13	daß Ninive an seiner B. zugrunde gehen
Sir	19,5	wer sich über ihre B. freut
	25,18	keine B. so schlimm wie Frauenbosheit
	29,10	mancher leiht ungern, nicht aus B.
2Ma	4,4	weil Apollonius Simon in seiner B. bestärkte
StD	1,5	B. ging aus von den Ältesten
Mt	13,38	*das Unkraut sind die Kinder der B.*
	22,18	als Jesus ihre B. merkte, sprach er
Mk	7,22	Ehebruch, Habgier, B. Rö 1,29
Lk	11,39	ihr Inneres ist voll Raubgier und B.
Apg	3,26	daß ein jeder sich bekehre von seiner B.
	8,22	tu Buße für diese deine B.
	13,10	du Sohn des Teufels, voll aller B.
1Ko	5,8	nicht im Sauerteig der B.
Eph	4,14	*durch B. der Menschen und Täuscherei*
	31	seien fern von euch B. Kol 3,8; 1Pt 2,1
2Th	2,3	muß der Mensch der B. offenbart werden
	7	es regt sich schon das Geheimnis der B.
Tit	3,3	wir lebten (früher) in B. und Neid
1Pt	2,16	nicht als hättet ihr die Freiheit zum Deckmantel der B.
Jak	1,21	legt ab alle Unsauberkeit und alle B.

Bosor

Bosor
1Ma	5,26	viele eingeschlossen waren in B.
	36	von dort eroberte (er) B.

Bosora (= Bezer 1; Bozra 2)
1Ma	5,26	viele eingeschlossen waren in B.
	28	kehrte um in die Wüste von B.

böswillig
2Sm	18,32	die sich b. gegen dich auflehnen
Phl	3,2	nehmt euch in acht vor den b. Arbeitern

Bote
1Mo	32,4	Jakob schickte B. vor sich her 7
4Mo	21,21	Israel sandte B. zu Sihon 5Mo 2,26; Ri 11,19
	22,5	(Balak) sandte B. zu Bileam 24,12
Jos	6,17	(Rahab) hat die B. verborgen 25; Jak 2,25
	7,22	da sandte Josua B. hin
Ri	11,13	der König antwortete den B. Jeftas 14
	17	sandte Israel B. zum König der Edomiter
1Sm	4,17	antwortete der B.: Israel ist geflohen
	6,21	sandten B. zu den Bürgern von Kirjat-Jearim
	11,3	B. in das Gebiet Israels senden 4.7.9
	16,19	da sandte Saul B. zu Isai 19,11.14-16.20.21
	23,27	es kam ein B. zu Saul
	25,14	David hat B. gesandt aus der Wüste 42
2Sm	2,5	sandte (David) B. zu ihnen 3,14; 10,3.5; 11,4
	3,12	Abner sandte B. zu David 26
	4,10	meinte, er sei ein guter B. 18,26
	5,11	Hiram sandte B. zu David 1Ch 14,1
	11,19	(Joab) gebot dem B. 22.23.25; 12,27
	15,10	Absalom hatte heimlich B. ausgesandt
1Kö	14,6	bin ich dir gesandt als ein harter B.
	19,2	sandte einen B. 20,2; 2Kö 1,2.16; 5,10; 6,32; 14,8; 16,7; 17,4; 19,9; 1Ch 19,2.16; 2Ch 35,21; Neh 6,3
	20,5	da die B. kamen zurück und sprachen 9; 22,13; 2Kö 7,15; 10,8; 2Ch 18,12
	9	Ahab sprach zu den B. 2Kö 1,3.5
2Kö	9,18	sprach: Der B. kommt nicht zurück
	19,14	als Hiskia den Brief von den B. gelesen hatte Jes 37,9.14
	23	hast den HERRN durch deine B. verhöhnt
	20,13	Hiskia freute sich über die B. und zeigte
2Ch	36,15	der HERR ließ gegen sie reden durch B.
	16	aber sie verspotteten die B. Gottes
Est	8,10	man sandte durch reitende B. 14
Hi	1,14	kam ein B. zu Hiob
	4,18	seinen B. wirft er Torheit vor
Ps	104,4	der du machst Winde zu deinen B.
Spr	13,17	ein gottloser B. bringt ins Unglück; aber ein getreuer B. bringt Hilfe
	16,14	des Königs Grimm ist ein B. des Todes
	17,11	ein grausamer B. wird über ihn kommen
	25,13	ist ein getreuer B. dem, der ihn gesandt
	26,6	eine Sache durch törichten B. ausrichtet
Pr	5,5	sprich vor dem B. Gottes nicht: Es war
Jes	6,8	wer will unser B. sein
	14,32	was wird man den B. der Heiden sagen
	18,2	(weh dem Lande,) das B. über das Meer sendet
	2	geht hin, ihr schnellen B., zum Volk
	23,2	ihre B. zogen übers Meer 57,9
	30,4	ihre B. sind nach Hanes gekommen
	33,7	die B. des Friedens weinen bitterlich
	42,19	so taub wie mein B., den ich sende
Jes	44,26	Ratschluß, den seine B. verkündigt
	63,9	nicht ein B., sein Angesicht half ihnen
Jer	27,3	schicke Botschaft durch die B.
	49,14	ein B. ist unter die Völker gesandt Ob 1
Hes	17,15	er sandte B. nach Ägypten 23,16.40
	30,9	werden B. ausziehen in Schiffen
Nah	2,1	auf den Bergen die Füße eines guten B.
	14	die Stimme deiner B. nicht mehr hören soll
Hag	1,13	da sprach Haggai, der B. des HERRN
Mal	2,7	er ist ein B. des HERRN Zebaoth
	3,1	ich will meinen B. senden Mt 11,10; Mk 1,2; Lk 7,27
Jdt	1,7	er hatte B. zu allen gesandt 10; 15,6
	3,1	da schickten die Könige ihre B.
Tob	10,9	will einen B. zu deinem Vater schicken
1Ma	5,14	kamen andere B. aus Galiläa
	6,5	da kam ein B. zu ihm nach Persien
	7,10	sie schickten B. zu Judas 27
	41	als dich die B. des Sanherib lästerten
	9,70	Jonatan schickte B. zu ihm
	14,40	daß die Römer Simons B. aufgenommen
Lk	7,10	die B. fanden den Knecht gesund
	24	als die B. des Johannes fortgingen, fing Jesus an
	9,52	er sandte B. vor sich her
2Ko	8,23	*welche B. sind der Gemeinden*
Eph	6,20	*(Evangelium,) dessen B. ich bin in Ketten*
Phl	2,25	*Epaphroditus, der euer B. für mich ist*

Botschaft
4Mo	20,14	Mose sandte B. aus Kadesch
5Mo	2,26	sandte Boten an Sihon mit friedlicher B.
Ri	6,35	(Gideon) sandte B. zu ganz Manasse 7,24
	9,31	(Sebul) sandte B. zu Abimelech
	11,12	sandte Jeftah B. zum König der Ammoniter
2Sm	4,10	Lohn für eine gute B. hätte geben sollen
	15,28	bis von euch B. zu mir kommt
	18,19	dem König gute B. bringen 20.22.25.27.31
1Kö	1,42	Adonija sprach: Du bringst gute B.
	5,22	habe die B. gehört, die du mir gesandt
2Kö	7,9	dieser Tag ist ein Tag guter B.
Esr	5,7	die B., die sie (König Darius) sandten
Spr	15,30	eine gute B. labt das Gebein
	25,25	eine gute B. aus fernen Landen ist wie
Jes	61,1	den Elenden gute B. zu bringen
Jer	4,15	es kommt eine böse B. vom Gebirge
	20,15	der meinem Vater gute B. brachte
	27,3	schicke B. zum König von Edom
Hes	21,12	warum seufzest du? Um einer B. willen
Ob	1	wir haben vom HERRN eine B. gehört
Hag	1,13	der beauftragt war mit der B. des HERRN
Jdt	8,8	sandte die B. an die Ältesten
Sir	48,25	Jesaja war in seiner B. wahrhaftig
1Ma	10,51	sandte Alexander Boten mit der B.
	11,23	als aber Jonatan diese B. bekam
	12,10	so senden wir dennoch die B. an euch
Mt	14,35	die Leute schickten B. in das ganze Land
Lk	14,32	wo nicht, so schickt er B.
	19,14	seine Bürger schickten B. ihm nach
Apg	11,14	der wird dir die B. sagen
	16,36	der Aufseher überbrachte Paulus diese B.
Rö	10,16	*sind nicht alle der guten B. gehorsam*
1Th	3,6	*Timotheus hat uns gute B. gebracht*
1Ti	1,18	*diese B. vertraue ich dir an, Timotheus*
2Ti	4,17	*damit durch mich die B. ausgebreitet würde*
1Jh	1,5	*das ist die B., die wir euch verkündigen*
	3,11	*das ist die B., die ihr gehört habt*

Botschafter

1Kö	5,15	Hiram sandte seine B. zu Salomo
2Ch	32,31	als die B. der Fürsten zu Babel zu ihm
2Ma	11,34	die B. der Römer entbieten... ihren Gruß
2Ko	5,20	so sind wir B. an Christi Statt

Bozez

1Sm	14,4	zwei Felsklippen; die eine hieß B.

Bozkat, *Bozkath*

Jos	15,39	(Städte des Stammes Juda:) B. 2Kö 22,1

Bozra

1Mo	36,33	¹Jobab, ein Sohn Serachs von B. 1Ch 1,44
Jes	34,6	der HERR hält ein Schlachten in B.
	63,1	mit rötlichen Kleidern von B. Jer 49,13.22; Am 1,12
Jer	48,24	²(Strafe über) B. im Lande Moab (= Bezer 1; Bosora)

brachliegen

1Ma	6,49	das 7. Jahr, in dem man die Felder b. lassen mußte

Brand

3Mo	10,6	laßt eure Brüder weinen über diesen B.
4Mo	17,2	daß er die Pfannen aufhebe aus dem B.
Ri	9,49	setzten über ihnen das Gewölbe in B.
2Sm	14,30	so geht hin und steckt's in B. 31
2Ch	16,14	machten ihm zu Ehren einen großen B. 21,19
Jes	42,25	daß er sie in B. steckte
Jer	32,29	die Chaldäer werden sie in B. stecken
	34,5	wird man dir zu Ehren einen B. anzünden
	43,12	will die Tempel Ägyptens in B. stecken
	49,2	seine Tochterstädte sollen in B. gesteckt
	51,30	ihre Wohnungen sind in B. gesteckt
Dan	3,27	man konnte keinen B. an ihnen riechen
Off	18,9	wenn sie sehen den Rauch von ihrem B. 18

Brandmal

2Mo	21,25	B. um B., Beule um Beule
3Mo	13,24	wenn das B. weißrötlich ist 25.26.28
Jes	3,24	es wird sein B. statt Schönheit
1Ti	4,2	Lügenredner, die ein B. in ihrem Gewissen

brandmarken

StE	3,8	b. den, der das angezettelt hat

Brandopfer

1Mo	8,20	opferte B. 2Mo 18,12; 32,6; 40,29; Jos 8,31; Ri 6,26.28; 20,26; 21,4; 1Sm 6,14.15; 7,9.10; 13,9. 10.12; 2Sm 6,17.18; 24,22.24.25; 1Kö 3,4.15; 8,64; 9,25; 10,5; 1Ch 16,1.2; 21,23.26; 29,21; 2Ch 1,6; 7,7; 8,12; 9,4; 24,14; Hi 1,5
	22,2	nimm Isaak und opfere ihn zum B. 3.6-8.13
2Mo	10,25	willst du uns denn B. mitgeben
	20,24	Altar von Erde, auf dem du B. opferst
	24,5	sandte junge Männer, daß sie B. opferten
	29,18	es ist dem HERRN ein B.
	25	laß es in Rauch aufgehen über dem B.
	42	das tägliche B. bei euren Nachkommen
2Mo	30,9	ihr sollt kein B. darauf opfern
3Mo	1,3	will er ein B. darbringen 4.6.9.10.13.14.17; 3,5; 4,24.29.33; 5,7.10; 7,2
	6,2	dies ist das Gesetz über das B. 3.5.18; 7,8.37
	8,18	(Mose) brachte den Widder zum B. 21.28; 9,2.3.7.12-14.16.17.22.24; 10,19; 16,3.5.24
	12,6	soll sie dem Priester bringen zum B. 8; 14,13. 19.22.31; 15,15.30
	17,8	wer ein B. darbringt 22,18
	23,12	sollt ein B. dem HERRN bringen 18.37; 4Mo 6,11.14.16; 7,15.21.27.33.39.45.51.57.63.69.75.81. 87; 8,12; 10,10; 15,3.5.8.24
4Mo	23,3	tritt zu deinem B. 6.15.17; 28,3.6.10.11.13-15. 19.23.24.27.31; 29,2.6.8.11.13.16.19.22.25.28.31. 34.36.38.39
5Mo	12,6	dorthin sollt ihr bringen eure B. 11.13.14.27; 27,6
Jos	22,23	den Altar gebaut, um B. zu opfern 26-29
Ri	11,31	ich will's als B. darbringen
	13,16	willst du dem HERRN ein B. bringen 23
1Sm	10,8	will zu dir hinabkommen, um B. zu opfern
	15,22	meinst du, daß der HERR Gefallen habe am B.
1Kö	8,64	zu klein für die B. 2Ch 7,7
	18,34	Elia sprach... gießt es auf das B.
	38	das Feuer des HERRN fraß B. 2Ch 7,1
2Kö	3,27	nahm seinen Sohn und opferte ihn zum B.
	5,17	nicht mehr andern Göttern B. darbringen 10.24.25; 16,13.15
1Ch	16,40	daß sie täglich B. darbrächten
	22,1	dies der Altar für die B. Israels 23,31; 2Ch 29,24.27-29.31.32; 35,16
2Ch	2,3	B. am Morgen und am Abend 13,11; 31,3
	4,6	was zum B. gehört 23,18; 24,14; 29,34.35; 31,2
	29,7	(unsere Väter) haben kein B. dargebracht
	30,15	brachten die B. zum Hause des HERRN
	31,3	für die B. an den Sabbaten
	35,12	die B. sonderten sie ab
	14	hatten mit dem B. bis in die Nacht zu tun
Esr	3,2	um B. darauf zu opfern 3-6; 8,35
	6,9	was sie bedürfen zum B.
Neh	10,34	(zu geben) für das tägliche B.
Hi	42,8	opfert B. für euch
Ps	20,4	dein B. sei angenehm
	40,7	du willst weder B. noch Sündopfer
	50,8	sind doch deine B. täglich vor mir
	51,18	B. gefallen dir nicht Heb 10,6.8
	21	dann werden dir gefallen die B. und Ganzopfer
	66,13	will ich in dein Haus gehen mit B.
Jes	1,11	ich bin satt der B. von Widdern
	15	will dir B. bringen von fetten Schafen
	40,16	seine Tiere zu wenig zum B.
	43,23	mir hast du nicht Schafe deines B. gebracht
	56,7	ihre B. sollen mir wohlgefällig sein
Jer	6,20	eure B. sind mir nicht wohlgefällig 14,12
	7,21	tut eure B... und freßt Fleisch
	22	habe nichts gesagt noch geboten von B.
	17,26	sollen kommen, die da bringen B.
	19,5	dem Baal zu verbrennen
	33,18	der täglich vor meinem Angesicht B. darbringt Hes 40,38.39.42; 43,18.24.27; 44,11; 45,15.17.23.25; 46,2.4.12.13.15
Hos	6,6	Lust an der Erkenntnis Gottes und nicht am B.
Am	5,22	wenn ihr mir auch B. opfert
Mi	6,6	soll ich mich ihm mit B. nahen
Jdt	4,14	wenn sie dem Herrn B. darbrachten
	16,22	sie opferten B. 1Ma 4,56; 5,54
Bar	1,10	senden euch Geld; dafür kauft B.
1Ma	1,47	(gebot er, daß sie) die B. einstellen

Brandopfer

1Ma	7,33	kamen heraus, um ihm das B. zu zeigen
StD	3,14	wir haben jetzt weder B. noch 16
Mk	12,33	das ist mehr als alle B. und Schlachtopfer

Brandopferaltar

2Mo	30,28	(sollst salben) den B. mit all seinem Gerät 31,9; 35,16; 38,1; 40,6.10.29; 3Mo 4,7.10.18.25. 30.34; 1Ch 6,34; 16,40; 21,29
2Ch	29,18	haben gereinigt den B. und seine Geräte
1Ma	4,44	weil der B. entheiligt war
	53	sie opferten auf dem neuen B.

Brandpfeil

Jes	50,11	die ihr B. zurüstet, geht hin in die B.

Brandscheit

Jes	7,4	sei unverzagt vor diesen beiden B.
Am	4,11	daß ihr waret wie ein B. Sa 3,2

braten, Braten

2Mo	12,8	sollen das Fleisch essen, am Feuer geb. 9
1Sm	2,15	gib mir Fleisch für den Priester zum B.
Jes	44,16	auf ihr b. er Fleisch und ißt den B. 19
Tob	6,7	einige Stücke vom Fisch b. er
2Ma	7,5	ließ er ihn in der Pfanne b.
Lk	24,42	sie legten ihm ein Stück geb. Fisch vor

Brauch

2Mo	12,25	haltet diesen B. 13,5
	26	was habt ihr da für einen B.
Ri	11,39	es ward B. in Israel Rut 4,7; 2Ch 35,25
2Kö	11,14	stand der König an der Säule, wie es B. war
	17,33	dienten nach dem B. der Völker 34.40
Est	9,23	die Juden nahmen es an als B. 27
Jdt	5,7	verließen sie die B. ihrer Väter
	14,6	Achior verließ die heidnischen B.
Wsh	14,16	festigte sich solch gottloser B.
1Ma	1,51	an alle heidnischen B. zu gewöhnen
2Ma	13,4	ließ ihn, wie es dort B. ist, töten
Lk	1,9	daß ihn nach dem B. das Los traf
	2,27	um mit ihm zu tun, wie es B. ist
	42	gingen sie hinauf nach dem B. des Festes
1Ko	11,2	daß ihr haltet den B.
	16	der wisse, daß wir solchen B. nicht haben

brauchbar

2Ti	2,21	der wird ein Gefäß sein, für den Hausherrn b.

brauchen

2Mo	12,16	nur was jeder b., dürft ihr zubereiten
	16,16	jeder sammle, soviel er zum Essen b. 18.21
	22,10	so daß jener nicht Ersatz zu leisten b.
2Kö	4,13	b. du Fürsprache beim König
	12,9	daß sie nicht mehr auszubessern b.
	16	b. die Männer nicht Rechnung zu legen 22,7
	25,14	die man beim Opferdienst b. 2Ch 30,14
1Ch	23,26	b. die Wohnung nicht mehr zu tragen
Esr	7,20	was du b. für das Haus deines Gottes
Neh	5,18	dafür b. man täglich einen Stier
Est	2,12	ihre Pflege b. so viel Zeit
Hi	33,7	du b. vor mir nicht zu erschrecken
Jes	10,26	wird s. Stab, den er am Meer b., aufheben
Jes	54,14	du b. dich nicht zu fürchten
Jer	2,31	b. dir nicht mehr nachzulaufen
	4,1	so b. du nicht mehr umherzuschweifen
Hes	1,9	b. sie sich nicht umzuwenden 12.17; 10,11
	5,1	nimm ein Schwert und b. es als Schermesser
	39,10	sie b. kein Holz zu holen
Ze	3,11	wirst du dich nicht mehr zu schämen b.
Wsh	6,15	wer sich... aufmacht, b. nicht viel Mühe
Tob	8,20	vorzubereiten, was man auf der Reise b.
	11,4	denn du wirst es b.
Sir	6,20	du b. dich nur ein wenig zu mühen
	9,18	so b. du dich nicht zu fürchten
	21	wenn du Rat b., so suche ihn
	13,7	wenn er dich b., so täuscht er dich
	15,12	denn er b. keinen Gottlosen
	29,3	so findest du allezeit, was du b.
	33,22	es ist besser, daß deine Kinder dich b.
	25	der Esel b. Futter
	38,1	damit du ihn hast, wenn du ihn b.
	39,37	sie sind bereit, wenn er sie b. 42,24
	40,27	man b. keine Hilfe
Bar	6,16	wie ein Gefäß, das ein Mensch b.
1Ma	12,9	obwohl wir jetzt keine fremde Hilfe b.
2Ma	14,35	Herr, du b. kein irdisches Haus
Mt	15,6	b. seinen Vater nicht zu ehren
Rö	14,22	selig, der sich selbst nicht zu verurteilen b.
	16,2	daß ihr ihr beisteht in jeder Sache, in der sie euch b.
1Ko	7,31	(sollen sein,) als b. sie sie nicht
	12,21	das Auge kann nicht sagen zu der Hand: Ich b. dich nicht
	24	denn die anständigen (Glieder) b.'s nicht
2Ko	3,1	b. wir Empfehlungsbriefe an euch
	9,1	von... b. ich nicht zu schreiben
Off	3,17	du sprichst: Ich habe genug und b. nichts

braun

Hl	1,5	ich bin b., aber gar lieblich 6
Sa	1,8	hinter ihm waren rote, b. und weiße Pferde

bräunlich

1Sm	16,12	(David) war b., mit schönen Augen 17,42

brausen

1Ch	16,32	das Meer b. und was darinnen Ps 96,11; 98,7
Ps	65,8	der du stillst das B. des Meeres 8
	93,3	die Wasserströme erheben ihr B. 4
Jes	5,30	wird über ihnen b. wie das B. des Meeres
	17,12	ein B. vieler Völker, wie das Meer b. sie
	28,15	wenn die b. Flut daherfährt
Jer	11,16	mit großem B. ein Feuer anzünden lassen
	31,35	der das Meer bewegt, daß seine Wellen b.
	50,42	ihr Geschrei ist wie das B. des Meeres
Hes	43,2	b., wie ein großes Wasser b.
Dan	10,6	seine Rede war wie ein großes B.
Lk	21,25	sie werden verzagen vor dem B. des Meeres
Apg	2,2	es geschah plötzlich ein B. vom Himmel 6

Braut

1Mo	29,21	Jakob sprach zu Laban: Gib mir meine B.
5Mo	22,24	weil er seines Nächsten B. geschändet
Ps	45,10	die B. steht zu deiner Rechten
Hl	4,8	komm mit mir, meine B., vom Libanon
	9	meine Schwester, liebe B. 10-12; 5,1
Jes	49,18	wie eine B. es tut
	61,10	eine B., die in ihrem Geschmeide prangt

Jes	62,5	wie sich ein Bräutigam freut über die B.
Jer	2,32	vergißt wohl eine B. ihren Schleier
	7,34	will wegnehmen die Stimme der B. 16,9; 25,10; 33,11
Hos	4,13	werden eure B. zu Ehebrecherinnen 14
Jo	2,16	die B. (gehe) aus ihrem Gemach
Wsh	8,2	getrachtet, sie mir zur B. zu nehmen
Bar	2,23	will die Stimme der B. wegnehmen
Jh	3,29	wer die B. hat, der ist der Bräutigam
Off	18,23	die Stimme der B. soll nicht mehr in dir gehört werden
	19,7	seine B. hat sich bereitet
	21,2	bereitet wie eine geschmückte B.
	9	ich will dir die Frau zeigen, die B. des Lammes
	22,17	der Geist und die B. sprechen: Komm

Brautführer

Ri	14,20	seinem Gesellen gegeben, der sein B.

Brautgemach

Tob	6,19	wenn du mit Sara ins B. kommst
1Ma	1,28	die im B. saßen, trauerten

Bräutigam

Ps	19,6	sie geht heraus wie ein B. aus seiner Kammer
Jes	61,10	hat mich wie einen B. geziert
	62,5	wie sich ein B. freut über die Braut
Jer	7,34	will wegnehmen die Stimme des B. 16,9; 25,10; 33,11
Jo	1,8	die Trauer anlegt um ihres B. willen
	2,16	der B. gehe aus seiner Kammer
Bar	2,23	will die Stimme des B. wegnehmen
1Ma	1,28	jeder B. wehklagte
	9,39	der B. zog ihnen entgegen
Mt	9,15	solange der B. bei ihnen ist Mk 2,19.20; Lk 5,34.35
	25,1	zehn Jungfrauen, die gingen dem B. entgegen 5.6.10
Jh	2,9	ruft der Speisemeister den B. und spricht
	3,29	wer die Braut hat, der ist der B.
Off	18,23	die Stimme des B. soll nicht mehr in dir gehört werden

Brautlied

Ps	45,1	Unterweisung der Söhne Korach, ein B.

Brautpreis

1Mo	34,12	fordert von mir B. und Geschenk
2Mo	22,15	so soll er den B. für sie geben 16
1Sm	18,25	begehrt keinen andern B. als 100 Vorhäute

Brautzeit

Jer	2,2	ich gedenke der Liebe deiner B.

brechen

1Mo	3,22	daß er nicht b. auch von dem Baum
	17,14	weil er meinen Bund geb. hat
2Mo	13,13	so b. (der Erstgeburt) das Genick 34,20
3Mo	6,14	in Stücke geb. sollst du es opfern
	21,19	wer geb. Fuß oder geb. Hand hat 22,22
	26,15	werdet ihr meinen Bund b. 4Mo 15,31
3Mo	26,19	daß ich eure Halsstarrigkeit b.
4Mo	30,3	so soll er sein Wort nicht b.
5Mo	21,4	sollen (der Kuh) das Genick b. 6
	31,16	dies Volk wird den Bund b. 20; Jes 24,5
Ri	2,1	ich wollte meinen Bund mit euch nicht b.
1Sm	4,18	Eli b. seinen Hals und starb
2Sm	23,4	wie das Gras aus der Erde b.
Esr	10,2	haben unserm Gott die Treue geb. 10; Neh 13,27
Neh	1,8	wenn ihr mir die Treue b.
	13,29	daß sie den Bund der Leviten geb. haben
Hi	28,4	man b. einen Schacht 10
	31,22	mein Arm b. aus dem Gelenk
	37,11	aus der Wolke b. sein Blitz
	38,25	wer hat dem Platzregen Bahn geb.
Ps	69,21	die Schmach b. mir mein Herz
	73,27	bringst um alle, die dir die Treue b.
	89,34	will meine Treue nicht b.
Pr	10,9	wer Steine b., kann sich dabei wehe tun
Jes	24,5	sie b. den ewigen Bund
	25,5	wie du die Hitze b. durch den Schatten
	27,11	ihre Zweige werden vor Dürre b.
	58,7	b. dem Hungrigen dein Brot
	66,3	der einem Hund das Genick b.
Jer	11,10	hat Israel und Juda meinen Bund geb.
	16,7	wird man keinem das Trauerbrot b.
	23,9	mein Herz will mir in meinem Leibe b.
	31,20	darum b. mir mein Herz
	52,7	da b. man in die Stadt
Klg	4,4	Brot, und niemand ist da, der's ihnen b.
Hes	8,8	b. ein Loch durch die Wand 12,5
	8	als ich ein Loch geb. hatte 12,12
	15,8	weil sie die Treue geb. haben 17,20; 20,27
	16,59	als du den Bund geb. 17,15.16.18.19; 44,7
	17,22	will ich ein zartes Reis b.
	29,7	wenn sie dich anfaßten, so b. du
Mal	2,16	seht euch vor und b. nicht die Treue
1Ma	14,45	unterstehen, diese Ordnung b.
2Ma	15,10	wie die Heiden ihre Eide geb. hätten
Mt	12,5	wie die Priester am Sabbat den Sabbat b.
	14,19	dankte und b.'s und gab den Jüngern 15,36; 26,26; Mk 6,41; 14,22; Lk 9,16; 22,19; 24,30; 1Ko 11,24
Mk	8,19	als ich 5 Brote b. für die fünftausend 20
Lk	24,35	wie er von ihnen erkannt wurde, als er das Brot b.
Jh	5,18	weil er nicht allein den Sabbat b.
	7,23	damit nicht das Gesetz des Mose geb. werde
	10,35	die Schrift kann nicht geb. werden
	19,31	daß ihnen die Beine geb. würden
	33	b. sie ihm die Beine nicht 32
Apg	2,46	sie b. das Brot hier und dort in den Häusern
	20,7	versammelt waren, das Brot zu b. 11
	21,13	daß ihr weint und b. mir mein Herz
	27,35	dankte Gott und b.'s und fing an zu essen
1Ko	10,16	das Brot, das wir b., ist die Gemeinschaft
1Ti	5,12	Urteil, daß sie die erste Treue geb.
Heb	10,28	wenn jemand das Gesetz des Mose b.
Off	5,2	wer ist würdig, seine Siegel zu b.

Brei

StD	2,32	Habakuk hatte einen B. gekocht
Jh	9,6	machte einen B. und strich den B. auf die Augen des Blinden 11.14.15

breit

2Mo	26,16	soll sein... Ellen b. 27,1.16; 30,2; 36,15.21; 37,1.6.10.25; 38,1; 39,9; 5Mo 3,11; 1Kö 6,2.3. 20; 7,2.6.27; 2Ch 4,1.2; 6,13; Hes 40,7.10.21.25.

breit 198

		29.30.33.36.42.43.47.49; 41,1.2.4.7.12.22; 42,4; 43,13.16.17; 45,1.5; 46,22; 48,8-10; Dan 3,1; Sa 5,2
4Mo	17,3	man schlage sie zu b. Blechen
5Mo	2,5	von ihrem Lande nicht einen Fuß b. geben
1Kö	7,26	die Wanddicke war eine Hand b. 2Ch 4,5
	18,32	Graben, so b. wie für zwei Kornmaß Aussaat
Neh	3,8	sie bauten bis an die b. Mauer 12,38
Hi	11,9	(die Weisheit ist) b. als das Meer
	30,14	sie kommen wie durch eine b. Bresche
	38,18	hast du erkannt, wie b. die Erde ist
Sa	2,6	zu sehen, wie lang und b. es werden soll
Sir	1,3	wer kann erforschen, wie b. die Erde ist
2Ma	8,7	sprach man weit und b. von seinen Taten
	12,16	Teich, der wohl zwei Stadien b. war
Mt	7,13	der Weg ist b., der zur Verdammnis führt
Apg	7,5	kein Eigentum, auch nicht einen Fuß b.

Breite

1Mo	6,15	sei... Ellen die B. 2Mo 25,10.17.23; 26,2.8; 27,18; 28,16; 36,9; 2Ch 3,3.8; Esr 6,3; Hes 40,19.20; 41,3.7.11.14; 42,2.11; 43,14; 45,3.6; 48,13.15
	13,17	durchzieh das Land in die Länge und B.
2Mo	27,12	soll die B. des Vorhofes Behänge haben 13; 1Kö 6,3; 2Ch 3,4.8
Eph	3,18	so könnt ihr begreifen, welches die B. ist
Off	20,9	*sie zogen herauf auf die B. der Erde*
	21,16	ihre Länge ist so groß wie die B.

breiten

4Mo	4,6	oben darauf eine Decke b. 7.8.11.13.14
Rut	3,9	b. den Zipfel deines Gewandes über d. Magd
2Sm	17,19	(eine Decke) über das Brunnenloch
2Kö	4,34	(Elisa) b. sich so über (den Knaben) 35
	8,15	b. (die Decke) über des Königs Angesicht
Hi	36,30	er b. sein Licht um sich
Ps	36,11	b. deine Güte über die, die dich kennen
Hes	16,8	da b. ich meinen Mantel über dich
Mt	21,8	eine sehr große Menge b. ihre Kleider auf den Weg Mk 11,8; Lk 19,36

breitmachen

Ps	37,35	m. sich b. und grünte wie eine Zeder
Mt	23,5	sie m. ihre Gebetsriemen b.

brennen

1Mo	11,3	laßt uns Ziegel streichen und b.
2Mo	3,2	sah, daß der Busch im Feuer b.
	27,21	sollen den Leuchter zurichten, daß er b.
3Mo	6,2	soll des Altars Feuer b. erhalten werden 5.6
4Mo	6,18	Feuer, das unter dem Dankopfer b.
	19,6	Zedernholz auf die b. Kuh werfen
5Mo	5,23	als ihr den Berg im Feuer b. saht 9,15
	32,22	ein Feuer wird b. bis in die unterste Tiefe
2Ch	4,20	Leuchter, daß sie b. vor dem Chorraum
Ps	39,4	wenn ich daran denke, b. es wie Feuer
	58,10	reißt alles der b. Zorn hinweg
	79,5	deinen Eifer b. lassen wie Feuer 89,47
Spr	6,27	ohne sich seine Kleider zu b.
	13,9	das Licht der Gerechten b. fröhlich
	16,27	in seinem Munde ist's wie b. Feuer
Jes	1,31	beides wird miteinander b.
	9,18	vom Zorn des HERRN Zebaoth b. das Land
	10,16	seine Herrlichkeit b. wird wie Feuer

Jes	30,27	sein Zorn b., und mächtig erhebt er sich
	34,9	sein Land wird zu b. Pech werden
	43,2	ins Feuer... sollst du nicht b.
	62,1	bis sein Heil b. wie eine Fackel
	65,5	ein Feuer, das den ganzen Tag b.
Jer	4,4	daß nicht mein Grimm b. 7,20; 21,12
	17,4	Feuer meines Zorns ewiglich b. wird
	20,9	in meinem Herzen wie ein b. Feuer
	51,39	wenn sie vor Gier b.
Hes	1,13	wie wenn feurige Kohlen b.
Hos	7,6	am Morgen b. er lichterloh
Jo	2,3	hinter ihm eine b. Flamme
Nah	1,6	sein Zorn b. wie Feuer
Mal	3,19	kommt ein Tag, der b. soll wie ein Ofen
Jdt	16,21	sie werden b. und sich fühlen in Ewigkeit
Wsh	16,17	daß das Feuer im Wasser b. 18.19.22
	17,6	erschien ihnen ein von selbst b. Feuer
Sir	3,33	wie das Wasser ein b. Feuer löscht
	22,30	gehen voraus, ehe ein Feuer b.
	23,22	der ist wie ein b. Feuer
	40,32	im Bauch wird es wie Feuer b.
	48,1	sein Wort b. wie eine Fackel
Lk	12,35	laßt eure Lichter b.
	49	was wollte ich lieber, als daß es schon b.
	24,32	b. nicht unser Herz in uns
Jh	5,35	er war ein b. und scheinendes Licht
	15,6	man wirft sie ins Feuer, und sie müssen b.
Apg	18,25	dieser redete b. im Geist
Rö	12,11	seid b. im Geist
1Ko	13,3	*wenn ich ließe meinen Leib b.*
2Ko	11,29	wer wird zu Fall gebracht, und ich b. nicht
Heb	12,18	zu dem Berg, der mit Feuer b.
Off	4,5	sieben Fackeln b. vor dem Thron
	8,8	wie ein großer Berg mit Feuer b. 10
	19,20	Pfuhl, der mit Schwefel b. 21,8

Brennholz

2Sm	24,22	das Geschirr der Rinder als B. 1Ch 21,23
Neh	10,35	B. für das Haus Gottes geben 13,31
Jes	44,15	das gibt den Leuten B.
Jer	5,14	ich will dies Volk zu B. machen

Bresche

Hi	16,14	schlägt in mich eine B. nach der andern
	30,14	kommen wie durch eine B. herein
Ps	106,23	Mose trat vor ihm in die B.
Hes	13,5	sie sind nicht in die B. getreten 22,30

Brett

2Mo	26,15	sollst B. machen für die Wohnung 16.17. 19-23.25-29; 27,8; 35,11; 36,20.22-27.30.31.33. 34; 38,27; 39,33; 40,18
4Mo	3,36	in Obhut nehmen die B. 4,31
1Kö	6,16	er baute eine Wand aus zedernen B. 15
Apg	27,44	(ans Land retten,) einige auf B.

Brief

2Sm	11,14	schrieb David ein B. an Joab 15
1Kö	21,8	(Isebel) schrieb B. unter Ahabs Namen 9.11
2Kö	5,5	will dem König einen B. schreiben 6.7
	10,1	Jehu schrieb B. nach Samaria 2.6.7
	19,14	als Hiskia den B. empfangen hatte 20,12; Jes 37,14; 39,1
2Ch	2,10	da antwortete Hiram in einem B.
	21,12	es kam ein B. zu ihm von Elia
	30,1	Hiskia schrieb B. an Ephraim 6

2Ch	32,17	schrieb einen B., dem HERRN hohnzusprechen	1Mo	43,2	was sie an Getreide aus Ägypten geb. hatten
Esr	4,7	der B. war in aramäischer Schrift 8.11.18.23; 5,5.6; Neh 2,7-9; 6,5.17.19		24	(der Haushalter) b. sie in Josefs Haus
				26	b. ihm das Geschenk, das sie mitgebracht
Jer	29,1	Worte des B., den Jeremia sandte		46,7	seine Söhne b. er mit sich nach Ägypten
	25	weil du unter deinem Namen B. gesandt 29		47,17	da b. sie Josef ihr Vieh
	32,14	(befahl Baruch:) Nimm diese B.		48,10	Josef b. sie zu ihm 13
Bar	6,1	Abschrift des B., den... gesandt 1Ma 11,31. 37; 12,5.7.19		50,13	b. ihn ins Land Kanaan und begruben ihn
			2Mo	2,10	(die Amme) b. es der Tochter des Pharao
1Ma	1,46	Antiochus sandte auch B. nach Jerusalem		6,8	(euer Gott, der) euch b. in das Land 13,5.11; 33,3; 4Mo 14,8; 15,18; 5Mo 6,10; 7,1; 11,29; 30,5; 31,7.20.21; Jos 24,8; Ri 2,1
	5,14	als man diesen B. las			
	12,8	nahm... an, von denen im B. geschrieben			
	17	daß sie euch diesen B. übergeben		9,19	was nicht in die Häuser geb., muß sterben
	13,42	das Volk schrieb von jetzt an in B.		10,7	wie lange soll dieser uns Verderben b. 12,13
2Ma	2,13	die B. der Könige zusammengebracht		14,24	der HERR b. einen Schrecken über ihr Heer
Lk	16,7	*nimm deinen B. und schreib achtzig*		18,19	b. ihre Anliegen vor Gott 22.26; 21,6
Apg	9,2	bat ihn um B. nach Damaskus		19,4	wie ich euch zu mir geb.
	15,30	versammelten die Gemeinde und übergaben den B.		23,19	das Beste sollst du in das Haus des HERRN b. 27,20; 34,26; 35,5.21-25.27.29; 36,3
	22,5	von ihnen empfing ich B. an die Brüder		20	Engel, der dich b. an den Ort 23
	23,25	er schrieb einen B., der lautete		30,36	zu Pulver stoßen und vor die Lade b.
	33	übergaben sie den B. dem Statthalter 34		32,2	reißt ab die Ohrringe und b. sie zu mir 3
	28,21	deinetwegen weder B. aus Judäa empfangen		12	laß dich des Unheils gereuen, das du b.
Rö	16,22	Tertius, der ich diesen B. geschrieben habe		21	daß du eine so große Sünde über sie geb.
1Ko	5,9	ich habe euch b. geschrieben		36,5	das Volk b. zu viel 6.7
	16,3	die, die ihr für bewährt haltet, mit B. senden		39,33	sie b. die Wohnung zu Mose
2Ko	3,2	ihr seid unser B.		40,21	(Mose) b. die Lade in die Wohnung
	3	offenbar, daß ihr ein B. Christi seid	3Mo	1,2	der b. es von dem Vieh 14.15; 2,2.8.12; 3,7.12; 4,4.5.16.23.28.32; 5,7.8.11.18.25; 6,7.23; 7,25. 30; 9,2.5.9.12.13.18; 10,15; 12,6; 14,23; 15,14.29; 16,27; 17,4.5.9; 19,5.21; 22,22.24; 23,12; 4Mo 15,27
	7,8	wenn ich euch durch den B. traurig gemacht			
	10,9	als hätte ich euch mit den B. schrecken wollen			
	10	seine B., sagen sie, wiegen schwer			
	11	wie wir in den Worten unsrer B. sind, so werden wir		4,3	wenn der Priester Schuld auf das Volk b.
				5,21	was er mit Unrecht an sich geb. 23
Kol	4,16	wenn der B. bei euch gelesen ist		10,1	b. so ein fremdes Feuer vor den HERRN
1Th	5,27	daß ihr diesen B. lesen laßt vor allen Brüdern		13,9	so soll man ihn zum Priester b. 4Mo 5,15; 6,10.12.14.16
2Th	2,2	weder durch... noch durch einen B.		16,21	soll (den Bock) in die Wüste b. lassen
	15	unterwiesen, es sei durch Wort oder B.		23,10	sollt die erste Gabe zu dem Priester b.
	3,14	unserm Wort in diesem B. nicht gehorsam		14	Tag, da ihr eurem Gott seine Gabe b. 17; 4Mo 31,50
	17	das ist das Zeichen in allen B.			
2Pt	3,1	dies ist der zweite B., den ich euch schreibe		24,2	daß sie zu dir b. reines Öl
	16	davon redet er in allen B.		11	da b. ihn zu Mose 4Mo 15,33; 31,12
2Jh	12	ich wollte es nicht mit B. und Tinte tun		25,15	wieviel Jahre noch Ertrag b.
Jud	3	hielt ich's für nötig, euch in meinem B. zu ermahnen		26,4	die Bäume ihre Früchte b. 20
				25	will ein Racheschwert über euch b.
			4Mo	5,9	Gaben, die sie dem Priester b. 7.3.11
		bringen		15	Erinnerungsopfer, das Schuld ans Licht b.
1Mo	1,11	Gras und Kraut, das Samen b. 12.29		8,9	sollst die Leviten vor die Stiftshütte b. 10; 11,16; 31,54
	2,19	Gott der HERR b. sie zu dem Menschen 22			
	4,3	daß Kain dem HERRN Opfer b. 4		9,7	daß wir unsere Gabe nicht b. dürfen 13
	6,19	sollst in die Arche b. von allen Tieren		13,26	b. ihnen Kunde, wie es stand
	12,15	da wurde sie in das Haus des Pharao geb.		14,16	vermochte nicht... in das Land zu b. 16,14; 5Mo 9,28
	15,9	b. mir eine dreijährige Kuh 10			
	18,4	man soll euch ein wenig Wasser b. 5		24	nur Kaleb will ich in das Land b. 20,12
	20,9	eine Sünde wolltest auf mich b. 26,10		18,12	Erstlingsgabe, die sie dem HERRN b. 13.15
	27,7	b. mir ein Wildbret 14.25.33		20,4	warum habt ihr... in diese Wüste geb.
	12	ich b. über mich einen Fluch		22,23	um sie wieder auf den Weg zu b.
	29,23	nahm (Laban) Lea und b. sie zu Jakob		25,6	b. unter seine Brüder eine Midianiterin
	30,39	die Herden b. Sprenklige und Bunte		27,5	Mose b. ihre Sache vor den HERRN
	31,1	hat alles Gut unseres Vaters an sich geb.		32,17	bis wir sie an ihren Ort geb. haben
	39	was die Tiere zerrissen, habe ich dir nicht		35,19	soll den Mörder zum Tode b. 21.30
	34,30	ihr habt mich in Verruf geb. 2Mo 5,21	5Mo	3,20	bis der HERR eure Brüder zur Ruhe b. 25,19; Jos 1,13.15; 22,4; *Heb 4,8*
	37,2	Josef b. es vor ihren Vater			
	28	b. (Josef.) nach Ägypten		7,23	wird eine große Verwirrung über sie b.
	32	ließen (den bunten Rock) ihrem Vater b.		26	sollst solchen Greuel nicht in dein Haus b.
	40,14	daß du mich aus diesem Hause b.		11,4	wie er das... die Schilfmeers über sie b.
	42,20	b. euren jüngsten Bruder zu mir 34		12,6	dorthin sollt ihr b. eure Brandopfer 11.26
	38	würdet meine grauen Haare zu den Toten b. 44.29.31		13,10	sollst ihn zum Tode b.
				22,15	sollen die Zeichen vor die Ältesten b.
				23,19	keinen Hurenlohn in das Haus des HERRN b.

bringen

5Mo	24,4	damit du nicht Sünde über das Land b.
	26,9	b. uns an diese Stätte und gab uns Land
	10	nun b. ich die Erstlinge des Landes 13
	28,60	wird alle Seuchen Ägyptens über dich b.
	31,7	zu (Josua): Du wirst dies Volk in das Land b.
	33,7	HERR, b. (Juda) zu seinem Volk
	10	sie b. Räucherwerk vor dein Angesicht
Jos	6,6	Josua sprach zu ihnen: B. die Bundeslade
	18	das Lager Israels in Unglück zu b.
	7,23	nahmen's und b.'s zu Josua 8,23; 10,23
	24,32	Gebeine Josefs aus Ägypten geb.
Ri	1,7	man b. (Adoni-Besek) nach Jerusalem
	3,17	(Ehud) b. Eglon den Tribut
	6,8	ich habe euch aus der Knechtschaft geb.
	18	ich komme und b. meine Gabe
	7,25	b. die Häupter Orebs und Seebs zu Gideon
	13,16	willst du dem HERRN ein Brandopfer b.
	16,8	b. die Fürsten (Delila) sieben Seile
	21,12	Mädchen, die b. sie ins Lager nach Silo
Rut	3,18	er b. es denn heute zu Ende
	4,4	gedachte ich's vor deine Ohren zu b.
1Sm	1,22	wenn der Knabe... will ich ihn b. 24.25
	2,13	wenn jemand ein Opfer b. wollte 15
	19	b. (ein Oberkleid) ihm Jahr für Jahr
	5,1	b. (die Lade) nach Aschdod 2; 7,1
	6	er b. Verderben über (die Leute von Aschdod)
	9,7	was b. er dem Mann
	10,27	ruchlose Leute b. (Saul) kein Geschenk
	11,2	b. damit Schmach über ganz Israel
	13,4	Israel hat sich in Verruf geb. 27,12; 2Sm 10,6; 16,21
	14,29	mein Vater b. das Land ins Unglück
	34	daß ein jeder seinen Stier b. soll 15,15
	15,32	b. Agag, den König von Amalek, zu mir
	16,17	der des Saitenspiels kundig... b. ihn zu mir
	17,17	nimm diese Brote und b. sie ins Lager 18
	31	als sie die Worte hörten, b. sie es vor Saul
	54	David b. (des Philisters Haupt) nach Jerusalem
	57	Abner b. (David) vor Saul 19,7
	18,27	David b. ihre Vorhäute dem König
	20,8	warum willst du mich zu deinem Vater b.
	9	Böses über dich zu b.
	38	b. (den Pfeil) zu seinem Herrn
	21,15	warum habt ihr ihn zu mir geb.
	22,4	(David) b. sie vor den König von Moab
	8	niemand, der es mir zu Ohren b. 17
	25,27	Segensgeschenk, das deine Magd geb. 35
	30,7	als Abjatar den Efod zu David geb. hatte
	31,12	b. (die Leichname) nach Jabesch 1Ch 10,12
2Sm	3,13	es sei denn, du b. Michal zu mir
	4,8	b. das Haupt Isch-Boschets zu David
	6,10	wollte (die Lade) nicht zu sich b. lassen 1Ch 13,12.13
	20	seinem Haus den Segensgruß zu b.
	7,18	daß du mich bis hierher geb. hast 1Ch 17,16
	8,2	daß sie ihm Abgaben b. mußten 6; 1Ch 18,2
	7	b. (die Schilde) nach Jerusalem 1Ch 18,7
	12,4	b. er's nicht über sich... zu nehmen
	14	durch diese Sache zum Lästern geb.
	13,10	b. die Krankenspeise 11
	14,10	wer gegen dich redet, den b. zu mir
	23	Joab b. Absalom nach Jerusalem
	15,14	damit (Absalom) nicht Unheil über uns b.
	16,8	der HERR hat über dich geb. alles Blut
	17,14	damit der HERR Unheil über Absalom b.
	17	eine Magd b. ihnen Nachricht
	27	da b. Schobi und Machir (Betten, Becken)
	18,19	dem König gute Botschaft b. 20.22.27

2Sm	19,42	haben den König über den Jordan geb.
	23,16	schöpften Wasser und b.'s zu David
1Kö	1,3	b. (das Mädchen) zum König
	42	du b. gute Botschaft
	2,5	wie er Blut an die Schuhe seiner Füße geb.
	3,1	Salomo b. sie in die Stadt Davids
	24	als das Schwert vor den König geb. wurde
	5,1	die b. (Salomo) Geschenke 9,28; 10,25.28; 2Ch 1,16; 8,18; 9,12-14.24; 17,11
	8	auch Gerste für die Pferde b. sie
	8,6	b. die Lade 1Ch 22,19; 2Ch 5,7; 35,3
	9,3	Gebet, das du vor mich geb. hast
	9	darum hat der HERR dies Unheil über sie geb. 2Ch 7,22
	10,11	auch b. die Schiffe viel Sandelholz 22; 1Ch 22,4; 2Ch 2,15; 9,10.21
	17	b. sie in das Libanon-Waldhaus 2Ch 9,16
	27	der König b. es dahin, daß 2Ch 1,15; 9,27; 34,33
	14,10	will Unheil b. 21.21.29; 2Kö 21,12; 22,16.20; 2Ch 34,24.28
	15,15	b. er (Silber) zum Hause des HERRN 2Ch 15,18
	17,6	die Raben b. ihm Brot und Fleisch
	20,17	Leute; die b. ihm Botschaft
	33	geht und b. ihn 39
	22,26	nimm Micha und b. ihn zu Amon 2Ch 18,25
2Kö	2,20	eine neue Schale... und sie b.'s ihm
	3,15	b. mir nun einen Spielmann
	4,19	b. ihn zu seiner Mutter
	42	ein Mann b. dem Mann Gottes Erstlingsbrot
	5,6	b. dem König dem Brief von Israel
	20	nichts genommen, was er geb. hat
	9,28	seine Männer b. (den Toten) 14,20; 23,30; 2Ch 25,23.28; 35,24
	10,6	nehmt die Köpfe und b. sie zu mir 8
	19	habe ein großes Opfer dem Baal zu b.
	11,2	b. (Joasch) in die Bettenkammer 2Ch 22,11
	12,5	Geld, das in das Haus des HERRN geb. wird 10.14; 22,4; 2Ch 34,9.14
	17,3	Hoschea b. ihm Abgaben 4
	27	b. dorthin einen Priester
	19,7	einen neuen Geist über ihn b., daß er
	20,7	als sie das (Pflaster von Feigen) b.
	23,4	ließ ihre Asche nach Bethel b.
	6	ließ das Bild der Aschera aus dem Hause b.
	34	er b. ihn nach Ägypten 36,4
	24,16	die b. der König nach Babel 25,13.20; 1Ch 5,26; 2Ch 33,11; 36,7; Esr 1,7; Jer 24,1; 52,17.26
1Ch	2,7	der Israel ins Unglück b.
	12,41	die ihnen nahe waren, b. Nahrung
	16,29	b. (dem HERRN) Geschenke 2Ch 32,23
	21,2	b. mir Kunde, wieviel ihrer sind
2Ch	22,9	man fing ihn, und er wurde zu Jehu geb.
	23,18	verordnet, dem HERRN Brandopfer zu b. 29,11
	24,7	haben sie an die Baale geb.
	9	daß man dem HERRN Steuer b. 10.11.14
	26,18	es wird dir keine Ehre b. vor Gott
	28,5	gefangen wegführten und nach Damaskus b.
	8	große Beute b. sie nach Samaria
	13	ihr b. Schuld über uns
	15	b. sie nach Jericho, zur Palmenstadt
	23	die Götter b. ihm und Israel zu Fall
	27	sie b. ihn nicht in die Gräber der Könige
	29,23	sie b. die Böcke zum Sündopfer 31.32; 30,15
	31,5	den Zehnten b. sie in Menge 6.10
	34,16	Schafan b. (das Buch) zum König
	35,13	sie b. (das Passa) schnell allem Volk

bringen

Esr	3,6	fingen an, Brandopfer zu b.
	7	damit sie Zedernholz b.
	4,13	wird den Königen Schaden b. 15
	5,14	in den Tempel zu Babel geb. 15; 6,5; 8,30
	8,18	sie b. uns einen klugen Mann
	10,17	b.'s zum Abschluß bei allen Männern
Neh	1,9	will euch b. an den Ort 9,23
	8,2	Esra b. das Gesetz vor die Gemeinde
	9,33	gerecht in allem, was du über uns geb. 13,18
	37	b. den Königen großen Gewinn Est 3,9
	10,32	am Sabbattag zum Verkauf b. 13,15.16
	36	wollen die Erstlinge b. 37.38.40; 13,12
Est	2,9	er b. sie (in das) Frauenhaus 16.19
	6,1	der König ließ sich das Buch b.
	8	soll man königliche Kleider b.
Hi	5,8	ich würde meine Sache vor ihn b.
	10,3	b. der Gottlosen Vorhaben zu Ehren
	19	wäre vom Mutterleib weg zum Grabe geb.
	12,19	er b. zu Fall die alten Geschlechter
	13,26	über mich b. die Sünden meiner Jugend
	15,35	ihr Schoß b. Trug zur Welt
	18,8	ins Garn b. ihn seine Füße
	27,15	die wird der Tod ins Grab b.
	22	das wird er über ihn b.
	28,2	Eisen b. man aus der Erde
	11	man b., was verborgen ist, ans Licht
	36,19	wird dein Geschrei dich aus der Not b.
	38,20	zu ihrem Gebiet b. könntest
Ps	1,3	der seine Frucht b. zu seiner Zeit
	35,12	um mich in Herzeleid zu b.
	43,3	daß sie mich b. zu deinem heiligen Berg
	54,8	so will ich dir ein Freudenopfer b.
	55,4	sie wollen Unheil über mich b.
	24	werden ihr Leben nicht bis zur Hälfte b.
	64,9	ihre eigene Zunge b. sie zu Fall
	66,13	will dir Brandopfer b. von fetten Schafen
	68,7	ein Gott, der die Einsamen nach Hause b.
	30	werden dir Könige Geschenke b.
	72,3	laß die Berge Frieden b. für das Volk
	10	die Könige von Tarsis sollen Geschenke b.
	76,11	wenn Menschen wüten, b. es dir Ehre
	12	die ihr um ihn her seid, b. Geschenke
	78,34	wenn er den Tod unter sie b.
	45	Frösche, die ihnen Verderben b.
	49	eine Schar Verderben b. Engel
	54	er b. sie zu seinem heiligen Lande
	91,6	vor der Seuche, die am Mittag Verderben b.
	15	will ihn herausreißen und zu Ehren b.
	96,8	b. Geschenke und kommt in seine Vorhöfe
	101,5	wer verleumdet, den b. ich zum Schweigen 8
	107,22	daß er von seinen Werken erzählend b.
	113,9	der die Unfruchtbare im Hause zu Ehren b.
	126,6	kommen mit Freuden und b. ihre Garben
	140,5	die mich zu Fall b. wollen
Spr	1,32	den Unverständigen b. ihre Abkehr den Tod
	3,2	sie werden dir langes Leben b.
	4,8	wird dich zu Ehren b., wenn du sie herzest
	6,26	eine Hure nur ums Brot
	32	wer sein Leben ins Verderben b. will
	7,14	ich hatte Dankopfer zu b.
	11,18	der Gottlosen Arbeit b. trügerischen Gewinn
	29	wer sein eigenes Haus in Verruf b.
	12,12	die Wurzel der Gerechten wird Frucht b.
	18	die Zunge der Weisen b. Heilung
	13,6	die Gottlosigkeit b. den Sünder zu Fall
	15	der Verächter Weg b. Verderben
	17	ein gottloser Bote b. ins Unglück; aber ein getreuer Bote b. Hilfe
	14,4	die Kraft des Ochsen b. reichen Ertrag
	12	zuletzt b. (der Weg) ihn zum Tode 16,25
Spr	14,28	das b. einen Fürsten ins Verderben
	15,2	der Weisen Zunge b. gute Erkenntnis
	4	eine lügenhafte (Zunge) b. Herzeleid 10
	18,6	die Lippen des Toren b. Zank
	7	der Mund des Toren b. ihn ins Verderben
	16	das Geschenk b. ihn zu den großen Herren
	24	es gibt Allernächste, die b. ins Verderben
	21,5	das Planen eines Emsigen b. Überfluß
	22,12	die Worte des Verächters b. er zu Fall
	21	damit du rechte Antwort b. könnest
	25	könntest dich selbst zu Fall b.
	25,23	Wind mit dunklen Wolken b. Regen
	27	wer ... forscht, dem b.'s Ehre
	26,15	es wird ihm sauer, daß er sie zum Munde b.
	27,1	du weißt nicht, was der Tag b.
	29,8	die Spötter b. eine Stadt in Aufruhr
	25	Menschenfurcht b. zu Fall
	31,14	ihren Unterhalt b. sie von ferne
	18	sie merkt, wie ihr Fleiß Gewinn b.
Pr	3,22	wer will ihn dahin b., daß er sehe
	4,17	besser, als wenn die Toren Opfer b.
	5,5	nicht, daß dein Mund dich in Schuld b.
	10,10	Weisheit b. Vorteil und Gewinn
	12	Worte aus dem Munde der Weisen b. Gunst
	12,14	Gott wird alle Werke vor Gericht b.
Hl	3,4	bis ich ihn b. in meiner Mutter Haus 8,2
	8,11	für seine Früchte b. 1.000 Silberstücke
Jes	3,9	damit b. sie sich selbst in alles Unglück
	5,2	wartete, daß er gute Trauben b. 3.4
	8	weh denen, die ein Haus zum andern b.
	8,23	hat er in Schmach geb. das Land Sebulon, so wird er zu Ehren b. den Weg am Meer
	10,22	Verderben b. Fluten von Gerechtigkeit
	11,1	es wird ein Zweig aus s. Wurzel Frucht b.
	14,2	die Völker werden Israel an seinen Ort b.
	17,11	wenn du sie zum Sprießen b.
	18,7	wird das Volk Geschenke b. dem HERRN
	30,7	Rahab, die zum Schweigen geb. ist
	39,6	daß alles nach Babel geb. wird Jer 20,5
	42,1	er wird das Recht unter die Heiden b.
	43,5	ich will vom Osten deine Kinder b.
	23	mir hast du nicht die Schafe geb.
	45,8	die Erde tue sich auf und b. Heil
	46,13	habe meine Gerechtigkeit nahe geb.
	56,7	die will ich zu meinem heiligen Berge b.
	60,6	werden Gold und Weihrauch b. 7.11
	17	ich will Gold anstatt des Erzes b.
	61,1	den Elenden gute Botschaft b.
	63,14	so b. der Geist des HERRN uns zur Ruhe
	66,3	wer ein Speisopfer b., gleicht
	20	gleichwie Israel das Opfergabe b.
Jer	2,7	ich b. euch in ein fruchtbares Land
	19	was es für Jammer und Herzeleid b. Klg 1,5. 12; 2,5
	3,14	ich will euch b. nach Zion
	5,15	will über euch ein Volk von ferne b. 25,9
	6,19	ich will Unheil über dies Volk b. 19,3; 51,64
	28	alle zu Fall b.
	10,9	Silberblech b. man aus Tarsis
	11,14	b. für sie kein Gebet vor mich
	12,2	du pflanzest sie ein, sie b. Frucht
	14,12	wenn sie auch Brandopfer b.
	17,8	sondern b. ohne Aufhören Früchte
	26	die da b. Brandopfer ... Dankopfer b. 33,11
	18,15	die haben sie zu Fall geb.
	20,15	der meinem Vater gute Botschaft b.
	26,19	wir würden Unheil über uns b.
	23	die b. ihn zum König 37,14
	31,8	will sie aus dem Lande des Nordens b.
	32,35	um Juda in Sünde zu b.

bringen

Jer	38,22	haben dich in ihre Gewalt geb.
	39,5	b. (Zedekia) zu Nebukadnezar
	41,5	um es zum Hause des HERRN zu b.
	42,9	daß ich euer Gebet vor ihn b. sollte
	20	ihr selbst habt euer Leben in Gefahr geb.
	46,22	sie b. Äxte über sie
	51,1	will einen Verderben b. Wind erwecken 25
	8	heulet über Babel, b. Balsam
	10	hat unsere Gerechtigkeit ans Licht geb.
Hes	3,20	werde ich ihn zu Fall b.
	5,16	böse Pfeile des Hungers, die Verderben b.
	17	will das Schwert über dich b. 6,3; 33,2
	7,3	will deine Greuel über dich b. 8; 20,26
	8,3	Geist b. mich nach Jerusalem 11,1.24; 43,5
	12,13	will ihn nach Babel b. 17,20
	14,15	wenn ich wilde Tiere ins Land b.
	17,8	daß er hätte Zweige b. können 23
	19,9	man b. ihn in Gewahrsam
	20,10	als ich sie in die Wüste geb. 35
	15	schwor, sie nicht in das Land zu b. 28.42; 34,13
	28	b. sie ihre Gaben mir zum Ärgernis
	41	wenn ich euch aus den Völkern b. werde 32,9; 37,12
	24,10	b. das Feuer zum Lodern
	27,12	Blei auf d. Märkte geb. 13.14.16.17.19.22
	30,13	will Schrecken über Ägyptenland b. 32,8
	34,27	daß die Bäume ihre Früchte b. 36,8; 47,12
	37,5	ich will Odem in euch b.
	39,2	ich will dich auf die Berge Israels b.
	21	will m. Herrlichkeit unter die Heiden b.
	40,3	als er mich dorthin geb. hatte 4; 42,1; 47,2
	44,19	nicht mit dem Heiligen in Berührung b. 46,20
	45,16	alles Volk soll Abgaben b.
Dan	1,2	die ließ er ins Land Schinar b.
	10	so b. ihr mich bei dem König um mein Leben
	18	daß sie vor ihn geb. werden sollten 3,13; 4,3
	5,23	die Gefäße s. Hauses hat man b. müssen
	6,18	sie b. einen Stein, den legten sie
	19	der König ließ kein Essen vor sich b.
	7,13	der uralt war und wurde vor ihn geb.
	9,24	es wird ewige Gerechtigkeit geb.
	11,6	preisgegeben samt denen, die sie geb.
	32	er wird alle zum Abfall b.
Hos	8,7	was dennoch aufwächst, b. kein Mehl
	9,4	werden dem HERRN kein Trankopfer b... soll nicht in des HERRN Haus geb. werden
	16	daß sie keine Frucht mehr b. können 13,15
	10,6	das Kalb wird nach Assyrien geb.
	12,2	sie b. Öl nach Ägypten
	13,9	Israel, du b. dich ins Unglück
Jo	2,22	die Bäume (sollen) ihre Früchte b.
	4,5	habt meine Kleinode in eure Tempel geb.
	6	um sie weit weg von ihrem Lande zu b.
Am	4,4	b. eure Schlachtopfer am Morgen
	5,9	b. Verderben über die feste Stadt
	8,6	damit wir die Armen in unsere Gewalt b.
	10	ich will über alle Lenden den Sack b.
Jon	2,10	ich will mit Dank dir Opfer b.
Mi	1,15	ich will über dich den rechten Erben b.
	7,9	er wird mich ans Licht b.
Nah	3,4	die mit Zauberei Land und Leute an sich geb.
Hab	3,17	die Äcker b. keine Nahrung
Ze	1,12	sich durch nichts aus der Ruhe b. lassen
	3,5	er b. alle Morgen sein Recht ans Licht
	10	werden meine Anbeter mir Geschenke b.
	19	will sie zu Lob und Ehren b. 20
Sa	10,10	ich will sie ins Land Gilead b.

Mal	1,8	b. es doch deinem Fürsten
	13	ihr b. mich in Zorn, spricht der HERR
	2,12	auch wenn er noch Opfer b.
	3,3	werden sie Opfer b. in Gerechtigkeit
	10	b. aber die Zehnten in voller Höhe
Jdt	1,1	viele Völker unter seine Herrschaft geb. 2,3
	7,10	die Not b. sie dazu... zu übergeben
	13	ihr habt uns in diese große Not geb.
	15,9	als die andern zurückkamen, b. sie alles
Wsh	4,1	Tugend b. ewigen Ruhm
	10,7	Gewächse, die zur Unzeit Frucht b.
	14	bis sie ihm das Zepter des Königreiches b.
Tob	8,16	sie b. ihnen die gute Nachricht
	12,10	wer Sünde tut, b. sich selber um
	12	b. ich dein Gebet vor den Herrn
Sir	5,15	Reden b. Ehre, aber Reden b. auch Schande
	8,18	damit er dich nicht ins Unglück b. 13,11; 36,22
	9,1	sonst b. du sie dahin, dir Böses anzutun
	11,1	Weisheit des Geringen b. ihn zu Ehren 13
	3	Biene b. doch die allersüßeste Frucht
	18	denkt, er habe es zu etwas geb.
	12,18	er aber b. dich hinterrücks zu Fall
	14,26	er b. auch seine Kinder unter ihr Dach
	20,3	wer's annimmt, dem b.'s Nutzen
	10	manche Gaben b. keinen Gewinn
	29	ein weiser Mann b. sich selbst zu Ehren
	23,21	die dritte b. Strafe über sich
	28,16	ein Schandmaul b. viele Leute zu Fall
	29,8	so b. er jenen um sein Geld
	31,36	zuviel davon trinkt, b. er Herzeleid
	41,26	schäme dich, Erbteil an dich zu b.
	43,25	b. der Herr das Meer zur Ruhe
	46,10	sie haben das Volk in sein Erbteil geb.
	48,2	b. eine Hungersnot über sie
Bar	1,8	damit sie ins Land Juda geb. würden
	4,10	die der Ewige über sie geb. hat 14.15.18
	5,6	Gott aber b. sie zu ihr
1Ma	1,17	gedachte er... an sich zu b. 12,39
	3,41	b. sehr viel Silber mit sich
	49	b. auch die priesterlichen Kleider
	4,49	b. den goldenen Leuchter in den Tempel
	14,2	ihn lebendig zu ihm b.
	8	die Bäume auf dem Felde b. ihre Früchte
	15,15	b. Schreiben an die Könige
2Ma	3,18	die heilige Stätte in Schmach geb.
	8,31	b. den Rest der Rüstungen nach Jerusalem
	12,41	der das Verborgene an den Tag b.
	13,16	b. Verwirrung in das ganze Lager
	14,4	b. ihm einen goldenen Kranz
StD	1,55	mit deiner Lüge b. du dich um dein Leben
	2,33	b. das Essen zu Daniel
	38	der Engel b. Habakuk an seinen Ort
Mt	1,19	Josef wollte sie nicht in Schande b.
	3,8	b. rechtschaffene Frucht der Buße Lk 3,8
	10	jeder Baum, der nicht gute Frucht b. Lk 3,9
	4,24	sie b. zu ihm alle Kranken 8,16; 9,2.32; 12,22; 14,35; Mk 1,32; 2,3; 7,32; 8,22; 9,20; Lk 4,40; 5,18; 18,40
	7,17	so b. jeder gute Baum gute Früchte 18.19
	10,34	nicht gekommen, Frieden zu b. Lk 12,51
	13,22	er b. keine Frucht Mk 4,7; Lk 8,14
	23	der dann auch Frucht b. 26; Mk 4,8.20; Lk 8,15
	14,11	sie b. es ihrer Mutter
	17,16	ich habe ihn zu deinen Jüngern geb.
	18,24	wurde einer vor ihn geb., der war ihm 10.000 Zentner Silber schuldig
	31	b. vor ihren Herrn alles, was sich begeben
	19,13	da wurden Kinder zu ihm geb. Mk 10,13; Lk 18,15

Mt	21,7	b. die Eselin und das Füllen Lk 19,35
	38	laßt uns ihn töten und sein Erbgut an uns b.
	43	das Reich Gottes einem Volk, das seine Früchte b.
	25,27	hättest mein Geld zu den Wechslern b. sollen Lk 19,23
Mk	2,4	nicht zu ihm b. konnten wegen der Menge
	4,28	von selbst b. die Erde Frucht 29
	12,15	b. mir einen Silbergroschen 16
	14,55	daß sie ihn zu Tode b.
	15,22	sie b. ihn zu der Stätte Golgatha
Lk	2,22	b. sie ihn nach Jerusalem 27
	5,11	sie b. die Boote ans Land und verließen alles
	7,37	b. sie ein Glas mit Salböl
	10,34	b. ihn in eine Herberge und pflegte ihn
	13,9	vielleicht b. er doch noch Frucht
	15,23	b. das gemästete Kalb und schlachtet's
	22,54	b. ihn in das Haus des Hohenpriesters
	23,14	ihr habt diesen Menschen zu mir geb.
	36	die Soldaten b. ihm Essig
Jh	2,8	schöpft und b.'s dem Speisemeister
	4,33	hat ihm jemand zu essen geb.
	5,7	keinen, der mich in den Teich b., wenn
	7,45	warum habt ihr ihn nicht geb.
	8,3	die Pharisäer b. eine Frau zu ihm
	12,24	wenn es erstirbt, b. es viel Frucht
	15,2	jede Rebe an mir, die keine Frucht b., wird er wegnehmen
	4	wie die Rebe keine Frucht b. kann aus sich selbst
	5	wer in mir bleibt... der b. viel Frucht
	8	daß ihr viel Frucht b. 16
	19,39	Nikodemus b. Myrrhe gemischt mit Aloe
	21,10	b. von den Fischen, die ihr gefangen
Apg	4,34	b. das Geld und legte es den Aposteln zu Füßen 37; 5,2
	5,16	b. Kranke und solche, die von unreinen Geistern geplagt waren
	27	sie b. sie und stellten sie vor den Hohen Rat
	28	ihr wollt das Blut dieses Menschen über uns b.
	37	Judas b. eine Menge Volk hinter sich
	7,25	daß Gott durch seine Hand ihnen Rettung b.
	45	sie b. sie mit Josua in das Land
	11,26	als er ihn fand, b. er ihn nach Antiochia
	14,13	der Priester des Zeus b. Stiere und Kränze
	16,20	d. Menschen b. unsre Stadt in Aufruhr 17,8
	17,15	die Paulus geleiteten, b. ihn bis nach Athen
	20	du b. etwas Neues vor unsere Ohren
	21,26	sobald das Opfer geb. wäre
	23,24	wohlverwahrt zu b. zum Statthalter Felix
	24,17	um Almosen für mein Volk zu b.
	25,23	als Festus es befahl, wurde Paulus geb.
	26	darum habe ich ihn b. lassen
	26,10	dort b. ich viele Heilige ins Gefängnis
Rö	5,3	weil wir wissen, daß Bedrängnis Geduld b.
	4	*Geduld b. Bewährung; Bewährung b. Hoffnung*
	7,4	damit wir Gott Frucht b.
	5	so daß wir dem Tode Frucht b.
	10	so fand sich's, daß das Gebot mir den Tod b.
	13	die Sünde hat mir durch das Gute den Tod geb.
	14,15	b. nicht durch deine Speise den ins Verderben
	15,18	die Heiden zum Gehorsam b. durch Wort und Werk
1Ko	4,5	ans Licht b., was verborgen ist
	8,8	Speise wird uns nicht vor Gottes Gericht b.
	13	wenn Speise meinen Bruder zu Fall b.
1Ko	16,3	damit sie eure Gabe nach Jerusalem b.
2Ko	3,7	wenn schon das Amt, das den Tod b., Herrlichkeit hatte
	11,29	wer wird zu Fall geb., und ich brenne nicht
Gal	5,12	*die euch in Unruhe b.*
Eph	3,9	für alle ans Licht zu b., wie Gott
	4,29	damit es Segen b. denen, die es hören
Kol	1,6	wie es in aller Welt Frucht b.
	10	Frucht b. in jedem guten Werk
1Ti	2,15	selig dadurch, daß sie Kinder zur Welt b.
	5,14	daß die jüngeren Witwen Kinder zur Welt b.
	6,7	wir haben nichts in die Welt geb.
2Ti	1,10	der ein unvergängliches Wesen ans Licht geb.
	4,11	Markus nimm zu dir und b. ihn mit dir
2Pt	2,5	als er die Sintflut über die Welt b.
	11	wo doch die Engel kein Verdammungsurteil gegen sie vor dem Herrn b.
1Jh	3,19	können unser Herz vor ihm damit zum Schweigen b.
2Jh	10	wenn jemand kommt und b. diese Lehre nicht
Heb	6,8	wenn sie Dornen und Disteln trägt, b. sie keinen Nutzen
	7,19	das Gesetz konnte nichts zur Vollendung b.
	10,1	da man alle Jahre die gleichen Opfer b. muß
	12,11	danach b. sie als Frucht Frieden und Gerechtigkeit
	13,15	*lasset uns durch ihn Gott das Lobopfer b.*
Jak	5,18	der Himmel gab den Regen, und die Erde b. ihre Frucht
Off	3,9	ich will sie dazu b., daß sie kommen
	17,3	er b. mich im Geist in die Wüste
	21,24	werden ihre Herrlichkeit in sie b. 26
	22,2	jeden Monat b. sie ihre Frucht

Brocken

Ps	147,17	er wirft seine Schloßen herab wie B.
Mt	14,20	sammelten auf, was an B. übrigblieb 15,37; Mk 6,43; 8,8; Lk 9,17; Jh 6,12
Mk	8,19	wieviel Körbe voll B. habt ihr da aufgesammelt 20
Jh	6,13	füllten von den fünf Gerstenbroten zwölf Körbe mit B.

brodeln

Hi	41,23	daß die Tiefe b. wie ein Topf

Brosame

Mt	15,27	doch fressen die Hunde von den B. Mk 7,28

Brot

1Mo	3,19	im Schweiße d. Angesichts dein B. essen
	14,18	Melchisedek trug B. und Wein heraus
	18,5	ich will euch einen Bissen B. bringen
	21,14	nahm B. und einen Schlauch mit Wasser
	25,34	da gab ihm Jakob B. und das Linsengericht
	27,17	so gab sie das Essen mit dem B.
	28,20	wird Gott mir B. zu essen geben
	41,54	in ganz Ägyptenland war B.
	55	schrie das Volk um B. 47,15
	45,23	sandte Eselinnen mit Getreide umd B. 47,12
	47,13	war kein B. im ganzen Lande
	16	so will ich euch B. als Entgeld geben 17.19
	49,20	Assers B. wird fett sein
2Mo	12,15	wer gesäuertes B. ißt, soll ausgerottet werden 19.20; 13,3.7

Brot

2Mo	16,3	als wir hatten B. die Fülle zu essen 8.12
	4	will euch B. vom Himmel regnen lassen Neh 9,15; Jh 6,32
	15	B., das euch der HERR gegeben Ps 78,20
	22	sammelten doppelt soviel B. 29
	32	daß man sehe das B., mit dem ich euch
	23,25	wird dein B. und dein Wasser segnen
	29,23	(sollst nehmen) ein B. und einen Ölkuchen
	32	Fleisch des Widders samt dem B. im Korbe
	34	wenn etwas übrigbleibt von dem B. 3Mo 8,32
	34,28	(Mose) aß kein B. 5Mo 9,9.18
3Mo	7,13	sie sollen darbringen von gesäuertem B.
	8,31	eßt auch das B. des Einsetzungsopfers
	23,14	sollt von der neuen Ernte kein B. essen
	17	sollt zwei B. bringen als Schwingopfer 18
	24,5	zwölf B... zwei Zehntel soll ein B. haben
	7	Weihrauch als Gedenkopfer bei den B.
	26,5	ihr sollt B. die Fülle haben
	26	will euch den Vorrat an B. verderben
	26	euer B. nach Gewicht zuteilen Hes 4,16
4Mo	14,9	wir wollen sie wie B. auffressen
	15,19	ihr eßt von dem B. des Landes
	21,5	es ist kein B. noch Wasser hier
5Mo	8,3	daß der Mensch nicht lebt vom B. allein Mt 4,4; Lk 4,4
	9	ein Land, wo du B. genug zu essen hast
	23,5	weil sie euch nicht entgegenkamen mit B. Neh 13,2
	29,5	kein B. gegessen und keinen Wein getrunken
Jos	9,5	alles B. war hart und zerbröckelt 12
Ri	5,8	es gab kein B. in den Toren
	8,5	gebt doch dem Volk B. 6.15
	19,5	labe dich zuvor mit einem Bissen B.
	19	haben B. und Wein für mich und den Knecht
Rut	1,6	daß der HERR ihnen B. gegeben hatte
	2,14	iß vom B. und tauche deinen Bissen
1Sm	2,5	die da satt waren, müssen um B. dienen
	36	der wird niederfallen um eine Scheibe B.
	9,7	das B. in unserm Sack ist verzehrt
	10,3	der andere (trägt) drei B. 4
	16,20	da nahm Isai einen Esel und B.
	17,17	nimm für deine Brüder diese zehn B.
	21,4	hast du etwas bei der Hand, etwa fünf B.
	5	kein gewöhnliches B., nur heiliges B. 7
	22,13	daß du ihm B. und ein Schwert gegeben
	25,11	sollte ich mein B. und mein Wasser nehmen
	18	nahm 200 B. und 2 Krüge Wein 2Sm 16,1.2
	28,22	will dir einen Bissen B. vorsetzen 30,11
2Sm	3,29	daß einer an B. Mangel habe
	35	Gott tue mir... wenn ich B. zu mir nehme
	9,10	damit es das B. sei des Sohnes deines Herrn
1Kö	13,8	will an diesem Ort kein B. essen 9.16-18.22
	15	komm mit mir heim und iß B. 19.22
	14,3	nimm mit dir zehn B., Kuchen und Honig
	17,6	die Raben brachten ihm B. und Fleisch
	11	bringe mir einen Bissen B. mit
	18,4	versorgte sie mit B. und Wasser 13
	19,6	zu seinen Häupten lag ein geröstetes B.
	22,27	speist ihn kärglich mit B. 2Ch 18,26
2Kö	6,22	setze ihnen B. und Wasser vor
	18,32	Land, darin B. und Honig Jes 36,17
1Ch	12,41	brachten Nahrung auf Eseln: B., Wein
	16,3	David teilte aus an jedermann ein B.
2Ch	13,11	um B. aufzulegen auf den Tisch
Esr	10,6	Esra aß kein B. und trank kein Wasser
Neh	5,15	für B. und Wein 40 Silberstücke genommen
Hi	6,7	als wäre mein B. unrein
	15,23	er zieht hin und her nach B.
	22,7	du hast dem Hungrigen dein B. versagt
Hi	27,14	werden an B. nicht satt
	28,5	auf der doch oben das B. wächst
Ps	37,25	noch nie gesehen s. Kinder um B. betteln
	41,10	der mein B. aß, tritt mich mit Füßen Jh 13,18
	78,20	kann er aber auch B. geben
	25	B. der Engel aßen sie alle
	102,5	daß ich sogar vergesse, mein B. zu essen
	10	ich esse Asche wie B.
	104,14	daß du B. aus der Erde hervorbringst
	15	daß das B. des Menschen Herz stärke
	105,16	er nahm weg allen Vorrat an B.
	127,2	esset euer B. mit Sorgen
	132,15	ich will ihren Armen B. genug geben
Spr	4,17	sie nähren sich vom B. des Frevels
	6,8	bereitet sie doch ihr B. im Sommer
	26	eine Hure bringt einen nur ums B.
	9,5	kommt, esset von meinem B.
	17	heimliches B. schmeckt fein
	12,9	der groß sein will und an B. Mangel hat
	11	wer s. Acker bebaut, wird B. die Fülle haben
	20,13	so wirst du B. genug haben 28,19
	17	das gestohlene B. schmeckt dem Manne gut
	22,9	er gibt von seinem B. den Armen
	23,3	es ist trügerisches B.
	25,21	hungert deinen Feind, so speise ihn mit B.
	28,21	mancher vergeht sich um ein Stück B.
	31,27	sie ißt ihr B. nicht mit Faulheit
Pr	9,7	geh hin und iß dein B. mit Freuden
	11,1	laß dein B. über das Wasser fahren
Jes	3,1	der Herr wird wegnehmen allen Vorrat an B. Hes 4,16.17; 5,16; 14,13
	7	es ist kein B. in meinem Hause
	21,14	bietet B. den Flüchtigen
	30,20	der Herr wird euch B. geben 23; 33,16
	36,17	Land, darin B. und Weinberge sind
	44,15	zündet es an und bäckt B. 19
	51,14	daß er keinen Mangel an B. habe
	55,2	Geld für das, was kein B. ist
	10	daß sie gibt Samen, zu säen, und B.
	58,7	brich dem Hungrigen dein B. Hes 18,7.16
Jer	5,17	werden deine Ernte und dein B. verzehren
	37,21	B. geben, bis alles B. aufgezehrt war
	38,9	es ist kein B. mehr in der Stadt
	42,14	noch Hunger nach B. leiden müssen
	44,17	da hatten wir B. genug
Klg	1,11	alles Volk geht nach B. 19; 2,12; 5,6
	4,4	die kleinen Kinder verlangen nach B.
	5,9	müssen unser B. unter Gefahr holen
Hes	4,9	mache dir B. daraus
	13	sollen ihr unreines B. essen
	15	Kuhmist, B. darauf zu bereiten
	12,18	du sollst dein B. essen mit Beben 19
	13,19	entheiligt mich für einen Bissen B.
	44,7	mein Haus entheiligt, als ihr B. opfertet
Dan	11,26	die sein B. essen, die werden helfen
Hos	2,7	Liebhabern, die mir B. und Wasser geben
	9,4	ihr B. soll sein wie das B. der Trauernden;
	11	müssen sie sich für sich allein essen
Am	4,6	habe euch gegeben Mangel an B.
	7,12	iß dort dein B. und weissage
	8,11	schicken werde, nicht einen Hunger nach B.
Ob	7	die dein B. essen, werden dich verraten
Hag	2,12	berührte danach mit seinem Zipfel
Jdt	10,6	Sack, in dem sie B. hatte
Wsh	16,20	gewährtest ihnen B. vom Himmel
Tob	2,4	aß er sein B. voll Trauer
	4,17	teile dein B. mit den Hungrigen 18
Sir	12,5	verweigere ihm dein B. und gib ihm nichts
	14,10	ein Neidhammel mißgönnt den andern das B.

Sir	20,18	die mein B. essen, reden nichts Gutes
	29,28	das Erste zum Leben sind Wasser und B.
	33,25	braucht der Sklave B., Strafe und Arbeit
	34,25	der Arme hat nichts als ein wenig B.
1Ma	4,51	auf den Tisch legten sie die B.
StD	2,32	hatte B. eingebrockt in eine Schüssel
Mt	4,3	sprich, daß diese Steine B. werden Lk 4,3
	4	der Mensch lebt nicht vom B. allein Lk 4,4
	6,11	unser tägliches B. gib uns heute Lk 11,3
	7,9	wenn (sein Sohn) ihn bittet um B. Lk 11,11
	14,17	wir haben hier nichts als fünf B. 19; 15,33.34.36; Mk 6,36-38.41.44; 8,4-6; Lk 9,13.16; Jh 6,5.7.11
	15,2	waschen ihre Hände nicht, wenn sie B. essen Mk 7,2.5
	26	nicht recht, daß man den Kindern ihr B. nehme Mk 7,27
	16,5	die Jünger hatten vergessen, B. mitzunehmen 7.8; Mk 8,14.16.17
	9	denkt an die fünf B. für die fünftausend 10; Mk 8,19
	11	daß ich nicht vom B. zu euch geredet habe
	12	nicht gesagt, sie sollten sich hüten vor dem Sauerteig des B.
	26,26	nahm Jesus das B., dankte und brach's und gab's den Jüngern Mk 14,22; Lk 22,19; 24,30; 1Ko 11,23
Mk	6,8	kein B., keine Tasche, kein Geld Lk 9,3
	36	laß sie gehen, damit sie sich B. kaufen
	52	sie waren um nichts verständiger geworden angesichts der B.
Lk	7,33	Johannes aß kein B. und trank keinen Wein
	11,5	lieber Freund, leih mir drei B.
	14,1	in das Haus e. Oberen der Pharisäer kam, das B. zu essen
	15	selig ist, der das B. ißt im Reich Gottes
	15,17	wie viele Tagelöhner, die B. in Fülle haben
	24,35	wie er von ihnen erkannt wurde, als er das B. brach
Jh	6,23	Ort, wo sie das B. gegessen hatten
	26	weil ihr von dem B. gegessen habt und satt geworden seid
	31	er gab ihnen B. vom Himmel zu essen
	33	Gottes B. ist das, das vom Himmel kommt
	34	Herr, gib uns allezeit solches B.
	35	ich bin das B. des Lebens 41.48.51.58
	50	dies ist das B., das vom Himmel kommt
	51	wer von diesem B. ißt, der wird leben in Ewigkeit 58
	13,18	der mein B. ißt, tritt mich mit Füßen
	21,9	sahen ein Kohlenfeuer und darauf B.
	13	Jesus nimmt das B. und gibt's ihnen
Apg	2,46	brachen das B. hier und dort in den Häusern 20,7.11
	27,35	als er das gesagt hatte, nahm er B.
1Ko	10,16	das B. ist die Gemeinschaft des Leibes Christi
	17	weil wir alle an einem B. teilhaben
	11,23	Nacht, da er verraten ward, nahm er das B.
	26	sooft ihr von diesem B. eßt 27.28
2Ko	9,10	der Samen gibt dem Sämann und B. zur Speise
2Th	3,8	nicht umsonst B. von jemandem genommen
	12	daß sie ihr eigenes B. essen

ungesäuertes Brot

2Mo	12,8	u.B. mit bitteren Kräutern 4Mo 9,11
	15	sieben Tage sollt ihr u.B. essen 17.18.20; 13,6.7; 23,15; 34,18; 3Mo 23,6; 4Mo 28,17; 5Mo 16,3; Hes 45,21
2Mo	12,39	backten aus dem rohen Teig u.B. 1Sm 28,24
	23,15	Fest der u.B. 3Mo 23,6; 5Mo 16,16; 2Ch 8,13; 30,13.21; 35,17; Esr 6,22
	29,2	u.B. (in einen Korb legen) 23; 3Mo 8,2.26; 4Mo 6,17
Jos	5,11	aßen u.B. und geröstete Körner 2Kö 23,9
Ri	6,19	richtete Ziegenböcklein zu und u.B. 20.21
Mt	26,17	am ersten Tage der U.B. Mk 14,1.12; Lk 22,1.7; Apg 12,3
Apg	20,6	wir fuhren nach den Tagen der U.B. ab

Brotbrechen

Apg	2,42	sie blieben beständig in der Gemeinschaft und im B.

Brotkuchen

3Mo	8,26	dazu nahm er einen B. mit Öl
2Sm	6,19	ließ austeilen einem jeden einen B.

Brotteig

Neh	10,38	den ersten Teil von unserm B. bringen

Bruder

1Mo	4,2	danach gebar sie Abel, seinen B.
	8	sprach Kain zu seinem B. Abel... erhob sich wider seinen B.
	9	wo ist dein B. Abel... soll ich meines B. Hüter sein
	10	die Stimme des Blutes deines B. schreit 11
	21	(Jabals) B. hieß Jubal
	9,22	sagte er's seinen beiden B. draußen
	25	Kanaan sei seinen B. ein Knecht
	10,21	Sem, Jafets älterem B., wurden Söhne 25
	12,5	nahm Abram Lot, seines B. Sohn 14,14.16
	13,8	denn wir sind B.
	11	also trennte sich ein B. von dem andern 36,6
	14,13	im Hain Mamres, des B. von Eschkol
	16,12	wird wohnen seinen B. zum Trotz 25,18
	19,7	ach, liebe B., tut nicht so übel
	20,5	(Sara) hat gesagt: Er ist mein B. 13.16
	22,20	Milka hat geboren deinem B. Nahor 21.23; 24,15
	24,27	geführt zum Hause des B. meines Herrn 48
	29	Rebekka hatte einen B., Laban 53.55; 27,43; 28,2.5; 29,10
	25,26	danach kam heraus sein B. 38,29.30
	27,6	habe deinen Vater mit deinem B. reden hören
	11	mein B. Esau ist rauh 23.30
	29	sei ein Herr über deine B. 37.40
	35	dein B. ist gekommen mit List
	41	will meinen B. Jakob umbringen 42.44; 35,1.7
	29,4	liebe B., wo seid ihr her
	31,23	nahm seine B. und jagte ihm nach 25.32.37.46.54
	32,4	Jakob schickte Boten zu seinem B. Esau 7
	12	errette mich von der Hand meines B.
	14	ein Geschenk für seinen B. Esau 18; 33,1.3.9
	34,11	Sichem sprach zu ihren B. 25
	36,6	Esau zog hinweg von seinem B. Jakob
	37,2	Josef war ein Hirte mit seinen B.
	4	sie sahen, daß ihn ihr Vater lieber hatte als alle seine B. 5.8-14.16.17.23
	27	unser B., unser Fleisch und Blut 26.30; 38,1
	38,8	geh zu deines B. Frau, daß du deinem B. Nachkommen schaffest 9.11

Bruder

1Mo	42,3	zogen hinab zehn B. Josefs 4.6.13.28.32; 44,14.33
	15	es komme denn euer jüngster B. 16.19.20.33. 34; 43,3-7.13.14.29; 44,19.23.26
	21	das haben wir an unserm B. verschuldet
	38	sein B. ist tot, er ist allein übriggeblieben 44,20
	43,30	sein Herz entbrannte ihm gegen seinen B.
	45,1	als sich Josef seinen B. zu erkennen gab 3.4. 12.14-17.24; 46,31; 47,1-3.5
	47,11	Josef ließ seine B. in Ägyptenland wohnen 12; 50,8.14
	48,6	genannt nach dem Namen ihrer B. 22
	19	sein jüngerer B. wird größer als er 49,8
	49,5	die B. Simeon und Levi, ihre Schwerter sind
	8	Juda! Dich werden deine B. preisen
	26	mögen sie kommen auf den Scheitel des Geweihten unter seinen B. 5Mo 33,16
	50,15	die B. Josefs fürchteten sich
	17	vergib doch deinen B. die Missetat 18.24
2Mo	1,6	als Josef gestorben war und seine B.
	2,11	ging (Mose) hinaus zu seinen B. 4,18
	11	daß ein Ägypter einen seiner B. schlug
	4,14	weiß, daß dein B. Aaron beredt ist
	7,1	Aaron, dein B., soll dein Prophet sein 2; 28,1. 2.4.41
	32,27	ein jeder erschlage seinen B. 29
3Mo	10,4	tragt eure B. von dem Heiligtum hinaus 6
	16,2	sage deinem B. Aaron 4Mo 20,8
	18,14	den B. deines Vaters nicht schänden 16
	19,17	sollst deinen B. nicht hassen in d. Herzen
	20,21	wenn jemand die Frau seines B. nimmt
	21,2	(soll sich an keinem Toten unrein machen) außer an seinem B. 4Mo 6,7; Hes 44,25
	10	wer Hoherpriester ist unter seinen B.
	25,14	soll keiner seinen B. übervorteilen 46
	25	wenn dein B. verarmt... einlösen, was sein B. verkauft hat 35.39.47.48
	36	daß dein B. neben dir leben könne
4Mo	8,26	(sollen) nur ihren B. helfen
	16,10	hat alle B. sich nahen lassen 18,2.6
	20,3	als unsere B. umkamen
	14	so läßt dir dein B. Israel sagen
	25,6	brachte unter seine B. eine Midianiterin
	27,4	gebt uns Erbgut unter den B. 7.9-11; 36,2
	13	wie der B. Aaron zu ihnen versammelt 5Mo 32,50
	32,6	eure B. sollen in den Kampf ziehen
5Mo	1,16	hört eure B. an und richtet recht, wenn einer etwas mit seinem B. hat
	28	unsere B. haben unser Herz verzagt gemacht 20,8; Jos 14,8
	2,4	werdet durch das Land eurer B. ziehen 8
	3,18	zieht gerüstet vor euren B. her Jos 1,14
	20	bis der HERR eure B. zur Ruhe bringt Jos 1,15; 22,4
	10,9	weder Anteil noch Erbe mit ihren B. 18,2
	13,7	wenn dich dein B. überreden würde
	15,2	soll's nicht eintreiben von seinem B. 3
	7	wenn einer deiner B. arm ist 9
	11	daß du deine Hand auftust deinem B. 7
	12	wenn sich dein B. dir verkauft Jer 34,14
	17,15	einen aus deinen B. zum König... nicht irgendeinen, der nicht dein B. ist
	20	soll sich nicht erheben über seine B.
	18,7	so soll er dienen wie alle seine B.
	15	einen Propheten wird der HERR erwecken aus deinen B. 18; Apg 3,22; 7,37
	19,18	falsches Zeugnis wider seinen B. gegeben 19
	22,1	deines B. Rind sollst du wieder zu deinem B. führen 2-4
5Mo	23,8	den Edomiter sollst du... er ist dein B.
	20	sollst von deinem B. nicht Zinsen nehmen 21
	24,7	der von seinen B. einen Menschen raubt
	14	er sei von deinen B. oder den Fremdlingen
	25,3	damit nicht dein B. entehrt werde
	5	wenn B. beieinander wohnen 6
	7	seinem B. seinen Namen zu erhalten 9
	28,54	ein Mann wird seinem B. nichts gönnen
	33,9	spricht von seinem B.: Ich kenne ihn nicht
	24	Asser sei der Liebling seiner B.
Jos	2,13	daß ihr leben laßt meine B. 18; 6,23
	15,17	Sohn des Kenas, des B. Kalebs Ri 1,13; 3,9
	17,4	man gab ihnen Erbteil unter den B. 22,7
	22,3	ihr habt eure B. nicht verlassen
	8	teilt die Beute mit euren B.
Ri	1,3	Juda sprach zu seinem B. Simeon 17
	8,19	(Gideon) sprach: Es sind meine B. gewesen
	9,1	Abimelech ging zu den B. seiner Mutter 3.5. 18.21.24.56
	26	kamen Gaal und seine B. nach Sichem 31.41
	11,3	floh (Jeftah) vor seinen B.
	14,3	kein Mädchen unter den Töchtern deiner B.
	16,31	da kamen seine B. und begruben (Simson)
	18,8	sie kamen zu ihren B. nach Zora 14
	19,23	nicht, meine B., tut nicht solch Unrecht
	20,13	die Benjaminiter wollten nicht hören auf die Stimme ihrer B. 23.28; 21,6
	21,22	wenn aber ihre Väter und B. kommen
Rut	4,3	Anteil, der unserm B. Elimelech gehörte
	10	nicht ausgerottet werde unter seinen B.
1Sm	14,3	Ahitubs, des B. Ikabods
	16,13	salbte (David) mitten unter seinen B.
	17,17	nimm für deine B. diesen Scheffel 18.22.28
	20,29	mein B. hat mir's selbst geboten
	22,1	als das (Davids) B. hörten
	25,6	sprecht zu meinem B.: Friede sei mit dir
	26,6	Abischai, dem B. Joabs 2Sm 10,10; 18,2; 20,10; 23,18; 1Ch 19,11.15
	30,23	ihr sollt nicht so tun, meine B., mit dem
2Sm	1,26	es ist mir leid um dich, mein B. Jonatan
	2,22	Antlitz aufheben vor deinem B. Joab 23,24
	26	daß es ablassen soll von seinen B. 27
	3,8	erweise ich mich freundlich seinem B. 27
	27	stach ihn, um des Blutes seines B. 30
	4,6	schlichen Rechab und sein B. Baana hinein
	13,3	Jonadab, ein Sohn von Davids B. 32; 21,21; 1Ch 20,7
	4	die Schwester meines B. liebgewonnen 7.8. 10.12.20.26
	14,6	schlug der eine seinen B. nieder 7
	15,20	kehre um und nimm deine B. mit dir
	19,13	ihr seid meine B., von meinem Gebein 42
	20,9	Friede mit dir, mein B.
1Kö	1,9	Adonija lud alle seine B. ein 10
	2,7	als ich vor deinem B. Absalom floh
	15	das Königtum ist meinem B. zuteil geworden
	21	gib Abischag deinem B. Adonija zur Frau 22
	9,13	was sind das für Städte, mein B., die du
	12,24	nicht gegen eure B. kämpfen 2Ch 11,4
	13,30	hielten ihm die Totenklage: Ach, B.
	20,32	lebt er noch? Er ist mein B. 33
2Kö	10,13	da traf Jehu die B. Ahasjas
	23,9	aßen ungesäuertes Brot unter ihren B.
1Ch	1,19	sein B. hieß Joktan 2,32.42; 4,11; 5,7.13; 7,16. 35; 8,14.39; 11,38.45; 12,30; 13,7; 20,5; 24,25; 26,22.25; 27,7.18
	4,9	Jabez war angesehener als seine B. 5,2
	27	seine B. hatten nicht viel Kinder
	6,24	sein B. stand zu seiner Rechten 29
	33	ihre B., die Leviten 9,17.19.25.32; 15,5-10.

Bruder

		16-18; 16,7.37-39; 23,32; 24,31; 25,7; 26,12.20. 26.28.30.32; 2Ch 5,12; 31,12.13
1Ch	7,5	ihre B. waren gewaltige Männer
	22	seine B. kamen, ihn zu trösten
	8,32	wohnten mit ihren B. in Jerusalem 9,6.9.13.38
	12,32	ihre B. folgten ihrem Befehl
	40	ihre B. hatten für sie gesorgt 2Ch 31,15
	13,2	laßt uns hinschicken zu unsern B.
	15,12	heiligt euch und eure B. 2Ch 29,15
	24,31	den jüngsten B. ebenso wie das Sippenhaupt
	25,9	samt seinen B. und Söhnen 10-31; 26,7-9.11
	28,2	hört mir zu, meine B. und mein Volk
2Ch	11,22	als Ersten unter seinen B., als Thronfolger
	19,10	in Streitfällen, die kommen von euren B… daß nicht ein Zorn über eure B. komm
	21,4	Joram erschlug alle seine B. 2.13; 22,8
	28,8	führten von ihren B. gefangen weg 11.15
	29,34	darum halfen ihnen ihre B., die Leviten
	30,7	seid nicht wie eure Väter und B.
	9	werden eure B. Barmherzigkeit finden
	35,5	Abteilungen der Sippen eurer B.
	6	bereitet (das Passa) für eure B.
	36,4	machte Eljakim, seinen B., zum König 10
	4	seinen B. Joahas nahm Necho… nach Ägypten
Esr	3,2	machten sich auf Jeschua und seine B. 8.9; 6,20; 8,17-19.24; 10,18; Neh 1,2; 3,1.18; 10,11; 11,8.12-14.17.19; 12,7-9.24.36
	7,18	was dir und deinen B. zu tun gefällt
Neh	3,34	(Sanballat) sprach vor seinen B.
	4,8	streitet für eure B. 17
	5,1	Geschrei gegen ihre jüdischen B. 8
	5	sind wir doch wie unsere B. 10.14
	7,2	ich setzte über Jerusalem meinen B.
	10,30	sie sollen sich ihren B. anschließen
	13,13	ihnen wurde befohlen, ihren B. auszuteilen
Est	10,3	war beliebt unter der Menge seiner B.
Hi	1,13	Wein tranken im Hause ihres B. 18
	6,15	meine B. trügen wie ein Bach
	19,13	er hat meine B. von mir entfernt
	22,6	hast deinem B. ein Pfand abgenommen
	30,29	ich bin ein B. der Schakale geworden
	42,11	es kamen zu ihm alle seine B.
	15	gab ihnen Erbteil unter ihren B.
Ps	22,23	will d. Namen kundtun meinen B. Heb 2,12
	35,14	als wäre es mein Freund und B.
	50,20	du sitzest und redest wider deinen B.
	69,9	ich bin fremd geworden meinen B.
	122,8	um meiner B. und Freunde willen will ich
	133,1	wenn B. einträchtig beieinander wohnen
Spr	6,19	wer Hader zwischen B. anrichtet
	17,2	wird mit den B. das Erbe teilen
	17	ein B. wird für die Not geboren
	18,9	der ist B. des Verderbers
	19	ein gekränkter B. ist abweisender als
	24	Freunde, die hangen fester an als ein B.
	19,7	den Armen hassen alle seine B.
	27,10	geh nicht ins Haus deines B… ist besser als ein B. in der Ferne
Pr	4,8	hat weder Kind noch B.
Hl	8,1	o daß du mein B. wärest
Jes	19,2	daß einer B. wider den andern kämpfen wird
	66,5	eure B., die euch hassen
	20	sie werden alle eure B. herbringen
Jer	7,15	wie ich verstoßen habe alle eure B.
	9,3	ein B. überlistet den andern
	12,6	auch deine B. sind treulos 34,17
	22,18	man wird ihn nicht beklagen: Ach, B.
	29,16	so spricht der HERR über eure B.
	31,34	noch ein B. den andern lehren
Jer	35,3	nahm ich Jaasanja samt seinen B.
	49,10	seine B. sind vernichtet
Hes	11,15	die Leute sagen von deinen B.
Hos	2,3	sagt euren B., sie seien mein Volk
	12,4	er hat im Mutterleibe seinen B. betrogen
	13,15	wenn Ephraim zwischen B. Frucht bringt
Am	1,11	weil sie ihren B. mit dem Schwert verfolgt
Ob	10	Frevels willen, an deinem B. Jakob begangen
	12	du sollst nicht herabsehen auf deinen B.
Mi	5,2	da wird der Rest seiner B. wiederkommen
Sa	3,8	du und deine B., die vor dir sitzen
	7,9	ein jeder erweise seinem B. Güte
	10	denke keiner gegen seinen B. etwas Arges
Mal	1,2	ist nicht Esau Jakobs B.
Jdt	7,22	liebe B., habt doch Geduld 8,18; 14,1
Tob	1,3	teilte er alles mit seinen B.
	6,8	ich bitte dich, mein B. Asarja 9,1
	7,3	fragte er: Woher stammt ihr, liebe B.
	11,2	sagte der Engel: Tobias, mein B.
	14,6	unsere B. werden zurückkehren
Sir	7,13	streu keine Lügen über deinen B. aus
	20	gib deinen wahren B. nicht (auf)
	25,2	wenn B. eins sind
	29,13	dein Geld um deines B. willen
	33,20	laß den B. nicht über dich verfügen
	31	einen Sklaven behandle wie einen B.
	40,24	B. und Helfer sind gut in der Not
1Ma	2,20	meine Söhne und B. nicht… abfallen
	40	wenn wir alle wie unsre B. tun 41
	65	euer B. Simon ist weise im Rat
	3,42	Judas und seine B. 2.25; 4,36.59; 5,10.17.24.29. 32.61-65; 6,22; 7,6.10.27; 8,20; 9,19.29-44.65; 10,5.15.18.74; 11,59.64; 13,3-5.8.14.25-28; 14,17. 18.26.29; 16,2.3.9.21; 2Ma 2,20; 8,22; 12,6.24. 25; 14,17
	5,16	wie sie ihren B. helfen könnten 25; 9,9.10; 2Ma 11,7
	12,6	ihren B., den Spartanern 11,30; 12,7.11.21; 14,40
2Ma	1,1	wir Juden, eure B., die in Jerusalem sind
	7,1	wurden auch sieben B. gefangen 4.29.36-38
	10,21	sie hätten ihre B. für Geld verkauft
	15,14	Jeremia, der deine B. sehr liebhat
	18	bangten nicht so sehr um ihre B.
StE	4,6	ich bin dein B.; fürchte dich nicht
Mt	1,2	Jakob zeugte Juda und seine B. 11
	4,18	Jesus sah zwei B., Simon und Andreas 10,2; Mk 1,16; Lk 6,14; Jh 1,40; 6,8
	21	(Jesus) sah zwei andere B., Jakobus und Johannes, seinen B. 10,2; 17,1; Mk 1,19; 3,17; 5,37
	5,22	wer mit seinem B. zürnt, der ist des Gerichts schuldig
	23	daß dein B. etwas gegen dich hat
	24	versöhne dich mit deinem B.
	47	wenn ihr nur zu euren B. freundlich seid
	7,3	siehst den Splitter in deines B. Auge 4.5; Lk 6,41.42
	10,21	es wird ein B. den andern dem Tod preisgeben Mk 13,12; Lk 21,16
	12,46	da standen seine Mutter und seine B. draußen 47; Mk 3,31.32; Lk 8,19.20
	48	wer sind meine B. Mk 3,33
	50	wer den Willen tut meines Vaters, der ist mir B. 49; Mk 3,34.35; Lk 8,21
	13,55	(heißen nicht) seine B. Jakobus und Josef Mk 6,3
	14,3	wegen der Herodias, der Frau seines B. Philippus Mk 6,17; Lk 3,1.19
	18,15	sündigt dein B. an dir, so geh hin Lk 17,3

Bruder

Mt	18,15	hört er auf dich, so hast du deinen B. gewonnen
	21	wie oft muß ich meinem B. vergeben
	35	wenn ihr nicht vergebt, ein jeder seinem B.
	19,29	wer B. verläßt um meines Namens willen Mk 10,29.30; Lk 18,29
	20,24	die Zehn wurden unwillig über die zwei B.
	22,24	soll sein B. die Frau heiraten Mk 12,19; Lk 20,28
	25	nun waren bei uns sieben B. Mk 12,20; Lk 20,29
	23,8	ihr aber seid alle B.
	25,40	was ihr getan habt einem von diesen meinen geringsten B.
	28,10	geht hin und verkündigt es meinen B. Jh 20,17
Mk	6,18	es ist nicht recht, daß du die Frau deines B. hast
Lk	12,13	sage meinem B., daß er mit mir das Erbe teile
	14,12	lade weder deine Freunde noch deine B. ein
	26	wenn jemand zu mir kommt und haßt nicht B., Schwestern und dazu sich selbst
	15,27	der aber sagte ihm: Dein B. ist gekommen
	32	dieser dein B. war tot und ist wieder lebendig geworden
	16,28	ich habe noch fünf B.
	22,32	wenn du dich bekehrst, so stärke deine B.
Jh	1,41	der findet zuerst seinen B. Simon
	2,12	ging Jesus hinab nach Kapernaum, er, seine Mutter, seine B.
	7,3	da sprachen seine B. zu ihm
	5	auch seine B. glaubten nicht an ihn
	10	als seine B. hinaufgegangen waren zum Fest
	11,2	deren B. Lazarus war krank 19
	21	mein B. wäre nicht gestorben 32
	23	Jesus spricht zu ihr: Dein B. wird auferstehen
	21,23	da kam unter den B. die Rede auf
Apg	1,14	samt Maria, der Mutter Jesu, und seinen B.
	15	trat Petrus auf unter den B. 16
	2,29	ihr Männer, liebe B. 37; 3,17; 6,3; 7,2; 13,15. 26.38; 15,7.13; 22,1; 23,1.5.6; 28,17
	7,13	gab sich Josef seinen B. zu erkennen
	25	er meinte, seine B. sollten's verstehen 23
	26	liebe Männer, ihr seid doch B.
	9,17	B. Saul, der Herr hat mich gesandt 22,13
	30	als das die B. erfuhren 10,23
	11,1	es kam den B. in Judäa zu Ohren
	12	es kamen mit mir auch diese sechs B.
	29	den B., die in Judäa wohnten, eine Gabe
	12,2	er tötete Jakobus, den B. des Johannes
	17	verkündet dies dem Jakobus und den B.
	14,2	hetzten die Heiden auf gegen die B.
	15,1	einige von Judäa lehrten die B.
	3	machten damit allen B. große Freude
	22	angesehene Männer unter den B.
	23	wir, eure B., wünschen Heil den B. aus den Heiden
	25	mit unsern geliebten B. Barnabas und Paulus
	32	Judas und Silas ermahnten die B.
	33	ließen die B. sie mit Frieden gehen
	36	laß uns nach unsern B. sehen in allen Städten
	40	von den B. der Gnade Gottes befohlen
	16,2	der hatte einen guten Ruf bei den B. in Lystra
	40	als sie die B. gesehen hatten
	17,6	schleiften sie einige B. vor die Oberen
	10	die B. schickten Paulus nach Beröa 14
Apg	18,18	danach nahm er Abschied von den B.
	27	schrieben die B. an die Jünger dort
	21,7	begrüßten die B. und blieben einen Tag
	17	nahmen uns die B. auf
	20	B., du siehst, wieviel Juden gläubig geworden
	22,5	von ihnen empfing ich Briefe an die B.
	28,14	dort fanden wir B.
	15	dort hatten die B. von uns gehört
	21	noch ist ein B. gekommen, der
Rö	1,13	liebe B. 7,1.4; 8,12; 10,1; 11,25; 15,14; 1Ko 1,11.26; 2,1; 3,1; 4,6; 7,24.29; 10,1; 11,33; 12,1; 14,6.20.26.39; 15,1.31.50.58; 2Ko 1,8; 8,1; 13,11; Gal 1,11; 3,15; 4,12.28.31; 5,11.13; 6,1. 18; Phl 1,12; 3,1.13.17; 4,1.8; 1Th 1,4; 2,1.9.14. 17; 3,7; 4,1.13; 5,1.4.12.14.25; 2Th 1,3; 2,1.15; 3,1. 13; 2Pt 1,10; 1Jh 3,13; Heb 3,1.12; 10,19; 13,22; Jak 1,2.16.19; 2,1.5.14; 3,1.10.12; 4,11; 5,7.9.10.12.19
	8,29	damit dieser der Erstgeborene sei unter vielen B.
	9,3	von Christus getrennt zu sein für meine B.
	12,1	ich ermahne euch nun, liebe B. 15,30; 16,17; 1Ko 1,10; 16,15; 1Th 4,10; 5,14; 2Th 3,6; 1Pt 2,11
	14,10	du aber, was richtest du deinen B.
	13	daß niemand seinem B. Ärgernis bereite 15. 21; 1Ko 8,13
	16,14	grüßt Patrobas, Hermas und die B. bei ihnen Kol 4,15
	23	es grüßt euch Erastus und Quartus, der B. 1Ko 16,20; Phl 4,21; 2Ti 4,21; Heb 13,24
1Ko	1,1	Paulus und Sosthenes, unser B.
	5,11	der sich B. nennen läßt
	6,5	nicht einer, der zwischen B. und B. richten könnte
	6	vielmehr rechtet ein B. mit dem andern
	8	ihr übervorteilt, und das unter B.
	7,12	wenn ein B. eine ungläubige Frau hat
	15	der B. ist nicht gebunden in solchen Fällen
	8,11	der B., für den Christus gestorben ist
	12	wenn ihr aber so sündigt an den B.
	13	damit ich meinen B. nicht zu Fall bringe
	9,5	Schwester als Ehefrau wie die B. des Herrn
	15,6	gesehen worden von mehr als 500 B.
	16,11	ich warte auf ihn mit den B.
	12	von Apollos, dem B., sollt ihr wissen
2Ko	1,1	Paulus und Timotheus, unser B. Kol 1,1; 1Th 3,2; Phm 1
	2,13	weil ich Titus, meinen B., nicht fand
	8,18	wir haben den B. mit ihm gesandt 22; 9,3; 12,18; Phl 2,25; Kol 4,9
	23	es sei nun Titus, oder es seien unsere B.
	9,5	nötig, die B. zu ermahnen
	11,9	meinem Mangel halfen die B. ab
	26	ich bin in Gefahr gewesen unter falschen B.
Gal	1,2	(Paulus) und alle B., die bei mir sind
	19	von den andern Aposteln sah ich keinen außer Jakobus, des Herrn B.
	2,4	es hatten sich einige falsche B. mit eingedrängt
Eph	6,21	Tychikus, mein lieber B. Kol 4,7
	23	Friede sei mit den B. von Gott, dem Vater
Phl	1,14	die meisten B. haben Zuversicht gewonnen
Kol	1,2	an die Heiligen in Kolossä, die gläubigen B. in Christus
1Th	4,6	niemand übervorteile seinen B. im Handel
	10	das tut ihr auch an allen B. in ganz Mazedonien
	5,26	grüßt alle B. mit dem heiligen Kuß
	27	daß ihr diesen Brief lesen laßt vor allen B.

2Th	2,13	vom Herrn geliebte B.
	3,6	daß ihr euch zurückzieht von jedem B., der
	15	weist ihn zurecht als einen B.
1Ti	4,6	wenn du die B. dies lehrst
	5,1	ermahne die jüngeren Männer wie B.
	6,2	nicht weniger ehren, weil sie B. sind
Phm	7	erquickt durch dich, lieber B. 20
	16	ein geliebter B., besonders für mich
1Pt	2,17	habt die B. lieb
	5,9	ebendieselben Leiden über eure B. in der Welt
	12	Silvanus, den treuen B.
2Pt	3,15	wie auch unser B. Paulus euch geschrieben
1Jh	2,9	wer seinen B. (haßt) 10.11; 3,10.15; 4,20
	3,12	nicht wie Kain, der seinen B. umbrachte
	14	wir lieben die B.
	16	wir sollen das Leben für die B. lassen
	17	sieht seinen B. darben und schließt sein Herz vor ihm zu
	4,21	daß, wer Gott liebt, auch seinen B. liebe
	5,16	wenn jemand seinen B. sündigen sieht
3Jh	3	ich habe mich sehr gefreut, als die B. kamen
	5	du handelst treu in dem, was du an den B. tust
	10	er selbst nimmt die B. nicht auf
Heb	2,11	schämt sich nicht, sie B. zu nennen
	17	mußte in allem seinen B. gleich werden
	7,5	also aus ihren eigenen B.
	8,11	es wird keiner seinen B. (lehren): Erkenne den Herrn
	13,23	wißt, daß unser B. Timotheus wieder frei ist
Jak	1,9	ein B., der niedrig ist, rühme sich seiner Höhe
	2,15	wenn ein B. Mangel hätte an Kleidung
	4,11	wer seinen B. verleumdet, der verleumdet das Gesetz
Jud	1	Judas, Knecht Jesu Christi und B. des Jakobus
Off	1,9	ich, Johannes, euer B.
	6,11	bis vollzählig dazukämen ihre B.
	12,10	der Verkläger unserer B. ist verworfen
	19,10	ich bin dein und deiner B. Mitknecht 22,9

Bruderbund

Am	1,9	weil sie nicht an den B. gedacht haben

brüderlich

Rö	12,10	die b. Liebe untereinander sei herzlich
1Th	4,9	von der b. Liebe ist es nicht nötig, euch zu schreiben
1Pt	3,8	seid mitleidig, b., barmherzig, demütig
2Pt	1,7	(erweist) in der Frömmigkeit b. Liebe
Heb	13,1	bleibt fest in der b. Liebe

Bruderliebe

1Pt	1,22	habt ihr eure Seelen gereinigt zu ungefärbter B.

brudermörderisch

Wsh	10,3	ging er in b. Grimm zugrunde

Bruderschaft

Sa	11,14	die B. zwischen Juda und Israel aufzuheben
1Ma	12,10	daß wir die B. zwischen uns erneuern 17

Brudersohn

1Mo	14,12	sie nahmen mit sich Lot, Abrams B.

Brühe

Ri	6,19	Gideon tat die B. in einen Topf 20
Hes	24,10	gieß die B. aus

brüllen

Ri	14,5	kam ein junger Löwe b. ihm entgegen
1Sm	6,12	die Kühe b. immerfort 15,14
Hi	4,10	das B. der Löwen... sind dahin
	6,5	b. der Stier, wenn er Futter hat Am 3,4
	37,4	ihm nach b. der Donner
Ps	22,14	wie ein b. und reißender Löwe
	74,4	deine Widersacher b. in deinem Hause
	104,21	die jungen Löwen, die da b. nach Raub
Spr	19,12	Ungnade des Königs wie b. eines Löwen 20,2
	28,15	ein Gottloser ist wie ein b. Löwe
Jes	5,29	ihr B. ist wie das der Löwen Jer 51,38
	31,4	wie ein Löwe b., wird der HERR Hos 11,10
Jer	2,15	Löwen b. über ihm, b. laut
	12,8	m. Erbe ist wie ein Löwe und b. wider mich
	25,30	der HERR wird b. aus der Höhe Jo 4,16; Am 1,2
Hes	19,7	vor seinem lauten B. sich entsetzte
	22,25	dessen Fürsten sind wie b. Löwen Ze 3,3
Am	3,8	der Löwe b., wer sollte sich nicht fürchten
Sa	11,3	man hört die jungen Löwen b.
1Ma	3,4	kühn wie ein junger Löwe
1Pt	5,8	euer Widersacher geht umher wie ein b. Löwe
Off	10,3	er schrie mit großer Stimme, wie ein Löwe b.

brummen

Jes	59,11	wir b. alle wie die Bären

Brunnen

1Mo	7,11	brachen alle B. der großen Tiefe auf 8,2
	16,14	nannte man den B. „B. des Lebendigen, der mich sieht" 24,62; 25,11
	21,30	ein Zeugnis, daß ich diesen B. gegraben
	24,16	(Rebekka) stieg hinab zum B. 20.29.30.42.45
	26,15	hatten alle B. verstopft 20-22.25.32
	29,2	da war ein B. auf dem Felde 8.10
2Mo	2,15	Mose setzte sich nieder bei einem B.
3Mo	11,36	nur die B. und Zisternen bleiben rein
	20,18	wenn... den B. ihres Blutes aufdeckt
4Mo	20,17	wir wollen keinen B. trinken
	21,16	zogen sie nach Beer. Das ist der B.
	17	damals sang Israel: B., steige auf 18
5Mo	6,11	ausgehauene B. Neh 9,25
	8,7	Land, darin Bäche und B. und Seen sind
1Sm	19,22	als (Saul) zum großen B. kam
2Sm	17,18	Bahurim hatte einen B. in seinem Hofe 21
	23,15	wer will mir Wasser zu trinken holen aus dem B. am Tor 16; 1Ch 11,17.18
	20	erschlug einen Löwen in einem B. 1Ch 11,22
2Kö	10,14	töteten (des Königs Söhne) bei dem B.
	18,31	jedermann von seinem B. trinken Jes 36,16
2Ch	26,10	(Usija) grub viele B.
Ps	69,16	daß das Loch des B. sich nicht schließe
Spr	5,15	was quillt aus deinem B.
	10,11	des Gerechten Mund ist ein B. des Lebens

Brunnen

Spr	16,22	Klugheit ist ein B. des Lebens
	23,27	die fremde Frau ist ein enger B.
	25,26	ist wie ein getrübter B.
Pr	12,6	ehe das Rad zerbrochen in den B. fällt
Jes	30,14	darin man Wasser schöpfe aus dem B.
	51,1	des B. Schacht, aus dem ihr gegraben
Jer	6,7	wie ein B. sein Wasser quellen läßt
	14,3	wenn sie zum B. kommen, finden sie kein
	51,36	ich will ihre B. versiegen lassen Hos 13,15
Sir	48,19	Hiskia ließ B. machen
2Ma	1,19	Feuer in der Höhlung eines B. versteckt
Lk	14,5	wer ist unter euch, dem sein Sohn in den B. fällt
Jh	4,6	es war dort Jakobs B. Jesus setzte sich am B. nieder
	11	der B. ist tief
	12	bist du mehr als Jakob, der uns diesen B.
	14	*wird in ihm ein B. des Wassers werden*
2Pt	2,17	das sind B. ohne Wasser und Wolken
Off	9,1	ihm wurde der Schlüssel zum B. des Abgrunds gegeben
	2	er tat den B. des Abgrunds auf
	21,6	*geben von dem B. des lebendigen Wassers*

Brunnenloch

1Mo	29,3	pflegten den Stein von dem B. zu wälzen
2Sm	17,19	breitete (eine Decke) über das B.

Brunnenwasser

4Mo	21,22	wir wollen auch vom B. nicht trinken

Brünnlein

Ps	46,5	Stadt Gottes lustig bleiben mit ihren B.
	65,10	Gottes B. hat Wasser die Fülle

Brunnquell

5Mo	33,28	Israel wohnt sicher, der B. Jakobs
Jes	35,7	wo es dürre gewesen, sollen B. sein

Brunst

Jes	57,5	die ihr bei den Götzeneichen in B. geratet Jer 2,23.24; Hes 23,20

brünstig

Sir	23,22	wer voll b. Gier ist, der

Brunstzeit

1Mo	30,41	wenn die B. der kräftigen Tiere war 31,10

Brust

1Mo	45,15	küßte seine Brüder und weinte an ihrer B.
	49,25	mit Segen der B. und des Mutterleibes
2Mo	29,26	die B. vom Widder der Einsetzung 27; 3Mo 7,30.31; 8,29; 9,20.21
3Mo	7,34	die B. nehme ich und gebe sie Aaron 10,14. 15; 4Mo 6,20; 18,18
Hi	3,12	warum bin ich an den B. gesäugt
	19,27	sehnt sich mein Herz in meiner B.
Ps	22,10	geborgen an der B. meiner Mutter
Hl	1,13	das zwischen meinen B. hängt 7,8; 8,8.10
	4,5	deine beiden B. sind wie Zwillinge 7,4
	7,9	deine B. wie Trauben am Weinstock
Hl	8,1	der meiner Mutter B. gesogen
Jes	28,9	die von der B. abgesetzt sind
	60,16	der Könige B. soll dich säugen
	66,11	dürft trinken an den B. ihres Trostes
Jer	31,19	schlug ich an meine B.
Klg	4,3	Schakale reichen ihren Jungen die B.
Hes	16,7	deine B. wuchsen
	23,3	ließen nach ihren B. greifen 8.21
	34	mußt du danach deine B. zerreißen
Dan	2,32	seine B. und seine Arme waren von Silber
Hos	2,4	wegtue die Zeichen zwischen ihren B.
	9,14	gib ihnen versiegende B.
Nah	2,8	ihre Jungfrauen werden an ihre B. schlagen
Sa	13,6	was sind das für Wunden auf deiner B.
2Ma	6,10	denen band man die Kindlein an die B.
Lk	11,27	selig der B., an denen du gesogen hast
	18,13	schlug an seine B. und sprach 23,48
	23,29	selig sind die B., die nicht genährt haben
Jh	13,23	der lag bei Tisch an der B. Jesu 25; 21,20
Off	1,13	gegürtet um die B. mit einem Gürtel 15,6

brüsten

Hi	15,27	b. sich wie ein fetter Wanst Ps 73,7

Brustschild

2Mo	35,9	Onyxsteine zum Priesterschurz und zum B.

Brusttasche

2Mo	25,7	eingefaßte Steine zur B. 35,27
	28,4	(heilige) Kleider: B. 15; 29,5; 39,8; 3Mo 8,8
	30	in die B. tun die Lose „Licht und Recht" 29
Sir	45,13	die B. für die Losentscheidungen

Brustwehr

Hl	4,4	dein Hals ist wie... mit B. gebaut

brüten

Jes	59,5	sie b. Natterneier

Bube

Spr	1,10	wenn dich die bösen B. locken, folge nicht
Sir	11,34	hüte dich vor solchen B.

Buch

1Mo	5,1	dies ist das B. von Adams Geschlecht
2Mo	17,14	schreibe dies zum Gedächtnis in ein B.
	24,7	(Mose) nahm das B. des Bundes
	32,32	wenn nicht, dann tilge mich aus deinem B. 33
4Mo	21,14	daher heißt es in dem B. von den Kriegen
5Mo	17,18	soll eine Abschrift dieses Gesetzes in ein B. schreiben lassen Jos 24,26
	28,58	alle Worte dieses Gesetzes, die in diesem B. geschrieben sind 61; 29,19.20.26; 30,10; 31,24
	31,26	nehmt das B. und legt es neben die Lade
Jos	1,8	laß das B. nicht von deinem Munde kommen
	10,13	nicht geschr. im B. des Redlichen 2Sm 1,18
	18,9	schrieben's auf in ein B., Stadt für Stadt
1Sm	10,25	Samuel schrieb's in ein B.
2Kö	22,8	Hilkija gab das B. Schafan 10; 2Ch 34,14.15. 18
	13	befragt den HERRN über dieses B... nicht den Worten dieses B. gehorcht 16; 2Ch 34,21

2Kö	23,2	las alle Worte aus dem B. des Bundes 3.21. 24; 2Ch 34,24.30.31
1Ch	9,1	aufgeschrieben im B. der Könige von Israel 2Ch 16,11; 20,34; 24,27; 25,26; 27,7; 28,26; 32,32; 35,27; 36,8
2Ch	25,4	im B. des Mose 35,12; Esr 6,18; Neh 13,1
Esr	6,1	Schatzhäusern, in denen die B. aufbewahrt
Neh	8,1	solle das B. des Gesetzes holen 5.8.18; 9,3
Est	2,23	im B. der täglichen Meldungen 6,1
	9,32	es wurde in ein B. geschrieben
Ps	40,8	im B. ist von mir geschrieben Heb 10,7
	69,29	tilge sie aus dem B. des Lebens
	139,16	alle Tage waren in dein B. geschrieben
Jes	29,11	wie die Worte eines versiegelten B.
	18	werden hören die Worte des B.
	30,8	zeichne es in ein B.
	34,16	suchet nun in dem B. des HERRN
Jer	25,13	alles, was in diesem B. steht
	30,2	schreib dir alle Worte in ein B. 51,60
	51,63	wenn du das B. ausgelesen hast
Hes	13,9	in das B. nicht eingeschrieben werden
Dan	7,10	die B. wurden aufgetan
	9,2	achtete in den B. auf die Zahl der Jahre
	10,21	was geschrieben ist im B. der Wahrheit
	12,1	errettet werden, alle, die im B. geschrieben
	4	versiegle dies B. bis auf die letzte Zeit
Nah	1,1	dies ist das B. der Weissagung Nahums
Sir	24,32	dies ist das B. des Bundes
	50,29	Weisheit hat in dies B. geschrieben Jesus
Bar	1,1	dies ist der Inhalt des B. 3.14
	4,1	ist das B. von den Geboten Gottes
1Ma	1,59	die B. des Gesetzes Gottes zerreißen 60
	16,24	ist alles beschrieben in einem eignen B.
2Ma	2,13	wie Nehemia die B. zusammengebracht 14
	24	das Jason in fünf B. aufgezeichnet
	8,23	danach las er das heilige B. vor
	15,38	will nun hiermit dies B. beschließen
Mt	1,1	B. von der Geschichte Jesu Christi
Mk	12,26	habt ihr nicht gelesen im Buch des Mose
Lk	3,4	wie im B. der Propheten steht Apg 7,42
	4,17	da wurde ihm das B. des Propheten Jesaja gereicht 20
Jh	20,30	die nicht geschrieben sind in diesem B.
	21,25	würde die Welt die B. nicht fassen, die zu schreiben wären
Apg	19,19	brachten die B. zusammen und verbrannten sie
Gal	3,10	was geschrieben steht in dem Buch des Gesetzes, daß er's tue
Phl	4,3	deren Namen im B. des Lebens stehen
2Ti	4,13	bringe mit die B., besonders die Pergamente
Heb	9,19	besprengte das B. und alles Volk
Off	1,11	was du siehst, das schreibe in ein B.
	3,5	s. Namen nicht austilgen aus dem B. des Lebens
	5,1	ich sah in der rechten Hand ein B.
	2	wer ist würdig, das B. aufzutun 3-9
	6,14	*entweicht, wie ein B. zusammengerollt wird*
	17,8	deren Namen nicht stehen im B. des Lebens
	20,12	ein B. wurde aufgetan, das B. des Lebens
	15	wenn jemand nicht gefunden wurde geschrieben in dem B. des Lebens
	22,7	selig, der die Worte in diesem B. bewahrt 9
	10	versiegle nicht die Worte der Weissagung in diesem B.
	18	Plagen, die in diesem B. stehen 19

Buche

Hos	4,13	räuchern sie unter den Linden und B.

Büchermachen

Pr	12,12	des vielen B. ist kein Ende

Büchlein

Off	10,2	in seiner Hand ein B., das war aufgetan
	8	nimm das B. aus der Hand des Engels 9.10

Buchrolle

Jes	34,4	der Himmel zusammengerollt wie eine B.

Buchsbaum

Jes	41,19	will pflanzen B. und Kiefern 60,13

Buchsbaumholz

Hes	27,6	mit Elfenbein getäfelt, gefaßt in B.

Buchstabe

Mt	5,18	nicht vergehen der kleinste B. vom Gesetz
Rö	2,27	der du unter dem B. stehst
	29	die im Geist und nicht im B. geschieht
	7,6	daß wir dienen sollen im alten (Wesen) des B.
2Ko	3,6	der B. tötet, aber der Geist macht lebendig
	7	das Amt, das mit B. in Stein gehauen war
Gal	6,11	seht, mit wie großen B. ich schreibe

Bucht

Ri	5,17	Asser blieb ruhig an seinen B.
Apg	27,39	eine B. wurden sie gewahr, die hatte ein flaches Ufer

Buckel

1Kö	7,31	es waren B. an dem Hals

bücken

1Kö	18,42	Elia b. sich zur Erde
Ps	38,7	ich gehe krumm und sehr geb.
	68,19	die Abtrünnigen müssen sich b. vor dir b.
Spr	14,19	die Bösen müssen sich b. vor den Guten
Jes	10,4	wer sich nicht unter die Gefangenen b.
	60,14	werden geb. zu dir kommen
Hab	3,6	b. müssen sich die uralten Hügel
Sir	20,11	mancher, der sich b. muß, kommt empor
Mk	1,7	ich bin nicht wert, daß ich mich vor ihm b.
Jh	8,6	Jesus b. sich und schrieb mit dem Finger auf die Erde 8

bucklig

3Mo	21,20	(wer) b. oder verkümmert ist

Büffel

Ps	22,13	mächtige B. haben mich umringt
Jes	34,7	werden niedersinken samt den B.

buhlen

Jes	57,8	du liebtest ihr Lager und b. mit ihnen
Hes	23,7	sie b. mit auserlesenen Söhnen
Hos	8,9	Ephraim b. mit Geschenken

Buhlerei

Hes 23,29 da soll deine B. aufgedeckt werden

buhlerisch

Hos 3,1 warb um eine b. Frau

Bukki

4Mo 34,22 ¹B., Fürst des Stammes Dan
1Ch 5,31 ²Abischua zeugte B. B. zeugte 6,36; Esr 7,4

Bukkija

1Ch 25,4 Hemans Söhne: B. 13

Bul

1Kö 6,38 B., das ist der achte Monat

Buna

1Ch 2,25 Jerachmeel hatte Söhne: B.

Bund

1Mo 6,18 mit dir will ich meinen B. aufrichten 9,9.11; 17,4.7.19.21
9,12 das ist das Zeichen des B. 13.17
15 alsdann will ich gedenken an meinen B. 16
14,13 diese waren mit Abram im B.
17,9 haltet meinen B. 2Mo 19,5; 5Mo 4,13; 29,8
10 das ist mein B.: Alles soll beschnitten werden 11.13.14; Apg 7,8
2Mo 2,24 Gott gedachte seines B. mit Abraham, Isaak und Jakob 6,5; Ps 106,45
6,4 habe meinen B. mit ihnen aufgerichtet 5Mo 28,69; 29,11; Jer 34,13
24,7 (Mose) nahm das Buch des B.
8 das ist das Blut des B. Heb 9,20; 10,29
31,16 sollen den Sabbat halten als ewigen B.
34,28 schrieb auf die Tafeln die Worte des B.
3Mo 2,13 Speisopfer niemals ohne Salz des B.
26,9 will meinen B. halten 42.44.45; Ri 2,1
15 werdet ihr meinen B. brechen
25 Racheschwert... meinen B. rächen soll
4Mo 10,33 die Lade des B. zog vor ihnen her Jos 3,11
14,44 die Lade des B... wichen nicht
25,12 gebe ihm meinen B. des Friedens
13 dieser B. soll das ewige Priestertum zuteilen
5Mo 4,13 er verkündigte euch seinen B.
23 hütet euch, daß ihr den B. des HERRN nicht vergeßt 2Kö 17,38
31 der HERR wird den B. nicht vergessen
7,9 der treue Gott, der den B. hält 12; 8,18; 1Kö 8,23; Neh 1,5; 9,32
9,11 gab mir die zwei Tafeln des B. 15
10,8 Stamm Levi, die Lade des B. zu tragen 31,9. 25; Jos 3,3.17; 4,18; 6,8; 8,33; 2Sm 15,24; 1Ch 15,26
17,2 daß er seinen B. übertritt 31,16.20; Jer 34,18
28,69 dies sind die Worte des B. 29,8
29,20 zum Unheil nach allen Flüchen des B.
24 den B. des HERRN verlassen Ri 2,20; 1Kö 11,11; 19,10.14; 2Kö 17,15; 18,12
33,9 die hüten dein Wort und bewahren deinen B.
Jos 4,7 Wasser weggeflossen vor der Lade des B.
7,11 haben meinen B. übertreten 15; 23,16
Ri 20,27 es war die Lade des B. Gottes dort
1Sm 4,3 laßt uns die Lade des B. holen 4.5; 1Ch 15,25-29; 16,6.37; 28,18
2Sm 15,31 daß Ahitophel im B. mit Absalom sei
23,5 hat mir einen ewigen B. gesetzt 1Ch 16,17
1Kö 3,15 Salomo trat vor die Lade des B.
6,19 Chorraum, damit man die Lade des B. dahin stellte 8,6; 1Ch 22,19; 28,2; 2Ch 5,7
8,1 die Lade des B. heraufzubringen 5; 2Ch 5,2.6
15,19 B. zwischen mir und dir... B. mit Bascha 2Ch 16,3
20,34 will dich auf diesen B. hin ziehen lassen
2Kö 13,23 wandte sich ihnen zu um seines B. willen
23,2 las aus dem Buch des B. 21; 2Ch 34,30
3 alles Volk trat in den B. 2Ch 15,12; 34,31.32; Jer 34,10
1Ch 16,15 gedenket ewig seines B. Ps 105,8
17,1 die Lade des B. unter Zeltdecken
Neh 13,29 daß sie den B. des Priestertums gebrochen
Hi 5,23 dein B. wird sein mit den Steinen
31,1 hatte einen B. gemacht mit meinen Augen
Ps 25,10 die seinen B. und s. Gebote halten 103,18
14 seinen B. läßt er sie wissen
44,18 haben an meinem B. nicht untreu gehandelt
50,16 nimmst meinen B. in deinen Mund
55,21 sie entheiligen ihren B.
74,20 gedenke an den B.
78,10 sie hielten den B. Gottes nicht
37 sie hielten nicht treu an seinem B.
83,6 sie haben einen B. wider dich gemacht
89,29 mein B. soll ihm festbleiben 35
40 hast zerbrochen den B. mit deinem Knecht
105,8 er gedenkt ewiglich an seinen B. 10; 111,5
111,9 verheißt, daß sein B. ewig bleiben soll
132,12 werden ihre Söhne meines B. halten
Spr 2,17 (eine Fremde) vergißt den B. ihres Gottes
Jes 24,5 sie brechen den ewigen B.
28,18 daß hinfalle euer B. mit dem Tode
42,6 ich mache dich zum B. 49,8
54,10 B. meines Friedens soll nicht hinfallen
56,4 die an meinem B. festhalten 6
59,21 dies ist mein B. mit ihnen
Jer 11,2 höret die Worte dieses B. 6
3 wer nicht gehorcht den Worten des B.
8 über euch kommen lassen alle Worte dieses B.
10 meinen B. gebrochen, den ich 22,9
14,21 denke doch an deinen B. mit uns
33,20 wenn mein B. aufhörte 21.25
50,5 uns dem HERRN zuwenden zu einem ewigen B.
Hes 16,59 als du den B. gebrochen hast 44,7
60 will gedenken an meinen B. 61.62
17,2 damit sein B. gehalten würde 15.16.18.19
37,26 der soll ein ewiger B. sein
Dan 9,4 Gott, der du B. und Gnade bewahrst
11,22 wird vielen den B. schwer machen
22 vernichtet, dazu auch der Fürst des B.
28 seinen Sinn gegen den heiligen B. 30
32 zum Abfall bringen, die den B. übertreten
Hos 6,7 sie haben meinen B. übertreten bei Adam 8,1
Sa 9,11 um des Blutes deines B. willen
11,10 zerbrach ihn, um meinen B. aufzuheben
Mal 2,4 damit mein B. mit Levi bestehen bleibe
5 mein B. war, daß er ihm Leben gab
8 ihr habt den B. mit Levi verdorben
10 warum entheiligen (wir) den B.
3,1 der Engel des B., den ihr begehrt, kommt
Jdt 9,15 denke, Herr, an deinen B. 1Ma 4,10; 2Ma 1,2; StD 3,10
Wsh 12,21 deren Vätern du Eid und B. gegeben 18,22
Sir 24,32 dies alles ist das Buch des B.

Sir	28,9	denk an den B. des Höchsten
	42,1	schäme dich nicht, Gesetz und B. zu halten
	44,11	ihre Nachkommen sind im B. Gottes geblieben
	24	hat den B. dem Isaak bestätigt
	45,6	damit er Jakob den B. lehren sollte
	30	wurde ihm der B. des Friedens gegeben
1Ma	1,16	fielen vom heiligen B. ab
	60	bei denen man die Bücher des B. fand
	2,27	wer den B. halten will, der
	50	wagt euer Leben für den B. unsrer Väter
2Ma	8,15	so möge er es tun um des B. willen
Mt	26,28	das ist mein Blut des B. Mk 14,24
Lk	1,72	und gedächte an seinen heiligen B.
	22,20	dieser Kelch ist der neue B. in meinem Blut 1Ko 11,25
Apg	3,25	Söhne des B., den Gott geschlossen
	23,13	*mehr als vierzig, die solchen B. machten*
Rö	11,27	dies ist mein B. mit ihnen
2Ko	3,6	tüchtig gemacht zu Dienern des neuen B.
Eph	2,12	Fremde außerhalb des B. der Verheißung
Heb	7,22	so ist Jesus Bürge eines viel besseren B. geworden 8,6; 9,15; 12,24
	8,7	wenn der erste B. untadelig gewesen wäre
	8	es kommen Tage, da will ich einen neuen B. schließen 9.10; 10,16
	9	sie sind nicht geblieben in meinem B.
	13	indem er sagt: „einen neuen B.", erklärt er
	9,1	es hatte auch der erste B. seine Satzungen
	4	in ihr waren die Tafeln des B.
	15	zur Erlösung von den Übertretungen unter dem ersten B.
	18	wurde der erste B. nicht ohne Blut gestiftet
	13,20	durch das Blut des ewigen B.
Off	11,19	die Lade seines B. wurde in seinem Tempel sichtbar

Bund schließen

1Mo	9,12	Zeichen des B., den ich ges. habe
	15,18	s. der HERR einen B. mit Abram 17,2; Neh 9,8; Ps 105,9
	21,27	Abraham und Abimelech s. einen B. 32; 26,28; 31,44
2Mo	23,32	sollst mit ihnen keinen B.s. 34,12.15; 5Mo 7,2; Ri 2,2
	24,8	B., den der HERR mit euch ges. 34,10.27; 5Mo 4,23; 5,2.3; 9,9; 28,69; 29,24; 31,16; 1Kö 8,9.21; 2Kö 17,15.35.38; 2Ch 5,10; 6,11; Ps 50,5; Jer 11,10; 31,32; 34,13; Heb 8,9
5Mo	29,13	ich s. diesen B. nicht mit euch allein
Jos	9,6	so s. nun einen B. mit uns 7.11.15.16; 1Sm 11,1.2; 2Sm 3,12.13.21; 21,2
	24,25	so s. Josua einen B. für das Volk
1Sm	18,3	Jonatan s. mit David einen B. 20,8; 23,18
2Sm	5,3	David s. einen B. vor dem HERRN 11,3
1Kö	20,34	da s. er mit ihm den B. 2Kö 11,4.17; 2Ch 23,1.3
2Kö	23,3	der König s. einen B. vor dem HERRN 2Ch 23,16; 29,10; 34,31; Jer 34,8.15.18
2Ch	7,18	wie ich mit David einen B.ges. 21,7; Ps 89,4
Esr	10,3	laßt uns mit Gott einen B.s.
Hi	40,28	meinst du, er wird einen B. mit dir s.
Jes	28,15	wir haben mit dem Tod einen B. ges.
	55,3	ich will mit euch einen ewigen B.s. 61,8; Jer 31,31.33; 32,40; Heb 8,8.10; 10,16
Hes	16,8	s. mit dir den B. 60
	17,13	(der König von Babel) s. einen B.
	34,25	will einen B. des Friedens s. 37,26

Hos	2,20	will einen B.s. mit den Tieren
	10,4	sie schwören falsch und s.B.
	12,2	sie s. mit Assur einen B.
Sa	11,10	B., den ich mit allen Völkern ges. hatte
Mal	2,14	die Frau, mit der du einen B.ges. hast
Wsh	1,16	sie s. mit ihm einen B.
Sir	44,19	ein ewiger B. wurde mit ihm ges. 21; 45,8.19
	45,31	wie mit David der B. ges. wurde
Apg	3,25	die Söhne des B., den Gott ges. hat

Bündel

Jer	10,17	raffe dein B. auf von der Erde
Mt	13,30	sammelt das Unkraut und bindet es in B.

Bundesgenosse

Ob	7	alle deine B. werden dich hinausstoßen
1Ma	8,12	mit den B. hielten sie Frieden 20.31
	10,6	daß er sein B. sein sollte 8.16
	11,33	unsern B., den Juden, Gutes zu tun
	12,14	haben unsre B. nicht um Hilfe bitten

Bundeslade

Jos	3,6	hebt die B. auf! Da hoben sie die B. auf 8
	14	trugen die Priester die B. 4,9
	6,6	Josua sprach zu ihnen: Bringt die B.
Jer	3,16	nicht mehr reden von der B. des HERRN
2Ma	2,4	Stiftshütte und B. sollten mit ihm kommen
Heb	9,4	darin die B., ganz mit Gold überzogen

Bundesschluß

Rö	9,4	Israeliten, denen gehören die B.
Gal	4,24	die beiden Frauen bedeuten zwei B.

Bündlein

1Sm	25,29	eingebunden sein im B. der Lebendigen
Hi	14,17	würdest m. Übertretung in ein B. versiegeln

Bündnis

Jes	30,1	die ohne meinen Geist B. eingehen
Hos	10,4	sie schwören falsch und schließen B.
1Ma	1,12	laßt uns ein B. mit den Heiden schließen 8,17.20.22.29; 12,1.3.8.16; 14,18.24

Bunni

Neh	9,4	¹für die Leviten... B.
	10,16	²(Oberen des Volks:) B.
	11,15	³Schemaja... des Sohnes B.

bunt

1Mo	30,32	aussondern alle b. Schafe 33.35.39; 31,8.10.12
	37,3	Israel machte ihm einen b. Rock 23.32
Ri	5,30	für Sisera b. gestickte Kleider
1Ch	29,2	zum Hause Gottes Rubine und b. Steine
Hi	38,14	färbt sich b. wie ein Kleid
Spr	7,16	habe mein Bett geschmückt mit b. Decken
Jer	12,9	mein Erbe ist wie der b. Vogel
Hes	16,10	kleidete dich mit b. Kleidern 13.18
	16	du machtest b. Opferhöhen daraus
	17,3	mit vollen Schwingen, die b. waren
	23,15	b. Turbane auf ihren Köpfen
	26,16	werden ihre b. Gewänder ausziehen
	27,7	dein Segel war beste b. Leinwand

bunt 214

Hes 27,16 haben b. Stoffe auf d. Märkte gebracht 24

buntgewirkt
2Mo 28,39 du sollst machen einen b. Gürtel

Buntwirker
2Mo 35,35 zu machen alle Arbeiten des B. 38,23

Buntwirkerarbeit
2Mo 26,36 eine Decke machen in B. 36,37; 38,18; 39,29

Bürde
Mt 23,4 schwere B. legen sie den Menschen auf

Burg
Ri 8,9 so will ich diese b. niederreißen 17
  9,46 alle Männer der B. von Sichem hörten 47.49
  51 es war eine starke B. in der Stadt 52
2Sm 5,7 David eroberte die B. Zion 9; 1Ch 11,5.7
  22,2 der HERR ist meine B. Ps 18,3; 31,4; 71,3
  46 kommen mit Zittern aus ihren B. Ps 18,46
2Ch 17,12 Joschafat baute in Juda B. 27,4
Neh 2,8 Holz gebe für die Pforten der B.
Ps 31,3 sei mir starker Fels und B. 4; 71,3
  91,2 meine Zuversicht und meine B.
  144,2 meine Hilfe und meine B.
Spr 18,10 der Name des HERRN ist eine feste B.
  19 sind hart wie der Riegel einer B.
Jes 22,2 du Stadt voller Lärmen, du fröhliche B.
  32,14 daß B. und Turm zu Höhlen werden
Jer 30,18 die B. soll stehen an ihrem Platz
Klg 2,2 die B. der Töchter Juda abgebrochen 5
Hes 19,7 (ein junger Löwe) zerstörte ihre B.
Dan 11,31 werden Heiligtum und B. entweihen
Jo 4,16 wird der HERR sein eine B. den *Israeliten
Mi 7,17 sollen zitternd hervorkommen aus ihren B.
Hab 2,12 der richtet die B. auf mit Unrecht
Ze 3,6 habe Völker ausgerottet, ihre B. verwüstet
Jdt 2,12 dort erstürmte er alle ihre B.
1Ma 1,35 die B. Davids wurde ihre B. 37
  3,45 Fremde hatten die B. inne 6,18
  4,2 als Führer dienten Leute von der B. 41
  5,5 Judas schloß sie in ihre B. ein und verbrannte ihre B.
  9 das Volk floh auf die B. 2Ma 10,18
  11 Heiden wollen unsre B. stürmen
  29 zogen sie bei Nacht fort von der B.
  14,37 Simon eroberte die B. 15,28; 2Ma 10,22
Mk 15,16 *die Kriegsknechte führten ihn in die B.*
Apg 21,34 ließ er ihn in die B. führen 37; 22,24; 23,10
  23,16 ging er in die B. und berichtete es Paulus
  32 kehrten wieder in die B. zurück

Bürge
1Mo 43,9 ich will B. für ihn sein 44,32
Hi 17,3 sei du selbst mein B. bei dir
Spr 11,15 wer sich hütet, B. zu sein 17,18
  20,16 der für einen andern B. wurde 27,13
  22,26 die für Schulden B. werden
Sir 29,18 ein rechtschaffener Mann wird B.
  20 vergiß nicht, was dein B. für dich getan
  22 Gottlose bringt seinen B. um Hab und Gut
  24 B. werden hat viele zugrunde gerichtet
Heb 7,22 ist Jesus B. eines besseren Bundes geworden

bürgen
Spr 6,1 hast du geb. für deinen Nächsten
  11,15 wer für einen andern b.
Sir 8,16 wenn du b., so rechne damit

Bürger
1Mo 34,20 redeten mit den B. der Stadt
5Mo 13,14 heillose Leute haben die B. verführt 16
Jos 9,3 die B. von Gibeon hörten, was Josua getan
  10,2 alle seine B. streitbare Männer
  24,11 kämpften gegen euch die B. von Jericho
Ri 5,23 fluchet ihren B., daß sie nicht kamen
  9,51 dahin flohen alle B. der Stadt
  20,5 machten sich auf die B. von Gibea 15
  21,9 war kein B. da von Jabesch 10.12
Rut 4,4 so kaufe es vor den B.
1Sm 6,21 sandten Boten zu den B. von Kirjat-Jearim
  23,11 werden mich die B. von Keïla übergeben 12
2Sm 21,12 nahm die Gebeine von den B. von Jabesch
1Ch 8,6 Sippenhäupter unter den B. zu Geba 13
  11,5 die B. von Jebus sprachen zu David
Neh 3,13 das Taltor bauten die B. von Sanoach
  7,3 Wachen aus den B. Jerusalems
Jes 5,3 nun richtet, ihr B. zu Jerusalem
  8,14 eine Schlinge für die B. Jerusalems
  9,8 Ephraim und die B. Samarias
  10,31 die B. von Gebim laufen davon
Jer 8,1 die Gebeine der B. Jerusalems... werfen
  11,2 den B. von Jerusalem sagt 18,11; 19,3; 35,13
  12 werden die B. Jerusalems hingehen
  21,6 dieser Stadt schlagen 35,17; 36,31
  23,14 die B. Jerusalems wie Gomorra
  25,2 Jeremia sprach zu allen B. Jerusalems
  39,8 verbrannten die Häuser der B.
  49,8 verkriecht euch tief, ihr B.
Hes 39,9 die B. werden die Waffen verbrennen
Sa 8,20 werden noch kommen B. vieler Städte
  21 die B. einer Stadt werden zur andern gehen
  12,5 die B. Jerusalems sollen getrost sein 7.8
  10 über die B. Jerusalems will ich ausgießen
  13,1 werden die B. Jerusalems einen Quell haben
Sir 10,2 wie der Rat ist, so sind auch die B.
1Ma 1,40 so flohen die B. Jerusalems 3,45
  10,86 gingen ihm die B. der Stadt entgegen 11,60
  14,20 der Rat und die B. von Sparta
2Ma 4,41 als die B. sahen, daß Lysimachus
  50 Menelaus tat den B. alles Unrecht an
  9,15 Juden... den B. von Athen gleichstellen
  19 Antiochus entbietet seinen B. seinen Gruß
  12,31 so dankten sie den B. dafür
Lk 15,15 er hängte sich an einen B. jenes Landes
  19,14 seine B. waren ihm feind
Apg 16,37 die wir doch römische B. sind 38; 22,25-29
  21,39 ich bin ein B. einer namhaften Stadt

Bürgerrecht
Apg 22,28 ich habe dies B. für viel Geld erworben
Eph 2,12 ausgeschlossen vom B. Israels
Phl 3,20 unser B. aber ist im Himmel

Bürgschaft
Sir 29,26 ein Gottloser, der sich zur B. drängt
2Ma 10,28 hatten als B. für Sieg die Zuflucht
Apg 17,9 nachdem ihnen von Jason B. geleistet

Burgtor

Ri 9,52 Abimelech näherte sich dem B.

Burgturm

1Kö 16,18 ging er in den B. im Hause des Königs
2Kö 15,25 schlug ihn tot im B. des Königshauses
2Ch 36,19 alle ihre B. brannten sie mit Feuer aus

Burgvogt

Neh 7,2 setzte über Jerusalem den B. Hananja

Bus, Busiter

1Mo 22,21 ¹(Milka hat Söhne geboren,) B.
Hi 32,2 Elihu, der Sohn Barachels des B. 6
Jer 25,23 (ließ daraus trinken) die von B.
1Ch 5,14 ²Jachdos, des Sohnes des B.

Busch

2Mo 3,2 er sah, daß der B. im Feuer brannte 3.4
Hi 30,4 die da Melde sammeln bei den B.
 7 zwischen den B. schreien sie

Büschel

2Mo 12,22 nehmt ein B. Ysop
Hl 1,13 mein Freund ist mir ein B. Myrrhen

Busen

Hes 23,3 ließen ihren jungen B. betasten 21

Busi

Hes 1,3 zu Hesekiel, dem Sohn des B.

Bußdecke

Jdt 4,8 den Altar verhüllte man mit einer B.

Buße

3Mo 5,6 als B. für seine Sünde ein Muttertier 19,21
5Mo 22,19 eine B. von 100 Silberstücken auferlegen
Esr 7,26 es sei B. an Hab und Gut
Hi 42,6 ich tue B. in Staub und Asche
Jer 31,19 nachdem ich bekehrt war, tat ich B.
Jon zogen alle den Sack zur B. an
Mal 3,14 was nützt es, daß wir in B. einhergehen
Wsh 12,10 gabst ihnen so Gelegenheit zur B. 19
Sir 44,16 um für die Welt Beispiel der B. zu sein
GMn hast B. zur Vergebung der Sünden verheißen
 8 hast die B. nicht bestimmt den Gerechten
Mt 3,2 tut B., das Himmelreich ist nahe 4,17; Mk 1,15
 8 bringt rechtschaffene Frucht der B. Lk 3,8
 11 ich taufe euch mit Wasser zur B.
 11,20 denn sie hatten nicht B. getan 21,32; 2Ko 12,21; Off 9,20.21; 16,9.11
 21 hätten längst B. getan Lk 10,13
 12,41 taten B. nach der Predigt des Jona Lk 11,32
Mk 1,4 Johannes predigte die Taufe der B. Lk 3,3; Apg 13,24; 19,4
 6,12 sie zogen aus und predigten, man solle B. tun
Lk 5,32 bin gekommen, die Sünder zur B. zu rufen

Lk 13,3 wenn ihr nicht B. tut 5
 15,7 Freude über einen Sünder, der B. tut 10
 16,30 wenn einer von den Toten zu ihnen ginge, so würden sie B. tun
 24,47 daß gepredigt wird in seinem Namen B. zur Vergebung der Sünden
Apg 2,38 tut B. 3,19; 8,22; Off 2,5.16.21; 3,3.19
 5,31 Israel B. u. Vergebung der Sünden zu geben
 11,18 so hat Gott den Heiden die B. gegeben
 17,30 gebietet er den Menschen, daß alle B. tun
 26,20 sie sollten B. und Werke der B. tun
Rö 2,4 daß dich Gottes Güte zur B. leitet
2Ti 2,25 ob ihnen Gott vielleicht B. gebe
2Pt 3,9 er will, daß jedermann zur B. finde
Heb 6,6 (es ist unmöglich, die, die) dann doch abgefallen sind, wieder zu erneuern zur B.
 12,17 er fand keinen Raum zur B.

büßen

Spr 13,13 wer das Wort verachtet, muß dafür b.
 30,10 dir nicht fluche und du es b. müssest
Jes 24,6 b. müssen's, die darauf wohnen
Jer 31,19 ich muß b. die Schande meiner Jugend

Bußgewand

Jdt 4,8 die Priester zogen B. an 14
 9,1 Judit zog ein B. an 10,2

Butter

1Mo 18,8 er trug B. und Milch auf
5Mo 32,14 B. von den Kühen und Milch von den Schafen
2Sm 17,29 (brachten) Honig und B. und Schafkäse
Ps 55,22 ihr Mund ist glatter als B.
Spr 30,33 wenn man Milch stößt, so wird B. daraus
Jes 7,15 B. und Honig wird er essen 22

C

Cäsarea

Apg 8,40 predigte das Evangelium, bis er nach C. kam
 9,30 die Brüder geleiteten ihn nach C.
 10,1 ein Mann in C. mit Namen Kornelius 24; 11,11
 12,19 Herodes zog von Judäa hinab nach C.
 18,22 (Paulus) kam nach C. 21,8
 21,16 es kamen mit uns einige Jünger aus C.
 23,23 rüstet 200 Soldaten, daß sie nach C. ziehen 33
 25,1 Festus zog von C. hinauf nach Jerusalem 6
 4 antwortete, Paulus werde weiter in Gewahrsam gehalten in C.
 13 kamen König Agrippa und Berenike nach C.

Cäsarea Philippi

Mt 16,13 da kam Jesus in die Gegend von C.P. Mk 8,27

Chaldäa

1Mo 11,28 Haran starb zu Ur in C. 31; 15,7; Neh 9,7
2Kö 24,2 über ihn Scharen von Kriegsleuten aus C.

Chaldäa

Jer	51,24	will allen Bewohnern von C. vergelten 35
Hes	11,24	der Geist brachte mich nach C.
	16,29	triebst Hurerei mit C.
	23,15	deren Vaterland C. ist 16
Jdt	5,6	nicht den Göttern ihrer Väter in C.

Chaldäer

2Kö	25,4	C. lagen um die Stadt 5.6.10.13; Jer 52,7
	24	fürchtet euch nicht vor den C. 25.26
2Ch	36,17	führte gegen sie den König der C. Esr 5,12
Hi	1,17	die C. machten drei Abteilungen
Jes	13,19	Babel, die herrliche Pracht der C.
	23,13	die C. - dies Volk hat's getan
	43,14	zur Klage wird der Jubel der C.
	47,1	setze dich, du Tochter der C. 5
	48,14	wird beweisen seinen Arm an den C.
	20	flieht von den C.
Jer	21,4	Waffen, mit denen ihr kämpft gegen die C. 9
	22,25	geben in die Hände der C. 32,28
	24,5	habe fortziehen lassen in der C. Land
	25,12	will heimsuchen das Land der C.
	32,4	Zedekia soll den C. nicht entrinnen 5.24.25. 29.43; 33,5; 35,11; 37,5.8-14; 38,2.18.19.23; 39,5.8; 40,9.10; 41,3.18; 43,3; 52,8.14.17
	50,1	Wort wider das Land der C. 8.25.35.45; 51,4. 5.54
Hes	1,3	im Lande der C. am Fluß Kebar
	12,13	will ihn bringen in der C. Land
	23,14	sie sah Bilder von C. 23
Dan	1,4	in Schrift und Sprache der C. unterrichten
	5,30	wurde Belsazer, der König der C., getötet
	9,1	Darius, über das Reich der C. König
Hab	1,6	siehe, ich will die C. erwecken
Jdt	5,5	dies Volk stammt von den C. ab
Bar	6,40	selbst die C. halten nichts von ihnen
StD	3,24	(die Flamme) verbrannte die C.
Apg	7,4	da ging er aus dem Land der C. und wohnte in Haran

Chaldäerland

Jer	50,10	das C. soll ein Raub werden

chaldäisch

Dan	3,8	kamen einige c. Männer

Chalzedon, *Chalcedon*

Off	21,19	der dritte (Grundstein war) ein C.

Charax

2Ma	12,17	kamen nach C. zu den Juden

Chäreas

2Ma	10,32	dort führte C. den Befehl
	37	erschlugen Timotheus und s. Bruder C.

Cheleer

Jdt	2,13	die im Süden des Landes der C. wohnten

Chelmon

Jdt	7,3	von dort blickt (man) von Belma bis C.

Cherub, Cherubim

1Mo	3,24	ließ lagern vor dem Garten die C.
2Mo	25,18	sollst zwei C. machen aus getriebenem Golde 19.20.22; 26,1.31; 36,8.35; 37,7-9; 4Mo 7,89; 1Kö 6,23-29.32.35; 7,29.36; 8,6.7; 1Ch 28,18; 2Ch 3,7.11-14; 5,7.8; Heb 9,5
1Sm	4,4	HERR Zebaoth, der über den C. thront 2Sm 6,2; 2Kö 19,15; 1Ch 13,6; Ps 80,2; 99,1; Jes 37,16
2Sm	22,11	er fuhr auf dem C. Ps 18,11
Hes	9,3	die Herrlichkeit Gottes erhob sich von dem C. 10,1-9.14-16.18-20; 11,22
	28,14	warst ein glänzender, schirmender C. 16
	41,18	waren C. und Palmwedel dargestellt 20.25

Chios

Apg	20,15	kamen am nächsten Tag auf die Höhe von C.

Chloë

1Ko	1,11	es ist mir bekanntgeworden über euch durch die Leute der C.

Choaspes

Jdt	1,6	Völker, die am C. wohnten

Chor

Neh	12,24	zu loben und zu danken, C. um C.

Chorazin

Mt	11,21	wehe dir, C.! Weh dir, Betsaida Lk 10,13

Chorraum

1Kö	6,5	baute einen Umgang um den C.
	16	baute im Innern den C., das Allerheiligste 17. 19-23.31; 7,49; 2Ch 4,20
	8,6	brachten die Lade in den C. 8; 2Ch 5,7.9

Christ

Lk	2,26	er habe denn den C. des Herrn gesehen
Apg	11,26	in Antiochia wurden die Jünger zuerst C. genannt
	26,28	so wirst du mich noch überreden und einen C. aus mir machen
1Pt	4,16	leidet er als C., so schäme er sich nicht

christisch

1Ko	1,12	der vierte: Ich bin c.

christlich

Gal	1,22	ich war unbekannt den c. Gemeinden in Judäa

Christus

Mt	1,1	Buch von der Geschichte Jesu C. Mk 1,1
	16	Jesus, der da heißt C. Lk 2,11
	17	von der babyl. Gefangenschaft bis zu C. sind
	18	die Geburt Jesu C. geschah so
	2,4	erforschte, wo der C. geboren werden

Mt	11,2	als Johannes von den Werken C. hörte
	16,16	du bist C., des lebendigen Gottes Sohn 20; Mk 8,29; Lk 9,20
	22,42	was denkt ihr von dem C.
	23,10	denn einer ist euer Lehrer: C.
	24,5	es werden viele sagen: Ich bin der C. 23; Mk 13,21
	24	es werden falsche C. aufstehen Mk 13,22
	26,63	daß du uns sagst, ob du der C. bist Mk 14,61
	68	weissage uns, C., wer ist's, der Lk 22,67
	27,17	Jesus, von dem gesagt wird, er sei der C. 22; Lk 23,2
Mk	9,41	deshalb, weil ihr C. angehört
	12,35	wieso sagen die Schriftgelehrten, der C. sei Davids Sohn Lk 20,41
	15,32	ist er der C., so steige er nun vom Kreuz
Lk	2,26	den Tod nicht sehen, er habe denn zuvor den C. gesehen
	3,15	ob (Johannes) vielleicht der C. wäre
	4,41	sie wußten, daß er C. war
	23,35	er helfe sich selber, ist er der C. 39
	24,26	mußte nicht C. dies erleiden 46; Apg 3,18; 17,3; 26,23
Jh	1,17	Gnade u. Wahrheit ist durch C. geworden
	20	ich bin nicht der C. 25; 3,28
	4,25	daß der Messias kommt, der da C. heißt
	29	seht, ob er nicht der C. sei
	7,26	erkannt haben, daß er der C. ist 41
	27	wenn der C. kommen wird 31
	41	soll der C. aus Galiläa kommen 42
	9,22	wenn jemand ihn als den C. bekenne, der solle ausgestoßen werden
	10,24	bist du der C., so sage es frei heraus
	11,27	ich glaube, daß du der C. bist
	12,34	gehört, daß der C. in Ewigkeit bleibt
	17,3	daß sie dich und Jesus C. erkennen
	20,31	damit ihr glaubt, daß Jesus der C. ist
Apg	2,31	hat er von der Auferstehung des C. gesagt
	36	daß Gott diesen Jesus zum Herrn und C. gemacht hat 3,20
	38	jeder lasse sich taufen auf den Namen Jesu C.
	3,6	im Namen Jesu C. von Nazareth steh auf
	4,26	versammeln sich wider den Herrn und C.
	5,42	zu predigen das Evangelium von Jesus C.
	8,5	Philippus predigte ihnen von C.
	12	als sie den Predigten von dem Namen Jesu C. glaubten
	37	ich glaube, daß Jesus C. Gottes Sohn ist
	9,22	bewies, daß Jesus der C. ist 17,3; 18,5.28
	34	Petrus sprach zu ihm: Äneas, Jesus C. macht dich gesund
	10,36	Frieden verkündigt durch Jesus C.
	48	er befahl, sie zu taufen in dem Namen Jesu C.
	11,17	die wir zum Glauben gekommen sind an den Herrn Jesus C.
	15,26	ihr Leben eingesetzt für den Namen unseres Herrn Jesus C.
	16,18	ich gebiete dir im Namen Jesu C.
	24,24	hörte ihn über den Glauben an C. Jesus
	28,31	lehrte von dem Herrn Jesus C. mit allem Freimut ungehindert
Rö	1,1	Paulus, Knecht C. Jesu, berufen zum Apostel Phl 1,1
	3	(das Evangelium) von seinem Sohn Jesus C.
	6	ihr, die ihr berufen seid von Jesus C.
	7	Gnade sei mit euch von dem Herrn Jesus C. 16,20.24; 1Ko 1,3; 2Ko 1,2; 13,13; Gal 1,3; 6,18; Eph 1,2; 6,23.24; Phl 1,2; 4,23; 1Th 5,28; 2Th 1,2; 3,18; 1Ti 1,2; 2Ti 1,2; Tit 1,4; Phm 3. 25; 2Jh 3
	1,8	zuerst danke ich meinem Gott durch Jesus C. 7,25; 1Ti 1,12
	16	*schäme mich des Evangeliums von C. nicht*
	2,16	Tag, an dem Gott durch C. Jesus richten wird
	3,22	die da kommt durch den Glauben an Jesus C.
	24	Erlösung, die durch C. Jesus geschehen ist
	5,1	haben wir Frieden mit Gott durch Jesus C.
	6	C. ist für uns Gottlose gestorben 8
	11	wir rühmen uns Gottes durch C.
	15	Gottes Gnade zuteil geworden durch die Gnade des einen Menschen Jesus C.
	17	herrschen im Leben durch den Einen, Jesus C.
	21	zum ewigen Leben durch Jesus C., unsern Herrn 6,23
	6,3	alle, die wir auf C. Jesus getauft sind
	4	wie C. auferweckt ist von den Toten 8,11
	8	sind wir mit C. gestorben
	9	C., von den Toten erweckt, hinfort nicht stirbt
	11	daß ihr ... und lebt Gott in C. Jesus
	7,4	dem Gesetz getötet durch den Leib C.
	8,1	für die, die in C. Jesus sind
	2	Geistes, der lebendig macht in C. Jesus
	9	wer C. Geist nicht hat, der ist nicht sein
	10	wenn C. in euch ist, so ist der Leib zwar tot
	17	wir sind Gottes Erben und Miterben C.
	34	C. Jesus ist hier, der gestorben ist
	35	wer will uns scheiden von der Liebe C.
	39	Liebe Gottes, die in C. Jesus ist
	9,1	ich sage die Wahrheit in C. und lüge nicht
	3	ich selber wünschte von C. getrennt zu sein
	5	aus denen C. herkommt nach dem Fleisch
	10,4	C. ist des Gesetzes Ende
	6	wer will hinauf gen Himmel fahren? – um C. herabzuholen 7
	17	so kommt die Predigen durch das Wort C.
	12,5	so sind wir viele ein Leib in C.
	13,14	ziehet an den Herrn Jesus C.
	14,9	dazu ist C. gestorben und wieder lebendig geworden
	15	den, für den C. gestorben ist 1Ko 8,11
	18	wer darin C. dient, der ist Gott wohlgefällig
	15,3	auch C. hatte nicht an sich selbst Gefallen
	5	einträchtig den ... loben, C. Jesus gemäß
	6	Gott, den Vater unseres Herrn Jesus C. 2Ko 1,3; Eph 1,3; 1Pt 1,3
	7	nehmt einander an, wie C. euch angenommen hat
	8	C. ist ein Diener der Juden geworden
	16	ein Diener C. Jesu unter den Heiden
	17	kann ich mich rühmen in C. Jesus vor Gott
	18	das nicht C. durch mich gewirkt hat
	19	das Evangelium von C. voll ausgerichtet
	20	wo C. Name noch nicht bekannt war
	29	daß ich mit dem Segen C. kommen werde
	30	ich ermahne euch durch Jesus C. 1Ko 1,10
	16,3	meine Mitarbeiter in C. Jesus 9.10
	5	Epänetus, der aus der Provinz Asien der Erstling für C. ist
	7	die schon vor mir in C. gewesen sind
	16	es grüßen euch alle Gemeinden C.
	18	solche dienen nicht unserm Herrn C.
	25	dem, der euch stärken kann gemäß der Predigt von Jesus C.
	27	Gott sei Ehre durch Jesus C. in Ewigkeit

Christus

1Ko	1,1	Paulus, berufen zum Apostel C. Jesu 2Ko 1,1; Gal 1,1; Eph 1,1; Kol 1,1; 1Ti 1,1; 2Ti 1,1; Tit 1,1
	2	an die Geheiligten in C. Jesus samt allen, die den Namen unsres Herrn Jesus C. anrufen
	4	Gnade Gottes, die euch gegeben ist in C. Jesus
	6	die Predigt von C. ist in euch kräftig geworden
	7	ihr wartet auf die Offenbarung unseres Herrn Jesus C.
	8	daß ihr untadelig seid am Tag C.
	9	berufen zur Gemeinschaft s. Sohnes Jesus C.
	12	daß der vierte sagt: Ich gehöre zu C.
	13	wie? Ist C. etwa zerteilt
	17	damit nicht das Kreuz C. zunichte werde
	23	wir predigen den gekreuzigten C.
	24	predigen wir C. als Gottes Kraft
	30	durch ihn seid ihr in C. Jesus
	2,2	nichts zu wissen als allein Jesus C.
	16	wir aber haben C. Sinn
	3,1	reden wie zu unmündigen Kindern in C.
	11	Grund, der gelegt ist, welcher ist Jesus C.
	23	ihr seid C., C. ist Gottes
	4,1	dafür halte uns jedermann: für Diener C.
	10	sind Narren um C. willen, ihr seid klug in C.
	15	wenn ihr auch 10.000 Erzieher hättet in C.
	17	damit er euch erinnere an m. Weisungen in C.
	5,7	auch wir haben ein Passalamm, das ist C.
	6,11	ihr seid gerecht geworden durch den Namen des Herrn Jesus C.
	15	wißt ihr nicht, daß eure Leiber Glieder C. sind
	7,22	wer als Freier berufen ist, ist ein Knecht C.
	8,6	so haben wir doch nur einen Herrn, Jesus C.
	12	so sündigt ihr an C.
	9,12	damit wir nicht dem Evangelium von C. ein Hindernis bereiten
	21	sondern ich bin in dem Gesetz C.
	10,4	der Fels aber war C.
	9	laßt uns nicht C. versuchen wie einige
	16	ist die Gemeinschaft des Blutes C.
	11,1	folgt meinem Beispiel, wie ich dem Beispiel C.
	3	daß C. das Haupt eines jeden Mannes ist
	12,12	wie der Leib viele Glieder hat, so auch C.
	27	ihr seid der Leib C.
	15,3	daß C. gestorben ist für unsre Sünden
	12	wenn C. gepredigt wird, daß er von den Toten auferstanden ist 13.14
	15	weil wir gegen Gott bezeugt hätten, er habe C. auferweckt
	16	so ist C. auch nicht auferstanden 17
	18	sind die, in C. entschlafen sind, verloren
	19	hoffen wir allein in diesem Leben auf C.
	20	nun aber ist C. auferstanden von den Toten
	22	so werden sie in C. alle lebendig gemacht
	23	die, C. angehören
	31	mein Ruhm, den ich in C. Jesus habe
	57	der uns den Sieg gibt durch Jesus C.
	16,24	meine Liebe ist mit euch allen in C. Jesus
2Ko	1,5	wie die Leiden C. reichlich über uns kommen
	19	Jesus C., unter euch durch uns gepredigt
	21	Gott ist's, der uns fest macht samt euch in C.
	2,10	auch ich habe vergeben um euretwillen vor C. Angesicht
	12	zu predigen das Evangelium C.
	14	Gott, der uns allezeit Sieg gibt in C.
2Ko	2,15	ein Wohlgeruch C. unter denen, die gerettet
	17	aus Lauterkeit reden wir vor Gott in C. 12,19
	3,3	ist offenbar, daß ihr ein Brief C. seid
	4	solches Vertrauen haben wir durch C. zu Gott
	14	weil sie nur in C. abgetan wird
	4,4	des Evangeliums von der Herrlichkeit C.
	5	wir predigen Jesus C., daß er der Herr ist
	6	Herrlichkeit Gottes in dem Angesicht Jesu C.
	5,10	wir müssen alle offenbar werden vor dem Richterstuhl C.
	14	die Liebe C. drängt uns
	16	auch wenn wir C. gekannt haben nach dem Fleisch
	17	ist jemand in C., so ist er eine neue Kreatur
	18	der uns mit sich selber versöhnt hat durch C.
	19	Gott war in C. und versöhnte die Welt mit sich selber
	20	so sind wir Botschafter an C. Statt
	6,15	wie stimmt C. überein mit Beliar
	8,9	ihr kennt die Gnade unseres Herrn Jesus C.
	23	Brüder, die sind eine Ehre C.
	9,13	Gehorsam im Bekenntnis zum Evangelium C.
	10,1	ermahne euch bei der Sanftmut und Güte C.
	5	nehmen gefangen alles Denken in den Gehorsam gegen C.
	7	verläßt sich jemand darauf, daß er C. angehört
	14	mit dem Evangelium C. bis zu euch
	11,2	damit ich C. eine reine Jungfrau zuführte
	3	daß eure Gedanken abgewendet werden... gegenüber C.
	10	so gewiß die Wahrheit C. in mir ist
	13	solche verstellen sich als Apostel C.
	23	sie sind Diener C. – ich bin's weit mehr
	12,2	ich kenne einen Menschen in C.
	9	damit die Kraft C. bei mir wohne
	10	darum bin ich guten Mutes um C. willen
	13,3	einen Beweis dafür, daß C. in mir redet
	5	daß Jesus C. in euch ist
Gal	1,6	abwenden laßt von dem, der euch berufen hat in die Gnade C.
	7	einige, die das Evangelium C. verkehren
	10	so wäre ich C. Knecht nicht
	12	ich habe es empfangen durch eine Offenbarung Jesu C.
	2,4	unsere Freiheit, die wir in C. Jesus haben
	16	gerecht durch den Glauben an Jesus C. 17
	17	ist dann C. ein Diener der Sünde
	19	ich bin mit C. gekreuzigt
	20	nicht ich, sondern C. lebt in mir
	21	so ist C. vergeblich gestorben
	3,1	denen Jesus C. vor die Augen gemalt war als der Gekreuzigte
	13	C. hat uns erlöst von dem Fluch des Gesetzes
	14	damit der Segen Abrahams unter die Heiden komme in C. Jesus
	16	es gilt einem: C.
	22	die Verheißung durch den Glauben an Jesus C.
	24	das Gesetz unser Zuchtmeister auf C. hin
	26	ihr seid alle durch den Glauben Gottes Kinder in C. Jesus
	27	die ihr auf C. getauft seid, habt C. angezogen
	28	ihr seid allesamt einer in C. Jesus
	29	gehört ihr C. an, so seid ihr Abrahams Kinder

Gal	4,14	nahmt ihr mich auf wie C. Jesus	Phl	1,21	C. ist mein Leben, und Sterben ist Gewinn
	19	bis C. in euch Gestalt gewinne		23	ich habe Lust, bei C. zu sein
	5,1	zur Freiheit hat uns C. befreit		26	damit euer Rühmen in C. Jesus größer werde
	2	wenn ihr euch beschneiden laßt, so wird euch C. nichts nützen		27	wandelt nur würdig des Evangeliums C.
	4	ihr habt C. verloren, die ihr		29	gegeben um C. willen, an ihn zu glauben
	6	in C. Jesus gilt weder Beschneidung noch Unbeschnittensein etwas 6,15		2,1	ist nun bei euch Ermahnung in C.
	24	die C. Jesus angehören, die haben		5	wie es der Gemeinschaft in C. entspricht
	6,2	so werdet ihr das Gesetz C. erfüllen		11	bekennen, daß Jesus C. der Herr ist
	12	damit sie nicht um des Kreuzes C. willen verfolgt werden		16	mir zum Ruhm an dem Tage C.
	14	mich rühmen allein des Kreuzes C.		21	sie suchen alle nicht das, was Jesu C. ist
Eph	1,1	Paulus an die Gläubigen in C. Jesus Phl 1,1; Kol 1,2		30	um des Werkes C. willen ist er dem Tode so nahe
	5	vorherbestimmt, s. Kinder zu sein durch C.		3,3	die wir uns C. Jesu rühmen
	10	daß alles zusammengefaßt würde in C.		7	was mir Gewinn war, das habe ich um C. willen für Schaden erachtet 8
	12	wir, die wir zuvor auf C. gehofft haben		8	damit ich C. gewinne
	17	daß der Gott unseres Herrn Jesus C. euch gebe den Geist der Weisheit		9	die durch den Glauben an C. kommt
	20	(Stärke,) mit der er in C. gewirkt hat		12	weil ich von C. Jesus ergriffen bin
	2,5	(Gott hat) auch uns mit C. lebendig gemacht		14	dem Siegespreis der himmlischen Berufung Gottes in C. Jesus
	6	uns mit eingesetzt im Himmel in Christus Jesus		18	sie sind Feinde des Kreuzes C.
	7	durch seine Güte gegen uns in C. Jesus		20	woher wir auch erwarten den Herrn Jesus C.
	10	geschaffen in C. Jesus zu guten Werken		4,7	der Friede Gottes bewahre eure Herzen in C. Jesus
	12	daß ihr zu jener Zeit ohne C. wart		13	*durch den, der mich mächtig macht, C.*
	13	nahe geworden durch das Blut C.		19	nach seinem Reichtum in Herrlichkeit in C.
	20	Grund, da Jesus C. der Eckstein ist		21	grüßt alle Heiligen in C. Jesus
	3,1	Paulus, der Gefangene C. Jesu für euch Heiden	Kol	1,3	wir danken Gott, dem Vater C.
	4	meine Einsicht in das Geheimnis C. erkennen		4	da wir gehört von eurem Glauben an C.
	6	daß die Heiden Mitgenossen der Verheißung in C. Jesus sind		7	Epaphras, der ein treuer Diener C. ist
	8	den Heiden zu verkündigen den unausforschlichen Reichtum C.		24	was an den Leiden C. noch fehlt
	11	ausgeführt in C. Jesus, unserm Herrn		27	C. in euch, die Hoffnung der Herrlichkeit
	17	daß C. in euren Herzen wohne		28	damit wir einen jeden Menschen in C. vollkommen machen
	19	(dann könnt ihr) die Liebe C. erkennen		2,2	erkennen das Geheimnis Gottes, das C. ist
	21	dem sei Ehre in C. Jesus zu aller Zeit		5	wenn ich euren festen Glauben an C. sehe
	4,7	nach dem Maß der Gabe C.		6	wie ihr den Herrn C. Jesus angenommen
	12	dadurch soll der Leib C. erbaut werden		8	gegründet nicht auf C.
	13	hingelangen zum vollen Maß der Fülle C.		11	in der Beschneidung durch C.
	15	wachsen zu dem hin, der das Haupt ist, C.		15	hat einen Triumph aus ihnen gemacht in C.
	20	ihr habt C. nicht so kennengelernt		17	leibhaftig aber ist es in C.
	32	wie auch Gott euch vergeben hat in C.		20	wenn ihr mit C. den Mächten der Welt gestorben seid
	5,2	lebt in der Liebe, wie auch C. uns geliebt hat		3,1	sucht, was droben ist, wo C. ist
	5	kein Unzüchtiger ein Erbteil hat im Reich C.		3	euer Leben ist verborgen mit C. in Gott
	14	so wird dich C. erleuchten		4	wenn C., euer Leben, sich offenbaren wird
	20	sagt Dank Gott im Namen unseres Herrn C.		11	da ist alles und in allen C.
	21	ordnet euch einander unter in der Furcht C.		15	der Friede C. regiere in euren Herzen
	23	wie auch C. das Haupt der Gemeinde ist		16	laßt das Wort C. reichl. unter euch wohnen
	24	wie die Gemeinde sich C. unterordnet		24	dient dem Herrn C.
	25	wie auch C. die Gemeinde geliebt hat		4,3	daß wir das Geheimnis C. sagen können
	29	er nährt es, wie auch C. die Gemeinde		12	es grüßt euch Epaphras, ein Knecht C. Jesu
	32	ich deute es auf C. und die Gemeinde	1Th	1,1	an die Gemeinde in Thessalonich in Gott und C. 2Th 1,1
	6,5	seid gehorsam euren irdischen Herren als dem Herrn C.		3	denken an eure Hoffnung auf unsern Herrn Jesus C. 1Ti 1,1
	6	als Knechte C., die den Willen Gottes tun		2,7	obwohl wir unser Gewicht als Christi Apostel hätten einsetzen können
Phl	1,6	das gute Werk vollenden bis an den Tag C. 10		14	Gemeinden in Judäa, die in C. sind
	8	wie mich nach euch allen verlangt von Herzensgrund in C. Jesus		3,2	Timotheus, Gottes Mitarbeiter am Evangelium C.
	11	Frucht der Gerechtigkeit durch Jesus C.		4,16	die Toten, die in C. gestorben sind
	13	daß ich meine Fesseln für C. trage		5,9	Heil zu erlangen durch Jesus C.
	15	einige predigen C. aus Neid 17		18	das ist der Wille Gottes in C. Jesus an euch
	18	wenn nur C. verkündigt wird auf jede Weise		23	untadelig für die Ankunft unseres Herrn C.
	19	durch den Beistand des Geistes Jesu C.	2Th	1,12	nach der Gnade Gottes und C.
	20	daß C. verherrlicht werde an meinem Leibe		2,1	was das Kommen C. angeht
				14	damit ihr die Herrlichkeit C. erlangt
				16	unser Herr Jesus C., und Gott, unser Vater

Christus

2Th	3,5	der Herr richte eure Herzen aus auf die Geduld C.
	6	wir gebieten euch im Namen C.
	12	wir ermahnen sie in dem Herrn Jesus C.
1Ti	1,14	Liebe, die in C. Jesus ist
	15	daß C. Jesus in die Welt gekommen ist
	16	daß C. Jesus an mir alle Geduld erweise
	2,5	nämlich der Mensch C. Jesus
	3,13	die erwerben sich große Zuversicht im Glauben an C. Jesus
	4,6	wirst du ein guter Diener C. Jesu sein
	5,11	ihrer Begierde nachgeben C. zuwider
	21	ich ermahne dich vor C. Jesus 6,13; 2Ti 4,1
	6,3	und bleibt nicht bei den Worten C.
	14	bis zur Erscheinung unseres Herrn Jesus C.
2Ti	1,9	Gnade, die uns gegeben ist in C. Jesus
	10	offenbart durch die Erscheinung unseres Heilands C. Jesus
	13	halte dich an d. Worte in der Liebe in C. Jesus
	2,1	sei stark durch die Gnade in C. Jesus
	3	leide mit als ein guter Streiter C. Jesu
	8	halt im Gedächtnis Jesus C., der auferstanden ist von den Toten
	10	damit sie die Seligkeit erlangen in C. Jesus
	3,12	alle, die fromm leben wollen in C. Jesus
	15	zur Seligkeit durch den Glauben an C. Jesus
Tit	2,13	warten auf die Erscheinung der Herrlichkeit unseres Heilandes Jesus C.
	3,6	ausgegossen durch Jesus C., unsern Heiland
Phm	1	Paulus, ein Gefangener C. Jesu 9
	6	in Erkenntis all des Guten, das wir haben, in C.
	8	obwohl ich in C. volle Freiheit habe
	20	erquicke mein Herz in C.
	23	Epaphras, mein Mitgefangener in C. Jesus
1Pt	1,1	Petrus, ein Apostel Jesu C. 2Pt 1,1
	2	zur Besprengung mit dem Blut Jesu C.
	3	Hoffnung durch die Auferstehung Jesu C. von den Toten
	7	wenn offenbart wird Jesus C.
	11	geforscht, auf welche Zeit der Geist C. deutete
	13	Gnade, die euch angeboten wird in der Offenbarung Jesu C.
	19	(erlöst) mit dem teuren Blut C.
	2,5	geistliche Opfer, die Gott wohlgefällig sind durch Jesus C.
	21	da auch C. gelitten hat für euch 3,18; 4,1
	3,15	heiligt den Herrn C. in euren Herzen
	16	wenn sie euren guten Wandel in C. schmähen
	21	wir bitten Gott um ein gutes Gewissen, durch die Auferstehung Jesu C.
	4,11	damit Gott gepriesen werde durch C.
	13	freut euch, daß ihr mit C. leidet
	14	geschmäht werdet um des Namens C. willen
	5,1	die Ältesten ermahne ich, Zeuge der Leiden C.
	10	der euch berufen hat zu seiner Herrlichkeit in C. Jesus
	14	Friede sei mit euch allen, die ihr in C. seid
2Pt	1,1	Gerechtigkeit, die unser Gott gibt und Jesus C.
	8	nicht faul in der Erkenntnis unseres Herrn Jesus C.
	11	in das ewige Reich unseres Herrn Jesus C.
	14	wie es mir unser Herr Jesus C. eröffnet hat
	16	als wir euch kundgetan haben das Kommen unseres Herrn Jesus C.
2Pt	2,20	durch Jesus C. entflohen dem Unrat der Welt
	3,18	wachset in der Gnade unseres Herrn Jesus C.
1Jh	1,3	unsere Gemeinschaft ist mit Jesus C.
	7	das Blut Jesu C. macht uns rein
	2,1	einen Fürsprecher bei dem Vater, Jesus C.
	22	ein Lügner, der leugnet, daß Jesus der C. ist
	3,23	daß wir glauben an den Namen C.
	4,2	jeder Geist, der bekennt, daß Jesus C. in das Fleisch gekommen ist 2Jh 7
	5,1	wer glaubt, daß Jesus der C. ist
	6	der gekommen ist durch Wasser und Blut, C.
	20	wir sind in dem Wahrhaftigen, in C.
2Jh	9	wer nicht in der Lehre C. (bleibt)
Heb	3,6	C. war treu als Sohn über Gottes Haus
	14	wir haben an C. Anteil bekommen, wenn wir
	5,5	so hat auch C. sich nicht selbst die Ehre beigelegt, Hoherpriester zu werden
	6,1	wollen lassen, was am Anfang über C. zu lehren ist
	9,11	C. ist gekommen als ein Hoherpriester
	14	um wieviel mehr wird dann das Blut C. unser Gewissen reinigen
	24	C. ist nicht eingegangen in das Heiligtum
	28	so ist auch C. einmal geopfert worden 10,10
	11,26	hielt die Schmach C. für größeren Reichtum
	13,8	Jesus C. gestern und heute und derselbe auch in Ewigkeit
	21	der schaffe in uns, was ihm gefällt, durch C.
Jak	1,1	Jakobus, ein Knecht Gottes und des Herrn Jesus C. Jud 1
	2,1	haltet den Glauben an Jesus C. frei von allem Ansehen der Person
Jud	1	an die Berufenen, die bewahrt (sind) für C.
	4	verleugnen unsern Herrn Jesus C.
	17	Worte, die gesagt sind von den Aposteln unseres Herrn Jesus C.
	21	wartet auf die Barmherzigkeit C.
	25	dem alleinigen Gott sei durch Jesus C. Ehre und Majestät
Off	1,1	Offenbarung C., die ihm Gott gegeben hat
	2	der bezeugt hat das Zeugnis von Jesus C.
	5	von C., welcher ist der treue Zeuge
	11,15	es sind die Reiche der Welt unseres Herrn und seines C. geworden
	12,10	nun ist die Macht seines C. (geworden)
	20,4	diese wurden lebendig und regierten mit C.
	6	sie werden Priester Gottes und C. sein

Chronik

1Kö	11,41	geschrieben in der C. von Salomo
	14,19	in der C. der Könige von Israel 15,31; 16,5.14.20.27; 22,39; 2Kö 1,18; 10,34; 13,8.12; 14,15.28; 15,11.15.21.26.31
	29	in der C. der Könige von Juda 15,7.23; 22,46; 2Kö 8,23; 12,20; 14,18; 15,6.36; 16,19; 20,20; 21,17.25; 23,28; 24,5
1Ch	27,24	kam nicht in die C. des Königs David
Esr	4,15	man lasse in den C. suchen
Neh	12,23	in einer C. bis zur Zeit Johanans
Est	10,2	geschrieben in der C. von Medien

Chrysolith

Off	21,20	der siebente (Grundstein war) ein C.

Chrysopras

Off 21,20 der zehnte (Grundstein war) ein C.

Chuzas

Lk 8,3 Johanna, die Frau des C., eines Verwalters des Herodes

Cilicien s. **Zilizien**

Crescens s. **Kreszens**

Cypern s. **Zypern**

Cyrenius s. **Quirinius**

Cyrus s. **Kyrus**

D

dabeisitzen

1Ko 14,30 einem, der d., eine Offenbarung zuteil wird

dabeistehen

2Ch 7,6 die Leviten s.d. mit den Saitenspielen
Jer 44,15 antworteten alle Frauen, die d.
Ob 11 als du d. und sahst, wie... wegführten
Sa 3,5 der Engel des HERRN s.d.
Mk 14,47 einer von denen, die d., zog sein Schwert
69 fing an, denen zu sagen, die d. Lk 19,24
70 sprachen die, die d., zu Petrus
15,35 einige, die d., als sie das hörten 39
Lk 23,10 die Hohenpriester s.d. und verklagten ihn hart
Jh 3,29 Freund des Bräutigams, der d. und zuhört
12,29 da sprach das Volk, das d. und zuhörte
18,22 schlug einer von den Knechten, die d., Jesus
19,26 *Jesus sah den Jünger d., den er lieb hatte*
Apg 22,20 s. ich d. und hatte Gefallen daran
25 sprach Paulus zu dem Hauptmann, der d.
23,4 die d., sprachen
1Ko 14,16 wie soll der, der als Unkundiger d., das Amen sagen

Daberat, *Daberath*

Jos 19,12 (Sebulon... Grenze seines Erbteils) D. 21,28; 1Ch 6,57

dableiben

1Mo 32,14 (Jakob) b. die Nacht d.
Ri 19,7 daß er noch einmal über Nacht d.
Rut 2,7 ist gekommen und dag. vom Morgen an
Jh 4,40 er b. zwei Tage da
Apg 10,48 da baten sie ihn, noch einige Tage d. 28,14
16,15 kommt in mein Haus und b. da
17,14 *Silas und Timotheus b. da*
21,10 als wir mehrere Tage d., kam Agabus

Dach

1Mo 8,13 da tat Noah das D. von der Arche

1Mo 19,8 sind unter den Schatten meines D. gekommen
5Mo 22,8 mache ein Geländer ringsum auf deinem D.
Jos 2,6 hatte sie auf das D. steigen lassen... unter den Flachsstengeln auf dem D. 8
Ri 9,51 alle Bürger stiegen auf das D. der Burg
16,27 auf dem D. 3.000 Männer und Frauen
1Sm 9,25 machten sie Saul ein Lager auf dem D. 26
2Sm 11,2 sich auf dem D. erging Dan 4,26
16,22 machten sie Absalom ein Zelt auf dem D.
18,24 der Wächter ging aufs D. des Tores
1Kö 7,9 vom Grund bis an das D.
2Kö 19,26 wie Gras auf den D. Ps 129,6; Jes 37,27
23,12 die Altäre auf dem D., dem Obergemach
Neh 8,16 Laubhütten, ein jeder auf seinem D.
Ps 102,8 klage wie ein einsamer Vogel auf dem D.
Spr 19,13 zänk. Weib wie ein triefendes D. 27,15
21,9 besser im Winkel auf dem D. wohnen 25,24
Jes 15,3 auf ihren D. heulen sie alle Jer 48,38
22,1 was habt ihr, daß ihr auf die D. steigt
Jer 19,13 wo sie auf den D. geopfert 32,29
Hes 40,43 über den Tischen waren D.
41,16 hatten einen Absatz am D.
Hab 3,13 zerschlugst das D. vom Hause des Gottlosen
Ze 1,5 die auf den D. anbeten des Himmels Heer
Wsh 17,2 lagen eingeschlossen unter ihren D.
Sir 14,26 er bringt seine Kinder unter ihr D.
34,19 ein schützendes D. am heißen Mittag
Mt 8,8 nicht wert, daß du unter mein D. gehst Lk 7,6
10,27 das predigt auf den D. Lk 12,3
24,17 wer auf dem D. ist, steige nicht hinunter Mk 13,15; Lk 17,31
Mk 2,4 deckten sie das D. auf, wo er war Lk 5,19
Apg 10,9 stieg Petrus auf das D., zu beten

Dachsfell

2Mo 25,5 (das ist die Opfergabe:) D. 35,7.23
26,14 darüber noch eine Decke von D. 36,19; 39,34; 4Mo 4,6.8.10-12.14.25

Dafne, *Daphne*

2Ma 4,33 D., das bei Antiochien liegt

Dagon

Ri 16,23 um ihrem Gott D. ein Opfer darzubringen
1Sm 5,2 die Lade brachten sie in das Haus D. 3-5.7
1Ch 10,10 (Sauls) Schädel hefteten sie ans Haus D.
1Ma 10,83 eilten in den Tempel des Götzen D. 11,4

daheim

1Sm 6,10 und behielten ihre Kälber d.
1Kö 5,28 so daß sie zwei Monate d. (waren)
Spr 7,19 der Mann ist nicht d.
1Ma 5,18 zu Hauptleuten über das Kriegsvolk d.
6,57 wir haben d. Nötigeres zu tun
11,38 Kriegsvolk, das im Königreich d. war
Mk 9,33 als er d. war, fragte er
10,10 d. fragten ihn abermals seine Jünger
Jh 4,44 Jesus bezeugte, daß ein Prophet d. nichts gilt
1Ko 11,34 hat jemand Hunger, so esse er d.
14,35 so sollen sie d. ihre Männer fragen
2Ko 5,8 wir haben Lust, d. zu sein bei dem Herrn
9 ob wir d. sind oder in der Fremde

daheim bleiben

daheim bleiben
3Mo	12,4	sie soll d.b. 33 Tage 5
1Sm	6,7	laßt ihre Kälber d.b.
2Kö	14,10	habe den Ruhm und b.d. 2Ch 25,19
Jh	11,20	Maria aber b.d.

daherbrausen
Jes	5,29	sie werden d. und den Raub packen
Jer	6,23	sie b.d. wie ein ungestümes Meer

daherfahren
5Mo	33,26	der am Himmel d. dir zur Hilfe
Hi	8,2	wie lange sollen die Reden d.
	11,10	wenn er d. und gefangenlegt
	37,21	als der Wind d., wurde es klar
Spr	10,25	wenn das Wetter d.
Jes	22,6	Elam f.d. mit Köchern, Wagen
	28,15	wenn die brausende Flut d. 18.19
	30,32	jedesmal, wenn ein Schlag d.
Jer	4,13	er f.d. wie Wolken
	8,16	sie f.d. und werden das Land auffressen
Am	5,6	daß er nicht d. über das Haus Josef

daherfliegen
2Sm	22,11	er fuhr auf dem Cherub und f.d. Ps 18,11
Jer	48,40	er f.d. wie ein Adler
Hab	1,8	ihre Reiter f. in großen Scharen d.

daherfließen
Sir	39,27	sein Segen f.d. wie ein Strom

dahergehen
1Sm	17,48	als der Philister d. und sich David nahte
Ps	39,7	sie g.d. wie ein Schatten
Jes	9,4	jeder Stiefel, der mit Gedröhn d.
Mi	1,8	ich muß barfuß und bloß d.
	2,3	unter dem ihr nicht so stolz d. sollt
	8	raubt denen, die sicher d.
Jh	6,19	sahen sie Jesus auf dem Meere d.

daherkommen
1Mo	24,63	(Isaak) sah, daß Kamele d.
	37,19	seht, der Träumer k.d.
Ri	9,37	ein Heerhaufe k.d. auf dem Wege
Ps	104,3	du k.d. auf den Fittichen des Windes
Jes	5,26	eilends und schnell k. sie d.
Jer	10,22	horch, es k. eine Kunde d.
	12,12	die Verwüster k.d. über alle Höhen 13,20
Hes	38,9	wirst d. wie ein Sturmwetter
Wsh	4,20	dann werden sie verzagt d.
Apg	12,7	der Engel des Herrn k.d.

daherrauschen
Ps	42,8	deine Fluten r.d.

daherreden
Ps	94,4	es r. so trotzig d. alle Übeltäter
Jes	59,13	(wir kennen unsre Sünden:) bedenkenlos d.

daherschreiten
Spr	7,8	s.d. auf dem Wege zu ihrem Hause

dahersprengen
Jo	2,5	sie s.d. über die Höhen der Berge

dahertraben
Jer	47,3	Stampfen ihrer starken Rosse, die d.

dahertrippeln
Jes	3,16	die Töchter Zions t.d. und tänzeln

daherwälzen
Jer	46,8	seine Wasser w. sich d. wie Ströme

daherziehen
1Sm	29,2	die Fürsten der Philister z.d.
Jer	46,18	wird d. so hoch, wie der Berg Tabor ist
Jo	2,8	ein jeder z. auf seinem Weg d.

dahin kommen
Mt	2,22	fürchtete sich, d. zu k.
Apg	17,10	als sie d.k., gingen sie
	18,27	als er d. gek. war, half er

dahin müssen
Ps	90,7	daß ihr so plötzlich d.m.
Mi	1,11	ihr Einwohner von Schafir m.d.

dahin sein
1Mo	47,18	daß alles Vieh d. ist an unsern Herrn
5Mo	32,36	wird sehen, daß ihre Macht d. ist
2Kö	7,13	wie der Menge, die schon d. ist
	14,26	daß sie allesamt d. waren
Hi	4,10	die Zähne der jungen Löwen sind d.
	20	ehe man's gewahr wird, sind sie d.
	14,10	stirbt ein Mann, so ist er d.
Ps	37,36	siehe, da war er d.
	38,11	das Licht meiner Augen ist auch d.
	102,12	meine Tage sind d. wie ein Schatten
Pr	9,6	ihr Lieben und Hassen ist längst d.
Hl	2,11	der Regen ist vorbei und d.
Jes	15,11	Ar... Kir in Moab, es ist d. Jer 48,2
	24,7	der Wein ist d.
	11	daß alle Wonne des Landes d. ist
	59,15	die Wahrheit ist d. Jer 7,28
Jer	8,20	der Sommer ist d.
Klg	1,6	es ist von Zion aller Schmuck d.
	16	meine Kinder sind d.
	3,18	Ruhm und Hoffnung auf den HERRN sind d.
Hes	32,2	wie bist du d. 7
Hos	4,6	mein Volk ist d. 10,7
Am	6,10	wird antworten: Sie sind alle d.
Ze	1,11	das ganze Krämervolk ist d.
Apg	27,20	war all unsre Hoffnung auf Rettung d.
Rö	4,14	dann ist der Glaube nichts, und die Verheißung ist d.
Off	18,14	das Obst, an dem deine Seele Lust hatte, ist d.

dahin sollen

Wsh	2,1	wenn ein Mensch d.s., gibt es keine Rettung

dahinbrausen

Hab	1,11	alsdann b. sie d. wie ein Sturm

dahinein

Heb	6,20	d. ist der Vorläufer für uns gegangen, Jesus

dahinfahren

Hi	1,21	nackt werde ich wieder d. Pr 5,14.15
	7,9	eine Wolke vergeht und f.d.
	9,26	(meine Tage) sind dahing.
	14,20	du läßt ihn d. 30,22
	19,10	er hat mich zerbrochen, daß ich d.
	24,18	er f. leicht und wie auf dem Wasser d.
	27,21	wird ihn wegführen, daß er d.
	36,12	gehorchen sie nicht, so werden sie d.
Ps	39,14	ehe ich d. und nicht mehr bin
	78,39	ein Hauch, der d. und nicht wiederkommt
	90,5	du lässest sie d. wie einen Strom
	9	f. alle unsre Tage d. durch deinen Zorn
	10	unser Leben f. schnell d.
	104,7	vor deinem Donner f. sie d.
	109,23	ich f.d. wie ein Schatten 144,4
	125,5	wird der HERR d. lassen mit den Übeltätern
Pr	5,14	nimmt nichts mit sich, wenn er d.
	6,4	in Finsternis f. sie d.
	6	f. nicht alles d. an einen Ort
	12,5	der Mensch f.d., wo er ewig bleibt
Hes	3,14	f.d. in bitterem Grimm
Nah	1,12	sollen doch umgehauen werden und d.
Hab	3,10	der Wasserstrom f.d.
Ze	2,2	wie Spreu, die vom Winde d.
Wsh	2,4	unser Leben f.d., als wäre
	5,9	es ist alles dahing. wie Schatten 10
	15,8	nach kurzer Zeit wieder d., von wo er
Sir	14,21	die es bewirken, f. auch mit d.
Apg	8,36	als sie auf der Straße d., kamen sie
	21,1	als wir d., kamen wir nach Kos

dahinfallen

Jos	21,45	es war nichts dahing. von all dem guten Wort 23,14; 1Kö 8,56

dahinfliegen

Hi	7,6	meine Tage sind schneller dahing.
	39,24	mit Donnern und Tosen f. es d.
Spr	26,2	wie ein Vogel d. Jes 16,2
Jes	30,16	auf Rossen wollen wir d.
Wsh	5,22	Geschosse der Blitze werden d.

dahinfliehen

Hi	9,25	meine Tage sind dahing.
Jes	30,16	darum werdet ihr d.

dahinfließen

Ps	104,10	daß sie zwischen den Bergen d.
Jes	8,6	die Wasser von Siloah, die still d.

dahingeben

5Mo	1,8	habe das Land vor euren Augen dahing. 2,31.33.36; 7,2.23; 23,15; 31,5; 32,30; Jos 10,12; 11,6
2Sm	18,28	die Leute dahing., die ihre Hand erhoben
1Kö	8,46	zürnst und g. sie d. 2Ch 6,36
	14,16	wird Israel d. um der Sünden Jerobeams
2Ch	29,8	hat sie dahing. zum Entsetzen 30,7
Neh	9,28	g. sie d. in ihrer Feinde Hand
Ps	44,12	du g. uns d. wie Schlachtschafe Jes 34,2
	63,11	sie werden dem Schwert dahing.
	78,60	daß er seine Wohnung in Silo d.
	81,13	hab sie dahing. in die Verstocktheit
	141,8	g. mich nicht in den Tod d.
Jes	41,2	vor dem er Völker und Könige d.
Jer	24,8	so will ich d. Zedekia
Hes	15,6	will die Einwohner Jerusalems d.
Hos	4,5	auch deine Mutter will ich d.
Mi	4,11	viele Heiden sprechen: Sie ist dahing.
Jdt	11,8	das Volk um seiner Sünden willen d.
Sir	4,22	wird ihn d., so daß er fallen muß
2Ma	1,17	Gott, der die Gottlosen dahing. hat
	7,37	ich will Leib und Leben d.
Apg	2,23	diesen Mann, der durch... dahing. war
	7,42	Gott wandte sich ab und g. sie d.
Rö	1,24	darum hat sie Gott dahing. 26.28
	4,25	welcher ist um unsrer Sünden willen dahing. 8,32; Heb 11,17
Gal	1,4	der sich selbst für unsre Sünden dahing. hat 2,20; Eph 5,25

dahingehen

1Mo	15,2	ich g.d. ohne Kinder
Jos	23,14	ich g. heute d. wie alle Welt
1Ch	29,30	Geschehnisse, die über Israel dahing.
2Ch	21,20	(Joram) g.d. unbedauert
Ps	58,9	sie g.d., wie Wachs zerfließt
Wsh	2,3	so g. der Leib d. wie Asche
Mt	26,24	der Menschensohn g.d. Lk 22,22

dahinhaben

Mt	6,2	sie h. ihren Lohn d. 5.16
Lk	6,24	ihr h. euren Trost d.

dahinjagen

2Sm	22,15	sandte Blitze und j. sie d. Ps 18,15; 144,6

dahinlaufen

Hos	4,16	Israel l.d. wie eine tolle Kuh
Mk	6,33	viele merkten es und l.d.

dahinnehmen

Spr	30,8	laß mich mein Teil Speise d.
Mt	24,39	die Sintflut kam und n. sie alle d.

dahinraffen

Hi	32,22	sonst würde mich mein Schöpfer bald d.
Wsh	18,20	eine Menge wurde in der Wüste dahing.
Mt	24,39	bis die Sintflut kam und raffte sie alle d.

dahinsausen

2Ma	9,7	da stürzte er von dem d. Wagen

dahinschießen

dahinschießen
Wsh 17,19 ob etwa das Wasser gewaltig d.

dahinschwinden
3Mo 26,39 sollen in der Feinde Land d.
Hi 5,3 plötzlich s. er von seiner Stätte d.
19,26 ist mein Fleisch dahing.
30,2 denen die Kraft d.
Ps 78,33 darum ließ er ihre Tage d. ins Nichts
106,43 sie s.d. um ihrer Missetat willen
Jes 10,18 die Herrlichkeit seiner Wälder wird d.
34,4 alles Heer des Himmels wird d.
Jer 12,4 wegen der Bosheit s. Vieh und Vögel d.
Hag 2,19 ob noch der Same in der Scheune d.

dahinsinken
Wsh 18,12 waren ihre edelsten Nachkommen dahing.

dahinsterben
Jes 51,6 werden wie Mücken d.
Hos 13,11 versündigte (Ephraim) sich und s.d.

dahinstürmen
Jer 8,6 wie ein Hengst, der in der Schlacht d.

dahintappen
Ps 82,5 (die Gottlosen) t.d. im Finstern

dahinten
Phl 3,13 ich vergesse, was d. liegt

dahintenbleiben
2Mo 10,26 nicht eine Klaue darf d.
Heb 4,1 *darauf achten, daß euer keiner d.*

dahintenlassen
Mt 23,23 *l.d. das Wichtigste im Gesetz*

dahintragen
Sa 5,9 t. die Tonne zwischen Erde und Himmel d.

dahintreiben
Apg 27,17 ließen sie den Treibanker herunter und t. so d. *15*

dahintreten
Lk 6,8 *er stand auf und t. d.*

dahinwälzen
Jer 46,7 seine Wasser w. sich d. wie Ströme

dahinwelken
1Sm 2,5 die viele Kinder hatte, w.d. Jer 15,9
Hos 4,3 alle seine Bewohner werden d.
Jak 1,11 *der Reiche d. in dem, was er unternimmt*

dahinwinden
Hi 6,18 ihr Weg w. sich d. und verläuft

dahinziehen
4Mo 10,29 wir z.d. in das Land
Hi 31,26 den Mond, wenn er herrlich d.
Ps 18,13 aus dem Glanz vor ihm z. seine Wolken d.
104,26 dort z. Schiffe d.
Jes 33,21 kein stolzes Schiff mehr d. kann
Klg 1,5 gefangen vor dem Feind dahing.

Dalfon, *Dalphon*
Est 9,7 töteten D., Aspata (die Söhne Hamans)

daliegen
5Mo 33,20 Gad l. da wie ein Löwe
Jos 8,28 Schutthaufen, der noch heute d.
Ri 4,22 als er hereinkam, l. Sisera tot da 5,27
1Sm 5,4 daß der Rumpf allein d.
Hi 3,13 dann l. ich da und wäre still
Ps 41,9 wer so d., wird nicht wieder aufstehen
107,12 daß sie d. und niemand ihnen half
Jes 3,8 Jerusalem ist gestrauchelt und Juda l. da
6,11 bis das Feld ganz wüst d.
14,8 seit du d., kommt niemand herauf
43,17 daß sie d. und nicht aufstehen
Jer 14,2 Juda l. jämmerlich da
51,4 daß die Erschlagenen d. im Lande
Hes 4,4 so viele Tage du so d.
6,7 Erschlagene sollen mitten unter euch d.
16,6 als du in deinem Blut d.
32,21 sind hinuntergefahren und l. da
38,11 das Land überfallen, das offen d.
Wsh 18,18 sie l. halbtot, der eine hier
2Ma 3,29 so l. er durch Gottes Wirken stumm da
Mk 9,26 der Knabe l. da wie tot

Dalmanuta, *Dalmanutha*
Mk 8,10 er kam in die Gegend von D.

Dalmatien
2Ti 4,10 ist gezogen Titus nach D.

Damaris
Apg 17,34 unter ihnen war Dionysius und D.

Damaskus
1Mo 14,15 Hoba, das nördlich der Stadt D. liegt
15,2 Eliëser von D. wird mein Haus besitzen
2Sm 8,5 es kamen die Aramäer von D. 6; 1Kö 11,24; 15,18; 2Kö 8,7; 1Ch 18,5.6; 2Ch 16,2
1Kö 19,15 geh durch die Wüste nach D. 20,34
2Kö 5,12 sind nicht die Flüsse von D. besser
8,9 allerlei kostbare Dinge von D.
14,28 wie er D. wieder an Israel gebracht
16,9 der König von Assyrien zog gegen D. 10-12
2Ch 24,23 Raub sandten sie dem König von D. 28,5
28,23 (Ahas) opferte den Göttern von D.
Hl 7,5 wie der Turm, der nach D. sieht
Jes 7,8 wie D. das Haupt ist von Aram 8
8,4 soll die Macht von D. weggenommen werden

Jes	10,9	ist nicht Samaria wie D.
	17,1	dies ist die Last für D. Sa 9,1
	1	D. wird keine Stadt mehr sein 3
Jer	49,23	wider D. 24.27
Hes	27,18	D. hat von dem Vielen gekauft
	47,16	Sibrajim, das an D. grenzt 17.18; 48,1
Am	1,3	um vier Frevel willen derer von D.
	5	will die Riegel von D. zerbrechen
	5,27	wegführen lassen bis jenseits von D.
Jdt	1,7	Boten zu allen, die in D. wohnten
	2,17	zog er hinab in die Ebene von D.
1Ma	11,62	zog weiter durchs Land bis D. 12,32
Apg	9,2	bat ihn um Briefe nach D. an die Synagogen
	3	als er in die Nähe von D. kam 8; 22,5.6.10.11; 26,12
	10	es war ein Jünger in D. mit Namen Hananias
	19	Saulus blieb einige Tage bei den Jüngern in D.
	22	trieb die Juden in die Enge, die in D. wohnten
	27	in D. im Namen Jesu gepredigt 26,20
2Ko	11,32	in D. bewachte der Statthalter die Stadt
Gal	1,17	kehrte wieder zurück nach D.

Damast

Am	3,12	die zu Samaria sitzen auf dem Lager von D.

Damaszener, *Damasker*

2Ko	11,32	bewachte der Statthalter die Stadt der D.

Damhirsch

5Mo	14,5	(Tiere, die ihr essen dürft:) Reh, D.

Damm

1Ch	14,11	wie das Wasser einen D. durchbricht
Hi	38,10	als ich s. Grenze bestimmte mit meinem D.
Spr	17,14	der dem Wasser den D. aufreißt

Dämmerung

2Kö	7,5	machten sich in der D. auf 7
Hi	3,9	ihre Sterne finster sein in ihrer D.
	7,4	mich quälte die Unruhe bis zur D.
Spr	7,9	in der D., am Abend des Tages
Jes	59,10	wir stoßen uns wie in der D.

Dampf

Jak	4,14	ein D. seid ihr, der eine Zeit währt

dämpfen

Jes	25,5	du d. der Tyrannen Siegesgesang
1Th	5,19	den Geist d. nicht

Dan (= Lajisch; Leschem)

1Mo	14,14	Abram jagte ihnen nach bis D.
5Mo	34,1	der HERR zeigte ihm Gilead bis D.
Jos	19,47	eroberte (Leschem) und nannte es D. Ri 18,29
Ri	20,1	von D. bis Beerscheba 1Sm 3,20; 2Sm 3,10; 17,11; 24,2.6.15; 1Kö 5,5; 1Ch 21,2; 2Ch 30,5
2Sm	20,18	man frage doch nach in Abel und in D.
1Kö	12,29	das ganze (goldene Kalb) tat er nach D. 30; 2Kö 10,29
	15,20	Ben-Hadad schlug Jjjon und D. 2Ch 16,4
Jer	4,15	es kommt ein Geschrei von D. her 8,16
Am	8,14	so wahr dein Gott lebt, D.

Dan, Daniter

1Mo	30,6	darum nannte (Rahel) ihn D. 35,25; 2Mo 1,4; 1Ch 2,2
	46,23	der Sohn D.: Schuham
	49,16	D. wird Richter sein in seinem Volk
	17	D. wird eine Schlange werden
2Mo	31,6	Oholiab vom Stamm D. 35,34; 38,23
3Mo	24,11	eine Tochter Dibris vom Stamm D. 4Mo 1,12.38.39; 2,25.31; 10,25; 13,12; 26,42; 34,22; 1Ch 6,46; 12,36; 27,22
5Mo	27,13	auf dem Berge Ebal, um zu verfluchen: D.
	33,22	über D. sprach er: D. ist ein junger Löwe Jos 19,40.47.48; 21,5
Jos	21,23	(Leviten erhielten) von D. vier Städte
Ri	1,34	die Amoriter drängten die D. aufs Gebirge
	5,17	warum blieb D. auf fremden Schiffen
	13,2	von einem Geschlecht der D... Manoach
	25	im Lager D. zwischen Zora und Eschtaol
	18,1	der Stamm der D. suchte sich ein Erbteil 2. 16.22.25.26.30
	11	zogen von dort aus dem Geschlecht D. 12
	30	Priester im Stamm der D.
2Ch	2,13	der Sohn einer Frau von den Töchtern D.
Hes	48,1	das soll D. als Anteil haben 2
	32	drei Tore... das dritte D.

daniederliegen

Spr	18,14	wenn der Mut d., wer kann's tragen
Jer	46,12	beide miteinander d.
Mi	7,8	wenn ich d., werde ich wieder aufstehen
Wsh	17,7	das Gaukelwerk der Zauberkunst l.d.

daniedersinken

Klg	1,7	wie all ihr Volk d.

Daniel

1Ch	3,1	¹Söhne Davids: der zweite D., von Abigajil
Esr	8,2	²von den Söhnen Ithamar: D. Neh 10,7
Hes	14,14	³wenn diese drei... Noah, D. und Hiob 20
	28,3	hältst dich für klüger als D.
Dan	1,6	unter ihnen waren aus Juda D. 19
	7	nannte D. Beltschazar 5,12
	8	D. nahm sich in seinem Herzen vor
	9	Gott gab es D., daß der Kämmerer 11
	17	verstand sich auf Gesichte 2,19; 5,12
	21	D. blieb im Dienst des Königs Kyrus
	2,13	auch D... suchte man, um sie zu töten
	14	da wandte sich D. an Arjoch 15-18.24-27
	19	D. lobte den Gott des Himmels StD 2,3
	46	Nebukadnezar warf sich nieder vor D. 47
	48	der König erhöhte D. 49
	4,5	bis zuletzt D. vor mich trat
	16	da entsetzte sich D. 7,15.28
	5,10	da wurde D. vor den König geführt 17
	29	befahl, daß man D. mit Purpur kleiden
	6,3	drei Fürsten, von denen einer D. war
	4	D. übertraf alle Fürsten 5.6; 6,29; StD 1,64; 2,1
	11	D. fiel dreimal am Tag auf seine Knie 12
	14	D. achtet weder dich noch dein Gebot
	17	D... warfen ihn zu den Löwen 18-28
	7,1	hatte D. einen Traum und Gesichte 2; 8,1.15. 27; 10,1.2.7; 12,5

Daniel 226

Dan	9,2	achtete ich, D., in den Büchern	Ps	26,7 dir zu d. mit lauter Stimme
	22	(Gabriel) unterwies mich und sprach: D.		28,7 ich will ihm d. mit meinem Lied
	10,11	D., du von Gott Geliebter, merk auf		30,10 wird dir auch der Staub d.
	12	fürchte dich nicht, D.		13 ich will dir d. 52,11; 56,13; 57,10; 105,1; 108,4; 109,30
	12,4	D., verbirg diese Worte 9		33,2 d. dem HERRN mit Harfen
	13	du aber, D., geh hin, bis das Ende kommt		35,18 ich will dir d. in großer Gemeinde
1Ma	2,60	D. wurde von den Löwen errettet		42,5 wallen zum Hause Gottes mit D.
StD	1,45	erweckte Gott D. 50.51.55.59.61		6 ich werde ihm noch d. 12; 43,5
	2,6	D. sagte: dieser Bel ist nur Ton 8u.ö.40		43,4 daß ich dir auf der Harfe d., mein Gott
Mt	24,15	wovon gesagt ist durch den Propheten D.		45,18 werden dir d. die Völker immer und ewig
				67,4 es d. dir, Gott, die Völker 6
		Dank		71,22 will auch ich dir d. mit Saitenspiel
Ps	50,14	opfere Gott D. und erfülle deine Gelübde		75,2 wir d. dir, Gott, wir d. dir
	23	wer D. opfert, der preiset mich		79,13 wir aber d. dir ewiglich
	69,31	will ihn hoch ehren mit D.		92,2 das ist ein köstlich Ding, dem HERRN d.
	107,22	sollen D. opfern		95,2 laßt uns mit D. vor sein Angesicht kommen
	116,17	dir will ich D. opfern Jon 2,10		97,12 d. ihm und preiset seinen heiligen Namen
Spr	28,23	wer zurechtweist, wird zuletzt D. haben		100,4 gehet zu seinen Toren ein mit D... d. ihm, lobet seinen Namen
Jes	51,3	daß man darin findet D. und Lobgesang		107,8 die sollen dem HERRN d. 15.21.31
Sir	12,1	dann verdienst du D. damit		118,19 daß ich einziehe und dem HERRN d.
	20,3	wer's mit D. annimmt, dem bringt's Nutzen		21 ich d. dir, daß du mich erhört hast
	29,9	er gibt ihm Schmähworte statt D.		28 du bist mein Gott, und ich d. dir
1Ma	14,25	wie können wir Simon D. erweisen		119,7 ich d. dir mit aufrichtigem Herzen
Lk	6,32	welchen D. habt ihr davon 33.34		62 zur Mitternacht stehe ich auf, dir zu d.
Rö	7,25	D. sei Gott 1Ko 15,57; 2Ko 8,16; 9,15		136,2 d. dem Gott aller Götter
2Ko	1,11	damit durch viele Personen viel D. dargebracht werde		3 d. dem Herrn aller Herren
				26 d. dem Gott des Himmels
Eph	5,20	sagt D. Gott allezeit für alles		138,4 es d. dir, HERR, alle Könige auf Erden
Kol	1,12	mit Freuden sagt D. dem Vater, der euch		139,14 ich d. dir, daß ich wunderbar gemacht bin
1Th	3,9	was für einen D. können wir Gott vergelten		145,10 es sollen dir d., HERR, alle deine Werke
Off	4,9	wenn die Gestalten Preis und Ehre und D. gaben dem, der	Jes	12,1 ich d. dir, daß du bist zornig gewesen
			Dan	2,23 ich d. dir und lobe dich, Gott m. Väter
	7,12	Weisheit und D. sei unserm Gott		6,11 Daniel betete, lobte und d. seinem Gott
			Jdt	13,17 d. dem Herrn, unserm Gott 21.22; Tob 2,13; 8,17; 11,7.12.17; 12,20.22; Sir 32,17; 39,9.20.41; 47,9; 51,1.2.15.17.23; 1Ma 4,24; 13,48.51; 2Ma 1,11; 9,20
		dankbar		
Ri	8,35	nicht d. dem Hause des Jerubbaal		
Kol	2,7	seid reichlich d. 3,15; 1Th 5,18		
	3,16	singt Gott d. in euren Herzen	Wsh	16,28 daß man dir d. soll
1Ti	5,4	sich den Eltern d. zu erweisen		18,2 die Ägypter d. ihnen dafür
Heb	12,28	laßt uns d. sein	Tob	8,18 gib ihnen, daß sie dir noch lange d.
			Sir	8,22 er könnte es dir schlecht d.
		Dankbarkeit		20,17 niemand d. mir für meine Wohltaten
Apg	24,3	das erkennen wir allezeit mit D. an		35,3 Gott d., das ist das rechte Speisopfer
				41,21 wenn du nicht d., wenn man dich grüßt
		Dankchor		50,24 nun d. alle Gott
Neh	12,31	stellte zwei große D. auf 38.40	2Ma	12,31 so d. sie den Bürgern dafür
			Mt	14,19 d. und brach's und gab den Jüngern 15,36; 26,26.27; Mk 6,41; 8,6.7; 14,22.23; Lk 9,16; 22,17.19; 24,30; Jh 6,11; 1Ko 11,24
		danken		
1Mo	29,35	nun will ich dem HERRN d.	Lk	17,9 d. er dem Knecht, daß er getan hat, was
5Mo	32,6	d. du so dem HERRN, du tolles Volk		16 fiel zu Jesu Füßen und d. ihm
2Sm	14,22	Joab d. dem König		18,11 ich d. dir, Gott, daß ich nicht bin wie
	22,50	darum will ich dir d. Ps 18,50	Jh	11,41 Vater, ich d. dir, daß du mich erhört hast
2Kö	4,29	grüßt dich jemand, so d. ihm nicht	Apg	27,35 d. Gott und brach's und fing an zu essen
1Ch	16,4	bestellte Leviten, daß sie d. 7; 23,30; 25,3; 2Ch 5,13; 7,6; 20,21.22; 30,22; 31,2; Esr 3,11; Neh 12,24.27.46		28,15 als Paulus sah, d. er Gott
			Rö	1,8 zuerst d. ich meinem Gott 7,25; 1Ko 1,4.14; 14,18; Phl 1,3.5; Kol 1,3; 1Th 1,2; 2,13; 2Th 1,3; 2,13; 1Ti 1,12; 2Ti 1,3; Phm 4
	8	d. dem HERRN, ruft seinen Namen an Ps 105,1; Jes 12,4		
	34	d. dem HERRN, denn er ist freundlich 41; Ps 106,1; 107,1; 118,1.29; 136,1; Jer 33,11		21 ihn nicht als Gott gepriesen noch ihm ged.
				6,17 Gott sei ged. 2Ko 2,14
	29,13	nun, unser Gott, wir d. dir 2Ch 7,3		14,6 wer ißt, ißt im Blick auf den Herrn, denn er d. Gott
Ps	6,6	wer wird dir bei den Toten d. 88,11		16,4 denen nicht allein ich danke
	7,18	d. dem HERRN um s. Gerechtigkeit willen	1Ko	10,30 wegen etwas verlästern lassen, wofür ich d.
	9,2	ich d. dem HERRN von ganzem Herzen 86,12; 111,1; 138,1	2Ko	9,12 wirkt überschwengl. darin, daß viele Gott d.
			Eph	1,16 (darum) höre ich nicht auf, zu d. für euch
			Kol	3,17 d. Gott, dem Vater, durch ihn
			1Th	3,9 wie können wir euretwegen Gott genug d.

Off 11,17 wir d. dir, Herr, allmächtiger Gott

Dankgebet

1Ko 14,16 wie soll... das Amen sagen auf dein D.
     17 dein D. mag schön sein

Danklied

Neh 12,8 waren für die D. eingesetzt
Ps 147,7 singt dem HERRN ein D.
Sir 39,20 stimmt dies D. an

Dankopfer

2Mo 20,24 einen Altar, auf dem du D. opferst 5Mo 27,7; Jos 8,31; 22,23.27
    24,5 sandte junge Männer, daß sie opferten D.
    29,28 ein Hebopfer soll es sein von ihren D.
    32,6 standen früh auf und brachten D. dar
3Mo 3,1 ist aber sein Opfer ein D. 3.6.9; 4,10.26.31.35; 6,5
    7,11 dies ist das Gesetz des D. 13-15.18.20.21.29. 32-34.37; 9,4.18.22; 10,14; 17,5; 19,5; 22,21; 23,19; 4Mo 6,14.17.18; 7,17.23.29.35.41.47.53. 59.65.71.77.83.88; 10,10; 15,8; 29,39
Ri 20,26 alle Kinder Israel opferten D. 21,4
1Sm 10,8 um Brandopfer und D. zu opfern 11,15; 13,9
2Sm 6,17 David opferte Brandopfer und D. 18; 24,25; 1Kö 3,15; 8,63.64; 9,25; 1Ch 16,1.2; 21,26; 2Ch 7,7
2Kö 16,13 sprengte das Blut der D. an den Altar
2Ch 29,35 Brandopfer mit dem Fett der D.
    30,22 opferten D. und dankten dem HERRN
    31,2 Priester und Leviten für die D.
    33,16 opferte darauf D. und Lobopfer
Ps 100,1 ein Psalm zum D.
Spr 7,14 ich hatte D. zu bringen
Jer 17,26 die D. bringen zum Hause des HERRN 33,11
Hes 43,27 sollen opfern eure D. 45,15.17; 46,2.12
Am 4,5 räuchert Sauerteig zum D.
    5,22 mag auch eure fetten D. nicht ansehen
Sir 35,2 Gottes Gebote ehren, ist das rechte D.
1Ma 4,56 opferten Brandopfer, D. und Lobopfer

danksagen

1Ko 14,17 du d. wohl fein
2Ko 4,15 durch vieler D. Gott reichlich preise

Danksagung

Jh 6,23 wo sie das Brot gegessen unter der D. des Herrn
1Ko 10,30 wenn ich's mit D. genieße, was soll ich
    14,16 das Amen sagen auf deine D.
2Ko 4,15 durch die D. vieler noch reicher werde
    9,11 Einfalt, die durch uns wirkt D. an Gott
Eph 5,4 stehen euch nicht an, sondern vielmehr D.
Phl 4,6 laßt eure Bitten mit D. vor Gott kundwerden
Kol 4,2 wacht in ihm mit D.
1Ti 2,1 daß man vor allen Dingen tue D.
    4,3 daß sie mit D. empfangen werden von den Gläubigen
    4 nichts ist verwerflich, was mit D. empfangen

Danna

Jos 15,49 (Städte Judas auf dem Gebirge waren) D.

Dara s. Darda

darauflegen

2Mo 40,19 *(Mose) l. die Decke oben d.
Mk 11,7 führten das Füllen zu Jesus und l. ihre Kleider d.

daraufsetzen

Mk 11,7 führten das Füllen zu Jesus, und er s. sich d.
Off 20,3 verschloß ihn und s. ein Siegel oben d.

darben

Ps 34,11 Reiche müssen d. und hungern
Lk 15,14 er fing an zu d.
1Jh 3,17 wenn jemand sieht seinen Bruder d.

darbieten

Jes 50,6 ich b. meinen Rücken d.
Klg 3,30 er b. die Backe d.
Mt 5,39 dem b. die andere auch d. Lk 6,29
1Ti 6,17 Gott, der uns alles reichlich d.
1Pt 1,13 *Gnade, die euch darg. wird*

darbringen

1Mo 46,1 b. Opfer d. dem Gott seines Vaters Isaak
2Mo 10,25 willst du Brandopfer mitgeben, die wir d.
    18,12 Jitro b. Brandopfer und Schlachtopfer
    25,29 Becher, in denen man Trankopfer d. 37,16
    30,10 Blut, das zur Sühnung darg. wird
    32,6 standen früh auf und b. Dankopfer d.
    34,25 das Blut nicht d. zum Sauerteig
3Mo 1,2 wer dem HERRN ein Opfer d. will 3.10.14; 2,1.4.8.13.14; 3,1.3.6.9.14; 4,3.14; 5,6.8.10.11.24; 6,19; 7,12-14.29; 9,7.22; 14,12.19; 16,6.24; 17,8; 22,18.21.29; 23,8.15.25.27.36.37; 4Mo 15,3.6.8. 14.19.20; 5Mo 18,3; 27,7; Jos 8,31; 22,23
4Mo 5,15 soll ein Opfer ihretwegen d. 6,11.17; 8,11-13. 15.21; 15,24.25; 18,19; 28,2.7.19.23.27.31; 29,2. 13.39
    26,61 starben, als sie fremdes Feuer d.
    31,52 alles Gold, das die Hauptleute d.
Ri 6,26 und b. ein Brandopfer d. 28
    11,31 ich will's als Brandopfer d.
    13,19 Manoach b. es auf einem Felsen d.
    16,23 ihrem Gott Dagon ein großes Opfer d.
1Sm 2,19 um das jährliche Opfer d.
    13,9 und (Saul) b. das Brandopfer d.
2Sm 15,12 als Absalom die Opfer d.
    24 Abjatar b. Opfer d.
    24,24 nicht Brandopfer d., die ich umsonst habe
1Kö 8,64 daß er Brandopfer dort d. 2Ch 7,7; 9,4
    12,27 wenn dies Volk hinaufgeht, um Opfer d.
    18,29 um die Zeit, zu der man das Speisopfer d.
2Kö 5,17 will nicht mehr andern Göttern Brandopfer d. 10,24; 16,4
1Ch 16,28 dem HERRN Ehre und Macht b.d. Ps 29,1.2; 96,7.8
    40 daß sie täglich Brandopfer d. 2Ch 13,11; 29,24.27; 35,16
    21,28 damals, als David Opfer d.
2Ch 2,3 um gutes Räucherwerk d.

darbringen

2Ch	29,7	haben Gott kein Brandopfer darg.
Esr	3,4	b. Brandopfer d. alle Tage
	5	was sonst einer dem HERRN freiwillig d.
Neh	12,43	wurden an diesem Tage große Opfer darg.
Spr	21,27	wenn man's d. für eine Schandtat
Jes	1,13	b. nicht mehr d. vergebliche Speisopfer
Jer	11,17	Räucheropfer, die sie dem Baal d.
	19,13	andern Göttern Trankopfer darg. 32,29; 44,17-19.25; 48,35
	33,18	der vor meinem Angesicht Brandopfer d.
Hes	6,13	ihren Götzen lieblichen Opferduft d.
	23,37	wie sie ihre Kinder zum Fraß d.
	45,17	der Fürst soll die Brandopfer d. 23; 46,12-14
Dan	2,46	man sollte (Daniel) Speisopfer d.
Hos	2,15	Tage, an denen sie Räucheropfer d.
Jon	1,16	die Leute b. dem HERRN Opfer d.
Mal	1,11	an allen Orten ein reines Opfer darg. 13
Sir	35,11	b. den Zehnten fröhlich d.
	45,17	Opfer sollten täglich darg. werden
1Ma	7,33	Brandopfer, das sie für den König d.
Lk	1,9	daß ihn das Los traf, das Räucheropfer d.
	2,24	um das Opfer d., wie es gesagt ist im Gesetz
Apg	7,42	habt ihr vom Hause Israel mir je Opfer und Gaben darg.
	21,26	sobald für jeden das Opfer darg. wäre
2Ko	1,11	durch viele Personen viel Dank darg.
Heb	5,1	damit er Gaben und Opfer d. für die Sünden 8,3
	7,27	nicht nötig, zuerst für die eigenen Sünden Opfer d.
	9,9	es werden Gaben und Opfer darg., die nicht 14
	10,11	b. oftmals die gleichen Opfer d.
	11,4	hat Abel Gott ein besseres Opfer d. als Kain
	13,15	durch ihn Gott allezeit das Lobopfer d.
Off	8,3	Räucherwerk, daß er es d.

Darda

1Kö	5,11	(Salomo) war weiser als D.
1Ch	2,6	Söhne Serachs: D.

dargeben

Gal	2,20	*Sohn Gottes, mich darg. Eph 5,2*

Darius

Esr	4,5	¹bis zur Herrschaft des D. 24; 5,5-7; 6,1. 12-15; Hag 1,1.15; 2,10; Sa 1,1.7; 7,1
Neh	12,22	²bis zur Herrschaft des D.
Dan	6,1	³D. aus Medien übernahm das Reich 2.7.10. 26.29; 9,1; 11,1
1Ma	1,1	⁴Alexander hat D. geschlagen

Darkon

Esr	2,56	(Nachkommen der Sklaven:) Söhne D. Neh 7,58

darlegen

Hi	13,17	hört, was ich d.
	23,4	würde ich ihm das Recht d.
Apg	17,3	l. ihnen d., daß Christus leiden mußte

Darm

2Ma	9,5	ein so großes Grimmen in den D.
	14,46	riß er sich noch die D. aus dem Leibe

darniederliegen

Mk	1,30	die Schwiegermutter Simons l.d.
Apg	28,8	daß der Vater des Publius am Fieber d.

darreichen

Ri	5,25	Sahne r. sie d. in einer herrlichen Schale
Esr	6,8	was ihr den Ältesten der Juden d. sollt
Mt	22,19	*sie r. ihm einen Groschen d.*
Gal	3,5	der euch nun den Geist d.
1Pt	4,11	*aus dem Vermögen, das Gott d.*
2Pt	1,11	*so wird euch reichlich darg. werden*

darstellen

3Mo	14,11	der sich reinigt, d. vor dem HERRN
Hes	40,16	an den Pfeilern waren Palmwedel darg. 26. 31.34.37; 41,18.25
Lk	2,22	brachten ihn nach Jerus., um ihn dem Herrn d.
Rö	14,10	wir werden alle darg. werden
1Ko	4,9	uns Apostel als die Allergeringsten darg.
Eph	5,27	*daß er sie sich d. als eine Gemeinde*
Kol	1,22	*daß er euch d. heilig und unsträflich*
	28	*Menschen d. vollkommen in Christus*

Darstellung

Hes	41,19	die D. liefen rings um das Haus

dartun

Jes	44,7	er rufe und t. es mir d.
Lk	10,35	*so du was mehr wirst d.*

darunter

Mt	2,16	alle Kinder, die zweijährig und d. waren

darwiegen, darwägen

1Mo	23,16	Abraham w. (Ephraim) die Summe d.
2Mo	22,16	so soll er Geld d. Esr 8,25.26.29.30.33; Est 3,9; 4,7
Hi	28,15	man kann nicht für sie Silber d.
Jes	46,6	sie w. das Silber d. Jer 32,9.10
Sa	11,12	sie w. mir den Lohn d., 30 Silberstücke

darzählen

Jes	55,2	warum z. ihr Geld d.

dasein, da sein

1Mo	2,5	kein Mensch war da, der bebaute
	26,8	als (Isaak) eine Zeit lang da war
	29,21	gib mir meine Braut, denn die Zeit ist da
	37,30	der Knabe ist nicht da 42,36; 44,31
	38,21	antwortet: Es ist keine Hure da gew. 22
	42,28	mein Geld ist wieder da
2Mo	2,12	als (Mose) sah, daß kein Mensch da war
3Mo	13,32	findet, daß kein goldgelbes Haar da ist
4Mo	5,8	ist niemand da, dem man's erstatten kann
	13	ist kein Zeuge wider sie d.
	9,21	wenn die Wolke da war vom Abend
	13,20	ob Bäume da sind oder nicht
5Mo	4,12	keine Gestalt, nur eine Stimme war da
	22,27	niemand war da, der ihr half
	28,68	es wird kein Käufer d.

5Mo	32,39	niemand ist da, der aus meiner Hand errettet Hi 10,7; Jes 43,13; Klg 5,8	Hag	1,2	die Zeit ist noch nicht da, daß man baue
Jos	8,29	Steinhaufen, der bis auf diesen Tag da ist 10,27		4	eure Zeit ist da, daß ihr wohnt
			Sa	10,2	ist verschmachtet, weil kein Hirte da ist
Ri	21,9	da war kein Bürger da von Jabesch	Wsh	2,6	Güter genießen, solange sie da sind
1Sm	9,12	er war gerade vor dir da; eile	Sir	43,37	alles, was da ist, hat der Herr gemacht
	10,14	als wie sahen, daß sie nicht da waren	1Ma	9,45	die Feinde sind da
	14,17	da waren Jonatan und... nicht da	Mt	24,6	aber es ist noch nicht das Ende da Mk 13,7; Lk 21,9
	21,7	weil kein anderes (Brot) da war		26,45	siehe, die Stunde ist da
2Sm	9,3	es ist noch ein Sohn Jonatans da		46	er ist da, der mich verrät
	14,6	weil keiner da war, der schlichtete		27,55	es waren viele Frauen da Mk 15,40
	15,24	Zadok war auch da	Mk	4,29	denn die Ernte ist da
1Kö	1,14	während du noch da bist und redest		8,1	zu der Zeit, als eine große Menge da war
	5,18	so daß (kein) böses Hindernis mehr da ist		13,33	ihr wißt nicht, wann die Zeit da ist
	8,37	wenn irgendeine Plage da ist 2Ch 6,28	Lk	14,22	es ist aber noch Raum da
	18,8	siehe, Elia ist da 11.14.17	Jh	6,22	daß kein anderes Boot da war als das eine
	43	(der Diener) sprach: Es ist nichts da		24	als das Volk sah, daß Jesus nicht da war
2Kö	7,5	siehe, da war niemand da 10		7,6	meine Zeit ist noch nicht da
1Ch	26,10	der Erstgeborene war nicht mehr da		39	der Geist war noch nicht da
Neh	2,11	als ich drei Tage da gew. war		11,15	bin froh um euretwillen, daß ich nicht dagew.
Hi	5,4	kein Erretter ist da Ps 7,3; 50,22; Jes 42,22		28	der Meister ist da und ruft dich
	7,21	wenn du mich suchst, werde ich nicht d.		17,1	Vater, die Stunde ist da
	11,18	dürftest dich trösten, daß Hoffnung da ist	Apg	12,13	kam eine Magd, um zu hören, wer da wäre
	17,1	das Grab ist da		19,38	so sind Landvögte da
	19,7	ich rufe, aber kein Recht ist da		23,35	dich verhören, wenn deine Ankläger da sind
	23,8	gehe ich vorwärts, so ist er nicht da	Rö	13,11	daß die Stunde da ist, aufzustehen vom Schlaf
	24,24	nach einer Weile sind sie nicht mehr da			
	27,19	tut er seine Augen auf, ist nichts mehr da	1Ko	14,28	ist kein Ausleger da, so schweige er
	37,6	so ist der Platzregen da mit Macht		16,9	auch viele Widersacher sind da Gal 1,7
Ps	37,10	so ist der Gottlose nicht mehr da	2Ko	8,12	wenn der gute Wille da ist, so ist er
	59,14	vertilge sie, so sind sie nicht mehr da sind	Gal	3,19	bis der Nachkomme da sei, dem die Verheißung gilt
	73,14	meine Züchtigung ist alle Morgen da			
	74,9	kein Prophet ist mehr da	2Th	2,2	als sei der Tag des Herrn schon da
	103,16	wenn Wind darüber geht, ist sie nimmer da	1Pt	4,17	die Zeit ist da, daß das Gericht anfängt an dem Hause Gottes
	139,16	alle Tage, von denen keiner war da			
Spr	6,15	und keine Hilfe ist da	Heb	12,11	jede Züchtigung, wenn sie da ist, scheint uns Leid zu sein
	8,27	als er die Himmel bereitete, war ich da			
	14,28	wenn wenig Volk da ist, das bringt	Off	17,10	fünf sind gefallen, einer ist da
	19,18	züchtige d. Sohn, solange Hoffnung da ist			
	23,5	Reichtum, und er ist nicht mehr da	**dasitzen**		
	26,20	wenn kein Holz da ist, verlischt das Feuer			
Pr	4,10	ist kein anderer da, der ihm aufhilft	Ri	18,9	ihr s. noch untätig da
Jes	5,8	bis kein Raum mehr da ist	Esr	9,4	ich s. bestürzt da bis zum Abendopfer
	11,16	es wird eine Straße d. für den Rest	Ps	119,23	Fürsten s. da und reden wider mich
	17,14	ehe es Morgen wird, sind sie nicht mehr da	Hes	38,11	die alle ohne Mauern d.
	23,1	zerstört, daß kein Haus mehr da ist	Mt	27,36	sie s. da und bewachten ihn
	26,16	wenn Trübsal da ist, so suchen wir dich	Mk	2,6	es s. da einige Schriftgelehrte
	41,17	suchen Wasser, und es ist nichts da		5,15	sahen den Besessenen, wie er d.
	44,19	kein Verstand ist da	Lk	5,17	als er lehrte, s. da auch Pharisäer d.
	50,2	warum kam ich, und niemand war da	Jh	9,8	ist das nicht der Mann, der d. und bettelte
	57,1	niemand ist da, der es zu Herzen nimmt	Apg	23,3	s. du da und richtest mich nach dem Gesetz
	59,11	harren auf Recht, so ist's nicht da			
	65,20	sollen keine Kinder mehr da s., die nur	**dastehen**		
	66,2	meine Hand hat alles gemacht, was da ist			
Jer	8,15	aber siehe, es ist Schrecken da 14,19	1Mo	27,12	würde d., als ob ich ihn betrügen wollte
	22	oder ist kein Arzt da	2Mo	5,20	Mose und Aaron, die d. und warteten
	10,20	meine Kinder sind nicht mehr da 49,10	1Kö	1,21	so werden ich und Salomo als Empörer d.
	19,11	weil sonst kein Raum da s. wird	2Kö	7,10	die Zelte, wie sie d.
	30,5	nur Furcht ist da und kein Friede	2Ch	23,13	die Sänger s. da und gaben das Zeichen
	50,20	Missetat suchen, aber es wird keine da s.	Hi	30,20	ich s. da, aber du achtest nicht auf mich
Klg	1,17	ist niemand da, der sie tröstet		32,15	betroffen s. sie da 16
	3,49	es ist kein Aufhören da	Ps	33,9	wenn er gebietet, so s.'s da
	4,4	niemand ist da, der's ihnen bricht		51,6	daß du rein d., wenn du richtest
Hes	7,11	nichts ist mehr von ihnen da	Spr	30,6	und du als Lügner d.
	21,18	die Prüfung ist da	Jes	3,13	der HERR s. da zum Gericht
	34,6	niemand ist da, der nach ihnen fragt Am 5,2		11,10	daß das Reis d. als ein Zeichen
Hos	9,12	daß kein Mensch mehr da ist		29,22	Jakob soll nicht mehr beschämt d.
Am	3,5	wenn kein Fangnetz da ist		48,13	ich rufe, und alles s. da
	6,10	sind ihrer noch mehr da	Jer	3,11	Israel s. gerechter da als Juda
Mi	3,7	weil kein Gotteswort d. wird			

dastehen 230

Jer	6,15	sie werden mit Schande d. 8,12; 10,14; 51,17; Mi 7,10
	31,19	ich s. schamrot da
Hes	16,51	daß deine Schwester gerecht d. 52
Dan	7,16	ging zu einem von denen, die d.
Jo	1,7	daß seine Zweige weiß d.
Hag	1,9	weil mein Haus so wüst d.
Sa	2,7	der Engel, der mit mir redete, s. da
	13,4	daß die Propheten in Schande d.
Wsh	5,1	wird der Gerechte in großer Zuversicht d.
	10,7	eine Salzsäule, die d. als Denkmal
Sir	46,3	wie herrlich s. er da, als er
Mt	20,6	was s. ihr den ganzen Tag müßig d.
Lk	23,35	das Volk s. da und sah zu
Jh	18,25	Petrus aber s. d. und wärmte sich
Apg	5,39	damit ihr nicht d. als solche, die
	9,7	Männer, die seine Gefährten waren, s. sprachlos da
	16,9	ein Mann aus Mazedonien s. da und bat ihn
	26,22	*mit Gottes Hilfe s. ich da*
2Pt	3,11	wie müßt ihr dann d. in heiligem Wandel
Heb	10,11	jeder Priester s. Tag für Tag d.

Datan, *Dathan*

4Mo	16,1	Korach... dazu D. 12.24.25.27; 26,9
5Mo	11,6	was er D. und Abiram getan hat
Ps	106,17	die Erde tat sich auf und verschlang D.
Sir	45,22	die Leute um D. und Abiram

Datema, *Dathema*

1Ma	5,9	das Volk floh auf die Burg D.

dauern

Neh	2,6	wie lange wird deine Reise d.
Hes	12,22	es d. so lange 27

dauernd

2Mo	21,23	entsteht ein d. Schaden
Jer	33,6	will ihnen d. Frieden gewähren

Daumen

2Mo	29,20	sollst von seinem Blut streichen an den D. ihrer Hand 3Mo 8,23.24; 14,14.17.25.28
Ri	1,6	sie hieben (Adoni-Besek) die D. ab 7

David

Rut	4,17	Isais, welcher D. Vater ist 22; 1Sm 17,12
1Sm	16,13	der Geist des HERRN geriet über D.
	19	sende zu mir deinen Sohn D. 20-22
	23	nahm D. die Harfe und spielte 18,10; 19,9
	17,14	D. war der jüngste 15-49
	50	so überwand D. den Philister 54-58; 1Ma 4,30
	18,1	als D. aufgehört hatte, mit Saul zu reden 5.6.9-30
	1	verband sich das Herz Jonatans mit dem Herzen D. 3.4; 19,1.4; 20,16
	7	Saul hat 1.000 erschlagen, aber D. 10.000 8; 21,12; 29,5
	19,1	daß (Saul) D. töten wolle 5.7-22
	20,1	D. aber floh von Najot in Rama 3-42; 21,1
	21,2	als D. nach Nob kam 3-13
	22,1	D. rettete sich in die Höhle Adullam 3-6.14.17.20.22
1Sm	23,1	es wurde D. angesagt: Die Philister kämpfen gegen Keïla 2-28
	24,1	D. blieb in den Bergfesten 2-10.17.18.23
	25,1	D. zog hinab in die Wüste Maon 4.8-44
	26,1	D. hält sich verborgen 2-17
	21	komm wieder, mein Sohn D. 22.25
	27,1	D. dachte: Ich entrinne ins Philisterland 2-12; 28,1.2; 29,2-11
	28,17	der HERR hat das Königtum D. gegeben 2Ch 13,5.6.8; 23,3
	30,1	als D. nach Ziklag kam 3-31; 2Sm 1,1
2Sm	1,2	als (ein Mann) zu D. kam 3-5.11-16
	17	D. sang dies Klagelied über Saul
	2,1	bald danach befragte D. den HERRN 2.3; 5,19.23; 1Ch 14,10.14
	4	die Männer Judas salbten D. zum König 10.11; 1Ch 12,39
	13	zog aus mit den Männern D. 15.17.30.31
	3,1	D. nahm mehr zu an Macht
	2	es wurden D. Söhne geboren 5; 1Ch 3,1.9
	8	habe dich nicht in D. Hände gegeben 9.10
	12	Abner sandte Boten zu D. 13-35
	4,8	brachten das Haupt Isch-Boschets zu D. 9.10
	5,1	kamen alle Stämme Israels zu D. 3; 1Ch 11,1.3; 12,1.9.17-24
	4	30 Jahre war D. alt, als er König wurde, und regierte 40 Jahre 1Kö 2,11; 1Ch 29,27
	7	D. eroberte die Burg Zion 6.8-10; 1Ch 11,4-9
	11	Hiram sandte Boten zu D. 12; 1Ch 14,1.2
	13	D. nahm noch mehr Frauen 1Ch 14,3
	17	zogen (die Philister) herauf, um sich D. zu bemächtigen 20.21; 1Ch 14,8.11.12.16.17
	6,1	D. zog, (um die Lade heraufzuholen) 5-21; 1Ch 13,1-13; 15,1-4.11.16.25.27.29; 16,1.2.7.37.43
	7,5	sage zu meinem Knecht D. 8.17-26; 1Ch 17,1-7.15-18.24
	8,1	D. die Philister schlug 2-14; 1Kö 11,15.24; 1Ch 18,1-13
	15	so war D. König über ganz Israel 1Ch 18,14
	18	die Söhne D. Priester gewesen 1Ch 18,17
	9,1	D. sprach: Ist noch jemand übriggeblieben von dem Hause Sauls 2.5-7.11
	10,2	da sprach D.: Ich will Hanun Freundschaft erweisen 3-7.17.18; 1Ch 19,2-8.17-19
	11,1	sandte D. Joab... D. aber blieb 1Ch 20,1
	2	D. sah eine Frau sich waschen 3-27
	27	dem HERRN mißfiel die Tat, die D. getan
	12,1	der HERRN sandte Nathan zu D. 5.7; Sir 47,1
	13	sprach D. zu Nathan: Ich habe gesündigt 15.16.18-20.24
	27	sandte Boten zu D. 29-31; 1Ch 20,2.3.7.8
	13,1	Absalom, der Sohn D., hatte eine Schwester Tamar 3.7.21.30.32.37.39
	15,12	Ahitofel, D. Ratgeber 31; 16,23
	13	sagte es D. an: Jedermanns Herz hat sich Absalom zugewandt 14.22.30.32.33.37; 16,16
	16,1	als D. die Höhe hinabgegangen 5.6.10-13
	17,1	ich will D. nachjagen 16-29
	18,1	D. ordnete das Kriegsvolk 7.9.24
	19,17	Schimi zog D. entgegen 23.42
	20,1	wir haben kein Teil an D. 2.3.6.11.21.26; 1Kö 12,16; 2Ch 10,16
	21,1	es war eine Hungersnot zu D. Zeiten
	1	D. suchte das Angesicht des HERRN 3.7.11-22
	22,1	D. redete vor dem HERRN Ps 18,1
	51	Gnade erweist s. Gesalbten D. Ps 18,51
	23,1	die letzten Worte D.
	8	die Helden D. 9.13-16.23; 1Ch 11,10-18.25

David

2Sm	24,1	er reizte D. gegen das Volk
	10	das Herz schlug D. 11-25; 1Ch 21,8-30
1Kö	1,1	als D. alt war 8.11.13.28-38; 1Ch 23,1
	6	(Adonija) war D. geboren nach Absalom
	43	D. hat Salomo zum König gemacht 47; 2,12. 24; 3,7; 8,20; 1Ch 29,22-24; 2Ch 6,10
	2,1	Zeit herbeikam, daß d. sterben sollte 10; 11,21; 1Ch 29,29
	10	in der Stadt D. 3,1; 8,1; 9,24; 11,27.43; 14,31; 15,8.24; 22,51; 2Kö 8,24; 9,28; 12,22; 14,20; 15,7.38; 16,20; 2Ch 5,2; 8,11; 9,31; 12,16; 13,23; 16,14; 21,1.20; 24,16.25; 25,28; 27,9; 32,5.30; 33,14; Neh 3,15; 12,37; Jes 22,9; 1Ma 1,35; 2,31
	26	hast die Lade vor meinem Vater D. getragen
	33	D. und... sollen Frieden haben 32
	44	all das Böse, das du D. angetan
	45	der Thron D. wird feststehen 1Ma 2,57
	3,3	Salomo wandelte nach den Satzungen D. 14
	6	hast an D. große Barmherzigkeit getan 8,66; 2Ch 1,8; 7,10
	5,15	Hiram liebte D. sein Leben lang 2Ch 2,2
	17	daß D. nicht ein Haus bauen konnte 19; 8,17
	21	der D. einen weisen Sohn gegeben 2Ch 2,11
	6,12	mein Wort, das ich D. gegeben 8,15.18.24-26; 9,5; 2Ch 1,9; 6,4.15-17; 7,18
	7,51	was war Vater D. geheiligt hatte 1Ch 26,26; 2Ch 5,1
	8,16	D. hab ich erwählt 2Ch 6,6
	9,4	wie dein Vater D. gewandelt ist 11,38; 15,11; 2Kö 18,3; 22,2; 2Ch 7,17; 11,17; 17,3; 29,2; 34,2; Sir 48,25
	11,4	sein Herz nicht wie das Herz D. 6.33; 14,8; 15,3; 2Kö 14,3; 16,2; 2Ch 28,1
	12	um deines Vaters D. willen 13.32.34.36; 15,4. 5; 2Kö 8,19; 19,34; 20,6; 2Ch 21,7; Jes 37,35
	38	ein Haus, wie ich es D. gebaut habe
	39	will das Geschlecht D. deswegen demütigen
	12,16	sorge für dein Haus. 2Ch 10,16
2Kö	11,10	Spieße, die D. gehört hatten 2Ch 23,9
	20,5	Gott deines Vaters D. 2Ch 21,12; Jes 38,5
	21,7	Haus, von dem der HERR sagt 2Ch 33,7
1Ch	4,31	das waren ihre Städte bis auf den König D.
	6,16	welche D. bestellte, im Hause des HERRN zu singen 15,16; 16,7.37; 23,5; 25,1; 2Ch 7,6; 8,14; 23,18; 29,25-27.30; 35,15
	7,2	nach dem Geschlechtsregister zu D. Zeiten
	9,22	D. und Samuel hatten sie eingesetzt 11,25
	10,14	wandte das Königtum D. zu
	12,34	Männer mit Waffen, D. einmütig zu helfen
	22,1	sprach D.: Hier soll das Haus Gottes sein 2-5.17; 2Ch 2,6.13.16; 3,1; 6,7.8
	23,6	D. teilte sie in Ordnungen ein 25.27; 24,3.31; 26,31; 27,18.23.24.31.32; 2Ch 23,18; 35,3.4
	28,1	D. versammelte alle Oberen Israels 2
	11	D. gab einen Entwurf für die Vorhalle
	20	D. sprach zu Salomo: Sei getrost
	29,1	D. sprach zu der Gemeinde 9.20
2Ch	1,1	Salomo, der Sohn D. 30,26; Spr 1,1; Pr 1,1
	6,42	gedenk an die Gnaden, die du D. verheißen
	8,11	eine Frau soll nicht wohnen im Hause D.
	11,18	die Tochter Jerimots, des Sohnes D.
	32,33	über den Gräbern der Söhne D. Neh 3,16
	34,3	den Gott seines Vaters D. zu suchen
Esr	3,10	den HERRN zu loben nach der Ordnung D. Neh 12,24.36.45.46
	8,2	von den Söhnen D.: Hattusch
	20	Tempelsklaven, die D... bestimmt hatten
Ps	3,1	ein Psalm D. 4,1u.ö.68,1; 101,1; 108,1-110,1; 139,1
	7,1	ein Klagelied D., das er dem HERRN sang
	11,1	von D., vorzusingen 14,1; 18,1; 25,1-28,1; 34,1-37,1; 61,1; 69,1; 70,1; 103,1; 122,1; 124,1; 138,1; 144,1
	16,1	ein güldenes Kleinod D. 56,1-60,1
	17,1	ein Gebet D. 86,1
	32,1	eine Unterweisung D. 52,1-55,1; 142,1
	52,2	D. ist in Ahimelechs Haus gekommen
	54,2	D. hält sich bei uns verborgen
	72,20	zu Ende sind die Gebete D.
	78,70	erwählte seinen Knecht D. 89,21; 132,10
	89,4	ich habe D. geschworen 50; 132,11
	36	D. nicht belügen
	108,1	ein Psalmlied D.
	122,1	von D., ein Wallfahrtslied 124,1; 131,1; 133,1
	132,1	gedenke, HERR, an D.
	17	soll dem D. aufgehen ein mächtiger Sproß
	144,10	der du erlösest deinen Knecht D.
	145,1	ein Loblied D.
Hl	4,4	dein Hals ist wie der Turm D.
Jes	9,6	des Friedens kein Ende auf dem Thron D.
	16,5	daß einer darauf sitze in der Hütte D.
	29,1	Ariel, du Stadt, wo D. lagerte
	55,3	die beständigen Gnaden D. zu geben
Jer	13,13	die Könige, die auf dem Thron D. sitzen 17,25; 22,2.4.30; 29,16; 36,30
	23,5	ich dem D. einen gerechten Sproß erwecken will 30,9; 33,15.22
	33,17	es soll D. niemals fehlen
	21	würde mein Bund aufhören mit D. 26
Hes	34,23	einen einzigen Hirten erwecken, meinen Knecht D. 24; 37,24.25
Hos	3,5	werden ihren König D. suchen
Am	6,5	erdichtet euch Lieder wie D.
	9,11	will ich die Hütte D. wieder aufrichten
Sa	12,8	der Schwache unter ihnen sein wird wie D.
Sir	45,31	D... aus seinen Söhnen einer würde sein
	47,2	D. war unter den *Israeliten auserkoren
	25	Rest aus Jakob und eine Wurzel von D. 48,17
	49,5	Könige, ausgenommen D., sind schuldig
2Ma	2,13	Nehemia die Bücher von D. zusammengebracht
Mt	1,6	Isai zeugte den König D.
	17	alle Glieder von Abraham bis D. sind vierzehn
	12,3	habt ihr nicht gelesen, was D. tat Mk 2,25; Lk 6,3
	22,43	wie kann ihn D. Herr nennen, wenn er sagt 42.45; Mk 12,36.37; Lk 20,42.44
Mk	11,10	gelobt sei das Reich unseres Vaters D.
Lk	1,26	die vertraut war Josef vom Hause D.
	32	wird ihm den Thron seines Vaters D. geben
	69	eine Macht des Heils im Hause s. Dieners D.
	2,4	zur Stadt D., weil er aus dem Geschlecht D. war
	11	der Heiland geboren in der Stadt D.
	3,31	der war ein Sohn D.
Jh	7,42	sagt nicht die Schrift: aus dem Geschlecht D. Rö 1,3; 2Ti 2,8
Apg	1,16	durch den Mund D. vorausgesagt 4,25
	2,25	D. spricht von ihm Rö 11,9
	29	laßt mich zu euch reden von D. Heb 11,32
	34	denn D. ist nicht gen Himmel gefahren
	7,45	die Gott vertrieb, bis zur Zeit D.
	13,22	als er diesen verstoßen hatte, erhob er D. zu ihrem König
	22	ich habe D. gefunden, den Sohn Isais
	34	Gnade, die D. verheißen ist, treu bewahren
	36	nachdem D. dem Willen Gottes gedient hatte

David

Apg	15,16	will die zerfallene Hütte D. wieder bauen
Rö	4,6	wie D. den Menschen selig preist, dem
Heb	4,7	spricht nach so langer Zeit durch D.
Off	3,7	das sagt, der da hat den Schlüssel D.
	5,5	es hat überwunden der Löwe aus dem Stamm Juda, die Wurzel D.
	22,16	ich bin die Wurzel und das Geschlecht D.

Davidsburg

1Ma 7,32 Nikanor... sein Heer auf die D. fliehen

davon müssen

Hi	14,20	überwältigst ihn für immer, daß er d.m.
Ps	39,5	daß mein Leben ein Ziel hat und ich d.m.
	49,13	ein Mensch m.d. wie das Vieh 21
	146,4	des Menschen Geist m.d.
Jer	17,11	er m.d., wenn er's am wenigsten denkt
	48,9	es wird d.m., als flöge es
Mi	2,10	ihr m.d., ihr sollt nicht bleiben
Sir	33,24	wenn dein Ende kommt, daß du d.m.

davonbringen

Hi	19,20	nur das nackte Leben b. ich d.
Jer	38,2	wird sein Leben d. 39,18; 45,5; Hes 33,5
1Pt	1,9	*die ihr das Ziel eures Glaubens d.*

davonfahren

Mi 1,13 spanne Rosse an und f.d.

davonfliegen

Ps	90,10	es fähret schnell dahin, als f. wir d.
Nah	3,16	werden sie ausschlüpfen und d.

davonfliehen

Mk 14,52 (ein Jüngling) f. nackt d.

davonführen

Hi 12,19 er f. die Priester barfuß d.

davongehen

1Mo	25,34	(Esau) aß und trank und g.d.
	34,26	nahmen ihre Schwester Dina und g.d.
2Sm	13,19	(Tamar) g. laut schreiend d.
Hi	39,4	ihre Jungen werden stark und g.d.
Ps	74,21	laß den Geringen nicht beschämt d.
Hos	5,14	ich zerreiße sie und g.d.
2Ma	14,34	als er das gesagt hatte, g. er d.
StD	2,13	schlossen die Tür zu und g.d.
Mt	13,25	sein Feind säte Unkraut und g.d.
	53	als Jesus... vollendet hatte, daß er d. 16,4
	19,22	Jüngling g. betrübt d. Mk 10,22
	22,22	sie ließen von ihm ab und g.d. Mk 12,12
	27,60	wälzte einen Stein vor die Tür und g.d.
Lk	10,30	*schlugen ihn und g.d.*
	24,12	Petrus g.d. und wunderte sich
Jak	1,24	g. er d. und vergißt von Stund an, wie er aussah

davonheben

Ps 104,22 wenn die Sonne aufgeht, h. sie sich d. Nah 3,17

Jer	49,30	h. euch eilends d.
Mt	27,5	*h. sich d. und erhängte sich*

davonjagen

Jdt 15,5 weil die Assyrer in ungeordneter Flucht d.

davonkommen

Jer	50,29	laßt keinen d.
Hes	14,22	sollen einige d.
	17,18	wird er nicht d. 15
1Ma	7,46	daß alle fielen und niemand d.
2Ma	3,38	wenn er überhaupt mit dem Leben d.

davonlaufen

1Sm	25,10	viele Knechte, die ihren Herren davong.
Jes	10,31	die Bürger von Gebim l.d.
Sir	11,10	wenn du auch d. möchtest
	33,32	so daß er sich aufmacht und d.
Bar	6,55	l. die Priester d. und retten sich
2Ma	4,42	so daß alle d.

davonmachen

Jes	49,17	die dich zerbrochen haben, werden sich d.
2Ma	5,27	Judas m. sich mit neun andern d.
Lk	10,30	zogen ihn aus und schlugen ihn und m. sich d.

davonscheuchen

1Mo 15,11 Abram s. (die Raubvögel) d.

davonspringen

StD 1,39 er stieß die Tür auf und s.d.

davonstürzen

Ps 48,6 haben sich entsetzt und sind davong.

davontragen

2Ch	14,12	Juda t. sehr viel Beute d.
Spr	3,35	die Toren werden Schande d.
	9,7	wer den Spötter belehrt, t. Schande d.
Jes	5,29	sie werden den Raub packen und d.
	64,5	unsre Sünden t. uns d. wie der Wind
2Ma	3,28	man t. ihn in einer Sänfte d.
2Pt	2,13	(sie werden) den Lohn der Ungerechtigkeit d.

davontun

5Mo	4,2	ihr sollt nichts d. 13,1
Off	22,19	*wenn jemand etwas d. von den Worten*

davonziehen

1Mo	14,11	nahmen alle Habe und z.d. 12
	34,17	wollen wir unsere Schwester nehmen und d.
Tob	5,24	Tobias z. mit seinem Begleiter d.
1Ma	15,36	wurde zornig und z.d. 2Ma 13,22
2Ma	13,16	sie z. glücklich d.

dazugeben

Hes 16,33 du aber g. noch Geld d. 34

Mk 4,24 man wird euch noch d.

dazugehören

4Mo 1,50 zum Dienst an allem, was d. 6,15; 28,14
6,15 und was d. an Speisopfern 28,14
1Ma 1,23 wegnehmen alle Geräte, die d.
10,39 Ptolemais und die Landschaft, die d.
2Ma 2,27 es g. viel Arbeit und Fleiß d.

dazugewinnen

Mt 25,16 handelte mit ihnen und g. weitere fünf d. 17

dazukommen

2Kö 8,5 da k. eben die Frau d., deren Sohn er
Apg 23,27 da k. ich mit Soldaten d. 24,7
Off 6,11 bis vollzählig d. ihre Mitknechte

dazulegen

Mt 25,20 l. weitere fünf Zentner d.

dazunehmen

1Ti 5,23 n. ein wenig Wein d. um des Magens willen

dazusetzen

Gal 3,15 (dem) Testament s. (man) auch nichts d.
Off 22,18 *wenn jemand etwas d.*

dazutun

3Mo 22,14 soll den fünften Teil d. 4Mo 5,7
4Mo 15,4 soll ein Zehntel feinstes Mehl d.
5Mo 4,2 ihr sollt nichts d. 13,1
2Sm 12,8 will ich noch dies und das d.
Pr 3,14 man kann nichts d.
Gal 3,15 (dem) Testament t. (man) auch nichts d.

dazwischenschwatzen

Sir 32,6 wenn man lauscht, so s. nicht d.

dazwischentreten

Wsh 18,23 t. er d. und hielt den Zorn auf

Debir

Jos 10,3 ¹sandte zu D., dem König von Eglon
10,38 ²kehrte Josua um nach D. 39; 11,21; 12,13; 21,15; Ri 1,11; 1Ch 6,43
15,15 D. hieß vorzeiten Kirjat-Sefer Ri 1,11
49 Kirjat-Sanna – das ist D.
15,7 ³(die Nordgrenze) führt nach D.

Debora

1Mo 35,8 ¹starb D., die Amme der Rebekka
Ri 4,4 ²Richterin in Israel die Prophetin D. 5
9 D. zog mit Barak nach Kedesch 10
14 D. sprach zu Barak: Auf! Das ist der Tag
5,1 da sangen D. und Barak
7 still war's, bis du, D., aufstandest
12 auf, auf, D.! Auf, auf und singe ein Lied
15 (zogen) die Fürsten in Issachar mit D.

Decke

1Mo 20,16 soll eine D. sein über den Augen aller
2Mo 22,26 sein Mantel ist seine einzige D.
26,14 über die D. des Zeltes eine D. von Widderfellen und eine D. von Dachsfellen 35,11; 36,19; 39,34; 40,19; 4Mo 3,25; 4,6-14.25
36 eine D. für den Eingang des Zeltes aus Purpur 37; 27,16; 35,15.17; 36,37; 38,18; 39,38. 40; 40,5.8.28.33
34,33 legte (Mose) eine D. auf sein Angesicht 35; 2Ko 3,13
34 wenn er hineinging, tat er die D. ab
5Mo 22,17 sollen die D. vor den Ältesten ausbreiten
23,1 niemand soll aufdecken s. Vaters D. 27,20
Ri 4,18 Jaël deckte (Sisera) mit einer D. zu
2Sm 17,19 die Frau nahm eine D. und breitete sie
1Kö 6,15 vom Boden des Hauses bis an die D. 16; 7,7
7,2 legte eine D. von Zedernbalken
2Kö 8,15 nahm die D. und breitete sie über
Hi 24,7 haben keine D. im Frost
26,6 der Abgrund hat keine D.
31,19 hab ich den Armen ohne D. gehen lassen
Spr 7,16 habe mein Bett geschmückt mit bunten D.
31,22 sie macht sich selbst D.
Jes 14,11 wird mir Fäule sein und Würmer deine D.
25,7 die D., mit der alle Heiden zugedeckt
28,20 das Bett ist zu kurz, die D. zu schmal
54,2 breite aus die D. deiner Wohnstatt
59,6 ihr Gespinst taugt nicht zur D.
Hes 27,7 deine D. waren blauer und roter Purpur
20 hat gehandelt mit D. zum Reiten
Wsh 17,3 verstecken unter der D. der Vergessenheit
2Ko 3,14 bleibt diese D. unaufgedeckt über dem alten Testament 15
16 wenn... wird die D. abgetan

Deckel

4Mo 19,15 Gefäß, auf das kein D. gebunden ist
Sa 5,7 es hob sich der D. aus Blei 8

decken

1Mo 38,14 (Tamar) d. sich mit einem Schleier
1Sm 19,13 Michal d. ein Kleid darauf
24,4 Saul ging hinein, um seine Füße zu d.
1Kö 6,9 er d. das Haus mit Tafelwerk von Zedern 7,3
Neh 3,1 bauten das Schaftor. Sie d. es 3.6.15
Hi 23,17 weil Dunkel mein Angesicht d.
Ps 5,13 du d. mit Gnade wie mit einem Schilde
27,5 d. mich in s. Hütte zur bösen Zeit 31,21
91,3 er wird dich mit seinen Fittichen d.
104,6 mit Fluten d. du es wie mit einem Kleide
105,39 er breitete eine Wolke aus, sie zu d.
139,11 spräche ich: Finsternis möge mich d.
Jes 6,2 d. sie ihr Antlitz... d. sie ihre Füße
21,5 d. den Tisch, breitet den Teppich aus
Hes 32,27 ihre Schilde über ihre Gebeine ged.
Lk 23,30 *zu den Hügeln: D. uns*
Apg 16,34 führte ihn in sein Haus und d. ihnen den Tisch

Deckmantel

1Pt 2,16 als die Freien, und nicht als hättet ihr die Freiheit zum D. der Bosheit

Dedan

Dedan, Dedaniter

1Mo	10,7	¹Söhne Ragmas sind: D. 1Ch 1,9
	25,3	²Jokschan zeugte D. 1Ch 1,32
	3	die Söhne D.: die Aschuriter
Jes	21,13	³ihr Karawanen der D.
Jer	25,23	(ließ trinken) die von D.
	49,8	flieht, ihr Bürger von D.
Hes	25,13	will es wüst machen von Teman bis D.
	27,20	D. hat mit dir gehandelt 38,13

Deguël (= Reguël 3)

4Mo 1,14 Eljasaf, der Sohn D. 2,14; 7,42.47; 10,20

dein, deiner (s.a. du)

1Mo	14,23	von allem, was d. ist 20,7
	31,32	suche das D. bei mir
Rut	1,16	d. Volk ist mein Volk, und d. Gott
1Kö	3,26	es sei weder mein noch d.
	20,4	bin d. und alles, was ich habe 1Ch 12,19
1Ch	29,11	d., HERR, ist alles 16
Ps	74,16	d. ist der Tag und d. ist die Nacht
	86,2	bewahre meine Seele, denn ich bin d. 119,94
	89,12	Himmel und Erde sind d.
Hes	22,3	die du das Blut der D. vergießt
Mt	6,9	d. Name werde geheiligt 10.13
	18,32	d. ganze Schuld habe ich dir erlassen
	20,14	nimm, was d. ist, und geh
	25,25	da hast du das D.
	26,42	so geschehe d. Wille Lk 22,42
Mk	5,19	geh hin in d. Haus zu den D.
Lk	4,7	wenn du mich anbetest, so soll sie ganz d. sein
	6,30	wer dir das D. nimmt, von dem fordere es nicht zurück
	15,31	was mein ist, das ist d. Jh 17,10
Jh	17,6	sie waren d. und du hast sie mir gegeben 9

deinesgleichen

1Kö	3,12	daß d. vor dir nicht gewesen ist 13
Ps	45,8	gesalbt mit Freudenöl wie keinen d.

deinethalben

Apg 28,21 weder Briefe empfangen aus Judäa d.

deinetwegen

Jos	14,6	was der HERR sagte meinet- und d.
1Kö	2,18	ich will mit dem König d. reden
Hi	8,6	so wird (Gott) d. aufwachen
Hes	27,31	werden sich kahl scheren d.
Mt	4,6	er wird d. Befehl geben Lk 4,10
Apg	28,21	d. weder Briefe aus Judäa empfangen

deinetwillen

1Mo	3,17	verflucht sei der Acker um d.
	12,13	daß mir's wohlgehe um d. und ich am Leben bleibe um d.
	30,27	spüre, daß mich der HERR segnet um d.
	38,29	warum hast du um d. solchen Riß gerissen
Hi	18,4	soll um d. die Erde veröden
Ps	44,23	um d. werden wir täglich getötet
	69,8	um d. trage ich Schmach
Dan	9,17	laß leuchten dein Antlitz um d., Herr 19
Bar	2,14	Herr, hilf uns um d.

Rö 8,36 um d. werden wir getötet den ganzen Tag

Deker

1Kö 4,9 (Amtleute:) der Sohn D. in Makaz

Delaja

1Ch	3,24	¹Söhne Eljoënais: D.
	24,18	²das dreiundzwanzigste (Los fiel) auf D.
Esr	2,60	³(ob aus Israel:) die Söhne D. Neh 7,62
Neh	6,10	⁴D., des Sohnes Mehetabels
Jer	36,12	⁵D., der Sohn Schemajas 25

Delila

Ri 16,4 ein Mädchen, die hieß D. 6.10.12.13.18

Delos

1Ma 15,23 (so schrieb Luzius) nach D.

Demas

Kol	4,14	es grüßt euch D. Phm 24
2Ti	4,10	D. hat mich verlassen und diese Welt liebgewonnen

Demetrius

1Ma	7,1	¹D., der Sohn des Seleukus 2-4; 8,31; 9,1; 10,2u.ö.52.67; 2Ma 14,1.4.5.11.26
	10,67	²D., der Sohn des gefallenen D. 69; 11,9u.ö. 63; 12,24.34; 13,34-36; 14,1-3.38; 15,1.22; 2Ma 1,7
Apg	19,24	³D. machte silberne Tempel der Diana 38
3Jh	12	⁴D. hat ein gutes Zeugnis von jedermann

Demophon

2Ma 12,2 von den Unterbefehlshabern D.

Demut

Spr	15,33	ehe man zu Ehren kommt, muß man D. lernen
	22,4	der Lohn der D. ist Reichtum, Ehre
Ze	2,3	suchet Gerechtigkeit, suchet D.
Jdt	8,16	wollen wir D. von ihm Hilfe erwarten
Sir	1,33	Treue und D. gefallen Gott gut
	3,19	liebes Kind, tu deine Arbeit in D.
	10,31	in aller D. achte dich doch selbst
	45,4	auserkoren um seiner D. willen
Apg	20,19	wie ich dem Herrn gedient habe in aller D.
Eph	4,2	in aller D. und Sanftmut, in Geduld
Phl		in D. achte einer den andern höher als sich
Kol	2,18	der sich gefällt in falscher D.
	23	einen Schein von Weisheit durch D.
	3,12	so zieht nun an Freundlichkeit, D.
1Pt	5,5	alle miteinander haltet fest an der D.

demütig

4Mo	12,3	Mose war ein sehr d. Mensch
Spr	3,34	den D. wird er Gnade geben
	11,2	Weisheit ist bei den D.
	16,19	besser niedrig sein mit den D.
	18,12	ehe man zu Ehren kommt, muß man d. sein
	29,23	der D. wird Ehre empfangen
Jes	57,15	bei denen, die d. Geistes sind

Mi	6,8	der HERR fordert, d. sein vor deinem Gott
Jdt	9,13	allezeit hat dir gefallen das Gebet der D.
Sir	3,21	von den D. wird er gepriesen
	10,17	Gott hat D. darauf gesetzt 18
	12,5	tu Gutes dem D.
StD	3,15	mit d. Geist kommen wir vor dich
	63	die ihr von Herzen d. seid, lobt den Herrn
Mt	11,29	denn ich bin sanftmütig und von Herzen d.
1Pt	3,8	seid mitleidig, brüderlich, barmherzig, d.
	5,5	den D. gibt (Gott) Gnade Jak 4,6

demütigen

1Mo	16,6	als Sarai sie d. wollte, floh sie
	9	d. dich unter ihre Hand
2Mo	10,3	weigerst dich, dich vor mir zu d.
3Mo	26,41	da wird sich ihr unbeschnittenes Herz d.
5Mo	8,2	geleitet in der Wüste, daß er dich d. 3.16
	9,3	er wird sie d. vor dir
Ri	3,30	Moabiter wurden unter die Hand Isr. ged.
	4,23	so d. Gott zu der Zeit Jabin
	8,28	so wurden die Midianiter ged. 11,33
1Sm	7,13	wurden die Philister ged. 1Ch 18,1; 20,4
1Kö	11,39	will das Geschlecht Davids d.
	21,29	wie sich Ahab vor mir ged. hat
2Kö	22,19	dich ged. hast vor dem HERRN 2Ch 34,27
1Ch	17,10	will alle deine Feinde d.
2Ch	7,14	(wenn) mein Volk sich d.
	12,6	da d. sich die Obersten in Israel 7
	12	weil er sich d., wandte sich des HERRN Zorn
	13,18	also wurden die *Männer von Israel ged.
	28,19	der HERR d. Juda
	30,11	einige von Asser und Manasse d. sich
	32,26	da d. sich Hiskia
	33,12	(Manasse) d. sich vor Gott 19.23
	23	(Amon) d. sich nicht vor dem HERRN
	36,12	(Zedekia) d. sich nicht vor Jeremia
Esr	8,21	damit wir uns vor unserm Gott d.
Neh	9,24	du d. vor ihnen die Kanaaniter
Hi	22,23	bekehrst und d. du dich
	30,11	hat mein Seil gelöst und mich ged.
	40,11	schau an alle Hochmütigen und d. sie
Ps	17,13	tritt ihm entgegen und d. ihn
	55,20	Gott wird hören und sie d.
	81,15	wollte ich seine Feinde bald d.
	89,23	die Ungerechten (sollen) ihn nicht d.
	102,24	er d. auf dem Wege meine Kraft
	106,42	wurden ged. unter ihre Hand
	119,67	ehe ich ged. wurde, irrte ich
	71	ist gut für mich, daß du mich ged. hast
	75	in deiner Treue hast du mich ged.
	107	bin ich sehr ged.
Jes	2,9	ged. (wird) der Mann 17; 5,15
	13,11	will die Hoffart der Gewaltigen d.
	25,5	d. d. der Fremden Ungestüm
	57,15	daß ich erquicke den Geist der Ged.
Jer	36,7	vielleicht werden sie sich mit Beten d.
	44,10	haben sich bis auf diesen Tag nicht ged.
Dan	4,34	wer stolz ist, den kann er d.
	5,19	(Nebukadnezar) d., wen er wollte
	22	du, Belsazer, hast dein Herz nicht ged.
	10,12	als du anfingst, dich zu d.
Nah	1,12	habe ich dich ged., will dich nicht wiederum d.
Jdt	4,7	sie d. sich mit Fasten StE 3,2
	8,14	wollen uns von Herzen d. Sir 7,19
	17	wir d. uns vor der, alle Heiden d.
Sir	2,21	die den Herrn fürchten, d. sich vor ihm
	3,20	je größer du bist, desto mehr d. dich
2Ma	8,35	(Nikanor) durch die Hilfe des Herrn ged.
2Ko	12,21	wird mein Gott mich d. bei euch
1Pt	5,6	d. euch nun unter die gewaltige Hand Gottes
Jak	4,10	d. euch vor dem Herrn, so wird er euch erhöhen

Demütigung

Sir	2,4	sei geduldig bei jeder neuen D.

denken

1Mo	20,11	ich d., sie werden mich umbringen 26,7.9; 38,11
	31,31	ich d., du würdest deine Töchter von mir
	32,21	denn er d.: Ich will ihn versöhnen
	40,23	der oberste Schenk d. nicht an Josef
	41,9	muß heute an meine Sünden d.
	42,9	Josef d. an die Träume
	45,5	d. nicht, d. ich darum zürne
	48,11	was ich nicht ged. hätte
2Mo	6,5	habe an meinen Bund ged.
	13,17	Gott d., es könnte das Volk gereuen
4Mo	10,10	damit euer Gott an euch d.
	11,5	wir d. an die Fische in Ägypten
	15,39	sollt an alle Gebote des HERRN d. 40
	16,34	Israel floh vor ihrem Geschrei; denn sie d.
	24,11	ich d., ich wollte dich ehren
5Mo	5,15	sollst daran d., daß auch du Knecht in Ägypten warst 15,15; 16,12; 24,18.22
	7,18	d. daran, was dein Gott dem Pharao getan
	9,7	d. daran, wie du den HERRN erzürntest
	25,17	d. daran, was dir die Amalekiter taten
Jos	1,13	d. an das Wort, das euch Mose geboten
	8,6	sie werden d., wir fliehen vor ihnen
	22,24	haben wir es nicht darum getan, daß wir d.
Ri	8,34	sie d. nicht an den HERRN
	9,2	d. daran, daß ich euer Gebein bin 3; 15,1; 16,2.20; 20,32.39
	16,28	Simson sprach: Herr HERR, d. an mich
Rut	1,12	wenn ich d.: Ich habe noch Hoffnung
	3,14	(Boas) d.: Wenn nur niemand merkte
1Sm	13,19	die Philister d., die Hebräer könnten
	16,6	sah den Eliab an und d. 18,11.17; 20,3.26
	23,7	Saul d.: Gott hat (David) in meine Hände
	24,11	(David) d. 25,21; 27,1.11; 2Sm 12,22; 1Ch 19,2; 22,5
	25,31	wolltest du an deine Magd d. 2Sm 14,15.17
	27,12	Achisch d.: Er hat sich in Verruf gebracht
2Sm	12,18	sie d.: Er könnte ein Unheil anrichten
	13,32	d. nicht, daß die Söhne des Königs tot sind
	16,3	er d.: Heute wird mir ... zurückgegeben
	17,29	sie d.: Das Volk wird hungrig sein
	19,20	mein Herr, d. nicht mehr daran 27
1Kö	7,12	Aramäer d.: Wenn wir aus der Stadt gehen
	12,26	Jerobeam d. in seinem Herzen 2Kö 9,25
	20,19	er d.: Es wird doch Friede sein Jes 39,8
2Ch	13,8	nun d. ihr euch zu empören
	18,31	als die Obersten Joschafat sahen, d. sie
	25,8	wenn du d., mit ihnen stark zu sein 19
Neh	4,5	Widersacher d.: Sie sollen's nicht 6,9
Est	2,1	d. er an das, was Wasti getan
	4,13	d. nicht, daß dein Leben errettet
	6,6	Haman d. in seinem Herzen
Hi	1,5	Hiob d.: Meine Söhne könnten gesündigt
	7,13	ich d., mein Bett soll mich trösten 9,27
	11,6	daß er von deinen Sünden d.
	16	würdest (an) alle Mühsal wenig d.
	14,13	ach daß du an mich d. wolltest
	21,6	wenn ich daran d., so erschrecke ich

denken

Hi	24,15	er d.: Mich sieht kein Auge
	20	an ihn d. man nicht mehr
	29,18	ich d.: Ich werde verscheiden
	32,7	ich d.: Laß das Alter reden
	34,14	wenn (Gott) nur an sich d.
	36,24	d. daran, daß du sein Werk preisest
	40,32	an den Kampf wirst du d.
	41,24	man d., die Flut sei Silberhaar
Ps	20,8	wir aber d. an den Namen des HERRN
	38,17	ich d.: Daß sie sich ja nicht freuen
	39,4	wenn ich daran d., brennt es wie Feuer
	41,8	die mich hassen, d. Böses über mich
	42,5	wo ist nun dein Gott? Daran will ich d.
	62,5	sie d. nur, wie sie ihn stürzen
	63,7	wenn ich mich zu Bette lege, d. ich an dich
	73,15	hätte ich ged.: Ich will reden wie sie
	74,22	d. an die Schmach, die dir widerfährt
	77,4	ich d. an Gott – und bin betrübt
	7	ich d. und sinne des Nachts 119,55
	12	d. ich an die Taten des HERRN 78,42
	12	ich d. an deine früheren Wunder
	78,35	d. daran, daß Gott ihr Hort ist
	39	(Gott) d. daran, daß sie Fleisch sind
	115,12	der HERR d. an uns und segnet uns
	119,49	d. an das Wort, das du deinem Knecht gabst
	52	wenn ich an deine ewigen Ordnungen d.
	136,23	der an uns d., als wir unterdrückt waren
	143,5	ich d. an die früheren Zeiten
Spr	16,30	wer mit den Augen winkt, d. nichts Gutes
Pr	2,3	da d. ich in meinem Herzen 15
	5,19	er d. nicht an die Kürze seines Lebens
	7,23	d., ich will weise werden
	9,10	bei den Toten gibt es weder Tun noch D.
	15	kein Mensch d. an diesen armen Mann
	11,8	er d. an die finstern Tage
	12,1	d. an deinen Schöpfer in deiner Jugend
Jes	10,7	sein Herz d. nicht so
	14,24	es soll gehen, wie ich d.
	17,10	nicht ged. an den Felsen deiner Stärke
	19,17	wenn sie daran d., werden sie erschrecken
	44,19	kein Verstand ist da, daß er d.
	47,7	nicht daran ged., wie es werden könnte
	10	du d.: Niemand sieht mich
	49,4	ich aber d., ich arbeitete vergeblich
	57,11	daß du treulos wurdest an mich d.
Jer	2,6	d. niemals: Wo ist der HERR
	3,7	ich d., sie würde zu mir zurückkehren 19; 5,4; 10,19
	14,10	der HERR d. nun an ihre Missetat
	17,2	ihre Söhne d. an ihre Ascherabilder
	11	er muß davon, wenn er's am wenigsten d.
	20,9	da d. ich: Ich will nicht mehr an ihn d.
	22,14	und d.: Wohlan, ich will mir Klg 4,20
	37,9	betrügt euch nicht damit, daß ihr d.
	44,21	der HERR hat ged. an das Opfer
Klg	1,7	Jerusalem d … da sie elend ist
	2,1	hat nicht ged. an seinen Fußschemel
Hes	6,9	eure Entronnenen werden an mich d.
	16,22	hast nie ged. an die Zeit deiner Jugend 43; 23,19
	61	wirst an deine Wege d. 63; 36,31
	18,22	an seine Übertretungen nicht ged. werden
	24	an s. Gerechtigkeit soll nicht ged. werden
	20,8	da d. ich, meinen Grimm auszuschütten
	21,37	man wird nicht mehr an dich d. 25,10
	23,27	an Ägypten nicht mehr d. sollst
	43	ich d.: Sie ist das Ehebrechen gewohnt
	38,11	(wirst auf Böses sinnen) und d.
Dan	2,29	du, König, d. auf deinem Bett
	6,4	d. der König daran, ihn … zu setzen
Dan	6,8	es haben die Fürsten alle ged., es solle
Am	1,9	weil sie nicht an den Bruderbund ged. haben
Jon	2,5	d., ich wäre von deinen Augen verstoßen
	4,2	HERR, das ist's ja, was ich d.
Mi	6,5	d. doch daran, was Balak vorhatte
Hab	3,2	im Zorne d. an Barmherzigkeit
Sa	7,10	d. keiner gegen seinen Bruder etwas Arges
Jdt	4,12	d. an Mose, den Diener des Herrn
	9,15	d., Herr, an deinen Bund Sir 36,10; Bar 2,16; 1Ma 4,10; 2Ma 1,2; StE 7,6
	13,24	die an die Macht des Herrn d.
Wsh	1,3	verkehrtes D. scheidet von Gott
	2,1	diese Leute, die so verkehrt d.
	2	unser D. (ist) nur ein Funke
	4	niemand d. mehr an unser Wirken
	14	zum Vorwurf bei allem, was wir d.
	21	das alles d. sie – und irren
	7,15	so zu d., wie es solchen Gaben würdig ist
	16,6	damit sie an das Gebot d. sollten 11; Tob 2,5; Sir 28,8.9
Tob	8,2	Tobias d. an den Rat des Engels
Sir	3,17	in der Not wird an dich ged. werden Bar 2,32.33
	26	schon viele hat ihr D. irregeleitet
	5,1	d. nicht 3.6; 7,9; 11,18; 31,13
	7,18	d. daran, daß Gottes Zorn nicht 18,24
	8,6	d. daran, daß wir alle Schuld tragen
	8	d. daran, daß wir alle sterben müssen 28,6.7; 38,21.23
	12,12	zuletzt an meine Worte d. mußt
	16,22	nur ein beschränkter Mensch d. so
	17,5	er gab ihnen Verstand zum D.
	23,18	d. an deinen Vater und an deine Mutter
	37,7	d. an (den Freund), wenn du reich wirst
	39,6	er d. daran, den Herrn zu suchen
	41,5	d. an die, die vor dir gewesen sind
	51,11	da d. ich, Herr, an deine Barmherzigkeit
Bar	3,5	d. nicht an die Missetaten unsrer Väter
	4,5	an Israel wird noch ged. werden
1Ma	4,9	d. daran, wie unsre Väter errettet 2Ma 15,8
	7,38	d. daran, daß sie dich gelästert haben
StE	2,1	Mordechai d. an alle Wunderwerke
StD	1,9	daß sie nicht mehr an gerechte Urteile d.
	2,37	Gott, du d. ja noch an mich
Mt	3,9	d. nicht, daß ihr bei euch sagen könntet
	9,4	warum d. ihr so Böses in euren Herzen Mk 2,8; Lk 5,22
	16,7	da d. sie bei sich
	9	d. an die fünf Brote für die fünftausend Mk 8,18
	22,42	was d. ihr von dem Christus
	26,75	da d. Petrus an das Wort
	27,63	Herr, wir haben daran ged., daß
Mk	2,6	einige Schriftgelehrte d. in ihren Herzen
	8	Jesus erkannte, daß sie so bei sich d.
	11,21	Petrus d. daran und sprach zu ihm
Lk	1,29	sie erschrak über die Rede und d.
	3,15	alle d. in ihren Herzen von Johannes
	7,43	ich d., der, dem er am meisten geschenkt hat
	12,17	er d. bei sich selbst 18,4
	17,32	d. an Lots Frau
	20,14	d. sie bei sich selbst und sprachen
Jh	2,17	seine Jünger d. daran, daß 12,16
	11,31	folgten ihr, weil sie d.
	16,4	damit, wenn ihre Stunde kommen wird, ihr daran d.
	21	sie nicht mehr an die Angst
Apg	5,33	d., sie zu töten
	11,16	da d. ich an das Wort des Herrn, als er sagte
	16,13	wo wir d., daß man zu beten pflegte

deuten

Apg	20,31	d. daran, daß ich drei Jahre lang
	28,22	doch wollen wir von dir hören, was du d.
Rö	2,3	d. du, daß du dem Urteil Gottes entrinnen
1Ko	4,9	ich d., Gott hat uns Apostel
	11,2	weil ihr in allen Stücken an mich d.
	13,11	als ich ein Kind war, d. ich wie ein Kind
2Ko	7,15	wenn er an den Gehorsam von euch allen d.
	10,5	wir nehmen gefangen alles D.
	12,19	schon lange werdet ihr d., daß wir uns
Gal	2,10	daß wir an die Armen d.
Eph	2,11	d. daran, daß ihr, die ihr einst Heiden wart
Phl	1,7	wie es recht und billig ist, daß ich so von euch d.
	3,15	sollt ihr in einem Stück anders d.
1Th	1,3	d. ohne Unterlaß vor Gott an euer Werk
2Ti	1,4	wenn ich an deine Tränen d.
Heb	11,19	er d.: Gott kann auch von den Toten erwecken
	13,3	d. an die Gefangenen, als wärt ihr
Jak	1,7	ein solcher Mensch d. nicht, daß
Off	2,5	so d. nun daran, wovon du abgefallen bist
	3,3	d. daran, wie du empfangen und gehört hast
	18,5	Gott d. an ihren Frevel

Denkmal

Jes	56,5	denen will ich ein D. geben
Wsh	10,7	Salzsäule... D. einer ungläubigen Seele 8

Denkzeichen

Jes	57,8	hinter Tür und Pfosten setztest du dein D.

dennoch

2Mo	5,16	wir sollen d. die Ziegel machen
3Mo	26,44	verwerfe ich sie d. nicht
	27,20	verkauft ihn d. einem andern
4Mo	9,10	soll d. dem HERRN Passa halten
	24,22	d. wird Kain ausgetilgt werden
5Mo	4,33	und d. am Leben blieb
	29,18	laßt niemand... sich d. in s. Herzen segnen
Ri	1,19	d. war der HERR mit Juda
	10,13	d. habt ihr mich verlassen
2Sm	18,12	hätte ich d. meine Hand nicht an des Königs Sohn gelegt
2Kö	3,17	d. soll das Tal voll Wasser werden
Neh	5,18	d. forderte ich nicht die Einkünfte
	13,26	d. verleiteten ihn die Frauen
Hi	16,6	so bliebe (der Schmerz) d. bei mir
	17,10	werde d. keinen Weisen finden
	18,5	d. wird das Licht verlöschen
Ps	27,3	fürchtet sich d. mein Herz nicht
	46,5	d. soll die Stadt Gottes lustig bleiben
	73,1	Gott ist d. Israels Trost für alle
	23	d. bleibe ich stets an dir
	78,17	d. sündigten sie weiter Hos 13,2
	92,15	wenn sie alt werden, werden sie d. blühen
	119,110	d. weiche ich nicht von deinem Gesetz
Spr	30,25	d. schaffen sie ihre Speise 26.27
Jes	42,22	d. ist es ein beraubtes Volk
	44,11	sollen sie d. erschrecken
Jer	1,19	sie dir d. nichts anhaben können
	3,8	d. scheut sich Juda nicht
	12,1	d. muß ich vom Recht mit dir reden
	14,15	nicht gesandt habe, und die d. predigen
	22,15	dein Vater hielt d. auf Recht
	33,11	wird man d. wieder hören den Jubel 12.13
	37,3	d. sandte der König zu Jeremia
	46,21	sie müssen sich d. wenden
Jer	49,16	d. will ich dich herunterstürzen Ob 4
Hes	2,5	d. sollen sie wissen, daß ein Prophet
	28,2	d. überhebt sich dein Herz
	33,5	hat sich d. nicht warnen lassen
Dan	3,18	du sollst d. wissen, daß wir deinen Gott
	4,23	d. den Stock des Baumes übrig lassen
	5,17	ich will d. die Schrift dem König lesen
Hos	7,2	d. wollen sie nicht einsehen
	10	d. bekehren sie sich nicht zum HERRN
	8,7	was d. aufwächst, bringt kein Mehl
Am	4,6	d. bekehrt ihr euch nicht 8-11; Hag 2,17
Mi	3,11	(die ihr) euch d. auf den HERRN verläßt
Nah	3,10	d. wurde sie vertrieben
Hab	2,18	d. verläßt sich sein Meister darauf
Tob	1,2	ist er d. von Gottes Wort nicht abgefallen
Rö	15,15	ich habe es aber d. gewagt

Derbe

Apg	14,6	flohen in die Städte Lystra und D.
	20	am nächsten Tag zog er weiter nach D.
	16,1	er kam auch nach D. und Lystra
	20,4	zogen mit ihm Gajus aus D.

dereinst

Dan	2,29	du dachtest, was d. geschehen würde 45

desgleichen

Lk	10,37	sprach Jesus zu ihm: so geh hin und tu d.
	20,31	d. alle sieben, sie hinterließen keine Kinder
1Ti	3,8	d. sollen die Diakone ehrbar sein 11
Heb	9,21	die Stiftshütte besprengte er d. mit Blut
Off	8,12	es wurde geschlagen... und in der Nacht d.

Dessau

2Ma	14,16	stießen auf die Feinde beim Dorf D.

dessentwegen

Apg	24,8	dessentwegen wir ihn v. 25,11

dessentwillen

Kol	4,3	um d. ich auch in Fesseln bin
Heb	2,10	(Gott), um d. alle Dinge sind

deswegen

Hi	20,2	d. kann ich nicht schweigen 23,17

deuten

1Mo	40,22	wie ihnen Josef ged. hatte
	41,8	keiner, der sie dem Pharao d. konnte 15.24
	12	hebräischer Jüngling d. unsere Träume 13
3Mo	20,27	wenn ein Mann Zeichen d. kann
Pr	8,1	wer versteht etwas zu d.
Jes	28,19	wird man mit Entsetzen Offenbarung d.
Hes	21,27	das Los wird nach Jerusalem d.
Dan	2,4	sage den Traum, so wollen wir ihn d. 5-7
	5,12	Verstand und Klugheit, Träume zu d.
Ze	3,4	ihre Priester d. das Gesetz freventlich
Sir	11,32	was er Gutes sieht, d. er aufs Schlimmste
Mt	13,36	d. uns das Gleichnis vom Unkraut 15,15
Lk	20,37	darauf hat auch Mose ged.
Apg	13,8	*Zauberer, so wird sein Name ged.*
1Ko	2,13	d. geistliche Dinge für geistliche Menschen

deuten

1Ko	4,6	solches habe ich auf mich und Apollos ged.
Eph	5,32	ich d. es auf Christus und die Gemeinde
1Pt	1,11	geforscht, auf welche Zeit der Geist Christi d.

deutlich

5Mo	27,8	Worte des Gesetzes schreiben, klar und d.
Jes	8,1	schreib darauf mit d. Schrift
Dan	2,5	mein Wort ist d. genug 8
Hab	2,2	schreib auf, d. auf eine Tafel
Wsh	16,28	damit d. würde, daß man dir danken soll
2Ma	3,29	daß man d. die Macht Gottes erkennen
Mk	8,25	da sah er d.
Apg	10,3	sah d. einen Engel Gottes bei sich eintreten
1Ko	14,9	wenn ihr redet nicht mit d. Worten
1Ti	4,1	der Geist sagt d., daß
Heb	9,8	damit macht der heilige Geist d.

deutsch

2Ma	1,36	Neftar, auf d.: Reinigung

Deutung

1Mo	40,12	das ist seine D. 16.18
	41,11	Traum, dessen D. ihn betraf
Dan	2,6	sagt mir den Traum und seine D. 9
	16	damit er die D. dem König sagen könne
		24-26.30.36.45; 4,16; 5,8
	5,16	höre ich, daß du D. zu geben vermagst

Di-Sahab

5Mo	1,1	im Jordantal zwischen Hazerot und D.

Diakon

Phl	1,1	samt den Bischöfen und D.
1Ti	3,8	desgleichen sollen die D. ehrbar sein
	12	die D. sollen ein jeder der Mann einer einzigen Frau sein

Diamant

2Mo	28,18	die andere (Reihe sei) ein D. 39,11
Hes	3,9	habe deine Stirn so hart wie D. gemacht
	28,13	geschmückt mit Sarder, Topas, D.
Sa	7,12	machten ihre Herzen hart wie D.

diamanten

Jer	17,1	mit d. Spitze auf die Tafel ihres Herzens

Diana

Apg	19,24	Demetrius machte silberne Tempel der D.
	27	der Tempel der großen Göttin D. wird für nichts geachtet werden
	28	groß ist die D. der Epheser 34.35

Diblajim

Hos	1,3	er nahm Gomer, die Tochter D., zur Frau

Dibon

4Mo	21,30	von Heschbon bis nach D. 32,3.34; Jos 13,9.17; Jes 15,2; Jer 48,18.22 (= Dibon-Gad; Dimon)

Dibon-Gad

4Mo	33,45	lagerten sich in D. 46 (= Dibon 1)

Dibri

3Mo	24,11	Schelomit, eine Tochter D.

dich s. du

dicht

2Mo	10,15	(Heuschrecken) bedeckten den Erdboden d.
	19,9	will zu dir kommen in einer d. Wolke 16
	25,27	d. unter der Leiste sollen die Ringe 37,14
2Sm	18,9	unter eine große Eiche mit d. Zweigen
2Kö	19,23	zur Herberge im d. Walde Jes 37,24
Hi	40,17	die Sehnen sind d. geflochten
Jes	9,17	das zündet den d. Wald an
	10,34	der d. Wald wird umgehauen werden
Jer	4,29	werden in die d. Wälder laufen
Hes	6,13	ihre Erschlagenen liegen unter d. Eichen
	20,28	wo sie irgendeinen d. Baum sahen
	31,3	(gleich) einem dichten Zedernbaum mit d. Laub
Dan	4,9	sein Laub war d. 18
	9,21	flog der Mann Gabriel d. an mich heran
Wsh	17,19	ob die Vögel sangen in d. Zweigen
	19,16	als sie von d. Finsternis überfallen wurden

dichten

1Mo	6,5	alles D. und Trachten... böse immerdar 8,21
1Kö	5,12	(Salomo) d. dreitausend Sprüche 13
1Ch	28,9	der HERR versteht alles D. der Gedanken
Ps		mein Herz d. ein feines Lied
Pr	12,9	der Prediger d. viele Sprüche
Bar	3,23	die Kaufleute von Midian d. Fabeln

Dichter

Apg	17,28	wie auch einige D. bei euch gesagt haben

dick

1Mo	41,5	sieben Ähren, voll und d. 7.22.24
2Mo	10,22	da ward eine d. Finsternis
5Mo	32,15	er ist fett und d. und feist geworden
2Sm	22,12	machte zu seinem Zelt d. Wolken Ps 18,12
1Kö	7,19	die Knäufe waren vier Ellen d. Jer 52,21
	12,10	kleiner Finger soll d. sein als 2Ch 10,10
Hi	15,27	er macht sich feist und d.
Ps	65,14	die Auen stehen d. mit Korn
Hes	40,5	das Mauerwerk war eine Rute d. 41,5.12
Bar	6,13	Staub abwischen, der d. auf ihnen liegt
1Ma	13,33	Simon befestigte Städte mit d. Mauern

Dicke

Hes	41,9	die D. der Wand betrug fünf Ellen

dickflüssig

2Ma	1,20	kein Feuer, sondern d. Wasser gefunden

Dickicht

Ps	10,9	lauert im Verborgenen wie ein Löwe im D.
	74,5	Äxte sich heben wie im D. des Waldes
Jer	4,7	steigt herauf der Löwe aus seinem D. 49,19; 50,44

Jer	12,5	was willst du tun im D. des Jordan

Dieb

2Mo	22,1	wenn ein D. ergriffen wird
	2	soll ein D. wiedererstatten 6.7.11
5Mo	24,7	Menschen raubt... solch ein D. soll sterben
Hi	24,14	des Nachts schleicht der D.
	30,5	man schreit ihnen nach wie einem D.
Ps	50,18	wenn du einen D. siehst, so läufst du mit
Spr	6,30	es ist für einen D. nicht so schmachvoll
	29,24	wer mit D. gemeinsame Sache macht
Jer	2,26	wie ein D. zuschanden wird
	7,9	ihr seid D., Mörder, Ehebrecher
	48,27	als hätte man es unter D. gefunden
	49,9	D. sollen über dich kommen Ob 5
Hos	7,1	Bosheit Samarias, wie die D. einsteigen
Jo	2,9	wie ein D. kommen sie durch die Fenster
Sa	5,3	alle D. werden ausgefegt
	4	(Fluch) kommen soll über das Haus des D.
Sir	5,17	über den D. kommt Schande
	20,27	schlimmer als ein D. ein Mensch, der lügt
Bar	6,57	können sich vor D. nicht schützen
Mt	6,19	wo die D. einbrechen und stehlen 20
	24,43	wenn ein Hausvater wüßte, zu welcher Stunde der D. kommt Lk 12,39
Jh	10,1	ist ein D. und ein Räuber
	8	alle, die vor mir gekommen sind, sind D.
	10	ein D. kommt nur, um zu stehlen
	12,6	er war ein D., er hatte den Geldbeutel
1Ko	6,10	(weder Unzüchtige noch) D. werden das Reich Gottes erreben
1Th	5,2	daß der Tag des Herrn kommen wird wie ein D. in der Nacht 2Pt 3,10
	4	nicht, daß der Tag wie ein D. über euch komme
1Pt	4,15	niemand unter euch leide als ein D.
Off	3,3	werde ich kommen wie ein D.
	16,15	siehe, ich komme wie ein D.

Dieberei

Mt	15,19	arge Gedanken, D. Mk 7,21
Off	9,21	sie bekehrten sich auch nicht von ihrer D.

Diebsgeselle

Jes	1,23	deine Fürsten sind Abtrünnige und D.

Diebstahl

1Mo	30,33	sei ein D., wenn es sich bei mir findet
Wsh	14,25	überall herrschen D., Betrug
Mt	15,19	aus dem Herzen kommen Mord, D. Mk 7,21

dienen

1Mo	6,21	daß sie dir und ihnen zur Nahrung d.
	15,13	da wird man sie zu d. zwingen
	14	will das Volk richten, dem sie d. müssen
	25,23	der Ältere wird dem Jüngeren d. 27,40
	27,29	Völker sollen dir d.
	29,15	solltest du mir umsonst d.
	18	will sieben Jahre um Rahel d. 20.25.30; 30,26.29; 31,6.41; Hos 12,13
	40,4	gab ihnen Josef bei, daß er ihnen d.
2Mo	4,23	daß du meinen Sohn (Israel) ziehen läßt, daß er mir d. 7,16.26; 8,16; 9,1.13; 10,3.7.8.11.24; 12,31; Apg 7,7
	10,26	wissen nicht, womit wir dem HERRN d. sollen
	14,5	ziehen lassen, so daß sie uns nicht mehr d.
	12	wollen den Ägyptern d... besser d. als
	20,5	bete sie nicht an und d. ihnen nicht 23,24.33; 5Mo 5,9; 7,16; 11,16; 28,14; 2Kö 17,35
	21,2	soll dir sechs Jahre d. 5Mo 15,18; Jer 34,14
	23,25	dem HERRN, eurem Gott, sollt ihr d.
	28,35	Aaron soll ihn anhaben, wenn er d. 43; 29,30; 30,20
3Mo	11,32	alles Gerät, das zum Gebrauch d., soll
	39	von den Tieren, die euch zur Speise d.
	25,7	all sein Ertrag soll zur Nahrung d.
	39	sollst ihn nicht als Sklaven d. lassen
	40	soll bis an das Erlaßjahr bei dir d.
4Mo	3,6	stelle sie vor Aaron, daß sie ihm d. 18,2.3
	31	Geräte des Heiligtums, an denen sie d. 4,37.41; 18,7
	8,25	von dem fünfzigsten Jahr an nicht mehr d.
	11,28	Josua, der dem Mose d.
	15,39	dazu sollen die Quasten d.
	16,9	Gemeinde, um ihr zu d.
	31,54	damit es dazu d., daß der HERR
5Mo	4,19	fallest ab und betest sie an und d. ihnen
	28	dort wirst du d. den Götzen 28,36; 31,20
	6,13	sollst den HERRN fürchten und ihm d.
	7,4	abtrünnig machen, daß sie andern Göttern d. 13,3.7.14; 28,64; 29,17.25; 30,17; Ps 106,36
	8,19	wirst du andern Göttern d., so... umkommen 17,3; Jos 23,16; 24,20; 1Kö 9,6.9; 2Ch 7,19.22
	10,8	Levi, zu stehen vor dem HERRN, ihm zu d. 21,5; 1Ch 15,2; 23,13.32
	12	daß du dem HERRN d. von ganzem Herzen 11,13; Jos 22,5; 1Sm 12,20.24
	20	ihm sollst du d., ihm anhangen 13,5
	12,2	wo die Heiden ihren Göttern ged. haben
	4	sollt dem HERRN so nicht d. 31; Jos 23,7
	30	wie haben diese Völker ihren Göttern ged.
	15,12	soll er dir sechs Jahre d.
	18,7	so soll er d. im Namen des HERRN
	20,11	soll das ganze Volk dir d.
	28,47	dem HERRN nicht ged. hast mit Freude
	48	wirst deinen Feinde d. in Hunger und Durst
Jos	24,2	eure Väter d. andern Göttern 14.15
	14	d. (dem HERRN) treulich und rechtschaffen
	15	wählt euch heute, wem ihr d. wollt... ich aber und mein Haus wollen dem HERRN d.
	16	das sei ferne, daß wir andern Göttern d.
	18	darum wollen wir auch dem HERRN d. 21.22.24
	19	ihr könnt dem HERRN nicht d.
	31	Israel d. dem HERRN, solange Josua lebte Ri 2,7
Ri	2,11	d. (*Israeliten) den Baalen 13; 3,7; 10,6.10; 1Sm 12,10
	19	andern Göttern zu d. 3,6; 10,13; 1Sm 8,8
	3,8	Israel dem Kuschan-Rischatajim d.
	14	die *Israeliten d. Eglon
	5,17	warum d. Dan auf fremden Schiffen
	9,28	wer ist Abimelech, daß wir ihm d. sollen 38
	28	d. den Leuten Hamors
	10,6	verließen den HERRN und d. ihm nicht
	16	taten von sich... und d. dem HERRN 1Sm 7,3.4
Rut	4,7	das d. zur Bezeugung in Israel
1Sm	2,5	die da satt waren, müssen um Brot d.
	22	Frauen, die vor der Tür der Stiftshütte d.
	3,1	als Samuel dem HERRN d. unter Eli
	4,9	damit ihr nicht d. müßt den Hebräern
	12,10	errette uns, so wollen wir dir d.
	14	den HERRN fürchten und ihm d.

dienen 240

1Sm	16,21	kam David zu Saul und d. vor ihm 22
	17,9	sollt ihr unsere Knechte sein und uns d.
	40	Hirtentasche, die ihm als Köcher d.
	19,7	David d. (Saul) wie früher
	25,41	bereit, den Knechten meines Herrn zu d.
	26,19	geh hin, d. andern Göttern
	29,8	seit der Zeit, da ich dir ged. habe
2Sm	9,12	alle im Hause Zibas d. Mefi-Boschet
	16,19	wem d. ich... dem ich d... deinem Vater ged.
	22,4	Volk, das ich nicht kannte, d. mir Ps 18,44
1Kö	1,4	umsorgte den König und d. ihm 15
	9	Männer, die dem König d. 1Ch 27,1; 28,1; 2Ch 17,19; 22,8
	2,3	(sei ein Mann) und d. dem HERRN
	5,1	alle die Königreiche d. (Salomo)
	11,5	so d. Salomo der Astarte
	16,31	(Ahab) d. Baal 22,54; 2Kö 10,18
	19,21	Elisa folgte Elia nach und d. ihm
2Kö	17,12	(Israel) d. den Götzen 16; 21,3.21; 2Ch 24,18; 33,3.22
	33	fürchteten den HERRN, d. aber auch den Göttern
1Ch	6,17	d. vor der Stiftshütte 26,12; 2Ch 8,14
	28,9	d. ihm mit ganzem Herzen und williger Seele
2Ch	12,8	mir zu d. oder den Königreichen
	13,10	Priester, die dem HERRN d. 31,2
	30,8	d. dem HERRN, so wird sich sein Zorn 33,16
	34,33	brachte es dahin, daß alle dem HERRN d.
	35,3	d. dem HERRN und seinem Volk Israel
Esr	8,20	Tempelsklaven... den Leviten zu d.
Neh	5,5	Söhne und Töchter als Sklaven d. lassen
	9,35	Könige haben dir nicht ged.
	10,37	die im Hause unseres Gottes d. 40
Est	1,10	Kämmerern, die vor Ahasveros d. 2,2; 4,5
	10,3	seinem Geschlecht zum Besten d.
Hi	21,15	wer ist der Allmächtige, daß wir ihm d.
	30,9	muß ihnen zum Gerede d.
	36,11	gehorchen sie und d. ihm
	39,9	meinst du, der Wildstier wird dir d.
Ps	2,11	d. dem HERRN mit Furcht
	22,31	er wird Nachkommen haben, die ihm d.
	35,20	sie reden nicht, was zum Frieden d.
	52,6	redest gern alles, was zum Verderben d.
	72,11	alle Völker (sollen) ihm d.
	97,7	schämen sollen sich alle, die den Bildern d.
	100,2	d. dem HERRN mit Freuden
	102,23	wenn Völker zusammenkommen, dem HERRN zu d.
	119,91	es muß dir alles d.
	148,14	die *Israeliten, das Volk, das ihm d.
Spr	22,29	der wird Königen d., geringen Leuten wird er nicht d.
	27,18	wer seinem Herrn treu d., wird geehrt
Jes	19,21	Ägypter werden ihm d. mit Schlachtopfern 23
	56,6	ihm zu d. und seinen Namen zu lieben
	60,7	die Widder Nebajots sollen dir d.
	10	ihre Könige werden dir d.
	12	welche nicht d. wollen, sollen umkommen
Jer	5,19	wie ihr fremden Göttern d., sollt ihr auch Fremden d.
	8,2	der Sonne, dem Mond, denen sie ged. haben 11,10; 13,10; 16,11; Apg 7,42
	10,8	Holz zu d. ist ein nichtiger Gottesdienst
	16,13	dort sollt ihr andern Göttern d. 44,3
	25,6	nicht andern Göttern, ihnen zu d. 35,15
	11	sollen dem König von Babel d. 70 Jahre 14; 27,7; 28,14
Jer	30,8	sie werden nicht mehr Fremden d.
	33,22	will mehren die Leviten, die mir d.
	38,4	der Mann sucht, was zum Unheil d.
	46,21	auch die darin um Sold d.
Klg	1,1	die eine Königin war, muß nun d.
Hes	20,39	fahrt hin und d. ein jeder seinem Götzen
	40	auf meinem Berg wird mir Israel d.
	34,27	errettet aus der Hand derer, denen sie d.
	40,46	Priestern, die am Altar d... um ihm zu d. 43,19; 44,15.16; 45,4
	44,11	sollen vor ihnen stehen und d. 12
	47,12	ihre Früchte werden zur Speise d.
	48,18	das übrige Gebiet soll dem Unterhalt d.
Dan	1,4	Leute, fähig, an des Königs Hof zu d. 5
	6,17	dein Gott, dem du ohne Unterlaß d. 21
	7,10	tausendmal Tausende d. ihm
	14	daß ihm alle Völker d. sollten
	27	alle Mächte werden ihm d. und gehorchen
Ze	3,9	daß sie alle ihm einträchtig d.
Sa	2,13	Beute derer, die ihnen haben d. müssen
Mal	3,14	ihr sagt: Es ist umsonst, daß man Gott d.
	17	sich seines Sohnes erbarmt, der ihm d.
	18	zw. dem, der Gott d., und dem, der ihm nicht d.
Jdt	3,3	daß wir dem Großkönig Nebukadnezar d.
	8,10	das d. nicht dazu, Gnade zu finden
	14	darum wollen wir (Gott) d. 18; 11,13
	16,17	die ganze Schöpfung muß dir d. Wsh 16,24; 19,6; Sir 39,26
Wsh	14,7	Holz, das einer gerechten Sache d.
	21	wenn sie den Tyrannen d. mußten
	27	den namenlosen Götzen zu d., ist... Bösen
	15,7	Gefäße, die zu sauberen Zwecken d.
	16,25	d. damit dir, der alle nährt
Tob	14,10	d. dem Herrn in der Wahrheit
Sir	1,34	d. Gott nicht mit falschem Herzen
	38	weil du Gott nicht in Furcht ged. hast
	3,8	d. seinen Eltern, wie man Herrschern d.
	4,15	wer mir d. ist wer den heiligen Gott
	10,28	einem weisen Knecht muß sein Herr d.
	24,15	ich habe vor ihm im heiligen Zelt ged.
	31	wer mir d., der wird unschuldig bleiben
	25,11	wer denen nicht d. muß, der
	30,25	Traurigkeit d. doch zu nichts
	35,20	wer Gott d., der ist ihm angenehm
	39,4	der kann vor den Fürsten d.
Bar	4,32	Städte, denen deine Kinder ged. haben
	6,27	müssen sich schämen, die ihnen d.
1Ma	4,2	als Führer d. ihnen einige Leute
	13,40	geeignet ist, in unserm Heer zu d.
2Ma	1,27	erlöse, die den Heiden d. müssen
StD	2,3	selbst der König d. dem Götzen
	4	(Daniel) sagte: Ich d. nicht den Götzen
Mt	4,10	du sollst Gott allein d. Lk 4,8
	11	da traten Engel zu (Jesus) und d. ihm
	6,24	niemand kann zwei Herren d. Lk 16,13
	8,15	sie stand auf und d. ihm Mk 1,31; Lk 4,39
	15,9	vergeblich d. sie mir Mk 7,7
	20,28	wie der Menschensohn nicht gekommen ist, daß er sich d. lasse, sondern daß er d. Mk 10,45
	25,44	Herr, wann haben wir dir nicht ged.
	27,55	die hatten (Jesus) ged. Mk 15,41
Mk	1,13	er war bei den Tieren, und die Engel d. ihm
Lk	1,75	daß wir ihm d. ohne Furcht unser Leben lang
	2,37	d. Gott mit Fasten und Beten Apg 13,2
	8,3	d. ihm mit ihrer Habe
	10,40	Marta machte sich viel zu schaffen, ihm zu d. Jh 12,2
	12,37	er wird kommen und ihnen d.

Lk	15,29	so viele Jahre d. ich dir
	16,13	ihr könnt nicht Gott d. und dem Mammon
	17,8	schürze dich und d. mir
	19,42	wenn doch auch du erkenntest, was zum Frieden d.
	22,27	wer ist größer: der zu Tisch sitzt oder der d.
Jh	12,26	wer mir d. will, der folge mir nach
Apg	6,2	*es taugt nicht, daß wir zu Tische d.*
	7,7	das Volk, dem sie als Knechte d. müssen
	10,7	rief Kornelius einen frommen Soldaten von denen, die ihm d.
	13,36	nachdem David dem Willen Gottes ged. hatte
	17,25	läßt sich nicht von Menschenhänden d.
	18,13	Gott zu d. dem Gesetz zuwider
	19,22	(Paulus) sandte zwei, die ihm d.
	20,19	wie ich dem Herrn ged. habe in aller Demut
	34	diese Hände zum Unterhalt ged. haben
	24,14	daß ich dem Gott meiner Väter d. so.
	23	niemandem zu wehren, ihm zu d.
	26,7	wenn sie Gott bei Tag und Nacht d.
	27,23	der Engel des Gottes, dem ich gehöre und d.
	34	das d. zu eurer Rettung
Rö	1,9	Gott, dem ich d. 2Ti 1,3
	25	das Geschöpf verehrt und ihm ged. statt dem Schöpfer
	6,6	so daß wir hinfort der Sünde nicht d.
	7,6	so daß wir dienen im neuen Wesen des Geistes
	25	so d. ich dem Gesetz Gottes
	8,28	daß denen, die Gott lieben, alle Dinge zum Besten d.
	12,7	ist jemand ein Amt gegeben, so d. er
	11	d. dem Herrn Kol 3,24
	14,18	wer Christus d., der ist Gott wohlgefällig
	19	laßt uns dem nachstreben, was zum Frieden d.
	15,25	nach Jerusalem, um den Heiligen zu d.
	16,18	solche d. nicht unserm Herrn Christus
1Ko	6,12	nicht alles d. zum Guten 10,23
	7,35	damit ihr ungehindert dem Herrn d. könnt
	9,13	daß, die im Tempel d., vom Tempel leben, und die am Altar d., vom Altar...
	10,24	niemand suche das Seine, sondern was dem andern d. 33; Phl 2,4
	14,22	*darum d. die Zungenrede zum Zeichen*
2Ko	8,14	*euer Überfluß d. ihre Mangel*
	11,8	andere Gemeinden habe ich beraubt, um euch d. zu können
Gal	4,8	d. ihr denen, die nicht Götter sind
	9	wendet euch den Mächten zu, denen ihr von neuem dienen wollt
	5,13	durch die Liebe d. einer dem andern
Phl	1,22	d. mir dazu, mehr Frucht zu schaffen
	2,22	hat er mit mir dem Evangelium ged.
	30	um mir zu d. an eurer Statt d.
	3,3	die wir im Geist Gottes d.
1Th	1,9	zu d. dem lebendigen Gott Heb 9,14
1Ti	1,4	dem Ratschluß Gottes im Glauben d.
	3,10	*danach lasse man sie d.*
2Ti	1,18	*wieviel er zu Ephesus ged. hat*
Phm	13	damit er mir an deiner Statt d.
1Pt	1,12	daß sie nicht sich, sondern euch d. sollten
	14	Begierden, denen ihr früher d.
	4,10	d. einander, ein jeder mit der Gabe, die er empfangen hat
	11	wenn jemand d., daß er's tue aus der Kraft, die
2Pt	1,3	alles, was zum Leben und zur Frömmigkeit d.
Heb	6,10	indem ihr den Heiligen d. und noch d.
	16	der Eid d. ihnen zur Bekräftigung
	7,13	Stamm, von dem nie einer am Altar ged. hat
	8,5	sie d. nur dem Abbild des Himmlischen
	12,28	Gott d. mit Furcht, wie es ihm gefällt
	13,10	von dem zu essen kein Recht haben, die der Stiftshütte d.
Jak	1,26	wenn jemand meint, er d. Gott
Off	7,15	sie d. ihm Tag und Nacht in seinem Tempel
	22,2	Blätter der Bäume d. zur Heilung der Völker
	3	seine Knechte werden ihm d.

Diener

1Mo	24,14	die du deinem D. Isaak beschert hast
	39,4	so daß (Josef) sein D. wurde
	50,2	Josef befahl seinen D., den Ärzten
	17	uns, den D. des Gottes deines Vaters
2Mo	24,13	machte sich Mose auf mit seinem D. Josua 33,11; 5Mo 1,38; Jos 1,1
Ri	7,10	laß deinen D. Pura mit dir hinabgehen 11
1Sm	2,11	der Knabe war des HERRN D. 18
	13	kam des Priesters D. 15
2Sm	13,17	(Amnon) rief seinen D. 18
1Kö	10,5	(sah) das Aufwarten seiner D. 2Ch 9,4
	18,43	(Elia) sprach zu seinem D... der D. ging
	19,3	ließ seinen D. dort
2Kö	4,12	sprach zu seinem D. Gehasi 25.38; 5,20; 8,4
	43	(Elisas) D. sprach: Wie soll ich 6,15
	5,13	da machten sich seine D. an ihn heran
	23	Naaman gab's seinen beiden D.
	6,17	da öffnete der HERR dem D. die Augen
	10,19	um die D. Baals umzubringen 21-23
1Ch	16,4	bestellte Leviten zu D. 2Ch 29,11
Esr	8,17	damit sie D. für das Haus Gottes holten
Neh	6,5	sandte Sanballat D. zu mir
Est	6,3	sprachen die D. des Königs 5
Hi	4,18	seinen D. traut er nicht
Ps	101,6	ich habe gerne fromme D.
	103,21	lobet den HERRN, seine D.
	104,4	machst Feuerflammen zu deinen D.
Spr	29,12	der auf Lügen hört, hat nur gottlose D.
Jes	36,9	wie willst du zurücktreiben einen D.
	61,1	man wird euch D. unsres Gottes nennen
Jer	33,21	den Priestern, meinen D. Hes 44,11
Hes	38,17	vorzeiten geredet habe durch meine D.
Dan	1,19	sie wurden des Königs D.
Jo	1,9	die Priester, des HERRN D., trauern 2,17
	13	heulet, ihr D. des Altars... D. meines Gottes
Jdt	4,12	denkt an Mose, den D. des Herrn
	10,20	seine D. sagten zueinander
Wsh	6,5	obwohl ihr D. seines Reiches seid
	10,16	ging ein in die Seele des D. des Herrn
	18,21	damit bewies er, daß er D. war
Tob	8,11	als der Hahn krähte, rief Raguël seine D.
Sir	2,1	mein Kind, willst du Gottes D. sein
	4,32	mach dich nicht zum D. eines Narren
	7,31	vergiß seine D. nicht
Bar	3,37	er hat sie Jakob, seinem D., gegeben
StD	1,27	schämten sich die D. ihretwegen sehr
	2,13	Daniel befahl seinen D., Asche zu holen
Mt	20,26	wer unter euch groß sein will, der sei euer D. 23,11; Mk 9,35; 10,43
	22,13	da sprach der König zu seinen D.
Lk	1,2	die von Anfang an D. des Worts gewesen sind
	54	er hilft seinem D. Israel auf
	69	eine Macht des Heils im Hause seines D. David
	2,29	nun läßt du deinen D. in Frieden fahren

Diener

Lk	4,20	als er das Buch zutat, gab er's dem D.
	22,26	soll sein der Vornehmste wie ein D.
	27	ich bin unter euch wie ein D.
Jh	2,5	seine Mutter spricht zu den D.
	9	die D. wußten's, die das Wasser geschöpft
	12,26	wo ich bin, da soll mein D. auch sein
	18,12	*die D. der Juden nahmen Jesus*
	18	es standen aber die Knechte und D.
	22	*gab der D. einer Jesus einen Backenstreich*
	36	meine D. würden darum kämpfen, daß
	19,6	*da ihn die Hohenpriester und D. sahen*
Apg	5,22	*die D. kamen hin und fanden sie nicht* 26
	26,16	um dich zu erwählen zum D.
Rö	13,6	denn sie sind Gottes D.
	15,8	Christus ist ein D. der Juden geworden
	16	damit ich ein D. Christi unter den Heiden sei
1Ko	3,5	D. sind sie, durch die ihr gläubig geworden
	4,1	dafür halte uns jedermann: für D. Christi
2Ko	3,6	tüchtig gemacht zu D. des neuen Bundes
	6,4	in allem erweisen wir uns als D. Gottes
	11,15	wenn sich auch seine D. verstellen als D. der Gerechtigkeit
	23	sie sind D. Christi – ich bin's weit mehr
Gal	2,17	ist dann Christus ein D. der Sünde
Eph	3,7	dessen D. ich geworden bin durch
	6,21	Tychikus, mein treuer D. Kol 1,7; 4,7
Kol	1,23	sein. bin ich, Paulus, geworden 25
1Ti	4,6	wirst du ein guter D. Christi Jesu sein
Heb	1,7	er macht seine D. zu Feuerflammen
	8,2	und ist ein D. am Heiligtum

Dienerin

Est	2,9	ihr zu geben auserlesene D. 4,4.16
Rö	13,4	sie ist Gottes D., dir zugut

Dienst

1Mo	29,27	will dir die andere auch geben für den D.
2Mo	1,13	zwangen die *Israeliten unbarmherzig zum D. 5Mo 26,6
	5,4	gehet hin an eure D. 5
	10,26	davon nehmen zum D. unseres Gottes
	27,19	Geräte der Wohnung für den gesamten D. 39,40; 4Mo 1,53; 3,7.8; 7,5; 18,3.5; 31,30.47
	30,16	Sühnegeld zum D. an der Stiftshütte 35,21.24
	31,10	Kleider für den priesterlichen D. 35,19; 39,1. 26.41
	32,29	füllet eure Hände zum D. für den HERRN
	36,1	alle Arbeit zum D. des Heiligtums 3.5
	38,8	Frauen, die vor der Stiftshütte D. taten
4Mo	1,50	sollst (die Leviten) zum D. bestellen 3,28.32; 7,7-9; 8,11.24.26; 18,3-5
	4,3	alle, die zum D. kommen 4.23.30.35.39.43.47
	9	Ölgefäßen, die zum D. gehören 12.14.26
	27	nach dem Wort Aarons soll aller D. 28.31
	18,4	kein Fremder soll zum D. nahen
	8	dies überlasse ich zum D.
5Mo	17,12	Priester, der im D. des HERRN steht 18,5
	20,18	Greuel, die sie im D. ihrer Götter treiben
Jos	22,27	daß wir dem HERRN D. tun wollen
Ri	18,4	Micha hat mich in D. genommen
	20,28	Pinhas versah den D.
1Sm	8,16	wird er nehmen und in seinen D. stellen
	14,52	den nahm (Saul) in seinen D.
1Kö	8,11	so daß die Priester nicht zum D. hinzutreten konnten 2Ch 5,14
	12,4	mache den harten D. leichter 2Ch 10,4
	7	wirst diesem Volk einen D. tun 2Kö 4,13
2Kö	5,2	die war im D. der Frau Naamans
	10,19	Propheten Baals, die in seinem D. stehen
	23,11	für den D. der Sonne bestimmt
1Ch	4,23	König; in seinem D. wohnten sie dort 26,30
	6,17	taten ihren D. nach ihrer Ordnung 2Ch 31,16.17
	33	Leviten waren bestellt zu allem D. 34; 9,13. 19.25.33; 16,37; 23,28.32; 25,1.6; 26,29.32; 28,21; 2Ch 8,14; 29,11; 35,2; Neh 13,10
	9,28	die Geräte für den D. 23,26; 28,13; 2Ch 24,14
	28,20	bis du jedes Werk für den D. vollendet hast 2Ch 29,35; 31,21
2Ch	2,17	die die Leute zum D. anhielten
	7,6	die Priester übten ihren D. aus 23,4.6
	17,16	der sich freiwillig in den D. gestellt
	30,22	die sich gut auf den D. verstanden hatten
	35,15	und sie wichen nicht von ihrem D.
Esr	6,18	bestellten... zum D. am Hause Gottes 7,19. 24; Neh 10,33; 11,12.16.17.22; 13,11.14.30
Neh	3,5	beugten ihren Nacken nicht zum D.
	5,18	der D. lag schon schwer genug
	12,9	standen ihnen gegenüber beim D. 45
Hi	7,1	muß nicht der Mensch immer im D. stehen
	14,14	alle Tage meines D. wollte ich harren
Jes	14,3	der HERR Ruhe geben von dem harten D.
Klg	1,3	Juda ist gefangen in schwerem D.
Hes	29,18	hat in hartem D. arbeiten lassen
	40,45	Priestern, die im Hause D. tun 42,14; 44,8.11. 14-17.19.27; 45,5; 48,11
Dan	1,21	Daniel blieb im D. des Königs Kyrus
	8,27	stand auf und verrichtete meinen D.
Sa	3,7	wirst du meinen D. recht versehen
Jdt	3,5	verlange von dem D., wie dir's gefällt
	5,10	als man sie zu ihrem D. zurückholen
	15	wenn es vom D. des Herrn abwich 17
Sir	16,27	daß sie nicht ihren D. versäumen
	33,12	einige hat er zu seinem D. bestellt
	50,16	wenn er seinen D. am Altar verrichtet
Lk	1,23	als die Zeit seines D. um war, ging er heim
Jh	4,46	es war ein Mann im D. des Königs
	16,2	meinen wird, er tue Gott einen D. damit
Apg	1,25	damit er diesen D. empfange 6,3
	6,4	wir wollen beim D. des Wortes bleiben
	7,53	*das Gesetz empfangen durch der Engel D.*
	21,19	er erzählte, was Gott durch seinen D. getan
Rö	6,19	eure Glieder hingegeben an den D. der Unreinheit
	13,6	Diener, auf diesen D. beständig bedacht
	15,25	*nach Jerusalem den Heiligen zu D.*
	27	auch mit leiblichen Gütern D. erweisen
	31	damit mein D. den Heiligen willkommen sei
	16,1	Phöbe, im D. der Gemeinde von Kenchreä
	12	Persis, die sich gemüht hat im D. des Herrn
1Ko	16,15	sich selbst bereitgestellt zum Dienst für die Heiligen
2Ko	3,3	ein Brief Christi, durch unsern D. zubereitet
	8,4	mithelfen dürften an der Gemeinschaft des D.
	18	Lob wegen seines Dienstes am Evangelium
	20	*Gabe, durch unsern D. bereitet*
	9,1	von dem D. brauche ich nicht zu schreiben
	12	der D. dieser Sammlung hilft nicht allein dem Mangel der Heiligen ab
	13	für diesen treuen D. preisen sie Gott
	10,4	Waffen... mächtig im D. Gottes
Eph	4,12	damit die Heiligen zugerüstet werden zum Werk des D.
	6,6	nicht mit D. allein vor Augen Kol 3,22
	7	tut euren D. mit gutem Willen als dem Herrn
1Ti	3,10	wenn sie untadelig sind, sollen sie den D. versehen 13

2Ti	1,18	welche D. er in Ephesus geleistet hat
	4,11	denn er ist mir nützlich zum Dienst
Heb	1,14	Geister, ausgesandt zum D.
	5,1	jeder Hohepriester wird eingesetzt zum D. vor Gott
	10,11	jeder Priester versieht seinen D.
Off	2,19	ich kenne deine Werke und deinen D.

dienstbar

Apg	7,6	*sie werden es d. machen*
Rö	9,12	der Ältere soll d. werden dem Jüngeren
Gal	4,25	*Jerusalem, das d. ist*
1Ti	6,2	sollen ihnen um so mehr d. sein
Tit	3,3	wir waren früher mancherlei Begierden d.
Heb	1,14	sind sie nicht allesamt d. Geister

Dienstgruppe

1Ch	23,11	galten als eine Sippe, eine D. 24,3.19

Dienstzaum

2Sm	8,1	den D. den Philistern aus der Hand nahm

dies, dieser

1Mo	48,19	d. soll auch ein Volk werden
2Mo	12,14	d. Tag als Gedenktag 17; 13,5; Est 9,27.28
Rut	1,17	der HERR tue mir d. und das 1Sm 3,17; 14,44; 25,22; 2Sm 3,9.35; 19,14; 1Kö 2,23; 2Kö 6,31
1Kö	19,2	die Götter sollen mir d. und das tun 20,10
Neh	8,9	d. Tag ist heilig dem HERRN
Ps	118,24	d. ist der Tag, den der HERR macht
Jes	45,7	ich bin der HERR, der d. tut Hes 17,18
Am	5,13	muß der Kluge zu d. Zeit schweigen
Sa	8,10	vor d. Tagen war... Arbeit vergebens
Mt	3,3	d. ist's, von dem Jesaja gesagt 11,10
	17	d. ist mein lieber Sohn 17,5; 2Pt 1,17
	23,23	d. sollte man tun und jenes nicht lassen Lk 11,42
	27,54	d. ist Gottes Sohn gewesen Mk 15,39
Lk	2,17	das Wort, das zu ihnen von d. Kinde gesagt
	19	Maria aber behielt alle d. Worte 51
	34	d. ist gesetzt zum Fall für viele in Israel
	15,24	d. mein Sohn war tot und ist wieder lebendig geworden 30.32
	22,20	d. Kelch ist der neue Bund in meinem Blut 1Ko 11,25-28
	23,47	fürwahr, d. ist ein frommer Mensch gewesen
Jh	1,15	d. war es, von dem ich gesagt habe
	34	ich habe es bezeugt: D. ist Gottes Sohn
	4,42	haben selber erkannt: D. ist wahrlich der Welt Heiland
Apg	2,32	d. Jesus hat Gott auferweckt 23.36
Rö	11,27	d. ist mein Bund mit ihnen
1Jh	4,21	d. Gebot haben wir von ihm
	5,20	d. ist der wahrhaftige Gott

diesmal

1Mo	35,17	auch d. wirst du einen Sohn haben
2Mo	8,28	der Pharao verhärtete sein Herz auch d.
	9,14	werde d. meine Plagen über dich senden
	27	d. hab ich mich versündigt
	10,17	vergebt mir nur noch d.
5Mo	9,19	der HERR erhörte mich auch d. 10,10
Ri	15,3	d. bin ich frei von Schuld
2Sm	17,7	kein guter Rat, den Ahitofel d. gegeben

Jer	10,18	will die Bewohner d. wegschleudern
	16,21	siehe, d. will ich sie lehren

diesseits

4Mo	32,19	unser Erbteil d. des Jordan 32; 34,15; 35,14
Jos	1,14	im Land bleiben d. des Jordan 15; 12,7; 22,7
1Sm	14,4	zwei Felsklippen, die eine d.
	17,3	die Israeliten (standen) auf einem Berge d.
1Kö	5,4	(Salomo) herrschte d. des Euphrat

dieweil

Jh	9,5	*d. ich bin in der Welt*

Dikla

1Mo	10,27	(Joktan zeugte) D. 1Ch 1,21

Dilan

Jos	15,38	(Städte des Stammes Juda:) D.

Dill

Jes	28,25	streut er D. und wirft Kümmel
	27	drischt D. nicht mit Dreschschlitten
Mt	23,23	die ihr den Zehnten gebt von D.

Dimna (= Rimmon 2)

Jos	21,35	(den übrigen Leviten wurden gegeben:) D.

Dimon (= Dibon 1)

Jes	15,9	die Wasser von D. sind voll Blut 9

Dimona

Jos	15,22	(Städte des Stammes Juda:) D. Neh 11,25

Dina

1Mo	30,21	danach gebar (Lea) eine Tochter, D. 34,1.5. 13.25.26; 46,15

Ding

3Mo	13,49	an einem D., das von Leder gemacht ist
5Mo	10,21	der bei dir solche großen D. getan hat
	19,20	nicht mehr solche bösen D. tun 1Sm 2,23
Jos	1,7	daß du tust in allen D. nach dem Gesetz 8
Ri	13,19	dem HERRN, der geheimnisvolle D. tut
	16,25	als nun ihr Herz guter D. war 19,6.9.22; Rut 3,7; 1Sm 25,36; Est 1,10
1Sm	6,8	die D. aus Gold tut in ein Kästlein 15
	12,24	wie große D. (der HERR) an euch getan
2Sm	7,21	hast du alle diese großen D. getan 23; 1Ch 17,19.21
	13,28	seht darauf, wenn Amnon guter D. wird
2Kö	8,9	Geschenke und kostbare D.
	13	was ist dein Knecht, daß er so große D. tun
	17,11	trieben böse D., womit sie den HERRN
Hi	5,9	(Gott,) der große D. tut 9,10; 37,5; Ps 71,19
	27,12	warum bringt ihr so unnütze D. vor
Ps	87,3	herrliche D. werden in dir gepredigt
	92,2	ein köstlich D., dem HERRN danken 147,1
	131,1	ich gehe nicht um mit großen D.
Spr	6,16	diese sechs D. haßt der HERR
	10,31	Lippen der Gerechten lehren heilsame D.

Ding

Spr	12,11	wer nichtigen D. nachgeht, ist ein Tor 28,19
	17,7	steht Toren n. an, von hohen D. zu reden
	23,33	werden deine Augen seltsame D. sehen
	25,27	wer nach schweren D. forscht, dem bringt's
	27,4	Zorn ist ein wütig D.
Pr	2,4	ich tat große D.
	24	daß seine Seele schweren D. sei
	7,14	am guten Tag sei guter D.
	11,9	laß dein Herz guter D. sein
Jer	5,28	sie gehen mit bösen D. um 7,13
	11,15	wenn sie übeltun, sind sie guter D.
	17,9	es ist das Herz ein trotzig und verzagt D.
	18,13	greuliche D. tut die Jungfrau Israel
	32,17	ist kein D. vor dir unmöglich
	33,3	will dir kundtun große D.
	45,5	begehrst für dich große D.
	51,19	er ist's, der alle D. schafft
Klg	3,26	es ist ein köstlich D., geduldig sein
	27	köstlich D. für e. Mann, daß er das Joch
Dan	7,8	hatte ein Maul, das redete große D. 20
	10,1	offenbart, was von großen D. handelt
Jdt	9,14	Schöpfer und Herr aller D. Wsh 8,3; 9,1; Sir 23,29; 24,12; 42,19; Bar 3,32; 2Ma 1,24; 7,35; 12,22; StE 2,4; 3,10; StD 1,42
Wsh	7,12	ich wurde über alle diese D. fröhlich
	12,15	so regiert du alle D. gerecht
	15,12	überall Gewinn suchen, auch aus bösen D.
Sir	25,1	drei D. gefallen mir 3.9; 26,5.25
	26,4	sein Herz ist guter D. 41,2
	39,25	vor ihm ist kein D. zu wunderbar
	43,27	dort gibt es erstaunliche D.
	50,24	Gott, der große D. tut an allen Enden
	31	so wird er zu allen D. tüchtig sein
Mt	11,27	alle D. sind mir übergeben von m. Vater
	15,20	die D., die den Menschen unrein machen
	19,26	bei Gott sind alle D. möglich Mk 10,27; Lk 1,37
Mk	7,4	viele andre D., die sie zu halten
	23	alle diese bösen D. kommen von innen heraus
	9,23	alle D. sind möglich dem, der da glaubt
Lk	1,49	er hat große D. an mir getan
	4,23	wie große D. haben wir gehört
	36	was ist das für ein D.
	5,26	wir haben heute seltsame D. gesehen
	8,39	wie große D. Gott an dir getan hat
	9,10	Apostel... große D. getan hatten
	14,34	das Salz ist ein gutes D.
	21,26	D., die kommen sollen über die ganze Erde
	24,17	was sind das für D., die ihr miteinander
Jh	1,3	alle D. sind durch (das Wort) gemacht
	3,12	wenn ich euch von irdischen D. sage
	9,30	ein wunderlich D., daß ihr nicht wisset
	16,30	daß du alle D. weißt
	21,24	der Jünger, der von diesen D. zeugt
	25	viele andere D., die Jesus getan
Apg	2,44	hatten alle D. gemeinsam
	10,28	ein unerlaubt D. einem jüdischen Mann
	13,42	daß sie noch einmal von diesen D. redeten
	15,28	keine Last als nur diese notwendigen D.
	26,26	der König versteht sich auf diese D.
Rö	8,28	daß denen, die Gott lieben, alle D. zum Besten dienen
	11,36	von ihm und durch ihn und zu ihm sind alle D.
	12,16	trachtet nicht nach hohen D.
1Ko	2,10	der Geist erforscht alle D.
	6,3	wieviel mehr über D. des täglichen Lebens
	7,33	sorgt sich um die D. der Welt 34
	8,6	den Vater, von dem alle D. sind

1Ko	9,11	*ist es dann ein groß D.*
	25	jeder, der kämpft, enthält sich aller D.
	14,7	verhält sich's doch auch so mit leblosen D.
	16,14	alle eure D. laßt in der Liebe geschehen
2Ko	6,4	*in allen D. als Diener Gottes*
	9,8	in allen D. allezeit volle Genüge habt
	11	so werdet ihr reich sein in allen D.
Eph	1,10	*alle D. zusammengefaßt in Christus*
	11	*der alle D. wirkt*
	22	*hat alle D. unter seine Füße getan*
	4,19	um allerlei unreine D. zu treiben in Habgier
	5,6	um dieser D. willen kommt der Zorn Gottes Kol 3,6
	24	die Frauen unterordnen in allen D.
	6,16	vor allen D. ergreift... des Glaubens
Phl	3,21	Kraft, mit der er sich alle D. untertan machen
	4,6	in allen D. laßt eure Bitten vor Gott kundwerden
Kol	1,18	*daß er in allen D. der Erste sei*
	3,20	Kinder, seid gehorsam in allen D. 22; Tit 2,9
1Th	5,18	seid dankbar in allen D.
2Th	3,2	der Glaube ist nicht jedermanns D.
	11	daß einige unter euch unnütze D. treiben
1Ti	2,1	vor allen D. tue Bitte, Gebet
	3,11	sollen ihre Frauen sein treu in allen D.
	4,8	Frömmigkeit ist zu allen D. nütze
	5,4	*nicht schandbare Worte und närrische D.*
	6,13	vor Gott, der alle D. lebendig macht Off 4,11
2Ti	2,7	der Herr wird dir in allen D. Verstand geben
	4,5	du sei nüchtern in allen D., leide willig
1Pt	4,7	es ist nahe gekommen das Ende aller D.
	8	vor allen D. habt untereinander beständige Liebe
	11	damit in allen D. Gott gepriesen werde
2Pt	3,16	Briefen, in denen D. schwer zu verstehen
1Jh	3,20	Gott erkennt alle D.
3Jh	2	ich wünsche, daß es dir in allen D. gutgehe
Heb	1,3	trägt alle D. mit seinem kräftigen Wort
	2,10	um dessentwillen alle D. sind
	17	*in allen D. seinen Brüdern gleich werden*
	9,5	von diesen D. nicht im einzelnen zu reden
	23	mußten die Abbilder der himmlischen D. gereinigt werden
	11,20	im Blick auf die zukünftigen D.
	13,9	ein köstlich D., daß das Herz fest werde
	18	in allen D. ein ordentliches Leben führen
Jak	3,5	die Zunge richtet große D. an
	16	da sind Unordnung und lauter böse D.
	5,12	vor allen D., meine Brüder, schwört nicht
Off	11,10	*die auf Erden wohnen, sind guter D.*
	13,5	ein Maul, zu reden große D. und Lästerungen

dingen

5Mo	23,5	weil sie gegen euch den Bileam d. Neh 13,2
Esr	4,5	d. Ratgeben gegen sie
Spr	26,10	so ist, wer einen Toren d.
Jes	7,20	Schermesser, ged. jenseits des Stroms
	46,6	d. den Goldschmied, daß er einen Gott
Mt	20,1	*Arbeiter zu d. in seinen Weinberg*
	7	*es hat uns niemand ged.*
	9	*die um die elfte Stunde ged. waren*

Dinhaba

1Mo	36,32	seine Stadt heiß D. 1Ch 1,43

Dionysius
Apg 17,34 unter ihnen war D. und Damaris

Dionysos
2Ma 6,7 das Fest des D... dem D. zu Ehren
14,33 dem D. einen prächtigen Tempel

Dioskorus
2Ma 11,21 gegeben am 24. Tage des Monats D.

Diotrephes
3Jh 9 D., der unter ihnen der Erste sein will

dir s. du

Dirne
Lk 15,30 der dein Gut mit D. verpraßt hat

Dischan
1Mo 36,21 (Söhne von Seïr:) D. 28,30; 1Ch 1,38.42

Dischon
1Mo 36,21 [1](Söhne von Seïr:) D. 30; 1Ch 1,38
36,25 [2]der Sohn Anas war: D. 26; 1Ch 1,41

Diskuswerfen
2Ma 4,14 nach dem Aufruf zum D.

Distel
1Mo 3,18 Dornen und D. soll er dir tragen
2Sm 23,6 sind allesamt wie verwehte D.
Hi 30,7 unter den D. sammeln sie sich
31,40 so sollen mir D. wachsen
Spr 24,31 (der Acker) stand voll D.
Jes 5,6 D. und Dornen darauf wachsen 34,13
7,23 da werden Dornen und D. sein 24.25
9,17 das verzehrt Dornen und D. 10,17
27,4 sollten D. und Dornen aufschießen
Hos 10,8 D. und Dornen wachsen auf ihren Altären
Mt 7,16 kann man denn lesen Feigen von den D.
Heb 6,8 wenn sie Dornen und D. trägt, bringt sie keinen Nutzen

Docht
Jes 42,3 den glimmenden D. wird er nicht auslöschen
Mt 12,20
43,17 daß sie verlöschen, wie ein D. verlischt

Dodai, Dodo
Ri 10,1 [1]Tola, ein Sohn Puwas, des Sohnes D.
2Sm 23,9 [2]Eleasar, der Sohn D. 1Ch 11,12
1Ch 27,4 D., der Ahoachiter
2Sm 23,24 [3]Elhanan, der Sohn D. 1Ch 11,26

Dodawa
2Ch 20,37 Eliëser, der Sohn D.

Doëg
1Sm 21,8 D., ein Edomiter 22,9.18.22; Ps 52,2

Dofka, *Dophka*
4Mo 33,12 lagerten sich in D. 13

Dok
1Ma 16,15 in seiner Burg mit Namen D.

Dolch
Ri 3,16 Ehud machte einen D. 21.22
2Sm 20,8 darüber einen Gürtel mit einem D. 10

Dolmetscher
1Mo 42,23 redete mit ihnen durch einen D.

Donner
2Mo 9,29 so wird der D. aufhören 33.34
20,18 alles Volk wurde Zeuge von D. und Blitz
Hi 26,14 wer will den D. seiner Macht verstehen
28,26 als er gegeben dem D. den Weg
37,2 hört, wie sein D. rollt 4; Ps 77,19
5 Gott donnert mit seinem D. wunderbar
Ps 104,7 vor deinem D. fuhren sie dahin
Jes 29,6 Heimsuchung kommt mit großem D.
Jer 25,30 HERR wird seinen D. hören lassen Jo 2,11
Sir 32,14 vor dem D. leuchtet der Blitz
40,13 wie ein starker D. im Regen verhallt
43,17 sein D. erschreckt die Erde
StE 6,3 es erhob sich D. und Erdbeben
Off 4,5 von dem Thron gingen aus Blitze und D.
8,5 da geschahen D. und Stimmen 11,19; 16,18
10,3 erhoben die sieben D. ihre Stimme 4
4 versiegle, was die sieben D. geredet haben
14,2 eine Stimme wie die eines großen D. 19,6

donnern
2Mo 9,23 der HERR ließ d. und hageln 28
19,16 da erhob sich ein D. und Blitzen
1Sm 7,10 der HERR ließ d. mit großem Schall Hi 37,4
12,17 daß er soll d. und regnen lassen 18
2Sm 22,14 der HERR d. vom Himmel Hi 36,29; Ps 18,14; Sir 46,20
Hi 36,33 ihn kündet an sein D.
37,5 Gott d. mit seinem Donner wunderbar
39,24 mit D. und Tosen fliegt es dahin
40,9 kannst du mit gleicher Stimme d.
Ps 29,3 der Gott der Ehre d.
77,18 die Wolken d.
Jer 10,13 wenn er d., so ist Wasser 51,16
Hes 1,25 es d. im Himmel über ihnen
Jh 12,29 da sprach das Volk: Es hat ged.

Donnersöhne, *Donnerskinder*
Mk 3,17 den Namen Boanerges, das heißt: D.

Donnerstimme
Off 6,1 ich hörte eine der vier Gestalten sagen wie mit einer D.

doppelt

doppelt

1Mo	43,15	da nahmen sie das d. Geld mit sich
2Mo	16,5	d. soviel, wie sie sonst sammeln 22
	26,9	damit du den Teppich d. legst 28,16; 39,9
Hi	42,10	der HERR gab Hiob d. soviel
Jes	40,2	Jerusalem hat d. Strafe empfangen
	61,7	Volk d. Schmach trug... d. Anteil besitzen
Wsh	11,12	es kam d. Leid über sie
Sir	12,6	d. soviel Schlechtes, wie du Gutes
	50,2	errichtete (den Tempel) in d. Höhe
Mt	23,15	ein Kind der Hölle, d. so schlimm wie ihr

doppelzüngig

Sir	5,11	folge nicht jedem Weg wie die d. Sünder
	17	schlimmer Tadel (kommt) über den D. 6,1
	28,15	den D. soll man verfluchen
1Ti	3,8	sollen die Diakone sein nicht d.

Dor

Jos	11,2	die auf den Hügeln von D. wohnten 12,23
	17,11	die Einwohner von D. Ri 1,27; 1Kö 4,11; 1Ch 7,29
1Ma	15,11	flüchtete nach D. ans Meer 13.25

Dorf

3Mo	25,31	ist's aber ein Haus auf dem D.
4Mo	32,41	eroberte ihre D. und nannte sie „D. Jaïrs" 5Mo 3,14; Ri 10,4
Jos	13,30	(Manasse gab Mose) alle D. Jaïrs 1Kö 4,13; 1Ch 2,23; Est 9,19
1Sm	6,18	nach der Zahl der D. 1Ch 6,41; 27,25
Jes	42,11	samt den D., wo Kedar wohnt
Jdt	4,4	bauten Mauern um ihre D.
Mt	9,35	Jesus ging ringsum in alle Städte und D. Mk 6,6; 8,27; Lk 8,1; 13,22
	10,11	wenn ihr in ein D. geht
	14,15	damit sie in die D. gehen Mk 6,36
	21,2	geht hin in das D., das vor euch liegt Mk 11,2; Lk 19,30
Mk	6,56	wo er in D., Städte und Höfe hineinging
	8,23	führte ihn hinaus vor das D.
	26	sprach: Geh nicht hinein in das D.
Lk	8,34	die Hirten verkündeten es in den D.
	9,6	sie gingen hinaus und zogen von D. zu D. 12
	52	kamen in ein D. der Samariter
	56	sie gingen in ein andres D. 57
	10,38	als sie weiterzogen, kam er in ein D.
	17,12	als er d. kam, begegneten ihm
	24,13	zwei von ihnen gingen in ein D. 28
Jh	11,1	Betanien, dem D. Marias und Marta(s)
	30	Jesus war noch nicht in das D. gekommen
Apg	8,25	sie predigten das Evangelium in vielen D. der Samariter

Dorn

1Mo	3,18	D. und Disteln soll er dir tragen
2Mo	22,5	wenn Feuer ausbricht und ergreift die D.
4Mo	33,55	werden zu D. in euren Augen
Ri	8,7	will euer Fleisch mit D. zerdreschen 16
Ps	118,12	sie entbrennen wie ein Feuer in D.
Pr	7,6	wie das Krachen der D. unter den Töpfen
Hl	2,2	wie eine Lilie unter den D.
Jes	5,6	Disteln und D. darauf wachsen 32,13; 34,13
	7,23	da werden D. und Disteln sein 24.25
	9,17	das verzehrt D. und Disteln 10,17; 33,13
Jes	27,4	sollten Disteln und D. aufschießen
	55,13	sollen Zypressen statt D. wachsen
Jer	4,3	säet nicht unter die D.
	12,13	haben Weizen gesät, aber D. geerntet
Hes	2,6	es sind wohl D. um dich
	28,24	soll kein D. übrigbleiben
Hos	2,8	will ihr den Weg mit D. versperren
	9,6	werden wachsen D. in ihren Hütten
	10,8	Disteln und D. wachsen auf ihren Altären
Nah	1,10	wenn sie auch sind wie die D.
Sir	28,28	du umzäunst dein Hab und Gut mit D.
	43,21	wenn es friert, so wird er spitz wie D.
Mt	7,16	kann man Trauben lesen von den D. Lk 6,44
	13,7	einiges fiel unter die D. Mk 4,7; Lk 8,7
	22	bei dem unter die D. gesät ist Mk 4,18; Lk 8,14
Jh	19,2	die Soldaten flochten eine Krone aus D.
Heb	6,8	wenn sie D. und Disteln trägt, bringt sie keinen Nutzen

Dornbusch

2Mo	3,2	der Engel des HERRN erschien aus dem D.
5Mo	33,16	die Gnade dessen, der in dem D. wohnte
Ri	9,14	sprachen die Bäume zum D. 15
	15	so gehe Feuer von dem D. aus
Mk	12,26	Mose, bei dem D., wie Gott zu ihm sagte
Lk	20,37	darauf hat Mose gedeutet beim D.
Apg	7,30	erschien ihm ein Engel im D. 35

Dornenhecke

Spr	15,19	der Weg des Faulen ist wie eine D.

Dornenkrone

Mt	27,29	flochten eine D. Mk 15,17
Jh	19,5	Jesus kam heraus und trug die D.

Dornfeuer

Ps	58,10	ehe eure Töpfe das D. spüren

Dornstrauch

2Kö	14,9	der D. sandte zur Zeder... aber das Wild lief über den D. 2Ch 25,18
Jer	17,6	wird sein wie ein D. in der Wüste
Mi	7,4	der Beste unter ihnen ist wie ein D.

Dornzweig

Spr	26,9	ein Spruch in eines Toren Mund ist wie ein D.

dörren

4Mo	6,3	weder frische noch ged. Weinbeeren essen
	11,32	breiteten (die Wachteln) aus, um sie zu d.

Dorymenes

1Ma	3,38	Ptolemäus, Sohn des D. 2Ma 4,45

Dositheus

2Ma	12,19	zwei Hauptleute, D. 24.35

Dotan, *Dothan*

1Mo	37,17	laßt uns nach D. gehen. Josef fand sie in D.
2Kö	6,13	siehe, (Elisa) ist in D.
Jdt	4,5	Esdrelon in der Nähe von D.
	7,3	von dort sieht man D.

Drache

Hi	7,12	bin ich denn das Meer oder der D.
Ps	74,13	hast zerschmettert die Köpfe der D.
	91,13	wirst junge Löwen und D. niedertreten
Jes	14,29	ihre Frucht wird ein feuriger D. sein
	27,1	der HERR wird den D. im Meer töten
	30,6	wo feurige fliegende D. sind
	51,9	du, der den D. durchbohrt hat
Jer	51,34	hat mich verschlungen wie ein D.
Hes	29,3	Pharao, du großer D. 32,2
Wsh	16,10	konnten die Zähne der D. nicht schaden
Sir	25,22	wollte lieber bei Löwen und D. wohnen
StE	6,3	da erschienen zwei große D. 7,4
StD	2,22	es gab da auch einen großen D. 25-27
Off	12,3	siehe, ein großer, roter D. 16
	4	der D. trat vor die Frau, die gebären 17
	7	Michael und seine Engel kämpften gegen den D.
	9	der große D. wurde auf die Erde geworfen 13; 20,2
	13,2	der D. gab ihm seine Kraft
	4	sie beteten den D. an
	11	das redete wie ein D.
	16,13	aus dem Rachen des D. drei unreine Geister

Drachengift

5Mo	32,33	ihr Wein ist D.

Drachenquell

Neh	2,13	ich ritt am D. vorbei

Drachme

2Ma	4,19	schickte durch sie dreihundert D. Silber
	10,20	bestechen und nahmen 70.000 D. von ihnen
	12,43	brachte an die zweitausend D. zusammen

drängen

1Mo	19,15	d. die Engel Lot zur Eile
	49,19	Gad wird ged. werden von Kriegshaufen
2Mo	12,33	die Ägypter d. das Volk
4Mo	22,25	die Eselin d. sich an die Mauer
Ri	1,34	die Amoriter d. die Daniter aufs Gebirge
Hi	33,7	mein D. soll nicht auf dir lasten
Ps	42,10	wenn mein Feind mich d. 43,2
Spr	6,3	d. und bestürme deinen Nächsten
Jes	3,6	dann wird einer seinen Nächsten d.
Jer	17,16	dich nie ged., Unheil kommen zu lassen
Hes	34,21	weil ihr mit Seite und Schulter d.
Jo	2,8	keiner wird den andern d.
Am	2,7	sie d. die Elenden vom Wege
Sir	13,13	d. dich nicht selbst zu ihm hin
	29,26	ein Gottloser, der sich zur Bürgschaft d.
	31,40	d. ihn nicht... zurückzuzahlen
1Ma	2,19	von Gottes Gesetz abzufallen
Mk	3,9	*damit sie ihn nicht d.*
	5,24	*sie d. ihn 31; Lk 8,42*
Lk	5,1	als sich die Menge zu ihm d. 8,45; 11,29
	11,8	wegen seines unverschämten D. aufstehen
2Ko	5,14	die Liebe Christi d. uns

Dränger

Jes	16,4	der D. wird ein Ende haben

Drangsal

Ps	44,25	vergissest unser Elend und unsre D.
	78,49	(er sandte) Grimm und Wut und D.

draufsetzen

Apg	23,24	haltet Tiere bereit, Paulus d.

draußen

1Mo	9,22	sagte er's seinen beiden Brüdern d.
	19,16	ließen ihn erst d. wieder los
	24,11	d. vor der Stadt bei dem Wasserbrunnen 29
	31	warum stehst du d. 2Mo 2,20
2Mo	29,14	sollst du d. vom Lager verbrennen 3Mo 8,17; 9,11; 17,3; 4Mo 19,9
	33,7	Mose nahm das Zelt und schlug es d. auf
4Mo	15,35	ihn steinigen d. vor dem Lager 31,19
	35,4	d. um die Stadtmauer herum
5Mo	23,13	d. vor dem Lager einen Platz haben 14
	24,11	sollst d. stehen, und er soll sein Pfand
	32,25	d. wird das Schwert ihre Kinder rauben
Jos	2,7	als die d. waren, die ihnen nachjagten
	20,4	soll d. seine Sache vorbringen
2Kö	4,3	erbitte d. von deinen Nachbarinnen Gefäße
	23,4	ließ sie verbrennen d. vor Jerusalem
1Ch	26,29	waren d. in Israel als Richter bestellt
2Ch	32,3	Wasserquellen, die d. vor der Stadt waren
	5	Hiskia baute d. noch eine andere Mauer
Esr	10,13	Regenzeit, man kann nicht d. stehen
Neh	11,25	wohnten d. auf ihren Fluren
	13,20	blieben die Händler über Nacht d.
Est	6,4	Haman war d. vor des Königs Palast
Hi	31,31	kein Fremder durfte d. bleiben
Spr	7,12	jetzt ist sie d., jetzt auf der Gasse
	22,13	der Faule spricht: Es ist ein Löwe d.
	24,27	richte erst d. deine Arbeit aus
Hl	8,1	fände ich dich d., wollte ich dich küssen
Jes	33,7	die Leute schreien d. Jer 21,4
Klg	1,20	d. hat mich das Schwert m. Kinder beraubt
Hes	7,15	d. das Schwert, drinnen Pest
	41,15	die Vorhalle d. (war getäfelt) 17
	46,2	soll von d. unter die Vorhalle treten
Sir	21,25	ein Gutherzogener bleibt d. stehen
Mt	12,46	da standen seine Mutter und seine Brüder d. 47; Lk 8,20
	26,69	Petrus saß d. im Hof Jh 18,16
Lk	1,10	die Menge des Volkes stand d. und betete
	13,25	wenn ihr anfangt, d. zu stehen
Jh	20,11	Maria stand d. vor dem Grab und weinte
1Ko	5,12	was gehen mich die d. an
	13	Gott wird, die d. sind, richten
Kol	4,5	weise gegenüber denen, die d. sind
1Th	4,12	damit ihr ehrbar lebt vor denen, die d. sind
1Ti	3,7	guten Ruf haben bei denen, die d. sind
Heb	13,12	darum hat auch Jesus gelitten d. vor dem Tor
Off	14,20	die Kelter wurde d. vor der Stadt getreten
	22,15	d. sind die Hunde und die Zauberer

Dreck

2Sm	22,43	wie D. will ich sie zerstäuben

Dreck 248

Hi	30,19	man hat mich in den D. geworfen
Jes	10,6	daß er's zertrete wie D. auf der Gasse Mi 7,10
Sa	9,3	Tyrus sammelt Gold wie D. auf der Gasse
	10,5	die den Feind niedertreten in den D.
1Ma	2,62	seine Herrlichkeit wird zu D.
Phl	3,8	ich erachte es für D.
2Pt	2,22	die Sau wälzt sich wieder im D.

drehen

2Mo	28,14	zwei Ketten wie ged. Schnüre 22; 39,15
Ri	16,21	(Simson) mußte die Mühle d.
1Kö	6,18	Zedernholz mit ged. Knoten
	34	jede Tür zwei Flügel hatte, die sich d.
Pr	1,6	der Wind d. sich nach Norden
Hes	27,24	mit geflochtenen und ged. Tauen
	41,24	beide Türflügel konnten sich d.
Mi	7,3	die Gewaltigen d.'s, wie sie wollen
Sir	19,22	kann eine Sache so d., daß er recht behält
	33,5	seine Gedanken d. sich wie die Nabe
	38,32	muß die Scheibe mit seinen Füßen d.

drei

1Mo	6,10	(Noah) zeugte d. Söhne 7,13; 9,19
	16	(der Kasten) soll d. Stockwerke haben
	18,2	standen d. Männer vor ihm
	6	menge. Maß feinstes Mehl
	29,2	d. Herden Schafe lagen dabei
	34	habe ihm d. Söhne geboren 1Sm 2,21; 2Sm 14,27
	30,36	machte Raum, d. Tagereisen weit
	38,24	nach d. Monaten wurde Juda angesagt
	40,10	der (Weinstock) hatte d. Reben
	12	d. Reben sind d. Tage 13.18.19
	16	d. Körbe mit feinem Backwerk
	42,17	ließ sie in Gewahrsam legen d. Tage lang
2Mo	2,2	verbarg sie ihn d. Monate Apg 7,20; Heb 11,23
	3,18	laß uns gehen d. Tagereisen 5,3; 8,23
	10,22	da ward Finsternis d. Tage lang 23
	15,22	wanderten d. Tage und fanden kein Wasser
	21,11	erfüllt er an ihr diese d. Pflichten nicht
3Mo	19,23	d. Jahre die Früchte als unrein ansehen
	25,21	Getreide schaffen soll für d. Jahre
	27,6	ein Mädchen (schätze) auf d. Lot Silber
4Mo	10,33	so zogen sie d. Tagereisen weit 33,8
	12,4	geht hinaus, ihr d... gingen alle d. hin
	35,14	d. (Freistädte) diesseits und d. im Lande Kanaan 5Mo 4,41; 19,2.3.7.9
5Mo	14,28	alle d. Jahre aussondern den Zehnten
	17,6	auf zweier oder d. Zeugen Mund 19,15; Mt 18,16; 2Ko 13,1; 1Ti 5,19; Heb 10,28
Jos	1,11	nach d. Tagen über den Jordan gehen 3,2
	2,16	verbergt euch dort d. Tage 22
	9,16	d. Tage, nachdem... kam er vor sie
	15,14	Kaleb vertrieb die d. Söhne Anaks Ri 1,20
	18,4	nehmt aus jedem Stamm d. Männer
Ri	7,16	Gideon teilte die 300 Mann in d. Heerhaufen 20; 9,43; 1Sm 11,11; 13,17
	14,14	sie konnten in d. Tagen das Rätsel nicht
	19,4	hielt ihn fest, daß er d. Tage blieb
1Sm	2,13	hatte eine Gabel mit d. Zacken
	9,20	Eselinnen, die du vor d. Tagen verloren
	10,3	dort werden dich d. Männer treffen
	17,13	die d. ältesten Söhne Isais 14
	20,20	will ich d. Pfeile schießen
	30,12	d. Tagen und d. Nächten nichts gegessen
	31,6	starben Saul und seine d. Söhne 8; 1Ch 10,6. 13
2Sm	2,18	es waren die d. Söhne der Zeruja 1Ch 2,16
	6,11	blieb die Lade d. Monate 1Ch 13,14
	13,38	blieb (Absalom) dort d. Jahre
	18,14	da nahm Joab d. Stäbe in seine Hand
	21,1	war eine Hungersnot d. Jahre nacheinander
	23,8	der Erste unter den D. 9.13.16.17.19.23; 1Ch 11,11.12.15.19.21.25
	24,13	willst du, daß d. Jahre Hungersnot
1Kö	2,39	d. Jahre 10,22; 15,2; 22,1; 2Kö 17,5; 18,10; 24,1; 2Ch 9,21; 11,17; 13,2; 31,16; Jes 16,14; 20,3
	3,18	d. Tage 2Kö 2,17; 1Ch 12,40; 2Ch 10,5; 20,25; Esr 8,15.32; 10,8; Neh 2,11; Est 4,16
2Kö	3,10	d. Könige 13
	9,32	d. Kämmerer
	23,31	regierte d. Monate 24,8; 36,2.9
	25,18	d. Hüter an der Schwelle Jer 52,24
1Ch	2,3	d. (Söhne) 16; 3,23; 7,6; 23,8.9.23
	25,5	d. Töchter Hi 1,2; 42,13
Neh	9,3	las d. Stunden... d. Stunden bekannten sie
Hi	1,4	luden ihre d. Schwestern ein
	17	die Chaldäer machten d. Abteilungen
	2,11	als die d. Freunde Hiobs hörten 32,1.3.5
Spr	30,15	d. sind nicht zu sättigen
	18	d. sind mir zu wundersam
	29	d. haben einen stattlichen Gang
Jes	17,6	zwei oder d. oben in dem Wipfel
Jer	36,23	wenn Judi d. Spalten gelesen hatte
	38,10	nimm von hier d. Männer mit dir
Hes	14,14	diese d., Noah, Daniel und Hiob 16.18
Dan	1,5	so sollten sie d. Jahre erzogen werden
	3,23	die d. Männer fielen hinab in den Ofen 24
	6,3	über sie setzte er d. Fürsten
	7,5	hatte in seinem Maul d. Rippen
	8	vor dem d. Hörner ausgerissen wurden 20.24
	10,2	zu der Zeit trauerte ich d. Wochen lang 3
	11,2	es werden d. Könige in Persien aufstehen
Am	1,3	um d., ja um vier Frevel willen will ich 6.9. 11.13; 2,1.4.6
	4,7	als noch d. Monate waren bis zur Ernte
	7	es zogen zwei, d. Städte zu einer Stadt
Jon	2,1	war im Leibe des Fisches d. Tage und d. Nächte Mt 12,40
	3,3	Ninive war d. Tagereisen groß
Sa	11,8	vertilgte die d. Hirten in einem Monat
Tob	3,12	aß und trank nicht d. Tage und d. Nächte
	12,22	sie dankten Gott d. Stunden lang
Sir	25,1	d. Dinge gefallen mir 3; 26,5
1Ma	10,35	d. Tage vor und nach einem Fest
	11,28	den d. Bezirken die Steuer erlassen
2Ma	7,28	als sie d. Tage auf der Erde lagen
Mt	13,33	vermengte ihn unter d. Scheffel Lk 13,21
	15,32	sie harren schon d. Tage bei mir aus Mk 8,2
	17,4	will ich d. Hütten bauen Mk 9,5; Lk 9,33
	18,20	wo zwei oder d. versammelt sind in meinem Namen
	26,61	ich kann den Tempel Gottes in d. Tagen aufbauen 27,40; Mk 14,58; 15,29; Jh 2,19.20
	27,63	ich will nach d. Tagen auferstehen Mk 8,31; 9,31; 10,34
Lk	1,56	Maria blieb bei ihr etwa d. Monate
	2,46	nach d. Tagen, da fanden sie ihn im Tempel
	4,25	als der Himmel verschlossen war d. Jahre und sechs Monate Jak 5,17
	10,36	wer von diesen d. ist der Nächste gewesen
	11,5	lieber Freund, leih mir d. Brote
	12,52	d. gegen zwei und zwei gegen d.
	13,7	siehe, ich bin nun d. Jahre lang gekommen
Jh	2,6	in jeden gingen zwei oder d. Maße

Apg	5,7	nach d. Stunden, da kam seine Frau herein			**dreihundertneunzig**
	9,9	er konnte d. Tage nicht sehen	Hes	4,5	für jedes Jahr einen Tag, d. Tage 9
	10,16	das geschah zu d. *Malen*			
	19	siehe, d. Männer suchen dich 11,11			**dreihundertsechzig**
	17,2	Paulus redete mit ihnen an d. Sabbaten			
	19,8	er predigte frei und offen d. Monate lang	2Sm	2,31	hatten von Benjamin... d. Mann erschlagen
	20,3	(Paulus) blieb dort d. Monate	2Ma	4,8	er versprach dem König d. Zentner Silber
	31	daß ich d. Jahre lang nicht abgelassen habe			
	25,1	Festus zog nach d. Tagen hinauf			**dreihundertzwanzig**
	28,7	der beherbergte uns d. Tage lang freundlich			
	11	nach d. Monaten fuhren wir ab	1Ma	8,15	Rat; der bestand aus d. Männern
	12	als wir nach Syrakus kamen, blieben wir d. Tage da			**dreijährig**
	17	es geschah nach d. Tagen, daß Paulus... zusammenrief	1Mo	15,9	bringe eine d. Kuh, d. Ziege, d. Widder
1Ko	13,13	nun bleiben Glaube, Hoffnung, Liebe, diese d.	1Sm	1,24	dazu einen d. Stier
	14,27	wenn jemand in Zungen redet, so seien es zwei oder höchstens d. 29			**dreimal**
Gal	1,18	d. Jahre später kam ich nach Jerusalem	2Mo	23,14	d. im Jahr sollt ihr mir ein Fest feiern
1Jh	5,7	d. sind, die das bezeugen 8		17	d. im Jahre erscheinen vor dem HERRN 34,23.24; 5Mo 16,16
Off	6,6	d. Maß Gerste für einen Silbergroschen	4Mo	22,28	daß du mich nun d. geschlagen hast 32.33
	8,13	wegen der anderen Posaunen der d. Engel		24,10	hast sie nun d. gesegnet
	9,18	von diesen d. Plagen wurde getötet der dritte Teil der Menschen	Ri	16,15	d. hast du mich getäuscht
	11,9	sehen ihre Leichname d. Tage und einen halben	1Sm	20,41	David beugte sich d. nieder
	11	nach d. Tagen und einem halben fuhr in sie	1Kö	7,4	Fenster waren einander gegenüber d. 5
	16,13	aus dem Rachen des Drachen d. unreine Geister		9,25	Salomo opferte d. im Jahr 2Ch 8,13
	19	aus der großen Stadt wurden d. Teile		17,21	(Elia) legte sich auf das Kind d.
	21,13	von Osten d. Tore	2Kö	13,18	schlug d. und hielt inne 19.25
			Dan	6,11	Daniel fiel d. am Tag auf seine Knie 14
		dreierlei	Sir	13,8	um dich später d. auszunehmen
2Sm	24,12	d. lege ich vor; erwähle eins 1Ch 21,10		48,3	d. brachte er Feuer herab
Spr	30,21	ein Land wird durch d. unruhig	Mt	26,34	in dieser Nacht wirst du mich d. verleugnen 75; Mk 14,30.72; Lk 22,34.61; Jh 13,38
		dreifach	Apg	10,16	das geschah d. 11,10
Pr	4,12	eine d. Schnur reißt nicht leicht entzwei	2Ko	11,25	ich bin d. mit Stöcken geschlagen worden
Hes	21,19	das Schwert wird zweifach, ja d. kommen		12,8	seinetwegen habe ich d. zum Herrn gefleht
		dreihundert			**dreinfahren**
1Mo	5,22	nachdem... lebte (Henoch) d. Jahre	5Mo	23,26	mit der Sichel sollst du nicht d.
	45,22	aber Benjamin gab er d. Silberstücke			**dreinhauen**
Ri	7,6	die Zahl derer, die geleckt, d. Mann 7.8.16.22; 8,4	Hes	21,21	h.d. zur Rechten und Linken
	11,26	Israel d. Jahre gewohnt hat in Heschbon			**dreinschlagen**
	15,4	Simson fing d. Füchse	Jes	58,4	zankt ihr und s. mit gottloser Faust d.
2Sm	21,16	das Gewicht seines Speers war d. Lot	Hes	9,5	geht ihm nach und s.d.
	23,18	seinen Spieß über d. Erschlagenen 1Ch 11,11	Hos	6,5	darum s. ich d. durch die Propheten
1Kö	11,3	(Salomo) hatte d. Nebenfrauen	Lk	22,49	Herr, sollen wir mit dem Schwert d.
2Kö	18,14	legte dem König d. Zentner Silber auf			**dreinsehen**
2Ch	14,8	zog gegen sie Serach mit d. Wagen	1Sm	1,18	s. nicht so traurig d.
	35,8	Hilkija... gaben den Priestern d. Rinder	Neh	2,2	warum s. du so traurig d.
Est	9,15	die Juden töteten in Susa d. Mann	Klg	1,4	ihre Jungrauen s. jammervoll d. Hes 27,35
2Ma	4,19	schickte durch sie d. Drachmen Silber	Jo	1,11	die Ackerleute s. traurig d. 18
	13,2	mit einem Heer von d. Sichelwagen	Mt	6,16	wenn ihr fastet, sollt ihr nicht sauer d.
Mk	14,5	für d. Silbergroschen verkaufen Jh 12,5		20,15	s. du scheel d., weil ich so gütig bin
		dreihundertfünfundsechzig			**dreißig**
1Mo	5,23	(Henochs) ganzes Alter ward d. Jahre	1Mo	11,14	war d. Jahre alt und zeugte 18.22
		dreihundertfünfzig		18,30	man könnte vielleicht d... finde ich d.
				32,16	(Geschenk für Esau:) d. säugende Kamele
1Mo	9,28	Noah lebte nach der Sintflut d. Jahre		41,46	Josef war d. Jahre alt, als er vor Pharao

dreißig

2Mo	21,32	soll der Besitzer d. Lot Silber 3Mo 27,4
4Mo	4,3	von d. Jahren an und darüber 23.30.35.39.43. 47; 1Ch 23,3
	20,29	beweinten (Aaron) d. Tage 5Mo 34,8
Ri	10,4	(Jaïr) hatte d. Söhne, die auf d. Eseln ritten... sie hatten d. Städte
	12,9	(Ibzan) hatte d. Söhne. Und d. Töchter
	14	(Abdon) hatte 40 Söhne und d. Enkel
	14,11	gaben sie (Simson) d. Gesellen
	12	so will ich euch d. Gewänder geben und d. Feierkleider
	19	(Simson) erschlug d. Mann (in Aschkelon)
	20,31	erschlugen etwa d. Mann von Israel 39
1Sm	9,22	Geladenen... das waren etwa d. Mann
2Sm	5,4	d. Jahre war David alt, als er König wurde
	23,13	drei von den d. Helden kamen zu David 18. 19.22-24; 1Ch 11,20.21.24.25.42
1Kö	5,2	zur Speisung täglich d. Sack feinstes Mehl
2Kö	18,14	legte dem König auf d. Zentner Gold
Est	4,11	bin seit d. Tagen nicht gerufen worden
Dan	6,8	der in d. Tagen etwas bitten wird 13
Sa	11,12	wogen den Lohn dar, d. Silberstücke 13
Jdt	3,12	lagerte dort d. Tage lang
	15,14	nachdem man d. Tage lang eingesammelt
2Ma	11,30	zwischen heute und dem d. Tag des Xanthikus
Mt	26,15	sie boten ihm d. Silberlinge
	27,3	er brachte die d. Silberlinge zurück
	9	sie haben die d. Silberlinge genommen
Lk	3,23	Jesus war, als er auftrat, etwa d. Jahre alt

dreißigfach, *dreißigfältig*

Mt	13,8	trug Frucht, einiges d. 23; Mk 4,8.20

dreißigtausend

Jos	8,3	Josua erwählte d. streitbare Männer
1Sm	4,10	es fielen aus Israel d. Mann
	11,8	waren... die Männer Judas d.
2Sm	6,1	David sammelte d. Mann
1Kö	5,27	Salomo hob Fronarbeiter aus, d. Mann
1Ma	10,36	d. Mann von den Juden ausheben
2Ma	12,23	brachte an die d. von ihnen um

dreist

Spr	7,13	sie wird d. und spricht

dreitausend

2Mo	32,28	fielen an dem Tage vom Volk d. Mann
Jos	7,3	zwei- oder d. Mann sollen hinaufziehen 4
Ri	15,11	da zogen d. Mann von Juda hinab
	16,27	auf dem Dach waren d. Männer und Frauen
1Sm	13,2	(Saul) erwählte sich d. Mann 5; 24,3; 26,2
	25,2	der Mann besaß d. Schafe
1Kö	5,12	(Salomo) dichtete d. Sprüche
2Ch	25,13	die Kriegsleute erschlugen d. Mann
Hi	1,3	(Hiob) besaß d. Kamele
1Ma	4,6	kam in die Ebene mit d. Mann 5,20
	15	es fielen von ihnen an die d. Mann 5,22
Apg	2,41	an diesem Tage hinzugefügt d. Menschen

dreiundachtzig

2Mo	7,7	Mose war achtzig Jahre und Aaron d.

dreiunddreißig

3Mo	12,4	soll daheim bleiben d. Tage
2Sm	5,5	zu Jerusalem regierte (David) d. Jahre 1Kö 2,11; 1Ch 3,4; 29,27

dreiundzwanzig

Ri	10,2	(Tola) richtete Israel d. Jahre
2Kö	12,7	bis ins d. Jahr des Joasch 13,1
	23,31	d. Jahre war Joahas alt 2Ch 36,2
2Ch	7,10	am d. Tage des siebenten Monats
Est	8,9	am d. Tage (des Monats Siwan)
Jer	25,3	habe zu euch d. Jahre gepredigt
1Ma	13,51	nahm sie ein am d. Tage des zweiten Monats

dreiundzwanzigtausend

1Ko	10,8	an einem einzigen Tag kamen d. um

dreizehn

1Mo	14,4	im d. Jahr waren sie abgefallen
	17,25	Ismael war d. Jahre alt
1Kö	7,1	an s. Königshäusern baute Salomo d. Jahre
Est	3,7	den d. Tag im 12. Monat 13; 8,12; 9,1.17.18
	12	am d. Tage des ersten Monats
Jer	1,2	im d. Jahr seiner Herrschaft 25,3
Jdt	2,1	im d. Jahr des Königs Nebukadnezar
1Ma	7,49	den d. Tag des Monats Adar feiern 43; 2Ma 15,37

dreschen

5Mo	25,4	sollst dem Ochsen, der da d. 1Ko 9,9; 1Ti 5,18
Ri	6,11	Gideon d. Weizen in der Kelter
2Kö	13,7	hatte sie gemacht wie Staub beim D.
1Ch	21,20	Arauna d. Weizen
Jes	28,27	auch d. man den Dill nicht 28
Hos	10,11	Ephraim war eine Kuh, gewöhnt, gern zu d.
Am	1,3	nicht schonen, weil sie Gilead ged. haben
Mi	4,13	mache dich auf und d., du Tochter Zion
1Ko	9,10	wer d., soll in der Hoffnung d., daß

Dreschschlitten

2Sm	24,22	sind die D. als Brennholz 1Ch 21,23
Hi	41,22	fährt wie ein D. über den Schlamm
Jes	28,27	drischt man den Dill nicht mit D.
Am	1,3	weil sie Gilead mit eisernen D. gedroschen

Dreschwagen

Jes	41,15	habe dich zum scharfen D. gemacht

Dreschwalze

Jes	28,28	wenn man's mit D. ausdrischt

Dreschzeit

3Mo	26,5	die D. soll reichen bis zur Weinernte

dringen

Ri	4,21	daß (der Pflock) in die Erde d.
	14,17	denn sie d. in ihn 16,16
2Kö	10,25	die Ritter d. in das Innere des Hauses

2Kö	18,21	Rohrstab, der jedem in die Hand d. Jes 36,6	1Sm	17,13	und Schamma, der d.
Hi	20,25	es d. das Geschoß aus seinem Rücken		19,21	da sandte (Saul) die d. Boten
	40,23	auch wenn ihm der Jordan ins Maul d.	2Sm	3,3	der d.: Absalom 1Ch 3,2
Ps	37,15	ihr Schwert wird in ihr eigenes Herz d.		15,28	im d. Jahr Asas 33; 18,1; 22,2; 2Kö 18,1; 2Ch
	45,6	sie d. ins Herz der Feinde des Königs			17,7
Spr	17,10	ein Scheltwort d. tiefer als 100 Schläge	2Kö	1,13	da sandte der König den d. Hauptmann
Jer	4,18	daß es dir bis ans Herz d.		19,29	im d. Jahr sät und erntet Jes 37,30
	25,31	sein Schall wird d. bis an die Enden	1Ch	2,13	Isai zeugte Schima als d. (Sohn) 3,2.15; 8,1.
Sir	35,21	das Gebet des Elenden d. durch die Wolken			39; 23,19; 24,23; 26,2.4.11
	47,17	dein Name d. bis zu den fernsten Inseln	2Ch	15,10	im d. Monat 31,7; Est 8,9; Hes 31,1
Mk	3,27	*kann niemand einem Starken in sein Haus d.*		27,5	gaben ihm die Ammoniter auch im d. Jahr
Lk	2,35	auch durch deine Seele wird ein Schwert d.	Esr	6,15	vollendeten das Haus bis zum d. Tag
	9,44	laßt diese Worte in eure Ohren d.	Neh	10,33	jährlich den d. Teil zu geben
Apg	25,2	d. in ihn (und baten ihn)	Est	1,3	im d. Jahr seiner Herrschaft Dan 1,1; 8,1;
	24	um dessentw. die Menge der Juden in mich			10,1
		d.	Hi	42,14	(Hiob) nannte die d. Keren-Happuch
2Ko	5,14	*die Liebe Christi d. uns*	Jes	19,24	zu der Zeit wird Israel der d. sein
			Jer	38,14	ließ Jeremia holen unter den d. Eingang
		dringend	Hes	46,14	den d. Teil einer Kanne Öl
			Dan	2,39	wird aufkommen danach das d. Königreich
Tob	8,22	bat Tobias d., zwei Wochen zu bleiben		5,7	soll der D. in meinem Königreich sein 16.29
			Hos	6,2	er wird uns am d. Tage aufrichten
		drinnen	Am	4,4	bringt eure Zehnten am d. Tage
			Sa	6,3	u. Wagen waren mit Rossen
1Mo	18,9	wo ist Sara, deine Frau? Er antwortete: D.		13,8	nur der d. Teil soll darin übrigbleiben 9
4Mo	18,7	daß ihr dienet d. hinter dem Vorhang	Tob	1,7	daß er jedes d. Jahr den Witwen gab
5Mo	32,25	draußen Schwert und d. Schrecken Hes 7,15		3,13	als sie am d. Tage ihr Gebet vollendete
2Kö	7,11	man sagte es. d. im Hause an	Sir	45,28	Pinhas kam als d. zu Herrlichkeit
Ps	46,6	Gott ist bei ihr d., darum wird sie festbleiben		50,27	das d. ist für mich kein Volk
	55,11	Mühsal und Unheil ist d.	1Ma	10,29	erlasse allen den d. Teil vom Getreide
	128,3	dein Weib wird... d. in deinem Hause		14,27	im d. Jahr des Hohenpriesters Simon
Mt	24,26	er ist d. im Haus!, so glaubt es nicht	Mt	13,23	der d. (trägt) dreißigfach
Lk	11,7	der d. würde antworten: Mach mir keine		16,21	wie er müsse am d. Tage auferstehen 17,23;
		Unruhe			20,19; Lk 9,22; 18,33; 24,7.46
Jh	20,26	waren seine Jünger abermals d. versammelt		20,3	er ging aus um die d. Stunde
1Ko	5,12	habt ihr nicht die zu richten, die d. sind		21,35	töteten sie, den d. steinigten sie Lk 20,12
				22,26	desgleichen der zweite und der d. Mk 12,21;
		drittel			Lk 20,31
				25,15	dem d. einen (Zentner Silber)
4Mo	15,6	mit einer d. Kanne Öl vermengt 7; 28,14		27,64	daß man das Grab bewache bis zum d. Tag
2Sm	18,2	stellte ein D. unter Joab	Mk	15,25	es war die d. Stunde, als sie ihn kreuzigten
2Kö	11,5	ein D. soll Wache halten 6; 2Ch 23,4.5	Lk	12,38	wenn er kommt in der d. Nachtwache
Hes	5,2	ein D. sollst du verbrennen 12		13,32	am d. Tage werde ich vollendet sein
				14,20	der d. sprach 19,20
		drittens		24,21	über das alles ist heute der d. Tag
			Jh	2,1	am d. Tage war eine Hochzeit in Kana
1Ko	12,28	Gott hat eingesetzt d. Lehrer	Apg	2,15	ist es doch erst die d. Stunde am Tage
				10,40	den hat Gott auferweckt am d. Tag
		dritter		20,9	fiel er hinunter vom d. Stock
				23,23	rüstet 200 Soldaten für die d. Stunde der
1Mo	1,13	da ward aus Abend und Morgen der d. Tag			Nacht
	2,14	der d. Strom heißt Tigris		27,19	am d. Tag warfen sie das Schiffsgerät hinaus
	6,16	drei Stockwerke, das d. oben	1Ko	1,12	daß ich d. sagt: Ich (gehöre) zu Kephas
	22,4	am d. Tage 31,22; 34,25; 40,20; 42,18		15,4	daß er auferstanden ist am d. Tage
	32,20	ebenso gebot er dem zweiten und dem d.	2Ko	12,2	da wurde derselbe entrückt bis in den d.
	50,23	sah Ephraims Kinder bis ins d. Glied			Himmel
2Mo	19,1	am 1. Tag des d. Monats tat der Auszug	Off	4,7	d. Gestalt hatte ein Antlitz wie ein
	11	bereit für den d. Tag; denn am d. 15.16			Mensch
	20,5	bis ins d. und vierte Glied 34,7; 4Mo 14,18;		6,5	als es das d. Siegel auftat, hörte ich die d.
		5Mo 5,9			Gestalt sagen
3Mo	7,17	was am d. Tage noch übrig ist 18; 19,6.7		8,7	der d. Teil der Erde verbrannte 8-12; 12,4
4Mo	2,24	sollen die d. beim Auszug sein		10	der d. Engel blies seine Posaune 14,9; 16,4
	19,12	soll sich entsündigen am d. Tage 19; 31,19		9,15	zu töten den d. Teil der Menschen 18
5Mo	23,9	Kinder, die im d. Glied zeugen		11,14	siehe, das d. Wehe kommt schnell
	26,12	den Zehnten zusammengebracht im d. Jahr		21,19	der d. (Grundstein war) ein Chalzedon
Jos	9,17	kamen am d. Tage Ri 20,30; 1Sm 20,5.12.19;			
		30,1; 2Sm 1,2; 20,4; 1Kö 12,5.12; 2Kö 20,5.8;			**drittesmal, drittes Mal**
		2Ch 10,12; Esr 10,9; Est 5,1			
1Sm	10,3	der d. einen Krug mit Wein	1Sm	3,8	der HERR rief Samuel wieder, zum d.
	13,18	der d. wandte sich... der Wüste zu	1Kö	18,34	tut's zum d.! Und sie taten's zum d.

drittesmal

Mt	26,44	betete zum d.M. dieselben Worte
Mk	14,41	er kam zum d.M. und sprach Lk 23,22; Jh 21,17
Jh	21,14	das d.M., daß Jesus offenbart wurde
2Ko	12,14	bereit, zum d.M. zu euch zu kommen 13,1

droben

5Mo	33,13	gesegnet mit dem Köstlichsten vom Himmel d.
1Kö	8,23	es ist kein Gott, weder d. im Himmel
Hi	3,4	Gott d. frage nicht nach ihm
Ps	78,23	er gebot den Wolken. Spr 8,28
Jes	7,11	ein Zeichen, es sei d. in der Höhe
Jer	4,28	wird der Himmel d. traurig sein
StD	3,37	alle Wasser d. am Himmel, lobt den Herrn
Gal	4,26	das Jerusalem, das d. ist, das ist die Freie
Kol	3,1	sucht, was d. ist, wo Christus ist 2

drohen

1Mo	27,42	dein Bruder Esau d. dir
Ps	37,12	der Gottlose d. dem Gerechten
	38,4	nichts Gesundes... wegen deines D.
	80,17	vor dem D. deines Angesichts... umkommen
	102,11	vor deinem D. und Zorn
Spr	13,1	ein Spötter hört selbst auf D. nicht
	20,2	das D. des Königs ist wie des Brüllen
Jes	30,17	fliehen vor eines einzigen D.
	30	herniederfährt mit zornigem D.
Jer	6,1	es d. von Norden Unheil
	10,10	die Völker können sein d. nicht ertragen
	31,20	sooft ich ihm d., muß ich doch
Jdt	9,9	die d., dein Heiligtum zu zerstören
Sir	19,17	deinen Nächsten zur Rede, bevor du ihm d.
1Ma	7,47	als er lästerte und dem Heiligtum d.
Mt	9,30	Jesus d. ihnen und sprach
Mk	1,43	Jesus d. ihm und trieb ihn von sich
Apg	4,17	wollen wir d., daß sie zu keinem... reden
	21	da d. sie ihnen und ließen sie gehen
	29	nun, Herr, sieh an ihr D.
	9,1	Saulus schnaubte noch mit D. und Morden
	19,27	es d. unser Gewerbe in Verruf zu geraten
Eph	6,9	ihr Herren, ihnen gegenüber laßt das D.
2Ti	4,2	weise zurecht, d., ermahne
1Pt	2,23	der nicht d., als er litt
	3,14	fürchtet euch nicht vor ihrem D.

dröhnen

Mi	2,12	daß es von Menschen d. soll
Sir	38,30	das Hämmern d. ihm in den Ohren

Drohung

Spr	13,8	ein Armer bekommt keine D. zu hören
1Ma	2,62	fürchtet euch nicht vor den D. der Gottl.

Dromedar

Jes	66,20	werden eure Brüder herbringen auf D.

drücken

1Mo	43,1	die Hungersnot d. das Land 47,4
2Mo	5,9	man d. die Leute mit Arbeit
Ri	6,38	d. (Gideon) den Tau aus der Wolle
Hi	23,2	seine Hand d. schwer Ps 38,3
	24,8	müssen sich an die Felsen d.
Ps	65,4	unsre Missetat d. uns hart

Jes	9,3	du hast ihr d. Joch zerbrochen
	18,4	ich will still warten wie d. Hitze
	24,20	ihre Missetat d. sie
Klg	3,47	wir werden ged. und geplagt
Mal	3,5	gegen die, die den Fremdling d.
Sir	21,19	die Rede des Narren d. wie eine Last
	22,33	ein Siegel fest auf meine Lippen ged.
Lk	6,38	ein ged. Maß in euren Schoß geben
	8,45	das Volk drängt und d. dich

drunten

1Mo	49,25	Segen von der Flut, die d. liegt 5Mo 33,13
Hi	26,5	die Schatten d. erbeben Jes 14,9
Jes	7,11	ein Zeichen, es sei d. in der Tiefe

Drusilla

Apg	24,24	Felix mit seiner Frau D., die eine Jüdin war

du, deiner, dir, dich

1Mo	35,12	das Land will ich d. geben
2Mo	32,10	will d. zum großen Volk machen 4Mo 14,12
5Mo	13,18	der HERR erbarme sich d. Jes 54,8
Ri	9,12	zum Weinstock: Komm du und sei König 10.14
1Sm	8,7	haben nicht d., sondern mich verworfen
	17,33	du bist zu jung, dieser ist ein Kriegsmann
	24,18	du bist gerechter als ich
2Sm	7,5	solltest du mir ein Haus bauen 1Kö 8,19; 1Ch 17,4; 2Ch 6,9
	11	daß der HERR d. ein Haus bauen will 1Ch 17,10
	24	du, HERR, bist Gott 1Kö 18,36.37; 2Kö 19,15.19; 1Ch 17,22.26; 2Ch 20,6; Neh 9,7.32; Ps 16,2; 31,15; 77,15; 86,10; 140,7; 143,10; Jes 25,1; 37,16.20; Jer 14,22; Hes 35,15
1Kö	8,39	du kennst das Herz aller Menschenkinder 2Ch 6,30
2Kö	19,21	Zion spottet d. Jes 37,22
1Ch	29,11	von d. ist alles gekommen
2Ch	20,9	werden zu d. schreien in unserer Not Hi 8,5
Ps	6,6	im Tode gedenkt man d. nicht
	8,5	Mensch, daß du seiner gedenkst Heb 2,6
	25,5	täglich harre ich auf d. 31,15; 38,16; 86,3
	31,5	du bist meine Stärke
	35,10	HERR wer ist d. gleich 89,9; Jer 10,6; Mi 7,18
	67,8	laß nicht zuschanden werden, die d. harren
	73,23	dennoch bleibe ich stets an d.
	90,2	bist du, Gott, von Ewigkeit
	102,26	du hast vorzeiten die Erde gegründet Heb 1,10
	27	sie werden vergehen, du aber bleibst Heb 1,11
	110,4	du bist... nach der Weise Melchisedeks Heb 5,6; 7,17.21
	119,12	gelobet seist du, HERR
	130,1	aus der Tiefe rufe ich, HERR, zu d. 142,2
	137,6	wenn ich d. nicht gedenke
Jes	23,16	auf daß d. wieder gedacht werde
	26,13	wir gedenken doch allein d. 64,4
	49,15	ich will d. nicht vergessen
Jer	50,31	ich will an d., spricht Gott
Mi	5,1	und du, Bethlehem Mt 2,6
Mt	11,3	bist du es, der da kommen soll Lk 7,19.20
	14,28	Herr, bist d. es
	33	du bist wahrhaftig Gottes Sohn 16,16; Mk 3,11; 8,29; Lk 4,41; 9,20; Jh 11,27

Mt	16,18	ich sage dir: Du bist Petrus
	22,39	du sollst deinen Nächsten lieben wie d. selbst
	26,39	doch nicht wie ich will, sondern wie du willst Mk 14,36
	69	du warst auch mit dem Jesus aus Galiläa 73; Lk 22,58; Jh 18,17.25
	27,11	bist du der König der Juden Jh 18,33
Mk	1,11	du bist mein lieber Sohn Lk 3,22
Jh	13,6	Herr, solltest du mir die Füße waschen
Apg	13,33	du bist mein Sohn, heute habe ich dich gezeugt Heb 1,5; 5,5
Off	15,4	du allein bist heilig
	16,5	gerecht bist du, der du bist und der du warst

ducken

Ps	10,10	er d. sich, kauert nieder

Duft

Hl	1,12	gab meine Narde ihren D. 7,14
	3,6	steigt herauf wie ein D. von Myrrhe
	4,11	D. deiner Kleider ist wie D. des Libanon
	16	daß der D. seiner Gewürze ströme
	7,9	laß sein den D. deines Atems wie Äpfel
Hes	8,11	der D. von Weihrauch stieg auf
Sir	39,18	werdet Duft geben wie Weihrauch
Jh	12,3	das Haus wurde erfüllt vom Duft des Öls

duften

Hl	2,13	die Reben d. mit ihren Blüten
Sir	24,20	ich d. wie die beste Myrrhe

dulden

Sir	4,30	widersprich nicht... d. den Spott
Mt	17,17	*wie lange soll ich euch d. Lk 9,41*
Apg	13,18	*vierzig Jahre lang d. er ihre Weise*
	25,17	als sie hier zusammenkamen, d. ich keinen Aufschub
1Ko	4,12	man verfolgt uns, so d. wir's
	13,7	(die Liebe) hofft alles, sie d. alles
2Ti	2,10	d. ich alles um der Auserwählten willen
	12	d. wir, so werden wir mit herrschen
Heb	12,7	es dient zu eurer Erziehung, wenn ihr d. müßt
Off	2,20	ich habe gegen dich, daß du Isebel d.

Duma

1Mo	25,14	¹(Söhne Ismaels:) D. 1Ch 1,30
Jos	15,52	²(Städte des Stammes Juda:) D.
Jes	21,11	³dies ist die Last für D.

dumm

Spr	12,1	wer Zurechtweisung haßt, der bleibt d.
Sir	20,21	ein d. Mensch fällt auf

Dung

Jer	8,2	sie sollen D. auf dem Felde sein 9,21; 16,4; 25,33

düngen

Lk	13,8	bis ich um ihn grabe und ihn d.

dunkel

1Mo	49,12	seine Augen sind d. von Wein
2Mo	10,15	bedeckten den Erdboden, daß er d. wurde
4Mo	12,8	nicht durch d. Worte oder Gleichnisse
2Kö	7,12	der König stand auf, als es noch d. war
Neh	13,19	als es in den Toren d. wurde
Hi	10,22	wo es d. ohne alle Ordnung (ist)
	17,7	mein Auge ist d. geworden
Ps	74,20	die d. Winkel des Landes sind voll Frevel
Spr	7,9	als es Nacht wurde und d. war
	25,23	Wind mit d. Wolken bringt Regen
Jes	8,23	es wird nicht d. bleiben über denen
	33,19	das Volk von d. Sprache
Jer	13,16	sich an den d. Bergen stoßen
Klg	4,1	wie ist das Gold d. geworden
	8	ihre Gestalt ist d.
Hes	12,6	sollst hinausziehen, wenn es d. wird 7.12
	32,8	alle Lichter am Himmel lasse ich d. werden
Dan	5,12	dazu Klugheit, d. Sprüche zu erraten
Jo	2,2	(der Tag des HERRN ist nahe,) ein d. Tag
Am	5,20	des HERRN Tag wird sein d. nicht hell
1Ko	13,12	sehen durch einen Spiegel ein d. Bild
2Pt	1,19	Licht, das da scheint an einem d. Ort
	2,17	ihr Los ist die d. Finsternis Jud 13

Dunkel

2Mo	20,21	Mose nahte sich dem D., darinnen Gott war
5Mo	4,11	da war Finsternis, Wolken und D.
	5,22	redete aus dem Feuer und dem D.
	28,29	wie ein Blinder tappt im D.
2Sm	22,10	D. war unter seinen Füßen Ps 18,10
1Kö	8,12	gesagt, er wolle im D. wohnen 2Ch 6,1
Hi	3,5	und D. sollen ihn überwältigen 6
	10,21	ehe ich hingehe ins Land des D.
	12,22	er bringt heraus das D. ans Licht
	15,22	daß er dem D. entrinnen könne
	23,17	weil D. mein Angesicht deckt
	24,15	das Auge lauert auf das D.
	28,3	Gestein, das im D. verborgen liegt
	34,22	kein D., wo sich verbergen könnten
	38,9	als ich's in D. einwickelte
Ps	97,2	Wolken und D. sind um ihn her
	107,10	die sitzen mußten in Finsternis und D.
	14	führte sie aus Finsternis und D.
Spr	4,19	der Gottlosen Weg ist wie das D.
Jes	8,22	sie sind im D. und der Angst
	29,18	werden aus D. und Finsternis sehen
	50,3	ich kleide den Himmel mit D.
	58,10	dein D. wird sein wie der Mittag
	59,9	so wandeln wir im D.
	60,2	bedeckt D. die Völker
Ze	1,15	dieser Tag ist ein Tag des D.
2Pt	1,9	wer dies nicht hat, der tappt im D.
Heb	12,18	*ihr seid nicht gekommen zu dem D.*
Jud	13	*behalten ist das D. der Finsternis*

Dunkelheit

Hi	16,16	auf meinen Wimpern liegt D.
Apg	13,11	auf der Stelle fiel D. und Finsternis auf ihn
Heb	12,18	(nicht gekommen) in D. und Finsternis

dünken

5Mo	12,8	ein jeder, was ihm recht d. Ri 17,6; 21,25
Jos	9,25	was dich gut und recht d., mit uns zu tun
1Sm	18,23	d. euch das ein Geringes 26
Est	8,5	*d. es den König recht*

dünken

Hi	40,23	er d. sich sicher
Spr	3,7	d. dich nicht, weise zu sein 26,5.12.16
	12,15	den Toren d. sein Weg recht
	16,2	einen jeglichen d. seine Wege rein 21,2
	18,11	des Reichen Habe d. ihn eine hohe Mauer
	30,12	eine Art, die sich rein d., und ist doch
Pr	9,13	diese Weisheit gesehen, die mich groß d.
Jer	26,14	wie es euch recht und gut d. 40,4
Dan	11,16	wird tun, was ihm gut d.

dünn

1Mo	41,6	sah sieben d. Ähren aufgehen 23.24
3Mo	13,30	findet, daß das Haar dort d. ist

Dura

Dan	3,1	ließ es aufrichten in der Ebene D.

durchbohren

2Mo	21,6	d. mit einem Pfriemen sein Ohr 5Mo 15,17
Ri	5,26	(Jaël) d. (Siseras) Schläfe
1Sm	20,33	zückte Saul den Spieß, um ihn zu d.
2Sm	23,21	und d. ihn mit dessen eigenem Spieß
2Kö	18,21	Rohrstab, der jedem die Hand d. Jes 36,6
Hi	16,13	er hat meine Nieren d.
	20,24	wird ihn der eherne Bogen d.
	26,13	seine Hand d. die flüchtige Schlange
	40,26	mit einem Haken ihm die Backen d.
Jes	51,9	du, der den Drachen d. hat
Hab	3,14	du d. mit seinen Pfeilen sein Haupt
Sa	12,10	werden mich ansehen, den sie d. haben Jh 19,37; Off 1,7
	13,3	werden Vater und Mutter ihn d.

durchbrechen

2Mo	13,2	was zuerst den Mutterschoß d. 12.15; 4Mo 3,12; 8,16; 18,15; Lk 2,23
	19,21	nicht d. zum HERRN, ihn zu sehen 24
2Sm	5,20	der HERR hat m. Feinde d. 1Ch 14,11
	23,16	da d. die 3 Helden das Lager der Philister
2Kö	3,26	um beim König von Edom d.
Jes	66,9	sollte ich das Kind... d. lassen
Hos	13,13	will er den Mutterschoß nicht d.
Jo	2,8	sie d. die feindlichen Waffen
Mi	2,13	werden d. und durchs Tor hinausziehen
Sir	25,33	wie man Wasser nicht d. lassen soll

Durchbrecher

Mi	2,13	er wird als ein D. vor ihnen heraufziehen

durchbringen

Lk	15,13	dort b. er sein Erbteil d. mit Prassen

durchdringen

Wsh	7,22	es wohnt in ihr ein Geist, d., rein
	23	sie d. alle Geister, die verständig sind
	13,9	daß sie die Welt d. konnten
Rö	5,12	so ist der Tod zu allen Menschen durchg.
Heb	4,12	das Wort Gottes d.d., bis es scheidet Seele und Geist

durcheilen

Sir	43,5	der ihr befohlen hat, ihre Bahn zu d.

Durcheinander

2Ma	3,21	wie das Volk in einem großen D. niederfiel

durchforschen

Spr	20,27	er d. alle Kammern des Innern
Dan	12,4	viele werden es d. und Erkenntnis finden
2Ma	2,31	in die Dinge einzudringen und sie zu d.

durchgraben

Ps	22,17	haben meine Hände und Füße d.

durchhelfen

2Ma	8,27	daß er ihnen bis zu diesem Tage durchg.

durchkommen

Lk	19,4	denn dort sollte er d.

durchlassen

1Ma	5,47	wollten die Leute Judas nicht d. 50

durchläutern

2Sm	22,31	des HERRN Worte sind d. Ps 18,31
Ps	119,140	dein Wort ist ganz d.
Spr	30,5	alle Worte Gottes sind d.
Off	3,18	*Gold, das mit Feuer d. ist*

durchleiden

2Ma	7,20	d. es tapfer um der Hoffnung willen

durchreisen

Rö	15,24	ich hoffe, daß ich bei euch d. kann
1Ko	16,5	durch Mazedonien werde ich nur d. 7

durchsäuern

2Mo	12,34	trug den rohen Teig, ehe er d. war
Hos	7,4	wenn er den Teig d. und aufgehen läßt
Mt	13,33	bis es ganz d. war Lk 13,21
1Ko	5,6	daß ein wenig Sauerteig den ganzen Teig d. Gal 5,9

durchschauen

Spr	28,11	ein verständiger Armer d. ihn
Jer	20,12	der du Nieren und Herz d.
Sir	42,18	er allein d., was sie vorhaben
Jak	1,25	wer d. in das Gesetz der Freiheit

durchscheinend

Off	21,21	aus reinem Gold wie d. Glas

durchschreiten

StE	4,4	als sie alle Türen d. hatte
Heb	4,14	Jesus, Sohn Gottes, der die Himmel d. hat

durchstechen

4Mo	25,8	(Pinhas) d. beide
Ri	9,54	da d. (Abimelech) sein Waffenträger

durchstreifen

Mt 12,43 der unreine Geist d. dürre Stätten Lk 11,24

durchsuchen

1Kö 20,6 daß sie dein Haus d.
Ob 6 wie sollen sie Esau d.
Ze 1,12 will ich Jerusalem mit der Lampe d.

durchtrieben

2Pt 2,14 *haben ein Herz d. von Habsucht*

durchwachsen

Wsh 13,13 ein krummes, mit Ästen d. Stück Holz

durchwandern

Jos 18,8 geht hin und d. das Land
Ps 48,14 d. (Zions) Paläste, daß ihr davon erzählt
Jer 2,6 im Lande, das niemand d. 9,11
Wsh 5,7 wir haben unwegsame Wüsten d.
Sir 24,7 ich d. das Himmelsgewölbe
Apg 19,1 *daß Paulus d. das obere Land*

durchziehen

1Mo 12,6 Abram d. das Land bis zur Eiche More
13,17 d. das Land in die Länge und Breite
4Mo 14,7 das Land, das wir d. haben
Jos 18,9 die Männer d. das Land 1Kö 18,6
2Sm 24,8 sie d. das ganze Land und kamen nach
Hi 1,7 habe die Erde hin und her d. 2,2
Ps 8,9 alles, was d. die Meere d.
Jer 51,43 zum Lande, das kein Mensch d.
Hes 29,11 daß weder Mensch noch Tier das Land d.
Dan 11,20 wird das herrliche Land d. lassen
Sa 1,10 d. der HERR ausgesandt hat, die Lande zu d. 11; 6,7
4,10 des HERRN Augen, die alle Lande d.
6,7 d. die Lande! Und sie d.
Jdt 3,12 als er ganz Mesopotamien d. hatte
Sir 24,8 (ich) d. die Tiefen des Abgrunds
39,5 er d. fremde Länder
1Ma 12,32 er d. kam nach Damaskus und d. das Land
Mt 23,15 die ihr Land und Meer d.
Lk 9,6 *d. die Dörfer, predigten das Evangelium*
Apg 13,6 als sie die ganze Insel bis Paphos d. hatten
18,23 er d. das galatische Land und Phrygien
20,2 als er diese Gegenden d. hatte

Durchzug

Jdt 2,9 ließ Korn herbeifahren für seinen D.

dürfen

1Mo 2,16 du d. essen von allen Bäumen
34,7 solches d. nicht geschehen
31 er d. man wie an einer Hure handeln
40,15 mich hätten ins Gefängnis setzen d.
43,32 die Ägypter d. nicht essen mit den Hebräern
44,26 wir d. des Mannes Angesicht nicht sehen
46,34 damit ihr wohnen d. im Lande Goschen
47,22 darum d. sie ihr Feld nicht verkaufen
2Mo 10,24 eure Frauen und Kinder d. mit euch ziehen
26 nicht eine Klaue d. dahintenbleiben
12,16 das allein d. ihr euch zubereiten
2Mo 12,44 dann d. er davon essen 45.48; 29,33.34; 3Mo 6,22; 7,16.19.24; 21,22; 22,7.11.13; 4Mo 18,10. 11.13.31
19,22 Priester, die zum HERRN nahen d.
21,7 so d. sie nicht freigelassen werden
33,23 du d. hinter mir her sehen
3Mo 11,2 Tiere, die ihr essen d. 3.4.8.9.11.21.42.47; 17,13; 5Mo 14,4.6.9.20
21,3 an deren Leiche d. er sich unrein machen Hes 44,25
22,27 am 8. Tage und danach d. man's opfern
25,12 vom Felde weg d. ihr essen
16 so d. du den Kaufpreis steigern
27,9 ein Tier, das man opfern d. 11
33 (der Zehnte) d. nicht abgelöst werden
4Mo 6,20 danach d. der Geweihte Wein trinken
9,7 unsere Gabe dem HERRN nicht bringen d.
32,22 danach d. ihr umkehren 35,32
5Mo 12,15 Reine wie der Unreine d. davon essen 22
17 du d. nicht essen vom Zehnten
14,21 dem Fremdling d. du's geben
15,3 von e. Ausländer d. du es eintreiben 23,21
16,5 du d. nicht Passa schlachten
17,15 du d. nicht irgendeinen über dich setzen
20,20 die Bäume aber, die d. du fällen
22,3 du d. dich dem nicht entziehen 7
19 d. sie s. Leben lang nicht entlassen 29
23,9 Kinder, die ... d. in die Gemeinde kommen
25 so d. du Trauben essen nach Wunsch 26
Jos 20,6 dann d. der Totschläger zurückkommen
22,27 daß eure Söhne künftig nicht sagen d.
1Sm 20,6 daß (David) nach Bethlehem gehen d. 28
21,3 niemand d. von der Sache wissen
2Sm 2,22 wie d. ich dann mein Antlitz aufheben
17,17 d. sich in der Stadt nicht sehen lassen
1Kö 2,27 daß er nicht mehr Priester sein d.
2Kö 23,9 d. die Priester nicht opfern in Jerusalem
1Ch 13,12 wie d. ich da noch die Lade zu mir bringen
2Ch 20,10 mußten weichen und d. sie nicht ausrotten
Neh 13,1 niemals in die Gemeinde Gottes kommen d.
Est 1,14 die das Angesicht des Königs sehen d.
19 Gebot ... daß man es nicht aufheben d. 8,8
19 daß Wasti nicht mehr kommen d. 2,14; 4,2
Hi 10,15 so d. ich doch mein Haupt nicht erheben
11,18 du d. dich trösten, daß Hoffnung da ist
22,8 sein Günstling d. darin wohnen
31,32 kein Fremder d. draußen bleiben
41,5 wer d. es wagen
Ps 5,8 ich aber d. in dein Haus gehen
15,1 wer d. wohnen auf dem heiligen Berge 24,3
63,12 wer bei ihm schwört, der d. sich rühmen
101,7 falsche Leute d. in meinem Haus n. bleiben
104,9 d. nicht wieder das Erdreich bedecken
148,6 Ordnung, die d. sie nicht überschreiten
Spr 24,7 er d. seinen Mund im Rat nicht auftun
31,11 Mannes Herz d. sich auf sie verlassen
Pr 8,4 wer d. zu ihm sagen: Was machst du
Hl 8,1 niemand d. mich schelten
Jes 35,8 kein Unreiner d ... auch Toren d. nicht
66,11 nun d. ihr saugen ... d. trinken
Jer 2,14 daß (Israel) jedermanns Raub sein d.
3,1 d. er sie auch wieder annehmen
30,21 wer d. sonst mir nahen
49,4 wer d. sich an mich machen
Klg 3,37 wer d. denn sagen, daß solches geschieht
Hes 4,10 so viel d. du essen 11
24,17 heimlich d. du seufzen
40,46 die vor den HERRN treten d. 42,14; 44,3
48,14 d. nichts davon verkaufen
Dan 6,9 Schreiben, das nicht geändert werden d.

dürfen

Hos	8,4	setzen Obere ein, ich d. es nicht wissen
	9,1	du d. dich nicht freuen, Israel
Am	6,10	man d. des HERRN Namen nicht nennen
Jdt	12,2	ich d. nichts von deiner Speise essen
	14	wie d. ich meinem Herrn das abschlagen
Sir	15,11	d. nicht sagen: Bin ich abtrünnig geworden
	29,31	d. du deinen Mund nicht auftun
	39,22	man d. nicht sagen: Was ist das 40
	45,16	d. sie niemals ein andrer anziehen
	27	d. keinen Anteil am Landbesitz haben
2Ma	6,6	niemand d. bekennen, daß er Jude wäre
	21	Fleisch besorgen, das er essen d.
StD	3,9	nun d. wir unsern Mund nicht auftun
Mt	7,4	*wie d. du sagen zu deinem Bruder*
	12,4	Schaubrote, die weder er noch... essen d.
	Mk 2,26; Lk 6,4	
	12	darum d. man am Sabbat Gutes tun
	14,36	nur den Saum seines Gewandes berühren d.
	Mk 6,56	
Mk	5,18	bat ihn, daß er bei ihm bleiben d. Lk 8,38
	10,2	ob ein Mann sich scheiden d. von seiner Frau
Jh	2,18	was für ein Zeichen, daß du dies tun d.
	5,10	du d. dein Bett nicht tragen
	18,31	sprachen zu ihm: Wir d. niemand töten
	19,38	daß er den Leichnam Jesu abnehmen d.
Apg	16,21	Ordnungen, die wir... noch einhalten d.
	21,37	d. ich mit dir reden
	22,22	er d. nicht mehr leben 25,24
	25,11	so d. mich ihnen niemand preisgeben
Rö	14,2	der eine glaubt, er d. alles essen
1Ko	6,1	*wie d. jemand sein Recht suchen*
	9,16	dessen d. ich mich nicht rühmen
2Ko	7,16	*ich mich zu euch alles Guten versehen d.*
	8,4	daß sie mithelfen d. an der Wohltat
	12,4	*Worte, welche ein Mensch nicht sagen d.*
Eph	4,17	daß ihr nicht mehr leben d. wie die Heiden
Tit	1,11	weil sie lehren, was nicht sein d.
1Pt	3,7	*euer Gebet d. nicht gehindert werden*

dürftig

1Sm	2,8	er hebt auf den D. aus dem Staub
Gal	4,9	wie wendet ihr euch wieder den d. Mächten zu

dürr

1Mo 41,19		sah sieben d. Kühe 23
5Mo 29,18		fortgerafft das wasserreiche mit dem d.
	32,10	in der d. Einöde sah er ihn
Jos	15,19	mich nach dem d. Südland gegeben Ri 1,15
Hi	12,15	so wird alles d.
	13,25	willst du einen d. Halm verfolgen
	30,3	die das d. Land abnagen
Ps	32,4	wie es im Sommer d. wird
	63,2	verlangt nach dir aus trockenem, d. Land
	68,7	die Abtrünnigen läßt er in dem d. Lande
	10	dein Erbe, das d. war, erquicktest du
	84,7	wenn sie durchs d. Tal ziehen
	105,41	daß Bäche liefen in der d. Wüste
	107,35	gab dem d. Lande Wasserquellen Jes 41,18
	143,6	m. Seele dürstet nach dir wie ein d. Land
Jes	1,30	werdet sein wie eine Eiche mit d. Blättern
	32,2	wie Wasserbäche am d. Ort 35,6.7
	34,4	wie ein d. Blatt am Feigenbaum
	44,3	und Ströme auf das D.
	51,3	ihr d. Land wie den Garten des HERRN
	53,2	wie eine Wurzel aus d. Erdreich
	56,3	siehe, ich bin ein d. Baum
Jer	2,6	leitete uns im d. und finstern Lande
	17,8	sorgt sich nicht, wenn ein d. Jahr kommt
	50,12	soll die geringste sein, wüst, d.
	51,43	Städte sind zu einem d. Lande geworden
Klg	4,8	sie sind so d. wie ein Holzscheit
Hes	17,24	den d. Baum lasse ich grünen
	19,13	gepflanzt in ein d., durstiges Land
	21,3	Feuer soll d. Bäume verzehren
Hos	2,5	damit ich sie nicht mache wie ein d. Land
	4,3	darum wird das Land d. stehen
	13,5	ich nahm mich ja deiner an im d. Lande
Jo	2,20	will den Feind in ein d. Land verstoßen
Am	4,9	ich plagte euch mit d. Zeit
Nah	1,10	sollen verbrannt werden wie d. Stroh
Ze	2,13	Ninive wird d. machen d. wie eine Wüste
StD	3,22	hörten nicht auf, mit d. Reisern zu heizen
Mt	12,43	so durchstreift er d. Stätten Lk 11,24
	13,6	*weil es nicht Wurzel hatte, ward es d.*
Lk	23,31	was wird am d. werden

Dürre

5Mo	8,15	Wüste, wo lauter D. und kein Wasser war
	28,22	der HERR wird dich schlagen mit D.
1Kö	8,37	wenn... D. im Lande sein werden 2Ch 6,28
Hi	24,19	wie die D. das Schneewasser verzehrt
Jes	25,5	wie die Hitze in der Zeit der D.
	27,11	ihre Zweige werden vor D. brechen
	58,11	der HERR wird dich sättigen in der D.
Jer	14,1	Wort... über die große D.
	17,6	er wird bleiben in der D. der Wüste
	50,38	D. soll kommen über ihre Wasser
Hag	1,11	habe die D. gerufen über Land und Berge
	2,17	ich plagte euch mit D.

Durst

2Mo	17,3	daß du uns vor D. sterben läßt
5Mo 28,48		deinem Feinde dienen in Hunger und D.
Ri	4,19	gib mir zu trinken, denn ich habe D.
	15,18	nun aber muß ich vor D. sterben
2Ch 32,11		gibt euch in den Tod durch Hunger und D.
Hi	24,19	treten die Kelter und leiden doch D.
Ps	69,22	geben mir Essig zu trinken für meinen D.
	104,11	und das Wild seinen D. lösche
Jes	5,13	Hunger leiden und die lärmende Menge D.
	41,17	ihre Zunge verdorrt vor D.
	48,21	litten keinen D., als er sie leitete
	50,2	daß ihre Fische vor D. sterben
Klg	4,4	klebt seine Zunge an seinem Gaumen vor D.
Hos	2,5	damit ich sie nicht vor D. sterben lasse
Am	8,11	schicken werde... nicht D. nach Wasser
	13	werden die Jünglinge verschmachten vor D.
Jdt	7,7	nicht genug, um den D. damit zu stillen vor D. verschmachten 17; 11,10; 16,13
Wsh	11,4	sie löschten den D. aus hartem Stein
	8	nachdem du durch ihren D. gezeigt hattest
	14	während sie selbst D. gelitten hatten
1Ko	4,11	bis auf diese Stunde leiden wir Hunger und D.
2Ko	11,27	(ich bin gewesen) in Hunger und D.

dürsten

2Mo	17,3	als das Volk d. murrten sie wider Mose
Ri	15,18	als (Simson) sehr d., rief er den HERRN an
Rut	2,9	wenn dich d., so geh hin und trinke
Neh	9,15	Wasser aus dem Felsen, als sie d. 20
Ps	42,3	meine Seele d. nach Gott 63,2; 143,6
Spr	25,21	d. ihn, so tränke ihn

Jes	49,10	werden weder hungern noch d.
	65,13	ihr aber sollt d.
Wsh	11,4	als es sie d., riefen sie dich an
Sir	24,29	wer von mir trinkt, den d. immer nach mir
Mt	5,6	selig sind, die da hungert und d. nach der Gerechtigkeit
Jh	4,13	wer... trinkt, den wird wieder d.
	14	den wird in Ewigkeit nicht d. 15; 6,35
	7,37	wen da d., der komme zu mir Off 22,17
	19,28	spricht, damit die Schrift erfüllt würde: Mich d.
Rö	12,20	d. ihn, gib ihm zu trinken
Off	7,16	sie werden nicht mehr hungern noch d.

durstig

2Sm	17,29	das Volk wird d. geworden sein
Hi	5,5	nach seinem Gut lechzen die D.
	22,7	hast die D. nicht getränkt
Ps	107,5	die hungrig und d. waren
	9	daß er sättigt die d. Seele
Spr	25,25	wie kühles Wasser für eine d. Kehle
Jes	21,14	bringet den D. Wasser entgegen
	29,8	wie ein D. träumt, daß er trinke
	32,6	wehrt den D. das Trinken
	44,3	will Wasser gießen auf das D.
	55,1	alle, die ihr d. seid, kommt her
Jer	2,25	schone deine Kehle, daß sie nicht d. werde
Hes	19,13	gepflanzt in ein dürres, d. Land
Hag	1,6	ihr trinkt und bleibt doch d.
Sir	26,15	wie ein Wanderer, der d. ist, lechzt
	51,32	warum sagt ihr, daß ihr sehr d. seid
Mt	25,35	ich bin d. gewesen, und ihr 37.42.44
Off	21,6	ich will dem D. geben von der Quelle

düster

Hi	3,5	sollen d. Wolken über ihm bleiben
Jes	59,10	wir sind im D. wie die Toten

E

Ebal

1Mo	36,23	¹Söhne von Schobal waren: E. 1Ch 1,40
5Mo	11,29	²den Fluch auf dem Berge E. 27,13; Jos 8,33
	27,4	Steine auf dem Berge E. aufrichten Jos 8,30

Ebed

Ri	9,26	¹Gaal, der Sohn E. 28.30.31.35
Esr	8,6	²E., der Sohn Jonatans

Ebed-Melech

Jer	38,7	E., der Mohr, ein Kämmerer 8.10-12; 39,16

eben

Jos	13,16	die Stadt mit allem e. Felde 17
	17,16	bei Kanaanitern, die im e. Land wohnen
Ps	27,11	leite mich auf e. Bahn 143,10
Spr	4,26	laß deinen Fuß auf e. Bahn gehen
	11,5	die Gerechtigkeit macht seinen Weg e.
Jes	26,7	des Gerechten Weg ist e.
	40,3	macht eine e. Bahn unserm Gott
	4	was hügelig ist, soll e. werden Lk 3,5

Jes	45,2	will das Bergland e. machen 49,11
	13	seine Wege will ich e. machen
Jer	31,9	will sie führen auf e. Wege
	48,21	Strafe ist über das e. Land ergangen
Sir	32,26	verlaß dich nicht darauf, daß der Weg e.
Bar	5,7	damit das Land e. wird
Mt	3,3	macht e. seine Steige Mk 1,3; Lk 3,4
Lk	6,17	er trat auf ein e. Feld

Eben-Eser

1Sm	4,1	¹Israel lagerte sich bei E.
	5,1	brachten (die Lade) von E. nach Aschdod
	7,12	²nahm Samuel einen Stein und nannte ihn E.

Ebenbild

Sir	30,4	er hat sein E. hinterlassen
Rö	8,29	*gleich dem E. seines Sohnes*
2Ko	4,4	welcher ist das E. Gottes Kol 1,15; Heb 1,3
Kol	3,10	erneuert zur Erkenntnis nach dem E. dessen
Heb	1,3	er ist das E. seines Wesens

Ebene

1Mo	11,2	fanden eine E. im Lande Schinar
	14,5	schlugen die Emiter in der E. Kirjatajim
4Mo	14,25	in der E. wohnen bleiben
5Mo	34,3	(der HERR zeigte ihm) die E. von Jericho
Jos	11,8	jagten ihnen nach bis an die E. 1Kö 20,23.25
	17	(nahm Josua dies Land ein) in der E. 13,9.21; 15,8; 18,16; 20,8
	17,16	eiserne Wagen... in der E. Jesreel Ri 1,19
Ri	1,34	daß sie herunter in die E. kämen
	6,33	lagerten sich in der E. Jesreel 7,8.12
	18,28	die Stadt lag in der E. bei Bet-Rehob
1Sm	31,7	die jenseits der E. wohnten 1Ch 10,7
2Sm	5,18	breiteten sich aus in der E. Refaim 22; 23,13; 1Ch 11,15; 14,9.13
2Ch	26,10	(Usija) hatte viel Vieh in der E.
	35,22	zu kämpfen in der E. von Megiddo
Jes	42,16	und das Höckerige zur E.
Jer	48,8	es sollen die E. verheert werden
Hes	3,22	geh hinaus in die E. 23
	8,4	wie ich sie in der E. gesehen hatte
Dan	3,1	ließ ein Bild aufrichten in der E. Dura
Hos	1,5	will Bogen zerbrechen in der E. Jesreel
Sa	4,7	Berg, der du doch zur E. werden mußt
	12,11	Klage, wie die in der E. von Megiddo war
	14,10	das Land wird verwandelt werden in eine E.
Jdt	1,6	er schlug ihn in der E. Ragau
	6,7	die Knechte führten ihn über die E.
	15,2	in der E. flohen sie 1Ma 4,14; 10,83
1Ma	3,24	jagte sie hinunter in die E.
	40	lagerten sich bei Emmaus in der E.
	10,73	in der E., wo keine Berge und Felsen sind
	12,49	nach Galiläa und in die große E.
Off	20,9	sie stiegen herauf auf die E. der Erde

Ebenholz

Hl	3,10	ihr Inneres mit E. eingelegt
Hes	27,15	haben mit Elfenbein und E. gezahlt

ebenso

Mt	5,12	e. haben sie verfolgt die Propheten
Lk	3,11	wer zu essen hat, tue e.

Eber

1Mo	10,21	Sem, dem Vater aller Söhne E.
	24	Schelach zeugte E. 11,14; 1Ch 1,18.25
	25	E. wurden zwei Söhne geboren 11,16; 1Ch 1,19; Lk 3,35
4Mo	24,24	werden verderben Assur und E.
		weitere Träger ds. Namens 1Ch 5,13/ 8,12/ 8,22/ Neh 12,20

Ebez

Jos	19,20	(Issachar... sein Gebiet war) E.

ebnen

Ps	5,9	e. vor mir deinen Weg
	36,3	hat Gott den Weg vor ihnen gee.
Jes	28,25	wenn er ihn gee. hat, streut er Dill
Jh	1,23	e. den Weg des Herrn

echt

Jer	2,21	hatte dich gepflanzt, ein ganz e. Gewächs
1Pt	1,7	damit euer Glaube als e. befunden werde

Eckbrett

2Mo	26,24	beide mit ihren E. verbunden sind 36,29

Ecke

2Mo	25,12	E. (der Lade) 37,3
	26	E. (des Tisches) 37,13
	26,23	E. (der Stiftshütte) 24; 36,28
	27,2	auf (den) E. (des Altars) Hörner 38,2
	28,23	E. der Tasche 24.26; 39,16.17.19
3Mo	19,9	nicht alles bis an die E. abschneiden 23,22
1Kö	7,30	auf den vier E. waren Träger 34
2Ch	26,15	Geschütze auf den Türmen und E. Neh 3,24.32
Hi	1,19	stieß an die vier E. des Hauses
	38,13	damit sie die E. der Erde faßte
Spr	7,8	der ging über die Gasse zu ihrer E. 12
Jer	31,40	bis zu der E. am Roßtor
Hes	41,22	Altar... hatte E. 43,20; 45,19; 46,19.21
Am	3,12	zu Samaria in den E. des Ruhebettes
Sa	9,15	werden voll werden wie die E. des Altars
Mt	6,5	*Heuchler, die beten an den E.*
Off	7,1	sah vier Engel an den vier E. der Erde
	9,13	eine Stimme aus den vier E. des Altars

Eckstein

Hi	38,6	wer hat ihren E. gelegt
Ps	118,22	der Stein, den die Bauleute verworfen haben, ist zum E. geworden Mt 21,42; Mk 12,10; Lk 20,17; Apg 4,11; 1Pt 2,7
Jes	28,16	lege in Zion einen kostbaren E. 1Pt 2,6
Jer	51,26	weder E. noch Grundsteine nehmen
Sa	10,4	die E. sollen aus ihr hervorgehen
Eph	2,20	da Jesus Christus der E. ist

Ecktor

2Kö	14,13	riß die Mauer ein bis an das E. 2Ch 25,23
2Ch	26,9	Usija baute Türme in Jerusalem am E.
Jer	31,38	gebaut vom Turm bis ans E. Sa 14,10

edel

1Mo	49,11	binden seiner Eselin Füllen an die e. Rebe
2Mo	24,11	reckte seine Hand nicht aus wider die E.
	30,23	nimm die beste Spezerei: die e. Myrrhe
4Mo	21,18	die E. im Volk haben ihn gegraben
5Mo	32,14	tränkte ihm mit e. Traubenblut
2Sm	1,19	die E. in Israel sind erschlagen
1Kö	10,18	überzog ihn mit dem e. Gold
1Ch	29,8	wer e. Steine hatte, der gab sie
2Ch	3,6	zierte die Halle mit e. Steinen
Est	1,3	machte (Ahasveros) ein Festmahl für die E.
Hi	28,17	e. Glas kann man ihr nicht gleichachten
Ps	83,12	mache alle ihre E. wie Sebach
	149,8	ihre E. (zu binden) mit eisernen Fesseln
Spr	3,15	(Weisheit) ist e. als Perlen
	8,6	ich rede, was e. ist
	16	die e. richten auf Erden
	16,16	Einsicht erwerben ist e. als Silber
	17,7	viel weniger einem E., daß er mit Lügen
	26	den E. zu schlagen, geht über alles Maß
	20,15	Mund, der... redet, ist ein e. Kleinod
	25,7	als daß du erniedrigt wirst vor einem E.
	26,8	einen e. Stein auf einen Steinhaufen wirft
	31,10	ist viel e. als die köstlichsten Perlen
Pr	10,17	wohl dir, Land, dessen König ein e. ist
Hl	4,13	wie ein Lustgarten mit e. Früchten 16
	7,14	an unsrer Tür sind lauter e. Früchte
Jes	5,2	er pflanzte darin e. Reben
	16,8	die Herren haben e. Reben zerschlagen
	32,5	wird nicht mehr ein Betrüger e. genannt
	8	der E. hat e. Gedanken und beharrt bei E.
	34,12	seine E. werden nicht mehr sein
Jer	2,21	ich hatte dich gepflanzt als e. Weinstock
	22,18	man wird ihn nicht beklagen: Ach, E.
Klg	4,2	die e. Kinder Zions, wie sind sie nun
Hes	7,20	haben e. Kleinode zur Hoffart verwendet
	20,6	ein e. Land vor allen Ländern 15
	23,23	lauter Ritter und E., alle auf Rossen
	27,8	die E. von Sidon waren Ruderknechte
	31,16	trösteten sich alle Bäume, die e.
Dan	1,3	sollte einige auswählen von e. Herkunft
Nah	3,10	um ihre E. warf man das Los
Sa	9,16	wie e. Steine werden sie glänzen
Wsh	8,3	sie zeigt sich ihrer e. Herkunft würdig
	19	ich hatte eine e. Seele empfangen 20
	18,12	waren ihre E. Nachkommen dahingesunken
Sir	45,13	mit e. Steinen, in Gold gefaßt
	49,1	der Name des Josia ist wie e. Räucherwerk
2Ma	4,37	ein Mann von e. Gesinnung umgekommen
	12,42	die E. Judas ermahnte die Menge
Lk	1,3	mein e. Theophilus
Apg	23,26	Klaudius Lysias dem e. Felix 24,2
	26,25	e. Festus, ich bin nicht von Sinnen
Rö	11,24	wider die Natur in den e. Ölbaum eingepfropft
1Ko	1,26	*nicht viele E. sind berufen*
	3,12	*wenn jemand baut Gold, Silber, e. Steine*
Off	17,4	*das Weib war bekleidet mit e. Steinen*

Edelgestein, Edelstein

1Mo	2,12	auch findet man da den E. Schoham
2Mo	35,33	(daß er geschickt sei,) E. zu schneiden
2Sm	12,30	nahm die Krone; an ihr war ein E. 1Ch 20,2
1Kö	10,2	mit Kamelen, die trugen E. 10; 2Ch 9,1.9
	11	auch brachten die Schiffe E. 2Ch 9,10
1Ch	29,2	habe herbeigeschafft zum Hause Gottes E.
2Ch	32,27	Hiskia sammelte sich Schätze von E.
Jes	54,11	will deine Mauern auf E. stellen

Klg	4,1	wie liegen die E. zerstreut
Hes	27,22	E. aller Art haben sie gebracht
	28,13	geschmückt mit E. jeder Art
Dan	11,38	den Gott wird er ehren mit E.
Jdt	10,21	Mückennetz mit Smaragden und E. verziert
	15,15	schenkten sie Judit alles an E.
Wsh	7,9	im Vergleich zu ihr jeden E. für wertlos
Tob	13,20	aus E. ringsum all seine Mauern
Sir	50,10	wie ein Kelch, mit E. verziert
1Ko	3,12	wenn aber jemand auf den Grund baut E.
Off	17,4	die Frau war geschmückt mit E.
	18,12	(ihre Ware:) E. und Perlen
	16	die geschmückt war mit E. und Perlen
	21,19	die Grundsteine waren geschmückt mit E.

Eden

1Mo	2,8	¹Gott der HERR pflanzte einen Garten in E.
	10	es ging aus von E. ein Strom
	15	setzte (den Menschen) in den Garten E.
	3,23	wies ihn Gott der HERR aus dem Garten E.
	24	die Cherubim vor dem Garten E.
	4,16	Kain wohnte im Lande Nod, jenseits von E.
Jes	51,3	der HERR macht ihre Wüste wie E.
Hes	28,13	in E. warst du, im Garten Gottes 31,9.16.18; Jo 2,3
	36,35	jetzt ist's wie der Garten E.
2Kö	19,12	²Leute von E., die zu Telassar Jes 37,12
Hes	27,23	Kanne und E. haben mit dir gehandelt
2Ch	29,12	³aus den Söhnen Gerschon E. 31,15

Eder

Jos	15,21	¹Städte des Stammes Juda: E.
1Ch	23,23	²die Söhne Muschis: E. 24,30
	8,15	³E. (Söhne Berias)

Edom (= Idumäa)

1Mo	25,30	daher heißt (Esau) E. 36,1.8.19
	32,4	das Gebiet von E. 36,16.21.31.32.43; Ri 1,36
	36,43	das sind die Fürsten von E. 1Ch 1,51.54
2Mo	15,15	da erschraken die Fürsten E.
4Mo	24,18	E. sprach zu ihnen E. wird er einnehmen
	33,37	lagerten sich an der Grenze des Landes E.
	34,3	soll sich erstrecken an E. entlang Jos 15,1
Ri	5,4	HERR, als du einhergingst vom Gefilde E.
2Sm	8,14	ganz E. wurde David untertan 12; 1Ch 18,13
1Kö	11,14	Hadad, vom königlichen Geschlecht in E.
	15	erschlug alles, was männlich war in E. 16
	25	Hadad wurde König über E.
	22,48	es war kein König in E.
2Kö	3,8	den Weg durch die Wüste E. 20; 2Ch 8,17
	9	König von E. 12.26; 1Ch 1,43; Am 2,1
	16,6	Elat wieder an E.
2Ch	20,2	kommt gegen dich eine große Menge von E.
Ps	60,10	meinen Schuh werfe ich über E. 108,10
	11	wer geleitet mich nach E. 108,11
	83,7	die in Zelten von E. und Ismael wohnen
	137,7	vergiß den Söhnen E. nicht, was sie sagten
Jes	11,14	nach E. werden sie ihre Hände ausstrecken
	34,5	es wird herniederfahren auf E. 6
	9	werden E. Bäche zu Pech werden
	63,1	wer ist der, der von E. kommt
Jer	9,25	(heimsuchen) Ägypten, Juda, E.
	25,21	(ließ trinken) die von E.
	27,3	schicke Botschaft zum König von E.
	40,11	Judäer, die im Lande E. waren
	49,7	wider E. 14.17.20.22; Hes 35,2.15; 36,5

Klg	4,21	sei fröhlich, du Tochter E.
	22	deine Schuld, E., wird er heimsuchen
Hes	16,57	als dich die Töchter E. schmähten
	25,12	weil sich E. am Hause Juda gerächt
	13	will m. Hand ausstrecken gegen E. 14; 32,29
Dan	11,41	werden seiner Hand entrinnen E., Moab
Jo	4,19	soll wüst werden und E. eine Einöde
Am	1,6	die Gefangenen an E. ausgeliefert 9
	11	um vier Frevel willen derer von E.
	9,12	in Besitz nehmen, was übrig ist von E.
Ob	1	über E.: laßt uns wider E. streiten
	8	will die Weisen in E. zunichte machen
Mal	1,4	wenn E. spricht: Wir sind zerschlagen

Edomiter (= Idumäer)

1Mo	36,9	Geschlechts Esaus, von dem die E. herkommen 43
	17	Fürsten von Reguël im Lande der E.
4Mo	20,14	Mose sandte zu dem König der E. 20-23; 21,4; Ri 11,17.18
5Mo	23,8	den E. sollst du nicht verabscheuen
1Sm	14,47	kämpfte (Saul) gegen die E.
	21,8	Doëg, ein E. 22,9.18.22; Ps 52,2
2Sm	8,13	schlug er die E. im Salztal 1Kö 11,15.17; 2Kö 8,21; 14,7.10; 1Ch 18,11-13; 2Ch 21,9; 25,14.19
1Kö	9,26	am Ufer des Schilfmeers im Lande der E.
	11,14	einen Widersacher, den E. Hadad
2Kö	8,20	fielen die E. von Juda ab 22; 2Ch 21,8.10
	16,6	danach kamen die E. 2Ch 28,17
2Ch	25,20	weil sie die Götter der E. gesucht haben
Hes	27,16	die E. haben von dem Vielen gekauft
Jdt	3,12	kam (Nebukadnezar) zu den E.

edomitisch

1Kö	11,1	Salomo liebte ausländische Frauen: e.

Edreï

4Mo	21,33	¹um bei E. zu kämpfen 5Mo 1,4; 3,1.10; Jos 12,4; 13,12.31
Jos	19,37	²(Naftali... feste Städte sind:) E.

Efa, *Epha*

1Mo	25,4	¹Söhne Midians: E. 1Ch 1,33; Jes 60,6
1Ch	2,46	²E., die Nebenfrau Kalebs
	2,47	³Söhne Jahdais: E.

Efai, *Ephai*

Jer	40,8	die Söhne E. von Netopha

Efer, *Epher*

1Mo	25,4	¹Söhne Midians: E. 1Ch 1,33
1Ch	4,17	²Söhne Esras: E.
	5,24	³(Stamm Manasse) Häupter: E.

Efes-Dammim, *Ephes-Dammim*
(= Pas-Dammim)

1Sm	17,1	die Philister lagerten sich bei E.

Efeu

2Ma	6,7	mit Kränzen von E. einherziehen

Eflal

Eflal, *Ephlal*
1Ch 2,37 Sabad zeugte E. E. zeugte Obed

Efod, *Ephod*
4Mo 34,23 Hanniël, der Sohn E.

Efod, *Ephod* (Gottesbild)
Ri   8,27 Gideon machte einen E. daraus
     17,5 Micha machte einen E. und Hausgötzen
     18,14.17.18.20
1Sm 14,18 bringe den E. herbei... er trug den E.
     21,10 das Schwert ist hier hinter dem E.
     23,6 (Abjatar) brachte den E. mit 9; 30,7
Hos 3,4 werden ohne König bleiben, ohne E.

Efrata, Efratiter, *Ephratha, Ephrathiter*
1Mo 35,16 ¹eine Strecke Weges bis E., da gebar Rahel
     19 E., das nun Bethlehem heißt 48,7
Jos 15,59 (Städte des Stammes Juda:) E.
Rut 1,2 (Elimelech und Noëmi) waren E.
     4,11 sei stark in E.
1Sm 17,12 David war der Sohn jenes E.
Ps 132,6 wir hörten von ihr in E.
Mi   5,1 und du, Bethlehem E., die du klein bist
1Ch 2,19 ²nahm Kaleb E.; die gebar Hur 24.50; 4,4

Efron, *Ephron*
1Mo 23,8 ¹bittet für mich E. 10.13.14.16
     17 E. Acker Abraham zum Eigentum 49,30; 50,13
     25,9 begruben ihn auf dem Acker E. 49,29
Jos 15,9 ²(Grenze) zu den Städten des Gebirges E.
2Ch 13,19 ³Abija gewann ihm Städte ab: E. (= Efraim)
1Ma 5,46 kamen sie zu einer festen Stadt, E.
     50 die von E. wollten sie nicht einlassen 47
2Ma 12,27 brach Judas gegen die feste Stadt E. auf

eggen
Hos 10,11 Juda soll pflügen und Jakob e.

Egla
2Sm 3,5 Jitream, von E., der Frau Davids 1Ch 3,3

Eglajim
Jes 15,8 Geheul bis E. und Geheul bis Beer-Elim

Eglat-Schelischija, *Eglath-Schelischija*
Jes 15,5 seine Flüchtigen fliehen bis E. Jer 48,34

Eglon
Jos 10,3 ¹Debir, dem König von E. 5.23; 12,12
     34 Josua zog nach E. 36.37
     15,39 (Städte des Stammes Juda:) E.
Ri 3,12 ²E., den König der Moabiter 14.15.17

ehe
1Mo 27,4 dich segne, e. ich sterbe 7; 45,28
2Mo 22,25 e. die Sonne untergeht 2Sm 3,35

4Mo 11,33 e. (das Fleisch) aufgebraucht war
5Mo 31,21 e. ich sie in das Land bringe
1Kö 18,45 e. man sich's versah, wurde der Himmel
2Kö 2,9 was ich dir tun soll, e. ich von dir
Hi   4,20 e. man's gewahr wird, sind sie dahin
     9,5 er versetzt Berge, e. sie es innewerden
     10,21 e. ich hingehe – und komme nicht zurück
Ps 39,14 e. ich dahinfahre und nicht mehr bin
     90,2 e. denn die Berge wurden
     119,67 e. ich gedemütigt wurde, irrte ich
Spr 8,22 e. er etwas schuf, von Anbeginn 23.25
     17,14 laß ab vom Streit, e. er losbricht
Jes 17,14 e. es Morgen wird, sind sie nicht mehr da
     43,13 ich bin, e. denn ein Tag war
     65,24 e. sie rufen, will ich antworten
Jer 1,5 e. ich dich bereitete... e. du geboren
     6,8 e. sich mein Herz von dir wende
     13,16 e. es finster... e. eure Füße sich stoßen
Jo   3,4 e. der große und schreckliche Tag des HERRN kommt Mal 3,33; Ze 2,2; Apg 2,20
Mt   1,18 e. er sie heimholte, daß sie schwanger war
     6,8 *e. denn ihr ihn denn bittet*
     8,29 uns zu quälen, e. es Zeit ist
     21,31 die Zöllner kommen e. ins Reich Gottes als ihr
     26,34 in dieser Nacht, e. der Hahn kräht 75; Mk 14,30.72; Lk 22,34.61
Lk   2,21 genannt, e. er empfangen war
     22,15 Passalamm zu essen, e. ich leide
Jh   1,15 er war e. als ich 30
     48 *e. dich Philippus rief, sah ich dich*
     8,58 e. Abraham wurde, bin ich
     13,19 jetzt sage ich's euch, e. es geschieht 14,29
     17,5 Herrlichkeit hatte, e. die Welt war
     24 e. der Grund der Welt gelegt war Eph 1,4; 1Pt 1,20
Apg 13,24 *e. denn Jesus anfing*
Rö 5,13 die Sünde war in der Welt, e. das Gesetz kam
Gal 3,23 e. der Glaube kam, waren wir unter dem Gesetz verwahrt

Ehe
3Mo 18,9 sie sei in oder außer der E. geboren
     19,20 eine leibeigne Magd... zur E. bestimmt
5Mo 21,13 geh zu ihr und nimm sie zur E.
     24,1 wenn jemand eine Frau zur E. nimmt
Wsh 3,16 Nachkommen aus gesetzwidriger E. vertilgt
     4,6 Kinder, in gesetzwidriger E. geboren
     13,17 er betet für seine E.
     14,24 weder ihren Wandel noch ihre E. rein
     26 (überall herrschen) Zerrüttung der E.
Tob 6,18 die ihre E. eingehen als Menschen
     8,5 können unsere E. nicht beginnen wie Heiden
1Ma 10,53 wollest mir deine Tochter zur E. geben
StE 3,11 die E. mit Unbeschnittenen verabscheue
Mt   19,12 andere haben sich zur E. unfähig gemacht
1Ko 7,11 soll sie ohne E. bleiben
Heb 13,4 die E. soll in Ehren gehalten werden bei allen

Ehebett
Heb 13,4 (gehalten werden) das E. unbefleckt

ehebrechen, die Ehe brechen
2Mo 20,14 du sollst nicht e. 5Mo 5,18; Mt 5,27; 19,18; Mk 10,19; Lk 18,20; Rö 13,9; Jak 2,11

3Mo	20,10	wenn jemand d.E.b., sollen beide
Spr	6,32	wer mit einer Verheirateten d.E.b.
Jer	23,14	zu Jerusalem sehe ich Greuel, wie sie e.
Hes	23,37	wie sie d.E.geb. haben
	43	sie ist das E. gewohnt
Hos	4,2	Stehlen und E. haben überhandgenommen
Sir	23,25	ein Mann, der seine e.b.
Mt	5,28	wer eine Frau ansieht, hat schon d.E. geb.
	32	der macht, daß sie d.E.b.
	19,9	wer sich von seiner Frau scheidet, der b.d.E.
Mk	10,11	der b. ihr gegenüber d.E. 12; Lk 16,18
Rö	2,22	du sprichst, man solle nicht e., und du b.d.E.
Jak	2,11	wenn du nun nicht d.E.b., tötest aber
Off	2,22	ich werfe die mit ihr d.E.geb. haben in Trübsal

Ehebrecher, Ehebrecherin

3Mo	20,10	sollen beide des Todes sterben, E. und E.
Hi	24,15	das Auge des E. lauert
Ps	50,18	hast Gemeinschaft mit den E.
Spr	30,20	so ist der Weg der E.
Jes	57,3	tretet herzu, ihr Kinder des E.
Jer	7,9	ihr seid Diebe, Mörder, E.
	9,1	es sind lauter E. und treuloser Haufe
	23,10	das Land ist voller E.
Hes	16,32	du E., die du dir Fremde nimmst
	38	sie richten, wie man E. richtet 23,45
Hos	4,13	werden eure Bräute zu E. 14
	7,4	sie sind allesamt E.
Mal	3,5	will ich ein schneller Zeuge sein gegen E.
Wsh	3,16	die Kinder der E. geraten nicht
Sir	25,4	wenn ein alter Narr ein E. ist
Lk	18,11	daß ich nicht bin wie die andern Leute, E.
Rö	7,3	wird sie eine E. genannt
1Ko	6,9	weder Unzüchtige noch E. (werden das Reich Gottes ererben)
Heb	13,4	die Unzüchtigen und die E. wird Gott richten

Ehebrecherei

Jer	13,27	ich habe gesehen deine E.
Hos	2,4	daß sie wegtue die Zeichen ihrer E.

ehebrecherisch

Hos	3,1	wirb um eine e. Frau

Ehebruch

Jer	3,8	wie ich Israel wegen ihres E. gestraft
	9	sie treibt E. mit Stein und Holz
	5,7	trieben (deine Söhne) E. 29,23
Hes	23,37	ihre Greueltaten: wie sie E. getrieben
Wsh	14,26	(überall herrschen) E. 24
Sir	23,33	bekommt durch E. Kinder von einem andern
Mt	5,32	es sei denn wegen E.
	15,19	aus dem Herzen kommen Mord, E.
Mk	7,22	E., Habgier, Bosheit
	10,11	der begeht E. an ihr 12
Jh	8,3	eine Frau, beim E. ergriffen 4
2Pt	2,14	Augen voll E., nimmer satt der Sünde

Ehefrau

1Mo	20,3	genommen hast... eines Mannes E.
Ri	11,2	als die E. Gileads ihm Söhne gebar
Spr	6,26	eines anderen E. (bringt) um das Leben
	18,22	wer eine E. gefunden hat, hat etwas Gutes

Spr	19,14	eine verständige E. kommt vom HERRN
1Ko	9,5	eine Schwester als E. mit uns zu führen

Eheherr

2Sm	11,26	hielt (Batseba) Totenklage um ihren E.

ehelich

2Mo	21,10	soll (ihr) an e. Recht nichts abbrechen

ehelichen

5Mo	25,7	mein Schwager will mich nicht e.
Spr	30,23	eine Verschmähte, wenn sie gee. wird

Ehemann

2Mo	21,22	wieviel ihr E. ihm auferlegt
5Mo	22,22	einer Frau beiwohnt, die einen E. hat

ehern

4Mo	21,8	mache dir eine e. Schlange 9; 2Kö 18,4
5Mo	28,23	der Himmel wird e. werden
1Sm	17,5	(Goliat) hatte einen e. Helm 6
	38	Saul setzte (David) einen e. Helm auf
2Sm	22,35	lehrt meinen Arm den e. Bogen spannen Ps 18,35
1Kö	4,13	Städte, ummauert und mit e. Riegeln
Hi	20,24	wird ihn der e. Bogen durchbohren
	40,18	seine Knochen sind wie e. Röhren
Ps	107,16	daß er zerbricht e. Türen Jes 45,2
Jes	48,4	und deine Stirn e.
Jer	1,18	will ich dich zur e. Mauer machen 15,20
Dan	4,12	soll in eisernen und e. Ketten liegen 20
	5,4	lobten sie die e., eisernen Götter 23
	7,19	das vierte Tier mit e. Klauen, das fraß
Mi	4,13	will dir e. Klauen machen
Sir	13,3	was soll der irdene Topf beim e. Kessel
	28,24	ihr Joch ist eisern und ihre Fesseln e.
1Ma	6,39	als die Sonne auf die e. Schilde schien
	8,22	ließen auf e. Tafeln schreiben 14,18.26.48
Off	9,20	anzubeten die e. Götzen

Ehevertrag

Tob	7,16	eine Schriftrolle und schrieben den E.

Ehi

1Mo	46,21	Söhne Benjamins: E.

ehrbar

Pr	10,17	dessen Fürsten tafeln als e. Männer
Rö	13,13	laßt uns e. leben wie am Tage
1Ko	12,23	die uns am wenigsten e. zu sein scheinen
	14,40	laßt alles e. und ordentlich zugehen
Phl	4,8	was e. ist – darauf seid bedacht
1Th	4,12	damit ihr e. lebt vor denen, die draußen sind
1Ti	3,8	desgleichen sollen die Diakone e. sein 11
Tit	2,2	sage, daß sie seien e.

Ehrbarkeit

Rö	12,17	befleißiget euch der E. gegen jedermann
1Th	4,4	*in Heiligung und E.*
1Ti	2,2	wir ein ruhiges Leben führen können in E.
	3,4	der gehorsame Kinder hat in aller E.

Ehrbarkeit

Tit	2,7	zum Vorbild guter Werke, mit E.

Ehre

2Mo	12,42	sollen diese Nacht dem HERRN zu E. wachen
4Mo	24,11	der HERR hat dir die E. verwehrt
5Mo	32,3	gebt unserm Gott allein die E.
Jos	7,19	gib dem HERRN, dem Gott Israels, die E.
1Sm	2,8	daß er ihn den Thron der E. erben lasse
	6,5	daß ihr dem Gott Israels die E. gebt
2Sm	6,22	bei den Mägden will ich zu E. kommen
1Kö	3,13	gebe dir Reichtum und E. 2Ch 1,11.12; 17,5; 18,1; 32,27
1Ch	16,28	bringet dar dem HERRN E. und Macht 29. 42; Ps 29,1.2; 96,7.8
	29,12	Reichtum und E. kommt von dir
	28	starb, satt an Leben, Reichtum und E.
2Ch	16,14	ihm zu E. einen Brand 21,19; 32,33; Jer 34,5
	26,18	wird dir keine E. bringen vor Gott
Est	1,20	alle Frauen ihre Männer in E. halten
	6,3	welche E. hat Mordechai bekommen
	8,16	für die Juden war Wonne und E.
Hi	10,3	bringst der Gottlosen Vorhaben zu E.
	14,21	sind seine Kinder in E., das weiß er nicht
	29,20	meine E. bleibe immer frisch
Ps	3,4	du bist meine E.
	4,3	wie lange soll meine E. geschändet werden
	7,6	lege meine E. in den Staub
	8,6	mit E. und ... hast du ihn gekrönt
	19,2	die Himmel erzählen die E. Gottes
	24,7	daß der König der E. einziehe 8-10
	26,8	ich habe lieb den Ort, da deine E. wohnt
	29,3	der Gott der E. donnert
	9	in seinem Tempel ruft alles: E.
	49,12	doch hatten sie große E. auf Erden
	62,8	bei Gott ist mein Heil und meine E.
	66,2	lobsinget zur E. seines Namens
	72,19	alle Lande sollen seiner E. voll werden
	73,24	nimmst mich am Ende mit E. an
	76,11	wenn Menschen wüten, bringt es dir E.
	79,9	hilf uns um deines Namens E. willen
	84,12	der HERR gibt Gnade und E.
	85,10	daß in unserm Lande E. wohne
	91,15	will ihn herausreißen und zu E. bringen
	112,9	seine Kraft wird hoch in E.
	113,9	der die Unfruchtbare im Hause zu E. bringt
	115,1	nicht uns, sondern deinem Namen gib E.
	145,11	(sollen) die E. deines Königtums rühmen
	149,9	E. werden alle seine Heiligen haben
Spr	3,16	in ihrer Linken ist Reichtum und E.
	35	die Weisen werden E. erben
	4,8	dich zu E. bringen, wo man sie herzest
	8,18	Reichtum und E. ist bei mir
	11,16	ein holdseliges Weib erlangt E.
	13,18	zurechtweisen läßt, wird zu E. kommen
	15,33	ehe man zu E. kommt 18,12
	16,31	graue Haare sind eine Krone der E.
	17,6	der Kinder E. sind ihre Väter
	19,11	seine E., daß er Verfehlung übersehen kann
	20,3	eine E., dem Streit fern zu bleiben
	29	der Jünglinge E. ist ihre Stärke
	21,21	der findet Leben und E.
	22,4	Lohn der Demut ist Reichtum, E. 29,23
	25,2	Gottes E., eine Sache zu verbergen; der Könige E., eine Sache zu erforschen
	27	wer ... forscht, dem bringt's E.
	26,1	so reimt sich E. zum Toren 8
Pr	10,1	ein wenig Torheit wiegt schwerer als E.
Jes	6,3	alle Lande sind seiner E. voll
	8,23	wird er zu E. bringen den Weg am Meer
	14,18	alle Könige der Völker ruhen doch in E.
	22,23	er soll werden zum Thron der E.
	42,8	will meine E. keinem andern geben 48,11
	12	sollen dem HERRN die E. geben
	43,7	die ich zu meiner E. geschaffen
Jer	13,11	mir zum Ruhm, zu Lob und E. 33,9
	16	gebt dem HERRN, eurem Gott, die E.
Hes	16,13	kamst zu königlichen E.
	20,44	handle zur E. meines Namens
	23,40	schmücktest dich ihnen zu E.
Dan	2,6	sollt ihr große E. von mir empfangen
	37	dem der Gott des Himmels E. gegeben 5,18
	4,27	erbaut habe zu E. meiner Herrlichkeit
	33	kamen wieder zur E. meines Königreichs
	5,20	als er stolz wurde, verlor (er) seine E.
	7,14	der gab ihm Macht, E. und Reich
	11,21	dem die E. des Thrones nicht zugedacht war
	39	denen wird er große E. antun
Hos	2,10	Gold, Baal zu E. gebraucht
	4,7	darum will ich ihre E. zuschanden machen
Hab	2,14	voll von Erkenntnis der E. des HERRN
	16	gesättigt mit Schande und nicht mit E.
	3,3	seiner E. war die Erde voll
Ze	3,19	will sie zu Lob und E. bringen 20
Mal	1,6	bin ich nun Vater, wo ist meine E.
	2,2	daß ihr meinem Namen die E. gebt
Jdt	9,9	den Ort, wo deine E. wohnt, zu entheiligen
	15,12	du bist die E. unsres Volkes
Wsh	2,22	sie achten die E. für nichts
	3,17	ihr Alter wird zuletzt doch ohne E. sein
	6,23	haltet die Weisheit in E.
	8,10	ich werde E. bei den Alten haben
	15,9	hält es für E., Trugbilder zu machen
Tob	3,23	deinem Namen sei ewig E. und Lob
	14,2	wurde er mit E. begraben in Ninive
Sir	1,11	die Furcht des Herrn ist E. 10,23; 25,8
	24	wer an (Weisheit) festhält, dem gibt sie E. 4,14
	3,13	den Vater ehren bringt dir selber E. 12
	4,25	man wird sich zu schämen, daß man E. hat
	5,15	Reden bringt E., aber auch Schande
	7,31	den Herrn ... halte seine Priester in E.
	9,16	wenn der Gottlose in hohen E. steht
	10,23	wer Gottes Gebote übertritt, verliert s. E.
	24	unter Brüdern steht der älteste in E.
	32	wer wird dem E. geben, der sich verachtet
	11,1	die Weisheit des Geringen bringt ihn zu E.
	13	Gott bringt ihn zu E.
	20,29	ein weiser Mann bringt sich selbst zu E.
	33,23	laß dir deine E. nicht nehmen Bar 4,3
	38,16	wenn einer stirbt, bestatte ihn mit E.
	40,3	sowohl bei dem, der in hohen E. sitzt
	47,21	du beflecktest deine E.
	49,7	Set und Sem standen in großen E.
Bar	5,6	Gott bringt sie zu dir in E.
1Ma	2,8	wie ein Mensch, dem die E. genommen ist
	51	so werdet ihr rechte E. erlangen
	54	Pinhas setzte sich für die E. Gottes ein
	3,7	Jakob war es ewiger Ruhm und E.
	4,35	in E. zu leben oder in E. zu sterben
	5,57	auch wir wollen E. einlegen
	11,26	erwies ihm große E. vor allen Fürsten
	12,12	eure E. und Wohlergehen sind uns Freude
2Ma	5,20	die Stätte ist wieder zu E. gebracht
	6,19	er wollte lieber in E. sterben als
StE	3,11	erkennst, daß ich die E. hasse
Lk	2,14	E. sei Gott in der Höhe
	14,10	wirst du E. haben vor allen, die mit dir
	17,18	keiner, um Gott die E. zu geben, als dieser Fremde

Lk	19,38	Friede sei im Himmel und E. in der Höhe	3Mo 19,32	sollst du aufstehen und die Alten e.
Jh	5,41	ich nehme nicht E. von Menschen	4Mo 22,17	will dich hoch e. 37; 24,11
	44	die E., die von Gott ist, sucht ihr nicht	5Mo 26,19	daß du gepriesen und gee. werdest
	7,18	wer von sich selbst aus redet, der sucht seine eigene E.	32,17	Göttern, die eure Väter nicht gee. haben
	8,50	ich suche nicht meine E.	Ri 13,17	wir wollen dich e., wenn eintrifft
	54	so ist meine E. nichts	1Sm 2,29	du e. deine Söhne mehr als mich
	9,24	gib Gott die E. Off 14,7	30	wer mich e., den will ich auch e.
	12,43	hatten lieber E. bei Menschen als E. bei Gott	15,30	e. mich doch jetzt vor den Ältesten
Apg	5,34	ein Schriftgelehrter, vom ganzen Volk in E. gehalten	22,14	wie David, gee. in deinem Hause
			2Sm 10,3	daß David deinen Vater e. wolle 1Ch 19,3
	12,23	weil er Gott nicht die E. gab	2Kö 3,14	wenn ich nicht Joschafat e.
	28,10	sie erwiesen uns große E.	Est 6,6	den der König gern e. will 7.9.11
Rö	2,7	die in aller Geduld trachten nach E.	Ps 15,4	aber e. die Gottesfürchtigen
	10	E. allen denen, die Gutes tun	22,24	e. ihn, ihr all vom Hause Jakob
	3,7	die Wahrheit Gottes herrlicher zu seiner E.	69,31	will ihn hoch e. mit Dank
	4,20	wurde stark im Glauben und gab Gott die E.	86,9	alle Völker werden deinen Namen e.
	9,21	*ein Gefäß zu e. und das andre 2Ti 2,21*	12	ich e. deinen Namen ewiglich
	11,36	ihm sei E. in Ewigkeit! Amen 16,27; Gal 1,5; Eph 3,21; Phl 4,20; 1Ti 1,17; 6,16; 2Ti 4,18; 1Pt 4,11; 2Pt 3,18; Heb 13,21; Jud 25; Off 1,6; 5,13; 7,12	Spr 3,9	e. den HERRN mit deinem Gut
			14,31	wer sich des Armen erbarmt, der e. Gott
			27,18	wer seinem Herrn treu dient, wird gee.
			Jes 3,5	der Verachtete (geht los) auf den Gee.
			25,3	darum e. dich ein mächtiges Volk
	13,7	gebt E., dem die E. gebührt	29,13	weil dies Volk mit seinen Lippen mich e.
	15,20	dabei meine ich meine E. darein gesetzt	43,23	noch mich gee. mit Schlachtopfern
1Ko	10,31	was ihr tut, das tut alles zu Gottes E.	58,13	Tag des HERRN „Gee."; wenn du ihn e.
	11,15	für eine Frau eine E., wenn sie langes Haar hat	Klg 1,8	die sie e., verschmähen sie jetzt
			4,16	die Priester e. man nicht
	12,23	die umkleiden wir mit besonderer E.	5,12	die Alten hat man nicht gee.
	24	dem geringeren Glied höhere E. gegeben	Dan 3,12	Männer, die e. deinen Gott nicht 14.18
2Ko	4,15	noch reicher werde zur E. Gottes	4,31	ich pries und e. den, der ewig lebt 34
	5,9	darum setzen wir auch unsre E. daß,	11,38	den Gott wird er e. mit Gold, Silber
	6,8	(als Diener Gottes:) in E. und Schande	Mal 1,6	ein Sohn wird seinen Vater e.
	8,19	wenn wir diese Gabe überbringen dem Herrn zur E.	Jdt 12,13	schöne Frau, mein Herr will dich e.
			19	bin in m. Leben nicht so gee. worden
	23	Brüder, die sind eine E. Christi	16,26	(Judit) wurde hoch gee. im ganzen Land
	10,15	die Hoffnung, daß wir zu E. kommen	Wsh 14,17	die Leute konnten sie nicht e… ein Bild des Königs, den sie e. wollten
Gal	5,26	laßt uns nicht nach eitler E. trachten		
Eph	3,13	Bedrängnisse, die für euch eine E. sind	20	der nur als Mensch gee. worden war
Phl	1,11	Gerechtigkeit durch Jesus Christus zur Ehre Gottes	Tob 4,3	e. deine Mutter, solange sie lebt
			10,13	ermahnten sie, die Eltern zu e.
	2,3	tut nichts um eitler E. willen	13,12	an allen Enden der Erde wird man dich e.
	11	zur E. Gottes, des Vaters	Sir 3,8	wer den Herrn fürchtet, e. auch den Vater
	29	haltet solche Menschen in E.	9	e. Vater und Mutter 3-7.13; 7,29
	3,19	ihre E. ist in ihrer Schande	7,32	fürchte den Herrn e. den Priester
1Th	2,6	wir haben nicht E. gesucht bei den Leuten	9,24	einen weisen Fürsten e. weise Rede
	20	ihr seid unsre E. und Freude	10,26	nicht recht, einen Gottlosen zu e.
	4,11	setzt eure E. darein, daß ihr ein stilles Leben	33	der Arme wird gee. um s. Klugheit willen
1Ti	5,17	die Ältesten halte man zwiefacher E. wert	18,28	wer verständig ist, e. die Weisheit
	6,1	sollen ihre Herren aller E. wert halten	24,16	ich bin eingewurzelt bei einem gee. Volk
Tit	2,10	damit sie der Lehre Gottes E. machen	35,2	Gottes Gebote e., ist das rechte Dankopfer
1Pt	1,7	euer Glaube befunden werde zu… und E.	10	e. Gott mit deinen Opfern gern
	2,17	*tut E. jedermann*	38,1	e. den Arzt mit gebührender Verehrung 2
	3,7	gebt dem weiblichen Geschlecht E.	44,20	Abraham wurde gee. wie kein andrer
	5,4	*die Krone der E. empfangen*	47,7	man e. (David) mit Lobliedern
2Pt	1,17	er empfing von Gott, dem Vater, E.	1Ma 10,64	sahen, daß ihn der König e. 65.88
Heb	2,7	mit Preis und E. hast du ihn gekrönt 9	11,51	die Juden wurden hoch gee. vom König
	3,3	er ist der E. wert als Mose	2Ma 3,2	wurden die Könige bewogen, die Stadt zu e.
	5,5	sich nicht selbst die E. beigelegt	12	Tempels, der in aller Welt gee. wird 30
	7	er ist erhört worden, weil er Gott in E. hielt	13,23	Antiochus e. den Tempel
	13,4	die Ehe soll in E. gehalten werden bei allen	15,2	den heiligen Tag, den Gott selbst gee.
Off	4,9	wenn die Gestalten E. gaben dem, der	StE 3,6	gesündigt, weil wir ihre Götter gee. haben
	11	du bist würdig, zu nehmen E. 5,12	Mt 15,4	du sollst Vater und Mutter e. 19,19; Mk 7,10; 10,19; Lk 18,20; Eph 6,2
	11,13	gaben dem Gott des Himmels die E.		
	16,9	bekehrten sich nicht, ihm die E. zu geben	6	braucht seinen Vater nicht zu e.
	19,7	laßt uns fröhlich sein und ihm die E. geben	8	dies Volk e. mich mit seinen Lippen Mk 7,6
			Jh 5,23	wer den Sohn nicht e., der e. den Vater nicht
		ehren	8,49	ich e. meinen Vater, aber ihr nehmt
2Mo 20,12		du sollst Vater und Mutter e. 5Mo 5,16; Mt 15,4; 19,19; Mk 7,10; 10,19; Lk 18,20; Eph 6,2	54	wenn ich mich selber e., so ist meine Ehre nichts
			12,26	wer mir dienen wird, den wird mein Vater e.

ehren

Rö	1,25	haben gee. und gedient dem Geschöpf
1Ko	12,26	wenn ein Glied gee. wird, so freuen sich alle
Eph	5,33	die Frau aber e. den Mann
1Ti	5,3	e. die Witwen, die rechte Witwen sind
	6,2	sollen diese nicht weniger e.
1Pt	2,17	e. jedermann... e. den König
	4,16	sondern e. Gott mit diesem Namen
Heb	11,7	durch den Glauben hat Noah Gott gee.

Ehrenkleid

Hi	19,9	er hat mir mein E. ausgezogen

Ehrenkranz

1Ma	11,35	erlassen... die Beiträge zum E. 13,39

Ehrenname

Jes	45,4	rief ich dich und gab dir E.
Wsh	18,24	die E. der Väter waren... eingegraben

Ehrenplatz

Sir	7,4	begehre vom König keinen E.

Ehrentag

Sir	11,4	überhebe dich nicht an deinem E.

ehrenvoll

Wsh	4,8	ein e. Alter muß nicht lange währen
1Ma	11,2	zog ihm entgegen und empfing ihn e.
Rö	9,21	ein Gefäß zu e. und ein anderes zu nicht e. Gebrauch 2Ti 2,20.21

Ehrerbietung

Rö	12,10	einer komme dem andern mit E. zuvor
1Th	4,4	seine eigene Frau zu gewinnen suche in E.

Ehrfurcht

3Mo	26,2	habt E. vor meinem Heiligtum
Kol	2,23	des Leibes nicht schonen, nicht aus E.

ehrfürchtig

Jdt	13,30	fiel (Achior) e. (Judit) zu Füßen

Ehrgeiz

Wsh	14,18	lockte der E. der Künstler auch die an
StE	2,4	weder aus Stolz noch aus E. geschehen

ehrlich

Sir	29,3	handle e. mit ihm, so findest du
	51,18	suchte ich offen und e. die Weisheit
2Ma	5,10	(Jason) hat kein e. Grab gefunden

ehrlos

1Sm	20,30	du Sohn einer e. Mutter
Wsh	5,4	wir hielten sein Ende für e.
Sir	20,28	ein verlogener Mensch ist e.

Ehrung

Jdt	3,9	konnten ihn mit E. nicht milde stimmen
Sir	32,3	damit du dich über ihre E. freuen kannst
1Ma	10,24	will ihnen E. und Geschenke versprechen

Ehud

Ri	3,15	¹der HERR erweckte ihnen einen Retter, E. 16.20.21.23.26; 4,1
1Ch	7,10	²Bilhans Söhne: E. 8,6

Ei

5Mo	22,6	wenn du ein Vogelnest findest mit E.
Hi	39,14	läßt ihre E. auf der Erde liegen
Jes	10,14	zusammengerafft, wie man E. sammelt
	34,15	wird die Natter ihre E. aufhäufen
	59,5	ißt man von ihren E., so muß man sterben
Jer	17,11	wie ein Vogel, der sich über E. setzt
Tob	11,14	löste sich wie das Häutlein von einem E.
Lk	11,12	der ihm, wenn er um ein E. bittet, einen Skorpion dafür biete

Eiche

1Mo	12,6	bei Sichem, bis zur E. More 35,4; 5Mo 11,30; Jos 24,26; Ri 9,6
	35,8	begraben unterhalb von Bethel unter der E.
Jos	19,33	von der E. bei Zaanannim an Ri 4,11
Ri	6,11	der Engel setzte sich unter die E. 19
1Sm	10,3	wirst du zur E. Tabor kommen
2Sm	18,9	blieb sein Haupt an der E. hängen 10.14
1Kö	13,14	fand ihn unter einer E. sitzen
1Ch	10,12	begruben ihre Gebeine unter der E.
Ps	29,9	die Stimme des HERRN läßt E. wirbeln
Jes	1,29	wegen der E., an denen ihr eure Lust habt
	30	wie eine E. mit dürren Blättern
	2,13	über alle E. in Baschan Sa 11,2
	6,13	doch wie bei einer E. und Linde
	44,14	er nimmt Kiefern und E.
Hes	6,13	ihre Erschlagenen liegen unter dichten E.
	27,6	Ruder haben sie aus E. gemacht
Hos	4,13	räuchern sie unter den E., Linden
Am	2,9	der so hoch war... und so stark wie die E.
StD	1,58	er aber antwortete: Unter einer E.

Eichgrund

1Sm	17,2	Saul und die Männer Israels lagerten sich im E. 19; 21,10

Eid

1Mo	24,8	so bist du dieses E. ledig 41
	37	hat einen E. von mir genommen 50,5.25; 2Mo 13,19
	26,3	will meinen E. wahr machen
	28	soll ein E. zwischen uns und dir sein
2Mo	22,10	so soll es zum E. vor dem HERRN kommen
3Mo	5,22	wenn er einen falschen E. schwört 24
4Mo	30,3	wenn jemand einen E. schwört 11.14
5Mo	7,8	seinen E., euren Vätern geschworen Jer 11,5
	29,11	tretest unter den E., den der HERR
	13	schließe diesen E. nicht mit euch allein
Jos	2,17	wir wollen den E. einlösen 20
	9,20	Zorn über uns komme um des E. willen
2Sm	21,7	verschonte Mefi-Boschet um des E. willen
1Kö	18,10	nahm einen E. von dem Volk 2Kö 11,4
1Ch	16,16	E., den er Isaak geschworen Ps 105,9

Eifersuchtsgesetz

2Ch	36,13	der einen E. bei Gott von ihm genommen
Esr	10,5	nahm einen E. von den Priestern Neh 5,12
Neh	10,30	sollen sich mit einem E. verpflichten
Ps	15,4	wer seinen E. hält
	24,4	wer nicht falsche E. schwört
	132,2	(David,) der dem HERRN einen E. schwor
	11	der HERR hat David einen E. geschworen
Pr	8,2	wenn du einen E. bei Gott leisten sollst
	9,2	so geht's auch dem, der den E. scheut
Jer	40,9	Gedalja schwor ihnen einen E.
Hes	16,59	als du den E. verachtet hast 17,16.18.19
	17,13	nahm einen E. von ihm
	21,28	haben sie doch heilige E. empfangen
Sa	8,17	liebt nicht falsche E.
Wsh	12,21	deren Vätern du E. und Bund gegeben 18,22
	14,28	sie schwören leichtfertig falsche E.
Sir	36,10	denke an deinen E.
	44,22	darum verhieß Gott mit einem E.
1Ma	6,62	hielt seinen E. nicht, den er geschworen
	7,15	Alkimus schwor einen E. 18.35.47; 9,71; 2Ma 7,24
2Ma	4,34	gab (Onias) Handschlag und E.
	15,10	wie die Heiden ihre E. gebrochen
Mt	5,33	du sollst dem Herrn deinen E. halten
	14,7	versprach ihr mit einem E. 9; Mk 6,23.26
Lk	1,73	E., den er geschworen Abraham Heb 6,17
Apg	2,30	daß ihm Gott verheißen hatte mit einem E.
	23,14	wir haben uns durch einen E. gebunden
Heb	6,16	der E. dient ihnen zur Bekräftigung
	7,20	das geschah nicht ohne E. 21
	28	dies Wort des E. setzt den Sohn ein
Jak	5,12	schwört weder bei dem Himmel noch mit einem andern E.

Eidechse

3Mo	11,30	(sollen euch unrein sein:) die E.
Spr	30,28	die E. - man greift sie mit den Händen

Eifer

4Mo	25,11	durch seinen E... in meinem E. vertilgte
5Mo	29,19	sein Zorn und E. wird entbrennen
2Sm	21,2	Saul in seinem E. für Israel und Juda
2Kö	10,16	sieh meinen E. für den HERRN
	19,31	der E. des HERRN Zebaoth wird solches tun Jes 9,6; 37,32
Hi	5,2	den Unverständigen bringt der E. um
Ps	69,10	E. um dein Haus hat mich gefressen Jh 2,17
	79,5	meinen E. brennen lassen wie Feuer
Spr	19,2	da ist auch E. nichts nütze
Jes	21,7	soll er darauf achtgeben mit allem E.
	26,11	sie sollen sehen den E. um dein Volk
	42,13	wie ein Kriegsmann kommt er in E.
	59,17	kleidet sich mit E. wie mit einem Mantel
	63,15	wo ist nun dein E.
Hes	16,38	lasse Grimm und E. über dich kommen
	42	mein E. läßt von dir ab
	23,25	will meinen E. gegen dich richten
	36,5	habe in meinem E. geredet 6; 38,19
Ze	3,8	soll durch meines E. Feuer verzehrt werden
Sa	1,14	ich eifere für Zion mit großem E. 8,2
Jdt	9,2	Knechte, die der E. um dich getrieben hat
Wsh	5,18	er wird seinen E. nehmen als Rüstung
	14,17	damit sie durch ihren E... schmeichelten
Sir	30,26	E. und Zorn verkürzen das Leben
	48,2	verringerte ihre Anzahl durch seinen E.
1Ma	2,24	entbrannte voll E. für das Gesetz 26.27.50.54.58
StE	7,7	mit allem E. soll das Volk zusammenkommen
Apg	5,17	alle wurden voll E.
Rö	10,2	ich bezeuge ihnen, daß sie E. für Gott haben
2Ko	7,7	er berichtete uns von eurem E.
	11	welches Mühen hat das in euch gewirkt, dazu E.
	8,7	reich in der Erkenntnis und in allem E.
	16	Gott, der dem Titus solchen E. gegeben
	22	dessen E. wir oft erprobt haben
	11,2	ich eifere um euch mit göttlichem E.
Phl	3,6	nach dem E. ein Verfolger der Gemeinde
Heb	6,11	daß jeder von euch denselben E. beweise
Jak	4,5	mit E. wacht Gott über den Geist

Eiferer

2Mo	34,14	der HERR heißt ein E.
Apg	21,20	alle sind E. für das Gesetz
	22,3	ich war ein E. für Gott wie ihr

eifern

2Mo	20,5	ich, der HERR, bin ein e. Gott 5Mo 5,9
	34,14	ein e. Gott ist (der HERR) 5Mo 4,24; 6,15; Jos 24,19; Nah 1,2
4Mo	11,29	Mose sprach: E. du um meinetwillen
	25,13	weil er für seinen Gott gee. hat
1Kö	19,10	habe gee. für den HERRN 14
Hi	36,33	wenn er mit Zorn e. gegen den Frevel
Ps	119,139	habe mich fast zu Tode gee.
Pr	9,6	ihr Lieben und ihr E. ist längst dahin
Hes	5,13	daß ich es in meinem E. geredet
	39,25	will um meinen heiligen Namen e.
Jo	2,18	dann wird der HERR um sein Land e.
Am	7,16	e. nicht wider das Haus Isaak
Sa	1,14	ich e. für Jerusalem und Zion 8,2
Wsh	1,10	das Ohr des e. Gottes hört alles
Sir	26,8	wenn eine Frau gegen die andre e.
Rö	10,2	*sie e. um Gott, aber mit Unverstand*
1Ko	13,4	die Liebe e. nicht
2Ko	11,2	ich e. um euch mit göttlichem Eifer
Gal	1,14	(ich) e. für die Satzungen der Väter
	4,17	nicht recht, wie sie um euch e... um sie e.
Jak	4,5	der Geist begehrt und e.

Eifersucht

4Mo	5,14	der Geist der E. kommt über ihn 30
5Mo	32,16	hat ihn zur E. gereizt durch fremde Götter
Spr	6,34	E. erweckt den Grimm des Mannes
	14,30	E. ist Eiter in den Gebeinen
	27,4	wer kann vor der E. bestehen
Pr	4,4	da ist nur E. des einen auf den andern
Sir	40,4	da sind immer Zorn, E., Kummer
Apg	5,17	erfüllt von E.
Rö	13,13	laßt uns leben, nicht in Hader und E.
1Ko	3,3	wenn E. und Zank unter euch sind
Gal	5,20	(Werke des Fleisches:) E.

eifersüchtig

4Mo	5,14	daß er auf seine Frau e. wird 30
Sir	9,1	wache nicht zu e. über die Frau in d. Armen
Rö	10,19	ich will euch e. machen auf ein Nicht-Volk

Eifersuchtsgesetz

4Mo	5,29	das ist das E.

Eifersuchtsopfer

Eifersuchtsopfer
4Mo 5,15 es ist ein E. 18.25

eifrig
Ze	3,7	sind von jeher e., alles Böse zu tun
Sir	4,13	wer (Weisheit) e. sucht, wird Freude haben
	18,14	alle, die e. auf sein Wort hören
	31,27	bei allem, was du tust, sei e.
2Ko	8,8	weil andere so e. sind, prüfe ich auch
	17	weil er so e. war, ist er zu euch gereist
	22	nun ist er noch viel e. aus großem Vertrauen
Gal	2,10	was ich mich auch e. bemüht habe
	4,18	*e. umworben zu werden ist gut*
Phl	4,10	daß ihr wieder e. geworden seid, für mich zu sorgen
2Ti	1,17	in Rom suchte er mich e.
Tit	2,14	Volk, das e. wäre zu guten Werken
Off	3,19	sei nun e. und tue Buße

eigen
1Mo	30,40	Jakob machte sich e. Herden
	38,9	daß die Kinder nicht sein e. sein sollten
	40,5	träumte einem jeden ein e. Traum
	47,20	wurde das Land dem Pharao zu e. 26
	48,4	will dies Land zu e. geben deinen Nachkommen 2Mo 6,8
3Mo	16,24	soll seine e. Kleider anziehen
	25,45	die mögt ihr zu e. haben
4Mo	18,6	die dem HERRN zu e. gegeben sind
	32,5	gib das Land deinen Knechten zu e. 22.29
5Mo	19,3	Gebiet, das dir der HERR zu e. geben wird
	26,18	daß du sein e. Volk sein wollest
1Sm	18,1	gewann ihn lieb wie sein e. Herz. 3; 20,17
	25,26	dir nicht e. Hand zu helfen 33
2Sm	12,11	Unheil über dich… aus deinem e. Hause
2Kö	18,27	daß sie ihren e. Mist fressen Jes 36,12
1Ch	4,33	hatten ihr e. Geschlechtsregister
	29,3	da ich e. Gut an Gold und Silber habe
2Ch	13,9	habt euch e. Priester gemacht
	32,21	die von seinem e. Leibe gekommen waren
Hi	14,22	sein e. Fleisch macht ihm Schmerzen
	18,7	sein e. Plan wird ihn fällen
Ps	106,5	uns rühmen mit denen, die dein e. sind
Spr	10,22	nichts tut e. Mühe hinzu
	20,2	der sündigt wider das e. Leben
Pr	4,5	ein Tor verzehrt sein e. Fleisch
Jes	44,5	ein anderer wird… „Dem HERRN e."
	45,14	werden kommen und dein e. sein
	49,26	sättigen mit ihrem e. Fleisch… e. Blut
	65,2	das nach seinen e. Gedanken wandelt
Jer	5,31	die Priester herrschen auf e. Faust
	23,31	Propheten, die ihr e. Wort führen 36
Klg	5,4	unser e. Holz müssen wir bezahlen
Hes	13,2	die aus e. Antrieb weissagen 3.17
	14,20	retten… allein ihr e. Leben
	22,11	entehren ihre e. Schwiegertochter
Mi	7,6	Menschen Feinde sind seine e. Hausgenossen
Jdt	9,10	bestrafe ihn durch sein e. Schwert
Wsh	12,23	quältest… mit ihren e. Götzen
	16,23	wie Feuer seine e. Kraft vergessen mußte
Tob	1,24	der König von seinen e. Söhnen erschlagen
Sir	11,35	dich in deinem e. Haus zum Fremden
	13,20	jedes Geschöpf hält sich zu seiner e. Art
	21,12	wer… hält, folgt seinem e. Kopf nicht
	29,29	besser ein armes Leben in der e. Hütte
	30,22	plage dich nicht mit deinen e. Gedanken
Sir	32,26	hüte dich vor deinen e. Kindern
	33,31	du hast ihn nötig wie dein e. Leben
	34,5	e. Weissagung und Träume sind nichts
	37,8	einige raten zu ihrem e. Nutzen
1Ma	7,6	verklagten ihr e. Volk beim König
	10,37	die Juden sollen e. Hauptleute haben
	40	von meinem e. Einkommen geben 45; 14,32; 2Ma 9,16
	72	Väter in ihrem e. Lande geschlagen
	12,23	soll sein, als wäre es euer e.
	15,6	Recht, e. Münze in d. Lande zu schlagen
	16,24	das ist beschrieben in einem e. Buch
StD	1,61	aus ihren e. Worten überführt
	2,10	die Tür mit deinem e. Ring versiegeln
Mt	6,34	genug, daß jeder Tag seine e. Plage hat
	27,60	legte ihn in sein e. neues Grab
Mk	15,20	*zogen ihm seine e. Kleider an*
Lk	6,44	jeder Baum wird an seiner e. Frucht erkannt
	14,26	*hasset nicht sein e. Leben*
	19,22	mit deinen e. Worten richte ich dich
Jh	5,43	wenn ein anderer kommen wird in seinem e. Namen
	7,18	wer von sich selbst aus redet, der sucht seine e. Ehre
	8,44	so spricht er aus dem E.
	10,12	*der Mietling, des die Schafe nicht e. sind*
Apg	2,6	jeder hörte sie in seiner e. Sprache reden 8
	3,12	als hätten wir durch e. Kraft bewirkt
	14,16	hat alle Heiden ihre e. Wege gehen lassen
	20,28	Gemeinde, die er durch sein e. Blut erworben hat
	27,19	mit e. Händen das Schiffsgerät hinaus
	28,30	Paulus blieb zwei volle Jahre in seiner e. Wohnung
Rö	4,19	als er auf seinen e. Leib sah
	8,32	der seinen e. Sohn nicht verschont hat
	10,3	sie suchen ihre e. Gerechtigkeit aufzurichten
	11,24	die natürlichen Zweige wieder in ihren e. Ölbaum
	25	*nicht auf e. Klugheit verlaßt*
1Ko	4,12	arbeiten mit unsern e. Händen
	6,18	wer Hurerei treibt, der sündigt am e. Leibe
	19	*ihr seid nicht euer e.*
	7,2	soll jeder seine e. Frau haben
	7	jeder hat seine e. Gabe von Gott
	35	das sage ich zu eurem e. Nutzen
	9,7	*in den Krieg auf seinen e. Sold*
	17	aus e. Willen… e. Willen
	10,29	ich rede nicht von deinem e. Gewissen
	11,21	jeder nimmt beim Essen sein e. Mahl vorweg
	15,38	Gott gibt einem jeden Samen seinen e. Leib
Gal	6,4	jeder prüfe sein e. Werk
	5	jeder wird seine e. Last tragen
	11	seht, was ich schreibe mit e. Hand Phm 19
Eph	4,28	schaffe mit e. Händen das nötige Gut
	5,28	ihre Frauen lieben wie ihren e. Leib
	29	niemand hat je sein e. Fleisch gehaßt
1Th	4,4	daß ein jeder seine e. Frau zu gewinnen suche
	11	mit euren e. Händen arbeitet, wie wir euch geboten haben
2Th	3,12	daß sie ihr e. Brot essen
1Ti	3,4	einer, der seinem e. Haus gut vorsteht 5.12
	5,4	lernen, zuerst im e. Hause fromm zu leben
2Ti	4,3	nach e. Gelüsten werden sie sich selbst Lehrer aufladen
Tit	1,12	einer von ihnen, ihr e. Prophet
Phm	12	den sende ich dir wieder zurück und damit mein e. Herz

2Pt	1,20	keine... eine Sache e. Auslegung
	3,3	die ihren e. Begierden nachgehen
	16	zu ihrer e. Verdammnis
Heb	7,5	also von ihren e. Brüdern
	27	zuerst für die e. Sünden Opfer darzubringen 9,7
	9,12	durch sein e. Blut in das Heiligtum eingegangen
	26	durch sein e. Opfer die Sünde aufzuheben
	13,12	Jesus, damit er das Volk heilige durch sein e. Blut
Jak	1,14	wird von seinen e. Begierden gelockt
Jud	13	die ihre e. Schande ausschäumen
	18	Spötter, die nach ihren e. Begierden leben

Eigenart

Wsh	19,6	die ganze Schöpfung in ihrer E.

eigenhändig

1Ko	16,21	hier mein, des Paulus, e. Gruß

Eigennutz

Phl	1,17	jene verkündigen Christus aus E.
	2,3	tut nichts aus E. oder um eitler Ehre willen

Eigensinn

Sir	47,28	der das Volk durch E. zum Abfall brachte
StE	1,3	Volk, das Frieden durch E. verhindert

eigensinnig

Tit	1,7	ein Bischof soll sein nicht e.
2Pt	2,10	frech und e., schrecken sie nicht zurück

eigentlich

Wsh	17,13	Ratlosigkeit schlimmer als die e. Ursache
1Ti	5,5	*das ist recht e. eine Witwe*

Eigentum

1Mo	23,17	wurde Ephrons Acker Abraham zum E.
	32,18	wessen E. ist, was du vor dir hertreibst
2Mo	19,5	sollt mein E. sein vor allen Völkern
3Mo	25,34	denn das ist ihr E. für immer 46; Hes 45,5
	27,21	soll des Priesters E. sein
5Mo	7,6	erwählt zum Volk des E. 14,2
	32,49	Kanaan, den *Israeliten zum E. geben
2Ch	20,11	kommen, uns auszutreiben aus deinem E.
Neh	11,3	wohnten jeder in seinem E.
Ps	2,8	will dir geben der Welt Enden zum E.
	135,4	der HERR hat erwählt Israel zu seinem E.
Jer	2,7	machtet mein E. mir zum Greuel
Hes	11,15	uns ist das Land zum E. gegeben
	44,28	ihnen kein E. an Land geben; ich bin ihr E.
	45,6	der Stadt sollt ihr E. zuweisen 7.8; 48,20-22
	46,18	um sie aus ihrem E. zu verdrängen
Mal	3,17	sie sollen an dem Tage mein E. sein
Sir	14,5	wird wenig Freude an seinem E. haben
	36,17	die von Anfang an dein E. gewesen sind
1Ma	10,89	schenkte er ihm Ekron zum E.
StE	2,6	verachte dein E. nicht
Jh	1,11	er kam in sein E.
Apg	7,5	er gab ihm kein E. darin
Eph	1,14	Erlösung, daß wir sein E. würden
Tit	2,14	reinigte sich selbst ein Volk zum E.

1Pt	2,9	ihr seid das Volk des E.

Eile

1Mo	19,15	drängten die Engel Lot zur E.
2Kö	7,15	voll von Geräten... in der E. weggeworfen
Jes	52,12	sollt nicht in E. ausziehen
Tob	11,10	stieß sich vor lauter E.
Mk	6,25	*sie ging mit E. zum König*

Eilebeute

Jes	8,1	schreib darauf: Raubebald-E. 3

eilen

1Mo	18,6	Abraham e. zu Sara: E. und menge 7
	19,22	e. und rette dich dahin
	24,20	(Rebekka) e. und goß den Krug aus
	45,9	e. und zieht hinauf zu meinem Vater 13
Jos	8,19	sie e. und steckten (die Stadt) an
1Sm	9,12	e., er ist heute in die Stadt gekommen
	20,38	rasch, e. und halte dich nicht auf
	23,26	David e., Saul zu entgehen
	25,18	da e. Abigajil und nahm 200 Brote
2Sm	5,24	und wenn du hörst... so e.
	15,14	David sprach: E., daß wir gehen
2Ch	24,5	e., solches zu tun! Die Leviten e. nicht
	26,20	stießen ihn fort, und er e. auch selbst
	35,21	Gott hat gesagt, ich e.
Est	5,5	e. und holt Haman 6,10.12
Hi	31,5	ist mein Fuß gee. zum Betrug
Ps	22,20	e., mir zu helfen 40,14; 70,2; 71,12
	38,23	mir beizustehen, Herr, du meine Hilfe
	55,9	ich wollte e., daß ich entrinne
	70,6	Gott, e. zu mir 141,1
	119,60	ich e. und säume nicht
Spr	1,16	ihre Füße e., Blut zu vergießen
	7,23	wie ein Vogel zur Schlinge e.
	20,21	das Erbe, nach dem man zuerst sehr e.
	28,20	wer e., reich zu werden, wird nicht
Pr	5,1	laß dein Herz nicht e., zu reden vor Gott
Nah	2,6	seine Gewaltigen, sie e. zur Mauer
Hab	1,8	wie die Adler e. zum Fraß
Ze	1,14	des HERRN großer Tag ist nahe und e. sehr
Hag	1,9	jeder nur e., für sein Haus zu sorgen
1Ma	10,83	e. in den Tempel des Götzen Dagon
Lk	8,4	als sie aus den Städten zu ihm e.
Apg	20,16	Paulus e., in Jerusalem zu sein
	22,18	sprach zu mir: E. und mach dich schnell auf aus Jerusalem
Rö	3,15	ihre Füße e., Blut zu vergießen
2Pt	3,12	*die ihr e. zu der Ankunft des Tages Gottes*

eilend, eilends

1Mo	24,18	e. ließ sie den Krug hernieder 46
	64	da stieg (Rebekka) e. vom Kamel
	41,14	ließen ihn e. aus dem Gefängnis
	32	daß Gott solches gewiß und e. tun wird
	44,11	legten e. ein jeder seinen Sack ab
2Mo	10,16	ließ der Pharao e. Mose und Aaron rufen
	12,33	trieben es e. aus dem Lande
	34,8	Mose neigte sich e. zur Erde
4Mo	17,11	geh. und schaffe Sühne
5Mo	9,12	mach dich auf, geh e. hinab von hier
Jos	2,5	jagt ihnen e. nach
	4,10	das Volk ging e. hinüber
	8,14	machten die Männer der Stadt sich e. auf
	19	da brach der Hinterhalt e. auf Ri 20,37

eilend

Jos	10,6	komm e. zu uns herauf, rette und hilf uns
Ri	9,54	da rief Abimelech e. seinen Waffenträger
	13,10	da lief sie e. und sagte es ihrem Mann
1Sm	4,14	da kam der Mann e. und sagte es Eli
	17,17	bringe sie e. ins Lager zu deinen Brüdern
	48	lief David e. dem Philister entgegen
	23,27	komm e., die Philister sind eingefallen
	25,23	stieg (Abigajil) e. vom Esel 34.42
	28,24	das schlachtete sie e.
2Sm	4,4	während sie e. floh, fiel er hin
	17,16	so sendet nun e. hin 18.21
	19,17	(Schimi) zog e. hinab David entgegen
1Kö	12,18	Rehabeam stieg e. auf einen Wagen 2Ch 10,18
	20,41	tat e. die Binde von seinem Angesicht
	22,9	bringe e. her Micha 2Ch 18,8
2Kö	1,11	so spricht der König: Komm e. herab Esr 4,23; Est 3,15; 8,14
	4,22	will e. zu dem Mann Gottes
	9,13	nahm jeder e. sein Kleid
Est	6,14	geleiteten Haman e. zu dem Mahl
Ps	31,3	hilf mir e.! Sei mir ein Fels
	69,18	erhöre mich e.
Jes	5,19	er lasse e. und bald kommen sein Werk
	26	e. und schnell kommen sie daher
	51,14	der Gefangene wird e. losgegeben
	60,22	will es zu seiner Zeit e. ausrichten
Jer	49,19	will sie e. daraus wegtreiben 50,44
	30	hebt euch e. davon
Dan	2,25	Arjoch brachte Daniel e. hinein
	6,7	kamen die Fürsten e. vor den König
	12	da kamen jene Männer e. gelaufen
	20	der König ging e. zur Grube
Jo	4,4	will ich's euch e. und bald heimzahlen
Jon	4,2	weshalb ich e. nach Tarsis fliehen wollte
Wsh	18,21	e. kam der untadelige Mann
Sir	21,6	seine Rache wird e. kommen
	32,16	geh e. heim und sei nicht leichtsinnig
1Ma	2,32	da zogen sie e. hinter ihnen her
	6,63	zog e. nach Antiochien 2Ma 5,21
	11,22	sondern e. nach Ptolemais kommen sollte
	13,10	daß man e. die Mauern von Jerus. ausbaute
	22	wollte Tryphon sich e. aufmachen
2Ma	4,31	da machte sich der König e. auf
	9,14	die hl. Stadt, auf die er e. zugefahren
	11,37	sendet e. einige Leute
	14,27	er sollte e. Makkabäus gefangennehmen
StD	1,38	liefen wir e. hinzu und fanden sie
	50	die Menge kehrte e. wieder um
Mt	28,7	geht e. hin und sagt seinen Jüngern 8
Lk	1,39	Maria ging e. in das Gebirge
	2,16	sie kamen e. und fanden beide, Maria und Josef
	19,5	Zachäus, steig e. herunter 6
Jh	11,29	stand sie e. auf und kam zu ihm 31
Tit	3,12	komm e. zu mir nach Nikopolis

eilig

1Sm	21,9	die Sache des Königs war e.
Wsh	19,2	nachdem sie sie e. entlassen hatten
Mk	6,25	da ging sie sogleich e. hinein zum König
Phl	2,28	ich habe ihn nun um so e. gesandt, damit ihr

Eimer

4Mo	24,7	sein E. fließt von Wasser über
1Kö	5,25	20.000 E. Öl 2Ch 2,9; Esr 7,22; Hes 45,11.14
	7,26	gingen 2.000 E. hinein 38; 2Ch 4,5
	18,34	holt vier E. voll Wasser
Pr	12,6	ehe der E. zerschellt an der Quelle
Jes	5,10	zehn Morgen sollen nur einen E. geben
	40,15	sind geachtet wie ein Tropfen am E.
Hes	45,11	ein Scheffel und ein E. sollen gleich sein
	11	ein E. den zehnten Teil von einem Faß 14
Hag	2,16	meinte, fünfzig E. zu schöpfen
StD	2,2	mußte man täglich opfern sechs E. Wein
Lk	16,6	er sprach: Hundert E. Öl

ein (Zahlwort)

1Mo	2,21	(Gott) nahm e. seiner Rippen
	24	werden sein e. Fleisch Mt 19,5.6; Mk 10,8; 1Ko 6,16; Eph 5,31
	15,3	e. von meinen Knechten wird mein Erbe
	27,38	hast du denn nur e. Segen, mein Vater
	45	sollte beider beraubt werden auf e. Tag
	30,24	der HERR wolle mir noch e. Sohn geben
	33,13	wenn sie nur e. Tag übertrieben würden
	34,16	wollen e. Volk sein 22
	40,5	träumte ihnen beiden in e. Nacht 41,11
	41,5	sieben Ähren an e. Halm wuchsen 22
	42,11	sind alle e. Mannes Söhne 13; 43,14
	13	der e. ist nicht mehr vorhanden 32; 44,28
	16	sendet e. von euch hin 19.33
	45,22	jedem e. Feierkleid, aber Benjamin fünf
2Mo	8,27	daß auch nicht e. übrigblieb 10,19
	9,6	von dem Vieh starb nicht e. 7
	10,26	nicht e. Klaue darf dahintenbleiben
	11,1	e. Plage lasse ich noch kommen lassen
	12,46	in e. Hause soll man es verzehren
	14,28	daß nicht e. übrigblieb Ps 106,11
	23,29	will sie nicht in e. Jahr ausstoßen
	24,3	antwortete alles Volk wie aus e. Munde
	26,6	damit es e. Wohnung werde 36,13
	33,5	wenn ich nur e. Augenblick mit dir
3Mo	22,28	nicht mit s. Jungen an e. Tage schlachten
	26,26	zehn Frauen sollen... in e. Ofen backen
	27,6	von e. Monat an... sollst du schätzen 4Mo 3,15.22.28.34.39.40.43; 9,22; 26,62
4Mo	7,3	e. Wagen für 2... e. Stier für e. Fürsten 11
	10,4	wenn man nur mit e. bläst
	11,19	nicht e. Tag, nicht zwei, nicht fünf 20.21.31
	13,2	aus jedem Stamm je e. Mann 5Mo 1,23; Jos 3,12; 4,2.4.5
	14,15	würdest du dies Volk töten wie e. Mann
	15,15	gelte nur e. Satzung
	16,15	habe nicht e. Esel von ihnen genommen
	18,16	auslösen, wenn's e. Monat alt ist
	31,49	es fehlt nicht e.
5Mo	7,14	unfruchtbar, auch nicht e. deiner Tiere
	17,6	auf e. Zeugen Mund soll er nicht sterben
	21,15	e., die er, und e., die er nicht liebhat
	28,7	auf e. Weg sollen sie ausziehen 25
	32,30	wie... e. tausend jagen Jos 23,10
Jos	8,17	daß nicht e. Mann zurückblieb Ri 3,29; 4,16; 2Sm 13,30
	17,14	warum nur e. Los und e. Erbteil 17
Ri	6,16	die Midianiter schlagen sollst wie e. Mann
	8,24	Gideon sprach: E. begehre ich
	9,2	70 Männer... Herrscher seien oder e. Mann
	5	tötete 70 Mann auf e. Stein 18
	16,28	gib mir Kraft, Gott, noch dies e. Mal
	18,19	Priester in e. Mannes Haus
	20,1	die Gemeinde versammelte sich wie e. Mann 8.11; Esr 3,1; Neh 8,1
	21,6	heute ist e. Stamm von Israel abgeschlagen
1Sm	1,5	aber Hanna gab er e. Stück traurig
	2,34	an e. Tag werden sie beide sterben
	11,7	daß sie auszogen wie e. Mann

1Sm	20,3	nur e. Schritt zwischen mir und dem Tode	Sir	20,14	mit e. Auge gibt er, mit sieben wartet er
	22,20	es entrann aber e. Sohn Ahimelechs		46,5	e. Tag wurde so lange wie zwei
	25,22	wenn ich e. übriglasse 34	Mt	5,19	wer e. von diesen Geboten auflöst
	26,8	an den Boden spießen mit e. Mal		29	besser, daß e. deiner Glieder verderbe 30
2Sm	2,25	die Benjaminiter bildeten e. Schar		41	wenn dich jemand nötigt, e. Meile mitzugehen
	3,13	e. fordere ich von dir		6,27	der s. Lebens Länge e. Spanne zusetzen könnte
	17,3	trachtest ja nur e. Mann nach dem Leben			
	19,15	wandte das Herz aller wie e. Mannes		8,8	sprich nur e. Wort, so wird... gesund Lk 7,7
1Kö	2,16	nun bitte ich e. von dir 20		10,29	kauft man zwei Sperlinge für e. Groschen
	3,17	ich und diese Frau wohnten in e. Hause		18,12	wenn e. unter ihnen sich verirrte
	4,19	e. Amtmann war in diesem Lande		14	daß auch nur e. von diesen Kleinen verloren werde
	8,56	nicht e. dahingefallen von seinen Worten			
	11,13	e. Stamm will ich deinem Sohn lassen 32.36		19,17	gut ist nur E.
	15,29	ließ auch nicht e. übrig 2Kö 10,24		20,12	diese letzten haben nur e. Stunde gearbeitet
	20,29	schlug 100.000 Mann an e. Tag 2Ch 28,6		23,8	denn e. ist euer Meister
	22,8	ist noch e. hier, Micha 2Ch 18,7		9	denn e. ist euer Vater
2Kö	8,26	Ahasja regierte e. Jahr		10	denn e. ist euer Lehrer: Christus
1Ch	12,39	war das ganze Israel e. Herzens		15	damit ihr einen Judengenossen gewinnt
2Ch	5,13	als wäre es e., der trompetete, als hörte man e. Stimme loben und danken	Mk	10,21	e. fehlt dir Lk 18,22
			Lk	3,16	es kommt e., der ist stärker als ich
	32,12	vor e. Altar sollt ihr anbeten		10,42	e. aber ist not
Est	3,13	man solle töten alle Juden auf e. Tag 8,12		12,52	werden fünf in e. Hause uneins sein
Hi	9,3	kann ihm auf tausend nicht e. antworten		15,7	Freude über e. Sünder, der Buße tut 10
	23,13	doch er ist der e.		17,34	in jener Nacht werden zwei auf e. Bett liegen
	31,15	hat nicht der E. uns bereitet			
	35	o hätte ich e., der mich anhört	Jh	7,48	glaubt denn e. von den Oberen an ihn
	33,23	kommt dann ein Engel, e. aus tausend		10,16	es wird e. Herde und e. Hirte werden
Ps	14,3	keiner, der Gutes tut, auch nicht e. 53,4		11,50	besser, e. Mensch sterbe für das Volk 18,14
	27,4	e. bitte ich vom HERRN	Apg	4,32	die Menge der Gläubigen war e. Herz und e. Seele
	34,21	daß nicht e. zerbrochen wird			
	62,4	wie lange stellt ihr alle e. nach		17,26	aus e. Menschen das ganze Menschengeschlecht
	84,11	e. Tag in deinen Vorhöfen ist besser			
	86,11	erhalte mein Herz bei dem e., daß ich	Rö	3,10	da ist keiner, der gerecht ist, auch nicht e. 12; 1Ko 6,5
Spr	1,14	e. Beutel nur soll es für uns alle geben			
	20,6	wer findet e., der zuverlässig ist		30	es ist der e. Gott, der gerecht macht die Juden
Pr	3,19	sie haben alle e. Odem			
	20	es fährt alles an e. Ort 6,6		5,12	wie durch e. Menschen die Sünde in die Welt gekommen ist 15-19; 1Ko 15,21
	4,12	e. mag überwältigt werden, aber zwei			
	7,28	unter tausend habe ich e. Mann gefunden		12,5	so sind wir viele e. Leib in Christus 4; 1Ko 10,17; 12,12-14.19.20.26; Gal 3,28
	12,11	die Sprüche sind von e. Hirten gegeben			
Hl	6,9	aber e. ist meine Taube, meine Reine		16	seid e. Sinnes untereinander 1Ko 1,10; Phl 2,2; 4,2
Jes	4,1	sieben Frauen werden e. Mann ergreifen			
	5,10	zehn Morgen Weinberg nur e. Eimer und zehn Scheffel Saat nur e. Scheffel	1Ko	1,10	daß ihr alle mit e. Stimme redet
				8,4	es gibt keinen Gott als den e. 6; Gal 3,20; 1Ti 2,5; Jak 2,19; 4,12
	9,13	haut der HERR ab... auf e. Tag 10,17			
	47,9	beides wird kommen auf e. Tag		6	so haben wir doch nur e. Herrn, Jesus Christus
	66,8	ward ein Land an e. Tage geboren			
Jer	33,17	es soll niemals fehlen an e. 18		12,4	es sind verschiedene Gaben; aber es ist e. Geist 9.11
	48,8	daß nicht e. Stadt entrinnen wird			
Hes	1,26	auf dem Thron saß e. 28; 9,2; 43,6	2Ko	5,14	wenn e. für alle gestorben ist, so sind sie alle
	21,24	sollen beide von e. Land ausgehen	Gal	5,14	das ganze Gesetz ist in e. Wort erfüllt
	23,2	es waren zwei Frauen, Töchter e. Mutter	Heb	10,12	dieser aber hat e. Opfer für die Sünden dargebracht
	37,17	daß es e. Holz werde 19			
	22	sollen allesamt e. König haben		12,16	der um e. Speise willen seine Erstgeburt verkaufte
	39,28	der ich nicht e. zurücklasse			
Dan	11,27	werden an e. Tisch verlogen mitein. reden	Jak	4,12	e. ist der Gesetzgeber und Richter
Hos	2,2	werden sich e. gemeinsames Haupt erwählen	Off	18,10	in e. Stunde ist dein Gericht gekommen 17. 19
Am	4,8	werden zwei, drei Städte zu e. Stadt			
	6,9	wenn zehn Männer in e. Hause übrigbleiben			**einander**
Sa	8,23	zehn Männer e. jüdischen Mann ergreifen	1Mo	42,28	blickten e. erschrocken an
	11,8	vertilgte die drei Hirten in e. Monat	2Mo	14,20	so kamen die Heere e. nicht näher
Mal	2,10	haben wir nicht alle e. Vater? Hat uns nicht e. Gott geschaffen	1Sm	20,41	(Jonatan und David)
			2Sm	1,23	Saul und Jonatan, e. zugetan
	15	nicht e. hat das getan, in dem noch Geist		21,7	den David und Jonatan e. geschworen
Wsh	7,27	obwohl sie nur e. ist, kann sie doch alles	1Kö	7,4	Fenster waren e. gegenüber dreimal 5
Tob	12,15	Rafael, e. von den sieben Engeln		20,29	lagen e. gegenüber sieben Tage
Sir	1,7	e. ist's, der Allerhöchste	2Ch	20,23	sie wurden e. zum Verderben
	6,6	zum Ratgeber nimm unter tausend nur e.			
	7,12	gibt e., der erniedrigen und erhöhen kann			
	16,3	besser e. frommes Kind als tausend gottlose			

einander

Ps	85,11	daß Güte und Treue e. begegnen
Spr	22,2	Reiche und Arme begegnen e. 29,13
Jes	34,14	da werden wilde Hunde e. treffen
Hes	1,11	je zwei Flügel berührten e.
Dan	11,27	bedacht sein, wie sie e. schaden können
Wsh	1,11	was ihr e. in die Ohren redet
StD	1,10	verrieten e. ihre Leidenschaft nicht
Mt	18,35	wenn ihr e. nicht von Herzen vergebt
Lk	7,32	die auf dem Markt sitzen und rufen e. zu
	23,12	vorher waren sie e. feind
Jh	13,34	damit auch ihr e. liebhabt
Rö	2,15	die Gedanken, die e. anklagen
	15,7	nehmt e. an, wie Christus euch angenommen
Gal	5,26	laßt uns e. nicht herausfordern
Eph	5,19	ermuntert e. mit Psalmen und Lobgesängen
	21	ordnet euch e. unter in der Furcht Christi
Kol	3,9	belügt e. nicht
	16	ermahnt e. in aller Weisheit
1Pt	4,10	dient e., ein jeder mit der Gabe, die er empfangen hat
1Jh	4,7	ihr Lieben, laßt uns e. liebhaben
Heb	10,25	sondern e. ermahnen
Jak	4,11	verleumdet e. nicht
	5,16	bekennt e. eure Sünden
Off	11,10	die auf Erden werden e. Geschenke senden

einätzen

3Mo	19,28	sollt an eurem Leibe keine Zeichen e.

einäugig

Mt	18,9	besser, daß du e. zum Leben eingehst Mk 9,47

einberufen

Hes	16,40	sollen eine Versammlung gegen dich e. 23,46

einbinden

1Sm	25,29	soll das Leben meines Herrn eing. sein

einblasen

Wsh	15,11	der ihm den lebendigen Geist eing. hat

einbohren

Apg	27,41	das Vorderschiff b. sich e.

einbrechen

2Sm	23,16	*b. in das Lager der Philister e.
2Kö	25,4	da b. man in die Stadt e. Jer 39,2
1Ch	11,18	da b. die Drei in das Lager e.
2Ch	21,17	b. in Juda e. und führten alle Habe weg
Hi	24,16	im Finstern b. man e.
Jes	8,8	sie werden e. in Juda
Mi	5,4	wenn Assur in unsere festen Häuser e. 5
	7	Löwe, dem niemand wehren kann, wenn er e.
Mt	6,19	wo die Diebe e. und stehlen 20
	24,43	würde er nicht in sein Haus e. lassen Lk 12,39

einbringen

2Mo	16,5	wenn sie zubereiten, was sie e.
3Mo	23,39	wenn ihr die Früchte des Landes e. 5Mo 26,2
2Sm	9,10	bearbeite ihm s. Acker und b. die Ernte e.
2Ch	24,6	daß sie von Juda die Steuer e.
Hi	5,26	wie Garben eing. werden
	39,12	trauen, daß er dein Korn e.
Ps	39,7	wissen nicht, wer es e. wird
Spr	18,20	was seine Lippen ihm e.
Jes	17,11	wenn du die Garben e. willst
	62,9	die ihn e., sollen ihn trinken
Hag	1,6	ihr säet viel und b. wenig ein
Wsh	5,8	was b. uns nun der Reichtum e.
Tob	2,22	sieht man, daß deine Almosen nichts e.
Lk	19,16	Herr, dein Pfund hat zehn Pfund eing.
Apg	16,16	die brachte ihren Herren viel Gewinn e.

einbrocken

StD	2,32	Habakuk hatte Brot eing. in eine Schüssel

Einbruch

2Mo	22,1	wenn ein Dieb ergriffen wird beim E.
Jer	2,34	Unschuldige, die du nicht beim E. ertappt

eindrängen

Gal	2,4	es hatten sich einige falsche Brüder mit eing.

eindringen

1Mo	19,9	sie d. hart e. auf den Mann Lot
	43,18	man will auf uns e.
Ri	18,17	die fünf Männer d. dort e.
2Kö	7,12	wollen sie ergreifen und in die Stadt e.
2Ch	27,2	nur d. er nicht in den Tempel des HERRN e.
Hes	26,10	wenn er in deine Tore e., wie man e. in
Dan	11,7	der wird in seine Festung e. 9
1Ma	6,38	um geschlossen in ihre Reihen e.
2Ma	2,31	in die Dinge e. und sie zu durchforschen
	3,25	Pferd d. mit den Vorderfüßen auf ihn e.
	14,43	als die Menge in die Türen e.
Mt	12,29	wie kann jemand in das Haus eines Starken e. Mk 3,27
Mk	4,19	die Begierden nach allem andern d.e.
Lk	11,53	fingen die Schriftgelehrten an, auf ihn e.

einer - anderer

1Mo	4,19	e. hieß Ada, die a. Zilla 2Mo 1,15; 18,3.4; 4Mo 11,26; Rut 1,4; 1Sm 1,2; 2Sm 4,2
	13,11	also trennte sich e. Bruder von dem a.
	15,10	legte je e. Teil dem a. gegenüber
	25,23	e. Volk wird dem a. überlegen sein
	26,31	e. schwor dem a.
	32,9	wenn über das e. Lager, wird das a. entrinnen
	17	laßt Raum zwischen e. Herde und der a.
	47,21	von e. Ende Ägyptens ans a.
2Mo	4,8	nicht hören bei dem e., so doch bei dem a.
	16,17	sammelten, der e. viel, der a. wenig
	18,16	damit ich richte zwischen dem e. und dem a.
	21,18	e. schlägt den a. mit einem Stein
	36	soll er e. Rind für das a. erstatten
	22,8	wenn e. den a. beschuldigt
	25,12	Ringe auf der e. Seite und auf der a. 26,26. 27; 27,14.15; 36,31.32; 38,14.15
	19	e. Cherub an diesem, der a. an jenem 37,8
	26,3	zusammengefügt, e. an den a. 5.6.17; 36,10.12. 13.16.22
	28	Mittelriegel von e. Ende zu dem a. 36,33
	29,39	e. Schaf am Morgen, das a. 40.41; 4Mo 28,4

2Mo	30,34	nimm vom e. soviel wie vom a.
	32,27	gehe durch das Lager von e. Tor zum a.
3Mo	5,7	Tauben, die e. zum Sündopfer, die a. zum Brandopfer 12,8; 14,22.30; 15,15.30; 4Mo 6,11; 8,12
	6,13	die e. Hälfte morgens, die a. abends
	7,10	sollen allen gehören, e. wie dem a.
	16,8	e. Los dem HERRN und das a. dem Asasel
	19,11	nicht betrügerisch handeln e. mit dem a.
	26,37	e. soll über den a. hinfallen
	27,10	auswechselt e. Tier gegen das a.
4Mo	14,4	e. sprach zu dem a. Ri 6,29; 2Kö 7,3.9; Jes 6,3; Jon 1,7; *Apg 2,12*
	30,15	wenn er dazu schweigt von e. Tage zum a.
	31,27	gib die e. Hälfte denen, die a. der Gemeinde
	36,7	von e. Stamm an den a. fallen 9
5Mo	4,32	von e. Ende des Himmels zum a. Mt 24,31; Lk 17,24
	13,8	von e. Ende der Erde bis ans a. 28,64; Jer 25,33
Jos	7,14	e. Stamm nach dem a ... e. Geschlecht nach dem a ... e. Haus nach dem a. 16; 8,33
	21,42	jede hatte ihren Weideplatz, e. wie die a.
	22,7	dem e. halben Stamm hatte Mose Erbteil gegeben, der a. Hälfte gab Josua Erbteil
Ri	7,13	erzählte e. einem a. einen Traum
	22	e. jeden Schwert gegen den a. 1Sm 14,20
	15,4	Simson kehrte je e. Schwanz zum a.
	16,29	mit seiner rechten ... a. mit s. linken Hand
	20,31	Straßen, von denen die e. nach ... die a.
Rut	3,14	ehe e. den a. erkennen konnte
1Sm	14,4	zwei Felsklippen, e. diesseits, die a.
2Sm	2,13	die e. auf dieser Seite ... die a. auf jener
	12,1	zwei Männer, der e. reich, der a. arm
1Kö	6,24	von dem Ende seines e. Flügels bis zum Ende seines a. 27; 2Ch 3,11.12
	7,23	Meer, gegossen, von e. Rand zum a. 2Ch 4,2
	12,29	e. in Bethel, das a. nach Dan 30
	16,21	e. Hälfte hing Tibni an, die a. Ormi
	18,6	Ahab auf dem e. Weg und Obadja auf dem a.
	23	sie wählen e. Stier, ich den a.
	20,30	von e. Kammer in die a. 22,25; 2Ch 18,24
	22,20	e. sagte dies, der a. das Neh 5,2
2Kö	3,23	e. wird den a. erschlagen haben
1Ch	16,20	von e. Volk ... e. Königreich zum a. Ps 105,13
2Ch	3,17	Säulen, e. zur Rechten, die a. zur Linken
	15,6	e. Volk zerschlug das a. und e. Stadt die a.
	20,23	kehrte sich e. gegen den a.
	30,10	die Läufer gingen von e. Stadt zur a.
Esr	9,11	mit Greueln ... von e. Ende bis zum a.
Neh	4,11	mit der e. Hand die Arbeit, mit der a. die Waffe 7,3
	5,7	wollt ihr e. gegen den a. Wucher treiben
Est	3,7	das Los von e. Tage zum a.
	9,19	senden e. dem a. Geschenke 22
Hi	16,21	schlägt in mir e. Bresche nach der a.
	41,8	e. reiht sich an den a. 9
Ps	12,3	e. redet mit dem a. Lug und Trug
	42,8	e. Tiefe ruft die a.
	69,28	laß sie e. Schuld in die a. fallen
	72,8	soll herrschen von e. Meer bis ans a.
	84,8	sie gehen von e. Kraft zur a.
	144,13	daß sie Vorrat geben, e. nach dem a.
Spr	11,24	e. teilt reichlich aus; ein a. kargt
Pr	1,4	e. Geschlecht vergeht, das a. kommt
	2,14	daß es dem e. geht wie dem a.
	4,4	da ist nur Eifersucht des e. auf den a.
	5,7	e. Hoher schützt den a.
Pr	7,27	das habe ich gefunden, e. nach dem a.
	8,9	da e. Mensch herrscht über den a.
	9,2	begegnet dasselbe dem e. wie dem a. 3
Jes	3,5	im Volk wird e. den a. bedrängen
	5,8	weh denen, die e. Haus a. bringen
	13,8	e. wird sich vor dem a. entsetzen
	16,7	wird e. Moabiter über den a. heulen
	19,2	e. Bruder wider den a. Jer 9,3.4
	27,12	werdet aufgesammelt werden, e. nach dem a.
	30,1	um e. Sünde auf die a. zu häufen
	34,14	e. Feldgeist wird dem a. begegnen
	41,6	e. will dem a. helfen
	44,19	die e. Hälfte verbrennt ... die a.
	66,23	e. Neumond ... und e. Sabbat nach dem a.
Jer	6,21	daran e. Nachbar mit dem a. umkommen soll
	7,5	daß ihr recht handelt e. gegen den a.
	9,2	sie gehen von e. Bosheit zur a.
	19	e. lehre der a. dies Klagelied
	12,12	frißt von e. Ende des Landes bis zum a.
	13,14	will e. am a. zerschmettern
	19,9	e. soll des a. Fleisch essen Sa 11,9
	23,27	Träumen, die e. dem a. erzählt
	30	die mein Wort stehlen e. vom a.
	35	vielmehr sollt ihr e. mit dem a. reden
	24,2	in e. Korbe gute Feigen, im a. schlechte
	25,26	(ließ trinken) e. wie den a.
	32	eine Plage kommen von e. Volk zum a.
	31,34	noch e. Bruder den a. lehren
	46,12	e. Held fällt über den a. 16
	48,11	Moab ist nie aus e. Faß ins a. gegossen
	51,31	e. Läufer begegnet dem a ... e. Bote dem a.
	46	e.Herrscher wider den a.
	52,22	e. Säule war wie die a.
Hes	1,9	ihre Flügel berührten e. den a. 23
	16	daß e. Rad im a. war 10,10
	4,8	nicht wenden kannst von e. Seite zur a.
	10	darfst du von e. Tag zum a. essen 11
	17	damit sie, e. wie der a., erschaudern
	7,5	kommt e. Unglück über das a. 26
	21,25	den e. Weg nach Rabba, den a. nach Juda
	24,6	nimm e. Stück nach dem a. heraus
	33,26	e. schändet die Frau des a.
	30	e. spricht zum a.: Kommt doch
	37,17	füge e. an das a.
	40,13	maß auf der e. Seite ... auf der a. 23.27
	13	e. Öffnung der a. gegenüber 44; 41,11.19
	47,14	es als Erbteil bekommen, e. wie der a.
Dan	7,3	vier Tiere, e. jedes anders als das a.
	12,2	aufwachen, die e. zum Leben, die a. zu Schmach
	5	standen e. an diesem Ufer, der a. an jenem
Am	4,7	ließ regnen über e. Stadt, und auf die a. Stadt nicht, e. Acker ... und der a.
	8,12	von e. Meer zum a. Mi 7,12; Sa 9,10
Mi	7,2	e. jeder jagt den a.
Hag	2,15	bevor e. Stein auf den a. gelegt war
		fallen, e. durch des a. Schwert
Sa	3,10	zu derselben Zeit wird e. den a. einladen
	4,3	zwei Ölbäume, e. zu seiner Rechten, der a.
	8,16	rede e. mit dem a. Wahrheit
	21	Bürger e. Stadt werden zum a. gehen
	11,6	fallen lassen, e. jeder in die Hand des a.
	7	Stäbe; den e. „Huld", den a. „Eintracht"
	14,4	e. Hälfte nach Norden und die a. 8
	13	e. den a. bei der Hand packen wird
Mal	2,10	warum verachten wir e. den a.
Wsh	8,1	erstreckt sich von e. Ende zum a.
	14,24	e. tötet den a. mit List
	18,18	lagen da, der e. hier, der a. dort

einer

Sir	5,8	verschieb es nicht von e. Tag auf den a.
	10,8	die Königsherrschaft von e. Volk aufs a.
	26,8	wenn e. Frau gegen die a. eifert
	28,3	e. Mensch hält gegen den a. am Zorn fest
	16	vertreibt sie aus e. Land ins a.
	33,16	e. dem a. gegenübergestellt 42,25
	34,28	wenn e. baut und der a. einreißt
	36,20	doch ist die e. Speise besser als die a.
	28	der von e. Stadt in die a. schleicht 2Ma 5,8
	42,26	so geordnet, daß e. dem a. nützt
	48,18	die e... die a. sündigten
1Ma	13,28	sieben Pyramiden, e. der a. gegenüber
2Ma	7,21	daß sie e. Sohn nach dem a. tröstete
	12,22	wandten sich, der e. dahin, der a. dorthin
StD	1,13	es sprach aber e. zum a.: Komm
	14	als nun e. den a. nach dem Grund fragte
	52	als nun der e. vom a. getrennt war
Mt	10,21	es wird e. Bruder den a. dem Tod preisgeben Mk 13,12
	13,23	der e. trägt hundertfach, der a. sechzigfach
	20,21	e. zu d. Rechten und den a. zu d. Linken
	21,35	*e. schlugen sie, den a. töteten sie*
	22,5	e. auf seinen Acker, der a. an sein Geschäft
	23,34	werdet sie verfolgen von e. Stadt zur a.
	24,2	es wird hier nicht e. Stein auf dem a. bleiben Mk 13,2; Lk 21,6
	7	es wird sich e. Volk gegen das a. erheben Mk 13,8; Lk 21,10
	40	der e. wird angenommen, der a. wird preisgegeben 41; Lk 17,34-36
	25,15	dem e. gab er fünf Zentner, dem a. zwei
Mk	12,5	die e. schlugen sie, die a. töteten sie
Lk	6,29	wer dich auf die e. Backe schlägt, dem biete die a. auch dar
	10,7	ihr sollt nicht von e. Haus zum a. gehen
	11,17	e. Haus fällt über das a.
	16,13	er wird den e. hassen und den a. lieben
	18,10	der e. ein Pharisäer, der a. ein Zöllner
Jh	4,37	e. sät, der a. erntet
	20,12	e. zu Häupten und den a. zu den Füßen
Apg	7,26	warum tut e. dem a. Unrecht
	14,4	die e. hielten's mit den Juden und die a. mit den Aposteln
	17,32	begannen die e. zu spotten; die a. sprachen
	19,32	dort schrien die e. dies, die a. das 21,34
	21,19	erzählte er e. nach dem a.
	28,24	die e. stimmten zu, die a. glaubten nicht
Rö	6,19	*von e. Ungerechtigkeit zu der a.*
	12,5	untereinander ist e. des a. Glied
	14,13	laßt uns nicht mehr e. den a. richten
1Ko	1,12	der e. sagt ... der a. 3,4
	4,6	damit sich keiner für den e. gegen den a. aufblase
	6,6	vielmehr rechtet e. Bruder mit dem a.
	13	Gott wird das e. wie das a. zunichte machen
	7,5	entziehe sich nicht e. dem a.
	7	seine eigene Gabe, der e. so, der a. so
	11,21	der e. ist hungrig, der a. ist betrunken
	12,8	dem e. wird gegeben... dem a. wird gegeben
	15,41	e. Stern unterscheidet sich vom a. durch
2Ko	3,18	verklärt von e. Herrlichkeit zur a.
Gal	4,22	zwei Söhne, den e. von der Magd, den a. von der Freien
	5,13	sondern durch die Liebe diene e. dem a.
	6,2	e. trage des a. Last, so werdet ihr das Gesetz Christi erfüllen
Eph	4,2	ertragt e. den a. in Liebe 32; Kol 3,13
	16	e. Glied am a. hängt durch alle Gelenke
	32	vergebt e. dem a.
Phl	2,3	in Demut achte e. den a. höher als sich selbst
Phl	2,27	nicht e. Traurigkeit zu der a.
1Th	5,11	e. erbaue den a., wie ihr auch tut
2Ti	2,20	die e. zu ehrenvollem, die a. zu nicht ehrenvollem Gebrauch
Jak	5,16	*bekennet e. dem a. seine Sünden*

einerlei

1Mo	11,1	hatte alle Welt e. Zunge und Sprache 6
4Mo	9,14	e. Satzung soll bei euch sein 15,16.29
2Ch	30,12	gab er ihnen e. Sinn gab
Jer	32,39	will ihnen e. Sinn und e. Wandel geben
2Ko	13,11	habt e. Sinn, haltet Frieden

einernten

Rut	2,21	bis sie mir alles eing. haben
Hi	4,8	die da Unheil säten, e. es auch e.

einfach

2Kö	23,6	Staub auf die Gräber des e. Volkes werfen
Ps	49,3	(merket auf) e. Leute und Herren
Wsh	18,11	der König ebenso wie der e. Mann leiden
2Ma	15,39	ist's aber zu e. geraten, habe ich getan
Apg	4,13	sie merkten, daß sie ungelehrte und e. Leute

Einfall

Wsh	15,4	uns verführen nicht... E. der Menschen
1Ma	4,45	sie hatten einen guten E.
	15,39	E. ins Land der Juden zu machen 16,1

einfallen

Jos	6,5	dann wird die Stadtmauer e.
Ri	7,13	stieß (das Zelt) um, daß es e.
1Sm	23,27	die Philister sind ins Land eing.
	27,8	David f. ins Land e. 9.10
	30,1	waren der Amalekiter eing. 14
2Ch	25,13	die Kriegsleute f. in die Städte e. 28,18
Hi	1,15	da f. die aus Saba e.
Ps	46,4	wenngleich von seinem Ungestüm Berge e.
	73,7	sie tun, was ihnen e.
	78,28	mitten in das Lager f. sie e.
	79,1	es sind Heiden in dein Erbe eing.
Spr	24,31	die Mauer war eing.
Hes	13,11	die Wand wird e. 12
Dan	11,40	wird in die Länder e. 41
Sir	21,21	für Narren ist Weisheit wie ein eing. Haus
1Ma	8,9	beschlossen, in das Land e. 13,12
	12,25	wollte nicht, daß sie zuerst e.
Mt	7,25	f. es doch nicht e.; denn es war auf Fels
	27	da f. es e., und sein Fall war groß
Lk	6,49	*das Haus f. alsbald e.*

Einfalt

1Kö	22,34	ein Mann spannte den Bogen in aller E.
Sir	13,11	(daß) deine E. dich nicht ins Unglück
2Ko	1,12	daß wir in E. unser Leben geführt haben
	8,2	haben reichlich gegeben in aller E.
	9,11	reich sein, zu geben in aller E.
	13	preisen Gott über die E. eurer Gemeinschaft
	11,3	abgewendet von der E. gegenüber Christus
Eph	6,5	gehorsam in E. eures Herzens Kol 3,22

einfältig

1Mo	20,5	hab das getan mit e. Herzen 6

Rö 2,20 *ein Lehrer der E.*

einfangen

4Mo 11,22 kann man alle Fische e.
Kol 2,8 daß euch niemand e. durch Philosophie
2Ti 3,6 die gewisse Frauen e., die mit Sünden beladen

einfassen

2Mo 25,7 eing. Steine 28,11; 35,9.27; 39,6.13; 1Ch 29,2
Est 1,6 hingen Tücher, mit Schnüren eing.

Einfassung

2Mo 27,5 um den Altar unterhalb der E.

einfinden

2Ch 5,11 alle Priester, die sich eing. hatten
Hes 27,9 alle Seeschiffe f. sich bei dir e.
Apg 17,17 redete auf dem Markt zu denen, die sich e.

einfordern

Lk 19,23 hätte ich's mit Zinsen eingef.

einfressen

3Mo 13,55 es ist tief eing. an der kahlen Stelle

einfriedigen

2Ma 1,34 der König ließ den Ort e.

einführen (s.a. aus- und einführen)

1Kö 10,11 Schiffe, die Gold aus Ofir e. 2Ch 9,10
2Ch 9,28 man f. für Salomo Rosse e.
1Ma 1,14 gestattete, heidnische Lebensweise e.
2Pt 2,1 die verderbliche Irrlehren e. und
Heb 1,6 wenn er den Erstgeborenen e. in die Welt
7,19 eing. wird eine bessere Hoffnung

Eingang

2Mo 26,36 eine Decke für den E. des Zeltes 36,37; 39,38
29,42 tägliche Brandopfer am E. der Stiftshütte
5Mo 28,6 gesegnet wirst du sein bei deinem E.
19 verflucht wirst du sein bei deinem E.
Jos 10,18 wälzt Steine vor den E. der Höhle 22.27
2Sm 10,8 Ammoniter vor dem E. des Tores 11,23
1Kö 19,13 Elia trat in den E. der Höhle
2Kö 23,11 schaffte die Rosse ab am E. des Hauses
1Ch 9,19 wie auch ihre Väter den E. gehütet hatten
2Ch 4,22 an den E. waren die Türen aus Gold
23,13 der König stand im E. 15
Ps 121,8 der HERR behüte deinen Ausgang und E.
Spr 1,21 (die Weisheit ruft) am E. der Tore 8,3
Jes 59,14 Aufrichtigkeit findet keinen E.
Jer 38,14 unter den dritten E. am Hause des HERRN
43,9 vergrabe sie in dem Boden am E.
Hes 8,3 brachte mich zu dem E. des inneren Tores
14.16; 10,19; 11,1; 40,38; 46,19
43,11 zeige ihnen seine Ausgänge und E. 44,5
Wsh 7,6 haben alle denselben E. in das Leben
1Th 1,9 welchen E. wir bei euch gefunden haben
2,1 ihr wißt, wie wir E. gefunden haben bei euch
2Pt 1,11 so wird euch reichlich gewährt werden der E.

Heb 10,19 die Freiheit zum E. in das Heiligtum

eingeben

Esr 7,27 der solches dem König eing. hat
Neh 2,12 was mir mein Gott eing. hatte
Jdt 9,15 Herr, gib mir ein, was ich reden soll
2Ti 3,16 alle Schrift, von Gott eing., ist nütze zur Lehre

eingeboren

Jh 1,14 als des e. Sohnes vom Vater
18 der E., der Gott ist und in des Vaters Schoß ist
3,16 daß er seinen e. Sohn gab 1Jh 4,9
18 er glaubt nicht an den Namen des e. Sohnes Gottes

eingedenk

Mt 5,23 *opferst und wirst allda e.*

eingehen (s.a. aus- und eingehen)

1Mo 6,4 zu den Töchtern der Menschen e.
19,31 kein Mann, der zu uns e. könnte 29,30; 38,2. 9; Rut 4,13; 2Sm 17,25; 1Ch 7,23; Ps 51,2
42,20 sie g. darauf e.
5Mo 21,14 weil du zu ihr eing. bist
Jos 23,12 daß ihr zu ihnen e. sind sie zu euch
2Sm 3,7 zu m. Vaters Nebenfrau eing. 16,21; 20,3
Neh 13,10 daß die Anteile nicht eing. waren
Ps 100,4 g. zu seinen Toren e. mit Danken
Spr 2,10 Weisheit wird in dein Herz e.
19 alle, die zu ihr e., kommen nicht wieder
18,8 die Worte des Verleumders g. glatt e. 26,22
23,31 (der Wein) g. glatt e. Hl 7,10
Jes 30,1 die ohne meinen Geist Bündnisse e.
57,2 der Gerechte g. zum Frieden e.
62,10 g.e., g.e. durch die Tore
Jer 7,2 alle, die ihr zu diesen Toren e.
34,10 alle, die diesen Bund eing. waren
Hos 3,3 auch ich will nicht zu dir e.
Wsh 10,16 (Weisheit) g.e. in die Seele
Tob 3,8 getötet, sobald sie zu ihr e. wollten
1Ma 3,29 daß aus dem Land nicht viel Tribut e.
Mt 7,13 *g.e. durch die enge Pforte Lk 13,24*
18,8 besser, daß du lahm zum Leben e. 9; Mk 9,43.45
19,17 willst du zum Leben e., so halte die Gebote
25,21 *g.e. zu deines Herrn Freude 23*
Lk 24,26 mußte nicht Christus in seine Herrlichkeit e.
Jh 10,9 *wenn jemand durch mich e.*
Apg 2,14 laßt meine Worte zu euren Ohren e.
14,22 wir müssen durch viele Bedrängnisse in das Reich Gottes e.
Rö 11,25 bis die Fülle der Heiden eing. ist
Heb 4,3 wir, die wir glauben, g.e. in die Ruhe
6,20 dahin ist für uns ein. Jesus
9,11 ist durch die größere Hütte eing.
12 ist durch sein eigenes Blut in das Heiligtum eing.
24 Christus ist nicht eing. in das Heiligtum
Off 3,20 *zu dem werde ich e.*
22,14 *zu den Toren e. in die Stadt*

eingenommen sein

Jdt 10,19 war Holofernes sogleich von ihr e.

Eingeweide

Eingeweide

2Mo	29,3	alles Fett am E. nehmen 17.22; 3Mo 1,9.13; 3,3.9.14; 4,8.11; 7,3; 8,16.21.25; 9,14.19
2Sm	20,10	daß seine E. auf die Erde fielen Apg 1,18
2Ch	21,15	viel Krankheit haben in deinen E. 18.19
Ze	1,17	ihre E. sollen weggeworfen werden
Sir	10,10	nichts anderes scheiden ja seine E. aus

eingießen

2Kö 4,5 brachten die Gefäße herbei, und sie g.e.

eingraben

2Mo	28,9	sollst darauf e. die Namen der Söhne Israels 39,6.14
	36	sollst darauf e., wie man Siegel e. 39,30
	32,16	Gott hatte selber die Schrift eing.
1Kö	6,35	genau wie es eing. war
	7,36	ließ auf die Flächen e. Cherubim
Jer	43,10	Steine, die ich e. ließ
Hes	8,10	da waren Bilder, ringsherum eing.
Sa	3,9	will auf ihm eine Inschrift e.
Wsh	18,24	die Ehrennamen der Väter waren eing.

eingreifen

1Kö 6,6 so daß die Balken nicht in die Wände e.

Einhalt

Hi 30,13 keiner gebietet ihnen E.

einhalten

1Sm	15,16	Samuel antwortete Saul: H.e.
Hi	22,15	h. du den Weg der Vorzeit e.
Spr	8,32	wohl denen, die meine Wege e.
Jer	8,7	Kranich und Schwalbe h. die Zeit e.
Sir	6,27	h. ihre Wege e. mit aller Kraft
1Ma	8,30	was sie streichen, soll eing. werden
Apg	16,21	Ordnungen, die wir... noch e. dürfen
Gal	4,10	ihr h. bestimmte Tage e.

einhängen

Neh 7,1 Mauer gebaut hatten, h. ich die Türen e.

einhauchen

Wsh 15,11 der ihm die wirkende Seele eing.

einheimisch

2Mo	12,19	auch ein Fremdling oder ein E. 48.49; 3Mo 16,29; 17,15; 18,26; 19,34; 24,16.22; 4Mo 9,14; 15,29.30; Jos 8,33
3Mo	23,42	wer e. ist, soll in Laubhütten wohnen
4Mo	9,14	wer ein E. ist, soll es so halten
1Ch	7,21	die E. im Lande töteten sie
Hes	47,22	sollt die Fremdlinge halten wie die E.
1Ma	11,38	die Feindschaft des e. Kriegsvolks

einheiraten

4Mo 36,3 zu dem Erbteil des Stammes, in den sie e. 4

Einheit

Eph 4,13 bis wir alle hingelangen zur E. des Glaubens

einhellig

Wsh	10,5	ihrer e. Bosheit wegen verwirrt
2Ma	13,12	als sie das e. miteinander taten
Phl	2,2	*seid einmütig und e.*

einherfahren

5Mo	32,13	ließ ihn e. über die Höhen der Erde
Ps	68,5	macht Bahn dem, der durch die Wüste e.
	34	er f.e. durch die Himmel
	77,18	deine Pfeile f.e.
Nah	2,5	die Wagen f.e. wie die Blitze
Sa	9,14	Gott wird e. in den Stürmen von Südland

einherführen

1Th 4,14 wird Gott... durch Jesus mit ihm e.

einhergehen

3Mo	26,13	habe euch aufrecht e. lassen
Ri	5,4	HERR, als du e. vom Gefilde Edoms
1Sm	2,30	dein Haus und... sollten vor mir e. 35
	19,23	(Saul) g.e. in Verzückung
2Sm	5,24	wie das Rauschen der Bakabäume e. 1Ch 14,15
1Kö	21,27	Ahab g. bedrückt e.
2Kö	6,26	als der König auf der Mauer e.
Hi	24,10	nackt g. sie e.
	30,28	ich g. schwarz e.
Ps	12,9	Gottlose g. allenthalben e.
	35,14	als wäre es mein Bruder, so g. ich e.
	38,7	den ganzen Tag g. ich traurig e.
	68,8	als du e. in der Wüste
	71,16	ich g.e. in der Kraft Gottes, des HERRN
	89,15	Gnade und Treue g. vor dir e.
Spr	6,12	wer e. mit trügerischem Munde
	28,18	wer ohne Tadel e., dem wird geholfen
	30,29	vier g. stolz e.
	31	wenn er e. vor seinem Heerbann
Jes	15,3	heulen sie alle und g. weinend e.
	45,16	die Götzenmacher sollen schamrot e.
Am	9,4	wenn sie vor ihren Feinden gefangen e.
Mal	3,14	was nützt es, daß wir in Buße e.
Sir	1,16	sie e. mit den auserwählten Frauen
1Ma	14,9	die jungen Männer e. im Schmuck e.
Lk	20,46	die es lieben, in langen Gewändern e.
Gal	6,16	*wie viele nach dieser Regel e.*
Off	3,4	die werden mit mir e. in weißen Kleidern

einherschreiten

5Mo	33,29	du wirst auf ihren Höhen e.
Jes	63,1	der e. in seiner großen Kraft

einhertreten

Ri	5,21	t.e., meine Seele, mit Kraft
Am	4,13	er t.e. auf den Höhen der Erde

einherziehen

4Mo	32,17	wollen gerüstet vor Israel e.
Ps	42,5	wie ich e. in großer Schar
	45,5	z.e. für die Wahrheit

Ps	68,25	man sieht, wie du e... e. im Heiligtum
Hab	3,6	als er wie vor alters e.
Sir	50,5	wie herrlich war er, wenn das Volk e.
2Ma	6,7	daß sie mit Kränzen e. mußten

einholen

1Mo	31,25	Laban h. Jakob e.
2Mo	14,9	die Ägypter jagten ihnen nach und h. sie e.
5Mo	19,6	daß nicht der Bluträcher ihn e.
1Sm	30,8	soll ich nachjagen, und werde ich sie e.
2Sm	15,14	damit (Absalom) uns nicht e.
2Kö	25,5	sie h. ihn e. im Jordantal Jer 39,5; 52,8
Hos	2,9	wenn sie (ihre Liebhaber) nicht e. kann

einig

Am	3,3	sie seien denn e. untereinander
2Ma	14,20	als sie in der Sache e. wurden
Mt	20,2	als er mit den Arbeitern e. wurde 13
Apg	5,9	e. geworden, den Herrn zu versuchen
Gal	2,9	sie wurden mit uns e., daß

einige, einiges

Mt	13,4	indem er säte, fiel e. auf den Weg 5.7.8; Mk 4.4.5.7.8; Lk 8,5-8
Apg	27,44	e. auf Brettern, e. auf dem, was noch vom Schiff da war

einigen

1Ma	8,30	so sollen beide sich darüber e.
2Ma	13,23	schwor einen Eid und e. sich mit ihnen
Jh	9,22	die Juden hatten sich schon gee.

Einigkeit

Dan	11,6	wird kommen, um die E. zu festigen
1Ma	13,40	es soll zwischen uns E. herrschen
StE	1,3	Volk, das E. verhindert 4
Eph	4,3	seid bedacht, zu wahren die E. im Geist

einjährig

2Mo	29,38	zwei e. Schafe darauf opfern 3Mo 12,6; 14,10; 23,12.18.19; 4Mo 6,12.14; 7,15u.ö.88; 15,27; 28,3.9.11.19.27; 29,2u.ö.36; Hes 46,13
Mi	6,6	soll ich mich ihm nahen mit e. Kälbern

einkehren

1Mo	19,2	k. doch e. im Hause eures Knechts 3
Jos	2,1	Haus einer Hure, Rahab, und k. dort e.
Ri	4,18	Jaël sprach zu (Sisera): K.e.
	19,11	laß uns in d. Stadt der Jebusiter e. 12
2Kö	4,8	sooft er durchkam, k. er bei ihr e. 10.11
Spr	9,4	wer unverständig ist, der k. hier e. 16
Jer	41,17	sie k.e. in der Herberge Kimhams
Tob	6,11	Tobias fragte: Wo wollen wir e. 7,1
Sir	4,14	wo er e., da wohnet der Herr
Lk	19,5	ich muß heute in deinem Haus e.
	7	bei einem Sünder ist er eing.

einkerkern

Wsh	18,4	weil sie deine Kinder eing. hielten

einklemmen

4Mo	22,25	die Eselin k. Bileam den Fuß e.

einkommen, Einkommen

1Kö	10,14	Gewicht des Goldes, das in einem Jahr e.
2Kö	12,17	Geld k. nicht für das Haus des HERRN e.
Esr	6,8	des Königs Schatz von dem, was e.
Spr	3,9	ehre den HERRN mit den Erstlingen deines E.
	10,16	dem Gottlosen (gereicht) sein E. zur Sünde
	16,8	besser wenig als viel E. mit Unrecht
1Ma	10,40	will von meinem E. dazu geben 45
	42	aus dem E. des Tempels abgegeben
2Ma	4,8	versprach aus anderm E. achtzig Zentner
Rö	5,20	das Gesetz aber ist neben e.
Heb	4,1	daß wir e. zu seiner Ruhe

Einkünfte

Neh	5,14	verzichtete auf meine E. als Statthalter 18
2Ma	9,16	wollte er von seinen eignen E. gewähren

einladen

1Mo	29,22	da l. Laban alle Leute des Ortes e.
2Mo	2,20	l. ihn doch e., mit uns zu essen
	34,15	dich e. und du von ihrem Opfer essest
1Sm	9,24	als ich das Volk e.
2Sm	11,13	David l. (Uria) e.
	13,23	Absalom l. alle Söhne des Königs e.
1Kö	1,9	l. (Adonija) alle seine Brüder e. 10
Hi	1,4	sandten hin und l. ihre Schwestern e.
	17,5	von Teilen l. seine Freunde e.
Spr	9,15	(sie sitzt,) e. alle, die vorübergehen
Sa	3,10	zu derselben Zeit wird einer den andern e.
Tob	2,1	l. einige gottesfürchtige Männer e.
Sir	13,8	l. dich großzügig e.
Mt	22,9	l. zur Hochzeit e., wen ihr findet
Lk	7,39	als das der Pharisäer sah, der ihn eing. hatte
	14,8	es könnte einer eing. sein, der vornehmer ist
	9	kommt der, der dich und ihn eing. hat, und sagt
	10	wenn du eing. bist, so setz dich untenan
	12	l. weder Freunde noch Brüder e. 13
	16	ein Mensch, der machte ein großes Abendmahl und l. viele dazu e.
	24	daß keiner der Männer, die eing. waren, mein Abendmahl schmecken wird
1Ko	10,27	wenn euch einer von den Ungläubigen e.

einlassen

2Kö	15,16	weil sie (Menahem) nicht e. wollten
1Ma	5,50	die Leute wollten sie nicht e. 10,75; 11,61

einlassen, sich

Ps	106,35	sondern sie l.s.e. mit den Heiden
Spr	20,19	mit dem, der den Mund... l dich nicht e.
Sir	12,13	so geht's dem, der s. mit Gottlosen e.
Lk	14,31	welcher König will s. auf einen Krieg e.

einlegen

Hl	3,10	ihr Inneres mit Ebenholz eing.
1Ma	5,57	auch wir wollen Ehre e.
Mk	12,41	sah zu, wie das Volk Geld e. 42-44; Lk 21,1-4

einlösen 276

einlösen

3Mo 25,25 e., was sein Bruder verkauft hat 26.29-33.48.49.54
Jos 2,17 wir wollen den Eid e.
Jer 32,7 dir kommt es zu, ihn e. 8
Sir 18,22 warte nicht bis an den Tod, um es e.

Einlösung

3Mo 25,24 sollt für das Land die E. gewähren
51 soll er mehr zu seiner E. erstatten 52

einmal

1Mo 18,32 zürne nicht, daß ich noch e. rede Ri 6,39
27,40 e. sein Joch von deinem Halse reißen wirst
2Mo 30,10 e. im Jahr Sühnung vollziehen... jährlich e. 3Mo 16,34
5Mo 7,22 du kannst sie nicht auf e. vertilgen
Jos 4,6 wenn eure Kinder später e. fragen 21
6,3 um die Stadt herumgehen e. 11.14
10,42 unterwarf alle diese Könige auf e.
Ri 16,18 kommt noch e. her
28 damit ich mich für meine Augen e. räche
19,7 daß er noch e. über Nacht dablieb
Rut 1,11 wie kann ich noch e. Kinder haben
2Sm 21,9 so kamen diese sieben auf e. um
23,8 die auf e. erschlagen waren 1Ch 11,11
1Kö 10,22 diese kamen in drei Jahren e. 2Ch 9,21
18,34 tut's noch e.! Und sie taten's noch e.
2Kö 4,35 ging im Haus e. hierhin und dahin
6,10 tat das nicht nur e. oder zweimal
Neh 13,20 blieben über Nacht draußen, e. 21
Est 8,3 Ester redete noch e. vor dem König
Hi 7,19 warum blickst du nicht e. von mir weg
27,19 wird's nicht noch e. tun können
36,1 Elihu hob noch e. an
40,5 e. hab ich geredet
Ps 89,36 ich habe e. geschworen bei m. Heiligkeit
Jes 14,1 der HERR wird Israel noch e. erwählen
28,11 Gott wird e. mit einer fremden Zunge reden
66,8 ist ein Volk auf e. zur Welt gekommen
Hes 5,4 nimm noch e. etwas davon
Dan 2,7 sie antworteten noch e. und sprachen
Hos 3,1 geh noch e. hin und wirb um eine Frau
Wsh 12,9 die Gottlosen auf e. zu zerschmettern
Sir 26,1 der lebt noch e. so lange
Jh 9,24 riefen noch e. den Menschen, der blind
Apg 13,42 daß sie noch e. von diesen Dingen redeten
Rö 1,10 flehe, ob sich's wohl einmal fügen möchte
1Ko 15,6 ist er gesehen worden von mehr als 500 Brüdern e.
2Ko 11,25 (bin ich) gesteinigt worden
13,2 wenn ich noch e. komme, dann will ich nicht schonen
Gal 5,21 habe ich euch vorausgesagt und sage noch e. voraus
Phl 4,16 nach Thessalonich habt ihr etwas gesandt, e. und danach noch e.
1Th 2,18 zu euch kommen, ich, Paulus, e. und noch e.
Tit 3,10 wenn er e. und noch e. ermahnt ist
1Pt 3,18 Christus hat e. für die Sünden gelitten Heb 9,28
Heb 6,4 die e. erleuchtet worden sind und geschmeckt haben die Gabe
9,7 ging nur e. im Jahr allein der Hohepriester
26 *am Ende der Zeiten ist er e. erschienen*
27 den Menschen bestimmt, e. zu sterben
10,2 *so sie e. gereinigt wären*
Heb 12,26 noch e. will ich erschüttern
27 dieses „Noch e." zeigt an
Jud 5 *nachdem er dem Volk e. geholfen hatte*

einmütig

2Mo 19,8 alles Volk antwortete e.
Jos 9,2 um e. gegen Josua und Israel zu kämpfen
1Kö 22,13 Worte der Propheten sind e. gut 2Ch 18,12
1Ch 12,34 Männer, gerüstet, David e. zu helfen
Esr 3,9 traten e. an, um die Arbeiter anzuleiten
Jdt 1,10 sie hatten sie alle e. abgewiesen
4,9 sie schrien e. zum Gott Israels
Wsh 10,20 die Gerechten lobten e. deine Hand
Apg 1,14 waren stets beieinander e. im Gebet 4,24
2,46 waren täglich e. beieinander im Tempel 5,12
7,57 stürmten e. auf ihn ein
8,6 das Volk neigte e. dem zu, was Philippus sagte
12,20 sie kamen e. zu (Herodes)
15,25 so haben wir, e. versammelt, beschlossen
18,12 empörten sich die Juden e. gegen Paulus
19,29 sie stürmten e. zum Theater
Rö 15,6 damit ihr e. mit einem Munde Gott lobt
Phl 1,27 damit ihr e. mit uns kämpft für den Glauben
2,2 daß ihr gleiche Liebe habt, e. und einträchtig seid

Einnahme

Sir 42,7 jede Ausgabe und E. aufzuschreiben

einnehmen (s.a. eingenommen)

4Mo 13,30 laßt uns das Land e. 21.24.25.35; 5Mo 3,4; Ri 11,21.22
14,24 seine Nachkommen sollen es e. 33,53
24,18 Edom wird er e.
32,18 bis jeder sein Erbe eing. hat
5Mo 1,8 zieht hinein und n. das Land e. 21; 2,24; 9,23; Neh 9,15
2,34 da n. wir alle seine Städte e. 35
3,12 dies Land n. wir damals e. 4,47; 29,7; Jos 11,16.23; 12,1; 19,47; Neh 9,22-24
18 der HERR hat euch dies Land gegeben, um es e. 7,1; 9,4.5; 11,29.31; 12,1.29; 17,14; 19,1.2.14; 21,1; 25,19; 26,1; 31,3; Jos 1,11; 21,43; 23,5; 24,8
20 daß (eure Brüder) das Land e. 4,22; Jos 1,15
4,1 höre... auf daß ihr das Land e. 5.14.26; 5,31.33; 6,1.18; 8,1; 9,1; 10,11; 11,8.10; 16,20; 18,14; 23,21; 28,21.63; 30,5.16.18; 31,13; 32,47
Jos 8,7 sollt hervorbrechen und die Stadt e. 8.19.21
13,1 vom Lande bleibt noch sehr viel e.
18,3 wie seid ihr so lässig, das Land e.
Ri 1,19 der HERR mit Juda, daß es das Gebirge e.
2,6 jeder in sein Erbteil, um das Land e.
3,13 (Eglon) n. die Palmenstadt e.
11,23 du willst ihr Land e. 24
18,9 daß ihr kommt und das Land e.
1Sm 30,1 die Amalekiter hatten Ziklag eing.
2Sm 12,27 ich habe schon die Wasserstadt eing.
1Kö 9,16 der Pharao hatte Geser eing. 2Kö 17,24; 18,10.13; 2Ch 12,3; Jes 36,1
11,24 (Reson) zog nach Damaskus und n. es e.
16,18 sah, daß die Stadt eing. werden würde
Neh 10,38 sollen die Leviten sollen von den Zehnten e. 39
Hi 29,7 wenn ich meinen Platz auf dem Markt e.
Ps 44,4 das Land nicht eing. durch ihr Schwert
83,13 sagten: Wir wollen das Land Gottes e.

Jer	5,17	deine Städte werden sie e. 48,41; 50,9
	38,3	Heer des Königs von Babel soll sie e. 28
	48,1	geschändet ist Kirjatajim und eing.
	51,41	wie ist Scheschach gefallen und eing.
Hes	7,24	die Schlimmsten sollen ihre Häuser e.
	40,1	nachdem die Stadt eing. war
Dan	11,15	der König wird eine feste Stadt e.
Hab	1,6	um Wohnstätten e., die ihm nicht gehören
Jdt	2,15	n. die Gebiete e. von Zilicien bis 3,12; 1Ma 1,5.20; 6,50; 8,10; 2Ma 14,2
	5,18	die Könige n. ihre Städte e.
1Ma	4,60	damit die Heiden das Heiligtum nicht e.
	16,20	um Jerusalem und das Heiligtum e. 2Ma 5,11
2Ma	13,13	ehe der König die Stadt e. könnte
Mt	17,24	die den Tempelgroschen e.
Lk	18,12	gebe den Zehnten von allem, was ich e.
Off	19,6	der Herr hat das Reich eing.

Einöde

5Mo	32,10	in der dürren E. sah er ihn
Hi	24,5	suchen Nahrung in der E. 30,3
	38,27	damit E. und Wildnis gesättigt werden
Ps	78,40	sie betrübten ihn in der E. 106,14
	102,7	ich bin wie die Eule in der E.
Jes	35,1	die Wüste und E. wird frohlocken
	43,19	ich mache Wasserströme in der E. 20
Hes	6,6	die Opferhöhen zur E... eure Altäre zur E.
	14,15	wilde Tiere, die das Land zur E. machten
Jo	2,3	das Land ist wie eine wüste E. 4,19
Wsh	11,2	schlugen ihre Zelte auf in der E.

einpflanzen

2Mo	15,17	du p. sie e. auf dem Berge deines Erbteils
Ps	80,9	du hast einen Weinstock eing.
Jer	12,2	du p. sie e., sie schlagen Wurzeln
	32,41	ich will sie in diesem Lande e.
2Ma	1,29	p. dein Volk wieder e. an deinem hl. Ort
Rö	6,5	*in ihn eing. zu gleichem Tode*

einpfropfen

Rö	11,17	in den Ölbaum eing. worden 23.24
	19	ausgebrochen, damit ich eing. würde
	23	Gott kann sie wieder e.

einprägen

2Mo	17,14	der HERR sprach zu Mose: P. es Josua e.

einreden

Rut	1,16	r. mir nicht e., daß ich dich verlassen
2Ma	13,3	Menelaus r. auf Antiochus e.
Lk	23,20	da r. Pilatus abermals auf sie e.

einreißen

2Mo	28,32	Borte um die Öffnung, daß sie nicht e. 39,23
3Mo	1,17	soll seine Flügel e., aber nicht abbrechen
5Mo	7,5	ihre Altäre sollt ihr e.
1Kö	9,8	dies Haus wird eing. werden
2Kö	14,13	Joasch r. die Mauer Jerusalems e. 2Ch 25,23; 36,19; Neh 2,13
Neh	3,35	wenn ein Fuchs... r. er sie e.
Ps	89,41	hast eing. alle seine Mauern
Spr	15,25	HERR wird das Haus der Hoffärtigen e.
Pr	10,8	wer eine Mauer e., den kann eine Schlange
Jes	5,5	seine Mauer soll eing. werden
	28,2	wie Wasserflut, die mächtig e.
Jer	1,10	daß du ausreißen und e. sollst 18,7; 31,28
	31,40	die Stadt wird niemals mehr eing.
	42,10	will ich euch bauen und nicht e.
	45,4	was ich gebaut habe, das r. ich e.
Hes	16,39	daß sie dein Lager e. 26,9.12; 30,4
Sir	34,28	wenn einer baut und der andre e.
1Ma	4,45	Einfall, daß man ihn ganz e. sollte
	5,68	Judas r. ihre Götzenaltäre e.
	9,54	befahl, die Mauer am Tempel e.
Apg	4,17	damit es nicht weiter e. unter dem Volk

einrichten

2Ma	2,13	wie Nehemia eine Bibliothek eing. hat
Heb	9,6	da dies alles so eing. war

Einrichtung

Hes	42,11	ihre E. und ihre Türen waren gleich

eins sein, werden

Hi	2,11	Bildad und Zofar waren e.gew. hinzugehen
Ps	83,6	sie sind miteinander e. gew.
Hes	37,19	sollen e.s. in meiner Hand
Sir	25,2	(gefallen Gott:) wenn Brüder e. sind
2Ma	14,26	sah, daß diese miteinander e. waren
Mt	18,19	wenn zwei unter euch e.w. auf Erden
	20,2	*da er mit den Arbeitern e.w. 13*
Jh	10,30	ich und der Vater sind e.w.
	17,11	daß sie e. seien wie wir 21-23
Apg	5,9	warum seid ihr e.gew., zu versuchen
	23,20	*die Juden sind e.gew., dich zu bitten*
Gal	2,9	w. mit uns e., daß wir unter den Heiden

einsäen

Hos	2,25	will ihn mir in das Land e.

einsalzen

Bar	6,28	sie s. davon e. und gaben weder dem Armen

einsam

2Sm	13,20	so blieb Tamar e. im Hause ihres Bruders
Ps	25,16	ich bin e. und elend Jes 49,21
	68,7	ein Gott, der die E. nach Hause bringt
	102,8	ich wache und klage wie ein e. Vogel
Jes	3,26	Zion wird e. sitzen 27,10; 32,14
	54,1	die E. hat mehr Kinder
	62,4	soll dein Land nicht mehr „E." (nennen)
Jer	15,17	ich saß e., gebeugt von deiner Hand
Klg	3,28	er sitze e. und schweige
Hos	8,9	laufen nach Assur, e. wie ein Wildesel
Mi	7,14	weide die Herde, die e. wohnt im Walde
Sir	8,19	reise nicht... durch eine e. Gegend
Bar	4,12	e. geworden wegen meiner Kinder 19
	16	haben die E. ihrer Töchter beraubt
Mt	14,13	Jesus fuhr von dort weg in eine e. Gegend Mk 1,35.45; Lk 4,42
Mk	6,31	geht ihr allein an eine e. Stätte 32
Gal	4,27	die E. hat mehr Kinder, als die den Mann hat
1Ti	5,5	*eigentlich eine Witwe, die e. ist*
Off	17,16	*die Hure werden sie e. machen*

Einsamkeit

Einsamkeit
Wsh 17,16 Arbeiter, der sich in der E. abmühte

einsammeln
2Mo 23,10 sechs Jahre sollst du e. 3Mo 25,3
      16 Fest der Lese, wenn du den Ertrag eing.
3Mo 19,25 damit ihr künftig... Ertrag e.
    25,20 nicht säen, s. wir kein Getreide e.
5Mo 11,14 daß du e. dein Getreide
    16,13 wenn du eing. hast von deiner Tenne
    28,38 wirst viel säen, aber wenig e.
1Sm 8,12 daß sie ihm seine Ernte e.
Jes 62,9 die es e., sollen's auch essen
Hos 8,10 will ich sie doch jetzt e.
Jdt 15,14 nachdem man die Beute eing. hatte
Mt 25,24 du s.e., wo du nicht ausgestreut hast 26

einschärfen
1Mo 43,3 der Mann s. uns das hart e.
5Mo 6,7 sollst sie deinen Kindern e.

einschätzen
Phl 3,13 ich s. mich selbst noch nicht so e.

einschenken
Ps 23,5 du s. mir voll e.
   75,9 hat einen Becher, voll eing... er s.e.
Spr 23,30 auszusaufen, was eing. ist
Jes 65,11 die ihr dem Meni vom Trankopfer e.
Jer 35,2 geh hin... s. ihnen Wein e.
Off 14,10 unvermischt eing. in den Kelch seines Zorns
   18,6 in den Kelch, in den sie euch eing. hat, s. ihr zweifach e.
     7 soviel Qual und Leid s. ihr e.

einschiffen
Wsh 14,1 ebenso tut der, der sich e. will

einschlafen
1Mo 2,21 Schlaf auf den Menschen, und er s.e.
   41,5 (der Pharao) s. wieder e.
Ri 16,14 da ließ sie (Simson) e. 19
2Sm 4,6 die Pförtnerin war fest eing.
Jer 51,39 daß sie zum ewigen Schlaf e. 57
Tob 2,10 daß er sich niederlegte und e.
Sir 31,2 wenn einer sich sorgt, kann er nicht e.
Mt 25,5 wurden sie alle schläfrig und s. ein
Lk 8,23 als sie fuhren, s. er e.

einschlagen
1Sm 17,35 s. auf ihn e. und errettete (ein Schaf)
Pr 12,11 wie eing. Nägel sind die einzelnen Sprüche
Jes 22,23 ich will ihn als Nagel e.
1Ma 2,22 nicht abfallen und einen andern Weg e.

einschleichen
Gal 2,4 hatten sich einige falsche Brüder eing. Jud 4
2Ti 3,6 zu ihnen die, die sich in die Häuser e.

einschließen
2Mo 14,3 die Wüste hat sie eing.
3Mo 13,4 soll der Priester ihn e. sieben Tage 5.11.21. 26.31.33.50.54
Rut 1,13 wolltet ihr euch so lange e.
1Sm 21,8 ein Mann von den Großen Sauls dort eing.
   23,7 denn (David) ist eing.
2Sm 20,3 waren sie eing. bis an ihren Tod
Hi 12,14 wenn er e., kann niemand aufmachen
Klg 3,5 er hat mich ringsum eing.
Hes 3,24 geh hin und s. dich e.
Jdt 8,5 Raum, in dem sie sich eing. hielt
Wsh 17,2 lagen eing. unter ihren Dächern 16
1Ma 5,26 daß viele eing. waren in Bosora 27
   15,25 Antiochus s. Tryphon e.
Rö 11,32 Gott hat alle eing. in den Ungehorsam
Gal 3,22 die Schrift hat alles eing. unter die Sünde

einschneiden
3Mo 21,5 sollen an ihrem Leibe kein Mal e.

Einschnitt
3Mo 19,20 sollt an eurem Leibe keine E. machen

einschreiben
4Mo 1,18 ließen sich e. nach ihren Sippen
Hes 13,9 sollen in das Buch nicht eing. werden
2Ma 4,9 daß er die Jerusalemer als Antiochener e.

einsehen
Ps 82,5 lassen sich nichts sagen und s. nichts e.
Hos 7,2 dennoch wollen sie nicht e.
   14,10 wer ist klug, daß er dies e.
Jak 2,20 willst du e., du törichter Mensch, daß

einsenken
Hi 38,6 worauf sind ihre Pfeiler eing.
Spr 8,25 ehe denn die Berge eing. waren

einsetzen
2Mo 31,5 Steine zu schneiden und e. 35,33
3Mo 14,42 (soll man) andere Steine statt jener e.
1Sm 8,1 s. (Samuel) seine Söhne als Richter e.
   12,6 der HERR ist's, der Mose und Aaron eing.
2Sm 8,6 (David) s. Statthalter e. 14; 1Ch 18,6.13; 2Ch 17,2
1Kö 1,35 denn ihn s. ich zum Fürsten über Israel e.
   16,34 kostete ihn seinen Sohn, als er die Tore e.
2Kö 23,5 Götzenpriester, die die Könige eing.
   25,23 König von Babel Gedalja eing. 2Ch 11,22
1Ch 9,22 David und Samuel haben sie e.
   17,14 will ihn e. in mein Königtum
Esr 5,14 Scheschbazar, den er zum Statthalter e.
   7,25 du, Esra, s. Richter und Rechtspfleger ein
Neh 3,1 bauten das Schaftor... s. Türen e. 3.6.13-15
   7,1 es wurden die Torhüter eing.
   12,8 waren für die Danklieder eing. 46
Ps 2,6 ich habe meinen König eing.
   44,3 sie aber hast du eing.
Spr 8,23 ich bin eing. von Ewigkeit her
Hes 17,5 pflanzte es und s. es am Ufer e.
   16 der ihn als König eing. hat
Dan 2,21 er setzt Könige ab und s. Könige e.

Dan	4,33	wurde wieder über mein Königreich eing.
Hos	8,4	sie s. Obere e., ich darf es nicht wissen
Sa	10,6	ich will sie wieder e.
Sir	29,21	hat sich mit seinem Leben eing. 2Ma 15,30
Bar	6,34	können einen König weder e. noch absetzen
1Ma	1,53	s. Amtleute e., die das Volk 14,42
	6,14	Philippus setzte er zum Statthalter e.
	10,20	s. dich zum Höhenpriester e. 2Ma 14,13
2Ma	10,11	setzte Lysias zum Kanzler e.
Mk	3,14	er s. zwölf e., die er Apostel nannte 16
Lk	10,1	danach s. der Herr weitere 72 Jünger e.
Apg	7,35	wer hat dich als Aufseher und Richter eing.
	14,23	sie s. in jeder Gemeinde Älteste e. Tit 1,5
	15,26	ihr Leben eing. für den Namen unseres Herrn
	20,28	Herde, in der euch der hl. Geist eing. hat zu Bischöfen
Rö	1,4	nach dem Geist eing. als Sohn Gottes in Kraft
1Ko	12,18	hat Gott die Glieder eing.
	28	Gott hat eing. Apostel Eph 4,11
2Ko	8,19	er ist auch von den Gemeinden dazu eing.
Eph	1,11	in ihm sind wir zu Erben eing. worden
	20	ihn eing. zu seiner Rechten im Himmel
	2,6	er hat uns eing. im Himmel in Christus Jesus
1Th	2,7	obwohl wir unser Gewicht als Christi Apostel hätten e. können
1Ti	1,12	Christus Jesus, der mich in das Amt eing.
	2,7	dazu bin ich eing. als Prediger und Apostel 2Ti 1,11
Heb	1,2	Sohn, den er eing. hat zum Erben über alles
	5,1	Hohepriester wird eing. zum Dienst vor Gott
	7,11	einen andern als Priester... e. 15
	28	dies Wort des Eides s. den Sohn e.
	8,3	jeder Hohepriester wird eing., um 10,11
	10,9	damit er das zweite e.

Einsetzung

2Mo	29,22	es ist der Widder der E. 26.27.31.34
Est	9,31	wie sie die E. der Fasten festgesetzt 32

Einsetzungsopfer

3Mo	7,37	das ist das Gesetz des E. 8.22.28.29.31.33

Einsicht

Hi	12,16	bei ihm ist Kraft und E.
	18,2	habt doch E.
	20,3	der Geist aus meiner E. lehrt mich
	26,3	lehrst ihn E. in Fülle
	12	durch seine E. hat er Rahab zerschmettert
	28,12	wo ist die Stätte der E. 20
	28	meiden das Böse, das ist E.
	32,11	habe aufgemerkt auf eure E.
	39,26	fliegt der Falke empor dank deiner E.
Ps	119,66	lehre mich heilsame E. und Erkenntnis
	99	habe mehr E. als alle meine Lehrer
Spr	2,2	(wenn) du dein Herz der E. zuneigst 3
	6	aus seinem Munde kommt Erkenntnis und E.
	11	E. (wird) dich behüten
	3,13	wohl dem Menschen, der E. gewinnt 19,25
	19	HERR hat nach seiner E. die Himmel bereitet
	4,5	erwirb Weisheit, erwirb E. 7; 18,15
	13,15	rechte E. schafft Gunst
	15,7	der Weisen Mund breitet E. aus
	16,16	E. erwerben (ist) edler als Silber
Spr	18,2	ein Tor hat nicht Gefallen an E.
	23,23	verkaufe sie nicht, die Zucht und die E.
Pr	7,25	zu suchen Weisheit und E.
Jes	40,14	der ihm E. gebe und lehre hin
	44,19	er kommt nicht zur E.
Jer	3,15	Hirten, die euch weiden sollen in E.
	31,19	tat Buße, und als ich zur E. kam
Dan	1,17	diesen vier jungen Leuten gab Gott E.
	11,33	werden vielen zur E. verhelfen
Wsh	3,15	aus E. wächst hervor, was ohne Tadel ist
	4,9	E. ist das wahre graue Haar
	7,7	mir wurde E. gegeben Sir 47,16
	9,5	dem es an E. fehlt für Recht und Gesetz
Sir	4,29	E. in dem, was die Zunge spricht
	15,3	sie reicht ihm die Speise der E.
	44,3	Männer, die durch ihre E. Rat erteilt
Bar	3,14	lerne nun, wo es rechte E. gibt
	23	die Kaufleute... strebten nach E.
Rö	10,2	Eifer für Gott, aber ohne E.
Eph	3,4	daran könnt ihr meine E. erkennen
Kol	1,9	erfüllt werdet mit der Erkenntnis in aller geistlichen E.

einsichtig

Spr	10,23	der e. Mann (hat Lust) an Weisheit

einsichtsvoll

Sir	26,26	wenn man e. Männer am Ende verachtet

einspannen

Hos	10,11	ich will Ephraim e.; Juda soll pflügen

einst

1Kö	12,33	e. opferte Jerobeam auf dem Altar
Esr	5,11	das e. vor vielen Jahren hier gestanden
Neh	13,4	es hatte e. der Priester Eljaschib
Hi	42,12	der HERR segnete Hiob mehr als e.
Ps	2,5	e. wird er mit ihnen reden in seinem Zorn
	89,50	wo ist deine Gnade von e.
Spr	21,13	der wird e. rufen und nicht erhört werden
Jes	27,6	wird e. dazu kommen, daß Israel blühen wird
	52,4	mein Volk zog e. hinab nach Ägypten
Hes	32,23	von denen e. Schrecken ausging 24-26
Wsh	11,14	den sie e. ausgesetzt im Wasser
1Ma	1,42	so herrlich Jerusalem e. gewesen war
Rö	7,9	ich lebte e. ohne Gesetz
Gal	2,6	*wer immer sie e. gewesen sind*
Eph	2,3	unter ihnen haben wir alle e. unser Leben geführt Kol 3,7
	11	daß ihr, die ihr von Geburt e. Heiden wart
	13	seid ihr, die ihr e. Ferne wart, Nahe geworden
Kol	1,21	die ihr e. fremd wart in bösen Werken
1Pt	2,10	die ihr e. „nicht ein Volk" wart, nun aber „Gottes Volk" seid
	3,20	die e. ungehorsam waren

einstecken

Hes	21,10	mein Schwert soll nicht wieder eing. werden

einstehen

1Kö	20,39	soll dein Leben für sein Leben e. 42

einsteigen

einsteigen
Hos	7,1	Lug und Trug treiben, wie die Diebe e.
Jo	2,9	in die Häuser s. sie e.
Apg	21,2	als wir ein Schiff fanden, s. wir e.

einstellen
1Ma	1,47	(daß sie) die Sündopfer im Heiligtum e.
Mt	20,1	um Arbeiter für seinen Weinberg e.
	7	es hat uns niemand eing.
	9	die um die elfte Stunde eing. waren

einstürmen
Apg	7,57	s. einmütig auf ihn e.
2Ko	11,28	das, was täglich auf mich e.

Einsturz
Spr	17,19	wer s. Tür zu hoch macht, strebt nach E.
Lk	6,49	es fiel zusammen, und sein E. war groß

einstürzen
Jes	30,13	Mauer, die plötzlich, unversehens e.
Off	11,13	der zehnte Teil der Stadt s.e.
	16,19	die Städte der Heiden s.e.

eintauchen
Hi	9,31	wirst mich noch e. in die Grube
Jh	13,26	der ist's, dem ich den Bissen e. und gebe

eintauschen
Hi	20,18	wird über seine eing. Güter nicht froh
	28,17	kann man nicht e. um güldnes Kleinod
Jer	2,11	mein Volk hat seine Herrlichkeit eing.

Eintracht
Sa	11,7	den andern nannte ich „E." 14

einträchtig
Ps	133,1	wenn Brüder e. beieinander wohnen
Ze	3,9	daß sie alle ihm e. dienen
Wsh	18,9	nahmen e. das göttliche Gesetz an
2Ma	15,36	es wurde auch e. von allen beschlossen
Rö	15,5	daß ihr e. gesinnt seid untereinander
Phl	2,2	daß ihr einmütig und e. seid

eintreffen
5Mo	13,3	und das Wunder t.e., von dem er gesagt
Ri	13,12	wenn nun e., was du gesagt hast 17
1Sm	9,6	alles, was er sagt, das t.e.
	10,7	wenn bei dir nun diese Zeichen e. 9
Ps	105,19	bis sein Wort e.
Spr	26,2	ein unverdienter Fluch: er t. nicht e.
Jes	5,19	t.e. der Ratschluß des Heiligen Israels
	41,22	damit wir merken, daß es e.
Sir	39,22	zur rechten Zeit t. alles e.

eintreiben
1Mo	29,7	ist noch nicht Zeit, das Vieh e.
5Mo	15,2	soll's nicht e. von seinem Nächsten
	3	von einem Ausländer darfst du es e.
2Kö	23,35	von jedem t. er Silber und Gold e.
Dan	11,20	durchziehen lassen, um Abgaben e.

eintreten
5Mo	18,22	wenn der Prophet redet und es t. nicht e.
1Sm	9,14	als sie zur Stadt kamen und e.
2Kö	6,32	wenn der Bote e., die Tür zuschließt
Est	4,2	durfte niemand in das Tor des Königs e.
Ps	119,122	t.e. für d. Knecht und tröste ihn Jes 38,14
Dan	12,1	Michael, der für dein Volk e.
Sir	4,10	t. für ihre Mutter e., als wärst du
2Ma	4,48	mußten, die für die Stadt eing., sterben
Jh	20,19	*kam Jesus und t. mitten e. 26*
Apg	10,3	sah deutlich einen Engel Gottes bei sich e.
Heb	9,16	*da muß noch der Tod e.*

einunddreißig
1Kö	16,23	im e. Jahr Asas
2Kö	22,1	Josia regierte e. Jahre 2Ch 34,1

einundvierzig
1Kö	14,21	e. Jahre alt war Rehabeam 2Ch 12,13
	15,10	(Asa) regierte e. Jahre 2Kö 14,23
2Ch	16,13	starb im e. Jahr seiner Herrschaft

einundzwanzig
2Mo	12,18	unges. Brot bis zum Abend des e. Tages
2Kö	24,18	e. Jahre alt war Zedekia 2Ch 36,11; Jer 52,1
Dan	10,13	der Engelfürst hat mir e. Tage widerstanden
Hag	2,1	am e. Tage des siebenten Monats geschah

Einwanderer
Apg	2,10	(die wir wohnen) in Libyen und E. aus Rom

einweben
2Mo	26,1	Cherubim sollst du e. in kunstreicher Arbeit 31; 36,8; 39,3

einweihen
5Mo	20,5	Haus gebaut und hat's noch nicht eing... daß nicht ein anderer es e.
1Kö	8,63	so w. sie das Haus des HERRN e. 2Ch 7,5
Neh	3,34	werden sie es mit Opfern e.
Wsh	8,4	sie ist in Gottes Wissen eing.

Einweihung
4Mo	7,10	opferten zur E. des Altars 11.84.88
2Ch	7,9	die E.des Altars hielten sie sieben Tage
Esr	6,16	hielten die E. des Hauses Gottes 17
Neh	12,27	E. der Mauer... E. zu halten mit Freuden
Ps	30,1	ein Lied zur E. des Tempels
2Ma	2,9	wie er zur E. des Tempels geopfert hat

einwickeln
Hi	38,9	als ich's in Dunkel e.

einwilligen
1Mo	34,17	wenn ihr nicht e. wollt, euch zu beschneiden
2Mo	2,21	Mose w.e., bei dem Mann zu bleiben
5Mo	13,9	(andern Göttern dienen) so w. nicht e.

Ri	17,11	der Levit w.e., bei dem Mann zu bleiben
1Kö	20,8	sollst nicht gehorchen und nicht e.
2Kö	12,9	die Priester w.e., daß sie kein Geld
Tob	4,6	hüte dich, jemals in eine Sünde e.
	10,11	bat, ohne daß dieser e.
1Ma	1,44	alle Völker w. in das Wort e. 45; 2,19
	2,22	wir wollen nicht in den Befehl e. 2Ma 11,24
	14,47	Simon w.e., daß er Hoherpriester
Apg	18,20	doch er w. nicht e.

Einwohner, Einwohnerin

1Mo	19,25	vernichtete alle E. der Städte
Jos	8,24	als Israel alle E. von Ai getötet hatte
	26	bis der Bann vollstreckt war an allen E.
	15,15	zog gegen die E. von Debir Ri 1,11
	17,11	hatte Manasse die E. von Dor Ri 1,27.30-33
2Kö	16,9	der König von Assyrien führte die E. weg
	22,16	will Unheil über ihre E. bringen 19; 1Ch 8,13; 2Ch 34,24.27.28
	23,2	ging hinauf und alle E. mit 2Ch 34,30
2Ch	19,8	für die Streitfälle der E.
	20,15	merket auf, ihr E. von Jerusalem 20
	18	die E. fielen vor dem HERRN nieder
	21,11	verleitete die E. zur Abgötterei 33,9
	22,1	machten Ahasja zum König
	32,33	die E. gaben ihm Ehre bei seinem Tod
	34,32	die E. taten nach dem Bund Gottes
	35,18	Passa gehalten mit... den E. von Jerusalem
Jes	6,11	bis die Städte wüst werden, ohne E.
	37,27	ihre E. sollten ohne Kraft werden
Jer	13,13	will alle E. mit Trunkenheit füllen
	17,20	höret des HERRN Wort, alle E. Jerusalems
	22,6	will dich zur Stadt ohne E. machen
	26,15	unschuldig Blut laden auf ihre E.
	42,18	mein Grimm über die E. Jerusalems
	44,13	will auch die E. in Ägyptenland heimsuchen 49,20.30
	46,19	mache dir Fluchtgepäck, du E.
	47,2	alle E. im Lande heulen
	48,19	schaue, du E. von Aroër
	50,21	zieh heran gegen die E. von Pekod
	34	daß er die E. von Babel erzittern läßt 35.45; 51,12
	51,35	spricht die E. von Zion
Hes	12,19	spricht Gott zu den E. Jerusalems
	15,6	will die E. Jerusalems dahingeben
	26,17	mächtig warst samt deinen E.
Hos	10,5	die E. von Samaria sorgen sich um das Kalb
Am	1,5	will die E. aus Bikat-Awen ausrotten 8
Mi	1,11	ihr E. von Schafir müßt dahin... E. von Zaanan werden nicht ausziehen
	12	die E. vermögen sich nicht zu trösten
	6,12	ihre E. gehen mit Lügen um
	16	ihre E., daß man sie auspfeifen soll
1Ma	10,76	da erschraken die E. in der Stadt
2Ma	9,2	machten sich die E. in Scharen auf
Apg	12,20	er war zornig auf die E. von Tyrus und Sidon
	13,27	die E. von Jerusalem und ihre Oberen haben

einwurzeln

Ps	80,10	hast (einen Weinstock) lassen e.
Sir	24,16	ich bin eing. bei einem geehrten Volk
Eph	3,17	in der Liebe eing. und gegründet

Einzelheit

2Ma	2,31	sich mit den E. genau zu beschäftigen

einzeln

1Mo	29,20	als wären's e. Tage, so lieb hatte er sie
2Mo	23,30	e. nacheinander ausstoßen 5Mo 7,22
4Mo	4,32	sollt ihnen die e. Geräte zuweisen
	15,27	wenn ein E. sündigen wird 30
	35,30	ein e. Zeuge soll keine Aussage machen
5Mo	19,15	soll kein e. Zeuge gegen jemand auftreten
Jos	22,20	obgleich (Achan) nur ein e. Mann war
1Sm	24,15	wem jagst du nach? einem e. Floh 26,20
1Kö	8,38	es seien E. oder dein ganzes Volk 2Ch 6,29
Pr	4,11	wie kann ein E. warm werden
	12,11	wie... Nägel sind die e. Sprüche
Jes	51,2	als einen e. berief ich ihn
Hes	33,24	Abraham war ein e. Mann
Dan	2,49	bat, über die e. Bezirke zu setzen 3,12
Sir	16,11	wie sollte ein e. Ungehorsamer unbestraft bleiben
2Ma	11,20	über e. haben meine Gesandten Befehl

einziehen (s.a. aus- und einziehen)

Ri	9,26	Gaal und seine Brüder z. in Sichem e.
2Sm	15,37	Absalom z. in Jerusalem e.
2Kö	19,27	ich weiß von deinem E. Jes 37,28
2Ch	20,28	sie z. in Jerusalem e. mit Psaltern
Neh	2,8	für das Haus, in das ich e. soll
	9,23	zugesagt, daß sie dort e. sollten
Ps	24,7	daß der König der Ehre e. 9
	45,16	sie z.e. in des Königs Palast
	68,18	der Herr z.e. ins Heiligtum vom Sinai her
	118,19	Tore der Gerechtigkeit, daß ich durch sie e.
	20	Tor des HERRN; Gerechten werden dort e.
Jes	13,2	daß sie e. durch die Tore der Fürsten
Jer	22,4	sollen durch die Tore dieses Hauses e.
Klg	4,12	daß der Feind zum Tor e. könnte
Hes	44,2	der HERR ist dort eing.
Ob	11	sahst, wie Ausländer zu seinen Toren e.
	13	sollst nicht zum Tor meines Volks e.
Mt	21,10	als er in Jerusalem e.

einzigartig

Wsh	7,22	ein Geist, der verständig ist, heilig, e.

einziger

1Mo	19,9	bist der e. Fremdling hier
	22,2	nimm Isaak, deinen e. Sohn
	12	hast deines Sohnes nicht verschont 16
2Mo	22,26	sein Mantel ist seine e. Decke
	26,11	beide zu einem e. Zelt zusammengefügt
4Mo	16,22	wenn ein e. Mann gesündigt hat
Jos	3,13	wird stehenbleiben wie e. Wall 16
Ri	11,34	(Jeftahs Tochter) war sein e. Kind
2Sm	12,3	hatte nichts als ein e. kleines Schäflein
	17,12	von allen nicht einen e. übriglassen
	22	reichte nicht ein e.
2Kö	10,11	erschlug alle, bis nicht ein e. übrigblieb 14
Spr	4,3	e. (Kind) unter der Obhut meiner Mutter
Pr	9,18	ein e. Bösewicht verdirbt viel Gutes
Hl	4,9	mit einem e. Blick deiner Augen, mit einer e. Kette an deinem Hals
	6,9	die E. ist sie für ihre Mutter
Jes	30,17	fliehen vor eines e. Drohen
Jer	6,26	trage Leid wie um einen e. Sohn Am 8,10
Hes	34,23	will ihnen einen e. Hirten erwecken 37,24
	37,22	will e. Volk aus ihnen machen
	40,46	die als e. vor den HERRN dürfen
Sa	3,9	will die Sünde wegnehmen an einem e. Tag

einziger

Sa	12,10	wie man klagt um ein e. Kind
	14,7	es wird ein e. Tag sein
	9	zu der Zeit wird der HERR der e. sein und sein Name der e.
Jdt	5,2	sind die e., die uns verachten StE 1,4
	7	um dem e. Gott des Himmels zu dienen
	11	ersäuft, so daß kein e. übrigblieb
	14,14	eine e. Frau hat... zu Spott gemacht
Wsh	11,20	sie könnten durch einen e. Hauch fallen
	18,12	in einem e. Augenblick dahingesunken
Tob	6,12	er hat nur eine e. Tochter
	16	weil ich ihr e. Sohn bin
	8,18	hast dich erbarmt über d. beiden e. Kinder
1Ma	1,43	daß nur noch ein e. Volk sein sollte
	7,16	tötete sie an einem e. Tag 2Ma 7,20
	9,58	sie in einer e. Nacht gefangennehmen
2Ma	9,8	nach einem e. Fall sich tragen lassen
Mt	5,36	du vermagst nicht ein e. Haar weiß zu machen
	12,11	wer ist unter euch, der sein e. Schaf
	27,14	er antwortete ihm nicht auf ein e. Wort
Mk	6,5	er konnte dort nicht eine e. Tat tun
Lk	7,12	einen Toten, der der e. Sohn seiner Mutter war 8,42; 9,38
	24,18	bist du der e. unter den Fremden in Jerusalem, der nicht weiß, was
Jh	7,21	ein e. Werk habe ich getan
1Ko	10,8	an einem e. Tag kamen 23.000 um
2Ko	11,2	ich habe euch verlobt mit einem e. Mann
Gal	3,20	ein Mittler ist nicht Mittler eines E.
1Ti	3,2	soll sein Mann einer e. Frau 12; Tit 1,6
	5,9	sie soll eines e. Mannes Frau gewesen sein
Heb	11,17	Abraham gab den e. Sohn dahin
Jak	2,10	wenn jemand sündigt gegen ein e. Gebot
Off	21,21	jedes Tor war aus einer e. Perle

Eis

Hi	6,16	(Bäche,) die trübe sind vom E.
	37,10	vom Odem Gottes kommt E.
	38,29	aus wessen Schoß geht das E. hervor
Sa	14,6	wird weder Kälte noch Frost noch E. sein
Wsh	16,22	Schnee und E. hielten das Feuer aus
	19,20	Speise, die wie E. leicht schmilzt
Sir	3,17	vergehen wie das E. vor der Sonne
	43,22	so wird das Wasser zu E.
StD	3,47	E. und Frost, lobt den Herrn

Eisen

2Mo	20,25	wenn du mit deinem E. darüber kommst
3Mo	26,19	will euren Himmel wie E. machen
4Mo	31,22	E. (durchs Feuer gehen lassen)
	35,16	wer jemand mit einem E. schlägt
5Mo	8,9	ein Land, in dessen Steinen E. ist
	19,5	das E. führe vom Stiel und träfe
	27,5	Steinen, die kein E. berührt hat Jos 8,31
	33,25	von E. und Erz sei der Riegel deiner Tore
Jos	22,8	ihr kommt heim mit Gold, Kupfer, E.
2Sm	23,7	wer sie angreifen will, muß E... haben
2Kö	6,5	fiel das E. ins Wasser 6
1Ch	22,3	David schaffte viel E. herbei 14; 29,2.7
	16	(Meister für jede Arbeit) in E. 2Ch 2,6.13; 24,12
Hi	28,2	E. bringt man aus der Erde
	41,19	er achtet E. wie Stroh
Ps	105,18	sein Leib mußte in E. liegen
	107,10	gefangen in Zwang und E.
Pr	10,10	wenn ein E. stumpf wird, muß man
Jes	10,34	der Wald wird mit dem E. umgehauen werden
Jes	60,17	will Silber anstatt des E. bringen und E. anstatt der Steine
Jer	6,28	Erz und E. sind sie
	15,12	kann man E. zerbrechen, E. aus dem Norden
	29,26	daß du sie in Block und E. legst
Hes	22,18	sie alle sind E. im Ofen 20
	27,12	hat E. auf deine Märkte gebracht 19
Dan	2,33	seine Schenkel waren von E., seine Füße teils von E. 34.41-43
	35	wurden miteinander zermalmt E., Ton 45
	40	das 4. (Königreich) wird hart sein wie E.; wie E. alles zermalmt... wie E. zerbricht
Wsh	13,15	befestigt es mit einem Stück E.
	17,16	eingeschlossen in einem Kerker ohne E.
Sir	12,10	wie das E. immer wieder rostet
	22,18	es ist leichter, E. zu tragen als
	39,31	der Mensch bedarf zu seinem Leben E.
Off	18,12	(ihre Ware:) Gerät aus E.

Eisenschmied

1Mo	4,22	von dem sind hergekommen alle Erz- und E.

eisern

5Mo	28,23	die Erde unter dir (wird) e. (werden)
	48	e. Joch auf deinen Hals legen Jer 28,13.14
Jos	6,19	samt dem kupfernen und e. Gerät 24
	17,16	gibt es e. Wagen bei allen Kanaanitern 18; Ri 1,19; 4,3.13
1Sm	17,7	die e. Spitze seines Spießes wog 600 Lot
2Sm	12,31	stellte sie an die e. Pickel... e. Äxte 1Ch 20,3
1Kö	6,7	daß man weder... noch e. Werkzeug hörte
	22,11	hatte sich e. Hörner gemacht 2Ch 18,10
1Ch	29,2	habe herbeigeschafft Eisen zu e. Gerät
Hi	19,24	mit einem e. Griffel in Blei geschrieben
	20,24	flieht er vor dem e. Harnisch
	40,18	seine Gebeine wie e. Stäbe
Ps	2,9	sollst sie mit einem e. Zepter zerschlagen
	107,16	daß er zerschlägt die e. Riegel Jes 45,2
	149,8	ihre Edlen (zu binden) mit e. Fesseln
Jes	48,4	daß dein Nacken eine e. Sehne ist
Jer	1,18	will dich zur e. Säule machen
	17,1	die Sünde ist geschrieben mit e. Griffel
Hes	4,3	nimm eine e. Platte... e. Mauer
Dan	4,12	soll in e. und ehernen Ketten liegen 20
	5,4	lobten sie die ehernen, e. Götter 23
	7,7	ein viertes Tier hatte große e. Zähne 19
Am	1,3	weil sie mit e. Dreschschlitten gedroschen
Mi	4,13	will dir e. Hörner machen
Sir	28,24	ihr Joch ist e. und ihre Fesseln ehern
1Ma	6,35	tausend Mann in Harnischen und e. Helmen
2Ma	11,9	bereit, gegen e. Mauern anzugehen
GMn		ich werde gekrümmt in schweren, e. Banden
Apg	12,10	kamen zu dem e. Tor, das zur Stadt führt
Off	2,27	er soll sie weiden mit e. Stabe 12,5; 19,15
	9,9	hatten Panzer wie e. Panzer

eitel

Ps	4,3	wie habt ihr das E. so lieb
	62,11	setzt auf Raub nicht e. Hoffnung
Pr	1,2	es ist alles ganz e. 14; 2,1.11.15.17.19.21.23.26; 3,19; 4,4.8.16; 5,9; 6,2.9; 7,6; 8,10.14; 12,8
	4,7	wiederum sah ich E. unter der Sonne
	6,12	in s. kurzen, e. Tagen, die er verbringt
	7,15	gesehen in den Tagen meines e. Lebens
	9,9	genieße, solange du das e. Leben hast
	11,8	alles, was kommt, ist e.
	10	Kindheit und Jugend sind e.

Jes	16,6	wir haben gehört von seinem e. Geschwätz
	40,17	alle Völker gelten ihm als e.
Wsh	14,14	durch e. Wahn sind (Götzen)... gekommen
2Ma	7,34	überhebe dich nicht in e. Hoffnungen
Gal	5,26	laßt uns nicht nach e. Ehre trachten
Phl	2,3	tut nichts um e. Ehre willen
Tit	3,9	*Zank und Streit sind e.*
1Pt	1,18	*von eurem e. Wandel nach der Väter Weise*

Eitelkeit

Pr	5,6	wo viel Träume sind, da ist E.
	6,11	je mehr Worte, desto mehr E.

Eiter

Hi	7,5	meine Haut ist voller E.
Spr	12,4	eine schandbare ist wie E. in s. Gebein
	14,30	Eifersucht ist E. in den Gebeinen

Eiterfluß

4Mo	5,2	aus dem Lager schicken alle, die E. haben
2Sm	3,29	soll nicht aufhören, daß einer E. habe

eitern

Ps	38,6	meine Wunden stinken und e.

Eiweiß

Hi	6,6	oder hat E. Wohlgeschmack

Ekbatana (= Achmeta)

Jdt	1,1	baute eine große Stadt; E.
Tob	5,9	Rages, die auf dem Gebirge von E. liegt
2Ma	9,3	als (Antiochus) in E. war

Ekel

3Mo	20,23	habe einen E. an ihnen gehabt 26,30
	26,43	weil sie an meinen Satzungen E. gehabt
4Mo	11,20	bis es euch zum E. wird
5Mo	7,26	sollst E. und Abscheu davor haben
Jdt	9,11	gib mir Festigkeit, keinen E. zu zeigen

ekeln

2Mo	7,18	die Ägypter wird es e., Wasser zu trinken
3Mo	26,44	es e. mich nicht vor ihnen
4Mo	21,5	uns e. vor dieser mageren Speise
Hi	9,31	daß sich meine Kleider vor mir e.
	19,17	den Söhnen meiner Mutter e.'s vor mir
	33,20	daß ihm vor der Speise e.
Ps	106,15	bis ihnen davor e. 107,18
Jer	29,17	schlechten Feigen, davor einem e.
Hes	6,9	wird sie e. vor all dem Bösen

Eker

1Ch	2,27	Söhne Rams: E.

Ekron

Jos	13,3	bis zum Gebiet E. 15,11.45.46; 19,43; Ri 1,18; Jer 25,20
1Sm	5,10	sandten sie die Lade Gottes nach E. 6,16.17; 7,14; 17,52
2Kö	1,2	befragt Baal-Sebub, den Gott von E. 3.6.16

Am	1,8	will meine Hand gegen E. wenden
Ze	2,4	soll E. ausgewurzelt werden Sa 9,5.7
1Ma	10,89	(Alexander) schenkte (Jonatan) E.

El-Bethel

1Mo	35,7	(Jakob) nannte die Stätte E.

El-Paran

1Mo	14,6	(schlugen) die Horiter bis E.

Ela

versch. Träger ds. Namens
1Mo 36,41; 1Ch 1,52/ 1Kö 4,18/ 16,6.8.13.14/
2Kö 15,30; 17,1; 18,1.9/ 1Ch 4,15/ 9,8

Elad

1Ch	7,21	(Söhne Ephraims:) E.

Elada

1Ch	7,20	Tahat, dessen Sohn war E.

Elale

4Mo	32,3	das Land E. (ist gut zur Weide) 37
Jes	15,4	Heschbon und E. schreien 16,9; Jer 48,34

Elam, Elamiter

1Mo	14,1	Kedor-Laomers, des Königs von E. 9
Esr	4,9	Männer von Susa, das sind die E.
Jes	11,11	der übriggeblieben ist in E.
	21,2	E., zieh herauf
	22,6	E. fährt daher mit Köchern Jer 25,25
Jer	49,34	wider E. 35-39; Hes 32,24
Dan	8,2	war ich im Lande E., am Fluß Ulai
Apg	2,9	Parther und Meder und E.

weitere Träger ds. Namens
1Mo 10,22; 1Ch 1,17/ 1Ch 8,24/ 26,3/ Esr 2,7;
8,7; 10.2.26; Neh 7,12/ Esr 2,31; Neh 7,34/
Neh 10,15/ 12,42

Elasa

1Ch	2,39	¹Helez zeugte E. 40
	8,37	²Refaja, dessen Sohn war E. 9,43
Esr	10,22	³bei den Söhnen Paschhur: E.
Jer	29,3	⁴E., den Sohn Schafans
1Ma	9,5	⁵Judas hatte sein Lager bei E.

Elat, *Elath*

5Mo	2,8	weggezogen von E. 1Kö 9,26; 2Ch 8,17
2Kö	14,22	(Asarja) baute E. aus 2Ch 26,2
	16,6	brachte Rezin E. wieder an Edom

Eldaa

1Mo	25,4	Söhne Midians waren: E. 1Ch 1,33

Eldad

4Mo	11,26	der eine hieß E. 27

Eleasar

2Mo	6,23	Elischeba gebar (Aaaron) E. 25; 28,1; 4Mo 3,2; 26,60; 1Ch 5,29.30; 6,35; 24,1.2; Esr 7,5
3Mo	10,6	da sprach Mose zu E. und Ithamar 12.16
4Mo	3,4	E. und Irhamar versahen Priesterdienst
	32	über alle Leviten soll E. sein
	4,16	E. ist anvertraut das Öl 17,2.4
	19,3	gebt sie dem Priester E. 4; 31,29.41.51.54
	20,25	nimm Aaron und seinen Sohn E. 26.28; 5Mo 10,6
	25,7	Pinhas, der Sohn E. 11; 31,6; Jos 22,13.31.32; Ri 20,28; 1Ch 9,20; Sir 45,28
	26,1	sprach der HERR zu E. 3.63
	27,2	traten vor Mose und vor E. 19.21.22; 31,12. 13.21.26.31; 32,2.28
	34,17	die das Land austeilen sollen: der Priester E. Jos 14,1; 17,4; 19,51; 21,1
Jos	24,33	auch E., der Sohn Aarons, starb
1Ch	24,3	Zadok von den Söhnen E. 4-6 weitere Träger ds. Namens 1Sm 7,1/ 2Sm 23,9; 1Ch 11,12/ 1Ch 23,21.22; 24,28/ Esr 8,33; Neh 12,42/ Esr 10,25/ 1Ma 2,5; 6,43; 8,17/ 2Ma 6,18.24; 8,23/ Mt 1,15

Elef, *Eleph*

Jos	18,28	E. und die Stadt der Jebusiter

Elefant

1Ma	1,18	gut gerüstet mit Wagen, E. 6,30.34-37.43.46; 8,6; 2Ma 13,2; 15,20
	3,34	er überließ ihm die E. 2Ma 14,12
	11,56	Tryphon bemächtigte sich der E.
2Ma	11,4	er aber pochte auf die achtzig E.

Element

Wsh	7,17	so daß ich begreife das Wirken der E.
	19,17	tauschten die E. sich gegenseitig aus
Gal	4,3	*in der Knechtschaft der E. der Welt*
	9	*wie wendet ihr euch zu den schwachen E.*
Kol	2,8	*gegründet auf die E. der Welt*
	20	*abgestorben mit Christus den E. der Welt*
2Pt	3,10	die E. werden vor Hitze schmelzen 12

elend

2Sm	22,28	du hilfst dem e. Volk Ps 18,28
Hi	5,15	er hilft den E. 36,6.15
	7,3	viele e. Nächte sind mir geworden
	24,4	die E. müssen sich verkriechen
	14	der Mörder erwürgt den E.
	34,28	daß er das Schreien der E. hörte
	36,8	wenn sie gefangenliegen und e.
Ps	9,13	der nach Blutschuld fragt, gedenkt der E.
	19	Hoffnung der E. wird nicht verloren sein
	10,2	müsssen die E. leiden
	9	er lauert, daß er den E. fange
	12	vergiß die E. nicht
	17	das Verlangen der E. hörst du, HERR
	12,6	weil die E. Gewalt leiden
	22,27	die E. sollen essen, daß sie satt werden
	25,9	er leitet die E. recht und lehrt die E.
	16	ich bin einsam und e.
	34,3	daß es die E. hören und sich freuen
	35,10	der du den E. rettest... den E. und Armen
	37,11	die E. werden das Land erben
	14	spannen ihren Bogen, daß sie fällen den E.
Ps	40,18	ich bin arm und e. 70,6; 86,1; 109,22
	68,11	du labst die E. in deiner Güte
	69,30	ich bin e. und voller Schmerzen
	33	die E. sehen es und freuen sich
	72,2	daß er deine E. rette
	4	er soll den E. im Volk Recht schaffen
	12	erretten den E., der keinen Helfer hat
	74,19	Leben deiner E. vergiß nicht für immer
	21	laß die Armen und E. rühmen deinen Namen
	76,10	daß er helfe allen E. auf Erden
	79,8	wir sind sehr e.
	82,3	helft dem E. und Bedürftigen zum Recht
	88,16	ich bin e. und dem Tode nahe
	102,1	ein Gebet für den E.
	109,16	verfolgte den E.
	140,13	daß der HERR des E. Sache führen wird
	147,6	der HERR richtet die E. auf
	149,4	er hilft den E. herrlich
Spr	14,21	wohl dem, der sich der E. erbarmt
	30,14	verzehrt die E. im Lande
	31,5	verdrehen die Sache aller e. Leute
	9	schaffe Recht dem E. und Armen
Jes	3,15	zerschlagt das Angesicht der E.
	10,2	um Gewalt zu üben am Recht der E.
	11,4	wird rechtes Urteil sprechen die E.
	14,32	werden die E. seines Volks Zuflucht haben
	24,16	ich muß sagen: Wie bin ich so e.
	29,19	die E. werden wieder Freude haben
	32,7	sinnt auf Tücke, um die E. zu verderben
	41,17	die E. und Armen suchen Wasser
	49,13	der HERR erbarmt sich seiner E.
	51,21	du E., die du trunken bist
	54,11	du E., über die alle Wetter gehen
	58,10	(wenn du) den E. sättigst
	61,1	den E. gute Botschaft zu bringen
	66,2	ich sehe aber auf den E.
Jer	22,16	er half dem E. und Armen zum Recht
	28	ist denn Konja ein e. Mann
Klg	1,7	da sie e. und verlassen ist
	3,19	gedenke doch, wie ich so e. bin
Hes	16,49	dem Armen und E. helfen sie nicht 18,12; 22,29
Am	2,7	sie drängen die E. vom Wege
	8,4	die ihr die E. im Lande zugrunde richtet
Hab	3,14	ihre Freude war, zu fressen den E.
Ze	2,3	suchet den HERRN, alle ihr E.
Jdt	9,13	allezeit hat dir gefallen das Gebet der E.
	16,13	heulte, als meine Leute e. herauskamen
Wsh	15,14	alle sind e. als ein kleines Kind
Sir	4,4	die Bitte des E. schlage nicht ab
	21,6	sobald der E. ruft, hört's Gott
	35,21	das Gebet der E. dringt durch die Wolken
1Ma	1,42	so e. mußte (Jerusalem) jetzt sein
Rö	7,24	ich e. Mensch
1Ko	15,19	so sind wir die e. unter allen Menschen
Off	3,17	weißt nicht, daß du e. und jämmerlich bist

Elend

1Mo	16,11	der HERR hat dein E. erhört
	29,32	der HERR hat angesehen mein E. 31,42
	41,52	hat mich wachsen l. in dem Lande meines E.
2Mo	3,7	habe das E. meines Volks gesehen 4,31; 5Mo 26,7; 1Sm 9,16; Neh 9,9
	17	will euch aus dem E. Ägyptens führen
5Mo	16,3	sieben Tage Ungesäuertes essen, Brot des E.
1Sm	1,11	wirst du das E. deiner Magd ansehen
2Sm	16,12	vielleicht wird der HERR mein E. ansehen
Neh	9,32	achte all das E. nicht gering
Hi	10,15	getränkt mit E.

Hi	30,16	Tage des E. haben mich ergriffen 25.27
	36,15	den Elenden wird er durch sein E. erretten
	21	Unrecht wählst du lieber als E.
Ps	9,14	sieh an mein E. 25,18; 31,8; 119,153; Klg 1,9
	10,14	du schaust das E. und den Jammer
	22,25	er hat nicht verachtet das E. der Armen
	34,7	als einer im E. rief, hörte der HERR
	44,25	vergissest unser E. und unsre Drangsal
	88,10	mein Auge sehnt sich aus dem E.
	107,41	die Armen schützte er vor E.
	119,50	das ist mein Trost in meinem E.
	92	so wäre ich vergangen in meinem E.
Spr	31,7	daß sie trinken und ihres E. vergessen
Jes	48,10	geprüft im Glutofen des E.
	58,7	die im E. sind, führe ins Haus
Klg	1,3	Juda ist gefangen in E.
	3,1	bin der Mann, der E. sehen muß
Ob	12	nicht herabsehen... zur Zeit seines E.
Jdt	6,14	Herr, sieh unser E. an
Tob	2,23	mit solchen Worten warf sie ihm sein E. vor
Sir	11,13	Gott hilft ihm aus dem E.
	40,1	großes E. ist jedem Menschen zugeteilt
1Ma	2,6	die sahen das schreckliche E. in Juda
Heb	11,38	*die sind im E. umhergeirrt*
Jak	4,9	werdet eures E. inne
	5,1	weint und heult über das E., das über euch

Eleutherus

1Ma	11,7	bis an den Fluß E. 12,30

elf

1Mo	32,23	Jakob nahm seine e. Söhne
	37,9	Mond und e. Sterne neigten sich vor mir
2Mo	26,7	sollst machen e. Teppiche 8; 36,14
5Mo	1,2	e. Tagereisen weit ist es vom Horeb 3
1Kö	6,38	im e. Jahr wurde das Haus vollendet
2Kö	9,29	war König geworden im e. Jahr Jorams
	23,36	Jojakim regierte. Jahre 24,18; 2Ch 36,5.11; Jer 52,1
	25,2	belagert bis ins e. Jahr des Zedekia Jer 1,3; 39,2; 52,5
Hes	26,1	es begab sich im e. Jahr 30,20; 31,1; 32,1.17; 33,21; Sa 1,7
1Ma	16,14	Simon (kam) nach Jericho im e. Monat
Mt	20,6	um die e. Stunde ging er aus
	9	die um die e. Stunde eingestellt waren
	28,16	die e. Jünger gingen nach Galiläa
Mk	16,14	als die e. zu Tisch saßen, offenbarte er sich
Lk	24,9	verkündigten das alles den e. Jüngern
	33	kehrten zurück und fanden die E. versammelt
Apg	1,26	er wurde zugeordnet zu den e. Aposteln
	2,14	da trat Petrus auf mit den E.
Off	21,20	der e. (Grundstein war) ein Hyazinth

Elfenbein

1Kö	10,18	der König machte einen Thron von E.
	22	Tarsisschiffe brachten E. 2Ch 9,21
Hl	5,14	sein Leib ist wie reines E.
	7,5	dein Hals ist wie ein Turm von E.
Hes	27,6	haben deine Wände mit E. getäfelt 15
Off	18,12	(ihre Ware:) Gerät aus E.

elfenbeinern

2Ch	9,17	der König machte einen großen e. Thron

elfenbeingeschmückt

Am	3,15	die e. Häuser sollen zugrunde gehen
	6,4	die ihr schlaft auf e. Lagern

Elfenbeinhaus

1Kö	22,39	das E., das er baute

Elfenbeinpalast

Ps	45,9	aus E. erfreut dich Saitenspiel

elftausend

2Ma	11,11	Feinde... erschlugen von ihnen e. zu Fuß

Elhanan

2Sm	21,19	[1]da erschlug E... den Goliat 1Ch 20,5
	23,24	[2]E., der Sohn Dodos aus Bethlehem 1Ch 11,26

Eli

1Sm	1,3	[1]Hofni und Pinhas, die beiden Söhne E. 2,12.22; 4,4.11; 14,3
	9	E., der Priester, saß auf einem Stuhl 4,13
	12	achtete E. auf ihren Mund 13.17
	25	brachten den Knaben zu E. 2,11; 3,1
	2,20	E. segnete Elkana und seine Frau
	27	es kam ein Mann Gottes zu E.
	3,2	E. lag an seinem Ort 5.6.8
	12	will ich über E. kommen lassen 14-16; 1Kö 2,27
	4,14	als E. das laute Schreien hörte 15.16.18
Mt	27,46	[2]E., E., lama asabtani Mk 15,34
Lk	3,23	[3]Josef war ein Sohn E.

Elia

1Kö	17,1	[1]E., der Tischbiter 13-24
	18,1	kam das Wort des HERRN zu E. 2.7-17; 21,17.28
	21	E. sprach: Wie lange hinket ihr 22-46
	19,1	Ahab sagte Isebel alles, was E. getan 2
	9	was machst du hier, E. 13
	19	E. fand Elisa... E. warf seinen Mantel 20.21
	21,20	Ahab sprach zu E.: Hast du mich gefunden
2Kö	1,3	der Engel des HERRN redete mit E. 4.8-17
	2,1	als der HERR E. gen Himmel holen wollte 2-14; Sir 48,13; 1Ma 2,58
	15	der Geist E. ruht auf Elisa 3,11
	9,36	was der HERR geredet durch E. 10,10.17
2Ch	21,12	von dem Propheten E. Mal 3,23; Sir 48,1
Sir	48,4	wie herrlich bist du gewesen, E.
Mt	11,14	er ist E., der da kommen soll 16,14; Mk 6,15; 8,28; Lk 9,8.19
	17,3	da erschienen ihnen Mose und E. 4; Mk 9,4.5; Lk 9,30.33
	10	sagen, zuerst müsse E. kommen 11.12; Mk 9,11-13
	27,47	der ruft nach E. 49; Mk 15,35.36
Lk	1,17	er wird vor ihm hergehen im Geist und in der Kraft E.
	4,25	waren viele Witwen in Israel zur Zeit des E. 26
	9,54	wie auch E. tat
Jh	1,21	sie fragten ihn: Was dann? Bist du E. 25
Rö	11,2	wißt ihr nicht, was die Schrift sagt von E.
Jak	5,17	E. war ein schwacher Mensch wie wir

Elia

1Ch 8,27 ²E. und Sichri; das sind die Söhne Jerohams
Esr 10,21 ³bei den Söhnen Harim: E.
10,26 ⁴bei den Söhnen Elam: E.

Eliab

versch. Träger ds. Namens
4Mo 1,9; 2,7; 7,24.29; 10,16/ 16,1.12; 26,8.9; 5Mo 11,6 (= Elihu 1; s.a.Eliël)/ 1Sm 16,6/ 17,13.28; 1Ch 2,13 (= Elihu 4)/ 1Ch 6,12/ 12,10/ 15,18.20; 16,5

Eliam (= Ammiël 3)

2Sm 11,3 Batseba, die Tochter E., die Frau Urias 1Ch 3,5
23,34 E., der Sohn Ahitofels

Eliata, *Eliatha*

1Ch 25,4 Hemans Söhne: E. 27

Elidad

4Mo 34,21 E., der Sohn Kislons

Eliël

versch. Träger ds. Namens
1Ch 5,24/ 6,19 (s.a.Eliab; = Elihu 1)/ 8,20/ 8,22/ 11,46/ 11,47/ 12,12/ 15,9.11/ 2Ch 31,13

Eliënai

1Ch 8,20 E. (Söhne Schmis)

Eliëser

versch. Träger ds. Namens
1Mo 15,2/ 2Mo 18,4; 1Ch 23,15.17; 26,25/ 1Ch 7,8/ 15,24/ 27,16/ 2Ch 20,37/ Esr 8,16/ 10,18/ 10,23/ 10,31/ Lk 3,29

Elifal, *Eliphal*

1Ch 11,35 E., der Sohn Urs

Elifas, *Eliphas*

1Mo 36,4 ¹Ada gebar dem Esau E. 10; 1Ch 1,35
11 des E. Söhne 12.15.16; 1Ch 1,36
Hi 2,11 ²drei Freunde Hiobs, E. von Teman 4,1; 15,1; 22,1; 42,7.9

Elifelehu, *Eliphelehu*

1Ch 15,18 Brüder der zweiten Ordnung: E. 21

Elifelet, *Eliphelet*

versch. Träger ds. Namens
2Sm 5,16; 1Ch 3,8; 14,7/ 2Sm 23,34/ 1Ch 3,6 (= Elpelet)/ 8,39/ Esr 8,13/ 10,33

Elihoref, *Elihoreph*

1Kö 4,3 E. und Ahija, die Söhne Schischas

Elihu

1Sm 1,1 ¹Jerohams, des Sohnes E., des Sohnes Tohus (s.a.Eliab; Eliël)
1Ch 12,21 ²fielen (David) zu von Manasse: E.
26,7 ³Söhne Schemajas: E.
27,18 ⁴E., einer der Brüder Davids
Hi 32,2 ⁵E., der Sohn Barachels 4-6; 34,1; 35,1; 36,1

Elika

2Sm 23,25 E., der Haroditer

Elim

2Mo 15,27 sie kamen nach E. 16,1; 4Mo 33,9.10

Elimelech

Rut 1,2 E. und seine Frau Noomi 3; 2,1.3; 4,3.9

Elisa

1Kö 19,16 (salbe) E., den Sohn Schafats, zum Propheten 17.19.21; 2Kö 3,11
2Kö 2,1 gingen Elia und E. von Gilgal weg 2-22
15 der Geist Elias ruht auf E. Sir 48,13
3,13 E. sprach zum König 14.15; 6,12
4,1 schrie eine Frau zu E. 2-38; 8,1.4.5
5,8 als E. hörte, sandte er 9.10.16.20.25
6,1 die Prophetenjünger sprachen zu E.
17 E. betete: HERR, öffne ihm die Augen 18-21
31 wenn das Haupt E. auf ihm bleiben wird 32
7,1 E. sprach: Hört des HERRN Wort 19
8,7 E. kam nach Damaskus 9.10.13.14
9,1 E. rief einen der Prophetenjünger
13,14 als E. erkrankte 15-17.20.21
Lk 4,27 viele Aussätzige waren in Israel zur Zeit des Propheten E.

Elisabeth

Lk 1,5 Zacharias... seine Frau hieß E.
7 E. war unfruchtbar
13 E. wird dir einen Sohn gebären 24.36.57
40 kam in das Haus und begrüßte E. 41
41 E. wurde vom heiligen Geist erfüllt

Elischa

1Mo 10,4 Söhne Jawans: E. 1Ch 1,7
Hes 27,7 Purpur von den Gestaden E.

Elischafat, *Elischaphat*

2Ch 23,1 E., dem Sohn Sichris

Elischama

versch. Träger ds. Namens
4Mo 1,10; 2,18; 7,48.53; 10,22; 1Ch 7,26/ 2Sm 5,16; 1Ch 3,8; 14,7/ 2Kö 25,25/ Jer 41,1/ 1Ch 2,41/ 3,6 (= Elischua)/ 2Ch 17,8/ Jer 36,12.20.21

Elischeba

2Mo 6,23 Aaron nahm zur Frau E.

Elischua (s.a. Elischama)

2Sm 5,15 (David zu Jerusalem geboren:) E. 1Ch 14,5

Eliud

Mt 1,14 Achim zeugte E. 15

Elizafan, *Elizaphan*

2Mo 6,22 ¹Söhne Usiëls: E. 3Mo 10,4; 4Mo 3,30; 1Ch 15,8; 2Ch 29,13
4Mo 34,25 ²E., der Sohn Parnachs

Elizur

4Mo 1,5 E., der Sohn Schedëurs 2,10; 7,30.35; 10,18

Eljachba

2Sm 23,32 E., der Schaalboniter 1Ch 11,33

Eljada

2Sm 5,16 ¹(David zu Jerusalem geboren:) E. 1Ch 3,8 (= Beeljada)
1Kö 11,23 ²Reson, den Sohn E.
2Ch 17,17 ³aus Benjamin: E.

Eljakim, *Eliakim*

2Kö 18,18 ¹E., der Sohn Hilkijas 26.37; 19,2; Jes 22,20; 36,3.11.22; 37,2
23,34 ²E., den Sohn Josias 2Ch 36,4 (= Jojakim 1)
Neh 12,41 ³die Priester, nämlich: E.
Mt 1,13 ⁴Abihud zeugte E. E. zeugte
Lk 3,30 ⁵Jonam war ein Sohn E.

Eljasaf, *Eljasaph*

4Mo 1,14 ¹E., der Sohn Degüels 2,14; 7,42.47; 10,20
3,24 ²E., der Sohn Laëls

Eljaschib

versch. Träger ds. Namens
1Ch 3,24/ 24,12/ Esr 10,6; Neh 3,1.20.21; 12,10.22.23; 13,4.7.28/ Esr 10,24/ 10,27/ 10,36

Eljoënai

versch. Träger ds. Namens
1Ch 3,23.24/ 4,36/ 7,8/ 26,3/ Esr 8,4/ 10,22; Neh 12,41/ Esr 10,27

Elkana

versch. Träger ds. Namens
2Mo 6,24; 1Ch 6,8.10/ 1Sm 1,1.4.8.19-23; 2,11. 20; 1Ch 6,12.19/ 1Ch 6,11/ 6,20/ 6,21/ 9,16; 15,23/ 12,7/ 2Ch 28,7

Elkosch

Nah 1,1 dies ist das Buch Nahums aus E.

Ellasar

1Mo 14,1 Arjochs, des Königs von E. 9; Jdt 1,6

Elle

3Mo 19,35 sollt nicht unrecht handeln mit der E.
Hes 40,5 jede E... länger als eine gewöhnl. E. 43,13
1/2 E. 1Kö 7,35; Hes 43,17
1 E. 1Mo 6,16; 2Mo 25,23; 26,13; 30,2; 37,10. 25; 1Kö 7,31; 2Ch 4,3; Hes 40,12.42; 43,13.14. 17
1¹/² E. 2Mo 25,10.17.23; 26,16; 36,21; 37,1.6. 10; 1Kö 7,31.32; Hes 40,42
2 E. 2Mo 25,23; 30,2; 37,10.25; 4Mo 11,31; Hes 40,9; 41,3.22; 43,14
2¹/² E. 2Mo 25,10.17; 37,1.6
3 E. 2Mo 27,1; 38,1; 1Kö 7,27; 2Kö 25,17; 2Ch 6,13; Hes 40,48; 41,22
4 E. 2Mo 26,2.8; 36,9.15; 5Mo 3,11; 1Kö 7,19. 27.38; Hes 41,5; 43,14.15
5 E. 2Mo 27,1.18; 38,1.18; 1Kö 6,6.10.24; 7,16. 23; 1Ch 11,23; 2Ch 3,11.12.15; 4,2; 6,13; Jer 52,22; Hes 40,7.30.48; 41,2.9.11.12
6 E. 1Sm 17,4; 1Kö 6,6; Hes 40,5.12; 41,1.3.5. 8; Dan 3,1
7 E. 1Kö 6,6; Hes 41,3
8 E. 1Kö 7,10; Hes 40,9
9 E. 5Mo 3,11
10 E. 2Mo 26,16; 36,21; 1Kö 6,3.23-26; 7,10. 23.24; 2Ch 4,1.2; Hes 40,11; 41,2; 42,4; Sa 5,2
12 E. 1Kö 7,15; Jer 52,21; Hes 40,49; 43,16
13 E. Hes 40,11
14 E. Hes 40,48; 43,17
15 E. 1Mo 7,20; 2 Mo 27,14.15; 38,14.15
18 E. 1Kö 7,15; 2Kö 25,17; Jer 52,21
20 E. 2Mo 27,16; 38,18; 1Kö 6,2.16.20; 2Ch 3.3.4.8.11.13; 4,1; Hes 40,14.49; 41,2.4.10; 42,3; Sa 5,2
25 E. Hes 40,13.21.25.29.30.33.36
28 E. 2Mo 26,2; 36,9
30 E. 1Mo 6,15; 2Mo 26,8; 36,15; 1Kö 6,2; 7,2.6.23; 2Ch 4,2; Hes 46,22; Jdt 1,2
35 E. 2Ch 3,15
40 E. 1Kö 6,17; Hes 41,2; 46,22
49 E. StD 3,23
50 E. 1Mo 6,15; 2Mo 27,12.13.18; 38,12.13; 1Kö 7,2.6; Est 5,14; 7,9; Hes 40,15.21.25.29.33. 36; 42,2.7.8; 45,2; 2Ma 13,5
60 E. 1Kö 6,2; Esr 6,3; Dan 3,1
70 E. Hes 41,12; Jdt 1,2
90 E. Hes 41,12
100 E. 2Mo 27,9.11.18; 38,9.11; 1Kö 7,2; Hes 40,19.23.27.47; 41,13-15; 42,2.4.8; Jdt 1,3
120 E. 2Ch 3,4
144 E. Off 21,17
200 E. Jh 21,8
250 E. Hes 48,17
300 E. 1Mo 6,15
400 E. 2Kö 14,13; 2Ch 25,23
500 E. Hes 45,2
1.000 E. 4Mo 35,4; Neh 3,13; Hes 47,3-5
2.000 F 4Mo 35,5; Jos 3,4
4.500 E. Hes 48,16.31-34
5.000 E. Hes 45,6; 48,15
10.000 E. Hes 45,3.5; 48,9.10.13.18
18.000 E. Hes 48,35
20.000 E. Hes 45,1; 48,13
25.000 E. Hes 45,1.3.5.6; 48,8-10.13.15.20.21

Elmadam

Lk 3,28 Kosam war ein Sohn E.

Elnaam

Elnaam
1Ch 11,46 Jeribai und Joschawja, die Söhne E.

Elnatan, *Elnathan*
2Kö 24,8 ¹Nehuschta, eine Tochter E.
Jer 26,22 E., den Sohn Achbors 36,12.25
Esr 8,16 ²sandte ich hin E., Jarib, E.

Elon, Eloniter
1Mo 26,34 ¹Basemat, Tochter E., des Hetiters 36,2
46,14 ²Söhne Sebulons: E. 4Mo 26,26
Jos 19,43 ³(Stamm Dan... das Gebiet war) E. 1Kö 4,9 (= Bet-Hanan)
Ri 12,11 ⁴nach ihm richtete Israel E.

Elpaal
1Ch 8,11 hatte (Schaharajim) E. gezeugt 12.14.18

Elpelet (s.a. Elifelet)
1Ch 14,5 (David zu Jerusalem geboren:) E.

Elsabad
1Ch 12,13 ¹(von den Gaditern:) E.
26,7 ²Söhne Schemajas: E.

Elteke
Jos 19,44 (Stamm Dan... das Gebiet war) E. 21,23

Eltekon
Jos 15,59 (Städte des Stammes Juda:) E.

Eltern
Spr 10,5 macht seinen E. Schande
19,14 Haus und Habe vererben die E.
Wsh 4,6 Zeugen für die Schlechtigkeit ihrer E.
12,6 die als E. ihre hilflosen Kinder töteten
Tob 6,16 dann würden meine E. vor Leid sterben
9,10 gesegnet seien auch eure E.
10,12 Gott gebe, daß ihr euer E. wohlauf findet
13 die E. umarmten ihre Tochter
11,18 Tobias erzählte seinen E.
12,3 hat ihre E. wieder froh gemacht
Sir 3,8 wer die Herrn fürchtet, dient seinen E.
7,30 denke daran, daß du von deinen E... hast
1Ma 10,9 Jonatan gab sie ihren E. zurück
StD 1,3 (Susanna) hatte fromme E. 30
Mt 10,21 die Kinder werden sich empören gegen ihre E. Mk 13,12
Lk 2,27 als die E. das Kind in den Tempel brachten
41 seine E. gingen alle Jahre zum Passafest
43 seine E. wußten's nicht
8,56 ihre E. entsetzten sich
18,29 niemand, der E. oder Kinder verläßt um des Reiches Gottes willen
21,16 ihr werdet verraten werden von E.
Jh 9,2 wer hat gesündigt, dieser oder seine E. 3
18 die E. dessen, der sehend geworden
20 seine E. antworteten ihnen 22
Rö 1,30 (sie sind) hochmütig, den E. ungehorsam
2Ko 12,14 es sollen nicht die Kinder den E. Schätze sammeln

Eph 6,1 ihr Kinder, seid gehorsam euren E. Kol 3,20
1Ti 5,4 sich den E. dankbar zu erweisen
2Ti 3,2 die Menschen werden sein den E. ungehorsam
Heb 11,23 wurde Mose drei Monate verborgen von seinen E.

Eltolad (= Tolad)
Jos 15,30 (Städte des Stammes Juda:) E. 1Ch 4,29
19,4 (Simeon ward zum Erbteil) E.

Elul
Neh 6,15 am 25.Tage des Monats E. 1Ma 14,27

Elusai
1Ch 12,6 (aus Benjamin waren:) E.

Elymaïs (= Persepolis)
1Ma 6,1 von einer berühmten Stadt in E.

Elymas
Apg 13,8 da widerstand ihnen der Zauberer E.

Emek-Keziz
Jos 18,21 Städte des Stammes Benjamin: E.

Emiter
1Mo 14,5 schlugen die E. in der Ebene Kirjatajim
5Mo 2,10 die E. haben darin gewohnt
11 die Moabiter nennen sie E.

Emmaus
1Ma 3,40 lagerten sich in E. 57; 4,3
9,50 ließ hohe Mauern um E. bauen
Lk 24,13 gingen in ein Dorf; dessen Name ist E.

empfangen
1Mo 4,11 auf der Erde, die deines Bruders Blut e.
30,38 daß (die Herden) da e. sollten 39.41
2Mo 36,3 sie e. von Mose alle Opfer
3Mo 12,2 eine Frau e. und einen Knaben gebiert
4Mo 11,12 hab ich das Volk e. oder geboren
5Mo 9,9 die steinernen Tafeln zu e.
33,29 Volk, das sein Heil e. durch den HERRN
Jos 13,8 die Rubeniter haben ihr Erbteil e. 17,6
22,19 kommt und e. Erbteil unter uns
2Kö 19,14 als Hiskia den Brief e. Jes 37,14
1Ch 17,17 wie ein Mensch ein Gesicht e.
Esr 7,26 jeder soll sein Urteil e.
Est 8,1 Mordechai wurde vom König e.
Hi 2,10 haben wir Gutes e. von Gott
4,12 hat mein Ohr ein Flüstern e.
Ps 24,5 wird den Segen vom HERRN e.
51,7 meine Mutter hat mich in Sünden e.
58,12 der Gerechte e. seine Frucht
68,19 hast Gaben e. unter den Menschen
109,16 sein Amt nicht ein anderer e.
Spr 29,23 der Demütige wird Ehre e.
Jes 40,2 Jerusalem hat doppelte Strafe e.
Jer 15,16 dein Wort ward meine Speise, sooft ich's e.
Hes 10,7 der e. es und ging hinaus

empfangen

Hes	21,28	haben sie doch heilige Eide e.	Apg	20,24 Amt, das ich von Jesus e. habe Rö 1,5
Dan	2,6	sollt ihr große Ehre von mir e.		22,5 von ihnen e. ich Briefe an die Brüder
	7,18	die Heiligen werden das Reich e. 22		26,10 wozu ich Vollmacht von den Hohenpriestern e. hatte
Mal	2,13	mag nicht Angenehmes von euren Händen e.		28,21 deinetwegen weder Briefe e.
Jdt	5,2	um uns in Frieden zu e.	Rö	1,27 den Lohn ihrer Verirrung an sich selbst e.
Wsh	5,17	werden das Reich der Herrlichkeit e.		4,11 das Zeichen der Beschneidung e. er als Siegel
	8,13	ich werde ihretwegen Unsterblichkeit e.		5,11 durch den wir jetzt die Versöhnung e. haben
	19	ich hatte eine edle Seele e.		17 die, welche die Fülle der Gnade e.
	16,3	sollten eine wunderbare Speise e.		8,15 ihr habt nicht einen knechtischen Geist e.
	19,15	jene e. die Fremden feindselig		13,2 *werden über sich ein Urteil e.*
Tob	7,1	Raguël e. sie mit Freuden	1Ko	2,12 wir haben nicht e. den Geist der Welt
	9,6	Rafael e. von ihm das ganze Geld 11,18		3,8 jeder wird seinen Lohn e. 14; 2Ko 5,10
Sir	1,13	am Tage seines Todes wird er den Segen e.		4,7 was hast du, das du nicht e. hast
	6,34	hörst du gerne zu, wirst du (Weisheit) e.		9,10 Hoffnung, daß ihr seinen Teil e. wird
	8,10	von (Weisen) kannst du Bildung e.		24 aber einer e. den Siegespreis 25
	12,6	wirst doppelt soviel Schlechtes durch ihn e.		11,23 ich habe von dem Herrn e., was ich euch weitergegeben habe 15,3
	15,2	wird ihn e. wie eine junge Frau	2Ko	1,15 damit ihr abermals eine Wohltat e.
	29,5	er küßt einem die Hand, bis er's e.		6,1 daß ihr die Gnade Gottes nicht vergeblich e.
	32,19	wer nach dem Gesetz fragt, wird's e.		11,4 wenn ihr einen andern Geist e., den ihr nicht e. habt
	47,7	als er die königliche Krone e.	Gal	1,9 ein Evangelium predigt, anders als ihr e. habt
Bar	1,8	nachdem Baruch die Gefäße e. hatte		12 ich habe es nicht von einem Menschen e.
1Ma	5,25	die Nabatäer e. sie freundlich		3,2 habt ihr den Geist e. durch Werke
	7,33	kamen, um (Nikanor) friedlich zu e.		4,5 damit wir die Kindschaft e.
	11,60	die Bürger e. (Jonatan) mit Ehren	Eph	6,8 Gutes wird er vom Herrn e.
2Ma	8,33	so e. er den verdienten Lohn	Phl	4,9 was ihr gelernt und e. habt an mir, das tut
Mt	1,20	was sie e. hat, das ist von dem heiligen Geist		18 nachdem ich e. habe, was von euch gekommen
	2,22	im Traum e. er Befehl von Gott	Kol	3,24 daß ihr von dem Herrn das Erbe e. werdet Heb 9,15
	7,8	wer da bittet, der e. Lk 11,10		25 der wird e., was er unrecht getan hat
	10,8	umsonst habt ihr's e.		4,10 seinetwegen habt ihr schon Weisungen e.
	41	der wird den Lohn eines Propheten e.		17 sieh auf das Amt, das du e. hast
	19,29	wird's hundertfach. Mk 10,30; Lk 18,30	1Th	2,13 das Wort der göttlichen Predigt, das ihr von uns e. habt
	20,9	jeder e. seinen Silbergroschen 10.11		4,1 da ihr von uns e. habt, wie ihr leben sollt
	10	die ersten meinten, sie würden mehr e.	2Th	3,6 nicht nach der Lehre, die ihr von uns e. habt
	21,22	alles, was ihr im Gebet... so werdet ihr's e.	1Ti	4,3 mit Danksagung e. werden von den Gläubigen
	34	*daß sie seine Früchte e.*		4 nichts ist verwerflich, was mit Danksagung e. wird
	23,14	ein um so härteres Urteil e. Mk 12,40; Lk 20,47	1Pt	4,10 dient einander, ein jeder mit der Gabe, die er e. hat
	25,16	der fünf Zentner e. hatte 17.18.20.22.24		5,4 die unvergängliche Krone der Herrlichkeit e.
Mk	10,15	wer das Reich Gottes nicht e. wie ein Kind Lk 18,17	2Pt	1,1 an alle, die mit uns denselben teuren Glauben e. haben
	11,24	glaubt nur, daß ihr's e.		17 er e. von Gott, dem Vater, Ehre
Lk	2,21	genannt, ehe er im Mutterleib e. war		2,16 (Bileam) e. eine Strafe für seine Übertretung
	16,25	du hast dein Gutes e. hast in deinem Leben	1Jh	2,27 die Salbung, die ihr von ihm e. habt
	23,41	wir e., was unsre Taten verdienen		3,9 *was er von Gott e. hat, bleibt in ihm*
Jh	4,36	wer erntet, e. schon seinen Lohn		22 was wir bitten, werden wir von ihm e.
	7,23	wenn ein Mensch am Sabbat die Beschneidung e.	2Jh	4 nachdem Gebot, das wir vom Vater e. haben
	39	Geist, den die e. sollten, die an ihn glaubten		8 daß ihr vollen Lohn e.
	10,18	dies Gebot habe ich e. von meinem Vater	Heb	2,2 jeder Ungehorsam den rechten Lohn e.
	14,17	den Geist der Wahrheit, den die Welt nicht e. kann		4,16 damit wir Barmherzigkeit e. und Gnade finden
Apg	1,8	ihr werdet die Kraft des heiligen Geistes e. 2,38; 8,15.17.19; 19,2; Gal 3,14		6,7 die Erde e. Segen von Gott
	17	gehörte zu uns und hatte dieses Amt mit uns e.		7,5 von den Söhnen Levis, die das Priestertum e.
	20	sein Amt e. ein andrer		11 unter diesem hat das Volk das Gesetz e.
	25	damit er diesen Dienst und das Apostelamt e., das Judas verlassen hat		8,6 nun aber hat er ein höheres Amt e.
	2,33	e. den verheißenen heiligen Geist vom Vater		10,26 nachdem wir die Erkenntnis der Wahrheit e. haben
	3,5	er wartete darauf, daß er etwas von ihnen e.		36 Geduld habt ihr nötig, damit ihr das Verheißene e.
	7,38	dieser e. Worte des Lebens, um sie uns gehalten		11,2 haben die Vorfahren Gottes Zeugnis e.
	10,22	hat Befehl e. 16,24; 17,15		
	43	durch seinen Namen Vergebung der Sünden e. 26,18		
	47	die den heiligen Geist e. haben		
	15,4	sie wurden e. von den Aposteln und Ältesten		

empfangen

Heb	11,7	als er ein göttliches Wort e. über das, was
	11	durch den Glauben e. Sara Kraft
	17	als er schon die Verheißung e. hatte
	39	diese alle haben Gottes Zeugnis e.
	12,28	weil wir ein unerschütterliches Reich e.
Jak	1,7	daß er etwas von dem Herrn e. werde
	12	nachdem er bewährt ist, wird er die Krone des Lebens e.
	15	wenn die Begierde e. hat, gebiert sie die Sünde
	3,1	wißt, daß wir ein desto strengeres Urteil e.
	4,3	ihr e. nichts, weil ihr in übler Absicht bittet
	5,7	der Bauer ist geduldig, bis sie e. den Frühregen
Off	2,17	den niemand kennt als der, der ihn e.
	28	wie auch ich Macht e. habe von meinem Vater
	3,3	denke daran, wie du e. und gehört hast
	17,12	werden sie für eine Stunde Macht e.
	18,4	daß ihr nichts e. von ihren Plagen

empfehlen

Apg	18,27	e. ihnen, ihn aufzunehmen
2Ko	3,1	fangen wir denn abermals an, uns selbst zu e.
	4,2	e. wir uns dem Gewissen aller Menschen
	5,12	damit e. wir uns nicht a. bei euch
	10,12	uns unter die zu rechnen, die sich selbst e.
	18	nicht der ist tüchtig, der sich selbst e., sondern der, den der Herr e.

Empfehlungsbrief

2Ko	3,1	brauchen wir E. an euch

empfinden

2Kö	4,31	da war aber keine Stimme und kein E.
1Ma	11,39	daß das Kriegsvolk Haß gegen... e.

empor

Ri	20,40	begann eine Rauchsäule e. aufzusteigen

empören

4Mo	14,35	Gemeinde, die sich gegen mich e. hat 27,3
	16,2	e. sich gegen Mose Ps 106,16
1Sm	22,13	damit er sich gegen mich e.
2Sm	20,21	Scheba hat sich e. gegen den König David
1Kö	1,5	Adonija e. sich: Ich will König werden
2Kö	12,21	seine Großen e. sich
2Ch	13,8	zu e. gegen das Königtum des HERRN
Esr	4,19	daß diese Stadt von alters her sich e.
Ps	78,17	e. sich in der Wüste gegen den Höchsten
Ze	3,11	mit denen du dich gegen mich e. hast
2Ma	4,49	darüber waren sogar Leute von Tyrus e.
Mt	10,21	die Kinder werden sich e. gegen ihre Eltern Mk 13,12
	24,7	*es wird sich e. ein Volk wider das andere*
Apg	18,12	e. sich die Juden einmütig gegen Paulus

Empörer

1Kö	1,21	so werden ich und Salomo als E. dastehen

emporfliegen

Hi	5,7	wie Funken hoch e.

Hi	39,26	f. der Falke e. dank deiner Einsicht

emporhalten

2Mo	17,11	wenn Mose seine Hand e., siegte Israel

emporheben

Ri	8,28	Midianiter h. ihren Kopf nicht mehr e.
Neh	8,6	h. ihre Hände e. und neigten sich
Ps	3,4	du h. mein Haupt e.
	93,3	die Wasserströme h.e. die Wellen
	110,7	darum wird er das Haupt e.
Spr	30,13	eine Art, die ihre Augenlider e.
Jes	37,23	h. deine Augen e. wider den Heiligen
Hes	1,19	wenn die Gestalten sich e. 20.21; 10,15
	3,12	der Geist h. mich e. 14; 11,1.24
2Ma	14,34	die Priester h. ihre Hände e. zum Himmel
Jh	11,41	*Jesus h. seine Augen e. und sprach*

emporhelfen

Hi	5,11	der den Betrübten e.

emporkommen

Dan	11,4	wenn er emporg. ist, wird sein Reich zerbrechen
	7	wird einer aus ihrem Stamm e. 20.21
Sir	20,11	mancher, der sich bücken muß, k.e.

emporragen

Ps	48,3	schön r.e. der Berg Zion

emporsteigen

1Mo	49,22	daß die Zweige e. über die Mauer
5Mo	28,43	der Fremdling wird über dich e.
Ps	104,8	die Berge s. hoch e.
Jer	46,7	wer ist's, der e. wie der Nil 8
	51,53	wenn Babel zum Himmel e.

emportragen

1Mo	7,17	hoben die Arche auf und t. sie e.

Empörung

1Sm	24,12	sieh, daß meine Hände rein sind von E.
Lk	21,9	*wenn ihr hören werdet von Kriegen und E.*
Apg	19,40	wegen der heutigen E. verklagt zu werden

emporwachsen

Mt	13,7	die Dornen w.e. und erstickten's Mk 4,7

emporziehen

Hi	36,27	er z.e. die Wassertropfen

emsig

Spr	21,5	das Planen eines E. bringt Überfluß

En-Dor

Jos	17,11	hatte Manasse die (Einwohner) von E.
1Sm	28,7	in E. ist ein Weib, das kann... beschwören
Ps	83,11	die vertigt wurden bei E.

En-Eglajim

Hes 47,10 bis E. wird man Fischgarne aufspannen

En-Gannim

Jos 15,34 ¹(Städte des Stammes Juda:) E.
19,21 ²(Issachar... sein Gebiet war) E. 21,29; 1Ch 6,58

En-Hadda

Jos 19,21 (Issachar... sein Gebiet war) E.

En-Hazor

Jos 19,37 (Naftali... feste Städte sind:) E.

En-Mischpat

1Mo 14,7 kamen nach E., das ist Kadesch

En-Rimmon

Neh 11,29 (einige wohnten draußen) in E.

En-Schemesch

Jos 15,7 (Grenze) geht zu dem Wasser von E. 18,17

En-Tappuach

Jos 17,7 die Grenze reicht an das Gebiet von E.

Enajim, Enam

1Mo 38,14 setzte sich vor das Tor von E. 21
Jos 15,34 (Städte des Stammes Juda:) E.

Enan

4Mo 1,15 ¹Ahira, der Sohn E. 2,29; 7,78.83; 10,27
Jdt 8,1 ²Judit. Tochter Meraris... des Sohnes E.

Ende

1Mo 6,13 das E. allen Fleisches ist beschlossen
19,4 das ganze Volk aus allen E. (der Stadt)
23,9 Höhle, die am E. seines Ackers liegt
47,21 leibeigen von einem E. Äg. bis ans andere
2Mo 9,28 daß er ein E. mache mit diesem Donnern
25,18 Cherubim an beiden E. des Gnadenthrones
19; 26,28; 27,4; 28,7.25; 36,33; 37,7.8; 38,5;
39,4.18; 1Kö 6,24; 8,8; 2Ch 5,9
31,18 als der HERR mit Mose zu E. geredet hatte
4Mo 23,10 mein E. werde wie ihr
13 wo du sein äußerstes E. siehst
32,13 bis es zu E. war mit dem Geschlecht
34,3 ausgehen vom E. des Salzmeers 5.9.12
5Mo 4,32 von einem E. des Himmels zum andern
11,12 vom Anfang des Jahres bis an sein E.
13,8 von einem E. der Erde bis 28,64
28,49 ein Volk vom E. der Erde Jer 6,22; 50,41
30,4 bis aus E. des Himmels verstoßen Neh 1,9
31,29 wird euch am E. der Tage Unheil treffen
32,45 als Mose das zu E. geredet hatte 2Sm 11,19
33,17 die Völker stoßen bis an die E. der Erde
Jos 5,6 bis es mit dem Volk zu E. gegangen war
8,13 stellten das Volk so auf, daß sein E. bis
13,27 sein Gebiet bis ans E. des Sees 15,2.4.11;
16,3.8; 18,19; 19,22

Rut 3,18 er bringe es denn heute zu E.
1Sm 2,10 der HERR wird richten der Welt E.
9,27 als sie hinabkamen an das E. der Stadt 1Ch 5,16; Neh 3,21
2Sm 2,26 soll denn das Schwert ohne E. fressen
11,19 wenn du dem König alles bis zu E. gesagt
1Kö 1,14 will deine Worte zu E. führen
2Kö 9,22 Abgötterei und Zauberei haben noch kein E.
10,21 daß das Haus Baals voll wurde an allen E.
2Ch 36,10 als das Jahr zu E. ging
Esr 9,11 Greueln, von einem E. bis zum andern E.
Neh 4,5 bis wir dem Werk ein E. machen
9,31 hast mit ihnen nicht ein E. gemacht
Hi 6,11 welches E. wartet auf mich
16,3 wollen die leeren Worte kein E. haben
21,21 wenn der Zahl seiner Monde zu E. ist
22,5 sind deine Missetaten nicht ohne E.
26,14 sind nur die E. seiner Wege
27,5 bis mein E. kommt, will ich nicht weichen
8 wenn Gott mit ihm ein E. macht
28,3 man macht der Finsternis ein E.
24 er sieht die E. der Erde 37,3; Ps 59,14
31,40 die Worte Hiobs haben ein E.
Ps 2,8 will dir geben der Welt E. zum Eigentum
7,10 laß der Gottlosen Bosheit ein E. nehmen
19,5 ihr Reden (geht) bis an die E. der Welt
7 sie geht auf an einem E. des Himmels
22,28 sich zum HERRN bekehren aller Welt E.
39,5 daß es ein E. mit mir haben muß
48,11 ist dein Ruhm bis an der Welt E. Jes 42,10
49,14 das E. aller, denen ihr Gerede gefällt
57,3 der meine Sache zum guten E. führt
61,3 vom E. der Erde rufe ich zu dir
65,9 daß sich entsetzen die an den E. wohnen
68,26 Sänger gehen voran, am E. die Spielleute
72,8 er soll herrschen bis zu den E. der Erde
20 zu E. sind die Gebete Davids
73,17 bis ich merkte auf ihr E.
19 nehmen ein E. mit Schrecken 104,35
24 du nimmst mich am E. mit Ehren an
74,11 mach ein E. Nah 1,8; Ze 1,18; 3,19
77,9 hat die Verheißung für immer ein E.
89,45 du hast seinem Glanz ein E. gemacht
98,3 aller Welt E... das Heil Gottes Jes 52,10
102,28 deine Jahre nehmen kein E.
119,33 daß ich sie bewahre bis ans E.
96 habe gesehen, daß alles ein E. hat
135,7 Wolken läßt aufsteigen von den E. der Erde
139,18 am E. bin ich noch immer bei dir
Spr 20,17 am E. hat er den Mund voller Kieselsteine
22,8 die Rute s. Übermuts wird ein E. haben
23,18 denn das E. kommt noch
24,14 wird dir's am E. wohlgehen
29,21 wird er am E. widerspenstig sein
30,4 wer hat alle E. der Welt bestimmt
Pr 3,11 daß niemand damit zu E. kommt
4,8 doch ist seiner Mühe kein E.
7,2 da zeigt sich das E. aller Menschen
10,13 das E. (seiner Worte) verderbliche Torheit
12,12 des vielen Büchermachens ist kein E.
Jes 2,7 ihrer Schätze... ihrer Wagen ist kein E.
5,26 er pfeift es herbei vom E. der Erde
7,3 geh hinaus an das E. der Wasserleitung
18 herbeipfeifen d. Fliege am E. der Ströme
9,6 des Friedens kein E. auf d. Thron Davids
10,25 so wird meine Ungnade ein E. haben
11,12 wird sammeln von den E. der Erde Jer 31,8
13,5 sie kommen vom E. des Himmels

Ende

Jes	13,11	will dem Hochmut der Stolzen ein E. machen Hes 7,24
	14,4	das Toben hat ein E.
	16,4	der Dränger wird ein E. haben
	10	dem Gesang ist ein E. gemacht
	21,2	ich will allem Seufzen ein E. machen
	24,8	die Freude der Harfe hat ein E.
	16	wir hören Lobgesänge vom E. der Erde
	29,20	wird ein E. haben mit den Tyrannen 34,12
	33,1	des Raubens ein E. gemacht Nah 2,14
	38,12	zu E. gewebt hab ich mein Leben
	40,2	daß ihre Knechtschaft ein E. hat
	28	die E. der Erde geschaffen hat
	41,5	die E. der Erde erschraken
	9	den ich ergriffen von den E. der Erde
	12	die wider dich streiten, sollen ein E. haben
	43,6	bring m. Töchter vom E. der Erde Jer 16,19
	45,22	wendet euch zu mir, aller Welt E.
	48,20	tragt's ... bis an die E. der Erde Jer 25,31
	49,6	mein Heil bis an die E. der Erde Apg 13,47
	60,20	Tage deines Leidens sollen ein E. haben
	62,11	läßt es hören bis an die E. der Erde
Jer	1,3	bis ans E. des elften Jahres Zedekias
	4,27	ich will dort nicht ganz ein E. machen 5,3.18; 30,11; 46,28
	5,31	wenn's damit ein E. hat
	10,13	Wolken heraufziehen vom E. der Erde 51,16
	12,12	frißt von einem E. des Landes bis
	15,9	ihre Freude hatte ein E.
	16,9	will ein E. machen dem Jubel 48,33.35; Hes 26,13; 2,13
	25,32	ein großes Wetter von den E. der Erde 33
	29,11	daß ich euch gebe das E., des ihr wartet
	44,12	soll ein E. mit ihnen werden 27
	49,36	Winde von den vier E. des Himmels 50,26
	51,13	dein E. ist gekommen
	31	seine Stadt genommen an allen E.
	52,34	Unterhalt vom König ... bis an sein E.
Klg	3,22	seine Barmherzigkeit hat noch kein E.
	4,18	da kam unser E. ... unser E. ist gekommen
	5,15	unsres Herzens Freude hat ein E.
Hes	7,2	das E. kommt, das E. über alle vier E. 3.6
	11,13	willst du ganz und gar ein E. machen 20,17
	12,23	will diesem Gerede ein E. machen
	15,4	wenn das Feuer seine beiden E. verzehrt
	16,41	will deiner Hurerei ein E. machen 22,15.31; 23,27.48
	21,30	wenn die Schuld zum E. geführt 34; 35,5
	30,10	will dem Reichtum ein E. machen 33,28
	18	wenn seine stolze Macht ein E. nimmt
	34,10	will ein E. machen, daß sie Hirten sind
	38,8	am E. der Zeiten sollst du kommen 16
	41,15	die Länge des Gebäudes, das am E. liegt
	47,12	mit ihren Früchten hat es kein E.
Dan	4,8	war zu sehen bis ans E. der ganzen Erde
	19	deine Gewalt (reicht) bis an die E. der Erde
	6,27	seine Herrschaft hat kein E. 7,14
	7,28	das war das E. der Rede
	8,17	dies Gesicht geht auf die Zeit des E. 19
	23	gegen E. ihrer Herrschaft wird aufkommen
	9,24	dann wird dem Frevel ein E. gemacht
	26	kommt das E. durch eine Flut, bis zum E.
	10,14	wie es d. Volk gehen wird am E. der Tage
	11,27	das E. ist auf eine andere Zeit bestimmt
	35	lauter werden für die Zeit des E. 40
	45	es wird mit ihm ein E. nehmen
	12,7	wenn die Zerstreuung des Volks ein E. hat
	13	geh hin, bis das E. kommt ... am E. der Tage
Hos	1,4	mit dem Königreich Israel ein E. machen
Jo	2,20	will verstoßen sein E. in das westl. Meer
Am	8,2	reif zum E. ist mein Volk Israel
	5	wann will der Neumond ein E. haben
	10	sie sollen ein bitteres E. nehmen
Nah	1,9	er führt doch das E. herbei
	2,10	hier ist der Schätze kein E.
	3,3	Unzahl von Leichen; ihrer ist kein E.
Sa	9,10	seine Herrschaft bis an die E. der Erde
Mal	3,18	werdet am E. sehen, was für ein Untersch.
Wsh	2,5	wenn es mit uns zu E. ist, gibt es keine Wiederkehr
	17	prüfen, was bei seinem E. geschehen wird
	3,19	die Ungerechten nehmen ein schlimmes E.
	4,17	sie sehen wohl das E. der Weisen
	5,4	wir hielten sein E. für ehrlos
	13	nachdem wir wieder ein E. genommen
	7,18	Anfang und Mitte der Zeiten
	8,1	erstreckt sich von einem E. zum andern
	11,14	staunen, als es am E. so ausging
	14,14	darum ist ihnen ein schnelles E. zugedacht
	27	den Götzen bereitet ... E. alles Bösen
	16,6	doch blieb dein Zorn nicht bis zum E.
	18,21	machte dem Unheil ein E.
	19,1	überfiel der Zorn bis zum E.
	4	damit sie zu einem solchen E. kämen
Tob	13,12	an allen E. der Erde wird man dich ehren
Sir	1,13	wer ... dem wird's am E. gutgehen 19
	3,28	ein ... Mensch nimmt ein schlimmes E.
	6,29	am E. wirst du Trost an ihr haben
	7,40	was du auch tust, bedenke dein E. 28,6; 38,21
	10,16	hat der Herr die Hochmütigen am E. gestürzt
	11,29	rühme niemand vor seinem E.
	14,13	tu dem Freund Gutes noch vor deinem E.
	20	alles vergängliche Werk muß ein E. nehmen
	18,10	er weiß, wie bitter ihr E. ist
	24	denk an den Zorn, der am E. kommen wird
	21,11	an seinem E. ist der Abgrund der Hölle
	22,9	der am E. fragt: Was ist denn
	23,24	läßt nicht ab, bis er ein E. nimmt
	26,26	wenn man ... Männer am E. verachtet
	33,24	wenn die E. kommt, teile dein Erbe aus
	38,8	damit Gottes Werke kein E. nehmen
	39,25	er sieht alles vom Anfang der Welt bis ans E.
	44,23	vom Euphrat bis an die E. der Erde
	46,22	vor seinem E. bezeugte er 23
	50,24	Gott, der große Dinge tut an allen E.
	51,19	will (Weisheit) bis an mein E. suchen
Bar	3,25	sie ist groß und hat kein E.
1Ma	15,12	er sah, daß es mit ihm zu E. war
2Ma	15,40	damit bin ich am E. angelangt
Mt	10,22	wer bis ans E. beharrt, der wird selig werden 24,13; Mk 13,13
	23	mit den Städten Israels nicht zu E. kommen
	12,42	sie kam vom E. der Erde, um Salomos Weisheit zu hören Lk 11,31
	13,39	die Ernte ist das E. der Welt
	40	so wird's am E. der Welt gehen 49
	21,41	er wird den Bösen ein böses E. bereiten
	24,3	was wird das Zeichen sein für das E. der Welt
	6	aber es ist noch nicht das E. da Mk 13,7; Lk 21,9
	14	dann wird das E. kommen
	31	von einem E. des Himmels bis Lk 17,24
	28,20	ich bin bei euch alle Tage bis an der Welt Ende
Mk	1,45	kamen zu ihm von allen E.
	13,27	versammeln vom E. der Erde bis zum E. des Himmels

Lk	1,33	sein Reich wird kein E. haben
	4,2	als sie ein E. hatten, hungerte ihn
	9,31	redeten von seinem E., das er in Jerusalem
	16,9	damit, wenn (der Mammon) zu E. geht, sie euch aufnehmen
Jh	13,1	so liebte er sie bis ans E.
Apg	1,8	meine Zeugen bis an das E. der Erde
	17,30	daß alle an allen E. Buße tun
	21,27	als die sieben Tage zu E. gingen
	28	der alle Menschen an allen E. lehrt *1Ko 4,17*
	28,22	daß ihr an allen E. widersprochen wird
Rö	6,21	das E. derselben ist der Tod
	22	das E. aber ist das ewige Leben
	10,4	Christus ist des Gesetzes Ende
	18	ausgegangen ihr Wort bis an die E. der Welt
1Ko	1,8	der wird euch fest erhalten bis ans E.
	10,11	uns, auf die das E. der Zeiten gekommen ist
	13	daß die Versuchung so ein E. nimmt, daß ihr's ertragen könnt
	15,24	danach (kommt) das E., wenn er das Reich
2Ko	3,13	damit die Israeliten nicht sehen konnten das E. der Herrlichkeit
	11,15	deren E. wird sein nach ihren Werken
Phl	3,19	ihr E. ist die Verdammnis
1Th	2,16	Zorn über sie zum E. hin
2Th	2,8	wird ihm ein E. machen, wenn er kommt
1Ti	1,4	Geschlechtsregister, die kein E. haben
1Pt	1,20	er ist offenbart am E. der Zeiten um euretwillen *Heb 9,26*
	4,7	es ist nahe gekommen das E. aller Dinge
	17	was wird es für ein E. nehmen mit denen, die
2Pt	2,20	ist's mit ihnen am E. ärger geworden
Heb	3,14	die Zuversicht vom Anfang bis zum E. festhalten *6,11*
	6,16	der Eid macht aller Widerrede ein E.
	7,3	weder Anfang der Tage noch E. des Lebens
	8,13	was veraltet ist, das ist seinem E. nahe
	13,7	ihr E. schaut an und folgt ihrem Glauben nach
Jak	1,4	die Geduld soll ihr Werk tun bis ans E.
	5,3	*ihr habt Schätze gesammelt am E. der Tage*
	11	habt gesehen, zu welchem Ende es der Herr geführt hat
Off	1,8	*ich bin der Anfang und das E. 21,6; 22,13*
	2,26	wer meine Werke bis ans E. (hält)
	20,8	zu verführen die Völker an den vier E. der Erde

enden

Jos	17,9	die Grenze e. am Meer 18,14; 19,14.29.33
2Ch	20,16	werdet auf sie treffen, wo das Tal e.
2Ma	13,13	er wollte die Sache mit Gottes Hilfe e.
Off	11,7	wenn sie ihr Zeugnis gee. haben

endlich

Hi	19,6	merkt e., daß Gott mir unrecht getan
Ps	90,13	kehre dich doch e. wieder zu uns
Jer	13,27	wann wirst du doch e. rein werden
Hab	2,3	die Weissagung wird e. an den Tag kommen
Bar	6,72	Götter werden zerfallen e.
1Pt	3,8	e. aber seid allesamt gleichgesinnt

endlos

Jer	2,32	vergißt mich seit e. langer Zeit

eng

4Mo	22,26	der Engel trat an eine e. Stelle
Jos	17,15	wenn dir das Gebirge Ephraim zu e. ist
1Sm	13,23	zog heran gegen den e. Weg von Michmas 14,4
2Kö	6,1	der Raum ist uns zu e. Jes 49,19.20
Hi	41,7	geschlossen und e. aneinandergefügt
Spr	23,27	die fremde Frau ist ein e. Brunnen
Jes	10,29	sie ziehen durch den e. Weg
2Ma	8,9	Patroklus, der zu den e. Freunden
Mt	7,13	geht hinein durch die e. Pforte 14; Lk 13,24
2Ko	6,12	e. ist nicht der Raum, den ihr in uns habt; e. aber ist's in euren Herzen

Enge

Apg	9,22	Saulus trieb die Juden in die E.

Engedi, En-Gedi (= Hazezon-Tamar)

Jos	15,62	(Städte des Stammes Juda:) E. 2Ch 20,2
1Sm	24,1	David blieb in den Bergfesten bei E. 2
Hl	1,14	Zyperblumen in den Weingärten von E.
Hes	47,10	von E. bis... Fischgarne aufspannen
Sir	24,18	bin aufgewachsen wie ein Palmbaum in E.

Engel

1Mo	19,1	die zwei E. kamen nach Sodom 15
	24,7	wird seinen E. vor dir her senden 40; 2Mo 23,20.23; 32,34; 33,2
	48,16	E., der mich erlöst hat von allem Übel
4Mo	20,16	der (HERR) hat einen E. gesandt
2Sm	24,16	E. seine Hand ausstreckte über Jerusalem 17; 1Ch 21,15.20
1Kö	13,18	ein E. hat zu mir geredet
	19,5	ein E. rührte ihn an
2Ch	32,21	sandte einen E.; der vertilgte
Hi	33,23	kommt dann zu ihm ein E., ein Mittler
Ps	78,25	Brot der E. aßen sie alle
	49	er ließ eine Schar Verderben bringender E.
	91,11	seinen E. befohlen, daß sie dich behüten
	103,20	lobet den HERRN, ihr seine E. 148,2
Jes	63,9	nicht ein E., sein Angesicht half ihnen
Dan	3,28	gelobt sei Gott, der seinen E. gesandt 6,23
Hos	12,5	er kämpfte mit dem E. und siegte
Sa	1,9	der E., der mit mir redete 13.14; 2,2.7; 3,3; 4,1.4.5; 5,5.10; 6,4.5
Mal	3,1	der E. des Bundes, siehe, er kommt
Jdt	13,20	der Herr hat mich durch seinen E. behütet
Tob	5,16	E. sagte zu (Tobias) 18.22; 6,4-11.17; 7,6.12; 9,1; 11,2
	23	sein E. geleite euch Bar 6,7
	8,2	Tobias dachte an den Rat des E. 3
	12,15	ich bin Rafael, einer von den E. 17
Sir	45,2	hat ihm Glanz wie ein E. gegeben
	48,24	sein E. vernichtete (das Heer der Assyrer) 1Ma 7,41; 2Ma 15,22.23
2Ma	11,6	baten den Herrn, einen E. zu senden
Mt	4,6	er wird seinen E. Befehl geben Lk 4,10
	11	da traten E. zu (Jesus) und dienten ihm Mk 1,13
	13,39	die Schnitter sind die E.
	41	der Menschensohn wird seine E. senden 24,31; Mk 13,27
	49	E. werden ausgehen und... scheiden
	16,27	daß der Menschensohn kommt mit seinen E. 25,31; Mk 8,38; Lk 9,26; 2Th 1,7
	18,10	ihre E. sehen allezeit das Angesicht m. Vaters

Engel

Mt	22,30	sie sind wie E. im Himmel Mk 12,25; Lk 20,36
	24,36	von dem Tage weiß niemand, auch die E. nicht Mk 13,32
	25,41	das bereitet ist dem Teufel und seinen E.
	26,53	bitten, daß er mir mehr als zwölf Legionen E. schickte
	28,5	der E. sprach zu den Frauen: Fürchtet euch nicht Lk 1,13.30; 2,10
Lk	1,18	Zacharias sprach zu dem E. 19
	26	wurde der E. Gabriel gesandt 38
	28	der E. kam zu ihr hinein und sprach 34.35
	2,13	alsbald war da bei dem E. die Menge der himmlischen Heerscharen
	15	als die E. gen Himmel fuhren
	21	wie er genannt war von dem E., ehe
	16,22	der Arme wurde von den E. getragen in Abrahams Schoß
	22,43	ein E. vom Himmel stärkte ihn
	24,23	eine Erscheinung von E., die sagen, er lebe
Jh	12,29	ein E. hat mit ihm geredet
	20,12	sieht zwei E. in weißen Gewändern sitzen
Apg	6,15	sein Angesicht wie eines E. Angesicht
	7,30	erschien ihm ein E. im Dornbusch
	35	den sandte Gott durch den E.
	38	(Mose) stand zwischen dem E. und unsern Vätern
	53	das Gesetz empfangen durch Weisung von E.
	10,7	als der E. hinweggegangen war
	22	hat Befehl empfangen von einem hl. E.
	11,13	wie er den E. gesehen habe 12,8-11
	12,15	da sprachen sie: Es ist sein E.
	23,8	die Sadduzäer sagen, es gebe keine E.
	9	vielleicht hat ein E. mit ihm geredet
Rö	8,38	weder Tod noch Leben, weder E. noch Mächte
1Ko	4,9	wir sind ein Schauspiel geworden den E.
	6,3	wißt ihr nicht, daß wir über E. richten werden
	11,10	Macht auf dem Haupt um der E. willen
2Ko	11,14	der Satan verstellt sich als E. des Lichts
	12,7	des Satans E., der mich mit Fäusten schlagen
Gal	1,8	wenn ein E. vom Himmel euch ein Evangelium predigen
	3,19	und zwar ist es von E. verordnet
Kol	2,18	der sich gefällt in Verehrung der E.
1Ti	3,16	er ist erschienen den E.
	5,21	ermahne dich vor den auserwählten E.
1Pt	1,12	was auch die E. begehren zu schauen
	3,22	es sind ihm untertan die E. und die Mächte
2Pt	2,4	Gott hat selbst die E. nicht verschont
	11	wo doch die E. kein Verdammungsurteil gegen sie vor den Herrn bringen
Heb	1,4	und ist so viel höher geworden als die Engel
	5	zu welchem E. hat Gott jemals gesagt 13
	7	er macht seine E. zu Winden
	2,2	das Wort, das durch die E. gesagt ist
	5	hat er untertan gemacht die zukünftige Welt
	7	kleine Zeit niedriger sein lassen als die E. 9
	16	er nimmt sich nicht der E. an
	12,22	gekommen zu den vielen tausend E.
	13,2	haben einige ohne ihr Wissen E. beherbergt
Jud	6	die E., die ihren Rang nicht bewahrten
Off	1,1	er hat durch seinen E. gesandt
	20	die sieben Sterne sind E. der sieben Gemeinden 2,1.8.12.18; 3,1.7.14
	3,5	seinen Namen bekennen vor seinen E.
	5,2	ich sah einen starken E. 11; 7,1.2.11; 8,2-10. 12.13; 9,1.13-15; 10.1.5.7-10; 11,15; 14,6.8-10.
		15.17-19; 15,1.6-8; 16,1.3-5.8.10.12.17; 17,1.7.15; 18,1.21; 19,17; 20,1; 21,9
Off	9,11	über sich einen König, den E. des Abgrunds
	12,7	Michael und seine E. kämpften gegen den Drachen 9
	21,12	sie hatte... und auf den Toren zwölf E.
	17	Menschenmaß, das der E. gebrauchte
	22,6	der Herr hat seinen E. gesandt 16
	8	fiel ich nieder, um anzubeten zu den Füßen des E.

Engel des HERRN (Herrn)

1Mo	16,7	der E.d.H. fand (Hagar) in der Wüste 9-11
	22,11	rief ihn der E.d.H.: Abraham! Abraham 15
2Mo	3,2	der E.d.H. erschien ihm in einer Flamme
4Mo	22,22	der E.d.H. trat in den Weg 23-27.31-35
Ri	2,1	es kam aber der E.d.H. herauf 4
	5,23	fluchet der Stadt Meros, sprach der E.d.H.
	6,11	der E.d.H. kam und setzte sich 12.21.22
	13,3	der E.d.H. erschien der Frau 13-21
2Sm	24,16	der E.d.H. war bei der Tenne Araunas 1Ch 21,12.15.16.18.30
1Kö	19,7	der E.d.H. kam zum zweitenmal wieder
2Kö	1,3	redete mit Elia 15
	19,35	der E.d.H. schlug 185.000 Mann Jes 37,36
Ps	34,8	der E.d.H. lagert sich um die her
	35,5	der E.d.H. stoße sie weg
	6	der E.d.H. verfolge sie
Sa	1,11	sie aber antworteten dem E.d.H. 12
	3,1	Jeschua, wie er vor dem E.d.H. stand 2.5.6
	12,8	sein wird das Haus David wie der E.d.H.
Tob	3,25	Rafael, der E.d.H., wurde gesandt
	10,12	der heilige E.d.H. sei mit euch
Sir	42,17	es ist selbst den E.d.H. nicht gegeben
StD	1,59	der E.d.H. wartet schon mit s. Schwert 55
	2,33	der E.d.H. sprach zu Habakuk 35
	3,25	der E.d.H. war mit Asarja
	36	lobt den Herrn, ihr E.d.H.
Mt	1,20	da erschien (Josef) der E.d.H. 2,13.19; Lk 1,11; 2,9; Apg 7,30; 12,7
	24	Josef tat, wie ihm der E.d.H. befohlen
	28,2	der E.d.H. fuhr vom Himmel herab
Jh	5,4	der E.d.H. fuhr herab in den Teich
Apg	5,19	der E.d.H. tat die Türen des Gefängnisses auf
	8,26	der E.d.H. redete zu Philippus
	12,23	alsbald schlug ihn der E.d.H.

Engel Gottes

1Mo	21,17	der E.G. rief Hagar
	28,12	die E.G. stiegen daran auf und nieder
	31,11	die E.G. sprach zu ihm im Traum
	32,2	es begegneten (Jakob) die E.G.
2Mo	14,19	der E.G. stellte sich hinter sie
Ri	6,20	aber der E.G. sprach zu (Gideon)
	13,6	anzusehen wie der E.G. 9
1Sm	29,9	du bist mir lieb wie ein E.G.
2Sm	14,17	der König ist wie der E.G. 20; 19,28
Tob	5,6	wußte nicht, daß es ein E.G. war 29
StE	4,9	war mir, als sähe ich einen E.G.
StD	2,38	der E.G. brachte Habakuk an seinen Ort
Lk	12,8	den wird auch der Menschensohn bekennen vor den E.G.
	15,10	so wird Freude sein vor den E.G.
Jh	1,51	ihr werdet sehen die E.G. hinauf- und herabfahren
Apg	10,3	sah einen E.G. bei sich eintreten 27,23
Gal	4,14	wie einen E.G. nahmt ihr mich auf

Heb 1,6 es sollen ihn alle E.G. anbeten

Engelfürst

Dan 10,13 der E. des Königreichs Persien... Michael unter den E... mit dem E. 20.21; 12,1

Engelspeise

Wsh 16,20 nährtest du dein Volk mit E.

Engelzunge

1Ko 13,1 wenn ich mit Menschen- und mit E. redete

Engpaß

Jdt 7,5 sie besetzten die E. der Gebirgswege

Enkel, Enkelin

1Mo 21,23 meinen E. keine Untreue erweisen wollest
31,28 hast mich nicht lassen meine E. küssen 32,1
46,7 brachte er mit sich nach Ägypten
Ri 12,14 (Abdon) hatte 40 Söhne und 30 E.
2Sm 19,25 Mefi-Boschet, der E. Sauls
1Ch 8,40 die Söhne Ulams hatten viele E.
Hi 18,19 wird keine Kinder haben und keine E.
Tob 14,1 Tobias sah noch die Kinder seiner E.
1Ti 5,4 wenn eine Witwe Kinder oder E. hat

Enosch

1Mo 4,26 Set zeugte E. 5,6; 1Ch 1,1
5,9 E. zeugte Kenan Lk 3,38

entäußern

Phl 2,7 e. sich selbst und nahm Knechtsgestalt an

entbehren

Wsh 17,9 die Luft, die man doch nicht e. kann
Sir 38,36 man kann sie beim Bau der Stadt nicht e.

entbieten

1Sm 13,10 um (Samuel) den Segensgruß zu e.
1Kö 20,9 alles, was du deinem Knecht e. hast
21,11 taten, wie ihnen Isebel e. hatte
Ps 68,29 e., Gott, deine Macht
Jes 13,3 meine Geheiligten e. zu m. Zorngericht
1Ma 10,18 Alexander e. seinem Bruder seinen Gruß 25; 11,30.32; 12,6.20; 13,36; 14,20; 15,2.16; 2Ma 11,16.27.34; StE 1,1

entblößen

2Sm 6,20 als er sich vor den Mägden e. hat
Jes 3,17 der HERR wird ihre Schläfe e.
32,11 zieht euch aus, e. euch
47,2 hebe die Schleppe, e. den Schenkel
Jer 49,10 ich habe Esau e.
Klg 4,21 daß du trunken wirst und dich e.
Hes 16,36 weil du deine Scham e.
Hab 3,13 du e. die Grundfeste bis auf den Fels
Off 17,16 werden sie ausplündern und e.

entbrennen

1Mo 43,30 sein Herz e. ihm gegen seinen Bruder
44,18 dein Zorn e. nicht über d. Knecht Ri 6,39
2Mo 22,23 dann wird mein Zorn e. 5Mo 31,17
32,10 laß mich, daß mein Zorn über sie e. 11
19 als Mose das Kalb sah, e. sein Zorn 22
4Mo 11,1 als es der HERR hörte, e. sein Zorn 10.33; 12,9; 22,22; 25,3; 32,10.13; Jos 7,1; Ri 2,14.20; 3,8; 10,7; 2Sm 6,7; 24,1; 2Kö 13,3; 2Ch 25,15; 28,11.13; Hi 19,11; 42,7; Ps 106,40; Jes 5,25; Jer 44,6; Hes 7,14; Hos 8,5; Sa 10,3
22,27 da e. der Zorn Bileams
24,10 da e. Balaks Zorn Ri 9,30; 14,19; 1Sm 11,6; 20,30; 2Ch 25,10; Est 1,12
5Mo 6,15 daß nicht der Zorn des HERRN e. 7,4; 11,17; 29,26; Jos 23,16
29,19 sein Zorn wird e. gegen ihn
32,22 ein Feuer ist e. durch meinen Zorn
1Kö 3,26 ihr mütterliches Herz e. für ihren Sohn
2Kö 22,13 Grimm des HERRN, der über uns e. ist 17; 1Ch 13,10; 2Ch 34,21.25
Ps 2,12 sein Zorn wird bald e.
39,4 mein Herz ist e. in meinem Leibe
78,21 da der HERR das hörte, e. er im Grimm 59
118,12 sie e. wie ein Feuer in Dornen
124,3 wenn ihr Zorn über uns e.
Hes 23,5 e. für ihre Liebhaber 7.9.11.12.16.20
Hos 11,8 all meine Barmherzigkeit ist e.
Hab 3,8 e. dein Grimm wider die Wasser
Jdt 5,1 da e. sein grimmiger Zorn
12,17 e. vor Begierde nach ihr StD 1,8.10
Sir 16,7 Gottes Zorn e. über das Volk
28,12 wenn der Streit hart ist, e. er
1Ma 2,24 er e. voll Eifer für das Gesetz
Rö 1,27 die Männer sind in Begierde zueinander e.
Off 12,7 es e. ein Kampf im Himmel

entdecken

4Mo 5,13 würde nicht e., daß sie unrein geworden
Sir 15,7 die Gottlosen können (Weisheit) nicht e.
1Ma 1,61 Israeliten, die in den Städten e. wurden

entehren

3Mo 21,14 (zur Frau nehmen) keine E.
5Mo 25,3 nicht d. Bruder e. werde in deinen Augen
Hes 22,11 sie e. ihre eigene Schwiegertochter

enteilen

Spr 26,2 wie eine Schwalbe e., so ist ein

entfachen

Hes 21,36 will das Feuer meines Grimms e.
Sir 28,11 ein zorniger Mensch e. Streit

entfahren

3Mo 5,4 wie einem Menschen ein Schwur e. mag
Ps 106,33 daß (Mose) unbedachte Worte e.
Sir 19,16 oft e. einem ein Wort... wem ist noch nie ein böses Wort e.

entfallen

1Mo 42,28 da e. ihnen ihr Herz
2Sm 4,1 e. (dem Sohn Sauls) der Mut

entfallen

2Sm	20,8	wenn diese heraustrat, e. ihr der Dolch
2Kö	2,13	hob den Mantel auf, der Elia e. war 14
Neh	6,16	der Mut e. ihnen
Spr	15,13	wenn das Herz bekümmert ist, e. der Mut
Jer	4,9	wird dem König der Mut e. Hes 21,12

entfärben

Dan 5,6 da e. sich der König 10

entfernen

Jos	8,4	e. euch nicht allzu weit von der Stadt
Ri	18,22	als sie sich nun von Michas Haus e. hatten
1Sm	18,13	da e. ihn Saul aus seiner Nähe
1Kö	15,12	e. alle Götzenbilder 2Kö 3,2; 18,4.22; 23,19; 2Ch 14,2.4; 17,6; 30,14; 32,12; 33,15; 34,33
	14	aber die Höhen e. sie nicht 22,44; 2Kö 12,4; 14,4; 15,4.35; 2Ch 15,17; 20,33
Hi	19,13	hat meine Brüder von mir e.
Jes	59,14	die Gerechtigkeit hat sich e.
Mt	14,24	das Boot war schon weit vom Land e.
Lk	15,20	als er noch weit e. war
	24,13	das war von Jerusalem... e. Jh 11,18
Apg	1,12	Ölberg nahe bei Jerusalem, einen Sabbatweg e.

entfliehen

1Mo	39,13	sein Kleid in ihrer Hand ließ und e.
Ps	142,5	ich kann nicht e.
Jes	24,18	wer e. vor dem Geschrei des Schreckens
	35,10	Schmerz und Seufzen wird e.
	38,15	e. ist all mein Schlaf
	52,12	sollt nicht in Hast e.
Jer	46,6	der Schnelle kann nicht e. Am 2,14
	48,44	wer... e., wird in die Grube fallen
Am	2,16	wer der mannhafteste ist, soll nackt e.
	9,1	daß keiner von ihnen e. soll
Wsh	16,14	kann den e. Geist nicht zurückholen
	15	unmöglich ist's, deiner Hand zu e. Tob 13,2; 2Ma 6,26
2Ma	10,32	Timotheus aber e. nach Geser
Lk	21,36	zu e. diesem allen, was geschehen soll
Apg	14,6	e. in die Städte Lykaoniens
	16,27	er meinte, die Gefangenen wären e.
	19,16	*daß sie nackt und verwundet e.*
	27,42	damit niemand fortschwimmen und e. könne
1Th	5,3	sie werden nicht e.
2Pt	2,20	wenn sie e. sind dem Unrat der Welt
Off	12,6	die Frau e. in die Wüste
	16,20	*alle Inseln e.*

entfremden

Ps	88,9	meine Freunde hast du mir e. 19
Eph	4,18	sie sind e. dem Leben, das aus Gott ist

entführen

1Mo	31,26	hast meine Töchter e.
1Kö	18,12	könnte dich der Geist des HERRN e.

entgegen

1Mo	30,16	ging hinaus ihm e. 2Mo 18,7; Ri 4,18; 11,34; 2Sm 6,20; 1Kö 18,16; Jer 41,6; Sa 2,7
	46,29	zog hinauf seinem Vater e.
2Mo	4,27	geh hin Mose e. in die Wüste
4Mo	20,20	zogen aus, (Israel) e. 21,23; 22,36; 5Mo 2,32; 3,1; 29,6; 2Sm 18,6

Jos	8,5	wenn sie ausziehen uns e. 22
Ri	6,35	Asser und... kamen herauf, (Gideon) e.
	7,24	kommt herab den Midianitern e.
	20,31	dem Kriegsvolk e. 1Sm 13,15
1Sm	4,1	zog aus, den Philistern e. 23,28; 1Kö 20,27; 2Ch 35,20
	18,6	dem König e. 2Sm 19,17.25; 1Kö 21,18; 2Ch 15,2; Jes 7,3
2Sm	5,23	sollst nicht hinaufziehen ihnen e.
2Kö	1,6	kam ein Mann herauf uns e.
	4,31	Gehasi ging zurück Elisa e.
	5,26	als der Mann sich umwandte dir e.
	9,18	der Reiter ritt hin ihm e.
Est	4,16	will zum König hineingehen e. dem Gesetz
Mt	8,34	ging die Stadt hinaus Jesus e. Jh 12,13
	25,1	gingen hinaus, dem Bräutigam e. 6
Apg	27,4	weil uns die Winde e. waren
Rö	16,17	e. der Lehre, die ihr gelernt habt
1Th	4,17	mit ihnen entrückt werden, dem Herrn e.

entgegenbringen

Jes 21,14 b. den Durstigen Wasser e.

entgegenfahren

2Kö 9,21 sie zogen aus, um Jehu e.

entgegenfliehen

2Mo 14,27 das Meer... die Ägypter f. ihm e.

entgegenführen

2Mo 19,17 Mose f. das Volk Gott e.

entgegengehen

1Mo	14,17	g. ihm e. der König von Sodom
	19,1	stand (Lot) auf, g. ihnen e.
4Mo	31,13	Mose und Eleasar g. ihnen e.
Ri	11,31	was mir aus meiner Haustür e.
1Sm	13,10	da g. Saul (Samuel) e. 16,4
	17,40	(David) g. dem Philister e. 55
	21,2	als er David e. 30,21
1Kö	2,19	der König g. ihr e.
2Kö	8,8	g. dem Mann Gottes e. 9
1Ma	10,86	g. ihm die Bürger e. 11,60
Jh	11,20	hörte, daß Jesus kommt, g. sie ihm e.
	12,18	darum g. ihm auch die Menge e.
Apg	10,25	als Petrus hereinkam, g. ihm Kornelius e.
	28,15	*g. sie uns e. bis nach Forum Appii*
Heb	7,1	er g. Abraham e. und segnete ihn
	10	erst noch geboren werden, als Melchisedek diesem e.

entgegenjauchzen

Ri 15,14 j. die Philister (Simson) e.

entgegenkommen

1Mo	24,65	wer ist der Mann, der uns e.
2Mo	4,14	der HERR sprach: (Aaron) wird dir e.
	24	k. (Mose) der HERR e.
5Mo	23,5	weil sie euch nicht e. Neh 13,2
Ri	14,5	k. ein junger Löwe brüllend (Simson) e.
1Sm	10,10	k. (Saul) eine Prophetenschar e.
	25,20	k. David (Abigajil) e.
1Kö	2,8	k. (Schimi) mir e. am Jordan

Jdt	3,8	daß die Fürsten ihm e.
	5,2	die einzigen, die uns nicht entgegen. sind
Wsh	6,14	(die Weisheit) k. denen e., die sie begehren
2Ma	14,9	wolle der König nach seiner e. Freundlichk.
Lk	9,37	am nächsten Tag k. ihm eine große Menge e.
Jh	11,30	an dem Ort, da ihm Martha entgegeng. war
Apg	28,15	die Brüder k. uns e. bis Forum Appii

entgegenlaufen

1Mo	18,2	l. ihnen e. und neigte sich zur Erde
	29,13	l. (Jakob) e. und herzte ihn 33,4
1Sm	17,48	l. David dem Philister e.
Mt	8,28	da l. ihm e. zwei Besessene Mk 5,2

entgegenleuchten

Bar	4,2	geh in ihrem Licht, das dir e.

entgegennehmen

3Mo	16,5	soll von der Gemeinde zwei Ziegenböcke e.

entgegensenden

1Sm	25,32	der HERR, der dich mir entgegeng. hat
2Sm	10,5	(David) ihnen Boten e. 1Ch 19,5

entgegenstehen

4Mo	22,34	daß du mir e. auf dem Wege
Mt	14,24	der Wind s. ihm e. Mk 6,48

entgegenstellen

2Sm	10,9	Joab s. sich den Aramäern e.
Sir	46,9	Mose... s. sich der Gemeinde e.
1Ma	6,4	(weil...) sich ihm zum Kampf e.

entgegenstrecken

Hes	17,7	s. seine Ranken ihm e.

entgegentreten

2Mo	7,15	t. (dem Pharao) e. am Ufer des Nils
4Mo	20,18	ich werde dir mit dem Schwert e.
2Ch	26,18	(die Priester) t. Usija e.
Hi	41,3	wer kann mir e.
Ps	17,13	HERR, mache dich auf, t. ihm e.
Jes	49,25	ich selbst will deinen Gegnern e.
1Ma	4,18	darum t. nun unsern Feinden e.

entgegenwallen

Hl	5,4	mein Innerstes w. ihm e.

entgegenwerfen

2Ma	12,10	als Judas... w. sich ihm Araber e.

entgegenziehen

1Mo	32,7	Esau z. dir e. mit 400 Mann
4Mo	21,33	z. ihnen e. Og von Baschan 5Mo 1,44
2Sm	19,16	um dem König e. 21
2Kö	16,10	Ahas z. Tiglat-Pileser e. 23,29; 2Ch 14,9; 20,17
Jdt	6,7	z. die Schleuderer ihnen e.

1Ma	3,11	als Judas das hörte, z. er ihm e. 5,39
	9,39	der Bräutigam z. ihnen e.
	16,5	morgens z. ihnen ein großes Heer e.

entgehen

1Sm	23,26	David eilte, Saul zu e.
Hi	20,21	nichts e. seiner Freßgier
Spr	12,13	der Gerechte e. der Not
Pr	7,18	wer Gott fürchtet, der e. dem allen
Jer	11,11	Unheil, dem sie nicht e. sollen
	38,23	du selbst wirst ihren Händen nicht e.
Hes	6,8	einige, die dem Schwert e.
	15,7	(Einwohner Jerusalems) sind dem Feuer e.
Jo	2,3	niemand wird ihm e.
Wsh	2,7	keine Frühlingsblume soll uns e.
	16,16	Unwetter, denen sie nicht e. konnten
Sir	6,35	laß dir keinen Weisheitsspruch e.
	14,14	laß dir die Freuden nicht e.
	29,26	ein Gottloser wird der Strafe nicht e.
	42,20	es e. ihm kein Gedanke
2Ma	6,26	wenn ich der Strafe der Menschen e. würde
Jh	10,39	er e. ihren Händen
Apg	28,4	*ob er gleich dem Meer e. ist*

Entgelt

1Mo	47,16	will Brot als E. für Vieh geben 17
Tob	5,4	Begleiter, der gegen E. mit dir geht
1Ko	9,18	daß ich das Evangelium predige ohne E.
2Ko	11,7	

entgelten

2Ch	20,11	die Ammoniter... lassen uns das e.

entgleisen

Sir	21,8	ein Kluger merkt, wo er e.
	25,11	wer mit seinen Reden nicht e.

enthalten

4Mo	6,3	soll sich des Weins e.
1Sm	21,5	müssen die Leute sich der Frauen e. haben
Mt	19,12	*etliche e. sich der Ehe*
Apg	15,20	daß sie sich e. sollen von Befleckung durch Götzen
	29	daß ihr euch e. vom Götzenopfer
1Ko	7,5	weil ihr euch nicht e. könnt
	9	wenn sie sich nicht e. können
	9,25	der kämpft, e. sich aller Dinge
2Ko	12,6	ich e. mich aber dessen
1Pt	2,11	e. euch von fleischlichen Begierden

enthaltsam

Tit	1,8	(ein Bischof soll sein) e.

Enthaltsamkeit

Apg	24,25	als Paulus von E. redete

enthaupten

Mt	14,10	schickte hin und ließ Johannes e. Mk 6,27
Mk	6,16	es ist Johannes, den ich e. habe Lk 9,9
Off	20,4	die Seelen derer, die e. waren um des Wortes Gottes willen

entheiligen

2Mo	31,14	wer (den Sabbat) e., der soll sterben
3Mo	18,21	damit du nicht e. den Namen deines Gottes 19,12; 20,3; 21,6; 22,2.32
	19,8	weil er das Heilige des HERRN e. hat 21,12.23; 22,15
	21,4	er würde sich e. 9.15; 22,9
Neh	13,17	die ihr e. den Sabbattag 18
Ps	55,21	sie e. ihren Bund Mal 2,10
	89,32	wenn sie meine Ordnungen e.
	35	meinen Bund nicht e. und nicht ändern
Jes	43,28	habe die Fürsten des Heiligtums e.
	47,6	als ich mein Erbe e.
	56,2	den Sabbat hält und nicht e. 6
Jer	34,16	habt meinen Namen e. Hes 36,20-23; Am 2,7; Mal 1,12
Hes	7,21	will es Fremden geben, daß sie es e. 22
	24	e. werden ihre Heiligtümer 23,39; 24,21
	13,19	ihr e. mich bei meinem Volk 22,26
	20,9	meines Namens, damit er nicht e. würde 14.22
	13	sie e. meine Sabbate 16.21.24; 22,8; 23,38
	44,7	habt mein Haus e.
Mal	2,11	Juda e., was dem HERRN heilig ist
Jdt	9,9	dein Heiligtum zu e. 1Ma 1,39.49; 4,38.44.45; 2Ma 8,2
1Ma	1,45	viele aus Israel e. den Sabbat
	2,34	wir wollen den Sabbat nicht e.

enthüllen

Hi	20,27	der Himmel wird seine Schuld e.
Hes	23,18	als sie ihre Schande so e.

entkleiden

2Ko	5,4	weil wir lieber nicht e. werden wollen
Kol	2,15	er hat die Mächte u. Gewalten ihrer Macht e.

entkommen

Jos	10,20	was übrigblieb, e. in die festen Städte
Ri	3,26	Ehud e. bis nach Seïra
1Kö	11,17	da floh Hadad, um nach Ägypten zu e.
2Kö	10,25	erschlagt jedermann; laßt niemand e.
	19,37	erschlugen ihn seine Söhne, und sie e.
Jes	10,20	was e. ist vom Hause Jakob
	24,18	wer e. aus der Grube, wird im Netz gefangen
Jer	39,18	will dich e. lassen
	44,14	keiner entrinnen und e. soll Am 9,1
Tob	2,8	du bist seinem Mordbefehl kaum e.
Sir	16,13	der Gottlose wird mit s. Raub nicht e.
1Ma	2,44	die übrigen e. zu den Heiden
	9,45	wehren, weil wir nicht e. können
2Ma	11,12	Lysias selbst floh und e. 12,35
Apg	28,4	obgleich er dem Meer e. ist

entlangfahren

Apg	27,13	f. nahe an Kreta e. 28,13

entlanggehen

Mt	4,18	als Jesus am Galiläischen Meer e. Mk 1,16

entlangziehen

Jdt	7,3	sie z. am Abhang des Gebirges e.

entlassen

1Mo	28,5	so e. Isaak den Jakob 6; 45,24
5Mo	15,12	im siebenten Jahr sollst du ihn als frei e.
	22,19	darf sie sein Leben lang nicht e. 29
	24,1	und sie aus seinem Hause e. 3.4
Jos	24,28	so e. Josua das Volk Ri 2,6; 3,18; 1Sm 10,25; 13,2; 1Kö 8,66
2Sm	3,21	dann e. David den Abner 22.23
	13,25	sondern e. ihn mit seinem Segen
1Ch	8,8	als (Schaharajim) seine Frauen e. hatte
Esr	10,44	nun e. sie Frauen und Kinder
Jes	14,17	der s. Gefangenen nicht nach Hause e.
	50,1	Scheidebrief, mit dem ich sie e. hätte
Jer	3,8	wie ich Israel, die Abtrünnige, e.
Wsh	19,2	nachdem sie sie eilig e. hatten
1Ma	11,55	Kriegsvolk, das Demetrius e. hatte

entlaufen

2Ma	8,35	kam (Nikanor) wie ein e. Knecht

Entmannter

5Mo	23,2	kein E. soll in die Gemeinde kommen

entmutigen

2Ma	6,12	sich durch deinen Jammer nicht e. lassen

entreißen

2Sm	20,6	Städte gewinne und e. sie vor unsern Augen
	23,12	trat auf das Stück und e. es den Philistern
Hi	22,6	hast den Nackten die Kleider e.
Jes	49,24	kann man seine Gefangenen e. 25
Hes	38,8	in ein Land, das dem Schwert e. ist
Hos	2,11	will meinen Flachs ihr e.
Bar	6,36	nicht ein Schwächeren dem Starken e.
Apg	23,10	ließ Soldaten hinabgehen und Paulus ihnen e. 27

entrichten

2Kö	3,4	Mescha hatte dem König Wolle zu e.
2Ma	4,27	als er das Geld nicht e. konnte

entrinnen

1Mo	14,13	da kam einer, der e. war
	32,9	so wird das andere (Lager) e.
Jos	8,22	bis niemand e. konnte Ri 3,29; 1Sm 30,17
	10,19	laßt sie nicht in ihre Städte e.
Ri	3,26	Ehud aber war e.
1Sm	19,10	David floh und e. 12.17.18; 23,13; 27,1
	22,20	es e. aber ein Sohn Ahimelechs
2Sm	1,3	aus dem Heer Israels bin ich e.
	15,14	hier wird kein E. sein
1Kö	18,40	greift die Propheten Baals, daß keiner e.
	19,17	wer dem Schwert Hasaëls e... dem Jehus e.
	20,20	Ben-Hadad e. auf einem Roß
2Kö	9,15	wenn ihr wollt, soll niemand e. 10,24
2Ch	16,7	darum ist das Heer des Königs von Aram e.
	20,24	lagen Leichname; keiner war e.
Hi	1,15	ich allein bin e. 16.17.19
	11,20	werden nicht e. können 15,22.30; 20,20

entschuldigen

Hi	23,7	würde ich e. meinem Richter
Ps	55,9	wollte eilen, daß ich e. vor dem Wetter
	56,8	sollten sie mit ihrer Bosheit e.
	124,7	unsre Seele ist e. wie ein Vogel
	141,10	mich aber laß e.
Spr	19,5	wer frech Lügen redet, wird nicht e. 7
	28,26	wer in der Weisheit wandelt, wird e.
Pr	7,26	wer Gott gefällt, der wird ihr e.
Jes	20,6	wie könnten wir selber e.
Jer	25,35	die Herren der Herde werden nicht e.
	31,2	Volk, das dem Schwert e. ist 44,28; 51,50
	32,4	Zedekia soll den Chaldäern nicht e.
	34,3	auch du sollst seiner Hand nicht e. 38,18; 41,15; 42,17; 44,14; 48,8.19
	46,6	kann nicht entfliehen noch e.
	50,28	Geschrei derer, die e. sind
Klg	2,22	daß niemand e. und übriggeblieben ist
Hes	7,16	die von ihnen e. 24,26.27
	35,6	sollst dem Blutbad nicht e.
Dan	11,41	es werden seiner Hand e. Edom, Moab
	42	Ägypten wird ihm nicht e.
Am	2,15	wer schnell laufen kann, soll nicht e.
Hab	2,9	in der Höhe baue, um dem Unheil zu e.
Sa	2,11	auf, Zion, e.
Jdt	15,3	flohen sie, um den Hebräern zu e.
1Ma	4,26	die Heiden, die e. waren 2Ma 10,18
2Ma	7,31	wirst der Hand Gottes nicht e. 35
Mt	3,7	daß ihr dem künftigen Zorn e. werdet Lk 3,7
	23,33	wie wollt ihr der Verdammnis e.
Apg	27,43	hieß, die... e. in das Land
Rö	2,3	denkst du, daß du dem Urteil Gottes e. wirst
2Ko	11,33	ich e. seinen Händen
2Pt	1,4	die ihr e. seid der verderblichen Begierde
	2,18	die kaum e. waren dem Irrtum
Heb	2,3	wie wollen wir e., wenn wir ein so großes Heil nicht achten
	11,34	(diese) sind der Schärfe des Schwerts e.
	12,25	wenn jene nicht e. sind

entrollen

1Ma	3,48	e. die Schriftrolle des Gesetzes

Entronnener

Ri	21,17	E. von Benjamin müssen ihr Erbe behalten
1Ch	4,43	erschlugen, die übriggeblieben von den E.
Esr	9,14	daß es weder einen Rest noch E. gibt
Neh	1,2	wie es den Juden ginge, den E. 3
Jes	15,9	Löwen (kommen lassen) über die E. Moabs
	45,20	kommt herzu, ihr E. der Heiden
Jer	44,14	keiner... außer einigen E. 48,45
Hes	6,9	eure E. werden an mich denken
	33,21	kam zu mir ein E. von Jerusalem 22
Jo	3,5	bei den E., die der HERR berufen wird
Ob	14	nicht stehen, um seine E. zu morden

entrücken

Wsh	4,11	er wurde e., damit nicht
Apg	8,39	e. der Geist des Herrn den Philippus
2Ko	12,2	da wurde derselbe e. bis in den 3. Himmel 3
1Th	4,17	mit ihnen e. werden auf den Wolken
Heb	11,5	durch den Glauben wurde Henoch e.
Off	12,5	ihr Kind wurde e. zu Gott und seinem Thron

Entrückung

Heb	11,5	vor seiner E. ist ihm bezeugt worden, daß

entrüsten

Neh	3,33	wurde er zornig und sehr e.
Hi	17,8	die Unschuldigen e. sich
Ps	37,1	e. dich nicht über die Bösen
	7	e. dich nicht über den, dem es gutgeht
	8	e. dich nicht, damit du nicht Unrecht
2Ma	4,35	waren e. über den ruchlosen Mord
Mt	21,15	die Hohenpriester e. sich
Apg	14,2	*die Juden e. die Seelen der Heiden*
Heb	3,10	*darum ward ich e. über dies Geschlecht 17*

entscheiden

1Sm	2,25	so kann es Gott e... für ihn e.
Jdt	15,1	konnten sich nicht e., was sie tun
Wsh	15,7	darüber e. der Töpfer
Apg	19,39	kann man es in einer ordentlichen Versammlung e.
	24,22	will ich eure Sache e.

Entscheidung

2Mo	28,30	daß er die E. auf seinem Herzen trage
Jo	4,14	es werden Scharen sein im Tal der E.
Sir	15,14	er hat ihm die E. überlassen
	33,23	behalte die E. in der Hand
2Ma	11,26	damit sie unsere E. erfahren
	15,17	beschlossen, die Sache zur E. zu bringen
Apg	25,21	bis zur E. des Kaisers in Gewahrsam zu bleiben

entschlafen

Ps	13,4	daß ich nicht im Tode e.
Sir	48,11	wohl denen, die in Liebe zu dir e. sind
2Ma	12,45	denen, die als fromme Leute e. sind
Mt	27,52	viele Leiber der e. Heiligen standen auf
Apg	7,59	*als er das gesagt, e. er*
	13,36	ist er e. und hat die Verwesung gesehen
1Ko	7,39	wenn aber der Mann e., ist sie frei
	11,30	nicht wenige sind e. 15,6
	15,18	so sind die, die in Christus e. sind, verloren
	20	auferstanden als Erstling unter denen, die e. sind
	51	wir werden nicht alle e.
1Th	4,13	nicht im Ungewissen über die, die e. sind
	14	so wird Gott auch die, die e. sind, durch Jesus mit ihm einherführen
	15	denen nicht zuvorkommen, die e. sind
2Pt	3,4	nachdem die Väter e. sind, bleibt es alles, wie

entschlossen

Sir	45,29	stand treu und e. und schaffte Sühne

entschuldigen

Wsh	13,8	doch sind sie damit nicht e.
Sir	13,4	der Arme muß sich dazu noch e.
	30,17	seine Verfehlungen nicht
2Ma	13,26	Lysias e. den König
Lk	14,18	sie fingen an alle nacheinander, sich zu e. 19
Jh	15,22	nun können sie nichts vorwenden, um ihre Sünde zu e.
Apg	19,40	Grund, mit dem wir diesen Aufruhr e. könnten
Rö	2,1	darum, o Mensch, kannst du dich nicht e.
	15	die Gedanken, die einander e.

Entschuldigung

Rö 1,20 daß sie keine E. haben

entschwinden

Ri 6,21 der Engel des HERRN e. seinen Augen
Jes 65,16 die früheren Ängste sind e.
2Ma 3,34 als sie dies gesagt hatten, e. sie

Entsetzen

5Mo 28,25 wirst zum E. werden für alle Reiche 27
2Kö 22,19 sollen zum E. werden 2Ch 29,8
Hi 22,10 E. hat dich plötzlich erschreckt
Jes 28,19 wird man nur mit E. Offenbarung deuten
Jer 15,4 will sie zu einem Bild des E. machen 24,9; 25,9; 29,18; 34,17; 42,18; 50,23; 51,37.41
    19,8 will diese Stadt zum E. machen 44,12.22; 49,13
Hes 5,15 sollst zur Warnung und zum E. werden
    7,27 die Fürsten werden sich in E. kleiden
    20,26 damit ich E. über sie brachte
    23,33 ist ein Kelch des Grauens und E.
Wsh 17,6 hielten sie in ihrem E... für schlimmer
Tob 2,4 aß sein Brot voll Trauer und E.
Mk 16,8 Zittern und E. hatte sie ergriffen
Apg 3,10 Verwunderung und E. erfüllte sie

entsetzen, sich

1Mo 27,33 da e.s. Isaak über die Maßen sehr
3Mo 26,32 daß eure Feinde s. davor e.
5Mo 1,29 e. euch nicht und fürchtet euch nicht
Jos 1,9 laß dir nicht grauen und e. dich nicht
1Sm 16,4 da e.s. die Ältesten der Stadt
    17,11 e. (Saul und ganz Israel) s.
    21,2 als David nach Nob kam, e.s. Ahimelech
1Kö 9,8 die vorübergehen, s.e. werden 2Ch 7,21; Jer 18,16; 19,8; 49,17; 50,13
Hi 13,11 werdet ihr euch nicht e.
    17,8 darüber e.s. die Gerechten
    18,20 werden s. über seinen Gerichtstag e.
    26,11 die Säulen des Himmels e.s. 37,1
    41,17 so e.s. die Starken
Ps 48,6 sie haben s.e. und sind davongestürzt
    65,9 daß s.e., die an den Enden wohnen
    119,120 ich e. mich vor deinen Gerichten
Jes 13,8 einer wird s. vor dem andern e.
    51,7 e. euch nicht, wenn sie euch verhöhnen
    52,14 wie s. viele über ihn e.
Jer 2,12 e. dich, Himmel
    8,21 ich gräme und e. mich
    30,10 e. dich nicht, Israel
    33,9 sie werden s. wundern und e.
    36,16 als sie die Worte hörten, e. sie s. 24
Hes 2,6 dich vor ihrem Angesicht nicht e.
    19,7 daß das Land s.e.
    26,16 alle Fürsten werden s.e. 18; 27,35; 28,19; 32,10
Dan 3,24 da e.s. der König Nebukadnezar
    4,16 da e.s. Daniel eine Zeitlang 7,15
Jo 2,6 Völker werden s. vor ihm e. Mi 7,17
Am 3,6 bläst Posaune und das Volk e.s. nicht
Jdt 13,29 als Achior den Kopf... sah, e. er s.
    16,12 daß s. die Perser und Meder e.
1Ma 16,22 als Johannes das hörte, e. er s.
2Ma 8,16 sie sollten s. nicht e. vor den Feinden
Mt 7,28 daß s. das Volk e. über seine Lehre 12,23; 13,54; 22,33; Mk 1,22.27; 5,42; 6,51; 9,15; 16,5; Lk 2,48

Mt 19,25 seine Jünger e.s. Mk 10,24.26.32
Mk 2,12 daß s. alle e. und Gott priesen Lk 5,26; 9,43
    16,6 er sprach zu ihnen: E. euch nicht
Lk 8,56 ihre Eltern e.s.
    21,9 hören werdet von Kriegen, so e. euch nicht
Apg 2,7 sie e.s., verwunderten sich und sprachen 12
    9,21 alle, die es hörten, e.s. und sprachen
    10,45 die gläubig gewordenen Juden e.s.
    12,16 als sie nun aufmachten, sahen sie ihn und e.s.

entsinken

Wsh 17,15 dadurch gelähmt, daß ihnen der Mut e.

entsprechen

Phl 2,5 wie es der Gemeinschaft in Christus Jesus e.

entspringen

Sir 27,22 er ist e. wie ein Reh aus der Schlinge
1Ti 6,4 daraus e. Neid, Hader, Lästerung

entstehen

2Mo 21,23 e. ein dauernder Schaden, sollst du geben
3Mo 13,2 wenn Ausschlag e. 19.38.41; 14,34
Rut 1,1 e. eine Hungersnot im Lande
1Sm 5,9 e. in der Stadt großer Schrecken 14,15
Esr 4,22 damit nicht großer Schaden e.
Dan 8,22 daß vier Königreiche aus seinem Volk e.
Wsh 2,2 Funke, aus dem Pochen unsres Herzens e.
    19,11 sahen, wie eine neue Art Vögel e.
Sir 47,23 als ein abgöttisches Königreich e.
Mt 27,24 sondern vielmehr ein Getümmel e.
Mk 4,39 und es e. eine große Stille Lk 8,24
Jh 7,43 e. Zwietracht im Volk 9,16; 10,19
Apg 8,8 es e. große Freude in dieser Stadt
    12,18 e. eine Verwirrung unter den Soldaten
    15,2 als nun Zwietracht e.
    21,40 da e. eine große Stille
    23,7 als er das sagte, e. Zwietracht
    9 es e. ein großes Geschrei
2Ko 4,6 daß durch uns e. die Erleuchtung
Off 8,1 e. eine Stille im Himmel eine halbe Stunde
    16,2 es e. ein böses Geschwür an den Menschen

entstellen

3Mo 21,18 keiner soll herzutreten... mit e. Gesicht
Hi 14,20 du e. sein Antlitz
    30,18 mit Gewalt wird mein Kleid e.

entsühnen

3Mo 8,15 weihte ihn, indem er ihn e.
    34 auf daß ihr e. werdet 17,11; 23,28
    9,7 e. dich und... e. (das Volk) auch 16,11.24.34; 5Mo 21,8
    10,17 daß ihr die Schuld der Gemeinde e. sollt
    12,7 der soll es opfern vor dem HERRN und sie e. 8; 14,18-20.29.31.53; 15,15.30; 19,22; 4Mo 6,11
    16,16 (Aaron) soll das Heiligtum e. 18.33
4Mo 35,33 das Land kann nicht e. werden vom Blut
5Mo 32,43 wird e. das Land seines Volks
Hes 45,20 damit e. ihr den Tempel

Entsühnung

3Mo	14,21	ein Lamm zum Schuldopfer zu seiner E.
	16,20	die E. des Heiligtums vollbracht 27.30.32
	17,11	das Blut ist die E.

entsündigen

2Mo	29,36	sollst den Altar e. 3Mo 8,15; Hes 43,20-23; 45,18.20
3Mo	14,52	(der Priester) soll das Haus e.
4Mo	8,21	die Leviten e. sich
	19,12	soll sich mit Reinigungswasser e. 13.20; 31,19.23
	19	soll der Reine den Unreinen e. 31,20
Ps	51,9	e. mich mit Ysop, daß ich rein werde

Entsündigung

3Mo	14,49	soll zur E. zwei Vögel nehmen
4Mo	8,7	sollst Wasser zur E. auf sie sprengen
2Ch	29,24	taten ihr Blut zur E. an den Altar

entweichen

1Mo	35,18	als (Rahel) das Leben e.
Ri	9,21	Jotam e. und ging nach Beer
Jer	39,4	Zedekia... e. zum Jordantal hin
Mt	2,14	(Josef) e. nach Ägypten
	12,15	als Jesus das erfuhr, e. er von dort
Mk	3,7	Jesus e. mit seinen Jüngern an den See
Lk	5,16	*(Jesus) e. in die Wüste und betete 9,10*
Jh	5,13	Jesus war e.
	6,15	e. er wieder auf den Berg
Off	6,14	*der Himmel e.*

entweihen

1Mo	49,4	hast mein Bett e. 1Ch 5,1
2Mo	20,25	mit Eisen darüber kommst, wirst du ihn e.
4Mo	18,32	werdet nicht e. die heiligen Gaben
Ps	74,7	sie e. die Wohnung deines Namens 79,1
	89,40	hast seine Krone e. in den Staub
Jes	24,5	die Erde ist e. von ihren Bewohnern
	30,22	werdet e. eure Götzen
Klg	2,2	der Herr hat e. ihr Königreich
	7	der Herr hat sein Heiligtum e.
Hes	22,26	Priester e., was mir heilig ist Ze 3,4
	25,3	über m. Heiligtum ruft: Es ist e. 28,18
	28,7	sollen deinen Glanz e.
	43,7	soll nicht mehr meinen Namen e. 8
Dan	11,31	seine Heere werden Heiligtum und Burg e.
Jdt	4,9	daß ihr Heiligtum nicht e. werden 9,15
1Ma	3,51	dein Heiligtum ist e.
2Ma	6,2	sollte den Tempel zu Jerusalem e.
Apg	21,28	dazu hat er diese heilige Stätte e. 24,6

entwenden

Apg	5,2	*(Ananias) e. etwas vom Gelde 3*

entwöhnen

1Mo	21,8	ein großes Mahl, da Isaak e. wurde
1Sm	1,22	wenn der Knabe e. ist 23.24
Jes	11,8	ein e. Kind wird seine Hand stecken
	28,9	denen, die e. sind von der Milch
Hos	1,8	als sie Lo-Ruhama e. hatte

Entwurf

2Mo	35,35	daß sie kunstreiche E. ersinnen können
1Ch	28,11	David gab E. für die Vorhalle 12.18.19

entwurzeln

Hi	31,8	was mir gewachsen ist, soll e. werden
Jud	12	Bäume, zweimal abgestorben und e.

entziehen

1Mo	31,16	Reichtum, den Gott unserm Vater e. hat
5Mo	22,3	du darfst dich dem nicht e.
Hi	12,20	er e. die Sprache den Verläßlichen
Spr	24,11	e. dich nicht denen, die zur Schlachtbank
Jes	58,7	e. dich nicht deinem Fleisch und Blut
Hes	16,27	e. dir einen Teil meiner Gaben
1Ko	7,5	e. sich nicht eins dem andern

entzünden

Jes	64,1	wie Feuer Reisig e.
2Ma	1,22	da e. sich ein großes Feuer
Jak	3,6	sie ist selbst von der Hölle e.

entzwei

Apg	1,18	er ist gestürzt und mitten e. geborsten

entzweibersten

StD	2,26	der Drache b. davon mitten e.

entzweien

Mt	10,35	ich bin gekommen, den Menschen zu e.

entzweireißen

Lk	23,45	der Vorhang des Tempels r. mitten e.

Epänetus

Rö	16,5	grüßt E., meinen Lieben

Epaphras

Kol	1,7	so habt ihr's gelernt von E.
	4,12	es grüßt euch E., ein Knecht Christi Phm 23

Epaphroditus

Phl	2,25	den Bruder E. zu euch zu senden
	4,18	nachdem ich durch E. empfangen habe

Ephesus, Epheser

Apg	18,19	sie kamen nach E. 21
	24	kam nach E. ein Jude mit Namen Apollos
	19,1	daß Paulus nach E. kam und einige Jünger fand
	17	das wurde allen bekannt, die in E. wohnten
	26	ihr seht und hört, daß nicht allein in E.
	28	groß ist die Diana der E. 34
	35	der nicht weiß, daß die Stadt E.
	20,16	hatte beschlossen, an E. vorüberzufahren
	17	von Milet sandte er nach E.
	21,29	sie hatten Trophimus, den E., gesehen
1Ko	15,32	habe ich nur im Blick auf dieses Leben in E. gekämpft

Ephesus

1Ko	16,8	ich werde in E. bleiben bis Pfingsten
Eph	1,1	Paulus an die Heiligen in E.
1Ti	1,3	wie ich dich ermahnt habe, in E. zu bleiben
2Ti	1,18	welche Dienste er in E. geleistet hat, weißt du
	4,12	Tychikus habe ich nach E. gesandt
Off	1,11	nach E. und nach Smyrna und nach Pergamon
	2,1	dem Engel der Gemeinde in E. schreibe

Ephraim

1Mo	41,52	¹E.; denn Gott hat mich wachsen lassen
	46,20	Josef wurden geboren Manasse und E. 48,1. 5; 4Mo 26,28; Jos 14,4; 16,4
	48,13	nahm Josef E. an seine rechte Hand 14.17
	20	Gott mache dich wie E. und Manasse! Und so setzte er e. vor Manasse Jer 31,9.20
	50,23	(Josef) sah E. Kinder bis ins dritte Glied
1Ch	7,20	die Söhne E. waren diese 22; 9,3
Jos	17,15	²wenn dir das Gebirge E. zu eng ist
	19,50	auf dem Gebirge E. 20,7; 21,21; 24,30.33
Ri	2,9	begruben ihn auf dem Gebirge E.
	3,27	blies (Ehud) die Posaune auf dem Gebirge E.
	4,5	(Debora) hatte ihren Sitz auf dem Gebirge E.
	7,24	Gideon sandte auf das Gebirge E.
	10,1	Tola wohnte in Schamir auf dem Gebirge E.
	17,1	war ein Mann auf dem Gebirge E. 8; 18,2.13
	19,1	ein Levit weit hinten im Gebirge E. 16.18
1Sm	1,1	ein Mann vom Gebirge E.
	9,4	sie gingen durch das Gebirge E.
	14,22	Männer... auf dem Gebirge E. verkrochen
2Sm	20,21	ein Mann vom Gebirge E. mit Namen Scheba
1Kö	4,8	(Amtleute) der Sohn Hurs auf dem Gebirge E.
	12,25	Jerobeam baute Sichem auf dem Gebirge E.
2Kö	5,22	vom Gebirge E. 2 von den Prophetenjüngern
2Ch	13,4	Berg Zemarajim, der im Gebirge E. liegt 15,8; 19,4
Jer	4,15	kommt eine böse Botschaft vom Gebirge E.
	31,6	Wächter auf dem Gebirge E. rufen
	50,19	daß sie weiden auf dem Gebirge E.
2Sm	13,23	³Baal-Hazor, das bei E. liegt (= Efron 3; Ofra 1)
1Ma	11,34	daß... E. zu ihrem Land gehören sollen
Jh	11,54	ging weg in eine Stadt mit Namen E.
2Sm	18,6	⁴kam es zum Kampf im Walde E.
2Ch	25,23	⁵vom Tor E. bis an das Ecktor 2Kö 14,13; 1Ch 6,46.51; Neh 8,16; 12,39

Ephraim, Ephraimiter (Stamm)

4Mo	1,10	(je ein Mann) von E. 7,48; 34,24
	32	die Söhne E. 33; 10,22; 26,35.37
	2,18	nach Westen soll sein E. 24; 10,22
	13,8	Hoschea, vom Stamme E.
5Mo	33,17	das sind die Zehntausende E.
	34,2	(der HERR zeigte ihm) das ganze Land E.
Jos	16,5	das Gebiet des Stammes E. 8-10; 17,8-10; 21,5.20
	17,17	Josua sprach zu E. und Manasse
Ri	1,29	E. vertrieb die Kanaaniter nicht
	5,14	aus E. zogen sie herab ins Tal
	7,24	wurden zusammengerufen alle, die von E.
	8,1	da sprachen die Männer von E. zu (Gideon)
	2	ist nicht die Nachlese E. besser
	10,9	Ammoniter kämpften gegen das Haus E.

Ri	12,1	die Männer von E. wurden aufgeboten
	5	bist du ein E.
1Sm	1,1	Elkana... ein E.
2Sm	2,9	machte (Isch-Boschet) zum König über E.
1Kö	11,26	Jerobeam, ein E. von Zereda
1Ch	12,31	der Männer von E. 27,10.14.20; 2Ch 15,9; 17,2; 28,12
2Ch	25,7	der HERR ist nicht mit allen *Männern von E. 10
	28,7	Sichri, ein Kriegsmann aus E.
	30,1	Hiskia schrieb Briefe an E. 10.18
	31,1	brachen ab die Altäre in E. 34,6
	34,9	Geld, das die Leviten von E. gesammelt
Ps	60,9	E. ist der Schutz meines Hauptes 108,9
	78,9	wie die Söhne E., die den Bogen führten
	67	er erwählte nicht den Stamm E.
	80,3	(erscheine) vor E., Benjamin und Manasse
Jes	7,2	die Aramäer haben sich gelagert in E. 5
	8	17,3 in 65 Jahren soll es mit E. aus sein
	9	wie Samaria das Haupt ist von E.
	17	seit der Zeit, da E. sich von Juda schied
	9,8	alles Volk, E. und die Bürger Samarias
	20	Manasse (frißt) den E., E. den Manasse
	11,13	der Neid E. wird aufhören
	28,1	weh der Krone der Trunkenen von E. 3
Jer	7,15	verstoßen habe das ganze Geschlecht E.
	31,18	ich habe wohl gehört, wie E. klagt
Hes	37,16	schreibe darauf: Holz E. 19
	48,5	soll E. seinen Anteil haben 6
Hos	4,17	E. hat sich zu den Götzen gesellt 14,9
	5,3	ich kenne E. gut... E. ist eine Hure 6,10
	5	darum sollen Israel und E. fallen
	9	E. soll zur Wüste werden 11.12.14
	13	als E. seine Krankheit fühlte, zog E.
	6,4	was soll ich dir tun, E.
	7,1	so zeigt sich erst die Sünde E.
	8	E. mengt sich unter die Völker
	11	E. ist wie eine törichte Taube 8,9
	8,11	E. hat sich viele Altäre gemacht
	9,3	E. muß wieder nach Ägypten
	8	E. spähte wohl aus nach meinem Gott
	11	muß die Herrlichkeit E. wegfliegen 16
	13	als ich E. sah, war es herrlich gepflanzt
	10,6	so muß E. zuschanden werden
	11	E. war eine junge Kuh... will E. einspannen
	11,3	ich lehrte E. gehen
	8	wie kann ich dich preisgeben, E. 9
	12,1	in E. ist allenthalben Lüge wider mich
	2	E. weidet Wind
	8	hat E. eine falsche Waage in seiner Hand
	15	nun aber hat ihn E. bitter erzürnt
	13,1	solange E. nach meinem Gebot redete
	12	die Schuld E. ist zusammengebunden
	15	wenn E. auch Frucht bringt
Ob	19	sie werden das Gefilde E. besitzen
Sa	9,10	ich will die Wagen wegtun aus E.
	13	Bogen gespannt und habe E. darauf gelegt
	10,7	E. soll sein wie ein Riese
Sir	47,29	der E. auf den Weg der Sünde führte 23

Epikureer

Apg	17,18	einige Philosophen, E., stritten mit ihm

Epiphanes

2Ma	4,7	Antiochus mit dem Beinamen E. 10,9

Er

1Mo	38,3	¹einen Sohn, den nannte (Juda) E. 6.7; 46,12; 4Mo 26,19; 1Ch 2,3
1Ch	4,21	²Söhne Schelas, des Sohnes Judas: E.
Lk	3,28	³Elmadam war ein Sohn E.

er, ihm, ihn

5Mo	6,13	sollst den HERRN fürchten und i. dienen
	8,18	Gott, er ist's, der dir Kräfte gibt
	18,5	der HERR hat i. erwählt
1Sm	24,16	HERR... daß er mir Recht schaffe
2Sm	7,14	er soll mein Sohn sein Heb 1,5
1Kö	8,12	er hat gesagt, er wolle im Dunkel wohnen
1Ch	16,14	er ist der HERR, er richtet Ps 105,7
Hi	23,13	er ist der eine – wer will i. wehren
Mt	24,33	wißt, daß er nahe vor der Tür ist Mk 13,29
Mk	12,32	er ist nur einer, und ist kein anderer außer ihm

erachten

Apg	15,38	*Paulus e. es nicht für billig*
Phl	3,7	was mir Gewinn war, für Schaden e. 8
2Th	1,5	ihr würdig e. werdet des Reiches Gottes
1Ti	1,12	Christus Jesus, der mich für treu e. hat
2Pt	3,15	die Geduld unseres Herrn e. für eure Rettung
Jak	1,2	e. es für lauter Freude, wenn ihr

Eran, Eraniter

4Mo	26,36	E., daher das Geschlecht der E.

erarbeiten

Hi	39,11	überläßt du ihm, was du e. hast
2Jh	8	daß ihr nicht verliert, was wir e. haben

Erastus

Apg	19,22	er sandte Timotheus und E. nach Mazedonien
Rö	16,23	es grüßt euch E., der Stadtkämmerer
2Ti	4,20	E. blieb in Korinth

Erbacker

3Mo	27,28	soll Gebanntes nicht verkaufen... E.

Erbanteil

1Ma	2,56	darum hat (Kaleb) einen E. erlangt

erbarmen

2Mo	33,19	wessen ich mich e., dessen e. ich mich Rö 9,15.18
5Mo	13,9	sollst dich seiner nicht e.
	18	der HERR e. sich deiner
	30,3	wird der HERR sich deiner e.
	32,36	über seine Knechte wird er sich e.
1Sm	23,21	daß ihr euch meiner e. habt
1Kö	8,50	so daß sie sich ihrer e.
2Kö	13,23	der HERR e. sich ihrer
Hi	19,21	e. euch über mich, e. euch
Ps	79,8	e. dich unser bald
	102,14	wollest dich aufmachen und über Zion e.
	103,13	wie sich ein Vater über Kinder e., so e.
Ps	109,12	niemand e. sich seiner Waisen
	145,9	der HERR e. sich aller seiner Werke
Spr	12,10	der Gerechte e. sich seines Viehs
	14,21	wohl dem, der sich der Elenden e.
	31	wer sich des Armen e. 19,17; 28,8
	21,10	e. sich nicht seines Nächsten
Jes	9,16	noch ihrer Waisen und Witwen sich e.
	13,18	sich der Frucht des Leibes nicht e.
	14,1	der HERR wird sich über Jakob e.
	27,11	darum e. sich ihrer nicht, der sie gemacht
	30,18	macht sich auf, daß er sich euer e.
	49,13	der HERR e. sich seiner Elenden
	15	daß sie sich nicht e. über den Sohn
	54,8	mit ewiger Gnade will ich mich deiner e.
	55,7	bekehre sich zum HERRN, so wird er sich e.
	60,10	aber in meiner Gnade e. ich mich
Jer	12,15	will mich wieder über sie e. 33,26; 42,12
	15,5	wer will sich denn deiner e., Jerusalem
	30,18	will mich über seine Wohnungen e.
	31,20	daß ich mich seiner e. muß
Klg	3,32	e. sich wieder nach seiner großen Güte
Hes	16,5	niemand e. sich
	39,25	will mich des ganzen Hauses Israel e.
Hos	1,6	mich nicht mehr über das Haus Israel e.
	7	doch will ich mich e. über das Haus Juda
	2,6	will mich ihrer Kinder nicht e.
	25	ich will mich e. über Lo-Ruhama
Mi	7,19	er wird sich unser wieder e.
Sa	1,12	wie lange noch willst du dich nicht e.
	10,6	denn ich e. mich ihrer
Mal	3,17	will mich ihrer e., wie sich e.
Wsh	11,23	will e. dich über alle Sir 18,14
Tob	8,10	e. dich unser, Herr, e. dich 18Sir 36,1
	13,10	Gott wird sich über dich wieder e.
Sir	14,8	ein böser Mensch, der sich über niemand e.
	16,10	e. sich nicht über das Volk
	18,11	darum e. er sich umso herzlicher über sie
	36,14	Herr, e. dich über dein Volk 15; StE 2,5
Bar	4,16	noch e. sie sich der Kinder e.
	6,38	(Götter) e. sich der Witwen nicht
2Ma	2,18	verheißen: er wolle sich unser bald e. 7,6
	7,28	mein Sohn, e. dich über mich
	8,2	e. sich über den Tempel
	9,13	der sich nicht mehr über ihn e. wollte
Mt	9,27	du Sohn Davids, e. dich unser 15,22; 17,15; 20,30.31; Mk 9,22; 10,47.48; Lk 16,24; 17,13; 18,38.39
	18,33	e. über deinen Mitknecht, wie ich mich über dich e. habe
Mk	5,19	wie sich e. deiner. hat
Rö	11,32	damit er sich aller e.
Phl	2,27	war todkrank, aber Gott hat sich über ihn e.
Jud	22	e. euch derer, die zweifeln
	23	anderer e. euch in Furcht

Erbarmen

2Mo	1,14	Arbeit, die sie ihnen auflegten ohne E.
5Mo	29,27	aus ihrem Lande gestoßen ohne E.
1Kö	8,50	wollest sie E. finden lassen
Hi	6,10	ob auch der Schmerz mich quält ohne E.
Ps	77,10	hat Gott sein E. im Zorn verschlossen
Jes	14,6	der (Stock) verfolgte ohne E.
	30,14	ein Topf, den man zerstößt ohne E.
	63,9	weil er E. mit ihnen hatte
Jer	6,23	(ein Volk) grausam und ohne E.
	15,6	ich bin des E. müde
	20,16	vernichtet hat ohne E. Klg 2,2.17.21; 3,43
	21,5	will streiten ohne E. 7
Am	1,11	weil sie alles E. von sich getan haben

Erbarmen

Hab 1,17 sollen sie Völker umbringen ohne E.
Wsh 6,7 dem Geringsten kann wohl E. widerfahren
    9,1 Gott meiner Väter und Herr des E.
   10,5 festbleiben gegenüber dem E. mit s. Sohn
   19,1 die Gottlosen überfiel der Zorn ohne E.
Tob 13,4 um seines E. willen wird er uns helfen
     7 glaubt, daß er euch sein E. erweist
2Ma 3,21 es war zum E., wie das Volk niederfiel
   5,12 ohne E. alle zu erschlagen StE 1,4
   7,29 damit dich Gott z. Z. des E. mir wiedergebe
Mt 18,27 da hatte der Herr E. mit diesem Knecht
Rö 9,16 so liegt es an Gottes E.
Kol 3,12 so zieht nun an herzliches E.
Heb 10,28 muß er sterben ohne E.

Erbarmer

Jes 49,10 ihr E. wird sie führen
   54,10 spricht der HERR, dein E.
Jak 5,11 der Herr ist barmherzig und ein E.

erbauen

4Mo 13,22 Hebron war e. worden 7 Jahre vor Zoan
5Mo 8,12 wenn du schöne Häuser e.
Esr 2,68 damit man's an seiner früheren Stätte e.
Hi 3,14 Königen, die sich Grüfte e.
   20,19 Häuser an sich gerissen, die er nicht e.
Jer 51,58 dem Feuer verfalle, was die Völker e.
Hes 27,4 haben dich aufs allerschönste e.
Dan 4,27 Babel, das ich e. habe zur Königsstadt
Lk 7,5 die Synagoge hat er uns e.
Jh 2,20 dieser Tempel ist in 46 Jahren e. worden
Apg 20,32 der da mächtig ist, euch zu e.
1Ko 10,23 aber e. nicht alles
   14,4 wer in Zungen redet, der e. sich selbst
     5 damit die Gemeinde dadurch e. werde 4.12
    17 aber der andere wird dadurch nicht e.
2Ko 5,1 so haben wir einen Bau, von Gott e.
   10,8 euch zu e., und nicht euch zu zerstören
Eph 2,20 e. auf den Grund der Apostel
   4,12 dadurch soll der Leib Christi e. werden
1Th 5,11 einer e. den andern
1Pt 2,5 e. euch zum geistlichen Hause
Heb 3,3 *größere Ehre als das Haus der, der es e.*
    4 jedes Haus wird von jemandem e.
Jud 20 e. euch auf euren Glauben

Erbauer

Jes 49,17 deine E. eilen herbei
   62,5 so wird dich dein E. freien
Heb 3,3 so wie der E. des Hauses größere Ehre hat

Erbauung

Rö 14,19 dem nachstreben, was zur E. untereinander (dient) 2Ko 12,19
   15,2 lebe so, daß er seinem Nächsten gefalle zur E.
1Ko 14,3 der redet den Menschen zur E.
   26 laßt es alles geschehen zur E.

Erbbegräbnis

1Mo 23,4 gebt mir ein E. bei euch 9.20; 49,30; 50,13

Erbbesitz

2Mo 34,9 laß uns dein E. sein

4Mo 35,28 sollte in das Land seines E. zurückkehren
Ri 20,6 in das ganze Gebiet des E. von Israel
Hes 44,28 E. sollen sie nicht haben; ich bin ihr E.
   47,22 mit euch sollen sie E. erhalten
Sir 24,11 suchte bei ihnen einen E. zu finden
   13 in Israel soll dein E. sein

Erbe

1Mo 15,3 einer von meinen Knechten wird mein E. sein
    4 soll nicht dein E. sein… soll dein E. sein
2Sm 14,7 wollen sie auch den E. vertilgen
Jes 65,9 E., die meine Berge besitzen
Jer 49,1 hat denn Israel keinen E.
Mi 1,15 will über dich den rechten E. bringen
   4,7 den Lahmen geben, daß sie viele E. haben
Sir 14,15 den Ertrag deiner Arbeit den E. geben
   23,32 die einen E. von einem andern bekommt
   44,23 (daß) seine Nachkommen E. werden sollten
1Ma 8,7 hatten seinen E. einen Tribut auferlegt
Mt 21,38 das ist der E.; kommt, laßt uns ihn töten Mk 12,7; Lk 20,14
Rö 4,13 die Verheißung, daß er der E. der Welt
   14 wenn die vom Gesetz E. sind, dann ist der Glaube nichts
   8,17 sind wir Kinder, so sind wir auch E.
Gal 3,29 gehört ihr Christus, so seid ihr E.
   4,1 solange der E. unmündig ist
    7 so bist du… auch E. durch Gott
Eph 1,11 in ihm sind wir zu E. eingesetzt worden
Tit 3,7 damit wir E. des ewigen Lebens würden
Heb 1,2 Sohn, den er eingesetzt hat zum E. über alles
   6,17 Gott, als er den E. der Verheißung beweisen wollte
Jak 2,5 die im Glauben reich sind und E. des Reichs

Erbe, das

1Mo 31,14 haben doch kein Teil noch E. mehr
3Mo 20,24 will es euch zum E. geben
4Mo 26,53 sollst das Land austeilen zum E. 54.56; 33,54; 34,29; 5Mo 1,38; Jos 1,6
   62 man gab (den Leviten) kein E. 5Mo 10,9; 12,12; 14,27.29; 18,1.2
   27,7 sollst ihres Vaters E. ihnen zuwenden 8
   32,18 bis jeder sein E. eingenommen hat
   36,7 soll festhalten an dem E. 8.9
5Mo 9,26 verdirb dein Volk und dein E. nicht 29
   12,10 im Lande, das euch der HERR zum E. austeilen wird 15,4; 19,10; 20,16; 21,23; 24,4; 25,19; 26,1; 1Kö 8,36
   21,16 daß er seinen Söhnen das E. austeile
   32,9 Jakob ist sein E.
   33,4 das Gesetz, das E. der Gemeinde Jakobs
Jos 21,41 Städte der Leviten unter dem E. Israels
   22,4 zieht hin in das Land eures E. 9.19
Ri 18,1 war (den Danitern) noch kein E. zuteil
   21,17 die Entronnenen müssen ihr E. behalten
2Sm 14,16 die mich vertilgen wollen vom E. Gottes
   20,1 kein Teil an David noch E. am Sohn Isais 1Kö 12,16; 2Ch 10,16
1Kö 8,51 denn sie sind dein Volk und dein E. 53
   21,3 daß ich dir meiner Väter E. geben sollte 4
   19 hast fremdes E. geraubt
Hi 20,29 das E., das Gott ihm zugesprochen 27,13
   31,2 was gäbe sonst mir Gott für ein E.
Ps 2,8 will ich dir Völker zum E. geben
   28,9 hilf deinem Volk und segne dein E.

Ps	33,12	wohl dem Volk, das er zum E. erwählt hat
	61,6	teil am E. derer, die d. Namen fürchten
	68,10	dein E., das dürre war, erquicktest du
	78,55	verteilte ihr Land als E. 111,6; 135,12; 136,21.22
	62	ergrimmte über sein E.
	71	daß er weide sein E. Israel
	79,1	es sind Heiden in dein E. eingefallen
	94,5	sie plagen dein E.
	14	der HERR wird sein E. (nicht) verlassen
	106,40	sein E. wurde ihm zum Abscheu
	119,57	mein E., daß ich deine Worte halte 111
Spr	17,2	wird mit den Brüdern das E. teilen
	20,21	das E., nach dem man zuerst sehr eilt
Jes	14,23	will Babel machen zum E. für die Igel
	19,25	du, Israel, mein E.
	47,6	als ich mein E. entheiligte
	49,8	daß du das verwüstete E. zuteilst
	58,14	will dich speisen mit dem E.
	63,17	Stämme, die dein E. sind
Jer	3,18	Land, euren Vätern zum E. gegeben
	12,7	ich habe mein E. verstoßen 17,4
	8	mein E. ist mir geworden wie ein Löwe 9
	37,12	mit seinen Verwandten ein E. zu teilen
Klg	5,2	unser E. ist den Fremden zuteil geworden
Hes	25,10	den Söhnen des Ostens zum E. geben
	35,15	gefreut über das E. des Hauses Israel
	46,16	von seinem E... verbleiben als E.
Mi	2,2	treiben Gewalt mit eines jeden E.
Mal	1,3	habe gemacht sein E. zur Wüste
Sir	24,23	das Gesetz, das E. der Gemeinde Jakobs
	33,24	wenn dein Ende kommt, teile dein E. aus
	36,13	laß sie dein E. sein wie am Anfang StE 3,5
	44,10	ihr E. (bleibt) bei ihren Kindeskindern 46,11
	26	hat ihm das E. gegeben
	45,32	soll das E. Aarons seinen Söhnen gehören
	46,2	damit Israel sein E. bekäme
1Ma	6,24	sie verteilten unser E. unter sich
	15,33	das Land ist unser väterliches E.
2Ma	1,26	bewahre und heilige dein E.
	2,17	Gott, der allen das E. verliehen hat
StE	2,5	unsere Feinde wollen dein E. ausrotten 3,7
Mk	12,7	so wird das E. unser sein Lk 20,14
Lk	12,13	daß er mit mir das E. teile
Apg	13,19	gab ihnen deren Land zum E.
	20,32	euch das E. zu geben mit allen, die geheiligt
Gal	3,18	wenn das E. durch das Gesetz erworben würde
Eph	1,14	welcher ist das Unterpfand unsres E.
	18	wie reich die Herrlichkeit seines E. für die Heiligen ist
	5,5	*kein... E. hat an dem Reich Christi*
Kol	3,24	vom Herrn als Lohn das E. empfangen werdet
1Pt	1,4	E., das aufbewahrt wird im Himmel für euch
Heb	9,15	die Berufenen das verheißne E. empfangen

erbeben

2Mo	15,14	als das die Völker hörten, e. sie
1Sm	14,15	die Erde e. Jer 8,16; 51,29
2Sm	19,1	da e. der König und ging hinauf
1Kö	1,40	so daß die Erde von ihrem Geschrei e.
Hi	26,5	die Schatten drunten e.
Ps	29,8	die Stimme des HERRN läßt die Wüste e.
	38,11	mein Herz e.
	77,19	die Erde e. und wankte
	114,7	vor dem HERRN e., du Erde
Jes	60,5	dein Herz wird e.
Jer	2,12	entsetze dich, Himmel, erschrick und e.
Jer	49,21	vom Krachen ihres Sturzes e. die Erde
	50,34	daß er das Land e. läßt
Hes	26,10	Mauern werden e. 15; 27,28
	38,20	daß e. sollen die Fische
Jo	4,16	daß Himmel und Erde e. werden
Am	8,8	sollte nicht das Land e. müssen
Hab	3,6	er stand auf und ließ e. die Erde
Sir	16,17	das Meer e. von dem großen Getümmel
1Ma	9,13	die Erde e. von dem großen Getümmel
Mt	27,52	die Erde e., und die Felsen zerrissen
Apg	4,31	e. die Stätte, wo sie versammelt waren

erben

1Mo	21,10	der Sohn dieser Magd soll nicht e. Gal 4,30
4Mo	32,19	wir wollen nicht mit ihnen e. 30
5Mo	19,14	in deinem Erbteil, das du e. im Lande
Jos	19,9	Anteil Juda zu groß... darum e. Simeon
	22,9	das sie nach dem Befehl des HERRN gee.
Ri	11,2	du sollst nicht e. in unserer Familie
1Sm	2,8	daß er ihn den Thron der Ehre e. lasse
Ps	37,9	die des HERRN harren, werden das Land e. 11.22.29.34; Jes 57,13
	69,37	die Kinder seiner Knechte werden sie e.
Spr	3,35	die Weisen werden Ehre e.
	11,29	wer s. Haus in Verruf bringt, wird Wind e.
	14,18	die Unverständigen e. Torheit
Tob	14,15	er e. alle Güter Raguëls
1Ma	2,57	David e. den Königsthron für immer
Gal	5,21	die werden das Reich Gottes nicht e.
Heb	11,8	in ein Land zu ziehen, das er e. sollte

erbeuten

4Mo	31,32	was das Kriegsvolk e. hatte
5Mo	13,17	was in ihr e. wird, sollst du verbrennen
2Sm	8,12	von dem, was er e. hatte von Hadad-Eser

Erbgut

3Mo	27,16	von seinem E. dem HERRN gelobt 22.24
4Mo	18,20	sollst kein E. besitzen; ich bin dein E. 21-26
	27,4	gebt uns auch ein E. 7
	32,32	wollen unser E. diesseits des Jordan
Pr	7,11	Weisheit ist gut mit einem E.
Mt	21,38	laßt uns ihn töten und sein E. an uns bringen

Erbherr

Ps	82,8	du bist E. über alle Heiden

erbieten

2Mo	36,2	alle, die sich freiwillig e.
1Ma	11,28	Jonatan e. sich... zu geben

erbitten

1Mo	25,21	der HERR ließ sich e. 1Ch 5,20
4Mo	14,20	habe vergeben, wie du es e. hast
5Mo	18,16	wie du es von dem HERRN e. hast am Horeb
1Sm	1,20	ich hab ihn von dem HERRN e. 28; 2,20
	12,13	euer König, den ihr e. habt 17.19
1Kö	2,22	e. ihm doch auch das Königtum
	10,13	gab der Königin, was sie e. 2Ch 9,12
2Kö	2,10	Elia sprach: Du hast Schweres e.
	4,3	e. von deinen Nachbarinnen leere Gefäße
	28	wann hab ich einen Sohn e.
2Ch	33,13	als er bat, ließ sich der Herr e.

erbitten 306

Esr	7,6	der König gab ihm alles, was er e.
	8,21	um eine Reise ohne Gefahren zu e. 23
Hi	11,19	viele würden deine Gunst e.
Ps	106,15	er gab ihnen, was sie e.
Spr	31,2	was soll ich dir sagen, mein e. Sohn
Jes	19,22	er wird sich e. lassen und sie heilen
	37,21	was du von mir e. hast wegen Sanherib
Hes	36,37	will mich vom Hause Israel e. lassen
Dan	2,23	offenbart hast, was wir e. haben
Jdt	7,24	so wollen wir tun, was ihr e. habt
2Ma	1,6	das alles e. wir hier jetzt für euch
Mk	15,6	einen Gefangenen loszugeben, welchen sie e.
1Jh	5,15	wir erhalten, was wir von ihm e. haben

erbittern

1Sm	30,6	die Seele des ganzen Volkes war e.
Ps	106,33	sie e. sein Herz
1Ma	6,50	die Schlacht tobte e. bis zum Abend
1Ko	13,5	(die Liebe) läßt sich nicht e.
Kol	3,21	ihr Väter, e. eure Kinder nicht

Erbkönigreich, Erbkönigtum

1Ma	10,67	kam Demetrius aus Kreta in sein E.
	15,3	nachdem mir Aufrührer mein E. genommen

Erbland

1Mo	36,43	das sind die Fürsten von Edom in ihrem E.
Jer	16,18	mein E. mit ihren Greueln angefüllt
1Ma	10,52	habe mein E. wieder erobert 15,10.29
2Ma	2,5	von dem aus er das E. des Herrn gesehen

erblassen

Jes	29,22	sein Antlitz soll nicht mehr e.
StE	4,5	e. die Königin und sank in Ohnmacht

erbleichen

Jes	19,9	die da weben, werden e.
Jo	2,6	jedes Angesicht e.

erblicken

Spr	7,7	e. einen törichten Jüngling
Jer	41,13	als alles Volk den Johanan e.
Hes	1,27	abwärts e. ich etwas wie Feuer
Dan	5,5	der König die Hand, die da schrieb
Sir	1,15	wer (Weisheit) e., der liebt sie
Apg	11,6	als ich hineinsah, e. ich vierfüßige Tiere

erbrechen

Sir	37,33	ein Vielfraß wird sich e.

erbringen

2Mo	38,25	das Silber, das die Zählung der Gemeinde e.
Sa	8,10	der Tiere Arbeit e. nichts
Lk	19,18	Herr, dein Pfund hat fünf Pfund e.
2Ko	8,24	e. den Beweis eurer Liebe und zeigt

Erbschlichter

Lk	12,14	wer hat mich zum E. über euch gesetzt

Erbteil

1Mo	48,6	nach dem Namen ihrer Brüder in deren E.
2Mo	15,17	pflanztest sie ein auf dem Berge deines E.
4Mo	16,14	hast uns Äcker zum E. gegeben
	26,55	sollen sie ihr E. erhalten 36,2-4.7-9.12
	32,19	unser E. soll uns diesseits zufallen 34,15
	34,2	das Land, das euch als E. zufällt 14
	35,2	daß sie von ihren E. den Leviten geben 8
5Mo	4,21	das dir der HERR zum E. geben wird 38
	10,9	der HERR ist ihr E. 18,2; Jos 13,14.33; 14,3; 18,7; 21,3
	12,9	seid noch nicht zu dem E. gekommen
	19,14	Grenze nicht verrücken in deinem E.
	29,7	zum E. gegeben den Rubenitern und Gaditern Jos 13,8.23.28; 14,3; 22,7.19
Jos	14,1	Gebiete, die die *Israeliten als E. erhielten 15,20; 16,4.5.8.9; 17,4-6.14; 18,2.4.20.28; 19,1.2. 8-10.16.23.31.39.41.48.49.51; 23,4
	9	soll dein und deiner Nachkommen E. sein
	13	Josua gab Kaleb Hebron zum E. 14
	24,28	entließ jeden in sein E. Ri 2,6; 21,23.24
	30	begrub ihn in dem Gebiet seines E. 32; Ri 2,9
Ri	1,3	zieh mit mir hinauf in mein E.
	18,1	der Stamm der Daniter suchte sich ein E.
Rut	4,5	zu erhalten auf seinem E. 6.10
1Sm	10,1	hat dich zum Fürsten über sein E. gesalbt
	26,19	nicht an dem E. des HERRN teilhaben lassen
2Sm	20,19	willst du das E. des HERRN verderben
	21,3	daß ihr das E. des HERRN segnet
2Kö	21,14	wer von meinem E. übrigbleiben wird
1Ch	16,18	Kanaan, das Los eures E. Ps 105,11
Neh	11,20	blieb ein jeder auf seinem E.
Hi	42,15	ihr Vater gab ihnen E.
Ps	16,5	du erhältst mir mein E.
	6	mir ist ein schönes E. geworden
	47,5	er erwählt uns unser E.
	74,2	Gemeinde, die du dir zum E. erlöst hast
	125,3	nicht bleiben über dem E. der Gerechten
Pr	2,21	muß es einem andern zum E. überlassen
Jes	54,17	das ist das E. der Knechte des HERRN
Jer	10,16	Israel ist sein E. 51,19
	12,14	alle bösen Nachbarn, die das E. antasten
	15	will jeden in sein E. zurückbringen
	50,11	rühmt, daß ihr mein E. geplündert
Hes	36,12	sollst ihr E. sein
	46,17	wenn er von seinem E. etwas schenkt
	18	dem Volk nichts nehmen von seinem E.
	47,14	sollt es als E. bekommen... als E. zufallen 48,29
Dan	12,13	auferstehst zu deinem E. am Ende d. Tage
Hos	5,7	wird sie der Neumond fressen samt ihrem E.
Jo	2,17	laß dein E. nicht zuschanden werden
	4,2	will mit ihnen rechten wegen meines E.
Mi	7,14	weide die Herde deines E.
	18	die übriggeblieben sind von seinem E.
Sa	2,16	wird Juda in Besitz nehmen als sein E.
Wsh	5,5	daß sein E. bei den Heiligen ist
Sir	24,16	bei einem Volk, das Gottes E. ist
	41,9	das E. der Gottlosen geht verloren
	26	schäme dich, E. an dich zu bringen
	42,3	das E. der Freunde gerecht zu verteilen
	45,25	er gab (Aaron) ein E.
	27	der Herr selbst war ihr E.
	46,10	sie haben das Volk in sein E. gebracht
StE	2,7	sei deinem E. gnädig
	7,6	Gott gab seinem E. den Sieg
Lk	15,12	gib mir, Vater, das E., das mir zusteht

Lk	15,13	dort brachte er sein E. durch mit Prassen
Apg	26,18	so werden sie empfangen das E.
Eph	1,11	in ihm sind wir zum E. gekommen
	5,5	kein Unzüchtiger ein E. hat im Reich Gottes
Kol	1,12	tüchtig gemacht zu dem E. der Heiligen

Erbteiler

Lk	12,14	wer hat mich zum E. über euch gesetzt

Erdbeben

1Kö	19,11	nach dem Wind kam ein E.; aber der HERR war nicht im E. 12
Jes	29,6	Heimsuchung kommt mit Wetter und E.
Hes	3,12	Getöse wie von einem großen E. 13; 38,19
Am	1,1	was Amos gesehen hat 2 Jahre vor dem E.
Sa	14,5	wie ihr geflohen seid vor dem E.
StE	6,3	es erhob sich Donner und E.
Mt	24,7	es werden Hungersnöte sein und E. Mk 13,8; Lk 21,11
	27,54	als der Hauptmann und... das E. sahen
	28,2	siehe, es geschah ein großes E. Apg 16,26; Off 6,12; 8,5; 11,13.19; 16,18
Off	11,13	es wurden getötet in dem E. 7.000 Menschen

Erdboden

1Mo	1,25	Gott machte alles Gewürm des E.
	7,3	das Leben zu erhalten auf dem ganzen E.
	4	will vertilgen von dem E. alles Lebendige 23
	8,9	noch war Wasser auf dem ganzen E.
	13	Noah sah, daß der E. trocken war
	9,2	Furcht über allem, was auf dem E. wimmelt
2Mo	10,15	(Heuschrecken) bedeckten den E.
	32,12	und vertilgte sie von dem E.
	33,16	vor allen Völkern, die auf dem E. sind
2Sm	22,16	des E. Grund ward aufgedeckt Ps 18,16
Hi	18,18	wird vom E. verstoßen werden
	38,38	wenn der E. hart wird
Ps	21,11	ihre Nachkommen wirst du tilgen vom E.
	33,8	scheue sich alles, was auf dem E. wohnt
Spr	8,26	(gemacht) noch die Schollen des E.
Jes	51,23	machtest deinen Rücken dem E. gleich
Jer	28,16	ich will dich vom E. nehmen
Hos	2,20	Bund schließen mit dem Gewürm des E.
Am	5,8	der das Wasser schüttet auf den E.
	9,8	daß ich's vom E. vertilge
Ze	1,2	will alles vom E. wegraffen 3
Jdt	2,11	die den E. bedeckten wie Heuschrecken
Bar	3,20	die Nachkommen wohnten auf dem E.
2Ma	9,14	um sie dem E. gleichzumachen 14,33
Lk	19,44	werden dich dem E. gleichmachen
Apg	17,26	damit sie auf dem ganzen E. wohnen
	24,5	unter allen Juden auf dem ganzen E.

Erde

1Mo	1,1	am Anfang schuf Gott Himmel und E. 2,4; 14,19.22; 2Mo 20,11; 31,17; 2Kö 19,15; 2Ch 2,11; Neh 9,6; Ps 115,15; 121,2; 124,8; 134,3; 146,6; Jes 37,16; 42,5; 45,12.18; Jer 10,12; 27,5; 32,17; Apg 14,15; 17,24; Off 10,6; 14,7
	2	die E. war wüst und leer
	10	Gott nannte das Trockene E.
	11	es lasse die E. aufgehen Gras und Kraut und fruchtbare Bäume auf E. 12.29; 2,9
	15	Lichter, daß sie scheinen auf die E. 17
	20	Vögel sollen fliegen auf E. 22
	24	die E. bringe hervor Getier 30; 2,19
1Mo	1,26	über alles Gewürm, daß auf E. kriecht 28
	28	füllet die E. 6,1; 9,1.7
	2,1	so wurden vollendet Himmel und E. 4
	5	Sträucher waren noch nicht auf E... Gott hatte noch nicht regnen lassen auf E.
	7	machte Gott der HERR den Menschen aus E.
	3,14	E. fressen dein Leben lang Jes 65,25
	19	bis du wieder zu E. werdest... bist E. und sollst zu E. werden Hi 10,9; 33,6; Ps 146,4; Pr 12,7
	23	daß er die E. bebaute
	4,10	die Stimme des Blutes schreit von der E.
	11	verflucht seist du auf der E. 12.14
	6,4	wurden daraus die Riesen auf E.
	5	der Menschen Bosheit groß auf E. 11-13
	6	die Menschen gemacht hatte auf E. 7.13
	17	will eine Sintflut kommen lassen auf E. 7,4.6.10.12.17-19.24; 8,1.3.7.8.11-14
	17	was auf E. ist, soll untergehen 7,21.23
	20	vor allem Gewürm auf E. 7,8.14; 8,17.19
	8,17	sich regen auf E... sich mehren auf E.
	21	hinfort nicht mehr die E. verfluchen 9,11; Jes 54,9
	22	solange die E. steht, soll nicht aufhören
	9,2	Furcht vor euch über allen Tieren auf E.
	10	(einen Bund) mit allem auf E. 13.14.16.17
	19	von ihnen kommen her alle Menschen auf E. 10,32
	10,8	der erste, der Macht gewann auf E. 1Ch 1,10
	25	weil... die E. zerteilt wurde 1Ch 1,19
	12,3	in dir sollen gesegnet werden alle Geschlechter auf E. 18,18; 22,18; 26,4; 28,14; Apg 3,25
	13,16	wie den Staub auf E. Kann ein Mensch den Staub auf E. zählen 28,14; 2Ch 1,9
	18,2	neigte sich zur E. 19,1; 24,52; 2Mo 34,8; Jos 5,14; 7,6; Ri 13,20; 1Kö 7,3; 2Ch 20,18; Neh 8,6; Dan 10,15
	27	wiewohl ich E. und Asche bin
	24,3	Gott des Himmels und der E. Esr 5,11
	26,15	hatten (die Brunnen) mit E. gefüllt
	27,28	Gott gebe dir von der Fettigk. der E. 39
	33,3	neigte sich zur E. 42,6; 43,26; 44,14; 48,12; Rut 2,10; 1Sm 20,41; 2Kö 2,15; 4,37
	38,9	ließ er's auf die E. fallen und verderben
	45,7	daß er euch übriglasse auf E.
	48,16	sie sollen wachsen und viel werden auf E.
2Mo	4,3	wirf ihn auf die E... warf ihn auf die E.
	8,12	schlag in den Staub der E. 13
	9,15	daß du von der E. vertilgt würdest
	23	Feuer schoß auf die E. nieder 29.33
	15,12	Hand ausrecktest, verschlang sie die E.
	16,14	da lag's wie Reif auf der E.
	19,5	die ganze E. ist mein 5Mo 10,14; 1Ch 29,11; Ps 89,12
	20,4	was unten auf E., noch von dem, was unter der E. ist 5Mo 4,18; 5,8
	24	einen Altar von E. mache mir
3Mo	11,21	(Getier) womit es auf E. hüpft 29.41-46; 20,25
	17,13	Blut mit E. zuscharren 1Sm 14,32; Hes 24,7
	26,19	will eure E. wie Erz machen 5Mo 28,23
4Mo	12,3	Mose war demütiger... als alle auf E.
	16,30	daß die E. ihren Mund auftut 31.33.34; 26,10; 5Mo 11,6; Ps 106,17
5Mo	3,24	wo ist ein Gott im Himmel und auf E. 4,39; Jos 2,11; 1Kö 8,23; 2Ch 6,14
	4,26	rufe Himmel und E. zu Zeugen 30,19; 31,28
	6,15	daß nicht... dich vertilge von der E.

Erde

5Mo	7,6	erwählt aus allen Völkern, die auf E. sind 14,2; 28,1; 1Kö 8,53; Am 3,2	Hi	1,7	habe die E. hin und her durchzogen 2,2
	11,17	und die E. ihr Gewächs nicht gibt		8	ist seinesgleichen nicht auf E. 2,3; 41,25
	21	solange die Tage... über der E. währen		5,6	Frevel geht nicht aus der E. hervor
	12,16	das Blut auf die E. gießen 24; 15,23		25	deine Nachkommen wie das Gras auf E.
	13,8	von einem Ende der E. bis ans andere 28,64		7,1	muß immer im Dienst stehen auf E.
	28,10	alle Völker auf E. werden sehen Jos 4,24; 1Kö 8,43.60; 2Kö 19,19; 2Ch 6,33; Jes 37,20		21	nun werde ich mich in die E. legen
				8,9	unsere Tage sind ein Schatten auf E.
	25	wirst zum Entsetzen für alle Reiche auf E.		9,6	er bewegt sie von ihrem Ort Ps 60,4
	49	ein Volk schicken vom Ende der E. Jes 5,26; Jer 6,22; 50,41		24	hat die E. unter gottlose Hände gegeben
				11,9	(die Weisheit ist) länger als die E.
	32,1	die E. höre die Rede meines Mundes		14,8	ob seine Wurzel in der E. alt wird
	13	ließ ihn einherfahren über die Höhen der E. Jes 58,14		19	seine Fluten schwemmen die E. weg
				16,13	hat meine Galle auf die E. geschüttet
	33,16	(gesegnet) mit dem Köstlichsten der E.		18	ach E., bedecke mein Blut nicht
	17	die Völker stoßen bis an die Enden der E.		18,4	soll um deinetwillen die E. veröden
Jos	7,9	werden unsern Namen ausrotten von der E.		10	sein Strick ist versteckt in der E.
Ri	4,21	daß (der Pflock) in die E. drang		20,27	die E. wird sich gegen ihn erheben
	5,4	da erzitterte die E.		21,26	liegen beide miteinander in der E.
	9,37	Kriegsvolk kommt herab vom Nabel der E.		26,7	er hängt sie über das Nichts Jes 44,24
	18,7	es fehlte nichts, was es auf E. gibt 10		28,2	Eisen bringt man aus der E. 5
1Sm	2,8	er hat die E. darauf gesetzt		24	er sieht die Enden der E. 37,3
	3,19	ließ keines von allen seinen Worten zur E. fallen 2Kö 10,10		30,6	wohnen in den Löchern der E.
				34,13	wer hat ihm die E. anvertraut
	4,5	jauchzte, so daß die E. erdröhnte 1Kö 1,40		38,4	wo warst du, als ich die E. gründete 18.33
	12	auf sein Haupt gestreut 2Sm 1,2; 15,32; Neh 9,1		13	damit sie die Ecken der E. faßte
				39,14	läßt ihre Eier auf die E. liegen
	5,3	sahen sie Dagon liegen auf der E. 4		40,13	verscharre sie miteinander in der E.
	14,15	die E. erbebte	Ps	2,2	die Könige der E. lehnen sich auf
	45	es soll kein Haar auf die E. fallen 2Sm 14,11; 1Kö 1,52		10	laßt euch warnen, ihr Richter auf E.
				10,18	daß der Mensch nicht mehr trotze auf E.
	17,49	daß (der Philister) zur E. fiel		16,3	an den Heiligen, die auf E. sind
	24,9	neigte sein Antlitz zur E. und fiel nieder 25,23; 28,14.20.23; 2Sm 1,2; 14,4.22.33; 18,28; 24,20; 1Kö 1,23.31; 1Ch 21,21		22,30	anbeten, die in der E. schlafen Jes 26,19
				24,1	die E. ist des HERRN 1Ko 10,26
				33,5	die E. voll Güte des HERRN 104,24; 119,64
	26,20	so fließe mein Blut nicht auf die E.		14	sieht er auf alle, die auf E. wohnen
	28,13	sehe einen Geist heraufsteigen aus der E.		34,17	daß er ihren Namen ausrotte von der E.
2Sm	4,11	sollte ich nicht euch von der E. vertilgen		41,3	wird es ihm lassen wohl gehen auf E.
	7,9	gleich dem Namen der Großen auf E. 1Ch 17,8		46,9	der auf E. solch ein Zerstören anrichtet
				11	ich will sein der Höchste auf E.
	23	wo ist ein Volk auf E. wie dein Volk 1Ch 17,21		47,3	ein großer König über die ganze E. 8; 59,14; 89,28; 97,5
	12,16	lag (David) über Nacht auf der E. 17.20; 13,31; Hi 1,20; 2,13		10	Gott gehören die Starken auf E.
				49,12	doch hatten sie große Ehre auf E.
	14,14	sind wie Wasser, das auf die E. gegossen		50,4	ruft Himmel und E. zu, daß er richten wolle
	20	daß es auf E. geschieht		58,12	Gott ist noch Richter auf E.
	17,12	wie der Tau auf die E. fällt		61,3	vom Ende der E. rufe ich zu dir
	18,9	(Absalom) schwebte zwischen Himmel und E.		63,10	in die Tiefen der E. hinunterfahren
				65,6	der du bist die Zuversicht aller auf E.
	20,10	daß seine Eingeweide auf die E. fielen		67,3	daß man auf E. erkenne seinen Weg
	22,8	die E. bebte und wankte Ps 18,8; 68,9; 77,19		5	daß du regierst die Völker auf E.
	43	will sie zerstoßen zu Staub der E.		68,33	ihr Königreiche auf E., singet Gott
	23,4	wie das Gras aus der E. bricht Jes 61,11		69,35	es lobe ihn Himmel und E. Jes 42,10
1Kö	5,14	von allen Königen auf E. 10,23; 2Ch 9,22		71,20	holst mich herauf aus den Tiefen der E.
	8,27	sollte Gott auf E. wohnen 2Ch 6,18		72,8	soll herrschen von dem Strom bis zu den Enden der E. Sa 9,10
	17,14	Tag, an dem der HERR regnen lassen wird auf E. 18,1; Jak 5,17		16	sollen grünen wie das Gras auf E.
	18,38	das Feuer des HERRN fraß Steine und E.		73,9	was sie sagen, das soll gelten auf E.
	42	Elia bückte sich zur E.		25	so frage ich nichts nach Himmel und E.
2Kö	5,17	von dieser E. eine Last, soviel zwei tragen		74,12	daß die Hilfe tut, die E. geschieht
	13,18	schlag auf die E.! Und er schlug dreimal		75,4	die E. mag wanken und alle, die
	19,15	Gott über alle Königreiche auf E. Jes 37,16		9	die Gottlosen auf E. müssen alle trinken
1Ch	16,31	die E. sei fröhlich Ps 96,11; Jes 49,13		76,10	daß er helfe allen Elenden auf E.
	33	er kommt, zu richten die E. Ps 66,16		13	furchtbar unter den Königen auf E. 102,16
	21,16	sah Engel stehen zwischen Himmel und E. Hes 8,3; Sa 5,9		78,69	die E., die er gegründet hat 119,90
				82,5	wanken alle Grundfesten der E.
	22,8	weil du so viel Blut auf die E. vergossen		8	mache dich auf und richte die E.
	29,15	unser Leben auf E. bleibet nicht		85,12	daß Treue auf die E. wachse
2Ch	32,4	Bach, der durch die E. geleitet wird		90,2	ehe die E. und die Welt geschaffen wurde
	36,23	der HERR hat mir alle Königreiche der E. gegeben Esr 1,2		95,4	in seiner Hand sind die Tiefen der E.
				102,20	der HERR sieht vom Himmel auf die E.

Erde

Ps	102,26	hast vorzeiten die E. gegründet Heb 1,10	Jes	41,9 den ich ergriffen von den Enden der E.
	103,11	so hoch d. Himmel über der E. ist Jes 55,9		42,4 bis er auf E. das Recht aufrichte
	104,14	daß du Brot aus der E. hervorbringst		44,23 jubelt, ihr Tiefen der E.
	30	du machst neu die Gestalt der E.		45,8 die E. tue sich auf und bringe Heil
	32	er schaut die E. an, so bebt sie 114,7; Jes 13,13; Jer 10,10; 49,21; 50,46		19 nicht geredet an einem finst. Ort der E.
				48,20 tragt's hinaus bis an die Enden der E. 62,11
	35	die Sünder sollen ein Ende nehmen auf E.		49,23 werden vor dir niederfallen zur E.
	109,15	ihr Andenken ausgerottet werden auf E.		51,6 schaut die E... wird die E. zerfallen
	113,5	wer ist wie der HERR im Himmel und auf E.		55,10 feuchtet die E. und macht sie fruchtbar
				62,7 bis er es setze zum Lobpreis auf E.
	115,16	die E. hat er den Menschenkindern gegeben		63,6 habe ihr Blut auf die E. geschüttet
	119,19	ich bin ein Gast auf E.		65,16 sich segnen wird auf E... schwören auf E.
	119	du schaffst alle Gottlosen auf E. weg		17 will eine neue E. schaffen 66,22; 2Pt 3,13; Off 21,1
	135,6	das tut er im Himmel und auf E.		
	7	der der Wolken läßt aufsteigen vom Ende der E. 147,8; Jer 10,13; 51,16		66,1 die E. der Schemel meiner Füße Apg 7,49
			Jer	9,23 der Recht und Gerechtigkeit übt auf E.
	136,6	der die E. über den Wassern ausgebreitet		10,11 Götter, die Himmel und E. nicht gemacht... vertilgt werden von der E. Ze 2,11
	138,4	es danken dir alle Könige auf E. 148,11		
	139,15	als ich gebildet wurde unten in der E.		14,4 die E. lechzt, weil es nicht regnet auf E.
	140,12	böses Maul wird kein Glück haben auf E.		15,4 Bild des Entsetzens für alle Königreiche auf E. 24,9; 29,18; 34,17
	147,15	er sendet sein Gebot auf die E.		
	148,7	lobet den HERRN auf E.		17,13 müssen auf die E. geschrieben werden
	13	s. Herrlichkeit... wird weit Himmel und E. ist		23,24 ich, der Himmel und E. erfüllt
Spr	3,19	HERR hat die E. durch Weisheit gegründet Jes 48,13; 51,13.16; Jer 51,15; Sa 12,1		25,30 seinen Ruf über alle Bewohner der E. 31-33
				26,6 Fluchwort für alle Völker auf E. 44,8
	8,16	die Edlen richten auf E.		31,37 den Grund der E. erforschen
	23	bin eingesetzt, ehe die E. war 26.29		33,9 mein Ruhm unter allen auf E.
	11,31	dem Gerechten wird vergolten auf E.		25 wenn ich nicht hielte die Ordnungen der E.
	25,3	der Himmel ist hoch und die E. tief		34,1 Nebukadnezar mit allen Königreichen auf E.
	30,16	die E., die nicht des Wassers satt wird		51,27 richtet auf das Banner auf E.
	24	vier sind die Kleinsten auf E.		48 Himmel und E. werden jauchzen
Pr	1,4	die E. bleibt immer bestehen		49 die Erschlagenen der ganzen E.
	3,21	ob der Odem des Viehs unter die E. fahre	Klg	2,1 vom Himmel auf die E. geworfen 9-11
	5,1	Gott ist im Himmel und du auf der E.		3,34 alle Gefangenen auf E.
	7,20	es ist kein Mensch so gerecht auf E.		4,12 hätten's die Könige auf E. nicht geglaubt
	8,16	zu schauen die Mühe, die auf E. geschieht	Hes	1,15 stand je ein Rad auf der E. 19.21; 10,16.19
	11,2	was für Unglück auf E. kommen wird		7,21 den Gottlosen auf E. zur Beute
	3	so geben (die Wolken) Regen auf die E.		26,4 will seine E. von ihm wegfegen
Jes	1,2	E., nimm zu Ohren 34,1; Jer 6,19; Mi 6,2		20 will dich wohnen lassen unter der E. 31,14. 16.18; 32,18.21.24
	2,10	verbirg dich in der E. 19		
	19	sich aufmachen wird, zu schrecken die E. 21; 24,17; 26,9.21		28,18 dich zu Asche gemacht auf der E.
				31,12 daß alle Völker auf E. wegziehen mußten
	3,26	wird auf der E. sitzen 47,1; Jer 14,2; Klg 2,10. 21; Hes 26,16		32,4 daß alle Tiere auf E. satt werden 39,18
				38,12 Volk, das in der Mitte der E. wohnt 20
	8,22	(sie werden) unter sich die E. ansehen		43,2 es ward sehr licht in der E.
	11,12	die Zerstreuten sammeln von den vier Enden der E. 43,6; Jer 31,8	Dan	2,10 ist kein Mensch auf E., der sagen könnte
				3,31 allen Völkern auf der ganzen E. 6,26
	13,5	sie kommen, um zu verderben die ganze E.		4,7 stand ein Baum in der Mitte der E. 8.17
	9	des HERRN Tag kommt, die E. zu verwüsten		12 laßt d. Stock mit s. Wurzeln in der E. 20
				19 deine Gewalt (reicht) bis ans Ende der E.
	18,3	alle, die ihr auf E. wohnt Jer 25,29		32 gegen den, die auf E. wohnen, nichts sind
	19,4	wird Israel ein Segen mitten auf E. 49,6		6,28 er tut Wunder im Himmel und auf E.
	23,8	ihre Händler die Herrlichsten auf E. 9; Hes 27,3		7,4 (das Tier) wurde von der E. aufgehoben
				17 Königreiche, die auf E. kommen werden 23
	17	Hurerei mit allen Königreichen auf E.		8,5 kam ein Ziegenbock über die ganze E.
	24,1	der HERR macht die E. leer und wüst 3-6. 13; Mi 7,13		10 warf einige von den Sternen zur E.
				18 sank ich in Ohnmacht zur E. 10,9
	16	Lobgesänge vom Ende der E. Jer 16,19	Hos	2,23 der Himmel soll die E. erhören 24
	18	die Grundfesten der E. beben 19.20	Jo	1,17 wie der Same ist unter der E. verdorrt
	21	heimsuchen die Könige der E. Jer 25,26		3,3 will Wunderzeichen geben auf E. Apg 2,19
	26,5	er stößt sie zur E.		4,16 daß Himmel und E. erbeben werden Hab 3,6
	19	die E. wird die Toten herausgeben Dan 12,2	Am	3,5 fällt etwa ein Vogel zur E... springt eine Falle auf von der E.
	21	wird die E. offenbar machen das Blut		
	29,4	von der E. her reden... Stimme aus der E.		4,13 er tritt einher auf den Höhen der E. Mi 1,3
	34,7	die E. wird triefen von Fett		9,5 der die E. anrührt, daß sie bebt 6.9
	9	da wird seine E. zu Schwefel	Jon	2,7 die E. Riegel schlossen sich hinter mir
	40,12	wer faßt den Staub der E. 28	Mi	7,17 wie Gewürm d. E. sollen sie hervorkommen
	21	habt ihr's nicht gelernt von Anbeginn der E.		
	22	er thront über dem Kreis der E. 23.24	Nah	2,14 will deinem Rauben ein Ende machen auf E.
	41,5	die Enden der E. erschraken	Hab	1,6 das hinziehen wird, so weit die E. ist

Erde

Hab	1,10	schütten E. auf und erobern (Festungen)		2Ma	13,12	als sie drei Tage auf der E. lagen
	2,14	die E. wird voll werden von Erkenntnis		StE	6,3	es erhob sich im Schrecken auf E. 5
	3,3	seiner Ehre war die E. voll		StD	3,13	wir sind die Verachtetsten auf E.
Ze	3,20	will euch zu Ehren bringen auf E.			50	die E. lobe den Herrn
Hag	1,11	Dürre über alles, was aus der E. kommt			52	was auf der E. wächst, lobe den Herrn
	2,6	so werde ich Himmel und E. erschüttern 21; Heb 12,26		Mt	5,13	ihr seid das Salz der E.
					18	bis Himmel und E. vergehen
Sa	12,3	werden sich alle Völker auf E. versammeln			35	(nicht schwören, weder...) noch bei der E. Jak 5,12
	14,17	über d. Geschlecht auf E... wird's n. regnen			6,10	dein Wille geschehe wie im Himmel so auf E. Lk 11,2
Jdt	2,3	die ganze E. unter seine Herrschaft			19	ihr sollt euch nicht Schätze sammeln auf E.
	6,14	Herr, Gott des Himmels und der E.			9,6	Vollmacht, auf E. die Sünden zu vergeben Mk 2,10; Lk 5,24
	7,4	die Kinder Israel warfen sich auf die E.				
	17	wir bezeugen vor Himmel und E. 1Ma 2,37			10,29	dennoch fällt keiner von ihnen auf die E.
	11,5	König über die ganze E. 2Ma 15,5; StE 1,2			34	nicht gekommen, Frieden zu bringen auf die E. Lk 12,51
	16	diese Frau hat auf E. nicht ihresgleichen 13,23			11,25	Vater, Herr des Himmels und der E. Lk 10,21; Apg 17,24
	13,24	der Herr, der Himmel und E. geschaffen Bar 3,32; StE 2,2; GMn 2			12,40	wird der Menschensohn im Schoß der E. sein
	14,14	Holofernes liegt tot auf der E. 13			42	sie kam vom Ende der E., um Salomos Weisheit zu hören
Wsh	1,14	der Tod hat auf der E. kein Recht				
	6,2	lernt es, die ihr die ganze E. richtet			13,5	wo es nicht viel E. hatte Mk 4,5
	7,1	Nachkomme des ersten aus E. geschaffenen Menschen 3			15,35	ließ das Volk sich auf die E. lagern Mk 8,6
					16,19	alles, was du auf E. binden wirst 18,18
	9,16	wir erfassen kaum, was auf E. ist			17,25	von wem nehmen die Könige auf E. Zoll
	10,4	als die E. von der Sintflut überschwemmt			18,19	wenn zwei unter euch eins werden auf E.
	11,22	des Morgentaus, der auf die E. fällt			23,9	ihr sollt niemanden Vater nennen auf E.
	15,10	seine Hoffnung ist geringer als E.			35	das gerechte Blut, das vergossen ist auf E.
	18,16	auf der E. stand, berührte er den Himmel			24,30	dann werden wehklagen alle Geschlechter auf E. Lk 21,25; Off 1,7
Tob	3,10	von dir einen Sohn auf E. sehen müssen				
	16	daß du mich von der E. wegnimmst			35	Himmel und E. werden vergehen Mk 13,31; Lk 21,33
	12,16	fielen zitternd zur E. Sir 50,19				
	13,12	an allen Enden der E. wird man dich ehren			25,18	grub ein Loch in die E. 25
Sir	1,3	wer kann erforschen, wie breit die E. ist			27,52	die E. erbebte, und die Felsen zerrissen
	10,20	er hat ihren Namen von der E. getilgt			28,18	mir ist gegeben alle Gewalt im Himmel und auf E.
	11,5	Tyrannen haben sich auf die E. heruntersetzen		Mk	4,28	von selbst bringt die E. Frucht
	16,17	siehe, das Meer und die E. erbeben 18			31	das kleinste unter allen Samenkörnern auf E.
	29	danach hat er auf die E. geblickt			9,3	kein Bleicher auf E. so weiß machen kann
	30	mit Tieren, die wieder zur E. zurückkehren			20	er fiel auf die E., wälzte sich
	17,1	Gott hat die Menschen aus E. geschaffen 33,10			13,27	versammeln vom Ende der E. bis zum Ende
	2	(Gott hat) sie wieder zur E. zurückkehren lassen 40,1			14,35	er ging ein wenig weiter, warf sich auf die E.
	31	alle Menschen sind E. und Staub		Lk	2,14	Friede auf E. bei den Menschen seines Wohlgefallens
	24,5	(ich) bedeckte wie Nebel die E.				
	9	auf den Wogen im Meer, überall auf E.			6,49	der ein Haus baute auf die E., ohne Grund zu legen
	26,19	es gibt nichts Liebenswerteres auf E.				
	36,19	damit alle, die auf E. wohnen, erkennen			12,49	gekommen, ein Feuer anzuzünden auf E.
	38,4	der Herr läßt Arznei aus der E. wachsen			56	über das Aussehen der E. könnt ihr urteilen
	8	damit es Heilung auf E. gibt			16,17	leichter, daß Himmel und E. vergehen, als
	39,27	sein Segen tränkt die E.			18,8	meinst du, er werde Glauben finden auf E.
	37	sie sind bereit, wenn er sie auf E. braucht			21,23	es wird große Not auf E. sein
	40,11	was aus der E. kommt, muß wieder zu E. werden 41,13			26	Dinge, die kommen sollen über die ganze E.
					35	vor allen Menschen, die auf E. wohnen
	43,17	sein Donner erschreckt die E.			22,44	wurde wie Blutstropfen, die auf die E. fielen
	21	er schüttet den Reif auf die E. wie Salz			24,5	erschraken und neigten ihr Angesicht zur E.
	44,18	ist ein Rest übriggeblieben auf E.				
	23	vom Euphrat bis an die Enden der E.		Jh	3,31	wer von der E. ist, der ist von der E. und redet von der E.
	46,23	er ließ seine Stimme hören aus der E.				
	49,16	niemand auf E., der Henoch gleich wäre			8,6	Jesus bückte sich und schrieb mit dem Finger auf die E. 8
Bar	1,11	wie die Tage des Himmels über der E.				
	3,16	Fürsten, die über die Tiere auf E.			9,6	spuckte er auf die E., machte einen Brei
	38	danach ist (Weisheit) auf E. erschienen			12,24	wenn das Weizenkorn nicht in die E. fällt
	6,20	von den Würmern, die auf der E. kriechen			32	wenn ich erhöht werde von der E.
1Ma	1,2	hat die andern Könige der E. umgebracht			17,4	ich habe dich verherrlicht auf E.
	10	die Schlechtigkeit nahm zu auf der E.		Apg	1,8	meine Zeugen bis an das Ende der E.
2Ma	5,15	die heiligste Stätte auf E.			4,26	die Könige der E. treten zusammen
	6,23	schickt mich nur immer unter die E.			8,33	sein Leben wird von der E. weggenommen
	7,28	mein Kind, sieh Himmel und E. an			9,4	er fiel auf die E. und hörte eine Stimme 8
	10,26	(streuten) E. auf ihr Haupt 14,15			10,11	an vier Zipfeln niedergelassen auf die E.

Apg	10,12	vierfüßige und kriechende Tiere der E. 11,6
	11,28	*Teuerung über den ganzen Kreis der E.*
	13,47	damit du das Heil seist bis an die Enden der E.
	22,22	hinweg mit diesem von der E.
	26,14	*als wir alle zur E. niederfielen*
Rö	9,17	damit mein Name auf der ganzen E. verkündigt werde
	28	der Herr wird sein Wort ausrichten auf E.
1Ko	8,5	Götter, es sei im Himmel oder auf E.
	15,47	der erste Mensch ist von der E. und irdisch
Eph	1,10	alles zusammengefaßt in Christus, was im Himmel und auf E. ist
	3,15	Vater über alles... im Himmel und auf E.
	4,9	daß er hinabgefahren ist in die Tiefen der E.
	6,3	auf daß du lange lebest auf E.
Phl	2,10	aller derer Knie, die auf E. und unter der E.
Kol	1,16	in ihm ist alles geschaffen, was im Himmel und auf E. ist
	20	alles mit sich versöhnte, es sei auf E. oder im Himmel
	3,2	trachtet nicht nach dem, was auf E. ist
	5	tötet die Glieder, die auf E. sind
2Pt	3,5	die E., die aus Wasser und durch Wasser Bestand hatte durch Gottes Wort
	7	auch der Himmel, der jetzt ist, und die E.
	10	die E. und die Werke, die darauf sind
Heb	6,7	die E. empfängt Segen von Gott
	8,4	wenn er nun auf E. wäre, so wäre er nicht Priester
	11,13	daß sie Gäste und Fremdlinge auf E. sind
	12,25	den abwiesen, der auf E. redete
Jak	5,5	ihr habt geschlemmt auf E. und gepraßt
	7	der Bauer wartet auf kostbare Frucht der E.
	18	der Himmel gab Regen, und die E. brachte ihre Frucht
Off	1,5	der Herr über die Könige auf E.
	3,10	zu versuchen, die auf E. wohnen
	5,3	niemand, weder im Himmel noch auf E. noch unter der E. 13
	10	sie werden herrschen auf E.
	6,4	den Frieden von der E. zu nehmen
	8	Macht gegeben über den vierten Teil der E.
	10	rächst unser Blut an denen, die auf der E. wohnen
	13	die Sterne des Himmels fielen auf die E. 9,1; 12,4
	15	die Könige auf E. verbargen sich
	7,1	damit kein Wind über die E. blase
	2	Macht gegeben, der E. Schaden zu tun
	3	tut der E. keinen Schaden an 9,4
	8,5	füllte es mit Feuer vom Altar und schüttete es auf die E.
	7	der dritte Teil der E. verbrannte
	13	weh, weh, weh denen, die auf E. wohnen
	9,3	kamen Heuschrecken auf die E.
	10,2	er setzte seinen linken (Fuß) auf die E. 5.8
	11,4	Leuchter, die vor dem Herrn der E. stehen
	6	zu schlagen mit Plagen aller Art
	10	die auf E. wohnen, freuen sich darüber und sind fröhlich
	18	zu vernichten, die die E. vernichten
	12,9	er wurde auf die E. geworfen 13
	12	weh aber der E. und dem Meer
	16	die E. half der Frau
	13,3	die ganze E. wunderte sich über das Tier
	8	alle, die auf E. wohnen, beten es an 12.14
	11	ich sah ein zweites Tier aufsteigen aus der E.
	13	Feuer vom Himmel auf die E. fallen läßt
	14,3	144.000, die erkauft sind von der E.

Off	14,6	zu verkündigen denen, die auf E. wohnen
	15	die Ernte der E. ist reif geworden 16.18.19
	16,1	gießt aus die sieben Schalen des Zornes Gottes auf die E. 2
	18	wie es noch nicht gewesen ist, seit Menschen auf E. sind
	17,2	mit der die Könige auf E. Hurerei getrieben haben 18,3
	5	Babylon, die Mutter aller Greuel auf E.
	8	es werden sich wundern, die auf E. wohnen
	18	die die Herrschaft hat über die Könige auf E.
	18,1	die E. wurde erleuchtet von seinem Glanz
	3	die Kaufleute auf E. sind reich geworden
	9	es werden sich beweinen die Könige auf E. 11
	23	deine Kaufleute waren Fürsten auf E.
	24	das Blut aller derer, die auf E. umgebracht worden sind
	19,2	die die E. mit ihrer Hurerei verdorben hat
	19	ich sah die Könige auf E. und ihre Heere
	20,8	zu verführen die Völker an den 4 Enden der E.
	9	sie stiegen herauf auf die Ebene der E.
	11	vor s. Angesicht flohen die E. und der Himmel
	21,24	die Könige auf E. werden ihre Herrlichkeit in sie bringen

Erdenbewohner

Wsh	9,18	die E. auf den rechten Weg gebracht

erdenken

Jos	9,4	da e. (die Bürger von Gibeon) eine List
Est	8,3	Anschläge... gegen die Juden e. hatte 9,25
Spr	16,9	des Menschen Herz e. sich seinen Weg
Hos	13,2	gießen Bilder, wie sie sich's e.
Wsh	3,14	der nichts Böses gegen den Herrn e.
2Ko	3,5	*etwas zu e. als von uns selber*

Erdharz

1Mo	11,3	nahmen E. als Mörtel
2Mo	2,3	verklebte es mit E. und Pech
StD	3,22	hörten nicht auf, ihn mit E. zu heizen

Erdharzgrube

1Mo	14,10	das Tal Siddim hatte viele E.

erdichten

Ps	119,69	die Stolzen e. Lügen über mich
Am	6,5	e. euch Lieder wie David
2Pt	2,3	werden sie euch mit e. Worten zu gewinnen suchen

Erdklumpen

2Sm	16,13	Schimi bewarf (David) mit E.

Erdkreis

1Ch	16,30	hat den E. gegründet Ps 89,12; 93,1; 96,10
Hi	34,13	wer hat den ganzen E. hingestellt
	37,12	was er ihnen gebietet auf dem E.
Ps	9,9	er wird den E. richten mit Gerechtigkeit 96,13; 98,9
	24,1	der E. und die darauf wohnen 98,7; Jes 34,1; Nah 1,5

Erdkreis

Ps 50,12 der E. ist mein
77,19 Blitze erhellten den E. 97,4
Spr 8,31 ich spielte auf seinem E.
Jes 13,11 ich will den E. heimsuchen
14,17 der Mann, der den E. zur Wüste machte 21
24,4 der E. verschmachtet und verwelkt
26,9 lernen die Bewohner des E. Gerechtigkeit
18 Bewohner des E. können nicht geboren w.
27,6 daß sie den E. mit Früchten erfüllen
Jer 10,12 den E. bereitet durch seine Weisheit 51,15
Wsh 1,7 der E. ist erfüllt vom Geist des Herrn
StD 3,21 Gott, herrlich auf dem ganzen E.
GMn 7 der Allerhöchste über dem ganzen E.
Apg 11,28 Hungersnot, die über den E. kommen sollte
17,31 Tag, an dem er den E. richten will
24,5 Aufruhr erregt unter allen Juden auf dem ganzen E.

Erdloch

Heb 11,38 sie sind umhergeirrt in Höhlen und E.

Erdreich

Ps 46,7 das E. muß vergehen, wenn er sich hören
76,9 erschrickt das E. und wird still 97,4
96,13 er kommt, zu richten das E. 98,9
97,1 des freue sich das E.
104,5 der du das E. gegründet auf festen Boden
9 dürfen nicht wieder das E. bedecken
Jes 53,2 wie eine Wurzel aus dürrem E.
60,2 Finsternis bedeckt das E.
Am 9,6 der das Wasser schüttet auf das E.
Hag 1,10 hat zurückgehalten das E. sein Gewächs
Mal 3,24 daß ich nicht das E. mit dem Bann schlage
Sir 16,30 (hat) das E. mit Tieren bevölkert
Mt 5,5 denn sie werden das E. besitzen

erdrücken

1Kö 3,19 sie hatte (den Sohn) im Schlaf e.

erdulden

Mt 17,17 wie lange soll ich euch e. Lk 9,41
2Th 1,4 in allen Verfolgungen, die ihr e.
Heb 10,32 an denen ihr h. habt einen großen Kampf
34 den Raub eurer Güter mit Freuden e.
11,37 sie haben Mangel, Mißhandlung e.
12,2 Jesus, der das Kreuz e.
3 gedenkt an den, der soviel Widerspruch von den Sündern e. hat
Jak 1,12 selig ist der Mann, der die Anfechtung e.
5,11 siehe, wir preisen selig, die e. haben

Erech

1Mo 10,10 der Anfang seines Reichs war Babel, E.
Esr 4,9 wir, die Männer von E.

ereifern

Ps 73,3 ich e. mich über die Ruhmredigen
Spr 24,19 e. dich nicht über die Gottlosen
Apg 17,5 die Juden e. sich

ereignen

2Ma 9,24 falls sich etwas Unerwartetes e.

ereilen

1Mo 19,19 könnte mich sonst das Unheil e.
31,23 (Laban) e. ihn auf dem Gebirge 44,4.6
Ps 40,13 meine Sünden haben mich e.
Gal 6,1 wenn ein Mensch von einer Verfehlung e. wird

ererben

Spr 28,10 die Frommen werden Gutes e.
2Ma 8,17 wie sie die e. Ordnungen zerstört
14,7 haben mir meine e. Würde geraubt
Mt 19,29 der wird das ewige Leben e.
25,34 e. das Reich, das euch bereitet ist
Mk 10,17 damit ich das ewige Leben e. Lk 10,25; 18,18
1Ko 6,9 daß die Ungerechten das Reich nicht e. 10
15,50 Fleisch... das Reich nicht e. können
1Pt 3,9 dazu berufen, daß ihr den Segen e.
Heb 1,4 der Name, den er e. hat, höher als ihr Name
14 um derer willen, die das Heil e. sollen
6,12 die durch Glauben der Verheißungen e.
11,7 Noah hat e. die Gerechtigkeit
12,17 als er den Segen e. wollte, verworfen wurde
Off 21,7 wer überwindet, der wird es alles e.

erfahren

5Mo 1,13 schafft herbei weise, e. Leute 15
2Sm 13,3 Jonadab war ein sehr e. Mann
1Kö 9,27 die auf dem Meer e. waren
Sir 34,10 wer nicht e. ist, versteht wenig
36,22 e. (Mensch) hat Böses zu vergelten
1Ma 4,7 das Heer der Feinde... e. Kriegsleute
2Ma 8,9 Gorgias, der ein e. Krieger war

erfahren (Verb)

1Mo 8,8 um zu e., ob die Wasser sich verlaufen
9,24 Noah e., was ihm sein Sohn angetan 34,5
2Mo 2,4 zu e., wie es ihm ergehen würde
6,7 daß ihr's e. sollt, daß ich der HERR bin 7,17; Jes 49,23.26; 60,16; Jer 16,21; Hes 6,7u.ö. 39,28; Jo 2,17
8,6 daß du e., daß niemand ist wie der HERR
10,7 willst du e., daß Ägypten untergegangen
3Mo 5,1 Zeuge ist, weil er es gesehen oder e. hat
4Mo 22,19 daß ich e. den HERRN 1Sm 22,3
5Mo 13,4 der HERR versucht euch, um zu e.
34,6 niemand hat sein Grab e.
Ri 18,5 ob unser Weg zum Ziel führt
Rut 1,6 hatte e., daß der HERR ihnen Brot gegeben
3,14 nur niemand e., daß eine Frau gekommen
18 bis du e., wo es hinaus will
1Sm 2,22 Eli e., was die Söhne Israel antaten
4,6 als sie e., daß die Lade gekommen sei
16,2 Saul wird's e. und mich töten 26,4; 28,2; 2Sm 3,25.28; 5,17; 2Kö 9,30; Esr 4,15; Neh 4,5; 6,1; 13,10; Est 2,11; 4,1.5; Jer 26,21; 38,24.25.27; 40,7.15; 41,11; Dan 6,11
19,3 was ich e., will ich dir kundtun
Hi 5,24 wirst e., daß deine Hütte Frieden hat 25
23,5 e. die Reden, die er mir antworten würde
Ps 71,20 lässest mich e. viele und große Angst
107,24 die des HERRN Werke e. haben
Spr 14,22 werden Güte und Treue e.
Pr 1,16 mein Herz hat viel gelernt und e.
7,25 ich richtete meinen Sinn darauf, zu e.
Jes 37,20 damit alle Königreiche auf Erden e. 45,6
Jer 2,19 du mußt innewerden und e.

Hes	5,13	sollen e., daß ich, der HERR, geredet 17,21
	14,23	werdet e., daß ich nicht ohne Grund getan
	21,10	soll e., daß ich mein Schwert gezogen
	22,22	sollt e., daß ich m. Grimm ausgeschüttet
	25,14	daß sie meine Vergeltung e. sollen
	33,33	werden e., daß ein Prophet unter ihnen
	34,30	sollen e., daß ich bei ihnen bin
	35,12	sollst e., daß ich d. Lästerreden gehört
Dan	2,30	damit du deines Herzens Gedanken e.
Jo	2,27	sollt's e., daß ich mitten unter Israel bin 4,17
Jon	1,7	wir wollen losen, daß wir e.
Mal	2,4	werdet ihr dann e., daß ich solches Wort
Wsh	2,19	damit wir e., wieviel er ertragen kann
	25	(d. Tod) müssen e., die ihm angehören 18,20
	3,9	die auf ihn vertrauen, werden... e.
	12,26	werden das verdiente Gericht Gottes e.
	18,25	daß sie nur eine Probe des Zorns e. hatten
Sir	25,8	Krone der Alten, wenn sie viel e. haben
	39,5	sucht zu e., was gut und böse ist
Bar	3,14	damit du e., wo es langes Leben gibt
1Ma	3,42	e., daß der König befohlen hatte
	9,32	als das Bakchides e., ließ er ihn suchen
	14,35	weil das Volk Simons Treue e. hatte
2Ma	1,19	verwahrten es so, daß niemand den Ort e.
	27	damit die Heiden e., daß du unser Gott bist StD 3,21
	2,7	als das Jeremia e., tadelte er sie
	7,17	wirst du e., wie mächtig Gott ist
	11,26	damit sie unsere Entscheidung e. 37
Mt	9,30	seht zu, daß es niemand e.
	12,15	als Jesus das e., entwich er von dort
Lk	1,4	damit du den sicheren Grund der Lehre e.
	19,15	um zu e., was ein jeder erhandelt hätte
Jh	4,1	Jesus e., daß den Pharisäern zu Ohren gekommen war
	12,9	da e. eine große Menge der Juden, daß er dort war
	13,7	du wirst es aber hernach e.
Apg	9,30	als das die Brüder e.
	10,34	nun e. ich in Wahrheit
	17,13	als die Juden von Thessalonich e., daß
	19	können wir e., was das für eine Lehre ist
	21,34	nichts Gewisses e. konnte wegen des Getümmels
	22,24	um zu e., aus welchem Grund sie so gegen ihn schrien
	23,27	e., daß er ein römischer Bürger ist
	34	als er e., daß er aus Zilizien sei
	24,11	du kannst e., daß es nicht mehr
	26,22	Gottes Hilfe habe ich e.
	28,1	wir e., daß die Insel Malta hieß
Gal	3,2	das allein will ich von euch e.
Eph	6,22	daß ihr e., wie es um uns steht Kol 4,8
Phl	2,19	wenn ich e., wie es um euch steht 1Th 3,5
	23	sobald ich e. habe, wie es um mich steht
Heb	12,8	Züchtigung, die alle e. haben

Erfahrung

Wsh	8,8	begehrt aber jemand E. und Wissen
Sir	32,5	(weil es dir zukommt) und du E. hast
	34,9	einer mit viel E. kann Weisheit lehren
Phl	1,9	daß eure Liebe immer reicher werde an aller E.

erfassen

Ps	48,7	Zittern hat sie da e.
	119,53	Zorn e. mich über die Gottlosen

Jes	28,19	sooft sie daherfährt, wird sie euch e.
Mi	4,9	dich die Wehen e. wie eine in Kindsnöten
Wsh	9,16	wir e. kaum, was auf Erden ist
	17,17	Arbeiter mußte, plötzlich e., Not tragen
Lk	5,9	ein Schrecken hatte ihn e. und alle, die

erfinden

1Mo	7,1	dich habe ich gerecht e. vor mir
Neh	9,8	hast sein Herz treu e.
Hi	23,10	will e. werden wie das Gold
	33,10	Gott e. Vorwürfe wider mich
Wsh	14,2	es ist e. worden, um Handel zu treiben
	12	Götzenbilder e. ist des Lebens Verderben

erfinderisch

Rö	1,30	(sie sind) prahlerisch, e. im Bösen

Erfolg

Dan	11,6	Tochter des Königs wird keinen E. haben
Hab	2,5	wird der treulose Tyrann keinen E. haben
Sir	10,5	in Gottes Händen, ob ein Mann E. hat

erfordern

4Mo	4,32	ganz wie es ihr Amt e. 18,4
1Ch	16,37	Dienst, wie es jeder Tag e. 2Ch 8,14; Esr 3,4

erforschen

Ri	18,2	das Land zu erkunden und zu e.
2Sm	10,3	damit er die Stadt e. 1Ch 19,3
1Ch	28,9	der HERR e. alle Herzen
2Ch	4,18	das Gewicht des Kupfers nicht zu e. war
Esr	7,10	das Gesetz zu e. und danach zu tun
Hi	5,9	große Dinge, die nicht zu e. sind 9,10
	27	das haben wir e., so ist es 8,8
	28,3	bis ins Letzte e. man das Gestein
	36,26	die Zahl seiner Jahre kann niemand e.
Ps	26,2	e. meine Nieren und mein Herz 139,1.23
	44,22	würde das Gott nicht e.
	111,2	wer sie e., der hat Freude daran
Spr	25,2	der Könige Ehre ist es, eine Sache zu e.
Pr	1,13	die Weisheit zu e. bei allem 7,25
	9,1	alles zu Herzen genommen, um dies zu e.
Jer	31,37	den Grund der Erde unten e.
Klg	3,40	laßt uns e. und prüfen unsern Wandel
Wsh	6,4	der wird e., was ihr plant
	9,16	was im Himmel ist, wer hat es e.
	13,7	gehen mit seinen Werken um und e. sie
Sir	1,3	wer kann e., wie hoch der Himmel ist
	18,2	wer kann seine großen Taten e. 5
	39,3	er muß den Sinn der Gleichnisse e. 1
	42,18	er allein e. das Herz der Menschen
StD	1,48	daß ihr... verdammt, ehe ihr die Sache e.
Mt	2,4	e. von ihnen, wo der Christus geboren
Jh	4,52	da e. er von ihnen die Stunde
Rö	8,27	der die Herzen e., der weiß, worauf der Sinn
1Ko	2,10	der Geist e. alle Dinge
2Ko	13,5	e. euch selbst, ob ihr im Glauben steht
Off	2,23	daß ich es bin, der die Nieren und Herzen e.

erfragen

2Kö	1,16	als wäre kein Gott, dessen Wort man e.
Apg	10,17	hatten die Männer das Haus Simons e.

erfreuen

erfreuen

2Mo	30,38	damit er sich an dem Geruch e.
1Ch	29,9	der König David war hoch e.
Hi	29,13	ich e. das Herz der Witwe
Ps	4,8	du e. mein Herz
	19,9	die Befehle des HERRN e. das Herz
	21,7	du e. ihn mit Freude vor deinem Antlitz
	45,9	aus Elfenbeinpalästen e. dich Saitenspiel
	51,14	e. mich wieder mit deiner Hilfe
	86,4	e. die Seele deines Knechts
	89,43	du e. alle seine Feinde
	90,15	e. uns wieder, nachdem wir lange leiden
	104,15	daß der Wein e. des Menschen Herz Pr 10,19
	119,130	wenn dein Wort offenbar wird, so e. es
Spr	12,25	ein freundliches Wort e. ihn
	15,20	ein weiser Sohn e. den Vater 27,11; 29,3
	30	ein freundliches Antlitz e. das Herz
Pr	5,19	weil Gott sein Herz e.
Jes	56,7	will sie e. in meinem Bethaus
	66,11	dürft euch e. an ihrer Mutterbrust
Jer	31,13	will sie e. nach ihrer Betrübnis
Hos	7,3	sie e. den König mit ihrer Bosheit
Sir	4,20	so wird (die Weisheit) ihn e.
	7,37	e. jeden, der lebt, mit einer Gabe
	26,16	eine anmutige Frau e. ihren Mann 36,24
	31,35	der Wein erfreut Herz und Seele 40,20
	34,20	(Gott) e. das Herz Bar 4,29
1Ma	11,44	der König war über ihre Ankunft sehr e.
2Ma	15,40	so e. die Art, wie man die Worte setzt
Mt	2,10	als sie... sahen, wurden sie hoch e.
Phl	4,10	ich bin aber hoch e. in dem Herrn, daß
Phm	20	daß ich mich an dir e.
2Jh	4	ich bin sehr e. *3Jh 3*

erfrischen

Spr	16,24	freundliche Reden e. die Gebeine

erfüllen

1Mo	1,22	mehret euch und e. das Wasser im Meer
2Mo	5,13	e. euer Tagewerk wie damals
	21,11	wird er ihr diese drei Pflichten nicht
	28,3	die ich mit dem Geist der Weisheit e. habe 31,3; 35,31.35; 5Mo 34,9
	40,34	die Herrlichkeit des HERRN e. die Wohnung 35; 1Kö 8,10.11; 2Ch 5,13.14; 7,1; Hes 10,3.4; 43,5; 44,4
3Mo	22,21	Dankopfer, um ein Gelübde zu e. 4Mo 15,3; 1Sm 1,21; 2Sm 15,7
4Mo	11,23	sollst sehen, ob sich mein Wort e.
5Mo	23,22	Gelübde... sollst nicht zögern, es zu e.
	27,26	verfl., wer nicht alle Worte d. Gesetzes e.
Ri	6,34	da e. der Geist des HERRN den Gideon
1Sm	1,17	der Gott Israels wird dir die Bitte e. 27
	15,11	(Saul hat) meine Befehle nicht e. 13
1Kö	2,4	damit der HERR sein Wort e. Jer 33,14
	27	damit e. würde des HERRN Wort
	5,22	will alle deine Wünsche e. 23
	8,15	zugesagt und e. 24; 2Ch 6,4.15
	13,32	wird sich e., was er gerufen hat
2Kö	23,3	zu e. die Worte dieses Bundes 24
	24,4	daß er Jerusalem mit unschuldigem Blut e.
2Ch	36,21	damit e. würde das Wort des HERRN 22; Esr 1,1; Jer 28,9; 29,10; Klg 2,17
Hi	22,27	wirst deine Gelübde e.
	39,2	die Monde, die sie e. müssen
Ps	20,5	er e. alles, was du vorhast
	21,3	du e. ihm seines Herzens Wunsch
	22,26	ich will meine Gelübde e. 61,9; 66,13; 116,14. 18; Jer 44,25; Jon 2,10
	50,14	e. dem Höchsten deine Gelübde Jer 44,25; Nah 2,1
	65,13	die Hügel sind e. mit Jubel
	80,10	daß er das Land e. hat
	119,38	e. deinem Knecht dein Wort
Spr	7,14	heute habe ich meine Gelübde e.
Jes	27,6	daß sie den Erdkreis mit Früchten e.
	33,5	hat Zion mit Gerechtigkeit e.
	65,20	Alte, die ihre Jahre nicht e.
Jer	15,17	hattest du mich e. mit Grimm
	23,24	bin ich es nicht, der Himmel und Erde e.
	25,34	die Zeit ist e., daß ihr zerbrechen müßt
	51,29	die Gedanken des HERRN wollen e. werden
Hes	8,17	daß sie das Land mit Unrecht e.
	13,6	warten, daß er ihr Wort e.
Dan	4,30	im Augenblick wurde das Wort e. an Nebuk.
	9,24	es wird Gesicht und Weissagung e.
	11,14	auch werden Abtrünnige eine Weissagung e.
Hab	2,3	die Weissagung wird ja noch e. werden
Wsh	1,7	der Erdkreis ist e. vom Geist des Herrn
	3,4	so sind sie doch e. von Hoffnung
	4,13	früh vollendet, hat er doch viele Jahre e.
	18,16	trat hin und e. alles mit Toten
Sir	1,21	sie e. das ganze Haus mit ihren Gaben
	16,29	hat (die Erde)... e. Bar 3,32
	17,6	er e. sie mit kluger Erkenntnis
	18,22	laß dich nicht aufhalten, d. Gelübde zu e.
	36,16	e. Zion mit deiner Majestät
	17	e. die Verheißungen, die verkündigt
	39,37	mit Freuden e. sie seinen Befehl
	47,17	hast alles mit Weisheitssprüchen e.
2Ma	3,30	den Tempel e. Freude und Wonne
	6,14	bis sie das Maß ihrer Sünden e. haben
Mt	1,22	damit e. würde, was der Herr gesagt 2,15.17. 23; 4,14; 8,17; 12,17; 13,35; 21,4; 26,56; 27,9. 35; Mk 15,28; Jh 12,38; 17,12; 18,9; 19,24.28. 36
	3,15	denn so gebührt es uns... zu e.
	5,17	ich bin gekommen, zu e.
	13,14	an ihnen wird die Weissagung Jesajas e.
	23,32	*e. auch ihr das Maß eurer Väter*
	26,54	wie würde dann aber die Schrift e.
Mk	1,15	(Jesus) sprach: Die Zeit ist e.
	14,49	so muß die Schrift e. werden Lk 24,44; Jh 13,18; 15,25; Apg 1,16
Lk	1,15	wird e. werden mit dem heiligen Geist
	20	Worten, die e. werden sollen zu ihrer Zeit
	41	wurde vom heiligen Geist e. 67; Apg 2,4; 4,31; 13,52
	4,21	heute ist dieses Wort e. vor euren Ohren
	5,26	wurden von Furcht e. und sprachen
	7,4	er ist es wert, daß du ihm die Bitte e.
	9,31	Ende, das er in Jerusalem e. sollte
	51	als die Zeit e. war, daß er hinweggenommen
	21,22	daß e. werde alles, was geschrieben ist
	24	zertreten werden, bis die Zeiten der Heiden e. sind
	22,16	nicht mehr essen, bis es e. im Reich Gottes
	23,24	Pilatus urteilte, daß ihre Bitte e. werde
Jh	3,29	meine Freude ist nun e.
	7,8	meine Zeit ist noch nicht e.
	12,3	das Haus wurde e. vom Duft des Öls
	18,32	so sollte das Wort Jesu e. werden
Apg	2,1	*als der Tag der Pfingsten e. war*
	2	e. das ganze Haus, in dem sie saßen
	28	mich e. mit Freude vor deinem Angesicht
	3,10	Verwunderung und Entsetzen e. sie

Apg	3,18	Gott hat e., was er zuvor verkündigt hat	1Sm	3,21	Samuels Wort e. an ganz Israel
	5,3	Hananias, warum hat der Satan dein Herz e.		17,36	diesem Philister soll es e. wie ihnen
	17	Partei der Sadduzäer, von Eifersucht e.	2Sm	13,35	wie dein Knecht gesagt, so ist's e.
	28	ihr habt Jerusalem e. mit eurer Lehre		18,32	den Feinden e., wie es dem jungen Mann e.
	9,17	daß du mit dem heiligen Geist e. werdest	1Kö	14,3	damit er sagt, wie es dem Knaben e. wird
	13,27	die Worte der Propheten... e.		16,7	daß es ihm e. sollte wie Jerobeam
	33	daß Gott sie uns, ihren Kindern, e. hat		18,31	zu dem das Wort des HERRN e. war
	14,17	euch ernährt und eure Herzen mit Freude e.	2Kö	7,20	und genau so e. es ihm
	19,28	als sie das hörten, wurden sie von Zorn e.	2Ch	31,5	als dies Wort e., gaben die *Israeliten
Rö	2,27	der unbeschnitten ist und das Gesetz e.	Hi	20,26	dem wird's schlimm e.
	8,4	damit die Gerechtigkeit, vom Gesetz gefordert, in uns e. würde	Ps	29,4	die Stimme des HERRN e. mit Macht 4
				144,15	wohl dem Volk, dem es so e.
	13,8	wer den andern liebt, der hat das Gesetz e.	Pr	8,11	weil das Urteil nicht sogleich e.
	15,13	Gott e. euch mit aller Freude		10,4	wenn des Herrschers Zorn wider dich e.
	14	seid e. mit aller Erkenntnis Kol 1,9; 4,12	Jes	10,23	Gott der HERR wird Verderben e. lassen
1Ko	14,37	wenn einer meint, er sei ein Prophet oder vom Geist e.		28,13	soll des HERRN Wort an sie e.
				29,8	so soll es der Menge e.
	15,54	wird e. werden das Wort, das geschrieben	Jer	1,16	ich will mein Gericht über sie e. lassen Hes 5,8.10.15; 25,11; 28,22.26; 30,14.19
2Ko	7,4	ich bin e. mit Trost			
Gal	4,4	als die Zeit e. war, sandte Gott seinen Sohn		5,13	es e. ihnen selbst so
	5,14	das ganze Gesetz ist in einem Wort e.		48,71	Strafe ist über das ebene Land e.
	6,2	einer trage des andern Last, so werdet ihr das Gesetz Christi e.	Dan	2,9	so soll e. ein Urteil über euch alle 15
				3,10	du hast ein Gebot e. lassen
Eph	1,10	um ihn auszuführen, wenn die Zeit e. wäre		4,21	und zwar er es als Ratschluß des Höchsten
	23	die Fülle dessen, der alles in allem e.		6,11	Daniel erfuhr, daß ein solches Gebot e. war
	3,19	damit ihr e. werdet mit der ganzen Gottesfülle		9,23	als du anfingst zu beten, e. ein Wort 25
	4,10	der aufgefahren ist, damit er alles e.	Hos	5,15	wenn's ihnen übel e., w. sie mich suchen
	5,18	laßt euch vom Geist e.		10,15	so soll's euch zu Bethel auch e.
Phl	1,11	e. mit Frucht der Gerechtigkeit	Nah	3,19	über wen ist nicht deine Bosheit e.
1Th	2,16	daß sie das Maß ihrer Sünden e.	Hab	1,4	darum e. verkehrte Urteile
2Ti	1,4	damit ich mit Freude e. werde	Hag	2,18	achtet doch darauf, wie es euch e. wird
Jak	2,8	wenn ihr das königliche Gesetz e. nach der Schrift	Sa	7,13	es ist so e.: Gleichwie gepredigt wurde
			Mal	2,4	solches Wort über euch habe e. lassen
	23	so ist die Schrift e.: Abraham hat Gott geglaubt	Jdt	4,13	so soll es allen Feinden Israels e. 6,5
				6,5	wie es ihnen e., wird es dir e.
		Erfüllung	Wsh	6,6	es e. gleiche Strafe über Herr u. Knecht
Jer	25,13	lasse alle meine Worte in E. gehen		19,10	wie es ihnen in der Fremde e. war Bar 2,33
Lk	22,16	bis es seine E. findet	Tob	7,11	fürchtete, es könnte diesem auch so e. 8,12
Apg	26,7	auf ihre E. hoffen die zwölf Stämme unsres Volkes	Sir	2,17	wie wird es einem, wenn der Herr
				6,1	so e. es dem Doppelzüngigen
Rö	13,10	so ist nun die Liebe des Gesetzes E.		23,32	ebenso wird's auch einer Frau e., die
				37,10	achtgib, wie es dir e. wird
		ergänzen		47,22	daß der Zorn über deine Nachkommen e.
1Th	3,10	um zu e., was eurem Glauben noch fehlt	Bar	2,20	hast deinen Grimm über uns e. lassen 2; 2Ma 7,38; StD 3,4
		ergeben	1Ma	4,26	sagten ihm, wie es ihnen e. war
Jer	50,15	(Babel) hat sich e.	2Ma	5,18	würde es dem Antiochus e. sein wie
Hos	4,18	haben sich der Schwelgerei und Hurerei e.	StD	1,7	pflegte Susanna sich im Garten zu e.
Jdt	7,15	damit wir uns freiwillig e. 16; 10,13; 11,1	Mt	8,33	berichteten, wie es den Besessenen war
StE	1,3	Haman, mein e. und getreuester Ratgeber		10,15	erträglicher e. am Tage des Gerichts als 11,22.24; Lk 10,12.14
Rö	6,13	e. nicht der Sünde eure Glieder... e. euch selbst Gott 19		12,45	so wird's auch diesem bösen Geschlecht e.
	16	welchem ihr euch als Knechte e.	Jh	12,31	jetzt es das Gericht über diese Welt
	17	Gestalt der Lehre, der ihr e. seid	Apg	13,32	die Verheißung, die an die Väter e. ist
Eph	4,19	sie haben sich der Ausschweifung e.	Kol	4,8	daß ihr erfahrt, wie es uns e.
1Ti	3,3	nicht dem Wein e. 8; Tit 1,7	1Ti	1,18	Weissagungen, die früher über dich e. sind
Tit	2,3	nicht dem Trunk e.	Heb	8,5	wie die göttliche Weisung an Mose e.
				10,33	Gemeinschaft mit denen, welchen es so e.
		ergehen			**ergießen**
2Mo	2,4	zu erfahren, wie es ihm e. würde	2Ch	12,7	mein Grimm sich nicht auf Jerusalem e.
	24,16	am 7. Tage e. der Ruf des HERRN an Mose	Hi	29,6	als die Felsen Ölbäche e.
3Mo	10,19	es ist mir so e., wie du siehst	Ps	77,18	Wasser e. sich aus dem Gewölk
4Mo	4,37	Wort des HERRN, das durch Mose e. war 45.49		78,20	daß Wasser strömten und Bäche sich e.
			Jer	44,6	darum e. sich auch mein Zorn
			Dan	9,27	bis das Verderben sich e. wird
			StE	6,7	e. sich ein großer Wasserstrom

ergötzen

Spr	5,19	e. dich allewege an ihrer Liebe 20
StD	1,32	um sich an ihrer Schönheit zu e.

ergreifen

1Mo	19,16	e. die Männer ihn und seine Frau
2Mo	4,4	e. sie, und sie ward zum Stab
	15,9	ich will nachjagen und e.
	22,1	wenn ein Dieb e. wird beim Einbruch
	5	wenn Feuer ausbricht und e. die Dornen
4Mo	5,13	denn sie ist nicht dabei e. worden
5Mo	21,19	sollen ihn Vater und Mutter e.
	22,22	dabei e. wird, daß er einer Frau beiwohnt
	25	wenn jemand ein verlobtes Mädchen e. 28
	24,7	jemand e. wird, der einen Menschen raubt
	25,11	streckt ihre Hand aus und e. ihn
Jos	2,5	jagt ihnen nach, dann werdet ihr sie e.
	8,23	und e. den König von Ai lebendig
Ri	1,6	als sie (Adoni-Besek) e.
	12,6	dann e. sie ihn und erschlugen ihn
	16,3	Simson e. beide Torflügel
	21	da e. ihn die Philister
1Sm	15,27	e. ihn Saul bei einem Zipfel seines Rocks
	17,35	wenn er auf mich losging, e. ich ihn
2Sm	2,16	jeder e. den andern bei dem Kopf
	4,10	ich habe den, der mir verkündete... e.
	13,11	e. (Amnon) Tamar 14
	15,5	(Absalom) e. ihn und küßte ihn
	14	damit (Absalom) uns nicht e.
1Kö	18,40	sie e. (die Propheten Baals)
2Kö	7,12	wollen sie lebendig e. 10,14
1Ch	12,19	der Geist e. Amasai 2Ch 24,20
	21,12	dem Schwert deiner Feinde, daß es dich e.
Hi	13,10	wenn ihr heimlich Partei e.
	30,16	Tage des Elends haben mich e.
Ps	7,6	so verfolge mich der Feind und e. mich
	18,38	will m. Feinden nachjagen und sie e.
	35,2	e. Schild und Waffen und mache dich auf
	56,1	als ihn die Philister in Gat e. hatten
	69,25	dein grimmiger Zorn e.
	71,11	sprechen: Jagt ihm nach und e. ihn
Spr	3,18	ein Baum des Lebens allen, die sie e.
	6,31	wenn er e. wird, ersetzt er's siebenfach
Hl	7,9	ich will seine Zweige e.
Jes	4,1	sieben Frauen werden einen Mann e.
	21,3	Angst hat mich e. wie eine Gebärende
	35,10	Freude und Wonne werden sie e. 51,11
	41,9	Jakob, den ich fest e. habe
	45,1	Kyrus, den ich bei seiner Hand e.
Jer	2,26	wie ein Dieb... wenn man ihn e.
	26,8	als Jeremia alles gesagt hatte, e. ihn
	34,3	auch du sollst e. werden 38,23
	36,26	sie sollten Baruch und Jeremia e. 37,14
	46,5	wie kommt's, daß die Flucht e.
	50,24	Babel, du bist getroffen und e.
	51,11	e. die Schilde
Hes	8,3	e. mich bei dem Haar meines Hauptes
	21,16	ein Schwert, daß man's e. soll
Dan	6,25	ehe sie Boden erreichten, e. die Löwen
Sa	8,23	werden 10 Männer einen jüdischen Mann e.
Jdt	6,6	befahl, daß sie Achior e. sollten 7
	13,8	(Holofernes) beim Schopf
Wsh	5,20	er wird Heiligkeit e. als Schild
Sir	6,28	wenn du... e. hast, laß sie nicht mehr los
	15,16	e. das, was du willst
	23,31	(dieser Mann) wird e. werden
Bar	6,5	daß Furcht vor den Götzen auch euch e.
2Ma	4,10	als Jason die Macht e. hatte
StD	1,40	(Susanna) aber e. wir und fragten
	2,20	der König ließ die Priester e.
Mt	8,15	da e. (Jesus) ihre Hand 9,25; Mk 5,41; 9,27
	12,11	wer ist, der sein Schaf, wenn es am Sabbat in eine Grube fällt, nicht e.
	14,3	Herodes hatte Johannes e. Mk 6,17
	31	Jesus e. ihn und sprach zu ihm
	21,46	sie trachteten danach, ihn zu e. Mk 12,12
	22,6	einige e. seine Knechte
	26,4	hielten Rat, wie sie Jesus mit List e. könnten Mk 14,1; Jh 10,39; 11,57
	48	welchen ich küssen werde, der ist's; den e. Mk 14,44
	50	sie legten Hand an Jesus und e. ihn 57; Mk 14,46; Lk 22,54
	55	ihr habt mich nicht e. Mk 14,49
Mk	16,8	Zittern und Entsetzen hatte sie e.
Lk	7,16	Furcht e. sie alle, und sie priesen Gott
	8,37	denn es hatte sie große Furcht e.
	9,39	ein Geist e. ihn
	23,26	als sie ihn abführten, e. sie einen Mann
Jh	1,5	die Finsternis hat's nicht e.
	6,15	daß sie ihn e., um ihn zum König zu machen
	7,30	da suchten sie ihn zu e. 44
	8,3	eine Frau, beim Ehebruch e. 4
	20	niemand e. ihn
Apg	3,7	er e. ihn bei der Hand und richtete ihn auf
	6,12	sie e. ihn und führten ihn vor den Hohen Rat 12,4; 16,19; 19,29; 21,30
	18,17	da e. sie den Vorsteher der Synagoge
	23,27	diesen Mann hatten die Juden e. und wollten ihn töten 24,6; 26,21
	27,15	da das Schiff e. wurde
1Ko	7,21	so e. es viel lieber
Eph	6,13	deshalb e. die Waffenrüstung Gottes 16
Phl	3,12	nicht, daß ich's schon e. habe 13
1Ti	6,12	e. das ewige Leben, wozu du berufen bist 19
Heb	8,9	ihre Hand e., sie auszuführen
Off	1,10	ich wurde vom Geist e. am Tag des Herrn 4,2
	19,20	das Tier wurde e. und der falsche Prophet
	20,2	er e. den Drachen, die alte Schlange

ergrimmen

1Mo	4,5	da e. Kain sehr 6; 4Mo 16,15; 1Sm 18,8
1Sm	20,7	wird er aber e., so wirst du merken
2Sm	6,8	e. David, daß der HERR Usa wegriß 1Ch 13,11
Ps	78,62	er e. über sein Erbe
Jes	34,2	der HERR ist e. über ihre Scharen
Dan	11,11	dann wird der König des Südens e. 30
Jh	11,33	e. (Jesus) im Geist 38
Apg	12,20	war e. wider die von Tyrus
	17,16	als Paulus in Athen wartete, e. sein Geist

ergründen

Hi	28,27	damals schon sah er sie und e. sie
Pr	3,11	daß der Mensch nicht e. kann das Werk
	8,17	daß ein Mensch das Tun nicht e. kann
Jer	17,9	das Herz... wer kann es e. 10
Wsh	9,13	wer kann e., was der Herr will Tob 3,21
Sir		wer kann Gottes Weisheit e.
	24,38	nie einer, der (die Weisheit) e. könnte
1Ko	2,15	der geistl. Mensch e. alles... von niemand e.

erhaben

Neh	9,5	man lobe deinen Namen, der e. ist

Ps	47,10	(Gott) ist hoch e. Jes 33,5
	99,2	der HERR ist e. über alle Völker
Jes	2,2	der Berg... über alle Hügel e. Mi 4,1
	12	der Tag wird kommen über alles E. 13.14
	6,1	sah den Herrn auf einem hohen und e. Thron
	52,13	wird erhöht und sehr hoch e. sein
	57,7	machtest dein Lager auf hohem, e. Berg
	15	so spricht der Hohe und E.
Jer	17,12	die Stätte unseres Heiligtums ist e.
Hes	17,22	will's auf einen e. Berg pflanzen
2Ma	14,31	Nikanor ging hinauf zu dem e. Tempel
Heb	1,4	so viel e. der Name ist

erhalten

1Mo	7,3	das Leben zu e. auf dem Erdboden
	19,19	als du mich am Leben e. 47,25
	43,23	euer Geld habe ich e.
	45,7	Gott hat mich... daß er euer Leben e. 50,20
2Mo	9,16	dazu habe ich dich e.
3Mo	6,2	soll des Altars Feuer brennend e. werden
	8,29	die (Brust) e. Mose als seinen Anteil
4Mo	26,55	sollen sie ihr Erbteil e.
5Mo	25,7	seinem Bruder s. Namen zu e. Rut 4,5.10
Jos	14,1	Gebiete, die die *Israeliten e. 16,4; 18,2; 21,20
2Sm	18,18	keinen Sohn, der meinen Namen lebendig e.
1Kö	15,4	daß er s. Sohn erweckte und Jerusalem e.
	18,5	ob wir die Rosse e. könnten
1Ch	5,2	Josef e. das Erstgeburtsrecht
Esr	7,16	was du sonst an Silber und Gold e.
Hi	21,30	daß der Böse e. wird
	36,6	den Gottlosen e. er nicht
Ps	16,5	du e. mir mein Erbteil
	17,5	e. meinen Gang auf deinen Wegen
	22,30	die ihr Leben nicht konnten e.
	30,4	du hast mich am Leben e. 54,6
	33,19	daß sie am Leben e. in Hungersnot
	37,17	der HERR e. die Gerechten
	41,3	der HERR wird ihn beim Leben e.
	48,9	Gott e. sie ewiglich
	66,9	der unsre Seelen am Leben e.
	79,11	e. die Kinder des Todes
	86,11	e. mein Herz bei dem einen, daß ich
	87,5	er selbst, der Höchste, e. (Zion)
	89,22	meine Hand soll ihn e.
	30	will... e., solange der Himmel währt
	119,116	e. mich durch dein Wort, daß ich lebe
	146,9	der HERR e. Waisen und Witwen Jer 49,11
Spr	24,3	durch Verstand (wird ein Haus) e.
Pr	7,12	Weisheit e. das Leben dem, der sie hat
Jes	4,2	bei denen, die e. bleiben in Israel
Jer	32,14	daß sie lange e. bleiben
Klg	1,11	gibt Kleinode, um sein Leben zu e. 19
Hes	7,13	wird keiner s. Leben e. können 18,27
	13,18	wollt ihr Seelen für euch am Leben e. 19
	37,26	will sie e. und mehren
	47,22	mit euch sollen sie Erbbesitz e.
Dan	4,23	dein Königreich soll dir e. bleiben
	6,15	war bedacht, Daniel die Freiheit zu e.
Hos	14,9	von mir e. du deine Früchte
Wsh	11,25	wie könnte e. werden, was du nicht
	16,26	daß sie dein Wort die e., die an dich glauben 1Ma 2,61
Tob	3,17	daß ich meine Seele rein e. habe
Sir	32,3	damit du einen Kranz e.
	46,11	der Herr e. Kaleb in voller Kraft
	49,17	Josef, der sein Volk e. hat
	50,24	der uns von Mutterleib an lebendig e.
1Ma	2,48	das Gesetz zu e. 2Ma 13,14
	6,57	den Frieden im Königreich zu e.
	8,13	der wird geschützt und e.
2Ma	3,15	den Leuten das Ihre unversehrt zu e. 22
StE	5,10	der uns dies Reich noch e.
Mt	9,17	so bleiben beide miteinander e.
	16,25	wer sein Leben e. will, wird's verlieren Mk 8,35; Lk 9,24; 17,33
Mk	3,4	soll man am Sabbat Leben e. oder töten Lk 9,56 nicht... zu vernichten, sondern zu e.
Jh	12,25	wird's e. zum ewigen Leben
	17,11	heiliger Vater, e. sie in deinem Namen 12
Apg	27,43	der Hauptmann wollte Paulus am Leben e.
Rö	13,3	so wirst du Lob von ihr e.
1Ko	1,8	der wird euch fest e. bis ans Ende
	9,17	täte ich's aus eigenem Willen, so e. ich Lohn
2Ko	11,24	von den Juden habe ich fünfmal e. 40 Geißelhiebe
Phl	4,18	ich habe alles e. und habe Überfluß
1Jh	5,15	daß wir e., was wir von ihm erbeten haben
Jud	21	e. euch in der Liebe Gottes

erhandeln

Lk	19,15	was ein jeder e. hätte

erhängen

2Sm	17,23	(Ahitofel) e. sich und starb
Mt	27,5	er ging fort und e. sich

erhaschen

2Mo	4,4	e. (die Schlange) beim Schwanz
Jh	10,12	*der Wolf e. und zerstreut die Schafe*
1Ko	3,19	*die Weisen e. er in ihrer Klugheit*

erheben

(s.a. erhaben; Hand erheben; Stimme erheben)

1Mo	4,7	so kannst du frei den Blick e.
	8	e. sich Kain wider seinen Bruder
	40,13	wird der Pharao dein Haupt e. 19.20
2Mo	14,19	e. sich der Engel... die Wolkensäule e. sich 40,36.37; 4Mo 9,17.21.22; 10,11
	15,2	meines Vaters Gott, ich will ihn e.
	19,16	da e. sich ein Donnern und Blitzen
	25,2	daß sie eine Opfergabe e. 3; 30,13; 35,5
	33,16	daß ich und dein Volk e. werden 5Mo 28,9; 29,12
4Mo	3,47	sollst fünf Lot Silber e. für jeden Kopf. Nach dem Gewicht sollst du sie e.
	11,31	e. sich im Wind
	16,3	warum e. ihr euch über die Gemeinde
	23,24	das Volk wird sich e. wie ein Löwe
	24,7	sein Reich wird sich e.
	31,28	sollst für den HERRN als Abgabe e. 29.30
5Mo	17,20	s. Herz soll sich nicht e. über s. Brüder
	22,26	wie wenn jemand sich gegen s. Nächsten e.
	28,7	deine Feinde, die sich gegen dich e.
	31,16	d. Volk wird sich e. und fremden Göttern
Jos	6,5	soll das Kriegsvolk ein Kriegsgeschrei e. 10.20; 1Sm 17,20.52; 2Ch 13,15; Jer 4,16; 50,15; Am 1,14
Ri	9,43	e. sich gegen sie und erschlug sie
	19,5	am vierten Tag e. sie sich früh
	20,8	da e. sich alles Volk wie ein Mann
1Sm	19,8	war es. sich aber wieder ein Kampf 2Sm 2,17; 21,15.18.20; 1Ch 20,4-6

erheben

1Sm	25,29	sich ein Mensch e. wird, dich zu verfolgen
	35	ich habe dein Antlitz wieder e.
2Sm	22,40	du kannst mir unterwerfen, die sich gegen mich e. 49; Ps 18,40.49
	47	Gott sei hoch e. Ps 18,47
	23,1	es spricht der Mann, der hoch e. ist
1Kö	14,7	habe dich e. aus dem Volk
	16,2	weil ich dich aus dem Staub e. habe
2Kö	14,10	darüber e. sich dein Herz 2Ch 25,19
	19,4	e. dein Gebet für die Übriggebliebenen
	22	hast deine Augen e. wider den Heiligen
1Ch	14,2	sein Königtum war hoch e. worden 2Ch 7,21
	22,5	daß sein Name e. werde in allen Landen
2Ch	13,6	Jerobeam e. sich und ward abtrünnig
	32,23	Hiskia wurde hoch e. vor allen Heiden
Neh	5,1	e. sich ein Geschrei der Leute
Est	3,1	e. Ahasveros den Haman 5,11
Hi	10,15	dürfte doch mein Haupt nicht e.
	13,11	entsetzen, wenn er sich e.
	19,5	wollt ihr euch über mich e.
	25	wird er über dem Staub sich e.
	20,27	die Erde wird sich gegen ihn e.
	22,26	wirst dein Antlitz zu Gott e.
	30,12	zur Rechten hat sich eine Schar e.
	31,14	was tun, wenn Gott sich e.
	29	mich e., weil ihn Unglück getroffen
	38,15	wird der e. Arm zerbrochen werden
	41,17	wenn (der Leviatan) sich e.
Ps	3,2	e. sich so viele gegen mich
	7,7	e. dich wider den Grimm meiner Feinde
	9,14	der du mich e. aus den Toren des Todes
	13,3	soll sich mein Feind über mich e. 92,12
	20,6	im Namen unsres Gottes e. wir das Banner
	21,14	HERR, e. dich in deiner Kraft 73,20
	27,3	wenn sich Krieg wider mich e.
	6	nun e. sich mein Haupt über meine Feinde
	44,6	niedertreten, die sich gegen uns e.
	54,5	Stolze e. sich gegen mich 86,14
	57,6	e. dich, Gott, über den Himmel 12; 108,6
	66,7	die Abtrünnigen können sich nicht e.
	83,3	die dich hassen, e. das Haupt
	89,10	du stillest seine Wellen, wenn sie sich e.
	93,3	Wasserströme, sich... ihr Brausen
	94,2	e. dich, du Richter der Welt
	99,5	e. den HERRN, unsern Gott 9
	107,25	Sturmwind erregte, der die Wellen e.
	109,28	e. sie sich gegen mich, so sollen sie
	139,20	deine Feinde e. sich mit frechem Mut 21
	145,1	ich will dich e., mein Gott
	149,6	ihr Mund soll Gott e.
Spr	29,4	wer viel Steuern e., richtet es zugrunde
Jes	2,4	wird kein Volk das Schwert e. Mi 4,3
	13,2	auf hohem Berge e. das Banner Jer 51,12
	15,5	e. sich ein Jammergeschrei Ze 1,10
	30,27	mächtig e. er sich 33,3.10
	42,13	laut e. (der HERR) das Kampfgeschrei
	54,17	jede Zunge, die sich gegen dich e.
Jer	6,22	ein großes Volk wird sich e.
	25,32	ein großes Wetter wird sich e.
	41,2	Jischmaël sich samt den zehn Männern
	48,26	hat sich gegen den HERRN e. 42; Dan 5,23
	51,1	Bewohner, die sich gegen mich e. haben
Klg	2,7	daß sie im Hause des HERRN Geschrei e.
Hes	3,12	als die Herrlichkeit des HERRN sich e. 9,3; 10,4; 11,23
	7,11	Gewalttat hat sich e. 38,21
	10,16	daß sie sich von der Erde e. 17.19
	17,14	damit das Königtum sich e. 29,15
	23,42	e. sich ein großes Freudengeschrei
	28,17	weil sich dein Herz e. 31,10
Hes	31,14	damit sich kein Baum am Wasser e.
Dan	11,14	werden sich Abtrünnige aus deinem Volk e.
	37	denn er wird sich über alle e.
Hos	10,14	soll sich ein Getümmel e. in deinem Volk
	13,1	war (Ephraim) e. in Israel
	6	als sie geweidet wurden, e. sich ihr Herz
Am	5,16	wer wird die Totenklage e. kann
Jon	1,4	es e. sich ein großes Ungewitter
Sa	2,4	daß niemand sein Haupt hat e. können... ihr Horn gegen das Land Juda e. haben
Jdt	8,17	alle Heiden, die sich gegen uns e.
	11,2	so hätte ich nie meinen Spieß e.
Wsh	19,7	aus den Fluten e. sich ein grünes Feld
Sir	45,22	er hat (Mose) hoch e.
1Ma	3,31	beschloß, von den Provinzen Tribut zu e.
2Ma	3,14	e. sich großer Jammer in der ganzen Stadt
	15,29	da e. sich Freudengeschrei
StE	6,3	es e. sich Donner und Erdbeben
Mt	8,24	da e. sich ein Sturm auf dem See Mk 4,37
	11,23	wirst du bis zum Himmel e. werden Lk 10,15
	13,21	wenn sich Bedrängnis e., fällt er gleich ab
	24,7	es wird sich ein Volk gegen das andere e. Mk 13,8; Lk 21,10
	11	es werden sich viele Propheten e. Mk 13,22
	25,6	um Mitternacht e. sich lautes Rufen
Mk	3,26	e. sich der Satan gegen sich selbst
Lk	1,46	meine Seele e. den Herrn
	52	er e. die Niedrigen
	21,28	seht auf und e. eure Häupter
	22,24	es e. sich ein Streit unter ihnen, wer
Jh	3,25	da e. sich ein Streit über die Reinigung
	6,18	das Meer e. sich von einem Winde
Apg	5,17	es e. sich der Hohepriester
	6,1	e. sich ein Murren unter den... Juden
	8,1	e. sich eine große Verfolgung 11,19
	13,22	e. er David zu ihrem König
	14,5	als sich ein Sturm e. bei den Heiden
	15,2	da sich ein Zwiespalt e.
	19,23	e. sich aber um diese Zeit eine Unruhe
	27,14	e. sich eine Windsbraut
	28,13	da am nächsten Tag der Südwind sich e.
Rö	8,17	damit wir mit zur Herrlichkeit e. werden
2Ko	10,5	alles Hohe, das sich e. gegen die Erkenntnis Gottes
2Th	2,4	er ist der Widersacher, der sich e. über alles
1Ti	2,12	*Frau sich über den Mann e.*
Off	12,7	*es e. sich ein Streit im Himmel*

erhellen

Ps	77,19	Blitze e. den Erdkreis

erhitzen

Jes	5,11	bis in die Nacht, daß sie der Wein e.
Hos	7,7	allesamt sind sie e. wie ein Backofen
Sir	43,4	dreimal mehr e. die Sonne die Berge

erhoffen

Sir	16,13	was der Fromme e., wird nicht ausbleiben

erhöhen

1Sm	2,1	mein Haupt ist e. in dem HERRN Ps 89,18
	7	der HERR erniedrigt und e. Ps 75,8
	8	er e. den Armen aus der Asche Ps 113,7.
	10	er wird e. das Haupt seines Gesalbten
2Sm	5,12	daß der HERR sein Königtum e. hatte
	22,49	du mich über die, die sich Ps 18,49

1Ch	17,17	hast mich hoch e., HERR, Gott Ps 89,20.25
	25,5	nach der Zusage Gottes, sein Haupt zu e.
	29,11	HERR, du bist e. zum Haupt über alles
Neh	9,4	auf dem e. Platz für die Leviten standen
Hi	5,11	der die Niedrigen e.
	24,24	sie sind hoch e.; aber nach einer Weile
Ps	27,5	er e. mich auf einen Felsen
	34,4	laßt uns miteinander seinen Namen e.
	37,34	halte dich auf s. Weg, so wird er dich e.
	75,11	daß die Gewalt des Gerechten e. werde
	89,43	du e. die Rechte seiner Widersacher
	97,9	du bist hoch e. über alle Götter
	118,16	die Rechte des HERRN ist e.
	148,14	er e. die Macht seines Volkes
Spr	4,8	achte sie hoch, so wird sie dich e.
	14,34	Gerechtigkeit e. ein Volk
Jes	14,13	will meinen Thron über die Sterne e.
	40,4	alle Täler sollen e. werden Lk 3,5
	52,13	er wird e. und sehr hoch erhaben sein
Klg	2,17	hat die Macht deiner Widersacher e.
Hes	17,24	ich e. den niedrigen (Baum)
	21,31	was niedrig ist, soll e. werden
	41,8	sah am Hause ein e. Pflaster
Dan	2,48	der König e. Daniel
	5,19	(Nebukadnezar) e., wen er wollte
Jdt	13,6	damit du deine Stadt Jerusalem e.
	16	(Judit) trat auf einen e. Platz
Sir	2,3	damit du am Ende e. wirst
	4,12	die Weisheit e. ihre Kinder
	7,12	einen, der erniedrigen und e. kann
	33,12	einige hat er e. und geheiligt
	38,3	die Kunst des Arztes e. ihn
	44,23	(daß) seine Nachkommen e. werden
	45,7	er hat Aaron auserkoren und e.
1Ma	2,63	heute wird er e., morgen ist er nichts
	14,35	weil er bemüht war, sein Volk zu e.
Mt	23,12	wer sich selbst e., der wird erniedrigt Lk 14,11; 18,14
Lk	3,5	alle Täler sollen e. werden
Jh	3,14	wie Mose die Schlange e. hat, so muß der Menschensohn e. werden
	8,28	wenn ihr den Menschensohn e. werdet, dann
	12,32	wenn ich e. bin von der Erde, will ich
	34	der Menschensohn muß e. werden
Apg	2,33	da er durch die Hand Gottes e. ist 5,31
2Ko	11,7	als ich mich erniedrigt habe, damit ihr e. würdet
Phl	2,9	darum hat ihn auch Gott e.
1Pt	5,6	damit er euch e. zu seiner Zeit
Jak	4,10	demütigt euch vor dem Herrn, so wird er euch e.

Erhöhung

3Mo	13,2	wenn an seiner Haut eine E. entsteht 10.19. 28.43; 14,56

erholen

2Ma	13,11	das Volk, das sich kaum e. hatte

erhören

1Mo	16,11	der HERR hat dein Elend e.
	17,20	für Ismael habe ich dich auch e.
	21,17	da e. Gott die Stimme des Knaben
	30,6	Gott hat mich e. 17.22; Ri 13,9
	35,3	der mich e. hat zur Zeit meiner Trübsal
	42,21	und wir wollten ihn nicht e.
2Mo	2,24	Gott e. ihr Wehklagen 22,22.26
5Mo	3,26	der HERR e. mich nicht
	9,19	der HERR e. mich auch diesmal 10,10; 26,7
	33,7	HERR, e. die Stimme Judas
1Sm	7,9	und der HERR e. ihn 1Kö 17,22; 2Kö 13,4; 2Ch 30,20.27; 33,13.19
	8,18	wird euch der HERR nicht e.
2Sm	14,16	der König wird seine Magd e.
	22,7	da e. er meine Stimme Ps 18,7
1Kö	8,30	wollest e. das Flehen d. Knechts 2Ch 6,19
	12,7	wirst du sie e., so werden sie untertan
	18,26	Baal, e. uns
	37	e. mich, HERR, e. mich, damit dies Volk
2Kö	22,19	geweint, so habe ich's e. 2Ch 7,12; 34,27
1Ch	21,26	e. ihn durch das Feuer 28
Esr	8,23	fasteten... und er e. uns Neh 9,27.28
Neh	9,9	hast ihr Schreien am Schilfmeer e.
Hi	12,4	der ich Gott anrief und den er e. 42,8.9
	35,12	doch e. sie nicht 13
Ps	3,5	so e. er mich von seinem heiligen Berge
	4,2	e. mich, wenn ich rufe... e. mein Gebet 20,10; 27,7; 54,4; 143,1
	13,4	schaue doch und e. mich 55,3
	17,6	du, Gott, wirst mich e. 38,16
	20,2	der HERR e. dich in der Not
	7	ihn e. von seinem heiligen Himmel
	22,22	du hast mich e.
	28,6	er hat e. die Stimme meines Flehens 66,19
	60,7	hilf mit deiner Rechten und e. uns 108,7
	65,3	e. Gebet; darum kommt alles Fleisch
	6	e. uns nach der wunderbaren Gerechtigkeit
	69,14	nach deiner großen Güte e. mich 17
	18	e. mich eilends 102,3; 143,7
	77,2	zu Gott rufe ich, e. mich 120,1
	86,1	HERR, neige deine Ohren und e. mich
	7	rufe dich an; du wollest mich e. 138,3
	91,15	er ruft mich an, darum will ich ihn e.
	99,6	die riefen den HERRN an, und er e. sie 8
	118,5	der HERR e. mich und tröstete mich 21
	119,26	erzähle ich dir meine Wege, und du e. mich
	145	e. mich, HERR; ich will d. Gebote halten
	143,1	e. mich um deiner Gerechtigkeit willen
Spr	15,29	der Gerechten Gebet e. er
	21,13	wird einst auch rufen und nicht e. werden
Jes	41,17	ich, der HERR, will sie e.
	49,8	habe dich e. zur Zeit der Gnade 2Ko 6,2
Jer	14,12	will ich doch ihr Flehen nicht e.
	29,12	ich will euch e.
Klg	3,56	du e. meine Stimme
Dan	10,12	von dem ersten Tage an wurden d. Worte e.
Hos	2,23	zur selben Zeit will ich e... will den Himmel e., der Himmel soll die Erde e. 24
	14,9	ich will dich e. und führen
Mi	3,4	zum HERRN schreit, wird er euch nicht e.
	7,7	mein Gott wird mich e.
Sa	10,6	ich, der HERR, will sie e. 13,9
Jdt	4,11	wissen, daß der Herr euer Gebet e. wird Tob 4,1; 7,13
	9,14	e. Gebet einer armseligen Frau Sir 36,19; Bar 2,14; 2Ma 1,5; StE 2,7; 3,12
Tob	3,24	in derselben Stunde wurden die Gebete e. Sir 3,6; 4,6; 35,16; 46,6; 48,23; 51,15; 2Ma 1,8; StD 1,44
Sir	34,29	wessen Stimme soll der Herr e.
	31	wer soll sein Gebet e.
Mt	6,7	meinen, sie werden e., wenn sie viele Worte
Lk	1,13	dein Gebet ist e.
Jh	9,31	wir wissen, daß Gott die Sünder nicht e.
	11,41	danke dir, daß du mich e. hast
Apg	10,31	Kornelius, dein Gebet ist e.
Heb	5,7	er ist e. worden, weil er Gott in Ehren hielt

Eri, Eriter

1Mo 46,16 Söhne Gads: E. 4Mo 26,16

erinnern

Spr 22,19 e. ich daran heute gerade dich
Jes 43,26 e. mich, laß uns miteinander rechten
     62,6 die ihr den HERRN e. sollt
Hes 21,28 wird sie an ihre Schuld e. 29
Jdt   8,19 e. sie, wie Abraham versucht
Wsh 12,2 warnst sie, indem du sie an ihre Sünden e.
     18,22 indem er an Gottes Eid e.
Sir 23,36 wenn man sich an sie e., flucht man ihr
2Ma 15,9 er e. sie an die Schlachten
Jh 14,26 der wird euch an alles e., was ich euch gesagt habe
Rö 15,15 um euch zu e. kraft der Gnade
1Ko 4,17 damit er euch e. an meine Weisungen
     15,1 ich e. euch an das Evangelium
1Th   2,9 ihr e. euch doch, liebe Brüder 2Th 2,5
2Ti   1,5 ich e. mich an den Glauben 6
     2,14 daran e. sie und ermahne sie Tit 3,1
2Pt   1,12 darum will ich's euch lassen, euch allezeit daran zu e. 13; 2Pt 3,1; Jud 5
3Jh 10 will ich ihn e. an seine Werke, die er tut
Jud 17 e. euch der Worte, die zuvor gesagt sind

Erinnerung

5Mo 25,19 sollst die E. an die Amalekiter austilgen
Wsh 4,20 die E. an sie wird verlorengehen
1Ma 8,22 die Abschrift zur E. an den Frieden
Heb 10,3 vielmehr geschieht dadurch eine E.

Erinnerungsopfer

4Mo 5,15 E., das Schuld ans Licht bringt 18

erjagen

Lk 11,54 belauerten ihn, ob sie etwas aus seinem Mund e. könnten

erkalten

Mt 24,12 wird die Liebe in vielen e.

erkaufen

1Mo 30,16 habe dich e. mit den Liebesäpfeln
Spr 13,8 mit Reichtum muß mancher sein Leben e.
1Ko 6,20 ihr seid teuer e.; darum preist Gott 7,23
2Pt 2,1 verleugnen den Herrn, der sie e. hat
Off 5,9 hast mit deinem Blut Menschen für Gott e.
     14,3 144.000, die e. sind von der Erde 4

erkennen

1Mo 4,1 Adam e. sein Weib Eva 17.25
     24,14 daran werde ich e., daß du Barmherzigkeit
     21 bis er e. hätte, ob der HERR Gnade gegeben
     27,23 er e. ihn nicht; denn s. Hände waren rauh
     37,33 er e. ihn: Es ist meines Sohnes Rock
     38,25 e. du, wem Siegel und Schnur gehören 26
     42,7 (Josef) sah sie an und e. sie 8
     45,1 als sich Josef seinen Brüdern zu e. gab Apg 7,13
2Mo 3,7 habe ich ihre Leiden e.
     11,7 e., daß der HERR einen Unterschied macht
     29,46 daß sie e. sollen, ich sei der HERR, ihr Gott 31,13; 5Mo 29,5; 1Kö 18,37; 20,28; 2Ch 33,13; Jes 43,10; 45,3; 52,6; 61,9; Jer 24,7; Hes 20,12. 26.38; 39,28; Hos 2,22; 6,3
     33,13 laß mich deinen Weg wissen, damit ich dich e. Ps 67,3
     16 woran soll e. werden, daß ich Gnade gefunden
4Mo 16,30 werdet e., daß diese den HERRN gelästert
     32,23 werdet eure Sünde e.
5Mo 8,5 so e. du ja in deinem Herzen
     11,2 e. heute die Erziehung durch den HERRN
     32,27 ihre Widersacher hätten es nicht e.
     34,10 wie Mose, den der HERR e. von Angesicht
Jos 4,24 damit alle Völker die Hand des HERRN e.
     22,31 heute wir e., daß der HERR unter uns ist
Ri 6,37 daran e., daß du Israel erretten wirst
     11,39 sie hatte nie einen Mann e.
     13,21 e. Manoach, daß es der Engel des HERRN war
Rut 3,3 gib dich dem Mann nicht zu e. 14
1Sm 1,19 Elkana e. Hanna, seine Frau
     3,7 Samuel hatte den HERRN noch nicht e.
     20 ganz Israel e., daß Samuel... Prophet
     24,12 daran e. und sieh, daß m. Hände rein sind
     26,17 da e. Saul die Stimme Davids 28,14
2Sm 5,12 David e., daß HERR ihn bestätigt 1Ch 14,2
     14,22 e. dein Knecht, daß ich Gnade gefunden
     19,21 dein Knecht e., daß ich gesündigt
1Kö 1,4 der König e. sie nicht
     8,32 daß du den Frevler als Frevler e. 2Ch 6,23
     39 gibst, wie du sein Herz e. 2Ch 6,30
     43 daß alle Völker deinen Namen e. 2Ch 6,33
     60 damit alle e., daß der HERR Gott ist 2Kö 19,19; Ps 100,3
     17,24 nun e. ich, daß du ein Mann Gottes bist 18,7; 20,41
2Kö 10,10 e., daß kein Wort auf die Erde gefallen
1Ch 12,33 Männer, die e., was Israel tun sollte
     28,9 Salomo, e. den Gott deines Vaters
2Ch 6,30 du allein e. das Herz der Menschenkinder
Neh 9,10 du e., daß sie vermessen waren
Hi 2,12 e. sie (Hiob) nicht 4,16
     12,9 wer e. nicht an dem allen Jes 41,20
     28,7 den Steig dahin hat kein Geier e.
     31,6 wird er e. meine Unschuld
     34,4 daß wir e., was gut ist
     33 was du e., sage an
     37,7 daß die Leute e., was er tun kann
     38,18 hast du e., wie breit die Erde ist
     42,2 ich e., daß du alles vermagst
Ps 4,4 e. doch, daß der HERR seine Heiligen führt
     9,21 daß die Heiden e., daß sie Menschen sind
     46,11 seid stille und e., daß ich Gott bin
     51,5 ich e. meine Missetat
     64,10 Menschen werden e., daß es sein Werk ist
     83,19 werden e., daß du allein HERR heißest
     88,13 werden deine Wunder in d. Finsternis e.
     139,14 das e. meine Seele
     23 Gott, nimm mein Herz; e., wie ich's meine
Spr 9,10 den Heiligen e., das ist Verstand
     20,11 einen Knaben e. man an seinem Tun
Pr 1,17 daß ich e. Tollheit und Torheit
     7,25 zu e., daß Gottlosigkeit Torheit ist
     8,16 richtete mein Herz darauf, zu e. Weisheit
Jes 19,21 die Ägypter werden den HERRN e.
     33,13 die ihr nahe seid, e. meine Stärke
     41,23 damit wir e., daß ihr Götter seid
     43,19 will Neues schaffen, e. ihr's denn nicht

erkennen

Jes	66,14	wird man e. die Hand des HERRN
Jer	3,12	allein e. deine Schuld, daß du
	6,27	daß du seinen Wandel e. sollst
	14,20	wir e. unser gottloses Leben
	22,16	heißt dies nicht, mich recht e.
	23,20	zur letzten Zeit werdet ihr es e. 30,24
	28,9	e., daß sein Wort erfüllt wird
	31,34	e. den HERRN... sollen mich alle e. Heb 8,11
	42,19	e., daß ich euch gewarnt habe
	44,28	werden e., wessen Wort wahr geworden ist
Klg	4,8	daß man sie auf den Gassen nicht e.
Hes	17,24	alle Bäume sollen e., daß ich HERR bin
	20,5	gab mich ihnen zu e. 9; 38,23
	38,16	daß die Heiden mich e. 39,23
Dan	4,14	damit die Lebenden e., daß der Höchste Gewalt hat 22.23.29
Hos	2,10	sie will nicht e., daß ich es bin
	5,15	bis sie ihre Schuld e.
Am	3,2	auf Erden habe ich allein euch e.
Mi	6,5	e., wie der HERR euch alles Gute getan
Sa	2,13	sollt e., daß mich der HERR Zebaoth gesandt hat 15; 4,9; 6,15
	11,11	d. Händler e., daß es des HERRN Wort war
Jdt	5,26	damit alle Völker e., daß Nebukadnezar Gott ist 6,2
	8,22	laßt uns e., daß es eine... Strafe ist
	25	e., daß von Gott kommt, was ich gesagt
	9,15	damit alle Heiden e., daß du Gott bist Tob 8,18; 13,3; Sir 36,19; Bar 2,15.31; 1Ma 4,11
	11,12	als ich, deine Magd, das e.
Wsh	1,6	Gott e. in Wahrheit sein Herz
	2,22	so daß sie Gottes Geheimnisse nicht e.
	5,7	den Weg des Herrn haben wir nicht e.
	12	daß man seine Bahn nicht mehr e. kann
	6,13	die Weisheit läßt sich gern e. 14
	7,21	so e. ich alles, was verborgen ist
	8,21	ich e., daß ich Weisheit nicht erlangen
	9,10	daß ich e., was dir wohlgefällt
	13	welcher Mensch e. den Ratschluß Gottes 17
	10,8	dadurch, daß sie das Gute nicht e.
	12	e., daß die Frömmigkeit mächtiger ist
	11,9	als sie versucht worden waren, e. sie
	16	damit sie e. sollten: womit jemand sündigt
	12,27	e. den als Gott, den sie nicht e. wollten
	13,1	den, der Gott ist, nicht zu e. vermögen
	5	wird ihr Schöpfer wie in einem Bild e.
	9	wenn sie so viel zu e. vermochten
	16,22	damit man e. sollte, wie die Feinde vernichtet
Tob	11,6	sah sie ihn und e. ihn sogleich
Sir	1,6	wer könnte ihre geheimen Gedanken e.
	19,26	einen Vernünftigen e. man an s. Auftreten
	26,12	ein lüsternes Weib e. man an ihrem Blick
	27,8	an der Rede e. man den Menschen
	36,5	damit sie dich e., wie wir e. haben
	37,18	mit seinem Herzen kann ein Mann oft mehr e.
	38,5	damit man seine Kraft e. sollte
	42,23	obwohl man kaum einen Funken davon e. kann
	46,7	die Heiden e., was für Waffen er hatte
	18	man e., daß seine Weissagungen wahr wurden
	51,27	klagte, daß ich sie nicht oft genug e.
Bar	3,21	e. die Pfade nicht, die zu (Weisheit)
	6,51	wird man e., daß es Truggebilde sind
1Ma	7,42	damit die andern e., daß du sie bestraft
2Ma	3,29	daß man deutlich die Macht Gottes e. mußte
	4,47	die als unschuldig e. worden wären
StE	3,11	(der du) e., daß ich die Ehre hasse
StD	2,18	e., wessen Fußtapfen das sind
Mt	7,16	an ihren Früchten sollt ihr sie e. 20
	12,25	Jesus e. ihre Gedanken Mk 2,8; Lk 9,47; 11,17
	33	an der Frucht e. man den Baum Lk 6,44
	13,14	mit sehenden Augen werdet ihr sehen und es nicht e. Mk 4,12; Apg 28,26
	14,35	als die Leute an diesem Ort ihn e. Mk 6,54
	17,12	sie haben ihn nicht e.
	21,45	die Pharisäer e., daß er von ihnen redete
Mk	15,10	er e., daß ihn die Hohenpriester aus Neid überantwortet hatten
Lk	1,18	woran soll ich das e.
	19,42	wenn doch auch du e., was zum Frieden dient
	44	weil du die Zeit nicht e. hast
	21,20	dann e., daß seine Verwüstung nahe herbeigekommen ist
	24,16	ihre Augen gehalten, daß sie ihn nicht e.
	31	wurden ihre Augen geöffnet, und sie e. ihn 35
Jh	1,10	aber die Welt e. ihn nicht
	4,10	wenn du e. die Gabe Gottes
	42	wir haben selber e.: Dieser ist wahrlich der Welt Heiland 6,69
	7,26	sollten unsere Oberen wahrhaftig e. haben
	51	ehe man ihn verhört und e. hat
	8,28	dann werdet ihr e., daß ich es bin 10,38; 14,20
	32	(ihr) werdet die Wahrheit e.
	52	nun e. wir, daß du einen bösen Geist hast
	13,1	e., daß seine Stunde gekommen war
	35	daran wird jedermann e., daß ihr meine Jünger seid
	14,31	die Welt soll e., daß ich den Vater liebe
	16,3	weil sie weder meinen Vater noch mich e.
	17,3	das ist das ewige Leben, daß sie dich e.
	8	haben e., daß ich von dir ausgegangen bin
	23	die Welt e., daß du mich gesandt hast 25
	19,4	damit ihr e., daß ich keine Schuld an ihm finde
Apg	3,10	sie e. ihn auch, daß er es war
	12,14	als sie die Stimme des Petrus e.
	13,27	die Einwohner von Jerusalem, weil sie Jesus nicht e.
	21,24	so werden alle e., daß es nicht so ist
	22,14	erwählt, daß du seinen Willen e. sollst
	23,6	Paulus e., daß ein Teil Sadduzäer war
	24,5	haben e., daß dieser Mann schädlich ist
	25,25	ich e., daß er nichts getan hatte. das des Todes würdig war
Rö	1,19	was man von Gott e. kann, ist ihnen offenbar
	28	wie sie es für nichts geachtet haben, Gott zu e. 1Ko 1,21
	2,20	*hast im Gesetz vor Augen, was zu e. ist*
	7,7	die Sünde e. ich. Gerechtigkeit nicht, die vor Gott gilt
	10,3	sie e. die Gerechtigkeit nicht, die vor Gott gilt
	11,34	wer hat des Herrn Sinn e. 1Ko 2,16
	13,11	das tut, weil ihr die Zeit e.
1Ko	2,8	die keiner von den Herrschern d. Welt e. hat
	14	er kann es nicht e.
	8,2	wenn jemand meint, er habe etwas e., der hat noch nicht e., wie man e. soll
	3	wenn jemand Gott liebt, der ist von ihm e.
	13,12	jetzt e. ich stückweise; dann werde ich e., wie ich e. bin
	14,7	wie kann man e., was auf der Flöte gespielt

erkennen

1Ko	14,37	der e., daß es des Herrn Gebot ist
2Ko	2,4	damit ihr die Liebe e., die
	9	geschrieben, um eure Bewährung zu e.
	3,2	in unser Herz geschrieben, e. und gelesen
	5,16	*ob wir Christus früher... e. haben, e. wir ihn doch jetzt so nicht mehr*
	13,5	oder e. ihr euch selbst nicht, daß
	6	werdet e., daß wir nicht untüchtig sind
Gal	2,9	da sie die Gnade e., die mir gegeben war
	3,7	e.: die aus dem Glauben sind, das sind Abrahams Kinder
	4,9	nachdem ihr Gott e. habt, von Gott e. seid
Eph	1,17	Geist der Weisheit, ihn zu e.
	18	damit ihr e., zu welcher Hoffnung ihr berufen
	3,4	daran könnt ihr meine Einsicht e.
	19	(so könnt ihr) die Liebe Christi e.
Phl	2,7	er ward der Erscheinung nach als Mensch e.
	3,10	ihn möchte ich e.
Kol	1,6	da ihr die Gnade Gottes e. habt in der Wahrheit
	2,2	zu e. das Geheimnis Gottes
1Ti	4,3	denen, die die Wahrheit e. 2Jh 1
2Ti	2,25	ob ihnen Gott Buße gebe, die Wahrheit zu e.
2Pt	2,21	den Weg der Gerechtigkeit nicht e. hätten
1Jh	2,5	daran e. wir, daß wir in ihm sind
	18	daran e. wir, daß es die letzte Stunde ist
	29	e., daß, wer recht tut, der ist von ihm geboren
	3,6	der hat ihn nicht gesehen und nicht e.
	16	daran haben wir die Liebe e., daß
	19	daran e. wir, daß wir aus der Wahrheit sind
	20	Gott e. alle Dinge
	24	daran e. wir, daß (Gott) in uns bleibt 4,13
	4,2	daran sollt ihr den Geist Gottes e.
	6	wer Gott e., der hört uns
	6	daran e. wir den Geist der Wahrheit
	16	wir haben e. die Liebe, die Gott zu uns hat
	5,2	daran e. wir, daß wir Gottes Kinder lieben
	20	uns den Sinn gegeben, daß wir den Wahrhaftigen e.
Heb	11,3	durch den Glauben e. wir, daß
Jak	2,20	e., daß der Glaube ohne Werke tot ist
Off	2,23	alle Gemeinden sollen e., daß ich es bin
	24	die nicht e. haben die Tiefen des Satans
	3,9	e., daß ich dich geliebt habe

Erkenntnis

1Mo	2,9	den Baum der E. des Guten und Bösen 17
2Mo	31,3	habe ihn erfüllt mit E.
4Mo	24,16	der die E. des Höchsten hat
2Ch	1,10	gib mir Weisheit und E. 11.12
Hi	11,6	ist zu wunderbar für jede E.
	33,3	meine Lippen reden lautere E.
Ps	94,10	der die Menschen E. lehrt
	119,66	lehre mich heils. Einsicht und E. Spr 2,6
	139,6	diese E. ist mir zu wunderbar
Spr	1,7	die Furcht d. HERRN ist der Anfang der E.
	22	wollt ihr Toren die E. hassen 29
	2,5	wirst du die E. Gottes finden
	10	E. wird deiner Seele lieblich sein
	3,20	kraft seiner E. quellen Wasser hervor
	5,2	dein Mund wisse E. zu bewahren
	8,9	ist richtig denen, die E. gefunden haben
	10	achte E. höher als kostbares Gold
	11,9	die Gerechten werden durch E. errettet
	14,6	dem Verständigen ist die E. leicht
	18	E. ist der Klugen Krone
	15,2	der Weisen Zunge bringt gute E.

Spr	15,14	des Klugen Herz sucht E. 18,15
	16,21	liebliche Rede mehrt die E.
	21,11	so nimmt er E. an
	22,12	die Augen des HERRN behüten die E.
	20	aufgeschrieben als Rat und E.
	30,3	E. des Heiligen habe ich nicht
Pr	7,27	daß ich E. fände
	9,10	bei Toten gibt es weder E. noch Weisheit
Jes	11,2	auf ihm wird ruhen der Geist der E.
	9	das Land wird voll E. sein Hab 2,14
	28,9	wen will der denn E. lehren
	40,14	der ihm Einsicht gebe und lehre ihn E.
	45,20	keine E. haben, die sich abschleppen
	53,11	durch seine E. Gerechtigkeit schaffen
Dan	12,4	viele werden große E. finden
Hos	4,1	es ist keine E. Gottes im Lande 6
	6	du hast die E. verworfen
	6,6	ich habe Lust an der E. Gottes und nicht
Wsh	2,13	er behauptet, E. Gottes zu haben
	7,17	er gab mir sichere E. dessen, was ist
	14,22	daß sie in der E. Gottes irrten
Sir	17,6	er erfüllte (die Menschen) mit E.
	21,16	die E. eines weisen Mannes wächst
	21	die E... hüllt sich in leere Worte
	22,20	ein Herz, das festhält an verständiger E.
Bar	3,27	noch ihnen den Weg der E. offenbart
	37	(Gott) hat jeden Weg der E. 2Ma 6,30
2Ma	9,11	da begann er, zur E. zu kommen
Lk	1,77	(daß du) des Heils geben seinem Volk
	11,52	ihr habt den Schlüssel der E. weggenommen
Rö	2,20	weil du die Richtschnur der E. hast
	3,20	durch das Gesetz kommt E. der Sünde
	11,33	welch eine Tiefe der E. Gottes
	15,14	daß ihr seid erfüllt mit aller E.
1Ko	1,5	reich gemacht in aller Lehre und aller E.
	8,1	die E. bläht auf, die Liebe baut auf
	7	nicht jeder hat die E. 1.10.11
	12,1	will ich euch nicht ohne E. lassen
	8	andern wird gegeben, von der E. zu reden
	13,2	wenn ich wüßte die Geheimnisse und alle E.
	8	wo doch die E. aufhören wird
	14,6	redete in Worten der E.
2Ko	2,14	Gott, der offenbart den Wohlgeruch seiner E.
	4,6	daß durch uns entstünde die Erleuchtung zur E.
	6,6	(als Diener Gottes:) in E.
	8,7	reich in der E. und in allem Eifer
	10,5	Hohe, das sich erhebt gegen die E. Gottes
	11,6	ungeschickt rede ich, nicht aber in der E.
Eph	3,19	die Liebe Christi, die alle E. übertrifft
	4,13	hingelangen zur E. des Sohnes Gottes
Phl	1,9	daß eure Liebe immer reicher werde an E.
	3,8	für Schaden gegenüber der überschwenglichen E. Christi Jesu
Kol	1,9	daß ihr erfüllt werdet mit der E. seines Willens
	10	daß ihr wachst in der E. Gottes 11; 2Pt 3,18
	2,3	in welchem verborgen liegen alle Schätze der Weisheit und der E.
	3,10	neuen (Menschen), der erneuert wird zur E.
1Ti	2,4	will, daß alle Menschen zur E. der Wahrheit kommen
	6,20	meide das Gezänk der fälschlich so gen. E.
2Ti	3,7	nie zur E. der Wahrheit kommen können
Tit	1,1	E. der Wahrheit, die dem Glauben gemäß ist
Phm	6	in E. all des Guten, das wir haben
2Pt	1,2	Gnade und Frieden durch die E. Gottes
	3	durch die E. dessen, der uns berufen hat
	5	erweist in der Tugend E.

2Pt	1,6	(erweist) in der E. Mäßigkeit	Rö	11,7	was Israel sucht, das hat es nicht e.
	8	nicht unfruchtbar in der E. unseres Herrn		30	wie ihr Barmherzigkeit e. habt wegen ihres Ungehorsams
	2,20	durch die E. unseres Herrn entflohen dem Unrat der Welt		31	damit auch sie jetzt Barmherzigkeit e.
Heb	10,26	nachdem wir die E. der Wahrheit empfangen	1Ko	7,25	*als der ich die Barmherzigkeit e. habe*
				9,24	lauft so, daß ihr ihn e.
			1Th	5,9	das Heil zu e. durch unsern Herrn

erklären

			2Th	2,14	damit ihr die Herrlichkeit unseres Herrn Jesus Christus e.
2Mo	22,8	wen Gott für schuldig e.	2Ti	2,10	damit auch sie die Seligkeit e.
Esr	2,62	wurden als untauglich e. Neh 7,64	1Pt	1,9	wenn ihr das Ziel eures Glaubens e.
Hes	24,19	willst du uns nicht e., was das bedeutet	1Jh	5,15	*wir e., was wir von ihm gebeten haben*
Sir	5,14	verstehst du etwas, e. es deinem Nächsten	Heb	6,15	Abraham e. die Verheißung
Mk	7,19	damit e. er alle Speisen für rein		8,6	*nun aber hat er ein besseres Amt e.*
Apg	28,23	da e. er ihnen das Reich Gottes		11,13	diese alle haben das Verheißene nicht e.
Heb	8,13	e. er den ersten für veraltet		33	diese haben Verheißungen e.
				35	damit sie die Auferstehung, die besser ist, e.

erkunden

				39	doch nicht e., was verheißen war
4Mo	13,2	Männer, die das Land Kanaan e. 16.17.21.25. 32; 14,6.7.34.36.38; 32,8; 5Mo 1,22.24; Jos 14,7		12,10	damit wir an seiner Heiligkeit Anteil e.
Jos	2,2	hereingekommen, das Land zu e. 3; 6,22	Jak	4,2	ihr seid begierig und e.'s nicht
	7,2	Josua sprach: Geht hinauf und e. das Land			

Erlaß

Ri	18,2	sandten fünf Männer, das Land zu e. 14.17			
1Sm	23,23	beobachtet und e. jeden versteckten Ort	Esr	6,11	wenn jemand diesen E. übertritt 12
2Sm	3,25	daß er e. dein Kommen und Gehen	Est	1,20	wenn dieser E. des Königs bekanntw.
	10,3	damit (David) die Stadt e. 1Ch 19,3	1Ma	14,43	alle E. sollten in seinem Namen ausgehen
1Ma	5,38	Leute, die das Lager e. sollten			

erlassen

Mt	2,7	Herodes e. genau von ihnen 16			
Mk	6,38	als sie es e. hatten, sprachen sie	2Mo	5,11	von eurer Arbeit soll euch nichts e. werden
	15,45	als er's e. hatte von dem Hauptmann	5Mo	15,2	wenn einer seinem Nächsten geborgt hat, der soll's ihm e. 3; Neh 5,10.11
Lk	1,3	nachdem ich alles sorgfältig e. habe	Est	3,14	sollte als Gesetz e. werden 8,13
Apg	22,30	wollte er e., warum Paulus verklagt wurde 23,28	Dan	6,8	es solle ein strenges Gebot e. werden 13.14
	24,8	kannst du selbst das alles von ihm e.	Mi	7,18	e. die Schuld denen, die übriggeblieben
			1Ma	10,28	wollen euch viele Abgaben e. 29.33; 11,28.35; 13,39; 15,5.8

erkundigen

			Mt	18,27	die Schuld e. er ihm auch 32
Mt	10,11	e. euch, ob jemand darin ist		20,23	welchen ihr die Sünden e., denen sind sie e.

erlangen

Erlaßjahr

4Mo	36,8	alle Töchter, die Erbteil e.			
1Sm	14,47	Saul Königsherrschaft über Israel e.	3Mo	25,10	soll ein E. für euch sein 11-15.28-33.40.50-54; 27,17-24
Spr	3,4	wirst du Freundlichkeit und Klugheit e.			
	13	wohl dem Menschen, der Weisheit e.	4Mo	36,4	wenn denn nun das E. kommt
	8,35	und e. Wohlgefallen vom HERRN 12,2	5Mo	15,1	alle sieben Jahre ein E. halten 2.9; 31,10
	11,16	ein holdseliges Weib e. Ehre ... die Fleißigen e. Reichtum			

erlauben

	18,22	hat Wohlgefallen e. vom HERRN			
	28,13	sie e. läßt, der wird Barmherzigkeit e.	Esr	3,7	wie es ihnen Kyrus e. hatte
Klg	2,16	wir haben's e., wir haben's erlebt	Jdt	12,6	daß man ihr e., hinauszugehen
Wsh	7,14	die ihn erwarten, e. Gottes Freundschaft	Wsh	19,2	den Israeliten e. hatten, wegzuziehen
	8,21	daß ich Weisheit nicht e. könnte	Tob	1,14	ihm e., überallhin zu gehen
Sir	4,14	wer fest an ihm hält, wird große Ehre e.		2,21	nicht e., von gestohlenem Gut zu essen
	17	wenn er vertraut, wird er (Weisheit) e.	Sir	15,21	er hat niemand e. zu sündigen
	11,10	anstrengst, so e. du doch nichts	1Ma	3,56	wie das Gesetz es ihnen e.
	27,9	folgst du der Gerechtigk., wirst du sie e.		11,58	e. ihm, aus goldenen Gefäßen zu trinken
1Ma	2,51	so werdet ihr einen ewigen Namen e. 6,44	StD		du aber, mein König, e. es nicht
	54	unser Vater Pinhas e. die Zusage	Mt	8,21	Herr, e. mir, daß ich zuvor Lk 9,59.61
	56	darum hat (Kaleb) einen Erbanteil e.		12,2	was am Sabbat nicht e. ist Mk 2,24; Lk 6,2
	6,49	sie e. Geleit vom König		10	ist's am Sabbat zu heilen Lk 14,3
2Ma	5,7	er konnte gleichwohl die Macht nicht e.		19,3	ist's erlaubt, daß sich ein Mann von seiner Frau scheidet 8
	8,20	die Juden e. große Beute			
	13,3	Hoffnung, das Hohepriesteramt wieder zu e.	Mk	5,13	er e. es ihnen Lk 8,32
Mt	5,7	sie e. werden Barmherzigkeit e.	Jh	19,38	Pilatus e. es
Lk	19,12	um ein Königtum zu e. 15	Apg	10,28	nicht e., mit einem Fremden umzugehen
	20,35	gewürdigt werden, jene Welt zu e.		21,39	e. mir, zu dem Volk zu reden 40
Apg	8,20	meinst, Gottes Gabe werde durch Geld e.		22,25	ist es e., einen Menschen, der röm. Bürger ist, zu geißeln
Rö	4,1	was hat er e.			
	9,30	die Heiden haben Gerechtigkeit e.		26,1	es ist dir e., für dich selbst zu reden

erlauben

Apg	27,3	e. ihm, zu seinen Freunden zu gehen
	28,16	wurde dem Paulus e., für sich allein zu wohnen
1Ko	6,12	alles ist mir e., aber nicht alles dient zum Guten 10,23

Erlaubnis

Est	8,11	gab die E., sich zu versammeln
1Ko	7,6	das sage ich als E. und nicht als Gebot

erleben

Hi	9,25	meine Tage haben nichts Gutes e.
Spr	29,16	die Gerechten werden ihren Fall e.
Klg	2,16	wir haben's erlangt, wir haben's e.
Wsh	19,5	damit dein Volk seine Wanderung e.
Tob	9,7	berichtete ihm, was Tobias e. hatte
Sir	25,10	wer e., daß seine Feinde untergehen
	30,1	damit er später Freude an ihm e.

erleichtern

2Ch	10,4	so e. du den harten Dienst 9
Hi	7,13	mein Lager soll mir meinen Jammer e.
1Ma	13,37	schreiben, daß sie euch die Lasten e.
Apg	27,38	e. sie das Schiff und warfen das Getreide in das Meer

Erleichterung

1Ma	13,34	er bat um E. der Lasten

erleiden

2Sm	19,29	meines Vaters Haus hätte den Tod e. müssen
Ps	34,20	der Gerechte muß viel e.
	88,16	(HERR) ich e. deine Schrecken
Jer	10,19	es ist nur eine Plage, ich muß sie e.
Wsh	19,4	damit sie die Strafe e., die
Tob	7,20	nachdem du so viel Leid e. hast
Sir	8,18	mußt um seiner Torheit willen Schaden e.
	13,4	der Arme muß es e.
2Ma	6,30	daß ich (die Schläge) gern e.
	10,12	weil sie bisher viel Unrecht e. hatten
Mt	27,19	ich habe heute viel e. im Traum
Mk	5,26	hatte viel e. von vielen Ärzten
Lk	12,47	wird viel Schläge e. müssen
	48	wer getan hat, was Schläge verdient, wird wenig Schläge e.
	13,2	mehr gesündigt, weil sie das e. haben
	24,26	mußte nicht Christus dies e.
Apg	27,18	da wir großes Ungewitter e.
2Ko	7,9	so daß ihr von uns keinen Schaden e. habt
	11,23	ich habe mehr Schläge e.
	25	dreimal habe ich Schiffbruch e.
Gal	3,4	habt ihr so viel umsonst e.
Eph	3,13	Bedrängnisse, die ich für euch e.
1Th	2,14	ihr habt dasselbe e. von euren Landsleuten, was jene von den Juden e. haben
2Th	1,9	die werden Strafe e., das ewige Verderben
1Ti	1,19	haben einige am Glauben Schiffbruch e.
Heb	11,36	andere haben Spott und Geißelung e.

erlernen

Sir	38,26	wie kann der Weisheit e., der

erlesen

Spr	8,19	mein Ertrag (ist) besser als e. Silber
Jes	54,12	alle deine Grenzen von e. Steinen

erleuchten

2Mo	14,20	dort... finster, hier e. sie die Nacht
Hi	33,30	e. ihn mit dem Licht der Lebendigen
Ps	13,4	e. meine Augen, daß ich nicht entschlafe
	19,9	die Gebote des HERRN e. die Augen
	97,4	seine Blitze e. den Erdkreis
	118,27	der HERR ist Gott, der uns e.
Pr	8,1	Weisheit des Menschen e. sein Angesicht
Sir	45,21	daß er Israel mit seinem Gesetz e. sollte
Lk	2,32	ein Licht, zu e. die Heiden
	11,36	wie wenn dich das Licht e. mit hellem Schein
Jh	1,9	das war das wahre Licht, das alle Menschen e.
Eph	1,18	er gebe euch e. Augen des Herzens
	5,14	so wird dich Christus e.
Heb	6,4	die einmal e. worden sind
	10,32	nachdem ihr e. wart, erduldet einen großen Kampf des Leidens
Off	18,1	die Erde wurde e. von seinem Glanz
	21,23	die Herrlichkeit Gottes e. sie
	22,5	Gott der Herr wird sie e.

Erleuchtung

Dan	5,11	fand sich bei (Daniel) E. 14
2Ko	4,6	daß durch uns entstünde die E.

erlogen

Ps	36,4	alle ihre Worte sind falsch und e.

Erlös

2Ma	8,36	er werde von dem E. den Tribut bezahlen

erlöschen

3Mo	26,16	daß euch die Augen e.
5Mo	28,65	der HERR wird dir geben e. Augen
Jer	14,6	ihre Augen e., weil nichts Grünes wächst
Sa	11,17	sein rechtes Auge (soll) e.
Wsh	7,10	der Glanz, der von ihr ausgeht, e. nicht
Sir	22,10	Licht ist ihm e... Verstand ist ihm e.

erlösen (s.a. Erlöster)

1Mo	48,16	Engel, der mich e. hat, segne die Knaben
2Mo	6,6	will euch e. mit ausgerecktem Arm
	15,13	hast geleitet dein Volk, das du e. hast 5Mo 9,26; 21,8; Neh 1,10; Ps 77,16; 85,2
5Mo	7,8	hat dich e. von der Knechtschaft 13,6; 15,15; 24,18; 2Sm 7,23; Ps 78,42; 106,10; Jes 63,9; Mi 6,4
2Sm	4,9	der mich aus aller Bedrängnis e. 1Kö 1,29
	7,23	Gott hingegangen ist, es zu e. 1Ch 17,21
	19,10	hat uns e. aus der Hand der Philister
Hi	5,20	in der Hungersnot wird er dich e.
	33,24	e. ihn, daß er nicht hinunterfahre 28
Ps	14,7	daß der HERR sein gefangenes Volk e. 53,7
	25,22	Gott, e. Israel aus aller seiner Not
	26,11	e. mich und sei mir gnädig
	31,6	du hast mich e., HERR, du treuer Gott
	34,23	der HERR e. das Leben seiner Knechte

Ps	44,27	e. uns um deiner Güte willen
	49,16	Gott wird mich e. aus des Todes Gewalt
	55,19	er e. mich von denen, die an mich wollen
	69,19	nahe dich zu m. Seele und e. sie ... e. mich
	71,23	m. Lippen und m. Seele, die du e. hast
	72,14	er wird sie aus Bedrückung e.
	74,2	Gemeinde, die du dir zum Erbteil e. hast
	81,7	habe ihre Hände vom Tragkorb e.
	82,4	e. ihn aus der Gewalt der Gottlosen
	103,4	der dein Leben vom Verderben e.
	107,2	sagen, die e. sind durch den HERRN
	119,134	e. mich von der Bedrückung durch Menschen
	154	führe meine Sache und e. mich
	126,1	wenn der HERR die Gefangenen Zions e.
	130,8	er wird Israel e. aus allen seinen Sünden
	136,24	uns e. von unsern Feinden
	144,7	e. mich und errette mich 11
	10	der du e. deinen Knecht David
Spr	11,8	der Gerechte wird aus der Not e.
Jes	1,27	Zion muß durch Gericht e. werden
	29,22	der HERR, der Abraham e. hat
	43,1	fürchte dich nicht, ich habe dich e. 44,22
	44,23	der HERR hat Jakob e. 48,20; Jer 31,11
	45,17	Israel wird e. mit einer ewigen Erlösung
	50,2	m. Arm so kurz, daß e. nicht mehr e. kann
	52,9	der HERR hat Jerusalem e.
	63,4	das Jahr, die Meinen zu e.
Jer	15,21	will dich e. aus der Hand der Tyrannen
Klg	3,58	du e. mein Leben
Hes	36,29	will euch von eurer Unreinheit e.
Hos	7,13	ich wollte sie e.; aber sie reden Lügen
	13,14	ich will sie aus dem Totenreich e.
Mi	4,10	dort wird dich der HERR e.
Sa	8,7	ich will mein Volk e. 13; 10,8
Wsh	16,8	der aus allem Unheil e. kann
	19,9	lobten dich, Herr, der sie e. 2Ma 1,11
Tob	3,16	daß du mich e. aus dieser Schmach
	22	jeder, der dir dient, wird e. Sir 33,1
	4,11	Almosen e. von allen Sünden 12,9
	13,18	er wird seine Stadt Jerusalem e.
Sir	48,23	der Heilige e. sie durch Jesaja
	50,26	uns e., solange wir leben
	51,3	meinen Leib aus dem Verderben e.
	12	du e. sie aus den Händen der Heiden Bar 4,21
2Ma	1,25	der du Israel e. aus allem Übel StE 7,6
	27	e., die den Heiden dienen müssen
	12,46	damit sie von ihrer Sünde e. würden
StE	2,6	dein Eigentum, das du dir e. aus Ägypten
StD	3,64	er hat uns e. aus dem Totenreich
Mt	6,13	führe uns nicht in Versuchung, sondern e. uns von dem Bösen Lk 11,4
	27,43	der e. ihn nun, wenn er Gefallen an ihm hat
Lk	1,68	er hat besucht und e. sein Volk
	74	daß wir, e. aus der Hand unsrer Feinde
	24,21	wir hofften, er sei es, der Israel e. werde
Rö	7,24	wer wird mich e. von diesem Leibe
2Ko	1,10	welcher uns e. hat und e. wird ... hinfort e.
Gal	3,13	Christus hat uns e. von dem Fluch des Gesetzes
	4,5	damit er die, die unter dem Gesetz waren, e.
Eph	5,23	Gemeinde, die er als seinen Leib e. hat
2Th	3,2	daß wir e. werden von den bösen Menschen
2Ti	3,11	aus allen (Verfolgungen) hat mich der Herr e.
	4,17	so wurde ich e. aus dem Rachen des Löwen
	18	der Herr wird mich e. von allem Übel
Tit	2,14	damit er uns e. von aller Ungerechtigkeit
1Pt	1,18	daß ihr nicht mit vergänglichem Silber e.
Heb	2,15	die e., die durch Furcht ... Knechte sein mußten
Off	1,5	ihm, der uns e. hat von unsern Sünden

Erlöser

Hi	19,25	ich weiß, daß mein E. lebt
Ps	19,15	HERR, mein Fels und mein E.
	78,35	dachten daran, daß Gott ihr E. (ist)
Jes	41,14	dein E. ist der Heilige Israels 54,5
	43,14	so spricht der HERR, euer E. 44,6.24; 47,4; 48,17; 49,7; 54,8
	49,26	daß ich dein Heiland bin und dein E. 60,16
	59,20	für Zion wird er als E. kommen
	63,16	„Unser E.", das ist dein Name
Jer	50,34	ihr E. ist stark, der heißt HERR Zebaoth
Apg	7,35	*den sandte Gott als einen E.*
Rö	11,26	es wird kommen aus Zion der E.

Erlöster

Jes	35,9	die E. werden dort gehen
	10	die E. des HERRN werden wiederkommen 51,11
	51,10	zum Wege, daß die E. hindurchgingen
	62,12	wird sie nennen „E. des HERRN"

Erlösung

Ps	111,9	er sendet eine E. seinem Volk
	130,7	viel E. (ist) bei ihm
Jes	45,17	Israel wird erlöst mit einer ewigen E.
Sir	49,12	haben Jakob getröstet und E. verheißen
	51,13	ich bat um E. vom Tod
Mt	20,28	gebe sein Leben zu einer E. *Mk 10,45*
Lk	2,38	die auf die E. Jerusalems warteten
	21,28	weil sich eure E. naht
Rö	3,24	gerecht durch die E., die durch Christus
	8,23	auch wir sehnen uns nach der E. unseres Leibes
1Ko	1,30	der uns von Gott gemacht ist zur E.
Eph	1,7	in ihm haben wir die E. durch sein Blut Kol 1,14
	14	E., daß wir sein Eigentum würden
	4,30	Geist Gottes, mit dem ihr versiegelt seid für den Tag der E.
1Ti	2,6	(Jesus,) sich selbst gegeben für alle zur E.
Heb	9,12	hat eine ewige E. erworben
	15	Tod, der geschehen ist zur E. von den Übertretungen

ermächtigen

Apg	25,5	die unter euch e. sind, laßt hinabziehen

ermahnen

2Ch	24,19	der HERR sandte Propheten, die e. sie
Ps	81,9	höre, mein Volk, ich will dich e.
Jer	11,7	habe eure Väter e ... e. sie immer wieder
Tob	1,15	e. sie, Gottes Wort treu zu bleiben
	10,13	e. sie, die Eltern zu ehren
1Ma	5,32	e. Judas sein Heer, zu kämpfen 2Ma 8,16; 12,42; 13,14
2Ma	6,12	ich möchte aber hier den Leser e.
	7,5	e. sie sich untereinander 25.26
	9,26	deshalb e. und bitte ich euch
	14,25	ihn, daß er eine Frau nehmen
Lk	3,18	mit vielem andern mehr e. er das Volk Apg 2,40

ermahnen

Jh	4,31	*indes e. ihn die Jünger*
Apg	7,26	e. sie, Frieden zu halten, und sprach
	11,23	e. alle, mit festem Herzen an dem Herrn zu bleiben 13,43; 14,22
	13,15	liebe Brüder, wollt ihr das Volk e.
	15,32	Judas und Silas e. die Brüder und stärkten sie
	19,31	e. ihn, sich nicht zum Theater zu begeben
	20,2	als (Paulus) die Gemeinden e. hatte 27,9
	31	nicht abgelassen habe, einen jeden zu e.
	27,22	doch nun e. ich euch: seid unverzagt
	33	e. Paulus alle, Nahrung zu sich zu nehmen 34
Rö	12,1	ich e. euch, daß ihr eure Leiber hingebt
	8	ist jemand Ermahnung gegeben, so e. er
	15,14	so daß ihr euch untereinander e. könnt
	30	ich e. euch 16,17; 1Ko 1,10; 4,14.16; 16,15; 2Ko 2,8; 6,1; 10,1; Eph 4,1; Phl 4,2; Kol 1,28; 1Th 4,1; 5,14; 2Th 3,12; 1Ti 2,1; 5,21; 2Ti 4,1; *Phm 10;* 1Pt 2,11; 5,1.12; Heb 13,19.22
1Ko	14,31	damit alle e. werden
	16,12	daß ich ihn oft e. habe zu kommen
2Ko	5,20	Botschafter, denn Gott e. durch uns
	9,5	nötig, die Brüder zu e. Jud 3
Kol	3,16	lehrt und e. einander in aller Weisheit 1Th 5,11; Heb 3,13; 10,25
1Th	2,12	(daß wir einen jeden von euch) e. haben *11*
	3,2	euch zu e. in eurem Glauben
	5,12	erkennt an, die euch e.
1Ti	1,3	du weißt, wie ich dich e. habe
	4,13	fahre fort mit E., bis ich komme
	5,1	einen Älteren... e. ihn wie einen Vater
	6,2	dies lehre und dazu e. Tit 2,15
2Ti	2,14	daran erinnere sie und e. sie vor Gott
	4,2	weise zurecht, drohe, e. mit aller Geduld
Tit	1,9	damit er die Kraft habe, zu e.
	2,6	e. die jungen Männer, daß sie besonnen seien
	3,10	meide, wenn er einmal und noch einmal e. ist

Ermahnung

5Mo	4,45	dies sind die E. und Gebote und Rechte
Spr	19,27	läßt du ab, mein Sohn, auf E. zu hören
Jdt	4,14	nach dieser E. blieben sie im Gebet
1Ko	14,3	der redet den Menschen zur E.
Eph	6,4	erzieht sie in der Zucht und E. des Herrn
Phl	2,1	ist nun bei euch E. in Christus
1Th	2,3	unsre E. kam nicht aus unlauterem Sinn
Heb	13,22	ich ermahne euch, nehmt dies Wort der E. an

ermangeln

Rö	3,23	sie sind allesamt Sünder und e. des Ruhmes

ermannen

Ri	20,22	da e. sich das Kriegsvolk von Israel
Dan	10,19	e. ich mich und sprach: Mein Herr, rede
	11,32	die ihren Gott kennen, werden sich e.

ermessen

Jes	53,8	wer kann sein Geschick e.
Sir	18,3	wer kann seine große Macht e.

ermorden

1Kö	2,5	weißt, wie er (Abner und Amasa) e. hat
Jer	41,7	e. sie Jischmaël, er und die Männer
1Ma	2,41	wie unsre Brüder e. worden sind 2Ma 12,6
	3,20	wollen uns, unsre Frauen und Kinder e.
	16,22	daß sie ihn wirklich hatten e. wollen
2Ma	4,36	daß Onias gewissenlos e. worden war

ermüden

Pr	10,15	die Arbeit e. den Toren

ermuntern

2Ma	13,12	als sie... e. sie Judas
	15,8	(Makkabäus) e. seine Männer
Eph	5,19	e. einander mit Psalmen und Lobgesängen

ermutigen

2Ch	35,2	(Josia) e. (die Priester) zu ihrem Amt
Jdt	4,10	Jojakim e. ganz Israel
2Ma	15,9	er sagte ihnen e. Worte aus dem Gesetz

ernähren

1Mo	36,7	das Land vermochte sie nicht zu e.
	47,17	so e. er sie mit Brot das Jahr hindurch
Jes	4,1	wir wollen uns selbst e. und kleiden
Wsh	16,26	daß nicht... den Menschen e.
Tob	2,19	seine Frau e. ihn mit Arbeit
Bar	4,8	habt Gott vergessen, der euch e. hat
2Ma	5,27	Judas e. sich nach Art der Tiere
Mt	6,26	euer himmlischer Vater e. sie doch Lk 12,24
Apg	7,20	Mose wurde e. im Hause seines Vaters
	14,17	hat euch e. und eure Herzen mit Freude erfüllt
Off	12,6	daß sie dort e. werde *14*

ernennen

1Ma	14,39	(Demetrius) e. (Simon) zu seinem Freund

erneuen, erneuern

1Sm	11,14	laßt uns dort das Königtum e.
2Ch	15,8	Asa e. den Altar des HERRN
	24,4	nahm sich vor, das Haus des HERRN zu e. *12*
Jes	61,4	sie werden die verwüsteten Städte e.
Klg	5,21	e. unsre Tage wie vor alters
Nah	2,3	der HERR wird die Pracht Jakobs e.
Wsh	7,27	obwohl sie... e. sie das All
1Ma	5,1	hörten, daß das Heiligtum e. war
	12,1	das Bündnis mit den Römern zu e. 3.10. 16.17; 14,18.22.24; 15,17
2Ko	4,16	wird der innere (Mensch) von Tag zu Tag e.
Eph	4,23	e. euch in eurem Geist und Sinn
Kol	3,10	den neuen (Menschen), der e. wird zur Erkenntnis
Heb	6,6	wieder zu e. zur Buße

Erneuerung

Rö	12,2	ändert euch durch E. eures Sinnes
Tit	3,5	machte er uns selig durch das Bad der E.

erniedrigen

1Sm	2,7	der HERR e. und erhöht Ps 75,8
2Sm	22,28	die Augen aller Stolzen e. du Ps 18,28; Jes 2,11.12; 5,15
Neh	5,5	schon sind einige unserer Töchter e. worden
Hi	22,29	er e. die Hochmütigen
Spr	25,7	als daß du e. wirst vor einem Edlen
Jes	10,33	daß die Hohen e. werden Hes 17,24
	23,9	auf daß er e. die Pracht
	25,12	deine hohen Mauern wird er e.
	26,5	er e., die in der Höhe wohnen
	29,4	dann sollst du e. werden
	40,4	alle Berge und Hügel sollen e. werden
Hes	21,31	was hoch ist, soll e. werden
Sir	7,7	e. dich nicht vor der Menge
	12	es gibt einen, der e. und erhöhen kann
	33,12	andere aber hat er verflucht und e.
Mt	18,4	wer sich selbst e., ist der Größte im Himmelreich
	23,12	wer sich selbst erhöht, der wird e. Lk 14,11; 18,14
Lk	3,5	alle Berge und Hügel sollen e. werden
2Ko	11,7	als ich mich e. habe, damit ihr erhöht würdet
	20	ihr ertragt es, wenn euch jemand e.
Phl	2,8	er e. sich selbst

Erniedrigung

Apg	8,33	in seiner E. wurde sein Urteil aufgehoben

ernst

Spr	20,30	man muß dem Bösen wehren mit e. Schlägen

Ernst

Est	9,29	schrieben mit ganzem E.
Ps	119,5	deine Gebote mit ganzem E. hielte
	139,22	ich hasse sie mit ganzem E.
Sir	21,13	Gott mit E. fürchten ist Weisheit
	32,19	wer's aber nicht mit E. meint
Apg	5,28	wir haben euch doch mit E. geboten
Rö	11,22	den E. Gottes: den E. gegenüber denen, die
Tit	2,15	weise zurecht mit ganzem E.
	3,8	ich will, daß du dies mit E. lehrst

ernsthaft

Sir	19,23	es kann einer sehr e. aussehen

ernstlich

Jos	23,11	achtet e. darauf um euer selbst willen
Ps	145,18	ist nahe allen, die ihn e. anrufen
Apg	4,17	laßt uns sie e. bedrohen
Jak	5,16	Gebet vermag viel, wenn es e. ist
Jud	3	nachdem ich e. vorhatte, euch zu schreiben

Ernte

1Mo	8,22	soll nicht aufhören Saat und E.
	41,48	Josef sammelte die E. der sieben Jahre
2Mo	23,16	das Fest der E. und das Fest der Lese
3Mo	23,10	sollt die erste Garbe eurer E. bringen 14
	25,5	was von selber nach eurer E. wächst
	16	die Zahl der E. verkauft er dir
5Mo	16,15	der HERR wird dich segnen in deiner E.
Jos	3,15	war die Zeit der E. über s. Ufer getreten
Jos	5,12	aßen schon von der E. des Landes Kanaan
Ri	6,4	die Midianiter vernichteten die E.
1Sm	8,12	daß sie ihm seine E. einsammeln
2Sm	9,10	bearbeite ihm seinen Acker, bring die E. ein
	21,9	in den ersten Tagen der E. 10; 23,13
Hi	5,5	seine E. verzehrt der Hungrige
	20,28	seine E. wird weggeführt werden
Spr	6,8	sammelt ihre Speise in der E.
	10,5	wer in der E. schläft, macht... Schande
	20,4	so muß er in der E. betteln
	25,13	wie die Kühle des Schnees zur Zeit der E.
	26,1	wie Regen zur E., so reimt sich Ehre
Jes	9,2	wie man sich freut in der E.
	16,9	es ist Kriegsgeschrei in deine E. gefallen
	17,6	wenn man Oliven herunterschlägt in der E.
	11	hin ist die E.
	18,4	wie Taugewölk in der Hitze der E.
	5	vor der E. der Ranken abschneiden
Jer	2,3	Israel, die Erstlingsfrucht seiner E.
	5,17	sie werden deine E. verzehren 48,32
	24	der uns die E. treulich gewährt
	8,20	die E. ist vergangen
	50,16	rottet aus den Schnitter in der E.
	51,33	es wird ihre E. gar bald kommen
Hos	6,11	Juda wird noch eine E. vor sich haben
Jo	1,11	weil aus der E. nichts werden kann
	4,13	greift zur Sichel, denn die E. ist reif
Am	4,7	als noch drei Monate waren bis zur E.
Sir	24,36	läßt Verstand überströmen wie... in der E.
Mt	9,37	die E. ist groß, aber wenige sind der Arbeiter 38; Lk 10,2
	13,30	laßt beides miteinander wachsen bis zur E.
	39	die E. ist das Ende der Welt
Mk	4,29	die E. ist da
Jh	4,35	seht auf die Felder, denn sie sind reif zur E.
Off	14,15	die E. der Erde ist reif geworden

ernten

1Mo	26,12	Isaak e. in jenem Jahre hundertfältig
	45,6	daß weder Pflügen noch E. sein wird
2Mo	34,21	am 7. Tage ruhen, auch in der Zeit der E.
3Mo	25,5	nach der Ernte... sollst du nicht e. 11
5Mo	24,19	wenn du auf deinem Acker gee. hast
2Kö	19,29	im dritten Jahr sät und e. Jes 37,30
Hi	24,6	e. des Nachts auf dem Acker
Ps	126,5	die mit Tränen säen, werden mit Freuden e.
Spr	22,8	wer Unrecht sät, der wird Unglück e.
Pr	11,4	wer auf die Wolken sieht, der e. nicht
Jer	12,13	haben Weizen gesät, aber Dornen gee.
	40,10	sollt Wein und Feigen und Öl e. 12
Hos	8,7	sie säen Wind und werden Sturm e.
	10,12	säet Gerechtigkeit und e... Liebe
	13	ihr pflügt Böses und e. Übeltat
Am	9,13	Zeit, daß man zugleich ackern und e. wird
Mi	6,15	du sollst säen und nicht e.
Sir	7,3	so brauchst du nicht siebenfach zu e.
2Ma	5,7	e. Schande für seinen Anschlag
Mt	6,26	sie säen nicht, sie e. nicht Lk 12,24
	25,24	du e., wo du nicht gesät hast 26; Lk 19,21.22
Jh	4,36	wer e., empfängt schon seinen Lohn
	37	der eine sät, der andere e.
	38	ich habe euch gesandt, zu e.
1Ko	9,11	wenn wir Leibliches von euch e.
2Ko	9,6	wer kärglich sät, der wird auch kärglich e.
Gal	6,7	was der Mensch sät, das wird er e. 8
	9	zu seiner Zeit werden wir auch e.
Off	14,15	die Zeit zu e. ist gekommen 16

Erntezeit

Jdt	2,17	zog hinab in die Ebene zur E.
Mt	13,30	um die E. will ich zu den Schnittern sagen

erobern

4Mo	21,32	e. (Jaser) mit seinen Ortschaften
	32,39	gingen nach Gilead und e. es 41.42
5Mo	20,19	Stadt, gegen die du kämpfst, um sie zu e.
Jos	6,20	so e. sie die Stadt 10,1.28.32.35.37.39; 11,10.12. 19; 19,47; Ri 9,45.50; 2Kö 12,18; 14,7; 2Ch 8,3; 15,8; 17,2; 28,18; Neh 9,25
	15,16	wer Kirjat-Sefer schlägt und e. 17; Ri 1,12.13
	17,12	Manasse konnte diese Städte nicht e. Ri 1,18
Ri	1,8	Juda kämpfte gegen Jerusalem und e. es
2Sm	5,7	David e. die Burg Zion 1Ch 11,5
	12,26	Joab e. die Königsstadt 28.29
2Kö	16,5	Rezin und Pekach konnten (Jerusalem) nicht e. Jes 7,1
	9	der König von Assyrien e. 17,6; Jes 20,1
2Ch	32,18	riefen hebräisch... damit sie die Stadt e.
Jes	7,6	(die Aramäer sagen:) Wir wollen Juda e.
	14,21	daß sie nicht wieder die Welt e.
Jer	32,3	er soll (Jerusalem) e. 24.28; 34,22; 37,8; 38,28
	48,7	sollst du auch e. werden 41
Hes	30,16	No soll e. werden
Hab	1,10	sie schütten Erde auf und e. (Festungen)
Sa	9,4	der Herr wird (Tyrus) e.
	14,2	gegen Jerusalem. Und die Stadt wird e.
Jdt	2,12	e. alle befestigten Städte 1Ma 1,2
	7,10	meinen, daß man sie nicht e. kann
1Ma	4,23	sie e. viel Gold und viele Schätze
	5,8	(Judas) e. die Stadt 28.35.36.44; 2Ma 12,16
	6,63	(Lysias) e. die Stadt 3
2Ma	5,5	als die Stadt gerade e. wurde
Heb	7,4	den Zehnten gab von der e. Beute

eröffnen

Est	3,14	als Gesetz allen Völkern zu e. 8,13
Jdt	2,3	(Nebukadnezar) e. ihnen, daß er
Apg	23,22	daß er ihm das e. hätte
2Pt	1,14	wie es mir unser Herr Jesus Christus e. hat

erproben

Ps	26,2	prüfe mich, HERR, und e. mich
Sir	2,5	werden durchs Feuer der Trübsal e.
	6,7	e. zuerst seine Treue
	27,6	wie der Ofen die neuen Töpfe e., so kann man den Menschen e. an seiner Rede
2Ko	8,22	dessen Eifer wir oft in vielen Stücken e. haben
1Ti	3,10	*dieselben e. man zuvor*

erquicken

2Mo	23,12	daß d. Sklavin Sohn und d. Fremdling sich e.
	31,17	am 7. Tage ruhte (der HERR) und e. sich
Rut	4,15	der wird dich e.
Hi	10,20	daß ich ein wenig e. werde
Ps	19,8	das Gesetz des HERRN e. die Seele
	23,3	e. meine Seele
	39,14	laß ab von mir, daß ich mich e.
	41,4	der HERR wird ihn e. auf seinem Lager
	66,12	du hast uns herausgeführt und uns e.
	68,10	dein Erbe, das dürre war, e. du
	85,7	willst du uns nicht wieder e.
	94,19	deine Tröstungen e. meine Seele
Ps	119,25	e. mich nach deinem Wort 107.154
	37	e. mich auf deinem Wege
	40	e. mich mit deiner Gerechtigkeit
	50	das ist mein Trost, daß dein Wort mich e.
	88	e. mich nach deiner Gnade 159
	93	du e. mich damit
	149	e. mich nach deinem Recht 156
	138,7	wenn ich in der Angst wandle, e. du mich
	143,11	e. mich um deines Namens willen
Spr	3,8	das wird deine Gebeine e.
	10,21	des Gerechten Lippen e. viele
	25,13	ein getreuer Bote e. seines Herrn Seele
	29,17	züchtige o. Sohn, so wird er d. Seele e.
Hl	2,5	er e. mich mit Traubenkuchen
Jes	57,15	daß ich e. den Geist der Gedemütigten
Jer	8,18	was kann mich in meinem Jammer e.
	31,25	ich will die Müden e.
Klg	1,16	der meine Seele e. sollte, ist ferne
Hos	4,13	Linden und Buchen; denn ihr Schatten e.
Sir	31,32	der Wein e. die Menschen
	35,26	wie Regen e., wenn es lange trocken gewesen
	43,24	der Tau nach der Hitze e. alles wieder
Mt	11,28	ich will euch e.
Rö	15,24	daß ich mich zuvor ein wenig an euch e. 32
1Ko	16,18	sie haben meinen und euren Geist e.
2Ko	7,13	sein Geist ist e. worden von euch allen
Phl	2,19	damit ich auch e. werde
2Ti	1,16	er hat mich oft e. und hat sich nicht geschämt
Phm	7	weil die Herzen der Heiligen e. sind durch dich
	20	e. mein Herz in Christus

Erquickung

Jes	28,12	schaffet Ruhe den Müden, das ist die E.
Apg	3,20	damit die Zeit der E. komme

erraffen

Spr	13,11	hastig e. Gut zerrinnt

erraten

Ri	14,12	wenn ihr mir das (Rätsel) e. 13.14.19
Dan	5,12	dazu Klugheit, dunkle Sprüche zu e.
Wsh	8,8	die Weisheit, die das Zukünftige e.

errechnen

2Ma	3,6	daß man die Höhe der Gelder nicht e. könne

erregen

Rut	1,19	e. sich die ganze Stadt über sie
1Sm	25,25	mein Herr e. sich nicht über Nabal
Hi	26,12	durch seine Kraft hat er das Meer e.
Ps	78,26	er e. durch seine Stärke den Südwind
	107,25	wenn er sprach und einen Sturmwind e.
	140,3	die Böses planen und täglich Streit e.
Spr	10,12	Haß e. Hader
	15,1	ein hartes Wort e. Grimm
Jes	51,15	bin ich der HERR, der das Meer e.
Sir	31,20	damit du keinen Anstoß e.
	36,8	Grimm und schütte Zorn aus
Mt	10,35	*den Menschen zu e. wider seinen Vater*
	21,10	e. sich die ganze Stadt
Apg	6,12	*sie e. das Volk 17,8*

Apg	13,50	e. eine Verfolgung wider Paulus		
	14,2	die Juden e. die Seelen der Heiden		
	16,22	das Volk ward e. wider sie		
	17,6	diese, die den ganzen Weltkreis e.		
	24,5			
	13	kamen (die Juden) und e. Unruhe 21,27		
	21,30	die ganze Stadt wurde e.		
Rö	7,5	Leidenschaften, die durchs Gesetz e. wurden		
	8	e. in mir Begierden aller Art		
1Ko	10,32	e. keinen Anstoß, weder bei den Juden noch bei den Griechen		

erreichen

1Mo	25,7	Abrahams Alter, das er e. hat: 175 Jahre
1Sm	23,17	Sauls Hand wird dich nicht e.
Hi	37,23	den Allmächtigen e. wir nicht
Spr	2,19	e. den Weg des Lebens nicht
Jes	65,20	wer die hundert Jahre nicht e.
Dan	6,25	ehe sie den Boden e., ergriffen die Löwen
	12,12	wohl dem, der e. 1.335 Tage
1Ma	9,9	es ist nicht möglich, daß wir etwas e.
	60	Plan hinterbracht, darum e. sie nichts
	12,30	doch konnte er sie nicht mehr e.
2Ma	14,28	als nun dieser Befehl Nikanor e.
StD	3,24	die (die Flamme) vor dem Ofen e.
Apg	20,15	des folgenden Tages e. wir Samos
Rö	9,31	Israel hat (d. Gesetz) nicht e.
Phl	3,16	was wir e. haben, darin laßt uns leben

erretten (s.a. Erretteter)

1Mo	32,12	e. mich von der Hand meines Bruders
	37,21	wollte (Josef) aus ihren Händen e. 22
2Mo	3,8	daß ich sie e. aus der Ägypter Hand 6,6; 14,30; 18,8-11; Ri 6,9; 1Sm 10,18; Apg 7,34
	5,23	hast dein Volk nicht e.
	12,27	die Ägypter schlug und unsere Häuser e.
	18,4	der Gott meines Vaters hat mich e.
4Mo	10,9	daß ihr e. werdet von euren Feinden
	35,25	die Gemeinde soll den Totschläger e.
5Mo	23,15	um dich zu e. und d. Feinde dahinzugeben
	25,11	läuft hinzu, um ihren Mann zu e.
	32,39	niemand ist da, der aus meiner Hand e.
Jos	2,13	daß ihr uns vom Tode e.
	9,26	er e. sie aus der Hand der *Israeliten
	22,31	nun habt ihr die *Israeliten e.
	24,10	ich e. euch aus seinen Händen
Ri	2,18	der HERR e. sie aus der Hand ihrer Feinde 8,34
	3,9	erweckte ihnen einen Retter, der sie e. 31
	6,14	sollst Israel e. aus den Händen der Midianiter 15.36.37; 7,2.7; 8,22; 9,17
	10,1	stand auf, Israel zu e., Tola
	13	will ich euch nicht mehr e. 15
	13,5	(Simson) wird anfangen, Israel zu e.
	18,28	niemand, der (Lajisch) e. hätte
1Sm	4,3	e. aus der Hand unserer Feinde 12,10.11
	8	wehe uns! Wer will uns e.
	7,3	e. aus der Hand der Philister 14; 9,16; 2Sm 19,10
	12,21	können nicht e., weil sie nichtig sind
	48	(Saul) e. Israel aus der Hand aller, die
	17,35	e. (das Schaf) aus seinem Maul 37
	23,2	sprach zu David: Du wirst Keïla e. 5
	26,24	er e. mich aus aller Not 2Sm 22,1.4.18; Ps 18,1.4.18.49
2Sm	3,18	durch David will ich mein Volk Israel e.
	12,7	habe dich e. aus der Hand Sauls
	14,16	daß er mich e. aus der Hand aller
1Kö	1,12	daß du dein Leben e.

2Kö	14,27	der HERR e. sie durch Jerobeam
	17,39	der wird euch e. von euren Feinden
	18,29	Hiskia vermag euch nicht zu e. Jes 36,14
	30	der HERR wird uns e. 32.35; 2Ch 32,11.14.15.17; Jes 36,15.18.20
	33	haben etwa die Götter ihr Land e. 34.35; 19,12; 2Ch 25,15; 32,13-15.17; Jes 36,18-20; 37,12
	19,11	du allein solltest e. werden Jes 37,11
	19	HERR, e. uns aus seiner Hand Jes 37,20
	30	was vom Hause Juda e. ist, wird von neuem
	34	daß ich sie e. um meinetwillen Jes 37,35
	20,6	will dich und diese Stadt e. Jes 38,6
1Ch	16,35	e. uns von den Heiden
2Ch	12,7	ich will sie in Kürze e.
Esr	8,31	die Hand unseres Gottes e. uns
Neh	9,28	du e. sie viele Male
Est	4,13	denke nicht, daß du dein Leben e.
Hi	5,19	in sechs Trübsalen wird er dich e.
	6,23	e. mich und kauft mich los
	10,7	niemand, der aus deiner Hand e. kann Jes 43,13; Hos 2,12
	22,30	auch wer nicht unschuldig ist, wird e. werden; er wird e. um... deiner Hände willen
	29,12	ich e. den Armen Ps 72,12; Jer 20,13
	36,15	den Elenden wird er e.
Ps	6,5	e. mich 7,2; 17,13; 25,20; 109,21; 116,4; 119,153; 120,2; Jes 44,17
	18,4	so werde ich vor meinen Feinden e.
	22,6	zu dir schrien sie und wurden e.
	21	e. meine Seele vom Schwert 35,17
	31,2	e. mich durch deine Gerechtigkeit 71,2
	16	e. mich von der Hand m. Feinde 59,2; 143,9
	32,7	daß ich e. gar fröhlich rühmen kann
	33,17	ihre große Stärke e. nicht
	19	daß er sie e. vom Tode
	34,5	e. mich aus aller meiner Furcht
	18	e. sie aus all ihrer Not 54,9
	37,40	wird er sie e... von den Gottlosen e. 97,10
	39,9	e. mich aus aller meiner Sünde
	40,14	laß dir's gefallen, mich zu e.
	41,2	den wird der HERR e. zur bösen Zeit
	43,1	e. mich von d. falschen Leuten 59,3; 140,2
	50,15	so will ich dich e., du sollst m. preisen
	51,16	e. mich von Blutschuld
	56,14	du hast mich vom Tode e. 116,8
	60,7	daß deine Freunde e. werden, dazu hilf
	68,21	den HERRN, der vom Tode e.
	69,15	e. mich aus dem Schlamm, daß ich e. werde
	70,2	eile, Gott, mich zu e.
	79,9	e. uns und vergib uns unsre Sünden
	82,4	e. den Geringen und Armen
	86,13	du hast mich e. aus der Tiefe des Todes
	89,49	der seine Seele e. aus des Todes Hand
	91,3	e. dich vom Strick des Jägers
	14	er liebt mich, darum will ich ihn e.
	107,6	er e. sie aus ihren Ängsten 20
	108,7	laß deine Freunde e. werden
	119,170	e. mich nach deinem Wort
	142,7	e. mich von meinen Verfolgern
	144,7	erlöse mich und e. mich 11
Spr	6,5	e. dich wie ein Reh aus der Schlinge
	10,2	Gerechtigkeit e. vom Tode 11,4
	11,6	Gerechtigkeit der Frommen wird sie e.
	9	der Gerechte werden durch Erkenntnis e.
	21	der Gerechten Geschlecht wird e. werden
	12,6	die Frommen e. ihr Mund
	23,14	du e. ihn vom Tode
	24,11	e., die man zum Tode schleppt

erretten

Jes	19,20	der wird ihre Sache führen und sie e.
	20,6	daß wir e. würden vor d. König von Assyrien
	31,5	er wird schützen, e., schonen
	44,20	daß er sein Leben nicht e. wird 47,14
	46,4	ich will heben und tragen und e.
	50,2	ist bei mir keine Kraft mehr, zu e.
	66,19	will einige, die e. sind, senden
Jer	1,8	ich will dich e. 19; 15,20.21; 39,17
	21,12	den Bedrückten 22,3
	30,10	will dich e. aus fernen Landen
	31,11	der HERR wird Jakob e.
	42,11	daß ich euch von seiner Hand e.
Klg	5,8	niemand, der uns von ihrer Hand e.
Hes	3,19	aber du hast dein Leben e. 21; 33,9
	7,19	ihr Gold kann sie nicht e. am Tage des Zorns
	13,21	will mein Volk aus eurer Hand e. 23; 34,10. 12.27
	14,18	sie allein würden e. werden
Dan	3,15	der euch aus meiner Hand e. könnte
	17	wenn unser Gott will, kann er uns e. 6,21
	28	gelobt sei Gott, der s. Knechte e. hat
	29	es gibt keinen Gott, der so e. kann
	6,15	der König mühte sich, (Daniel) zu e.
	28	der hat Daniel von den Löwen e.
	8,4	kein Tier konnte vor s. Gewalt e. werden 7
	12,1	zu jener Zeit wird dein Volk e. werden
Hos	13,14	will sie erlösen und vom Tode e.
Jo	3,5	wer … anrufen wird, der soll e. werden
Mi	4,10	von dort wirst du wieder e. werden
	5,5	wird er uns von Assur e.
Ze	1,18	wird sie Silber und Gold nicht e. können
Sa	10,6	will das Haus Josef e.
	11,6	will sie nicht e. aus ihrer Hand
	12,7	der HERR wird zuerst die Hütten Judas e.
Jdt	6,17	wenn uns der Herr, unser Gott, e. 16,4; 1Ma 9,46; 2Ma 8,14.15; StE 3,12
Wsh	2,18	wird ihn e. aus der Hand der Widersacher
		Bar 4,18
	9,19	(Menschen) durch Weisheit e. 10,2
Sir	29,15	(Schatz von Wohltaten) wird dich e.
	34,13	bin durch mein Wissen e. worden
	51,4	du hast mich e. 16; 2Ma 2,19
	12	du e. alle, die auf dich warten
Bar	6,36	(Götzen) können vom Tod nicht e.
1Ma	2,59	glaubten und wurden aus dem Feuer e. 60; StD 3,19
	4,9	wie unsre Väter e. worden sind
	11	einer ist, der dem Isr. hilft und e.
		wollte sich opfern, um Israel zu e. 9,21; 16,2
StD	1,62	an diesem Tage unschuldiges Blut e.
Lk	1,71	daß er uns e. von unsern Feinden
Apg	2,40	laßt euch e. aus diesem verkehrten Geschlecht
	7,10	(Gott) e. ihn aus aller seiner Bedrängnis
	12,11	der Herr mich aus der Hand des Herodes e.
	26,17	ich will dich e. von deinem Volk
Rö	15,31	damit ich e. werde von den Ungläubigen
2Ko	1,10	der uns aus solcher Todesnot e. hat und e. wird
Gal	1,4	daß er uns e. von dieser bösen Welt
Kol	1,13	er hat uns e. von der Macht der Finsternis
1Th	1,10	Jesus, der uns von dem zukünftigen Zorn e.
2Pt	2,7	und hat den gerechten Lot e.
	9	weiß die Frommen aus der Versuchung zu e.
Heb	5,7	dem dargebracht, der ihn vom Tod e. konnte
	10,39	die glauben und die Seele e.
Jak	5,20	der wird seine Seele vom Tode e.

Erretter

2Sm	22,2	der HERR ist mein E. Ps 18,3; 144,2
Hi	5,4	kein E. ist da Ps 71,11; Jes 42,22
Ps	40,18	du bist mein Helfer und E. 70,6

Erretteter

2Kö	19,31	die E. vom Berge Zion Jes 37,31.32
2Ch	30,6	so wird er sich zu den E. kehren
Esr	9,8	daß er uns noch E. übriggelassen 13.15

Errettung

1Mo	45,7	euer Leben erhalte zu einer großen E.
Est	4,14	wird eine E. den Juden erstehen
Jo	3,5	auf dem Berge Zion wird E. sein

errichten

1Mo	13,4	wo er den Altar e. hatte 33,20; 35,1.3
5Mo	16,21	sollst keinen Holzpfahl als Ascherabild e.
2Sm	24,18	geh hinauf und e. dem HERRN einen Altar
1Ch	26,27	geheiligt, um das Haus des HERRN zu e.
2Ch	33,3	(Manasse) e. den Baalen Altäre
Esr	4,12	begonnen, die Mauern zu e. 13.16; 5,3.9
Ps	103,19	der HERR hat seinen Thron im Himmel e.
Hes	26,8	gegen dich wird er Bollwerke e.
Sir	50,2	er e. (den Tempel) in doppelter Höhe
1Ma	1,50	Tempel und Götzenbilder e. sollten 57
Heb	8,5	Mose, als er die Stiftshütte e. sollte

Errichtung

2Mo	35,21	die Opfergabe zur E. der Stiftshütte

erringen

1Ma	3,19	Sieg wird nicht durch große Zahl e.
	5,61	gemeint, sie könnten sich Ruhm e.

ersaufen

Mt	8,32	die Säue e. im Wasser Mk 5,13; Lk 8,33

ersäufen

Ps	69,3	die Flut will mich e. 16
	106,11	die Wasser e. ihre Widersacher
	124,4	wäre der HERR nicht bei uns, so e. uns
Jes	43,2	daß dich die Ströme nicht e. sollen
Jdt	5,11	Ägypter wurden im Meer e. 9,7; Wsh 10,19
Mt	18,6	besser, daß er e. würde im Meer
Off	12,15	Wasser hinter der Frau her, um sie zu e.

erschaffen

Hi	31,15	hat nicht auch ihn e., der mich schuf
Sir	16,25	als der Herr im Anfang seine Werke e.
Bar	4,7	habt den, der euch e. hat, gereizt

Erschaffung

Lk	11,50	Blut, das vergossen ist seit E. der Welt

erschallen

2Sm	22,14	der Höchste ließ seine Stimme e. Ps 18,14; 68,34; Jes 30,30
2Ch	29,28	betete an, und der Gesang e.

Erscheinung

Esr	3,12	jauchzten, so daß das Geschrei laut e.
Est	9,4	die Kunde von ihm e. in allen Ländern
Ps	29,3	die Stimme des HERRN e. über den Wassern
	66,8	laßt seinen Ruhm weit e.
Jer	25,30	wird seinen Ruf e. lassen über alle
	30,19	soll aus ihr e. Lobgesang
	46,12	deine Schande ist unter den Völkern e.
	49,2	will ein Kriegsgeschrei e. lassen 50,2.46
	51,55	es e. ihr lautes Tosen
Hes	16,14	dein Ruhm e. deiner Schönheit wegen
Jo	2,11	der HERR wird seinen Donner e. lassen
Wsh	18,10	als Widerhall e. das Geschrei der Feinde
Mt	4,24	die Kunde von ihm e. 9,26; Mk 1,28; Lk 4,14.37; 7,17
1Ko	15,52	es wird die Posaune e.
1Th	1,8	von euch aus ist das Wort des Herrn e.
	4,16	wenn die Stimme des Erzengels und die Posaune Gottes e.

erschaudern

Hes	4,17	damit sie, einer wie der andere, e.

erscheinen

1Mo	12,7	da e. der HERR Abram 17,1; 18,1; 26,2.24; 31,13; 35,1.9; 48,3; 2Mo 6,3; Apg 7,2;
2Mo	3,2	der Engel des HERRN e. ihm Ri 6,12; 13,3. 10.21; Apg 7,30.35
	16	der HERR, der Gott eurer Väter, ist mir e. 18; 5,3
	4,1	werden sagen: Der HERR ist dir nicht e.
	5	werden glauben, daß dir e. ist der HERR
	9,16	daß meine Kraft an dir e.
	16,10	die Herrlichkeit des HERRN e. in der Wolke 3Mo 9,23; 4Mo 14,10; 16,19; 17,7; 20,6
	23,15	e. nicht mit leeren Händen vor mir 34,20; 5Mo 16,16
	17	dreimal im Jahre soll e. vor dem HERRN 34,23.24; 5Mo 16,16
3Mo	9,4	heute wird euch der HERR e.
	6	auf daß euch des HERRN Herrlichkeit e.
	13,25	die Stelle e. tiefer als die übrige Haut
	16,2	ich e. in der Wolke über dem Gnadenthron
5Mo	31,11	zu e. vor dem Angesicht des HERRN
	15	der HERR e. in einer Wolkensäule
	33,2	er ist e. vom Berge Paran her
1Sm	1,22	daß (der Knabe) vor dem HERRN e.
	3,21	der HERR e. weiter zu Silo
1Kö	3,5	der HERR e. Salomo im Traum 2Ch 1,7; 7,12
	9,2	e. ihm der HERR zum zweitenmal 11,9
2Ch	3,1	wo der HERR seinem Vater David e. war
Hi	34,23	wann er vor Gott zum Gericht e. muß
Ps	21,10	wenn du e. wirst
	80,2	e., der du thronst über den Cherubim
	94,1	du Gott der Vergeltung, e.
	102,17	der HERR e. in seiner Herrlichkeit
Jes	1,12	wenn ihr kommt, zu e. vor mir
	60,2	seine Herrlichkeit e. über dir
Jer	31,3	der HERR ist mir e. von ferne
Hes	10,8	e. etwas wie eines Menschen Hand
Dan	8,1	e. mir, Daniel, ein Gesicht
Sa	8,6	e. dies... unmöglich e. in meinen Augen
	9,14	der HERR wird über ihnen e.
Mal	3,2	wer wird bestehen, wenn er e.
Wsh	1,2	er e. denen, die ihm nicht mißtrauen
	6,17	sie e. ihm freundlich auf seinen Wegen
	17,4	greuliche Gestalten e. ihnen

Wsh	17,6	es e. ihnen ein... Feuer
Sir	35,6	sollst du nicht mit leeren Händen e.
Bar	3,38	danach ist (die Weisheit) auf Erden e.
2Ma	2,8	dann wird die Herrlichkeit des Herrn e.
	3,25	es e. ihnen ein Pferd 10,29; 11,8
	26	dem Heliodor zwei junge Männer 33
	15,13	danach e. ihm ein alter Mann
Mt	1,20	da e. (Josef) der Engel des Herrn 2,13.19; Lk 1,11
	2,7	wann der Stern e. wäre
	17,3	da e. ihnen Mose und Elia Mk 9,4; Lk 9,31
	24,30	dann wird e. das Zeichen des Menschensohns
	27,53	kamen in die heilige Stadt und e. vielen
Mk	16,9	e. er zuerst Maria von Magdala
	11	als diese hörten, daß er ihr e. (sei)
Lk	1,79	damit e. denen, die sitzen in Finsternis
	9,8	Elia ist e.
	22,43	e. ein Engel vom Himmel und stärkte ihn
	24,11	es e. ihnen diese Worte, als wär's Geschwätz
	34	der Herr ist wahrhaftig auferstanden und e.
Apg	2,3	es e. ihnen Zungen zerteilt, wie von Feuer
	7,2	Gott e. unserm Vater Abraham
	9,10	der Herr e. und sprach: Hananias
	17	Jesus, der dir auf dem Wege e. ist
	10,40	den hat Gott auferweckt und e. lassen 13,31
	16,9	*dem Paulus e. ein Gesicht bei der Nacht*
	24,1	die e. vor... gegen Paulus 25,2.15
	25,27	es e. mir unsinnig, einen Gefangenen zu schicken
	26,16	dazu bin ich dir e., um dich zu erwählen
	27,20	*da weder Sonne noch Sterne e.*
Rö	7,13	*Sünde, auf daß sie als Sünde e.*
	10,20	ich e. denen, die nicht nach mir fragten
2Th	1,10	daß er e. und wunderbar e. bei allen Gläubigen
1Ti	3,16	er ist e. den Engeln
Tit	2,11	es ist e. die heilsame Gnade Gottes
	3,4	als e. die Freundlichkeit Gottes
1Pt	4,18	*wo will der Sünder e.*
	5,4	wenn e. wird der Erzhirte
1Jh	1,2	das Leben ist e., das beim Vater war und uns e. ist
	3,2	*es ist noch nicht e., was wir sein werden*
	5	daß er e. ist, damit er die Sünden wegnehme
	8	dazu ist e. der Sohn Gottes
	4,9	darin ist e. die Liebe Gottes
Heb	9,24	um für uns vor dem Angesicht Gottes zu e.
	26	am Ende der Welt ist er ein für allemal e.
	28	wird er nicht der Sünde wegen e.
Off	12,1	es e. ein großes Zeichen am Himmel 3

Erscheinung

2Mo	3,3	will die wundersame E. besehen
Wsh	17,15	wurden bedrängt durch schreckliche E. 6
2Ma	2,22	(die Geschichten) von den E.
	15,11	er sagte ihnen auch von einer E. 12
Mt	17,9	ihr sollt von dieser E. niemandem sagen
	28,3	seine E. war wie der Blitz
Lk	1,22	sie merkten, daß er eine E. gehabt hatte
	24,23	sagen, sie haben eine E. von Engeln gesehen
Apg	7,31	als Mose das sah, wunderte er sich über die E.
	9,12	(er) hat in einer E. einen Mann gesehen
	10,3	der hatte eine E. um die neunte Stunde am Tage 17.19; 11,5
	12,9	eine E. zu sehen
	16,9	Paulus sah eine E. bei Nacht 10; 18,9
	26,19	war der himmlischen E. nicht ungehorsam
2Ko	12,1	will ich doch kommen auf die E. des Herrn

Erscheinung

Phl	2,7	ward der E. nach als Mensch erkannt
2Th	2,8	wird ihm ein Ende machen durch seine E.
1Ti	6,14	bis zur E. unseres Herrn Jesus Christus
2Ti	1,10	jetzt aber offenbart ist durch die E.
	4,1	bei seiner E. und seinem Reich
	8	allen, die seine E. liebhaben
Tit	2,13	warten auf die E. der Herrlichkeit
Heb	12,21	so schrecklich war die E., daß Mose sprach
Off	9,17	so sah ich in dieser E. die Rosse

erschießen

2Mo	19,13	soll gesteinigt oder e. werden
Jes	13,18	die Jünglinge mit Bogen e.

erschlagen (s.a. Erschlagener)

1Mo	4,15	daß ihn niemand e., der ihn fände
	23	einen Mann e. ich für meine Wunde
	25	für Abel, den Kain e. hat
	34,25	e. alles, was männlich war 26
	30	gegen mich versammeln, werden mich e.
2Mo	2,12	e. (Mose) den Ägypter Apg 7,24
	9,25	der Hagel e. Menschen und Vieh
	13,15	e. der HERR alle Erstgeburt in Ägyptenland
	32,27	jeder e. seinen Bruder, Freund u. Nächsten
3Mo	24,17	wer irgendeinen Menschen e. 18.21; 4Mo 35,30
4Mo	19,16	wer einen berührt, der e. ist
	25,14	der israelit. Mann, der e. wurde 15.18
5Mo	13,16	sollst die Bürger e. 20,13; Jos 11,6.8.10-12.14; Ri 1,10.17; 3,29; 11,21
	19,4	wenn jemand seinen Nächsten e. 21,1
	25,18	wie (die Amalekiter) deine Nachzügler e.
	27,24	verflucht, wer seinen Nächsten heimlich e.
Jos	7,5	die Männer von Ai e. etwa 36 Mann 8,22
	9,18	e. sie nicht, weil die Obersten
	20,3	der jemand aus Versehen e. 5,9
Ri	3,31	Schamgar e. 600 Philister
	5,27	so lag (Sisera) e. da
	7,25	(die von Ephraim) e. Oreb und Seeb
	8,17	(Gideon) e. die Leute der Stadt 18.20.21
	9,40	viele blieben e. liegen 43.44
	54	ein Weib hat ihn e. 2Sm 11,21
	12,6	sprach er: Sibbolet, e. (sie) ihn
	14,19	(Simson) e. 30 Mann in Aschkelon 15,15.16
	16,24	Feind... der viele von uns e.
	20,31	e. anfangs einige vom Kriegsvolk 39.45
1Sm	4,2	sie e. in der Feldschlacht etwa 4.000
	13,3	da e. Jonatan die Wache der Philister 4
	17,9	e. er mich, so wollen wir Knechte sein 46
	25	wer ihn e., will den König reich m. 26.27
	36	so hat dein Knecht Löwen und Bären e.
	52	die Philister blieben e. liegen
	18,7	Saul hat 1.000 e., aber David 10.000
	27	David mit seinen Männern e. 200 Mann 2Sm 2,31; 21,18.19.21; 23,8.20.21; 1Ch 11,11.20.22.23; 20,4.5.7
	19,5	(David) hat den Philister e. 21,10
	22,17	die Priester des HERRN... sie zu e. 18
	31,1	blieben e. liegen auf dem Gebirge Gilboa 2; 2Sm 1,19.25; 1Ch 10,1.2
2Sm	5,8	wer die Lahmen und Blinden e.
	10,18	Schobach, den Feldhauptmann, e. (David)
	11,15	daß (Uria) e. werde 12,9
	13,30	Absalom habe e. die Söhne des Königs e. 14,7
	17,2	will ich den König allein e. 21,16
1Kö	2,32	weil er zwei e. hat, die besser waren als
	9,16	der Pharao hatte die Kanaaniter e.
	11,15	da e. er alles, was männlich war in Edom
1Kö	15,27	Bascha machte eine Verschwörung und e. ihn
	29	(Bascha) e. das ganze Haus Jerobeam
	16,11	(Simri) e. das ganze Haus Bascha 16; 2Kö 9,31
	20,20	e. jeder den, der vor ihn kam
2Kö	3,23	einer wird den andern e. haben
	6,22	e. du die, die du gefangen hast
	8,12	wirst ihre junge Mannschaft mit dem Schwert e. 2Ch 36,17; Hes 9,6-8; 11,6
	10,9	wer aber hat diese alle e.
	11	e. alle Übriggebliebenen 17; 1Ch 4,43
	25	geht hinein und e. jedermann
	12,21	seine Großen e. (Joasch) 14,5; 2Ch 25,3
	19,37	e. ihn seine Söhne Jes 37,38
	21,24	das Volk e. alle, die die Verschwörung gemacht 2Ch 33,25
	25,7	sie e. die Söhne Zedekias vor seinen Augen
1Ch	5,22	waren viele e. liegengeblieben 2Ch 13,17
2Ch	21,4	Joram e. seine Brüder 13
	22,1	die streifende Rotte hatte alle e.
	23,21	die Stadt blieb still, obwohl Atalja e. war
	25,11	Amazja e. 10.000 Männer
	28,7	Sichri e. Maaseja, den Königssohn
	9	ihr aber habt sie mit solcher Wut e.
Hi	1,15	die aus Saba e. die Knechte 17
	6,9	daß mich doch Gott e. wollte
Ps	110,6	er wird viele e.
Jes	14,20	du hast dein Volk e.
	22,2	sind nicht mit dem Schwert e.
	66,3	gleicht dem, der einen Mann e.
Jer	33,5	die ich in meinem Zorn e. habe
	40,14	gesandt, daß er dich e. soll 15; 41,2-4.9.16.18
	43,11	soll mit dem Schwert e., wen es trifft
	46,5	wie kommt's, daß ihre Helden e. sind
Klg	2,20	sollen Propheten und Priester e. werden
Hes	26,11	dein Volk wird er mit dem Schwert e. 31,18; 32,15.20.22-24.28.30.31
Dan	11,12	er wird viele Tausende e. 26
Ze	2,12	auch ihr Kuschiter sollt e. werden
Jdt	5,16	soft sie... wurden sie e. 8,15
	18	e. die Könige der Kanaaniter
	15,5	e. alle, die sie einholen konnten 2Ma 5,12.24; 10,35
	16,14	unmündige Knaben e. (die Assyrer)
Tob	1,24	wurde der König von seinen Söhnen e.
	2,2	einer der Israeliten liege e. auf der Gasse
1Ma	2,9	die Kinder sind auf den Gassen e.
	44	e. viele Gottlose 3,8.11.24; 9,40; 11,48; 2Ma 8,20; 10,31
	10,50	Demetrius wurde an diesem Tag e.
2Ma	1,13	(Antiochus) wurde im Tempel e. 4,42
	5,26	er e. eine große Zahl (Juden)
	15,22	der (Engel) e. in Sanheribs Lager 185.000
StE	1,4	sollen an einem einzigen Tag e. werden
Lk	13,4	die achtzehn, die der Turm in Siloah e.
Apg	5,36	Theudas wurde e., und alle, die ihm folgten
1Ko	10,5	denn sie wurden in der Wüste e.
Off	19,21	die andern wurden e. mit dem Schwert

Erschlagener

1Mo	34,27	da kamen die Söhne Jakobs über die E.
4Mo	19,18	der einen E. berührt hat 31,19
	23,24	bis es das Blut der E. trinkt
	31,8	samt diesen E. töteten sie auch Jos 13,22
5Mo	21,1	wenn man einen E. findet in dem Lande 2.6
	32,42	mit Blut von E. und Gefangenen
1Sm	31,8	um die E. auszuplündern 1Ch 10,8
2Sm	1,22	das Schwert nie leer... von dem Blut der E.

2Sm	23,18	Abischai schwang seinen Spieß über 300 E.	Hi	39,22	(das Roß) e. nicht
1Kö	11,15	hinaufgezogen, die E. Israels zu begraben	Ps	6,3	meine Gebeine sind e.
Hi	39,30	wo E. liegen, da ist er		4	meine Seele ist sehr e.
Ps	88,6	ich liege verlassen, wie die E.		11	es sollen alle meine Feinde sehr e. 40,16
Spr	7,26	zahlreich sind die E.		14,5	da e. sie sehr
Jes	10,4	wird unter den E. fallen		30,8	als du d. Antlitz verbargest, e. ich 104,29
	14,19	du aber bist bedeckt von E.		76,9	e. das Erdreich und wird still
	22,2	deine E. sind nicht mit dem Schwert erschl.		83,16	e. sie mit deinem Ungewitter 18
	34,3	ihre E. werden hingeworfen werden		91,5	daß du nicht e. mußt vor dem Grauen
Jer	8,23	daß ich beweinen könnte die E. m. Volks		97,4	das Erdreich sieht es und e.
	14,18	so liegen E. 25,33; 41,9; 51,4.47; Hes 28,23; 30,11; 32,25; 35,8; Nah 3,3	Jes	7,6	wir wollen (Juda) e. und für uns erobern
				10,29	Rama u. das Gibea Sauls flieht
	51,49	Babel muß fallen für die E. Israels		19,16	werden Ägypter sich fürchten und e. 17
Klg	4,9	den durchs Schwert E. ging es besser		20,5	sie werden e. in Juda
Hes	6,4	will eure E. vor eure Götzen werfen 7.13		21,3	ich e., wenn ich's sehe
	9,7	füllt die Vorhöfe mit E. 35,8		4	Grauen hat mich e.
	28,8	daß du den Tod eines E. sterbest		23,4	e., Sidon, denn das Meer spricht 5
	30,4	wenn die E. in Ägypten fallen		11	der HERR e. die Königreiche
	31,17	hinunter, zu den mit dem Schwert E. 32,21. 25.26.29.30.32		30,31	da wird Assur e.
				31,4	ein Löwe e. vor ihrem Geschrei nicht
Tob	1,20	die Toten und E. begrub (Tobias) 2,9		32,11	e., ihr stolzen Frauen
1Ma	10,85	die Zahl der E. betrug 8.000 Mann		33,14	in Zion sind die Sünder e.
2Ma	12,40	fanden bei jedem E. Abbilder der Götzen		41,5	die Enden der Erde e.
				23	damit wir uns verwundern und e.
		erschleichen		44,11	sollen sie dennoch e.
Dan	11,21	wird sich durch Ränke die Herrschaft e.	Jer	1,17	e. nicht ... daß ich dich nicht e. vor ihnen
2Ma	4,7	e. Jason sich das Hohepriesteramt		2,12	entsetze dich, Himmel, e. und erbebe
				4,9	die Propheten werden e. sein 8,9
		erschöpft		5,22	wollt ihr vor mir nicht e.
Hi	30,3	die vor Hunger und Mangel e. sind		17,18	laß sie e. und nicht mich
Jer	48,45	e. suchen die Entronnenen Zuflucht		23,4	daß sie sich nicht mehr fürchten noch e.
Dan	8,27	ich, Daniel, war e. und lag		49,23	so e., daß sie nicht Ruhe finden
			Hes	26,18	die Inseln im Meer e. 27,35; 30,4
		erschrecken		31,16	ich e. die Völker 32,9
1Mo	42,28	blickten einander e. an 35	Dan	2,1	Nebukad. einen Traum, über den er e. 3; 4,2
	45,3	konnten ihm nicht antworten, so e. sie		5,6	seine Gedanken e. ihn 9.10
2Mo	15,15	da e. die Fürsten Edoms 16		7,15	dies Gesicht e. mich 8,17
	19,16	das ganze Volk e. 2Sm 4,1		11,44	werden ihn Gerüchte e. aus Osten
5Mo	20,3	fürchtet euch nicht e. nicht 31,8; Jos 10,25; Jes 44,8	Hos	11,11	aus Ägypten kommen sie e. wie Vögel
			Sa	9,5	wenn Aschkelon sehen wird, wird es e.
Jos	10,10	der HERR e. sie vor Israel	Jdt	6,4	so brauchst du nicht zu e.
Ri	4,15	der HERR e. den Sisera		14,4	den Leichnam sehen, werden sie e. 15,1
	13,6	anzusehen wie der Engel Gottes, zum E.	Wsh	16,6	wurden sie zur Warnung e. 17,3.4.19; 18,17.19
	20,41	da e. die Männer von Benjamin	Tob	6,3	Tobias e. und schrie mit lauter Stimme
Rut	3,8	der Mann und beugte sich vor		7,11	als das Raguël hörte, e. er 12,16
1Sm	14,15	die streifenden Rotten e.	Sir	30,7	wer ... der e., wenn dieser weint
	28,21	das Weib sah, daß (Saul) sehr e. war		34,16	wer den Herrn fürchtet, vor nichts e.
2Sm	17,2	wenn ich ihn dann e.		40,6	er e. im Traum, als fliehe er
	22,5	die Fluten des Unheils e. mich Ps 18,5		43,17	sein Donner e. die Erde
1Kö	1,49	da e. alle, die bei Adonija geladen waren		48,13	zu seiner Zeit. e. vor keinem Herrscher
1Ch	21,30	e. war (David) vor dem Schwert des Engels	1Ma	3,6	daß überall die Feinde vor ihm e.
	22,13	laß dich nicht e. 28,20		4,8	vor ihrem Ansturm e. nicht
2Ch	15,6	Gott e. sie mit Ängsten aller Art		32	gib ihnen ein e. und verzagtes Herz
	29,8	(der HERR) hat sie dahingegeben zum E.		6,8	vor Antiochus das hörte, e. 10,68
	32,18	sie furchtsam zu machen und zu e.		9,6	e. sie sehr, und viele liefen weg
Esr	9,4	die über die Worte des Gottes Israels e.		10,76	da e. die Einwohner in der Stadt 13,44
Est	4,4	da e. die Königin sehr 7,6	2Ma	3,17	er war so tief e. und zitterte, daß
Hi	4,5	nun es dich trifft, e. du	StE	4,9	darum e. ich vor deiner Majestät
	14	alle meine Gebeine e.		12	der König e., und all seine Diener
	7,14	so e. du mich mit Träumen	GMn	4	daß jedermann vor dir e. muß
	10,16	würdest e. an mir handeln	Mt	2,3	Herodes e., und mit ihm ganz Jerusalem
	13,21	dein Schrecken e. mich nicht		14,26	die Jünger e. 17,6; Mk 6,50; Lk 9,34; 24,5.37
	21,6	wenn ich daran denke, so e. ich		30	e. er und begann zu sinken und schrie
	22,10	Entsetzen hat dich plötzlich e.		24,6	seht zu und e. nicht
	23,15	e. ich vor seinem Angesicht 16		27,54	als der Hauptmann und ... das Erdbeben sahen, e. sie sehr 28,4
	33,7	brauchst vor mir nicht zu e.			
	34,20	plötzlich müssen die Leute e.	Mk	11,18	alles Volk war e. über seine Lehre
			Lk	1,12	als Zacharias (d. Engel) sah, e. er
				29	sie e. über die Rede und dachte
				8,35	gingen die Leute hinaus, um zu sehen, und sie e.

erschrecken 334

Lk	24,22	haben uns e. Frauen aus unserer Mitte
	38	was seid ihr so e.
Jh	14,1	euer Herz e. nicht 27
Apg	10,4	er sah ihn an, e. und fragte: Herr, was ist
	24,25	e. Felix und antwortete
Phl	1,28	euch in keinem Stück e. laßt von den Widersachern
2Th	2,2	daß ihr euch nicht so schnell e. laßt 1Pt 3,14
Heb	12,21	ich bin e. und zittere
Off	11,13	die andern e. und gaben Gott die Ehre

erschüttern

Ps	60,4	der du die Erde e. und zerrissen hast
Hag	2,6	werde ich Himmel und Erde e. 21
	7	ja, alle Heiden will ich e.
Heb	12,26	seine Stimme hat zu jener Zeit die Erde e.
	27	damit allein das bleibe, was nicht e. werden kann

ersehen

1Mo	22,8	Gott wird sich e. ein Schaf zum Brandopfer
5Mo	33,21	(Gad) e. sich ein Erstlingserbe
1Sm	16,1	unter... hab ich mir einen zum König e.
Rö	1,20	Gottes Wesen wird seit der Schöpfung e. aus seinen Werken
	8,29	welche er zuvor e. hat 11,2
1Pt	1,20	er ist zwar zuvor e.
Heb	11,40	weil Gott etwas Besseres zuvor e. hat

ersehnen

Hos	9,16	will die e. Frucht ihres Leibes töten
Phl	4,1	meine lieben und e. Brüder

ersetzen

1Mo	31,39	was die Tiere zerrissen... ich mußte es e.
2Mo	22,11	so soll er's dem Besitzer e. 12-14; 3Mo 24,18
Spr	6,31	wenn er ergriffen wird, e. er's siebenfach
1Kö	16,17	sie haben mir euch e.

ersinnen

2Mo	35,35	daß sie kunstreiche Entwürfe e. können
2Kö	17,9	die *Israeliten e., was nicht recht war
Ps	10,2	werden gefangen in den Ränken, die er e.
	35,20	e. falsche Anklagen wider die Stillen
Jes	7,5	weil die Aramäer Böses e. haben
Hos	7,6	ihr Herz ist in Glut, wenn sie Böses e.
Mi	2,3	ich e. wider dies Geschlecht Böses
Nah	1,9	was wollt ihr e. wider den HERRN 11
Sa	8,17	keiner e. Arges gegen seinen Nächsten
Wsh	14,12	Götzenbilder e. ist der Anfang der Hurerei
Sir	44,5	die Lieder und Weisen e. haben

ersparen

Apg	27,21	dann wäre uns Leid und Schaden e. geblieben

erst

1Mo	15,16	e. nach 4 Menschenaltern hierherkommen
	19,16	ließen (Lot) e. draußen wieder los
2Mo	10,7	willst du e. erfahren, daß Ägypten
3Mo	13,11	soll ihn nicht e. einschließen 16,26. 28
	19,25	e. im 5. Jahr sollt ihr die Früchte essen
4Mo	9,11	(soll Passa halten) e. im 2. Monat 2Ch 30,2

5Mo	32,17	den Göttern, die vor kurzem e. aufgekommen
1Sm	2,16	laß e. das Fett in Rauch aufgehen
	22,15	heute e. angefangen, Gott zu befragen
Neh	13,6	hatte e. nach längerer Zeit gebeten 19
Hi	6,16	(Bäche,) die e. trübe sind vom Eis
	34,24	ohne sie e. zu verhören
Spr	7,20	er wird e. zum Vollmond wieder heimkommen
	20,25	e. nach dem Geloben zu überlegen
	24,27	richte e. draußen deine Arbeit aus
Hos	7,1	so zeigt sich e. die Sünde Ephraims
Sir	9,15	wie neuer Wein; laß ihn e. alt werden
	11,7	wäge e. ab und tadle dann
	8	laß die Leute e. ausreden
Mt	12,29	e. dann kann er s. Haus berauben Mk 3,27
Jh	11,8	vor kurzem e. wollten... dich steinigen
Apg	2,15	ist es doch e. die dritte Stunde am Tage
1Ko	16,2	damit die Sammlung nicht e. dann geschieht, wenn ich komme
Gal	1,16	besprach ich mich nicht e. mit Fleisch und Blut
2Th	2,7	der es aufhält, e. muß hinweggetan werden
Heb	7,10	seinem Stammvater e. noch geboren werden
	11,20	auf das hin, was e. kommen sollte

erstarren

2Mo	15,8	die Tiefen e. mitten im Meer
	16	vor deinem mächtigen Arm e. sie
2Sm	23,10	bis seine Hand am Schwert e.
Hi	21,5	ihr werdet e. müssen
	37,10	die weiten Wasser liegen e.
Ps	143,4	mein Herz ist e. in meinem Leibe
Apg	9,7	die Männer standen und waren e.

erstatten

2Mo	21,36	soll er ein Rind für das andere e. 3Mo 24,21
	22,3	so soll er's zweifach e. 4.6.8
3Mo	5,16	dazu soll er, was er gesündigt... e. 4Mo 5,7. 8; 18,9
	25,51	soll er e. entsprechend mehr e. 52
1Sm	6,17	goldene Beulen... dem HERRN als Sühnegabe e.
Hes	33,15	daß der Gottlose e., was er geraubt
Jo	2,25	will euch die Jahre e., deren Ertrag
Sa	9,12	verkündige ich, daß ich zweifach e. will
Kol	1,24	e. an meinem Fleisch, was noch fehlt

erstaunlich

Sir	43,27	dort gibt es e. Dinge, mancherlei Tiere

erstechen

1Sm	31,4	zieh dein Schwert und e. mich 1Ch 10,4
Jes	13,15	wer da gefunden wird, wird e. 14,19
Jer	51,4	daß daliegen die E. auf ihren Gassen Hes 23,47
Jdt	5,5	werden mit ihnen auch Achior e.
1Ma	2,9	die junge Mannschaft ist von Feinden e.
	6,46	kroch unter den Elefanten und e. ihn

erstehen

Est	4,14	wird eine Hilfe den Juden e.
Ps	76,3	so e. in Salem sein Zelt
Jer	29,15	der HERR habe Propheten e. lassen

ersteigen

Spr 21,22 ein Weiser e. die Stadt der Starken
Jer 48,15 Moab... seine Städte werden e. Jo 2,7
2Ma 10,36 e. den Ort auf einer andern Seite

erstens

Sir 23,33 e. ist sie dem Gebot... ungehorsam
1Ko 12,28 Gott hat eingesetzt e. Apostel

erster (s.a. erstesmal)

1Mo 1,5 ward aus Abend und Morgen der e. Tag
8,5 am e. Tage 13; 2Mo 12,15.16; 19,1; 40,2.17; 3Mo 23,7.24.35.39.40; 4Mo 1,1.18; 9,1; 28,18; 29,1; 33,38; 5Mo 1,3; 16,4; Esr 3,6; 7,9; 10,16. 17; Neh 8,2; Hes 26,1; 29,17; 31,1; 32,1; 45,18. 20; Hag 1,1
9,20 Noah pflanzte als e. einen Weinberg
10,8 (Nimrod) war der e., der Macht gewann 1Ch 1,10
19,33 die e. ging und legte sich zu ihrem Vater
25,25 der e., der herauskam, war rötlich
32,18 gebot dem e.: Wenn dir Esau begegnet
41,20 fraßen die sieben e. Kühe auf
51 (Josef) nannte den e. Manasse
49,3 Ruben, mein e. Sohn bist du
2Mo 11,5 vom e. Sohn des Pharao an bis zum e. Sohn der Magd 12,29
12,2 dieser Monat soll bei euch der e. Monat
18 am 14. Tage des e. Monats 3Mo 23,5; 4Mo 9,5; 28,16; 2Ch 35,1; Esr 6,19; Hes 45,21
21,10 soll der e. an Nahrung nichts abbrechen
22,28 deinen e. Sohn sollst du mir geben
34,1 haue dir Tafeln zu, wie die e. waren 4; 5Mo 10,1-4
26 Beste von den e. Früchten 3Mo 2,14; 23,10
3Mo 5,8 soll die e. als Sündopfer darbringen
19,23 laßt ihre e. Früchte stehen
4Mo 13,20 war um die Zeit der e. Weintrauben
20,1 im e. Monat 33,3; Jos 4,19; 1Ch 12,16; 2Ch 29,3; Esr 7,9; 8,31; 10,17; Est 3,7.12; Hes 26,1; 29,17; 30,20; 45,18; Dan 10,4
24,20 Amalek ist das e. unter den Völkern
5Mo 13,10 deine Hand soll die e. wider ihn sein
17,7 die Hand der Zeugen soll die e. sein
21,17 den e. Sohn... als e. anerkennen
24,4 kann sie ihr e. Mann nicht wieder nehmen
25,6 der e. Sohn, den sie gebiert, soll gelten
1Sm 14,14 so traf der e. Schlag 20 Mann
35 war der e. Altar, den (Saul) baute
2Sm 18,27 ich sehe den e. laufen wie Ahimaaz
19,21 bin heute als e. vom Hause Josef gekommen
21,9 starben in den e. Tagen der Ernte
23,8 der E. unter den Dreien 18; 1Ch 11,11.21; 26,10
2Kö 1,14 Feuer hat die e. zwei gefressen
25,27 im e. Jahr seiner Herrschaft 2Ch 29,3; 36,22; Esr 1,1; 5,13; 6,3; Jer 25,1; Dan 1,21; 7,1; 9,1.2; 11,1
1Ch 7,40 gewaltige Männer und E. der Fürsten 18,17; 26,31; 2Ch 28,7
2Ch 31,10 Asarja, der E. im Hause Zadok
Esr 9,2 die Oberen waren die e. bei d. Treubruch
Neh 8,18 vorgelesen. vom e. Tag an bis
10,38 e. Teil von unserm Brotteig bringen
Est 10,3 Mordechai war der E. nach dem König
Hi 15,7 bist du als der e. Mensch geboren
40,19 er ist das e. der Werke Gottes
Jes 41,4 ich bin's, der HERR, der E.
27 ich bin der e., der zu Zion sagt
44,6 ich bin der E., und ich bin der Letzte 48,12; Off 1,17; 2,8; 22,13
Jer 24,2 gute Feigen, wie die e. reifen Feigen sind
32,7 dir kommt es als E. zu
36,28 Worte, die auf der e. Schriftrolle standen
Hes 10,11 wohin das e. ging, da gingen die andern
14 das e. Angesicht war das eines Cherubs
44,30 das Beste von allen e. Früchten
Dan 7,4 das e. (Tier) war wie ein Löwe Off 4,7
8,21 das Horn zwischen s. Augen ist der e. König
10,12 von dem e. Tage an wurden die Worte erhört
13 Michael, einer der E. unter den Engelfürsten
Hos 9,10 ich sah eure Väter wie die e. Feigen
Hag 2,9 Herrlichkeit dieses neuen Hauses (soll) größer werden, als die des e. gewesen ist
Sa 6,2 am e. Wagen waren rote Rosse
14,10 wird bleiben, bis an... des e. Tors
Wsh 7,1 bin ein Nachkomme des e. Menschen
3 Weinen ist mein e. Laut gewesen
1Ma 9,11 in der e. Reihe waren die Schleuderer
10,65 ließ ihn unter seine e. Freunde aufnehmen
StE 5,8 als der E. nach dem König geehrt worden
Mt 6,33 *trachtet am e. nach dem Reich Gottes*
17,27 den e. Fisch, der heraufkommt, den nimm
19,30 die E. werden die Letzten und die Letzten werden die E. sein 20,16; Mk 10,31; Lk 13,30
20,8 fang an bei den letzten bis zu den e. 10
27 wer unter euch der E. sein will, der sei euer Knecht Mk 9,35; 10,44
23,26 *reinige zum e., was inwendig ist*
26,17 am e. Tage der Ungesäuerten Brote Mk 14,12
27,64 nicht der letzte Betrug ärger wird als der e.
28,1 als der e. Tag der Woche anbrach Mk 16,2.9; Lk 24,1; Jh 20,1.19
Lk 2,7 sie gebar ihren e. Sohn
Jh 2,11 das ist das e. Zeichen, das Jesus tat
8,7 wer unter euch ohne Sünde ist, der werfe den e. Stein
Apg 1,1 den e. Bericht habe ich gegeben von all dem
11,15 *der Geist... gleichwie auf uns am e. Anfang*
16,12 Philippi, eine Stadt des e. Bezirks von Mazedonien
20,7 am e. Tag der Woche predigte ihnen Paulus
18 vom e. Tag an, als ich in die Provinz Asien gekommen bin
26,23 Christus müsse leiden und als e. auferstehen
Rö 1,8 *aufs e. danke ich meinem Gott*
3,2 zum e.: ihnen ist anvertraut, was Gott geredet
10,19 als e. spricht Mose
1Ko 11,18 zum e. höre ich
14,30 wenn einem eine Offenbarung zuteil wird, so schweige der e.
15,3 als e. habe ich euch weitergegeben, was
45 e. Mensch wurde zu einem lebendigen Wesen
46 der geistliche Leib ist nicht der e.
47 der e. Mensch ist von der Erde und irdisch
16,2 am e. Tag der Woche lege ein jeder etwas zurück
Eph 6,2 ehre Vater und Mutter, das ist das e. Gebot
Phl 1,5 für eure Gemeinschaft am Evangelium vom e. Tage an bis heute
Kol 1,18 damit er in allem der E. sei
2Th 2,13 daß Gott euch als e. zur Seligkeit erwählt hat

erster

1Ti	1,15	unter denen ich der e. bin 16
	2,13	*Adam ist am e. gemacht*
	5,12	daß sie die e. Treue gebrochen haben
2Ti	2,6	es soll der Bauer, der den Acker bebaut, die Früchte als e. genießen
	4,16	bei meinem e. Verhör stand mir niemand bei
3Jh	9	Diotrephes, der unter ihnen der E. sein will
Heb	5,12	*daß man euch den e. Anfang lehre*
	7,2	e. heißt er übersetzt: König der Gerechtigkeit
	8,7	wenn der e. Bund untadelig gewesen wäre
	13; 9,1.15.18	
	10,9	da hebt er das e. auf
Off	1,17	ich bin der E. und der Letzte 2,8; 22,13
	2,4	gegen dich, daß du die e. Liebe verläßt
	5	tue Buße und tue die e. Werke
	4,1	e. Stimme, die ich mit mir hatte reden hören
	9,12	das e. Wehe ist vorüber
	20,5	dies ist die e. Auferstehung 6
	21,1	der e. Himmel und die e. Erde sind vergangen
	4	das E. ist vergangen

ersterben

1Sm	25,37	da e. sein Herz in seinem Leibe
Hi	14,8	ob sein Stumpf im Boden e.
Jh	12,24	wenn das Weizenkorn nicht e… wenn es e.
Rö	4,19	schon e., weil er fast hundertjährig war
Heb	11,12	von dem einen, dessen Kraft schon e. war
Jud	12	*Bäume, zweimal e. und ausgewurzelt*

ersterschaffen

Wsh	10,1	die Weisheit behütete den E.

erstesmal, erstes Mal

4Mo	10,13	so brachen sie zum e.M. auf
5Mo	9,18	fiel nieder vor dem HERRN wie das e. 10,10
Jos	8,5	wie sein auszieheu wie die e. 6
1Sm	17,30	da antwortete ihm das Volk wie das e.
1Ch	15,13	das e. machte der HERR einen Riß
	16,7	ließ David zum e.M. dem HERRN danken
Dan	11,29	wird nicht so sein wie beim e.
Sir	7,8	für das e. bleibst du nicht unbestraft
Mt	21,36	andere Knechte, mehr als das e.
Apg	7,12	sandte unsre Väter aus zum e.
	15,14	wie Gott zum e.M. die Heiden heimgesucht hat
Gal	4,13	daß ich euch das Evangelium gepredigt habe beim e.M.

erstgeboren

1Mo	27,19	bin Esau, dein e. Sohn 32
	43,33	man setzte den E. nach seiner Erstgeburt
	48,14	obwohl Manasse der E. war 18; Jos 17,1
2Mo	4,22	Israel ist mein e. Sohn
	23	so will ich deinen e. Sohn töten
4Mo	3,50	von den E. nahm er 1.365 Lot
5Mo	21,15	der E. ist von der ungeliebten Frau 16
	33,17	sein ist Stier voll Herrlichkeit
Jos	6,26	das koste ihn seinen e. Sohn 1Kö 16,34
Ri	8,20	sprach zu seinem e. Sohn Jeter 1Sm 8,2
2Sm	13,21	David liebte ihn, weil er sein E. war
	19,44	sind auch die E. des Königs
2Kö	3,27	nahm seinen e. Sohn und opferte ihn
1Ch	5,1	(Ruben) war zwar der E., doch wurde er nicht als E. aufgezeichnet
2Ch	21,3	gab er Joram; denn der war der E.
Hi	1,13	tranken im Hause ihres Bruders, des E. 18
	18,13	wird verzehren der E. des Todes
Ps	89,28	ich will ihn zum e. Sohn machen
Jer	31,9	Ephraim ist mein e. Sohn
Mi	6,7	soll ich meinen E. geben
Sa	12,10	wie man sich betrübt um den E.
Wsh	18,13	mußten beim Untergang ihrer E. bekennen
Sir	36,14	Israel, das du einen E. genannt hast
Rö	8,29	damit dieser der E. sei unter vielen Brüdern
Kol	1,15	er ist der E. vor aller Schöpfung
	18	er ist der E. von den Toten Off 1,5
Heb	1,6	wenn er den E. wieder einführt in die Welt
	12,23	(gekommen zu der) Gemeinde der E.

Erstgeburt

1Mo	25,31	verkaufe mir deine E. 32-34; *Heb 12,16*
	27,36	meine E. hat er genommen, nun m. Segen
	43,33	den nach seiner E. und nach s. Jugend
2Mo	11,5	alle E. in Ägyptenland soll sterben, und alle E. unter dem Vieh 12,12.29; 13,15; 4Mo 3,13; 8,17; 33,4; Ps 78,51; 105,36; 135,8; 136,10; Heb 11,28
	13,2	heilige mir alle E. 12; 34,19; 4Mo 3,13; 8,17; 5Mo 15,19; *Lk 2,23*
	13	E. vom Esel… beim Menschen alle E. auslösen 15; 34,20; 4Mo 18,15.17
3Mo	27,26	die E. unter dem Vieh soll niemand geloben
4Mo	3,12	genommen statt aller E. 41.45; 8,16.18
	40	zähle alle E. 42.43.46
5Mo	12,6	sollt bringen die E. eurer Rinder 17; 14,23
	21,17	sein ist das Recht der E.
Neh	10,37	wollen die E. unserer Söhne und die E. unserer Rinder bringen
Hes	20,26	als sie alle E. durchs Feuer gehen ließen
Heb	12,16	Esau, der seine E. verkaufte

Erstgeburtsrecht

1Ch	5,1	Rubens E. gegeben den Söhnen Josefs 2

ersticken

Mt	13,7	die Dornen wuchsen empor und e.'s Mk 4,7; Lk 8,7
	22	die Sorge der Welt… e. das Wort Mk 4,19; Lk 8,14
Apg	15,20	sich enthalten sollen vom E. 29; 21,25

Erstling

1Mo	4,4	Abel brachte von den E. seiner Herde
	49,3	mein erster Sohn… der E. meiner Stärke
2Mo	23,16	das Fest der Ernte, der E. deiner Früchte
	19	Beste von den E. deines Feldes 5Mo 26,2.10
	34,20	den E. des Esels mit einem Schaf auslösen
	22	das Wochenfest mit den E. der Weizenernte
4Mo	15,20	als e. eures Teigs einen Kuchen 21; Hes 44,30
	18,13	die E. sollen dir gehören 5Mo 18,4
	28,26	am Tag der E., wenn ihr opfert
5Mo	15,19	nicht ackern mit dem E. deiner Rinder und nicht scheren die E. deiner Schafe
	21,17	dieser ist der E. seiner Kraft
2Ch	31,5	gaben die *Israeliten die E. von allem
Neh	10,36	wollen die E. unseres Landes und die E. aller Früchte bringen
	12,44	wurden Männer bestellt für die E. 13,31
Ps	78,51	schlug die E. ihrer Kraft 105,36

Spr	3,9	ehre den HERRN mit den E.
Am	6,1	weh... des E. unter den Völkern
Tob	1,6	er gab auch alle E. und Zehnten
Sir	7,34	(gib ihm seinen Anteil:) E. und Schuldopfer
	45,25	alle E. teilte er (Aaron) zu
1Ma	3,49	brachten dorthin die E. und Zehnten
Rö	16,5	Epänetus, der aus der Provinz Asien der E. für Christus ist
1Ko	15,20	auferstanden als E. unter denen, die entschlafen sind
	23	jeder in seiner Ordnung: als E. Christus
	16,15	daß sie die E. in Achaja sind
Jak	1,18	damit wir E. seiner Geschöpfe seien
Off	14,4	erkauft aus den Menschen als E. für Gott

Erstlingsbrot

3Mo	23,20	soll sie schwingen samt den E.
2Kö	4,42	ein Mann brachte dem Mann Gottes E.

Erstlingserbe

5Mo	33,21	(Gad) ersah sich ein E.

Erstlingsfrucht

Jer	2,3	Israel... die E. seiner Ernte

Erstlingsgabe

3Mo	2,12	als E. dem HERRN bringen 23,17
4Mo	18,12	die E. habe ich dir gegeben
Hes	20,40	da will ich eure E. fordern
Sir	35,10	gib deine E., ohne zu geizen
Rö	8,23	wir, die wir den Geist als E. haben
	11,16	ist die E. vom Teig heilig

erstreben

2Pt	3,12	die ihr das Kommen des Tages Gottes e.

erstrecken

Wsh	8,1	e. sich von einem Ende zum andern

erstürmen

Hes	26,10	wie man eindringt in eine e. Stadt
Jo	2,9	sie werden die Mauern e.

ertappen

Spr	10,9	wer verkehrte Wege geht, wird e. werden
Jer	2,34	Unschuldigen, nicht beim Einbruch e.

erteilen

Sir	11,3	Männer, die... Rat e. haben

ertönen

2Ch	29,28	Gesang erscholl und die Trompeten e.
1Th	4,16	er selbst, der Herr, wird, wenn der Befehl e., herabkommen
Heb	12,19	(nicht gekommen) zum E. der Worte

ertöten

2Ko	6,9	als die Gezüchtigten, und doch nicht e.

Ertrag

1Mo	4,12	soll dir hinfort seinen E. nicht geben
	41,35	lasse sammeln den E. der guten Jahre
2Mo	22,28	den E. sollst du nicht zurückhalten
	23,16	Fest der Lese, wenn du den E. eingesammelt
3Mo	19,25	damit ihr künftig um so reicheren E.
	25,7	all sein E. soll zur Nahrung dienen 15
	27,30	alle Zehnten vom E. gehören dem HERRN
4Mo	18,30; 5Mo 14,22.28; 26,12; 2Ch 31,5	
5Mo	7,13	wird segnen den E. deines Ackers 28,4.11; 30,9
	22,9	der Same und der E. des Weinbergs
	28,18	verflucht der E. deines Ackers 33,51
2Kö	8,6	verschaffe ihr wieder allen E. des Ackers
2Ch	32,28	Hiskia baute Vorratshäuser für den E.
Neh	9,37	sein E. bringt den Königen Gewinn
Spr	3,14	ihr E. ist besser als Gold 8,19
	14,4	die Kraft des Ochsen bringt reichen E.
	31,16	einen Weinberg vom E. ihrer Hände
Jes	30,23	wird dir Brot geben vom E. des Ackers
	32,17	der E. wird ewige Stille sein
Jer	12,13	sie konnten ihres E. nicht froh werden
	20,5	will allen E. ihrer Arbeit... geben
Hes	34,27	daß das Land seinen E. gibt
	36,30	will den E. mehren
Jo	2,25	deren E. Heuschrecken gefressen haben
Hab	3,17	der E. des Ölbaums bleibt aus
Sir	14,15	den E. deiner Arbeit den Erben geben
Rö	15,28	wenn ich ihnen diesen E. zuverlässig übergeben habe

ertragen

1Mo	13,6	das Land konnte es nicht e.
Hi	21,3	e. mich, daß ich rede
	31,23	könnte seine Hoheit nicht e.
Ps	55,13	wenn... mich schmähte, wollte ich es e.
Spr	30,21	viererlei kann (ein Land) nicht e.
Jer	10,10	die Völker können sein Drohen nicht e.
	20,9	wie ein Feuer, daß ich's nicht e. konnte
Hes	34,29	die Schmähungen nicht mehr e. müssen
Jo	2,11	der Tag des HERRN... wer kann ihn e.
Am	7,10	das Land kann seine Worte nicht e.
Mal	3,2	wer wird den Tag seines Kommens e. können
Wsh	2,19	damit wir erfahren, wieviel er e. kann
Sir	22,18	als einen unverständigen Menschen zu e.
	43,3	wer kann ihre Hitze e.
2Ma	6,30	die Schläge, die ich an meinem Leib e.
	9,12	als er den Gestank nicht mehr e. konnte
GMn	5	nicht zu e. ist dein Zorn
Mk	9,19	wie lange soll ich euch e.
Jh	16,12	ihr könnt es jetzt nicht e.
Apg	13,18	40 Jahre lang e. er sie in der Wüste
Rö	9,22	hat er mit Geduld e. die Gefäße des Zorns
1Ko	9,12	wir e. alles, damit wir
	10,13	daß ihr's e. könnt
	13,7	(die Liebe) e. alles, sie glaubt alles
2Ko	1,6	wenn ihr mit Geduld dieselben Leiden e., die auch wir leiden
	11,4	e. ihr das recht gern
	19	e. gerne die Narren, ihr, die ihr klug 20
Eph	4,2	e. einer den andern in Liebe Kol 3,13
1Th	3,1	e. wir's nicht länger und beschlossen 5
2Ti	2,24	Knecht des Herrn, der Böses e. kann
	3,11	welche Verfolgungen ich e.
	4,3	da sie die heilsame Lehre nicht e. werden
1Pt	2,19	wenn jemand vor Gott das Übel e.
	20	wenn ihr um guter Taten willen leidet und es e.

ertragen 338

Heb	12,20	sie konnten's nicht e., was da gesagt wurde
Off	2,2	weiß, daß du die Bösen nicht e. kannst

erträglich

Mt	10,15	wird es e. ergehen als dieser Stadt 11,22.24; Lk 10,12.14

ertränken

Hl	8,7	daß Ströme sie nicht e. können
2Ma	12,4	e. sie, nicht weniger als 200 Personen

ertrinken

Heb	11,29	das versuchten die Ägypter auch und e.

erwachen

1Mo	9,24	als nun Noah e. von seinem Rausch
	41,4	da e. der Pharao 7
Ri	16,20	als (Simson) nun von seinem Schlaf e.
1Sm	26,12	war niemand, der es merkte oder der e.
1Kö	3,15	als Salomo e., siehe, da war es ein Traum
Ps	3,6	ich liege und schlafe und e.
	17,15	will schauen dein Antlitz, wenn ich e.
	59,5	e., komm herbei und sieh darein
	73,20	wie ein Traum verschmäht w., wenn man e.
	78,65	da e. der Herr wie ein Schlafender
Jer	1,11	ich sehe einen e. Zweig
Hes	7,6	das Ende kommt, es ist e. über dich
Hab	2,7	plötzlich werden e., die dich peinigen
Mt	1,24	als Josef vom Schlaf e., tat er

erwachsen

Tob	1,9	als er e. war, nahm er eine Frau
Sir	1,25	Wurzel der Weisheit, daraus e. Leben
	28	es kommt die Zeit, in der ihm Freude e.
	3,30	nichts als Unheil kann daraus e.
2Ma	5,24	er sollte alle e. Männer erschlagen
1Ko	7,36	wenn sie e. ist, und es kann nicht anders sein

erwägen

Pr	12,9	der Prediger e. und forschte

erwählen

1Mo	13,11	da e. sich Lot die Gegend am Jordan
2Mo	17,9	e. uns Männer, zieh aus und kämpfe
	18,25	(Mose), redliche Leute aus ganz Israel
4Mo	16,5	wen er e., der soll zu ihm nahen 7; 17,20
5Mo	4,37	und ihre Nachkommen e. hat 10,15
	7,6	dich hat der HERR e. zum Volk des Eigentums 7; 14,2; 1Kö 3,8; Ps 135,4; Hes 20,5
	12,5	die Stätte, die der HERR e. wird 11.14.18.21. 26; 14,23-25; 15,20; 16,2.6.7.11.15.16; 17,8.10; 18,6; 26,2; 31,11; Jos 9,27
	17,15	zum König setzen, den der HERR e. wird 1Sm 10,24; 16,8-10; 2Sm 6,21; 16,18; 1Kö 8,16; 11,34; 1Ch 28,4.5.6.10; 29,1; 2Ch 6,6; Ps 78,70
	18,5	der HERR hat (Priester) e. aus allen Stämmen 21,5; 1Sm 2,28; 1Ch 15,2; 16,41; 2Ch 29,11
	23,17	soll bei dir bleiben an dem Ort, den er e.
	30,19	damit du das Leben e.
Jos	8,3	e. 30.000 streitbare Männer 1Sm 13,2
	24,22	den HERRN e. habt, um ihm zu dienen

Ri	5,8	man e. sich neue Götter 10,14
1Sm	8,18	König, den ihr euch e. habt 12,13
	17,8	e. einen unter euch, der zu mir herabkommen
2Sm	24,12	e. eins davon, daß ich es dir 1Ch 21,10.11
1Kö	8,16	hab keine Stadt e... Jerusalem hab ich e. 11,13.32.36.44.48; 14,21; 2Kö 21,7; 23,27; 2Ch 6,5.6.34.38; 12,13; 33,7; Neh 1,9
1Ch	19,10	e. er aus der jungen Mannschaft einen Teil
	28,4	hat Juda e. zum Fürsten Ps 78,68
2Ch	7,12	habe diese Stätte mir zum Opferhaus e. 16
Neh	9,7	der du Abram e. hast
Hi	15,5	hast e. eine listige Zunge
Ps	33,12	dem Volk, das er zum Erbe e. hat
	47,5	er e. uns unser Erbteil
	65,5	wohl dem, den du e.
	78,67	er e. nicht den Stamm Ephraim
	105,26	Mose und Aaron, den er e. hatte
	119,30	ich habe e. den Weg der Wahrheit
	173	ich habe e. deine Befehle
	132,13	der HERR hat Zion e. 135,4
Spr	1,29	weil sie die Furcht des HERRN nicht e.
	3,31	e. seiner Wege keinen
Jes	1,29	wegen der Gärten, die ihr e. habt
	7,15	bis er weiß, Gutes zu e. 16
	14,1	der HERR wird Israel noch einmal e.
	41,8	Jakob, den ich e. habe 44,1.2; 49,7
	9	mein Knecht... ich e. dich 43,10; Mt 12,18
	24	euch e. ist ein Greuel
	56,4	die e., was mir wohlgefällt
	65,12	e., wonach ich kein Verlangen hatte
Jer	49,19	will den, der e. ist, darüber setzen 50,44
Dan	11,39	denen, die ihn e., wird er Ehre antun
Hos	2,2	werden sich ein gemeinsames Haupt e.
Hag	2,23	ich habe dich e., spricht der HERR
Sa	1,17	der HERR wird Jerusalem wieder e. 2,16; 3,2
Wsh	9,7	du hast den König über dein Volk
	10,5	(die Weisheit) e. den Gerechten
Bar	3,27	die hat der Herr nicht e.
1Ma	7,37	Herr, weil du dieses Haus e. hast
2Ma	1,25	der du unsere Väter e. hast
Lk	6,13	rief seine Jünger und e. zwölf von ihnen, die er Apostel nannte
	10,42	Maria hat die gute Teil e.
Jh	6,70	habe ich nicht euch Zwölf e.
	13,18	ich weiß, welche ich e. habe
	15,16	nicht ihr habt mich e., ich habe euch e.
	19	weil ich euch aus der Welt e. habe
Apg	1,2	Aposteln, die er e. hatte, Weisung gegeben
	24	zeige an, welchen du e. hast
	6,5	sie e. Stephanus
	10,41	uns, den von Gott vorher e. Zeugen
	13,17	Gott hat unsre Väter e.
	15,7	*daß Gott mich... e. hat*
	22	aus ihrer Mitte Männer zu e. 25
	22,14	der Gott unserer Väter hat dich e.
	26,16	um dich zu e. zum Diener und zum Zeugen
Rö	11,2	Gott hat sein Volk nicht verstoßen, das er zuvor e. hat
1Ko	1,27	was töricht ist vor der Welt, hat Gott e. 28
Eph	1,4	hat er uns e., ehe der Welt Grund gelegt
Phl	1,22	*so weiß ich nicht, was ich e. soll*
1Th	1,4	wir wissen, daß ihr e. seid
2Th	2,13	daß Gott euch als erste zur Seligkeit e. hat
1Pt	1,2	*die e. sind nach der Vorsehung Gottes*
Jak	2,5	hat nicht Gott e. die Armen in der Welt

Erwählung

Rö	11,28	im Blick auf die E. sind sie Geliebte

erweisen

2Pt	1,10	bemüht euch, eure Berufung und E. festzumachen

erwärmen

Hi	31,20	wenn er von der Wolle e. wurde
Hag	1,6	ihr kleidet euch und könnt euch nicht e.
Wsh	16,27	sobald es von einem Strahl der Sonne e.

erwarten

2Kö	6,33	was soll ich noch von dem HERRN e.
Jes	64,2	Furchtbares tust, das wir nicht e.
Jer	31,17	deine Nachkommen haben viel Gutes zu e.
Hag	1,9	ihr e. wohl viel, aber es wird wenig
Jdt	8,16	wollen mit Demut Hilfe und Trost e.
Wsh	5,2	seine Rettung, die sie nicht e. hatten
Sir	41,4	der nichts zu hoffen noch zu e. hat
2Ma	12,44	wenn er nicht e. hätte, daß... auferstehen
Mt	24,50	kommen an einem Tage, an dem er's nicht e.
Lk	12,46	
Apg	12,11	weiß ich von allem, was das jüdische Volk e.
	25,18	keine Anklage, wie ich sie e. hatte
Phl	3,20	woher wir e. den Heiland
2Pt	3,12	die ihr das Kommen des Tages Gottes e.

Erwartung

Lk	3,15	als das Volk voll E. war
	21,26	in E. der Dinge, die kommen sollen

erwecken

5Mo	18,15	einen Propheten wie mich wird der HERR e. 18; Apg 3,22; 7,37
Ri	2,16	wenn dann der HERR Richter e. 18; 3,9.15
1Sm	2,35	will mir einen treuen Priester e.
2Sm	7,12	will ich dir einen Nachkommen e. 1Ch 17,11
1Kö	11,14	der HERR e. Salomo einen Widersacher 23
	14,14	der HERR wird sich einen König e.
	15,4	daß er seinen Sohn nach ihm e.
1Ch	5,26	e. der Gott Israels den Geist des Pul 2Ch 21,16; 36,22; Esr 1,1.5; Hag 1,4
Hi	14,12	wird nicht von seinem Schlaf e. werden
Ps	80,3	e. deine Kraft und komm uns zu Hilfe
	89,20	hast gesagt: Ich habe einen Helden e.
Spr	6,34	Eifersucht e. den Grimm des Mannes
	28,25	ein Habgieriger e. Zank
Jes	13,17	ich will die Meder gegen sie e.
	45,13	habe ihn e. in Gerechtigkeit
Jer	23,5	David einen gerechten Sproß e. will
	30,9	König David, den ich ihnen e. will
	50,9	will Völker in großen Scharen e.
	51,1	will einen Verderben bringenden Wind e.
		der HERR hat den Mut der Könige e.
Hes	34,23	will ihnen einen einzigen Hirten e.
Am	2,11	habe aus euren Söhnen Propheten e.
Hab	1,6	ich will die Chaldäer e.
Sa	4,1	wie man vom Schlaf e. wird
	11,16	werde einen Hirten im Lande e.
Bar	6,53	(Götzen) e. keinen König über ein Land
1Ma	3,49	bis Gott einen rechten Propheten e. würde
2Ma	7,9	wird uns wieder e. in der Auferstehung
	13,4	der König e. den Zorn des Antiochus
StD	1,45	e. Gott den Geist eines Mannes... Daniel
GMn	10	weil ich meinen Zorn e. habe
Mt	3,9	Gott vermag aus diesen Steinen Kinder zu e. Lk 3,8
	22,24	seinem Bruder Nachkommen e. Mk 12,19; Lk 20,28
Jh	12,9	Lazarus, den er von den Toten e. hatte
Apg	3,26	für euch hat Gott seinen Knecht Jesus e.
	13,22	*e. er ihnen David zum König*
Rö	6,9	Christus, von den Toten e., hinfort nicht stirbt
	9,17	eben dazu habe ich dich e.
2Ko	8,7	reich in der Liebe, die wir in euch e. haben
2Ti	1,6	daß du e. die Gabe Gottes
2Pt	1,13	ich halte es für richtig, euch zu e.
	3,1	Brief, in welchem ich euren lauteren Sinn e.
Heb	11,19	Gott kann auch von den Toten e.

erwehren

Bar	6,15	er kann sich der Räuber nicht e.

Erweis

Rö	3,25	hingestellt als Sühne zum E. seiner Gerechtigkeit
2Ko	8,19	diese Gabe zum E. unsres guten Willens

erweisen

1Mo	21,23	daß du mir keine Untreue e. wollest
	44,21	bringt ihn zu mir, ich will ihm Gnade e.
2Mo	14,4	will m. Herrlichkeit e. an dem Pharao 17.18
	20,6	aber Barmherzigkeit e. an vielen Tausenden 5Mo 5,10; Jer 32,18
3Mo	10,3	vor... ich mich herrlich 4Mo 20,13
1Sm	24,18	du hast mir Gutes e., ich habe dir Böses e.
2Sm	3,8	heute e. ich mich freundlich... Sauls
	10,2	will Hanun Freundschaft e. 1Ch 19,2
	22,51	der Gnade e. seinem Gesalbten Ps 18,51
1Kö	2,7	Barmherzigkeit e., daß sie an deinem Tisch
	3,6	Barmherzigk. e. und ihm einen Sohn gegeben
Neh	9,35	Güte, die du ihnen e. hast Jes 63,7
Hi	24,25	wer will e., daß meine Rede nichts sei
	33,26	Gott wird ihm Gnade e.
Ps	31,20	Güte, die du e. vor den Leuten 22
	77,8	wird... keine Gnade mehr e. Jer 16,13
	78,11	Wunder, die er ihnen e. hatte
	85,8	HERR, e. uns deine Gnade
	106,4	e. an uns deine Hilfe
	107,43	wird merken, wieviel Wohltaten der HERR e.
	109,5	sie e. mir Böses für Gutes
Jes	5,16	wird sich heilig e. in Gerechtigkeit
	47,6	du e. ihnen keine Barmherzigkeit
Jer	42,12	will euch Barmherzigkeit e.
Hes	20,41	werde mich als der Heilige e. 38,23
	28,22	will meine Herrlichkeit e. 39,13; Hag 1,8
Hos	9,15	will ihnen keine Liebe mehr e.
Mi	7,20	wirst Abraham Gnade e.
Sa	2,9	will mich herrlich darin e.
	7,9	ein jeder e. seinem Bruder Güte
Jdt	8,14	e. der Barmherzigkeit an uns e. wolle 13,17; Tob 8,17
	15,12	du hast Israel eine große Heilstat e.
Wsh	10,14	e. die als Lügner, die ihn geschmäht
Tob	11,19	all das Gute, das ihm Gott e. hat
	12,2	das Gute aufwiegen, das er mir e. hat
	13,6	er hat seine Macht e. an einem... Volk
	7	glaubt, daß er euch sein Erbarmen e.
Sir	7,37	e. auch den Toten deine Freundlichkeit
	36,4	wie du dich heilig e. hast
	46,18	der Prophet e. sich als treu
1Ma	11,42	Gutes will ich dir und deinem Volk e.
	14,25	wie können wir Simon Dank e.

erweisen

1Ma	14,35	wegen der Treue, die er s. Volk e. hatte
2Ma	5,20	Wohltaten, die dem Volk e. wurden 9,26; 10,38
StE	5,8	Leutseligkeit, die wir allen Nationen e.
Apg	2,22	*Jesus, von Gott unter euch e. mit Taten*
	18,28	er e. öffentlich durch die Schrift
	19,27	der die ganze Provinz Asien Verehrung e.
	24,27	Felix wollte den Juden eine Gunst e. 25,9
	28,2	die Leute e. uns nicht geringe Freundlichkeit 10
Rö	3,26	um in dieser Zeit seine Gerechtigkeit zu e.
	5,8	Gott e. seine Liebe zu uns darin, daß
	9,17	erweckt, damit ich an dir meine Macht e.
	15,27	auch mit leiblichen Gütern Dienst e.
1Ko	3,13	von welcher Art eines jeden Werk ist, wird das Feuer e.
2Ko	1,6	zu eurem Trost, der sich wirksam e.
	2,8	darum ermahne ich euch, daß ihr ihm Liebe e.
	6,4	in allem e. wir uns als Diener Gottes
	7,11	*ihr habt euch e. in allen Stücken*
	14	so hat sich auch unser Rühmen als wahr e.
	13,4	so werden wir uns doch mit ihm lebendig e.
Kol	4,1	*was recht ist, das e. den Knechten*
1Ti	1,16	daß Christus Jesus an mir als erstem alle Geduld e.
	5,4	lernen, sich den Eltern dankbar zu e.
2Ti	2,15	dich vor Gott zu e. als einen rechtschaffenen Arbeiter
Tit	2,10	(daß sie) sich in allem als gut und treu e.
2Pt	1,5	e. in eurem Glauben Tugend
	2,22	an ihnen hat sich e. die Wahrheit des Sprichworts
1Jh	3,1	seht, welch eine Liebe hat uns der Vater e.
Heb	6,10	Liebe, die ihr seinem Namen e. habt

Erweisung

Apg	1,3	*als der Lebendige erzeigt in mancherlei E.*
1Ko	2,4	in E. des Geistes und der Kraft

erweitern

5Mo	12,20	wenn der HERR dein Gebiet e. wird 19,8
Am	1,13	um ihr Gebiet zu e.
1Ma	14,6	(Simon)... e. seine Grenzen

Erwerb

Spr	10,16	dem Gerechten gereicht sein E. zum Leben
Jes	23,18	ihr E. wird denen zufallen, die
	45,14	der Ägypter E... dein eigen sein
Sa	13,5	vom Acker habe ich meinen E.

erwerben

1Mo	12,5	die Leute, die sie e. hatten in Haran
	31,18	Habe, die er in Mesopotamien e. 32,14; 36,6; 46,6
2Mo	15,16	bis das Volk hindurchzog, das du e. hast
5Mo	11,6	sie verschlang mit ihrem Gut, das sie e.
	12,7	über alles, was eure Hand e. hat 18
Hi	20,18	er wird e. und doch nichts genießen
	28,18	wer Weisheit e., hat mehr als Perlen
	31,25	daß meine Hand soviel e. hatte
Ps	74,2	deine Gemeinde, die du vorzeiten e.
	78,54	zu diesem Berge, den seine Rechte e. hat
Spr	3,14	besser, (Einsicht) zu e., als Silber 16,16
	4,5	e. Weisheit, e. Einsicht 7; 18,15
	5,10	was du e., nicht komme in eines and. Haus
	16,16	Weisheit e. ist besser als Gold
	19,8	wer Klugheit e., liebt sein Leben
Pr	2,7	ich e. mir Knechte und Mägde
Jes	40,10	was er sich e., geht vor ihm her 62,11
Jer	3,24	hat gefressen, was unsere Väter e.
	32,8	dir kommt es zu, ihn zu e.
Hes	23,29	sollen dir alles nehmen, was du e. hast
	28,4	durch Klugheit habest du Macht e.
	38,12	Volk, das sich Vieh und Güter e. hat
Wsh	7,14	die... e., erlangten Gottes Freundschaft
Sir	33,31	du hast (Sklaven) teuer e.
	36,26	wer eine Frau e., e. damit noch mehr
	51,29	ich e. (Weisheit) als einen guten Schatz
1Ma	14,29	haben ihrem Volk großen Ruhm e.
Lk	19,16	*dein Pfund hat zehn Pfund e.*
Apg	1,18	einen Acker e. mit dem Lohn für seine Ungerechtigkeit
	20,28	Gemeinde, die er durch sein eigenes Blut e. hat
	22,28	ich habe dies Bürgerrecht für viel Geld e.
Gal	3,18	wenn das Erbe durch das Gesetz e. würde
1Ti	3,13	e. sich selbst ein gutes Ansehen
Heb	9,12	hat eine ewige Erlösung e.

erwirken

2Mo	32,30	ob ich vielleicht Vergebung e. kann
2Ma	3,31	dem Heliodor das Leben gnädig e. sollte

erwischen

1Mo	39,12	sie e. ihn bei seinem Kleid
Spr	7,13	sie e. ihn und küßt ihn
Mk	9,18	wo er ihn e., reißt er ihn

erwürgen

Hi	7,15	daß ich mir wünschte, e. zu sein
	24,14	der Mörder e. den Elenden

Erz

3Mo	26,19	will eure Erde wie E. machen
5Mo	33,25	von E. sei der Riegel deiner Tore
1Sm	17,5	das Gewicht seines Panzers war 5.000 Lot E.
Hi	6,12	ist doch mein Fleisch nicht aus E.
	41,19	er achtet E. wie faules Holz
Jes	60,17	will Gold anstatt des E. bringen und E. anstatt des Holzes
Jer	6,28	E. und Eisen sind sie
Hes	24,11	stelle den Topf, damit sein E. glüht
	40,3	der war anzuschauen wie E.
1Ko	13,1	wäre ich ein tönendes E. oder eine klingende Schelle
Off	1,15	*seine Füße gleichwie goldenes E. 2,18*
	18,12	allerlei Gerät aus E.

erzählen

1Mo	24,66	der Knecht e. Isaak alles, was er 29,13
	37,9	Traum, den e. er seinen Brüdern 10
	40,8	Auslegen gehört Gott; doch e. mir's 9; 41,12
	41,8	(Pharao) e. ihnen seine Träume Dan 4,4.5
2Mo	18,8	da e. Mose seinem Schwiegervater alles
4Mo	13,27	sie e.: Wir sind in das Land Jos 2,23
Ri	6,13	Wunder, die uns unsere Väter e.
	7,13	e. einer einem andern einen Traum 15
1Kö	13,11	e. ihm, was der Mann Gottes getan 2Kö 8,4-6
1Ch	16,24	e. unter den Heiden seine Herrlichkeit Ps 96,3; 145,6

Erzieher

Est	4,4	kamen und e. ihr davon
	6,13	(Haman) e. seiner Frau alles
Hi	12,8	die Fische im Meer werden dir's e.
	15,17	will dir e., was ich gesehen habe
Ps	9,2	und e. alle deine Wunder
	15	daß ich e. all deinen Ruhm
	19,2	die Himmel e. die Ehre Gottes
	44,2	unsre Väter haben's uns e. 78,3
	48,14	daß ihr den Nachkommen davon e.
	66,16	ich will e., was er an mir getan hat
	88,12	wird man im Grabe e. deine Güte
	106,2	wer kann die gr. Taten des HERRN alle e.
	107,22	sollen s. Werke e. mit Freuden Jer 51,10
	119,13	will mit meinen Lippen e. alle Weisungen
	26	ich e. dir meine Wege
Jer	23,27	Träumen, die einer dem andern e. 28.32
Hes	12,16	sollen von all ihren Greueltaten e.
Sa	10,2	die Wahrsager e. nichtige Träume
Tob	11,18	Tobias e. seinen Eltern
Sir	6,35	laß dir gern von Gottes Taten e. 17,8
	43,26	die auf dem Meer fahren, e. Gefahren
	35	wer hat ihn gesehen, daß er von ihm e.
2Ma	2,9	in dieser Schrift wird auch e. 10,10
	3,9	e., was seinem Herrn berichtet worden
	15,10	e. ihnen auch, wie die Heiden
Mk	5,16	die es gesehen hatten, e. ihnen, was
Lk	9,10	die Apostel e. Jesus, wie große Dinge sie getan
	24,35	sie e. ihnen, was auf dem Wege geschehen war
Apg	9,27	e. ihnen, wie Saulus auf dem Wege den Herrn gesehen
	10,8	e. ihnen alles und sandte sie nach Joppe
	11,4	Petrus fing an und e. es ihnen der Reihe nach
	12,17	e. ihnen, wie ihn der Herr
	13,41	nicht glauben, wenn es euch jemand e.
	15,3	e. von der Bekehrung der Heiden 14
	12	die e., wie große Zeichen Gott getan hatte
	21,19	als er sie begrüßt hatte, e. er
Heb	11,32	wenn ich e. sollte von Gideon und Barak

Erzählung

2Ma	2,25	wenn sich jemand in die E. einarbeiten
	33	wollen mit der E. beginnen; töricht, wenn die Vorrede länger würde als die E.

Erzbösewicht

Spr	24,8	den nennt man einen E.
2Ma	5,24	Antiochus schickte den E. Apollonius

erzeigen

3Mo	10,3	e. mich heilig an denen, die mir nahe sind
Ri	8,35	(die *Israeliten) e. sich nicht dankbar
Rut	3,10	du hast die Liebe jetzt noch besser e.
Ps	59,11	Gott e. mir reichlich seine Güte
Lk	1,72	Barmherzigkeit e. unsern Vätern
	7,4	er ist es wert, daß du ihm das e.
	47	darum hat sie mir viel Liebe e.
Jh	10,32	viele gute Werke habe ich euch e.
Apg	1,3	ihnen hat er sich als der Lebendige e.
	19,27	welcher doch der Weltkreis Anbetung e.
	24,27	Felix wollte den Juden eine Gunst e. 25,9
	28,2	die Leute e. uns Freundschaft
Rö	9,17	daß ich an dir meine Macht e.
	22	da Gott seinen Zorn e. wollte
Eph	2,7	damit er e. den Reichtum seiner Gnade

1Ti	1,16	daß an mir Jesus e. alle Geduld
	5,4	sich den Eltern dankbar zu e.
2Ti	2,15	befleißige dich, vor Gott dich zu e.
Tit	2,10	sondern alle gute Treue e.
1Jh	3,1	welch eine Liebe hat uns der Vater e.
Heb	6,10	Liebe, die ihr e. habt seinem Namen
Jak	3,13	der e. mit seinem Wandel seine Werke

Erzengel

1Th	4,16	wenn die Stimme des E. und... erschallen
Jud	9	als Michael, der E., mit dem Teufel stritt

erzeugen

5Mo	33,14	mit dem Köstlichsten, was die Monde e.
Hi	5,7	der Mensch e. sich selbst das Unheil
Dan	11,6	wird preisgegeben mit dem, der sie e. hat
2Ti	2,23	du weißt, daß sie nur Streit e.

Erzfrevler

2Ma	8,34	der E. Nikanor (wurde gedemütigt)
	15,3	fragte sie der E.: Gibt es den Herrscher

Erzgießer

Wsh	15,9	er ahmt die E. nach

Erzhirte

1Pt	5,4	wenn erscheinen wird der E.

Erzhure

Hes	16,30	alle Werke einer großen E. tatest

erziehen

5Mo	8,5	dich e. hat, wie ein Mann seinen Sohn e.
2Kö	10,6	die Großen der Stadt e. sie
Jes	23,4	darum e. (ich) keine Jungfrauen
	51,18	niemand von allen Söhnen, die sie e. hat
Jer	2,30	sie lassen sich doch nicht e.
	31,18	du hast mich e., und ich ließ mich e.
Dan	1,5	so sollten sie drei Jahre e. werden
Wsh	12,22	während du uns e., plagst du unsre Feinde
Sir	4,19	(wenn sie) ihn mit Strenge e.
	6,18	laß dich von der Weisheit e. 51,34
	21	unzugänglich für alle, die sich nicht e. lassen
	7,25	hast du Söhne, so e. sie streng 30,3.13; 42,5
	18,13	er weist zurecht, e. und belehrt
	14	erbarmt sich über alle, die sich e. lassen
	21,14	wer nicht klug ist, läßt sich nicht e.
	22	wenn man den Narren e. will
1Ma	1,7	die mit ihm e. worden waren 2Ma 9,29
	6,15	befahl ihm, seinen Sohn Antiochus zu e. 11,39
2Ma	6,15	wenn er uns durch ein Unglück e.
Lk	4,16	kam nach Nazareth, wo er e. war
Apg	13,1	mit Herodes e. worden war
	22,3	e. in dieser Stadt
Eph	6,4	e. sie in der Zucht und Ermahnung des Herrn

Erzieher

Rö	2,20	(zu sein) ein E. der Unverständigen
1Ko	4,15	wenn ihr auch 10.000 E. hättet in Christus

Erziehung

5Mo	11,2	erkennt die E. durch den HERRN
Sir	22,6	strenge E. ist zu jeder Zeit weise
2Ma	6,12	daß unserm Volk Strafen zur E. widerfahren
2Ti	3,16	alle Schrift ist nütze zur E. in der Gerechtigkeit
Heb	12,5	mein Sohn, achte nicht gering die E. des Herrn
	7	es dient zu eurer E., wenn ihr dulden müßt

erzittern

Ri	5,4	als du von Seïr auszogst, e. die Erde
Jes	14,9	das Totenreich drunten e. vor dir
	31	e., ganz Philisterland
	66,2	sehe auf den, der e. vor meinem Wort 5
Jer	50,34	daß er die Einwohner v. Babel e. läßt 51,29
Hes	26,16	alle Fürsten am Meer werden e.
Jo	2,1	e., alle Bewohner des Landes
	10	vor ihm e. das Land
Nah	1,5	die Berge e. vor ihm
Hab	3,6	er schaute und ließ e. die Heiden
Sir	16,18	die Grundfesten der Erde e.

Erzschmied

1Mo	4,22	von dem sind hergekommen alle E.

erzürnen

1Mo	49,23	wiewohl ihn die Schützen e.
5Mo	3,26	der HERR war e. um euretwillen 4,21; 9,19
	4,25	daß ihr übeltut vor dem HERRN und ihn e.
	9,7	wie du den HERRN e. 8.18.22; 31,29
	32,16	durch Greuel hat (Jeschurun) ihn e.
	21	durch Abgötterei haben sie mich e. Ri 2,12
	21	durch ein gottloses Volk will ich sie e.
Ri	19,2	als sie über ihn e. war, lief sie fort
1Kö	14,15	Ascherabilder gemacht, den HERRN zu e.
	16,2	daß sie mich e. durch ihre Sünde
	7	ihn zu e. durch die Werke seiner Hände 2Kö 22,17; 23,19; 2Ch 34,25; Jer 32,30
	13	den HERRN zu e. durch ihre Abgötterei 26; 22,54; 2Kö 17,11; Jer 8,19; 11,17; 32,29.32; 44,3.8
	33	mehr tat, den HERRN zu e., als alle vor ihm
	21,22	des Zornes, daß du mich e. 2Kö 23,26
2Kö	17,17	zu tun... um ihn zu e. 21,6; 2Ch 33,6
	21,15	e. von dem Tage an, da ihre Väter aus Äg.
	23,26	Ärgernisse, durch die ihn Manasse e. hatte
Esr	5,12	als unsere Väter den Gott des Himmels e.
Ps	78,58	sie e. ihn mit ihren Höhen 106,29.32.43
Spr	20,2	wer ihn e., sündigt wider d. eigene Leben
	24,19	e. dich nicht über die Bösen
Jer	4,17	Jerusalem hat mich e., spricht der HERR
	25,6	e. mich nicht durch eurer Hände Werk 7
Klg	5,22	bist du allzusehr über uns e.
Hos	12,15	nun aber hat ihn Ephraim bitter e.
Sa	8,14	als mich eure Väter e.
Jdt	11,8	unser Gott ist e. über unsre Sünden 14
	9	Israel weiß, daß sie ihren Gott e. haben
Bar	4,6	weil ihr Gott erz. habt, seid ihr

Erzvater

Apg	2,29	laßt mich zu euch reden von dem E. David
	7,8	so zeugte Jakob die zwölf E.
	9	die E. beneideten Josef und verkauften ihn
Heb	7,4	dem Abraham, der E., den Zehnten gab

es

1Mo	50,20	ihr gedachtet, es böse mit mir zu machen
5Mo	15,4	es sollte kein Armer unter euch sein
Hi	19,29	damit ihr wißt, daß es ein Gericht gibt
Pr	3,12	es (gibt) nichts Besseres als 22
Off	16,17	es ist geschehen 21,6

Esau (= Edom)

1Mo	25,25	nannten ihn E. 26; 1Ch 1,34
	27	wurde E. ein Jäger
	28	Isaak hatte E. lieb
	29	kam E. vom Feld und war müde
	32	E... was soll mir die Erstgeburt 34
	26,34	E. nahm zur Frau Jehudit
	27,1	rief er E., seinen älteren Sohn 5.6
	11	E. ist rauh, ich bin glatt 15.19.21-24
	30	da kam E. von seiner Jagd 32.34.38
	41	E. war Jakob gram 42; 32,12
	28,5	zu Laban, dem Bruder Rebekkas, E. Mutter
	6	nun sah E., daß Isaak Jakob gesegnet 7
	32,4	Jakob schickte Boten zu E. 5.7.9
	14	ein Geschenk für seinen Bruder E. 18-20; 33,8.9
	33,1	sah seinen Bruder E. kommen mit 400 Mann
	4	E. lief ihm entgegen und herzte ihn 5.12.15
	16	so zog E. nach Seïr 36,6.8; 5Mo 2,4.5.8.12.22. 29; Jos 24,4
	35,1	als du flohest vor deinem Bruder E.
	29	seine Söhne E. und Jakob begruben ihn
	36,1	dies ist das Geschlecht E., der auch Edom heißt 2-19.40.43; 1Ch 1,35
Jos	24,4	Isaak gab ich Jakob und E.
Jer	49,8	ich lasse Unheil über E. kommen 10; Ob 6.8. 9.18.19.21
Mal	1,2	ist nicht E. Jakobs Bruder
	3	(hab Jakob lieb) und hasse E. Rö 9,13
1Ma	5,3	Judas zog gegen das *Geschlecht E. 65
Heb	11,20	durch den Glauben segnete Isaak den E.
	12,16	daß nicht jemand sei ein Abtrünniger wie E.

Esbai

1Ch	11,37	Naarai, der Sohn E.

Eschan

Jos	15,52	(Städte des Stammes Juda:) E.

Eschbaal (= Isch-Boschet)

1Ch	8,33	Saul zeugte E. 9,39

Eschban

1Mo	36,26	die Söhne Dischons waren: E. 1Ch 1,41

Eschek

1Ch	8,39	die Söhne seines Bruders E. waren: Ulam

Eschkol

1Mo	14,13	¹im Hain Mamres, des Bruders von E. 24
4Mo	13,23	²kamen bis an den Bach E. 24; 32,9

Eschtaol, Eschtaoliter

Jos	15,33	(Städte des Stammes Juda:) E. 19,41

Ri	13,25	im Lager Dans zwischen Zora und E. 16,31; 18,2.8.11; 1Ch 2,53

Eschtemo, Eschtemoa

Jos	15,50	¹(Städte des Stammes Juda:) E. 21,14; 1Ch 6,42
1Sm	30,28	(ein Segensgeschenk) denen zu E.
1Ch	4,17	²Jischbach, den Vater E. 19

Eschton

1Ch	4,11	Mehir; der ist der Vater E. 12

Esel

1Mo	12,16	bekam Schafe, Rinder, E. 24,35; 30,43; 32,6
	22,3	Abraham gürtete seinen E. 5
	32,16	(ein Geschenk für Esau:) zehn E. 45,23
	34,28	(plünderten die Stadt) und nahmen ihre E.
	36,24	als er die E. seines Vaters hütete
	42,26	luden ihre Ware auf ihre E. 27; 43,18.24; 44,3. 13
	47,17	gab ihnen Brot als Entgeld für ihre E.
	49,11	wird seinen E. an den Weinstock binden
	14	Issachar wird ein knochiger E. sein
2Mo	4,20	Mose setzte sie auf einen E.
	9,3	die Hand des HERRN kommen über die E.
	13,13	die Erstgeburt vom E. auslösen 34,20
	20,17	nicht begehren d. Nächsten E. 5Mo 5,21
	21,33	es fällt ein Rind oder E. hinein
	22,3	das Gestohlene, es sei Rind, E. 8.9
	23,4	wenn du dem E. deines Feindes begegnest 5; 5Mo 22,3.4
	12	auf daß Rind und E. ruhen 5Mo 5,14
4Mo	16,15	habe nicht einen E. von ihnen genommen
	31,28	sollst Abgabe erheben an E. 30.34.39.45
5Mo	22,10	sollst nicht ackern zugl. mit Rind und E.
	28,31	dein E. wird mit Gewalt genommen
Jos	6,21	vollstreckten den Bann an Rindern und E.
	7,24	nahmen Achan, seine Söhne... Rinder und E.
	9,4	nahmen alte Säcke auf ihre E.
	15,18	(Achsa) stieg vom E. Ri 1,14
Ri	6,4	ließen nichts übrig, weder Schafe noch E.
	10,4	(Jaïrs) Söhne, die auf 30 E. ritten 12,14
	15,16	mit eines E. Kinnbacken... erschlagen
	19,3	seinen Knecht und E. bei sich 10.19.21.28
1Sm	8,16	eure E. wird (der König) nehmen
	10,2	dein Vater hat die E. nicht mehr im Sinn
	12,3	wessen Rind oder E. hab ich genommen
	15,3	töte Mann und Frau... und E. 22,19
	16,20	da nahm Isai einen E. und Brot
	25,18	Abigajil lud alles auf E. 20.23.42
	27,9	David nahm mit Schafe, Rinder, E.
2Sm	16,1	begegnete (David) Ziba mit einem Paar E. 2
	17,23	sattelte er seinen E. 19,27; 1Kö 2,40
1Kö	13,13	sattelte er seinen E.! Und als sie 23.27
	24	sein Leichnam, und der E. neben ihm 28.29
2Kö	7,7	ließen ihre Rosse und E. im Lager 10
1Ch	5,21	führten weg 2.000 E.
	12,41	brachten Nahrung auf E., Kamelen
	27,30	über die E. (war gesetzt) Jechdeja
2Ch	28,15	die schwach waren, führten sie auf E.
Esr	2,67	(hatten) 6.720 E. Neh 7,25
Neh	13,15	daß man am Sabbat Getreide auf E. lud
Hi	24,3	treiben den E. der Waisen weg
Spr	26,3	dem E. einen Zaum und dem Toren eine Rute
Jes	1,3	ein E. (kennt) die Krippe seines Herrn
Jes	21,7	sieht er einen Zug von E. und Kamelen
	30,6	führen ihre Habe auf dem Rücken von E.
	24	E., die auf dem Felde ackern
	32,20	könnt die E. frei gehen lassen
Jer	22,19	er soll wie ein E. begraben werden
Hes	23,20	deren Brunst war wie die der E.
Sa	9,9	Helfer, arm und reitet auf einem E. Mt 21,5
	14,15	wird diese Plage kommen über Rosse, E.
Sir	33,25	der E. braucht Futter, Stock und Last
Lk	13,15	bindet nicht jeder am Sabbat seinen E. los
Jh	12,14	Jesus fand einen jungen E. und ritt darauf

Eselin

1Mo	12,16	Abram bekam E. und Kamele
	32,16	(ein Geschenk für Esau:) 20 E. 45,23
	49,11	wird binden seiner E. Füllen an die Rebe
4Mo	22,21	Bileam sattelte seine E. 22-33
Ri	5,10	die ihr auf weißen E. reitet: Singet
1Sm	9,3	hatte Kisch die E. verloren 5.20; 10,2.14.16
2Kö	4,22	(sie) sprach: Schicke mir eine E. 24
Hi	1,3	(Hiob) besaß 500 E. 14; 42,12
Sa	9,9	reitet auf einem Füllen der E. Mt 21,5
Mt	21,2	gleich werdet ihr eine E. finden 7

Eselsfüllen

Jh	12,15	dein König kommt und reitet auf einem E.

Eselskinnbacken

Ri	15,15	(Simson) fand einen frischen E.

Eselskopf

2Kö	6,25	bis ein e. achtzig Silberstücke galt

Eser

1Ch	4,4	¹Pnuël und E. Das sind die Söhne Hurs
	7,21	²(Söhne Ephraims:) E. und Elad
	12,10	³(von den Gaditern:) Der erste E.
Neh	3,19	⁴E., der Sohn Jeschuas
	12,42	⁵(die Priester, nämlich) Elam und E.

Esli s. Hesli

Esra

1Ch	4,17	¹die Söhne E. waren: Jeter... Jalon
Esr	7,1	²zog E. herauf, der Sohn Serajas 10
	6	er war ein Schriftgelehrter Neh 8,1.2.4.9.13; 12,26.36
	11	Abschrift des Schreibens, das der König E. gab 12,21
	25	du, E., setze Richter ein 10,16
	10,1	wie E. weinend betete 2
	5	stand E. auf und nahm einen Eid 6.10
Neh	8,5	E. überragte alles Volk
	6	E. lobte den HERRN
	12,1	³(Priester:) E. 13.33

Esrachiter (= Serach)

1Kö	5,11	(Salomo) war weiser als Etan, der E.
Ps	88,1	eine Unterweisung Hemans, des E. 89,1

Esri

Esri
1Ch 27,26 ¹E., der Sohn Kelubs
2Ma 12,36 ²E. und seine Schar

essen
1Mo 2,9 verlockend anzusehen und gut zu e. 3,6
- 16 darfst e. von allen Bäumen im Garten 3,1.2
- 17 von dem Baum der Erkenntnis sollst du nicht e. 3.3.5.11.17
- 3,6 und gab ihrem Mann auch, und er a. 11-13
- 18 sollst das Kraut auf dem Felde e.
- 19 im Schweiße deines Angesichts dein Brot e.
- 22 daß er nicht e. und lebe ewiglich
- 6,21 von jeder Speise nehmen, die geg. wird
- 9,4 e. das Fleisch nicht mit seinem Blut
- 18,8 und sie a. 19,3; 26,30; 31,46.54; 37,25; Ri 19,4. 6.8.21; Rut 2,14; 3,3
- 24,33 nicht e., bis ich meine Sache vorgebr. 54
- 25,28 Isaak hatte Esau lieb und a. gern von seinem Wildbret 27,4.7.10.19.25.31.33
- 30 laß mich e. das rote Gericht 34
- 28,20 wird Gott mir Brot zu e. geben
- 31,38 die Widder deiner Herde hab ich nie geg.
- 32,33 e. die *Israeliten nicht das Muskelstück
- 39,6 kümmerte sich um das, was er a. und trank
- 43,4 wollen dir zu e. kaufen
- 16 sollen zu Mittag mit mir e. 25.32
- 32 Ägypter dürfen nicht e. mit den Hebräern
- 45,18 daß ihr e. sollt das Fett des Landes
2Mo 2,20 ladet ihn doch ein, mit uns zu e.
- 12,7 Schwelle an den Häusern, in denen sie's e.
- 8 sollen das Fleisch e. in derselben Nacht 5Mo 16,7
- 8 mit bitteren Kräutern e. 9.11; 4Mo 9,11
- 15 sieben Tage sollt ihr ungesäuertes Brot e. 18; 13,6.7; 23,15; 34,18; 3Mo 23,6; 4Mo 28,17; 5Mo 16,3.8; Hes 45,21
- 15 wer gesäuertes Brot i., der soll ausgerottet werden 19.20; 13,3; 5Mo 16,3
- 43 kein Ausländer soll davon e. 44.45.48
- 16,3 hatten Brot die Fülle zu e.
- 8 der HERR wird euch zu e. geben 12.15
- 16 sammle, soviel er zum E. braucht 18.21
- 25 e. dies heute, denn heute ist der Sabbat
- 35 a. Manna 40 Jahre lang; bis... a. sie Manna
- 21,28 Rind steinigen und sein Fleisch nicht e.
- 22,30 kein Fleisch e., das von Tieren zerrissen ist 3Mo 7,24; 17,15; 22,8; Hes 44,31
- 23,11 daß die Armen unter deinem Volk davon e.
- 24,11 als sie Gott geschaut hatten, a. sie
- 29,32 Aaron soll das Fleisch e. 33.34; 3Mo 8,31
- 32,6 setzte sich das Volk, um zu e. 1Ko 10,7
- 34,15 damit nicht du von ihrem Opfer e.
- 28 a. kein Brot und trank kein Wasser
3Mo 3,17 daß ihr weder Fett noch Blut e. 7,23.25-27; 17,10.12-14; 19,26; 5Mo 12,16.23.25; 15,23
- 6,9 sollen es ungesäuert e. an heiliger Stätte 19; 10,12-14; 24,9; 4Mo 18,10
- 11 wer männlich ist... soll's e. 22; 7,6; 4Mo 18,10
- 16 Speisopfer eines Priesters nicht geg.
- 23 von allen Sündopfern soll man nichts e.
- 7,15 an demselben Tage geg. werden, an dem es geopfert wird 16; 19,6; 22,30
- 18 wenn jemand am 3. Tage e. wird 19,7.8
- 19 mit Unreinem... nicht geg. werden 20.21
- 19 der rein ist, darf vom Opferfleisch e. 22,4.6.7; 4Mo 18,11.13.31

3Mo 8,31 vor der Tür der Stiftshütte und e. es
- 10,17 warum habt ihr Sündopfer nicht geg. 18.19
- 11,2 dies sind die Tiere, die ihr e. dürft 3.4.8.9.11. 13.21.22.42.47; 5Mo 14,4.6-12.19.20
- 34 Speise, die man e. könnte, wird unrein
- 40 wer von solchem Aas i., wird unrein 41; 5Mo 14,21
- 14,47 wer darin schläft oder darin i.
- 19,23 Bäume pflanzt, von denen man i. 25
- 21,22 doch e. darf er die Speise seines Gottes
- 22,10 kein Fremder soll von dem Heiligen e. 11-14.16
- 23,14 sollt von der neuen Ernte kein Brot e.
- 25,6 davon sollt ihr e., du u. dein Knecht 12
- 19 daß ihr genug zu e. habt 5Mo 8,9
- 20 was sollen wir e. im 7. Jahr 22
- 26,10 werdet noch von dem Vorjährigen e.
- 16 eure Feinde sollen (euren Samen) e.
- 26 wenn ihr e., sollt ihr nicht satt werden Hos 4,10; Mi 6,14; Hag 1,6
- 29 sollt eurer Söhne und eurer Töchter Fleisch e. 5Mo 28,53.55.57; Jer 19,9; Klg 2,20; 4,10
4Mo 6,3 soll weder frische noch... Weinbeeren e. 4
- 11,4 wer wird uns Fleisch zu e. geben 13.18.21
- 5 Fische, die wir in Ägypten umsonst a.
- 15,19 ihr e. von dem Brot des Landes Jos 5,11.12; Jer 2,7
- 25,2 das Volk a. und betete ihre Götter an
5Mo 2,6 Speise kaufen, damit ihr zu e. habt
- 4,28 Götzen, die weder e. noch riechen können
- 6,11 wenn du i. und satt wirst 8,10.12; 11,15; 31,20
- 9,9 als ich 40 Tage kein Brot a. 18
- 12,7 sollt dort vor dem HERRN, eurem Gott, e. 18; 14,23.26; 15,20; 27,7
- 15 darfst in allen Städten Fleisch e. 20-22.27; 15,22
- 17 darfst aber nicht e. vom Zehnten
- 14,3 nichts e., was dem Herrn ein Greuel ist
- 29 der Fremdling und die Waise sollen e. 26,12
- 18,1 von den Feueropfern sollen sie e.
- 8 sollen gleichen Anteil zu e. haben
- 20,14 e. von der Beute deiner Feinde 1Sm 14,30
- 19 darfst umhauen, denn du kannst davon e. 20
- 23,25 darfst Trauben e. nach deinem Wunsch
- 26,14 habe nichts davon geg., als ich in Trauer
- 28,31 aber du wirst nicht davon e.
- 29,5 kein Brot geg., keinen Wein getrunken
- 32,38 die d. Fett ihrer Schlachtopfer e. sollten
Jos 24,13 e. von Ölbäumen, die ihr nicht gepflanzt
Ri 9,27 a. und fluchten dem Abimelech
- 13,4 hüte dich, Unreines zu e. 7.14
- 14,9 (Simson) a. unterwegs... daß sie auch a.
1Sm 1,7 dann weinte Hanna und a. nichts 8.9
- 18 ging die Frau ihres Weges und a.
- 2,36 daß ich einen Bissen Brot zu e. habe
- 9,13 hinaufgeht auf die Höhe, um zu e. 19.24
- 14,24 verflucht sei, der etwas i. 28
- 32 sie a. das Fleisch über dem Blut Hes 33,25
- 20,24 setzte sich der König, um zu e.
- 34 (Jonatan) a. am 2. Tage nichts
- 28,20 er hatte nichts geg. den ganzen Tag 22-25
- 30,11 gaben ihm Brot zu e. 12
- 16 a. und tranken und feierten
2Sm 3,35 um David zum E. zu nötigen
- 9,7 sollst täglich an meinem Tisch e. 10.11.13; 19,29; 1Kö 2,7
- 11,11 ich sollte in mein Haus gehen, um zu e. 13
- 12,3 (ein Schäflein) a. von seinem Bissen
- 17 (David) a. auch nicht mit ihnen 20.21

essen

2Sm	13,5	daß ich von ihrer Hand nehme und e. 6.9-11	Pr	2,24	ist's nicht besser, daß er e. und trinke 3,13; 5,17.18; 8,15; 9,7
	16,2	Früchte sind für die Leute zum E.		25	wer kann fröhlich e. ohne ihn
	19,36	wie kann ich schmecken, was ich e.		5,11	er habe wenig oder viel geg.
1Kö	1,25	siehe, sie e. und trinken vor ihm 41	Hl	4,16	mein Freund e. von seinen Früchten 5,1
	4,20	a. und waren fröhlich 1Ch 12,40; 29,22		5,1	ich habe m. Wabe samt meinem Honig geg.
	13,8	will an diesem Ort kein Brot e. 9.15-23	Jes	7,15	Butter und Honig wird er e. 22
	17,12	will zurichten, daß wir e. - und sterben 15; 2Kö 4,40.41		21,5	deckt den Tisch, e. und trinkt
	18,19	Propheten, die vom Tisch Isebels e.		22,13	Freude u. Wonne, Fleisch e., Wein trinken
	41	Elia sprach zu Ahab: i. und trink 42		13	lasset uns e. und trinken 1Ko 15,32
	19,5	ein Engel sprach: Steh auf und i. 6-8		23,18	daß sie e. und satt werden
	21	gab's den Leuten, daß sie a. 2Kö 4,42.43		29,8	wie ein Hungriger träumt, daß er e.
	21,4	Ahab a. nicht 5		44,16	brät Fleisch und i. den Braten 19
	7	i. und sei guten Mutes		55,1	kommt her, kauft und e. 2
2Kö	4,8	reiche Frau; die nötigte ihn, daß er a.		10	daß sie gibt Brot, zu e.
	43	man wird e., und es wird noch übrigbleiben 44; 2Ch 31,10		59,5	i. man von ihren Eiern, muß man sterben
	6,22	setze vor, daß sie e. und trinken 23; 7,8		61,6	werdet der Völker Güter e.
	28	gib deinen Sohn, daß wir e. ihn.; morgen wollen wir meinen Sohn e. 29		62,8	will nicht mehr deinen Feinden zu e. geben
	7,2	wirst es sehen, doch nicht davon e. 19		9	die es einsammeln, sollen's auch e.
	9,34	als (Jehu) geg. und getrunken hatte		65,4	sie e. Schweinefleisch 66,17
	18,31	soll von seinem Weinstock e. Jes 36,16		13	meine Knechte sollen e.
	19,29	in diesem Jahr i., was nachwächst, im dritten Jahr e. ihre Früchte Jes 37,30		21	sie werden ihre Früchte e. Jer 29,5.28; Am 9,14
	23,9	die Priester a. ungesäuertes Brot		22	sollen nicht pflanzen, was ein anderer e.
	25,3	daß das Volk nichts zu e. hatte Jer 52,6	Jer	2,3	wer davon e. wollte, machte sich schuldig
	29	a. bei dem König sein Leben lang Jer 52,33		16,8	bei ihnen zu sitzen zum E.
2Ch	28,15	nahmen d. Gefangenen, gaben ihnen zu e.		22,15	hat dein Vater nicht auch geg.
	30,18	a. das Passa nicht so, wie geschrieben 22		24,2	daß man sie nicht e. konnte 3.8; 29,17
Esr	2,63	sollten nicht e. vom Hochheiligen Neh 7,65		31,29	d. Väter haben Trauben geg. 30; Hes 18,2
	4,14	weil wir das Salz des Königshauses e.		41,1	sie a. dort in Mizpa miteinander
	6,21	es a. das Passa die *Israeliten	Klg	4,5	die früher leckere Speisen a.
	9,12	damit ihr das Gut des Landes e.	Hes	2,8	tu deinen Mund auf und i. 3,1-3
	10,6	Esra a. kein Brot und trank kein Wasser		4,9	daß du daran zu e. hast 10.12-14
Neh	5,2	damit wir e. und leben können		16	daß sie das Brot abgewogen e. müssen
	8,10	geht hin und e. fette Speisen 12		12,18	sollst dein Brot e. mit Beben 19
	9,25	a. und wurden satt und fett		16,13	du a. feinstes Mehl 19
Est	4,16	daß ihr nicht e. und trinkt		18,6	der von den Höhenopfern nicht i. 11.15; 22,9
	7,8	in den Saal, wo man geg. hatte		24,17	sollst nicht das Trauerbrot e. 22
Hi	1,4	luden ein, mit ihnen zu e. 13.18		25,4	sollen e. deine Früchte e.
	3,24	wenn ich e. soll, muß ich seufzen		34,3	ihr e. das Fett
	6,6	i. man Fades, ohne es zu salzen		42,13	Kammern, in d. die Priester die Opfer e.
	31,8	ein anderer soll es e.		44,3	der Fürst darf das Opfermahl e.
	17	meinen Bissen allein geg., hat nicht die Waise auch davon geg.	Dan	1,12	laß uns Gemüse zu e. geben 13.15
	39	hab ich seine Früchte unbezahlt geg.		10,3	ich a. keine leckere Speise
	33,20	daß sie nicht Lust hat zu e.		11,26	die sein Brot e., die werden helfen
	38,41	irre fliegen, weil sie nichts zu e. haben	Hos	8,13	wenn sie auch viel opfern und e.
	42,11	kamen u. a. mit ihm		9,3	Ephraim muß in Assyrien Unreines e.
Ps	22,27	die Elenden sollen e., daß sie satt		4	Brot, an dem unrein werden, die davon e.
	41,10	der mein Brot a., tritt mich Jh 13,18		10,13	ihr aber e. Lügenfrüchte
	50,13	soll ich Fleisch von Stieren e. wolle	Jo	2,26	ihr sollt genug zu e. haben
	69,22	sie geben mir Galle zu e.	Am	6,4	ihr e. die Lämmer aus der Herde
	78,25	Brot der Engel a. sie alle		7,12	flieh ins Land Juda und i. dort dein Brot
	29	da a. sie und wurden sehr satt	Ob	7	die dein Brot e., werden dich verraten
	102,5	vor Seufzen vergesse, mein Brot zu e.	Mi	7,1	da man keine Trauben findet zu e.
	10	ich e. Asche wie Brot	Nah	3,12	fallen dem in den Mund, der sie e. will
	106,28	sie a. von den Opfern für die Toten	Sa	7,6	wenn ihr e. und trinkt... für euch selbst
	127,2	und e. euer Brot mit Sorgen	Jdt	11,11	wollen e., was sie nicht berühren dürfen
	141,4	mag nicht e. von ihren leckeren Speisen		12,2	ich darf nichts von deiner Speise e.
Spr	1,31	sollen e. von den Früchten ihres Wandels		10	sie a. nichts bis zum Abend Tob 3,12
	9,5	kommt, e. von meinem Brot		13	komm, um mit ihm zu e. 20
	13,25	der Gerechte kann e., bis er satt ist	Wsh	4,5	wird ihre Frucht zu unreif zum E.
	18,21	wer sie liebt, wird ihre Frucht e.		16,3	die natürliche Lust am E. vergehen
	23,6	i. nicht bei einem Neidischen 7.8	Tob	1,12	(als) alle von den Speisen der Heiden a.
	24,13	i. Honig, mein Sohn 25,16		2,1	lade... Männer ein, die e. wollen
	25,27	zuviel Honig ist nicht gut		4	a. sein Brot voll Trauer und Entsetzen
	27,18	wer seinen Feigenbaum pflegt, der i. Früchte		21	nicht erlaubt, von gestohlenem Gut zu e.
	31,27	sie i. ihr Brot nicht mit Faulheit		4,18	i. und trink nicht davon mit den Sündern
				7,10	ich will heute weder e. noch trinken
				12,19	es schien, als hätte ich mit euch geg.
			Sir	11,19	nun will ich e. und trinken

essen

Sir	20,18	die m. Brot e., reden nichts Gutes von mir
	24,28	wer von mir i., den hungert immer nach mir
	29,33	laß mich e., was du hast
	30,19	Götzen... weder e. noch riechen kann 18
	31,19	i., was dir vorgesetzt wird, wie ein Mensch
	25	wenn du genötigt bist, viel zu e.
	37,34	wer mäßig ißt, lebt desto länger
	41,2	(ein Mensch,) der noch gut e. kann
	43	dich beim E. mit d. Arm aufzustützen
	45,26	sie sollten die Opfer des Herrn e.
Bar	2,3	jeder das Fleisch seines Sohnes e.
1Ma	1,65	viele wollten nichts Unreines e.
2Ma	2,11	vom Feuer verzehrt, weil man's nicht geg.
	6,18	weil er Schweinefleisch e. sollte 20; 7,1.7
	21	Fleisch besorgen, das er e. dürfte
StE	3,11	auch hab ich nie an Hamans Tisch geg.
StD	2,5	siehst du nicht, wieviel er täglich e. 23
	6	dieser Bel hat noch nie etwas geg.
	14	die Priester a. alles, was da war
	38	(Habakuk) stand auf und a.
Mt	6,25	sorgt nicht, was ihr e. 31; Lk 12,22.29
	9,11	warum i. euer Meister mit den Zöllnern Mk 2,16; Lk 5,30
	11,18	Johannes ist gekommen, a. nicht und trank nicht 19; Lk 7,33.34
	12,1	seine Jünger fingen an zu e. Lk 6,1
	4	wie (David) a. die Schaubrote, die weder er noch... e. durften Mk 2,26; Lk 6,4
	14,15	laß das Volk gehen, damit sie sich zu e. kaufen Lk 9,12
	16	gebt ihr ihnen zu e. 15,32; Mk 6,37; 8,1.2; Lk 9,13; Jh 6,5
	20	sie a. alle und wurden satt 21; 15,37.38; Mk 6,42.44; 8,8; Lk 9,17; Jh 6,23
	15,2	sie waschen ihre Hände nicht, wenn sie Brot e. 20; Mk 7,2-5
	27	doch e. die Hunde von den Brosamen Mk 7,28
	24,38	sie a., sie tranken Lk 17,27.28
	45	damit er ihnen zur rechten Zeit zu e. gebe
	49	i. und trinkt mit den Betrunkenen Lk 12,45
	25,35	ihr habt mir zu e. gegeben 37.42
	26,17	das Passalamm zum E. bereiten
	21	als sie a. 26; Mk 14,18.22
	26	nehmet, e. 1Ko 11,24
Mk	1,6	a. Heuschrecken und wilden Honig
	2,16	sahen, daß er mit den Zöllnern a.
	3,20	daß sie nicht e. konnten
	5,43	sagte, sie sollten ihr zu e. geben Lk 8,55
	6,31	sie hatten nicht Zeit genug zum E.
	11,14	nun er. niemand mehr eine Frucht von dir
	14,12	das Passalamm bereiten, damit du es e. kannst 14; Lk 22,8.11.15; Jh 18,28
Lk	3,11	wer zu e. hat, tue ebenso
	4,2	er a. nichts in diesen Tagen
	7,36	es bat ihn einer der Pharisäer, bei ihm zu e. 11,37; 14,1
	10,7	e. und trinkt, was man euch gibt 8
	12,19	habe nun Ruhe, i., trink und habe guten Mut
	13,26	wir haben vor dir geg. und getrunken
	14,15	selig ist, der... i. im Reich Gottes
	15,2	dieser nimmt Sünder an und i. mit ihnen
	16	mit Trebern, die die Säue a.
	23	laßt uns e. und fröhlich sein
	17,8	diene mir, bis ich geg. habe
	22,16	nicht mehr e., bis es erfüllt wird im Reich Gottes
	30	daß ihr e. sollt an meinem Tisch in meinem Reich
	24,41	habt ihr hier etwas zu e. 43; Jh 21,5
Jh	4,31	inzwischen mahnten ihn die Jünger: Rabbi, i.
	32	habe Speise zu e., von der ihr nicht wißt
	33	hat ihm jemand zu e. gebracht
	6,31	unsre Väter haben in der Wüste das Manna geg. 49
	50	damit, wer davon i., nicht sterbe 51.58
	52	wie kann der uns sein Fleisch zu e. geben
	53	wenn ihr nicht d. Fleisch d. Menschensohns e.
	54	wer mein Fleisch i., der hat das ewige Leben 56.57
	58	die geg. haben und gestorben sind
	13,18	der mein Brot i., tritt mich mit Füßen
Apg	9,9	drei Tage a. (er) nicht und trank nicht
	10,10	als er hungrig wurde, wollte er e.
	13	steh auf, Petrus, schlachte und i. 11,7
	14	ich habe noch nie etwas Unreines geg.
	41	die wir mit ihm geg. und getrunken haben
	11,3	(mit) Männern, die nicht Juden sind, hast (du) geg.
	20,11	dann ging er hinauf und brach das Brot und a.
	23,12	verschworen sich, weder zu e. noch zu trinken 14.21
	27,21	als man lange nichts geg. hatte 34.35
Rö	14,2	der eine glaubt, er dürfe alles e.
	3	wer i., der verachte den nicht, der nicht i. 20
	6	wer i., der i. im Blick auf den Herrn
	17	das Reich Gottes ist nicht E. und Trinken
	21	es ist besser, du i. kein Fleisch
	23	wer dabei zweifelt und dennoch i.
1Ko	5,11	mit so einem sollt ihr auch nicht e.
	8,4	was das E. von Götzenopferfleisch angeht 7.8
	10	wird denn nicht sein Gewissen verleitet zu e.
	13	will ich nie mehr Fleisch e.
	9,4	haben wir nicht das Recht, zu e. und zu trinken
	7	wer pflanzt einen Weinberg und i. nicht von seiner Frucht
	13	*die da opfern, vom Opfer e.*
	10,3	haben alle dieselbe geistliche Speise geg.
	18	welche die Opfer e., stehen die nicht in der Gemeinschaft
	25	alles... das e. 27.28
	31	ob ihr e., trinkt, tut zu Gottes Ehre
	11,22	habt ihr denn nicht Häuser, wo ihr e. und trinken könnt 34
	26	sooft ihr von diesem Brot e. 27-29
	33	wenn ihr zusammenkommt, um zu e., wartet aufeinander
Gal	2,12	bevor einige von Jakobus kamen, a. er mit den Heiden
2Th	3,10	wer nicht arbeiten will, der soll auch nicht e.
	12	daß sie ihr eigenes Brot e.
Heb	13,10	Altar, von dem zu e. kein Recht haben, die
Off	2,7	e. geben von dem Baum des Lebens
	14	verführen, vom Götzenopfer zu e.
	20	verführt meine Knechte, Götzenopfer zu e.
	10,10	als ich's geg. hatte, war es mir bitter im Magen
	17,16	werden ihr Fleisch e. und werden sie mit Feuer verbrennen
	19,18	e. das Fleisch der Könige und der Hauptleute

Essen

1Mo	24,33	man setzte ihm E. vor
	27,4	mach mir ein E. 7.9.14.17.31

1Mo	31,54	Jakob lud seine Brüder zum E.
	43,34	man trug ihnen E. auf von seinem Tisch
2Sm	13,5	damit sie vor meinen Augen das E. bereite
Dan	6,19	der König ließ kein E. vor sich bringen
Tob	2,3	Tobias ließ das E. stehen
Sir	30,27	Herz, das heiter ist, sorgt für gutes E.
StD	2,33	bring das E., das du trägst, zu Daniel 36
Lk	9,12	laß das Volk gehen, damit sie hingehen und E. finden 13; Mt 14,15
	11,38	daß er sich nicht vor dem E. gewaschen hatte
Jh	4,8	waren in die Stadt gegangen, um E. zu kaufen
1Ko	11,21	ein jeder nimmt beim E. sein eigenes Mahl vorweg

Essenszeit

Rut	2,14	Boas sprach zu ihr, als E. war
StD	1,13	komm, laß uns heimgehen! Denn es ist E.

Essig

Ps	69,22	sie geben mir E. zu trinken
Spr	10,26	wie E. den Zähnen und Rauch den Augen tut
	25,20	das ist wie E. auf Lauge
Mt	27,48	nahm einen Schwamm und füllte ihn mit E. Mk 15,36; Lk 23,36; Jh 19,29.30

Essigtrank

Rut	2,14	tauche deinen Bissen in den E.

Ester, *Esther*

Est	2,7	Hadassa, das ist E. 8.10.11.15-18.20.22
	4,4	kamen die Dienerinnen E. 5.8-17
	5,1	zog sich E. königlich an 2-7.12; 9,25
	6,14	Mahl, das E. bereitet hatte 7,1-3.5-8
	8,1	schenkte der König E. das Haus Hamans 2-4.7
	9,12	der König sprach zu E. 13.29.31.32
StE	3,1	die Königin E. 4,6; 5,9; 7,3

Et-Kazin, *Eth-Kazin*

Jos	19,13	(Sebulon... Grenze seines Erbteils) E.

Etam

Jos	15,59	¹(Städte des Stammes Juda:) E. 1Ch 4,3; 2Ch 11,6
Ri	15,8	²(Simson) wohnte in der Felsenkluft von E. 11
1Ch	4,32	³(Söhne Simeons wohnten zu) E.

Etam, *Etham* (= Assur 2; Schur)

2Mo	13,20	lagerten sich in E. 4Mo 33,6-8

Etan, *Ethan*

1Kö	5,11	¹(Salomo) war weiser als E. Ps 89,1
1Ch	2,6	die Söhne Serachs sind: E. 8
	6,27	²E., des Sohnes Simmas
	6,29	³E., der Sohn Kuschajas 15,17.19 (= Jedutun 1)

Etanim, *Ethanim*

1Kö	8,2	am Fest im Monat E., das ist der siebente

Etbaal, *Ethbaal*

1Kö	16,31	Isebel, die Tochter E., Königs der Sidonier

Eter, *Ether*

Jos	15,42	¹(Städte des Stammes Juda:) E.
	19,7	²(Simeon ward zum Erbteil) E.

Etnan, *Ethnan*

1Ch	4,7	Söhne Hesas: E.

Etni, *Ethni*

1Ch	6,26	E., des Sohnes Serachs

etwa

2Mo	22,7	ob er nicht e. seine Hand an... gelegt 10
3Mo	4,3	wenn e. der Priester sündigte
	22,4	wer e. einen anrührt, der unrein gewesen
5Mo	19,5	e. wenn jemand... träfe seinen Nächsten
2Sm	19,43	daß wir e. ein Stück vom König aufgegessen
	20,6	damit er nicht e. feste Städte gewinne
2Kö	18,33	haben e. die Götter ihr Land errettet Jes 36,18
Jes	23,15	solange e. ein König lebt
	28,28	zermalmt man e. das Getreide
Jer	13,23	kann e. ein Mohr seine Haut wandeln
Am	3,3	können e. zwei miteinander wandern 4-6
Lk	14,8	daß nicht e. ein Vornehmerer geladen sei
Rö	3,8	ist es e. so, wie wir verlästert werden
Gal	2,2	damit ich nicht e. vergeblich liefe
2Ti	2,25	*ob ihnen Gott e. Buße gebe*

etwas

1Mo	18,14	sollte dem HERRN e. unmöglich sein Jer 32,27
4Mo	16,30	wird der HERR e. Neues schaffen
	23,19	Gott ist nicht ein Mensch, daß ihn e. gereue 1Sm 15,29
	19	sollte er e. reden und nicht halten
1Sm	14,6	vielleicht wird der HERR e. für uns tun
2Ch	14,10	HERR, gegen dich vermag kein Mensch e.
Hi	22,2	kann ein Mann Gott e. nützen
	40,2	kann der... (Gott) e. vorschreiben
Ps	73,11	wie sollte der Höchste e. merken
Spr	8,22	ehe (der HERR) e. schuf
Hab	1,5	ich will e. tun zu euren Zeiten
Sa	7,10	denke keiner gegen s. Bruder e. Arges
Wsh	11,25	wie könnte e. bleiben, wenn du nicht
Sir	11,18	denkt, er habe es zu e. gebracht 1Ma 9,9
	39,26	hat alles geschaffen, damit es zu e. dienen soll
Mt	6,16	*daß sie vor den Leuten e. scheinen*
Mk	9,22	wenn du e. kannst, so erbarme dich unser
	11,16	ließ nicht zu, daß jemand e. durch den Tempel trage
	25	vergebt, wenn ihr e. gegen jemanden habt
Jh	7,4	niemand tut e. im Verborgenen und will doch öffentlich e. gelten
	16,23	wenn ihr den Vater um e. bitten werdet, wird er's euch geben 1Jh 5,14
Apg	5,36	Theudas gab vor, er wäre e. 8,9

etwas

Apg	17,25	wie einer, der e. nötig hätte
Rö	13,8	seid niemand e. schuldig, außer, daß ihr euch untereinander liebt
Gal	6,3	wenn jemand meint, er sei e., obwohl er nichts ist
Phm	18	wenn er dir e. schuldig ist, das rechne mir an

Eubulus

2Ti	4,21	es grüßen dich E. und Pudens

euch s. ihr

euer

1Mo	45,18	nehmt alle die E. und kommt
	20	das Beste des Landes soll e. sein
5Mo	11,24	alles Land soll e. sein
2Ch	32,14	daß e. Gott euch erretten könnte 15
Jes	55,8	e. Wege sind nicht meine Wege 9
Jer	29,7	suchet der Stadt Bestes, so geht's e. wohl
2Ko	12,14	ich suche nicht das E., sondern euch
Kol	4,9	sende ich Onesimus, der einer der E. ist 12
1Th	4,11	daß ihr das E. schafft

Eule

Ps	102,7	ich bin wie die E. in der Einöde
Jes	13,21	ihre Häuser werden voll E. sein Ze 2,14

Eumenes

1Ma	8,8	gaben (seine Länder) dem König E.

Eunike

2Ti	1,5	Glauben, der gewohnt hat in deiner Mutter E.

Eupator (= Antiochus 3)

1Ma	6,17	Antiochus... nannte ihn E. 2Ma 2,21; 10,10. 11.13; 13,1

Euphrat

1Mo	2,14	¹der vierte Strom ist der E.
	15,18	bis an den großen Strom E. 5Mo 1,7; 11,24; Jos 1,4; 2Kö 23,29; 24,7; 2Ch 35,20; Jer 2,18; 51,63
	31,21	(Jakob) fuhr über den E.
4Mo	22,5	Pethor, das am E. liegt
1Kö	5,4	(Salomo) herrschte diesseits des E., über alle Könige diesseits des E. 9,26
	14,15	wird sie zerstreuen jenseits des E.
Esr	4,10	jenseits des E. 11.16.17.20; 5,3.6; 6,6.8.13; 7,21. 25; 8,36; Neh 2,7.9; 3,7; 1Mak 7,8; 11,60
Jes	11,15	wird s. Hand gehen lassen über den E.
Mi	7,12	werden kommen von Ägypten bis an den E.
Jdt	1,6	Völker, die am E. wohnten, halfen
	2,14	zog über den E. 1Ma 3,37
Sir	24,36	(läßt) Verstand überströmen wie der E.
	44,23	vom E. bis an die Enden der Erde
1Ma	3,32	Lysias; Statthalter vom E... bis Ägyptens
Off	9,14	Engel, die gebunden sind an dem großen Strom E.
	16,12	goß aus seine Schale auf den E.
Jer	13,4	²geh hin an den E. 5-7

Euphratstrom

2Mo	23,31	von der Wüste bis an den E.
Jos	24,2	eure Väter wohnten jenseits des E. 14
2Sm	8,3	seine Macht wieder aufzurichten am E. 1Ch 18,3
1Kö	5,1	über alle Königreiche, vom E. bis Ägypten
1Ch	5,9	wohnte bis an die Wüste am E.
Jer	46,2	Heer des Pharao... lagerte am E. 6.10

Eupolemus

1Ma	8,17	E., Sohn des Johannes 2Ma 4,11

euretwegen

Rö	2,24	e. wird Gottes Name gelästert
1Ko	1,4	ich danke meinem Gott allezeit e.
1Th	3,7	dadurch sind wir e. getröstet worden
	9	wie können wir e. Gott genug danken

euretwillen

5Mo	1,37	über mich wurde der HERR zornig um e. 3,26
Jes	43,14	um e. habe ich nach Babel geschickt
Hes	36,22	tue es nicht um e. 32
Mi	3,12	wird Zion um e. wie ein Acker gepflügt
Mal	3,11	will um e. den „Fresser" bedrohen
Jh	11,15	ich bin froh um e., daß ich nicht dagewesen bin
	12,30	nicht um meinetwillen, sondern um e.
Rö	11,28	sind sie Feinde um e.
1Ko	4,6	dies habe ich gesagt um e.
2Ko	2,10	vergeben um e. vor Christi Angesicht
	4,15	es geschieht alles um e.
	8,9	obwohl er reich, wurde er doch arm um e.
	9,2	*guten Willen, den ich um e. rühme*
Phl	1,24	es ist nötiger, im Fleisch zu bleiben, um e.
1Th	1,5	wie wir uns unter euch verhalten um e.
2Th	1,3	*wir müssen Gott danken allezeit um e.*
1Pt	1,20	offenbart am Ende der Zeiten um e.
Off	18,20	Gott hat sie gerichtet um e.

Eutychus

Apg	20,9	es saß ein junger Mann mit Namen E. in einem Fenster

Eva

1Mo	3,20	Adam nannte sein Weib E.
	4,1	Adam erkannte sein Weib E.
Tob	8,8	Adam... E. zur Gehilfin
2Ko	11,3	wie die Schlange E. verführte mit ihrer List
1Ti	2,13	Adam wurde zuerst gemacht, danach E.

Evangelist

Apg	21,8	gingen in das Haus des Philippus, des E.
Eph	4,11	er hat einige eingesetzt als E.

Evangelium

Mt	4,23	Jesus predigte das E. von dem Reich 9,35; Mk 1,14; Lk 8,1
	11,5	Armen wird das E. gepredigt Lk 7,22
	24,14	es wird gepredigt werden dies E. in der ganzen Welt
	26,13	wo dies E. gepredigt wird Mk 14,9

Mk	1,1	der Anfang des E. von Jesus Christus	Eph	6,19	freimütig das Geheimnis des E. zu verkündigen
	15	tut Buße und glaubt an das E.	Phl	1,5	für eure Gemeinschaft am E. vom 1. Tage an
	8,35	wer sein Leben verliert um des E. willen		7	wenn ich das E. verteidige und bekräftige
	10,29	es ist niemand, der Haus oder Brüder verläßt um des E. willen		12	das ist nur mehr zur Förderung des E. geraten
	13,10	das E. muß zuvor gepredigt werden		16	daß ich zur Verteidigung des E. hier liege
	16,15	predigt das E. aller Kreatur		27	wandelt nur würdig des E. Christi
Lk	4,18	mich gesalbt, zu verkündigen das E. den Armen		2,22	wie ... hat er mit mir dem E. gedient 4,3
	43	auch den andern Städten das E. predigen		4,15	daß am Anfang meiner Predigt des E.
	9,6	predigten das E. und machten gesund an allen Orten	Kol	1,5	durch die E., (das zu euch gekommen ist)
				23	nicht weicht, von der Hoffnung des E.
	16,16	wird das E. vom Reich Gottes gepredigt	1Th	1,5	unsere Predigt des E. kam zu euch nicht allein im Wort
	20,1	als er das Volk lehrte und predigte das E.		2,2	bei euch das E. Gottes zu sagen unter Kampf
Apg	5,42	sie hörten nicht auf, zu predigen das E. 8,25. 35.40; 11,20; 14,7.15.21; 17,18		4	weil Gott uns für wert geachtet hat, uns das E. anzuvertrauen
	15,7	daß durch meinen Mund die Heiden das Wort des E. hörten und glaubten		8	euch nicht allein am E. Gottes teilzugeben
	16,10	dahin berufen, ihnen das E. zu predigen		9	predigten unter euch das E. Gottes
	20,24	zu bezeugen das E. von der Gnade Gottes		3,2	Timotheus, Gottes Mitarbeiter am E. Christi
Rö	1,1	Paulus, ausgesondert, zu predigen das E. Gottes 15,19; 1Ko 1,17; 9,16; 2Ko 2,12	2Th	2,14	wozu er euch berufen hat durch unser E.
			1Ti	1,11	nach dem E. von der Herrlichkeit Gottes
	9	Gott, dem ich diene am E. von seinem Sohn 15,16	2Ti	1,8	leide mit mir für das E. in der Kraft Gottes
	15	willens, auch euch in Rom das E. zu predigen		10	der dem Tode die Macht genommen hat durch das E.
	16	ich schäme mich des E. nicht		2,8	aus dem Geschlecht Davids, nach meinem E.
	2,16	Tag, an dem Gott richten wird, wie es mein E. bezeugt		4,5	tu das Werk eines Predigers des E.
	10,16	nicht alle sind dem E. gehorsam 2Th 1,8	Phm	13	damit er mir diene um des E. willen
	11,28	im Blick auf das E. sind sie Feinde	1Pt	1,12	durch die, die euch das E. verkündigt haben
	15,20	das E. zu predigen, wo Christi Name noch nicht bekannt		4,6	dazu ist den Toten das E. verkündigt
	16,25	dem, der euch stärken kann gemäß meinem E.		17	mit denen, die dem E. Gottes nicht glauben
			Off	14,6	der hatte ein ewiges E. zu verkünden
1Ko	4,15	ich habe euch gezeugt in Christus durchs E.			
	9,12	damit wir nicht dem E. von Christus ein Hindernis bereiten			**Evodia,** *Euodia*
	14	die das E. verkündigen, sich vom E. nähren sollen	Phl	4,2	E. ermahne ich und Syntyche ermahne ich
	16	wehe mir, wenn ich das E. nicht predigte			**Ewi**
	18	daß ich das E. predige ohne Entgelt 2Ko 11,7	4Mo	31,8	töteten auch E. Jos 13,21
	23	alles tue ich um des E. willen			**ewig** (s.a. immer und ewig)
	15,1	ich erinnere euch an das E.	1Mo	9,12	Bundes, den ich geschlossen auf e. 16
2Ko	4,3	ist unser E. verdeckt, so ist's		17,7	daß es ein e. Bund sei 13.19; 1Ch 16,17; Ps 105,10
	4	daß sie nicht sehen das helle Licht des E.		8	will dir das Land geben zu e. Besitz 2Mo 32,13
	8,18	dessen Lob wegen seines Dienstes am E. durch alle Gemeinden geht		21,33	Namen des HERRN, des e. Gottes Jes 40,28
	9,13	über eurem Gehorsam im Bekenntnis zum E.		49,26	die Segnungen der e. Berge ... e. Hügel
	10,14	mit dem E. Christi bin ich zu euch gekommen	2Mo	3,15	der HERR, das ist mein Name auf e.
	16	wir wollen das E. auch denen predigen, die		12,14	sollt diesen Tag feiern als e. Ordnung 17
Gal	1,6	euch abwenden laßt zu einem andern E.		27,21	eine e. Ordnung für die Nachkommen 28,43; 30,21; 3Mo 3,17; 10,9; 16,29.31.34; 17,7; 23,14. 21.31.41; 24,3; 4Mo 10,8; 15,15; 18,23; 19,10. 21; Hes 46,14
	7	einige, die wollen das E. Christi verkehren			
	8	wenn ein Engel euch ein E. predigen 9			
	11	daß das E., das von mir gepredigt ist, nicht von menschlicher Art ist		29,9	daß sie das Priestertum haben nach e. Ordnung 40,15; 4Mo 25,13
	16	damit ich ihn durchs E. verkündigen sollte		28	Aaron als e. Anrecht 3Mo 6,11.15; 7,34.36; 10,15; 24,9; 4Mo 18,8.11.19
	2,2	ich besprach mich mit ihnen über das E.			
	5	die Wahrheit des E. bei euch bestehen bliebe		31,16	den Sabbat als e. Bund 17
	7	daß mir anvertraut war das E. an die Heiden	5Mo	32,40	ich will sagen: So wahr ich e. lebe
	14	nicht richtig nach der Wahrheit des E.		33,15	mit dem Köstlichsten der e. Hügel
	4,13	daß ich euch in Schwachheit des Leibes das E. gepredigt habe		27	Zuflucht ist unter den e. Armen
Eph	1,13	Wort der Wahrheit, das E. von eurer Seligkeit	Jos	4,7	sollen diese Steine ein e. Andenken sein
			2Sm	7,24	zubereitet, dir zum Volk für e. 1Ch 17,22
	2,17	er hat im E. Frieden verkündigt		23,5	hat mir einen e. Bund gesetzt Jes 55,3; 61,8; Jer 32,40; 50,5; Hes 16,60; 37,26
	3,6	Mitgenossen der Verheißung in Christus Jesus durch das E.			
	6,15	bereit, einzutreten für das E. des Friedens	1Ch	16,15	gedenkt e. seines Bundes Ps 111,5

ewig

2Ch	5,13	seine Barmherzigkeit währt e.
Esr	9,12	damit ihr es vererbt auf e. Zeiten
Neh	2,3	der König lebe e. Dan 2,4; 3,9; 5,10; 6,7.22
Hi	7,16	ich leb' ja nicht e.
	19,24	zu e. Gedächtnis in einen Fels gehauen
Ps	9,19	die Hoffnung wird nicht e. verloren sein
	41,13	stellst mich vor dein Angesicht für e.
	45,3	Gott hat dich gesegnet für e.
	76,5	bist mächtiger als die e. Berge
	77,8	wird denn der Herr auf e. verstoßen
	78,66	hängte ihnen e. Schande an Jer 18,16; 20,11; 23,40
	89,3	ich sage: Für e. steht die Gnade fest
	5	d. Geschlecht festen Grund geben auf e. 37
	93,2	steht dein Thron fest; du bist e.
	100,5	seine Gnade währet e.
	103,9	er wird nicht e. zornig bleiben
	119,52	wenn ich an deine e. Ordnungen denke 152
	111	deine Mahnungen sind mein e. Erbe
	142	deine Gerechtigkeit ist e. Gerechtigkeit
	125,1	werden e. bleiben wie der Berg Zion
	138,8	HERR, deine Güte ist e.
	139,24	leite mich auf e. Wege
	145,13	dein Reich ist ein e. Reich
Spr	27,24	Vorräte währen nicht e.
Pr	3,14	was Gott tut, das besteht für e.
	12,5	der Mensch fährt dahin, wo er e. bleibt
Jes	9,5	er heißt E.-Vater, Friede-Fürst
	24,5	sie brechen den e. Bund
	25,8	er wird den Tod verschlingen auf e.
	32,17	der Ertrag wird e. Stille sein
	33,14	wer, der bei e. Glut wohnen kann
	34,10	wird e. verwüstet sein... e. Zeiten
	17	daß sie das Land besitzen e. Zeiten
	35,10	e. Freude wird sein 51,11
	45,17	Israel wird erlöst mit einer e. Erlösung
	54,8	mit e. Gnade will ich mich erbarmen
	55,13	dem HERRN zum e. Zeichen
	56,5	einen e. Namen will ich ihnen geben
	57,15	der Erhabene, der e. wohnt
	60,19	der HERR wird dein e. Licht sein 20
	61,7	dafür sollen sie e. Freude haben
	63,12	auf dem er sich einen e. Namen machte
	64,8	gedenke nicht e. der Sünde
Jer	10,10	der HERR ist der e. König
	20,17	ihr Leib e. schwanger geblieben wäre
	25,9	will ich zur e. Wüste machen 12; 49,13.33; 51,26; Hes 35,9; Ze 2,9
	51,39	daß sie zum e. Schlaf einschlafen 57
Klg	3,31	der Herr verstößt nicht e.
Hes	35,5	weil ihr e. Feindschaft hattet
	36,2	die e. Höhen sind unser Besitz geworden
Dan	2,44	es selbst wird e. bleiben
	3,33	sein Reich ist ein e. Reich 7,27
	4,31	ich pries und ehrte den, der e. lebt... dessen Gewalt e. ist 6,27
	7,14	seine Macht ist e. und vergeht nicht
	18	die Heiligen werden das Reich e. besitzen
	9,24	es wird e. Gerechtigkeit gebracht
	12,2	werden aufwachen, die einen zum e. Leben, die anderen zu e. Schmach
Jo	2,2	hinfort nicht sein wird auf e. Zeiten
Am	1,11	weil sie an ihrem Grimm e. festhalten
Mi	7,18	der an seinem Zorn nicht e. festhält
Wsh	4,1	Tugend bringt e. Ruhm
	18	werden unter den Toten e. zum Gespött
	5,16	die Gerechten werden e. leben
	7,26	sie ist ein Abglanz des e. Lichts
	8,13	ich werde ein e. Andenken hinterlassen
	10,14	(Weisheit) gab ihm e. Ruhm
Wsh	14,13	sie werden auch nicht e. bleiben
	17,2	auf der Flucht vor der e. Vorsehung
Tob	3,23	deinem Namen sei e. Ehre und Lob 8,9
	13,5	rühmt ihn, der e. herrscht, mit euren Werken
	11	preise den e. Gott... daß du dich e. freuen kannst
Sir	1,5	Weisheit verzweigt sich in die e. Gebote Bar 4,1
	2,8	hofft auf e. Freude und Gnade
	11,34	daß sie dir nicht e. Schande anhängen
	15,6	wird ihm einen e. Namen verleihen
	17,10	hat einen e. Bund mit ihnen geschlossen 45,8. 19; Bar 2,35
	18,1	der e. lebt, hat alles geschaffen
	24,14	im Anfang bin ich geschaffen und werde e. bleiben
	36,19	erkennen, daß du der Herr bist, der e. Gott
	37,29	ein Weiser... sein Name bleibt e. 41,16; 44,13
	40,12	die Redlichkeit bleibt e.
	17	Barmherzigkeit bleibt e.
	49,14	das hl. Haus, bestimmt zu e. Herrlichkeit
Bar	3,32	der die Erde auf e. Zeit gegründet hat
	4,8	ihr habt den e. Gott vergessen
	10	Gefangenschaft, die der E. über sie gebracht hat 14
	20	ich will zu dem E. schreien
	22	ich hoffe, daß der E. euch helfen wird... von dem e. Helfer
	24	Hilfe... mit dem Glanz des E. 35
	5,2	setze die Krone der Herrlichk. des E. auf
	7	Gott will die e. Hügel niedrig machen
1Ma	2,51	werdet einen e. Namen erlangen 6,44
	3,7	Jakob war es e. Ruhm und Ehre
	8,23	Gott behüte sie vor e. Krieg auf e.
	13,29	Harnische zum e. Gedächtnis
2Ma	1,25	der du allein allmächtig und e. bist
	14,15	der sein Volk seit e. Zeiten beschützt hat
StE	3,5	damit sie deren e. Erbe sein sollten
	5,10	Juden, Kinder des e. Gottes
StD	1,42	Herr, e. Gott, der du alle Dinge weißt
Mt	18,8	als daß du in das e. Feuer geworfen (wirst) Mk 9,43
	19,16	was soll ich Gutes tun, damit ich das e. Leben habe Mk 10,17; Lk 10,25; 18,18
	29	wird das e. Leben ererben
	25,41	geht weg von mir in das e. Feuer
	46	diese zur e. Strafe, die Gerechten in das e. Leben
Mk	3,29	wer... hat keine Vergebung in Ewigkeit, sondern ist e. Sünde schuldig
	10,30	und in der zukünftigen Welt das e. Leben Lk 18,30
Lk	16,9	damit sie euch aufnehmen in die e. Hütten
Jh	3,15	damit alle, die an ihn glauben, das e. Leben haben 16
	36	wer an den Sohn glaubt, der hat das e. Leben
	4,14	Quelle des Wassers, das in das e. Leben quillt
	36	wer erntet, sammelt Frucht zum e. Leben
	5,24	hat das e. Leben und kommt nicht in das Gericht
	39	ihr meint, ihr habt das e. Leben darin
	6,27	schafft euch Speise, die bleibt zum e. Leben
	40	daß, wer glaubt, das e. Leben habe 47
	54	wer mein Fleisch ißt, der hat das e. Leben
	68	du hast Worte des e. Lebens
	8,35	der Sohn bleibt e.
	10,28	ich gebe ihnen das e. Leben, und sie werden nimmermehr umkommen

Jh	12,25	wer sein Leben haßt, der wird's erhalten zum e. Leben
	50	ich weiß: sein Gebot ist das e. Leben 17,3
	17,2	damit er das e. Leben gebe allen, die du ihm gegeben hast
Apg	13,46	ihr haltet euch selbst nicht für würdig des e. Lebens
	48	alle, die zum e. Leben bestimmt
Rö	1,20	Gottes Wesen, seine e. Kraft und Gottheit
	2,7	e. Leben denen, die
	5,21	damit auch die Gnade herrsche zum e. Leben
	6,22	das Ende aber ist das e. Leben
	23	die Gabe Gottes aber ist das e. Leben
	16,25	Geheimnis, das seit e. Zeiten verschwiegen
	26	nach dem Befehl des e. Gottes
2Ko	4,17	schafft eine e. Herrlichkeit
	18	was unsichtbar ist, das ist e.
	5,1	ein Haus, nicht mit Händen gemacht, das e. ist im Himmel
Gal	6,8	wer auf den Geist sät, der wird das e. Leben ernten
Eph	3,11	diesen e. Vorsatz hat Gott ausgeführt
Kol	1,26	Geheimnis, das verborgen war seit e. Zeiten
2Th	1,9	die werden Strafe erleiden, das e. Verderben
	2,16	der uns einen e. Trost gegeben hat
1Ti	1,16	die an ihn glauben sollten zum e. Leben
	17	Gott, dem e. König, sei Ehre und Preis
	6,12	ergreife das e. Leben, wozu du berufen bist
	16	dem sei Ehre und e. Macht! Amen
2Ti	2,10	damit auch sie die Seligkeit erlangen mit e. Herrlichkeit
Tit	1,2	in der Hoffnung auf das e. Leben
	3,7	damit wir Erben des e. Lebens würden
Phm	15	damit du ihn auf e. wiederhättest
1Pt	5,10	der euch berufen hat zu seiner e. Herrlichkeit
2Pt	1,11	der Eingang in das e. Reich unseres Herrn
	3,18	ihm sei Ehre jetzt und für e. Zeiten! Amen
1Jh	1,2	wir verkündigen das Leben, das e. ist
	2,25	das ist die Verheißung: das e. Leben
	3,15	daß kein Totschläger das e. Leben in sich hat
	5,11	daß uns Gott das e. Leben gegeben hat
	13	damit ihr wißt, daß ihr das e. Leben habt
	20	ist der wahrhaftige Gott und das e. Leben
Heb	5,9	für alle der Urheber des e. Heils geworden
	6,2	mit der Lehre vom e. Gericht
	7,24	dieser aber hat, weil er e. bleibt, ein unvergängliches Priestertum
	25	daher kann er auf e. *selig machen*
	28	den Sohn, der e. und vollkommen ist
	9,12	hat eine e. Erlösung erworben
	14	Christi, der sich selbst durch den e. Geist Gott dargebracht hat
	15	damit die Berufenen das e. Erbe empfangen
	13,20	von den Toten heraufgeführt durch das Blut des e. Bundes
Jud	6	festgehalten mit e. Banden in der Finsternis
	7	leiden die Pein des e. Feuers
	21	wartet auf die Barmherzigkeit zum e. Leben
Off	14,6	der hatte ein e. Evangelium zu verkündigen

Ewigkeit

1Sm	20,42	stehe HERR zwischen mir und dir in E.
2Sm	7,16	dein Königtum... in E. 25.26; 1Ch 17,23
1Ch	16,36	gelobt sei der HERR von E. zu E. 29,10; Neh 9,5; Ps 41,14; 106,48; Dan 2,20
Ps	25,6	deine Güte, die von E. her gewesen ist
	29,10	der HERR bleibt ein König in E.
	30,13	ich will dir danken in E.
	55,23	wird den Gerechten in E. nicht wanken l.
	90,2	bist du, Gott, von E. zu E.
	103,17	die Gnade des HERRN währt von E. zu E.
	113,2	von nun an bis in E. 115,18; 121,8; 125,2; 131,3; Jes 9,6; 59,21; Mi 4,7
	117,2	s. Gnade u. Wahrheit waltet über uns in E.
	119,144	deine Mahnungen sind gerecht in E.
	133,3	dort verheißt der HERR Leben bis in E.
Spr	8,23	ich bin eingesetzt von E. her
Pr	3,11	auch hat er die E. in ihr Herz gelegt
Hos	2,21	will mich mit dir verloben für alle E.
Mi	5,1	dessen Ausgang von E. her gewesen ist
Hab	1,12	HERR, der du von E. her bist
Jdt	15,12	gepriesen seist du vor Gott in E.
	16,21	sie werden es fühlen in alle E.
Wsh	3,8	der Herr wird König sein in E. Tob 9,11; 13,2.22
	4,2	in der E. zieht sie bekränzt einher
Sir	1,1	alle Weisheit ist bei (Gott) in E. 4
	18,8	gering sind s. Jahre im Vergleich mit der E.
	42,21	wie er selber ist von E. zu E.
Mt	6,13	dein ist die Herrlichkeit in E. Amen
Mk	3,29	wer... der hat keine Vergebung in E.
	11,14	esse niemand mehr eine Frucht von dir in E.
Lk	1,33	er wird König sein über das Haus Jakob in E.
	55	unsern Vätern, Abraham und seinen Kindern in E.
Jh	4,14	den wird in E. nicht dürsten
	6,51	wer von diesem Brot ißt, der wird leben in E. 58
	8,51	wer mein Wort hält, der wird den Tod nicht sehen in E. 52
	12,34	gehört, daß der Christus in E. bleibt
	14,16	Tröster geben, der bei euch sei in E.
Rö	11,25	Schöpfer, der gelobt ist in E. Amen 9,5; 2Ko 11,31
	11,36	ihm sei Ehre in E.! Amen 16,27; Gal 1,5; Eph 3,21; Phl 4,20; 1Ti 1,17; 2Ti 4,18; 1Pt 4,11; Heb 13,21; Jud 25; Off 1,6; 5,13; 7,12
2Ko	9,9	seine Gerechtigkeit bleibt in E.
Eph	3,9	der von E. her verborgen war in ihm
1Pt	1,25	des Herrn Wort bleibt in E.
	5,11	ihm sei die Macht von E. zu E.! Amen
1Jh	2,17	wer den Willen Gottes tut, der bleibt in E.
2Jh	2	Wahrheit, die bei uns sein wird in E.
Heb	1,8	Gott, dein Thron währt von E. zu E.
	5,6	du bist ein Priester in E. nach der Ordnung Melchisedeks 6,20; 7,17.21
	7,3	er bleibt Priester in E.
	13,8	Jesus Christus gestern und heute und derselbe auch in E.
Jud	13	deren Los ist die dunkelste Finsternis in E.
Off	1,18	und siehe, ich bin lebendig von E. zu E.
	4,9	der da lebt von E. zu E. 10; 10,6; 15,7
	11,15	er wird regieren von E. zu E. 22,5
	14,11	der Rauch wird aufsteigen von E. zu E. 19,3
	20,10	sie werden gequält werden von E. zu E.

ewiglich (s.a. immer und ewig)

1Mo	3,22	von dem Baum des Lebens esse und lebe e.
2Mo	12,24	halte diese Ordnung e.
5Mo	5,29	auf daß es ihnen wohlginge e. 12,28
	29,28	das gilt uns und unsern Kindern e.
Ri	2,1	wollte m. Bund mit euch nicht brechen e.
1Sm	20,23	steht der HERR zwischen mir und dir e.
2Sm	3,28	unschuldig vor dem HERRN e. an dem Blut

ewiglich

2Sm	7,13	seinen Königsthron bestätigen e. 16.29; 1Kö 2,45; 9,5; 1Ch 17,12.14; 22,10; 28,7; 2Ch 13,5; Ps 132,12
	22,51	Heil gibt David und s. Hause e. Ps 18,51
1Kö	2,33	David und s. Thron sollen Frieden haben e.
	8,13	Haus, daß du e. da wohnest 2Ch 6,2
	9,3	daß ich meinen Namen dort wohnen lasse e. 2Kö 21,7; 1Ch 23,25; 2Ch 7,16; 33,4.7
	10,9	weil der HERR Israel liebhat e.
1Ch	16,34	seine Güte währet e. 41; Ps 106,1; 107,1; 118,1-4.29; 136,1-26; Jer 33,11
	17,24	dein Name werde wahr und groß e.
	27	was du segnest, das ist gesegnet e.
	28,9	so wird er dich verwerfen e.
2Ch	7,3	s. Barmherzigkeit. währt 6; 20,21; Esr 3,11
	9,8	auf daß er (Israel) e. bestehen lasse
Esr	9,12	laßt sie nicht zu Frieden kommen e.
Ps	5,12	e. laß sie rühmen
	9,8	der HERR aber bleibt e. 92,9; Klg 5,19
	12,8	wollest uns behüten vor d. Geschlecht e.
	16,11	ist Wonne zu deiner Rechten e.
	19,10	die Furcht des HERRN bleibt e.
	21,7	du setzest ihn zum Segen e.
	22,27	euer Herz soll e. leben
	28,9	weide und trage sie e.
	33,10	der Ratschluß des HERRN bleibt e.
	37,18	ihr Gut wird e. bleiben
	28	e. werden sie bewahrt
	44,9	wir preisen deinen Namen e.
	48,9	Gott erhält sie e.
	49,9	er muß davon abstehen e.
	52,11	ich will dir danken e. 61,9
	61,5	laß mich wohnen in deinem Zelte e.
	66,7	er herrscht mit seiner Gewalt e.
	72,17	sein Name bleibe e. 19; 135,13
	75,10	ich will verkündigen e.
	79,13	wir aber, dein Volk, danken dir e.
	81,16	Israels Zeit würde e. währen
	85,6	willst du e. über uns zürnen Jer 3,5
	86,12	ich will ehre deinen Namen e.
	89,2	will singen von d. Gnade des HERRN e.
	29	will ihm e. bewahren meine Gnade
	30	will ihm e. Nachkommen geben
	38	wie der Mond, der e. bleibt
	53	gelobt sei der HERR e.
	102,13	du aber, HERR, bleibst e.
	104,31	die Herrlichkeit des HERRN bleibe e.
	105,8	er gedenkt e. an seinen Bund
	106,31	von Geschlecht zu Geschlecht e.
	110,4	du bist ein Priester e. *Heb 7,17*
	111,3	s. Gerechtigkeit bleibet e. 112,9; Jes 51,8
	10	sein Lob bleibet e.
	112,3	ihre Gerechtigkeit bleibt e.
	6	er wird e. bleiben
	119,89	HERR, dein Wort bleibt e. Jes 40,8
	98	(dein Gebot) ist e. mein Schatz
	160	alle Ordnungen d. Gerechtigkeit währen e.
	132,14	dies ist die Stätte meiner Ruhe e.
	146,6	der Treue hält e.
	10	der HERR ist König e.
Spr	10,25	der Gerechte aber besteht e.
Jes	26,4	Gott der HERR ist ein Fels e.
	51,6	mein Heil bleibt e.
	57,16	ich will nicht e. zürnen Jer 3,12
	60,19	will dich zur Pracht e. machen
	21	werden das Land e. besitzen
Jer	17,4	Feuer meines Zorns e. brennen wird
	31,36	aufhören, ein Volk zu sein vor mir e.
Dan	12,7	schwor bei dem, der e. lebt
Jon	2,7	d. Erde Riegel schlossen s. hinter mir e.
Mal	1,4	„Ein Volk, über das der HERR e. zürnt"
Jdt	13,21	seine Güte währet e. 1Ma 4,24; StD 3,65.66
StD	3,28	sollst gepriesen und gerühmt werden e. 29-64

Ewil-Merodach

2Kö	25,27	E., der König von Babel Jer 52,31

Ezbon

1Mo	46,16	¹Söhne Gads: E. (= Osni)
1Ch	7,7	²Söhne Belas: E.

Ezem

Jos	15,29	(Städte des Stammes Juda:) E.
	19,3	(Simeon ward zum Erbteil:) E. 1Ch 4,29

Ezer

1Mo	36,21	(Söhne von Seïr:) E. 27.30; 1Ch 1,38.42

Ezjon-Geber

4Mo	33,35	lagerten sich in E. 36; 5Mo 2,8
1Kö	9,26	Salomo baute Schiffe in E. 22,49; 2Ch 8,17; 20,36

F

Fabel

1Ti	1,4	nicht achthaben auf die Fabeln Tit 1,14
2Ti	4,4	werden sich den F. zukehren
2Pt	1,16	wir sind nicht ausgeklügelten F. gefolgt

Fackel

Ri	7,16	gab jedem leere Krüge mit F. darin 20
	15,4	Simson fing 300 Füchse, nahm F. 5
Hi	41,11	aus seinem Rachen fahren F.
Jes	62,1	bis sein Heil brenne wie eine F.
Hes	1,13	wie F., die hin- und herfuhren
Dan	10,6	seine Augen wie feurige F.
Nah	2,4	Wagen stellt er auf wie leuchtende F. 5
Sa	12,6	will die Fürsten machen zur F. im Stroh
Jdt	3,8	daß... ihn aufnahmen mit Kränzen und F. 2Ma 4,22
	13,15	sie zündeten F. an
Sir	48,1	Elia... sein Wort brannte wie eine F.
Jh	18,3	kommt er mit F., Lampen und mit Waffen
Off	4,5	sieben F. mit Feuer brannten vor dem Thron
	8,10	der brannte wie eine F.

Faden

1Mo	14,23	von allem nicht einen F. nehmen will
	38,28	nahm die Wehmutter einen roten F. 30
2Mo	39,3	Goldplatten schnitten sie zu F.
3Mo	19,19	lege kein Kleid an aus zweierlei F.
Ri	15,14	die Stricke an seinen Armen wurden wie F. 16,12
Jes	38,12	er schneidet mich ab vom F.
Apg	27,28	warfen das Senkblei aus und fanden es 20 F. tief

fähig

Sir 37,22 mancher ist f., andern zu raten

fahl

Off 6,8 ich sah, und siehe, ein f. Pferd

fahren

1Mo	7,18	die Arche f. auf den Wassern
	15,15	sollst f. zu deinen Vätern
	31,21	(Jakob) f. über den Euphrat
	41,43	ließ (Josef) auf seinem Wagen f.
3Mo	5,4	daß ihm über die Lippen f., er wolle
4Mo	6,5	soll kein Schermesser über sein Haupt f.
	21,28	Feuer ist aus Heschbon gef.
5Mo	19,5	und das Eisen f. vom Stiel
	30,12	wer will für uns in den Himmel f. Rö 10,6
	13	wer will für uns über das Meer f.
Jos	24,14	laßt f. die Götter, denen eure Väter
Ri	6,21	da f. Feuer aus dem Fels
1Sm	17,49	daß der Stein in seine Stirn f.
	19,10	der Spieß f. in die Wand
2Sm	12,23	ich werde wohl zu ihm f.
	22,11	er f. auf dem Cherub Ps 18,11
1Kö	10,22	die auf dem Meer mit den Schiffen f. 2Ch 9,21; Ps 107,23; Jes 42,10
	22,49	die nach Ofir f. sollten… aber sie f. nicht 50; 2Ch 20,36.37
2Kö	2,11	Elia f. im Wetter gen Himmel
	9,16	er f. nach Jesreel, denn Joram lag dort
	24	daß der Pfeil durch sein Herz f.
	10,16	ließ ihn mit sich f. auf seinem Wagen
1Ch	13,7	ließen die Lade auf einem neuen Wagen f.
2Ch	8,18	sie f. mit den Leuten Salomos nach Ofir
Hi	41,11	aus seinem Rachen f. Fackeln 12
	22	er f. wie ein Dreschschlitten
Ps	9,18	die Gottlosen sollen zu den Toten f.
	28,1	denen, die in die Grube f. 30,4.10; 88,5; 143,7; Jes 38,18; Hes 26,20; 31,14.16; 32,18.24.25.27.29.30
	55,16	daß sie lebendig zu den Toten f.
	85,4	hast all deinen Zorn f. lassen
	104,3	du f. auf den Wolken wie auf einem Wagen
	107,25	gen Himmel f. und in den Abgrund sanken
	139,8	f. ich gen Himmel, so bist du da
Spr	1,25	wenn ihr f. laßt all meinen Rat
	6,20	laß nicht f. die Weisung deiner Mutter
Pr	3,20	alles an einen Ort
	21	ob der Odem der Menschen aufwärts f.
	9,10	bei den Toten, zu denen du f., gibt es
	11,1	laß dein Brot über das Wasser f.
Jes	18,2	das in leichten Schiffen f.
	19,1	d. HERR wird auf einer schnellen Wolke f.
	33,21	auf denen kein Schiff f. kann
	38,10	muß zu des Totenreiches Pforten f.
Jer	17,25	Könige, die mit Roß und Wagen f. 22,4
	47,6	Schwert des HERRN, f. in deine Scheide
	51,9	so laßt es f. und laßt uns ziehen
Hes	5,1	damit über dein Haupt
	14,17	Schwert, f. durchs Land
	21,9	soll mein Schwert aus der Scheide f.
Am	5,17	ich will unter euch f., spricht der HERR
Ob	4	wenn du auch in die Höhe f. wie ein Adler
Jon	1,3	ein Schiff, das nach Tarsis f. wollte
Hab	3,16	Fäulnis f. in meine Gebeine
Hag	2,22	will umwerfen die Wagen u. die darauf f.
Wsh	14,1	der durch wilde Fluten zu f. gedenkt 5
Sir	28,6	denk an das Ende und laß Feindschaft f.
Sir	43,26	die auf dem Meer f. 1Ma 13,29
Bar	3,11	zu denen, die in die Grube f.
	19	sind verschwunden und zu den Toten gef.
	30	wer ist übers Meer gef. und hat
2Ma	5,21	daß man auf dem Land mit Schiffen f.
	9,4	gebot, Tag und Nacht zu f.
Mt	5,30	daß nicht der ganze Leib in die Hölle f. Mk 9,43
	8,31	laß uns in die Herde Säue f. 32; Mk 5,12.13; Lk 8,31-33
Mk	6,32	sie f. in einem Boot an eine einsame Stätte
	14,52	er ließ das Gewand f. und floh nackt davon
Lk	2,15	als die Engel von ihnen gen Himmel f.
	29	nun läßt du deinen Diener in Frieden f.
	8,22	laß uns über den See f. Jh 6,1.17.21.24
	23	als sie f., schlief er ein
	30	es waren viele böse Geister in ihn gef.
	22,3	es f. aber der Satan in Judas Jh 13,27
Jh	3,8	Wind… du weißt nicht, wohin er f.
	13	niemand f. gen Himmel, denn der Sohn
Apg	1,10	ihm nachsahen, wie er gen Himmel f. 11
	2,34	denn David ist nicht gen Himmel gef.
	14,26	von da f. sie mit dem Schiff 15,39; 20,13; 21,7; 27,5; 2Ko 2,13
	16,27	als der Kerkermeister aus dem Schlafe f.
	18,18	Paulus wollte nach Syrien f. 20,3; 21,3
	20,22	durch den Geist geb. f. ich nach Jerusalem
	21,2	ein Schiff fanden, das nach Phönizien f.
	27,1	beschlossen, daß wir nach Italien f. sollten
	7	wir f. im Schutz von Kreta hin
	24	Gott hat dir geschenkt alle, die mit dir f.
Off	8,8	es f. wie ein großer Berg ins Meer
	11,11	f. in sie der Geist des Lebens von Gott
	17,8	das Tier wird in die Verdammnis f. 11
	20,1	*ich sah einen Engel vom Himmel f.*

Fahrer

Jer 51,21 habe zerschmettert Wagen und F.

Fährgeld

Jon 1,3 gab (Jona) F. und trat hinein

Fährlichkeit

Rö 8,35 *wer… scheiden von der Liebe Gottes? F.*

Fahrt

5Mo	33,18	Sebulon, freue dich deiner F.
Apg	27,10	ich sehe, daß diese F. nur mit Leid
2Ko	8,19	*verordnet zum Gefährten unsrer F.*

Falke

Hi 39,26 fliegt der F. dank deiner Einsicht

Falkenauge

Hi 28,7 den Steig dahin hat kein F. gesehen

Fall

3Mo	5,13	Sünde, die er in einem jener F. getan
5Mo	19,4	in diesem F. soll e. Totschläger am Leben
2Sm	1,10	(Saul) nicht leben könnte nach seinem F.
2Kö	14,10	daß du zu F. kommst 2Ch 25,19
2Ch	28,23	die Götter von Aram brachten ihn und ganz Israel zu F. Jer 18,15

Fall

Est	6,13	wirst vor (Mordechai) zu F. kommen
Hi	12,19	bringt zu F. die alten Geschlechter
	30,13	zu meinem F. helfen sie
Ps	5,11	daß sie zu F. kommen durch ihre Ränke
	64,9	ihre eigene Zunge bringt sie zu F.
	140,5	die mich zu F. bringen wollen
Spr	4,19	wissen nicht, wodurch sie zu F. kommen
	10,8	wer ein Narrenmaul hat, kommt zu F. 10
	13,6	Gottlosigkeit bringt den Sünder zu F.
	16,18	Hochmut kommt vor dem F.
	18,7	seine Lippen bringen ihn zu F.
	22,12	d. Worte des Verächters bringt er zu F.
	25	du könntest dich selbst zu F. bringen
	24,17	freue dich nicht über d. F. deines Feindes
	29,16	die Gerechten werden ihren F. erleben
	24	Menschenfurcht bringt zu F.
Jes	59,14	die Wahrheit ist zu F. gekommen
Jer	18,23	laß sie vor dir zu F. kommen
	31,9	will führen, daß sie nicht zu F. kommen
Hes	3,20	werde ich ihn zu F. bringen
	26,18	entsetzen sich am Tag dieses F. 27,27; 32,10
Hos	4,14	weil so das törichte Volk zu F. kommt
	14,10	die Übertreter kommen auf ihnen zu F.
Ze	1,3	ich will z. F. bringen die Gottlosen
Mal	2,8	zu F. gebracht durch falsche Weisung
Wsh	10,2	(Weisheit) errettete ihn aus seinem F.
Sir	5,15	der Mensch kommt durch seine eigne Zunge zu F. 22,33; 23,1.3.8
	12,18	er aber bringt dich hinterrücks zu F.
	19,1	wer nicht haushält, kommt bald zu F.
	20,20	es kommt einer auf schlüpfrigem Boden zu F.
	28,16	ein Schandmaul bringt viele Leute zu F.
	31,6	viele kommen zu F. um Geldes willen
	32,19	der wird daran zu F. kommen
	34,19	er hilft vor dem F.
Bar	4,31	die sich über deinen F. gefreut haben
2Ma	9,7	(Antiochus) tat einen unglücklichen F. 8
Mt	7,27	da fiel es ein, und sein Fall war groß
Lk	2,34	dieser ist gesetzt zum F. und zum Aufstehen für viele in Israel
Apg	21,22	auf jeden F. hören, daß du gekommen
Rö	11,11	durch ihren F. ist... Heil widerfahren
	12	wenn schon ihr F. Reichtum für die Welt ist
1Ko	7,15	der Bruder ist nicht gebunden in solchen F.
	8,13	wenn Speise m. Bruder zu F. bringt
2Ko	11,29	wer wird zu F. gebracht, und ich brenne nicht
1Jh	2,10	durch ihn kommt niemand zu F.
Heb	4,11	damit nicht jemand zu F. komme durch den gleichen Ungehorsam

Falle

Ri	2,3	damit ihre Götter (euch) zur F. (werden)
1Sm	28,9	warum willst du mir eine F. stellen
Hi	18,10	ist versteckt seine F. auf seinem Weg
Ps	69,23	ihr Tisch werde ihnen zur F.
	140,6	Hoffärtigen stellen mir F. auf den Weg
	141,9	bewahre mich vor der F. der Übeltäter
Jer	5,26	Gottlose, die den Leuten F. zurichten
	18,22	sie haben meinen Füßen F. gestellt
	50,24	habe F. gestellt, Babel
Hos	9,8	stellen dem Propheten F. auf seinen Wegen
Am	3,5	springt eine F. auf, sie habe denn
Sir	27,29	wer eine F. stellt, fängt sich selbst
2Ma	14,22	falls die Feinde eine F. stellen würden
Rö	11,9	laß ihren Tisch ihnen zur F. werden

fallen

1Mo	2,21	ließ Gott der HERR einen tiefen Schlaf f. auf den Menschen 15,12; 1Sm 26,12
	8,1	die Wasser f.
	17,3	f. auf sein Angesicht 17; 3Mo 9,24; 4Mo 14,5; 16,4.22; 17,10; 20,6; Jos 5,14; 7,6; Ri 13,20; Rut 2,10; 1Sm 20,41; 25,23; 2Sm 9,6; 14,4.22; 1Kö 18,7.39; 1Ch 21,16; Hes 1,28; 9,8; 11,13; 44,4; Dan 2,46; 8,17
	27,29	Stämme... Söhne sollen dir zu Füßen f.
	33,4	f. ihm um den Hals 45,14; 46,29; Lk 15,20; Apg 20,37
	38,9	ließ er's auf die Erde f. und verderben
2Mo	9,18	will großen Hagel f. lassen 19.23.29
	11,8	werden deine Großen mir zu Füßen f.
	15,16	f. auf sie Erschrecken und Furcht Jos 2,9; 1Sm 11,7; Hi 13,11; Ps 105,38
	19,21	daß nicht viele von ihnen f. 32,28
3Mo	7,24	das Fett von gef. Tieren dürft ihr 17,15
	11,32	worauf Aas f., das wird unrein 35.37.38
	16,9	Bock, auf welchen das Los für den HERRN f. 10
	26,36	sollen f., wo sie doch niemand jagt
4Mo	11,9	wenn der Tau f., fiel das Manna mit
	31	ließ Wachteln auf das Lager f.
	14,3	damit wir durchs Schwert f. 43; 2Sm 1,12; 3,29; Ps 78,64
	22,27	die Eselin f. in die Knie
	33,54	worauf das Los für jeden f. Jos 17,1.2.5; 18,11; 19,1.10.17.24.32.40; 21,4
	36,7	von einem Stamm an den andern f. 9
5Mo	22,4	wenn du deines Bruders Esel f. siehst
	23,22	es wird Schuld auf dich f. 23
Jos	8,24	als alle durch die Schärfe des Schwerts gef. 25; Ri 4,16
	10,11	ließ der HERR große Steine auf sie f.
Ri	6,5	f. ins Land 2Kö 13,20; Mi 5,4.5
	8,10	120.000 waren gef. 12,6; 20,44.46; 1Sm 4,10
	15,18	in die Hände der Unbeschnittenen f.
	16,30	da f. das Haus auf die Fürsten
1Sm	3,19	keines von s. Worten zur Erde f. 2Kö 10,10
	4,18	f. Eli rücklings vom Stuhl
	10,20	f. das Los auf den Stamm Benjamin 21; 14,41.42; 1Ch 24,7; 25,9; 26,14
	14,13	da f. sie zu Boden vor Jonatan
	45	soll kein Haar auf die Erde f. 2Sm 14,11; 1Kö 1,52
	17,49	daß (der Philister) zur Erde f.
	25,24	(Abigajil) f. ihm zu Füßen und sprach: auf mich allein f. die Schuld Est 8,3
	27,1	ich werde Saul in die Hände f.
	31,8	fanden Saul gef. auf dem Gebirge 1Ch 10,8
2Sm	1,4	es sind viele vom Volk gef.
	19	wie sind die Helden gef. 25.27
	2,16	und sie f. miteinander
	3,29	(das Blut) f. auf den Kopf Joabs
	34	bist du gef., wie man vor Ruchlosen f.
	38	daß ein Fürst und Großer gef. ist
	11,17	f. einige dem Volk 17,9
	17,12	wie der Tau auf die Erde f.
	19,11	Absalom ist gef. im Kampf
	20,10	daß seine Eingeweide auf die Erde f.
	21,22	Riesen f. durch die Hand Davids 1Ch 20,8
	22,39	sollen sie unter meine Füße f. 18,39
	23,20	einen Löwen, als Schnee gef. 1Ch 11,22
	24,14	laß uns in die Hand des HERRN f; will nicht in der Menschen Hand f. 1Ch 21,13
1Kö	12,26	das Königtum wird an das Haus David f.
	20,30	die Mauer f. auf die Übriggebliebenen

fallen

1Kö	22,20	daß (Ahab) vor Ramot f. 2Ch 18,19
2Kö	1,2	Ahasja f. durch das Gitter
	10	so f. Feuer vom Himmel. Da f. Feuer 12.14; 1Ch 21,26; 2Ch 7,1; Hi 1,16
	6,5	f. ihm das Eisen ins Wasser
1Ch	5,10	diese f. durch ihre Hand 2Ch 14,12
2Ch	7,3	f. auf ihre Knie Esr 9,5; Hi 1,20; Dan 6,11
	13,13	daß er ihnen in den Rücken f.
	25,8	wird Gott dich f. lassen... f. zu lassen
	29,9	um dessentwillen sind unsere Väter gef.
Est	3,7	das Los f. auf den dreizehnten Tag
	6,13	vor dem du zu f. angefangen
Hi	1,19	f. es auf die jungen Leute
	4,13	wenn Schlaf auf die Leute f. 33,15
	31,22	so f. meine Schulter vom Nacken
	37,6	spricht zum Schnee: F. zur Erde
Ps	7,16	in die Grube gef. 141,10; Spr 28,10.18
	17	sein Frevel (wird) auf seinen Scheitel f.
	10,10	durch seine Gewalt f. die Unglücklichen
	16,6	das Los ist mir gef. auf liebliches Land
	20,9	sie sind niedergestürzt und gef.
	26,1	darum werde ich nicht f. 62,3.7
	27,2	sollen sie selber strauchen und f.
	34,22	die den Gerechten hassen, f. in Schuld
	36,13	sie sind gef., die Übeltäter
	37,24	f. er, so stürzt er sich doch nicht
	38,18	ich bin dem F. nahe
	45,6	daß Völker vor dir f.
	46,7	die Königreiche f.
	55,5	Todesfurcht ist auf mich gef.
	68,15	damals f. Schnee auf dem Zalmon
	69,10	Schmähungen sind auf mich gef. Rö 15,3
	28	laß sie aus einer Schuld in die andre f.
	91,7	wenn auch tausend f. zu deiner Seite
	118,13	man stößt mich, daß ich f. soll
	125,1	die auf den HERRN hoffen, werden nicht f.
	145,14	der HERR hält alle, die da f.
Spr	10,6	auf die Gottlosen wird ihr Frevel f. 11
	11,5	der Gottlose f. durch seine Gottlosigkeit
	16,33	(das Los) f., wie der HERR will
	17,20	wer falscher Zunge ist, w. in Unglück f.
	24,16	ein Gerechter f. 7mal und steht wieder auf
	28,14	wer s. Herz verhärtet, wird in Unglück f.
Pr	4,10	f. einer von ihnen, so hilft ihm s. Gesell auf
		Weh dem, der allein ist, wenn er f.
	9,12	zur bösen Zeit, wenn sie über sie f.
	11,3	der Baum f. - er f. nach... wohin er f.
	12,6	ehe das Rad zerbrochen an dem Brunnen f.
Jes	3,25	deine Männer werden durchs Schwert f.
		13,15; Jer 19,7; 20,4; 39,18; 44,12; Klg 2,21; Hes 5,12; 6,11.12; 11,10; 17,21; 21,20; 23,25; 24,21; 25,13; 30,4-6.17; 32,20.22-24.27; 33,27; 39,23; Hos 7,16; 14,1; Am 7,17
	8,15	daß viele von ihnen f.
	9,9	Ziegelsteine sind gef.
	10,4	wird unter den Erschlagenen f.
	34	Libanon wird f. durch einen Mächtigen
	14,12	wie bist du vom Himmel f., Morgenstern
	16,9	es ist Kriegsgeschrei in deine Ernte gef.
	21,9	gef. ist Babel, es ist gef. Jer 51,8.41.49
	22,2	deine Erschlag. sind nicht im Kampf gef.
	25	der Nagel soll abbrechen und f.
	24,18	wer entflieht, f. in die Grube Jer 48,44
	20	ihre Missetat drückt sie, daß sie f. muß
	28,13	daß sie rücklings f. und gefangen werden
	30,25	wenn die Türme f. werden
	31,3	daß der, dem geholfen wird, f.
	8	Assur soll f. 46,1.2; Hos 5,5; 7,7
	40,30	Jünglinge strauchen und f.
	47,11	Unheil wird auf dich f.
Jes	54,15	wer gegen dich streitet, wird f.
	55,10	gleichwie Regen und Schnee vom Himmel f.
Jer	6,15	sollen f. unter den F. 8,12
	8,4	wo ist jemand, wenn er f., der nicht
	13,18	die Krone ist euch vom Haupt gef. Klg 5,16
	15,8	ließ über sie f. Angst und Schrecken
	20,10	Freunde lauern, ob ich nicht f.
	11	darum werden meine Verfolger f.
	23,12	glatter Weg, auf dem sie f.
	46,6	im Norden am Euphratstrom sind sie gef.
	12	ein Held f. über den andern
	15	daß deine Gewaltigen zu Boden f. 16
	49,26	wird ihre junge Mannschaft f. 50,30
	50,15	ihre Pfeiler sind gef.
	32	da soll der Stolze f.
Klg	1,13	er hat mich rückwärts f. lassen
	2,8	ließ Mauer und Wall miteinander f.
	4,14	habe niemals von einem gef. Tier gegessen
Hes	8,1	da f. die Hand Gottes auf mich
	11,5	der Geist des HERRN f. auf mich
	13,11	wird Hagel wie Steine f. 14
	18,30	damit ihr nicht in Schuld f.
	26,15	wenn f. wirst mit Getöse 31,16
	29,5	wirst f. und nicht wieder aufgelesen
	30,22	daß ihm das Schwert aus der Hand f.
	31,12	seine Äste f. auf die Berge
	38,20	sollen alle Mauern zu Boden f.
	39,4	auf den Bergen sollst du f. 5
Dan	10,7	f. ein großer Schrecken auf sie
	11,14	werden sich Abtrünnige erheben und f.
	19	er wird strauchen und f.
	35	einige von den Verständigen werden f.
Hos	4,5	sollst bei Tage... der Prophet des Nachts f.
	10,8	Hügel, f. über uns Lk 23,30; Off 6,16
	14,2	du bist gef. um deiner Schuld willen
Am	3,5	f. etwa ein Vogel zur Erde, wenn
	14	Hörner abbrechen und zur Erde f.
	5,2	die Jungfrau Israel ist gef. 8,14
	9,1	daß die Trümmer ihnen auf den Kopf f.
	9	kein Stein zur Erde f.
Nah	3,3	liegen Leichen; daß man über sie f. muß
	12	Feigen f. dem in den Mund, der sie essen
Hag	2,22	Roß und Reiter sollen f.
Sa	11,2	die Zedern sind gef.
	6	Leute f. lassen, jeden in... des andern
Jdt	6,13	f. das Volk aufs Angesicht Sir 50,19
	10,13	weiß, daß sie euch in die Hände f. werden
	13,30	f. er ehrfürchtig (Judit) zu Füßen
Wsh	6,10	damit ihr nicht in Sünde f.
	7,3	auch ich bin gef. auf die Erde
	11,20	könntest du durch einen einzigen Hauch f.
	22	des Morgentaus, der auf die Erde f.
	12,2	darum bestrafst du die, die f., nur leicht
Tob	2,11	ließ... ihren Dreck auf seine Augen f.
	7,7	Raguël (Tobias) um den Hals f.
Sir	1,36	überhebe dich nicht, damit du nicht f.
	4,22	ihn dahingeben, so daß er f. muß
	13,5	wenn du nicht mehr kannst, läßt er dich f. 9
	25	wer Reiche zu f. droht... wenn der Arme f.
	20,11	mancher, der in hohem Ansehen steht, f. tief
	20	so geht's den Bösen: Plötzlich müssen sie f.
	27,28	wer... wirft, dem f. er auf den Kopf
	28,22	viele sind gef. durch... des Schwerts
	32,25	geh nicht den Weg, auf dem du f. könntest
	43,14	gab Wort für Wort f. viel Schnee
	46,6	ließ Hagel wie Steine auf die Feinde f.
Bar	6,27	wenn die Götter zu Boden f.
1Ma	4,34	f. vom Heer des Lysias 5.000 Mann 5,34; 6,42
	10,67	Demetrius, der Sohn des gef. Demetrius

fallen

1Ma	13,22	in dieser Nacht f. Schnee
2Ma	3,24	daß alle in lähmende Furcht f.
	5,12	zu erschlagen, die ihnen in die Hände f.
	14,42	lieber sterben als den Gottlosen in die Hände f. 44
StD	1,23	will lieber unschuldig in eure Hände f.
Mt	7,25	als nun ein Platzregen f. 27
	27	*da f. es und tat einen großen Fall 25; Lk 6,49*
	10,29	dennoch f. keiner von ihnen auf die Erde
	12,11	sein Schaf, wenn es am Sabbat in eine Grube f. Lk 14,5
	13,4	indem er säte, f. einiges auf den Weg 5.7.8; Mk 4,4.5.7.8; Lk 8,5-8
	15,14	so f. sie beide in die Grube Lk 6,39
	27	Brosamen, die vom Tisch ihrer Herren f.
	17,6	f. sie auf ihr Angesicht Lk 5,12; Off 7,11; 11,16
	14	trat ein Mensch zu ihm, f. ihm zu Füßen Mk 5,22; Lk 5,8; 8,41; 17,16; Jh 11,32
	15	er f. oft ins Feuer und oft ins Wasser
	18,26	f. ihm der Knecht zu Füßen und flehte ihn an
	21,44	wer auf diesen Stein f., der wird zerschellen Lk 20,18
	24,29	die Sterne werden vom Himmel f. Mk 13,25
	26,41	wachet und betet, daß ihr nicht in Anfechtung f. Mk 14,38; Lk 22,40.46
Mk	9,20	er f. auf die Erde, wälzte sich
	14,35	f. auf die Erde und betete
	15,19	f. auf die Knie und huldigten ihm
Lk	8,14	was unter die Dornen f., sind die, die es hören
	9,54	sagen, daß Feuer vom Himmel f.
	10,18	ich sah den Satan vom Himmel f.
	30	ein Mensch, der ging... nach Jericho und f. unter die Räuber 36
	11,17	ein Haus f. über das andre
	13,4	die achtzehn, auf die der Turm in Siloah f.
	15,20	er lief und f. ihm um den Hals
	16,17	es ist leichter... als daß ein Tüpfelchen vom Gesetz f.
	21	sich zu sättigen mit dem, was von des Reichen Tisch f.
	21,24	sie werden f. durch die Schärfe des Schwertes
	22,44	wie Blutstropfen, die auf die Erde f.
Jh	12,24	wenn das Weizenkorn nicht in die Erde f. und erstirbt
	18,6	wichen sie zurück und f. zu Boden
Apg	1,26	das Los f. auf Matthias
	5,5	Hananias f. zu Boden und gab den Geist auf
	10	sogleich f. sie zu Boden, ihm vor die Füße
	15	damit sein Schatten auf einige von ihnen f.
	7,60	er f. auf die Knie und schrie laut
	8,16	er war noch auf keinen von ihnen gef.
	9,4	er f. auf die Erde und hörte eine Stimme 22,7
	18	sogleich f. es von seinen Augen wie Schuppen
	10,25	Kornelius f. ihm zu Füßen und betete ihn an
	44	f. der heilige Geist auf alle, 11,15
	12,7	die Ketten f. ihm von seinen Händen
	13,11	auf der Stelle f. Finsternis auf ihn
	16,29	f. zitternd Paulus und Silas zu Füßen
	19,17	*es f. eine Furcht über sie*
	35	Hüterin der großen Diana und ihres Bildes, das vom Himmel gef. ist
	20,37	sie f. Paulus um den Hals und küßten ihn
	27,32	ließen das Beiboot ins Meer f.
	34	wird keinem von euch ein Haar vom Haupt f.

Rö	8,18	daß dieser Zeit Leiden nicht ins Gewicht f.
	11,11	sind sie gestrauchelt, damit sie f.
	22	den Ernst gegenüber denen, die gef. sind
	14,4	er steht oder f. seinem Herrn
1Ko	10,8	Unzucht treiben, und *f. auf einen Tag*
	12	wer meint, er stehe, mag zusehen, daß er nicht f.
	14,25	*so würde er auf sein Angesicht f.*
2Ko	11,9	so bin ich euch in keiner Weise zur Last gef. 12,13.14.16; 1Th 2,9; 2Th 3,8
Gal	5,4	ihr seid aus der Gnade gef.
1Ti	3,7	*daß er nicht f. in des Teufels Strick*
	6,9	die reich werden wollen, f. in Versuchung
2Pt	3,17	daß ihr nicht f. aus eurem festen Stand
Heb	6,7	die Erde, die den Regen trinkt, der oft auf sie f.
	10,31	schrecklich ist's, in die Hände Gottes zu f.
	11,30	durch den Glauben f. die Mauern Jerichos
Jak	1,2	Freude, wenn ihr in Anfechtungen f.
	5,12	daß ihr nicht unter das Gericht f.
Jud	11	sie f. in den Irrtum des Bileam
Off	1,17	als ich ihn sah, f. ich zu seinen Füßen wie tot
	2,5	*gedenke, wovon du gef. bist*
	6,13	die Sterne f. auf die Erde 8,10; 9,1
	7,16	*wird nicht auf sie f. Sonne oder Hitze*
	8,7	es kam Hagel und Feuer und f. auf die Erde 13,13; 16,21; 20,9
	10	der f. auf den dritten Teil der Wasserströme
	11,11	eine große Furcht f. auf die, sie sahen
	13	*der zehnte Teil der Stadt f.*
	14,8	sie ist gef., sie ist gef., Babylon, die große Stadt 18,2
	16,19	*die Städte der Heiden f.*
	17,10	fünf sind gef., einer ist da

fällen

5Mo	20,19	sollst (ihre Bäume) nicht f. 20; 2Kö 3,19.25
2Sm	14,13	da der König ein solches Urteil gef. 1Kö 3,28
1Kö	5,20	befiehl, daß man mir Zedern f.
	20,40	dein Urteil; du hast's selbst gef.
2Kö	6,5	als einer einen Stamm f., fiel das Eisen
	19,7	will ihn durchs Schwert f. 2Ch 32,21; Jes 37,7; Hes 32,12
Hi	18,7	sein eigener Plan wird ihn f.
Ps	37,14	daß sie f. den Elenden und Armen
Spr	7,26	die Erschlagenen, die sie gef. hat
Jes	6,13	einem Baum gleich. f. noch in dem Stumpf bleibt
Jer	6,6	f. Bäume und werft einen Wall auf
	10,3	man f. im Walde einen Baum
Hes	18,8	der rechtes Urteil f. unter den Leuten
	31,13	Vögel saßen auf seinem gef. Stamm
2Pt	2,11	*die Engel kein lästerndes Urteil f.* Jud 9

Fallstrick

2Mo	23,33	wenn du ihren Göttern dienst, wird dir das zum F. 34,12; 5Mo 7,16; Jos 23,13; Ps 106,36
Ri	8,27	(der Ephod) wurde Gideon zum F.
1Sm	18,21	damit sie ihm zum F. wird
Hi	34,30	der ein F. ist für das Volk
Spr	20,25	ein F., unbedacht Gelübde zu tun
Jes	8,14	er wird ein F. sein... ein F.
Wsh	14,11	zum F. für die Füße der Unverständigen
Lk	21,34	daß dieser Tag nicht komme wie ein F.
Rö	11,9	*laß ihren Tisch zu einem F. werden*

falsch

2Mo	5,9	daß sie sich nicht um f. Reden kümmern
	20,16	sollst nicht f. Zeugnis reden 23,1; 5Mo 5,20; Spr 24,28; 25,18; Mt 19,18; Mk 10,19; Lk 18,20
3Mo	5,22	wenn er einen f. Eid schwört 24
	19,12	ihr sollt nicht f. schwören Mt 5,33
5Mo	19,18	wenn der f. Zeuge ein f. Zeugnis gegeben
2Sm	18,13	wenn ich etwas F. getan hätte
Hi	36,4	meine Reden sind nicht f.
Ps	5,7	dem HERRN sind ein Greuel die F. Spr 6,17
	24,4	wer nicht f. Eide schwört
	26,4	ich habe nicht Gemeinschaft mit den F.
	27,12	es stehen f. Zeugen wider mich auf 35,11
	35,20	ersinnen f. Anklagen wider die Stillen
	36,4	alle ihre Worte sind f. und erlogen
	43,1	errette mich von den f. und bösen Leuten
	52,5	redest lieber F. als Rechtes
	6	redest gern mit f. Zunge 109,2; 120,3
	55,24	die F. werden ihr Leben nicht zur Hälfte
	101,4	ein f. Herz muß von mir weichen 7
	119,104	darum hasse ich alle f. Wege 128
	120,2	errette mich von den f. Zungen
	144,11	deren Mund F. redet Spr 2,12
Spr	6,19	ein f. Zeuge, der frech Lügen redet 14,5
	8,8	ist nichts Verkehrtes noch F. darin
	13	f. Lippen bin ich feind
	10,18	f. Lippen bergen Haß
	31	die f. Zunge wird ausgerottet 12,19; 17,20
	11,1	f. Waage ist dem HERRN ein Greuel 20,23
	20	f. Herzen sind dem HERRN ein Greuel
	12,13	wird gefangen in s. eigenen f. Worten
	17	ein f. Zeuge betrügt
	16,28	ein f. Mensch richtet Zank an
	17,4	ein F. hört gern auf schädliche Zungen
	19,5	ein f. Zeuge bleibt nicht ungestraft 9
	26,24	der Hasser... im Herzen ist er f.
	28	f. Zunge haßt den, dem sie Arges getan
Jes	9,14	die Propheten aber, die f. lehren, sind
	28,17	wird Hagel die f. Zuflucht zerschlagen
	32,7	zu verderben mit f. Worten
	59,3	eure Lippen reden F.
	63,8	mein Volk, Söhne, die nicht f. sind
Jer	5,2	so schwören sie doch f. Hos 10,4
	8,5	sie halten fest am f. Gottesdienst
	9,7	ihre f. Zungen sind tödliche Pfeile
	14,14	sie predigen euch f. Offenbarungen
	23,32	Propheten, die f. Träume erzählen
Hes	12,24	soll keine f. Offenbarung geben
Hos	10,2	ihr Herz ist f.
	12,8	hat Ephraim eine f. Waage Mi 6,10.11
Mi	6,12	ihre Einwohner haben f. Zungen
Sa	5,4	der bei meinem Namen f. schwört
	8,17	liebt nicht f. Eide
Mal	2,8	viele zu Fall gebracht durch f. Weisung
Wsh	14,28	schwören leichtfertig bei Gott 29.30; Sir 23,14
Sir	1,34	diene Gott nicht mit f. Herzen
	11,31	wer ein f. Herz hat, ist wie ein Lockvogel
	23,2	nicht geschont, wenn ich f. handle
	34,4	was f. ist, wie kann das wahr sein
	36,21	merkt ein verständiges Herz die f. Worte
	51,3	vom Strick der f. Zunge erlöst 7
2Ma	5,5	nun kam das f. Gerücht auf
StD	1,61	überführt, daß sie f. Zeugen waren
Mt	5,33	du sollst keinen f. Eid schwören
	7,15	seht euch vor vor den f. Propheten
	10,16	seid klug wie die Schlangen und ohne F. wie die Tauben
	15,19	aus dem Herzen kommen f. Zeugnis

Mt	24,11	es werden sich viele f. Propheten erheben 24; Mk 13,22; 2Pt 2,1; 1Jh 4,1
	26,59	suchten f. Zeugnis gegen Jesus 60; Mk 14,56. 57
Lk	6,26	das gleiche haben ihre Väter den f. Propheten getan
Jh	1,47	ein rechter Israelit, in dem kein F. ist
Apg	6,13	stellten f. Zeugen auf, die sprachen
	13,6	trafen sie einen Zauberer und f. Propheten
	14,15	euch bekehren sollt von diesen f. Göttern
Rö	12,9	die Liebe sei ohne F.
1Ko	15,15	wir würden als f. Zeugen Gottes befunden
2Ko	11,13	denn solche sind f. Apostel
	26	bin ich gewesen in Gefahr unter f. Brüdern
Gal	2,4	es hatten sich einige f. Brüder mit eingedrängt
Kol	2,18	der sich gefällt in f. Demut
2Th	3,2	daß wir erlöst werden von den f. Menschen
Off	14,5	in ihrem Mund wurde kein F. gefunden
	16,13	ich sah aus dem Munde des f. Propheten drei unreine Geister kommen
	19,20	das Tier wurde ergriffen und mit ihm der f. Prophet 20,10

fälschen

Am	8,5	daß wir die Waage f. (können)
2Ko	4,2	wir f. auch nicht Gottes Wort

Falschheit

Hi	31,5	bin ich gewandelt in F.
Ps	50,19	deine Zunge treibt F.
Spr	4,24	tu von dir die F. des Mundes
	10,32	der Gottlosen Mund ist F.
	11,3	ihre F. wird die Verächter verderben
	30,8	F. und Lüge laß ferne von mir sein
Wsh	1,5	der heilige Geist flieht die F.
Sir	1,38	weil dein Herz voller F. gewesen ist

fälschlich

1Ti	6,20	meide das Gezänk der f. so genannten Erkenntnis

Familie

3Mo	6,22	wer männlich ist in den F. der Priester
Ri	11,2	du sollst nicht erben in unserer F.
	7	mich aus meiner F. ausgestoßen haben
	15,6	die Philister verbrannten sie samt ihrer F.

Fang

Lk	5,4	werft eure Netze zum F. aus
	9	Schrecken hatte ihn erfaßt über diesen F.

fangen (s.a. gefangen)

1Mo	14,14	Abram hörte, daß s. Bruders Sohn gef. war
	31,26	als wenn sie im Krieg gef. wären
3Mo	17,13	wer auf der Jagd ein Tier f.
Ri	5,12	Barak, f., die dich f.
	7,25	zwei Fürsten der Midianiter
	15,4	Simson f. 300 Füchse
1Sm	23,26	um (David und seine Männer) zu f.
2Kö	6,22	erschlägst du denn die, die du gef. hast
1Ch	3,17	die Söhne Jechonjas, der gef. wurde
2Ch	22,9	man f. (Ahasja) in Samaria
	25,12	die *Männer von Juda f. 10.000 von ihnen

fangen

Hi	5,13	er f. die Weisen in ihrer Klugheit
	18,9	die Schlinge wird ihn f.
	40,24	kann man ihn f. Auge in Auge 25
Ps	10,2	die Elenden werden gef. 9
	35,8	sein Netz, das er gestellt, f. ihn selber
	59,13	sollen sie sich f. in ihrer Hoffart
Spr	3,26	behütet d. Fuß, daß er nicht gef. werde
	5,22	den Gottlosen werden s. Missetaten f.
	6,25	laß dich nicht f. durch ihre Augenlider
	11,6	die Verächter werden gef. durch ihre Gier
	12,13	der Böse wird gef. in s. falschen Worten
Pr	7,26	der Sünder wird durch sie gef.
	9,12	wie die Fische gef… Vögel gef. werden
Hl	2,15	f. uns die Füchse
Jes	8,15	daß viele von ihnen gef. werden
	14,2	gefangenhalten, von denen sie gef. waren
	22,3	alle wurden gef., ohne Bogen gef.
	24,18	wer entkommt, wird im Netz gef.
	28,13	daß sie verstrickt und gef. werden
Jer	5,26	Gottlose, die Fallen zurichten, sie zu f.
	8,9	die Weisen müssen gef. werden
	16,16	viele Jäger aussenden, die sollen sie f.
	18,22	haben eine Grube gegraben, mich zu f.
	48,44	wer herauskommt, wird gef. werden 51,56
	50,24	hast dich darin gef.
Klg	4,20	der von unserm Lebensodem war, ist gef. worden
Hes	12,13	daß er in meinem Garn gef. werde 17,20
	13,18	um Seelen zu f.! Wollt ihr Seelen f. 20.21
	19,4	f. in ihrer Grube 8
Am	3,4	(junger Löwe) er habe denn etwas gef. 5
Mi	7,2	ein jeder jagt den andern, daß er ihn f.
Hab	1,15	sie f. mit ihrem Netze
Jdt	5,10	als man sie wieder f. wollte
	9,10	laß ihn durch seine Augen gef. werden 16,11
	13,28	wenn das Volk Israel gef. würde
Sir	9,4	damit sie dich nicht mit ihren Künsten f.
	27,29	wer eine Falle stellt, f. sich selbst 32
2Ma	7,1	wurden sieben Brüder samt ihrer Mutter gef.
	14,29	Gelegenheit, ihn mit List zu f.
Mt	13,47	Netz, das Fische aller Art f.
	22,15	wie sie ihn in seinen Worten f. könnten Mk 12,13; Lk 20,20.26
	26,55	ausgezogen wie gegen einen Räuber, mich zu f. 14,48
Mk	15,7	Barabbas, gef. mit den Aufrührern
Lk	5,5	wir haben die ganze Nacht nichts gef. Jh 21,3
	6	f. sie eine große Menge Fische Jh 21,10
	10	von nun an wirst du Menschen f.
1Ko	3,19	die Weisen f. er in ihrer Klugheit
2Ko	11,23	ich bin öfter gef. gewesen
	12,16	habe (ich) euch mit Hinterlist gef.
Gal	5,1	*lasset euch nicht in das Joch f.*
1Ti	3,7	damit er sich nicht f. in der Schlinge des Teufels
2Pt	2,12	Tiere, dazu geboren, daß sie gef. werden

Fänger

Spr	6,5	wie ein Vogel aus der Hand des F.

Fanggrube

Hi	18,8	über F. führt sein Weg

Fangnetz

Pr	7,26	bitterer… ein Weib, das ein F. ist
Am	3,5	fällt ein Vogel, wenn kein F. da ist

Fangschnur

Hi	40,25	seine Zunge mit einer F. fassen

Fangstrick

Ri	2,3	damit sie euch zum F. werden

Farbe

Hes	23,14	sie sah Bilder von Männern in roter F.
Dan	5,9	Belsazer verlor seine F.
	7,28	jede F. war aus m. Antlitz gewichen 10,8
Wsh	13,14	er bemalt es mit roter F.
	15,4	eine Gestalt, die mit F. beschmiert ist
Sir	43,12	Regenbogen hat sehr schöne F. 50,7

färben

Hi	38,14	sie f. sich bunt wie ein Kleid
Wsh	13,14	f. mit Schminke seine Oberfläche rot

Faß

Jer	48,11	ist nie aus einem F. ins andre gegossen
	12	Küfer sollen ihre F. ausleeren
Hes	45,11	den zehnten Teil von einem F. 13.14

fassen

1Mo	22,10	f. das Messer, daß er s. Sohn schlachtete
	48,17	Josef f. seines Vaters Hand
2Mo	28,20	in Goldgeflecht sollen sie gef. sein
5Mo	9,17	da f. ich beide Tafeln und zerbrach sie
Jos	10,19	jagt euren Feinden nach und f. sie
Ri	19,25	da f. der Mann seine Nebenfrau 29
2Sm	1,11	f. David s. Kleider und zerriß sie 2Kö 2,12
	7,27	darum hat dein Knecht sich ein Herz gef.
	20,9	Joab f. Amasa bei dem Bart
	22,17	streckte s. Hand aus und f. mich Ps 18,17
	23,6	Disteln, die man nicht mit d. Hand f. kann
1Kö	1,50	Adonija f. die Hörner des Altars 51; 2,28
	8,27	aller Himmel Himmel können dich nicht f. 2Ch 2,5; 6,18
	11,30	f. den Mantel und riß ihn in zwölf Stücke
2Kö	9,24	Jehu f. den Bogen und schoß Joram
2Ch	4,5	(das Meer) f. dreitausend Eimer
	7,7	der Altar konnte nicht alle Brandopfer f.
	23,1	Jojada faßt Mut und schloß einen Bund
Esr	9,5	um das Abendopfer f. ich mich
Hi	22,22	f. seine Worte in dein Herz
	29,24	wenn ich ihnen zulachte, f. sie Vertrauen
	38,13	damit sie die Ecken der Erde f.
	40,25	seine Zunge mit einer Fangschnur f.
Ps	18,17	er streckte seine Hand aus und f. mich
Spr	27,16	will Öl mit der Hand f.
	30,4	wer hat den Wind in seine Hände gef.
	31,19	ihre Finger f. die Spindel
Jes	17,5	wie wenn der Schnitter die Halme f.
	30,1	ohne mich f. Pläne
	40,12	wer f. den Staub der Erde
	41,13	Gott, der deine rechte Hand f.
Jer	49,20	Ratschluß, den er über Edom gef. 50,45
Hes	3,10	meine Worte f. mit dem Herzen
	27,6	Elfenbein, f. in Buchsbaumholz
	30,21	daß er ein Schwert f. könnte
	32,20	das Schwert ist schon gef.
	45,14	Faß, das zehn Eimer f.
Hos	4,19	der Wind mit seinen Flügeln wird sie f.
Sir	3,25	mehr, als Menschenverstand f. kann

Sir	39,22	die Wasser standen, wie in ein Gefäß gef.	1Ma	3,17	auch sind wir heute matt vom F.
	45,13	mit edlen Steinen, in Gold gef.	Mt	4,2	da er vierzig Tage gef. hatte
1Ma	13,7	das Volk f. neuen Mut		6,16	wenn ihr f., sollt ihr 17
2Ma	2,32	der darf sich kürzer f.		9,14	warum f. wir, und deine Jünger f. nicht Mk 2,18.19; Lk 5,34
	7,21	sie f. sich ein männliches Herz		15	dann werden sie f. Mk 2,20; Lk 5,35
StD	2,35	da f. ihn der Engel beim Schopf		17,21	diese Art fährt nur aus durch F. Mk 9,29
Mt	15,10	*höret zu und f. es Mk 7,14*	Mk	2,18	die Jünger des Johannes f. viel Lk 5,33
	19,11	dies Wort f. nicht alle	Lk	2,37	(Hanna) diente Gott mit F. und Beten
	12	wer es f. kann, der f. es		18,12	ich f. zweimal in der Woche
	27,1	am Morgen f. die Ältesten den Beschluß	Apg	13,2	als sie aber dem Herrn dienten und f. 3; 14,23
Mk	1,31	da trat er zu ihr, f. sie bei der Hand	2Ko	6,5	(als Diener Gottes:) im F. 11,27
Jh	21,25	würde die Welt die Bücher nicht f., die zu schreiben wären			
Apg	16,4	Beschlüsse, die von den Aposteln gef. worden			**Fastenzeit**
Eph	1,9	Ratschluß, den er zuvor in Christus gef. hatte	Apg	27,9	weil die F. schon vorüber war

fast

Fasttag

Jos	10,13	so blieb die Sonne stehen f. einen Tag	Jer	36,6	lies die Schriftrolle vor am F.
Ps	73,2	ich aber wäre f. gestrauchelt			
	88,16	erleide Schrecken, daß ich f. verzage			**faul**
	119,87	sie haben mich f. umgebracht auf Erden			
	139	zu Tode geeifert	Ri	18,9	seid doch nicht f. hinzuziehen
Spr	5,14	ich wäre f. ganz ins Unglück gekommen	Hi	41,19	er achtet Erz wie f. Holz
Jer	5,3	du machst f. ein Ende mit ihnen	Spr	6,6	geh hin zur Ameise, du F. 9
Klg	2,11	habe mir f. die Augen ausgeweint		10,26	so tut der F. denen, die ihn senden
Sir	51,8	mein Leben war f. ins Grab gesunken		11,16	den F. wird es mangeln an Hab und Gut
2Ma	14,17	Simon wäre f. geschlagen worden		13,4	der F. begehrt und kriegt's doch nicht
Lk	5,7	füllten Boote voll, so daß sie f. sanken		15,19	der Weg des F. ist wie eine Dornenhecke
Apg	13,44	kam f. die ganze Stadt zusammen		19,24	der F. steckt s. Hand in die Schüssel 26,15
				20,4	im Herbst will der F. nicht pflügen
		fasten, Fasten		21,25	der F. stirbt über seinem Wünschen
				22,13	der F. spricht: Es ist ein Löwe draußen 26,13
3Mo	16,29	am 10. Tage des 7. Monats sollt ihr f. 31; 23,27.29.32; 4Mo 29,7		24,30	ich ging am Acker des F. entlang
				25,19	ist wie ein f. Zahn und gleitender Fuß
4Mo	30,14	mit denen sie sich verpflichtet hat zu f.		26,14	ein F. wendet sich im Bett wie die Tür
Ri	20,26	a. diesem Tag und opferten 1Sm 7,6		16	ein F. dünkt sich weiser als sieben
1Sm	31,13	und f. sieben Tage 2Sm 1,12; 1Ch 10,12	Wsh	15,15	deren Füße s. f. zum Gehen sind
2Sm	12,16	David suchte Gott und f. 21-23	Sir	22,2	ein f. Mensch ist wie ein Mistklumpen 1
1Kö	21,9	laßt ein F. ausrufen 12; 2Ch 20,3; Esr 8,21; Jer 36,9; Jon 3,5		37,13	(fragt) einen F., wie man viel arbeiten
	27	zerriß (Ahab) seine Kleider und f.	Mt	7,17	ein F. Baum bringt schlechte Früchte 18; 12,33; Lk 6,43
Esr	8,23	so f. wir und erbaten solches von Gott		25,26	du böser und f. Knecht
Neh	1,4	ich trug Leid tagelang und f.	Eph	4,29	laßt kein f. Geschwätz aus eurem Mund gehen
	9,1	kamen zu einem F. zusammen	1Ti	5,13	daneben sind sie f. und lernen, von Haus zu Haus zu laufen
Est	4,3	Klagen unter den Juden und viele f. 16	Tit	1,12	die Kreter sind Lügner und f. Bäuche
	9,31	die Einsetzung der F. festgesetzt hatte	2Pt	1,8	wird's euch nicht f. und unfruchtbar sein lassen
Ps	35,13	ich tat mir wehe mit F.			
	69,11	ich weine bitterlich und f.			**faulen**
	109,24	meine Knie sind schwach vom F.			
Jes	58,3	warum f. wir, und du siehst es nicht an 4; Jer 14,12; Sa 7,5	Jes	40,20	der wählt ein Holz, das nicht f.
	5	soll das ein F. sein... wollt ihr das ein F. nennen			**Faulheit**
	6	ein F., an dem ich Gefallen habe	Spr	19,15	F. macht schläfrig
Dan	6,19	der König f. die Nacht über		31,27	sie ißt ihr Brot nicht mit F.
	9,3	zu beten und zu flehen unter F.	Pr	10,18	durch F. sinken die Balken
Jo	1,14	sagt ein heiliges F. an 2,15			
	2,12	bekehret euch zu mir mit F.			**faulig**
Sa	7,3	muß ich immer noch weinen und F. halten	Hi	7,5	mein Fleisch ist um und um f.
	8,19	die F. sollen Juda zur Freude werden			
Jdt	4,7	demütigten sich mit F. 11; Bar 1,5; 1Ma 3,47; 2Ma 13,12; StE 3,2			**Fäulnis**
	6,19	wohl sein, nachdem sie gef. hatten	Hab	3,16	F. fährt in meine Gebeine
	8,6	sie f. täglich, außer am Sabbat			
Tob	12,9	Beten, F. und Almosengeben ist besser			
Sir	34,31	so ist der Mensch, der für seine Sünden f... was hilft ihm sein F.			

Faust

Faust

2Mo	21,18	einer schlägt den andern mit der F.
Ri	8,6	sind die F. Sebachs in deinen Händen 15
Hi	12,6	die Gott in ihrer F. führen
Ps	144,1	und meine F. (lehrt), Krieg zu führen
Pr	4,6	besser... als beide F. voll mit Mühe
Jes	58,4	schlagt mit gottloser F. drein
Jer	5,31	die Priester herrschen auf eigene F.
Mt	26,67	sie schlugen ihn mit F. Mk 14,65
1Ko	9,26	ich kämpfe mit der F., nicht wie einer, der
2Ko	12,7	des Satans Engel, der mich mit F. schlagen soll

fechten

Hi	15,26	er f. halsstarrig wider ihn
1Ko	9,26	ich f. so, nicht als der
	15,32	habe ich mit wilden Tieren gef.

Feder

3Jh	13	ich wollte nicht mit Tinte und F. an dich schreiben

Federvieh

1Kö	5,3	Rehe und das gemästete F.

fegen

4Mo	4,13	sollen die Asche vom Altar f.
Hes	21,14	das Schwert ist blank gef. 15.16.33
Sir	38,34	er muß früh und spät den Ofen f.
Mt	3,12	er wird seine Tenne f. Lk 3,17

Fehl, Fehler

2Mo	12,5	solches Lamm, an dem kein F. ist
	29,1	nimm zwei Widder ohne F.
3Mo	1,3	opfere er ein Tier, das ohne F. ist 10; 3,1.6; 4,3.23.28.32; 5,15.18.25; 9,2.3; 14,10; 22,19; 23,12.18; 4Mo 6,14; 19,2; 28,3.9.11.19.31; 29,2u. ö.36; Hes 43,22.23.25; 45,18.23; 46,4.6.13
	21,17	wenn einer deiner Nachkommen einen F. hat 18.21.23
	22,20	was einen F. hat, sollt ihr nicht opfern 21.25; 5Mo 15,21; 17,1
2Sm	14,25	war nicht ein F. an (Absalom)
Tob	3,9	die Magd wegen eines F. zurechtwies
Gal	6,1	*von einem F. übereilt*
Heb	9,14	sich selbst als Opfer ohne F. dargebracht

Fehlbitte

Mk	6,26	wollte er sie keine F. tun lassen

fehlen

2Mo	17,4	f. nicht viel, so werden sie mich steinigen
4Mo	31,49	es f. nicht einer 2Sm 17,22
Jos	11,15	nichts f. an allem, was der HERR geboten
Ri	18,7	es f. ihnen nichts an alledem 10; 19,19
	24	und da fragt ihr, was mir f.
	20,16	ein Haar treffen konnten, ohne zu f.
1Sm	30,19	es f. nichts, weder kein noch groß
2Sm	1,22	der Bogen Jonatans hat nie gef.
	2,30	es f. von den Männern Davids 19 Mann
1Kö	2,4	soll dir's niemals f. an einem Mann auf dem Thron 8,25; 9,5; 2Ch 6,16; 7,18; Jer 33,17.18; 35,19
1Kö	5,7	die Amtleute ließen es an nichts f. Est 6,10
	11,22	was f. dir bei mir
2Kö	19,3	aber die Kraft f., sie zu gebären Jes 37,3
Neh	10,40	wollen es an nichts f. lassen
Ps	19,13	wer kann merken, wie oft er f.
Pr	1,15	was f., (kann nicht) gezählt werden
	10,3	wenn der Tor... f. es ihm an Verstand
Jes	34,16	keines von ihnen wird f. 40,26
	58,11	Wasserquelle, der es nie an Wasser f.
Jer	18,18	dem Priester wird's nicht f. an Weisung
Dan	10,7	da mir der Atem f.
Hos	9,2	der Wein soll ihnen f.
Wsh	9,5	dem es an Einsicht f. für Recht und Gesetz
	6	wenn ihm die Weisheit f., die von dir kommt
	11,17	deiner Hand f. es nicht an Macht
Sir	11,24	wieviel f. mir noch 18,6; 51,32
	16,22	Leute, denen es an Verstand f. 19,5
	19,20	ein Tor ist, dem es an Weisheit f.
	32,28	wer dem Herrn vertraut, dem wird nichts f. 40,27
	42,25	dem, was er gemacht hat, f. nichts
Mt	19,20	was f. mir noch
Mk	10,21	eines f. dir Lk 18,22
Apg	26,28	f. nicht viel, so wirst du mich überreden
	29	*es f. nun viel oder wenig*
Kol	1,24	was an den Leiden Christi noch f.
1Th	3,10	um zu ergänzen, was an eurem Glauben noch f. Tit 1,5
Tit	3,13	rüste gut aus, damit ihnen nichts f.
Jak	3,2	*wir f. alle. Wer im Wort nicht f.*

fehlerhaft

Mal	1,14	verflucht sei, der ein f. (Tier) opfert

Fehlgeburt

1Mo	31,38	deine Schafe haben keine F. gehabt
2Mo	23,26	soll keine in deinem Lande eine F. haben
Hi	3,16	wie eine F., die man verscharrt hat Ps 58,9
Pr	6,3	eine F. hat es besser als er

fehlgehen

Spr	21,6	wer Schätze sammelt mit Lügen, wird f.
Jdt	9,4	wenn du helfen willst, kann's nicht f.

fehlschlagen

Hes	20,32	soll f., was euch in den Sinn kommt
Sir	34,7	es s. denen f., die darauf bauen
	37,19	daß er dein Tun gelingen und nicht f. läßt

fehlsprechen

Spr	16,10	sein Mund s. nicht f. im Gericht

fehltreten

Spr	19,2	wer hastig läuft, der t.f.

fehlwerfen

Hi	21,10	ihr Kuh kalbt und w. nicht f.

Feier

Jes	33,20	schaue auf Zion, die Stadt unsrer F.
Wsh	14,15	stiftete geheime Gottesdienste und F.

Feierkleid

1Mo	27,15	nahm Esaus F. und zog sie Jakob an
	45,22	gab allen ein F., aber Benjamin fünf F.
Ri	14,12	so will ich euch 30 F. (geben) 13.19
2Kö	5,5	(Naaman) nahm mit sich zehn F. 22.23
	10,22	bringt allen Dienern Baals F. heraus
Jes	3,22	(wird der Herr wegnehmen) die F.
Sa	3,4	ich lasse dir F. anziehen
Jdt	16,9	(Judit) zog ihre F. an

feierlich

1Mo	50,10	hielten eine sehr große und f. Klage
3Mo	23,3	der 7. Tag ist ein f. Sabbat 32; 25,4

feiern

2Mo	5,5	und ihr wollt sie noch f. lassen
	12,14	ihn f. als ein Fest für den HERRN 23,14
	23,12	aber am siebenten Tage sollst du f.
3Mo	23,41	daß ihr sie im 7. Monat so f. 2Ch 5,3
	25,2	soll das Land dem HERRN einen Sabbat f.
4Mo	29,12	sollt das Fest sieben Tage f. Hes 45,21.25
Ri	14,17	sie weinte vor ihm die 7 Tage, die sie f.
	16,23	ein Freudenfest zu f.
1Sm	30,16	f. ein Fest wegen all der großen Beute
2Kö	10,20	f. dem Baal ein heiliges Fest
Ps	42,5	in der Schar derer, die da f.
Pr	7,2	besser... als in ein Haus, wo man f.
Jes	29,1	füget Jahr zu Jahr und f. die Feste
Nah	2,1	f. deine Feste, Juda
Jdt	16,31	der Tag... wurde gef. 24; Tob 11,20; Sir 47,12; 1Ma 7,48.49; 2Ma 2,12; 8,33; 10,6.8; 15,37; StE 5,15
Wsh	14,28	f. sie ein Fest, so geraten sie in Raserei
Tob	9,12	das Hochzeitsmahl f. sie 1Ma 9,37; 10,58
2Ma	4,18	Kampfspiel, das alle fünf Jahre gef. wurde
Mt	26,18	ich will bei dir das Passa f.
1Ko	5,8	laßt uns das Fest f. nicht im alten Sauerteig

Feiertag

3Mo	19,3	haltet meine F. 30
Est	9,21	sollten als F. den 14. und 15. Tag annehmen
Klg	2,6	d. HERR hat F. und Sabbat vergessen lassen
	7	Geschrei erhoben wie an einem F. 22
Hes	45,17	an allen F. des Hauses Israel 46,9.11
Hos	2,13	will ein Ende machen mit allen ihren F.
	9,5	was wollt ihr an den F. des HERRN tun
Am	5,21	bin euren F. gram
	8,10	will eure F. in Trauer verwandeln
Tob	2,6	eure F. sollen zu Trauertagen werden 1Ma 1,41
Sir	33,8	er hat die F. geordnet
	47,12	ordnete an, daß man die F. würdig begehen
Bar	1,14	damit ihr's vorlesen sollt am F.
1Ma	12,11	daß wir allezeit an F. zu halten
2Ma	6,6	nicht mehr möglich, F. zu halten
StE	5,15	neben den andern F. diesen Tag feiern
Kol	2,16	ein schlechtes Gewissen wegen eines bestimmten F.

feig, feige

2Mo	15,15	alle Bewohner Kanaans wurden f. Jos 2,9.24
3Mo	26,36	denen will ich ein f. Herz machen
5Mo	20,8	nicht auch das Herz s. Brüder f. mache
Jes	13,7	aller Menschen Herz wird f. sein
	19,13	den Ägyptern wird das Herz f. werden

Wsh	17,10	die Bosheit, die von Natur aus f. ist
Off	21,8	die F. aber und Ungläubigen, deren Teil wird in dem Pfuhl sein

Feige

4Mo	13,23	trugen Granatäpfel und F. 20,5
2Kö	20,7	bringt her ein Pflaster von F. Jes 38,21
1Ch	12,41	Kuchen von F. und Rosinen
Neh	13,15	daß man am Sabbat F. brachte
Jer	8,13	keine F. am Feigenbaum übrigbleiben
	24,2	F... reife F... schlechte F. 3.5.8; 29,17
	40,10	sollt Wein und F. und Öl ernten
Hes	27,17	haben F. als Ware gebracht
Hos	9,10	ich sah eure Väter wie die ersten F.
Nah	3,12	sind wie Feigenbäume mit reifen F.
Mt	7,16	kann man F. (lesen) von den Disteln Lk 6,44
Mk	11,13	es war nicht die Zeit für F.
Jak	3,12	kann ein Weinstock F. tragen
Off	6,13	wie ein Feigenbaum seine F. abwirft, wenn

Feigenbaum

5Mo	8,8	Land, darin F. und Granatäpfel wachsen
Ri	9,10	sprachen die Bäume zum F. 11
1Kö	5,5	jeder unter seinem F. Mi 4,4; Sa 3,10
	10,27	Zedernholz soviel wie wilde F.
2Kö	18,31	jedermann von seinem F. essen Jes 36,16
Ps	105,33	schlug ihre Weinstöcke und F.
Spr	27,18	wer seinen F. pflegt, der ißt Früchte
Hl	2,13	der F. hat Knoten gewonnen
Jes	34,4	wie ein dürres Blatt am F.
Jer	5,17	sie werden deine F. verzehren
	8,13	daß keine Feigen am F. übrigbleiben
Hos	2,14	will ihre Weinstöcke und F. verwildern l.
	9,10	sah eure Väter wie die ersten Feigen am F.
Jo	1,7	(ein Volk) frißt meinen F. kahl 12
	2,22	die F. sollen reichlich tragen
Am	4,9	fraßen alles, was auf euren F. wuchs
Nah	3,12	alle deine festen Städte sind wie F.
Hab	3,17	wird der F. nicht grünen
Hag	2,19	ob Weinstock, F. noch nicht tragen
1Ma	14,12	jeder saß unter seinem F.
Mt	21,19	er sah einen F. an dem Wege Mk 11,13
	20	wie ist der F. so rasch verdorrt 19; Mk 11,20. 21
	21	nicht allein Taten wie die mit dem F. tun
	24,32	an dem F. lernt ein Gleichnis Mk 13,28
Lk	13,6	es hatte einer einen F. 7
		seht den F. und alle Bäume an
Jh	1,48	als du unter dem F. warst, sah ich dich 50
Jak	3,12	kann ein F. Oliven tragen
Off	6,13	wie ein F. seine Feigen abwirft, wenn

Feigenblatt

1Mo	3,7	flochten F. und machten sich Schurze

Feigenkorb

Jer	24,1	der HERR zeigte mir zwei F.

Feigenkuchen

1Sm	25,18	Abigajil nahm F. und lud alles auf Esel
	30,12	gaben ihm ein Stück F.
Jdt	10,6	einen Sack, in dem sie F. hatte

feil

1Ko	10,25	was f. ist auf dem Fleischmarkt, esset

feilbieten

Rut	4,3	Noomi b.f. den Anteil an dem Feld

feilhalten

Am	8,5	daß wir Korn f. können
Jh	2,14	die Ochsen, Schafe und Tauben f. 16

feilschen

Hi	40,30	die Zunftgenossen werden um ihn f.

fein

1Mo	18,6	eile und menge drei Maß f. Mehl
	40,16	geträumt, ich trüge Körbe mit f. Backwerk
2Mo	2,2	sah, daß es ein f. Kind war *Apg 7,20*
	25,4	f. Leinwand 26,1.31.36; 27,9.16.18; 28,5.6.8.15. 39; 35,6.23.25.35; 36,8.35.37; 38,9.16.18.23; 39,2. 3.5.8.24.27-29
	11	f. Gold 17.24.29.31.38.39; 28,14.22.36; 30,3; 37,2.6.11.16.17.22-24.26; 39,15.25.30.37; 3Mo 24,4.6
	29,2	f. Weizenmehl 40
3Mo	2,1	Speisopfer von f. Mehl 4.7; 5,11; 6,13; 7,12; 14,10.21; 23,13.17; 24,5; 4Mo 6,15; 7,13u.ö.79; 8,8; 15,4.6.9; 28,5.9.12.13.20.28; 29,3.9.14; 1Ch 23,29
4Mo	16,14	wie f. hast du uns gebracht in ein Land
	24,5	wie f. sind deine Zelte, Jakob
1Kö	5,2	täglich dreißig Sack f. Mehl
2Kö	7,1	ein Maß f. Mehl ein Silberstück 16.18
1Ch	15,27	Obergewand aus f. Leinen 2Ch 5,12
2Ch	2,13	versteht zu arbeiten mit f. Leinwand 3,14
Est	2,17	Ester war ein schönes und f. Mädchen
Ps	19,11	köstlicher als Gold und viel f. Gold
	45,2	mein Herz dichtet ein f. Lied
	46,5	soll die Stadt Gottes f. lustig bleiben
	119,127	liebe ich deine Gebote mehr als f. Gold
	133,1	wie f. und lieblich ist's, wenn Brüder
	2	ist wie f. Salböl auf dem Haupte Aarons
Spr	8,19	meine Frucht ist besser als f. Gold
	9,17	heimliches Brot schmeckt f.
	23,3	wünsche dir nichts von seinen f. Speisen 6
	31,22	f. Leinwand und Purpur ist ihr Kleid
Pr	5,17	daß es f. sei, wenn man ißt und trinkt
Hl	4,14	(ein Lustgarten) mit allen f. Gewürzen
	5,11	sein Haupt ist das f. Gold
Jes	5,9	die f. (Häuser sollen) leer stehen
	13,12	ein Mann kostbarer als f. Gold
	41,7	sprechen: Das wird f. stehen
Jer	2,33	wie f. findest du Wege
Klg	4,1	wie ist das f. Gold häßlich geworden
Hes	16,10	zog dir Schuhe von f. Leder an
	13	du aßest f. Mehl 19
	27,16	f. Leinwand auf deine Märkte gebracht
Dan	2,32	das Haupt dieses Bildes war von f. Gold
Am	5,11	Wein, in den f. Weinbergen gepflanzt
Wsh	7,22	ein Geist, der verständig ist, f. 23
Sir	38,11	opfere lieblichen Geruch und f. Mehl 2Ma 1,8
	34	er muß daran denken, wie er's f. glasiert
Bar	6,8	ihre Zunge ist vom Künstler f. gemacht
Mt	15,7	wie f. hat Jesaja von euch geweissagt Mk 7,6
	26	nicht f., daß man den Kindern Mk 7,27
Mk	7,9	wie f. hebt ihr Gottes Gebot auf
Lk	8,15	das Wort behalten in einem f. Herzen
	21,5	Tempel, geschmückt mit f. Steinen
1Ko	5,6	euer Ruhm ist nicht f.
	7,35	dazu, daß es f. zugehe
	14,17	du danksagest wohl f.
Gal	5,7	ihr liefet f.
Off	18,12	(ihre Ware:) f. Leinen und Scharlach
	13	(ihre Ware:) Wein und Öl und f. Mehl
	16	die bekleidet war mit f. Leinen und Purpur

feind sein, werden

1Mo	37,4	wurden (seine Brüder) ihm f. 5.8
2Mo	18,21	wahrhaftig und dem ungerechten Gewinn f.
5Mo	4,42	wer ihm zuvor nicht f. gewesen Jos 20,5
Est	9,5	an denen, die ihnen f. waren
Hi	16,9	er war mir f.
Ps	5,6	du bist f. allen Übeltätern
	7,5	die mir ohne Ursache f. waren 35,19; 69,5
	71,13	die meiner Seele f. sind
	119,163	Lügen bin ich f.
Spr	8,13	falschen Lippen bin ich f.
	13,5	der Gerechte ist der Lüge f.
Jes	1,14	meine Seele ist f. euren Neumonden
	11,13	daß Juda nicht mehr Ephraim f. ist
Jer	12,8	darum bin ich ihm f. geworden
Hes	23,28	will dich preisgeben, denen du f. geworden
Hos	9,15	zu Gilgal; dort werde ich ihnen f.
Wsh	12,3	als du den früheren Bewohnern f. warst
Sir	10,7	den Hoffärtigen sind Gott und die Welt f.
	12,6	der Allerhöchste ist den Sündern f.
	25,3	drei Dinge gibt es, denen ich f. bin
	36,12	die Fürsten, die uns f. sind
	37,2	wenn ein Gefährte und Freund einem f. wird
2Ma	14,39	zeigen, wie bitter f. er den Juden war
StE	3,9	daß er unserm Feind f. wird
Lk	19,14	seine Bürger waren ihm f.
	23,12	vorher waren sie einander f.
1Th	2,15	die (Juden) sind allen Menschen f.
2Ti	3,3	(die Menschen werden sein) dem Guten f.

Feind

1Mo	14,20	der deine F. in deine Hand gegeben
	22,17	sollen die Tore ihrer F. besitzen 24,60
	49,8	deine Hand wird F. auf dem Nacken
2Mo	1,10	könnten sich zu unsern F. schlagen
	15,6	HERR, deine Hand hat die F. zerschlagen
	9	der F. gedachte: Ich will nachjagen
	23,4	wenn du dem Rind deines F. begegnest
	22	so will ich deiner F. F. sein
	27	daß alle deine F. vor dir fliehen 5Mo 23,15; 2Sm 22,41; Ps 18,41
3Mo	26,7	sollt ihr F. jagen 8; Jos 10,19
	16	eure F. sollen (euren Samen) essen
	17	sollt geschlagen werden vor euren F. 4Mo 14,42; 5Mo 1,42; 28,25; 1Kö 8,33; 2Ch 6,24
	25	will euch in die Hände eurer F. geben 37; Ri 2,14; 2Kö 21,14; Neh 9,27.28; Jer 20,5; 21,7; 34,20.21
	32	daß eure F. sich davor entsetzen
	34	solange ihr in der F. Land seid 36-44
4Mo	10,9	wenn ihr zieht gegen eure F. 5Mo 20,1.3; 21,10; 23,10; 1Kö 8,44; 2Ch 6,34
	9	errettet werdet vor euren F.
	35	laß deine F. zerstreut w. Ps 68,2; 89,11
	23,11	holen lassen, um meinen F. zu fluchen 24,10
	24,18	Seïr, sein F., wird unterworfen sein
	32,21	bis er seine F. vertreibe 5Mo 33,27

Feind

4Mo	35,23	und er ist nicht sein F.
5Mo	6,19	daß er verjagen wolle alle deine F.
	12,10	wird euch Ruhe geben vor allen euren F. 25,19; Jos 23,1; 2Sm 7,1.11; 1Ch 22,9
	20,4	daß (HERR) streite mit euren F. 2Ch 20,29
	14	von der Beute deiner F. Jos 22,8; 1Sm 14,30; 30,26
	28,7	der HERR wird deine F. schlagen
	31	dein Schaf wird deinen F. gegeben werden
	48	wirst deinem F. dienen 68; Jer 15,14; 17,4
	53	Angst, mit der dich dein F. bedrängen wird 55.57; Jer 19,9
	30,7	Flüche wird der HERR auf deine F. legen
	32,27	wenn ich nicht den Spott der F. gescheut
	31	unserer F. Fels ist nicht wie unser Fels
	41	mich rächen an meinen F. 43; Jer 46,10
	42	Blut von den Köpfen streitbarer F.
	33,7	sei ihm Hilfe wider seine F.
	29	deine F. werden dir huldigen Ps 66,3
Jos	5,13	gehörst du zu uns oder zu unsern F.
	7,8	nachdem Israel s. F. den Rücken gekehrt 12
	12	kann Israel nicht bestehen vor seinen F. 13
	10,13	bis sich das Volk an seinen F. gerächt 1Sm 14,24
	25	ebenso wird der HERR allen euren F. tun
	21,44	keiner ihrer F. widerstand ihnen, alle F. gab er in ihre Hände Ri 3,28; 1Sm 24,5
Ri	2,14	konnten nicht mehr ihren F. widerstehen
	18	errettete sie aus der Hand ihrer F. 8,34; 1Sm 4,3; 12,10.11; 2Sm 3,18; 19,10; 22,1.4.18.49; 2Kö 17,39; Esr 8,31; Neh 9,27; Hi 6,23; Ps 18,1.4.18.49; 31,16; 59,2; 143,9
	5,31	so sollen umkommen, HERR, alle deine F.
	8,4	die waren müde und jagten den F. nach
	11,36	nachdem der HERR dich gerächt an deinen F.
	16,23	unsern F. Simson in unsere Hände 24
1Sm	2,1	mein Mund hat sich aufgetan wider meine F.
	14,47	kämpfte (Saul) gegen alle seine F.
	18,25	um an den F. des Königs Vergeltung zu üben
	29	Saul wurde (Davids) F. sein Leben lang
	19,17	warum hast du meinen F. entrinnen lassen
	20,15	wenn der HERR die F. Davids ausrotten wird 16; 2Sm 7,9; 1Ch 17,8
	24,20	der seinen F. findet und läßt ihn m. Frieden
	25,26	sollen deine F. wie Nabal werden
	29	Leben deiner F. soll er fortschleudern
	26,8	Gott hat deinen F. in deine Hand gegeben
	28,16	da doch der HERR dein F. geworden ist
	29,8	kämpfen gegen die F. meines Herrn
2Sm	4,8	das Haupt Isch-Boschets, deines F.
	5,20	der HERR hat meine F. durchbrochen 1Ch 14,11
	12,14	die F. des HERRN zum Lästern gebracht
	18,19	Recht verschafft gegen seine F. 32
	22,38	meinen F. jagte ich nach Ps 18,38
1Kö	3,11	bittest weder... noch um d. F. Tod 2Ch 1,11
	5,17	bis der HERR seine F. unter seine Füße gab
	8,37	wenn sein F. Städte gelagert 2Ch 6,28
	46	gibst sie dahin vor ihren F., daß sie sie führen in das Land der F. 2Ch 6,36
	48	bekehren sich im Lande ihrer F. 2Ch 6,37.38
	21,20	hast du mich gefunden, mein F.
1Ch	17,10	will alle deine F. demütigen Ps 81,15
	21,12	3 Monate Flucht vor dem Schwert deiner F.
2Ch	20,27	hatte ihnen Freude gegeben an ihren F.
	25,8	wird Gott dich vor den F. fallen lassen
	26,13	dem König gegen die F. zu helfen Esr 8,22
Neh	4,9	als unsere F. hörten 6,1.16
	5,9	Heiden, die ja unsere F. sind
Est	3,10	gab ihn Haman, dem F. der Juden 7,6; 9,24
	8,13	sich zu rächen an ihren F. 9,1.5.16.22
Hi	13,24	hältst mich für deinen F. 19,11; 33,10
	24,13	sind F. des Lichts geworden
	27,7	meinem F. soll es gehen wie dem Gottlosen
	31,29	gefreut, wenn's meinem F. übel ging
Ps	3,2	HERR, wie sind meiner F. so viel 25,19
	8	du schlägst alle meine F. auf die Backe
	5,9	leite mich um meiner F. willen 27,11
	6,11	es sollen alle meine F. zuschanden werden
	7,6	so verfolge mich der F. 143,3
	7	erhebe dich wider den Grimm meiner F.
	8,3	hast eine Macht zugerichtet um deiner F. willen, daß du vertilgest den F.
	9,4	daß meine F. zurückweichen mußten 56,10
	7	der F. ist vernichtet
	14	sieh an mein Elend unter meinen F.
	10,5	er handelt gewaltsam an allen seinen F.
	13,3	wie lange soll sich m. F. über mich
	5	daß nicht mein F. sich rühme
	17,9	(behüte mich) vor meinen F. 64,2
	21,9	deine Hand wird finden alle deine F.
	23,5	bereitest e. Tisch im Angesicht meiner F.
	25,2	daß meine F. nicht frohlocken über mich 30,2; 41,12
	27,2	wenn an mich wollen m. Widersacher und F.
	6	erhebt sich mein Haupt über meine F.
	12	gib mich nicht preis dem Willen meiner F. 31,9; 41,3
	37,20	die F. des HERRN werden doch vergehen
	38,20	meine F. leben und sind mächtig Klg 1,5
	41,6	meine F. reden Arges wider mich 71,10
	42,10	wenn mich m. F. drängt 43,2
	11	wenn mich meine F. schmähen 55,13; 102,9
	44,6	wollen wir unsre F. zu Boden stoßen
	8	du hilfst uns von unsern F.
	11	du lässest uns fliehen vor unserm F.
	17	muß die F. und Rachgierigen sehen
	45,6	sie dringen ins Herz der F. des Königs
	54,7	er wird die Bosheit meiner F. vergelten
	9	daß mein Auge auf meine F. herabsieht 59,11; 92,12; 112,8; 118,7
	55,4	da der F. so schreit
	56,3	meine F. stellen mir täglich nach
	60,14	er wird unsre F. niedertreten 108,14
	61,4	du bist ein starker Turm vor meinen F.
	68,22	Gott w. den Kopf seiner F. zerschmettern
	24	daß du deinen Fuß im Blut der F. badest
	69,19	erlöse mich um meiner F. willen
	72,9	seine F. sollen Staub lecken
	74,3	der F. hat alles verheert im Heiligtum
	10	wie lange soll der F. deinen Namen lästern 18; 89,52
	23	vergiß nicht das Geschrei deiner F.
	78,42	als er sie erlöste von den F. 106,10; 136,24
	53	ihre F. bedeckte das Meer
	61	Gott gab seine Herrlichkeit in die Hand des F. Klg 2,4
	66	(der Herr) schlug seine F. hinten
	80,7	unsre F. verspotten uns Klg 1,7
	83,3	siehe, deine F. toben
	89,23	die F. sollen ihn nicht überwältigen
	43	du erfreust alle seine F.
	92,10	deine F., HERR, deine F. werden umkommen
	97,3	Feuer verzehrt ringsum seine F.
	105,24	machte sie mächtiger als ihre F.
	106,42	ihre F. ängsteten sie
	108,13	schaff uns Beistand vor dem F.

Feind

Ps	110,1	bis ich deine F. zum Schemel deiner Füße mache Mt 22,44; Mk 12,36; Lk 20,43; Apg 2,35; 1Ko 15,25; Heb 1,13; 10,13
	2	herrsche mitten unter deinen F.
	119,98	machst mich weiser, als meine F. sind
	127,5	wenn sie mit ihren F. verhandeln im Tor
	132,18	seine F. will ich in Schande kleiden
	138,7	reckst deine Hand gegen d. Zorn meiner F.
	139,20	deine F. erheben sich mit frechem Mut
	22	sie sind mir zu F. geworden
	140,10	das Unglück, über das meine F. beraten
	143,12	vernichte meine F. um deiner Güte willen
Spr	16,7	läßt er seine F. mit ihm Frieden machen
	24,17	freue dich nicht über den Fall deines F.
	25,21	hungert deinen F., so speise ihn Rö 12,20
Jes	1,24	werde mir Trost schaffen an meinen F.
	9,10	ihre F. stachelt er auf
	26,11	Feuer, mit dem du deine F. verzehrst
	27,7	wie seine F. geschlagen... seine F. getötet werden 29,5
	42,13	zieht wie ein Held wider seine F.
	59,18	mit Vergeltung seinen F. 66,6.14
	62,8	will ich nicht mehr deinen F. zu essen geben
	63,10	darum ward er ihr F. Klg 2,4.5
	64,1	daß dein Name kundwürde unter deinen F.
Jer	6,25	Schrecken vor dem Schwert des F.
	12,7	was meine Seele liebt, in der F. Hand 44,30; Klg 1,7.10
	15,9	dem Schwert hing. vor ihren F. 19,7; 20,4
	11	will euch zu Hilfe kommen unter den F.
	30,14	habe dich geschlagen wie einen F.
	31,16	wiederkommen aus dem Lande des F. Hes 39,27
	48,5	die F. hören ein Jammergeschrei
	49,37	will Elam verzagt machen vor seinen F.
	50,7	ihre F. sprachen: Wir tun nicht unrecht
Klg	1,2	ihre Freunde sind ihre F. geworden
	9	der F. triumphiert 16; 2,16.17; 3,46; Hes 36,2
	17	der HERR hat seine F. aufgeboten 2,3.22
	21	meine F. hören mein Unglück
	3,52	meine F. haben mich ohne Grund gejagt
	4,12	daß der F. zum Tor einziehen könnte
Hes	16,27	gab dich preis der Willkür deiner F.
	23,29	sollen wie F. mit dir umgehen
	28,26	Gericht ergehen lasse über ihre F.
Dan	4,16	daß doch der Traum deinen F. gelte
Hos	8,3	darum soll sein F. sie verfolgen
Jo	2,20	den F. aus Norden von euch wegtreiben
Am	9,4	sie vor ihren F. gefangen einhergingen
Mi	2,8	ihr steht wider mein Volk wie ein F.
	4,10	wird dich der HERR erlösen von deinen F.
	5,8	daß alle deine F. ausgerottet werden
	7,6	des Menschen F. sind seine eigenen Hausgenossen Mt 10,36
Nah	1,2	er wird es seinen F. nicht vergessen
	8	seine F. verfolgt er mit Finsternis
	3,11	auch du mußt Zuflucht suchen vor dem F.
	13	die Tore sollen deinen F. geöffnet werden
Ze	3,15	der HERR hat deine F. abgewendet
Sa	8,10	vor lauter F. war kein Friede
	10,5	Riesen, die im Kampf den F. niedertreten
Jdt	4,13	so soll es allen F. Israels ergehen
	5,17	Kraft, ihren F. zu widerstehen Wsh 11,3.5
	8,15	wurden ihren F. übergeben Tob 3,4; Bar 4,6; StE 3,6; StD 3,8
	17	wird Gott uns retten vor unsern F. 16,4; Sir 51,4; Bar 4,18
	28	der Herr bestrafe unsre F. 9,4.9; Wsh 12,20. 22; 16,4.8; Tob 8,17; Sir 36,9
	13,17	den F. seines Volks umgebracht 22
Jdt	13,26	daß er sich an seinen F. rächen wird
Wsh	5,18	wird die Schöpfung bewaffnen zur Abwehr der F.
	10,12	(Weisheit) bewahrte ihn vor seinen F. 19; Sir 29,16
	15,14	die F. deines Volkes, die es unterdrücken
	16,22	wie die Früchte der F. vernichtet wurden
	18,1	die F. hörten zwar ihre Stimme
	7	wartet dein Volk auf das Verderben der F.
	10	erscholl das Geschrei der F.
Sir	6,1	machst dich deinem Freund zum F. 9; 20,25; 29,8; 37,4
	4	machen ihn zum Gespött seiner F. 18,31; 23,3; 42,11
	13	halte dich fern von deinen F. 12,9
	8,8	freue dich nicht, wenn dein F. stirbt
	12,7	so wird sich der F. nicht verbergen 8
	15	der F. stellt sich freundlich
	19,7	sollst es weder Freund noch F. sagen
	25,10	wer erlebt seine F. untergehen
	20	keine Rachgier so maßlos wie von F.
	27,20	wie einer seinen F. vernichtet
	30,3	wer... macht seinen F. neidisch 6
	40,6	als sähe er F. kommen
	45,2	so daß die F. ihn fürchten mußten 1Ma 3,6
	46,2	der sie rächte an den F. 6.21; 47,8
Bar	4,25	dein F. hat dich verfolgt 26
	5,6	sie zogen aus, geführt von den F.
1Ma	2,7	ich muß die F... treiben lassen
	9	ist von den F. erstochen StE 1,4
	35	da stürmten die F. gegen sie an 7,29
	3,11	viele F. wurden verwundet und getötet 5,43
	23	griff er die F. an 4,18
	4,36	weil unsre F. verjagt sind 13,51
	8,23	Gott behüte sie vor F. auf ewig
2Ma	1,12	Gott selbst hat unsere F. weggetrieben
	4,2	beschuldigte ihn, ein F... zu sein
	13,21	Rhodokus verriet den F. alles Geheime
StE	2,5	unsere F. wollen uns vertilgen
	3,9	daß er unserm F. feind wird
Mt	5,43	du sollst deinen F. hassen
	44	liebt eure F. Lk 6,27.35
	13,25	als die Leute schliefen, kam sein F.
	28	das hat ein F. getan
	39	der F., der es sät, ist der Teufel
Lk	1,71	daß er uns errettet von unsern F.
	74	erlöst aus der Hand unsrer F.
	10,19	ich habe euch gegeben Macht über alle Gewalt des F.
	19,27	meine F. bringt her und macht sie nieder
	43	eine Zeit, da werden deine F. um dich einen Wall aufwerfen
Apg	13,10	du Sohn des Teufels, du F. aller Gerechtigkeit
Rö	5,10	mit Gott versöhnt, als wir noch F. waren
	11,28	im Blick auf das Evangelium sind sie zwar F.
1Ko	15,26	der letzte F., der vernichtet wird, ist der Tod
Gal	4,16	bin ich damit euer F. geworden, daß
Phl	3,15	sie sind die F. des Kreuzes Christi
2Th	3,15	haltet ihn nicht für einen F.
Jak	4,4	wer der Welt Freund sein will, der wird Gottes F. sein
Off	11,5	kommt Feuer und verzehrt ihre F.
	12	und es sahen sie ihre F.

Feindeszorn

Sir	25,21	ist kein Zorn so bitter wie F.

Feindin

Mi	7,8	freue dich nicht über mich, meine F.
	10	meine F. wird's sehen müssen

feindlich

Jo	2,8	sie durchbrechen die f. Waffen
Wsh	18,2	weil sie ihnen so f. gewesen waren
1Ma	7,26	Nikanor, der Israel f. gesonnen war
Kol	1,21	die ihr einst fremd und f. gesinnt wart

Feindschaft

1Mo	3,15	will F. setzen zwischen dir und dem Weibe
4Mo	35,21	schlägt er ihn aus F. 22
Jes	11,13	die F. Judas (wird) ausgerottet werden
Hes	35,5	weil ihr ewige F. hattet gegen die *Israeliten
Sir	28,6	denk an das Ende und laß F. fahren
1Ma	11,38	zog ihm die F. des Kriegsvolks zu
2Ma	4,3	als die F. so groß geworden war, daß
Rö	8,7	fleischlich gesinnt sein ist F. gegen Gott
Gal	5,20	(Werke des Fleisches:) F.
Eph	2,14	den Zaun abgebrochen hat, nämlich die F.
	16	Kreuz, indem er die F. tötete durch sich selbst
Jak	4,4	Freundschaft mit der Welt F. mit Gott

feindselig

Hes	28,24	soll von seinen f. Nachbarn kein Dorn
Wsh	15,18	sie verehren sogar die f. Tiere
	19,15	jene empfingen die Fremden f.
2Ma	5,23	gegen seine Mitbürger f. gesinnt

Feingold

Hi	31,24	hab ich zum F. gesagt: „Mein Trost"

Feinmehl

1Ch	9,29	waren bestellt über F., über Wein
Hes	46,14	Öl, um das F. zu besprengen

feist

5Mo	32,14	f. Widder und Böcke
	15	Jeschurun ist dick und f. geworden
Hi	15,27	er macht sich f. und dick
Ps	73,4	gesund und f. ist ihr Leib Jer 5,28

Feld

1Mo	1,24	die Erde bringe hervor Tiere des F. 25.26; 2,19.20
	2,5	Sträucher auf dem F... Kraut auf dem F.
	3,1	listiger als alle Tiere auf dem F.
	14	verstoßen aus allen Tieren auf dem F.
	18	sollst das Kraut auf dem F. essen
	4,3	Opfer brachte von den Früchten des F.
	8	sprach Kain zu Abel: Laß uns aufs F. gehen... als sie auf dem F. waren
	9,10	(Bund) mit allen Tieren des F. Hos 2,20
	23,15	das F. ist 400 Lot Silber wert 25,10
	24,63	ausgegangen, um zu beten auf dem F. 65
	25,27	Esau streifte auf dem F. umher 29
	27,3	geh aufs F. und jage mir ein Wildbret 5
	27	der Geruch meines Sohnes ist wie der des F.
	29,2	da war ein Brunnen auf dem F.
	30,14	Ruben fand Liebesäpfel auf dem F. 16
1Mo	31,4	Jakob ließ rufen Rahel und Lea aufs F.
	34,5	waren mit dem Vieh auf dem F. 7
	28	nahmen, was in der Stadt und auf dem F. war
	36,35	auf dem F. der Moabiter 4Mo 21,20
	37,7	banden Garben auf dem F.
	15	wie (Josef) umherirrte auf dem F.
	39,5	war lauter Segen zu Hause und auf dem F.
	41,48	was an Getreide auf dem F. wuchs
	47,18	nichts mehr übrig als nur unser F. 19-26
	49,30	(begrabt mich) in der Höhle auf dem F. 50,13
2Mo	1,14	mit mancherlei Frondienst auf dem F.
	8,9	die Frösche starben auf dem F.
	9,3	wird kommen über dein Vieh auf dem F. 19-25
	10,5	Bäume, die wieder sprossen auf dem F. 15
	16,25	werdet heute nichts finden auf dem F.
	22,4	weil er das F. eines andern abweiden läßt
	28	den Ertrag deines F. nicht zurückhalten
	30	das auf dem F. von Tieren zerrissen ist
	23,11	mag das Wild auf dem F. fressen
	16	Erstlinge deiner Früchte, auf dem F. gesät... eingesammelt vom F. 19; 2Ch 31,5
3Mo	14,7	den Vogel ins freie F. fliegen lassen 53
	17,5	die sie auf freiem F. schlachten wollen
	19,9	nicht bis an die Ecken des F. 23,22
	19	besäe dein F. nicht mit zweierlei Samen
	25,3	sechs Jahre sollst du dein F. besäen 4
	12	vom F. dürft ihr essen, was es trägt
	31	dem F. des Landes gleichrechnen
	26,4	die Bäume auf dem F. ihre Früchte bringen Hes 34,27
4Mo	19,16	auf dem freien F. einen berührt 5Mo 21,1
	22,4	wie ein Rind das Gras auf dem F. abfrißt
	23	die Eselin ging auf dem F.
5Mo	11,15	will du. Vieh wachsen auf deinem F.
	20,19	Bäume auf dem F. sind doch nicht Menschen
	22,25	wenn jemand ein Mädchen auf freiem F. 27
	28,38	wirst viel Samen auf das F. säen
	32,13	nährte ihn mit den Früchten des F.
Jos	8,24	alle Einwohner von Ai getötet auf dem F.
	13,16	ihr Gebiet... mit allen ebenen F. 17
	22,12	um gegen sie zu F. zu ziehen 33
	24,32	die Gebeine begruben sie auf dem Stück F.
Ri	9,27	zogen hinaus aufs F. und ernteten
	32	lege einen Hinterhalt im F. 43
	42	am Morgen ging das Volk heraus aufs F. 44
	13,9	sie saß aber auf dem F.
	19,16	kam ein Mann von seiner Arbeit vom F.
	20,31	erschlugen... auf offenem F. etwa 30 Mann
Rut	2,2	laß mich aufs F. gehen 3.9.17
	4,3	Noomi bietet feil den Anteil an dem F. 5
1Sm	11,5	kam Saul vom F. hinter den Rindern her
	14,15	entstand ein Schrecken auf dem freien F.
	21	mit (den Philistern) ins F. gezogen waren
	25	es waren aber Honigwaben auf dem F.
	17,44	dein Fleisch geben den Tieren auf dem F.
	19,3	mich neben meinen Vater stellen auf d. F.
	20,5	daß ich mich auf dem F. verberge 24
	11	laß uns hinaus aufs F. gehen 35; Hl 7,12
	25,15	wenn wir auf dem F. waren
	30,11	fanden einen Ägypter auf dem F.
2Sm	2,18	Asaël war... wie ein Reh auf dem F.
	5,2	führtest du Israel ins F. und wieder heim
	10,8	die Aramäer standen auf freiem F. 1Ch 19,9
	11,1	da die Könige ins F. zu ziehen pflegen 11.23
	14,6	die zankten miteinander auf dem F.
	31	haben d. Knechte mein F. in Brand gesteckt
	17,8	zornigen Gemüts wie eine Bärin auf dem F.

Feld

2Sm	18,6	als das Heer hinauskam aufs F.
	21,10	noch des Nachts die Tiere des F.
1Kö	7,31	in F., die viereckig waren
	11,29	waren die beiden allein auf dem F.
	14,11	wer auf dem F. stirbt 16,4; 21,24
2Kö	4,39	ging aufs F., um Kraut zu sammeln
	7,12	um sich im F. zu verbergen
	9,37	der Leichnam Isebels wie Mist auf dem F.
	19,26	wurden wie das Gras auf dem F.
1Ch	6,41	die F. der Stadt gaben sie Kaleb
	11,14	trat aufs F. und schlug die Philister
	16,32	das F. sei fröhlich Ps 96,12
2Ch	26,23	auf dem F. neben der Grabstätte der Könige
Hi	5,23	dein Bund mit den Steinen auf dem F.
Ps	50,11	was sich regt auf dem F., ist mein
	68,14	wenn ihr zu F. liegt, glänzt es
	80,14	die Tiere des F. (haben) ihn abgeweidet
	103,15	er blüht wie eine Blume auf dem F.
	104,11	daß alle Tiere des F. trinken
Pr	5,8	der dafür sorgt, daß das F. bebaut wird
Hl	2,7	beschwöre euch bei den Hinden auf dem F. 3,5
Jes	6,11	bis das F. ganz wüst daliegt
	30,24	Esel, die auf dem F. ackern
	40,6	seine Güte ist wie eine Blume auf dem F.
	41,18	und Quellen mitten auf dem F.
	43,20	das Wild des F. preist mich
	55,12	sollen alle Bäume auf dem F. klatschen
	56,9	ihr Tiere auf dem F., kommt und freßt
Jer	4,17	sich lagern wie die Wächter auf dem F.
	7,20	ausgeschüttet über die Bäume auf dem F.
	33	den Tieren des F. zum Fraß werden 16,4; 19,7; 34,20; Hes 39,4.17; Hos 2,14
	8,2	sollen Dung auf dem F. sein 9,21; 25,33
	12,4	wie lange soll Gras auf dem F. verdorren
	9	sammelt euch, alle Tiere des F. 15,3
	13,27	habe gesehen deine Greuel im Feld 17,3
	14,5	die Hirschkühe, die auf dem F. werfen
	18	gehe ich aufs F., so liegen Erschlagene
	18,14	bleibt doch der Schnee länger im F.
	27,6	die Tiere des F., ihm untertan Dan 2,38
	39,10	Nebusaradan gab ihnen F.
	51,30	die Heiden zu Babel werden nicht zu F. ziehen
Hes	7,15	wer auf dem F. ist, wird vom Schwert
	16,5	wurdest aufs Feld geworfen 32,4
	7	wie Gewächs auf dem F. machte ich dich
	17,24	alle Bäume auf dem F. sollen erkennen 31,4. 5.15
	31,6	alle Tiere des F. hatten Junge unter seinen Zweigen 13; Dan 4,9.18
	33,27	alle, die auf freiem F. sind
	36,30	will den Ertrag auf dem F. mehren
	37,1	er stellte mich auf ein weites F.
	2	lagen viele Gebeine über das F. hin
	38,20	erbeben sollen die Tiere auf dem F.
	39,5	sollst auf freiem F. fallen
	10	brauchen kein Holz aus dem F. zu holen
Dan	4,12	soll in Ketten auf dem F. liegen 20.22
	29	du sollst bei den Tieren des F. bleiben
Hos	4,3	die Tiere auf dem F. werden weggerafft
	16	weiden lassen wie ein Lamm auf freiem F.
	10,4	ihr Recht grünt wie giftiges Kraut im F.
	12,12	ihre Altäre werden wie Steinhaufen im F.
Jo	1,10	das Feld ist verwüstet 11.12.19
	2,22	fürchtet euch nicht, ihr Tiere auf dem F.
Mi	1,6	will Samaria zu Steinhaufen im F. machen
	4,10	du mußt zwar auf dem F. wohnen
Ze	2,14	Ninive öde machen... darin Tiere des F.
Sa	10,1	Regen geben für jedes Gewächs auf dem F.
Mal	3,11	der Weinstock auf dem F. nicht unfruchtbar
Jdt	11,5	alle Tiere auf dem F. werden ihm gehorchen
Wsh	19,7	aus den Fluten erhob sich ein... F.
Sir	24,19	wie ein schöner Ölbaum auf freiem F.
1Ma	6,49	in dem man F. brachliegen lassen mußte
2Ma	15,19	in Sorge um ihr Kriegsvolk im F.
StD	2,32	Brot eingebrockt... ging damit aufs F.
Mt	6,28	schaut die Lilien auf dem F. an
	30	wenn Gott das Gras auf dem F. so kleidet
	24,18	wer auf dem F. ist, kehre nicht zurück Mk 13,16; Lk 17,31
	40	dann werden zwei auf dem F. sein Lk 17,36
Mk	11,8	Zweige, die sie auf dem F. abgehauen
	15,21	Simon von Kyrene, der vom F. kam Lk 23,26
Lk	2,8	waren Hirten in derselben Gegend auf dem F.
	6,17	er trat auf ein ebenes F.
	12,16	ein Mensch, dessen F. hatte gut getragen
	28	das Gras, das heute auf dem F. steht
	15,25	der ältere Sohn war auf dem F.
	17,7	sagt ihm, wenn der vom F. heimkommt
Jh	4,5	nahe bei dem F., das Jakob seinem Sohn Josef
	35	seht auf die F., denn sie sind reif zur Ernte
Eph	6,13	damit ihr an dem bösen Tag das F. behalten könnt

Feldfrucht

5Mo	26,2	sollst nehmen die Erstlinge aller F.

Feldgeist

3Mo	17,7	sollen ihre Opfer nicht mehr den F. opfern
2Kö	23,8	brach ab die Höhe der F.
2Ch	11,15	bestellte sich Priester für die F.
Jes	13,21	F. werden da hüpfen 34,12
	34,14	ein F. wird dem andern begegnen

Feldgras

Jes	37,27	ihre Einwohner sollten wie F. werden

Feldhauptmann, Feldhauptleute

1Mo	21,22	Abimelech mit Pichol, seinem F. 32; 26,26
Ri	4,2	(Jabins) F. war Sisera 7; 1Sm 12,9
1Sm	14,50	(Sauls) F. hieß Abner 17,55; 26,5; 2Sm 2,8; 1Kö 2,32
2Sm	10,16	Schobach, der F. Hadad-Esers 18; 1Ch 19,16.18
	19,14	Amasa... F. an Joabs Statt 1Kö 2,32
1Kö	1,19	Joab, den F. 11,15.21; 1Ch 27,34
	2,5	weißt, was (Joab) tat den zwei F. Israels
	4,4	Benaja war F. 1Ch 27,5
	16,16	machte Omri, den F., zum König
2Kö	4,13	brauchst du Fürsprache beim König oder F.
	5,1	Naaman, der F. des Königs von Aram
	25,8	kam Nebusaradan als F. des Königs von Babel 19; Jer 52,25
1Ch	25,1	F. sonderten aus die Söhne Asafs
Jdt	2,4	rief seinen F. Holofernes 5,1; 13,19.24
1Ma	2,66	Judas Makkabäus soll euer F. sein
	8,10	schickten einen F. gegen die Griechen
	13,42	Simons, des F. der Juden 14,47

Feldherr

Jdt	14,3	um den F. zur Schlacht zu wecken

| 2Ma | 9,19 | Antiochus, König und F. |

Feldschlacht

| 1Sm | 4,2 | sie erschlugen in der F. etwa 4.000 |
| Jer | 4,19 | ich höre den Lärm der F. |

Feldzeichen

2Mo	17,15	nannte ihn: Der HERR mein F.
Jes	5,26	er wird ein F. aufrichten für das Volk
Sir	43,9	ist ein F. für das himmlische Heer

Feldzug

| 4Mo | 31,14 | zornig über die, die aus dem F. kamen |
| 1Ma | 9,68 | erbittert, weil sein F. vergeblich gewesen |

Felge

| 1Kö | 7,33 | ihre F. waren alle gegossen |
| Hes | 1,18 | hatten F... ihre F. waren voller Augen |

Felix

| Apg | 23,24 | Statthalter F. 26; 24,2.22.24.25.27; 25,14 |
| | 24,27 | kam Porzius Festus als Nachfolger des F. |

Fell

1Mo	3,21	machte Adam und s. Weibe Röcke von F.
	25,25	der erste war ganz rauh wie ein F.
	27,16	die F. tat sie ihm um seine Hände
2Mo	29,14	Fleisch, F. und Mist sollst du verbrennen 3Mo 4,11; 8,17; 9,11; 16,27
3Mo	1,6	soll dem Brandopfer das F. abziehen
	7,8	dem Priester soll das F. gehören
	11,32	alles... wird unrein, jedes F.
	15,17	Kleid und F. soll abgewaschen werden
4Mo	19,5	soll die Kuh verbrennen, ihr F.

Fels, Felsen

1Mo	49,24	stark durch ihn, den Hirten und F. Israels
2Mo	17,6	will dort vor dir stehen auf dem F.
	6	da schlagen du an den F. Jes 20,8.10. 11; 5Mo 8,15; Neh 9,15; Ps 78,15.16.20; 105,41; Jes 48,21
	33,21	da sollst du auf dem F. stehen
4Mo	20,8	du und Aaron, redet zu dem F.
	23,9	von der Höhe der F. sehe ich ihn
	24,21	hast dein Nest in einen F. gebaut
5Mo	32,4	er ist ein F. Jes 26,4
	13	ließ ihn Honig saugen aus dem F. Ps 81,17
	15	den F. s. Heils geringgeachtet Jes 17,10
	18	deinen F., der dich gezeugt, hast du
	30	daher, daß ihr F. sie verkauft hat
	31	unserer Feinde F. ist nicht wie unser F.
	37	wo... ihr F., auf den sie trauten
Ri	6,20	lege es hin auf den F.
	21	da fuhr Feuer aus dem F.
	26	baue auf der Höhe dieses F. einen Altar
	7,25	erschlugen Oreb am F. Oreb
	13,19	Manoach brachte es auf F. dem HERRN dar
	20,45	flohen zum F. Rimmon 47; 21,13
1Sm	2,2	es ist kein F., wie unser Gott ist
	13,6	verkrochen sie sich in F. und Gewölbe
	23,25	(David) ging zu dem F. hinab
2Sm	21,10	breitete (ein Sackgewand) aus auf dem F.
	22,2	der HERR ist mein F. 32.47; Ps 18,3.32.47; 31,4; 42,10; 62,3.7; 71,3; 92,16; Jes 44,8

2Sm	23,3	der F. Israels hat geredet
1Kö	19,11	starker Wind, der die F. zerbrach
1Ch	11,15	drei Helden zogen hinab zum F. zu David
2Ch	25,12	führten sie auf die Spitze eines F. und stürzten sie von der Spitze des F.
Hi	14,18	kann ein F. von seiner Stätte weichen 18,4
	19,24	zu ewigem Gedächtnis in einen F. gehauen
	24,8	müssen sich an die F. drücken
	28,9	legt man die Hand an die F. 10
	29,6	als die F. Ölbäche ergossen
	39,28	auf F. wohnt er... auf Zacken der F.
Ps	27,5	er erhöht mich auf einen F.
	28,1	ich rufe zu dir, HERR, mein F. 144,1
	30,8	hattest mich auf einen F. gestellt 40,3
	31,3	sei mir ein starker F. und eine Burg
	61,3	wollest mich führen auf einen hohen F.
	62,8	bei Gott ist der F. meiner Stärke
	114,8	der den F. wandelte in einen See
	137,9	deine jungen Kinder am F. zerschmettert
	141,6	sollen hinabgestürzt werden vom F.
Spr	30,19	der Schlange Weg auf dem F.
	26	dennoch bauen sie ihr Haus in den F.
Jes	2,10	geh in die F. und verbirg dich 19; Off 6,15
	8,14	ein F. des Ärgernisses Rö 9,33; 1Pt 2,8
	22,16	deine Wohnung in den F. machen läßt
	31,9	sein F. wird vor Furcht weichen
	32,2	wie der Schatten eines großen F.
	33,16	F. werden seine Feste sein
	42,11	sollen jauchzen, die in F. wohnen
	51,1	schaut den F. aus dem ihr gehauen seid
Jer	4,29	werden in die F. kriechen
	5,3	haben ein Angesicht, härter als ein F.
	21,13	die du wohnst auf dem F. im Tal
	23,29	wie ein Hammer, der F. zerschmeißt
	48,28	ihr Bewohner von Moab, wohnt in den F.
	51,25	will dich von den F. herabwälzen
Hes	24,7	auf den nackten F. verschüttet 8
	26,4	will einen nackten F. aus ihm machen 14
Am	6,12	wer kann auf F. mit Rossen rennen
Nah	1,6	die F. zerspringen vor ihm
Hab	1,12	laß sie, o unser F., uns nur züchtigen
	3,13	entblößtest die Grundfeste bis auf den F.
Jdt	16,18	die F. zerschmelzen wie Wachs vor dir
Wsh	11,4	ihnen wurde Wasser gegeben aus F.
	17,19	ob der F. herabstürzten
Sir	40,15	die Wurzel der Ungerechten steht auf F.
	48,19	ließ eine Leitung in den F. hauen
1Ma	10,73	Ebene, wo keine Berge und F. sind
2Ma	14,45	(Rasi) trat auf einen hohen F.
Mt	7,24	der sein Haus auf F. baute 25; Lk 6,48
	16,18	auf diesen F. will ich meine Gemeinde bauen
	27,52	die Erde erbebte, und die F. zerrissen
	60	Grab, das er in einen F. hatte hauen lassen Mk 15,46
Lk	8,6	einiges fiel auf den F. V13
Jh	1,42	du sollst Kephas heißen, das heißt übersetzt: F.
1Ko	10,4	geistlichen F... der F. aber war Christus
Off	6,16	sprachen zu den Bergen und F.

Felsengrab

| Lk | 23,53 | legte ihn in ein F. |

Felsenkluft, Felskluft

2Mo	33,22	dann will ich dich in die F. stellen
Ri	15,8	(Simson) wohnte in der F. von Etam 11.13
Ps	104,18	die F. (geben Zuflucht) dem Klippdachs
Hl	2,14	meine Taube in den F.

Felsenkluft

Jer 16,16 Jäger sollen sie fangen in allen F.
49,16 hochmütig, weil du in F. wohnst Ob 3

Felsenstadt
Ri 1,36 das Gebiet der Edomiter ging von der F.

felsig
Mt 13,5 einiges fiel auf f. Boden 20; Mk 4,5.16

Felsklippe
1Sm 14,4 waren aber an dem engen Wege zwei F. 5
Jes 57,5 die ihr Kinder opfert unter den F.

Felsspalte
Jes 2,21 damit er sich verkriechen kann in die F.
Jer 13,4 verstecke (den Gürtel) dort in einer F.

Felswand
Hl 2,14 meine Taube im Versteck der F.
Hes 38,20 sollen die F. zu Boden fallen

Fenster
1Mo 6,16 ein F. sollst du daran machen 8,6
7,11 taten sich die F. des Himmels auf 8,2; Jes 24,18
26,8 sah durchs F., daß Isaak scherzte mit
Jos 2,15 ließ Rahab sie an einem Seil durchs F.
18 sollst dies rote Seil in das F. knüpfen 21
Ri 5,28 die Mutter Siseras spähte zum F. hinaus
1Sm 19,12 da ließ ihn Michal durchs F. hinab
2Sm 6,16 guckte Michal durchs F. 1Ch 15,29
1Kö 6,4 F. mit Stäben davor Hes 40,16; 41,16.26
7,4 F. waren einander gegenüber dreimal 5
5 alle Türen und F. waren viereckig
2Kö 7,2 wenn der HERR F. am Himmel machte 19
9,30 Isebel schaute zum F. hinaus 32
13,17 tu das F. auf nach Osten
Spr 7,6 am F. m. Hauses guckte ich durchs Gitter
Pr 12,3 wenn finster w., die durch die F. sehen
Hl 2,9 er sieht durchs F. und durchs Gitter
Jer 9,20 der Tod ist zu unsern F. hereingestiegen
22,14 läßt ihm F. ausbrechen und rot malen
Hes 40,16 F. an der Vorhalle 22.25.29.33.36
Dan 6,11 Daniel hatte offene F. nach Jerusalem
Hos 13,3 werden sein wie Rauch aus dem F.
Jo 2,9 wie ein Dieb kommen sie durch die F.
Ze 2,14 das Käuzchen wird im F. schreien
Mal 3,10 ob ich nicht d. Himmels F. auftun werde
Sir 14,24 guckt zu ihrem F. hinein 21,25
2Ma 3,19 Jungfrauen schauten aus dem F.
Apg 20,9 es saß aber ein junger Mann in einem F.
2Ko 11,33 wurde durch ein F. hinuntergelassen

fern, ferne
1Mo 18,25 das sei f. 44,7.17; Jos 22,29; 24,16; 1Sm 2,30; 12,23; 14,45; 20,2.9; 22,15; 2Sm 20,20; Hi 27,5; 34,10; Rö 3,4.6.31; 6,2.15; 7,7.13; 9,14; 11,1.11; 1Ko 6,15; Gal 2,17; 3,21
21,16 (Hagar) setzte sich gegenüber von f.
22,4 Abraham sah die Stätte von f.
37,18 als sie (Josef) nun sahen von f.
2Mo 2,4 seine Schwester stand von f.
20,21 so stand das Volk von f. 2Kö 2,7

2Mo 23,7 f. von einer Sache, bei der Lüge im Spiel
24,1 betet an von f.
33,7 schlug es draußen auf, f. von dem Lager
5Mo 12,21 ist die Stätte f., die der HERR 14,24
13,8 nah oder f. 1Kö 8,46; 2Ch 6,36; Est 9,20; Jer 48,24
20,15 allen Städten, die sehr f. von dir liegen
28,49 ein Volk über dich schicken von f. Jer 5,15
29,21 die Fremden, die aus f. Landen kommen Jos 9,6.9.22; 1Kö 8,41; 2Kö 20,14; 2Ch 6,32; Jes 13,5; 39,3; 49,12; Jer 4,16; 6,20; Hes 23,40; Sa 6,15
30,11 das Gebot ist dir nicht zu f.
Jos 3,16 stand das Wasser, aufgerichtet, sehr f.
Ri 18,7 sie waren f. von den Sidoniern 28
1Sm 24,7 das lasse der HERR f. von mir sein 26,11; 2Sm 23,17; 1Kö 21,3; 1Ch 11,19
26,13 stellte (David) sich auf den Gipfel von f.
20 f. vom Angesicht des HERRN
2Sm 7,19 für die f. Zukunft Zusagen gegeben 1Ch 17,17
Neh 4,13 sind auf der Mauer f. voneinander
12,43 man hörte die Freude schon von f.
Hi 2,12 als sie ihre Augen aufhoben von f.
13,21 laß deine Hand f. von mir sein
21,16 der Rat der Gottlosen ist f. von mir 22,18
24,12 f. der Stadt seufzen Sterbende
28,4 f. von da, wo man wohnt... f. von Menschen
30,10 halten sich f. von mir
36,25 sie sehen's nur von f.
39,25 es wittert den Kampf von f.
29 seine Augen sehen sie von f.
Ps 10,1 HERR, warum stehst du so f.
5 deine Gerichte sind f. von ihm
22,2 ich schreie, aber meine Hilfe ist f.
12 sei nicht f. von mir 20; 35,22; 38,22; 71,12
39,3 ich schwieg f. der Freude
48,3 der Gottesberg f. im Norden
65,6 Zuversicht aller auf Erden u. f. am Meer
103,12 so f. der Morgen ist vom Abend
109,17 so bleibe (d. Segen) auch f. von ihm
119,150 m. Verfolger sind f. von deinem Gesetz
155 das Heil ist f. von den Gottlosen
138,6 der HERR kennt den Stolzen von f.
139,2 du verstehst meine Gedanken von f.
Spr 5,8 laß deine Wege f. von ihr sein
15,29 der HERR ist f. von den Gottlosen
25,25 eine gute Botschaft ist f.
30,8 Falschheit und Lüge laß f. von mir sein
31,14 ihren Unterhalt bringt sie von f.
Pr 7,23 (Weisheit) blieb f. von mir
24 was da ist, das ist f. und sehr tief
11,10 laß den Unmut f. sein von deinem Herzen
Jes 8,9 höret's, die ihr in f. Landen seid 33,13
10,3 des Unheils, das f. kommt
14,13 auf d. Berg der Versammlung im f. Norden
22,11 der solches schafft von f. her
29,13 ihr Herz f. von mir ist Mt 15,8; Mk 7,6
30,27 des HERRN Name kommt von f.
43,6 bring her meine Söhne von f. 60,4.9
46,11 ich rufe aus f. Lande den Mann
12 der ihr f. seid von der Gerechtigkeit
13 meine Gerechtigkeit; sie ist nicht f.
54,14 wirst f. sein von Bedrückung
59,9 darum ist das Recht f. von uns 11
66,19 will senden zu den f. Inseln Jer 31,10
Jer 8,19 Tochter m. Volks schreit aus f. Lande her
12,2 nahe ihrem Munde, aber f. ihrem Herzen
23,23 bin ich nicht auch ein Gott, der f. ist
30,10 will dich erretten aus f. Landen 46,27

Jer	31,3	der HERR ist mir erschienen von f.
	51,50	gedenkt des HERRN in f. Lande Sa 10,9
Klg	1,16	der Tröster ist f. von mir
Hes	6,12	wer f. ist, wird an der Pest sterben
	11,15	sie sind f. vom HERRN
	16	habe sie f. weg unter die Heiden vertrieben
	12,27	weissagt auf Zeiten, die noch f. sind
Dan	10,14	das Gesicht geht auf f. Zeit
Jo	4,8	sollen sie e. Volk in f. Landen verkaufen
Mi	4,3	wird Heiden zurechtweisen in f. Landen
Hab	1,8	ihre Reiter fliegen von f. daher
Wsh	14,17	nicht ehren, weil sie zu f. wohnten
Tob	11,6	sah ihn von f. und erkannte ihn
Sir	47,17	dein Name drang bis zu den f. Inseln
1Ma	8,3	Länder f. von Rom gewonnen
	9,10	das sei f., daß wir vor ihnen fliehen
Mt	8,30	es war f. von ihnen eine große Herde Säue
	15,8	aber ihr Herz ist f. von mir Mk 7,6
	26,58	Petrus folgte von f. Mk 14,54; Lk 22,54
	27,55	es waren viele Frauen da, die von f. zusahen Mk 15,40; Lk 23,49
Mk	5,6	als er Jesus von f., lief er hinzu
	8,3	einige sind von f. gekommen
	11,13	er sah einen Feigenbaum von f.
	12,34	du bist nicht f. vom Reich Gottes
Lk	7,6	als er nicht mehr f. von dem Haus war
	14,32	schickt er eine Gesandtschaft, solange jener noch f. ist
	15,13	der jüngere Sohn zog in ein f. Land
	20	da er noch f. von dannen war
	16,23	sah Abraham von f. und Lazarus in s. Schoß
	17,12	zehn aussätzige Männer; die standen von f.
	18,13	der Zöllner stand f.
	19,12	ein Fürst zog in ein f. Land
Jh	21,8	sie waren nicht f. vom Land
Apg	2,39	allen, die f. sind, so viele der Herr herzurufen wird
	17,27	er ist nicht f. von einem jeden unter uns
	22,21	ich will dich f. unter die Heiden senden
2Ko	5,6	solange wir im Leibe wohnen, weilen wir f. von dem Herrn
	10,1	der ich sein soll mutig, wenn ich f. von euch
Gal	6,14	es sei aber f. von mir, mich zu rühmen als allein des Kreuzes
Eph	2,13	ihr, die ihr einst F. wart 17
	4,31	Bitterkeit und Grimm und... seien f. von euch
Kol	2,5	ob ich wohl leiblich f. bin
Heb	11,13	haben das Verheißene nur von f. gesehen
Off	12,14	eine halbe Zeit f. von dem Angesicht der Schlange

fernab

Off	18,10	sie werden f. stehen aus Furcht 15.17

fernbleiben

Hi	5,4	seinen Kindern b. Hilfe f.
Spr	20,3	eine Ehre ist es dem Mann, dem Streit f.

Ferne

2Mo	20,18	flohen und blieben in der F. stehen
2Kö	3,22	schien das Gewässer in der F. rot zu sein
Ps	55,8	so wollte ich in die F. fliehen
Spr	27,10	ist besser als ein Bruder in der F.
Jes	5,26	ein Feldzeichen für das Volk in der F.
	17,13	da werden sie in die F. fliehen
	22,3	deine Hauptleute sind in die F. geflohen
	23,7	führten sie weit weg, in der F. zu weilen
	49,1	ihr Völker in der F., merket auf
	57,9	hast deine Boten in die F. gesandt
Jer	19	Friede, Friede denen in der F.
	25,26	(ließ trinken) die in der F.
Hes	22,5	in der F. sollen sie über dich spotten
Wsh	14,17	machten sich aus der F. eine Vorstellung
Sir	24,45	lasse m. Lehre scheinen bis in die F.
Apg	22,21	ich will dich in die F. zu den Heiden senden
2Ko	10,11	wie wir aus der F. in den Worten unsrer Briefe
	13,2	wie bei meinem zweiten Besuch, so auch nun aus der F.
	10	deshalb schreibe ich auch dies aus der F.

ferner, fernerhin

3Mo	8,34	hat der HERR geboten, auch f. zu tun
1Sm	27,1	wird Saul ablassen, mich f. zu suchen
Hes	39,22	ich ihr Gott bin, von dem Tage an und f.
Hag	2,15	achtet, wie es euch gehen wird f. 18
Sa	12,6	Jerusalem soll f. bleiben an seinem Ort
Off	22,11	*wer böse ist, der sei f. böse... f. heilig*

fernhalten

1Ch	12,1	als (David) sich von Saul f. mußte
Esr	6,6	h. euch f. von dieser Sache
Ps	38,12	meine Nächsten h. sich f. 88,19; Spr 19,7
	119,29	h.f. von mir den Weg der Lüge
Spr	1,15	h. deinen Fuß f. von ihrem Pfad
	22,5	wer sich davon f., bewahrt sein Leben
Pr	11,10	h.f. das Übel von deinem Leibe
Jer	5,25	eure Sünden h. das Gute von euch
Sir	6,13	h. dich f. von deinen Feinden
	7,2	h. dich f. vom Unrecht
	9,18	h. dich f. von dem, der Gewalt hat
	13,13	h. dich nicht zu f., damit
	28,10	h. dich f. vom Streit
2Ti	2,16	h. dich f. von ungeistlichem Geschwätz
Tit	3,9	von Streit über das Gesetz h. dich f.

Ferse

1Mo	3,15	wirst ihn in die F. stechen
	25,26	hielt mit seiner Hand die F. des Esau
	49,17	Dan wird das Pferd in die F. beißen
	19	Gad drängt ihnen nach auf der F.
Hi	18,9	das Netz wird seine F. festhalten

fertig

5Mo	31,24	als Mose f. war, in ein Buch zu schreiben
1Kö	9,25	so wurde das Haus f.
Neh	6,9	damit (das Werk) nicht f. werde
	15	die Mauer wurde in 52 Tagen f.
Eph	6,15	f., zu treiben das Evangelium des Friedens
Heb	4,3	waren die Werke von Anbeginn der Welt f.

fertigbringen

Sir	38,31	muß daran denken, wie er's f.

fertigen

Jes	40,20	ein Bild zu f., das nicht wackelt
Hes	27,16	von dem Vielen, das du gef. 18

Fertigkeit

Wsh	7,16	dazu Kenntnisse in mancherlei F.

fertigmachen

Mt	25,7	diese Jungfrauen m. ihre Lampen f.
Apg	21,15	nach diesen Tagen m. wir uns f.
2Ko	9,5	um die Segensgabe vorher f.

Fessel

Ri	15,14	daß die F. an seinen Händen zerschmolzen
2Ch	33,11	nahmen Manasse gefangen mit F.
Ps	105,18	sie zwangen seine Füße in F.
	149,8	zu binden ihre Edlen mit eisernen F.
Pr	7,26	Stricke ihr Herz und F. ihre Hände
Jes	45,14	in F. werden sie gehen
	52,2	mach dich los von den F. deines Halses
Jer	40,1	war, mit F. gebunden, unter allen Gef.
	4	ich mache dich heute los von den F.
Klg	3,7	hat mich in harte F. gelegt
Nah	3,10	alle ihre Gewaltigen wurden in F. gelegt
Wsh	10,14	verließ ihn nicht, als er in F. lag
Sir	6,30	ihre F. werden zum starken Schutz
	21,22	als wollte man ihm F. an Hände... legen
	28,23	der mit ihren F. nicht gebunden ist
	24	ihr Joch ist eisern und ihre F. ehern
1Ma	3,41	brachten F., um... zu kaufen
Mk	5,4	er war oft mit F. gebunden Lk 8,29
	7,35	die F. seiner Zunge löste sich
Lk	13,16	am Sabbat von dieser F. gelöst werden
Apg	16,26	sogleich öffneten sich alle Türen, und von allen fielen die F. ab
	20,23	daß F. und Bedrängnisse auf mich warten
	26,29	würden, was ich bin, ausgenommen diese F.
	31	des Todes oder der F. wert sei
Phl	1,13	daß ich meine F. für Christus trage
Kol	4,3	um dessentwillen ich auch in F. bin
	18	gedenket meiner F.
Heb	11,36	andere haben erlitten F. und Gefängnis

fesseln

Hes	19,9	stießen ihn gef. in einen Käfig
Sir	6,25	laß deine Füße von der Weisheit f.
	33,30	gehorcht er nicht, so f. seine Füße
Mt	12,29	wenn er nicht den Starken f. Mk 3,27
	14,3	Herodes hatte Johannes gef.
Apg	9,2	damit er Anhänger des neuen Weges gef. nach Jerusalem führe 21
	12,6	Petrus, mit zwei Ketten gef.
	21,33	der Oberst nahm ihn fest und ließ ihn f.
	22,5	um die, die dort waren, gef. nach Jerusalem zu führen
Off	20,2	f. (den Drachen) für 1.000 Jahre

fest

4Mo	13,19	ob sie in f. Städten wohnen Jos 14,12
	24,21	f. ist deine Wohnung
	32,17	sollen in den f. Städten bleiben 36
5Mo	28,52	niedergeworfen deine hohen und f. Mauern
Jos	10,20	was übrigblieb, entkam in die f. Städte
	19,29	bis zu der f. Stadt Tyrus 2Sm 24,7
	35	(Naftali) f. Städte sind: Ziddim
Rut	1,18	daß (Rut) f. Sinnes war
1Sm	6,18	nach der Zahl der f. Städte und der Dörfer
	20,33	daß es bei seinem Vater f. beschlossen war
2Sm	4,6	die Pförtnerin war f. eingeschlafen
	20,6	damit er nicht für sich f. Städte gewinne
	23,5	so ist mein Haus f. bei Gott
	24,4	des Königs Wort f. gegen Joab
1Kö	2,12	seine Herrschaft hatte f. Bestand 45
	6,4	Fenster mit f. Stäben davor
2Kö	3,19	wüste machen werdet alle f. Städte
	8,12	wirst ihre f. Städte verbrennen
	10,2	Wagen, Rosse, f. Städte
	14,5	Königtum f. in seiner Hand 2Ch 25,3
	17,9	Höhen bauten bis zu den f. Städten 18,8
	18,13	zog herauf Sanherib gegen alle f. Städte 2Ch 32,1; Jes 36,1
	19,25	daß du f. Städte zerstörtest Jes 37,26
2Ch	8,5	daß sie f. Städte wurden 11,10.23; 14,5; Hos 8,14
	12,4	nahm die f. Städte ein Neh 9,25; Jer 5,17; Dan 11,15
	17,2	legte Kriegsvolk in alle f. Städte 19; 19,5; 33,14
	21,3	ihr Vater gab ihnen f. Städte in Juda
	35,25	das wurde zum f. Brauch in Israel
Esr	9,8	er uns einen f. Halt gegeben hat
Neh	9,17	halsstarrig und nahmen sich f. vor
	10,1	wollen eine f. Abmachung treffen 11,23
Hi	11,15	würdest f. sein und dich nicht fürchten
	37,18	f. wie ein gegossener Spiegel 38,38
	41,15	die Wampen haften an ihm, f. angegossen
	16	sein Herz ist so f. wie der Mühlstein
Ps	31,22	Güte mir erwiesen in einer f. Stadt
	33,14	von seinem f. Thron sieht er auf alle
	37,23	wenn eines Mannes Schritte f. werden
	60,11	wer wird m. führen in die f. Stadt 108,11
	78,8	dessen Herz nicht f. war
	13	stellte das Wasser f. wie eine Mauer
	37	ihr Herz hing nicht f. an ihm
	87,1	sie ist f. gegründet auf den hl. Bergen
	89,3	für ewig steht die Gnade f.
	5	will deinem Geschlecht f. Grund geben
	104,5	Erdreich gegründet auf f. Boden 119,90
	119,133	laß meinen Gang in deinem Wort f. sein
	147,13	er macht f. die Riegel deiner Tore
Spr	10,15	die Habe... ist seine f. Stadt 18,11
	18,10	der Name des HERRN ist eine f. Burg
	19	ist abweisender wie eine f. Stadt
	24	Freunde, die hangen f. als ein Bruder
	24,10	nicht stark, der in der Not nicht f. ist
Jes	2,15	(d. Tag wird kommen) über alle f. Mauern
	17,9	werden ihre f. Städte verlassen sein
	22,23	will ihn einschlagen an einen f. Ort 25
	25,2	hast zum Steinhaufen gemacht die f. Stadt
	26,1	wir haben eine f. Stadt
	3	wer f. Herzens ist, dem bewahrst du Frieden
	27,10	die f. Stadt ist einsam geworden
	28,16	einen Eckstein, der f. gegründet ist
	22	daß eure f. Bande nicht f. werden
	41,7	nimmt den Goldschmied f. an die Hand
	9	den ich f. ergriffen habe
Jer	1,18	will dich heute zur f. Stadt machen 15,20
	4,5	laßt uns in die f. Städte ziehen 8,14
	17,27	Feuer, das die f. Häuser verzehrt
	30,20	soll vor mir f. gegründet stehen
	34,7	übriggeblieben in den f. Städten
Hes	13,5	damit es f. steht im Kampf
	21,25	nach Juda, zu der f. Stadt Jerusalem
	36,35	diese Städte stehen nun f. gebaut
	40,43	Gabelhaken waren f. angebracht
Am	5,9	bringt Verderben über die f. Stadt
Mi	2,12	will sie wie Schafe in einen f. Stall tun
	5,4	wenn Assur in unsere f. Häuser einbricht
Nah	3,12	deine f. Städte sind wie Feigenbäume

Ze	1,16	Tag des Kriegsgeschreis gegen f. Städte
Sa	9,12	kehrt heim zur f. Stadt
	11,2	der f. Wald ist umgehauen
Tob	4,2	behalte sie f. in deinem Herzen
Sir	4,14	wer f. an ihr hält, wird… erlangen
	22,19	Haus, das mit Holzbalken f. gefügt ist
	33	ein Siegel f. auf meine Lippen gedrückt
	24,15	habe auf dem Zion eine f. Stätte
	28,17	es reißt f. Städte ein
1Ma	4,60	bauten hohe Mauern und f. Türme
2Ma	9,22	ich f. hoffe, daß es besser wird
Apg	3,7	sogleich wurden seine Füße und Knöchel f.
	5,23	das Gefängnis fanden wir f. verschlossen
	11,23	mit f. Herzen an dem Herrn zu bleiben
1Ko	1,8	der wird f. erhalten bis ans Ende
	10	haltet aneinander f. in einem Sinn
	3,2	Milch habe ich euch gegeben und nicht f. Speise Heb 5,12.14
	4,11	wir haben keine f. Bleibe
	7,37	wenn einer in seinem Herzen f. ist
	15,58	darum, meine lieben Brüder, seid f.
Kol	1,23	wenn ihr nur bleibt im Glauben, gegründet und f.
	2,5	wenn ich euren f. Glauben sehe
	7	seid f. im Glauben, wie ihr gelehrt worden seid
1Ti	1,7	verstehen selber nicht, was sie so f. behaupten
2Ti	2,19	der f. Grund Gottes besteht
1Pt	5,9	dem widersteht, f. im Glauben
2Pt	1,19	um so f. haben wir das prophetische Wort
	3,17	daß ihr nicht fallt aus eurem f. Stand
Heb	2,2	denn war das Wort f. war, das durch die Engel
	3,6	*wenn wir das Vertrauen f. behalten*
	6,19	diese haben wir als einen f. Anker
	11,1	es ist der Glaube eine f. Zuversicht auf das, was man hofft
	10	er wartete auf die Stadt, die einen f. Grund hat
	13,9	es ist ein köstlich Ding, daß das Herz f. werde

Fest

2Mo	5,1	laß m. Volk ziehen, daß es mir ein F. halte
	10,9	haben ein F. des HERRN 12,14; 13,6; 23,18; 32,5; 3Mo 23,2.4.37.39.41; 4Mo 29,12; 5Mo 16,15; Ri 21,19
	23,14	dreimal im Jahr ein F. 2Ch 8,13
	15	das F. der ungesäuerten Brote 34,18; 3Mo 23,6; 5Mo 16,16; 2Ch 8,13; 30,13.21.23; 35,17; Esr 6,22; Hes 45,23
	16	das F. der Ernte… das F. der Lese 34,22
4Mo	10,10	wenn ihr fröhlich seid an euren F. 15,3; 5Mo 16,14; Nah 2,1
1Sm	30,16	feierten ein F. wegen der großen Beute
1Kö	8,2	am F. im Monat Etanim 65; 2Ch 5,3; 7,8.9
	12,32	machte ein F. wie das F. in Juda 33
2Kö	10,20	feiert dem Baal ein heiliges F.
1Ch	23,31	zu opfern an den F. 2Ch 2,3; 31,3; Hes 45,17; 46,11
Neh	8,14	am F. in Laubhütten wohnen 18
Ps	81,4	blaset die Posaune am Tag unsres F.
	118,27	schmückt das F. mit Maien
Spr	15,15	guter Mut ist ein tägliches F.
Jes	29,1	feiert die F.
	30,29	singen wie in der Nacht des heiligen F.
Klg	1,4	weil niemand auf ein F. kommt
	15	hat gegen mich ein F. ausrufen lassen
Hes	36,38	wie in Jerusalem an ihren F.
Hes	44,24	sollen bei meinen F. meine Gebote halten
Hos	2,13	will ein Ende machen mit allen ihren F.
	7,5	heute ist unseres Königs F.
Jdt	8,6	fastete an den F. des Hauses Israel
	16,31	wurde als ein großes Fest gefeiert
Wsh	14,28	feiern sie ein F., geraten sie in
Tob	2,1	an einem F. ein Mahl bereitet
Sir	43,7	nach dem Mond rechnet man die F.
1Ma	1,48	Sabbate und andere F. abschaffen
	4,56	das F. der Weihe des Altars 59; 2Ma 1,18
	10,34	an allen F. und anderen Feiertagen
	35	drei Tage vor und nach einem F.
2Ma	6,7	wenn man aber das F. des Dionysos beging
	15,37	einen Tag vor dem Mordechai-F.
Mt	26,5	sie sprachen aber: Ja nicht bei dem F. Mk 14,2
	27,15	zum F. hatte der Statthalter die Gewohnheit Mk 15,6; Lk 23,17
Lk	2,42	gingen sie hinauf nach dem Brauch des F.
	22,1	es war nahe das F. der Ungesäuerten Brote
Jh	4,45	alles gesehen, was er auf dem F. getan
	5,1	danach war ein F. der Juden 6,4
	7,8	geht ihr hinauf zum F. 10
	11	da suchten ihn die Juden auf dem F.
	14	mitten im F. ging Jesus in den Tempel 37
	10,22	es war das F. der Tempelweihe in Jerusalem
	11,55	viele gingen hinauf nach Jerusalem vor dem F.
	56	er wird doch nicht zum F. kommen
	12,12	die Menge, die aufs F. gekommen war 20
	13,29	kaufe, was wir zum F. nötig haben
Apg	12,4	er gedachte, ihn nach dem F. vor das Volk zu stellen
1Ko	5,8	laßt uns das F. feiern nicht im alten Sauerteig
Gal	4,10	*ihr haltet F. und Jahre*

festbeißen

Apg	28,3	eine Schlange b. sich an seiner Hand f.

festbinden

Tob	8,3	Rafael b. ihn f. in der Wüste
Apg	22,25	als man ihn zum Geißeln f.
	29	ein römischer Bürger, den er hatte f. lassen

festbleiben

1Mo	49,24	so b. doch sein Bogen f.
1Ch	21,4	aber des Königs Wort b.f.
Ps	16,8	so werde ich f.
	21,8	durch die Güte des Höchsten f.
	46,6	darum wird sie f.
	89,29	mein Bund soll ihm f.b.
Hes	22,14	meinst du, deine Hände werden f.
Wsh	10,5	ließ ihn f. gegenüber dem Erbarmen
Tob	1,2	im Glauben treu und f. an ihm b.
Sir	5,12	b. f. bei dem, was du erkannt hast
1Ma	2,52	Abraham b. im Glauben f.
Rö	4,16	damit die Verheißung f. für alle Nachkommen
Heb	13,1	b.f. in der brüderlichen Liebe

Feste

1Mo	1,6	es werde eine F. zwischen den Wassern 7.8. 14.15.17.20
Ps	19,2	die F. verkündigt seiner Hände Werk
	150,1	lobet ihn in der F. seiner Macht

Feste

Jes	23,4	die F. am Meer spricht
	33,16	Felsen werden seine F. sein Jer 21,13
Jer	48,1	die hohe F. ist zuschanden geworden
Hes	1,23	unter der F. ihre Flügel ausgestreckt 26
Mi	4,8	du F. der Tochter Zion, zu dir w. kommen
Nah	1,7	der HERR ist eine F. zur Zeit der Not
StD	3,33	gelobt seist du in der F. des Himmels

Festfeier

4Mo	28,17	am 15. Tage desselben Monats ist F.

Festgewand

Sir	6,32	wie ein F. wirst du sie anziehen

festhalten

4Mo	36,7	jeder soll f. an dem Erbe 9
5Mo	6,3	sollst es hören und f., daß du es tust Jos 23,6; 1Ch 28,7; Jes 56,2.4.6
Jos	22,3	habt festg. an dem Gebot des HERRN
Ri	19,4	sein Schwiegervater h. ihn f.
2Sm	6,6	griff Usa zu und h. die Lade Gottes f.
Hi	2,3	Hiob h. noch f. an seiner Frömmigkeit 9
	8,17	Wurzeln h. sich zwischen Steinen f.
	20	Gott h. die Hand der Boshaften nicht f.
	13,14	was soll ich mein Fleisch f.
	17,9	der Gerechte h.f. an seinem Weg 27,6
	18,9	das Netz wird seine Ferse f.
	36,17	so h. dich Gericht und Recht f.
Ps	37,24	der HERR h. ihn f. an der Hand
	75,4	ich h. ihre Säulen f.
	119,31	ich h. an deinen Mahnungen f.
Spr	3,18	glücklich sind, die sie f.
Jes	33,23	sie h. den Mastbaum nicht f.
Jer	8,5	sie h. so f. am falschen Gottesdienst
	50,33	h. sie f. und wollen sie nicht loslassen
Dan	2,43	sie werden doch nicht aneinander f.
Hos	12,1	Juda h. nicht f. an Gott
	7	h.f. an Barmherzigkeit und Recht
Am	1,11	weil sie an ihrem Grimm ewig f.
Mi	7,18	der an seinem Zorn nicht ewig f.
Jdt	9,7	die Tiefe des Meeres h. sie f.
Sir	1,24	wer an (Weisheit) f., dem gibt sie 4,14
	2,14	weh denen, die nicht an (Gott) f.
	10,15	wer an (Hochmut) f., der
	12,14	wenn du strauchelst, h. er dich nicht f.
	22,20	ein Herz, das f. an Erkenntnis
	25,16	(Furcht Gottes) wer sie f.
	27,33	Greuel, der Gottlose h. an ihnen f.
1Ma	2,64	liebe Kinder, h.f. am Gesetz 68
2Ma	4,2	obwohl er an Gottes Geboten f.
Mk	3,21	die Seinen wollten ihn f.
Lk	4,42	sie kamen zu ihm und wollten ihn f.
Apg	2,24	unmöglich, daß er vom Tode festg. werden
	12,5	so wurde nun Petrus im Gefängnis festg.
1Ko	1,10	h. aneinander f. in einem Sinn
	11,2	weil ihr an den Überlieferungen f.
	15,2	wenn ihr's f. in der Gestalt, in der
Phl	2,16	dadurch daß ihr f. am Wort des Lebens
1Pt	5,5	h.f. an der Demut
2Pt	2,4	damit sie für das Gericht festg. werden 9; Jud 6
Heb	3,6	s. Haus sind wir, wenn wir das Vertrauen f. 14
	4,14	laßt uns f. an dem Bekenntnis 10,23
	6,11	die Hoffnung f. bis ans Ende 18
Off	2,13	du h. an meinem Namen f.
	25	was ihr habt, das h.f., bis ich komme
Off	3,3	h. es f. und tue Buße
	7,1	die h. die vier Winde der Erde f.

festigen

1Kö	2,46	und das Königtum wurde gef. 2Ch 12,1
Spr	25,5	wird sein Thron durch Gerechtigkeit gef.
Dan	11,6	wird kommen, um die Einigkeit zu f.
Wsh	14,16	f. sich solch gottloser Brauch
1Ma	1,17	als Antiochus seine Herrschaft gef. hatte
Apg	16,5	da wurden die Gemeinden im Glauben gef.

Festland

Hes	26,6	seine Tochterstädte auf dem F. sollen 8

festlegen

Pr	9,1	alles ist vor ihm festg.
Tob	8,23	er l. schriftlich f., daß
1Ma	8,29	mit diesen Worten ist das Bündnis festg.

festlich

Ze	3,18	wie an einem f. Tage nehme ich von dir
Wsh	19,15	die Fremden, die sie f. aufgenommen

festmachen, fest machen

Spr	21,29	wer fromm ist, m. seine Wege f.
Jes	35,3	m.f. die wankenden Knie
	41,7	und m.f. mit Nägeln
	44,24	der die Erde f. ohne Gehilfen
2Ko	1,21	Gott ist's, der uns samt euch in Christus f.m.
2Pt	1,10	eure Berufung und Erwählung f.

Festmahl

1Mo	40,20	der Pharao machte ein F. für seine Großen
1Kö	3,15	Salomo machte ein großes F.
Est	1,3	machte (Ahasveros) ein F. 5,9; 2,18
	9,17	machten an dem Tage des F. 18.19.22
Hi	1,4	seine Söhne machten ein F.
Jdt	12,11	machte Holofernes ein F. für sein Gefolge
Tob	8,21	ließ ein F. zubereiten für seine Nachbarn
Sir	32,7	so ziert Musik das F.
Mk	6,21	als Herodes an seinem Geburtstag ein F. gab

festnehmen

2Kö	17,4	der König von Assyrien n. (Hoschea) f.
Apg	21,33	der Oberst n. ihn f. und ließ ihn fesseln

Festopfer

Mal	2,3	Unrat eurer F. euch ins Angesicht werfen

festsetzen

2Mo	5,14	habt nicht euer festg. Tagewerk getan
	23,31	will deine Grenze f.
4Mo	9,2	laß Passa halten zur festg. Zeit 3.7.13
5Mo	19,14	Grenze, die die Vorfahren festg. haben
1Ch	28,14	(David) s.f. das Goldgewicht 16
Est	9,31	Purimtage... Fasten festg. hatten
Ps	65,7	der du die Berge f. in deiner Kraft
Apg	12,21	an einem festg. Tag legte Herodes... an
	17,26	er hat festg., wie lange sie bestehen sollen
	31	er hat einen Tag festg., an dem er den Erdkreis richten will

festsitzen
Apg 27,41 Vorderschiff bohrte sich ein und s.f.

feststampfen
Jer 51,33 wie eine Tenne, wenn man sie f.

feststecken
Jes 54,2 s. deine Pflöcke f.

feststehen, fest stehen
2Mo 14,13 fürchtet euch nicht, s.f.
Ps 26,12 mein Fuß s.f. auf rechtem Grund
    36,5 s.f. auf dem bösen Weg
    93,2 von Anbeginn s. dein Thron f.
   111,8 sie s.f. für immer und ewig
Jes 2,2 wird der Berg f.s. Mi 4,1
    41,6 spricht zu seinem Nächsten: S.f.
Wsh 2,5 es s.f., daß niemand wiederkommt
Sir 2,2 mache dein Herz bereit und s.f.
   15,4 er wird f., daß er nicht fällt
Apg 3,7 alsbald s. seine Füße f.
Rö 11,20 du s. f. durch den Glauben
1Ko 7,37 wenn einer in seinem Herzen f.s.
  15,1 Evangelium, in dem ihr f.s.
2Ko 1,7 unsre Hoffnung s.f. für euch
Gal 5,1 s. nun f. und laßt euch nicht
Eph 6,14 so s. nun f. Phl 4,1; 2Th 2,15
Phl 4,1 s. f. in dem Herrn, ihr Lieben
Kol 4,12 damit ihr f., vollkommen und erfüllt
1Th 3,8 lebendig, wenn ihr f. in dem Herrn

feststellen
3Mo 14,3 der Priester soll f... am Aussätzigen
Apg 24,11 du kannst f., daß es nicht mehr

Festtag
1Sm 25,8 wir sind an einem F. gekommen
Esr 3,5 die Opfer für alle F. Neh 10,34
Est 8,17 da war Freude, Gastmahl und F.
  9,22 sich ihr Leid in F. verwandelt
Bar 1,14 lest dies Buch vor... an F.
Jh 19,31 dieser Sabbat war ein hoher F.

Festung
Ri 6,2 machten sich die *Israeliten F.
2Ch 11,5 Rehabeam baute Städte zu F. aus 11
  26,6 (Usija) baute F. um Aschdod
Esr 6,2 fand in der F. Achmeta eine Schriftrolle
Neh 1,1 in der F. Susa Est 1,2.5; 3,15; 8,14; 9,6.11.12; Dan 8,2
Ps 89,41 hast zerstört seine F.
Spr 14,26 wer d. HERRN fürchtet, hat eine sichere F.
Jer 48,41 die F. sind eingenommen
  51,30 die Helden werden in der F. bleiben
Hes 30,15 über Sin, die F. Ägyptens
  33,27 die in den F. und Höhlen sind
Dan 11,7 der wird in seine F. eindringen 10.19
    38 wenn den Gott der F. verehren 39
Hos 10,14 daß alle deine F. zerstört werden
Nah 2,2 bewahre die F.
Hab 1,10 alle F. werden ihnen ein Scherz sein
1Ma 4,61 Bet-Zur, eine F. gegen Idumäa 6,50.61; 2Ma 13,19

1Ma 5,30 um die F. im Sturm zu nehmen 2Ma 11,6
  10,36 ein Teil soll in die F. gelegt werden
  11,41 F., befehlen, sie zu räumen 12,34
  13,38 alle F. sollt ihr behalten 15,7
  14,42 über das Land und alle F.
  16,8 die übrigen flohen in die F.
2Ma 8,30 (die Juden) eroberten starke F. 10,17.23; 12,19
  10,15 da (die Idumäer)... F. innehatten
2Ko 10,4 mächtig im Dienste Gottes, F. zu zerstören

Festus (s.a. Porzius Festus)
Apg 25,1 als F. ins Land gekommen war 4.6.9.12-14. 22-24; 26,24.25.32

Festversammlung
3Mo 23,36 es ist eine F.; keine Arbeit sollt ihr tun 4Mo 29,35; 5Mo 16,8
Jes 1,13 Frevel und F. mag ich nicht

Festzeit
Dan 7,25 wird sich unterstehen, F. zu ändern
Hos 9,5 was wollt ihr dann in den F. tun
Sa 8,19 die Fasten sollen zu fröhlichen F. werden

fett
1Mo 41,2 sieben schöne, f. Kühe 4.18.20
  49,20 Assers Brot wird f. sein
4Mo 13,20 wie der Boden ist, ob f. oder mager
5Mo 31,20 wenn sie satt und f. werden
  32,15 als aber Jeschurun f. ward
Ri 3,17 Eglon aber war ein sehr f. Mann
2Sm 6,13 opferte man einen Stier und ein f. Kalb
1Ch 4,40 fanden f. und gute Weide
Neh 8,10 geht hin und eßt f. Speisen
  9,25 eroberten f. Land... wurden f. 35
Hi 15,27 brüstet sich wie ein f. Wanst Ps 73,7
Ps 66,15 will Brandopfer bringen von f. Schafen
Jes 5,1 hatte einen Weinberg auf einer f. Höhe
  10,16 wird unter die F. die Auszehrung senden
  17,4 sein f. Leib wird mager
  25,6 wird allen Völkern ein f. Mahl machen
  28,1 Blume, die da prangt über dem f. Tal 4
Jer 5,28 (sind reich geworden,) f. und feist
Hes 34,14 da werden sie f. Weide haben
  16 will, was f. und stark ist, behüten
  20 richten zw. dem f. und mageren Schafen
Am 4,1 höret dies Wort, ihr f. Kühe
  5,22 mag eure f. Dankopfer nicht ansehen
Hab 1,16 weil ihr Anteil so f. geworden ist
Sa 11,16 das Fleisch der F. wird er fressen
Tob 8,21 er ließ zwei f. Rinder schlachten
Sir 38,11 gib ein f. Opfer, als müßtest du sterben
StD 3,16 Brandopfer von f. Schafen

Fett
1Mo 4,4 Abel brachte von ihrem F.
  45,18 daß ihr essen sollt das F. des Landes
2Mo 23,18 das F. soll nicht über Nacht bleiben
  29,13 sollst alles F. und die Nieren mit dem F. in Rauch aufgehen lassen 22; 3Mo 1,8.12; 3,3.4. 9.10.14.15; 4,8.9.19.26.31.35; 6,5; 7,3.4.31; 8,16. 20.25.26; 9,10.19.20; 10,15; 16,25; 17,6; 4Mo 18,17
3Mo 3,16 alles F. ist für den HERRN 7,30

Fett

3Mo	3,17	daß ihr weder F. noch Blut esset 7,23-25
	7,33	wer von Aarons Söhnen das F. opfert
	9,24	ein Feuer verzehrte das F. auf dem Altar
5Mo	32,14	samt dem F. von den Lämmern
	38	die das F. ihrer Schlachtopfer essen
Ri	3,22	daß das F. die Schneide umschloß
1Sm	2,15	ehe sie das F. in Rauch aufgehen ließen 16
	15,22	Aufmerken (ist) besser als F. von Widdern
1Kö	8,64	daß er das F. der Dankopfer dortdarbrachte. Denn der Altar war zu klein für das F. 2Ch 7,7; 29,35
2Ch	35,14	hatten mit dem F. bis in die Nacht zu tun
Ps	109,24	mein Leib ist mager und hat kein F.
Jes	1,11	ich bin satt des F. von Mastkälbern
	25,6	ein Mahl von F., von Mark, von Wein
	34,6	des HERRN Schwert trieft von F. 7
	43,24	mich hast du mit dem F. nicht gelabt
Hes	34,3	ihr eßt das F. 39,19
	44,7	als ihr mir F. opfertet 15
Jdt	16,19	alles F. ist viel zu gering vor dir
Sir	47,2	das F. vom Opfer für Gott bestimmt
StD	2,26	nahm F. und Haare und kochte es

Fettigkeit

1Mo	27,28	Gott gebe dir von der F. der Erde
	39	wirst wohnen ohne F. der Erde
Ri	9,9	soll ich meine F. lassen

Fettschwanz

2Mo	29,22	sollst nehmen das Fett von dem Widder, den F. 3Mo 3,9; 7,3; 8,25; 9,19
1Sm	9,24	trug der Koch eine Keule auf und den F.

feucht

Hi	8,11	kann Rohr aufwachsen, wo es nicht f. ist
Sir	40,16	wenn sie wie das Riedgras sehr f. ständen
	43,24	dagegen hilft der f. Nebel

feuchten

1Mo	2,6	ein Nebel f. alles Land
Ps	65,11	du f. seine Schollen
	72,6	wie die Tropfen, die das Land f.
	104,13	du f. die Berge von oben her
Jes	55,10	f. die Erde und macht sie fruchtbar
Hos	6,3	wie ein Spätregen, der das Land f.

Feuchtigkeit

Lk	8,6	verdorrte es, weil es keine F. hatte

Feuer

1Mo	19,24	ließ Schwefel und F. regnen Lk 17,29
	22,6	Abraham nahm das F. und das Messer 7
2Mo	3,2	sah, daß der Busch im F. brannte
	9,23	F. schoß auf die Erde nieder
	12,8	das Fleisch essen, am F. gebraten 9
	10	wenn etwas übrigbleibt, sollt ihr's mit F. verbrennen 29,34; 3Mo 7,17; 8,32; 19,6
	19,18	weil der HERR auf den Berg herabfuhr im F. 5Mo 5,5.23-25; 9,15
	22,5	wenn F. ausbricht... wer das F. angezündet
	24,17	war anzusehen wie ein verzehrendes F.
	29,14	Fleisch, Fell und Mist mit F. verbrennen 3Mo 4,12; 8,17; 9,11; 16,27
	32,20	ließ (das Kalb) im f. zerschmelzen 5Mo 9,21
2Mo	32,24	warf (Gold) ins F.; daraus ist das Kalb
	35,3	sollt kein F. anzünden am Sabbattag
	40,38	bei Nacht ward sie voll F. 5Mo 1,33; Ps 78,14; 105,39
3Mo	1,7	die Priester sollen ein F. auf dem Altar machen 8.12.17; 3,5
	2,14	so sollst du Ähren am F. rösten
	6,2	des Altars F. brennend erhalten 3.5.6
	23	nichts essen, sondern mit F. verbrennen 7,19; 13,52.55.57
	9,24	ein F. ging aus von dem HERRN 10,2; 4Mo 11,1-3; 16,35; 26,10; 1Kö 18,38; 2Kö 1,10.12. 14; 1Ch 21,26; 2Ch 7,1.3; Hi 1,16; Ps 106,18
	10,1	nahmen... Pfanne und taten F. hinein 16,13; 4Mo 16,7.18; 17,2.11
	1	brachten ein fremdes f. vor den HERRN 4Mo 3,4; 26,61
	20,14	man soll ihn mit F. verbrennen 21,9; Jos 7,15. 25
4Mo	6,18	soll sein Haupthaar aufs F. werfen
	21,28	F. ist aus Heschbon gefahren Jer 48,45
	31,10	verbrannten mit F. alle ihre Städte
	23	was F. verträgt... durchs F... was F. nicht
5Mo	4,12	der HERR redete mit euch mitten aus dem F. 15.33.36; 5,4.22.26; 9,10; 10,4
	24	der HERR, dein Gott, ist ein verzehrendes F. 9,3; Heb 12,29
	36	auf Erden dir gezeigt sein großes F.
	7,5	sollt ihre Götzenbilder mit F. verbrennen 25; 12,3; 2Kö 19,18; 1Ch 14,12; Jes 37,19; Jer 43,13
	12,31	ihre Söhne und Töchter mit F. verbrannt
	13,17	was erbeutet wird, mit F. verbrennen
	18,10	der Sohn oder Tochter durchs F. gehen läßt 2Kö 16,3; 17,17; 21,6; 23,10; 2Ch 28,3; 33,6; Jer 32,35; Hes 20,26.31
	16	will dies große F. nicht mehr sehen
	32,22	ein F. ist entbrannt Jer 15,14; Hes 21,36.37; 22,20.21.31; 38,19; Nah 1,6; Ze 1,18; 3,8
Jos	6,24	die Stadt verbrannten sie mit F. 8,8.19; 11,11; Ri 9,52; 18,27; 20,48; 1Sm 30,1.3.14; 1Kö 9,16
	11,6	sollst ihre Wagen mit F. verbrennen
Ri	6,21	da fuhr F. aus dem Fels
	9,15	wenn nicht, so gehe F. vom Dornbusch aus
	20	so gehe F. aus von... F. von den Männern
	12,1	wollen dein Haus mit F. verbrennen 14,15
	15,6	verbrannten sie samt ihrer Familie mit F.
	14	wie Fäden, die das F. versengt hat 16,9
2Sm	22,9	verzehrend F. aus seinem Munde 13; Ps 18,9
	23,7	werden mit F. verbrannt an ihrer Stätte
1Kö	18,23	aber kein F. daran legen 24.25
	19,12	nach dem Erdbeben kam ein F.; aber der HERR war nicht im F. Und nach dem F. kam
2Kö	8,12	wirst ihre festen Städte mit F. verbrennen
	23,11	die Wagen der Sonne verbrannte er mit F.
	25,9	alle Häuser (in Jerusalem) verbrannte er mit F. 2Ch 36,19; Jes 64,10; Jer 17,27; 21,10; 34,2. 22; 37,8.10; 38,18; 52,13; Hes 16,41; 23,25.47
2Ch	35,13	sie kochten das Passa am F.
Neh	1,3	seine Tore sind mit F. verbrannt 2.3.13.17
Hi	15,34	das F. wird die Hütten fressen
	18,5	der Funke seines F. wird nicht leuchten
	20,26	es wird ihn ein F. verzehren 22,20
	28,5	man zerwühlt wie F. unten die Erde
	31,12	ein F., das bis in den Abgrund frißt
Ps	11,6	regnen lassen F. und Schwefel Hes 38,22
	21,10	F. wird sie fressen
	39,4	wenn ich daran denke, brennt es wie F.
	46,10	der Wagen mit F. verbrennt

Feuer

Ps	50,3	fressendes F. geht vor ihm her 97,3; Jo 2,3
	66,12	wir sind in F. und Wasser geraten
	68,3	wie Wachs zerschmilzt vor dem F. Mi 1,4
	78,21	F. brach aus in Jakob
	63	ihre junge Mannschaft fraß das F.
	79,5	deinen Eifer brennen lassen wie F. 89,47
	80,17	haben ihn mit F. verbrannt wie Kehricht
	83,15	wie ein F. den Wald verbrennt
	102,4	meine Gebeine sind verbrannt wie von F. Klg 1,13
	118,12	sie entbrennen wie ein F. in Dornen
	148,8	(lobet den HERRN) F., Hagel, Schnee
Spr	6,27	kann jemand ein F. unterm Gewand tragen
	16,27	in seinem Munde ist's wie brennendes F.
	26,20	wenn kein Holz da ist, verlischt das F. 21
	30,16	das F., das nie spricht: Es ist genug
Jes	1,7	eure Städte sind mit F. verbrannt
	4,4	durch den Geist, der in F. anzünden wird
	5,24	wie Flamme Stroh verzehrt 47,14
	9,4	jeder Mantel wird vom F. verzehrt
	17	die Bosheit lodert wie F.
	18	das Volk wird wie ein Fraß des F.
	10,16	daß sie brennen wie ein F.
	17	das Licht Israels wird ein F. sein
	26,11	mit dem F. wirst du sie verzehren
	27,11	daß die Frauen F. damit machen
	29,6	mit Flammen eines verzehrenden F. 30,30
	30,14	eine Scherbe, darin man F. hole
	27	seine Zunge wie ein verzehrendes F.
	33	der Scheiterhaufen hat F. die Menge
	31,9	der HERR, der zu Zion ein F. hat
	33,11	euer Zorn ist ein F., das euch 12
	14	wer, der bei verzehrendem F. wohnen kann
	40,16	der Libanon wäre zu wenig zum F. Jer 22,7; Sa 11,1
	43,2	wenn du ins F. gehst
	44,16	die eine Hälfte verbrennt er im F. 19
	16	ah, ich spüre das F.
	47,14	ein F., um das man sitzen könnte
	50,11	die ihr ein F. anzündet ... geht hin in die Glut eures F.
	54,16	der die Kohlen im F. anbläst
	64,1	wie F. Reisig entzündet und wie F. Wasser sieden macht
	65,5	ein F., das den ganzen Tag brennt
	66,15	der HERR wird kommen mit F. 16
	24	ihr F. wird nicht verlöschen
Jer	4,4	daß nicht m. Grimm ausfahre wie F. 21,12
	5,14	will m. Worte in deinem Munde zu F. machen
	6,29	das Blei wurde flüssig vom F.
	7,18	die Väter zünden das F. an
	11,16	der HERR hat ein F. anzünden lassen
	17,4	habt ein F. meines Zorns angezündet
	20,9	in meinem Herzen wie ein brennendes F.
	21,14	will ein F. in ihrem Wald anzünden
	23,29	ist mein Wort nicht wie ein F.
	29,22	der vom König von Babel im F. rösten ließ
	36,23	warf sie ins F. ... verbrannt war im F. 32
	49,27	will an die Mauern F. legen 50,32; 51,58
	51,58	dem F. verfalle, was die Völker erbaut
Klg	2,3	hat in Jakob gewütet wie F. 4; 4,11
Hes	1,4	kam F. ... im F. ... wie Kupfer 13.27; 8,2
	5,2	sollst du mit F. verbrennen 4; 15,4-7
	4	davon soll ein F. ausbrechen 19,14; 21,3; 28,18
	10,6	nimm von dem F. 7
	24,10	bring das F. zum Lodern 12
	30,8	wenn ich F. an Ägypten lege 14.16; 39,6
	39,9	F. ... Waffen verbrennen ... F. damit 10
Dan	3,22	schürte man das F. so sehr 24-27
	7,9	dessen Räder (waren) loderndes F.
	11	sah, wie sein Leib ins F. geworfen wurde
	11,33	werden verfolgt werden mit Schwert, F.
Hos	8,14	ich will F. in seine Städte senden
Jo	1,19	das F. hat die Auen verbrannt 20
	3,3	Wunderzeichen: Blut, F. Apg 2,19
Am	1,4	will ein F. schicken in das Haus Hasaëls 7. 10.12.14; 2,2.5
	4,11	Brandscheit, das aus dem F. gerissen Sa 3,2
	5,6	nicht daherfahre wie ein verzehrendes F.
	7,4	Gott der HERR rief das F., um zu strafen
Ob	18	das Haus Jakob soll ein F. werden
Mi	1,7	sein Hurenlohn soll mit F. verbrannt werden
Nah	3,13	das F. soll deine Riegel verzehren 15
Hab	2,13	sich abgearbeitet h., muß mit F. verbrennen
Sa	9,4	die Stadt wird mit F. verbrannt werden
	13,9	den dritten Teil durchs F. gehen lassen
Mal	1,10	nicht umsonst auf m. Altar F. anzündet
	3,2	er ist wie das F. eines Schmelzers
Jdt	16,21	er wird ihren Leib plagen mit F.
Wsh	11,18	als er vor dem F. floh
	11,18	grimmige unbekannte Tiere, die F. speien
	13,2	(die) F. oder Wind für Götter halten
	16,16	als (die Gottlosen) vom F. verzehrt wurden 22.23.27; Sir 7,19; 36,11; 39,35; 45,24; Bar 4,35; 1Ma 3,5; StE 5,16
	17	daß das F. im Wasser brannte 19,19
Sir	2,5	wie Gold durchs F ... durchs F. der Trübsal
	3,33	wie das Wasser ein brennendes F. löscht
	8,4	damit du nicht Holz zu seinem F. trägst
	13	blase nicht das F. des Gottlosen an
	9,10	Leidenschaft ins F. verzehrt 23,22.23
	11,33	aus einem Funken ein großes F. 28,14
	15,16	er hat dich vor F. und Wasser gestellt 39,31
	16,7	F. bricht aus im Haufen der Gottlosen 21,10
	22,30	Rauch und Qualm gehen voraus, ehe ein F.
	28,12	wenn viel Holz da ist, wird das F. größer
	13	schnell sein zum Zank zündet ein F. an
	26	er wird in ihrem F. nicht verbrennen 51,6
	38,29	Schmied, der vom F. versengt wird
	40,32	im Bauch wird es wie F. brennen
	48,1	Elia brach hervor wie ein F. 3
Bar	1,2	in dem die Chaldäer Jerus. mit F. verbrannt
	6,55	wenn im Hause der Götzen F. ausbricht
	63	auch das F. tut, was ihm geboten ist
1Ma	2,59	glaubten und wurden aus dem F. errettet StD 3,26.64
	12,28	ließen sie im Lager viele F. machen 29
2Ma	1,18	Tag, an dem Nehemia das F. gefunden hat 19.20.23.33; 2,1; 10,3
	2,10	wie F. vom Himmel fiel 11
	7,5	ließ er ihn noch lebend zum F. bringen
	9,7	schnaubte F. und Flammen gegen die Juden
	10,36	(die Juden) legten F. an die Türme
	13,8	Altar, dessen F. und Asche heilig sind
StD	3,43	F. und Hitze, lobt den Herrn
Mt	3,10	jeder Baum ... wird abgehauen und ins F. geworfen 7,19; Lk 3,9
	11	der wird euch mit F. taufen Lk 3,16
	12	die Spreu wird er verbrennen mit F. Lk 3,17
	5,22	des F. des höllischen F. schuldig
	13,40	wie man das Unkraut mit F. verbrennt
	17,15	er fällt oft ins F. und oft ins Wasser Mk 9,22
	18,8	als daß du in das ewige F. geworfen (wirst) 9
	25,41	geht weg von mir in das ewige F.
Mk	9,43	in das F., das nie verlöscht 48
	49	jeder wird mit F. gesalzen werden
	14,54	Petrus wärmte sich am F. Lk 22,55.56
Lk	9,54	wollen wir sagen, daß F. vom Himmel falle

Feuer

Lk	12,49	gekommen, ein F. anzuzünden auf Erden
Jh	15,6	wie eine Rebe... man sammelt sie und wirft sie ins F.
Apg	2,3	es erschienen ihnen Zungen zerteilt, wie von F.
	28,2	zündeten ein F. an und nahmen uns auf 3.5
1Ko	3,13	mit F. wird er sich offenbaren
	15	er selbst wird gerettet werden durchs F. hindurch
1Pt	1,7	vergängliche Gold, das durchs F. geläutert
2Pt	3,7	werden der Himmel und die Erde aufgespart für das F.
	12	(Tag Gottes,) an dem die Himmel vom F. zergehen
Heb	10,27	das gierige F., das die Widersacher verzehren wird
	11,34	(diese haben) des F. Kraft ausgelöscht
	12,18	seid nicht gekommen zu dem Berg, der mit F. brannte
Jak	3,5	kleines F., welch einen Wald zündet's an
	6	die Zunge ist ein F.
	5,3	Rost wird euer Fleisch fressen wie F.
Jud	7	leiden die Pein des ewigen F.
	23	andere reißt aus dem F. und rettet sie
Off	3,18	Gold, das im F. geläutert ist
	4,5	sieben Fackeln mit F. brannten
	8,5	füllte es mit F. vom Altar
	7	es kam Hagel und F. 13,13; 20,9
	8	es stürzte etwas wie ein großer Berg mit F. brennend ins Meer
	9,17	aus ihren Mäulern kam F. und Rauch und Schwefel 18; 11,5
	14,10	er wird gequält werden mit F. und Schwefel
	18	Engel, der hatte Macht über das Feuer
	15,2	wie ein gläsernes Meer, mit F. vermengt
	16,8	die Menschen zu versengen mit F.
	17,16	werden sie mit F. verbrennen 18,8
	20,10	Pfuhl von F. und Schwefel 21,8

Feuerbecken

Sa	12,6	will ich die Fürsten Judas machen zum F.

Feuerflamme

1Mo	15,17	eine F. fuhr zwischen den Stücken hin
Ps	29,7	die Stimme des HERRN sprüht F.
	104,4	der du machst F. zu deinen Dienern
	105,32	gab ihnen F. in ihrem Lande
Jes	66,15	daß er vergelte mit Schelten in F.
Dan	3,22	daß die Männer von den F. getötet wurden
	7,9	F. waren sein Thron
StD	3,26	hatte die F. aus dem Ofen herausgestoßen
Apg	7,30	erschien ihm ein Engel in einer F.
2Th	1,8	(wenn Jesus sich offenbaren wird) in F.
Heb	1,7	er macht seine Diener zu F.
Off	1,14	seine Augen wie eine F. 2,18; 19,12

Feuerglanz

Jes	4,5	wird schaffen Rauch und F. in der Nacht

Feuergrube

Jes	30,33	die F. ist längst hergerichtet

Feuerofen

Ps	21,10	du wirst es mit ihnen machen wie im F.
Mt	13,42	werden sie in den F. werfen 50

Feueropfer

2Mo	29,18	ein lieblicher Geruch, ein F. für den HERRN 25.41; 30,20; 3Mo 1,9.13.17; 2,2.9.11.16; 3,5; 4,35; 5,12; 7,5; 8,21.28; 23,13.18; 24,7; 4Mo 15,10.13.14; 18,17; 28,3.6.8.13; 29,6.13.36
3Mo	2,3	ein Hochheiliges von den F. des HERRN 10
	3,3	von dem Dankopfer ein F. darbringen 9.14; 22,22; 23,8.25.27.36.37; 4Mo 15,3.25
	6,10	ist ihr Anteil von meinen F. 11; 7,35; 10,12. 13.15; 5Mo 18,1; Jos 13,14
	7,25	Fett von Tieren, von denen man F. bringt
	30	soll es mit eig. Hand herzubringen zum F.
	21,6	denn sie opfern die F. des HERRN 21
1Sm	2,28	ich habe... alle F. Israels gegeben

Feueropferspeise

3Mo	3,11	soll es in Rauch aufgehen lassen als F. 16; 4Mo 28,2.24

feuerrot

Jes	13,8	f. werden ihre Angesichter sein
Off	6,4	es kam heraus ein zweites Pferd, das war f.
	9,17	Rosse und die darauf saßen: Sie hatten f. Panzer

Feuersäule

2Mo	13,21	und bei Nacht in einer F. 22; 4Mo 14,14; Neh 9,12.19
	14,24	schaute der HERR aus der F.
Off	10,1	s. Antlitz wie die Sonne und s. Füße wie F.

Feuerstein

2Ma	10,3	bauten einen neuen Altar und nahmen F.

feurig

2Mo	3,2	der Engel erschien in einer f. Flamme
4Mo	9,15	über der Wohnung wie ein f. Schein 16
	21,6	sandte der HERR f. Schlangen 5Mo 8,15
5Mo	33,2	in seiner Rechten ist ein f. Gesetz für sie
2Kö	2,11	ein f. Wagen mit f. Rossen 6,17
Hi	41,11	f. Funken schießen heraus
Ps	7,14	sich selber hat er f. Pfeile bereitet
	120,4	(was soll er dir noch geben?) f. Kohlen
	140,11	er möge f. Kohlen über sie schütten
Spr	25,22	f. Kohlen auf sein Haupt häufen Rö 12,20
Hl	8,6	ihre Glut ist f.
Jes	14,29	ihre Frucht wird ein f. Drache sein
	30,6	wo f. fliegende Drachen sind
Hes	1,13	wie wenn f. Kohlen brennen
	28,14	wandeltest inmitten der f. Steine 16
	36,5	habe in meinem f. Eifer geredet
Dan	7,10	von ihm ging aus ein f. Strahl
	10,6	seine Augen wie f. Fackeln
Sa	2,9	will eine f. Mauer rings um sie her sein
Wsh	18,3	gabst du den Deinen eine f. Säule
Sir	48,9	auf einem Wagen mit f. Rossen
Eph	6,16	Schild des Glaubens, mit dem ihr auslöschen könnt alle f. Pfeile des Bösen
Off	9,17	*sie hatten f. und blaue Panzer*
	19,20	lebendig wurden diese beiden in den f. Pfuhl geworfen 20,14.15
	20,14	das ist der zweite Tod: der f. Pfuhl

Fichte

Jes 44,14 (der Zimmermann) hatte F. gepflanzt

Fieber

3Mo 26,16 will euch heimsuchen mit F. 5Mo 28,22
5Mo 32,24 verzehrt werden vom F. und jähem Tod
Hi 30,30 sind verdorrt vor hitzigem F.
Mt 8,14 sah, daß dessen Schwiegermutter zu Bett lag und hatte das F. 15; Mk 1,30.31; Lk 4,38.39
Jh 4,52 gestern um die 7. Stunde verließ ihn das F.
Apg 28,8 daß der Vater des Publius am F. darnieder lag

fiebern

Hes 16,30 wie f. doch dein Herz

finden (s.a. Gnade)

1Mo 2,11 dort f. man Gold 12
20 für den Menschen ward keine Gehilfin gef.
4,14 daß mich totschlägt, wer mich f. 15
8,9 da die Taube nichts f., wo ihr Fuß
11,2 f. sie eine Ebene im Lande Schinar
16,7 der Engel f. sie bei einer Wasserquelle
18,26 ich f. 50 Gerechte zu Sodom 28-32
19,11 daß sie es aufgaben, die Tür zu f.
26,19 f. dort eine Quelle 32; 36,24
27,20 wie hast du so bald gef.
30,14 Ruben f. Liebesäpfel auf dem Felde
33 sei ein Diebstahl, wenn es sich bei mir f. 31,32-35.37; 2Mo 21,16; 22,3.6.7
37,15 f. ihn ein Mann, wie er umherirrte 17
29 als Ruben Josef nicht f. 32
38,20 er f. sie nicht 22.23
27 wurden Zwillinge in ihrem Leibe gef.
41,38 einen Mann f., in dem der Geist Gottes
42,35 f. jeder seinen Beutel Geld 44,8-10.12.16.17
44,16 Gott hat die Missetat deiner Knechte gef.
47,14 Geld, das in Ägypten und Kanaan gef. wurde
2Mo 5,11 beschafft euch Häcksel, wo ihr's f.
9,19 was auf dem Felde gef. wird, muß sterben
12,19 daß man 7 Tage lang keinen Sauerteig f.
15,22 wanderten in der Wüste und f. kein Wasser
16,25 werdet heute nichts f. auf dem Felde 27
35,23 wer bei sich Purpur f. 4Mo 31,50
3Mo 5,22 wenn er etwas Verlorenes f. hat 23
10,16 Mose suchte den Bock und f. ihn verbrannt
13,6 f., daß die Stelle blaß geworden ist 10.13.14. 17.21.25.26.30.32.34.36.43; 14,37
4Mo 15,32 f. einen Mann, der Holz auflas 33
17,23 f. er den Stab Aarons grünen
35,27 der Bluträcher f. ihn außerhalb
5Mo 4,29 wenn du den HERRN suchen wirst, so wirst du ihn f. 2Ch 15,2.4.15
13,15 wenn sich f., daß es gewiß ist 17,4
17,2 wenn bei dir jemand gef. wird 18,10
20,11 soll d. Volk, das darin gef. wird, dienen
21,1 wenn man einen Erschlagenen f.
22,3 das dein Bruder verliert und du f.
6 wo du unterwegs ein Vogelnest f.
14 f. ich sie nicht als Jungfrau 17
27 denn er f. sie auf freiem Felde
24,1 weil er etwas Schändliches an ihr gef.
28,65 deine Füße werden keine Ruhestatt f.
32,10 er f. ihn in der Wüste
Jos 2,22 hatten sie gesucht und doch nicht gef.

Jos 10,17 wir haben die fünf Könige gef.
Ri 1,5 f. den Adoni-Besek und kämpften mit ihm
5,30 sie werden wohl Beute f.
15,15 (Simson) f. einen frischen Eselskinnbacken
17,8 einen Ort zu f., wo er bleiben konnte 9
19,20 alles, was dir mangelt, f. du bei mir
20,48 schlugen alles, was man f.
21,12 sie f. in Gilead 400 Mädchen
Rut 1,9 der HERR gebe euch, daß ihr Ruhe f.
1Sm 5,4 f. sie Dagon abermals auf seinem Antlitz
9,4 f. (die Eselinnen) nicht 20; 10,2.16
13 so werdet ihr (den Seher) f.
10,2 wirst du zwei Männer f.
21 aber sie f. (Saul) nicht
12,5 daß ihr nichts in meiner Hand gef.
13,19 kein Schmied im ganzen Lande zu f. 22
24,20 der seinen Feind f. und läßt ihn gehen
25,28 möge nichts Böses an dir gef. werden 29,3
30,11 sie f. einen Ägypter auf dem Felde
31,3 die Bogenschützen f. (Saul) 8; 1Ch 10,3.8
2Sm 17,12 überfallen, wo wir ihn f. 20
13 so daß man nicht einen Stein mehr dort f.
1Kö 1,3 sie f. Abischag von Schunem
52 wird aber Böses an ihm gef.
8,50 wollest sie f. Erbarmen 2Ch 30,9
13,14 zog dem Mann Gottes nach und f. ihn 28
24 f. ihn ein Löwe und tötete ihn 20,36
14,13 weil der HERR etwas Gutes an ihm gef. 2Ch 19,3
18,5 ob wir Gras f. könnten 1Ch 4,40
10 Eid, daß man dich nicht gef. 12
19,19 Elia f. Elisa, als er pflügte
20,37 der Prophet f. einen andern Mann
21,20 hast du mich gef., mein Feind... dich gef.
2Kö 2,17 aber sie f. (Elia) nicht
4,39 ein Rankengewächs und pflückte Gurken
9,35 f. sie nichts von ihr als den Schädel
12,6 wo sie f., daß es baufällig ist
19 alles Gold, das man f. 14,14; 16,8; 18,15
19,8 f. er den König von Assyrien Jes 37,8
22,8 habe dies Gesetzbuch gef. 13; 23,2.24; 2Ch 34,14.15.21.30
25,19 Männer, die sich in der Stadt f. Jer 52,25
1Ch 4,41 fielen her über die, die sie dort f.
17,25 darum hat dein Knecht den Mut gef.
20,2 f. sich, daß (die Krone) einen Zentner wog
24,4 f. sich eine größere Zahl an Männern 26,31
28,9 suchen, so wirst du ihn f. Spr 7,15; 8,17; Jer 29,13.14
29,23 Salomo f. Anerkennung
2Ch 2,16 es f. sich 153.600 (Fremdlinge)
20,25 sie f. Vieh in Menge
25,5 f. sich 300.000 auserlesene Leute
29,16 alles Unreine, das im Tempel gef. wurde
32,4 daß die Könige nur kein Wasser f.
Esr 2,62 f. (Geschlechtsregister) nicht Neh 7,5.64
4,15 in den Chroniken f. 19; 6,2; Neh 8,14; 13,1; Est 6,2
8,15 ich f. keine Leviten
10,18 wurden gef., die fremde Frauen genommen
Neh 5,8 schwiegen und f. nichts zu antworten
Est 2,9 das Mädchen f. Gunst bei ihm 15
Hi 9,14 wie sollte ich Worte f. vor ihm
16,18 mein Schreien f. keine Ruhestatt
17,10 werde keinen Weisen unter euch f.
19,28 wollen eine Sache gegen ihn f.
20,8 wird er nicht mehr zu f. sein Ps 10,15; 37,36
23,3 wüßte, wie ich ihn f. könnte
28,6 man f. Saphir in ihrem Gestein
12 wo will man die Weisheit f. 13; 32,13

finden

Hi	32,3	weil sie keine Antwort f. 34,4
	33,24	habe ein Lösegeld gef.
Ps	3,9	bei dem HERRN f. man Hilfe
	17,3	du läuterst mich und f. nichts
	21,9	f. alle deine Feinde... f., die dich hassen
	22,3	doch f. ich keine Ruhe
	55,7	daß ich wegflöge und Ruhe f.
	69,21	warte auf Tröster, aber ich f. keine
	84,4	der Vogel hat ein Haus gef.
	89,21	habe gef. meinen Knecht David
	106,46	er ließ sie Barmherzigkeit f. bei allen
	107,4	f. keine Stadt, in der sie wohnen konnten
	132,5	bis ich eine Stätte f. für den HERRN 6
Spr	1,13	wir wollen kostbares Gut f.
	28	werden mich suchen und nicht f. Hos 5,6
	2,5	wirst du die Erkenntnis Gottes f. 8,9
	4,22	sie sind das Leben denen, die sie f.
	8,35	wer mich f., der f. das Leben
	10,13	auf Lippen d. Verständigen f. man Weisheit
	11,14	wo viele Ratgeber sind, f. sich Hilfe
	12,26	der Gerechte f. seine Weide
	14,6	Spötter sucht Weisheit und f. sie nicht
	16,20	wer auf das Wort merkt, der f. Glück
	31	auf dem Weg d. Gerechtigkeit wird sie gef.
	17,20	ein verkehrtes Herz f. nichts Gutes
	18,17	kommt der andere zu Wort, so f. sich's
	22	wer eine Ehefrau gef... etwas Gutes gef.
	19,8	der Verständige f. Gutes
	20,6	wer f. einen, der zuverlässig ist
	21,21	wer der Gerechtigkeit nachjagt, f. Leben
	24,14	wenn du (Weish.) f., wird dir's wohlgehen
	25,16	f. du Honig, so iß, soviel du bedarfst
Pr	2,23	daß sein Herz des Nachts nicht Ruhe f.
	7,24	alles... ist sehr tief; wer will's f.
	26	ich f., bitterer als der Tod sei ein Weib 27-29
	8,17	desto weniger f. er... kann er's nicht f.
	9,15	es f. sich darin ein armer, weiser Mann
	11,1	du wirst es f. nach langer Zeit
	12,10	er suchte, daß er f. angenehme Worte
Hl	3,1	ich suchte; aber ich f. ihn nicht 2; 5,6
	3	es f. mich die Wächter 5,7
	4	da f. ich, den meine Seele liebt 5,8
	8,1	f. ich dich, so wollte ich dich küssen
	10	wie eine, die Frieden f.
Jes	8,22	nichts f. als Trübsal und Finsternis
	10,10	wie m. Hand gef. hat die Königreiche 14
	13,15	wer da gef. wird, wird erstochen
	22,3	die man gef. hat, wurden gefangen
	30,14	so daß man nicht eine Scherbe f.
	34,14	das Nachtgespenst wird seine Ruhestatt
	35,9	sie sind dort nicht zu f.
	41,12	wirst du sie nicht f.
	51,3	daß man Wonne und Freude darin f.
	54,11	du Elende, die keinen Trost f.
	55,6	suchet den HERRN, solange er zu f. ist
	57,10	du f. ja noch Leben
	58,10	den Hungrigen dein Herz f. läßt
	59,14	Aufrichtigkeit f. keinen Eingang
	65,1	mich f., die mich nicht suchten
	8	wenn man noch Saft in der Traube f.
Jer	2,5	haben eure Väter Unrechtes an mir gef.
	33	wie fein f. du Wege 34
	5,1	ob ihr jemand f., der Recht übt
	26	man f. unter meinem Volk Gottlose
	6,16	werdet ihr Ruhe f. für eure Seele
	10,18	ängstigen, damit sie sich f. lassen
	14,3	f. sie kein Wasser Am 4,8
	23,11	in m. Hause f. ich ihre Bosheit
	40,1	in Rama, wo er ihn gef. hatte
	45,3	ich f. keine Ruhe 49,23; Klg 1,3
Jer	48,27	als hätte man es unter Dieben gef.
	50,20	Sünden Judas... wird keine gef. werden
Klg	1,6	wie Hirsche, die keine Weide f.
Hes	7,25	Heil wird nicht zu f. sein
	22,30	aber ich f. keinen
	26,21	daß man dich nie mehr f.
	28,15	bis an dir Missetat gef. wurde
Dan	1,19	wurde unter allen niemand gef., der Daniel gleich war 20.25; 5,11.12.14
	2,35	daß man sie nirgends f. konnte 11,19
	4,9	alle Tiere f. Schatten unter ihm
	6,5	trachteten, zu f... keinen Grund f. 6
	12	f. Daniel, wie er betete
	24	man f. keine Verletzung an ihm
	12,4	viele werden große Erkenntnis f.
Hos	2,8	daß sie ihren Pfad nicht f. soll 9
	9,10	ich f. Israel wie Trauben in der Wüste
	12,5	dann hat er ihn zu Bethel gef.
	9	wird man keine Schuld an mir f.
Am	8,12	des HERRN Wort suchen und nicht f. werden
Jon	1,3	als er ein Schiff f. Apg 21,2; 27,6
Mi	1,13	in dir f. sich die Übertretungen Israels
	7,1	da man keine Trauben f. zu essen
Ze	3,13	man wird keine betrügerische Zunge f.
Sa	10,10	daß man nicht Raum genug für sie f. wird
Mal	2,6	wurde nichts Böses auf seinen Lippen gef.
Jdt	14,14	als er sie dort nicht f., lief er hinaus
Wsh	1,2	(Gott) läßt sich f. von denen, die
	3,5	Gott f. sie seiner wert
	5,10	kann man seine Spur nicht mehr f. 11
	6,13	Weisheit läßt sich von denen f., die sie suchen 15; Sir 6,28
	8,11	werde Bewunderung f. bei den Mächtigen
	13,6	suchen Gott und hätten ihn gern gef. 9
	16,9	konnten keine Hilfe für ihr Leben f. 19,5
Tob	5,5	Tobias f. einen jungen Mann
	8,15	f. sie beide gesund 10,12; 14,15
	9,6	Rafael f. Gabaël 8
Sir	1,16	man f. (Weisheit) bei den Gläubigen 15,1
	6,12	läßt sich nirgends mehr f.
	15,7	die Narren f. die Weisheit nicht
	16,14	eine Stätte bei Gott
	20,22	ein Narr... f. doch keinen Anklang
	24,15	habe auf dem Zion eine Stätte gef. 11
	25,5	wie kannst du im Alter etwas f.
	27,17	wird nie mehr einen treuen Freund f.
	29,3	so f. du allezeit, was du brauchst 4
	31,26	so wirst du meine Worte wahr f.
	32,20	wer den Herrn fürchtet, der f. das Recht
	37,17	du wirst keinen treueren Ratgeber f.
	38,39	weise Sprüche werden bei ihnen nicht gef.
	40,18	besser hat es der, der einen Schatz f.
	51,10	suchte Hilfe bei den Menschen und f. keine
	34	(Weisheit) ist leicht zu f. 28
	35	ich habe großen Trost gef.
Bar	3,20	Nachkommen f. den Weg der Weisheit nicht 23
	30	wer hat (die Weisheit) gef.
	32	kennt die Weisheit und hat sie gef. 37
1Ma	1,60	alle, bei denen man die Bücher f.
	2,61	werdet f., daß alle... erhalten werden
	6,24	wenn sie einen f., töteten sie ihn
	10,16	solch einen Mann f. man nur einmal
	12,21	wir f. in unsern alten Schriften 2Ma 2,1.13
	14,49	damit sie Simon allezeit zu f. wüßten
2Ma	1,18	Tag, an dem Nehemia das Feuer gef. 20.33
	2,5	Jeremia f. eine Höhle 6
	5,9	wo er Sicherheit zu f. gehofft hatte
	12,18	sie f. Timotheus dort nicht

finden

2Ma	12,40	da f. sie Abbilder der Götzen
StD	1,14	warten, wann sie die Frau allein f. könnten
	21	daß wir einen Mann bei dir gef. 38.54
	63	daß nichts Unehrenhaftes gef. worden war
Mt	1,18	f. es sich, daß sie schwanger war
	2,8	wenn ihr's f., so sagt mir's wieder
	11	gingen in das Haus und f. das Kindlein
	7,7	suchet, so werdet ihr f. 8; Lk 11,9.10
	14	wenige sind's, die ihn f.
	8,10	solchen Glauben bei keinem gef. Lk 7,9
	10,39	wer sein Leben verliert, der wird's f. 16,25
	11,29	so werdet ihr Ruhe f. für eure Seelen
	12,43	der unreine Geist sucht Ruhe und f. sie nicht Lk 11,24
	44	wenn er kommt, so f. er's leer Lk 11,25
	13,26	als die Saat wuchs, f. sich das Unkraut
	44	Schatz, den ein Mensch f. und verbarg
	46	als er eine kostbare Perle f., ging er hin
	17,27	wirst du ein Zweigroschenstück f.
	18,13	wenn es geschieht, daß er's f. Lk 15,4-6.8.9
	20,6	ging er aus und f. andere
	21,2	gleich werdet ihr eine Eselin f. Mk 11,2.4; Lk 19,30.32; Jh 12,14
	19	ging hin und f. nichts daran als Blätter Mk 11,13; Lk 13,6.7
	22,9	ladet zur Hochzeit ein, wen ihr f. 10
	24,46	*f. ihn solches tun Lk 12,43*
	26,40	er kam zu seinen Jüngern und f. sie schlafend 43; Mk 14,37.40; Lk 22,45
	60	f. sie doch nichts Mk 14,55
	27,32	f. sie einen Menschen aus Kyrene
Mk	1,37	als sie ihn f., sprachen sie zu ihm
	7,30	ging hin in ihr Haus und f. das Kind
	13,36	damit er euch nicht schlafend f.
	14,16	die Jünger f.'s, wie er ihnen gesagt Lk 22,13; 24,24
Lk	2,12	ihr werdet f. das Kind in Windeln gewickelt 16
	45	da sie ihn f., gingen sie wieder nach Jerusalem
	46	nach drei Tagen f. sie ihn im Tempel
	4,17	als er das Buch auftat, f. er die Stelle, wo
	5,19	weil sie keinen Zugang f., stiegen sie auf das Dach
	6,7	damit sie etwas f., ihn zu verklagen
	7,10	die Boten f. den Knecht gesund
	8,35	f. den Menschen, von dem die bösen Geister ausgefahren waren
	9,12	damit sie hingehen in die Dörfer und Essen f.
	36	als die Stimme geschah, f. sie Jesus allein
	12,37	selig sind die Knechte, die der Herr, wenn er kommt, wachend f. 38
	15,24	er war verloren und ist gef. worden
	17,18	hat sich sonst keiner gef., der
	18,8	meinst du, er werde Glauben f. auf Erden
	19,48	wie sie es machen sollten
	22,16	*bis es seine Erfüllung f. im Reich Gottes*
	23,2	wir haben gef., daß dieser unser Volk aufhetzt
	4	ich f. keine Schuld an diesem Menschen 14. 22; Jh 18,38; 19,4.6; Apg 13,28
	24,2	sie f. den Stein weggewälzt von dem Grab
	3	f. des Herrn Jesus nicht 23
	33	kehrten zurück und f. die Elf versammelt
Jh	1,41	wir haben den Messias gef. 43.45
	2,14	er f. im Tempel die Händler, die Rinder verkauften
	5,14	danach f. ihn Jesus im Tempel
	6,25	als sie ihn f. am andern Ufer, fragten sie ihn
Jh	7,34	ihr werdet mich suchen und nicht f. 35.36
	8,37	mein Wort f. bei euch keinen Raum
	9,35	als er ihn f., fragte er: Glaubst du
	10,9	wird ein- und ausgehen und Weide f.
	11,17	f. er Lazarus schon vier Tage im Grabe liegen
	21,6	werft das Netz aus zur Rechten des Bootes, so werdet ihr f.
Apg	2,47	(sie) f. Wohlwollen beim ganzen Volk
	4,21	weil sie nichts f., was Strafe verdient hätte
	5,10	da kamen die jungen Männer und f. sie tot
	22	gingen hin und f. sie nicht im Gefängnis 23
	7,11	unsre Väter f. keine Nahrung
	46	bat darum, daß er eine Stätte f. möge für das Haus Jakob
	9,2	Anhänger des neuen Weges, wenn er sie dort f.
	33	dort f. er einen Mann mit Namen Äneas
	10,27	f. viele, die zusammengekommen waren
	11,26	als er ihn f., brachte er ihn nach Antiochia
	12,19	als Herodes ihn holen lassen wollte und nicht f. 17,6
	13,6	*f. sie einen Zauberer*
	22	ich habe David gef., den Sohn Isais
	17,23	f. einen Altar, auf dem stand geschrieben: Dem unbekannten Gott
	27	ob sie ihn wohl fühlen und f. könnten
	18,2	f. einen Juden mit Namen Aquila
	19,1	daß Paulus nach Ephesus kam und einige Jünger f. 21,4
	19	*f. des Geldes 50.000 Silbergroschen*
	21,2	als wir ein Schiff f., das nach Phönizien 27,6
	23,9	wir f. nichts Böses an diesem Menschen
	29	da ich f., daß er beschuldigt wird wegen Fragen ihres Gesetzes
	24,12	sie haben mich weder im Tempel... dabei gef., wie ich
	18	f. mich (einige Juden aus der Provinz Asien)
	20	was für ein Unrecht sie gef. haben
	27,28	sie f. es zwanzig Faden tief
	28,14	dort f. wir Brüder
Rö	7,10	so f. sich's, daß das Gebot mir den Tod brachte
	18	*vollbringen das Gute f. ich nicht*
	21	so f. ich nun das Gesetz
	10,20	ich ließ mich f. von denen, die mich nicht
2Ko	2,13	weil ich Titus, meinen Bruder, nicht f.
	7,5	als wir nach Mazedonien kamen, f. wir keine Ruhe
	9,4	wenn die... euch nicht vorbereitet f.
	12,20	f. ich euch nicht, wie ich will
Phl	3,9	(damit ich Christus gewinne) und in ihm gef. werde
	4,11	*mir genügen zu lassen, wie ich's f.*
1Th	1,9	welchen Eingang wir bei euch gef. haben
	2,1	ihr wißt, wie wir Eingang gef. haben bei euch
	2	f. wir dennoch in unserm Gott den Mut
2Ti	1,17	als er in Rom war, suchte er mich und f. mich
	18	daß er Barmherzigkeit f. bei dem Herrn
2Pt	3,9	er will, daß jedermann zur Buße f.
	10	die Erde und die Werke, die darauf sind, werden ihr Urteil f.
2Jh	4	unter deinen Kindern solche gef., die
Heb	11,5	(Henoch) wurde nicht mehr gef., weil Gott ihn entrückt hatte
	12,17	er f. keinen Raum zur Buße
Off	9,6	werden den Tod suchen und nicht f.
	12,8	ihre Stätte wurde nicht mehr gef. 18,14.21; 20,11

finden

Off	14,5	in ihrem Mund wurde kein Falsch gef.
	16,20	die Berge wurden nicht mehr gef.
	18,22	kein Handwerker soll mehr in dir gef. werden
	24	das Blut der Propheten ist in ihr gef. worden
	20,15	wenn jemand nicht gef. wurde geschrieben in dem Buch

Finger

2Mo	8,15	das ist Gottes F.
	29,12	Blut mit deinem F. streichen 3Mo 4,25.30.34; 8,15; 9,9
	31,18	beschrieben von dem F. Gottes 5Mo 9,10
3Mo	4,6	soll seinen F. in das Blut tauchen 17
	14,16	mit s. rechten F. in das Öl tauchen 27
	16,14	mit seinem F. gegen den Gnadenthron sprengen 19; 4Mo 19,4
	20,4	wenn das Volk durch die F. sehen würde
2Sm	21,20	der hatte sechs F. 1Ch 20,6
1Kö	12,10	mein kleiner F. soll dicker sein 2Ch 10,10
Ps	8,4	wenn ich sehe die Himmel, deiner F. Werk
Spr	6,13	(ein heilloser Mensch) zeigt mit den F.
	7,3	binde (meine Gebote) an deine F.
	31,19	ihre F. fassen die Spindel
Hl	5,5	meine F. (troffen) von fließender Myrrhe
	14	seine F. sind wie goldene Stäbe
Jes	2,8	Werk, das ihre F. gemacht haben 17,8
	58,9	wenn du nicht mit F. zeigst
	59,3	eure F. (sind) mit Verschuldung (befleckt)
Jer	52,21	jede Säule war vier F. dick
Dan	5,5	gingen hervor F. wie von Menschenhand
Wsh	15,15	die mit ihren F. nicht fühlen können
Mt	23,4	sie selbst wollen keinen F. dafür krümmen Lk 11,46
Mk	7,33	legte ihm die F. in die Ohren
Lk	11,20	wenn ich durch Gottes F. die bösen Geister austreibe
	16,24	damit er die Spitze seines F. ins Wasser tauche
Jh	8,6	Jesus schrieb mit dem F. auf die Erde
	20,25	wenn ich nicht meinen F. in die Nägelmale lege
	27	spricht er zu Thomas: Reiche deinen F. her

Fingerreif

Est	8,2	der König tat ab seinen F.
Lk	15,22	*gebet ihm einen F. an seine Hand*

Fingerring

Jes	3,21	(wird der Herr wegnehmen) die F.

finster

1Mo	1,2	es war f. auf der Tiefe
	4,5	Kain senkte f. seinen Blick
	15,17	als es f. geworden war
2Mo	14,20	dort war die Wolke f.
Jos	2,5	als es f. wurde, gingen sie hinaus
Hi	3,4	jener Tag soll f. sein 9
	11,17	das F. würde ein lichter Morgen werden
	12,22	er öffnet die f. Schluchten
	18,6	das Licht wird f. werden in seiner Hütte
	24,16	im F. bricht man ein
Ps	23,4	ob ich schon wanderte im f. Tal
	35,6	ihr Weg soll f. und schlüpfrig werden
	69,24	ihre Augen sollen f. werden
	82,5	sie tappen dahin im F.
	91,6	vor der Pest, die im F. schleicht
	105,28	ließ Finsternis kommen und machte es f.
	139,12	wäre auch Finsternis nicht f. bei dir
	143,3	der Feind legt mich ins F.
Spr	2,13	und gehen f. Wege
Pr	5,16	sein Leben lang hat er im F. gesessen
	11,8	und denke an die f. Tage
	12,2	ehe Mond und Sterne f. werden 3; Jo 2,10
Jes	5,30	siehe, so ist's f. vor Angst
	8,22	sie gehen irre im F.
	9,1	das Volk, das im F. wandelt ... über denen, die da wohnen im f. Lande
	13,10	die Sonne geht f. auf
	29,15	die mit ihrem Tun im F. bleiben
	45,19	habe nicht geredet an einem f. Ort
	50,10	wer ist unter euch, der im F. wandelt
	59,9	wir harren auf Licht, so ist's f.
Jer	2,6	leitete uns im f. Lande
	4,23	schaute den Himmel, und er war f.
	13,16	ehe es f. wird ... er es f. machen wird
	23,12	Weg, auf dem sie im F. gleiten
Hes	30,3	des HERRN Tag ist nahe, ein f. Tag Jo 2,2
	34,12	zur Zeit, als es trüb und f. war
Am	5,8	der aus dem Tag die f. Nacht (macht)
	20	des HERRN Tag wird f. und nicht licht sein
	8,9	will das Land am hellen Tage f. werden l.
Mi	3,6	der Tag (soll) über ihnen f. werden
	7,8	wenn ich auch im F. sitze, so ist doch
Tob	5,13	wenn ich im F. sitzen muß
Sir	23,26	es ist f. um mich
Mt	6,23	so wird dein ganzer Leib f. sein Lk 11,34.36
Jh	6,17	es war schon f. geworden
	20,1	früh, als es noch f. war
Rö	11,10	ihre Augen sollen f. werden, daß sie nicht sehen
1Ko	4,5	ans Licht bringen, was im F. verborgen ist
Off	6,12	die Sonne wurde f. wie ein schwarzer Sack

Finsternis

1Mo	1,4	da schied Gott das Licht von der F. 5.18
	15,12	große F. überfiel ihn
2Mo	10,21	eine solche F. werde in Ägyptenland 22
5Mo	4,11	da war F., Wolken und Dunkel 5,23
Jos	24,7	eine F. zwischen euch und die Ägypter
1Sm	2,9	die Gottlosen sollen zunichte werden in F.
2Sm	22,12	er machte F. ringsum zu s. Zelt Ps 18,12
	29	der HERR machte meine F. licht Ps 18,29
Hi	3,5	F. und Dunkel sollen ihn überwältigen
	5,14	daß sie am Tage in F. laufen 12,25
	10,21	ehe ich hingehe ins Land der F. 22
	15,23	daß ihm der Tag der F. bereitet ist 30
	17,12	Licht sei näher als F.
	13	in der F. mein Bett gemacht
	18,18	wird vom Licht in die F. vertrieben
	19,8	hat F. auf meinen Steig gelegt
	20,26	alle F. ist für ihn aufgespart
	22,11	dein Licht ist F.
	23,17	nicht der F. wegen muß ich schweigen
	24,17	als Morgen gilt ihnen die F., denn sie sind bekannt mit der Schrecken der F.
	26,10	wo Licht und F. sich scheiden
	28,3	man macht der F. ein Ende
	29,3	da ich bei seinem Licht durch die F. ging
	30,26	ich hoffte auf Licht, und es kam F.
	34,22	keine F., wo sich verbergen könnten
	37,19	können nichts vorbringen vor F.
	38,17	hast du gesehen die Tore der F.
	19	welches ist die Stätte der F.
Ps	44,20	bedeckst uns mit F. Pr 6,4

Ps	88,7	hast mich hinunter gelegt in die F.
	13	werden deine Wunder in der F. erkannt
	104,20	du machst F., daß es Nacht wird
	105,28	er ließ F. kommen und machte es finster
	107,10	die da sitzen mußten in F. und Dunkel
	14	er führte sie aus F. und Dunkel
	112,4	den Frommen geht das Licht auf in der F.
	139,11	spräche ich: F. möge mich decken
	12	wäre F. nicht finster... F. ist wie Licht
Spr	20,20	dessen Leuchte wird verlöschen in der F.
Pr	2,13	Torheit übertrifft wie das Licht die F.
	14	daß die Toren in der F. gehen
	6,4	in F. fährt sie dahin
Jes	5,20	die aus F. Licht und aus Licht F. machen
	8,22	(werden) nichts finden als Trübsal und F.
	29,18	werden aus Dunkel und F. sehen
	42,7	die da sitzen in der F. Lk 1,79
	16	will die F. zum Licht machen
	45,7	der ich das Licht mache und die F.
	47,5	geh in die F., du Tochter der Chaldäer
	49,9	zu denen in der F.: Kommt hervor
	58,10	dann wird dein Licht in der F. aufgehen
	60,2	F. bedeckt das Erdreich
Klg	3,2	er hat mich gehen lassen in die F. 6
Hes	8,12	was die Ältesten tun in der F.
	32,8	bringe eine F. über dein Land
Dan	2,22	er weiß, was in der F. liegt
Jo	3,4	die Sonne soll in F. verwandelt werden
Am	5,8	der aus der F. den Morgen macht
	18	des HERRN Tag ist F. Ze 1,15
Mi	3,6	soll euch sein die F. ohne Wahrsagung
Nah	1,8	seine Feinde verfolgt er mit F.
Wsh	17,2	wurden Gebundene in F. 18.20; 18,4; 19,16
StE	6,5	es war ein Tag großer F. und Angst
StD	3,46	Licht und F., lobt den Herrn
Mt	4,16	das Volk, das in F. saß
	6,23	wenn dein Licht, das in dir ist, F. ist
	8,12	werden hinausgestoßen in die F.
	10,27	was ich euch sage in der F. Lk 12,3
	22,13	werft ihn in die F. hinaus 25,30
	27,45	kam eine F. über das ganze Land Mk 15,33; Lk 23,44
Lk	1,79	damit es erscheine denen, die sitzen in F.
	11,35	schaue darauf, daß nicht das Licht in dir F. sei
	36	daß er kein Stück von F. hat
	22,53	dies ist eure Stunde und die Macht der F.
Jh	1,5	das Licht scheint in der F., und die F. hat's nicht ergriffen
	3,19	die Menschen liebten die F. mehr als das Licht
	8,12	wer mir nachfolgt, der wird nicht wandeln in der Finsternis 12,46
	12,35	damit euch die F. nicht überfalle
Apg	2,20	die Sonne soll in F. verwandelt werden
	13,11	auf der Stelle fiel Dunkelheit und F. auf ihn
	26,18	daß sie sich bekehren von der F. zum Licht
Rö	13,12	laßt uns ablegen die Werke der F.
2Ko	4,6	Licht soll aus der F. hervorleuchten
	6,14	was hat das Licht für Gemeinschaft mit der F.
Eph	5,8	ihr wart früher F.; nun seid ihr Licht
	11	habt nicht Gemeinschaft mit den Werken der F.
	6,12	Herren der Welt, die in dieser F. herrschen
Kol	1,13	er hat uns errettet von der Macht der F.
1Th	5,4	ihr, liebe Brüder, seid nicht in der F. 5
1Pt	2,9	der euch berufen hat von der F. zu seinem wunderbaren Licht
2Pt	2,4	hat sie mit Ketten der F. in die Hölle gestoßen
	17	ihr Los ist die dunkelste F. Jud 13
1Jh	1,5	Gott ist Licht, und in ihm ist keine F. Jak 1,17
	6	Gemeinschaft mit ihm und wandeln in der F.
	2,8	die F. vergeht, und das wahre Licht scheint jetzt
	11	wer seinen Bruder haßt, der ist in der F. und wandelt in der F. 9
Heb	12,18	und nicht in Dunkelheit und F. und Ungewitter
Jud	6	hat er festgehalten mit ewigen Banden in der F.

Firmament

Sir	43,1	die Schönheit der Höhe ist das helle F.
	9	wenn er aufstrahlt am F. des Himmels

Fisch

1Mo	1,26	die da herrschen über die F. 28; 9,2; Ps 8,9
2Mo	7,18	daß die F. im Strom sterben 21
4Mo	11,5	F., die wir in Ägypten umsonst aßen
	22	kann man alle F. einfangen
5Mo	4,18	(Bildnis, das gleich sei) einem F.
1Kö	5,13	auch dichtete (Salomo) von F.
Neh	13,16	Tyrer brachten F.
Hi	12,8	die F. im Meer werden dir's erzählen
Ps	104,26	da sind große F., du gemacht hast
	105,29	er tötete ihre F.
	148,7	lobet den HERRN, ihr großen F.
Pr	9,12	wie die F. gefangen werden
Jes	50,2	daß ihre F. vor Mangel an Wasser stinken
Hes	29,4	will die F. an deine Schuppen hängen und will dich herausziehen samt allen F. 5
	38,20	erbeben sollen die F.
	47,9	soll sehr viele F. dort geben 10
Hos	4,3	die F. im Meer werden weggerafft Ze 1,3
Jon	2,1	ließ einen großen F. kommen 2.11
Hab	1,14	du läßt vom Meer die Menschen gehen wie den F.
Wsh	19,10	wie der Fluß anstatt F. Frösche ausspie
Tob	6,2	ein großer F. schoß hervor 6.7.8; 12,4
	10	die Galle des F. ist eine gute Salbe 11,4.5.8.13
	20	die Leber des F. auf Kohlen legen 8,2
Sir	43,27	dort gibt es große F.
Mt	7,10	wenn er ihn bittet um einen F., eine Schlange biete Lk 11,11
	12,40	wie Jona drei Tage im Bauch des F. war
	13,47	Netz, das F. aller Art fängt
	14,17	wir haben hier nichts als zwei F. 19; 15,34.36; Mk 6,38.41.43; 8,7; Lk 9,13.16; Jh 6,9.11
	17,27	den ersten F., der heraufkommt, den nimm
Lk	5,6	fingen sie eine große Menge F.
	24,42	sie legten ihm ein Stück gebratenen F. vor
Jh	21,6	konnten's nicht mehr ziehen wegen der Menge der F. 8-11.13
1Ko	15,39	ein anderes (Fleisch haben) die F.

Fischaar

3Mo	11,13	daß ihr sie nicht esset: den F. 5Mo 14,12

fischen

Jer	16,16	viele Fischer sollen sie f.
Jh	21,3	ich will f. gehen

Fischer

Fischer
Jes	19,8	die F. werden trauern
Jer	16,16	ich will viele F. aussenden
Hes	47,10	werden an ihm die F. stehen
Mt	4,18	Simon und Andreas waren F. Mk 1,16; Lk 5,2

Fischerhaken
Hi	40,31	kannst du spicken mit F. seinen Kopf

Fischgarn
Hes	47,10	wird man die F. aufspannen

Fischhaken
Am	4,2	daß man euch herausziehen wird mit F.

Fischlein
Mt	15,34	*Brote... sieben und wenige F. Mk 8,7*

Fischnetz
Hes	26,5	Platz, an dem man F. aufspannt 14

Fischtor
2Ch	33,14	wo man zum F. hineingeht Neh 3,3; 12,39
Ze	1,10	wird sich ein Geschrei erheben vom F. her

Fischzug
Lk	5,9	*ein Schrecken angekommen über diesen F.*

Fittich
1Mo	7,14	alles, was F. hatte (ging in die Arche)
5Mo	32,11	wie ein Adler breitete er seine F. aus
2Sm	22,11	auf den F. des Windes Ps 18,11; 104,3
Hi	39,13	der F. der Straußin hebt sich fröhlich
Ps	61,5	laß mich Zuflucht haben unter deinen F.
	91,4	er wird dich mit seinen F. decken
Pr	10,20	die F. haben, sagen's weiter
Hes	17,3	ein Adler mit langen F. kam

flach
Apg	27,39	eine Bucht, die hatte ein f. Ufer

Fläche
2Mo	24,10	unter seinen Füßen wie eine F. von Saphir
1Kö	7,36	ließ auf die F. eingraben Cherubim
Hes	41,11	die Breite der F. betrug fünf Ellen

Flachs
2Mo	9,31	zerschlagen der F... stand der F. in Blüte
Spr	31,13	sie geht mit Wolle und F. um
Jes	19,9	es werden zuschanden, die da F. kämmen
Hos	2,7	Liebhabern nachlaufen, die mir geben F.
	11	will meinen F. ihr entreißen

Flachsschnur
Ri	16,9	zerriß die Seile, wie eine F. zerreißt

Flachsstengel
Jos	2,6	sie hatte sie unter den F. versteckt

Fladen
2Mo	29,2	ungesäuerte F., mit Öl bestrichen 23; 3Mo 2,4; 7,12; 8,26; 4Mo 6,15.19; 1Ch 23,29
StD	2,26	Daniel machte F. daraus

Flamme
2Mo	3,2	der Engel erschien in einer feurigen F.
4Mo	21,28	eine F. von der Stadt Sihons Jer 48,45
5Mo	4,11	der Berg stand in F. bis in den Himmel
Ri	13,20	als die F. aufloderte... fuhr auf in der F.
	20,40	ging die Stadt ganz in F. auf
2Sm	22,9	F. sprühten von ihm aus Ps 18,9
Hi	15,30	die F. wird seine Zweige verdorren
	41,13	aus seinem Rachen schlagen F.
Ps	57,5	verzehrende F. sind die Menschen
	83,15	wie eine F. die Berge versengt
	106,18	die F. verbrannte die Gottlosen
Hl	8,6	ihre Glut ist eine F. des HERRN
Jes	5,24	wie des Feuers F. Stroh verzehrt
	10,17	sein Heiliger wird eine F. sein
	29,6	mit F. eines verzehrenden Feuers 30,30
	43,2	die F. soll dich nicht versengen
	47,14	nicht erretten vor der F. Gewalt
Hes	21,3	daß man seine F. nicht wird löschen
Jo	1,19	die F. hat alle Bäume angezündet
	2,3	hinter ihm (geht) eine brennende F.
	5	wie eine F. prasselt im Stroh
Ob	18	das Haus Josef (soll) eine F. (werden)
Wsh	16,18	zuweilen brannte die F. schwächer 19; 19,20
2Ma	1,32	auch da ging eine F. auf
	9,7	schnaubte Feuer und F. gegen die Juden
StD	3,23	die F. schlug oben aus dem Ofen
Lk	16,24	ich leide Pein in diesen F.

flammend
1Mo	3,24	Cherubim mit dem f. Schwert
2Sm	22,13	brach hervor f. Feuer
Klg	2,3	(der Herr) hat gewütet wie ein f. Feuer

Flanke
Sa	14,5	das Tal wird an die F. des Berges stoßen

Flechte
3Mo	21,20	wer Krätze oder F. hat 22,22

flechten
2Mo	28,14	die gef. Ketten an diese Goldgeflechte tun
Ri	16,14	(Simson) riß die gef. Locken heraus
1Kö	7,17	Gitterwerk, sieben gef. Reifen wie Ketten
Hi	40,17	die Sehnen seiner Schenkel sind dicht gef.
Hes	27,24	mit gef. und gedrehten Tauen
Jdt	10,3	(Judit) f. ihr Haar 16,10
Mt	27,29	f. eine Dornenkrone Mk 15,17; Jh 19,2

Fleck, Flecken
3Mo	13,2	wenn an seiner Haut ein weißer F. entsteht 4.19.23.28.38.39; 14,56
	21,20	wer einen weißen F. im Auge hat
Jer	13,23	kann etwa ein Panther seine F. (wandeln)

Wsh	13,14	wo ein F. daran ist, übermalt er ihn
Mt	21,2	*gehet hin in den F., der vor euch liegt*
Eph	5,27	eine Gemeinde, die herrlich sei und keinen F. habe

fleckenlos

Wsh	7,26	ein f. Spiegel göttlichen Wirkens

Fledermaus

3Mo	11,18	(daß ihr nicht esset) die F. 5Mo 14,16
Jes	2,20	wird wegwerfen seine Götzen zu den F.
Bar	6,22	F. setzen sich auf ihre Leiber

flehen, Flehen

2Mo	32,11	Mose aber f. vor dem HERRN
1Kö	8,28	wende ich zu seinem F., HERR, damit du hörest das F. 30.45.49.52.54; 2Ch 6,19.21.35.39; Dan 9,17
	33	f. zu dir in diesem Hause 2Ch 6,24
	38	wer dann bittet und f. 2Ch 6,29
	47	bekehren sich und f. zu dir 2Ch 6,37
	59	diese Worte, die ich vor dem HERRN gef.
	9,3	habe dein F. gehört 2Ch 33,13
2Kö	13,4	aber Joahas f. zum HERRN
2Ch	33,12	als er in Angst war, f. er zu dem HERRN
Est	4,8	daß sie zum König f.
Hi	8,5	wenn du zu dem Allmächtigen f.
	9,15	ich müßte um mein Recht f.
	36,13	die Ruchlosen f. nicht, auch wenn
Ps	6,10	der HERR hört mein F.
	28,2	höre die Stimme meines F. 6; 86,6; 130,2; 140,7
	30,9	zum Herrn f. ich
	31,23	du hörtest die Stimme meines F. 116,1
	55,2	verbirg dich nicht vor meinem F.
	66,19	Gott hat gemerkt auf mein F.
	119,170	laß mein F. vor dich kommen
	142,2	ich f. zum HERRN mit meiner Stimme
	143,1	vernimm mein F. um deiner Treue willen
Spr	18,23	ein Armer redet mit F.
Jes	45,14	werden niederfallen und zu dir f.
	20	zu einem Gott f., der nicht helfen kann
Jer	11,14	bringe für sie kein F. vor mich
	14,12	will ich doch ihr F. nicht anhören
	26,19	fürchteten den HERRN und f. zu ihm
Dan	6,12	fanden Daniel, wie er betete und f.
	9,3	kehrte mich zu Gott, um zu beten und zu f.
Wsh	13,18	er f. zu dem Unfähigsten um Hilfe
Sir	17,22	f. zum Herrn, und gib kein Ärgernis
	51,13	ich erhob von der Erde her mein F.
Bar	2,8	wir haben nicht gef.
	14	erhöre, Herr, unser Gebet und unser F.
GMn	13	ich bitte und f.: Vergib mir, Herr
Apg	8,22	f. zum Herrn, ob dir das Trachten vergeben
Rö	1,10	(daß ich in meinem Gebet f., ob
	10,1	ich f. zu Gott für sie, daß sie gerettet werden
2Ko	12,8	seinetwegen habe ich dreimal zum Herrn gef.
Eph	6,18	betet allezeit mit Bitten und F. Phl 4,6
1Ti	5,5	eine rechte Witwe, die beharrlich f. und betet
Heb	5,7	Bitten und F. mit lautem Schreien dem dargebracht, der

flehentlich

Wsh	19,3	die sie eben mit f. Bitten fortgeschickt

Fleisch

1Mo	2,21	schloß die Stelle mit F. 23
	24	werden sein ein F. Mt 19,5.6; Mk 10,8; 1Ko 6,16; Eph 5,31
	6,3	auch der Mensch ist F. 12
	13	das Ende allen F. ist bei mir beschlossen 17; 7,21
	19	in die Arche bringen von allem F. 7,15.16; 8,17
	9,4	esset das F. nicht mit seinem Blut
	11	hinfort nicht alles F. verderbt w. soll 15
	15	Bund zwischen mir und allem F. 16.17
	17,13	so soll mein Bund an eurem F... werden
	29,14	bist von meinem Gebein und F. 37,27; Ri 9,2; 2Sm 5,1; 19,13.14; 1Ch 11,1; Neh 5,5
	40,19	Vögel werden dein F. von dir fressen
2Mo	4,7	war sie wieder wie sein anderes F.
	12,8	F. essen in derselben Nacht 46; 5Mo 16,4
	16,8	der HERR wird euch F. zu essen geben 12
	21,28	Rind steinigen und sein F. nicht essen
	22,30	kein F. essen, das von Tieren zerrissen
	29,14	F., Fell und Mist verbrennen 34; 3Mo 4,11; 7,17; 8,17.32; 9,11; 16,27; 4Mo 19,5
	31	F. an einem hl. Ort kochen 32; 3Mo 8,31
3Mo	6,20	wer das F. des Opfers anrührt
	7,15	das F. soll an dems. Tage gegessen w. 18
	19	f., das mit Unreinem in Berührung 20.21
	11,8	vom F. dieser Tiere dürft ihr weder essen noch ihr Aas anrühren 11; 5Mo 14,8
	13,10	daß wildes F. in der Erhöhung ist 14-16
	26,29	sollt eurer Söhne und Töchter F. essen 5Mo 28,53.55; Jer 19,9
4Mo	11,4	wer wird uns F. zu essen geben 13.18.21.33
	12,12	von dem d. Hälfte seines F. geschwunden
	16,22	du bist der Gott... F. für alles 27,16
	18,15	bei allem F., es sei Mensch oder Vieh 18
5Mo	12,15	darfst ganz nach Herzenslust F. essen 20
	23	sollst nur das F. das Leben essen
	27	Brandopfer mit F... sollst du essen
	32,42	mein Schwert soll F. fressen
Ri	6,19	Gideon legte das F. in einen Korb 20.21
	8,7	will ich euer F. zerdreschen
1Sm	2,13	kam des Priesters Diener, wenn das F. kochte 15
	14,32	aßen das F. über dem Blut 33; Hes 33,25
	17,44	ich will dein F. den Vögeln geben
	25,11	sollte ich mein Brot nehmen und mein F.
2Sm	6,19	einem jeden ein Stück F. 1Ch 16,3
1Kö	17,6	die Raben brachten ihm Brot und F.
	19,21	Elisa kochte das F. und gab's den Leuten
2Kö	5,10	so wird dein F. wieder heil 14
	9,36	sollen die Hunde das F. Isebels fressen
Hi	2,5	taste sein Gebein und F. an
	6,12	ist doch mein F. nicht aus Erz
	7,5	mein F. ist eine Beute des Gewürms
	10,11	hast mir Haut und F. angezogen
	13,14	was soll ich mein F. festhalten
	14,22	nur sein eigenes F. macht ihm Schmerzen
	19,20	mein Gebein hängt an Haut und F. Klg 3,4
	22	könnt nicht satt werden von meinem F.
	26	ist mein F. dahingeschwunden, so 33,21
	31,31	der nicht satt geworden wäre von seinem F.
	33,25	sein F. blühe wieder wie in der Jugend
	34,15	würde alles F. vergehen
	41,15	die Wampen seines F. haften an ihm
Ps	50,13	daß ich F. von Stieren essen wolle
	65,3	darum kommt alles F. zu dir Jes 66,23
	78,20	kann er seinem Volk F. verschaffen 27
	39	er dachte daran, daß sie F. sind

Fleisch

Ps	79,2	das F. deiner Heiligen den Tieren
	136,25	der Speise gibt allem F.
	145,21	alles F. lobe seinen heiligen Namen
Spr	11,17	ein herzloser schneidet sich ins eig. F.
Pr	4,5	ein Tor verzehrt sein eigenes F.
Jes	9,19	ein jeder frißt das F. seines Nächsten Jer 19,9; Sa 11,9
	22,13	aber siehe da, lauter Freude... F. essen
	31,3	seine Rosse sind F. und nicht Geist
	40,5	alles F. wird es sehen 49,26; Hes 21,4
	6	alles F. ist Gras
	44,16	auf ihr brät er F. 19
	49,26	sättigen mit ihrem eigenen F.
	58,7	entzieh dich nicht deinem F. und Blut
	66,16	der HERR wird richten alles F. Jer 25,31
	24	werden allem F. ein Greuel sein
Jer	7,21	tut eure Brandopfer... und freßt F.
	17,5	und hält F. für seinen Arm
	32,27	ich bin der Gott allen F.
	45,5	Unheil kommen lassen über alles F.
	51,35	Frevel, der begangen ist an meinem F.
Hes	4,14	habe niemals F. gegessen... unreines F.
	11,3	die Stadt ist der Topf, wir das F. 7.11
	21,9	soll mein Schwert fahren über alles F. 10
	24,4	tu F. hinein 10
	32,5	will dein F. auf die Berge werfen
	36,26	das steinerne Herz aus eurem F. wegnehmen
	37,6	lasse F. über euch wachsen 8
	39,17	freßt F. und sauft Blut 18
	44,7	Leute mit unbeschn. F. hineingelassen 9
Dan	4,9	alles F. nährte sich von ihm
	7,5	sprach zu ihm: Steh auf und friß viel F.
	10,3	F. und Wein kamen nicht in meinen Mund
Hos	8,13	wenn sie auch F. herbringen und essen's
Jo	3,1	m. Geist ausgießen über alles F. *Apg 2,17*
Mi	3,2	ihr schindet ab das F. von ihren Knochen
	3	(ihr) fresset das F. meines Volks... zerlegt es wie F. in einen Kessel
Hag	2,12	wenn jemand heiliges F. trüge und berühre
Sa	2,17	alles F. sei stille vor dem HERRN
	11,16	das F. der Fetten wird er fressen
	14,12	ihr F. wird verwesen
Wsh	7,2	(ich) bin F., im Mutterleib gebildet
	19,20	verzehrte nicht das F. der Tiere
Sir	17,30	nicht gut, was F. und Blut sich ausdenkt
	28,5	(ein Mensch) ist nur F. und Blut
	40,8	dies widerfährt allem F.
	44,21	bestätigte diesen Bund an seinem F.
Bar	2,3	daß jeder das F. seines Sohnes essen soll
1Ma	7,17	das F. deiner Heiligen den Tieren gegeben
2Ma	6,21	er sollte sich F. besorgen
Mt	16,17	F. und Blut haben dir das nicht offenbart
	19,5	die zwei werden ein F. sein 6; Mk 10,8; 1Ko 6,16; Eph 5,31
	26,41	der Geist ist willig; aber das F. ist schwach Mk 14,38
Lk	3,6	*alles F. wird den Heiland Gottes sehen*
	24,39	ein Geist hat nicht F. und Knochen
Jh	1,13	die nicht aus dem Willen des F. geboren sind
	14	das Wort ward F.
	3,6	was vom F. geboren ist, das ist F.
	6,51	dieses Brot ist mein F., das ich geben werde 52-56
	63	das F. ist nichts nütze
	8,15	ihr richtet nach dem F.
	17,2	*Macht gegeben über alles F.*
Apg	2,17	ausgießen von meinem Geist auf alles F.
	26	*mein F. wird ruhen in der Hoffnung*
	31	*daß sein F. die Verwesung nicht gesehen*
Rö	1,3	aus dem Geschlecht Davids nach dem F. 9,5
	2,28	Beschneidung, die äußerlich am F. geschieht
	3,20	*kein F. durch... Werke gerecht Gal 2,16*
	4,1	*von Abraham, unserm Vater nach dem F.*
	6,19	um der Schwachheit eures F. willen
	7,5	solange wir dem F. verfallen waren
	18	ich weiß, daß in meinem F. nichts Gutes wohnt
	25	diene ich mit dem F. dem Gesetz der Sünde
	8,3	sandte s. Sohn in der Gestalt des sündigen F.
	4	die wir nicht nach dem F. leben
	7	das F. dem Gesetz Gottes nicht untertan
	12	nicht dem F. schuldig, daß wir nach dem F. leben 13
	13	wenn ihr durch den Geist die Taten des F. tötet, so werdet ihr leben
	9,3	meine Stammverwandten nach dem F.
	8	nicht das sind Gottes Kinder, die nach dem F. Kinder sind
	14,2	wer schwach ist, der ißt kein F. 21; 1Ko 8,13
1Ko	1,26	nicht viele Weise nach dem F.
	29	*auf daß sich vor Gott kein F. rühme*
	5,5	dem Satan übergeben zum Verderben des F.
	10,18	seht an das Israel nach dem F.
	15,39	nicht alles F. ist das gleiche F.
	50	daß F. und Blut das Reich Gottes nicht ererben können
2Ko	4,11	das Leben Jesu offenbar werde an unserm F.
	5,16	kennen niemanden mehr nach dem F.
	7,1	von aller Befleckung des F. reinigen
	10,3	obwohl wir im F. leben
	11,18	da viele sich rühmen nach dem F.
	12,7	ist mir gegeben ein Pfahl ins F.
Gal	1,16	besprach mich nicht erst mit F. und Blut
	2,20	was ich jetzt lebe im F.
	3,3	wollt ihr's denn nun im F. vollenden
	4,23	der von der Magd ist nach dem F. gezeugt 29
	5,13	daß ihr nicht dem F. Raum gebt
	16	werdet ihr die Begierden des F. nicht vollbringen
	17	das F. begehrt auf gegen den Geist
	19	offenkundig sind die Werke des F.
	24	die haben ihr F. gekreuzigt
	6,8	*wer im F. sät, der wird von dem F. das Verderben ernten*
	12	die Ansehen haben wollen nach dem F.
	13	*damit sie sich eures F. rühmen können*
Eph	2,3	unser Leben geführt in den Begierden unsres F. und taten den Willen des F.
	11	*vormals nach dem F. Heiden gewesen*
	15	*in seinem F. abgetan das Gesetz*
	5,29	niemand hat je sein eigenes F. gehaßt
	6,12	wir haben nicht mit F. und Blut zu kämpfen
Phl	1,22	wenn ich weiterleben soll im F.
	24	es ist nötiger, im F. zu bleiben
	3,3	die wir uns nicht verlassen auf F. 4
Kol	1,22	*versöhnt mit dem Leibe seines F.*
	24	erstatte an meinem F., was noch fehlt
	2,1	*die meine Person im F. nicht gesehen*
	13	tot in der Unbeschnittenheit eures F.
	23	sie sind nichts wert und befriedigen nur das F.
1Ti	3,16	er ist offenbart im F.
Phm	16	*nach dem F. und in dem Herrn*
1Pt	1,24	alles F. ist wie Gras
	3,18	Christus ist getötet nach dem F.
	21	*nicht die Unreinigkeit am F. abgetan*
	4,1	weil Christus im F. gelitten hat... wer im F. gelitten hat
	2	die noch übrige Zeit im F.

1Pt	4,6	daß sie gerichtet werden im F.
2Pt	2,10	am meisten aber die, die nach dem F. leben
1Jh	2,16	des F. Lust ist nicht vom Vater
	4,2	daß Jesus Christus in das F. gekommen 2Jh 7
Heb	2,14	weil die Kinder von F. und Blut sind
	5,7	*in den Tagen seines F.*
	10,20	*durch den Vorhang, das ist durch sein F.*
Jak	5,3	ihr Rost wird euer F. fressen wie Feuer
Jud	7	die anderem F. nachgegangen sind
	8	Träumer, die ihr F. beflecken
	23	Gewand, das befleckt ist vom F.
Off	17,16	werden ihr F. essen 19,18.21

fleischern

Hes	11,19	will ihnen ein f. Herz geben 36,26
2Ko	3,3	geschrieben auf f. Tafeln, nämlich eure Herzen

fleischlich

2Ch	32,8	mit ihm ist ein f. Arm, mit uns aber
Rö	7,14	ich aber bin f.
	8,5	die f. sind, die sind f. gesinnt 1Ko 3,3
	6	f. gesinnt sein ist der Tod 7.8
	9	ihr aber seid nicht f.
1Ko	3,1	sondern wie zu f. (Menschen)
2Ko	1,12	nicht in f. Weisheit
	17	oder ist mein Vorhaben f.
	5,16	*ob wir auch Christus früher nach f. Weise erkannt*
	10,2	die unsern Wandel für f. halten
	3	kämpfen wir doch nicht auf f. Weise
	4	die Waffen... sind nicht f.
Kol	2,11	als ihr euer f. Wesen ableget
	18	ist aufgeblasen in seinem f. Sinn
1Pt	2,11	enthaltet euch von f. Begierden
2Pt	2,18	reizen durch Unzucht zur f. Lust

fleischlicherweise

2Ko	10,3	*so streiten wir doch nicht f.*

Fleischmarkt

1Ko	10,25	alles, was auf dem F. verkauft wird

Fleischtopf

2Mo	16,3	als wir bei den F. saßen

Fleiß

Spr	4,23	behüte dein Herz mit allem F.
	31,18	sie merkt, wie ihr F. Gewinn bringt
2Ma	2,27	es gehört viel Arbeit und F. dazu
Mt	2,7	*Herodes erkundete mit F. von ihnen* 16
Lk	1,3	nachdem ich alles mit F. erkundet
	7,4	baten sie ihn mit F. und sprachen
	15,8	kehrt das Haus und sucht mit F., bis
Apg	5,23	*Gefängnis... verschlossen mit allem F.*
	22,3	unterwiesen mit allem F. im Gesetz
2Ko	7,11	welchen F. hat das in euch gewirkt
	8,7	reich in allem F. und in der Liebe
Tit	3,13	*Zenas rüste zur Reise aus mit F.*
2Pt	1,5	wendet allen euren F. daran 10; 3,14; Heb 4,11
	15	*ich will aber F. tun*

fleißig

Ps	119,4	hast geboten, f. zu halten deine Befehle
Spr	10,4	der F. Hand macht reich 11,16; 12,27
	12,24	die f. Hand wird herrschen
	13,4	die F. kriegen genug
Hes	40,4	du Menschenkind, höre f. zu
Sir	20,30	wer einen Acker f. bebaut
Mt	2,8	forscht f. nach dem Kindlein
2Ko	8,8	*weil andere so f. sind*
Gal	2,10	*welches ich f. gewesen bin zu tun*
Eph	4,3	seid f., zu halten die Einigkeit im Geist
2Ti	1,17	suchte er mich aufs f.
Tit	2,14	*Volk, das f. wäre zu guten Werken*

flicken

Jos	9,4	nahmen alte, gef. Weinschläuche 5
Mt	4,21	Jakobus und Johannes, wie sie ihre Netze f. Mk 1,19
	9,16	niemand f. ein altes Kleid mit einem Lappen von neuem Tuch Mk 2,21; Lk 5,36

Fliege

Pr	10,1	tote F. verderben gute Salben
Jes	7,18	wird der HERR herbeipfeifen die F.
Wsh	16,9	kam durch F. Tod und Verderben

fliegen

1Mo	1,20	Vögel sollen f. auf Erden
	7,14	alles, was f. konnte (ging in die Arche)
	8,7	f. immer hin und her 10
3Mo	14,7	den Vogel ins freie Feld f. lassen 53
5Mo	22,7	die Mutter sollst du f. lassen
	28,49	wird ein Volk schicken, wie ein Adler f.
Hi	38,41	wenn seine Jungen irre f.
	39,27	f. der Adler auf deinen Befehl
Ps	91,5	vor den Pfeilen, die des Tages f.
	105,34	da kamen Heuschrecken gef. und gekrochen
Spr	23,5	er macht sich Flügel und f. gen Himmel
Jes	6,2	sechs Flügel: mit zweien f. sie
	6	da f. einer der Serafim zu mir
	14,29	ihre Frucht wird ein f. Drache sein 30,6
	60,8	die da f. wie die Wolken
Jer	48,9	Moab wird davon müssen, als f. es
Hes	17,23	alles, was f. 39,4.17
Sa	5,1	da war eine f. Schriftrolle 2
Wsh	5,11	bei einem Vogel, der durch die Luft f.
Sir	43,15	Wolken ziehen, wie die Vögel f.
Off	4,7	die vierte Gestalt war gleich einem f. Adler
	8,13	wie ein Adler mitten durch den Himmel f.
	12,14	daß sie in die Wüste f. an ihren Ort
	14,6	ich sah einen andern Engel f. mitten durch den Himmel
	19,17	allen Vögeln, die hoch am Himmel f.

fliehen

1Mo	14,10	was übrigblieb, f. auf das Gebirge
	16,6	als Sarai sie demütigen wollte, f. sie 8
	19,20	da ist eine Stadt nahe, in die ich f. kann
	27,43	f. zu Laban 31,21.22.27; 35,1.7; Hos 12,13
	39,12	ließ das Kleid in ihrer Hand und f. 15
2Mo	2,15	Mose f. vor dem Pharao Apg 7,29
	4,3	Mose f. vor (der Schlange)
	9,20	ließ Knechte und Vieh in die Häuser f.
	14,5	angesagt, daß das Volk gef. war 5Mo 16,3
	25	laßt uns f. vor Israel

fliehen

2Mo	20,18	wurde Zeuge von Donner und Blitz und... f.
	21,13	will einen Ort bestimmen, wohin er f. kann 4Mo 35,6.11.15.25.26.32; 5Mo 4,42; 19,3-5.11; Jos 20,3.4.6.9
	23,27	will geben, daß deine Feinde vor dir f.
3Mo	26,17	sollt f., ohne daß euch einer jagt 36
4Mo	16,34	ganz Israel f. vor ihrem Geschrei
5Mo	28,7	auf sieben Wegen vor dir f. 25
Jos	7,4	sie f. vor den Männern von Ai 8,5.6.15.20
	10,11	als sie vor Israel f. nach Bet-Horon 16
Ri	1,6	Adoni-Besek f. 4,15.17; 7,21.22; 8,12
	9,21	Jotam f. vor seinem Bruder Abimelech
	40	daß (Gaal) vor (Abimelech) f. 51
	11,3	da f. (Jeftah) vor seinen Brüdern
	20,32	laßt uns f., damit wir sie von der Stadt wegziehen 45.47
1Sm	4,10	ein jeder f. in sein Zelt 16.17
	14,22	die Philister f. 17,24.51; 19,8; 30,17
	19,10	David f. und entrann 12.18; 20,1; 21,11; 27,4
	22,20	Abjatar f. zu David 23,6
	31,1	die Männer Israels f. vor den Philistern 7; 2Sm 1,4; 23,11; 1Ch 10,1.7; 11,13
2Sm	4,3	dann f. die Beerotiter nach Gittajim
	4	seine Amme war gef.
	10,13	die Aramäer f. vor (Joab) 14.18; 1Ch 19,14.15.18
	13,29	alle Söhne des Königs f.
	34	Absalom aber f. 37.38
	15,14	David sprach: Auf, laßt uns f. 17,2; 18,3.17; 19,4.9.10; 1Kö 2,7; Ps 3,1
	24,13	oder daß du drei Monate vor... f. mußt
1Kö	2,28	da f. Joab in das Zelt des HERRN 29
	11,17	da f. Hadad 23.40; 12,2.18; 2Ch 10,2.18
	20,20	die Aramäer f. 30; 2Kö 3,24; 7,7; 8,21; 2Ch 14,11
2Kö	9,3	sollst f. und nicht zögern 10
	23	Joram f. und sprach: Verräterei, Ahasja 27
	14,12	Juda wurde vor Israel her geschlagen, und sie f. 19; 2Ch 25,22.27
	25,4	der König und alle Kriegsmänner f.
2Ch	13,16	Israel f. vor Juda
Neh	6,11	sollte ein Mann wie ich f.
Hi	14,2	(der Mensch) f. wie ein Schatten
	20,24	f. er vor dem eisernen Harnisch
	27,22	vor seiner Gewalt muß er immer wieder f.
	39,22	(das Roß) f. nicht vor dem Schwert
Ps	11,1	f. wie ein Vogel auf die Berge
	31,12	die mich sehen, f. vor mir
	44,11	du lässest uns f. vor unserm Feind
	55,8	so wollte ich in die Ferne f.
	57,1	als er vor Saul in die Höhle f.
	60,6	damit sie f. können vor dem Bogen
	68,2	die ihn hassen, f. vor ihm
	13	die Könige der Heerscharen f., sie f.
	71,3	Hort, zu dem ich immer f. kann
	104,7	vor deinem Schelten f. sie
	114,3	das Meer sah es und f. 5
	139,7	wohin soll ich f. vor deinem Angesicht
Spr	27,8	so ist e. Mann, der aus seiner Heimat f.
	28,1	der Gottlose f., wenn niemand ihn jagt
Hl	8,14	f., mein Freund
Jes	8,9	tobet, ihr Völker, ihr müßt doch f. 17,13
	10,3	zu wem wollt ihr f. um Hilfe 20,6
	29	das Gibea Sauls f.
	13,14	ein jeder in s. Land f. wird Jer 50,3.16
	15,5	seine Flüchtigen f. bis nach Zoar
	21,15	sie f. vor dem Schwert 31,8
	22,3	deine Hauptleute sind in die Ferne gef.
	28,16	wer glaubt, der f. nicht
	30,17	werden f... vor fünfen werdet ihr f.
Jes	33,3	es f. die Völker vor dem Tosen
	37,38	sie f. ins Land Ararat
	48,20	geht heraus aus Babel, f. Jer 50,8; 51,6
	51,11	Trauern und Seufzen wird von ihnen f.
Jer	4,6	f. und säumet nicht 6,1
	29	aus allen Städten werden sie f.
	9,9	Vögel und Vieh sind gef.
	25,35	die Hirten werden nicht f. können
	26,21	Uria erfuhr das und f.
	43,5	von allen Völkern, wohin sie gef.
	46,5	sie f. und wenden sich nicht zurück 21
	48,6	f. und rettet euer Leben 19
	49,8	f., wendet euch und verkriecht euch 30
Klg	4,15	wenn sie f. und umherirrten
Dan	4,11	daß die Vögel von seinen Zweigen f.
	10,7	fiel ein Schrecken auf sie, so daß sie f.
Am	5,19	gleichwie wenn jemand vor dem Löwen f.
	7,12	du Seher, geh weg und f. ins Land Juda
Jon	1,3	Jona wollte vor dem HERRN f. 10; 4,2
Nah	3,7	daß alle, die dich sehen, vor dir f.
Sa	2,10	f. aus dem Lande des Nordens
	14,5	werdet f., wie ihr vorzeiten gef. seid
Jdt	10,13	ich bin vor ihnen gef. 11,12
	14,3	dann werden ihre Wachen f. 5
	15,2	auf allen Wegen f. sie 3
Wsh	1,5	der heilige Geist f. die Falschheit
	10,6	den Gerechten, als er f. 10
Tob	1,21	Sanherib, als er hatte f. müssen
	23	Tobias aber f. mit seinem Sohn
Sir	21,2	f. vor der Sünde wie vor einer Schlange
	23,16	die Gottesfürchtigen f. dies alles
Bar	6,68	die unvernünftigen Tiere können f.
1Ma	1,40	die Bürger Jerusalems ihretwegen
	2,44	die übrigen f. zu den Heiden
	6,4	Antiochus mußte f. und zog ab
	9,40	daß die Übriggebl. ins Gebirge f. mußten
Mt	2,13	f. nach Ägypten und bleib dort
	8,33	die Hirten f. und gingen hin in die Stadt Mk 5,14; Lk 8,34
	10,23	f. in eine andere (Stadt)
	24,16	alsdann f. auf die Berge, wer in Judäa ist Mk 13,14; Lk 21,21
	26,56	da verließen ihn alle Jünger und f. Mk 14,50
Mk	14,52	er war nackt davon
	16,8	sie gingen hinaus und f. von dem Grab
Jh	10,5	Fremden folgen sie nicht nach, sondern f.
	12	sieht den Wolf kommen und f.
Apg	19,16	daß sie nackt und verwundet aus dem Haus f.
	27,30	als die Schiffsleute vom Schiff zu f. suchten
1Ko	6,18	der Hurerei
	10,14	darum, meine Lieben, f. den Götzendienst
1Ti	6,11	du, Gottesmensch, f. das
2Ti	2,22	f. die Begierden der Jugend
Jak	4,7	widersteht dem Teufel, so f. er von euch
Off	9,6	sie werden begehren zu sterben, und der Tod wird von ihnen f.
	20,11	vor s. Angesicht f. die Erde und der Himmel

fließen

1Mo	2,11	Pischon, der f. um das Land Hawila 13.14
2Mo	3,8	ein Land, darin Milch und Honig f. 17; 13,5; 33,3; 3Mo 20,24; 4Mo 13,27; 14,8; 16,13.14; 5Mo 6,3; 11,9; 26,9.15; 27,3; 31,20; Jos 5,6; Jer 11,5; 32,22; Hes 20,6.15
4Mo	19,17	soll man f. Wasser darauf tun
5Mo	8,7	Bäche, die in den Auen f.
	9,21	warf d. Staub in d. Bach, der vom Berge f.
Jos	4,18	das Wasser des Jordan f. wie vorher

Jos	13,3	vom Schihor an, der vor Ägypten f. 19,11
1Sm	14,26	siehe, da f. der Honig
	32	daß das Blut auf die Erde f.
	21,14	(David) ließ s. Speichel in seinen Bart f.
	26,20	so f. nun mein Blut nicht auf die Erde
1Kö	17,3	Bach Krit, der zum Jordan f. 5
	22,35	das Blut f. mitten in den Wagen
Esr	8,15	am Fluß, der nach Ahawa f.
Neh	9,15	Wasser aus dem Felsen f. lassen Jes 48,21
Hi	20,17	Bäche, die mit Honig und Milch f.
Ps	119,136	meine Augen f. von Tränen Jer 9,17; 13,17; 14,17; Klg 1,16; 3,49
Spr	8,24	die Quellen, die von Wasser f.
Pr	1,7	an den Ort, dahin sie f., f. sie wieder
Hl	4,15	lebendigen Wassers, das von Libanon f.
	5,5	m. Finger (troffen) von f. Myrrhe 13
Jes	30,25	Ströme f. zur Zeit der großen Schlacht
	32,4	die Zunge der Stammelnden wird f. reden
	34,3	daß die Berge von ihrem Blut f.
Hes	31,15	daß die großen Wasser nicht f. konnten
	32,14	daß seine Ströme f. wie Öl
	35,6	soll auch dein Blut f.
	47,8	Wasser f. hinaus... wenn es ins Meer f.
	12	ihr Wasser f. aus dem Heiligtum
Jo	4,18	werden die Hügel von Milch f.
Hab	3,9	du spaltetest das Land, daß Ströme f.
Sa	14,8	werden lebendige Wasser aus Jerusalem f.
Sir	24,34	er läßt Weisheit f. wie der Pischon
	40,11	wie alle Wasser wieder ins Meer f.
	46,10	Land, darin Milch und Honig f. Bar 1,20
Jh	7,38	von dessen Leib werden Ströme lebendigen Wassers f.
Jak	3,11	aus einem Loch süßes und bitteres Wasser f.

Flocke

StD	3,44	Tropfen und F., lobt den Herrn

Floh

1Sm	24,15	wem jagst du nach? einem einz. F. 26,20

Floß

1Kö	5,23	ich will sie in F. zusammenlegen lassen
2Ch	2,15	wollen es auf F. übers Meer bringen
Wsh	14,5	werden auf einem F. gerettet 6

Flosse

3Mo	11,9	was F. und Schuppen hat im Wasser, dürft ihr essen 10.12; 5Mo 14,9.10

Flöte

1Sm	10,5	vor ihnen her Harfe und Pauke und F.
1Kö	1,40	das Volk blies mit F.
Hi	21,12	sind fröhlich mit F.
Dan	3,5	hören werdet den Schall der F. 7.10.15
Sir	40,21	F. und Harfe klingen schön
1Ma	3,45	man hörte dort weder F. noch Harfe
1Ko	14,7	verhält sich's doch auch so mit F. oder Harfe

Flötenklage

Jer	48,36	darum klagt mein Herz über Moab wie F.

Flötenspiel

Ri	5,16	zu hören bei den Herden das F.

Hi	30,31	mein F. (ist geworden) zum Trauerlied
Ps	5,1	ein Psalm Davids, vorzusingen, zum F.
Jes	30,29	euch freuen, wie wenn man mit F. geht

Flötenspieler

1Mo	4,21	Jubal; von dem sind hergekommen alle F.
Mt	9,23	sah die F. und das Getümmel des Volkes
Off	18,22	die Stimme der F. soll nicht mehr in dir gehört

Fluch

1Mo	27,12	brächte über mich F. und nicht Segen
	13	der F. sei auf mir, mein Sohn
3Mo	5,1	daß er den F. aussprechen hört Spr 29,24
4Mo	5,21	der HERR mache deinen Namen zum F. 27
	23	soll diese F. auf einen Zettel schreiben
5Mo	11,26	lege euch vor Segen und F. 28.29; 30,19
	23,6	wandelte die den F. in Segen um Neh 13,2
	28,15	w. alle diese F. dich treffen 45; 29,19.26
	46	diese F. werden Zeichen und Wunder sein
	29,18	der, wenn er die Worte dieses F. hört
	20	ihn absondern nach allen F. des Bundes
	30,1	über dich kommt, es sei Segen oder F.
	7	diese F. wird... auf deine Feinde legen
Jos	8,34	ließ ausrufen alle Worte... Segen und F.
Ri	9,57	kam über sie der F. Jotams
	17,2	derenthalben du den F. gesprochen
1Sm	14,24	belegte Saul das Volk mit einem F. 28
1Kö	8,31	wird ihm ein F. auferlegt 2Ch 6,22
2Kö	22,19	sollen zum Entsetzen und zum F. werden
2Ch	34,24	alle die F., die geschrieben stehen
Hi	31,30	verwünschte mit einem F. seine Seele
Ps	59,13	sollen sich fangen mit all ihren F.
	109,17	er liebte den F.
	18	er zog den F. an wie sein Hemd
Spr	3,33	im Hause des Gottlosen ist der F.
	26,2	so ist ein unverdienter F.
	27,14	wird ihm das für einen F. gerechnet
Jes	24,6	darum frißt der F. die Erde
	65,15	sollt euren Namen... zum F. überlassen
Jer	23,10	wegen des F. vertrocknet das Land
	24,9	will sie machen zum F. 25,18; 29,18; 42,18; 44,8.12.22; 49,13
Klg	3,65	laß sie deinen F. fühlen
Dan	9,11	darum trifft uns auch der F.
Sa	5,3	das ist der F. der ausgeht über das Land
	8,13	wie ihr ein F. gewesen seid unter Heiden
Mal	2,2	werde ich den F. unter euch schicken
Sir	3,11	der F. der Mutter reißt sie nieder
	41,12	geboren... dem F. zum Opfer 13
Bar	1,20	sind über uns Strafe und F. gekommen 3,8
	2,4	machte sie zum F. bei allen Völkern
Rö	3,14	ihr Mund ist voll F. und Bitterkeit
Gal	3,10	die aus den Werken des Gesetzes leben, die sind unter dem F.
	13	Christus hat uns erlöst von dem F. des Gesetzes, da er zum F. wurde für uns
2Pt	2,14	(sie sind) Kinder des F.
Heb	6,8	ist dem F. nahe, daß man sie zuletzt abbrennt

fluchbringend

4Mo	5,18	das bittere, f. Wasser 19.22.24.27

fluchen

1Mo	27,29	verflucht sei, wer dir f.

fluchen

2Mo	21,17	wer Vater oder Mutter f., soll sterben 3Mo 20,9; Spr 20,20; 30,11; Mt 15,4; Mk 7,10
	22,27	einem Obersten sollst du nicht f. Pr 10,20; Apg 23,5
3Mo	19,14	sollst dem Tauben nicht f.
	24,11	lästerte den Namen des HERRN und f.
	15	wer s. Gott f., soll seine Schuld tragen
4Mo	23,8	wie soll ich f., dem Gott nicht f. 11
Ri	5,23	f. der Stadt Meros, sprach der Engel
	9,27	aßen und tranken und f. dem Abimelech
1Sm	17,43	der Philister f. dem David bei seinem Gott
2Sm	16,5	Schimi f. (David) 7.9-13; 19,22; 1Kö 2,8
Neh	13,25	ich schalt sie und f. ihnen
Ps	10,7	sein Mund ist voll F. *Rö 3,14*
	62,5	aber im Herzen f. sie
	102,9	die mich verspotten, f. mit meinem Namen
	109,28	f. sie, so segne du
Spr	11,26	wer Korn zurückhält, dem f. die Leute
	24,24	dem f. die Völker
	30,10	verleumde nicht... daß er dir nicht f.
	11	es gibt eine Art, die ihrem Vater f.
Pr	7,21	nicht hören müssest, wie d. Knecht dir f.
	22	daß du andern auch oftmals gef. hast
Jes	8,21	werden sie zürnen und f. ihrem König
Jer	15,10	und doch f. mir jedermann
Sir	4,5	gib ihm keinen Anlaß, dir zu f.
	21,30	wenn der Gottlose f., f. er sich selber
	23,36	wenn man sich an sie erinnert, f. man ihr
	29,9	er bezahlt ihn mit F. und Schelten
	34,29	wenn einer betet und der andre f.
Mt	5,44	segnet, die euch f. Lk 6,28
	15,4	wer Vater und Mutter f., soll sterben Mk 7,10
Apg	23,5	dem Obersten deines Volks sollst du nicht f.
Rö	12,14	segnet, die euch verfolgen; segnet, und f. nicht
Jak	3,9	mit ihr f. wir den Menschen, die
	10	aus einem Munde kommt Loben und F.

Flucher

3Mo	24,14	führe den F. hinaus vor das Lager 23

Flucht

1Mo	14,10	die Könige wurden in die F. geschlagen
4Mo	21,29	hat seine Söhne in die F. geschlagen
1Sm	22,17	sie wußten, daß er auf der F. war
2Sm	22,41	hast meine Feinde zur F. gewandt Ps 18,41
1Ch	21,12	drei Monate F. vor deinen Widersachern
Ps	56,9	zähle die Tage meiner F.
Jer	46,5	wie kommt's, daß sie die F. ergreifen 49,24; 52,7
Jdt	5,10	tat ihnen Gott auf ihrer F. das Meer auf
	15,5	die Assyrer in ungeordneter F.
	16,14	Knaben erschlugen sie auf der F.
Wsh	17,2	auf der F. vor der ewigen Vorsehung
1Ma	1,19	wandte sich vor ihm zur F. 16,8; 2Ma 12,22
	3,23	(Judas) schlug Seron in die F. 11,55.72; 2Ma 8,6.24; 11,12; 12,37
Mt	24,20	daß eure F. nicht geschehe im Winter
Heb	11,34	haben fremde Heere in die F. geschlagen

flüchten

3Mo	26,25	wenn ihr euch auch in eure Städte f.
5Mo	23,16	Knecht, der von ihm zu dir gef. ist
Spr	27,8	wie ein Vogel, der aus seinem Nest f.
Wsh	14,6	f. die, an denen die Hoffnung... hing
1Ma	10,13	die Heiden f. in ihr Land
1Ma	15,37	Tryphon f. auf einem Schiff

Fluchtgepäck

Jer	46,19	mache dir F.

flüchtig

1Mo	4,12	unstet und f. sollst du sein auf Erden 14
4Mo	10,35	laß alle, die dich hassen, f. werden
5Mo	32,30	daß zwei zehntausend f. machen
Hi	26,13	seine Hand durchbohrte die f. Schlange
	39,5	wer hat die Bande des F. gelöst
Spr	28,17	der wird f. sein bis zum Grabe
Jes	15,5	seine F. fliehen bis nach Zoar
	16,3	verrate die f. nicht
	21,14	bietet Brot den F.
	27,1	wird der HERR heimsuchen die f. Schlange
Jer	49,5	niemand wird die F. sammeln
	50,28	man hört ein Geschrei der F.
Wsh	13,2	(die) die f. Luft für Götter halten
	16,27	sobald es von einem f. Strahl erwärmt

Flüchtling

Ri	12,4	ihr seid F. aus Ephraim 5
Wsh	19,3	verfolgten die als F., die sie fortgeschickt

Fluchtort

1Ma	1,56	daß er sich an verborgenen F. verstecken

Fluchtweg

Ob	14	du sollst nicht stehen an den F.

Fluchtzeichen

Jer	4,6	richtet in Zion ein F. auf 21; 6,1

Fluchwort

Jer	26,6	will diese Stadt zum F. machen 29,22

Flug

Wsh	5,11	findet kein Anzeichen seines F. mehr

Flügel

2Mo	25,20	Cherubim sollen... mit ihren F. den Gnadenthron bedecken 37,9; 1Kö 6,27; 8,7; 2Ch 5,8
3Mo	1,17	soll seine F. einreißen
	11,20	F. hat... ein Greuel 21.23; 5Mo 14,19
5Mo	32,11	trug ihn auf seinen F.
Rut	2,12	daß du unter seinen F. Zuflucht hättest
1Kö	6,24	F. eines jeden Cherubs 8,6; 2Ch 3,11-13; 5,7
	34	daß jede Tür zwei F. hatte
Hi	39,26	breitet seine F. aus dem Süden zu
Ps	17,8	unter dem Schatten d. F. 36,8; 57,2; 63,8
	55,7	ich sprach: O hätte ich F. wie Tauben
	68,14	glänzt es wie F. der Tauben
	91,4	Zuflucht wirst du haben unter seinen F.
	139,9	nähme ich F. der Morgenröte
Spr	23,5	Reichtum macht sich F. wie ein Adler
Jes	6,2	ein jeder hatte sechs F.
	8,8	sie werden ihre F. ausbreiten
	18,1	weh dem Lande voll schwirrender F.
	31,5	wie Vögel es tun mit ihren F.

Jes	40,31	daß sie auffahren mit F. wie Adler
Jer	48,9	gebt Moab F.
	40	breitet seine F. aus über Moab 49,22
Hes	1,6	jede hatte vier F. 8.9.11.23-25; 3,13; 10,5.8.12. 16.19.21; 11,22
	17,3	ein Adler mit großen F. kam 7
Dan	7,4	das erste hatte F ... F. genommen 6
Hos	4,19	der Wind mit seinen F. wird sie fassen
Sa	5,9	zwei Frauen traten heran und hatten F.
Mal	3,20	soll aufgehen Heil unter ihren F.
Wsh	5,11	er zerteilt sie mit seinen F.
Sir	11,3	die Biene ist klein unter allem, was F. hat
1Ma	9,1	die besten Truppen auf dem rechten F. 12.14. 16
	11	Reiterei ... auf jedem F. eine 2Ma 15,20
Mt	23,37	wie eine Henne ihre Küken versammelt unter ihre F. Lk 13,34
Off	4,8	jede der vier Gestalten hatte sechs F.
	9,9	das Rasseln ihrer F. war wie das Rasseln der Wagen
	12,14	der Frau gegeben die zwei F. des Adlers

flugs

Jes	28,4	die einer f. aus der Hand verschlingt
Lk	16,6	schreib f. fünfzig

Flur

1Ch	5,16	wohnten in allen F. Scharons
Neh	11,25	wohnten in Höfen auf ihren F. 30; 12,29
Spr	8,26	als er noch nicht gemacht hatte die F.
Jes	16,8	die F. von Hesbhon sind wüst geworden
Jer	25,30	der HERR wird brüllen über seine F. hin

Fluß

3Mo	15,3	mag s. Glied den F. ausfließen lassen 13
5Mo	3,8	nahmen das Land von dem F. Arnon 12.16
Jos	19,26	die Grenze stößt an den F. Libnat
2Sm	17,21	geht eilends über den F.
2Kö	5,12	sind nicht die F. von Damaskus besser
	17,6	am Habor, dem F. von Gosan 18,11; 1Ch 5,26
	19,24	austrocknen alle F. Ägypt. Jes 19,6; 37,25
Esr	8,15	am F., der nach Ahawa fließt 21.31
Ps	78,44	daß sie aus ihren F. nicht trinken konnten
Hes	1,1	am F. Kebar 3; 3,15.23; 10,15.20.22; 43,3
	47,6	führte mich am Ufer des F. entlang
Dan	8,2	war ich im Lande Elam, am F. Ulai 3.6
Wsh	19,10	wie der F. eine Menge Frösche ausspie
Tob		ging zum F., um seine Füße zu waschen
Bar	1,4	das in Babel am F. Sud wohnte
1Ma	11,7	geleitete den König bis an den F.
	12,30	hatten den F. Eleutherus überschritten
Apg	16,13	am Sabbattag gingen wir hinaus an den F.
2Ko	11,26	ich bin in Gefahr gewesen durch F.

flüssig

Jer	6,29	das Blei wurde f. vom Feuer

flüstern

Hi	4,12	hat mein Ohr ein F. empfangen
Ps	41,8	alle, die mich hassen, f. miteinander
Jes	8,19	Beschwörer, die da f. und murmeln
Lk	12,3	was ihr ins Ohr f. in der Kammer, das wird man predigen

Flut

1Mo	49,25	gesegnet mit Segen von der F. 5Mo 33,13
2Mo	15,8	die F. standen wie ein Wall
2Sm	22,5	die F. des Unheils erschreckten mich Ps 18,5
Hi	14,19	seine F. schwemmen die Erde weg
	41,24	man denkt, die F. sei Silberhaar
Ps	29,10	der HERR hat seinen Thron über der F.
	33,7	er sammelt in Kammern die F.
	42,8	deine F. rauschen daher
	69,3	die F. will mich ersäufen 16
	88,8	bedrängst mich mit allen deinen F. 18
	104,6	mit F. decktest du es wie mit einem Kleide
Spr	8,27	als er den Kreis zog den F. der Tiefe
Jes	10,22	bringt F. von Gerechtigkeit
	28,15	wenn die F. daherfährt 18
	44,27	deine F. trockne ich aus
	63,13	der sie führte durch die F.
Hes	26,19	will eine große F. kommen lassen
	31,4	ließ ihn die F. der Tiefe wachsen
	15	ließ ich die F. der Tiefe um ihn trauern
Dan	9,26	kommt das Ende durch eine F.
	11,10	der eine wird wie eine F. heranbrausen
Jon	2,4	daß die F. mich umgaben
Nah	1,8	er schirmt sie, wenn die F. überläuft
Hab	3,8	warst du zornig, HERR, auf die F.
Wsh	14,1	der durch wilde F. zu fahren gedenkt
	19,7	aus den F. erhob sich ein grünes Feld
Sir	21,16	die Erkenntnis wächst wie eine F.
	39,27	tränkt die Erde wie eine große F.

fluten

Jes	8,7	daß sie über alle ihre Ränder f.

folgen

1Mo	24,5	wie, wenn das Mädchen mir nicht f. 8.39
2Mo	14,23	die Ägypter f ... mitten ins Meer
	23,2	sollst der Menge nicht zum Bösen f.
5Mo	1,36	weil er dem HERRN treu gef. Jos 14,8.9.14
	4,3	alle, die dem Baal-Peor f., vertilgt
	13,3	spricht: Laß uns andern Göttern f.
	5	dem HERRN, eurem Gott, f. 1Sm 12,14
Jos	6,13	das übrige Volk f. der Lade
Ri	2,19	indem sie and. Göttern f. Jer 9,13; 13,10
	5,15	ins Tal f. er ihm auf dem Fuß 8,5
	6,34	(Gideon) rief auf, ihm zu f. 35
	9,49	sie f. Abimelech
	20,42	der Kampf f. ihnen auch dorthin
1Sm	13,4	um Saul zu f. 7; 15,31; 17,14
	25,27	den Leuten gegeben, die meinem Herrn f.
	30,21	zu müde, um David zu f.
2Sm	3,31	der König f. der Bahre
	20,2	fiel jedermann von David ab und f. Scheba
	7	die Männer Joabs f. Abischai
1Kö	11,6	Salomo f. nicht völlig dem HERRN
	12,20	niemand f. dem Hause David als Juda
2Kö	9,18	wende um, f. mir 19
	11,15	wer (Atalja) f., der sterbe
1Ch	12,33	hielten ihre Brüder f. ihrem Befehl
2Ch	11,16	die den HERRN suchten, f. den Leviten
Neh	4,17	die Wache, die mir f.
Ps	23,6	Gutes und Barmherzigkeit werden mir f.
	45,15	Jungfrauen f. ihr
	85,14	daß Gerechtigkeit seinen Schritten f.
	110,3	wird dir dein Volk willig f.
Spr	1,10	wenn die bösen Buben locken, so f. nicht
Jes	41,2	läßt den kommen, dem Heil auf dem Fuße f.
	45,14	sie werden dir f., in Fesseln

folgen

Jer	2,2	ich gedenke der Treue, wie du mir f.
	25,6	f. nicht andern Göttern, ihnen zu dienen
Hes	13,3	Propheten, die ihrem eigenen Geist f.
Dan	11,43	Libyer und Kuschiter werden ihm f. müssen
Hos	2,17	dorthin wird sie willig f.
Mi	6,16	Werke des Hauses Ahab und f. ihrem Rat
Hab	3,5	Seuche f., wo er hintrat
Jdt	5,6	nicht den Göttern ihrer Väter f. wollten
	8,15	weil wir nicht der Sünde unsrer Väter gef.
Sir	5,2	f. deinem Begehren nicht 18,30.31
	11	f. nicht jedem Weg
	21,12	der f. seinem eignen Kopf nicht
	25,34	will sie dir nicht f., so scheide dich
1Ma	16,6	als seine Leute das sahen, f. sie ihm
2Ma	1,3	bereit, seinen Weisungen gern zu f.
	11,34	schrieben die Römer den Juden wie f.
StE	4,2	die andere aber f. ihr
Mt	4,25	es f. ihm eine große Menge aus Galiläa 8,1; 9,27; 12,15; 14,13; 19,2; 20,29.34; Mk 3,7; 5,24; Lk 23,27; Jh 6,2
	8,19	ich will dir f., wohin du gehst Lk 9,57
	22	Jesus spricht zu ihm: F. du mir 9,9
	23	seine Jünger f. ihm Lk 22,39
	9,19	Jesus stand auf und f. ihm
	16,24	der nehme sein Kreuz auf sich und f. mir Lk 9,23
	26,58	Petrus f. ihm von ferne Lk 22,54
	27,62	am nächsten Tag, der auf den Rüsttag f.
Mk	14,13	es wird euch ein Mensch begegnen; f. ihm Lk 22,10
	16,17	die f. werden denen, die da glauben
Lk	17,23	gehet nicht hin und f. auch nicht
Jh	10,27	meine Schafe hören m. Stimme... sie f. mir
	11,31	f. sie ihr, weil sie dachten
	13,36	wo ich hingehe, kannst du mir nicht f. 37
	21,20	sah den Jünger f., den Jesus liebhatte
Apg	5,36	alle, die ihm f., wurden zerstreut 37
	12,8	wirf deinen Mantel um und f. mir 9
	13,43	f. viele Juden dem Paulus und Barnabas
	16,17	die f. Paulus überall hin und schrie
	21,36	die Menge f. und schrie: Weg mit ihm
1Ko	4,16	ermahne ich euch: F. meinem Beispiel
	10,4	sie tranken von dem geistlichen Felsen, der ihnen f.
	11,1	f. meinem Beispiel, wie ich dem Beispiel Christi Phl 3,17
Eph	5,1	f. Gottes Beispiel als die geliebten Kinder
	18	woraus ein unordentliches Wesen f.
1Th	1,6	ihr seid unserm Beispiel gef. 2Ti 3,10
1Ti	5,15	haben sich einige abgewandt und f. dem Satan
2Pt	1,16	wir sind nicht ausgeklügelten Fabeln gef.
	2,2	viele werden ihnen f. in ihren Ausschweifungen
	15	sie f. dem Weg Bileams
Off	14,8	ein zweiter Engel f., der sprach 9
	19,14	ihm f. das Heer des Himmels auf Pferden

folgend

Sir	42,1	über f. schäme dich nicht
1Ma	4,28	brachte Lysias im f. Jahr... zusammen
Lk	13,33	muß morgen und am f. Tage noch wandern
Apg	10,24	am f. Tag kam er nach Cäsarea
	13,44	am f. Sabbat kam die ganze Stadt zusammen
	20,15	am f. Tag gelangten wir nach Samos 21,1
	23,11	in der f. Nacht stand der Herr bei ihm

fordern

1Mo	9,5	will euer Blut von allen Tieren f... des Menschen Leben f. von einem jeden Menschen 42,22; Hes 3,18.20; 33,6.8
	31,39	du f. es von meiner Hand
	34,12	f. nur getrost Brautpreis und Geschenk
	43,9	von m. Händen sollst du ihn f. 2Sm 4,11
5Mo	10,12	was f. der HERR, dein Gott, von dir
	18,19	wer nicht hören wird, von dem will ich's f.
	23,22	der HERR, dein Gott, wird's von dir f.
Jos	15,18	einen Acker zu f. von ihrem Vater Ri 1,14
	19,50	gaben ihm die Stadt, die er f.
Ri	5,25	Milch gab sie, als er Wasser f.
	8,26	die goldenen Ringe, die er gef. hatte
1Sm	8,10	dem Volk, das von ihm einen König f.
2Sm	3,13	eins f. ich von dir: Du bringst Michal
Esr	7,21	alles, was Esra von euch f., das tut
	8,22	schämte mich, vom König Geleit zu f.
Neh	5,11	Schuld, die ihr zu f. habt 12
	18	f. ich nicht die Einkünfte
Hi	27,8	wenn Gott seine Seele von ihm f.
Ps	35,11	f. von mir, wovon ich nichts weiß
	78,18	als sie Speise f. für ihre Gelüste
	94,10	sollte der nicht Rechenschaft f.
	109,11	soll der Wucherer alles f., was er hat
Jes	1,12	wer f. von euch, daß ihr... zertretet
	7,11	f. dir ein Zeichen vom HERRN 12
	58,2	sie f. von mir Recht
Hes	18,16	(wenn er) kein Pfand f.
	20,40	da will ich eure Opfer f.
	34,10	will meine Herde von ihren Händen f.
Dan	2,10	was der König f... von irgendeinem f. 11
Hos	2,4	f. von eurer Mutter, daß sie wegtue
Mi	6,8	ist dir gesagt, was der HERR von dir f.
	7,3	der Fürst und der Richter f. Geschenke
Mt	12,39	ein böses Geschlecht f. ein Zeichen Mk 8,12; Lk 11,29
	14,7	er wolle ihr geben, was sie f. würde
	16,1	*die versuchten ihn und f. ein Zeichen*
	18,32	da f. ihn sein Herr vor sich
	25,19	der Herr dieser Knechte f. Rechenschaft
Mk	8,11	die Pharisäer f. von ihm ein Zeichen Lk 11,16
Lk	1,63	er f. eine kleine Tafel und schrieb
	3,13	f. nicht mehr, als euch vorgeschrieben ist
	11,50	damit gef. werde von diesem Geschlecht das Blut aller Propheten 51
	12,20	diese Nacht wird man deine Seele von dir f.
	48	wem viel anvertraut ist, von dem wird man um so mehr f.
	19,23	*hätte ich's mit Zinsen gef.*
	23,23	sie f., daß er gekreuzigt würde
Apg	12,19	*Herodes aber, da er ihn f.*
	16,29	da f. der Aufseher ein Licht
Rö	2,14	wenn Heiden tun, was das Gesetz f. 15
	8,4	die Gerechtigkeit, vom Gesetz gef.
1Ko	1,22	die Juden f. Zeichen
	4,2	nun f. man nicht mehr von den Haushaltern
Phl	3,6	nach der Gerechtigkeit, die das Gesetz f.
1Pt	3,15	vor jedermann, der von euch Rechenschaft f. über die Hoffnung
Off	19,2	*das Blut s. Knechte von ihrer Hand gef.*

fördern

Ps	90,17	der Herr f. das Werk unsrer Hände bei uns
Jes	16,5	daß einer richte und f. Gerechtigkeit
Jer	5,28	der Waisen Sache f. sie nicht
Eph	4,29	*was das Nötige f., redet*

Forderung

Sir 4,19 (wenn sie) ihn mit ihren F. versucht
Kol 2,14 Schuldbrief, der mit seinen F. gegen uns war

Förderung

Phl 1,12 mehr zur F. des Evangeliums geraten
     25 euch zur F. und zur Freude im Glauben

Form

2Mo 32,4 (Aaron) bildete das Gold in einer F.

formen

Jes 44,12 der Schmied macht ein Messer und f. es
Hes 27,19 haben von Usal gef. Eisen gebracht
Sir 38,33 er muß aus dem Ton sein Gefäß f.

forschen

1Mo 43,7 der Mann f. so genau nach uns
5Mo 13,15 sollst gründl. suchen, f. und fragen 17,4
1Sm 14,38 f. und seht, an wem die Schuld liegt
2Kö 10,23 f., daß nicht jemand unter euch sei
Neh 2,13 ich f., wo die Mauern eingerissen waren
Ps 77,7 mein Geist muß f.
Spr 2,4 wenn du nach ihr f. wie nach Schätzen
    25,27 wer nach schweren Dingen f., dem bringt's
Pr 12,9 der Prediger erwog und f.
Jer 30,6 f. und sehet, ob dort Männer gebären
Wsh 6,24 will nach (Weisheit) f. Sir 6,28; 51,21
Mt 2,8 f. fleißig nach dem Kindlein
Lk 18,36 f. er, was das wäre
Jh 7,52 f. und sieh: aus Galiläa... kein Prophet
Apg 10,18 f., ob Simon allda zur Herberge wäre
    17,11 f. täglich in der Schrift, ob sich's so verhielte
1Pt 1,10 nach d. Seligkeit haben gef. die Propheten 11

fort

Jer 9,9 Vögel und Vieh sind geflohen und f.

fortan

4Mo 15,23 durch Mose geboten... f. für alle Zeit
1Sm 15,35 Samuel sah Saul f. nicht mehr
Hi 42,12 der HERR segnete Hiob f. mehr als einst
Hes 31,14 damit sich f. kein Baum überhebe

fortbleiben

Tob 9,4 wenn ich einen Tag zu lange f.

fortbringen

1Mo 44,1 fülle ihre Säcke mit Getreide, soviel sie f.
Jer 27,10 daß sie euch aus eurem Lande f.

forteilen

Wsh 4,14 darum e. sie f. von den bösen Menschen

fortfahren

1Mo 18,29 (Abraham) f.f. mit ihm zu reden
2Sm 11,25 f.f. mit dem Kampf gegen die Stadt
Hi 27,1 Hiob f.f. mit seinem Spruch

Ps 10,5 er f.f. in seinem Tun immerdar
    68,22 wird zerschmettern, die f. in ihrer Sünde
Jdt 4,13 wenn ihr so f., wie ihr angefangen
Jh 8,7 als sie nun f., ihn zu fragen
Apg 12,3 f. er f. und nahm Petrus gefangen
1Ti 4,13 f.f. mit Vorlesen, mit Ermahnen, mit Lehren

fortführen

2Mo 13,19 f. meine Gebeine mit euch f.
2Ch 35,23 mich f.; ich bin schwer verwundet
Hes 8,3 da f. mich der Geist f.
    17,13 die Gewaltigen im Lande f. er f.

fortgehen

5Mo 15,16 ich will nicht f. von dir
Ri 6,18 g. nicht f., bis ich wieder zu dir komme
1Sm 20,22 der HERR befiehlt dir f.
    28,25 standen auf und g.f. noch in der Nacht
2Sm 17,18 da g. die beiden eilends f.
Esr 10,6 Esra g.f.
Neh 13,10 daß deshalb die Leviten und Sänger fortg.
Hl 5,6 war er weg und fortg.
Jdt 13,1 g. sein Gefolge f. in seine Zelte 2
Bar 6,58 ziehen ihnen das Gewand (ab) und g.f.
Mt 11,7 als sie f., fing Jesus an Lk 7,24
    12,44 in mein Haus, aus dem ich fortg. Lk 11,24
    14,16 es ist nicht nötig, daß sie f.
    15,21 *Jesus g.f. von dannen*
    20,29 als sie f., folgte ihm eine große Menge Mk7,31; 8,27
    24,1 Jesus g. aus dem Tempel f.
    27,5 er g.f. und erhängte sich
Mk 1,45 er g. f. und fing an, viel davon zu reden
    5,17 sie fingen an und baten Jesus, f. Lk 8,37
Lk 9,5 wenn sie euch nicht aufnehmen, dann g.f.
    13,31 g.f. und ziehe von hinnen
Jh 10,40 g.f. auf die andere Seite des Jordans
Apg 5,41 sie g. fröhlich von dem Hohen Rat f.

forthin

Hes 28,24 f. soll für Israel kein Dorn übrigbleiben

fortlassen

2Sm 3,24 warum hast du (Abner) fortg.

fortlaufen

Ri 19,2 als sie über ihn erzürnt war, l. sie f.

fortleben

1Mo 48,16 daß durch sie mein Name f.

fortmüssen

Jer 22,22 deine Liebhaber m. gefangen f.

fortnehmen

1Sm 20,15 so n. die Barmherzigkeit niemals f.
Hi 27,20 des Nachts n. ihn der Sturmwind f.

fortraffen

5Mo 29,18 fortg. das wasserreiche mit dem dürren
Hi 22,16 fortg. wurden, ehe es Zeit war

fortreißen

fortreißen
Hi 15,12 was r. dein Herz dich f.

fortschicken
1Mo 21,14 Abraham s. sie f. 25,6
Wsh 19,3 die sie mit Bitten fortg. hatten
Tob 10,6 wir hätten dich nicht f. dürfen
StD 1,36 (Susanna) s. die Mägde f.
Mk 6,46 als er sie fortg. hatte, ging er hin
12,3 s. ihn mit leeren Händen f. Lk 20,10.11
Lk 8,38 Jesus s. ihn f. und sprach
Apg 16,37 sollten (sie) uns nun heimlich f.

fortschleifen
Jer 15,3 heimsuchen mit Hunden, die sie f. sollen
22,19 fortg. und hinausgeworfen vor die Tore
49,20 wird man sie nicht f. 50,45

fortschleppen
Apg 8,3 s. Männer und Frauen f.

fortschleudern
1Sm 25,29 das Leben deiner Feinde soll er f.

fortschreiten
2Ch 24,13 sorgten dafür, daß die Ausbesserung f.
1Ti 4,15 damit dein F. allen offenbar werde

fortschwimmen
Apg 27,42 damit niemand f. und entfliehen könne

fortsetzen
2Ma 9,27 er werde meine Milde f.

fortstoßen
2Ch 26,20 sie s. (Usija) f., und er eilte
2Ma 4,26 wurde Jason durch einen andern fortg.

forttragen
Pr 10,20 die Vögel des Himmels t. die Stimme f.

Fortunatus
1Ko 16,17 ich freue mich über die Ankunft des F.

fortziehen
1Mo 33,12 laß uns aufbrechen und f.
Ri 18,24 habt m. Götter genommen und seid fortg.
19,5 er machte sich auf und wollte f. 9
1Sm 15,6 da z. die Keniter f. von den Amalekitern
23,13 und sie z.f. von Keïla
1Kö 12,25 Jerobeam z. von da f. und baute Pnuël aus
2Kö 5,19 als er eine Strecke Weges fortg. war
8,1 mach dich auf und z.f. Jes 23,12
Jer 22,10 weint über den, der fortg. ist 11
24,5 habe f. lassen in der Chaldäer Land
Hes 12,3 pack dir Sachen und z.f. 11; 36,20
Tob 14,12 macht euch auf und z.f. 14
1Ma 3,57 danach z. sie f. 5,29

Mt 25,15 jedem nach seiner Tüchtigkeit, und z.f.
Lk 19,28 z. er f. nach Jerusalem
Apg 15,40 Paulus wählte Silas und z.f.
16,40 als sie die Brüder gesehen hatten, z. sie f.

Forum Appii
Apg 28,15 die Brüder kamen uns entgegen bis F.A.

Frage
Lk 11,53 fingen an, ihn mit vielen F. auszuhorchen
Apg 15,2 hinaufziehen um dieser F. willen
18,15 weil es F. sind über Lehre und Namen 23,29; 25,19
25,20 *da ich mich auf die F. nicht verstand*
26,3 kundig aller Sitten und F. der Juden
28,29 *die Juden hatten viele F. untereinander*
1Ti 1,4 Fabeln, die eher F. aufbringen, als daß sie
6,4 sondern hat die Seuche der F.
2Ti 2,23 törichten und unnützen F. weise zurück Tit 3,9

fragen
1Mo 24,47 ich f. sie: Wessen Tochter bist du 57
26,7 wenn die Leute f. nach seiner Frau
32,18 wenn mein Bruder Esau dich f.
30 Jakob f. ihn: Sage doch, wie heißest du
30 warum f. du, wie ich heiße Ri 13,18
2Mo 13,14 wenn dich dein Sohn f. wird 5Mo 6,20; Jos 4,6.21
3Mo 13,36 soll nicht mehr danach f. 27,33
5Mo 4,32 f. nach den früheren Zeiten
12,30 daß du nicht f. nach ihren Göttern
13,15 sollst gründlich suchen, forschen und f.
32,7 f. deinen Vater, der wird dir's verkünden
Ri 4,20 wenn einer f., ob jemand hier sei
13,6 so daß ich ihn nicht f., woher oder wohin
18,24 und da f. ihr, was mir fehlt
1Sm 2,12 die Söhne Elis f. nichts nach dem HERRN
17,56 f. danach, wessen Sohn der junge Mann ist
2Sm 11,3 (David) ließ nach der Frau f. 7
1Kö 22,5 f. nach dem Wort des HERRN 2Ch 18,4
2Kö 4,26 lauf ihr entgegen und f. sie 8,6; 9,17
1Ch 13,3 zu Sauls Zeiten f. wir nicht nach ihr
16,11 f. nach dem HERRN und seiner Macht Ps 105,4
2Ch 9,2 gab ihr Antwort auf alles, was sie f.
32,31 nach dem Wunder zu f., das geschehen war
Hi 3,4 Gott droben f. nicht nach ihm
8,8 f. die früheren Geschlechter
10,6 daß du nach meiner Schuld f.
12,7 f. doch das Vieh, das wird dich's lehren
35,10 man f. nicht: Wo ist Gott
38,3 will dich f., lehre mich 40,7; 42,4
Ps 9,13 nach dem Blutschuld f., gedenkt d. Elenden
10,4 der Gottl. meint, Gott f. nicht danach 13
14,2 ob jemand nach Gott f. 53,3; Rö 3,11
22,27 die nach dem HERRN f., werden ihn preisen
24,6 das ist das Geschlecht, das nach ihm f.
37,36 ich f. nach ihm; doch... nirgends gefunden
40,17 laß fröhlich sein, die nach dir f. 70,5
73,25 ich f. nichts nach Himmel und Erde
78,34 suchten sie Gott und f. wieder nach ihm
83,17 daß sie nach deinem Namen f. müssen
Spr 28,5 die nach dem HERRN f., verstehen alles
Pr 7,10 du f. das nicht in Weisheit
Jes 9,12 das Volk f. nicht nach dem HERRN 31,1
11,10 nach ihm werden die Heiden f.

Jes	13,17	die nicht Silber suchen oder nach Gold f.
	19,3	da werden sie dann f. ihre Götzen
	21,12	wenn ihr f. wollt, so kommt wieder und f.
	40,14	wen f. er um Rat
	41,12	wenn du nach ihnen f.
	28	kein Ratgeber, daß ich sie f. könnte
	65,1	ließ mich suchen von denen, die nicht nach mir f. Rö 10,20
	10	meinem Volk, das nach mir f.
Jer	2,8	die Priester f. nicht: Wo ist der HERR
	3,16	soll man nicht mehr nach ihr f.
	6,16	f. nach den Wegen der Vorzeit
	20	was f. ich nach dem Weihrauch
	10,21	die Hirten f. nicht nach dem HERRN
	15,5	wer wird f., ob es dir gutgeht
	18,13	f. doch unter den Heiden: Wer hat je
	23,33	wenn dich dies Volk f. wird
	30,14	deine Liebhaber f. nichts nach dir 17
	48,19	f., die da fliehen und entrinnen
	50,5	werden f. nach dem Wege nach Zion
Klg	3,25	freundlich dem Menschen, der nach ihm f.
Hes	34,6	niemand, der nach ihnen f.
Dan	1,20	in allen Sachen, die er sie f., klüger
	2,27	das Geheimnis, nach dem der König f.
Hos	7,10	f. trotz alledem nicht nach ihm
Ze	1,6	(ausrotten,) die nach dem HERRN nichts f.
Hag	2,11	f. die Priester nach dem Gesetz Sa 7,3
Jdt	6,9	f. ihn, was geschehen wäre 11
	10,9	f. sie nicht, was sie vorhätte 12
Wsh	6,4	vom Höchsten, der f. wird, wie ihr handelt
Tob	5,21	daß ich nach deiner Herkunft gef. habe
	6,8	da fragte Tobias den Engel 11
	7,6	der Tobias, nach dem du f., ist sein Vater
Sir	13,29	wenn der Arme redet, so f. man
	16,15	sage nicht... wer f. im Himmel nach mir
	32,11	(darfst reden,) wenn man dich f.
	19	gegen das Gesetz f., wird's empfangen
	41,7	im Tod f. man nicht, wie lange einer gelebt
1Ma	10,72	wenn du f. wirst, wie stark wir sind
2Ma	3,9	f., ob es in Wahrheit so wäre
	37	als ihn der König f.
StD	1,14	als einer den andern f.
	40	wir f., wer der junge Mann wäre
	47	wunderte sich mein zu und f.
Mt	11,3	(Johannes) ließ ihn f.: Bist du es Lk 7,19.20
	12,10	(die Pharisäer) f. (Jesus) 19,7; Mk 7,5; 10,2; Lk 17,20; Jh 8,19.25; 9,40
	23	alles Volk entsetzte sich und f.
	13,54	so daß sie sich entsetzten und f. 21,10
	15,12	da traten seine Jünger zu ihm und f. 17,10.19; 18,1; 21,20; 26,17; Mk 4,10; 7,17; 9,11.28; 10,10; Lk 8,9; 21,7; 22,9; Jh 6,25.28; 9,2; Apg 1,6
	16,13	Jesus f. (seine Jünger) 16,15; Mk 8,5.27.29; 9,16.33; Lk 9,18; Jh 6,67
	17,25	als er heimkam, kam ihm Jesus zuvor und f.
	18,21	da trat Petrus zu ihm und f. Mk 13,3
	19,16	siehe, einer trat zu ihm und f. 18; Mk 10,17
	17	was f. du mich nach dem, was gut ist
	21,23	traten die Hohenpriester zu ihm und f. Mk 11,28; 14,60.61
	24	ich will euch auch eine Sache f. Mk 11,29; Lk 20,3
	22,16	daß du f. nach niemand Mk 12,14
	23	die Sadduzäer f. ihn Mk 12,18; Lk 20,27
	35	ein Schriftgelehrter versuchte ihn und f. Mk 12,28; Lk 20,21
	41	(Jesus) f. (die Pharisäer) 43;
	46	wagte niemand, ihn hinfort zu f. Mk 9,32; 12,34; Lk 9,45; 20,40

Mt	26,22	fingen an, jeder einzeln, ihn zu f. Mk 14,19; Lk 22,23; Jh 13,24.25
	27,11	der Statthalter f. Mk 15,2.4.44; Lk 23,3.6.9; Jh 18,29.33.37
Mk	3,32	deine Schwestern draußen f. nach dir
	4,38	f. du nichts danach, daß wir umkommen
	5,9	(Jesus) f. ihn: Wie heißt du Lk 8,30
	31	du f.: Wer hat mich berührt Lk 8,45
	6,24	sie ging hinaus und f. ihre Mutter
	8,23	legte seine Hände auf ihn und f. ihn: Siehst du etwas Lk 18,40; Jh 9,35
	9,21	Jesus f. seinen Vater
Lk	2,46	fanden ihn sitzen, mitten unter den Lehrern, wie er ihnen zuhörte und sie f.
	3,10	die Menge f. ihn 14
	6,9	ich f. euch: Ist's erlaubt, am Sabbat Gutes zu tun
	10,40	f. du nicht danach, daß mich meine Schwester läßt allein dienen
	12,29	f. nicht danach, was ihr essen sollt
	15,26	rief einen der Knechte, und f., was das wäre
	16,5	rief zu sich die Schuldner und f. den ersten 7
	17,37	sie f. ihn: Herr, wo
	18,18	es f. ihn ein Oberer und sprach
	19,31	wenn euch jemand f.: Warum bindet ihr es los
	22,64	f.: Weissage, wer ist's, der dich schlug
	68	f. ich, so antwortet ihr nicht
Jh	1,19	daß sie ihn f.: Wer bist du 21.25
	4,27	doch sagte niemand: Was f. du
	5,12	da f. (die Juden) ihn 7,11
	7,45	die (Hohenpriester) f. (die Knechte)
	8,7	als sie nun fortfuhren, ihn zu f.
	10	Jesus richtete sich auf und f. (die Frau)
	9,10	da f. sie ihn: Wie sind deine Augen aufgetan worden 12.15.19.21.23.26
	11,56	da suchten sie nun Jesus und redeten miteinander
	12,6	das sagte er nicht, weil er nach den Armen f.
	16,5	niemand von euch f. mich: Wo gehst du hin
	19	er merkte Jesus, daß sie ihn f. wollten
	23	an dem Tag werdet ihr mich nichts f.
	30	du bedarfst dessen nicht, daß dich jemand f.
	18,7	da fragte (Jesus) sie abermals: Wen sucht ihr
	19	f. *Jesus über seine Lehre*
	21	was f. du mich? F. die, die gehört haben
	21,12	niemand unter den Jüngern wagte, ihn zu f.
Apg	4,7	(der Hohepriester) f. sie 5,27; 7,1
	8,30	lief Philippus hin und f.
	9,11	f. in dem Haus des Judas nach Saulus
	10,4	er sah ihn an, erschrak und f.: Herr, was ist
	17	da f. die Männer aus dem Haus Simons
	18	riefen und f., ob Simon hier zu Gast wäre
	29	so f. ich euch, warum ihr mich habt holen
	15,17	die Menschen... nach dem Herrn f.
	21,33	f., wer er wäre und was er getan hätte
	37	Paulus f. den Oberst
	22,10	ich f. aber: Herr, was soll ich tun
	27	da kam der Oberst zu ihm und f. ihn 23,19
	23,34	der Statthalter f. (Paulus) 25,20
Rö	3,11	da ist keiner, der nach Gott f.
	10,18	ich f.: Haben sie es nicht gehört 19; 11,1.11
	20	und erschien denen, die nicht nach mir f.
1Ko	1,22	die Griechen f. nach Weisheit
	14,35	so sollen sie daheim ihre Männer f.
	15,35	es könnte jemand f.

Fraß

5Mo	28,26	deine Leichname werden zum F. werden allen Vögeln Jer 7,33; 16,4; 19,7; 34,20

Fraß

Ps	74,14	hast ihn zum F. gegeben dem wilden Getier
Jes	9,18	das Volk wird wie ein F. des Feuers
Hes	16,20	opfertest sie ihnen zum F. 23,37
	21,37	sollst dem Feuer zum F. werden
	29,5	gebe dich den Tieren zum F. 33,27; 34,5.8; 39,4
	35,12	sind uns zum F. gegeben
Hab	1,8	fliegen daher, wie die Adler eilen zum F.

Frau (s. auch Anhang, S. 1709)

1Mo	4,19	Lamech nahm zwei F., Ada, Zilla 23
	6,2	nahmen sich zu F., welche sie wollten
	18	mit deiner F. und den F. deiner Söhne 7,7.13; 8,16.18; 11,31; 12,5; 13,1; 19,15.16; 46,26
	11,29	nahmen sich Abram und Nahor F. 12,19; 21,21; 25,1.20; 26,34; 2Mo 2,1; 6,20.23.25; 1Ch 23,22; 2Ch 11,18.22
	12,14	sahen, daß seine F. sehr schön war 11.12. 17-20; 20,2.7.11.12.14.18; 26,7-11
	14,16	brachte alle Habe zurück, auch die F.
	16,1	Abrams F. gebar kein Kind 3; 17,19; 18,9.10; 20,17; 24,36; 25,21
	3	gab sie (ihm) zur F. 29,28; 30,4.9; 38,6.14; 41,45; 2Mo 2,21; 1Sm 18,17.19.27; 1Kö 11,19; 1Ch 2,35; 7,15
	17,15	sollst deine F. nicht mehr Sarai nennen
	18,11	nach der F. Weise 31,35
	23,19	begrub Abraham seine F. 25,10; 49,31
	24,3	keine F. nehmest von den Töchtern der Kanaaniter 37; 27,46; 28,1.6; 36,2.10.12-14.17. 18.39; 38,2.12; 2Mo 34,16; Ri 3,6; 1Kö 16,31; 21,25
	4	nehmest dort eine F. 7.38.40; 28,2.6.9
	11	da die F. pflegten Wasser zu schöpfen 15
	44	das sei die F., die der HERR beschert hat 51.67
	28,9	nahm zu den F., die er bereits hatte 31,50
	30,26	gib mir meine F. und meine Kinder, daß ich ziehe 31,17; 32,23; 33,5; 36,6
	34,4	nimm mir das Mädchen zur F. 8.12
	21	wollen uns ihre Töchter zur F. nehmen
	29	Kinder u. F. führten sie gefangen 4Mo 31,9
	37,2	war Gehilfe bei den ... F. seines Vaters
	38,8	geh zu deines Bruders F. 9; 5Mo 25,5
	20	damit du das Pfand zurückhole von der F.
	39,7	s. Herrn F. sprach: Lege dich zu mir 9.19
	44,27	daß mir meine F. zwei Söhne geboren 46,19
	45,19	nehmt Wagen für eure Kinder und F. 46,5
2Mo	1,16	wenn ihr den hebräischen F. helft 19; 2,7.9
	3,22	jede F. soll sich ... Beute nehmen
	4,20	nahm Mose seine F. und s. Sohn 18,2.5.6
	10,24	F. und Kinder dürfen mit euch ziehen 12,37
	15,20	alle F. folgten ihr im Reigen 1Sm 18,6.7
	19,15	keiner rühre eine F. an
	21,3	ist er ... mit einer F. gekommen 4
	22	und stoßen dabei eine schwangere F. 28.29
	22,15	beiwohnt, soll sie zur F. nehmen 5Mo 22,29
	23	daß eure F. zu Witwen werden
	23,26	soll keine Fehlgeburt haben
	32,2	reißet ab die goldenen Ohrringe eurer F.
	35,22	brachten Männer und F. freiw. 29; 36,6
	25	alle F., die diese Kunst verstanden 26
	38,8	aus Kupfer von den Spiegeln der F.
3Mo	12,2	wenn eine F ... gebiert, soll sie 7 Tage 7
	13,29	wenn eine F ... eine Stelle hat 38
	15,18	wenn eine F. bei einem Manne liegt
	19	wenn eine F. ihren Blutfluß hat 25.30.33
	18,8	sollst mit der F. deines Vaters nicht Umgang haben 11.14-20; 19,20; 20,10.11.14.18.20.21; 5Mo 22,22; 23,1; 27,20
3Mo	18,22	nicht bei e. Mann wie bei einer F. 20,13
	23	keine F. mit einem Tier Umgang haben 20,16
	20,27	wenn eine F. Geister beschwören kann
	21,3	die keines Mannes F. gewesen ist
	7	(Priester) sollen keine Hure zur F. nehmen 13.14; 22,12
	24,10	der Sohn einer israelitischen F. zankte
	26,26	zehn F. sollen Brot in einem Ofen backen
	27,4	(sollst schätzen) eine F. auf 30 Lot 5.7
4Mo	5,3	Männer wie F. sollt ihr hinausschicken
	6	wenn eine F. irgendeine Sünde tut
	12	irgendeines Mannes F. untreu wird 14-31
	6,2	wenn Mann oder F. Gelübde tut 30,4.7.11.17
	12,1	redeten gegen Mose um seiner F. willen
	1	eine kuschitische F. 25,8.15; 26,59
	14,3	damit unsere F. ein Raub werden
	16,27	traten an die Tür mit ihren F.
	31,15	warum habt ihr alle F. leben lassen 17
	32,26	F. sollen in den Städten bleiben 5Mo 3,19
	36,3	wenn diese jemand zur F. nimmt
5Mo	2,34	vollstreckten den Bann an Männern, F. und Kindern 3,6; 1Sm 15,3; 22,19; 27,9.11
	13,7	wenn dich deine F. überreden würde
	17,2	wenn Mann oder F. seinen Bund übertritt 5; 29,17
	17	(König) soll nicht viele F. nehmen
	20,14	F., Kinder und Vieh sollst du austeilen
	21,11	gewinnst sie lieb, daß du sie zur F. 13
	15	jemand zwei F. hat ... F., die er liebhat 16
	15	der Erstgeb. ist von der ungeliebten F. 17
	22,5	eine F. soll nicht Männersachen tragen
	13	zur F. nimmt und wird ihrer überdrüssig 16.19; 24,1
	24,2	und wird eines andern F. 3.4; Jer 3,1
	5	sich kurz vorher eine F. genommen ... daß er fröhlich sei mit seiner F.
	25,11	des einen F. läuft hinzu, um ihren Mann
	28,54	der F. in seinen Armen nichts gönnen 56
	29,10	(steht heute alle vor dem HERRN,) eure F.
	31,12	versamle das Volk, Männer, F. Jos 8,35
Jos	1,14	eure F. und Kinder laßt im Land bleiben
	2,4	die F. verbarg die beiden Männer 6,22
	8,25	die fielen, Männer und F., waren 12.000 Ri 9,49
	15,16	meine Tochter zur F. geben 17; Ri 1,12.13
Ri	4,4	Debora, die F. Lapidots
	17	Zelt Jaëls, der F. des Heber 21; 5,24
	8,30	Gideon hatte viele F.
	9,51	dahin flohen alle Männer und F.
	53	warf einen Mühlstein auf den Kopf
	11,2	als die Söhne dieser F. groß wurden
	13,2	Manoach, seine F. war unfruchtbar 3-24
	14,2	nehmt mir nun diese zur F. 3
	15	sprachen sie zu Simsons F. 16.20; 15,1.6
	16,27	das Haus aber war voller Männer und F.
	18,21	schickten die F. und Kinder vor sich her
	19,3	als ihr der Vater der jungen F. sah 4-9
	26	da kam die F. und fiel hin 20,4
	21,1	niemand soll seine Tochter den Benjaminitern zur F. geben 7.11.14.16.21-23
Rut	1,1	ein Mann von Bethlehem mit seiner F. 2.4.5
	19	die F. sprachen: Ist das die Noomi
	3,8	eine F. lag zu seinen Füßen 14; 4,5.10-14
1Sm	1,2	(Elkana) hatte zwei F.
	4	gab er seiner F. Peninna vom Opferfleisch
	18	da ging die F. ihres Weges 19.23.26; 2,20
	2,22	daß sie bei den F. schliefen
	4,19	des Pinhas F. war schwanger 20
	14,50	Sauls F. hieß Ahinoam

Frau

1Sm	15,33	wie dein Schwert F. ihrer Kinder beraubt	Ps	123,2 Augen der Magd auf die Hände ihrer F.
	19,11	Michal, Davids F. 25,44; 2Sm 3,14	Spr	2,16 nicht geratest an die F. eines andern
	21,5	müssen die Leute sich der F. enthalten 6		5,3 die Lippen der fremden F. sind süß
	25,3	Nabal, seine F. hieß Abigajil... eine F. von Verstand 14.37-43; 27,3; 30,5.18; 2Sm 2,2; 3,3		6,24 bewahrt vor der F. deines Nächsten 29; 7,5
				7,10 begegnete ihm eine F. im Hurengewand
	43	auch hatte David Ahinoam zur F. 27,3; 30,5.18; 2Sm 2,2		9,13 F. Torheit ist ein unbändiges Weib
				12,4 tücht. F. ist ihres Mannes Krone 31,10.29
	30,2	hatten die F. gefangengenommen 3.22		14,1 die Weisheit der F. baut ihr Haus
2Sm	3,5	von Egla, der F. Davids 1Ch 3,3		23,27 die fremde F. ist ein enger Brunnen
	5,13	David nahm noch mehr F. 1Ch 14,3		30,16 der F. verschloßner Schoß
	6,19	ließ austeilen... Mann und F. 1Ch 16,3	Pr	2,8 ich beschaffte mir... F. in Menge
	11,2	sah (David) vom Dach aus eine F. 3.5.26.27; 12,9.10.15.24	Hl	1,8 du Schönste unter den F. 5,9; 6,1
			Jes	4,1 sieben F. werden einen Mann ergreifen
	12,8	habe dir gegeben seine F. 11		13,16 es sollen ihre F. geschändet werden
	14,2	eine kluge F. 4.8.9.12.13.18.19; 20,16-22		24,2 es geht der F. wie der Magd
	15,22	der ganze Haufe von F. und Kindern		27,11 daß die F. Feuer damit machen
	17,3	wie die junge F. zurückkehrt		32,9 wohlan, ihr stolzen F. 11
	19	die F. nahm eine Decke 20	Jer	6,11 Mann und F. weggeführt 12; Hes 30,17
	19,6	dir das Leben gerettet und deinen F.		7,18 die F. kneten den Teig 44,19.25
1Kö	2,17	daß er mir gebe Abischag zur F. 21		8,10 will ich ihre F. den Fremden geben
	3,1	Salomo nahm eine Tochter des Pharao zur F. 7,8; 9,16		9,19 höret, ihr F., des HERRN Wort 44,20.24
				13,21 Angst ankommen wie eine F. in Kindsnöten 30,6; 48,41; 49,22.24; 50,43
	17	die F. sprach: Ach, ich und diese F. 19.22.26; 2Kö 6,26.28.30		
				14,16 niemand wird begraben ihre F.
	4,11	hatte eine Tochter Salomos zur F. 15; 2Kö 8,18; 2Ch 21,6; Neh 6,18		15,8 es wurden mehr F. zu Witwen
				16,2 du sollst dir keine F. nehmen
	11,1	Salomo liebte viele ausländische F.		18,21 daß ihre F. kinderlos seien
	3	F. verleiteten sein Herz 4.8; Neh 13,26		29,6 nehmt euch F... für eure Söhne F.
	14,2	Jerobeam sprach zu seiner F. 4-6.17		23 Ehebruch mit den F. ihrer Nächsten
	17,24	die F. sprach zu Elia		35,8 keinen Wein... weder wir noch unsere F.
	20,3	deine F. sind auch mein 5.7		38,22 alle F. werden hinaus müssen 23
	21,5	kam seine F. Isebel zu ihm hinein 7		40,7 gesetzt über die Männer, F. 41,16; 43,6
2Kö	4,1	eine F. unter den F. der Prophetenjünger		44,7 daß ausgerottet werden Mann und F. 9.15
	8	Schunem. Dort war eine reiche F. 17; 8,1-6		51,22 durch dich habe ich F. zerschmettert
	5,2	die war im Dienst der F. Naamans	Klg	2,20 sollen F. ihres Leibes Frucht essen 4,10
	8,12	wirst ihre schwangern F. aufschlitzen		5,11 sie haben die F. in Zion geschändet
	14,9	gib deine Tochter m. Sohn zur F. 25,18	Hes	8,14 die, den Tammus beweinten
	22,14	zu Hulda, der F. Schallums 2Ch 34,22		9,6 erschlagt Kinder und F.
	23,7	die F. Gewänder für die Aschera wirkten		16,41 vor den Augen vieler F. 23,10
	24,15	führte weg die F. des Königs 2Ch 21,17		18,6 nicht liegt bei einer F. 22,10.11; 33,26
1Ch	1,50	seine F. hieß 2,26.29; 4,5; 8,29; 9,35		23,2 es waren zwei F., Töchter einer Mutter 4
	2,18	zeugte mit seiner F. 24; 4,18.19; 7,16.23; 8,9		48 daß alle F. sich warnen lassen
	7,4	hatten viele F. und Kinder		24,18 starb mir am Abend meine F.
	8,8	als er sie entlassen hatte		36,17 ihr Wandel wie die Unreinheit einer F.
2Ch	2,13	(Hiram) ist der Sohn einer F... Dans		44,22 sollen keine Witwe zur F. nehmen
	8,11	eine F. soll nicht wohnen im Hause Davids	Dan	5,2 damit d. König mit seiner F. daraus tränke 3.23
	11,21	Rehabeam... achtzehn F. 23; 13,21; 24,3		
	15,13	sollte sterben, Mann und F.		6,25 ließ in die Grube werfen samt ihren F.
	20,13	stand vor dem HERRN mit F. und Kindern		11,6 preisgeg. mit dem, der sie zur F. genommen
	21,14	mit einer großen Plage an deinen F.		17 wird ihm seine Tochter zur F. geben
	22,11	Joschabat, die F. des Priesters Jojada		37 wird weder d. Lieblingsgott der F. achten
	28,8	führten 200.000 F. weg 29,9	Hos	1,3 ging hin und nahm Gomer zur F. 2,4; 3,1
	31,18	man zeichnete sie auf mit allen F.		12,13 um eine F. mußte er die Herde hüten
Esr	2,16	Urahn eine... zur F. genommen Neh 7,63	Am	7,17 deine F. wird zur Hure werden
	10,1	sammelte sich eine große Gemeinde von F.	Mi	2,9 ihr treibt die F. aus ihren Häusern
	2	als wir fremde F. genommen haben 3.10.11. 14.17-19.44; Neh 13,23.27	Sa	5,7 da war eine F., die saß in der Tonne 9
				8,4 sollen wieder sitzen alte Männer und F.
Neh	4,8	streitet für eure F. und Häuser		12,12 das Land wird klagen... F. besonders 13.14
	5,1	erhob sich ein Geschrei ihrer F.	Mal	2,14 die F. mit der du einen Bund geschlossen
	8,2	brachte das Gesetz vor die F. 3; 10,29	Jdt	4,7 sie und ihre F. demütigten sich 2Ma 3,19
	12,43	daß sich auch F. und Kinder freuten		9 ihre F. nicht den Feinden zur Beute
Est	1,9	machte ein Festmahl für die F. 17.20		7,13 da kamen alle, Mann und F. 1Ma 13,45
	2,3	Hegais, des Hüters der F. 8.12.15		16 sehen müssen, wie unsre F. sterben
	17	gewann Ester lieber als alle F.		8,24 du bist eine heilige F.
	3,13	töten alle Juden, Kinder und F. 8,11		9,2 hast ihre F. gefangennehmen lassen
	5,10	(Haman) ließ holen seine F. Seresch 14; 6,13		12 die F. getötet hat 14,14; 16,7
Hi	2,9	(Hiob saß in der Asche) F. sprach zu ihm		10,13 ich bin eine hebräische F.
	19,17	mein Odem ist zuwider meiner F.		20 nicht zu verachten schöne F. 12,12.13
	42,15	es gab keine so schönen F.		11,16 diese F. hat nicht ihresgleichen 13,23
Ps	68,13	die F. teilen die Beute aus	Wsh	3,12 ihre F. sind töricht

Frau

Tob	1,9	(Tobias) nahm eine F. 11.23; 2,19.22; 6,13; 14,14
	4,13	außer mit deiner F. mit keiner andern
	6,9	weder Mann noch F. schaden können
	14	so wird er sie dir zur F. geben 7,12; 12,3
	8,9	nicht aus Lust m. Schwester zur F. genommen
	17	Raguël und seine F. dankten Gott 11,16; StD 1,63
	9,10	gesegnet seien deine F. und eure Eltern
	11,3	deine F. langsam nachkommen lassen
Sir	1,16	sie geht einher mit auserwählten F.
	7,21	trenne dich nicht von einer tüchtigen F. 28
	9,1	wache nicht zu eifersüchtig über die F.
	2	laß deiner F. keine Gewalt über dich 33,20
	3	meide die F., die dich verführen will
	8	wende den Blick weg von schönen F. 9; 25,27
	11	sitze nicht bei der F. eines andern 41,26
	23,32	wird's einer F. ergehen, die... betrügt
	25,2	wenn Mann und F. gut miteinander umgehen
	11	wohl dem, der eine verständige F. hat 26,1u. ö.21; 36,24
	25	gering gegen die Schlechtigkeit einer F. 42,13
	28	wenn die F. ihren Mann ernährt
	31	F., die ihren Mann nicht glücklich macht
	32	Sünde nahm ihren Anfang bei einer F.
	28,18	ein Schandmaul verstößt redliche F.
	37,12	man fragt ja auch nicht eine F. um Rat
	40,19	eine untadelige F. wird geschätzt
	23	lieber hat man die F., mit der man lebt
	42,6	auf eine schlechte F. gut aufzupassen
	12	suche nicht die Gesellschaft von F. 14
Bar	6,28	ähnlich handeln auch ihre F. 29.30.33
1Ma	1,28	die Schönheit der F. verfiel
	34	die Feinde führten F. und Kinder weg 63; 2,38; 3,20; 5,13; 2Ma 5,13.24
	2,30	blieben dort mit F. und Kindern 5,45; 2Ma 12,3.21
	10,56	damit ich dir meine Tochter zur F. geben
	13,6	ich will eure F. und Kinder rächen
2Ma	6,4	im heiligen Bezirk wohnten sie F. bei
	10	zwei F. wurden vorgeführt, weil sie
	15,18	sie bangten nicht so sehr um ihre F.
StD	1,2	hatte eine F., die hieß Susanna 29
	14	warten, wann die F. allein
	2,9	siebzig Priester, ohne F. und Kinder 14.20
	19	ich sehe Fußtapfen von Männern, F.
Mt	1,6	David zeugte Salomo mit der F. des Uria
	20	Maria, deine F., zu dir zu nehmen 24
	5,28	wer eine F. ansieht, sie zu begehren
	31	wer sich von seiner F. scheidet 32; 19,9; Mk 10,11.12; Lk 16,18
	9,20	eine F., die seit zwölf Jahren den Blutfluß hatte Mk 5,25.33; Lk 8,43.47
	22	die F. wurde gesund zu derselben Stunde
	11,11	unter allen, die von einer F. geboren sind Lk 7,28
	13,33	Sauerteig, den eine F. nahm Lk 13,21
	14,3	wegen der Herodias, der F. seines Bruders Philippus Mk 6,17.18; Lk 3,19
	21	5.000 Mann, ohne F. und Kinder 15,38
	15,22	eine kanaanäische F. kam aus diesem Gebiet Mk 7,25.26
	18,25	befahl ihn und seine F. zu verkaufen
	19,3	ist's erlaubt, daß sich ein Mann von seiner F. scheidet 8; Mk 10,2
	4	schuf sie als Mann und F. Mk 10,6
	5	darum wird ein Mann an seiner F. hängen Eph 5,31
Mt	22,24	soll sein Bruder die F. heiraten 25.27.28; Mk 12,19.20.22.23; Lk 20,28.29.32.33
	24,41	zwei F. werden mahlen mit der Mühle Lk 17,35
	26,7	eine F., die hatte ein Glas mit Salböl Mk 14,3
	10	was betrübt ihr die F.
	27,19	schickte seine F. zu ihm
	55	es waren viele F. da, die von ferne zusahen Mk 15,40.41; Lk 23,27.49.55
	28,5	der Engel sprach zu den F.: Fürchtet euch nicht
Lk	1,5	seine F. war aus dem Geschlecht Aaron
	13	deine F. wird dir einen Sohn gebären 24
	18	ich bin alt, und meine F. ist betagt
	42	gepriesen bist du unter den F.
	7,37	eine F. war in der Stadt, eine Sünderin 44
	39	was für eine F. das ist, die ihn anrührt
	50	sprach zu der F.: Dein Glaube hat dir geholfen
	8,2	einige F., die er gesund gemacht hatte von bösen Geistern
	3	Johanna, die F. des Chuzas
	10,38	eine F. mit Namen Marta, die nahm ihn auf
	11,27	erhob eine F. ihre Stimme und sprach zu ihm
	13,11	siehe, eine F. war da, die hatte einen Geist
	12	F., sei frei von deiner Krankheit
	14,20	ich habe eine F. genommen; darum kann ich nicht kommen
	26	wenn jemand zu mir kommt und haßt nicht F., Kinder, Brüder
	15,8	welche F., die zehn Silbergroschen hat und einen davon verliert
	17,32	denkt an Lots F.
	18,29	niemand, der Haus oder F. verläßt um des Reiches Gottes willen
	22,57	er sprach: Frau, ich kenne ihn nicht
	24,22	haben uns erschreckt einige F.
	24	fanden's so, wie die F. sagten
Jh	4,7	da kommt eine F. aus Samarien, um Wasser zu schöpfen 9.11.15.17.19.25.28.42
	27	sie wunderten sich, daß er mit einer F. redete
	39	es glaubten viele Samariter um der Rede der F. willen
	8,3	eine F., beim Ehebruch ergriffen 4.9.10
	5	im Gesetz geboten, solche F. zu steinigen
	16,21	eine F., wenn sie gebiert, so hat sie Schmerzen
	19,25	Maria, die F. des Klopas
Apg	1,14	waren beieinander samt den F. und Maria
	5,1	Hananias samt seiner F. Saphira verkaufte einen Acker 2.7
	14	an den Herrn glaubten eine Menge Männer und F. 8,12; 17,4.12.34
	8,3	ging von Haus zu Haus, schleppte Männer und F. fort 9,2; 22,4
	13,50	die Juden hetzten die vornehmen F. auf
	16,1	der Sohn einer jüdischen F. und eines griechischen Vaters
	13	redeten mit den F., die dort zusammenkamen 14
	18,2	mit seiner F. kürzlich aus Italien gekommen
	21,5	sie geleiteten uns mit F. und Kindern
	24,24	Felix mit seiner F. Drusilla, die Jüdin war
Rö	1,27	haben die Männer den natürlichen Verkehr mit der F. verlassen 26
	7,2	eine F. ist an ihren Mann gebunden durch das Gesetz 1Ko 7,27.39

1Ko	5,1	daß einer die F. seines Vaters hat
	7,1	es ist gut für den Mann, keine F. zu berühren
	2	soll jeder seine eigene F. haben
	3	der Mann leiste der F., was er ihr schuldig
	4	die F. verfügt nicht über ihren Leib
	10	die F. sich nicht... scheiden soll
	11	daß der Mann seine F. nicht verstoßen soll
	12	ein Bruder eine ungläubige F. hat 13.14
	16	was weißt du, F., ob du den Mann retten wirst
	29	die, die F. haben, sein, als hätten sie keine
	33	sorgt sich, wie er der F. gefalle
	34	die F., die keinen Mann hat, und die Jungfrau
	11,3	der Mann ist das Haupt der F. 7-9.12; Eph 5,22-24
	5	eine F., die betet mit unbedecktem Haupt 6.10.13.15
	11	in dem Herrn ist weder die F. etwas ohne den Mann
	14,34	sollen die F. schweigen in der Gemeindeversammlung 35
Gal	3,28	hier ist nicht Mann noch F.
	4,4	sandte Gott s. Sohn, geboren von einer F.
	24	die beiden F. bedeuten zwei Bundesschlüsse
Eph	5,25	ihr Männer, liebt eure F. 28.33; Kol 3,19; 1Pt 3,7
	33	die F. aber ehre den Mann
Kol	3,18	ihr F., ordnet euch euren Männern unter 1Pt 3,1
1Th	4,4	(daß) ein jeder von euch seine eigene F. zu gewinnen suche in Heiligkeit
	5,3	überfallen wie die Wehen eine schwangere F.
1Ti	2,9	daß die F. in schicklicher Kleidung sich schmücken 10-12; 3,11; Tit 2,3
	14	die F. aber hat sich zur Übertretung verführen lassen
	3,2	ein Bischof soll sein Mann einer einzigen F. 12; Tit 1,6
	5,2	(ermahne) die älteren F. wie Mütter
	9	sie soll eines einzigen Mannes F. gewesen sein
	16	wenn einer gläubigen F. Witwen anbefohlen sind 9
2Ti	3,6	die gewisse F. einfangen, mit Sünden beladen
Tit	2,4	die F. anhalten, daß sie ihre Männer lieben
1Pt	3,1	durch das Leben ihrer F. ohne Worte gewonnen werden
	5	so haben sich vorzeiten auch die heiligen F. geschmückt
	7	auch die F. sind Miterben der Gnade
Heb	11,35	F. haben ihre Toten durch Auferstehung wiederbekommen
Off	2,20	diese F., die sagt, sie sei eine Prophetin
	12,1	eine F., mit der Sonne bekleidet 4.6.13-17
	14,4	die sich mit F. nicht befleckt haben
	17,3	ich sah eine F. (Babylon) 4-9.18
	21,9	ich will dir die F. zeigen, die Braut des Lammes

Frauenbosheit

Sir	25,18	es ist keine Bosheit so schlimm wie F.

Frauenhaar

Off	9,8	sie hatten Haar wie F. und Zähne wie

Frauenhand

Jdt	13,19	hat ihn der Herr durch F. umgebracht

Frauenhaus

Est	2,3	sie zusammenbringen ins F. 9.11.13.14.19

Frauenkleid

5Mo	22,5	ein Mann soll nicht F. anziehen

Frauenliebe

2Sm	1,26	deine Liebe mir wundersamer, als F. ist

frech

5Mo	28,50	ein f. Volk, das nicht Rücksicht nimmt
1Sm	2,3	f. Reden gehe nicht aus eurem Munde
Hi	34,36	weil er Antworten gibt wie f. Sünder
Ps	31,19	die da reden wider den Gerechten f.
	139,20	deine Feinde erheben sich mit f. Mut
	140,12	ein f., böser Mensch wird verjagt werden
Spr	6,19	falscher Zeuge, der f. Lügen redet 14,5
	19,5	wer f. Lügen redet, wird nicht entrinnen 9
	21,24	(ein Spötter) treibt f. Übermut
	29	der Gottlose macht ein f. Gesicht
Pr	8,1	ein f. Angesicht wird gehaßt
Jes	33,19	wirst das f. Volk nicht mehr sehen
Jer	13,27	ich habe gesehen deine f. Hurerei
Hes	35,13	habt f. gegen mich geredet
Dan	8,23	wird aufkommen ein f. König
Sir	22,5	(Tochter,) welche f. ist, ist eine Schande
	26,14	wenn du merkst, daß sie f. um sich sieht
1Ma	1,23	(Antiochus) ging f. in das Heiligtum
Tit	1,10	es gibt viele F., unnütze Schwätzer
2Pt	2,10	f. und eigensinnig, schrecken sie nicht zurück
Jud	15	zu strafen für all das F., das die Sünder geredet

Frechheit

Hos	7,16	werden fallen wegen der F. ihrer Zungen

frei

1Mo	4,7	so kannst du f. den Blick erheben
	19,2	wollen über Nacht im F. bleiben
	44,10	ihr aber sollt f. sein
2Mo	21,5	habe m. Herrn lieb, will nicht f. werden
3Mo	14,7	den Vogel ins f. Feld fliegen lassen 53
	17,5	die sie auf f. Feld schlachten wollen
	19,20	denn sie ist nicht f. gewesen
	22,18	f. haben dargebringen... aus f. Willen 21.23
	25,28	zum Erlaßjahr... f. werden 30.31.33; 27,21
	41	dann soll er von dir f. ausgehen 48.54
4Mo	5,31	der Mann soll f. sein
	6,5	soll das Haar f. wachsen lassen Hes 44,20
	8,25	von dem 50. Jahr an sollen sie f. sein
	19,16	wer auf dem f. Feld einen berührt 5Mo 21,1
5Mo	15,12	im 7. Jahr sollst du ihn als f. entlassen
	22,25	ein Mädchen auf f. Felde trifft 27
	24,5	f. sein ein Jahr, fröhlich mit seiner Frau
Ri	15,3	diesmal bin ich f. von Schuld
	16,20	dachte (Simson): Ich will f. ausgehen
1Sm	14,15	entstand ein Schrecken auf dem f. Felde
	41	aber das Volk ging f. aus
	25,31	wird das Herz meines Herrn f. sein
2Sm	10,8	standen auf f. Feld 11,11; 1Ch 19,9

frei

1Kö	2,9	du aber laß ihn nicht f. ausgehen
2Kö	12,5	Geld, das jedermann aus f. Herzen opfert
Esr	1,4	außer dem, was sie aus f. Willen geben
Hi	3,19	der Knecht ist f. von seinem Herrn
	39,4	ihre Jungen werden stark im F.
Ps	34,23	die auf ihn trauen, werden f. von Schuld
	78,50	als er seinem Zorn f. Lauf ließ
	124,7	das Netz ist zerrissen, und wir sind f.
Spr	6,3	damit du wieder f. werdest
Jes	32,20	könnt Rinder und Esel f. gehen lassen
	61,1	den Gebundenen, daß sie f. sein Lk 4,18
Jer	2,31	spricht mein Volk: Wir sind f. Herren
Hes	33,27	alle, die auf f. Felde sind 39,5
	41,9	der Raum, der f. blieb 11; 45,2
Dan	3,25	sehe vier Männer f. im Feuer umhergehen
Hos	4,16	weiden lassen wie ein Lamm auf f. Feld
Hab	2,3	die Weissagung wird f. an den Tag kommen
Jdt	12,7	drei Tage f. aus- und eingehen
Sir	7,23	hindere ihn nicht, wenn er f. werden kann
	24,19	wie ein schöner Ölbaum auf f. Felde
1Ma	2,19	da sagte Mattatias f. heraus
	10,31	Jerusalem mit seiner Umgebung soll f. sein 35; 15,7; 2Ma 9,14
StE	5,13	damit die Juden f. leben können
Mt	17,26	so sind die Kinder f.
Mk	8,32	er redete das Wort f. und offen Jh 7,26
Lk	4,18	den Gefangenen, daß sie f. sein sollen
	13,12	sprach zu ihr: Frau, sei f. von deiner Krankheit
Jh	7,13	niemand redete f. heraus von ihm
	8,33	wie sprichst du dann: Ihr sollt f. werden
	36	wenn euch der Sohn frei macht, so seid ihr wirklich f.
	10,24	bist du der Christus, so sage es f. heraus
	11,14	da sagte es ihnen Jesus f. heraus
	54	Jesus ging nicht mehr f. umher unter den Juden
	16,25	euch f. heraus verkündigen von meinem Vater
	29	redest f. heraus und nicht mehr in Bildern
	18,20	ich habe f. und offen vor aller Welt geredet
Apg	2,29	lasset mich f. reden zu euch
	9,27	im Namen Jesu f. und offen gepredigt
	13,46	Paulus und Barnabas sprachen f. und offen 14,3; 18,26; 19,8; 26,26
	16,36	haben hergesandt, daß ihr f. sein sollt
Rö	6,7	wer gestorben ist, der ist f. geworden von der Sünde 18.22
	20	wart ihr f. von der Gerechtigkeit
	7,2	wenn der Mann stirbt, ist sie f. 3; 1Ko 7,39
	6	sind wir vom Gesetz f. geworden
	8,21	auch die Schöpfung wird f. werden von der Knechtschaft
	9,11	damit bestehen bliebe (Gottes) f. Wahl
1Ko	7,21	kannst du f. werden, so nutze es um so lieber
	22	wer als F. berufen ist, ist ein Knecht Christi
	37	wenn einer seinen f. Willen hat
	9,1	bin ich nicht f.? Bin ich nicht ein Apostel
	18	*ich predige das Evangelium f. umsonst*
	19	obwohl ich f. bin von jedermann
	12,13	seien Juden oder Griechen, Sklaven oder F.
Gal	3,18	Gott hat es Abraham f. geschenkt
	28	hier ist nicht Sklave noch F. Kol 3,11
	4,22	zwei Söhne, den einen von der Magd, den andern von der F. 23.26
	30	der Sohn der Magd soll nicht erben mit dem Sohn der F.
	31	nicht Kinder der Magd, sondern der F.
Eph	6,8	das wird er vom Herrn empfangen, er sei Sklave oder F.
Phl	1,20	daß f. und offen Christus verherrlicht werde an meinem Leibe
1Th	2,2	*den f. Mut, das Evangelium zu sagen*
1Pt	2,16	als die F... als die Knechte Gottes
Heb	13,23	daß unser Bruder Timotheus wieder f. ist
Jak	2,1	f. von allem Ansehen der Person
Off	6,15	alle Sklaven und alle F. verbargen sich
	13,16	daß sie allesamt, die F. und Sklaven, sich ein Zeichen machen
	19,18	eßt das Fleisch aller F. und Sklaven

frei machen

2Mo	5,4	wollt ihr das Volk von seiner Arbeit f.m.
1Sm	17,25	seines Vaters Haus f.m. von Laster
Hi	12,18	er m.f. von den Banden der Könige
Ps	146,7	der HERR m. die Gefangenen f.
Jh	8,32	die Wahrheit wird euch f.m.
	36	wenn euch der Sohn f.m., seid ihr frei
Rö	8,2	hat dich f.gem. von dem Gesetz

freien

Jes	62,5	wie ein Mann f., wird dich dein Erbauer f.
Mal	2,11	Juda f. eines fremden Gottes Tochter
2Ma	1,14	kam, als wollte er die Göttin f.

freigeben

5Mo	15,13	wenn du ihn f., sollst du ihn
2Ch	28,14	da g. die Kriegsleute die Gefangenen f.
Ps	105,20	der Herr über Völker, er g. ihn f.
Jes	58,6	g.f., die du bedrückst
Jer	34,11	zurückgefordert, die sie freig. hatten
1Ma	10,6	daß man die Geiseln f. 9

freihalten

Jak	2,1	h. den Glauben f. von allem Ansehen der Person

Freiheit

Hi	39,5	wer hat dem Wildesel die F. gegeben
Jes	61,1	zu verkündigen den Gefangenen die F.
Dan	6,15	war bedacht, Daniel die F. zu erhalten
Jdt	12,9	daß ihrem Volk die F. geschenkt werde
1Ma	10,28	Gutes erweisen und mehr F. gewähren 11,28. 36; 14,26
Rö	8,21	frei werden zu der herrlichen F. der Kinder Gottes
1Ko	8,9	daß eure F. nicht zum Anstoß wird
	10,29	das Gewissen eines andern über meine F. urteilen lassen
2Ko	3,17	wo der Geist des Herrn ist, da ist F.
Gal	2,4	um unsere F. auszukundschaften, die
	5,1	zur F. hat uns Christus befreit
	13	ihr, liebe Brüder, seid zur F. berufen
Phm	8	obwohl ich in Christus volle F. habe
1Pt	2,16	nicht als hättet ihr die F. zum Deckmantel der Bosheit
2Pt	2,19	(sie) versprechen ihnen F., obwohl sie
Heb	10,19	weil wir die F. haben zum Eingang in das Heiligtum
Jak	1,25	wer durchschaut in das Gesetz der F.
	2,12	wie Leute, die durchs Gesetz der F. gerichtet werden sollen

freilassen

2Mo	21,2	soll freig. werden 7.11.26.27; 5Mo 15,18
3Mo	19,20	einem Mann bestimmt, doch nicht freig.
Jer	34,9	daß jeder seinen Sklaven f. sollte 10.14.16
Sa	9,11	auch I. ich deine Gefangenen f.
Jdt	16,28	(Judit) hatte ihre Magd freig.
1Ma	10,33	alle Juden sollen freig. werden
2Ma	12,25	l. ihn f., um ihre Brüder zu retten
Mt	18,27	da hatte der Herr Erbarmen und l. ihn f.
Jh	19,12	von da an trachtete Pilatus danach, ihn f.
	12	l. du diesen f., so bist du des Kaisers Freund nicht
Apg	16,35	l. diese Männer f.
	17,9	nachdem Bürgschaft geleistet war, l. sie sie f.
	26,32	dieser Mensch könnte freig. werden
1Ko	7,22	wer als Knecht berufen ist in dem Herrn, ist ein Freig. des Herrn

Freilassung

3Mo	25,10	sollt eine F. ausrufen Jer 34,8.15.17
Hes	46,17	sollen es besitzen bis zum Jahr der F.
Heb	11,35	haben die F. nicht angenommen, damit

freilich

Hi	6,27	ihr f. könntet das Los werfen
Rö	3,29	ja f., auch der Heiden Gott

Freimut

Apg	4,13	sie sahen den F. des Petrus
	29	mit allem F. zu reden 31; 28,31; Eph 6,20
	9,27	wie er mit F. gepredigt hätte 28
Eph	3,12	(Christus,) durch den wir F. haben

freimütig

Apg	2,29	laßt mich f. zu euch reden von David
Eph	6,19	Mund auftue, f. das Geheimnis des Evangeliums zu verkündigen

freisprechen

2Ma	4,47	daß er den Menelaus f.

Freistadt, Freistatt

4Mo	35,6	zu F. bestimmen 11.13.15.25-28.32; Jos 20,2; 21,13.21.27.32.36.38; 1Ch 6,42
Jos	20,3	damit sie eine F. sind vor dem Bluträcher
1Ma	10,14	in Bet-Zur hatten sie eine F.

freiwillig

2Mo	25,2	Opfergabe von jedem, der es f. gibt 35,5.21.22.29; 36,3
	36,2	Mose berief alle, die sich f. erboten
3Mo	7,16	ein f. Opfer 4Mo 15,3; 5Mo 12,6.17; Esr 3,5; 8,28
	23,38	abgesehen von den f. Gaben 4Mo 29,39; Esr 1,6
5Mo	16,10	sollst eine f. Gabe deiner Hand geben
	23,24	wie du dem HERRN f. gelobt hast
1Ch	29,9	gaben's dem HERRN f. 14.17
2Ch	17,16	f. in den Dienst des HERRN gestellt
	31,14	Kore wurde über die f. Gaben gesetzt
	35,8	seine Oberen gaben f. für das Volk
Esr	2,68	gaben f. für das Haus Gottes 7,15.16

Neh	11,2	die f. in Jerusalem wohnen wollten
Hes	46,12	als f. Gabe dem HERRN darbringen
Am	4,5	ruft f. Opfer aus
Jdt	7,15	damit wir uns alle f. ergeben 10,13
2Ma	6,20	(Eleasar) ging f. zur Marter
Phm	14	damit das Gute f. geschehe
1Pt	5,2	achtet auf sie, nicht gezwungen, sondern f.

fremd

1Mo	17,12	was gekauft ist von irgendwelchen F. 27
	31,15	haben wir ihm doch gegolten wie die F.
	35,2	tut von euch die f. Götter 4; Jos 24,23; 1Sm 7,3
	42,7	stellte sich f. gegen sie
2Mo	2,22	ein Fremdling geworden im f. Lande 18,3
	12,38	zog auch mit ihnen viel f. Volk
	21,8	Macht, sie unter ein f. Volk zu verkaufen
	30,9	sollt kein f. Räucherwerk darauf tun
3Mo	10,1	ein f. Feuer vor den HERRN 4Mo 3,4; 26,61
	22,10	kein F. soll von dem Heiligen essen 13
4Mo	1,51	wenn ein F. sich naht, soll er sterben 3,10.38; 17,5; 18,4.7
	11,4	das f. Volk war lüstern geworden
5Mo	29,21	die F., die aus fernen Landen kommen
	31,16	Volk wird nachlaufen den f. Göttern Jer 3,13; 5,19; 7,9.18
	32,12	kein f. Gott war mit ihm Jes 43,12
	16	hat ihn gereizt durch f. Götter Jer 8,19
Jos	24,20	wenn ihr f. Göttern dient
Ri	5,17	warum dient Dan auf f. Schiffen
	10,16	taten von sich die f. Götter 2Ch 14,2; 33,15
	17,7	war ein f. Levit und war dort f.
	19,12	wollen nicht in die Stadt der f. einkehren
Rut	2,10	die ich doch eine F. bin
1Kö	3,18	kein F. war mit uns im Hause
	8,41	wenn um deines Namens willen 43; 2Ch 6,32; Jes 56,3.6
	11,4	neigten s. Frauen sein Herz f. Göttern zu
	14,5	stellte sie sich f. 6
	21,19	du hast f. Erbe geraubt
2Kö	19,24	habe getrunken die f. Wasser Jes 37,25
Esr	10,2	als wir f. Frauen gen. 3.10.11.14.17.18.44
Neh	9,2	sonderten sich von allem f. Volk ab 13,3
Hi	15,19	daß kein F. unter ihnen umherzog
	19,13	meine Verwandten sind mir f. geworden 15
	27	m. Augen werden ihn schauen und kein F.
	31,32	kein F. durfte draußen bleiben
Ps	44,21	hätten unsre Hände aufgehoben zum f. Gott
	56,1	die stumme Taube unter den F.
	69,9	bin geworden meinen Brüdern f.
	81,10	einen f. Gott sollst du nicht anbeten
	109,11	F. sollen seine Güter rauben
	114,1	das Haus Jakob aus dem f. Volk (zog)
	137,4	wie könnten wir singen in f. Lande
	144,7	errette mich aus der Hand der F. 11
Spr	2,16	eine F., die glatte Worte gibt 6,24; 7,5
	5,3	die Lippen der f. Frau sind süß
	10	sich nicht F. von deinem Vermögen sättigen
	17	habe du sie allein, und kein F. mit dir
	20	warum willst du dich an der F. ergötzen
	14,10	in s. Freude kann sich kein F. mengen
	20,16	pfände ihn anstelle des F. 27,13
	23,27	die f. Frau ist ein enger Brunnen
	26,17	wer sich mengt in f. Streit
	27,2	laß dich loben von f. und nicht
Pr	6,2	ein F. verzehrt es
Jes	1,7	F. verzehren eure Äcker
	2,6	hängen sich an die Kinder der F.
	25,2	hast gemacht die Paläste der F., daß sie

fremd

Jes	25,5	du demütigst der F. Ungestüm
	28,11	Gott wird mit einer f. Zunge reden 21
	60,10	F. werden deine Mauern bauen 61,5
	62,8	noch deinen Wein die F. trinken lassen
Jer	2,25	du sprichst: ich muß diese F. lieben
	5,19	sollt F. dienen in einem Lande, das nicht
	6,12	ihre Häuser den F. zuteil werden Klg 5,2
	8,10	will ich ihre Frauen den F. geben
	19,4	diese Stätte einen f. Gott gegeben
	30,8	sie werden nicht mehr F. dienen
	50,37	über alles f. Volk, das darin ist
	51,51	weil die F. über das Heiligtum kamen
Hes	3,5	Volk, das eine f. Sprache hat 6
	7,21	will es F. in die Hände geben 11,9; 28,7.10; 30,12
	16,32	Ehebrecherin, die du F. nimmst
	30,5	Put und Lud mit allerlei f. Volk
	31,12	F. hieben ihn um
	44,7	f. Leute in m. Heiligtum hineingelassen 9
Dan	11,4	sein Reich wird F. zuteil werden
	39	Festungen dem f. Gott unterstellen
Hos	3,1	obgleich sie sich zu f. Göttern kehren
	5,7	dem HERRN untreu und zeugen f. Kinder
	7,9	F. fressen seine Kraft 8,7
	8,12	werden sie geachtet wie eine f. Lehre
Jo	4,17	kein F. wird mehr hindurchziehen
Ob	11	wie F. sein Heer gefangen wegführten
Mi	2,4	m. Volkes Land kriegt einen f. Herrn
Hab	2,6	weh dem, der sein Gut mehrt mit f. Gut
Mal	2,11	Juda freit eines f. Gottes Tochter
Jdt	5,20	wurden gefangen in ein f. Land geführt
	8,15	die f. Götter anbeteten Bar 1,22
Wsh	19,15	jene empfingen sie f. feindselig
Tob	1,2	obwohl er dort unter f. leben mußte
Sir	8,21	vor F. tu nichts, das geheim bleiben soll
	11,9	misch dich nicht in f. Händel
	35	nimmst du einen F. bei dir auf, so wird er dich in d. eignen Haus zum F. machen
	21,9	wer sein Haus baut mit f. Hab und Gut
	29,25	daß du in f. Ländern umherirren mußten
	29	als ein gedeckter Tisch in f. Häusern
	30	Schmähung, daß du ein F. bist 33.34
	31	wo du f. bist, darfst du d. Mund nicht erhebe deine Hand gegen die f. Völker
	36,3	
	39,5	er durchzieht f. Länder
	40,30	wer sich nach f. Tischen umsieht, macht sich unrein mit f. Speisen
	49,7	überlassen ihre Hoheit einem f. Volk Bar 4,3
Bar	3,11	daß du in einem f. Land alt wirst
1Ma	1,40	die F. blieben in Jerusalem, so daß die Stadt denen f. wurde, die in ihr geboren
	2,8	das Heiligtum in die Hände der F. gekommen
	3,36	sollte Leute aus f. Stamm ansiedeln
	6,13	muß in einem f. Land sterben 2Ma 9,28
	29	(der König) nahm f. Söldner an 11,38; 15,4; 2Ma 10,24
	8,1	daß sie f. Völker in Schutz nahmen
	10,37	Juden sollen nicht f. Hauptleute haben
	12,9	obwohl wir jetzt keine f. Hilfe brauchen
StE	3,11	daß ich die Ehe mit einem F. verabscheue
Mt	17,25	Zoll... von den F. 26
	25,35	ich bin ein F. gewesen, und ihr 38.43.44
	27,7	den Töpferacker zum Begräbnis für F.
Lk	16,12	wenn ihr mit dem f. Gut nicht treu seid
	17,18	sonst keiner, der umkehrte als nur dieser F.
	24,18	bist du der einzige unter den F. in Jerusalem, der nicht weiß, was
Jh	10,5	einem F. folgen sie nicht nach, sondern fliehen

Apg	7,6	deine Nachkommen werden Fremdlinge sein in einem f. Lande
	10,28	nicht erlaubt, mit einem F. umzugehen
	17,18	als wolle er f. Götter verkündigen
	21	die F... die bei ihnen wohnten, hatten nichts anderes im Sinn
	26,11	verfolgte sie bis in die f. Städte
Rö	14,4	wer bist du, daß du eines f. Knecht richtest
	15,20	damit ich nicht auf einen f. Grund baute
2Ko	6,14	zieht nicht am f. Joch mit den Ungläubigen
	10,15	wir rühmen uns nicht f. Arbeit
Eph	2,12	ihr wart F. außerhalb des Bundes
	4,18	f. geworden dem Leben, das aus Gott ist
Kol	1,21	die ihr einst f. wart in bösen Werken
1Ti	5,22	habe nicht teil an f. Sünden
1Pt	4,15	einer, der in ein f. Amt greift
3Jh	5	was du an den Brüdern tust, zumal an f.
Heb	9,25	alle Jahre mit f. Blut in das Heiligtum geht
	11,9	ist er ein Fremdling gewesen in dem verheißenen Lande wie in einem f.
	34	(diese) haben f. Heere in die Flucht geschlagen
	13,9	laßt euch nicht durch f. Lehren umtreiben
Jud	7	die f. Fleisch nachgegangen sind

Fremde

1Mo	32,5	bin lange in der F. gewesen
2Sm	22,45	Söhne der F. huldigen mir 46; Ps 18,45.46
2Kö	8,1	zieh fort und wohne in der F.
Jes	17,10	lege Reben aus der F.
Wsh	19,10	wie es ihnen in der F. ergangen war
2Ma	5,9	mußte auch er selbst in der F. sterben
2Ko	5,9	ob wir daheim sind oder in der F.
Eph	2,12	F. außerhalb des Bundes der Verheißung
1Pt	1,17	führt euer Leben, solange ihr hier in der F. weilt

fremdländisch

Ze	1,8	alle, die ein f. Gewand tragen

Fremdling

1Mo	12,10	daß er sich dort als F. aufhielte 17,8; 20,1; 21,23.34; 26,3; 28,4; 35,27; 36,7; 37,1; 2Mo 6,4; 1Ch 16,19; Ps 105,12
	15,13	deine Nachkommen werden F. sein Apg 7,6
	19,9	bist der einzige F. hier und willst
	23,4	ich bin ein F. und Beisasse bei euch
2Mo	2,22	ich bin ein F. geworden Apg 7,29
	12,19	ein F. oder ein Einheimischer 49; 3Mo 16,29; 17,12.15; 18,26; 24,16.22; 4Mo 9,14; 15,30; Jos 8,33; Hes 47,22
	48	wenn ein F. Passa halten will 4Mo 9,14; 15,14
	20,10	keine Arbeit tun, auch dein F. 5Mo 5,14
	22,20	die F. sollst du nicht bedrängen 23,9; 3Mo 19,33; Jer 7,6; 22,3; Hes 22,7.29; Sa 7,10
	20	seid auch F. in Ägyptenland gewesen 23,9; 3Mo 19,34; 5Mo 10,19; 23,8; 26,5; Ps 105,23; Jes 52,4; Apg 13,17
	23,9	wisset um die F. Herz, weil ihr auch
	12	daß Sklavin und F. sich erquicken
3Mo	17,8	aus dem Hause Israel oder von den F. 10.13; 20,2; 22,18; 25,45
	19,10	dem Armen und F. sollst du es lassen 23,22; 5Mo 24,19-21
	25,23	ihr seid F. bei mir 1Ch 29,15
	35	sollst dich seiner annehmen wie eines F.

3Mo	25,47	wenn... dein Bruder sich dem F. verkauft
4Mo	15,15	gelte nur eine Satzung... auch für die F. 16. 26.29; 19,10; 35,15; 5Mo 24,17; 27,19
	15	daß vor dem HERRN der F. sei wie ihr
5Mo	1,16	wenn einer etwas hat mit dem F.
	10,18	(der HERR) hat die F. lieb
	19	darum sollt ihr auch die F. lieben
	14,21	dem F. in deiner Stadt geben 29; 26,12.13
	16,11	fröhlich sein, du und der F. 14; 26,11
	24,14	sollst Lohn nicht vorenthalten... den F.
	28,43	der F. wird über dich emporsteigen
	29,10	(steht heute alle vor dem HERRN,) dein F.
	31,12	versamme das Volk, den F. Jos 8,35
Jos	20,9	Städte, bestimmt für die F.
Ri	19,1	ein Levit wohnte als F. im Gebirge Ephr.
	16	ein alter Mann; der war ein F. in Gibea
Rut	1,1	um dort als F. zu wohnen
2Sm	1,13	ich bin der Sohn eines F.
1Ch	22,2	David ließ die F. versammeln
2Ch	2,16	Salomo ließ alle F. im Lande zählen
	30,25	freute sich die ganze Gemeinde, und die F.
Esr	1,4	Leute des Orts, an dem er als F. gelebt
Ps	39,13	ich bin ein F. wie alle meine Väter
	94,6	Witwen und F. bringen sie um
	119,54	im Hause, in dem ich F. bin
	146,9	der HERR behütet die F.
Jes	14,1	F. werden sich zu ihnen gesellen
Jer	14,8	stellst dich, als wärest du ein F.
Hes	14,7	jedem von den F. will ich antworten
	20,38	Lande, in dem ihr jetzt F. seid
	44,9	soll kein Fremder kommen von allen F.
Mal	3,5	Zeuge sein gegen die, die dem F. drücken
Tob	1,7	F., Waisen und Witwen ihren Zehnten gab
Sir	29,32	ein F. wirst du bleiben
Mt	25,35	ich bin ein F. gewesen 38.43.44
Lk	17,18	hat sich F. keiner gefunden als dieser F.
	24,18	*allein unter den F. in Jerusalem*
Apg	10,28	umzugehen mit einem F.
	13,17	das Volk groß gemacht, als sie F. waren
	17,21	*auch die F., die bei ihnen wohnten*
Eph	2,19	so seid ihr nun nicht mehr Gäste und F.
1Pt	1,1	Petrus an die auserwählten F.
	2,11	ich ermahne euch als F. und Pilger
Heb	11,9	durch den Glauben ist er ein F. gewesen in dem verheißenen Lande
	13	haben bekannt, daß sie F. auf Erden sind

fressen

1Mo	3,14	sollst Erde f. dein Leben lang Jes 65,25
	37,20	ein böses Tier habe ihn gef. 33
	40,17	die Vögel f. aus dem Korbe 19
	41,4	die mageren f. die fetten Kühe 21
	49,27	des Morgens wird er Raub f.
2Mo	10,5	(Heuschrecken) sollen f. 15; Ps 105,35
	23,11	was übrigbleibt, mag das Wild f.
3Mo	13,51	so ist die Stelle f. Aussatz 52; 14,44
	26,22	wilde Tiere, die sollen eure Kinder f.
	38	eurer Feinde Land soll euch f.
4Mo	11,1	das Feuer f. am Rande des Lagers 16,35; 26,10; 1Kö 18,38; 2Kö 1,10.12.14
	13,32	das Land f. seine Bewohner
	21,28	eine Flamme hat gef. Ar in Moab
5Mo	28,42	alle Bäume wird das Ungeziefer f.
	32,42	mein Schwert soll Fleisch f.
2Sm	2,26	soll denn das Schwert ohne Ende f.
	11,25	das Schwert f. bald diesen, bald jenen
	18,8	der Wald f. mehr, als das Schwert f.
1Kö	13,28	der Löwe hatte nichts gef. vom Leichnam
	14,11	den sollen die Hunde f... die Vögel f. 16,4; 21,23.24; 2Kö 9,10.36
2Kö	18,27	daß sie ihren eigenen Mist f. Jes 36,12
2Ch	7,13	wenn ich die Heuschr. das Land f. lasse
Hi	13,28	Kleid, das die Motten f. Jes 50,9; 51,8
	15,34	wird die Hütten der Bestechlichen f.
	31,12	ein Feuer, das bis in den Abgrund f.
	40,15	den Behemot... Er f. Gras wie ein Rind
Ps	14,4	Übeltäter, die mein Volk f. 53,5
	21,10	Feuer wird sie f. Hes 15,7; Nah 3,15
	39,3	muß mein Leid in mich f.
	50,3	f. Feuer geht vor ihm her
	69,10	Eifer um dein Haus hat mich gef. Jh 2,17
	78,45	als er Ungeziefer schickte, das sie f.
	63	ihre junge Mannschaft f. das Feuer
	79,2	die Leichname den Vögeln zu f. gegeben
	7	sie haben Jakob gef.
	106,20	in das Bild eines Ochsen, der Gras f.
Spr	26,11	wie ein Hund wieder f., was er 2Pt 2,22
	30,17	Auge... das müssen die jungen Adler f.
Jes	1,20	so sollt ihr vom Schwert gef. werden
	9,11	daß sie Israel f. mit vollem Maul
	19	sie f. und werden nicht satt. Ein jeder f. das Fleisch seines Nächsten Sa 11,9
	11,7	Löwen Stroh f. wie die Rinder 65,25
	24,6	darum f. der Fluch die Erde
	30,24	werden gesalzenes gemengtes Futter f.
	56,9	ihr Tiere, kommt und f. Jer 12,9; Hes 39,17-19; Hos 2,14
Jer	2,30	euer Schwert f. eure Propheten
	3,24	der schändliche Baal hat gef.
	5,17	sie werden deine Söhne und Töchter f.
	7,21	tut eure Brandopfer... und f. Fleisch
	12,12	Schwert hat der HERR, das f. 46,10.14
	15,3	daß sie gef. und vertilgt werden
	30,16	die dich gef. haben, sollen gef. werden
	50,7	es f. sie alle, die sie antrafen
	17	zuerst f. sie der König von Assyrien
	51,34	Nebukadnezar hat mich gef.
Hes	5,10	sollen Väter ihre Kinder f.
	7,15	den werden Pest und Hunger f.
	19,3	Menschen f. er 6; 22,25; 36,13.14
	34,10	daß sie nicht mehr f. sollen 28
	19	f. müssen, was ihr zertreten habt
Dan	4,22	man wird dich Gras f. lassen 29.30; 5,21
	7,5	steh auf und f. viel Fleisch 7.19.23
Hos	5,7	darum wird sie auch der Neumond f.
	7,7	sind erhitzt, so daß sie ihre Richter f.
	9	Fremde f. seine Kraft
	11,8	will sie dort wie ein Löwe f.
	13,8	will sie dort wie ein Löwe f.
Jo	1,4	was Raupen übriglassen, f. die Heuschrecken... f. die Käfer... f. das Geschmeiß 2,25
	7	(das Volk) f. meinen Feigenbaum kahl
Am	4,9	auch f. die Raupen alles, was wuchs
	7,4	(das Feuer) f. das Ackerland Nah 3,15
Mi	3,3	ihr f. das Fleisch meines Volks
	5	gut gehen, wenn man ihnen zu f. gibt
Nah	2,14	das Schwert soll deine jungen Löwen f.
Hab	3,14	ihre Freude war, zu f. den Elenden
Sa	9,15	die Schleudersteine werden f.
	11,16	das Fleisch der Fetten wird er f.
Tob	6,3	o Herr, er will mich f. 12,4
Sir	10,13	so f. ihn Maden und Würmer
	13,23	wie der Löwe... f., so f. die Reichen
	19,3	wer sich an Huren hängt, den f. Maden
	31,13	schau nicht: Hier gibt's viel zu f.
	37,33	viel F. macht krank
	34	viele haben sich zu Tode gef.
	51,4	aus den Zähnen derer, die mich f. wollten
Bar	6,20	von den Würmern, die ihre Kleider f.

fressen

2Ma	9,15	den wilden Tieren zu f. geben
StD	3,24	(die Flamme) f. um sich
Mt	6,19	nicht Schätze auf Erden, wo sie die Motten und der Rost f. 20
	15,27	f. die Hunde von den Brosamen Mk 7,28
	23,14	die ihr die Häuser der Witwen f. Mk 12,40; Lk 20,47
Lk	12,33	(einen Schatz,) den keine Motten f.
	15,16	mit den Schoten, die die Säue f.
	21,34	nicht beschwert werden mit F. und Saufen
Jh	2,17	der Eifer um dein Haus wird mich f.
Rö	13,13	laßt uns ehrbar leben, nicht in F. und Saufen
Gal	5,15	wenn ihr euch untereinander beißt und f.
	21	(Werke des Fleisches:) F.
2Ti	2,17	ihr Wort f. um sich wie der Krebs
2Pt	2,22	der Hund f. wieder, was er gespien hat
Jak	5,3	ihr Rost wird euer Fleisch f. wie Feuer
Off	12,4	damit er, wenn sie geboren hätte, ihr Kind f.

Fresser

Ri	14,14	Speise ging aus vom F.
Mal	3,11	will um euretwillen den „F." bedrohen
Mt	11,19	was ist dieser Mensch für ein F. und Weinsäufer Lk 7,34

Fresserei

1Pt	4,3	als ihr ein Leben führtet in F.

Freßgier

Hi	20,21	nichts entging seiner F.

Freude

1Mo	31,27	daß ich dich geleitet hätte mit F.
5Mo	28,47	weil du dem HERRN nicht gedient mit F.
2Sm	1,26	ich habe große F. und Wonne an dir gehabt
	6,12	holte die Lade herauf mit F. 1Ch 15,25
1Kö	1,45	sind heraufgezogen mit F.
1Ch	12,41	F. war in Israel 29,22; 2Ch 30,21.23.26; Esr 6,16.22; Neh 8,17; 12,27.43; Est 8,16.17
	15,16	daß sie laut sängen mit F.
	16,27	Macht und F. in seinem Heiligtum
	29,17	habe mit F. gesehen, wie dein Volk
2Ch	20,27	nach Jerusalem zögen mit F... F. gegeben
	23,18	Brandopfer zu bringen mit F. 29,30
Esr	3,12	viele aber jauchzten mit F. 13
Neh	8,10	die F. am HERRN ist eure Stärke
	12,44	Juda hatte seine F. an den Priestern
Est	9,17	machten sie zum Tage der F. 18.19.22
Hi	20,5	nicht lange währt... die F. des Ruchlosen
	33,26	wird ihn sein Antlitz sehen lassen mit F.
Ps	16,11	vor dir ist F. die Fülle
	21,7	erfreust ihn mit F. vor deinem Antlitz
	30,6	aber des Morgens ist F.
	12	hast mich mit F. gegürtet
	34,6	die auf ihn sehen, werden strahlen vor F.
	37,11	die Elenden werden ihre F. haben
	39,3	ich schweige fern der F.
	43,4	zu dem Gott, der meine F. und Wonne ist
	45,16	man führt sie hin mit F. und Jubel
	51,10	laß mich hören F. und Wonne
	63,6	das ist meines Herzens F. und Wonne
	73,28	ist meine F., mich zu Gott halte
	92,12	mit F. sieht mein Auge auf meine Feinde
	97,11	muß aufgehen F. den frommen Herzen
	100,2	dienet dem HERRN mit F.
	105,43	so führte er sein Volk in F. heraus
Ps	107,22	sollen seine Werke erzählen mit F.
	111,2	wer sie erforscht, der hat F. daran
	112,1	der große F. hat an seinen Geboten
	118,15	man singt mit F. vom Sieg
	119,16	habe F. an deinen Satzungen 24.47.70.77.117. 143.174
	126,5	die mit Tränen säen, w. mit f. ernten 6
	137,6	lasse Jerusalem meine höchste F. sein
	147,10	er hat keine F. an der Stärke des Rosses
Spr	10,1	ein weiser Sohn ist seines Vaters F.
	28	das Warten der Gerechten wird F. werden
	12,20	die zum Frieden raten, haben F.
	14,10	in seine F. kann sich kein Fremder mengen
	13	nach der F. kommt Leid
	15,21	dem Toren ist die Torheit eine F.
	23	einem Mann eine F., wenn er richtig antw.
	17,21	eines Toren Vater hat keine F.
	21,15	ist es eine F., wenn Recht geschieht
	17	wer gern in F. lebt, wird Mangel haben
	29,17	züchtige d. Sohn, so wird er dir F. machen
Pr	2,2	ich sprach zur F.: Was schaffst du
	10	verwehrte meinem Herzen keine F.
	26	gibt er Weisheit, Verstand und F.
	8,15	darum pries ich die F., daß der Mensch
	9,7	geh hin und iß dein Brot mit F.
Hl	3,11	am Tage der F. seines Herzens
Jes	9,2	du machst groß die F.
	12,3	ihr werdet mit F. Wasser schöpfen
	16,10	daß F. und Wonne in den Gärten aufhören
	22,13	siehe da, lauter F. und Wonne
	24,8	F. der Pauken... F. der Harfe hat ein Ende
	11	man klagt, daß alle F. weg ist
	29,19	die Elenden werden F. haben
	32,13	(klagen um) alle Häuser voll F.
	14	zu Höhlen werden, dem Wild zur F.
	35,2	(die Steppe) wird blühen in Lust und F.
	10	ewige F. wird sein... F. und Wonne 51,3.11; 61,7; 65,18
	55,12	sollt in F. ausziehen
	60,5	dann wirst du vor F. strahlen 15
	66,5	daß wir eure F. mit ansehen
Jer	7,34	wegnehmen den Jubel der F. 16,9; 48,33
	15,9	ihre F. hatte ein Ende Klg 5,15
	16	dein Wort ist meines Herzens F.
	31,7	jubelt über Jakob mit F.
	13	ich will ihr Trauern in F. verwandeln
	14	will der Priester Herz voller F. machen
	32,41	soll meine F. sein, ihnen Gutes zu tun
	33,10	wieder hören den Jubel der F. und Wonne
Hes	14,3	haben mit F. vor Augen 4.7
	24,16	will dir deiner Augen F. nehmen 21.25
	36,5	die mein Land genommen haben mit F.
Hos	2,13	will ein Ende machen mit allen ihren F.
Jo	1,12	die F. der Menschen zum Jammer geworden
	16	ist nicht weggenommen F. und Wonne
Hab	3,14	ihre F. war, zu zerstreuen und zu fressen
Sa	4,10	wird doch mit F. sehen den Schlußstein
	8,19	die Fasten sollen Juda zur F. werden
Mal	2,17	wer Böses tut, an solchen hat er F.
Jdt	13,20	hat mich zurückgebracht mit großer F.
	16,9	zog ihre Feierkleider an zur F. Israels
Wsh	8,16	(Weisheit) bringt Lust und F. 18; Sir 4,13; 15,6
Tob	3,23	du überschüttest uns mit F. Bar 4,22
	5,12	Gott gebe dir allezeit F. 13; 7,20
	29	er in F. wieder heimkehren wird
	7,1	Raguël empfing sie mit F.
	11,9	der Hund zeigte seine F.
	11	beide weinten vor F.
Sir	1,11	die Furcht des Herrn ist F. 12.18

Sir	1,28	es kommt die Zeit, in der ihm F. erwächst
	2,8	hofft auf ewige F. und Gnade
	3,6	der wird F. an seinen Kindern haben 25,10; 30,1.5; Bar 4,11
	11,28	eine böse Stunde läßt alle F. vergessen
	14,5	wird wenig F. an seinem Eigentum haben
	14	laß dir die F. nicht entgehen
	26,2	eine tüchtige Frau ist eine F.
	30,16	kein Gut gleicht der F. des Herzens 23
	39,37	mit F. erfüllen sie seinen Befehl
Bar	2,23	will den Jubel der F. wegnehmen 1Ma 3,45
	3,34	die Sterne leuchten mit F. 35
	5,9	Gott wird Israel zurückbringen mit F.
1Ma	3,2	seine Brüder kämpften für Israel mit F.
	7	aber Jakob war es eine F.
	4,56	opferten mit F. Brandopfer 58.59
	5,23	führte sie mit großer F. nach Judäa 54
	7,48	sie feierten diesen Tag mit F. 13,52
	10,26	eine große F., daß ihr nicht abfallt
	66	zog wieder nach Jerusalem mit F.
	12,12	eure Ehre... sind uns eine F.
	14,11	so daß lauter F. in Israel herrschte 21
2Ma	3,30	den Tempel erfüllte F. und Wonne
	10,6	sie feierten mit F. acht Tage lang
StE	2,7	verwandle unser Trauern in F.
	5,14	diesen Tag ihnen zur F. 15
Mt	13,20	das ist, der das Wort mit F. aufnimmt Mk 4,16; Lk 8,13
	44	in seiner F. ging er hin und verkaufte alles
	25,21	geh hinein zu deines Herrn F. 23
	28,8	gingen weg mit Furcht und großer F.
Lk	1,14	du wirst F. und Wonne haben
	44	hüpfte das Kind vor F. in meinem Leibe
	2,10	siehe, ich verkündige euch große F.
	6,23	freut euch an jenem Tage und springt vor F.
	8,14	die ersticken unter den F. des Lebens
	40	*nahm ihn das Volk auf mit F.*
	10,17	die 72 kamen zurück voll F. und sprachen
	15,5	wenn er's gefunden hat, so legt er sich's auf die Schultern voller F.
	7	F. über einen Sünder, der Buße tut 10
	16,19	lebte alle Tage herrlich und in F.
	19,6	er stieg herunter und nahm ihn auf mit F.
	37	mit F. Gott zu loben mit lauter Stimme
	24,41	als sie noch nicht glaubten vor F.
	52	sie kehrten zurück mit großer F.
Jh	3,29	diese meine F. ist nun erfüllt
	15,11	damit meine F. in euch bleibe und eure F. vollkommen werde 16,24; 17,13
	16,20	eure Traurigkeit soll in F. verwandelt werden
	21	um der F. willen, daß ein Mensch zur Welt gekommen ist
	22	eure F. soll niemand von euch nehmen
Apg	2,28	du wirst mich erfüllen mit F.
	46	sie hielten die Mahlzeiten mit F.
	8,8	es entstand große F. in dieser Stadt
	12,14	tat sie vor F. das Tor nicht auf
	13,52	die Jünger wurden erfüllt von F. und hl. Geist
	14,17	hat eure Herzen mit F. erfüllt
	15,3	machten damit allen Brüdern große F.
Rö	14,17	das Reich Gottes ist F. im heiligen Geist
	15,13	der Gott der Hoffnung erfülle euch mit F.
	32	damit ich mit F. zu euch komme
2Ko	1,24	wir sind Gehilfen eurer F.
	2,3	daß meine F. euer aller F. ist
	7,4	ich habe überschwengliche F. in aller unsrer Bedrängnis
	13	noch überschwenglicher gefreut über die F. des Titus

2Ko	8,2	denn ihre F. war überschwenglich, als sie
Gal	5,22	die Frucht des Geistes ist Liebe, F.
Phl	1,4	ich tue das Gebet mit F.
	25	euch zur Förderung und zur F. im Glauben
	2,2	macht meine F. dadurch vollkommen, daß ihr eines Sinnes seid
	29	so nehmt ihn nun auf in dem Herrn mit aller F.
	4,1	meine lieben Brüder, meine F.
Kol	1,12	mit F. sagt Dank dem Vater
1Th	1,6	ihr habt das Wort aufgenommen mit F.
	2,19	wer ist unsre Hoffnung oder F.
	20	ihr seid unsre Ehre und F.
	3,9	wie können wir Gott danken für all die F.
2Ti	1,4	damit ich mit F. erfüllt werde
Phm	7	ich hatte große F. und Trost durch deine Liebe
1Pt	1,8	ihr werdet euch freuen mit herrlicher F.
	4,13	daß ihr F. und Wonne haben mögt
1Jh	1,4	das schreiben wir, damit unsere F. vollkommen sei 2Jh 12
3Jh	4	habe keine größere F. als die, zu hören, daß
Heb	1,9	*hat dich gesalbt mit dem Öl der F.*
	10,34	den Raub eurer Güter mit F. erduldet
	12,2	der, obwohl er hätte F. haben können, das Kreuz erduldete
	11	jede Züchtigung scheint uns nicht F. zu sein
	13,17	damit sie das mit F. tun und nicht mit Seufzen
Jak	1,1	*den zwölf Stämmen F. zuvor*
	2	erachtet es für lauter F., wenn ihr
	4,9	verkehre sich eure F. in Traurigkeit
Jud	24	vor das Angesicht s. Herrlichkeit mit F.

Freudenbote

Jes	41,27	Jerusalem gebe ich einen F.
	52,7	wie lieblich sind die Füße der F.
Rö	10,15	wie lieblich sind die Füße der F., die das Gute verkündigen

Freudenbotin

Ps	68,12	der F. ist eine große Schar
Jes	40,9	Zion, du F... Jerusalem, du F.

Freudenfest

Ri	9,27	die Männer von Sichem hielten ein F.
	16,23	Opfer darzubringen und ein F. zu feiern
Neh	8,12	alles Volk ging hin, ein F. zu machen

Freudengesang

Jer	30,19	soll erschallen Lob- und F.

Freudengeschrei

2Ch	15,14	schworen dem HERRN unter F.
Hes	23,42	erhob sich in der Stadt ein großes F.
2Ma	15,29	da erhob sich ein F. und Jauchzen

Freudenkleid

Bar	4,20	ich habe mein F. ausgezogen

Freudenöl

Ps	45,8	darum hat dich der Herr gesalbt mit F.
Jes	61,3	daß ihnen F. statt Trauerkleid gegeben w.

Freudenöl

Heb 1,9 darum hat dich dein Gott gesalbt mit F.

Freudenopfer
Ps 54,8 so will ich dir ein F. bringen

Freudentag
Tob 13,9 lobt den Herrn, haltet F.

freudig
2Ma 6,28 damit sie f. einen guten Tod sterben
Eph 6,19 mit f. Auftun meines Mundes

freuen
2Mo 4,14 wenn er dich sieht, wird er sich f.
    18,9 Jitro aber f. sich über all das Gute
5Mo 28,63 wie sich d. HERR zuvor., Gutes zu tun, so wird er sich nun f., euch umzubringen
    30,9 wird sich über dich f., wie er sich ... gef.
    33,18 f. dich deiner Fahrten ... deiner Zelte
1Sm 2,1 denn ich f. mich deines Heils
    6,13 f. sich, (die Lade) zu sehen 19
    11,15 Saul und alle Männer Israels f. sich sehr
    19,5 das hast du gesehen und dich darüber gef.
2Sm 1,20 daß sich nicht f. die Töchter der Philister
1Kö 5,21 als Hiram d. Worte Salomons hörte, f. er s.
2Kö 20,13 Hiskia f. sich 2Ch 29,36; Jes 39,2
1Ch 16,10 es f. sich das Herz derer, die den HERRN suchen Ps 105,3
    31 es f. sich der Himmel Ps 96,11
2Ch 6,41 laß deine Heiligen sich f. Ps 132,9
    24,10 da f. sich alles Volk 30,25
Neh 12,43 daß sich auch Frauen und Kinder f.
Hi 3,6 jene Nacht soll sich nicht f.
    22 sich f., wenn sie ein Grab bekämen 14,6
    22,19 die Gerechten werden's sehen und sich f. Ps 58,11; 107,42
    31,25 hab ich mich gef., daß ich großes Gut
    29 hab ich mich gef., wenn's m. Feinde übel
    39,21 es stampft und f. sich
Ps 5,12 laß sich f. alle, die auf dich trauen
    9,3 ich f. mich und bin fröhlich in dir
    13,5 daß nicht m. Widersacher sich f. 30,2
    6 mein Herz f. sich, daß du hilfst 16,9
    7 so würde Israel sich f. 53,7
    19,6 sie f. sich wie ein Held, zu laufen
    21,2 der König f. sich in deiner Kraft 63,12
    31,8 ich f. mich über deine Güte
    32,11 f. euch des HERRN 33,1.21; 35,9; 64,11; 66,6; 68,4.5; 97,12; 104,34; Jes 61,10; Hab 3,18
    34,3 daß es die Elenden hören und sich f. 69,33
    35,15 sie aber f. sich, wenn ich wanke
    19 laß sich nicht über mich f. 24.26; 38,17
    27 jubeln und f. sollen s., die mir gönnen
    40,17 laß deiner s. f., die nach dir fragen 70,5
    48,3 Berg Zion, daran sich f. die ganze Welt
    12 dessen f. sich der Berg Zion
    49,19 er f. sich wohl dieses guten Lebens
    67,5 die Völker sich f. und jauchzen
    84,3 Seele f. sich in dem lebendigen Gott
    85,7 daß dein Volk sich über dich f. kann
    97,1 des f. sich das Erdreich
    104,31 der HERR f. sich seiner Werke
    106,5 uns f., daß es deinem Volke so gut geht
    109,28 aber dein Knecht soll sich f.
    118,24 laßt uns f. und fröhlich an ihm sein
    119,14 ich f. mich über den Weg, den

Ps 119,74 die dich fürchten, sehen mich und f. sich
    162 ich f. mich über dein Wort
    122,1 ich f. mich über die, die mir sagten
    149,2 Israel f. sich seines Schöpfers
Spr 2,14 die sich f., Böses zu tun
    5,18 f. dich des Weibes deiner Jugend
    11,10 Stadt f. sich, wenn's d. Gerechten 29,2
    17,5 wer s. über eines andern Unglück f. 24,17
    23,15 so f. sich auch mein Herz
    24 der Vater eines Gerechten f. sich 25
    27,9 das Herz f. sich an Salbe u. Räucherwerk
Pr 7,4 das Herz der Toren (ist), wo man sich f.
    11,9 f. dich, Jüngling, in deiner Jugend
Hl 1,4 wir wollen uns f. über dich
Jes 9,2 vor dir wird man sich f., wie man sich f.
    14,8 auch f. sich die Zypressen über dich
    29 f. dich nicht, ganz Philisterland
    30,29 werdet singen und euch vom Herzen f.
    49,13 jauchzet, ihr Himmel, f. dich, Erde
    54,1 f. dich mit Rühmen
    62,5 wie s. ein Bräutigam f., wird sich Gott f.
    65,18 f. euch über das, was ich schaffe
    19 will mich f. über mein Volk
    66,10 f. euch mit Jerusalem ... f. euch mit ihr
    14 euer Herz wird sich f.
Jer 15,17 habe mich nicht mit (den Fröhlichen) gef.
    31,12 werden sich f. über die Gaben des HERRN
    50,11 wenn ihr euch auch f.
Klg 1,21 f. sich, daß du (mein Unglück) gemacht hast
    2,15 Stadt, an der sich alles Land f.
    4,21 ja, f. dich nur, du Tochter Edom
Hes 7,12 der Käufer f. sich nicht
    21,15 wie sollten wir uns da f.
    25,6 weil du so höhnisch dich gef. hast 35,15
    35,14 daß sich alles Land f. soll
Hos 9,1 du darfst dich nicht f., Israel
Jo 2,23 Kinder Zions, f. euch und seid fröhlich
Am 6,13 die ihr euch f. über Lo-Dabar
Ob 12 sollst dich nicht f. über die *Söhne Juda
Jon 4,6 Jona f. sich sehr über die Staude
Mi 7,8 f. dich nicht über mich, meine Feindin
Hab 1,15 darüber f. sie sich und sind fröhlich
Ze 3,14 f. dich und sei fröhlich, Tochter Jerusalem Sa 2,14; 9,9
    17 er wird sich über dich f.
Sa 10,7 ihre Söhne sollen's sehen und sich f.
Jdt 8,15 daß wir uns wieder f. können
    10,9 damit Israel sich über dich f.
Wsh 13,3 wenn sie an ihrer Schönheit sich f.
Tob 11,8 wird über deinen Anblick sich f.
    19 f. sich mit ihm über all das Gute
    13,8 ich will mich von Herzen f. in Gott
    11 daß du dich ewig f. kannst
    16 du wirst dich f. über deine Kinder
    17 wohl allen, die sich über dein Heil f.
    14,9 an Jerusalem werden sich alle f.
Sir 2,20 die ihn liebhaben, f. sich
    8,8 f. dich nicht, wenn dein Feind stirbt
    16,1 f. dich nicht über viele Kinder
    19,5 wer sich f. über eine Bosheit f.
    22,28 damit du dich mit ihm f. kannst 37,4
    27,32 die sich f., wenn's dem Frommen schlechtgeht Bar 4,31.33
    30,2 der wird sich an ihm f.
    32,3 damit du dich über ihre Ehrung f. kannst
    16 dort f. dich nach Herzenslust
    51,20 mein Herz f. sich
    37 f. euch an der Barmherzigkeit Gottes
Bar 4,37 d. Kinder f. sich über Gottes Herrlichkeit
    5,5 die sich f., daß Gott an sie gedacht hat 2Ma 15,27

StE	3,11	deine Magd hat sich niemals gef.
Mt	18,13	er f. sich darüber mehr als über die 99
Lk	1,14	viele werden sich über seine Geburt f.
	47	mein Geist f. sich Gottes, meines Heilandes
	58	ihre Nachbarn f. sich mit (Elisabeth)
	6,23	f. euch an jenem Tage und springt vor Freude
	10,20	darüber f. euch nicht, daß euch die Geister untertan sind
	21	zu der Stunde f. sich Jesus im hlg. Geist
	13,17	alles Volk f. sich über alle Taten
	15,6	f. euch mit mir 9
	23,8	als Herodes Jesus sah, f. er sich sehr
Jh	3,29	der Freund des Bräutigams f. sich über die Stimme des Bräutigams
	4,36	damit sich miteinander f., der da sät und der da erntet
	8,56	Abraham sah (meinen Tag), und er f. sich
	14,28	würdet ihr euch f., daß ich zum Vater gehe
	16,20	ihr werdet klagen, aber die Welt wird sich f.
	22	euer Herz soll sich f.
Apg	7,41	sie f. sich über das Werk ihrer Hände
	16,34	f. sich, daß er zum Glauben gekommen war
Rö	12,15	f. euch mit den Fröhlichen und weint mit den Weinenden
	15,10	f. euch, ihr Heiden, mit seinem Volk
	16,19	deshalb f. ich mich über euch
1Ko	7,30	(sollen sein die), die sich f., als f. sie sich nicht
	12,26	wenn ein Glied geehrt wird, so f. sich alle Glieder
	13,6	(die Liebe) f. sich nicht über die Ungerechtigkeit
	16,17	ich f. mich über die Ankunft des Stephanas
2Ko	2,3	über die traurig, über die ich mich f. sollte
	7,7	so daß ich mich noch mehr f.
	9	so f. ich mich jetzt nicht darüber, daß
	13	habe wir uns noch überschwenglicher gef.
	16	ich f. mich, daß ich mich auf euch verlassen
	13,9	wir f. uns, wenn wir schwach sind und ihr
	11	zuletzt, liebe Brüder, f. euch Phl 3,1; 4,4
Phl	1,18	so f. ich mich darüber... ich werde mich auch weiterhin
	2,17	so f. ich mich und f. mich mit euch allen
	18	darüber sollt ihr euch auch f. und sollt euch mit mir f.
Kol	1,24	nun f. ich mich in den Leiden, die ich für euch
	2,5	f. mich, wenn ich eure Ordnung sehe
1Pt	1,6	dann werdet ihr euch f., die ihr jetzt traurig seid 8
	4,13	f. euch, daß ihr mit Christus leidet
3Jh	3	ich habe mich sehr gef., als die Brüder kamen
Off	11,10	die auf Erden wohnen, f. sich darüber
	12,12	f. euch, ihr Himmel und die darin wohnen
	18,20	f. dich über sie, Himmel
	19,7	laßt uns f. und fröhlich sein

Freund

1Mo	26,26	Abimelech ging mit Ahusat, seinem F.
	38,12	Juda ging hinauf mit seinem F. Hira 20
2Mo	32,27	jeder erschlage seinen F. und Nächsten
	33,11	wie ein Mann mit seinem F. redet
5Mo	13,7	wenn dich dein F. heimlich überreden w.
1Sm	30,26	sandte (David) von der Beute seinen F.
2Sm	3,8	erweise mich freundlich seinen F.
	13,3	Amnon hatte einen F.
	15,37	Huschai, der F. Davids 16,16.17; 1Ch 27,33
1Kö	4,5	Sabud war des Königs F.
	16,11	als er König war, erschlug er seine F.
2Ch	20,7	den Nachkommen Abrahams, deines F., gegeben
Est	5,10	(Haman) ließ seine F. holen 14; 6,13
Hi	2,11	als die drei F. Hiobs hörten
	16,20	meine F. verspotten mich 21
	17,5	zum Teilen lädt einer F. ein
	19,14	meine F. haben mich vergessen
	21	erbarmt euch, meine F.
	32,3	ward zornig über seine drei F. 42,7
	35,4	will dir antworten und deinen F.
	42,10	als (Hiob) für seine F. Fürbitte tat
Ps	25,14	der HERR ist denen F., die ihn fürchten
	35,14	als wäre es mein F. und Bruder, ging ich
	38,12	meine F. scheuen zurück vor meiner Plage
	41,10	auch mein F. tritt mich mit Füßen
	55,14	nun bist du es, mein Gefährte, mein F.
	21	sie legen ihre Hände an ihre F.
	60,7	daß deine F. errettet w., dazu hilf 108,7
	88,9	meine F. hast du mir entfremdet 19
	122,8	um meiner Brüder und F. willen will ich
	127,2	seinen F. gibt er es im Schlaf
Spr	3,32	den Frommen ist er F.
	14,20	die Reichen haben viele F.
	16,28	ein Verleumder macht F. uneins 17,9
	17,17	F. liebt allezeit
	18,24	es gibt F., die hangen fester an als
	19,4	Reichtum macht viel F.; der Arme wird von seinem F. verlassen 7
	6	wer Geschenke gibt, hat alle zu F.
	22,11	dessen F. ist der König
	27,6	die Schläge des F. meinen es gut
	9	süß ist der F., der wohlgem. Rat gibt
	10	von deinem F. ... Vaters F. laß nicht ab
Hl	1,13	mein F. ist mir ein Büschel Myrrhen 14
	16	siehe, mein F., du bist schön
	2,3	so ist mein F. unter den Jünglingen
	8	da ist die Stimme meines F. 5,2
	9	mein F. gleicht einer Gazelle 17; 8,14
	10	mein F. antwortet und spricht zu mir
	16	mein F., ich bin sein 6,3; 7,11
	4,16	mein F. komme in seinen Garten
	5,1	eßt, meine F., und trinkt 4-6.8-10.16; 6,1.2; 7,12.14; 8,5
Jes	5,1	will meinem F. singen... von meinem F.
	19,2	daß ein F. wider den andern kämpfen wird
Jer	9,3	ein jeder hüte sich vor seinem F. ... ein F. verleumdet den andern 4
	13,21	die du als F. an dich gewöhnt hast
	20,4	zum Schrecken für alle deine F. 6.10
	38,22	deine guten F. haben dich überredet
Klg	1,2	alle ihre F. sind ihr untreu 19
Mi	7,5	niemand verlasse sich auf einen F.
Jdt	8,19	wie Abraham Gottes F. geworden StD 3,11
Wsh	1,16	sie riefen ihn für ihn F.
	7,27	macht sie zu F. Gottes
	8,18	(daß) ihre F. wahre Freude haben
	11,26	es gehört dir, Herr, du F. des Lebens
Tob	2,8	alle seine F. aber schalten ihn
	8,21	ein Festmahl für alle seine F.
Sir	6,1	sonst machst du dich deinem F. zum Feind
	5	wer freundlich redet, macht sich viele F.
	7	willst du einen F. finden 8.10
	9	mancher F. wird bald zum Feind
	13	sei auch vor den F. auf der Hut 12,7.8
	14	ein treuer F. ist ein starker Schutz 15.16; 25,12
	7,13	streu keine Lügen aus über deinen F. 27,17
	20	gib deinen F. um keinen Preis auf 9,14

Freund

Sir	9,15	ein neuer F. ist wie neuer Wein
	13,25	der Reiche... seine F... der Arme... seine F.
	14,13	tu dem F. Gutes noch vor deinem Ende
	19,7	du sollst es weder F. noch Feind sagen
	15	stell deinen F. zur Rede
	20,17	der Narr klagt: Niemand ist mein F.
	25	mancher macht seinem F. Versprechungen
	22,25	wer seinen F. schmäht, zerstört 26.27; 27,21; 41,28
	26	ihr könnt wieder F. werden
	28	bleib deinem F. in s. Armut treu 31; 27,18
	28,11	der Gottlose bringt gute F. auseinander
	30,3	vor seinen F. kann er über ihn frohlocken
	6	der den F. wieder Gutes tut
	33,20	laß den F. nicht über dich verfügen
	37,1	jeder F. sagt: Ich bin auch dein F. -; aber einige sind nur dem Namen nach F.
	2	wenn ein F. einem feind wird
	4	wenn's dem F. gut geht, freuen sie sich
	6	vergiß den F. nicht in deinem Herzen
	40,23	einem F. begegnet man gerne
	41,22	(schämt euch) vor dem F., treulos zu sein
	42,3	das Erbteil der F. gerecht zu verteilen
1Ma	2,18	werden zu den F. des Königs gezählt
	39	als Mattatias und seine F. das hörten 45
	3,38	einige Männer von den F. des Königs 6,10.14; 2Ma 3,31; 8,9; 10,13; 14,11
	8,12	mit den F. hielten sie Frieden 20; 11,33; 12,14
	31	warum unterdrückst du unsre F., die Juden
	9,35	zu seinen F., den Nabatäern
	39	der Bräutigam mit seinen F.
	10,20	du sollst „F. des Königs" heißen 16.65;11,27. 57; 13,36; 14,39.40; 15,17; 2Ma 7,24; StD 2,1
	12,43	(Tryphon) empfahl ihn seinen F.
2Ma	11,14	König, daß er ihr F. würde
Mt	11,19	ein F. der Zöllner und Sünder Lk 7,34
	20,13	mein F., ich tu dir nicht Unrecht
	22,12	F., wie bist du hier hereingekommen
	26,50	mein F., dazu bist du gekommen
Lk	6,32	auch die Sünder lieben ihre F.
	7,6	sandte der Hauptmann F. zu ihm
	11,5	lieber F., leih mir drei Brote
	6	mein F. ist zu mir gekommen auf der Reise
	8	ihm etwas gibt, weil er sein F. ist
	12,4	ich sage aber euch, meinen F.
	14,10	damit der, der dich eingeladen hat, zu dir sagt: F., rücke hinauf
	12	lade weder deine F. noch deine Brüder ein
	15,6	wenn er heimkommt, ruft er seine F.
	29	daß ich mit meinen F. fröhlich gewesen wäre
	16,9	macht euch F. mit dem ungerechten Mammon
	21,16	ihr werdet verraten werden von... und F.
	23,12	an dem Tag wurden Herodes und Pilatus F.
Jh	3,29	der F. des Bräutigams, der dabeisteht
	11,11	Lazarus, unser F., schläft, aber ich gehe hin
	15,13	daß er sein Leben läßt für seine F.
	14	ihr seid meine F., wenn ihr tut, was ich euch gebiete
	15	euch habe ich gesagt, daß ihr F. seid
	19,12	läßt du diesen frei, so bist du des Kaisers F.
Apg	10,24	hatte seine nächsten F. zusammengerufen
	27,3	erlaubte ihm, zu seinen F. zu gehen
Phm		wenn du mich für deinen F. hältst
3Jh	15	es grüßen dich die F.
Jak	2,23	er wurde „ein F. Gottes" genannt
	4,4	wer der Welt F. sein will, der wird Gottes Feind sein

Freundin

Spr	7,4	nenne die Klugheit deine F.
Hl	1,9	ich vergleiche dich, meine F., einer Stute
	15	meine F., du bist schön 4,1.7; 6,4
	2,2	wie eine Lilie, so ist meine F.
	10	steh auf, meine F., und komm her 13
	5,2	tu mir auf, liebe F.
Lk	15,9	wenn sie ihn gefunden hat, ruft sie ihre F.

freundlich

1Mo	31,24	mit Jakob anders zu reden als f. 29
	33,10	du hast mich f. angesehen
	34,3	er redete f. mit ihr 50,21; Ri 19,3; 2Kö 25,28; Jer 52,32
	37,4	konnten ihm kein f. Wort sagen
	43,27	grüßte sie f. Ri 18,15; 1Sm 30,21
Rut	2,10	daß du mir f. bist 13.19
1Sm	10,4	sie werden dich f. grüßen 25,5
2Sm	3,8	heute erweise ich mich f. dem Hause Sauls
	19,8	rede mit deinen Knechten f.
1Ch	16,34	danket dem HERRN, denn er ist f. Ps 100,5; 106,1; 107,1; 118,1.29; 135,3; 136,1; Jer 33,11; 1Ma 4,24; StD 3,65
2Ch	10,7	wirst du zu diesem Volk f. sein
Ps	28,3	die f. reden mit ihrem Nächsten Jer 9,7
	34,9	schmecket und sehet, wie f. der HERR ist
	55,15	die wir f. miteinander waren
	90,17	der Herr, unser Gott, sei uns f.
	119,68	du bist gütig und f.
	141,5	der Gerechte schlage mich f.
Spr	12,25	ein f. Wort erfreut ihn
	15,26	rein sind vor ihm f. Reden
	30	ein f. Antlitz erfreut das Herz
	16,15	wenn des Königs Angesicht f. ist
	24	f. Reden sind Honigseim
	23,8	deine f. Worte sind verloren
	28,23	mehr als der da f. tut
Jes	40,2	redet mit Jerusalem f. Hos 2,16
Jer	12,6	wenn sie auch f. mit dir reden
Klg	3,25	der HERR ist f. dem, der auf ihn harrt
Mi	2,7	meine Reden sind f. den Frommen
Ze	3,17	er wird dir f. sein
Sa	1,13	der HERR antwortete dem Engel f. Worte
Jdt	9,10	ihn durch meine f. Worte betrogen
Wsh	6,17	sie erscheint ihm f. auf seinen Wegen
	7,22	ein Geist, der verständig ist, f.
	15,1	du, unser Gott, bist f. und treu
	16,21	d. Gabe machte offenbar, wie f. du bist
Sir	4,8	antworte ihm f. auf seinen Gruß
	5,13	laß dir Zeit, f. zu antworten
	6,5	wer f. redet, macht sich viele Freunde
	12,15	der Feind stellt sich f.
	13,14	mit f. Lächeln horcht er dich aus
	18,17	ein f. Mensch gibt sie beide
	20,13	f. Worte der Narren haben keinen Wert
	36,25	wenn sie dazu f. Worte spricht
	37,12	wie man... f. behandelt werden soll
	40,21	eine f. Rede ist besser als sie beide
	42,14	besser bei einem groben Mann als bei einer f. Frau
1Ma	5,25	die Nabatäer empfingen sie f.
	49	sagte ihnen Frieden zu und bat f.
	10,24	auch ich will ihnen f. schreiben
2Ma	3,9	als die Stadt ihn f. empfangen
	6,29	die ihm kurz vorher f. gewesen
	9,26	mir wie bisher f. und treu zu sein
	13,23	sandte den Juden eine f. Botschaft
	14,24	(Nikanor) behandelte ihn f.

StE	4,6	(der König) sprach sie f. an
Mt	5,47	wenn ihr nur zu euren Brüdern f. seid
Apg	17,11	diese waren f. als die in Thessalonich
	19,31	einige der Oberen, die ihm f. gesinnt waren
	27,3	Julius verhielt sich f. gegen Paulus
	28,7	der beherbergte uns drei Tage lang f.
1Ko	4,13	man verlästert uns, so reden wir f.
	13,4	die Liebe ist langmütig und f.
Eph	4,32	seid untereinander f. und herzlich
Kol	4,6	eure Rede sei allezeit f. und mit Salz gewürzt
2Ti	2,24	ein Knecht des Herrn soll sein f.
1Pt	2,3	da ihr geschmeckt habt, daß der Herr f. ist
	18	nicht allein den gütigen und f.
Heb	11,31	weil sie die Kundschafter f. aufgenommen

Freundlichkeit

Spr	3,4	so wirst du F. und Klugheit erlangen
Sir	7,37	erweise auch den Toten deine F.
2Ma	6,22	wegen der alten Freundschaft F. erfahren
	9,21	(ich) denke in Liebe an eure F.
	14,9	wolle noch seiner F ... helfen
Apg	28,2	die Leute erwiesen uns nicht geringe F.
2Ko	6,6	(als Diener Gottes:) in F.
Gal	5,22	die Frucht des Geistes ist F.
Kol	3,12	so zieht nun an F.
Tit	3,4	als erschien die F. und Menschenliebe Gottes

Freundschaft

1Mo	24,49	die an meinem Herrn F. und Treue beweisen
1Sm	10,2	ich will Hanun F. erweisen 1Ch 19,2
2Kö	18,31	schließt F. mit mir Jes 36,16
Hi	29,4	als Gottes F. über meiner Hütte war
Spr		wer Verfehlung zudeckt, stiftet F.
Wsh	7,14	die ihn erwarben, erlangten Gottes F.
Sir	6,17	wer Gott fürchtet, wird F. halten
	22,25	wer s. Freund schmäht, zerstört die F.
	27,20	hast du F. mit deinem Nächsten zerstört
1Ma	8,17	um mit den Römern F. zu schließen
	10,23	daß Alexander die F. der Juden gewonnen
	47	
	26	daß ihr in F. mit uns bleibt 11,33
	53	begehre ich, F. mit dir zu schließen
	12,8	Onias nahm die F. und das Bündnis an
	10	daß wir die F. erneuern wollen 14,22; 15,17
2Ma	6,22	wegen der alten F. mit ihnen
	12,30	ihnen in schweren Zeiten F. bewiesen
Apg	28,2	*die Leute erzeigten uns nicht geringe F.*
Jak	4,4	daß F. mit der Welt Feindschaft mit Gott

Frevel

1Mo	6,11	die Erde war voller F. 13
3Mo	18,23	es ist ein schändlicher F. 20,12
Jos	7,15	weil er einen F. in Israel begangen
Ri	9,24	damit der F. käme auf Abimelech
1Ch	12,18	da doch kein F. an mir ist Hi 16,17
Hi	4,8	die F. pflügten und Unheil säten
	5,6	F. geht nicht aus der Erde hervor
	11,11	er sieht den F. 14
	24,20	so zerbricht F. wie Holz
	34,37	zu seiner Sünde fügt er noch F. hinzu
	35,15	da er s. nicht viel kümmert
	36,33	wenn er mit Zorn eifert gegen den F.
Ps	7,17	sein F. (wird) auf seinen Scheitel fallen
	55,10	F. und Hader in der Stadt Hes 7,23; 12,19
	58,3	eure Hände treiben F. Jes 59,6
Ps	72,14	wird sie aus Bedrückung und F. erlösen
	73,6	prangen in Hoffart und hüllen sich in F.
	74,20	die dunklen Winkel sind voll F.
Spr	4,17	sie nähren sich vom Brot des F.
	10,6	auf die Gottlosen wird ihr F. fallen 11
	13,2	die Verächter sind gierig nach F.
	19,7	wer viel spricht, der tut F.
Pr	3,16	an der Stätte der Gerechtigkeit war F.
Jes	1,13	F. und Festversammlung mag ich nicht
	30,12	verlaßt euch auf F. und Mutwillen
	59,13	abfallen von Gott, F. reden
	60,18	man soll nicht mehr von F. hören
Jer	6,7	F. und Gewalt 20,8; Hes 7,11; Hab 1,3
	51,35	nun komme über Babel der F.
Hes	28,16	durch deinen Handel wurdest du voll F.
	45,9	laßt ab von F.
Dan	8,12	wurde F. an dem täglichen Opfer verübt 13
	9,24	dann wird dem F. ein Ende gemacht
Jo	4,19	soll werden eine Einöde um des F. willen
Am	1,3	um vier F. willen will ich sie nicht schonen 6. 9.11.13; 2,1.4.6; Ob 10
	3,10	sie sammeln Schätze von F. und Raub
Jon	3,8	jeder bekehre sich vom F. seiner Hände
Hab	1,2	wie lange soll ich zu dir rufen: F.
	2,8	werden dich berauben um des F. willen 17
Mal	1,4	man wird sie nennen „Land des F."
	2,16	der bedeckt mit F. sein Kleid
2Ma	3,12	so würde es ein großer F. sein
Apg	18,14	wenn es um einen F. ginge
2Th	2,7	*es regt sich das Geheimnis des F.*
Off	18,5	Gott denkt an ihren F.
	9	*Könige, die Unzucht und F. getrieben*

frevelhaft

5Mo	19,16	wenn ein f. Zeuge auftritt
2Ma	5,18	von seinem f. Vorgehen ablassen mußte
	12,14	sie lästerten und führten f. Reden

freveln

2Mo	21,14	wenn jemand an seinem Nächsten f.
4Mo	15,30	wenn ein Einzelner mit Vorsatz f.
1Sm	14,33	(Saul) sprach: Ihr habt gef.
Ps	53,2	ihr F. ist ein Greuel
Jes	11,9	man wird nirgends Sünde tun noch f.
Jer	9,4	sie f., und es ist ihnen leid umzukehren
	22,17	deine Augen sind aus... zu f.
	33,8	Missetaten, womit sie wider mich gef.

Frevelregiment

Am	6,3	trachtet immer nach F.

Freveltat

Am	5,12	ich kenne eure F.
Wsh	6,1	F. stürzt die Throne der Herrscher

freventlich

Ze	3,4	ihre Priester deuten das Gesetz f.

Frevler

1Sm	15,18	vollstrecke den Bann an den F.
1Kö	8,32	den F. als F. erkennen 2Ch 6,23
Ps	18,49	du hilfst mir von den F.
Spr	16,29	ein F. verlockt seinen Nächsten
	18,3	wohin ein F. kommt, kommt auch Verachtung

Frevler

Jer	21,12	errettet... aus des F. Hand 22,3
Hes	21,30	Fürst in Israel, du unheiliger F. 34
Dan	8,23	wenn die F. überhandnehmen
Ze	3,5	der F. kennt keine Scham
2Ma	13,4	erweckte den Zorn... gegen diesen F.
Rö	1,30	(sie sind) Verleumder, Gottesverächter, F.
2Th	2,8	*alsdann wird der F. offenbart werden 9*
1Ti	1,13	mich, der ich früher ein F. war
2Ti	3,4	*Verräter, F., aufgeblasen*
Off	21,8	die F. und... deren Teil wird in dem Pfuhl sein

Friede

1Mo	15,15	sollst fahren zu deinen Vätern mit F.
	26,29	dich mit F. haben ziehen lassen 31; 44,17
	28,21	(wird Gott) mich mit F. heim bringen
2Mo	4,18	geh hin mit F. Ri 18,6; 1Sm 1,17; 20,42; 25,35; 29,7; 2Sm 15,9; 2Kö 5,19; Mk 5,34; Lk 7,50; 8,48; Apg 16,36; Jak 2,16
	18,23	dies Volk kann mit F. an seinen Ort kommen
3Mo	26,6	will F. geben in eurem Lande
4Mo	6,26	hebe sein Angesicht... und gebe dir F.
	25,12	gebe ihm meinen Bund des F.
5Mo	20,10	sollst ihr zuerst den F. anbieten 12
	23,7	sollst nie ihren F. noch ihr Bestes suchen Esr 9,12
Jos	9,15	Josua machte F. mit ihnen
	10,1	F. mit Israel gem. 4; 2Sm 10,19; 1Ch 19,19
	21	kam das ganze Volk zu Josua mit F.
	11,19	keine Stadt, die F. machte mit den *Israeliten
Ri	4,17	Jabin und (Heber) lebten miteinander im F.
	6,23	sprach: F. sei mit dir 19,20; 1Sm 25,6; 2Sm 18,28; 20,9; Dan 10,19
	24	nannte (einen Altar) „Der HERR ist F."
	21,13	sagten (den Benjaminitern) F. zu
1Sm	7,14	Israel hatte F. mit den Amoritern
	20,13	daß du mit F. weggehen kannst 2Sm 3,21-23
	24,20	und läßt (seinen Feind) mit F. gehen
2Sm	8,10	sandte zum König David, ihm F. zu wünschen
	15,27	kehrt zurück in die Stadt mit F.
	17,3	das ganze Volk soll in F. bleiben
1Kö	2,5	im Krieg vergossenes Blut im F. gerächt
	6	nicht in F. hinunter zu den Toten
	13	kommst du auch mit F. 1Ch 12,18
	33	David und seine Nachkommen sollen F. haben 1Ch 22,9; 2Ch 20,30
	5,4	hatte F. mit allen Nachbarn 1Ch 19,19
	26	war F. zwischen Hiram und Salomo
	20,18	ob sie zum F. oder Kampf ausgezogen
	22,17	jeder kehre heim mit F. 27.28; 2Ch 18,16.26.27; 19,1
	45	(Joschafat) hatte F. mit Israel
2Kö	9,17	laß ihn fragen: Ist's F. 18.19.22
	20,19	wird doch F. und Sicherheit sein Jes 39,8
	22,20	mit F. in dein Grab kommst 2Ch 34,28
Esr	4,17	F. zuvor 5,7; 7,12; Dan 3,31; 6,26
Est	9,30	mit Grußworten des F.
Hi	3,18	da haben die Gefangenen allesamt F.
	26	ich hatte keinen F.
	5,23	Tiere werden F. mit dir halten 24
	15,21	mitten im F. kommt der Verderber
	16,12	ich war in F., aber er macht
	21,9	ihr Haus hat F. ohne Furcht
	22,21	vertrage dich mit Gott und mache F.
	25,2	der F. schafft in seinen Höhen
Ps	4,9	ich liege und schlafe ganz mit F.
Ps	29,11	der HERR wird sein Volk segnen mit F.
	34,15	suche F. und jage ihm nach 1Pt 3,11
	35,20	sie reden nicht, was zum F. dient
	37,11	die Elenden werden Freude haben an F.
	72,3	laß die Berge F. bringen
	7	zu seinen Zeiten soll großer F. sein
	85,9	daß er F. zusagte seinem Volk
	11	daß Gerechtigkeit und F. sich küssen
	119,165	großen F. haben, die dein Gesetz lieben
	120,6	zu wohnen bei denen, die den F. hassen
	7	ich halte F.
	122,7	es möge F. sein in deinen Mauern
	8	will ich dir F. wünschen
	125,5	F. sei über Israel 128,6
	147,14	er schafft deinen Grenzen F.
Spr	3,2	(m. Gebote) bringen gute Jahre und F.
	17	alle ihre Steige sind F.
	12,20	die zum F. raten, haben Freude
	16,7	läßt auch s. Feinde mit ihm F. machen
	17,1	besser ein trockener Bissen mit F.
Pr	3,8	F. hat seine Zeit
Hl	8,10	bin geworden wie eine, die F. findet
Jes	9,5	er wird heißen Ewig-Vater, F.-Fürst
	6	des F. kein Ende auf dem Thron Davids
	14,7	nun hat Ruhe und F. alle Welt
	26,3	wer festen Herzens ist, bewahrst du F.
	12	uns, HERR, wirst du F. schaffen
	27,5	machen F. mit mir, ja, F.
	32,17	der Gerechtigkeit Frucht wird F. sein
	33,7	die Boten des F. weinen bitterlich
	45,7	der ich F. gebe und schaffe Unheil
	48,18	würde dein F. sein wie ein Wasserstrom
	22	die Gottlosen haben keinen F. 57,21; 59,8
	52,7	die da F. verkündigen Nah 2,1
	53,5	auf daß wir F. hätten
	54,10	der Bund meines F. soll nicht hinfallen
	13	großen F. haben deine Söhne
	55,12	sollt im F. geleitet werden
	57,2	(der Gerechte) geht zum F. ein
	19	F., F. denen in der Ferne
	59,8	sie kennen den Weg des F. nicht
	60,17	will zu deiner Obrigkeit den F. machen
	66,12	ich breite aus den F. wie einen Strom
Jer	4,10	als du sagtest: Es wird F. bei euch sein
	6,14	sagen: F.! F.!, und ist doch nicht F. 8,11; Hes 13,10.16; 1Th 5,3
	8,15	wir hofften, es sollte F. werden 14,19
	12,12	kein Geschöpf wird F. haben
	14,13	will euch beständigen F. geben 33,6
	16,5	meinen F. von diesem Volk weggenommen
	29,11	Gedanken des F. und nicht des Leides
	30,5	nur Furcht ist und kein F.
	10	Jakob soll in F. leben 46,27
	34,5	du sollst im F. sterben
	43,12	soll mit F. von dannen ziehen
Klg	3,17	meine Seele ist aus dem F. vertrieben
Hes	34,25	will einen Bund des F. schließen 37,26
Dan	10,19	F. sei mit dir
Mi	5,4	er wird der F. sein
Hag	2,9	will F. geben an dieser Stätte
Sa	6,13	es wird F. sein zwischen den beiden
	7,7	als Jerusalem bewohnt war und F. hatte
	8,10	vor lauter Feinden war kein F.
	12	sie sollen in F. säen
	16	schafft F. in euren Toren
	19	liebet Wahrheit und F.
	9,10	er wird F. gebieten den Völkern
Mal	2,5	mein Bund war, daß ich Leben und F. gab
Jdt	3,5	nahe dich uns, gewähre uns F.
	5,2	nicht, um uns in F. zu empfangen StE 1,3.4

Jdt	7,13	weil ihr nicht F. schließen wolltet	Rö	3,17	den Weg des F. kennen sie nicht
	8,28	Usija sagte zu ihr: Geh hin in F.		5,1	haben wir F. mit Gott durch Jesus
Wsh	3,3	aber sie sind im F.		8,6	geistlich gesinnt sein ist Leben und F.
	14,22	nannten sie das auch noch F.		12,18	ist's möglich, so habt mit allen Menschen F. Heb 12,14
Tob	3,6	nimm meinen Geist weg in F.		14,17	das Reich Gottes ist Gerechtigkeit und F.
	12,17	F. sei mit euch! Fürchtet euch nicht		19	laßt uns dem nachstreben, was zum F. dient
	14,4	lebte im Glück, bis er in F. starb		15,13	Gott erfülle euch mit F. im Glauben
	6	in Medien wird noch eine Zeitlang F. sein		33	der Gott des F. sei mit euch allen 2Ko 13,11; Phl 4,9
Sir	1,23	(die Furcht des Herrn) gibt F. und Heil		16,20	der Gott des F. wird den Satan
	6,6	lebe in F. mit vielen	1Ko	7,15	zum F. hat euch Gott berufen
	13,22	wie die Hyäne mit dem Hund nicht F. hält		14,33	Gott ist ein Gott des F.
	22,16	weiche ihm aus, so bleibst du in F.		16,11	geleitet ihn in F., daß er zu mir komme
	26,2	er verbringt seine Jahre in F.	2Ko	13,11	habt einerlei Sinn, haltet F. 1Th 5,13
	28,11	hetzt gegeneinander, die in F. leben 15	Gal	5,22	die Frucht des Geistes ist F.
	20	wer darauf hört, kann nicht in F. leben		6,16	F. und Barmherzigkeit über sie
	44,6	Männer, die in F. an ihrem Ort gelebt	Eph	2,14	er ist unser F., der aus beiden eines gemacht
	13	sie sind in F. begraben		15	damit er in sich selber F. mache
	45,30	darum wurde ihm der Bund des F. gegeben		17	er hat im Evangelium F. verkündigt
	47,14	so daß er im F. regieren konnte		4,3	zu wahren die Einigkeit durch das Band des F.
	50,25	(Gott) verleihe immerdar F. in Israel 2Ma 1,4		6,15	einzutreten für das Evangelium des F.
Bar	3,13	du hättest wohl immer im F. gewohnt	Phl	4,7	der F. Gottes bewahre eure Herzen und Sinne
	14	lerne, wo es Glück und F. gibt	Kol	1,20	indem er F. machte durch sein Blut am Kreuz
	5,4	dein Name: „F. der Gerechtigkeit"			
	6,3	will euch herausführen mit F.		3,15	der F. Christi regiere in euren Herzen
1Ma	5,49	Judas sagte ihnen F. zu 11,62.66; 2Ma 12,12	1Th	5,23	der Gott des F. heilige euch durch und durch Heb 13,20
	54	mit F. wieder heimgekommen 10,66; 12,52; 16,10	2Th	3,16	der Herr des F. gebe euch F. allezeit 1Pt 1,2; Jud 2
	6,58	laßt uns F. schließen 60; 7,10; 8,20; 10,3.4.47; 11,51; 13,37; 2Ma 11,13; 12,4; 13,22	2Ti	2,22	jage nach dem F. 1Pt 3,11
	7,10	taten so, als wollten sie F. halten 27.28	2Pt	3,14	seid bemüht, daß ihr untadelig im F. befunden werdet
	8,12	mit den Freunden hielten sie F.	Heb	7,2	König von Salem, das ist: König des F.
	23	Gott gebe den Juden Glück und F.		12,11	bringt sie als Frucht F. und Gerechtigkeit
	9,57	herrschte F. und Ruhe im Land 58.73; 11,52; 14,4.8.11; 2Ma 11,23; 14,10; StE 1,4; 5,6	Jak	3,18	wird gesät in F. für die, die F. stiften
	11,49	das Volk in der Stadt bat um F. 62.66; 13,50	Off	6,4	Macht, den F. von der Erde zu nehmen
2Ma	3,1	als man in F. in Jerusalem wohnte			**Friedensherrschaft**
	14,10	nicht möglich, daß F. im Lande wird	Sir	47,17	wegen deiner F. wurdest du geliebt
Mt	10,13	wird auf F. auf sie kommen			**friedfertig**
	34	nicht gekommen, F. zu bringen Lk 12,51	Mt	5,9	selig sind die F.
Mk	9,50	habt F. untereinander	Jak	3,17	die Weisheit von oben her ist f., gütig
Lk	1,79	richte unsere Füße auf den Weg des F.			**friedlich**
	2,14	F. auf Erden bei den Menschen seines Wohlgefallens	1Mo	34,25	überfielen die f. Stadt
	29	nun läßt du deinen Diener in F. fahren	5Mo	2,26	sandte Boten mit f. Botschaft
	10,5	sprecht zuerst: F. sei diesem Hause		20,11	antwortet dir f. und tut ihre Tore auf
	6	wenn dort ein Kind des F. ist, so wird euer F. auf ihm ruhen	Ps	7,5	denen, die f. mit mir lebten
			Jes	32,18	mein Volk in F. Auen wohnen wird
	11,21	so bleibt, was er hat, in F.	1Ma	7,28	kommen, um mit euch f. zu reden 29.33
	14,32	schickt er eine Gesandtschaft u. bittet um F.	2Ma	5,25	stellte sich f. bis zum Sabbattag
	19,38	F. sei im Himmel und Ehre in der Höhe			
	42	wenn du erkenntest, was zum F. dient			**friedsam**
	24,36	F. sei mit euch Jh 20,19.21.26	1Mo	34,21	diese Leute sind f. bei uns
Jh	12,7	da sprach Jesus: Laß sie in F.	2Sm	20,19	bin eine von den f. Städten in Israel
	14,27	den F. lasse ich euch, meinen F. gebe ich euch	Mal	2,6	er wandelte vor mir f. und aufrichtig
	16,33	mit euch geredet, damit ihr in mir F. habt	2Ko	13,11	*habt einerlei Sinn, seid f.*
Apg	7,26	ermahnte sie, F. zu halten	Heb	12,11	*wird sie geben eine f. Frucht*
	9,31	so hatte nun die Gemeinde F. in ganz Judäa	Jak	3,17	*die Weisheit von oben her ist f.*
	10,36	er hat F. verkündigt durch Jesus Christus			
	12,20	baten um F., weil ihr Land			
	15,33	ließen die Brüder sie mit F. gehen			
	24,2	daß wir in großem F. leben unter dir			
Rö	1,7	Gnade sei mit euch und F. von Gott 1Ko 1,3; 2Ko 1,2; Gal 1,3; Eph 1,2; 6,23; Phl 1,2; Kol 1,2; 1Th 1,1; 2Th 1,2; 1Ti 1,2; 2Ti 1,2; Tit 1,4; Phm 3; 1Pt 5,14; 2Pt 1,2; 2Jh 3; 3Jh 15; Off 1,4			
	2,10	F. allen denen, die Gutes tun			

frisch

frisch

1Mo	30,37	Jakob nahm f. Stäbe
3Mo	14,5	zu schlachten über f. Wasser 6.50-52
	15,13	soll sich mit f. Wasser abwaschen
	23,14	Brot noch geröstete oder f. Körner essen
4Mo	6,3	weder f. noch gedörrte Weinbeeren essen
Ri	15,15	(Simson) fand einen f. Eselskinnbacken
	16,7	mich bände mit 7 Seilen von f. Bast 8
1Sm	17,18	diese zehn f. Käse bringe dem Hauptmann
	21,7	um f. Brot aufzulegen
2Sm	16,1	darauf waren 200 Brote und 100 f. Früchte
Esr	5,8	die Arbeit ging f. vonstatten
Hi	21,23	der eine stirbt f. und gesund
	29,20	meine Ehre bleibe immer f.
Ps	23,2	er führet mich zum f. Wasser
	42,2	wie der Hirsch lechzt nach f. Wasser
	92,11	salbst mich mit f. Öl
	15	werden sie dennoch fruchtbar und f. sein
Jes	1,6	sondern Beulen und Striemen und f. Wunden
Tob	5,28	unser Sohn wird f. und gesund zurückkommen
	8,15	fand sei beide gesund und f. im Schlaf
	14,15	fand sie in ihrem Alter f. und gesund
Sir	30,14	besser arm und dabei f. und gesund 15
Jh	8,4	auf f. Tat beim Ehebruch ergriffen worden

Frist

3Mo	25,29	hat ein Jahr F., es wieder einzulösen
Dan	2,16	Daniel bat den König, ihm eine F. zu geben

fristen

2Ma	6,25	so mein Leben noch eine... Zeit f.

froh

Ri	19,3	wurde er f. 1Sm 11,9; Jer 41,13; Dan 6,24
Hi	20,18	wird über seine Güter nicht f. Jer 12,13
Ps	47,2	schlagt f. in die Hände, alle Völker
	97,8	Zion hört es und ist f.
	105,38	Ägypten wurde f., daß sie auszogen
	107,30	sie f. wurden, daß es still geworden war
Spr	11,10	wenn die Gottlosen umkommen, wird man f.
	23,16	m. Seele ist f., wenn deine Lippen reden
	24,17	dein Herz sei nicht f. über sein Unglück
Pr	4,16	wurden seiner nicht f., die später kamen
Wsh	18,6	damit sie darüber f. Mutes wären
Mk	14,11	als die das hörten, wurden sie f.
Lk	22,5	sie wurden f. und versprachen, ihm Geld
	23,8	*da Herodes Jesus sah, ward er sehr f.*
Jh	8,56	Abraham, euer Vater, wurde f.
	11,15	ich bin f. um euretwillen
	20,20	da wurden die Jünger f., daß sie den Herrn
Apg	11,23	als dieser die Gnade Gottes sah, wurde er f.
	13,48	als das die Heiden hörten, wurden sie f.
	15,31	wurden über den Zuspruch f.

fröhlich

1Mo	43,34	sie tranken und wurden f.
3Mo	23,40	sollt sieben Tage f. sein vor dem HERRN
5Mo	12,7.12.18; 14,26; 16,11.14.15; 27,7
4Mo	10,10	wenn ihr f. seid an euren Festen
5Mo	24,5	daß er f. sei mit seiner Frau
	26,11	f. sein über alles Gut, das der HERR dir
Ri	9,13	Wein, der Götter und Menschen f. macht
	19	seid f. über Abimelech, und er sei f.
1Sm	2,1	mein Herz ist f. in dem HERRN Ps 28,7

1Kö	1,40	das Volk war f. 4,20; 8,66; 2Kö 11,14.20; 1Ch 29,9; 2Ch 7,10; 15,15; 23,13.21
1Ch	16,31	die Erde sei f. 32; Ps 96,11.12
Esr	6,22	der HERR hatte sie f. gemacht Neh 12,43
Est	5,9	ging Haman hinaus f. 14
	8,15	die Stadt Susa war f.
Hi	3,22	f. wären, wenn sie ein Grab bekämen 6,10
	21,12	sie sind f. mit Flöten
	39,13	der Fittich der Straußin hebt sich f.
Ps	5,12	f. laß sein in dir, die d. Namen lieben
	9,3	ich freue mich und bin f. in dir 31,8; 40,17; 70,5; 118,24; Jo 2,23; Hab 3,18
	15	daß ich f. sei über deine Hilfe 21,2; 35,9
	14,7	so würde Jakob f. sein 53,7
	16,9	meine Seele ist f. Jes 61,10
	32,7	daß ich errettet gar f. rühmen kann
	11	seid f., ihr Gerechten 68,4; Spr 29,6
	33,3	spielt auf den Saiten mit f. Schall
	47,2	jauchzet Gott mit f. Schall 81,2
	48,12	die Töchter Juda seien f. 97,8; Ze 3,14; Sa 2,14
	51,10	daß die Gebeine f. werden
	63,6	wenn ich dich mit f. Munde loben kann
	65,9	du machst f., was da lebet
	71,23	meine Lippen und m. Seele sollen f. sein
	78,65	wie ein Starker, der beim Wein f. war
	89,17	werden e. über deinen Namen täglich f. sein
	90,14	so wollen wir rühmen und f. sein
	92,5	lässest mich f. singen von deinen Werken
	97,1	seien f. die Inseln
	98,8	alle Berge seien f. vor dem HERRN
	103,5	der deinen Mund f. macht
	113,9	daß sie eine f. Kindermutter wird
	119,45	ich wandle f.; denn ich suche d. Befehle
	126,3	Großes an uns getan; des sind wir f.
	132,16	ihre Heiligen sollen f. sein 149,5
	137,3	hießen uns in unserm Heulen f. sein
	149,2	Kinder Zions seien f. über ihren König
Spr	2,14	sind f. über böse Ränke
	13,9	das Licht der Gerechten brennt f.
	15,13	ein f. Herz macht ein f. Angesicht
	17,22	ein f. Herz tut dem Leibe wohl
	23,24	wer einen Weisen gezeugt hat, ist f.
	25	laß deinen Vater und deine Mutter f. sein
Pr	2,10	daß es f. war von aller meiner Mühe
	25	wer kann f. essen ohne ihn
	3,12	nichts Besseres als f. sein 22; 8,15
	5,18	läßt ihn f. sein bei seinem Mühen
	11,8	wenn e. Mensch viele Jahre lebt, sei er f.
Hl	1,4	wir wollen f. sein über dich
Jes	5,14	daß hinunterfährt... alle Übermütigen und F.
	9,2	wie man f. ist, wenn man Beute austeilt
	14,7	hat Ruhe alle Welt und jubelt f.
	22,2	du f. Burg
	23,7	ist das eure f. Stadt 32,13; Jer 49,25; Ze 2,15
	12	du sollst nicht mehr f. sein 24,7.8
	25,9	laßt uns f. sein über sein Heil
	29,19	die Ärmsten werden f. sein
	41,16	du aber wirst f. sein über den HERRN
	48,20	mit f. Schall verkündigt dies
	52,9	seid f. und rühmt miteinander
	65,13	meine Knechte sollen f. sein 18
	19	ich will f. sein über Jerusalem 66,10
Jer	15,17	habe mich nicht zu den F. gesellt
	20,15	verflucht... daß er ihn f. machte
	25,10	will wegnehmen allen f. Gesang
	31,13	werden die Jungfrauen f. sein
Klg	4,21	sei f., du Tochter Edom
Jo	2,21	liebes Land, sei f. und getrost

Hab	1,15	darüber freuen sie sich und sind f.
Ze	3,17	er wird über dich mit Jauchzen f. sein
Sa	8,19	d. Fasten sollen zu f. Festzeiten werden
	10,7	ihr Herz soll f. werden... soll f. sein über den HERRN
Jdt	12,13	um mit ihm f. zu sein 18.19.21
	15,16	alle waren f., sangen und sprangen 16,24
Wsh	7,12	ich wurde über alle diese Dinge f.
Tob	10,11	ließ er (Tobias) gesund und f. ziehen
	11,20	feierten und waren alle sehr f.
Sir	1,12	die Furcht des Herrn macht das Herz f.
	13,32	hat er... so blickt er f. auf
	14,14	versäume keinen f. Tag
	26,4	ob er... er ist allezeit f.
	30,23	ein f. Herz ist des Menschen Leben 27
	31,34	daß (Wein) die Menschen f. machen soll
	34,20	er macht das Angesicht f.
	35,11	bringe den Zehnten f. dar
	40,14	f., solange sie Geschenke nehmen
	50,25	(Gott) gebe uns ein f. Herz
1Ma	7,48	da wurde das Volk sehr f.
	16,16	als Simon und seine Söhne f. waren
StE	3,2	wo sie früher f. gewesen war
Mt	5,12	seid f. und getrost
Lk	15,23	laßt uns essen und f. sein 24
	29	daß ich mit meinen Freunden f. gewesen wäre
	32	du solltest f. und guten Mutes sein
	19,37	*f. Gott zu loben mit lauter Stimme*
Jh	5,35	wolltet eine kleine Weile f. sein in seinem Licht
Apg	2,26	darum ist mein Herz f., und meine Zunge frohlockt
	5,41	sie gingen f. von dem Hohen Rat fort
	8,39	er zog aber seine Straße f.
Rö	12,12	seid f. in Hoffnung, geduldig in Trübsal, beharrlich im Gebet
	15	freut euch mit den F. und weint mit den Weinenden
2Ko	2,2	wer soll mich dann f. machen
	6,10	(Diener Gottes:) als die Traurigen, aber allezeit f.
	9,7	einen f. Geber hat Gott lieb
Gal	4,27	sei f., du Unfruchtbare, die du nicht gebierst
Phl	2,28	damit ihr ihn seht und wieder f. werdet
1Th	5,16	seid allezeit f.
Off	11,10	die auf Erden wohnen, sind f.
	19,7	laßt uns freuen und f. sein

Fröhlichkeit

1Ma	4,59	das Fest mit F. halten sollte

frohlocken

3Mo	9,24	da alles Volk das sah, f. sie
2Sm	1,20	daß nicht f. die Töchter der Unbeschnitt.
Hi	20,5	daß das F. der Gottlosen nicht lange
Ps	25,2	daß meine Feinde nicht f. 41,12
	42,5	zu wallen zum Hause Gottes mit F.
	60,8	ich will f. 108,8
	63,8	unter dem Schatten deiner Flügel f. ich
	95,1	laßt uns dem HERRN f.
	98,8	die Ströme sollen f.
	100,2	kommt vor sein Angesicht mit F.
Jes	35,1	die Wüste und Einöde wird f.
	6	die Zunge der Stummen wird f.
	44,23	ihr Berge, f. 55,12
Klg	2,17	hat den Feind über dich f. lassen Hes 36,2
Ze	3,14	f., Israel

Sir	30,3	vor seinen Freunden kann er über ihn f.
Lk	6,23	*freuet euch an jenem Tage und f.*
	10,21	*zu der Stunde f. Jesus*
Apg	2,26	darum ist mein Herz fröhlich, und meine Zunge f.

fromm

1Mo	4,7	wenn du f. bist... Bist du aber nicht f.
	6,9	Noah war ein f. Mann ohne Tadel
	17,1	wandle vor mir und sei f.
Hi	1,1	Hiob war f. und rechtschaffen 8; 2,3
	8,6	wenn du rein und f. bist
	20	Gott verwirft die F. nicht
	9,22	er bringt den F. um wie den Gottlosen
	12,4	der F. muß verlacht sein
Ps	7,11	er, der den F. hilft
	11,2	heimlich zu schießen auf die F. 37,14; 64,5
	7	die F. werden schauen sein Angesicht
	32,11	jauchzet, alle ihr F.
	33,1	die F. sollen ihn recht preisen
	36,11	breite deine Gerechtigkeit über die F.
	37,18	der HERR kennt die Tage der F.
	37	bleibe f. und halte dich recht
	49,15	die F. werden gar bald über sie herrschen
	64,11	alle f. Herzen werden sich seiner rühmen
	84,12	er wird kein Gutes mangeln lassen den F.
	94,15	ihm werden alle f. Herzen zufallen
	97,11	muß... aufgehen Freude den f. Herzen
	101,6	ich habe gerne f. Diener
	107,42	das werden die F. sehen und sich freuen
	111,1	ich danke dem HERRN im Rate der F.
	112,2	die Kinder der F. werden gesegnet sein
	4	den F. geht Licht auf in der Finsternis
	125,4	tu wohl denen, die f. Herzens sind
	140,14	die F. werden vor deinem Angesicht bleiben
Spr	1,12	die F. sollen sein wie die, welche
	2,7	er beschirmt die F. 8
	21	die F. (werden im Lande) bleiben
	3,32	den F. ist er Freund
	10,29	das Walten des HERRN ist des F. Zuflucht
	11,3	ihre Unschuld wird die F.
	5	Gerechtigkeit des F. macht s. Weg eben 6
	11	durch Segen der F. kommt eine Stadt hoch
	20	Wohlgefallen hat er an den F. 12,2
	12,6	die F. errettet ihr Mund
	13,2	die Frucht seiner Worte genießt der F.
	14,9	auf dem Hause des F. ruht Wohlgefallen
	11	die Hütte der F. wird grünen
	15,8	das Gebet der F. ist ihm wohlgefällig
	16,17	der F. Weg meidet das Arge
	21,18	der Verächter (wird gegeben) für die F.
	29	wer f. ist, machet seine Wege fest
	28,10	wer die F. verführet... die F. werden Gutes ererben
	29,10	die Blutgierigen hassen den F.
Jes	57,1	f. Leute sind hingerafft
Mi	2,7	meine Reden sind freundlich den F.
	7,2	die f. Leute sind weg in diesem Lande
Wsh	2,22	Hoffnung, daß ein f. Leben belohnt wird
	18,9	im Verborgenen opferten die F.
Tob	4,18	gib von d. Brot beim Begräbnis der F.
	7,7	du bist der Sohn eines f. Mannes
		seine Nachkommen führten ein f. Leben
Sir	1,18	der behütet und macht das Herz f.
	11,15	den F. gibt Gott Güter, die bleiben 23
	12,2	tu einem F. Gutes, so wird dir's vergolten
	13,21	wenn ein Gottloser sich zum f. gesellt
	16,3	besser ein f. Kind als tausend gottlose
	5	ein f. Mann kann einer Stadt

fromm

Sir	16,13	was der F. erhofft, wird nicht ausbleiben
	27,32	die sich freuen, wenn's dem F. schlechtgeht
	39,17	gehorcht mir, ihr f. Söhne
	30	ist das Gute für die F. geschaffen 32
1Ma	3,13	daß die... F. sich zu Judas hielt
2Ma	1,19	haben die f. Priester Feuer genommen
	3,1	weil der Hohepriester Onias f. war
	12,45	denen, die als f. Leute entschlafen... das ist ein f. und heiliger Gedanke
StD	1,3	sie hatte f. Eltern, die sie unterwiesen
Mt	1,19	Josef, ihr Mann, war f.
	23,28	von außen scheint ihr vor den Menschen f. Lk 18,9
	25,21	ei, du f. und getreuer Knecht 23; Lk 19,17
Mk	6,20	wußte, daß er ein f. Mann war
Lk	1,6	sie waren alle beide f. vor Gott
	2,25	(Simeon) war f. und gottesfürchtig
	20,20	die sich stellen sollten, als wären sie f.
	23,47	dieser ist ein f. Mensch gewesen
	50	Josef, ein Ratsherr, der war ein guter, f. Mann
Apg	10,2	(Kornelius) war f. und gottesfürchtig 22
	7	rief Kornelius einen f. Soldaten
1Ti	5,4	lernen, zuerst im eigenen Hause f. zu leben
2Ti	3,12	alle, die f. leben wollen in Christus Jesus
Tit	1,8	(ein Bischof soll sein) f.
	2,12	nimmt uns in Zucht, daß wir f. in d. Welt leben
2Pt	2,9	der Herr weiß die F. zu erretten
	3,11	wie müßt ihr dann dastehen in hl. Wandel und f. Wesen

Frömmigkeit

Hi	2,3	hält noch fest an seiner F. 9
Ps	41,13	mich hältst du um meiner F. willen
Spr	2,9	wirst verstehen Gerechtigkeit und F.
Wsh	10,12	erkannte, daß die F. mächtiger ist als
Bar	5,4	dein Name: „Lobpreis der F."
1Ma	14,35	wählten ihn wegen seiner F.
Mt	6,1	habt acht auf eure F.
Apg	3,12	als hätten wir durch eigene F. bewirkt, daß
Kol	2,23	einen Schein von Weisheit durch selbsterwählte F.
1Ti	2,2	damit wir ein Leben führen können in aller F.
	10	die ihre F. bekunden wollen mit guten Werken
	4,7	übe dich selbst in der F.
	8	die F. ist zu allen Dingen nütze
	6,5	die meinen, F. sei ein Gewerbe
	6	F. ist ein großer Gewinn für den, der sich genügen läßt
	11	jage nach der F.
2Ti	3,5	sie haben den Schein der F.
2Pt	1,3	alles, was zum Leben und zur F. dient
	6	(erweist) in der Geduld F. 7

Fronarbeit

1Kö	11,28	Salomo setzte ihn über alle F.

Fronarbeiter, Fronleute

2Sm	12,31	stellte sie als F. an die Sägen
	20,24	Adoniram war über die F. gesetzt
1Kö	5,27	Salomo hob F. aus 9,15.21.22; 2Ch 8,8

Frondienst

2Mo	1,14	machten ihnen ihr Leben sauer mit F. 6,5.6
	2,11	Mose sah ihren F.
	5,18	geht nun hin und tut euren F.
1Ch	20,3	(David) ließ sie F. leisten
Spr	12,24	die lässig ist, muß F. leisten
Jes	31,8	seine junge Mannschaft wird F. leisten

frönen

1Ma	1,16	gaben sich dazu her, allen Lastern zu f.

fronpflichtig

1Mo	49,15	ist ein f. Knecht geworden
5Mo	20,11	soll das ganze Volk dir f. sein
Jos	16,10	die Kanaaniter wurden f. 17,13; Ri 1,28-35

Fronvogt

2Mo	1,11	man setzte F. über sie
1Kö	4,6	Adoniram war F. 5,28; 12,18; 2Ch 10,18

Frosch

2Mo	7,27	will dein Gebiet mit F. plagen 28.29; 8,1-5. 7-9; Ps 78,45; 105,30
Wsh	19,10	wie der Fluß anstatt Fische F. ausspie
Off	16,13	drei unreine Geister, gleich F.

Frost

1Mo	8,22	soll nicht aufhören F. und Hitze
	31,40	des Nachts (kam ich um) vor F.
Hi	24,7	haben keine Decke im F.
Ps	147,17	wer kann bleiben vor seinem F.
Jer	36,30	sein Leichnam soll liegen... nachts im F.
Sa	14,6	zu der Zeit wird weder Kälte noch F. sein
Wsh	16,29	Hoffnung des Undankbaren wie F. vergehen
StD	3,44	F. und Kälte, lobt den Herrn 47
2Ko	11,27	(ich bin gewesen) in F. und Blöße

Frucht

1Mo	1,11	die ein jeder nach seiner Art F. tragen 12
	29	habe euch gegeben alle Bäume mit F.
	3,2	wir essen von den F. der Bäume 3.6
	4,3	Kain Opfer brachte von den F. des Feldes
	30,2	der dir deines Leibes F. nicht geben will
	43,11	nehmt von des Landes besten F.
2Mo	10,15	fraßen alle F. auf den Bäumen Ps 105,35
	21,22	stoßen eine Frau, so daß ihr die F. abgeht
	23,10	sechs Jahre seine F. einsammeln 3Mo 25,3
	16	Fest der Ernte, der Erstlinge deiner F.
	34,26	das Beste von den ersten F. bringen 5Mo 26,2; Neh 10,36.38
3Mo	2,14	Speisopfer von den ersten F... deiner F.
	19,23	laßt ihre ersten F. stehen... die F. als unrein ansehen 24.25
	23,39	wenn ihr die F. des Landes einbringt 40
	25,19	das Land soll euch seine F. geben 26,4
	26,20	daß die Bäume ihre F. nicht bringen
	27,30	alle Zehnten von den F... dem HERRN
4Mo	13,20	bringt mit von den F. des Landes 26.27; 5Mo 1,25
5Mo	7,13	segnen die F. deines Leibes 28,4.11; 30,9
	20,6	wer seine F. noch nicht genossen... daß nicht ein anderer seine F. genieße
	28,18	verflucht wird sein die F. deines Leibes

Frucht

5Mo	28,30	wirst seine F. nicht genießen 40.42
	53	wirst die F. deines Leibes essen Klg 2,20
	32,13	er nährte ihn mit den F. des Feldes
Ri	9,11	soll ich meine gute F. lassen
2Sm	16,1	darauf waren Brote und 100 frische F. 2
2Kö	19,29	im dritten Jahr eßt ihre F. Jes 37,30
	30	Juda wird von neuem F. tragen Jes 37,31
Neh	9,36	seine F. und Güter zu genießen Jer 2,7
Hi	31,39	hab ich seine F. unbezahlt gegessen
Ps	1,3	der seine F. bringt zu seiner Zeit Jer 17,8
	58,12	der Gerechte empfängt seine F.
	72,16	wie am Libanon rausche seine F.
	80,13	daß jeder seine F. abreißt
	85,13	daß unser Land seine F. gebe
	104,13	du machst das Land voll F.
	107,37	Weinberge, die jährlich F. trugen
Spr	1,31	sollen essen von den F. ihres Wandels
	8,19	meine F. ist besser als Gold
	11,30	F. der Gerechtigkeit ist e. Baum d. Lebens
	12,12	die Wurzel der Gerechten wird F. bringen
	14	bekommt ein Mann durch die F. s. Mundes
	13,2	die F. seiner Worte genießt der Fromme
	18,21	wer sie liebt, wird ihre F. essen
	27,18	wer s. Feigenbaum pflegt, ißt F. davon
	28,3	wie ein Platzregen, der die F. verdirbt
	31,31	gebt ihr von den F. ihrer Hände
Hl	2,3	seine F. ist meinem Gaumen süß
	4,13	wie ein Lustgarten mit edlen F. 16
	7,14	an unsrer Tür sind lauter edle F.
	8,11	für seine F. brächte 1.000 Silberstücke 12
Jes	3,10	sie werden die F. ihrer Werke genießen
	4,2	wird die F. des Landes herrlich (sein)
	10,12	ich will heimsuchen die F. des Hochmuts
	11,1	wird ein Zweig aus s. Wurzel bringen
	13,18	sich der F. des Leibes nicht erbarmen
	14,29	ihre F. wird ein feuriger Drache sein
	17,6	vier oder fünf F. an den Zweigen
	23,3	was von F. am Schihor wuchs
	27,6	den Erdkreis mit F. erfüllen
	9	das wird F. davon sein
	32,17	der Gerechtigkeit F. wird Friede sein
	57,19	will F. der Lippen schaffen
	65,21	sie werden ihre F. essen Jer 29,5.28; 31,5; Am 9,14
Jer	7,20	Zorn ausgeschüttet über die F. des Landes
	12,2	du pflanzest sie ein, sie bringen F.
	17,10	e. jeden nach der F. seiner Werke 32,19
	21,14	euch heimsuchen nach der F. eures Tuns
Klg	4,9	die umkamen aus Mangel an F.
Hes	17,8	hätte können F. tragen 9.23
	19,12	der Ostwind ließ seine F. verdorren 14
	25,4	sie sollen deine F. essen
	34,27	daß die Bäume ihre F. bringen Jo 2,22
	36,8	ihr Berge Israels sollt eure F. bringen
	30	will die F. auf den Bäumen mehren 47,12
	44,30	das Beste von allen F. den Priestern
Dan	4,9	war dicht und seine F. reichlich 18
	11	haut den Baum um und zerstreut seine F.
Hos	9,16	keine F. mehr bringen können... will die ersehnte F. ihres Leibes töten
	10,1	Weinstock, der F. trägt... je mehr F.
	13,15	wenn Ephraim zwischen Brüdern F. bringt
	14,3	wollen opfern die F. unserer Lippen
	9	von mir erhältst du deine F.
Am	2,9	ich vertilgte oben seine F.
	6,12	ihr wandelt die F. der Gerechtigkeit
Mi	6,7	geben meines Leibes F. für meine Sünde
	7,1	wollte doch gerne die besten F. haben
	13	wird wüst sein um der F. ihrer Werke willen
Sa	8,12	der Weinstock soll seine F. geben

Mal	3,11	daß er euch die F. nicht verderben soll
Wsh	3,13	sie wird die F. dafür genießen
	15	wer sich recht müht, empfängt herrliche F.
	4,5	so wird ihre F. unbrauchbar
	10,7	Gewächse, die zur Unzeit F. bringen
	16,19	um die F. des Landes zu verderben 22
	26	daß nicht F. den Menschen ernähren
Sir	1,20	ihre F. machen satt
	6,3	deine F. wird sie dir rauben
	19	warte auf ihre guten F. 20
	11,3	die Biene bringt die allersüßeste F.
	23,35	ihre Zweige werden nicht F. bringen
	24,24	meine Blüte brachte reiche F.
	26	sättigt euch an meinen F.
	27,7	an den F. merkt man, wie der Baum ist
Mt	3,8	bringt rechtschaffene F. der Buße Lk 3,8
	10	jeder Baum, der nicht gute F. bringt Lk 3,9
	7,16	an ihren F. sollt ihr sie erkennen 20
	17	so bringt jeder gute Baum gute F. 18.19; 12,33; Lk 6,43
	20	an der F. erkennt man den Baum Lk 6,44
	13,8	einiges fiel auf gutes Land und trug F. 23; Mk 4,8.20; Lk 8,8.15
	22	und er bringt keine F. Mk 4,7.19; Lk 8,14
	26	als die Saat wuchs und F. brachte
	21,19	nun wachse auf dir niemals mehr F. Mk 11,14
	34	als die Zeit der F. herbeikam
	34	sandte seine Knechte, damit sie seine F. holten Mk 12,2; Lk 20,10
	41	die ihm die F. zur rechten Zeit geben
	43	das Reich Gottes einem Volk, das F. bringt
Mk	4,28	von selbst bringt die Erde F. 29
Lk	1,42	gepriesen ist die F. deines Leibes
	12,17	ich habe nichts, wohin ich meine F. sammle
	13,6	kam und suchte F. darauf und fand keine 7.9
Jh	4,36	wer erntet, sammelt F. zum ewigen Leben
	12,24	wenn es erstirbt, bringt es viel F.
	15,2	jede Rebe an mir, die keine F. bringt, wird er wegnehmen
	4	wie die Rebe keine F. bringen kann aus sich
	5	wer in mir bleibt und ich in ihm, bringt viel F.
	8	daß ihr viel F. bringt und werdet m. Jünger 16
Rö	1,13	damit ich auch unter euch F. schaffe
	6,21	was hattet ihr nun damals für F.
	22	nun habt ihr darin eure F., daß ihr heilig werdet
	7,4	damit wir Gott F. bringen
	5	so daß wir dem Tode F. brachten
1Ko	9,7	wer pflanzt einen Weinberg und ißt nicht von seiner F.
	14,14	was ich im Sinn habe, bleibt ohne F.
	16,9	*eine Tür aufgetan, die viel F. wirkt*
2Ko	9,10	wachsen lassen die F. eurer Gerechtigkeit
Gal	5,22	die F. des Geistes ist Liebe, Freude
Eph	5,9	die F. des Lichts ist lauter Güte
Phl	1,11	erfüllt mit der F. der Gerechtigkeit
	22	so dient mir das dazu, mehr F. zu schaffen
	4,17	ich suche die F., damit sie euch reichlich von seiner F.
Kol	1,6	(Evangelium,) wie es in aller Welt F. bringt
	10	F. bringen in jedem guten Werk
2Ti	2,6	es soll der Bauer, der den Acker bebaut, die F. als erster genießen
Heb	6,7	nützliche F. denen, die sie bebauen
	12,11	bringt sie als F. Frieden und Gerechtigkeit
	13,15	das ist die F. der Lippen
Jak	3,17	ist reich an Barmherzigkeit und guten F.
	18	die F. der Gerechtigkeit wird gesät in Frieden

Frucht 414

Jak	5,7	der Bauer wartet auf die kostbare F. der Erde
	18	der Himmel gab Regen, die Erde brachte F.
Off	22,2	die tragen zwölfmal F.

fruchtbar

1Mo	1,11	es lasse die Erde aufgehen f. Bäume
	22	seid f. und mehret euch 28; 8,17; 9,1.7; 35,11; Hes 36,11
	17,6	will dich f. machen 20; 28,3; 3Mo 26,9
	29,31	machte (der HERR) sie f. 30,22
Ps	92,15	werden sie dennoch f. und frisch sein
	107,34	daß f. Land zur Salzwüste wurde
	128,3	dein Weib wird sein wie ein f. Weinstock
Pr	2,5	pflanzte allerlei f. Bäume hinein
Jes	29,17	soll der Libanon f. Land... f. Land wie ein Wald werden 32,15
	32,12	wird klagen um die f. Weinstöcke
	16	wird wohnen Gerechtigkeit im f. Lande
	55,10	feuchtet die Erde und macht sie f.
Jer	2,7	ich brachte euch in ein f. Land
	11,16	der HERR nannte dich einen f. Ölbaum
Hes	19,10	f. und voller Ranken war er
	47,12	werden allerlei f. Bäume wachsen
Am	9,13	alle Hügel werden f. sein
Mi	7,14	Herde, die wohnt mitten im f. Lande
Apg	14,17	hat euch vom Himmel und f. Zeiten gegeben

Fruchtland

Jer	4,26	siehe, das F. war eine Wüste 48,33

fruchtlos

Tit	3,14	damit sie kein f. Leben führen

fruchttragend

Ps	148,9	(lobet den HERRN) f. Bäume

früh, frühe

1Mo	19,27	machte sich f. am Morgen auf 2Mo 24,4; 4Mo 14,40; Jos 3,1; 6.12.15; 7,16; 8,10.14; Ri 7,1; 19,8; 21,4; 1Sm 1,19; 5,3.4; 17,20; 29,10.11; 2Kö 3,22; 19,35; 2Ch 20,20; 29,20; Jes 37,36
	20,8	stand f. am Morgen auf 21,14; 22,3; 26,31; 28,18; 32,1; 2Mo 32,6; 34,4; Ri 6,28.38; 19,5.9; 2Kö 6,15; Dan 6,20
2Mo	7,15	geh hin zum Pharao morgen f. 8,16; 9,13; 34,2
Jos	7,14	morgen f. sollt ihr herzutreten
1Sm	9,19	morgen f. will ich dir das Geleit geben
	19,2	hüte dich morgen f. und verstecke dich
Est	5,14	morgen f... daß man Mordechai aufhänge
Ps	5,4	f. wollest du meine Stimme hören, f. will ich mich zu dir wenden
	22,1	die Hirschkuh, die f. gejagt wird
	46,6	Gott hilft ihr f. am Morgen
	88,14	mein Gebet kommt f. vor dich
	90,14	fülle uns f. mit deiner Gnade
	119,147	ich komme in der F. und rufe um Hilfe
	127,2	es ist umsonst, daß ihr f. aufsteht
Spr	27,14	wenn einer seinen Nächsten f. segnet
Pr	10,16	dessen Fürsten schon in der F. tafeln
Hl	7,13	daß wir f. aufbrechen zu den Weinbergen
Jes	5,11	die f. auf sind, dem Saufen nachzugehen
	65,23	keine Kinder für einen f. Tod zeugen
Hos	10,15	f. am Morgen wird der König untergehen
Mi	2,1	es f., wenn's licht wird, vollbringen
Wsh	4,13	obwohl f. vollendet, hat er doch
	6,15	wer sich f. zu (der Weisheit) aufmacht
Sir	31,23	man kann f. am Morgen aufstehen
	38,28	müssen f. und spät darauf bedacht sein 27.31.34
	39,6	denkt daran, in der F. den Herrn zu suchen
1Ma	3,58	damit ihr morgen f. bereit seid
	4,6	Judas kam morgens f. in die Ebene 11,67
	53	standen f. auf und opferten
	6,33	da brach der König morgens f. auf
StD	2,11	wenn du morgen f. wiederkommst 15
Mt	20,1	der f. am Morgen ausging, um
Mk	15,1	*in der F. hielten... einen Rat*
	16,2	am ersten Tag der Woche, sehr f. 9; Lk 24,1; Jh 20,1
Lk	21,38	alles Volk machte sich f. auf zu ihm
	24,22	die sind f. bei dem Grab gewesen
Jh	18,28	es war f. am Morgen
Apg	5,21	*gingen sie f. in den Tempel*
	28,23	bezeugte er ihnen das Reich Gottes vom f. Morgen bis zum Abend

früher

1Mo	13,4	wo er f. den Altar errichtet hatte
	26,1	kam eine Hungersnot nach der f.
5Mo	4,32	frage nach den f. Zeiten
Jos	5,2	beschneide die *Israeliten wie schon f.
Ri	3,2	lehrte, die f. nichts davon wußten
	16,20	ich will frei ausgehen, wie ich f. getan
1Sm	10,11	alle, die ihn f. gekannt hatten Hi 42,11
	19,7	David diente (Saul) wie f.
2Sm	5,2	f., als Saul über uns König war
2Kö	17,34	tun sie nach den f. Bräuchen 40
1Ch	4,40	f. wohnten dort die vom Ham
	29,29	die Geschichte des Königs David, die f. und die spätere 2Ch 9,29; 12,15; 16,11; 20,34; 25,26; 26,22; 28,26; 35,27
2Ch	9,11	solches Holz hatte man f. nie gesehen
Esr	2,68	damit man's an seiner f. Stätte erbaue 3,3; 5,15; 6,7
	3,12	die das f. Haus noch gesehen Hag 2,3
Neh	5,15	die f. Statthalter hatten das Volk
	13,5	in die man f. die Speisopfer gelegt
Hi	8,8	frage die f. Geschlechter
	29,2	daß ich wäre wie in den f. Monden
Ps	77,12	ich denke an deine f. Wunder
	143,5	ich denke an die f. Zeiten
Pr	1,11	man gedenkt derer nicht, die f. gewesen
	7,10	daß die f. Tage besser waren als diese
Jes	8,23	hat er in f. Zeit in Schmach gebracht
	41,22	verkündigt, was f. geweissagt wurde 43,9
	42,9	was sich f. weissagte, ist gekommen
	43,18	gedenkt nicht an das f.
	65,7	ich will ihnen heimzahlen ihr f. Tun
	16	die f. Ängste sind vergessen
Jer	7,12	zu Silo, wo f. mein Name gewohnt hat
	30,20	ihre Söhne sollen sein wie f.
	34,5	wie deinen Vätern, den f. Königen
Klg	4,5	die f. leck. Speisen aßen... f. auf Purpur
Hes	36,11	will wieder bewohnt sein lassen wie f.
Hos	2,9	will wieder zu meinem f. Mann gehen
Mi	4,8	zu dir wird kommen die f. Herrschaft
Sa	1,4	denen die f. Propheten predigten 7,7.12
Wsh	12,3	als du den f. Bewohnern feind warst
Sir	2,10	blickt auf die f. Geschlechter
1Ma	3,30	Geschenke, die er f. ausgegeben hatte
	4,47	einen neuen Altar so wie der f. 6,7
	11,35	erlassen, was sie f. haben geben müssen

führen

1Ma	11,39	Tryphon, der f. Alexanders Freund gewesen
	12,3	das Bündnis, das f. geschlossen worden
	7	schon f. hat Areüs an Onias geschrieben
	15,4	(Erbkönigtum) wie es f. war
	27	Antiochus hielt nicht, was er f. zugesagt
2Ma	11,31	ihre Gesetze wie f. halten
	15,8	Hilfe, die ihnen f. oft gesandt worden
StE	3,2	wo sie f. fröhlich gewesen war
Jh	9,8	die ihn f. als Bettler gesehen hatten
Apg	26,5	die mich von f. kennen
Rö	3,25	indem er die Sünden vergibt, die f. (begangen wurden) 2Pt 1,9
Gal	1,13	gehört von meinem Leben f. im Judentum
	23	der uns f. verfolgte, der predigt jetzt den Glauben, den er f. zu zerstören suchte
	2,6	was sie f. gewesen sind, daran liegt mir nichts
Eph	2,2	(Sünden,) in denen ihr f. gelebt habt
	3,5	dies war in f. Zeiten den Menschenkindern nicht kundgemacht
	4,22	legt ab den Menschen mit seinem f. Wandel
	5,8	ihr wart f. Finsternis; nun seid ihr Licht
1Th		wie wir euch schon f. gesagt haben
1Ti	1,13	mich, der ich f. ein Lästerer war
	18	nach den Weissagungen, die f. über dich ergangen sind
Tit	3,3	auch wir waren f. unverständig
Phm	11	der dir f. unnütz war, jetzt aber nützlich ist
1Pt	1,14	Begierden, denen ihr f. dientet
2Pt	2,5	und hat die f. Welt nicht verschont
Heb	7,18	damit wird das f. Gebot aufgehoben
	10,32	gedenkt aber der f. Tage

Frühfeige

Jes	28,4	die welke Blume wird sein wie eine F.

Frühling

Sir	24,35	(Weisheit) wie der Tigris im F.

frühmorgens

1Mo	19,2	bleibt über Nacht; brecht f. auf
1Sm	17,16	der Philister kam heraus f.
Hes	12,8	f. geschah des HERRN Wort zu mir
Hos	6,4	wie der Tau, der f. vergeht 13,3
Jdt	10,12	als sie f. den Berg hinabging
Jh	8,2	f. kam er wieder in den Tempel
Apg	5,21	gingen sie f. in den Tempel und lehrten
	28,23	predigte von f. an bis an den Abend

Frühregen

5Mo	11,14	will eurem Lande geben F. und Spätregen
Ps	84,7	F. hüllte es in Segen
Jer	3,3	darum muß auch der F. ausbleiben
	5,24	der uns F. und Spätregen gibt Jo 2,23
Jak	5,7	ist geduldig, bis sie empfange den F.

frühvollendet

Wsh	4,16	es verurteilt der F. den Ungerechten

frühzeitig

Wsh	4,7	wenn aber der Gerechte zu f. stirbt
Sir	32,18	wer f. danach trachtet, wird Gnade finden

Fuchs

Ri	15,4	Simson fing 300 F. 5
Neh	3,35	wenn ein F... reißt er (die Mauer) ein
Hl	2,15	fangt uns die F., die kleinen F.
Klg	5,18	daß die F. darüber laufen
Hes	13,4	deine Propheten sind wie die F.
Mt	8,20	die F. haben Gruben Lk 9,58
Lk	13,32	geht hin und sagt diesem F.

fügen

Jes	29,1	f. Jahr zu Jahr und feiert die Feste
Hes	37,17	f. eins an das andere
Jdt	11,17	das hat Gott gut gef.
Rö	1,10	flehe, ob sich's wohl einmal f. möchte
Eph	2,21	*der ganze Bau ineinander gef.*

fühlen

Ri	8,16	ließ es die Leute von Sukkot f.
2Ch	6,29	wenn jemand Schmerzen f.
Spr	20,30	dem Bösen wehren mit Schlägen, die man f.
	23,35	prügelten mich, aber ich f. es nicht
Jer	5,3	du schlägst sie, aber sie f.'s nicht
Klg	3,65	laß sie deinen Fluch f.
Dan	5,23	Götter, die weder sehen noch f. können
Hos	5,13	als Juda seine Wunde f.
Jdt	16,21	sie werden es f. in alle Ewigkeit
Wsh	15,15	Götzenbilder, die nicht f. können Bar 6,20.24
Sir	36,11	soll die verzehren, die sich so sicher f.
Mk	5,30	*Jesus f. alsbald an sich selbst* Lk 8,46
Apg	17,27	ob sie ihn wohl f. und finden könnten

führen (s.a. Krieg)

1Mo	9,14	daß ich Wetterwolken über die Erde f.
	11,31	f. sie aus Ur in Chaldäa 15,7; Neh 9,7
	21,18	f. (den Knaben) an deiner Hand
	24,27	der HERR hat mich geradewegs gef. 48
	32	da f. er den Mann ins Haus 29,13; 43,16-18; Ri 19,3.21
	67	f. sie Isaak in das Zelt seiner Mutter
	32,24	nahm sie und f. sie über das Wasser
	47,30	sollst mich aus Ägypten f. und begraben
	50,24	Gott wird euch aus diesem Lande f.
2Mo	3,10	damit du mein Volk aus Ägypten f. 11.12; 6,13.26.27; 14,11; 32,1.7.23.34; 33,1; 4Mo 16,13; 20,5; 21,5; 1Sm 12,6.8
	17	soll euch aus dem Elend Ägyptens f. 7,4; Hes 20,6.9
	12,51	f. der HERR die *Israeliten aus Ägyptenland 17.42; 13,9.14.16-18; 16,6.32; 18,1; 20,2; 29,46; 32,11; 3Mo 11,45; 19,36; 22,33; 23,43; 25,38. 42.55; 26,13.45; 4Mo 15,41; 20,16; 23,22; 24,8; 5Mo 1,27; 4,20; 5,6; 6,12.21; 8,14; 9,12.26.28; 13,6.11; 16,1; 20,1; 26,8; 29,24; Jos 24,6.17; Ri 2,12; 6,8.13; 1Sm 8,8.10.18; 2Sm 7,6; 1Kö 8,16. 21.51.53; 9,9; 2Kö 17,7.36; 2Ch 6,5; 7,22; Ps 81,11; Jer 2,6; 7,22.25; 11,4.7; 31,32; 32,21; 34,13; Hes 20,10; Dan 9,15; Hos 12,14; Am 2,10; 3,1; 9,7; Mi 6,4
	13,21	Wolkensäule, um sie den rechten Weg zu f. Neh 9,12.19
	15,13	hast sie gef. zu deiner heiligen Wohnung
	32,4	ein gegossenes Kalb... dich aus Ägyptenland gef. hat 8; 1Kö 12,28; Neh 9,18
3Mo	13,2	soll man ihn zum Priester Aaron f.
	18,3	Kanaan, wohin ich euch f. will 20,22
4Mo	6,13	soll man ihn vor die Stiftshütte f.

führen

4Mo	14,3	warum f. uns der HERR in dies Land
	19,2	daß sie zu dir f. eine rötliche Kuh
	20,25	f. sie auf den Berg Hor 23,14.27.28
5Mo	8,7	der HERR f. dich in ein gutes Land
	17,16	er f. das Volk nicht wieder nach Ägypten
	21,12	so f. sie in dein Haus
	19	sollen ihn zu den Ältesten der Stadt f.
	22,1	sollst sie wieder zu deinem Bruder f.
	28,68	d. HERR wird dich wieder nach Ägypten f.
	31,23	sollst die *Israeliten in das Land f.
Jos	7,7	warum hast du d. Volk über d. Jordan gef.
Ri	16,26	zu dem Knaben, der ihn an der Hand f.
	18,5	befrage Gott, ob unser Weg zum Ziel f.
	20,2	400.000 Mann, die das Schwert f. 15.17.25.35.
		46; 2Kö 3,26; 1Ch 5,18; 12,9; 2Ch 25,5; Jer 46,9
	31	Straßen, die nach Bethel und Gibeon f.
1Sm	9,22	Samuel f. sie in die Halle
	14,27	Jonatan f. seine Hand zum Munde
	24,16	der HERR f. meine Sache
	30,11	einen Ägypter f. sie zu David
2Sm	2,8	Abner f. (Isch-Boschet) nach Mahanajim
	3,27	f. ihn Joab im Tor beiseite
	5,2	schon früher f. du Israel ins Feld 1Ch 11,2
	6,3	die Söhne Abinadabs f. den neuen Wagen 4
	19,16	um den König über den Jordan zu f.
1Kö	1,14	will deine Worte zu Ende f.
	38	setzten Salomo auf das Maultier und f. ihn
	22,34	f. mich aus dem Kampf 2Ch 18,33
2Kö	6,19	will euch f. zu dem Mann, den ihr sucht. Und er f. sie nach Samaria
	9,2	f. ihn in die innerste Kammer
	23,30	f. (den Toten) nach Jerusalem 2Ch 35,24
	25,7	sie f. ihn nach Babel 2Ch 36,6.18; Est 2,6; Jer 32,5; 39,7; 52,11; Hes 19,9
2Ch	25,12	die f. sie auf die Spitze eines Felsens
	28,15	die schwach waren, f. sie auf Eseln
	32,8	daß (Gott) uns helfe und f. unsern Streit
	33,14	er f. (die Mauer) um den Ofel
Est	6,9	soll ihn über den Platz f. 11
Hi	12,6	die Gott in ihrer Faust f.
	18,8	über Fanggruben f. sein Weg
Ps	4,4	daß der HERR seine Heiligen wunderbar f.
	9,5	du f. mein Recht und meine Sache
	16,4	noch ihren Namen in meinem Munde f.
	23,2	er f. mich zum frischen Wasser
	3	er f. mich auf rechter Straße
	25,17	f. mich aus meinen Nöten
	31,4	wollest du mich leiten und f.
	35,1	HERR, f. meine Sache 23; 43,1; 119,154
	45,15	f. sie in gestickten Kleidern zum König
	15	ihre Gespielinnen f. man zu dir
	48,15	er ist's, der uns f.
	57,3	Gott, der meine Sache zum guten Ende f.
	60,11	wer wird mich f. in die feste Stadt 108,11
	61,3	wollest mich f. auf einen hohen Felsen
	74,22	mach dich auf, Gott, und f. deine Sache
	77,21	dein Volk wie eine Herde 78,52; 136,16
	78,9	wie die Söhne Ephraim, die den Bogen f.
	106,9	er f. sie durch die Tiefen wie
	107,7	und f. sie den richtigen Weg
	14	er f. sie aus Finsternis und Dunkel
	28	er f. sie aus ihren Ängsten
	119,35	f. mich auf dem Steig deiner Gebote
	139,10	so würde auch dort deine Hand mich f.
	140,13	daß der HERR der Elenden Sache f. wird Spr 22,23; 23,11
	142,8	f. mich aus dem Kerker
	143,10	dein guter Geist f. mich auf ebner Bahn
	11	f. mich aus der Not
Ps	146,9	die Gottlosen f. er in die Irre Spr 12,26
Spr	3,6	so wird er dich recht f.
	4,11	ich will dich den Weg der Weisheit f.
	5,5	ihre Schritte f. ins Totenreich
	7,22	wie ein Stier zur Schlachtbank gef. wird
	10,14	der Toren Mund f. schnell zum Verderben
	11,19	Gerechtigkeit f. zum Leben 19,23
	19	dem Bösen nachjagen f. zum Tode 12,28
	23	der Gerechten Wunsch f. zu lauter Gutem
	15,24	d. Weg des Lebens f. den Klugen aufwärts
	33	ist Zucht, die zur Weisheit f.
	16,29	ein Frevler f. ihn auf keinen guten Weg
	19,3	des Menschen Torheit f. ihn in die Irre
Hl	1,4	der König f. mich in seine Kammern
	2,4	er f. mich in den Weinkeller
	8,2	wollte dich f. in meiner Mutter Haus
Jes	1,17	f. der Witwen Sache
	15,7	darum f. sie das Gut über den Weidenbach
	19,20	der wird ihre Sache f. 51,22
	30,6	f. ihre Habe auf Eseln zu dem Volk
	40,11	er wird die Mutterschafe f.
	42,7	sollst die Gefangenen aus d. Gefängnis f.
	16	ich will sie f. auf den Steigen
	49,10	ihr Erbarmer wird sie f.
	53,7	wie ein Lamm, das zur Schlachtbank gef. wird Jer 11,19; Apg 8,32
	58,7	die ohne Obdach sind, f. ins Haus
	11	der HERR wird dich immerdar f.
	63,13	der f. sie durch die Fluten
	14	so hast du dein Volk gef.
Jer	5,14	weil ihr solche Reden f.
	6,23	sie f. Bogen und Speer
	16,14	nicht mehr sagen… aus Äg. gef. 15; 23,7
	23,31	Propheten, die ihr eigenes Wort f.
	27,18	Geräte nicht nach Babel gef. 22; 28,3
	30,13	deine Sache f. niemand
	31,9	ich will sie zu Wasserbächen f.
	35,2	f. sie in des HERRN Haus 4
	38,22	deine Freunde haben dich in d. Sumpf gef.
	26	mich nicht in Jonatans Haus f. lasse
	51,36	spricht der HERR: Ich will deine Sache f.
Klg	2,4	seine Hand hat er gef. wie e. Widersacher
	3,2	er hat mich gef. in die Finsternis
	58	du f., Herr, meine Sache
Hes	8,7	er f. mich zur Tür des Vorhofes 14.16; 40,1.2. 17.24.28.32.35; 43,1; 44,1.4; 46,19; 47,1
	12,23	Gerede nicht mehr im Munde f. soll
	17,4	(ein Adler) f. sie ins Krämerland
	19,4	f. ihn in Ketten nach Ägyptenland
	21,31	wenn die Schuld zum Ende gef. hat 34; 35,5
	27,26	Ruderer haben dich auf die hohe See gef.
	29	die das Ruder f., werden an Land gehen
	34,14	will sie auf die beste Weide f.
	38,5	du f. mit dir Perser 6
	42,4	ins Innere f. ein Gang
Dan	5,13	wurde Daniel vor den König gef.
Hos	2,16	will sie locken und in die Wüste f.
	14,9	ich will dich erhören und f.
Jon	2,7	hast mein Leben aus dem Verderben gef.
Mi	6,1	f. deine Sache vor den Bergen
	7,9	m. Sache f. und mir Recht schaffe
Hab	3,19	der HERR wird mich über die Höhen f.
Jdt	6,18	f. ihn Usija mit sich in sein Haus
	10,18	sie f. (Judit) zum Zelt des Holofernes 12,5
	11,13	mitten durch Jerusalem will ich dich f.
Wsh	6,21	f. das Verlangen nach Weisheit zu
	7,12	weil die Weisheit sie mit sich f.
	15	er ist's, der die Weisheit den Weg f.
	10,18	sie f. sie durchs Rote Meer
	12,23	die, die ein unverständiges Leben f.

Fülle

Tob	8,1	f. Tobias zu ihr in die Kammer	Apg	23,17 f. diesen jungen Mann zu dem Oberst 18.19
	11,10	Knecht, der ihn bei der Hand f.		28,11 das das Zeichen der Zwillinge f.
Sir	18,18	eine unfreundliche Gabe f. zu Tränen	Rö	5,16 das Urteil hat von dem Einen her zur Verdammnis gef.
	20,9	manches Unglück f. zum Guten, mancher Gewinn f. zum Schaden		18 die Rechtfertigung, die zum Leben f.
	45,5	er f. (Mose) in die dunkle Wolke	1Ko	1,10 daß ihr allzumal einerlei Rede f.
	47,29	der Ephraim auf den Weg der Sünde f.		9,5 eine Schwester als Ehefrau mit uns zu f.
1Ma	1,24	er f. alles mit sich in sein Land	2Ko	1,12 in der Gnade Gottes unser Leben gef. haben
	3,12	Schwert, das f. er fortan sein Leben lang		3,9 wenn das Amt, das zur Verdammnis f., Herrlichkeit hatte
	5,23	f. sie mit großer Freude nach Judäa	Eph	2,3 Leben gef. in den Begierden unsres Fleisches
	10,63	befahl, ihn mitten durch die Stadt zu f.		4,8 er hat Gefangene mit sich gef.
	13,12	Tryphon f. Jonatan gefangen mit		5,15 seht nun sorgfältig darauf, wie ihr euer Leben f.
2Ma	6,29	die ihn f., wurden ihm feind	Kol	2,1 wissen lassen, welchen Kampf ich um euch f.
	7,7	f. sie den zweiten auch hin 18	1Th	2,12 ermahnt, euer Leben würdig des Gottes zu f.
	12,14	lästerten und f. frevelhafte Reden		4,11 eure Ehre, daß ihr ein stilles Leben f.
StD	1,45	als man (Susanna) zum Tode f.	1Ti	2,2 damit wir ein stilles Leben f. können
Mt	4,1	da wurde Jesus in die Wüste gef. Lk 4,1		5,14 daß die jüngeren Witwen den Haushalt f.
	5	f. ihn der Teufel in die hl. Stadt 8; Lk 4,9	2Ti	2,16 es f. mehr und mehr zu ungöttlichem Wesen
	6,13	f. uns nicht in Versuchung Lk 11,4	Tit	3,14 damit sie kein fruchtloses Leben f.
	7,13	der Weg ist breit, der zur Verdammnis f. 14	1Pt	1,17 f. euer Leben in Gottesfurcht
	10,18	man wird euch vor Könige f. um meinetwillen Mk 13,9; Lk 21,12		2,12 ein rechtschaffenes Leben unter den Heiden
	15,14	wenn ein Blinder den andern f.		3,18 Christus hat gelitten, damit er euch zu Gott
	17,1	f. sie allein auf einen hohen Berg Mk 9,2		4,3 als ihr ein Leben f. in Ausschweifung
	21,2	bindet sie los und f. sie zu mir	Heb	2,10 (Gott,) der viele Söhne zur Herrlichkeit gef.
	33	*f. einen Zaun darum Mk 12,1*		4,8 wenn Josua sie zur Ruhe gef. hätte
	26,57	f. ihn zu dem Hohenpriester Kaiphas Mk 14,53; *Lk 22,54;* Jh 18,13		8,9 als ich sie bei der Hand nahm, um sie aus Ägyptenland zu f.
Mk	11,7	f. das Füllen zu Jesus		13,18 in allen Dingen ein ordentliches Leben f.
Lk	4,29	f. ihn an den Abhang des Berges	Jak	3,4 gelenkt, wohin der will, der (das Schiff) f.
	5,3	daß er's ein wenig vom Lande f. 11		5,11 zu welchem Ende es der Herr gef. hat
	10,34	*f. ihn in eine Herberge*	Off	13,10 *wenn jemand andre in das Gefängnis f.*
	12,11	wenn sie euch f. werden in die Synagogen		
	13,15	bindet nicht jeder von euch am Sabbat... los und f. ihn zur Tränke	**Führer**	
	18,40	Jesus blieb stehen und ließ ihn zu sich f.	Jes	3,12 deine F. verführen dich
	21,24	*werden gefangen gef. unter alle Völker*	1Ma	4,2 als F. dienten Leute der Burg
	22,66	die Hohenpriester f. ihn vor ihren Rat	Mt	23,16 weh euch, ihr verblendeten F. 24
	23,1	sie f. ihn vor Pilatus Jh 18,28		
Jh	1,42	er f. ihn zu Jesus	**Führerstab**	
	9,13	da f. sie ihn, der vorher blind gewesen war, zu den Pharisäern	Ri	5,14 zogen Gebieter herab, die den F. halten
	21,18	ein anderer wird dich f., wo du nicht hin willst		
Apg	6,12	sie ergriffen ihn und f. ihn vor den Hohen Rat	**Fülle**	
	7,40	Mose, der uns aus dem Lande Ägypten gef. hat	1Mo	27,28 Gott gebe dir Korn und Wein die F.
	9,2	damit er Anhänger des neuen Weges gefesselt nach Jerusalem f. 21; 22,5		41,30 daß man vergessen wird alle F. 31
	8	sie f. ihn nach Damaskus		47 das Land trug in den sieben Jahren die F.
	27	Barnabas f. ihn zu den Aposteln	2Mo	16,3 hatten Brot die F. zu essen 8; 3Mo 26,5
	11,18	die Umkehr, die zum Leben f.	4Mo	24,7 seine Saat hat Wassers die F.
	26	*f. er ihn nach Antiochien*	5Mo	33,16 mit dem Köstlichsten der Erde u. ihrer F.
	12,10	kamen zu dem eisernen Tor, das zur Stadt f.	Neh	9,25 nahmen... Ölgärten und Obstbäume in F.
	17	wie ihn der Herr aus dem Gefängnis gef. hatte	Hi	20,22 wenn er auch die F. und genug hat
	13,11	suchte jemanden, der ihn an der Hand f.		26,3 lehrst ihn Einsicht in F.
	14,12	nannten Paulus Hermes, weil er das Wort f.		36,31 gibt Speise die F. Ps 78,25
	16,34	f. sie in sein Haus und deckte ihnen den Tisch	Ps	16,11 vor dir ist Freude die F.
	17,5	suchten sie, um sie vor das Volk zu f.		65,10 Gottes Brünnlein hat Wasser die F.
	15	*f. ihn bis nach Athen*		78,15 er tränkte sie mit Wasser in F.
	19	sie f. ihn auf den Areopag und sprachen		112,3 Reichtum und Ehre wird in ihrem Hause sein
	18,12	der Juden (Paulus) vor den Richterstuhl	Spr	12,11 wer s. Acker bebaut, wird die F. haben
	21,16	f. uns zu einem Jünger mit Namen Mnason	Pr	5,11 die F. läßt den Reichen nicht schlafen
	28	hat er Griechen in den Tempel gef. 29	Jes	53,11 wird das Licht schauen und die F. haben
	34	ließ er ihn in die Burg f. 37; 22,24.30; 23,10. 31; *24,7*	Jer	12,1 die Abtrünnigen haben alles in F.
				31,14 mein Volk soll meiner Gaben die F. haben
	23,1	m. Leben mit gutem Gewissen vor Gott gef.	Hes	16,49 alles in F. hatte sie 27,12.18
			Jo	2,19 will euch Wein und Öl die F. schicken
			Mal	3,10 ob ich werde Segen herabschütten die F.

Fülle

Sir	1,20	Gott fürchten schenkt Weisheit in F.
	39,9	er kann weisen Rat geben in F.
Mt	13,12	dem wird gegeben, daß er die F. habe 25,29
Lk	15,17	Tagelöhner, die Brot in F. haben
Jh	1,16	von seiner F. haben wir alle genommen
Rö	5,17	die, welche die F. der Gnade empfangen
	11,12	*wenn Israel in s. ganzen F. gewonnen wird*
	25	bis die F. der Heiden zum Heil gelangt ist
Eph	1,23	die F. dessen, der alles in allem erfüllt
	4,13	hingelangen zum vollen Maß der F. Christi
Phl	4,18	ich habe in F., nachdem ich empfangen habe
Kol	1,19	es hat Gott wohlgefallen, daß in ihm alle F. wohnen sollte
	25	*um Gottes Wort in seiner F. kundzumachen*
	2,9	in ihm wohnt die ganze F. der Gottheit
	10	an dieser F. habt ihr teil in ihm

füllen

1Mo	1,28	f. die Erde 9,1
	21,19	(Hagar) f. den Schlauch mit Wasser 24,16
	26,15	hatten (alle Brunnen) mit Erde gef.
	42,25	ihre Säcke mit Getreide zu f. 44,1
2Mo	2,16	f. die Rinnen, um die Schafe zu tränken
	9,8	f. eure Hände mit Ruß aus dem Ofen
	10,6	(Heuschrecken) sollen f. deine Häuser
	16,32	f. einen Krug davon, um es aufzubewahren
	28,41	sollst ihre Hände f. und sie weihen 29,9.29.33. 35; 32,29; 3Mo 8,33; 16,32; 21,10; 4Mo 3,3; Ri 17,5.12; 1Kö 13,33; 2Ch 13,9; 29,31; Hes 43,26
5Mo	6,11	Häuser voller Güter, die du nicht gef.
Jos	9,13	Weinschläuche waren neu, als wir sie f.
1Sm	16,1	f. dein Horn mit Öl
1Kö	20,10	genug, die Hände der Leute zu f. 1Ch 29,5
2Kö	3,20	da kam Wasser und f. das Land
	4,4	wenn du (alle Gefäße) gef. hast
	23,14	f. ihre Stätte mit Menschenknochen
2Ch	7,2	weil die HERRN Herrlichkeit das Haus f.
	16,14	sein Lager, das man mit Spezerei gef. hatte
Hi	22,18	hat ihr Haus mit Gütern gef.
	23,4	würde meinen Mund mit Beweisen f.
Ps	17,14	denen du den Bauch f. mit deinen Gütern
	81,11	tu deinen Mund weit auf, laß mich ihn f.
	90,14	f. uns frühe mit deiner Gnade
	107,9	daß er die Hungrigen f. mit Gutem
	127,5	der seinen Köcher mit ihnen gef. hat
	129,7	mit dem der Schnitter seine Hand nicht f.
	144,13	unsere Kammern gef., daß sie Vorrat geben
Spr	1,13	wir wollen unsre Häuser mit Raub f.
	8,21	daß ich ihre Schatzkammern f.
Jes	6,1	sein Saum f. den Tempel
	8,8	daß sie in dein Land f., so weit es ist
	34,1	die Erde höre zu und was sie f.
Jer	13,12	alle Krüge werden mit Wein gef.
	13	ich will alle mit Trunkenheit f.
	33,5	um Bollwerke zu f. mit den Leichnamen 41,9; Hes 9,7; 32,5; 35,8
	51,14	wenn ich dich auch gef. habe mit Menschen
Hes	34	seinen Bauch gef. mit m. Kostbarkeiten
	3,3	Schriftrolle essen und deinen Leib damit f.
	7,19	werden ihren Bauch damit nicht f.
	10,2	f. deine Hände mit glühenden Kohlen
	24,4	f. ihn mit den besten Knochen
Dan	2,35	Berg, so daß er die ganze Welt f.
Nah	2,13	seine Höhlen f. (der Löwe) mit Raub
Ze	1,9	die ihres Herrn Haus f. mit Rauben
Wsh	2,7	wir wollen mit bestem Wein uns f.
Sir	33,17	daß ich meine Kelter f. konnte
Mt	9,17	man f. auch nicht neuen Wein in alte Schläuche Mk 2,22; Lk 5,37.38
Mt	27,48	nahm einen Schwamm und f. ihn mit Essig Mk 15,36; Jh 19,29
Lk	1,53	die Hungrigen f. er mit Gütern
	8,23	*die Wellen f. das Schiff*
	15,16	seinen Bauch zu f. mit den Schoten, die
Jh	2,7	f. die Wasserkrüge mit Wasser
	6,13	da sammelten sie und f. zwölf Körbe
Off	8,5	f. es mit Feuer vom Altar und schüttete es

Füllen

1Mo	32,16	(nahm) 30 säugende Kamele mit ihren F.
	49,11	wird binden seiner Eselin F. an die Rebe
Sa	9,9	reitet auf dem F. der Eselin Mt 21,5
Mt	21,2	werdet eine Eselin finden und ein F. bei ihr 7; Mk 11,2.4.5.7; Lk 19,30.33
Lk	19,35	warfen ihre Kleider auf das F. und setzten Jesus darauf

Fundament

Esr	4,12	die F. sind schon gelegt

fünf

1Mo	14,9	(da zogen aus) vier Könige gegen f.
	18,28	könnten f. weniger als 50 Gerechte sein... die Stadt verderben um der f. willen
	45,11	es sind noch f. Jahre Hungersnot 6
	22	aber Benjamin gab er f. Feierkleider
	47,2	nahm von allen seinen Brüdern f.
2Mo	21,37	soll er f. Rinder für ein Rind wiedergeben
3Mo	26,8	f. von euch sollen 100 jagen Jes 30,17
	27,5	von f. bis 20 Jahren sollst du schätzen 6
4Mo	3,47	sollst f. Lot Silber erheben
	7,17	zum Dankopfer f. Widder, f. Böcke und f. Schafe 23u.ö.83
	11,19	nicht einen Tag, nicht zwei, nicht f.
	18,16	auslösen lassen um f. Silberstücke
	31,8	töteten sie f. Könige der Midianiter
Jos	10,5	f. Könige der Amoriter 16.17.22-24.26
	13,3	f. Fürsten der Philister Ri 3,3; 1Sm 6,16
Ri	18,2	die Daniter sandten f. Männer aus 7.14.17
1Sm	6,4	f. goldene Beulen und f. goldene Mäuse 18
	17,40	(David) wählte f. glatte Steine
	21,4	hast du nun etwas, etwa f. Brote
	25,18	Abigajil nahm f. Schafe und f. Maß
	42	f. Mägde gingen hinter (Abigajil) her
2Sm	4,4	(Mefi-Boschet) war f. Jahre alt
	21,8	die f. Söhne der Merab nahm der König
2Kö	6,25	eine Handvoll Taubenmist f. Silberstücke
	7,13	man nehme f. Rosse von denen
	25,19	f. Männer, die stets vor dem König waren
1Ch	11,23	ägyptischer Mann, der war f. Ellen groß
Jes	17,6	vier oder f. Früchte an den Zweigen
	19,18	werden f. Städte sprechen und schwören
Jdt	7,22	laßt uns noch f. Tage auf Hilfe warten 24; 8,8.9.26
Wsh	10,6	Feuer, das auf die f. Städte herabfiel
2Ma	2,24	das Jason in f. Büchern aufgezeichnet
	4,18	Kampfspiel, das alle f. Jahre gefeiert wurde
	10,29	erschienen f. Gestalten auf Pferden
Mt	14,17	wir haben hier nichts als f. Brote 19; 16,9; Mk 6,38.41; 8,19; Lk 9,13.16; Jh 6,9.13
	25,2	f. von ihnen waren töricht, und f. waren klug
	15	dem einen gab er f. Zentner 16.20; Lk 19,18
Lk	1,24	Elisabeth hielt sich f. Monate verborgen
	12,6	verkauft f. Sperlinge für zwei Groschen
	52	werden f. in einem Hause uneins sein
	14,19	ich habe f. Gespanne Ochsen gekauft

Lk	16,28	ich habe noch f. Brüder
	19,19	du sollst über f. Städte sein
Jh	4,18	f. Männer hast du gehabt
	5,2	dort sind f. Hallen
Apg	24,1	nach f. Tagen kam Hananias
1Ko	14,19	lieber f. Worte reden mit meinem Verstand
Off	9,5	Macht, daß sie sie quälten f. Monate lang 10
	17,10	f. sind gefallen, einer ist da

fünfeckig

1Kö	6,31	Türflügel mit f. Pfosten

fünfhundert

1Mo	5,32	Noah war f. Jahre alt und zeugte Sem
	11,11	(Sem) lebte danach f. Jahre
2Mo	30,23	nimm Spezerei: Myrrhe, f. Lot 24
4Mo	31,28	als Abgabe je eins von f.
1Ch	4,42	gingen von ihnen f. Männer zum Gebirge
2Ch	35,9	gaben als Opfergabe zum Passa f. Rinder
Est	9,6	töteten die Juden f. Mann 12
Hi	1,3	(Hiob) besaß f. Joch Rinder und f. Eselinnen
1Ma	6,35	jedem Elefanten f. Reiter zugeordnet
	7,32	da verlor Nikanor f. Mann
	15,31	gebt mir f. Zentner Silber... und noch f.
2Ma	12,10	Araber, nicht weniger als f. Reiter
	14,39	Nikanor sandte über f. Kriegsleute
Lk	7,41	einer war f. Silbergroschen schuldig
1Ko	15,6	gesehen worden von mehr als f. Brüdern

fünfhundertfünfundneunzig

1Mo	5,30	danach lebte (Lamech) f. Jahre

fünfhundertfünfzig

1Kö	9,23	die Zahl der Amtleute betrug f.

fünfhunderttausend

1Sm	24,9	es waren in Juda f. Mann
2Ch	13,17	blieben von Israel erschlagen liegen f.

fünfmal

1Mo	43,34	Benjamin bekam f. mehr als die andern
2Kö	13,19	hättest du f. oder sechsmal geschlagen
2Ko	11,24	von den Juden f. erhalten 40 Geißelhiebe

fünftausend

Jos	8,12	er hatte etwa f. Mann genommen
Ri	20,45	hielten eine Nachlese von f.
1Sm	17,5	das Gewicht seines Panzers war f. Lot Erz
1Ch	29,7	gaben zur Arbeit f. Zentner Gold
2Ch	35,9	gaben zum Passa f. Lämmer und Ziegen
Esr	2,69	gaben zum Schatz f. Pfund Silber
Mt	14,21	die gegessen hatten, waren f. Mann Mk 6,44; Lk 9,14; Jh 6,10
	16,9	denkt an die fünf Brote für die f. Mk 8,19
Apg	4,4	die Zahl der Männer stieg auf etwa f.

fünfter

1Mo	1,23	da ward aus Abend und Morgen der f. Tag
	30,17	Lea gebar Jakob ihren f. Sohn
	41,34	nehme den F. in Ägyptenland 47,24. 26
3Mo	5,16	soll den f. Teil hinzufügen 24; 22,14; 27,13.15. 19.27.31; 4Mo 5,7

3Mo	19,25	im f. Jahr sollt ihr die Früchte essen
4Mo	33,38	Aaron starb am ersten Tag des f. Monats
Ri	19,8	am Morgen des f. Tages machte er sich auf
1Kö	14,25	im f. Jahr des Königs 2Kö 8,16; 2Ch 12,2
2Kö	25,8	am siebenten Tage des f. Monats kam Nebusaradan Jer 1,3; 52,12
Esr	7,8	(Esra) kam nach Jerusalem im f. Monat 9
Neh	6,5	sandte Sanballat zum f.-mal zu mir
Jer	28,1	im f. Monat des 4. Jahres sprach Hananja
	36,9	im f. Jahr Jojakims
Hes	1,1	am f. Tage des 4. Monats 2; 8,1; 33,21
	20,1	am 10. Tage des f. Monats Sa 7,3
Sa	7,5	als ihr fastetet im f. und 7. Monat 8,19
Tob	14,15	(Tobias) sah Kinder bis ins f. Glied
Bar	1,2	(niedergeschrieben) im f. Jahr
2Ma	10,35	am f. Tag wurden zwanzig Männer zornig
Apg	20,6	kamen am f. Tag zu ihnen nach Troas
Off	6,9	als es das f. Siegel auftat, sah ich
	9,1	der f. Engel blies seine Posaune 16,10
	21,20	der f. (Grundstein war) ein Sardonyx

fünfundachtzig

Jos	14,10	ich bin f. Jahre alt
1Sm	22,18	an diesem Tage starben f. Männer

fünfunddreißig

1Mo	11,12	Arpachschad war f. Jahre alt
1Kö	22,42	(Joschafat) war f. Jahre alt 2Ch 20,31
2Ch	3,15	zwei Säulen, f. Ellen hoch
	15,19	kein Krieg bis in das f. Jahr Asas

fünfundfünfzig

2Kö	21,1	Manasse regierte f. Jahre 2Ch 33,1

fünfundsechzig

1Mo	5,15	Mahalalel war f. Jahre alt 21
Jes	7,8	in f. Jahren soll es mit Ephraim aus sein

fünfundsiebzig

1Mo	12,4	Abram war f. Jahre, als er aus Haran zog
Apg	7,14	ließ holen s. Verwandtschaft, f. Menschen

fünfundsiebzigtausend

Est	9,16	töteten f. von ihren Feinden

fünfundvierzig

1Mo	18,28	finde ich f., will ich sie nicht verderben
Jos	14,10	es sind nun f. Jahre her
Tob	1,24	nach f. Tagen wurde der König erschlagen

fünfundzwanzig

4Mo	8,24	von f. Jahren an und darüber
1Kö	22,42	(Joschafat) regierte f. Jahre 2Ch 20,31
2Kö	14,2	f. Jahre alt 15,33; 18,2; 23,36; 2Ch 25,1; 27,1.8; 29,1; 36,5
Neh	6,15	Mauer wurde am f. Tage fertig
Jer	52,31	am f. Tage des zwölften Monats
Hes	8,16	standen etwa f. Männer 11,1
	40,1	im f. Jahr unserer Gefangenschaft
1Ma	1,62	am f. Tage des Monats (Kislew) 4,52.59; 2Ma 1,18; 10,5

fünfundzwanzigtausend 420

fünfundzwanzigtausend
Ri 20,46 so fielen von Benjamin f. Mann

fünfundzwanzigtausendeinhundert
Ri 20,35 daß die *Israeliten umbrachten f. Mann

fünfzehn
1Mo 7,20 f. Ellen hoch gingen die Wasser
2Mo 16,1 am f. Tage des zweiten Monats
3Mo 23,6 am f. (Tag) ist das Fest 34.39; 4Mo 28,17; 29,12; Hes 45,25
27,7 bei 60 Jahren... schätzen auf f. Lot
4Mo 33,3 zogen aus von Ramses am f. Tag
2Sm 9,10 Ziba hatte f. Söhne 19,18
1Kö 12,32 ein Fest am f. Tag des 8. Monats 33
2Kö 14,17 Amazja lebte noch f. Jahre 23; 2Ch 15,10; 25,25
20,6 will f. Jahre zu deinem Leben Jes 38,5
Est 9,18 die Juden ruhten am f. Tage 21
Hes 32,17 am f. Tag desselben Monats
Hos 3,2 ich kaufte sie mir für f. Silberstücke und für f. Scheffel Gerste
1Ma 1,57 am f. Tage des Monats Kislew
2Ma 11,33 am f. Tage des Xanthikus 38
Lk 3,1 im f. Jahr der Herrschaft des Kaisers Tiberius
Apg 27,28 ein wenig weiter fanden (sie) es f. Faden tief
Gal 1,18 ich blieb f. Tage bei (Kephas)

fünfzehntausend
Ri 8,10 etwa f., alle, die übriggeblieben waren
1Ma 10,40 ich will jährlich f. Lot Silber geben

fünfzig
1Mo 18,24 könnten f. Gerechte in der Stadt sein 26.28
2Mo 18,21 die setze über sie als Oberste über f. 25; 5Mo 1,15; 1Sm 8,12
3Mo 23,16 bis... nämlich f. Tage, sollt ihr zählen
25,10 sollt das f. Jahr heiligen 11
27,3 Mann sollst du schätzen auf f. Lot 16
4Mo 4,3 von 30 Jahren an bis ins f. 23.30.35.39.43.47
8,25 von dem f. Jahr an sollen sie frei sein
31,30 sollst je eins von f. erheben 47
5Mo 22,29 soll ihrem Vater f. Silberstücke geben
Jos 7,21 eine Stange von Gold, f. Lot schwer
2Sm 15,1 sich Wagen anschaffte und f. Mann 1Kö 1,5
24,24 kaufte David die Tenne für f. Lot Silber
1Kö 18,4 Obadja versteckte hier f. und da f. 13
2Kö 1,9 sandte einen Hauptmann über f. samt seinen f. Mann 10-14; 15,25
2,7 f. von den Prophetenjüngern gingen hin 16. 17
13,7 nicht mehr als f. Gespannpferde
15,20 f. Silberstücke auf jeden Mann
23 im f. Jahr Asarjas, des Königs von Juda
Est 5,14 mache einen Galgen, f. Ellen hoch 7,9
Hag 2,16 meinte, f. Eimer zu schöpfen
1Ma 9,61 Jonatan nahm f. Männer vom Volk
2Ma 13,5 es war ein Turm da, f. Ellen hoch
Mk 6,40 sie setzten sich, in Gruppen zu f. Lk 9,14
Lk 7,41 war schuldig f. (Silbergroschen)
16,6 nimm deinen Schuldschein und schreib f.
Jh 8,57 du bist noch nicht f. Jahre alt und hast Abraham gesehen

fünfzigtausend
1Ch 5,21 führten weg ihr Vieh, f. Kamele
12,34 von Sebulon wehrfähige Männer f.
Apg 19,19 berechneten und kamen auf f. Silbergroschen

Funke
2Sm 14,7 den Erben vertilgen und den F. auslöschen
Hi 5,7 wie F. hoch emporfliegen
18,5 der F. seines Feuers wird nicht leuchten
41,11 feurige F. schießen heraus
Jes 1,31 sein Tun (wird sein) wie ein F.
Wsh 2,2 ist unser Denken nur ein F.
3,7 werden aufsteigen wie F. überm Stoppelfeld
11,18 die F. aus den Augen blitzen ließen
Sir 11,33 aus einem F. macht er ein gr. Feuer 28,14
42,23 obwohl man kaum einen F. erkennen kann

funkeln
Hi 15,12 was f. deine Augen

für und für
1Sm 13,13 hätte d. Königtum bestätigt f.u.f.
Ps 10,6 es wird f.u.f. keine Not haben
33,11 bleibt... seines Herzens Gedanken f.u.f.
49,12 Gräber sind ihre Wohnung f.u.f. 102,25
61,7 daß seine Jahre währen f.u.f.
79,13 wir verkünden deinen Ruhm f.u.f.
85,6 willst du d. Zorn walten lassen f.u.f.
89,2 ich will seine Treue verkünden f.u.f.
5 ich will deinen Thron bauen f.u.f.
90,1 du bist unsre Zuflucht f.u.f.
100,5 seine Wahrheit (währet) f.u.f. 119,90
102,13 du bleibst ewiglich und dein Name f.u.f.
135,13 dein Ruhm, HERR, währet f.u.f.
145,13 deine Herrschaft währet f.u.f. Dan 3,33
146,10 der HERR ist dein Gott, Zion, f.u.f.
Spr 27,24 auch eine Krone währt nicht f.u.f.
Jes 13,20 noch jemand da bleibe f.u.f.
51,8 und mein Heil (bleibt) f.u.f.
60,15 will dich zur Freude (machen) f.u.f.
Jer 8,5 warum will dies Volk irregehen f.u.f.
50,39 soll niemand darinnen wohnen f.u.f.
Dan 4,31 dessen Reich f.u.f. währt
Jo 2,2 Volk, desgleichen nicht sein wird f.u.f.
4,20 Juda soll bewohnt werden f.u.f.
Lk 1,50 *seine Barmherzigkeit währet f.u.f.*
Eph 6,24 *Gnade sei mit allen, f.u.f.*

Fürbitte
Est 4,8 daß sie F. tue für ihr Volk
Hi 42,8 Hiob soll für euch F. tun 10
Jes 37,4 tu F. für die Übriggebliebenen
2Ko 1,11 dazu helft auch ihr durch eure F. für uns
1Ti 2,1 daß man vor allen Dingen tue F.

Furche
Hi 31,38 haben miteinander seine F. geweint
39,10 das Seil anknüpfen, um F. zu machen
Ps 65,11 du tränkst seine F.
129,3 die Pflüger haben ihre F. langgezogen
Spr 13,23 es ist viel Speise in den F. der Armen
Hos 10,4 ihr Recht grünt wie Kraut auf allen F.
12,12 ihre Altäre wie Steinhaufen an den F.

Sir	7,3	säe nicht in die F. des Unrechts

Furcht

1Mo	9,2	F. vor euch über allen Tieren
2Mo	15,16	fiel auf sie Erschrecken und F.
5Mo	2,25	will F. vor dir auf alle Völker legen 11,25; 1Ch 14,17
	28,67	F. deines Herzens, die dich schrecken wird
1Sm	28,20	Saul geriet in große F. über die Worte
2Ch	12,5	die sich aus F. vor Schischak versammelt
Esr	3,3	war F. über sie gekommen Est 8,17; 9,2.3
Neh	4,8	als ich ihre F. sah
Hi	4,14	kam mich F. und Zittern an 18,20; Ps 55,6
	6,14	gibt die F. vor dem Allmächtigen auf
	21,9	ihr Haus hat Frieden ohne F.
	39,22	(das Roß) spottet der F.
	41,25	er ist ein Geschöpf ohne F.
Ps	2,11	dienet dem HERRN mit F.
	5,8	ich darf anbeten in deiner F.
	34,5	er errettete mich aus aller meiner F.
	105,38	F. vor ihnen war auf (Ägypten) gefallen
Jes	8,13	den laßt eure F. und euren Schrecken sein
	31,9	sein Fels wird vor F. weichen
Jer	30,5	nur F. ist da und kein Friede
	32,40	will ihnen F. vor mir ins Herz geben
	41,18	aus F. vor den Chaldäern
Hes	7,18	werden mit F. überschüttet sein
Ze	3,13	sollen weiden und lagern ohne alle F.
Mal	2,5	gab ihm F., daß er mich fürchtete
Jdt	3,8	da gerieten diese Länder in F.
	11,9	sind sie voll F. vor dir
Wsh	5,2	werden sie in F. und Schrecken geraten
	17,4	konnte sie nicht vor der F. bewahren
	8	die F. und Schrecken fühlen können
	12	F. ist nichts anderes, als daß einer nicht wagt
	15	es kam unversehens F. über sie 18,17
Tob	13,5	mit F. und Zittern preist ihn
Sir	1,27	wer ohne F. lebt, der gefällt Gott nicht
	38	weil du Gott nicht in rechter F. gedient hast
	20,24	sein Leben aufs Spiel aus F. vor Schande
	40,2	da sind immer Sorge, F., Hoffnung
	7	er ist heilfroh, daß die F. umsonst war
Bar	3,7	die F. vor dir in unser Herz gegeben
	6,5	daß nicht F. vor den Götzen auch euch
1Ma	3,25	F. und Schrecken auf alle Völker 7,18; 2Ma 12,22
	56	alle, die voll F. waren, heimziehen
2Ma	3,30	Tempel, voll F. und Schrecken gewesen 24
StE	2,4	ich habe es vielmehr aus F. getan
StD	1,57	haben euch aus F. zu Willen sein müssen
	3,17	wir suchen dein Angesicht mit F.
Mt	14,26	die Jünger erschraken und schrien vor F.
	28,4	die Wachen erschraken aus F. vor ihm
	8	gingen weg mit F. und großer Freude
Lk	1,12	Zacharias erschrak, und es kam F. über ihn 65
	75	(daß wir) ihm dienten ohne F. unser Leben lang
	4,36	es kam eine F. über sie alle 5,26; 7,16; 8,37
	21,26	die Menschen werden vergehen vor F.
Jh	7,13	aus F. vor den Juden 19,38; 20,19
Apg	2,43	es kam F. über alle Seelen 5,5.11; 19,17
Rö	3,18	F., dem die F. gebührt
1Ko	2,3	ich war bei euch in Schwachheit und in F.
	16,10	seht zu, daß er ohne F. bei euch sein kann
2Ko	7,5	waren wir bedrängt, von innen mit F.
	11	hat in euch gewirkt F.
	15	wie ihr ihn mit F. und Zittern aufgenommen
Eph	5,21	ordnet euch einander unter in der F. Christi
	6,5	seid gehorsam euren irdischen Herren mit F. und Zittern
Phl	2,12	daß ihr selig werdet, mit F. und Zittern
2Ti	1,7	Gott hat uns nicht gegeben den Geist der F.
1Pt	1,17	*führet euren Wandel mit F.*
	2,18	ordnet euch in aller F. den Herren unter
1Jh	4,17	F. ist nicht in der Liebe
	18	die vollkommene Liebe treibt die Furcht aus
Heb	2,15	durch F. vor dem Tod im ganzen Leben Knechte
	4,1	laßt uns mit F. darauf achten, daß
	12,28	laßt uns Gott dienen mit Scheu und F.
Jud	23	anderer erbarmt euch in F.
Off	11,11	große F. fiel auf die, die sie sahen
	18,10	fernab stehen aus F. vor ihrer Qual 15

Furcht Gottes, Furcht des HERRN (Herrn)

Jos	22,25	unsere Nachkommen von der F.d.H. abwenden
2Sm	23,3	wer herrscht in der F.G.
2Ch	19,7	laßt die F.d.H. bei euch sein
	9	gebot und sprach: Tut also in der F.G.
	26,5	der ihn unterwies in der F.G.
Neh	5,9	solltet ihr nicht in der F.G. wandeln 15
Hi	28,28	die F.d.H., das ist Weisheit
Ps	19,10	die F.d.H. ist rein und bleibt ewiglich
	34,12	ich will euch die F.d.H. lehren
	111,10	die F.d.H. ist der Weisheit Anfang Spr 1,7; 9,10
Spr	1,29	weil sie die F.d.H. nicht erwählten
	2,5	dann wirst du die F.d.H. verstehen
	8,13	die F.d.H. haßt das Arge
	10,27	die F.d.H. mehrt die Tage
	14,27	die F.d.H. ist eine Quelle des Lebens
	15,16	besser wenig mit der F.d.H. als
	33	die F.d.H. ist Zucht, die zur Weisheit
	16,6	durch die F.d.H. meidet man das Böse
	19,23	die F.d.H. führt zum Leben
	22,4	der Lohn der F.d.H. ist Reichtum
	23,17	trachte täglich nach der F.d.H.
Jes	11,2	auf ihm wird ruhen der Geist der F.d.H.
	3	Wohlgefallen wird er haben an der F.d.H.
	33,6	die F.d.H. wird Zions Schatz sein
Tob	2,13	(Tobias) blieb beständig in der F.G.
	6,23	mit der Jungfrau verbinden in der F.d.H. 9,12
Sir	1,11	die F.G. ist Ehre und Ruhm 12.16.17.22.26. 33
	2,12	wer ist verlassen worden, der in der F.G.
	19,18	alle Weisheit besteht in der F.G.
	25,15	die F.G. geht über alles 40,26-28
	27,4	hält einer sich nicht in der F.d.H.
Apg	9,31	baute sich auf und lebte in der F.d.H.
Rö	3,18	*es ist keine F.G. bei ihnen*
2Ko	7,1	laßt uns die Heiligung vollenden in der F.G.
Kol	3,22	in Einfalt des Herzens und in der F.d.H.

furchtbar

5Mo	1,19	Wüste, die groß und f. ist 8,15
	6,22	der HERR tat f. Zeichen an Ägypten
2Sm	7,23	so große und f. Dinge zu tun
Neh	1,5	du großer und f. Gott 4,8; 9,32; Ps 89,8
Ps	76,8	f. bist du 13
	12	bringt Geschenke dem F.
Jes	64,2	wenn du F. tust, das wir nicht erwarten
Dan	7,7	ein viertes Tier war f. und schrecklich 19
Wsh	11,19	(Tiere) mit ihrem f. Anblick
	17,3	wurden sie zerstreut, f. erschreckt

furchtbar

Wsh 17,5 noch konnten... jene f. Nacht licht machen

fürchten

1Mo 3,10 f. mich; denn ich bin nackt
- 15,1 f. dich nicht 21,17; 26,24; 35,17; 43,23; 46,3; 50,19.21; 2Mo 14,13; 20,20; 4Mo 14,9; 21,34; 5Mo 1,21.29; 3,2.22; 7,18; 20,1.3; 31,6.8; Jos. 8,1; 10,8.25; 11,6; Ri 4,18; 6,23; Rut 3,11; 1Sm 4,20; 12,20; 22,23; 23,17; 28,13; 2Sm 9,7; 13,28; 1Kö 17,13; 2Kö 1,15; 6,16; 19,6; 25,24; 1Ch 22,13; 28,20; 2Ch 20,17; 32,7; Neh 4,8; Jes 7,4; 8,12; 10,24; 35,4; 37,6; 40,9; 41,10.13. 14; 43,1.5; 44,2.8; 51,7; 54,4; Jer 1,8; 30,10; 40,9; 46,27.28; Klg 3,57; Hes 3,9; Dan 10,12. 19; Jo 2,21.22; Ze 3,16; Hag 2,5; Sa 8,13.15; Mt 1,20; 10,26.28.31; 14,27; 17,7; 28,5.10; Mk 5,36; 6,50; 13,7; Lk 1,13.30; 2,10; 5,10; 8,50; 12,4.7.32; Jh 6,20; 12,15; Apg 18,9; 27,24; Off 1,17; 2,10
- 18,15 Sara f. sich 19,30; 20,8; 32,8.12; 43,18; 50,15; 2Mo 2,14; 3,6; 14,10; 2Ch 20,3; Jer 26,21; Jon 1,5.10
- 22,12 nun weiß ich, daß du Gott f.
- 26,7 f. sich zu sagen: Sie ist meine Frau
- 28,17 f. sich: Wie heilig ist diese Stätte
- 31,31 Jakob sprach zu Laban: Ich f. mich
- 42,18 sprach (Josef) zu ihnen: Ich f. Gott

2Mo 1,17 die Hebammen f. Gott 21
- 9,20 wer das Wort des HERRN f., ließ fliehen
- 30 ihr f. euch noch nicht vor Gott dem HERRN
- 14,31 das Volk f. den HERRN, und sie glaubten ihm
- 18,21 sieh dich um nach Leuten, die Gott f.
- 20,20 ihr's vor Augen habt, wie er zu f. sei
- 34,30 f. sie sich, (Mose) zu nahen

3Mo 19,3 ein jeder f. seine Mutter u. seinen Vater
- 14 sollst du vor Gott f. 32; 25,17.36.43
- 30 f. mein Heiligtum

4Mo 12,8 warum habt ihr euch nicht gef.
- 22,3 die Moabiter f. sich sehr vor dem Volk

5Mo 2,4 sie werden sich f. 28,10; Jos 10,2
- 4,10 so mich f. lernen alle Tage ihres Lebens
- 5,5 ihr f. euch vor dem Feuer
- 29 daß sie e. solches Herz hätten, mich zu f.
- 6,2 damit du den HERRN, deinen Gott, f. 13.24; 8,6; 10,12.20; 13,5; 14,23; 17,19; 31,12.13
- 7,19 allen Völkern, vor denen du dich f.
- 9,19 ich f. mich vor dem Zorn und Grimm
- 13,12 daß ganz Israel aufhorche und sich f. 17,13; 19,20; 21,21
- 20,8 wer sich f., mache sich auf u. kehre heim
- 25,18 wie (die Amalekiter) Gott f.
- 28,58 wenn du nicht f. diesen herrlichen Namen
- 60 Seuchen Ägyptens, vor denen du dich f.
- 66 Nacht und Tag wirst du dich f.

Jos 4,14 sie f. (Josua), wie sie Mose gef. hatten
- 24 damit alle Völker den HERRN f. allezeit
- 9,24 da f. wir sehr für unser Leben
- 24,14 f. den HERRN und dient ihm 1Sm 12,24

Ri 6,10 sollt nicht f. die Götter der Amoriter
- 27 Gideon f. sich vor seines Vaters Haus
- 7,10 f. du dich aber hinabzugehen
- 8,20 er f. sich, weil er noch ein Knabe war

1Sm 3,15 Samuel aber f. sich, Eli anzusagen
- 4,7 F. (die Philister) sich und sprachen
- 7,7 f. sich vor den Philistern 17,11.24
- 12,14 möchtet ihr doch den HERRN f. 18
- 14,26 das Volk f. den Schwur
- 15,24 ich f. das Volk und gehorchte seiner Stimme

1Sm 18,12 Saul f. sich vor David 29
- 21,13 David f. sich sehr vor Achisch
- 23,3 siehe, wir f. uns schon hier in Juda
- 28,5 als Saul das Heer sah, f. er sich
- 31,4 sein Waffenträger f. sich sehr 1Ch 10,4

2Sm 1,14 du hast dich nicht gef... ihn zu töten
- 3,11 so f. (Isch-Boschet) sich vor (Abner)
- 6,9 David f. sich vor dem HERRN 1Ch 13,12
- 10,19 die Aramäer f. sich, hinfort zu helfen
- 12,18 die Männer Davids f. sich, ihm zu sagen

1Kö 1,50 Adonija f. sich vor Salomo 51; 3,28
- 8,40 damit sie dich f. allezeit 2Ch 6,31
- 43 damit (alle Völker) dich f. 2Ch 6,33
- 18,3 Obadja f. den HERRN 12; 2Kö 4,1
- 19,3 f. (Elia) sich und lief um sein Leben

2Kö 10,4 sie f. sich gar sehr
- 17,7 die *Israeliten f. andere Götter 25.34
- 28 lehrte sie, wie sie den HERRN f. sollten
- 33 f. den HERRN, dienten aber auch den Göttern 32.41
- 35 f. keine andern Götter 37.38
- 36 den HERRN, den f., den betet an 39
- 19,26 die darin wohnen, f. sich Jes 37,27
- 25,26 sie f. sich vor den Chaldäern Jer 41,18

1Ch 16,25 der HERR ist mehr zu f. als alle Götter Ps 96,4
- 30 es f. ihn alle Welt Ps 67,8; 96,9

2Ch 20,15 sollt euch nicht f.; denn nicht ihr kämpft

Esr 10,3 die die Gebote unseres Gottes f.

Neh 1,11 die von Herzen deinen Namen f.
- 2,2 damit ich mich sehr
- 6,13 damit ich mich f. sollte
- 16 f. sich alle Völker, die um uns wohnten

Est 5,9 sah, wie (Mordechai) sich nicht vor ihm f.

Hi 1,9 meinst du, daß Hiob Gott umsonst f.
- 3,25 was ich gef., ist über mich gekommen
- 5,21 daß du dich nicht f. mußt 22; 9,35
- 6,21 weil ihr Schreckliches seht, f. ihr euch
- 9,28 ich f. doch wieder alle meine Schmerzen
- 11,15 würdest fest sein und dich nicht f.
- 15,22 er f. immer das Schwert 19,29
- 23,15 so f. ich mich vor ihm
- 31,23 ich müßte Gottes Strafe f.
- 32,6 hab mich gef., mein Wissen kundzutun
- 37,24 darum sollen ihn die Menschen f.

Ps 3,7 ich f. mich nicht vor vielen Tausenden
- 22,24 rühmet den HERRN, die ihr ihn f. 115,11.13; 118,4
- 26 m. Gelübde erfüllen vor denen, die ihn f.
- 23,4 f. ich kein Unglück; denn du bist bei mir
- 25,12 wer ist d. Mann, der d. HERRN f. Jes 50,10
- 14 der HERR ist denen Freund, die ihn f.
- 27,1 vor wem sollte ich mich f.
- 3 so f. sich dennoch mein Herz nicht
- 31,20 die du bewahrt hast denen, die dich f.
- 33,8 alle Welt f. den HERRN 67,8
- 18 d. HERRN Auge achtet auf alle, die ihn f.
- 34,8 lagert sich um die her, die ihn f.
- 10 f. den HERRN, ihr seine Heiligen! Denn die ihn f., haben keinen Mangel
- 40,4 das werden viele sehen und sich f.
- 46,3 darum f. wir uns nicht
- 49,6 warum sollte ich mich f. in bösen Tagen
- 52,8 Gerechten werden es sehen und sich f.
- 53,6 sie f. sich da, wo nichts zu f. ist
- 55,20 sie wollen Gott nicht f.
- 56,4 wenn ich mich f., so hoffe ich auf dich
- 5 auf Gott hoffen und mich nicht f. 12
- 60,6 Zeichen gegeben denen, die dich f.
- 61,6 teil am Erbe derer, die deinen Namen f.

fürchten

Ps	64,10	alle Menschen werden sich f. und sagen
	66,16	höret zu, alle, die ihr Gott f.
	78,53	leitete sie sicher, daß sie sich nicht f.
	85,10	ist seine Hilfe nahe denen, die ihn f.
	86,11	bei dem einen, daß ich deinen Namen f.
	89,8	Gott ist gef. in der Versammlung der Hlg.
	90,11	wer f. sich vor dir in deinem Grimm
	102,16	daß die Heiden den Namen des HERRN f.
	103,11	Gnade walten über denen, die ihn f. 17
	13	erbarmt sich d. HERR über die, die ihn f.
	111,5	er gibt Speise denen, die ihn f.
	112,1	wohl dem, der den HERRN f. 128,1.4
	7	vor schlimmer Kunde f. er sich nicht
	8	sein Herz ist getrost und f. sich nicht
	118,6	HERR ist mit mir, darum f. ich mich nicht
	119,38	erfülle dein Wort, daß ich dich f.
	63	ich halte mich zu allen, die dich f.
	74	die dich f., sehen mich und freuen sich
	79	daß sich zu mir hielten, die dich f.
	120	ich f. mich vor dir
	161	mein Herz f. sich nur vor deinen Worten
	130,4	bei dir ist Vergebung, daß man dich f.
	135,20	die ihr den HERRN f., lobet den HERRN
	147,11	d. HERR hat Gefallen an denen, die ihn f.
Spr	1,26	wenn da kommt, was ihr f. 27
	33	wer mir gehorcht, wird kein Unglück f.
	3,7	f. den HERRN und weiche vom Bösen 24,21
	24	legst du dich, so wirst du dich nicht f.
	25	f. dich nicht vor plötzlichem Schrecken
	10,24	was der Gottlose f., wird ihm begegnen
	13,13	wer das Gebot f., dem wird es gelohnt
	14,2	wer den HERRN f., wandelt auf rechter Bahn
	26	wer den HERRN f., hat eine sichere Festung
	28,14	wohl dem, der Gott allewege f.
	31,21	sie f. für die Ihren nicht den Schnee
	30	Weib, das den HERRN f., soll man loben
Pr	3,14	daß man sich vor ihm f. soll
	5,6	darum f. Gott 12,13
	7,18	wer Gott f., der entgeht dem allen
	8,12	daß es wohlgehen wird denen, die Gott f.
	13	n. lange leben, die vor Gott nicht f.
	12,5	wenn man vor Höhen sich f.
Jes	8,12	vor dem, was sie f., f. euch nicht
	12,2	ich bin sicher und f. mich nicht
	19,16	werden die Ägypter sich f.
	25,3	die Städte gewalttätiger Völker f. dich
	29,13	mich f. nur nach Menschengeboten
	23	werden den Gott Israels f.
	41,5	als die Inseln das sahen, f. sie sich
	51,12	daß du dich vor Menschen gef. hast 13
	54,14	brauchst dich nicht zu f.
	57,11	wen du da gef... hast mich nicht gef.
	59,19	daß der Name des HERRN gef. werde
	63,17	verstocken, daß wir dich nicht f.
Jer	2,19	was es für Jammer bringt, ihn nicht zu f.
	5,22	wollt ihr mich nicht f., spricht d. HERR
	24	laßt uns doch den HERRN f.
	10,2	sollt euch n. f., wie die Heiden s. f. 5
	7	wer sollte dich nicht f., König d. Völker
	17,8	obgleich Hitze kommt, f. er sich nicht
	22,25	vor denen du dich f. 39,17
	23,4	Hirten... setzen, daß sie sich nicht mehr f.
	26,19	vielmehr f. sich vor dem HERRN
	32,39	daß sie mich f. ihr Leben lang
	42,11	sollt euch nicht f... vor dem ihr euch f.
	16	Schwert, vor dem ihr euch f. hes 11,8
	44,10	f. sich nicht und wandeln n. in m. Gesetz
	49,16	daß die andern dich f., hat dich verführt
Hes	2,6	vor ihnen n. f. noch vor ihren Worten
Hes	26,17	daß sich das ganze Land f. mußte
	32,27	gef. Helden waren im Lande d. Lebendigen
Dan	1,10	ich f. mich vor meinem Herrn, dem König
	5,19	um solcher Macht willen f. sich Völker
	6,27	daß man den Gott Daniels f. soll
Hos	10,3	wir f. den HERRN nicht
Am	3,8	der Löwe brüllt, wer sollte s. nicht f.
Jon	1,9	ich bin ein Hebräer und f. den HERRN 16
Mi	6,9	wer deinen Namen f., dem wird's gelingen
	7,17	werden sich f. vor dem HERRN
Ze	3,7	mich sollst du f.
	15	daß du dich vor keinem Unheil f. mußt
Hag	1,12	das Volk f. sich vor dem HERRN
Mal	1,6	bin ich Herr, wo f. man mich
	14	mein Name ist gef. unter den Heiden
	2,5	daß er mich f. und meinen Namen scheute
	3,5	gegen die, die mich nicht f.
	16	Gedenkbuch für die, welche den HERRN f.
	20	euch aber, die ihr meinen Namen f., soll
Jdt	2,18	das ganze Land f. sich vor ihm 4,1
	8,7	einen guten Ruf, da sie den Herrn f. 24; Tob 1,13; 2;9.13; 14,7
	11,1	f. dich nicht Tob 12,17; StE 4,6
	16,9	den Herrn f., übertrifft alles Sir 23,37
Wsh	8,15	grausame Tyrannen werden f.
	14,29	f. sie keinen Schaden, wenn sie... schwören
	18,25	davor mußte der Verderber sich f.
Tob	1,10	er lehrte ihn Gott f. 4,22
	3,19	ich war bereit, weil ich dich f.
	6,16	f. ich, daß mir's so gehen könnte 7,11
Sir	1,13	wer den Herrn f., dem wird's gutgehen 19; 3,8; 6,16.17; 10,23; 15,1; 34,16.17
	20	Gott f. schenkt Weisheit 25; 21,13
	2,7	die ihr den Herrn f. 8.9.18-21
	7,31	f. den Herrn von ganzer Seele 32
	9,18	so brauchst du dich nicht zu f.
	23	dein Ruhm sei, Gott zu f. 10,25; 25,8
	10,24	der Herr sieht die an, die ihn f. 27; 15,20
	15,1	das alles tut nur, wer den Herrn f. 13; 21,7
	16,1	wenn sie nicht den Herrn f.
	17,4	bestimmte, daß alle sie f. mußten
	22,19	ein Herz... f. sich vor keinem Schrecken
	26,3	eine gute Frau dem, der Gott f.
	29,10	f., schuldlos um das Seine zu kommen
	30,9	verhätschelst du dein Kind, mußt du dich f.
	32,18	wer den Herrn f., nimmt Belehrung an 20
	23	ein übermütiger (Mann) f. sich vor nichts
	41,5	f. den Tod nicht 2Ma 7,29
	45,2	so daß die Feinde ihn f. mußten
Bar	6,4	Götzen, vor denen sich die Heiden f.
	15	darum f. (die Götzen) nicht 65.69
1Ma	2,62	f. euch nicht vor den Drohungen
	3,22	(Feinde) ihr sollt sie nicht f. 4,8; 2Ma 8,16; 15,8
	5,41	wenn (Judas) sich aber f.
	8,12	von allen waren sie gef.
	10,8	sehr vor (Jonatan)
	12,42	(Tryphon) f. sich, gegen ihn 2Ma 14,18
	14,12	niemand brauchte sich zu f.
2Ma	9,29	Philippus, weil er sich... f.
StD	3,9	alle, die f., zuschanden geworden
	66	die den Herrn f., lobt Gott
Mt	2,22	f. er sich, dorthin zu gehen
	9,8	als das Volk das sah, f. es sich
	14,5	er hätte ihn gern getötet, f. sich aber vor dem Volk 21,26.46; Mk 11,18.32; 12,12; Lk 20,19; 22,2
	25,25	f. mich, ging hin und verbarg deinen Zentner Lk 19,21
Mk	4,41	sie f. sich sehr 5,15; Lk 2,9

fürchten

Mk	5,33	die Frau f. sich und zitterte
	6,20	Herodes f. Johannes
	9,32	(die Jünger) f. sich, ihn zu fragen Lk 9,45
	10,32	die ihm nachfolgten, f. sich
	16,8	sie sagten niemandem etwas; denn sie f. sich
Lk	1,50	währt von Geschlecht zu Geschlecht bei denen, die ihn f.
	8,25	sie f. sich und verwunderten sich und sprachen
	12,5	ich will euch zeigen, vor wem ihr euch f. sollt
	18,2	der f. sich nicht vor Gott 4
	23,40	du f. dich nicht vor Gott, der du doch in gleicher Verdammnis bist
	24,37	sie erschraken und f. sich
Jh	6,19	(die Jünger) f. sich
	9,22	denn sie f. sich vor den Juden
	14,27	euer Herz erschrecke nicht und f. sich nicht
	19,8	als Pilatus dies Wort hörte, f. er sich noch mehr
Apg	5,26	sie f. sich vor dem Volk, daß sie gesteinigt
	9,26	doch sie f. sich alle vor ihm
	10,35	wer ihn f. und recht tut, der ist ihm angenehm
	13,16	*Männer... die ihr Gott f. 26*
	16,38	da f. sie sich, als sie hörten
	17,22	*ich sehe, daß ihr die Götter f.*
	22,29	der Oberst f. sich, als er vernahm
	27,17	da sie f., in die Syrte zu geraten 29
Rö	8,15	nicht, daß ihr euch abermals f. müßtet
	11,20	sei nicht stolz, sondern f. dich
	13,3	vor denen, die Gewalt haben, muß man sich nicht f.
	4	tust du aber Böses, so f. dich
2Ko	5,11	weil wir wissen, daß der Herr zu f. ist
	11,3	ich f. aber, daß, wie die Schlange Eva verführte
	12,20	f., wenn ich komme, finde ich euch nicht 21
Gal	2,12	weil er die aus dem Judentum f.
	4,11	ich f. für euch, daß ich vergeblich
Eph	5,33	*die Frau aber f. den Mann*
1Ti	5,20	damit sich die andern f.
1Pt	2,17	f. Gott, ehrt den Kaiser
	3,14	f. euch nicht und erschreckt nicht
1Jh	4,18	wer sich f., der ist nicht vollkommen in der Liebe
Heb	11,23	sie f. sich nicht vor des Königs Gebot 27
	13,6	der Herr ist mein Helfer, ich will mich nicht f.
Off	11,18	Lohn zu geben denen, die deinen Namen f.
	14,7	f. Gott und gebt ihm die Ehre
	15,4	wer sollte dich, Herr, nicht f.
	19,5	lobt Gott, alle seine Knechte und die ihn f.

furchterregend

2Ma	1,24	Gott, der du f., stark und gerecht bist
	3,25	darauf saß ein f. Reiter
StE	4,4	(der) König war f. anzusehen
GMn	4	durch deinen f. und herrlichen Namen

furchtlos

Spr	28,1	der Gerechte ist f. wie ein junger Löwe

furchtsam

2Ch	32,18	riefen mit lauter Stimme, sie f. zu machen
Neh	6,9	sie alle wollten uns f. machen
Mt	8,26	warum seid ihr so f. Mk 4,40

füreinander

1Ko	12,25	damit die Glieder in gleicher Weise f. sorgen
Jak	5,16	betet f., daß ihr gesund werdet

Fürsorge

Wsh	7,4	(ich) bin voll F. aufgezogen worden
Tob	9,2	könnte dir deine F. nicht entgelten
Apg	24,2	durch deine F., edelster Felix

Fürsprache

2Kö	4,13	brauchst du F. beim König

Fürsprecher

Hi	16,19	mein F. ist in der Höhe
1Jh	2,1	einen F. bei dem Vater, Jesus Christus

Fürst

1Mo	17,20	zwölf F. wird (Ismael) zeugen 25,16
	23,6	bist ein F. Gottes unter uns
	36,15	Stammesfürsten der Söhne Esaus: F. Teman, F. Omar, F.Zefo, F. Kenas 16-19.29.30.40-43; 1Ch 1,51-54
2Mo	15,15	da erschraken die F. Edoms
4Mo	1,16	das sind die F. unter den Stämmen 44; 2;3.u.ö. 29; 3;24.30.32.35; 4;34.46; 7,2; 34,18.22-28; 1Ch 2,10; 4,38; 5,6; 7,40; 27,16.22
	7,2	opferten die F. Israels 3u.ö.84
	10,4	sollen sich bei dir versammeln die F.
	17,17	zwölf Stäbe, von jedem F. einen 21
	21,18	Brunnen, den die F. gegraben haben
	22,8	blieben die F. bei Bileam 13-15
	21	Bileam zog mit den F. 35.40; 23,6.17
	32,2	sprachen sie zu den F. der Gemeinde 36,1
Jos	5,14	bin der F. über das Heer des HERRN 15
	13,3	fünf F. der Philister Ri 3,3; 1Sm 6,4.12.16.18
	21	den Mose schlug samt den F. Midians
	22,14	mit ihm zehn F., aus jeder Sippe einen
	30	als die F. diese Worte hörten
Ri	5,2	merket auf, ihr F.
	15	(zogen herab) die F. in Issachar mit Debora
	7,25	fingen zwei F. der Midianiter 8,3
	16,5	zu (Delila) kamen die F. der Philister 8.18.23. 27.30
1Sm	2,8	daß er (den Armen) setze unter die F.
	5,8	versammelten alle F. der Philister 11
	7,7	zogen die F. der Philister gegen Israel 18,30; 29,2.6.7
	9,16	den sollst du zum F. salben 10,1
	13,14	bestellt zum F. über sein Volk
	25,30	(David) zum F. bestellt hat über Israel 2Sm 5,2; 6,21; 7,8; 1Ch 11,2; 17,7; Hes 34,24; 37,25
2Sm	3,38	daß ein F. und Großer gefallen ist
1Kö	1,35	ihn setze ich zum F. über Israel 14,7; 16,2
	11,34	will ihn F. sein lassen um David willen
2Kö	20,5	sage Hiskia, dem F. meines Volks
1Ch	12,20	die F. der Philister hielten Rat
	28,1	David versammelte die F. der Stämme 21
	4	der HERR hat Juda erwählt zum F.
	29,6	da waren die F. der Stämme willig
	22	salbten (Salomo) dem HERRN zum F.
2Ch	1,2	Salomo redete mit allen F. in Israel 5,2
	6,5	keinen Mann erwählt, daß er F. sein solle
	32,31	als Botschafter der F. von Babel zu ihm
Esr	1,8	zählte (die Geräte) dem F. Judas vor
Neh	9,32	das uns getroffen hat, unsere F. 34

Neh	10,1	unsere F. sollen sie versiegeln
Est	1,3	machte ein Festmahl für alle F. 11.14.16.18. 21; 2,18
	3,1	setzte seinen Stuhl über alle F. 5,11
	12	wurde geschrieben an die F. 8,9
	6,9	soll Kleid und Roß einem F. geben
	9,3	auch die F. halfen den Juden
Hi	3,15	(dann schliefe ich) mit den F.
	12,21	schüttet Verachtung auf die F. Ps 107,40
	21,28	wo ist das Haus des F.
	29,10	die F. hielten ihre Stimme zurück
	31,37	ich wollte wie ein F. ihm nahen
	34,18	der sagt zu den F.: Ihr Gottlosen
	19	der nicht ansieht die Person der F.
	39,25	es wittert das Rufen der F.
Ps	45,17	die wirst du zu F. setzen in aller Welt
	47,10	die F. der Völker sind versammelt
	68,28	die F. Judas mit ihren Scharen, die F. Sebulons, die F. Naftalis
	76,13	der den F. den Mut nimmt
	83,12	mache ihre F. wie Oreb und Seeb
	105,22	daß er seine F. unterweise
	113,8	daß er ihn setze neben die F... F. s. Volkes
	118,9	es ist gut, nicht sich verlassen auf F.
	119,23	F. sitzen da und reden wider mich
	161	F. verfolgen mich ohne Grund
	146,3	verlasset euch nicht auf F.
	148,11	(lobet den HERRN) F. und alle Richter
Spr	6,7	wenn sie auch keinen F. hat
	8,16	durch mich herrschen die F.
	14,28	das bringt einen F. ins Verderben
	19,10	weniger ein Knecht, zu herrschen über F.
	25,15	durch Geduld wird ein F. überredet
	28,16	wenn F. ohne Verstand ist
	29,26	viele suchen das Angesicht eines F.
	31,4	noch (ziemt) den F. starkes Getränk
Pr	10,7	ich sah F. zu Fuß gehen wie Knechte
	16	dessen F. schon in der Frühe tafeln 17
Hl	6,12	trieb mich... zu der Tochter eines F.
Jes	1,23	deine F. sind Abtrünnige
	3,4	ich will ihnen Knaben zu F. geben
	14	der HERR geht ins Gericht mit seinen F.
	9,5	er heißt Ewig-Vater, Friede-F.
	10,8	sind meine F. nicht allesamt Könige
	13,2	laßt sie einziehen durch die Tore der F.
	19,11	die F. von Zoan sind Toren 13
	13	die F. von Memfis sind betrogen
	21,5	macht euch auf, ihr F.
	23,8	so doch ihre Kaufleute F. waren
	30,4	ihre F. sind in Zoan
	31,9	F. werden das Banner verlassen
	32,1	F. werden das Recht handhaben
	5	wird nicht mehr ein Narr F. heißen
	34,12	alle F. werden ein Ende haben 40,23
	43,28	habe die F. des Heiligtums entheiligt
	49,7	Könige sollen aufstehen, F. niederfallen
	55,4	zum F. für sie und zum Gebieter
Jer	2,26	wird Israel zuschanden samt seinen F.
	4,9	der F. der Mut entfallen
	8,1	Gebeine seiner F. aus ihren Gräbern werfen
	25,18	(ließ trinken) ihre F. 19
	30,21	ihr F. soll aus ihrer Mitte kommen
	39,3	zogen hinein... der F. von Sin-Magir
	48,7	Kemosch muß wegziehen samt s. F. 49,3.38
	50,35	das Schwert soll kommen über ihre F. 51,23. 28.57
Klg	1,6	ihre F. sind wie Hirsche 2,2.9; 5,12
	4,7	Zions F. waren reiner als der Schnee
Hes	7,27	F. werden s. in Entsetzen kleiden 12,10.12
	19,1	stimm ein Klagelied an über die F.
Hes	21,30	F. in Israel, du unheiliger Frevler 22,6.25; 45,8.9; 46,18
	26,16	F. am Meer werden... herabsteigen 28,2
	27,21	alle F. haben mit dir Handel getrieben
	30,13	Ägypten soll keinen F. mehr haben
	32,29	da liegt Edom mit seinen F. 30
	38,2	Gog, der F. von Rosch 3; 39,1
	39,18	Blut der F. sollt ihr saufen
	44,3	nur der F. darf, weil er F. ist
	45,7	dem F. sollt ihr auch einen Raum geben 16; 48,21.22
	17	der F. soll die Brandopfer ausrichten 22; 46,2.4.8.10.12
	46,16	wenn der F. ein Geschenk gibt 17
Dan	2,48	erhöhte Daniel zum F. über das ganze Land
	3,2	der König sandte nach den F. 3. 27
	6,3	über sie setzte er drei F.
	4	Daniel übertraf alle F. 5.7.8
	8,11	es wuchs bis zum F. des Heeres
	25	wird sich auflehnen gegen den F. aller F.
	9,6	die in deinem Namen zu unsern F. redeten
	8	wir, unsre F. u. Väter müssen uns schämen
	25	bis für F. kommt, sind es sieben Wochen
	26	das Volk eines F. wird kommen
	11,5	wird einer seiner F. noch mächtiger werden
	22	werden vernichtet, dazu die F. des Bundes
Mi	5,4	werden wir acht F. dagegen aufstellen
	7,3	der F. und der Richter fordern Geschenke
Hab	1,10	sie spotten der Könige, der F. lachen sie
Sa	12,5	die F. in Juda werden sagen
	6	will die F. Judas machen zum Feuerbecken
Mal	1,8	bring es doch deinem F.
Jdt	2,2	(Nebukadnezar) rief alle seine F.
	3,1	da schickten sie ihre Boten 8
	8,28	Usija, der F. Judas 13,23
	11,6	jeder weiß, daß du der mächtigste F. bist
	14,9	niemand wagte, an der Kammer des F.
Wsh	14,19	der, der vielleicht dem F. gefallen wollte
Sir	9,24	einen weisen F. ehrt weise Rede
	10,17	Gott hat die... F. vom Thron geworfen
	27	F. und Regenten stehen in hohem Ansehen
	11,1	die Weisheit setzt ihn unter die F.
	28,17	(Schandmaul) zerstört die Paläste der F.
	36,12	zerschmettre die Köpfe der F.
	38,3	macht ihn groß bei F. und Herren
	39,4	der kann den F. dienen
	41,20	schämt euch vor dem F. und Herrn
	46,21	(Samuel) zerschlug alle F. der Philister
	48,17	bis nur übrigblieb im F. im Hause David
Bar	3,16	wo sind die F. der Völker
1Ma	1,7	rief seine F. zu sich 9
	2,55	darum wurde (Josua) der oberste F. in Israel
	9,30	darum wählen wir dich heute zum F. 31; 13,42; 14,28.35.41.47; 15,1.2
2Ma	1,13	als der F. nach Persien gekommen war 16
StE	1,1	Artaxerxes entbietet den F. seinen Gruß 5,1
	5,2	daß viele die Gnade ihrer F. mißbrauchen 4
StD	3,14	wir haben jetzt keinen F. mehr
Mt	2,6	aus dir wird kommen der F., der
	10,18	man wird euch vor F. führen *Mk 13,9; Lk 21,12*
Lk	19,12	ein Fürst zog in ein fernes Land
Jh	12,31	nun wird der F. dieser Welt ausgestoßen
	14,30	es kommt der F. dieser Welt
	16,11	Gericht: daß der F. dieser Welt gerichtet ist
Apg	3,15	den F. des Lebens habt ihr getötet
	4,26	sie versammeln sich wider den Herrn
	5,31	den hat Gott erhöht zum F. und Heiland
	7,10	*der setzte ihn zum F. über Ägypten*
Off	18,23	deine Kaufleute waren F. auf Erden

Fürstentochter

Fürstentochter
Hl	7,2	wie schön ist dein Gang, du F.

Fürstentum
1Ch	5,2	einem aus (Juda) wurde das F. gegeben
Rö	8,38	weder Engel noch F. noch Gewalten

Fürstin
Ri	5,29	die weisesten unter ihren F. antworten
Est	1,18	dann werden die F. auch so sagen
Jes	49,23	sollen F. deine Ammen sein
Klg	1,1	wie eine Witwe, die F. unter den Völkern

Furt
1Mo	32,23	Jakob zog an die F. des Jabbok
Jos	2,7	jagten den Männern nach bis an die F.
Ri	3,28	sie besetzten die F. am Jordan 12,5.6
1Sm	13,7	gingen auch Hebräer durch die F. des Jordan
2Sm	15,28	will warten bei den F. in der Wüste 17,16
	19,19	machten eine F. durch den Jordan
Jes	16,2	die Bewohner Moabs an den F. des Arnon
Jer	51,32	(daß) die F. besetzt seien

fürwahr
1Mo	28,16	f., der HERR ist an dieser Stätte
	29,14	f., du bist von meinem Gebein und Fleisch
	31,16	f., der ganze Reichtum gehört uns
1Sm	14,30	f., hätte doch das Volk heute gegessen
	15,32	Agag sprach: F., bitter ist der Tod
	16,6	f., da steht vor dem HERRN sein Gesalbter
2Kö	9,26	f., ich will dir das Blut vergelten
Hi	17,2	f., Gespött umgibt mich
Ps	131,2	f., m. Seele ist still und ruhig geworden
Spr	24,12	f., der die Herzen prüft, merkt es
Jes	5,9	f., die vielen Häuser sollen veröden
	45,15	f., du bist ein verborgener Gott
	53,4	f., er trug unsre Krankheit
Jer	29,16	f., so spricht der HERR über den König
Tob	3,22	das weiß ich aber f.
Lk	23,47	f., dieser ist ein frommer Mensch gewesen
Apg	17,32	f., er ist nicht ferne von einem jeden unter uns

Fuß
1Mo	8,9	Taube nichts fand, wo ihr F. ruhen konnte
	18,4	Wasser, eure F. zu waschen 19,2; 24,32; 43,24; Ri 19,21; 2Sm 11,8
	27,29	sollen dir zu F. fallen 2Mo 11,8
	41,44	soll niemand seinen F. regen
	49,10	noch der Stab des Herrschers von seinen F.
	33	tat seine F. zusammen auf dem Bett
2Mo	3,5	zieh deine Schuhe von deinen F. Jos 5,15; Jes 20,2; Apg 7,33
	12,11	sollt eure Schuhe an euren F. haben
	37	600.000 Mann zu F. Ri 20,2; 1Ch 18,4; 19,18
	19,12	hütet euch, (des Berges) F. anzurühren
	21,24	Auge um Auge, F. um F. 5Mo 19,21
	24,10	unter seinen F. wie eine Fläche von Saphir
	25,26	vier goldene Ringe an seinen vier F. 37,13
	31	F. und Schaft in getriebener Arbeit 37,17
	26,19	sollen silberne F. haben, je zwei F. unter jedem Brett 21.25.32; 36,24.26.30.36; 38,27
	37	für (die Säulen) F. aus Kupfer 27,10-18; 35,11.17; 36,38; 38,10-19.30.31; 39,33.40; 40,18
2Mo	29,12	Blut an den F. des Altars schütten 3Mo 4,7. 18.25.30.34; 5,9; 8,15; 9,9
	20	Blut streichen an die große Zehe ihres rechten F. 3Mo 8,23.24; 14,14.17.25.28
	30,19	F. waschen, (wenn sie zum Altar gehen) 40,31
3Mo	11,20	Getier, das auf vier F. geht 21.23.27.42
	13,12	Aussatz bedeckt die Haut, vom Kopf bis F.
	21,19	wer einen gebrochenen F. hat
4Mo	3,36	in Obhut zu nehmen die F. der Wohnung 37; 4,31.32
	20,19	wollen nur zu F. hindurchziehen
	22,25	die Eselin klemmte Bileam den F. ein
5Mo	2,5	werde euch nicht einen F. breit geben
	3,17	das Meer, am F. des Gebirges Pisga 4,49
	8,4	deine F. sind nicht geschwollen Neh 9,21
	25,9	soll ihm den Schuh vom F. ziehen
	28,65	deine F. werden keine Ruhestatt finden
	29,4	d. Schuhe (nicht zerrissen) an deinen F.
	32,35	will vergelten zur Zeit, da ihr F. gleitet
	33,3	sie werden sich setzen zu deinen F.
	24	Asser tauche seinen F. in Öl
Jos	3,15	(als) ihre F. vorn ins Wasser tauchten
	4,3	wo die F. der Priester still stehen 9
	9,5	(nahmen) alte Schuhe an ihre F.
	10,24	setzt eure F. auf den Nacken dieser Könige. Und sie setzten ihre F. auf ihren Nacken
	11,3	am F. des Berges Hermon 17; 13,5; 18,16
	14,9	das Land, das dein F. betreten hat
Ri	1,6	hieben die Daumen ab an seinen Händen und F. 7; 2Sm 4,12
	4,15	daß Sisera zu F. floh 17
	5,15	ins Tal folgte er ihm auf dem F.
	27	zu ihren F. krümmte er sich
	8,5	gebt dem Volk, das mir auf dem F. folgt
Rut	3,4	decke zu seinen F. auf 7.8.14
1Sm	2,9	er wird behüten die F. seiner Heiligen
	29	tretet ihr mit F. meine Schlachtopfer
	14,13	Jonatan kletterte mit Händen und F.
	23,22	an welchem Ort sein F. weilt
	24,4	Saul ging hinein, um seine F. zu decken
	25,24	(Abigajil) fiel (David) zu F.
	41	bereit, den Knechten ihre F. zu waschen
2Sm	3,34	deine F. waren nicht in Ketten gelegt
	4,4	Sohn, der war lahm an beiden F. 9,3.13
	19,25	er hatte seine F. nicht gereinigt
	21,20	der hatte sechs Zehen an seinen F.
	22,34	Dunkel war unter seinen F. Ps 18,10
	34	er macht meine F. gleich den Hirschen Ps 18,34; Hab 3,19
	39	sie sind unter meine F. gefallen Ps 18,39
1Kö	2,5	Blut an die Schuhe seiner F. gebracht
	5,17	bis der HERR s. Feinde unter seine F. gab
	14,12	wenn dein F. die Stadt betritt
	15,23	war (Asa) an seinen F. krank 2Ch 16,12
2Kö	4,27	umfing seine F. 37
	9,35	fanden sie nichts als Schädel und F.
	13,21	wurde lebendig und trat auf seine F.
	21,8	den F. Israels nicht weichen l. 2Ch 33,8
1Ch	28,2	Schemel der F. Gottes Ps 99,5; 132,7
2Ch	3,13	(die Cherubim) standen auf ihren F.
Est	8,3	Ester fiel (dem König) zu F.
Hi	12,5	ein Stoß denen, deren F. schon wankt
	13,27	hast meinen F. in den Block gelegt ... siehst auf die Fußtapfen meiner F. 33,11
	18,8	ins Garn bringen ihn seine F.
	23,11	ich hielt meinen F. auf seiner Bahn
	28,4	vergessen, ohne Halt für den F.
	29,15	ich war des Lahmen F.
	30,12	haben meinen F. weggestoßen

Fuß

Hi	31,5	ist mein F. geeilt zum Betrug
	39,15	daß ein F. sie zertreten kann
Ps	2,11	küßt seine F. mit Zittern
	8,7	alles hast du unter seine F. getan 1Ko 15,27; Eph 1,22; Heb 2,8
	9,16	ihr F. ist gefangen im Netz
	22,17	sie haben meine Hände und F. durchgraben
	25,15	er wird meinen F. aus dem Netze ziehen
	26,12	mein F. steht fest auf rechtem Grund
	31,9	du stellst meine F. auf weiten Raum
	36,12	nicht kommen unter die F. der Stolzen
	38,17	wenn mein F. wankte, würden sie s. rühmen
	40,3	stellte meine F. auf einen Fels
	41,10	der m. Brot aß, tritt mich mit F. Jh 13,18
	47,4	er beugt Völkerschaften unter unsere F.
	56,14	hast errettet, meine F. vom Gleiten 116,8
	58,11	seine F. baden in des Gottlosen Blut 68,24
	66,6	sie konnten zu F. durch den Strom gehen
	9	läßt unsere F. nicht gleiten 121,3
	73,2	ich wäre fast gestrauchelt mit meinen F.
	91,12	du deinen F. nicht an einen Stein stoßest Mt 4,6; Lk 4,11
	94,18	wenn ich sprach: Mein F. ist gestrauchelt
	105,18	sie zwangen seine F. in Fesseln
	110,1	bis ich deine Feinde zum Schemel deiner F. mache Mt 22,44; Mk 12,36; Lk 20,43; Apg 2,35; 1Ko 15,25; Heb 1,13; 10,13
	115,7	F. haben sie und gehen nicht
	119,59	ich lenke meine F. zu deinen Mahnungen
	101	ich verwehre meinem F. alle bösen Wege
	105	dein Wort ist meines F. Leuchte
	122,2	nun stehen unsere F. in deinen Toren
Spr	1,15	halte deinen F. fern von ihrem Pfad
	16	ihre F. laufen zum Bösen Jes 59,7
	3,23	daß dein F. sich nicht stoßen wird
	26	er behütet deinen F.
	4,26	laß deinen F. auf ebener Bahn gehen
	27	wende deinen F. vom Bösen
	5,5	ihre F. laufen zum Tode hinab
	6,13	wer winkt mit Augen, gibt Zeichen mit F.
	18	F., die behende sind, Schaden zu tun
	28	ohne daß seine F. verbrannt würden
	7,11	daß ihre F. nicht in ihrem Hause bleiben
	25,17	halte d. F. zurück vom Hause d. Nächsten
	19	wie ein fauler Zahn und gleitender F.
	26,6	wie einer, der sich selbst die F. abhaut
	27,7	ein Satter tritt Honigseim mit F.
Pr	4,17	bewahre d. F., wenn du zum Hause G. gehst
	10,7	ich sah Fürsten zu F. gehen wie Knechte
Hl	5,3	ich habe meine F. gewaschen
	15	wie Marmorsäulen, gegründet auf gold. F.
Jes	3,16	haben kostbare Schuhe an ihren F.
	6,2	mit zweien deckten sie ihre F.
	23,7	ihre F. führten sie weit weg
	26,6	mit F. wird sie zertreten, ja, mit den F. der Armen 28,3
	41,2	den, dem Heil auf dem F. folgt
	3	berührt den Weg nicht mit seinen F.
	49,23	werden deiner F. Staub lecken
	52,7	wie lieblich sind die F. der Freudenboten Nah 2,1; Rö 10,15
	58,13	wenn du deinen F. zurückhältst
	60,13	will die Stätte meiner F. herrlich machen
	14	werden niederfallen zu deinen F.
	66,1	die Erde (ist) der Schemel meiner F.
Jer	2,25	schone doch deine F. 14,10
	13,16	ehe eure F. sich an den Bergen stoßen
	18,22	sie haben meinen F. Fallen gestellt
Klg	1,13	er hat meinen F. ein Netz gestellt
	3,34	wenn man alle Gefangenen unter die F.
Hes	1,7	ihre F. waren wie Stierfüße
	2,1	tritt auf deine F. 2; 3,24; 37,10
	6,11	stampfe mit deinem F. 25,6
	24,23	werdet behalten eure Schuhe an den F.
	32,2	rührtest das Wasser auf mit deinen F. 13; 34,19
	34,18	daß ihr die Weide mit F. tretet 19
	41,22	F. und Wände waren aus Holz
Dan	2,33	seine F. waren teils von Eisen 34.41.42
	7,4	es wurde auf zwei F. gestellt
	7	was übrigblieb, zertrat es mit F. 19
	10,6	seine Arme und F. wie helles Kupfer
Mi	7,19	er wird unsere Schuld unter die F. treten
Nah	1,3	Wolken sind der Staub unter seinen F.
Sa	14,4	seine F. werden stehen auf dem Ölberg
	12	während sie noch auf ihren F. stehen
Mal	3,21	sie sollen Staub sein unter euren F. werden
Jdt	2,7	für den Kriegszug 120.000 Mann zu F. 7,2; 1Ma 3,39; 4;1.28; 6;30; 9,4; 15,13; 2Ma 11,4; 12,20.33; 13,2
	5,10	trockenen F. auf dem Grund des Meeres
	6,8	banden Achior mit Händen und F. an einen Baum
	10,3	(Judit) tat Schuhe an ihre F.
	13,30	fiel er (Judit) ehrfürchtig zu F.
	14,5	wird sie unter euren F. sterben lassen
Wsh	13,18	was nicht einmal den F. gebrauchen kann
	15,15	deren F. zu faul zum Gehen sind
Tob	6,2	ging zum Fluß, um seine F. zu waschen 5
Sir	6,25	laß deine F. von der Weisheit fesseln
	21,22	als wollte man ihm Hände und F.
	26,24	sind wie goldene Säulen auf silbernen F.
	33,30	gehorcht er dann nicht, so feßle seine F.
	38,32	muß die Scheibe mit seinen F. drehen 33
	50,17	goß (Wein) an den F. des Altars
Bar	5,6	sie zogen aus von dir zu F.
	6,17	Staub von den F. derer, die hineingehen
1Ma	16,5	ein großes Heer zu F. und zu Roß
2Ma	7,4	man sollte... Hände und F. abhauen
	11,11	Feinde... erschlugen von ihnen 11.000 zu F.
Mt	4,6	damit du deinen F. nicht... stößt Lk 4,11
	5,35	(d. Erde) ist der Schemel seiner F. 7,49
	7,6	damit die sie nicht zertreten mit ihren F.
	10,14	schüttelt den Staub von euren F. Mk 6,11; Lk 9,5; Apg 13,51
	14,13	das Volk folgte ihm zu F. Mk 6,33
	15,30	legten sie Jesus vor die F., und er heilte sie
	17,14	ein Mensch fiel ihm zu F. Mk 5,22; 7,25; Lk 8,41; 17,16; Jh 11,32
	18,8	wenn dein F. dich zum Abfall verführt Mk 9,45
	26	da fiel ihm der Knecht zu F. und flehte ihn an
	22,13	bindet ihm Hände und F.
	28,9	sie traten zu ihm und umfaßten seine F.
Mk	6,9	wohl aber Schuhe an den F.
Lk	1,79	und richte unsere F. auf den Weg des Friedens
	5,8	Simon Petrus fiel Jesus zu F.
	7,38	seine F. mit Tränen zu benetzen F. 44-46; Jh 11,2; 12,3
	44	du hast mir kein Wasser für meine F. gegeben
	8,35	fanden den Menschen sitzend zu den F. Jesu
	10,11	den Staub, der sich an unsre F. gehängt hat
	39	die setzte sich dem Herrn zu F. und hörte zu
	15,22	gebt ihm Schuhe an seine F.
	24,39	seht meine Hände und meine F. 40
Jh	11,44	der Verstorbene kam heraus, gebunden mit Grabtüchern an F. und Händen

Fuß

Jh	13,5	fing an, den Jüngern die F. zu waschen 9.10.12.14
	6	Herr, solltest du mir die F. waschen 8
	18	der mein Brot ißt, tritt mich mit F.
	20,12	zu den F., wo sie den Leichnam Jesu hingelegt
Apg	3,7	sogleich wurden seine F. und Knöchel fest
	4,35	(brachte das Geld) und legte es den Aposteln zu F. 35.37; 5,2
	5,9	die F ... werden auch dich hinaustragen
	10	sogleich fiel sie zu Boden, ihm vor die F.
	7,5	kein Eigentum, auch nicht einen F. breit
	58	legten ihre Kleider ab zu den F. eines jungen Mannes
	10,25	fiel ihm zu F. und betete ihn an 16,29
	13,25	*daß ich ihm die Schuhe von seinen F. löse*
	14,8	ein Mann in Lystra hatte schwache F.
	10	stell dich aufrecht auf deine F.
	16,24	er legte ihre F. in den Block
	20,13	weil er selbst zu F. gehen wollte
	21,11	er band sich die F. und Hände und sprach
	22,3	unterwiesen im Gesetz zu F. Gamaliels
	26,16	steh nun auf und stell dich auf deine F.
Rö	3,15	ihre F. eilen, Blut zu vergießen
	16,20	Gott wird den Satan unter eure F. treten
1Ko	12,15	wenn aber der F. spräche: Ich bin keine Hand
	21	kann nicht sagen das Haupt zu den F.: Ich brauche euch nicht
1Ti	5,10	wenn sie den Heiligen die F. gewaschen hat
Heb	10,29	der den Sohn Gottes mit F. tritt
	12,13	macht sichere Schritte mit euren F.
Jak	2,3	setze dich unten zu meinen F.
Off	1,15	seine F. wie Golderz 2,18; 10,1; 13,2
	17	fiel ich zu seinen F. wie tot 19,10; 22,8
	3,9	daß sie kommen und zu deinen F. niederfallen
	10,2	er setzte seinen rechten F. auf das Meer
	11,11	sie stellten sich auf ihre F.
	12,1	eine Frau, der Mond unter ihren F.

Fußangel

Sir	9,20	wisse, daß du zwischen F. leben mußt

Fußgänger

Jer	12,5	wenn es dich müde macht, mit F. zu gehen

Fußschemel

2Ch	9,18	der Thron hatte einen goldenen F.
Klg	2,1	hat nicht gedacht an seinen F.

Fußsohle

5Mo	11,24	alles Land, darauf eure F. tritt Jos 1,3
	28,35	v. den F. bis z. Scheitel 2Sm 14,25; Hi 2,7
	56	nicht versucht hat, ihre F. auf die Erde
Jos	3,13	wenn die F. der Priester still stehen 4,18
2Kö	19,24	austrocknen mit meinen F. alle Flüsse Jes 37,25
Jes	1,6	von der F. bis z. Haupt ist nichts Gesundes
Hes	43,7	das ist die Stätte meiner F.
StE	2,4	ich wäre bereit, ihm sogar die F. zu küssen

Fußtapfe

Hi	13,27	siehst auf die F. meiner Füße
Ps	65,12	deine F. triefen von Segen

StD	2,18	erkenne, wessen F. das sind 19
Rö	4,12	auch gehen in den F. des Glaubens
2Ko	12,18	sind wir nicht in denselben F. gegangen
1Pt	2,21	daß ihr sollt nachfolgen seinen F.

Fußvolk

4Mo	11,21	600.000 Mann F. sind es 1Sm 4,10; 15,4; 2Sm 8,4; 10,6; 1Kö 20,29; 2Kö 13,7
1Sm	13,5	F., soviel wie Sand am Ufer des Meeres
1Ma	6,28	zusammenrufen die Hauptleute über das F.
	10,73	Heer an Reiterei und F. 77

Futter

1Mo	24,25	ist viel Stroh und F. bei uns 32
	42,27	daß er s. Esel F. gäbe 43,24; Ri 19,19.21
Hi	6,5	brüllt der Stier, wenn er F. hat
	40,20	die Berge tragen F. für ihn
Ps	147,9	der dem Vieh sein F. gibt
Spr	27,25	ist das F. auf den Bergen gesammelt
Sir	33,25	der Esel braucht F.
	38,27	muß spät und früh den Kühen F. geben

G

Gaal

Ri	9,26	G., der Sohn Ebeds 28-41

Gaasch

Jos	24,30	begrub ihn nördlich vom Berge G. Ri 2,9

Gabaa

Jdt	3,12	zu den Edomitern ins Land G.

Gabaël

Tob	1,17	einen Armen mit Namen G. 4,21; 5,9.15; 9,3. 6.8; 10,2; 11,18; 12,3

Gabbai

Neh	11,8	(von den Söhnen Benjamin:) G.

Gabbata, *Gabbatha*

Jh	19,13	Stätte, die heißt Steinpflaster, hebräisch G.

Gabe

2Mo	28,38	Sünde, die an den heiligen G. haftet
	35,22	Gold, zur G. für den HERRN 38,24
	29	brachten freiwillige G. zu allem Werk 36,3
	34	die G. zu unterweisen ins Herz gegeben
3Mo	22,2	achtsam mit den G., die sie mir heiligen 4Mo 5,9; 18,29.32
	23,14	Tag, da ihr eurem Gott seine G. bringt
	38	abgesehen von euren andern G. und freiwilligen G. 4Mo 15,3.4
	24,8	als beständige G. der *Israeliten 4Mo 3,9; 8,16.19
4Mo	7,3	brachten ihre G. vor den HERRN 10.12; 15,25; 31,50; Hes 46,12
	13	seine G. war eine ... Schüssel 17 u. ö. 84

4Mo	9,7	daß wir unsere G. nicht bringen dürfen 13
	18,8	von allen G. gebe ich dir Anteil 9.11
5Mo	12,17	nicht essen von G., die du gelobt
	26	deine heiligen G. sollst du aufladen
	16,10	sollst eine freiwillige G. geben Esr 8,28
	26,14	habe nichts gegeben als G. für die Toten
Ri	6,18	bis ich komme und bringe meine G.
1Sm	6,3	sendet (die Lade) nicht ohne eine G.
	9,7	haben keine G., die wir dem Mann Gottes
2Kö	12,19	nahm Joasch alle heiligen G.
1Ch	26,26	gesetzt über alle… G. 28; 2Ch 31,14
	28,12	Entwürfe für die geheiligten G.
	29,5	wer ist willig, mit einer G. für d. HERRN
2Ch	21,3	ihr Vater gab ihnen viele G. an Silber
Neh	12,47	gab Anteil an den heiligen G.
Est	9,22	den Armen G. schicke
Ps	68,19	du hast G. empfangen unter den Menschen
	72,10	die Könige aus Saba sollen G. senden
	127,3	Kinder sind eine G. des HERRN
Spr	21,14	eine heimliche G. stillt den Zorn
Pr	3,13	hat guten Mut… das ist eine G. Gottes
Jes	1,23	deine Fürsten trachten nach G.
	40,20	wer zu arm ist für eine solche G.
Jer	31,12	werden sich freuen über die G. des HERRN
	14	soll meiner G. die Fülle haben
Hes	16,27	entzog dir einen Teil meiner G.
	20,28	dahin brachten sie ihre G.
	31	macht euch unrein, daß ihr eure G. opfert
	40	da will ich fordern eure heiligen G.
Dan	2,6	sollt ihr G. und große Ehre empfangen
	5,17	Daniel sprach: Behalte deine G.
Wsh	3,14	dem wird eine auserlesene G. gegeben
	7,15	so zu denken, wie es solcher G. würdig
	15,8	wenn die G. der Seele zurückgefordert wird
	16,21	deine G. machte offenbar, wie freundlich
	25	der mit seinen G. alle nährt
Sir	1,21	sie erfüllt das ganze Haus mit ihren G.
	4,3	laß… auf deine G. nicht warten
	7,37	erfreue jeden, der lebt, mit deiner G.
	18,16	ein gutes Wort besser als eine G. 17
	18	eine unfreundliche G. führt zu Tränen
	20,10	manche G. bringen keinen Gewinn
	31	Geschenke u. G. verblenden die Weisen
	26,3	eine gute Frau ist eine köstliche G.
	17	Frau, die schweigen kann, eine G. Gottes
	34,22	der Gottl. sind nicht wohlgefällig 23
	35,14	bring deine G. nicht, um Gott zu bestechen
Bar	6,27	wie Toten setzt man ihnen die G. vor
1Ma	2,18	werden große G. bekommen
	10,60	Jonatan schenkte ihnen viele G.
2Ma	1,25	der du allein alle G. gibst
Mt	5,23	wenn du deine G. auf dem Altar opferst 24
	7,11	wenn ihr euren Kindern gute G. geben könnt Lk 11,13
	8,4	opfere die G., die Mose befohlen hat
Jh	4,10	wenn du erkenntest die Gabe Gottes
Apg	2,38	so werdet ihr empfangen die G. des heiligen Geistes
	7,42	habt ihr vom Hause Israel mir je Opfer und G. dargebracht
	8,20	meinst, Gottes G. werde durch Geld erlangt
	10,45	auch auf die Heiden die G. des hl. Geistes
	11,17	wenn Gott ihnen die gleiche G. gegeben hat
	29	den Brüdern, die in Judäa wohnten, eine G. senden 12,25
Rö	1,11	damit ich euch etwas mitteile an geistlicher G.
	5,15	nicht verhält sich's mit der G. wie mit der Sünde 16
	17	welche die Fülle der G. der Gerechtigkeit empfangen
Rö	6,23	die G. Gottes aber ist das ewige Leben
	11,29	Gottes G. und Berufung können ihn nicht gereuen
	12,6	haben verschiedene G. nach der Gnade 1Ko 7,7; 12,4.9.28.30
	15,26	willig eine gemeinsame G. zusammengelegt
1Ko	1,7	daß ihr keinen Mangel habt an irgendeiner G.
	12,1	über die G. des Geistes will ich euch
	4	es sind verschiedene G.; aber es ist ein Geist
	7	*offenbaren sich die G. des Geistes*
	31	strebt aber nach den größeren G.
	14,1	bemüht euch um die G. des Geistes 12
	16,3	damit sie eure G. nach Jerusalem bringen
2Ko	1,11	damit für die G. viel Dank dargebracht werde
	8,19	diese G. überbringen dem Herrn z. Ehre
	20	jemand übel nachredet wegen dieser G.
	9,5	so daß sie bereitliegt als eine G. des Segens
	13	*über die Lauterkeit eurer G.*
	15	Gott sei Dank für seine unaussprechliche G.
Eph	2,8	Gottes G. ist es
	3,7	Diener durch die G. der Gnade Gottes
	4,7	nach dem Maß der G. Christi
	8	er hat den Menschen G. gegeben
	5,2	sich selbst gegeben als G. und Opfer
1Ti	4,14	laß nicht außer acht die G. in dir
2Ti	1,6	daß du erweckest die G. Gottes
1Pt	4,10	dient einander, ein jeder mit der G., die er empfangen hat
Heb	5,1	damit er G. und Opfer darbringe für die Sünden 8,3.4; 9,9
	6,4	die geschmeckt haben die himmlische G.
	10,5	Opfer und G. hast du nicht gewollt 8
	11,4	da Gott selbst es über seinen G. bezeugte
Jak	1,17	alle gute G. und alle vollkommene G. kommt von oben herab

Gabel

2Mo	27,3	mache auch G. 38,3; 4Mo 4,14
1Sm	2,13	hatte eine G. mit drei Zacken 14
	13,21	das Schärfen für… Silber bei G.
1Ch	28,17	(Goldgewicht) für die G.
2Ch	4,16	G. von geglättetem Kupfer

Gabelhaken

Hes	40,43	G. waren am Gebäude angebracht

Gabriel

Dan	8,16	G., lege diesem das Gesicht aus 17
	9,21	flog der Mann G. an mich heran
Lk	1,19	ich bin G., der vor Gott steht
	26	wurde der Engel G. gesandt

Gad

1Sm	22,5	[1]der Prophet G. sprach zu David
2Sm	24,11	kam des HERRN Wort zu G., dem Propheten 13.14.18.19; 1Ch 21,9.11.13.18.19
1Ch	29,29	Geschichte G., des Sehers 2Ch 29,25
2Sm	24,5	[2]gingen über den Jordan nach G. und
Jes	65,11	[3]die ihr dem G. einen Tisch zurichtet

Gad, Gaditer

1Mo	30,11	Lea nannte ihn G. 35,26; 46,16; 2Mo 1,4; 1Ch 2,2

Gad

1Mo	49,19	G. wird gedrängt werden von Kriegshaufen
4Mo	1,14	(je ein Mann) von G. 2,14; 7,42; 10,20
	24	die Söhne G. nach ihrer Abstammung 25; 13,15; 26,15.18; 1Ch 5,11
	32,1	die Söhne G. hatten viel Vieh 25.29.31
	33	gab den Söhnen G. das Königreich Sihons 34; 34,14; Jos 13,24.28; 18,7; 20,8; 21,7.38; 22,9; 1Ch 6,48.65
5Mo	3,12	gab ich's den Rubenitern und G. 16; 4,43; 29,7; Jos 12,6; 13,8
	27,13	auf dem Berge Ebal, um zu verfluchen: G.
	33,20	über G.: Gelobt sei, der G. Raum schafft. G. liegt da wie ein Löwe
Jos	1,12	zu den Rubenitern, G... sprach Josua 22,1
	4,12	die Rubeniter und G. gingen gerüstet vor
	22,10	bauten die Söhne G. einen Altar 11.21.25. 30-34
1Sm	13,7	gingen auch Hebräer ins Land G.
2Sm	23,36	Bani, der G.
2Kö	10,33	(Hasaël schlug) die G.
1Ch	5,18	von den G. die streitbaren Männer 12,38
	26	Pul führte weg die G.
	12,9	von den G. gingen über zu David 15
	26,32	Häupter der Sippen, über die G.
Jer	49,1	warum besitzt Milkom das Land G.
Hes	48,27	soll G. seinen Anteil haben 28
	34	drei Tore: das erste Tor G.
Off	7,5	aus dem Stamm G. (waren) 12.000 (versiegelt)

Gadarener

Mt	8,28	(Jesus) kam in die Gegend der G.

Gaddi

4Mo	13,11	¹G., der Sohn Susis
1Ma	2,2	²Johannes mit dem Zunamen G.

Gaddiël

4Mo	13,10	G., der Sohn Sodis

Gadi

2Kö	15,14	Menahem, der Sohn G., wurde König 17

gaffen

Sir	3,23	wenn du nach seinen vielen Werken g.

Gaham

1Mo	22,24	Rëuma gebar den G.

Gahar

Esr	2,47	(Tempelsklaven:) die Söhne G. Neh 7,49

Gajus

Apg	19,29	¹sie ergriffen G. und Aristarch
	20,4	²es zogen mit ihm G. aus Derbe
Rö	16,23	³es grüßt euch G.
1Ko	1,14	niemanden getauft habe außer Krispus und G.
3Jh	1	⁴der Älteste an G., den Lieben

Gal-Ed

1Mo	31,47	Jakob aber nannte ihn G. 48

Galal

1Ch	9,15	¹(Leviten aus... Merari:) G.
	9,16	²G., des Sohnes Jedutuns Neh 11,17

Galater

1Ma	8,2	welch tapfere Taten sie bei den G. getan
2Ma	8,20	wie Gott gegen die G. geholfen
Gal	3,1	o ihr unverständigen G.

Galatien

Apg	16,6	sie zogen durch das Land G.
1Ko	16,1	wie ich in G. angeordnet habe
Gal	1,2	(Paulus) an die Gemeinden in G.
2Ti	4,10	ist gezogen Kreszens nach G.
1Pt	1,1	die verstreut wohnen in G.

galatisch

Apg	18,23	er durchzog das g. Land und Phrygien

Galbanum

2Mo	30,34	nimm dir Spezerei: Balsam, Stakte, G.
Sir	24,21	(duftete) wie G. und Onyx und Stakte

Galgen

1Mo	40,19	wird der Pharao dich an den G. hängen
Est	2,23	wurden beide an den g. gehängt
	5,14	mache einen G... ließ einen G. aufrichten 6,4; 7,9
	7,10	hängte man Haman an den G. 8,7; 9,13.25; StE 5,12
Sir	20,27	zuletzt kommen sie beide an den G.

Galiläa

Jos	12,23	der König von Völkern in G.
	20,7	Kedesch in G. 21,32; 1Ch 6,61; 1Ma 11,63
1Kö	9,11	gab Salomo Hiram 20 Städte im Lande G.
2Kö	15,29	nahm er G. das ganze Land Naftali
Jes	8,23	das G. der Heiden Mt 4,15
Jdt	1,8	zu den Bewohnern G.
1Ma	5,14	Boten aus G. 15
	20	zog nach G. 17.21-23.55; 12,47.49
Mt	3,13	kam Jesus aus G. an den Jordan Mk 1,9
	4,12	Jesus zog sich nach G. zurück Lk 4,14
	23	Jesus zog umher in G. Mk 1,14.39; 9,30; Jh 7,1
	25	es folgte ihm eine große Menge aus G. Mk 3,7
	17,22	als sie beieinander waren in G.
	19,1	es begab sich, daß (Jesus) sich aufmachte aus G.
	21,11	das ist Jesus, der Prophet aus G.
	26,32	will vor euch hingehen nach G. 28,7.10; Mk 14,28; 16,7
	69	du warst auch mit dem Jesus aus G.
	27,55	die waren Jesus aus G. nachgefolgt Mk 15,41; Lk 23,49.55
Mk	6,21	als Herodes ein Festmahl gab für... und die Vornehmsten von G.
	9,30	sie gingen von dort weg und zogen durch G.

Lk	1,26	wurde Gabriel gesandt in eine Stadt in G.
	2,4	da machte sich auf auch Josef aus G.
	39	kehrten sie wieder zurück nach G.
	3,1	als Herodes Landesfürst von G. (war)
	4,31	ging hinab nach Kapernaum, einer Stadt in G.
	5,17	die gekommen waren aus allen Orten in G.
	8,26	Gegend der Gerasener, die G. gegenüberliegt
	17,11	es begab sich, daß er durch G. hin zog
	23,5	lehrt in ganz Judäa, angefangen von G. bis
	6	(Pilatus fragte,) ob der Mensch aus G. wäre
	24,6	wie er euch gesagt hat, als er noch in G. war
Jh	1,43	am nächsten Tag wollte Jesus nach G. gehen 4,3.43.46.47
	2,1	war eine Hochzeit in Kana in G. 11
	4,45	als er nach G. kam, nahmen ihn die Galiläer auf
	54	das zweite Zeichen, als er nach G. kam
	7,9	das sagte er und blieb in G.
	41	soll der Christus aus G. kommen
	52	forsche und sieh: Aus G. steht kein Prophet auf
	12,21	Philippus, der von Betsaida aus G. war
	21,2	Nathanael aus Kana in G. und die Söhne des Zebedäus
Apg	1,11	ihr Männer von G., was steht ihr da
	2,7	sind nicht diese alle, die da reden, aus G.
	5,37	*danach stand auf Judas aus G.*
	9,31	so hatte die Gemeinde Frieden in ganz G.
	10,37	was geschehen ist, angefangen von G. nach der Taufe
	13,31	denen erschienen, die mit ihm von G. hinauf nach Jerusalem gegangen waren

Galiläer

Mk	14,70	denn du bist auch ein G. Lk 22,59
Lk	13,1	G., deren Blut Pilatus mit ihren Opfern vermischt hatte
	2	diese G. mehr gesündigt als alle andern G.
Jh	4,45	als er nach Galiläa kam, nahmen ihn die G. auf
	7,52	sie sprachen zu ihm: Bist du auch ein G.
Apg	5,37	danach stand Judas der G. auf

galiläisch

Mt	2,22	er zog ins g. Land *4,12*
	4,23	*Jesus ging umher im ganzen g. Lande*
Mk	1,28	die Kunde erscholl alsbald im ganzen g. Land

Galiläisches Meer

Mt	4,18	als Jesus am G.M. entlangging Mk 1,16
	15,29	Jesus kam an das G.M. Mk 7,31
Jh	6,1	danach fuhr Jesus weg über das G.M.

Galle

Hi	16,13	hat meine G. auf die Erde geschüttet
	20,25	dringt der Blitz des Pfeiles aus seiner G.
Ps	69,22	sie geben mir G. zu essen Mt 27,34
Tob	6,10	die G. des Fisches ist eine gute Salbe 6; 11,4. 5.8.13
Apg	8,23	ich sehe, daß du voll bitterer G. bist

Gallim

1Sm	25,44	Palti, dem Sohn des Lajisch aus G.
Jes	10,30	du Tochter G., schreie laut
Jo	15,59	(Städte des Stammes Juda:) G.

Gallio

Apg	18,12	als G. Statthalter in Achaja war 14.17

Gamaliel

Apg	5,34	im Hohen Rat ein Pharisäer mit Namen G.
	22,3	unterwiesen im Gesetz zu Füßen G.

Gamliël

4Mo	1,10	G., der Sohn Pedazurs 2,20; 7,54.59; 10,23

Gamul

1Ch	24,17	das 22. (Los fiel) auf G.

Gang

1Kö	6,6	der G. war 5 Ellen weit 10; Hes 42,4.11.12
Hi	28,1	es hat das Silber seine G.
	31,7	ist mein G. gewichen vom Wege
Ps	17,5	erhalte meinen G. auf deinen Wegen
	119,133	laß meinen G. in deinem Wort fest sein
Spr	4,12	daß dein G. dir nicht sauer werde
	5,21	er hat acht auf aller Menschen G.
	14,15	ein Kluger gibt acht auf seinen G.
	30,29	drei haben einen stattlichen G.
Hl	7,2	wie schön ist dein G. in den Schuhen
Jes	58,13	daß du nicht deine G. machst
Jer	10,23	daß keines Menschen, wie er s. G. richte
Sir	19,27	Lachen und G. zeigen, was an ihm ist
2Ma	14,6	halten Krieg und Aufruhr immer in G.
StD	2,12	daß sie einen geheimen G. gemacht hatten
Mt	15,17	*wird durch den natürlichen G. ausgeworfen Mk 7,19*

gang und gäbe

1Mo	23,16	Gewicht, das im Kauf g.u.g. war 2Kö 12,5
Sir	20,26	Lüge ist im Munde unerzogener Leute g.u.g. 21

ganz (s.a. ganz und gar)

1Mo	1,29	gegeben alle Pflanzen auf der g. Erde
	2,1	Himmel und Erde mit ihrem g. Heer Neh 9,6
	5,5	sein g. Alter ward 930 Jahre 8.11.14.17.20.23. 27.31; 9,29; 47,28
	7,1	geh in die Arche, du und dein g. Haus
	3	Leben zu erhalten auf dem g. Erdboden
	19	alle Berge unter dem g. Himmel bedeckt 20
	8,9	noch war Wasser auf dem g. Erdboden
	17,8	dir geben das g. Land Kanaan 2Mo 32,13
	18,26	will um ihretwillen dem g. Ort vergeben 28
	19,17	bleib nicht stehen in dieser g. Gegend 25
	31,8	trug die g. Herde Bunte... Sprenklige
	16	der g. Reichtum gehört uns 45,20
	41,19	in g. Ägyptenland nicht so häßliche 29
	35	lasse sie sammeln den g. Ertrag 48
	41	habe dich über g. Ägyptenland gesetzt 43.44. 46; 45,8.9.26
	51	mich vergessen lassen mein g. Vaterhaus
	54	in g. Ägyptenland war Brot

ganz

1Mo	41,55	als g. Ägyptenland Hunger litt 56; 47,13
	44,30	an dem er mit g. Seele hängt
	46,6	kamen nach Ägyptenland, Jakob und sein g. Geschlecht 7; 47,12; 50,8
	47,20	kaufte Josef dem Pharao das g. Ägypten
2Mo	5,12	zerstreute sich das Volk ins g. Land
	7,19	es sei Blut in g. Ägyptenland 21
	27	will dein g. Gebiet plagen 8,12.13.20; 9,9.22. 24.25; 10,14.15.19.22; 11,6
	10,13	Ostwind den g. Tag und die g. Nacht 14,21
	11,7	gegen g. Israel soll nicht ein Hund mucken
	12,3	sagt der g. Gemeinde Israel 6.47; 16,6.9.10; 35,4; 3Mo 19,2
	41	zog das g. Heer des HERRN aus Ägyptenland
	14,9	ihnen nach mit dem g. Heer des Pharao 28
	20	kamen die g. Nacht einander nicht näher
	16,1	die g. Gemeinde kam in die Wüste 17,1
	2	murrte die g. Gemeinde 3; Jos 9,18
	18,21	sieh dich unter dem g. Volk um 23.25
	19,5	die g. Erde ist mein
	16	das g. Volk erschrak
	18	der g. Berg rauchte... der g. Berg bebte
	29,18	den g. Widder in Rauch aufgehen lassen 3Mo 8,21
	34,3	soll niemand gesehen w. auf dem g. Berge
	10	vor deinem g. Volk will ich Wunder tun... das g. Volk soll des HERRN Werk sehen 30; 40,38
	35,1	Mose versammelte die g. Gemeinde 20; 3Mo 8,3; 9,5; 4Mo 8,9.20; 10,3
3Mo	4,13	wenn aber die g. Gemeinde sich versündigte
	6,2	Brandopfer soll bleiben... die g. Nacht
	10,6	daß nicht der Zorn über die g. Gemeinde komme. Laßt das g. Haus Israel weinen
	13,12	wenn Aussatz bedeckt die g. Haut 13
	15,16	soll seinen g. Leib mit Wasser abwaschen
	16,17	Sühne schaffen für sich und die g. Gemeinde 4Mo 15,24-26
	24,14	laß die g. Gemeinde ihn steinigen 16; 4Mo 14,10; 15,33.35.36; 5Mo 13,10.12; 17,7; 21,21; Jos 7,25; 1Kö 12,18
	25,29	ein g. Jahr Frist, es wieder einzulösen 30
	50	als wäre er die g. Zeit Tagelöhner gewesen
4Mo	4,16	Aufsicht über die g. Wohnung 18,3
	6,6	während der g. Zeit 8; 9,16; 11,32; 14,1
	8,7	sollen ihre Haare g. abscheren
	11,11	die Last dieses g. Volks auf mich legst
	12,7	Mose ist mein g. Haus anvertraut Heb 3,2.5
	13,26	kamen zu der g. Gemeinde... brachten der g. Gemeinde Kunde 14,1.2.5.7.35.36; 20,1; 25,6; 27,2.19-22
	15,15	für die g. Gemeinde gelte nur eine Satzung
	16,3	die g. Gemeinde (ist) heilig
	5	zu Korach und seiner g. Rotte 6.11.16.19.22. 34; 17,6
	20,22	kamen mit der g. Gemeinde 27.29
	22,5	ein Volk... bedeckt das g. Land 11.41; 23,13; 32,33
	32,13	bis es zu Ende war mit dem g. Geschlecht
5Mo	1,1	Worte, die Mose zu g. Israel redete 5,1.22; 11,6; 18,6; 27,9; 29,1; 31,1.7.11.30; 32,45; 34,12; Jos 8,35; 9,19; 24,2.27
	19	wir zogen durch die g. Wüste
	31	dich getragen hat auf dem g. Wege 8,2; Jos 24,17
	2,25	alle Völker unter dem g. Himmel 4,19
	3,4	nahmen die g. Gegend von Argob 13.14
	10	(nahmen wir) das g. Gilead und das g. Baschan 13; Jos 12,5; 13,11.12.21.30
5Mo	4,8	so gerechte Gebote wie dies g. Gesetz 5,31
	9	nicht aus d. Herzen dein g. Leben lang
	19	sehest das g. Heer des Himmels 17,3
	29	wenn du ihn von g. Herzen und von g. Seele suchen wirst 2Ch 15,12.15; 16,9; 22,9; Ps 119,2.10; Jer 29,13
	49	das g. Jordantal östlich des Jordan Jos 9,1; 12,1
	6,5	sollst den HERRN liebhaben von g. Herzen, von g. Seele 10,12; 11,13; 13,4; 30,6; Mt 22,37; Mk 12,30.32; Lk 10,27
	22	tat Wunder an Pharao und seinem g. Hause 11,3; 29,1; 34,11; Neh 9,10
	14,28	alle drei Jahre den g. Zehnten 26,12
	16,4	kein Sauerteig in deinem g. Lande
	20,11	soll das g. Volk dir fronpflichtig sein
	22,9	damit dem Heiligtum nicht das G. verfalle
	26,16	danach tust von g. Herzen und von g. Seele 30,2; 1Ch 29,9; 2Ch 19,9; 25,2; 31,21
	28,40	Ölbäume in deinem g. Gebiet
	52	wirst geängstigt in deinem g. Lande
	30,10	dich bekehrst von g. Herzen und von g. Seele 1Sm 7,3; 1Kö 8,48; 2Kö 23,25; 2Ch 6,38; Jer 24,7; Jo 2,12
	14	es ist das Wort g. nahe bei dir
	34,1	der HERR zeigte ihm das g. Land 2
Jos	1,2	zieh über den Jordan, du und dies g. Volk 3,17; 4,1.11
	4	das g. Land soll euer sein 2,24; 9,24; 10,40.41; 11,16.21.23; 13,2.4.5.9.11; 19,49; 21,43
	2,3	sind gekommen, das g. Land zu erkunden
	18	versammeln deines Vaters g. Haus 6,23
	3,7	dich groß zu machen vor g. Israel 4,14; 6,27; 23,2
	5,8	als das g. Volk beschnitten war 4-6
	10,13	blieb die Sonne stehen fast einen g. Tag
	22,5	daß ihr ihm dient von g. Herzen und von g. Seele 1Sm 12,20.24; 1Ch 28,9
	18	wird er über die g. Gemeinde zürnen 20
	23,6	so haltet nun g. fest daran
	14	wissen von g. Herzen und von g. Seele
	24,3	ließ ihn umherziehen in g. Land Kanaan
Ri	2,4	als der Engel zu g. Israel geredet hatte
	7,24	Gideon sandte Botschaft auf das g. Gebirge
	8,27	g. Israel trieb dort mit ihm Abgötterei
	10,8	zerschlugen g. Israel jenseits des Jordan
	11,21	nahm das g. Gebiet der Amoriter ein 22
	16,17	(Simson) tat ihr sein g. Herz auf 18
Rut	1,19	erregte sich die g. Stadt über sie 3,11
1Sm	3,20	g. Israel erkannte, daß Samuel betraut war 21; 25,1; 28,3
	4,13	die g. Stadt schrie auf 5,11
	7,2	wandte sich das g. Haus Israel zum HERRN
	10,24	ihm ist keiner gleich im g. Volk
	13,19	kein Schmied im g. Lande Israel 20.22
	15,11	Samuel schrie zu dem HERRN die g. Nacht
	18,16	g. Israel und Juda hatte David lieb
	19,24	den g. Tag und die g. Nacht 28,20
	30,6	die Seele des g. Volks war erbittert
	31,12	gingen die g. Nacht hindurch 2Sm 2,29.32; 4,7
2Sm	1,9	mein Leben ist noch g. in mir
	6,5	tanzten David und g. Israel 1Ch 13,8
	11	der HERR segnete ihn und sein g. Haus
	8,15	war David König über g. Israel 1Ch 12,39; 18,14; 29,26
1Kö	1,20	g. Israel 22,17; 1Ch 9,1; 2Ch 18,16
	2,4	g. von Herzen und von g. Seele wandeln 8,23; 14,8; 2Kö 10,31; 23,3; 2Ch 6,14; 34,31
	4,1	war Salomo König über g. Israel 7; 8,62.63. 65; 11,42; 1Ch 29,23.25; 2Ch 7,4.5; 9,30

ganz

1Kö	6,22	g. mit Gold überzogen 2Ch 4,21
	7,1	bis er sie g. vollendet hatte 51; 2Ch 8,16
	8,14	segnete die g. Gemeinde 22.55; 2Ch 6,3.12.13
	11,13	will nicht das g. Reich losreißen
	14,10	bis es g. mit ihm aus ist 15,29
	22,19	das g. himmlische Heer neben ihm 2Ch 18,18; 33,3.5; Jes 45,12
2Kö	17,13	nach dem g. Gesetz 21,8; 23,25; 2Ch 33,8
	20,13	zeigte ihnen das g. Schatzhaus Jes 39,2
	24,14	führte weg das g. Jerusalem
	25,30	Unterhalt... sein g. Leben lang Jer 52,34
2Ch	29,18	haben gereinigt das g. Haus des HERRN
Esr	2,64	die g. Gemeinde zählte 42.360 Neh 7,66
	6,17	opferten für g. Israel 8,35
	10,5	nahm einen Eid von g. Israel
	8	dessen g. Habe sollte dem Bann verfallen
Est	9,29	schrieben mit g. Ernst
Hi	7,3	hab g. Monate vergeblich gearbeitet
	34,13	wer hat den g. Erdkreis hingestellt
	41,3	unter dem g. Himmel ist keiner
	42,15	gab keine so schönen Frauen im g. Lande
Ps	4,9	ich liege und schlafe g. mit Frieden
	6,7	ich schwemme mein Bett die g. Nacht
	9,2	ich danke dem HERRN von g. Herzen 86,12; 111,1; 138,1
	13,2	wie lange willst du mich so g. vergessen Klg 5,20
	38,7	den g. Tag gehe ich traurig einher Jes 51,13
	8	meine Lenden sind g. verdorrt 9
	13	sie sinnen auf Trug den g. Tag
	47,3	ein großer König über die g. Erde 8; 97,5
	48,3	Berg Zion, daran sich freut die g. Welt
	63,2	mein g. Mensch verlangt nach dir
	78,14	leitete sie die g. Nacht mit einem Feuer
	38	ließ nicht seinen g. Grimm an ihnen aus
	119,5	daß mein Leben deine Gebote mit g. Ernst hielte 34.58.69.145
	140	dein Wort ist g. durchläutert
	139,22	ich hasse sie mit g. Ernst
Spr	3,5	verlaß dich auf den HERRN von g. Herzen
	4,22	sind heilsam ihrem g. Leibe
	5,14	ich wäre fast g. ins Unglück gekommen
	21,26	den g. Tag begehrt die Gier
	31,21	ihr g. Haus hat wollene Kleider
Pr	1,2	es ist alles g. eitel 12,8
	10,10	muß man mit g. Kraft arbeiten
Jes	1,5	das g. Haupt ist krank, das g. Herz matt
	2,18	mit den Götzen wird's g. aus sein
	6,11	bis das Feld g. wüst daliegt
	7,24	im g. Lande werden Dornen und Disteln sein Jer 4,20.27; 12,11; 25,11; Hes 33,28.29
	13,5	sie kommen, um zu verderben die g. Erde
	14,29	freue dich nicht, g. Philisterland 31
	22,24	wenn sich an ihn hängt all g. Schwere
	52,5	mein Name wird den g. Tag gelästert
	62,6	Wächter, die den g. Tag und die g. Nacht
	65,2	streckte m. Hände aus den g. Tag Rö 10,21
	5	ein Feuer, das den g. Tag brennt
	66,16	der HERR wird die g. Erde richten
Jer	1,18	zur ehernen Mauer machen im g. Lande
	3,10	bekehrt sich Juda von g. Herzen
	4,27	will nicht ein Ende machen 5,10.18
	7,23	wandelt g. auf dem Wege, den ich gebiete
	9,25	g. Israel hat ein unbeschnittenes Herz
	10,21	Herde ist zerstreut 13,19; 20,4
	24	daß du mich nicht g. zunichte machst
	17,20	höret des HERRN Wort, g. Juda 44,26
	24,10	bis sie g. vertilgt sind
	32,41	g. gewiß, von g. Herzen und von g. Seele
	36,23	bis die Schriftrolle g. verbrannt war
Jer	40,4	du hast das g. Land vor dir
	44,11	g. Juda soll ausgerottet werden
	50,23	ist der Hammer der g. Welt zerbrochen
	51,28	heiligt das g. Land ihrer Herrschaft
	49	die Erschlagenen der g. Erde
Klg	5,22	hast du uns denn g. verworfen
Hes	3,7	das g. Israel hat harte Stirnen
	10,12	ihr g. Leib... voller Augen
	13,15	will meinen g. Grimm auslassen 20,8.21
	20,40	wird mir das g. Haus Israel dienen
	25,6	von g. Herzen höhnisch dich gefreut 36,5
	39,25	will mich des g. Hauses Israel erbarmen
	45,6	soll dem g. Hause Israel gehören
Dan	1,20	klüger als alle Weisen in s. g. Reich
	2,35	Berg, so daß er die g. Welt füllte
	4,8	war zu sehen bis ans Ende der g. Erde 17
	7,27	Königreiche unter dem g. Himmel
	8,5	kam ein Ziegenbock über die g. Erde
	9,11	g. Israel übertrat dein Gesetz
Hos	7,6	ihr Grimm schläft die g. Nacht
Am	9,8	wiewohl ich Jakob nicht g. vertilgen will
Mi	4,13	weihen ihre Habe d. Herrscher der g. Welt
Ze	1,18	das g. Land durch Feuer verzehrt werden
	3,14	sei fröhlich von g. Herzen, Jerusalem
Sa	5,3	Fluch, der ausgeht über das g. Land 6; 13,8
	14,10	das g. Land wird verwandelt werden
	11	Jerusalem wird g. sicher wohnen
Mal	3,22	Gesetz, das ich ihm befohlen für g. Israel
Jdt	4,14	beteten von g. Herzen Wsh 8,21
	6,15	so weinten und beteten sie den g. Tag
	20	wurde das g. Volk zusammengerufen
Wsh	6,1	Gesetzlosigkeit verwüstet das g. Land
	2	lernt es, die ihr die g. Erde richtet
	17,20	die g. Welt hatte helles Licht
	18,24	auf seinem Gewand die g. Welt abgebildet
	19,6	die g. Schöpfung wurde neugestaltet
Tob	1,13	weil er von g. Herzen den Herrn fürchtete
	2,13	er dankte Gott sein g. Leben lang
Sir	1,21	sie erfüllt das g. Haus mit ihren Gaben
	6,27	wende dich ihr zu von g. Seele
	7,29	ehre deinen Vater von g. Herzen
	31	fürchte den Herrn von g. Seele
	16,17	der g. Himmel und die g. Erde erbeben
	20	wenn ich g. im geheimen betrüge, wer merkt es
	18,12	Gottes Barmherzigkeit gilt der g. Welt
	47,10	von g. Herzen rühmte er den, der
1Ma	1,26	herrschte in g. Israel gr. Herzeleid 29
	29	das g. Haus Jakob war mit Schmach bedeckt
	43	ein Gebot an sein g. Königreich 53
	3,42	befohlen, g. Juda zu vertilgen 52
	9,20	das g. Volk Israel klagte StE 2,8
2Ma	7,40	sein g. Vertrauen auf den Herrn
	8,18	Gott, der die g. Welt schlagen kann
	15,12	Onias betete für die g. Gemeinde
	34	das g. Volk lobte den Herrn
StD	1,59	da pries der heilige Daniel: G. Israel
	60	fing das g. Volk an, zu rufen... Gott
	63	lobten Gott mit der g. Verwandtschaft
GMn	7	der Allerhöchste über den g. Erdkreis
	16	dich lobt das g. Himmelsheer
Mt	2,3	Herodes erschrak und mit ihm g. Jerusalem
	16	ließ alle Kinder töten in der g. Gegend
	3,5	da ging zu ihm hinaus g. Judäa Mk 1,5
	4,23	Jesus zog umher in g. Galiläa
	24	die Kunde von ihm erscholl durch g. Syrien 9,26; Mk 1,28; Lk 4,14; 7,17
	8,26	da wurde es g. stille
	32	die g. Herde stürmte den Abhang hinunter
	34	da ging die g. Stadt hinaus Jesus entgegen

ganz　　　　　　　　　　　　　　　　　　　　　　　　　　　　　　　　　　　　　　434

Mt	9,31	verbreiteten die Kunde von ihm in diesem g. Lande
	13,33	bis es g. durchsäuert war Lk 13,21
	14,35	die Leute schickten Botschaft in das g. Land
	16,26	wenn er die g. Welt gewönne und nähme doch Schaden Mk 8,36; Lk 9,25
	18,32	deine g. Schuld habe ich dir erlassen
	20,6	was steht ihr den g. Tag müßig da
	21,10	erregte sich die g. Stadt
	22,37	du sollst den Herrn lieben von g. Herzen Mk 12,30.33; Lk 10,27
	40	in diesen beiden Geboten hängt das g. Gesetz
	24,14	wird gepredigt werden dies Evangelium in der g. Welt 26,13
	26,59	der g. Hohe Rat suchte falsches Zeugnis Mk 14,55; 15,1
	27,25	da antwortete das g. Volk
	27	die g. Abteilung um ihn Mk 15,16
	45	kam eine Finsternis über das g. Land Mk 15,33; Lk 23,44
Mk	1,33	die g. Stadt war versammelt vor der Tür
	39	er predigte in g. Galiläa
	5,33	sagte ihm die g. Wahrheit
	6,55	liefen im g. Land umher
	9,3	*seine Kleider wurden g. leuchtend weiß*
	6	sie waren g. verstört
	12,44	diese aber hat ihre g. Habe eingelegt
Lk	1,10	die g. Menge des Volkes stand draußen
	65	diese g. Geschichte wurde bekannt auf dem g. Gebirge Judäas
	4,5	*zeigte ihm alle Reiche der g. Welt*
	7	wenn du mich anbetest, so soll sie g. dein sein
	25	als eine große Hungersnot herrschte im g. Lande *15,14*
	5,5	die g. Nacht gearbeitet und nichts gefangen
	6,11	sie aber wurden g. von Sinnen
	17	eine große Menge des Volkes aus g. Judäa und Jerusalem
	8,37	die g. Menge aus dem Land der Gerasener
	39	*verkündigte durch die g. Stadt*
	9,13	Speise kaufen für dies g. Volk
	11,34	wenn dein Auge lauter ist, so ist dein g. Leib licht 36
	19,37	fing die g. Menge der Jünger an
	48	das g. Volk hing ihm an und hörte ihn
	21,26	Dinge, die kommen sollen über die g. Erde
	35	über alle kommen, die auf der g. Erde wohnen
	23,1	die g. Versammlung stand auf
	5	daß er lehrt hier und dort in g. Judäa
	18	da schrie der g. Haufe
Jh	4,53	er glaubte mit seinem g. Hause Apg 18,8
	7,23	weil ich am Sabbat den g. Menschen gesund gemacht habe
	9,34	bist du g. in Sünden geboren und lehrst uns
	11,50	besser, ein Mensch sterbe für das Volk, als daß das g. Volk verderbe 18,14
	13,10	denn er ist g. rein
Apg	1,8	ihr werdet meine Zeugen sein in g. Judäa
	21	die g. Zeit über, als der Herr Jesus unter uns
	2,2	erfüllte das g. Haus, in dem sie saßen
	36	so wisse nun das g. Haus Israel gewiß
	47	lobten Gott und fanden Wohlwollen beim g. Volk
	4,10	so sei euch und dem g. Volk Israel kundgetan
	5,11	eine große Furcht über die g. Gemeinde
	34	Gamaliel, vom g. Volk in Ehren gehalten
Apg	6,4	wollen g. beim Dienst des Wortes b.
	5	die Rede gefiel der g. Menge gut
	7,10	der setzte ihn über sein g. Haus
	11	es kam eine Hungersnot über g. Ägypten
	14	Josef ließ seine g. Verwandtschaft (holen)
	8,27	welcher ihren g. Schatz verwaltete
	37	wenn du von g. Herzen glaubst
	9,31	so hatte die Gemeinde Frieden in g. Judäa
	42	das wurde in g. Joppe bekannt
	10,2	der war gottesfürchtig mit seinem g. Haus
	22	mit einem guten Ruf bei dem g. Volk
	37	ihr wißt, was in g. Judäa geschehen ist
	41	nicht dem g. Volk, sondern uns
	11,14	Botschaft, durch die du selig wirst und dein g. Haus
	26	sie blieben ein g. Jahr bei der Gemeinde
	28	Hungersnot, die über den g. Erdkreis kommen
	13,6	als sie die g. Insel durchzogen hatten
	22	einen Mann, der soll meinen g. Willen tun
	24	dem g. Volk Israel die Taufe der Buße gepredigt
	44	kam fast die g. Stadt zusammen, das Wort Gottes zu hören
	49	das Wort des Herrn breitete sich aus in der g. Gegend
	15,12	da schwieg die g. Menge still
	22	die Apostel beschlossen samt der g. Gemeinde
	16,34	freute sich mit seinem g. Hause
	17,6	diese, die g. Weltkreis erregen, sind hierher gekommen 19,26; 24,5
	11	*nahmen das Wort auf g. willig*
	26	aus einem Menschen das g. Menschengeschlecht gemacht, damit sie auf dem g. Erdboden wohnen
	18,5	richtete sich Paulus g. auf die Verkündigung
	19,27	der g. Provinz Asien Verehrung erweist
	29	die g. Stadt wurde voll Getümmel 21,30.31
	20,18	wie ich mich die g. Zeit bei euch verhalten
	27	nicht unterlassen, euch den g. Ratschluß Gottes zu verkündigen
	28	habt acht auf euch und auf die g. Herde
	21,27	erregten das g. Volk, legten die Hände an ihn
	22,30	er befahl dem g. Hohen Rat zusammenzukommen
	25,24	um dessentwillen die g. Menge der Juden in mich drang
	26,20	verkündigte zuerst im g. jüdischen Land
Rö	3,8	*deren Verdammnis ist g. recht*
	8,22	wir wissen, daß die g. Schöpfung mit uns seufzt
	36	werden wir getötet den g. Tag
	9,17	damit mein Name auf der g. Erde verkündigt
	11,16	so ist auch der g. Teig heilig
	26	so wird g. Israel gerettet werden
	16,23	Gajus, mein und der g. Gemeinde Gastgeber
1Ko	5,6	ein wenig Sauerteig den g. Teig durchsäuert Gal 5,9
	12,17	wenn der g. Leib Auge wäre, wo bliebe
	14,23	wenn die g. Gemeinde an einem Ort zusammenkäme
Gal	5,3	daß er das g. Gesetz zu tun schuldig ist
	14	das g. Gesetz ist in einem Wort erfüllt
Eph	2,21	auf welchem der g. Bau ineinandergefügt wächst
	3,19	damit ihr erfüllt werdet mit der g. Gottesfülle
	4,16	(Christus,) von dem aus der g. Leib zusammengefügt ist

Phl	2,20	keinen, der so g. meines Sinnes ist
Kol	2,9	in ihm wohnt die g. Fülle der Gottheit
	19	Haupt, von dem her der g. Leib zusammengehalten wird
1Th	4,10	Brüdern, die in g. Mazedonien sind
	5,23	*euer Geist g. samt Seele und Leib*
Tit	1,11	das Maul stopfen, weil sie g. Häuser verwirren
	2,15	weise zurecht mit g. Ernst
	3,11	daß ein solcher g. verkehrt ist
1Pt	1,13	setzt eure Hoffnung g. auf die Gnade
	15	sollt auch ihr heilig sein in eurem g. Wandel
1Jh	2,2	die Versöhnung für die (Sünden) der g. Welt
	5,19	die g. Welt liegt im Argen
Heb	2,15	die im g. Leben Knechte sein mußten
	9,4	die Bundeslade, g. mit Gold überzogen
Jak	2,10	der ist am g. Gesetz schuldig
	3,2	der kann den g. Leib im Zaum halten
	3	so lenken wir ihren g. Leib
	6	sie befleckt den g. Leib
Off	3,10	Versuchung, die kommen wird über den g. Weltkreis
	12,9	Satan, der die g. Welt verführt
	13,3	die g. Erde wunderte sich über das Tier
	16,14	Geister, die gehen aus zu den Königen der g. Welt

ganz und gar

1Mo	43,14	der seiner Kinder g.u.g. beraubt ist
4Mo	17,28	sollen wir denn g.u.g. untergehen
5Mo	32,36	daß es aus ist mit ihnen g.u.g.
Ps	77,9	ist's denn g.u.g. aus mit seiner Güte
Jes	28,28	man drischt es nicht g.u.g.
Jer	6,28	sie sind g.u.g. abtrünnig
Hes	11,13	willst du g.u.g. ein Ende machen 20,13
	35,3	will dich g.u.g. zur Wüste machen
Dan	7,26	wird seine Macht g.u.g. vernichtet
Jo	1,7	schält (meinen Feigenbaum) g.u.g. ab
Mi	2,12	will dich, Jakob, sammeln g.u.g.

Ganzopfer

3Mo	6,15	als G. soll es verbrannt werden 16
5Mo	13,17	alle ihre Beute als ein G.
	33,10	sie bringen G. auf deinen Altar
1Sm	7,9	Samuel opferte ein Brandopfer – als G.
Ps	51,21	werden dir gefallen Brandopfer und G.
Wsh	3,6	(der Herr) nimmt sie an wie ein G.

gar

Ps	32,7	daß ich errettet g. fröhlich rühmen kann
	39,6	wie g. nichts sind alle Menschen 12
	109,16	weil er so g. keine Barmherzigkeit übte
Hl	1,5	ich bin braun, aber g. lieblich
Jes	14,4	wie ist's mit dem Treiber so g. aus
Klg	3,22	Güte des HERRN, daß wir nicht g. aus sind

Garbe

1Mo	37,7	banden G., und meine G. richtete sich auf, aber eure G. neigten sich vor meiner G.
3Mo	23,10	die erste G. eurer Ernte bringen 11.12.15
5Mo	24,19	wenn du eine G. vergessen auf dem Acker
Ri	15,5	zündete die G. samt dem stehenden Korn an
Rut	2,7	laßt mich sammeln hinter den G. 15.16
Hi	5,26	wie G. eingebracht werden
	24,10	hungrig tragen sie G.
Ps	126,6	kommen mit Freuden und bringen ihre G.

Jes	17,11	wenn du die G. einbringen willst
Jer	9,21	die Leichen sollen liegen wie G.
Am	2,13	wie ein Wagen voll G. schwankt
Mi	4,12	daß er sie zusammengebracht hat wie G.

Garbenbinder

Ps	129,7	Hand nicht füllt noch der G. seinen Arm

Garbenhaufen

2Mo	22,5	wenn Feuer... verbrennt einen G.
Sir	20,30	wer... bebaut, macht seinen G. groß

Garde

2Kö	11,4	Jojada nahm die Hauptleute von der G. 19

Gareb

2Sm	23,38	¹G., der Jattiriter 1Ch 11,40
Jer	31,39	²bis an den Hügel G.

Garizim

5Mo	11,29	Segen sprechen auf dem Berge G. 27,12
Jos	8,33	die eine Hälfte zum Berge G. hin
Ri	9,7	stellte sich auf den Gipfel des Berges G.
2Ma	5,23	(Vögte:) auf dem G. Andronikus
	6,2	entweihen den (Tempel) auf dem G.

garkochen

Hes	24,10	k. das Fleisch g.

Garmiter

1Ch	4,19	die Söhne der Frau des Hodija waren: der G.

Garn

Hi	18,8	ins G. bringen ihn seine Füße
Pr	9,12	wie die Vögel mit dem G. gefangen werden
Hes	12,13	in meinem G. gefangen 17,20; 32,3
Hab	1,15	sie sammeln's mit ihrem G. 16

Garten

1Mo	2,8	Gott der HERR pflanzte einen G. in Eden
	9	Baum des Lebens mitten im G. 16; 3,1-3
	10	ein Strom, den G. zu bewässern 13,10
	15	setzte ihn in den G., daß er ihn bebaute
	3,8	hörten Gott, wie er im G. ging 10
	23	wies ihn Gott aus dem G. Eden 24
4Mo	24,6	wie die G. an den Wassern
5Mo	11,10	(Ägyptenland) tränken mußtest wie einen G.
2Kö	21,18	Manasse wurde begraben im G. Usas 26
	25,4	G. des Königs Neh 3,15; Jer 39,4; 52,7
Est	1,5	Festmahl im Hofe des G. beim Palast 7,7.8
Hi	8,16	s. Reiser wachsen hinaus über seinen G.
	24,11	in den G. pressen sie Öl
Pr	2,5	ich machte mir G. und Lustgärten
Hl	4,12	du bist ein verschlossener G.
	16	Südwind, wehe durch meinen G.
	16	mein Freund komme in seinen G. 5,1; 6,2
	8,13	die du wohnst in den G., laß mich
Jes	1,29	ihr sollt schamrot werden wegen der G.
	30	ihr werdet sein wie ein G. ohne Wasser
	10,18	die Herrlichkeit seiner G. zunichte

Garten

Jes	16,10	daß Freude und Wonne in den G. aufhören
	51,3	ihr dürres Land wie den G. des HERRN
	58,11	wirst sein wie ein bewässerter G. Jer 31,12
	61,11	gleichwie Same im G. aufgeht
	65,3	sie opfern in den G. 66,17
Jer	29,5	pflanzt G. und eßt Früchte 28; Am 9,14
Klg	2,6	hat sein Zelt zerwühlt wie einen G.
Hes	28,13	in Eden warst du, im G. Gottes 31,8
	36,35	jetzt ist's wie der G. Eden Jo 2,3
Am	4,9	fraßen die Raupen, was in euren G. wuchs
Sir	24,41	ich sprach: Ich will meinen G. bewässern
	40,28	Furcht des Herrn ist wie ein gesegneter G. 17
Bar	6,71	wie eine Hecke im G. sind ihre Götzen 70
StD	1,4	Jojakim hatte einen schönen G. 7.15.17.18.20. 25.26.36.38
Mt	26,36	da kam Jesus mit ihnen zu einem G. Mk 14,32; Jh 18,1; 19,41
Lk	13,19	Senfkorn, das ein Mensch nahm und in seinen G. säte
Jh	18,26	sah ich dich nicht im G. bei ihm
	19,41	im G. ein neues Grab, in das noch nie jemand gelegt worden war

Gartenbrunnen

Hl	4,15	ein G. bist du

Gärtner

Jh	20,15	sie meint, es sei der G., und spricht zu ihm

Gasam

Esr	2,48	(Tempelsklaven:) die Söhne G. Neh 7,51

Gases

1Ch	2,46	¹Efa, die Nebenfrau Kalebs, gebar G.
	2,46	²Haran zeugte G.

Gasse

2Sm	1,20	verkündet's nicht auf den G. in Aschkelon
	22,43	wie Dreck auf der G. zertreten Ps 18,43; Jes 10,6; Mi 7,10
Hi	18,17	wird keinen Namen haben auf der G.
Ps	31,12	die mich sehen auf der G., fliehen
	41,7	tragen's hinaus auf die G.
	55,12	Lügen und Trügen weicht nicht aus ihren G.
	144,14	kein Klagegeschrei sei auf unsern G.
Spr	5,16	herausfließen deine Wasserbäche auf die G.
	7,8	der ging über die G. zu ihrem Ecke 12
	22,13	könnte getötet werden auf der G. 26,13
Pr	12,4	wenn die Türen an der G. sich schließen
	5	die Klageleute gehen umher auf der G.
Hl	3,2	will umhergehen auf den G. und Straßen
Jes	5,25	ihre Leichen sind wie Kehrricht auf den G.
	15,3	auf ihren G. gehen sie mit dem Sack
	24,11	man klagt um den Wein auf den G.
	42,2	seine Stimme wird man nicht hören auf den G. Mt 12,19
	51,20	lagen auf allen G. verschmachtet
	23	machtest deinen Rücken wie eine G.
	59,14	Wahrheit ist auf der G. zu Fall gekommen
Jer	5,1	geht durch die G. Jerusalems
	6,11	schütte ihn aus über die Kinder auf der G.
	7,17	was sie tun auf den G. Jerusalems
	34	will auf den G. Jerusalems wegnehmen
	9,20	er würgt die Kinder auf der G.
Jer	11,6	predige auf den G. Jerusalems
	13	so viele G., so viele Schandaltäre 44,6.9.17.21
	14,16	die Leute sollen auf den G. Jerusalems liegen 49,26; 50,30; 51,4; Klg 2,21; Hes 11,6
	33,10	G. Jerusalems, die so verwüstet sind
	48,38	auf allen G. wird man klagen Am 5,16
Klg	2,11	Säuglinge auf den G. verschmachten 12; 4,5
	4,8	daß man sie auf den G. nicht erkennt
	14	irrten hin und her auf den G.
	18	daß wir auf unsern G. nicht gehen konnten
Hes	7,19	werden ihr Silber auf die G. werfen
	26,11	wird alle deine G. zerstampfen
	28,23	will Pest in ihre G. schicken
Nah	2,5	die Wagen rollen auf den G.
	3,10	ihre Kinder auf allen G. zerschmettert
Ze	3,6	habe ihre G. so leer gemacht
Sa	9,3	Tyrus sammelte Gold wie Dreck auf der G.
	10,5	die den Feind niedertreten auf der G.
Tob	2,2	einer der Israeliten liege auf der G.
	13,21	mit Marmor werden seine G. gepflastert
1Ma	2,9	die Kinder sind auf der G. erschlagen
2Ma	3,19	die Frauen liefen auf die G.
Mt	6,2	wie es die Heuchler tun auf den G. 5
Lk	10,10	geht heraus auf ihre G.
	13,26	auf unsern G. hast du gelehrt
	14,21	geh hinaus auf die Straßen und G. der Stadt
Apg	5,15	die Kranken auf die G. hinaustrugen
	9,11	gehe hin in die G., die da heißt
	12,10	sie traten hinaus und gingen eine G. weiter
Off	11,8	ihre Leichname werden liegen auf der G.
	21,21	die G. der Stadt waren lauteres Gold
	22,2	mitten auf der G. ein Baum des Lebens

Gast

2Mo	18,3	bin ein G. geworden in fremdem Lande
5Mo	18,6	wenn ein Levit... wo er ein G. ist
2Sm	12,4	als zu dem reichen Mann ein G. kam
1Kö	17,20	der Witwe, bei der ich ein G. bin
1Ch	29,15	wir sind G. vor dir Heb 11,13
Ps	39,13	ich bin ein G. bei dir
	119,19	ich bin ein G. auf Erden
Spr	9,18	daß ihre G. in der Tiefe des Todes hausen
Ze	1,7	der HERR hat seine G. dazu geladen
Wsh	5,15	der nur einen Tag lang G. gewesen ist
	19,13	zwangen die G. zum Sklavendienst
Sir	9,23	lade dir rechtschaffene Leute zu G.
	29,34	ich habe einen besseren G. gekriegt
1Ma	11,17	ließ Sabdiël seinem G. den Kopf abhauen
2Ma	2,28	wenn man dem G. etwas zugute tun will
Mt	22,3	sandte seine Knechte aus, die G. zur Hochzeit zu laden 4
	8	die G. waren's nicht wert
	11	ging der König hinein, sich die G. anzusehen
Lk	14,7	er sagte aber ein Gleichnis zu den G.
Apg	10,6	der ist zu G. bei einem Gerber Simon 18.32
	21,16	Mnason, bei dem wir zu G. sein sollten
Eph	2,19	so seid ihr nun nicht mehr G. und Fremdlinge

gastfrei

Sir	31,28	einen g. Mann loben die Leute
1Ti	3,2	ein Bischof soll sein g. Tit 1,8
	5,10	wenn sie g. gewesen ist
1Pt	4,9	seid g. untereinander ohne Murren
Heb	13,2	g. zu sein, vergeßt nicht

Gastfreundschaft

Rö 12,13 nehmt euch der Nöte der Heiligen an. Übt G.

Gastgeber

Rö 16,23 es grüßt euch Gajus, mein und der Gemeinde G.

Gastgeschenk

2Ch 9,12 mehr als die G., die sie gebracht hatten

gastlich

StE 5,8 hat Haman bei uns g. Aufnahme gefunden

Gastmahl

Est 8,17 da war Freude, G. und Festtag
Jdt 6,18 Usija bereitete ein großes G. für ihn
Mk 12,39 *sitzen gerne obenan beim G.*

gastweise

2Sm 4,3 die Beerotiter wohnten dort g.

Gat, Gatiter, *Gath, Gathiter*

Jos 11,22 ließ keine Anakiter übrig außer in G.
    13,3 Fürsten der Philister, von G. 1Sm 6,17
1Sm 5,8 laßt die Lade nach G. tragen
    7,14 von Ekron bis G. samt ihrem Gebiet 17,52
    17,4 ein Riese mit Namen Goliat aus G. 23
    21,11 David kam zu Achisch, dem König von G. 13; 27,2-4.11; 1Kö 2,39-41
2Sm 1,20 sagt's nicht an in G. Mi 1,10
    6,10 ins Haus Obed-Edoms, des G. 11; 1Ch 13,13
    15,18 alle G., die von G. (David) nachgefolgt 22
    19 der König sprach zu Ittai, dem G. 18,2
    21,19 da erschlug Elhanan den G. 1Ch 20,5
    20 erhob sich ein Krieg bei G. 22; 1Ch 20,6.8
2Kö 12,18 Hasaël kämpfte gegen G.
1Ch 7,21 die Männer von G. töteten sie
    8,13 verjagten die Einwohner von G.
    18,1 David nahm G. aus der Philister Hand
2Ch 11,8 (Rehabeam baute zu Festungen aus:) G.
    26,6 (Usija) riß nieder die Mauer von G.
Ps 56,1 als ihn die Philister in G. ergriffen
Am 6,2 ziehet hinab nach G. der Philister

Gat-Hefer, *Gath-Hepher*

Jos 19,13 (Grenze seines Erbteils) geht nach G.
2Kö 14,25 Jona, der von G. war

Gat-Rimmon, *Gath-Rimmon*

Jos 19,45 ¹(Dan... Gebiet war) G. 21,24; 1Ch 6,54
    21,25 ²Stamm Manasse zwei Städte: G.

Gatam

1Mo 36,11 des Elifas Söhne waren: G. 16; 1Ch 1,36

Gattung

Mt 13,47 *Netze, das allerlei G. fing*

Gaukelwerk

Wsh 17,7 auch das G. der Zauberkunst lag danieder

Gaumen

Hi 6,30 sollte mein G. Böses nicht merken
    20,13 daß er es zurückhält in seinem G.
    29,10 ihre Zunge klebte an ihrem G. Hes 3,26
    34,3 wie der G. die Speise schmeckt
Ps 22,16 m. Zunge klebt mir am G. 137,6; Klg 4,4
Spr 24,13 Honigseim ist süß deinem G.
Hl 2,3 seine Frucht ist meinem G. süß
    7,10 Wein, der meinem G. glatt eingeht

Gaza, Gazatiter

1Mo 10,19 bis nach G. 5Mo 2,23; Jos 10,41; 11,22; 15,47; Ri 6,4; 1Kö 5,4; 2Kö 18,8
Jos 13,3 fünf Fürsten der Philister, von G., Aschdod 1Sm 6,17; Jer 25,20
Ri 1,18 doch eroberte Juda nicht G.
    16,1 Simson ging nach G. 21
    2 da wurde den G. gesagt
Jer 47,1 ehe der Pharao G. schlug
    5 über G. wird Trauer kommen
Am 1,6 um... Frevel willen derer von G. will ich 7
Ze 2,4 G. wird verlassen werden Sa 9,5
1Ma 11,61 danach zog (Jonatan) vor G. 62
Apg 8,26 Straße, die von Jerusalem nach G. hinabführt

Gazelle

1Kö 5,3 ohne die Hirsche und G. und Rehe
Spr 5,19 sie ist lieblich wie eine G.
Hl 2,7 ich beschwöre euch bei den G. 3,5
    9 mein Freund gleicht einer G. 17; 8,14
    4,5 Brüste wie junge Zwillinge von G. 7,4

Geba (= Gibea 1)

Jos 18,24 (Städte des Stammes Benjamin:) G. 21,17; 1Ch 6,45; 8,6; Esr 2,26; Neh 7,30; 11,31; 12,29
Ri 20,33 westlich von G. 1Sm 13,16; 14,5; 2Sm 2,24; 1Kö 15,22; 2Kö 23,8; 2Ch 16,6; Jes 10,29; Sa 14,10

Gebal, Gebaliter

Jos 13,5 ¹(bleibt noch einzunehmen) das Land der G.
1Kö 5,32 die G. hieben sie zurecht
Hes 27,9 die von G. mußten deine Risse abdichten
Ps 83,8 ²G., Ammon und Amalek

Gebälk

1Kö 7,4 G. lag in drei Reihen
Hab 2,11 die Sparren am G. werden ihnen antworten

Gebärde

Ps 101,5 ich mag den nicht, der stolze G. hat
Phl 2,7 *an G. als ein Mensch erfunden*

gebären (s.a. geboren)

1Mo 3,16 unter Mühen sollst du Kinder g.
    4,1 und sie ward schwanger und g. 2.17.22.25; 16,11.15.16; 19,37.38; 22,20.23.24; 24,24; 25,2. 12; 29,32-35; 30,5u.ö.25; 31,43; 34,1; 35,16;

gebären

		36,4.5.12.14; 38,3-5.28; 41,50; 44,27; 46,15.18. 20.25; 2Mo 2,2.22; 6,20.23.25; 4Mo 26,59; Ri 8,31; 11,2; 13,3.5.7.24; Rut 4,12.13.15.17; 1Sm 1,20; 2,21; 4,19.20; 2Sm 11,27; 12,24; 21,8; 1Kö 11,20; 2Kö 4,17; 1Ch 1,32; 2,4u.ö.49; 4,6. 18; 7,14.16.18.23; 2Ch 11,19.20; Jes 8,3; Hos 1,3
1Mo	6,4	als sie (den Gottessöhnen) Kinder g.
	16,1	Sarai g. ihm kein Kind 2; 30,1.3
	17,17	soll Sara, neunzig Jahre alt, g. 18,13
	19	Sara wird dir einen Sohn g. 21; 21,2.3.7.9; 24,36
	20,17	heilte Gott seine Frau, daß sie wieder g.
	25,24	die Zeit kam, daß sie g. sollte 38,27; Lk 1,57; 2,6
	29,35	hörte auf, Kinder zu g. 30,9
2Mo	1,19	ehe die Hebamme kommt, haben sie g.
	21,4	hat die g., sollen... seinem Herrn gehören
3Mo	12,2	wenn eine Frau einen Knaben g. 5.7
4Mo	11,12	hab ich das Volk empfangen oder g.
5Mo	21,15	wenn beide ihm Kinder g.
	25,6	der erste Sohn, den sie g., soll gelten
	28,57	(wird ihm mißgönnen) ihr Kind, das sie g.
Rut	1,12	wenn ich einen Mann nehmen und g. würde
1Sm		die Unfruchtbare hat sieben g.
	20,30	deiner Mutter, die dich g. hat, zur Schande
1Kö	3,17	ich g. bei ihr im Hause 18.21
2Kö	19,3	aber die Kraft fehlt, sie zu g. Jes 37,3
1Ch	4,9	ich habe ihn mit Kummer g.
Hi	15,35	gehen schwanger und g. Unglück Jes 59,4
	24,21	er hat bedrückt, die nicht g.
	39,1	weißt du, wann die Gemsen g. 2
Ps	7,15	mit Unrecht schwanger und wird Lüge g.
	48,7	Angst wie eine g. Jes 13,8; 21,3; Jes 6,24
Spr	17,25	Gram für die Mutter, die ihn g. hat
	23,25	(laß) fröhlich sein, die dich g. hat
Hl	3,4	in die Kammer derer, die mich g. hat 8,2.5
	6,9	das Liebste für die, die sie g. hat
Jes	7,14	eine Jungfrau wird einen Sohn g. Mt 1,23
	23,4	ich g. nicht mehr
	26,17	wie eine Schwangere, wenn sie bald g. soll
	18	wenn wir g., so ist's Wind 33,11
	42,14	nun aber will ich schreien wie eine G.
	45,10	warum g. du
	49,21	wer hat mir diese g.
	51,18	niemand von allen Söhnen, die sie g. hat
	54,1	rühme, die du nicht g. hast Gal 4,27
	66,7	ehe sie Wehen bekommt, hat sie g. 8
	8	ward ein Land an einem Tage g.
	9	sollte ich das Kind nicht g. werden lassen... ich, der g. läßt
Jer	2,27	die zum Stein (sagen:) Du hast mich g.
	4,31	ich höre ein Geschrei wie von einer G.
	15,10	weh mir, m. Mutter, daß du mich g. 20,14
	16,3	spricht von ihren Müttern, die g.
	22,26	will dich und deine Mutter, die dich g.
	29,6	daß sie Söhne und Töchter g.
	30,6	sehet, ob dort Männer g.
	50,12	wird, die euch g. hat, zum Spott
Hes	16,20	Söhne und Töchter, die du mir g. 23,4.37
Hos	9,11	daß sie weder g. noch tragen sollen
	16	auch wenn sie g. würden, will ich doch
Mi	5,2	Zeit, daß die, welche g. soll, g. hat
Mt	1,21	sie wird einen Sohn g., Jesus 25; Lk 1,13.31
	23	eine Jungfrau wird einen Sohn g.
Lk	1,57	kam die Zeit, daß sie g. sollte 2,6.7
	23,29	selig sind die Leiber, die nicht g. haben
Jh	16,21	eine Frau, wenn sie g., so hat sie Schmerzen... wenn sie das Kind geb. hat, denkt sie nicht mehr
Gal	4,19	Kinder, die ich abermals unter Wehen g.
	24	einen vom Berg Sinai, der zur Knechtschaft g.
1Ti	5,14	daß die jungen Witwen freien, Kinder g.
1Jh	5,1	wer den liebt, der ihn geb. hat, der liebt auch
Jak	1,15	wenn die Begierde empfangen hat, g. sie die Sünde
Off	12,4	der Drache trat vor die Frau, die g. sollte
	5	sie g. einen Sohn, einen Knaben

Gebäude

2Ch	34,11	G., die die Könige hatten verfallen lassen
Hes	40,43	Gabelhaken waren am G. angebracht 41,12. 13.15; 42,1.10
Mt	24,1	seine Jünger zeigten ihm die G. des Tempels

Gebein

1Mo	29,14	bist von meinem G. und Fleisch Ri 9,2; 2Sm 5,1; 19,13.14; 1Ch 11,1
	50,25	nehmt meine G. mit von hier 2Mo 13,19; Jos 24,32; Heb 11,22
4Mo	19,16	wer eines Menschen G. anrührt 18
	24,8	Gott wird ihre G. zermalmen
1Sm	31,13	nahmen ihre G. und begruben sie 2Sm 21,12-14; 1Ch 10,12
1Kö	13,31	legt mein G. neben sein G.
2Kö	13,21	als er die G. Elisas berührte, wurde er
	23,18	niemand rühre seine G. an! Und so blieben mit seinen G. auch die G. des Propheten
2Ch	34,5	verbrannte die G. der Priester
Hi	2,5	taste sein G. und Fleisch an
	4,14	alle meine G. erschraken Ps 6,3; Jer 23,9
	19,20	mein G. hängt an Haut und Fleisch Ps 102,6
	20,11	sind auch seine G. voll Jugendkraft
	21,24	sein G. wird gemästet mit Mark
	30,17	des Nachts bohrt es in meinem G.
	30	meine G. sind verdorrt Ps 31,11; 32,3
	40,18	seine G. wie eiserne Stäbe
Ps	34,21	er bewahrt ihm alle seine G.
	35,10	alle meine G. sollen sagen: HERR
	38,4	es ist nichts Heiles an meinen G.
	42,11	es ist wie Mord in meinen G.
	51,10	G., die du zerschlagen Klg 3,4
	53,6	Gott zerstreut die G. derer, die Hes 6,5
	102,4	meine G. sind verbrannt wie von Feuer
	109,18	dringe in ihn wie Öl in seine G.
	139,15	es war dir mein G. nicht verborgen
	141,7	ihre G. werden zerstreut bis zur Pforte
Spr	3,8	das wird deine G. erquicken
	12,4	eine schandbare ist wie Eiter in s. G.
	14,30	Eifersucht ist Eiter in den G.
	15,30	gute Botschaft labt das G.
	16,24	freundliche Reden erfrischen die G.
	17,22	ein betrübtes Gemüt läßt das G. verdorren
Pr	11,5	wie die G. im Mutterleibe bereitet werden
Jes	58,11	der HERR wird dein G. stärken
	66,14	euer G. soll grünen wie Gras
Jer	8,1	die G. der... aus ihren Gräbern werfen
	20,9	Feuer, in meinen G. verschlossen Klg 1,13
Hes	32,27	ihre Schilde über ihre G. gedeckt
	37,2	lagen viele G. über das Feld hin 3-5.7.11
Am	2,1	weil sie die G. des Königs verbrannt haben
	6,10	der seine G. aus dem Hause tragen will
Hab	3,16	Fäulnis fährt in meine G.
Sir	46,14	ihre G. mögen grünen, wo sie liegen 49,12
	49,18	seine G. wurden wieder mit heimgebracht

geben
(s.a. Antwort; Befehl; besitzen; Brot; Ehre; Erbe, das; Erbgut; Erbteil; erkennen; essen; Frau; fressen; Friede; Geleit; Geschenk; Glück; Gnade; Hand; Heil; Herz; Kraft; Leben; Macht geben; Mund; Name; Rat; Raum; Rechenschaft; recht; Recht; Regen; Ruhe; Segen; Sieg; Speise; trinken; Weisheit; Wort; Zeugnis)

1Mo	1,14	und g. Zeichen, Zeiten, Tage und Jahre
	29	habe euch geg. alle Pflanzen 30; 9,3
	3,6	ihrem Mann auch davon 12
	4,12	soll dir hinfort seinen Ertrag nicht g.
	25	Gott hat mir einen andern Sohn geg.
	6,3	will ihm als Lebenszeit g. 120 Jahre
	12,7	deinen Nachkommen will ich dies Land g. 13,15.17; 15,7.18; 17,8; 24,7; 26,3.4; 28,4.13; 35,12; 48,4; 50,24; 2Mo 6,4.8; 20,12; 32,13; 33,1; 3Mo 14,34; 23,10; 25,2.38; 4Mo 10,29; 13,2; 15,2; 20,12.24; 27,12; 32,11; 33,53; 5Mo 1,35; 10,11; 31,20; 32,49.52; 34,4; Jos 1,2.3.6; 24,13; Ri 2,1; 6,9; 1Ch 16,18; Ps 105,11; Jer 3,19; 11,5; 16,15; 24,10; 30,3
	14,20	Abram gab ihm den Zehnten 28,22; Heb 7,2.4
	21	g. mir die Leute, die Güter behalte
	15,2	was willst du mir g. 38,16
	3	mir hast du keine Nachkommen geg.
	16,5	habe meine Magd dir geg. 30,18
	17,16	von ihr will ich dir einen Sohn g.
	18,7	holte ein Kalb und g.'s dem Knechte
	20,14	Abimelech g. (Schafe und Rinder) Abraham
	16	habe deinem Bruder 1.000 Silberstücke geg. 5Mo 22,19.29; Ri 9,4; 16,5; 17,4.10; 2Sm 18,11
	21,27	Abraham g. (Schafe und Rinder) Abimelech
	23,4	g. mir ein Erbbegräbnis bei euch 9
	13	nimm das Geld, das ich dir g.
	24,32	g. ihnen Stroh und Futter 42,27; 43,24
	35	hat meinen Herrn reich gesegnet und ... geg.
	36	dem (Sohn) hat er alles geg. 25,5
	41	g. sie dir nicht, bist du d. Eides ledig
	53	Kleinode und Kleider und g. sie Rebekka
	25,34	da g. ihm Jakob das Linsengericht
	27,28	Gott g. dir vom Tau des Himmels
	29,19	besser, ich g. sie dir 21.27; 30,26
	24	g. Lea Silpa zur Leibmagd 29; 46,18.25
	33	der HERR hat mir gleich geg. 30,6.24
	30,2	der des deines Leibes Frucht nicht g. will
	14	g. mir von den Liebesäpfeln
	28	bestimme den Lohn, den ich dir g. soll 31
	31,9	hat Gott die Güter eures Vaters mir geg.
	34,9	g. uns eure Töchter 14.16.21
	11	was ihr mir sagt, das will ich g. 12
	35,4	da g. sie ihm alle fremden Götter
	38,17	mir ein Pfand 18.26
	43,14	Gott g. euch Barmherzigkeit 23
	24	g. ihnen Wasser, daß sie ihre Füße wuschen
	45,18	will euch das Beste g. in Ägyptenland 47,11
	21	Josef g. ihnen Wagen 22
	47,19	g. uns Korn zur Saat, daß wir leben
	22	Landanteil, den er ihnen geg. hatte 48,22
	24	sollt den Fünften dem Pharao g. 26
	48,9	meine Söhne, die mir Gott geg.
	49,21	Naftali g. schöne Rede
2Mo	3,22	jede Frau soll sich Geschmeide und Kleider g. lassen 11,2; 12,35
	5,7	dem Volk nicht mehr Häcksel g. 10.16.18
	12,25	Land, das euch der HERR g. 13,5.11; 4Mo 14,8.16; 32,5.7.9.29; 34,13; 5Mo 1,8.25; 2,12.29; 3,18.20; 4,1.40; 5,16.31; 6,10.23; 7,13; 8,10; 9,23; 11,9.17.21.31; 12,1.9; 15,4.7; 16,20; 17,14; 18,9; 19,1-3.8.14; 21,1; 25,15; 26,2.3.9.10.15; 27,2.3; 28,8.11.52; 30,20; 31,7; Jos 1,11.13-15; 2,9.14; 5,6; 9,24; 11,23; 18,3; 21,43; 23,13.15.16; Neh 9,8.15; Jer 7,7.14; 25,5; 32,22; 35,15; Hes 11,15.17; 20,28.42; 28,25; 36,28; 37,25; 47,14. 23; Am 9,15
2Mo	15,25	dort g. er ihnen Gesetz und Recht 25,16.21; 4Mo 18,16; 5Mo 31,9; Esr 7,6; Neh 10,30; Ps 78,5; 99,7; Hes 20,11.25
	16,29	der HERR hat euch den Sabbat geg. Hes 20,12
	17,2	g. uns Wasser, daß wir trinken
	21,19	soll ihm das Arztgeld g.
	30	soll g., was man ihm auferlegt 32
	22,6	wenn jemand Geld zu verwahren g. 9
	15	soll den Brautpreis für sie g. 16
	28	deinen ersten Sohn sollst du mir g. 29; 4Mo 15,21; 44,30
	23,27	will g., daß deine Feinde vor dir fliehen
	24,12	ich dir g. die steinernen Tafeln 31,18; 5Mo 5,22; 9,10.11; 10,4
	25,2	von jedem, der es freiwillig g. 35,21.24; 3Mo 23,38; 4Mo 29,39; 5Mo 16,10; 1Ch 29,9.14.17; Esr 1,4.6; 2,68.69; 7,15.16
	30,12	soll dem HERRN ein Sühnegeld g. 13-16
	33	wer solche Salbe einem Unberufenen g.
	32,24	wer Gold hat, der g. es mir
	35,34	hat die Gabe zu unterweisen geg.
3Mo	5,7	vermag er nicht ein Schaf zu g. 11; 27,8; 5Mo 16,17
	16	den fünften Teil dem Priester g. 22,14; 27,13.23.27.31; 4Mo 5,7.8.10
	24	dem soll er's g., dem es gehört 4Mo 31,27
	6,10	ihr Anteil, den ich ihnen geg. habe 7,36; 10,14.17; 4Mo 18,8.9.11.12.19.21.24
	7,32	die Keule dem Priester g. 34; 5Mo 18,3
	15,14	vor den HERRN bringen und dem Priester g.
	17,11	habe es euch für den Altar geg.
	18,21	nicht eins deiner Kinder g., daß es dem Moloch geweiht werde 20,2-4
	25,19	das Land soll seine Früchte g. 26,4; Ps 67,7; 85,13; Hes 34,27; Sa 8,12
	26,20	daß euer Land sein Gewächs nicht g. 5Mo 11,17
	27,9	Tier, das man dem HERRN g., ist heilig
4Mo	3,48	sollst das Silber Aaron g. 51; 8,19
	7,5	nimm's und g.'s den Leviten 6-9; 18,26-29; 31,30.47; 35,2.4.6-8; 5Mo 26,12.13; Jos 21,2u.ö. 34; 1Ch 6,40 u.ö.62; Hes 43,19
	8,19	damit es nicht eine Plage g.
	11,13	woher Fleisch, um es diesem Volk zu g. 21
	17,21	alle Fürsten g. ihm zwölf Stäbe
	18,6	die dem HERRN zu eigen geg. sind
	19,3	g. (eine rötl. Kuh) dem Eleasar 31,29.41
	20,8	der wird sein Wasser g. 21,16
	22,18	wenn mir Balak Silber und Gold g. 24,13
	23,23	es g. kein Zaubern in Jakob
	25,12	ich g. ihm meinen Bund des Friedens
	27,9	sollt ihr's seinen Brüdern g. 10.11
	32,33	g. Mose den Söhnen Gad und dem halben Stamm Manasses 40; 5Mo 3,12.13.15.16.19; Jos 12,6; 13,8.15.24.29.31; 14,2; 18,7; 22,4
5Mo	1,20	Gebirge, das uns der HERR g. wird 2,5; Jos 14,12; 24,4
	25	g. uns Bericht: Das Land ist gut Jos 14,7
	36	Kaleb will ich das Land g. 39; Jos 15,13; 21,12; Ri 1,20
	2,5	werde euch nicht einen Fuß breit g. 9.19

geben

5Mo	2,28	Wasser sollst du mir für Geld g.
	3,4	es g. keine Stadt, die wir nicht nahmen
	7,3	eure Töchter sollt ihr nicht g. ihren Söhnen Ri 3,6; Esr 9,12; Neh 10,31; 13,25
	16	alle Völker, die der HERR dir g. wird
	8,8	ein Land, darin es Ölbäume und Honig g.
	9,6	nicht um d. Gerechtigkeit willen d. Land g.
	11,15	will deinem Vieh Gras g.
	12,21	von deinen Schafen, die dir der HERR geg.
	13,13	von irgendeiner Stadt, die dir der HERR geg. 16,5.18; 17,2; Jos 6,16; 19,50; 24,33
	18	der HERR g. dir Barmherzigkeit
	14,21	dem Fremdling darfst du's g.
	26	g. Geld für alles, woran d. Herz Lust hat
	15,9	daß du nicht... und ihm nichts g. 10.14
	17,11	an die Weisung, die sie dir g... halten
	20,14	Beute deiner Feinde, die dir der HERR geg.
	21,17	soll ihm zwei Teile g. von allem
	24,15	sollst ihm seinen Lohn am selben Tage g.
	25,2	man soll ihm eine Anzahl Schläge g. 3
	26,11	über alles Gut, das der HERR dir geg.
	14	habe nichts g. als Gabe für die Toten
	28,31	dein Schaf wird deinen Feinden geg. werden
	32	d. Söhne werden einem and. Volk geg. werden
	53	Söhne und Töchter, die dir der HERR geg.
	31,5	ganz nach dem Gebot, das ich euch geg.
Jos	2,12	g. mir ein sicheres Zeichen
	12,7	Josua g. das Land den Stämmen Israels
	14,4	den Leviten g. man keinen Anteil am Lande Hes 44,28
	15,19	g. mir eine Segensgabe; denn du hast mich nach dem Südland geg.; g. mir auch Wasserquellen! Da g. er ihr Quellen Ri 1,15
	17,14	warum hast du mir nur ein Los geg.
	16	dazu g. es eiserne Wagen bei allen Kanaan.
	24,3	da nahm ich Abraham und g. ihm Isaak 4
Ri	4,19	(Sisera) sprach: G. mir doch Wasser 5,25
	7,16	(Gideon) g. jedem eine Posaune
	8,24	jeder g. mir die Ringe 25
	12,9	30 Töchter g. (Ibzan) nach auswärts
	14,9	(Simson) g. ihnen, daß sie auch aßen
	11	g. (ie Simson) 30 Gesellen 12.13.19
	20	Simsons Frau wurde s. Gesellen geg. 15,2.6
	18,7	fehlte nichts, was es auf Erden g. 10.14
	19,21	(der alte Mann) g. den Eseln Futter
	21,14	g. ihnen die Mädchen
Rut	2,18	g. ihr, was sie übrigbehalten 3,17
	4,7	zog seinen Schuh aus und g. ihn dem andern
	12	Nachkommen, die dir der HERR g. wird 13
1Sm	1,4	g. er Peninna Stücke vom Opferfleisch 5
	11	wirst du deiner Magd einen Sohn g., so will ich ihn dem HERRN g.
	14	g. den Wein vor dir
	2,15	g. mir Fleisch für den Priester 16
	20	der HERR g. dir Kinder von dieser Frau
	28	ich habe alle Feueropfer Israels geg.
	31	daß es keinen Alten g. wird in d. Hause
	3,1	es g. kaum noch Offenbarung
	6,3	g. ihm eine Sühnegabe 4.8
	8,6	daß sie sagten: G. uns einen König
	14	nehmen und seinen Großen g. 15
	9,8	den wollen wir dem Mann Gottes g.
	11,3	g. uns 7 Tage, daß wir Boten senden
	14,41	so g. das Los „Licht"
	15,28	das Königtum Israels einem andern geg. 28,17; 1Kö 11,11.31.36.38; 14,8; 2Ch 21,3
	17,10	g. mir einen Mann und laßt uns... kämpfen
	25	will der König seine Tochter g. 26.27; 18,17. 19.21.27; 25,44
1Sm	17,44	will dein Fleisch den Vögeln g. 46
	18,4	Jonatan g. (seinen Rock) David
	8	haben David 10.000 geg. und mir 1.000
	20,40	da g. Jonatan seine Waffen dem Knaben
	21,10	seinesgleichen g. es nicht; g. mir's 22,10.13
	22,7	wird der Sohn Isais euch Äcker g.
	25,27	(das Segensgeschenk) soll den Leuten geg.
	27,5	so mag man mir einen Wohnort g. 6
	30,12	g. ihm Feigenkuchen und Rosinenkuchen
	22	soll man ihnen nichts g. von der Beute 23
2Sm	4,10	Lohn für eine gute Botschaft g. sollen
	7,10	will meinem Volk eine Stätte g. 1Ch 17,9
	19	hast für die ferne Zukunft Zusagen geg.
	9,9	alles habs ich dem deines Herrn geg.
	12,8	habe dir deines Herrn Haus geg. 11
	13,5	damit sie mir Krankenkost g.
	27	wie wenn der König ein Mahl g.
	20,10	und g. ihm keinen Stich mehr
	21,6	aus seinem Hause g. uns sieben Männer 9
	24,23	das alles g. Arauna dem König
1Kö	3,5	bitte, was ich dir g. soll 2Ch 1,7
	6	hast (David) einen Sohn geg. 5,21; 2Ch 2,11
	13	dazu g. ich dir, worum du nicht gebeten
	25	g. dieser die Hälfte 26.27
	5,17	bis der HERR s. Feinde unter s. Füße g.
	20	den Lohn will ich dir g. 2Ch 2,9; 24,12
	24	so g. Hiram Salomo nach seinen Wünschen 25; 9,11-13; 2Ch 8,2
	8,32	daß du ihm g. nach seiner Gerechtigkeit 39; 2Ch 6,23.30
	34	in das Land, das du ihren Vätern geg. 40.48; 9,7; 14,15 2Kö 21,8; 2Ch 6,25.31.38; 7,20; 20,7. 11
	46	g. keinen, der nicht sündigt 2Ch 6,36
	10,10	g. dem König... wie die Königin von Saba g. 13; 2Ch 9,9.12
	27	daß es soviel Silber g. wie Steine 2Ch 1,15; 9,27
	11,18	Pharao g. (Hadad) ein Haus
	13,3	(der Mann Gottes) g. ein Wunderzeichen 5
	8	wenn du mir die Hälfte deiner Habe g.
	26	darum hat ihn der HERR dem Löwen geg.
	15,4	der HERR g. ihm eine Leuchte zu Jerusalem 2Kö 8,19; 2Ch 21,7
	17,19	g. mir deinen Sohn 23
	18,10	es g. kein Volk, wohin mein Herr nicht
	23	g. uns zwei junge Stiere 26
	20,5	deine Frauen und Söhne sollst du mir g.
	21,2	g. mir deinen Weinberg... will dir einen besseren dafür g., oder will dir Silber dafür g. 6.15
	22,23	der HERR hat e. Lügengeist geg. 2Ch 18,22
2Kö	5,17	könnte geg. werden, soviel zwei Maultiere
	20	will mir etwas von ihm g. 22.23
	11,10	der Priester g. den Hauptleuten die Spieße 2Ch 23,9
	12	und die Ordnung... zum König 2Ch 23,11
	12,5	Geld, das jedermann g. 8.15.16; 22,5.7.9; 1Ch 29,4.7.8; 2Ch 3,9; 34,9.11.17; Esr 3,7
	13,5	der HERR g. Israel einen Retter
	15,19	Menahem g. Pul 1.000 Zentner Silber 20
	17,15	Warnungen, die er ihnen g.
	18,16	g. es dem König von Assyrien 15; 23,35
	23	will dir 2.000 Rosse g. Jes 36,8
	20,15	es g. nichts, was ich ihnen nicht gezeigt Jes 39,2.4
	22,8	Hilkija g. das Buch Schafan 9.10; 2Ch 34,14-18
	25,30	Unterhalt, den man ihm g. Jer 52,34
1Ch	5,1	Erstgeburtsrecht geg. den Söhnen Josefs

geben

1Ch	5,2	einem aus (Juda) wurde das Fürstentum geg.	Hi	42,11	jeder g. ihm ein Goldstück
	18,6	die Aramäer g. ihm Tribut 2Ch 27,5	Ps	11,6	er wird Glutwind ihnen zum Lohne g.
	21,22	g. mir den Platz... für den vollen Preis g. 25		15,5	wer Geld nicht auf Zinsen g. Hes 18,8.13
	22,12	wird der HERR dir g. Klugheit und Verstand		20,5	er g. dir, was dein Herz begehrt
	24,19	nach der Vorschrift, die ihnen Aaron geg.		28,4	g. ihnen nach ihrem Tun... g. nach den Werken Jer 17,10; 32,19
	25,5	Gott hatte Heman 14 Söhne geg. 28,5		37,4	der wird dir g., was dein Herz wünscht
	28,11	David g. einen Entwurf für die Vorhalle 18		21	der Gerechte ist barmherzig und kann g.
	29,25	der HERR g. ihm ein herrliches Königreich		49,8	kann doch keiner für ihn Sühnegeld g.
2Ch	11,23	er g. ihnen Nahrung in Menge		51,12	g. mir einen neuen, beständigen Geist
	13,5	das Königtum geg. hat durch einen Salzbund		18	ich wollte sie dir sonst g.
	15,5	zu der Zeit g. es keine Sicherheit		60,6	hast Zeichen geg. denen, die d. fürchten
	20,27	der HERR hatte ihnen Freude geg.		72,1	Gott, g. dein Gericht dem König
	21,3	ihr Vater g. ihnen viele Gaben		15	man soll ihm g. vom Gold aus Saba
	23,13	die Sänger g. das Zeichen zum Jubel		73,4	für sie g. es keine Qualen
	25,9	mit den 100, die ich den Kriegsleuten geg.		74,14	hast ihn zum Fraß geg. dem wilden Getier
	28,21	obwohl Ahas es dem König von Assur g.		16	hast Gestirn und Sonne die Bahn geg.
	30,12	daß er ihnen einerlei Sinn g.		78,24	(er) g. ihnen Himmelsbrot
	31,3	g. für die Brandopfer 4.5; 35,7-9.12		46	(als er) ihr Gewächs den Raupen g.
	32,11	verführt euch und g. euch in den Tod		89,3	du g. deiner Treue sicheren Grund 5
	29	Gott g. ihm sehr großes Gut		30	ich will ihm ewiglich Nachkommen g.
	36,16	bis es kein Vergeben mehr g.		104,18	die hohen Berge g. dem Steinbock Zuflucht
	23	hat mir alle Königreiche geg. Esr 1,2		28	wenn du ihnen g., so sammeln sie
Esr	4,13	werden sie Steuern nicht mehr g. 20		105,19	bis die Rede des HERRN ihm recht g.
	20	hat mächtige Könige zu Jerus. geg. Est 3,8		44	g. ihnen die Länder der Heiden
	5,14	(die Geräte) Scheschbazar 7,19; 8,25		106,5	er g. ihnen, was sie erbaten
	6,4	sollen vom Hause des Königs geg. 8.9		107,35	er g. dem dürren Lande Wasserquellen
	7,6	der König g. ihm alles, was er erbat 11; Est 3,10.11; 8,2; 10,2		38	er g. ihnen viel Vieh
				109,6	ihm einen Gottlosen zum Gegner
	23	was Gott befohlen, daß es geg. werde		112,9	g. streut aus und g. den Armen
	9,8	daß er uns einen festen Halt geg. 9.13.14		115,16	die Erde hat er den Menschenkindern geg.
	11	(Gebote) durch Propheten geg. hast Sa 1,6		119,29	g. mir in Gnaden dein Gesetz
	10,19	daß sie einen Widder g. wollten		120,3	was soll er dir antun und noch g.
Neh	2,1	nahm den Wein und g. ihn dem König		124,6	daß er uns nicht g. zum Raub
	7	g. man mir Briefe an die Statthalter 8.9		127,2	seinen Freunden g. er es im Schlaf
	20	für euch g. es keinen Anteil 12,47		140,9	g. dem Gottlosen nicht, was er begehrt
	6,12	weil Tobija und Sanballat ihm Geld geg.		144,13	unsere Kammern gefüllt, daß sie Vorrat g.
	18	es g. nämlich viele in Juda		147,9	der dem Vieh sein Futter g.
	7,69	einige g. für das Werk 70.71; 10,33.35		16	er g. Schnee wie Wolle
	9,20	du g. ihnen deinen guten Geist 27		148,6	er g. eine Ordnung... nicht überschreiten
	20	du g. ihnen Wasser, als sie dürstete	Spr	1,14	einen Beutel nur soll es für uns alle g.
	22	du g. ihnen Königreiche 35.36		3,28	sprich nicht: morgen will ich dir g.
	11,23	g. ein Gebot des Königs Est 1,20; 4,8		4,2	ich g. euch eine gute Lehre
	13,5	(hatte) diesem eine große Kammer geg. 7		6,1	hast du Handschlag g. für einen andern
Est	1,18	wird Verachtung und Zorn genug g.		13	(heillos. Mensch) g. Zeichen mit d. Füßen
	19	ihre königl. Würde einer andern g. 6,9		9,9	g. dem Weisen, so wird er noch weiser
	2,13	was sie wollte, mußte man g. 5,3.6; 7,2; 9,12		10,24	was die Gerechten begehren, w. ihnen geg.
	8,11	darin g. der König die Erlaubnis 9,14		11,25	wer reichlich g., wird gelabt
Hi	1,21	der HERR hat's geg., der HERR hat's		17,8	Bestechung... Zauberstein dem, der sie g.
	3,20	warum g. Gott das Licht dem Mühseligen		18,24	es g. Allernächste... es g. Freunde
	6,8	kennte Gott mir g., was ich hoffe		20,15	es g. Gold und viel Perlen
	9,33	daß es doch einen Schiedsmann g.		21,18	der Gottlose wird geg. für den Gerechten
	13,12	was ihr zu bedenken g., sind Sprüche		26	der Gerechte g. und versagt nichts
	15,19	ihnen allein das Land geg. war		22,16	wer einem Reichen g., schafft ihm Mangel
	19,18	selbst die Kinder g. nichts auf mich		27,26	Böcke g. dir Geld, einen Acker zu kaufen
	29	damit ihr wißt, daß es ein Gericht g.		28,27	wer dem Armen g., dem wird nichts mangeln
	24,23	er g. ihnen, daß sie sicher sind			
	28,15	man kann nicht Gold für sie g.		29,13	der beiden Augenlicht g., ist der HERR
	25	als er dem Wind sein Gewicht geg. 26		30,8	Armut und Reichtum g. mir nicht
	31,2	was g. sonst mir Gott		11	es g. eine Art, die ihrem Vater flucht
	34,22	es g. keine Finsternis		31,6	g. starkes Getränk denen, die
	35,7	was kannst du (Gott) g.		24	einen Gürtel g. sie den Händlern
	10	der Lobgesänge g. in der Nacht		31	g. ihr von den Früchten ihrer Hände
	37,15	weißt du, wie Gott ihnen Weisung g.	Pr	1,13	solch unselige Mühe hat Gott geg. 3,10
	38,36	wer g. verständige Gedanken		2,10	was m. Augen wünschten, das g. ich ihnen
	39	kannst du der Löwin zu jagen g. 39,19		26	dem Sünder g. er Mühe, daß er es geg. werde, der Gott gefällt
	39,5	wer hat dem Wildesel die Freiheit geg.			
	6	dem ich die Steppe zum Hause geg.		3,12	daß es nichts Besseres g. als fröhlich sein
	40,19	der ihn gemacht, g. ihm sein Schwert		5,17	in der kurzen Zeit, die ihm Gott g.
	42,10	der HERR g. Hiob doppelt soviel		18	wenn Gott einem Menschen Reichtum g. 6,2

geben

Pr	8,14	es g. Gerechte... es g. Gottlose
	9,10	bei Toten g. es weder Tun noch Denken
	12,7	der Geist (muß) zu Gott, der ihn geg.
	11	sie sind von einem Hirten geg.
Hl	1,12	g. meine Narde ihren Duft 7,14
	8,7	wenn einer alles Gut um die Liebe g.
	11	er g. den Weinberg den Wächtern
Jes	1,26	will dir wieder Richter g., wie vormals
	3,4	ich will ihnen Knaben zu Fürsten g.
	5,10	sollen nur einen Eimer g.
	7,14	wird euch der HERR selbst ein Zeichen g.
	8,18	Kinder, die mir der HERR geg. Heb 2,13
	9,5	ein Sohn ist uns geg.
	17	das g. hohen Rauch
	13,10	der Mond g. keinen Schein
	23,10	es g. keinen Hafen mehr
	28,9	wem will er Offenbarung zu verstehen g.
	29,11	eines Buches, das man einem g. 12
	33,21	weite Wassergräben wird es g.
	35,2	die Herrlichkeit des Libanon ist ihr geg.
	40,14	der ihm Einsicht g.
	41,27	Jerusalem g. ich einen Freudenboten
	42,1	habe ihm meinen Geist geg. 5; Hes 11,19; 36,27
	43,3	habe Äg. für dich als Lösegeld geg. 4
	20	will in der Wüste Wasser g.
	44,15	das g. den Leuten Brennholz
	45,3	will dir heimliche Schätze g.
	4	rief dich und g. dir Ehrennamen
	50,4	Gott der HERR hat mir eine Zunge geg.
	53,9	man g. ihm sein Grab bei Gottlosen
	12	will ihm die Vielen zur Beute g., dafür daß er sein Leben in den Tod geg.
	55,10	daß sie g. Samen, zu säen
	57,18	will ihnen wieder Trost g.
	61,3	daß ihnen Schmuck statt Asche geg.
	8	will ihnen den Lohn in Treue g.
	63,11	der seinen heiligen Geist in ihn g.
Jer	2,13	Zisterne, die kein Wasser g.
	3,8	wie ich Israel einen Scheidebrief geg.
	15	will euch Hirten g. nach meinem Herzen
	5,24	der uns Frühregen und Spätregen g.
	8,6	g. niemand, dem seine Bosheit leid wäre
	13	was ich ihnen geg., soll genommen werden
	11,13	so viele Gassen es g., so v. Schandaltäre
	15,13	will dein Gut zum Raube g. 17,3
	18,18	laßt uns nichts g. auf seine Reden
	19,4	diese Stätte einem fremden Gott geg.
	7	will ihre Leichname zum Fraße g.
	22,13	g. ihm seinen Lohn nicht
	23,39	samt der Stadt, die ich euch geg.
	27,5	ich g. sie, wem ich will 6
	28,14	auch die Tiere habe ich ihm geg.
	29,6	g. eure Töchter Männern
	11	daß ich euch g. das Ende, des ihr wartet
	31,35	der die Sonne dem Tage zum Licht g.
	32,12	g. beides Baruch 16; 36,32
	39	will ihnen einerlei Sinn g.
	39,10	Nebusaradan g. ihnen Felder
	40,5	g. ihm Wegzehrung und ließ ihn gehen
	44,10	Rechtsordnungen, die ich euch geg. habe
	48,9	g. Moab Flügel
	49,36	kein Volk g. soll, wohin nicht Vertriebene
Klg	1,11	es g. seine Kleinode um Speise
	14	der Herr hat mich in d. Gewalt geg.
	3,12	hat mich dem Pfeil zum Ziel geg.
Hes	4,6	ich g. dir je einen Tag für ein Jahr
	7,4	will dir g., wie du verdient hast 9
	12,24	soll keine falsche Offenbarung mehr g.
	15,6	wie ich das Holz zu verzehren g.
Hes	16,10	ich g. dir einen Kopfbund 12.17; 21,32; 23,42
	33	allen andern Huren g. man Geld 34.41
	61	wenn ich sie dir zu Töchtern g. werde
	17,7	der Adler sollte ihm mehr Wasser g.
	22	will der Zeder einen Platz g.
	21,16	hat ein Schwert zum Fegen geg.
	24,3	g. ein Gleichnis und sprich
	25,7	will dich den Völkern zur Beute g.
	29,5	g. dich den Tieren zum Fraß 33,27; 39,4
	19	will Nebukadnezar Ägyptenland g. 20
	19	damit er seinem Heer den Sold g.
	31,12	weil er keinen Schatten mehr g.
	35,12	sind uns zum Fraß geg.
	37,6	will euch Sehnen g... Odem g. 14
	39,11	will Gog einen Ort g. zum Begräbnis
	43,19	sollst einen Stier zum Sündopfer g.
	44,12	weil sie einen Anlaß zur Sünde geg.
	45,14	vom Öl sollt ihr g. 46,7
	47,9	soll viele Fische dort g. 10
Dan	1,9	Gott g. Daniel, daß ihm... günstig gesinnt
	16	der Aufseher g. ihnen Gemüse
	17	diesen jungen Leuten g. Gott Einsicht
	2,10	ebenso g. es auch keinen König 11
	15	Arjoch, dem der König Vollmacht geg.
	16	bat den König, ihm eine Frist zu g.
	37	dem Gott Königreich geg. hat 38; 4,14.22.29; 5,18.21; 7,14
	3,29	es g. keinen Gott als den, der so errettet
	4,9	(der Baum). Nahrung für alle 18
	5,16	höre, daß du Deutungen zu g. vermagst
	28	dein Reich ist den Persern geg.
	29	daß man Daniel sollte eine gold. Kette g.
	9,26	bis zum Ende wird es Krieg g.
	10,14	komme ich, um dir Bericht zu g.
	12,1	wie nie gewesen, seitdem es Menschen g.
Hos	2,10	daß ich es bin, der ihr Korn geg. hat
	14	Lohn, den mir meine Liebhaber geg. haben
	17	will ihr ihre Weinberge g.
	9,14	HERR, g. ihnen – was willst du ihnen g.? G. ihnen unfruchtbare Leiber
	11,4	ich g. ihnen Nahrung
	12,11	ich bin's, der viel Offenbarung g.
	13,10	g. mir einen König und Obere 11
	14,7	daß es so guten Geruch g. wie die Linde
Jo	1,9	Speisopfer g. es nicht mehr 13
	3,3	will Wunderzeichen g. am Himmel
Am	4,6	habe euch müßige Zähne g.
Jon	1,3	als er ein Schiff fand, g. er Fährgeld
	4,6	daß sie Schatten g. seinem Haupt
Mi	4,7	will den Lahmen g., daß viele Erben
	6,7	soll ich meinen Erstgeborenen g.
Ze	3,9	will den Völkern reine Lippen g.
Sa	1,6	Gebote, die ich durch die Propheten g.
	3,7	will dir Zugang zu mir g.
	8,12	der Himmel soll seinen Tau g. Und ich will... das alles zum Besitz g.
	14,11	es wird keinen Bann mehr g.
	21	wird keinen Händler g. im Hause des HERRN
Mal	2,5	ich g. ihm Furcht, daß er mich fürchtete
	9	die Person geacht, wenn ihr Weisung g.
Jdt	9,2	hast ihm das Schwert geg... zu bestrafen
	13,10	g. das Haupt des Holofernes ihrer Magd
Wsh	3,14	dem wird ein besseres Los geg. werden
	7,7	mir wurde Einsicht geg. 15.17; Bar 3,37
	10,14	(die Weisheit) g. ihm ewigen Ruhm
	11,4	ihnen wurde Wasser geg. 7
	12,10	du g. ihnen Gelegenheit zur Buße 19.20
	21	deren Vätern du Eid und Bund geg. hast
	14,3	du g. auch im Meer Wege

geben

Wsh	18,3	g. den Deinen eine feurige Säule
	4	deine Kinder, durch die... geg. werden
Tob	1,6	er g. alle Erstlinge und Zehnten 7; Sir 35,10
	2,15	wofür du deine Almosen. hast
	3,8	man hatte sie sieben Männern geg.
	4,9	hast du viel, so g. reichlich
	5,3	wird er dir sogleich das Geld g. 9,3.6
	12	Gott g. dir allezeit Freude 7,20
	29	seine Mutter g. sich zufrieden
	7,10	zusagst, mir deine Tochter zu g. 12.14
	8,18	g. ihnen, daß sie dir noch lange danken
	23	von seinen Gütern g. er die Hälfte
	9,11	Gott g., daß ihr eure Kinder seht 10,12
	12,1	was sollen wir dem heiligen Manne g.
	14,11	lehrt eure Kinder Almosen g.
Sir	4,36	Hand nicht geschlossen, wenn's ans G. geht
	7,27	g. (deine Tochter) einem verständigen Mann
	33	(ehre den Priester) und g. ihm seinen Anteil
	11,15	den Frommen g. Gott Güter, die bleiben
	12,4	g. dem Gottesfürchtigen
	5	aber dem Gottlosen g. nichts
	14,11	gib dem Herrn die Opfer, die ihm gebühren
	15	mußt den Ertrag deiner Arbeit den Erben g.
	15,9	es ist ihm vom Herrn nicht geg. 42,17
	16,24	ich will dir eine zuverlässige Lehre g.
	26	(als der Herr) ihnen ihre Bestimmung g. 17,5
	17,14	jedem Volk hat er einen Herrscher geg.
	18,15	wenn du jemand etwas g. 41,28
	20,14	mit einem Auge g., und mit sieben
	15	(der Narr) g. wenig
	25,3	es mißfällt mir sehr, daß er sie g.
	29	so g. es lauter Streit, Beschimpfung
	27,16	wenn... streiten, so g.'s Blutvergießen
	29,9	er g. ihm Schmähworte statt Dank
	33,14	er g. einem jeden, wie es für recht hält
	35,11	was du g., das g. gern
	12	g. dem Höchsten, wie er dir geg. hat
	37,30	was ungesund ist, das g. ihm nicht
	38,6	er hat solche Kunst den Menschen geg.
	8	damit es Heilung durch ihn auf Erden g.
	11	ein Opfer, als müßtest du sterben
	39,11	danach g. er seine Belehrung
	18	werdet lieblichen Duft g. wie Weihrauch
	42,16	die Sonne g. ihr Licht 43,4
	45,6	er hat ihm die Gebote geg.
	8	er g. ihm das Priestertum 26
	48,27	dem Betrübten in Zion Trost
	51,30	der Herr hat mir eine neue Zunge geg.
Bar	5,8	die Wälder werden Israel Schatten g.
	6,28	sie g. weder Armen noch Kranken
	67	(Götzen) können keine Zeichen g. 35
1Ma	3,28	g. dem Heer den Sold für ein Jahr
	13,39	Abgaben, die Jerusalem hat g. müssen
2Ma	1,9	geg. im 188. Jahr 11,21
	25	(Gott,) der du allein alle Gaben g.
	4,34	g. (Onias) Handschlag und Eid
StE	3,8	Herr, g. nicht dein Zepter denen, die
	5,10	den unsern Vorfahren dies Reich geg. hat
StD	1,50	dir hat Gott geg., was er nur dem Alter g.
	2,21	der König g. den Bel in Daniels Gewalt
	31	(den Löwen) g. man nichts
Mt	4,9	das alles will ich dir g., wenn
	5,31	wer sich von seiner Frau scheidet, der soll ihr einen Scheidebrief g. 19,7
	39	wenn dir jemand einen Streich g.
	42	g. dem, der dich bittet Lk 6,30
	6,2	wenn du Almosen g., sollst du 3
	7,6	ihr sollt das Heilige nicht den Hunden g.
	7	bittet, so wird euch geg. Lk 11,9
	11	wenn ihr euren Kindern gute Gaben g.

		könnt, wird euer Vater Gutes g. denen, die ihn bitten Lk 11,13
Mt	10,8	umsonst g. es auch
	19	soll zu der Stunde geg. werden Mk 13,11
	12,39	es wird ihm kein Zeichen geg. werden 16,4; Mk 8,12; Lk 11,29
	13,11	euch ist's geg... diesen aber ist's nicht geg. Mk 4,11; Lk 8,10
	12	denn wer da hat, dem wird geg. 25,29; Mk 4,25; Lk 8,18; 19,26
	41	*alle, die Ärgernis g. 18,6; Mk 9,42; Lk 17,2*
	14,7	er wolle ihr g., was sie fordern würde 9; Mk 6,22.23
	8	g. mir das Haupt Johannes des Täufers 11; Mk 6,25
	19	dankte und brach's und g. den Jüngern 15,36; 26,26.27; Mk 6,41; 8,6; 14,22.23; Lk 9,16; 22,19; 24,30; Jh 6,11
	16,19	ich will dir die Schlüssel des Himmelreichs g.
	26	was kann der Mensch g., womit der seine Seele auslöse Mk 8,37
	17,24	pflegt euer Meister nicht den Tempelgroschen zu g.
	27	damit wir ihnen keinen Anstoß g.
	19,11	dies Wort fassen nur die, denen es geg. ist
	21	verkaufe, was du hast, und g.'s den Armen Mk 10,21; Lk 12,33
	27	was wird uns dafür geg.
	20,4	ich will euch g., was recht ist 14
	8	ruf die Arbeiter und g. ihnen den Lohn
	23	das Sitzen zu meiner Rechten zu g. Mk 10,37.40
	28	gekommen, daß er gebe sein Leben Mk 10,45
	21,23	wer hat dir diese Vollmacht geg. Mk 11,28; Lk 20,2
	33	*g. ihn an Weingärtner Mk 12,1; Lk 20,9*
	41	die ihm die Früchte zur rechten Zeit g. Lk 20,10
	43	das Reich Gottes wird einem Volk geg., das
	22,21	g. dem Kaiser, was des Kaisers ist Mk 12,17; Lk 20,25
	23	die lehren, es g. keine Auferstehung Mk 12,18; Lk 20,27; Apg 23,8
	23,23	die ihr den Zehnten g. von Minze Lk 11,42
	24,51	wird ihm sein Teil g. Lk 12,46
	25,8	g. uns von eurem Öl
	15	dem einen g. er fünf Zentner Silber Lk 19,13. 15
	28	g. ihn dem, der zehn Zentner hat Lk 19,24
	26,9	es hätte das Geld den Armen geg. werden können Mk 14,5; Jh 12,5
	15	was wollt ihr mir g. Mk 14,11; Lk 22,5
	48	*hatte ihnen ein Zeichen geg. Mk 14,44*
	27,10	sie haben das Geld für den Töpferacker geg.
	58	da befahl Pilatus, man sollte ihm ihn g.
	28,12	sie g. den Soldaten viel Geld
Mk	2,26	und gab (die Schaubrote) auch denen, die Lk 6,4
	6,21	als Herodes ein Festmahl g.
	7,4	es g. viele andre Dinge, die
	15	es g. nichts, was den Menschen unrein machen könnte
	12,9	er wird den Weinberg andern g. Lk 20,16
	14	*Steuer g. oder nicht g. Lk 20,22*
	13,34	g. seinen Knechten Vollmacht
	15,26	geschrieben, welche Schuld man ihm g.
	45	g. er Josef den Leichnam
Lk	1,1	Bericht zu g. von den Geschichten Apg 1,1

geben

Lk	1,32	wird ihm den Thron seines Vaters David g.
	73	uns zu g., (daß wir ihm dienten ohne Furcht)
	77	(daß du) Erkenntnis des Heils g. seinem Volk
	2,24	*daß sie g. das Opfer*
	3,11	wer... hat, der g. dem, der keines hat
	4,6	ich g. sie, wem ich will
	20	als er das Buch zutat, g. er's dem Diener
	6,38	g., so wird euch geg.
	43	es g. keinen guten Baum, der faule Frucht trägt
	7,15	Jesus g. ihn seiner Mutter
	44	du hast mir kein Wasser für m. Füße geg. 45
	10,7	eßt und trinkt, was man euch g.
	35	zog zwei Silbergroschen heraus, g. sie dem Wirt und sprach
	11,7	ich kann nicht aufstehen und dir etwas g. 8
	41	g. doch, was drinnen ist, als Almosen
	12,32	es hat eurem Vater wohlgefallen, euch das Reich zu g.
	33	verkauft, was ihr habt, und g. Almosen
	42	damit er ihnen zur rechten Zeit g., was ihnen zusteht
	46	wird ihm sein Teil g. bei den Ungläubigen
	48	wem viel geg. ist, bei dem wird man viel suchen
	15,12	g. mir, Vater, das Erbteil, das mir zusteht
	16	und niemand g. sie ihm
	22	g. ihm einen Ring an seine Hand
	29	du hast mir nie einen Bock geg.
	16,2	g. Rechenschaft über deine Verwaltung
	12	wer wird euch g., was euer ist
	18,12	g. den Zehnten von allem, was ich einnehme
	22	verkaufe, was du hast, und g.'s den Armen
	19,8	die Hälfte von m. Besitz g. ich den Armen
	23	warum hast du nicht mein Geld... geg.
	21,15	ich will euch Mund und Weisheit g.
	22,19	das ist mein Leib, der für euch geg. wird 1Ko 11,24
	23,2	daß dieser verbietet, dem Kaiser Steuern zu g.
Jh	1,17	das Gesetz ist durch Mose geg.
	2,10	jedermann g. zuerst den guten Wein
	3,16	daß er seinen eingeborenen Sohn g.
	27	ein Mensch kann nichts nehmen, wenn es ihm nicht vom Himmel geg. ist
	34	denn Gott g. den Geist ohne Maß
	35	der Vater hat (d. Sohn) alles in seine Hand geg. 13,3
	4,5	Feld, das Jakob seinem Sohn Josef g.
	10	g. dir lebendiges Wasser
	12	mehr als Jakob, der uns diesen Brunnen geg.
	15	Herr, g. mir solches Wasser
	5,22	*alles Gericht hat er dem Sohn geg.*
	26	dem Sohn geg., das Leben zu haben 27
	36	die Werke, die mir der Vater geg. hat
	6,37	alles, was mir mein Vater g., das kommt zu mir
	39	daß ich nichts verliere, was er mir geg. hat
	52	wie kann der uns sein Fleisch zu essen g.
	64	es g. einige unter euch, die glauben nicht
	65	niemand kann zu mir kommen, es sei denn vom Vater geg.
	7,19	hat euch nicht Mose das Gesetz geg. 22
	10,29	mein Vater, der mir sie g. hat, ist größer
	11,22	was du bittest von Gott, das wird dir Gott g. 15,16; 16,23
	12,6	nahm an sich, was geg. war
	49	der Vater hat mir ein Gebot geg.
	13,15	ein Beispiel habe ich euch geg.
Jh	13,29	daß er den Armen etwas g. sollte
	34	ein neues Gebot g. ich euch
	14,16	er wird euch einen andern Tröster g.
	17,4	das Werk vollendet, das du mir geg. hast
	6	Menschen, die du mir geg. hast 9.24
	7	daß alles, was du mir geg. hast, von dir kommt
	22	ich habe ihnen die Herrlichkeit geg., die du mir geg. hast 24
	18,9	keinen von denen verloren, die du mir geg.
	22	*g... Jesus einen Backenstreich 19,3*
Apg	1,2	nachdem er den Aposteln Weisung geg. hatte
	2,4	wie der Geist ihnen g. auszusprechen
	3,6	was ich habe, das g. ich dir
	16	der Glaube hat diesem die Gesundheit geg.
	5,31	Israel Buße u. Vergebung der Sünden zu g.
	32	der heilige Geist, den Gott denen geg. hat, die ihm gehorchen
	6,14	die Ordnungen ändern, die uns Mose geg. hat
	7,5	er g. ihm kein Eigentum darin
	8	er g. ihm den Bund der Beschneidung
	12	Jakob hörte, daß es in Ägypten Getreide g.
	13	g. sich Josef seinen Brüdern zu erkennen
	25	*durch seine Hand ihnen Rettung g.*
	8,18	als Simon sah, daß der Geist geg. wurde
	9,36	tat viele gute Werke und g. reichlich Almosen 10,2
	11,17	wenn Gott ihnen die gleiche Gabe geg. hat
	18	so hat Gott auch den Heiden die Umkehr geg.
	13,20	danach g. er ihnen Richter
	21	Gott g. ihnen Saul, den Sohn des Kisch
	15,8	Gott hat ihnen den hl. Geist geg. wie auch uns
	23	sie g. ein Schreiben in ihre Hand
	19,2	nie gehört, daß es einen heiligen Geist g.
	38	so g. es Gerichte und Statthalter
	20,35	G. ist seliger als nehmen
	24,15	eine Auferstehung der Gerechten g. wird
	26	er hoffte, daß ihm von Paulus Geld geg.
	26,6	Verheißung, die unsern Vätern von Gott geg. ist Rö 15,8
	10	g. ich meine Stimme dazu
Rö	2,6	der einem jeden g. wird nach seinen Werken Off 2,23; 22,12
	5,2	Herrlichkeit, die Gott g. wird
	5	heiligen Geist, der uns geg. ist 1Th 4,8
	7,10	Gebot, das zum Leben geg. war 2Pt 2,21
	8,1	so g. es nun keine Verdammnis für die, die
	11,8	hat ihnen einen Geist der Betäubung geg.
	35	wer hat ihm etwas geg., daß Gott es ihm vergelten müßte
	12,1	*daß ihr eure Leiber g. zum Opfer*
	7	ist jemand Lehre geg., so lehre er 8
	13,6	*derhalben g. ihr ja auch Steuer*
	7	g. was ihr schuldig seid
	15,5	der Gott der Geduld und des Trostes g. euch
1Ko	3,5	das, wie es der Herr einem jeden geg. hat
	6	Gott hat das Gedeihen geg. 7
	4,7	wer g. dir einen Vorrang
	5,1	eine solche Unzucht, wie es sie nicht einmal unter den Heiden g.
	8,4	daß es keinen Götzen g. in der Welt und keinen Gott als den einen 5
	11,2	an den Überlieferungen festhaltet, wie ich sie euch geg. habe
	15	das Haar ist ihr als Schleier geg.

1Ko	12,8	dem einen wird durch den Geist geg., von der Weisheit zu reden
	13,3	wenn ich alle meine Habe den Armen g.
	14,7	wenn sie nicht unterschiedliche Töne von sich g. 8
	10	es g. so viele Arten von Sprache in der Welt
	15,3	geg., was ich empfangen habe
	12	es g. keine Auferstehung der Toten 13
	38	Gott g. ihm einen Leib, wie er will
	40	es g. himml. Körper und irdische Körper 44
2Ko	1,11	für die Gabe, die uns geg. ist 1Ti 4,14
	22	in unsre Herzen den Geist geg. 5,5
	3,8	das Amt, das den Geist g.
	4,6	einen hellen Schein in unsre Herzen geg.
	11	immerdar in den Tod geg. um Jesu willen
	5,12	g. euch Anlaß, euch unser zu rühmen
	18	das Amt geg., das die Versöhnung predigt
	6,3	wir g. in nichts irgendeinen Anstoß
	8,1	Gnade Gottes, den Gemeinden Mazedoniens geg.
	2	obwohl arm, haben sie reichlich geg. 3.5
	16	Gott, der dem Titus solchen Eifer geg.
	9,9	er hat ausgestreut und den Armen geg.
	10	der Samen g. dem Sämann und Brot
	11	reich in allen Dingen, zu g. in aller Einfalt
	10,8	Vollmacht, die uns der Herr geg. hat 13,10
	12,7	ist mir g. ein Pfahl ins Fleisch
	20	es g. Hader, Neid, Zorn, Zank, üble Nachrede
Gal	1,4	der sich selbst für unsre Sünden geg. hat Eph 5,25
	7	obwohl es kein andres (Evangelium) g.
	3,17	Gesetz, das 430 Jahre danach geg. worden ist
	18	so würde es nicht durch Verheißung geg.
	21	nur, wenn ein Gesetz geg. wäre, das lebendig machen könnte
	22	damit die Verheißung geg. würde denen, die glauben
	4,15	ihr hättet eure Augen ausgerissen und mir geg.
	6,6	der g. dem... Anteil an allem Guten
Eph	1,17	daß Gott euch g. den Geist der Weisheit
	3,8	mir ist die Gnade geg. worden
	16	daß er euch Kraft g. nach dem Reichtum seiner Herrlichkeit
	4,8	er hat den Menschen Gaben geg.
	5,2	Christus hat sich selbst für uns geg. als Gabe und Opfer 1Ti 2,6; Tit 2,14
Phl	1,29	euch ist es geg., an (Christus) zu glauben
	4,15	keine Gemeinde mit mir Gemeinschaft im G.
1Th	4,2	ihr wißt, welche Gebote wir euch geg. haben
2Th	2,16	der uns einen ewigen Trost geg. hat
	3,9	wir wollten uns selbst euch zum Vorbild g.
1Ti	1,9	daß dem Gerechten kein Gesetz geg. ist
	5,14	dem Widersacher keinen Anlaß g. zu lästern
	6,18	daß sie Gutes tun, gerne g.
2Ti	1,7	Gott hat uns nicht geg. den Geist der Furcht
	16	der Herr g. Barmherzigkeit 18
	2,7	der Herr wird dir in allen Dingen Verstand g.
	25	ob ihnen Gott vielleicht Buße g.
	4,8	Krone der Gerechtigkeit, die mir der Herr g.
Tit	1,10	es g. viele Freche
1Pt	1,21	Gott, der ihm die Herrlichkeit geg.
2Pt	1,1	Gerechtigkeit, die unser Gott g. und Christus
1Jh	3,23	wie er uns das Gebot geg. hat
	24	an dem Geist, den er uns geg. hat 4,13
	5,16	es g. aber eine Sünde zum Tode 17
1Jh	5,20	daß der Sohn Gottes uns den Sinn dafür geg.
Heb	5,13	wem man noch Milch g. muß, der ist
	6,13	als Gott dem Abraham die Verheißung g.
	8,10	ich will mein Gesetz g. in ihren Sinn 10,16
	11,6	daß er denen, die ihn suchen, ihren Lohn g.
	14	wenn sie solches sagen, g. sie zu verstehen, daß
	12,11	wird sie g. Frucht der Gerechtigkeit
Jak	1,5	Gott, der jedermann gern g.
	2,16	ihr g. ihnen aber nicht, was der Leib nötig hat
	3,12	kann eine salzige Quelle nicht süßes Wasser g.
Off	1,1	die Offenbarung, die ihm Gott geg. hat
	2,10	sei getreu bis an den Tod, so will ich dir die Krone des Lebens g.
	17	wer überwindet, dem will ich g. von dem verborgenen Manna
	21	ich habe ihr Zeit geg., Buße zu tun
	28	ich will ihm... g. 6,2.4.11; 8,2.3; 9,1; 11,1; 12,14; 13,5; 15,7; 16,19; 19,8
	3,8	ich habe vor dir geg. eine offene Tür
	9	ich werde g. aus des Satans Synagoge
	21	dem will ich g., mit mir auf meinem Thron zu sitzen
	7,2	welchen geg. war, Schaden zu tun 9,5; 13,15; 16,8
	10,9	sprach zu ihm: G. mir das Büchlein
	11,2	(d. Vorhof) ist den Heiden geg.
	18	den Lohn zu g. deinen Knechten
	13,14	durch die Zeichen, die ihm geg. sind
	16	daß sie sich ein Malzeichen g.
	17,17	und ihr Reich dem Tier zu g.
	21,6	ich will dem Durstigen g. von der Quelle

gebenedeit

Lk	1,42	*g. bist du unter den Weibern*

Geber

2Ko	9,7	einen fröhlichen G. hat Gott lieb

Geber (Name)

1Kö	4,19	G., der Sohn Uris 13

Gebet

2Sm	7,27	daß er dies G. zu dir gebetet hat
1Kö	8,28	wende dich zum G. deines Knechts, damit du hörest das G. 29.45.49; 2Ch 6,19.20.35.39.40; 7,15; Neh 1,6.11; Dan 9,17
	54	als Salomo dies G. vollendet 2Ch 7,1
	9,3	habe dein G. gehört 2Kö 20,5; 2Ch 7,12; Jes 38,5
2Kö	19,4	erhebe dein G. für die Übriggebliebenen
2Ch	30,27	ihr G. kam in Gottes heilige Wohnung
	33,18	Manasse und sein G. zu seinem Gott 19
Neh	11,17	hatte beim G. den Lobgesang anzustimmen
Hi	16,17	obwohl mein G. rein ist
Ps	4,2	erhöre mein G. 54,4; 143,1
	6,10	mein G. nimmt der HERR an
	17,1	ein G. Davids 72,20; 86,1; 142,1
	1	vernimm mein G. 86,6
	39,13	höre mein G. 55,2; 84,9; 102,2
	61,2	merke auf mein G.
	65,3	du erhörst G.
	66,20	der mein G. nicht verwirft

Gebet

Ps	88,3	laß mein G. vor dich kommen 14
	90,1	ein G. des Mose
	102,1	ein G. für den Elenden
	18	er wendet sich zum G. der Verlassenen und verschmäht ihr G. nicht
	109,7	sein G. werde zur Sünde
	141,2	mein G. möge vor dir gelten
Spr	15,8	das G. der Frommen ist ihm wohlgefällig
	29	der Gerechten G. erhört er
	28,9	dessen G. ist ein Greuel
Jer	7,16	sollst weder Klage noch G. vorbringen 11,14
	42,9	daß ich euer G. vor ihn bringen sollte
Klg	3,8	stopft sich die Ohren zu vor meinem G.
	44	daß kein G. hindurch konnte
Dan	9,18	wir liegen vor dir mit unserm G. 20.21
Jon	2,8	mein G. kam zu dir in deinen hl. Tempel
Hab	3,1	dies ist das G. des Propheten Habakuk
Sa	12,10	will ausgießen den Geist des G.
Jdt	4,11	wissen, daß der Herr euer G. erhören wird
	12	Mose, der mit G. die Amalekiter schlug
	14	blieben sie weiterhin im G. vor dem Herrn
	9,13	allezeit hat dir gefallen das G. des Elenden
	14	einer armseligen Frau
	13,7	nach diesem G. trat (Judit) zu der Säule
Wsh	18,21	mit der Waffe seines Amts, nämlich mit G.
Tob	3,13	als sie ihr G. vollendete 24.25; 4,1; 7,13; 12,12
Sir	4,6	der ihn gemacht hat, erhört sein G.
	34,31	wer soll sein G. erhören
	35,16	er erhört das G. der Unterdrückten 17
	20	sein G. reicht bis in die Wolken 21
	36,19	erhöre, Herr, das G. derer, die dich anrufen
	39,9	dafür dankt er dem Herrn in seinem G.
	51,15	ich danke dir; denn mein G. ist erhört
	19	in meinem G. am Tempel bat ich darum
Bar	2,14	erhöre, Herr, unser G. und unser Flehen 3,4
1Ma	12,11	daß wir bei unserm G. an euch denken
2Ma	1,5	er erhöre euer G. und sei euch gnädig 24
	8,29	hielten sie ein gemeinsames G.
	15,26	griffen die Feinde an mit G. und Flehen
Mt	21,22	alles, was ihr bittet im G. Mk 11,24
	23,14	die ihr lange G. verrichtet Mk 12,40; Lk 20,47
Lk	1,13	dein G. ist erhört
	5,33	des Johannes Jünger verrichten ihre G.
	6,12	er blieb die Nacht über im G. zu Gott
	22,45	er stand auf von dem G. und kam zu seinen Jüngern
Apg	1,14	waren stets beieinander einmütig im G.
	2,42	sie blieben beständig in der Lehre der Apostel und im G.
	6,4	wollen beim G. und beim Dienst des Wortes bleiben
	10,4	deine G. sind vor Gott gekommen, und er hat ihrer gedacht 31
	11,5	ich war in der Stadt Joppe im G.
	16,16	als wir zum G. gingen
Rö	1,10	(daß ich) allezeit in meinem G. flehe
	12,12	seid beharrlich im G. Kol 4,2
	15,30	mir kämpfen helft durch eure G. für mich
2Ko	9,14	in ihrem G. für euch sehnen sie sich nach euch
Eph	1,16	ich gedenke euer in meinem G. 1Th 1,2; 2Ti 1,3; Phm 4
	6,18	wacht... im G. für alle Heiligen
Phl	1,4	ich tue das G. mit Freuden
	19	dies zum Heil ausgehen wird durch euer G.
	4,6	laßt eure Bitten in G. vor Gott kundwerden
Kol	4,12	der allezeit in seinen G. für euch ringt
1Ti	2,1	so ermahne ich nun, daß man tue Bitte, G.
	4,5	geheiligt durch das Wort Gottes und G.
1Ti	5,5	eigentlich eine Witwe, die bleibt am G.
Phm	22	daß ich durch eure G. euch geschenkt werde
1Pt	3,7	euer G. soll nicht behindert werden
	12	seine Ohren hören auf ihr G.
	4,7	so seid nun besonnen und nüchtern zum G.
Heb	5,7	er hat G. und Flehen geopfert
Jak	5,16	des Gerechten G. vermag viel 15
	17	Elia betete ein G.
Off	5,8	goldene Schalen voll Räucherwerk, das sind die G. der Heiligen
	8,3	daß er es darbringe mit den G. aller Heiligen 4

Gebetsriemen

Mt	23,5	sie machen ihre G. breit

Gebetszeit

Apg	3,1	gingen hinauf in den Tempel zur G.

Gebiet

1Mo	32,4	Jakob schickte Boten in das G. von Edom
2Mo	3,8	sie herausführe in das G. der Kanaaniter
	7,27	will dein ganzes G. plagen 10,4; Ps 105,31
	34,24	werde ich dein G. weit machen 5Mo 12,20; 19,8
4Mo	20,17	bis wir durch dein G. hindurchgekommen sind 21; 21,13.22-24; 32,33; 33,44; 5Mo 2,18; Ri 11,18.20.22
	34,3	der Südzipfel eures G.
5Mo	3,16	den Rubenitern gab ich ein G.
	11,24	von der Wüste... bis ans Meer soll euer G. sein Jos 1,4; 2Kö 14,25
	19,3	sollst das G. in drei Kreise teilen
	28,40	Ölbäume wirst du haben in deinem G.
Jos	12,4	das G. des Königs Og 5
	13,2	(noch einzunehmen) alle G. der Philister 3
	11	(Mose gab ihnen) das G. von 16.25-27.30.32; 14,1.2; 16,2.3.5; 17,7.11; 18,5.11; 19,12.18.25.41. 46.49; 20,8; 22,11
	19,47	dem Stamm Dan ging sein G. verloren Ri 18,2
	24,30	begrub... in dem G. s. Erbteils Ri 2,9
Ri	1,18	eroberte Juda nicht... Ekron mit s. G.
	36	das G. der Edomiter ging vom
	19,29	sandte sie in das ganze G. Israels 20,6; 1Sm 11,3.7
1Sm	5,6	schlug mit Beulen Aschdod und sein G.
	6,12	gingen (den Kühen) nach bis zum G. von
	7,13	kamen nicht mehr in das G. Israels 14
	9,4	gingen... durch das G. von Schalischa 5
	13,17	einer wandte sich ins G. von Schual 18
	14,2	Saul saß am Rande des G. von Gibea
	27,1	mich zu suchen in ganzem G. Israels 1Kö 1,3
2Kö	10,32	Hasaël schlug sie im ganzen G. Israels
	15,16	schlug die Stadt Tifsach und ihr G.
	18,8	bis nach Gaza und seinem G.
1Ch	4,10	ach daß du mein G. mehrtest
	6,39	dies sind ihre Wohnsitze in ihrem G. 51
	21,12	Verderben anrichte im ganzen G. Israels
2Ch	11,23	verteilte seine Söhne in die G. von Juda 31,19
	34,33	entfernte alle Götzen aus allen G. Israels
Esr	5,3	der Statthalter des G. jenseits des Euphrat
Hi	38,20	daß du sie zu ihrem G. bringen könntest
Ps	105,33	zerbrach die Bäume in ihrem G.
Jer	15,13	Sünden, in deinem G. begangen 17,3
Hes	25,9	ohne Städte in seinem ganzen G.
	27,4	dein G. liegt mitten im Meer

Hes	43,12	soll sein G. hochheilig sein 45,4; 48,12.13.22.24-28		
	47,8	fließt hinaus in das östliche G.		
	48,18	das G. soll dem Unterhalt dienen		
Jo	4,4	ihr aus allen G. der Philister		
Am	1,13	um ihr G. zu erweitern		
	6,2	ihr euer G. größer als das ihre		
Jdt	2,15	nahm die G. ein von Cilicien bis		
	7,2	Hilfstruppen, in den... G. ausgehoben		
1Ma	1,9	übernahmen das Reich, jeder in seinem G.		
	4,15	jagte ihnen nach bis ins G. von Idumäa		
	8,24	irgendeiner ihrer Bundesgenossen in ihrem G.		
	10,43	wer in den Tempel oder in sein G. flieht		
	89	dazu schenkte er ihm Ekron und sein G.		
	11,34	sie und ihr G. sollen an Judäa übergehen		
Mt	4,13	Kapernaum, das liegt im G. von Sebulon		
	15,22	eine kanaanäische Frau kam aus diesem G.		
	39	stieg er ins Boot und kam in das G. von Magadan		
	19,1	Jesus kam in das G. von Judäa Mk 10,1		
Mk	7,24	(Jesus) ging von dort in das G. von Tyrus 31		
	31	kam er mitten in das G. der Zehn Städte		
Lk	4,26	gesandt zu einer Witwe nach Sarepta im G. von Sidon		
Apg	13,50	vertrieben sie aus ihrem G.		
2Ko	11,10	dieser Ruhm im G. von Achaja		

gebieten

1Mo	2,16	Gott der HERR g. dem Menschen 3,11.17
	6,22	tat alles, was ihm Gott g. 7,5.9.16; 21,4; 2Mo 7,6.10.20; 12,28.50; 18,23; 3Mo 8,4; 24,23; 4Mo 17,26; 20,27; 27,22; 31,31
	26,11	da g. Abimelech allem Volk
	28,1	Nimm nicht eine Frau Kanaans 6
	32,18	(Jakob) g. dem ersten 20; 49,29
	45,19	der Pharao sprach zu Josef: g. ihnen
	47,11	wie der Pharao g. hatte 2Mo 1,22
2Mo	4,23	g. dir, daß du meinen Sohn ziehen läßt
	7,2	sollst alles reden, was ich dir g. werde 19,7; 34,34
	16,16	das ist's, was der HERR g. hat 32; 35,1.4; 3Mo 8,5; 9,6; 17,2; 4Mo 30,2; 36,6
	24	wie Mose g. hatte 34,32; 36,6; 3Mo 9,5; 4Mo 32,25.28; 34,13; 36,5; Jos 8,31.33.35; 11,12; 22,2; 2Kö 8,12; 1Ch 6,34; 15,15; 2Ch 24,6
	34	wie der HERR es Mose g. hatte 34,4; 38,22; 39,1 u.ö.42; 40,16u.ö.32; 3Mo 7,38; 8,4u.ö.34; 9,10.21; 16,34; 4Mo 1,19.54; 2,33.34; 3,16.42.51; 4,49; 8,3.20.22; 9,5.23; 15,36; 20,9; 26,4; 27,11; 30,1; 31,7.41.47; 36,2.10; 5Mo 1,3; 34,9; 24; 9,25.14; 11,15.20; 14,5; 17,4; Neh 1,8
	23,15	sollst halten... wie ich dir g. habe 29,35; 31,6.11; 34,11.18; 35,10
	25,22	zwischen den Cherubim will ich... dir g.
	27,20	g. den *Israeliten 3Mo 24,2; 4Mo 5,2; 28,2; 34,2.13.29; 35,2; Neh 9,15
	32,8	von dem Wege gewichen, den ich ihnen g. 5Mo 9,12.16; 11,28; 13,6; 31,29
	35,29	das der HERR durch Mose g. hatte 36,5; 3Mo 8,36; 4Mo 15,23; Jos 14,2; 21,2.8
3Mo	6,2	g. Aaron und seinen Söhnen und sprich
	7,36	der Anteil, von dem der HERR g. 9,7; 10,15.18; 1Sm 2,29
	8,35	denn so ist es mir g. 10,13
	10,1	fremdes Feuer, das er ihnen nicht g.
	13,54	soll g., daß man das wasche 14,4.5.36
	25,21	will meinem Segen über euch g. 5Mo 28,8
	27,34	Gebote, die der HERR g. 4Mo 19,2; 30,17; 31,21; 36,13; 5Mo 4,2.5.14.40; 5,12.15.16.32.33; 6,1.2.6.17.20.24.25; 7,11; 8,1.11; 10,13; 11,8.13.22.27; 12,28; 13,1.19; 15,5; 19,9; 26,13.14; 27,1.10; 28,1.13-15.45; 30,2.8.16; Ri 3,4; 1Sm 13,13; 1Kö 8,58; 2Kö 17,13.34; 18,6; 21,8; 1Ch 16,40; 22,13; 24,19; Neh 1,7; 9,14; Ps 78,5
4Mo	9,8	will hören, was euch der HERR g.
	10,14	über ihr Heer g. 15u.ö.25
	36,2	der HERR hat g. unserm Herrn
5Mo	1,16	ich g. euren Richtern 18; 31,10.25; Jos 1,10
	19	wie uns der HERR g. hatte 41; 2,37; 10,5; 20,17; Jos 10,40
	2,4	g. dem Volk und sprich 3,18; 27,1.4.11; Jos 1,11; 3,3
	3,28	g. dem Josua, daß er getrost sei 21; 18,18; Jos 1,9; 4,10; 11,15
	4,2	sollt nichts dazutun zu dem, was ich g.
	13	seinen Bund, den er euch g. zu halten 23; 28,69; Jos 7,11; 23,16; Ri 2,20; Jer 11,4.8
	12,1	sollt dahin bringen, was ich euch g. 14.21.26
	15,11	darum g. ich dir 15; 19,7; 24,18.22
	17,3	was ich nicht g. habe 18,20
	24,8	wie euch ihnen g., sollt ihr's halten
	26,16	heute g. dir der HERR
	30,11	das ich dir g., ist dir nicht zu hoch
	33,4	Mose hat uns das Gesetz g. Jos 1,7.13; 22,5
	27	er hat g.: Vertilge
Jos	1,16	alles, was du uns g., wollen wir tun 18
	3,8	du g. den Priestern 4,3.16.17
	4,8	taten, wie ihnen Josua g. 22,2
	6,10	Josua g. dem Kriegsvolk 8,4.8; 18,8
	8,27	nach dem Wort des HERRN, das er Josua g. 13,6
	29	g. er, daß man s. Leichnam vom Baum 10,27
Ri	3,19	(Eglon) aber g.: Hinaus
	4,6	ließ Barak sagen: Hat dir nicht der HERR g.
	13,14	alles, was ich ihr g., soll sie halten
	21,10	g. ihnen: Geht hin und schlagt 20
Rut	2,9	ich habe meinen Knechten g. 15
	3,6	tat, was ihre Schwiegermutter ihr g.
1Sm	17,20	wie ihm Isai g. hatte 18,22; 20,29
2Sm	5,25	David tat, wie der HERR g. 1Ch 14,16
	9,11	wie der König s. Knechte g. hat 21,14
	11,19	g. dem Boten 14,19; 18,16
	13,28	Absalom g.: Schlagt Amnon nieder 29
	16,10	der HERR hat ihm g.: Fluche David 11
	18,5	g.: Verfahrt schonend mit Absalom 12
1Kö	2,1	David g. seinem Sohn Salomo 1Ch 22,6.17
	46	der König g. 43; 5,31; 22,31; 2Kö 16,15.16; 17,27; 22,12; 23,4.21; 2Ch 18,30; 29,15.27.30; 30,12; 34,20
	5,30	Vögte, welche den Leuten g. 9,23; 2Ch 8,10
	9,4	alles tust, was ich dir g. 11,10.38; 2Kö 21,8; 2Ch 33,8
	11,11	Gebote nicht gehalten, die ich dir g. 13,21
	13,9	das ist mir g. durch des HERRN Wort 2Kö 18,25
	15,5	nicht gewichen von allem, was er ihm g.
	17,4	habe den Raben g., daß sie dich versorgen 9
2Kö	5,13	wenn dir der Prophet etwas Großes g. 14
	11,9	was der Priester Jojada g. 5.15; 2Ch 23,8.14
	14,6	Gesetzbuch, wo der HERR g. 2Ch 25,4; Neh 8,1.14
	17,15	Heiden, von denen der HERR ihnen g. 35
	18,36	der König hatte g.: Antwortet nichts Jes 36,21
1Ch	17,6	Richter, denen ich g. zu weiden mein Volk
	21,27	der HERR g. dem Engel
2Ch	14,3	(Asa) g., daß sie den HERRN suchten 19,9
Esr	2,63	der Statthalter g. ihnen Neh 7,65

gebieten

Esr	4,3	wie uns Kyrus g. hat
Neh	12,24	wie es David, der Mann Gottes, g. hatte
Est	1,12	wollte nicht, wie der König g. 15.17; 3,2; 9,25
	2,10	Mordechai hatte ihr g. 20; 4,8.10.17; 8,9
Hi	30,13	keiner g. ihnen Einhalt
	37,12	was er ihnen g. auf dem Erdkreis
	38,12	hast du dem Morgen g.
Ps	33,9	wenn er g., so steht's da 148,5
	78,23	er g. den Wolken droben
	105,31	er g., da kam Ungeziefer 34
	106,34	wie ihnen der HERR doch g. hatte
	119,4	hast g., fleißig zu halten deine Befehle
	138	hast deine Mahnungen g. in Gerechtigkeit
	122,4	wie es g. ist dem Volke Israel
Jes	5,6	will den Wolken g., daß sie nicht regnen
	34,16	sein Mund g. es
	45,12	ich bin's, der seinem ganzen Heer g. hat
Jer	1,7	sollst predigen alles, was ich dir g. 17
	7,22	habe nichts g. von Brandopfern
	23	dies habe ich g.: Gehorcht meinem Wort; wandelt auf dem Weg, den ich euch g.
	31	zu verbrennen, was ich nie g. habe 19,5
	13,5	versteckte ihn, wie mir der HERR g. hatte
	17,22	Sabbattag, wie ich euren Vätern g.
	32,23	was du ihnen g., taten sie nicht
	35,6	unser Vater Jonadab hat g. 8.10.14.16.18
	36,5	Jeremia g. Baruch 26
Klg	1,10	g. hast, sie sollten nicht in... kommen
	2,17	erfüllt, das er längst zuvor g. hat
Hes	9,11	habe getan, wie du mir g. 10,6
Am	2,12	ihr g. den Propheten
	6,11	der HERR hat g., daß man... schlagen soll
Nah	1,14	wider dich hat der HERR g.
Hab	1,7	es g. und zwingt, wie es will
Sa	9,10	er wird Frieden g. den Völkern
Jdt	5,20	wie Gott ihnen g. hatte
Wsh	9,8	du g. mir, einen Tempel zu bauen
Sir	7,33	gib ihm seinen Anteil, wie dir g. ist
	15,21	er hat niemand g., gottlos zu sein
	24,12	da g. mir der Schöpfer aller Dinge
	39,21	was er g., das geschieht zur rechten Zeit
	51,38	tut, was euch g. ist
1Ma	1,46	g., sie sollten die Gebräuche der Heiden
	13,9	gehorsam sein in allem, was du uns g.
2Ma	2,1	daß der Prophet Jeremia... g. habe 1,21
	15,3	den, der g. hat, den Sabbat g. halten 4
StD	1,53	obwohl der Herr g. hat: Du sollst nicht
Mt	10,5	diese Zwölf sandte Jesus aus, g. ihnen Mk 6,8
	12,16	(Jesus) g. ihnen, daß sie ihn nicht offenbar machten Mk 3,12; 5,43; 7,36; Lk 5,14; 8,56; 9,21
	15,4	denn Gott hat g.
	16,20	da g. er seinen Jüngern 17,9; Mk 8,15; 9,9
	19,7	warum hat dann Mose g., ihr einen Scheidebrief zu geben Mk 10,3
Mk	1,27	er g. auch den unreinen Geistern Lk 4,36
	44	opfere für deine Reinigung, was Mose g. hat Lk 5,14
	6,39	er g. ihnen, daß sie sich alle lagerten 8,6
	9,25	du sprachloser und tauber Geist, ich g. dir Lk 8,29.31
	11,6	sie sagten zu ihnen, wie ihnen Jesus g. hatte
	13,34	g. dem Türhüter, er solle wachen
Lk	4,39	er trat zu ihr und g. dem Fieber
	8,25	auch dem Wind und dem Wasser g. er
Jh	8,5	Mose hat uns im Gesetz g., solche Frauen zu steinigen
	14,31	daß ich tue, wie mir der Vater g. hat
	15,14	ihr seid meine Freunde, wenn ihr tut, was ich euch g.
Jh	15,17	das g. ich euch, daß ihr euch untereinander liebt
Apg	4,18	g. ihnen, keinesfalls zu reden in dem Namen Jesu 5,40
	5,28	geb., in diesem Namen nicht zu lehren
	10,42	er hat uns g., dem Volk zu predigen
	13,47	denn so hat uns der Herr g.
	15,5	ihnen g., das Gesetz des Mose zu halten
	16,18	ich g. dir im Namen Jesu Christi
	17,30	nun g. er den Menschen, daß alle Buße tun
	18,2	weil Kaiser Klaudius allen Juden g. hatte, Rom zu verlassen
	23,22	g. ihm, niemandem zu sagen, daß
1Ko	7,10	den Verheirateten g. nicht ich, sondern der Herr
1Th	4,11	mit euren eigenen Händen arbeitet, wie wir euch g. haben
2Th	3,4	daß ihr tut und tun werdet, was wir g.
	6	wir g. euch, liebe Brüder
	10	schon als wir bei euch waren, g. wir euch
	12	solchen aber g. wir und ermahnen sie
1Ti	1,3	einigen zu g., daß sie nicht anders lehren
	4,3	sie g., nicht zu heiraten
	11	dies g. und lehre 5,7
	6,13	ich g. dir vor Gott, der alle Dinge lebendig macht
	17	den Reichen g., daß sie nicht stolz seien
Phm	8	volle Freiheit, dir zu g., was sich gebührt
Heb	9,20	Blut des Bundes, den Gott euch geb. hat

Gebieter

Ri	5,9	mein Herz ist mit den G. Israels
	14	von Machir zogen G. herab
Ps	68,31	bedrohe die G. der Völker
Jes	3,12	Kinder sind die G. meines Volks
	55,4	zum Fürsten für sie und zum G.

Gebilde

Hi	4,16	stand ein G. vor meinen Augen
Ps	103,14	er weiß, was für ein G. wir sind

Gebim

Jes	10,31	die Bürger von G. laufen davon

Gebirge (s.a. Ephraim 2)

1Mo	8,4	ließ sich die Arche nieder auf das G.
	10,30	bis man kommt an das G. im Osten
	12,8	brach (Abram) auf ins G.
	14,6	die Horiter auf ihrem G. Seïr 36,8.9
	10	was übrigblieb, floh auf das G. 19,17.19.30; 31,21.23.25
	31,54	opferte auf dem G... blieben auf dem G.
2Mo	32,12	herausgeführt, daß er sie umbrächte im G.
4Mo	13,17	geht auf das G. 14,40.44; 27,12; 33,23.24.47.48; 5Mo 32,49; Jos 2,16.22.23
	29	Jebusiter und Amoriter wohnen auf dem G. 14,45; 5Mo 1,7.19.20.24.41.43.44; Jos 10,6; 11,3
	23,7	hat mich holen lassen von dem G.
5Mo	1,2	Wege zum G. Seïr 2,1.3.5.8.22.29; Jos 12,7; 15,10; 24,4; 1Ch 4,42; 2Ch 20,10.22.23
	2,37	kamst nicht zu den Städten auf dem G.
	3,12	am Fuße des G. Pisga 27; 4,49; 34,1; Jos 12,3
Jos	9,1	Könige, jenseits des Jordan auf dem G. 11,2
	10,40	schlug Josua das ganze Land auf dem G. 11,16.17.21; 12,8; Ri 1,9.19

Jos	13,5	Baal-Gad am Fuße des G. Hermon 11; Ri 3,3
	6	die auf dem G.: Ich will sie vertreiben
	14,12	gib mir nun dies G.
	15,9	zu den Städten des G. Ephron 48
	10	G. Jearim – das ist Kesalon
	16,1	geht die Grenze auf das G. nach Bethel 18,12; 1Sm 13,2
	17,16	das G. wird nicht Raum genug für uns haben
	18	das G. soll dein sein 20,7; 21,11
Ri	1,34	Amoriter drängten die Daniter aufs G. 35
	9,36	da kommt Kriegsvolk von der Höhe des G.
	12,15	begraben auf dem G. der Amalekiter
1Sm	23,14	blieb (David) im G., in der Wüste Sif
	28,4	lagerten sich auf dem G. Gilboa 31,1.8; 2Sm 1,6; 1Ch 10,1.8
1Kö	5,29	80.000 Steinhauer im G. 2Ch 2,1.17
2Ch	27,4	baute Städte auf dem G. Juda
Ps	68,16	ein Gottesberg ist Baschans G., ein G., reich an Gipfeln, ist Baschans G.
Hl	4,1	die herabsteigen vom G. Gilead 6,5
Jer	17,26	sollen kommen vom G. 32,44; 33,13
	49,16	weil du hohe G. innehast
Hes	33,28	daß das G. Israel zur Wüste wird
	35,2	richte d. Angesicht gegen das G. Se'ir 3.7.15
Ob	8	zunichte die Klugheit auf dem G. Esau
	9	daß alle auf dem G. Esau ausgerottet werden 19.21; Mal 1,3
Mi	7,12	werden kommen von einem G. zum andern
Hab	3,3	kam der Heilige vom G. Paran
Hag	1,8	geht hin auf das G. und holt Holz
Jdt	2,12	kam er zu dem großen G. Ange im Norden 3,6; 6,7; 7,3
	4,5	die Zugänge ins G. besetzen 5,1; 7,9
	5,2	Volk, das im G. wohnt 3.21.26
	15,2	auf allen Wegen im G. flohen sie
Sir	24,17	wie weine Zypresse auf dem G. Hermon
1Ma	2,28	flohen er und seine Söhne aufs G. 4,5.18.19; 9,40; 11,68; 2Ma 5,27
	10,70	du bist nur stark auf dem G.
Lk	1,39	Maria ging eilends in das G.
	65	wurde bekannt auf dem ganzen G. Judäas
	21,21	wer in Judäa ist, der fliehe ins G.

Gebirgsweg

Jdt	7,5	sie besetzten die Engpässe der G.

Gebiß

Ps	32,9	denen man Zaum und G. anlegen muß
	58,7	zerschlage das G. der jungen Löwen

Geblüt

Jh	1,13	*nicht von dem G. des Fleisches*

geboren (s.a. gebären)

1Mo	6,1	als aber ihnen Töchter g. wurden
	10,1	wurden g. nach der Sintflut 21.25; 21,3; 25,26; 35,26; 41,50; 46,20.22.27; 48,5; 4Mo 26,59.60; Ri 18,29; 2Sm 3,2.5; 5,13.14; 12,14.15; 14,27; 1Kö 1,6; 1Ch 1,19; 2,3.9; 3,1.4.5; 14,4; 26,6
	14,14	Knechte, in seinem Hause g. 17,12.13.23.27; 3Mo 22,11; Pr 2,7
	17,17	soll mir mit 100 Jahren ein Kind g. werden 21,5; 44,20
2Mo	1,22	Söhne, die g. werden, werft in den Nil
3Mo	18,9	sie sei in oder außer der Ehe g. 11
3Mo	22,27	wenn ein Rind oder Schaf g. ist 5Mo 15,19
Jos	5,5	Volk, das unterwegs in der Wüste g. war
Ri	13,8	mit dem Knaben tun, der g. werden soll
1Kö	8,19	sondern dein Sohn, der dir g. wird
	13,2	wird dem Hause David g. werden... Josia
1Ch	22,9	der Sohn, der dir g. werden soll... Salomo
Esr	10,3	Kinder, die von ihnen g. sind, hinaustun
Hi	3,3	ausgelöscht sei der Tag, an dem ich g.
	14,1	der Mensch, vom Weibe g., lebt kurze Zeit
	15,7	bist du als der erste Mensch g.
	14	gerecht sein sollte, der vom Weibe g. 25,4
	38,21	zu der Zeit wurdest du g.
Ps	22,32	werden predigen dem Volk, das g. wird
	51,7	ich bin als Sünder g.
	78,6	Kinder, die noch g. würden
	87,4	die sind hier g. 5.6
	110,3	deine Söhne werden dir g. wie der Tau
Spr	8,24	als Meere noch nicht waren... ich g. 25
	17,17	ein Bruder wird in der Not g.
Pr	3,2	g. werden hat seine Zeit
	4,2	besser daran ist, wer noch nicht g. ist
	14	war doch arm g., als jener noch König war
Jes	9,5	uns ist ein Kind g., ein Sohn gegeben
	26,18	Bewohner können nicht g. werden
	51,2	Sara, von der ihr g. seid
Jer	1,5	ehe du von der Mutter g. wurdest
	2,14	ist denn Israel unfrei g.
	16,3	die an diesem Ort g. werden
	20,14	verflucht sei der Tag, an dem ich g. bin
Hes	16,4	am Tag, als du g. wurdest 5
	21,35	im Land, in dem du g. bist
Hos	2,5	wie sie war, als sie g. wurde
	13,13	Wehen kommen, daß er g. werden soll
Wsh	3,12	verflucht ist, was von ihnen g. wird
	4,6	Kinder, in gesetzwidriger Ehe g.
	7,3	ich habe, als ich g. war, Atem geholt
Sir	14,19	die einen sterben, die andern werden g.
	23,19	schließlich wünschst, du wärst nie g.
	41,12	werdet ihr g., so werdet ihr zum Fluch g.
1Ma	2,7	ach, daß ich dazu g. bin
Mt	1,16	Maria, von der ist Jesus
	20	*das in ihr g. ist, das ist*
	2,1	als Jesus g. war in Bethlehem
	4	erforsche, wo der Christus g. werden sollte
	11,11	unter allen, die von einer Frau g. sind Lk 7,28
	26,24	besser, wenn er nie g. wäre Mk 14,21
Lk	1,35	das Heilige, das g. wird, Gottes Sohn genannt
	2,11	euch ist heute der Heiland g.
Jh	1,13	die von Gott g. sind
	3,3	es sei denn, daß jemand von neuem g. werde 4.5.7.8
	6	was vom Fleisch g. ist, das ist Fleisch
	8,41	wir sind nicht unehelich g.
	9,1	sah einen Menschen, der blind g. war 2.19.20
	34	du bist ganz in Sünden g. und lehrst uns
	18,37	dazu g., daß ich die Wahrheit bezeugen soll
Apg	2,8	*seine Sprache, darin wir g. sind*
	7,20	zu der Zeit wurde Mose g. Heb 11,23
	22,3	ein jüdischer Mann, g. in Tarsus in Zilizien
	28	ich bin als römischer Bürger g.
Rö	1,3	g. aus dem Geschlecht Davids
	9,11	ehe die Kinder g. waren
Gal	4,4	sandte Gott seinen Sohn, g. von einer Frau
2Pt	2,12	Tiere, die von Natur dazu g. sind
1Jh	2,29	daß, wer recht tut, der ist von ihm geb.
	3,9	wer aus Gott g. ist, der tut keine Sünde
	4,7	wer liebt, der ist von Gott g. und kennt Gott
	5,1	wer glaubt, daß Jesus der Christus ist, der ist von Gott g.

geboren

1Jh	5,4	alles, was von Gott g. ist, überwindet die Welt
	18	wer von Gott g. ist, der sündigt nicht
Heb	7,10	er sollte s. Stammvater erst noch g. werden
	11,12	*darum sind von dem einen viele g.*
	23	Mose, als er g. war, drei Monate verborgen
Jak	1,18	er hat uns geb. nach seinem Willen
Off	12,4	damit er, wenn sie g. hätte, ihr Kind fräße
	13	verfolgte er die Frau, die den Knaben geb.

geborgen

Ps	22,10	du ließest mich g. sein an der Brust
Jes	51,16	unter dem Schatten meiner Hände g.
Jer	7,10	sprecht: Wir sind g., – und tut weiter

Gebot

1Mo	26,5	weil Abraham gehalten hat meine G.
	49,33	als Jakob dies G. an seine Söhne vollendet
2Mo	12,17	haltet das G. der ungesäuerten Brote
	15,26	wirst du merken auf seine G.
	16,28	wie lange weigert ihr euch, meine G.
	20,6	die mich lieben und meine G. halten 5Mo 5,10; 7,9; Jos 22,5; Neh 1,5; Dan 9,4
	24,12	die steinernen Tafeln, Gesetz und G.
	36,1	Arbeit ausführen nach dem G. des HERRN
	38,21	Summe, nach dem G. des Mose errechnet
3Mo	4,2	wenn jemand gegen irgendein G. des HERRN sündigte 13.22.27; 5,17; 4Mo 15,22.31
	8,35	sollt nach dem G. des HERRN tun Jos 22,5
	22,31	haltet meine G. und tut danach 5Mo 7,11; 8,1; 11,22; 12,1
	26,3	werdet ihr meine G. halten 14.15
	27,34	G., die der HERR dem Mose gebot 4Mo 36,13; Hes 20,11
4Mo	15,39	sollt an alle G. des HERRN denken 40
5Mo	4,1	höre, Israel, die G. und Rechte 6; 5,1; 11,13
	2	daß ihr bewahrt die G. 14
	5	hab euch gelehrt G. und Rechte 14
	8	wo ist ein Volk, das so gerechte G. hat
	40	(der HERR) sollst halten seine Rechte und G. 6,2.17; 8,6.11; 10,13; 11,1.8.32; 13,5.19; 16,12; 26,16-18; 27,1.10; 28,9.15.45; 30,8.10.16; 31,5; Hes 20,19; 44,24
	45	dies sind die Ermahnungen und G. 6,1
	5,29	Herz hätten, zu halten meine G.
	31	damit ich dir verkündige die G. und Rechte
	6,20	was sind das für G. und Rechte
	25	diese G. tun vor dem HERRN 28,13
	8,2	ob du seine G. halten würdest Ri 3,4
	11,27	Segen, wenn ihr gehorcht den G. des HERRN 15,5; 19,9; 28,1.13; 30,16
	28	Fluch, wenn ihr nicht gehorchen w. den G.
	17,20	soll nicht weichen von dem G.
	26,13	hab's gegeben ganz nach deinem G... habe deine G. nicht übertreten
	30,11	das G. ist dir nicht zu hoch und zu fern
Jos	22,3	festgehalten an dem G. des HERRN
Ri	2,17	als sie G. gehorchten
1Sm	13,13	nicht gehalten das G. des HERRN 14; 1Kö 2,43; 11,11.33; 13,21; 18,18; 2Kö 17,15.16.19.34; Ps 78,56
2Sm	22,23	seine G. werfe ich nicht von mir Ps 18,23
	24,19	wie Gad nach des HERRN G. gesagt
1Kö	2,3	hältst seine G. 3,14; 6,12; 8,58.61; 9,4; 11,38; 2Kö 17,13.37; 1Ch 22,13; 28,7.8; 29,19; 2Ch 7,17; 14,3; 23,6; 33,8; 34,31
	9,6	werdet ihr aber nicht halten meine G. 2Ch 7,19; Ps 89,32
1Kö	11,34	David, der meine G. gehalten 14,8
	20,35	da sprach ein Mann auf des HERRN G.
2Kö	18,6	(Hiskia) hielt seine G., die der HERR 2Ch 31,21
2Ch	8,15	wich in keiner Hinsicht vom G. des Königs 35,10.15.16
	13,11	denn wir halten die G. des HERRN
	17,4	(Joschafat) wandelte in seinen G.
	19,10	es gehe um Gesetz und G.
	24,20	warum übertretet ihr die G. des HERRN
	29,25	es war des HERRN G. durch seine Propheten
Esr	7,10	G. und Rechte in Israel zu lehren
	11	kundig war in den Worten der G.
	9,10	haben deine G. verlassen Neh 1,7; 9,16.29.34
	14	sollten wiederum deine G. übertreten
	10,3	die die G. unseres Gottes fürchten
Neh	1,9	wenn ihr meine G. haltet 10,30
	9,13	hast gute G. ihnen gegeben 14
	10,33	wollen uns das G. auferlegen
	11,23	ein G. des Königs Est 1,19; 2,8; 3,3; 4,3
	12,45	taten nach dem G. Davids
Hi	23,12	übertrat nicht das G. seiner Lippen
Ps	19,9	die G. des HERRN sind lauter
	25,10	die seinen Bund und seine G. halten
	50,16	was hast du von meinen G. zu reden
	78,7	daß sie seine G. hielten 99,7; 105,45
	103,18	gedenken an seine G., daß sie danach tun
	106,3	wohl denen, die das G. halten
	107,11	weil sie Gottes G. ungehorsam waren
	112,1	der große Freude hat an seinen G.
	119,5	daß mein Leben deine G. mit Ernst hielte
	6	wenn ich schaue allein auf deine G.
	8	deine G. will ich halten 145
	10	laß mich nicht abirren von deinen G. 118
	12	lehre mich deine G. 26.64.124.135.171
	19	verbirg deine G. nicht vor mir
	21	verflucht sind, die von deinen G. abirren
	23	dein Knecht sinnt nach über deine G.
	32	ich laufe den Weg deiner G. 33
	35	führe mich auf dem Steig deiner G.
	47	ich habe Freude an deinen G. 117.143
	48	ich hebe meine Hände auf zu deinen G.
	54	deine G. sind mein Lied im Hause
	60	ich eile, zu halten deine G.
	66	ich glaube deinen G.
	71	damit ich deine G. lerne 73
	80	m. Herz bleibe rechtschaffen in deinen G.
	83	deine G. vergesse ich nicht 176
	86	all deine G. sind Wahrheit 151
	96	dein G. bleibt bestehen
	98	du machst mich mit deinem G. weiser
	112	zu tun dein G. 166
	115	will mich halten an die G. meines Gottes
	127	darum liebe ich deine G. mehr als Gold
	131	mich verlangt nach deinen G.
	155	sie achten deine G. nicht
	172	alle deine G. sind gerecht
	132,12	werden deine Söhne halten mein G.
	147,15	er sendet sein G. auf die Erde
	19	er verkündet Israel seine G.
Spr	1,8	verlaß nicht das G. deiner Mutter
	2,1	wenn du meine G. behältst 3,1
	3,3	hänge meine G. an deinen Hals
	4,4	halte meine G., so wirst du leben 7,2
	6,20	bewahre das G. deines Vaters
	23	das G. ist eine Leuchte
	7,1	verwahre meine G. bei dir
	10,8	wer weisen Herzens ist, nimmt G. an
	13,13	wer das G. fürchtet, dem wird es gelohnt

Spr	19,16	wer das G. bewahrt, der bewahrt s. Leben
Pr	8,5	wer das G. hält, will nichts... wissen
	12,13	fürchte Gott und halte seine G.
Jes	24,5	sie ändern die G.
	48,18	o daß du auf meine G. gemerkt hättest
Jer	17,27	werdet ihr nicht auf mein G. hören
	35,14	gehorchen ihres Vaters G. 16.18
Hes	5,6	wollten nicht nach meinen G. leben 7; 11,12; 20,13.16.21.24
	11,20	damit sie in meinen G. wandeln 18,9.17; 36,27; 37,24
	20,18	sollt nicht nach dem G. eurer Väter leben
	25	gab auch ich G., die nicht gut waren
Dan	3,10	du hast ein G. ergehen lassen 12.22.28.29
	4,14	dies ist G. der Heiligen
	6,8	es solle ein strenges G. erlassen werden 9-11.13.14.16
	9,5	wir sind von deinen G. abgewichen
Hos	8,1	weil sie sich gegen meine G. auflehnen
	12	wenn ich noch so viele G. aufschreibe
	13,1	solange Ephraim nach meinem G. redete
Sa	1,6	haben nicht meine G. eure Väter getroffen
Mal	3,7	seid immerdar abgewichen von meinen G.
	14	was nützt es, daß wir sein G. halten
	22	gedenket an alle G. und Rechte
Wsh	6,19	wo man G. hält, da ist Leben
	9,9	weiß, was recht ist nach deinen G.
	14,16	Bilder verehren auf das G. der Tyrannen
	16,6	damit sie deines Gesetzes denken
	18,16	ein Schwert, nämlich dein G.
	19,6	Schöpfung... um deinen G. zu dienen
Tob	2,13	wie er von Jugend auf seine G. gehalten
	3,4	weil wir deine G. nicht gehalten haben Bar 1,18; 2,10.12; 4,13; StD 3,6
Sir	1,5	Weisheit verzweigt sich in die ewigen G.
	4,6	hüte dich, gegen die G. Gottes zu handeln
	32	willst du weise werden, so halte die G.
	34	sei nicht ungehorsam dem G. der Gottesfurcht
	6,37	betrachte immer Gottes G.
	10,23	wer Gottes G. übertritt, verliert s. Ehre
	15,15	wenn du willst, so kannst du die G. halten
	21,12	wer Gottes G. hält, folgt s. Kopf nicht
	23,33	ist sie dem G. des Höchsten ungehorsam
	37	nichts (ist) süßer als Gottes G.
	28,7	bleibe bei den G. 8
	29,12	hilf dem Armen um des G. willen 1
	14	sammle dir einen Schatz nach dem G.
	32,27	auch so hält man die G.
	28	wer dem Gesetz vertraut, achtet auf die G.
	35,1	Gottes G. halten, ist ein reiches Opfer 2.7
	37,15	du weißt, daß sie Gottes G. halten
	39,22	als dich sein G. wie das Wasser stand GMn 3
	23	durch sein G. schafft er alles, was er will
	45,6	er hat (Mose) die G. gegeben
Bar	3,9	höre, Israel, die G. des Lebens
	4,1	Weisheit ist das Buch von den G. Gottes
1Ma	1,43	Antiochus ließ ein G. ausgehen 53; 2,19; 2Ma 6,8; 10,8
	2,53	Josef hielt das G., als er bedrängt wurde
	6,23	beschlossen, seinen G. gehorsam zu sein
2Ma	1,4	er tue euer Herz auf durch seine G.
	2,2	sie sollten die G. nicht vergessen
	4,2	obwohl an Gottes G. festhielt
StE	1,4	ein einziges Volk unsern G. ungehorsam
	5,13	dies G. sollt ihr verkünden 16
Mt	5,19	wer eines von diesen G. auflöst
	11,1	als Jesus diese G... beendet hatte
	15,3	warum übertretet ihr Gottes G.
	6	damit habt ihr Gottes G. aufgehoben Mk 7,8.9

Mt	19,17	willst du zum Leben eingehen, so halte die G.
	22,36	welches ist das höchste G. im Gesetz 38.40; Mk 12,28.29.31
Mk	10,5	um eures Herzens Härte willen hat er euch dieses G. geschrieben
	19	du kennst die G. Lk 18,20
Lk	1,6	lebten in allen G. des Herrn untadelig
	2,1	daß ein G. von dem Kaiser Augustus ausging
	15,29	ich habe dein G. noch nie übertreten
Jh	10,18	dies G. habe ich empfangen von m. Vater
	11,57	*die Hohenpriester ein G. ausgehen lassen*
	12,49	ein G., was ich reden soll
	50	sein G. ist das ewige Leben
	13,34	ein neues G. gebe ich euch
	14,15	liebt ihr mich, so werdet ihr meine G. halten
	21	wer meine G. hat und hält sie 15,10
	15,10	wie ich meines Vaters G. halte
	12	das ist mein G., daß ihr euch untereinander liebt
Apg	16,24	*da er solches G. empfangen hatte*
	17,7	diese alle handeln gegen die G. des Kaisers
Rö	7,8	die Sünde nahm das G. zum Anlaß 9.11.13
	10	so fand sich's, daß das G. mir den Tod brachte
	12	das G. ist heilig, gerecht und gut
	13,9	was da sonst an G. ist
1Ko	7,6	das sage ich als Erlaubnis und nicht als G.
	19	sondern: Gottes G. halten
	25	über die Jungfrauen habe ich kein G. des Herrn
	14,37	der erkenne, daß es des Herrn G. ist
Eph	2,15	hat er abgetan das Gesetz mit seinen G.
	6,2	ehre Vater und Mutter, das ist das erste G.
Kol	2,22	es sind G. und Lehren von Menschen
1Th	4,2	ihr wißt, welche G. wir euch gegeben haben
1Ti	6,14	daß du das G. unbefleckt, untadelig haltst
Tit	1,14	nicht achten auf die G. von Menschen, die
2Pt	2,21	sich abkehren von dem heiligen G.
	3,2	(euch erinnern) an das G. des Herrn
1Jh	2,3	wenn wir seine G. halten
	4	wer sagt: Ich kenne ihn, und hält seine G. nicht
	7	ich schreibe euch nicht ein neues G. 2Jh 5
	8	und doch schreibe ich euch ein neues G. 2Jh 6
	3,22	wir halten seine G. und tun, was vor ihm wohlgefällig ist
	23	das ist sein G., daß wir glauben
	24	wer seine G. hält, der bleibt in Gott
	4,21	dies G. haben wir von ihm
	5,2	wenn wir Gott lieben und seine G. halten
	3	das ist die Liebe zu Gott, daß wir seine G. halten 2Jh 6
2Jh	4	nach dem G., das wir vom Vater empfangen
Heb	7,16	nicht geworden nach dem Gesetz äußerl. G.
	18	damit wird das frühere G. aufgehoben
	9,19	als Mose alle G. gemäß dem Gesetz gesagt
	11,23	sie fürchteten sich nicht vor des Königs G.
Jak	2,10	wenn jemand sündigt gegen ein einziges G.
Off	12,17	die Gottes G. halten 14,12

Gebrauch

2Mo	30,35	mache Räucherwerk zum heiligen G.
3Mo	11,32	Gerät, das zum G. dient, soll man
Wsh	15,7	ein Töpfer macht jedes Gefäß zu G.
Rö	9,21	ein Gefäß zu ehrenvollem G. zu machen 2Ti 2,20

Gebrauch 452

1Ko	9,12	wir haben von diesem Recht nicht G. gemacht 15.18
2Ti	2,21	wird ein Gefäß sein zu ehrenvollem G.
Heb	5,14	die durch den G. geübte Sinne haben

gebrauchen

4Mo	10,2	mache zwei Trompeten und g. sie
Pr	6,9	es ist besser, zu g., was vor Augen ist
Jer	46,11	umsonst, daß du viel Heilmittel g.
	52,18	die man im Gottesdienst zu g. pflegte
Hos	2,10	Gold, das sie dem Baal zu Ehren g. haben
Lk	14,35	es ist weder für den Acker noch für den Mist zu g.
1Ko	7,31	(sollen sein die,) die diese Welt g.
	9,12	*wir haben solches Recht nicht g.* 15
2Ko	13,10	damit ich nicht Strenge g. muß
1Ti	1,8	daß das Gesetz gut ist, wenn es jemand recht g.
Off	21,17	Menschenmaß, das der Engel g.

gebräuchlich

2Ma	14,4	Ölzweige, die im Tempel g. waren

gebrechen

1Mo	47,15	als es an Geld g. im Lande Ägypten
Jh	2,3	*da es an Wein g.*
Tit	3,13	*damit ihnen unterwegs nichts g.*

Gebrechen

3Mo	22,21	so soll das ohne G. sein 4Mo 19,2
Ps	103,3	heilet alle deine G.
Dan	1,4	junge Leute, die keine G. hätten
Mt	4,23	Jesus heilte alle G. im Volk 9,35
	10,1	daß sie heilten alle G.
Mk	1,34	Kranken, die mit mancherlei G. beladen

gebrechlich

Ps	105,37	es war kein G. unter ihren Stämmen

Gebühr

Neh	13,5	gelegt hatte die G. für die Leviten

gebühren

2Mo	22,16	soviel einer Jungfrau als Brautpreis g.
3Mo	27,26	die Erstgeburt, die dem HERRN g.
4Mo	18,29	von allem Besten die g. heilige Gabe
5Mo	18,1	von dem, was (dem HERRN) g... essen
1Ch	15,13	ihn nicht befragt, wie sich's g.
2Ch	26,18	es g. nicht dir, dem HERRN zu räuchern
	30,16	stellten sich an ihren Platz, wie sich's g.
	35,13	kochten das Passa, wie sich's g.
Esr	3,4	brachten Brandopfer dar, wie sich's g.
	10,4	steh nun auf! Denn dir g.'s zu handeln
Neh	8,18	hielten das Fest, wie sich's g.
Hi	12,5	dem Unglück g. Verachtung
Ps	12,5	die da sagen: uns g. zu reden
Wsh	14,21	den Namen, der keinem andern g.
Sir	14,11	gib dem Herrn die Opfer, die ihm g.
	33,30	lege ihm Arbeiten auf, die Sklaven g.
	38,1	ehre den Arzt mit g. Verehrung
1Ma	12,11	wie sich's g., an die Brüder zu denken
StE	2,4	die Ehre, die meinem Gott g.
Mt	3,15	denn so g. es uns... zu erfüllen

Lk	12,42	der Haushalter... gebe, was ihnen g.
Apg	1,7	es g. euch nicht, Zeit oder Stunde zu wissen
Rö	8,26	wir wissen nicht, was wir beten sollen, wie sich's g.
	12,3	daß niemand mehr von sich halte, als sich's g.
	13,7	Furcht, dem die Furcht g.; Ehre, dem die Ehre g.
Eph	4,1	*wandelt, wie sich's g. eurer Berufung*
	6,20	*rede, wie sich's g. Kol 4,4*
Kol	3,18	ordnet euch unter, wie sich's g. in dem Herrn
2Th	1,3	wir müssen Gott allezeit danken, wie sich's g.
Phm	8	volle Freiheit, dir zu gebieten, was sich g.

gebunden (s.a. binden)

1Mo	42,19	laßt einen eurer Brüder g. liegen
Hi	36,8	wenn sie gefangenliegen, g. mit Stricken
Spr	6,2	bist du g. durch deine Worte
Jes	42,22	den G., daß sie frei und ledig sein sollen
	61,1	in Gefängnissen
Wsh	17,2	wurden sie G. der Finsternis
2Ma	14,33	werdet ihr mir den Judas nicht g. übergeben
Mt	16,19	soll auch im Himmel g. sein 18,18
Mk	11,4	*sie fanden das Füllen, g. an eine Tür*
Lk	13,16	Abrahams Tochter, die der Satan schon achtzehn Jahre g. hatte
Jh	11,44	kam heraus, g. mit Grabtüchern
	18,24	Hannas sandte ihn g. zu Kaiphas
Apg	9,33	Äneas, seit acht Jahren ans Bett g.
	20,22	durch den Geist g., fahre ich nach Jerusalem
1Ko	7,15	der Bruder ist nicht geb. in solchen Fällen
2Ti	1,8	*der ich sein G.*
	2,9	*daß ich g. bin... aber Gottes Wort ist nicht g.*
Heb	13,3	*gedenket der G. als die Mitgebundenen*
Off	9,14	laß los die vier Engel, die g. sind

Geburt

1Mo	35,16	kam sie hart an über der G. 17
2Mo	1,16	wenn ihr bei der G. seht, daß es ein Sohn
Hi	3,11	warum bin ich nicht gestorben bei m. G.
Pr	7,1	Tag des Todes besser als der Tag der G.
Hes	16,3	nach deiner G. bist du aus dem Lande d. Kanaaniter
	4	bei deiner G. war es so
Sir	23,19	damit du nicht den Tag deiner G. verflucht
Mt	1,18	die G. Jesu Christi geschah so
	19,12	einige sind von G. an zur Ehe unfähig
Lk	1,14	viele werden sich über seine G. freuen
Apg	18,24	*Apollos, von G. aus Alexandrien* 2
1Ko	15,8	von mir als einer unzeitigen G. gesehen
Gal	2,15	wir sind von G. Juden und nicht Sünder
Off	12,2	sie hatte große Qual bei der G.

gebürtig

Apg	4,36	Josef, ein Levit, aus Zypern g.
	18,2	Aquila, aus Pontus g. 24

Geburtstag

1Mo	40,20	beging der Pharao seinen G.
2Ma	6,7	wenn der König seinen G. feierte
Mt	14,6	als Herodes seinen G. beging Mk 6,21

gedenken

Geburtswehe
Sir 48,21 es wurde ihnen bange wie einer Frau in G.

Gecko
3Mo 11,30 (sollen euch unrein sein:) der G.

Gedächtnis
2Mo 17,14 schreibe dies zum G. in ein Buch
3Mo 23,24 Ruhetag halten mit Posaunenblasen zum G.
Hi 19,24 zu ewigem G. in einen Fels gehauen
Ps 111,4 er hat ein G. gestiftet seiner Wunder
Sir 46,13 die Richter - auch ihr G. bleibe im Segen
1Ma 13,29 ließ Harnische anbringen zum ewigen G.
14,23 dem Volk der Spartaner zum G.
Mt 26,13 wird man sagen zu ihrem G. Mk 14,9
Lk 22,19 das tut zu meinem G. 1Ko 11,24.25
Apg 10,4 *sind hinaufgekommen ins G. vor Gott*
2Ti 2,8 halt im G. Jesus Christus
2Pt 1,15 daß ihr dies allezeit im G. behalten könnt

Gedalja
2Kö 25,22 ¹über das Volk setzte er G., den Sohn Ahikams 23-25; Jer 39,14; 40,5-16; 41,1-4.6.9. 10.16.18; 43,6
1Ch 25,3 ²Jedutuns Söhne: G. 9
Esr 10,18 ³bei den Söhnen Jeschuas: G.
Jer 38,1 ⁴G., der Sohn Paschhurs
Ze 1,1 ⁵geschah zu Zefanja... des Sohnes G.

Gedanke
5Mo 15,9 daß nicht ein arglistiger G. aufsteige
31,21 ich weiß ihre G.
1Kö 18,27 verspottete sie Elia... (Baal) ist ein G.
1Ch 28,9 der HERR versteht alles Dichten der G.
29,18 bewahre solche G. im Herzen deines Volks
Hi 21,27 ich kenne eure G.
38,36 wer gibt verständige G.
Ps 10,4 „es ist kein Gott" sind alle seine G.
33,10 der HERR wehrt den G. der Völker
11 seines Herzens G. für und für
40,6 groß sind deine Wunder und deine G.
56,6 alle ihre G. suchen mir Böses zu tun
92,6 deine G. sind sehr tief
94,11 der HERR kennt die G. der Menschen
139,2 du verstehst meine G. von ferne
17 wie schwer sind für mich deine G.
Spr 12,5 die G. der Gerechten sind redlich
Pr 10,20 fluche dem König auch nicht in G.
Jes 32,8 der Edle hat edle G.
55,7 lasse der Übeltäter von seinen G.
8 meine G. sind nicht eure G. 9
59,7 ihre G. sind Unheilsgedanken
65,2 das nach eigenen G. wandelt Jer 18,12
66,18 ich kenne ihre Werke und ihre G.
Jer 4,14 wie lange bleiben deine heillosen G.
29,11 was ich für G. habe... G. des Friedens
49,20 so höret nun... seine G. 50,45
51,11 seine G. stehen wider Babel
29 die G. des HERRN wollen erfüllt werden
Klg 3,60 du kennst alle ihre G. gegen mich
Hes 11,5 eures Geistes G. kenne ich
38,10 zu jener Zeit werden dir G. kommen
Dan 2,30 damit du deines Herzens G. erführest
4,2 die G. beunruhigten mich 16; 5,6.10; 7,28
Mi 2,1 gehen mit bösen G. um
4,12 sie wissen des HERRN G. nicht
Wsh 1,6 Gott ist Zeuge seiner heimlichsten G.
7,20 (ich begreife) die G. der Menschen
9,14 die G. der Menschen sind armselig 15,10
11,15 zur Strafe für die törichten G.
Sir 1,6 wer könnte ihre geheimen G. erkennen
37 (damit nicht) der Herr deine G. offenbart
13,32 wer arglistige G. hegt
23,2 könnte jemand eine Geißel für meine G. beschaffen
30,22 plage dich nicht mit deinen eignen G.
33,5 seine G. drehen sich wie die Nabe
39,16 wie der Vollmond bin ich voll von G.
40,5 beunruhigen ihn allerlei G.
42,20 es entgeht ihm kein G.
Bar 1,22 jeder trieb es nach dem G. seines bösen Herzens 2,8
Mt 9,4 als Jesus ihre G. sah 12,25; Lk 5,22; 6,8; 9,47; 11,17
15,19 aus dem Herzen kommen böse G. Mk 7,21
Lk 2,35 damit vieler Herzen G. offenbar werden
9,46 es kam unter ihnen der G. auf
24,38 warum kommen solche G. in euer Herz
Apg 17,29 Bildern, durch menschliche G. gemacht
Rö 1,21 sind dem Nichtigen verfallen in ihren G.
2,15 die G., die einander anklagen
1Ko 3,20 der Herr kennt die G. der Weisen
2Ko 10,5 wir zerstören damit G. und alles Hohe
11,3 so auch eure G. abgewendet werden von der Einfalt gegenüber Christus
Heb 4,12 ist ein Richter der G. und Sinne des Herzens
Jak 2,4 daß ihr urteilt mit bösen G.

gedeihen
2Sm 23,5 all mein Begehren wird er g. lassen
Ps 101,7 die Lügner die bleibt mir
102,29 ihr Geschlecht wird vor dir g.
Mal 3,15 die Gottlosen g.
Sir 10,3 wenn die Mächtigen klug sind, g. die Stadt
11,16 was er verleiht, das g. immer und ewig
23 in kurzer Zeit gibt er schönstes G.
14,9 ein habgieriger Mensch kann nicht g.
1Ko 3,6 Gott hat das G. gegeben 7

Gedenkbuch
Mal 3,16 es wird vor ihm ein G. geschrieben

gedenken
1Mo 8,1 da g. Gott an Noah 19,29; 30,22
9,15 alsdann will ich g. an meinen Bund 16; 2Mo 2,24; 3Mo 26,42.45; Ps 74,20; 105,8; 106,45; 111,5; Jer 14,21; Hes 16,60
40,14 g. meiner, wenn dir's wohlgeht
50,20 ihr g., es böse mit mir zu machen, Gott g.
2Mo 13,3 g. an diesen Tag, an dem ihr 5Mo 16,3
15,9 der Feind g.: Ich will nachjagen
17,14 austilgen, daß man seiner nicht mehr g.
20,8 g. des Sabbattages, daß du ihn heiligest
24 wo ich meines Namens g. lasse
28,12 zum gnädigen G... damit der HERR ihrer g. 29; 30,16; 39,7
32,13 g. an deine Knechte Abraham, Isaak und Israel 5Mo 9,27
3Mo 26,42 werde an das Land g.
4Mo 10,9 daß euer g. werde vor dem HERRN 31,54
33,56 euch tun werde, wie ich g., ihnen zu tun
5Mo 8,2 g. des Weges, den dich der HERR geleitet

gedenken

5Mo	8,18	g. an den HERRN, deinen Gott
	19,19	mit ihm, wie er g., seinem Bruder zu tun
	32,7	g. der vorigen Zeiten Jes 46,9; 63,11
Rut	4,4	g. ich's, vor deine Ohren zu bringen
1Sm	1,11	wirst du an mich g. 19
1Kö	5,19	hab ich g., ein Haus zu bauen 2Ch 1,18
	17,18	bist gekommen, daß meiner Sünde g. würde
2Kö	20,3	HERR, g. doch, daß ich in Treue Jes 38,3
1Ch	16,12	g. seiner Wunder, die er getan Ps 105,5
	15	g. ewig seines Bundes
2Ch	6,42	g. an die Gnaden, die du David verheißen
	11,22	er g., ihn zum König zu machen
	24,22	Joasch g. nicht an die Barmherzigkeit
	28,10	nun ihr, die von Juda zu unterwerfen
	32,1	Sanherib g., sie an sich zu reißen
Neh	1,8	g. des Wortes, das du Mose gebotest
	2,20	für euch gibt es kein G.
	4,8	g. an den Herrn, der furchtbar ist
	5,19	g., mein Gott, an alles 6,14; 13,14.22.29.31
	6,2	sie g., mir Böses anzutun
	9,17	g. nicht an deine Wunder
Est	9,24	wie Haman g. hatte, alle Juden umzubringen
Hi	6,26	g. ihr, Worte zu rügen
Ps	6,6	im Tode g. man deiner nicht
	8,5	was ist d. Mensch, daß du seiner g. Heb 2,6
	9,7	jedes G. ist vergangen
	13	der nach Blutschuld fragt, g. der Elenden
	20,4	er g. all deiner Speisopfer
	21,12	sie g., dir Übles zu tun
	22,28	es werden g. aller Welt Enden
	25,6	g., HERR, an deine Barmherzigkeit
	7	g. nicht der Sünden meiner Jugend, g. aber
	37,32	der Gottlose g., ihn zu töten
	42,7	betrübt ist m. Seele, darum g. ich an dich
	48,10	wir g. deiner Güte in deinem Tempel
	74,2	g. an deine Gemeinde
	18	g. doch, HERR, wie der Feind schmäht
	77,6	ich g. der alten Zeit, der vergang. Jahre
	83,5	daß des Namens Isr. nicht mehr g. werde
	88,6	Erschlagenen, derer du nicht mehr g.
	89,48	g., wie kurz mein Leben ist
	51	g., Herr, an die Schmach deiner Knechte
	98,3	er g. an seine Gnade und Treue
	103,14	g. daran, daß wir Staub sind
	18	g. an seine Gebote, daß sie danach tun
	105,42	er g. an sein heiliges Wort
	106,4	g. meiner nach der Gnade, die du verheißen
	7	sie g. nicht an deine große Güte
	23	er g., sie zu vertilgen
	109,14	der Schuld seiner Väter soll g. werden
	132,1	g., HERR, an David und all seine Mühsal
	137,1	weinten, wenn wir an Zion g. 6
Spr	3,6	g. an ihn in allen deinen Wegen
	31,7	daß sie ihres Unglücks nicht mehr g.
Pr	1,11	g. derer nicht, die ... später sein werden
	2,16	man g. des Weisen nicht für immer
Jes	14,13	du aber g. in deinem Herzen
	20	man wird der Bösen nicht mehr g.
	23,16	auf daß dein wieder g. werde
	26,13	aber wir g. doch allein deiner
	14	hast jedes G. an sie zunichte gemacht
	38,10	da ich doch g., noch länger zu leben
	43,18	g. nicht an das Frühere 65,17
	25	ich g. deiner Sünden nicht Jer 31,34; Heb 8,12; 10,17
	44,21	g. daran, Jakob 46,8
	49,1	der HERR hat meines Namens g.
	54,4	wirst der Schmach nicht mehr g.
	63,7	ich will der Gnade des HERRN g.
	64,4	begegnetest denen, die deiner g.
Jes	64,8	g. nicht ewig der Sünde
Jer	2,2	ich g. der Treue deiner Jugend
	3,16	soll man der Bundeslade nicht mehr g.
	11,19	daß s. Namens nimmermehr g. werde Hos 2,19
	15,15	g. an mich und nimm dich meiner an
	18,8	Unheil, das ich ihm g. zu tun 26,3; 36,3
	20	g. doch, wie ich vor dir gestanden bin
	31,20	muß ich doch seiner g.
	42,22	sterben an d. Ort, wohin ihr zu ziehen g.
	51,50	des HERRN in fernem Lande Sa 10,9
Klg	2,8	der HERR g. zu vernichten
	3,19	g. doch, wie ich so elend bin 20
	5,1	g., HERR, wie es uns geht
Hes	20,13	g. ich, meinen Grimm auszuschütten 21
	43	werdet g. an eure Wege
	33,13	soll seiner Gerechtigkeit nicht g. werden
	16	all seiner Sünden soll nicht g. werden
Hos	8,13	er will ihrer Schuld g. 9,9
Jon	1,6	ob vielleicht dieser Gott an uns g. will
	2,8	als meine Seele verzagte, g. ich an den HERRN
Sa	8,14	gleichwie ich euch zu plagen g.
	13,2	daß man ihrer nicht mehr g. soll
Mal	3,16	welche an seinen Namen g.
	22	g. an das Gesetz meines Knechtes Mose
Wsh	14,1	der durch wilde Fluten zu fahren g.
Sir	45,11	damit s. Volkes vor Gott g. würde 13
1Ma	1,17	Antiochus g. Ägypten an sich zu bringen
2Ma	1,18	g., die Reinigung des Tempels zu begehen
Mt	1,19	Josef g., sie heimlich zu verlassen *20*
	16,9	*ihr nicht an die fünf Brote*
Mk	14,72	da g. Petrus an das Wort Lk 22,61
	15,15	*Pilatus, dem Volk zu Willen zu sein*
Lk	1,54	er g. der Barmherzigkeit
	72	an seinen heiligen Bund
	16,25	g., daß du dein Gutes empfangen hast
	17,32	*g. an Lots Weib*
	23,42	Jesus, g. an mich
	24,6	g. daran, wie er euch gesagt hat 8; Jh 15,20; *16,4; Apg 20,35*
Jh	2,17	*seine Jünger g. daran 22*
Apg	7,23	g. er, nach seinen Brüdern zu sehen
	10,4	deine Gebete sind vor Gott gekommen, und er hat ihrer ged.
	31	deiner Almosen ist ged. worden vor Gott
	12,4	er g., ihn nach dem Fest vor das Volk zu stellen
	18,15	ich g., darüber nicht Richter zu sein
	20,35	im G. an das Wort des Herrn Jesus
Rö	1,9	daß ich ohne Unterlaß euer g. 2Ti 1,3
1Ko	11,2	*ich lobe euch, daß ihr an mich g.*
2Ko	1,15	*g. ich zunächst zu euch zu kommen 17*
	7,15	*wenn er g. an euer aller Gehorsam*
	10,2	*mit der ich gegen einige vorzugehen g.*
Gal	1,10	*g. ich, Menschen gefällig zu sein*
	2,10	*nur daß wir der Armen g.*
Eph	1,16	*g. euer in meinem Gebet 1Th 1,2; 2Ti 1,3; Phm 4*
	2,11	*darum g. daran, daß ihr Heiden gewesen*
Phl	1,3	ich danke meinem Gott, sooft ich euer g.
Kol	4,18	*g. meiner Fesseln*
2Pt	3,2	g. an die Worte, die zuvor gesagt sind
Heb	8,12	ihrer Sünden will ich nicht mehr g. 10,17
	10,32	g. der früheren Tage
	12,3	g. an den, der ... erduldet hat
	13,3	*g. der Gebundenen*
	7	g. an eure Lehrer, die euch das Wort Gottes
Off	2,5	*g., wovon du gefallen bist*
	3,3	*g., wie du empfangen und gehört hast*

Off 16,19 Babylon wurde g. vor Gott

Gedenkopfer

3Mo 2,2 als G. in Rauch aufgehen lassen 9.16; 5,12; 6,8; 4Mo 5,26
24,7 Weihrauch als G. bei den Broten
Ps 38,1 ein Psalm Davids zum G. 70,1
Sir 38,11 opfere feinstes Mehl zum G.

Gedenktag

2Mo 12,14 sollt diesen Tag als G. haben

Geder, Gederiter

Jos 12,13 der König von G.
1Ch 27,28 Baal-Hanan, der G.

Gedera, Gederat(h)iter

Jos 15,36 ¹(Städte des Stammes Juda:) G.
1Ch 4,23 waren Töpfer und wohnten in G.
12,5 ²(die aus Benjamin:) Josabad, der G.

Gederot, *Gederoth*

Jos 15,41 (Städte des Stammes Juda:) G. 2Ch 28,18

Gederotajim, *Gederothajim*

Jos 15,36 (Städte des Stammes Juda:) G.

Gedicht

Sir 44,5 die G. geschrieben haben

Gedor

Jos 15,58 ¹(Städte des Stammes Juda:) G. 1Ch 4,4.18
1Ch 4,39 ²sie zogen nach G.
8,31 ³(Jeïëls Sohn) G. 9,37
12,8 ⁴Söhne Jerohams von G.

Gedröhn

Hi 37,2 was für G. aus seinem Munde geht
Jes 9,4 jeder Stiefel, der mit G. dahergeht

Geduld

Neh 9,30 hattest viele Jahre G. mit ihnen
Spr 25,15 durch G. wird ein Fürst überredet
Jdt 7,22 liebe Brüder, habt doch G.
Tob 2,12 die Nachwelt ein Beispiel der G. hätte
5,14 hab G., Gott wird dir bald helfen
Sir 2,16 weh denen, die die G. verloren haben
3,9 ehre Vater und Mutter mit G.
18,9 darum hat Gott G. mit den Menschen
29,11 habe G. mit deinem Nächsten in der Not
GMn 7 du bist der Herr, von großer G.
Mt 18,26 hab G. mit mir, ich will alles bezahlen 29
Lk 8,15 die das Wort hören und behalten und bringen Frucht in G.
Rö 2,4 verachtest du den Reichtum seiner G. und Langmut
7 die in aller G. trachten nach Herrlichkeit
3,25 *er hat die Sünden getragen in G.*
26 (Sünden,) begangen in der Zeit seiner G.
5,3 weil wir wissen, daß Bedrängnis G. bringt 4

Rö 8,25 so warten wir darauf in G.
9,22 hat er mit großer G. ertragen die Gefäße des Zorns
15,4 damit wir durch G. Hoffnung haben
5 der Gott des Trostes gebe euch
2Ko 1,6 wenn ihr mit G. dieselben Leiden ertragt
6,4 als Diener Gottes: in großer G.
12,12 die Zeichen eines Apostels in G.
Gal 5,22 die Frucht des Geistes ist G.
Eph 4,2 in aller Demut und Sanftmut, in G.
Kol 1,11 (daß ihr) gestärkt werdet zu aller G. und Langmut
3,12 so zieht nun an Sanftmut, G.
1Th 1,3 denken an eure G. in der Hoffnung
2Th 1,4 darum rühmen wir uns euer wegen eurer G.
3,5 der Herr richte eure Herzen aus auf die G. Christi
1Ti 1,16 daß Christus Jesus an mir als erstem alle G. erweise
6,11 jage nach der G.
2Ti 3,10 du bist mir gefolgt in der G.
4,2 ermahne mit aller G. und Lehre
Tit 2,2 daß sie seien gesund in der G.
1Pt 3,20 als Gott harrte und G. hatte zur Zeit Noahs
2Pt 1,6 in der Mäßigkeit G. und in der G. Frömmigkeit
3,9 er hat G. mit euch und will nicht, daß
15 die G. unseres Herrn erachtet für eure Rettung
Heb 6,12 die durch G. die Verheißungen ererben
15 so wartete Abraham in G. und erlangte
10,36 G. habt ihr nötig, damit ihr den Willen Gottes tut
12,1 laßt uns laufen mit G. in dem Kampf
Jak 1,3 euer Glaube, wenn er bewährt ist, G. wirkt
4 die G. soll ihr Werk tun bis ans Ende
5,10 nehmt zum Vorbild der G. die Propheten
11 von der G. Hiobs habt ihr gehört
Off 1,9 Bruder und Mitgenosse an der G. in Jesus
2,2 ich kenne deine Werke und deine 19
3 hast G. und hast um meines Namens willen die Last getragen
3,10 weil du mein Wort von der G. bewahrt hast
13,10 hier ist G. und Glaube der Heiligen 14,12

geduldig

2Mo 34,6 HERR, HERR, Gott, barmherzig und gnädig und g. Ps 86,15; 103,8; 145,8; Jo 2,13
4Mo 14,18 der HERR ist g. Neh 9,17
Hi 6,11 daß ich g. sein sollte
Spr 14,29 wer g. ist, der ist weise
15,18 ein G. stillt den Streit
16,32 ein G. ist besser als ein Starker
Pr 7,8 ein G. ist besser als ein Hochmütiger
Klg 3,26 es ist ein köstlich Ding, g. sein
Nah 1,3 der HERR ist g. und von großer Kraft
Jdt 8,12 der Herr ist g. Wsh 15,1; Sir 5,4
Wsh 2,19 damit wir prüfen, wie g. er ist
Sir 2,4 sei g. bei jeder neuen Demütigung
Bar 4,25 leidet g. den Zorn, der von Gott kommt
Apg 26,3 darum bitte ich dich, mich g. anzuhören
Rö 12,12 seid fröhlich in Hoffnung, g. in Trübsal
1Th 5,14 seid g. gegen jedermann
1Pt 2,20 wenn ihr um schlechter Taten willen geschlagen werdet und es g. ertragt
Jak 5,7 seid g., liebe Brüder, bis zum Kommen des Herrn 8

geeignet

geeignet
- 1Ma 4,46 verwahrten die Steine an einem g. Ort
- 13,40 wer g. ist, in unserm Heer zu dienen

Gefahr
- 5Mo 28,66 dein Leben wird immerdar in G. schweben
- 1Sm 13,6 daß das Volk in G. und Bedrängnis war
- 20,21 es steht gut um dich und hat keine G.
- 1Ch 11,19 Männer, die sich der G. ausgesetzt haben
- Esr 8,21 um eine Reise ohne G. zu erbitten
- Ps 119,109 mein Leben ist immer in G.
- Jer 12,5 wo keine G. ist, Sicherheit suchst
- 42,20 habt euer Leben in G. gebracht
- Klg 5,9 müssen unser Brot unter G. holen
- Wsh 14,21 dies wurde zu einer G. für das Leben
- 18,9 die Heiligen an denselben G. teilhaben
- Tob 4,4 denke daran, was für G. sie ausgestanden
- Sir 3,27 wer sich in G. begibt, der kommt darin um
- 13,18 du lebst in großer G. 1Ma 11,43
- 43,26 die auf dem Meer fahren, erzählen von G.
- 1Ma 5,4 weil... zu einer G. geworden waren
- 2Ma 15,1 dachte, er könnte sie ohne G. angreifen
- 17 die Stadt und der Tempel waren in G.
- Lk 8,23 sie waren in großer G.
- Apg 19,40 wir stehen in G., verklagt zu werden
- Rö 8,35 Blöße oder G. oder Schwert
- 1Ko 15,30 was stehen wir denn jede Stunde in G.
- 2Ko 11,26 ich bin in G. gewesen durch Flüsse
- 1Th 5,3 sagen werden: Es ist Friede, es hat keine G.

gefährlich
- Sir 3,26 g. Vorstellungen haben sie gestürzt
- 9,25 es ist g., wenn ein Schwätzer regiert
- Mt 8,28 zwei Besessene... waren sehr g.
- Apg 27,9 die Schiffahrt bereits g. wurde

Gefährte
- 2Kö 9,2 laß ihn aufstehen unter seinen G.
- Ps 55,14 nun bist du es, mein G., mein Freund
- Spr 2,17 verläßt die G. ihrer Jugend
- Hl 8,13 die G. lauschen dir
- Dan 2,13 Daniel und seine G. suchte man 17.18
- Sir 42,3 (schäme dich nicht,) mit dem G. abzurechnen
- 2Ma 8,1 Judas Makkabeus und seine G. gingen
- Lk 2,44 sie meinten, er wäre unter den G.
- 5,7 sie winkten ihren G., die im andern Boot
- 10 Jakobus und Johannes, Simons G.
- Apg 9,7 die Männer, die seine G. waren 19,29
- 2Ko 8,19 *verordnet zum G. unsrer Fahrt*
- 23 Titus, der mein G. ist
- Gal 1,14 *nahm zu... weit über viele meiner G.*
- Phl 4,3 ich bitte dich, mein treuer G., steh ihnen bei

Gefährtin
- Mal 2,14 obwohl sie doch deine G. und Frau ist
- Wsh 8,9 beschlossen, sie mir zur G. zu nehmen

gefallen
- 1Mo 16,6 tu mit ihr, wie dir's g. 19,8; Ri 19,24
- 23,8 g. es euch, daß ich meine Tote begrabe
- 34,18 die Rede g. gut 41,37; 45,16; 5Mo 1,23; Jos 22,30.33; Ri 18,20; 2Sm 17,4; Est 5,14
- 2Mo 21,8 sie g. ihm nicht, so soll er sie auslösen
- 3Mo 10,19 sollte das dem HERRN g. Mal 1,8.10
- 3Mo 10,20 als Mose das hörte, ließ er sich's g.
- 4Mo 22,34 wenn dir's nicht g., will ich umkehren
- 23,27 vielleicht g. es Gott 24,1
- 36,6 laß sie heiraten, wie es ihnen g.
- 5Mo 23,17 in einer deiner Städte, wo es ihm g.
- 25,7 g. es dem Mann nicht, seine Schwägerin 8
- 33,11 laß dir g. die Werke seiner Hände
- Jos 24,15 g. es euch nicht, dem HERRN zu dienen
- Ri 10,15 mache du es mit uns, wie dir's g.
- 13,23 wenn es dem HERRN g. hätte, uns zu töten
- 14,3 nimm mir diese, denn sie g. meinen Augen
- 1Sm 1,23 tu, wie dir's g. 14,36.40; 2Kö 10,5
- 2,35 der wird tun, wie es meinem Herzen g.
- 11,10 daß ihr mit uns tut, was euch g. 24,5
- 12,22 es hat dem HERRN g. Jes 42,21
- 18,5 es g. allem Volk gut
- 29,6 daß du mit uns aus- u. einzögest, g. mir
- 6 du g. den Fürsten nicht 7
- 2Sm 3,36 alles Volk nahm es wahr, es g. ihnen
- 10,12 der HERR tue, was ihm g. 1Ch 19,13
- 18,4 was euch g., das will ich tun
- 19,19 damit sie täten, was (David) g.
- 24,22 der König nehme, wie es ihm g. 1Ch 21,23
- 1Kö 3,10 g. dem Herrn gut, daß Salomo darum bat
- 9,12 Hiram g. (die Städte) nicht
- 10,13 gab der Königin, was ihr g. 2Ch 9,12
- 11,38 wirst du tun, was mir g. 2Kö 10,30
- 20,6 was ihnen g., sollen sie nehmen
- 21,2 wenn dir's g., will ich dir Silber geben
- 1Ch 13,2 g. euch nicht, ist's dem HERRN angenehm 4
- 2Ch 30,4 das g. dem König und der Gemeinde gut
- Esr 5,17 g. es dem König Neh 2,5-7; Est 1,19.21; 2,4. 14; 3,9; 5,4.8; 7,3; 8,5; 9,13
- 7,18 was dir zu tun g. Est 3,11; 8,8
- Est 2,9 das Mädchen g. Hegai 8,5
- Hi 10,3 g. dir's, daß du Gewalt tust
- Ps 5,5 bist nicht Gott, dem gottloses Wesen g.
- 40,7 Speisopfer g. dir nicht 51,18; Heb 10,6.8
- 14 laß dir's g., HERR, mich zu erretten
- 51,8 dir, o Wahrheit, in der im Verborgenen liegt
- 19 Opfer, die Gott g... ein geängst. Geist
- 21 dann werden dir g. rechte Opfer
- 68,17 Berg, wo es Gott g. zu wohnen 132,13.14
- 69,32 wird dem HERRN besser g. als ein Stier
- 119,108 laß dir g. das Opfer meines Mundes
- Spr 3,4 (Klugheit) die Gott und den Menschen g.
- 12,22 die treulich handeln, g. ihm
- 14,35 ein kluger Knecht g. dem König
- 16,13 rechte Worte g. den Königen
- Pr 2,26 dem Menschen, der ihm g., gibt er Weisheit
- 7,26 wer Gott g., der wird ihm entrinnen
- 9,7 dein Tun hat Gott schon längst g.
- 11,9 tu, was deinen Augen g.
- 12,1 du wirst sagen: Sie g. mir nicht
- Hl 2,7 bis es ihr selbst g. 3,5; 8,4
- Jes 38,3 habe getan, was dir g. hat
- 53,2 da war keine Gestalt, die uns g. hätte
- 55,11 das Wort wird tun, was mir g.
- 65,12 tatet, was mir nicht g. 66,4
- Jer 6,20 eure Schlachtopfer g. mir nicht 14,12
- 9,23 solches g. mir, spricht der HERR
- 18,4 machte einen andern Topf, wie es ihm g.
- 40,4 g. dir's... g. dir's nicht... wo dir's g. 5
- Hes 16,37 deine Liebhaber, denen du g. hast
- Dan 3,32 es g. mir, die Zeichen zu verkünden
- 4,24 laß dir meinen Rat g.
- 6,2 es g. Darius, 120 Statthalter zu setzen
- Hos 5,11 es g. ihm, dem Nichtigen nachzulaufen
- Jon 1,14 du, HERR, tust, wie dir's g.
- Sa 11,12 g.'s euch, so gebt her meinen Lohn

gefangen

Mal 2,17 ihr sprecht: Wer Böses tut, g. dem HERRN
Jdt 2,4 da das ihnen allen g.
 3,5 verlange alle Dienste, wie dir's g.
 7,11 dieser Rat g. Holofernes 11,15; 1Ma 1,13; 6,60
 9,13 die Hoffärtigen haben dir nie g.; aber allezeit hat dir g. das Gebet der Elenden
 10,17 du wirst seinem Herzen sehr g.
Wsh 4,14 seine Seele g. dem Herrn
 9,18 Menschen in dem unterwiesen, was dir g.
 14,19 der, der dem Fürsten g. wollte
Sir 1,27 wer ohne Furcht lebt, der g. Gott nicht
 33 Treue und Demut g. Gott gut
 2,5 werden auch, die Gott g., erprobt
 19 die den Herrn fürchten, tun, was ihm g.
 6,8 mancher ist ein Freund, solange es ihm g.
 9,17 keinen Gefallen an dem, was Gottlosen g.
 15,15 tun, was (Gott) g. 35,20; 48,18
 20,29 ein kluger Mann g. den Mächtigen 30
 25,1 drei Dinge g. mir
 33,13 er macht alle seine Werke, wie es ihm g.
 34,23 Gaben der Gottlosen g. dem Höchsten nicht
 35,5 ein Gottesdienst, der dem Herrn g.
 39,8 wenn es Gott g., so gibt er
 44,16 Henoch g. dem Herrn
Mt 14,6 das g. dem Herodes gut Mk 6,22
Jh 8,29 ich tue allezeit, was ihm g.
Apg 6,5 die Rede g. der ganzen Menge gut
 12,3 als (Herodes) sah, daß es den Juden g.
 15,28 es g. dem heiligen Geist und uns
Rö 8,8 die fleischlich sind, können Gott nicht g.
 27 er vertritt die Heiligen, wie es Gott g.
 15,2 lebe so, daß er seinem Nächsten g.
1Ko 7,12 es g. ihr, bei ihm zu wohnen 13
 32 sorgt sich, wie er dem Herrn g. 33. 34
Eph 6,6 nicht, um den Menschen zu g. Kol 3,22; 1Th 2,4
Kol 1,10 ihm in allen Stücken g. und Frucht bringt
 2,18 der sich g. in falscher Demut
1Th 2,15 die g. Gott nicht und sind allen Menschen feind
 4,1 wie ihr leben sollt, um Gott zu g.
2Ti 2,4 damit er dem g., der ihn angeworben hat
1Pt 5,2 achtet auf sie, die es Gott g.
Heb 11,5 vor seiner Entrückung ist ihm bezeugt worden, daß er Gott g. habe
 6 ohne Glauben ist's unmöglich, Gott zu g.
 12,28 Gott dienen mit Scheu u. Furcht, wie ihm g.
 13,16 solche Opfer g. Gott
 21 (Gott) schaffe in uns, was ihm g.

Gefallen

1Mo 34,19 hatte großes G. an der Tochter Jakobs
5Mo 21,14 wenn du kein G. mehr an ihr hast
Ri 14,7 Simson hatte G. an ihr
1Sm 15,22 daß der HERR G. habe am Brandopfer Jes 1,11; Hos 8,13; Am 5,22; Mi 6,7; Mal 1,10
 18,22 der König hat G. an dir
 29,4 seinem Herrn einen größeren G. tun
1Ch 29 an mir G. gehabt, daß er mich zum König
Est 9,5 die Juden taten nach ihrem G. an denen
Ps 16,3 an den Herrlichen hab ich all mein G.
 22,9 der rette ihn, hat er G. an ihm
 37,23 er hat G. an seinem Wege
 41,12 merke ich, daß du G. an mir hast
 62,5 sie haben G. am Lügen
 119,35 Gebote, denn ich habe G. daran
 147,10 hat kein G. an den Schenkeln des Mannes
 147,11 d. HERR hat G. an denen, die ihn fürchten
Spr 18,2 ein Tor hat nicht G. an Einsicht
Pr 5,3 er hat kein G. an den Toren
Jes 58,5 ein Fasten, an dem ich G. habe 6
 66,3 ihre Seele G. hat an ihren Greueln
Jer 14,10 hat der HERR kein G. an ihnen
Hes 18,23 daß ich G. habe am Tode 32; 33,11
Jdt 8,11 wollt ihr nach eurem G... bestimmen
 14 daß er nach seinem G. Barmherzigkeit an uns erweisen wolle
Wsh 1,13 Gott hat keinen G. am Untergang der Lebenden Tob 3,23
 6,22 habt ihr G. an Thron und Zepter
 15,19 daß man an ihrem Anblick G. haben könnte
Sir 1,10 hat sie ausgeschüttet nach seinem G.
 9,17 keinen G. an dem, was Gottlosen gefällt
StE 3,11 nie an einem Gelage des Königs G. gehabt
Mt 27,43 der erlöse ihn nun, wenn er G. an ihm hat
Apg 8,1 Saulus hatte G. an seinem Tode 22,20
Rö 1,32 haben auch G. an denen, die es tun
 15,1 nicht G. an uns selber haben
 3 Christus hatte nicht an sich selbst G.
Gal 1,10 *predige ich Menschen oder Gott zu G.*
Kol 1,10 *des Herrn würdig wandelt zu allem G.*
Heb 10,38 wenn er zurückweicht, hat meine Seele kein G. an ihm

gefällig

Lk 1,75 *in Gerechtigkeit, die ihm g. ist*
Rö 14,18 *wer Christus dient, ist Gott g.*
Gal 1,10 suche ich Menschen g. zu sein
Phl 4,18 ein angenehmes Opfer, Gott g.
Kol 3,20 *das ist dem Herrn g. 1Jh 3,22; Heb 13,21*
Tit 2,9 daß sie sich ihren Herren unterordnen, ihnen g. seien

gefangen (s.a. fangen)

1Mo 34,29 Kinder und Frauen führten sie g. hinweg 4Mo 31,9; 1Sm 30,3.5
 42,19 ihr aber sollt g. sein
3Mo 24,12 legten ihn g., bis ihnen Antwort 4Mo 15,34
4Mo 21,1 der König von Arad führte etliche g. 29
 24,22 führt Assur dich g. hinweg
5Mo 28,41 werden g. weggeführt Ri 18,30; 1Kö 8,46.47; 2Kö 24,15.16; 1Ch 5,6.22.41; 8,6; 2Ch 6,36.37; 28,5.8; Jer 6,11; 13,17; 20,6; 29,20; 30,16; 39,9; 41,10; 52,15; Hes 1,2; 6,9; 12,11; Am 1,15; 5,5; 6,7; 7,11; Ob 10; Mi 1,16; Nah 2,8
Hi 12,17 er führt die Ratsherren g.
Ps 9,16 ihr Fuß ist g. im Netz
 14,7 daß der HERR sein g. Volk erlöste 53,7
 68,19 du führtest Gefangne
 88,9 ich liege g. und kann nicht heraus
 107,10 die sitzen mußten, g. in Zwang und Eisen
Spr 6,2 bist g. in der Rede deines Mundes
Hl 7,6 ein König liegt in deinen Locken g.
Jes 52,2 mach dich los, du g. Tochter Zion
Jer 22,22 deine Liebhaber müssen g. fort
 32,2 Jeremia lag g. im Wachthof 3; 33,1
 48,7 Kemosch muß g. wegziehen 46; 49,3
 50,33 die sie g. weggeführt haben, halten sie
Klg 1,3 Juda ist g. in Elend 5
Hes 30,17 die Frauen (sollen) g. weggeführt werden 18; Nah 3,10
Am 4,10 ich ließ eure Pferde g. wegführen
 9,4 wenn sie vor ihren Feinden g. einhergingen
Sa 14,2 die Hälfte der Stadt wird g. weggeführt
Jdt 5,20 wurden g. in ein fremdes Land geführt 8,15; Bar 6,1.2

gefangen

Wsh	17,18	waren mit derselben Kette g.
Tob	1,3	teilte alles mit seinen g. Brüdern
	13,6	in d. Lande, in dem ich g. bin Bar 2,30
1Ma	12,50	erfuhren, daß Jonatan g. war 13,12
	14,6	befreite viele, die vorher g. waren
2Ma	8,10	mit den g. Juden den Betrag hereinzubringen
Mt	4,12	*daß Johannes g. gelegt war* Mk 1,14; Lk 3,20
Mk	15,7	Barabbas, g. mit den Aufrührern
Lk	21,24	werden g. weggeführt unter alle Völker
Apg	22,19	*die an dich glaubten, g. legte*
	24,27	Felix ließ Paulus g. zurück
2Ti	2,26	des Teufels, von dem sie g. sind, zu tun seinen Willen

Gefangener

1Mo	39,20	Gefängnis, in dem des Königs G. waren 22
2Mo	12,29	alle Erstgeburt bis zum ersten Sohn G.
4Mo	31,12	brachten's zu Mose... nämlich die G.
5Mo	21,10	daß du G. von ihnen wegführst 11
	32,42	trunken machen mit Blut von G.
1Sm	30,8	du wirst sie einholen und die G. befreien
2Kö	24,14	führte weg zehntausend G.
2Ch	28,11	bringt die G. wieder hin 13-15
Hi	3,18	haben die G. allesamt Frieden
Ps	68,7	ein Gott, der die G. herausführt
	19	du führtest G. gefangen
	69,34	der HERR verachtet seine G. nicht
	79,11	laß vor dich kommen das Seufzen der G.
	85,2	hast erlöst die G. Jakobs
	102,21	daß er das Seufzen der G. höre
	126,1	wenn der HERR die G. Zions erlösen wird
	4	HERR, bringe zurück unsre G.
	146,7	der HERR macht die G. frei
Jes	10,4	wer sich nicht unter die G. bückt
	14,17	der seine G. nicht nach Hause entließ
	20,4	wird d. König wegtreiben die G. Ägyptens
	24,22	daß sie gesammelt w. als G. im Gefängnis
	42,7	sollst die G. aus dem Gefängnis führen
	45,13	soll meine G. loslassen
	49,9	zu sagen den G.: Geht heraus
	24	einem Gewaltigen seine G. entreißen 25
	51,14	der G. wird eilends losgegeben
	52,2	steh auf, Jerusalem, du G.
	61,1	zu verkünd. den G. die Freiheit Lk 4,18
Jer	40,1	Jeremia war auch unter allen G.
Klg	3,34	wenn man alle G. unter die Füße tritt
Hes	32,9	wenn ich deine G. unter die Völker bringe
Dan	2,25	habe einen Mann gefunden unter den G. aus Juda 5,13; 6,14
Am	1,6	weil sie die G. alle weggeführt haben 9
Hab	1,9	raffen G. zusammen wie Sand
Sa	9,11	lasse ich deine G. frei aus der Grube
Wsh	17,2	wurden sie G. einer langen Nacht
Tob	13,11	so wird er deine G. zurückführen
1Ma	9,70	um die Herausgabe der G. zu erreichen 72
2Ma	8,36	von dem Erlös für die G. den Tribut
StE	6,2	er war einer der G., die Nebukadnezar
Mt	27,15	dem Volk einen G. loszugeben Mk 15,6; Jh 18,39
	16	sie hatten zu der Zeit einen berüchtigten G.
Apg	16,25	die G. hörten sie
	27	er meinte, die G. wären entflohen
	23,18	der G. Paulus hat mich zu sich rufen lassen
	25,14	da ist ein Mann als G. zurückgelassen
	27	es erscheint mir unsinnig, einen G. zu schicken
	27,1	übergaben sie Paulus und einige andre G. 28,16
	42	die Soldaten hatten vor, die G. zu töten

Apg	28,17	als G. überantwortet in die Hände der Römer
Eph	3,1	Paulus, der G. Christi Jesu Phm 1.9
	4,1	so ermahne ich euch nun, der G. in dem Herrn
	8	er hat G. mit sich geführt
2Ti	1,8	schäme dich nicht meiner, der ich sein G. bin
Heb	10,34	ihr habt mit den G. gelitten
	13,3	denkt an die G., als wärt ihr Mitgefangene

gefangenführen

Neh	3,36	Land, in das man sie g.
Jer	22,12	muß sterben, wohin er gefangengef. ist
	43,11	soll g., wen es trifft

gefangenhalten

1Kö	8,50	bei denen, die sie g. 2Ch 30,9; Ps 106,46
2Ch	6,38	bekehren im Lande, in dem man sie g.
Ps	137,3	die uns g., hießen uns dort singen
Jes	14,2	werden g., von denen sie gefangen waren
Wsh	18,4	daß sie in Finsternis gefangeng. wurden
Tob	3,4	unsern Feinden preisgegeben, die uns g.
Bar	5,32	die Stadt, die deine Kinder g.
1Ma	14,3	da h. ihn Arsakes g.
Lk	8,29	er wurde mit Ketten gebunden und g.
	22,63	die Männer, die Jesus g., verspotteten ihn
Apg	24,23	er befahl dem Hauptmann, Paulus g. 25,21
Rö	1,18	*die Wahrheit in Ungerechtigkeit g.h.*
	7,6	sind wir (dem Gesetz) abgestorben, das uns g.
	23	h. mich g. im Gesetz der Sünde

gefangenlegen

Hi	11,10	wenn er daherfährt und g. 36,13

gefangenliegen

1Mo	40,3	Gefängnis, wo Josef g.
Hi	36,8	wenn sie g. in Ketten
Sa	9,12	die ihr auf Hoffnung g.

gefangennehmen

4Mo	31,19	samt denen, die ihr gefangeng. habt
5Mo	21,13	Kleider, in denen sie gefangeng. wurde
Jos	11,17	alle ihre Könige n. er g. Ri 8,12; 1Sm 15,8
1Sm	30,2	alles, was in der Stadt war, gefangeng. 5
2Sm	8,4	David n. g. 20.000 Mann
2Kö	14,13	Joasch n. Amazja 2Ch 25,23
	24,12	der König von Babel n. ihn g. 25,6; Jer 39,5; 52,9
2Ch	33,11	die n. Manasse g. mit Fesseln
Jdt	5,26	wenn wir ihre besten Leute g.
	9,2	du hast ihre Frauen g. lassen
Wsh	13,7	durch das, was vor Augen ist, g.
Tob	8,3	da n. Rafael den bösen Geist g.
1Ma	7,2	n. das Kriegsvolk Antiochus g. 14,2.3; 15,39
	19	Bakchides ließ viele g. 16; 9,58.60; 2Ma 14,39
	29	die Feinde wollten Judas g. 30
	9,36	überfielen Johannes, n. ihn g.
	61	Jonatan n. fünfzig Männer g. 16,22
	12,40	trachtete danach, Jonatan g. 48; 13,15
Apg	1,16	Judas, der denen den Weg zeigte, die Jesus g. n.
	9,14	Vollmacht, alle g., die deinen Namen anrufen
	12,3	(Herodes) n. auch Petrus g.
	22,19	daß ich die, die an dich glaubten, g.

1Ko	6,12	alles erlaubt, aber es soll mich nichts g.
2Ko	10,5	wir n. g. alles Denken
	11,20	ihr ertragt es, wenn euch jemand g.
	32	der Statthalter wollte mich g.

Gefangenschaft

5Mo	30,3	wird der HERR deine G. wenden Jer 29,14; 30,10; 46,27; Am 9,14; Ze 2,7; 3,20
1Kö	8,47	flehen zu dir im Lande ihrer G.
2Kö	25,29	legte die Kleider seiner G. ab Jer 52,33
Esr	1,11	als man aus der G. hinaufzog 2,1; 3,8; Neh 7,6; 8,17
	4,1	die aus der G. zurückgekommen waren 6,16. 19-21; 8,35; 9,4; 10,6-8.16; Neh 1,2.3
Est	2,6	als Jechonja in die G. geführt wurde
Ps	78,61	er gab seine Macht in G.
Jes	46,2	müssen in die G. gehen
Jer	15,2	wen die G. trifft, den treffe sie
	29,16	die nicht mit in die G. gezogen sind
	48,11	Moab ist nie in die G. gezogen
Klg	1,18	Jungfrauen und Jünglinge sind in G.
Hes	33,21	begab sich im elften Jahr unserer G. 40,1
Tob	1,2	(Tobias) wurde mit in die G. geführt 11
	15	besuchte alle, die in der G. lebten
Bar	3,7	damit wir dich in unserer G. loben 8
	4,10	ich habe die G. meiner Söhne gesehen 14.24
Mt	1,11	um die Zeit der babylonischen G. 12.17
Phl	1,7	die ihr an der Gnade teilhabt in meiner G.
	14	durch meine G. Zuversicht gewonnen
	17	möchten mir Trübsal bereiten in meiner G.
Phm	10	Onesimus, den ich gezeugt habe in der G.
	13	damit er mir an deiner Statt diene in der G.

gefangensetzen

Jer	32,3	wo Zedekia ihn hatte gefangens. lassen
Bar	6,18	wie man einen g., der zum Tode verurteilt
Mt	4,12	Jesus hörte, daß Johannes g.ges. Mk 1,14
Apg	4,3	sie s. sie g. bis zum Morgen

Gefängnis

1Mo	39,20	legte ihn ins G. Und er lag allda im G. 21-23; 40,3.4.15; 41,10.14
	42,19	laßt einen eurer Brüder in eurem G.
2Mo	12,29	bis zum ersten Sohn des Gefangenen im G.
Ri	16,21	(Simson) mußte die Mühle drehen im G. 25
2Kö	17,4	legte ihn ins G. 23,33; 2Ch 16,10; 18,26; Jer 52,11
Esr	7,26	es sei Buße oder G. 9,7
Pr	4,14	aus dem G. ist er auf den Thron gekommen
Jes	24,22	daß sie gesammelt w. als Gefangene im G.
	42,7	sollst die Gefangenen aus dem G. führen
	22	sind alle gebunden im G.
	43,14	habe die Riegel eures G. zerbrochen
Jer	37,4	hatte ihn noch nicht ins G. geworfen 15
Dan	11,33	werden verfolgt mit Schwert, Feuer, G.
Sir	13,16	schwerlich entgeht er dem G.
2Ma	13,21	nahm ihn fest und warf ihn ins G.
Mt	5,25	damit nicht du ins G. geworfen werdest Lk 12,58
	11,2	als Johannes im G. von den Werken Christi hörte
	14,3	Herodes hatte Johannes in das G. geworfen Mk 6,17; Lk 3,20
	10	ließ Johannes im G. enthaupten Mk 6,27
	18,30	ging hin und warf ihn ins G.
	25,36	ich bin im G. gewesen, und ihr 39.43.44
Lk	21,12	sie werden euch überantworten den G.
Lk	22,33	Herr, ich bin bereit, mit dir ins G. zu gehen
	23,19	wegen eines Aufruhrs ins G. geworfen 25
Jh	3,24	Johannes war noch nicht ins G. geworfen
Apg	5,18	legten Hand an die Apostel und warfen sie in das G. 19.21-23.25; 12,4-6.17; 16,23.24.37
	8,3	schleppte Männer und Frauen fort und warf sie ins G. 22,4; 26,10
	16,26	daß die Grundmauern des G. wankten 27
	40	da gingen sie aus dem G. und gingen zu der Lydia
	20,23	G. und Trübsale warten mein
	23,29	keine Anklage, auf die Tod oder G. steht 26,31
2Ko	6,5	(als Diener Gottes:) in G.
1Pt	3,19	er hat gepredigt den Geistern im G.
Heb	11,36	andere haben erlitten Fesseln und G.
Off	2,10	der Teufel wird einige von euch ins G. werfen
	13,10	wenn jemand ins G. soll, dann wird er ins G. kommen
	18,2	Babylon ist geworden ein G. aller unreinen Geister
	20,7	wird der Satan losgelassen werden aus seinem G.

Gefäß

2Mo	7,19	sei Blut in Ägyptenland, selbst in den G.
	16,33	nimm ein G. und tu Manna hinein 34
3Mo	11,32	wird unrein, jedes G. 33.34; 15,12; 4Mo 19,15
	14,5	schlachten in ein G. 50; 4Mo 5,17; 19,17
4Mo	7,85	Summe des Silbers aller G.
	19,18	soll besprengen alle G.
5Mo	23,25	sollst nichts in dein G. tun
Rut	2,9	wenn dich dürstet, so geh hin zu den G.
2Sm	17,28	(brachten) Becken, irdene G.
1Kö	10,21	alle G. waren aus Gold 2Ch 9,20
	17,10	hole mir ein wenig Wasser im G.
2Kö	4,3	erbitte von Nachbarinnen leere G. 4-6
	24,13	zerschlug alle goldenen G.
	25,14	alle kupfernen G. nahmen sie weg 16; Jer 52,18; Dan 5,2.3.23
1Ch	9,29	einige waren bestellt über die G.
	18,8	davon machte Salomo die kupfernen G. 2Ch 4,16
	10	brachte mit allerlei G. 2Ch 9,24
2Ch	15,18	brachte ins Haus Gottes Gold und G.
Esr	8,27	(wog dar) zwei schöne G.
Est	1,7	trug man auf in goldenen G.
Ps	31,13	bin geworden wie ein zerbrochenes G.
Spr	25,4	es gelinget dem Goldschmied das G.
Jes	66,20	Opfergaben in reinem G. bringt
Jer	14,3	bringen ihre G. leer zurück
	19,11	wie man eines Töpfers G. zerbricht
	22,28	ein G., das niemand haben will 48,38
	25,34	zerbrechen müßt wie ein kostbares G.
	32,14	lege sie in ein irdenes G.
	40,10	sollt... ernten und in eure G. tun
	51,34	hat mir ein leeres G. gemacht
Hes	4,9	tu alles in ein G.
Hos	8,8	gehen mit ihnen um wie mit einem G.
Wsh	15,7	ein Töpfer macht jedes G. zu Gebrauch
Sir	38,33	er muß aus dem Ton sein G. formen
Bar	1,8	die G. des Hauses des Herrn empfangen
	6,16	wie nutzlos ist, wenn es zerbrochen
1Ma	1,24	(Antiochus) nahm die kostbaren G.
	4,49	sie ließen neue heilige G. machen
	11,58	erlaubte ihm, aus goldenen G. zu trinken
Mt	13,48	lesen die guten in G. zusammen
	25,4	die klugen nahmen Öl mit in ihren G.

Gefäß 460

Lk	8,16	niemand zündet ein Licht an und bedeckt es mit einem G.
Jh	19,29	da stand ein G. voll Essig
Apg	10,11	sah herniederfahren ein G. 16; 11,5
Rö	9,21	ein G. zu ehrenvollem Gebrauch zu machen
	22	mit Geduld ertragen die G. des Zorns
	23	damit er... kundtue an den G. der Barmherzigkeit
2Ko	4,7	wir haben diesen Schatz in irdenen G.
2Ti	2,20	in einem großen Haus sind nicht allein goldene G.
	21	der wird ein G. sein zu ehrenvollem Gebrauch
Off	2,27	wie die G. eines Töpfers sie zerschmeißen
	18,12	allerlei G. von Elfenbein

Gefieder

Hi 39,13 ist's ein G., das sorgsam birgt

gefiedert

1Mo 1,21 Gott schuf alle g. Vögel

Gefilde

Ri	5,4	einhergingst vom G. Edoms
	18	Naftali auch auf der Höhe des G.
2Sm	1,21	Berge von Gilboa, ihr trügerischen G.
2Kö	9,37	wie Mist auf dem Felde im G. von Jesreel
Hi	5,10	der Wasser kommen läßt auf die G.
Ps	78,12	tat er Wunder im G. von Zoan
	110,6	wird Häupter zerschmettern auf weitem G.
	132,6	wir haben sie gefunden im G. von Jaar
Ob	19	sie werden das G... Samarias besitzen

Geflecht

1Sm 19,13 ein G. von Ziegenhaaren zu s. Häupten 16

gefleckt

1Mo 30,32 will aussondern alle g. Schafe und g. Ziegen. Was nun g. sein wird 33.35.39; 31,10.12

Geflügel

Neh 5,18 dafür gebrauchte man täglich G.

Gefolge

1Kö	10,2	(die Königin von Saba) kam mit einem großen G. 13; 2Ch 9,1.12
	11,17	floh Hadad und einige vom G. s. Vaters
1Ch	18,7	Schilde, die Hadad-Esers G. gehabt hatte
Jdt	12,11	machte ein Festmahl für sein G. 13,1
1Ma	7,1	kam mit einem kleinen G. in eine Stadt
2Ma	3,28	mit G. in die Schatzkammer gegangen

gefrieren

Hi 38,30 daß der Wasserspiegel g.

Gefühl

Sir 3,15 verachte ihn nicht im G. deiner Kraft

Gegenbild

Heb 9,24 *ein G. des wahrhaftigen Heiligtums*

Gegend

1Mo	13,10	besah die ganze G. am Jordan 11; 5Mo 34,3
	19,17	bleib nicht stehen in dieser ganzen G.
	25	(der HERR) vernichtete die ganze G. 28.29
4Mo	21,3	man nannte die G. Horma
5Mo	3,4	die ganze G. von Argob 13.14; 1Kö 4,13
2Sm	18,8	Kampf breitete s. aus über die ganze G.
1Kö	7,46	in der G. des unteren Jordan 2Ch 4,17
Neh	3,22	bauten die aus der G. am Jordan 12,28
Jer	17,26	sollen kommen aus der G. von Jerusalem
Sir	8,19	reise nicht allein durch eine einsame G.
Mt	2,16	ließ alle Kinder töten in der ganzen G.
	8,28	er kam in die G. der Gadarener Mk 5,1; Lk 8,26
	34	*daß er aus ihrer G. weichen möchte Mk 5,17*
	14,13	fuhr (Jesus) von dort in eine einsame G. allein
	15	die G. ist öde, und die Nacht bricht herein
	15,21	Jesus zog sich zurück in die G. von Tyrus Mk 7,24.31
	22	ein Weib kam aus jener G.
	16,13	da kam Jesus in die G. von Cäsarea Philippi
Mk	5,10	daß er sie nicht aus der G. vertreibe
	8,10	er kam in die G. von Dalmanuta
	10,1	kam in die G. von Judäa
Lk	2,8	Hirten in derselben G. auf dem Felde
	3,3	er kam in die ganze G. um den Jordan
Jh	11,54	ging in eine G. nahe der Wüste 55
Apg	2,10	(die wir wohnen in) der G. von Kyrene
	13,49	das Wort des Herrn breitete sich aus in der ganzen G.
	14,6	entflohen nach... und in die G. umher
	16,3	wegen der Juden, die in jener G. waren
	20,2	als er diese G. durchzogen hatte
	28,7	in dieser G. hatte Publius Landgüter

gegeneinander

5Mo	25,11	wenn zwei Männer g. handgreiflich werden
Jes	19,2	ich will die Ägypter g. hetzen
Sir	28,11	hetzt g., die in Frieden leben
Gal	5,17	die sind g., so daß ihr nicht tut, was
2Th	1,3	*die Liebe nimmt zu g.*
Jak	4,1	daß in euren Gliedern die Gelüste g. streiten

Gegensatz

StE 1,3 Volk, das überall im G. steht

gegenseitig

2Th 1,3 eure g. Liebe nimmt zu bei euch allen

Gegenstand

2Mo 22,6 wenn jemand G. zu verwahren gibt

Gegenteil

Gal 2,7 im G., da sie sahen, daß

gegenteilig

Wsh 15,7 er macht Gefäße zu g. Zwecken

gegenüber

1Mo	15,10	legte je einen Teil dem andern g.
	43,33	man setzte sie (Josef) g.

geheiligt

1Mo	48,13	g. Israels linker... g. Israels rechter Hand
	50,13	begruben ihn in der Höhle g. Mamre
2Mo	14,2	diesem g. sollt ihr euch lagern 19,2
	26,35	setze den Leuchter dem Tisch g. 40,24
4Mo	22,1	lagerten sich g. Jericho 5; 26,3.63; 31,12; 33,48.50; 34,15; 35,1; 36,13; 5Mo 32,49; 34,1; Jos 3,16; 2Kö 2,15; 1Ch 6,63
5Mo	1,1	im Jordantal g. Suf
	3,29	blieben im Tal g. Bet-Peor 4,46; 34,6
	11,30	Gilgal g. bei der Eiche More
	15,7	d. Hand nicht zuhalten g. deinem Bruder
Jos	15,7	g. der Steige von Adummim 18,17
	19,11	Bach, der g. von Jokneam fließt
1Sm	20,25	Jonatan saß g.
2Sm	16,13	Schimi ging am Hang entlang, ihm g.
1Kö	7,4	Fenster waren einander g. dreimal 5.30
	20,27	lagerte sich g. wie Herden Ziegen 29
	22,35	der König blieb stehen g. den Aramäern 2Ch 18,34
1Ch	5,11	die Söhne Gad wohnten ihnen g. 8,32; 9,38
	21,4	des Königs Wort blieb fest g. Joab
2Ch	28,10	ist das nicht Schuld g. dem HERRN
Neh	3,10	baute g. seinem Hause 16u.ö.31; 7,3
Ps	17,7	die dir vertrauen g. denen, die s. erheben
Hes	16,51	g. den Greueln, die du getan
	47,20	ist das Meer die Grenze bis g. Hamat
Dan	3,19	der Ausdruck veränderte sich g. Schadrach
	5,5	Finger, die schrieben g. dem Leuchter
Mt	27,61	die saßen dem Grab g.
Mk	12,41	Jesus setzte sich dem Gotteskasten g.
	13,3	als er auf dem Ölberg saß g. dem Tempel
	15,39	der Hauptmann, der dabeistand, ihm g.
2Ko	3,10	g. dieser überschwenglichen Herrlichkeit
	11,3	abgewendet von der Lauterkeit g. Christus
	12,13	zu kurz gekommen g. den andern Gemeinden
Gal	6,4	Ruhm bei sich selbst und nicht g. einem andern
Eph	6,9	ihr Herren, tut ihnen g. das gleiche
Phl	3,8	für Schaden g. der überschwenglichen Erkenntnis Christi Jesu

gegenüberliegen

1Sm	26,1	Hügel Hachila, der Jeschimon g. 3
Hes	40,13	eine Öffnung l. der andern g. 23; 46,9
	42,1	Kammern, die g.l. 6.10.13
Lk	8,26	Gegend der Gerasener, die Galiläa g.
	19,30	gehet hin in den Ort, der g.

gegenüberstehen

2Mo	26,5	eine Schlaufe der andern g. 36,12
4Mo	14,43	die Amalekiter s. euch g.
Jos	5,13	gewahr wurde, daß ein Mann ihm g.
	8,33	ganz Israel s. g. den Priestern 2Ch 7,6; Neh 12,9.24
Apg	25,16	bevor er g. seinen Klägern g.

gegenüberstellen

1Kö	21,10	s. (Nabot) 2 ruchlose Männer g. 13
Sir	33,15	wie das Leben dem Tod gegenüber. ist

gegenübertreten

Wsh	4,20	ihre Missetaten werden ihnen g.

Gegenwart

Jos	10,12	Josua sprach in G. Israels
Jer	28,1	in G. der Priester und des Volks 5.11
	32,12	gab beides in G. Hanamels und der Zeugen
2Ko	10,1	der ich in eurer G. unterwürfig sein soll
Phl	2,12	gehorsam, nicht allein in meiner G., sondern

gegenwärtig

Sir	46,8	daß der Herr selbst g. war im Kampf
Apg	10,33	nun sind wir alle hier g. vor Gott
Rö	8,38	weder G. noch Zukünftiges (uns scheiden kann von der Liebe Gottes)
1Ko	3,22	es sei G. oder Zukünftiges, alles ist euer
	5,3	als sei ich g.
2Ko	8,14	in der g. Zeit
Gal	1,4	daß er uns errette von dieser g., bösen Welt
Heb	9,9	der ist ein Gleichnis für die g. Zeit

Gegenwehr

2Ma	10,17	die sich auf den Mauern zur G. stellten

Gegner

Ps	109,6	gib ihm einen Gottlosen zum G.
Jes	49,25	ich selbst will deinen G. entgegentreten
Mt	5,25	vertrage dich mit deinem G. sogleich
Lk	12,58	wenn du mit deinem G. zum Gericht gehst
	21,15	der eure G. nicht widerstehen können

gegossen (s.a. gießen)

2Mo	32,4	machte ein g. Kalb 8; 5Mo 9,12.16; Neh 9,18; Ps 106,19
	34,17	sollst dir keine g. Götterbilder machen 3Mo 19,4
4Mo	33,52	sollt alle ihre g. Bilder zerstören
5Mo	27,15	verflucht sei, wer ein g. Bild macht
Ri	17,3	ein geschnitztes und g. Bild 4; 18,14.17.18
1Kö	7,16	Knäufe, aus Kupfer g. 23.30.33; 2Ch 4,2
	14,9	hast gemacht g. Bilder 2Kö 17,16; 2Ch 28,2
2Ch	34,3	zu reinigen von den g. Bildern 4
Hi	37,18	Wolkendecke, fest wie ein g. Spiegel
	38,38	wenn der Erdboden hart wird, als sei er g.
Jes	42,17	zum g. Bilde: Ihr seid unsre Götter
Hab	2,18	das g. Bild, das da Lügen lehrt

gehaben

2Ma	11,20	g. euch wohl 33

geharnischt

Hi	39,21	zieht es aus, den G. entgegen
Jer	51,3	ihre G. sollen sich nicht wehren können

Gehasi

2Kö	4,12	(Elisa) sprach zu seinem Diener G. 13.14.25. 27.29.31.36; 5,20.21.24.25.27; 8,4.5

geheiligt (s.a. heiligen)

3Mo	22,16	daß diese ihr G. essen
1Ch	26,26	alle Schätze der g. Gaben 28; 28,12
Neh	12,47	Israel gab das G. den Leviten
Jes	13,3	habe meine G. entboten zu m. Zorngericht
Mal	2,15	er sucht Nachkommen, die Gott g. sind

geheiligt

Lk	2,23	alles Männliche soll dem Herrn geh. heißen
1Ko	1,2	an die Geh. in Christus Jesus

geheim

5Mo	18,10	jemand, der g. Künste treibt
Ps	51,8	im G. tust du mir Weisheit kund
Sir	1,6	wer könnte ihre g. Gedanken erkennen
	37	(damit nicht) der Herr deine g. Gedanken offenbart
	8,21	vor Fremden tu nichts, was g. bleiben soll
2Ma	1,16	öffneten die g. Tür in der Decke
	13,21	Rhodokus verriet den Feinden alles G.
StD	2,12	daß sie einen g. Gang gemacht hatten 20
Mt	10,26	nichts g., was man nicht wissen wird Mk 4,22; Lk 8,17; 12,2
Eph	3,9	wie Gott seinen g. Ratschluß ausführt

geheimhalten

Ps	64,7	sie haben Böses im Sinn und h.'s g.
Dan	8,26	du sollst das Gesicht g.
Wsh	14,23	zu Gottesdiensten, die sie g. müssen

Geheimnis

Spr	20,19	wer G. verrät, ist ein Verleumder
	25,9	verrate nicht eines andern G.
Dan	2,19	da wurde Daniel dies G. offenbart 18.27
	28	ein Gott, der kann G. offenbaren 29.30.47
	5,12	Verstand und Klugheit, G. zu offenbaren 16
Jdt	10,14	um ihm ihre G. zu offenbaren
Wsh	2,22	daß sie Gottes G. nicht erkennen
	6,24	will euch ihre G. nicht verbergen Sir 4,21
Tob	12,8	G. eines Königs soll man verschweigen
Sir	8,20	er kann dein G. nicht wahren
	14,23	der ihren G. immer weiter nachforscht 39,10
	22,27	Preisgabe von G. verjagt jeden Freund 27,17.24
Mt	13,11	euch ist's gegeben, die G. zu verstehen Mk 4,11; Lk 8,10
Rö	11,25	ich will euch dieses G. nicht verhehlen
	16,25	durch das G. offenbart 16
1Ko	2,1	euch das G. Gottes zu verkündigen
	7	Weisheit Gottes, die im G. verborgen ist
	4,1	dafür halte uns jedermann: für Haushalter über Gottes G.
	13,2	wenn ich wüßte alle G. und alle Erkenntnis
	14,2	vielmehr redet er im Geist von G.
	15,51	siehe, ich sage euch ein G.
Eph	1,9	Gott hat uns wissen lassen das G. seines Willens
	3,3	ist mir das G. kundgemacht worden
	4	meine Einsicht in das G. Christi erkennen
	5,32	dies G. ist groß 1Ti 3,16
	6,19	freimütig das G. des Evangeliums zu verkündigen
Kol	1,26	das G., das verborgen war seit ewigen Zeiten
	27	was der herrliche Reichtum dieses G. unter den Heiden ist
	2,2	zu erkennen das G. Gottes, das Christus ist
	4,3	daß wir das G. Christi sagen können
2Th	2,7	es regt sich schon das G. der Bosheit
1Ti	3,9	das G. des Glaubens bewahren
Off	1,20	das G. der sieben Sterne ist dies
	10,7	dann ist vollendet das G. Gottes
	17,5	auf ihrer Stirn war geschrieben ein G. 7

geheimnisvoll

Ri	13,18	fragst nach m. Namen, der doch g. ist 19

Geheiß

Jer	4,12	ein Wind kommt auf mein G.

gehen
(s.a. übel; gutgehen; schlechtgehen)

1Mo	3,8	hörten Gott den HERRN, wie er im Garten g.
	4,8	laß uns aufs Feld g.
	14	so wird mir's g., daß mich totschlägt
	6,18	sollst in die Arche g. 7,1.7.9.13.15
	7,20	fünfzehn Ellen hoch g. die Wasser
	8,16	g. aus der Arche 19; 9,10.18
	12,1	g. aus deinem Vaterland Apg 7,3.4
	16,2	g. doch zu meiner Magd 4; 30,3.4
	18,11	nicht mehr g. nach der Frauen Weise 31,35
	16	Abraham g. mit ihnen, um sie zu geleiten
	22	die Männer g. nach Sodom
	19,14	macht euch auf und g. aus diesem Ort
	22,5	ich und der Knabe wollen dorthin g.
	6	g. die beiden miteinander 8; Rut 1,19; 2Kö 2,6.11
	25,22	sprach (Rebekka): Wenn mir's so g. soll
	26,26	Abimelech g. zu ihm von Gerar
	31	Isaak ließ sie g.
	27,3	g. und jage mir ein Wildbret 13
	29,1	Jakob g. in das Land, im Osten liegt
	21	die Zeit ist da, daß ich zu ihr g.
	30,32	will heute durch deine Herden g.
	31,19	Laban war geg., seine Herde zu scheren
	33	da g. Laban in die Zelte Jakobs und Leas
	49	der HERR wache, wenn wir voneinander geg.
	32,11	als ich hier über den Jordan g.
	27	laß mich g., denn die Morgenröte bricht an
	33,14	gemächlich, wie die Kinder g. können
	37,17	laßt uns nach Dotan g.
	38,8	zu deines Bruders Frau 5Mo 25,5
	39,11	daß Josef in das Haus g.
	41,2	fette Kühe; die g. auf der Weide 18
	42,36	sprach Jakob: es g. alles über mich
	43,13	macht euch auf und g. wieder zu dem Manne
	30	g. in seine Kammer und weinte
	44,14	Juda g. in Josefs Haus
	28	einer g. von mir
2Mo	2,5	ihre Gespielinnen g. am Ufer hin und her
	3,11	wer bin ich, daß ich zum Pharao g.
	18	laß uns g., daß wir opfern dem HERRN
	4,18	laß mich g., daß ich zu meinen Brüdern
	5,8	sie g. müßig; darum schreien sie
	7,15	er wird ans Wasser g. 8,16
	8,8	so g. Mose und Aaron vom Pharao 11,8
	10,26	auch unser Vieh soll mit uns g.
	28	der Pharao sprach zu (Mose): G. von mir
	11,4	um Mitternacht will ich durch Äg. 12,12
	14,29	g. trocken mitten durchs Meer 16; 15,19; 4Mo 33,8; 1Ko 10,1; Heb 11,29
	17,10	Mose und Aaron und Hur g. auf die Höhe
	18,7	als sie gegrüßt hatten, g. sie in das Zelt
	21,3	ohne Frau gekommen, ohne Frau g... mit Frau gekommen, so soll sie mit ihm g. 4
	22,8	was sonst noch verloren geg. ist
	28,29	wenn er in das Heiligtum g. 43; 29,30; 30,20; 40,32; 3Mo 10,9; 21,12

gehen

2Mo	32,7	g., steig hinab; denn dein Volk
	27	jeder g. und erschlage seinen Nächsten
	33,1	g., zieh von dannen, du und das Volk
	16	erkannt... daß du mit uns g. 34,9
	36,2	die sich freiwillig erboten, ans Werk zu g.
3Mo	9,23	Mose und Aaron g. in die Stiftshütte 16,2.23; 4Mo 7,89; 17,23
	11,20	Getier, das auf vier Füßen g. 21.27.42
	14,3	Priester soll aus dem Lager g. 8; 4Mo 19,7
	46	wer in das Haus g., solange es verschlossen
	18,19	sollst nicht zu einer Frau g., solange
	24,10	es g. der Sohn einer israelitischen Frau
	26,6	kein Schwert soll durch euer Land g.
4Mo	5,22	so g. das Wasser in deinen Leib 24.27
	6,6	soll er zu keinem Toten g. 19,14; Hes 44,25
	20	warum sind wir aus Ägypten geg.
	13,17	g. auf das Gebirge 32; 14,38
	21	wo man Hamat g. 34,8; Jos 13,5; 1Ch 13,5; Am 6,14
	16,3	ihr g. zu weit 7
	25	Mose g. zu Datan und Abiram
	17,5	damit es ihm nicht g. wie Korach
	11	g. eilends und schaffe Sühne
	20,17	wir wollen nicht durch Äcker g. 5Mo 2,27
	22,12	Gott sprach zu Bileam: G. nicht
	23	die Eselin g. auf dem Felde
	30,3	wie es über seine Lippen geg. ist 13; 5Mo 23,24
	31,23	durchs Feuer g... durchs Wasser g. lassen
	32,39	g. nach Gilead und eroberten es
	33,38	g. Aaron auf den Berg und starb 5Mo 32,49
	51	wenn ihr über den Jordan geg. seid 5Mo 4,26; 9,1; 11,31; 12,10; 27,2.4.12; Jos 1,11; 3,14; 4,1; 24,11
	35,26	g. der Totschläger über die Grenze
5Mo	1,33	Weg zu zeigen, den ihr g. solltet Jos 3,4
	2,24	zieht aus und g. über den Arnon
	3,27	wirst nicht über den Jordan g. 4,21.22
	5,5	fürchtet euch und g. nicht auf den Berg
	8,3	von allem, was aus dem Mund des HERRN g.
	9,9	als ich auf den Berg geg. war 10,3
	14,25	g. an die Stätte, die der HERR erwählt
	15,13	ihn nicht mit leeren Händen g. lassen
	17,8	es g. um Blutschuld, um Schaden
	16	hinfort nicht wieder diesen Weg g. sollt
	18,10	der seinen Sohn durchs Feuer g. läßt 2Kö 16,3; 17,17; 21,6; 23,10; 2Ch 33,6; Jer 32,35; Hes 20,26.31
	19,5	wenn jemand mit s. Nächsten in den Wald g.
	20,4	der HERR, euer Gott, g. mit euch
	21,13	g. zu ihr und nimm sie zur Ehe 22,13.14
	14	sollst du sie g. lassen 24,2; 2Sm 13,15
	23,12	gewaschen... soll er wieder ins Lager g.
	14	sollst zuscharren, was von dir geg. ist
	25	wenn du in deines Nächsten Weinberg g. 26
	24,10	sollst nicht g. und ihm ein Pfand nehmen
Jos	1,7	recht ausrichten kannst, wohin du auch g.
	11	g. durch das Lager und gebietet 3,2
	2,16	g. auf das Gebirge... g. eure Straße 21
	4,22	Israel g. auf trockenem Boden 7
	5,6	bis es mit dem Volk zu Ende geg. war
	13	Josua g. zu ihm: Gehörst du zu uns oder
	6,8	g. und bliesen die Posaunen 14
	10	noch soll ein Wort aus eurem Munde g.
	22	g. in das Haus der Hure und führt die Frau
	9,6	sie g. zu Josua ins Lager
	15,2	seine Südgrenze g. vom Ende des Salzmeeres 3.7.10; 16,1.8; 18,13.15.18.19; 19,13; Ri 1,36
Jos	18,4	damit sie durchs Land g. und aufschreiben
	19,47	dem Stamm Dan g. sein Gebiet verloren
	22,7	als er sie g. ließ zu ihren Wohnstätten 6
	24,17	behütet unter Völkern, durch die wir geg.
Ri	1,24	sahen einen Mann aus der Stadt g. 25
	2,17	von dem Wege, auf dem ihre Väter geg.
	3,28	Furten am Jordan, die nach... g. 1Sm 13,7
	5,6	die auf Straßen g. sollten, die wanderten
	10	die ihr auf dem Wege g.: Singet
	7,7	alles übrige Volk laß g. 8
	9,21	Jotam... entwich und g. nach Beer
	27	und g. in das Haus ihres Gottes 46; 2Kö 10,21.23; 11,18; 2Ch 23,17; 32,21
	43	als er sah, daß das Volk aus der Stadt g.
	48	g. (Abimelech) auf den Berg Zalmon
	11,11	g. Jeftah mit den Ältesten von Gilead
	14,9	(Simson) g. zu s. Vater und zu s. Mutter
	15,1	ich will zu meiner Frau in die Kammer g.
	16,1	Simson g. nach Gaza und sah dort
	18,3	sie g. dorthin 5.6.13.15
	26	so g. die Daniter ihres Weges 1Sm 1,18
	19,25	als die Morgenröte... ließen sie sie g.
	20,8	es soll niemand in sein Zelt g. 2Sm 20,1
Rut	1,10	wollen mit dir zu deinem Volk g. 11.18
	2,2	laß mich aufs Feld g. 8
	3,15	(Boas) g. in die Stadt
1Sm	1,7	so g. es alle Jahre
	2,3	freches Reden g. nicht aus eurem Munde
	3,6	Samuel stand auf und g. zu Eli 8
	4,16	wie ist's geg., mein Sohn
	5,5	alle, die in Dagons Haus g.
	6,6	ließen sie sie ziehen, daß sie g. konnten
	8	sendet (die Lade) hin und laßt sie g. 12
	9,4	sie g. durch das Gebirge Ephraim
	9	laßt uns zu dem Seher g. 6.10.14; 10,14
	10,2	wenn du jetzt von mir g. 26
	11,14	kommt, laßt uns nach Gilgal g. 15
	14,20	da g. eines jeden Schwert gegen d. anderen
	15,6	Saul ließ sagen: G., weicht und zieht weg
	16,13	g. nach Rama 19,22
	17,12	zu alt, um unter die Kriegsleute zu g.
	39	sprach David: Ich kann so nicht g.
	19,17	laß mich g., oder ich töte dich
	18	David floh und g. mit Samuel
	20,6	daß er nach Bethlehem g. dürfe 28
	21	g., suche die Pfeile 40
	21,1	David g. s. Weges; Jonatan g. in die Stadt
	6	obgleich es um ein gewöhnl. Vorhaben
	22,3	David g. von da nach Mizpe
	23,22	so g. nun und gebt weiter acht
	26	Saul g. auf der einen Seite des Berges
	24,8	als Saul seines Weges g. (aus der Höhle) 9
	20	läßt ihn mit Frieden seinen Weg g.
	25,12	wandten sich die Leute Davids um und g.
	26,11	nimm den Spieß und laß uns g.
	28,7	daß ich zu ihr g. und sie befrage 22
	12	als das Weib merkte, daß es um Samuel g.
	30,10	zu müde, um über den Bach Besor zu g.
	22	jeder nehme s. Frau und g. seines Weges
	31,12	g. die ganze Nacht hindurch 2Sm 2,29; 4,7
2Sm	3,16	ihr Mann g. mit ihr und weinte
	25	daß ich g. erkunde dein Kommen und G.
	29	am Stabe g. oder durchs Schwert falle
	6,13	als die Träger sechs Schritte geg. waren
	10,4	(Hanun) ließ sie g. 1Ch 19,4
	11,11	ich sollte in mein Haus g., um zu essen 12
	12,20	David g. in das Haus des HERRN
	13,25	laß uns nicht alle g. 26.27
	28	seid getrost und g. tapfer dran
	37	Absalom floh und g. zu Talmai 14,24

gehen

2Sm	15,2	wenn jem. zum König vor Gericht g. wollte
	9	(Absalom) g. nach Hebron 11
	14	David sprach: Eilt, daß wir g. 19.20.23.30.33
	16,13	so g. David des Weges 19,20
	22	Absalom g. zu den Nebenfrauen s. Vaters
	17,21	g. eilends über den Fluß 22; 19,18.19.37.40; 24,5
	18,24	der Wächter g. aufs Dach des Tores
	19,1	im G. rief er: Mein Sohn Absalom
1Kö	1,53	g. in dein Haus 2Kö 4,4
	2,8	als ich nach Mahanajim g.
	29	Salomo sprach: G., stoß ihn nieder
	37	Tag, an dem du über d. Kidron g. 42
	7,20	Gitterwerk, das um die Rundung her g. 24
	38	daß vierzig Eimer in einen Kessel g.
	8,10	als die Priester aus dem Heiligen g.
	11,2	g. nicht zu ihnen und laßt sie nicht
	13,10	er g. einen andern Weg
	14,3	g. zu ihm, damit er dir sagt
	28	sooft der König in das Haus des HERRN g. 2Ch 12,11
	16,18	g. in den Burgturm und verbrannte sich
	17,9	mach dich auf und g. nach Zarpat 10
	18,42	g. Elia auf den Gipfel des Karmel 2Kö 2,25
	19,8	er g. durch die Kraft der Speise 40 Tage 15
	19	g. zu ihm und warf seinen Mantel über ihn
	20,33	(Ahab) sprach: G. und bringt ihn
	36	wenn du von mir g. Und als er g., fand ihn
	22,25	von e. Kammer in d. andere g. 2Ch 18,24
	36	jeder g. in seine Stadt 37
2Kö	1,4	und Elia g.
	2,16	die laß g... laßt sie nicht g. 6,23
	4,8	begab sich, daß Elisa nach Schunem g.
	35	er g. im Haus einmal hierhin und dahin
	39	da g. einer aufs Feld, um Kraut zu sammeln
	5,18	wenn mein König in den Tempel g.
	24	Gehasi ließ die Männer g.
	25	ist weder hierhin noch dorthin geg. 26
	6,2	laß uns an den Jordan g. 3.4
	30	während (der König) an der Mauer g.
	7,4	wenn wir auch in die Stadt g. wollten 8.12
	13	ihnen wird es ja doch g. wie der Menge
	11,16	wo der Rosse zum Hause des Königs g.
	12,10	Altar, wenn man in das Haus des HERRN g.
	19,1	Hiskia g. in das Haus des HERRN Jes 37,1
	20,9	Schatten zehn Striche vorwärts g. 10.11
	25,4	Wege, der zu dem Garten des Königs g. Jer 52,7
1Ch	4,42	g. von ihnen 500 Männer zum Gebirge Seïr
	12,16	die sind es, die über den Jordan g.
	24,19	Amt, in das Haus des HERRN zu g. 2Ch 23,6.7.12; 26,16; 29,16.17; 31,16
2Ch	19,3	in allen Streitfällen, es g. um Bluttat
	11	g. unverzagt ans Werk
	30,10	die Läufer g. von einer Stadt zur andern
	36,10	als das Jahr zu Ende g.
Esr	10,6	Esra g. in die Kammer Johanans
Neh	1,2	wie es den Juden g... wie es Jerusalem g.
	2,16	wußten nicht, wohin ich geg. war
	6,6	unter den Leuten g. das Gerücht
	11	sollte ein Mann wie ich in den Tempel g.
	12,31	die einen g. zur Rechten 32.36.38
Est	2,13	dann g. die Jungfrau zum König... daß sie damit in den Palast g. 14; 9,25
	5,14	g. fröhlich du mit zum Mahl
	7,7	der König g. in den Garten
Hi	1,14	die Eselinnen g. neben ihnen
	8,13	so g. es jedem, der Gott vergißt 18,21
	9,8	er g. auf den Wogen des Meers
	19	g. es um Macht... es um Recht
	9,32	daß wir miteinander vor Gericht g.
	15,35	sie g. schwanger mit Mühsal
	16,22	wenige Jahre noch, und ich g.
	20,4	weißt du nicht, daß es allezeit so geg.
	10	seine Söhne werden betteln g.
	21,4	g. gegen einen Menschen meine Klage
	22,4	wird mir ins Gericht g.
	15	Weg, auf dem die Ungerechten geg. sind
	23,8	g. ich vorwärts, so ist er nicht da
	24,5	in der Wüste g. sie an ihr Werk
	27,7	m. Feind soll es g. wie dem Gottlosen
	28,8	kein Löwe ist darauf geg.
	29,3	da ich bei s. Licht durch Finsternis g.
	30,23	wirst mich zum Tod g. lassen
	31,19	hab ich den Armen ohne Decke g. lassen
	34,8	(Hiob) g. mit den Übeltätern
	37,2	was für Gedröhn aus seinem Munde g.
	8	die wilden Tiere g. in ihre Höhle
Ps	5,8	ich aber darf in dein Haus g. 66,13
	17,11	wo wir auch g., da umgeben sie uns
	24,3	wer darf auf des HERRN Berg g. Jes 2,3
	26,11	ich g. meinen Weg in Unschuld
	32,8	will dir d. Weg zeigen, den du g. sollst
	36,6	deine Wahrheit, so weit die Wolken g. 57,11; 108,5
	38,5	meine Sünden g. über mein Haupt
	7	ich g. krumm und sehr gebückt
	42,8	deine Wasserwogen g. über mich Jon 2,4
	10	warum muß ich so traurig g. 43,2
	45,10	in deinem Schmuck g. Töchter von Königen
	55,15	die wir in Gottes Haus g.
	66,6	konnten zu Fuß durch den Strom g. 77,20
	69,2	die Wasser g. mir bis an die Kehle
	73,17	bis ich g. in das Heiligtum Gottes
	81,14	wenn doch Israel auf meinem Wege g.
	84,8	eine um Kraft zur andern
	85,14	daß Gerechtigkeit vor ihm her g.
	88,17	dein Grimm g. über mich
	89,35	was aus meinem Munde geg. ist
	91,13	über Löwen und Ottern wirst du g.
	103,16	wenn der Wind darüber g.
	115,7	Füße haben sie und g. nicht
	119,9	wie wird ein Mann s. Weg unsträflich g.
	124,5	Ströme g. über unsre Seele
	128,1	wohl dem, der auf seinen Wegen g.
	132,3	ich will nicht in mein Haus g. 7
	139,7	g. oder liege, so bist du um mich
	7	wohin soll ich g. vor deinem Geist
	142,4	legen Schlingen auf dem Wege, den ich g.
	143,2	g. nicht ins Gericht mit deinem Knecht
	8	tu mir kund den Weg, den ich g. soll
Spr	1,11	wenn sie uns sagen: G. mit uns
	19	so g. es allen, die nach unrechtem Gewinn
	2,13	g. finstere Wege
	15	die krumme Wege g. 21,8; Jes 59,8
	3,30	g. nicht mutwillig vor Gericht
	32	wer auf Abwegen g., ist... ein Greuel
	4,12	wenn du g., dein Gang wird dir nicht sauer w.
	15	laß ihn liegen und g. nicht darauf
	26	laß deinen Fuß auf ebener Bahn g.
	6,22	daß sie dich geleitet, wenn du g.
	28	könnte jemand auf Kohlen g.
	29	so g. es dem, der zu s. Nächsten Frau g.
	7,8	der g. über die Gasse zu ihrer Ecke
	19	der Mann ist auf weiter Reise geg.
	9,6	g. auf dem Wege der Klugheit
	10,9	wer verkehrte Wege g., wird ertappt 28,18
	17	wer Zurechtw. nicht achtet, g. in die Irre
	11,15	wer sich hütet, Bürge zu sein, g. sicher
	14,2	wer ihn verachtet, der g. auf Abwegen

464

gehen

Spr	14,14	einem gottl. Menschen wird's g., wie er
	22	die nach Bösem trachten, w. in die Irre g.
	17,26	den Edlen zu schlagen, g. über alles Maß
	20,26	ein weiser König läßt d. Rad über sie g.
	27,10	g. nicht in das Haus deines Bruders
	28,6	ein Reicher, der auf verkehrten Wegen g.
	29,6	ein Gerechter g. seinen Weg
	31,3	g. nicht Wege, auf denen sich die Könige
Pr	1,6	der Wind g. nach Süden und dreht sich
	2,14	daß die Toren in der Finsternis g.
	14	daß es dem einen g. wie dem andern 15; 9,3
	3,19	es g. dem Menschen wie dem Vieh Hab 1,14
	4,17	bewahre d. Fuß, wenn du z. Hause Gottes g.
	7,2	besser in ein Haus zu g., wo man trauert
	8,14	gibt Gerechte... Gottlose, denen g. es 9,2
	10,3	wenn der Tor auf der Straße g.
	7	ich sah Fürsten zu Fuß g. wie Knechte
	15	der nicht einmal weiß, in die Stadt zu g.
Hl	4,6	will ich zum Myrrhenberge g.
Jes	2,10	g. in die Felsen und verbirg dich 19
	3,12	verwirren den Weg, den du g. sollst
	14	der HERR g. ins Gericht mit den Ältesten
	16	g. mit aufgerecktem Halse, trippeln daher
	7,7	es soll nicht geschehen und nicht so g.
	24	daß man mit Pfeil und Bogen dahin g. muß
	8,3	ich g. zu der Prophetin
	7	daß sie über alle ihre Ufer g.
	11,15	wird s. Hand g. lassen über den Euphrat
	14,10	es g. dir wie uns
	24	es soll g., wie ich denke
	15,3	g. sie mit dem Sack umgürtet
	16,8	ihre Ranken g. über das Meer
	17,3	dem Rest von Aram wird es g. wie
	20,2	Jesaja g. nackt und barfuß 3
	23,8	daß es Tyrus so g. sollte 15
	24,2	es g. dem Priester wie dem Volk Hos 4,9
	26,9	wenn deine Gerichte über die Erde g.
	17	so g.'s uns auch vor deinem Angesicht
	28,27	läßt nicht die Walze über den Kümmel g.
	30,11	g. aus der rechten Bahn
	21	dies ist der Weg; den g. 35,8.9
	29	wie wenn man mit Flötenspiel g.
	32,20	könnt Rinder und Esel frei g. lassen
	33,8	es g. niemand mehr auf der Straße Ze 3,6
	11	mit Stroh g. ihr schwanger
	40,10	was er sich erwarb, g. vor ihm her 62,11
	42,5	der Geist denen, die auf ihr g.
	43,2	wenn du durch Wasser g... ins Feuer g.
	45,14	in Fesseln werden sie g. 46,2
	47,5	g. in die Finsternis
	48,17	dich leitet auf dem Wege, den du g.
	51,23	wirf dich nieder, daß wir darüberhin g.
	53,6	wir g. alle in die Irre
	54,9	Wasser nicht mehr über die Erde g.
	11	du Elende, über die alle Wetter g.
	55,11	das Wort, das aus meinem Munde g.
	57,17	treulos die Wege ihres Herzens
	58,14	will dich über die Höhen g. lassen
	63,12	der seinen Arm zur Rechten g. ließ
Jer	1,7	du sollst g., wohin ich dich sende
	3,1	wenn seine Frau von ihm g.
	18	wird das Haus Juda zum Haus Israel g.
	4,10	wo doch das Schwert uns ans Leben g.
	5,1	g. durch die Gassen Jerusalems
	5	will zu den Großen g. und mit ihnen reden
	22	Sand zur Grenze, darüber es nicht g. darf
	23	sie bleiben abtrünnig und g. ihrer Wege
	6,25	niemand g. über Land
	9,2	sie g. von einer Bosheit zur andern
	10,5	(die Götter) können nicht g.

Jer	10,20	meine Kinder sind von mir geg.
	12,4	sagt: Er weiß nicht, wie es uns g. wird
	5	mit Fußgängern g... wie wird es dir g.
	16,5	du sollst in kein Trauerhaus g. 8
	17,20	alle Einwohner, die durch diese Tore g.
	18,15	lassen sie g. auf ungebahnten Straßen
	19,10	Männer, die mit dir g. sind
	26,9	es wird diesem Hause g. wie Silo
	28,11	Jeremia g. seines Weges
	31,22	wie lange willst du in der Irre g. 50,6
	39	die Meßschnur wird weiter geradeaus g.
	34,16	g. konnten, wohin sie wollten
	36,5	ich kann nicht in des HERRN Haus g.
	38,8	g. Ebed-Melech u. redete mit dem König 11
	39,14	daß er ihn nach Hause g. ließe
	40,5	g., wohin dir's gefällt... ließ ihn g.
	41,6	Jischmaël g. und weinte
	50,4	werden weinend hin g. müßten
	51,42	ein Meer ist über Babel geg.
Klg	1,9	nicht gemeint, daß es ihr so g. würde
	10	daß die Heiden in ihr Heiligtum g.
	11	alles Volk seufzt und g. nach Brot 19
	18	Jünglinge sind in die Gefangenschaft geg.
	21	daß es ihnen g. soll wie mir
	3,2	hat mich lassen in die Finsternis
	4,9	den Erschlagenen g. es besser
	18	auf unsern Gassen nicht g. konnten
	5,1	gedenke, HERR, wie es uns g.
Hes	1,9	wenn sie g... g. sie in der Richtung 12.17. 19-21.24; 10,11.16.22
	3,25	daß du nicht unter die Leute g. kannst
	8,5	da, wo es zum Bild g. 20,29
	9,4	g. und zeichne die Leute
	16,47	nicht genug, in ihren Wegen zu g. 23,31
	17,20	will mit ihm ins Gericht g. 20,35.36; Mi 6,2
	21,17	es g. über mein Volk
	23,39	g. in m. Heiligtum, es zu entheiligen 44
	26,16	werden in Trauerkleidern g.
	27,29	alle Seefahrer werden an Land g.
	31,4	Ströme g. rings um seinen Stamm
	18	so soll es dem Pharao g.
	40,5	es g. eine Mauer ringsherum 41,11; 43,17.20
	6	der Mann g. in dem Tor 41,3; 46,21; 47,3.4
	42,14	die Priester dürfen von dort nicht in den äußeren Vorhof g. 44,17.21
Dan	6,20	der König g. eilends zur Grube
	7,16	g. zu einem von denen, die dastanden
	8,17	dies Gesicht g. auf die Zeit d. Endes 19
	19	will dir kundtun, wie es g. wird 10,14
	10,14	das Gesicht g. auf ferne Zeit 11,35
Hos	2,9	will zu meinem früheren Mann g.; denn damals g. es mir besser als jetzt
	4,14	weil ihr selbst abseits g. mit Huren
	5,15	will wieder an meinen Ort g., bis sie
	6,9	morden auf dem Wege, der nach Sichem g.
	9,10	hernach g. sie zum Baal-Peor
	11,3	ich lehrte Ephraim g.
	4	ich ließ sie in Seilen der Liebe g.
Jo	2,16	der Bräutigam g. aus seiner Kammer
Am	2,7	Sohn und Vater g. zu demselben Mädchen
	5,5	g. nicht nach Beerscheba
	6,7	darum sollen sie nun voran g.
Jon	1,2	g. in die große Stadt Ninive 3,2
	11	das Meer g. immer ungestümer
	2,6	Wasser g. mir ans Leben
Mi	1,16	g. kahl um deiner... Kinder willen
	7,1	g. mir wie einem, der Obst pflücken will
Hab	1,3	es g. Gewalt vor Recht
Hag	1,5	achtet doch darauf, wie es euch g. 7; 2,15
Sa	6,10	g. an diesem selben Tage ins Haus Josias

gehen 466

Sa	8,21	Bürger einer Stadt werden zur andern g...
		laßt uns g., den HERRN anzuflehen
	23	wir wollen mit euch g.
	10,2	darum g. das Volk in die Irre
	11	wenn sie in Angst durchs Meer g.
	13,9	den dritten Teil durchs Feuer g. lassen
Jdt	5,20	Weg, auf dem sie g. sollten
	9,1	danach g. Judit in ihre Kammer 12,10
	13,11	als wollten sie zum Beten g.
Wsh	5,7	wir sind verderbliche Wege geg.
	7,24	die Weisheit g. und dringt durch alles
	15,15	deren Füße zu faul zum G. sind
	19,9	sie g. wie die Rosse auf der Weide
	18	was auf dem Lande... g. ins Wasser
Tob	1,14	daß er ihm erlaubte, überallhin zu g.
	2,1	g. und lade... ein
	3	Tobias g. zu dem Toten
	5,4	Begleiter, der gegen Entgelt mit dir g. 9
	6,2	g. zum Fluß, um seine Füße zu waschen
	16	fürchte ich, daß mir's auch so g. könnte
Sir	6,12	g. dir's schlecht, stellt er sich gegen dich 12,7.8; 37,4
	9,3	damit du ihr nicht ins Netz g.
	12,13	g.'s dem, der sich mit Gottlosen einläßt
	14,19	so g.'s mit dem Menschengeschlecht auch
	20,20	so g.'s den Bösen: plötzlich müssen sie
	21,11	Gottlosen g. auf einem gepflasterten Weg
	19	Rede des Narren wie eine Last beim G.
	22,14	g. nicht zu einem Unverständigen
	25,15	die Furcht Gottes g. über alles
	30,13	laß ihn nicht müßig g. 33,26.28
	32,25	g. nicht den Weg, auf dem du fallen
	51,21	ich g. geradewegs zu ihr
	31	g. bei mir in die Schule
Bar	4,26	meine Kinder mußten auf rauhem Wege g.
1Ma	5,25	erzählten, wie es ihren Brüdern g.
	9,48	nicht so kühn, daß sie durchs Wasser geg. wären 16,6
	12,22	bitten, uns zu schreiben, wie es euch g.
2Ma	3,19	Jungfrauen, die nicht unter die Leute g.
	5,21	auf dem Meer g. wie auf dem Land
	6,20	(er) ging freiwillig zur Marter 29
StD	3,6	damit es uns gut g. sollte
Mt	2,11	g. in das Haus und fanden das Kindlein
	12	*daß sie nicht sollten wieder zu Herodes g.*
	22	fürchtete er sich, dorthin zu g.
	4,4	Wort, das aus dem Mund Gottes g.
	18	*als Jesus an dem galiläischen Meer g. Mk 1,16*
	5,1	(Jesus) g. auf einen Berg 15,29; *17,1*; Mk 3,13; Lk 6,12; 9,28
	41	so g. mit ihm zwei (Meilen)
	6,6	wenn du betest, g. in dein Kämmerlein
	8,8	nicht wert, daß du unter mein Dach g. Lk 7,6
	9	geh hin!, so g. er Lk 7,8
	19	ich will dir folgen, wohin du g. Lk 9,57
	28	gefährlich, daß niemand diese Straße g. konnte
	9,9	*da Jesus von dannen g. 13,53*
	35	Jesus g. ringsum in alle Städte und Dörfer
	10,5	g. nicht den Weg zu den Heiden
	7	g. aber und predigt
	11	wenn ihr in eine Stadt g. 12; Mk 6,10; Lk 9,4
	15	*wird es erträglicher g. am Tage des Gerichts 11,22.24; Lk 10,12.14*
	11,5	Blinde sehen und Lahme g. 15,31; Lk 7,22
	12,1	g. Jesus durch ein Kornfeld Mk 2,23; Lk 6,1
	4	wie (David) in das Gotteshaus g. Mk 2,26; Lk 6,4
	29	*wie kann jemand in eines Starken Haus g.*

Mt	12,44	*in mein Haus, daraus ich geg. Lk 11,24*
	45	*so wird's auch diesem argen Geschlecht g.*
	13,1	an demselben Tage g. Jesus aus dem Hause
	36	da ließ Jesus das Volk g. 15,39; Mk 8,9
	40	so wird's am Ende der Welt g. 49
	14,15	laß das Volk g., damit sie in die Dörfer g. Mk 6,36; Lk 9,12
	25	Jesus g. auf dem See 26; Mk 6,48.49; Jh 6,19
	29	Petrus g. auf dem Wasser
	15,17	daß alles, was zum Mund hineingeht, das g. in den Bauch Mk 7,19
	23	laß sie doch g., denn sie schreit uns nach
	32	ich will sie nicht hungrig g. lassen
	16,21	wie er nach Jerusalem g. müsse
	17,24	*g. zu Petrus, die... einnahmen*
	19,22	*g. er betrübt von ihm*
	24	es ist leichter, daß ein Kamel durch ein Nadelöhr g. Mk 10,25; Lk 18,25
	20,14	nimm, was dein ist, und g.
	21,14	es g. zu ihm Blinde und Lahme im Tempel
	18	als er am Morgen in die Stadt g., hungerte ihn
	28	g. zu dem ersten (Sohn) und sprach 30
	33	verpachtete ihn und g. außer Landes 25,14; Mk 12,1; Lk 20,9
	25,9	g. zum Kaufmann und kauft für euch selbst
	26,36	solange ich dorthin g. und bete
	46	steht auf, laßt uns g. Mk 14,42
	27,53	g. aus den Gräbern nach seiner Auferstehung
	58	der g. zu Pilatus und bat um den Leib Jesu Lk 23,52
	28,8	*sie g. eilend vom Grabe Lk 24,9*
	10	daß sie nach Galiläa g. 16
Mk	1,21	am Sabbat g. er in die Synagoge 29; 3,1; Lk 4,16; 6,6
	35	er g. an eine einsame Stätte
	38	laßt uns anderswohin g.
	42	*alsbald g. der Aussatz von ihm Lk 5,13*
	45	so daß Jesus hinfort nicht mehr öffentlich in eine Stadt g. konnte
	2,1	nach einigen Tagen g. (Jesus) wieder nach Kapernaum Lk 7,1
	23	während sie g., Ähren auszuraufen
	3,20	er g. in ein Haus 7,24
	4,36	sie ließen das Volk g.
	5,37	er ließ niemanden mit sich g. als Petrus
	6,31	es waren viele, die kamen und g.
	7,24	er von dort in das Gebiet von Tyrus
	9,47	besser, daß du einäugig in das Reich Gottes g.
	10,35	da g. zu ihm Jakobus und Johannes
	11,12	*da sie aus Bethanien g.*
	12,38	die gern in langen Gewändern g.
	13,1	als er aus dem Tempel g., sprach zu ihm
	15,41	*die mit ihm geg. waren Apg 13,31*
	16,12	offenbarte sich zweien, als sie über Land g. Lk 24,13
Lk	1,9	er g. in den Tempel des Herrn
	36	*Elisabeth g. jetzt im sechsten Monat*
	39	Maria g. eilends in das Gebirge
	2,3	jedermann g., daß er sich schätzen ließe
	15	laßt uns nun g. nach Bethlehem und die Geschichte sehen
	41	seine Eltern g. alle Jahre nach Jerusalem zum Passafest 43.45
	4,42	ihn festhalten, damit er nicht von ihnen g.
	7,6	da g. Jesus mit ihnen
	11	seine Jünger g. mit ihm 12; 14,25
	22	g. und verkündet Johannes, was ihr gesehen und gehört habt

gehen

Lk	8,37	daß er von ihnen g.
	46	daß eine Kraft von mir geg. ist
	9,5	so g. aus derselben Stadt
	56	sie g. in ein andres Dorf
	10,1	sandte sie in alle Orte, wohin er g. wollte
	7	ihr sollt nicht von einem Haus zum andern g.
	34	g. zu ihm, goß Öl und Wein auf seine Wunden
	11,5	g. zu ihm um Mitternacht und spräche zu ihm
	12,21	so g. es dem, der sich Schätze sammelt
	58	wenn du mit deinem Gegner zum Gericht g.
	13,22	er g. durch Städte und Dörfer und lehrte
	14,4	er faßte ihn an und heilte ihn und ließ ihn g.
	15,17	da g. er in sich und sprach
	18	will mich aufmachen und g. zu m. Vater g.
	16,9	wenn (der Mammon) zu Ende g.
	30	wenn einer von den Toten zu ihnen g.
	17,27	bis zu dem Tag, an dem Noah in die Arche g. 29
	30	auf diese Weise wird's auch g. an dem Tage
	19,1	er zog hinein und g. durch Jericho
	45	er g. in den Tempel und fing an, die Händler
	22,33	Herr, ich bin bereit, mit dir in den Tod zu g.
	24,15	da nahte sich Jesus selbst und g. mit ihnen
Jh	1,43	wollte Jesus nach Galiläa g. 4,3
	2,6	in jeden g. zwei oder drei Maße
	3,4	kann er denn wieder in seiner Mutter Leib g.
	4,8	waren in die Stadt geg., um Essen zu kaufen
	28	g. in die Stadt und spricht zu den Leuten
	30	da g. sie aus der Stadt
	47	g. zu ihm und bat ihn, herabzukommen
	6,3	Jesus g. auf einen Berg
	66	viele seiner Jünger g. nicht mehr mit ihm
	68	Herr, wohin sollen wir g.
	7,3	mach dich auf von hier und g. nach Judäa
	35	will er zu denen g., die in der Zerstreuung wohnen
	8,1	Jesus g. zum Ölberg
	14	ich weiß, wohin ich g.
	22	wohin ich g., da könnt ihr nicht hinkommen
	9,7	g. zum Teich Siloah und wasche dich 11
	10,4	wenn er... g. er vor ihnen her
	11,15	aber laßt uns zu ihm g.
	16	laßt uns mit ihm g., daß wir mit ihm sterben
	31	sie g. zum Grab, um dort zu weinen
	44	laßt ihn g. Apg 4,21.23; 5,38.40; 16,40
	54	g. von dannen in eine Gegend
	12,31	jetzt g. das Gericht über die Welt
	13,1	seine Stunde, daß er aus dieser Welt g. zum Vater 3; 14,12.28; 16,10.17.28
	14,31	lasset uns von hinnen g.
	16,7	wenn ich g., will ich ihn zu euch senden
	18,1	da war ein Garten, in den g. Jesus und seine Jünger
	8	sucht ihr mich, so laßt diese g.
	28	sie g. nicht in das Richthaus
	20,18	Maria g. und verkündigt den Jüngern
	21,3	ich will fischen g.
	18	als du jünger warst g. du, wo du hin wolltest
Apg	1,25	um an den Ort zu g., wohin er gehört
	2,37	als sie das hörten, g.'s ihnen durchs Herz 5,33; 7,54
	3,2	bettelte bei denen, die in den Tempel g.
	8	konnte g. und stehen und g. mit ihnen
	12	als hätten wir durch eigene Kraft bewirkt, daß dieser g. kann
	4,21	da drohten sie noch mehr und ließen sie g.
	5,21	g. sie frühmorgens in den Tempel und lehrten
Apg	5,38	laßt ab von diesen Menschen und laßt sie g.
	41	sie g. fröhlich von des Rates Angesicht
	8,3	g. von Haus zu Haus, schleppte Männer und Frauen fort
	26	g. nach Süden auf die Straße, die 9,11
	9,1	(Saulus) g. zum Hohenpriester
	6	steh auf und g. in die Stadt 22,10
	39	Petrus stand auf und g. mit ihnen 11,12
	10,20	steig hinab und g. mit ihnen und zweifle nicht
	23	einige Brüder aus Joppe g. mit ihm
	11,3	du bist zu Männern geg., die nicht Juden sind
	8	nie etwas Gemeines in meinen Mund geg.
	12	ich solle mit ihnen g. und nicht zweifeln
	19	g. bis nach Phönizien und Zypern
	12,10	sie g. durch die erste und zweite Wache
	18	wie es mit Petrus geg. wäre
	13,14	g. am Sabbat in die Synagoge 14,1; 17,10; 18,19; 19,8
	14,8	er hatte noch nie g. können
	16	hat alle Heiden ihre eigenen Wege g. lassen
	20	stand er auf und g. in die Stadt
	22	durch viel Trübsal in das Reich Gottes g.
	15,30	als man sie hatte g. lassen
	33	ließen die Brüder sie mit Frieden g.
	38	nicht mit ihnen ans Werk geg. war
	16,16	als wir zum Gebet g.
	17,14	daß er g. bis an das Meer
	33	so g. Paulus von ihnen
	18,2	zu denen g. Paulus
	6	g. ich von nun an zu den Heiden
	14	wenn es um einen Frevel oder ein Vergehen g.
	19,30	als Paulus unter das Volk g. wollte
	40	ließ er die Versammlung g.
	20,13	weil er selbst zu Fuß g. wollte
	21,8	g. in das Haus des Philippus, des Evangelisten
	18	am nächsten Tag g. Paulus mit uns zu Jakobus
	26	am nächsten Tag g. (Paulus) in den Tempel
	27	als die sieben Tage zu Ende g.
	22,26	als das der Hauptmann hörte, g. er zu dem Oberst
	23,14	die g. zu den Hohenpriestern und sprachen
	16	g. und kam in die Burg und berichtete es Paulus
	22	da ließ der Oberst den jungen Mann g.
	24,25	Felix antwortete: für diesmal g.
	25,23	g. in den Palast mit den Hauptleuten
	26,31	g. beiseite, redeten miteinander
	27,3	erlaubte ihm, zu seinen Freunden zu g.
	6	ein Schiff, das nach Italien g.
	10	daß diese Fahrt nur mit Leid vor sich g. wird
Rö	4,12	auch g. in den Fußtapfen des Glaubens
	11,5	so g. es auch jetzt zu dieser Zeit Gal 4,29
	14,23	denn es g. nicht aus dem Glauben
1Ko	5,1	g. die Rede, daß Unzucht unter euch ist
	14,20	seid Kinder, wenn es um Böses g.
2Ko	8,18	dessen Lob durch alle Gemeinden g.
	12,18	sind wir nicht in denselben Fußtapfen geg.
Eph	4,29	kein faules Geschwätz aus eurem Mund g.
	6,3	auf daß dir's wohl g.
Phl	4,11	mir genügen g. zu lassen, wie's mir auch g.
1Th	4,6	niemand g. zu weit und übervorteile seinen Bruder
Tit	3,3	auch wir g. (früher) in die Irre
1Pt	5,9	ebendieselben Leiden über eure Brüder g.
2Pt	2,15	sie g. in die Irre

gehen

3Jh	2	ich wünsche, daß es dir gut g.
Heb	6,20	dahinein ist der Vorläufer für uns geg., Jesus
	9,6	g. die Priester allezeit in den vorderen Teil der Stiftshütte 7.25
	10,33	*Gemeinschaft mit denen, welchen es so g.*
Jak	3,10	*aus einem Munde g. Loben und Fluchen*
	4,13	heute oder morgen wollen wir in die oder die Stadt g.
Jud	11	weh ihnen! Denn sie g. den Weg Kains
Off	1,16	aus seinem Munde g. ein scharfes Schwert 19,15.21
	9,17	*aus ihren Mäulern g. Feuer 18; 11,5*
	20	Götzen, die weder sehen noch g. können
	14,4	die folgen dem Lamm nach, wohin es g.
	20	das Blut g. von der Kelter 1.600 Stadien weit
	15,6	*es g. aus dem Tempel die sieben Engel*
	8	niemand konnte in den Tempel g.
	16,13	*aus dem Munde drei unreine Geister g.*
	15	damit er nicht nackt g.

Geheul

Jes	15,8	G. bis Eglajim und G. bis Beer-Elim
Hos	7,14	machen ein G. auf ihren Lagern
Ze	1,10	zur selben Zeit wird sich erheben ein G.

Gehilfe, Gehilfin

1Mo	2,18	ich will ihm eine G. machen 20
	37,2	Josef war G. bei den Söhnen Bilhas
Jes	44,24	der die Erde festmacht ohne G.
Sir	36,26	eine G., die zu ihm paßt
Apg	13,5	sie hatten Johannes als G. bei sich
2Ko	1,24	wir sind G. eurer Freude
3Jh	8	damit wir G. der Wahrheit werden

Gehöft

1Mo	25,16	das sind die Söhne Ismaels nach ihren G.
5Mo	2,23	Awiter, die in G. wohnten bis nach Gaza
Jos	13,23	das ist das Erbteil, die Städte mit ihren G. 28; 15,32.36.41-62; 16,9; 18,24.28; 19,6-8.15-39.48; 21,12
1Ch	4,32	die fünf Orte, dazu ihre G. 33; 9,16.22.25
Neh	11,25	wohnten in Kabzeel und seinen G. 30
	12,28	versammelten sich die Sänger von den G. 29

Gehölz

Hes	15,2	Rebholz, das im G. wächst 6

Gehör

1Ko	12,17	wenn der ganze Leib Auge wäre, wo bliebe das G.

gehorchen

1Mo	3,17	weil du g. hast der Stimme deines Weibes
	16,2	Abram g. der Stimme Sarais 21,12
	22,18	weil du meiner Stimme g. hast
	23,16	Abraham g. Ephron und wog die Summe dar
	27,13	der Fluch sei auf mir; g. meinen Worten
	28,7	sah, daß Jakob Vater und Mutter g.
	34,24	g. dem Hamor und beschnitten alles
	37,27	laßt uns (Josef) verkaufen. Und sie g. ihm
	39,10	g. ihr nicht, daß er sich zu ihr legte
2Mo	5,2	wer ist der HERR, daß ich ihm g. müsse
	15,26	wirst du der Stimme des HERRN g. 19,5
2Mo	16,20	aber sie g. Mose nicht
	18,19	g. meiner Stimme; ich will dir raten 24
	23,21	g. seiner Stimme und sei nicht widerspenstig
3Mo	26,14	werdet ihr mir nicht g. 18.27; 4Mo 14,22
4Mo	27,20	damit ihm g. die ganze Gemeinde
5Mo	1,43	als ich euch das sagte, g. ihr nicht 9,23
	4,30	wirst dich bekehren und seiner Stimme g. 30,2.8
	11,27	den Segen, wenn ihr g. den Geboten 13,19; 15,5; 26,17; 28,1; 30,10.16.20; Ri 2,17; 3,4; 1Sm 12,14; 1Kö 11,38; Sa 6,15
	28	den Fluch, wenn ihr nicht g. 28,15.45.62; 30,17; 1Sm 12,15; Jer 11,3; 18,10; 22,5; 26,4; 42,13.21; 43,7
	13,4	nicht g. den Worten solcher Propheten 5.9
	17,12	vermessen, daß er dem Priester nicht g.
	18,15	Propheten wie mich... dem sollt ihr g.
	21,18	Sohn, der Vater nicht g... nicht g. will 20
	34,9	die *Israeliten g. (Josua) Jos 22,2
Jos	1,18	wer nicht g. deinen Worten in allem
	5,6	weil sie der Stimme des HERRN nicht g. Ri 2,20; 6,10; 1Sm 28,18; 1Kö 20,36; 2Kö 17,14.40; 18,12; 21,9; 22,13; Neh 9,16.29; Ps 81,12; 106,25; Jes 42,24; Jer 3,13.25; 9,12; 11,8.10; 16,12; 22,21; 25,4.7; 29,19; 32,23; 34,14.17; 35,13-16; 36,31; 37,2; 40,3; 44,5.23; Hes 20,8.39; Dan 9,10.11.14
	24,24	wir wollen seiner Stimme g.
Ri	2,17	so g. sie den Richtern auch nicht
1Sm	2,25	sie g. der Stimme ihres Vaters nicht
	8,7	g. der Stimme des Volkes 9.22; 12,1
	15,19	warum hast du der Stimme des HERRN nicht g. 20.24
	28,21	deine Magd hat deiner Stimme g. 22
2Sm	22,45	die Söhne der Fremde g. mir Ps 18,45
1Kö	12,24	sie g. dem Wort des HERRN 2Ch 11,4
	20,8	sollst nicht g. und nicht einwilligen
	25	er g. ihrer Stimme und tat das Jer 42,4
2Kö	10,6	(Jehu) schrieb: Wenn ihr meiner Stimme g.
Hi	36,11	g. sie, werden sie glücklich leben
	12	g. sie nicht, werden sie dahinfahren
Spr	1,8	m. Sohn, g. der Zucht deines Vaters 23,22
	33	wer aber mir g., wird sicher wohnen
	5,7	g. mir nun, meine Söhne
	13	daß ich nicht g. der Stimme meiner Lehrer
	8,34	wohl dem Menschen, der mir g.
	30,17	ein Auge, das verachtet, der Mutter zu g.
Jes	1,19	wollt ihr mir g., so sollt ihr genießen
	50,10	der der Stimme seines Knechts g.
Jer	7,23	g. meinem Wort, so will ich euer Gott sein
	10,7	dir muß man g.
	11,4	g. meiner Stimme 7; 26,13; 38,20; 42,6
	34,10	da hatten alle Oberen g.
	35,8	also g. wir Jonadab 10.14.18
	38,15	gebe ich dir Rat, so g. du mir nicht
	43,4	g. Johanan der Stimme des HERRN nicht
Hes	2,5	sie g. oder lassen es 7
Dan	7,27	alle Mächte werden ihm g.
	9,6	wir g. nicht den Propheten Sa 1,4
Mi	5,14	an allen Völkern, die nicht g. wollen
Ze	3,2	(weh der Stadt!) Sie will nicht g.
Hag	1,12	da g. Serubbabel der Stimme des HERRN
Jdt	11,5	alle Tiere auf dem Felde werden ihm g.
Sir	3,1	liebe Kinder, g. der Weisung eures Vaters
	4,16	wer (d. Weisheit) g., wird Völker regieren
	5,2	g. deinen Trieben nicht
	6,24	liebes Kind, g. meiner Lehre 31,26; 33,19; 39,17
	24,30	wer mir g., der wird nicht zuschanden
	33,30	g. er dann nicht, so feßle seine Füße

Sir	46,12	sehen, wie gut es ist, dem Herrn zu g.
Bar	1,18	(haben) nicht g. der Stimme des Herrn 19.21; 2,5.10.22.24.29.30; 3,4
	3,33	wenn er ihn zurückruft, so g. er
1Ma	2,65	dem g. allezeit als eurem Vater
	5,61	weil sie Judas nicht g. hatten
2Ma	7,30	ich g. dem Gebot des Königs nicht
StD	3,6	(wir haben) deinen Geboten nicht g.
Mk	1,27	den unreinen Geistern, und sie g. ihm
Lk	17,6	er würde euch g.
Jh	10,8	die Schafe haben ihnen nicht g.
Apg	4,19	recht, daß wir euch mehr g. als Gott
	5,29	man muß Gott mehr g. als den Menschen
	32	der heilige Geist, den Gott denen gegeben hat, die ihm g.
	27,21	*man sollte mir g. haben*
Rö	2,8	Zorn denen, die der Wahrheit nicht g.
	6,16	wem ihr euch zu Knechten macht, um ihm zu g.
Gal	5,7	aufgehalten, der Wahrheit nicht zu g.
Tit	1,16	g. nicht und sind... untüchtig
Heb	13,17	g. euren Lehrern und folgt ihnen
Jak	3,3	den Zaum ins Maul legen, damit sie uns g.

gehören

1Mo	31,16	der ganze Reichtum g. uns
	32,19	es g. deinem Knechte Jakob
	38,25	von den ich bin schwanger dem dies g... erkennst du, wem dies Siegel.
2Mo	13,12	alle männliche Erstgeburt g. dem HERRN
	21,4	sollen Frau und Kinder seinem Herrn g.
	34	das tote Tier aber soll ihm g.
	29,28	soll Aaron und seinen Söhnen g. als ewiges Anrecht 3Mo 10,15; 24,9; 4Mo 18,11
3Mo	2,3	soll Aaron und seinen Söhnen g 10; 7,10.31. 33; 4Mo 18,13-15.18
	5,13	soll dem Priester g. 7,7-9.14; 14,13; 23,20; 4Mo 5,9.10; Jos 13,14; 2Kö 12,17; Hes 40,45. 46; 44,29.30. 45; 46,19; 48,10-12
	24	dem soll er's geben, dem es g.
	6,11	wer sie anrührt, soll dem Heiligtum g. 20; 4Mo 17,3
	7,20	Dankopfers, das dem HERRN g. 21.29
	14,35	so soll der kommen, dem das Haus g.
	25,32	Häuser in den Städten, die ihnen g. 33; 4Mo 35,5
	55	mir g. die *Israeliten 5Mo 4,20
	27,15	dann soll es ihm wieder g. 24
	26	die Erstgeburt g. dem HERRN 30; 4Mo 3,13; 8,17
4Mo	2,9	die ins Lager Juda g. 16.24.31
	3,12	daß die Leviten mir g. 45; 8,14; 16,5
	26	und was sonst zu ihrem Amt g. 31.36; 4,9.26
	16,32	verschlang sie mit allen, die zu Korach g.
	31,36	denen g., die in den Kampf gezogen waren
5Mo	20,15	die nicht zu den Städten hier g.
Jos	5,13	du zu uns oder zu unsern Feinden
	13,4	Meara, das den Sidoniern g.
	17,9	diese Städte g. Ephraim
	22,19	kommt ins Land, das dem HERRN g.
Ri	6,11	die Eiche bei Ofra; die g. Joasch
	25	Altar Baals, der deinem Vater g.
	11,31	soll, was mir entgegengeht, dem HERRN g.
Rut	2,3	daß dies Feld dem Boas g.
	5	zu wem g. das Mädchen
	20	er g. zu unsern Lösern
	4,3	Anteil, der unserm Bruder Elimelech g. 9
1Sm	2,27	als die *Israeliten noch dem Pharao g.
	8,12	was zu seinen Wagen g.
1Sm	9,20	wem g. denn alles? G. es nicht dir 2Sm 9,9
	27,6	daher g. Ziklag den Königen von Juda
	30,13	zu wem g. du
2Sm	3,12	wem g. das Land
	16,18	wen der HERR erwählt, zu dem g. ich
	21,2	g. nicht zu den Israeliten 1Kö 9,20; 2Ch 8,7
1Kö	5,7	was zum Tisch des Königs g.
	7,48	Gerät, das zum Hause des HERRN g.
	15,27	Gibbethon, das den Philistern g. 16,15
	16,24	Schemers, dem der Berg g. hatte
2Kö	8,6	verschaffe ihr alles wieder, was ihr g.
	11,10	Spieße und Schilde, die David g. hatten
	24,7	genommen, was dem König von Ägypten g.
1Ch	12,1	sie g. auch zu den Helden 26,8.10; Neh 3,7.8. 31
2Ch	4,6	was zum Brandopfer g., sollte man abspülen
Neh	5,5	unsere Äcker g. andern
	13,9	brachte hinein, was zum Hause Gottes g.
Est	2,12	was sonst zur weiblichen Pflege g.
Hi	18,15	wird wohnen, was nicht zu ihm g.
	22,8	dem Mächtigen g. das Land
	31,11	eine Schuld, die vor die Richter g. 28
Ps	47,10	Gott g. die Starken auf Erden
	89,19	dem HERRN g. unser Schild
Spr	10,13	auf den... Unverständigen g. eine Rute
Hl	7,11	meinem Freund g. ich 8,12
Jer	3,1	sie geht von ihm und g. einem andern
	5,10	sie g. nicht dem HERRN
Hes	18,4	alle Menschen g. mir; die Väter g. mir
	33,24	so g. uns das Land erst recht
	45,6	soll dem Hause Israel g.
	47,13	zwei Teile g. dem Stamm Josef
	48,21	was übrig ist, soll dem Fürsten g. 22
Dan	2,20	ihm g. Weisheit und Stärke
Hab	1,6	Wohnstätten einzunehmen, die ihm nicht g.
Sa	7,3	Priester, die zum Hause des HERRN g.
Wsh	15,2	wenn wir auch sündigen, g. wir doch dir
Sir	15,10	zu rechtem Lob g. die Weisheit
1Ma	10,43	sicher sein mit allem, was ihm g.
	11,34	daß ganz Judäa... zu ihrem Land g. sollen
	15,28	was alles zu meinem Königreich g.
	33	das Land g. sonst niemand
2Ma	3,10	Geld, das Witwen und Waisen g.
Mt	19,14	denn solchen g. das Himmelreich Mk 10,14; Lk 18,16
Lk	5,3	da stieg er in eins der Boote, das Simon g.
	12,20	wem wird dann g., was du angehäuft hast
	15,12	*das Teil der Güter, das mir g.*
	22,3	Judas Iskariot, der zur Zahl der Zwölf g.
	23,7	*daß er unter des Herodes Obrigkeit g.*
Jh	10,12	der Mietling, dem die Schafe nicht g.
	19,24	darum losen, wem es g. soll
Apg	1,17	er g. zu uns und hatte dieses Amt mit uns
	25	verlassen, um an den Ort zu gehen, wohin er g.
	21,11	den Mann, dem dieser Gürtel g., werden
	27,23	der Engel des Gottes, dem ich g.
Rö	1,6	zu denen auch ihr g., die ihr
	9,4	Israeliten, denen die Kindschaft g.
	5	denen auch die Väter g.
1Ko	1,12	ich g. zu Paulus 3,4
	6,19	daß ihr nicht euch selbst g.
Eph	3,6	daß die Heiden mit zu seinem Leib g.
	5,3	wie es sich für die Heiligen g.
2Ti	3,6	zu ihnen g. auch die, die sich in die Häuser einschleichen
Heb	5,14	*feste Speise g. den Vollkommenen*
Off	17,9	hier ist Sinn, zu dem Weisheit g.

gehorsam

gehorsam

1Mo	26,5	weil Abraham meiner Stimme g. gewesen ist
	41,40	deinem Wort soll all mein Volk g. sein
5Mo	8,20	werdet umkommen, weil ihr nicht g. seid
	26,14	der Stimme des HERRN g. 27,10; 28,2.13
Jos	1,17	wie wir Mose g. gewesen sind... dir g. sein
2Sm	22,45	gehorchen mir mit g. Ohren Ps 18,45
1Kö	3,9	wollest deinem Knecht ein g. Herz geben
1Ch	29,23	ganz Israel wurde (Salomo) g.
Ps	81,14	wenn doch mein Volk mir g. wäre
Jes	11,14	die Ammoniter werden ihnen g. sein
Jdt	3,3	besser, daß wir dir g. sind
Sir	3,7	wer dem Herrn g. ist
	16,28	daß alle seinem Befehl g. sein sollten
	42,24	wenn er sie braucht, sind sie alle g.
Bar	6,60	Sonne, Mond und Sterne sind g.
1Ma	1,52	wer dem König nicht g. sein würde 2,19.33
	6,23	beschlossen, seinen Geboten g. zu sein
	12,43	gebot, Jonatan g. zu sein
StE	5,1	Fürsten, die unserm Befehl g. sind
Mt	8,27	ein Mann, daß ihm Wind und Meer g. sind Mk 4,41; Lk 8,25
Lk	17,6	*so wird er euch g. sein*
Jh	3,36	wer dem Sohn nicht g. ist, der wird das Leben nicht sehen
Apg	6,7	es wurden viele Priester dem Glauben g.
	7,39	ihm wollten unsre Väter nicht g. werden
Rö	6,16	dessen Knechte seid ihr und müßt ihm g. sein
	17	nun von Herzen g. geworden der Lehre
	10,16	nicht alle sind dem Evangelium g.
2Ko	2,9	um zu erkennen, ob ihr g. seid in allen Stücken
Eph	6,1	ihr Kinder, seid g. euren Eltern in dem Herrn Kol 3,20
	5	ihr Sklaven, seid g. euren irdischen Herren Kol 3,22
Phl	2,8	ward g. bis zum Tode, ja zum Tode am Kreuz
	12	wie ihr allezeit g. gewesen seid
2Th	1,8	die nicht g. sind dem Evangelium
	3,14	wenn jemand unserm Wort nicht g. ist
1Ti	3,4	der g. Kinder hat in aller Ehrbarkeit
Tit	3,1	daß sie der Gewalt der Obrigkeit g. seien
1Pt	1,14	als g. Kinder gebt euch nicht den Begierden hin
	3,6	wie Sara Abraham g. war
Heb	5,9	für alle, die ihm g. sind, Urheber des Heils
	11,8	durch den Glauben wurde Abraham g.

Gehorsam

1Sm	15,22	Gefallen am G... G. ist besser als Opfer
Rö	1,5	den G. des Glaubens aufzurichten unter allen Heiden 16,26
	5,19	so werden durch den G. des Einen die Vielen zu Gerechten
	6,12	leistet seinen Begierden keinen G.
	16	es sei dem G. zur Gerechtigkeit
	15,18	die Heiden zum G. bringen durch Wort und Werk
	16,19	euer G. ist bei allen bekanntgeworden
2Ko	7,15	wenn er an den G. von euch allen denkt
	9,13	preisen sie Gott über eurem G.
	10,5	nehmen gefangen alles Denken in den G. gegen Christus
	6	sobald euer G. vollkommen geworden ist
1Ti	1,4	*Fabeln, die mehr Fragen aufbringen als G.*
Phm	21	im Vertrauen auf deinen G. schreibe ich dir

1Pt	1,2	zum G. und zur Besprengung mit dem Blut Jesu Christi
	22	habt ihr eure Seelen gereinigt im G.
Heb	5,8	so hat er an dem, was er litt, G. gelernt

Geier

3Mo	11,14	(daß ihr nicht esset) den G. 5Mo 14,13
Hi	28,7	den Steig dahin hat kein G. erkannt
Jes	18,6	liegenläßt für die G... G. darauf sitzen
Mi	1,16	mach dich kahl wie ein G.
Mt	24,28	wo das Aas ist, da sammeln sich die G. Lk 17,37

geifern

Ps	59,8	siehe, sie g. mit ihrem Maul
Mi	2,6	g. nicht, so g. sie

Geilheit

Jer	13,27	ich habe gesehen deine G.
Hes	16,26	triebst... mit deinen Nachbarn voller G.

Geisel

2Kö	14,14	(Joasch) nahm die G. 2Ch 25,24
1Ma	1,11	Antiochus, der in Rom als G. gewesen war
	8,7	dazu mußte er den Römern G. schicken
	9,53	nahm die Kinder der vornehmsten Männer als G. 11,62
	10,6	daß man die G. freigeben sollte 9
	13,16	zwei seiner Söhne als G. geben

Geißel

Jos	23,13	diese Völker werden euch zur G.
Hi	5,21	wird dich verbergen vor der G. der Zunge
	9,23	wenn seine G. plötzlich tötet
Jes	10,26	wird der HERR eine G. über ihn schwingen
Sir	23,2	könnte doch jemand eine G. beschaffen
	26,8	die G. der Zunge ist allen gemeinsam
	28,21	die G. macht Striemen
2Ma	7,1	wurden mit G. und Riemen geschlagen
Jh	2,15	er machte eine G. aus Stricken
Heb	11,36	*etliche haben Spott und G. erlitten*

Geißelhieb

2Ko	11,24	von den Juden habe ich fünfmal erhalten 40 G.

geißeln

Wsh	16,16	sind durch deinen Arm geg. worden
2Ma	3,26	die g. ihn unablässig 38; 5,18
	34	weil du vom Himmel geg. worden bist 9,11
	7,13	peinigten den vierten und g. ihn 15
Mt	10,17	sie werden euch g. in ihren Synagogen 23,34; Mk 13,9
	20,19	den Heiden überantworten, damit sie ihn g. Mk 10,34; Lk 18,33
	27,26	Jesus ließ er g. Mk 15,15; Jh 19,1
Apg	5,40	riefen die Apostel herein, ließen sie g.
	22,19	daß ich die, die an dich glaubten, g. ließ
	24	sagte, daß man ihn g. und verhören sollte
	25	ist es erlaubt bei euch... ohne Urteil zu g.

Geißelung
Heb 11,36 andere haben Spott und G. erlitten

Geist
(s.a. böser **Geist**; Geist Gottes; heiliger Geist)

1Mo	6,3	mein G. soll nicht immerdar im Menschen
	41,8	war sein G. bekümmert
	45,27	wurde der G. Jakobs, ihres Vaters, lebendig
2Mo	28,3	die ich mit dem G. der Weisheit erfüllt
3Mo	20,27	wenn ein Mann G. beschwören kann
4Mo	5,14	der G. der Eifersucht kommt über ihn 30
	11,17	will von deinem G. auf sie legen 25.26
	29	wollte Gott, daß der HERR seinen G.
	14,24	weil ein anderer G. in ihm ist
	27,18	Josua, in dem der G. ist
5Mo	28,28	wird dich schlagen mit Verwirrung des G.
	34,9	Josua wurde erfüllt mit G. der Weisheit
Ri	15,19	als (Simson) trank, kehrte sein G. zurück
1Sm	28,8	weil du G. beschwören kannst 13
1Kö	5,9	Gott gab Salomo Verstand und G.
	21,5	was ist's, daß dein G. so voller Unmut
	22,21	ein G... vor den HERRN 2Ch 18,20
2Kö	2,9	mir zwei Anteile von deinem G. zufallen
	15	der G. Elias ruht auf Elisa
	5,26	bin ich nicht im G. mit dir gegangen
	19,7	will einen G. über ihn bringen, daß er
1Ch	5,26	erweckte den G. des Pul und den G. Tiglat-Pilesers 2Ch 21,16; 36,22; Esr 1,1
	12,19	der G. ergriff Amasai
	28,12	was ihm durch den G. in den Sinn gekommen
Esr	1,5	alle, deren G. Gott erweckt hatte
Neh	9,20	gabst ihnen deinen guten G.
	30	warntest sie durch deinen G.
Hi	6,4	mein G. muß ihr Gift trinken
	17,1	mein G. ist zerbrochen
	20,3	der G. lehrt mich antworten
	26,4	wessen G. geht von dir aus
	32,8	der G. ist es in den Menschen
	18	weil mich der G. bedrängt
	34,14	wenn (Gott) seinen G. an sich zöge
Ps	31,6	in deine Hände befehle ich meinen G. Lk 23,46
	32,2	wohl dem, in dessen G. kein Trug ist
	51,12	gib mir einen neuen, beständigen G.
	14	mit einem willigen G. rüste mich aus
	19	die Opfer... sind ein geängsteter G.
	77,7	mein G. muß forschen
	78,8	dessen G. sich nicht treu an Gott hielt
	139,7	wohin soll ich gehen vor deinem G.
	142,4	mein G. in Ängsten ist 143,4
	143,7	mein G. vergeht
	10	dein guter G. führe mich auf ebner Bahn
	146,4	des Menschen G. muß davon
Spr	1,23	will über euch strömen lassen meinen G.
	16,2	der HERR prüft die G.
	20,27	eine Leuchte des HERRN ist Menschen G.
Pr	12,7	der G. (muß) wieder zu Gott, der ihn
Jes	4,4	durch den G., der richten wird
	11,2	auf ihm wird ruhen der G. der Weisheit... und der Furcht des HERRN
	19,3	da werden sie dann fragen ihre G.
	26,9	mit meinem G. suche ich dich am Morgen
	28,6	ein G. des Rechts für den, der zu Gericht
	29,10	hat einen G. tiefen Schlafs ausgegossen Rö 11,8
	24	welche irren in ihrem G., werden Verstand
Jes	30,1	ohne meinen G. Bündnisse eingehen
	31,3	seine Rosse sind Fleisch und nicht G.
	32,15	bis über uns ausgegossen wird der G. 44,3
	34,16	sein G. bringt sie zusammen
	42,1	ich habe ihm meinen G. gegeben 5
	48,16	nun sendet mich Gott und sein G.
	57,15	bei denen, die demütigen G. sind, daß ich erquicke den G. der Gedemütigten
	16	sonst würde ihr G. verschmachten
	59,21	mein G., der auf dir ruht 61,1
	61,3	Lobgesang statt eines betrübten G.
	66,2	sehe auf den, der zerbrochenen G. ist
Klg	2,12	in den Armen ihrer Mütter den G. aufgeben
Hes	1,12	wohin ihn trieb 20
	20	es war der G. der Gestalten 21; 10,17
	3,12	der G. hob mich empor 14; 8,3; 11,1.24; 43,5
	14	fuhr dahin im Grimm meines G.
	24	kam in mich 11,5
	11,5	eures G. Gedanken kenne ich
	19	will einen neuen G. in sie geben 36,26. 27
	13,3	weh... die ihrem eigenen G. folgen
	18,31	macht euch einen neuen G.
	39,29	habe meinen G. über Israel ausgegossen
Dan	4,5	Daniel, der den G. der heiligen Götter hat 6. 15; 5,11.14
	5,12	ein überragender G. bei ihm gefunden 6,4
Hos	4,12	der G. der Hurerei verführt sie 5,4
	9,7	wahnsinnig (ist) der Mann des G.
Jo	3,1	G. über alles Fleisch 2; Apg 2,17.18
Hag	1,14	der HERR erweckte den G. Serubbabels, den G. Jeschuas und den G. aller übrigen
	2,5	mein G. soll unter euch bleiben
Sa	4,6	es soll durch meinen G. geschehen
	6,8	lassen meinen G. ruhen im Lande
	7,12	Worte, die der HERR durch seinen G. sandte
	12,10	will ausgießen den G. der Gnade
	13,2	G. der Unreinheit aus dem Lande treiben
Mal	2,15	in dem noch ein Rest von G. war
	15	seht euch vor in eurem G. 16
Wsh	1,5	der heilige Geist, ein G. der Zucht
	6	Weisheit, die Menschen liebt
	2,3	der G. zerflattert wie Luft
	7,7	der G. der Weisheit kam zu mir Sir 39,8
	22	wohnt in ihr ein G., der verständig ist
	23	(die Weisheit) durchdringt selbst alle G.
	9,15	der Leib drückt den G. nieder
	12,1	dein unvergänglicher G. ist in allem
	15,11	G. eingeblasen hat
	16	einer, dem der G. nur geliehen ist
	16,14	kann den entflohenen G. nicht zurückholen
Tob	3,6	nimm meinen G. weg in Frieden
Sir	34,14	der G. der Gottesfürchtigen wird am Leben bleiben
	38,24	weil sein G. von ihm geschieden ist
2Ma	14,46	Gott, der über alle G. der Herr ist
StD	3,15	mit demütigem G. kommen wir vor dich
	62	ihr G. der Gerechten, lobt den Herrn
Mt	4,1	da wurde Jesus vom G. geführt Mk 1,12; Lk 4,1.14
	8,16	er trieb die G. aus durch sein Wort Mk 9,25
	10,1	gab ihnen Macht über die unreinen G. Mk 6,7
	20	eures Vaters G. ist es, der durch euch redet
	12,18	ich will meinen G. auf ihn legen
	31	die Lästerung gegen den G. wird nicht vergeben
	43	wenn der unreine G. ausgefahren ist 45; Lk 11,24.26
	22,43	wie kann ihn David durch den G. Herr nennen

Geist

Mt	26,41	der G. ist willig; aber das Fleisch ist schwach Mk 14,38
Mk	1,10	sah, daß der G. herabkam auf ihn Jh 1,32.33
	23	ein Mensch, besessen von einem unreinen G. 5,2.15; 7,25; 9,17; Lk 4,33; 13,11
	26	der unreine G. riß ihn 9,20; Lk 9,39
	27	er gebietet den unreinen G. Lk 4,36
	34	ließ die G. nicht reden
	2,8	Jesus erkannte sogleich in seinem G.
	3,11	wenn ihn die unreinen G. sahen
	30	er hat einen unreinen G.
	5,8	fahre aus, du unreiner G. 13; Lk 8,29; 9,42
	12	die unreinen G. baten ihn
	8,12	er seufzte in seinem G.
Lk	1,17	vor ihm hergehen im G. und in der Kraft Elias
	47	mein G. freut sich Gottes, meines Heilandes
	80	das Kindlein wuchs und wurde stark im G.
	2,27	er kam auf Anregen des G. in den Tempel
	6,18	die von unreinen G. umgetrieben, gesund
	9,55	wißt ihr nicht, welches G. Kinder
	10,20	freut euch nicht, daß euch die G. untertan
	11,14	als der G. ausfuhr, da redete der Stumme
	23,46	Vater, ich befehle meinen G. in deine Hände
	24,37	fürchteten sich und meinten, sie sähen einen G.
	39	ein G. hat nicht Fleisch und Knochen
Jh	3,5	daß jemand geboren werde aus Wasser und G.
	6	was vom G. geboren ist, das ist G.
	8	bei jedem, der aus dem G. geboren ist
	34	Gott gibt den G. ohne Maß
	4,23	den Vater anbeten im G. und in der Wahrheit 24
	24	Gott ist G.
	6,63	der G. ist's, der lebendig macht
	7,39	sagte er aber von dem G.
	11,33	ergrimmte er im G. 13,21; Apg 17,16
	14,17	den G. der Wahrheit, den die Welt nicht empfangen kann
	15,26	der G. der Wahrheit wird 16,13
Apg	2,4	zu predigen, wie der G. ihnen gab auszusprechen
	5,5	Hananias fiel zu Boden und gab den G. auf 10; 12,23
	16	brachten solche, die von unreinen G. geplagt waren
	6,10	nicht zu widerstehen dem G., in dem er redete
	7,59	Herr Jesus, nimm meinen G. auf
	8,7	die unreinen G. fuhren aus mit großem Geschrei
	18	als Simon sah, daß der G. gegeben wurde
	29	der G. sprach zu Philippus 10,19; 11,12
	11,28	sagte durch den G. eine große Hungersnot voraus
	16,7	der G. Jesu ließ es ihnen nicht zu
	18	daß er sich umwandte und zu dem G. sprach
	18,25	dieser redete brennend im G.
	19,21	nahm sich Paulus im G. vor
	20,22	durch den G. gebunden, fahre ich nach Jerus.
	21,4	die sagten Paulus durch den G.
	23,8	die Saddäzer sagen, es gebe keine G.
	9	vielleicht hat ein G. mit ihm geredet
Rö	1,4	nach dem G., der heiligt, eingesetzt
	9	Gott, dem ich in meinem G. diene
	2,29	Beschneidung des Herzens, die im G. geschieht
	7,6	daß wir dienen im neuen Wesen des G.
	8,2	das Gesetz des G. hat dich frei gemacht
Rö	8,4	die wir leben nach dem G.
	9	wer Christi G. nicht hat, der ist nicht sein
	10	der G. ist Leben um der Gerechtigkeit willen
	11	der G. dessen, der Jesus von den Toten auferweckt hat
	13	wenn ihr durch den G. die Taten d. Fleisches tötet
	15	habt nicht einen knechtischen G. empfangen
	16	der G. selbst gibt Zeugnis unserm G.
	23	wir, die wir den G. als Erstlingsgabe haben
	26	desgleichen hilft auch der G. unsrer Schwachheit auf
	27	weiß, worauf der Sinn des G. gerichtet ist
	12,11	seid brennend im G.
	15,19	(zum Gehorsam) in der Kraft des G. Gottes
	30	ich ermahne euch durch die Liebe des G.
1Ko	2,4	mein Wort... in Erweisung des G. und der Kraft
	10	der G. erforscht alle Dinge
	11	welcher Mensch weiß... als allein der G. des Menschen
	12	wir haben nicht empfangen den G. der Welt, sondern den G. aus Gott
	13	reden mit Worten, die der G. lehrt
	4,21	kommen mit Liebe und sanftmütigem Geist
	5,3	der ich bei euch bin mit dem G. Kol 2,5
	4	wenn mein G. samt der Kraft unseres Herrn Jesus bei euch ist
	5	damit der G. gerettet werde
	6,17	wer dem Herrn anhängt, der ist ein G. mit ihm
	7,34	daß sie heilig seien am Leib und auch am G.
	12,1	über die Gaben des G. will ich euch
	4	es sind verschiedene Gaben; aber es ist ein G.
	7	in einem jeden offenbart sich der G. zum Nutzen aller
	8	dem einen wird durch den G. gegeben 9.10
	10	(wird gegeben) einem andern die Gabe, die G. zu unterscheiden
	11	dies alles wirkt derselbe eine G.
	13	durch einen G. alle zu einem Leib getauft
	14,1	bemüht euch um die Gaben des G. 12
	2	vielmehr redet er im G. von Geheimnissen
	14	wenn ich in Zungen bete, so betet mein G.
	15	ich will beten mit dem G. und will auch beten mit dem Verstand
	16	wenn du Gott lobst im G., wie soll
	32	die G. der Propheten sind den Propheten untertan
	37	wenn einer meint, er sei vom G. erfüllt
	15,45	der letzte Adam (wurde) zum G., der lebendig macht
	16,18	sie haben meinen und euren G. erquickt
2Ko	1,22	in unsre Herzen den G. gegeben 5,5
	2,13	da hatte ich keine Ruhe in meinem G.
	3,6	der G. macht lebendig
	8	das Amt, das den G. gibt, Herrlichkeit haben
	17	der Herr ist der G. 18
	4,13	weil wir denselben G. des Glaubens haben
	7,1	von aller Befleckung des G. uns reinigen
	13	sein G. ist erquickt worden von euch allen
	11,4	wenn ihr einen andern G. empfangt
	12,18	nicht beide in demselben G. gehandelt
Gal	3,2	habt ihr den G. empfangen durch Werke
	3	im G. habt ihr angefangen
	5	der euch den G. darreicht und tut solche Taten
	14	damit wir den verheißenen G. empfangen

Geist

Gal	4,6	hat Gott den G. seines Sohnes gesandt
	29	den verfolgte, der nach dem G. gezeugt war
	5,5	wir warten im G. durch den Glauben auf die Gerechtigkeit
	16	ich sage aber: Lebt im G.
	17	das Fleisch begehrt auf gegen den G.
	18	regiert euch der G., so seid ihr nicht unter dem Gesetz
	22	die Frucht des G. ist Liebe, Freude
	25	wenn wir im G. leben, so laßt uns auch im G. wandeln
	6,1	so helft ihm zurecht mit sanftmütigem G.
	8	wer auf den G. sät, wird von dem G. ernten
	18	die Gnade unseres Herrn Jesus Christus sei mit eurem G. Phl 4,23; Phm 25
Eph	1,17	daß Gott euch gebe den G. der Weisheit
	2,2	G., der zu dieser Zeit am Werk ist
	18	durch ihn haben wir in einem G. den Zugang zum Vater
	22	miterbaut zu einer Wohnung Gottes im G.
	3,5	jetzt offenbart... durch den G.
	16	stark zu werden durch seinen G.
	4,3	bedacht, zu wahren die Einigkeit im G.
	4	ein Leib und ein G.
	23	erneuert euch in eurem G. und Sinn
	5,18	laßt euch vom G. erfüllen
	6,17	nehmt das Schwert des G.
	18	betet allezeit mit Bitten und Flehen im G.
Phl	1,19	durch den Beistand des G. Jesu Christi
	27	damit ihr in einem G. steht
	2,1	ist bei euch Gemeinschaft des G.
	3,3	wir... die wir im G. Gottes dienen
Kol	1,8	der uns berichtet hat von eurer Liebe im G.
1Th	5,19	den G. dämpft nicht
	23	bewahre euren G. samt Seele und Leib unversehrt
2Th	2,2	*weder durch eine Offenbarung im G.*
	13	erwählt in der Heiligung durch den G.
1Ti	3,16	er ist gerechtfertigt im G.
	4,1	G. sagt deutlich, daß einige verführerischen G. anhängen (werden)
2Ti	1,7	Gott hat uns nicht gegeben den G. der Furcht
	4,22	der Herr sei mit deinem G.
1Pt	1,2	ausersehen durch die Heiligung des G.
	11	auf welche Zeit der G. Christi deutete
	3,4	im Schmuck des sanften und stillen G.
	18	Christus ist lebendig gemacht nach dem G.
	19	er hat gepredigt den G. im Gefängnis
	4,6	nach Gottes Weise das Leben haben im G.
	14	der G. der Herrlichkeit und Gottes ist, ruht auf euch
1Jh	3,24	an dem G., den er uns gegeben hat
	4,1	prüft die G., ob sie von Gott sind
	2	jeder G., der bekennt, daß Jesus Christus in das Fleisch gekommen ist 3
	3	das ist der G. des Antichrists
	6	daran erkennen wir den G. der Wahrheit und den G. des Irrtums
	13	daß er uns von seinem G. gegeben hat
	5,6	G. ist's, der das bezeugt, denn der G. ist die Wahrheit
	8	der G. und das Wasser und das Blut
Heb	1,14	sind sie nicht allesamt dienstbare G.
	4,12	dringt durch, bis es scheidet Seele und G.
	9,14	Christi, der sich selbst durch den ewigen G. Gott dargebracht hat
	10,29	der G. der Gnade schmäht
	12,9	untertan sein dem Vater der G.
	23	zu den G. der vollendeten Gerechten
Jak	2,26	wie der Leib ohne G. tot ist
	4,5	mit Eifer wacht Gott über den Geist
Jud	19	niedrig·Gesinnte, die den G. nicht haben
Off	1,4	von den sieben G., die vor seinem Thron sind
	10	ich wurde vom G. ergriffen 4,2
	2,7	wer Ohren hat, der höre, was der G. den Gemeinden sagt 11.17.29; 3,6.13.22
	11,11	fuhr in sie der G. des Lebens von Gott
	13,15	Macht gegeben, G. zu verleihen dem Bild des Tieres
	14,13	ja, spricht der G., sie sollen ruhen von ihrer Mühsal
	16,13	drei unreine G. kommen, gleich Fröschen 14
	17,3	er brachte mich im G. in die Wüste 21,10
	18,2	Babylon ist geworden ein Gefängnis aller unreinen G.
	19,10	das Zeugnis Jesu ist der G. der Weissagung
	22,6	der Herr, der Gott des G. der Propheten
	17	der G. und die Braut sprechen: Komm

böser Geist

5Mo	32,17	sie haben den b.G. geopfert Ps 106,37
Ri	9,23	sandte Gott einen b.G. zwischen Abimelech
1Sm	16,14	ein b.G. vom HERRN ängstigte (Saul) 15.16.23; 18,10; 19,9
Tob	3,8	ein b. G. hatte sie getötet 6,15.18
	6,9	so vertreibt der Rauch alle b. G.
	8,3	da nahm Rafael den b. G. gefangen
	12,3	dazu hat er den b. G. vertrieben 14
Mt	7,22	haben wir nicht b.G. ausgetrieben
	8,31	da baten ihn die b.G.
	9,33	als der b.G. ausgetrieben war
	34	treibt die b.G. aus durch ihren Obersten 12,24.27.28; Mk 3,22; Lk 9,1; 11,15.18.20
	10,8	treibt b.G. aus Mk 3,15; 6,13; 16,17
	15,22	meine Tochter wird von einem bösen Geist geplagt Mk 7,26.29; Lk 8,27.29.30.35.38
	17,18	der b.G. fuhr aus Mk 7,30; Lk 8,33; Apg 19,12
Mk	1,34	(Jesus) trieb viele b.G. aus Mk 1,39; Lk 4,41; 11,14
	9,38	der trieb b.G. in deinem Namen aus Lk 9,49
	16,9	von der er sieben b.G. ausgetrieben hatte Lk 8,2
Lk	4,35	der b.G. warf ihn mitten unter sie 9,42; Apg 19,16
	7,21	zu der Stunde machte Jesus viele gesund von b.G.
	10,17	die b.G. sind uns untertan in deinem Namen
	11,19	wenn ich die b.G. durch Beelzebul austreibe
	13,32	ich treibe b.G. aus heute und morgen
Jh	8,48	sagen wir nicht Recht, daß du einen b.G. hast 49.52; 10,20
	10,21	kann ein böser Geist die Augen der Blinden auftun
Apg	19,13	den Namen des Herrn Jesus zu nennen über denen, die b.G. hatten
	15	der b.G. antwortete und sprach zu ihnen
1Ko	10,20	nicht, daß ihr in der Gemeinschaft der b.G. seid
	21	nicht zugleich den Kelch des Herrn und den Kelch der b.G.
Eph	6,12	zu kämpfen mit den b.G. unter dem Himmel
1Ti	4,1	*werden etliche anhangen den Lehren b.G.*
Off	9,20	anbeteten die b.G. und die... Götzen

Geist Gottes

Geist Gottes, Geist des HERRN (Herrn)

1Mo	1,2	der G. G. schwebte auf dem Wasser
	41,38	einen Mann finden, in dem der G. G. ist
2Mo	31,3	habe ihn erfüllt mit dem G. G. 35,31
4Mo	24,2	der G. G. kam auf (Bileam)
Ri	3,10	der G. d. H. kam auf (Otniël)
	6,34	da erfüllte der G. d. H. den Gideon
	11,29	kam der G. d. H. auf Jeftah
	13,25	der G. d. H. fing an, ihn umzutreiben
	14,6	der G. d. H. geriet über (Simson) 19; 15,14
1Sm	10,6	der G. d. H. wird über dich kommen
	10	der G. G. geriet über (Saul) 11,6
	16,13	der G. d. H. geriet über David
	14	der G. d. H. wich von Saul
	19,20	kam der G. G. auf die Boten Sauls 23
2Sm	23,2	der G. d. H. hat durch mich geredet
1Kö	18,12	könnte dich der G. d. H. entführen 2Kö 2,16
	22,24	ist der G. d. H. von mir gewichen 2Ch 18,23
2Ch	15,1	auf Asarja kam der G. G.
	20,14	der G. d. H. kam auf Jahasiël
	24,20	der G. G. ergriff Secharja
Hi	33,4	der G. G. hat mich gemacht
Jes	11,2	auf ihm wird ruhen der G. d. H.
	40,13	wer bestimmt den G. d. H.
	63,14	brachte der G. d. H. uns zur Ruhe
Hes	11,24	brachte mich nach Chaldäa durch den G. G.
	37,1	führte mich hinaus im G. d. H.
Mi	3,8	ich aber bin voll Kraft, voll G. d. H.
Wsh	1,7	der Erdkreis ist erfüllt vom G. d. H.
Mt	3,16	Jesus sah den G.G. über sich kommen
	12,28	wenn ich die bösen Geister durch den G.G. austreibe
Lk	4,18	der G.d.H. ist auf mir
Apg	5,9	einig geworden, den G.d.H. zu versuchen
	8,39	entrückte der G.d.H. den Philippus
Rö	8,14	welche der G.G. treibt, die sind Gottes Kinder
	15,19	in der Kraft des G.G.
1Ko	2,11	so weiß auch niemand, was in Gott ist, als allein der G.G.
	14	vernimmt nichts vom G.G.
	3,16	wißt ihr nicht, daß der G. G. in euch wohnt
	6,11	gerecht geworden durch den G. unseres G.
	7,40	ich meine aber: ich habe auch den G.G.
	12,3	daß niemand Jesus verflucht, der durch den G. G. redet
2Ko	3,3	geschrieben mit dem G. des lebendigen G.
	17	wo der G.d.H. ist, da ist Freiheit
Eph	4,30	betrübt nicht den heiligen G.G.
Phl	3,3	die wir im G.G. dienen
1Jh	4,2	daran sollt ihr den G.G. erkennen
Off	3,1	das sagt, der die sieben G.G. hat
	4,5	das sind die sieben G.G. 5,6

Geisterbeschwörer

3Mo	19,31	sollt euch nicht wenden zu den G. 20,6
1Sm	28,3	Saul hatte die G. vertrieben 9
2Kö	21,6	(Manasse) hielt G. 2Ch 33,6
	23,24	rottete Josia aus alle G.

Geisterbeschwörung

5Mo	18,11	(nicht gefunden werde, der) G. vornimmt

geisterfüllt

Sir	48,27	schaute g., was zuletzt geschehen sollte

geistlich

Mt	5,3	selig sind, die da g. arm sind
Rö	1,11	damit ich euch etwas mitteile an g. Gabe
	7,14	wissen, daß das Gesetz g. ist
	8,5	die g. sind, sind g. gesinnt 6
	9	ihr seid nicht fleischlich, sondern g. Gal 6,1
	15,27	wenn die Heiden an ihren g. Gütern Anteil bekommen haben
1Ko	2,13	deuten g. Dinge für g. Menschen
	14	denn es muß g. beurteilt werden
	15	der g. Mensch beurteilt alles
	3,1	ich konnte nicht zu euch reden wie zu g. Menschen
	9,11	wenn wir euch zugut G. säen
	10,3	haben alle dieselbe g. Speise gegessen
	12,1	*über die g. Gaben*
	14,1	befleißiget euch der g. *Gaben* 12
	15,44	es wird gesät ein natürlicher Leib und wird auferstehen ein g. Leib
	46	der g. Leib ist nicht der erste
Eph	1,3	der uns gesegnet hat mit allem g. Segen
	5,19	ermuntert einander mit g. Liedern Kol 3,16
Kol	1,9	in aller g. Weisheit und Einsicht
1Pt	2,5	erbaut euch zum g. Hause
Heb	12,9	uns nicht viel mehr unterordnen dem g. Vater
Off	11,8	Stadt, die heißt g.: Sodom und Ägypten

Geiz

Sir	14,6	das ist die rechte Strafe für seinen G.
	9	kann vor lauter G. nicht gedeihen
2Ko	9,5	daß sie bereitliegt als eine Gabe nicht des G.

geizen

Sir	27,13	unter Unverständigen g. mit deiner Zeit
	35,10	gib deine Erstlingsgaben, ohne zu g.

Geizhals, Geizkragen

Sir	14,3	was soll Geld und Gut einem G.
	31,29	von einem G. redet die Stadt schlecht

geizig

1Ko	5,10	damit meine ich nicht allgemein die G.
	11	der sich Bruder nennen läßt und ist ein G.
	6,10	(weder Unzüchtige noch) G. werden das Reich Gottes ererben
Gal	5,26	*lasset uns nicht eitler Ehre g. sein*

Gelage

Ri	14,12	in diesen sieben Tagen des G.
Wsh	14,23	feiern wilde G. nach... Satzungen
StE	3,11	nie an einem G. des Königs Gefallen gehabt

Geländer

5Mo	22,8	so mache ein G. auf deinem Dache

gelangen

3Mo	27,24	soll der Acker wieder an den g.
4Mo	34,4	(eure Grenze) soll g. nach Hazar-Addar
5Mo	1,17	eine Sache zu schwer, die laßt an mich g.
Esr	5,5	bis man den Bericht an Darius g. ließe
Est	4,3	wohin des Königs Wort g. 8,17

Ps	32,6	werden (Wasserfluten) nicht an sie g.	Klg	5,4	unser Wasser müssen wir um G. trinken
Dan	7,13	kam einer und g. zu dem, der uralt war	Hes	16,31	hast ja G. dafür verschmäht 33.34.41
Lk	8,19	konnten wegen der Menge nicht zu ihm g.		22,25	reißen Gut und G. an sich
Apg	20,15	am folgenden Tag g. wir nach Samos	Am	2,6	weil sie die Unschuldigen für G. verk. 8,6
	27,7	g. mit Mühe bis auf die Höhe von Knidos		8	trinken Wein vom G. der Bestraften
	8	g. kaum daran vorbei und kamen an einen Ort	Mi	3,11	seine Propheten wahrsagen für G.
Rö	11,25	bis die Fülle der Heiden zum Heil g. ist	Ze	1,11	alle, die G. wechseln, sind ausgerottet
2Ko	10,13	daß wir auch bis zu euch g. sollten	Hag	1,6	wer G. verdient, legt's in... Beutel
	14	als wären wir nicht bis zu euch g.	Tob	1,17	(Tobias) lieh (Gabaël) G. 4,21; 5,2-4.26; 9,3.6; 10,2.11; 11,18; 12,3
Phl	3,11	damit ich g. zur Auferstehung von den Toten	Sir	6,15	ein treuer Freund ist nicht mit G. zu bezahlen

gelassen

Spr	14,30	ein g. Herz ist des Leibes Leben

Gelassenheit

Pr	10,4	G. wendet großes Unheil ab

gelb

Est	1,6	da waren Polster auf g. Marmor

Geld

1Mo	23,9	daß er mir gebe seine Höhle um G. 13
	42,25	gab Befehl, ihnen ihr G. wiederzugeben 27.28.35; 43,12.15.18.21-23; 44,1.2.8
	47,14	Josef brachte alles G. zusammen... tat alles G. in das Haus des Pharao 15.16.18
2Mo	21,21	denn es ist sein G.
	22	soll man ihn um G. strafen 34.35
	22,6	wenn jemand G. zu verwahren gibt
	16	G. abwägen, soviel als Brautpreis gebühret
	24	wenn du G. verleihst
3Mo	22,11	wenn der Priester Sklaven für G. kauft
	25,37	sollst ihm dein G. nicht auf Zinsen leihen 5Mo 23,20; Ps 15,5
	50	das G., um das er sich verkauft hat 51
	27,15	soll den 5. Teil des G. hinzulegen 18.19
5Mo	2,6	Speise und Wasser um G. kaufen 28
	14,25	mache es zu G. und nimm das G. 26
	21,14	sollst sie nicht um G. verkaufen
Ri	16,18	Fürsten der Philister brachten das G. mit
	17,2	G. ist bei mir 3.4
1Kö	21,6	gib mir deinen Weinberg für G. 15
2Kö	12,5	alles für das Heiligtum bestimmte G... G., wie es gang und gäbe ist... G., das jedermann gibt, und alles G., das aus freiem Herzen 8-17; 22,4.7.9; 2Ch 24,5.11.14; 34,9.14.17
	23,35	legte eine Steuer auf das Land, um das G.
Esr	3,7	gaben G. den Steinmetzen
	7,17	kaufe von diesem G. Stiere 18
Neh	5,4	wir haben g. aufnehmen müssen 10.11
	6,12	weil Tobija und Sanballat ihn G. gegeben
Hi	27,16	wenn er G. zusammenbringt wie Staub
	17	dem Unschuldigen wird das G. zuteil
Spr	17,16	was soll der Toren G. in der Hand
	27,26	Böcke geben das G., einen Acker zu kaufen
Pr	5,9	wer G. liebt, wird vom G. niemals satt
	7,12	wie G. beschirmt, beschirmt auch Weisheit
	10,19	das G. muß alles zuwege bringen
Jes	43,24	mir hast du nicht für G. Gewürz gekauft
	45,13	nicht um G. und Geschenke 52,3
	55,1	die ihr kein G. habt... kauft ohne G. 2
Jer	32,9	kaufte den Acker und wog das G. dar 10.25
	44	man wird Äcker um G. kaufen

	8,3	viele lassen sich mit G. bestechen
	11,20	wie die Gottlosen zu G. kommen
	14,3	was soll G. und Gut einem Geizkragen
	18,33	weil er kein G. mehr im Beutel hat
	20,12	mancher kauft viel für wenig G.
	29,5	redet unterwürfig, weil der Nächste G. hat
	8	so bringt er manchen um sein G.
	13	verlier lieber dein G. um d. Bruders willen
	31,3	der Reiche arbeitet und kommt dabei zu G.
	5	wer G. liebhat, bleibt nicht ohne Sünde 6
	8	wohl dem Reichen, der nicht G. sucht
	46,22	daß er von keinem Menschen G. genommen
	51,33	weil ihr (Weisheit) ohne G. haben könnt
Bar	1,10	siehe, wir senden euch G. 6
	6,35	(Götzen) können weder G. noch Gut geben
1Ma	3,29	sah, daß er nicht mehr genug G. hatte
	31	Tribut zu erheben und dadurch G.
	8,26	brauchen die Juden nicht G. zu liefern 28
	13,15	Jonatan wegen G. gefangengenommen 17
	14,32	gab ihnen Sold von seinem eignen G.
2Ma	3,6	daß man die Höhe des G. nicht errechnen könne 7.10.13
	4,23	um dem König das G. zu überbringen 27
	45	versprach er Ptolemäus viel G.
	8,25	denn nahmen sie das G. ab
	10,21	sie hätten ihre Brüder für G. verkauft
	11,3	das Hohepriesteramt für G. zu vergeben
Mt	25,18	verbarg das G. seines Herrn
	27	hättest mein G. zu den Wechslern bringen sollen Lk 19,23
	26,9	es hätte das G. den Armen gegeben werden können Mk 14,5
	27,10	sie haben das G. für den Töpferacker gegeben
	28,12	sie geben den Soldaten viel G.
	15	sie nahmen das G. und taten, wie
Mk	6,8	kein Brot, keine Tasche, kein G. im Gürtel Lk 9,3
	12,41	sah zu, wie das Volk G. einlegte
	14,11	sie versprachen, ihm G. zu geben Lk 22,5
Lk	19,15	ließ die Knechte rufen, denen er das G. gegeben hatte
Jh	2,15	schüttete den Wechslern das G. aus
Apg	4,34	brachte das G. für das Verkaufte 37
	5,2	hielt etwas von dem G. zurück 3
	7,16	Grab, das Abraham für G. gekauft hatte
	8,18	bot er ihnen G. an (und sprach)
	20	meinst, Gottes Gabe werde durch G. erlangt
	19,19	*fanden des G. 50.000 Silbergroschen*
	22,28	ich habe dies Bürgerrecht für viel G. erworben
	24,26	er hoffte, daß ihm von Paulus G. gegeben
2Ko	11,8	andere Gemeinden habe ich beraubt und G. von ihnen genommen

Geldbeutel

Spr	7,20	er hat den G. mit sich genommen

Geldbeutel

Lk	10,4	tragt keinen G. bei euch
	12,33	macht euch G., die nicht veralten
	22,35	als ich euch ausgesandt habe ohne G.
	36	wer einen G. hat, der nehme ihn
Jh	12,6	er hatte den G. und nahm an sich, was gegeben war

Geldbuße

2Kö	23,33	Necho legte eine G. aufs Land 2Ch 36,3

Geldgier

1Ti	6,10	G. ist eine Wurzel alles Übels
Heb	13,5	der Wandel sei ohne G.

geldgierig

2Ma	10,20	ließen sich, g. wie sie waren, bestechen
Lk	16,14	die waren g. und spotteten über ihn
1Ti	3,3	(ein Bischof soll sein) nicht g.
2Ti	3,2	die Menschen werden g. sein
Heb	13,5	seid nicht g.

Geldwechsler

Mt	21,12	Jesus stieß die Tische der G. um Mk 11,15

gelegen

1Sm	13,18	nach dem Tal Zeboïm der Wüste zu g.
2Sm	19,7	daß dir nichts g. ist an den Obersten
2Ma	10,15	da sie günstig g. Festungen innehatten
Mk	6,21	es kam ein g. Tag
Apg	24,25	zu g. Zeit will ich dich wieder rufen
1Ko	16,12	er wird kommen, wenn es ihm g. sein wird

Gelegenheit

Wsh	12,10	du gabst ihnen G. zur Buße 19.20
Sir	12,16	wenn er G. findet, bekommt er nicht genug
2Ma	4,32	dachte, daß er diese G. nutzen müßte
	9,25	wie die Nachbarn auf die G. lauern
	10,13	nannte man ihn bei jeder G. einen Verräter
	14,5	(Alkimus) fand eine günstige G.
Mt	26,16	suchte eine G., daß er ihn verriete Mk 14,11; Lk 22,6
Apg	25,16	bevor er G. hatte, sich zu verteidigen

gelehrt

Apg	18,24	Apollos, ein beredter Mann und g. in der Schrift

Gelehrter

Dan	2,27	vermögen die G. nicht zu sagen 4,4
	5,7	rief, daß man die G. herbeiholen solle 15
	11	der König setzte ihn über die G.

Geleit

1Sm	9,19	morgen früh will ich dir das G. geben
Esr	8,22	schämte mich, vom König G. zu fordern
Neh	2,7	damit sie mir G. geben
1Ma	6,49	sie erlangten G. vom König

Geleitbrief

1Ma	12,4	die Römer gaben ihnen G. für jeden Ort

geleiten

1Mo	12,20	bestellte Leute, daß sie ihn g.
	18,16	Abraham ging mit ihnen, um sie zu g.
	19,29	g. Lot aus den Städten, die er zerstörte
	31,27	daß ich dich g. hätte mit Freuden
5Mo	8,15	und dich g. hat durch die große Wüste
1Sm	9,26	zu Saul: Steh auf, daß ich dich g.
2Sm	19,32	um ihn über den Jordan zu g. 20,2
Est	6,14	g. Haman eilends zu dem Mahl
Hi	21,32	wird er doch zu Grabe g.
Ps	60,11	wer g. mich nach Edom
Spr	6,22	daß sie dich g., wenn du gehst
Jes	55,12	ihr sollt in Frieden g. werden
Am	2,10	habe euch vierzig Jahre in der Wüste g.
Tob	5,23	sein Engel g. euch 29
1Ma	11,7	Jonatan g. den König
Apg	9,30	die Brüder g. ihn 15,3; 20,38; 21,5
	17,15	die Paulus g., brachten ihn bis nach Athen
1Ko	16,6	ihr mich dahin g., wohin ich ziehen werde
	11	g. ihn in Frieden, daß er zu mir komme
2Ko	1,16	mich von euch g. lassen nach Judäa

Gelenk

1Mo	32,26	schlug ihn auf das G. seiner Hüfte 33
	33	essen nicht das Muskelstück auf dem G.
Hi	31,22	mein Arm breche aus dem G.
Eph	4,16	ein Glied am andern hängt durch alle G.
Kol	2,19	von dem her der ganze Leib durch G. und Bänder gestützt wird

Gelilot

Jos	18,17	G. gegenüber der Steige von Adummim 15,7

gelingen

1Mo	24,12	laß es mir heute g. Neh 1,11
4Mo	14,41	es wird euch nicht g. 2Ch 13,12
Jos	1,8	wird dir auf deinen Wegen g. 1Ch 22,11.13
1Sm	18,15	als Saul sah, daß David alles so gut g.
1Kö	2,3	diene dem HERRN, damit dir alles g. 2Ch 7,11; 20,20; 26,5
	22,12	zieh... es wird dir g. 15; 2Ch 18,11.14
2Kö	18,7	was er sich vornahm, g. 2Ch 31,21; 32,30
2Ch	24,20	daß ihr keu kein G. habt
Neh	2,20	der Gott des Himmels wird es g. lassen
Hi	9,4	wem ist's je g., der sich gegen ihn
	22,28	was du dir vornimmst, läßt er dir g.
Ps	45,5	es möge dir g. in deiner Herrlichkeit
	140,9	was er sinnt, laß nicht g.
Spr	2,7	er läßt es den Aufrichtigen g.
	15,22	wo viele Ratgeber, g. (die Pläne)
	16,3	so wird dein Vorhaben g.
	25,4	so g. dem Goldschmied das Gefäß
	28,13	wer s. Sünde leugnet, dem wird's nicht g.
Jes	19,15	Ägypten wird nichts g.
	48,15	sein Weg soll ihm g. 52,13
	53,10	des HERRN Plan wird durch seine Hand g.
	54,17	keiner Waffe soll es g.
	55,11	ihm wird g., wozu ich es sende
Jer	2,37	es wird dir nicht mit ihnen g. 32,5
	10,21	kann ihnen nichts Rechtes g.
	20,11	zuschanden werden, weil es ihnen nicht g.
	22,30	dem sein Leben lang nichts g.
Hes	17,15	sollte es ihm g.
Dan	8,12	was er tat, g. ihm 24
	25	es wird ihm durch Betrug g.
	11,17	es wird ihm nicht g. 27.36

Mi	6,9	wer deinen Namen fürchtet, dem wird's g.
Jdt	8,25	betet, daß Gott es g. läßt 10,9; 13,6; Sir 38,14
Wsh	11,1	ließ ihre Werke g. durch einen Propheten
Tob	4,20	daß alles durch seine Hilfe g.
Sir	37,19	daß er dein Tun g. läßt
1Ma	2,47	es ist ihnen g.
	4,27	weil nicht g. war, was 6,8

gellen

1Sm	3,11	wovon jedem, der es hören wird, beide Ohren g. werden 2Kö 21,12; Jer 19,3

geloben

3Mo	27,14	wenn jemand sein Haus g. 15-19.22.26
4Mo	6,21	der sein Opfer dem HERRN g. hat
	21	wie er g. hat, soll er tun 30,11.13
	21,2	da g. Israel dem HERRN ein Gelübde
	29,39	außer dem, was ihr g.
5Mo	12,11	eure Gelübdeopfer, die ihr g. werdet 17.26
	23,23	wenn du das G. unterläßt
	24	sollst halten, was du freiwillig g. hast
Ri	11,30	Jeftah g. dem HERRN ein Gelübde 39
1Sm	1,11	(Hanna) g. ein Gelübde
2Sm	15,7	Gelübde erfüllen, das ich dem HERRN g.
Ps	56,13	ich habe dir g., daß ich dir danken will
	132,2	(David) g. dem Mächtigen Jakobs
Spr	17,18	ein Tor ist, wer in die Hand g.
	20,25	und erst nach dem G. zu überlegen
Pr	5,3	was du g., das halte
	4	besser, du g. nichts, als daß du
Jer	44,25	Gelübde, die wir der Himmelskönigin g.
Hos	9,10	sie g. sich dem schändlichen Abgott
Mal	1,14	gutes Tier g., aber ein fehlerhaftes
Jdt	16,22	opferten... was sie g. hatten
Bar	6,35	g. ihnen jemand etwas und hält es nicht
1Ma	14,46	g. das Volk, Simon gehorsam zu sein

gelten

1Mo	31,15	haben wir ihm geg. wie die Fremden
2Mo	12,49	ein und dasselbe Gesetz g. 3Mo 7,7; 4Mo 15,15.16.29
	30,32	darum soll es euch als heilig g. 37
3Mo	15,19	so soll sie sieben Tage für unrein g. 26
	25,11	als Erlaßjahr soll das 50. Jahr euch g.
	26,44	daß mein Bund nicht mehr g. sollte
	27,16	soll fünfzig Lot Silber g. 23
4Mo	3,47	Gewicht, wie es am Heiligtum g. 50
	8,24	was für die Leviten g.
	14,34	ein Tag soll ein Jahr g.
	30,5	so g. ihre Gelübde... jede Verpflichtung soll g. 6.8.10.12.13
5Mo	2,20	auch dies g. als Land der Riesen
	4,6	werdet ihr g. als weise und verständig.
	25,6	g. als Sohn seines verstorbenen Bruders
	29,28	was offenbart ist, das g. uns
2Sm	16,23	g. alle Ratschläge Ahitofels
1Kö	20,23	was g.'s 25; Hi 1,11; 2,5; Jes 14,24; Jer 13,21; 22,6; 49,20; 50,45; Hes 13,12; 26,15; 28,9; Ob 8; Hab 2,6
2Kö	1,13	laß mein Leben vor dir etwas g. 14
	6,25	ein Eselskopf 80 Silberstücke g. 7,1.16.18
1Ch	23,11	darum g. sie als eine Sippe
2Ch	2,3	wie es allezeit für Israel g.
Neh	13,13	von den Leviten... als zuverlässig g.
Hi	15,11	g. Gottes Tröstungen so gering
	19,15	meinen Mägden g. ich als Fremder
	24,17	als Morgen g. ihnen die Finsternis
Hi	32,21	vor mir soll kein Ansehen der Person g.
Ps	73,9	was sie sagen, das soll g. auf Erden
	141,2	m. Gebet möge vor dir g. als Räucheropfer
Spr	7,23	weiß nicht, daß es das Leben g.
Pr	12,13	das g. für alle Menschen
Jes	26,10	tut nur übel im Lande, wo das Recht g.
	40,17	alle Völker g. ihm als nichtig
	65,20	als Knabe g., wer 100 Jahre alt stirbt
Jer	37,20	laß meine Bitte vor dir g. 42,2
Hes	22,16	wirst bei den Heiden als verflucht g.
	23,45	nach dem Recht, das für Ehebrecherinnen g.
Dan	4,16	daß doch der Traum d. Widersachern g.
	8,13	wie lange g. dies Gesicht
Sa	12,2	Juda wird's g., wenn Jerusalem belagert
Mal	2,1	ihr Priester, dies Wort g. euch
Wsh	2,16	als falsche Münze g. wir ihm
	3,2	den Unverständigen g. sie als tot
	5,1	die seine Mühen nicht g. ließen
	8,11	als scharfsinnig g., wenn ich Recht spreche
	9,6	wird nichts g., wenn ihm Weisheit fehlt
Sir	13,27	verständig redet, so läßt man's nicht g.
	18,12	Barmherzigkeit eines Menschen g. seinem Nächsten; Gottes Barmherzigkeit g. der Welt
	35,15	vor ihm g. kein Ansehen der Person
2Ma	4,15	was... eine Ehre war, g. ihnen nichts
StD	3,16	wollest unser Opfer vor dir g. lassen
Mt	13,57	ein Prophet nirgends weniger als in seinem Vaterland Mk 6,4; Lk 4,24; Jh 4,44
	23,16	wenn einer schwört bei dem Tempel, das g. nicht 18
Mk	10,42	die als Herrscher g., halten ihre Völker nieder
Lk	22,24	wer von ihnen als der Größte g. sollte
Jh	7,4	niemand tut etwas im Verborgenen und will doch öffentlich etwas g.
	12,7	es soll g. für den Tag meines Begräbnisses
Apg	2,39	euch und euren Kindern g. diese Verheißung
	19,27	*Gewerbe, daß es nichts mehr g.*
Rö	1,17	Gerechtigk., die vor Gott g. 3,21; 2Ko 5,21
	2,26	daß der Unbeschnittene vor Gott als Beschnittener g.
	4,9	diese Seligpreisung, g. sie den Beschnittenen
1Ko	6,4	nehmt solche, die in der Gemeinde nichts g.
	8,8	essen wir nicht, so werden wir darum nicht weniger g.
	14,20	*wenn es zu verstehen g... Böses g.*
Gal	3,16	nicht, als g. es vielen, sondern es g. einem
	19	Nachkomme, dem die Verheißung g.
	5,6	in Christus Jesus g. weder Beschneidung noch Unbeschnittensein etwas 6,15
Eph	6,9	bei ihm g. kein Ansehen der Person Kol 3,25
Heb	11,24	wollte Mose nicht mehr als Sohn der Tochter des Pharao g.
Jak	1,26	*dessen Gottesdienst g. nichts*

Gelübde

1Mo	28,20	Jakob tat ein G. 31,13
3Mo	7,16	ist es ein G. oder freiwilliges Opfer 22,18.21; 23,38; 4Mo 15,3
	22,23	für ein G. sind sie nicht wohlgefällig
	27,2	wenn jemand dem HERRN getan 8; 4Mo 6,2.4.5.7.8.12.13.21; 30,3-10.12-15
4Mo	21,2	da gelobte Israel dem HERRN ein G.
5Mo	23,19	k. bringen aus irgendeinem G.
	22	G., nicht zögern, es zu erfüllen Pr 5,3
Ri	11,30	Jeftah gelobte dem HERRN ein G.
1Sm	1,11	(Hanna) gelobte ein G. 21
2Sm	15,7	will hingehen und mein G. erfüllen 8

Gelübde

Hi	22,27	wirst deine G. erfüllen
Ps	22,26	will meine G. erfüllen 66,13; 116,14.18; Jon 2,10
	50,14	erfülle dem Höchsten deine G.
	61,6	du, Gott, hörst mein G.
	9	daß ich meine G. erfülle täglich
	65,2	dir hält man G.
	76,12	tut G. dem HERRN und haltet sie
Spr	7,14	heute habe ich meine G. erfüllt
	20,25	ein Fallstrick, unbedacht G. zu tun
Jes	19,21	die Ägypter werden dem HERRN G. tun
Jer	11,15	sie meinen, G. könnten die Schuld nehmen
	44,25	wollen unsere G. halten... erfüllet eure G. und haltet eure G.
Jon	1,16	die Leute taten G.
Sir	18,22	nicht aufhalten, dein G. zu erfüllen
	23	bevor du ein G. tust, überlege dir's gut
2Ma	3,35	Heliodor tat (dem Herrn) große G.
Apg	18,18	er hatte ein G. getan
	21,23	vier Männer, die haben ein G. auf sich genommen

Gelübdeopfer

4Mo	15,8	willst du ein Rind zum G. darbringen
5Mo	12,6	dorthin sollt ihr bringen eure G. 11

Gelüste

Ps	78,18	als sie Speise forderten für ihr G.
Jh	8,44	nach eures Vaters G. wollt ihr tun
Rö	1,24	dahingegeben in ihrer Herzen G.
	6,12	Gehorsam zu leisten seinem G.
Kol	2,23	um des Fleisches G. zu dienen
2Ti	4,3	nach ihren eigenen G. werden sie sich selbst Lehrer aufladen
Tit	3,3	waren mancherlei Begierden und G. dienstbar
2Pt	3,3	Spötter, die nach ihrem eignen G. wandeln
Jak	4,1	daß in euren Gliedern die G. gegeneinander streiten
	3	damit ihr's für eure G. vergeuden könnt

gelüsten

5Mo	12,20	weil es dich g., Fleisch zu essen
Jos	6,18	laßt euch nicht g., etwas von dem Gebannten zu nehmen 7,21
2Sm	23,15	David g. es: Wer will mir Wasser holen
Spr	6,25	laß dich nach ihrer Schönheit nicht g.
	18,1	wer sich absondert, sucht, was ihn g.
	21,10	die Seele des Gottlosen g. nach Bösem
Pr	11,9	tu, was dein Herz g.
Mi	2,2	nehmen Häuser, wie sie's g.
Rö	7,7	laß dich nicht g. 13,9
1Ko	10,6	nicht g. lassen, gleichwie jene g. hat
1Ti	6,10	Geldgier... danach hat einige g.
1Pt	1,12	was auch die Engel g. zu schauen

Gemach

Ri	3,25	niemand die Tür des G. auftat
1Kö	1,15	Batseba ging hinein zum König in das G.
	7,3	deckte mit Zedernholz die G.
1Ch	28,11	David gab einen Entwurf für seine G. 12
Ps	104,3	du baust deine G. über den Wassern
Jer	22,13	baut seine G. mit Unrecht 14
Jo	2,16	die Braut (gehe) aus ihrem G.
Jdt	12,5	als... sie in das G. führen wolllten
Mk	14,14	wo ist das G., darin ich Lk 22,11

Apg	12,7	ein Licht schien in dem G.

gemächlich

1Mo	33,14	will g. hintennach treiben

Gemahl, Gemahlin

1Kö	11,19	daß er ihm die Schwester seiner G. gab
StE	5,9	er hat unsere G. verklagt
	7,3	Ester, die der König zur G. genommen
Mt	1,20	Maria, dein G., zu dir zu nehmen 24

Gemalli

4Mo	13,12	Ammiël, der Sohn G.

Gemarja

Jer	29,3	¹G., den Sohn Hilkijas
	36,10	²G., des Sohnes Schafans 11.12.25

gemäß

3Mo	5,10	als Brandopfer darbringen der Ordnung g. 9,16; 4Mo 29,6u.ö.37
Rö	12,6	so übe er sie dem Glauben g.
	15,5	einträchtig gesinnt, Christus g.
2Ko	11,17	das rede ich nicht dem Herrn g.
1Ti	6,3	Lehre, die dem Glauben g. ist
Tit	1,1	Erkenntnis der Wahrheit, die dem Glauben g. ist

gemein

Apg	10,14	ich habe noch nie etwas G. gegessen 11,8
	15	das heiße du nicht g. 28; 11,9
1Ko	12,7	die Gaben des Geistes zu g. Nutzen
2Ko	6,16	was hat der Tempel Gottes g. mit den Götzen

Gemeinde

2Mo	12,3	sagt der ganzen G. Israel 16,9.10; 3Mo 19,2
	6	soll sie die ganze G. Israel schlachten 47
	19	soll ausgerottet werden aus der G. Israel 4Mo 19,20
	16,1	die G. kam in die Wüste 17,1; 4Mo 20,1
	2	murrte die ganze G. 3; 4Mo 14,2.27.35.36; 17,6.7; Jos 9,18
	22	alle Vorsteher der G. kamen hin 34,31
	35,1	Mose versammelte die ganze G. 4.20
	38,25	Silber, das die Zählung der G. erbrachte
3Mo	4,13	wenn die ganze G. Israel sich versündigte
	15	die Ältesten der G. sollen ihre Hände
	21	ist das Sündopfer der G. 4Mo 15,24
	8,3	versammle die ganze G. vor der Tür der Stiftshütte 4; 9,5; 4Mo 8,9.20
	10,6	Zorn über die ganze G. komme 4Mo 1,53; 31,16
	17	daß ihr die Schuld der G. wegnehmen sollt
	16,5	soll von der G... entgegennehmen
	17	Sühne schaffen für sich und die ganze G. 33; 4Mo 15,25.26; 17,11.12
	24,14	laß die ganze G. ihn steinigen 16; 4Mo 15,33.35.36
4Mo	1,2	nehmt die Summe der G. auf 18; 26,2
	16	das sind die Berufenen aus der G. 4,34; 16,9; 31,13.26
	3,7	den Dienst für die G. versehen 16,9

Gemeinde

4Mo	10,2	Trompeten, die G. zusammenzurufen 3.7
	13,26	kamen zu der G... brachten der G. Kunde 14,1.5.7; 27,2; 31,12; 32,2
	15,15	für die ganze G. gelte nur eine Satzung
	24	wenn ohne Wissen der G. etwas versehen
	16,2	empörten sich 250 Vorsteher der G. 19
	3	die ganze G., sie alle sind heilig... warum erhebt ihr euch über die G.
	21	scheidet euch von d. G. 24.26.33; 17,10
	22	willst du gegen die ganze G. wüten
	19,9	damit sie verwahrt werde für die G.
	20,2	die G. hatte kein Wasser 4.6.8.10-12.22.27.29; 27,14
	25,6	vor den Augen der G. 7; 27,19.22; 32,4
	27,16	wolle einen Mann setzen über die G. 17.20.21
	31,43	die Beute, die der G. zukam 27
	35,12	bis er vor der G. vor Gericht gestanden hat 24.25; Jos 20,6.9
5Mo	5,22	Worte, die der HERR redete zu eurer G.
	23,2	kein Entmannter soll in die G. kommen 3
	4	die Ammoniter und Moabiter sollen nicht in die G. kommen Neh 13,1; Klg 1,10
	9	Kinder im dritten Glied dürfen in die G.
	31,30	vor den Ohren der G. Israel Jos 8,35
	33,4	das Gesetz, das Erbe der G. Jakobs
Jos	9,15	die Obersten der G. schworen 18.19
	21	damit sie Holzhauer seien für die G. 27
	18,1	versammelte sich die G. in Silo 22,12
	22,16	läßt euch sagen die ganze G. 17.18.20.30
Ri	20,1	die G. versammelte sich wie ein Mann
	21,5	wer ist nicht mit der G. heraufgekommen 8.10.13.16
1Sm	17,47	damit diese ganze G. innewerde
1Kö	8,5	Salomo und die ganze G. Israel 14.22; 2Ch 1,3.5; 5,6; 6,12.13; 7,8
	14	der König segnete die ganze G. Israel 55; 2Ch 6,3
	12,3	Jerobeam und die ganze G. Israel 20
1Ch	13,2	(David) sprach zu der ganzen G. 29,1.20
	4	da sprach die ganze G., man solle das tun
	28,8	vor den Augen der G. des HERRN 29,10
	29,20	die ganze G. lobte den HERRN
2Ch	20,5	Joschafat trat hin unter die G. Judas
	14	der Geist des HERRN kam mitten in der G.
	23,3	die G. schloß einen Bund mit dem König
	24,6	Steuer, die Mose und die G. geboten
	28,14	gaben die Beute frei vor der ganzen G.
	29,23	brachten die Böcke zum Sündopfer vor die G. 28.31.32
	30,2	der König beriet sich mit der ganzen G., das Passa zu halten 4.13.17.23-25
	31,18	man zeichnete sie auf für die ganze G.
Esr	2,64	die G. zählte 42.360 Neh 7,66
	10,1	sammelte sich um ihn eine sehr große G.
	8	sollte ausgeschlossen sein aus der G. 14
	12	antwortete die G.: Es geschehe Neh 5,13
Neh	8,2	Esra brachte das Gesetz vor die G. 17
Hi	30,28	ich stehe in der G. und schreie
Ps	1,5	noch die Sünder in der G. der Gerechten
	22,23	will dich in der G. rühmen 26; Heb 2,12
	35,18	ich will dir danken in großer G. 111,1
	40,11	ich verhehle... nicht vor der großen G.
	74,2	gedenke an deine G., die du erworben
	89,6	preisen d. Treue in der G. der Heiligen
	107,32	(sollen) ihn in der G. preisen
	149,1	die G. der Heiligen soll ihn loben
Spr	26,26	dessen Bosheit wird vor der G. offenbar
Jer	30,20	ihre G. soll fest gegründet stehen

Jer	31,8	als große G. wieder hierherkommen
Hos	7,12	strafen, wie es ihrer G. verkündet ist
Jo	1,14	ruft die G. zusammen 2,15
	2,16	heiligt die G.
Mi	2,5	werdet keinen Anteil behalten in der G.
Sir	4,7	mach dich nicht unbeliebt in der G.
	15,5	wird ihm den Mund auftun in der G.
	21,20	in der G. gibt man acht
	23,34	solche Frau wird man der G. vorführen
	24,2	sie tut ihren Mund auf in der G.
	33	das Gesetz, das Erbe der G. Jakobs
	31,11	die G. wird seine Almosen preisen
	38,37	in der G. treten sie nicht hervor
	39,14	die G. wird ihn rühmen 44,15
	41,21	(schämt euch) vor G. und Volk
	46,9	sie stellten sich der G. entgegen
	17	er richtete die G. nach dem Gesetz
	50,15	alle Söhne Aaron vor der ganzen G. 22
1Ma	4,59	Judas und die ganze G. Israel beschlossen
2Ma	4,39	versammelte sich die G. gegen Lysimachus
	11,27	Antiochus der G. der Juden
	15,12	Onias betete für die G. der Juden
Mt	9,11	da war nicht von den Vorstehern der G.
	16,18	auf diesen Felsen will ich meine G. bauen
	18,17	hört er auf die nicht, so sage es der G.
Apg	2,47	der Herr fügte täglich zur G. hinzu
	5,11	es kam eine große Furcht über die ganze G.
	6,1	ein Murren unter den griech. Juden in der G.
	7,38	der in der G. in der Wüste stand
	8,1	es erhob sich große Verfolgung über die G.
	3	Saulus suchte die G. zu zerstören Gal 1,13; Phl 3,6
	9,31	so hatte die G. Frieden in ganz Judäa
	11,22	es kam die Kunde davon bei der G. von Jerusalem zu Ohren
	26	sie blieben ein ganzes Jahr bei der G.
	12,1	die Herodes Hand an einige von der G.
	5	die G. betete ohne Aufhören für ihn zu Gott
	13,1	in Antiochia in der G. Propheten und Lehrer
	43	als die G. auseinanderging
	14,23	sie setzten in jeder G. Älteste ein
	27	als sie dort ankamen, versammelten sie die G. 15,30
	15,3	sie wurden von der G. geleitet 4
	22	die Apostel beschlossen samt der ganzen G.
	30	versammelten die G. und übergaben den Brief
	41	er zog durch... und stärkte die G.
	16,5	da wurden die G. im Glauben gefestigt
	18,22	grüßte die G. und zog hinab nach Antiochia
	20,2	als er mit der G. mit vielen Worten ermahnt hatte
	17	ließ die Ältesten der G. rufen
	28	zu weiden die G. Gottes
Rö	12,8	steht jemand der G. vor, so sei er sorgfältig
	16,1	Phöbe, die im Dienst der G. von Kenchreä ist
	4	denen nicht allein ich danke, sondern alle G. unter den Heiden
	5	grüßt die G. in ihrem Hause Kol 4,15
	16	es grüßen euch alle G. Christi 1Ko 16,19
	23	Gajus, mein und der ganzen G. Gastgeber
1Ko	1,2	an die G. Gottes in Korinth 2Ko 1,1; Gal 1,2; 1Th 1,1; 2Th 1,1; Phm 2
	4,17	wie ich überall in allen G. lehre
	6,4	nehmt solche, die in der G. nichts gelten
	7,17	so ordne ich es an in allen G.
	10,32	erregt keinen Anstoß, weder bei den Juden noch bei der G. Gottes
	11,16	daß wir diese Sitte nicht haben, die G. Gottes auch nicht

Gemeinde

1Ko	11,18	wenn ihr in der G. zusammenkommt
	22	verachtet ihr die G. Gottes
	12,28	Gott hat in der G. eingesetzt erstens Apostel
	14,4	wer prophetisch redet, der erbaut die G. 5.12
	19	ich will in der G. lieber fünf Worte reden mit meinem Verstand
	23	wenn die ganze G. zusammenkäme
	28	ist kein Ausleger da, so schweige er in der G.
	33	wie in allen G. der Heiligen (sollen die Frauen)
	34	*sollen die Frauen schweigen in der G.*
	35	es steht der Frau schlecht an, in der G. zu reden
	15,9	weil ich die G. Gottes verfolgt habe
	16,1	wie ich in den G. in Galatien angeordnet
2Ko	8,1	Gnade Gottes, die in den G. Mazedoniens gegeben ist
	18	dessen Lob wegen... durch alle G. geht
	19	er ist auch von den G. dazu eingesetzt
	23	Brüder, die Abgesandte der G. sind
	24	daß wir euch zu Recht gerühmt vor den G.
	11,8	andere G. habe ich beraubt
	28	außer all dem noch die Sorge für alle G.
	12,13	worin zu kurz gekommen gegenüber den andern G.
Gal	1,22	ich war unbekannt den christlichen G. in Judäa
Eph	1,22	hat ihn gesetzt der G. zum Haupt über alles
	3,10	damit jetzt kund werde... den Mächten im Himmel durch die G.
	21	dem sei Ehre in der G. zu aller Zeit
	5,23	wie auch Christus das Haupt der G. ist
	24	wie die G. sich Christus unterordnet
	25	wie auch Christus die G. geliebt hat
	27	(damit er) sie vor sich stelle als eine G.
	29	er nährt und pflegt es, wie auch Christus die G.
	32	ich deute es auf Christus und die G.
Phl	4,15	daß keine G. mit mir Gemeinschaft gehabt hat als ihr allein
Kol	1,18	er ist das Haupt des Leibes, nämlich der G.
	24	(Christi) Leib, das ist die G.
	4,16	sorgt dafür, daß er auch in der G. von Laodizea gelesen wird
1Th	2,14	ihr seid den G. Gottes in Judäa nachgefolgt
2Th	1,4	rühmen uns euer unter den G. Gottes
1Ti	3,5	wie soll er für die G. Gottes sorgen
	15	das ist die G. des lebendigen Gottes
	5,16	die G. soll nicht beschwert werden
	17	die Ältesten, die der G. gut vorstehen
1Pt	5,3	nicht als Herren über die G., sondern als Vorbilder der Herde
	13	es grüßt euch aus Babylon die G.
3Jh	6	die deine Liebe bezeugt haben vor der G.
	9	ich habe der G. kurz geschrieben
	10	stößt sie aus der G.
Heb	12,15	*daß die G. dadurch befleckt werde*
	23	(gekommen zu der) G. der Erstgeborenen
Jak	5,14	der rufe zu sich die Ältesten der G.
Off	1,4	Johannes an die sieben G. in Asien
	11	das schreibe in ein Buch und sende es an die sieben G.
	20	die sieben Sterne sind Engel der sieben G.
	2,1	dem Engel der G. in Ephesus schreibe 8.12. 18; 3,1.7.14
	7	wer Ohren hat, der höre, was der Geist den G. sagt 11.17.29; 3,6.13.22
	23	alle G. sollen erkennen, daß ich es bin, der
Off	22,16	euch dies zu bezeugen für die G.

Gemeindeversammlung

1Ko	14,34	sollen die Frauen schweigen in der G.

Gemeinheit

Ps	12,9	weil G. herrscht unter Menschenkindern

gemeinsam

Jos	11,5	lagerten sich g. am Wasser von Merom
Spr	29,24	wer mit Dieben g. Sache macht, haßt
Hos	2,2	werden sich ein g. Haupt erwählen
Wsh	7,3	Luft, die allen g. ist
2Ma	8,29	hielten sie eine g. Gebet
	9,21	für die g. Sicherheit aller zu sorgen
Apg	2,44	waren beieinander und hatten alle Dinge g.
	4,32	es war ihnen alles g.
Rö	15,26	haben willig eine g. Gabe zusammengelegt
1Pt	3,7	euer g. Gebet soll nicht behindert werden

Gemeinschaft

Ps	26,4	ich habe nicht G. mit den Falschen
	50,18	hast G. mit den Ehebrechern
	94,20	nicht G. mit dem Richterstuhl der Bösen
Hes	13,9	in der G. meines Volks nicht bleiben
Dan	4,22	man wird dich aus der G. der Menschen verstoßen 29.30; 5,21
Jh	4,9	die Juden haben keine G. mit den Samaritern
Apg	2,42	sie blieben beständig in der G.
1Ko	1,9	durch den ihr berufen seid zur G. seines Sohn
	10,18	stehen die nicht in der G. des Altars
	20	nicht, daß ihr in der G. der bösen Geister seid
2Ko	6,14	was hat das Licht für G. mit der Finsternis
	8,4	mithelfen dürften an der G. des Dienstes
	9,13	preisen Gott über der Einfalt eurer G. mit ihnen
	13,13	die G. des heiligen Geistes sei mit euch allen
Eph	5,11	habt nicht G. mit den unfruchtbaren Werken
Phl	1,5	für eure G. am Evangelium
	2,1	ist nun bei euch G. des Geistes
	5	wie es der G. in Christus Jesus entspricht
	3,10	möchte erkennen die G. seiner Leiden
	4,15	keine Gemeinde mit mir G. gehabt hat
Tit	1,1	*in G. des Glaubens mit den Auserwählten*
1Jh	1,3	unsere G. ist mit dem Vater 6
	7	wenn wir im Licht wandeln, so haben wir G. untereinander
Heb	10,33	G. hattet mit denen, welchen es so erging

Gemeinwesen

2Ma	11,25	daß man sie ihr G. führen läßt

Gemse

5Mo	14,5	(essen dürft:) Steinbock, G., Auerochs
Hi	39,1	weißt du, wann die G. gebären

Gemurmel

Jh	7,12	es war ein großes G. über ihn 32

Gemüse

2Kö	4,38	koche G. für die Prophetenjünger 39.40
Dan	1,12	laß uns G. zu essen geben 16
Lk	11,42	ihr gebt den Zehnten von allerlei G.

Gemüt

2Sm	17,8	stark sind und zornigen G. wie eine Bärin
Ps	34,19	hilft denen, die e. zerschlagenes G. haben
Spr	17,22	ein betrübtes G. läßt Gebein verdorren
Mt	22,37	den Herrn, deinen Gott, lieben von ganzem G. Mk 12,30.33; Lk 10,27
Rö	7,23	das widerstreitet dem Gesetz in meinem G.
	25	diene ich mit dem G. dem Gesetz Gottes
Eph	4,23	*erneuert euch im Geist eures G.*
1Pt	1,13	umgürtet die Lenden eures G.

genau

1Mo	43,7	der Mann forschte so g. nach uns
2Mo	19,1	am 1. Tag des 3. Monats, g. auf den Tag
	25,9	g. nach dem Bild, das ich dir zeige
5Mo	24,8	daß du alles g. hältst und tust
Jos	4,10	g. wie Mose dem Josua geboten 22,5
1Kö	3,21	am Morgen sah ich ihn g. an
	6,35	g. wie es eingegraben war
2Kö	7,20	und g. so erging es ihm
Neh	2,12	forschte g., wo die Mauern eingerissen 15
Jer	2,10	sendet nach Kedar und gebt g. acht
Hes	20,37	will euch g. abzählen
Dan	7,16	daß er mir G. berichtete 19
Sir	9,21	sieh dir deinen Nächsten g. an
	27,1	die... nehmen es nicht immer g.
	51,25	ich achtete g. darauf, danach zu leben
Mt	2,7	(Herodes) erkundete g. von ihnen
Lk	22,56	eine Magd sah ihn g. an und sprach
Apg	5,35	seht g. zu, was ihr mit diesen Menschen
	18,26	legten ihm den Weg Gottes noch g. aus
	22,30	am nächsten Tag wollte er g. erkunden
	23,15	als wolltet ihr ihn g. verhören 20
1Th	5,2	ihr selbst wißt g., daß der Tag des Herrn kommen wird

geneigt

2Ko	8,11	wie ihr g. seid zu wollen... auch g. zu vollbringen

Geneigtheit

Apg	24,4	*du wollest uns hören nach deiner G.*

genesen

Jos	5,8	blieben im Lager, bis sie g. waren
2Kö	1,2	befragt Baal-Sebub, ob ich g. werde
	8,8	befrage den HERRN, ob ich g. könne 9.10.14
Ps	80,4	laß leuchten dein Antlitz, so g. wir 8.20
Jes	6,10	daß sie sich nicht bekehren und g.
	38,16	laß mich wieder g.
	66,7	ist sie eines Knaben g.

Genezareth

1Ma	11,67	schlug sein Lager am See G. auf
Mt	14,34	fuhren hinüber und kamen ans Land in G. Mk 6,53
Lk	5,1	als sich die Menge zu ihm drängte, da stand er am See G.

Genick

2Mo	13,13	so brich ihr das G. 34,20
3Mo	5,8	den Kopf abknicken hinter dem G.
5Mo	21,4	im Talgrund (der Kuh) das G. brechen 6
Hi	16,12	er hat mich beim G. genommen
Jes	66,3	gleicht dem, der einem Hund das G. bricht

genießen

5Mo	20,6	hat seine Früchte noch nicht g... daß nicht ein anderer seine Früchte g.
	28,30	wirst seine Früchte nicht g.
Neh	9,36	seine Früchte und Güter zu g.
Hi	20,18	wird erwerben und doch nichts davon g.
Spr	7,18	laß uns die Liebe g.
	13,2	die Frucht seiner Worte g. der Fromme
Pr	2,25	wer kann fröhlich essen und g. ohne ihn
	6,2	gibt ihm doch nicht Macht, es zu g. 3.6
	9,9	g. das Leben mit deinem Weibe
Jes	1,19	so sollt ihr des Landes Gut g.
	3,10	sie werden die Frucht ihrer Werke g. 65,22
Jer	12,13	aber sie konnten's nicht g.
	31,5	du sollst... pflanzen und ihre Früchte g.
Wsh	2,6	kommt und laßt uns die Güter g.
	3,13	sie wird die Frucht dafür g.
Tob	12,19	ich g. eine unsichtbare Speise
Sir	6,20	dann wirst du bald ihre Früchte g.
	31,3	wenn er ausruht, kann er's auch g.
2Ma	14,25	Judas hatte Frieden und g. das Leben
1Ko	10,30	wenn ich's mit Danksagung g., was soll ich
1Ti	6,17	der uns darbietet, es zu g.
2Ti	2,6	es soll der Bauer die Früchte als erster g.

Gennäus

2Ma	12,2	Apollonius, der Sohn des G.

Genosse

Esr	4,7	schrieben ihre G. an Artahsasta 9.17.23; 5,3. 6; 6,6.13
Jes	44,11	alle ihre G. werden zuschanden
2Ko	8,23	*Titus, welcher mein G. und Gehilfe ist*
Gal	6,10	allermeist an des Glaubens G.

Genubat, Genubath

1Kö	11,20	die Schwester der Tachpenes gebar ihm G.

genug

1Mo	24,19	bis sie alle g. getrunken haben
	25	ist Raum g., um zu herbergen
	30,15	nicht g., daß du mir meinen Mann genommen
	33,9	habe g.; behalte, was du hast 11
	34,21	das Land ist weit g. für sie
	45,28	mir ist g., daß mein Sohn noch lebt
2Mo	36,7	war g. gebracht worden zu allen Arbeiten
3Mo	25,19	daß ihr g. zu essen habt 5Mo 8,9
4Mo	11,22	so viele Schafe... daß es für sie g. sei
	16,13	ist's nicht g., daß du uns Jos 22,17
5Mo	1,6	seid lange g. an diesem Berge gewesen 2,3
	3,26	laß es g. sein! Rede mir davon nicht mehr
Jos	17,16	das Gebirge wird nicht g. Raum g. haben
Ri	21,14	diese waren noch nicht g. für sie
2Sm	24,16	es ist g.; laß nun ab 1Ch 21,15
1Kö	19,4	es ist g., so nimm nun meine Seele
	20,10	wenn der Staub Samarias g. sein sollte

genug

2Kö	3,21	alle, die zur Rüstung alt g. waren
2Ch	28,13	es ist schon g. der Schuld
	30,3	weil sich nicht g. Priester geheiligt
	36,21	bis (das Land) an seinen Sabbaten g. hatte
Neh	5,18	der Dienst lag schwer g. auf dem Volk
Est	1,18	wird Verachtung und Zorn g. geben
	5,13	das alles ist mir nicht g.
Hi	20,20	s. Wanst konnte nicht voll g. werden 22.23
Ps	37,19	in Hungersnot werden sie g. haben
	106,2	wer kann sein Lob g. verkündigen
	15	sandte ihnen g., bis ihnen davor ekelte
	132,15	will ihren Armen Brot g. geben
Spr	13,4	die Fleißigen kriegen g.
	20,13	so wirst du Brot g. haben 28,19
	27,27	hast Ziegenmilch g. zu deiner Speise
	28,19	wer... nachgeht, wird Armut g. haben
	30,15	vier sagen nie: Es ist g. 16
Pr	4,8	s. Augen können nicht g. Reichtum sehen
Jes	30,33	die Feuergrube ist tief und weit g.
	40,29	er gibt Kraft und Stärke g.
Jer	4,22	weise sind sie g., Übles zu tun
	8,23	daß ich Wasser g. hätte in meinem Haupte
	44,17	da hatten wir auch Brot g.
Hes	8,17	ist es dem Hause Juda nicht g. 16,20.47
	31,5	hatte Wasser g., sich auszubreiten
	34,18	ist's euch nicht g., beste Weide zu haben
	44,6	laßt's g. sein mit Greueltaten 45,9
Dan	2,5	mein Wort ist deutlich g. 8
Hos	12,9	ich bin reich, ich habe g.
	13,6	daß sie g. hatten, erhob sich ihr Herz
Jo	2,19	will schicken, daß ihr g. haben sollt 26
Am	4,8	konnten nicht g. (Wasser) finden
Ob	5	sie sollen stehlen, bis sie g. haben
Nah	2,13	der Löwe raubte g. für seine Jungen
Sa	10,1	wird der HERR euch Regen g. geben
	10	man nicht Raum g. für sie finden wird
Jdt	7,7	nicht g., um den Durst zu stillen
Wsh	18,12	so daß es nicht g. Lebende gab
	25	es war schon g., daß sie nur eine Probe
Sir	5,1	denke nicht: Ich habe g. für mich 11,25
	12,16	bekommt er nicht g. von deinem Blut
	14,9	ein habgieriger Mensch hat nie g.
	41,1	ein Mensch, der gute Tage und g. hat
1Ma	3,29	sah, daß er nicht mehr g. Geld hatte
2Ma	7,42	g. von den heidnischen Opferschmäusen
	10,19	Leute, zur Belagerung stark g.
	12,27	drinnen hatten sie Geschütze g.
Mt	6,34	es ist g., daß jeder Tag s. eigene Plage hat
	10,25	es ist für den Jünger g., daß er ist wie
	18,21	ist's g. siebenmal
	25,9	sonst würde es nicht g. sein
	28,12	gaben den Kriegsknechten Geld g.
Mk	6,31	sie hatten nicht Zeit g. zum Essen
	14,41	es ist g.; die Stunde ist gekommen Lk 22,38
Lk	14,28	ob er g. habe, um es auszuführen
Jh	6,7	für 200 Silbergroschen Brot ist nicht g. für sie
	9,21	fragt ihn, er ist alt g. 23
	14,8	*zeige uns den Vater, so ist's uns g.*
1Ko	6,2	gut g., geringe Sachen zu richten
2Ko	2,6	g., daß derselbe von den meisten gestraft
	10,15	*daß wir mehr als g. zu Ehren kommen*
1Th	3,9	wie können wir euretwegen Gott g. danken
1Ti	5,16	*daß rechte Witwen mögen g. haben*
1Pt	4,3	es ist g., daß ihr die vergangene Zeit
Off	3,17	du sprichst: Ich bin reich und habe g.

Genüge

Hi	21,23	der eine stirbt voller G.
Jes	30,23	wird dir Brot geben in voller G.
Jh	10,10	ich bin gekommen, damit sie volle G. haben
2Ko	9,8	in allen Dingen volle G. habt

genügen

Hl	8,7	so könnte das alles nicht g.
Wsh	14,22	ließen sie sich nicht daran g.
Sir	29,30	laß dir g., ob du wenig oder viel hast
2Ma	5,15	dem Antiochus g. selbst das nicht
Mt	18,21	g. es siebenmal
Lk	3,14	laßt euch g. an eurem Sold
Jh	14,8	Herr, zeige uns den Vater, und es g. uns
2Ko	12,9	laß dir an meiner Gnade g.
Phl	4,11	ich habe gelernt, mir g. zu lassen
1Ti	6,6	ein großer Gewinn für den, der sich g. läßt
	8	wenn wir Nahrung haben, so wollen wir uns daran g. lassen
3Jh	10	*läßt sich an dem nicht g.*
Heb	13,5	laßt euch g. an dem, was da ist

Genuß

Wsh	16,20	Brot vom Himmel, das ihnen G. bereitete
Heb	11,25	als eine Zeitlang den G. der Sünde haben

Gepäck

1Sm	17,22	da ließ David sein G. bei der Wache
Hes	12,4	sollst d. Sachen herausschaffen wie G. 7

Geplärr

Am	5,23	tu weg von mir das G. deiner Lieder

Gepolter

Wsh	17,19	ob Felsen mit G. herabstürzten

Gepränge

Jes	16,14	die Herrlichkeit Moabs mit all dem G.
Apg	25,23	kamen Agrippa und Berenike mit großem G.

Ger s. Er

Gera

1Mo	46,21	[1]Söhne Benjamins: G. 1Ch 8,3.5
Ri	3,15	[2]Ehud, den Sohn G., den Benjaminiter
2Sm	16,5	[3]Schimi, der Sohn G. 19,17.19; 1Kö 2,8
1Ch	8,7	[4](Söhne Ehuds): G.

gerade

Ri	20,40	begann eine Rauchsäule g. aufzusteigen
1Sm	13,21	um die Stacheln g. zu machen
Spr	21,8	wer rein ist, dessen Tun ist g.
Pr	1,15	krumm kann nicht g. werden 7,13
Hl	3,6	was steigt da herauf wie ein g. Rauch
Jes	26,7	den Steig des Gerechten machst du g.
	40,4	was uneben ist, soll g. werden
Hes	1,7	ihre Beine standen g. 23
Mi	3,9	die ihr alles, was g. ist, krumm macht
Wsh	10,10	leitete den Gerechten auf g. Wegen
Sir	5,9	geh g. Wege und hoffe auf ihn
Lk	3,5	was krumm ist, soll g. werden
Apg	9,11	geh in die Straße, die die G. heißt
	13,10	hörst du nicht auf, krumm zu machen die g. Wege des Herrn

geradeaus

Neh 12,37 stiegen g. zur Stadt Davids hinauf
Spr 4,25 laß deinen Blick g. gerichtet sein
Jer 31,39 die Meßschnur wird g. gehen

gerade(s)wegs, geraden Weges

1Mo 24,27 der HERR hat mich g. geführt
1Sm 6,12 die Kühe gingen g. auf Bet-Schemesch zu
Jer 4,11 es kommt ein heißer Wind, g. W.
Sir 51,21 ich ging g. zu (d. Weisheit)
Apg 16,11 wir kamen g. nach Samothrake 21,1

Gerar

1Mo 10,19 ihre Grenzen waren in der Richtung auf G.
20,1 Abraham lebte als Fremdling zu G.
2 Abimelech, der König von G. 26,26
26,1 Isaak zog zu Abimelech nach G. 6.17.20
2Ch 14,12 Asa jagte ihnen nach bis nach G. 13

Gerasener

Mk 5,1 sie kamen in die Gegend der G. Lk 8,26
Lk 8,37 die Menge aus dem Land der G. bat ihn

Gerät

1Mo 27,3 nimm dein G. und jage mir ein Wildbret
2Mo 25,9 von der Wohnung und ihrem G. 39; 31,7-9; 35,13.14.16; 39,33.36.37.39.40
27,3 alle seine G. aus Kupfer 19; 38,3.30; 1Kö 7,45.47; 2Ch 4,18; Jer 52,20
30,27 (sollst salben) den Tisch mit seinem G., den Leuchter mit seinem G. 28; 40,9.10; 3Mo 8,11; 4Mo 7,1
35,22 brachten freiwillig allerlei goldenes G.
37,16 aus feinem Golde das G. für den Tisch 24; 1Kö 7,48; 2Ch 4,19
3Mo 11,32 alles G. soll man ins Wasser tun
4Mo 1,50 zum Dienst an all ihrem G... alle G. in ihre Obhut 3,8.31.36; 4,12.14-16.26.32; 10,21; 1Kö 8,4; 1Ch 9,28.29; 22,19; 23,26; 28,13.14; 29,2; 2Ch 5,5; 24,14; Neh 10,40; 13,5
18,3 zu dem G. sollen sie nicht nahen
31,6 Pinhas hatte die heiligen G. bei sich
20 alle ihr G. sollt ihr entsündigen
50 was jeder gefunden hat an goldenem G.
Jos 6,19 samt dem kupfernen G. soll geheiligt 24
7,11 haben von dem Gebannten zu ihren G. gelegt
1Kö 7,51 was David geheiligt an G. 15,15; 2Ch 5,1
10,25 jedermann brachte (Salomo) jährlich G.
2Kö 7,15 lag der Weg voll von G. 2Ch 20,25
12,14 machen kein goldenes oder silbernes G.
14,14 (Joasch) nahm alles G. 2Ch 25,24
23,4 hinaustun alle G., die dem Baal gemacht
2Ch 28,24 die G. des Hauses Gottes zerschlug (Ahas)
29,18 haben gereinigt das Haus und seine G. 19
32,27 Hiskia sammelte Schätze von kostbarem G.
36,7 brachte einige G. nach Babel 10.18; Esr 1,7. 10.11; 5,14.15; 6,5; 7,19; Jer 27,16.18.19.21; 28,3.6; Dan 1,2
19 daß alle ihre kostbaren G. zunichte wurden
Esr 8,25 die G. als Abgabe für das Haus Gottes 26. 28.30.33
Jes 22,24 wenn sich an ihn hängt... alle kleinen G.
52,11 reinigt euch, die ihr des HERRN G. tragt
Jer 49,29 man wird ihnen alle G. wegführen
Hes 27,13 haben G. aus Kupfer als Ware gebracht
40,42 darauf legt man die G.
Dan 11,8 wird ihre Götter samt den G. wegführen
Hos 13,15 wird rauben alles kostbare G.
Sa 11,15 nimm abermals zu dir das G. eines Hirten
Wsh 13,11 macht daraus ein G., das nützlich ist
1Ma 14,15 er ließ noch mehr heilige G. anfertigen
2Ma 4,32 Menelaus stahl G. aus dem Tempel
48 die für die heiligen G. eingetreten waren
9,16 wollte mehr heilige G. erstatten, als
Heb 9,21 alle G. für den Gottesdienst besprengte er desgleichen mit Blut
Off 18,12 (ihre Ware:) G. aus Elfenbein

geraten

1Mo 38,23 damit wir nur nicht in Verruf g.
4Mo 11,25 g. sie in Verzückung wie Propheten 26
Jos 8,22 die Männer von Ai g. mitten unter Israel
Ri 14,6 Geist des HERRN g. über ihn 19; 15,14
1Sm 10,6 daß du mit ihnen in Verzückung g. 10; 11,6
16,13 der Geist des HERRN g. über David
18,10 Saul g. in Raserei in seinem Hause
19,20 daß auch (die Boten) in Verzückung g. 21
25,26 davor bewahrt, in Blutschuld zu g. 33
28,20 Saul g. in große Furcht
30,6 David g. in große Bedrängnis
2Sm 12,5 da g. David in großen Zorn über den Mann
15,21 es g. zum Tod oder zum Leben
1Kö 10,5 g. sie vor Staunen außer sich 2Ch 9,4
12,30 und das g. zur Sünde 13,34
Est 2,21 g. zwei Kämmerer des Königs in Zorn
Ps 1,3 was er macht, das g. wohl
65,10 du lässest ihr Getreide gut g.
66,12 wir sind in Feuer und Wasser g.
69,3 bin in tiefe Wasser g.
85,9 damit sie nicht in Torheit g.
Spr 2,12 daß du nicht g. auf den Weg der Bösen
16 daß du nicht g. an die Frau eines andern
12,27 einem Lässigen g. sein Handel nicht
18,10 das Los läßt Mächtige nicht aneinander g.
22,25 du könntest auf seinen Weg g.
Pr 11,6 weißt nicht, was g. wird, ob beides gut g.
Jes 30,3 es soll euch zur Schande g. 45,16
57,5 die ihr bei den Götzeneichen in Brunst g.
Hes 17,9 sollte der g. 10
Hab 2,10 dein Ratschlag wird zur Schande g.
Wsh 3,16 die Kinder der Ehebrecher g. nicht
12,24 sie waren weit auf Irrwege g.
14,28 feiern sie ein Fest, g. sie in Raserei
Sir 23,6 laß mich nicht in Wollust g.
51,5 aus vielen Trübsalen, in die ich g.
1Ma 6,11 in welche Trübsal bin ich jetzt g.
10,78 beide Heere g. aneinander
2Ma 9,24 damit das Reich nicht in Verwirrung g.
Apg 8,13 g. er außer sich vor Staunen
10,10 während sie ihm etwas zubereiteten, g. er in Verzückung 11,5; 22,17
19,27 droht nicht nur unser Gewerbe in Verruf zu g.
27,29 fürchteten, wir würden auf Klippen g. 17
41 als sie auf eine Sandbank g.
1Ko 7,36 es wolle übel g. mit seiner Jungfrau
8,9 daß eure Freiheit nicht g. zu einem Anstoß
Phl 1,12 das ist zur Förderung des Evangeliums g.

Geräusch

1Kö 14,6 als Ahija das G. ihrer Tritte hörte
2Kö 6,32 höre das G. der Tritte seines Herrn

Geräusch 484

Jer 25,10 will wegnehmen das G. der Mühle
Off 18,22 das G. der Mühle soll nicht mehr in dir gehört werden

Gerber

Apg 9,43 daß Petrus blieb bei Simon, der ein G. war 10,6.32

gerecht

1Mo 7,1 dich habe ich g. erfunden vor mir
 18,25 sollte der Richter aller nicht g. richten
 20,4 willst du denn auch ein g. Volk umbringen
 38,26 Juda sprach: Sie ist g. als ich
5Mo 4,8 Volk, das so g. Ordnungen und Gebote hat
 16,18 daß sie das Volk richten mit g. Gericht
 25,1 den, der im Recht ist, g. sprechen 1Kö 8,32
 32,4 treu ist Gott, g. und wahrhaftig
1Sm 24,18 (Saul) sprach: Du bist g. als ich
2Sm 4,11 diese Leute haben einen g. Mann getötet
 23,3 wer g. herrscht, (ist wie das Licht)
1Kö 2,32 Männer erschlagen, die g. waren als er
2Ch 12,6 der HERR ist g. Ps 11,7; 25,8; 116,5; 129,4; Klg 1,18; Dan 9,14; Ze 3,5
Neh 9,8 denn du bist g. 33; Ps 119,137; Dan 9,7; Off 16,5
Hi 4,17 wie kann ein Mensch g. sein 15,14; 25,4
 9,20 wäre ich g., so müßte mich doch
 22,3 habe Vorteil davon, daß du g. bist 35,7
 32,1 weil (Hiob) sich für g. hielt 2; 34,5
 34,17 der g. und allmächtig ist
Ps 7,10 denn du, g. Gott, prüfest Herzen
 12 Gott ist ein g. Richter
 17,1 HERR, höre die g. Sache
 19,10 die Rechte des HERRN sind allesamt g.
 45,7 Zepter deines Reichs ist ein g. Zepter
 119,75 ich weiß, daß deine Urteile g. sind
 144 deine Mahnungen sind g. 172
 164 lobe dich um deiner g. Ordnungen willen
 143,2 vor dir ist kein g. Lebendiger g.
 145,17 der HERR ist g. in allen seinen Wegen
Spr 8,8 alle Reden meines Mundes sind g.
 17,15 wer den Schuldigen g. spricht Jes 5,23
 24,25 die g. richten, denen geht es gut
Pr 7,16 sei nicht allzu g.
 20 ist kein Mensch so g. auf Erden, daß er
Jes 45,21 ein g. Gott und Heiland
 25 im HERRN wird g. Israels Geschlecht
 50,8 er ist nahe, der mich g. spricht
 59,4 niemand, der eine g. Sache vorbringt
Jer 3,11 Israel steht g. da als Juda
 11,20 HERR Zebaoth, du g. Richter
 21,12 haltet alle Morgen g. Gericht
 23,5 dem David einen g. Sproß erwecken 33,15
Hes 16,51 daß deine Schwester g. dasteht 52
 18,5 wenn einer g. ist
 23,45 werden g. Männer sie richten
 33,12 nicht helfen, daß er g. gewesen ist
Hab 1,13 wenn der Gottlose verschlingt, der g. ist
Ze 3,5 der HERR handelt g. in ihrer Mitte
Wsh 9,12 ich werde dein Volk g. richten
 12,15 weil du g. bist, regierst du alles StD 3,3
 14,7 Holz, das einer g. Sache dient
 30 wird g. Strafe über sie kommen
Tob 3,2 Herr, du bist g. 2Ma 1,24.25
 9,9 du bist der Sohn eines g. Mannes
Sir 16,20 wer macht bekannt g. Taten
 42,2 den Gottlosen... g. zu sprechen
 44,17 Noah wurde als vollkommen g. befunden
Bar 6,73 wohl dem Menschen, der g. ist
2Ma 9,18 Gottes g. Urteil über (Antiochus)
 11,13 bot ihnen Frieden unter g. Bedingungen an
 12,6 rief zu Gott, dem g. Richter 41
GMn 1 Gott unsrer Väter und ihrer g. Nachkommen
Mt 23,35 damit über euch komme all das g. Blut
Jh 5,30 so richte ich, und mein Gericht ist g.
 7,24 richtet nicht nach dem, was vor Augen ist, sondern richtet g.
 8,16 wenn ich richte, so ist mein Richten g.
 17,25 g. Vater, die Welt kennt dich nicht
Apg 8,33 ward ihm g. Urteil versagt
 13,38 durch das Gesetz des Mose nicht g. werden
 39 ist der g. gemacht, der an ihn glaubt
Rö 2,5 Tag der Offenbarung des g. Gerichtes Gottes
 13 vor Gott sind nicht g., die das Gesetz hören
 3,4 *daß du g. erfunden werdest*
 8 deren Verdammnis ist g.
 10 da ist keiner, der g. ist, auch nicht einer
 20 weil kein Mensch durch Werke vor ihm g. sein kann Gal 2,16
 24 werden ohne Verdienst g. aus seiner Gnade
 26 daß er selbst g. ist und g. macht den, der
 28 daß der Mensch g. wird ohne Werke
 30 es ist der eine Gott, der g. macht die Juden
 4,2 ist Abraham durch Werke g., so kann er sich
 5 dem, der glaubt an den, der die Gottlosen g. macht
 5,1 da wir g. geworden sind durch den Glauben
 9 nachdem wir jetzt durch sein Blut g. geworden
 7,12 das Gebot ist heilig, g. und gut
 8,30 die er berufen hat, hat er auch g. gemacht
 33 Gott ist hier, der g. macht
 10,4 wer an den glaubt, der ist g.
 10 wenn man von Herzen glaubt, so wird man g.
1Ko 6,11 g. geworden durch den Namen des Herrn
Gal 2,17 die wir durch Christus g. zu werden suchen
 3,8 daß Gott die Heiden durch den Glauben g. macht
 11 daß durchs Gesetz niemand g. wird vor Gott
 24 damit wir durch den Glauben g. würden
 5,4 die ihr durch das Gesetz g. werden wollt
Phl 4,8 was g. ist – darauf seid bedacht
1Th 2,10 wie g. wir bei euch, den Gläubigen, gewesen
2Th 1,6 es ist g. bei Gott... zu vergelten
2Ti 4,8 die mir der g. Richter an jenem Tag geben wird
Tit 1,8 (ein Bischof soll sein), g. leben
 2,12 nimmt uns in Zucht, daß wir... g. leben
 3,7 damit wir, durch dessen Gnade g. geworden, Erben würden
1Pt 2,23 er stellte es dem anheim, der g. richtet
2Pt 2,7 (Gott) hat den g. Lot errettet 8
1Jh 1,9 wenn wir unsre Sünden bekennen, ist er g.
 2,1 einen Fürsprecher, Jesus Christus, der g. ist
 29 wenn ihr wißt, daß er g. ist
 3,7 wer recht tut, der ist g., wie auch jener g. ist
 12 weil seine Werke böse waren und die seines Bruders g.
Heb 11,4 deshalb wurde ihm bezeugt, daß er g. sei
Jak 2,21 Abraham durch Werke g. geworden 25
 24 daß der Mensch durch Werke g. wird, nicht durch Glauben allein
Off 15,3 g. und wahrhaftig sind deine Wege
 4 deine g. Gerichte sind offenbar geworden
 16,7 deine Gerichte sind wahrhaftig und g. 19,2
 22,11 wer g. ist, der übe weiterhin Gerechtigkeit

Gerechter

1Mo	18,23	den G. mit dem Gottlosen umbringen 25
	24	könnten vielleicht 50 G. sein 26.28
4Mo	23,10	möge sterben den Tod der G.
5Mo	16,19	Geschenke verdrehen die Sache der G.
Hi	4,7	so wurden die G. je vertilgt
	12,4	der G. muß verlacht sein
	17,8	darüber entsetzen sich die G.
	9	der G. hält fest an seinem Weg
	22,19	die G. werden's sehen und sich freuen
	27,17	aber der G. wird's anziehen
	36,7	wendet seine Augen nicht von dem G.
Ps	1,5	noch der Sünder in der Gemeinde der G.
	6	der HERR kennt den Weg der G.
	5,13	du, HERR, segnest die G. Spr 3,33; 10,6
	7,10	die G. laß bestehen
	11,3	was kann da der G. ausrichten
	5	der HERR prüft den G. Jer 20,12
	14,5	Gott ist bei dem Geschlecht der G.
	31,19	die da reden wider der G. frech, stolz
	32,11	seid fröhlich, ihr G. 68,4; Spr 29,6
	33,1	freuet euch des HERRN, ihr G. 64,11; 97,12
	34,16	Augen des HERRN merken auf die G. 1Pt 3,12
	18	wenn die G. schreien, so hört der HERR
	20	der G. muß viel erleiden
	22	die den G. hassen, fallen in Schuld
	37,12	der Gottlose droht dem G. 32
	16	das Wenige, das ein G. hat, ist besser
	17	der HERR erhält die G.
	21	der G. ist barmherzig und kann geben
	25	habe noch nie den G. verlassen gesehen
	29	die G. werden das Land ererben Spr 2,21
	30	der Mund des G. redet Weisheit Spr 10,31
	39	der HERR hilft den G.
	52,8	die G. werden es sehen und sich fürchten
	55,23	wird den G. in Ewigkeit nicht wanken lassen
	58,11	der G. wird sich freuen
	12	der G. empfängt seine Frucht
	69,29	daß sie nicht... stehen bei den G.
	75,11	daß die Gewalt des G. erhöht werde
	92,13	der G. wird grünen wie ein Palmbaum
	94,21	sie rotten sich zusammen wider den G.
	97,11	dem G. muß das Licht wieder aufgehen
	112,4	von dem Gnädigen, Barmherzigen und G.
	6	der G. wird nimmermehr vergessen
	118,15	man singt vom Sieg in den Hütten der G.
	20	die G. werden dort einziehen Jes 26,2
	125,3	wird nicht bleiben über den Erbteil der G., damit die G. ihre Hand nicht ausstrecken
	140,14	die G. werden deinen Namen preisen
	141,5	der G. schlage mich freundlich
	142,8	die G. werden sich zu mir sammeln
	146,8	der HERR liebt die G.
Spr	2,20	bleibst auf der Bahn der G.
	4,18	der G. Pfad glänzt wie das Licht
	9,9	lehre den G., so wird er... zunehmen
	10,3	der HERR läßt den G. nicht Hunger leiden
	7	das Andenken des G. bleibt im Segen
	11	der G. Mund ist ein Brunnen des Lebens
	16	dem G. gereicht sein Erwerb zum Leben
	20	des G. Zunge ist kostbares Silber
	21	des G. Lippen erquicken viele 32
	24	was die G. begehren, wird ihnen gegeben
	25	der G. aber besteht ewiglich
	28	das Warten der G. wird Freude werden
	30	der G. wird nimmermehr wanken
	11,8	der G. wird aus der Not erlöst
	9	die G. werden durch Erkenntnis errettet
Spr	11,10	Stadt freut sich, wenn's dem G. wohlgeht
	21	der G. Geschlecht wird errettet werden
	23	der G. Wunsch führt zu lauter Gutem
	28	die G. werden grünen wie das Laub
	31	dem G. wird vergolten auf Erden
	12,3	die Wurzel der G. wird bleiben 12
	5	die Gedanken der G. sind redlich
	7	das Haus der G. bleibt stehen
	10	der G. erbarmt sich seines Viehs
	13	der G. entgeht der Not
	21	es wird dem G. kein Leid geschehen
	26	der G. findet seine Weide
	13,5	der G. ist der Lüge feind
	9	das Licht der G. brennt fröhlich
	21	den G. wird mit Gutem vergolten
	22	des Sünders Habe wird gespart für den G.
	25	der G. kann essen, bis er satt ist
	14,19	müssen sich bücken an den Toren der G.
	32	der G. ist auch in seinem Tode getrost
	15,6	in des G. Haus ist großes Gut
	28	das Herz des G. bedenkt, was zu antworten
	29	der G. Gebet gehört er
	17,15	wer den G. schuldig (spricht)
	18,5	daß man des G. Sache beuge im Gericht
	10	der G. läuft dorthin und wird beschirmt
	20,7	ein G., der unsträflich wandelt
	21,12	der G. achtet auf des Gottlosen Haus
	15	dem G. eine Freude, wenn Recht geschieht
	18	wird als Lösegeld gegeben für den G.
	26	der G. gibt und versagt nichts
	23,24	der Vater eines G. freut sich
	24,15	laure nicht auf das Haus des G.
	16	ein G. fällt 7mal und steht wieder auf
	25,26	G., der angesichts eines Gottlosen wankt
	28,1	der G. ist furchtlos wie ein junger Löwe
	12	wenn die G. Oberhand haben, so ist
	28	wenn sie umkommen, werden der G. viel
	29,2	wenn der G. viel sind, freut sich das Volk
	7	der G. weiß um die Sache der Armen
	10	die G. nehmen sich seiner an
	16	die G. werden (d. Gottlosen) Fall erleben
	27	ungerechter Mensch dem G. ein Greuel
Pr	3,17	wird richten den G. und den Gottlosen
	7,15	da ist ein G., der geht zugrunde
	8,14	es gibt G... als hätten sie... Gottlose, als hätten sie Werke der G.
	9,1	G. und ihr Tun sind in Gottes Hand
	2	begegnet dasselbe dem G. wie dem Gottlosen
Jes	3,10	heil den G., sie haben es gut
	24,16	hören Lobgesänge: Herrlichkeit dem G.
	26,7	des G. Weg ist eben, den Steig des G. machst du gerade
	53,11	wird er, mein Knecht, ... umkommen
	57,1	der G. ist umgekommen... weggerafft
	60,21	dein Volk sollen lauter G. sein
Klg	4,13	Priester, die dort der G. Blut vergossen
Hes	3,20	wenn ein G. Unrecht tut 18,24.26; 33,12.18
	21	wenn du ihn G. warnst
	13,22	weil ihr das Herz der G. betrübt habt
	18,9	der meine Gebote hält: das ist ein G. 20
	21,8	will ausrotten G. und Ungerechte 9; 33,12
	33,13	wenn ich zu dem G. spreche
Hos	14,10	Wege des HERRN... die G. wandeln darauf
Am	5,12	eure Sünden, wie ihr die G. bedrängt
Mi	7,2	die G. sind nicht mehr unter den Leuten
Hab	1,4	der Gottlose übervorteilt den G.
	2,4	der G. wird durch seinen Glauben leben Rö 1,17; Gal 3,11; Heb 10,38
Sa	9,9	dein König kommt zu dir, ein G.

Gerechter

Mal	3,18	Unterschied zwischen dem G. und Gottlosen
Wsh	2,10	laßt uns den armen G. unterdrücken 12
	16	wie es die G. zuletzt gut haben werden
	18	ist der G. Gottes Sohn, wird er ihm helfen
	3,1	die Seelen der G. sind in Gottes Hand
	10	die Gottlosen beachten den G. nicht
	4,7	wenn der G. zu frühzeitig stirbt 16
	5,1	wird der G. in großer Zuversicht dastehen
	16	die G. werden ewig leben
	10,6	die Weisheit rettete den G. 4.5.10.13.20
	11,14	anders als die G. Durst hatten
	12,9	die Gottlosen den G. zu unterwerfen
	19	daß der G. menschenfreundlich sein soll
	16,17	die Schöpfung streitet für die G. 23
	18,7	wartet dein Volk auf die Heil der G.
	20	auch die G. mußten Anfechtung erfahren
	19,16	mit Blindheit geschlagen an der Tür der G.
Sir	1,16	man findet (Weisheit) bei den G.
	35,9	der G. Opfer ist angenehm 8
StD	1,53	du sollst den G. nicht töten
	3,62	ihr Geister der G., lobt den Herrn
GMn	8	du hast, Gott der G., die Buße nicht bestimmt den G.
Mt	5,45	er läßt regnen über G. und Ungerechte
	9,13	ich bin gekommen, zu rufen nicht die G. Mk 2,17; Lk 5,32
	10,41	wer einen G. aufnimmt, wird den Lohn eines G. empfangen
	13,17	viele G. haben begehrt, zu sehen, was ihr seht
	43	dann werden die G. leuchten
	49	werden die Bösen von den G. scheiden
	23,29	die ihr die Gräber der G. schmückt
	25,37	dann werden ihm die G. antworten
	46	werden hingehen die G. in das ewige Leben
	27,19	habe du nichts zu schaffen mit diesem G.
Lk	1,17	zu bekehren die Ungehorsamen zu der Klugheit der G.
	14,14	es wird dir vergolten werden bei der Auferstehung der G.
	15,7	99 G., die der Buße nicht bedürfen
Apg	3,14	ihr habt den Heiligen und G. verleugnet
	7,52	die zuvor verkündigten das Kommen des G.
	22,14	hat dich erwählt, daß du den G. sehen (sollst)
	24,15	daß es eine Auferstehung der G. geben wird
Rö	5,7	nun stirbt kaum jemand um eines G. willen
	19	so werden durch den Gehorsam des Einen die Vielen zu G.
1Ti	1,9	daß dem G. kein Gesetz gegeben ist
1Pt	3,18	hat gelitten der G. für die Ungerechten
	4,18	wenn der G. kaum gerettet wird, wo wird dann
2Pt	2,8	der G. mußte alles mit ansehen
Heb	12,23	zu den Geistern der vollendeten G.
Jak	5,6	ihr habt den G. verurteilt
	16	des G. Gebet vermag viel

Gerechtigkeit

1Mo	15,6	das rechnete er ihm zur G. Ps 106,31; Rö 4,3. 5.9.11.22; Gal 3,6; Jak 2,23
5Mo	6,25	unsere G., daß wir alle diese Gebote tun
	9,4	mich hereingeführt um meiner G. willen
	5	nicht um deiner G. willen 6
	24,13	so wird das deine G. sein vor dem HERRN
	33,21	(Gad) vollstreckte die G. des HERRN
Ri	5,11	da sage man von der G. des HERRN
1Sm	26,23	einem jeden seine G. vergelten Hi 33,26
2Sm	8,15	(David) schaffte G. seinem Volk 1Ch 18,14
2Sm	22,21	der HERR tut wohl an mir nach meiner G. 25; Ps 18,21.25
1Kö	3,6	vor dir gewandelt in Wahrheit und G.
	8,32	ihm gibst nach seiner G. 2Ch 6,23
	10,9	daß du Recht und G. übst 2Ch 9,8
Hi	27,6	an meiner G. halte ich fest
	29,14	G. war mein Kleid, das ich anzog
	35,2	nennst du das „meine G. vor Gott"
	8	nur dir kann etwas tun deine G.
	37,23	den Allmächtigen... reich an G.
Ps	4,2	erhöre mich, Gott meiner G.
	5,9	leite mich in deiner G.
	7,9	schaffe mir Recht, HERR, nach meiner G.
	18	ich danke dem HERRN um seiner G. willen
	9,9	den Erdkreis richten mit G. 96,13; 98,9
	11,7	der HERR hat G. lieb 33,5; 45,8
	17,15	ich will schauen dein Antlitz in G.
	22,32	sie werden kommen und seine G. predigen
	24,5	wird empfangen G. von dem Gott s. Heils
	31,2	errette mich durch deine G. 71,2
	35,24	verhilf mir zum Recht nach deiner G.
	28	Zunge soll reden von deiner G. 71,15.24
	36,7	deine G. steht wie die Berge Gottes
	11	breite deine G. über die Frommen
	37,6	wird deine G. heraufführen wie das Licht
	40,10	ich verkündige G. in der großen Gemeinde
	11	deine G. verberge ich nicht
	45,5	zieh einher für die Wahrheit in G.
	48,11	deine Rechte ist voll G.
	50,6	die Himmel werden seine G. verkünden 97,6
	51,16	daß meine Zunge deine G. rühme
	58,2	richtet ihr in G. die Menschenkinder
	65,6	erhöre uns nach der wunderbaren G. 143,1
	69,28	daß sie nicht kommen zu deiner G.
	71,16	ich preise deine G. allein
	19	deine G. reicht bis zum Himmel
	72,1	gib deine G. dem Königssohn
	2	daß er dein Volk richte mit G.
	3	laß bringen die Hügel G.
	7	zu seinen Zeiten soll blühen die G.
	85,11	daß G. und Friede sich küssen
	12	daß G. vom Himmel schaue
	14	daß G. vor ihm her gehe Jes 58,8
	88,13	erkannt deine G. im Lande des Vergessens
	89,15	G. und Gericht deines Thrones Stütze 97,2
	17	werden in deiner G. herrlich sein
	98,2	vor Völkern macht er seine G. offenbar
	99,4	du schaffest Gericht und G. 103,6
	103,17	seine G. (währt) auf Kindeskind
	111,3	seine G. bleibt ewiglich 112,9; Jes 51,8
	112,3	seine G. bleibt ewiglich
	118,19	tut mir auf die Tore der G.
	119,7	die Ordnungen deiner G. 62.106.160
	40	erquicke mich mit deiner G.
	121	ich übe Recht und G.
	123	sehnen sich nach dem Wort deiner G.
	138	hast deine Mahnungen geboten in G.
	142	ist eine ewige G.
	132,9	deine Priester laß sich kleiden mit G.
	143,11	führe mich aus der Not um d. G. willen
	145,7	sollen deine G. rühmen
Spr	1,3	daß man annehme G., Recht und
	2,9	dann wirst du verstehen G. und Recht
	8,18	Ehre ist bei mir, bleibendes Gut und G.
	20	ich wandle auf dem Wege der G.
	10,2	G. errettet vom Tode 11,4
	11,5	die G. des Frommen macht seinen Weg eben
	6	die G. der Frommen wird sie erretten
	18	wer G. sät, hat sicheren Lohn

Gerechtigkeit

Spr	11,19	G. führt zum Leben
	30	Frucht der G. ist ein Baum des Lebens
	12,28	auf dem Wege der G. ist Leben 16,31
	13,6	die G. behütet den Unschuldigen
	14,34	G. erhöht ein Volk
	15,9	wer der G. nachjagt 21,21; Jes 51,1
	16,8	besser wenig mit G. als viel mit Unrecht
	12	durch G. wird der Thron befestigt 25,5
	21,3	G. tun ist dem HERRN lieber als Opfer
	31,9	richte in G. und schaffe Recht dem Armen
Pr	3,16	an der Stätte der G. war Frevel
	5,7	wie Recht und G. zum Raub geworden sind
	7,15	ein Gerechter geht zugrunde in seiner G.
Jes	1,21	G. wohnte darin; nun aber – Mörder
	26	wirst du eine Stadt der G. heißen
	27	die zu ihr zurückkehren (erlöst) durch G.
	5,7	er wartete auf G., da war Geschrei
	16	Gott (wird) sich heilig erweisen in G.
	9,6	daß er's stütze durch Recht und G.
	10,22	bringt Fluten von G.
	11,4	wird mit G. richten die Armen
	5	G. wird der Gurt seiner Lenden sein
	16,5	daß einer richte und fördere G.
	26,9	so lernen die Bewohner des Erdkreises G.
	10	so lernt (der Gottlose) doch nicht G.
	28,17	will die G. zur Waage machen
	32,1	regieren, G. aufzurichten Jer 23,5; 33,15
	16	Recht wird in der Wüste wohnen und G.
	17	der Frucht wird Friede sein, und der Ertrag der G. ewige Stille
	33,5	hat Zion mit Recht und G. erfüllt
	15	wer in G. wandelt
	41,10	durch die rechte Hand meiner G.
	42,6	habe dich gerufen in G.
	21	hat es gefallen um seiner G. willen
	45,8	ihr Wolken, regnet G … G. wachse auf
	13	habe ihn erweckt in G.
	19	bin der HERR, der von G. redet 23
	24	im HERRN habe ich G. und Stärke
	46,12	die ihr ferne seid von der G.
	13	habe meine G. nahe gebracht 51,5
	48,1	die ihr bekennt, aber nicht in G.
	18	und deine G. wie Meereswellen
	51,6	meine G. wird nicht zerbrechen
	7	hört mir zu, die ihr die G. kennt
	53,11	wird er, mein Knecht, G. schaffen
	54,14	sollst auf G. gegründet sein
	17	ihre G. kommt von mir
	56,1	übt G … meine G., daß sie offenbart werde
	57,12	will deine G. kundtun
	58,2	ein Volk, das die G. schon getan hätte
	59,9	die G. kommt nicht zu uns 14
	16	seine G. steht ihm bei
	17	er zieht G. an wie einen Panzer
	60,17	will machen zu deinen Vögten die G.
	61,3	daß sie genannt werden „Bäume der G."
	10	mit dem Mantel der G. gekleidet
	11	läßt Gott der HERR G. aufgehen 62,1
	62,2	daß die Heiden sehen deine G.
	63,1	bin's, der in G. redet
	64,4	begegnetest denen, die G. übten
	5	unsre G. ist wie ein beflecktes Kleid
Jer	9,23	der HERR, der Recht und G. übt auf Erden
	22,15	dein Vater hielt dennoch auf G.
	23,6	sein Name: „Der HERR unsre G." 33,16
	31,23	der HERR segne dich, du Wohnung der G.
	51,10	der HERR hat unsre G. ans Licht gebracht
Hes	3,20	sich von seiner G. abwendet 18,24.26; 33,18
	20	seine G. wird nicht angesehen 18,24; 33,13

Hes	14,14	würden durch ihre G. ihr Leben retten 20; 18,22
	18,5	wenn einer G. übt 19-21.27
Dan	4,24	mache dich los von d. Sünden durch G.
	9,16	um deiner G. willen wende ab deinen Zorn
	18	wir vertrauen nicht auf unsre G.
	24	es wird ewige G. gebracht
	12,3	die viele zur G. weisen
Hos	2,21	will mich mit dir verloben in G.
	10,12	säet G. und erntet Liebe … bis er kommt und G. über euch regnen läßt
Am	5,7	die ihr die G. zu Boden stoßt
	24	es ströme die G. wie ein Bach
	6,12	ihr wandelt die Frucht der G. in Wermut
Ze	2,3	suchet G., suchet Demut
Sa	8,8	will ihr Gott sein in Treue und G.
Mal	3,3	werden dem HERRN Opfer bringen in G.
	20	euch aber soll aufgehen die Sonne der G.
Wsh	1,1	habt G. lieb 8,7
	15	die G. kennt keinen Tod
	5,6	das Licht der G. hat uns nicht geleuchtet
	19	er wird G. anziehen als Panzer
	8,7	die Weisheit lehrt G.
	9,3	die Welt in G. regieren soll
	12,16	deine Stärke ist der Ursprung der G.
	15,3	dich kennen ist vollkommene G.
Sir	26,27	wenn sich einer von der G. wendet
	27,9	folgst du der G., wirst du sie erlangen
	38,38	sie können Recht und G. nicht lehren
	44,10	Leute, deren G. nicht vergessen wird
	45,32	sein Volk zu regieren mit G.
	49,11	Hiob, der auf den Wegen der G. ging
Bar	2,17	n. die Toten rühmen die G. des Herrn 18.19
	4,13	nicht auf den Pfaden … seiner G.
	5,2	zieh den Mantel der G. Gottes an
	4	dein Name: „Friede der G."
	9	wird Israel zurückbringen mit seiner G.
1Ma	2,29	viele, die nach Recht und G. verlangten
Mt	3,15	gebührt uns, alle G. zu erfüllen
	5,6	selig, die da hungert und dürstet nach der G.
	10	selig, die um der G. willen verfolgt werden
	20	wenn eure G. nicht besser ist als die der
	6,33	trachtet zuerst nach Gottes G.
Lk	1,75	(daß wir) ihm dienten in G. vor seinen Augen
Jh	16,8	die Augen auftun über die G. 10
Apg	13,10	du Sohn des Teufels, Feind aller G.
	17,31	an dem er den Erdkreis richten will mit G.
	24,25	als Paulus von G. redete Rö 3,22; 9,30
Rö	1,17	die G., die vor Gott gilt 3,21; 2Ko 5,21
	3,5	daß unsre Ungerechtigkeit Gottes G. ins Licht stellt
	25	den hat Gott für den Glauben hingestellt als Sühne zum Erweis seiner G. 26
	4,6	dem Gott zurechnet die G. ohne Zutun der Werke
	11	als Siegel der G. des Glaubens
	13	die Verheißung ist Abraham zuteil geworden durch G. des Glaubens
	16	deshalb muß die G. durch den Glauben kommen
	5,16	die Gnade hilft zur G. 17
	18	so ist durch die G. des Einen die Rechtfertigung gekommen
	21	so auch die Gnade herrsche durch die G. zum ewigen Leben
	6,13	eure Glieder Gott als Waffen der G.
	16	es sei dem Gehorsam zur G.
	18	seid ihr Knechte geworden der G.
	19	gebt eure Glieder hin an den Dienst der G.

Gerechtigkeit

Rö	6,20	wart ihr frei von der G.
	8,4	damit die G. in uns erfüllt würde
	10	der Geist ist Leben um der G. willen
	9,30	die Heiden, die nicht nach der G. trachteten, haben die G. erlangt
	31	Israel hat nach dem Gesetz der G. getrachtet
	32	weil es die G. nicht aus dem Glauben sucht
	10,3	sie erkennen die G. nicht und suchen ihre eigene G. aufzurichten
	5	G., die aus dem Gesetz kommt
	6	die G. aus dem Glauben spricht so
	14,17	das Reich Gottes ist G. und Friede
1Ko	1,30	der uns von Gott gemacht ist zur G.
2Ko	3,9	das Amt, das zur G. führt, Herrlichkeit
	6,7	(als Diener Gottes:) mit den Waffen der G.
	14	was hat die G. zu schaffen mit der Ungerechtigkeit
	9,9	seine G. bleibt in Ewigkeit
	10	wird wachsen lassen die Früchte eurer G.
	11,15	wenn sich auch seine Diener verstellen als Diener der G.
Gal	2,21	wenn die G. durch das Gesetz kommt 3,21
	5,5	wir warten auf die G., auf die man hoffen muß
Eph	4,24	nach Gott geschaffen in wahrer G.
	5,9	die Frucht des Lichts ist G.
	6,14	steht fest, umgürtet mit dem Panzer der G.
Phl	1,11	erfüllt mit Frucht der G.
	3,6	nach der G., die das Gesetz fordert, untadelig
	9	daß ich nicht habe meine G., die aus dem Gesetz kommt
1Ti	6,11	jage nach der G. 2Ti 2,22
2Ti	3,16	alle Schrift ist nütze zur Erziehung in der G.
	4,8	hinfort liegt für mich bereit die Krone der G.
Tit	3,5	nicht um der Werke der G. willen
1Pt	2,24	damit wir der G. leben
	3,14	wenn ihr auch leidet um der G. willen
2Pt	1,1	G., die unser Gott gibt und Jesus Christus
	2,5	bewahrte allein Noah, den Prediger der G.
	21	daß sie den Weg der G. nicht erkannt hätten
	3,13	eine neue Erde, in denen G. wohnt
Heb	1,8	das Zepter der G. ist das Zepter deines Reiches
	9	du hast geliebt die G. und gehaßt die Ungerechtigkeit
	5,13	unerfahren in dem Wort der G.
	7,2	erstens heißt er übersetzt: König der G.
	11,7	ererbt die G., die durch den Glauben kommt
	33	diese haben G. geübt
	12,11	bringt sie als Frucht Frieden und G.
Jak	3,18	die Frucht der G. wird gesät in Frieden
Off	19,8	das Leinen ist die G. der Heiligen
	11	er richtet und kämpft mit G.
	22,11	wer gerecht ist, der übe weiterhin G.

Gerede

Hi	11,2	muß langes G. ohne Antwort bleiben 3
	30,9	muß ihnen zum G. dienen
Ps	49,14	das Ende aller, denen ihr G. wohl gefällt
Spr	25,10	das böse G. über dich nicht aufhört
Pr	5,6	wo viel Träume sind, da ist viel G.
Hes	12,22	was habt ihr da für ein G. 23
	36,3	weil ihr übel ins G. gekommen seid
Wsh	1,10	G. der Murrenden bleibt nicht verborgen
Mt	28,15	so ist dies zum G. geworden bei den Juden

gereichen

Spr	10,16	dem Gerechten g. sein Erwerb zum Leben
Rö	7,10	*daß das Gebot mir zum Tode g.*
Phl	1,19	*daß mir dies zum Heil g. wird*

gereuen

2Mo	13,17	Gott dachte, es könnte das Volk g.
	32,12	laß dich des Unheils g. 14
4Mo	23,19	Gott ist nicht ein Mensch, daß ihn etwas g. 1Sm 15,29
Ps	110,4	geschworen, es wird ihn nicht g. Heb 7,21
Jer	4,28	es soll mich nicht g.
	26,13	dann wird den HERRN g. das Übel
	42,10	es hat mich g. das Unheil
Jo	2,13	es g. ihn bald die Strafe 14; Jon 3,9; 4,2
Sa	8,14	zu plagen gedachte und es mich nicht g.
Sir	32,24	so g.'s dich nicht nach der Tat
Mt	27,3	*sah, daß er verdammt war, g. es ihn*
Rö	11,29	Gottes Gaben können ihn nicht g.
2Ko	7,10	*eine Reue, die niemand g.*

Gericht

2Mo	6,6	will euch erlösen durch große G. 7,4
	23,2	sollst der Menge nicht folgen... vor G.
3Mo	19,15	sollst nicht unrecht handeln im G. 35
4Mo	33,4	hatte an ihren Göttern G. geübt
	35,12	bis er vor G. gestanden hat Jos 20,6
5Mo	1,17	das G. ist Gottes
	16,18	daß sie das Volk richten mit gerechtem G.
	17,8	wenn eine Sache vor G. dir zu schwer wird
	25,1	wenn e. Streitsache... sie vor G. kommen
	33,21	(Gad) vollstreckte des HERRN G.
Ri	4,5	kamen zu ihr (Debora) hinauf zum G.
2Sm	15,2	zum König vor G. gehen wollte 6
1Kö	3,28	Weisheit Gottes in ihm war, G. zu halten
	7,7	baute die Thronhalle, darin er G. hielt
2Ch	19,6	ihr haltet G. nicht im Namen von Menschen
	8	bestellte Leviten für das G. des HERRN
Hi	9,32	daß wir miteinander vor G. gingen
	10,2	warum du mich vor G. ziehst 14,3
	11,10	wenn er g. hält – wer will's ihm wehren
	19,29	damit ihr wißt, daß es ein G. gibt
	22,4	wird mit dir ins G. gehen
	34,23	wann er vor Gott zum G. erscheinen muß
	36,17	so halten dich G. und Recht fest
Ps	1,5	darum bestehen die Gottlosen nicht im G.
	7,7	der du G. verordnet hast
	9,8	er hat seinen Thron bereitet zum G.
	17	der HERR hat... und G. gehalten
	10,5	deine G. sind ferne von ihm
	37,33	vor G. nicht zum Schuldigen werden
	72,1	Gott, gib dein G. dem König
	89,15	Gerechtigk. und G... Thrones Stütze 97,2
	99,4	schaffest G. und Gerechtigkeit in Jakob
	106,30	Pinhas vollzog das G.
	119,84	wann willst du G. halten über m. Verfolger
	120	ich entsetze mich vor deinen G.
	122,5	dort stehen die Throne zum G.
	143,2	geh nicht ins G. mit deinem Knecht
	149,9	daß sie an ihnen vollziehen das G.
Spr	3,30	geh nicht mutwillig mit jemand vor G.
	16,10	sein Mund spricht nicht fehl im G.
	18,5	daß man des Gerechten Sache beuge im G.
	22,22	unterdrücke den Geringen nicht im G.
	24,23	die Person ansehen im G. ist nicht gut
	25,8	laufe nicht zu schnell vor G.
Pr	8,5	des Weisen Herz weiß um Zeit und G.

Pr	8,6	jedes Vorhaben hat s. Zeit und sein G.		Apg	25,10	ich stehe vor des Kaisers G.
	11,9	wisse, daß dich Gott vor G. ziehen wird			17	hielt am nächsten Tag G. und ließ den Mann
	12,14	Gott wird alle Werke vor G. bringen		Rö	2,5	Tag der Offenbarung des gerechten G. Gottes
Jes	1,27	Zion muß durch G. erlöst werden			11,33	wie unbegreiflich sind seine G.
	3,13	der HERR steht da zum G.		1Ko	3,13	der Tag des G. wird's klar machen
	14	der HERR geht ins G. mit den Ältesten			4,3	von euch gerichtet werde oder von einem menschl. G.
	5,16	der HERR Zebaoth wird hoch sein im G.			8,8	Speise wird uns nicht vor Gottes G. bringen
	26,8	warten auf dich, auf dem Wege deiner G.			11,29	der ißt und trinkt sich selber zum G.
	9	wenn deine G. über die Erde gehen			34	damit ihr nicht zum G. zusammenkommt
	28,6	für den, der zu G. sitzt		1Ti	5,24	die Sünden gehen ihnen zum G. voran
	29,21	welche schuldig sprechen vor G.		1Pt	4,17	daß das G. anfängt an dem Hause Gottes
	34,5	an dem ich den Bann vollstrecke zum G.		2Pt	2,3	das G. über sie bereitet sich seit langem vor
	53,8	er ist aus Angst und G. hinweggenommen			4	gehalten sein für das G. festgehalten werden 9; 3,7; Jud 6
	54,17	jede... sollst du im G. schuldig sprechen		1Jh	4,17	daß wir Zuversicht haben am Tag des G.
Jer	1,16	ich will mein G. über sie ergehen lassen Hes 5,8.10.15; 28,22; 30,14		Heb	6,2	mit der Lehre vom ewigen G.
	21,12	haltet alle Morgen gerechtes G.			9,27	zu sterben, danach aber das G.
	25,31	will mit allem Fleisch G. halten			10,27	nichts als ein schreckliches Warten auf das G.
	26,10	die Oberen von Juda setzten sich zum G.		Jak	2,6	die Reichen, die euch vor G. ziehen
Hes	11,9	ich will G. über euch halten 16,41; 17,20; 20,35.36; 25,11; 28,26; 30,19			13	Barmherzigkeit triumphiert über das G.
	23,10	so vollzogen sie das G. an ihr			5,12	damit ihr nicht dem G. verfallt
	39,21	daß alle Heiden mein G. sehen sollen		Jud	15	G. zu halten über alle und zu strafen
Dan	7,10	das G. wurde gehalten 26		Off	14,7	die Stunde seines G. ist gekommen
Mi	6,2	der HERR will mit Israel ins G. gehen			15,4	deine gerechten G. sind offenbar geworden
Ze	3,8	Tag, an dem ich den letzten G. auftrete			16,7	deine G. sind wahrhaftig und gerecht 19,2
Mal	3,5	will zu euch kommen zum G.			17,1	ich will dir zeigen das G. über die große Hure
Jdt	16,20	Gott sucht sie heim am Tage des G.			18,10	in einer Stunde ist dein G. gekommen
Wsh	1,9	die Pläne des Gottlosen müssen vor G.			20,4	ihnen wurde das G. übergeben
	3,18	haben keinen Trost am Tage des G.				
	4,6	die Kinder sind Zeugen im G.		**Gericht** (Speise)		
	5,19	wird unbestechliches G. aufsetzen		1Mo	25,29	Jakob kochte ein G. 30
	6,6	ein strenges G. über die Machthaber 2Ma 9,18		Spr	15,17	besser ein G. Kraut mit Liebe als
	11	wer... wird im G. bestehen		**Gerichtsdiener**		
	9,3	mit aufrichtigem Herzen G. halten soll		Mt	5,25	damit dich nicht überantworte der Richter dem G. Lk 12,58
	12,12	wer kann deinem G. widerstehen				
	26	werden das G. Gottes erfahren		**Gerichtshalle**		
	16,18	daß sie von Gottes G. so bedrängt wurden		1Kö	7,7	Thronhalle, in der er Gericht hielt, die G.
	17,1	groß wird deine G., Herr Tob 3,2.5; StD 3,3				
Sir	8,17	zieh einen Richter nicht vor G.		**Gerichtshandel**		
	18,21	prüfe dich selbst, bevor das G. kommt		2Sm	15,4	der eine Sache und G. hat
2Ma	4,43	wegen... wurde Menelaus vor G. gezogen		**Gerichtstag**		
	7,35	bist dem G. Gottes nicht entronnen		Hi	18,20	werden sich über seinen G. entsetzen
StE	7,6	kamen vor Gott, zum Tag des G.				
StD	1,49	kehrt wieder um vors G.		**gering**		
Mt	5,21	wer tötet, der soll des G. schuldig sein 22		1Mo	32,11	bin zu g. aller Barmherzigkeit und Treue
	7,2	*mit welcherlei G. ihr richtet*		2Mo	18,22	alle g. Sachen sollen sie selber richten
	10,15	erträglicher ergehen am Tage des G. 11,22. 24; Lk 10,14			23,3	sollst den G. nicht begünstigen 3Mo 19,15
	17	sie werden euch den G. überantworten Mk 13,9		3Mo	27,18	soll der Priester ihn danach g. schätzen
	12,36	Rechenschaft geben müssen am Tage des G.		4Mo	26,54	Geschlecht, das g. ist an Zahl
	41	werden auftreten beim Jüngsten G. mit diesem Geschlecht 42; Lk 11,31.32		5Mo	4,27	wird nur eine g. Zahl übrigbleiben
Lk	11,42	*ihr geht vorbei an dem G. Gottes*		Ri	6,15	mein Geschlecht ist das g. 1Sm 9,21
	12,58	wenn du mit deinem Gegner zum G. gehst		1Sm	15,9	was g. war, daran... das Bann
Jh	3,19	das ist das G., das Licht in die Welt			17	obschon du vor dir selbst g. warst
	5,22	*der Vater hat alles G. dem Sohn übergeben* 27			18,23	dünkt euch das ein G.? Ich bin ein g. Mann
	24	wer glaubt, der hat das ew. Leben und kommt nicht in das G.			21,3	niemand darf auch nur das G. wissen
	29	die Böses getan, zur Auferstehung des G. 30		2Sm	6,22	ich will noch g. werden als jetzt
	7,24	*richtet ein rechtes G.*		1Kö	16,31	das G., daß er wandelte in der Sünde
	8,16	*so ist mein G. recht*				
	9,39	ich bin zum G. in diese Welt gekommen				
	12,31	jetzt ergeht das G. über diese Welt				
	16,8	der Welt die Augen auftun über das G. 11				
Apg	19,38	so gibt es G. und Statthalter				
	24,25	als Paulus von dem zukünftigem G. redete				

gering

1Kö	22,31	nicht kämpfen gegen G. und Hohe 2Ch 18,30
2Kö	3,18	das ist noch ein G. vor dem HERRN
	18,24	zurücktreiben einen der G. Jes 36,9
	24,14	nichts übrig als g. Volk des Landes 25,12
1Ch	12,15	Hauptleute im Heer, der G. über hundert
	16,19	als sie noch g. an Zahl waren Ps 105,12
Hi	12,3	bin nicht g. als ihr 13,2
	15,11	gelten Gottes Tröstungen so g.
	40,4	siehe, ich bin zu g.
Ps	72,13	er wird gnädig sein den G. und Armen
	74,21	laß den G. nicht beschämt davongehen
	82,4	errettet den G. und Armen
	107,39	sie wurden g. an Zahl
	113,7	der den G. aufrichtet aus dem Staube
	119,141	ich bin g. und verachtet
Spr	10,15	das Verderben der G. ist ihre Armut
	12,9	wer g. ist, ist besser als einer, der
	14,31	wer dem G. Gewalt tut, lästert
	22,22	unterdrücke den G. nicht im Gericht
	29	g. Leuten wird er nicht dienen
	28,3	ein gottloser Mann, der die G. bedrückt
Jes	1,9	hätte... nicht einen g. Rest übriggelassen
	14,30	die G. werden auf meiner Aue weiden
	16,14	wird die Herrlichk. Moabs g. werden 17,4
	25,4	du bist der G. Schutz gewesen
	26,6	wird sie zertreten mit Tritten der G.
	60,22	aus dem G. ein mächtiges Volk
Jer	30,19	will sie herrlich machen und nicht g.
	40,7	gesetzt über die G. im Lande
	44,28	werden zurückkommen als g. Häuflein
	49,15	will dich g. machen Hes 29,15; Ob 2
	20	fortschleifen mit den G. 50,45
	50,12	unter den Völkern soll sie die g. sein
Dan	2,39	ein anderes Königreich, g. als deines
Am	4,1	die ihr den G. Gewalt antut 8,6
Ze	3,12	will übriglassen ein armes und g. Volk
Sa	4,10	wer den Tag des g. Anfangs verachtet hat
Jdt	8,22	eine viel g. Strafe, als wir verdienen
	16,19	alles Opfer ist viel zu g. vor dir
Wsh	6,7	dem G. kann wohl Erbarmen widerfahren
	7,9	alles Gold ist vor ihren Augen nur g. Sand
	10,4	auf einem g. Holz 14,5
	15,10	seine Hoffnung ist g. als Erde
Sir	11,1	die Weisheit des G. bringt ihn zu Ehren
	13,24	wie der Hochmütige verachtet, was g. ist
	18,8	so g. sind seine Jahre im Vergleich mit
	19,21	besser g. Klugheit mit Gottesfurcht als
	25,25	g. gegen die Schlechtigkeit einer Frau
	42,22	weder größer noch g. machen
StE	6,8	die G. wurden erhöht
StD	3,13	wir sind g. geworden als alle Heiden
Mt	10,42	wer einem dieser G. zu trinken gibt
	25,40	was ihr getan habt einem von diesen meiner g. Brüdern, das habt ihr mir getan 45
Lk	12,26	wenn ihr auch das G. nicht vermögt
	16,10	wer im G. treu ist... wer im G. ungerecht ist
	19,17	weil du im G. treu gewesen bist
Jh	2,10	wenn sie betrunken werden, den g.
Apg	12,18	eine nicht g. Verwirrung unter den Soldaten
	14,28	sie blieben dort eine nicht g. Zeit
	15,2	als Paulus und Barnabas einen nicht g. Streit mit ihnen hatten
	19,11	Gott wirkte nicht g. Taten durch die Hände des Paulus
	23	es erhob sich eine nicht g. Unruhe
	24	verschaffte denen vom Handwerk nicht g. Gewinn
	28,2	die Leute erwiesen uns nicht g. Freundlichkeit
Rö	12,16	haltet euch herunter zu den g. (Dingen)
1Ko	1,28	das G. vor der Welt hat Gott erwählt
	4,3	mir ist's ein G., daß ich von euch gerichtet
	6,2	gut genug, g. Sachen zu richten
	12,24	Gott hat dem g. Glied höhere Ehre gegeben
	15,9	ich bin der g. unter den Aposteln
2Ko	7,6	Gott, der die G. tröstet, tröstete uns
Heb	7,7	daß das G. vom Höheren gesegnet wird

geringachten

1Mo	16,4	a. (Hagas) ihre Herrin g. 5
5Mo	32,15	hat den Fels seines Heils geringg.
2Sm	19,44	warum habt ihr uns so geringg.
Neh	9,32	a. all das Elend nicht g.
Ps	106,24	sie a. das königliche Land g.
Sir	5,18	a. nichts g., es sei klein oder groß
2Ma	7,11	will (diese Glieder) gern g.
Phl	2,30	*da er sein Leben g.*
Heb	12,2	(Jesus), der die Schande g.
	5	a. nicht g. die Erziehung des Herrn

gerinnen

Hi	10,10	hast mich wie Käse g. lassen

gern, gerne

1Mo	25,28	Isaak aß g. von seinem Wildbret 27,4.9.14
	28,8	Isaak die Töchter Kanaans nicht g. sah
	46,30	will nun g. sterben
2Mo	35,21	alle, die es g. und freiwillig gaben
Ri	13,15	wir möchten dich g. hier behalten
Est	6,6	den der König g. ehren will 7.9.11
Hi	4,2	du hast's vielleicht nicht g.
	13,3	ich wollte g. zu dem Allmächtigen reden
	33,32	ich will dir g. recht geben
Ps	4,3	wie habt ihr die Lüge so g.
	13,6	mein Herz freut sich, daß du so g. hilfst
	26,10	die g. Geschenke nehmen Jes 1,23
	27,4	eines bitte ich vom HERRN, das hätte ich g.
	34,13	wer möchte g. gut leben
	37,26	ist allezeit barmherzig und leiht g. 112,5
	40,9	deinen Willen, mein Gott, tue ich g.
	52,6	redest g. alles, was zum Verderben dient
	63,3	wollte g. sehen deine Macht und Herrlichkeit
	68,31	zerstreue die Völker, die g. Krieg führen
	69,27	reden g. von dem Schmerz dessen, den du
	101,6	ich habe g. fromme Diener
	102,15	deine Knechte wollten g., daß es gebaut
Spr	13,18	wer sich g. zurechtweisen läßt
	17,4	ein Falscher hört g. auf schädl. Zungen
	23	der Gottlose nimmt g. heimlich Geschenke
	20,3	die g. streiten, sind allzumal Toren
	21,17	wer g. in Freuden lebt, wird Mangel haben
	31,13	sie arbeitet g. mit ihren Händen
Jes	56,10	sie liegen und jappen und schlafen g.
Jer	5,31	mein Volk hat's g. so
	8,4	g. wieder aufstünde... g. wieder zurechtkäme
	14,10	sie laufen g. hin und her
	22,27	Land, wohin sie g. wieder kämen 44,14
Hes	3,6	würden sie dich g. hören
	13,19	Volk, das so g. Lügen hört
	16,44	wer g. in Sprichwörtern redet
Dan	2,3	wollte g. wissen, was es mit dem Traum ist
	7,19	hätte ich g. Genaueres gewußt
	8,15	als ich dies Gesicht g. verstanden hätte
Hos	9,1	g. nimmst du Hurenlohn

Hos	10,11	Kuh, daran gewöhnt, g. zu dreschen
	12,8	Ephraim betrügt g.
	14,5	g. will ich sie lieben
Am	4,5	so habt ihr's g., ihr *Israeliten
Mi	7,1	wollte doch g. die besten Früchte haben
Jdt	12,15	von Herzen g. tun
Wsh	6,13	die Weisheit läßt sich g. erkennen
	13,6	suchen Gott und hätten ihn g. gefunden
Sir	6,35	lerne g. von den Alten 34; 21,19; 25,12; 33,18
	19,1	ein Arbeiter, der sich g. vollsäuft
	15	man verleumdet die Leute g.
	21,31	niemand hat (Narren) g. um sich
	25,4	wenn ein Reicher g. lügt
	31,18	überlege dir, was dein Nächster g. hat
	35,10	ehre Gott mit deinen Opfern g.
	11	was du gibst, das gib g. 12
	37,23	mancher wird nicht g. gehört
	40,22	Anmut und Schönheit sieht das Auge g.
1Ma	7,5	Alkimus wäre g. Hoherpriester geworden
	8,1	daß sie fremde Völker g. in Schutz nahmen 2Ma 10,12
	13,46	so wollen wir g. gehorsam sein
	14,4	so daß sie ihn g. zum Herrn hatten
2Ma	2,26	denen, die g. lesen
	28	wollen diese Mühe g. auf uns nehmen
	6,30	daß ich (den Tod) g. erleide 7,11; StD 2,11
	11,29	nach Haus möcht g.
GMn	7	du bestrafst die Menschen nicht g.
Mt	12,38	wir möchten g. ein Zeichen sehen
	14,5	er hätte ihn g. getötet, fürchtete sich aber
	23,6	sie sitzen g. obenan bei Tisch 7; Mk 12,38.39; Lk 11,43; 20,46
Mk	6,20	doch hörte er ihn g.
	12,37	und alles Volk hörte ihn g.
Lk	23,8	er hätte ihn längst g. gesehen
Jh	12,21	Herr, wir wollten Jesus g. sehen
Apg	17,20	nun wollen wir g. wissen, was das ist
	21,17	nahmen uns die Brüder g. auf
	25,22	ich möchte den Menschen auch g. hören
Rö	12,8	übt jemand Barmherzigkeit, so tue er's g.
	13	*herberget g.*
1Ko	7,28	ich möchte euch g. schonen
2Ko	8,17	er ließ sich g. zureden
	11,4	so ertragt ihr das recht g.
	19	ihr ertragt g. die Narren, ihr, die ihr klug seid
	12,15	ich will g. hingeben u. hingegeben werden
1Ti	6,18	daß sie... g. geben, behilflich seien
Phm	13	ich wollte ihn g. bei mir behalten
Jak	1,5	so bitte er Gott, der jedermann g. gibt

Gerrener

2Ma	13,24	von Ptolemais bis zum Gebiet der G.

Gerschom

2Mo	2,22	¹(Mose) nannte ihn G. 18,3; Ri 18,30; 1Ch 23,15.16; 26,24
Esr	8,2	²von den Söhnen Pinhas: G.

Gerschon, Gerschoniter

1Mo	46,11	Söhne Levis: G. 2Mo 6,16.17; 4Mo 3,17.18.21; 4,22.27.38.41; 7,7; 10,17; 26,57; Jos 21,6.27; 1Ch 5,27; 6,1.2.5.28.47.56; 15,7; 23,6; 2Ch 29,12
4Mo	3,23	die Geschlechter der G. 4,24.28; 26,57; Jos 21,33; 1Ch 23,7; 26,21; 29,8

Gerste

2Mo	9,31	zerschlagen die G... die G. stand in Ähren
3Mo	27,16	ist die Aussaat ein Sack G.
5Mo	8,8	Land, darin Weizen, G., Weinstöcke wachsen
Rut	2,17	es war ungefähr ein Scheffel G.
	3,2	(Boas) worfelt G. 15.17
2Sm	14,30	(Joab) hat G. darauf
	17,28	(brachten) G., Mehl, (um David zu stärken)
1Kö	5,8	auch G. und Stroh für die Pferde
2Kö	7,1	zwei Maß G. ein Silberstück 16.18
1Ch	11,13	dort war ein Stück Acker mit G.
2Ch	2,9	will 200.000 Scheffel G. geben 14; 27,5
Hi	31,40	sollen wachsen... Unkraut statt G.
Jes	28,25	wirft Kümmel und sät Weizen und G.
Jer	41,8	haben Vorrat an Weizen, G., Öl
Hes	4,9	nimm für Weizen, G., Bohnen
	13,19	entheiligt mich für eine Handvoll G.
	45,13	das soll nun die Abgabe sein... G.
Hos	3,2	kaufte sie mir für 15 Scheffel G.
Jo	1,11	die Weingärtner heulen um die G.
Off	6,6	drei Maß G. für einen Silbergroschen

Gerstenbrot

Ri	7,13	ein Laib G. rollte zum Lager
2Kö	4,42	brachte dem Mann Gottes 20 G.
Jh	6,9	ein Kind, das hat fünf G. und zwei Fische
	13	füllten von den fünf G. 12 Körbe mit Brocken

Gerstenernte

Rut	1,22	um die Zeit, da die G. anging 2,23; 2Sm 21,9
Jdt	8,2	ihr Mann war zur Zeit der G. gestorben

Gerstenfladen

Hes	4,12	G. sollst du essen

Gerstenmehl

4Mo	5,15	Opfer... ein Zehntel Scheffel G.

Geruch

1Mo	8,21	der HERR roch den lieblichen G.
	27,27	G. seiner Kleider... G. wie der G. des Feldes
2Mo	29,18	dem HERRN ein lieblicher G. 25.41; 3Mo 1,9.13.17; 2,2.9; 3,5.16; 4,31; 6,8.14; 8,21.28; 17,6; 23,13.18; 4Mo 15,3.7.10.13.14.24; 18,17; 28,2.6.8.13.24.27; 29,2.6.8.13.36
	30,38	damit er sich an dem G. erfreue Hes 16,19
3Mo	2,12	sollen nicht kommen zum lieblichen G.
	26,31	will den G. nicht mehr riechen
Esr	6,10	damit sie opfern zum lieblichen G.
Hi	14,9	grünt er wieder vom G. des Wassers
Hl	4,10	G. deiner Salben übertrifft die Gewürze
Jer	48,11	darum ist sein G. nicht verändert worden
Hes	20,41	will euch annehmen beim lieblichen G.
Hos	14,7	daß es so guten G. gebe wie die Linde
Sir	24,20	ich strömte einen lieblichen G. aus
	38,11	opfre lieblichen G. zum Gedenkopfer
	50,17	opferte roten Wein zum lieblichen G.
Jh	12,3	*das Haus ward voll vom G. der Salbe*
1Ko	12,17	wenn (der Leib) ganz Gehör wäre, wo bliebe der G.
2Ko	2,15	*wir sind Gott ein guter G. Christi*
	16	diesen ein G. des Todes zum Tode, jenen aber ein G. des Lebens

Geruch 492

Eph 5,2 hat sich gegeben, Gott zu einem lieblichen G.
Phl 4,18 ein lieblicher G., ein angenehmes Opfer

Gerücht

1Mo 45,16 als das G. kam in des Pharao Haus
2Mo 23,1 sollst kein falsches G. verbreiten
4Mo 13,32 brachten ein böses G. auf 14,37
    14,15 die solch ein G. über dich hören
5Mo 22,14 bringt ein böses G. über sie auf 19
1Sm 2,24 das ist kein gutes G., von dem ich höre
2Sm 13,30 kam das G. vor David, Absalom habe
    17,9 das G.: Das Heer ist geschlagen
2Kö 19,7 daß er ein G. hören wird Jes 37,7
Neh 6,6 unter den Leuten geht das G. 13
Hi 28,22 wir haben nur ein G. von ihr gehört
Jer 49,23 verzagt, denn sie hören ein böses G. 51,46
Dan 11,44 es werden ihn G. erschrecken aus Osten
Wsh 5,9 wie ein G., das vorübergeht
2Ma 5,5 nun kam das falsche G. auf
2Ko 6,8 (als Diener Gottes:) in bösen G.

gerüstet (s.a. rüsten)

4Mo 31,5 nahmen 12.000 Mann g. zum Kampf
    32,17 wollen g. vor Israel einherziehen 21.27.29.30. 32; 5Mo 3,18; Jos 1,14; 4.12.13
Ri 18,11 600 Mann, g. zum Kampf 16.17
1Ch 7,4 zum Kampf g. Heervolk 12,2.24.25.34.36.37; 2Ch 17,17.18
Hi 13,18 bin zum Rechtsstreit g.
Ps 65,7 der du g. bist mit Macht
    76,11 wenn sie wüten, bist du auch noch g.
Jes 15,4 darum wehklagen die G. Moabs
Jer 6,23 reiten auf Rossen, g. als Kriegsleute 50,42; Hes 23,24; 38,4
Jo 2,5 wie ein Volk, das zum Kampf g. ist
Nah 1,12 sie mögen kommen so g., wie sie wollen
1Ma 1,18 zog nach Ägypten, gut g. mit großem Heer
    4,7 daß das Heer der Feinde gut g. war 5,6
    12,28 daß Jonatan... zur Schlacht g. waren

Gesalbter

1Sm 2,10 erhöhen das Haupt seines G.
    35 daß er vor meinem G. immerdar einhergehe
    12,3 tretet auf vor dem HERRN und seinem G. 5
    16,6 da steht vor dem HERRN sein G.
    24,7 sollte meine Hand legen an den G. des HERRN 26,9.11.16.23; 2Sm 1,14.16
    7 denn er ist der G. des HERRN 11
2Sm 19,22 da er dem G. des HERRN geflucht hat
    22,51 Gnade erweist seinem G., David Ps 18,51
    23,1 es spricht der G. des Gottes Jakobs
1Ch 16,22 tastet meine G. nicht an Ps 105,15
2Ch 6,42 weise nicht ab das Antlitz deines G. Ps 132,10
Ps 2,2 halten Rat wider den HERRN und seinen G.
    20,7 weiß ich, daß der HERR seinem G. hilft
    28,8 Hilfe und Stärke für seinen G.
    84,10 sieh doch an das Antlitz deines G.
    89,39 und zürnst mit deinem G.
    52 schmähen hinter deinem G. her
    132,17 habe meinem G. eine Leuchte zugerichtet
Jes 45,1 spricht der HERR zu seinem G., zu Kyrus
Klg 4,20 der G. des HERRN ist gefangen worden
Dan 9,25 bis ein G. kommt, sind es sieben Wochen
    26 wird ein G. ausgerottet werden
Hab 3,13 zogest aus, zu helfen deinem G.

Sa 4,14 zwei G., die vor dem Herrscher stehen
Sir 46,22 bezeugte vor dem Herrn und seinem G.
Jh 1,41 Messias, das heißt übersetzt: der G.

Gesandter

4Mo 22,18 Bileam sprach zu den G. Balaks
2Sm 10,2 ließ ihn durch s. G. trösten 4; 1Ch 19,2-4
Ps 68,32 aus Ägypten werden G. kommen
Jes 39,2 Hiskia zeigte den G. das Schatzhaus
2Ma 4,44 trugen drei G. die Klage vor
    11,17 Johannes und Abschalom, eure G. 20

Gesandtschaft

Lk 14,32 schickt er eine G., solange jener noch fern ist
    19,14 seine Bürger schickten eine G. hinter ihm her

Gesang

1Sm 18,6 daß die Frauen herausgingen mit G.
1Ch 15,27 Kenaja, der Oberste beim G. der Sänger
    25,7 die im G. des HERRN geübt waren
2Ch 29,27 begann der G. für den HERRN 28
Pr 7,5 besser... als den G. der Toren
    12,4 wenn alle Töchter des G. sich neigen
Jes 16,10 ist ein Ende gemacht
Jer 25,10 will wegnehmen allen fröhlichen G.
1Ma 4,24 dankten und lobten Gott mit G.
    54 das Heiligtum wurde geweiht mit G.
2Ma 7,6 wie Mose in seinem G. bezeugt hat

gesäuert

2Mo 12,15 wer g. Brot ißt, soll ausgerottet werden 19. 20; 13,3.7
    39 war nicht g., weil sie weggetrieben wurden
3Mo 7,13 Opfergabe darbringen... von g. Brot
    23,17 sollt zwei Brote bringen, g. und gebacken
5Mo 16,3 sollst kein G. dazu essen

Geschäft

2Mo 18,18 das G. ist dir zu schwer
1Ch 26,30 bestellt für alle G. des HERRN 28,13
Spr 22,29 siehst einen Mann, behende in seinem G.
Jes 58,3 geht ihr doch nach G. nach 13
Wsh 13,19 für sein G. ruft er... an
    17,20 die ganze Welt ging ihren G. nach
Sir 11,10 verliere dich nicht in viele G.
Mt 22,5 gingen weg, einer... der andere an sein G.
Rö 8,13 wenn ihr des Fleisches G. tötet
    12,4 nicht alle Glieder einerlei G. haben
    16,2 tut Beistand in allem G.
2Ko 2,17 die mit dem Wort Gottes G. machen
2Ti 2,4 wer in den Krieg zieht, verwickelt sich nicht in G. des täglichen Lebens

geschäftig

Mi 7,3 ihre Hände sind g., Böses zu tun

Geschan

1Ch 2,47 Söhne Jahdais: G.

geschehen

1Mo	1,7	und es g. so 9.11.15.24.30; Ri 6,38
	16,5	das Unrecht, das mir g., komme über dich
	19,29	es g., als Gott die Stätte vernichtete
	26,10	wäre leicht g., daß jemand
	27,40	wird g., daß du sein Joch
	34,7	solches durfte nicht g.
	39,22	alles, was dort g., durch ihn g. mußte
	40,20	es g. am dritten Tage
	43,12	vielleicht ist ein Irrtum da g.
	44,31	so wird's g., daß er stirbt
2Mo	8,19	morgen schon soll das Zeichen g.
	16,5	am sechsten Tage wird's g.
	30,10	solche Sühnung soll g. 3Mo 16,30
	32,23	wissen nicht, was mit Mose g. ist
	34,10	will Wunder tun, wie sie nicht g. sind
3Mo	5,5	wenn's g., daß er sich schuldig 23
	8,34	wie es am heutigen Tage g. ist
	27,25	soll g. nach dem Gewicht des Heiligtums
4Mo	4,27	nach dem Wort Aarons aller Dienst g. 28
	9,16	so g. es die ganze Zeit, daß die Wolke
	33,56	wird's g. Jos 22,18; 1Kö 19,17; 2Kö 2,10; Hi 20,23
5Mo	4,32	ob je so Großes g.
	13,15	daß solch ein Greuel g. ist 17,4
Ri	13,23	wie jetzt g. ist
	19,30	solches ist nicht g. 20,12; 21,3; 1Sm 4,7; 2Ch 30,26; Dan 9,12
1Sm	2,32	bei allem Guten, das Israel g. wird
	10,11	was ist mit dem Sohn des Kisch g.
	15,10	da g. des HERRN Wort 1Kö 6,11; Jes 38,4; Jer 1,2 u.ö.49,34; Hes 1,3u.ö.38,1; Hos 1,1; Jo 1,1; Jon 1,1; 3,1; Mi 1,1; Ze 1,1; Hag 1,1,3; 2,1. 10.20; Sa 1,1.7; 4,8; 6,9; 7,1.4.8; 8,1.18
2Sm	14,20	so daß er alles weiß, was auf Erden g.
	26	sein Haupt schor – das g. alle Jahre
	17,9	wenn's dann g., daß einige fallen
1Kö	8,61	haltet seine Gebote, wie es heute g. 1Ch 28,7
	11,11	weil das bei dir g. ist
	12,24	das alles ist von mir g. 2Ch 11,4
	20,14	Ahab sprach: Durch wen soll's g.
2Kö	7,2	wie könnte das g. 19
	18	es g., wie der Mann Gottes gesagt hatte
	15,12	was der HERR geredet ... ist g. 24,3.20; Jer 32,24; Hes 12,25.28; 21,12.18
2Ch	25,20	es g. von Gott, um sie in die Hand Joasch
	32,25	vergalt nicht nach dem, was ihm g. war
	31	Wunder, das im Lande g. war
Esr	4,19	Aufruhr und Abfall in ihr g. ist
	6,9	soll nicht lässig g., damit sie opfern
	9,8	ist Gnade von dem HERRN g.
	10,12	es g., wie du uns gesagt hast
Neh	6,8	es ist nichts von dem g.
Est	2,11	zu erfahren, was mit ihr g. würde 4,1; 6,11
	5,5	damit, was Ester gesagt hat 6; 7,2
Hi	6,8	könnte meine Bitte doch g. 29
	21,17	wie oft g.'s denn
	35,9	man schreit, daß viel Gewalt g.
Ps	33,9	wenn er spricht, so g.'s
	74,12	der alle Hilfe tut, die auf Erden g.
	95,8	wie zu Meriba g.
	109,20	so g. denen vom HERRN, die wider mich
	118,23	das ist vom HERRN g.
Spr	12,21	es wird dem Gerechten kein Leid g.
	21,15	den Gerechten ist es Freude, wenn Rechtg.
	28,16	Fürst ohne Verstand, so g. viel Unrecht
Pr	1,9	was g. ist, eben das wird hernach sein, es g. nichts Neues unter der Sonne 10
	14	sah alles Tun, das unter der Sonne g. 2,17; 8,9.17; 9,3.6
Pr	3,15	was g., das ist schon längst gewesen
	18	es g. wegen der Menschenkinder
	22	daß er sehe, was nach ihm g. wird
	4,1	alles Unrecht, das unter der Sonne g. 3
	8,6	er weiß nicht, was g. wird
	14	es ist eitel, was auf Erden g. 16
Jes	7,7	es soll nicht g. und nicht so gehen
	23	es wird zu der Zeit g. 11,10; 22,7; 65,24; Jer 3,16; 12,16; 30,8; Hes 12,11; Hos 2,1; Jo 3,5; Sa 6,15; 8,13; 12,8; 13,3.4.8
	8,10	beredet euch, und es g. nicht
	10,24	der dich schlägt, wie es in Ägypten g.
	29,5	plötzlich wird's g.
	46,10	habe verkündigt, was noch nicht ist
	10	was ich beschlossen habe, g. 48,16
	55,13	dem HERRN soll es zum Ruhm g.
Jer	38,28	es g., daß Jerusalem erobert wurde 52,3
	48,19	frage, die da fliehen: Was ist g.
Klg	3,37	daß solches g. ohne des Herrn Befehl
	59	du siehst, wie mir Unrecht g.
	4,13	g. wegen der Sünden ihrer Propheten
Hes	9,4	alle Greuel, die darin g.
	16,16	wie es nie g. ist noch g. wird
	38,16	am Ende der Zeit wird das g. 18; 39,8.11
Dan	2,28	was in künftigen Zeiten g. soll 29.45
	6,18	damit nichts anderes mit Daniel g.
	11,2	will ich dir kundtun, was gewiß g. soll
	36	es muß g., was beschlossen ist
	12,6	wann sollen diese großen Wunder g. 7
Hos	9,15	all ihre Bosheit g. zu Gilgal
Jo	1,2	merkt auf, ob solches g. sei
Am	7,3	wohlan, es soll nicht g. 6
Ob	15	wie du getan, soll dir wieder g.
Hab	2,13	wird's nicht so vom HERRN Zebaoth g.
Sa	4,6	es soll durch meinen Geist g.
Mal	1,9	nachdem solches von euch g. ist
	2,11	in Israel und in Jerusalem g. Greuel
Jdt	6,9	fragten ihn, was g. wäre
	9,3	was du willst, das muß g. 16,17; Sir 39,21; 1Ma 3,60
	8	so g. jetzt auch denen
Wsh	2,17	prüfen, was bei seinem Ende g. wird
	11,5	dadurch ihnen Gutes 13
	19,4	es mußte so g., damit
	13	Zeichen, die durch gewaltige Blitze g.
	17	deutlich, wenn man das G. betrachtet
Tob	8,17	daß g. ist, was wir befürchtet
	12,11	das verborgene G. nicht verheimlichen
	18	nach Gottes Willen ist es g.
Sir	4,9	rette den, dem Gewalt g.
	22,6	eine Rede, die zur Unzeit g.
	25,25	es g. ihr das, was den Gottlosen g.
	38,16	klage wie einer, dem großes Leid g. ist
	42,19	der Höchste sieht voraus, was g. wird
	48,27	er schaute, was g. sollte 28
1Ma	2,61	was von Geschlecht zu Geschlecht g. ist
	3,18	kann leicht g., daß wenige ... überwinden
	4,20	daraus konnten sie entnehmen, was g. war
2Ma	9,6	so g. ihm recht 13,8
StE	1,3	daher überlegte ich, wie das g. könnte
StD	1,42	der du alle Dinge weißt, ehe sie g.
	2,8	es g., wie du gesagt hast
Mt	1,18	die Geburt Jesu Christi g. so
	22	das ist g., damit erfüllt würde, was 21,4; 26,56; Jh 19,36
	3,15	Jesus sprach zu ihm: Laß es jetzt g.
	5,18	wird nicht vergehen ... bis es alles g. 24,34; Mk 13,30; Lk 21,32
	6,10	dein Wille g. wie im Himmel so auf Erden 26,42; Lk 11,2; 22,42; Apg 21,14

geschehen 494

Mt	8,13	geh hin; dir g., wie du geglaubt hast 9,29
	11,20	die Städte, in denen die meisten seiner Taten g.
	21	wären solche Taten in Tyrus g., wie sie bei euch g. 23; Lk 10,13
	15,28	dir g., wie du willst
	16,27	es wird g., daß der Menschensohn *17,22*
	21,21	wenn ihr sagt... so wird's g. Lk 12,54.55
	42	vom Herrn ist das g. Mk 12,11
	24,3	sage uns, wann wird das g. Mk 13,4; Lk 21,7
	6	das muß so g. 26,54; Mk 13,7; Lk 21,9
	20	daß eure Flucht nicht g. im Winter Mk 13,18
	27,54	das Erdbeben sahen und was da g.
	28,2	siehe, es g. ein großes Erdbeben
	11	verkündeten alles, was g. war
Mk	1,11	da g. eine Stimme vom Himmel 9,7; Lk 9,35. 36; Jh 12,30; Apg 2,6; 7,31; 10,13
	5,14	um zu sehen, was g. war Lk 8,35
	16	erzählten ihnen, was mit dem Besessenen g.
	33	die Frau wußte, was an ihr g. war
	6,2	mächtigen Taten, die durch seine Hände g.
	11,23	glaubte, daß g. werde, was er sagt
	13,8	es werden Erdbeben g. hier und dort Lk 21,11.25
	29	ebenso auch: wenn ihr seht, daß dies g. Lk 21,28.31
Lk	1,1	von den Geschichten, die unter uns g. sind
	20	bis zu dem Tag, an dem dies g. wird
	38	mir g., wie du gesagt hast
	43	wie g. mir das, daß die Mutter meines Herrn zu mir kommt
	2,2	g. zur Zeit, da Quirinius Statthalter in Syrien
	15	laßt uns die Geschichte sehen, die da g. ist
	3,2	da g. das Wort Gottes zu Johannes
	4,23	große Dinge, die in Kapernaum g. sind
	6,6	es g. an einem andern Sabbat
	8,34	als die Hirten sahen, was da g., flohen sie
	56	er gebot ihnen, niemandem zu sagen, was g.
	9,7	es kam vor Herodes alles, was g.
	13,17	Taten, die durch ihn g.
	14,22	Herr, es ist g., was du befohlen hast
	17,14	es g., als sie hingingen, da wurden sie rein
	26	wie es g. in den Zeiten Noahs, so wird's auch g. in den Tagen des Menschensohns 28
	21,36	zu entfliehen diesem allen, was g. soll
	22,44	*es g., daß er mit dem Tode rang*
	49	die um ihn waren, sahen, was g. würde
	23,19	Aufruhrs, der in der Stadt g. war
	24	*Pilatus urteilte, daß ihre Bitte g.*
	47	als der Hauptmann sah, was da g., pries er Gott 48
	24,12	wunderte sich über das, was g. war
	15	es g., als sie so redeten 30.51
	18	der nicht weiß, was in diesen Tagen g. ist
	21	der dritte Tag, daß dies g. ist
	35	sie erzählten ihnen, was auf dem Wege g. war
Jh	1,28	dies g. in Betanien jenseits des Jordans 2,11
	3,9	Nikodemus sprach zu ihm: Wie kann dies g.
	10,35	wenn er die Götter nennt, zu denen das Wort Gottes g.
	13,19	jetzt sage ich's euch, ehe es g., damit ihr, wenn es g. ist, glaubt, daß ich es bin 14,29
Apg	2,2	es g. plötzlich ein Brausen vom Himmel
	17	es soll g. in den letzten Tagen, spricht Gott 21
	43	es g. viele Wunder und Zeichen durch die Apostel 4,16; 5,12; 14,3
	3,23	es wird g., wer... der soll vertilgt werden
	4,21	alle lobten Gott für das, was g. war
Apg	4,22	der Mensch, an dem dieses Zeichen der Heilung g. war
	28	was dein Ratschluß bestimmt, daß es g. solle
	30	strecke deine Hand aus, daß Wunder g.
	5,7	seine Frau wußte nicht, was g. war
	32	wir sind Zeugen dieses G.
	7,24	rächte den, dem Leid g.
	8,13	als er die großen Taten sah, die g.
	37	wenn du glaubst, so kann es g.
	9,32	es g. aber, als 43; 14,1; 16,16; 19,1; 21,5; 22,6. 17; 28,17
	10,16	das g. dreimal 11,10
	37	ihr wißt, was in ganz Judäa g. ist
	11,28	dies g. unter dem Kaiser Klaudius
	12,9	wußte nicht, daß ihm das wahrhaftig g.
	18	Verwirrung, was wohl mit Petrus g. sei
	13,12	als der Statthalter sah, was g. war
	20	das g. in etwa 450 Jahren
	32	*Verheißung, die unseren Vätern g. ist*
	16,26	plötzlich g. ein großes Erdbeben
	19,10	das g. zwei Jahre lang
	21	als das g. war 28,9
	25,26	damit ich nach g. Verhör etwas hätte
	26,22	*was die Propheten gesagt, daß es g.*
	26	dies ist nicht im Winkel g.
	27,25	ich glaube Gott, es wird so g.
	44	so g. es, daß sie gerettet
Rö	2,28	nicht das die Beschneidung, die äußerlich am Fleisch g.
	3,24	Erlösung, die durch Christus Jesus g. ist
	4,13	*Verheißung ist nicht g. durchs Gesetz*
	5,16	nicht wie mit dem, was durch den einen Sünder g. ist
	9,26	es soll g.: Anstatt daß zu ihnen gesagt wurde
1Ko	2,4	g. nicht mit Worten menschlicher Weisheit
	7,39	nur daß es in dem Herrn g.
	10,6	das ist g. uns zum Vorbild
	14,26	laßt es alles g. zur Erbauung
	30	wenn eine Offenbarung g. einem andern
	16,1	*die Sammlung, die für die Heiligen g.*
	2	damit die Sammlung nicht erst g., wenn ich komme
	14	alle eure Dinge laßt in der Liebe g.
2Ko	1,6	haben wir Trübsal, so g. es euch zu Trost
	9	das g., damit wir unser Vertrauen
	11	daß durch viele Personen viel Dank g.
	4,15	es g. alles um euretwillen 12,19
	7,12	so ist's nicht g. um dessentwillen, der beleidigt hat
	8,13	nicht g. das in der Meinung
	14	damit so ein Ausgleich g.
	9,1	Dienst, der für die Heiligen g.
	12,12	die Zeichen eines Apostels unter euch g.
Gal	4,18	umworben werden ist gut, wenn's im Guten g.
Eph	2,11	*Beschneidung, die mit der Hand g.*
	5,12	was heimlich von ihnen g.
Phl	1,18	es g. zum Vorwand oder in Wahrheit
Kol	2,11	Beschneidung, die nicht mit Händen g.
1Th	2,1	*es g. nicht ohne Kraft*
	3	unsre Ermahnung... noch g. sie mit List
	3,4	daß Bedrängnisse über uns kommen würden, wie es auch g. ist
2Ti	2,18	sagen, die Auferstehung sei schon g.
	3,9	ihre Torheit wird jedermann offenbar werden, wie es bei jenen g.
	4,17	*daß die Verkündigung reichlich g.*
Phm	14	damit das Gute freiwillig g.
Heb	3,8	wie es g. bei der Verbitterung 15
	7,20	das g. nicht ohne Eid

Heb 9,15 der g. ist zur Erlösung von den Übertretungen
16 da muß der Tod dessen g. sein, der
22 ohne Blutvergießen g. keine Vergebung
10,3 vielmehr g. dadurch eine Erinnerung
18 wo... ist, da g. kein Opfer mehr
11,22 befahl, was mit seinen Gebeinen g. solle
13,9 welches g. durch Gnade
Off 1,1 zu zeigen, was in Kürze g. soll
19 schreibe, was ist und was g. soll danach
2,11 wer überwindet, dem soll kein Leid g. von dem zweiten Tode
4,1 ich will dir zeigen, was nach diesem g. soll 22,6
6,12 da g. ein großes Erdbeben 8,5; 11,13.19; 16,18
16,17 eine große Stimme, die sprach: Es ist g. 21,6
18 es g. ein großes Erdbeben, wie es noch nicht

Geschehnis

1Kö 13,33 nach diesem G. kehrte Jerobeam nicht um
1Ch 29,30 die G., die über Israel dahingegangen

Geschem

Neh 2,19 G., der Araber 6,1.2.6

Geschenk

1Mo 24,53 Bruder und Mutter gab er kostbare G.
25,6 den Söhnen gab er G. und schickte sie fort
32,14 nahm ein G. für Esau 19.21.22; 33,10
34,12 fordert von mir Brautpreis und G.
43,11 bringt dem Manne G. hinab 15.25.26
2Mo 23,8 dich nicht durch G. bestechen lassen; denn G. machen die Sehenden blind 5Mo 16,19
4Mo 18,6 habe die Leviten... euch zum G. 7
5Mo 10,17 der gr. Gott, der kein G. nimmt 2Ch 19,7
27,25 verflucht sei, wer G. nimmt
1Sm 8,3 (Samuel) seine Söhne nahmen G.
10,27 brachten (Saul) kein G.
12,3 aus wessen Hand hab ich ein G. angenommen
2Sm 11,8 wurde (Uria) ein G. des Königs nachgetragen
1Kö 5,1 brachten (Salomo) G. 10,25; 2Ch 9,24
9,16 seiner Tochter den Ort zum G. gegeben
13,7 ich will dir ein G. geben 15,19
2Kö 8,8 nimm G. und geh... entgegen 9
16,8 Ahas sandte dem König von Assyrien G.
20,12 sandte der König von Babel G. Jes 39,1
1Ch 16,29 bringet dem HERRN G. 2Ch 32,23
2Ch 17,5 ganz Juda gab Joschafat G. 11; 26,8
Est 2,18 teilte königliche G. aus
9,19 senden (die Juden) einer dem andern G. 22
Ps 15,5 nimmt nicht G. wider den Unschuldigen
26,10 die gern G. nehmen 1,23
45,13 die Tochter Tyrus kommt mit G.
68,30 werden dir Könige G. bringen 72,10
76,12 die ihr um ihn her seid, bringt G. 96,8
127,3 Leibesfrucht ist ein G.
Spr 17,23 der Gottlose nimmt gern heimlich G.
18,16 das G. des Menschen schafft ihm Raum
19,6 wer G. gibt, hat alle zu Freunden
21,14 ein G. im Verborgenen (stillt) den Grimm
25,14 wer G. verspricht und hält's nicht
Jes 5,23 den Schuldigen gerecht sprechen für G.
18,7 wird das Volk G. bringen dem HERRN
33,15 s. Hände bewahrt, daß er nicht G. nehme
45,13 nicht um Geld und nicht um G.

Jer 40,5 gab ihm Wegzehrung und G.
Hes 46,16 wenn der Fürst ein G. gibt
Dan 2,6 Traum deuten, sollt ihr G. empfangen
48 der König gab (Daniel) viele G.
5,17 gib dein G. einem andern
Hos 8,9 Ephraim buhlt mit G.
10,6 das Kalb wird gebracht zum G. für Jareb
Mi 3,11 seine Häupter richten für G.
7,3 der Fürst und der Richter fordern G.
Ze 3,10 werden meine Anbeter mir G. bringen
Sir 20,14 das G. des Narren wird dir nicht nützen
31 G. und Gaben verblenden die Weisen
40,12 alle G. werden untergehen
14 sie sind fröhlich, solange sie G. nehmen
1Ma 3,30 G., die er früher ausgegeben hatte
10,54 will dir G. geben, die deiner würdig sind
11,24 nahm Gold und viele andere G. mit
12,43 (Tryphon) gab ihm G.
16,19 dann wolle er ihnen G. geben
2Ma 3,2 herrliche G. in den Tempel zu schicken
Phl 4,17 nicht, daß ich das G. suche
Off 11,10 die auf Erden werden einander G. senden

Geschichte

1Mo 6,9 dies ist die G. von Noahs Geschlecht 37,2; Neh 1,1
15,1 nach diesen G. begab sich's 22,1.20; Jos 24,29; 1Kö 17,17; 21,1; Esr 7,1; Est 2,1; 3,1
1Ch 29,29 die G. des David steht in der G... Gads 2Ch 9,29; 12,15; 13,22; 16,11; 20,34; 24,27; 25,26; 26,22; 33,18.19; 35,27
Est 9,20 Mordechai schrieb diese G. auf
Ps 78,2 will G. verkünden aus alter Zeit
Sir 39,2 er muß die G. berühmter Leute kennen
1Ma 9,22 dies ist die G. von Judas 2Ma 2,20
2Ma 2,32 sich von der Darstellung der G. freimachen
Mt 1,1 das Buch von der G. Jesu Christi
Mk 1,45 fing an, die G. bekanntzumachen
Lk 1,1
65 diese ganze G. wurde bekannt
2,15 laßt uns die G. sehen, die da geschehen ist
24,14 sie redeten miteinander von allen diesen G.
Apg 5,32 *wir sind Zeugen dieser G.*

Geschichtsschreiber

2Ma 2,29 genaue Erforschung dem G. überlassen 31

Geschick

Hi 42,10 der HERR wandte das G. Hiobs
Pr 5,13 der Reiche kommt um durch ein böses G.
Jes 53,8 wer kann sein G. ermessen
Jer 30,3 das G. meines Volks wenden will 18; 31,23; 32,44; 33,7.11.26; 48,47; 49,6.39; Hes 16,53; 29,14; 39,25; Hos 7,1; Jo 4,1
Klg 2,14 wodurch sie dein G. abgewandt hätten
Wsh 13,13 gestaltet es mit G., wenn er Ruhe hat
Jud 16 diese murren und hadern mit ihrem G.

Geschicklichkeit

2Mo 31,3 habe (Bezalel) erfüllt mit aller G.
Pr 2,21 der seine Arbeit mit G. getan hat

geschickt

2Mo 35,31 daß (Bezalel) g. sei zu jedem Werk
2Kö 10,3 seht, welcher g. sei unter den Söhnen

geschickt 496

1Ch	8,40	die Söhne Ulams waren g. mit Bogen 12,2
	26,8	angesehene Männer, g. zu Ämtern
Pr	4,4	ich sah alles Mühen an und alles g. Tun
	9,11	zur Nahrung hilft nicht g. sein
Sir	13,7	wenn er dich braucht, täuscht er dich g.
2Ma	14,31	sah, daß ihn Makkabäus g. überlistet hatte
Lk	9,62	der ist nicht g. für das Reich Gottes
1Ti	3,2	(ein Bischof soll sein) g. im Lehren 2Ti 2,24
2Ti	3,17	zu allem guten Werk g.
2Pt	3,11	*wie müßt ihr da g. sein*

Geschirr

2Sm 24,22 da sind... das G. der Rinder als Brennholz

Geschlecht

1Mo	5,1	dies ist das Buch von Adams G.
	6,9	dies ist die Geschichte von Noahs G. 10,1.5. 18.20.31.32; 11,10.27; 25,12.13.19; 36,1.9.40; 37,2; 2Mo 6,14.15.17.19.24.25
	12,3	in dir sollen gesegnet werden alle G. 22,18; 26,4; 28,14; Apg 3,25
	17,7	von G. zu G. 9; 2Mo 3,15; 31,13; 40,15; 3Mo 17,7; 5Mo 32,7; Ps 72,5; 106,31; Jes 34,10.17; 61,4; Klg 5,19
	8	dir und deinem G. nach dir 10.19; 35,12; 2Mo 28,43; 30,21
	12	von Fremden, die nicht aus eurem G. sind
	21,12	nach Isaak soll dein G. benannt werden Rö 9,7; Heb 11,18
	22,17	will dein G. segnen und mehren 24,60; 28,14; Jos 24,3; Ps 89,37; 102,29; 107,41; Jes 61,9; 65,23; 66,22; Jer 33,22
	24,38	zieh hin zu meinem G.
	46,6	kamen nach Äg., Jakob und sein ganzes G.
	48,19	sein G. wird eine Menge von Völkern werden
2Mo	12,21	nehmt sie für euch nach euren G.
3Mo	20,5	will mein Antlitz kehren gegen sein G.
	21,17	wenn einer in künftigen G. Fehler hat
	25,49	(soll ihn jemand einlösen) aus seinem G.
4Mo	1,2	nach ihren G., Kopf für Kopf 18u.ö.42; 2,34; 3,15u.ö.39; 4,2u.ö.46; 26,5u.ö.58; 27,1; Neh 7,5
	3,1	dies ist das G. Aarons und Moses
	11,10	weinen... alle G. 25,15; 27,4
	13,33	Anaks Söhne aus dem G. der Riesen
	17,5	Fremder, der nicht vom G. Aarons ist
	27,11	die ihm angehören in seinem G.
	32,13	zu Ende mit dem G., das übelgetan 5Mo 1,35
	33,54	austeilen unter eure G. Dem G., das groß
	36,1	von den G. der Söhne Josef 6.8.12
5Mo	29,17	nicht ein G., dessen Herz sich abwendet
	21	werden sagen künftige G., eure Kinder
	32,5	das verkehrte und böse G. hat gesündigt 20
Jos	6,23	führten Rahab heraus und ihr ganzes G.
	7,14	herzutreten, ein G. nach dem andern 17
	13,15	so gab Mose für ihre G. (das Land) 23.24.28. 29.31; 15,1.12.20; 16,5.8; 17,2; 18,11.20.21.28; 19,1u.ö.48; 21,4u.ö.40
Ri	1,25	den Mann und sein G. ließen sie gehen
	2,10	kam nach ihnen ein anderes G. auf
	3,2	die G. Israels Krieg führen lehrte
	4,11	Heber, der Keniter, war vom G. Hobabs
	6,15	mein G. ist das geringste 1Sm 9,21; 10,21; 18,18
	9,1	Abimelech redete mit dem ganzen G.
	13,2	von einem G. der Daniter 18,2.11.19
	17,7	ein Mann von Bethlehem aus dem G. Judas
	20,12	sandten Männer zu allen G. Benjamins

Ri	21,24	gingen auseinander, jeder zu seinem G.
Rut	2,1	von dem G. Elimelechs, mit Namen Boas 3
	4,18	dies ist das G. des Perez
1Sm	20,6	das jährl. Opferfest für das ganze G. 29
	24,22	daß du mein G. nicht ausrotten wirst
2Sm	4,8	gerächt an Saul und an seinem G.
	16,5	ein Mann vom G. des Hauses Saul
	21,18	auch vom G. der Riesen 20.22; 1Ch 20,4.6.8
1Kö	11,14	vom königlichen G. 2Kö 11,1; 25,25; 2Ch 22,10
	39	will das G. Davids demütigen
2Kö	17,20	verwarf der HERR das ganze G. Israel
1Ch	1,29	dies ist ihr G. 2,53.55; 4,2.8.21.27; 5,7
	4,38	waren Fürsten in ihren G. 7,5.9; 8,28; 9,9; 26,31
	6,4	sind die G. der Leviten 39u.ö.56; 9,34
	16,13	ihr, das G. Israels, seines Knechts 15; Ps 105,6.8
Neh	4,7	ließ das Volk antreten nach seinen G.
Est	6,13	ist Mordechai vom G. der Juden, so 10,3
	8,6	wie kann ich zusehen, daß mein G. umkäme
	9,28	diese Tage zu halten bei allen G.
Hi	8,8	frage die früheren G.
	12,19	er bringt zu Fall die alten G.
	21,8	ihr G. ist sicher um sie her
	32,2	Elihu, aus dem G. Ram
Ps	12,8	wollest uns behüten vor diesem G. ewiglich
	14,5	Gott ist bei dem G. der Gerechten Spr 11,21
	22,28	werden vor ihm anbeten alle G. der Heiden
	24,6	das ist das G., das nach ihm fragt
	25,13	sein G. wird das Land besitzen
	37,26	wird zum Segen sein
	28	das G. der Gottlosen wird ausgerottet
	73,15	hätte ich das G. deiner Kinder verleugnet
	78,4	verkündigen dem kommenden G. den Ruhm
	8	nicht würden sie ungehorsames G.
	89,5	will deinem G. festen Grund geben
	112,2	sein G. wird gewaltig sein im Lande
Pr	1,4	ein G. vergeht, das andere kommt
Jes	1,4	wehe dem boshaften G. 14,20
	19,13	die Häupter seiner G. verführen Ägypten
	41,4	wer ruft die G. von Anfang her
	45,25	im HERRN wird gerecht Israels G.
	57,4	abtrünnige Kinder, ein verkehrtes G.
	61,9	man soll ihr G. kennen
Jer	2,4	hört ihr HERRN Wort, alle G. von Israel
	31	du böses G., merke auf des HERRN Wort
	3,14	will euch holen, zwei aus einem G.
	7,15	verstoßen habe das ganze G. Ephraim
	29	der HERR hat dies G. verworfen 33,24.26
	10,25	schütte deinen Zorn aus über die G.
	22,28	ist samt seinem G. vertrieben
	31,1	will der Gott aller G. Israels sein
	36	so müßte das G. Israels aufhören 37
	35,3	da nahm ich das ganze G. der Rechabiter
Hes	16,3	nach G. bist du aus dem Lande der Kanaan.
	17,13	nahm einen vom königlichen G.
	20,5	erhob ich meine Hand für das G. Jakob
	43,19	levitischen Priester aus dem G. Zadoks
Am	3,1	höret, was der HERR redet wider alle G.
	2	aus allen G. habe ich allein euch erkannt
Mi	2,3	ich ersinne wider dies G. Böses
Sa	12,12	wird klagen, ein jedes G. besonders 13.14
	14,17	über das G.... wird's nicht regnen 18
Mal	2,12	wird den, der... ausrotten seinem G.
Wsh	7,27	von G. zu G. geht sie in heilige Seelen ein
	12,11	sie waren ein verfluchtes G. von Anfang an
	14,6	die Stammeltern für ein neues G.
Tob	5,17	sage mir, aus welchem G. bist du 20
Sir	2,10	blickt auf die früheren G. 1Ma 2,61

Sir	44,11	für immer bleibt ihr G.
Bar	6,3	eine lange Zeit bis zum siebenten G.
1Ma	2,1	Mattatias aus dem G. Jojaribs 14,29
	5,2	nahmen sich vor, das G. Jakobs auszurotten
	3	*Judas zog gegen das G. Esaus
	62	nicht aus dem G. der Männer
	7,14	ein Priester aus dem G. Aaron
2Ma	7,17	Gott, der dich und dein G. plagen wird
StE	5,12	mit seinem ganzen G. gehängt worden
Mt	11,16	mit wem soll ich dieses G. vergleichen Lk 7,31
	12,39	ein böses G. fordert ein Zeichen 16,4; Mk 8,12
	41	werden auftreten beim Jüngsten Gericht mit diesem G. 42; Lk 11,31.32
	45	so wird's auch diesem bösen G. ergehen
	17,17	du ungläubiges und verkehrtes G. Mk 9,19; Lk 9,41
	23,36	das alles wird über dieses G. kommen
	24,30	dann werden wehklagen alle G. auf Erden
	34	dieses G. wird nicht vergehen Mk 13,30; Lk 21,32
Mk	8,12	diesem G. kein Zeichen gegeben werden
	38	wer sich meiner schämt unter diesem G.
Lk	1,5	seine Frau war aus dem G. Aaron
	50	währt von G. zu G. bei denen, die ihn fürchten
	2,4	weil er aus dem Hause und G. Davids war
	36	*Hanna, Tochter Phanuels, vom G. Asser*
	11,29	dies G. ist ein böses G.
	30	so wird es auch der Menschensohn sein für dieses G.
	50	damit gefordert werde von diesem G. das Blut aller Propheten 51
	17,25	muß erst verworfen werden von diesem G.
Jh	7,42	sagt nicht die Schrift: aus dem G. Davids
Apg	2,40	laßt euch erretten aus diesem verkehrten G.
	7,5	*geben zum Besitz seinem G.*
	6	*dein G. wird ein Fremdling sein*
	19	*dieser trieb Hinterlist mit unserm G.*
	8,33	*wer wird von seinem G. reden*
	13,23	aus dessen G. hat Gott Jesus kommen lassen
	26	ihr Söhne aus dem G. Abrahams
	17,26	daß von Einem aller Menschen G. stammen
	28	wir sind seines G. 29
Rö	1,3	geboren aus dem G. Davids nach dem Fleisch 2Ti 2,8
	4,18	*so soll dein G. sein*
	11,1	ich bin auch ein Israelit, vom G. Abrahams
Phl	2,15	Gottes Kinder, mitten unter einem verkehrten G.
Kol	1,26	Geheimnis, verborgen seit ew. Zeiten und G.
1Pt	2,9	ihr seid das auserwählte G.
	3,7	gebt dem weiblichen g. als dem schwächeren seine Ehre
Heb	3,10	darum wurde ich zornig über dieses G.
Off	1,7	es werden wehklagen alle G. der Erde
	5,5	der Löwe, der da ist vom G. Juda
	9	hast erkauft Menschen aus allen G.
	7,4	versiegelt von allen G. Israels 5-8; 21,12
	11,9	etliche aus den Völkern und G. 14,6
	12,17	zu kämpfen gegen die übrigen von ihrem G.
	13,7	ihm ward gegeben Macht über alle G.
	22,16	ich bin die Wurzel und das G. Davids

geschlechtlich

3Mo	18,6	um mit ihnen g. Umgang zu haben

Geschlechtsregister

1Ch	4,33	hatten ihr eigenes G.
	5,1	in das G. aufgezeichnet 7; 7,2.4; 9,1
Esr	2,62	suchten ihre G. Neh 7,5.64
	8,1	dies sind die Häupter mit ihren G.
1Ti	1,4	auch nicht achthaben auf die G.
Tit	3,9	von G. halte dich fern

Geschmack

2Mo	16,31	hatte einen G. wie Semmel mit Honig
4Mo	11,8	hatte einen G. wie Ölkuchen
Jer	48,11	darum ist sein G. ihm geblieben
Wsh	16,20	das jedem nach seinem G. war

Geschmeide

2Mo	3,22	jede Frau soll sich G. geben lassen 11,2; 12,35
	35,22	brachten freiwillig Ringe und G.
4Mo	31,51	Mose nahm von ihnen allerlei G.
Jes	61,10	eine Braut, die in ihrem G. prangt
Hes	16,17	nahmst dein schönes G. 39
	23,40	schmücktest dich mit G. 42
Sir	21,23	ein Weiser hält Zucht für G.
	45,10	er zierte ihn mit kostbarem G.

Geschmeiß

Jo	1,4	was die Käfer übriglassen, frißt das G.
	2,25	deren Ertrag G. und Raupen gefressen haben

Geschöpf

Hi	41,25	(der Leviatan) ist ein G. ohne Furcht
Jer	12,12	kein G. wird Frieden haben
Wsh	9,2	damit er herrschen soll über die G. Sir 17,4
	13,5	an der Schönheit der G. erkannt
Tob	8,7	dich sollen loben alle deine G.
Sir	13,20	jedes G. hält sich zu seiner eignen Art
Rö	1,25	die das G. verehrt haben statt des Schöpfer
Kol	1,23	das gepredigt ist allen G. unter dem Himmel
Heb	4,13	kein G. ist vor ihm verborgen
Jak	1,18	damit wir Erstlinge seiner G. seien
Off	5,13	jedes G. hörte ich sagen
	8,9	der dritte Teil der G. im Meer starb

Geschoß

Hi	20,25	es dringt das G. aus seinem Rücken
	33,18	bewahre sein Leben vor des Todes G. 36,12
	41,18	richtet es nichts aus, auch nicht Spieß, G.
Spr	26,18	wie ein Unsinniger, der mit G. schießt
Wsh	5,22	die G. der Blitze werden dahinfliegen
2Ma	5,3	man sah das Fliegen von G.
	12,27	drinnen hatten sie Geschütze und G. genug

Geschrei

1Mo	18,20	ein G. über Sodom und Gomorra 21; 19,13
	39,15	als er hörte, daß ich ein G. machte 18
2Mo	3,7	habe ihr G. über ihre Bedränger gehört 9
	11,6	wird ein G. sein in Ägyptenland 12,30
	32,17	als Josua das G. des Volks hörte 18
4Mo	16,34	ganz Israel floh vor ihrem G.
5Mo	1,34	als der HERR euer G. hörte
1Sm	5,12	das G. der Stadt stieg auf gen Himmel
1Kö	1,40	daß die Erde von ihrem G. erbebte 41.45

Geschrei

2Kö	11,13	als Atalja das G. hörte 2Ch 23,12
Esr	3,12	jauchzten, so daß das G. laut erscholl
Neh	5,1	erhob sich ein großes G.
Hi	36,19	wird dein G. dich aus der Not bringen
Ps	74,23	vergiß nicht das G. deiner Feinde
Jes	5,7	siehe, da war G. über Schlechtigkeit
	13,4	es ist G. auf den Bergen, G. und Getümmel
	15,8	G. geht um in den Grenzen Moabs
	24,18	wer entflieht vor dem G. des Schreckens
	31,4	erschrickt vor ihrem G. nicht
Jer	4,15	es kommt ein G. von Dan her 29
	31	G. einer Gebärenden... G. der Tochter Zion
	18,22	daß G. gehört werde 48,3. 34
	30,5	wir hören ein G. des Schreckens 50,28
	49,21	ihr G. wird man am Schilfmeer hören
	50,42	ihr G. ist wie das Brausen des Meeres
	51,54	man hört ein G. aus Babel
Klg	2,7	daß sie im Hause des HERRN G. erhoben
Hes	21,27	soll (der König) den Mund auftun mit G.
	27,28	erbeben von dem G. deiner Steuerleute
Am	2,2	Moab soll sterben im Getümmel und G.
Hab	3,16	meine Lippen zittern von dem G.
Ze	1,10	wird sich ein lautes G. erheben
Jdt	14,7	machten einen Ausfall mit G. 15,4
Wsh	18,10	erscholl das wirre G. der Feinde
1Ma	5,31	daß Trompeten und G. zum Himmel schallten
StE	6,3	es erhob sich G. und Getümmel 4
StD	1,26	als die Leute das G. im Garten hörten
Mt	2,18	in Rama hat man ein G. gehört
	25,6	zur Mitternacht ward ein G.
Lk	23,23	sie setzten ihm zu mit großem G.
Apg	8,7	die unreinen Geister fuhren aus mit großem G.
	23,9	es entstand ein großes G.
Eph	4,31	G. und Lästerung seien fern von euch
Off	21,4	der Tod wird nicht mehr sein noch G.

Geschur, Geschuriter

5Mo	3,14	¹die Grenze der G. und Maachatiter Jos 12,5; 13,11.13
2Sm	3,3	Talmais, des Königs von G. 13,37; 1Ch 3,2
	13,38	als Absalom nach G. gezogen 14,23.32; 15,8
1Ch	2,23	die G. nahmen ihnen die „Dörfer Jaïrs"
Jos	13,2	²alle Gebiete der Philister und ganz G.
1Sm	27,8	David fiel ins Land der G. ein

Geschütz

2Ch	26,15	(Usija) machte in Jerusalem kunstvolle G.
1Ma	6,20	sie stellten G. auf 51.52; 11,20
2Ma	12,27	drinnen hatten sie G. und Geschosse genug

Geschwätz

1Sm	24,10	warum hörst du auf das G. der Menschen
2Kö	9,11	ihr kennt doch den Mann und sein G.
Ps	90,9	wir bringen unsre Jahre zu wie ein G.
Spr	25,23	heimliches G. schafft saure Gesichter
Jes	16,6	wir haben gehört von seinem eitlen G.
	58,13	daß du kein leeres G. redest
Jer	23,32	verführen mein Volk mit losem G.
	48,30	ich kenne sein böses G.
Klg	3,62	(du hörst) ihr G. über mich
Lk	24,11	es erschienen ihnen diese Worte, als wär's G.
1Ko	15,33	böse G. verderben gute Sitten
Eph	4,29	laßt kein faules G. aus eurem Mund gehen
1Ti	1,6	einige haben sich hingewandt zu unnützem G.
	6,20	meide das ungeistliche lose G. 2Ti 2,16

geschwätzig

1Ti	5,13	nicht nur faul sind sie, sondern auch g.

Geschwür

3Mo	13,18	wenn jemand ein G. bekommt 20.23
	22,22	hat es ein G., sollt ihr es nicht opfern
5Mo	28,27	wird dich schlagen mit ägyptischem G. 35
2Kö	20,7	legten (ein Pflaster) auf das G. Jes 38,21
Hi	2,7	schlug Hiob mit bösen G.
Lk	16,20	der lag vor seiner Tür voll von G.
	21	kamen die Hunde und leckten seine G.
Off	16,2	es entstand ein böses G. an den Menschen
	11	lästerten Gott im Himmel wegen ihrer G.

Gesell, Geselle

Ri	14,11	gaben sie ihm dreißig G.
	20	Simsons Frau wurde seinem G. gegeben 15,2.6
Hi	30,29	bin ein G. der Strauße
Spr	13,20	wer der Toren G. ist, wird Unglück haben
	28,7	wer der Schlemmer G. ist, macht s. Vater
	24	der ist des Verderbers G.
Pr	4,10	fällt einer, so hilft ihm sein G. auf
Hl	1,7	herumlaufen muß bei den Herden deiner G.
Jer	20,10	alle meine Freunde und G. lauern
Mt	11,19	*der Zöllner und der Sünder G.*
Lk	5,7	*sie winkten ihren G.*
	10	*Jakobus und Johannes, Simons G.*

gesellen

1Mo	38,1	Juda g. sich zu einem Mann aus Adullam
Spr	22,24	g. dich nicht zum Zornigen
Jes	14,1	Fremdlinge werden sich zu ihnen g.
Jer	15,17	habe mich nicht zu den Fröhlichen g.
Hos	4,17	Ephraim hat sich zu den Götzen g.
Sir	13,1	wer sich zum Hochmütigen g., lernt Hochmut
	2	g. dich nicht zum Mächtigen
	20	soll der Mensch sich g. zu seinesgleichen
	21	wenn ein Gottloser sich zum Frommen g.
	27,10	die Vögel g. sich zu ihresgleichen
	41,8	die sich zu den Gottlosen g.
Apg	17,4	*etliche g. sich zu Paulus und Silas*

Gesellschaft

Tob	3,18	mich nie zu leichtfertiger G. gehalten
Sir	42,12	suche nicht die G. von Frauen

Geser

Jos	10,33	zog Horam, der König von G., hinauf 12,12
	16,3	(geht die Grenze) bis nach G.
	10	Kanaaniter, die in G. wohnten Ri 1,29
	21,21	gaben ihnen G. 1Ch 6,52; 7,28
2Sm	5,25	schlug die Philister bis nach G. 1Ch 14,16
1Kö	9,16	der Pharao hatte G. eingenommen
	17	Salomo baute G. wieder auf 15
1Ch	20,4	Krieg bei G. mit den Philistern
1Ma	4,15	jagte ihnen nach bis nach G. 7,45
	9,52	ließ er G. befestigen 14,34
	13,43	belagerte Simon G. 14,7; 15,28.35
	54	Simon ließ ihn in G. wohnen 16,1
	16,19	er sandte Leute nach G. 21

2Ma	10,32	Timotheus aber entfloh nach G.	Ps	19,8	das G. des HERRN ist vollkommen
				37,31	das G. seines Gottes ist in s. Herzen 40,9
		Gesetz		89,31	wenn seine Söhne mein G. verlassen
1Mo	26,5	weil Abraham gehalten hat mein G.		94,12	lehrst ihn durch dein G.
	47,26	so machte es Josef zum G.		20	die das G. mißbrauchen
2Mo	12,49	ein und dasselbe G. gelte 4Mo 15,16.29		105,45	damit sie seine G. bewahrten
	13,9	damit des HERRN G. in deinem Munde sei		119,1	wohl denen, die im G. des HERRN wandeln
	15,25	dort gab er ihnen G. und Recht Ps 78,5		18	daß ich sehe die Wunder an deinem G.
	26	wirst du halten alle seine G. 5Mo 7,11; 8,11; 11,1; 17,19; 26,17; 28,58; 29,28; 30,16; 31,12; 32,46; Jos 1,7; 22,5; 2Kö 17,13.37; 21,8; 1Ch 22,12; 2Ch 6,16; 14,3; 31,4; 33,8; Ps 99,7; Hes 20,19		29	gib mir in Gnaden dein G.
				34	unterweise mich, daß ich bewahre dein G.
				44	ich will dein G. halten allezeit 55
				51	dennoch weiche ich nicht von deinem G.
				53	über die Gottlosen, die dein G. verlassen
				61	dein G. vergesse ich nicht 109.153
	16,4	prüfe, ob es in meinem G. wandle		70	ich habe Freude an deinem G. 77.174
	34	die Lade mit dem G. 25,16.21.22; 26,33.34; 27,21; 30,6.26.36; 31,7; 39,35; 40,3.5.20.21; 3Mo 16,13; 24,3; 4Mo 4,5; 7,89; 17,19.25; Jos 4,16		72	das G. deines Mundes ist mir lieber
				85	die Stolzen, die nicht tun nach deinem G.
				92	wenn dein G. nicht m. Trost gewesen wäre
				97	wie habe ich dein G. so lieb 113.163
	24,12	daß ich dir gebe die Tafeln, G. und Gebot 31,18; 32,15; 34,29		126	sie haben dein G. zerbrochen
				136	weil man dein G. nicht hält
	38,21	die Wohnung des G. 4Mo 1,50.53; 9,15; 10,11; 17,22.23; 18,2		142	dein G. ist Wahrheit
				150	meine Verfolger sind fern von deinem G.
3Mo	6,2	das G. über 7.18; 7,1.7.11.37; 11,46; 12,7; 13,59; 14,2.32.54.57; 15,32; 4Mo 6,13.21		165	großen Frieden haben, die dein G. lieben
			Jes	10,1	weh denen, die unrechte G. machen
				24,5	sie übertreten das G.
	26,46	dies sind die G. 4Mo 19,2.14; 31,21; 5Mo 4,44; 6,1		42,21	daß er sein G. herrlich mache
				51,7	du Volk, in dessen Herzen mein G. ist
4Mo	5,30	der Priester tue mit ihr nach diesem G.	Jer	2,8	die Hüter des G. kannten mich nicht
	27,11	das soll G. und Recht sein 35,29; Jos 24,25		6,19	weil sie mein G. verwerfen 9,12
5Mo	1,5	fing Mose an, dies G. auszulegen		8,8	wie könnt ihr sagen: Wir haben das G.
	4,8	so gerechte Gebote hat wie dies ganze G.		26,4	werdet ihr nicht nach meinem G. wandeln
	5,31	damit ich dir verkündige das ganze G.		31,33	will mein G. in ihr Herz geben Heb 8,10; 10,16
	17,18	dieses G. in ein Buch schreiben lassen 28,61; 29,20; 30,10; 31,9.24.26; Jos 1,8; 24,26; 2Ch 34,14.19		44,10	wandeln nicht in meinem G. 23; Dan 9,10.11
			Klg		wo sie das G. nicht üben können
			Hes	18,9	der nach meinen G. lebt 17.19.21
	27,3	(Steine aufrichten) und darauf schreiben alle Worte dieses G. 8; Jos 8,32		20,18	sollt ihre G. nicht halten
				25	gab ihnen G., durch die sie kein Leben
	26	verfl., wer nicht alle Worte d. G. erfüllt		22,26	seine Priester tun meinem G. Gewalt an
	31,11	sollst dies G. ausrufen lassen Jos 8,34		43,11	zeige ihnen des Tempels G. 12; 44,5
	33,2	in seiner Rechten ist ein feuriges G.	Dan	7,25	wird sich unterstehen, G. zu ändern
	4	Mose hat uns das G. geboten		9,10	und wandelten nicht in seinem G. 11
	10	sie lehren Israel dein G. Hes 20,11	Hos	4,6	du vergißt das G. deines Gottes
1Kö	2,3	geschrieben im G. des Mose 2Kö 23,25; 2Ch 8,13; 23,18; 25,4; 30,16; Esr 3,2; Neh 10,35.37; Dan 9,11.13	Hab	1,4	darum ist das G. ohnmächtig
			Ze	3,4	ihre Priester deuten das G. freventlich
			Hag	2,11	frage den Priester nach dem G.
2Kö	10,31	doch hielt Jehu nicht das G. des HERRN 17,34; 2Ch 12,1	Sa	7,12	damit sie nicht hörten das G.
			Mal	3,22	gedenket an das G. meines Knechtes Mose
	23,24	erfüllte die Worte des G. 2Ch 35,26	Wsh	2,12	schilt uns, weil wir gegen das G. sündigen
1Ch	16,40	geschrieben im G. des HERRN 2Ch 31,3		9,5	dem es an Einsicht fehlt für Recht und G.
2Ch	15,3	lange war Israel ohne G.		14,16	gottloser Brauch wurde wie ein G. gehalten
	19,10	es gehe um G. und Gebot		16,6	damit sie an das G. denken sollten
	31,21	alles, was er anfing nach dem G.		18,4	durch die das G. gegeben werden
Esr	7,6	Esra war kundig im G. des Mose 10.12.14.21. 25.26; Neh 8,1.2.13		9	nahmen einträchtig das göttliche G. an
			Tob	1,8	das hielt er nach dem G. des Herrn
	10,3	daß man tue nach dem G. Neh 13,3		7,14	nach dem G. des Mose heiraten
Neh	8,7	die Leviten unterwiesen das Volk im G. 8.9. 14.18; 9,3.29	Sir	2,20	die ihn liebhaben, freuen sich an seinem G.
				14,18	es ist das uralte G.: Du mußt sterben
	9,13	hast rechte G. ihnen gegeben 14		16,21	was hoffen, wenn er sich ans G. hält
	26	warfen dein G. hinter sich 34; Ps 78,10; Jer 16,11; 32,23; Hes 20,13.16.21.24		17,9	er hat ihnen das G. des Lebens gegeben
				19,17	bedenke, was Gottes G. fordert
	10,29	die sich zum G. Gottes halten 30		18	zu aller Weisheit gehört das Tun des G.
	12,44	nach dem G. für die Priester bestimmt		21	besser als Klugheit mit Übertretung des G.
Est	1,13	den Weisen, die sich auf die G. verstanden		24,33	was je mir Mose befohlen hat
	19	die G. der Perser und Meder 15; 3,14.15; 4,8; 8,13.14.17; 9,1.13.14; Dan 6,9.13.16		31,10	wer konnte das G. übertreten
				32,19	wer nach dem G. fragt, wird's empfangen
	2,8	als das G. des Königs bekanntwurde		28	wer dem G. vertraut, der achtet auf die Gebote 33,3
	3,8	ihr G. ist anders... tun nicht nach des Königs G. 4,11.16			
Hi	28,26	als er dem Regen ein G. gegeben hat		33,2	ein Weiser läßt sich das G. nicht verleiden
Ps	1,2	hat Lust am G... sinnt über seinem G.			

Gesetz

Sir	34,8	das G. trügt nicht und erfüllt sich
	39,1	über das G. des Höchsten nachzusinnen
	41,11	weh euch, die ihr des Höchsten G. verlaßt
	42,1	schäme dich nicht, G. zu halten
	44,21	(Abraham) hielt das G. des Höchsten
	45,6	hat ihm gegeben das G. des Lebens
	21	er übertrug ihm das Amt des G.
	46,17	richtete die Gemeinde nach dem G. des Herrn
	49,6	sie verließen das G. des Höchsten Bar 4,13
Bar	2,2	wie geschrieben steht im G. des Mose
	4,1	diese Weisheit ist das G.
1Ma	1,44	da gaben alle Völker ihre G. auf
	51	vergessen Gottes G. 52.55.59.60; 2,15; 6,59; 2Ma 6,1.5; 7,1.24; 13,10
	67	wollten nicht vom heiligen G. Gottes abfallen 2,20-22
	2,24	Mattatias entbrannte für das G. 26u.ö.68
	42	tapfere Männer, treue Anhänger des G. 67
	3,21	müssen für unser Leben und G. kämpfen 29; 13,3; 2Ma 6,28; 7,2.9.11.23.37; 8,21; 13,14
	48	entrollten die Schriftrolle des G.
	56	heimziehen, wie das G. es ihnen erlaubt
	4,42	die beständig im G. geblieben waren 13,48
	47	wie das G. lehrt 53; 2Ma 12,38; StD 1,62
	6,59	gestatten, daß sie ihr G. halten 10,37; 2Ma 11,31; StE 5,13
	14,29	damit Gottes G. nicht vernichtet
	15,21	ergriff er sie nach seinem G. bestraft
2Ma	1,4	er tue euer Herz auf durch sein G.
	2,3	sie sollten das G. nicht lassen 2
	18	wie er's im G. verheißen hat 10,26
	23	wie sie die G. wieder aufgerichtet haben
	3,1	als die G. aufs beste gehalten wurden
	4,11	führte Sitten ein, die dem G. widersprachen 12,40
	5,8	gehaßt, weil er von den G. abtrünnig war
	7,30	ich höre auf das Gebot des G.
	15,9	sagte ihnen ermutigende Worte aus dem G.
StE	1,3	ein Volk, das seine besonderen G. hält 4; 5,10
StD	1,3	nach dem G. des Mose unterwiesen
Mt	5,17	nicht gekommen, das G. aufzulösen
	18	wird nicht vergehen ein Tüpfelchen vom G. Lk 16,17
	7,12	das ist das G. und die Propheten
	11,13	und das G. haben geweissagt bis hin zu Johannes Lk 16,16
	12,5	habt ihr nicht gelesen im G.
	22,36	welches ist das höchste Gebot im G.
	40	in diesen beiden Geboten hängt das ganze G.
	23,23	laßt das Wichtigste im G. beiseite
Lk	2,22	die Tage ihrer Reinigung nach dem G.
	23	wie geschrieben steht im G. des Herrn 24.27
	39	als sie alles vollendet hatten nach dem G.
	10,26	was steht im G. geschrieben
	23,56	den Sabbat über ruhten sie nach dem G.
	24,44	erfüllt werden, was von mir geschrieben steht im G. Jh 15,25
Jh	1,17	das G. ist durch Mose gegeben
	45	den gefunden, von dem im G. geschrieben
	7,19	hat euch nicht Mose das G. gegeben? Und niemand unter euch tut das G. Apg 7,53; Rö 2,27
	23	damit nicht das G. des Mose gebrochen werde
	49	nur das Volk tut's, das nichts vom G. weiß
	51	richtet denn unser G. einen Menschen, ehe
	8,5	im G. geboten, solche Frauen zu steinigen
	8,17	auch steht in eurem G. geschrieben, daß 10,34
	12,34	wir haben aus dem G. gehört, daß
	18,31	richtet ihn nach eurem G.
	19,7	wir haben ein G., und nach dem G. muß er sterben
Apg	6,13	dieser Mensch hört nicht auf, zu reden gegen das G. 21,28
	13,15	nach der Lesung des G. schickten die Vorsteher der Synagoge zu ihnen
	38	worin ihr durch das G. des Mose nicht gerecht werden konntet
	15,5	man muß ihnen gebieten, das G. des Mose zu halten
	18,13	Gott zu dienen, dem G. zuwider
	15	weil es Fragen sind über das G. 23,29
	21,20	alle sind Eiferer für das G.
	24	daß du selber nach dem G. lebst und es hältst
	22,3	mit aller Sorgfalt unterwiesen im väterlichen G.
	12	gottesfürchtiger Mann, der sich an das G. hielt
	23,3	sitzt du da und richtest mich nach dem G.
	24,6	und wollten ihn richten nach unserm G.
	14	daß ich allem glaube, was geschrieben steht im G.
	25,8	ich habe mich weder am G. der Juden versündigt
	28,23	predigte ihnen von Jesus aus dem G. des Mose
Rö	2,12	alle, die ohne G. gesündigt haben, werden auch ohne G. verlorengehen
	13	vor Gott sind nicht gerecht, die das G. hören, sondern die das G. tun
	14	wenn Heiden, die das G. nicht haben, tun, was das G. fordert 15.26.27
	17	wenn du dich aufs G. (verläßt)
	18	weil du aus dem G. unterrichtet bist
	20	weil du im G. die Richtschnur der Wahrheit hast
	23	du rühmst dich des G., und schändest Gott durch Übertretung des G.
	25	die Beschneidung nützt etwas, wenn du das G. hältst
	3,19	was das G. sagt, das sagt es denen, die unter dem G. sind
	20	kein Mensch durch die Werke des G. vor ihm gerecht Gal 2,16; 3,11
	21	ohne Zutun des G. die Gerechtigkeit, die vor Gott gilt, offenbart
	27	durch welches G.? Durch das G. der Werke? Nein, sondern durch das G. des Glaubens
	28	daß der Mensch gerecht wird ohne des G. Werke
	31	heben wir das G. auf durch den Glauben? Das sei ferne! Sondern wir richten das G. auf
	4,13	die Verheißung ist Abraham nicht zuteil geworden durchs G.
	14	wenn die vom G. Erben sind, dann ist der Glaube nichts
	15	das G. richtet nur Zorn an
	15	wo das G. nicht ist, da ist auch keine Übertretung 5,13; 7,8
	16	nicht allein für die, die unter dem G. sind
	5,13	die Sünde war in der Welt, ehe das G. kam
	20	das G. ist dazwischen hineingekommen
	6,14	weil ihr nicht unter dem G. seid, sondern unter der Gnade 15

Rö	7,1	daß das G. nur herrscht über den Menschen, solange er lebt	Eph	2,15	(durch das Opfer seines Leibes) hat er abgetan das G.
	1	ich rede mit denen, die das G. kennen	Phl	3,5	(ich bin) nach dem G. ein Pharisäer
	2	eine Frau ist an ihren Mann gebunden durch das G.		6	nach der Gerechtigkeit, die das G. fordert
	4	dem Gesetz getötet durch den Leib Christi		9	Gerechtigkeit, die aus dem G. kommt
	5	Leidenschaften, die durchs G. erregt wurden	1Ti	1,9	daß dem Gerechten kein G. gegeben ist
	6	sind wir vom G. frei geworden	Tit	3,9	von Zank und Streit über das G. halte dich fern
	7	die Sünde erkannte ich nicht außer durchs G.	1Jh	3,4	*wer Sünde tut, steht wider das G., und die Sünde ist Übertretung des G.*
	9	ich lebte einst ohne G.	Heb	7,5	nach dem G. das Recht, den Zehnten
	12	so ist also das G. heilig und gut 16; 1Ti 1,8		11	unter diesem hat das Volk das G. empfangen
	14	wir wissen, daß das G. geistlich ist		12	dann muß auch das G. verändert werden
	21	so finde ich nun das G.		16	nicht geworden nach dem G. äußerlicher Gebote
	22	ich habe Lust an Gottes G. nach dem inwendigen Menschen		19	das G. konnte nichts zur Vollendung bringen
	23	hält mich gefangen im G. der Sünde		28	das G. macht Menschen zu Hohenpriestern
	25	so diene ich nun mit dem Gemüt dem G. Gottes, aber mit dem Fleisch dem G. der Sünde 23		28	Wort des Eides, das erst nach dem G. gesagt
	8,2	das G. des Geistes hat dich frei gemacht von dem G. der Sünde		8,4	Priester, die nach dem G. die Gaben opfern 10,8
	3	was dem G. unmöglich war, das tat Gott		9,19	als Mose alle Gebote gemäß dem G. allem Volk gesagt hatte
	4	Gerechtigkeit, vom G. gefordert, in uns erfüllt		22	fast alles mit Blut gereinigt nach dem G.
	7	weil das Fleisch dem G. Gottes nicht untertan		10,1	das G. hat nur einen Schatten von den zukünftigen Gütern
	9,4	Israeliten, denen gehört der Bund und das G.		28	wenn jemand das G. des Mose bricht
	31	Israel hat nach dem G. der Gerechtigkeit getrachtet	Jak	1,25	wer durchschaut in das vollkommene G. der Freiheit
	10,4	Christus ist des G. Ende		2,8	wenn ihr das königliche G. erfüllt
	5	Gerechtigkeit, die aus dem G. kommt		9	ihr werdet überführt vom G. als Übertreter
	13,8	wer den andern liebt, der hat das G. erfüllt		10	der ist am ganzen G. schuldig
	10	so ist die Liebe des G. Erfüllung		11	wenn du tötest, bist du ein Übertreter des G.
1Ko	9,8	sagt das nicht auch das G.		12	wie Leute, die durchs G. der Freiheit gerichtet werden
	9	im G. des Mose steht geschrieben 14,21. 34		4,11	verurteilst du das G., so bist du nicht ein Täter des G.
	20	denen, die unter dem G. sind, bin ich wie einer unter dem G. geworden 21			
	15,56	die Kraft der Sünde ist das G.	**Gesetzbuch**		
Gal	2,16	der Mensch durch Werke des G. nicht gerecht	Jos	8,31	wie geschrieben steht im G. des Mose 34; 23,6; 2Kö 14,6
	19	ich bin durchs G. dem G. gestorben	2Kö	22,8	habe dies G. gefunden 11; 2Ch 34,15
	21	wenn die Gerechtigkeit durch das G. kommt 3,21	2Ch	17,9	hatten das G. des HERRN bei sich
	3,2	habt ihr den Geist empfangen durch des G. Werke	Neh	8,3	waren dem G. zugekehrt
	5	tut er's durch des G. Werke oder	**Gesetzgeber**		
	10	die aus den Werken des G. leben, die sind unter dem Fluch	Sir	10,5	dem G. gibt er seine Würde
	12	das G. aber ist nicht „aus Glauben"	Jak	4,12	einer ist der G. und Richter
	13	Christus hat uns erlöst von dem Fluch des G. 4,5	**Gesetzgebung**		
	17	wird nicht aufgehoben durch das G.	2Ma	6,23	(Eleasar) folgte der G. Gottes
	18	wenn das Erbe durch das G. erworben würde	**Gesetzlosigkeit**		
	19	was soll dann das G.	Wsh	6,1	G. verwüstet das ganze Land
	21	ist dann das G. gegen Gottes Verheißungen	**gesetzwidrig**		
	23	ehe der Glaube kam, waren wir unter dem G.	Wsh	3,16	Nachkommen aus g. Ehe 4,6
	24	so ist das G. unser Zuchtmeister gewesen	2Ma	6,21	zur Aufsicht beim g. Opferschmaus bestellt
	4,4	sandte Gott seinen Sohn, unter das G. getan	**Gesicht**		
	21	hört ihr das G. nicht	3Mo	21,18	blind, lahm, mit einem entstellten G.
	5,3	daß er das ganze G. zu tun schuldig ist	5Mo	25,9	soll seine Schwägerin ihm ins G. speien
	4	die ihr durch das G. gerecht werden wollt	Spr	21,29	der Gottlose macht ein freches G.
	14	das ganze G. ist in einem Wort erfüllt		25,23	heimliches Geschwätz schafft saure G.
	18	regiert euch der Geist, so seid ihr nicht unter dem G.			
	23	gegen all dies ist das G. nicht			
	6,2	so werdet ihr das G. Christi erfüllen			
	13	auch sie selbst halten das G. nicht			

Gesicht

Hes	7,18	auf allen G. liegt Scham
	8,16	die ihr G. gegen Osten gewendet hatten
Sir	12,19	er zeigt dir sein wahres G.
Mt	6,16	sie verstellen ihr G., um sich zu zeigen
	17	wenn du fastest, wasche dein G.
Lk	7,21	vielen Blinden schenkte er das G.
	18,5	damit sie nicht komme und mir ins G. schlage
Jh	11,44	sein G. war verhüllt mit einem Schweißtuch
	18,22	schlug einer von den Knechten Jesus ins G. 19,3
2Ko	11,20	erträgt es, wenn euch jemand ins G. schlägt

Gesicht (Vision)

4Mo	12,6	dem will ich mich kundmachen in G.
2Sm	7,17	als Nathan dies G. David gesagt 1Ch 17,15
1Ch	17,17	wie ein Mensch ein G. empfängt
2Ch	9,29	geschrieben in den G. des Sehers 32,32
Hi	4,13	beim Nachsinnen über G. in der Nacht
	7,14	machtest mir Grauen durch G.
Ps	89,20	damals hast du geredet durch ein G.
Jer	23,16	sie verkünden euch G. aus ihrem Herzen
Klg	2,9	ihre Propheten haben keine G. Hes 13,3.6.7
	14	trügerische G. verkündet Hes 12,24; 21,34
Hes	1,1	Gott zeigte mir G. 11,24.25; 43,3
	8,3	brachte mich nach... in göttl. G. 11,24; 40,2
	12,27	mit den G. dauert's noch lange
Dan	1,17	Daniel verstand sich auf G. 2,19.28
	4,2	die G. beunruhigten mich 6.7.10
	7,1	hatte Daniel G. 2.7.13.15; 8,1.2.13.15.16.17.19. 26.27; 10,1.7.8.14.16
	9,21	Gabriel, den ich im G. gesehen 23.24
Jo	3,1	eure Jünglinge sollen G. sehen Apg 2,17
Mi	3,6	soll euch die Nacht ohne G. sein
Mt	17,9	ihr sollt dies G. niemand sagen
Lk	1,22	sie merkten, daß er ein G. gesehen hatte
Apg	7,31	wunderte (Mose) sich des G.
	9,10	zu dem sprach der Herr in einem G. 12
	10,3	der sah in einem G. 17.19; 11,5
	12,9	er meinte, er sähe ein G.
	16,9	dem Paulus erschien ein G. 10; 18,9
2Ko	12,1	so will ich kommen auf die G. des Herrn
Kol	2,18	der sich mit seinen G. rühmt
Off	9,17	so sah ich im G.

Gesichtsfarbe

2Ma	3,16	Aussehen und G. ließen erkennen, daß er

Gesinde

1Mo	17,12	was an G. im Hause geboren ist 13
	26,14	er hatte ein großes G. Hi 1,3
	39,11	kein Mensch vom G. des Hauses war dabei 14
Spr	31,15	sie gibt dem G., was ihm zukommt
Pr	2,7	hatte auch G., im Hause geboren
Tob	10,13	Kinder und G. recht zu leiten 11,3.18
Mt	24,45	Knecht, gesetzt über sein G. Lk 12,42
Lk	8,49	kam einer vom G. des Obersten

gesinnt

2Sm	14,13	warum bist du so g. gegen Gottes Volk
Hi	27,11	wie der Allmächtige g. ist
Dan	1,9	daß ihm der Kämmerer gnädig g. wurde
Sir	37,16	die g. sind, wie du bist
Apg	19,31	der Oberen, die ihm freundlich g. waren
Rö	8,6	fleischlich g. sein ist der Tod 5.7

2Ko	7,15	er ist überaus herzlich gegen euch g.
Gal	5,10	ihr werdet nicht anders g. sein
Phl	2,5	seid so unter euch g., wie
	3,15	laßt uns so g. sein
	19	sie sind irdisch g.
Kol	1,21	die ihr einst feindlich g. wart in bösen Werken
Jud	19	niedrig g., die den Geist nicht haben

Gesinnung

Wsh	3,10	die Strafe nach ihrer G.
2Ma	14,37	wegen seiner G. ein Vater der Juden genannt

gesittet

1Mo	25,27	wurde Esau ein Jäger, Jakob ein g. Mann

Gespann

1Mo	50,9	zogen mit ihm hinauf Wagen und G.
Jos	24,6	die euren Vätern nachjagten mit G.
1Sm	8,11	eure Söhne wird er nehmen für seine G.
	13,5	da sammelten sich die Philister, 6.000 G.
2Sm	8,4	David nahm von ihnen gefangen 1.700 G.
1Kö	1,5	schaffte sich G. an 5,6; 9,19.22; 10,26
	20,20	Ben-Hadad entrann, und G. mit ihm
2Kö	2,12	du Wagen Israels und G. 13,14
	18,24	verläßt dich... um der G. willen Jes 36,9
Jes	28,28	wenn man's mit ihrem G. ausdrischt
	31,1	hoffen auf G., weil sie stark sind
Jer	51,23	habe Herden zerschmettert, Bauern und G.
Lk	14,19	fünf G. Ochsen gekauft und gehe jetzt hin

Gespannpferd

2Kö	13,7	nicht mehr übriggeblieben als fünfzig G.

gespannt

StD	1,12	sie warteten täglich g. auf sie

Gespei

Jes	28,8	alle Tische sind voll G.

Gespenst

Wsh	17,3	sie wurden durch G. geängstigt
Mt	14,26	es ist ein G. Mk 6,49

Gespiele, Gespielin

2Mo	2,5	ihre G. gingen am Ufer hin und her
Ri	11,37	m. Jungfrauschaft beweine mit meinen G. 38
Ps	45,15	ihre G. führt man zu dir
Mt	11,16	Kindern, die rufen ihren G. zu

Gespinst

2Mo	35,25	alle Frauen spannen und brachten ihr G.
Jes	59,6	ihr G. taugt nicht zur Decke

Gespött

2Mo	32,25	zuchtlos zum G. ihrer Widersacher
Neh	2,17	damit wir nicht weiter ein G. seien
Hi	17,2	G. umgibt mich
Jer	48,26	daß (Moab) auch zum G. werde 27

Hes	23,10	sie wurde zum G. unter den Frauen
Jdt	5,23	wir werden vor aller Welt zum G. werden
Wsh	4,18	sie werden unter den Toten ewig zum G.
	12,25	eine Strafe, die sie zum G. machte
Sir	6,4	machen ihn zum G. seiner Feinde

Gespräch

Ps	19,15	laß dir wohlgefallen das G. meines Herzen

Gestade

1Mo	49,13	Sebulon wird am G. des Meeres wohnen
Jos	15,12	das große Meer und sein G. 47
Jes	24,15	so preiset nun den HERRN an den G.
Hes	27,6	Buchsbaumholz von den G. der Kittäer 7
	28	da werden die G. erbeben

Gestalt

1Mo	26,7	schön von G. 29,17; 39,6; 1Sm 16,12; 2Sm 11,2
4Mo	12,8	(Mose) sieht den HERRN in seiner G.
5Mo	4,12	aber ihr saht keine G. 15
	23	daß ihr nicht ein Bildnis macht von irgendeiner G. 25; 5,8
Ri	13,6	seine G. war anzusehen wie der Engel
1Kö	6,25	beide Cherubim hatten die gleiche G. 7,37
2Ch	4,3	ringsum G., Rindern vergleichbar
Hi	4,16	erkannte seine G. nicht
Ps	104,30	du machst neu die G. der Erde
Hl	2,14	zeige mir deine G., deine G. ist lieblich
	5,15	seine G. ist wie der Libanon
Jes	44,13	macht es wie eines Mannes G.
	52,14	weil seine G. häßlicher war als anderer
	53,2	hatte keine G. und Hoheit, da war keine G., die uns gefallen hätte
Klg	4,8	nun aber ist ihre G. so dunkel
Hes	1,5	darin war etwas wie vier G. 13-15.19-22; 3,13; 10,15.17.20
	8,2	da war eine G. wie ein Mann
	43,11	zeige ihnen Plan und G. des Tempels
Wsh	7,10	hatte sie lieber als schöne G.
	15,4	eine G., die mit Farbe beschmiert ist
	17,4	greuliche G. erschienen ihnen
	18,1	die Feinde sahen ihre G. nicht
Bar	6,64	weder an G. noch ... zu vergleichen
Mt	28,3	seine G. war wie der Blitz
Mk	16,12	danach offenbarte er sich in anderer G.
Lk	3,22	der hl. Geist fuhr hernieder in leiblicher G.
	19,3	denn er war klein von G.
Jh	5,37	ihr habt niemals seine G. gesehen
Rö	6,17	gehorsam der G. der Lehre, der ihr ergeben seid 1Ko 15,2
	8,3	seinen Sohn in der G. des sündigen Fleisches
Gal	4,19	bis Christus in euch G. gewinne
Phl	2,6	er, der in göttlicher G. war
1Th	5,22	meidet das Böse in jeder G.
Jak	1,11	die Blume fällt ab, und ihre schöne G. verdirbt
Off	4,6	um den Thron vier himmlische G. 7-9; 5,6.8. 11.14; 6,1.3.5-7; 14,3; 15,7; 19,4

gestalten

1Sm	16,18	habe gesehen einen Sohn Isais, schön g.
	28,14	einen Geist aus der Erde ... Wie ist er g.
Hes	10,22	ihre Angesichter waren so g., wie
Jo	2,4	sie sind g. wie Pferde
Wsh	13,13	er g. es mit Geschick, wenn er Ruhe hat

Jak	1,24	vergißt von Stund an, wie er g. war

Gestank

Jes	3,24	es wird G. statt Wohlgeruch sein
	34,3	der G. von ihren Leichnamen aufsteigen w.
Am	4,10	ließ den G. in eure Nasen steigen
2Ma	9,10	G., der nicht auszuhalten war 12

gestatten

1Mo	31,7	Gott hat ihm nicht g.
4Mo	20,21	weigerten sich, Israel zu g. 21,23
	22,13	der HERR will's nicht g.
5Mo	2,29	wie mir die Söhne Esau g. haben
1Ma	1,14	g., heidn. Lebensweise einzuführen 2Ma 4,9
	6,59	g., daß sie ihr Gesetz halten wie früher
1Ko	14,34	es ist ihnen nicht g. zu reden
1Ti	2,12	einer Frau g. ich nicht, daß sie lehre

Gestein

5Mo	32,13	ließ ihn Öl (saugen) aus hartem G.
Hi	28,2	aus dem G. schmilzt man Kupfer
	3	bis ins Letzte erforscht man das G. 6

Gestell

2Mo	30,18	ein Becken mit einem G. aus Kupfer 28; 31,9; 35,16; 38,8; 39,39; 40,11; 3Mo 8,11
1Kö	7,27	zehn G. aus Kupfer 28-39.43; 2Kö 16,17; 25,13.16; 2Ch 4,14; Jer 27,19; 52,17.20

gestern

1Mo	19,34	habe g. bei meinem Vater gelegen
1Sm	20,27	nicht zu Tisch gekommen, weder g. noch h.
2Sm	15,20	g. bist du gekommen, und heute sollte ich
2Kö	9,26	das Blut Nabots, das ich g. gesehen habe
Hi	8,9	wir sind von g. her und wissen nichts
Ps	90,4	wie der Tag, der g. vergangen ist
Sir	38,23	g. war's an mir, heute ist's an dir
1Ma	9,44	heute ist es Zeit, uns zu wehren, und vorgestern
Jh	4,52	g. um die 7. Stunde verließ ihn das Fieber
Apg	7,28	mich töten, wie du g. den Ägypter getötet
Heb	13,8	Jesus Christus g. und heute und derselbe

gestiefelt

Eph	6,15	(so steht nun fest,) an den Beinen g.

Gestirn

Ps	74,16	du hast G. und Sonne die Bahn gegeben

Gestrüpp

Jes	21,13	ihr müßt im G. über Nacht bleiben
Jer	26,18	wird zu einer Höhe wilden G. Mi 3,12
Hes	28,24	kein G., ihm wehe zu tun

gesund

1Sm	6,3	so werdet ihr g. werden
2Kö	2,21	habe dies Wasser g. gemacht 22
	20,5	will dich g. machen 7.8; Jes 38,9.21; 39,1
Hi	21,23	der eine stirbt frisch und g.
Ps	30,3	als ich schrie, da machtest du mich g.
	38,4	es ist nichts G. an meinem Leibe 8
	73,4	g. und feist ist ihr Leib

gesund

Ps	107,20	er sandte sein Wort und machte sie g.
Jes	1,6	ist nichts G. an euch
Jer	30,17	dich will ich wieder g. machen 33,6
Hes	30,22	will seine Arme zerbrechen, den g. und
	47,8	soll dessen Wasser g. werden 9.11
Sa	11,16	Hirten, der das G. nicht versorgen wird
Wsh	16,10	deine Barmherzigkeit machte sie g.
Tob	5,28	wird g. hin- und zurückkommen 10,11.12; 12,3
	8,10	Herr, laß uns g. bleiben 15; 14,15
Sir	17,27	wer lebt und g. ist, der lobe den Herrn
	30,14	besser, arm und g. als reich und nicht g.
	15	g. sein ist besser als alles Gold 16
	37,30	prüfe, was für deinen Leib g. ist
	38,9	bitte den Herrn, dann wird er dich g. machen
	14	damit er g. wird
2Ma	3,32	opferte für ihn, damit er g. würde
	9,20	wenn ihr g. seid, will ich Gott danken
Mt	4,24	(Jesus) machte sie g. 8,16; Lk 4,40; 7,21; 9,11
	8,7	ich will kommen und ihn g. machen
	8	sprich nur ein Wort, so wird... g. Lk 7,3.7
	13	g. zu derselben Stunde 9,22; 15,28; 17,18
	9,21	könnte ich nur... so würde ich g. Mk 5,28
	10,8	macht Kranke g., weckt Tote auf
	12,13	sie wurde ihm wieder g. wie die andere (Hand) Mk 3,5; Lk 6,10
	14,36	alle, die ihn berührten, wurden g. Mk 6,56
	15,31	sahen, daß die Verkrüppelten g. waren
Mk	5,23	damit sie g. werde und lebe
	34	sei g. von deiner Plage
	6,13	salbten viele Kranke und machten sie g. Lk 9,6
	56	alle, die ihn berührten, wurden g.
Lk	5,15	zu hören und g. zu werden von ihren Krankheiten
	31	die G. bedürfen des Arztes nicht, sondern
	6,18	die von unreinen Geistern umgetrieben waren, wurden g.
	7,10	die Boten fanden den Knecht g.
	8,2	einige Frauen, die er g. gemacht hatte
	36	verkündeten ihnen, wie der Besessene g. geworden
	47	verkündete, wie sie sogleich g. geworden war
	50	glaube nur, so wird sie g.
	9,42	Jesus machte den Knaben g.
	13,32	ich mache g. heute und morgen
	15,27	weil er ihn g. wieder hat
	17,15	als er sah, daß er g. geworden war
Jh	5,4	wer zuerst hineinstieg, der wurde g. 6.9.11. 13-15
	7,23	am Sabbat den ganzen Menschen g. gemacht
Apg	4,9	verhört, durch wen er g. geworden ist 10
	14	sie sahen den Menschen, der g. geworden war
	5,16	alle wurden g. 8,7
	9,34	Äneas, Jesus Christus macht dich g.
	10,38	Jesus hat alle g. gemacht, die
	28,8	Paulus machte ihn g.
	9	auch die andern Kranken ließen sich g. machen
1Ko	12,9	(wird gegeben) die Gabe, g. zu machen
	28	Gott hat eingesetzt Gaben, g. zu machen
	30	haben alle die Gabe, g. zu machen
1Ti	1,10	der g. Lehre zuwider
2Ti	4,3	da sie die g. Lehre nicht leiden werden
Tit	1,9	zu ermahnen durch die g. Lehre 2,1
	13	weise zurecht, damit sie g. werden im Glauben
Tit	2,2	daß sie seien g. im Glauben
	8	*mit g. und untadeligem Wort*
3Jh	2	daß du g. seist, so wie es deiner Seele gutgeht
Heb	12,13	damit nicht jemand strauchle, sondern g. werde
Jak	5,16	betet füreinander, daß ihr g. werdet

Gesundheit

Wsh	7,10	hatte sie lieber als G. und schöne Gestalt
	13,18	er ruft das Schwache um G. an
Sir	18,20	sorge für deine G., bevor du krank wirst
	34,20	er gibt G., Leben und Segen
Apg	3,16	der Glaube hat diesem die G. gegeben

Geter, *Gether*

1Mo	10,23	Söhne Arams: G. 1Ch 1,17

Gethsemane

Mt	26,36	zu einem Garten, der hieß G. Mk 14,32

Getier

1Mo	1,20	es wimmle das Wasser von G. 21.24
	28	herrschet über alles G.
	7,14	alles G. (ging in die Arche) 21; 8,1.17
	9,10	(meinen Bund) mit allem G. 12.15.16
3Mo	11,20	alles kleine G... ein Greuel 26.43.44
Ps	74,14	hast ihn zum Fraß gegeben dem wilden G.
Jes	66,17	essen, greuliches G. und Mäuse
Hes	8,10	da waren Bilder von scheußlichem G.

Getön

Hes	26,13	will dem G. deiner Lieder ein Ende machen

Getöse

Jer	10,22	horch, es kommt ein großes G.
Hes	1,24	ein G. wie in einem Heerlager
	3,12	hörte hinter mir ein G. 13
	26,15	wenn du fallen wirst mit G.
Wsh	17,4	G. war um sie her, das sie erschreckte

Getränk

3Mo	10,9	sollt weder Wein noch starke G. trinken 4Mo 6,3; Ri 13,4.7.14
	11,34	alles G. wird in solchen Gefäßen unrein
5Mo	14,26	gib das Geld für starkes G.
	29,5	keinen Wein und kein starkes G. 1Sm 1,15
Neh	8,10	trinkt süße G. und sendet davon denen
Est	1,7	die G. trug man auf in goldenen Gefäßen
Spr	20,1	starkes G. macht wild Jes 28,7
	31,4	noch (ziemt) den Fürsten starkes G.
	6	gebt starkes G. denen, die am Umkommen
Hl	7,3	wie ein Becher, dem nimmer G. mangelt
Jes	24,9	das bitter denen, die es trinken
	29,9	taumelt, doch nicht von starkem G.
Lk	1,15	Wein und starkes G. wird er nicht trinken

Getreide

1Mo	41,35	daß sie G. aufschütten zum Vorrat 48.49
	42,1	daß G. in Ägypten zu haben war 2; Apg 7,12
	2	zieht hinab und kauft G. 3.5.7.10; 43,2.20.22; 44,25

Gewächs

1Mo	42,6	Josef verkaufte G. 25; 43,2; 44,1
	44,2	mit dem Gelde für das G. 47,14
	45,23	seinem Vater sandte er Eselinnen mit G.
	47,24	von dem G. den Fünften dem Pharao geben
2Mo	22,5	wenn Feuer ausbricht und verbrennt das G.
3Mo	25,20	so sammeln wir auch kein G. ein 21.22
5Mo	7,13	wird segnen dein G., Wein und Öl 11,14
	12,17	nicht essen vom Zehnten deines G. 14,23
Jos	5,11	aßen vom G. des Landes 12
2Kö	4,42	brachte neues G. in seinem Kleid
2Ch	31,5	gaben reichlich die Erstlinge von G.
	32,28	Vorratshäuser für den Ertrag an G.
Neh	5,2	verpfänden, um G. zu kaufen 3
	10	haben Geld geliehen und G. 11
	10,32	wollen nicht Waren und G. nehmen
	40	sollen die Abgaben von G. bringen 13,5.12
	13,15	daß man am Sabbat G. herbeibrachte
Ps	65,10	du lässest ihr G. gut geraten
	72,16	wird stehe das G. im Land
Jes	23,3	was von G. am Nil wuchs
	28,28	zermalmt man etwa das G.
	62,8	will dein G. nicht mehr d. Feinden geben
Jer	31,12	werden sich freuen über G., Wein, Öl
Jo	1,10	das G. ist verdorben 17
	2,19	will euch G. die Fülle schicken
Am	8,5	daß wir G. verkaufen
Jdt	2,17	zog hinab und verbrannte all ihr G.
1Ma	10,29	ich erlasse den dritten Teil vom G. 11,35
Apg	27,38	warfen das G. in das Meer

Getreidebrand

5Mo	28,22	der HERR wird dich schlagen mit G.
1Kö	8,37	wenn G... im Lande sein werden 2Ch 6,28
Am	4,9	ich plagte euch mit G. Hag 2,17

getreu

5Mo	33,8	deine Lose sollen bleiben bei deinem G.
1Sm	28,7	da sprach Saul zu seinem G.
Esr	9,15	HERR, Gott Israels, du bist g. Ps 145,13
Hi	19,19	meine G. verabscheuen mich
Spr	11,13	wer g. Herzens ist, verbirgt es
	13,17	g. Bote bringt Hilfe
	25,13	so ist ein g. Bote dem, der ihn gesandt
StE	1,3	Haman, mein g. Ratgeber
Mt	25,21	du g. Knecht... über wenigem g. 23
1Ko	4,17	Timotheus, der mein lieber und g. Sohn ist
	7,25	erlangt von dem Herrn, sein G. zu sein
	10,13	Gott ist g.
Eph	6,21	mein lieber Bruder und g. Diener Kol 4,7.9
1Th	5,24	Jesus Christus. G. ist er
Off	2,10	sei g. bis an den Tod, so will ich dir die Krone des Lebens geben

getrost

1Mo	34,12	fordert nur g. Brautpreis und Geschenk
5Mo	3,28	gebiete, daß er g. und unverzagt sei 31,6.7.23; Jos 1,6.7.9.18; 10,25; 1Ch 22,13; 28,20
2Sm	2,7	seid nun g. Mutes
	10,12	sei ganz g., damit wir... bleiben 1Ch 19,13
	13,28	seid g. und geht tapfer dran 2Ch 32,7
1Kö	2,2	sei g. und sei ein Mann
1Ch	28,10	sei g. und richte es aus
2Ch	15,7	seid g. und laßt eure Hände nicht sinken
	8	ward er g. 25,11; 32,5
Esr	7,28	ich ward g., weil die Hand des HERRN
	10,4	sei g. und tu es
Ps	27,14	sei g. und unverzagt 31,25
Ps	112,8	sein Herz ist g. und fürchtet sich nicht
Spr	14,32	der Gerechte ist auch in seinem Tode g.
Jes	35,4	saget den verzagten Herzen: Seid g.
	58,1	rufe g., halte nicht an dich
Dan	10,19	sei g.; sei g.
Jo	2,21	sei fröhlich und g.
Hag	2,4	Serubbabel, sei g... sei g., alles Volk
Sa	12,5	die Bürger Jerusalems sollen g. sein
Jdt	11,1	sei g. und fürchte dich nicht Tob 7,20
Sir	39,7	er tut seinen Mund g. auf
Bar	4,5	sei getrost, mein Volk 21.27.30
1Ma	12,50	zogen g. gegen die Feinde
2Ma	14,18	die Leib und Gut g. für ihr Vaterland wagten
Mt	5,12	seid fröhlich und g.
	9,2	sei g., mein Sohn 22
	14,27	seid g., ich bin's Mk 6,50
Mk	10,49	sei g., steh auf! Er ruft dich
Jh	16,33	seid g., ich habe die Welt überwunden
Apg	23,11	stand der Herr bei ihm und sprach: Sei g.
2Ko	5,6	so sind wir allezeit g. und wissen
	8	wir sind g. und haben vielmehr Lust
Heb	13,6	so können auch wir g. sagen

Getümmel

1Sm	14,16	wie das G. der Phil. hin- u. herwogte 19.20
2Sm	18,29	ich sah ein großes G.
1Kö	1,41	was soll das Geschrei und G. 45
2Kö	7,6	hatte die Aramäer hören lassen ein G.
Spr	1,21	(die Weisheit) ruft im lautesten G.
Jes	13,4	ist Geschrei und G. von den Königreichen
	17,12	ha, wie G. mächtiger Nationen
	22,5	es kommt ein Tag G. von Gott
	32,14	die Stadt, die voll G. war, wird einsam
Jer	51,55	der HERR vertilgt aus (Babel) das große G.
Hes	26,10	deine Mauern werden erbeben vom dem G.
Hos	10,14	soll sich ein G. erheben in deinem Volk
Am	2,2	Moab soll sterben im G.
1Ma	9,13	die Erde erbebte von dem großen G.
Mt	9,23	Flötenspieler und das G. des Volkes Mk 5,38
	27,24	als Pilatus sah, daß das G. immer größer
Apg	19,29	die ganze Stadt wurde voll G. 20,1
	20,10	Paulus sprach: Macht kein G.
	21,34	nichts Gewisses erfahren konnte wegen des G.
	24,18	als ich mich im Tempel reinigte, ohne G.

Gëuël

4Mo	13,15	G., der Sohn Machis, vom Stamme Gad

Geviert

Hes	40,47	er maß den Vorhof... im G. 42,20; 43,16.17; 45,2; 48,20

Gewächs

2Mo	9,22	daß es hagelt über alles G. auf d. Felde 25
3Mo	26,4	das Land soll sein G. geben Sa 8,12
	20	wird euer Land sein G. nicht gebe 5Mo 11,17
5Mo	32,22	Feuer wird verzehren d. Land mit seinem G.
Ps	65,11	du segnest sein G.
	67,7	das Land gibt sein G.
	78,46	(als er) ihr G. den Raupen gab
Jes	42,5	der die Erde macht und ihr G.
	61,11	gleichwie G. aus der Erde wächst
Jer	2,21	hatte dich gepflanzt, ein ganz echtes G.
Hes	16,7	wie ein G. machte ich dich

Gewächs

Hes	17,5	dann nahm er ein G. des Landes
Hab	3,17	wird kein G. sein an den Weinstöcken
Hag	1,10	hat zurückgehalten das Erdreich sein G.
Sa	10,1	wird Regen genug geben für jedes G.
Wsh	10,7	G., die zur Unzeit Frucht bringen
Mt	26,29	nicht mehr von diesem G. des Weinstocks trinken Mk 14,25; Lk 22,18

gewahr

1Mo	3,7	wurden g., daß sie nackt waren
	19,33	ward's nicht g., als sie sich legte 35
	26,8	wurde g., daß Isaak scherzte mit Rebekka
4Mo	12,10	Aaron wird g., daß sie aussätzig ist
Jos	5,13	g. wurde, daß ein Mann ihm gegenüberstand
1Ch	21,21	sah Arauna auf und ward David g.
Hi	4,20	ehe man's g. wird, sind sie dahin
	9,11	er geht vorüber, ohne daß ich's g. werde
	14,21	ob sie verachtet sind, wird er nicht g.
Pr	1,17	ward g., daß dies Haschen nach Wind ist
Jes	23,1	werden sie dessen g. werden
Mt		wirst nicht g. des Balkens Lk 6,41
	14,35	da die Leute sein g. wurden
Mk	16,4	wurden g., daß der Stein weggewälzt war
Apg	11,6	da hinein sah ich und ward g.
	27,39	eine Bucht wurden sie g.
2Ko	13,3	daß ihr g. werdet, wer in mir redet

gewähren

3Mo	25,24	sollt für das Land die Einlösung g.
Ri	11,37	du wollest mir das g.
Neh	3,34	wird man sie g. lassen
Est	2,18	g. den Ländern Steuererlaß
	3,8	ziemt dem König nicht, sie g. zu lassen
	5,8	gefällt es dem König, meine Bitte zu g.
Ps	20,6	der HERR g. dir alle deine Bitten
	78,29	was sie verlangten, g. er ihnen
Jer	5,24	der uns die Ernte treulich g.
	33,6	will ihnen dauernden Frieden g.
Wsh	16,20	unermüdlich g. du ihnen Brot
Tob	7,10	ehe du mir nicht meine Bitte g.
1Ma	10,28	wollen euch mehr Freiheiten g.
2Ma	6,13	Gnade, wenn Gott die Sünder nicht g. läßt
	9,16	wollte er von seinen eignen Einkünften g.
Kol	4,1	was recht und billig ist, das g. den Sklaven
1Pt	4,11	daß er's tue aus der Kraft, die Gott g.
2Pt	1,11	so wird euch reichlich g. werden der Eingang

Gewahrsam

1Mo	42,17	ließ sie zusammen in G. legen
Hes	19,9	man brachte ihn in G.
Mk	6,20	und hielt ihn in G.
Apg	23,35	ließ ihn in G. halten im Palast
	24,23	Paulus gefangenzuhalten, in leichtem G.
	25,4	Paulus werde weiter in G. gehalten 21

Gewalt

1Mo	16,6	deine Magd ist unter deiner G.
	21,25	den Abimelechs Knechte mit G. genommen
	34,2	legte sich zu ihr und tat ihr G. an
3Mo	5,21	was er mit G. genommen 23
5Mo	22,29	weil er ihr G. angetan hat
	28,29	wirst G. und Unrecht leiden müssen 31
Ri	4,3	Jabin unterdrückte Israel mit G.
	11,26	warum habt ihr sie nicht mit G. genommen
1Sm	2,16	wenn nicht, so nehme ich's mit G.

1Sm	12,3	wem hab ich G. oder Unrecht getan 4
2Sm	22,3	mein Heiland, der du mir hilfst vor G.
2Kö	13,5	der sie aus der G. der Aramäer befreite
1Ch	29,11	dein, HERR, ist die Majestät und G.
Esr	4,23	wehrten (den Juden) mit G.
Est	7,8	will er der Königin G. antun
Hi	5,20	wird dich erlösen von des Schwertes G.
	9,19	geht es um G.: Er hat sie 12,13
	10,3	gefällt dir's, daß du G. tust
	19,7	siehe, ich schreie: G. 35,9
	20,22	G. der Mühsal wird über ihn kommen
	27,22	vor seiner G. muß er fliehen
	30,18	mit G. wird mein Kleid entstellt
Ps	10,10	durch seine G. fallen die Unglücklichen
	12,6	weil die Elenden G. leiden
	17,9	die mir G. antun 119,121.122
	37,35	sah einen Gottlosen, der pochte auf G.
	49,16	Gott wird mich erlösen aus des Todes G.
	62,11	verlaßt euch nicht auf G.
	66,7	er herrscht mit seiner G. ewiglich
	75,5	ich sprach: Pochet nicht auf G. 6
	11	G. der Gottlosen… G. der Gerechten
	82,4	erlöst ihn aus der G. der Gottlosen
	146,7	der Recht schafft denen, die G. leiden
Spr	14,31	wer dem Geringen G. tut, lästert
	18,21	Tod und Leben stehen in der Zunge G.
	21,7	der Gottlosen G. rafft sie selber weg
	24,2	ihr Herz trachtet nach G.
Pr	4,1	die ihnen G. antaten, waren zu mächtig
	8,4	in des Königs Wort ist G.
Jes	10,2	um G. zu üben am Recht der Elenden
	21,15	sie fliehen vor der G. des Kampfes
	28,2	wie Wasserflut wirft sie zu Boden mit G.
	47,14	nicht erretten vor der Flamme G.
	52,4	Assur hat ihm G. angetan
	64,6	vergehen unter der G. unsrer Schuld
Jer	6,7	Frevel und G. hört man in ihr 20,8; 51,46
	7,6	keine G. übt gegen Fremdlinge 22,3; Hes 22,7.11.12.29
	9,2	sie treiben's mit G. im Lande
	18	wie hat man uns G. angetan
	10,23	des Menschen Tun nicht in seiner G. steht
	16,21	will meine Kraft und G. ihnen kundtun
	34,1	die unter seiner G. waren
	38,22	haben dich in ihre G. gebracht
	50,33	die *Leute von Juda müssen G. leiden
Klg	1,14	der Herr hat mich in die G. ihrer gegeben
Hes	8,17	daß sie das Land mit G. erfüllen 22,29
	18,7	der niemand etwas mit G. nimmt 12.16
	18	sein Vater, der G. geübt hat
	22,26	seine Priester tun meinem Gesetz G. an
	32,30	ihre G. ist zuschanden geworden
	34,4	das Starke tretet ihr nieder mit G.
Dan	2,38	dem er über alles G. verliehen hat
	4,14	erkennen, daß der Höchste G. hat 22.29; 5,21
	19	reicht deine G. bis ans Ende der Erde
	23	erkannt hast, daß der Himmel die G. hat
	31	ich ehrte den, dessen G. ewig ist
	7,27	G. wird dem Volk der Heiligen gegeben
	8,4	kein Tier vor seiner G. errettet werden 7
Hos	5,11	Ephraim leidet G.
Am	4,1	die ihn der Geringen G. antut
	8,6	damit wir die Armen in unsere G. bringen
Mi	2,2	so treiben sie G. mit eines jeden Hause
Hab	1,3	es geht G. vor Recht
Mal	3,5	gegen die, die G. und Unrecht tun
Wsh	6,4	ist euch gegeben die G. vom Höchsten
	7	werden mit G. zur Rechenschaft gezogen
	10,14	Macht über die, die ihm G. angetan hatten
	16,13	du hast G. über Leben und Tod

Sir	4,9	rette den, dem G. geschieht
	9,2	laß deiner Frau keine G. über dich
	18	halt dich fern von dem, der G. hat zu töten
	10,8	durch G., Unrecht und Habgier
	20,4	wer mit G. ein Urteil erzwingen möchte
	21,5	wer G. tut, muß zum Bettler werden
	48,13	niemand hatte G. über (Elisa)
Bar	2,11	der du dein Volk geführt hast mit G.
	4,21	wird euch aus der G. der Feinde erlösen
	6,58	die sie in ihre G. bekommen
1Ma	2,37	Zeugen, daß ihr uns mit G. umbringt 46
	7,21	nahm sich vor, mit aller G ... zu werden
	22	unterwarfen das Land Juda mit G. 15,33
	14,14	er schützte alle Armen gegen G.
2Ma	3,34	verkündige allen die G. Gottes 9,17
	5,11	(Antiochus) nahm Jerusalem mit G. ein
	6,7	trieb man die Juden mit roher G. 18
	9,8	daß alle an ihm die G. Gottes erkannten
	12,28	der mit G. die Stärke der Feinde zerbricht
	35	Dositheus zog (Gorgias) mit G. fort
	13,18	suchte die Orte in seine G. zu bringen
StE	1,2	obwohl ich über die ganze Erde G. habe
	3,7	schreiben die G. Götzen zu
	5,14	wo man ihnen G. antun will
StD	2,21	der König gab den Bel in Daniels G.
	29	sah, daß sie mit G. auf ihn eindrangen
Mt	11,12	von Johannes bis heute leidet das Himmelreich G.
	20,25	ihr wißt, daß die Herrscher ... G. antun Mk 10,42
	28,18	mir ist gegeben alle G.
Lk	1,51	er übt G. mit seinem Arm
	3,14	tut niemandem G. oder Unrecht
	4,36	er gebietet mit G. den Geistern
	9,1	er rief die Zwölf zusammen und gab ihnen G. über alle bösen Geister
	10,19	euch Macht gegeben über alle G. des Feindes
	16,16	jedermann drängt sich mit G. hinein
	20,20	überantworten der G. des Statthalters
Apg	5,4	*war es auch in deiner G.*
	26	der Hauptmann holte sie, doch nicht mit G.
	10,38	alle gesund gemacht, die in der G. des Teufels
	24,7	riß ihn mit großer G. aus unsern Händen
	26,18	daß sie sich bekehren von der G. des Satans
	27,16	mit Mühe das Beiboot in unsre G. bekommen
	41	Hinterschiff zerbrach unter der G. der Wellen
Rö	8,38	weder Engel noch Mächte noch G.
	13,1	untertan der Obrigkeit, die G. über ihn hat
	3	vor denen, die G. haben, muß man sich nicht fürchten wegen guter, sondern wegen böser Werke
1Ko	15,24	nachdem er alle G. vernichtet hat
Eph	1,21	(eingesetzt) über alle Reiche, G.
	3,10	damit kundwerde ... den Mächten und G. im Himmel
Kol	1,16	es seien Mächte oder G.
	2,10	der das Haupt aller Mächte und G. ist
	15	er hat die Mächte und G. entkleidet
Tit	3,1	daß sie der G. der Obrigkeit untertan seien
1Pt	4,11	sein ist die Ehre und G. von Ewigkeit zu Ewigkeit! Amen Jud 25; Off 1,6; 5,13
Heb	2,14	dem, der G. über den Tod hatte
Jak	2,6	sind es nicht die Reichen, die G. gegen euch üben

gewaltig

1Mo	7,24	die Wasser wuchsen g. auf Erden
	10,9	(Nimrod) war ein g. Jäger vor dem HERRN, daher spricht man: Das ist ein g. Jäger
2Mo	15,15	Zittern kam die G. Moabs an
5Mo	29,2	(habt gesehen) die g. Proben seiner Macht
Jos	13,21	samt den G. des Königs Sihon
Ri	11,33	schlug (die Ammoniter) mit g. Schlägen
1Sm	4,5	jauchzte ganz Israel mit g. Jauchzen 6
2Kö	5,1	Naaman war ein g. Mann
1Ch	5,24	dies waren ... g. Männer 7,2.5.7.9.11.40; 8,40; 12,4
Hi	12,21	zieht den G. die Rüstung aus
	40,23	der Strom schwillt g. an
Ps	22,13	g. Stiere haben mich umgeben
	68,34	läßt s. Stimme erschallen, eine g. Stimme
	89,14	du hast einen g. Arm
	111,4	er läßt verkündigen seine g. Taten
	112,2	sein Geschlecht wird g. sein im Lande
	145,4	werden deine g. Taten verkündigen 12
Pr	7,19	Weisheit macht stärker als zehn G.
	10,5	gleich einem Versehen, das vom G. ausgeht
Hl	6,4	du bist g. wie ein Heer 10
Jes	13,11	will die Hoffart der G. demütigen Hes 7,24
	14,9	es schreckt auf vor dir alle G. der Welt
	33,3	es fliehen die Völker vor dem g. Tosen
	40,10	Gott der HERR! Er kommt g.
	41,25	er zerstampft die G. wie Lehm
	49,24	kann man einem G ... entreißen 25
Jer	25,38	verheert von seinem g. Schwert
	26,21	als seine G. seine Worte hörten
	30,7	wehe, es ist ein g. Tag
	46,15	wie geht's zu, daß deine G. fallen
Hes	17,13	die G. führte er fort
	23,15	ein Bild g. Kämpfer allesamt 38,15
	38,13	seine G. werden zu dir sagen
Dan	8,6	er lief im g. Zorn auf ihn zu
Jo	2,20	den Feind verstoßen, denn er hat G. getan
	21	der HERR kann auch G. tun
Jon	3,7	sagen als Befehl des Königs und seiner G.
Mi	7,3	die G. reden nach ihrem Mutwillen
Nah	2,2	rüste dich und stärke dich aufs g.
	6	aufgeboten werden seine G.
	3,10	ihre G. wurden in Ketten gelegt
Jdt	1,7	der König baute eine große, g. Stadt
Wsh	6,7	die G. werden zur Rechenschaft gezogen
	11,21	d. Kraft g. zu erweisen, ist dir möglich
	17,19	ob das Wasser g. dahinschoß
	19,13	Zeichen, die durch g. Blitze geschahen
Sir	1,7	einer ist's, ein g. König
	34,19	(Gott) ist ein g. Schild
1Ma	1,4	er brachte eine g. Heeresmacht zusammen
2Ma	3,24	tat ... ein g. Zeichen
	7,16	weil du über den Menschen G. hast
Mt	8,24	da erhob sich ein g. Sturm auf dem See
Lk	1,52	er stößt die G. vom Thron
	12,11	*wenn sie euch führen werden vor die G.*
Apg	2,2	*ein Brausen wie von einem g. Wind*
	8,27	*ein Kämmerer und G. der Kandake*
	27,20	da ein g. Ungewitter uns bedrängte
1Ko	1,26	*nicht viele G. sind berufen*
Eph	6,12	wir haben zu kämpfen mit Mächtigen und G.
1Ti	6,15	welche uns zeigen wird der allein G.
1Pt	3,22	sind ihm untertan die Engel und die G.
	5,6	demütigt euch nun unter die g. Hand Gottes
Off	6,15	die Reichen und die G. verbergen sich

gewaltsam

Ps	10,5	er handelt g. an allen seinen Feinden
	17,4	bewahre ich mich vor g. Wegen

Gewalttat

5Mo	17,8	es gehe um G. oder was sonst
2Sm	22,49	vor dem Mann der G. rettest du mich
Spr	4,17	sie trinken vom Wein der G.
	11,30	G. nimmt das Leben weg
Hes	7,11	G. hat sich erhoben
	45,9	laßt ab von G. und tut, was recht ist
Hos	12,2	täglich mehrt es die Lüge und G.
1Ma	2,67	rächt die G., die an eurem Volk verübt
	8,31	weil König Demetrius G. verübt
2Ma	4,40	Lysimachus begann mit G.

Gewalttäter

Ps	54,5	G. trachten mir nach dem Leben 86,14

gewalttätig

5Mo	24,7	wenn jemand einen Menschen g. behandelt
1Ch	17,9	die G. sollen (Israel) nicht mehr bedrängen
Neh	5,15	ihre Leute waren g.
Hi	6,23	kauft mich los von der Hand der G.
	24,22	Gott rafft die G. hin
Ps	140,2	behüte mich vor den G. 5
Spr	3,31	sei nicht neidisch auf den G.
Jes	11,4	er wird den G. schlagen
	25,3	die Städte g. Völker fürchten dich
Hes	18,10	wenn er einen g. Sohn zeugt
	28,7	will über dich schicken die G. 30,11; 31,12; 32,12
Sir	35,23	(bis er) alle G. vernichtet
Mt	11,12	die G. reißen es an sich
1Ti	3,3	(ein Bischof soll sein) nicht g.

Gewand

2Mo	4,6	stecke deine Hand in d. Bausch deines G. 7
3Mo	6,3	der Priester soll sein leinenes G. anziehen 8,7.13; 10,5; 16,4
Ri	14,12	so will ich euch 30 G. geben 13.19
Rut		breite den Zipfel deines G. über d. Magd
2Kö	23,7	G. für die Aschera
Neh	5,13	schüttelte ich mein G. aus
Hi	24,7	liegen nackt ohne G.
Ps	22,19	sie werfen das Los um mein G.
	45,14	sie ist mit goldenen G. bekleidet
	74,11	nimm deine Rechte aus dem G.
	102,27	sie werden alle veralten wie ein G.
Spr	6,27	kann jemand ein Feuer unterm G. tragen
	31,25	Kraft und Würde sind ihr G.
Jes	40,11	wird Lämmer im Bausch seines G. tragen
	59,17	zieht an das G. der Rache
	63,2	warum ist dein G. so rotfarben
	3	ich habe mein ganzes G. besudelt
Jer	13,22	wird dir dein G. aufgehoben 26; Nah 3,5
Hes	26,16	werden ihre bunten G. ausziehen
Ze	1,8	alle, die ein fremdländisches G. tragen
Sa	8,23	jüd. Mann beim Zipfel seines G. ergreifen
Sir	45,9	zog ihm ein herrliches G. an 12; 50,12
Bar	6,58	das G., mit dem sie bekleidet sind
1Ma	10,21	so zog Jonatan das priesterliche G. an
	11,24	er nahm Gold und G. mit
2Ma	8,35	nachdem er sein prächtiges G. abgelegt hatte
2Ma	11,8	hoch zu Roß in einem weißen G.
Mt	3,4	Johannes hatte ein G. aus Kamelhaaren an Mk 1,6
	9,20	eine Frau berührte den Saum seines G. 21; 14,36; Mk 5,27; 6,56; Lk 8,44
	22,11	sah da einen Menschen, der hatte kein hochzeitliches G. an 12
	28,3	sein G. (war) weiß wie der Schnee Lk 9,29
Mk	12,38	die gern in langen G. gehen Lk 20,46
	14,52	er ließ das G. fahren und floh nackt davon
	16,5	der hatte ein langes weißes G. an
Lk	15,22	das beste G. zieht ihm an
	23,11	Herodes... legte ihm ein weißes G. an
Jh	19,23	für jeden einen Teil, dazu das G.
	24	sie haben über mein G. das Los geworfen
	20,12	zwei Engel in weißen G. sitzen Apg 1,10
Apg	10,30	ein Mann vor mir in einem leuchtenden G.
	12,21	legte Herodes das königliche G. an
1Ti	2,9	sich schmücken nicht mit kostbarem G.
Heb	1,11	sie werden alle veralten wie ein G.
	12	wie ein G. werden sie gewechselt werden
Jud	23	haßt das G., das befleckt ist vom Fleisch
Off	1,13	angetan mit einem langen G. und gegürtet
	6,11	ihnen wurde gegeben einem jeden ein weißes G.
	19,13	angetan mit einem G., das mit Blut getränkt
	16	trägt einen Namen geschrieben auf seinem G.

gewandt

Wsh	8,8	die Weisheit versteht sich auf g. Rede

Gewässer

2Kö	3,22	als die Sonne aufgig über dem G., schien das G. rot zu sein wie Blut

Gewebe

Ri	16,14	flocht die Locken zusammen mit dem G.
Jes	59,6	ihre G. taugen nicht zu Kleidern

Gewerbe

1Mo	46,33	was ist euer G. 47,3; Jon 1,8
Wsh	13,19	für sein G. ruft er... um Kraft an
2Ma	11,29	daß ihr wieder euer G. betreiben möchtet
Apg	19,25	daß wir großen Gewinn von diesem G. haben
	27	es droht nicht nur unser G. in Verruf zu geraten
1Ti	6,5	die meinen, Frömmigkeit sei ein G.

Gewicht

1Mo	23,16	nach dem G., das gang und gäbe war
	43,21	da war eines jeden Geld mit vollem G.
2Mo	30,24	des Heiligtums 38,24-26; 3Mo 5,15; 27,3.25; 4Mo 3,47.50; 7,13u.ö.86; 18,16
3Mo	19,35	sollt nicht unrecht handeln mit G. 36; 5Mo 25,15; Hes 45,10
	26,26	euer Brot soll man nach G. zuteilen
5Mo	25,13	sollst nicht zweierlei G. haben Spr 20,10.23; Mi 6,11
1Sm	17,5	das G. seines Panzers war 5.000 Lot Erz
2Sm	12,30	Krone; die war an G. einen Zentner Gold
	14,26	Haupthaar 200 Lot nach dem königlichen G.
	21,16	das G. seines Speers war 300 Lot
1Kö	10,14	das G. des Goldes war 1Ch 21,25; 28,15-18; 2Ch 3,9

1Ch	23,29	(zu allem Dienst) für G. und Maß
2Ch	4,18	das G. des Kupfers nicht zu erforschen war
Esr	8,34	nach Zahl und G. eines jeden Stückes; und das ganze G. wurde aufgeschrieben
Hi	28,25	als er dem Wind sein G. gegeben
Spr	11,1	ein volles G. ist sein Wohlgefallen
	16,11	alle G. im Beutel sind sein Werk
Jes	40,12	wer wiegt die Berge mit einem G.
Wsh	11,21	hast alles nach Maß, Zahl und G. geordnet
Sir	8,2	damit er sein G. nicht geltend macht
	42,4	rechtes Maß und G. zu halten
Rö	8,18	daß dieser Zeit Leiden nicht ins G. fallen
2Ko	10,10	*ist seine Rede ohne G.*
1Th	2,7	obwohl wir unser G. als Christi Apostel hätten einsetzen können

gewichtig

2Ko	4,17	schafft e. über alle Maßen g. Herrlichkeit

Gewinn

2Mo	18,21	nach Leuten, die dem ungerechten G. feind
1Kö	10,15	außerdem, was vom G. der Kaufleute kam
Neh	9,37	sein Ertrag bringt den Königen großen G.
Spr	1,19	so geht es allen, die nach unrechtem G. trachten 15,27; Hab 2,9
	11,18	der Gottlosen Arbeit bringt trügerischen G. 15,6
	14,23	wo man arbeitet, da ist G.
	28,16	wer unrechten G. haßt, wird lange leben Jes 33,15
	31,18	sie merkt, wie ihr Fleiß G. bringt
Pr	1,3	was hat der Mensch für G. von all seiner Mühe 2,11; 3,9
	5,8	ein König, der sorgt, ein G. für das Land
	7,7	unrechter G. macht den Weisen zum Toren
	10,10	Weisheit bringt Vorteil und G.
Jes	23,18	ihr G. wird dem HERRN geweiht werden
	45,14	der Kuschiter G... werden dein eigen sein
	56,11	alle sind auf ihren G. aus
Jer	6,13	gieren alle nach unrechtem G. 8,10; 22,17; Hes 22,12.13
Hes	33,31	hinter ihrem G. läuft ihr Herz her
Wsh	15,12	gibt vor, man müsse überall G. suchen
Sir	20,9	mancher G. führt zum Schaden
	10	manche Gaben bringen keinen G.
	29,7	rechnet's jenem als G. an
	26	ein Gottloser, der G. davon haben will
	31,5	wer G. sucht, der wird zugrunde gehen
	42,5	er erzielte beim Handeln
	51,22	da lernte ich viel und hatte reichen G.
2Ma	2,26	denen, die gerne lesen, G. zu bringen
Apg	16,16	brachte ihren Herren viel G. ein
	19	daß ihre Hoffnung auf G. verfahren war
	19,24	verschaffte denen vom Handwerk nicht geringen G. 25
Phl	1,21	Christus ist mein Leben, und Sterben ist mein G.
	3,7	was mir G. war, für Schaden erachtet
1Ti	3,8	nicht schändlichen G. suchen Tit 1,7
	6,6	Frömmigkeit ein großer G. für den, der
Tit	1,11	um schändlichen G. willen 1Pt 5,2; Jud 11
Jak	4,13	wollen Handel treiben und G. machen

gewinnen

1Mo	4,1	habe einen Mann g. mit Hilfe des HERRN
	10,8	Nimrod. Der war der erste, der Macht g.
	12,5	mit aller ihrer Habe, die sie g. hatten
	32,29	mit Gott und Menschen gekämpft und g.
5Mo	8,17	m. Kräfte haben mir diesen Reichtum g. 18
	33,6	seine Mannschaft g. an Zahl
	19	sie werden den Reichtum des Meeres g.
Ri	5,19	aber Silber g. sie dabei nicht
	21,22	haben nicht für jeden eine Frau g.
1Sm	14,47	wo (Saul) sich hinwandte, g. er den Sieg
2Sm	3,14	gib mir Michal, die ich mir g. habe
	20,6	damit er nicht für sich feste Städte g.
2Ch	25,13	die Kriegsleute g. viel Beute
Neh	3,38	das Volk g. neuen Mut zu arbeiten
Ps	9,20	daß nicht Menschen die Oberhand g.
	44,13	hast mit ihrem Kaufgeld nichts g.
	105,44	daß sie die Güter der Völker g.
Spr	3,13	wohl dem Menschen, der Einsicht g. 19,25
	7,21	sie g. ihn mit ihrem glatten Munde
	16,32	besser als einer, der Städte g.
	28,2	g. das Recht Bestand
Hl	2,13	der Feigenbaum hat Knoten g.
Jes	40,10	was er g., ist bei ihm 62,11
	41,1	sollen die Völker neue Kraft g.
Jer	20,7	bist mir zu stark gewesen und hast g.
	11	darum werden meine Verfolger nicht g.
Klg	1,16	der Feind hat die Oberhand g.
Hes	17,23	pflanzen, daß es Zweige g.
	47,11	man soll daraus Salz g.
Dan	2,8	ich merke, daß ihr Zeit g. wollt
	4,33	ich g. noch größere Herrlichkeit
	11,18	wird viele von ihnen g.
	23	wird er mit wenigen Leuten Macht g.
Hab	1,4	die rechte Sache kann nie g.
Wsh	4,3	sie kann keinen festen Grund g.
Sir	6,18	so wirst du (Weisheit) g.
	42,4	zufrieden, ob du viel oder wenig g.
	51,28	mit ihr g. ich Einsicht
1Ma	3,3	Judas g. seinem Volk großes Ansehen
	8,3	daß sie solche Länder g. hatten
	10,69	Demetrius g. Apollonius als Feldherrn
2Ma	2,23	wie sie den Tempel wieder g.
Mt	16,26	wenn er die ganze Welt g. und nähme doch Schaden Mk 8,36; Lk 9,25
	18,15	hört er auf dich, so hast du deinen Bruder g.
	23,15	damit ihr einen Judengenossen g.
	25,20	ich habe damit weitere fünf Zentner g. 22
Lk	21,19	seid standhaft, und ihr werdet euer Leben g.
Apg	9,22	Saulus g. immer mehr an Kraft
	11,24	viel Volk wurde für den Herrn g.
	15,14	um aus ihnen ein Volk für seinen Namen zu g.
	28,15	Paulus g. Zuversicht
Rö	11,12	*wenn Israel in seiner ganzen Fülle g. wird*
1Ko	9,19	damit ich möglichst viele g. 20-22
	10,13	*daß die Versuchung so ein Ende g.*
	13,3	meinen Leib hingäbe, um Ruhm zu g.
2Ko	5,11	suchen wir Menschen zu g.
Gal	4,19	bis Christus in euch Gestalt g.
Phl	1,14	die meisten Brüder haben durch meine Gefangenschaft Zuversicht g.
	3,8	damit ich Christus g.
1Th	3,7	*dadurch haben wir an euch Trost g.*
	4,4	ein jeder seine eigene Frau zu g. suche
2Th	2,14	*daß ihr g. die Herrlichkeit*
1Pt	3,1	durch das Leben ihrer Frauen ohne Worte g. werden
2Pt	2,3	aus Habsucht werden sie euch zu g. suchen
Jak	4,2	ihr mordet und neidet und g. nichts

gewiß

1Mo	16,13	g. hab ich hinter dem hergesehen, der

gewiß

1Mo	20,11	g. ist keine Gottesfurcht an diesem Orte
	41,32	daß Gott solches g. und eilends tun wird
2Mo	10,10	so g. wie ich euch ziehen lasse
	13,19	Gott wird sich g. euer annehmen
3Mo	14,44	so ist es g. ein fressender Aussatz
5Mo	13,15	wenn sich findet, daß es g. ist 17,4
1Sm	23,23	wenn ihr's g. seid, will ich mit euch ziehen
	25,17	es ist g. ein Unheil beschlossen
	26,4	erfuhr, daß Saul g. gekommen sei
1Kö	11,2	g. eure Herzen ihren Göttern zuneigen
2Ch	13,10	wir sind g.: Der HERR ist unser Gott
Ps	10,17	du machst ihr Herz g.
	19,8	das Zeugnis des HERRN ist g.
	33,4	was er zusagt, das hält er g.
	62,3	daß ich g. nicht fallen werde
	93,5	dein Wort ist wahrhaftig und g.
Spr	4,26	alle deine Wege seien g.
	16,5	wird g. nicht ungestraft bleiben
Jes	33,16	sein Wasser hat er g.
Jer	32,41	will sie einpflanzen, ganz g.
Hes	30,9	siehe, er kommt g.
Dan	10,1	wurde Daniel etwas offenbart, was g. ist
	11,2	will dir kundtun, was g. geschehen soll
Hab	2,3	die Weissagung wird g. kommen
Jdt	5,22	Gott wird sie dir g. in die Hände geben
	12,4	so g. mein Herr lebt
Wsh	6,19	wo man die Gebote hält, ist Leben g.
	7,23	(ein Geist, der verständig ist,) g.
	18,6	damit ihnen die Verheißungen g. wurden
Sir	12,2	wenn wir nicht von ihm, so doch g. vom Herrn
	22,19	ein Herz, das seiner Sache g. ist
	41,15	der bleibt dir g. als Gold
Bar	2,29	wird g. diese Menge klein werden
Mt	3,7	wer hat euch g. gemacht, daß ihr... entrinnen Lk 3,7
Apg	2,36	so wisse nun das ganze Haus Israel g.
	4,13	waren g., daß es einfache Leute waren
	16,10	g., daß uns Gott dahin berufen hatte
	21,34	da er nichts G. erfahren konnte 25,26
	26,26	ich bin g., daß ihm nichts davon verborgen
Rö	3,29	ja g., auch (der Gott) der Heiden
	8,38	ich bin g., daß weder Tod noch Leben
	14,5	ein jeder sei in seiner Meinung g.
	14	ich bin g., daß nichts unrein ist an sich selbst
2Ko	11,10	so g. die Wahrheit Christi in mir ist
Phl	3,1	verdrießt mich nicht und macht euch um so g.
2Ti	1,5	ich bin g., auch in dir
	12	ich bin g., er kann mir bewahren, was mir anvertraut ist
Tit	1,9	das Wort der Lehre, das gewiß ist
Heb	11,1	es ist der Glaube eine g. Zuversicht
	12,13	tut g. Tritte mit euren Füßen
Off	21,5	diese Worte sind wahrhaftig und g. 22,6

Gewissen

Hi	27,6	mein G. beißt mich nicht
Wsh	17,11	(Bosheit,) vom G. bedrückt
Sir	14,2	wohl dem, der kein böses G. hat 1
	19,8	wenn du es ohne böses G. kannst
	20,23	so hat er kein schlechtes G.
Apg	23,1	mein Leben mit gutem G. vor Gott geführt
	24,16	allezeit ein unverletztes G. zu haben
Rö	2,15	zumal ihr G. es ihnen bezeugt
	9,1	ich lüge nicht, wie mir mein G. bezeugt
	13,5	sich unterzuordnen auch um des G. willen
	14,1	*verwirrt die G. nicht*
	20	nicht gut für den, der es mit schlechtem G. ißt

1Ko	8,7	dadurch wird ihr G. befleckt
	10	wird dann nicht sein G. verleitet zu essen
	12	wenn ihr verletzt ihr schwaches G.
	10,25	damit ihr das G. nicht beschwert 27.28
	29	ich rede nicht von deinem eigenen G.
2Ko	1,12	das Zeugnis unseres G., daß
	4,2	empfehlen wir uns dem G. aller Menschen
	5,11	daß wir auch vor eurem G. offenbar sind
Eph	4,19	*in ihrem G. sind sie stumpf geworden*
Kol	2,16	von niemandem ein schlechtes G. machen
1Ti	1,5	Liebe aus reinem Herzen und gutem G.
	19	den Glauben und ein gutes G. hast
	3,9	das Geheimnis des Glaubens mit reinem G. bewahren
	4,2	Lügenredner, die ein Brandmal in ihrem G.
2Ti	1,3	ich danke Gott, dem ich diene mit reinem G.
Tit	1,15	unrein ist beides, ihr Sinn und ihr G.
1Pt	2,19	das ist Gnade, wenn jemand um des G. willen das Übel erträgt
	3,16	habt ein gutes G., damit
	21	wir bitten Gott um ein gutes G.
Heb	9,9	die nicht im G. vollkommen machen können den, der
	14	unser G. reinigen von den toten Werken
	10,2	kein G. mehr gemacht über ihre Sünden
	22	los von dem bösen G.
	13,18	unser Trost ist, daß wir ein gutes G. haben

gewissenhaft

2Ch	31,12	taten die Abgaben g. hinein 15
Sir	46,18	der Prophet erwies sich als treu und g.

gewissenlos

2Ma	4,36	empört, daß Onias g. ermordet worden war

Gewißheit

StD	1,48	daß ihr... verdammt, ehe ihr G. habt
Kol	2,2	zu allem Reichtum an G. und Verständnis
1Th	1,5	unsere Predigt kam zu euch in großer G.

gewißlich

1Ti	1,15	das ist g. wahr 3,1; 4,9; 2Ti 2,11; Tit 3,8

Gewitter

Tob	3,23	nach dem G. läßt du die Sonne scheinen
Sir	46,20	der Herr ließ seine Stimme hören im G.

gewöhnen

Spr	22,6	g. einen Knaben an seinen Weg
Jer	2,33	g., auf bösen Wegen zu wandeln
	9,4	daran g., daß einer den andern betrügt
	13,21	die du als Freunde an dich g. hast
	23	die ihr ans Böse g. seid
Hos	10,11	Ephraim war eine Kuh, g., zu dreschen
Sir	7,14	g. dich nicht an die Lüge 23,20
	18,32	g. dich nicht zu Schlemmen
	23,9	g. deinen Mund nicht ans Schwören
1Ma	1,51	gebot, die Leute an alle heidnischen Bräuche zu g. 2Ma 4,10
Apg	17,2	wie nun Paulus g. war, ging er zu ihnen
1Ko	8,7	weil sie bisher an die Götzen g. waren

Gewohnheit

Jer	32,10	wog das Geld nach Recht und G.
Jdt	13,11	sie gingen hinaus, wie es ihre G. war
Sir	7,14	das ist eine G., die dir Schaden bringt
StD	1,15	kam, wie es ihre G. war, in den Garten
	2,14	gingen in der Nacht hinein nach ihrer G.
Mt	27,15	zum Fest hatte der Statthalter die G. Jh 18,39
Mk	10,1	wie es seine G. war, lehrte er sie
Lk	4,16	ging nach seiner G. am Sabbat in die Synagoge
	22,39	er ging nach seiner G. hinaus an den Ölberg

gewöhnlich

3Mo	15,25	Blutfluß... über die g. Zeit hinaus 26
5Mo	3,11	neun Ellen nach g. Elle Hes 40,5; 43,13
1Sm	21,5	ich habe kein g. Brot
	6	obgleich es nur um ein g. Vorhaben ging
Wsh	13,13	er macht's einem g. Tier gleich
	19,10	anstatt der g. Tiere Mücken

gewohnt sein

1Sm	17,39	denn ich bin's nicht g.
	20,25	an seinem Platz, wie er g. war
Hes	23,43	sie ist das Ehebrechen g.

Gewölbe

Ri	9,46	G. des Tempels des Baal-Berit 49
1Sm	13,6	verkrochen sie sich in Felsen und G.

Gewölk

Hi	22,13	sollte er durchs G. hindurch richten
Ps	77,18	Wasser ergossen sich aus dem G.

Gewürm

1Mo	1,24	die Erde bringe hervor G. und Tiere 25.30
	26	die da herrschen über alles G.
	6,7	will vertilgen... bis zum G. 7,23
	20	von allem G. je ein Paar 7,8.14; 8,17.19
3Mo	5,2	wenn jem. etwas Unreines anrührt... G. 22,5
5Mo	4,18	(Bildnis gleich) dem G. auf der Erde
1Kö	5,13	dichtete (Salomo) von G. und von Fischen
Hi	7,5	mein Fleisch ist eine Beute des G.
	21,26	G. deckt sie zu Jes 14,11
Ps	148,10	(lobet den HERRN) G. und Vögel
Hes	8,10	da waren lauter Bilder von G.
Hos	2,20	will einen Bund schließen mit dem G.
Mi	7,17	wie G. sollen sie zitternd hervorkommen
Hab	1,14	du läßt es den Menschen gehen wie dem G.
Wsh	11,15	verführt, unvernünftiges G. anzubeten

Gewürz

Hl	3,6	wie ein Duft von allerlei G. des Krämers
	4,10	der Geruch deiner Salben übertrifft alle G. 14.16; 5,1
Jes	43,24	mir hast du nicht G. gekauft
Jer	6,20	was frage ich nach dem G.

Gewürzkraut

Hl	5,13	Balsambeete, in denen G. wachsen

Gezänk

1Ti	6,20	meide das G. der fälschlich so genannten Erkenntnis

Gezelt

Hi	36,29	die Wolken donnern läßt aus seinem G.

Giach

2Sm	2,24	Hügel Amma, der vor G. liegt

Gibbar (= Gibeon)

Esr	2,20	die Söhne G.

Gibbeton, *Gibbethon*

Jos	19,44	(Dan... das Gebiet war) G. 21,23
1Kö	15,27	G., das den Philistern gehörte. Denn Nadab und Israel belagerten G. 16,15.17

Gibea, Gibeatiter, *Gibeathiter*

Ri	19,14	¹G., das in Benjamin liegt 12-16; 20,4u.ö.43; 2Sm 23,29; 2Ch 13,2; Hos 5,8; 9,9; 10,9
1Sm	10,5	wirst du nach G. Gottes kommen 10.13.26
	11,4	G. Sauls 15,34; 22,6; 23,19; 26,1; Jes 10,29
1Ch	12,3	die Söhne Schemaas, des G. (= Geba)
Jos	15,57	²(Städte des Stammes Juda:) G. 1Ch 2,49
	18,28	³(Städte des Stammes Benjamin:) G.
	24,33	⁴G. auf dem Gebirge Ephraim
1Sm	13,2	⁵zu Gibea in Benjamin 3.15.16

Gibea-Hachila, Hachila

1Sm	23,19	David hält sich verborgen in G. 26,1.3

Gibeon, Gibeoniter (= Gibbar)

Jos	9,3	die Bürger von G. 17; 10,1-6.10
	10,12	Sonne, steh still zu G.
	41	schlug das ganze Land Goschen bis G.
	11,19	Hiwiter, die in G. wohnten
	18,25	(Städte des Stammes Benjamin:) G. 21,17
Ri	20,31	Straßen... die andere nach G. führt
2Sm	2,12	Abner zog aus nach G. 13.16; 3,30
	5,25	schlug die Philister von G. an 1Ch 14,16
	20,8	als sie bei dem großen Stein bei G. waren
	21,1	weil (Saul) die G. getötet 2-4.9
		damit wir sie aufhängen in G.
1Kö	3,4	der König ging nach G., um dort zu opfern
	5	der HERR erschien Salomo zu G. 9,2
1Ch	8,29	in G. wohnte Jeël, der Vater G. 9,35
	12,4	(die aus benjamin:) Jischmaja, der G.
	16,39	Wohnung des HERRN bei G. 21,29; 2Ch 1,3.13
Neh	3,7	Melatja von G... die Männer von G. 7,25
Jes	28,21	der HERR wird toben wie im Tal G.
Jer	28,1	Hananja, ein Prophet von G.
	41,12	trafen ihn bei G. 16

gichtbrüchig

Mt	4,24	*sie brachten zu ihm die G. 9,2.6; Mk 2,3-5.9.10; Lk 5,18.24*
	8,6	*mein Knecht ist g.*
Apg	8,7	*auch viele G. wurden gesund gemacht*
	9,33	*Äneas war g.*

Giddalti

1Ch 25,4 Hemans Söhne: G. 29

Giddel

Esr 2,47 ¹(Tempelsklaven:) die Söhne G. Neh 7,49
    2,56 ²(Nachkommen d. Sklaven:) Söhne G. Neh 7,58

Gideon

Ri 6,11 ¹Joasch, d. Abiësriter. Und sein Sohn G. 13u.
ö.8,35 (= Jerubbaal)
Heb 11,32 wenn ich erzählen sollte von G.
Jdt 8,1 ²Judit. Tochter Meraris... des Sohnes G.

Gidom

Ri 20,45 verfolgten sie weiter bis G.

Gidoni

4Mo 1,11 Abidan, der Sohn des G. 2,22; 7,60.65; 10,24

Gier

Spr 6,30 wenn er stiehlt, um seine G. zu stillen
    10,3 die G. der Gottlosen stößt er zurück
    11,6 die Verächter w. gefangen durch ihre G.
    21,26 den ganzen Tag begehrt die G.
Jer 51,39 wenn sie vor G. brennen
Wsh 19,11 von G. getrieben, um Speise baten
Sir 23,22 wer voll brünstiger G. ist
Mt 23,25 innen aber sind sie voller Raub und G.

gieren

Hi 39,30 seine Jungen g. nach Blut
Jer 6,13 sie g. alle nach unrechtem Gewinn 8,10

gierig

Spr 13,2 die Verächter sind g. nach Frevel
    23,2 wenn du g. bist
    28,15 ein Gottloser... ist wie ein g. Bär
Jes 56,11 es sind g. Hunde, die nie satt werden
Sir 37,32 sei nicht g. bei leckeren Speisen
1Th 4,5 nicht in g. Lust wie die Heiden
Heb 10,27 das g. Feuer, das die Widersacher verzehren wird

gießen (s.a. gegossen)

1Mo 28,18 nahm den Stein und g. Öl oben darauf 35,14
2Mo 4,9 g. (Wasser) auf das trockene Land
    24,6 Hälfte des Blutes und g. es in die Becken
    25,12 g. vier goldene Ringe 37,3.13; 38,5
    26,37 sollst Füße aus Kupfer g. 36,36; 38,27
    29,7 sollst das Salböl auf sein Haupt g. 30,32; 3Mo 8,12; 21,10
3Mo 2,1 Speisopfer... er soll Öl darauf g. 6
    4,7 Blut an den Fuß des Brandopferaltars g. 18. 25.30.34; 8,15; 9,9; 4Mo 18,17; 5Mo 12,27
    5,11 soll kein Öl darauf g. 4Mo 5,15
    11,38 wenn man Wasser über den Samen geg. hat
    14,15 soll von dem Öl in seine linke Hand g. 26
5Mo 12,16 Blut sollst du auf d. Erde g. 24; 15,23
1Sm 10,1 g. (Öl) auf sein Haupt 2Kö 9,3.6
2Sm 14,14 sind wie Wasser, das auf die Erde geg.
1Kö 7,15 er g. zwei Säulen aus Kupfer
    46 ließ sie der König g. in Adama 2Ch 4,17
    18,34 holt Wasser und g. es auf das Brandopfer
2Kö 3,11 Elisa, der Elia Wasser auf die Hände g.
    4,4 g. in alle Gefäße
    16,13 g. darauf sein Trankopfer
Jes 40,19 der Meister g. ein Bild
    44,3 will Wasser g. auf das Durstige... will meinen Geist auf deine Kinder g.
    10 wer sind sie, die einen Götzen g.
    48,5 mein Abgott, der geschnitzt oder geg. wurde
Jer 48,11 Moab ist nie aus einem Faß ins andre geg.
Hos 13,2 aus ihrem Silber g. sie Bilder
2Ma 1,21 sollten Wasser über das Holz g. 31
Mt 26,7 g. es auf sein Haupt, als er zu Tisch saß 12; Mk 14,3
Lk 10,34 ging zu ihm, g. Öl und Wein auf seine Wunden
Jh 13,5 danach g. er Wasser in ein Becken

Gießerei

1Kö 7,46 in der G. von Adama 2Ch 4,17

Gift

5Mo 29,17 Wurzel, die G. und Wermut hervorbringt
    32,24 will unter sie schicken der Schlangen G.
    32 ihre Trauben sind G. 33
Hi 6,4 mein Geist muß ihr G. trinken
Ps 58,5 sind voller G. wie eine giftige Schlange
Jer 9,14 ich will dies Volk mit G. tränken 23,15
Hos 13,14 Tod, ich will dir ein G. sein
Am 6,12 ihr wandelt das Recht in G.
Sir 25,21 kein G. so stark wie Schlangengift
2Ma 10,13 er nahm sich mit G. das Leben
Jak 3,8 die Zunge, voll tödlichen G.

giftig

Ps 58,5 sind voller Gift wie eine g. Schlange
    64,4 die mit ihren g. Worten zielen
    109,3 reden g. wider mich allenthalben
Jes 14,29 wird eine g. Natter kommen
Jer 8,14 wird uns tränken mit einem g. Trank
Hos 10,4 ihr Recht grünt wie g. Kraut
Wsh 6,25 will mit g. Neid nichts zu tun haben
    16,10 konnten die g. Drachen nicht schaden

Gihon

1Mo 2,13 ¹der zweite Strom heißt G.
Sir 24,37 das Gesetz... wie der G. im Herbst
1Kö 1,33 ²führt ihn hinab zum G. 38.45
2Ch 32,30 der die Wasserquelle des G. verschloß
    33,14 baute die äußere Mauer zum G. hin

Gilalai

Neh 12,36 (Priester mit Trompeten, nämlich) G.

Gilboa

1Sm 28,4 auf dem Gebirge G. 31,1.8; 2Sm 1,6.21; 21,12; 1Ch 10,1.8

Gilead, Gileaditer

1Mo 31,21 ¹richtete seinen Weg nach dem Gebirge G. 23.25; Hl 4,1; 6,5

1Mo	37,25	²sahen eine Karawane kommen von G.
4Mo	32,1	Ruben und Gad sahen G. an als gute Weide 26.29; 5Mo 3,12.16; 4,43; Jos 13,25; 20,8; 21,38; 1Ch 5,9.10.16
	40	gab Mose dem Machir, dem Sohn Manasses, G. 39; 5Mo 3,13.15; Jos 12,2.5; 13,11.31; 17,1.5.6; 22,9.13.15.32; 1Ch 27,21
5Mo	2,36	von... bis G. war keine Stadt, die sich vor uns schützen konnte 3,10
	4,43	Ramot in G. Jos 20,8; 21,38; 1Kö 4,13; 22,3.4.6.12.15.20.29; 2Kö 8,28; 9,1.4.14; 1Ch 6,65; 2Ch 18,2.3.5.11.14.19.28; 22,5
	34,1	das ganze Land: G. bis nach Dan Ri 20,1
Ri	5,17	G. blieb jenseits des Jordan
	10,4	heißen „Dörfer Jaïrs" und liegen in G. 3; 1Kö 4,13; 1Ch 2,22
	8	im Land der Amoriter, das in G. liegt 17.18; 11,5-11.29; 12,4.5.7
	12,5	die G. besetzten die Furten
	21,8	Jabesch in G. 9.10.12.14; 1Sm 11,1.9; 31,11; 2Sm 2,4; 21,12; 1Ch 10,11
1Sm	13,7	es gingen auch Hebräer ins Land G.
2Sm	2,9	machte (Isch-Boschet) zum König über G.
	17,26	Israel und Absalom lagerten sich in G. 24,6; 1Kö 4,19
	27	Barsillai, ein G. 19,32; 1Kö 2,7; Esr 2,61; Neh 7,63
1Kö	17,1	Elia, der Tischbiter, aus Tischbe in G.
2Kö	10,33	(Hasaël schlug) das ganze Land G... G. und Baschan 15,29
	15,25	mit ihm waren 50 Mann von den G.
1Ch	26,31	Jaser in G.
Ps	60,9	G. ist mein, mein ist Manasse 108,9
Jer	8,22	ist denn keine Salbe in G. 46,11
	22,6	ein G. warst du mir, ein Gipfel im Libanon
	50,19	daß sie weiden auf dem Gebirge G.
Hes	47,18	Grenze gegen Osten... zwischen G. u. Israel
Hos	6,8	G. ist eine Stadt voller Übeltäter 12,12
Am	1,3	G. mit Dreschschlitten gedroschen 13
Ob	19	werden besitzen... Benjamin das Gebirge G.
Mi	7,14	laß sie in Baschan und G. weiden
Sa	10,10	will sie ins Land G. bringen
1Ma	5,9	die Heiden auch in G. gegen die Israeliten 25.45
	17	wollen nach G. ziehen 20.55; 13,22
	36	eroberte... und die anderen Städte in G.
4Mo	26,29	³Machir zeugte G. 30; 27,1; 36,1; Jos 17,1.3; 1Ch 2,21.23; 7,14.17
Ri	11,1	⁴G. hatte Jeftah gezeugt 2.40; 12,7
1Ch	5,14	⁵G., des Sohnes Michaels

Gilgal (= Bet-Gilgal)

5Mo	11,30	G. gegenüber bei der Eiche More
Jos	4,19	in G., östlich der Stadt Jericho 5,9.10; 9,6; 10,6.7.9.15.43; 14,6
	20	die zwölf Steine richtete Josua auf in G.
Ri	2,1	kam der Engel des HERRN herauf von G.
	3,19	(Ehud) kehrte um bei d. Steinbildern zu G.
1Sm	7,16	(Samuel) kam nach Bethel und G.
	10,8	sollst vor mir hinabgehen nach G. 11.14.15
	13,4	um Saul nach G. zu folgen 7.8.12.15; 15,12.21
	15,33	Samuel hieb den Agag in Stücke in G.
2Sm	19,16	waren die Männer Judas nach G. gekommen 41
2Kö	2,1	gingen Elia und Elisa von G. weg 4,38
Hos	4,15	geht nicht hin nach G. Am 5,5
	9,15	all ihre Bosheit geschieht zu G.
	12,12	in G... opfern sie Stiere
Am	4,4	kommt nach G., um noch mehr zu sündigen

Mi	6,5	wie du hinüberzogst von Schittim nach G.
1Ma	9,2	sie zogen nach G.

Gilo, Giloniter

Jos	15,51	(Städte des Stammes Juda:) G.
2Sm	15,12	zu Ahitofel, dem G... aus G. 23,34

Gimso

2Ch	28,18	die Philister eroberten G.

Ginat, Ginath

1Kö	16,21	Tibni, dem Sohn G. 22

Ginneton, Ginnethon

Neh	10,7	¹G. (das sind die Priester)
	12,16	²von G.: Meschullam 4

Ginsterwurzel

Hi	30,4	G. ist ihre Speise

Gipfel

2Mo	19,20	Sinai, oben auf seinen G. 24,17; 34,2
4Mo	21,20	liegt bei dem G. des Pisga 23,14.28; 5Mo 3,27; 34,1
Jos	15,8	(die Grenze) kommt auf den G. des Berges
Ri	9,7	stellte sich auf den G. 1Sm 26,13
1Kö	18,42	ging Elia auf den G. des Karmel
Ps	68,16	reich an G., ist Baschans Gebirge 17
Jer	22,6	ein Gilead, ein G. im Libanon

Girgaschiter

1Mo	10,16	(Kanaan zeugte) den G. 1Ch 1,14
	15,21	(deinen Nachkommen geben:) die G. 5Mo 7,1; Jos 3,10; 24,11; Neh 9,8

Girsiter

1Sm	27,8	David fiel ins Land der G. ein

Gischpa

Neh	11,21	Ziha und G. waren über die Tempelsklaven

Gittajim

2Sm	4,3	flohen die Beerotiter nach G.
Neh	11,33	(die Söhne Benjamin wohnten in) G.

Gitter

2Mo	27,5	daß das G. bis zur Mitte des Altars reiche 35,16; 38,5; 39,39
Ri	5,28	die Mutter Siseras klagte durchs G.
2Kö	1,2	Ahasja fiel durch das G. und wurde krank
Spr	7,6	am Fenster guckte ich durchs G. Hl 2,9
Hes	41,25	ein G. aus Holz war vor der Vorhalle

Gitterwerk

2Mo	27,4	sollst ein G. aus Kupfer machen 38,4.30
1Kö	7,17	war an jedem Knauf G. 18.20.41.42; 2Kö 25,17; 2Ch 3,16; 4,12.13; Jer 52,22.23

Gittit

Gittit, *Gittith*

Ps 8,1 vorzusingen, auf der G. 81,1; 84,1

Glanz

1Mo 29,17 Leas Augen waren ohne G.
2Sm 22,13 aus dem G. brach hervor Feuer Ps 18,13
Hi 3,4 kein G. soll über ihm scheinen
     37,22 um Gott her ist schrecklicher G.
Ps 50,2 aus Zion bricht an der schöne G. Gottes
     89,45 du hast seinem G. ein Ende gemacht
Jes 60,3 ziehen zum G., der über dir aufgeht
     19 der G. des Mondes soll dir nicht leuchten, sondern dein Gott wird dein G. sein
     62,1 seine Gerechtigkeit aufgehe wie ein G.
Hes 1,4 G. war rings um sie her 27; 8,2
     10,4 erfüllt mit dem G. der Herrlichkeit
     28,7 sollen deinen G. entweihen 17
Dan meine Herrlichkeit und G. kamen an mich
     12,3 die lehren, leuchten wie des Himmels G.
Hab 3,4 sein G. war wie Licht
Wsh 7,10 G., der von ihr ausgeht, erlischt nicht
Tob 13,12 du wirst in hellem G. leuchten
Sir 43,4 die Sonne gibt hellen G. von sich
     50,12 verlieh dem Heiligtum herrlichen G. 1Ma 14,15; 2Ma 5,16
Bar 4,24 kommen wird mit dem G. des Ewigen
     5,3 Gott wird deinen G. offenbaren
2Ma 15,13 um ihn war ein wunderbarer G.
Apg 26,13 ein Licht, heller als der G. der Sonne
1Ko 15,41 ein Stern unterscheidet sich vom andern durch seinen G.
Off 18,1 die Erde wurde erleuchtet von seinem G.

glänzen

2Mo 34,29 die Haut seines Angesichts g. 30.35
Hi 39,23 auf ihm g. Spieß und Lanze
Ps 68,14 g. es wie Flügel der Tauben
Spr 4,18 der Gerechten Pfad g. wie das Licht
Jes 22,6 Kir läßt seine Schilde g.
Hes 1,7 ihre Füße g. wie Kupfer
     28 wie der Regenbogen, so g. es 10,1; 28,14
Dan 2,31 ein hell g. Bild stand vor dir
Nah 2,4 sein Heervolk g. in Purpur 3; 3,3
Hab 3,11 beim G. deiner Pfeile verblassen sie
Sa 9,16 wie edle Steine werden sie g.
Sir 43,13 er zieht am Himmel einen g. Bogen
Bar 6,24 Gold g. nicht, wenn man nicht
Lk 9,29 sein Gewand wurde weiß und g.
     24,4 zwei Männer mit g. Kleidern
Off 18,14 alles, was g. und herrlich war, ist

Glas

Hi 28,17 edles G. kann man ihr nicht gleichachten
Spr 23,31 wie (der Wein) im G. so schön steht
Mt 26,7 hatte ein G. mit kostbarem Salböl Mk 14,3; Lk 7,37
Off 21,18 aus reinem Gold, gleich reinem G. 21

gläsern

Off 4,6 vor dem Thron war es wie ein g. Meer 15,2

glasieren

Sir 38,24 muß daran denken, wie er's fein g.

glatt

1Mo 27,11 mein Bruder Esau ist rauh, ich bin g. 16
1Sm 17,40 (David) wählte 5 g. Steine aus dem Bach
Ps 55,22 ihr Mund ist g. als Butter
Spr 2,16 eine Fremde, die g. Worte gibt 5,3; 6,24; 7,5. 21
     18,8 Worte des Verleumders gehen g. ein 26,22
     23,31 (der Wein) geht g. ein Hl 7,10
     26,23 g. Lippen, das ist wie Tongeschirr
     28 g. Lippen richten Verderben an
Jes 18,2 zum Volk, das hochgewachsen und g. ist 7
     41,7 machen mit dem Hammer das Blech g.
     57,6 bei den g. Steinen im Tal ist dein Teil
Jer 23,12 ist ihr Weg wie ein g. Weg
Hes 1,7 ihre Füße glänzten wie g. Kupfer Dan 10,6
Sir 22,20 wie eine gute Tünche an g. Wand

glätten

2Ch 4,16 samt allen Gefäßen von geg. Kupfer

Glatze

3Mo 13,41 entsteht eine G., so ist er rein 42.43
     21,5 sollen keine G. scheren auf ihrem Haupt
Jes 3,24 wird sein eine G. statt lockigen Haars
Bar 6,31 die Priester tragen G.

Glaube

2Kö 12,16 handelten auf Treu und G. 22,7; 2Ch 34,12
Jes 26,2 das gerechte Volk, das den G. bewahrt
     33,8 man hält nicht Treu und G.
Hab 2,4 der Gerechte wird durch s. G. leben Rö 1,17
Tob 2,18 die im G. treu und fest an ihm bleiben
     5,2 was... damit er mir G. schenkt
1Ma 2,52 Abraham blieb im G. fest
     7,18 Alkimus nicht nach Treu und G. gehandelt
     8,1 daß sie Treu und G. hielten
2Ma 8,1 was bei dem G. der Juden geblieben war
     11,19 werdet ihr... Treue und G. halten
     14,38 war wegen seines jüdischen G. verklagt
Mt 8,10 solchen G. bei keinem gefunden Lk 7,9
     9,2 als Jesus ihren G. sah, sprach er Mk 2,5; Lk 5,20
     22 dein G. hat dir geholfen Mk 5,34; 10,52; Lk 7,50; 8,48; 17,19; 18,42
     29 euch geschehe nach eurem G.
     15,28 dein G. ist groß
     17,20 wenn ihr G. habt wie ein Senfkorn Lk 17,6
     21,21 wenn ihr G. habt und nicht zweifelt
     23,23 laßt beiseite die Barmherzigkeit und den G.
Mk 4,40 habt ihr noch keinen G.
     11,22 Jesus antwortete ihnen: Habt G. an Gott
Lk 8,25 er sprach zu ihnen: Wo ist euer G.
     17,5 sprachen zu dem Herrn: Stärke uns den G.
     18,8 meinst du, er werde G. finden auf Erden
     22,32 für dich gebeten, daß dein G. nicht aufhöre
Jh 20,31 damit ihr durch den G. das Leben habt
Apg 3,16 der G. hat diesem die Gesundheit gegeben
     6,5 sie wählten Stephanus, einen Mann voll G.
     7 es wurden viele Priester dem G. gehorsam
     9,42 viele kamen zum G. an den Herrn
     11,17 uns, die wir zum G. gekommen sind
     24 ein bewährter Mann, voll hl. Geistes und G.
     13,8 versuchte, den Statthalter vom G. abzuhalten
     14,22 ermahnten sie, im G. zu bleiben
     27 verkündeten, wie (Gott) den Heiden die Tür des G. aufgetan hätte

Glaube

Apg	15,9	ihre Herzen gereinigt durch den G.
	16,5	da wurden die Gemeinden im G. gefestigt
	34	freute sich, daß er zum G. gekommen war
	17,31	hat jedermann den G. angeboten
	20,21	habe Juden und Griechen bezeugt den G.
	24,24	hörte ihn über den G. an Christus Jesus
	25,19	sie hatten Streit mit ihm über Fragen ihres G.
	26,5	nach der allerstrengsten Richtung unsres G.
	18	die geheiligt sind durch den G. an mich
Rö	1,5	den Gehorsam des G. aufzurichten unter allen Heiden 16,26
	8	daß man von eurem G. in aller Welt spricht
	12	getröstet durch euren und meinen G.
	17	die Gerechtigkeit, welche kommt aus G. in G.
	3,22	die da kommt durch den G. an Jesus Christus
	25	den hat Gott für den G. hingestellt als Sühne
	26	den, der da ist aus dem G. an Jesus
	27	nein, sondern durch das Gesetz des G.
	28	daß der Mensch gerecht wird allein durch den G. Gal 2,16
	30	der gerecht macht die Juden aus dem G. und die Heiden durch den G.
	31	heben wir das Gesetz auf durch den G.
	4,5	dem wird sein G. gerechnet zur Gerechtigkeit 9.11
	11	als Siegel der Gerechtigkeit des G.
	12	auch gehen in den Fußtapfen des G.
	13	die Verheißung ist Abraham zuteil geworden durch die Gerechtigkeit des G.
	14	wenn... dann ist der G. nichts
	16	deshalb muß die Gerechtigkeit durch den G. kommen
	19	er wurde nicht schwach im G.
	20	wurde stark im G. und gab Gott die Ehre
	5,1	da wir gerecht geworden sind durch den G.
	2	durch ihn haben wir auch den Zugang im G. zu dieser Gnade
	9,30	Gerechtigkeit, die aus dem G. kommt
	32	die Gerechtigkeit nicht aus dem G. sucht
	10,6	die Gerechtigkeit aus dem G. spricht so
	8	dies ist das Wort vom G., das wir predigen
	17	so kommt der G. aus der Predigt
	11,20	du aber stehst fest durch den G.
	12,3	wie Gott das Maß des G. ausgeteilt hat
	6	so übe er sie dem G. gemäß
	14,1	den Schwachen im G. nehmt an
	22	den du hast, behalte vor Gott
	23	was nicht aus dem G. kommt, das ist Sünde
	15,13	Gott erfülle euch mit Frieden im G.
1Ko	2,5	damit euer G. nicht stehe auf Menschenweisheit
	12,9	(wird gegeben) einem andern G.
	13,2	hätte allen G., so daß ich Berge versetzen könnte
	13	nun bleiben G., Hoffnung, Liebe, diese drei
	15,14	so ist euer G. vergeblich 17
	16,13	wachet, steht im G., seid mutig und stark
2Ko	1,24	nicht daß wir Herren wären über euren G.
	4,13	weil wir denselben Geist des G. haben
	5,7	wir wandeln im G. und nicht im Schauen
	8,7	reich im G. und im Wort
	10,15	daß wir, wenn euer G. in euch wächst, zu Ehren kommen
	13,5	erforscht euch selbst, ob ihr im G. steht
Gal	1,23	der uns verfolgte, der predigt jetzt den G.
	2,16	auch wir zum G. gekommen, damit wir
Gal	2,20	lebe ich im G. an den Sohn Gottes
	3,2	habt ihr den Geist empfangen durch die Predigt vom G. 5
	7	die aus dem G. sind, das sind Abrahams Kinder 9
	8	daß Gott die Heiden durch den G. gerecht macht
	12	das Gesetz ist nicht „aus G."
	14	damit wir den verheißenen Geist empfingen durch den G.
	22	die Verheißung durch den G. an Jesus Christus
	23	ehe der G. kam, waren wir unter dem Gesetz
	24	damit wir durch den G. gerecht würden
	25	nachdem der G. gekommen ist
	26	ihr seid alle durch den G. Gottes Kinder
	5,5	wir warten im Geist durch den G.
	6	der G., der durch die Liebe tätig ist
	22	*die Frucht des Geistes ist G.*
	6,10	Gutes tun an des G. Genossen
Eph	1,15	nachdem ich gehört habe von dem G. bei euch Kol 1,4; Phm 5
	2,8	aus Gnade seid ihr selig geworden durch G.
	3,12	in aller Zuversicht durch den G. an ihn
	17	daß Christus durch den G. in euren Herzen wohne
	4,5	ein Herr, ein G., eine Taufe
	13	bis wir alle hingelangen zur Einheit des G.
	6,16	ergreift den Schild des G.
	23	Friede sei mit den Brüdern und Liebe mit G. von Gott
Phl	1,25	euch zur Förderung und zur Freude im G.
	27	mit uns kämpft für den G. des Evangeliums
	2,17	wenn ich auch geopfert werde bei dem Opfer eures G.
	3,9	Gerechtigkeit, die durch den G. kommt
Kol	1,23	wenn ihr bleibt im G., gegründet und fest
	2,5	freue mich, wenn ich euren festen G. sehe
	7	seid fest im G., wie ihr gelehrt worden seid
	12	mit ihm seid ihr auferstanden durch den G.
1Th	1,3	denken ohne Unterlaß an euer Werk im G.
	8	an allen Orten ist euer G. an Gott bekannt
	3,2	zu stärken und zu ermahnen in eurem G.
	5	um zu erfahren, wie es mit eurem G. steht
	6	hat uns Gutes berichtet von eurem G.
	7	sind wir getröstet worden durch euren G.
	10	um zu ergänzen, was an eurem G. noch fehlt
	5,8	angetan mit dem Panzer des G.
2Th	1,3	euer G. wächst sehr
	4	darum rühmen wir uns euer wegen eures G.
	11	daß unser Gott vollende das Werk des G.
	2,13	zur Seligkeit erwählt, im G. an die Wahrheit
	3,2	der G. ist nicht jedermanns Ding
1Ti	1,2	(Paulus) an Timotheus, meinen rechten Sohn im G. Tit 1,4
	4	als daß sie dem Ratschluß Gottes im G. dienen
	5	die Hauptsumme ist Liebe aus ungefärbtem G.
	14	samt dem G. und der Liebe
	15	das ist wahr u. in allem Wort, des G. wert 4,9
	19	haben einige am G. Schiffbruch erlitten
	2,7	als Lehrer der Heiden im G.
	15	wenn sie bleiben mit Besonnenheit im G.
	3,9	das Geheimnis des G. mit reinem Gewissen bewahren
	13	erwerben sich selbst große Zuversicht im G.
	16	groß ist das Geheimnis des G.
	4,1	daß einige von dem G. abfallen werden

Glaube

1Ti	4,6	ein guter Diener Christi, auferzogen in den Worten des G.
	12	du aber sei ein Vorbild im G.
	5,8	hat er den G. verleugnet
	6,3	bleibt nicht bei der Lehre, die dem G. gemäß
	10	sie sind vom G. abgeirrt 21
	11	jage nach dem G. 2Ti 2,22
	12	kämpfe den guten Kampf des G.
2Ti	1,5	erinnere mich an den ungefärbten G. in dir
	13	halte dich an das Vorbild der Worte im G.
	2,18	und bringen einige vom G. ab
	3,8	es sind Menschen, untüchtig zum G.
	10	du bist mir gefolgt im G.
	15	die dich unterweisen kann zur Seligkeit durch den G. an Christus Jesus
	4,7	den Lauf vollendet, ich habe G. gehalten
Tit	1,1	nach dem G. der Auserwählten Gottes
	13	damit sie gesund werden im G. 2,2
	3,8	alle, die zum G. an Gott gekommen sind
	15	grüße alle, die uns lieben im G.
Phm	6	daß der G. in dir kräftig werde
1Pt	1,5	durch den G. bewahrt werdet zur Seligkeit
	7	damit euer G. als echt befunden werde
	9	wenn ihr das Ziel eures G. erlangt
	21	damit ihr G. und Hoffnung zu Gott habt
	5,9	dem widersteht, fest im G.
2Pt	1,1	an alle, die mit uns denselben teuren G. empfangen haben
	5	erweist in eurem G. Tugend
1Jh	5,4	unser G. ist der Sieg, der die Welt überwunden
Heb	6,1	mit dem G. an Gott
	12	derer, die durch G. die Verheißungen ererben
	10,22	laßt uns hinzutreten in vollkommenem G.
	11,1	es ist der G. eine feste Zuversicht auf das, was man hofft
	2	durch diesen G. haben die Vorfahren Gottes Zeugnis empfangen
	3	durch den G. 4-9.11.13.17.20-24.27-31
	33	durch den G. Königreiche bezwungen
	39	durch den G. Gottes Zeugnis empfangen
	12,2	Jesus, dem Anfänger und Vollender des G.
	13,7	ihr Ende schaut an und folgt ihrem G. nach
Jak	1,3	wißt, daß euer G. Geduld wirkt
	6	er bitte im G. und zweifle nicht
	2,1	haltet den G. an Jesus Christus frei von allem Ansehen der Person
	5	erwählt die Armen in der Welt, die im G. reich
	14	kann denn der G. ihn selig machen
	17	so ist der G., wenn er nicht Werke hat, tot
	18	du hast G., und ich habe Werke
	20	daß der G. ohne Werke nutzlos ist 26
	22	durch die Werke ist der G. vollkommen geworden
	24	daß der Mensch durch Werke gerecht wird, nicht durch G. allein
	5,15	das Gebet des G. wird dem Kranken helfen
Jud	3	daß ihr für den G. kämpft
	20	erbaut euch auf euren allerheiligsten G.
Off	2,13	du hast den G. an mich nicht verleugnet
	19	ich kenne deine Liebe und deinen G.
	13,10	hier ist Geduld und G. der Heiligen
	14,12	die da halten den G. an Jesus

glauben

1Mo	15,6	Abram g. dem HERRN Rö 4,3; Gal 3,6; Jak 2,23
	42,20	so will ich euren Worten g.
	45,26	(Jakob) g. ihnen nicht
2Mo	4,1	Mose sprach: sie werden mir nicht g. 8.9
	5	g., daß dir erschienen ist der HERR 8
	31	das Volk g. 14,31; 19,9
4Mo	14,11	wie lange wollen sie nicht an mich g.
	20,12	weil ihr an mich nicht geg. habt
5Mo	1,32	trotzdem g. ihr dem HERRN nicht 9,23; Ps 78,22.32; 106,24
1Sm	27,12	und Achisch g. David
1Kö	10,7	hab's nicht g. wollen 2Ch 9,6
2Kö	17,14	die nicht an den HERRN g.
2Ch	20,20	g. an den HERRN... g. seinen Propheten
	32,15	laßt euch nicht betrügen und g. ihm nicht
Hi	9,16	g. ich nicht, daß er meine Stimme hört
	15,22	g. nicht, daß er entrinnen könne
Ps	27,13	ich g. doch, daß ich sehen werde die Güte
	90,11	wer g.'s aber, daß du so sehr zürnest
	92,7	ein Törichter g. das nicht
	106,12	da g. sie an seine Worte
	116,10	ich g., auch wenn ich sage
	119,66	ich g. deinen Geboten
Spr	14,15	ein Unverständiger g. noch alles
	26,25	Stimme holdselig macht, so g. ihm nicht
Jes	7,9	g. ihr nicht, so bleibt ihr nicht
	28,16	wer g., der flieht nicht
	43,10	damit ihr mir g. und erkennt
	53,1	wer g. dem, was uns verkündet wurde Jh 12,38; Rö 10,16
Jer	4,22	mein Volk ist toll und g. mir nicht
	40,14	das wollte ihnen Gedalja nicht g.
Klg	4,12	es hätten's die Könige nicht geg.
Jon	3,5	da g. die Leute von Ninive an Gott
Mi	7,5	niemand g. seinem Nächsten
Hab	1,5	will tun, was ihr nicht g. werdet Apg 13,41
Jdt	8,22	laßt uns g., daß wir vom Herrn gezüchtigt
	14,6	Achior g. an Gott
Wsh	12,2	damit sie an dich, Herr, g.
	17	die an d. Macht nicht g.
	14,29	weil sie an leblose Götzen g.
	16,26	daß dein Wort ihn erhält, die an ihn g.
	18,6	die Verheißungen, an die sie g.
Tob	13,7	g., daß er euch Erbarmen erweist
Sir	2,15	weh den Verzagten! denn sie g. nicht
	18	die den Herrn fürchten, g. seinem Wort
	19,15	g. nicht alles, was du hörst
Bar	1,17	weil wir ihm nicht geg. haben
1Ma	1,32	als sie g., überfiel er
	2,59	Asarja und Mischaël g. und wurden errettet
	7,11	darum g. ihnen Judas nicht
	16	sie g. ihm 12,46; StD 1,41
Mt	8,13	geh hin; dir geschehe, wie du g. hast
	9,28	g. ihr, daß ich das tun kann
	18,6	einen dieser Kleinen, die an mich g. Mk 9,42
	21,22	wenn ihr g., so werdet ihr's empfangen Mk 11,24
	25	warum habt ihr ihm dann nicht geg. 32; Mk 11,31; Lk 20,5
	32	aber die Zöllner und Huren g. ihm
	24,23	sollt ihr's nicht g. 26; Mk 13,21
	27,42	dann wollen wir an ihn g. Mk 15,32
Mk	1,15	tut Buße und g. an das Evangelium
	5,36	fürchte dich nicht, g. nur Lk 8,50
	9,23	alle Dinge sind möglich dem, der da glaubt
	24	ich g.; hilf meinem Unglauben
	11,23	g., daß geschehen werde, was er sagt
	16,11	als diese hörten... g. sie es nicht 13.14; Lk 24,11
	16	wer g. und getauft wird, der wird selig werden

glauben

Mk	16,17	Zeichen, die folgen werden denen, die da g.
Lk	1,20	weil du meinen Worten nicht geg. hast
	45	selig bist du, die du geg. hast
	8,12	damit sie nicht g. und selig werden
	13	eine Zeitlang g. sie, und... fallen sie ab
	16,31	*so werden sie auch nicht g., wenn jemand*
	22,67	sage ich's euch, so g. ihr's nicht
	24,25	zu trägen Herzens, all dem zu glauben, was
	41	als sie noch nicht g. vor Freude
Jh	1,7	damit sie alle durch ihn g.
	12	gab Macht denen, die an seinen Namen g.
	50	du g., weil ich dir gesagt habe, daß
	2,11	seine Jünger g. an ihn
	22	g. der Schrift und dem Wort, das Jesus gesagt
	23	am Passafest g. viele an seinen Namen
	3,12	wie werdet ihr g., wenn ich euch von himmlischen Dingen sage
	15	damit alle, die an ihn g., das ew. Leben haben 16
	18	wer an ihn g., der wird nicht gerichtet
	36	wer an den Sohn g., der hat das ewige Leben 6,40.47
	4,21	g. mir, Frau, es kommt die Zeit, daß ihr
	39	es g. an ihn viele aus der Samariter 41.42
	48	wenn ihr nicht Zeichen seht, so g. ihr nicht
	50	der Mensch g. dem Wort, das Jesus sagte
	53	er g. mit seinem ganzen Hause
	5,24	wer g. dem, der mich gesandt hat
	38	ihr g. dem nicht, den er gesandt hat
	44	wie könnt ihr g., die ihr Ehre voneinander annehmt
	46	wenn ihr Mose g., so g. ihr auch mir 47
	6,29	daß ihr an den g., den er gesandt hat
	30	damit wir sehen und dir g.
	35	wer an mich g., den wird nimmermehr dürsten
	36	ihr habt mich gesehen und g. doch nicht
	64	es gibt einige unter euch, die g. nicht
	69	wir haben geg. und erkannt: Du bist der Heilige Gottes
	7,5	auch seine Brüder g. nicht an ihn
	31	viele aus dem Volk g. an ihn 8,30; 10,42; 11,45
	38	wer an mich g., von dessen Leib werden Ströme lebendigen Wassers fließen
	39	Geist, den die empfangen sollten, die an ihn g.
	48	g. denn einer von den Oberen oder Pharisäern an ihn
	8,24	wenn ihr nicht g., daß ich es bin, werdet ihr
	31	da sprach Jesus zu den Juden, die an ihn g.
	45	weil ich die Wahrheit sage, g. ihr mir nicht 46; 10,25.26
	9,18	g. die Juden nicht, daß er blind gewesen war
	35	g. du an den Menschensohn 36
	38	er sprach: Herr, ich g., und betete ihn an
	10,37	tue ich nicht die Werke meines Vaters, so g. mir nicht
	38	so g. sie aber, so g. doch den Werken
	11,15	ich bin froh um euretwillen, daß ich nicht dagewesen bin, damit ihr g.
	25	wer an mich g., der wird leben
	26	wer lebt und g. an mich, wird nimmermehr sterben
	27	ich g., daß du der Christus bist
	40	wenn du g., wirst du die Herrlichkeit Gottes sehen
	42	damit sie g., daß du mich gesandt 17,8.21
	48	lassen wir ihn so, dann werden sie alle an ihn g.
Jh	12,11	um seinetwillen. g. (viele Juden) an Jesus
	36	g. an das Licht, solange ihr's habt
	37	obwohl er Zeichen tat, g. sie nicht an ihn
	38	Herr, wer g. unserm Predigen Rö 10,16
	39	darum konnten sie nicht g., denn
	42	auch von den Oberen g. viele an ihn
	44	wer an mich g., der g. nicht an mich, sondern an den, der mich gesandt hat
	46	wer an mich g., nicht in der Finsternis bleibe
	13,19	damit ihr g., daß ich es bin 14,29
	14,1	g. an Gott und glaubt an mich
	10	g. du nicht, daß ich im Vater bin 11
	12	wer an mich g., der wird die Werke tun, die
	16,9	Sünde: daß sie nicht an mich g.
	27	weil ihr g., daß ich von Gott ausgegangen 30
	31	Jesus antwortete ihnen: Jetzt g. ihr
	17,20	ich bitte für die, die an mich g. werden
	19,35	daß er die Wahrheit sagt, damit auch ihr g.
	20,8	da ging der andere Jünger hinein, sah und g.
	25	kann ich's nicht g.
	29	selig sind, die nicht sehen und doch g.
	31	damit ihr g., daß Jesus der Christus ist
Apg	5,14	wuchs die Zahl derer, die an den Herrn g.
	8,12	als sie den Predigten des Philippus g.
	37	wenn du von ganzem Herzen g... ich g.
	9,26	sie g. nicht, daß er ein Jünger wäre
	10,43	alle, die an ihn g., Vergebung der Sünden empfangen sollen
	13,12	*als der Landvogt sah, g. er*
	39	ist der gerecht gemacht, der an ihn g. Rö 10,4
	14,9	merkte, daß er g., ihm könne geholfen werden
	15,7	daß durch meinen Mund die Heiden das Wort hörten und g.
	11	vielmehr g. wir, durch die Gnade des Herrn Jesus selig zu werden
	16,15	wenn ihr anerkennt, daß ich an den Herrn g.
	31	g. an den Herrn Jesus, so wirst du selig
	17,12	so g. nun viele von ihnen
	19,4	als einige verstockt waren und nicht g. 28,24
	22,19	daß ich die, die an dich g., gefangennahm
	24,14	daß ich allem g., was geschrieben im Gesetz
	26,27	du, König Agrippa, den Propheten? Ich weiß, daß du g.
	27,11	der Hauptmann g. dem Steuermann mehr
	25	ich g. Gott, es wird geschehen, wie mir gesagt
Rö	1,16	Kraft Gottes, die selig macht alle, die daran g.
	3,22	Gerechtigkeit, die da kommt zu allen, die g.
	4,5	der g. an den, der die Gottlosen gerecht macht
	11	so sollte er ein Vater werden aller, die g. 17
	18	geg. auf Hoffnung, wo nichts zu hoffen war
	24	wenn wir g. an den, der Jesus auferweckt hat
	6,8	g. wir, daß wir auch mit ihm leben werden
	9,33	wer an ihn g., soll nicht zuschanden werden 10,11; 1Pt 2,6
	10,9	wenn du in deinem Herzen g., daß
	10	wenn man von Herzen g., so wird man gerecht
	14	wie sollen sie den anrufen, an den sie nicht g.
	11,30	*wie ihr zuvor nicht habt an Gott geg. 31*
	14,2	der eine g., er dürfe alles essen
1Ko	1,21	selig zu machen, die daran g.
	11,18	zum Teil g. ich's
	13,7	(die Liebe) erträgt alles, sie g. alles

glauben

1Ko	15,11	so predigen wir, und so habt ihr geg.
2Ko	4,13	ich g., darum rede ich
Gal	3,22	die Verheißung gegeben würde denen, die g.
Eph	1,19	wie groß seine Kraft an uns (ist), die wir g.
Phl	1,29	euch gegeben, nicht allein an ihn zu g.
1Th	2,13	Gottes Wort, das in euch wirkt, die ihr g.
	4,14	wenn wir g., daß Jesus auferstanden ist
2Th	1,10	was wir euch bezeugt haben, das habt ihr geg.
	2,11	so daß sie der Lüge g.
	12	damit gerichtet werden alle, die der Wahrheit nicht g.
1Ti	1,16	zum Vorbild denen, die an ihn g. sollten
	3,16	er ist geg. in der Welt
2Ti	1,12	ich weiß, an wen ich g.
1Pt	1,8	(ihr) g. an ihn, obwohl ihr ihn nicht seht
	21	die ihr durch ihn glaubt an Gott
	2,7	für euch, die ihr g., ist es kostbar
	8	weil sie nicht an das Wort g.
	3,1	damit auch die, die nicht an das Wort g.
	4,17	die dem Evangelium Gottes nicht g.
1Jh	3,23	daß wir g. an den Namen seines Sohnes
	4,1	ihr Lieben, g. nicht einem jeden Geist
	16	wir haben erkannt und geg. die Liebe
	5,1	wer g., daß Jesus der Christus ist
	5	der g., daß Jesus Gottes Sohn ist
	10	wer an den Sohn Gottes g., der hat dieses Zeugnis in sich
	13	ihr g. an den Namen des Sohnes Gottes
Heb	4,2	das Wort half nichts, weil sie nicht g.
	3	wir, die wir g., gehen ein in die Ruhe
	10,39	von denen, die g. und die Seele erretten
	11,6	wer zu Gott kommen will, der muß g.
Jak	2,19	du g., daß nur einer Gott ist... die Teufel g.'s auch
Jud	5	das andere Mal die umbrachte, die nicht g.

Glaubenseifer

1Ma	2,44	erschlugen in ihrem G. viele Gottlose

gläubig

Ps	12,2	g. sind wenige unter den Menschenkindern
	31,24	die G. behütet der HERR
Sir	1,16	man findet (Weisheit) bei den G.
Jh	20,27	sei nicht ungläubig, sondern g.
Apg	2,44	die g. waren geworden 4,4; 8,13; 11,21; 13,12.48; 14,1.23; 15,5; 16,1; 17,34; 18,8.27; 19,2.18; 21,20
	4,32	die Menge der G. war ein Herz und eine Seele
	10,45	die g. gewordenen Juden entsetzten sich
	11,2	stritten die g. gewordenen Juden mit ihm
	16,15	wenn ihr mich achtet, daß ich g. bin
	21,25	wegen der g. gewordenen Heiden geschrieben
Rö	13,11	unser Heil ist näher... da wir g. wurden
1Ko	3,5	Diener, durch die ihr g. geworden seid
	7,14	die ungläubige Frau ist geheiligt durch den g. Mann
	14,22	die Zungenrede ein Zeichen nicht für die G.
	15,2	daß ihr umsonst g. geworden wärt
2Ko	6,15	was für ein Teil hat der G. mit dem Ungläubigen
Gal	3,9	gesegnet mit dem g. Abraham
Eph	1,1	Paulus an die G. in Christus Jesus Kol 1,2
	13	in ihm seid auch ihr, als ihr g. wurdet
1Th	1,7	ein Vorbild geworden für alle G.
	2,10	wie untadelig wir bei euch, den G., gewesen
2Th	1,10	daß er wunderbar erscheine bei allen G.
1Ti	4,3	daß sie mit Danksagung empfangen werden von den G.
	10	der Heiland aller Menschen, besonders der G.
	12	du aber sei den G. ein Vorbild im Wort
	5,16	wenn einer g. Frau Witwen anbefohlen sind
	6,2	welche g. Herren haben, sollen diese ehren
Tit	1,6	Mann einer einzigen Frau, der g. Kinder hat
Off	17,14	die mit ihm sind, sind die G.

Gläubiger

Spr	22,7	wer borgt, ist des G. Knecht
Jes	24,2	es geht dem G. wie dem Schuldner
	50,1	wer ist mein G.
Sir	29,35	daß er als G. gekränkt wird
Lk	7,41	ein G. hatte zwei Schuldner

glaubwürdig

2Ma	15,11	Erscheinung, die g. war

gleich

1Mo	1,26	Menschen machen, ein Bild, das uns g. sei
	5,3	Adam zeugte einen Sohn, ihm g.
	18,25	daß der Gerechte wäre g. wie der Gottlose
	34,15	zu Willen sein, wenn ihr uns g. werdet
	41,25	beide Träume des Pharao bedeuten das g.
2Mo	15,11	wer ist dir g. 1Ch 17,20; 2Ch 6,14; Ps 35,10; 71,19; 86,8; Jer 10;6.7
	26,2	alle (Teppiche) sollen g. sein 8
	30,32	sonst in der g. Mischung nicht herstellen
3Mo	25,31	soll man dem Feld des Landes g. rechnen
4Mo	9,6	traten vor Mose und Aaron am g. Tage
5Mo	4,16	Bildnis, das g. sei einem Mann oder Weib
	18,8	sollen g. Anteil haben 1Sm 30,24
	33,29	Israel! Wer ist g.
Jos	10,14	war kein Tag diesem g.
Ri	8,2	was hab ich getan, das eurer Tat g. sei
1Sm	10,24	(Saul) ist keiner g. im ganzen Volk
	26,15	wer ist dir g. in Israel
2Sm	7,9	g. dem Namen der Großen
	17,16	bleibe nicht, sondern geh g. hinüber
	18,11	warum schlugst du ihn nicht g. zu Boden
	22,34	macht meine Füße g. den Hirschen Ps 18,34
1Kö	6,25	hatten das g. Maß und die g. Gestalt
2Kö	18,32	in ein Land, das eurem Lande g. ist
Neh	5,5	sind von g. Fleisch und Blut
	6,4	antwortete ihnen in der g. Weise
	13,26	war doch kein König ihm g.
Hi	3,19	da sind klein und groß g.
	24,11	g. in den Gärten pressen sie Öl
	30,19	daß ich g. bin dem Staub
	37,18	kannst du g. ihm d. Wolkendecke ausbreiten
	40,9	kannst du mit g. Stimme donnern wie er
Ps	28,1	daß ich nicht g. werde denen 88,5; 143,7
	40,6	für dich ist nichts g.
	73,26	wenn mir g. Leib und Seele verschmachtet
	89,7	wer könnte dem HERRN g. sein
	115,8	die solche Götzen m., sind ihnen g. 135,18
Spr	26,4	g. du (dem Toren) nicht g. werdest
Pr	10,5	dies ist ein Unglück, g. einem Versehen
Hl	2,17	wende dich her... g. einer Gazelle
Jes	14,14	g. sein dem Allerhöchsten
	26,17	g. wie e. Schwangere, wenn sie gebären soll
	29,16	als ob der Ton dem Töpfer g. wäre
	31,4	g. wie ein Löwe brüllt
	40,25	mit wem vergleichen, dem ich g. sei 44,7; 46,5; Jer 49,19; 50,44

gleichen

Klg	4,2	nun den irdenen Töpfen g.
Hes	1,10	waren g... einem Adler
	16	die Räder waren alle vier g.
	26	sah es aus... einem Thron g.
	23,13	daß beide auf g. Weise unrein 38.39
	26,19	g. den Städten, in denen niemand wohnt
	31,2	wem bist du g. 8.18
	40,10	Pfeiler waren g. breit 22-35; 42,11; 46,22
	45,11	Scheffel und Eimer sollen g. sein
Dan	1,19	niemand gefunden, der Daniel g. war
	5,21	sein Herz wurde g. dem der Tiere
	7,5	ein anderes Tier war g. einem Bären 6
	10,16	siehe, einer, der einem Menschen g. war
Hos	5,10	die Oberen von Juda sind denen g., die
	11,8	wie kann ich dich preisgeben g. Adma
Wsh	6,8	er sorgt für alle g.
	7,3	die Erde, die alle in g. Weise trägt 6
	11,11	es wurden... in g. Weise geplagt
	14,9	Gott sind beide g. verhaßt
	15,17	der einem lebendigen Menschen g. ist
Tob	3,25	ihr Gebet zu g. Zeit vorgebracht worden
Sir	45,7	er hat Aaron g.
	49,16	niemand, der Henoch g. wäre 17
Bar	6,5	daß ihr den Heiden nicht g. werdet
	39	sie sind aus Holz, den Steinen g.
2Ma	4,16	die, denen sie g. werden wollten
	9,12	nicht meinen, er sei Gott g.
Mt	7,26	*der ist einem törichten Mann g.* Lk 6,47-49
	11,16	*dies Geschlecht ist den Kindern g.*
	13,20	der das Wort hört und es g. aufnimmt
	24	das Himmelreich ist g. *31.33.44.45.47; 18,23; 20,1; 22,2; 25,1;* Lk 13,18.19.21
	20,5	ging aus und tat g. also
	14	*ich will diesem letzten geben g. wie dir*
	21,2	g. werdet ihr eine Eselin finden
	30	er sprach g. also
	36	sie taten ihnen g. also
	22,39	das andere aber ist dem g.
	26,35	das g. sagten auch alle Jünger Mk 14,31
Lk	6,23	das g. haben ihre Väter den Propheten getan 26
	34	damit sie das G. bekommen
	7,31	mit wem d. Menschen vergleichen, und wem sind sie g. 32
	12,36	seid g. den Menschen, die auf ihren Herrn warten
	20,36	sie sind den Engeln g. und Gottes Kinder
	23,40	fürchtest dich nicht vor Gott, der du in g. Verdammnis bist
Jh	11,25	*der wird leben, ob er g. stürbe*
Apg	11,17	wenn Gott ihnen die g. Gabe gegeben wie uns
	14,11	die Götter sind den Menschen g. geworden
	17,29	nicht meinen, die Gottheit sei g. den goldenen Bildern
	18,3	weil er das g. Handwerk hatte
	28,4	*ob er g. dem Meer entgangen ist*
Rö	1,23	vertauscht mit einem Bild g. dem eines vergänglichen Menschen
	5,14	die nicht gesündigt hatten durch die g. Übertretung wie Adam
	6,5	ihm g.geworden sind in seinem Tod, so werden wir ihm auch in der Auferstehung g. sein
	8,29	daß sie g. sein sollten dem Bild seines Sohnes
	14,5	der andere hält alle Tage für g.
1Ko	4,15	*ob ihr g. 10.000 Zuchtmeister hättet*
	12,25	damit die Glieder in g. Weise füreinander sorgen
1Ko	15,39	nicht alles F. ist das g. Fleisch
Gal	5,12	sollen sie sich doch g. verschneiden lassen
Eph	6,9	ihr Herren, tut ihnen gegenüber das g.
Phl	2,2	daß ihr g. Liebe habt
	6	hielt es nicht für einen Raub, Gott g. zu sein
	7	ward den Menschen g.
	3,21	daß er g. werde seinem verherrlichten Leibe
1Th	2,2	*ob wir g. zuvor gelitten hatten*
Tit	1,1	*in g. Erkenntnis der Wahrheit*
1Jh	3,2	wenn es offenbar wird, werden wir ihm g. sein
Heb	2,17	daher mußte er seinen Brüdern g. werden
	4,11	damit nicht jemand zu Fall komme durch den g. Ungehorsam
	7,5	*diese g. ihnen von Abraham abstammen*
	10,1	alle Jahre muß 11
Jak	1,6	*wer zweifelt, ist g. wie die Meereswoge*
	23	*der ist g. einem Mann, der*
Off	1,13	einen, der war einem Menschensohn g. 14,14
	2,15	die sich an die Lehre... halten
	4,6	wie ein gläsernes Meer, g. dem Kristall
	7	die erste Gestalt war g. einem Löwen 13,2
	9,7	*die Heuschrecken sind g. Rossen* 10
	19	ihre Schwänze waren den Schlangen g.
	11,1	ein Rohr, einem Meßstab g.
	13,4	wer ist dem Tier g.
	16,13	drei unreine Geister, g. Fröschen
	18,18	wer ist g. der großen Stadt g.
	21,11	war g. dem alleredelsten Stein 18
	16	die Länge und die Breite der Stadt sind g.

gleichachten

Hi	19,11	a. mich seinen Feinden g.
	28,17	Gold und Glas kann man ihr nicht g.
Ps	88,5	denen gleichg., die in die Grube fahren
Klg	4,2	edlen Kinder Zions, dem Golde gleichg.

gleichen

2Sm	14,20	mein Herr g. an Weisheit dem Engel Gottes
Hi	15,33	er g. dem Weinstock
	28,16	ihr g. nicht Gold von Ofir
Ps	89,7	wer in den Wolken könnte dem HERRN g.
Spr	8,11	was man wünschen mag, kann ihr nicht g.
	17,14	wer Streit anfängt, g. dem, der
Hl	2,9	mein Freund g. einer Gazelle
	7,8	deine Brüste g. den Weintrauben
Jes	46,9	ein Gott, dem nichts g.
	66,3	g. dem... der Götzen verehrt
Hes	24,6	wehe der Stadt, die einem Topf g.
Tob	7,2	wie g. der junge Mann doch meinem Vetter
Sir	23,15	gibt eine Art zu reden, die dem Tod g.
	30,16	kein Gut g. der Freude des Herzens
Mt	6,8	darum sollt ihr ihnen nicht g.
	7,24	wer... g. einem klugen Mann 26
	11,16	dieses Geschlecht g. den Kindern, die
	13,24	das Himmelreich g. einem Menschen, der 33. 44.45.47; Lk 13,21
	52	darum g. jeder Schriftgelehrte... einem Hausvater
Lk	6,47	ich will euch zeigen, wem er g. 48.49
	13,18	wem g. das Reich Gottes
Heb	7,3	so g. er dem Sohn Gottes
Jak	1,6	wer zweifelt, der g. einer Meereswoge
	23	der g. einem Mann, der sein leibliches Angesicht im Spiegel beschaut
Off	9,7	ihr Antlitz g. der Menschen Antlitz

gleichermaßen

gleichermaßen
Sir 33,7 obwohl alle Tage g. von der Sonne herkommen
Heb 2,14 hat auch er's g. angenommen

gleicherweise
Jh 5,19 das tut g. auch der Sohn
Apg 14,1 daß sie g. in die Synagoge gingen
15,11 selig zu werden, g. wie auch sie
Rö 11,30 g. wie ihr nicht habt an Gott geglaubt
12,4 g. wie wir an einem Leibe viele Glieder
2Ti 3,8 g. wie... dem Mose widerstanden
Jud 7 die g. wie sie Unzucht getrieben haben

gleichgesinnt
1Pt 3,8 seid allesamt g., mitleidig, brüderlich

gleichgestaltet
Phl 3,10 (ich möchte) seinem Tode gleichg. werden

gleichgültig
2Ma 5,17 der Grund, daß Gott so g. blieb

gleichkommen
Sir 26,20 nichts k. einer solchen Frau g.

gleichmachen
2Sm 22,34 er m. meine Füße g. den Hirschen Ps 18,34
Jes 27,9 er wird alle zerstoßenen Kalksteinen g.
51,23 du m. deinen Rücken dem Erdboden g.
Wsh 13,13 er m.'s dem Bild eines Menschen g.
2Ma 9,14 (die hl. Stadt) dem Erdboden g. 14,33
Mt 20,12 du hast sie uns g. gem.
Lk 19,44 werden dich dem Erdboden g.
Jh 5,18 m. sich selbst Gott g.

gleichmäßig
2Ma 8,30 sie teilten die Beute g. unter sich

Gleichnis
2Mo 20,4 sollst dir kein Bildnis noch G. machen
4Mo 12,8 nicht durch dunkle Worte oder G.
Spr 1,6 daß er verstehe Sprüche und G.
Hes 17,2 lege Israel ein Rätsel vor und ein G. 24,3
Sir 39,3 muß den verborgenen Sinn der G. erforschen
47,18 alle Lande bewunderten deine G.
Mt 13,3 er redete zu ihnen in G. 24.31.33; 22,1; Mk 3,23; 12,1; Lk 5,36; 6,39; 8,4; 12,16; 13,6; 14,7; 15,3; 18,1.9; 19,11; 20,9; 21,29; Jh 10,6
10 warum redest du in G.
13 darum rede ich in G.
18 hört nun dies G. von dem Sämann 21,33
34 das alles redete Jesus in G.
35 ich will meinen Mund auftun in G.
36 deute uns das G. vom Unkraut 15,15
53 als Jesus diese G. vollendet hatte
21,45 als die Pharisäer seine G. hörten
24,32 an dem Feigenbaum lernt ein G. Mk 13,28
Mk 4,2 er lehrte sie vieles in G.
10 fragten ihn nach den G. 7,17; Lk 8,9

Mk 4,11 denen draußen widerfährt es in G. Lk 8,10
13 versteht ihr dies G. nicht
30 durch welches G. wollen wir es abbilden
33 durch viele solche G. sagte er ihnen das Wort
34 ohne G. redete er nicht zu ihnen
12,12 daß er auf sie hin dies G. gesagt hatte Lk 20,19
Lk 8,11 das G. aber bedeutet dies
12,41 Herr, sagst du dies G. zu uns oder zu allen
Gal 4,25 ist ein G. für das jetzige Jerusalem
Heb 9,9 der ist ein G. für die gegenwärtige Zeit
11,19 deshalb bekam er ihn als G. dafür wieder

gleichrechnen
3Mo 25,31 soll man es dem Feld des Landes g.
Jes 53,12 dafür daß er den Übeltätern gleichg. ist

gleichschätzen
Hi 28,19 Topas wird ihr nicht gleichg.

gleichstellen
Jes 46,5 wem wollt ihr mich g.
Sa 14,20 dem Becken vor dem Altar gleichg. sein
Sir 32,13 s. dich nicht den Vornehmen g.
Mt 20,12 doch du hast sie uns gleichg.
Rö 12,2 s. euch nicht dieser Welt g.

gleichtun
5Mo 3,24 wo ist, der es deiner Macht g. könnte

gleichwerden
Rö 6,5 wenn wir ihm gleichg. sind in seinem Tod

gleichwie
1Mo 13,10 wasserreich g. Ägyptenland
26,29 g. wir dich nicht angetastet haben
34,22 wenn wir alles beschneiden, g. sie sind
48,5 g. Ruben und Simeon
3Mo 4,10 g. man es abhebt beim Dankopfer 26
6,10 ist ein Hochheiliges g. das Sündopfer
5Mo 2,12 g. Israel mit dem Lande tat 22; 3,6
5,14 daß Knecht und Magd ruhen g. du
29,22 g. Sodom und Gomorra zerstört sind
Ps 144,4 ist doch der Mensch g. nichts
Jes 1,9 so wären wir wie Sodom und g. Gomorra
Jer 23,14
55,10 g. der Regen vom Himmel fällt
61,11 g. Gewächs aus der Erde wächst
66,20 g. Israel die Opfergaben bringt
Jo 2,2 g. die Morgenröte sich ausbreitet
Am 3,12 g. ein Hirte... aus dem Maul reißt
5,19 g. wenn jemand vor dem Löwen flieht
9,7 seid ihr nicht g. die Mohren
9 g. man mit einem Sieb schüttelt
Mi 1,4 g. Wachs vor dem Feuer zerschmilzt
Sa 7,13 g. gepredigt wurde und sie nicht hörten
8,14 g. ich euch zu plagen gedachte
14,15 sie werden von ihr geschlagen g. jene

gleichwohl
2Mo 5,8 die Zahl der Ziegel sollt ihr ihnen g.
Rö 5,14 g. herrschte der Tod von Adam an

gleiten

5Mo	32,35	will vergelten zur Zeit, da ihr Fuß g.
Ps	17,5	daß meine Tritte nicht g.
	37,31	seine Tritte g. nicht
	56,14	hast errettet, meine Füße vom G. 116,8
	66,9	läßt unsere Füße nicht g.
	73,2	mein Tritt wäre beinahe geg.
	121,3	er wird deinen Fuß nicht g. lassen
Spr	25,19	ist wie ein fauler Zahn und g. Fuß
Jer	23,12	glatter Weg, auf dem sie g.

Glied

1Mo	50,23	sah Kinder bis ins dritte G. Hi 42,16
2Mo	20,5	der heimsucht bis ins dritte und vierte G.
	34,7; 4Mo 14,18; 5Mo 5,9	
3Mo	15,2	wenn e. Mann an s. G. einen Ausfluß hat 3
	22,22	hat ein gebrochenes G... nicht opfern 23
5Mo	7,9	der den Bund bis ins tausendste G. hält
	23,3	kein Mischling... bis ins zehnte G. 4
	9	Kinder, die sie im dritten G. zeugen
Ri	19,29	zerstückelte (seine Nebenfrau) G. für G.
2Kö	10,30	auf dem Thron Israels bis ins 4. G. 15,12
Hi	17,7	meine G. sind wie im Schatten
	18,13	die G. seines Leibes... seine G. verzehren
	33,19	warnt ihn durch Kampf in seinen G.
	41,4	will nicht schweigen von seinen G.
Ps	109,13	ihr Name soll im 2. G. getilgt werden
Jes	57,10	fandest noch Leben in deinen G.
Dan	10,16	meine G. bebten, als ich d. Gesicht hatte
2Ma	7,7	den ganzen Leib G. für G. martern lassen
	11	diese G. sind mir vom Himmel gegeben
	9,7	daß ihm alle G. verrenkt wurden
Mt	1,17	alle G... sind vierzehn G.
	5,29	es ist besser, daß eins deiner G. verderbe 30
Rö	6,13	gebt nicht der Sünde eure G. hin
	19	wie ihr eure G. hingegeben hattet an den Dienst der Unreinheit
	7,5	die sündigen Leidenschaften kräftig in unsern G.
	23	Gesetz der Sünde, das in meinen G. ist
	12,4	wie an einem Leib viele G. haben 1Ko 12,12.14.20
	5	untereinander ist einer des andern G.
1Ko	6,15	wißt ihr nicht, daß eure Leiber G. Christi sind
	12,15	sollte er deshalb nicht G. des Leibes sein 16
	18	nun aber hat Gott die G. eingesetzt
	19	wenn alle G. ein G. wären, wo bliebe der Leib
	22	die G. des Leibes, die uns die schwächsten zu sein scheinen
	24	Gott hat dem geringeren G. höhere Ehre gegeben
	25	damit die G. in gleicher Weise füreinander sorgen
	26	wenn ein G. leidet, so leiden alle G. mit
	27	ihr seid jeder von euch ein G. Eph 5,30
Eph	4,16	ein G. am andern hängt durch alle Gelenke
	25	redet die Wahrheit, weil wir G. sind
Kol	3,5	tötet die G., die auf Erden sind
Jak	3,5	so ist auch die Zunge ein kleines G.
	6	so ist die Zunge unter unsern G.
	4,1	daß in euren G. die Gelüste gegeneinander streiten

glimmen

Jes	42,3	den g. Docht nicht auslöschen Mt 12,20

Glück

1Mo	30,11	da sprach Lea: G. zu! Und nannte ihn Gad
	39,23	dazu gab der HERR G.
5Mo	28,29	wirst auf deinem Wege kein G. haben
	30,9	d. HERR wird dir G. geben zu allen Werken
Hi	8,19	das ist das G. seines Lebens
	21,16	ihr G. steht nicht in ihren Händen
	25	hat nie vom G. gekostet
	30,15	wie eine Wolke zog mein G. vorbei
Ps	122,6	wünschet Jerusalem G.
	7	(möge sein) G. in deinen Palästen
	128,5	siehst das G. Jerusalems dein Leben lang
	140,12	ein böses Maul wird kein G. haben
Spr	16,20	wer auf das Wort merkt, der findet G.
	17,8	wohin er sich kehrt, hat er G.
Pr	9,11	alles liegt an Zeit und G.
Jer	22,30	keiner s. Nachkommen wird das G. haben
Sa	4,7	daß man rufen wird: G. zu! G. zu
Jdt	9,15	Herr, gib mir G. dazu 13,24; 1Ma 3,6; 4,55; 14,36; 16,2
Wsh	6,26	ein kluger König ist das G. seines Volks
	13,19	für das G. seiner Hände ruft er... an
Tob	13,11	danke dem Herrn für dein G.
	14,4	die restliche Zeit lebte er im G. 16
Sir	11,14	es kommt alles von Gott: G. und Unglück
	22,29	damit du sein G. mit ihm teilen kannst
	44,11	bei ihren Nachkommen bleibt ihr G.
	45,32	damit euer G. nicht untergehe
Bar	3,14	lerne, wo es G. gibt
1Ma	8,23	Gott gebe den Juden G. 2Ma 1,1.10
2Ma	5,10	er hat nicht nur das G. entbehren müssen
	14,14	das Unglück der Juden sollte ihr G. sein

glücken

1Mo	39,2	so daß er ein Mann wurde, dem alles g. 3
1Ma	9,66	weil ihm aber das g. war 2Ma 10,23

glücklich

5Mo	29,8	daß ihr g. ausrichten könnt euer Tun
1Kö	10,8	g. sind die Großen 2Ch 9,7
2Ch	14,6	also bauten sie, es ging g. vonstatten
Hi	29,11	wessen Ohr mich hörte, der pries mich g.
	36,11	gehorchen sie, so werden sie g. leben
Ps	73,12	die Gottlosen sind g. in der Welt
Spr	3,18	g. sind, die sie festhalten
Hl	6,9	die Töchter priesen sie g.
Mal	3,12	werden euch alle Heiden g. preisen
Wsh	13,18	er fleht um g. Reise
Sir	25,31	eine Frau, die ihren Mann g. macht
1Ma	7,35	sobald ich g. wieder herkomme
	10,55	g. der Tag, an dem du gekommen bist
2Ma	13,16	zogen g. davon (als der Tag anbrach)

glühen

5Mo	4,20	euch hat der HERR aus dem g. Ofen geführt 1Kö 8,51; Jer 11,4
Jes	6,6	hatte eine Kohle in der Hand
Hes	10,2	fülle deine Hände mit g. Kohlen
	24,11	stelle den Topf, damit sein Erz g. 12
Dan	3,6	soll in den g. Ofen geworfen werden 11.15.20.21.23
	17	aus dem g. Ofen kann er erretten 26
Hos	7,4	sind Ehebrecher, g. wie ein Backofen
Tob	6,9	wenn du... auf g. Kohlen legst 20; 8,2
StD	3,1	Asarja stand mitten im Ofen
	64	er hat uns befreit aus dem g. Ofen

glühen

Off 1,15 seine Füße wie Golderz, das im Ofen g.

Glut

3Mo 16,12 soll eine Pfanne voll G. vom Altar nehmen
Ps 19,7 nichts bleibt vor ihrer G. verborgen
78,49 als er die G. seines Zornes sandte
85,4 dich abgewandt von der G. deines Zorns
Spr 26,21 wie die Kohlen die G., so facht
Hl 8,6 ihre G. ist feurig und eine Flamme
Jes 33,14 wer, der bei ewiger G. wohnen kann
44,12 der Schmied macht ein Messer in der G.
47,14 G., an der man sich wärmen könnte
50,11 geht hin in die G. eures Feuers
Hes 24,11 stelle den Topf leer auf die G.
Hos 7,6 ihr Herz ist in G. wie ein Backofen
Ze 3,8 auszuschütten alle G. meines Grimmes

Gluthauch

Sir 43,23 verbrennt er wie G.

Glutofen

Jes 31,9 der zu Jerusalem einen G. hat
48,10 habe dich geprüft im G. des Elends

Glutwind

Ps 11,6 wird G. ihnen zum Lohne geben

Gnade

1Mo 6,8 fand G. vor dem HERRN 19,19; 2Mo 33,12. 17; Jer 31,2
18,3 hab ich G. gefunden vor deinen Augen 33,10; 47,29; 50,4; 2Mo 33,13; 34,9; 4Mo 32,5; Ri 6,17; 1Sm 20,29; 27,5; 2Sm 15,25; Neh 2,5; Est 5,8; 7,3; 8,5
24,21 ob der HERR zu seiner Reise G. gegeben hätte 40.42.56
30,27 laß mich G. vor deinen Augen finden 32,6; 33,8.15; 34,11; 47,25; 2Mo 33.13.16; Rut 2,13; 1Sm 1,18; 25,8; 2Sm 16,4
39,4 G. fand vor seinem Herrn 21; 1Sm 16,22; 20,3; 2Sm 14,22; 1Kö 11,19; Est 2,17; 5,2
44,21 ich will G. erweisen
2Mo 34,6 Gott, geduldig und von großer G. und Treue Ps 89,15.25; 98,3; 115,1; Mi 7,20
7 der da Tausenden G. bewahrt Jer 32,18
4Mo 11,11 warum finde ich keine G. 15
5Mo 7,2 sollst keine G. gegen sie üben
24,1 und sie nicht G. findet vor seinen Augen
33,16 die G. dessen, der in dem Dornbusch wohnte
23 Naftali hat viel G. und ist voll Segens
Jos 11,20 damit ihnen keine G. widerführe
Rut 2,2 vor dessen Augen ich G. finde 10
1Sm 13,12 habe die G. des HERRN noch nicht gesucht
2Sm 7,15 meine G. soll nicht von ihm weichen 1Ch 17,13; Jes 54,10
22,51 G. erweist seinem Gesalbten Ps 18,51
2Kö 13,23 der HERR gab ihnen G.
2Ch 6,42 gedenk an die G., die du David verheißen
Esr 9,8 ist einen kleinen Augenblick G. von dem HERRN geschehen
Neh 1,11 gib ihm G. vor diesem Mann
Hi 33,26 Gott wird ihm G. erweisen
40,27 meinst du, er wird dich um G. bitten
Ps 5,13 du deckest sie mit G. wie mit e. Schilde
30,6 lebenslang (währet) seine G.

Ps 51,20 tu wohl an Zion nach deiner G.
59,14 vertilge sie ohne alle G. 56,8
69,14 ich bete zu dir, HERR, zur Zeit der G.
77,8 wird der Herr keine G. mehr erweisen
84,12 der HERR gibt G. und Ehre
85,8 HERR, erweise uns deine G.
89,2 will singen von der G. des HERRN
3 für ewig steht die G. fest
18 durch deine G. unser Haupt erhöhen
29 will ihm ewiglich bewahren meine G. 34
50 wo ist deine G. von einst
90,14 fülle uns frühe mit deiner G.
92,3 des Morgens deine G. verkündigen
94,18 so hielt mich, HERR, deine G.
100,5 (der HERR) seine G. währet ewig 103,17
101,1 von G. und Recht will ich singen
103,4 der dich krönet mit G. u. Barmherzigkeit
11 läßt er seine G. walten über denen, die
106,2 gedenke meiner nach der G., die du
108,5 deine G. reicht, so weit der Himmel ist
109,21 deine G. ist mein Trost 119,76
26 hilf mir nach deiner G.
117,2 seine G. und Wahrheit waltet über uns
119,29 gib mir in G. dein Gesetz
41 laß mir deine G. widerfahren
88 erquicke mich nach deiner G. 159
124 handle mit deinem Knechte nach deiner G.
149 höre meine Stimme nach deiner G.
130,7 bei dem HERRN ist die G.
143,8 laß mich am Morgen hören deine G.
Spr 3,3 G. u. Treue sollen dich nicht verlassen
34 den Demütigen wird er G. geben 1Pt 5,5; Jak 4,6
16,15 des Königs G. ist wie ein Spätregen 19,12
Jes 16,5 wird ein Thron bereitet werden aus G.
26,10 wenn dem Gottlosen G. widerfährt
49,8 habe dich erhört zur Zeit der G.
54,8 mit ew. G. will ich mich erbarmen 60,10
55,3 euch die G. Davids zu geben
63,7 will der G. des HERRN gedenken... nach seiner Barmherzigkeit und großen G.
Jer 14,11 sollst nicht für dies Volk um G. bitten
16,5 weggenommen, die G. und die Barmherzigkeit
13 weil ich euch keine G. mehr erweisen will
21,7 wird sie schlagen ohne G.
Dan 2,18 damit sie dorten um G. bäten
9,4 Gott, der du Bund und G. bewahrst
Hos 2,3 sagt zu euren Schwestern, sie seien in G.
21 mich mit dir verloben in G.
3,5 werden zu d. HERRN und seiner G. kommen
14,4 bei dir finden die Verwaisten G.
Jon 2,9 halten an das Nichtige, verlassen ihre G.
Mi 7,9 bringen, daß ich seine G. schaue
Sa 12,10 will ich ausgießen den Geist der G.
Jdt 8,10 das dient nicht dazu, G. zu finden
12 wollen seine G. suchen mit Tränen 7,23; 1Ma 3,44
10,9 Gott gebe dir G. Tob 3,6.14
13 weil sie nicht um G. bitten wollen
12,18 du hast bei mir G. gefunden Tob 1,13; Bar 1,12; 2,14; 1Ma 10,60; 11,24; 2Ma 4,24
16,19 denen, die dich fürchten, schenkst du G.
Wsh 3,9 wohnt bei seinen Heiligen 4,15
11,9 dabei nur mit G. gezüchtigt worden
Tob 3,22 nach der Züchtigung findet er G.
12,7 preist Gott, daß er euch G. erwiesen 2Ma 8,27
14,17 fanden G. bei Gott Sir 3,20

Gnade

Sir	2,8	hofft auf ewige Freude und G. 9
	4,25	sich so schämen, daß man G. davon hat
	11,13	den sieht Gott an in G.
	15,10	dann gibt Gott G. dazu
	17,20	die reumütig sind, läßt er zu G. kommen
	18,21	wirst in der Heimsuchung G. finden
	28,3	will bei dem Herrn G. suchen
	32,18	wer danach trachtet, der wird G. finden
	37,24	denn er hat nicht vom Herrn die G. dazu
	50,26	daß seine G. stets bei uns bleibe
1Ma	13,45	sie baten Simon um G. 50
2Ma	6,13	das ist ein Zeichen großer G.
StE	5,2	daß viele die G. ihrer Fürsten mißbrauchen
StD	3,14	keine Stätte, wo wir G. finden könnten
	18	tu mit uns, Herr, nach deiner G.
GMn	11	(ich) bitte dich, Herr, um G.
Lk	1,30	du hast G. bei Gott gefunden
	2,40	Gottes G. war bei ihm
	52	Jesus nahm zu an Weisheit und G.
	4,22	solche Worte der G. aus seinem Munde
Jh	1,14	eine Herrlichkeit, voller G. und Wahrheit
	16	von seiner Fülle haben wir alle genommen G. um G.
	17	die G. ist durch Jesus Christus geworden
Apg	2,47	*hatten G. bei dem ganzen Volk*
	4,33	große G. war bei ihnen allen
	6,8	Stephanus, voll G. und Kraft, tat Wunder
	7,10	gab ihm G. und Weisheit vor den Pharao
	46	der fand G. bei Gott und bat darum
	11,23	als dieser die G. Gottes sah, wurde er froh
	13,34	ich will die G. treu bewahren
	43	daß sie bleiben sollten in der G. Gottes
	14,3	der das Wort seiner G. bezeugte
	26	Antiochia, wo sie der G. Gottes befohlen waren
	15,11	glauben, durch die G. des Herrn Jesus selig
	40	von den Brüdern der G. Gottes befohlen
	18,27	die gläubig geworden waren durch die G.
	20,24	zu bezeugen das Evang. von der G. Gottes
	32	nun befehle ich euch dem Wort seiner G.
Rö	1,5	durch ihn haben wir empfangen G. und Apostelamt
	7	G. sei mit euch und Friede von Gott 1Ko 1,3; 2Ko 1,2; Gal 1,3; Eph 1,2; Phl 1,2; Kol 1,2; 1Th 1,1; 2Th 1,2; 1Ti 1,2; 2Ti 1,2; Tit 1,4; Phm 3; 2Pt 1,2; 2Jh 3; Off 1,4
	3,24	werden ohne Verdienst gerecht aus seiner G. 9,12
	4,4	wird der Lohn nicht aus G. zugerechnet
	16	damit sie aus G. sei
	5,2	durch ihn haben wir den Zugang zu dieser G.
	15	um wieviel mehr ist Gottes G. den vielen überreich zuteil geworden
	16	die G. hilft aus vielen Sünden
	17	die, welche die Fülle der G. empfangen
	20	da ist die G. noch viel mächtiger geworden 6,1
	21	damit, wie die Sünde... so auch die Gnade herrsche
	6,14	weil ihr nicht unter dem Gesetz seid, sondern unter der G. 15
	11,5	einige übriggeblieben nach der Wahl der G.
	6	ist's aus G., so ist's nicht aus Verdienst der Werke; sonst wäre G. nicht G.
	12,3	durch die G., die mir gegeben ist 15,15; 1Ko 3,10; Gal 2,9; Eph 3,2.7.8
	6	haben verschiedene Gaben nach der G., die uns gegeben ist
	16,20	die G. unseres Herrn Jesus Christus sei mit euch 24; 1Ko 16,23; 2Ko 13,13; Gal 6,18; Eph 6,24; Phl 4,23; Kol 4,18; 1Th 5,28; 2Th 3,18; 1Ti 6,21; 2Ti 4,22; Tit 3,15; Phm 25; Heb 13,25; Off 22,21
1Ko	1,4	ich danke meinem Gott für die G. Gottes
	15,10	durch Gottes G. bin ich, was ich bin
2Ko	1,12	daß wir in der G. Gottes unser Leben geführt
	4,15	damit die G. noch reicher werde
	6,1	daß ihr die G. Gottes nicht vergeblich empfangt
	2	siehe, jetzt ist die Zeit der G.
	8,1	wir tun euch kund, liebe Brüder, die G. Gottes
	9	ihr kennt die G. unseres Herrn Jesus Christus
	9,8	daß alle G. unter euch reichlich sei
	14	wegen der überschwengl. G. Gottes bei euch
	12,9	laß dir an meiner G. genügen
Gal	1,6	abwenden laßt von dem, der euch berufen hat in die G. Christi
	15	Gott, der mich durch seine G. berufen hat
	2,21	ich werfe nicht weg die G. Gottes
	5,4	ihr seid aus der G. gefallen
Eph	1,6	zum Lob seiner herrlichen G.
	7	die Vergebung der Sünden nach dem Reichtum seiner G.
	2,5	aus G. seid ihr selig geworden 8
	7	damit er erzeige den Reichtum seiner G.
	4,7	einem jeden von uns ist die G. gegeben
Phl	1,7	euch ist die G. gegeben
	29	*euch ist die G. gegeben*
Kol	1,6	von dem Tag an, da ihr die G. Gottes erkannt
2Th	2,16	der uns gegeben hat Hoffnung durch G.
1Ti	1,14	desto reicher geworden die G. unseres Herrn
2Ti	1,9	nach der G., die uns gegeben ist
	2,1	sei stark durch die G. in Christus Jesus
Tit	2,11	es ist erschienen die heilsame G. Gottes allen Menschen
	3,7	damit wir, durch dessen G. gerecht geworden, Erben des ewigen Lebens würden
1Pt	1,2	Gott gebe euch viel G. und Frieden
	10	von der G. geweissagt, die für euch bestimmt
	13	setzt eure Hoffnung ganz auf die G.
	2,10	die ihr einst nicht in G. wart, nun aber in G. seid
	19	das ist G., wenn jemand... das Übel erträgt
	20	wenn ihr um guter Taten willen leidet, das ist G. bei Gott
	3,7	auch die Frauen Miterben der G. des Lebens
	4,10	als die guten Haushalter der G. Gottes
	5,5	Gott widersteht den Hochmütigen, aber den Demütigen gibt er G.
	10	der Gott aller G., der euch berufen hat
	12	daß das die rechte G. Gottes ist, in der ihr
2Pt	3,18	wachset in der G. und Erkenntnis unseres Herrn
Heb	2,9	denn durch Gottes G. sollte er für alle den Tod schmecken
	4,16	Barmherzigkeit empfangen und G. finden
	10,29	der den Geist der G. schmäht
	12,15	daß nicht jemand Gottes G. versäume
	13,9	köstlich Ding, daß das Herz fest werde, welches geschieht durch G.
Jak	4,6	(Gott) gibt um so reichlicher G.
Jud	4	sie mißbrauchen die G. unseres Gottes

Gnadengabe

Gnadengabe
Wsh 8,21 zu wissen, von wem diese G. kommt
2Ma 12,45 denen... die herrlichste G. bereitet

Gnadenjahr
Lk 4,19 (gesandt,) zu verkündigen das G. des Herrn

Gnadenthron
2Mo 25,17 sollst einen G. machen 18-21; 26,34; 31,7; 35,12; 37,6.7.9; 39,35; 40,20
22 vom G. aus will ich mit dir reden 30,6; 3Mo 16,2; 4Mo 7,89
3Mo 16,2 daß (Aaron) nicht gehe... vor den G. 13-15
1Ch 28,11 gab einen Entwurf für den Raum des G.
Heb 9,5 die Cherubim, die überschatteten den G.

gnädig
1Mo 4,4 der HERR sah g. an Abel und sein Opfer 5
43,29 Gott sei dir g., mein Sohn
50,24 Gott wird euch g. heimsuchen
2Mo 22,26 werde ihn erhören; denn ich bin g.
28,29 zum g. Gedenken vor dem HERRN 12; 30,16; 39,7
33,19 wem ich g. bin, dem bin ich g. Rö 9,15
34,6 HERR, Gott, barmherzig und g. und geduldig 2Ch 30,9; Neh 9,17.31; Ps 103,8; 111,4; 145,8; Jo 2,13; Jon 4,2
4Mo 6,25 lasse sein Anges. leuchten und sei dir g.
14,8 wenn der HERR uns g. ist 30,6.9.13; 31,54
5Mo 29,19 einem solchen wird d. HERR nicht g. sein
2Sm 12,22 wer weiß, ob mir der HERR nicht g. wird
21,14 wurde Gott dem Lande wieder g. 24,25
24,23 der HERR, dein Gott, sei dir g.
1Kö 8,30 wenn du es hörst, wollest du g. sein 39; 2Ch 6,21.30
2Kö 5,18 darin wolle der HERR g. sein 2Ch 30,18
Esr 7,9 weil die g. Hand Gottes über ihm war 8,18; Neh 2,8.18
Neh 13,22 sei mir g. nach deiner Barmherzigkeit
Hi 33,24 so wird er ihm g. sein
Ps 4,2 sei mir g. 6,3; 9,14; 27,7; 30,11; 31,10; 41,5.11; 51,3; 56,2; 57,2; 67,2; 86,3; 119,58
13,6 ich traue darauf, daß du so g. bist
25,16 wende dich zu mir und sei mir g. 86,16; 119,132
26,11 erlöse mich und sei mir g.
59,6 sei keinem von ihnen g.
18 Gott ist mein Schutz, mein g. Gott
62,13 du, Herr, bist g. 86,5.15
68,20 du gabst, Gott, einen g. Regen
72,13 er wird g. sein den Geringen und Armen
77,10 hat Gott vergessen, g. zu sein
85,2 der du bist vormals g. gewesen
90,13 sei deinen Knechten g.
102,14 es ist Zeit, daß du ihm g. seist
112,4 den Frommen geht Licht auf von dem g.
116,5 der HERR ist g. und gerecht
123,2 bis er uns g. werde
3 sei uns g., HERR, sei uns g. Jes 33,2
135,14 der HERR wird seinen Knechten g. sein
145,13 ist g. in allen seinen Werken 17
Jes 27,11 der sie geschaffen, ist ihnen nicht g.
30,18 harrt der HERR, daß er euch g. sei 19
61,2 zu verkündigen ein g. Jahr des HERRN
Jer 3,12 ich bin g., spricht der HERR
5,1 so will ich ihr g. sein
Jer 5,7 wie soll ich dir denn g. sein
24,6 ich will sie g. ansehen
29,10 will mein g. Wort an euch erfüllen 33,14
Hes 5,11 will nicht g. sein 7,4.9; 8,18; 9,10
20,40 da werde ich sie g. annehmen 41
34,26 das sollen g. Regen sein Jo 2,23
43,27 so will ich euch g. sein
Dan 1,9 daß ihm der Kämmerer g. gesinnt wurde
9,19 ach Herr, sei g. Am 7,2
Am 5,15 vielleicht wird der HERR doch g. sein
Mal 1,8 meinst du, daß er dich g. ansehen werde 9
9 bittet Gott und seht, ob er uns g. sei
Jdt 6,14 Herr, sei deinen Heiligen g.
7,20 du bist barmherzig, darum sei uns g.
11,4 höre d. Magd. an 13,6; Bar 3,2; 2Ma 1,5
Tob 3,3 sei mir g. und strafe meine Sünden nicht
Sir 5,7 kann so zornig werden, wie er g. ist
17,28 zeigte sich denen g., die sich bekehren
44,26 (Jakob) hat er g. gesegnet
Bar 2,27 du bist g. mit uns umgegangen
1Ma 4,10 so wird uns der Herr g. sein
13,46 sei uns g., so wollen wir euch gehorsam sein
2Ma 2,7 bis Gott (s. Volk) g. sein wird 23; 5,20; 7,33.37; 8,5.29; 10,26
7,23 wird euch das Leben g. zurückgeben
StE 1,2 bedacht, meine Untertanen g. zu regieren
2,7 sei deinem Erbteil g.
GMn 7 du bist von großer Geduld und sehr g.
Lk 18,13 Gott, sei mir Sünder g.
22,25 *die Könige heißt man g. Herren*
Apg 15,14 wie Gott die Heiden g. heimgesucht hat
Rö 11,28 *nach Gottes g. Wahl sind sie Geliebte*
Heb 8,12 ich will g. sein ihrer Ungerechtigkeit

Goa, Goath
Jer 31,39 wird sich nach G. hin wenden

Gob
2Sm 21,15 sie blieben in G. 18.19

Gog
1Ch 5,4 ¹Schemaja, dessen Sohn war G.
Hes 38,2 ²richte dein Angesicht auf G. 3.14.16.18; 39,1.11.15
Off 20,8 wird ausziehen, zu verführen die Völker an den vier Enden der Erde, G. und Magog

Golan
5Mo 4,43 G. in Baschan für die Manassiter Jos 20,8; 21,27; 1Ch 6,56

Gold
1Mo 2,11 Land Hawila, dort findet man G. 12
13,2 Abram war reich an Silber und G. 24,35
44,8 wie sollten wir da G. gestohlen haben
2Mo 25,3 die Opfergabe: G., Silber, Kupfer 35,5.22
11 sollst sie mit feinem G. überziehen 13.24.28; 26,29.30.32.37; 30,3.5; 36,34.36.38; 37,2.4.11.15. 26.28; 3Mo 24,6; 1Kö 6,20.21.22.28.35; 7,50; 10,18; 1Ch 28,18; 2Ch 3,4-9; 4,22; 9,17; Heb 9,4
17 einen Gnadenthron aus feinem G. 37,6
18 Cherubim aus getriebenem G. 37,7; 2Ch 3,10
29 aus feinem G. Schüsseln und Schalen 37,16; 1Kö 7,50; 1Ch 28,17; 2Ch 4,22

Gold

2Mo	25,31	einen Leuchter aus feinem G. 36.39; 31,8; 37,17.22.24; 39,37; 3Mo 24,4; 4Mo 8,4; 1Kö 7,49; 2Ch 4,20; 13,11
	38	Lichtscheren aus feinem G. 37,23; 2Ch 4,21
	26,29	Ringe aus G. 36,34
	28,5	sollen G. (zu den heiligen Kleidern) nehmen 6.8.15; 39,2.5.8
	14	Ketten von feinem G. 22; 39,15
	36	ein Stirnblatt aus feinem G. 39,30
	30,3	einen Kranz von G. ringsherum 37,26; 39,6.13
	31,4	kunstreich zu arbeiten in G. 35,32; 2Ch 2,6.13
	32,4	bildete das G. in... ein geg. Kalb 24.31
	36,36	Nägel aus G. 2Ch 3,9
	38,24	alles G. beträgt 29 Zentner
	39,25	Schellen aus feinem G.
4Mo	7,86	Summe des G. 120 Lot 31,52; Ri 8,26
	22,18	wenn mir Balak s. Haus voll G. gäbe 24,13
	31,22	G. (durchs Feuer gehen lassen)
	51	Mose nahm von ihnen das G. 54
5Mo	7,25	sollst nicht begehren das Silber oder G.
	8,13	(wenn dein) Silber und G. sich mehrt
	17,17	(der König) soll nicht viel G. sammeln
	29,16	saht ihre Götzen, Silber und G.
Jos	6,19	alles G. soll dem HERRN geheiligt sein 24; 2Sm 8,11; 1Kö 7,51; 15,15; 1Ch 18,11; 2Ch 5,1; 15,18
	7,21	sah unter der Beute eine Stange von G. 24
	22,8	ihr kommt heim mit sehr viel Silber, G.
1Sm	6,8	die Dinge aus G. tut in ein Kästlein 15
2Sm	12,30	Krone... einen Zentner G. schwer 1Ch 20,2
	21,4	es ist uns nicht um G. zu tun
1Kö	9,14	Hiram hatte dem König G. gesandt 11
	28	kamen nach Ofir und holten G. 10,11.22; 22,49; 2Ch 8,18; 9,10.21
	10,2	(die Königin) kam mir G. 10; 2Ch 9,1.9
	14	Gewicht des G. 666 Zentner 2Ch 9,13.14
	16	vom besten G. machen 17.21; 2Ch 9,15.16.20
	15,18	nahm Asa alles G. 19; 2Kö 12,19; 14,14; 16,8; 2Ch 16,2.3; 25,24
	20,3	dein Silber und dein G. ist mein 5.7
2Kö	7,8	nahmen G. und Kleider und verbargen's
	18,14	30 Zentner G. (Geldbuße) 23,33.35; 2Ch 36,3
	20,13	Hiskia zeigte das Schatzhaus; Jes 39,2
1Ch	21,25	so gab David dem Arauna für den Platz G.
	22,14	für das Haus des HERRN 100.000 Zentner G. 29,2.3.7
2Ch	1,15	daß es in Jerus. soviel G. gab wie Steine
	21,3	ihr Vater gab ihnen viele Gaben an G.
	32,27	Hiskia sammelte sich Schätze von G.
Esr	1,4	sollen helfen mit Silber und G. 6; 7,15.16; 8,25-28.30.33
Hi	3,15	Fürsten, die G. hatten
	22,24	wirf in den Staub dein G... G. von Ofir
	25	wird der Allmächtige dein G. sein
	23,10	will erfunden werden wie das G.
	28,1	es hat das G. seinen Ort
	15	man kann nicht G. für sie geben
	16	ihr gleicht nicht G. von Ofir 17,19
	31,24	hab ich das G. zu m. Zuversicht gemacht
Ps	19,11	köstlicher als G... viel feines G.
	68,14	Flügel, die wie Silber und G. schimmern
	72,15	man soll ihm geben vom G. aus Saba
	105,37	er führte sie heraus mit Silber und G.
	115,4	ihre Götzen sind Silber und G. 135,15
	119,72	das Gesetz lieber als 1.000 Stück G. 127
	127	liebe ich deine Gebote mehr als feines G.
Spr	3,14	ihr Ertrag ist besser als G. 8,19; 16,16
	8,10	achtet Erkenntnis höher als kostbares G.
	17,3	wie der Ofen das G., so prüft der HERR
Spr	20,15	es gibt G. und viel Perlen
	22,1	anziehendes Wesen besser als Silber u. G.
	27,21	ein Mann bewährt sich wie das G. im Ofen
Pr	2,8	ich sammelte mir auch Silber und G.
Hl	3,10	ihre Lehnen (machte er) aus G.
	5,11	sein Haupt ist das feinste G.
Jes	2,7	ihr Land ist voll Silber und G.
	13,12	ein Mann kostbarer als feines G.
	17	Meder, die nicht nach G. fragen
	46,6	sie schütten das G. aus dem Beutel
	60,6	werden aus Saba G. bringen 9
	17	will G. anstatt des Erzes bringen
Jer	10,4	er schmückt es mit Silber und G.
	9	G. bringt man aus Uphas
Klg	4,1	wie ist das G... das feine G. häßlich gew.
	2	die Kinder Zions, dem G. gleichgeachtet
Hes	7,19	werden ihr G. wie Unrat achten
	19	ihr G. kann sie nicht erretten Ze 1,18
	16,13	warst geschmückt mit G. und Silber 17
	27,22	G. haben sie auf deine Märkte gebracht
	28,4	habest dir Schätze von G. gesammelt
	13	von G. war die Arbeit deiner Ohrringe
	38,13	gekommen, um Silber und G. wegzunehmen
Dan	2,32	das Haupt des Bildes war von feinem G.
	35	wurden zermalmt Kupfer, Silber und G. 45
	11,8	samt den Geräten aus G. wegführen
	38	den Gott wird er ehren mit G.
Hos	2,10	der ihr gegeben hat viel Silber und G.
	8,4	aus ihrem G. machen sie Götzen Hab 2,19
Jo	4,5	mein Silber und G. habt ihr genommen
Nah	2,10	raubet nun Silber, raubet G.
Hag	2,8	mein ist das Silber, und mein ist das G.
Sa	4,2	da steht ein Leuchter, ganz aus G.
	6,11	nimm von ihnen Silber und G. und mache
	9,3	Tyrus sammelte G. wie Dreck auf der Gasse
	13,9	will ihn prüfen, wie man G. prüft Mal 3,3
	14,14	man wird zusammenbringen die Güter: G.
Jdt	2,10	G. und Silber nahm er mit sich 1Ma 1,24; 4,23; 6,1
	15,12	was Holofernes gehört hatte, G., Silber
Wsh	7,9	alles G. ist vor ihren Augen Sand
	13,10	setzen ihre Hoffnung auf G. und Silber Bar 3,17
Sir	2,5	wie das G. durch's Feuer erprobt
	7,20	gib deinen Freund nicht (auf) um G.
	21	ihre Anmut ist schöner als alles G.
	28,22	du wägst dein Silber und G.
	29,14	einen Schatz; besser als G.
	30,15	gesund sein ist besser als alles G.
	32,8	wie ein Smaragd auf schönem G.
	40,25	G. und Silber lassen... sicher stehen
	41,15	bleibt dir gewisser als G.
	47,20	brachtest soviel G. zusammen wie Zinn
	51,36	ihr gewinnt viel G. durch sie
Bar	3,30	wer hat... für G. hergebracht
	6,8	(Götzen) sind mit G. überzogen 9.10.24.39.58
1Ma	2,18	werden G. und Silber bekommen 10,60
	8,3	Bergwerke, in denen man nach G. gräbt
StE	4,4	Kleidern, übersät von G. und Edelsteinen
Mt	2,11	schenkten ihm G., Weihrauch und Myrrhe
	10,9	ihr sollt weder G. noch Silber haben
	23,16	wenn einer schwört bei dem G. des Tempels
	17	was ist mehr: das G. oder der Tempel
Apg	3,6	Petrus sprach: Silber und G. habe ich nicht
	20,33	ich habe von niemandem Silber oder G. begehrt
1Ko	3,12	wenn jemand auf den Grund baut G.
1Ti	2,9	sich schmücken nicht mit G.
1Pt	1,7	als das vergängliche G., das durchs Feuer geläutert wird

Gold

1Pt	1,18	daß ihr nicht mit vergänglichem G. erlöst
Jak	5,3	euer G. und Silber ist verrostet
Off	3,18	ich rate dir, daß du von mir G. kaufst
	9,7	wie Kronen, dem G. gleich
	17,4	die Frau war geschmückt mit G.
	18,12	(ihre Ware:) G. und Silber
	16	die geschmückt war mit G. und Perlen
	21,18	die Stadt (war) aus reinem G. 21

Goldblech

1Kö 6,30 überzog den Boden mit G. 32; 2Kö 18,16

golddurchwirkt

2Ma 5,2 Reiter in g. Gewändern

golden

1Mo	24,22	nahm einen g. Stirnreif und zwei g. Armreifen 53
	41,42	legte eine g. Kette um seinen Hals
2Mo	3,22	soll sich g. Geschmeide geben lassen 11,2; 12,35
	20,23	keine Götter, weder silberne noch g.
	25,11	g. Kranz ringsherum 24.25; 37,2.11.12
	12	g. Ringe 26; 28,23.26.27; 30,4; 37,3.13.27; 39,16.19.20
	26,6	g. Haken 36,13
	32	g. Nägel 37
	28,24	g. Ketten 39,17
	33	g. Schellen 34
	32,2	reißet ab die g. Ohrringe 3
	35,22	g. Gerät 4Mo 31,50; 1Kö 10,25; 1Ch 29,2; 2Ch 9,24; 24,14; Esr 1,11; 5,14; 6,5
	39,38	g. Altar 40,5.26; 4Mo 4,11; 1Kö 7,48; 2Ch 4,19
3Mo	8,9	befestigte vorn das g. Stirnblatt
4Mo	7,14	g. Löffel 20u.ö.86
Ri	8,24	hatten eine g. Ringe 26
1Sm	6,4	g. Beulen und g. Mäuse 11.17.18
2Sm	1,24	Saul, der euch schmückte mit g. Kleinoden
	8,7	nahm die g. Schilde 10; 1Ch 18,7.10; 1Kö 14,26; 2Ch 12,9
1Kö	6,21	zog g. Riegel vor dem Chorraum her
	7,49	Leuchter, mit g. Blumen 1Ch 28,15; 2Ch 4,7.21; 13,11
	12,28	g. Kälber 2Kö 10,29; 2Ch 13,8
2Kö	12,14	doch ließ man machen kein g. Gerät
	24,13	nahm weg alle g. Gefäße 25,15; Jer 52,19
1Ch	28,17	g. Becher 2Ch 4,8; Esr 1,10; 8,27
	18	g. Cherubim
	29,5	daß g. werde, was g. sein soll
2Ch	9,18	der Thron hatte einen g. Fußschemel
Esr	1,9	ihre Zahl: 30 g. Becken
Est	1,6	da waren Polster, g. und silbern
	7	Getränke trug man auf in g. Gefäßen
	4,11	der König streckte das g. Zepter aus 5,2; 8,4
	8,15	Mordechai mit einer großen g. Krone
Hi	37,22	von Norden kommt g. Schein
	42,11	jeder gab ihm einen g. Ring
Ps	21,4	du setzest eine g. Krone auf sein Haupt
	45,14	sie ist mit g. Gewändern bekleidet
Spr	11,22	mit einem g. Ring durch die Nase
	25,11	ist wie g. Äpfel auf silbernen Schalen
	12	ist wie g. Ring und ein g. Halsband
Pr	12,6	ehe die g. Schale zerbricht
Hl	1,11	wir wollen dir g. Kettchen machen
	5,14	seine Finger sind wie g. Stäbe 15
Jes	2,20	jedermann wegwerfen seine g. Götzen
Jes	30,22	entweihen die g. Hüllen eurer Bilder
Jer	4,30	wenn du dich mit g. Kleinoden schmücken
	51,7	ein g. Kelch war Babel
Dan	2,38	du bist das g. Haupt
	3,1	Nebukadnezar ließ ein g. Bild machen
	5	sollt das g. Bild anbeten 7.10.12.14.18
	5,2	ließ die g. und silb. Gefäße herbringen 3
	4	lobten die g. Götter 23
	7	eine g. Kette um den Hals tragen 16.29
	10,5	ein Mann, der hatte einen g. Gürtel
	11,43	wird Herr werden über die g. Schätze
Sa	4,12	g. Röhren, aus denen das g. Öl herabfließt
Tob	1,5	während alle den g. Kälbern dienten
	12,9	Almosengeben ist besser als g. Schätze
Sir	6,31	ihr Joch wird zum g. Stab
	21,23	ein Weiser hält Zucht für g. Schmuck
	26,24	(schöne Beine) sind wie g. Säulen
Bar	6,4	die g. Götzen 11.30; 2Ma 2,2; 4,32.39
1Ma	1,23	ließ wegnehmen den g. Altar, die g. Löffel, den g. Schmuck 6,12
	4,49	sie brachten den g. Leuchter 57
	6,2	daß im Tempel die g. Kleider aufbewahrt
	39	als die Sonne auf die g. Schilde schien
	10,20	wir schicken dir eine g. Krone 89; 11,58; 13,37; 14,4.44
	14,24	einen großen g. Schild dorthin zu bringen
2Ma	3,25	der Reiter zeigte sich in einer g. Rüstung
	5,3	man sah das Schimmern von g. Rüstungen 10,29; 11,8
	15,15	gab Jeremia dem Judas ein g. Schwert
StE	4,8	er hob das g. Zepter auf
Apg	17,29	nicht meinen, die Gottheit sei gleich den g. Bildern
2Ti	2,20	in einem Hause sind nicht allein g. Gefäße
1Pt	3,3	euer Schmuck soll nicht äußerlich sein wie g. Ketten
Heb	9,4	darin waren das g. Räuchergefäß
Jak	2,2	wenn in eure Versammlung ein Mann käme mit einem g. Ring
Off	1,12	sah ich sieben g. Leuchter 20; 2,1
	13	gegürtet um die Brust mit einem g. Gürtel 15,6
	15	seine Füße gleichwie g. Erz 2,18
	4,4	hatten auf ihren Häuptern g. Kronen 9,7; 14,14
	5,8	ein jeder hatte g. Schalen 8,3; 15,7
	8,3	Räucherwerk, daß er es darbringe auf dem g. Altar 9,13
	9,20	daß sie nicht mehr anbeteten die g. Götzen
	17,4	hatte einen g. Becher in der Hand
	21,15	hatte einen Meßstab, ein g. Rohr

Golderz

| Off | 1,15 | seine Füße wie G., das im Ofen glüht |
| | 2,18 | und seine Füße sind wie G. |

Goldfaden

Jdt 10,21 Mückennetz, das aus G. gewirkt war

Goldgeflecht

2Mo 28,11 mit G. eingefaßt 13.14.20.25; 39,16.18

goldgelb

3Mo 13,30 findet, daß das Haar g. und dünn ist 32.36

Goldgewicht
1Ch 28,14 (David) setzte fest das G. 16

goldglänzend
Esr 8,27 zwei schöne Gefäße aus g. Kupfer

Goldgulden
2Kö 5,5 der König von Aram nahm mit sich 6.000 G.

Goldplatte
2Mo 39,3 schlugen G. und schnitten sie zu Fäden

Goldring
Sir 32,7 wie ein Rubin auf einem G. leuchtet

Goldschmied
2Mo 35,35 zu machen alle Arbeiten des G.
Ri 17,4 nahm 200 Silberstücke und gab sie dem G.
Neh 3,8 daneben baute Usiël, der G.
    31 Malkija, der zu den G. gehört 32
Spr 25,4 so gelingt dem G. das Gefäß
Jes 40,19 der G. vergoldet's
    41,7 der Meister nimmt den G. an die Hand
    46,6 dingen den G., daß er einen Gott mache
Jer 10,9 durch den G. werden sie hergestellt
    14 alle G. stehen beschämt da 51,17
Hos 8,6 ein G. hat das Kalb gemacht
Wsh 15,9 er wetteifert mit den G.
Bar 6,46 von Künstlern und G. sind sie gemacht
Apg 19,24 Demetrius, ein G., machte silberne Tempel der Diana

Goldschmuck
Ps 45,10 die Braut steht im G. aus Ofir
1Pt 3,3 *nicht mit Haarflechten und G.*

Goldstaub
Hi 28,6 Gestein... es birgt G.

Goldstück
1Mo 33,19 (Jakob) kaufte das Land um 100 G. Jos 24,32
Hi 42,11 jeder gab ihm ein G.
Jes 13,12 ein Mensch wertvoller als G. aus Ofir

Goldüberzug
1Ma 1,23 am Tempel ließ (er) den G. abreißen

Goldwaage
Sir 21,27 die Weisen wägen ihre Worte mit der G. 28,29

Golgatha
Mt 27,33 als sie an die Stätte kamen mit Namen G. Mk 15,22; Jh 19,17

Goliat, *Goliath*
1Sm 17,4 ein Riese mit Namen G. 23; Sir 47,5

1Sm 21,10 das Schwert des G. ist hier 22,10
1Ch 20,5 erschlug Elhanan den Bruder G. 2Sm 21,19

Gomer
1Mo 10,2 ¹Söhne Jafets: G., Magog 3; 1Ch 1,5.6
Hes 38,6 dazu G. und sein ganzes Heer
Hos 1,3 ²er ging hin und nahm G. zur Frau

Gomorra
1Mo 10,19 ihre Grenzen waren in der Richtung auf G.
    13,10 ehe der HERR Sodom und G. vernichtete
    14,2 Birscha, dem König von G. 8.10
    11 nahmen alle Habe von G.
    18,20 es ist ein Geschrei über Sodom und G.
    19,24 ließ der HERR Schwefel regnen auf G. 28
5Mo 29,22 gleichwie Sodom und G. zerstört sind Jes 13,19; Jer 49,18; 50,40; Am 4,11
    32,32 ihr Weinstock stammt von dem Weinberg G.
Jes 1,9 so wären wir gleichwie G. Rö 9,29
    10 nimm zu Ohren, du Volk von G.
Jer 23,14 die Bürger Jerusalems wie G.
Ze 2,9 Moab wie Sodom und die Ammoniter wie G.
2Pt 2,6 hat die Städte Sodom und G. zu Schutt und Asche gemacht Jud 7

Gomorrer
Mt 10,15 dem Land der G. wird es erträglicher ergehen

gönnen
5Mo 28,54 ein Mann wird seinem Bruder nichts g. 56
Ri 21,22 g. sie uns, denn wir haben nicht
2Sm 17,8 wird seinen Leuten keine Nachruhe g.
Ps 35,27 g., daß ich mich behalte
    40,15 zuschanden werden, die mir mein Unglück g.
Pr 4,8 g. mir selber nichts Gutes
Jes 62,6 ohne euch Ruhe g.
Sir 14,16 g. dir, was dir zusteht 6
Phm 20 g. mir, daß ich mich an dir erfreue

Goren-Atad
1Mo 50,11 die Klage bei G... „Der Ägypter Klage" 10

Gorgias
1Ma 3,38 zu Hauptleuten, G. 4,1.5.18; 5,59; 2Ma 8,9; 10,14.15; 12,32.35.37

Gortyna
1Ma 15,23 (so schrieb Luzius) nach G.

Gosan
2Kö 17,6 am Habor, dem Fluß von G. 18,11; 1Ch 5,26
    19,12 haben die Götter sie errettet: G. Jes 37,12

Goschen
1Mo 45,10 sollst im Lande G. wohnen 46,28.34; 47,1.4.6.27
    46,29 zog seinem Vater entgegen nach G.
    50,8 allein ihre Kinder ließen sie im Lande G.

Goschen

2Mo	8,18	an G. will ich etwas Besonderes tun
	9,26	nur im Lande G. hagelte es nicht
Jos	10,41	(Josua) schlug das ganze Land G. 11,16; 15,51
Jdt	1,9	(hatte Boten gesandt) ins Land G.

Gott
(s. a. Engel Gottes; Furcht Gottes; Geist Gottes; Gott der HERR; Gott, der HERR Zebaoth; Gott Israels; Gott Jakobs; Gott Zebaoth; Gott [im bildl. Sinn]; Hand Gottes; Haus Gottes; HERR, Gott Israels; Kinder Gottes; Knecht Gottes; Mann Gottes; Name Gottes; Reich Gottes; Sohn Gottes; Stimme Gottes; Tempel Gottes; Werk Gottes; Wille; Wort Gottes; Zorn)

1Mo	1,1	am Anfang schuf G. Himmel und Erde
	3	G. sprach: Es werde 4-25
	10	G. sah, daß es gut war 4.12.18.21.25.31
	22	G. segnete sie 28.29; 2,3; 9,1
	26	G. sprach: Lasset uns Menschen machen
	27	G. schuf den Menschen zu seinem Bilde, zum Bilde G. schuf er ihn 5,1; 9,6; 5Mo 4,32; Mal 2,10; Jak 3,9
	2,2	G. ruhte am siebenten Tage 3; Heb 4,4.10
	3,1	sollte G. gesagt haben 3
	5	G. weiß... werdet sein wie G.
	4,25	G. hat mir einen andern Sohn gegeben
	5,22	Henoch wandelte mit G. 24; 6,9
	6,11	die Erde war verderbt vor G. Augen 12
	13	sprach G. zu Noah 8,15; 9,8.12.17
	22	tat, was ihm G. gebot 7,9.16; 17,23; 21,4; 31,16
	8,1	gedachte G. an Noah 19,29
	9,16	den ewigen Bund zwischen G. und allem
	26	gelobt sei der HERR, der G. Sems
	27	G. breite Jafet aus
	14,18	Melchisedek war ein Priester G. Heb 7,1
	19	gesegnet seist du, Abram, vom höchsten G.
	20	gelobt sei G. der Höchste 22
	15,2	Abram sprach: HERR, mein G. 8; 17,18
	16,13	bist ein G., der mich sieht
	17,1	bin der allmächtige G. 35,11; 2Mo 6,3
	7	dein und deiner Nachkommen G. bin 8
	9	G. sprach zu Abraham 3.15.19; 21,2.12
	22	G. fuhr auf von Abraham 35,13
	20,3	G. kam zu Abimelech im Traum 6; 31,24.29; 46,2
	13	als mich G. wandern hieß
	17	Abraham betete zu G. Da heilte G. 21,33
	21,6	G. hat mir ein Lachen zugerichtet
	17	erhörte G. die Stimme des Knaben 20
	19	G. tat ihr die Augen auf
	22	G. ist mit dir in allem
	23	schwöre mir bei G. 24,3; 1Sm 30,15; 1Kö 1,17; 2Ch 36,13; Neh 13,25
	22,1	versuchte G. Abraham 3.9
	8	G. wird sich ersehen ein Schaf
	12	nun weiß ich, daß du G. fürchtest
	23,6	bist ein Fürst G. unter uns
	24,7	der HERR, der G. des Himmels 2Ch 36,23; Esr 1,2; 5,12; 6,9.10; 7,12.21.23; Neh 1,4.5; 2,4.20; Dan 2,18-20.37.44; Jon 1,9
	12	HERR, du G. Abrahams 27.42.48; 26,24; 28,13; Ps 47,10
	25,11	nach dem Tode Abrahams segnete G. Isaak
	27,20	der HERR, dein G., bescherte mir's 33,5.11; 48,9
	28	gebe dir vom Tau des Himmels
1Mo	28,3	der allmächtige G. segne dich
	4	das Land, das G. dem Abraham gegeben
	13	bin Isaaks G. 46,1.3
	20	Jakob sprach: Wird G. mit mir sein 21
	30,2	bin ich doch nicht G. 50,19; 2Kö 5,7
	6	sprach Rahel: G. hat mir Recht verschafft
	17	G. erhörte Lea 18.20.22.23
	31,5	der G. meines Vaters ist mit mir gewesen 42; 32,10; 43,23; 2Mo 18,4
	7	G. hat ihm nicht gestattet 9.16
	13	bin der G., der dir zu Bethel erschienen
	42	G. hat mein Elend angesehen
	50	G. ist Zeuge zwischen mir und dir 53.54
	32,3	hier ist G. Heerlager
	29	mit G. und Menschen gekämpft Hos 12,4
	31	habe G. von Angesicht gesehen
	33,10	dein Angesicht, als sähe ich G. Angesicht
	20	nannnte ihn „G. ist der Gott Israels" 35,1.3.7
	35,1	G. sprach zu Jakob 9.11.15
	39,9	wie sollte ich gegen G. sündigen
	40,8	Auslegen gehört G. zu Dan 2,28
	41,16	G. wird dem Pharao verkünden 25.28.32.39
	51	G. hat mich vergessen lassen mein Unglück
	52	G. hat mich wachsen lassen in dem Lande
	42,18	ich fürchte G.
	28	warum hat G. uns das angetan
	43,14	der allmächtige G. gebe euch Barmherzigk.
	29	G. sei dir gnädig 2Sm 24,23
	44,16	hat d. Missetat deiner Knechte gefunden
	45,5	hat mich G. vor euch hergesandt 7-9
	48,3	der allmächtige G. erschien mir zu Lus
	11	G. hat mich auch deine Söhne sehen lassen
	15	G., vor dem meine Väter gewandert sind, der G., der mein Hirte gewesen ist
	20	G. mache dich wie Ephraim und Manasse
	21	G. wird mit euch sein
	49,25	von deines Vaters G. werde dir geholfen
	50,17	vergib den Dienern des G. deines Vaters
	20	aber G. gedachte, es gut zu machen
	24	G. wird euch gnädig heimsuchen 25; 2Mo 13,19
2Mo	1,17	die Hebammen fürchteten G. 20.21
	2,23	ihr Schreien kam vor G. 24.25
	3,1	Mose kam an den Berg G., den Horeb 4,27; 18,5; 19,3; 24,13; 1Kö 19,8
	4	rief G. ihn aus dem Busch 5
	6	bin der G. deines Vaters, der G. Abrahams, der G. Isaaks und der G. Jakobs 13.15.16; 4,5; Mt 22,32; Mk 12,26; Lk 20,37; Apg 7,32
	6	fürchtete sich, G. anzuschauen
	11	Mose sprach zu G. 13; 34,29
	12	werdet G. opfern auf diesem Berge 18; 5,3.8; 8,21-24
	14	G. sprach: Ich werde sein, der ich sein werde
	15	G. sprach zu Mose 6,2
	18	der HERR, der G. der Hebräer, ist uns erschienen 5,3; 7,16; 9,1.13; 10,3
	4,20	Mose nahm den Stab G. 17,9
	6,7	will euer G. sein 29,45; 5Mo 26,17; Jer 34,24
	7	daß ich der HERR bin, euer G. 16,12; 29,46; 3Mo 11,45; 22,33; 25,38; 26,13.45; 4Mo 15,41; Jes 46,9; Hes 28,26; 39,22.28
	8,6	niemand ist wie der HERR, unser G. 1Kö 8,23; 2Ch 2,4; 6,14; Ps 113,5; Dan 2,47; 11,36
	15	ist G. Finger
	10,7	daß sie dem HERRN, ihrem G., dienen 8; 23,25; 5Mo 10,12
	16	habe mich versündigt an eurem G. 17
	13,17	führte sie G. nicht durch das Land
	15,2	das ist mein G... meines Vaters G.

Gott

2Mo	16,3	wollte G. 4Mo 11,29; Ri 9,29; 2Sm 19,1; Hi 13,5; 1Ko 4,8; 2Ko 11,1			
	18,1	hörte, was G. an Mose und Israel getan			
	12	Jitro brachte G. ein Brandopfer dar			
	15	das Volk kommt zu mir, um G. zu befragen			
	16	ich tue ihnen kund die Satzungen G.			
	19	G. wird mit dir sein. Vertritt du das Volk vor G. und bringe ihre Anliegen vor G.			
	21	nach redlichen Leuten, die G. fürchten			
	23	kannst ausrichten, was dir G. gebietet			
	19,17	Mose führte das Volk G. entgegen			
	19	Mose redete, und G. antwortete ihm laut 20,19; 5Mo 5,24.27; 18,16			
	20,1	G. redete alle diese Worte 5Mo 1,6			
	2	bin der HERR, dein G. 5Mo 5,6.9; Ps 50,7; 81,11; Jes 41,13; 43,3; 48,17; 51,15; Hos 12,10; 13,4			
	5	ich, der HERR, dein G., bin ein eifernder G. 34,14; 5Mo 4,24; 5,9; 6,15; Jos 24,19; Nah 1,2			
	10	der Sabbat des HERRN, deines G. 5Mo 5,12. 14-16.32.33; 6,1			
	12	in dem Lande, das dir der HERR, dein G., geben wird 5Mo 1,20.21.25; 2,29; 3,18.20; 4,40; 6,10; 9,6; 11,31; 15,7; 16,20; 17,14; 18,9; 19,1-3.10.14; 21,1.23; 24,4; 25,15; 28,8.52; Jos 1,11.15; 9,24; 23,13.15			
	20	G. ist gekommen, euch zu versuchen 5Mo 13,4; 2Ch 32,31			
	21	nahte sich dem Dunkel, darinnen G. war			
	21,6	so bringe ihn sein Herr vor G. 22,7.8			
	13	hat G. es seiner Hand widerfahren lassen			
	22,8	wen G. für schuldig erklärt			
	27	G. sollst du nicht lästern			
	23,19	das Beste sollst du in das Haus des HERRN, deines G., bringen 34,26			
	24,11	als sie G. geschaut hatten, aßen sie			
	31,18	beschrieben von dem Finger G. 32,16; 5Mo 9,10			
	32,11	Mose flehte vor dem HERRN, seinem G.			
	34,6	HERR, G., barmherzig und gnädig 5Mo 4,31; 2Ch 30,9; Neh 9,17.31; Ps 116,5; Dan 9,9			
	24	um vor dem HERRN, deinem G., zu erscheinen 5Mo 31,11			
3Mo	2,13	niemals ohne Salz des Bundes deines G.			
	4,22	gegen des HERRN, seines G., Gebote tut			
	11,44	ich bin der HERR, euer G. 18,2.4.30; 19,2-4. 10.25.31.34.36; 20,7.24; 23,22.43; 25,17. 38.55; 26,1.44; 4Mo 10,10; 15,41; 5Mo 29,5; Ri 6,10; Hes 20,5.7.19.20; Sa 10,6			
	19,14	sollst dich vor deinem G. fürchten 32; 25,17. 36.43; 5Mo 6,2.13.24; 10,12.20; 13,5; 14,23; 17,19; 28,58; 31,12.13; Jos 4,24; 2Kö 17,39; Jer 5,24			
	22	so wird ihm G. seine Sünde vergeben			
	21,6	(Priester) sollen ihrem G. heilig sein 7; 4Mo 15,40; Esr 8,28			
	6	opfern die Speise ihres G. 8.17.21; 22,25			
	12	nicht entheilige das Heiligtum seines G.			
	12	die Weihe des Salböls seines G. ist auf ihm 4Mo 6,7			
	22	doch essen darf er die Speise seines G.			
	23,14	Tag, da ihr eurem G. seine Gabe bringt			
	28	entsühnt werdet vor dem HERRN, eurem G.			
	40	sieben Tage fröhlich sein vor dem HERRN, eurem G. 5Mo 12,7.12.18			
	24,15	wer seinem G. flucht, soll s. Schuld tragen			
	26,12	will euer G. sein, und ihr sollt mein Volk sein 5Mo 27,9; 29,11.12; Jer 7,23; 11,4; 24,7; 30,22; 31,1.33; 32,38; Hes 11,20; 14,11; 34,31; 36,28; 37,23.27; Sa 8,8; Heb 8,10			
4Mo	10,9	daß euer gedacht werde vor eurem G. 10; Neh 5,19; 6,14; 13,14.22.29.31			
	12,13	ach G., heile sie 5Mo 24,9			
	16,22	G., du G. des Lebensgeistes 27,16			
	21,5	(das Volk) redete wider G.			
	22,9	G. kam zu Bileam 10.12.20; 23,4			
	18	könnte nicht übertreten das Wort meines G.			
	38	was mir G. in den Mund gibt			
	23,8	fluchen, dem G. nicht flucht 5Mo 23,6; Neh 13,2			
	19	G. ist nicht ein Mensch Hi 33,12; Hos 11,9			
	21	der HERR, sein G., ist bei ihm			
	22	G., der sie aus Ägypten geführt 24,8; 5Mo 5,15; 7,19; 15,15; 16,1; 24,18; Jos 24,17; 2Sm 7,23; 1Ch 17,21; Ps 68,8; Dan 9,15			
	23	welche Wunder G. tut			
	27	vielleicht gefällt es G.			
	24,23	am Leben bleiben, wenn G. das tun wird			
	25,13	weil er für seinen G. geeifert hat			
5Mo	1,10	der HERR, euer G., hat euch zahlreich werden lassen 10,22			
	11	der HERR, der G. eurer Väter 21; 4,1; 6,3; 12,1; 26,7; 27,3; 29,24; Jos 18,3; Esr 7,27			
	17	das Gericht ist G.			
	19	wie uns der HERR, unser G., geboten hatte 41; 2,37; 4,5.23; 13,6; 20,17			
	26	ungehorsam dem Munde G. 9,23			
	30	euer G. zieht vor euch hin 9,3; 31,3			
	31	daß dich der HERR, dein G., getragen			
	32	trotzdem glaubtet ihr eurem G. nicht			
	2,7	dein G. hat dich gesegnet 12,7.15; 14,24			
	7	40 Jahre ist dein G. bei dir gewesen 8,2			
	30	d. HERR, dein G., verhärtete seinen Sinn			
	33	der HERR, unser G., gab ihn dahin 36; 3,3; 7,2.18			
	3,21	was euer G. beiden Königen getan			
	22	euer G. streitet für euch Jos 23,3.10; Neh 4,14			
	4,2	bewahrt die Gebote des HERRN, eures G. Esr 10,3; Neh 10,29.30			
	3	hat dein G. vertilgt unter euch 9,4.5			
	4	die ihr eurem G. anhinget, lebt			
	7	so nahe wie uns der HERR, unser G. 10.19. 21			
	23	daß ihr den Bund des HERRN, eures G., nicht vergeßt 8,11.14.18.19; 2Ch 34,32; Esr 10,3			
	24	dein G. ist ein verzehrendes Feuer			
	25	daß ihr übeltut vor dem HERRN, eurem G.			
	29	wenn du den HERRN, deinen G., suchen wirst 1Ch 22,19; 28,8; 2Ch 14,3.6; 15,12; 17,4; 19,3; 26,5; 30,19; 31,21; 34,3; Esr 4,2; Jer 50,4; Hos 3,5			
	30	wirst du dich bekehren zu deinem G. 30,2.10			
	34	wie das euer G. für euch getan 7,19			
	35	daß der HERR allein G. ist 39; 6,4; 7,9; 10,17; 32,39; Jos 2,11; 22,34; 1Sm 2,2; 2Sm 7,22; 2Kö 5,15; 19,15.19; 1Ch 17,20; Ps 83,19; 86,10; Jes 37,16.20; 43,10.12; 44,6.8; 45,5.14.18. 21.22; 46,9; Dan 3,29; Mk 12,29			
	5,2	G. hat einen Bund mit uns geschlossen			
	24	der HERR, unser G., hat uns sehen lassen			
	6,5	sollst den HERRN, deinen G., liebhaben 10,12; 11,1.13.22; 19,9; 30,6.16.20; Jos 22,5; 23,11; Mt 22,37; Mk 12,30; Lk 10,27			
	16	sollt euren G. nicht versuchen Mt 4,7; Lk 4,12			
	17	halten die Gebote des HERRN, eures G. 20. 25; 8,6; 11,27.28; 24,13; 26,16; 28,9.13; 30,16; 1Ch 22,12; 2Ch 13,11			

Gott

5Mo	7,1	wenn dich der HERR, dein G., ins Land bringt 11,29; 25,19; 26,1; 27,2.3; Jos 1,13; 22,4
	6	bist ein heiliges Volk dem HERRN, deinemG. 14,2.21; 26,19; 28,1
	6	dich hat der HERR, dein G., erwählt 17,15; 18,5; 21,5
	9	der treue G., der den Bund hält 12
	16	Völker, die der HERR, dein G., dir geben wird 20.22.23; 12,29; 13,13; 17,2; 18,12; 19,1; 20,13.14.16; 21,10; Jos 8,7; 10,19; 23,5.13; Ri 11,24
	21	der HERR, dein G., ist in deiner Mitte, der große und schreckliche G. 10,17; 20,1.4; 31,6; Neh 1,5; 8,6; 9,32
	25	das ist dem HERRN, deinem G., ein Greuel 16,22; 17,1; 22,5; 23,15.19; 25,16
	8,5	daß der HERR, dein G., dich erzogen 11,2
	7	dein G. führt dich in ein gutes Land 10
	9,7	wie du den HERRN, deinen G., erzürntest
	16	hattet euch an eurem G. versündigt 20,18
	10,9	wie dein G. zugesagt Jos 23,5.14.15
	14	Himmel und Erde ist des HERRN, deines G.
	21	er ist dein Ruhm und dein G.
	11,12	Land, auf das dein G. achthat
	12,4	dem HERRN, eurem G., so sollt ihr nicht dienen 31
	5	die Stätte, die der HERR, euer G., erwählen wird 11.18.21; 14,24.25; 16,6.7.11; 17,8; 26,2
	9	Erbteil, das dir der HERR, dein G., geben wird 10; 15,4; 16,5.18; 25,19; 26,2.11; 28,53
	18	vor dem HERRN, deinem G., sollst du das alles essen 14,23.26; 15,20; 16,11; 26,10; 27,7
	20	wenn G. dein Gebiet erweitern wird 19,8
	27	auf den Altar deines G. 16,21; 26,4; Neh 10,35
	28	getan, was recht ist vor dem HERRN, deinem G. 13,19; 2Ch 27,6; 31,20
	13,6	gelehrt, abzufallen von eurem G. 11
	17	ein Ganzopfer für den HERRN, deinen G.
	14,1	ihr seid Kinder des HERRN, eures G.
	29	daß dich der HERR, dein G., segne 15,6.10. 14.18; 16,10.15.17; 23,21; 24,19; 30,16
	15,19	dem HERRN, deinem G., heiligen
	21	nicht opfern dem HERRN, deinem G. 17,1; 23,19
	16,1	daß du Passa hältst dem HERRN, deinem G. 2.8.10.15.16; 2Kö 23,21
	17,2	tut, was dem HERRN, deinem G., mißfällt
	12	Priester, der im Dienst G. steht 18,7; Neh 12,45
	18,13	sollst untadelig sein vor deinem G. 14
	15	einen Propheten wie mich wird dir der HERR, dein G., erwecken Apg 3,22; 7,37
	21,23	ein Aufgehängter ist verflucht bei G.
	23,22	deinem G. ein Gelübde tust 24; Pr 5,3
	25,18	wie (die Amalekiter) G. nicht fürchteten
	26,3	ich bekenne heute dem HERRN, deinem G. 5.10.13
	27,5	deinem G. einen Altar bauen 6; Ri 6,26
	28,47	dem HERRN, deinem G., nicht gedient
	29,9	steht heute vor dem HERRN, eurem G. 14
	17	sich abwendet von dem HERRN, unserm G.
	28	was verborgen ist, ist unseres G.
	30,1	unter die dich dein G. verstoßen hat 3-9
	31,17	alles, weil mein G. nicht mit mir ist
	32,3	gebt unserm G. allein die Ehre Jer 13,16
	4	treu ist G. und kein Böses an ihm
	6	dankst du so dem HERRN, deinem G.
	15	hat den G. verworfen, der ihn gemacht 18
	17	Geistern geopfert und nicht ihrem G.
	33,26	ist kein G. wie der G. Jeschuruns
	5Mo 33,27	Zuflucht ist bei dem alten G.
Jos	1,9	dein G. ist mit dir in allem 17; Sa 8,23
	3,9	hört die Worte des HERRN, eures G.
	10	ein lebendiger G. 2Kö 19,4.16; Jes 37,4.17; Jer 5,2; 10,10; 23,36; Dan 6,21.27; Hos 2,1
	4,23	als der HERR, euer G., den Jordan austrocknete, wie euer G. am Schilfmeer getan
	14,8	folgte dem HERRN, meinem G., treulich 9
	18,6	will das Los werfen vor unserm G.
	22,3	festgehalten an dem Gebot eures G.
	19	außer dem Altar des HERRN, unseres G. 29
	33	gefiel gut, und sie lobten G.
	23,3	habt alles gesehen, was euer G. getan
	8	sondern dem HERRN, eurem G., anhangt
	16	wenn ihr übertretet den Bund eures G.
	24,1	als sie vor G. getreten waren
	18	dem HERRN dienen; denn er ist unser G. 24
	26	schrieb alles ins Buch des Gesetzes G. Esr 7,14.25.26; Neh 8,8.18; 9,3; Dan 9,11
	27	Zeuge, daß ihr euren G. nicht verleugnet
Ri	1,7	wie ich getan, so hat mir G. vergolten
	2,12	verließen den HERRN, den G. ihrer Väter 10,10; 1Kö 9,9; 2Ch 7,22; 21,10; 24,24; 28,6; Jer 2,17.19
	3,7	vergaßen den HERRN, ihren G. 8,34; 1Sm 12,9
	20	ich habe ein Wort von G. an dich
	4,23	so demütigte G. zu der Zeit Jabin
	6,36	Gideon sprach zu G.
	40	G. machte es so in derselben Nacht
	7,14	G. hat die Midianiter in seine Hände gegeben 8,3; 18,10
	9,7	höret mich, daß euch G. auch höre
	23	sandte G. einen bösen Geist 1Sm 16,15.16.23; 18,10
	56	so vergalt G. dem Abimelech das Böse 57
	13,5	der Knabe wird ein Geweihter G. 7; 16,17
	9	G. erhörte Manoach 22
	15,19	da spaltete G. die Höhlung im Kinnbacken
	16,28	gib mir Kraft, G., noch dies eine Mal
	18,5	befrage doch G. 20,18; 1Sm 9,9; 14,36.37; 22,13.15; 2Sm 16,23; 1Ch 21,30
	20,2	in der Versammlung des Volkes G. 21,2
Rut	1,16	dein G. ist mein G.
1Sm	2,3	der HERR ist ein G., der es merkt
	25	so kann es G. entscheiden
	3,3	die Lampe G. war noch nicht verloschen
	17	G. tue dir dies und das 14,44; 25,22; 2Sm 3,9. 35; 19,14; 1Kö 2,23; 2Kö 6,31
	4,7	G. ist ins Lager gekommen
	6,20	wer kann bestehen vor diesem heiligen G.
	7,8	für uns zu schreien zu G. 12,19; 1Kö 13,6; 2Ch 33,12.18; Neh 9,4; Jer 37,3; 42,2.4.20
	9,27	daß ich dir kundtue, was G. gesagt hat
	10,3	die hinaufgehen zu G. nach Bethel
	5	wirst du nach Gibea G. kommen
	7	G. ist mit dir 2Sm 14,17; 1Ch 12,19; 17,2; 28,20; 2Ch 1,1; 15,9
	9	gab ihm G. ein anderes Herz 26
	19	ihr habt heute euren G. verworfen
	12,12	obwohl der HERR, euer G., König ist 14
	13,13	nicht gehalten das Gebot des HERRN, deines G. 1Kö 13,21
	14,45	G. hat heute durch ihn geholfen
	15,15	sie zu opfern dem HERRN, deinem G. 21
	30	daß ich den HERRN, deinen G., anbete
	17,26	das Heer des lebendigen G. verhöhnt 36.45
	46	innewerde, daß Israel einen G. hat
	22,3	bis ich erfahre, was G. mit mir tun wird
	23,7	G. hat (David) in meine Hände gegeben 14

1Sm	23,16	stärkte sein Vertrauen auf G. 30,6	2Kö 17,26	wissen nichts von der Verehrung G. 27
	25,29	soll das Leben... bei dem HERRN, deinem G.	18,22	verlassen uns auf den HERRN, unsern G. 2Ch 13,18; Jes 36,7
	26,8	G. hat deinen Feind in deine Hand gegeben	19,4	vielleicht hört der HERR, dein G. Jes 37,4
	28,15	G. ist von mir gewichen	10	dich von deinem G. nicht betrügen Jes 37,10
2Sm	2,27	so wahr G. lebt 1Kö 15,12; 18,10; Hi 27,2	19	HERR, unser G., errette uns 2Ch 14,10; 32,11.14.15.17; Jes 37,20
	6,7	G. schlug (Usa) dort 1Ch 13,10	20,5	spricht der HERR, der G. deines Vaters David 2Ch 21,12; Jes 38,5
	7,24	du, HERR, bist ihr G. 26.28; 1Kö 18,36; 1Ch 17,22.24.26; 2Ch 13,10; 14,10; Ps 95,7; 99,8; 105,7	21,22	verließ den HERRN, den G. seiner Väter 1Ch 5,25; 2Ch 7,22; 21,10; 24,18.24; 28,6; Neh 9,10
	9,3	damit ich G. Barmherzigkeit an ihm tue	1Ch 4,10	G. ließ kommen, worum er bat
	10,12	wir... für die Städte unseres G. 1Ch 19,13	5,20	schrien zu G. im Kampf 2Ch 14,10
	12,16	David suchte G. um des Knäbleins willen	22	der Krieg war von G.
	14,13	warum bist du so gesinnt gegen G. Volk	25	zu den Götzen, die G. vertilgt hatte
	14	G. will nicht das Leben wegnehmen	11,2	der HERR, dein G., hat zu dir geredet
	16	die mich vertilgen wollen vom Erbe G.	19	das lasse mein G. fern von mir sein
	15,32	die Höhe, wo man G. anzubeten pflegte	12,18	sehe der G. unserer Väter drein
	18,28	gelobt sei der HERR, dein G. 1Kö 10,9	23	ein großes Heer wie ein Heer G.
	21,14	danach wurde G. dem Lande wieder gnädig	13,2	ist's dem HERRN, unserm G., angenehm
	22,3	G. ist mein Hort Ps 18,3; 94,22	8	tanzten vor G. her
	7	schrie zu meinem G. Ps 18,7	12	an jenem Tage fürchtete sich David vor G.
	22	bin nicht gottlos wider meinen G. Ps 18,22	14,10	David befragte G. 14.16
	30	mit meinem G. über Mauern springen Ps 18,30	11	G. hat die Reihen m. Feinde durchbrochen
	31	G. Wege sind vollkommen Ps 18,31	15	G. ist ausgezogen, zu schlagen das Heer der Philister 2Ch 26,7
	32	wer ist G., wenn nicht der HERR Ps 18,32	15,13	machte der HERR, unser G., einen Riß
	33	G. stärkt mich mit Kraft Ps 18,33	26	den Leviten half, opferten sie 16,1; 2Ch 11,16; 33,17
	47	G., der Fels meines Heils Ps 18,47; 42,10	16,14	unser G., er richtet in aller Welt
	48	G., der mir Vergeltung schafft Ps 18,48	35	hilf uns, G., unser Heiland
	23,5	so ist mein Haus fest bei G.	42	mit Saitenspiel zur Ehre G.
	12	G. gab großes Heil	17,17	das war dir noch zu wenig, G.
	24,3	dein G. tue zu diesem Volk hinzu	25	du, mein G., hast (mein) Ohr geöffnet
	24	meinem G. nicht Brandopfer, die umsonst	21,7	dies mißfiel G. 2Ch 29,6; 36,5.12
1Kö	1,36	der HERR, der G. meines Königs	8	sprach David zu G.: Ich habe gesündigt 17
	47	dein G. mache Salomos Namen herrlicher	15	G. sandte den Engel nach Jerusalem
	2,3	diene dem HERRN, deinem G. 2Ch 30,8; 34,33; 35,3	17	mein G., laß deine Hand gegen mich sein
	3,7	HERR, mein G., du hast deinen Knecht	22,11	daß du dem HERRN, deinem G., ein Haus baust 19; 2Ch 29,5; 34,8
	11	G. sprach zu (Salomo) 5	24,5	waren Oberste vor G.
	28	sahen, daß G. Weisheit G. in ihm war	25,5	Zusage G., sein Haupt zu erhöhen; denn G. hatte Heman 14 Söhne gegeben
	5,9	G. gab Salomo sehr große Weisheit 10,24; 2Ch 9,23; Neh 13,26	26,5	G. hatte ihn gesegnet 2Ch 32,29
	18	hat mir mein G. Ruhe gegeben 1Ch 22,18; 2Ch 20,30	32	(bestellte David) zu allem Dienst G.
	8,27	sollte G. auf Erden wohnen 2Ch 6,18	28,2	für den Schemel der Füße unseres G.
	28	wende dich, HERR, mein G. 2Ch 6,19	3	aber G. ließ mir sagen 2Ch 33,7
	57	HERR, unser G., sei mit uns 59	8	vor den Ohren unseres G.
	60	erkennen, daß der HERR G. ist 18,37; 2Ch 33,13; Ps 46,11; 100,3; Jo 2,27; 4,17	9	erkenne du, der G. deines Vaters
	61	ungeteilt bei dem HERRN, unserm G. 11,4; 15,3; 2Ch 20,33	29,1	G. hat Salomo erwählt Neh 13,26
	65	beging das Fest vor dem HERRN, unserm G.	13	nun, unser G., wir danken dir 16.20; 2Ch 30,22; Ps 75,2
	11,23	erweckte G. noch einen Widersacher	17	weiß, mein G., daß du das Herz prüfst Ps 7,10
	15,4	gab der HERR, sein G., ihm eine Leuchte	2Ch 1,3	dort war die Stiftshütte G.
	17,20	HERR, mein G., tust du der Witwe Böses 21	7	erschien dem Salomo 8.11
	18,21	ist der HERR G., so wandelt ihm nach	2,3	an den Festen des HERRN, unseres G.
	24	welcher G. mit Feuer antworten wird, ist G.	6,40	laß, mein G., deine Augen offen sein
	36	G. Abrahams, Isaaks und Israels 1Ch 29,18	9,8	dein G., sei gelobt... zum König des HERRN, deines G.
	39	der HERR ist G., der HERR ist G. Neh 9,7	10,15	war so von G. bestimmt 22,7; 25,16
	20,28	HERR ein G. der Berge... ein G. der Täler	13,12	mit uns ist G... streitet nicht gegen G. 32,8
	21,10	hast G. und den König gelästert 13	15	schlug G. ganz Israel
2Kö	1,3	ist denn kein G. in Israel 6.16	16	G. gab sie in ihre Hände 18,5; 25,20; 28,5
	12	fiel das Feuer als G. vom Himmel Hi 1,16	15,3	lange war Israel ohne rechten G.
	2,14	wo ist nun der HERR, der G. Elias	6	G. erschreckte sie mit Ängsten
	16,2	was dem HERRN, seinem G., wohlgefiel 2Ch 34,1	16,7	verlassen nicht auf den HERRN, deinen G.
	17,7	gegen den HERRN, ihren G., gesündigt 9.14. 16.19; 2Ch 26,16; 30,7; Esr 10,2.11; Neh 13,27	18,13	was mein G. sagen wird, das will ich reden
			31	G. lockte sie von ihm weg

Gott 532

2Ch	19,4	zurück zu dem HERRN, dem G. ihrer Väter 30,6
	7	bei dem HERRN, unserm G., ist kein Unrecht
	20,6	HERR, du G. unserer Väter... G. im Himmel
	7	hast G., die Bewohner vertrieben
	12	unser G., willst du sie nicht richten
	15	nicht ihr kämpft, sondern G.
	20	glaubet an den HERRN, euren G.
	29	der Schrecken G. kam über alle
	24,16	weil er an G. und seinem Hause wohlgetan
	20	so spricht G.: Warum übertretet ihr
	25,8	wird G. dich vor d. Feinden fallen lassen. Denn bei G. steht die Kraft zu helfen
	26,5	ließ es ihm G. gelingen
	28,9	weil der HERR, der G. eurer Väter, zornig
	10	Schuld gegenüber dem HERRN, eurem G.
	25	reizte den HERRN, den G. seiner Väter
	29,36	freute sich, was G. dem Volke bereitet
	30,27	ihr Gebet kam in G. heilige Wohnung
	31,6	das sie dem HERRN, ihrem G., geweiht
	14	die freiwilligen Gaben für G.
	32,12	der die Altäre seines G. entfernt hat
	19	G. Jerusalems Esr 1,3; 6,12; 7,19
	33,12	demütigte sich vor G. 34,27; Esr 8,21
	34,33	wichen nicht von dem HERRN, dem G.
	35,21	G. hat gesagt, ich soll eilen. Vergreif dich nicht an G. 22
	36,15	der G. ihrer Väter ließ gegen sie reden
	16	verspotteten die Boten G.
	23	mit dem sei der HERR, sein G. Esr 1,3
Esr	1,5	alle, deren Geist G. erweckt hatte
	5,2	Propheten G., die sie stärkten
	5	das Auge ihres G. war über den Ältesten
	7,6	weil die Hand seines G. über ihm war 28
	8,23	erbaten solches von unserm G. 9,5
	9,6	mein G., ich schäme mich
	8	Gnade von dem HERRN, unserm G.
	9	unser G. hat uns nicht verlassen 13
Neh	2,12	was mir mein G. eingegeben hatte 7,5
	3,36	höre, unser G., wie verachtet sind wir
	4,3	wir aber beteten zu unserm G.
	9	daß G. ihren Rat zunichte gemacht
	5,13	so schüttle G. jeden aus
	6,12	merkte, daß nicht G. ihn gesandt
	16	merkten, daß dies Werk von G. war
	8,9	dieser Tag ist heilig dem HERRN, eurem G.
	9,5	auf! lobet den HERRN, euren G. 12,46
	12,43	G. hatte ihnen große Freude gemacht
	13,1	niemals in die Gemeinde G. dürften
	18	G. brachte Unheil über uns
Hi	1,5	meine Söhne könnten G. abgesagt haben
	9	meinst du, daß Hiob G. umsonst fürchtet
	22	Hiob tat nichts Törichtes wider G.
	2,9	sage G. ab und stirb
	10	haben wir Gutes empfangen von G.
	3,4	G. frage nicht nach ihm
	20	warum gibt G. das Licht dem Mühseligen
	23	dem G. den Pfad verzäunt hat
	4,9	durch den Odem G. sind sie umgekommen
	17	wie kann ein Mensch gerecht sein vor G. 9,2; 25,4
	5,8	ich aber würde mich zu G. wenden 8,5
	17	selig der Mensch, den G. zurechtweist
	6,4	Schrecknisse G. sind auf mich gerichtet
	8	könnte G. mir geben, was ich hoffe 9
	8,3	meinst du, daß G. unrecht richte
	13	so geht es jedem, der G. vergißt
	20	G. verwirft die Frommen nicht
Hi	9,4	G. ist weise und mächtig 12,13; 36,5
	10,2	(ich will) zu G. sagen: Verdamme mich nicht
	11,5	ach, daß G. mit dir redete
	7	meinst du, daß du weißt, was G. weiß
	12,4	der ich G. anrief und den er erhörte
	6	Ruhe haben, die wider G. toben, die G. in ihrer Faust führen
	13,3	wollte rechten mit G.
	7	wollt ihr G. verteidigen 8
	15,4	raubst du die Andacht vor G.
	8	hast du im Rat G. zugehört
	11	gelten G. Tröstungen so gering
	13	daß sich dein Mut wider G. richtet
	15	seinen Heiligen traut G. nicht
	25	hat seine Hand gegen G. ausgereckt
	30	G. wird ihn wegraffen
	16,11	G. hat mich übergeben dem Ungerechten 19,6
	20	unter Tränen blickt mein Auge zu G. auf
	21	daß er Recht verschaffe dem Mann bei G.
	18,21	so geht's... der G. nicht achtet
	19,22	warum verfolgt ihr mich wie G.
	26	so werde ich doch G. sehen
	20,15	G. treibt sie aus seinem Bauch heraus 23
	29	das ist der Lohn... von G. 27,13
	21,9	G. Rute ist nicht über ihnen
	14	sagen zu G.: Weiche von uns 22,17
	17	daß G. Herzeleid über sie austeilt
	19	G. spart das Unglück auf
	22	wer will G. Weisheit lehren
	22,2	kann ein Mann G. etwas nützen
	12	ist G. nicht hoch wie der Himmel
	13	sprichst zwar: Was weiß G.
	21	so vertrage dich nun mit G.
	26	wirst dein Antlitz zu G. erheben
	23,16	G. ist's, der mein Herz mutlos gemacht
	24,12	doch G. achtet nicht darauf
	13	kennen G. Weg nicht
	22	G. rafft die Gewalttätigen hin
	27,3	solange der Hauch von G. in meiner Nase
	8	wenn G. mit ihm ein Ende macht
	9	meinst du, daß G. sein Schreien hören wird
	10	kann er G. allezeit anrufen
	11	will euch über G. Tun belehren 36,2
	28,23	G. weiß den Weg zu ihr
	29,2	in den Tagen, da G. mich behütete 4
	31,2	was gäbe sonst mir G.
	6	G. möge mich wiegen auf rechter Waage
	14	was tun, wenn G. sich erhebt
	23	ich müßte G. Strafe fürchten
	28	damit hätte ich verleugnet G. in der Höhe
	32,2	weil er sich für gerechter hielt als G.
	13	G. muß ihn schlagen
	33,6	vor G. bin ich wie du 35,2
	10	G. erfindet Vorwürfe wider mich 34,5
	14	auf eine Weise redet G. 29
	26	er wird G. bitten, und der wird
	28	G. hat mich erlöst
	34,9	nichts, wenn er G. Wohlgefallen sucht
	10	ferne, daß G. sollte gottlos handeln 12
	23	wann vor G. erscheinen muß
	31	zu G. sagt: Ich hab's getragen
	37	(Hiob) macht viele Worte wider G.
	35,10	wo ist G., mein Schöpfer
	13	G. wird Nichtiges nicht erhören
	36,22	G. ist groß in seiner Kraft 26
	37,5	G. donnert mit seinem Donner Ps 29,3
	10	vom Odem G. kommt Eis
	14	merke auf die Wunder G. 15
	22	um G. her ist schrecklicher Glanz

Gott

Hi	38,41	wenn seine Jungen zu G. rufen
	39,17	G. hat ihr die Weisheit versagt
	40,2	wer G. zurechtweist, der antworte
	9	hast du einen Arm wie G.
Ps	3,3	er hat keine Hilfe bei G.
	8	hilf mir, mein G. 54,3; 69,2; 71,4; 86,2
	4,2	erhöre mich, G. 13,4; 69,14
	5,3	mein König und mein G. 44,5; 68,25; 84,4
	5	nicht ein G., dem gottloses Wesen gefällt
	11	sprich sie schuldig, G.
	7,2	auf dich, HERR, mein G., traue ich 16,1
	4	HERR, mein G., hab ich solches getan
	11	G. ist der Schild über mir
	12	G. ist ein gerechter Richter 50,6; 58,12; 75,8
	12	ein G., der täglich strafen kann
	8,6	hast ihn wenig niedriger gemacht als G.
	9,18	alle Heiden, die G. vergessen
	10,4	meint in s. Stolz, G. frage nicht danach
	4	„es ist kein G." sind alle seine Gedanken 14,1; 53,2
	11	er spricht: G. hat's vergessen 73,11
	12	G., erhebe deine Hand
	13	warum soll der Gottlose G. lästern
	14,2	ob jemand klug sei und nach G. frage 53,3
	5	G. ist bei dem Geschlecht der Gerechten
	17,6	du, G., wirst mich erhören 38,16; Mi 7,7
	18,29	mein G. macht meine Finsternis licht
	19,2	die Himmel erzählen die Ehre G.
	20,8	denken an den Namen des HERRN, unsres G.
	22,2	mein G., mein G., warum hast du mich verlassen 3; Mt 27,46; Mk 15,34
	11	du bist mein G. 31,15; 56,10; 63,2; 118,28; 140,7; 143,10; Jes 25,1; 44,17; Jer 31,18; Hos 2,25; 8,2
	24,5	Gerechtigkeit von dem G. seines Heiles
	25,2	mein G., ich hoffe auf dich 56,5.12; 91,2
	5	du bist der G., der mir hilft
	22	G., erlöse Israel aus aller seiner Not
	27,9	tu d. Hand nicht von mir ab, G., mein Heil
	30,3	HERR, mein G., als ich schrie zu dir
	13	HERR, mein G., ich will dir danken 43,4; 71,22; 86,12
	31,6	du hast mich erlöst, HERR, du treuer G.
	33,12	wohl dem Volk, dessen G. der HERR ist 144,15
	35,23	wache auf, werde wach, mein G. und Herr
	24	HERR, mein G., verhilf mir zum Recht 43,1
	36,3	doch hat G. den Weg vor ihnen geebnet
	7	deine Gerechtigk. steht wie die Berge G.
	8	wie köstlich ist deine Güte, G.
	37,31	das Gesetz seines G. ist in seinem Herzen
	38,22	HERR, mein G., sei nicht ferne von mir
	40,4	neues Lied... zu loben unsern G. 144,9
	6	HERR, mein G., groß sind deine Wunder
	9	deinen Willen, G., tue ich Heb 10,7.9
	18	mein G., säume doch nicht Dan 9,19
	42,2	so schreit meine Seele, G., zu dir 77,2
	3	meine Seele dürstet nach G., nach dem lebendigen G... daß ich G. Angesicht schaue
	4	zu mir sagt: Wo ist nun dein G. 11; 79,10; 115,2; Jo 2,17; Mi 7,10
	6	harre auf G... daß er mein G. ist 12; 43,5
	7	mein G., betrübt ist meine Seele
	9	ich bete zu dem G. meines Lebens
	43,2	du bist der G. meiner Stärke Jes 49,5
	4	daß ich hineingehe zum Altar G., zu G.
	44,2	G., wir haben mit unsern Ohren gehört
	9	täglich rühmen wir uns G.

Ps	44,22	würde das G. nicht erforschen
	45,3	wahrlich, G. hat dich gesegnet für ewig
	7	G., dein Thron bleibt ewig Heb 1,8
	8	hat dich der Herr, dein G., gesalbt Heb 1,9
	46,2	G. ist unsre Zuversicht und Stärke 62,8.9; 71,5; 81,2
	5	soll die Stadt G. fein lustig bleiben 6
	47,2	jauchzet G. mit fröhlichem Schall
	6	G. fährt auf unter Jauchzen
	7	lobsinget, lobsinget G. 68,5.33; 147,7
	8	G. ist König über die ganze Erde 9; Jes 52,7
	9	G. sitzt auf seinem heiligen Thron
	10	G. gehören die Starken auf Erden
	48,2	in der Stadt unsres G. 4.9; 87,3
	10	G., wir gedenken deiner Güte
	11	G., wie dein Name, so ist auch dein Ruhm
	15	das ist G., unser G. Jes 25,9; 40,9
	49,8	kann doch keiner G. ein Sühnegeld geben
	16	G. wird mich erlösen aus des Todes Gewalt
	50,2	aus Zion bricht an der schöne Glanz G.
	3	unser G. kommt und schweiget nicht
	14	opfere G. Dank
	16	zum Gottlosen spricht G.
	22	begreift es doch, die ihr G. vergesset
	23	daß ich ihm zeige das Heil G.
	51,3	G., sei mir gnädig 56,2; 57,2; 67,2
	12	schaffe in mir, G., ein reines Herz
	16	G., der du mein G. und Heiland bist
	19	die Opfer, die G. gefallen... ein zerschlagenes Herz wirst du, G., nicht verachten
	52,3	da doch G. Güte noch täglich währt
	7	wird dich G. für immer zerstören
	9	der nicht auf G. sein Vertrauen setzte
	10	ich verlasse mich auf G. Güte
	53,3	G. schaut auf die Menschenkinder
	5	G. rufen sie nicht an
	6	G. zerstreut die Gebeine derer, die dich bedrängen... G. hat sie verworfen
	7	daß G. sein gefangenes Volk erlöste
	54,4	G., erhöre mein Gebet 55,2; 61,2; Dan 9,17.18
	5	sie haben G. nicht vor Augen
	6	G. steht mir bei
	55,17	ich aber will zu G. rufen 57,3
	20	G. wird sie demütigen. Denn sie wollen G. nicht fürchten
	24	du, G., wirst sie hinunterstoßen 56,8
	56,13	habe dir, G., gelobt, daß ich dir danken
	14	daß ich wandeln kann vor G.
	57,3	G., der meine Sache zum guten Ende führt
	4	sende seine Güte und Treue
	6	erhebe dich, G., über den Himmel 12; 108,6
	8	mein Herz ist bereit, G., daß ich singe
	58,7	G., zerbrich ihnen die Zähne
	59,2	errette mich, G., von m. Feinden 143,9
	10	G. ist mein Schutz 18
	11	G. erzeigt mir reichlich seine Güte, G. läßt mich auf meine Feinde herabsehn
	14	daß G. Herrscher ist in Jakob
	60,3	G., der du uns verstoßen hast
	8	G. hat in seinem Heiligtum geredet 108,8
	12	wirst du es nicht tun, G. 108,12
	14	mit G. wollen wir Taten tun 108,14
	61,6	du, G., hörst mein Gelübde
	8	daß er immer throne vor G.
	62,2	meine Seele ist stille zu G. 6
	12	eines hat G. geredet... G. allein ist mächtig
	63,12	der König freut sich in G.
	64,2	höre, G., meine Stimme in meiner Klage
	8	da trifft sie G. mit dem Pfeil

Gott

Ps	64,10	Menschen werden sagen: Das hat G. getan
	65,2	G., man lobt dich in der Stille
	6	erhöre uns, G., unser Heil
	10	G. Brünnlein hat Wasser die Fülle
	66,1	jauchzet G., alle Lande 3.5
	8	lobet, ihr Völker, unsern G.
	10	G., du hast uns geprüft und geläutert
	16	höret zu, alle, die ihr G. fürchtet
	19	G. hat mich erhört
	20	gelobt sei G. 68,36; 70,5
	67,4	es danken dir, G., die Völker 6
	7	es segne uns, G., unser G. 8
	68,2	G. steht auf; so werden seine Feinde zerstreut 3.22
	4	die Gerechten sind fröhlich vor G.
	6	ein Vater der Waisen ist G.
	7	G., der die Einsamen nach Hause bringt
	9	die Himmel troffen vor G.
	10	du gabst, G., einen gnädigen Regen
	11	G., du labst die Elenden
	17	auf den Berg, wo es G. gefällt zu wohnen
	18	G. Wagen sind vieltausendmal tausend
	19	müssen sich, G., vor dir bücken
	20	G. legt uns eine Last auf, aber er hilft
	21	wir haben einen G., der da hilft
	25	man sieht, G., wie du einherziehst 36
	29	entbiete, G., deine Macht 35
	32	Mohrenland wird s. Hände ausstrecken zu G.
	69,4	weil ich so lange harren muß auf G.
	6	G., du kennst meine Torheit
	30	G., deine Hilfe schütze mich
	33	die G. suchen, denen wird das Herz aufleben
	36	G. wird Zion helfen 146,10; 147,12
	70,2	eile, G., mich zu erretten 6; 71,12
	71,11	sprechen: G. hat ihn verlassen
	17	G., du hast mich von Jugend auf gelehrt
	18	auch im Alter, G., verlaß mich nicht
	19	G., deine Gerechtigkeit reicht bis zum Himmel... G., wer ist dir gleich
	72,1	G., gib dein Gericht dem König
	73,1	G. ist dennoch Israels Trost für alle
	17	bis ich ging in das Heiligtum G.
	26	bist du, G., alle Zeit meines Herzens Trost
	28	meine Freude, daß ich mich zu G. halte
	74,1	G., warum verstößest du uns
	10	ach, G., wie lange soll der Widersacher
	12	G. ist ja mein König von alters her
	22	mache dich auf, G. 76,10; 82,8
	76,2	G. ist in Juda bekannt
	12	tut Gelübde dem HERRN, eurem G.
	77,4	ich denke an G.
	10	hat G. vergessen, gnädig zu sein
	14	G., dein Weg ist heilig. Wo ist ein so mächtiger G., wie du, G.
	15	du bist der G., der Wunder tut
	17	die Wasser sahen dich, G.
	78,7	daß sie setzten auf G. ihre Hoffnung und nicht vergäßen die Taten G.
	8	dessen Geist sich nicht treu an G. hielt
	10	sie hielten den Bund G. nicht Jer 22,9
	18	versuchten G. in ihrem Herzen 41.56; 106,14
	19	redeten wider G.: Kann G... bereiten
	22	weil sie nicht glaubten an G.
	34	suchten G. und fragten wieder nach ihm
	35	daß G. ihr Hort ist und G. ihr Erlöser
	59	als das G. hörte, entbrannte sein Grimm
	79,1	G., es sind Heiden in d. Erbe eingefallen
	9	hilf du uns, G., unser Helfer 85,5; 106,47
	80,4	G., tröste uns wieder

Ps	80,11	mit seinen Reben die Zedern G. (bedeckt)
	82,1	G. steht in der Gottesgemeinde
	83,2	G., schweige doch nicht! G., bleib nicht so still
	13	sagten: Wir wollen das Land G. einnehmen
	14	mein G., mache sie wie verwehende Blätter
	84,3	Leib und Seele freuen sich in... G.
	8	sie schauen den wahren G. in Zion
	10	G., unser Schild, schaue doch
	86,14	G., es erheben sich die Stolzen gegen mich
	89,8	G. ist gefürchtet in der Versammlung
	27	du bist mein Vater, mein G. und Hort
	90,2	ehe die Berge wurden, bist du, G.
	17	der Herr, unser G., sei uns freundlich
	92,14	werden in den Vorhöfen unsres G. grünen
	94,1	du G. der Vergeltung, erscheine
	23	der HERR, unser G., wird sie vertilgen
	95,3	der HERR ist ein großer G.
	98,3	aller Welt Enden sehen das Heil unsres G. Jes 52,10
	99,5	erhebet den HERRN, unsern G. 9; 145,1; 149,6
	8	du, G., vergabst ihnen
	9	der HERR, unser G., ist heilig
	102,25	mein G., nimm mich nicht weg
	104,1	HERR, mein G., du bist sehr herrlich
	21	die ihre Speise suchen von G.
	33	will meinen G. loben, solange ich bin 146,2
	106,20	verwandelten die Herrlichkeit ihres G.
	21	sie vergaßen G., ihren Heiland Jes 17,10
	107,11	weil sie G. Geboten ungehorsam waren
	108,2	G., mein Herz ist bereit
	12	ziehst nicht aus, G., mit unserm Heer
	109,1	G., mein Ruhm, schweige nicht
	26	steh mir bei, HERR, mein G.
	115,3	unser G. ist im Himmel; er kann schaffen
	118,27	der HERR ist G., der uns erleuchtet
	28	mein G., ich will dich preisen
	119,115	will mich halten an die Gebote meines G.
	122,9	um des Hauses des HERRN willen, unseres G.
	123,2	sehen unsre Augen auf unsern G.
	136,2	danket dem G. aller Götter
	26	danket dem G. des Himmels
	139,17	wie schwer sind, G., deine Gedanken
	19	ach G., wolltest du doch die Gottl. töten
	23	erforsche mich, G., und prüfe mein Herz
	146,5	Hoffnung setzt auf den HERRN, seinen G.
	147,1	G. loben, das ist ein köstlich Ding
	150,1	lobet G. in seinem Heiligtum
Spr	2,5	dann wirst du die Erkenntnis G. finden
	17	und vergißt den Bund ihres G.
	3,4	die G. und den Menschen gefallen
	11,27	wer... trachtet nach G. Wohlgefallen
	14,31	wer sich des Armen erbarmt, der ehrt G.
	16,10	G. Spruch ist in dem Munde des Königs
	25,2	es ist G. Ehre, eine Sache zu verbergen
	28,14	wohl dem, der G. allewege fürchtet Pr 7,18; 8,12.13
	30,1	ich habe mich gemüht, o G.
Pr	1,13	solch unselige Mühe hat G. gegeben 3,10
	2,26	daß es dem gegeben werde, der G. gefällt
	3,11	nicht ergründen kann das Werk, das G. tut
	13	guten Mut... das ist eine Gabe G.
	14	was G. tut, das besteht... alles tut G.
	15	G. holt wieder hervor, was vergangen ist
	17	G. wird richten die Gerechten und Gottl.
	18	damit G. sie prüfe und sie sehen
	5,1	nicht eilen, etwas zu reden vor G.; denn G. ist im Himmel und du auf Erden

Pr	5,5	sprich vor dem Boten G. nicht: Es war ein Versehen. G. könnte zürnen	Jer	5,4	wissen nicht um ihres G. Recht 5
	6	darum fürchte G. 12,13		7	schwören bei dem, der nicht G. ist
	17	Zeit s. Lebens, die ihm G. gibt 8,15; 9,9		19	warum tut uns der HERR, unser G., dies
	18	wenn G. einem Menschen Reichtum gibt 6,2		7,28	Volk, das auf die Stimme des HERRN, seines G., nicht hören will 26,13; 42,21; Dan 9,10
	19	weil G. sein Herz erfreut			
	6,2	G. gibt ihm nicht Macht, es zu genießen		8,14	unser G. wird uns umkommen lassen
	7,14	diesen hat G. geschaffen wie jenen		19	will der HERR nicht mehr G. sein in Zion
	26	wer G. gefällt, der wird ihr entrinnen		23,23	ein G., der nahe... ein G., der ferne ist
	29	G. hat den Menschen aufrichtig gemacht		30,9	(werden dienen) dem HERRN, ihrem G.
	8,2	wenn du einen Eid bei G. leisten sollst		31,6	hinaufziehen zum HERRN, unserm G.
	17	ich sah alles Tun G. 11,5		32,18	du großer und starker G. Dan 9,4
	9,7	dein Tun hat G. schon längst gefallen		27	ich bin der G. allen Fleisches
	11,9	wisse, daß dich G. vor Gericht ziehen wird		40,2	G. hat dies Unglück vorhergesehen
	12,7	Geist (muß) wieder zu G., der ihn gegeben		42,3	der HERR, dein G., uns kundtun wolle, was wir tun sollen 5.6.13; 43,1.2
	14	G. wird alle Werke vor Gericht bringen			
Jes	1,10	nimm zu Ohren die Weisung unsres G.		50,28	Vergeltung des HERRN, unseres G. 51,10.56
	5,16	G. (wird) sich heilig erweisen		40	gleichwie G. Sodom und Gomorra zerstört hat Am 4,11
	7,11	fordere ein Zeichen vom HERRN, deinem G.			
	13	müßt ihr auch meinen G. müde machen	Klg	3,1	durch die Rute des Grimmes G.
	8,19	soll nicht ein Volk seinen G. befragen		28	er schweige, wenn G. es ihm auferlegt
	21	werden sie zürnen und fluchen ihrem G.		41	laßt uns unser Herz aufheben zu G.
	9,5	er heißt: Wunder-Rat, G.-Held	Hes	1,1	G. zeigte mir Gesichte
	10,21	ein Rest wird sich bekehren zu G.		28,13	in Eden warst du, im Garten G. 31,8.9
	12,2	G. ist mein Heil		16	verstieß ich dich vom Berge G. Dan 9,20
	13,19	so soll Babel zerstört werden von G.		34,30	erfahren, daß ich, ihr G., bei ihnen bin
	14,13	will m. Thron über die Sterne G. erhöhen		37,3	HERR, mein G., du weißt es
	19,23	daß Ägypter samt den Assyrern G. dienen	Dan	1,9	G. gab Daniel, daß er ihm der... günstig wurde
	26,13	HERR, unser G., es herrschen wohl andere		17	diesen vier jungen Leuten gab G. Einsicht
	28,11	G. wird mit einer fremden Zunge reden		2,23	G. meiner Väter 6,11.12.17.21.23.27; 9,4.20
	26	so unterwies ihn sein G.		45	hat der große G. dem König kundgetan
	30,18	der HERR ist ein G. des Rechts		3,15	laßt sehen, wer der G. ist 17.28.29
	31,3	Ägypten ist Mensch und nicht G.		32	Wunder, die G. der Höchste getan 5,18.21
	35,2	sie sehen die Pracht unsres G.		5,23	den G. hast du nicht verehrt
	4	da ist euer G.! G. kommt 40,9		26	G. hat dein Königtum gezählt und beendet
	40,1	tröstet mein Volk! spricht euer G. 54,6; 57,21; 66,9; Am 9,15; Sa 11,4		6,24	denn er hatte seinem G. vertraut
				9,12	G. hat seine Worte gehalten
	3	macht eine ebene Bahn unserm G.		13	beteten nicht vor dem HERRN, unserm G.
	8	das Wort unseres G. bleibt ewiglich		14	der HERR, unser G., ist gerecht
	18	mit wem wollt ihr G. vergleichen		23	denn du bist von G. geliebt 10,11.19
	27	mein Recht geht vor meinem G. vorüber		10,12	anfingst, dich zu demütigen vor deinem G.
	28	der HERR, der ewige G., wird nicht müde		11,32	die ihren G. kennen, werden sich ermannen
	41,10	weiche nicht, denn ich bin dein G.		36	wird großtun gegen alles, was G. ist
	45,15	du bist ein verborgener G.	Hos	1,7	will helfen durch den HERRN, ihren G.
	21	ein gerechter G. und Heiland		4,1	ist keine Erkenntnis G. im Lande 6,6
	49,4	wiewohl mein Lohn bei meinem G. ist		6	du vergißt das Gesetz deines G.
	50,10	der verlasse sich auf seinen G.		12	daß sie mit ihrer Hurerei G. weglaufen 9,1
	51,20	getroffen vom Schelten deines G.		5,4	daß sie (nicht) umkehren zu G. 7,10
	22	G., der die Sache seines Volks führt		8,6	das Kalb kann doch kein G. sein
	53,4	von G. geschlagen und gemartert wäre		9,8	Ephraim spähte wohl aus nach meinem G.
	54,5	der aller Welt G. genannt wird		17	mein G. wird sie verwerfen
	55,5	um des HERRN willen, deines G.		12,1	auch Juda hält nicht fest an G.
	7	bekehre sich zum HERRN und zu unserm G.		7	bekehre dich zu deinem G. 14,2; Jo 2,13
				7	hoffe stets auf deinen G.
	58,2	das Recht seines G. nicht verlassen... begehren, daß G. sich nahe		14,1	Samaria ist seinem G. ungehorsam
			Jo	1,13	kommt, ihr Diener meines G.
	59,2	eure Verschuldungen scheiden euch von G.		2,14	daß ihr opfern könnt dem HERRN, eurem G.
	13	abfallen von G., Frevel reden	Am	4,12	bereite dich, Israel, begegne deinem G.
	60,19	dein G. wird dein Glanz sein		9,5	G. ist es, der die Erde anrührt
	61,2	zu verkündigen... Vergeltung unsres G.	Jon	1,6	rufe deinen G. an! Ob vielleicht dieser G.
	6	man wird euch Diener unsres G. nennen		2,2	Jona betete zu dem HERRN, seinem G.
	10	fröhlich in meinem G. Jo 2,23; Hab 3,18		7	mein Leben aus... geführt, HERR, mein G.
	62,5	so wird sich dein G. über dich freuen		3,3	Ninive war eine große Stadt vor G.
	64,3	einen G. außer dir, der so wohl tut		5	da glaubten die Leute von Ninive an G.
	65,16	im Namen des wahrhaftigen G. segnen... bei dem wahrhaftigen G. schwören Jer 10,10		8	sie sollen zu G. rufen mit Macht
				9	vielleicht läßt G. es sich gereuen 10
Jer	3,13	daß du wider deinen G. gesündigt 25; 16,10		4,7	ließ G. einen Wurm kommen 8.9
	21	weil sie den HERRN, ihren G., vergessen	Mi	6,6	womit mich beugen vor dem hohen G.
	22	du bist der HERR, unser G. 23; 14,22		8	demütig sein vor deinem G.

Gott 536

Mi	7,7	will harren auf den G. meines Heils
	17	werden sich fürchten vor unserm G.
	18	wo ist solch ein G., wie du bist
Hab	1,12	HERR, mein G., laß uns nicht sterben
	3,3	G. kam von Teman
Ze	2,7	wenn ihr G. sie heimsuchen wird
	3,2	sie will nicht sich zu ihrem G. halten
	17	der HERR, dein G., ist bei dir
Hag	1,12	wie ihn der HERR, ihr G., gesandt hat
Sa	9,7	daß auch sie unserm G. übrigbleiben
	16	der HERR, ihr G., wird ihnen helfen
	12,5	sollen getrost sein in ihrem G.
	8	daß sein wird das Haus David wie G.
	13,9	sie werden sagen: HERR, mein G.
	14,5	da wird dann kommen der HERR, mein G.
Mal	1,9	bittet G. und seht, ob er uns gnädig sei
	2,15	sucht Nachkommen, die G. geheiligt sind
	17	wo ist der G., der da straft
	3,8	ist's recht, daß ein Mensch G. betrügt
	14	sagt: Es ist umsonst, daß man G. dient
	15	die G. versuchen, bleiben bewahrt
	18	Unterschied zwischen dem, der G. dient
Jdt	5,7	um dem G. des Himmels zu dienen
	9	schrien sie zu G. 7,18; 8,21; Bar 4,21.27; 1Ma 3,44; 5,33; 7,40.41; 2Ma 3,15; 7,37; 10,16.25.26; 12,6; 14,15; 15,27; StE 4,2; 6,7
	14	da stritt G. für sie und siegte 6,2.12.16.17; Tob 1,21; Bar 4,23.24; 1Ma 3,18.22; 5,62; 12,15; 2Ma 1,12; 2,7; 4,24; 11,13; 12,11; 13,12. 13.17; 15,16.21; StE 7,6
	15	außer wenn es vom Dienst seines G. abwich 16-23; 8,15
	19	G. haßt das Unrecht
	7,13	G. sei Richter zwischen euch und uns
	16	am Leben bleiben und darin G. loben
	17	wir bezeugen vor dem G. unsrer Väter 9,2
	20	damit sie nicht sagen: Wo ist nun ihr G.
	22	laßt uns auf Hilfe von G. warten Tob 5,14; 2Ma 2,17
	8,13	G. zürnt nicht wie ein Mensch
	16	wir kennen keinen andern G. als ihn allein 17-20; 9,15; Wsh 12,13.27; 13,1; Tob 8,18; 13,3; Sir 1,8; 36,5.19; Bar 2,15.31.36; 3,6; 2Ma 1,27; 7,37; StD 3,21
	18	weil ihr die Ältesten des Volkes G. seid
	25	von G. kommt, was ich gesagt habe Bar 6,1
	27	sollt für mich beten zum Herrn, unserm G.
	9,2	hilf mir armen Witwe, Herr, mein G. 14
	8	daß du selbst, Herr, unser G., es bist
	10,9	der G. unsrer Väter gebe dir Gnade
	11,8	unser G. ist erzürnt über unsre Sünden 9
	13	so bin ich doch nicht von G. abgefallen Tob 2,13
	17	wenn G... tut, soll er auch mein G. sein
	12,4	wird G. durch mich ausrichten, was er vorhat 13,19.24
	7	aus- und eingehen, um zu G. zu beten
	13,12	macht die Tore auf; denn G. ist mit uns
	17	dankt dem Herrn, unserm G. Tob 8,17
	23	gesegnet bist du vom höchsten G. 31; 15,12
	14,6	Achior glaubte an G.
	15,12	G. hatte sein Gefallen daran
	16,7	G. hat ihn bestraft 1Ma 9,55; 2Ma 4,38; 6,13; 7,19.36; 9,11.18; StE 5,12
	15	laßt uns singen ein neues Lied unserm G.
	16	Herr, G., du bist der mächtige G.
Wsh	1,3	verkehrtes Denken scheidet von G.
	6	G. ist Zeuge seiner heimlichsten Gedanken StD 1,42
	13	G. hat den Tod nicht gemacht
Wsh	2,13	er behauptet, Erkenntnis G. zu haben
	16	er prahlt damit, daß G. sein Vater ist
	22	daß sie G. Geheimnisse nicht erkennen
	23	G. hat den Menschen zur Unvergänglichkeit geschaffen
	3,5	G. versucht sie und findet sie seiner wert 4,10
	4,1	wird bei G. und Menschen anerkannt
	6,20	unvergängl. Leben bewirkt, daß man G. nahe
	7,14	die... erwarben, erlangten G. Freundschaft 27
	15	G. gebe mir, nach seinem Sinn zu reden
	28	niemanden liebt G. außer dem, der
	8,3	würdig, indem sie G. lebt 4
	21	nicht anders, als daß G. sie mir gibt Sir 1,32; 39,8
	9,1	G. meiner Väter und Herr des Erbarmens
	13	welcher Mensch erkennt den Ratschluß G.
	10,5	bewahrte ihn, daß er vor G. untadelig blieb
	12,26	die... werden das Gericht G. erfahren
	13,1	alle nichtig, die von G. nichts wissen
	6	sie irren vielleicht und suchen G. 14,22
	14,1	Götzen sind in der Schöpfung G. zum Greuel geworden 9
	30	dafür, daß sie nicht recht von G. denken
	15,1	du, unser G., bist freundlich und treu
	19	vielmehr ist der Segen G. verlorengeg.
	16,18	daß sie von G. bedrängt wurden
	18,22	indem er an G. Eid mit den Väter erinnerte
	19,2	G. wußte im voraus, was sie tun würden
Tob	1,10	lehrte ihn von Jugend auf G. fürchten 2,13
	2,9	Tobias fürchtete G. mehr als den König
	12	diese Prüfung ließ G. über ihn kommen 12,13
	18	(Leben,) das G. denen geben wird, die
	3,12	flehte G. unter Tränen an
	13	lobte G. 7,17; 9,8; 11,16; 13,1; Sir 50,19; 51,1; 1Ma 4,24; 13,48.51; 2Ma 1,11.17; 8,27; 9,20; 11,9.10; 15,29; StD 1,60; 3,27
	14	gelobt sei dein Name, G. unsrer Väter StD 3,2.28
	4,3	wenn G. meine Seele zu sich nehmen wird
	6	dein Leben lang habe G. vor Augen und hüte dich, gegen die Gebote G. zu handeln
	12	Almosen schaffen Zuversicht vor G.
	20	preise G. allezeit und bete 12,7; 13,11
	22	werden Gutes empfangen, wenn wir G. fürchten
	5,12	G. gebe dir allezeit Freude
	23	seit mit euch 7,15
	6,18	Menschen, die von G. nichts wissen wollen 8,5
	7,13	zweifle nicht, daß G. m. Gebete erhört hat
	8,4	wollen zu G. beten und nur G. gehören 6.7
	9,11	G. geben, daß ihr eure Kinder seht 10,12
	10,7	unserm Sohn geht's, so G. will, gut
	11,7	bete zu G.
	18	wieviel Gutes G. an ihm getan hatte 19
	12,20	dankt G. und verkündigt seine Wunder 22
	13,7	tut, was euch recht ist vor G.
	8	ich aber will mich von Herzen freuen in G.
	10	Jerusalem, G. hat dich gezüchtigt
	14,7	alle, die G. fürchten, werden Sir 6,16; 21,7; 25,14
	17	so fanden sie Gnade bei G.
Sir	1,3	wer kann G. Weisheit ergründen
	14	G. lieben, das ist Weisheit
	20	G. fürchten, schenkt Weisheit 21,13
	27	wer ohne Furcht lebt, gefällt G. nicht 38

Sir	1,33	Treue und Demut gefallen G. gut
	34	diene G. nicht mit falschem Herzen
	2,1	willst du G. Diener sein, so bereite dich auf Anfechtung vor 5
	3	halt dich an G. und weiche nicht
	6	vertraue G., so wird er sich deiner annehmen
	14	weh denen, die an G. verzagen
	3,18	wer... ist wie einer, der G. lästert
	23	was G. befohlen hat, halte dir vor Augen 6,37; 19,17
	34	wer Wohltaten erweist, dem wird's G. vergelten
	4,15	wer ihr dient, dient dem heiligen G.
	5,6	denke nicht: G. ist 7,9
	6,35	laß dir gern von G. Taten erzählen 2Ma 3,36
	7,5	poche nicht auf dein Recht vor G.
	9,23	dein Ruhm sei, G. zu fürchten 10,23.25; 25,8
	10,7	den Hoffärtigen sind G. und die Welt feind
	14	Hochmut: wenn ein Mensch von G. abfällt
	17	G. hat die Fürsten vom Thron geworfen 18.19
	23	wer G. Gebote übertritt, verliert s. Ehre
	27	so groß nicht wie der, der G. fürchtet
	11,13	den sieht G. an in Gnaden und hilft ihm
	14	es kommt alles von G. StE 7,1
	15	den Frommen gibt G. Güter, die bleiben
	21	vertraue G. und bleibe in deinem Beruf
	23	der Segen G. ist der Lohn des Frommen
	15,9	es schickt sich nicht für den Gottlosen, G. zu loben
	10	dann gibt G. Gnade dazu 33,17
	11	bin ich abtrünnig geworden, hat's G. getan
	16,12	G ist barmherzig, aber auch zornig
	14	jede Wohltat findet ihre Stätte bei G.
	17,1	G. hat die Menschen aus Erde geschaffen
	18,9	darum hat G. Geduld mit den Menschen
	12	G. Barmherzigkeit gilt der ganzen Welt
	22	demütige dich vor G., bevor du krank wirst
	23	damit du G. nicht versuchst
	26	so schnell wandelt sich alles vor G.
	21,6	sobald der Elende ruft, da hört's G.
	12	wer G. Gebot hält, folgt... nicht
	23,4	Herr, Vater und G. meines Lebens
	15	davor behüte G. das Haus Jakob
	37	nichts besser als G. fürchten und nichts süßer als auf G. Gebote achten
	24,16	Volk, das G. Erbteil ist
	32	Buch des Bundes G.
	25,1	drei Dinge gefallen G. und den Menschen
	26,3	eine gute Frau dem, der G. fürchtet
	17	Frau, die schweigen kann, eine Gabe G.
	27	den hat G. zum Schwert verurteilt
	35,1	G. Gebote halten ist ein Opfer 2.3
	10	ehre G. mit deinen Opfern gern
	14	bring deine Gabe nicht, um G. zu bestechen
	20	wer G. dient, der ist ihm angenehm
	21	das Gebet... (kommt) vor G.
	36,1	Herr, allmächtiger G., erbarme dich unser
	37,15	von denen du weißt, daß sie G. Gebote halten
	44,11	ihre Nachkommen sind im Bunde G. geblieben
	21	schloß mit (Abraham) einen Bund 22
	45,1	Mose, dem G. und Menschen zugetan waren
	11	damit seines Volkes vor G. gedacht würde 13
	19	Bund, daß sie G. dienen sollten
	46,2	Großes zur Rettung der Auserwählten G.
	47,2	wie das Fett vom Opfer für G. bestimmt ist
Sir	47,15	G. hatte ihm ringsumher Ruhe verschafft
	48,18	taten die einen, was G. gefiel
	50,24	nun danket alle G.
	51,37	freut euch an der Barmherzigkeit G.
Bar	1,10	opfert auf dem Altar G. 13
	13	wir haben uns versündigt an G. 22; 2,5.12; 3,8; 4,6.8.13.28; 6,2; 2Ma 7,18
	14	der Herr, unser G., ist gerecht 2,6
	2,19	nun, Herr, unser G., liegen wir vor dir mit unserm Gebet
	27	du, Herr, unser G., bist sehr gnädig
	35	daß ich ihr G. sein will und sie mein Volk wärst du auf ihn. Weg geblieben
	3,13	
	4,1	Weisheit ist das Buch von den Geboten G.
	9	G. hat mir großes Leid geschickt
	37	sie freuen sich über G. Herrlichkeit
	5,1	zieh den herrlichen Schmuck von G. an 2-9
	7	G. will alle hohen Berge niedrig machen
	6,62	die Wolken tun, was G. ihnen befiehlt
1Ma	1,51	damit sie G. Gesetz vergessen sollten 55.59.60.67; 2,15.21; 2Ma 6,1
	2,21	davor bewahre uns G.
	54	Pinhas setzte sich für die Ehre G. ein
	61	alle, die auf G. vertrauten
	64	so wird euch G. wieder herrlich machen
	3,60	was G. im Himmel will, das geschehe
	8,23	G. gebe den Juden Glück 14,36; 16,2
	14,29	damit G. Gesetz nicht vernichtet
	41	bis ihnen G. einen Propheten erwecken würde
	16,3	G. möge euch vom Himmel helfen
2Ma	1,2	G. segne euch und denke an seinen Bund
	24	G., der du alle Dinge geschaffen hast 7,28
	3,24	von der Macht G. geschlagen 29
	39	es wirkt eine Kraft G. an jener Stätte
	4,2	obwohl er an G. Geboten festhielt 6,23
	16	G. machte die zu ihren Feinden, die
	5,20	als G. seinem Volk wieder gnädig wurde
	6,30	gern erleide, weil ich G. fürchte
	7,14	wir hoffen auf G. Verheißung 16.20.29.36; 8,13.18-20
	17	wirst erfahren, wie mächtig G. ist 9,8.17; 11,4
	8,23	die Losung: G. unsre Hilfe 13,15
	9,12	so sich vermessen, zu meinen, er sei G. gleich
	10,1	G. trieb Makkabäus an, den Tempel einzunehmen 5
	14,36	du heiliger G., der du allein heilig machst
	46	G., der über Leben und Geist Herr ist
	15,2	den Tag achten, den G. geheiligt
	14	dies ist Jeremia, der Prophet G.
	27	freuten sich, daß G. sich mächtig gezeigt
StE	2,4	die Ehre, die meinem G. gebührt
	5	G. Abrahams, erbarme dich 3,12
	3,12	erhöre G., er die Stimme meines
	4,6	da wandelte G. dem König das Herz
	5,3	meinen, sie könnten dem Urteil G. entgehen
	14	diesen Tag hat G. zur Freude gemacht
	6,9	bedachte er, was G. damit meinte
	7,6	hatte G. einst zwei Lose gemacht
StD	1,44	G. erhörte ihr Rufen 45
	50	der hat G. gegeben, was er nur dem Alter gibt
	2,3	aber Daniel betete seinen G. an 4.24
	37	du, du denkst ja noch an mich
	40	du G. Daniels, du bist ein großer G.
GMn	1	Herr, Allmächtiger, G. unsrer Väter 8
Mt	1,23	Immanuel heißt übersetzt: G. mit uns
	2,12	G. befahl ihnen im Traum 22
	3,9	G. vermag aus d. Steinen Kinder zu erwecken Lk 3,8

Gott

Mt	4,4	von einem jeden Wort, das aus dem Mund G. geht
	7	du sollst G. nicht versuchen Lk 4,12
	10	du sollst anbeten den Herrn, deinen G. Lk 4,8
	5,8	die reinen Herzens sind werden G. schauen
	33	*du sollst G. deinen Eid halten*
	34	d. Himmel ist G. Thron 23,22
	6,24	ihr könnt nicht G. dienen und dem Mammon Lk 16,13
	30	wenn G. das Gras auf dem Feld so kleidet Lk 12,28
	9,3	dieser lästert G. 26,65; Mk 2,7; Jh 10,36
	8	das Volk pries G. Mk 2,12; Lk 2,38; 5,25.26; 7,16; 13,13; 17,15; 18,43; 23,47; 24,53; Apg 10,46
	15,3	warum übertretet ihr G. Gebot 4.6; Mk 7,8.9
	5	*ich opfere G., was dir sollte zukommen*
	16,22	G. bewahre dich, Herr
	19,6	was G. zusammengefügt hat, das soll der Mensch nicht scheiden Mk 10,9
	26	bei G. sind alle Dinge möglich Mk 10,27; Lk 1,37; 18,27
	22,16	daß du lehrst den Weg G. recht Mk 12,14; Lk 20,21
	21	gebt G., was G. ist Mk 12,17; Lk 20,25
	29	weil ihr weder... kennt noch die Kraft G. Mk 12,24
	31	habt ihr nicht gelesen, was euch gesagt ist von Gott Mk 12,26
	32	Gott ist nicht ein G. der Toten, sondern der Lebenden Mk 12,27; Lk 20,38
	37	du sollst G. lieben von ganzem Herzen Mk 12,30; Lk 10,27
	26,63	ich beschwöre dich bei G. Mk 5,7
	27,43	er hat G. vertraut
	46	mein G., mein G., warum hast du mich verlassen Mk 15,34
Mk	1,14	Jesus predigte das Evangelium G.
	24	ich weiß, wer du bist: der Heilige G. Lk 4,34; Jh 6,69
	2,7	wer kann Sünden vergeben als G. allein Lk 5,21
	10,6	von Beginn der Schöpfung an hat G. sie geschaffen als Mann und Frau
	18	niemand ist gut als G. allein Lk 18,19
	11,22	Jesus antwortete ihnen: Habt Glauben an G.
	13,19	Schöpfung, die G. geschaffen hat
	16,19	Jesus setzte sich zur Rechten G.
Lk	1,6	sie waren alle beide fromm vor G.
	8	als Zacharias den Priesterdienst vor G. versah
	16	vom Volk Israel viele zu ihrem G. bekehren
	19	ich bin Gabriel, der vor G. steht 26
	30	du hast Gnade bei G. gefunden
	47	mein Geist freut sich G., meines Heilandes
	64	er redete und lobte G. 2,13.20.28; 18,43; 19,37; Apg 2,47; 3,8.9; 4,21; 11,18; 16,25; 21,20
	78	(Vergebung ihrer Sünden) durch die herzliche Barmherzigkeit unseres G.
	2,14	Ehre sei G. in der Höhe
	37	(Hanna) diente G. mit Fasten und Beten
	40	G. Gnade war bei ihm 52
	3,2	da geschah das Wort G. zu Johannes
	6	alle Menschen werden den Heiland G. sehen
	38	(Adam) war G.
	6,12	er blieb die Nacht über im Gebet zu G.
	7,16	G. hat sein Volk besucht
	29	alles Volk, das ihn hörte, gaben G. recht
	30	verachteten, was G. ihnen zugedacht hatte
	8,39	sage, wie große Dinge G. an dir getan hat
	9,20	da antwortete Petrus: Du bist der Christus G.
	43	sie entsetzten sich alle über die Herrlichkeit G.
	11,20	wenn ich durch G. Finger die bösen Geister austreibe
	42	am Recht und an der Liebe G. geht ihr vorbei
	49	darum spricht die Weisheit G.
	12,6	dennoch ist vor G. nicht einer vergessen
	20	aber G. sprach zu ihm: Du Narr
	21	so geht es dem, der nicht reich (ist) bei G.
	24	G. ernährt sie doch
	16,15	G. kennt eure Herzen
	17,18	der wieder umkehrte, um G. die Ehre zu geben
	18,2	der fürchtete sich nicht vor G. 4
	7	sollte G. nicht auch Recht schaffen seinen Auserwählten
	11	ich danke dir, G., daß ich nicht bin wie
	13	G., sei mir Sünder gnädig
	22,69	von nun an wird der Menschensohn sitzen zur Rechten der Kraft G.
	23,35	er helfe sich selber, ist er der Auserwählte G.
	40	du fürchtest dich nicht vor G., der du in gleicher Verdammnis bist
	24,19	mächtig in Taten und Worten vor G.
Jh	1,1	das Wort war bei G., und G. war das Wort 2
	6	ein Mensch, von G. gesandt, Johannes
	13	die von G. geboren sind
	18	niemand hat G. je gesehen 1Jh 4,12
	29	siehe, das ist G. Lamm 36
	3,2	ein Lehrer, von G. gekommen
	16	also hat G. die Welt geliebt, daß er seinen eingeborenen Sohn gab 1Jh 4,9
	17	G. hat seinen Sohn nicht in die Welt gesandt, daß er die Welt richte
	21	offenbar, daß seine Werke in G. getan sind
	33	wer es annimmt, besiegelt, daß G. wahrhaftig
	34	G. gibt den Geist ohne Maß
	4,10	wenn du erkenntest die Gabe G.
	24	G. ist Geist
	5,18	sagte, G. sei sein Vater, und machte sich selbst G. gleich
	42	daß ihr nicht G. Liebe in euch habt
	44	die Ehre, die von dem alleinigen G. ist
	6,27	denn auf dem ist das Siegel G. des Vaters
	33	G. Brot ist das, das vom Himmel kommt
	45	sie werden alle von G. gelehrt sein
	46	von G. gekommen ist 8,42; 16,27.30
	7,17	ob diese Lehre von G. ist
	8,40	die Wahrheit, wie ich sie von G. gehört habe
	41	wir haben einen Vater: G. 54
	42	wäre G. euer Vater, so liebtet ihr mich
	47	wer von G. ist, der hört G. Worte
	9,16	dieser Mensch ist nicht von G.
	24	sprachen zu ihm: Gib G. die Ehre
	29	wir wissen, daß G. mit Mose geredet hat
	31	wir wissen, daß G. die Sünder nicht erhört
	33	wäre dieser nicht von G., er könnte nichts tun
	10,33	bist ein Mensch und machst dich selbst zu G.
	11,4	diese Krankheit ist zur Verherrlichung G.
	22	was du bittest von G., das wird dir G. geben
	40	wenn du glaubst, wirst du die Herrlichkeit G. sehen

Jh	12,43	sie hatten lieber Ehre bei den Menschen als Ehre bei G.	Apg 14,27	verkündeten, wieviel G. durch sie getan hätte 15,4.12; 21,19
	13,3	daß er von G. gekommen war und zu G. ging		15,7 daß G. vor langer Zeit unter euch bestimmt
	31	G. ist verherrlicht in ihm 32		8 G., der die Herzen kennt, hat es bezeugt
	14,1	glaubt an G. und glaubt an mich		10 warum versucht ihr G. dadurch, daß
	16,2	wer euch tötet, meinen wird, er tue G. einen Dienst damit		14 wie G. die Heiden gnädig heimgesucht hat
	17,3	der du allein wahrer G. bist		19 den Heiden, die sich zu G. bekehren, nicht Unruhe mache
	20,17	ich fahre auf zu meinem G. und zu eurem G.		40 von den Brüdern der Gnade G. befohlen
	28	Thomas sprach zu ihm: Mein Herr und G.		16,10 gewiß, daß uns G. dahin berufen hatte
	21,19	mit welchem Tod er G. preisen würde		34 daß er zum Glauben an G. gekommen war
Apg	2,11	in unsern Sprachen von den Taten G. reden		17,23 Altar, auf dem stand geschrieben: Dem unbekannten G.
	17	es soll geschehen in den letzten Tagen, spricht G.		24 G., der die Welt gemacht hat
	22	von G. unter euch ausgewiesen durch Taten		27 damit sie G. suchen sollen
	23	der durch G. Ratschluß dahingegeben war		30 zwar hat G. über die Zeit der Unwissenheit hinweggesehen
	24	den hat G. auferweckt 32; 3,15.26; 4,10; 5,30; 10,40; 13,30.37; Rö 10,9; 1Ko 6,14; 1Pt 3,18		18,13 G. zu dienen dem Gesetz zuwider
	30	G. verheißen hatte mit einem Eid		21 will's G., so will ich wieder zu euch kommen
	36	daß G. diesen Jesus zum Christus gemacht		26 legten ihm den Weg G. noch genauer aus
	39	allen, die fern sind, so viele G. herzurufen wird		19,11 G. wirkte nicht geringe Taten durch die Hände des Paulus
	3,13	der G. Abrahams und Isaaks und Jakobs, der G. unsrer Väter		20,21 Juden und Griechen bezeugt die Umkehr zu G.
	18	G. hat erfüllt, was er zuvor verkündigt hat		24 bezeugen das Evangelium von der Gnade G.
	21	wovon G. geredet hat durch den Mund seiner heiligen Propheten		27 nicht unterlassen, euch den ganzen Ratschluß G. zu verkündigen
	25	Bundes, den G. geschlossen mit euren Vätern		28 zu weiden die Gemeinde G.
	4,19	urteilt selbst, ob es vor G. recht ist		32 nun befehle ich euch G.
	24	erhoben sie ihre Stimme einmütig zu G.		22,3 ich war ein Eiferer für G.
	5,4	du hast nicht Menschen, sondern G. belogen		14 der G. unserer Väter hat dich erwählt
	29	man muß G. mehr gehorchen als den Menschen		23,1 ich habe mein Leben mit gutem Gewissen vor G. geführt 24,16
	31	den hat G. erhöht zum Fürsten und Heiland		3 G. wird dich schlagen, du getünchte Wand
	32	der hl. Geist, den G. denen gegeben hat, die		4 schmäht du den Hohenpriester G.
	39	ist es von G., so könnt ihr sie nicht vernichten		24,14 daß ich dem G. meiner Väter so diene
	6,11	wir haben ihn Lästerworte reden hören gegen Gott		15 ich habe die Hoffnung zu G.
	7,2	der G. der Herrlichkeit erschien unserm Vater Abraham 4.6.7.9.17.20.25.35.42.45.46		26,6 Verheißung, die unsern Vätern von G. gegeben ist
	55	sah die Herrlichkeit G. und Jesus stehen zur Rechten. 56		7 wenn sie G. bei Tag und Nacht dienen
	8,10	dieser ist die Kraft G.		8 unglaublich, daß G. Tote auferweckt
	20	meinst, G. Gabe werde durch Geld erlangt		18 bekehren von der Gewalt des Satans zu G. 20
	21	dein Herz ist nicht rechtschaffen vor G.		22 G. Hilfe erfahren bis zum heutigen Tag
	10,2	betete immer zu G. 4.31		29 ich wünschte vor G., daß über kurz oder lang
	15	was G. rein gemacht hat, das nenne du nicht verboten 28; 11,9		27,24 G. hat dir geschenkt alle, die mit dir fahren
	33	nun sind wir alle hier vor G. zugegen		25 ich glaube G., es wird so geschehen
	34	daß G. die Person nicht ansieht		35 dankte G. und brach's und fing an zu essen
	38	wie G. Jesus gesalbt hat mit heiligem Geist		28,6 sprachen: Er ist ein G.
	41	uns von G. vorher erwählten Zeugen		15 als Paulus sie sah, dankte er G.
	42	daß er von G. bestimmt ist zum Richter		28 daß den Heiden dies Heil G. gesandt ist
	11,17	wer war ich, daß ich G. wehren konnte	Rö	1,1 Paulus, ausgesondert, zu predigen das Evangelium G.
	18	daß G. den Heiden die Umkehr gegeben		7 Gnade sei mit euch und Friede von G. 1Ko 1,3; 2Ko 1,2; Gal 1,3; Eph 1,2; 6,23; Phl 1,2; Kol 1,2; 1Th 1,1; 2Th 1,1,2; 1Ti 1,2; 2Ti 1,2; Tit 1,4; Phm 3; 1Pt 1,2; 2Jh 3
	23	als dieser dort kam die Gnade G. sah		
	12,5	Gemeinde betete ohne Aufhören für ihn zu G.		8 zuerst danke ich meinem G. durch Jesus Christus 1Ko 1,4
	23	weil er G. nicht die Ehre gab		9 G. ist mein Zeuge Phl 1,8; 1Th 2,5.10
	13,16	*die ihr G. fürchtet 26*		16 es ist eine Kraft G., die selig macht
	17	der G. dieses Volkes Israel hat unsre Väter erwählt 21.33		17 die Gerechtigkeit, die vor G. gilt 3,21.22; 2Ko 5,21
	23	aus dessen Geschlecht hat G. Jesus kommen lassen		19 was man von G. erkennen kann, ist offenbar
	43	daß sie bleiben sollten in der Gnade G.		20 G. Wesen wird ersehen aus seinen Werken
	14,15	G., der Himmel und Erde gemacht hat		21 obwohl sie von G. wußten, haben sie ihn nicht als G. gepriesen 28
	26	Antiochia, wo sie der Gnade G. befohlen worden		24 darum hat G. sie dahingegeben in die Unreinheit 26.28

Gott

Rö	1,25	sie, die G. Wahrheit in Lüge verkehrt haben 23	Rö	9,5	der da ist G. über alles, gelobt in Ewigkeit
	32	die... nach G. Recht den Tod verdienen		11	damit der Ratschluß G. bestehen bliebe
	2,2	wir wissen, daß G. Urteil recht ist 3		14	ist G. ungerecht
	4	daß dich G. Güte zur Buße leitet		16	so liegt es an G. Erbarmen
	5	Tag der Offenbarung des Gerichtes G.		20	wer bist du, daß du mit G. rechten willst
	11	es ist kein Ansehen der Person vor G. Gal 2,6		10,1	ich flehe auch zu G. für sie, daß sie gerettet
	13	vor G. sind nicht gerecht, die das Gesetz hören		2	ich bezeuge ihnen, daß sie Eifer für G. haben
	16	Tag, an dem G. das Verborgene richten wird		3	erkennen die Gerechtigk. nicht, die vor G. gilt
	17	wenn du dich Jude nennst und rühmst dich G.		11,1	hat G. sein Volk verstoßen 2
	23	rühmst dich des Gesetzes, und schändest G.		2	Elia, wie er vor G. tritt gegen Israel
	26	daß dann der Unbeschnittene vor G. als Beschnittener gilt		8	G. hat ihnen einen Geist der Betäubung gegeben
	29	das Lob eines solchen ist von G.		21	hat G. die natürlichen Zweige nicht verschont
	3,2	ihnen ist anvertraut, was G. geredet hat		22	darum sieh die Güte und den Ernst G.
	3	sollte ihre Untreue G. Treue aufheben		23	G. kann sie wieder einpfropfen
	4	G. ist wahrhaftig und alle Menschen sind Lügner		29	G. Gaben können ihn nicht gereuen
	5	daß unsre Ungerechtigkeit G. Gerechtigkeit ins Licht stellt		30	wie ihr zuvor G. ungehorsam gewesen seid
	6	wie könnte sonst G. die Welt richten		32	G. hat alle eingeschlossen in den Ungehorsam
	7	wenn die Wahrheit G. herrlicher wird		33	welch eine Tiefe der Erkenntnis G.
	11	da ist keiner, der nach G. fragt		35	daß G. es ihm vergelten müßte
	19	damit alle Welt vor G. schuldig sei		12,1	ich ermahne euch durch die Barmherzigkeit G.
	23	sie ermangeln des Ruhmes, den sie bei Gott haben sollten		3	wie G. das Maß des Glaubens ausgeteilt hat
	25	den hat G. hingestellt als Sühne		13,1	es ist keine Obrigkeit außer von G.
	29	ist G. allein der G. der Juden		2	widerstrebt der Anordnung G.
	30	es ist der eine G., der gerecht macht die Juden		4	sie ist G. Dienerin, dir zugut 6
	4,2	kann er sich wohl rühmen, aber nicht vor G.		14,3	G. hat ihn angenommen
	3	Abraham hat G. geglaubt Gal 3,6; Jak 2,23		6	wer ißt... dankt G.
	6	dem G. zurechnet die Gerechtigkeit		10	wir werden alle vor den Richterstuhl G. gestellt werden
	17	vor G., dem er geglaubt hat		11	alle Zungen sollen G. bekennen
	20	er zweifelte nicht an der Verheißung G., sondern gab G. die Ehre		12	jeder für sich selbst G. Rechenschaft geben
	21	was G. verheißt, das kann er auch tun		18	wer Christus dient, der ist G. wohlgefällig
	5,1	haben wir Frieden mit G. durch Jesus		22	den Glauben, den du hast, behalte bei dir selbst vor G.
	2	Herrlichkeit, die G. geben wird		15,5	der G. der Geduld und des Trostes 2Ko 1,3
	5	die Liebe G. ist ausgegossen in unsre Herzen		6	damit ihr einmütig mit einem Munde G. lobt
	8	G. erweist seine Liebe zu uns darin, daß		7	wie Christus euch angenommen hat zu G. Lob
	10	wenn wir mit G. versöhnt worden sind		8	ein Diener der Juden geworden um der Wahrhaftigkeit G. willen
	11	wir rühmen uns auch G. durch unsern Herrn		9	die Heiden sollen G. loben
	15	um wieviel mehr ist G. Gnade den vielen überreich zuteil geworden		13	der G. der Hoffnung erfülle euch mit Freude
	6,10	was er aber lebt, das lebt er G.		15	Gnade, die mir von G. gegeben 1Ko 3,10
	11	lebt G. in Christus Jesus		16	ein Opfer, das G. wohlgefällig ist
	13	gebt euch selbst G. hin... und eure Glieder G. als Waffen der Gerechtigkeit		17	kann ich mich rühmen in Christus vor G.
	17	G. sei gedankt 7,25; 1Ko 15,57; 2Ko 2,14; 8,16; 9,15		30	daß ihr mir helft durch eure Gebete zu G.
	23	die Gabe G. aber ist das ewige Leben		32	damit ich zu euch komme nach G. Willen
	7,4	damit wir G. Frucht bringen		33	der G. des Friedens sei mit euch allen! Amen 16,20
	22	ich habe Lust an G. Gesetz		16,26	nach dem Befehl des ewigen G.
	25	so diene ich mit dem Gemüt dem Gesetz G.		27	dem G., der allein weise ist, sei Ehre 1Ti 1,17; Jud 25
	8,3	was dem Gesetz unmöglich war, das tat G.	1Ko	1,2	an die Gemeinde G. in Korinth 2Ko 1,1
	7	fleischlich gesinnt sein ist Feindschaft gegen G. 8		9	G. ist treu, durch den ihr berufen seid 10,13
	17	so sind wir G. Erben und Miterben Christi		14	ich danke G., daß ich niemanden getauft habe
	27	er vertritt die Heiligen, wie es G. gefällt		20	hat nicht G. die Weisheit der Welt zur Torheit gemacht
	28	denen, die G. lieben, alle Dinge zum Besten		21	weil die Welt, umgeben von der Weisheit G., G. durch ihre Weisheit nicht erkannte
	31	ist G. für uns, wer kann wider uns sein		24	Christus als G. Kraft und G. Weisheit
	33	wer will die Auserwählten G. beschuldigen?		25	die Torheit G. ist weiser, als Menschen sind
	34	G. ist hier, der gerecht macht		27	was töricht ist vor der Welt, hat G. erwählt 28
	39	weder... uns scheiden kann von der Liebe G.		29	damit sich kein Mensch vor G. rühme
				30	der uns von G. gemacht ist zur Weisheit

1Ko	2,1	euch das Geheimnis G. zu verkündigen
	5	damit euer Glaube stehe auf G. Kraft
	7	wir reden von der Weisheit G.
	9	was G. bereitet hat denen, die ihn lieben
	10	uns hat es G. offenbart durch seinen Geist
	11	so weiß auch niemand, was in G. ist, als allein
	12	wir haben empfangen den Geist aus G.
	3,6	G. hat das Gedeihen gegeben 7
	9	wir sind G. Mitarbeiter; ihr seid G. Ackerfeld und G. Bau
	17	wenn jemand den Tempel Gottes verdirbt, den wird G. verderben
	19	die Weisheit dieser Welt ist Torheit bei G.
	23	ihr seid Christi, Christus ist G.
	4,1	dafür halte uns jedermann: für Haushalter über G. Geheimnisse
	5	einem jeden von G. sein Lob zuteil werden
	9	G. hat uns Apostel als die Allergeringsten
	5,13	G. wird, die draußen sind, richten
	6,13	G. wird das eine wie das andere zunichte
	19	der in euch ist und von G. habt
	20	darum preist G. mit eurem Leibe
	7,7	jeder hat seine eigene Gabe von G.
	15	zum Frieden hat euch G. berufen
	17	so leben, wie G. einen jeden berufen hat
	19	sondern: G. Gebote halten
	24	ein jeder bleibe vor G., worin er berufen ist
	8,3	wenn jemand G. liebt, der ist von ihm erkannt
	6	so haben wir doch nur einen G.
	8	Speise wird uns nicht vor G. Gericht bringen
	9,9	sorgt sich G. etwa um die Ochsen
	21	obwohl ich nicht ohne Gesetz bin vor G.
	10,5	an den meisten hatte G. kein Wohlgefallen
	20	was man da opfert, das opfert man nicht G.
	31	was ihr auch tut, das tut alles zu G. Ehre
	32	erregt keinen Anstoß bei der Gemeinde G.
	11,3	G. ist das Haupt Christi
	7	der Mann ist G. Bild und Abglanz
	12	aber alles (kommt) von G.
	13	daß eine Frau unbedeckt vor G. betet
	16	daß diese Sitte nicht haben die Gemeinden G.
	22	verachtet ihr die Gemeinde G.
	12,6	es sind verschiedene Kräfte; aber es ist ein G.
	18	nun hat G. die Glieder eingesetzt
	24	G. hat den Leib zusammengefügt
	28	G. hat in der Gemeinde eingesetzt Apostel
	14,2	wer in Zungen redet, der redet für G.
	16	wenn du G. lobst im Geist, wie soll
	18	ich danke G., daß ich mehr in Zungen rede
	25	G. anbeten und bekennen, daß G. wahrhaftig unter euch ist
	28	er rede für sich selber und für G.
	33	G. ist nicht ein G. der Unordnung, sondern des Friedens
	15,9	weil ich die Gemeinde G. verfolgt habe
	10	durch G. Gnade bin ich, was ich bin
	15	wir würden als falsche Zeugen G. befunden
	24	wenn er das Reich G. übergeben wird
	25	bis G. „alle Feinde unter seine Füße legt"
	28	damit G. sei alles in allem
	34	einige wissen nichts von G.
	38	G. gibt ihm einen Leib, wie er will
2Ko	1,3	gelobt sei G., der Vater unseres Herrn Jesus Christus Eph 1,3; 1Pt 1,3
	4	Trost, mit dem wir getröstet werden von G.
2Ko	1,9	auf G., der die Toten auferweckt
	12	in der Gnade G. unser Leben geführt haben
	18	G. ist mein Zeuge, daß
	20	sprechen wir das Amen, G. zum Lobe
	21	G. ist's, der uns fest macht in Christus
	23	ich rufe G. zum Zeugen an bei meiner Seele
	2,15	wir sind für G. ein Wohlgeruch Christi
	17	wie man aus G. reden muß, so reden wir vor G.
	3,4	solches Vertrauen durch Christus zu G.
	5	daß wir tüchtig sind, ist von G.
	4,2	empfehlen wir uns dem Gewissen aller Menschen vor G.
	4	Christi, welcher ist das Ebenbild G.
	6	G., der sprach: Licht soll aus der Finsternis
	6	zur Erkenntnis der Herrlichkeit G.
	7	damit die überschwengl. Kraft von G. sei
	15	noch reicher werde zur Ehre G.
	5,1	dann haben wir einen Bau, von G. erbaut
	5	G., der uns als Unterpfand den Geist gegeben
	11	vor G. sind wir offenbar
	13	wenn wir außer uns waren, so war es für G.
	18	das alles von G.
	19	G. versöhnte die Welt mit sich selber
	20	denn G. ermahnt durch uns
	6,1	daß ihr die Gnade G. nicht vergeblich empfangt
	4	in allem erweisen wir uns als Diener G.
	7	(als Diener Gottes:) in der Kraft G.
	16	ich will ihr G. sein, und sie sollen mein Volk sein
	7,6	G., der die Geringen tröstet, der tröstete uns
	9	ihr seid betrübt worden nach G. Willen 11
	12	euer Mühen für uns offenbar werde vor G.
	8,1	Gnade G., die den Gemeinden gegeben ist
	9,7	einen fröhlichen Geber hat G. lieb
	8	G. kann machen, daß alle Gnade
	11	Einfalt, die durch uns wirkt Danksagung an G.
	12	überschwenglich darin, daß viele G. danken
	13	für diesen treuen Dienst preisen sie G.
	14	wegen der überschwenglichen Gnade G. bei euch
	10,4	mächtig im Dienste G., Festungen zu zerstören
	5	alles Hohe, das sich erhebt gegen die Erkenntnis G.
	13	uns rühmen nach dem Maß, das uns G. zugemessen hat
	11,7	ich habe euch das Evangelium G. ohne Entgelt verkündigt
	11	G. weiß es 31; 12,2.3; Gal 1,20
	12,19	wir reden jedoch in Christus vor G.
	21	wird mein G. mich demütigen bei euch
	13,4	so lebt er doch in der Kraft G.
	7	wir bitten G., daß ihr nichts Böses tut
	11	so wird G. der Liebe mit euch sein
	13	die Liebe G. sei mit euch allen
Gal	1,1	ein Apostel durch Jesus Christus und G.
	10	predige ich jetzt Menschen oder G. zuliebe
	13	wie ich über die Maßen die Gemeinde G. verfolgte
	15	als es G. wohlgefiel, der mich ausgesondert hat
	24	und priesen G. über mir
	2,19	dem Gesetz gestorben, damit ich G. lebe
	21	ich werfe nicht weg die Gnade G.
	3,8	daß G. die Heiden durch den Glauben gerecht macht

Gott 542

Gal	3,11	durchs Gesetz niemand gerecht wird vor G.
	17	Testament, das von G. bestätigt worden
	18	G. hat es Abraham frei geschenkt
	20	G. ist Einer
	21	ist dann das Gesetz gegen G. Verheißungen
	4,4	als die Zeit erfüllt war, sandte G. seinen Sohn
	6	hat G. den Geist seines Sohnes gesandt
	7	dann (bist du) auch Erbe durch G.
	8	zu der Zeit, als ihr G. noch nicht kanntet
	9	nachdem ihr G. erkannt habt
	6,7	irret euch nicht! G. läßt sich nicht spotten
	16	Friede über sie und über das Israel G.
Eph	1,9	G. hat uns wissen lassen das Geheimnis seines Willens
	17	daß G. euch gebe den Geist der Weisheit
	2,4	G. hat (auch uns lebendig gemacht)
	8	G. Gabe ist es
	10	zu guten Werken, die G. zuvor bereitet
	12	ihr wart ohne G. in der Welt
	16	die beiden versöhne mit G. in einem Leib
	19	so seid ihr G. Hausgenossen
	22	miterbaut zu einer Wohnung G. im Geist
	3,2	welches Amt die Gnade G. mir für euch gegeben hat 7
	9	wie G. seinen geheimen Ratschluß ausführt
	10	damit jetzt kund werde die Weisheit G.
	11	diesen ewigen Vorsatz hat G. ausgeführt
	4,6	ein G. und ein Vater aller, der
	18	entfremdet dem Leben, das aus G. ist
	24	den neuen Menschen, der nach G. geschaffen
	32	wie auch G. euch vergeben hat in Christus
	5,1	folgt G. Beispiel als die geliebten Kinder
	2	sich selbst gegeben als Opfer, G. zu einem lieblichen Geruch
	6	der Zorn Gottes über die Kinder des Ungehorsams Kol 3,6
	20	sagt Dank G., dem Vater Kol 3,17
	6,11	zieht an die Waffenrüstung G. 13
Phl	1,3	ich danke meinem G., sooft ich euer gedenke Kol 1,3; 1Th 1,2; 2,13; 2Th 1,3; 2,13; Phm 4
	8	G. ist mein Zeuge, wie mich nach euch verlangt
	11	zur Ehre und zum Lobe G.
	28	ein Anzeichen der Seligkeit, und das von G.
	2,6	nicht für einen Raub, G. gleich zu sein
	9	darum hat ihn auch G. erhöht
	11	zur Ehre G., des Vaters
	13	G. ist's, der in euch wirkt beides
	27	todkrank, aber G. hat sich über ihn erbarmt
	3,9	Gerechtigkeit, die von G. dem Glauben zugerechnet wird
	14	dem Siegespreis der himmlischen Berufung G.
	15	so wird euch G. auch das offenbaren
	4,6	laßt eure Bitten mit Danksagung vor G. kundwerden
	7	der Friede G., der höher ist als alle Vernunft
	9	so wird der G. des Friedens mit euch sein
	18	ein angenehmes Opfer, G. gefällig
	19	mein G. wird all eurem Mangel abhelfen
	20	G. sei Ehre von Ewigkeit zu Ewigkeit
Kol	1,6	die Gnade G. erkannt habt in der Wahrheit
	10	daß ihr wachst in der Erkenntnis G.
	15	er ist das Ebenbild des unsichtbaren G.
	19	es hat G. wohlgefallen, daß in ihm
	25	Amt, das G. mir gegeben hat
	27	denen G. kundtun wollte, was
Kol	2,2	zu erkennen das Geheimnis G.
	12	auferstanden durch Glauben aus der Kraft G.
	19	und wächst durch G. Wirken
	3,1	wo Christus ist, sitzend zur Rechten G.
	3	euer Leben ist verborgen mit Christus in G.
	12	zieht an als die Auserwählten G. Demut
	16	singt G. dankbar in euren Herzen
	4,3	daß G. uns eine Tür für das Wort auftue
1Th	1,3	denken ohne Unterlaß vor G. an euer Werk
	4	liebe Brüder, von G. geliebt
	8	an allen Orten ist euer Glaube an G. bekanntgeworden
	9	wie ihr euch bekehrt habt zu G.
	2,2	bei euch das Evangelium G. zu sagen 8.9
	4	G. (gefallen), der unsere Herzen prüft
	12	euer Leben würdig des G. zu führen 4,1
	14	ihr seid den Gemeinden G. in Judäa nachgefolgt
	15	sie gefallen G. nicht und sind allen Menschen feind
	3,2	Timotheus, G. Mitarbeiter am Evangelium
	9	wie können wir euretwegen G. genug danken
	11	G. lenke unsern Weg zu euch hin
	13	damit eure Herzen untadelig seien vor G.
	4,5	Heiden, die von G. nichts wissen
	7	G. hat uns nicht berufen zur Unreinheit
	8	wer das verachtet, der verachtet G.
	9	ihr selbst seid von G. gelehrt
	14	so wird G. auch die, die entschlafen sind
	16	wenn die... und die Posaune G. erschallen
	5,9	G. hat uns nicht bestimmt zum Zorn
	23	der G. des Friedens heilige euch
2Th	1,4	rühmen uns euer unter den Gemeinden G.
	5	Anzeichen dafür, daß G. recht richten wird
	6	ist gerecht bei G., zu vergelten denen, die
	8	Vergeltung an denen, die G. nicht kennen
	11	daß unser G. euch würdig mache der Berufung
	12	nach der Gnade unseres G. und des Herrn
	2,4	der sich erhebt über alles, was G. oder Gottesdienst heißt
	11	sendet ihnen G. die Macht der Verführung
	13	daß G. euch als erste zur Seligkeit erwählt hat
	3,5	richte eure Herzen aus auf die Liebe G.
1Ti	1,1	ein Apostel Christi Jesu nach dem Befehl G.
	4	dem Ratschluß G. im Glauben dienen
	11	Evangelium von der Herrlichkeit G.
	2,3	dies ist gut und wohlgefällig vor G. 5,4
	5	ein Mittler zwischen G. und den Menschen
	3,5	wie soll er für die Gemeinde G. sorgen
	15	im Hause Gottes, das ist die Gemeinde des lebendigen
	4,3	Speisen zu meiden, die G. geschaffen hat
	4	alles, was G. geschaffen hat, ist gut
	10	unsre Hoffnung auf den lebendigen G. gesetzt
	5,4	denn das ist wohlgefällig vor G.
	5	die ihre Hoffnung auf G. setzt
	21	ich ermahne dich vor G. und Christus
	6,13	ich gebiete dir vor G., der alle Dinge lebendig
	17	G., der uns alles reichlich darbietet
2Ti	1,3	G., dem ich diene mit reinem Gewissen
	6	daß du erweckest die Gabe G.
	7	G. hat uns nicht gegeben den Geist der Furcht

2Ti	1,8	leide mit mir... in der Kraft G.
	2,14	ermahne sie inständig vor G.
	15	dich vor G. zu erweisen als einen rechtschaffenen Arbeiter
	19	der feste Grund G. besteht
	25	ob ihnen G. vielleicht Buße gebe
	3,4	sie lieben die Wollust mehr als G.
	16	alle Schrift, von G. eingegeben, ist nütze zur Lehre
	17	daß der Mensch G. vollkommen sei
	4,1	so ermahne ich dich inständig vor G.
Tit	1,1	nach dem Glauben der Auserwählten G.
	2	das ewige Leben, das G. verheißen hat
	3	Predigt, mir anvertraut nach dem Befehl G.
	7	ein Bischof soll untadelig sein als ein Haushalter G.
	16	sie sagen, sie kennen G.
	2,10	der Lehre G. Ehre machen in allen Stücken
	11	es ist erschienen die heilsame Gnade G.
	13	warten auf die Erscheinung der Herrlichkeit des großen G.
	3,4	als erschien die Menschenliebe G.
	8	alle, die zum Glauben an G. gekommen sind
1Pt	1,2	die G., der Vater, ausersehen hat
	5	die ihr aus G. Macht durch den Glauben bewahrt werdet
	21	Herrlichkeit, damit ihr Glauben zu G. habt
	2,4	Stein, bei G. auserwählt und kostbar
	5	geistliche Opfer, die G. wohlgefällig sind
	10	die ihr... nun aber „G. Volk" seid
	12	G. preisen am Tag der Heimsuchung
	17	fürchtet G.
	19	wenn jemand vor G. das Übel erträgt
	20	wenn ihr um guter Taten willen leidet, das ist Gnade bei G.
	3,4	das ist köstlich vor G.
	5	die ihre Hoffnung auf G. setzten
	18	gelitten, damit er euch zu G. führte
	20	als G. harrte und Geduld hatte zur Zeit Noahs
	21	wir bitten G. um ein gutes Gewissen
	22	welcher ist zur Rechten G., aufgefahren gen Himmel
	4,6	nach G. Weise das Leben haben im Geist
	10	als die guten Haushalter der Gnade G.
	11	damit in allen Dingen G. gepriesen werde
	16	sondern ehre G. mit diesem Namen
	17	die dem Evangelium G. nicht glauben
	5,2	weidet die Herde G... wie es G. gefällt
	5	G. widersteht den Hochmütigen, aber den Demütigen gibt er Gnade Jak 4,6
	10	der G. aller Gnade, der berufen
	12	daß das die rechte Gnade G. ist, in der ihr steht
2Pt	1,1	Gerechtigkeit, die unser G. gibt
	2	G. gebe euch Gnade durch die Erkenntnis G.
	17	er empfing von G., dem Vater, Ehre
	2,4	G. hat selbst die Engel nicht verschont
	3,12	die ihr das Kommen des Tages G. erwartet
1Jh	1,5	G. ist Licht, und in ihm ist k. Finsternis
	2,5	in dem ist er wahrlich die Liebe G.
	3,9	wer aus G. geboren ist, der tut keine Sünde
	10	wer nicht recht tut, der ist nicht von G.
	17	wie bleibt dann die Liebe G. in ihm
	20	daß G. größer ist als unser Herz
	21	so haben wir Zuversicht zu G.
	24	der bleibt in G. und G. in ihm 4,15. 16
	4,1	prüft die Geister, ob sie von G. sind
	2	jeder Geist, der bekennt... der ist von G. 3

1Jh	4,4	ihr seid von G. und habt jene überwunden 6
	6	wir sind von G., und wer G. erkennt, der hört
	7	wer liebt, der ist von G. geboren und kennt G. 8
	8	G. ist die Liebe 16
	9	darin ist erschienen die Liebe G.
	10	nicht, daß wir G. geliebt haben, sondern
	11	hat uns G. so geliebt, so sollen wir uns auch untereinander lieben
	12	wenn wir... , so bleibt G. in uns
	16	wir haben erkannt die Liebe, die G. zu uns hat
	20	wenn jemand spricht: Ich liebe G., und haßt
	21	wer G. liebt, daß der auch seinen Bruder liebe
	5,1	wer glaubt, der ist von G. geboren
	2	wenn wir G. lieben und seine Gebote halten
	3	das ist die Liebe zu G., daß wir seine Gebote
	4	was von G. geboren ist, überwindet die Welt
	9	so ist G. Zeugnis doch größer
	10	wer G. nicht glaubt, macht ihn zum Lügner
	11	Zeugnis, daß uns G. das ew. Leben gegeben 10
	14	das ist die Zuversicht, die wir haben zu G.
	16	G. wird ihm das Leben geben
	18	wer von G. geboren ist, den bewahrt er
	19	wir wissen, daß wir von G. sind
	20	dieser ist der wahrhaftige G.
2Jh	9	wer nicht in d. Lehre (bleibt), der hat G. nicht
3Jh	6	wie es würdig ist vor Gott
	11	wer Böses tut, der hat G. nicht gesehen
Heb	1,1	nachdem G. vorzeiten vielfach geredet hat zu den Vätern
	5	zu welchem Engel hat G. jemals gesagt
	2,4	G. hat dazu Zeugnis gegeben durch Zeichen
	9	durch G. Gnade sollte er für alle den Tod schmecken
	13	siehe, hier bin ich und die Kinder, die mir G. gegeben hat
	17	damit er würde ein Hoherpriester vor G.
	3,4	der aber alles gemacht hat, das ist G.
	12	ein böses Herz, das abfällt von G.
	17	über wen war G. zornig 40 Jahre lang
	4,6	*etliche sollen zu G. Ruhe kommen*
	8	würde G. nicht danach von einem andern Tag geredet haben
	9	noch eine Ruhe vorhanden für das Volk G.
	10	wer zu G. Ruhe gekommen ist
	13	es ist alles aufgedeckt vor den Augen G.
	5,1	jeder Hohepriester wird eingesetzt zum Dienst vor G.
	4	er wird von G. berufen wie auch Aaron
	7	er ist erhört worden, weil er G. in Ehren hielt
	10	genannt von G. ein Hoherpriester nach der Ordnung Melchisedeks
	6,1	mit dem Glauben an G.
	3	das wollen wir tun, wenn G. es zuläßt
	7	die Erde empfängt Segen von G.
	10	G. ist nicht ungerecht
	13	als G. dem Abraham die Verheißung gab
	17	darum hat G. sich mit einem Eid verbürgt
	18	es ist unmöglich, daß G. lügt
	7,19	Hoffnung, durch die wir uns zu Gott nahen
	25	selig machen, die durch ihn zu G. kommen
	8,2	Stiftshütte, die G. aufgerichtet hat
	8	G. tadelt sie und sagt

Gott 544

Heb	9,14	unser Gewissen reinigen von den toten Werken, zu dienen dem lebendigen G.
	20	Bundes, den G. euch geboten hat
	24	um vor dem Angesicht G. zu erscheinen
	10,12	sitzt nun für immer zur Rechten G.
	31	schrecklich ist's, in die Hände G. zu fallen
	11,2	haben die Vorfahren G. Zeugnis empfangen 39
	4	hat Abel G. ein besseres Opfer dargebracht als Kain
	5	nicht gefunden, weil G. ihn entrückt hatte
	6	ohne Glauben ist's unmöglich, G. zu gefallen
	7	durch den Glauben hat Noah G. geehrt
	10	die Stadt, deren Baumeister G. ist
	16	schämt sich G. ihrer nicht, ihr G. zu heißen
	19	G. kann auch von den Toten erwecken
	25	mit dem Volk G. zusammen mißhandelt
	40	weil G. etwas Besseres für uns vorgesehen hat
	12,2	sich gesetzt hat zur Rechten des Thrones G.
	7	wie mit seinen Kindern geht G. mit euch um
	15	seht darauf, daß nicht jemand G. Gnade versäume
	22	gekommen zu der Stadt des lebendigen G.
	23	(gekommen) zu G., dem Richter über alle
	25	jene nicht entronnen, die G. abwiesen
	28	laßt uns G. dienen mit Scheu und Furcht
	29	unser G. ist ein verzehrendes Feuer
	13,4	die Unzüchtigen wird G. richten
	15	durch ihn G. allezeit das Lobopfer darbringen
	16	solche Opfer gefallen G.
	20	der G. des Friedens, der Jesus von den Toten
Jak	1,5	an Weisheit mangelt, so bitte er G.
	12	Krone des Lebens, die G. verheißen hat denen
	13	G. kann nicht versucht werden zum Bösen
	20	des Menschen Zorn tut nicht, was vor G. recht
	26	wenn jemand meint, er diene G.
	27	ein reiner Gottesdienst vor G. ist der
	2,5	hat nicht G. erwählt die Armen in der Welt
	19	du glaubst, daß nur einer G. ist
	23	er wurde „ein Freund G." genannt
	4,4	daß Freundschaft mit der Welt Feindschaft mit G. ist
	5	mit Eifer wacht G. über den Geist
	7	so seid nun G. untertan
	8	naht euch zu G., so naht er sich zu euch
Jud	1	an den Berufenen, die geliebt sind in G.
	2	G. gebe euch viel Barmherzigkeit und Frieden
	4	mißbrauchen die Gnade unseres G. für ihre Ausschweifung
	21	erhaltet euch in der Liebe G.
Off	1,1	die Offenbarung Jesu Christi, die ihm G. gegeben hat
	6	uns zu Königen gemacht hat vor G. 5,10
	2,7	Baum des Lebens, der im Paradies G. ist
	3,2	deine Werke nicht als vollkommen befunden vor meinem G.
	12	der Stadt meines G., die vom Himmel herniederkommt 21,2
	14	der Anfang der Schöpfung G.
	4,11	Herr, unser G., du bist würdig, zu nehmen Preis und Ehre und Kraft
	5,9	hast mit deinem Blut Menschen für G. erkauft
	7,2	der hatte das Siegel des lebendigen G.
Off	7,10	Heil bei dem, der auf dem Thron sitzt, G.
	11	beteten G. an 11,16; 19,4
	12	Lob und Ehre sei unserm G.
	15	darum sind sie vor dem Thron G.
	17	G. wird abwischen alle Tränen 21,4
	8,2	ich sah die sieben Engel, die vor G. stehen
	4	der Rauch stieg hinauf vor G.
	9,4	die nicht das Siegel G. haben an ihren Stirnen
	13	aus den vier Ecken des goldenen Altars vor G.
	10,7	dann ist vollendet das Geheimnis G.
	11,11	fuhr in sie der Geist des Lebens von G.
	13	gaben dem G. des Himmels die Ehre
	16	die Ältesten, die vor G. saßen
	17	wir danken dir, Herr, allmächtiger G.
	12,5	ihr Kind wurde entrückt zu G.
	6	wo sie einen Ort hatte, bereitet von G.
	10	nun ist das Reich unseres G. geworden 19,1.6
	17	die G. Gebote halten und haben das Zeugnis Jesu
	13,6	es tat sein Maul auf zur Lästerung gegen G.
	14,4	erkauft als Erstlinge für G.
	7	fürchtet G. und gebt ihm die Ehre
	12	hier sind, die da halten die Gebote G.
	15,2	standen an dem gläsernen Meer und hatten G. Harfen
	3	Herr, allmächtiger G. 16,7
	8	der Tempel wurde voll Rauch von der Herrlichkeit G.
	16,11	lästerten G. im Himmel 21
	14	zu versammeln zum Kampf am Tag G.
	19	Babylon, der großen, wurde gedacht vor G.
	17,17	G. hat's ihnen in ihr Herz gegeben
	18,5	G. denkt an ihren Frevel
	20	G. hat sie gerichtet um euretwillen
	19,5	lobt unsern G., alle seine Knechte
	10	bete G. an 22,9
	17	versammelt euch zu dem großen Mahl G.
	20,6	sie werden Priester G. und Christi sein
	21,3	siehe da, die Hütte G. bei den Menschen
	7	werde sein G. sein, er wird mein Sohn sein
	10	die heilige Stadt aus dem Himmel von G.
	11	die hatte die Herrlichkeit G.
	22	der Herr, der allmächtige G., ist ihr Tempel
	23	die Herrlichkeit G. erleuchtet sie
	22,6	G. hat seinen Engel gesandt
	18	so wird G. ihm die Plagen zufügen, die
	19	so wird G. ihm seinen Anteil wegnehmen

Gott (im bildlichen bzw. verkehrten Sinn)

1Mo	31,30	warum hast du mir meinen G. gestohlen 32
2Mo	4,16	sollst für ihn G. sein 7,1
	32,1	mache uns einen G., der vor uns hergehe 4.8. 23.31; 1Kö 12,28; Neh 9,18
	34,14	sollst keinen andern G. anbeten Ps 44,21; 81,10; Jes 43,12
5Mo	3,24	wo ist ein G. im Himmel und auf Erden 2Kö 18,35
	4,7	wo ist ein Volk, dem ein G. so nahe ist 34
	32,12	kein fremder G. war mit ihm
Ri	6,31	ist (Baal) G., streite er für sich selbst
	8,33	machten Baal-Berit zum G.
	9,27	gingen in das Haus ihres G. Am 2,8
	11,24	einnehmen, die dein G. Kemosch vertreibt
	16,23	ihrem G. Dagon ein Opfer darzubringen 24; 1Sm 5,7; 6,5; 1Ch 10,10
Rut	1,15	deine Schwägerin ist umgekehrt zu ihrem G.

1Sm	17,43	der Philister fluchte David bei seinem G.	Ps	85,9	könnte ich doch hören, was G. d. H. redet
1Kö	11,33	den G. der Moabiter... G. der Ammoniter	Jes	7,7	so spricht G. d. H. 28,16; 30,15; 42,5; 49,22; 52,4; 56,8; 65,13; Jer 2,22; 7,20; Hes 2,4u.ö. 48,29; Am 1,8u.ö.8,11
	18,24	ruft ihr den Namen eures G. an 25.27			
2Kö	1,2	befragt Baal-Sebub, G. von Ekron 3.6.16			
	17,29	jedes Volk machte sich seinen G.		12,2	G. d. H. ist meine Stärke
	19,37	als er anbetete im Haus seines G. 2Ch 32,21; Jes 37,38		25,8	G. d. H. wird die Tränen abwischen
				26,4	G. d. H. ist ein Fels ewiglich
2Ch	32,15	wenn kein G. sein Volk hat erretten können		40,10	siehe, da ist G. d. H.
Esr	1,7	Geräte, die Nebukadnezar in das Haus seines G. gebracht hatte Dan 1,2		48,16	nun sendet mich G. d. H.
				50,4	G. d. H. hat mir eine Zunge gegeben
Jes	44,10	sie, die einen G. machen 15.17; 46,6		5	G. d. H. hat mir das Ohr geöffnet
	45,20	zu einem G. flehen, der nicht helfen kann		7	G. d. H. hilft mir 9
Jer	19,4	diese Stätte einem fremden G. gegeben		61,1	der Geist G. d. H. ist auf mir
Hes	28,2	ich bin ein G. 6.9.14		11	so läßt G. d. H. Gerechtigkeit aufgehen
Dan	3,12	Männer, die ehren deinen G. nicht 14.18		65,15	daß dich G. d. H. töte
	4,5	heißt nach dem Namen meines G.	Jer	44,26	so wahr G. d. H. lebt
	6,8	etwas bitten wird von irgendeinem G. 13	Hes	6,3	höret das Wort G. d. H. 25,3; 36,4
	11,37	weder... noch einen andern G.		13,9	erfahren, daß ich G. d. H. bin 23,49; 24,24; 28,24; 29,16
	38	wird er den G. der Festungen verehren 39			
Hos	14,4	nicht mehr sagen: Ihr seid unser G.	Dan	9,3	ich kehrte mich zu G., d. H.
Am	5,26	ihr truget Kewan, den Stern eures G.	Am	3,7	G. d. H. tut nichts, er offenbare denn 8
	8,14	so wahr dein G. lebt... dein G., Beerscheba		4,2	G. d. H. hat geschworen 6,8
Jon	1,5	schrien, ein jeder zu seinem G.		7,1	G. d. H. ließ mich schauen 4; 8,1
Nah	1,14	vom Hause deines G. will ich ausrotten		4	G. d. H. rief das Feuer
Hab	1,11	machen sie ihre Kraft zu ihrem G.		9,8	die Augen G. d. H. sehen auf das sündige
Mal	2,11	Juda freit eines fremden G. Tochter	Jon	4,6	G. d. H. ließ eine Staude wachsen
Jdt	3,11	damit er allein als G. gepriesen werde	Mi	1,2	G. d. H. hat mit euch zu reden
	5,26	daß Nebukadnezar G. ist 6,2	Ze	1,7	seid stille vor G. d. H.
Wsh	14,8	G. genannt, obwohl vergänglich	Sa	9,14	G. d. H. wird die Posaune blasen
	15	verehrte den, der tot war, als G. 20	Sir	1,1	alle Weisheit kommt von G. d. H.
	15,8	wenn er aus Ton einen G. macht		4,33	so wird G. d. H. für dich streiten
	17	ein Mensch kann nicht einen G. machen	2Ma	7,6	G. d. H. sieht alles
2Ma	11,23	nachdem unser Vater G. geworden ist	Lk	1,32	G.d.H. wird ihm den Thron seines Vaters David geben
StD	2,5	hältst du Bel nicht für einen G. 24			
	17	Bel, du bist ein großer G.	Off	1,8	spricht G.d.H., der Allmächtige
Apg	7,43	ihr trugt umher den Stern des G. Räfan		4,8	heilig, heilig, heilig ist G.d.H., der Allmächtige
2Ko	4,4	der G. dieser Welt den Sinn verblendet hat			
Phl	3,19	ihr G. ist der Bauch		18,8	stark ist G.d.H., der sie richtet
2Th	2,4	so daß er vorgibt, er sei G.		22,5	G.d.H. wird sie erleuchten

Gott der HERR (Herr)

Gott, der HERR Zebaoth

1Mo	2,4	da G. d. H. Erde und Himmel machte 5	Jes	3,15	spricht G., d.H.Z. 10,24; 22,14.15; Jer 2,19; 49,5; 50,31
	7	da machte G. d. H. den Menschen aus Erde			
	8	G. d. H. pflanzte einen Garten in Eden 9.15		10,23	G.d.H.Z. wird Verderben ergehen l. 28,22
	16	G. d. H. gebot dem Menschen		22,5	kommt ein Tag von G., d. H. Z.
	18	G. d. H. sprach: Es ist nicht gut, daß 19		12	rief G., d. H. Z., daß man weine
	21	ließ G. d. H. einen tiefen Schlaf fallen 22	Jer	46,10	dies ist der Tag G., d. H. Z... müssen G.,d. H. Z., ein Schlachtopfer werden
	3,1	listiger als alle Tiere, die G. d. H. gemacht			
	8	hörten G. d. H... versteckte sich vor dem Angesicht G. 9		50,25	G., d. H. Z., hat etwas auszurichten
				51,5	verlassen von ihrem G., d. H. Z.
	13	sprach G. d. H. zum Weibe 14	Am	9,5	G., d. H. Z., ist es, der die Erde anrührt
	21	G. d. H. machte Röcke von Fellen			
	22	G. d. H. sprach: der Mensch... wie unsereiner			
	23	wies ihn G. d. H. aus dem Garten Eden	## Gott Israels (s.a. HERR, Gott Israels)		
2Mo	9,30	ihr fürchtet euch noch nicht vor G. d. H.	1Mo	33,20	nannte ihn „Gott ist der G. I."
	10,25	die wir unserm G., darbringen 26	2Mo	24,10	und sahen den G. I.
Jos	22,22	der starke G., der starke G., d. H.	4Mo	16,9	daß euch der G. I. ausgesondert hat
1Kö	2,26	hast die Lade G. d. H. getragen	Jos	22,16	wie versündigt ihr euch an dem G. I.
1Ch	28,20	G. d. H., mein Gott, wird mit dir sein	1Sm	1,17	der G. I. wird dir die Bitte erfüllen
	29,1	nicht eines Menschen, sondern G., d. H.		5,7	die Lade des G. I. 8.10.11; 6,3
2Ch	26,18	wird dir keine Ehre bringen vor G., d. H.		6,5	daß ihr dem G. I. die Ehre gebt
	32,16	redeten noch mehr gegen G., d. H.		14,41	G. I., warum hast du nicht geantwortet
Ps	50,1	G., d. H., der Mächtige, redet	2Sm	7,27	HERR Zebaoth ist G. I. 1Ch 17,24; Jes 21,10
	68,27	lobet G. in den Versammlungen, d. G.		23,3	es hat der G. I. zu mir gesprochen
	71,16	ich gehe einher in der Kraft G. d. H.	1Kö	8,26	G. I., laß dein Wort wahr werden
	72,18	gelobt sei G. d. H.		18,36	G. Abrahams, Isaaks und I. 1Ch 29,18
	73,28	meine Zuversicht setze auf G. d. H.	1Ch	4,10	Jabez rief den G. I. an
	84,12	G. d. H. ist Sonne und Schild		5,26	erweckte der G. I. den Geist des Pul
			2Ch	29,7	haben dem G. I. kein Brandopfer dargebracht

Gott Israels

Esr	3,2	bauten den Altar des G. I. 6,14.22
	5,1	weissagten im Namen des G. I.
	7,15	Gold, das... freiwillig geben dem G. I.
	8,35	opferten Brandopfer dem G. I.
	9,4	über die Worte des G. I. erschrocken
Ps	59,6	du, HERR, Gott Zebaoth, G. I.
	68,9	die Himmel troffen vor Gott, dem G. I.
	36	wundersam ist Gott; er ist I. G.
	69,7	die dich suchen, G. I.
Jes	29,23	sie werden den G. I. fürchten
	37,16	du G. I., du bist allein Gott
	41,17	ich, der G. I., will sie nicht verlassen
	45,3	der dich beim Namen ruft, der G. I.
	15	du bist ein verborgener Gott, du G. I.
	48,1	die ihr den G. I. bekennt
	2	sie pochen auf den G. I.
	52,12	wird der G. I. euren Zug beschließen
Jer	7,3	so spricht der HERR Zebaoth, der G. I. 21; 9,14; 16,9; 19,3u.ö.(36mal); Ze 2,9
Hes	8,4	dort war die Herrlichkeit des G. I. 9,3; 10,19; 11,22; 43,2
	10,20	Gestalten, die ich unter dem G. I. gesehen
Jdt	4,9	sie schrien zum G. I. 6,20; 7,4; Tob 1,6
	13,26	der G. I. hat... umgebracht 27; 14,6
	31	der G. I. wird verherrlicht werden Tob 3,23
Tob	9,9	es segne dich der G. I. 11
Sir	47,19	Namen des Herrn, der da heißt der G. I.
Mt	15,31	sie priesen den G.I.

Gott Jakobs

2Mo	3,6	Gott deines Vaters, der G. J. 15.16; 4,5; GMn 1; Mt 22,32; Mk 12,26; Apg 3,13; 7,32
2Sm	23,1	der Gesalbte des G. J.
Ps	20,2	der Name des G. J. schütze dich
	24,6	das da sucht dein Antlitz, G. J.
	46,8	der G. J. ist unser Schutz 12
	75,10	ich will lobsingen dem G. J.
	76,7	von deinem Schelten, G. J., sinken in Schlaf
	81,2	jauchzet dem G. J.
	5	das ist eine Ordnung des G. J.
	84,9	HERR, höre mein Gebet; vernimm es, G. J.
	94,7	sagen: der G. J. beachtet's nicht
	114,7	erbebe, du Erde, vor dem G. J.
	146,5	wohl dem, dessen Hilfe der G. J. ist
Jes	2,3	laßt uns gehen zum Hause des G. J. Mi 4,2
Tob	7,15	der G. J. sei mit euch
GMn	1	Herr, Allmächtiger, G. J.
Lk	20,37	wo er den Herrn nennt G.J.
Apg	7,46	eine Wohnung für den G.J.

Gott Zebaoth

2Sm	5,10	der HERR, der G. Z., war mit (David)
1Kö	19,10	habe geeifert für den HERRN, den G. Z. 14
Ps	59,6	du, HERR, G. Z., Gott Israels
	80,5	HERR, G. Z., wie lange willst du uns zürnen
	8	G. Z., tröste uns wieder 20
	15	G. Z., wende dich doch! Schaue vom Himmel
	84,9	HERR, G. Z. höre mein Gebet
	89,9	HERR, G. Z., wer ist wie du
Jer	5,14	spricht der HERR, der G. Z. 35,17; 38,17; 44,7; Am 3,13; 5,16.27; 6,8.14
	15,16	nach deinem Namen genannt, HERR, G. Z.
Hos	12,6	der HERR ist der G. Z.
Am	4,13	er heißt „HERR, G. Z."
	5,14	wird der HERR, der G. Z., bei euch sein 15

Götter

1Mo	35,2	tut von euch die fremden G. 4; Jos 24,23; 1Sm 7,3
2Mo	12,12	will Strafgericht halten über alle G.
	15,11	wer ist dir gleich unter den G.
	18,11	daß der HERR größer ist als alle G.
	20,3	sollst keine anderen G. haben 5Mo 5,7
	23	sollt euch keine G. machen 3Mo 19,4
	22,19	wer den G. opfert, soll dem Bann verfallen
	23,13	die Namen anderer G. nicht anrufen 24
	32	sollst mit ihren G. keinen Bund schließen
	33	wenn du ihren G. dienst, wird dir das zum Fallstrick 5Mo 7,4.16; 11,16; 12,30; 17,3; 20,18; 29,17.25; 30,17; Jos 23,16; 24,20; 1Kö 9,6; 11,10; 2Ch 7,19; Jer 5,19
	34,15	wenn sie ihren G. nachlaufen 16; Ri 2,17
4Mo	25,2	zu den Opfern ihrer G... betete ihre G. an
	33,4	der HERR hatte an ihren G. Gericht geübt
5Mo	6,14	sollst nicht andern G. nachfolgen, den G. der Völker 8,19; 11,28; Jer 7,6.9; 25,6; 35,15
	7,25	die Bilder ihrer G. sollst du verbrennen
	10,17	der HERR, euer Gott, ist der Gott aller G. 2Ch 2,4; Ps 86,8; 95,3; 97,9; 135,5; 136,2; Dan 2,47; 11,36
	12,2	Stätten, wo die Heiden ihren G. gedient
	30	daß du nicht fragst nach ihren G.
	31	ihren G. getan, was dem HERRN ein Greuel... ihren G. ihre Söhne verbrannt 2Kö 17,31
	13,3	spricht: Laß uns andern G. folgen 7.8.14; 1Sm 26,19
	18,20	wenn einer redet in dem Namen anderer G.
	28,14	(weil du) nicht andern G. nachwandelst
	36	wirst dort andern G. dienen 64
	31,16	dies Volk wird nachlaufen den fremden G.
	18	weil sie sich zu andern G. wandten 20; 1Kö 9,9; 2Kö 22,17; 2Ch 7,22; 34,25; Jer 11,10; 13,10; 16,11.13; 22,9
	32,16	zur Eifersucht gereizt durch fremde G.
	17	geopfert den G., die sie nicht kannten
	37	wo sind ihre G., ihr Fels
Jos	23,7	nicht schwört bei dem Namen ihrer G.
	24,2	eure Väter dienten andern G. 14.15
	16	das sei ferne, daß wir andern G. dienen
Ri	2,3	damit euch werden ihre G. zur Falle
	12	(die *Israeliten) folgten andern G. nach 19; 3,6; 10,6.13; 1Sm 8,8; 2Kö 17,7
	5,8	man erwählte sich neue G.
	6,10	nicht fürchten die G. 2Kö 17,35.37.38
	9,9	die G. und Menschen an mir preisen 13
	10,14	schreit zu den G., die ihr erwählt
	16	taten von sich die fremden G.
	18,24	ihr habt meine G. genommen
1Sm	4,8	erretten aus der Hand dieser mächtigen G.
2Sm	7,23	damit du ihre G. vertriebest
1Kö	11,2	werden eure Herzen ihren G. zuneigen 4
	8	räucherten die, ihren G. räucherten
	14,9	hast dir andre G. gemacht
	19,2	die G. sollen mir dies und das tun 20,10
	20,23	ihre G. sind Berggötter
2Kö	5,17	d. Knecht will nicht mehr andern G. opfern
	17,33	den HERRN, dienten aber auch den G.
	18,33	haben etwa die G. errettet 34.35; 19,12; 2Ch 25,15; 32,13.14.15; Jes 36,18-20; 37,12
	19,18	ihre G. ins Feuer geworfen, es waren nicht G., sondern Holz und Stein Jes 37,19
1Ch	14,12	ließen ihre G. dort zurück
	16,25	mehr zu fürchten als alle G. Ps 96,4
	26	aller Heiden G. sind Götzen Ps 96,5

2Ch	13,8	gold. Kälber, die Jerobeam zu G. gemacht
	9	wurde Priester derer, die nicht G. sind
	14,2	entfernte die Altäre der fremden G. 33,15
	25,14	Amazja brachte die G. von Seïr mit 20
	28,23	opferte den G. von Damaskus und sprach: Die G. von Aram helfen 25
	32,19	redeten wie gegen die G. der Völker
Ps	82,1	Gott ist Richter unter den G.
	6	wohl habe ich gesagt: Ihr seid G. Jh 10,34
	97,7	betet ihn an, alle G.
	138,1	vor den G. will ich dir lobsingen
Jes	21,9	alle Bilder seiner G. zu Boden geschlagen
	41,23	damit wir erkennen, daß ihr G. seid
	42,17	zum gegossenen Bilde: Ihr seid unsre G.
Jer	1,16	andern G. opfern 18,15; 19,4; 44,3.5.8.15
	2,11	ihre G. wechseln, die nicht G. sind
	28	wo sind deine G... soviel G. hast du 11,13
	3,13	hin-und hergelaufen zu den fremden G.
	7,18	fremden G. spenden sie 19,13; 32,29
	10,3	ihre G. sind alle nichts 16,19
	11	die G. müssen vertilgt werden
	11,12	zu den G. schreien, denen sie geopfert
	16,20	sich G. machen? Das sind doch keine G.
	43,12	will ihre G. wegführen
	46,25	will heimsuchen Ägypten samt seinen G.
	48,35	daß sie ihren G. Opfer darbringen
Dan	2,11	G., die nicht bei den Menschen wohnen
	3,25	als wäre er ein Sohn der G.
	4,5	Daniel, der den Geist der heiligen G. hat 6. 15; 5,11.14
	5,4	lobten sie die goldenen, silbernen G. 23
	11	bei ihm Weisheit wie der G. Weisheit
	11,8	auch wird er ihre G. wegführen
	37	die G. seiner Väter wird er nicht achten
Hos	3,1	obgleich sie sich zu fremden G. kehren
Ze	2,11	er wird alle G. auf Erden vertilgen
Jdt	5,7	Väter, die viele G. verehrten 6; 8,15
Wsh	12,24	daß sie die Tiere für G. hielten
	27	durch die gequält, die sie für G. hielten
	13,10	Werke von Menschenhand als G. anrufen 2. 3
	15,15	da sie alle Götzenbilder für G. halten
Bar	1,22	wir dienten fremden G. StE 3,6
	6,15	daran sieht man deutlich, daß sie nicht G. sind 23 u.ö. 72
StE	4,9	Herr, du König aller G. StD 3,66
StD	2,26	seht, das sind eure G.
Jh	10,34	ich habe gesagt: Ihr seid G.
	35	wenn er die G. nennt, zu denen das Wort Gottes geschah
Apg	7,40	mache uns G., die vor uns hergehen
	14,11	die G. sind den Menschen gleich geworden
	15	daß ihr euch bekehren sollt von diesen falschen G.
	17,18	als wolle er fremde G. verkündigen
	22	ich sehe, daß ihr die G. sehr verehrt
	19,26	was mit Händen gemacht ist, das sind keine G.
1Ko	8,5	obwohl es solche gibt, die G. genannt
Gal	4,8	dientet ihr denen, die nicht G. sind

Götterbild

2Mo	34,17	sollst dir keine gegossenen G. machen
Jer	50,2	ihre G. sind zerschmettert
Jdt	3,11	befohlen, alle G. des Landes zu entfernen

Göttersitz

Hes	28,2	ich sitze auf einem G. mitten im Meer

Gottesberg

Ps	48,3	schön ragt empor der G. fern im Norden
	68,16	ein G. ist Baschans Gebirge

Gottesdienst

2Sm	15,8	will ich dem HERRN einen G. halten
2Ch	35,10	so wurde der G. geordnet 16
Ps	27,4	zu schauen die schönen G. des HERRN
Jer	8,5	sie halten so fest am falschen G.
	10,2	sollt nicht den G. der Heiden annehmen
	8	Holz zu dienen ist ein nichtiger G.
	19,7	will den G. Judas zunichte machen
	52,18	Gefäße, die man im G. zu gebrauchen pflegte
Hos	12,1	im Hause Israel (ist) falscher G.
Wsh	14,15	stiftete für die Seinen geheime G. 23
Sir	1,17	die Furcht des Herrn ist der rechte G.
	35,5	von Sünden lassen, das ist ein G.
	49,4	(Josia) stellte den rechten G. wieder her
	50,21	das Volk betete, bis der G. beendet war
1Ma	14,36	Heiden, um den G. Israels zu stören
2Ma	15,17	der G. und der Tempel waren in Gefahr
Apg	26,7	mit unablässigem G. Tag und Nacht
Rö	9,4	Israeliten, denen gehört der G.
	12,1	das sei euer vernünftiger G.
Phl	2,17	wenn ich auch geopfert werde bei dem G. eures Glaubens
2Th	2,4	erhebt über alles, was Gott oder G. heißt
Heb	9,1	auch der erste Bund Satzungen für den G.
	6	die Priester richteten den G. aus
	9	die nicht vollkommen machen können den, der den G. ausrichtet
	21	alle Geräte für den G. besprengte er mit Blut
	10,2	die, die den G. ausrichten
Jak	1,26	so ist sein G. nichtig
	27	ein reiner G. vor Gott ist der

Gottesfülle

Eph	3,19	damit ihr erfüllt werdet mit der ganzen G.

Gottesfurcht

1Mo	20,11	gewiß ist keine G. an diesem Orte Ps 36,2
Hi	4,6	ist nicht deine G. dein Trost
	15,4	du selbst zerstörst die G.
	22,4	wird dich wegen deiner G. zurechtweisen
Jdt	8,21	wollten die Trübsal nicht mit G. annehmen
	10,5	(Judit) schmückte sich mit G.
Tob	14,4	seine G. nahm noch zu, bis er starb 16
Sir	1,34	sei nicht ungehorsam dem Gebot der G.
	19,21	besser geringe Klugheit mit G. als
	45,28	aus G. für den Herrn eingesetzt
Rö	3,18	es ist keine G. bei ihnen
1Ti	2,2	Leben führen in aller G.
	10	die ihre G. bekunden wollen
	4,7	übe dich selbst in der G.
	8	die G. ist zu allen Dingen nütze
	6,3	Lehre, die gemäß ist der G.
	11	jage nach der Gerechtigkeit, der G.
1Pt	1,17	führt euer Leben in G. 3,2
	3,16	das mit Sanftmut und G.
2Pt	1,6	(beweist) in der Geduld G. 7

gottesfürchtig

Neh	7,2	Hananja war g. vor vielen andern

gottesfürchtig

Hi	1,1	Hiob war g. und mied das Böse 8; 2,3
Ps	15,4	wer... ehrt die G. (darf wohnen)
	145,19	er tut, was die G. begehren
Mal	3,16	die G. trösten sich untereinander
Tob	2,1	geh und lade einige g. Männer ein
	9,9	der Sohn eines g. Mannes
Sir	12,4	gib dem G.
	23,16	die G. fliehen dies alles
	27,12	ein G. redet allezeit, was weise ist
	28,26	den G. wird sie nicht unterdrücken
	33,15	gegenübergestellt der G. dem Gottlosen
	34,10	der Geist der G. wird am Leben bleiben
	37,15	halte dich stets zu g. Leuten
	43,37	den G. gibt er Weisheit
StD	1,2	Susanna war sehr schön und dazu g.
Lk	2,25	Simeon war fromm und g.
Jh	9,31	den, der g. ist, den erhört er
Apg	2,5	in Jerusalem Juden, die waren g. Männer
	8,2	es bestatteten den Stephanus g. Männer
	10,2	der war fromm und g. mit s. Haus 22
	7	rief er einen g. Kriegsknecht
	13,16	ihr Männer von Israel und ihr G., hört zu 26
	43	folgten viele g. Judengenossen dem Paulus
	50	die Juden hetzten die g. Frauen auf
	16,14	eine g. Frau mit Namen Lydia hörte zu
	17,4	auch eine große Menge von g. Griechen
	17	er redete zu den G. in der Synagoge
	18,7	er kam in das Haus eines G.
	22,12	da war ein g. Mann mit Namen Hananias
1Ti	5,4	zuerst im eigenen Hause g. zu leben
2Ti	3,5	*die haben den Schein eines g. Wesens*
	12	*alle, die g. leben wollen, müssen leiden*
2Pt	3,11	*wie müßt ihr geschickt sein in g. Tun*

Gottesgabe

Pr	5,18	so ist das eine G.

Gottesgemeinde

Ps	82,1	Gott steht in der G.

Gotteshaus

1Mo	28,22	dieser Stein soll ein G. werden
Ri	17,5	der Mann Micha hatte nämlich ein G.
Ps	74,8	sie verbrennen alle G. im Lande
Hes	40,5	ging eine Mauer um das G.
2Ma	14,33	will dies G. dem Erdboden gleichmachen
Mt	12,4	wie (David) in das G. ging

Gotteskasten

Mt	27,6	nicht recht, daß wir sie in den G. legen
Mk	12,41	Jesus setzte sich dem G. gegenüber
	43	diese arme Witwe hat mehr in den G. gelegt
Lk	21,1	wie die Reichen ihre Opfer in den G. einlegten
Jh	8,20	diese Worte redete Jesus an dem G.

Gotteskraft

Bar	6,51	daß keine G. in (Götzen) ist
1Ko	1,18	uns aber ist's eine G.

Gotteslästerer

2Ma	9,28	litt der G. große Schmerzen
	10,4	nicht in die Hände der G. geben
	36	verbrannten die G. bei lebendigem Leibe

Gotteslästerung

2Ma	15,24	die mit G. gegen dein heiliges Volk ziehen
Mt	26,65	jetzt habt ihr die G. gehört Mk 14,64
Lk	5,21	wer ist der, daß er G. redet
Jh	10,33	steinigen dich um der G. willen

Gotteslöwe

2Sm	23,20	erschlug die G. der Moabiter 1Ch 11,22

Gottesmensch

1Ti	6,11	aber du, G., fliehe das

Gottesschrecken

1Mo	35,5	kam ein G. über die Städte
1Sm	14,15	so geschah ein G.

Gottessöhne

1Mo	6,2	sahen die G., wie schön die Töchter 4
Hi	1,6	da die G. vor den HERRN traten 2,1
	38,7	jauchzten alle G.

Gottesstadt

Tob	13,10	Jerusalem, du G.

Gottesverächter

Spr	11,9	durch den Mund der G. wird... verderbt
Rö	1,30	(sie sind) Verleumder, G., Frevler

Gottesverehrung

Dan	6,6	keinen Grund, es sei denn wegen deiner G.

Gottesverheißung

2Ko	1,20	auf alle G. ist in ihm das Ja

Gotteswort

Mi	3,7	weil kein G. dasein wird

Gottgeweihter

4Mo	6,13	dies ist das Gesetz des G. 21
Am	2,11	habe erweckt G. aus euren Jünglingen 12
1Ma	3,49	sie ließen die G. herbeikommen

Gottheit

Apg	17,29	nicht meinen, die G. sei gleich den goldenen Bildern
Rö	1,20	Gottes Wesen, seine ewige Kraft und G.
1Ko	2,10	der Geist erforscht auch die Tiefen der G.
Kol	2,9	in ihm wohnt die ganze Fülle der G. leibhaftig

Göttin

1Kö	11,5	Astarte, der G. derer von Sidon 33
2Ma	1,14	als wollte er die G. freien
Apg	19,27	im Tempel der großen G. Diana wird für nichts geachtet werden
	35	*sei eine Hüterin der großen G. Diana*
	37	Menschen, die weder Lästerer unserer G. sind

Apg	28,4	den die G. der Rache nicht leben läßt	Hi	36,6	den G. erhält er nicht
				17	wenn du richtest wie ein G.
		göttlich		38,13	damit die G. herausgeschüttelt würden
				40,12	zertritt die G. in Grund und Boden
4Mo	24,4	es sagt der Hörer g. Rede 16	Ps	1,1	wohl dem, der nicht wandelt im Rat der G.
Hes	8,3	brachte mich nach... in g. Geschichten 40,2		4	so sind die G. nicht
Wsh	7,25	sie ist ein Hauch der g. Kraft 26		5	darum bestehen die G. nicht im Gericht
	18,9	nahmen einträchtig das g. Gesetz an		6	aber der G. Weg vergeht
2Ma	2,4	der Prophet habe auf g. Befehl hin		3,8	zerschmetterst der G. Zähne
Mt	16,23	du meinst nicht, was g. ist Mk 8,33		5,5	bist nicht ein Gott, dem g. Wesen gefällt
Apg	17,29	da wir g. Geschlechts sind		7,10	laß der G. Bosheit ein Ende nehmen
	19,27	zudem wird ihre g. Majestät untergehen		9,6	du bringst die G. um 37,20; 68,3; 145,20
Rö	3,25	*er hat die Sünden getragen in g. Geduld*		17	der G. ist verstrickt in das Werk s. Hände
	11,4	gebe ihm die g. Antwort		10,2	weil der G. Übermut treibt 3.4
1Ko	1,24	Christus als g. Kraft und g. Weisheit		13	warum soll der G. Gott lästern
	2,1	*zu verkündigen die g. Predigt*		15	zerbrich den Arm des G. 37,17; 75,11
2Ko	1,12	in g. Lauterkeit unser Leben geführt		11,2	die G. spannen den Bogen
	7,10	*die g. Traurigkeit wirkt eine Reue*		12,9	G. gehen allenthalben einher
	11,2	ich eifere um euch mit g. Eifer		17,9	(beschirme mich) vor den G. 13
Phl	2,6	er, der in g. Gestalt war		26,5	ich sitze nicht bei den G.
1Th	2,13	das Wort der g. Predigt aufgenommen als		28,3	raffe mich nicht hin mit den G.
2Pt	1,3	alles hat uns seine g. Kraft geschenkt		32,10	der G. hat viel Plage
	4	damit ihr dadurch Anteil bekommt an der g. Natur		34,22	den G. wird das Unglück töten
				36,2	es sinnen die Übertreter auf g. Treiben
Heb	5,12	daß man euch die Anfangsgründe der g. Worte lehre		12	die Hand der G. vertreibe mich nicht
				37,10	eine kl. Zeit, so ist der G. nicht mehr
	11,7	als er ein g. Wort empfing		12	der G. droht dem Gerechten
				14	die G. ziehen das Schwert
		gottlos		16	ist besser ein Weniges des Gerechten als der Überfluß vieler G.
1Mo	18,23	den Gerechten mit dem G. umbringen 25; Ps 11,5.6; Pr 3,17; 9,2		21	der G. muß borgen und bezahlt nicht
				28	Geschlecht der G. wird ausgerottet 34.38
4Mo	16,26	weicht von den Zelten dieser g. Menschen		32	der G. lauert dem Gerechten auf 119,95
5Mo	9,4	um ihres g. Treibens 5.27; Ps 45,8 Pr 8,8		35	sah einen G., der pochte auf Gewalt 75,5
	32,21	durch ein g. Volk will ich sie erzürnen		40	er wird sie von den G. erretten 97,10
1Sm	2,9	die G. sollen zunichte werden Ps 9,18; 31,18; 104,35		39,2	solange ich den G. vor mir sehen muß
				50,16	aber zum G. spricht Gott
2Sm	3,33	mußte Abner sterben, wie ein G. stirbt		54,5	da der G. mich bedrängt
	4,11	diese g. Leute haben... getötet		58,4	die G. sind abtrünnig vom Mutterschoß an
	22,22	bin nicht g. wider meinen Gott Ps 18,22		11	wird seine Füße baden in der G. Blut
1Kö	8,47	wir sind g. gewesen 2Ch 6,37; Neh 9,33; Ps 106,6; Dan 9,5.15		68,22	wird zerschmettern den Schädel der G.
				71,4	hilf mir aus der Hand des G. 140,5
2Ch	19,2	sollst du dem G. helfen		73,3	als ich sah, daß es den G. so gut ging
	20,35	mit Ahasja, der g. war in seinem Tun		12	siehe, das sind die G.
	22,3	seine Mutter hielt ihn dazu an, g. zu sein		75,9	die G. auf Erden müssen alle trinken
	24,7	die g. Atalja und ihre Söhne		82,2	wie lange wollt ihr die G. vorziehen
Hi	3,17	dort haben die G. aufgehört mit Toben		4	erlöst ihn aus der Gewalt der G.
	8,22	die Hütte der G. wird nicht bestehen		84,11	als wohnen in der G. Hütten
	9,22	er bringt den Frommen um wie den G.		91,8	wirst schauen, wie den G. vergolten wird
	24	hat die Erde unter g. Hände gegeben 16,11		92,8	die G. grünen wie das Gras
	10,3	bringst der G. Vorhaben zu Ehren		94,3	wie lange sollen die G. prahlen
	11,20	die Augen der G. werden verschmachten		13	bis dem G. die Grube gegraben ist
	15,20	G. bebt sein Leben lang		101,8	bring ich zum Schweigen alle G. im Lande
	18,5	wird das Licht der G. verlöschen 21,17; 38,15; Spr 13,9		106,18	die Flamme verbrannte die G.
				109,2	Lügenmaul mich weit aufgetan
	20,5	das Frohlocken der G. nicht lange währt		6	gib ihm einen g. zum Gegner
	29	das ist der Lohn eines g. Menschen 27,13		112,10	der G. wird's sehen... was die G. wollen
	21,7	warum bleiben die G. am Leben		119,53	Zorn erfaßt mich über die G.
	16	der Rat der G. ist ferne von mir 22,18		61	der G. Stricke umschlingen mich 110
	19	Gott spart das Unglück des G. auf		119	du schaffst alle G. weg wie Schlacken
	28	Hütte, in der die G. wohnten		155	das Heil ist fern von den G.
	24,2	die G. verrücken die Grenzen		125,3	der G. Zepter wird nicht bleiben
	6	halten Nachlese im Weinberg des G.		129,4	der HERR hat der G. Stricke zerhauen
	27,7	meinem Feind soll es gehen wie dem G.		139,19	wolltest du doch die G. töten
	30,8	g. Volk, aus dem Lande weggejagt		140,9	gib dem G. nicht, was er begehrt
	34,8	(Hiob) wandelt mit den g. Leuten		141,4	g. zu leben mit den Übeltätern
	10	es sei ferne, daß Gott sollte g. handeln		10	die G. sollen in ihr eigenes Netz fallen
	18	zur den Fürsten: Ihr G.		146,9	die G. führt er in die Irre Spr 12,26
	26	er urteilt sie ab wie die G.		147,6	der HERR stößt die G. zu Boden Spr 12,7
	30	läßt nicht einen G. regieren	Spr	2,22	die G. aus dem Land ausgerottet 10,30
				3,25	fürchte dich nicht vor d. Verderben der G.

gottlos 550

Spr	3,33	im Hause des G. ist der Fluch des HERRN
	4,14	komm nicht auf den Pfad der G.
	19	der G. Weg ist wie das Dunkel
	5,22	den G. werden seine Missetaten fangen
	8,7	meine Lippen hassen, was g. ist
	9,7	wer den G. zurechtweist, holt sich Schmach
	10,3	die Gier der G. stößt er zurück
	6	auf die G. wird ihr Frevel fallen 11
	7	der Name der G. wird verwesen
	16	dem G. (gereicht) s. Einkommen zur Sünde
	20	der G. Verstand ist wie nichts
	24	was der G. fürchtet, wird ihm begegnen
	25	wenn das Wetter... ist der G. nicht mehr
	27	die Jahre der G. werden verkürzt
	28	der G. Hoffnung wird verloren sein 11,7
	32	der G. Mund ist Falschheit
	11,5	der G. wird fallen durch s. Gottlosigkeit
	8	der G. kommt an seine Statt 21,18
	10	wenn die G. umkommen, wird man froh
	11	durch den Mund der G. niedergerissen
	18	der G. Arbeit bringt trügerischen Gewinn
	23	der G. Hoffen führt zum Tage des Zorns
	31	wieviel mehr dem G. und Sünder
	12,5	was die G. planen, ist lauter Trug
	6	der G. Reden richten Blutvergießen an
	10	das Herz der G. ist unbarmherzig
	12	des G. Lust ist, Schaden zu tun
	21	die G. werden voll Unglücks sein 14,32
	13,5	der G. handelt schimpflich und schändlich
	17	ein g. Bote bringt ins Unglück
	25	der G. Bauch aber leidet Mangel
	14,11	das Haus der G. wird vertilgt
	14	einem g. Menschen gehen, wie er wandelt
	19	die G. an den Toren der Gerechten
	15,6	in des G. Gewinn steckt Verderben
	8	der G. Opfer ist ein Greuel 21,27
	9	des G. Weg ist dem HERRN ein Greuel
	28	der Mund der G. schäumt Böses
	29	der HERR ist ferne von den G.
	16,4	der HERR macht den G. für den bösen Tag
	17,23	der G. nimmt gern heimlich Geschenke
	19,28	den G. mundet das Unrecht
	20,26	ein weiser König sondert die G. aus
	21,4	hoffärtige Augen, die Leuchte der G.
	7	der G. Gewalt rafft sie selber weg
	10	die Seele der G. gelüstet nach Bösem
	12	der Gerechte achtet auf des G. Haus, und er stürzt die G. ins Verderben
	29	der G. macht ein freches Gesicht
	24,15	laure nicht als G. auf das Haus
	16	die G. versinken im Unglück
	19	ereifre dich nicht über die G.
	25,5	man sage G. hinweg vom König
	26	Gerechter, der angesichts eines G. wankt
	28,1	der G. flieht, auch wenn niemand ihn jagt
	3	ein g. Mann ist wie ein Platzregen
	4	wer die Weisungen verläßt, verteidigt den G.
	12	wenn G. hochkommen, verbergen sich 28
	15	ein G., der über ein armes Volk regiert
	29,2	wenn der G. herrscht, seufzt das Volk
	7	der G. aber weiß gar nichts
	12	der auf Lügen hört, hat nur g. Diener
	16	wo viele G. sind, da ist viel Sünde
	27	wer recht wandelt, ist dem G. ein Greuel
Pr	7,15	da ist ein G., der lebt lange in s. Bosheit
	17	sei nicht allzu g. und sei kein Tor
	8,10	sah ich G., die begraben wurden
	13	wird es nicht wohlgehen
	14	als hätten sie Werke der G. getan
Jes	3,11	wehe aber den G., sie haben es schlecht

Jes	9,16	sie sind allzumal g. und böse
	10,6	ich sende ihn wider ein g. Volk
	11,4	wird mit dem Odem s. Lippen die G. töten
	13,11	heimsuchen die G. um ihrer Missetat willen
	14,5	der HERR hat den Stock der G. zerbrochen
	26,10	wenn dem G. Gnade widerfährt
	48,22	die G. haben keinen Frieden 57,21
	53,9	man gab ihm sein Grab bei G.
	55,7	der G. lasse von seinem Wege
	57,20	die G. sind wie das ungestüme Meer
	58,4	ihr schlagt mit g. Faust drein
Jer	5,26	man findet unter meinem Volk G.
	12,1	warum geht's doch den G. so gut
	14,20	wir erkennen unser g. Leben
	23,19	Ungewitter auf den Kopf der G. 30,23
Hes	3,18	wenn ich dem G. sage... um den G. vor seinem g. Wege zu warnen... wird der G. sterben 19; 33,8.9.14
	7,21	will es geben den G. zur Beute
	13,22	die Hände der G. gestärkt habt
	18,21	wenn sich der G. bekehrt 33,11.12.15.19
	23	daß ich Gefallen habe am Tode des G. 33,11
	24	lebt nach allen Greueln, die der G. tut
	31,11	wie er verdient hat mit seinem g. Tun
Dan	12,10	die G. werden g. handeln
Mi	6,10	noch bleibt unrecht Gut in des G. Hause
Hab	1,4	der G. übervorteilt den Gerechten 13
	3,13	zerschlugst das Dach vom Hause des G.
Ze	1,3	will zu Fall bringen die G.
Mal	3,15	die G. gedeihen
	18	Unterschied zwischen Gerechten und G.
	19	da werden alle G. Stroh sein
	21	ihr werdet die G. zertreten
Wsh	1,9	die Pläne des G. müssen vor Gericht
	16	die G. zwingen (Tod) herbei mit Worten
	3,10	die G. werden die Strafe empfangen 11,9; 16,16.18; Sir 7,19; 9,17; 12,6; 16,13; 21,10.11
	4,3	die Menge der G. ist nichts nütze Sir 16,5
	16	verurteilt der... Gerechte die G.
	10,6	als er beim Untergang der G. floh
	20	nahmen die Gerechten den G. ihre Waffen ab
	12,9	die G. den Gerechten zu unterwerfen
	14,9	verhaßt: der G. und sein g. Werk
	19,1	die G. überfiel Zorn ohne Erbarmen Sir 5,7
Sir	1,31	dem G. ist Gottes Wort ein Greuel 39,29
	2,14	weh dem G. 41,11
	8,13	blase nicht das Feuer des G. an
	9,16	wenn der G. in Ehren steht
	10,26	es ist nicht recht, einen G. zu ehren
	11,9	aus dem Streit der G. halt dich heraus
	20	wie die G. zu Geld kommen
	33	der G. lauert darauf, Blut zu vergießen
	12,4	nimm dich des G. nicht an 5
	13	geht's dem, der sich mit G. einläßt
	13,21	wenn ein G. sich zum Frommen gesellt
	30	allein der G. nennt die Armut böse
	15,7	G. können (Weisheit) nicht entdecken
	9	es schickt sich nicht für den G., Gott zu loben
	12	(Gott) braucht keinen G. 21
	16,4	besser ohne Kinder als g. Kinder 1.3
	7	Feuer bricht aus im Haufen der G.
	19,19	die Pläne der G. sind nicht Klugheit
	21,7	der ist schon auf der Bahn der G.
	30	wenn der G. seinem Widersacher flucht
	22,13	trauert man über G. ihr Leben lang
	23,8	sich verfängt
	25,25	es geschehe ihr das, was den G. geschieht
	27,33	Greuel, der G. hält an ihnen fest

Sir	28,11	der G. bringt gute Freunde auseinander
	29,22	der G. bringt seinen Bürgen um Hab und Gut
	26	ein G., der sich zur Bürgschaft drängt
	32,21	ein G. läßt sich nicht zurechtweisen
	33,15	gegenübergestellt Gottesfürchtige G.
	34,22	Gaben der G. sind nicht wohlgefällig 23
	39,30	geschaffen das Böse für G. 32.36; 40,8.10; 41,13
	40,13	die Güter der G. versiegen wie ein Bach
	15	die Nachkommen der G. bringen keine Zweige
	41,8	Kinder der G. und die sich zu G. gesellen
	9	das Erbteil von G. geht verloren
	10	die Kinder werden den g. Vater anklagen
	14	bei den G. wird auch der Name vertilgt
	42,2	den G... gerecht zu sprechen
1Ma	1,12	traten in Israel g. Leute auf 36.56; 7,5
	2,44	erschlugen in ihrem Zorn viele G. 3,8; 14,14; 2Ma 12,23
	48	daß die g. nicht über sie Herr wurden
	62	fürchtet euch nicht vor den G.
2Ma	1,17	Gott, der die G. dahingegeben hat
	14,42	lieber sterben, als G. in die Hände fallen
StE	3,11	die Ehre hasse, die sie bei den G. habe
	12	errette uns aus der Hand der G.
StD	3,8	übergeben den Händen der g. Widersacher
Mt	5,22	wer aber sagt: Du g. Narr
Rö	1,18	Gottes Zorn über alles g. Wesen
	4,5	glaubt an den, der die G. gerecht macht
	5,6	Christus ist für uns G. gestorben
	11,26	der abwende das g. Wesen von Jakob
1Ti	1,9	daß Gesetz gegeben ist den G.
2Ti	3,2	die Menschen werden sein g.
1Pt	4,18	wo wird der G. und Sünder bleiben
2Pt	2,5	als er die Sintflut über die Welt der G. brachte
	6	damit ein Beispiel gesetzt den G.
	3,7	Tag der Verdammnis der g. Menschen
Heb	12,16	daß nicht jemand sei ein G. wie Esau
Jud	4	G. sind sie, mißbrauchen die Gnade Gottes
	15	zu strafen alle Menschen für alle Werke ihres g. Wandels
	18	Spötter, die nach ihren g. Begierden leben

Gottlosigkeit

Spr	11,5	der Gottlose wird fallen durch seine G.
	12,3	durch G. kann der Mensch nicht bestehen
	13,6	die G. bringt den Sünder zu Fall
Pr	3,16	an der Stätte des Rechts war G.
	7,25	zu erkennen, daß G. Torheit ist
Hes	33,12	wenn ein Gottloser von G. umkehrt 19
Sa	5,8	das ist die G.
2Ma	8,33	empfing den Lohn für seine G.
Rö	11,26	der abwenden wird alle G. von Jakob

gottselig

1Ti	3,16	kündlich groß ist das g. Geheimnis
	6,6	wer g. ist und lässet sich genügen
Tit	2,12	daß wir sollen gerecht und g. leben

Götze

3Mo	19,4	sollt euch nicht zu den G. wenden
	26,1	sollt euch keine G. machen 5Mo 27,15
	30	will eure Leichname auf die... G. werfen
5Mo	4,28	dort wirst du dienen den G.
	12,3	zerschlagt die Bilder ihrer G.
	29,16	saht ihre Greuel und ihre G.
1Sm	12,21	folgt nicht den nichtigen G. nach
	31,9	es zu verkünden im Hause ihrer G. 1Ch 10,9
1Kö	11,5	Milkom, dem G. der Ammoniter 7; 2Kö 23,13
	21,26	daß er den G. nachwandelte
2Kö	17,12	(die *Israeliten) dienten den G. 15; 21,21; 2Ch 24,18; 33,22; Ps 106,36.38
	41	den HERRN und dienten zugleich ihren G.
	21,11	Juda sündigen gemacht hat mit seinen G.
	23,24	rottete aus alle G. 2Ch 15,8; 33,15; 34,3.33
1Ch	5,25	da sie abfielen zu den G. der Völker
	16,26	aller Heiden Götter sind G. Ps 96,5
2Ch	33,7	stellte er das Bild des G. ins Haus Gottes
Ps	31,7	ich hasse, die sich halten an nichtige G.
	78,58	reizten ihn zum Zorn mit ihren G.
	97,7	schämen sollen sich, die sich G. rühmen
	115,4	ihre G. sind Silber und Gold 135,15
	8	die solche G. machen 135,18
Jes	2,8	auch ist ihr Land voll G.
	18	mit den G. wird's ganz aus sein
	20	wird jedermann wegwerfen seine G. 31,7
	10,10	wie meine Hand gefunden hat die Königreiche der G., obwohl ihre G. mehr waren 11
	19,1	da werden die G. Ägyptens vor ihm beben
	3	da werden sie dann fragen ihre G.
	30,22	werdet entweihen eure übersilberten G.
	41,29	ihre G. sind leerer Wind
	42,8	noch meinen Ruhm den G.
	17	die sich auf G. verlassen
	44,10	sie, die sich G. gießen 15.17.19
	45,20	sich abschleppen mit den Klötzen ihrer G.
	46,2	die G. sind gefallen
	48,5	mein G. tat es
	57,13	so sollen dir deine vielen G. helfen
	66,3	gleicht dem, der G. verehrt
Jer	2,5	hingen den nichtigen G. an 8.11
	4,1	wenn du deine nichtigen G. wegtust
	8,19	haben mich erzürnt durch fremde G.
	10,14	ihre G. sind Trug 51,17
	14,22	ist denn unter den G. der Heiden einer
	16,18	mit toten G. unrein gemacht Hes 5,11; 20,7. 18.31.39; 23,7.30; 36,18; 37,23
	32,34	ihre greulichen G. in das Haus gesetzt
	50,2	ihre G. sind zuschanden
	38	an ihren G. sind sie toll geworden
	51,47	die G. zu Babel heimsuchen will 52
Hes	6,4	will... vor eure G. werfen 5.13
	6	man wird eure G. zerbrechen 30,13; Mi 1,7
	9	die nach ihren G. sahen 11,21; 18,6.12.15; 20,8.24; 33,25; 44,10
	13	wo sie ihren G. Opferduft darbrachten
	7,20	Bilder ihrer G. daraus gemacht 8,10; 22,3.4
	11,18	sollen alle G. wegtun 14,6
	14,3	hängen mit ihrem Herzen an ihren G. 4.5.7; 20,16
	16,21	ließest sie für die G. verbrennen 36; 23,39
	20,39	so dient ein jeder seinem G. 44,12
	21,26	befragt seinen G. und beschaut die Leber
	23,37	die Ehe gebrochen mit ihren G.
	49	tragen, was ihr mit euren G. gesündigt
	36,25	von allen G. will ich euch reinigen
Hos	4,17	Ephraim hat sich zu den G. gesellt 14,9
	8	aus ihrem Silber machen sie G. 13,2
Nah	1,14	will ausrotten die G. und Bilder Sa 13,2
Hab	2,18	obgleich er nur stumme G. macht
	19	wie sollte ihr G. lehren können
Sa	10,2	die G. reden Lüge
Wsh	12,23	quältest... mit ihren eigenen G.

Götze

Wsh	14,11	werden die G. der Heiden heimgesucht
	27	den namenlosen G. zu dienen, ist Anfang
	29	weil sie an leblose G. glauben 30
Tob	14,8	auch die Heiden werden ihre G. verlassen
Sir	30,19	was nützt einem G. das Opfermahl
Bar	6,4	werdet in Babel sehen G. 5u.ö.64; 2Ma 2,2
	16	nutzlos sind ihre G. 20.70.71
	73	wohl dem Menschen, der keine G. hat
1Ma	1,45	viele aus Israel opferten den G. 2,23
	3,48	Schriftrolle, um G. darauf zu malen
	5,68	Judas verbrannte ihre G. 13,47
	10,83	eilten in den Tempel des G. Dagon
2Ma	12,40	fanden bei jedem Abbilder der G.
StE	3,7	sie wollen die Macht der G. preisen
StD	2,4	ich diene nicht den G.
	23	behaupten, daß er nichts als ein g. ist
Apg	7,41	*sie brachten dem G. Opfer*
	15,20	enthalten sollen von Befleckung durch G.
Rö	2,22	du verabscheust die G., und beraubst ihre Tempel
1Ko	8,4	wissen, daß es keinen G. gibt in der Welt
	7	weil sie bisher an die G. gewöhnt waren
	10,19	daß der G. etwas sei
	12,2	zog es euch mit Macht zu den stummen G.
2Ko	6,16	was hat der Tempel Gottes gemein mit den G.
Off	9,20	daß sie nicht mehr anbeteten die G.

Götzenaltar

1Ma	5,68	Judas riß ihre G. ein

Götzenbild

4Mo	33,52	sollt ihre G. zerstören 5Mo 7,5
1Sm	19,13	dann nahm Michal das G. 16
2Sm	5,21	sie ließen ihre G. dort zurück
1Kö	15,12	er entfernte alle G. 2Kö 11,18; 2Ch 34,4.7
2Ch	33,19	Stätten, wo er die G. aufstellte
Jes	46,1	ihre G. sind den Tieren aufgeladen
Hes	8,12	tun... in der Kammer seines G.
	16,17	machtest dir G. daraus
Mi	1,7	will alle seine G. zerstören 5,12
Wsh	14,12	G. zu ersinnen ist der Anfang der Hurerei
	15,15	da sie die G. der Heiden für Götter halten
1Ma	1,50	(Gebot,) Altäre und G. errichten
GMn	10	daß ich solche greulichen G. aufgestellt
Apg	7,41	sie opferten dem G.
	17,16	als (Paulus) die Stadt voller G. sah

Götzendiener

1Ko	5,10	damit meine ich nicht allgemein die G.
	11	der sich Bruder nennen läßt und ist ein G.
	6,9	noch G. (werden das Reich Gottes ererben)
	10,7	werdet nicht G., wie etliche von ihnen
Eph	5,5	kein G. ein Erbteil hat im Reich Christi
Off	21,8	G., deren Teil wird in dem Pfuhl sein
	22,15	draußen sind die Mörder und die G.

Götzendienst

1Sm	15,23	Widerstreben ist wie Abgötterei und G.
Hes	36,31	euch selbst zuwider um eures G. willen
	43,7	nicht mehr entweihen durch G. 9
1Ko	10,14	darum, meine Lieben, flieht den G.
Gal	5,20	(Werke des Fleisches:) G.
Kol	3,5	tötet die Habsucht, die G. ist
1Pt	4,3	als ihr ein Leben führtet in greulichem G.

Götzeneiche

Jes	57,5	die ihr bei den G. in Brunst geratet

Götzenhaus

1Ko	8,10	wenn dich jemand sähe sitzen im G.

Götzenland

Jer	50,38	es ist ein G.

Götzenmacher

Jes	44,9	die G. sind alle nichtig
	45,16	die G. sollen alle in Schande geraten

Götzenopfer

Apg	15,29	daß ihr euch enthaltet vom G. 21,25
1Ko	8,1	was aber das G. angeht
	7	einige essen's als G.
	10	sein Gewissen verleitet, das G. zu essen
	10,19	daß das G. etwas sei
Off	2,14	die Israeliten zu verführen, vom G. zu essen
	20	verführt meine Knechte, G. zu essen

Götzenopferfleisch

1Ko	8,4	was das Essen von G. angeht

Götzenpfaffe

Hos	10,5	seine G. zittern
Ze	1,4	will ausrotten den Namen der G.

Götzenpriester

2Kö	23,5	(Josia) setzte die G. ab

Götzentempel

Jer	43,13	soll die G. in Ägypten verbrennen
Jdt	4,2	was er ihren G. angetan hatte
1Ma	10,84	Jonatan brannte den G. nieder
1Ko	8,10	wenn jemand dich im G. sieht

Grab

1Mo	23,6	begrabe in einem unserer vornehmsten G.
	35,20	richtete einen Stein auf über ihrem G.
	47,30	sollst mich in ihrem G. begraben 50,5
2Mo	14,11	waren nicht G. in Ägypten
4Mo	19,16	wer ein G. anrührt, der ist unrein 18
5Mo	34,6	(starb Mose) niemand hat sein G. erfahren
Ri	8,32	wurde begraben im G. seines Vaters 16,31; 2Sm 2,32; 17,23; 21,14; 2Ch 35,24
1Sm	10,2	wirst 2 Männer finden bei dem G. Rahels
2Sm	3,32	weinte bei dem G. Abners 4,12
	19,38	daß ich sterbe bei meiner Mutter G.
1Kö	13,22	soll dein Leichnam nicht in deiner Väter G. kommen 2Ch 21,20; 24,25; 28,27
	30	legte den Leichnam in sein eigenes G.
	31	in dem der Mann Gottes 2Kö 23,17
	14,13	dieser allein wird zu G. kommen
2Kö	9,28	begruben ihn in seinem G. 21,26; 23,30; 2Ch 16,14
	13,21	daß man einen Mann zu G. trug... in Elisas G.
	22,20	mit Frieden in dein G. kommst 2Ch 34,28

2Kö	23,6	den Staub auf die G. werfen 2Ch 34,4
	16	sah die G... Knochen aus den G. holen
2Ch	32,33	begruben ihn über den G. der Söhne Davids
Neh	3,16	baute bis gegenüber den G. Davids
Hi	3,22	sich freuen, wenn sie ein G. bekämen
	5,26	wirst im Alter zu G. kommen
	10,19	wäre vom Mutterleib weg zum G. gebracht
	17,1	das G. ist da 14
	21,32	wird er doch zu G. geleitet
	33	süß sind ihm die Schollen des G.
	27,15	die... wird der Tod ins G. bringen
Ps	5,10	ihr Rachen ist eine offenes G. Rö 3,13
	49,12	G. sind ihr Haus immerdar
	88,6	wie die Erschlagenen, die im G. liegen
	12	wird man in G. erzählen deine Güte
Spr	28,17	wird flüchtig sein bis zum G.
Pr	6,3	wenn einer alt würde, aber bliebe ohne G.
Jes	14,19	du aber bist hingeworfen ohne G.
	22,16	daß du... dein G. in der Höhe aushauen
	53,9	man gab ihm sein G. bei Gottlosen
	65,4	sie sitzen in G. und bleiben über Nacht
Jer	5,16	seine Köcher sind wie offene G.
	8,1	die Gebeine aus ihren G. werfen
	20,17	daß meine Mutter mein G. geworden wäre
Hes	32,22	da liegt Assur, ringsherum seine G. 23-26
	37,12	G. auftun... hole euch aus euren G. 13
Nah	1,14	ein G. will ich dir machen
Wsh	19,3	als sie an den G. der Toten klagten
Tob	8,11	Raguël ging, ein G. auszuheben
	14,12	eure Mutter begraben habt in selben G.
Sir	21,9	der sammelt Steine für sein G.
	30,18	Speise, die man einem Toten aufs G. stellt
	51,8	mein Leben war fast ins G. gesunken
Bar	6,71	wie ein Toter, der im G. liegt
1Ma	2,70	begruben ihn im G. seiner Väter 9,19; 13,25. 27.30
2Ma	5,10	hat überhaupt kein ehrliches G. gefunden
	12,39	die Toten in den G. der Väter zu bestatten
Mt	23,27	die ihr seid wie die übertünchten G. Lk 11,44
	26,12	daß sie mich fürs G. bereite
	27,52	die G. taten sich auf
	53	gingen aus den G. nach seiner Auferstehung
	60	legte ihn in sein eigenes neues G. Mk 15,46; Lk 23,53; Jh 19,41.42
	61	die saßen dem G. gegenüber Lk 23,55
	64	darum befiehl, daß man das G. bewache 66
	28,1	kamen, um nach dem G. zu sehen Mk 16,2.5; Lk 24,1.22.24; Jh 20,1
	8	sie gingen eilends weg vom G. Mk 16,8; Lk 24,9
Mk	5,2	lief ihm von den G. her ein Mensch entgegen
	6,29	nahmen s. Leichnam und legten ihn in ein G.
	16,3	wer wälzt uns den Stein von des G. Tür Lk 24,2; Jh 20,2
Lk	24,12	Petrus lief zum G. und bückte sich hinein Jh 20,3.4.6.8.11
Jh	5,28	Stunde, in der alle, die in den G. sind, seine Stimme hören werden
	11,17	fand er Lazarus schon vier Tage im G. liegen
	31	sie geht zum G., um dort zu weinen
	38	da ergrimmte Jesus abermals und kam zum G.
	12,17	als er Lazarus aus dem G. rief
Apg	2,29	sein G. ist bei uns bis auf diesen Tag
	7,16	in das G. gelegt, das Abraham gekauft hatte
	13,29	nahmen sie ihn von dem Holz und legten ihn in ein G.
Off	11,9	daß ihre Leichname ins G. gelegt werden

graben

1Mo	21,30	diesen Brunnen geg. 26,15.18.19.21.22.25.32; 4Mo 21,18; 2Ch 26,10
	50,5	Grabe, das ich mir im Lande Kanaan geg.
2Mo	7,24	alle Ägypter g. nach Wasser
	21,33	g. eine Zisterne und deckt sie nicht zu
5Mo	23,14	sollst eine Schaufel haben, und... damit g.
2Kö	19,24	habe geg. und getrunken Jes 37,25
Ps	7,16	er hat eine Grube geg. 9,16; 57,7
	35,7	mir eine Grube geg. 119,85; Jer 18,20.22
	94,13	bis dem Gottlosen die Grube geg. ist
Spr	16,27	ein heilloser Mensch g. nach Unheil
Pr	10,8	wer eine Grube g., selbst hineinfallen
Jes	5,2	er g. eine Kelter Mt 21,33; Mk 12,1
	51,1	des Brunnens Schacht, aus dem ihr geg.
Jer	17,1	geg. auf die Tafel ihres Herzens
Sir	27,29	wer eine Grube g., fällt selbst hinein
1Ma	8,3	Bergwerke, in denen man nach Gold g.
Mt	25,18	g. ein Loch in die Erde und verbarg das Geld
Lk	6,48	Menschen, der ein Haus baute und g. tief
	13,8	bis ich um ihn g. und ihn dünge
	16,3	g. kann ich nicht

Graben

1Kö	18,32	machte um den Altar her einen G. 35.38
Dan	9,25	wird es aufgebaut sein mit Plätzen und G.
StD	2,30	warfen ihn zu den Löwen in den G. 31.34.35. 39.41

Grabhöhle

Mt	8,28	zwei Besessene kamen aus den G. Mk 5,3.5; Lk 8,27

Grabmal

1Mo	35,20	das ist das G. Rahels bis auf diesen Tag
2Kö	23,17	was ist das für ein G.
Mt	23,29	die ihr den Propheten G. baut Lk 11,47.48

Grabstätte

2Ch	26,23	auf dem Felde neben der G. der Könige

Grabtuch

Jh	11,44	gebunden mit G. an Füßen und Händen

gram

1Mo	27,41	Esau war Jakob g.
	50,15	Josef könnte uns g. sein
5Mo	1,27	der HERR ist uns g. 9,28
1Kö	22,8	bin ihm g.; er weissagt Böses 2Ch 18,7
Ps	55,4	sie sind mir heftig g.
	105,25	daß sie seinem Volk g. wurden
	106,41	über sie herrschten, die ihnen g. waren
	129,5	zuschanden würden alle, die Zion g. sind
Spr	25,17	er könnte dir g. werden
Am	5,10	sind dem g., der sie im Tor zurechtweist
	21	ich bin euren Feiertagen g.
Mal	2,16	wer ihr aber g. ist und sie verstößt

Gram

Ps	6,8	mein Auge ist trübe geworden vor G. 31,10
Spr	17,25	törichter Sohn ist ein G. für die Mütter

Gram 554

Sir 37,2 bleibt der G. darüber bis in den Tod

grämen

1Sm 2,33 daß nicht deine Seele sich g.
    22,8 niemand, der sich um mich geg. hätte
2Sm 13,2 Amnon g. sich um seiner Schwester willen
    19,3 daß sich der König um seinen Sohn g.
Hi 30,25 meine Seele g. sich über das Elend
Ps 119,28 ich g. mich, daß die Seele verschmachtet
Spr 10,1 ein törichter Sohn ist seiner Mutter G.
    17,21 wer einen Toren zeugt, muß sich g.
Pr 1,18 wo viel Weisheit ist, da ist viel G.
    5,16 hat in Trauer gesessen, in großem G.
Jer 8,21 ich g. und entsetze mich
    22,10 g. euch nicht um (den Toten)

Gramm

1Mo 24,22 Stirnreif, 6 G., Armreifen, 120 G. schwer
2Mo 30,13 ein Taler wiegt 20 G. 4Mo 18,16
3Mo 27,25 ein Lot hat 20 G. 4Mo 3,47; Hes 45,12

Granatapfel

2Mo 28,33 an seinem Saum G. 34; 39,24-26
4Mo 13,23 trugen G. und Feigen 5Mo 8,8
    20,5 wo weder Feigen noch G. sind
1Kö 7,18 machte zwei Reihen G. 20.42; 2Kö 25,17; 2Ch 3,16; 4,13; Jer 52,22.23
Hl 4,3 deine Schläfen wie eine Scheibe vom G. 6,7
    13 bist gewachsen wie ein Lustgarten von G.
    8,2 dich tränken mit dem Most meiner G.
Sir 45,11 hängte viele G. und Schellen daran

Granatapfelbaum, Granatbaum

1Sm 14,2 Saul aber saß unter dem G.
Hl 6,11 zu schauen, ob die G. blühen 7,13
Jo 1,12 auch die G. sind verdorrt
Hag 2,19 (achtet,) ob G. und Ölbaum noch nicht tragen

Gras

1Mo 1,11 es lasse die Erde aufgehen G. und Kraut 12
    41,2 Kühe gingen auf der Weide im G. 18
4Mo 22,4 wie ein Rind das G. abfrißt
5Mo 11,15 will deinem Vieh G. geben
    32,2 m. Rede riesele wie der Regen auf das G.
2Sm 23,4 wie das G. nach dem Regen Mi 5,6
1Kö 18,5 ob wir G. finden könnten
2Kö 19,26 sie wurden wie das G. auf dem Felde, wie G. auf den Dächern Ps 129,6; Jes 37,27
Hi 5,25 daß deine Nachkommen wie das G. sind
    6,5 schreit denn der Wildesel, wenn er G. hat
    8,12 da verdorrt es schon vor allem G.
    38,27 regnet aufs Land, damit das G. wächst
    40,15 Behemot frißt G. wie ein Rind
Ps 37,2 wie das G. werden sie bald verdorren
    72,16 sollen grünen wie das G. Jes 44,4; 66,14
    90,5 wie G., das am Morgen noch grünet 103,15
    92,8 die Gottlosen grünen wie das G.
    102,5 mein Herz ist verdorrt wie G. 12
    104,14 lässest G. wachsen für das Vieh 147,8
    106,20 in das Bild eines Ochsen, der G. frißt
Spr 19,12 des Königs Gnade ist wie Tau auf dem G.
    27,25 ist das G. abgeweidet und das Futter
Jes 15,6 daß das G. verdorrt und das Kraut verwelkt 19,7; 40,7.8; 42,15; 1Pt 1,24

Jes 35,7 wo Schakale gelegen, soll G. stehen
    40,6 alles Fleisch ist G. 7; 1Pt 1,24
    51,12 vor Menschenkindern, die wie G. vergehen
Jer 12,4 wie lange soll das G. überall verdorren
    14,5 verlassen die Jungen, weil kein G. wächst
    50,11 hüpft, wie die Kälber im G.
Dan 4,12 soll auf dem Felde im G. liegen 20
    22 man wird dich G. fressen lassen 29.30; 5,21
Am 7,2 als sie alles G. abfressen wollten
Mt 6,30 wenn Gott das G. auf dem Feld so kleidet Lk 12,28
    14,19 er ließ das Volk sich auf das G. lagern Mk 6,39; Jh 6,10
Jak 1,10 wie eine Blume des G. wird er vergehen
    11 die Sonne geht auf... und das G. verwelkt
Off 8,7 alles grüne G. verbrannte
    9,4 sie sollten nicht Schaden tun dem G.

gräßlich

Jer 5,30 es steht greulich und g. im Lande

grau

1Mo 42,38 würdet meine g. Haare hinunter zu den Toten bringen 44,29.31
3Mo 19,32 vor einem g. Haupt sollst du aufstehen
1Sm 12,2 ich aber bin alt und g. geworden
1Kö 2,6 daß du seine g. Haare nicht in Frieden 9
Ps 71,18 verlaß mich nicht, wenn ich g. werde
Spr 16,31 g. Haare sind eine Krone der Ehre
    20,29 g. Haar ist der Alten Schmuck
Jes 46,4 will euch tragen, bis ihr g. werdet
Hos 7,9 seine Haare sind schon g. geworden
Wsh 4,9 Einsicht ist das wahre g. Haar
Sir 25,6 wie schön ist's, wenn g. Häupter urteilen

grauen, Grauen

2Mo 1,12 kam sie ein G. an vor Israel 4Mo 22,3
5Mo 1,21 laß dir nicht g. 7,21; 20,3; 31,6; Jos 1,9; Jes 8,12
1Sm 18,15 g. es (Saul) vor David
Hi 3,25 wovor mir g., hat mich getroffen
    7,14 machtest mir g. durch Gesichte
    31,34 weil ich mir g. ließ vor der großen Menge
Ps 27,1 vor wem sollte mir g.
    55,6 G. hat mich überfallen
    91,5 nicht erschrecken vor dem G. der Nacht
Jes 7,16 Land, vor dessen zwei Königen dir g.
    8,12 laßt euch nicht g.
    21,4 G. hat mich erschreckt
    66,4 will kommen lassen, wovor ihnen g.
Jer 29,18 will sie machen zum G.
Hes 23,33 ist ein Kelch des G. und Entsetzens
    32,10 ihren Königen soll vor dir g.
Hos 6,10 ich sehe im Hause Israel, wovor mir g.
Sir 26,5 vor dem vierten g. mir
2Ma 1,27 die Verachteten, vor denen alle G. haben

grauenhaft

Wsh 18,17 da erschrecken sie plötzlich g. Träume

grausam

1Mo 49,7 verflucht sei ihr Grimm, daß er so g. ist
Hi 30,21 hast dich mir verwandelt in einen G.
Spr 17,11 ein g. Bote wird über ihn kommen
Jes 13,9 des HERRN Tag kommt g.

Jes	19,4	übergeben in die Hand eines g. Herrn	1Kö	5,1	Herr bis an die G. Ägyptens 8,65; 2Ch 9,26
Jer	6,23	(ein Volk) g. und ohne Erbarmen 50,42	2Kö	3,21	alle Moabiter stellten sich an der G. auf
Hab	1,7	g. und schrecklich ist es	Hi	24,2	die Gottlosen verrücken die G. Hos 5,10
Wsh	8,15	g. Tyrannen werden sich fürchten		26,10	hat am Rande des Wassers eine G. gezogen
	10,16	sie widerstand den g. Königen			38,10; Ps 74,17; 104,9; Spr 8,29; Jer 5,22
	17,19	ob die g. wilden Tiere heulten	Ps	147,14	er schafft deinen G. Frieden
1Ma	10,46	wieviel g. Taten Demetrius verübt hatte	Spr	22,28	verrücke nicht die uralten G. 23,10
2Ma	7,42	dies sei genug von den g. Martern	Jes	10,13	habe ich der Länder anders gesetzt
	10,4	nicht in die Hände der g. Heiden geben		15,8	Geschrei geht um in den G. Moabs
	15,2	er möchte sie nicht g. umbringen		19,19	ein Steinmal für den HERRN an seiner G.
StD	3,8	dem ungerechten, g. König auf Erden		26,15	du machst weit alle G. des Landes
				41,9	den ich berufen von ihren G.
		grausig		54,12	deine G. von erlesenen Steinen
Ps	40,3	er zog mich aus der g. Grube		60,18	noch Schaden oder Verderben in deinen G.
			Hes	11,10	an der G. Israels will ich euch richten 11
		greifen		29,10	zur Wüste machen bis zur G. von Kusch
2Mo	10,21	solche Finsternis, daß man sie g. kann		45,7	von der G. im Westen bis zur G. im Osten
5Mo	32,41	wenn meine Hand zur Strafe g.		47,13	dies sind die G. 15.17-20; 48,28
Ri	5,26	(Jaël) g. mit ihrer Hand den Pflock	Mi	5,5	wenn es in unsere G. einbrechen wird
	8,14	g. (Gideon) sich einen Knaben und fragte		7,11	da wird weit werden deine G.
1Kö	13,4	der König sprach: G. ihn	Mal	1,5	der HERR ist herrlich über die G. Israels
	18,40	Elia sprach: G. die Propheten Baals	Jdt	1,9	bis an die G. des Landes Kusch 2,15
	20,18	(Ben-Hadad) sprach: G. sie lebendig		2,12	als er über die G. gezogen war
Hi	9,17	g. er nach mir im Wettersturm	1Ma	3,42	daß die Feinde an der G. lagen 15,39.41
	41,5	ihm zwischen die Zähne zu g.		14,6	er erweiterte seine G.
Ps	39,11	vergehe, weil deine Hand nach mir g.		33	Bet-Zur an die G. Judäas 34
	115,7	haben Hände und g. nicht	Apg	13,50	stießen sie zu ihren G. hinaus
Spr	30,28	die Eidechse – man g. sie mit den Händen		17,26	er hat festgesetzt, in welchen G. sie wohnen
Hes	14,5	damit ich dem Hause Israel ans Herz g.			sollen
	23,3	dort ließen sie nach ihren Brüsten g. 21			
Jo	4,13	g. zur Sichel, denn die Ernte ist reif			**grenzen**
Ob	13	sollst nicht nach seinem Gut g.	Hes	47,16	das an Hamat g. Sa 9,2
Jdt	13,7	(Judit) g. nach seinem Schwert			
Sir	31,16	g. nicht nach dem, wohin der andre sieht			**Grenzfluß**
	34,2	wer auf Träume hält, g. nach Schatten	5Mo	3,16	bis zum Jabbok, dem G. der Ammoniter
Mk	14,51	sie g. nach ihm			
1Pt	4,15	niemand unter euch leide als einer, der in ein			**Grenzstein**
		fremdes Amt g.	Spr	15,25	den G. der Witwe wird er schützen
		Greis			**Greuel**
5Mo	32,25	den Säugling wie den G.	1Mo	43,32	es ist ein G. für sie 46,34; 2Mo 8,22
2Ch	36,17	verschonte weder die Jünglinge noch die G.	3Mo	7,18	es wird ein G. sein 21; 11,10.11.13.20.23.
Wsh	2,10	uns nicht scheuen vor dem G.			41-43; 18,22; 19,7; 20,13
				18,26	tut keine dieser G. 27.29
		Greisenalter	5Mo	7,25	das ist dem HERRN ein G. 12,31; 17,1;
Wsh	4,9	ein unbeflecktes Leben (ist) das rechte G.			18,12; 22,5; 23,19; 24,4; 25,16
2Ma	6,23	wie es dem Ansehen seines G. anstand		26	solchen G. nicht in dein Haus bringen
				13,15	daß solch ein G. geschehen ist 17,4
		Grenze		14,3	nichts essen, was dem Herrn ein G. ist
1Mo	10,19	ihre G. waren von Sidon bis nach Gaza		18,9	nicht lernen, die G. dieser Völker zu tun
2Mo	16,35	bis an die G. des Landes aßen sie Manna		20,18	
	19,12	zieh eine G. um das Volk 23		12	um solcher G. willen vertreibt der HERR
	23,31	will deine G. festsetzen		27,15	einen Götzen, einen G. für den HERRN
4Mo	20,16	wir sind... an deiner G. 23; 21,13.15; 22,36;		29,16	saht ihre G. und ihre Götzen
		33,37; Ri 11,18		32,16	durch G. hat er ihn erzürnt
	34,2	soll das Land sein nach diesen G. 3.6-12	1Kö	14,24	sie taten alle die G. der Heiden
	35,26	geht der Totschläger über die G. 27	2Kö	21,11	G., ärger als alle G., die die Amoriter
5Mo	3,14	(nahmen ein) bis an die G. Jos 12,2; 13,4.10.		23,24	rottete Josia aus
		23; 15,1.4.12.21.47; 16,1.5.8; 17,7-10; 18,12.15.	1Ch	21,6	Joab war des Königs Wort ein G.
		20; 19,10.22.26.33.34; 22,25	Esr	9,1	sich nicht abgesondert von ihren G. 11.14
	19,14	deines Nächsten, G. nicht verrücken 27,17	Ps	5,7	dem HERRN sind ein G. die Blutgierigen
	32,8	da setzte er die G. der Völker		14,1	ihr Treiben ist ein G. 53,2
Jos	22,11	einen Altar gebaut an den G. des Landes		119,163	Lügen sind mir ein G.
Ri	7,22	das Heer floh bis an die G.	Spr	3,32	ist dem HERRN ein G. 6,16; 11,1.20; 12,22;
1Sm	10,2	bei dem Grabe Rahels an der G. Benjamins			15,8.9.26; 16,5; 17,15; 20,10.23; 21,27
				13,19	das Böse meiden ist den Toren ein G.

Greuel

Spr	16,12	den Königen ist Unrecht tun ein G.
	24,9	der Spötter ist den Leuten ein G.
	26,25	es sind sieben G. in seinem Herzen
	28,9	dessen Gebet ist ein G.
	29,27	Gerechten ein G... dem Gottlosen ein G.
Jes	1,13	das Räucherwerk ist mir ein G.
	41,24	euch erwählen ist ein G.
	66,3	wie ihre Seele Gefallen hat an ihren G.
	24	werden allem Fleisch ein G. sein
Jer	2,7	machtet mein Eigentum mir zum G. 16,18
	6,15	weil sie solche G. getrieben haben 8,12; 32,35; Hes 5,9.11; 6,11; 33,29; 44,13
	7,10	und tut weiter solche G. 44,4
	13,27	habe gesehen deine G. auf den Hügeln
	23,14	zu Jerusalem sehe ich G.
	44,22	nicht mehr leiden konnte die G.
Hes	6,9	Bösen, das sie mit ihren G. begangen 43,8
	7,3	will deine G. über dich bringen 4.8.9
	8,6	große G., die das Haus Israel tut... wirst noch größere G. sehen 9.13.15.17
	9,4	die da seufzen über alle G.
	11,18	sollen alle G. wegtun 14,6
	21	die ihren G. nachwandeln 16,47.50-52; 18,24
	16,2	tu kund der Stadt Jerusalem ihre G.
	22	bei all deinen G. hast du nie gedacht
	58	deine G. mußt du tragen
	18,12	(wenn er) G. begeht 13
	22,11	treiben G. mit der Frau 33,26
Hos	9,10	gelobten sich d. Abgott und wurden zum G.
	12,12	in Gilead verüben sie G.
Sa	9,7	will wegnehmen, was mir ein G. ist
Mal	2,11	in Israel und Jerusalem geschehen G.
Wsh	14,11	der Schöpfung Gottes zum G.
Sir	1,31	dem Gottlosen ist Gottes Wort ein G.
	10,15	wer an ihm festhält, richtet viel G. an
	15,13	der Herr haßt alles, was ein G. ist
	17,24	hasse unversöhnlich, was ihm ein G. ist
	27,33	Zorn und Wüten sind G.
	49,3	die G. der Abgötterei zu beseitigen
Mt	24,15	*sehen den G. der Verwüstung Mk 13,14*
Lk	16,15	was hoch ist bei den Menschen, das ist ein G. vor Gott
Tit	1,16	ein G. sind sie und gehorchen nicht
Off	17,4	Becher, voll von G. und Unreinheit
	5	das große Babylon, die Mutter aller G.
	21,27	wird hineinkommen keiner, der G. tut

Greuelbild

1Kö	15,13	weil (Maacha) ein G. gemacht hatte. Und Asa zerschlug ihr G. 2Ch 15,16
Jer	7,30	sie haben ihre G. gesetzt in das Haus
Hes	20,7	jeder werfe weg die G. 8; 37,23
	30	treibt Abgötterei mit ihren G.
Dan	9,27	im Heiligtum wird stehen ein G. 11,31; 12,11
1Ma	1,57	das G. der Verwüstung auf Gottes Altar
	6,7	hätten das G. der Verwüstung zerstört
Mt	24,15	wenn ihr sehen werdet das G. der Verwüstung Mk 13,14

Greuelsuppe

Jes	65,4	haben G. in ihren Töpfen

Greueltat

2Ch	36,8	Jojakim, und seine G., die er tat
Hes	12,16	sollen von all ihren G. erzählen
	16,43	zu all deinen G. hinzu
	20,4	zeige ihnen die G. 22,2; 23,36

Hes	44,6	laßt's genug sein mit euren G. 7

greulich

1Kö	11,5	Milkom, dem g. Götzen der Ammoniter 7; 2Kö 23,13; 2Ch 15,8; 34,33; Jer 4,1; 32,34; Hes 7,20; 16,36
2Kö	16,3	durchs Feuer gehen nach den g. Sitten der Heiden 21,2; 2Ch 28,3; 33,2; 36,14
Hi	15,16	der Mensch, der g. und verderbt ist
Jes	66,17	essen g. Getier und Mäuse
Jer	5,30	es steht g. und gräßlich im Lande
	18,13	so g. Dinge tut Israel
Klg	1,9	sie ist g. heruntergestoßen
Wsh	17,4	Gestalten erschienen ihnen
2Ma	12,5	wie g. man an s. Landsleuten gehandelt
GMn	10	daß ich g. Götzenbilder aufgestellt habe
Apg	20,29	*werden unter euch kommen g. Wölfe*
2Ti	3,1	*werden g. Zeiten kommen*
1Pt	4,3	als ihr ein Leben führtet in g. Götzendienst

Grieche, Griechin

Jo	4,6	habt die *Leute von Juda den G. verkauft
1Ma	8,10	Feldhauptmann gegen die G. 9
	18	nicht von dem Königreich der G. unterdrückt
2Ma	4,36	auch die G. zeigten sich empört
	11,2	Absicht, G. in Jerusalem anzusiedeln
Mk	7,26	die Frau war eine G. aus Syrophönizien
Jh	7,35	will er die G. lehren
	12,20	es waren einige G. auf dem Fest
Apg	11,20	redeten auch zu den G.
	14,1	daß eine große Menge G. gläubig wurde 17,4
	16,3	sie wußten alle, daß sein Vater ein G. war
	18,4	er überzeugte Juden und G.
	19,10	daß alle das Wort hörten, Juden und G.
	17	das wurde allen bekannt, Juden und G.
	20,21	Juden G. bezeugt die Umkehr zu Gott
	21,28	dazu hat er auch G. in den Tempel geführt
Rö	1,14	bin ein Schuldner der G. und Nichtgriechen
	16	die Juden zuerst und ebenso die G. 2,9.10
	3,9	daß Juden wie G. unter der Sünde sind
	10,12	es ist hier kein Unterschied zwischen Juden und G. Gal 3,28; Kol 3,11
1Ko	1,22	die G. fragen nach Weisheit
	23	Juden ein Ärgernis und G. eine Torheit
	24	denen, die berufen sind, Juden und G.
	10,32	erregt keinen Anstoß, weder bei den Juden noch bei den G.
	12,13	wir seien Juden oder G., Sklaven oder Freie
Gal	2,3	selbst Titus, ein G., wurde nicht gezwungen

Griechenland (= Jawan 2; Kittim)

Dan	8,21	der Ziegenbock ist der König von G.
	10,20	wird der Engelfürst von G. kommen
	11,2	wird alles gegen G. aufbieten
Sa	9,13	will deine Söhne aufbieten gegen G.
1Ma	1,1	Alexander, der über G. herrschte 6,2
Apg	20,2	kam er nach G. (und blieb dort drei Monate)

griechisch

1Ma	1,11	im 137. Jahr der g. Herrschaft
2Ma	4,10	die g. Lebensart 13.15; 6,9; 11,24
	6,8	an die g. Städte ein Gebot
	13,2	jeder mit einem g. Heer
Mk	7,26	*eine g. Frau aus Syrophönizien*

Jh	19,20	es war geschrieben in g. Sprache
Apg	6,1	erhob sich ein Murren unter den g. Juden
	9,29	er redete und stritt auch mit den g. Juden
	16,1	Sohn einer jüd. Frau und eines g. Vaters
	17,12	darunter nicht wenige von den g. Frauen
	21,37	er aber sprach: Kannst du G.
Off	9,11	auf g. hat er den Namen Apollyon

Griff

Ri	3,22	nach der Schneide noch der G. hineinfuhr
1Kö	7,35	waren G. und Leisten am Gestell 36
Hl	5,5	meine Finger... am G. des Riegels

Griffel

Hi	19,24	mit einem eisernen G. in Blei geschrieben
Ps	45,2	m. Zunge ist ein G. eines guten Schreibers
Jer	17,1	die Sünde ist geschrieben mit eisernem G.

Grimm

1Mo	27,44	bis sich der G. deines Bruders legt
	49,7	verflucht sei ihr G., daß er so grausam
2Mo	15,7	als du deinen G. ausließest
3Mo	26,28	will euch im G. zuwiderhandeln
4Mo	25,11	Pinhas hat meinen G. gewendet
	32,14	damit ihr den G. des HERRN vermehrt
5Mo	9,19	fürchtete mich vor dem Zorn und G.
	29,22	die der HERR in seinem G. zerstört hat
	27	aus ihrem Lande gestoßen in großem G.
Jos	7,26	kehrte sich der HERR ab von dem G.
2Kö	22,13	groß ist der G. des HERRN 2Ch 34,21
	17	darum wird mein G. entbrennen 1Ch 13,10; 2Ch 34,25
	23,26	kehrte sich der HERR nicht ab von dem G.
2Ch	12,7	daß mein G. sich nicht ergieße Jer 44,6
	29,10	daß sein G. sich von uns wende
	36,16	bis der G. des HERRN über sein Volk wuchs
Est	1,12	sein G. entbrannte in ihm 3,5; 7,7
	2,1	als der G. des Königs sich gelegt hatte
Hi	16,9	sein G. hat mich zerrissen
	20,23	wird Gott den G. seines Zorns senden
	21,20	vom G. des Allmächtigen möge er trinken
	30	daß der Böse am Tage des G. bleibt
	40,11	streu es in den Zorn deines G.
Ps	2,5	mit seinem G. wird er sie schrecken
	6,2	züchtige mich nicht in deinem G. 38,2; Jer 10,24
	7,7	erhebe dich wider den G. meiner Feinde
	37,8	laß den G.
	78,21	entbrannte (der HERR) im G. 59
	38	ließ nicht seinen ganzen G. an ihnen aus
	49	als er Glut unter sie sandte, G. und Wut
	79,6	schütte deinen G. auf die Völker Jer 7,20; 42,18; Klg 2,4; Hes 7,8; 14,19; 20,8.13.21.33.34; 22,22; 30,15; 36,18; Ze 3,8
	88,8	dein G. drückt mich nieder 17
	89,47	deinen G. wie Feuer brennen lassen
	90,7	dein G., daß wir so plötzlich dahin müssen
	11	wer fürchtet sich vor dir in deinem G.
	106,23	seinen G. abzuwenden Jer 18,20
Spr	6,34	Eifersucht erweckt den G. des Mannes
	15,1	ein hartes Wort erregt G.
	16,14	des Königs G. ist ein Bote des Todes
	19,19	großer G. muß Strafe leiden
	21,14	ein Geschenk (stillt) den heftigen G.
	27,4	G. ist ungestüm
Jes	10,5	Assur, der meines G. Stecken ist

Jes	13,13	soll beben durch den G. des HERRN Zebaoth
	14,6	der schlug die Völker im G.
	30,27	seine Lippen sind voll G.
	51,13	gefürchtet... wo ist der G. des Bedrängers
	17	getrunken den Kelch seines G. 22; 63,6
	59,18	vergelten, mit G. seinen Widersachern
	63,3	habe sie zertreten in meinem G.
	66,15	daß er vergelte im G. seines Zorns Mi 5,14
Jer	3,5	willst du ewiglich nicht vom G. lassen
	4,4	nicht mein G. ausfahre wie Feuer 21,12
	15,17	hattest mich erfüllt mit G.
	21,5	will wider euch streiten mit G.
	23,19	Wetter des HERRN kommen voll G. 30,23
	32,37	wohin ich sie verstoße in meinem G.
	33,5	die ich in meinem G. erschlagen habe
	36,7	der G. ist groß, den der HERR
Klg	2,2	hat die Burgen abgebrochen in seinem G.
	3,1	durch die Rute des G. Gottes
	66	verfolge sie mit G.
	4,11	der HERR hat seinen G. austoben lassen
Hes	3,14	ich war erfüllt mit bitterem G.
	5,13	soll mein G. zum Ziel kommen... wenn ich meinen G. vollende 6,12; 16,42
	15	wenn ich Gericht ergehen lasse mit G.
	8,18	will mit G. an ihnen handeln
	13,13	in meinem G... in vernichtendem G. 15
	16,38	ich lasse G. über dich kommen 24,8
	19,12	er wurde im G. ausgerissen
	21,36	Feuer meines G. entfachen 22,31; Ze 1,18
	22,20	will euch in meinem G. schmelzen
	24,13	bis mein G. sich an dir gekühlt hat
	25,14	wird Edom umgehen nach meinem G. 17
	36,6	ich rede in meinem Eifer und G.
Dan	3,13	befahl Nebukadnezar mit G. und Zorn 19
	8,7	voller G. stieß er den Widder
	9,16	Herr, wende ab deinen Zorn und G.
	11,44	er wird mit großem G. ausziehen
Hos	7,6	ihr G. schläft die ganze Nacht
	13,11	will dir (Könige) nehmen in meinem G.
Am	1,11	weil sie an ihrem G. ewig festhalten
Nah	1,6	wer kann vor seinem G. bleiben
Hab	2,15	der trinken läßt und seinen G. beimischt
	3,8	entbrannte dein G. wider die Wasser
	12	zerdroschest die Heiden im G.
Ze	1,15	dieser Tag ist ein Tag des G.
Wsh	10,3	ging er in brudermörderischem G. zugrunde
Sir	36,8	errege G. und schütte Zorn aus
	48,10	den Zorn zu stillen, ehe der G. kommt
Bar	1,13	sein G. hat sich nicht von uns gewandt
	2,13	laß ab von deinem G. über uns
	20	hast deinen G. über uns ergehen lassen
2Ma	5,11	er zog in wildem G. von Ägypten herauf
Eph	4,31	alle Bitterkeit und G. und Zorn seien fern von euch Kol 3,8
Heb	11,27	*er fürchtete nicht des Königs G.*

grimmen

2Ma	9,5	ein so großes G. in den Därmen
Off	10,9	*es wird dich im Bauch g. 10*

grimmig

2Mo	11,8	Mose ging vom Pharao mit g. Zorn
	32,12	kehre dich ab von deinem g. Zorn
4Mo	25,4	damit sich der g. Zorn wende 5Mo 13,18
5Mo	29,23	was ist das für ein großer, g. Zorn
1Sm	20,34	(Jonatan) stand auf in g. Zorn
	28,18	weil du seinen g. Zorn nicht vollstreckt

grimmig

2Ch	25,10	zogen zurück mit g. Zorn
	30,8	so wird sich sein g. Zorn von euch wenden
Ps	69,25	dein g. Zorn ergreife sie
Spr	29,22	ein G. tut viel Sünde
Jes	13,9	des HERRN Tag kommt grausam, zornig, g.
	42,25	hat ausgeschüttet seinen g. Zorn Klg 4,11
Jer	4,8	der g. Zorn will sich nicht wenden 30,24
	26	zerstört vor seinem g. Zorn 25,37.38; 49,37; Klg 2,3.6
	12,13	konnten nicht froh werden vor dem g. Zorn
	32,31	hat (diese Stadt) mich g. gemacht
	51,45	rette sein Leben vor dem g. Zorn des HERRN
Klg	1,12	am Tage seines g. Zorns
Hos	11,9	will nicht tun nach meinem g. Zorn
Jon	3,9	vielleicht läßt... von seinem g. Zorn
Hab	1,6	will die Chaldäer erwecken, ein g. Volk
Ze	2,2	ehe der HERRN g. Zorn über euch kommt
Wsh	11,18	neugeschaffene g. unbekannte Tiere
Sir	45,23	sie wurden verschlungen im g. Zorn
Off	16,19	der Kelch mit dem Wein seines g. Zorns
	19,15	Kelter, voll vom Wein des g. Zornes Gottes

Grind

3Mo	13,30	G., der Aussatz des Kopfes 31-37; 14,54
5Mo	28,27	der HERR wird dich schlagen mit G.

grob

Sir	40,4	wie bei dem, der einen g. Kittel anhat
	42,14	es ist besser, bei einem g. Mann zu sein

Groll

Sir	28,8	laß deinen G. gegen deinen Nächsten

grollen

2Sm	13,39	David hörte auf, Absalom zu g.
2Ch	16,10	Asa g. (Hanani) darüber
1Ma	6,59	sie g. und kämpfen allein deswegen

Groschen

Mt	10,29	kauft zwei Sperlinge für einen G. Lk 12,6
	20,9	und empfing ein jeglicher seinen G. 10
	13	bist du nicht eins geworden um einen G.
	22,19	sie reichten ihm einen G. dar
Mk	12,15	bringt mir einen G. Lk 20,24
Lk	15,8	welches Weib ist, die zehn G. hat
	9	ich habe meinen G. gefunden

groß (s.a. groß machen)

1Mo	1,16	Gott machte zwei g. Lichter: ein g. Licht, das den Tag regiere Ps 136,7
	21	Gott schuf g. Walfische
	6,5	daß der Menschen Bosheit g. war
	16	eine Elle g. 2Mo 26,8; 1Sm 17,4; 1Ch 11,23; 20,6; Hes 40,21.28.32.35
	7,11	brachen alle Brunnen der g. Tiefe auf
	10,12	Resen... die g. Stadt
	12,2	will dich zum g. Volk machen 17,20; 18,18; 21,18; 46,3; 48,19; 2Mo 32,10; 4Mo 14,12; 22,3; 5Mo 6,3; 9,14; 26,5; 1Kö 3,8; 5,21; 2Ch 1,10
	2	will dir einen g. Namen machen 2Sm 7,9; 1Ch 17,8
	10	der Hunger war g. im Lande 41,56.57
1Mo	12,15	die G. des Pharao 40,20; 41,37.38; 45,16; 50,7; 2Mo 5,21; 7,10.20.28.29; 8,5.7.17.20.25.27; 9,14. 20.30.34; 10,1.6.7; 11,3.8; 12,30; 14,5; 5Mo 29,1; 34,11; Neh 9,10
	17	der HERR plagte den Pharao mit g. Plagen
	13,6	ihre Habe war g. 24,35; 26,14; 30,30; 36,7
	15,1	bin dein Schild und dein sehr g. Lohn
	12	Schrecken und g. Finsternis überfiel ihn
	14	sollen ausziehen mit g. Gut
	18	bis an den g. Strom Euphrat 5Mo 1,7; Jos 1,4
	16,10	der g. Menge wegen nicht gezählt Ri 7,12
	18,20	es ist ein g. Geschrei über Sodom 19,13
	19,11	schlugen klein und g. mit Blindheit
	20,8	Abimelech rief alle seine G.
	9	daß du eine so g. Sünde wolltest auf mich bringen 39,9; 2Mo 32,21; Neh 13,27
	21,8	Abraham machte ein g. Mahl
	25,27	als die Knaben g. wurden 38,11.14; 2Mo 2,10. 11; Ri 11,2; 1Kö 4,18
	29,2	ein g. Stein lag vor dem Loch des Brunnens
	34,19	hatte g. Gefallen an der Tochter Jakobs
	39,9	er ist in diesem Hause nicht g. als ich
	45,7	euer Leben erhalte zu einer g. Errettung
	50,9	es war ein sehr g. Heer 2Kö 6,14; 7,6; 18,17; 1Ch 12,23; 2Ch 16,8; 20,12.15; Jes 36,2; Hes 37,10; 38,4.15; Dan 11,10.11.13.25
	10	hielten eine g. und feierliche Klage 11
	20	am Leben zu erhalten ein g. Volk
2Mo	6,6	will euch erlösen durch g. Gerichte 7,4
	9,18	will einen sehr g. Hagel fallen lassen
	11,6	ein g. Geschrei in ganz Ägyptenland 12,30
	15,6	deine rechte Hand tut g. Wunder 5Mo 6,22; 7,19; 10,21; 26,8; 29,2; 34,12; Jos 24,17
	7	mit deiner g. Herrlichk. hast du gestürzt
	18,11	der HERR g. als alle Götter 2Ch 2,4; 32,7
	22	g. Sache sollen sie dir bringen
	29,20	von seinem Blut streichen an die g. Zehe 3Mo 8,23.24; 14,14.17.25.28
	32,11	dein Volk, das du mit g. Kraft aus Ägyptenland geführt 5Mo 4,37; 9,26.29; 2Kö 17,36; Neh 1,10; Jer 32,21
	30	habt eine g. Sünde getan 31
	34,6	HERR, Gott, geduldig und von g. Gnade und Treue 4Mo 14,18; 2Sm 24,14; 1Ch 21,13; Neh 9,17.25.27.28.31.35; 13,22; Ps 31,20; 86,5. 13.15; 103,8; 106,7.45; 119,156; 145,8; Jes 63,7; Jo 2,13; Jon 4,2
3Mo	19,15	sollst den G. nicht begünstigen 5Mo 1,17
4Mo	11,33	schlug sie mit einer g. Plage
	13,28	sind die Städte sind befestigt und sehr g. 5Mo 1,28; 6,10; 9,1; Jos 14,12; 1Kö 4,13
	32	sind Leute von g. Länge
	14,17	laß deine Kraft, o Herr, g. werden
	19	nach deiner g. Barmherzigkeit Neh 9,19; Ps 51,3; 69,17; Dan 9,18
	22,18	weder im Kleinen noch im G.
	26,54	Geschlecht, das g. ist an Zahl 33,54
	34,6	die Grenze soll sein das g. Meer 7; Jos 1,4; 9,1; 15,12.47; 23,4; Hes 47,15.19.20; 48,28
5Mo	1,19	Wüste, die g. und furchtbar ist 2,7; 8,15
	28	haben gesagt, das Volk sei g. als wir 2,10.21; 4,38; 7,1.17; 9,1.2; 11,23; 20,1; Jos 23,9
	4,32	ob je so G. geschehen 34
	36	auf Erden hat er dir gezeigt sein g. Feuer
	5,22	Worte, die der HERR redete mit g. Stimme
	25	dies g. Feuer wird uns noch verzehren 18,16
	7,7	nicht, weil ihr g. wäret als alle Völker
	21	der g. und schreckliche Gott 10,17; Neh 1,5; 4,8; 9,32; Ps 89,8; Dan 9,4
	23	wird eine g. Verwirrung bringen Sa 14,13

5Mo	11,7	haben die g. Werke des HERRN gesehen Ri 2,7	1Kö	3,6	an David g. Barmherzigkeit getan 2Ch 1,8
	25,13	nicht zweierlei Gewicht, g. und klein 14		15	Salomo machte ein g. Festmahl für seine G. 4,2; 10,5.8; 11,11; 2Ch 9,4.7
	27,2	sollst g. Steine aufrichten Jos 24,26		5,9	Gott gab Salomo sehr g. Weisheit 10; 10,23; 2Ch 9,6.22
	28,59	wird schlagen mit g. Plagen 2Ch 21,14			
	29,23	was ist das für ein g. Zorn 27		31	g. und kostbare Steine 7,10
	32,27	hätten gesagt: Unsere Macht ist g.		7,9	außen bis zum g. Hof 12; 2Ch 3,5; 4,9
	33,7	laß (Judas) Macht g. werden		47	ungewogen wegen der sehr g. Menge
Jos	6,5	soll ein g. Kriegsgeschrei erheben 20		8,42	hören von deinem g. Namen 2Ch 6,32
	7,9	für deinen g. Namen 2Sm 7,26; 1Ch 17,24		65	das Fest – eine g. Versammlung 2Ch 7,8; 30,13; Esr 10,1
	26	über ihm einen g. Steinhaufen 8,29			
	10,2	Gibeon war eine g. Stadt... g. als Ai		10,2	(die Königin) kam mit g. Gefolge 2Ch 9,1
	10	eine g. Schlacht 20; 2Sm 18,7.29; 1Kö 20,21		16	g. Schilde 2Ch 9,15; 14,7; Hes 23,24; 38,4
	11	ließ der HERR g. Steine auf sie fallen		18	einen g. Thron von Elfenbein 2Ch 9,17
	18	wälzt g. Steine vor (die) Höhle 27		11,19	Hadad fand g. Gnade vor dem Pharao
	11,4	ein g. Volk, soviel wie der Sand am Meer		18,2	war g. Hungersnot in Samaria 2Kö 6,25
	8	bis Sidon, der g. Stadt 19,28		45	kam ein g. Regen
	14,15	Arba, der der g. Mensch war		19,11	ein g. Wind kam vor dem HERRN her
	17,14	g. Volk, da mich der HERR gesegnet 15.17		20,13	siehst du diese Menge 28; 2Ch 13,8; 15,9; 20,2; 28,5; Hab 1,8; Sa 2,8
	19,9	der Anteil des Stammes Juda zu g.			
	22,8	ihr kommt heim mit g. Gut		23	die G. des Königs 31; 22,3
	10	bauten einen Altar, g. und ansehnlich	2Kö	3,27	da kam ein g. Zorn über Israel 23,26
Ri	6,5	wie eine g. Menge Heuschrecken		4,38	setze einen g. Topf auf
	15,18	solch g. Heil gegeben 1Sm 14,45; 19,5; 2Sm 23,10.12; 1Ch 11,14		5,13	wenn dir der Prophet etwas G. geboten
				6,23	da wurde ein g. Mahl bereitet
	16,5	wodurch (Simson) so g. Kraft hat 6.15		8,4	erzähle mir alle g. Taten, die Elisa 13
	23	ihrem Gott Dagon ein g. Opfer 2Kö 10,19		10,6	die G. der Stadt erzogen sie
	20,10	um Gibea seine g. Schandtat zu vergelten		11	erschlug alle seine G. 14,5; 2Ch 25,3
	21,5	es war ein g. Schwur getan worden		12,21	seine G. empörten sich 22; 21,23; 2Ch 24,25; 33,24
Rut	1,13	wolltet ihr warten, bis sie g. würden			
1Sm	1,16	hab aus meinem g. Kummer geredet		16,15	auf dem g. Altar sollst du anzünden
	2,3	laßt euer g. Rühmen und Trotzen		18,19	spricht der g. König 28; Jes 36,4.13
	17	Sünde der Männer sehr g. vor dem HERRN		19,5	die G. des Hiskia 37,5
	33	der g. Teil deines Hauses soll sterben		22,13	g. ist der Grimm des HERRN 2Ch 34,21
	4,10	die Niederlage war sehr g. 14; 14,30		23,2	alles Volk, klein und g. 25,26; 1Ch 26,13; 2Ch 15,13; 31,15; 34,30; 36,18; Ps 115,13; Jer 6,13; 8,10; 16,6; 31,34; 42,1.8; 44,12; Jon 3,5
	5,9	g. Schrecken... schlug klein und g. 6,9			
	6,14	dort lag ein g. Stein 15.18; 14,33			
	7,10	der HERR ließ donnern mit g. Schall			
	8,14	nehmen und seinen G. geben 15		24,12	Jojachin mit seinen G. Jer 24,1
	12,16	seht, was der HERR G. tun wird 24		25,9	alle g. Häuser verbrannte er Jer 52,13
	22	nicht um seines g. Namens willen 2Ch 6,32	1Ch	12,15	der Geringste über 100 und der G. über 1.000
	14,19	wurde das Getümmel immer g. 20			
	16,15	die G. Sauls 18,5.22-24.30; 19,1; 21,8; 22,6.7.9		16,25	der HERR ist g. und hoch zu loben Neh 8,6; Ps 48,2; 96,4; 145,3
	19,22	als (Saul) zum g. Brunnen kam			
	20,2	tut nichts, weder g. noch Kleines 22,15		19,19	Hadad-Esers schlossen Frieden
	21,12	die G. des Achisch sprachen zu ihm 15		22,5	Haus (des HERRN) soll g. sein 2Ch 2,4.8
	25,2	der Mann hatte sehr g. Vermögen 2Sm 19,33		8	hast Blut vergossen und g. Kriege geführt
	28,15	Saul sprach: Ich bin in g. Bedrängnis 20		24,4	fand sich bei Eleasar eine g. Zahl
	29,4	seinen Herrn einen g. Gefallen tun		29,1	das Werk ist g. Neh 4,13; 6,3
	30,2	klein und g., gefangengenommen 19		22	aßen vor dem HERRN mit g. Freuden 2Ch 30,21.26; Neh 8,12.17; 12,43
	6	David geriet in g. Bedrängnis			
	16	wegen der g. Beute 2Sm 3,22; 2Ch 28,8	2Ch	9,6	bist g., als die Kunde sagte Esr 5,11
2Sm	1,26	habe g. Freude und Wonne an dir gehabt		15,5	war g. Verwirrung bei allen
	3,38	daß ein Fürst und G. gefallen ist		16,14	machten ihm zu Ehren einen sehr g. Brand
	7,21	hast du alle diese g. Dinge getan 23; 1Ch 17,19.21		17,5	Joschafat hatte g. Reichtum 18,1; 32,27.29
				24,25	ließen (Joasch) in g. Krankheit zurück
	22	darum bist du g., Herr, HERR Ps 99,2; 135,5; Jer 10,6		26,15	Geschütze, um mit g. Steinen zu schießen
				28,13	daß ihr unsere Schuld noch g. macht
	12,3	nährte es, daß es g. wurde		32,9	sandte Sanherib nach Jerusalem 16
	5	da geriet David in g. Zorn	Esr	4,10	der g. und berühmte Asenappar
	13,15	sein Widerwille g. als vorher s. Liebe 16		22	damit nicht g. Schaden entstehe
	24	(David) und seine G. 31.36; 15,14.15.18; 16,6.11; 24,20; 1Kö 1,2.27.33.47		5,8	zu dem Hause des g. Gottes
				9,6	unsere Schuld ist g. bis an den Himmel 9,37; Est 4,3; 7,4
	18,9	als das Maultier unter eine g. Eiche kam			
	17	warfen (Absalom) in eine g. Grube	Neh	1,3	die Entronnenen sind in g. Unglück
	20,8	bei dem g. Stein bei Gibeon		3,27	bauten gegenüber dem g. Turm
	22,17	zog mich aus g. Wassern Ps 18,17; 144,7		5,1	erhob sich ein g. Geschrei 7
	51	der seinem Könige g. Heil gibt Ps 18,51		7,4	(Jerusalem) war weit und g. Jer 22,8
	23,20	Benaja, ein streitbarer Mann von g. Taten		9,18	obwohl sie g. Lästerungen redeten 26
1Kö	1,37	sein Thron g. werde als der Thron... David 47; 1Ch 29,25; 2Ch 1,1		37	bringt den Königen g. Gewinn
				12,31	stellte zwei g. Dankchöre auf

groß 560

Neh	13,5	(hatte) diesem eine g. Kammer gegeben	Ps	136,17	der g. Könige schlug
Est	1,3	machte ein Festmahl für alle G. 5; 2,18; 3,2.3; 4,11		138,3	gibst meiner Seele g. Kraft
				5	daß die Herrlichkeit des HERRN so g. ist
	20	in seinem Reich, welches g. ist		139,17	wie ist ihre Summe so g.
	8,15	Mordechai ging hinaus mit einer g. goldenen Krone 9,4; 10,2.3		145,7	sie sollen preisen deine g. Güte
				148,7	lobet den HERRN, ihr g. Fische
Hi	1,19	da kam ein g. Wind		150,2	lobet ihn in seiner g. Herrlichkeit
	2,13	sahen, daß der Schmerz sehr g. war	Spr	5,23	um seiner g. Torheit willen hingerafft
	3,19	da sind klein und g. gleich		12,9	ist besser als einer, der g. sein will
	5,9	(Gott,) der g. Dinge tut 9,10; 37,5; Ps 71,19; 106,21		13,7	mancher stellt sich arm und hat g. Gut
				15,6	in des Gerechten Haus ist g. Gut
	7,17	was ist der Mensch, daß du ihn g. achtest		16	besser wenig... als ein g. Schatz
	13,23	wie g. ist meine Schuld		18,16	das Geschenk bringt ihn zu den g. Herren
	22,5	ist deine Bosheit nicht zu g.		19,19	g. Grimm muß Strafe leiden
	23,6	würde er mit g. Macht mit mir rechten		22,1	guter Ruf ist köstlicher als g. Reichtum
	31,25	gefreut, daß ich g. Gut besaß		25,6	stelle dich nicht zu den G.
	34	mir grauen ließ vor der g. Menge	Pr	2,4	ich tat g. Dinge
	35,9	ruft um Hilfe vor dem Arm der G.		7	ich hatte eine g. Habe als alle 9
	36,7	mit Königen, daß sie g. werden		21	das ist auch eitel und ein g. Unglück
	22	Gott ist g. in seiner Kraft 26; 37,23; Ps 147,5; Jer 32,18		5,16	hat in Trauer gesessen, in g. Grämen
				9,13	diese Weisheit gesehen, die mich g. dünkte
	37,4	donnert mit seinem g. Schall Ps 29,3		14	kam ein g. König, der baute g. Bollwerke
	39,4	ihre Jungen werden stark und g.		10,4	Gelassenheit wendet g. Unheil ab
	41,4	will nicht schweigen, wie g. er ist		6	ein Tor sitzt in g. Würde
Ps	5,8	darf in d. Haus gehen durch deine g. Güte	Jes	5,9	die g. (Häuser sollen) leer stehen
	19,12	wer sie hält, der hat g. Lohn		8,1	nimm dir eine g. Tafel
	14	werde rein bleiben von g. Missetat		9,1	das Volk... sieht ein g. Licht Mt 4,16
	21,6	er hat g. Herrlichkeit durch deine Hilfe		6	auf daß seine Herrschaft g. werde
	22,26	preisen in der g. Gemeinde 35,18; 40,10.11		12,6	der Heilige Israels ist g. bei dir
	25,11	vergib mir meine Schuld, die so g. ist		13,4	es ist Geschrei wie von einem g. Volk
	17	die Angst meines Herzens ist g. 71,20		16,6	Hochmut Moabs, der so g. ist 14
	32,6	wenn g. Wasserfluten kommen		17,12	Nationen, wie g. Wasser tosen sie
	33,16	hilft nicht seine g. Macht... g. Kraft		23,3	brachte man nach Sidon hin über g. Wasser
	17	ihre g. Stärke errettet nicht		27,1	heimsuchen mit seinem g. Schwert Jer 21,19
	36,7	dein Recht (steht) wie die g. Tiefe		13	wird man mit einer g. Posaune blasen
	37,11	werden ihre Freude haben an g. Frieden		29,6	Heimsuchung kommt mit g. Donner
	40,6	g. sind deine Wunder 136,4		30,25	auf g. Bergen... zur Zeit der g. Schlacht
	42,5	wie ich einherzog in g. Schar		32,2	wie der Schatten eines g. Felsens
	46,2	eine Hilfe in den g. Nöten		34,6	der HERR hält ein g. Opfer
	47,3	ein g. König über die ganze Erde		40,26	seine Macht ist so g., daß nicht eins
	48,3	daran sich freut die Stadt des g. Königs		47,9	trotz der g. Macht deiner Beschwörungen
	8	du zerbrichst die g. Schiffe		54,7	mit g. Barmherzigkeit will ich dich
	49,7	pochen auf ihren g. Reichtum 52,9		13	g. Frieden haben deine Söhne
	12	doch hatten sie g. Ehre auf Erden		63,1	einherschreitet in seiner g. Kraft
	17	wenn die Herrlichk. seines Hauses g. wird		15	deine g., herzliche Barmherzigkeit
	62,10	g. Leute täuschen auch	Jer	1,18	wider seine G. 5,5; 17,25; 22,2.4; 36,24.31
	66,3	müssen sich beugen vor deiner g. Macht		2,24	wenn sie vor g. Brunst lechzt
	68,12	der Freudenbotinnen ist eine g. Schar		4,6	ich bringe g. Jammer 6,1; 48,3; 50,22; 51,54; Ze 1,10
	69,14	nach deiner g. Güte erhöre mich			
	72,7	zu seinen Zeiten soll g. Friede sein		5,27	daher sind sie g. und reich geworden
	74,23	das Toben wird je länger, je g.		6,22	ein g. Volk wird sich erheben 10,22; 50,9
	77,20	dein Pfad (ging) durch g. Wasser Jes 51,10		11,16	mit g. Brausen ein Feuer
	80,6	tränkest sie mit einem g. Krug voll Tränen		13,9	will ich verderben den g. Hochmut Judas
	86,10	daß du so g. bist und Wunder tust		14,1	Wort vom HERRN g. Dürre
	92,6	wie sind deine Werke so g. 104,24; 111,2		3	die G. schicken ihre Leute nach Wasser
	93,4	die Wasserwogen im Meer sind g... der HERR aber ist noch g. in der Höhe		7	unser Ungehorsam ist g.
				16,10	warum all dies g. Unheil 32,42; Dan 9,12.13
	95,3	der HERR ist ein g. Gott und ein g. König		21,6	daß sie sterben sollen durch eine g. Pest
	99,3	preisen sollen sie deinen g. Namen		7	Zedekia samt seinen G. in die Hände 24,8; 25,19; 37,2.18; 46,26
	104,25	da ist das Meer, das so g. und weit ist			
	25	da wimmelt's, g. und kleine Tiere 26		22,14	wohlan, ich will mir ein g. Haus bauen
	106,2	wer kann die g. Taten des HERRN erzählen		25,14	g. Völkern und Königen dienen 27,7
	107,23	trieben ihren Handel auf g. Wassern		32	ein g. Wetter wird sich erheben
	112,1	der g. Freude hat an seinen Geboten		26,19	wir würden g. Unheil über uns bringen
	119,14	ich freue mich... wie g. über g. Reichtum		27,5	gemacht durch meine g. Kraft 32,17
	138	hast deine Mahnungen geboten in g. Treue		28,8	haben gegen g. Königreiche geweissagt
	162	wie einer, der g. Beute macht		30,14	um deiner g. Schuld willen 15; Klg 1,5; Hos 9,7; 10,15
	165	g. Frieden haben, die dein Gesetz lieben			
	126,2	der HERR hat G. an ihnen getan 3		31,8	als g. Gemeinde wieder hierherkommen
	131,1	ich gehe nicht um mit g. Dingen		32,19	g. von Rat und mächtig von Tat

Jer	32,37	wohin ich sie verstoße in g. Unmut	Jo	2,11	der Tag des HERRN ist g. und voller Schrecken 3,4; Ze 1,14; Mal 3,23

Jer 32,37 wohin ich sie verstoße in g. Unmut
33,3 will dir kundtun g. Dinge
36,7 der Zorn und Grimm ist g.
41,12 trafen ihn an dem g. Wasser bei Gibeon
43,9 nimm g. Steine und vergrabe sie
44,7 warum tut ihr euch so g. Unheil an
15 alle Männer und Frauen, eine g. Menge
26 ich schwöre bei meinem g. Namen Hes 36,23
45,5 begehrst für dich g. Dinge
51,13 an g. Wassern wohnst und g. Schätze hast
55 g. Getümmel. Wellen brausen wie g. Wasser
58 die Mauern des g. Babel sollen geschleift
Klg 2,13 dein Schaden ist g. wie das Meer
3,23 deine Treue ist g.
32 erbarmt sich wieder nach seiner g. Güte
4,6 die Missetat meines Volks ist g. Hes 9,9
Hes 1,24 ihre Flügel rauschen wie g. Wasser
3,12 Getöse wie von g. Erdbeben 13; 38,19
5,16 den Hunger immer g. werden lasse
8,6 g. Greuel, die das Haus Israel tut
6 wirst noch g. Greuel sehen 13.15; 16,52
16,7 wurdest g. und schön 31,4
30 alle Werke einer g. Erzhure tatest
46 deine g. Schwester ist Samaria 61; 23,4
17,3 ein g. Adler mit g. Flügeln kam 7
9 ohne g. Kraft wird man ihn ausreißen 17
21,27 soll er den Mund auftun mit g. Geschrei
22,5 befleckt ist... und g. die Verwirrung
23,32 sollst zu g. Spott werden
42 erhob sich ein g. Freudengeschrei
26,7 Nebukadnezar mit einem g. Heer
19 will eine g. Flut kommen lassen
28,5 in g. Weisheit deine Macht gemehrt 16.18
29,3 Pharao, du g. Drache
31,6 unter seinem Schatten wohnten g. Völker
15 daß die g. Wasser nicht fließen konnten
32,13 alle Tiere umbringen an den g. Wassern
38,13 um g. Beute zu machen
39,9 werden verbrennen kleine und g. Schilde
17 kommt zu einem g. Schlachtopfer
43,2 brauste, wie ein g. Wasser braust
46,17 wenn er einem seiner G. etwas schenkt
47,10 wird dort Fische geben wie im g. Meer
Dan 2,6 sollt g. Ehre von mir empfangen 48; 3,30; 6,29
10 gibt keinen König, wie g. er sei
30 nicht als wäre meine Weisheit g.
31 ein g. und hohes Bild stand vor dir
35 der Stein wurde zu einem g. Berg
45 hat der g. Gott dem König kundgetan 3,33
4,8 er wurde g. und mächtig 17.19
27 das g. Babel, erbaut durch meine g. Macht
30 sein Haar wuchs so g. wie Adlerfedern
33 ich gewann noch g. Herrlichkeit
7,2 die vier Winde wühlten das g. Meer auf
3 vier g. Tiere stiegen herauf 6-8.11.17.20; 8,4.8.9.21
10,1 offenbart, was von g. Dingen handelt
4 war ich an dem g. Strom Tigris
6 seine Rede war wie ein g. Brausen 7.8
11,2 der vierte wird g. Reichtum haben 3.5
28 wird heimziehen mit g. Beute
39 die ihn erwählen, wird er g. Ehre antun
44 wird mit g. Grimm ausziehen
12,1 Michael, der g. Engelfürst... wird eine Zeit so g. Trübsal sein
4 viele werden g. Erkenntnis finden
6 wann sollen diese g. Wunder geschehen
Hos 2,2 der Tag Jesreels wird ein g. Tag sein
Jo 2,2 kommt ein g. und mächtiges Volk 11

Jo 2,11 der Tag des HERRN ist g. und voller Schrecken 3,4; Ze 1,14; Mal 3,23
25 mein g. Heer, das ich unter euch schickte
4,13 ihre Bosheit ist g. Am 5,12
Am 3,9 welch ein g. Zetergeschrei darin ist
6,2 gehet hin nach Hamat, der g. Stadt... ist euer Gebiet g. als das ihre
11 die Häuser in Trümmer schlagen soll
7,4 das (Feuer) verzehrte die g. Tiefe
Jon 1,2 geh in die g. Stadt Ninive 3,2.3; 4,11
4 da ließ der HERR einen g. Wind kommen... es erhob sich ein g. Ungewitter 12
2,1 der HERR ließ einen g. Fisch kommen
Mi 4,3 er wird unter g. Völkern richten
7 will die Verstoßenen zum g. Volk machen
Nah 1,3 der HERR ist geduldig und von g. Kraft
3,4 das alles um der g. Hurerei willen
Hag 2,9 die Herrlichk. dieses neuen Hauses g. werden
Sa 1,14 ich eifere für Zion mit g. Eifer 8,2
4,7 wer bist du, du g. Berg
7,12 ist so g. Zorn vom HERRN gekommen
9,17 wie g. ist seine Güte und wie g. seine Huld
12,11 wird g. Klage sein in Jerusalem
Mal 1,14 ich bin ein g. König, spricht der HERR
Jdt 1,6 schlug (Nebukadnezar) in der g. Ebene
6,18 Usija bereitete ein g. Gastmahl für ihn
7,4 als die *Israeliten das g. Heer sahen 1Ma 3,17.18; 4,8.9; 5,30.38; 2Ma 2,22; 8,16.20
9,5 als sie sich auf ihr g. Kriegsvolk verließen
11,10 dazu leiden sie g. Hunger 1Ma 12,13; 13,49
13,12 Gott hat an Israel G. getan 15,12; 1Ma 4,25; 2Ma 1,11; 2,19
20 hat mich zurückgebracht mit g. Freude
16,16 bist der mächtige Gott, der g. Taten tut
19 die dich fürchten, schenkst du g. Gnade
31 der Tag dieses Sieges als g. Fest 1Ma 7,48
Wsh 5,1 wird der Gerechte in g. Zuversicht dastehen
6,8 er hat die Kleinen und die G. geschaffen
8,6 wer ist g. Meister als die Weisheit
10,18 sie leitete sie durch g. Wasser
12,21 mit g. Sorgfalt richtest du deine Söhne
17,1 g. und unaussprechbar sind deine Gerichte
Tob 4,12 Almosen schaffen g. Zuversicht vor Gott hätten es für g. Reichtum halten sollen
6,2 siehe, ein g. Fisch schoß hervor
12,22 er verkündigten alle seine g. Wunder Sir 17,8; 2Ma 3,34
13,14 den g. Namen des Herrn werden sie anrufen
Sir 1,15 er sieht, welch g. Wunder (Weisheit) tut
2,23 seine Barmherzigkeit ist g. 16,12; 17,28; 51,4; StD 3,18
3,20 je g. du bist, desto mehr demütige dich
21 ist allein die Majestät des Herrn
4,7 vor einem G. beuge dein Haupt
13 wer... sucht, wird g. Freude haben 14
34 sei nicht wie die, die g. Worte machen
5,18 achte nichts gering, es sei klein oder g.
6,14 wer... findet, findet einen g. Schatz
8,10 wie du dich gegenüber g. Leuten verhalten
10,27 so g. sind sie doch nicht wie der, der Gott fürchtet 25
11,6 viele g. Herren sind gestürzt worden
33 aus einem Funken macht er ein g. Feuer
13,18 du lebst in g. Gefahr 1Ma 11,43
15,18 die Weisheit des Herrn ist g.
16,12 so g. ist auch seine Strafe
16 was bin ich gegen die g. Welt
18,2 wer kann seine g. Taten erforschen 3-5
17 ein Wort ist oft wichtiger als eine g. Gabe

groß

Sir	19,21	besser geringe Klugheit... als g. Klugheit
	25,13	wie g. ist der, der weise ist 37,29
	17	es ist kein Leiden so g. wie Herzeleid
	29	so gibt es Beschimpfung und g. Schande
	28,12	wenn viel Holz da ist, wird das Feuer g.; wenn einer Macht hat, wird sein Zorn g.
	30,15	ein gesunder Körper ist besser als g. Gut
	31,9	er tut g. Dinge unter seinem Volk
	38,16	wie einer, dem g. Leid geschehen ist
	39,15	hat einen g. Namen als andre
	27	tränkt die Erde wie eine g. Flut
	41,15	bleibt dir gewisser als tausend g. Schätze
	43,9	g. ist der Herr 31
	36	viele noch g. (Werke) sind uns verborgen
	44,2	der Herr durch seine g. Macht
	48,25	Jesaja, der ein g. Prophet war
	49,19	Set und Sem standen in g. Ehren
	50,3	ein Becken fast so g. wie ein Meer
	24	Gott, der g. Dinge tut an allen Enden
	51,35	ich habe g. Trost gefunden 2Ma 7,14
Bar	2,2	hat eine g. Strafe über uns ergehen lassen
	3,24	o Israel, wie g. ist das Haus Gottes 25
	26	da waren Riesen, g., berühmte Leute
	4,9	Gott hat mir g. Leid geschickt
	24	die kommen wird mit g. Herrlichkeit
1Ma	1,26	herrschte überall in Israel g. Herzeleid 2,49; 2Ma 3,14; 6,9
	2,17	du hast eine g. Verwandtschaft
	3,3	Judas gewann seinem Volk g. Ansehen
	19	Sieg wird nicht durch g. Zahl errungen
	4,58	es herrschte g. Freude im Volk 5,23.54
	5,56	hörten von ihren Siegen und g. Taten
	9,56	Alkimus starb mit g. Schmerzen 2Ma 9,9.28
	10,26	eine g. Freude, daß ihr 14,21
	60	da kam Jonatan mit g. Pracht 86
2Ma	1,22	da entzündete sich ein g. Feuer
	28	die mit g. Übermut uns alle Schande antun
	2,27	es gehört viel Arbeit und g. Fleiß dazu
	3,12	so würde es ein g. Frevel sein
	16	erkennen, daß der Herr in g. Ängsten war
	5,6	daß Kriegsglück das g. Unglück ist
	6,13	das ist ein Zeichen g. Gnade
	7,37	daß du unter g. Marter bekennen mußt
	8,20	die Juden erlangten g. Beute
	12,14	verließen sich auf den g. Vorrat an Nahrung
	13,6	der g. Verbrechen begangen hatte
	16	brachten g. Schrecken in das Lager
	14,40	würde den Juden dadurch g. Schaden zufügen
	15,19	waren in g. Sorge um ihr Kriegsvolk
StE	1,4	wodurch g. Schaden tut und... stört
	5,10	Kinder des höchsten, g. Gottes
	6,3	da erschienen zwei g. Drachen
	5	es war ein Tag g. Finsternis und Angst
	7	ergoß sich g. Wasserstrom 7,3
	7,6	der Herr tat g. Zeichen und Wunder
StD	1,22	in wie g. Bedrängnis bin ich
	64	Daniel wurde g. vor dem Volk
	2,17	Bel, du bist ein g. Gott 22
	40	du Gott Daniels, du bist ein g. Gott
	3,20	alle zuschanden werden mit ihrer g. Macht
GMn	4	sich vor deiner g. Macht fürchten muß
	7	hast nach deiner g. Güte Buße verheißen
Mt	4,16	das Volk... hat ein g. Licht gesehen
	25	es folgte ihm eine g. Menge 8,1; 11,15; 13,2; 15,30.33; 19,2; 20,29; 21,8; Mk 3,7.8; 4,1; 5,21. 24; 8,1; 10,46; Lk 5,15; 6,17; 8,4; 9,37; 14,25; 23,27
	5,19	wer (d. Gesetz) tut, der wird g. heißen im Himmelreich
Mt	5,35	Jerusalem ist die Stadt des g. Königs
	6,23	wie g. wird dann die Finsternis sein
	7,27	fiel es ein, und sein Fall war g. Lk 6,49
	8,6	Herr, mein Knecht leidet g. Qualen
	24	*da erhob sich ein g. Ungestüm Jh 6,18*
	30	fern von ihnen eine g. Herde Säue Mk 5,11; Lk 8,32
	9,37	die Ernte ist g., aber wenige sind der Arbeiter Lk 10,2
	11,11	keiner, der g. ist als Johannes Lk 7,28
	12,6	hier ist G. als der Tempel
	13,32	wenn es gewachsen ist, so ist es g. als alle Kräuter Mk 4,32
	14,14	Jesus sah die g. Menge Mk 6,34
	15,28	dein Glaube ist g.
	18,1	wer ist der G. im Himmelreich 4; 20,26; 23,11; Mk 9,34; 10,43 Lk 9,46.48; 22,24.26.27
	22,38	dies ist das höchste und g. Gebot Mk 12,31
	24,21	es wird eine g. Bedrängnis sein Lk 21,23; Apg 7,11
	24	falsche Christusse (werden) g. Zeichen tun
	30	den Menschensohn mit g. Kraft Mk 13,26; Lk 21,27
	26,47	eine g. Schar mit Schwertern
	27,24	sah, daß das Getümmel immer g. wurde
	60	wälzte einen g. Stein vor die Tür Mk 16,4
	28,2	siehe, es geschah ein g. Erdbeben
	8	gingen weg mit Furcht und g. Freude
Mk	4,37	es erhob sich ein g. Windwirbel
	39	es entstand eine g. Stille Apg 21,40
	5,19	welch g. Wohltat dir der Herr getan 20; Lk 8,39
	6,21	als Herodes ein Festmahl gab für seine G.
	9,14	sahen eine g. Menge um sie herum
	13,2	Jesus sprach zu ihm: Siehst du diese g. Bauten
	14,15	er wird euch einen g. Saal zeigen Lk 22,12
Lk	1,15	er wird g. sein vor dem Herrn 32
	49	er hat g. Dinge an mir getan
	58	daß der Herr g. Barmherzigkeit an ihr getan
	2,10	siehe, ich verkündige euch g. Freude
	4,23	wie g. Dinge haben wir gehört, die in Kapernaum geschehen sind
	25	eine g. Hungersnot herrschte im ganzen Lande
	5,6	fingen sie eine g. Menge Fische
	29	Levi richtete ihm ein g. Mahl zu
	6,23	euer Lohn ist g. im Himmel 35
	7,12	eine g. Menge aus der Stadt ging mit ihr
	16	es ist ein g. Prophet unter uns aufgestanden
	8,23	sie waren in g. Gefahr
	37	es hatte sie g. Furcht ergriffen Apg 5,5.11; Off 11,11
	9,10	wie g. Dinge sie getan hatten
	12,18	meine Scheunen abbrechen und g. bauen
	19	du hast einen g. Vorrat für viele Jahre
	14,16	ein Mensch, der machte ein g. Abendmahl
	15,14	als er all das Seine verbraucht hatte, kam eine g. Hungersnot
	16,10	wer im Geringsten treu ist, der ist auch im G. treu
	26	zwischen uns und euch eine g. Kluft
	17,6	Glauben hättet so g. wie ein Senfkorn
	21,11	es werden geschehen g. Erdbeben
	23,23	sie setzten ihm zu mit g. Geschrei
	24,52	kehrten zurück nach Jerusalem mit g. Freude
Jh	1,50	du wirst noch G. als das sehen 5,20
	5,36	ich habe ein g. Zeugnis als das des Johannes
	7,12	war ein g. Gemurmel über ihn
	10,29	mein Vater ist g. als alles

Jh	12,9	da erfuhr eine g. Menge der Juden, daß er dort war 12	Eph	5,32	dies Geheimnis ist g. 1Ti 3,16
	13,16	der Knecht ist nicht g. als sein Herr 15,20	Phl	1,26	damit euer Rühmen in Christus g. werde
	14,12	er wird noch g. (Werke) tun als diese	Kol	4,13	*daß er g. Mühe hat um euch*
	28	der Vater ist g. als ich	1Th	1,5	unsere Predigt kam zu euch in g. Gewißheit
	15,13	niemand hat g. Liebe als die, daß		6	das Wort aufgenommen in g. Bedrängnis
	19,11	darum: der mich dir überantwortet hat, der hat g. Sünde		2,17	euch von Angesicht zu sehen, mit g. Verlangen
	31	es war ein g. Sabbat	2Th	2,9	der Böse wird auftreten mit g. Kraft
	21,11	Petrus zog das Netz an Land, voll g. Fische	1Ti	3,13	erwerben sich selbst g. Zuversicht im Glauben
Apg	2,11	wir hören sie in unsern Sprachen von den g. Taten Gottes reden		6,6	die Frömmigkeit ist ein g. Gewinn
	20	ehe der g. Tag der Offenbarung des Herrn	2Ti	2,20	in einem g. Haus sind nicht allein goldene Gefäße
	4,33	mit g. Kraft bezeugten die Apostel	Tit	2,13	warten auf die Erscheinung der Herrlichkeit des g. Gottes
	5,13	*das Volk hielt g. von ihnen*	Phm	7	ich hatte g. Freude durch deine Liebe
	6,7	die Zahl der Jünger wurde sehr g. 11,21; 14,1; 17,4	1Pt	1,3	nach seiner g. Barmherzigkeit wiedergeboren
	8	Stephanus tat Wunder und g. Zeichen	2Pt	1,17	Stimme, die zu ihm kam von der g. Herrlichk.
	8,1	es erhob sich eine g. Verfolgung über die Gemeinde in Jerusalem		2,11	die Engel, die g. Stärke und Macht haben
	2	hielten eine g. Klage über ihn		3,10	werden die Himmel zergehen mit g. Krachen
	7	unreinen Geister fuhren aus mit g. Geschrei	1Jh	3,20	daß Gott g. ist als unser Herz
	8	es entstand g. Freude in dieser Stadt		4,4	der in euch ist, ist g. als der, der in der Welt ist
	9	vorgab, er wäre etwas G.		5,9	so ist Gottes Zeugnis doch g.
	10	die Kraft Gottes, die die G. genannt wird	3Jh	4	ich habe keine g. Freude als die, zu hören, daß
	13	als er die g. Taten sah, die geschahen	Heb	2,3	wie entrinnen, wenn wir ein so g. Heil nicht achten
	10,11	sah ein g. leinenes Tuch herabkommen 11,5		3,3	er ist aber g. Ehre wert als Mose
	11,28	sagte eine g. Hungersnot voraus		4,14	weil wir einen g. Hohenpriester haben
	15,3	machten damit allen Brüdern g. Freude		6,13	da er bei keinem G. schwören konnte 16
	12	wie g. Zeichen Gott getan hatte		7,4	seht, wie g. der ist, dem Abraham
	16,26	plötzlich geschah ein g. Erdbeben		8,11	sie werden mich alle kennen von dem Kleinsten an bis zu dem G.
	18,10	ich habe ein g. Volk in dieser Stadt		9,11	ist gekommen durch die g. Stiftshütte
	19,25	ihr wißt, daß wir g. Gewinn haben		10,32	erduldet habt einen g. Kampf d. Leidens
	27	der Tempel der g. Göttin Diana wird für nichts geachtet werden		35	Vertrauen, welches g. Belohnung hat
	28	g. ist die Diana der Epheser 34		11,24	Mose, als er g. geworden war
	35	daß Ephesus eine Hüterin der g. Diana ist		26	hielt die Schmach Christi für g. Reichtum
	22,6	umleuchtete mich ein g. Licht vom Himmel		13,20	der den g. Hirten der Schafe von den Toten
	28	*Bürgerrecht um eine g. Summe erworben*	Jak	3,4	obwohl sie g. sind und von starken Winden getrieben werden
	23,9	es entstand ein g. Geschrei		5	die Zunge richtet g. Dinge an
	10	als die Zwietracht g. wurde	Jud	6	für das Gericht des g. Tages festgehalten
	24,2	daß wir in g. Frieden leben unter dir	Off	1,10	ich hörte eine g. Stimme 5,2.12; 7,2.10; 8,13; 10,3; 11,12.15; 12,10; 14,2.7.9.15.18; 16,1.17; 19,1.6.17; 21,3
	7	riß ihn mit g. Gewalt aus unsern Händen		15	s. Stimme wie g. Wasserrauschen 14,2; 19,6
	25,23	kamen Agrippa und Berenike mit g. Gepränge		2,22	ich werfe sie in g. Trübsal
	26,22	bin sein Zeuge bei g. und klein		6,4	ihm wurde ein g. Schwert gegeben
	24	das g. Wissen macht dich wahnsinnig		12	da geschah ein g. Beben 11,13.19; 16,18
	27,10	Fahrt nur mit g. Schaden vor sich gehen		13	*wenn er von g. Wind bewegt wird*
	18	da wir g. Ungewitter erlitten		15	die G. und die Obersten verbargen sich
	28,10	sie erwiesen uns g. Ehre		17	es ist gekommen der g. Tag ihres Zorns 16,14
Rö	9,2	ich habe g. Traurigkeit in meinem Herzen habe		7,9	eine g. Schar, die niemand zählen konnte
	22	mit g. Geduld ertragen die Gefäße des Zorns		14	die gekommen sind aus der g. Trübsal
1Ko	2,3	ich war bei euch mit g. Zittern		8,8	es stürzte etwas wie ein g. Berg ins Meer 10
	9,11	*ist es dann ein g. Ding, wenn wir*		9,2	ein Rauch wie der Rauch eines g. Ofens
	12,31	strebt nach den g. Gaben		14	Engel, gebunden an dem g. Strom Euphrat 16,12
	13,13	die Liebe ist die g. unter ihnen		11,8	die g. Stadt 14,8; 16,19; 17,5.18; 18,2.10.16.18. 19,2
	14,5	ist g. als der, der in Zungen redet		17	daß du an dich genommen hast deine g. Macht
	16,9	*mir ist eine g. Tür aufgetan*		18	Kleinen und G. 13,16; 19,18
2Ko	2,4	ich schrieb euch aus g. Trübsal und Angst		12,1	es erschien ein g. Zeichen am Himmel
	7	damit er nicht in allzu g. Traurigkeit versinkt			
	3,12	sind wir voll g. Zuversicht 7,4			
	6,4	als Diener Gottes: in g. Geduld			
	8,22	noch viel eifriger aus g. Vertrauen zu euch			
	11,15	nichts G., wenn sich s. Diener verstellen			
Gal	6,11	seht, mit wie g. Buchstaben ich schreibe			
Eph	1,19	wie überschwenglich g. s. Kraft an uns (ist)			
	2,4	Gott in seiner g. Liebe, mit der er uns geliebt			

groß

Off	12,2	hatte g. Qual bei der Geburt
	3	siehe, ein g., roter Drache 9
	12	der Teufel hat einen g. Zorn und weiß
	14	es wurden der Frau gegeben die zwei Flügel des g. Adlers
	13,2	der Drache gab ihm seine g. Macht
	5	ein Maul, zu reden g. Dinge und Lästerungen
	13	es tut g. Zeichen
	14,19	warf sie in die g. Kelter des Zornes Gottes
	15,1	ein Zeichen, das war g. und wunderbar
	3	g. und wunderbar sind deine Werke, Herr
	16,9	Menschen wurden versengt von der g. Hitze
	14	versammeln zum Kampf am g. Tag Gottes
	21	ein g. Hagel fiel vom Himmel
	17,1	ich will dir zeigen das Gericht über die g. Hure 19,2
	18,1	der hatte g. Macht
	3	sind reich geworden von ihrer g. Üppigkeit
	21	Stein, g. wie ein Mühlstein
	19,5	lobt Gott, klein und g.
	17	versammelt euch zu dem g. Mahl Gottes
	20,1	der hatte eine g. Kette in seiner Hand
	11	ich sah einen g., weißen Thron
	12	ich sah die Toten, g. und klein
	21,10	er führte mich hin auf einen g. Berg
	12	sie hatte eine g. und hohe Mauer
	16	ihre Länge ist so g. wie die Breite

groß machen

1Mo	19,19	deine Barmherzigkeit g. gem.
Jos	3,7	will anfangen, dich g. zu m. 4,14
2Sm	22,36	deine Huld m. mich g. Ps 18,36
1Ch	29,12	in deiner Hand, jedermann g. zu m.
Est	3,1	erhob Haman und m. ihn g. 5,11
Hi	12,23	er m. Völker g. 27,14
Ps	71,21	du m. mich sehr g.
Jes	9,2	du m. g. die Freude
	42,21	daß er sein Gesetz g. m.
Hes	24,9	will den Holzstoß g. m.
Wsh	19,21	du hast dein Volk in allem g. gem.
Sir	38,3	die Kunst des Arztes m. ihn g.
Mt	23,5	sie m. die Quasten an ihren Kleidern g.
Apg	13,17	das Volk g. gem., als sie Fremdlinge waren

Größe

Ps	145,3	seine G. ist unausforschlich
Hes	31,7	war schön geworden in seiner G.
	40,29	mit seinen Nischen in gleicher G. 33
Wsh	13,5	an der G... ihr Schöpfer erkannt
Sir	17,8	um ihnen die G. seiner Werke zu zeigen
Eph	1,19	*was da sei die G. seiner Kraft Phl 3,8*
Kol	2,19	*so wächst zu der G., wie Gott will*

Großkönig

Jdt	3,3	daß wir dem G. Nebukadnezar dienen
StE	1,1	der G. Artaxerxes 5,1; 6,1

großmäulig

Sir	8,4	streite nicht mit einem g. Schwätzer

Großmutter

2Ti	1,5	Glauben, der gewohnt hat in deiner G. Lois

großtun

Ps	55,13	wenn einer g. wider mich

Jes	10,15	vermag eine Säge g. wider den
Dan	11,36	der König wird g. gegen alles
Ze	2,8	womit sie gegen sein Land großg. haben 10

Großvater

Hi	12,12	bei den G. nur soll Weisheit sein

Großvieh

1Mo	45,10	dein Kleinvieh und G. 46,32; 47,1

großziehen

Ps	80,16	schütze den Sohn, den du dir großg. hast 18
Jes	1,2	ich habe Kinder großg.
Klg	2,22	die ich großg. habe, hat der Feind
Hes	19,3	eins ihrer Jungen z. sie g.
Hos	9,12	wenn sie ihre Kinder auch g., will ich
Bar	4,8	Jerusalem, das euch großg. hat 11
2Ma	7,28	mein Sohn, den ich großg. habe

großzügig

Sir	13,8	lädt dich g. ein, um dich später

Grube

1Mo	37,20	laßt uns ihn in eine G. werfen 22.24.28.29
1Sm	13,6	verkrochen sie sich in Gewölbe und G.
2Sm	18,17	warfen (Absalom) in eine große G.
2Kö	3,16	macht hier und da G. in diesem Tal
Hi	9,31	wirst mich eintauchen in die G.
	33,22	so nähert er sich der G.
Ps	7,16	er hat eine G. gegraben und ist in die G. gefallen 57,7; Spr 26,27; 28,10.18; Pr 10,8; Sir 27,29
	9,16	die Heiden sind versunken in der G.
	16,10	daß dein Heiliger die G. sehe
	28,1	nicht gleich werde denen, die in die G. fahren 30,4.10; 88,5; 143,7; Spr 1,12
	35,7	ohne Grund mir eine G. gegraben Jer 18,20.22
	40,3	er zog mich aus der grausigen G.
	49,10	damit er weiterlebe und die G. nicht sehe
	55,24	wirst sie hinunterstoßen in die tiefe G.
	88,7	hast mich hinunter in die G. gelegt
	94,13	bis dem Gottlosen die G. gegraben ist
	119,85	die Stolzen graben mir G.
	140,11	er möge sie stürzen in G.
Spr	22,14	der Mund unzüchtiger Weiber ist eine tiefe G. 23,27
Jes	14,15	zu den Toten fuhrest du, zur tiefsten G.
	24,17	über euch kommt Schrecken und G. und Netz 18; Jer 48,43.44
	38,18	die in die G. fahren, warten nicht
Klg	3,53	mein Leben in der G. zunichte gemacht
	55	rief deinen Namen an unten aus der G.
	4,20	ist gefangen worden in ihren G. Hes 19,4.8
Hes	26,20	hinunterstoßen zu denen, die in die G. gefahren 28,8; 31,14.16; 32,18.24.25.29.30
	32,23	seine Gräber bekam es hinten an der G.
Dan	6,8	daß jeder in die G. geworfen werden soll 13.17.18.20.21.24.25
Hos	5,2	(seid geworden) eine tiefe G. zu Schittim
Sa	9,11	lasse ich deine Gefangenen frei aus der G.
Wsh	10,13	sie stieg mit ihm hinab in die G.
Sir	12,16	plant schon, dich in die G. zu stürzen
Bar	3,11	zu denen gerechnet, die in die G. fahren
1Ma	7,19	einige ließ er in eine G. werfen

Mt	8,20	die Füchse haben G. Lk 9,58	Hi	38,16	bist du auf dem G. der Tiefe gewandelt
	12,11	sein Schaf, wenn es am Sabbat in eine G. fällt		40,12	zertritt die Gottlosen in G. und Boden
			Ps	26,12	mein Fuß steht fest auf rechtem G.
	15,14	so fallen sie beide in die G. Lk 6,39		35,7	ohne G. haben sie mir ihr Netz gestellt, ohne G. eine Grube gegraben
	17	und wird danach in die G. ausgeleert Mk 7,19		19	die mich ohne G. hassen 69,5
	25,18	ging hin und machte eine G. in die Erde		36,2	auf gottloses Treiben im G. ihres Herzens
				44,22	er kennt ja unsres Herzens G.

Gruft

				69,3	ich versinke, wo kein G. ist
Hi	3,14	Königen, die sich G. erbauten		73,18	du stellst sie auf schlüpfrigen G.
Jes	14,20	die hinabfuhren in eine steinerne G.		74,7	bis auf den G. entweihen sie die Wohnung
				89,3	du gibst deiner Treue sicheren G.
				5	will deinem Geschlecht festen G. geben
				109,3	streiten wider mich ohne G. 119,161
				137,7	reißt nieder bis auf den G.

Grummet

Am	7,1	als das G. aufging; das G. war gewachsen	Spr	1,11	den Unschuldigen nachstellen ohne G.
				23,29	wo sind Wunden ohne jeden G.

grün

			Jes	51,10	der den G. des Meeres zum Wege machte
1Mo	1,30	habe alles g. Kraut zur Nahrung gegeben		52,4	Assur hat ihm ohne G. Gewalt angetan
	9,3	was lebt, sei eure Speise... das g. Kraut		54,11	will deinen G. mit Saphiren legen
2Mo	10,15	ließen nichts G. übrig an den Bäumen	Jer	31,37	wenn man könnte den G. der Erde erforschen
5Mo	12,2	ihren Göttern gedient... unter g. Bäumen 1Kö 14,23; 2Kö 16,4; 17,10; 2Ch 28,4; Jes 57,5; Jer 2,20; 3,6.13; 17,2; Hes 6,13	Klg	3,52	meine Feinde haben mich ohne G. gejagt
			Hes	6,3	so spricht Gott der HERR zu den G.
				13,14	daß man ihren G. sehen soll
2Kö	19,26	sie wurden wie das g. Kraut Jes 37,27		14,23	daß ich nicht ohne G. getan habe
Est	1,6	da waren Polster auf g. Marmor	Dan	6,5	konnten keinen G. zur Anklage finden 6
Hi	39,8	er sucht, wo es g. ist	Am	9,3	wenn sie sich verbärgen im G. des Meeres
Ps	23,2	er weidet mich auf einer g. Aue	Jon	2,7	ich sank hinunter zu der Berge G.
	37,2	wie das g. Kraut werden sie verwelken	Mi	1,6	will es bis auf den G. bloßlegen
Spr	27,25	ist wiederum G. nachgewachsen	Jdt	5,10	daß sie auf dem G. des Meeres gingen
Hl	1,16	unser Lager ist g.	Wsh	4,3	kann keinen festen G. gewinnen 4.19
Jes	15,6	die Wasser versiegen, und kein G. wächst		18,18	aus welchem G. sie sterben mußten
Jer	11,6	der HERR nannte dich einen g. Ölbaum	Tob	2,8	wollte dich aus demselben G. töten
	14,6	erlöschen, weil nichts G. wächst	1Ma	15,35	so war der G. für unser Handeln dieser
	17,8	seine Blätter bleiben g.	2Ma	5,17	das war der G., daß Gott
Hes	17,24	ich lasse den g. Baum verdorren	Mt	19,3	aus irgendeinem G. von seiner Frau scheidet
	21,3	Feuer soll g. Bäume verzehren	Lk	1,4	damit du den sicheren G. der Lehre erfahrest
Wsh	19,7	aus den Fluten erhob sich ein g. Feld			
Sir	14,19	wie mit den g. Blättern auf einem Baum		6,48	der ein Haus baute und legte den G. auf Fels 49
	40,22	sieht eine g. Saat lieber als			
	43,34	was g. ist, versengt er wie Feuer		11,50	*seit der Welt G. gelegt ist*
	50,8	wie das g. des Libanon im Sommer		14,29	damit nicht, wenn er den G. gelegt hat
Mk	6,39	daß sich sie lagerten auf das g. Gras	Jh	15,25	sie hassen mich ohne G.
	11,8	g. Zweige, die sie auf den Feldern abgehauen		17,24	ehe der G. der Welt gelegt war Eph 1,4
			Apg	19,40	ohne daß ein G. vorhanden ist
Lk	23,31	wenn man das tut am g. Holz		22,24	aus welchem G. sie so gegen ihn schrien
Off	8,7	alles g. Gras verbrannte		28,20	habe ich euch daran gebeten
	9,4	sie sollten nicht Schaden tun allem G.	Rö	15,20	damit ich nicht auf einen fremden G. baute
				22	G., warum ich daran gehindert worden bin

Grund

			1Ko	3,10	habe den G. gelegt als ein weiser Baumeister
1Mo	26,17	Isaak schlug seine Zelte auf im G. 19		11	einen andern G. kann niemand legen als den, der gelegt ist
2Mo	15,5	sie sanken auf den G. wie Steine			
	24,8	auf aller dieser Worte 34,27		12	wenn jemand auf den G. baut Gold
Jos	5,4	der G., warum Josua sie beschnitten hat		4,17	aus demselben G. habe ich Timotheus zu euch gesandt
	6,26	wenn er ihren G. legt 1Kö 16,34			
1Sm	6,13	die Leute schnitten eben den Weizen im G.	Gal	2,11	es war G. zur Klage gegen ihn
	19,5	daß du David ohne G. tötest	Eph	2,20	erbaut auf den G. der Apostel
2Sm	22,16	des Erdbodens G. ward aufgedeckt Ps 18,16	Kol	2,18	ohne G. aufgeblasen in s. fleischlichen Sinn
1Kö	2,31	Blut, das Joab ohne G. vergossen hat	1Ti	6,19	einen Schatz als guten G. für die Zukunft
	5,31	behauene Steine zum G. des Hauses	2Ti	2,19	der feste G. Gottes besteht
	6,37	wurde der G. gelegt zum Hause des HERRN Esr 3,6.10.11; 5,16; 6,3; Sa 8,9	1Pt	1,20	ausersehen, ehe der Welt G. gelegt wurde
				3,15	*der von euch G. fordert der Hoffnung*
	7,9	vom G. bis an das Dach	Heb	6,1	wir wollen nicht abermals den G. legen
Esr	7,14	um auf den G. des Gesetzes nachzuforschen		11,10	wartete auf die Stadt, die einen festen G. hat
Hi	2,3	bewogen, ihn ohne G. zu verderben 9,17			
	22,6	hast Pfand abgenommen ohne G.			

Grundbesitz

	16	das Wasser hat ihren G. weggewaschen			
	28,9	man gräbt die Berge von G. aus um	3Mo	25,24	bei all eurem G... Einlösung gewähren

gründen

gründen

2Mo	9,18	von der Zeit an, als (Ägypten) geg. wurde
1Ch	16,30	hat den Erdkreis geg. Ps 89,12; 93,1; 96,10
2Ch	8,16	da des HERRN Haus geg. Esr 3,12; Hag 2,18
Hi	4,19	die auf Staub geg. sind
	38,4	wo warst du, als ich die Erde g.
Ps	24,2	er hat ihn über den Meeren geg.
	78,69	wie die Erde, die er geg. hat 102,26; 104,5; 119,90; Spr 3,19; Jes 45,18; 48,13; 51,13.16; Sa 12,1; Heb 1,10
	87,1	sie ist fest geg. auf den heiligen Bergen
	104,8	zum Ort, den du ihnen geg. hast
	119,152	daß du sie für ewig geg. hast
Spr	22,19	damit deine Hoffnung sich g. auf den HERRN
	24,27	richte deine Arbeit; danach g. dein Haus
Hl	5,15	wie Marmorsäulen, geg. auf goldenen Füßen
Jes	14,32	der HERR hat Zion geg.
	28,16	einen Eckstein, der fest geg. ist
	44,28	soll sagen zum Tempel: Werde geg.
	54,14	sollst auf Gerechtigkeit geg. sein
	58,12	aufrichten, was vorzeiten geg. ward
Jer	30,20	Gemeinde soll vor mir fest geg. stehen
Am	9,6	der seinen Palast über der Erde g.
Sa	4,9	die Hände Serubbabels haben dies Haus geg.
Sir	40,19	Städte g. machen einen bleibenden Namen
	42,21	hat die Werke seiner Weisheit fest geg.
Bar	3,32	der die Erde auf ewige Zeit geg. hat
Mt	7,25	denn es war auf Fels geg.
Eph	3,17	daß ihr in der Liebe geg. seid
Kol	1,23	wenn ihr nur bleibt im Glauben, geg.
	2,7	seid in ihm verwurzelt und geg.
	8	geg. auf die Lehre von Menschen
1Pt	5,10	der Gott aller Gnade wird euch g.
Heb	8,6	Bundes, der auf bessere Verheißungen geg. ist

Grundfeste

5Mo	32,22	Feuer wird anzünden die G. der Berge
1Sm	2,8	der Welt G. sind des HERRN
2Sm	22,8	die G. des Himmels bewegten sich Ps 18,8
Ps	11,3	sie reißen die G. um
	82,5	darum wanken alle G. der Erde Jes 24,18
Spr	8,29	als er die G. der Erde legte
Klg	4,11	Feuer, das ihre G. verzehrt hat
Hes	30,4	wenn seine G. eingerissen werden
Mi	6,1	merket auf, ihr G. der Erde
Hab	3,13	du entblößtest die G. bis auf den Fels
1Ti	3,15	die Gemeinde Gottes, eine G. der Wahrheit

gründlich

5Mo	13,15	sollst g. suchen, forschen und fragen 17,4
	19,18	die Richter sollen g. nachforschen

Grundmauer

Apg	16,26	so daß die G. des Gefängnisses wankten

Grundstein

1Kö	7,10	die G. waren kostbare Steine
Jes	28,16	ich lege in Zion einen G.
Jer	51,26	weder Ecksteine noch G. nehmen kann
Off	21,14	die Mauer der Stadt hatte zwölf G. 19

Grundtor

2Ch	23,5	ein Drittel (soll Wache halten) am G.

grünen

1Mo	40,10	hatte 3 Reben, und er g., wuchs und blühte
4Mo	17,20	wen ich erwählen, dessen Stab wird g.
	23	Mose fand den Stab Aarons g. Heb 9,4
Hi	14,9	so g. er doch wieder
	15,32	sein Zweig wird nicht mehr g.
Ps	37,35	Gottlosen, der g. wie eine Zeder 92,8
	52,10	ich aber werde bleiben wie ein g. Ölbaum
	72,16	in den Städten sollen sie g. wie das Gras
	92,13	der Gerechte wird g. 14; Spr 11,28
Spr	14,11	die Hütte der Frommen wird g.
Pr	2,6	zu bewässern den Wald der g. Bäume
Jes	27,6	daß Israel blühen und g. wird Hes 36,8
	66,14	euer Gebein soll g. wie Gras
Hes	7,10	Unrecht blüht, und Vermessenheit g.
	27,24	den dürren Baum lasse ich g.
Hos	10,4	ihr Recht g. wie giftiges Kraut
	14,9	ich will sein wie eine g. Tanne
Jo	2,22	die Auen in der Steppe sollen g.
Hab	3,17	da wird der Feigenbaum nicht g.
Wsh	4,4	wenn sie auch an den Zweigen g.
Sir	46,14	ihre Gebeine mögen g., wo sie liegen 49,12

grünlich

3Mo	13,49	wenn die Stelle g. ist am Kleid 14,37

Gruppe

Mk	6,40	sie setzten sich, in G. zu hundert Lk 9,14

Gruß

Sir	4,8	antworte ihm freundlich auf seinen G.
1Ma	10,18	Alexander entbietet seinen G. 25; 11,30.32; 12,6.20; 13,36; 14,20; 15,2.16; 2Ma 11,16.22.27.34
	12,17	daß sie euch unsern G. sagen sollen
Lk	1,29	dachte: Welch ein G. ist das
	41	als Elisabeth den G. Marias hörte 44
Apg	23,26	Klaudius Lysias dem edlen Statthalter Felix: G. zuvor
1Ko	16,21	hier mein, des Paulus, eigenhändiger G. Kol 4,18; 2Th 3,17
Jak	1,1	an die zwölf Stämme: G. zuvor

grüßen

1Mo	43,27	er g. sie freundlich Ri 18,15; 1Sm 30,21
2Mo	18,7	als sie sich untereinander geg. hatten
1Sm	10,4	sie werden dich freundlich g. 25,5
	25,14	David hat gesandt, unsern Herrn zu g. 2Kö 10,13.15; 1Ch 18,10
2Kö	4,29	g. ihn nicht, und g. dich jemand, danke nicht
Tob	5,6	er g. ihn und fragte 12
Sir	41,24	wenn du nicht dankst, wenn man dich g.
Mt	10,12	wenn ihr in ein Haus geht, so g. es
	23,7	haben's gern, daß sie auf dem Markt geg. werden Mk 12,38; Lk 11,43; 20,46
	26,49	trat zu Jesus und sprach: Sei geg., Rabbi
	27,29	geg. seist du, der Juden König Mk 15,18; Jh 19,3
	28,9	begegnete ihnen Jesus und sprach: Seid geg.
Mk	9,15	liefen herbei und g. ihn
Lk	1,28	der Engel sprach: Sei geg., du Begnadete

Lk	1,40	(Maria) g. Elisabeth
	10,4	tragt keinen Geldbeutel bei euch und g. niemanden unterwegs
Apg	18,22	(Paulus) g. die Gemeinde
Rö	16,3	g. die Priska und den Aquila 5-15; 2Ti 4,19
	16	es g. euch alle Gemeinden Christi 21-23; 1Ko 16,19.20; 2Ko 13,12; 1Pt 5,13; Heb 13,24
	16	g. euch untereinander mit dem heiligen Kuß 1Ko 16,20; 2Ko 13,12; 1Th 5,26; 1Pt 5,14
Phl	4,21	es g. euch die Brüder 22; Kol 4,10.12.14; 2Ti 4,21; Tit 3,15; Phm 23; 2Jh 13; 3Jh 15
	21	g. alle Heiligen in Christus Jesus Kol 4,15; Tit 3,15; 3Jh 15; Heb 13,24
2Jh	10	nehmt ihn nicht ins Haus und g. ihn auch nicht
	11	wer ihn g., der hat teil an s. bösen Werken
Heb	11,13	haben es nur von ferne gesehen und geg.

Grußwort

Est	9,30	sandte G. des Friedens und der Treue

Grütze

Spr	27,22	wenn du den Toren zerstießest wie G.

gucken

2Sm	6,16	g. Michal durchs Fenster und sah David
Spr	7,6	am Fenster m. Hauses g. ich durchs Gitter

Gudgoda (= Hor-Gidgad)

5Mo	10,7	von da zogen sie aus nach G., von G. nach

gülden

Hi	28,17	kann man nicht eintauschen um g. Kleinod
Ps	16,1	ein g. Kleinod Davids 56,1; 57,1; 58,1; 59,1; 60,1

Gulden

1Ch	29,7	sie gaben zur Arbeit am Hause... 10.000 G.
Esr	2,69	gaben für das Werk 61.000 G. Neh 7,69-71
	8,27	goldene Becher, tausend G. wert

gültig

5Mo	19,15	durch Zeugen soll eine Sache g. sein

Guni, Guniter

1Mo	46,24	¹Söhne Naftalis: G. 4Mo 26,48; 1Ch 7,13
2Sm	23,32	Jaschen, der G. 1Ch 11,34
1Ch	5,15	²Abdiëls, des Sohnes G.

Gunst

2Mo	3,21	will diesem Volk G. verschaffen 11,3; 12,36
1Sm	2,26	Samuel nahm zu an Alter und G.
Esr	7,28	der mir die G. des Königs zugewandt 9,9
Est	2,9	das Mädchen fand G. bei ihm 15.17
Hi	11,19	viele würden deine G. erbitten
Ps	45,13	die Reichen im Volk suchen deine G.
	119,58	ich suche deine G. von ganzem Herzen
Spr	13,15	rechte Einsicht schafft G.
Pr	10,12	die Worte des Weisen bringen ihm G.
Sir	32,14	dem Bescheidenen geht große G. voraus
Apg	24,27	Felix wollte den Juden eine G. erweisen 25,9

Apg	25,3	baten ihn um die G., daß er
1Ti	5,21	daß du nichts tust nach G.

günstig

Dan	1,9	Gott gab, daß ihm der Kämmerer g. wurde
2Ma	8,6	brachte die g. gelegenen Orte an sich
	11,36	darlegen, wie es für euch g. ist
	14,22	verteilte einige Bewaffnete auf g. Plätze
StD	1,15	als sie auf einen g. Tag lauerten

Günstling

Hi	22,8	sein G. darf darin wohnen

Gur

2Kö	9,27	auf der Höhe von G., die bei Jibleam liegt

Gur-Baal

2Ch	26,7	Araber, die in G. wohnten

Gurke

2Kö	4,39	pflückte sein Kleid voll mit wilden G.

Gurkenfeld

Jes	1,8	übriggeblieben wie eine Nachthütte im G.
Jer	10,5	sind nichts als Vogelscheuchen im G.

gurren

Jes	38,14	ich g. wie eine Taube 59,11; Hes 7,16

Gurt, Gürtel

2Mo	28,4	(heilige) Kleider: Kopfbund und G. 39.40; 29,9; 39,29; 3Mo 8,7.13; 16,4
3Mo	8,7	gürtete ihn mit dem G. des Schurzes
1Sm	18,4	Jonatan gab David seinen G.
2Sm	10,4	die Kleider abschneiden bis unter den G.
	18,11	hätte ich dir einen G. gegeben
	20,8	darüber einen G. mit einem Dolch
1Kö	2,5	Blut an den G. seiner Lenden gebracht
Hi	12,18	es umgürtet die Lenden mit einem G.
	38,31	kannst du den G. des Orion auflösen
Ps	109,19	wie ein G., mit dem er sich gürtet
Spr	31,24	einen G. gibt sie dem Händler
Jes	3,20	(wird der Herr wegnehmen) die G. 24
	5,27	keinem geht der G. auf von seinen Hüften
	11,5	Gerechtigkeit G. seiner Lenden... Treue G. seiner Hüften
	22,21	(ich) will ihn mit deinem G. gürten
	49,18	wirst sie als G. um dich legen
Jer	13,1	kaufe dir einen leinenen G. 2.4.6.7.10.11
Dan	10,5	ihr Mann, der hatte einen goldenen G. um
Bar	6,44	weil ihr der G. nicht gelöst wurde
Mt	3,4	Johannes hatte einen ledernen G. um Mk 1,6
	10,9	weder Gold noch Silber in euren G. haben
Mk	6,8	kein Brot, keine Tasche, kein Geld im G.
Apg	21,11	nahm er den G. des Paulus und band sich
Off	1,13	gegürtet um die Brust mit einem goldenen G. 15,6

gürten

1Mo	22,3	Abraham g. seinen Esel
2Mo	12,11	um eure Lenden sollt ihr geg. sein

gürten

2Mo 32,27 ein jeder g. sein Schwert
3Mo 8,7 g. ihn mit dem Gürtel... g. ihn mit dem Gurt 13; 16,4
Ri 3,16 Ehud g. (einen Dolch) unter sein Kleid
1Sm 17,39 David g. Sauls Schwert über s. Rüstung
1Kö 18,46 g. seine Lenden 2Kö 4,29; 9,1; Jer 1,17; 13,1. 2.4.11; Hes 23,15
20,32 sie g. Säcke um ihre Lenden
Neh 4,12 hatte sein Schwert um die Lenden geg.
Hi 38,3 g. deine Lenden wie ein Mann 40,7
Ps 30,12 du hast mich mit Freude geg.
45,4 g. dein Schwert an die Seite, du Held
109,19 ein Gürtel, mit dem er allezeit sich g.
Spr 31,17 sie g. ihre Lenden mit Kraft
Jes 22,21 (ich) will ihn mit deinem Gürtel g.
Hes 44,18 nicht mit Zeug g., das Schweiß wirkt
Tob 5,5 stand da geg. und bereit zu reisen
Jh 21,18 als du jünger warst, g. du dich selbst
Apg 12,8 g. dich und zieh deine Schuhe an
Off 1,13 g. um die Brust mit einem goldenen Gürtel 15,6

Guß

1Kö 7,24 Knoten, beim G. mitgegossen 37; 2Ch 4,3

gut (s.a. Werk)

1Mo 1,4 sah, daß das Licht g. war 10.12.18.21.25.31
2,9 allerlei Bäume, g. zu essen 3,6
18 es ist nicht g., daß der Mensch allein sei
3,5 werdet wissen, was g. und böse ist 22
15,15 sollst in g. Alter begraben werden 25,8
18,7 holte ein zartes g. Kalb 27,9
19 tun, was recht und g. ist 5Mo 6,18
21,20 (Ismael) wurde ein g. Schütze
34,18 die Rede gefiel g. 41,37; 45,16; 5Mo 1,23; Jos 22,30.33; Ri 18,20; 2Sm 17,4
37,14 sieh, ob's g. steht um deine Brüder
40,16 sah, daß die Deutung g. war
41,26 die sieben g. Ähren 35
43,23 seid g. Mutes
49,15 sah die Ruhe, daß sie g. ist
50,20 aber Gott gedachte, es g. zu machen
2Mo 3,8 sie herausführe in ein g. Land 4Mo 13,19; 14,7; 5Mo 1,25; 4,22; 6,18; 8,7; 9,6; Ri 18,9; 1Ch 28,8
18,17 es ist nicht g., wie du das tust
30,7 verbrennen g. Räucherwerk 2Ch 2,3; 13,11; 16,14
3Mo 27,10 ein g. (Tier) gegen ein schlechtes
12 schätzen, ob es g. oder schlecht sei 14.33
4Mo 32,1 g. Weide für ihr Vieh 4; 1Ch 4,40
5Mo 1,14 ja, das ist eine g. Sache
35 es soll keiner das g. Land sehen 4,21
3,25 laß mich sehen das g. Land... g. Bergland
4,9 bewahre deine Seele g.
5,28 ist alles g., was sie geredet haben
8,10 sollst den HERRN loben für das g. Land
11,17 daß ihr ausgetilgt werdet aus dem g. Lande Jos 23,13.15.16; 1Kö 14,15
28,12 der HERR wird dir seinen g. Schatz auftun
Jos 9,25 was dich g. und recht dünkt, das tu
21,45 war nichts dahingefallen von all dem g. Wort 23,14.15; 1Kö 8,56
Ri 9,11 soll ich meine g. Frucht lassen
16,25 als nun ihr Herz g. Dinge war 19,6.9.22; Rut 3,7; 1Sm 25,36; 2Sm 13,28
Rut 2,22 g., daß du mit seinen Mägden hinausgehst
3,13 will er dich lösen, g., so mag er's tun

1Sm 2,24 das ist kein g. Gerücht
12,23 euch zu lehren den g. Weg 1Kö 8,36; 2Ch 6,27
16,12 (David) war von g. Gestalt
16 der auf der Harfe g. spielen kann
18,5 es gefiel allem Volk g. 2Sm 3,36; 1Ch 13,4
15 daß David alles so g. gelang
26 es dünkte David g.
20,7 so steht es g. um deinen Knecht 12.21
29,6 daß du... im Heer, gefiele mir g.
2Sm 3,19 kundzutun, was Israel... für g. hielten
4,10 er sei ein g. Bote 18,19.20.22.25-27.31
10 Lohn für eine g. Botschaft geben sollte
11,7 ob es mit dem Krieg g. stünde
15,3 deine Sache ist g.
17,7 kein g. Rat, den Ahitofel gegeben hat
19,36 unterscheiden, was g. und schlecht 1Kö 3,9
20,18 so geht es g. aus
1Kö 1,42 bringst g. Botschaft 2Kö 7,9
2,18 g., ich will mit dem König reden
3,10 das gefiel dem Herrn g.
8,66 gingen heim g. Mutes 21,7; 2Ch 7,10; Est 1,10; 5,9
9,27 die g. Schiffsleute waren
12,7 wirst du ihnen g. Worte geben 2Ch 10,7
20,33 die Männer nahmen es als ein g. Zeichen
22,13 die Worte sind einmütig g. 2Ch 18,12
2Kö 2,19 ist g. wohnen in dieser Stadt
3,19 werdet fällen alle g. Bäume und alle g. Äcker verderben 25
4,23 laß es g. sein
9,11 sprach man zu (Jehu): Steht es g.
20,19 das Wort ist g., das der HERR durch dich
1Ch 29,28 (David) starb in g. Alter
2Ch 30,4 gefiel dem König und der Gemeinde g.
22 die sich g. auf den Dienst verstanden
31,20 Hiskia tat, was g., recht und wahrhaftig
Neh 5,9 ist nicht g., was ihr tut
9,13 hast g. Satzungen und Gebote gegeben
20 gabst ihnen deinen g. Geist
Est 5,14 das gefiel Haman g.
Hi 9,2 ich weiß sehr g., daß es so ist
20,21 wird sein g. Leben keinen Bestand haben
21,13 sie werden alt bei g. Tagen 36,11
23,10 er kennt meinen Weg g.
34,4 daß wir erkennen, was g. ist
Ps 21,4 du überschüttest ihn mit g. Segen
25,8 der HERR ist g. und gerecht
34,13 wer möchte gern g. leben
36,4 verständig und g. handeln sie nicht mehr
45,2 ist ein Griffel eines g. Schreibers
48,14 habt g. acht auf (Zions) Mauern
49,19 er freut sich wohl dieses g. Lebens
57,3 Gott, der meine Sache zum g. Ende führt
58,6 des Beschwörers, der g. beschwören kann
65,10 du lässest ihr Getreide g. geraten
86,5 du, Herr, bist g. und gnädig
17 du g's g. mit mir meinst
118,8 es ist g., auf den HERRN vertrauen 9
119,39 deine Ordnungen sind g.
71 es ist g. für mich, daß du mich gedemütigt
128,2 wohl dir, du hast's g.
143,10 dein g. Geist führe mich auf ebner Bahn
Spr 2,9 dann wirst du verstehen jeden g. Weg
3,2 (meine Gebote) bringen g. Jahre
4,2 ich gebe euch eine g. Lehre
5,2 daß du behaltest g. Rat
8,12 ich, die Weisheit, weiß g. Rat zu geben
14,14 einem g. (Menschen) nach seinen Taten
15,2 der Weisen Zunge bringt g. Erkenntnis

Spr	15,15	ein Betrübter hat nie einen g. Tag; aber ein g. Mut ist ein tägliches Fest	Tob	5,20	du bist aus einem g. Geschlecht
	30	eine g. Botschaft labt das Gebein		29	daß ein g. Engel Gottes ihn geleitet
	16,29	ein Frevler führt ihn auf keinen g. Weg		6,6	sie sind sehr g. als Arznei 10
	17,26	nicht g., daß man... Strafe zahlen läßt		8,16	sie brachte ihnen die g. Nachricht
	18,1	gegen alles, was g. ist, geht er an	Sir	1,33	Treue und Demut gefallen Gott g.
	5	ist nicht g., den Schuldigen vorzuziehen		3,30	Hochmut tut niemals g.
	19,10	dem Toren steht nicht an, g. Tage zu haben		6,19	warte auf ihre g. Früchte
	20,17	das gestohlene Brot schmeckt dem Manne g.		9,15	neuer Wein... wird dir g. schmecken
	23	eine falsche Waage ist nicht g.		11,19	nun will ich mir ein g. Leben machen
	22,1	g. Ruf ist köstlicher als großer Reichtum		13,30	Reichtum ist nur dann g., wenn
	24,13	iß Honig, mein Sohn, denn er ist g.		14,25	so daß er eine g. Herberge hat
	14	so ist Weisheit g. für deine Seele		17,30	nicht g., was Fleisch sich ausdenkt
	23	die Person ansehen ist nicht g. 28,21		18,16	ist ein g. Wort besser als eine Gabe
	25,25	eine g. Botschaft ist wie kühles Wasser		26,3	eine g. Frau ist eine köstliche Gabe
	27	zuviel Honig essen ist nicht g.		28,11	der Gottlose bringt g. Freunde auseinander
	27,6	die Schläge des Freundes meinen es g.		30,18	ein g. Gericht... ist wie
Pr	2,1	ich will Wohlleben und g. Tage haben		27	ein Herz, das fröhlich ist, sorgt für g. Essen
	3	was den Menschen zu tun g. wäre		31,23	mäßig gehalten wird, so schläft man g.
	24	daß seine Seele g. Dinge sei 11,9		32,9	so wirken Lieder beim g. Wein
	3,13	ißt und trinkt und hat g. Mut 5,17; 9,7		22	ein... Mann verachtet nicht g. Rat 40,25
	4,9	sie haben g. Lohn für ihre Mühe		39,40	nicht sagen: Es ist nicht alles g.
	7,1	ein g. Ruf ist besser als g. Salbe		40,18	wer bescheiden ist, der hat ein g. Leben
	11	Weisheit ist g. und hilft denen, die		32	Betteln schmeckt dem unverschämten Maul g.
	14	am g. Tag sei g. Dinge		41,1	ein Mensch, der g. Tage hat 6
	18	ist g., wenn du dich an das eine hältst		15	sieh zu, daß du einen g. Namen behältst 16
	9,11	dazu hilft nicht, daß er etwas g. kann		16	ein Leben, es sei so g., wie es wolle
	10,1	tote Fliegen verderben g. Salben		44,3	es gab solche, die g. regiert haben
	11,6	ob beides miteinander g. gerät		46,12	wie g. es ist, dem Herrn zu gehorchen
	12,9	lehrte auch das Volk g. Lehre		51,29	ich erwarb (Weisheit) als g. Schatz
	14	vor Gericht bringen, es sei g. oder böse	Bar	3,26	da waren vorzeiten Riesen, g. Krieger
Hl	7,10	laß deinen Mund sein wie g. Wein	1Ma	1,13	diese Meinung gefiel ihnen g. 6,60
Jes	3,10	heil den Gerechten, sie haben es g.		2,21	wäre nicht g., daß wir abfielen
	5,2	wartete, daß er g. Trauben brächte 4		4,45	sie hatten einen g. Einfall
	20	weh, die g. Böses u. Gutes böse nennen		6,41	ein großes u. gerüstetes Heer 40
	23,16	mach's g. auf dem Saitenspiel		11,26	wirst g. daran tun, wenn du 2Ma 12,43
	36,11	rede aramäisch, wir verstehen's g.		13,37	bereit, einen g. Frieden zu schließen
	39,8	das Wort des HERRN ist g.		14,4	Simon regierte sehr g.
	61,1	den Elenden g. Botschaft zu bringen		9	die Ältesten hielten auf g. Ordnung
	65,2	wandelt auf einem Wege, der nicht g. ist		15,26	Simon schickte... g. Kriegsvolk
Jer	6,16	fragt, welches der g. Weg sei	2Ma	3,1	als man in g. Frieden wohnte 14,25
	11,19	wenn es übel ist, sind sie g. Dinge		6,28	den Jungen ein g. Beispiel hinterlassen
	20,15	verflucht sei, der g. Botschaft brachte		7,24	redete dem jüngsten Sohn mit g. Worten zu
	22,21	als es noch g. um dich stand		10,27	zogen ein g. Stück vor die Stadt hinaus
	24,2	in dem einen Korbe waren g. Feigen 3.5		11,6	baten den Herrn, einen g. Engel zu senden
	26,14	wie es euch recht und g. dünkt 40,4		14	daß er ihr g. Freund würde 12,3
	38,22	deine g. Freunde haben dich überredet		25	weil wir es nun für g. ansehen
	50,9	Pfeile wie die eines g. Kriegers		12,31	weiterhin gegen ihr Volk g. Willens zu sein
Hes	17,5	ein Gewächs und pflanzte es in g. Land 8		43	er tat g. und löblich daran
	20,25	gab ich Gebote, die nicht g. waren	Mt	3,10	Baum, der g. Frucht bringt Lk 3,9
	24,4	tu Fleisch hinein, g. Stücke 5		7,11	wenn ihr euren Kindern g. Gaben geben könnt Lk 11,13
	33,14	tut, was recht und g. ist 16.19; 45,9		17	so bringt jeder g. Baum g. Früchte 18.19; 12,33; Lk 6,43
	32	wie einer, der g. spielen kann		12,35	ein g. Mensch bringt Gutes hervor aus dem g. Schatz Lk 6,45
	34,14	da werden sie auf g. Auen lagern		13,8	einiges fiel auf g. Land und trug Frucht 23; Mk 4,8.20; Lk 8,8.15
	36,31	euer Tun, das nicht g. war		24	der g. Samen auf seinen Acker säte 27.37.38
	38,7	wohlan, rüste dich g.		45	Kaufmann, der g. Perlen suchte
Dan	11,16	der wird tun, was ihm g. dünkt		48	setzen sich und lesen die g. zusammen
Hos	5,3	ich kenne Ephraim g.		14,6	das gefiel dem Herodes g.
	14,7	daß es so g. Geruch gebe wie die Linde		17,4	Herr, hier ist g. sein Mk 9,5; Lk 9,33
Mi	6,8	es ist g. gesagt, Mensch, was g. ist		19,10	dann ist's nicht g. zu heiraten
Nah	2,1	auf den Bergen die Füße eines g. Boten		17	was fragst du mich nach dem, was g. ist? G. ist nur Einer Mk 10,18; Lk 18,19
Mal	1,14	der in seiner Herde ein g. Tier hat		27,65	geht hin und bewacht es, so g. ihr könnt
Jdt	8,7	hatte bei allen einen g. Ruf	Mk	9,50	das Salz ist g.
	10,11	wird er dich gewiß g. behandeln		10,17	g. Meister, was soll ich tun, damit Lk 18,18
Wsh	8,18	durch Arbeit kommt g. Ruf		12,28	als er sah, daß er ihnen g. geantwortet
	12,19	d. Söhne läßt du voll g. Zuversicht sein			
	21	Eid und Bund voll g. Verheißungen			
Tob	4,10	wirst dir einen g. Lohn sammeln			
	5,6	woher bist du, g. Freund			
	9	ich kenne (den Weg) g.			

gut

Mk	14,11	wie er ihn bei g. Gelegenheit verraten könnte
Lk	1,3	es für dich in g. Ordnung aufzuschreiben
	6,48	nicht bewegen; denn es war g. gebaut
	8,15	die das Wort behalten in einem g. Herzen
	10,42	Maria hat das g. Teil erwählt
	12,16	dessen Feld hatte g. getragen
	19	habe nun Ruhe, iß, trink und habe g. Mut
	15,32	du solltest fröhlich und g. Mutes sein
	20,9	*zog außer Landes eine g. Zeit*
	23,50	der war ein g., frommer Mann
Jh	2,10	du hast den g. Wein bis jetzt zurückbehalten
	7,12	einige sprachen: Er ist g.
	10,11	ich bin der g. Hirte. Der g. Hirte läßt sein Leben für die Schafe 14
	16,7	es ist g. für euch, daß ich weggehe
	18,14	es wäre g., ein Mensch stürbe für das Volk
Apg	6,3	(Männer,) die einen g. Ruf haben
	5	die Rede gefiel der ganzen Menge g.
	10,22	Kornelius, mit g. Ruf 16,2; 22,12
	15,34	*es schien Silas g., dort zu bleiben*
	16,23	befahl dem Aufseher, sie g. zu bewachen
	23,1	mein Leben mit g. Gewissen vor Gott geführt
	24,22	(Felix) wußte recht g. um diese Lehre
	27,36	da wurden sie alle g. Mutes
Rö	5,7	um des G. willen wagt er vielleicht sein Leben
	7,12	das Gebot ist gerecht und g. 13.16; 1Ti 1,8
	10,15	wie lieblich sind die Füße der Freudenboten, die das G. verkündigen
	16	nicht alle der g. Botschaft gehorsam
	11,24	wider die Natur in den g. Ölbaum
	14,20	es ist nicht g. für den, der es mit schlechtem Gewissen ißt
	15,14	*daß ihr selber voll g. Sinnes seid*
1Ko	5,6	euer Rühmen ist nicht g.
	6,2	nicht g. genug, geringe Sachen zu richten
	7,1	es ist g. für den Mann, keine Frau zu berühren 8.26.37.38
	11,30	*ein g. Teil sind entschlafen*
	15,33	schlechter Umgang verdirbt g. Sitten
	16,2	*sammle, was ihn g. dünkt*
2Ko	2,15	*wir sind Gott ein g. Geruch Christi*
	5,10	was er getan hat bei Lebzeiten, es sei g. oder böse
	6,8	in bösen Gerüchten und g. Gerüchten
	8,12	wenn der g. Wille da ist, so ist er willkommen
	13	nicht, daß die andern g. Tage haben sollen
	19	diese Gabe zum Erweis unsres g. Willens 9,2
	12,10	darum bin ich g. Mutes in Schwachheit
Gal	4,18	umworben zu werden ist g., wenn's im Guten
	5,7	ihr lieft so g.
Eph	4,29	redet, was g. ist
	6,7	tut euren Dienst mit g. Willen
Phl	1,6	ich bin darin g. Zuversicht, daß
	15	einige predigen Christus in g. Absicht
	4,8	was einen g. Ruf hat
1Th	3,6	hat uns g. berichtet von eurem Glauben
2Th	2,16	der uns gegeben hat eine g. Hoffnung
1Ti	1,5	ist Liebe aus g. Gewissen
	18	damit du einen g. Kampf kämpfst
	19	den Glauben und ein g. Gewissen hast
	2,3	dies ist g. und wohlgefällig vor G.
	3,4	einer, der seinem eigenen Haus g. vorsteht 12
	7	er muß einen g. Ruf haben
	13	welche ihren Dienst g. versehen
1Ti	4,4	alles, was Gott geschaffen hat, ist g.
	6	wirst du ein g. Diener Christi Jesu sein
	5,17	die Ältesten, die der Gemeinde g. vorstehen
	6,12	kämpfe den g. Kampf des Glaubens
	13	Jesus, der unter Pontius Pilatus bezeugt hat das g. Bekenntnis
	19	einen Schatz als g. Grund für die Zukunft
2Ti	2,3	leide mit als ein g. Streiter Christi Jesu
	4,7	ich habe den g. Kampf gekämpft
Tit	1,16	sie sind zu allem g. Werk untüchtig
	2,7	dich selbst mache zum Vorbild g. Werke
	10	sich in allem als g. und treu erweisen
	3,8	das ist g. und nützt den Menschen
	13	Zenas und Apollos rüste g. aus zur Reise
Phm	14	damit das G. dir nicht abgenötigt wäre
1Pt	2,15	daß ihr mit g. Taten den unwissenden Menschen das Maul stopft
	20	wenn ihr um g. Taten willen leidet 3,17
	3,10	wer das Leben lieben und g. Tage sehen will
	16	wenn sie euren g. Wandel schmähen
	21	wir bitten Gott um ein g. Gewissen
	4,10	die g. Haushalter der Gnade Gottes
2Pt	1,19	ihr tut g. daran, daß ihr darauf achtet
3Jh	6	du wirst g. daran tun, wenn du
	12	Demetrius hat ein g. Zeugnis von jedermann
Heb	6,5	(geschmeckt haben) das g. Wort Gottes und die Kräfte der zukünftigen Welt
	12,10	*wie es ihnen g. dünkte*
	13,17	das wäre nicht g. für euch
	18	unser Trost ist, daß wir ein g. Gewissen
Jak	1,17	alle g. Gabe kommt von oben herab
	2,3	setze du dich hierher auf den g. Platz
	7	verlästern sie nicht den g. Namen, der über euch genannt ist
	3,13	der zeige mit seinem g. Wandel seine Werke
	17	ist reich an Barmherzigkeit und g. Früchten
	5,13	ist jemand g. Mutes, der singe Psalmen
Off	11,10	*freuen sich und sind g. Dinge*

Gut

1Mo	14,21	die G. behalte für dich
	15,14	sollen ausziehen mit großem G.
	24,2	der allen seinen G. vorstand
	10	hatte mit sich allerlei G. 36,6
	25,5	Abraham gab all sein G. Isaak 26,14
	31,1	Jakob hat alles G. an sich gebracht
	9	hat Gott die G. eures Vaters ihm entwunden
	34,23	ihre G... wird es nicht unser sein
	39,5	ihn über seine g. gesetzt hatte Ps 105,21
	49,26	die köstlichen G. der ewigen Hügel
4Mo	31,9	alle ihre G. raubten sie 12
5Mo	6,11	(dir zu geben) Häuser voller g. Neh 9,25
	11,6	wie die Erde sie verschlang mit ihrem G.
	18,8	von dem verkauften G. seiner Väter
	26,11	sollst fröhlich sein über alles G.
	28,55	nichts übriggeblieben von all ihrem G.
Jos	22,8	ihr kommt heim mit großem G.
Ri	18,21	schickten, was sie an wertvollem G. hatten
1Kö	10,7	du hast mehr G., als die Kunde sagte
1Ch	27,31	Vorsteher über die G. des Königs 28,1
	29,3	da ich eigenes G. an Gold und Silber habe
2Ch	1,11	nicht gebeten um Reichtum noch um G. 12
	20,25	fanden G. und Kleider
	32,29	Gott gab ihm sehr großes G.
	35,7	alles von dem G. des Königs
Esr	1,4	sollen helfen mit G. und Vieh 6
	7,26	es sei Tod oder Buße an Hab und G.
	9,12	damit ihr das G. des Landes eßt Neh 9,36
Est	3,13	man solle ihr Hab und G. plündern 8,11

Est	9,10	an die G. legten sie ihre Hände nicht 15.16	Sir	16,29	hat die Erde mit seinen G. erfüllt
Hi	5,5	nach seinem G. lechzen die Durstigen		28,28	du umzäunst dein Hab und G. mit Dornen
	15,29	sein G. wird nicht bestehen		29,22	der Gottlose bringt s. Bürgen um Hab und G.
	20,15	die G. muß er wieder ausspeien		30,15	ein gesunder Körper ist besser als großes G.
	18	wird über seine G. nicht froh Ps 49,11		33,20	übergib niemand dein Hab und G.
	20	mit seinem G. wird er nicht entrinnen		34,21	wer von unrechtem G. opfert
	22,18	hat ihr Haus mit G. gefüllt		36,27	wo kein Zaun ist, wird Hab und G. geraubt
	31,25	gefreut, daß ich großes G. besaß		40,13	die G. der Gottlosen versiegen wie ein Bach
Ps	16,2	ich weiß von keinem G. außer dir	Bar	6,35	(Götzen) können weder Geld noch G. geben
	5	der HERR ist mein G. und mein Teil	1Ma	5,23	die Juden und all ihr Hab und G.
	17,14	denen du den Bauch füllst mit deinen G.		9,35	daß sie ihr Hab und G. bei ihnen
	34,11	haben keinen Mangel an irgendeinem G.		12,23	unser Hab und G., als wäre es euer eignes
	36,9	werden satt von den G. deines Hauses		14,32	gab ihnen Sold von seinem eignen G.
	37,18	ihr G. wird ewiglich bleiben	2Ma	3,22	daß er das... G. erhalten wollte
	49,7	die sich verlassen auf Hab und G.	Mt	19,22	denn er hatte viele G. Mk 10,22
	65,12	du krönst das Jahr mit deinem G.		24,47	er wird ihn über seine G. setzen Lk 12,44
	104,24	die Erde ist voll deiner G.	Mk	5,26	hatte all ihr G. dafür aufgewandt
	105,44	daß sie die G. der Völker gewannen	Lk	1,53	die Hungrigen füllt er mit G.
	109,11	Fremde sollen seine G. rauben		12,15	niemand lebt davon, daß er viele G. hat
Spr	1,13	wir wollen kostbares G. finden		18	*will darin sammeln meine G.*
	3,9	ehre den HERRN mit deinem G.		15,12	er teilte Hab und G. unter sie
	6,31	gibt her alles G. seines Hauses		13	*brachte sein G. um mit Prassen*
	8,18	Ehre ist bei mir, bleibendes G.		30	dein Sohn, der dein Hab und G. verpraßt hat
	10,2	unrecht G. hilft nicht		16,1	*beschuldigt, er vergeude ihm seine G.*
	11,16	Faulen wird es mangeln an Hab und G.		11	wer wird euch das wahre G. anvertrauen
	13,7	mancher stellt sich arm und hat großes G.		12	wenn ihr mit dem fremden G. nicht treu seid
	11	hastig errafftes G. zerrinnt		19,8	*die Hälfte meiner G. gebe ich den Armen*
	15,6	in des Gerechten Haus ist großes G.	Apg	2,45	sie verkauften G. und Habe
	28,8	wer sein G. mehrt mit Zinsen		4,32	nicht einer sagte von seinen G., daß sie sein
	29,3	wer mit Huren umgeht, kommt um sein G.		34	*brachten das Geld des verkauften G.*
Pr	5,10	wo viele G. sind, da sind viele, die sie	Rö	15,27	wenn die Heiden an ihren geistlichen G. Anteil bekommen haben
	18	wenn Gott einem Menschen G. gibt 6,2	1Ko	6,3	wieviel mehr über die zeitlichen G. 4
Hl	8,7	wenn einer alles G. um die Liebe geben	Gal	4,1	obwohl er Herr ist über alle G.
Jes	1,19	so sollt ihr des Landes G. genießen	Eph	1,3	*gesegnet mit... in himmlischen G.*
	15,7	führen sie über den Weidenbach		4,28	schaffe mit eigenen Händen das nötige G.
	61,6	ihr werdet der Völker G. essen	2Ti	1,14	dieses kostbare G. bewahre
Jer	2,7	daß ihr äßet seine Früchte und G.	1Jh	3,17	wenn jemand dieser Welt G. hat
	15,13	will dein G. zum Raube geben Ze 1,13	Heb	7,2	ihm gab Abraham den Zehnten aller G.
	17,11	so ist, wer unrecht G. sammelt		9,11	Christus ist gekommen als ein Hoherpriester der zukünftigen G.
	20,5	will alle G. in die Hand ihrer Feinde		10,1	das Gesetz hat nur einen Schatten von den zukünftigen G. nicht das Wesen der G. selbst
	48,36	G., das sie gesammelt, ist zugrunde			
Hes	22,25	reißen G. und Geld an sich			
	27,12	Handel getrieben mit einer Fülle G. 18.33		34	den Raub eurer G. mit Freuden erduldet
	29,19	daß er ihr G. wegnehmen soll 38,13			
	38,12	Volk, das sich Vieh und G. erworben			**gutartig**
Dan	11,24	wird Raub, Beute und G. verteilen	3Mo	13,39	so ist es ein g. Ausschlag
Ob	13	sollst nicht nach seinem G. greifen			
Mi	4,13	du sollst ihr G. dem HERRN weihen			**Gutdünken**
	6,10	bleibt unrecht G. in des Gottlosen Hause			
Hab	2,6	weh dem, der sein G. mehrt mit fremdem G.	1Ko	9,8	rede ich das nach menschlichem G.
Sa	14,14	zusammenbringen die G. aller Heiden	Heb	12,10	gezüchtigt für wenige Tage nach ihrem G.
Jdt	16,29	hatte ihr Hab und G. unter... verteilt			
Wsh	7,11	kamen mir alle G. zu mir			**Güte**
	8,5	ein G., das man im Leben begehrt			
	13,1	an den sichtbaren G... nicht erkennen	2Mo	33,19	will all meine G. vorübergehen lassen
	17	wenn er betet für sein Hab und G.	1Ch	16,34	seine G. währet ewiglich 41; Ps 106,1; 107,1; 118,1-4.29; 136,1-26; Jer 33,11; Jdt 13,21, 1Ma 4,24; StD 3,65.66
	18,9	daß... an denselben G. teilhaben sollten			
Tob	1,22	nahm ihm all sein Hab und G. 1Ma 5,13; 9,40			
	2,21	mit deinem Hab und G. hilf den Armen	Neh	9,17	warst geduldig und von großer G. 25.35; Ps 86,15; 103,8; 145,8; Jo 2,13; Jon 4,2
	4,7	mit deinem Hab und G. hilf den Armen	Ps	5,8	darf in dein Haus gehen durch deine G.
	6,13	dir wird all ihr Hab und G. zufallen 14,15		6,5	hilf mir um deiner G. willen 25,7; 44,27
	8,23	von all seinen G. gab er... die Hälfte 12,6		17,7	beweise deine wunderbare G. 31,22
	10,11	die Hälfte von all seinem Hab und G.		21,8	wird durch die G. des Höchsten festbleiben
Sir	5,10	auf unrechtes G. verlaß dich nicht 21,9		25,6	gedenke, HERR, an deine G.
	6,15	ein treuer Freund ist nicht mit Geld oder G. zu bezahlen		10	die Wege des HERRN sind lauter G.
	10,33	wird geehrt um seiner G. willen			
	11,15	Frommen gibt Gott G., die bleiben 31,11			
	14,3	was soll Geld und G. einem Geizkragen			

Güte

Ps	26,3	deine G. ist mir vor Augen
	27,13	daß ich sehen werde die G. des HERRN
	31,8	ich bin fröhlich über deine G.
	17	hilf mir durch deine G.
	20	wie groß ist deine G., HERR Sa 9,17
	32,10	den wird die G. umfangen
	33,5	die Erde ist voll der G. des HERRN 119,64
	18	die auf seine G. hoffen 147,11
	22	deine G., HERR, sei über uns
	36,6	deine G. reicht, so weit der Himmel 57,11
	8	wie köstlich ist deine G., Gott
	11	breite deine G. über die, die dich kennen
	40,11	ich verhehle deine G. und Treue nicht
	12	laß deine G. und Treue mich behüten 61,8
	42,9	am Tage sendet der HERR seine G.
	48,10	wir gedenken deiner G. in deinem Tempel
	51,3	Gott, sei mir gnädig nach deiner G.
	52,3	da doch Gottes G. noch täglich währt
	10	ich verlasse mich auf Gottes G. ewig
	57,4	Gott sende seine G. und Treue
	59,11	Gott erzeigt mir reichlich seine G.
	17	will des Morgens rühmen deine G.
	63,4	deine G. ist besser als Leben
	66,20	noch seine G. von mir wendet
	68,11	du labst die Elenden in deiner G.
	69,14	nach deiner großen G. erhöre mich
	17	deine G. ist tröstlich
	77,9	ist's denn ganz und gar aus mit seiner G.
	85,11	daß G. und Treue einander begegnen
	86,5	von großer G. allen, die dich anrufen
	13	deine G. ist groß gegen mich
	88,12	wird man im Grabe erzählen deine G.
	106,7	gedachten nicht an deine große G.
	45	es reute ihn nach seiner großen G.
	107,8	die sollen dem HERRN danken für seine G. 15.21.31
	138,2	will deinen Namen preisen für deine G.
	8	HERR, deine G. ist ewig
	143,12	vernichte m. Feinde um deiner G. willen
	145,7	sie sollen preisen deine große G.
Spr	14,22	werden G. und Treue erfahren
	16,6	durch G. und Treue wird Missetat gesühnt
	20,6	viele Menschen rühmen ihre G.
	28	sein Thron besteht durch G.
	21,21	wer der G. nachjagt, findet Leben
Jes	40,6	alle seine G. ist wie eine Blume
	63,7	ich will gedenken der großen G.
Jer	31,3	habe dich zu mir gezogen aus lauter G.
Klg	3,22	die G. des HERRN ist's, daß wir nicht
	32	erbarmt sich wieder nach seiner großen G.
Sa	7,9	ein jeder erweise seinem Bruder G.
Wsh	7,26	sie ist ein Bild seiner G.
	12,22	deine G. bedenken, wenn wir richten
Tob	3,2	deine Gerichte sind lauter G. und Treue
	14	wenn du gezürnt hast, erweist du G.
Apg	24,4	du wollest uns kurz anhören in deiner G.
Rö	2,4	weißt du nicht, daß dich Gottes G. zur Buße leitet
	11,22	sieh die G. und den Ernst Gottes
	15,14	ich weiß, daß auch ihr selber voll G. seid
2Ko	10,1	ermahne euch bei der Sanftmut und G. Christi
Gal	5,22	die Frucht des Geistes ist G.
Eph	2,7	durch seine G. gegen uns in Christus Jesus
	5,9	die Frucht des Lichts ist lauter G.
Phl	4,5	eure G. laßt kundsein allen Menschen
2Th	1,11	vollende allen rechten Willen zur G.
Jak	1,5	*Gott, der allen mit G. begegnet*

Guter

2Ch	19,11	der HERR wird mit dem G. sein
Ps	125,4	HERR, tu wohl den G.
Spr	2,20	daß du wandelst auf dem Wege der G.
	13,22	der G. wird vererben auf Kindeskind
	14,19	die Bösen müssen sich bücken vor den G.
	15,3	Augen des HERRN schauen auf Böse und G.
Pr	9,2	begegnet dasselbe dem G... dem Sünder
Wsh	14,25	überall herrschen Beunruhigung der G.
Mt	5,45	läßt seine Sonne aufgehen über Böse und G.
	22,10	brachten zusammen, wen sie fanden, Böse und G.

Gutes

1Mo	2,9	Baum der Erkenntnis des G. und Bösen 17
	12,16	(der Pharao) tat Abram G. um ihretwillen
	24,50	können nichts sagen, weder Böses noch G.
	26,29	gleichwie wir dir nur alles G. getan
	41,16	Gott wird dem Pharao G. verkünden
	44,4	G. mit Bösem vergolten 1Sm 25,21; Ps 35,12; 38,21; 109,5; Spr 17,13; Jer 18,20
2Mo	1,20	darum tat Gott den Hebammen G.
	18,9	freute sich über all das G., das der HERR getan 1Kö 8,66; 2Ch 6,41; 7,10
3Mo	5,4	wenn jemand schwört, er wolle G. tun
4Mo	10,29	G. an dir tun... hat Israel G. zugesagt 32
	24,13	könnte nicht Böses und G. tun
5Mo	1,39	Kinder, die weder G. noch Böses verstehen
	28,11	daß du Überfluß an G. haben wirst
	63	wie sich der HERR zuvor freute, euch G. zu tun 30,5; Jos 24,20
	30,15	habe ich vorgelegt das Leben und das G.
Ri	8,35	erzeigten sich nicht dankbar für alles G.
1Sm	2,32	bei allem G., das Israel geschehen wird
	24,18	du hast mir G. erwiesen 19
	20	der HERR vergelte dir G.
	25,30	wenn der HERR meinem Herrn das G. tun wird, was er zugesagt 2Sm 7,28; 1Ch 17,26
2Sm	2,6	auch ich will euch G. tun
	13,21	Absalom redete... weder Böses noch G.
	14,17	daß er G. und Böses unterscheiden kann
	16,12	wird der HERR... mir mit G. vergelten
1Kö	14,13	etwas G. an ihm gefunden 2Ch 19,3
	22,8	weissagt mir nichts G. 13.18; 2Ch 18,7.12.17
2Ch	12,12	in Juda war noch manches G.
Neh	2,10	der für die *Israeliten G. suchte Est 10,3
	6,19	sagten vor mir G. von ihm
Hi	2,10	haben wir G. empfangen von Gott
	7,7	meine Augen nicht wieder G. sehen werden
	9,25	meine Tage haben nichts G. erlebt
	22,21	daraus wird dir viel G. kommen
	24,21	hat der Witwe nichts G. getan
	30,26	ich wartete auf das G.
	36,16	an deinem Tische, voll von allem G.
Ps	4,7	wer wird uns G. sehen lassen
	14,1	da ist keiner, der G. tut 3; 53,2.4; Rö 3,12
	23,6	G. und Barmherzigkeit werden mir folgen
	25,13	er wird im G. wohnen
	34,15	laß ab vom Bösen und tu G. 37,27
	37,3	hoffe auf den HERRN und tu G.
	38,21	weil ich mich an das G. halte
	52,5	du liebst das Böse mehr als das G.
	84,12	er wird kein G. mangeln lassen
	85,13	daß uns der HERR G. tue 116,7
	103,2	vergiß nicht, was er dir G. getan hat
	104,28	so werden sie mit G. gesättigt
	107,9	daß er die Hungrigen füllt mit G.

Gutes

Ps	109,12	niemand soll ihm G. tun
	119,65	du tust G. deinem Knecht
Spr	3,27	weigere dich nicht... G. zu tun
	11,23	der Gerechten Wunsch führt zu lauter G.
	27	wer nach G. strebt, trachtet nach Wohlgef.
	12,14	viel g. bekommt ein Mann
	13,21	den Gerechten wird mit G. vergolten
	14,22	die auf G. bedacht sind, Güte erfahren
	16,30	wer mit den Augen winkt, denkt nichts G.
	17,20	ein verkehrtes Herz findet nichts G.
	18,22	der hat etwas G. gefunden
	19,8	der Verständige findet G.
	17	wird ihm vergelten, was er G. getan hat
	28,10	die Frommen werden G. ererben
Pr	4,8	gönne mir selber nichts G.
	6,3	aber er genösse das G. nicht 6
	7,20	kein Mensch so gerecht, daß er nur G. tue
	9,18	ein einziger Bösewicht verdirbt viel G.
Jes	1,17	lernet G. tun
	5,20	die Böses gut und G. böse nennen
	7,15	bis er weiß, G. zu erwählen 16
	41,23	tut G. oder tut Schaden
	52,7	Freudenboten, die da G. predigen
	55,2	hört auf mich, so werdet ihr G. essen
Jer	5,25	eure Sünden halten das G. von euch fern
	8,15	aber es kommt nichts G. 14,19
	13,23	so wenig könnt auch ihr G. tun
	17,6	der wird nicht sehen das G., das kommt
	18,10	reut mich das G., das ich ihm verheißen
	29,32	soll das G. nicht sehen, das ich tun will
	31,17	haben viel G. zu erwarten 32,40-42; 33,9
	42,6	sei G. oder Böses, so wollen wir gehorchen
Klg	1,7	wieviel G. sie von alters her gehabt
	3,17	ich habe das G. vergessen
	38	daß nicht Böses und G. kommt aus d. Munde
Hes	36,11	ich will euch mehr G. tun als je zuvor
Hos	8,3	doch Israel verwirft das G.
Am	5,14	suchet das G. und nicht das Böse
	15	hasset das Böse und liebet das G.
	9,4	will m. Augen auf sie richten... nicht zum G.
Mi	3,2	ihr hasset das G. und liebet das Arge
	6,5	wie der HERR euch alles G. getan hat
Ze	1,12	der HERR wird weder G. noch Böses tun
Sa	1,17	sollen meine Städte Überfluß haben an G.
Wsh	3,5	viel G. wird ihnen widerfahren
	4,12	böse Beispiele verderben das G.
	8,9	daß sie mir ein Ratgeber zum G. sein würde
	10,8	dadurch, daß sie das G. nicht erkannten
	11,5	geschah ihnen G., als sie Not litten 13
	16,2	tatest du deinem Volk G.
	19,13	zwangen die Gäste, die ihnen G. getan
Tob	4,22	werden G. empfangen, wenn wir G. tun
	7,6	als Raguël viel G. von Tobias redete
	9,9	der den Armen viel G. getan hat
	11,18	wieviel G. Gott an ihm getan hatte 12,4
	12,2	womit all das G. aufwiegen, das er
Sir	11,32	was ei G. sicht, deutet er aufs Schlimmste
	34	sie haben nichts G. im Sinn
	12,1	willst du G. tun, so sieh zu, wem du es tust 2-6; 14,13; 18,15; 30,6
	13,31	was einer im Sinn hat, es sei G. oder 32
	14,4	wer sich selber nichts G. gönnt 5.6
	5	wie sollte der andern G. tun 7.8
	11	tu dir selbst so viel G. an, wie du kannst
	17,6	er zeigte ihnen G. und Böses
	20,18	die mein Brot essen, reden nichts G. von mir
	33,15	das G. dem Bösen gegenübergestellt
	37,21	vier Dinge: G. und Böses, Leben und Tod
Sir	39,30	ist das G. für die Frommen geschaffen
	50,24	Gott, der uns alles G. tut
	51,24	nahm mir vor, dem G. nachzueifern
Bar	6,34	ob man (Götzen) Böses oder G. tut 38
1Ma	10,3	sagte, er wollte ihm nur G. tun 11,33.42
	14,4	Simon tat dem Lande viel G. 2Ma 4,2
	16,17	Ptolemäus vergalt G. mit Bösem
2Ma	14,30	daß sein... Wesen nichts G. bedeutete
	15,12	von Jugend auf allem G. nachgestrebt
Mt	7,11	wird euer Vater G. geben denen, die ihn bitten
	12,12	darum darf man am Sabbat G. tun
	34	wie könnt ihr G. reden, die ihr böse seid
	35	ein guter Mensch bringt G. hervor Lk 6,45
	19,16	was soll ich G. tun, damit ich das ew. Leben
Mk	3,4	soll man am Sabbat G. tun oder Böses tun
	14,7	wenn ihr wollt, könnt ihr ihnen G. tun
Lk	6,9	ist's erlaubt, am Sabbat G. zu tun oder Böses
	14,34	das Salz ist etwas G.
	16,25	daß du dein G. empfangen hast in d. Leben
Jh	1,46	was kann aus Nazareth G. kommen
	5,29	werden hervorgehen, die G. getan haben
Apg	10,38	ist umhergezogen und hat G. getan 14,17
Rö	2,10	Herrlichkeit allen denen, die G. tun
	3,8	laßt uns Böses tun, damit G. daraus komme
	12	da ist keiner, der G. tut, auch nicht einer
	7,13	Sünde hat mir durch das G. den Tod gebracht
	18	ich weiß, daß in mir nichts G. wohnt
	19	das G., das ich will, das tue ich nicht 18.21
	9,11	ehe die Kinder weder G... getan hatten
	12,2	Gottes Wille, das G. und Wohlgefällige
	9	haßt das Böse, hängt dem G. an
	17	seid auf G. bedacht gegenüber jedermann Gal 6,10
	21	überwinde das Böse mit G.
	13,3	willst du dich nicht fürchten... so tue G.
	14,16	nicht verlästert werden, was ihr G. habt
	15,2	jeder von uns lebe so, daß er seinem Nächsten gefalle zum G.
	16,19	ich will, daß ihr weise seid zum G.
1Ko	6,12	alles ist mir erlaubt, aber nicht alles dient zum G. 10,23
	11,17	*daß ihr nicht zum G. zusammenkommt*
2Ko	7,16	*ich mich zu euch alles G. versehen darf*
	13,7	damit ihr das G. tut und wir
Gal	4,18	umworben zu werden ist gut, wenn's im G. geschieht
	6,6	gebe dem, der ihn unterrichtet, Anteil an allem G.
	9	laßt uns G. tun und nicht müde werden 2Th 3,13
Eph	4,28	schaffe mit eigenen Händen etwas G.
	6,8	was ein jeder G. tut, das wird er vom Herrn behalten
1Th	5,15	jagt allezeit dem G. nach untereinander
	21	prüft alles, und das G. behaltet
2Th	1,11	daß Gott vollende alles Wohlgefallen am G.
1Ti	6,2	weil (die Herren) sich bemühen, G. zu tun
	18	(den Reichen gebiete,) daß sie G. tun
2Ti	3,3	(die Menschen werden sein,) dem G. feind
Tit	2,3	sie sollen G. lehren
Phm	6	in Erkenntnis all des G., das wir haben
1Pt	2,14	gesandt zum Lob derer, die G. tun
	3,11	er wende sich ab vom Bösen und tue G.
	13	wer ist's, der euch schaden könnte, wenn ihr dem G. nacheifert
	4,19	sollen die, die... leiden, G. tun
3Jh	11	wer G. tut, der ist von Gott
Heb	5,14	die G. und Böses unterscheiden können
	13,16	G. zu tun und mit andern zu teilen, vergeßt nicht

Gutes

Heb	13,21	der mache euch tüchtig in allem G.
Jak	4,17	wer nun weiß, G. zu tun, und tut's nicht

gutgehen, gut gehen

1Mo	29,6	g. es ihm g.? Sie antworteten: Es g. ihm g. 43,27.28
4Mo	11,18	es g. uns g. in Ägypten
1Sm	17,18	deinen Brüdern, ob's ihnen g. 22
2Sm	18,29	g. es auch meinem Sohn Absalom g. 32
2Kö	4,26	frage sie, ob es ihr g. 5,21
	9,31	g.'s g., du Simri, der s. Herrn erschlug
	25,24	seid untertan, so wird's euch g.
Est	2,11	zu erfahren, ob's Ester g.
Ps	30,7	ich aber sprach, als es mir g..
	37,7	entrüste dich nicht über den, dem es g.
	37	einem solchen wird es zuletzt g.
	49,19	man preist dich, wenn es dir g.
	73,3	daß es den Gottlosen so g. g. Jer 12,1
	106,5	daß es deinem Volke so g.
Spr	24,25	die gerecht richten, denen g. es g.
Jer	15,5	wer wird fragen, ob es dir g.
	22,15	hielt er Recht, und es g. ihm g. 16
	44,17	da hatten wir Brot, und es g. uns g.
Klg	1,5	ihren Feinden g.'s g.
Mi	3,5	die da predigen, es werde g.
Jdt	5,19	es g. ihnen g. solange sie nicht
Tob	10,7	unserm Sohn g.'s, so Gott will, g. 9
Sir	1,13	wer den Herrn fürchtet, dem wird's g. 19
	3,2	lebt nach ihr, damit es euch g.
	6,11	solange dir's g. 12,7.8; 22,28; 37,3
	11,26	wenn dir's g., bedenke... daß dir's wieder g. kann
2Ma	11,28	wenn es euch allen g., wäre das
3Jh	2	ich wünsche, daß es dir in allen Dingen g.

Guthafen, *Gutfurt*

Apg	27,8	gelangten an einen Ort, der „G." heißt

gütig

2Ch	5,13	den HERRN... er ist g. 7,3; 30,18; Esr 3,11
	10,7	wirst du sie g. behandeln
Ps	52,11	denn du bist g. 119,68
	145,9	der HERR ist allen g.
Spr	19,22	ein g. Mensch ist der Liebe wert
	20,28	g. und treu sein behütet den König
	22,9	wer ein g. Auge hat, wird gesegnet
	31,26	auf ihrer Zunge ist g. Weisung
Nah	1,7	der HERR ist g. und eine Feste
1Ma	6,11	während ich doch g. und beliebt war
2Ma	15,12	Onias, ein g., beredter Mann
Mt	20,15	siehst du scheel drein, weil ich so g. bin
Lk	6,35	er ist g. gegen die Undankbaren und Bösen
1Ti	3,3	(ein Bischof soll sein) g. 1,8
Tit	2,5	(daß sie) besonnen sein, keusch, häuslich, g.
	3,2	(daß sie) g. seien, alle Sanftmut beweisen
1Pt	2,18	nicht allein den g. und freundlichen
Heb	6,5	*geschmeckt haben das g. Wort Gottes*
Jak	3,17	friedfertig, g., läßt sich etwas sagen

Gütigkeit

Gal	5,22	die Frucht des Geistes ist G. Eph 5,9

gütlich

Pr	3,12	sich g. tun in seinem Leben

gutmachen

Sir	20,30	wer dem Mächtigen gefällt, kann Unrecht g.

gutwillig

Ri	11,13	so gib mir's nun g. zurück

H

Haar

1Mo	42,38	würdet meine grauen H. zu den Toten bringen 44,29.31
3Mo	13,3	daß die H. dort weiß geworden sind 4.10.20. 21.25.26.30-32.36.37
	45	wer aussätzig ist, soll das H. lose
	14,8	der sich reinigt, soll seine H. abscheren 9; 4Mo 8,7; 5Mo 21,12; Jes 22,12; Jer 7,29; Hes 44,20; Mi 1,16
	19,27	sollt euer H. nicht rundherum abschneiden 4Mo 6,5; Hes 44,20
Ri	16,22	das H. s. Hauptes fing wieder an zu wachsen
	20,16	mit der Schleuder ein H. treffen konnten
1Sm	14,45	soll kein H. von seinem Haupt auf die Erde fallen 2Sm 14,11; 1Kö 1,52
1Kö	2,6	daß du seine grauen H. nicht in Frieden 9
2Kö	1,8	hatte langes H. und einen Ledergurt
Neh	13,25	ich packte sie bei den H.
Hi	4,15	standen mir die H. zu Berge
Ps	40,13	ihrer sind mehr als H. auf m. Haupt 69,5
Spr	16,31	H. sind eine Krone der Ehre
	20,29	graues H. ist der Alten Schmuck
Hl	4,1	dein H. ist wie eine Herde Ziegen 6,5
	7,6	das H. auf deinem Haupt ist wie Purpur
Jes	3,24	wird sein eine Glatze statt lockiger H.
	7,20	wird der Herr die H. am Leib scheren
Jer	9,25	die das H. rundh. abscheren 25,23; 49,32
Hes	5,1	nimm eine Waage und teile das H.
	8,3	ergriff mich beim H. meines Hauptes
	16,7	du bekamst lange H.
Dan	4,30	bis sein H. wuchs so groß wie Adlerfedern
	7,9	das H. (war) rein wie Wolle Off 1,14
Jdt	10,3	(Judit) pflegt ihr H. 16,10
Wsh	2,10	nicht scheuen vor dem H. des Greises
	4,9	Einsicht ist das wahre graue H.
Sir	27,15	wo... stehen einem die H. zu Berge
2Ma	7,7	sie zogen ihm vom Kopf Haut und H. ab
StE	3,2	sie raufte sich jetzt die H.
StD	2,26	da nahm Daniel Pech, Fett und H.
Mt	5,36	nicht ein einziges H. weiß zu machen
	10,30	nun sind auch eure H. alle gezählt Lk 12,7
Lk	7,38	fing an, seine Füße mit den H. ihres Hauptes zu trocknen 44; Jh 11,2; 12,3
	21,18	kein H. von eurem Haupt soll verlorengehen
Apg	27,34	keinem von euch ein H. vom Haupt fallen
1Ko	11,6	Schande, daß sie das H. abgeschnitten hat
	14	für einen Mann eine Unehre, wenn er langes H. trägt
	15	das H. ist ihr als Schleier gegeben
Off	9,8	sie hatten H. wie Frauenhaar und Zähne wie

Haarflechte

1Ti	2,9	sich schmücken nicht mit H.
1Pt	3,3	euer Schmuck soll nicht äußerlich sein wie H.

Hab, Habe

1Mo	12,5	nahm Abram Sarai mit ihrer H.
	13,6	ihre H. war groß 36,7
	14,11	nahmen alle H. und zogen davon 12; 31,18; 36,6; 46,6
	16	(Abram) brachte alle H. wieder, auch Lot mit seiner H.
	34,29	(plünderten und nahmen) alle ihre H. 4Mo 31,9; 2Ch 21,17
2Mo	22,7	Hand an seines Nächsten H. gelegt 10
3Mo	25,10	soll wieder zu seiner H. kommen 27.28.41
	25	verarmt und etwas von seiner H. verkauft
4Mo	16,32	verschlang sie mit all ihrer H.
	32,26	unsere H... sollen in den Städten bleiben
1Kö	13,8	wenn du mir auch die Hälfte deiner H.
2Ch	11,14	die Leviten verließen ihre H.
	21,14	wird dich schlagen an deiner H.
	31,3	der König gab von seiner H. seinen Anteil
Esr	7,26	es sei Tod oder Buße an H. und Gut
	8,21	zu erbitten für uns und unsere H.
	10,8	dessen H. sollte dem Bann verfallen
Est	3,13	man solle ihr H. und Gut plündern 8,11
Hi	20,10	seine Hände müssen seine H. hergeben
	31,12	Feuer, das all meine H. vernichtet
Ps	49,7	die sich verlassen auf H. und Gut
Spr	10,15	die H. des Reichen ist s. feste Stadt 18,11
	11,16	Faulen wird es mangeln an H. und Gut
	13,23	des Sünders H. gespart für den Gerechten
	19,14	Haus und H. vererben die Eltern
	22,16	wer d. Armen Unrecht tut, mehrt ihm s. H.
	24,4	werden die Kammern voll kostbarer H.
Pr	2,7	hatte größere H. an Rindern als alle
Jes	30,6	führen ihre H. auf den Rücken von Eseln
Jer	17,3	samt deiner H. zum Raube geben
Hes	12,12	wird seine H. auf die Schulter laden
Mi	4,13	weihen ihre H. dem Herrscher der Welt
Jdt	16,29	hatte ihr H. und Gut unter... verteilt
Wsh	13,17	wenn er betet für sein H. und Gut
Tob	1,22	nahm ihm sein H. und Gut 1Ma 5,13; 9,40
	4,7	mit deiner H. und Gut hilf den Armen
	6,13	dir wird all ihr H. und Gut zufallen
	10,11	die Hälfte von all seinem H. und Gut 12,5
Sir	21,9	wer sein Haus baut mit fremdem H. und Gut
	28,28	du umzäunst dein H. und Gut mit Dornen
	29,22	der Gottlose bringt s. Bürgen um seine H. und Gut
	33,20	übergib niemand dein H. und Gut
	36,27	wo kein Zaun ist, wird H. und Gut geraubt
1Ma	5,23	die Juden und all ihr H. und Gut
	9,35	daß sie ihr H. und Gut bei ihnen
	12,23	unser H. und Gut, als wäre es euer eignes
Mt	25,14	*vertraute ihnen seine H. an*
Mk	12,44	diese aber hat ihre ganze H. eingelegt
Lk	8,3	die ihnen dienten mit ihrer H.
	15,12	er teilte H. und Gut unter sie
	30	Sohn, der dein H. und Gut verpraßt hat
Apg	2,45	sie verkauften Güter und H.
1Ko	13,3	wenn ich alle meine H. den Armen gäbe
Heb	10,34	daß ihr eine bessere H. besitzt

Habaja

Esr	2,61	von den Priestern: die Söhne H. Neh 7,63

Habakuk

Hab	1,1	der Prophet H. StD 2,32-38
	3,1	dies ist das Gebet des Propheten H.

Habazzinja

Jer	35,3	den Sohn Jirmejas, des Sohnes H.

haben

(s.a. an sich haben; Macht geben; im **Sinn** haben)

1Mo	7,22	alles, was Odem h. 5Mo 20,16; Jos 10,40; 11,11.14
	17,4	ich h. meinen Bund mit dir
	27,38	h. du nur einen Segen, mein Vater
2Mo	20,3	du sollst keine anderen Götter h. neben mir 5Mo 5,7
	17	nicht begehren, was dein Nächster h.
3Mo	26,11	will meine Wohnung unter euch h.
5Mo	25,13	du sollst nicht zweierlei Gewicht h.
Jos	22,25	ihr h. kein Teil am HERRN 27
1Kö	22,17	wie Schafe, die keinen Hirten h. 2Ch 18,16; Hes 34,5.8
2Ch	36,15	der HERR h. Mitleid mit seinem Volk
Ps	16,8	ich h. den HERRN allezeit vor Augen 18,23
	54,5	sie h. Gott nicht vor Augen 86,14
	68,21	wir h. einen Gott, der da hilft
	73,25	wenn ich nur dich h., so frage ich nichts
	150,6	alles, was Odem h., lobe den HERRN
Spr	8,22	der HERR hat mich geh. im Anfang s. Wege
	11,24	einer stirbt aus und h. immer mehr
Jes	42,1	an dem m. Seele Wohlgefallen h. 58,5.6
	45,24	im HERRN h. ich Gerechtigkeit
	48,22	die Gottlosen h. keinen Frieden 57,21
	53,12	er soll die Starken zum Raube h.
	66,22	wie... Bestand h., soll auch euer Geschlecht Bestand h.
Jer	5,13	Propheten h. Gottes Wort nicht Klg 2,9
	6,10	sie wollen (die HERRN Wort) nicht h.
Klg	3,22	seine Barmherzigkeit h. noch kein Ende
Mal	2,10	h. wir nicht alle einen Vater
Wsh	6,25	ich will mit dem Neid nichts zu tun h.
	8,16	mit ihr Umgang zu h., bringt keinen Verdruß
Tob	4,6	dein Leben lang h. Gott vor Augen
	8,9	weil ich gerne Kinder h. möchte
Sir	9,14	weißt nicht, was du am neuen (Freund) h.
	11,19	essen und trinken von dem, was ich h.
	14,17	wenn du tot bist, h. du nichts mehr davon
	20,16	heute leiht er, morgen will er's wieder h.
	21,31	niemand h. (Verleumder) gern um sich
	29,2	leihe deinem Nächsten, wenn er's nötig h.
	30	laß dir genügen, ob du wenig oder viel h.
	31,18	was dein Nächster gern oder ungern h.
	33,31	du hast ihn nötig wie dein eignes Leben
	34,28	was h. sie davon anderes als Mühe
	42,2	den Gottlosen, wenn er recht h., gerecht
	22	(Gott) h. keinen Ratgeber nötig
Mt	3,4	Johannes h. einen ledernen Gürtel um s. Lenden
	9	wir h. Abraham zum Vater Lk 3,8
	5,23	dein Bruder etwas gegen dich h. Mk 11,25
	6,2	sie haben ihren Lohn schon geh. 5. 16
	34	genug, daß jeder Tag seine eigene Plage h.
	8,9	ich h. Soldaten unter mir Lk 7,8
	20	die Füchse h. Gruben Lk 9,58
	11,15	wer Ohren h., der höre 13,9.43; Mk 4,9.23; Lk 8,8; 14,35; Off 2,7.11.17.29; 3,6.13.22; 13,9
	13,12	wer da h., dem wird gegeben, daß er die Fülle habe 25,29; Mk 4,25; Lk 8,18; 19,26
	21	aber er h. keine Wurzel in sich Mk 4,17; Lk 8,13
	27	woher h. er denn das Unkraut
	44	ging hin und verkaufte alles, was er h. 46

haben 576

Mt	13,54	woher h. dieser solche Weisheit
	14,4	es ist nicht recht, daß du sie h.
	17	wir h. hier nichts als fünf Brote 15,34; Mk 6,38; 8,5.7.14; Lk 9,13; Jh 6,5.9
	15,32	sie h. nichts zu essen Mk 8,1.2
	16,8	was bekümmert ihr euch doch, daß ihr kein Brot h. Mk 8,16.17
	17,5	dies ist mein lieber Sohn, an dem ich Wohlgefallen h. Lk 3,22; 2Pt 1,17
	20	wenn ihr Glauben h. 21,21; Lk 17,6
	18,8	als daß du zwei Hände oder zwei Füße h. 9; Mk 9,43.45.47
	12	wenn ein Mensch hundert Schafe h. Lk 15,4.8
	25	befahl, alles, was er h., zu verkaufen
	19,16	damit ich das ewige Leben habe
	21	verkaufe, was du h., und gib's den Armen, so wirst du einen Schatz im Himmel h. Mk 10,21; Lk 18,22
	22	denn er h. viele Güter Mk 10,22
	22,24	wenn einer stirbt und h. keine Kinder 25.28; Mk 12,19.23; Lk 20,28.33
	23,7	h.'s gern, daß sie auf dem Markt gegrüßt
	25,25	siehe, da h. du das Deine
	28	gebt ihn dem, der zehn Zentner h. Lk 19,24.25
	26,7	h. ein Glas mit kostbarem Salböl
	11	Arme h. ihr allezeit bei euch, mich aber h. ihr nicht allezeit Mk 14,7; Jh 12,8
	27,65	Pilatus sprach zu ihnen: Da h. ihr die Wache
Mk	3,22	er h. den Beelzebul
	29	wer... h. keine Vergebung in Ewigkeit
	30	er h. einen unreinen Geist Jh 7,20; 8,48.49.52; 10,20
	4,5	wo es nicht viel Erde h. 6
	40	ihr h. noch keinen Glauben
	5,3	der h. seine Wohnung in den Grabhöhlen
	6,2	woher h. er das
	34	sie waren wie Schafe, die keinen Hirten h.
	7,25	deren Töchterlein einen unreinen Geist h. 9,17; Lk 8,27
	8,17	h. ihr noch ein verhärtetes Herz
	9,17	Sohn, der h. einen sprachlosen Geist
	20	wälzte sich und h. Schaum vor dem Mund
	50	h. Salz bei euch
	11,13	sah einen Feigenbaum, der Blätter h.
	22	Jesus antwortete ihnen: H. Glauben an Gott
	12,6	da h. er noch einen, seinen geliebten Sohn
	44	alles, was sie zum Leben h. Lk 21,4
Lk	1,7	sie h. kein Kind
	14	du wirst Freude und Wonne h.
	22	sie merkten, daß er eine Erscheinung geh.
	33	sein Reich wird kein Ende h.
	2,7	sie h. sonst keinen Raum in der Herberge
	12	und das h. zum Zeichen
	3,11	wer zwei Hemden h., der gebe dem, der keines h. 9,3
	5,24	daß der Menschensohn Vollmacht h.
	6,24	ihr habt euren Trost schon geh.
	32	welchen Dank h. ihr davon 33.34
	7,41	ein Gläubiger h. zwei Schuldner
	42	da sie nicht h., zu bezahlen
	8,6	verdorrte, weil es keine Feuchtigkeit hatte
	42	er h. eine Tochter von etwa zwölf Jahren
	43	alles, was sie zum Leben h., für die Ärzte
	9,25	welchen Nutzen h. der Mensch
	10,41	Marta, Marta, du h. viel Sorge und Mühe
	11,5	wenn jemand unter euch einen Freund h.
	6	ich h. nichts, was ich ihm vorsetzen kann
	21	so bleibt, was er h., in Frieden
Lk	12,15	niemand lebt davon, daß er viele Güter h.
	17	ich h. nichts, wohin ich meine Früchte sammle
	19	du h. einen großen Vorrat für viele Jahre
	24	sie h. keinen Keller und keine Scheune
	33	verkauft, was ihr h., und gebt Almosen
	13,6	es h. einer einen Feigenbaum
	14,28	ob er genug h., um es auszuführen
	33	der sich nicht lossagt von allem, was er h.
	15,11	ein Mensch h. zwei Söhne
	17	wie viele Tagelöhner h. mein Vater, die Brot in Fülle h.
	16,1	ein reicher Mann, der h. einen Verwalter
	28	ich h. noch fünf Brüder
	29	sie h. Mose und die Propheten
	17,31	wer an jenem Tage seine Sachen im Haus h.
	18,28	wir haben, was wir h., verlassen und sind dir nachgefolgt
	20,24	wessen Bild und Aufschrift h. er
	22,35	habt ihr da je Mangel geh.
	36	wer einen Geldbeutel h., der nehme ihn
	24,39	ein Geist h. nicht Fleisch und Knochen
Jh	2,3	sie h. keinen Wein mehr
	3,15	damit alle, die an ihn glauben, das ewige Leben h. 16
	29	wer die Braut h., der ist der Bräutigam
	36	wer an den Sohn glaubt, h. das ewige Leben
	4,11	woher h. du lebendiges Wasser
	17	die Frau antwortete: Ich h. keinen Mann
	18	fünf Männer hast du geh.
	23	der Vater will solche Anbeter haben
	5,24	h. das Leben und kommt nicht in das Gericht
	26	wie der Vater das Leben h. in sich selber
	36	h. ein größeres Zeugnis als das des Johannes
	38	sein Wort h. nicht in euch wohnen
	39	ihr meint, ihr h. das ewige Leben darin
	40	nicht zu mir kommen, daß ihr das Leben h.
	42	daß ihr nicht Gottes Liebe in euch h.
	6,47	der glaubt, der h. das ewige Leben 40
	53	so h. ihr kein Leben in euch
	54	wer mein Fleisch ißt, der h. das ewige Leben
	68	du h. Worte des ewigen Lebens
	8,12	wer mir nachfolgt, wird das Licht... h.
	41	wir h. einen Vater: Gott
	44	ihr h. den Teufel zum Vater
	9,37	Jesus sprach zu ihm: Du h. ihn gesehen
	41	wärt ihr blind, so h. ihr keine Sünde
	10,10	gekommen, damit sie das Leben h. sollen 20,31
	16	ich h. noch andere Schafe
	11,9	h. nicht der Tag zwölf Stunden
	12,6	er h. den Geldbeutel und nahm an sich, was
	35	wandelt, solange ihr das Licht h.
	36	glaubt an das Licht, solange ihr's h.
	43	sie h. lieber Ehre bei Menschen als bei Gott
	48	wer mich verachtet, h. schon seinen Richter
	13,8	wenn ich dich nicht wasche, so h. du kein Teil an mir
	29	weil Judas den Beutel h., spräche Jesus zu ihm
	35	wenn ihr Liebe untereinander h.
	14,21	wer meine Gebote h. und hält sie
	30	Fürst d. Welt. Er h. keine Macht über mich
	16,15	alles, was der Vater h., das ist mein
	22	auch ihr h. nun Traurigkeit
	33	geredet, damit ihr in mir Frieden h.
	17,5	Herrlichkeit, die ich bei dir h., ehe die Welt
	18,10	Simon Petrus h. ein Schwert und zog es
	19,7	die Juden antworteten: Wir h. ein Gesetz

haben

Jh	19,15	wir h. keinen König als den Kaiser	Rö	16,6 Maria, die viel Mühe um euch geh. hat
	21,15	Simon, h. du mich lieber, als mich diese h.	1Ko	2,16 wir aber h. Christi Sinn
Apg	2,13	andere aber h. ihren Spott *17,32*		4,7 was h. du, das du nicht empfangen h.
	17	eure Alten sollen Träume h.		11 wir h. keine feste Bleibe
	25	ich h. den Herrn allezeit vor Augen		15 wenn ihr auch 10.000 Erzieher h. in Christus
	44	alle h. alle Dinge gemeinsam		5,1 daß einer die Frau seines Vaters h.
	47	h. *Gnade bei dem ganzen Volk*		7 auch wir h. ein Passalamm
	3,6	Silber und Gold h. ich nicht; was ich aber h., das gebe ich dir		6,1 jemand, wenn er e. Streit h. mit einem andern
	4,34	es war keiner unter ihnen, der Mangel h. 37		19 der in euch ist und den ihr von Gott h.
	6,3	die einen guten Ruf h. 16,2; 22,12		7,2 soll jeder seine eigene Frau h.
	7,5	obwohl er noch kein Kind h.		5 damit ihr zum Beten Ruhe h.
	44	es h. unsre Väter die Stiftshütte in der Wüste		7 jeder h. seine eigene Gabe von Gott
	8,21	du h. weder Anteil noch Anrecht an d. Sache		12 wenn ein Bruder eine ungläubige Frau h. 13
	9,14	hier h. er Vollmacht von den Hohenpriestern		25 über die Jungfrauen h. ich kein Gebot
	31	so h. die Gemeinde Frieden in ganz Judäa		28 *doch werden sie leibliche Trübsal h. 2Ko 4,8; 1Th 3,4*
	10,3	der h. eine Erscheinung 11,5		29 die, die Frauen h., sein, als h. sie keine
	12,25	Johannes, der den Beinamen Markus h.		34 die, die keinen Mann h., und die Jungfrau
	13,5	sie h. Johannes als Gehilfen bei sich		37 weil er seinen freien Willen h.
	14,8	ein Mann in Lystra h. schwache Füße		40 ich h. auch den Geist Gottes
	15,2	als Paulus und Barnabas Streit mit ihnen h.		8,1 wissen, daß wir alle die Erkenntnis h. 10
	16,16	eine Magd, die h. einen Wahrsagegeist		6 so h. wir doch nur einen Gott
	17,25	wie einer, der etwas nötig h.		7 aber nicht jeder h. die Erkenntnis
	18,10	ich h. ein großes Volk in dieser Stadt		9,4 h. wir nicht das Recht, zu essen und zu trinken 5.6.12
	18	*(Paulus) h. ein Gelübde 21,24*		10,6 damit wir nicht am Bösen unsre Lust h.
	19,13	den Namen des Herrn Jesus zu nennen über denen, die böse Geister h.		11,10 soll die Frau eine Macht auf dem Haupt h.
	25	ihr wißt, daß wir großen Gewinn h.		15 für den Frau Ehre, wenn sie langes Haar h.
	22,20	stand ich dabei und h. Gefallen daran		16 so soll er wissen, daß wir diese Sitte nicht h.
	23,29	keine Anklage gegen sich h., auf die		22 beschämt (ihr) die, die nichts h.
	30	vor dir zu sagen, was sie gegen ihn h. 24,19		12,12 wie wir den Leib viele Glieder h.
	24,15	ich h. die Hoffnung zu Gott		13,1 wenn ich mit Engelzungen redete und h. die Liebe nicht 2.3
	16	allezeit ein unverletztes Gewissen zu h. vor Gott Heb 13,18		2 h. allen Glauben, so daß ich Berge versetzen könnte
	25,16	bevor er Gelegenheit h., sich zu verteidigen		14,12 trachtet danach, daß ihr alles reichlich h.
	26	damit ich etwas h., was ich schreiben könnte		26 wenn ihr zusammenkommt, so h. ein jeder einen Psalm
	28,29	*die Juden h. viele Fragen untereinander*		15,31 mein Ruhm, den ich in Christus Jesus h.
Rö	1,12	Glauben, den wir miteinander h.		39 ein anderes Fleisch h. die Menschen 41
	20	so daß sie keine Entschuldigung h.	2Ko	1,6 h. wir Trübsal, so geschieht es euch zu Trost
	32	h. auch Gefallen an denen, die es tun		2,3 h. ich doch von allen das Vertrauen
	2,14	Heiden, die das Gesetz nicht h.		4 Liebe, die ich h. besonders zu euch
	20	weil du im Gesetz die Richtschnur der Wahrheit h.		13 h. ich keine Ruhe in meinem Geist
	3,1	was h. die Juden für einen Vorzug 9		3,4 solches Vertrauen h. wir zu Gott
	23	des Ruhmes, den sie bei Gott h. sollten		7 wenn schon das Amt... Herrlichkeit h. 8.9.11
	4,11	des Glaubens, den er h. 12		12 weil wir nun solche Hoffnung h., sind wir voll großer Zuversicht
	6,21	was hattet ihr nun damals für Frucht 22		4,1 wir h. dieses Amt. 1Pt 4,11
	7,18	Wollen h. ich wohl, aber das Gute vollbringen kann ich nicht		7 wir h. diesen Schatz in irdenen Gefäßen
	8,9	wer Christi Geist nicht h., der ist nicht sein		13 weil wir denselben Geist des Glaubens h.
	23	die wir den Geist als Erstlingsgabe h.		5,1 so h. wir einen Bau, von Gott erbaut
	9,2	daß ich große Traurigkeit in m. Herzen h.		6,10 (als Diener Gottes:) als die nichts h., und doch alles h.
	9	Sara soll einen Sohn h.		7,1 weil wir nun solche Verheißungen h.
	10,2	ich bezeuge ihnen, daß sie Eifer für Gott h.		4 ich h. Freude in unsrer Bedrängnis
	12,4	wie wir an einem Leib viele Glieder h.		8,11 nach dem Maß dessen, was ihr h.
	6	verschiedene G. nach der Gnade		12 was einer h., nicht nach dem, was er nicht h.
	16	h. einerlei Sinn untereinander		13 nicht, daß die andern gute Tage h. sollen
	18	ist's möglich, so h. mit allen Menschen Frieden		9,8 damit ihr in allen Dingen allezeit Genüge h.
	13,1	untertan der Obrigkeit, die Gewalt über ihn h.		10,15 wir h. die Hoffnung, daß wir zu Ehren
	14,16	nicht verlästert werden, was ihr Gutes h.		11,9 als ich bei euch war und Mangel h.
	22	den Glauben, den du h., behalte bei dir selbst		13,11 h. einerlei Sinn, haltet Frieden
	15,4	damit wir durch Geduld Hoffnung h.	Gal	2,2 besprach mich besonders aber mit denen, die das Ansehen h. 6
	23	nun h. ich keine Aufgabe mehr... h. aber seit vielen Jahren das Verlangen, zu euch zu kommen		4 Freiheit, die wir in Christus Jesus h. Heb 10,19
				4,22 geschrieben, daß Abraham zwei Söhne h.

haben

Gal	4,24	diese Worte h. tiefere Bedeutung
	27	die Einsame h. viel mehr Kinder, als die den Mann h.
	5,10	ich h. das Vertrauen zu euch in dem Herrn
	6,4	dann wird er seinen Ruhm bei sich selbst h.
	10	solange wir noch Zeit h., laßt uns Gutes tun
	12	die Ansehen h. wollen nach dem Fleisch
Eph	1,7	in ihm h. wir die Erlösung Kol 1,14
	21	was sonst einen Namen h.
	2,2	*Geist, der sein Werk h. in den Kindern*
	3	unter ihnen haben wir unsern Wandel geh.
	12	daher h. ihr keine Hoffnung
	18	durch ihn h. wir den Zugang zum Vater
	3,12	durch den wir Freimut und Zugang h.
	4,28	daß er h., zu geben dem Bedürftigen
	5,5	kein Unzüchtiger... ein Erbteil h. im Reich
	11	h. nicht Gemeinschaft mit den Werken
	27	eine Gemeinde, die keinen Flecken h.
	6,2	das erste Gebot, das eine Verheißung h.
Phl	1,7	weil ich euch in meinem Herzen h.
	30	h. ihr doch denselben Kampf
	2,2	daß ihr eines Sinnes seid, gleiche Liebe h.
	20	ich h. keinen, der so ganz m. Sinnes ist
	26	er h. nach euch allen Verlangen
	27	ich nicht eine Traurigkeit zu der anderen h.
	3,9	daß ich nicht h. meine Gerechtigkeit, die
	17	wie ihr uns zum Vorbild h.
	4,12	satt sein und hungern, Überfluß h. und Mangel
	15	keine Gemeinde mit mir Gemeinschaft geh.
	18	ich h. alles erhalten und h. Überfluß
Kol	1,4	Liebe, die ihr zu allen Heiligen h.
	2,10	ihr h. diese Fülle in ihm
	23	die einen Schein von Weisheit h.
	3,13	vergebt, wenn jemand Klage h. gegen den andern
	4,1	bedenkt, daß ihr einen Herrn im Himmel h.
1Th	1,9	*welchen Eingang wir bei euch geh. haben*
	2,8	so h. wir Herzenslust an euch 3,9
	3,6	daß ihr uns allezeit in gutem Andenken h.
	12	Liebe, wie auch wir sie zu euch h.
	4,13	wie die andern, die keine Hoffnung h.
2Th	2,12	damit gerichtet werden alle, die Lust h. an der Ungerechtigkeit
	3,9	nicht, daß wir dazu nicht das Recht h.
1Ti	1,19	den Glauben und ein gutes Gewissen h.
	3,4	der gehorsame Kinder h. in aller Ehrbarkeit
	7	(ein Bischof) muß einen guten Ruf h.
	4,2	Lügenredner, die ein Brandmal in ihrem Gewissen h.
	8	h. die Verheißung des Lebens
	5,4	wenn eine Witwe Kinder oder Enkel h.
	10	(Witwe) ein Zeugnis guter Werke h.
	16	daß rechte Witwen mögen genug h.
	6,2	welche gläubige Herren h.
	5	Menschen, die zerrüttete Sinne h.
	8	wenn wir Nahrung und Kleider h.
	16	der allein Unsterblichkeit h.
2Ti	2,19	der feste Grund Gottes h. dieses Siegel
	3,5	sie h. den Schein der Frömmigkeit
Tit	1,9	damit er die Kraft h., zu ermahnen
	2,8	damit der Widersacher nichts Böses h.
Phm	5	Liebe u. Glauben, die du h. an Jesus 6
	7	ich h. große Freude und Trost
	8	obwohl ich in Christus volle Freiheit h.
1Pt	2,16	nicht als h. ihr die Freiheit zum Deckmantel
	3,16	h. ein gutes Gewissen
	20	als Gott Geduld h. zur Zeit Noahs
	4,6	nach Gottes Weise das Leben h. im Geist
2Pt	1,9	wer dies aber nicht h., der ist blind
2Pt	1,19	um so fester h. wir das prophetische Wort
	2,14	h. Augen voll Ehebruch
	3,5	die Erde, die Bestand h. durch Gottes Wort
	9	er h. Geduld mit euch und will nicht, daß
1Jh	1,3	damit auch ihr mit uns Gemeinschaft h. 6.7
	8	wenn wir sagen, wir h. keine Sünde, so betrügen wir uns selbst
	2,1	wenn jemand sündigt, so h. wir einen Fürsprecher bei dem Vater
	7	das alte Gebot, das ihr von Anfang an geh. habt 2Jh 5
	20	ihr h. die Salbung von dem, der heilig ist
	23	wer den Sohn leugnet, h. auch den Vater nicht
	28	wenn er offenbart wird, Zuversicht h.
	3,3	jeder, der solche Hoffnung auf ihn h.
	17	wenn jemand dieser Welt Güter h.
	21	so h. wir Zuversicht zu Gott 4,17; 5,14
	4,16	die Liebe, die Gott zu uns h.
	21	dies Gebot h. wir von ihm
	5,10	der h. dieses Zeugnis in sich
	12	wer den Sohn h., der hat das Leben
	13	damit ihr wißt, daß ihr das ewige Leben h.
2Jh	9	wer... und bleibt nicht in der Lehre Christi, der h. Gott nicht
3Jh	4	ich h. keine größere Freude als die, zu hören
	12	Demetrius h. ein gutes Zeugnis von jedermann
Heb	2,14	*weil die Kinder Fleisch und Blut h.*
	3,3	so wie der Erbauer des Hauses größere Ehre h.
	12	daß keiner unter euch ein böses Herz h.
	4,14	weil wir einen großen Hohenpriester h. 15; 7,26; 8,1; 10,21
	16	Gnade finden, wenn wir Hilfe nötig h.
	5,14	die durch den Gebrauch geübte Sinne h.
	6,18	so sollten wir einen starken Trost h.
	19	diese h. wir als einen sicheren Anker
	7,3	er h. weder Anfang der Tage noch Ende des Lebens
	6	segnete den, der die Verheißungen h.
	24	dieser h. ein unvergängliches Priestertum
	28	das Gesetz macht Menschen zu Hohenpriestern, die Schwachheit an sich h.
	8,3	muß etwas h., was er opfern kann
	9,1	es h. der erste Bund seine Satzungen 10,1
	17	ein Testament h. noch nicht Kraft
	23	die himmlischen Dinge selbst müssen bessere Opfer h. als jene
	10,26	h. wir hinfort kein andres Opfer mehr
	33	Gemeinsch. h. mit denen, welchen es so erging
	35	Vertrauen, welches eine große Belohnung h.
	36	Geduld aber h. ihr nötig
	38	wenn er zurückweicht, h. meine Seele kein Gefallen an ihm
	11,10	die Stadt, die einen festen Grund h.
	15	hätten sie Zeit geh., wieder umzukehren
	25	lieber... als den Genuß der Sünde h.
	12,1	weil wir Zeugen um uns h.
	2	obwohl er hätte Freude h. können, das Kreuz
	9	*unsre Väter haben zu Züchtigern geh.*
	13,9	Speisegebote, von denen keinen Nutzen h., die damit umgehen
	10	wir h. einen Altar, von dem zu essen kein Recht h., die der Stiftshütte dienen
	14	wir h. hier keine bleibende Stadt
Jak	2,14	er h. Glauben, und h. doch keine Werke 18
	16	ihr gäbet ihnen nicht, was der Leib nötig h.

Jak	2,17	ist der Glaube, wenn er nicht Werke h., tot
	3,14	h. ihr bittern Neid in eurem Herzen
	4,2	ihr h. nichts, weil ihr nicht bittet
Jud	19	niedrig Gesinnte, die den Geist nicht h.
Off	1,16	er h. sieben Sterne in seiner rechten Hand 18; 4,4.8; 5,6.8; 6,2.5; 7,2; 8,3; 9,14.17.19; 10,2; 12,3; 13,1.11.14; 14,14.17.18; 15,2; 17,1.3.4.7; 20,1; 21,9.15
	2,3	(du) h. Geduld und hast die Last getragen
	4	ich h. gegen dich, daß du die erste Liebe verläßt 2,14.20
	6	das h. du für dich, daß du ... hassest
	12	das sagt, der da h. das ... 3,1.7
	14	du h. Leute dort, die 15; 3,4
	18	Sohn Gottes, der Augen h. wie Feuerflammen 9,8-11
	24	den andern, die solche Lehre nicht h.
	25	was ihr h., das haltet fest 3,11
	3,17	du sprichst: Ich bin reich und h. genug
	4,7	die 3. (Gestalt) h. ein Antlitz wie ein Mensch
	9,4	die nicht das Siegel Gottes h. an ihren Stirnen 13,17; *14,1*
	11	sie h. über sich einen König
	12,2	h. große Qual bei der Geburt
	6	wo sie einen Ort h., bereitet von Gott
	12	der Teufel h. einen großen Zorn
	17	die h. das Zeugnis Jesu 19,10
	13,18	wer Verstand h., der überlege die Zahl
	16,2	Menschen, die das Zeichen des Tieres h.
	17,18	Stadt, die die Herrschaft h. über die Könige
	18,7	wieviel Herrlichk. und Üppigkeit sie geh. hat
	19	reich geworden, die Schiffe auf dem Meer h.
	21,11	(die Stadt) h. die Herrlichkeit Gottes 12.14

Habgier

Jes	57,17	ich war zornig über die Sünde ihrer H.
Hes	22,27	Menschen umzubringen um ihrer H. willen
Sir	10,8	durch Gewalt, Unrecht und H.
	14,7	kommt doch seine H. zum Vorschein
Mk	7,22	Ehebruch, H., Bosheit Rö 1,29
Lk	12,15	seht zu und hütet euch vor aller H.
Eph	4,19	um allerlei unreine Dinge zu treiben in H.

habgierig

Ps	10,3	der H. sagt dem HERRN ab
Spr	28,22	wer h. ist, jagt nach Reichtum
	25	ein H. erweckt Zank
Sir	14,9	ein h. Mensch hat nie genug an dem

Habicht

3Mo	11,13	daß ihr sie nicht esset: den H. 5Mo 14,12

Habor

2Kö	17,6	am H., dem Fluß von Gosan 18,11; 1Ch 5,26

Habsucht

Ps	119,36	neige mein Herz nicht zur H.
2Ma	4,50	blieb an der Macht dank der H.
Mk	7,22	*Ehebruch, H., Bosheit, List Rö 1,29*
Eph	5,3	von H. soll bei euch nicht die Rede sein
Kol	3,5	tötet nun die H., die Götzendienst ist
1Th	2,5	wir sind nie umgegangen mit versteckter H.
2Pt	2,3	aus H. werden sie euch zu gewinnen suchen
	14	haben ein Herz getrieben von H.

habsüchtig

Eph	5,5	daß kein H. ein Erbteil hat im Reich Gottes

Hachalja

Neh	1,1	Geschichte Nehemias, des Sohnes H. 10,2

Hachila s. Gibea-Hachila

Hachmoni, Hachmoniter

2Sm	23,8	Jischbaal, der H. 1Ch 11,11
1Ch	27,32	Jehiël, der Sohn H.

Hacke

1Sm	13,20	wenn jemand eine H. zu schärfen hatte 21
1Ch	20,3	mit eisernen H. Frondienste leisten
Ps	74,6	zerschlagen sein Schnitzwerk mit H.
Jes	7,25	die man mit der H. zu behacken pflegt

hacken

Jes	5,6	daß er nicht beschnitten noch geh. werde

Häcksel

2Mo	5,7	dem Volk nicht mehr H. geben 10-13.16.18

Hadad

1Mo	25,15	¹(Söhne Ismaels:) H. 1Ch 1,30
	36,35	²H., ein Sohn Bedads 36; 1Ch 1,46.47
1Kö	11,14	³Salomo(s) Widersacher, Edomiter H. 17.19. 21.25
1Ch	1,50	⁴H., seine Stadt hieß Pagu 51 (= Hadar)

Hadad-Eser

2Sm	8,3	David schlug auch H. 5.7-10.12; 10,16.19; 1Kö 11,23; 1Ch 18,3.5.7-10; 19,16.19

Hadad-Rimmon

Sa	12,11	wird große Klage sein, wie die um H.

Hadar (= Hadad 4)

1Mo	36,39	wurde König an seiner Stadt H.

Hadascha

Jos	15,37	(Städte des Stammes Juda:) H.

Hadassa

Est	2,7	H., das ist Ester

Hader

Ps	55,10	ich sehe Frevel und H. in der Stadt
Spr	6,14	richtet allezeit H. an 19
	10,12	Haß erregt H.
	22,10	H. und Schmähung hören auf
Rö	1,29	voll von Neid, Mord, H.
	13,13	nicht in H. und Eifersucht
2Ko	12,20	sondern es gibt H., Neid, Zorn
Gal	5,20	(Werke des Fleisches:) H.
Phl	1,15	*etliche predigen Christus um H. willen*

Hader

1Ti 6,4 Wortgefechte. Daraus entspringen Neid, H.

hadern

2Mo 17,2 sie h. mit Mose... was h. ihr mit mir 7; 4Mo 20,3.13; 27,14
1Sm 2,10 die mit dem HERRN h., sollen zugrunde
Hi 17,2 auf ihrem H.
33,13 warum willst du mit ihm h.
Ps 103,9 er wird nicht für immer h.
Pr 6,10 kann nicht h. mit dem, der ihm zu mächtig
Jes 41,11 die mit dir h., sollen umkommen 12
45,9 weh dem, der mit seinem Schöpfer h.
57,16 ich will nicht immerdar h.
58,4 wenn ihr fastet, h. und zankt ihr
Jer 15,10 mich, gegen den jedermann h.
Apg 7,26 *als sie miteinander h.*
Jud 16 diese murren und h. mit ihrem Geschick

Haderwasser

4Mo 20,13 das ist das H. 24; 27,14; 5Mo 32,51; 33,8; Ps 81,8; 106,32; Hes 47,19; 48,28

Hadid

Esr 2,33 die Männer von H. Neh 7,37; 11,34
1Ma 12,38 Simon baute die Burg H. 13,13

Hadlai

2Ch 28,12 Sippenhäupter... Amasa, der Sohn H.

Hadoram

1Mo 10,27 ¹Joktan zeugte H. 1Ch 1,21
1Ch 18,10 ²sandte (Toï) seinen Sohn H. zum König 2Sm 8,10 (= Joram 1)

Hafarajim, *Hapharajim*

Jos 19,19 (Issachar... sein Gebiet war) H.

Hafen

Jes 23,10 es gibt keinen H. mehr
2Ma 12,6 (Judas) zündete bei Nacht den H. an 9
Apg 27,12 da der H. zum Überwintern ungeeignet war

haften

2Mo 28,38 Sünde, die an den heiligen Gaben h.
Hi 41,9 es h. einer am andern 15
Spr 22,26 einer von denen, die mit ihrer Hand h.

Hagab

3Mo 11,22 ¹Heuschrecken, als da sind: den H.
Esr 2,46 ²(Tempelsklaven:) die Söhne H.

Hagaba

Esr 2,45 (Tempelsklaven:) die Söhne H. Neh 7,48

Hagar

1Mo 16,1 eine ägyptische Magd, die hieß H. 3.4.8
15 H. gebar Abram einen Sohn 16; 25,12
21,9 sah den Sohn H., der Ägypterin 14.17
Bar 3,23 die Kinder H. forschten der Weisheit nach

Gal 4,24 einen vom Berg Sinai, das ist H.
25 H. bedeutet den Berg Sinai in Arabien

Hagariter

1Ch 5,10 führten Krieg gegen die H. 19.20
27,31 Jasis, der H.
Ps 83,7 (einen Bund gemacht) Moab und die H.

Hagarmi s. Garmiter

Hagel

2Mo 9,18 ich will einen sehr großen H. fallen lassen 19.23-25.29.33.34; 10,5.12.15
Hi 38,22 hast du gesehen, wo der H. herkommt
Ps 18,13 zogen seine Wolken dahin mit H. 14
78,47 als er ihre Weinstöcke mit H. schlug 48
105,32 er gab ihnen H. statt Regen
148,8 (lobet den HERRN) Feuer, H., Schnee
Jes 28,17 wird H. die falsche Zuflucht zerschlagen
Hes 13,11 wird H. wie Steine fallen 13; 38,22
Hag 2,17 plagte euch mit H. in all eurer Arbeit
Wsh 16,22 vom Feuer vernichtet, das im H. brannte
Sir 39,35 Feuer, H... ist zur Strafe geschaffen
46,6 der Höchste ließ H. wie Steine fallen
Off 8,7 es kam H. und Feuer, und fiel auf die Erde 11,19; 16,21
16,21 lästerten Gott wegen der Plage des H.

Hagelkorn

Sir 43,16 drückt die Wolken, daß H. herausfallen

hageln

2Mo 9,22 daß es h. über ganz Ägyptenland 23.26.28

Hagelschauer

Wsh 5,23 wie aus... werden H. herabstürzen

Hagelschlag

Jes 30,30 wie sein Arm herniederfährt mit H.

Hagelstein

Jos 10,11 starben viel mehr durch die H., als

Hagelsturm

Jes 28,2 wie H. wirft er zu Boden

Haggai

Esr 5,1 weissagten die Propheten H. und Sacharja 6,14
Hag 1,1 geschah des HERRN Wort durch den Propheten H. 3.13; 2,1.10.13.14.20
12 gehorchten den Worten des Propheten H.

Haggedolim

Neh 11,14 Vorsteher war Sabdiël, der Sohn H.

Haggi, Haggiter

1Mo 46,16 Söhne Gads: H. 4Mo 26,15

Haggija
1Ch 6,15 Schima, dessen Sohn war H.

Haggit, *Haggith*
2Sm 3,4 Adonija, Sohn der H. 1Kö 1,5; 2,13; 1Ch 3,2

Hagri
1Ch 11,38 Mibhar, der Sohn H.

Häher
3Mo 11,19 (daß ihr nicht esset) den H. 5Mo 14,18

Hahn
Spr 30,31 (gehen stolz einher:) der Löwe, der H.
Tob 8,11 als der h. krähte, rief Raguël seine Diener
Mt 26,34 in dieser Nacht, ehe der H. kräht 75; Mk 14,30.72; Lk 22,34; Jh 13,38
74 und alsbald krähte der H. Mk 14,68.72; Lk 22,60; Jh 18,27

Hahnenschrei
Mk 13,35 ob um den H. oder am Morgen

Hain
1Mo 13,18 Abram wohnte im H. Mamre 14,13; 18,1
Jdt 3,10 er ließ ihre heiligen H. umhauen

Hakeldamach, *Akeldamach*
Apg 1,19 daß dieser Acker genannt wird: H.

Haken
2Mo 26,6 sollst 50 goldene H. machen 11.33; 35,11; 36,13.18; 39,33
Hi 40,26 mit einem H. ihm die Backen durchbohren
Hes 29,4 will dir einen H. ins Maul legen 38,4

Hakkatan s. Katan

Hakkoz
1Ch 24,10 das siebente (Los fiel) auf H. Esr 2,61; Neh 3,4.21; 7,63

Hakufa, *Hakupha*
Esr 2,51 (Tempelsklaven:) die Söhne H. Neh 7,53

Halach
2Kö 17,6 ließ sie wohnen in H. 18,11; 1Ch 5,26

halb
2Mo 26,12 sollst einen h. Teppich überhängen lassen
28 Mittelriegel in h. Höhe 36,33
30,13 soll jeder einen h. Taler geben 15
38,26 auf den Kopf ein h. Lot
4Mo 15,9 mit einer h. Kanne Öl vermengt 10; 28,14
32,33 dem h. Stamm Manasses 34,13-15; 5Mo 3,13; 29,7; Jos 1,12; 4,12; 12,6; 13,7.8.29; 18,7; 21,5.6. 25.27; 22,1.7.9-11.21; 1Ch 5,18.23.26; 6,46.55. 56; 12,32.38; 26,32; 27,20.21

5Mo 3,12 samt dem h. Gebirge Gilead Jos 12,2.5; 13,31
Jos 13,25 Gilead und das h. Land der Ammoniter
1Sm 14,14 auf einer h. Hufe Acker
2Sm 10,4 Hanun ließ ihnen den Bart h. abscheren... Kleider h. abschneiden 1Ch 19,4
1Kö 7,35 eine h. Elle hoch waren Griffe Hes 43,17
Neh 3,9 der Vorsteher des h. Bezirkes 12.16-18
38 bauten die Mauer bis zur h. Höhe
Est 7,2 wäre es auch das h. Königreich
Dan 7,25 eine Zeit und zwei Zeiten und eine h. Zeit 12,7; Off 12,14
Tob 11,1 Haran, das auf h. Wege nach Ninive liegt
Sir 7,10 wenn du betest, so tu's nicht mit h. Herzen
Mt 13,33 den Sauerteig unter einen h. Zentner Mehl mengte Lk 13,21
Jh 11,18 bei Jerusalem, etwa eine h. Stunde entfernt
Off 8,1 Stille im Himmel etwa eine h. Stunde lang
11,9 sehen ihre Leichname drei Tage und einen h.
11 nach drei Tagen und einem h. fuhr in sie der Geist des Lebens

Halbschwester
3Mo 20,17 wenn jemand seine H. nimmt

halbtot
Wsh 18,18 sie lagen h. da
Lk 10,30 die schlugen ihn und ließen ihn halbtot liegen

Halfi
1Ma 11,70 blieb zurück Judas, der Sohn H.

Hälfte
2Mo 24,6 Mose nahm die H. des Blutes... die andere H.
30,23 Myrrhe, 500 Lot, und Zimt, die H. davon
3Mo 6,13 die eine H. morgens, die andere abends
4Mo 12,12 von dem die H. seines Fleisches geschwunden
31,27 gib die H. denen... die andere H. der Gemeinde 29.30.36.42.43.47
Jos 8,33 eine H. zum Garizim hin und die andere H.
13,31 gab er der H. der Söhne Machir
22,7 der andern H. gab Josua ihr Erbteil
2Sm 18,3 wenn die H. von uns stirbt
19,41 die H. des Volks von Israel
1Kö 3,25 gebt dieser die H. und jener die H.
10,7 nicht die H. hat man mir gesagt 2Ch 9,6
13,8 wenn du mir die H. deiner Habe geben
16,9 der Oberste über die H. der Kriegswagen
21 eine H. hing Tibni an, die andere H. Omri
1Ch 2,52 die H. der Manahatiter 54
Neh 4,10 die H... die andere H. hielt Spieße 15
12,32 hinter ihnen her die H. der Oberen 38.40
13,24 die H. ihrer Kinder sprach aschdodisch
Est 5,3 die H. des Königreichs soll dir gegeben 6
Ps 55,24 werden ihr Leben nicht bis zur H. bringen
102,25 nimm mich nicht weg in der H. meiner Tage
Jes 44,16 die eine H. verbrennt er 17.19
Hes 16,51 hat nicht die H. deiner Sünden getan
Sa 14,2 die H. der Stadt wird gefangen weggeführt
4 daß die eine H. nach Norden weichen 8
Tob 8,23 von seinen Gütern gab er... die H. 12,5.6
10,11 dazu die H. von all seinem Hab und Gut
Sir 29,7 gibt er kaum die H. zurück
1Ma 3,34 er überließ ihm die H. des Kriegsvolks

Hälfte

1Ma	10,29	ich erlasse die H., die mir zusteht
Mk	6,23	dir geben bis zur H. meines Königreichs
Lk	19,8	die H. von meinem Besitz gebe ich den Armen

Halhul

Jos	15,58	(Städte des Stammes Juda:) H.

Hali

Jos	19,25	(Stamm Asser) sein Gebiet war H.

Halikarnaß

1Ma	15,23	(so schrieb Luzius) nach H.

Hall

Jos	6,20	als das Volk den H. der Posaunen hörte
Ps	47,6	der HERR (fährt auf) beim H. der Posaune
Jer	4,19	ich höre den Posaune H. 21
	6,17	achtet auf den H. der Posaune
Hes	33,4	wer den H. der Posaune hört 5
Heb	12,19	*noch zu dem H. der Posaune*

Halle

1Sm	9,22	Samuel führte sie in die H.
1Kö	7,6	baute eine H. und noch eine H. vor 8.12
2Ch	3,5	die große H. täfelte er 6.7
	13	der Cherubim Antlitz war zur H. hingewandt
Jer	35,2	führe sie in eine der H. 4; 36,10.20.21
Jh	5,2	dort sind fünf H.
	10,23	ging umher im Tempel in der H. Salomos
Apg	3,11	lief alles Volk zu ihnen in die H.
	5,12	sie waren in der H. Salomos beieinander

Halleluja

Ps	104,35	H. 105,45; 106,1.48; 111,1; 112,1; 113,1.9; 115,18; 116,19; 117,2; 135,1.21; 146,1.10; 147,1. 20; 148,1.14; 149,1.9; 150,1.6
Tob	13,21	auf allen Straßen wird man H. singen
Off	19,1	H.! Das Heil und die Kraft sind unseres Gottes 3
	4	beteten Gott an und sprachen: Amen, H. 6

Hallohesch s. Lohesch

Halm

1Mo	41,5	sah, daß 7 Ähren aus einem H. wuchsen 22
5Mo	16,9	wenn man zuerst die Sichel an die H. legt
Hi	13,25	willst du einen dürren H. verfolgen
Jes	17,5	wie wenn der Schnitter die H. faßt
Mk	4,28	zuerst den H., danach die Ähre

Hals

1Mo	27,16	wo er glatt war am H.
	40	sein Joch von deinem H. reißen wirst
	33,4	Esau fiel ihm um den H.
	41,42	eine goldene Kette um seinen H.
	45,14	fiel Benjamin um den H. und weinte 46,29
5Mo	28,48	wird ein eisernes Joch auf deinen H. legen
Ri	5,30	bunte Tücher um den H. als Beute
	8,21	nahm Monde, die an den H. ihrer Kamele
1Sm	4,18	Eli brach seinen H. und starb
1Kö	7,31	der H. mitten auf dem Gestell
1Ch	12,20	könnte es uns den H. kosten
Hi	39,19	kannst du seinen H. zieren mit e. Mähne
Ps	69,4	mein H. ist heiser
Spr	1,9	das ist eine Kette an deinem H. 3,22
	3,3	hänge meine Gebote an deinen H. 6,21
Hl	1,10	dein H. mit den Perlenschnüren 4,9
	4,4	dein H. ist wie der Turm Davids 7,5
Jes	3,16	Töchter Zions gehen mit aufgerecktem H.
	8,8	bis sie an den H. reichen 30,28
	10,27	wird weichen sein Joch von deinem H. 14,25
	52,2	mach dich los von den Fesseln deines H.
Jer	12,6	schreien hinter dir her aus vollem H.
Klg	1,14	sie sind mir auf den H. gekommen
	5,5	mit dem Joch an unserm H. treibt man uns
Hes	16,11	ich legte dir eine Kette um deinen H.
	21,34	das Schwert soll an den H. gesetzt werden
Dan	5,7	eine gold. Kette um den H. tragen 16.29
Mi	2,3	aus dem ihr euren H. nicht ziehen sollt
	6,12	haben falsche Zungen in ihrem H.
Jdt	13,9	stach sie ihn zweimal in den H.
Sir	6,25	laß ihr Halseisen dir um den H. legen
	27,30	wer... dem kommt's selbst über den H.
Mt	18,6	besser, daß ein Mühlstein an seinen H. gehängt Mk 9,42; Lk 17,2
	23,4	*Bürden legen sie den Menschen auf den H.*
Lk	15,20	er fiel ihm um den H. und küßte ihn
Apg	15,10	*daß ihr ein Joch auf der Jünger H. legt*
	20,37	sie fielen Paulus um den H. und küßten ihn
Rö	16,4	die für mein Leben ihren H. hingehalten
1Ko	7,35	nicht um euch einen Strick um den H.

Halsband

Spr	25,12	das ist wie ein goldenes H.
Hos	2,15	Tage, an denen sie sich mit H. schmückt

Halseisen

Sir	6,25	laß ihr H. dir um den Hals legen 30

Halsgeschmeide

Hl	7,2	die Rundung deiner Hüfte ist wie ein H.

halsstarrig

2Mo	32,9	sehe, daß es ein h. Volk ist 33,3.5; 34,9; 5Mo 9,6.13; Jer 17,23; 19,15
5Mo	10,16	seid hinfort nicht h. 2Ch 30,8
Ri	2,19	sie ließen nicht von ihrem h. Wandel
2Ch	36,13	wurde h. und verstockte sein Herz
Neh	9,16	unsere Väter wurden stolz und h. 17.29; Jer 7,26; 17,23
Hi	15,26	er ficht h. wider ihn
Ps	75,6	redet nicht so h.
Spr	29,1	wer gegen alle Warnung h. ist
Hab	2,4	wer h. ist, der wird keine Ruhe haben
Sir	30,12	damit es nicht h. wird
Apg	7,51	ihr H., mit verstockten Herzen

Halsstarrigkeit

3Mo	26,19	daß ich euren Stolz und eure H. breche
5Mo	9,27	sieh nicht an die H. dieses Volks
	31,27	ich kenne deinen Ungehorsam und deine H.

halt

Mt 27,49 h., laß sehen, ob Elia komme Mk 15,36

Halt

4Mo 10,12 die Wolke machte H. in der Wüste Paran
2Sm 18,16 Joab gebot dem Volk H.
22,19 der HERR ward mein H.
Esr 9,8 daß er uns einen festen H. gegeben hat
Hi 28,4 vergessen, ohne H. für den Fuß
Hes 41,6 in sich H.; aber keinen H. in der Wand
Sir 13,26 wenn ein Reicher den H. verliert 27
34,18 worauf verläßt er sich? Wer ist sein H.

halten

(s.a. an sich halten; Bund; Friede; Gericht; Klage; Rat; verborgen; werthalten; Zaum; Zorn)

1Mo 4,20 die in Zelten wohnen und Vieh h.
18,19 daß sie des HERRN Wege h.
25,26 h. mit seiner Hand die Ferse des Esau
26,5 weil Abraham geh. hat meine Rechte
29,27 h. mit dieser die Hochzeitswoche 28
42,30 der Mann h. uns für Kundschafter
2Mo 5,1 daß es mir ein Fest h. in der Wüste
12,12 will Strafgericht h. über alle Götter
17 h. das Gebot der ungesäuerten Brote 24.25; 13,5.8.10; 23,15; 34,18; 2Ch 30,13.21.23
48 dem HERRN das Passa h. 4Mo 9,2-6.10. 12-14; 5Mo 16,1; Jos 5,10; 2Kö 23,21-23; 2Ch 30,1-5; 35,16-19; Esr 6,19.22; Hes 45,21
15,26 wirst du h. alle seine Gesetze 16,28
18,12 um mit Moses Schwiegervater das Mahl zu h.
20,6 die mich lieben und meine Gebote h. 5Mo 5,10; 7,9
23,11 ebenso sollst du es h. mit deinem Weinberg
13 alles, was ich euch gesagt habe, das h. 34,11; 5Mo 13,1; 2Kö 21,8; 2Ch 33,8
31,13 h. meinen Sabbat 14.16; 35,2; 3Mo 23,24.32; 25,4; 26,2; 5Mo 5,12.15; Jes 56,2.4.6
33,22 will ich meine Hand über dir h.
34,22 das Wochenfest sollst du h. 5Mo 16,10
3Mo 18,4 meine Satzungen sollt ihr h. 5.26.30; 19,19.37; 20,8.22; 22,9; 25,18; 5Mo 7,12; 1Kö 2,3; 3,14; 6,12; 8,58; 2Kö 17,37; Neh 10,30
19,3 h. meine Feiertage 30
9 sollst auch nicht Nachlese h. 10; 23,22
21,8 darum sollst du den Priester heilig h.
22,31 darum h. meine Gebote und tut danach 26,3; 5Mo 4,40; 5,29; 6,2.17.25; 7,11; 8,6.11; 10,13; 11,1.8.22.32; 12,1; 13,5.19; 16,12; 26,16-18; 27,1.10; 28,9.15.45; 30,8.10.16; 31,5; Hes 20,19; 44,24
23,7 sollt ihr eine heilige Versammlung h. 27.36.39.41; 4Mo 29,35; 5Mo 16,15
4Mo 15,13 wer ein Einheimischer ist, soll es so h. 14
23,12 muß ich nicht das h. und reden
19 sollte er etwas reden und nicht h.
5Mo 1,41 als ihr es für ein Leichtes h.
2,11 man h. sie auch für Riesen
7,8 damit er seinen Eid h. 9,5
12,8 sollt es nicht so h., wie wir heute
15,1 sollst ein Erlaßjahr h.
16,13 das Laubhüttenfest sollst du h. Esr 3,4; Neh 8,18; Sa 14,16.18.19
17,11 an das Urteil sollst du dich h. 10
16 daß er nicht viele Rosse h.

5Mo 17,19 daß er h. alle Worte dieses Gesetzes 28,58; 32,46; Jos 1,7.8
23,24 was über d. Lippen gegangen, sollst du h.
24,8 beim Aussatz, daß du alles genau h.
33,12 allezeit wird Er die Hand über ihm h.
Jos 22,2 habt alles geh., was euch Mose geboten
19 h. ihr das Land eures Erbes für unrein
Ri 5,14 Gebieter, die den Führerstab h.
7,20 sie h. die Fackeln in ihrer linken Hand
9,27 und h. ein Freudenfest
13,12 wie sollen wir's mit dem Knaben h.
14 was ich ihr geboten habe, soll sie h.
16 wenn du mich auch hier h.
17,11 der (Mann) h. ihn wie einen Sohn
18,19 schweig und h. den Mund
20,45 h. auf den Straßen eine Nachlese
Rut 2,8 h. dich zu meinen Mägden 21.23
1Sm 1,16 nicht für ein zuchtloses Weib h.
13,13 nicht geh. das Gebot des HERRN 14
26,5 David kam an den Ort, wo Saul Lager h.
29,6 ich h. dich für redlich
2Sm 2,10 das Haus Juda h. es mit David
3,19 was Israel für gut h.
7,19 hast du das noch für zu wenig geh.
12,3 und er h.'s wie eine Tochter
15,8 will ich dem HERRN einen Gottesdienst h.
20,11 wer's mit Joab h. 1Kö 1,7; 2,22; 2Kö 6,11; 9,32; 10,6; 15,19; 1Ch 11,10; 12,19.30; 2Ch 11,13
22,22 ich h. die Wege des HERRN Ps 18,22
1Kö 2,43 warum hast du nicht geh. den Schwur
8,24 geh. hast, was du zugesagt 25; 2Ch 6,15.16
11,10 nicht geh., was der HERR geboten hatte 11; 13,21; 2Kö 10,31; 17,19.34; 1Ch 10,13; 2Ch 34,21; Esr 7,26; Neh 1,7; 5,13
34 der meine Gebote geh. 14,8; 2Kö 18,6; 2Ch 13,11
13,29 um die Totenklage zu h. 30; 14,13.18
18,42 Elia h. sein Haupt zwischen seine Knie
2Kö 5,9 Naaman h. vor der Tür Elisas
11,5 ein Drittel soll Wache h. 6.7; 1Ch 9,27; 2Ch 23,4; 34,9
18,17 sie h. an der Wasserleitung des Teiches
1Ch 13,9 streckte seine Hand aus, um die Lade zu h.
2Ch 5,11 ohne daß sie sich an die Ordnungen h.
7,8 Salomo h. das Fest sieben Tage lang 9
31,4 um so besser sich an das Gesetz h. könnten
Esr 6,16 h. die Einweihung Neh 12,27
Neh 1,5 der da h. die Treue Ps 146,6; Mi 7,20
4,11 mit der andern h. sie die Waffe
10,29 die sich zum Gesetz Gottes h. Hes 37,16.19
11,19 die an den Toren Wache h. Est 6,2; Hi 21,32
Est 1,20 alle Frauen ihre Männer in Ehren h.
9,21 sollten als Feiertage jährlich h. 22.27.28
27 für alle, die sich zu ihnen h.
Hi 8,15 sein Haus... er h. sich daran
13,24 und h. mich für deinen Feind
23,11 ich h. meinen Fuß auf seiner Bahn
24,6 sie h. Nachlese im Weinberg der Gottlosen
30,2 deren Stärke ich für nichts h.
10 sich ferne von mir h.
31,18 habe sie geh. wie ein Vater
32,1 weil (Hiob) sich für gerecht h. 2
34,29 wenn er sich ruhig h., wer will verdammen
35,2 h. du das für recht
16 Hiob h. stolze Reden
39,24 (das Roß) läßt sich nicht h.
Ps 3,6 der HERR h. mich
15,4 wer seinen Eid h.
19,12 wer sie h., der hat großen Lohn

halten

Ps	26,6	ich h. mich, HERR, zu deinem Altar	Jer	11,8	geboten hatte zu h... doch nicht geh. haben

Ps 26,6 ich h. mich, HERR, zu deinem Altar
 31,7 ich hasse, die sich h. an nichtige Götzen
 33,4 was er zusagt, das h. er gewiß
 37,34 h. dich auf seinem Weg
 37 bleibe fromm und h. dich recht
 38,21 weil ich mich an das Gute h.
 41,13 mich h. du um meiner Frömmigkeit willen
 59,10 zu dir will ich mich h.
 63,9 deine rechte Hand h. mich 139,10
 65,2 dir h. man Gelübde 76,12; Pr 5,3.4
 73,13 umsonst sein, daß ich mein Herz rein h.
 23 du h. mich bei meiner rechten Hand
 28 meine Freude, daß ich mich zu Gott h.
 77,5 meine Augen h. du, daß sie wachen müssen
 78,7 daß sie seine Gebote h. 99,7; 105,45
 8 dessen Geist sich nicht treu an Gott h.
 56 sie h. seine Gebote nicht 89,32
 84,6 wohl den... die dich für ihre Stärke h.
 94,10 der die Völker in Zucht h.
 18 so h. mich, HERR, deine Gnade
 106,3 wohl denen, die das Gebot h. 119,2.22.88
 119,4 geboten, fleißig zu h. deine Befehle 69
 5 deine Gebote mit ganzem Ernst h. 34
 8 deine Gebote will ich h. 44.55.60.129.145.167
 9 wenn er sich h. an deine Worte
 17 daß ich lebe und dein Wort h. 57.67.101
 56 daß ich mich an deine Befehle h. 63.100.115. 134.146.168
 63 ich h. mich zu allen, die dich fürchten
 79 daß sich zu mir h., die dich fürchten
 106 ich schwöre und will's h.
 128 darum h. ich alle deine Befehle für recht
 136 weil man dein Gesetz nicht h. 158
 139,5 du h. deine Hand über mir
 145,14 der HERR h. alle, die da fallen
 149,6 sollen Schwerter in ihren Händen h.
Spr 4,4 h. meine Gebote, so wirst du leben Pr 12,13
 17,28 würde für weise geh., wenn er den Mund h.
 18,14 weiß sich auch im Leiden zu h.
 20,19 der den Mund nicht h. kann
 22,24 h. dich nicht zu einem wütenden Mann
 25,14 wer Geschenke verspricht und h.'s nicht
 29,11 läßt du nicht mit Worten nicht in Zucht h.
Pr 2,3 dachte ich... mich an Torheit zu h.
 7,18 es ist gut, wenn du dich an das eine h.
 8,3 h. dich nicht zu einem bösen Sache
 5 wer das Gebot h., will nichts... wissen
 10,3 der Tor h. jeden andern für einen Toren
 19 man h. Mahlzeiten, um zu lachen
Hl 3,4 ich h. ihn und ließ ihn nicht los
 8 alle h. sie Schwerter
Jes 5,21 und h. sich selbst für klug
 19,21 Ägypter werden Gelübde tun und sie h.
 31,1 h. sich nicht zum Heiligen Israels 64,6
 33,8 man h. nicht Treu und Glauben
 34,6 der HERR h. ein Schlachten
 41,1 ich h. dich durch die rechte Hand 42,6
 42,1 das ist mein Knecht - ich h. ihn
 44,20 Trug, woran meine Rechte sich h.
 53,4 wir h. ihn für den, der geplagt
 54,9 ich h. es wie zur Zeit Noahs
 56,3 der HERR wird mich getrennt h.
Jer 3,19 will dich h., als wärst du mein Sohn
 20 Israel hat mir nicht die Treue geh.
 5,1 ob ihr jemand findet, der auf Wahrheit h.
 28 sie h. kein Recht
 6,9 h. Nachlese am Rest Israels
 10 sie h. des HERRN Wort für Spott
 7,11 h. ihr dies Haus für eine Räuberhöhle
 11,5 damit ich den Eid h. kann

Jer 11,8 geboten hatte zu h... doch nicht geh. haben
 15,19 wenn du zu mir h., will ich zu dir h.
 16,11 weil eure Väter mein Gesetz nicht geh. Hes 20,21.24
 17,5 verflucht, der h. Fleisch für seinen Arm
 22,15 dein Vater h. dennoch auf Recht
 30,6 ihre Hände an den Hüften h. wie Frauen
 34,9 kein Judäer den andern als Sklaven h. 10
 35,14 die Worte Jonadabs werden geh. 16.18; 44,17
 39,3 alle Obersten h. unter dem Mitteltor
 44,25 wollen unsere Gelübde h... h. eure Gelübde
Hes 2,9 eine Hand, die h. eine Schriftrolle
 5,7 weil ihr meine Ordnungen nicht geh. 11,12. 20; Am 2,4
 8,17 h. sich die Weinrebe an die Nase
 18,9 der meine Gebote h.: das ist ein Gerechter 17.19.21; 20,19; 36,27; 37,24; 44,24; Dan 9,4
 20,11 durch die der Mensch lebt, der sie h. 13.21
 18 sollt ihre Gesetze nicht h.
 24,17 darfst du keine Totenklage h.
 28,3 h. dich für klüger als Daniel
 37,20 sollst die Hölzer in deiner Hand h.
 44,5 gib acht, wie man es h. soll 45,25
 47,22 die Fremdlinge h. wie die Einheimischen
Dan 3,28 die des Königs Gebot nicht geh. haben
 9,12 Gott hat seine Worte geh.
 11,34 werden sich nicht aufrichtig zu ihnen h.
Am 1,5 ich h., der das Zepter h., ausrotten 8
Jon 2,9 die sich h. an das Nichtige
Mi 6,8 Gottes Wort h. und Liebe üben
 16 du h. dich an die Weisungen Omris
 7,1 der im Weinberge Nachlese h.
Ze 2,3 ihr Elenden, die ihr seine Rechte h.
 3,2 nicht trauen noch sich zu ihrem Gott h.
Hag 2,23 will ich dich wie einen Siegelring h.
Sa 1,8 h. zwischen den Myrten im Talgrund 10.11
 7,3 muß ich immer noch Fasten h.
 11,5 ihre Käufer h.'s für keine Sünde
 12,4 über Juda h. ich meine Augen offen h.
Mal 1,8 opfert, so h. ihr das nicht für böse
 2,9 weil ihr meine Wege nicht h. 3,7.14
Jdt 16,31 so h. es die Juden bis auf den heutigen Tag StE 7,7
Wsh 1,16 sie h. ihn für ihren Freund
 3,2 ihr Abscheiden wird für Strafe geh.
 5,4 wir h. sein Leben für einen Wahn
 6,5 ihr habt das Gesetz nicht geh. Tob 3,4.5
 11 wer das Heilige heilig h.
 19 wo man die Gebote h., da ist Leben Bar 4,1
 7,8 Reichtum h. ich ihm gegenüber für nichts 9
 12,24 daß sie Tiere für Götter h. 27; 13,2; 15,15
 14,16 gottloser Brauch wird wie ein Gesetz geh.
 30 weil sich zu den Götzen h.
 15,9 h. es für eine Ehre, Trugbilder zu machen
 12 er h. unser Leben für ein Spiel
 17,6 h., was sie gesehen hatten, für schlimmer
Tob 1,6 h. ihn als einziger zum Herrn
 8 alles h. er nach dem Gesetz 2,13
 3,18 mich nie zu zuchtloser Gesellschaft geh.
 7,17 sie lobten Gott und h. das Mahl
 9,1 h. ihn für einen Menschen
 13,9 h. Freudentage und preist (den Herrn)
Sir 2,3 h. dich an Gott und weiche nicht
 3,23 was Gott befohlen hat, h. dir vor Augen
 4,16 wer sich zu (Weisheit) h., wird sicher wohnen 15,4
 6,17 wer Gott fürchtet, wird Freundschaft h.
 13,20 jedes Geschöpf h... so s. eignen Art
 15,1 wer sich an Gottes Wort h., findet Weisheit
 15 wenn du willst, so kannst du die Gebote h.

halten

Sir	17,18	er h. die Wohltaten eines Menschen so wert	Apg	2,24	daß er sollte von ihm geh. werden

Sir 17,18 er h. die Wohltaten eines Menschen so wert
 20,5 schweigt und wird deshalb für weise geh.
 21,23 ein Weiser h. Zucht für goldenen Schmuck
 23,7 liebe Kinder, lernt den Mund h.
 13 h.'s er nicht, so sündigt er Bar 6,35
 26,13 wenn deine Tochter nicht auf sich h. 42,10.11
 27,4 h. einer sich nicht in der Furcht des Herrn
 10 h. die Wahrheit zu denen, die sie tun
 29,3 h., was du zugesagt hast
 30,2 wer seinen Sohn in Zucht h.
 21 der eine Jungfrau in den Armen h.
 31,23 wenn der Magen mäßig geh. wird
 32,27 auch so h. man die Gebote
 33,31 h.'s mit ihm wie mit dir selbst
 34,2 wer auf Träume h., greift nach Schatten 6
 35,1 Gottes Gebote h., das ist ein reiches Opfer
 37,15 h. dich stets zu gottesfürchtigen Leuten
 42,4 rechtes Maß und Gewicht zu h.
Bar 2,1 der Herr hat sein Wort geh.
 6,40 wie soll man sie denn für Götter h. 56.64; StD 2,5
1Ma 2,39 h. sie die Totenklage über sie 12,52
 3,2 alle, die sich zu s. Vater geh. hatten 13
 4,56 sie h. das Fest der Weihe 59; 2Ma 1,9
 6,62 h. er seinen Eid nicht 7,18; 11,53; 15,27
 10,20 du sollst dich treu zu uns h. 26.27; 11,26
 37 damit sie ihre Gesetze h. können 2Ma 8,27. 29; 11,31; 12,38; StE 7,7
2Ma 3,1 als die Gesetze aufs beste geh. wurden
 4,18 als man das Kampfspiel h.
 6,6 nicht mehr möglich, den Sabbat zu h. 11; 10,6
 10,36 zwei von ihnen h. sich neben Makkabäus
 12,35 packte Gorgias und h. ihn am Mantel
 14,6 h. Krieg und Aufruhr in Gang
StE 3,7 genügt nicht, uns in Knechtschaft zu h.
Mt 5,33 du sollst dem Herrn deinen Eid h.
 12,14 h. Rat über ihn 22,15; 26,4; 28,12; Mk 3,6; 15,1; Lk 14,31; Apg 9,23
 14,5 sie h. ihn für einen Propheten 21,26.46; Mk 11,32
 19,17 willst du zum Leben eingehen, so h. die Gebote
 20 das habe ich alles geh. Mk 10,20; Lk 18,21
 22,23 die dafür h., es gebe kein Auferstehen Mk 12,18; Lk 20,27
 23,3 alles, was sie euch sagen, das tut und h.
 25 die ihr die Becher auswendig rein h.
 25,19 der Herr h. Rechenschaft mit ihnen
 26,18 ich will bei dir Ostern h.
 28,20 lehret sie h. alles, was ich befohlen
Mk 3,21 gingen sie aus und wollten ihn h.
 6,20 und h. ihn in Gewahrsam
 7,8 ihr h. der Menschen Satzungen 3.4.9
Lk 1,3 habe auch ich's für gut h.
 3,23 Jesus wurde geh. für einen Sohn Josefs
 11,39 ihr h. die Becher und Schüsseln außen rein
 22,24 welcher sollte für den Größten geh. werden
 24,16 ihre Augen wurden gh.
Jh 8,51 wer mein Wort h., der wird den Tod nicht sehen in Ewigkeit 52
 55 ich kenne ihn und h. sein Wort 15,10
 9,16 weil er den Sabbat nicht h.
 10,24 wie lange h. du uns im Ungewissen
 14,15 liebt ihr mich, so werdet ihr meine Gebote h. 21.23; 15,10
 15,20 haben sie mein Wort geh., so werden sie eures auch h.
 19,29 ein Ysoprohr h. (sie) ihm an den Mund
 21,12 kommt und h. das Mahl 15

Apg 2,24 daß er sollte von ihm geh. werden
 46 sie h. die Mahlzeiten mit Freude
 3,11 als er sich zu Petrus und Johannes h.
 5,13 das Volk h. viel von ihnen
 34 Schriftgel., vom ganzen Volk in Ehren geh.
 7,53 Gesetz empfangen und habt's nicht geh.
 8,2 h. eine große Klage über ihn
 13 Simon h. sich zu Philippus
 29 geh hin und h. dich zu diesem Wagen
 38 er ließ den Wagen h.
 9,26 versuchte, sich zu den Jüngern zu h.
 12,21 setzte sich auf den Thron und h. eine Rede
 13,25 ich bin nicht der, für den ihr mich h.
 34 ich will euch die Gnade treulich h.
 46 und h. euch selbst nicht für würdig
 14,4 die einen h.'s mit den Juden und die andern
 15,5 muß ihnen gebieten, das Gesetz zu h.
 38 Paulus h. es nicht für richtig
 16,4 damit sich daran h.
 19,12 so h. sie die Schweißtücher über die Kranken
 21,24 daß du selber nach dem Gesetz lebst und es h.
 22,12 Mann, der sich an das Gesetz h., Hananias
 23,35 ließ ihn in Gewahrsam h. im Palast
 25,4 Paulus werde weiter in Gewahrsam geh.
 26,8 warum wird das bei euch für unglaublich geh.
 27,3 Julius h. sich freundlich gegen Paulus
 15 konnte sich nicht wider den Wind h.
Rö 1,22 da sie sich für Weise h., sind sie
 2,25 nützt etwas, wenn du das Gesetz h.
 26 h., daß das Gesetz recht ist
 3,8 sollten wir's nicht so h.
 28 so h. wir nun dafür, daß der Mensch gerecht wird ohne des Gesetzes Werke
 6,11 h. dafür, daß ihr ... gestorben seid
 8,18 ich h. dafür, daß dieser Zeit Leiden
 11,25 damit ihr euch nicht selbst für klug h. 12,16
 12,3 daß niemand mehr von sich h., als sich's gebührt zu h.
 14,4 der Herr kann ihn aufrecht h.
 5 h. einen Tag für höher ... h. alle Tage gleich
 6 wer auf die Tage h., h. es dem Herrn
 14 für den, der es für unrein h., ist es unrein
1Ko 2,2 ich h. es für richtig, nichts zu wissen
 4,1 dafür h. uns jedermann: für Diener Christi
 5,8 darum lasset uns Ostern h.
 7,19 sondern: Gottes Gebote h.
 40 ich h. dafür: ich habe den Geist Gottes
 9,15 damit es nun mit mir so geh. werden sollte
 11,2 h. den Brauch, wie ich ihn euch gegeben
 20 so h. man da nicht das Abendmahl des Herrn
 12,26 wenn ein Glied wird herrlich geh.
 16,3 will ich die, die ihr für bewährt h.
2Ko 1,9 es bei uns selbst für beschlossen h.
 5,14 da wir dafür h., daß, wenn einer gestorben
 10,2 einige, die unsern Wandel für fleischlich h.
 11,1 ihr h. mir ein wenig Torheit zugut
 9 will es auch weiterhin so h.
 16 niemand h. mich für töricht
Gal 6,13 auch sie selbst h. das Gesetz nicht
Eph 4,3 zu h. die Einigkeit im Geist
Phl 2,6 er h. es nicht für einen Raub
 16 daß ihr h. an dem Wort des Lebens
 29 h. solche Menschen in Ehren
Kol 2,19 h. sich nicht an das Haupt, von dem her
1Th 1,5 wie wir uns unter euch geh. haben
2Th 2,15 h. euch an die Lehre 2Ti 1,13; Tit 1,9

halten 586

2Th	3,15	h. ihn nicht für einen Feind
1Ti	5,17	die Ältesten h. man zwiefacher Ehre wert
	21	daß du dich daran h. ohne Vorurteil
	22	h. dich selber rein
	6,14	daß du das Gebot unbefleckt, untadelig h.
2Ti	2,8	h. im Gedächtnis Jesus Christus
	3,2	die Menschen werden viel von sich h.
	4,7	den Lauf vollendet, ich habe Glauben geh.
Tit	2,3	*daß sie sich h., wie den Heiligen ziemt*
Phm	17	wenn du mich für deinen Freund h.
1Pt	1,22	*h. rein eure Seelen im Gehorsam*
2Pt	1,13	ich h. es für richtig, euch zu erinnern
	15	*daß ihr solches im Gedächtnis h. könnt*
	2,13	sie h. es für eine Lust, am Tag zu schlemmen
	3,9	wie euer h. es für eine Verzögerung h.
1Jh	2,3	wenn wir seine Gebote h. 5; 5,2.3
	4	wer sagt: Ich kenne ihn, und h. seine Gebote nicht
	3,22	wir h. seine Gebote
	24	wer seine Gebote h., der bleibt in Gott
Heb	4,14	*lasset uns h. an dem Bekenntnis 10,23*
	5,7	er ist erhört worden, weil er Gott in Ehren h.
	10,29	der das Blut des Bundes für unrein h.
	11,11	sie h. den für treu, der es verheißen hatte
	27	er h. sich an den, den er nicht sah
	28	durch den Glauben h. er das Passa
	13,4	die Ehe soll in Ehren geh. werden bei allen
Jak	1,26	h. seine Zunge nicht im Zaum, sondern
	27	sich selbst von der Welt unbefleckt h.
	2,1	h. den Glauben frei von allem Ansehen der Person
	10	wenn jemand das ganze Gesetz h. und
	3,2	kann auch den ganzen Leib im Zaum h.
Jud	3	h. ich's für nötig, euch zu ermahnen
Off	2,1	der da h. die sieben Sterne in seiner Rechten
	13	*du h. an meinem Namen*
	14	Leute, die sich an die Lehre Bileams h. 15
	25	*was ihr habt, das h.*
	26	wer überwindet und h. meine Werke bis ans Ende
	3,3	*h. es und tue Buße*
	11	h., was du hast, daß niemand deine Krone nehme
	20	zu dem werde ich hineingehen und das Abendmahl mit ihm h.
	7,1	die h. die vier Winde der Erde
	10,4	*h. versiegelt, was die 7 Donner geredet*
	12,17	die Gottes Gebote h. und haben das Zeugnis Jesu
	14,12	hier sind, die da h. die Gebote Gottes
	22,7	*selig ist, der da h. die Worte 9*

haltlos

Spr	5,6	h. sind ihre Tritte

haltmachen

4Mo	10,12	*die Wolke m. h. in der Wüste Paran*
Jes	10,32	noch heute wird er h. in Nob

Ham

1Mo	5,32	¹Noah zeugte Sem, H. 6,10; 10,1
	7,13	ging Noah in die Arche mit Sem, H. 9,18
	9,18	H. ist der Vater Kanaans 22
	10,6	die Söhne H. sind diese 20; 1Ch 1,8; 4,40
Ps	78,51	Erstlinge ihrer Kraft in den Zelten H.
	105,23	im Lande H. 27; 106,22

1Mo	14,5	²schlugen die Susiter zu H.

Haman

Est	3,1	erhob den H., den Agagiter 2-15; 4,7; StE 1,3.4; 2,4; 5,8.11
	5,4	König mit H. zu dem Mahl 5-12; StE 3,11
	14	das gefiel H. gut 6,4-7.10-12.14; 7,1
	7,6	der Feind ist H.! H. erschrak 7-9; StE 7,4
	10	so hängte man H. 9,10.12-14.24.25
	8,1	schenkte Ester das Haus H. 2.3.5.7

Hamat(h), Hamat(h)iter

1Mo	10,18	(Kanaan zeugte) den H. 1Ch 1,16
4Mo	13,21	von wo man nach H. geht 34,8; Jos 13,5; Ri 3,3; 1Kö 8,65; 2Kö 14,25.28; 1Ch 13,5; 2Ch 7,8; 8,4; Hes 47,16.17.20; 48,1; Am 6,2.14
2Sm	8,9	der König von H. 2Kö 19,13; 1Ch 18,3.9
2Kö	17,24	ließ Leute kommen von H. 30
	18,34	wo sind die Götter von H. Jes 36,19; 37,13
	23,33	Ribla im Lande H. 25,21; Jer 39,5; 52,9.27
Jes	10,9	ist H. nicht wie Arpad 11,11; Jer 49,23
Sa	9,2	(der HERR schaut) auf H.
1Ma	12,25	zog er gegen sie in das Land H.

Hamat-Zoba, *Hamath-Zoba*

2Ch	8,3	zog Salomo gegen H. und eroberte es

Hammat, *Hammath*

Jos	19,35	¹(Naftali) feste Städte sind: H.
1Ch	2,55	²von H., dem Vater des Hauses Rechab

Hammedata, *Hammedatha*

Est	3,1	Haman, Sohn H. 10; 8,5; 9,10.24; StE 5,8

Hammer

Ri	4,21	da nahm Jaël einen H. in ihre Hand
1Kö	6,7	daß man weder H. noch Beil hörte
Jes	41,7	machen mit dem H. das Blech glatt
Jer	10,4	er befestigt es mit Nagel und H.
	23,29	ist mein Wort nicht wie ein H.
	50,23	wie ist der H. der ganzen Welt zerbrochen
	51,20	du, Babel, warst mein H.

hämmern

Sir	38,30	das H. dröhnt ihm in die Ohren

Hammerschlag

Jes	44,12	der Schmied formt es mit H.

Hammon

Jos	19,28	¹(Asser... Grenze läuft hin nach) H.
1Ch	6,61	²(Städte) aus dem Stamm Naftali: H. (= Hammot-Dor)

Hammot-Dor, *Hammoth-Dor*

Jos	21,32	von dem Stamm Naftali... H.

Hammuël

1Ch	4,26	Söhne Mischmas: H.

Hamor

1Mo	33,19	kaufte das Land von den Söhnen H. Jos 24,32; Apg 7,16
	34,2	Sichem, der Sohn des Hiwiters H. 4-26
Ri	9,28	dienet den Leuten H., des Vaters v. Sichem

Hamul, Hamuliter

1Mo 46,12 Söhne des Perez: H. 4Mo 26,21; 1Ch 2,5

Hamutal

2Kö	23,31	Joahas... seine Mutter hieß H.
	24,18	Zedekia... seine Mutter hieß H. Jer 52,1

Hanamel

Jer 32,7 H., der Sohn Schallums 8.9.12

Hanan

versch. Träger ds. Namens
1Ch 8,23/ 8,38; 9,44/ 11,43/ Esr 2,46; Neh 7,49/ Esr 8,7; 10,11; 13,13/ 10,23/ 10,27/ Jer 35,4

Hananel

Neh 3,1 an den Turm H. 12,39; Jer 31,38; Sa 14,10

Hanani

1Kö	16,1	¹Jehu, dem Sohn H. 7; 2Ch 16,7; 19,2; 20,34
1Ch	25,4	²Hemans Söhne: H. 25
Esr	10,20	³bei den Söhnen Immer: H.
Neh	1,2	⁴H., einer meiner Brüder 7,2
	12,36	⁵H., mit den Saitenspielen Davids

Hananias, *Ananias*

Apg	5,1	¹H. samt Saphira verkaufte einen Acker 3.5
	9,10	²es war ein Jünger in Damaskus mit Namen H. 12.13.17; 22,12
	23,2	³der Hohepriester H. 24,1

Hananja

versch. Träger ds. Namens
1Ch 3,19.21/ 8,24/ 25,4.23/ 2Ch 26,11/ Esr 10,28/ Neh 3,8.30/ 7,2/ 10,24/ 12,12.41/ Jer 28,1.5.10.17/ 36,12/ 37,13/ Dan 1,6.7.11.19; 2,17; Tob 5,19; 1Ma 2,59; StD 3,64 (= Schadrach)

Hand

(s.a. Hand aufheben; Hand erheben; Hand Gottes; Hand des HERRN; links; rechts)

1Mo	3,22	daß er nur nicht ausstrecke seine H.
	4,11	Bruders Blut von deinen H. empfangen
	8,9	tat (Noah) die H. heraus
	9,2	in eure H. seien sie gegeben
	14,20	der deine Feinde in deine H. gegeben
	16,9	demütige dich unter ihre H.
	12	wilder Mensch: seine H. wider jedermann
	19,16	ergriffen die Männer (Lot) bei der H.
	20,5	hab das getan mit unschuldigen H.
	21,18	führe ihn an deiner H.
	30	Lämmer sollst du von meiner H. nehmen
1Mo	22,6	Abraham nahm das Messer in seine H. 10
	12	lege deine H. nicht an den Knaben 37,22
	24,2	lege deine H. unter meine Hüfte 9; 47,29
	18	ließ sie den Krug hernieder auf ihre H.
	22	zwei Armreifen für ihre H. 30.47
	25,26	hielt mit seiner H. die Ferse des Esau
	27,16	die Felle tat sie um seine H. 22.23
	17	gab das Essen in die H. ihres Sohnes
	30,35	tat's unter die H. seiner Söhne 32,17; 39,4.6.8. 22; 2Sm 10,10; 12,25; 1Ch 19,11; 26,28; 29,8
	31,39	fordertest es von meiner H. 43,9
	32,12	errette mich... von der H. Esaus
	33,10	nimm mein Geschenk von meiner H.
	35,4	alle fremden Götter, die in ihren H. waren
	37,21	wollte ihn aus ihren H. erretten 22.27
	38,18	deinen Stab, den du in der H. hast
	28	gebar, tat sich eine H. heraus 29.30
	39,3	ließ der HERR in seiner H. glücken
	12	(Josef) ließ das Kleid in ihrer H. 13
	40,11	den Becher des Pharao in m. H. 13.21
	41,42	tat seinen Ring von seiner H. Est 3,10
	44	ohne d. Willen soll niemand seine H. regen
	42,37	gib ihn nur in meine H.
	46,4	soll dir mit seinen H. die Augen zudrücken
	48,17	Josef faßte seines Vaters H.
	22	aus der H. der Amoriter genommen
	49,8	deine H. wird d. Feinden auf d. Nacken sein
	24	seine H. stark durch die H. des Mächtigen
2Mo	3,8	sie errette aus der Ägypter H. 14,30; 18,9-11; 5Mo 7,8; Ri 6,9; 1Sm 10,18; 2Kö 17,7
	19	werde gezwungen durch eine starke H. 6,1
	20	daher werde ich meine H. ausstrecken 7,4.5
	4,2	was hast du da in deiner H.
	4	strecke deine H. aus... streckte seine H. aus 7,19; 8,1.2.13; 9,15.22; 10,12.21.22; 14,16.21.26.27
	6	stecke deine H. in den Bausch
	17	Stab nimm in deine H. 20.21; 7,15.17; 17,5.9
	5,21	habt ihnen das Schwert in ihre H. gegeben
	9,8	füllt eure H. mit Ruß
	29	will meine H. ausbreiten zum HERRN 33
	12,11	gegürtet und den Stab in der H.
	13,3	der HERR hat euch mit mächtiger H. herausgeführt 9.14.16; 14,8; 32,11; 4Mo 33,3; 5Mo 4,34; 5,15; 6,21; 7,8.19; 9,26; 26,8; Neh 1,10; Ps 136,12; Jer 32,21; Dan 9,15
	9	soll es dir wie ein Zeichen sein auf deiner H. 16; 5Mo 6,8; 11,18
	14,31	so sah Israel die mächtige H.
	15,9	meine H. soll sie verderben
	17	Heiligtum, das deine H. bereitet hat
	20	da nahm Mirjam eine Pauke in ihre H.
	17,11	seine H. emporhielt... seine H. sinken ließ
	16	sprach: Die H. an den Thron des HERRN
	19,13	keine H. soll ihn anrühren
	21,13	hat Gott es seiner H. widerfahren lassen
	20	schlägt, daß sie unter seinen H. sterben
	22	soll's geben durch die H. der Richter
	24	Auge um Auge, H. um H. 5Mo 19,21
	22,7	H. an seines Nächsten Habe gelegt 10
	23,15	erscheint nicht mit leeren H. vor mir 34,20; 5Mo 16,16
	31	will in deine H. geben die Bewohner 4Mo 21,2.3.34; 5Mo 2,24.30; 3,2.3; 7,24; 21,10; Jos 2,24; 6,2; 8,1.7.18; 10,8.19.30.32; 11,8; 21,44; 24,8.11; Ri 1,2.4; 3,10.28.30; 4,7.14; 11,9.21.30. 32; 12,3; 18,10; 20,28; 1Sm 14,10.12; 23,4; 24,5; Neh 9,24
	24,11	reckte seine H. nicht aus wider die Edlen
	28,41	sollst ihre H. füllen 29,9.29.33.35; 32,29; 3Mo

Hand

	8,33; 16,32; 21,10; 4Mo 3,3; Ri 17,5.12; Hes 43,26
2Mo 29,10	sollen ihre H. auf den Kopf des Stieres legen 15.19; 3Mo 1,4; 3,2.8.13; 4,4.15.24.29.33; 8,14.18.22; 16,21; 24,14; 4Mo 8,12; 2Ch 29,23
24	lege das alles auf die H. Aarons 25; 3Mo 8,27.28; 4Mo 5,18.25; 6,19
30,19	ihre H. und Füße darin waschen 40,31
32,4	(Aaron) nahm (die Ohrringe) von ihren H.
15	Mose hatte die zwei Tafeln in seiner H. 19; 34,4.29; 5Mo 9,15.17; 10,3
33,22	will meine H. über dir halten 23
35,25	alle Frauen spannen mit ihren H.
3Mo 5,21	was ihm zu treuer H. gegeben ist
7,30	soll es mit eigener H. herzubringen
14,17	von dem übrigen Öl in seiner H. 18.28.29
15,11	wen er anrührt, ehe er die H. gewaschen
16,12	beide H. voll zerstoßenen Räucherwerks
21,19	wer eine gebrochene H. hat
22,25	nicht aus der H. eines Ausländers nehmen
25,28	in der H. des Käufers bis zum Erlaßjahr
26,25	will euch in die H. eurer Feinde geben
46	aufgerichtet... durch die H. des Mose
4Mo 5,18	in seiner H. das bittere Wasser haben
8,10	sollen ihre H. auf die Leviten legen 27,18.23; 5Mo 34,9
14,34	was es sei, wenn ich die H. abziehe
20,20	die Edomiter zogen aus mit starker H.
22,7	hatten den Lohn in ihren H.
23	Engel mit e. Schwert in seiner H. 31
29	daß ich ein Schwert in der H. hätte
24,10	Balak schlug die H. zusammen
25,7	Pinhas nahm einen Spieß in seine H.
35,21	schlägt er ihn mit seiner H.
25	erretten aus der H. des Bluträchers
5Mo 1,27	daß er uns in die H. der Amoriter gebe Jos 7,7; Ri 6,1.13; 13,1; 1Sm 28,19; Esr 9,7; Neh 9,27.28.30
2,7	hat dich gesegnet in allen Werken deiner H. 14,29; 24,19; 24,19; 28,12; 30,9
3,24	d. Knecht zu offenbaren deine starke H.
8,17	meiner H. Stärke mir Reichtum gewonnen
11,2	erkennt seine mächtige H.
12,7	über alles, was deine H. erworben hat 18
13,10	deine H., danach die H. des Volks 17,7
18	laß nichts von dem... an deiner H. kleben
14,25	nimm das Geld in deine H. und geh
15,7	sollst du deine H. nicht zuhalten 11.13
16,10	eine freiwillige Gabe deiner H. geben
19,5	seine H. holte mit der Axt aus
12	ihn in die H. des Bluträchers geben
20,13	wenn sie der HERR dir in die H. gibt
21,6	ihre H. waschen über der jungen Kuh 7
23,26	darfst mit der H. Ähren abrupfen
24,1	einen Scheidebrief ihr in die H. gibt 3
25,11	ihren Mann zu erretten von der H. dessen
12	so sollst du ihr die H. abhauen
26,4	soll den Korb aus deiner H. nehmen
27,15	Götzen, von den H. der Werkmeister
28,32	in deinen H. wird keine Kraft sein
31,6	der HERR wird die H. nicht abtun 8
29	weil ihr ihn erzürnt durch eurer H. Werk
32,39	niemand ist da, der aus meiner H. errettet
40	will meine H. zum Himmel heben
41	wenn meine H. zur Strafe greift
33,3	alle Heiligen sind in deinen H.
11	laß dir gefallen die Werke seiner H.
12	allezeit wird Er die H. über ihm halten
Jos 2,19	wenn H. an sie gelegt wird
5,13	ein bloßes Schwert in seiner H. hatte
Jos 8,18	strecke die Lanze in deiner H. aus 19.26
9,25	siehe, wir sind in deinen H. 26
10,6	zieh deine H. nicht ab von d. Knechten
20,5	Totschläger nicht in seine H. übergeben
24,10	ich errettete euch aus seiner H.
Ri 1,6	hieben ihm die Daumen ab an seinen H. 7
35	wurde die H. des Hauses Josef zu schwer
2,14	er gab sie in die H. von Räubern und verkaufte sie in die H. ihrer Feinde 16; 3,8; 4,2; 10,7; 1Sm 12,9; Ps 106,41.42
18	errette sie aus der H. ihrer Feinde 8,34; 1Sm 4,3.8; 10,18; 12,10.11; 14,48; 2Sm 22,1; Ps 18,1; 31,16
23	Völker, die er nicht in Josuas H. gegeben
3,10	so daß seine H. über ihn stark wurde 6,2
16	machte sich Ehud einen Dolch, eine H. lang
4,9	wird Sisera in eines Weibes H. geben
21	nahm Jaël einen Hammer in ihre H. 5,26
24	die Hand der *Israeliten legte sich auf Jabin
6,14	sollst Israel erretten aus der H. der Midianiter 36.37; 7,2; 8,22; 9,17
21	den Stab, den er in der H. hatte
7,2	könnte sagen: Meine H. hat mich errettet
6	getrunken aus der H. zum Mund
7	die Midianiter in deine H. geben 9.14.15; 8,3
11	danach werden deine H. stark sein
16	(Gideon) gab jedem eine Posaune in die H.
19	zerschlugen die Krüge in ihren H.
8,6	sind die Fäuste Sebachs in deinen H. 15
7	wenn der HERR Sebach in meine H. gibt
9,24	die ihm seine H. dazu gestärkt hatten
29	wollte Gott, das Volk wäre unter meiner H.
48	Abimelech nahm eine Axt in seine H.
10,12	ich half euch aus ihren H.
12,2	ihr halft mir nicht aus ihren H.
13,5	zu erretten aus der H. der Philister 1Sm 7,3. 8.14; 9,16
23	Speisopfer nicht angenommen von unsern H.
14,6	(Simson) hatte gar nichts in seiner H.
9	nahm (Honig) in seine H. 1Sm 14,26.27.43
15,12	dich in die H. der Philister zu geben 13
14	daß die Fesseln an seinen H. zerschmolzen
15	da streckte (Simson) seine H. aus 17
18	Heil gegeben durch die H. deines Knechts... in die H. der Unbeschnittenen fallen
16,18	brachten das Geld in ihrer H. mit
23	Feind Simson in unsere H. gegeben 24
26	zu dem Knaben, der ihn an der H. führte
17,3	es kommt aus meiner H. für meinen Sohn
19,27	die H. auf der Schwelle
Rut 3,17	sollst nicht mit leeren H. kommen
1Sm 2,13	hatte eine Gabel... in seiner H.
5,4	Dagon... seine beiden H. abgeschlagen
10,4	die sollst du von ihren H. annehmen
7	tu, was dir vor die H. kommt
12,3	aus wessen H. hab ich ein Geschenk
5	nichts in meiner H. gefunden habt
13,22	kein Schwert gefunden in der H. des Volks
14,13	Jonatan kletterte mit H. und Füßen hinauf
37	willst du sie in Israels H. geben
16,16	damit er mit seiner H. darauf spiele 23; 18,10; 19,9
17,40	(David) nahm seinen Stab in die H. 49.50
46	dich der HERR in meine H. geben 47.57
18,10	Saul hatte einen Spieß in der H. 19,9; 22,6
17	meine H. soll nicht gegen ihn sein, sondern die H. der Philister 21.25
21,4	hast du etwas bei der H. 5; 25,8.35
14	(David) tobte unter ihren H.

1Sm	22,17	denn ihre H. ist mit David... wollten ihre H. nicht an die Priester legen		2Kö	6,7	heb's auf! Da streckte er seine H. aus
	23,7	Gott hat ihn in meine H. gegeben 11.12.14.20; 27,1			9,7	Blut räche, das die H. Isebels vergossen
					35	fanden nichts von (Isebel) als ihre H.
	17	Sauls H. wird dich nicht erreichen 27,1; 2Sm 12,7			10,15	gib mir deine H... gab ihm seine H.
					11,8	mit s. Waffe in der H. 11; 2Ch 23,7.10
	24,7	sollte meine H. legen an den Gesalbten des HERRN 11-14; 26,9.11.23; 2Sm 1,14			12	klatschten in die H.: Es lebe der König
					16	legten die H. an Atalja 2Ch 23,15
	11	daß dich der HERR in meine H. gegeben hat 19; 26,8.23			13,16	spanne mit deiner H. den Bogen
					25	gewann Städte zurück aus der H. Ben-Hadads 1Ch 18,1
	21	daß das Königtum durch deine H. Bestand haben wird 28,17; 2Sm 16,8; 1Kö 2,46; 11,12. 31.34.35; 2Kö 14,5; 2Ch 13,8; 17,5; 25,3			16,7	hilf mir aus der H. des Königs 19,19; 2Ch 32,22; Jes 37,20
					18,21	Rohrstab, der in die H. dringen wird Jes 36,6
	25,26	bewahrt, dir mit eigener H. zu helfen 33			29	Hiskia vermag euch nicht zu erretten aus meiner H. 30.33-35; 2Ch 25,15; 32,11. 13-15.17; Jes 36,15.18-20; 37,10; 38,6
	26,18	was ist Böses in meiner H.				
	30,15	mich nicht in meines Herrn H. übergeben				
	23	diese Schar in unsere H. gegeben		1Ch	4,10	daß deine H. mit mir wäre
2Sm	3,8	habe dich nicht in Davids H. gegeben			5,10	die Hagariter fielen durch ihre H.
	12	meine H. soll mit dir sein			12,2	geschickt mit beiden H.
	18	durch die H. (Davids) will ich erretten			29,5	durch die H. der Werkmeister 2Ch 34,10
	34	deine H. waren nicht gebunden			12	in deiner H. steht Kraft und Macht, in deiner H., jedermann groß zu machen 2Ch 20,6
	4,11	sein Blut fordern von eurer H.				
	12	hieben ihnen H. und Füße ab			14	von deiner H. haben wir dir's gegeben 16
	5,19	wirst du sie in m. H. geben 1Ch 14,10.11		2Ch	15,7	laßt eure H. nicht sinken
	6,7	weil er seine H. nach der Lade ausgestreckt hatte 1Ch 13,9.10			16,7	darum ist das Heer deiner H. entronnen
					26,19	als er ein Räuchergefäß in der H. hatte
	8,1	den Philistern aus der H. nahm 1Ch 18,1			30,6	mit Briefen von der H. des Königs
	13,5	daß ich von ihrer H. nehme und esse 6.10			8	gebt eure H. dem HERRN
	19	legte ihre H. auf das Haupt			16	das Blut aus der H. der Leviten 35,11
	14,16	errette aus der H. aller 19,10		Esr	5,8	unter ihrer H. frisch vonstatten Neh 2,18
	19	ist nicht die H. Joabs mit dir			12	gab sie in die H. Nebukadnezars Jer 20,4.5; 21,7; 27,6; 29,21; 32,4; 34,3.20.21; 37,17; 44,30
	15,5	so streckte (Absalom) seine H. aus				
	18,12	Silberstücke in meine H. gewogen... meine H. nicht an des Königs Sohn gelegt			6,12	jedes Volk, das seine H. ausreckt
					7,14	Gesetzes Gottes, das in deiner H. ist 25
	14	nahm Joab drei Stäbe in seine H.			8,26	gab in ihre H. 650 Zentner Silber Est 3,9
	21,9	gab sie in die H. der Gibeoniter			9,5	breitete meine H. aus zu dem HERRN Neh 8,6; Hi 11,13; Ps 88,10; 143,6
	20	hatte sechs Finger an seiner H.				
	22	fielen durch die H. Davids 1Ch 20,8			10,19	gaben die H. darauf
	22,17	er streckte seine H. aus Ps 18,17; 144,7		Neh	4,11	mit der einen H. taten sie die Arbeit
	21	nach der Reinheit meiner H. Ps 18,21.25			6,3	wenn ich's abtäte 9
	35	er lehrt meine H. streiten Ps 18,35			5	mit einem offenen Brief in seiner H.
	23,6	Disteln, die man nicht mit H. fassen 7			13,13	bestellte ihnen zur H. Hanan
	10	bis seine H. müde am Schwert erstarrte			21	so werde ich H. an euch legen
	21	riß den Spieß aus seiner H. 1Ch 11,23		Est	2,3	ins Frauenhaus unter die H. Hegais 8.14
	24,14	will nicht in der Menschen H. fallen			21	H. an Ahasveros zu legen 6,2
	16	als der Engel seine H. ausstreckte 17; 1Ch 21,15-17			3,6	war (Haman) zu wenig... an Mordechai die H. legen 8,7
1Kö	7,26	die Wanddicke war eine H. breit 2Ch 4,5			5,2	streckte das Zepter in seiner H. aus
	8,15	es durch seine H. erfüllt hat 24; 2Ch 6,4.15			9,2	H. an die, die übelwollten 10.15.16
	22	breitete seine H. aus gen Himmel 54; 2Ch 6,12.13		Hi	1,10	hast das Werk seiner H. gesegnet
					11	aber strecke deine H. aus 2,5; 6,9
	38	breiten ihre H. aus zu diesem Hause 2Ch 6,29			12	alles, was er hat, sei in deiner H. 2,6
					4,3	hast matte H. gestärkt
	42	hören von deiner mächtigen H. 2Ch 6,32			5,12	daß ihre H. sie nicht ausführen kann
	57	der HERR ziehe die H. nicht ab von uns 1Ch 28,20			15	er hilft von der H. des Mächtigen 6,23
					18	er zerschlägt, und seine H. heilt
	13,4	streckte seine H. aus... H. verdorrte 6			8,20	Gott hält die H. der Boshaften nicht fest
	33	wer da wollte, dessen H. füllte er 20,10; 1Ch 29,5; 2Ch 13,9; 29,31			9,24	die Erde unter gottlose H. gegeben 16,11
					30	und reinigte meine H. mit Lauge
	14,27	gab sie in (ihre) H. 15,18; 18,9; 20,13.28; 22,6. 12.15; 2Kö 3,10.13.18; 10,24; 13,3; 17,20; 21,14; 1Ch 5,20; 14,10; 22,18; 2Ch 12,5; 13,16; 16,8; 18,5.11.14; 24,24; 25,20; 28,5.9; 36,17			33	der seine H. auf uns beide legte
					10,3	mich, den deine H. gemacht 8; Ps 119,73
					7	niemand, der aus deiner H. erretten kann Jes 43,13; Hos 2,12
	16,7	den HERRN zu erzürnen durch die Werke seiner H. 2Kö 22,17; 2Ch 34,25			11,14	wenn du den Frevel in deiner H. wegtust
					12,10	in seiner H. ist die Seele von allem
	18,44	eine kleine Wolke wie eines Mannes H.			13,21	laß deine H. fern von mir sein
2Kö	3,11	Elisa, der Elia Wasser auf die H. goß			14,15	verlangen nach dem Werk deiner H.
	4,29	nimm meinen Stab in deine H.			15,25	hat seine H. gegen Gott ausgereckt
	34	legte seine H. auf (des Kindes) H. 13,16			16,17	obwohl kein Frevel in meiner H. ist
	5,24	nahm er's von ihren H.			17,9	wer reine H. hat, nimmt an Stärke zu

Hand

Hi	20,10	seine H. müssen seine Habe hergeben	Ps	95,7	Volk seiner Weide und Schafe seiner H.
	21,5	werdet die H. auf den Mund legen 29,9; 40,4; Spr 30,32; Mi 7,16		97,10	aus der H. der Gottlosen wird er erretten
				102,26	die Himmel sind deiner H. Werk Heb 1,10
	16	ihr Glück steht nicht in ihren H.		104,28	wenn du deine H. auftust
	22,30	errettet um der Reinheit deiner H. willen		106,10	half ihnen aus der H... des Feindes
	23,2	seine H. drückt schwer		41	er gab sie in die H. der Heiden 42
	26,13	seine H. durchbohrte die flücht. Schlange		109,27	laß sie innewerden, daß dies deine H. ist
	27,23	mit den H. klatschen Klg 2,15; Nah 3,19; Ze 2,15		111,7	die Werke seiner H. sind Wahrheit
				115,7	sie haben H. und greifen nicht
	28,9	legt man die H. an die Felsen		119,173	laß deine H. mir beistehen
	29,20	mein Bogen sei stark in meiner H.		123,2	auf die H. ihrer Herren... H. ihrer Frau
	30,21	streitest gegen mich mit deiner H.		125,3	die Gerechten ihre H. nicht ausstrecken
	24	wird man nicht die H. ausstrecken		127,4	wie Pfeile in der H. eines Starken
	31,7	blieb etwas hängen an meinen H.		128,2	wirst dich nähren von deiner H. Arbeit
	25	daß meine H. so viel erworben hatte		129,7	mit dem der Schnitter seine H. nicht füllt
	27	ihnen Küsse zuzuwerfen mit meiner H.		138,7	reckst deine H. gegen den Zorn m. Feinde
	34,19	sind alle seiner H. Werk		8	Werk deiner H. wollest du nicht lassen
	35,7	was wird er von deinen H. nehmen		139,5	du hältst deine H. über mir
	36,32	bedeckt seine H. mit Blitzen		10	so würde auch dort deine H. mich führen
	40,32	lege deine H. an ihn		140,5	bewahre mich vor der H. der Gottlosen
Ps	7,4	ist Unrecht an meinen H.		143,5	ich spreche von den Werken deiner H.
	8,7	zum Herrn gemacht über deiner H. Werk		144,1	meine H. kämpfen lernt
	9,17	ist verstrickt in dem Werk seiner H.		7	strecke aus deine H. von der Höhe
	10,14	es steht in deinen H.		7	errette mich aus der H. der Fremden 11
	17,14	(errette mich) mit deiner H.		145,16	du tust deine H. auf und sättigst alles
	19,2	die Feste verkündigt seiner H. Werk		149,6	sollen scharfe Schwerter in H. halten
	21,9	deine H. wird finden alle deine Feinde	Spr	1,24	wenn ich meine H. ausstrecke und niemand
	22,17	sie haben meine H. und Füße durchgraben		3,27	Gutes zu tun, wenn deine H. es vermag
	24,4	wer unschuldige H. hat		6,3	du bist in deines Nächsten H.
	26,6	ich wasche meine H. in Unschuld 73,13		5	wie ein Vogel aus der H. des Fängers
	10	an deren H. Schandtat klebt		10	schlage die H. ineinander 24,33
	27,9	tu die H. nicht von mir ab		17	H., die unschuldiges Blut vergießen
	28,4	gib ihnen nach den Werken ihrer H.		10,4	lässige H. macht arm; aber der Fleißigen H.
	5	wollen nicht achten auf die Werke s. H.		11,21	die H. darauf: Der Böse bleibt nicht
	31,6	in deine H. befehle ich m. Geist Lk 23,46		12,14	wird vergolten nach den Taten seiner H.
	9	übergibst mich nicht in die H. des Feindes		24	die fleißige H. wird herrschen
	16	meine Zeit steht in deinen H.		14,1	Torheit reißt's nieder mit eigenen H.
	32,4	deine H. lag Tag und Nacht schwer auf mir		17,16	was soll dem Toren Geld in der H.
	36,12	die H. der Gottlosen vertreibe mich nicht		18	ein Tor ist, wer in die H. gelobt
	37,24	der HERR hält ihn fest an der H.		19,24	Faule steckt s. H. in die Schüssel 26,15
	33	der HERR läßt ihn nicht in seinen H.		21,25	der Faule... seine H. wollen nichts tun
	38,3	deine H. drückt mich		22,26	einer von denen, die mit ihrer H. haften
	39,11	vergehe, weil deine H. nach mir greift		26,9	wie ein Dornzweig in der H. e. Trunkenen
	44,3	hast mit deiner H. die Heiden vertrieben		27,16	will Öl mit der H. fassen
	47,2	schlagt froh in die H., alle Völker		30,4	wer hat den Wind in seine H. gefaßt
	55,21	sie legen ihre H. an ihre Freunde		28	die Eidechse – man greift sie mit den H.
	58,3	eure H. treiben Frevel		31,13	sie arbeitet gerne mit ihren H.
	68,32	Mohrenland wird seine H. ausstrecken		16	pflanzt e. Weinberg vom Ertrag ihrer H.
	71,4	hilf mir aus der H. des... Ungerechten		19	sie streckt ihre H. nach dem Rocken
	74,11	warum ziehst du deine H. zurück		20	sie breitet ihre H. aus zu dem Armen
	75,9	der HERR hat einen Becher in der H.		31	gebt ihr von den Früchten ihrer H.
	76,6	allen Kriegern versagen die H.	Pr	2,11	alle meine Werke, die meine H. getan
	77,3	meine H. ist des Nachts ausgereckt		4,5	ein Tor legt die H. ineinander
	21	führtest dein Volk durch die H. des Mose		6	besser eine H. voll mit Ruhe als
	78,42	sie dachten nicht an die Taten seiner H.		5,5	Gott könnte verderben das Werk deiner H.
	61	gab s. Herrlichkeit in die H. des Feindes		13	dem bleibt nichts in der H. 14
	72	leitete sie mit kluger H.		7,18	wenn du jenes nicht aus der H. läßt
	80,18	schütze den Mann deiner Rechten		26	den im Fangnetz ist und Fesseln ihre H.
	81,7	habe ihre H. vom Tragkorb erlöset		9,10	was dir vor die H. kommt, es zu tun
	15	meine H. gegen seine Widersacher wenden		10,18	durch lässige H. tropft es im Haus
	88,6	die von deiner H. geschieden sind		11,6	laß deine H. bis zum Abend nicht ruhen
	89,14	stark ist deine H.	Hl	5,4	steckte seine H. durchs Riegelloch
	22	meine H. soll ihn erhalten		5	meine H. troffen von Myrrhe
	26	seine H. laß ich herrschen über das Meer		7,2	das des Meisters H. gemacht hat
	49	der seine Seele errette aus des Todes H.	Jes	1,15	wenn ihr auch eure H. ausbreitet
	90,17	der Herr fördere das Werk unrer H.		15	eure H. sind voll Blut 59,3; Hes 23,45
	91,12	daß sie dich auf den H. tragen		25	will meine H. wider dich kehren
	92,5	ich rühme die Taten deiner H.		2,8	beten an ihrer H. Werk Jer 1,16; Mi 5,12
	95,4	in seiner H. sind die Tiefen der Erde		3,6	dieser Trümmerhaufe sei unter deiner H.
	5	seine H. haben das Trockene bereitet		5,12	schauen nicht auf das Tun seiner H.

Jes	5,25	reckt seine H. wider sie 10,32; 11,11; 31,3		Jer	26,14	ich bin in euren H. 24; 38,5.16
	25	seine H. ist noch ausgereckt 9,11.16.20; 10,4; 14,26.27; 23,11			24	mit Jeremia war die H. Ahikams
	6,6	hatte eine glühende Kohle in der H.			27,8	bis ich sie durch seine H. umbringe
	8,11	als seine H. über mich kam			30,6	Männer ihre H. an die Hüften halten
	10,10	wie meine H. gefunden hat die Königreiche			31,11	Jakob von der H. des Mächtigen erretten
	13	hab's durch meiner H. Kraft ausgerichtet			32	als ich sie bei der H. nahm
	14	meine H. hat gefunden den Reichtum			32,3	gebe diese Stadt in die H. des Königs von Babel 24.25.28.36.43; 34,2; 38,18
	11,8	wird s. H. stecken in die Höhle der Natter			34,3	sollst seiner H. nicht entrinnen 38,18.23
	14	nach Edom werden sie ihre H. ausstrecken			40,4	Fesseln, mit denen deine H. gebunden waren
	15	wird seine H. gehen lassen über den Euphrat			42,11	daß ich euch von seiner H. errette
	13,2	winkt mit der H., daß sie einziehen			44,25	habt mit euren H. vollbracht
	7	darum werden alle H. schlaff			30	Pharao Hophra in die H. seiner Feinde 46,24.26
	17,8	Altäre, die seine H. gemacht haben 31,7			48,37	werden alle H. wund geritzt
	19,4	übergeben in die H. eines grausamen Herrn			50,9	der nicht mit leeren H. zurückkehrt
	16	wenn... die H. über sie schwingen wird			43	so werden ihm die H. niedersinken
	25	Assur, meiner H. Werk		Klg	1,14	durch seine H. sind sie zusammengeknüpft
	22,21	will deine Herrschaft in seine H. geben			17	Zion streckt ihre H. aus
	25,11	wenn es auch seine H. darin ausbreitet			2,8	er hat seine H. nicht abgewendet
	28,4	die einer flugs aus der H. verschlingt			20	Kindlein, die man auf H. trägt 22
	29,23	wenn sie sehen die Werke meiner H.			3,3	hat seine H. gewendet gegen mich
	33,15	wer seine H. bewahrt, daß er nicht			4,6	keine H. kam zu Hilfe
	34,17	seine H. teilt aus			5,6	mußten Ägypten und Assur die H. hinhalten
	35,3	stärket die müden H. Sa 8,9.13			8	niemand, der uns von ihrer H. errettet
	40,12	wer mißt die Wasser mit der hohlen H.		Hes	2,9	war ihre H. gegen mich ausgestreckt 8,3
	41,7	nimmt den Goldschmied an die H.			3,18	sein Blut von deiner H. fordern 20; 33,6.8
	42,6	ich halte dich bei der H.			6,11	schlag deine H. zusammen 21,19.22; 22,13; 25,6
	44,5	ein anderer wird in seine H. schreiben			7,17	alle H. werden herabsinken 27; 21,12; 22,14
	45,9	spricht sein Werk: Du hast keine H.			21	will es Fremden in die H. geben 11,9; 16,39; 23,9; 31,11; 39,23
	11	Befehl geben wegen des Werkes meiner H.			8,11	jeder hatte sein Räuchergefäß in der H.
	12	dessen H. den Himmel ausgebreitet haben			9,1	jeder habe sein Werkzeug in seiner H. 2
	47,6	gab ich sie in deine H.			10,2	fülle die H. mit glühenden Kohlen 7
	48,13	meine H. hat die Erde gegründet			8	erschien etwas wie eines Menschen H.
	49,2	mit dem Schatten seiner H. bedeckt 51,16			12	H. waren voller Augen
	16	in die H. habe ich dich gezeichnet			12,7	brach mit der H. ein Loch durch die Wand
	50,11	das widerfährt euch von meiner H.			13,9	meine H. soll über die Propheten kommen
	51,18	niemand, der sie bei der H. nahm			21	will aus eurer H. erretten 23; 34,10.27
	22	nehme den Taumelkelch aus deiner H. 23			22	weil ihr die H. der Gottlosen gestärkt
	53,10	des HERRN Plan wird durch s. H. gelingen			17,18	weil er seine H. darauf gegeben hat
	55,12	sollen alle Bäume in die H. klatschen			18,8	der seine H. von Unrecht zurückhält 17
	56,2	seine H. hütet, nichts Arges zu tun			20,22	ich hielt meine H. zurück
	59,6	an ihren H. ist Frevel			33	will herrschen mit starker H. 34
	60,21	als ein Werk meiner H. 64,7			21,16	dem Henker in die H. gebe 28,9.10
	65,2	streckte meine H. aus Rö 10,21			23,31	gebe dir ihren Kelch in die H.
	22	ihrer H. Werk werden (sie) genießen			29,7	wenn sie mich mit der H. anfaßten
	66,2	meine H. hat alles gemacht Apg 7,50			30,22	daß ihm das Schwert aus der H. fallen muß
Jer	1,9	der HERR streckte seine H. aus			24	ihm mein Schwert in die H. geben 25
	2,37	mußt deine H... zusammenlegen			35,3	will meine H. gegen dich ausstrecken
	4,31	keucht und die H. ausbreitet			37,17	daß es ein Holz werde in deiner H. 19.20
	6,9	strecke deine H. immer wieder aus			38,12	deine H. an die zerstörten Orte legst
	12	will meine H. ausstrecken 51,25; Hes 6,14; 14,9.13; 25,7.16; Ze 1,4; 2,13			39,21	alle Heiden sehen sollen meine H.
	11,21	wenn du nicht von unsern H. sterben willst			40,3	Meßrute sehen 5; 47,3; Sa 2,5
	12,7	was meine Seele liebt, in der Feinde H. Klg 1,10; 2,7			43	Gabelhaken, eine H. breit, am Gebäude
	15,6	habe meine H. ausgestreckt Hes 16,27			46,5	soviel seine H. gibt 11
	17	saß einsam, gebeugt von deiner H.			48,14	damit nicht in andere H. kommt
	21	erretten aus der H. der Bösen... Tyrannen		Dan	1,2	der Herr gab in seine H. Jojakim
	18,4	der Topf mißriet ihm unter den H.			2,38	dem er alle Länder in die H. gegeben hat
	6	wie in des Töpfers H... seid ihr in m. H.			3,15	der euch aus meiner H. erretten könnte 17
	19,7	will sie fallen lassen durch die H. derer			4,32	niemand kann seiner H. wehren
	22,25	Klg 1,7			5,5	erblickte die H., die da schrieb 24
	20,13	der aus den H. der Boshaften errettet			23	Gott, der deine Wege in seiner H. hat
	21,4	Waffen, die ihr in euren H. habt			7,25	sie werden in seine H. gegeben 11,11
	5	wider euch streiten mit ausgestreckter H.			10,10	rührte mich an... auf die H.
	12	errettet... aus der Frevlers H. 22,3			11,16	Verderben ist in seiner H.
	25,6	erzürnt mich nicht durch eurer H. Werk 7; 32,30; 44,8			41	werden seiner H. entrinnen Edom
	14	will vergelten nach den Werken ihrer H.			42	wird seine H. ausstrecken nach den Ländern
	15	nimm diesen Becher aus meiner H. 28		Hos	12,8	hat Ephraim falsche Waage in seiner H.

Hand

Hos	14,4	nicht mehr sagen zu den Werken unserer H.
Jo	4,8	will verkaufen in die H. der *Leute von Juda
Am	1,8	will meine H. gegen Ekron wenden
	5,19	lehnt sich mit der H. an die Wand
	7,7	er hatte ein Bleilot in seiner H.
	9,2	soll sie doch meine H. von dort holen
Jon	3,8	jeder bekehre sich vom Frevel seiner H.
Mi	5,8	deine H. wird siegen gegen alle Widersacher
	7,3	ihre H. sind geschäftig, Böses zu tun
Hab	3,4	Strahlen gingen aus von seinen H.
Ze	3,16	laß deine H. nicht sinken
Hag	1,11	die Dürre gerufen über alle Arbeit der H.
	2,14	ebenso ist es mit allem Werk ihrer H.
Sa	2,13	will meine H. über sie schwingen
	4,9	die H. Serubbabels... seine H. 10
	8,4	sitzen, jeder mit seinem Stock in der H.
	11,6	fallen lassen, jeden in die H. des andern... will sie nicht erretten aus ihrer H.
	13,7	will meine H. wenden gegen die Kleinen
	14,13	einer den andern bei der H. packen wird
Mal	1,10	Opfer von euren H. mir nicht angenehm 2,13
	13	sollte mir solches gefallen von eurer H.
Jdt	5,22	Gott wird sie dir in die H. geben 7,13; 13,17. 26; 16,7; 1Ma 4,30.31; 14,36
	6,8	banden Achior mit H. und Füßen an einen Baum
	8,18	weil ihr Leben in eurer H. ist
	13,6	blick gnädig auf das Tun meiner H.
Wsh	1,12	zieht nicht... herbei durch das Werk eurer H.
	7,11	unermeßlicher Reichtum war in ihrer H.
	16	in seiner H. sind wir und unsre Worte
	8,18	daß durch die Arbeit ihrer H. Reichtum
	9,16	wir begreifen nur schwer, was wir in H. haben
	10,20	lobten deine H., die für sie stritt
	11,17	deiner H. fehlte es nicht an Macht
	12,5	durch die H. unsrer Väter... vertilgen
	13,19	dessen H. und Füße ganz kraftlos sind
	14,6	Floß, das deine H. lenkte
	8	was mit H. geschnitzt ist 15,15.17
	16,15	unmöglich ist's, deiner H. zu entfliehen Tob 13,2; 2Ma 6,26
	19,8	alle, die von deiner H. beschirmt wurden
Tob	2,19	Hanna ernährte ihn mit ihrer H. Arbeit
	11,10	einen Knecht, der ihn bei der H. führte
Sir	4,36	deine H. soll nicht offen sein
	7,36	reiche dem Armen deine H.
	8,1	damit du nicht in die H. fällst 11,6
	21,22	als wollte man ihm Fesseln an H. und Füße legen
	22,2	der muß sich die H. abwischen
	27,21	wie wenn du einen Vogel aus der H. läßt
	29,5	er küßt einem die H., bis er's empfängt
	33,13	sind in seiner H. wie Ton in des Töpfers H.
	14	Menschen in der H. dessen, der sie gemacht
	22	als daß du aus ihren H. nehmen mußt
	36,7	verherrliche deine H. und deinen Arm
	38,15	wer... soll dem Arzt in die H. fallen
	35	diese alle vertrauen auf ihre H.
	43,13	die H. des Höchsten hat ihn gespannt
	46,3	herrlich, als er die H. ausstreckte
	47,6	der stärkte ihm seine H. 5
	48,21	da zitterten ihre Herzen und H.
	51,5	(hast mir geholfen) aus der H. derer, die 12; Bar 4,18.21
Bar	3,5	denke an die Taten deiner H.
	6,14	der Götze trägt ein Zepter in der H. 15
1Ma	2,8	das Heiligtum in die H. der Fremden
	7,35	werdet ihr Judas nicht in meine H. übergeben
1Ma	7,47	er ließ Kopf und H. mitnehmen 2Ma 15,30-33
	16,2	daß Israel durch unsre H. errettet worden
2Ma	3,10	es ist Geld, hinterlegt zu treuer H.
	4,34	forderte ihn auf, H. an Onias zu legen
	5,16	raubte mit seinen H. die hl. Geräte
	7,4	man sollte... H. und Füße abhauen 10
	10,4	nicht in die H. der Heiden geben 13,11
	12,24	geriet den Leuten des Dositheus in die H.
	14,34	die Priester hoben ihre H. empor 15,12.21
	42	lieber sterben, als den Gottlosen in die H. fallen
	15,26	mit den H. führten sie das Schwert
StE	3,6	hast uns in die H. unserer Feinde gegeben StD 3,8
StD	1,22	so komme ich nicht aus euren H. 23.34
Mt	3,12	er hat seine Worfschaufel in der H. Lk 3,17
	4,6	sie werden dich auf den H. tragen Lk 4,11
	8,3	Jesus streckte die H. aus, rührte ihn an Mk 1,41; Lk 5,13
	15	da ergriff er ihre H. 9,25; Mk 1,31; 5,41; 9,27; Lk 8,54
	9,18	komm und lege deine Hand auf sie 19,13.15; Mk 5,23; 7,32; 8,23.25; 10,16; Lk 4,40; 13,13
	12,10	ein Mensch, der hatte eine verdorrte H. 13; Mk 3,1.3.5; Lk 6,8.10
	49	er streckte die H. aus über seine Jünger
	14,31	Jesus streckte sogleich die H. aus
	15,2	sie waschen ihre H. nicht, wenn sie Brot essen Mk 7,2.3.5
	20	mit ungewaschenen H. essen, macht den Menschen nicht unrein
	17,22	der Menschensohn wird überantwortet werden in die H. der Menschen 26,45; Mk 9,31; 14,41; Lk 9,44; 24,7
	18,8	als daß du zwei H. hast Mk 9,43
	22,13	bindet ihm die H. und Füße
	26,23	der die H. mit mir in die Schüssel taucht
	50	sie legten H. an Jesus Mk 14,46
	51	einer streckte die H. aus
	27,24	wusch sich die H. vor dem Volk und sprach
Mk	6,2	Taten, die durch seine H. geschehen
	5	außer daß er wenigen Kranken die H. auflegte
	8,23	er nahm den Blinden bei der H.
	12,3	schickten ihn mit leeren H. fort Lk 20,10.11
	14,58	Tempel, der mit H. gemacht ist Apg 7,48; 17,24
	16,18	auf Kranke werden sie die H. legen
Lk	1,71	uns errettete aus der H. aller, die uns hassen
	74	erlöst aus der H. unsrer Feinde
	6,1	Ähren zerrieben sie mit den H.
	9,62	wer seine H. an den Pflug legt und sieht zurück
	15,22	gebt ihm einen Ring an seine H.
	20,19	trachteten danach, H. an ihn zu legen
	21,12	vor diesem allen werden sie H. an euch legen
	22,21	siehe, die H. meines Verräters ist mit mir am Tisch
	53	ihr habt nicht H. an mich gelegt Jh 7,30.44
	23,46	Vater, ich befehle meinen Geist in deine H.
	24,39	seht meine H. und meine Füße, ich bin's selber 40; Jh 20,20.25.27
Jh	3,35	hat d. Sohn alles in seine H. gegeben 13,3
	10,28	niemand wird sie aus meiner H. reißen 29
	39	er entging ihren H.
	11,44	gebunden mit Grabtüchern an Füßen und H.
	13,9	nicht die Füße allein, sondern auch die H.
	21,18	wenn du alt wirst, deine H. ausstrecken

Hand erheben

Apg	2,23	durch die H. der Heiden ans Kreuz geschlagen		
	4,3	sie legten H. an sie 5,18; 12,1; 21,27		
	28	zu tun, was deine H... bestimmt hatten		
	30	strecke deine H. aus, daß Wunder geschehen		
	5,12	es geschahen Zeichen und Wunder durch die H. der Apostel 14,3; 19,11		
	6,6	die beteten und legten die H. auf sie 8,17.18; 13,3; 19,6; 28,8		
	7,25	daß Gott durch seine H. ihnen Rettung bringe		
	35	*den sandte Gott durch die H. des Engels*		
	41	sie freuten sich über das Werk ihrer H.		
	8,19	dem ich die H. auflege, den hl. Geist empfange		
	9,8	sie nahmen ihn bei der H. 22,11		
	12	die H. auf ihn legte, damit er wieder sehend werde 17		
	41	er gab ihr die H. und ließ sie aufstehen		
	11,30	*schickten's durch die H. des Saulus*		
	12,7	die Ketten fielen ihm von seinen H.		
	11	mich aus der H. des Herodes errettet hat		
	17	er winkte ihnen mit der H., daß sie schweigen sollten 13,16; 19,33; 21,40		
	13,11	suchte jemanden, der ihn an der H. führte		
	15,23	sie gaben ein Schreiben in ihre H.		
	19,26	was mit H. gemacht ist, das sind keine Götter		
	20,34	daß mir diese H. zum Unterhalt gedient		
	21,11	den Mann werden die Juden überantworten in die H. der Heiden		
	23,19	da nahm ihn der Oberst bei der H.		
	24,7	riß mit Gewalt aus unsern H.		
	26,1	da streckte Paulus die H. aus		
	27,19	warfen mit eigenen H. das Schiffsgerät hinaus		
	28,3	eine Schlange biß sich an seiner H. fest 4		
	17	bin doch überantwortet in die H. der Römer		
1Ko	4,12	mühen uns ab mit unsrer H. Arbeit		
	12,15	wenn der Fuß spräche: Ich bin keine H. 21		
2Ko	5,1	Bau, von Gott erbaut, nicht mit H. gemacht		
	11,33	ich entrann seinen H.		
Gal	3,19	von Engeln verordnet durch die H. eines Mittlers		
	6,11	seht, wie ich euch schreibe mit eigener H. Kol 4,18; 2Th 3,17; Phm 19		
Eph	2,11	*Beschneidung, die mit der H. geschieht*		
	4,28	schaffe mit eigenen H. das nötige Gut 1Th 4,11		
Kol	2,11	Beschneidung, die nicht mit H. geschieht		
	22	*das alles soll sich unter den H. verzehren*		
1Ti	5,22	die H. lege niemandem zu bald auf		
2Ti	1,6	Gabe, die in dir ist durch die Auflegung meiner H.		
1Jh	1,1	was unsre H. betastet haben		
Heb	2,7	*hast ihn gesetzt über die Werke deiner H.*		
	8,9	an dem Tage, als ich sie bei der H. nahm, um		
	9,11	Stiftshütte, die nicht mit H. gemacht 24		
	12,12	stärkt die müden H. und die wankenden Knie		
Jak	4,8	reinigt die H., ihr Sünder		
Off	6,5	der darauf saß, hatte eine Waage in seiner H. 14,14; 17,4; 20,1		
	7,9	mit Palmzweigen in ihren H.		
	8,4	stieg vor der H. des Engels hinauf vor Gott		
	9,20	bekehrten sich doch nicht von den Werken ihrer H.		
	10,2	er hatte in seiner H. ein Büchlein		
	8	nimm das Büchlein aus der H. des Engels 10		
Off	14,9	nimmt das Zeichen an seine H. 20,4		
	19,2	das Blut gerächt, das ihre h. vergossen hat		
	20,4	die sein Zeichen nicht angenommen hatten auf ihre H.		

Hand aufheben

1Mo	14,22	ich h. meine H. a. zu dem HERRN
3Mo	9,22	Aaron h. seine H. a. zum Volk
1Kö	11,26	Jerobeam h. die H. a. gegen den König 27
Ps	28,2	wenn ich meine H. a. zu deinem Tempel
	44,21	unsre H. aufg. (hätten) zum fremden Gott
	63,5	will meine H. in deinem Namen a.
	119,48	(ich) h. meine H. a. zu deinen Geboten
	134,2	h. eure H. a. im Heiligtum
	141,2	das A. meiner H. als ein Abendopfer
Klg	2,19	h. deine H. zu ihm a.
	3,41	laßt uns unser Herz samt den H. a. zu Gott
Hes	36,7	ich h. meine H. a. zum Schwur 47,14
Sir	48,22	h. ihre H. zu ihm a. 51,26; 2Ma 3,20
	50,22	h. er seine H. a. über Israel
Lk	24,50	h. daß H.a. und segnete sie
1Ti	2,8	daß die Männer a. heilige H. ohne Zorn
Off	10,5	der Engel h. seine rechte H. a. zum Himmel

Hand des HERRN (Herrn)

2Mo	9,3	siehe, so wird die H. d. H. kommen
	16,3	wären gestorben durch d. H. H.
4Mo	11,23	ist denn die H. d. H. zu kurz
5Mo	2,15	war die H. d. H. wider sie Ri 2,15
Jos	4,24	damit alle die H. d. H. erkennen Jes 66,14
	22,31	habt ihr *Israeliten errettet aus der H. d.H.
Rut	1,13	d. H. ist gegen mich gewesen
1Sm	5,6	die H. d. H. lag schwer auf den Leuten 7.9; 6,3.5.9; 7,13; Hes 3,14
	12,15	so wird die H. d. H. gegen euch sein
2Sm	24,14	laß uns in die H. d. H. fallen 1Ch 21,13
1Kö	18,46	die H. d. H. kam über Elia 2Kö 3,15; Hes 1,3; 3,22; 33,22; 37,1; 40,1
1Ch	28,19	in einer Schrift, gegeben von der H. d. H.
Esr	7,6	weil die H. d. H. über ihm war 28
Hi	12,9	daß d. H. H. das gemacht hat Jes 41,20
Spr	21,1	des Königs Herz ist in d. H. d. H. wie
Jes	25,10	die H. d. H. ruht auf diesem Berge
	40,2	Strafe empfangen von der H. d. H. 51,17
	62,3	eine schöne Krone in der H. d. H.
Jer	25,17	ich nahm den Becher aus der H. d. H.
	51,7	ein goldener Kelch war Babel in der H. d.H.
Wsh	5,17	eine Krone aus der H. d. H. empfangen
Sir	2,22	wir wollen lieber in die H. d. H. fallen
Lk	1,66	die H.d.H. war mit ihm Apg 11,21
Apg	13,11	siehe, die H.d.H. kommt über dich

Hand erheben

2Mo	6,8	meine H. zum Schwur e. habe 4Mo 14,30; Neh 9,15; Hes 20,5.6.15.23.28.42
	17,12	blieben seine H. e., bis die Sonne
4Mo	20,11	Mose e. seine H. und schlug den Felsen
2Sm	1,14	nicht gefürchtet, deine H. zu e. 18,28
2Kö	5,11	H. hin zum Heiligtum e.
Hi	31,21	hab ich meine H. gegen eine Waise e.
Ps	10,12	Gott, e. deine H. Jes 26,11
	106,26	da e. er seine H. wider sie
Jes	49,22	will meine H. zu den Heiden hin e.
Klg	3,3	seine H. e. gegen mich Tag für Tag
Hes	44,12	habe ich meine H. gegen sie e.
Sa	14,13	seine H. wider des andern Hand e. wird
Sir	36,3	e. deine H. gegen die fremden Völker

Hand erheben 594

Sir 48,20 Sanherib e. seine H. gegen Zion

Hand Gottes

1Sm 5,11 die H. G. lag schwer auf ihr
2Ch 30,12 auch war G. H. über Juda
Esr 7,9 weil die gnädige H. G. über ihm war 8,18.22.
 31; Neh 2,8.18
Hi 19,21 die H. G. hat mich getroffen
Pr 2,24 sah ich auch, daß es von G. H. kommt
 9,1 Gerechte und Weise sind in G. H.
Jes 62,3 ein königlicher Reif in der H. deines G.
Hes 8,1 fiel die H. G. des HERRN auf mich
Wsh 3,1 die Seelen der Gerechten sind in G. H.
Sir 10,4 alle Herrschaft liegt in G. H. 5
2Ma 7,31 wirst der H. G. gewiß nicht entrinnen
Apg 2,33 da er durch die rechte H.G. erhöht ist
1Pt 5,6 demütigt euch unter die gewaltige H.G.
Heb 10,31 schrecklich ist's, in die H. G. zu fallen

Handauflegung

1Ti 4,14 Gabe, dir gegeben durch H. der Ältesten

Handbreit

2Mo 25,25 eine H. hoch 37,12
1Sm 17,4 Goliat, sechs Ellen und eine H. groß
Ps 39,6 meine Tage sind eine H. bei dir
Hes 40,5 jede Elle war eine H. länger 43,13

Händeauflegen

Heb 6,2 mit der Lehre vom H.

Handel

1Mo 34,10 treibt H. und werdet ansässig 21; 42,34
Ps 107,23 trieben ihren H. auf großen Wassern
Spr 12,27 einem Lässigen gerät sein H. nicht
Jes 47,15 so sind alle, die mit dir H. trieben
Hes 27,3 die du mit vielen Inseln H. treibst 9.12.15.21.
 24.33; 28,5.16.18
Wsh 14,2 erfunden worden, um H. zu treiben
1Th 4,6 niemand übervorteile seinen Bruder im H.
Jak 4,13 wollen ein Jahr dort zubringen und H.
 treiben
Off 18,15 die durch diesen H. mit ihr reich geworden

Händel

Sir 11,9 misch dich nicht in fremde H.

handeln

1Mo 20,9 hast an mir geh., wie man nicht h. soll
 34,31 durfte er an unserer Schwester wie... h.
2Mo 14,31 mächtige Hand, mit der der HERR... geh.
 18,11 weil sie vermessen an Israel geh. haben
 22,8 es h. sich um Rind oder Esel
 24 sollst an ihm nicht wie ein Wucherer h.
 32,7 dein Volk hat schändlich geh.
3Mo 4,13 wenn sie gegen irgendein Gebot des
 HERRN geh. hätten 27; 5,17
 19,11 noch betrügerisch h. einer mit dem andern
 15 sollst nicht unrecht h. im Gericht 35
 27,2 wenn Gelübde... sich um einen Menschen h.
5Mo 17,12 wenn jemand vermessen h. würde
 21,9 damit du h., wie es recht ist
 29,23 warum hat der HERR so geh.

Ri 9,19 habt ihr nun heute recht und redlich geh.
1Sm 13,13 sprach zu Saul: Du hast töricht geh.
2Kö 12,16 sie h. auf Treu und Glauben 22,7
1Ch 19,13 laß uns getrost h. für unser Volk
2Ch 11,23 (Rehabeam) h. klug und verteilte s. Söhne
 27,2 das Volk h. noch immer böse
Esr 10,4 dir gebührt's zu h.
Neh 6,13 damit ich mich fürchten und so h. sollte
Hi 10,16 würdest erschreckend an mir h.
 34,10 ferne, daß Gott sollte gottlos h.
 32 hab ich unrecht geh.
 42,8 daß ich nicht töricht an euch h.
Ps 10,5 er h. gewaltsam an allen seinen Feinden
 36,4 verständig und gut h. sie nicht mehr
 44,18 (haben) an deinem Bund nicht untreu geh.
 101,2 ich h. umsichtig und redlich
 103,10 er h. nicht mit uns nach unsern Sünden
 119,124 h. mit deinem Knechte nach deiner Gnade
 126 es ist Zeit, daß der HERR h.
Spr 12,22 die treulich h., gefallen ihm
 13,5 der Gottlose h. schimpflich und schändlich
 14,17 ein Jähzorniger h. töricht
 19,2 wo man nicht mit Vernunft h.
 21,5 wer allzu rasch h., dem wird's mangeln
 30,32 ob du töricht geh. oder recht überlegt
Jer 7,5 daß ihr recht h. einer gegen den andern
 18,23 h. an ihnen zur Zeit deines Zorns
 22,8 warum hat der HERR an d. Stadt so geh.
 38,9 diese Männer h. übel an Jeremia
 50,29 hat stolz geh. wider den HERRN
Hes 8,18 will mit Grimm an ihnen h.
 18,14 wenn er doch nicht so h.
 25 der Herr h. nicht recht... h. ich unrecht...
 daß ihr unrecht h. 29; 33,17.20
 20,44 ich h. zur Ehre meines Namens
 22,14 zu der Zeit, wenn ich an dir h.
 23,25 daß sie unbarmherzig an dir h. sollen
 27,13 haben mit dir geh. 17.20.22.23
 35,11 will an dir h. mit demselben Zorn... mit
 denen du an ihnen geh.
Dan 10,1 etwas offenbart, was von großen Dingen h.
 11,23 wird er listig h. und heraufziehen 30.32
 12,10 die Gottlosen werden gottlos h.
Ze 3,5 der HERR h. gerecht in ihrer Mitte
Wsh 6,4 vom Herrn, der fragen wird, wie ihr h.
 5 habt nicht nach dem Willen Gottes geh.
 16,4 über die, die so tyrannisch h.
Tob 4,6 hüte dich, gegen die Gebote zu h.
Sir 22,7 h. wie einer, der jemand weckt
 23,2 nicht geschont werde, wenn ich falsch h.
 38,10 laß ab von der Sünde und h. rechtschaffen
 42,5 Gewinn zu erzielen beim H. mit Kaufleuten
 46,9 Mose (und Kaleb) h. recht
1Ma 14,45 wer dagegen h., machte sich
2Ma 7,18 Gott h. schrecklich an uns
 12,5 wie man an... geh. hatte
 15,33 die Hand, mit der er so unsinnig geh. hatte
Mt 23,3 nach ihren Werken sollt ihr nicht h.
 25,16 h. mit ihnen und gewann weitere fünf dazu
Lk 16,8 lobte den Verwalter, weil er klug geh. hatte
 19,13 h. damit, bis ich wiederkomme
 23,51 hatte ihren Rat und ihr H. nicht gebilligt
 24,17 Reden, die ihr zwischen euch h. unterwegs
Apg 17,7 diese alle h. gegen des Kaisers Gebote
 25,11 habe ich todeswürdig geh.
Rö 3,13 *mit ihren Zungen h. sie trüglich*
 14,15 so h. du nicht mehr nach der Liebe
1Ko 7,36 meint, er h. unrecht an seiner Jungfrau
 38 wer seine Jungfrau heiratet, der h. gut
2Ko 5,10 *empfange, wie er geh. hat*

2Ko	12,18	haben wir nicht beide in demselben Geist geh.
Gal	2,14	als ich sah, daß sie nicht richtig h.
Jak	2,12	redet so und h. so wie Leute, die
Off	17,17	Gott hat's ihnen in ihr Herz gegeben, nach seinem Sinn zu h.

Handelsgut

Hes 26,12 werden deine H. plündern 27,27. 34

händelsüchtig

1Ti 3,3 (ein Bischof) nicht h., sondern gelinde Tit 1,7

Handgelenk

Hes 13,18 die ihr Binden näht für alle H.

handgemein

2Ma 12,34 als man h. wurde, fielen einige Juden

handgreiflich

5Mo 25,11 wenn zwei Männer gegeneinander h. werden

handhaben

Jes 32,1 Fürsten werden herrschen, das Recht zu h.

Händler

1Kö	10,15	außer dem, was von den H. kam 2Ch 9,14
Neh	3,31	baute bis an das Haus der H. 32
	13,20	blieben die H. über Nacht draußen
Hi	40,30	meinst du, die H. (werden) ihn verteilen
Spr	31,24	einen Gürtel gibt sie dem H.
Jes	23,8	ihre H. die Herrlichsten auf Erden
Hes	27,15	die Leute von Rhodos sind deine H. 24.27
Hos	12,8	wie Kanaans H... eine falsche Waage
Nah	3,16	hast mehr H., als Sterne am Himmel sind
Sa	11,7	hütete die Schlachtschafe für die H. 11
	14,21	keinen H. mehr im Hause des HERRN
Lk	19,45	er fing an, die H. auszutreiben
Jh	2,14	er fand im Tempel H., die Rinder verkauften
Off	18,15	die H. werden von ferne stehen

Händlerstadt

Hes 17,4 (ein Adler) setzte sie in die H.

handlich

Wsh 13,11 sägt ein h. Stück Holz heraus

Handreichung

Lk	8,3	die ihnen H. taten von ihrer Habe
2Ko	9,12	die H. dieses Liebeswerkes
Eph	4,16	ein jegliches Glied kräftige H. tut
1Ti	5,10	wenn sie in Trübsal H. getan hat

Handschlag

Spr	6,1	hast du H. gegeben für einen andern
2Ma	12,12	als er ihnen das durch H. besiegelt

Handvoll

3Mo	2,2	der Priester soll eine H. nehmen 5,12; 6,8; 9,17; 4Mo 5,26
1Kö	17,12	habe nur eine H. Mehl im Topf
2Kö	6,25	bis eine H. Taubenmist 5 Silberstücke galt
Hes	13,19	entheiligt mich für eine H. Gerste
Mk	7,3	die Hände mit einer H. Wasser gewaschen

Handwerk

Jes	54,16	der Waffen macht nach seinem H.
Sir	38,35	jeder versteht sich auf sein H.
Apg	18,3	weil er das gleiche H. hatte
	19,24	verschaffte denen vom H. nicht geringen Gewinn
	25	die Zuarbeiter dieses H. versammelte er 38
Off	18,22	kein Handwerker irgendeines H.

Handwerker

1Ma	10,11	sagte den H., sie sollten... aufrichten
Off	18,22	kein H. soll mehr in dir gefunden werden

Handwerksmann

Off 18,22 *kein H. soll mehr gefunden werden*

Hanes

Jes 30,4 ihre Boten sind nach H. gekommen

Hang

Jos	18,12	seine Grenze geht hinauf auf den H. 18.19
2Sm	16,13	Schimi ging an H. des Berges entlang
Hi	30,6	an den H. der Täler wohnen sie
Jer	31,40	die H. bis zum Bach Kidron

hangen, hängen

1Mo	22,13	sah einen Widder mit seinen Hörnern h.
	34,3	sein Herz h. an ihr
	40,19	wird der Pharao dich an den Galgen h.
	44,30	an dem er mit ganzer Seele h.
2Mo	26,33	sollst den Vorhang an die Haken h.
	27,21	Vorhang, der vor der Lade h. 30,6; 40,3.28.33; 3Mo 24,3
3Mo	10,6	euer Haupthaar nicht wirr h. lassen 21,10
4Mo	25,3	Israel h. sich an den Baal-Peor 5; 2Ch 7,22; Ps 106,28
5Mo	21,22	man h. ihn an ein Holz
Jos	8,29	ließ den König von Ai an einen Baum h.
	10,26	Josua h. sie an fünf Bäume... h. bis zum
2Sm	14,1	daß des Königs Herz an Absalom h.
	21,12	wohin die Philister sie geh. hatten 13
1Kö	11,2	(ausländische Frauen:) an diesen h. Salomo
Neh	6,1	die Türen noch nicht in die Tore geh.
Est	1,6	da h. weiße, rote und blaue Tücher
	2,23	an den Galgen geh. 6,4; 7,10; 8,7; 9,13.14.25
Hi	19,20	mein Gebein h. an Haut und Fleisch
	26,7	und die Erde über das Nichts
	28,4	vergessen h. und schweben sie
Ps	62,4	als wäre er eine h. Wand
	11	Reichtum, so h. euer Herz nicht daran
	63,9	meine Seele h. an dir
	78,37	ihr Herz h. nicht fest an ihm
	137,2	unsere Harfen h. wir an die Weiden
Spr	3,3	h. meine Gebote an deinen Hals 6,21
Hl	1,13	das zwischen meinen Brüsten h.

hangen

Hl	4,4	an der tausend Schilde h.
Jes	2,6	h. sich an die Kinder der Fremden
	5,7	seine Pflanzung, an der sein Herz h.
	22,24	wenn sich an ihn h. die ganze Schwere 25
	33,23	seine Taue h. lose
	44,9	woran ihr Herz h., das ist nichts
	58,5	wenn ein Mensch seinen Kopf h. läßt
Jer	2,23	habe mich nicht an die Baale geh.
Klg	4,8	ihre Haut h. an den Knochen
Hes	14,3	h. mit ihrem Herzen an ihren Götzen 4.7
	15,3	Pflock, an den man etwas h. kann
	29,4	will die Fische an deine Schuppen h.
	16	versündigt, wenn es sich an sie h.
Jdt	13,7	griff nach seinem Schwert, das dort h.
	14,2	h. diesen Kopf über die Mauer 7
Wsh	14,6	die, an denen die Hoffnung der Welt h.
Sir	9,6	h. dich nicht an die Huren 19,3; 47,21
	45,11	h. viele Granatäpfel und Schellen daran
1Ma	1,64	man h. ihnen die Knäblein an den Hals
StE	5,12	ist (Haman) an den Galgen geh. worden
Mt	6,24	an dem einen h. und den andern Lk 16,13
	18,6	besser, daß ein Mühlstein an seinen Hals geh. würde Mk 9,42; Lk 17,2
	19,5	wird an seiner Frau h. Eph 5,31
	22,40	in diesen beiden Geboten h. das ganze Gesetz
Lk	10,11	Staub, der sich an unsre Füße geh. hat
	15,15	er ging hin und hängte sich an einen Bürger
	23,39	einer der Übeltäter, die am Kreuz h.
Apg	5,30	Jesus, den ihr an das Holz geh. habt 10,39
	28,4	als die Leute das Tier an seiner Hand h. sahen
1Ko	6,16	wer sich an die Hure h., ist ein Leib mit ihr
2Ko	3,13	der eine Decke vor sein Angesicht h.
	15	h. die Decke vor ihrem Herzen
Gal	3,13	verflucht ist jeder, der am Holz h.
Eph	4,16	ein Glied am andern h. durch alle Gelenke

hangenbleiben, hängenbleiben

2Sm	18,9	b. sein Haupt an der Eiche h. 10.14
2Kö	3,3	aber er b. h. an den Sünden Jerobeams
Hi	31,7	b. etwas h. an meinen Händen
Lk	10,11	den Staub, der sich an unsre Füße geh. hat

Hanna

1Sm	1,2	¹die eine hieß H. 5-22; 2,1.21
Tob	1,9	²nahm eine Frau, H. 2,19; 7,2.8.18; 8,17; 10,3; 11,6
Lk	2,36	³eine Prophetin, H., eine Tochter Phanuëls

Hannas

Lk	3,2	als H. und Kaiphas Hohepriester waren
Jh	18,13	(fesselten ihn) und führten ihn zuerst zu H.
	24	H. sandte ihn gebunden zu dem Hohenpriester Kaiphas
Apg	4,6	auch H., der Hohepriester, und Kaiphas

Hannaton, *Hannathon*

Jos	19,14	(Sebulon... Grenze seines Erbteils) H.

Hanniël

4Mo	34,23	¹H., der Sohn Efods
1Ch	7,39	²Söhne Ullas: H.

hantieren

Off	18,17	alle... und die auf dem Meer h.

Hantierung

Mt	22,5	sie gingen hin... zu seiner H.

Hanun

2Sm	10,1	¹sein Sohn H. wurde König 2-4; 1Ch 19,2-6
Neh	3,13	²das Taltor bauten H.
	3,30	³H., der sechste Sohn Zalafs

Happizzez s. **Pizez**

Hara

1Ch	5,26	brachte (die Rubeniter, Gaditer) nach H.

Harada

4Mo	33,24	lagerten sich in H. 25

Haran

1Mo	11,26	¹Terach zeugte H. 27-29.31
	11,31	²kamen nach H. 32; Tob 11,1; Apg 7,2.4
	12,4	Abram war... alt, als er aus H. zog 5
	27,43	flieh zu Laban nach H. 28,10; 29,4
2Kö	19,12	H., Rezef und Eden Jes 37,12; Hes 27,23
1Ch	2,46	³Efa gebar H... H. zeugte Gases
	23,9	⁴Söhne Schimis: H.

Harar, Harariter

2Sm	23,11	der Sohn Ages aus H. 33; 1Ch 11,34.35

Harbona

Est	1,10	befahl H. und Karkas, den Kämmerern 7,9

Haref, *Hareph*

1Ch	2,51	H., der Vater Bet-Gaders

hären

1Mo	37,34	ein h. Tuch um seine Lenden 1Kö 21,27; 2Kö 6,30
Jes	20,2	tu den h. Schurz von deinen Lenden
Sa	13,4	sollen nicht mehr einen h. Mantel anziehen

Harfe

1Mo	31,27	dich geleitet hätte mit Pauken und H.
1Sm	10,5	Propheten, vor ihnen her H. und Pauke
	16,16	Mann, der auf der H. gut spielen kann 23
2Sm	6,5	tanzten vor dem HERRN mit H. 1Ch 13,8
	15,16	die Sänger, mit Psaltern, H. 21.28; 16,5; 25,1.3.6; 2Ch 5,12; 29,25; Neh 12,27
1Kö	10,12	der König ließ machen H. 2Ch 9,11
2Ch	20,28	zogen in Jerusalem ein mit Psaltern, H.
Hi	21,12	jauchzen mit Pauken und H.
Ps	33,2	danket dem HERRN mit H.
	43,4	und dir, Gott, auf der H. danke
	49,5	will... kundtun beim Klang der H.
	57,9	wach auf, Psalter und H. 108,3
	71,22	ich will dir zur H. lobsingen 92,4
	81,3	laßt hören liebliche Zittern und H.

Ps	98,5	lobet den HERRN mit H. 147,7; 150,3
	137,2	unsere H. hängten wir an die Weiden
	149,3	mit Pauken und H. sollen sie ihm spielen
Jes	5,12	haben H. und Wein in ihrem Wohlleben
	14,11	zu den Toten... samt dem Klang deiner H.
	16,11	klagt mein Herz über Moab wie eine H.
	23,16	nimm die H., du vergessene Hure
	24,8	die Freude der H. hat ein Ende
Hes	26,13	Klang d. H. soll man nicht mehr hören
Dan	3,5	Schall der H... das Bild anbeten 7.10.15
Am	6,5	spielt auf der H. und erdichtet Lieder
Sir	40,21	Flöte und H. klingen schön
1Ma	3,45	man hörte dort weder Flöte noch H.
	4,54	wurde geweiht mit H. und Zimbeln
1Ko	14,7	verhält sich's doch auch so mit Flöte oder H.
Off	5,8	ein jeder hatte eine H. 15,2
	14,2	wie von Harfenspielern, die auf ihren H. spielen

harfen

1Ko	14,7	*was da gepfiffen oder geh. wird*

Harfenspiel

Hi	30,31	mein H. ist zur Klage geworden
Am	5,23	ich mag dein H. nicht hören

Harfenspieler

Off	14,2	wie von H., die auf ihren Harfen spielen

Hargol

3Mo	11,22	Heuschrecken, als da sind: den H.

Harhaja

Neh	3,8	Usiël, der Sohn H.

Harhas (= Hasra)

2Kö	22,14	Sohnes des H., des Hüters der Kleider 2Ch 34,22

Harhur

Esr	2,51	(Tempelsklaven:) die Söhne H. Neh 7,53

Harif, *Hariph* (= Jorah)

Neh	7,24	die Söhne H. 10,20

Harim

1Ch	24,8	¹das dritte (Los fiel) auf H. Esr 2,39; 10,21; Neh 7,42; 10,6; 12,15
Esr	2,32	²die Söhne H. 10,31; Neh 3,11; 7,35
Neh	10,28	³(die Oberen des Volks:) H.

Harmagedon

Off	16,16	Ort, der heißt auf hebräisch H.

Harn

2Kö	18,27	daß sie ihren H. saufen Jes 36,12

Harnefer, *Harnepher*

1Ch	7,36	Söhne Zofachs: H.

Harnisch

1Kö	20,11	wer den H. anlegt, soll sich nicht rühmen
Hi	20,24	flieht er vor dem eisernen H.
Sir	43,22	zieht dem Wasser einen H. an
1Ma	3,3	Judas legte den H. an wie ein Held
	4,6	doch hatten sie keine H. und Schwerter
	6,2	daß im Tempel H. aufbewahrt wurden
	35	tausend Mann zu Fuß in H. und Helmen
	13,29	er ließ an den Säulen H. anbringen
2Ma	5,3	man sah Rüstungen und H. vielerlei Art
	15,28	sahen, wie Nikanor in seinem H. dalag
Lk	11,22	*so nimmt er ihm seinen H.*

Harod, Haroditer, Haroriter

Ri	7,1	¹lagerten sich an der Quelle H.
2Sm	23,25	²Schamma, der H.; Elika, der H. 1Ch 11,27

Haroschet, *Haroscheth*

Ri	4,2	Sisera; der wohnte in H. der Heiden 13.16

harren

1Mo	8,10	da h. er noch weitere sieben Tage 12
Hi	14,14	alle Tage meines Dienstes wollte ich h.
	35,14	h. nur seiner
Ps	25,3	keiner zuschanden, der auf dich h. Jes 49,23
	5	täglich h. ich auf dich 21; 38,16; Jes 8,17
	27,14	h. des HERRN 37,34; 40,2; Spr 20,22
	31,25	seid getrost, die ihr des HERRN h. 37,9
	33,20	unsre Seele h. auf den HERRN 130,5
	42,6	h. auf Gott 12; 43,5
	52,11	ich will h. auf deinen Namen
	69,4	weil ich so lange h. muß auf meinen Gott
	7	laß nicht zuschanden werden, die deiner h.
	71,14	will immer h. und mehren deinen Ruhm
Spr	11,7	das H. der Ungerechten wird zunichte
Jes	30,18	h. der HERR, daß er euch gnädig sei
	18	wohl allen, die auf ihn h. 33,2; 64,3
	40,31	die auf den HERRN h., kriegen neue Kraft
	51,5	die Inseln h. auf mich 60,9
	59,9	wir h. auf Licht, siehe, so ist's finster
	11	wir h. auf Recht, so ist's nicht da
Klg	3,25	der HERR ist freundl. dem, der auf ihn h.
Mi	5,6	wie Regen, der auf niemand h.
	7,7	will h. auf den Gott meines Heils
Hab	2,3	wenn sie sich auch hinzieht, so h. ihrer
	3,16	will h. auf die Zeit der Trübsal
Apg	20,5	*diese h. unser zu Troas*
Rö	8,19	das ängstliche H. der Kreatur wartet
1Pt	3,20	als Gott h. und Geduld hatte

Harscha

Esr	2,52	(Tempelsklaven:) die Söhne H. Neh 7,54

hart

1Mo	19,9	drangen h. ein auf den Mann Lot
	20,18	hatte h. verschlossen jeden Mutterschoß
	35,16	kam (Rahel) h. an über der Geburt
	42,7	(Josef) redete h. mit ihnen 30; 43,3
	47,4	so h. drückt die Hungersnot das Land
2Mo	5,23	das Volk noch h. geplagt 6,9; 5Mo 26,6

hart

2Mo	7,14	das Herz des Pharao ist h.
	33,4	als das Volk diese h. Rede hörte
5Mo	8,15	ließ Wasser aus dem h. Felsen hervorgehen
	32,13	ließ ihn Öl (saugen) aus h. Gestein
Jos	9,5	alles Brot war h. und zerbröckelt 12
Ri	2,15	sie wurden h. bedrängt
	4,24	die Hand legte sich immer h. auf Jabin
	12,2	ich und mein Volk hatten einen h. Kampf
	20,34	daß der Kampf h. wurde 2Sm 2,17
1Sm	4,17	das Volk ist h. geschlagen 6,19
	5,7	seine Hand liegt zu h. auf uns und Dagon
	19,8	schlug sie so h., daß sie flohen 23,5
	20,10	wenn dir dein Vater etwas H. antwortet
	24,8	wies seine Männer von sich mit h. Worten
2Sm	1,6	Wagen mit ihren Kämpfern waren h. an ihm
	3,39	diese Männer sind h. als ich
	11,15	stellt Uria... wo der Kampf am h. ist
1Kö	12,4	hat unser Joch zu h. gemacht 2Ch 10,4
	13	gab der König eine h. Antwort 2Ch 10,13
	14,6	bin zu dir gesandt als ein h. Bote
2Ch	13,17	so daß Abija sie h. schlug 28,5
Hi	13,10	er wird euch h. zurechtweisen
	30,25	ich weinte ja über die h. Zeit
	38,38	wenn der Erdboden h. wird
	39,16	ist so h. gegen ihre Jungen
	41,16	sein Herz ist so h. wie ein Stein
Ps	60,5	du ließest deinem Volk H. widerfahren
	65,4	unsre Missetat drückt uns h.
	69,27	Schmerz dessen, den du h. getroffen hast
Spr	15,1	ein h. Wort erregt Grimm
	18,19	Streitig. h. wie der Riegel einer Burg
	23	aber ein Reicher antwortet h.
	20,30	man muß dem Bösen wehren mit h. Strafe
	30,33	wer die Nase h. schneuzt, zwingt Blut
Jes	5,28	die Hufe ihrer Rosse sind h.
	8,21	sie werden umhergehen, h. geschlagen
	14,3	dir Ruhe geben wird von dem h. Dienst
	19,4	h. König soll über sie herrschen
	21,2	mir ist eine h. Offenbarung angezeigt
	27,1	wird heimsuchen mit seinem h. Schwert
	48,4	weiß, daß du h. bist
	50,7	hab mein Angesicht h. gemacht
	59,1	seine Ohren sind nicht h. geworden
	63,15	deine Barmherzigkeit hält sich h.
Jer	5,3	sie haben ein Angesicht, h. als ein Fels
	31,18	du hast mich h. erzogen
Klg	3,7	hat mich in h. Fesseln gelegt
Hes	2,4	haben h. Köpfe und verstockte Herzen 3,7-9
	29,18	hat s. Heer in h. Dienst arbeiten lassen
Dan	2,40	das vierte wird h. sein wie Eisen
Nah	3,14	tritt den Lehm und mache h. Ziegel
Sa	7,12	machten ihre Herzen h. wie Diamant
Mal	3,13	ihr redet h. gegen mich
Wsh	11,4	sie löschten den Durst aus h. Stein
	12,9	durch ein h. Wort zu zerschmettern
	18,15	dein Wort, ein h. Kriegsmann
Sir	4,1	sei nicht h. gegen den Bedürftigen
	23,14	sein Haus wird h. bestraft werden
	28,12	wenn der Streit h. ist, entbrennt er
StE	3,7	genügt nicht, uns in h. Knechtschaft
Mt	25,24	ich wußte, daß du ein h. Mann bist Lk 19,21. 22
	27,13	wie h. sie dich verklagen Mk 15,3.4; Lk 23,10
Mk	3,12	er bedrohte sie h. 5,43
	12,40	die werden ein um so h. Urteil empfangen Lk 20,47
Lk	11,53	fingen an, h. auf ihn einzudringen
Jh	6,60	das ist eine h. Rede
Apg	16,23	nachdem man sie h. geschlagen hatte
	23,14	wir haben uns h. verschworen
Phl	1,23	es setzt mir beides h. zu
Heb	10,29	wieviel h. Strafe wird der verdienen, der

Härte

3Mo	25,43	nicht mit H. über sie herrschen 46.53
Dan	2,41	wird etwas von des Eisens H. bleiben
Mt	19,8	erlaubt, eures Herzens H. wegen Mk 10,5
Mk	16,14	schalt ihren Unglauben und ihres Herzens H.

harthörig

Heb	5,11	es ist schwer, weil ihr so h. geworden seid

Härtigkeit

Mt	19,8	um eures Herzens H. willen Mk 10,5
Mk	16,14	er schalt ihres Herzens H.

hartnäckig

2Mo	13,15	als der Pharao h. war

Hartnäckigkeit

Bar	2,33	(werden) sich von ihrer H. abkehren

Harufiter, *Harophiter*

1Ch	12,6	Schefatja, der H.

Harum

1Ch	4,8	die Geschlechter Aharhels, des Sohnes H.

Harumaf, *Harumaph*

Neh	3,10	Jedaja, der Sohn H.

Haruz

2Kö	21,19	Meschullemet, eine Tochter des H.

Harz

1Mo	37,25	mit ihren Kamelen; die trugen kostbares H.
	43,11	bringt dem Manne Geschenke, H.
Hes	27,17	haben Öl und H. als Ware gebracht

Hasadja

1Ch	3,20	(Söhne Serubbabels:) H.

Hasaël

1Kö	19,15	salbe H. zum König über Aram
	17	wer dem Schwert H. entrinnt
2Kö	8,8	sprach der König zu H.: Nimm Geschenke mit 9.12.13.15
	28	Kampf gegen H. 29; 9,14.15; 2Ch 22,5.6
	10,32	H. schlug sie 12,18.19; 13,3.22
	13,3	in die Hand Ben-Hadads, Sohnes H. 24.25
Am	1,4	will ein Feuer schicken in das Haus H.

Hasaja

Neh	11,5	H., des Sohnes Adajas, von Schela

Haschabja

Neh — versch. Träger ds. Namens
1Ch 6,30/ 9,14/ 25,3.19/ 26,30/ 27,17/ 2Ch 35,9/ Esr 8,19.24; Neh 10,12; 12,24/ Esr 10,25/ Neh 3,17/ 11,15/ 11,22/ 12,21

Haschabna

Neh 10,26 (die Oberen des Volks:) H.

Haschabneja

Neh 3,10 ¹Hattusch, der Sohn H.
9,5 ²Leviten... H. sprachen

Haschbaddana

Neh 8,4 Esra... zu seiner Linken H.

haschen

Pr 1,14 war alles eitel und H. nach Wind 17; 2,11.17.26; 4,4.6.16; 6,9
Sir 34,2 wer auf Träume hält, will den Wind h.

Haschmona

4Mo 33,29 lagerten sich in H. 30

Haschub

1Ch 9,14 ¹H., des Sohnes Asrikams Neh 11,15
Neh 3,11 ²H., der Sohn Pahat-Moabs 10,24
3,23 ³nach ihnen Benjamin und H.

Haschuba

1Ch 3,20 (Söhne Serubbabels:) H.

Haschum

Esr 2,19 die Söhne H. 10,33; Neh 7,22
Neh 8,4 Esra... zu seiner Linken H. 10,19

Hase

3Mo 11,6 (dürft nicht essen:) den H. 5Mo 14,7

Hasidäer

1Ma 2,42 die Gruppe der H. 7,12; 2Ma 14,6

Hasiël

1Ch 23,9 Söhne Schimis: H.

Haso

1Mo 22,22 (Milka hat Söhne geboren,) H.

Haß

4Mo 35,20 stößt er jemand aus H. 5Mo 19,11
5Mo 19,4 hat vorher keinen H. gegen ihn gehabt 6
1Kö 11,25 Hadad hatte einen H. auf Israel
Ps 109,5 sie erweisen mir H. für Liebe
Spr 10,12 H. erregt Hader
18 falsche Lippen bergen H.
15,17 besser... als ein gemästeter Ochse mit H.

Spr 26,26 wer den H. trügerisch verbirgt
Pr 9,1 über... und H. bestimmt der Mensch nicht
Hes 25,15 mit beständigem H. Rache geübt 35,11
Wsh 11,24 nichts, gegen das du H. gehabt hättest
19,13 einen besonders schlimmen H. gegen
Sir 19,9 zu... Zeit läßt man dich den H. spüren
20,2 besser, offen zu tadeln, als heimlich H.
40,4 da sind immer Todesfurcht, H. und Streit
1Ma 11,12 er zeigte seinen H. auch öffentlich
39 sah, daß das ganze Kriegsvolk H. empfand
2Ma 8,4 seinen H. gegen all dies Böse erweisen

hassen

1Mo 26,27 Isaak sprach zu ihnen: H. ihr mich doch
2Mo 20,5 an den Kindern derer, die mich h. 5Mo 5,9
3Mo 19,17 sollst deinen Bruder nicht h. in d. Herzen
26,17 die euch h., sollen über euch herrschen
4Mo 10,35 laß alle, die dich h., flüchtig werden
5Mo 7,10 vergilt ins Angesicht denen, die ihn h.
12,31 haben getan, was er h. 16,22; Jer 44,4
30,7 (wird) Flüche legen auf die, die dich h.
32,41 will denen, die mich h., vergelten
33,11 zerschlage den Rücken derer, die ihn h.
Ri 11,7 seid ihr es nicht, die mich h.
2Sm 13,22 Absalom h. Amnon
19,7 weil du liebhast, die dich h., und h., die
22,41 daß ich vernichte, die mich h. Ps 18,41
2Ch 19,2 sollst du die lieben, die den HERRN h.
Hi 8,22 die dich h., müssen sich in Schmach
34,17 kann denn regieren, wer das Recht h.
Ps 11,5 wer Unrecht liebt, den h. seine Seele
21,9 deine Rechte wird finden, die dich h.
25,19 so viel sind und zu Unrecht mich h. 38,20
26,5 ich h. die Versammlung der Boshaften
31,7 ich h., die sich halten an nichtige Götzen
34,22 die den Gerechten h., fallen in Schuld
35,19 die mich ohne Grund h. 69,5
36,3 um ihre Schuld aufzufinden und zu h.
41,8 alle, die mich h., flüstern miteinander
44,11 machst zuschanden, die uns h.
45,8 du h. gottloses Treiben
50,17 da du doch Zucht h. Spr 5,12
55,13 wenn einer, der mich h., groß tut
68,2 die ihn h., fliehen vor ihm
69,15 errettet werde vor denen, die mich h.
81,16 die den HERRN h., müßten sich beugen
83,3 die dich h., erheben das Haupt
86,17 daß es sehen, die mich h.
89,24 will, die ihn h., zu Boden stoßen
97,10 die ihr den HERRN liebet, h. das Arge
101,3 ich h. den Übertreter
106,10 half ihnen aus der Hand dessen, der sie h.
119,104 darum h. ich alle falschen Wege 128
113 ich h. die Wankelmütigen
120,6 zu wohnen bei denen, die den Frieden h.
139,21 sollte ich nicht h., HERR, die dich h. 22
Spr 1,22 wie lange wollt ihr die Erkenntnis h. 29
6,16 diese sechs Dinge h. der HERR
8,7 meine Lippen h., was gottlos ist
13 die Furcht des HERRN h. das Arge
36 die mich h., lieben den Tod
9,8 rüge nicht Spötter, daß er dich nicht h.
11,16 Schande ist ein Weib, das Redlichkeit h.
12,1 wer Zurechtweisung h., bleibt dumm 15,10
13,24 wer s. Rute schont, der h. seinen Sohn
14,17 ein Ränkeschmied wird geh.
15,27 wer Bestechung h., der wird leben
19,7 den Armen h. alle seine Brüder

hassen

Spr	26,28	falsche Zunge h. den, dem sie Arges getan
	28,16	wer unrechten Gewinn h. Jes 33,15
	29,10	die Blutgierigen h. den Frommen
	24	wer mit Dieben... h. sein Leben
Pr	3,8	h. hat seine Zeit
	8,1	ein freches Angesicht wird geh.
	9,6	ihr Lieben und H. ist längst dahin
Jes	41,11	zuschanden sollen werden, die dich h.
	61,8	der HERR, der Raub und Unrecht h.
	66,5	eure Brüder, die euch h.
Am	5,15	h. das Böse und liebet das Gute
	6,8	Hoffart Jakobs... ich h. seine Paläste
Mi	3,2	ihr h. das Gute und liebet das Arge
Sa	8,17	das alles h. ich, spricht der HERR
Mal	1,3	h. Esau und habe... öde gemacht Rö 9,13
Jdt	5,19	ihr Gott h. das Unrecht
Sir	15,11	was (Gott) h., solltest du nicht tun
	13	der Herr h. alles, was ein Greuel ist
	17,24	h. unversöhnlich, was ihm ein Greuel ist
	25,19	Heimsuchung durch Menschen, die h.
	27,27	vieles h. ich... der Herr h. ihn auch
1Ma	11,40	warum das Kriegsvolk Demetrius h.
2Ma	3,1	weil der Hohepriester das Böse h.
	5,8	er wurde geh., weil er abtrünnig war
StE	3,11	erkennst, daß ich die Ehre h.
Mt	5,43	du sollst deinen Feind h.
	44	tut wohl denen, die euch h. Lk 6,27
	6,24	wird den einen h. und den andern Lk 16,13
	10,22	ihr werdet geh. werden um meines Namens willen Mk 13,13; Lk 21,17
	24,9	ihr werdet geh. werden von allen Völkern
	10	viele werden sich untereinander h.
Lk	1,71	uns errettete aus der Hand aller, die uns h.
	6,22	selig seid ihr, wenn euch die Menschen h.
	14,26	wenn jemand zu mir kommt und h. nicht seinen Vater, Mutter
Jh	3,20	wer Böses tut, der h. das Licht
	7,7	die Welt kann euch nicht h.
	12,25	wer sein Leben auf dieser Welt h.
	15,18	wenn euch die Welt h., so wißt, daß sie mich vor euch geh. hat 19
	23	wer mich h., der h. auch meinen Vater 24
	25	sie h. mich ohne Grund
	17,14	dein Wort gegeben, die Welt hat sie geh.
Rö	7,15	was ich h., das tue ich
	12,9	h. das Böse, hängt dem Guten an
Eph	5,29	niemand hat je sein eigenes Fleisch geh.
Tit	3,3	waren verhaßt und h. uns untereinander
1Jh	2,9	wer sagt, er sei im Licht, und h. seinen Bruder 4,20
	11	wer seinen Bruder h., der ist in der Finsternis
	3,13	wundert euch nicht, wenn euch die Welt h.
	15	wer seinen Bruder h., der ist ein Totschläger
Heb	1,9	du hast geh. die Ungerechtigkeit
Jud	23	h. das Gewand, das befleckt ist vom Fleisch
Off	2,6	daß du die Werke der Nikolaiten h.
	17,16	die zehn Hörner werden die Hure h.

Hassenua s. Senua

Hasser

5Mo	7,15	der HERR wird sie deinen H. auflegen
2Sm	22,18	errettete mich von meinen H. Ps 18,18
Spr	26,24	der H. verstellt sich mit seiner Rede
	27,6	die Küsse des H. sind trügerisch

häßlich

1Mo	41,3	die waren h. und mager 4.19-21.27
Jes	52,14	weil s. Gestalt h. war als die anderer
Klg	4,1	wie ist das feine Gold so h. geworden
Sir	11,2	niemand verachten, weil er h. aussieht
	20,26	die Lüge ist ein h. Schandfleck

Hast

5Mo	16,3	in H. bist du aus Ägyptenland geflohen
Jes	52,12	sollt nicht in H. entfliehen
2Ma	14,42	in der H. traf er sich nicht recht

hastig

Spr	13,11	h. errafftes Gut zerrinnt
	19,2	wer h. läuft, der tritt fehl

Hasufa, *Hasupha*

Esr	2,43	Tempelsklaven: die Söhne H. Neh 7,46

Hatach, *Hathach*

Est	4,5	da rief Ester H. 6.9.10

Hatat, *Hathath*

1Ch	4,13	Söhne Otniëls: H.

Hatifa, *Hatipha*

Esr	2,54	(Tempelsklaven:) die Söhne H. Neh 7,56

Hatita

Esr	2,42	Torhüter: die Söhne H. Neh 7,45

Hattil

Esr	2,57	(Nachkommen d. Sklaven:) Söhne H. Neh 7,59

Hattusch

1Ch	3,22	[1]Söhne Schechanjas: H. Esr 8,2
Neh	3,10	[2]H., der Sohn Haschabnejas
	10,5	[3](sollen unterschreiben:) H.
	12,2	[4](Priester:) H.

Haube

Jes	3,20	(wird der Herr wegnehmen) die H.

Hauch

Hi	4,15	ein H. fuhr an mir vorüber
	7,7	bedenke, daß mein Leben ein H. ist 16
	15,30	ihn durch den H. seines Mundes wegraffen
	27,3	solange der H. von Gott in meiner Nase
Ps	33,6	all sein Heer durch den H. seines Mundes
	78,39	ein H., der dahinfährt
	94,11	die Gedanken: sie sind nur ein H.
Jes	2,22	von dem Menschen, der nur einen H. ist
	57,13	ein H. wird sie wegnehmen
Wsh	7,25	sie ist ein H. der göttlichen Kraft
	11,20	sie könnten durch einen H. fallen
2Th	2,8	umbringen mit dem H. seines Mundes

hauen

5Mo	8,9	wo du Kupfererz aus den Bergen h.
	19,5	in den Wald ginge, Holz zu h.
Jos	9,23	Knechte, die Holz h. für das Haus Gottes
Ri	9,48	Abimelech h. einen Ast vom Baum 49
1Sm	15,33	Samuel h. den Agag in Stücke
1Kö	5,20	niemand, der Holz zu h. versteht 2Ch 2,7.15
	7,11	Steine, nach dem Winkeleisen geh. 9; 2Kö 12,13; 22,6; 1Ch 22,2; 2Ch 2,1; 34,11
Hi	19,24	zu ewigem Gedächtnis in einen Fels geh.
Jes	10,15	eine Axt zu rühmen wider den, der damit h.
	51,1	schaut den Fels an, dem ihr geh.
Hes	40,42	vier Tische waren aus geh. Steinen
Dan	2,5	sollt ihr in Stücke geh. werden 3,29
Sir	48,19	Hiskia ließ eine Leitung in den Fels h.
Bar	6,39	den Steinen gleich, die man aus dem Berg h.
1Ma	13,27	ein Denkmal bauen aus geh. Steinen
StD	1,59	der Engel wird dich mittendurch h.
Mt	21,8	andere h. Zweige von den Bäumen
	24,51	er wird ihn in Stücke h. lassen Lk 12,46
	27,60	Grab, das er in einen Felsen hatte h. lassen Mk 15,46; Lk 23,53
2Ko	3,7	Amt, das mit Buchstaben in Stein geh. war

Haufe

1Mo	28,3	daß du werdest ein H. von Völkern
	31,46	nahmen Steine und machten davon einen H. 51.52
2Mo	8,10	(Frösche) hier einen H. und da einen H.
4Mo	22,4	nun wird dieser H. auffressen
2Sm	15,22	zog vorüber... der ganze H.
	18,17	legten einen großen H. Steine auf ihn
2Kö	10,8	(Köpfe der Söhne) legt sie in zwei H.
2Ch	13,8	weil ihr ein großer H. seid
	31,6	legten (den Zehnten) in H. zusammen 8.9
Ps	73,10	läuft ihnen zu in H. wie Wasser
Jes	41,14	du Würmlein Jakob, du armer H. Israel
	43,17	daß sie auf einem H. daliegen
Jer	9,1	es sind Ehebrecher und ein treuloser H.
	50,26	werft alles auf einen H.
Sir	16,7	Feuer bricht aus in H. der Gottlosen
	16	unter dem großen H. bemerkt er mich nicht
	21,10	die Schar der Gottlosen ist wie ein H. Werg
1Ma	3,14	will Judas und seinen H. schlagen
	11,4	hatten sie in H. an seinen Weg gelegt
Mk	10,1	*das Volk lief in H. zu ihm*
Lk	6,17	*um ihn der H. seiner Jünger 19,37*
	23,1	*der ganze H. stand auf*
	18	*da schrie der ganze H.*
	27	*es folgte ihm nach ein großer H. Volks*
Apg	28,3	als Paulus einen H. Reisig zusammenraffte

häufen

5Mo	32,23	will alles Unglück über sie h.
Spr	25,22	wirst feurige Kohlen auf sein Haupt h.
Pr	2,26	Mühe, daß er sammle und h. und es doch
Jes	30,1	eine Sünde auf die andere zu h.
Sir	3,29	der Sünder h. Sünde auf Sünde

haufenweise

Wsh	18,23	als schon die Toten h. übereinanderlagen

häufig

Sir	6,36	einen verständigen Mann suche h. auf

Häuflein

Jer	44,28	werden zurückkommen als geringes H.
Sir	48,17	(bis) nur ein kleines H. übrigblieb

Haupt

1Mo	28,11	legte (einen Stein) zu seinen H. 18
	40,13	wird der Pharao dein H. erheben 19.20
	16	geträumt, ich trüge Körbe auf meinem H. 17
	48,14	auf Ephraims H. und auf Manasses H. 17.18
	49,26	mögen kommen auf das H. Josefs
2Mo	6,14	dies sind die H. ihrer Sippen 25; 4Mo 7,2; 17,18; 1Ch 5,24; 15,12; 23,9.24; 26,21.26.32; 27,1; 2Ch 26,12; Esr 8,1; Neh 11,13.16; 12,7. 12.22-24
	18,25	machte sie zu H. über das Volk
	29,6	den Kopfbund auf sein H. setzen 3Mo 8,9
	7	Salböl auf sein H. gießen 3Mo 8,12; 21,10
3Mo	19,27	sollt euer Haar am H. nicht abschneiden 21,5; 4Mo 6,5; Ri 13,5; 16,17.22; 1Sm 1,11; Hes 44,20
	32	vor einem grauen H. sollst du aufstehen
	24,14	laß alle ihre Hände auf sein H. legen
4Mo	1,4	soll euch beistehen, das H. seiner Sippen 13,3; 25,15; 30,2; 31,26; 32,28; 36,1; 5Mo 29,9; 33,5.21; Jos 14,1; 19,51; 21,1; 1Kö 8,1; 2Ch 1,2; 5,2; 23,2; Esr 1,5; 2,68; 4,3; 10,16; Neh 7,69.70; 8,13
	16	die H. über die Tausende in Israel 10,4; 5Mo 1,13.15; Jos 22,14; 23,2; 1Ch 29,6
	6,7	das Gelübde ist auf seinem H. 9-12.18
5Mo	28,23	der Himmel, der über deinem H. ist
	33,16	die Gnade komme auf das H. Josefs
Jos	7,6	warfen Staub auf ihr H. Hi 2,12; Klg 2,10; Hes 27,30
Ri	5,26	(Jaël) zerschlug Siseras H.
	7,25	brachten die H. Orebs und Seebs zu Gideon
	10,18	der soll das H. sein über alle 11,8.9.11
	16,13	die sieben Locken meines H. 14.19
1Sm	2,1	mein H. ist erhöht in dem HERRN
	10	und erhöhen das H. seines Gesalbten
	4,12	Erde auf sein H. gestreut 2Sm 1,2; 15,32; Neh 9,1
	5,4	Dagon auf der Erde, sein H. abgeschlagen
	9,2	eines H. länger als alles Volk 10,23
	10,1	nahm Samuel Öl und goß es auf sein H.
	14,45	kein Haar von s. H. auf die Erde fallen
	15,17	bist du doch das H. der Stämme Israels
	17,5	hatte einen ehernen Helm auf seinem H. 38
	54	David nahm des Philisters H. 57
	19,13	Geflecht von Ziegenhaaren zu seinen H. 16
	26,7	Spieß in der Erde zu seinen H. 11.12.16
	31,9	da hieben sie (Saul) sein H. ab 1Ch 10,9
2Sm	1,10	nahm die Krone von seinem H. 12,30; 1Ch 20,2
	16	dein Blut komme auf dein H. 1Kö 2,37
	4,8	brachten das H. Isch-Boschets zu David 12
	12,30	sie wurde David aufs H. gesetzt 1Ch 20,2
	13,19	warf Asche auf ihr H. Est 4,1
	14,26	(Absalom,) wenn man sein H. schor 18,9
	15,30	weinte, und sein H. war verhüllt Est 6,12
	22,44	machst mich zum H. über Heiden Ps 18,44
1Kö	2,32	der HERR lasse das auf sein H. kommen 33. 44; 8,32; 2Ch 6,23
	18,42	Elia hielt sein H. zwischen seine Knie
	19,6	zu seinen H. lag ein geröstetes Brot
2Kö	6,31	wenn das H. Elisas auf ihm bleiben 32
	9,3	nimm Öl und gieß es auf sein H. 6
	30	schmückte (Isebel) ihr H.

Haupt

2Kö	19,21	Tochter Jerus. schüttelt ihr H. Jes 37,22
1Ch	25,5	Zusage Gottes, sein H. zu erhöhen
	29,11	HERR, du bist erhöht zum H. über alles
Esr	9,6	unsere Missetat über unser H. gewachsen
Est	2,17	der König setzte die Krone auf ihr H.
Hi	1,20	Hiob schor sein H.
	10,15	dürfte doch mein H. nicht erheben
	12,24	er nimmt den H. des Volks den Mut
	16,4	auch ich könnte mein H. schütteln
	15	habe mein H. in den Staub gebeugt
	19,9	hat die Krone von meinem H. genommen
	20,6	wenn auch sein H. an die Wolken rührt
	29,3	da seine Leuchte über meinem H. schien
Ps	3,4	du hebst mein H. empor
	21,4	du setzest eine goldene Krone auf sein H.
	23,5	du salbest mein H. mit Öl
	27,6	nun erhebt sich mein H. über m. Feinde
	38,5	meine Sünden gehen über mein H. 40,13
	44,15	läßt die Völker das H. über uns schütteln
	60,9	Ephraim ist der Schutz meines H. 108,9
	66,12	hast Menschen über unser H. kommen lassen
	69,5	mehr, als ich Haare auf dem H. habe
	79,12	vergilt auf ihr H. ihr Schmähen
	83,3	die dich hassen, erheben das H.
	89,18	durch deine Gnade unser H. erhöhen 25
	110,6	wird H. zerschmettern auf weitem Gefilde
	7	darum wird er das H. emporheben
	133,2	wie das Salböl auf dem H. Aarons
	140,8	beschirmst mein H. zur Zeit des Streits
	141,5	wird mir wohltun wie Balsam auf dem H. Mein H. wird sich dagegen nicht wehren
Spr	1,9	ist ein schöner Schmuck für dein H. 4,9
	10,6	Segen ruht auf dem H. des Gerechten
	25,22	feurige Kohlen auf sein H. häufen Rö 12,20
Pr	9,8	laß deinem H. Salbe nicht mangeln
Hl	2,6	seine Linke liegt unter meinem H. 8,3
	5,2	mein H. ist voll Tau
	11	sein H. ist das feinste Gold
	7,6	dein H. wie der Karmel. Das Haar auf d.H.
Jes	1,5	das ganze H. ist krank
	6	bis zum H. ist nichts Gesundes
	7,8	wie Damaskus das H. ist von Aram 9
	20	zu der Zeit wird der Herr das H. scheren
	15,2	jedes H. ist kahlgeschoren
	19,13	die H. s. Geschlechter verführen Ägypten
	29,10	eure H. - die Seher - hat er verhüllt
	35,10	Freude wird über ihrem H. sein 51,11
	59,17	setzt den Helm des Heils auf sein H.
Jer	8,23	daß ich Wasser genug hätte in meinem H.
	13,18	Krone ist euch vom H. gefallen Klg 5,16
	21	über dich zum H. bestellen wird
	14,3	sind traurig und verhüllen ihr H. 4
	31,7	jauchzet über das H. unter den Völkern
	32,18	kommen läßt auf das H. ihrer Kinder
Klg	2,10	werfen Staub auf ihre H. Hes 27,30
	3,54	Wasser hat mein H. überschwemmt
Hes	1,22	über den H. wie eine Himmelsfeste 26; 10,1
	5,1	ein Schwert und fahr damit über dein H.
	8,3	ergrif mich bei dem Haar meines H.
	16,12	gab dir eine Krone auf dein H. 23,42
	24,23	euren Kopfbund auf eurem H. behalten
	29,18	daß alle H. kahl wurden
	32,27	ihre Schwerter unter ihre H. gelegt
	44,18	einen Kopfbund auf ihrem H. Sa 3,5
Dan	2,32	das H. dieses Bildes war von Gold 38
	7,9	das Haar auf seinem H. rein wie Wolle
	20	über die zehn Hörner auf seinem H.
Hos	2,2	werden sich ein gemeinsames H. erwählen
Jon	2,6	Schilf bedeckte mein H.
Jon	4,6	daß sie Schatten gäbe seinem H.
Mi	3,1	höret doch, ihr H. im Hause Jakob 9.11
Hab	3,14	durchbohrtest mit seinen Pfeilen sein H.
Sa	2,4	daß niemand sein H. hat erheben können
	6,11	kröne das H. Josuas, des Hohenpriesters
Jdt	4,14	hatten Asche auf dem H. 7,4; 9,1; 1Ma 3,47; 4,39; 11,71; 2Ma 10,26; StE 3,2
	13,10	gab das H. des Holofernes ihrer Magd 18.19
Wsh	18,24	d. Herrlichkeit auf dem Stirnband seines H.
Sir	4,7	vor einem Großen beuge dein H.
	25,6	schön, wenn die grauen H. urteilen können
Bar	5,2	setze die Krone der Herrlichk. auf dein H.
1Ma	12,54	sie haben kein H. und keinen Schutz mehr
2Ma	6,23	wie es seinem ergrauten H. wohl anstand
StE	3,11	das Zeichen... doch auf meinem H. trage
	4,5	ließ das H. auf die Dienerin sinken
StD	1,34	die Ältesten legten die Hände auf ihr H.
Mt	5,36	auch sollst du nicht bei deinem H. schwören
	6,17	wenn du fastest, so salbe dein H.
	8,20	hat nichts, wo er sein H. hinlege Lk 9,58
	10,30	eure Haare auf dem H. alle gezählt Lk 12,7
	14,8	gib mir das H. Johannes des Täufers 11; Mk 6,24.25.27.28
	26,7	goß es auf sein H., als er zu Tisch saß Mk 14,3
	27,29	Dornenkrone setzten sie ihm aufs H. Jh 19,2
	30	schlugen damit sein H. Mk 15,19
	37	oben über sein H. setzten sie eine Aufschrift
Mk	15,29	*schüttelten ihre H. und sprachen*
Lk	7,38	fing an seine Füße mit den Haaren ihres H. zu trocknen 44
	46	du hast mein H. nicht mit Öl gesalbt
	21,18	kein Haar von eurem H. soll verlorengehen Apg 27,34
	28	seht auf und erhebt eure H.
Jh	13,9	sondern auch die Hände und das H.
	19,30	neigte das H. und verschied
	20,7	Schweißtuch, das Jesus um das H. gebunden
	12	zwei Engel... einen zu H.
Apg	18,6	euer Blut komme über euer H.
	18	zuvor ließ er sich sein H. scheren
	21,24	die Kosten, daß sie ihr H. scheren können
Rö	12,20	feurige Kohlen auf sein H. sammeln
1Ko	11,3	daß Christus das H. eines jeden Mannes ist
	4	jeder Mann, der... und hat etwas auf dem H., der schändet sein H. 5
	6	die Frau soll das H. bedecken
	7	der Mann soll das H. nicht bedecken
	10	soll die Frau eine Macht auf dem H. haben
	12,21	oder das H. zu den Füßen
Eph	1,22	er hat ihn gesetzt der Gemeinde zum H. über alles
	4,15	wachsen zu dem hin, der das H. ist, Christus
	5,23	der Mann ist das H. der Frau, wie auch Christus das H. der Gemeinde ist
Kol	1,18	er ist das H. der Gemeinde
	2,10	der das H. aller Mächte und Gewalten ist
	19	und hält sich nicht an das H.
Off	1,14	sein H. und sein Haar war weiß wie Wolle
	4,4	hatten auf ihren H. goldene Kronen 9,7; 12,1; 14,14; 19,12
	9,17	H. der Rosse waren wie die H. der Löwen 19
	10,1	der Regenbogen auf seinem H.
	12,3	Drache, der hatte sieben H. 13,1; 17,3.7
	13,3	ich sah eines seiner H.
	17,9	die sieben H. sind sieben Berge
	18,19	sie warfen Staub auf ihre H.

Hauptarm

1Mo 2,10 ein Strom teilte sich in vier H.

Hauptfrau

1Kö 11,3 (Salomo) hatte siebenhundert H.

Haupthaar

3Mo 10,6 euer H. nicht wirr hängen lassen 21,10
13,40 wenn einem Mann die H. ausfallen
4Mo 5,18 soll ihr H. lösen
6,18 soll sein geweihtes H. nehmen
2Sm 14,26 (Absalom,) so wog sein H. 200 Lot
Esr 9,3 raufte mir H. und Bart
Dan 3,27 sahen, daß ihr H. nicht versengt

Hauptlese

Sir 33,17 Kelter füllen konnte wie bei der H.

Hauptmann, Hauptleute

4Mo 14,4 laßt uns einen H. über uns setzen
31,14 Mose wurde zornig über die H. 48.52.54
Ri 11,6 komm und sei unser H.
1Sm 8,12 zu H. über 1.000 und über 50
17,18 diese zehn frischen Käse bringe dem H.
2Sm 4,2 zwei Männer als H. der Streifscharen
5,8 der soll H. und Oberster sein 1Ch 11,6
18,1 setzte über sie H. 1Kö 9,22; 2Ch 8,9; 11,11; 32,6
5 (gab) allen H. Befehl 24,2.4
1Kö 1,25 alle Söhne des Königs geladen und die H.
11,24 war H. einer Schar geworden 1Ch 11,6.42
2Kö 1,9 sandte einen H. über fünfzig 10-14
9,5 da saßen die H. des Heeres 25,23
11,4 die H. über hundert 9.10.14.15.19; 2Ch 23,1.9. 14.20; 25,5
1Ch 12,15 H. im Heer 19.22.29.33.35; 13,1; 27,3
2Ch 32,21 Engel; der vertilgte alle H. im Lager
33,14 legte H. in alle festen Städte Judas
Neh 2,9 der König hatte H. mit mir gesandt
Spr 6,7 wenn sie auch keinen Fürsten noch H. hat
Jes 3,3 (der Herr wird wegnehmen Helden und) H.
22,3 alle deine H. sind gewichen
Jer 40,7 als die H. erfuhren 13; 41,11.13.16; 42,1.8
43,4 gehorchten alle H. nicht 5
51,57 will seine H. trunken machen
Hes 23,6 (Ohola entbrannte) für die H. 12.23
Jdt 2,2 (Nebukadnezar) rief alle seine H.
5,1 Holofernes rief alle H. der Moabiter
24 wurden alle H. des Holofernes zornig
14,4 wenn ihre H. ins Zelt des Holofernes kommen 10.15
1Ma 3,38 bestimmte einige Männer zu H.
15,38 machte Kendebäus zum H.
16,19 (Ptolemäus) schrieb an die H.
Mt 8,5 trat ein H. zu ihm; der bat ihn 8.13, Lk 7,2.6
27,54 als der H... das Erdbeben sahen Mk 15,39; Lk 23,47
Mk 15,44 rief den H. und fragte ihn
45 als er's erkundet hatte von dem H.
Lk 22,4 er ging hin und redete mit den H.
52 Jesus sprach zu den H. des Tempels
Apg 4,1 traten zu ihnen die Priester und der H. des Tempels
5,24 als der H. des Tempels... diese Worte hörten

Apg 5,26 da ging der H. mit den Knechten hin
10,1 ein H. der Abteilung, die die Italische genannt
22 der H. Kornelius, ein frommer Mann
21,31 kam die Kunde vor den obersten H. 33
32 der nahm sogleich Soldaten und H.
22,25 sprach Paulus zu dem H., der dabeistand 23,17; 27,31
26 als das der H. hörte, ging er zu dem Oberst
23,10 befürchtete der oberste H.
23 der Oberst rief zwei H. zu sich und sprach
24,23 er befahl dem H., Paulus gefangenzuhalten
25,23 gingen in den Palast mit den H.
27,1 übergaben sie Paulus einem H.
6 dort fand der H. ein Schiff aus Alexandria
11 der H. glaubte dem Steuermann mehr als
43 der H. wollte Paulus am Leben erhalten
28,16 übergab der H. die Gefangenen dem Oberst
Off 19,18 eßt das Fleisch der Könige und der H.

Hauptsache

Heb 8,1 das ist nun die H. bei dem, wovon wir reden

Hauptstadt

Jos 11,10 Hazor war die H. dieser Königreiche
Apg 8,5 Philippus kam hinab in die H. Samariens

Hauptsumme

Pr 12,13 laßt uns die H. aller Lehre hören
1Ti 1,5 die H. aller Unterweisung ist Liebe

Hauran

Hes 47,16 Hazar-Enon, das an den H. grenzt 18

Haus

(allgemein; s.a. Haus [Haus Gottes]; Haus David; Haus Gottes; Haus des HERRN; Haus Israel; Haus Jakob; Haus Josef; Haus Juda)

1Mo 7,1 geh in die Arche, du und dein ganzes H.
12,1 geh aus deines Vaters H. 20,13; 24,7
15 wurde sie in das H. des Pharao gebracht
17 der HERR plagte den Pharao und sein H.
14,14 Knechte, in seinem H. geboren 17,12.13.23. 27; 24,2; 3Mo 22,11; Pr 2,7
15,2 Elieser wird mein H. besitzen
17,23 was männlich war in seinem H. 27
18,19 daß er befehle seinem H. nach ihm
19,2 kehrt ein im H. eures Knechts 3.4.10.11
20,18 hatte verschlossen jeden Mutterschoß im H.
24,23 hatte dein Vater Raum im H. 27.28.31
32 führte den Mann ins H. 29,13; 43,16-18.24.26; 44,14
38 zieh hin zu meines Vaters H. 40; 28,2
27,15 Feierkleider, die sie im H. hatte
30,30 wann soll ich für mein H. sorgen
31,14 haben kein Teil mehr an unseres Vaters H.
30 sehntest dich nach deines Vaters H.
41 habe 20 Jahre in deinem H. gedient
33,17 Jakob baute sich ein H.
34,19 war angesehen in seines Vaters H.
26 wahren Dina aus dem H. Sichems
29 plünderten alles, was in den H. war
30 werde vertilgt samt meinem H.
35,2 da sprach Jakob zu seinem H. 46,31

Haus

1Mo	36,6	Esau nahm alle Leute seines H.
	38,11	bleibe eine Witwe in deines Vaters H.
	39,2	Josef war in seines Herrn H. 11
	4	setzte ihn über sein H. 5.8.9; 41,40; 45,8; Ps 105,21; Apg 7,10
	12	(Josef) lief zum H. hinaus 14
	40,3	ließ sie setzen in des Amtmanns H. 14; 41,10
	42,33	nehmt für euer H., wieviel ihr bedürft
	43,26	brachten ihm das Geschenk ins H. 44,8
	45,2	das H. des Pharao 16; 47,14; 50,7; 1Sm 2,27
	11	damit du nicht verarmst mit deinem H.
	47,12	versorgte das ganze H. seines Vaters 46,31
	24	zu eurer Speise und für euer H.
	50,22	wohnte in Ägypten mit seines Vaters H. 8
2Mo	1,1	ein jeder kam mit seinem H.
	21	segnete ihre H.
	2,1	ein Mann vom H. Levi nahm ein Mädchen
	7,28	(Frösche) sollen in dein H. kommen, auch in die H. deiner Großen 8,5.7.9.17.20; 9,19.20; 10,6; 5Mo 6,22
	12,3	je ein Lamm für ein H. 4.46
	7	Pfosten bestreichen an den H. 13.23.27
	15	den Sauerteig aus euren H. tun 19
	30	war kein H., in dem nicht ein Toter war
	46	nichts von s. Fleisch vor das H. tragen
	20,17	nicht begehren deines Nächsten H. 5Mo 5,21
	22,6	wird ihm aus seinem H. gestohlen 7
3Mo	9,7	entsühne dich und dein H. 16,6.11.17
	14,34	an einem H. eine aussätzige Stelle 35-55
	22,13	zurück in ihres Vaters H. 4Mo 30,4.11.17
	25,31	ist's aber ein H. auf dem Dorf 32.33
	27,14	wenn jemand sein H. dem HERRN gelobt
4Mo	17,23	fand den Stab von Aarons H. Levi grünen
	18,11	wer rein ist in deinem H., darf essen 13
	22,18	wenn mir Balak s. H. voll Gold gäbe 24,13
5Mo	6,7	wenn du in deinem H. sitzt 11,19
	9	schreiben auf die Pfosten deines H. 11,20
	11	H., die du nicht gefüllt Neh 9,25; Hi 22,18
	7,26	solchen Greuel nicht in dein H. bringen
	8,12	wenn du schöne H. erbaust 22,8
	12,7	ihr und euer H. sollt fröhlich sein 14,26; 15,20
	15,16	habe dich und dein H. lieb
	19,1	daß du in ihren Städten und H. wohnst
	20,5	wer ein neues H. gebaut, kehre heim 24,5
	21,12	führe sie in dein H. 13
	22,2	sollst du sie in dein H. nehmen
	8	nicht Blutschuld auf dein H. ladest
	21	sie vor die Tür des H. ihres Vaters führen... in ihres Vaters H. Hurerei getrieben hat
	24,1	und sie aus seinem H. entläßt 2 3
	10	nicht in sein H. gehen und ein Pfand nehmen
	25,9	der seines Bruders H. nicht bauen will
	10	soll heißen „des Barfüßers H."
	14	in deinem H. soll nicht zweierlei Maß sein
	26,11	Gut, das der HERR dir und deinem H. geg.
	13	hab aus m. H. gebracht, was geheiligt ist
	28,30	ein H. bauen; aber nicht darin wohnen
Jos	2,1	das H. einer Hure, Rahab 3.15.19; 6,17.22
	12	an m. Vaters H. Barmherzigk. tut 18; 6,25
	7,14	soll herzutreten ein H. nach dem andern 18
	9,12	Brot, das wir aus unsern H. mitnahmen
	20,6	darf der Totschläger zurückk. in sein H.
	24,15	ich und mein H. wollen dem HERRN dienen
Ri	4,17	Jabin und das H. Hebers lebten im Frieden
	6,15	bin der Jüngste in meines Vaters H. 27
	8,27	wurde Gideon und seinem H. zum Fallstrick
	29	Jerubbaal wohnte in seinem H.
	35	dem H. des Jerubbaal 9,5.16.18.19
	9,1	Abimelech redete mit dem Geschlecht des H.
Ri	10,9	die Ammoniter kämpften gegen das H. Ephraim
	11,34	als Jeftah zu seinem H. kam 12,1
	14,15	dich und deines Vaters H. verbrennen
	19	(Simson) ging hinauf in seines Vaters H.
	16,26	Säulen, auf denen das H. steht 27.29.30
	31	da kamen... das ganze H. seines Vaters
	17,4	in das H. Michas 8.12; 18,2.13-19.22.26
	19,2	lief sie ihm fort zu ihres Vaters H. 3
	15	niemand, der sie im H. beherbergen wollte
	18	kehre jetzt nach H. zurück
	21	führte ihn in sein H. 22.23.26.27; 20,5
	20,8	soll niemand in sein H. heimkehren
Rut	1,8	kehrt um, eine jede ins H. ihrer Muter
	9	Ruhe findet, eine jede in ihres Mannes H.
	4,11	die Frau, die in dein H. kommt
	12	dein H. werde wie das H. des Perez
1Sm	1,21	Elkana mit seinem ganzen H. 2,11
	2,27	habe mich offenbart dem H. deines Vaters 28.30-36; 3,12-14; 1Kö 2,27
	5,2	brachten (die Lade) in das H. Dagons 3.5
	7,1	brachten (die Lade) ins H. Abinadabs 2Sm 6,3.4.10-12; 1Ch 13,7.13.14; 15,25
	17	kam (Samuel) nach Rama – da war sein H. 9,18; 25,1
	9,20	gehört es nicht dem H. deines Vaters
	10,25	entließ das Volk, einen jeden in sein H. 2Sm 6,19; 1Ch 16,43
	15,34	Saul zog hinauf in sein H. 18,10; 19,9
	17,25	seines Vaters H. frei machen von Lasten
	18,2	ließ ihn nicht wieder in seines Vaters H.
	19,11	sandte Saul Boten zu Davids H. Ps 59,1
	20,15	nimm die Barmherzigkeit niemals von meinem H. 2Sm 9,1-5.9.12; 19,18.29
	21,16	sollte der in mein H. kommen
	22,1	das ganze H. seines Vaters 11.15.16.22; 2Sm 3,29
	14	wie David, geehrt in deinem H. 2Sm 6,21
	24,22	nicht austilgen aus meines Vaters H.
	25,6	Friede sei mit dir und deinem H.
	17	Unheil über unsern Herrn und sein H. 35.36
	28	meinem Herrn ein beständiges H. bauen
	27,3	ein jeder mit seinem H. 2Sm 2,3
	28,24	das Weib hatte im H. ein gemästetes Kalb
	31,9	verkünden im H. ihrer Götzen 10; 1Ch 10,10
2Sm	3,1	zw. dem H. Sauls und dem H. Davids 6.8.10
	19	Israel und das ganze H. Benjamin
	29	soll nicht aufhören im H. Joabs
	4,5	kamen zum H. Isch-Boschets 6.7.11
	5,8	laß keinen Blinden und Lahmen ins H.
	11	daß sie David ein H. bauten 7,1; 1Ch 14,1; 15,1; 17,1; 2Ch 2,2
	6,20	den Segensgruß zu bringen 1Ch 16,43
	7,11	daß der HERR dir ein H. bauen will 16-19. 25-29; 1Kö 2,24; 11,38; 1Ch 17,10.14-17.23-27
	11,4	(Batseba) kehrte in ihr H. zurück 8-13.27
	12,8	habe dir deines Herrn H. gegeben 10.11.17
	13,7	geh hin ins H. deines Bruders Amnon 8.20
	14,9	Schuld wird man auf meines Vaters H. legen
	24	laß ihn nicht in meinem H. sehen 31
	15,16	der König zog hinaus und sein ganzes H. ihm nach 35; 16,2; 19,19.42
	16	Nebenfrauen... das H. bewahren 16,21; 20,3
	17	blieben sie stehen beim letzten H.
	16,5	ein Mann vom Geschlecht des H. Saul 8
	17,18	kamen in das H. eines Mannes 20
	23	Ahitofel bestellte sein H.
	19,6	Joab kam zum König ins H. 12
	21,1	auf Saul und seinem H. eine Blutschuld 4.6; 1Kö 2,31

Haus

2Sm	22,51	Gnade David und seinem H. Ps 18,51
	23,5	so ist mein H. fest bei Gott
	24,17	laß deine Hand gegen meines Vaters H. sein
1Kö	1,53	geh in dein H. 2Kö 4,4
	2,24	der HERR, der mir ein H. gemacht hat
	33	sein H. und Thron sollen Frieden haben
	34	wurde begraben in seinem H. 2Ch 33,20
	36	baue dir ein H. in Jerusalem 3,1; 7,8; 9,1.10. 15.24; 10,12; 2Ch 1,18; 2,11; 7,11; 8,1.11; 9,11
	3,17	wohnten in einem H... ich gebar im H. 18
	4,7	die den König und sein H. versorgten
	11,18	(Pharao) gab ihm ein H. 20
	12,16	sorge du für dein H., David 2Ch 10,16
	13,19	führte ihn zurück, daß er aß in seinem H.
	34	dies geriet zur Sünde dem H. Jerobeams 14,10.13.14; 15,29; 2Kö 13,6; Am 7,9
	14,26	nahm die Schätze aus dem H. des Königs 15,18; 2Kö 12,9; 18,15; 24,13; 2Ch 12,9; 16,2; 21,17; 25,24; 28,21
	27	die das Tor hüteten am H. des Königs 2Kö 11,5.6; 2Ch 12,10; 23,5
	16,3	will ausrotten Bascha und sein H. 4.7.11.12; 21,22; 2Kö 9,9
	3	will dein H. machen wie das H. Jerobeams 7; 21,22.29; 2Kö 9,9
	9	(Ela) wurde trunken im H. Arzas
	18	verbrannte sich mit dem H. des Königs
	17,23	Elia brachte (das Kind) hinab ins H.
	18,18	du und deines Vaters H. 2Ch 21,13
	20,6	dein H. und die H. deiner Untertanen
	21,2	Weinberg... so nahe an meinem H.
2Kö	4,2	was hast du im H... nichts im H. 35; 8,3.5
	5,9	vor der Tür am H. Elisas 24; 6,32
	7,9	laßt uns es dem H. des Königs ansagen 11
	8,1	zieh fort mit deinem H. 2
	18	wandelte, wie das H. Ahab tat 27; 2Ch 21,6. 13; 22,3.4; Mi 6,16
	9,7	sollst das H. Ahabs schlagen 8.9; 10,3.10.11. 17.30; 2Ch 22,7.8
	10,23	ging in das H. Baals 21.25-27; 11,18; 2Ch 23,17
	11,16	Atalja ging... zum H. des Königs 19.20; 2Ch 23,15.20
	12,21	erschlugen (Joasch) im H. des Millo
	13,5	daß die *Israeliten in ihren H. wohnen
	14,12	flohen, jeder in sein H. 2Ch 25,22
	15,5	aussätzig und wohnte in einem besonderen H. ... Jotam stand dem H. des Königs vor 2Ch 26,21
	19,37	im H. seines Gottes 2Ch 32,21; Jes 37,38
	20,1	bestelle dein H... wirst sterben Jes 38,1
	13	nichts in seinem H., was Hiskia nicht gezeigt hätte 15; Jes 39,2.4
	17	nach Babel, was in deinem H. ist Jes 39,6
	21,13	an Jerusalem das Lot wie ans H. Ahab
	18	wurde begraben im Garten an seinem H.
	23	töteten (Amon) in seinem H. 2Ch 33,24
	23,7	brach ab im H. der Tempelhuren
	25,9	verbrannte das H. des Königs und alle H. in Jerusalem; alle großen H. verbrannte er
1Ch	2,55	von Hammat, dem Vater des H. Rechab
	7,23	Beria, weil in seinem H. Unglück war
	10,6	starben Saul und sein ganzes H. 12,30
	12,28	Jojada, der Vorsteher über das H. Aaron
	28,4	mich erwählt aus meines Vaters ganzem H... im Stamm Juda meines Vaters H.
2Ch	22,9	niemand aus dem H... zum Königtum tüchtig
	28,21	obwohl Ahas die H. der Oberen plünderte
	31,10	der Priester Asarja, der Erste im H. Zadok
Esr	1,7	Geräte, in das H. seines Gottes gebracht
	2,36	Priester... das H. Jeschua Neh 7,39
	6,4	Mittel vom H. des Königs gegeben werden
	11	sein H. soll zum Schutthaufen werden
Neh	1,6	ich und meines Vaters H. haben gesündigt
	2,8	für das H., in das ich einziehen soll
	3,10	baute gegenüber seinem H. 16-31; 6,10; 7,3
	4,8	streitet für eure Frauen und H.
	5,3	unsere H. müssen wir versetzen 11
	13	so schüttle Gott jeden aus seinem H.
	7,4	H. waren noch nicht wieder gebaut
Est	1,22	jeder Mann der Herr in seinem H. sei
	4,14	du und deines Vaters H. werdet umkommen
	6,12	Haman eilte nach H. 7,9; 8,1.2.7
Hi	1,4	machten ein Festmahl, jeder in seinem H.
	10	hast du doch sein H. beschützt
	13	Wein tranken im H. ihres Bruders 18.19
	3,15	Fürsten, deren H. voll Silber waren
	8,15	er verläßt sich auf sein H.
	15,28	in H., wo man nicht bleiben soll
	17,13	so ist doch bei den Toten mein H.
	20,19	H. an sich gerissen, die er nicht erbaut
	21,9	ihr H. hat Frieden ohne Furcht
	21	was liegt ihm an seinem H.
	28	wo ist das H. des Fürsten
	24,16	im Finstern bricht man in die H. ein
	27,18	er baut sein H. wie eine Spinne
	30,23	zum H., da alle zusammenkommen
	38,20	kennen die Pfade zu ihrem H.
	39,6	dem ich die Steppe zum H. gegeben
	42,11	aßen mit ihm in seinem H.
Ps	49,12	Gräber sind ihr H. immerdar
	17	wenn die Herrlichkeit seines H. groß wird
	50,9	will von deinem H. Stiere nicht nehmen
	52,2	David ist in Ahimelechs H. gekommen
	68,7	ein Gott, der die Einsamen nach H. bringt
	84,4	der Vogel hat ein H. gefunden
	91,10	keine Plage wird sich deinem H. nahen
	93,5	Heiligkeit ist die Zierde deines H.
	101,2	ich wandle mit redl. Herzen in meinem H.
	7	dürfen in meinem H. nicht bleiben
	112,3	Reichtum und Fülle wird in ihrem H. sein
	113,9	der Unfruchtbaren im H. zu Ehren bringt
	115,10	das H. Aaron hoffe auf den HERRN 12; 118,3; 135,19
	119,54	deine Gebote sind mein Lied im H.
	127,1	wenn der HERR nicht das H. baut
	128,3	wie ein fruchtb. Weinstock in deinem H.
	132,3	(gelobte:) Ich will nicht in mein H. gehen
	135,20	ihr vom H. Levi, lobet den HERRN
Spr	1,13	wir wollen unsre H. mit Raub füllen
	2,18	ihr H. neigt sich zum Tode
	3,33	im H. des Gottlosen... H. der Gerechten
	4,3	als ich noch Kind in m. Vaters H. war
	5,8	nahe nicht zur Tür ihres H. 7,8.11.27
	10	daß nicht komme in eines andern H.
	6,31	gibt her alles Gut seines H.
	7,6	am Fenster meines H. guckte ich
	9,1	die Weisheit hat ihr H. gebaut 24,3
	14	Frau Torheit sitzt vor der Tür ihres H.
	11,29	wer sein eigenes H. in Verruf bringt
	12,7	das H. der Gerechten bleibt stehen
	14,1	die Weisheit der Frauen baut ihr H.
	9	auf dem H. des Frommen ruht Wohlgefallen
	11	das H. der Gottlosen wird vertilgt
	15,6	in des Gerechten H. ist großes Gut
	25	wird das H. der Hoffärtigen einreißen
	27	unrechtem Gewinn nachgeht, zerstört s. H.
	17,1	als ein H. voll Geschlachtetem mit Streit
	13	von dessen H. wird das Böse nicht weichen

Haus 606

Spr	19,14	H. und Habe vererben die Eltern
	21,9	mit einem zänk. Weibe in einem H. 25,24
	12	der Gerechte achtet auf des Gottlosen H.
	20	im H. des Weisen ist ein kostbarer Schatz
	24,15	laure nicht auf das H. des Gerechten
	27	danach gründe dein H.
	25,17	halte d. Fuß zurück vom H. deines Nächsten
	27,10	geh nicht ins H. deines Bruders, wenn
	27	Ziegenmilch genug zur Speise deines H.
	30,26	dennoch bauen sie ihr H. in den Felsen
	31,15	sie gibt Speise ihrem H. 21.27
Pr	2,4	ich tat große Dinge; ich baute mir H.
	7,2	besser in ein H… als in ein H., wo man
	10,18	durch lässige Hände tropft es im H.
	12,3	wenn die Hüter des H. zittern
Hl	1,17	die Balken unserer H. sind Zedern
	3,4	bis ich ihn brachte in m. Mutter H. 8,2
	8,7	alles Gut in seinem H. geben wollte
Jes	3,6	s. Nächsten, der in seines Vaters H. ist
	7	es ist kein Brot in meinem H.
	14	was ihr den Armen geraubt, ist in eurem H.
	5,8	weh denen, die ein H. zum andern bringen
	9	die vielen H. sollen veröden 6,11; 13,21; 27,10; 32,13
	13,16	sollen ihre H. geplündert werden Sa 14,2
	14,17	der s. Gefangenen nicht nach H. entließ
	22,10	ihr zählet auch die H. Jerusalems
	18	du Schmach für das H. deines Herrn
	23	zum Thron der Ehre in seines Vaters H.
	23,1	Tyrus zerstört, daß kein H. mehr da ist
	24,10	alle H. sind verschlossen
	31,2	wird sich aufmachen wider das H. der Bösen
	44,13	in einem H. soll es thronen
	58,7	die ohne Obdach sind, führe ins H.
	65,21	werden H. bauen und bewohnen Hes 28,26
Jer	5,27	ihre H. sind voller Tücke
	6,12	ihre H. sollen den Fremden zuteil werden
	9,20	der Tod ist in unsere H. gekommen
	12,6	deine Brüder und d. Vaters H. sind treulos
	17,22	keine Last am Sabbattag aus eurem H.
	27	Feuer, das die festen H. verzehrt
	18,2	geh hinab in des Töpfers H. 3
	22	daß Geschrei aus ihren H. gehört werde
	19,13	die H. Jerusalems, die H. der Könige… alle H. 32,29; 39,8; 52,13
	21,11	H. des Königs von Juda 22,1.6; 26,10; 27,18. 21; 32,2; 36,12; 38,7.8.11.22
	22,13	weh dem, der sein H. mit Sünden baut 14
	23,34	den will ich heimsuchen und sein H. dazu
	29,5	baut H. und wohnt darin 28
	32,15	man wird wieder H. kaufen 33,4
	35,5	setzte den Männern vom H. Rechab Wein vor
	7	(sollt) kein H. bauen 9
	37,15	Gefängnis im H. Jonatans 20; 38,26
	17	Zedekia fragte ihn heimlich in seinem H.
	38,17	du und dein H. sollen am Leben bleiben
	39,14	daß ihn (Jeremia) holen ließe
	43,9	vergrabe sie am Eingang des H. des Pharao
	48,45	eine Flamme aus dem H. Sihon
Klg	1,20	im H. hat mich der Tod beraubt
	5,2	zuteil geworden unsre H. den Ausländern
Hes	2,5	sind ein H. des Widerspruchs 6-8; 3,9.26.27; 12,2.3.9.25; 17,12; 24,3; 44,6
	3,24	schließ dich ein in deinem H.
	7,24	die sollen ihre H. einnehmen
	8,1	ich saß in meinem H.
	11,3	sind nicht die H. aufgebaut worden
	16,41	(sollen) deine H. verbrennen 23,47
	26,12	werden deine schönen H. einreißen
Hes	38,6	dazu die vom H. Togarma
	44,30	damit Segen auf deinem H. ruhe
	45,4	damit sie Raum für ihre H. haben
	9	Leute von H. und Hof zu vertreiben
Dan	2,5	eure H. sollen zu Schutthaufen werden 3,29
	4,1	ich, Nebukadnezar, hatte Ruhe in meinem H.
	6,11	ging (Daniel) hinein in sein H.
Hos	1,4	will die Blutschuld heimsuchen am H. Jehu
	5,1	nimm zu Ohren, du H. des Königs
	11,11	will sie wohnen lassen in ihren H.
Jo	2,9	in die H. steigen sie ein
Am	1,4	will ein Feuer schicken in das H. Hasaëls
	2,8	trinken Wein im H. ihres Gottes
	3,11	(Samaria) man wird deine H. plündern 15
	5,11	sollt in den H. nicht wohnen Ze 1,13
	19	kommt in ein H. und lehnt sich an die Wand
	6,9	wenn 10 Männer in einem H. übrigbleiben
	10	der seine Gebeine aus dem H. tragen will, sagt zu dem, der drin ist
	11	daß man die H. in Trümmer schlagen soll
	7,16	eifere nicht wider das H. Isaak
Ob	18	daß vom H. Esau nichts übrigbleibt
Mi	1,14	die H. von Achsib werden zum Trug werden
	2,2	nehmen H., treiben Gewalt mit… H. 9
	5,4	wenn Assur in unsere festen H. einbricht
	6,10	bleibt unrecht Gut in des Gottlosen H.
Nah	1,14	vom H. deines Gottes will ich ausrotten
Hab	2,9	der Gewinn macht zum Unglück seines H.
	10	dein Ratschlag wird zur Schande deines H.
	3,13	zerschlugst das Dach vom H. des Gottlosen
Ze	1,9	die ihres Herrn H. füllen mit Rauben
	13	ihre H. (sollen) verwüstet (werden)
	2,7	sollen sich in den H. von Aschkelon lagern
Hag	1,4	daß ihr in getäfelten H. wohnt
	9	jeder nur eilt, für sein H. zu sorgen
Sa	5,4	über das H. dessen, der falsch schwört
	6,10	geh an diesem selben Tage ins H. Josias
	12,12	wird klagen: das Geschlecht des H. Nathan
	13	(wird klagen:) das Geschlecht des H. Levi
	13,6	geschlagen im H. derer, die mich lieben
Jdt	8,5	hatte oben in ihrem H. einen Raum
	11,17	hoch angesehen sein im H. Nebukadnezars
	14,14	hat das H. des Königs zu Hohn gemacht
	16,28	(Judit) lebte im H. ihres Mannes
Wsh	13,15	macht ihm ein H., das seiner würdig ist
Tob	2,1	als Tobias in seinem H. ein Mahl bereitet
	3	trug ihn unbemerkt in sein H.; 12,12
	3,12	ging Sara in eine Kammer oben im H.
	9,8	als Gabaël in das H. Raguëls kam
	11,7	sobald du ins H. kommst, bete zu Gott
Sir	1,21	sie erfüllt das ganze H. mit ihren Gaben
	3,11	der Segen des Vaters baut den Kindern H.
	4,35	sei nicht wie ein Löwe in deinem H.
	6,11	er lebt in deinem H. als Hausherr
	14,25	(der) sucht Herberge nahe bei ihrem H.
	21,5	wer hochmütig ist, kommt von H. und Hof
	9	wer sein H. baut mit fremdem Hab und Gut
	21	für Narren ist Weisheit wie ein… H.
	24	ein Narr läuft einem ohne weiteres ins H.
	22,19	wie ein H… nicht zerfällt
	23,12	Plage wird nicht fernbleiben 14
	26,21	die… Frau eine Zierde in ihrem H.
	27,4	so wird sein H. sehr bald zerstört werden
	29,28	Kleider und H. braucht man am nötigsten
	30	ein schlimmes Leben, von H. zu H. zu ziehen
	34	ich muß das H. haben
	42,10	im H. ihres Vaters schwanger werden könnte
	49,15	Nehemia, der unsre H. wieder gebaut hat
Bar	6,20	Götzen sind wie die Balken im H.

Bar	6,21	sind sie schwarz vom Rauch im H.
	55	wenn im H. der Götzen Feuer ausbricht
	59	eine Tür, die das H. verwahrt
1Ma	1,33	riß die H. und Mauern ringsum nieder
	58	damit jeder vor seinem H. räucherte
	64	hängte... an den Hals in ihren H.
	3,56	daß alle, die Häuser gebaut, heimziehen
	9,55	daß er nicht mehr sein h. bestellen konnte
	13,47	er ließ die H. wieder reinigen
	48	baute sich selbst ein H. darin
	16,2	das ganze H. meines Vaters
2Ma	2,30	ein Baumeister, der ein neues H. baut
	3,18	liefen in Scharen aus den H. und beteten
	5,12	abzuschlachten, die sich auf die H.
	8,33	Kallisthenes, der in ein kleines H. geflohen
StD	1,4	hatte einen Garten an seinem H. 26.28
	2,28	werden dich und dein ganzes H. umbringen
Mt	2,11	gingen in das H. und fanden das Kindlein
	5,15	so leuchtet es allen, die im H. sind
	7,24	der sein H. auf Fels baute 25-27; Lk 6,48.49
	8,6	Herr, mein Knecht liegt zu H.
	14	Jesus kam in das H. des Petrus 9,23; Mk 1,29; 3,20; 5,38; 7,17.24.30; Lk 4,38; 8,51; 14,1
	9,10	als er zu Tisch saß im H.
	10,12	wenn ihr in ein H. geht Mk 6,10; Lk 9,4; 10,5.7
	13	wenn es das H. wert ist, wird euer Friede
	14	so geht heraus aus diesem H.
	11,8	weiche Kleider tragen, in der H. der Könige
	12,25	jedes H... kann nicht bestehen Mk 3,25
	29	in das H. eines Starken eindringen Mk 3,27
	44	ich will zurückkehren in mein H. Lk 11,24
	13,1	an demselben Tage ging Jesus aus dem H.
	57	ein Prophet gilt nirgends weniger als in seinem H. Mk 6,4
	19,29	und wer H. verläßt um meines Namens willen Mk 10,29; Lk 18,29
	23,14	die ihr die H. der Witwen freßt Mk 12,40; Lk 20,47
	24,17	etwas aus seinem H. zu holen Mk 13,15; Lk 17,31
	26	er ist drinnen im H.!, so glaubt es nicht
	43	nicht in sein H. einbrechen lassen Lk 12,39
	26,6	als Jesus war im H. Simons Mk 14,3
Mk	2,1	es wurde bekannt, daß er ihm H. war
	15	begab sich, daß er zu Tisch saß in seinem H.
	5,19	geh hin in dein H. zu den Deinen
	35	kamen einige aus dem H. des Vorstehers
	10,30	jetzt in dieser Zeit H. und Brüder
	13,34	der über Land zog und verließ sein H.
	35	ihr wißt nicht, wann der Herr des H. kommt
Lk	1,23	um war, da ging er heim in sein H. 2,43
	40	kam in das H. des Zacharias und begrüßte
	5,29	richtete ihm ein großes Mahl zu in seinem H.
	7,6	als er nicht mehr fern von dem H. war 15,25
	10	als die Boten wieder nach H. kamen
	36	er ging hinein in das H. des Pharisäers und setzte sich zu Tisch 37.44
	8,27	blieb in keinem H., sondern in Grabhöhlen
	41	bat (Jesus), in sein H. zu kommen
	9,61	Abschied nehme von denen, die in meinem H. sind
	10,38	Martha nahm ihn auf in ihr H.
	11,17	ein H. fällt über das andre
	12,52	werden fünf in einem H. uneins sein
	14,23	nötige sie, daß mein H. voll werde
	15,8	zündet ein Licht an und kehrt das H.
	16,4	damit sie mich in ihre H. aufnehmen, wenn ich
Lk	16,27	daß du ihn sendest in meines Vaters H.
	18,14	dieser ging gerechtfertigt hinab in sein H.
	19,5	ich muß heute in deinem H. einkehren
	9	heute ist diesem H. Heil widerfahren
	22,10	folgt ihm in das H., in das er hineingeht
	54	sie brachten ihn in das H. des Hohenpriesters
Jh	4,53	er glaubte mit seinem ganzen H.
	8,35	der Knecht bleibt nicht ewig im H.
	11,31	die Juden, die bei ihr im H. waren
	12,3	das H. wurde erfüllt vom Duft des Öls
Apg	1,13	sie stiegen hinauf in das Obergemach des H.
	2,46	brachen das Brot hier und dort in den H.
	4,34	wer von ihnen H. besaß, verkaufte sie
	5,42	alle Tage in den H. zu lehren
	7,20	wurde drei Monate ernährt im H. seines Vaters
	8,3	ging von H. zu H., schleppte Männer fort
	9,11	frage in dem H. des Judas nach Saulus 17; 10,6.17.22.30.32; 11,11-13
	10,2	der war fromm mit seinem ganzen H.
	11,14	Botschaft, durch die du selig wirst und dein ganzes H.
	12,12	ging er zum H. Marias, Mutter des Johannes
	16,15	als sie mit ihrem H. getauft war
	31	so wirst du und dein H. selig
	32	allen, die in seinem H. waren
	34	freute sich mit seinem ganzen H.
	17,5	zogen vor das H. Jasons
	18,7	kam in das H. eines Mannes Titius Justus
	8	Krispus kam zum Glauben mit seinem ganzen H.
	19,16	nackt und verwundet aus dem H. flohen
	20,20	gelehrt, öffentlich und in den H.
	21,8	gingen in das H. Philippus, des Evangelisten
Rö	16,5	grüßt die Gemeinde in ihrem H. 10.11; Kol 4,15; 2Ti 4,19
1Ko	1,16	ich habe auch Stephanas und sein H. getauft
	11,22	habt ihr denn nicht H., wo ihr essen könnt
	16,15	ihr kennt das H. des Stephanas
	19	es grüßen euch Aquila und Priska samt der Gemeinde in ihrem H. Phl 4,22
2Ko	5,1	ein H., nicht mit Händen gemacht, das ewig ist im Himmel
1Ti	3,4	einer, der seinem eigenen H. gut vorsteht 5
	12	Diakone sollen ihrem eigenen H. gut vorstehen
	5,4	lernen, zuerst im eigenen H. fromm zu leben
	13	sie lernen, von H. zu H. zu laufen
2Ti	1,16	der Herr gebe Barmherzigkeit dem H. des Onesiphorus
	2,20	in einem großen H. sind nicht allein goldene und silberne Gefäße
	3,6	die sich in die H. einschleichen
Tit	1,11	weil sie ganze H. verwirren und lehren
Phm	2	(Paulus) an die Gemeinde in deinem H.
1Pt	2,5	erbaut euch zum geistlichen H.
2Jh	10	nehmt ihn nicht ins H. und grüßt ihn nicht
Heb	3,3	wie der Erbauer des H. größere Ehre hat als das H.
	4	jedes H. wird von jemandem erbaut
	6	Christus war treu als Sohn über Gottes H.
	11,7	zur Arche gebaut zur Rettung seines H.
Off	13,6	zu lästern seinen Namen und sein H.

Haus (Haus Gottes)

4Mo	12,7	Mose ist mein ganzes H. anvertraut
2Sm	7,5	solltest du mir ein H. bauen 6.13; 1Kö 5,17.19; 8,16-20; 1Ch 17,4.5.12; 22,6-11; 28,2.3.6.10; 29,16; 2Ch 1,18; 2,3.11; 6,5-10

Haus

1Kö	3,2	auf den Höhen; denn es war noch kein H.	Mal	3,10 auf daß in meinem H. Speise sei
	5,31	behauene Steine zum Grund des H. 32	Jdt	9,15 damit dein H. nicht entweiht wird
	6,1	wurde das H. dem HERRN gebaut 2-22.38; 7,12.39.50; 8,6; 9,25; 1Ch 29,4.16; 2Ch 3,4.11. 12.15; 4,10.22	Sir	47,15 damit er seinem Namen ein H. baute

1Kö 3,2 auf den Höhen; denn es war noch kein H.
 5,31 behauene Steine zum Grund des H. 32
 6,1 wurde das H. dem HERRN gebaut 2-22.38; 7,12.39.50; 8,6; 9,25; 1Ch 29,4.16; 2Ch 3,4.11. 12.15; 4,10.22
 8,13 ein H. gebaut dir zur Wohnung 2Ch 6,2
 27 wie sollte es dies H. tun 2Ch 6,18
 29 laß deine Augen über diesem H. 2Ch 6,20
 31 verflucht sich in diesem H. 2Ch 6,22
 33 flehen zu dir in diesem H. 38.42.44.48; 2Ch 6,24.29.32.34.38; 20,9
 43 dein Name über diesem H. genannt 2Kö 21,7; 23,27; 2Ch 6,33; 20,9; 33,7; Jer 7,10.30; 32,34; 34,15
 9,3 habe dies H. geheiligt 7; 2Ch 7,16.20
 8 dies H. wird eingerissen 2Ch 7,21; Jer 22,5
 10,4 die Königin von Saba sah das H. 2Ch 9,3
2Kö 12,6 sollen ausbessern, was baufällig ist am H. 7-9.13; 22,5.6; 2Ch 34,10
 21,7 stellte das Bild der Aschera in das H. Jer 7,30; 32,34
1Ch 17,14 will ihn einsetzen in mein H.
 22,5 das H. soll groß sein 2Ch 2,4.8
 19 die Lade in das H. bringe 2Ch 5,7; 35,3
 29,4 zum heiligen H. beschafft habe
2Ch 2,5 wer vermag es, ihm ein H. zu bauen
 7,1 die Herrlichkeit des HERRN erfüllte das H. 3; Hes 10,4; 43,5; 44,4
 23,10 von der... Seite des H. bis vor dem H.
 24,16 weil er an Gott und seinem H. wohlgetan
 36,17 erschlagen im H. ihres Heiligtums
Esr 1,2 mir befohlen, ihm ein H. zu bauen
 3,12 die das frühere H. noch gesehen Hag 2,3
 5,3 wer hat befohlen, dies H. aufzubauen 9.11
 12 Nebukadnezar zerstörte dies H.
 6,15 vollendeten das H.
Ps 5,8 ich aber darf in dein H. gehen 66,13
 26,8 ich habe lieb die Stätte deines H.
 36,9 satt von den reichen Gütern deines H.
 65,5 der hat reichen Trost von deinem H.
 69,10 Eifer um dein H. mich gefressen Jh 2,17
 74,4 deine Widersacher brüllen in deinem H.
 84,5 wohl denen, die in deinem H. wohnen
Jes 6,4 das H. ward voll Rauch
 56,5 denen will ich in meinem H. ein Denkmal
 7 mein H. wird ein Bethaus heißen Mt 21,13; Mk 11,17; Lk 19,46
 60,7 das H. meiner Herrlichkeit 64,10
 66,1 was ist das für ein H., das ihr Apg 7,49
Jer 7,11 haltet ihr denn dies H. für eine Räuberhöhle
 14 mit dem H. ebenso tun wie mit Silo 26,6.9
 11,15 was macht mein Volk in meinem H.
 12,7 ich habe mein H. verlassen
 22,4 sollen durch die Tore dieses H. einziehen
 23,11 in meinem H. finde ich ihre Bosheit
 26,12 daß ich weissagen sollte gegen dies H.
Hes 9,3 erhob sich zu der Schwelle am H. 10,4
 23,39 so haben sie es in meinem H. getrieben
 40,45 die im H. Dienst tun 44,11.14.17
 41,5 er maß... um das H. herum 6-10.19
 43,6 hörte einen mit mir reden vom H.
 44,7 habt mein H. entheiligt
Dan 5,23 Gefäße seines H. hat man bringen müssen
Hos 9,15 will sie aus meinem H. stoßen
Hag 1,4 und dies H. muß wüst stehen 9
 8 holt Holz und baut das H. Sa 1,16
 2,7 will dies H. voll Herrlichkeit machen 9
Sa 3,7 so sollst du mein H. regieren
 4,9 die... Serubbabels haben dies H. gegründet
 9,8 will mich als Wache um mein H. lagern
Mal 3,10 auf daß in meinem H. Speise sei
Jdt 9,15 damit dein H. nicht entweiht wird
Sir 47,15 damit er seinem Namen ein H. baute
 49,14 die das H. wieder aufrichteten 1Ma 4,48
 50,20 das ganze H. hallte wider von seinen Liedern
Bar 2,16 sieh herab, Herr, von deinem heiligen H.
 26 hast du dein H. so zerstören lassen
1Ma 7,35 so will ich dieses H. verbrennen
 37 Herr, weil du dieses H. erwählt hast
2Ma 14,35 Herr, du brauchst kein irdisches H.
 36 bewahre fortan dein H.
 15,32 mein H. die er gegen das heilige H. ausgestreckt
Mt 21,13 mein H. soll ein Bethaus heißen Mk 11,17; Lk 19,46
 23,38 euer H. soll euch wüst gelassen werden Lk 13,35
Jh 2,16 macht nicht meines Vaters H. zum Kaufhaus
 17 der Eifer um dein H. wird mich fressen
 14,2 in meines Vaters H. sind viele Wohnungen
Apg 7,47 Salomo aber baute ihm ein H.

Haus David(s)

1Sm 20,16 nicht ausgelöscht werden neben dem H. D.
2Sm 3,1 Kampf zw. dem Hause Sauls und H.D. 6
1Kö 12,19 fiel Israel ab vom H. D. 20.26; 14,8; 2Kö 17,21; 2Ch 10,19
 13,2 es wird ein Sohn dem H. D. geboren werden
2Ch 8,11 eine Frau soll nicht wohnen im H. D.
 21,7 der HERR wollte das H. D. nicht verderben
Neh 12,37 oberhalb des H. D.
Ps 122,5 stehen zum Gericht die Throne des H. D.
Jes 7,2 da wurde dem H. D. angesagt 13.17
 22,22 will die Schlüssel des H. D... legen
Jer 21,12 höret, ihr vom H. D.! So spricht der HERR
Sa 12,7 daß sich nicht zu hoch rühme das H. D.
 8 daß sein wird das H. D. wie Gott
 10 über das H. D. ausgießen den Geist
 12 wird klagen: das Geschlecht des H. D.
 13,1 werden das H. D... einen offenen Quell
Sir 48,17 nur übrigblieb ein Fürst im H. D.
Lk 1,27 die vertraut war Josef vom H.D.
 69 Macht des Heils im H. seines Dieners D.
 2,4 weil er aus dem H. und Geschlechte D. war

Haus des HERRN (Herrn)

2Mo 23,19 das Beste in das H. d. H. bringen 34,26
5Mo 23,19 keinen Hurenlohn in das H. d. H. bringen
Jos 6,24 taten sie zum Schatz in das H. d. H.
1Sm 1,7 wenn (Hanna) hinaufzog zum H. d. H. 24
 3,15 tat dann die Türen auf am H. d. H.
2Sm 12,20 David ging in das H. d. H.
1Kö 3,1 bis (Salomo) d. H. H. gebaut 6,37; 9,1.10.15; 1Ch 6,17; 26,27; 2Ch 3,1; 5,1; 7,11; 8,1.16
 7,12 der innere Vorhof am H. d. H. 8,64; 1Ch 28,12; 2Ch 7,7; 23,5; 24,21; 29,16; Ps 116,19
 40 alle Werke am H. d. H. 45.48.51; 10,12; 2Kö 12,12-15; 22,5.9; 25,13.16; 1Ch 23,4; 28,20; 2Ch 4,16; 7,11; 9,11; 24,12.14; 34,10
 8,10 erfüllte die Wolke das H. d. H. 11; 2Ch 5,13; 7,2
 63 so weihten sie das H. d. H. ein
 10,5 Brandopfer, die er in dem H. d. H. opferte 12,27; 2Ch 9,4; 24,14; 30,15
 14,26 nahm die Schätze aus dem H. d. H. 15,18; 2Kö 12,19; 14,14; 16,8; 18,15; 24,13; 2Ch 12,9; 16,2; 28,21; 36,18
 28 sooft der König ging in das H. d. H. ging 2Kö 11,19; 19,1.14; 20,5.8; 23,2; 2Ch 12,11; 23,20; 29,20; 34,30; Jes 37,1.14; 38,22

Haus Gottes

1Kö	15,15	Silber und Gold brachte er zum H. d. H. 2Kö 12,5.10.11.14.17; 22,4.9; 1Ch 22,14; 29,8; 2Ch 34,14.17
2Kö	11,3	(Joasch) war versteckt im H. d. H. 6 Jahre 4
	7	Wache halten im H. d. H. 10.18; 1Ch 9,23; 2Ch 23,19
	13	Atalja kam in das H. d. H. 2Ch 23,12
	15	sollte nicht im H. d. H. getötet werden 2Ch 23,14
	12,10	wo man in das H. d. H. geht 16,18; 23,11; 2Ch 24,8
	15,35	baute das obere Tor am H. d. H. 2Ch 27,3
	16,14	zwischen dem Altar und dem H. d. H.
	21,4	baute Altäre im H. d. H. 5; 23,6.7.12; 2Ch 33,4.5.15
	22,3	sandte den Schreiber in das H. d. H.
	8	Gesetzbuch gefunden im H. d. H. 23,2.24; 2Ch 34,15.30
	25,9	verbrannte das H. d. H. Jer 52,13.17.20
1Ch	6,16	bestellte, im H. d. H. zu singen 25,6; 2Ch 29,25
	22,1	hier soll das H. Gottes, d. H., sein
	23,24	die das Amt im H. d. H. verrichteten 28.32; 24,19; 26,12.22; 28,13; 2Ch 23,18; 29,35; 31,16; 35,2
2Ch	7,2	daß die Priester nicht ins H. d. H. konnten
	20,5	trat hin unter die Gemeinde im H. d. H.
	28	mit Harfen und Trompeten zum H. d. H.
	23,6	daß niemand in das H. d. H. gehe 7
	24,4	das H. d. H. zu erneuern 12; 34,8.10; 35,20
	7	was dem H. d. H. war, an die Baale
	18	verließen das H. d. H. 28,24
	26,16	verging sich und ging in das H. d. H. 19.21
	29,3	(Hiskia) tat auf die Türen am H. d. H.
	5	daß ihr weihet das H. d. H. 17.31
	15	das H. d. H. zu reinigen 16.18; 34,8
	30,1	zum H. d. H. kommen, Passa zu halten
	31,10	die Abgaben ins H. d. H. zu bringen 11
	33,15	entfernte die Götzen aus dem H. d. H.
	36,7	brachte Geräte des H. d. H. nach Babel 10
	14	machten unrein das H. d. H.
Esr	1,3	baue das H. d. H. 5; 2,68; 3,11; Hag 1,14
	7	Kyrus gab heraus die Geräte des H. d. H.
	3,8	damit sie die Arbeit am H. d. H. leiteten
	7,27	daß er das H. d. H. so herrlich mache
	8,29	darwägt in den Kammern des H. d. H.
Neh	10,36	wollen die Erstlinge zum H. d. H. bringen
Ps	23,6	werde bleiben im H. d. H. immerdar 27,4
	92,14	die gepflanzt sind im H. d. H.
	118,26	segnen euch, die ihr vom H. d. H. seid
	122,1	lasset uns ziehen zum H. d. H.
	9	um des H. d. H. willen, unseres Gottes
	134,1	die ihr steht im H. d. H. 135,2
Jes	2,2	wird der Berg, da das H. d. H. ist Mi 4,1
	38,20	wollen wir singen und spielen im H. d. H.
	66,20	Opfergaben zum H. d. H. bringt Jer 17,26
Jer	7,2	tritt ins Tor am H. d. H. 19,14; 26,2
	20,1	zum Vorsteher im H. d. H. bestellt
	2	Benjamintor, das am H. d. H. ist
	26,2	hereinkommen, um anzubeten im H. d. H.
	7	daß er solche Worte redete im H. d. H.
	9	Volk sammelte sich im H. d. H. 10
	27,16	Geräte aus dem H. d. H. 18.21; 28,3.6
	28,1	sprach Hananja zu mir im H. d. H. 5
	29,26	Aufseher sein sollst im H. d. H.
	33,11	wenn sie Dankopfer bringen zum H. d. H.
	35,2	führe sie in d. H. H. 4
	36,5	ich kann nicht in d. H. H. gehen
	6	lies die Schriftrolle vor im H. d. H. 8.10
	38,14	unter den dritten Eingang am H. d. H.
Jer	41,5	um es zum H. d. H. zu bringen
	51,51	über das Heiligtum des H. d. H. kamen
Klg	2,7	daß sie im H. d. H. Geschrei erhoben
Hes	8,14	führte mich zum Eingang am H. d. H. 16; 10,3.19; 11,1; 44,4
	44,5	von Ordnungen und Gesetzen im H. d. H.
Hos	8,1	kommt über das H. d. H. wie ein Adler
	9,4	es soll nicht in d. H. H. gebracht werden
Jo	1,9	Trankopfer gibt es nicht mehr im H. d. H.
	14	versammelt alle Bewohner zum H. d. H.
	4,18	wird eine Quelle ausgehen vom H. d. H.
Hag	1,2	die Zeit nicht da, daß man d. H. H. baue
Sa	7,3	Priester, die zum H. d. H. Zebaoth gehörten
	8,9	Grund gelegt wurde zum H. d. H. Zebaoth
	11,13	Silberstücke und warf sie ins H. d. H.
	14,20	die Töpfe im H. d. H… gleichgestellt sein
	21	wird keinen Händler geben im H. d. H.
Sir	35,6	im H. d. H. sollst du nicht
	50,1	besserte in seiner Zeit das H. d. H. aus
Bar	1,8	die Gefäße des H. d. H. empfangen
	14	damit ihr's im H. d. H. vorlesen sollt

Haus Gottes

1Mo	28,17	hier ist nichts anderes als G. H.
Jos	9,23	Wasser schöpfen für das H. meines G.
Ri	9,27	und gingen in das H. ihres G.
	18,31	solange das H. G. zu Silo stand
1Ch	6,33	Dienst an der Wohnung des H. G. 9,13; 23,28; 25,6; 28,21; 2Ch 31,21
	9,11	Vorsteher im H. G. 2Ch 31,13; 35,8; Neh 11,11
	26	die Schätze im H. G. 26,20; 28,12; 29,2.4.7; 2Ch 5,1; 15,18
	27	blieben die Nacht über um das H. G.
	22,1	hier soll das H. G. sein 2
	29,3	aus Wohlgefallen am H. meines G.
2Ch	3,3	Maße, nach denen Salomo das H. G. baute
	4,11	vollendete die Arbeit am H. G.
	19	Gerät für das H. G. 25,24; 28,24; 36,18
	5,14	die Herrlichk. des HERRN erfüllte das H.G.
	7,5	weihten das H. G. ein
	22,12	(Joasch) war im H. G. versteckt sechs Jahre
	23,3	die Gemeinde schloß einen Bund im H. G.
	9	Waffen, die im H. G. waren
	24,5	das H. eures G. auszubessern 7.13; 34,9
	27	Bau des H. G. geschrieben im Buch d. Könige
	33,7	stellte das Bild des Götzen ins H. G.
	36,19	verbrannten das H. G.
Esr	1,4	was sie für das H. G. geben 2,68; 7,16
	3,8	im 2. Jahr nach ihrer Ankunft beim H. G.
	9	um die Arbeiter am H. G. anzuleiten 4,3
	4,24	hörte die Arbeit am H. G. auf 6,12
	5,2	fingen an, das H. G. aufzubauen
	8	gekommen sind zu dem H. des großen G.
	13	befahl Kyrus, dies H. G. wieder zu bauen 14–17; 6,3.5.7.8; 8,36
	6,16	hielten die Einweihung des H. G. 17.18.22
	7,17	opfere auf dem Altar des H. eures G.
	19	gegeben zum Dienst im H. deines G. 20.23.24; 8,17.25.30.33; Neh 10,33–35.37-40; 11,12.16.22
	8,36	halfen dem Volk und dem H. G. Neh 13,14
	10,1	wie Esra im H. G. auf Knien lag 6.9
Neh	6,10	laß uns zusammenkommen im H. G.
	8,16	in den Vorhöfen am H. G. 13,7
	12,40	standen die Dankchöre am H. G. Ps 135,2
	13,4	über die Kammern am H. unseres G. 9
	11	warum wird das H. G. vernachlässigt

Haus Gottes

Ps	42,5	mit ihnen zu wallen zum H. G.
	52,10	werde bleiben im H. G.
	55,15	die wir in G. H. gingen
	84,11	will lieber die Tür hüten in meines G. H.
Pr	4,17	bewahre d. Fuß, wenn du zum H. G. gehst
Jes	2,3	laßt uns gehen zum H. des G. Jakobs Mi 4,2
Dan	1,2	in seine Hand Geräte aus dem H. G. 5,3
Hos	9,8	Anfeindung selbst im H. seines G.
Jo	1,13	Speisopfer gibt es nicht mehr im H. G. 16
Tob	14,7	G. H. wird wieder aufgebaut werden
Bar	3,24	o Israel, wie groß ist das H. G.
Mk	2,26	wie er ging in das H.G. Lk 6,4
1Ti	3,15	wissen, wie man sich verhalten soll im H.G.
1Pt	4,17	daß das Gericht anfängt an dem H.G.
Heb	3,2	der treu ist wie auch Mose in G. ganzem H.
	10,21	haben einen Hohenpriester über das H.G.

Haus Israel

2Mo	16,31	das H. I. nannte es Manna
	40,38	voll Feuers vor den Augen des ganzen H. I.
3Mo	10,6	laßt eure Brüder, das ganze H. I., weinen
	17,3	wer aus dem H. I. schlachtet 8.10.13; 22,18
4Mo	20,29	beweinten sie (Aaron), das ganze H. I.
Jos	21,45	Wort, das der HERR dem H. I. verkündigt
Rut	4,11	Rahel und Lea, die das H. I. gebaut haben
1Sm	7,2	wandte sich das ganze H. I. zum HERRN 3
2Sm	1,12	hielten Totenklage um das H. I.
	6,15	David mit dem H. I. führte die Lade herauf
	12,8	habe dir das H. I. und Juda gegeben
	16,3	heute wird mir das H. I... zurückgeben
1Kö	12,21	gegen das H. I. zu kämpfen
	20,31	Könige des H. I. barmherzige Könige sind
Ps	22,24	vor ihm scheuet euch, ihr alle vom H. I.
	98,3	gedenkt an s. Gnade und Treue für das H.I.
	115,12	er segnet das H. I.
	135,19	das H. I. lobe den HERRN
Jes	5,7	des HERRN Zebaoth Weinberg ist das H.I.
	8,14	Fels des Ärgernisses für die beiden H. I.
	14,2	wird das H. I. sie als Knechte besitzen
	46,3	die ihr noch übrig seid vom H. I.
	63,7	gedenken der großen Güte an dem H. I.
Jer	2,4	hört des HERRN Wort, ihr vom H. I. 10,1; Hes 18,25; Hos 5,1; Am 5,1
	26	wie ein Dieb wird das H. I. zuschanden
	3,18	wird das Haus Juda zum H. I. gehen
	20	das H. I. hat mir nicht die Treue gehalten
	5,11	verachten mich, das H. I. und das Haus Juda
	15	will über euch vom H. I. ein Volk bringen
	11,10	so hat das H. I. meinen Bund gebrochen
	17	um der Bosheit willen des H. I.
	13,11	habe das ganze H. I. um mich gegürtet
	18,6	ihr vom H. I ... wie Ton seid ihr vom H. I.
	23,8	die Nachkommen des H. I. herausgeführt
	31,27	Zeit, daß ich das H. I. besäen will
	31	mit dem H. I. einen neuen Bund 33
	33,14	gnädige Wort, das ich zum H. I. geredet
	17	an einem, der auf dem Thron des H. I. sitzt
	48,13	gleichwie das H. I. über Bethel zuschanden
Hes	3,1	rede zum H. I. 4.5; 14,6; 20,27.30; 24,21; 33,10; 36,22; 44,6
	7	das H.I... hat verstockte Herzen
	17	zum Wächter gesetzt über das H. I. 33,7
	4,3	das sei ein Zeichen dem H. I. 12,6
	4	die Schuld des H. I. auf dich legen 5
	5,4	ein Feuer ausbrechen über das H. I.
	6,11	weh über alle Greuel des H. I. 8,6.10-12; 18,6.15
	9,9	die Missetat des H. I. ist allzu groß
	11,5	so habt ihr geredet, ihr vom H. I. 12,9.27; 18,29

Hes	11,15	die Leute sagen von dem H. I.
	12,10	diese Last trifft das ganze H. I.
	24	keine falsche Offenb. mehr im H. I. 14,11
	13,5	nicht zur Mauer gemacht um das H. I.
	9	in das Buch des H. I. nicht eingeschrieben
	14,4	jedem vom H. I. will ich antworten 7
	5	damit ich so dem H. I. ans Herz greife
	17,2	lege dem H. I. ein Rätsel vor
	18,29	sollte ich unrecht handeln, H. I. 30; 20,44; 33,20
	31	warum wollt ihr sterben, H. I. 33,11
	20,13	das H. I. war mir ungehorsam 39
	31	sollte ich mich, H. I., befragen lassen
	40	wird mir das H. I. dienen
	22,18	das H. I. ist zu Schlacken geworden
	23,24	soll für das H. I. kein Dorn übrigbleiben
	25	wenn ich das H. I. wieder sammle 36,10
	29,6	weil du dem H. I. ein Rohrstab gewesen
	16	damit sich das H. I. nicht auf sie verläßt
	21	will dem H. I. wieder Macht geben
	34,30	daß die vom H. I. mein Volk sind
	35,15	dich gefreut hast über das Erbe des H. I.
	36,17	als das H. I. in seinem Lande wohnte
	21	Namen, den das H. I. entheiligte 43,7
	22	tue es nicht um euretwillen, ihr vom H. I.
	32	werdet schamrot werden, ihr vom H. I.
	37	will mich vom H. I. erbitten lassen
	37,11	diese Gebeine sind das ganze H. I. 16
	39,12	das H. I. wird sie begraben
	22	das H. I. soll erfahren, daß ich ihr Gott
	23	das H. I. um s. Missetat willen weggeführt
	25	will mich des ganzen H. I. erbarmen
	29	habe m. Geist über das H. I. ausgegossen
	40,4	damit du alles verkündigest dem H. I.
	43,10	beschreibe dem H. I. den Tempel
	44,6	laßt's genug sein, ihr vom H. I.
	12	dem H. I. einen Anlaß zur Sünde gegeben
	22	sollen nehmen eine Jungfrau vom H. I.
	45,6	soll dem ganzen H. I. gehören 8
	17	an allen Feiertagen... Sühne für das H. I.
Hos	1,4	mit dem Königreich des H. I. ein Ende 6
	6,10	ich sehe im H. I., wovor mir graut
	12,1	im H. I. (ist) falscher Gottesdienst
Am	5,3	soll nur Zehn übrigbehalten im H. I.
	4	so spricht der HERR zum H. I.: Suchet mich
	25	habt ihr vom H. I. mir geopfert Apg 7,42
	6,1	weh denen, zu denen das H. I. kommt
	14	gegen euch, ihr vom H. I., ein Volk aufst.
	7,10	Amos macht Aufruhr gegen dich im H. I.
	9,9	will das H. I. schütteln lassen
Mi	1,5	alles um der Sünden willen des H. I.
	3,1	höret, ihr Herren im H. I. 9
Sa	8,13	wie ihr vom H. I. ein Fluch gewesen seid
Jdt	8,6	an den Festen des H. I.
	13,17	wie (Gott) dem H. I. verheißen hatte
Bar	2,26	um der Missetat willen des H. I.
Mt	10,6	geht hin zu den verlorenen Schafen aus dem H.I.
	15,24	gesandt zu den verlorenen Schafen des H.I.
Apg	2,36	so wisse nun das ganze H.I. gewiß
Heb	8,8	mit dem H.I. einen neuen Bund schließen 10

Haus Jakob(s)

1Mo	46,27	alle Seelen des H. J. waren siebzig
2Mo	19,3	so sollst du sagen zu dem H. J.
Ps	22,24	ehret ihn, ihr alle vom H. J.
	114,1	als das H. J. aus dem fremden Volk (zog)
Jes	2,5	kommt nun, ihr vom H. J.
	6	du hast dein Volk, das H. J., verstoßen

Jes	8,17	der s. Antlitz verborgen hat vor dem H. J.
	10,20	was entkommen ist vom H. J.
	14,1	Fremdlinge werden dem H. J. anhangen
	29,22	spricht der HERR zum H. J.
	46,3	hört mir zu, ihr vom H. J. 48,1; Jer 2,4
	58,1	verkündige dem H. J. seine Sünden
Jer	5,20	verkündet im H. J. und sprecht
Hes	20,5	erhob m. Hand für das Geschlecht des H. J.
Am	3,13	hört und bezeugt es dem H. J.
	9,8	ich das H. J. nicht ganz vertilgen will
Ob	17	das H. J. soll seine Besitzer besitzen
	18	das H. J. soll ein Feuer werden
Mi	2,7	ist denn das H. J. verflucht
	3,1	höret doch, ihr Häupter im H. J. 9
Sir	23,15	davor behüte Gott das H. J.
1Ma	1,29	das ganze H. J. war mit Schmach bedeckt
Lk	1,33	er wird König sein über das H.J.
Apg	7,46	daß er eine Stätte finden möge für das H.J.

Haus Josef(s), *Haus Joseph(s)*

1Mo	50,8	dazu das ganze H. J. 23
Jos	17,17	Josua sprach zum H. J.
	18,5	das H. J. soll bleiben im Norden
Ri	1,22	das H. J. zog hinauf nach Bethel 23
	35	wurde die Hand des H. J. zu schwer
2Sm	19,21	als erster vom ganzen H. J. gekommen
1Kö	11,28	setzte ihn über alle Fronarbeit des H. J.
Am	5,6	daß er nicht daherfahre über das H. J.
Ob	18	das H. J. (soll) eine Flamme (werden)
Sa	10,6	will das H. J. erretten

Haus Juda

2Sm	2,4	David zum König über das H. J. 7.10.11
	12,8	habe dir das H. Israel und J. gegeben
1Kö	12,21	sammelte er das ganze H. J. 23; 2Ch 11,1
2Kö	19,30	was vom H. J. errettet ist Jes 37,31
2Ch	19,11	Sebadja, der Vorsteher im H. J.
	22,10	alle vom königlichen Geschlecht im H. J.
Neh	4,10	stand hinter dem ganzen H. J.
Jes	22,21	daß er Vater sei für das H. J.
Jer	3,18	wird das Haus Israel zum Haus Juda gehen
	5,11	verachten mich, das Haus Israel und J.
	11,10	so hat das H. J. meinen Bund gebrochen
	17	um der Bosheit willen des H. J. Bar 2,26
	12,14	will das H. J. aus ihrer Mitte reißen
	13,11	habe das ganze H. J. um mich gegürtet
	31,27	Zeit, daß ich das H. J. besäen will
	31	mit dem H. J. einen neuen Bund schließen Heb 8,8
	33,14	gnädige Wort, das ich zum H. J. geredet
	36,3	vielleicht wird das H. J. sich bekehren
Hes	4,6	sollst tragen die Schuld des H. J.
	8,17	ist es dem H. J. nicht genug
	9,9	die Missetat des H. J. ist allzu groß
	25,3	weil ihr ruft über das H. J. 8
	12	weil sich Edom am H. J. gerächt hat
Hos	1,7	doch will ich mich erbarmen über das H. J.
	5,12	bin für das H. J. wie eine Made
	14	bin für das H. J. wie ein junger Löwe
Ze	2,7	den Übriggebl. vom H. J. zuteil werden
Sa	8,13	wie ihr vom H. J. ein Fluch gewesen seid
	15	gedenke ich nun wohlzutun dem H. J.
	19	die Fasten dem H. J. zur Freude und Wonne
	10,3	der HERR wird heimsuchen das H. J.
	6	ich will das H. J. stärken
	12,4	über das H. J. meine Augen offen halten
Heb	8,8	da will ich mit dem H. J. einen neuen Bund schließen

hausen

Spr	9,18	daß ihre Gäste in der Tiefe des Todes h.
Jer	49,18	noch ein Mensch darin h. 33; 50,39.40
Dan	5,21	er mußte bei dem Wild h.

Hausgenosse, Hausgenossin

2Mo	3,22	soll sich von ihrer H. Kleider geben l.
Hi	19,15	meinen H. gelte ich als Fremder
Jer	20,6	mit deinen H. gefangen weggeführt
Mi	7,6	des Menschen Feinde sind seine eigenen H. Mt 10,36
Sir	4,35	sei kein Wüterich gegen deine H.
Mt	10,25	werden sie seine H. so nennen
Rö	16,10	*grüßet des Aristobulus H. 11*
Eph	2,19	so seid ihr Gottes H.
1Ti	5,8	wenn jemand seine H. nicht versorgt

Hausgott

1Mo	31,19	Rahel stahl ihres Vaters H. 34.35
Hos	3,4	werden die *Israeliten bleiben ohne H.

Hausgötze

Ri	17,5	Micha machte einen H. 18,14.17.18.20

Haushalt

1Ti	5,14	daß die jüngeren Witwen den H. führen

haushalten

Spr	24,4	durch ordentl. H. werden die Kammern voll
Sir	19,1	wer mit wenigem nicht h.
Lk	16,2	*tu Rechnung von deinem H.*
1Ti	5,14	*daß die jungen Witwen freien, h.*

Haushalter

1Mo	43,16	sprach (Josef) zu seinem H. 19; 44,1.4
Lk	12,42	*wer ist der treue und kluge H.*
	16,1	*der hatte einen H. 2.3.8*
1Ko	4,1	dafür halte uns jedermann: für H. über Gottes Geheimnisse
	2	nun fordert man nicht mehr von den H., als daß
Tit	1,7	Bischof soll untadelig sein als ein H. Gottes
1Pt	4,10	die guten H. der mancherlei Gnade Gottes

Hausherr

Sir	6,11	er lebt in deinem Hause als H.
Mt	10,25	haben sie den H. Beelzebul genannt
	20,1	das Himmelreich gleicht einem H.
	11	sie murrten gegen den H.
	21,33	ein H. pflanzte einen Weinberg
Mk	14,14	wo er hineingeht, da sprecht zu dem H.
Lk	12,39	wenn ein H. wüßte, zu welcher Stunde der Dieb kommt
	13,25	wenn der H. aufgestanden ist
	14,21	da wurde der H. zornig und sprach
	22,11	sagt zu dem H.: Der Meister läßt dir sagen
2Ti	2,21	der wird sein für den H. brauchbar

Hausknecht

Sir	37,14	(man fragt nicht) einen H.

Häuslein

Jes 1,8 übriggeblieben wie ein H. im Weinberg

häuslich

Tit 2,5 (die jungen Frauen) keusch, h., gütig

Hausrat

1Mo 31,37 all meinen H. betastet... von deinem H.
    45,20 seht euren H. nicht an
Neh 13,8 ich warf allen H. des Tobija hinaus
Bar 6,59 viel besser, ein nützlicher H. zu sein
Mt 12,29 ihm seinen H. rauben Mk 3,27
Lk 17,31 und hat seinen H. im Hause

Hausstand

Jdt 8,6 hatte ihr einen stattl. H. hinterlassen

Haustür

1Mo 43,19 redeten mit ihm vor der H.
2Mo 12,22 kein Mensch gehe zu seiner H. heraus
Ri 11,31 was mir aus meiner H. entgegenging
Neh 3,20 baute bis an die H. Eljaschibs 21
Hes 33,30 dein Volk redet über dich in den H.

Hausvater

2Mo 12,3 nehme jeder H. ein Lamm
Mt 10,25 *haben sie den H. Beelzebub geheißen*
    13,27 da traten die Knechte zu dem H. und sprachen
    52 gleicht jeder Schriftgelehrte... einem H.
    20,1 das Himmelreich ist gleich einem H. 11
    21,33 ein H. pflanzte einen Weinberg
    24,43 wenn ein H. wüßte, zu welcher Stunde der Dieb kommt

Hauswirt, Hauswirtin

Ri 19,22 sprachen zu dem alten Mann, dem H. 23
1Kö 17,17 wurde der Sohn seiner H. krank

Haut

2Mo 34,29 daß die H. seines Angesichts glänzte 30.35
3Mo 13,2 wenn an seiner H. Ausschlag entsteht 3-43
2Ch 29,34 allen Brandopfern die H. abziehen 35,11
Hi 2,4 der Satan antwortete: H. für H.
    7,5 meine H. ist verschrumpft
    10,11 hast mir H. und Fleisch angezogen
    19,20 mein Gebein hängt nur noch an H. Ps 102,6
    26 ist meine H. noch so zerschlagen
    30,30 meine H. ist schwarz geworden
    40,31 kannst du mit Spießen spicken seine H.
Ps 119,120 fürchte mich, daß mir die H. schaudert
Jer 13,23 kann ein Mohr seine H. wandeln
Klg 3,4 er hat mir Fleisch und H. alt gemacht
    4,8 ihre H. hängt an den Knochen
    5,10 unsre H. ist verbrannt
Hes 37,6 ich überziehe euch mit H. 8
Mi 3,2 ihr schindet ihnen die H. ab 3
2Ma 7,7 zogen ihm vom Kopf H. und Haar ab
Mk 14,51 war mit einem Leinengewand bekleidet auf der bloßen H.
Apg 19,12 Tücher, die er auf seiner H. getragen hatte

Häutlein

Tob 11,14 löste sich... wie das H. von einem Ei

Hawila

1Mo 2,11 ¹der fließt um das ganze Land H.
    25,18 von H. bis nach Schur 1Sm 15,7
    10,7 ²Söhne des Kusch: H. 1Ch 1,9
    10,29 ³(Joktan zeugte) H. 1Ch 1,23

Hazar-Addar (= Addar 1)

4Mo 34,4 soll gelangen nach H.

Hazar-Enan

4Mo 34,9 ihr Ende sei bei H. 10; Hes 47,16-18; 48,1

Hazar-Gadda

Jos 15,27 (Städte des Stammes Juda:) H.

Hazar-Schual

Jos 15,28 (Städte des Stammes Juda:) H. 19,3; 1Ch 4,28; Neh 11,27

Hazar-Susa

Jos 19,5 (Simeon ward zum Erbteil) H.

Hazarmawet, *Hazarmaweth*

1Mo 10,26 Joktan zeugte H. 1Ch 1,20

Hazerot, *Hazeroth*

4Mo 11,35 zog nach H. 12,16; 33,17.18; 5Mo 1,1

Hazezon-Tamar, *Hazezon-Thamar* (= En-Gedi; Tamar 4)

1Mo 14,7 Amoriter, die zu H. wohnten 2Ch 20,2

Hazlelponi

1Ch 4,3 Söhne Hurs; ihre Schwester hieß H.

Hazor

Jos 11,1 ¹Jabin, der König von H. 10.11.13; 12,19; 19,36; Ri 4,2.17; 1Sm 12,9; 1Kö 9,15; 2Kö 15,29
Tob 1,1 wenn man von H. nach Westen geht
1Ma 11,67 kam in die Ebene bei H.
    15,23 ²(Städte des Stammes Juda:) H.
    15,25 ³Kerijot-Hezron – das ist H.
Neh 11,33 ⁴(die Söhne Benjamin wohnten in) H.
Jer 49,28 ⁵wider die Königreiche von H. 30.33

Hazor-Hadatta

Jos 15,25 (Städte des Stammes Juda:) H.

Hazzobeba s. Zobeba

Hebamme

2Mo 1,15 der König sprach zu den hebr. H. 17-21

heben

1Mo	46,5	die Söhne Israels h. Jakob auf den Wagen
2Mo	7,20	Mose h. den Stab und schlug ins Wasser
4Mo	6,26	der HERR h. sein Angesicht über dich
5Mo	32,40	will meine Hand zum Himmel h.
Jos	4,5	jeder h. einen Stein auf seine Schulter
2Ch	35,24	seine Männer h. ihn von dem Wagen
Hi	22,17	zu Gott sprachen: H. dich von uns
	39,13	der Fittich der Straußin h. sich fröhlich
Ps	74,5	hoch sieht man Äxte sich h.
Pr	12,4	wenn sie sich h., wie wenn e. Vogel singt
Jes	10,15	als ob die Rute den schwänge, der sie h.
	40,26	h. eure Augen in die Höhe
	46,4	ich will h. und tragen
	7	sie h. ihn auf die Schultern
	47,2	h. die Schleppe, entblöße die Schenkel
Am	8,8	soll sich h. wie die Wasser des Nils 9,5
Sa	5,7	es h. sich der Deckel aus Blei
Sir	13,28	seine Worte h. man in den Himmel
	47,5	er h. seine Hand mit der Steinschleuder
Mt	16,23	h. dich, Satan, von mir Mk 8,33
	17,20	h. dich dorthin!, so wird er sich h. Mk 11,23
	21,21	h. dich und wirf dich ins Meer Mk 11,23
Lk	10,34	h. ihn auf sein Tier und brachte ihn

Heber, Heberiter

1Mo	46,17	¹Söhne Berias: H. 4Mo 26,45; 1Ch 7,31.32
Ri	4,11	²H., der Keniter 17
	21	Jaël, die Frau H. 5,24
1Ch	4,18	³H., den Vater Sochos
	8,17	⁴H. (Söhne Elpaals)

Hebopfer

2Mo	29,27	sollst heiligen die Keule als H. 28; 3Mo 7,34; 4Mo 6,20
3Mo	7,32	die rechte Keule sollt ihr geben zum H.
	10,14	die Keule des H. sollst du essen

Hebräer, Hebräerin

1Mo	14,13	sagte es Abram an, dem H.
	40,15	bin aus dem Lande der H. gestohlen worden
	43,32	die Ägypter dürfen nicht essen mit den H.
2Mo	3,18	der Gott der H. ist uns erschienen 5,3; 7,16
	9,1	spricht der HERR, der Gott der H. 13; 10,3
5Mo	15,12	wenn sich ein H. dir verkauft Jer 34,9.14
1Sm	4,6	gewaltiges Jauchzen im Lager der H.
	9	damit ihr nicht dienen müßt den H.
	13,3	hörten, daß die H. abgefallen 14,21
	7	es gingen auch H. durch die Furten
	19	die H. könnten sich Schwert... machen
	14,11	die H. sind aus den Löchern hervorgekommen
	29,3	was sollen diese H.
Jon	1,9	ich bin ein H. und fürchte den HERRN
Jdt	10,20	die H. sind nicht zu verachten
	12,11	überrede die H., zu mir zu kommen
	15,2	um den H. zu entrinnen
	16,31	der Tag... von den H. als Fest
2Ma	7,31	gegen die H. alles Leid ausdenken
	11,13	daß die H. unüberwindlich waren
	15,38	die Stadt wieder in Besitz
2Ko	11,22	sie sind H. - ich auch
Phl	3,5	ein H. von H., nach dem Gesetz ein Pharisäer

hebräisch

1Mo	39,14	hat uns den h. Mann hergebracht 17; 41,12
2Mo	1,15	der König sprach zu den h. Hebammen
	16	wenn ihr den h. Frauen helft 19; 2,7
	2,6	es ist eins von den h. Kindlein
	11	ein Ägypter einen seiner h. Brüder schlug
	13	sah zwei h. Männer miteinander streiten
	21,2	wenn du einen h. Sklaven kaufst
2Kö	18,26	rede nicht mit uns h. 28; 2Ch 32,18; Jes 36,11.13
Jdt	10,13	ich bin eine h. Frau 14,14
Jh	5,2	in Jerusalem ein Teich, auf h. Betesda
	19,13	Stätte, die heißt Steinpflaster, auf h. Gabbata
	17	Stätte, die heißt Schädelstätte, auf h. Golgatha
	20	es war geschrieben in h., lateinischer und griechischer Sprache
	20,16	wandte sie sich um und spricht zu ihm auf h.
Apg	6,1	Murren unter den griech. Juden gegen die h.
	21,40	er redete zu ihnen auf h. 22,2
	26,14	eine Stimme zu mir reden, die sprach auf h.
Off	9,11	sein Name heißt auf h. Abaddon
	16,16	Ort, der heißt auf h. Harmagedon

Hebron, Hebroniter

1Mo	13,18	¹Hain Mamre, der bei H. ist 23,19
	23,2	Kirjat-Arba - das ist H. 35,27; Jos 14,15; 15,13.54; 20,7; 21,11; Ri 1,10
	37,14	sandte (Josef) aus dem Tal von H.
4Mo	13,22	kamen bis nach H... H. war erbaut
Jos	10,3	Hoham, dem König von H. 5,23; 12,10
	36	zog Josua hinauf nach H. 39
	11,21	rottete aus die Anakiter von H.
	14,13	Josua gab Kaleb H. zum Erbteil 14; Ri 1,20
	21,13	Freistadt für die Totschläger: H. 1Ch 6,42
Ri	1,10	Kanaaniter, die in H. wohnten
	16,3	trug sie auf die Höhe des Berges vor H.
1Sm	30,31	(ein Segensgeschenk) denen zu H.
2Sm	2,1	sprach zu (David): Zieh hinauf... Nach H. 3
	11	David König zu H. 5,5; 1Kö 2,11; 1Ch 29,27
	32	bis ihnen das Tageslicht anbrach in H.
	3,2	David Söhne geboren zu H. 5; 1Ch 3,1.4
	19	David in H. alles kundzutun 20.22.27; 4,8
	32	als sie Abner begruben in H. 4,1.12
	4,12	hängten sie auf am Teich bei H.
	5,1	kamen alle Stämme Israels zu David nach H. 3.13; 1Ch 11,1.3; 12,24.39
	15,7	ich will mein Gelübde in H. erfüllen 9.10
1Ch	6,40	gab ihnen H. im Lande Juda
2Ch	11,10	(Rehabeam baute zu Festungen aus:) H.
1Ma	5,65	Judas eroberte H. und die Orte
2Mo	6,18	²Söhne Kehats sind: H. 4Mo 3,19.27; 26,58; 1Ch 5,28; 6,3; 23,12; 26,23.30.31
1Ch	15,9	von den Söhnen H. 23,19; 24,23; 26,31
	2,42	³Mareschas, des Vaters H. 43

Hecke

1Mo	22,13	sah einen Widder in der H.
Hi	5,5	auch aus den H. holt er sie
Jes	7,19	daß sich alle niederlassen in allen H.
	32,13	Acker meines Volks, auf dem H. wachsen
Mi	7,4	der Redlichste (ist) wie eine H.
Bar	6,71	wie eine H. im Garten sind ihre Götzen
Lk	6,44	auch liest man nicht Trauben von den H.

Heer

Heer

1Mo	2,1	Himmel und Erde mit ihrem ganzen H. Ps 33,6; Jes 45,12
	50,9	es war ein sehr großes H.
2Mo	12,41	zog das ganze H. des HERRN aus Ägyptenl.
	14,9	mit dem H. des Pharao 24.28; Ps 136,15
	19	Engel Gottes, der vor dem H. herzog 20
4Mo	1,51	wenn das H. sich lagert 2,4u.ö.30
	4,5	wenn das H. aufbricht 15; 10,2
	10,14	über ihr H. gebot Nachschon 15-27
	20,20	die Edomiter zogen aus mit mächtigem H.
	31,4	je 1.000 sollt ihr in das H. schicken
	14	wurde zornig über die Hauptleute des H.
	32,27	wollen alle zum H. in den Kampf ziehen
	33,1	mit ihrem H. unter Mose und Aaron
5Mo	4,19	H. des Himmels 17,3; 2Kö 17,16; 21,3.5; 23,4.5; 2Ch 33,3.5; Jer 8,2; 19,13; Ze 1,5
	20,1	wenn du siehst Rosse und Wagen eines H.
	24,5	soll er nicht mit dem H. ausziehen
Jos	5,14	bin der Fürst über das H. des HERRN 15
	11,4	zogen aus mit ihrem ganzen H.
Ri	4,7	Sisera mit Wagen und H. 15.16
	7,8	das H. der Midianiter lag in der Ebene 22
	8,6	daß wir deinem H. Brot geben sollen
	10	vom ganzen H. derer aus dem Osten
	9,29	mehre dein H. und zieh in den Kampf
1Sm	10,26	mit (Saul) gingen die vom H.
	17,1	die Philister sammelten ihre H. 23.46; 23,3; 28,1.5; 29,1.6; 2Sm 5,24; 1Ch 14,15.16
	8	(Goliat) rief den H. Israels zu 10.20.22
	26	der das H. des leb. Gottes verhöhnt 36.45
	28,19	das H. Israels in die Hände der Philister
2Sm	1,2	kam ein Mann aus dem H. von Saul 3
	3,23	als Joab und das ganze H. kam 8,16; 10,7; 11,7; 17,25; 20,23; 24,4; 1Ch 18,15; 19,8
	17,9	das H., das Absalom nachfolgt
	18,6	als das H. hinauskam
1Kö	2,35	der König setzte Benaja über das H.
	20,19	das H. ihnen nach
	25	schaffe dir ein H., wie das H. war
	22,19	das himmlische H. neben ihm 2Ch 18,18
	36	man ließ ausrufen im H.
2Kö	3,9	hatte das H. kein Wasser 17
	6,14	Rosse und Wagen und ein großes H. 15.24
	7,4	laßt uns zu dem H. der Aramäer laufen 5.14
	9,5	da saßen die Hauptleute des H. 11,15; 1Ch 12,15.22; 26,26; 27,3; 2Ch 23,14
	25,19	der das Volk zum H. aufbot Jer 52,25
1Ch	7,11	die als H. ausziehen konnten
	12,23	ein großes H. wie ein H. Gottes
2Ch	13,3	Abija rüstete sich mit einem H.
	14,12	zerschlagen vor dem HERRN und seinem H.
	16,7	darum ist das H. deiner Hand entronnen
	20,12	in uns ist keine Kraft gegen dies gr. H.
	15	sollt nicht verzagen vor diesem H. 32,7
	24	das H... siehe, da lagen nur Leichname
	24,23	zog herauf das H. der Aramäer 24; 33,11
	25,7	laß nicht das H. Israels mit dir ziehen
	26,11	Usija hatte ein kriegstüchtiges H. 14
	28,9	Oded ging hinaus dem H. entgegen
Neh	9,6	mit ihrem ganzen H.; das himmlische H.
Ps	27,3	wenn sich auch ein H. wider mich lagert
	44,10	ziehst nicht aus mit uns. H. 60,12; 108,12
	110,3	wenn du dein H. aufbietest, wird dir
	148,2	lobet ihn, all sein H.
Hl	6,4	du bist gewaltig wie ein H. 10
Jes	13,4	der HERR rüstet ein H. zum Kampf Jo 2,11
	24,21	wird der HERR das H. der Höhe heimsuchen
Jes	29,7	mit ihrem ganzen H. und Bollwerk
	34,4	alles H. des Himmels wird dahinschwinden
	40,26	führt ihr H. vollzählig heraus
	43,17	der ausziehen läßt H. und Macht
Jer	32,2	das H. des Königs von Babel 34,1.7.21; 35,11; 37,10.11; 38,3; 39,1; 51,3; 52,4.8.14
	33,22	wie man des Himmels H. nicht zählen kann
	37,5	das H. des Pharao 7; 46,2
	41,11	alle Hauptleute des H. 13.16; 42,1.8; 43,4.5
Hes	17,17	wird ihm nicht beistehen mit einem H.
	26,7	Nebukadnezar, mit einem gr. H. 29,18.19
	27,11	die von Arwad waren in deinem H.
	32,31	erschlagen ist sein ganzes H. 38,22; 39,4
	37,10	stellten sich auf... ein großes H.
	38,4	dich ausziehen lassen mit deinem H. 6.9
Dan	3,20	Kriegsleuten, die in seinem H. waren
	8,10	es wuchs bis an das H. des Himmels 11
	11,10	seine Söhne werden große H. zusammenbringen 11.13.15.22.25.26.31
Jo	2,25	Käfer, mein großes H., das ich schickte
Ob	11	wie Fremde sein H. gefangen wegführten
Sa	4,6	soll nicht durch H. oder Kraft geschehen
	14,15	alle Tiere, die in diesem H. sind
Jdt	1,5	er rühmte sich seines mächtigen H. 4,12
	2,8	er ließ sein ganzes H. aufbrechen 7.11; 3,6; 7,1.17; 1Ma 3,10.15-18.40; 4,7.18; 5,37; 6,6.31; 7,27.39; 10,48; 13,1; 2Ma 1,13; 8,12
	5,3	wer führt ihr H. an 25
	9,5	schau jetzt auf das H. der Assyrer 16,13
	14,10	als alle Hauptleute des assyr. H. kamen
Wsh	12,8	sandtest deinem H. Hornissen voraus
Sir	17,31	das H... hält der Herr in Ordnung
	24,3	lobt sich vor seinem himmlischen H.
	43,9	ist ein Feldzeichen für das himmlische H.
	48,24	er schlug das H. der Assyrer 1Ma 3,23; 4,3.31.34; 5,34.40; 6,5.42; 7,38; 9,1; 13,20; 14,3; 16,8; 2Ma 8,24
1Ma	2,44	sammelten sie ein H. 4,16; 5,28; 6,32.33; 2Ma 12,38
	3,13	Seron, Befehlshaber des syrischen H.
	7,14	ein Priester ist mit dem H. gekommen
	9,6	viele liefen vom H. weg 7
	10,36	Juden für das H. des Königs
2Ma	9,9	daß das ganze H. darunter litt
Mt	22,7	der König schickte seine H. aus
Lk	21,20	daß Jerusalem von einem H. belagert wird
Apg	7,42	so daß sie dem H. des Himmels dienten
Heb	11,34	haben fremde H. in die Flucht geschlagen
Off	9,16	die Zahl des H. war vieltausendmal tausend
	19,14	ihm folgte das H. des Himmels
	19	ich sah die Könige auf Erden und ihre H.

Heerbann

Spr	30,31	König, wenn er einhergeht vor seinem H.

Heeresdienst

1Ch	12,24	Zahl der zum H. gerüsteten Männer 25.26

Heeresmacht

5Mo	11,4	was er an der H. der Ägypter getan hat
2Kö	7,6	ein Getümmel von großer H.
	18,17	sandte den Tartan mit großer H. 25,10; 2Ch 32,9; Jes 36,2
1Ch	20,1	führte die H. aus und verwüstete das Land
2Ch	14,7	hatte eine H... starke Kriegsleute 26,13
	8	Kuschiter, mit einer H. von tausend 16,8
Jer	46,22	sie kommen mit H.

Dan 11,7 wird gegen die H. des Königs ziehen 13
Jdt 3,12 sammelte seine ganze H. 16,5; 1Ma 1,4; 9,14
 9,13 du, Herr, bist stark auch ohne H.

Heeresordnung

1Ch 12,39 alle diese Kriegsleute, in H., kamen

Heerführer

5Mo 20,9 sollen H. an die Spitze des Volks stellen
Est 1,3 machte ein Festmahl für die H.
Hes 38,7 sei du ihr H.
Jdt 14,10 als aber die H. kamen

Heerhaufe

Ri 7,16 teilte die 300 Mann in drei H. 20; 9,43.44; 1Sm 11,11; 13,17
 9,34 legten einen Hinterhalt mit vier H. 37.44
Hi 10,17 würdest immer neue H. gegen mich senden
Hes 38,4 sie sind ein großer H. 4.7.13.15; 39,11
 39,11 soll heißen „Tal der H. des Gog" 15.16
1Ma 5,33 er teilte es in drei H. ein

Heerlager

1Mo 32,3 hier ist Gottes H.
Ri 7,1 das H. der Midianiter 14.18.22
 8,10 Sebach und Zalmunna und ihr H. 11.12
1Sm 4,12 lief einer von Benjamin aus dem H. 16
Hes 1,24 ein Getöse wie in einem H.
 4,2 schlag ein H. auf
Am 4,10 Gestank eures H. in eure Nasen steigen
1Ma 3,3 schützte sein H. mit seinem Schwert
Off 20,9 sie umringten das H. der Heiligen

Heerschar

2Mo 7,4 werde meine H. aus Ägyptenland führen
4Mo 1,3 sollt sie zählen nach ihren H.
 52 sich lagern bei dem Banner seiner H. 2,3.9. 10.16.18.24.25.32; 10,14.18.22.25.28
Ps 68,13 die Könige der H. fliehen
 103,21 lobet den HERRN, alle seine H.
StD 3,38 alle H. des Herrn, lobt den Herrn
Lk 2,13 bei dem Engel die Menge der himmlischen H.

Heervolk

1Ch 7,4 zum Kampf gerüstetes H.
Nah 2,4 sein H. glänzt in Purpur

Hefata, *Hephatha*

Mk 7,34 H.!, das heißt: Tu dich auf

Hefe

Ps 75,9 die Gottlosen müssen die H. schlürfen
Jes 25,6 Wein, darin keine H. ist
Jer 48,11 Moab ist auf seinen H. still gelegen

Hefer, *Heferiter, Hepher, Hepheriter*

4Mo 26,32 ¹H., daher das Geschlecht der H. 33; 27,1
Jos 17,2 fiel das Los auf die Söhne H. 3
 12,17 ²der König von H. 1Kö 4,10
1Ch 4,6 ³Naara gebar H.

1Ch 11,36 ⁴H., der Mecheratiter

heften

2Mo 28,12 sollst sie auf die Schulterteile des Schurzes h. 23.26.37; 39,7.16.18.19
1Ch 10,10 (Sauls) Schädel h. sie ans Haus Dagons
Kol 2,14 hat ihn weggetan und an das Kreuz geh.

heftig

1Mo 49,7 verflucht sei ihr Zorn, daß er so h. ist
Ri 8,1 die Männer von Ephraim zankten h. mit ihm
1Sm 31,3 der Kampf tobte h. um Saul 1Ch 10,3
2Sm 19,44 die von Juda redeten noch h.
Hi 33,19 warnt er ihn durch h. Kampf
Ps 55,4 sind mir h. gram
Spr 21,14 ein Geschenk (stillt) den h. Grimm
Sir 28,12 wenn einer reich ist, wird sein Zorn h.
2Ma 10,29 als die Schlacht am h. war
Lk 11,53 die Pharisäer, h. auf ihn einzudringen
 22,44 er rang mit dem Tode und betete h.

Hefzi-Bah, *Hephzibah*

2Kö 21,1 (Manasses) Mutter hieß H.

Hegai

Est 2,3 ins Frauenhaus unter die Hand H. 8.9.15

Hegemonides

2Ma 13,24 er machte den H. zum Befehlshaber

hegen

Hi 20,13 daß er es h. und nicht losläßt
Sir 13,32 wer arglistige Gedanken h.
2Ma 12,4 weil sie keinerlei Verdacht h.

hehr

Ps 111,9 heilig und h. ist sein Name

Heide

1Mo 10,5 die Bewohner der Inseln der H.
2Mo 34,24 werde die H. vor dir ausstoßen
4Mo 23,9 wird sich nicht zu den H. rechnen
5Mo 4,27 H., zu denen euch der HERR wegführen wird Hes 11,16; 12,15; 20,23; 22,15; 36,19.20; 39,28; Sa 7,14
 8,20 eben wie die H. werdet ihr umkommen
 12,2 wo die H. ihren Göttern gedient haben
 30,1 wenn du unter die H. bist
 32,43 preiset, ihr H., sein Volk
Ri 4,2 Sisera wohnte in Haroschet der H. 13.16
1Sm 8,5 einen König, wie ihn alle H. haben 20
2Sm 8,11 Silber und Gold von allen H. 1Ch 18,11
 22,44 machst mich zum Haupt über H. Ps 18,44
 50 dir danken unter den H. Ps 18,50; Rö 15,9
1Kö 14,24 taten alle Greuel der H. 2Kö 16,3; 17,8.11.15; 21,2; 2Ch 28,3; 33,2; 36,14; Hes 11,12
2Kö 21,9 ärger trieben als die H. 2Ch 33,9; Hes 5,6.7
1Ch 16,24 erzählt unter den H. seine Herrlichkeit 31; Ps 96,3.10
 26 aller H. Götter sind Götzen Jer 14,22
 35 errette uns von den H.
2Ch 20,6 Herrscher über alle Königreiche der H.

Heide

2Ch	32,23	Hiskia wurde hoch erhoben vor allen H.
Esr	6,21	abgesondert von der Unreinheit der H.
Neh	5,8	Brüder, die den H. verkauft waren 9
Ps	2,1	warum toben die H. Apg 4,25
	9,6	du schiltst die H.
	16	die H. sind versunken in der Grube
	18	alle H., die Gott vergessen 20.21
	10,16	die H. sollen aus s. Lande verschwinden
	22,28	vor ihm anbeten alle Geschlechter der H.
	29	er herrscht unter den H.
	33,10	der HERR macht zunichte der H. Rat
	44,3	hast mit deiner Hand die H. vertrieben
	12	du zerstreust uns (ist) unter die H. 106,27
	15	machst uns zum Sprichwort unter den H.
	46,7	die H. müssen verzagen
	11	ich will der Höchste sein unter den H.
	67,3	daß man erkenne unter allen H. sein Heil
	79,1	es sind H. in dein Erbe eingefallen
	10	warum läßt du die H. sagen: Wo ist nun ihr Gott
	10	unter den H. kundwerden die Vergeltung
	82,8	du bist Erbherr über alle H.
	102,16	daß die H. den Namen des HERRN fürchten
	105,44	gab ihnen die Länder der H.
	106,35	sie ließen sich ein mit den H.
	41	er gab sie in die Hand der H.
	47	bring uns zusammen aus den H.
	110,6	er wird richten unter den H. Jes 2,4
	111,6	daß er ihnen gebe das Erbe der H.
	117,1	lobet den HERRN, alle H. Rö 15,11
	118,10	alle H. umgeben mich
	126,2	dann wird man sagen unter den H.
	135,15	die Götzen der H. sind Silber und Gold
	149,7	daß sie Vergeltung üben unter den H.
Jes	2,2	alle H. werden herzulaufen Jer 3,17; 16,19; Mi 4,2
	8,23	wird zu Ehren bringen das Galiläa der H.
	11,10	nach ihm werden die H. fragen Rö 15,12
	14,32	was wird man den Boten der H. sagen
	25,7	die Decke, mit der alle H. zugedeckt sind
	33,3	die H. werden zerstreut, wenn du
	34,1	kommt herzu, ihr H., und höret
	2	der HERR ist zornig über alle H.
	42,1	wird das Recht unter die H. bringen Mt 12,18
	6	ich mache dich zum Licht der H. 49,6; Apg 13,47; 26,23
	43,9	alle H. sollen zusammenkommen 45,20
	49,7	der verachtet (ist) von den H.
	22	will meine Hand zu den H. hin erheben
	52,15	so wird er viele H. besprengen
	55,5	wirst H. rufen... H., die dich nicht kennen
	60,3	die H. werden zu deinem Lichte ziehen
	61,9	man soll ihr Geschlecht kennen unter H.
	62,2	daß die H. sehen deine Gerechtigkeit
Jer	2,11	(schaut,) ob der Götter wechseln
	4,2	werden die H. in ihm gesegnet werden
	9,25	alle H. sind nur unbeschnitten
	10,2	Gottesdienst der H... H. sich fürchten
	25	schütte deinen Zorn aus über die H.
	18,13	fragt doch unter den H.
	51,41	Bild des Entsetzens unter den H. 44.58
Klg	1,3	Juda wohnt unter den H.
	10	daß die H. in ihr Heiligtum gingen
	2,9	ihre Fürsten sind unter den H.
	4,15	so sagte man auch unter den H.
Hes	4,13	unreines Brot essen unter den H. 5,5
	5,8	Gericht, daß die H. zusehen sollen 20,41; 22,4; 39,21.23
	12,16	von Greueltaten erzählen unter den H.
Hes	20,9	damit er nicht entheiligt würde vor den H. 14.22; 36,21-23
	32	wir wollen sein wie die H.
	22,16	wirst bei den H. als verflucht gelten
	23,30	Hurerei, die du mit den H. getrieben
	28,25	will vor den H. zeigen, daß ich heilig bin 38,16; 39,21.27
	30,3	die Zeit der H. kommt
	34,29	die Schmähungen der H. nicht mehr ertragen müssen 36,6.15.30
	36,3	weil ihr zum Besitz der H. geworden 4.5
	7	die H. sollen ihre Schande tragen
	23	sollen die H. erfahren, daß ich der HERR bin 36; 37,28; 38,23; 39,7
	24	euch aus den H. herausholen 37,21; 38,12
Hos	8,8	die H. gehen mit ihnen um wie
	10	auch wenn sie unter die H. austeilen
	9,17	sie sollen unter den H. umherirren
Jo	2,17	nicht zuschanden werden, daß H. über sie spotten 19
	4,2	will alle H. zusammenbringen und mit ihnen rechten 9.11.12
Am	9,9	will Israel unter allen H. schütteln lassen
	12	damit sie in Besitz nehmen alle H.
Ob	15	der Tag des HERRN ist nahe über alle H.
	16	sollen alle H. täglich trinken
Mi	4,3	er wird viele H. zurechtweisen
	11	werden sich H. wider dich zusammenrotten
	7,16	daß die H. es sehen und sich schämen
Hab	1,5	schauet hin unter die H.
	2,5	er rafft an sich alle H.
	3,6	er ließ erzittern die H.
	12	zerdroschest die H. im Grimm
Ze	2,11	sollen ihn anbeten die Inseln der H.
Hag	2,7	alle H. will ich erschüttern
	22	die Königreiche der H. vertilgen Sa 12,9
Sa	8,13	wie ihr ein Fluch gewesen unter den H.
	22	werden H. in Scharen kommen 23
	14,2	werde alle H. sammeln zum Kampf
	3	der HERR wird kämpfen gegen diese H. 18
	14	wird zusammenbringen die Güter aller H.
	16	die übriggeblieben sind von allen H.
	19	darin besteht die Sünde aller H.
Mal	1,11	ist mein Name herrlich unter den H. 14
	3,12	werden euch alle H. glücklich preisen
Jdt	4,9	daß ihr Heiligtum von den H. nicht (entweiht) werden sollte 1Ma 4,60
	7,20	übergib uns nicht den H.
	8,17	wird die H. zuschanden machen
	9,2	das Schwert, die H. zu bestrafen Wsh 3,8
	16,20	weh den H., die mein Volk verfolgen
Wsh	14,11	werden die Götzen der H. heimgesucht
	15,15	alle Götzenbilder der H. für Götter halten
Tob	1,12	(als) alle von den Speisen der H. aßen
	8,5	können unsere Ehe nicht beginnen wie die H.
	13,3	lobt den Herrn vor den H.
	14,8	auch die H. werden ihre Götzen verlassen
Sir	10,18	Gott hat die H. ausgerottet 19; 39,28
	46,7	die H. erkannten, was für Waffen er hatte
	51,12	du erlöst sie aus den Händen der H.
Bar	2,13	wenige sind übriggeblieben unter den H. 29
	4,6	ihr seid an die H. verkauft
	6,4	Götzen, vor denen sich H. fürchten 51.67
	5	daß ihr H. nicht gleich werdet
1Ma	1,12	laßt uns ein Bündnis mit den H. schließen
	15	eine Kampfbahn, wie sie auch die H. hatten
	46	daß sie die Gebräuche der H. annehmen
	48	Gesetz gegen alle Macht der H. zu erhalten
	68	zahlt den H. heim, was sie verdient haben
	2,12	Heiligtum... H. haben's entweiht 4.45.54.58

1Ma	2,40	wenn wir uns nicht gegen die H. wehren
	44	die übrigen entkamen zu den H. 10,13
	3,10	brachte ein großes Heer zusammen von H. 5,1.9.11.15.21.22.38.57; 11,68
	48	Schriftrolle, der die H. nachgespürt
	52	die H. haben sich gegen uns versammelt
	58	bereit seid, gegen diese H. zu kämpfen
	4,11	alle H. sollen erkennen, daß einer hilft
	30	das Heer der H. in die Hände Jonatans
	5,63	wurden sehr hoch geachtet bei allen H.
	6,18	waren den H. eine starke Stütze
	53	Juden, die vor den H. nach Judäa geflüchtet
	7,23	größeren Schaden anrichteten als die H.
	12,53	alle H. fingen an, das Volk zu bedrängen
	13,6	alle H. ringsum hassen uns
	41	wurde Israel befreit vom Joch der H. 14,36
2Ma	1,27	erlöse, die den H. dienen müssen
	2,22	eine Menge der H. in die Flucht geschlagen
	6,4	die H. schwelgten und praßten im Tempel
	24	Eleasar sei auch zum H. geworden
	8,5	konnten die H. nicht mehr Widerstand leisten
	16	noch sich fürchten vor der Zahl der H. 15,8
	10,2	zerstörten die Altäre, die die H. errichtet
	4	sie nicht in die Hände der H. geben 13,11
	14,14	die als H. vor Judas geflüchtet waren 15
	15,10	wie die H. ihre Zusagen nicht gehalten
StE	3,5	Israel von allen H. abgesondert
StD	3,13	wir sind geringer geworden als alle H.
Mt	5,47	tun sollt nicht dasselbe auch die H.
	6,7	sollt ihr nicht viel plappern wie die H.
	32	nach dem allen trachten die H. Lk 12,30
	10,5	geht nicht den Weg zu den H.
	18	ihnen und den H. zum Zeugnis
	12,18	er soll den H. das Recht verkündigen
	21	die H. werden auf seinen Namen hoffen
	18,17	so sei er für dich wie ein H. und Zöllner
	20,19	werden) ihn den H. überantworten Mk 10,33; Lk 18,32
Lk	2,32	ein Licht, zu erleuchten die H.
	21,24	Jerusalem wird zertreten werden von den H.
Apg	2,23	habt ihr durch die Hand der H. umgebracht
	4,25	warum toben die H.
	27	Herodes und Pontius Pilatus mit den H.
	7,45	in das Land, das die H. inne hatten
	9,15	daß er meinen Namen trage vor H.
	10,45	weil auch auf die H. die Gabe ausgegossen
	11,1	daß die H. Gottes Wort angenommen 15,3
	18	so hat Gott auch den H. die Umkehr gegeben 14,27; 15,14
	13,46	siehe, so wenden wir uns zu den H.
	47	habe ich zum Licht der H. gemacht 26,23
	48	als das die H. hörten, wurden sie froh
	14,2	hetzten die Seelen der H. auf
	5	als sich aber ein Sturm erhob bei den H.
	16	hat alle H. ihre eigenen Wege gehen lassen
	15,7	daß durch meinen Mund die H. das Wort hörten und glaubten
	12	wie große Zeichen Gott durch sie getan hatte unter den H. 21,19
	17	alle H., über die mein Name genannt ist
	19	denen von den H., die... nicht Unruhe mache
	23	wir wünschen Heil den Brüdern aus den H.
	18,6	ohne Schuld gehe ich von nun an zu den H.
	21,11	den Mann überantworten in die Hände der H.
	21	alle Juden, die unter den H. wohnen
	25	wegen der gläubig gewordenen H.
	22,21	ich will dich in die Ferne zu den H. senden
Apg	26,17	ich will dich erretten von den H.
	20	verkündigte... dann auch den H.
	28,28	daß den H. dies Heil Gottes gesandt ist
Rö	1,5	den Gehorsam des Glaubens aufzurichten unter allen H.
	13	Frucht schaffe wie unter andern H.
	2,14	wenn H. tun, was das Gesetz fordert
	24	wird Gottes Name gelästert unter den H.
	3,29	ist er nicht auch der Gott der H.
	30	es ist der eine Gott, der gerecht macht die H.
	9,24	dazu hat er uns berufen, auch aus den H.
	30	die H. haben die Gerechtigkeit erlangt
	11,11	ist den H. das Heil widerfahren
	12	wenn ihr Schade Reichtum für die H. (ist)
	13	weil ich Apostel der H. bin, preise ich
	25	bis die Fülle der H. zum Heil gelangt ist
	15,9	die H. sollen Gott loben um der Barmherzigkeit willen
	16	damit ich ein Diener Christi unter den H. sei
	18	die H. zum Gehorsam bringen 16,26
	27	wenn die H. an ihren geistlichen Gütern Anteil bekommen haben
	16,4	alle Gemeinden unter den H.
1Ko	5,1	Unzucht, wie sie nicht einmal unter H.
	10,20	*was die H. opfern, das opfern sie*
	12,2	als ihr H. wart, zog es euch mit Macht
2Ko	11,26	ich bin in Gefahr gewesen unter H.
Gal	1,16	damit ich ihn verkündigen sollte unter den H. 2,2; Eph 3,8
	2,7	mir anvertraut das Evangelium an die H. 9
	8	ist auch in mir wirksam gewesen unter den H.
	12	bevor... aß er mit den H.
	14	warum zwingst du die H., jüdisch zu leben
	15	wir sind von Geburt Juden und nicht Sünder aus den H.
	3,8	daß Gott die H. durch den Glauben gerecht macht
	14	der Segen Abrahams unter die H. komme
Eph	2,11	daß ihr, die ihr von Geburt einst H. wart
	3,1	Paulus, der Gefangene Christi Jesu für euch H.
	6	daß die H. Miterben sind
	4,17	nicht mehr leben dürft, wie die H. leben
Kol	1,27	was der herrliche Reichtum dieses Geheimnisses unter den H. ist
1Th	2,16	wehren uns, den H. zu predigen zu ihrem Heil
	4,5	nicht in gieriger Lust wie die H.
1Ti	2,7	als Lehrer der H. im Glauben
	3,16	er ist gepredigt den H.
	5,8	er ist schlimmer als ein H.
2Ti	4,17	damit alle H. (die Botschaft) hörten
1Pt	2,12	führt ein rechtschaffenes Leben unter den H.
3Jh	7	sie nehmen von den H. nichts an
Off	2,26	dem will ich Macht geben über die H.
	11,2	er ist den H. gegeben
	16,19	die Städte der H. stürzten ein

Heidentempel

2Ma 11,3 den Tempel nach Art der H.

Heidenvolk

Jes 61,11 und Ruhm vor allen H.

heidnisch

Jdt	14,6	Achior verließ die h. Bräuche
1Ma	1,14	gestattete, h. Lebensweise einzuführen
2Ma	7,42	dies sei genug von den h. Opferschmäusen
Mt	4,15	das h. Galiläa
Gal	2,14	wenn du, der du ein Jude bist, h. lebst
1Pt	4,3	Zeit zugebracht nach h. Willen

heil

3Mo	13,37	so ist der Grind h. 14,3.48
Ri	8,9	er sprach: Komm ich h. wieder 11,31
2Kö	5,10	wird dein Fleisch wieder h. 14
Ps	38,4	ist nichts h. an meinen Gebeinen
Jer	8,15	wir hofften, wir sollten h. werden 14,19
	17,14	heile du mich, HERR, so werde ich h.
	46,11	du wirst doch nicht h.
1Pt	2,24	durch seine Wunden seid ihr h. geworden
Off	13,3	seine tödliche Wunde wurde h. 12

Heil

1Mo	49,18	HERR, ich warte auf dein H. Ps 119,166
2Mo	14,13	was für ein H. der HERR tun wird
	15,2	der HERR ist mein H. Ps 27,1.9; 118,14
5Mo	32,15	hat den Fels seines H. geringgeachtet
	33,29	Volk, das H. empfängt durch den HERRN
Ri	15,18	du hast solch großes H. gegeben 1Sm 11,13; 14,45; 19,5; 2Sm 23,10.12; 1Ch 11,14
1Sm	2,1	ich freue mich deines H.
	16,4	bedeutet dein Kommen H. 5
2Sm	22,3	Gott... Berg meines H. 47; Ps 18,3.47
	36	du gibst mir den Schild deines H. Ps 18,36
	51	der seinem Könige großes H. gibt Ps 18,51
	23,5	all mein H. wird er gedeihen lassen
1Ch	16,23	verkündiget täglich sein H. Ps 96,2
2Ch	6,41	laß deine Priester mit H. angetan werden
Hi	13,16	auch das muß mir zum H. sein
Ps	24,5	Gerechtigkeit von dem Gott seines H.
	40,11	von deinem H. rede ich
	17	die dein H. lieben, laß sagen 70,5
	50,23	der Weg, daß ich ihm zeige das H. Gottes
	62,8	bei Gott ist mein H.
	65,6	erhöre uns, Gott, unser H.
	67,3	erkenne unter allen Heiden sein H.
	85,8	gib uns dein H.
	91,16	ich will ihm zeigen mein H.
	95,1	laßt uns jauchzen dem Hort unsres H.
	98,1	er schafft H. mit seiner Rechten
	2	der HERR läßt sein H. kundwerden
	3	aller Welt Enden sehen das H. unsres Gottes Jes 52,10
	106,5	daß wir sehen das H. deiner Auserwählten
	116,13	ich will den Kelch des H. nehmen
	119,81	meine Seele verlangt nach deinem H. 174
	123	meine Augen sehnen sich nach deinem H.
	155	das H. ist fern von den Gottlosen
	132,16	ihre Priester will ich mit H. kleiden
Jes	3,10	H. den Gerechten, sie haben es gut
	12,2	Gott ist mein H.
	17,10	du hast vergessen den Gott deines H.
	25,9	laßt uns jubeln über sein H. Hab 3,18
	33,2	sei unser H. zur Zeit der Trübsal
	6	wirst haben: Reichtum an H.
	41,2	den, dem H. auf dem Fuße folgt
	45,8	die Erde bringe H.
	46,13	mein H. säumt nicht... will H. geben
	49,6	daß du seist mein H. Apg 13,47
	8	habe dir am Tage des H. geholfen 2Ko 6,2
Jes	51,5	mein H. tritt hervor
	6	mein H. bleibt ewiglich 8
	52,7	Freudenboten, die da H. verkündigen
	56,1	mein H. ist nahe
	59,11	wir harren auf H.
	17	setzt den Helm des H. auf sein Haupt
	60,18	deine Mauern sollen „H." heißen
	61,10	hat mir die Kleider des H. angezogen
	62,1	bis sein H. brenne wie eine Fackel
	11	siehe, dein H. kommt
Jer	21,10	zum Unheil und nicht zum H. 38,4; 39,16; 44,27
	28,9	wenn ein Prophet von H. weissagt
	33,9	H., das ich der Stadt geben will
Hes	7,25	Angst kommt; da werden sie H. suchen
Hos	13,9	dein H. steht allein bei mir
Mi	7,7	will harren auf den Gott meines H.
Mal	3,20	soll aufgehen H. unter ihren Flügeln
Wsh	6,26	viele Weise sind H. für die Welt
	18,7	wartete dein Volk auf das H. der Gerechten
Tob	13,17	allen, die sich über dein H. freuen
Sir	1,23	(die Furcht des Herrn) gibt H.
	4,24	um deines H. willen schäme dich nicht
1Ma	4,25	an diesem Tag ist Israel H. widerfahren
2Ma	1,1	wir wünschen euch Juden Glück und H.
Lk	1,69	hat uns aufgerichtet eine Macht des H.
	77	Erkenntnis des H. gebest seinem Volk
	3,18	ermahnte das Volk und verkündigte das H.
	19,9	heute ist diesem Hause H. widerfahren
Jh	4,22	das H. kommt von den Juden
Apg	4,12	in keinem andern ist das H.
	13,26	uns ist das Wort dieses H. gesandt
	47	damit du das H. seist bis an die Enden der Erde
	15,23	wünschen H. den Brüdern aus den Heiden
	16,17	die euch den Weg des H. verkündigen
	28,28	daß den Heiden dies H. Gottes gesandt ist
Rö	11,11	durch ihren Fall ist den Heiden das H. widerfahren
	25	bis die Fülle der Heiden zum H. gelangt ist
	13,11	unser H. ist jetzt näher als zu der Zeit
2Ko	1,6	haben wir Trübsal, so geschieht es euch zu H.
Eph	6,17	Helm des H. und das Schwert des Geistes
Phl	1,19	weiß, daß mir dies zum H. ausgehen wird
1Th	2,16	den Heiden zu predigen zu ihrem H.
	5,8	angetan mit dem Helm der Hoffnung auf das H.
	9	dazu, das H. zu erlangen durch unsern Herrn
1Pt	2,2	damit ihr durch sie zunehmt zu eurem H.
Heb	1,14	um derer willen, die das H. ererben sollen
	2,3	wenn wir ein so großes H. nicht achten
	10	daß er den Anfänger ihres H. durch Leiden vollendete
	5,9	für alle der Urheber des ewigen H. geworden
	9,28	erscheinen denen, die auf ihn warten, zum H.
Jud	3	euch zu schreiben von unser aller H.
Off	7,10	H. ist bei dem, der auf dem Thron sitzt
	12,10	nun ist das H. und die Kraft 19,1

Heiland

1Sm	14,39	der HERR, der H. Israels
2Sm	22,3	Gott ist meine Zuflucht, mein H.
1Ch	16,35	hilf uns, Gott, unser H. Ps 85,5
Ps	17,7	du H. derer, die dir vertrauen
	51,16	Gott, der du mein Gott und H. bist
	88,2	Gott, mein H., ich schreie Tag und Nacht
	106,21	sie vergaßen Gott, ihren H.

heilig

Jes	43,3	der Heilige Israels, dein H. 49,26; 60,16
	11	außer mir ist kein H. Hos 13,4
	45,15	bist ein verborgener Gott, der H.
	21	ein gerechter Gott und H.
	63,8	darum ward er ihr H.
Ze	3,17	der HERR ist bei dir, ein starker H.
Lk	1,47	mein Geist freut sich Gottes, meines H.
	2,11	euch ist heute der H. geboren
	30	meine Augen haben deinen H. gesehen
	3,6	alle Menschen werden den H. Gottes sehen
Jh	4,42	erkannt: Dieser ist wahrlich der Welt H.
Apg	5,31	den hat Gott erhöht zum Fürsten und H.
	13,23	Jesus als H. für das Volk Israel
Phl	3,20	woher wir auch erwarten den H.
1Ti	1,1	Apostel nach dem Befehl Gottes, unseres H. Tit 1,3
	2,3	gut und wohlgefällig vor Gott, unserm H.
	4,10	welcher ist der H. aller Menschen
2Ti	1,10	offenbart durch die Erscheinung unseres H.
Tit	1,4	Gnade von Gott und Christus, unserm H.
	2,10	der Lehre Gottes, unseres H., Ehre machen
	13	warten auf die Erscheinung der Herrlichkeit unseres H. Jesus Christus
	3,4	erschien die Menschenliebe Gottes, unseres H.
	6	ausgegossen durch Jesus Christus, unsern H.
2Pt	1,1	Gerechtigkeit, die unser Gott gibt und der H. Jesus Christus
	11	in das ewige Reich unseres Herrn und H. Jesus
	2,20	durch die Erkenntnis unseres H. entflohen dem Unrat der Welt
	3,2	(daß ihr gedenkt) an das Gebot des H.
	18	wachset in der Gnade unseres H. Jesus Christus
1Jh	4,14	der Vater den Sohn gesandt als H. der Welt
Jud	25	dem alleinigen Gott, unserm H.

heilen

1Mo	20,17	da h. Gott Abimelech und seine Frau
3Mo	13,18	ein Geschwür bekommt und es h. wieder
4Mo	12,13	ach Gott, h. sie
5Mo	28,27	daß du nicht geh. werden kannst 35
	32,39	ich kann schlagen und kann h.
2Kö	8,29	kehrte Joram zurück, um sich von den Wunden h. zu lassen 9,15; 2Ch 22,6
2Ch	7,14	so will ich ihr Land h.
	21,18	Krankheit; die war nicht zu h.
Hi	5,18	er zerschlägt, und seine Hand h.
Ps	6,3	h. mich, HERR 41,5
	60,4	und h. alle deine Gebrechen
	103,3	und h. alle deine Gebrechen
	147,3	er h., die zerbrochenen Herzens sind
Pr	3,2	h. hat seine Zeit
Jes	17,11	du wirst Schmerzen haben, die niemand h.
	19,22	wird die Ägypter schlagen und h.
	30,26	wenn der HERR seine Wunden h. wird
	53,5	durch seine Wunden sind wir geh.
	57,18	ich will sie h. 19; Jer 30,17; 33,6
Jer	3,22	so will ich euch h. von eurem Ungehorsam
	6,14	h. den Schaden nur obenhin 8,11
	8,22	warum ist der Tochter m. Volks nicht geh.
	14,19	daß uns niemand h. kann 15,18; 30,13
	17,14	h. du mich, HERR, so werde ich heil
	51,8	ob es vielleicht geh. werden könnte 9
Klg	2,13	wer kann dich h.
Hes	30,21	verbunden, daß er wieder h. könnte
	34,4	das Kranke h. ihr nicht
Hos	5,13	der kann nicht eure Wunde h.
	6,1	hat uns zerrissen, er wird uns auch h.
	7,1	wenn ich Israel h. will
	14,5	will ihre Abtrünnigkeit wieder h.
Sa	11,16	Hirten, der d. Zerbrochene nicht h. wird
Wsh	16,11	sie wurden schnell wieder geh. 12
	12	dein Wort, Herr, das alles h.
Tob	6,10	Salbe, um (die Augen) vom Star zu h.
	11,17	du hast mich gezüchtigt und wieder geh. 13,2
	12,14	hat mich geschickt, um dich zu h.
Sir	21,4	Sünde verwundet so, daß niemand h. kann
	38,7	damit h. er und vertreibt die Schmerzen
2Ma	9,5	mit einem Leiden, das niemand h. konnte
Mt	4,23	Jesus h. alle Krankheiten im Volk 9,35; 12,15. 22; 14,14; 15,30; 19,2; 21,14; Mk 3,10; Lk 5,17; 6,18.19; 10,9; 14,4; 22,51
	10,1	daß sie h. alle Krankheiten Lk 9,1.2
	12,10	ist's erlaubt, am Sabbat zu h. Lk 14,3
Mk	3,2	ob er auch am Sabbat ihn h. würde Lk 6,7
	5,29	spürte, daß sie von ihrer Plage geh. war
	6,5	außer daß er h.
Lk	8,43	alles für die Ärzte aufgewandt und konnte von keinem geh. werden
	13,14	war unwillig, daß Jesus am Sabbat h.

heilfroh

Sir	40,7	ist h., daß die Furcht umsonst war

heilig (s.a. heiliger Geist)

1Mo	28,17	wie h. ist diese Stätte
2Mo	3,5	der Ort, darauf du stehst, ist h. Land Jos 5,15; Apg 7,33
	12,16	am ersten Tag soll h. Versammlung sein 3Mo 23,2.3.4.7.8.21.24.27.35-37; 4Mo 28,18.25. 26; 29,1.7.12
	15,11	wer ist dir gleich, der so mächtig, h.
	13	hast sie geführt zu deiner h. Wohnung 40,9
	16,23	h. Sabbat für den HERRN 31,14.15; 35,2; Neh 9,14
	19,6	sollt mir ein h. Volk sein 22,30; 5Mo 7,6; 14,2.21; 26,19; 28,9; Esr 9,2; Jes 62,12
	28,2	h. Kleider 4; 29,29; 31,10; 35,19.21; 39,1; 40,13; 3Mo 16,4.32; 21,10
	36	darauf eingraben: „H. dem HERRN" 39,30; Sa 14,20
	38	Sünde, die an den h. Gaben haftet
	29,6	den h. Kronreif am Kopfbund 39,30; 3Mo 8,9
	31	sein Fleisch an einem h. Ort kochen
	33	denn es ist h. 34; 30,32; 4Mo 18,10.17
	30,25	mache daraus ein h. Salböl 31.32; 37,29; 4Mo 35,25
	35	mache Räucherwerk zum h. Gebrauch
	34,13	ihre h. Pfähle umhauen 5Mo 7,5; 12,2.3
3Mo	6,9	sollen es essen an h. Stätte 19; 7,6; 10,13.17; 24,9
	20	das besprengte Stück waschen an h. Stätte
	10,3	ich erzeige mich h. 4Mo 20,13
	10	sollt unterscheiden, was h. und unheilig
	11,44	daß ihr h. werdet, denn ich bin h. 45; 19,2; 20,7.26; 21,6-8; 4Mo 15,40; Jer 2,3; 1Pt 1,16
	14,13	(soll) das Lamm schlachten an h. Stätte
	16,24	soll sich abwaschen an h. Stätte
	20,3	weil er meinen h. Namen entheiligt hat 22,2. 32; Hes 36,20-23; 43,8; Am 2,7
	21,8	sollst den Priester h. halten
	22,12	nicht von dem h. Opfergabe essen 23,20
	25,12	das Erlaßjahr soll euch h. sein
	27,9	das man dem HERRN gibt, ist h. 10.14.21.23. 30.32.33; 4Mo 6,5.8

heilig

4Mo	4,16	was darin ist an h. Gerät 10,21; 31,6; 1Ch 9,29; 22,19; 2Ch 5,5; Esr 8,28; Neh 10,40
	5,9	h. Gaben, die sie dem Priester bringen 6,20; 18,8.11.19.26-30.32
	17	(der Priester soll) h. Wasser nehmen
	16,3	sie alle sind h. 5.7
	27,21	soll mit den h. Losen den HERRN befragen
5Mo	12,6	dorthin sollt ihr bringen eure h. Abgaben 11.17.26
	23,15	darum soll dein Lager h. sein
	26,15	sieh nun herab von deiner h. Wohnung 2Ch 30,27; Jes 63,15
	28,58	wenn du nicht fürchtest diesen h. Namen
Jos	24,19	er ist ein h. Gott 1Sm 6,20; Ps 99,3.5.9
1Sm	2,2	es ist niemand h. wie der HERR
	21,5	kein gewöhnliches, sondern nur h. Brot 7
2Sm	22,26	gegen die Heiligen bist du h. Ps 18,26
2Kö	4,9	ich merke, daß dieser Mann Gottes h. ist
	10,20	feiert dem Baal ein h. Fest
	12,19	nahm Joasch alle h. Gaben
1Ch	16,10	rühmet seinen h. Namen 35; Ps 30,5; 97,12; 103,1; 105,3; 106,47; 145,21
	29	betet an in h. Schmuck 2Ch 20,21; Ps 29,2; 96,9
	29,4	was ich zum h. Hause beschafft habe
	16	ein Haus zu bauen deinem h. Namen
2Ch	23,6	die, die Dienst tun, sind h. Esr 8,28
	35,3	bringt die h. Lade ins Haus
Esr	2,63	für die h. Lose „Licht und Recht" Neh 7,65
	3,5	die Opfer für alle h. Festtage
	9,8	einen Halt an unserer h. Stätte Ps 24,3
Neh	8,9	dieser Tag ist h. dem HERRN 10.11
	10,32	wollen nicht am Sabbat und an den h. Tagen Waren nehmen Jes 58,13
	11,1	wer in die h. Stadt ziehen sollte 18
	12,47	Anteil an den h. Gaben... den h. Anteil
Ps	2,6	m. König eingesetzt auf meinem h. Berg
	3,5	erhört er mich von seinem h. Berge
	5,8	anbeten vor deinem h. Tempel 138,2
	11,4	der HERR ist in seinem h. Tempel Hab 2,20
	9	h. und hehr ist sein Name Jes 57,15
	15,1	wer darf wohnen auf deinem h. Berge
	20,7	ihn erhört von seinem h. Himmel
	22,4	du aber bist h. 47,3
	28,2	meine Hände aufhebe zu deinem h. Tempel
	33,21	wir trauen auf seinen h. Namen
	43,3	daß sie mich leiten zu deinem h. Berg
	46,5	da die h. Wohnungen des Höchsten sind
	47,9	Gott sitzt auf seinem h. Thron
	48,2	Stadt Gottes, auf seinem h. Berge 87,1
	65,5	der hat Trost von deinem h. Tempel
	68,6	Vater... ist Gott in seiner h. Wohnung
	77,14	Gott, dein Weg ist h.
	78,54	er brachte sie zu seinem h. Lande
	79,1	Heiden haben deinen h. Tempel entweiht
	89,21	habe ihn gesalbt mit meinem h. Öl
	98,1	schafft Heil mit seinem h. Arm Jes 52,10
	99,9	betet an auf seinem h. Berge Jes 27,13
	102,20	er schaut von seiner h. Höhe
	105,42	er gedachte an sein h. Wort
	110,3	wird dir willig folgen in h. Schmuck
Pr	8,10	mußten hinweg von h. Stätte
Jes	4,3	wer da wird übrigsein, der wird h. heißen
	5,16	der Heilige wird sich h. erweisen
	6,3	h., h., h. ist der HERR Zebaoth
	13	ein h. Same wird solcher Stumpf sein
	11,9	auf meinem ganzen h. Berge 65,25
	30,29	singen wie in der Nacht des h. Festes
	35,8	Bahn, die der h. Weg heißen wird
	48,2	nennen sich nach der h. Stadt
Jes	56,7	zu meinem h. Berge bringen 57,13; 66,20
	63,18	haben dein h. Volk vertrieben
	64,9	deine h. Städte sind zur Wüste geworden
	65,5	sprechen: bin für dich h.
	11	die ihr meines h. Berges vergeßt
Jer	4,2	wenn du recht und h. schwörst
	11,15	h. Opferfleisch... die Schuld von ihnen
	23,9	zittern... vor seinen h. Worten
	25,30	Donner hören lassen aus seiner h. Wohnung
	31,23	der HERR segne dich, du h. Berg
	40	das ganze Tal wird dem HERRN h. sein
Hes	20,39	meinen h. Namen laßt ungeschändet 39,7; 43,7.8
	40	auf meinem h. Berg... eure h. Gaben 28,14
	21,28	haben sie doch h. Eide empfangen
	22,8	verachtest, was mir h. ist 26; 44,13; Mal 2,11
	28,22	an ihr zeige, daß ich h. bin 25; 36,23; 38,16.23; 39,27
	36,38	wie eine h. Herde in Jerusalem
	37,28	ich, der Israel h. macht
	39,7	will meinen h. Namen kundmachen 25
	42,13	das sind die h. Kammern... die Stätte ist h. 14; 45,1.4; 46,19; 48,15
Dan	4,5	den Geist der h. Götter hat 6.15; 5,11.14
	10	ein h. Wächter fuhr vom Himmel herab 20
	8,24	gegen das h. Volk (richtet sich s. Sinnen)
	9,4	Herr, du großer und h. Gott
	16	wende ab d. Zorn von deinem h. Berg 20
	24	70 Wochen sind verhängt über d. h. Stadt
	11,28	seinen Sinn richten gegen den h. Bund 30
	45	zwischen dem Meer und seinem h. Berg
	12,7	die Zerstreuung des h. Volks
Jo	1,14	sagt ein h. Fasten an 2,15
	2,1	ruft laut auf meinem h. Berge
	4,9	bereitet euch zum h. Krieg
	17	auf meinem h. Berge wohne... wird h. sein
Ob	16	wie ihr auf meinem h. Berge getrunken habt
	17	auf dem Berge Zion... er soll h. sein Sa 8,3
Jon	2,5	würde deinen h. Tempel nicht mehr sehen
	8	m. Gebet kam zu dir in deinen h. Tempel
Mi	1,2	mit euch aus seinem h. Tempel
Ze	2,11	h. wird über ihnen der HERR sein
	3,11	dich nicht überheben auf meinem h. Berge
Hag	2,12	wenn jemand h. Fleisch trüge
Sa	2,16	wird Juda in Besitz nehmen in dem h. Lande
	17	hat sich aufgemacht von seiner h. Stätte
	14,21	werden alle Töpfe dem HERRN h. sein
Jdt	4,12	Mose, der mit h. Gebet... schlug
	8,24	bist ein h. Frau, die den Herrn fürchtet
	16,31	wurde unter die h. Tage aufgenommen
Wsh	6,11	wer das Heilige h. hält
	7,22	ein Geist, der verständig ist, h.
	27	geht sie in h. Seelen ein
	9,8	Tempel, ein Abbild des h. Zeltes
	10	schick sie herab von deinem h. Himmel
	10,10	(Weisheit) gab... zu erkennen, was h. ist
	15	die Weisheit rettete das h. Volk
	20	priesen, Herr, deinen h. Namen
	11,1	ihre Werke... durch einen h. Propheten
	12,3	der früheren Bewohner deines h. Landes
	17,2	meinten, das h. Volk unterdrücken zu können 2Ma 15,24.32
	18,9	opferten die h. Kinder der Frommen
Tob	2,12	Beispiel der Geduld wie an dem h. Hiob 14
	3,25	der h. Rafael wurde gesandt
	8,9	durch die dein h. Name gepriesen werde
	10,12	der Engel des Herrn sei mit euch
	12,1	was sollen wir dem h. Manne geben
	13,14	dein Land werden sie h. halten
	14,17	seine Nachkommen führten einen h. Wandel

621 heiligen

Sir	24,15	ich habe vor ihm im h. Zelt gedient
	26,22	wie die helle Lampe auf dem h. Leuchter
	33,7	warum muß ein Tag h. sein als der andre
	36,4	wie du dich h. erwiesen hast an uns
	45,12	h. Gewänder, mit Gold bestickt 2Ma 3,15
	14	Stirnblatt... „H. dem Herrn"
	18	Mose salbte (Aaron) mit dem h. Öl
	47,12	damit der h. Name des Herrn gelobt würde StD 3,29.30
	49,14	die das h. Haus wieder aufrichteten
	50,12	wenn er zum h. Altar hinaufschritt
Bar	2,16	sieh herab, Herr, von deinem h. Haus
1Ma	1,16	fielen vom h. Bund ab 2Ma 1,7
	49	(daß sie) das h. Volk entheiligen
	67	wollten nicht vom h. Gesetz Gottes abfallen 2Ma 6,23
	2,7	die Zerstörung der h. Stadt mit ansehen
	4,49	sie ließen neue h. Gefäße machen 14,15; 2Ma 9,16
	9,54	die Mauer, die die h. Propheten
	10,31	Jerusalem soll h. Gebiet und frei sein 2Ma 9,14
	11,37	damit man sie auf dem h. Berg ausstellt
2Ma	1,12	Gott selbst hat unsere Feinde aus der h. Stadt weggetrieben
	29	pflanze dein Volk wieder ein an deinem h. Ort 2,18
	3,18	daß die h. Stätte in Schmach gebracht werden sollte 5,15-17.20; 6,4; 8,17; 13,10; 14,31
	8,23	danach las er das h. Buch vor
	12,45	das ist ein frommer und h. Gedanke
	13,8	Altar, dessen Feuer und Asche h. sind
	14,32	als sie aber hoch und h. schworen
	36	du h. Gott, der du allein h. machst
	15,2	er möchte den h. Tag achten
	14	Jeremia, der für die h. Stadt betet
	16	nimm hin das h. Schwert
	18	sorgten sich vor allem um den h. Tempel
StD	3,4	Jerusalem, die h. Stadt unsrer Väter
	10	verstoße uns nicht um deines h. Namens willen
Mt	4,5	da führte ihn der Teufel in die h. Stadt
	23,17	Tempel, der das Gold h. macht 19
	24,15	Greuelbild der Verwüstung an der h. Stätte
	27,53	kamen in die h. Stadt und erschienen vielen
Mk	6,20	wußte, daß er ein h. Mann war
	8,38	wenn er kommen wird mit den h. Engeln Lk 9,26
Lk	1,49	der mächtig ist und dessen Name h. ist
	70	geredet durch den Mund seiner h. Propheten Apg 3,21
	72	(daß er) gedächte an seinen h. Bund
Jh	17,11	h. Vater, erhalte sie in deinem Namen
Apg	4,27	versammelt gegen deinen h. Knecht Jesus
	30	Zeichen durch den Namen deines h. Knechtes
	6,13	hört nicht auf, zu reden gegen diese h. Stätte
	10,22	hat Befehl empfangen von einem h. Engel
	21,28	dazu hat er diese h. Stätte entweiht
Rö	1,2	das er verheißen hat in der h. Schrift
	6,19	gebt eure Glieder hin, daß sie h. werden
	22	habt ihr darin eure Frucht, daß ihr h. werdet
	7,12	so ist das Gesetz h.
	11,16	wenn die Wurzel h. ist, sind auch die Zweige h.
	12,1	ein Opfer, das h. und Gott wohlgefällig ist
	16,16	grüßt euch untereinander mit dem h. Kuß 1Ko 16,20; 2Ko 13,12; 1Th 5,26
1Ko	3,17	der Tempel Gottes ist h.

1Ko	7,14	wären eure Kinder unrein; nun aber sind sie h.
	34	daß sie h. seien am Leib und auch am Geist
Eph	1,4	daß wir h. und untadelig vor ihm sein sollten
	2,21	der ganze Bau wächst zu einem h. Tempel
	3,5	wie es jetzt offenbart ist seinen h. Aposteln
	5,27	Gemeinde, die h. und untadelig sei Kol 1,22
1Th	2,10	wie h. wir bei euch gewesen sind
1Ti	2,8	aufheben. Hände ohne Zorn
2Ti	1,9	er hat uns berufen mit einem h. Ruf
	3,15	daß du von Kind auf die h. Schrift kennst
1Pt	1,16	ihr sollt h. sein, denn ich bin h. 15
	2,5	auch ihr erbaut euch zur h. Priesterschaft
	9	ihr seid das h. Volk
	3,5	so haben sich vorzeiten auch die h. Frauen geschmückt
2Pt	1,18	als wir mit ihm waren auf dem h. Berge
	2,21	sich abkehren von dem h. Gebot
	3,2	Worte, zuvor gesagt von den h. Propheten
	11	wie müßt ihr dann dastehen in h. Wandel
1Jh	2,20	ihr habt die Salbung von dem, der h. ist
Heb	3,1	darum, ihr h. Brüder
	7,26	einen solchen Hohenpriester, der h. ist
Off	4,8	h., h., h. ist Gott der Herr, der Allmächtige
	11,2	die h. Stadt werden sie zertreten
	14,10	wird gequält werden vor den h. Engeln
	15,4	du allein bist h.
	20,6	h., der teilhat an der ersten Auferstehung
	21,2	ich sah die h. Stadt aus dem Himmel herabkommen 10
	22,11	wer h. ist, der sei weiterhin h.
	19	seinen Anteil wegnehmen an der h. Stadt

heiligen (s.a. geheiligt)

1Mo	2,3	segnete den 7. Tag und h. ihn 2Mo 20,11
2Mo	13,2	h. mir alle Erstgeburt 4Mo 3,13; 8,17; 5Mo 15,19
	19,10	h. sie heute und morgen 14.22.23
	20,8	des Sabbattages, daß du ihn h. 5Mo 5,12; Neh 13,22; Jer 17,22.24.27; Hes 20,20; 44,24
	29,27	sollst h. die Brust als Schwingopfer
	43	das Heiligtum wird geh. 44; 3Mo 22,32
	30,37	solches Räucherwerk soll als geh. gelten
	31,13	daß ich der HERR bin, der euch h. 3Mo 20,8; 21,8.15.23; 22,9.16.32; Hes 20,12
3Mo	11,44	darum sollt ihr euch h. 20,7
	16,19	h. von der Verunreinigung 4Mo 7,1
	22,2	Gaben, die sie mir h. 3; 4Mo 5,10; 17,3
	25,10	sollt das 50. Jahr h.
4Mo	3,13	h. mir alle Erstgeburt 8,17
	6,11	soll sein Haupt von neuem h.
	11,18	h. euch für morgen Jos 3,5; 7,13
	20,12	weil ihr mich nicht geh. habt 27,14; 5Mo 32,51
5Mo	26,13	hab gebracht, was geh. ist
Jos	6,19	Silber und Gold soll dem HERRN geh. sein
1Sm	16,5	h. euch... er h. den Isai
2Sm	8,11	diese h. der König David dem HERRN 1Kö 7,51; 15,15; 1Ch 18,11; 26,26, 2Ch 5,1; 15,18
1Kö	9,3	habe dies Haus geh. 7; 2Ch 7,16.20; 36,14
	15,15	von ihm selbst geh. 2Ch 12,19; 2Ch 15,18
2Kö	12,19	Gaben, die seine Väter geh. hatten
1Ch	15,12	h. euch und eure Brüder 14
	23,13	Aaron, daß er h. das Hochheilige
	26,20	Schätze, die geh. wurden 27.28
2Ch	2,3	will ein Haus bauen, das ihm geh. werde
	5,11	alle Priester hatten sich geh. 29,5.15.34; 30,3.15.24;
	8,11	ist geh., weil die Lade hineingekommen

heiligen 622

2Ch	24,7	was dem Hause des HERRN geh. war
	30,8	Heiligtum, das er geh. hat für alle Zeit
	17	viele, die sich nicht geh. hatten
	31,18	in Treue h. sie sich für das Heilige
	35,3	Leviten, die dem HERRN geh. waren 6
	13	was geh. war, kochten sie in Töpfen
Hi	1,5	sandte Hiob hin und h. sie
Jes	29,23	meinen Namen h... den Heiligen Jakobs h.
	66,17	die sich h. in den Gärten
Jer	51,27	h. die Völker zum Kampf 28
Hes	48,14	er ist dem HERRN geh.
Jo	2,16	h. die Gemeinde
Wsh	6,11	wer... heilig hält, wird geh. werden
Sir	33,9	er hat einige ausgezeichnet und geh. 12
2Ma	1,25	der du unsere Väter geh. hast
	26	bewahre und h. dein Erbe
	2,8	bat, daß die Stätte geh. würde
	15,2	Tag, den Gott selbst geh. hätte
Mt	6,9	dein Name werde geh. Lk 11,2
	23,17	*der Tempel, der das Gold h. 19*
Jh	10,36	wie sagt ihr zu dem, den der Vater geh. hat
	17,17	h. sie in der Wahrheit; dein Wort ist die Wahrheit
	19	ich h. mich selbst für sie, damit auch sie geh. seien in der Wahrheit
Apg	20,32	euch das Erbe zu geben mit allen, die geh.
	26,18	die geh. sind durch den Glauben an mich
Rö	1,4	nach dem Geist, der h. 15,16
1Ko	6,11	ihr seid geh. durch den Namen des Herrn
	7,14	der ungläubige Mann ist geh. durch die Frau
Eph	5,26	(sich selbst für sie dahingegeben,) um sie zu h.
1Th	5,23	der Gott des Friedens h. euch durch und durch
1Ti	4,5	es wird geh. durch das Wort Gottes
2Ti	2,21	wird sein geh., für den Hausherrn brauchbar
1Pt	3,15	h. den Herrn Christus in euren Herzen
Heb	2,11	beide, der h. und die geh. werden
	9,13	wenn das Blut von Böcken die Unreinen h.
	10,10	geh. ein für allemal durch das Opfer des Leibes Jesu Christi
	14	die vollendet, die geh. werden
	29	das Blut des Bundes für unrein hält, durch das er. wurde
	13,12	damit er das Volk h. durch sein Blut
Jak	4,8	h. eure Herzen, ihr Wankelmütigen

Heiliger

5Mo	33,3	alle H. sind in deiner Hand
1Sm	2,9	er wird behüten die Füße seiner H.
2Sm	22,26	gegen die H. bist du heilig Ps 18,26
2Kö	19,22	deine Augen erhoben wider den H. Israels
2Ch	6,41	laß deine H. sich freuen Ps 132,9.16; 149,5
Hi	5,1	an welchen H. willst du dich wenden
	6,10	nicht verleugnet die Worte des H.
	15,15	seinen H. traut Gott nicht
Ps	4,4	daß der HERR seine H. wunderbar führt
	12,2	die H. haben abgenommen
	16,3	an den H. hab ich all mein Gefallen
	10	nicht, daß dein H. die Grube sehe Apg 2,27; 13,35
	30,5	lobsinget dem HERRN, ihr seine H.
	31,24	liebet den HERRN, alle seine H.
	32,6	werden alle H. zu dir beten
	34,10	fürchtet den HERRN, ihr seine H.
	37,28	der HERR verläßt seine H. nicht
	50,5	versammelt mir meine H.
	52,11	will harren auf deinen Namen vor deinen H.
	71,22	will dir zur Harfe lobsingen, du H. Israels
Ps	78,41	sie kränkten den H. Israels
	79,2	das Fleisch deiner H. den Tieren
	85,9	daß er Frieden zusagte seinen H.
	89,6	deine Treue in der Gemeinde der H. 8
	19	dem H. in Israel (gehört) unser König
	20	hast du geredet zu deinem H.
	97,10	der Herr bewahrt die Seelen seiner H.
	106,16	empörten sich wider Aaron, den H. des HERRN
	116,15	der Tod seiner H. wiegt schwer
	145,10	sollen deine H. dich loben 148,14; 149,1
	149,9	solche Ehre werden alle seine H. haben
Spr	9,10	den H. erkennen, das ist Verstand 30,3
Jes	1,4	die den H. Israels lästern 5,24; 37,23
	5,16	Gott, der H., (wird) sich heilig erweisen
	19	es treffe ein der Ratschluß des H. Israels
	10,17	sein H. wird eine Flamme sein
	20	werden sich verlassen auf den H. Israels
	12,6	der H. Israels ist groß bei dir
	17,7	s. Augen werden auf den H. Israels schauen
	29,19	fröhlich sein in dem H. Israels 41,16
	23	werden den H. Jakobs heiligen
	30,11	laßt uns in Ruhe mit dem H. Israels 31,1
	12	spricht der H. Israels 15; 40,25; 43,14; 45,11; 48,17; 49,7
	41,14	der Erlöser ist der H. Israels 43,3; 47,4; 49,7; 54,5; 55,5; 60,9
	20	der H. Israels hat es geschaffen
	43,15	bin der HERR, euer H.
	60,14	werden dich nennen „Zion des H. Israels"
Jer	50,29	stolz gehandelt wider den H. Israels 51,5
Hes	20,41	werde mich als der H. erweisen 39,7
Dan	4,14	dies ist Gebot der H.
	7,18	die H. werden das Reich empfangen 22
	21	sah das Horn kämpfen gegen die H.
	22	Recht schaffte den H. des Höchsten 27
	25	wider die H. des Höchsten vernichten
	8,13	ich hörte einen H. reden, ein anderer H.
Hos	11,9	ich bin der H. unter dir
	12,1	Juda hält nicht fest an dem H.
Hab	1,12	mein H., der du von Ewigkeit her bist
	3,3	der H. (kam) vom Gebirge Paran
Sa	14,5	wird kommen der HERR und alle H. mit ihm
Jdt	6,14	Herr, sei deinen H. gnädig Wsh 4,15
	10,9	damit dein Name zu den H. gezählt wird
Wsh	3,9	Gnade und Barmherzigk. wohnt bei seinen H.
	5,5	so daß sein Erbteil bei den H. ist
	10,17	(Weisheit) belohnte die H. für ihre Mühe
	18,1	deine H. hatten hellstes Licht
	5	beschlossen, die Kinder der H. zu töten
	9	daß die H. an... teilhaben sollten
Tob	2,17	wir sind Kinder der H. 8,5
Sir	39,29	sein Tun ist bei den H. recht
	47,9	bei jeder Tat dankte er dem H.
	48,23	der H. erhörte sie vom Himmel her
Bar	4,22	ich werde Freude von dem H. empfangen
	37	versammelt durch das Wort des H.
StD	3,11	um Abrahams willen, deines H.
	63	ihr H., lobt den Herrn
Mt	27,52	viele Leiber der entschlafenen H. standen auf
Mk	1,24	du bist der H. Gottes Lk 4,34; Jh 6,69
Apg	3,14	ihr habt den H. und Gerechten verleugnet
	9,13	gehört, wieviel Böses er deinen H. angetan
	32	daß (Petrus) auch zu den H. kam 41
	26,10	dort brachte ich viele H. ins Gefängnis
Rö	1,7	an alle berufenen H. in Rom 1Ko 1,2; 2Ko 1,1; Eph 1,1; Phl 1,1; Kol 1,2

Rö	8,27	er vertritt die H., wie es Gott gefällt	Mk	13,11 ihr seid's nicht, die reden, sondern der h.G.
	12,13	nehmt euch der Nöte der H. an	Lk	1,15 er wird schon von Mutterleib an erfüllt werden mit dem h.G.
	15,25	nach Jerusalem, um den H. zu		35 der h.G. wird über dich kommen
	26	eine Gabe für die Armen unter den H.		41 Elisabeth wurde vom h.G. erfüllt 67
	31	mein Dienst den H. willkommen sei		2,25 der h.G. war mit ihm
	16,2	wie sich's ziemt für die H. Eph 5,3; Tit 2,3		26 ihm war ein Wort zuteil geworden von dem h.G.
	15	grüßt alle H. Phl 4,21; Heb 13,24		3,22 der h.G. fuhr hernieder auf ihn
1Ko	6,1	wie kann jemand wagen, sein Recht zu suchen nicht vor den H.		4,1 Jesus, voll h.G. 10,21
	2	daß die H. die Welt richten werden		11,13 den h.G. geben denen, die ihn bitten
	14,33	wie in allen Gemeinden der H.		12,12 der h.G. wird euch in dieser Stunde lehren
	16,1	was die Sammlung für die H. angeht 2Ko 9,1	Jh	1,33 der ist's, der mit dem h.G. tauft
	15	sich bereitgestellt zum Dienst für die H.		14,26 der Tröster, der h.G., den mein Vater senden wird in meinem Namen
2Ko	8,4	daß sie mithelfen dürften an der Gemeinschaft des Dienstes für die H.		20,22 nehmt hin den h.G.
	9,12	hilft nicht allein dem Mangel der H. ab	Apg	1,2 Aposteln durch den h.G. Weisung gegeben
	13,12	es grüßen euch alle H. Phl 4,22		5 ihr sollt mit dem h.G. getauft werden 11,16
Eph	1,15	nachdem ich gehört habe von eurer Liebe zu allen H. Kol 1,4; Phm 5		8 die Kraft des h.G. empfangen, 2,38; 9,17
	18	wie reich die Herrlichkeit s. Erbes für die H.		16 das der h.G. vorausgesagt hat
	2,19	so seid ihr Mitbürger der H.		2,4 sie wurden alle erfüllt von dem h.G. 4,31; 8,15.17; 13,52; 19,6
	3,8	mir, dem allergeringsten unter allen H.		33 da er empfangen hat den verheißenen h.G.
	18	so könnt ihr mit allen H. begreifen		4,8 Petrus, voll des h.G. 6,3.5; 7,55; 11,24; 13,9
	4,12	damit die H. zugerüstet werden		25 du hast durch den h.G. gesagt
	6,18	wacht im Gebet für alle H.		5,3 warum... daß du dem h.G. belogen hast
Kol	1,12	tüchtig gemacht zu dem Erbteil der H.		32 wir sind Zeugen und mit uns der h.G.
	26	nun aber ist es offenbart seinen H.		7,51 ihr widerstrebt allezeit dem h.G.
	3,12	zieht an als die H. herzliches Erbarmen		8,19 die Macht, damit jeder den h.G empfange
1Th	3,13	wenn Jesus kommt mit allen seinen H.		9,31 mehrte sich unter dem Beistand des h.G.
2Th	1,10	daß er verherrlicht werde bei seinen H.		10,38 wie Gott Jesus gesalbt hat mit h.G.
1Ti	5,10	wenn sie den H. die Füße gewaschen hat		44 fiel der h.G. auf alle, die dem Wort zuhörten
Phm	7	weil die Herzen der H. erquickt sind		45 weil auch auf die Heiden die Gabe des h.G. ausgegossen wurde 11,15; 15,8
Heb	6,10	indem ihr den H. dientet und noch dient		47 die den h.G. empfangen haben ebenso wie wir
Jud	3	Glauben, der den H. überliefert ist		13,2 als sie fasteten, sprach der h.G.
	14	der Herr kommt mit seinen vielen tausend H.		4 nachdem sie nun ausgesandt waren vom h.G.
Off	3,7	das sagt der H., der Wahrhaftige		15,28 denn es gefällt dem h.G. und uns
	5,8	goldene Schalen voll Räucherwerk, das sind die Gebete der H.		16,6 da ihnen vom h.G. verwehrt wurde
	6,10	Herr, du H. und Wahrhaftiger		19,2 habt ihr den h.G. empfangen, als
	8,3	zu darbringe mit den Gebeten aller H. 4		20,23 daß der h.G. in allen Städten mir bezeugt
	11,18	den Lohn zu geben den H.		28 Herde, in der euch der h.G. eingesetzt hat
	13,7	Macht gegeben, zu kämpfen mit den H.		21,11 das sagt der h.G. Heb 9,8; 10,15
	10	hier ist Geduld und Glaube der H. 14,12		28,25 hat der h.G. zu euren Vätern gesprochen
	16,5	gerecht bist du, du H.	Rö	5,5 Liebe Gottes ist ausgegossen durch den h.G.
	6	das Blut der H. und der Propheten vergossen		9,1 wie mir mein Gewissen bezeugt im h.G.
	17,6	die Frau, betrunken von dem Blut der H.		14,17 Reich Gottes ist Friede und Freude in dem h.G.
	18,20	freue dich über sie, ihr H. und Apostel		15,13 reicher an Hoffnung durch die Kraft des h.G.
	24	das Blut der H. ist in ihr gefunden worden		16 ein Opfer, geheiligt durch den h.G.
	19,8	das Leinen ist die Gerechtigkeit der H.	1Ko	6,19 daß euer Leib ein Tempel des h.G. ist
	20,9	sie umringten das Heerlager der H.		12,3 niemand kann Jesus den Herrn nennen außer im h.G.
		heiliger Geist	2Ko	6,6 (als Diener Gottes:) im h.G.
Ps	51,13	nimm deinen h. G. nicht von mir		13,13 die Gemeinschaft des h.G. sei mit euch allen
Jes	63,10	aber sie betrübten seinen h. G.	Eph	1,13 seid auch ihr versiegelt worden mit dem h.G.
	11	wo ist, der seinen h. G. in ihn gab		4,30 betrübt nicht den h. G. Gottes
Wsh	1,5	der h. G., der ein Geist der Zucht ist	1Th	1,5 unsere Predigt kam zu euch in dem h.G.
	9,17	du hast deinen h. G. gesandt		6 habt das Wort aufgenommen im h.G.
Sir	1,9	er hat... geschaffen durch seinen h. G.		4,8 Gott, der seinen h. G. in euch gibt
StD	1,45	erweckte Gott der h. G. eines Mannes	2Ti	1,14 dieses kostbare Gut bewahre durch den h.G.
Mt	1,18	daß sie schwanger war von dem h.G. 20	Tit	3,5 durch das Bad der Wiedergeburt im h.G.
	3,11	der wird euch mit dem h.G. taufen Mk 1,8; Lk 3,16	1Pt	1,12 verkündigt durch den h.G., der vom Himmel getrieben dem h.G. haben Menschen im Namen Gottes geredet
	12,32	wer etwas redet gegen den h.G. Mk 3,29; Lk 12,10	2Pt	1,21
	28,19	taufet sie auf den Namen des Vaters und des Sohnes und des h.G.	Heb	2,4 durch Austeilung des h.G. nach s. Willen
Mk	12,36	David selbst hat durch den h.G. gesagt		3,7 darum, wie der h.G. spricht
				6,4 die, die Anteil bekommen haben am h.G.

heiliger Geist

Jud 20 betet im h. G.

Heiliges

2Mo 26,33 zwischen dem H. und dem Allerheiligsten
3Mo 4,6 sprengen an den Vorhang im H.
6,23 um die Sühnung zu vollziehen im H.
10,18 sein Blut nicht in das H. hineingebracht
12,4 kein H. soll sie anrühren 4Mo 4,15.20
19,8 weil er das H. des HERRN entheiligt hat
21,22 doch essen darf er vom H.
22,2 achtsam seien mit dem H. 3.4.6.10.14.15
4Mo 4,15 das H. und all sein Gerät bedeckt
1Kö 8,8 in dem H., das ist die Tempelhalle
10 als die Priester aus dem H. gingen
1Ch 23,28 zur Reinigung alles H.
2Ch 31,18 heiligten sich für das H.
Hes 42,20 damit das H. von dem Unheiligen geschieden sei 44,19.23; 46,20
Wsh 6,11 wer das H. heilig hält
Mt 7,6 ihr sollt das H. nicht den Hunden geben
Lk 1,35 wird das H. Gottes Sohn genannt werden
Heb 9,2 er heißt das H.
8 daß der Weg ins H. noch nicht offenbart sei
12 *ein für allemal in das H. eingegangen* 24
25 *gleichwie der Hohepriester in das H. geht*
10,19 *die Freiheit zum Eingang in das H.*
13,11 Tiere, deren Blut als Sündopfer in das H. getragen wird

Heiligkeit

Ps 89,36 habe geschworen bei meiner H. Am 4,2
93,5 H. ist die Zierde deines Hauses
Jes 64,10 das Haus unsrer H. ist verbrannt
Wsh 5,20 er wird H. ergreifen als Schild
9,3 die Welt in H. und Gerechtigkeit regieren
2Ma 3,12 die auf die H. der Stätte vertraut haben
Lk 1,75 (daß wir) ihm dienten unser Leben lang in H.
2Ko 1,12 *daß wir in H. unser Leben geführt*
Eph 4,24 nach Gott geschaffen in wahrer H.
1Th 3,13 damit eure Herzen untadelig seien in H.
4,4 seine eigene Frau zu gewinnen suche in H.
Heb 9,10 *es sind nur Satzungen äußerlicher H.*
12,10 damit wir an seiner H. Anteil erlangen

Heiligtum

2Mo 15,17 Berge, den du gemacht hast zu deinem H.
25,8 sollen mir ein H. machen
28,29 wenn er in das H. geht 35.43; 29,30; 35,19
29,37 anrührt, der ist dem H. verfallen 30,29; 3Mo 6,11.20; 4Mo 17,3
43 das H. wird geheiligt durch m. Herrlichkeit
30,13 nach dem Münzgewicht des H. 24; 38,24-26; 3Mo 5,15; 27,3.25; 4Mo 3,47.50; 7,13u.ö.86; 18,16
31,11 Salböl und Räucherwerk für das H.
36,4 die am Werk des H. arbeiteten 1.3.6; 38,24
39,1 machten Amtskleider zum Dienst im H. 41
3Mo 8,10 Mose salbte das H. und alles darin
10,4 tragt eure Brüder von dem H. hinaus
12,4 zum H. soll sie nicht kommen
16,2 nicht zu jeder Zeit in das H. gehe
16 soll so das H. entsühnen 17.20.27; Hes 45,18
23 die er anzog, als er in das H. ging
19,30 fürchtet mein H. 26,2
20,3 weil er mein H. unrein gemacht 4Mo 19,20; Hes 5,11; 23,38

3Mo 21,12 aus dem H. soll er nicht gehen, daß er nicht entheilige das H. 23
26,31 will eure H. verheeren
4Mo 3,28 die den Dienst am H. versehen 31.32.38; 4,12; 7,9; 18,5; 1Ch 23,32; Hes 44,11.15.19.27; 45,4
8,19 wenn sie sich zum H. nahen wollten 18,3
18,1 wenn eine Verfehlung begangen am H.
28,7 im H. soll man den Wein darbringen
5Mo 22,9 damit dem H. nicht das Ganze verfalle
Jos 24,26 Eiche, die bei dem H. des HERRN war
1Sm 2,32 deinen Widersacher im H. sehen wirst
3,3 Samuel hatte sich gelegt im H. des HERRN
1Kö 8,4 brachten alles Gerät des H.
13,32 alle H. auf den Höhen 2Kö 17,29.32; 23,19
2Kö 5,11 seine Hand hin zum H. erheben
12,5 für das H. bestimmte Geld
1Ch 16,27 Macht und Freude in seinem H. Ps 96,6
22,19 baut Gott ein H. 28,10; 2Ch 20,8
24,5 waren Oberste im H.
2Ch 5,11 die Priester gingen heraus aus dem H.
26,18 geh hinaus aus dem H.
29,5 tut heraus den Unrat aus dem H. 7.21
30,8 kommt zu seinem H. 35,5
19 die für das H. nötige Reinheit
36,17 ließ (sie) erschlagen im Hause ihres H.
Ps 20,3 er sende dir Hilfe vom H.
60,8 Gott hat in seinem H. geredet 108,8
63,3 schaue ich aus nach dir in deinem H.
68,18 der Herr zieht ein ins H. 25.36
73,17 bis ich ging in das H. Gottes
74,3 der Feind hat alles verheert im H. 7
78,69 er baute sein H. wie Himmelshöhen
114,2 da wurde Juda sein H.
134,2 hebet eure Hände auf im H.
150,1 lobet Gott in seinem H.
Jes 16,12 Moab kommt zu seinem H., um zu beten
43,28 habe die Fürsten des H. entheiligt
57,15 ich wohne in der Höhe und im H.
60,13 zu schmücken den Ort meines H.
62,9 ihn trinken in den Vorhöfen meines H.
63,18 Widers. haben dein H. zertreten Dan 8,13
Jer 17,12 die Stätte unseres H. ist ... erhaben
51,51 weil die Fremden über das H. kamen Klg 1,10; Hes 23,39
Klg 2,7 der Herr hat sein H. entweiht Hes 24,21
20 Priester in dem H. erschlagen werden
Hes 7,24 entheiligt werden ihre H. 28,18
8,6 um mich von meinem H. zu vertreiben
9,6 fangt an bei meinem H.
11,16 bin ihnen nur wenig zum H. geworden
21,7 rede gegen sein H.
25,3 weil ihr über mein H. ruft
37,26 mein H. soll unter ihnen sein 28
41,1 er maß ... so weit das H. war 45,2.3.6.7; 48,8. 10.18.20.21
42,14 wenn die Priester in das H. hineingehen 44.16.27
43,21 den Stier verbrennen außerhalb des H.
44,1 führte mich zu dem Tor des H.
5 mit dem Zutritt zum H. 7-9
47,1 ihr Wasser fließt aus dem H.
Dan 8,11 verwüstete die Wohnung seines H. 14
9,17 laß leuchten über dein zerstörtes H.
26 wird das H. zerstören Am 7,9
27 wird H. stehen ein Greuelbild
11,31 werden H. und Burg entweihen Ze 3,4
Am 7,13 (Bethel) ist des Königs H.
Jdt 4,9 daß ihr H. nicht entweiht werden sollte
5,21 in Jerusalem, wo ihr H. steht 16,24; Sir 36,15

Jdt	9,9	die damit drohen, dein H. zu zerstören
Sir	45,11	damit der Klang im H. gehört würde 47,12
	30	dem H. und dem Volk vorzustehen
	47,15	damit er ein H. aufrichtete für alle Zeit
	49,8	die verbrannten die Stadt des H.
	50,12	so verlieh er dem H. herrlichen Glanz 2; 1Ma 14,15
1Ma	1,23	ging ohne Scheu in das H. 2Ma 1,15
	38	so entstand eine Bedrohung für das H.
	41	das H. wurde öde wie die Wüste 39.47.59
	2,8	das H. ist in die Hände der Fremden gekommen 12; 3,45.51.58.59; 7,33.38.42.47; 14,31.36.42; 16,20
	3,43	wir wollen für das H. kämpfen 13,3.6
	4,36	laßt uns das H. wieder reinigen 38.41.43.48.54.60.61; 5,1; 6,7.26
	6,18	verwehrten Israel den Zugang zum H.
	14,29	damit das H. nicht vernichtet würde
	15,7	Jerusalem und das H. sollen frei sein
Apg	17,23	ich bin umhergegangen und habe eure H. angesehen
Heb	8,2	ist ein Diener am H. und an der Stiftshütte
	9,1	es hatte auch der erste Bund sein irdisches H.
	12	durch sein eigenes Blut in das H. eingegangen 24
	25	wie der Hohepriester alle Jahre in das H. geht
	10,19	die Freiheit zum Eingang in das H.

Heiligung

1Ko	1,30	der uns von Gott gemacht ist zur H.
2Ko	7,1	die H. vollenden in der Furcht Gottes
1Th	4,3	das ist der Wille Gottes, eure H.
	4	seine Frau zu gewinnen suche in H.
	7	Gott hat uns berufen zur H.
2Th	2,13	erwählt in der H. durch den Geist
1Ti	2,15	selig, wenn sie bleiben in der H.
1Pt	1,2	Gott ausersehen hat durch die H. des Geistes
Heb	12,14	jagt dem Frieden nach und der H.

Heilkraft

Tob	6,8	sage mir, welche H. in ... liegt

heillos

5Mo	13,14	sind h. Leute aufgetreten aus deiner Mitte
1Sm	25,17	er aber ist ein h. Mensch 25
	30,22	da sprachen böse und h. Leute
Hi	11,11	er kennt die h. Leute
	34,18	der zum König sagt: Du h. Mann
Ps	26,4	ich sitze nicht bei den h. Leuten
Spr	6,12	h. Mensch, wer mit trügerischem Munde
	16,27	ein h. Mensch gräbt nach Unheil
Jer	4,14	wie lange bleiben deine h. Gedanken

Heilmittel

Jer	46,11	ist umsonst, daß du viel H. gebrauchst

heilsam

Ps	119,66	lehre mich h. Einsicht und Erkenntnis
Spr	3,8	das wird deinem Leibe h. sein 4,22
	10,32	die Lippen der Gerechten lehren h. Dinge
	15,31	das Ohr, das da hört auf h. Weisung
1Ti	1,10	wenn noch etwas anderes der h. Lehre zuwider ist

1Ti	6,3	bleibt nicht bei den h. Worten
2Ti	1,13	halte dich an das Vorbild der h. Worte
	4,3	da sie die h. Lehre nicht ertragen werden
Tit	1,9	Kraft, zu ermahnen mit der h. Lehre
	2,1	rede, wie sich's ziemt nach der h. Lehre 8
	11	es ist erschienen die h. Gnade Gottes

Heilsbrunnen

Jes	12,3	ihr werdet Wasser schöpfen aus den H.

Heilstat

Jdt	15,12	du hast Israel eine große H. erwiesen

Heilung

Spr	12,18	die Zunge der Weisen bringt H.
Jes	58,8	deine H. wird voranschreiten
Sir	38,2	die H. kommt von dem Höchsten 8
Apg	4,22	an dem dieses Zeichen der H. geschehen war
	30	strecke deine Hand aus, daß H. geschehen
Off	22,2	die Blätter dienen zur H. der Völker

Heim

Sir	36,28	traut nicht einem Mann, der kein H. hat

Heimat

1Mo	24,7	der mich genommen hat von meiner H.
2Sm	15,19	bist von deiner H. hierher gezogen
	19,40	Barsillai kehrte zurück in seine H.
Spr	27,8	so ist ein Mann, der aus seiner H. flieht
Jer	31,17	d. Söhne sollen wieder in ihre H. kommen

heimbringen

1Mo	27,5	daß er ein Wildbret jagte und h.
	28,21	(wird) mich wieder h. zu meinem Vater b.
	30,14	b. sie h. zu seiner Mutter Lea
	42,19	b. h., was ihr gekauft habt
Rut	1,21	leer hat mich der HERR wieder heimg.
Jer	50,19	Israel will ich h. zu seiner Wohnung b.
Ze	3,20	zur selben Zeit will ich euch h.
Hag	1,9	wenn ihr's schon h., so blase ich's weg
Sa	8,8	will sie h., daß sie in Jerusalem wohnen
Tob	2,20	daß sie ein Ziegenböcklein h.
Sir	49,18	seine Gebeine wurden wieder mit heimg.

heimführen

2Sm	5,2	f. du Israel ins Feld und wieder h.
1Kö	13,18	f. ihn mit dir h., daß er esse und trinke
Jes	37,29	will dich den Weg h., den du gekommen

heimgehen

2Mo	7,23	der Pharao wandte sich und g. h.
5Mo	5,30	g. h. in eure Zelte 16,7
Ri	9,55	daß Abimelech tot war, g. jeder h.
	21,21	g. h. ins Land Benjamin
1Sm	2,11	Elkana g. h. nach Rama
	9,5	laß uns wieder h.
	10,26	auch Saul g. h. nach Gibea
2Sm	3,16	kehre um und g. h.
	12,15	Nathan g. h.
	14,8	der König sprach: G. h.
1Kö	8,66	g. h. fröhlich und guten Mutes 2Ch 7,10

heimgehen

1Kö	12,16	da g. Israel h. 2Ch 10,16
	24	jedermann g. wieder h. 2Ch 11,4
	14,12	mache dich auf und g. h. 17
	17,12	ich g. h. und will zurichten, daß wir essen
Dan	2,17	und Daniel g. h.
Sir	32,16	g. eilends h. und sei nicht leichtsinnig
Mt	9,6	steh auf, hebe dein Bett auf und g.h. 7; Mk 2,11; Lk 5,24.25
Mk	8,3	wenn ich sie hungrig. ließe
Lk	1,23	als die Zeit seines Dienstes um war, g. er h.
	8,39	g. wieder h. und sage, wie große Dinge Gott an dir getan hat
Jh	7,53	jeder g.h.
	20,10	da g. die Jünger wieder h.

heimholen

5Mo	20,7	mit einem Mädchen verlobt und es noch nicht heimg... ein anderer h. es h.
Mt	1,18	ehe er sie h.

heimkehren

4Mo	32,18	wollen nicht h., bis jeder sein Erbe hat
5Mo	20,5	der mache sich auf und k. h. 6-8
Ri	20,8	es soll niemand in sein Haus h.
2Sm	6,19	danach k. alles Volk h.
1Kö	22,17	k. h. mit Frieden 2Ch 18,16
1Ch	16,43	David k. h., sein Haus zu segnen
2Ch	25,10	sonderte die Kriegsleute ab, daß sie h.
Neh	7,5	die zuerst heimg. waren
Jes	23,1	wenn sie h. aus dem Lande Kittim
	37,34	auf dem Wege soll er wieder h. 37
	51,11	werden die Erlösten des HERRN h.
Hes	36,8	bald sollen sie h.
Sa	9,12	k. h. zur festen Stadt
	10,9	daß sie leben sollten und wieder h.
Jdt	5,21	sind sie jüngst aus den Ländern heimg.
Tob	5,29	daß er in Freuden wieder h. wird
2Ma	4,36	als der König aus Cilicien wieder h.
Lk	1,56	danach k. sie wieder h. *2,39*

heimkommen

1Mo	39,16	bis sein Herr h.
	42,29	als sie h. zu ihrem Vater 44,30
Jos	22,8	ihr k. wieder h. mit großem Gut
Ri	19,29	als er h., nahm er ein Messer
1Sm	1,19	(Elkana und Hanna) k. h. nach Rama
	11,9	als die Boten h. und das verkündeten
2Sm	6,20	als aber David h. 12,16.20; 19,31; 20,3
1Kö	13,7	k. mit mir h. und labe dich 15
	21,4	da k. Ahab h. voller Unmut
2Ch	19,1	Joschafat k. wieder h. mit Frieden
Neh	2,15	ich k. durch das Bachtal wieder h.
Est	5,10	als (Haman) h.
Spr	7,20	er wird erst zum Vollmond wieder h.
Jer	3,18	werden miteinander h. Klg 5,21
Tob	1,25	Tobias k. wieder h. 2,2.10
	10,3	weil ihr Sohn nicht heimg. war
1Ma	5,68	Judas k. wieder h. ins Land Juda 12,35
Mt	9,28	als er h., traten die Blinden zu ihm
	13,36	da ließ Jesus das Volk gehen und k.h.
	17,25	als er h., kam ihm Jesus zuvor und fragte
Mk	9,28	fragten ihn seine Jünger
Lk	15,6	wenn er h., ruft er seine Freunde
	17,7	sagt ihm, wenn der vom Feld h.

heimlich

1Mo	31,27	warum bist du h. geflohen
	40,15	bin aus dem Lande h. gestohlen worden
5Mo	13,7	wenn dich dein Bruder h. überreden würde
	27,15	verflucht, wer einen Götzen h. aufstellt
	24	verl., wer seinen Nächsten h. erschlägt
	28,57	wird beides vor Mangel h. essen
Jos	2,1	sandte zwei Männer h. als Kundschafter
Ri	3,19	ich habe, o König, dir h. etwas zu sagen
	9,31	er sandte h. Botschaft 2Sm 15,10
1Sm	18,22	redet mit David h. 2Sm 3,27
2Sm	12,12	du hast's h. getan
	21,12	die Gebeine h. weggenommen
Hi	4,12	zu mir ist h. ein Wort gekommen
	13,10	wenn ihr h. Partei ergreift
	15,8	hast du im h. Rat Gottes zugehört
	31,27	daß mich heimlich mein Herz h. betört hätte
	33	um h. meine Schuld zu verbergen
Ps	10,8	er mordet die Unschuldigen h.
	11,2	damit h. zu schießen auf die Frommen 64,5
	31,5	aus dem Netze, das sie mir h. stellten
	35,15	sie rotten sich h. zum Schlag wider mich
	101,5	wer seinen Nächsten h. verleumdet
Spr	9,17	h. Brot schmeckt fein
	11,13	ein Verleumder verrät, was er h. weiß
	17,23	der Gottlose nimmt gern h. Geschenke
	21,14	eine h. Gabe stillt den Zorn
	25,23	h. Geschwätz schafft saure Gesichter
Jes	45,3	will dir h. Schätze geben
Jer	13,17	muß ich h. weinen über solchen Hochmut
	20,10	ich höre, wie viele h. reden
	23,24	daß sich jemand so h. verbergen könne
	37,17	Zedekia fragte ihn h. 38,16; 40,15
Hes	24,17	h. darfst du seufzen
Am	8,3	Leichname, die man h. hinwirft
Jdt	2,3	(Nebukadnezar) beriet sich h. mit ihnen
	7,7	Quellen, aus denen sie h. Wasser holen
Wsh	1,6	Gott ist Zeuge seiner h. Gedanken
	11	was ihr h. einander in die Ohren redet
Tob	2,3	um ihn nachts h. zu begraben 12,12
Sir	5,16	mache niemand h. schlecht
	20,2	besser, offen zu tadeln, als h. Haß
1Ma	2,31	um sich h. in der Wüste zu verstecken
	9,60	schickte h. Schreiben an seine Anhänger
	10,79	hatte h. Reiter zurückgelassen 80; 16,15
2Ma	8,1	gingen h. in die Ortschaften
StD	1,16	Ältesten, die sich h. versteckt hatten
Mt	1,19	Josef gedachte aber, sie h. zu verlassen
	2,7	da rief Herodes die Weisen h. zu sich
Jh	7,10	ging er hinauf, nicht öffentl., sondern h.
	11,28	ging hin und rief ihre Schwester Maria h.
	19,38	ein Jünger Jesu, doch h., aus Furcht
Apg	16,37	und sollten uns nun h. fortschicken
1Ko	2,7	*wir reden von der h. Weisheit Gottes*
Eph	5,12	was von ihnen h. getan wird

Heimlichkeit

2Ko	4,2	wir meiden schändliche H.

heimschicken

Mk	8,26	er s. ihn h. und sprach

heimsenden

2Ma	1,20	als Nehemia... heimg. wurde

heimsuchen

1Mo	21,1	der HERR s. Sara h. 1Sm 2,21
	50,24	Gott wird euch gnädig h. 25
2Mo	20,5	der die Missetat der Väter h. an den Kindern 34,7; 4Mo 14,18; 5Mo 5,9
	32,34	werde ihre Sünde h. 3Mo 18,25
3Mo	26,16	ich will euch h. mit Schrecken
4Mo	16,29	heimg., wie alle Menschen heimg. werden
Jos	22,23	wenn wir... so s. es der HERR h.
Hi	7,18	jeden Morgen s. du ihn h.
	35,15	nun, da sein Zorn nicht h.
Ps	10,15	s. seine Bosheit h.
	17,3	du prüfst m. Herz und s. es h. bei Nacht
	59,6	du, HERR, wache auf und s. h. alle Völker
	65,10	du s. das Land h. und bewässerst es
	89,33	so will ich ihre Sünde mit der Rute h.
Spr	19,23	sicher schlafen, von keinem Übel heimg.
Jes	10,12	ich will h. die Frucht des Hochmuts
	13,11	ich will über den Erdkreis h.
	23,17	wird der HERR die Stadt Tyrus h.
	24,21	wird der HERR das Heer der Höhe h. 22
	26,14	darum hast du sie heimg. und vertilgt
	21	wird ausgehen, h. die Bosheit
	27,1	wird der HERR h. den Leviatan
Jer	5,9	ich sollte das an ihnen nicht h. 29; 9,8
	6,6	Jerusalem ist eine Stadt, die heimg. werden
	15	wenn ich sie h. werde, sollen sie 8,12; 11,23
	9,24	Zeit, daß ich h. werde alle 30,20
	10,15	zugrunde gehen, wenn sie heimg. werden 51,18
	11,22	ich will sie h. 15,3; 21,14; 23,2; Am 3,2
	14,10	der HERR will ihre Sünden h. Hos 8,13; 9,9
	23,4	daß sie nicht mehr heimg. werden
	34	den will ich h. und sein Haus dazu
	25,12	will ich h. den König von Babel 50,18
	27,8	das Volk will ich h. mit Schwert, Hunger
	29,10	will euch h. und mein gnäd. Wort erfüllen
	32	will Schemaja h. 32,5; 36,31
	44,13	will Ägyptenland h. 29; 46,25
	51,44	habe den Bel zu Babel heimg. 47.52
Klg	4,22	deine Schuld wird er h.
Hos	1,4	will ich die Blutschuld von Jesreel h.
	2,15	will ich an ihr die Tage der Baale
	4,9	ich will sein Tun h.
	12,3	der HERR wird Jakob h.
Am	3,14	da ich die Sünden Israels h. werde, will ich die Altäre in Bethel h.
Mi	7,4	es kommt der Tag, da sollst du heimg. werden
Ze	1,8	am Tage des HERRN will ich h. die Oberen
	9	will h., die über die Schwelle springen
	2,7	wenn der HERR sie wiederum h. wird
	3,7	womit ich sie h. wollte
Sa	10,3	will die Böcke h... wird seine Herde h.
Jdt	16,20	der Herr s. sie h. am Tage des Gerichts
Wsh	14,11	werden die Götzen der Heiden heimg.
	19,14	auch für das andere heimg.
Sir	2,17	wie ergehen, wenn sie der Herr h. 30,20
	10,16	hat die Hochmütigen schrecklich heimg.
	16,17	erbeben, wenn er sie h.
Lk	7,16	Gott hat sein Volk heimg.
	19,44	die Zeit, in der du heimg. worden bist
Apg	15,14	wie Gott die Heiden gnädig heimg. hat

Heimsuchung

Jes	10,3	was wollt ihr tun am Tage der H.
	29,6	H. kommt vom HERRN Zebaoth
Jer	23,12	kommen lassen das Jahr ihrer H. 46,21; 48,44; 49,8; 50,27.31; Hos 9,7
Hes	9,1	gekommen ist die H. der Stadt
Wsh	2,20	dann wird ihm gnädige H. widerfahren
	3,7	zur Zeit ihrer gnädigen H.
Sir	18,21	wirst in der Stunde der H. Gnade finden
	25,19	keine H. so schwer wie H. durch Menschen
1Pt	2,12	Gott preisen am Tag der H.

heimtückisch

Spr	12,2	den H. verdammt er
2Ko	12,16	aber bin ich etwa h.

heimwärts

Apg	21,6	jene wandten sich wieder h.

heimzahlen

Jes	59,18	den Inseln will er h.
	65,6	will nicht schweigen, sondern h.; ja, ich will es ihnen h. 7
Jer	51,56	der Gott der Vergeltung z. es ihnen h.
Dan	11,18	wird ihm seine Schmähungen h.
Jo	4,4	wollt ihr mir's h... will ich's euch h. 7
1Ma	2,68	z. den Heiden h., was sie verdient haben
2Ma	4,16	das wurde ihnen böse heimg.

heimziehen

Ri	21,23	die Benjaminiter z. h. in ihr Erbteil 2Ch 31,1
1Sm	23,18	Jonatan z. wieder h. 24,23; 2Sm 17,23; 1Kö 20,43; 2Kö 15,20
Jes	37,7	daß er wieder h. in sein Land
Jer	37,7	das Heer wird wieder h. nach Ägypten z.
Dan	11,28	wird h. mit großer Beute
Jdt	16,25	danach z. jeder wieder h.
Bar	5,7	damit Israel sicher h. kann
1Ma	1,21	als Antiochus wieder h.
	3,56	daß alle... h. möchten
Apg	8,28	nun z. er wieder h. und saß auf seinem Wagen

heiraten

1Mo	19,14	die seine Töchter h. sollten
4Mo	36,6	laß sie h., wie es ihnen gefällt... h. in ein Geschlecht ihres Vaters 8.11
5Mo	22,14	dies Mädchen hab ich geh.
Dan	2,43	sie werden sich durch H. vermischen
1Ma	3,56	daß alle, die geh. hatten, heimziehen
Mt	5,32	wer eine Geschiedene h.
	19,9	wer sich von seiner Frau scheidet, und h. eine andere Mk 10,11.12; Lk 16,18
	10	dann ist's nicht gut zu h.
	22,24	soll sein Bruder die Frau h. 25
	30	werden sie weder h. noch sich h. lassen Mk 12,25; Lk 20,35
	24,38	sie h. und ließen sich h. Lk 17,27; 20,34
Mk	6,17	er hatte sie geh.
Lk	2,36	mit ihrem Mann, nachdem sie geh. hatte
1Ko	7,9	sich nicht enthalten können, sollen sie h.
	28	wenn du doch h., sündigst du nicht 36
	38	wer seine Jungfrau h., der handelt gut
	39	sie ist frei, zu h., wen sie will
1Ti	4,3	sie gebieten, nicht zu h.
	5,11	ihrer Begierde nachgeben, so wollen sie h.
	14	so will ich, daß die jüngeren Witwen h.

heiser

Ps 69,4 mein Hals ist h.

heiß

1Mo 18,1 als der Tag am h. war 2Sm 4,5
2Mo 16,21 wenn die Sonne h. schien 1Sm 11,9.11; Neh 7,3
Hi 6,17 wenn es h. wird, vergehen sie
37,17 dem schon die Kleider h. werden
Jer 4,11 es kommt ein h. Wind
Hes 24,11 stelle den Topf... damit er h. wird
Dan 3,19 man sollte den Ofen siebenmal h. machen
Hos 7,6 ihr Herz ist in h. Glut wie ein Backofen
Jon 4,8 ließ Gott einen h. Ostwind kommen
Tob 2,11 ließ h. Dreck auf seine Augen fallen
7,13 daß Gott meine h. Gebete erhört hat
Sir 34,19 er ist ein schützendes Dach am h. Mittag
StD 1,15 um zu baden; denn es war sehr h.
Lk 12,55 wenn der Südwind weht, so sagt ihr: Es wird h. werden

heißen

1Mo 2,11 der erste (Hauptarm) h. Pischon 13.14
19 jedes Tier nennen würde, so sollte es h.
4,19 eine h. Ada, die andere Zilla 21; 10,25; 2Mo 1,15; 18,3; 4Mo 11,26; Rut 1,4; 1Sm 1,2; 8,2; 2Sm 4,2; 1Ch 1,19; Hes 23,4
11,9 daher h. ihr Name Babel
29 Abrams Frau h. Sarai 25,1
16,1 eine ägyptische Magd, die h. Hagar
17,5 sollst nicht mehr Abram h.
21,31 daher h. die Stätte 26,33; 33,17; 4Mo 11,34; Ri 15,19; 18,12; 2Ch 20,26
24,29 Rebekka hatte einen Bruder, der h. Laban
25,30 daher h. (Esau) Edom 36,1
27,36 er h. mit Recht Jakob
28,19 vorher h. die Stadt Lus 35,6; Ri 1,23.26
32,28 sprach: Wie h. du 30
29 sollst nicht mehr Jakob h., sondern Israel 35,10; 1Kö 18,31
35,19 Efrata, das nun Bethlehem h. 48,7
36,10 so h. die Söhne 22.39.40; 4Mo 13,4; 26,33.46.59; 1Sm 17,13; 1Ch 2,45; 4,3; 6,2-4; 7,15.16; 8,38; 9,44; 14,4
32 seine Stadt h. 35.39; 1Ch 1,43.46.50
38,1 Mann, der h. 2; 4Mo 25,14; Rut 1,2; 2,19; 1Sm 1,1; 25,3; 2Sm 9,2; 13,3; 16,5; 20,1; 1Ch 2,34; Esr 8,13; Est 2,5; Hi 1,1
6 Frau, die h. 4Mo 25,15; Ri 16,4; Rut 1,2; 1Sm 25,3; 2Sm 13,1; 14,27
2Mo 34,14 der HERR h. ein Eiferer
3Mo 24,11 seine Mutter h. 1Kö 11,26; 14,21.31; 15,2.10; 22,42; 2Kö 8,26; 12,2; 14,2; 15,2.33; 18,2; 21,1.19; 22,1; 23,31.36; 24,8.18; 2Ch 13,2; 13,2; 20,31; 22,2; 24,1; 25,1; 26,3; 27,1; 29,1; Jer 52,1
4Mo 13,24 der Ort h. Bach Eschkol
21,14 daher h. es in dem Buch
5Mo 3,13 dies ganze Baschan h. „Land der Riesen"
25,10 sein Name soll h. „des Barfüßers Haus"
Jos 2,1 kamen in das Haus einer Hure, die h. Rahab
9,17 kamen zu ihren Städten, die h. Gibeon
14,15 Hebron h. vorzeiten Stadt des Arba Ri 1,10.11.23
15,15 Debir h. vorzeiten Kirjat-Sefer
Ri 6,32 Jerubbaal, das h. „Baal streite mit ihm"
10,4 dreißig Städte, die h. „Dörfer Jaïrs"
13,6 Mann Gottes sagte mir nicht, wie er h.
13,17 Manoach sprach zum Engel: Wie h. du
1Sm 14,4 zwei Felsklippen, die eine h. Bozez
49 (Sauls) Töchter h. 50; 2Sm 3,7
25,3 seine Frau h. 1Ch 1,50; 2,26.29; 8,29; 9,35
25 Nabal h. „Tor", und Torheit ist bei ihm
2Sm 4,4 er h. Mefi-Boschet 9,12
18,18 die Säule h. „Absaloms Mal"
1Kö 4,8 (Salomo hatte 12 Amtleute.) Sie h.
1Ch 22,9 er soll Salomo h.
2Ch 12,8 innewerden, was es h., mir zu dienen
28,9 ein Prophet, der h. Oded
Esr 5,4 wie h. die Männer 10
Est 2,16 Monat, der da h. Sa 7,1
Ps 68,5 er h. HERR Am 5,8; 9,6
83,19 erkennen, daß du allein HERR h. Jer 16,21
Spr 21,24 wer stolz und vermessen, h. ein Spötter
30,4 wie h. er? Und wie h. sein Sohn
15 Töchter, die h. „Gib her, gib her"
Jes 1,26 wirst du eine Stadt der Gerechtigkeit h.
4,1 laß uns nur nach deinem Namen h.
3 der wird heilig h.
9,5 und er h. Wunder-Rat
19,18 eine wird h. Ir-Heres
23,15 wird es gehen, wie es h. im Hurenlied h.
27,2 wird es h.: Lieblicher Weinberg
32,5 wird nicht mehr ein Narr Fürst h.
35,8 Bahn, die der heilige Weg h. wird
47,4 unser Erlöser; er h. HERR Zebaoth 48,2; 51,15; 54,5; Jer 10,16; 46,18; 48,15; 50,34; 51,19.57; Am 4,13; 5,27
5 nicht mehr h. „Herrin über Königreiche"
48,1 die ihr nach dem Namen Israels h.
56,7 mein Haus wird ein Bethaus h.
58,12 sollst h. „Der die Lücken zumauert..."
60,18 deine Mauern sollen „Heil" h.
61,6 sollt Priester des HERRN h.
62,4 sollst h. „Meine Lust"
Jer 6,30 darum h. sie „Verworfenes Silber"
14,9 wir h. nach deinem Namen
22,16 h. dies nicht, mich recht erkennen
Hes 20,29 daher h. sie bis auf diesen Tag „Höhe"
39,11 soll h. „Tal der Heerhaufen" 16
Dan 4,5 Daniel, der Beltschazar h. 16; 10,1
Sa 6,12 es ist ein Mann, der h. „Sproß"
8,3 daß Jerusalem Stadt der Treue h. soll
Jdt 9,8 daß du mit Recht „Herr" h.
Sir 10,12 und doch h.'s: Heute König, morgen tot
47,19 des Herrn, der da h. der Gott Israels
1Ma 10,20 du sollst „Freund des Königs" h.
12,31 gegen die Araber, die Sabadäer h.
2Ma 5,27 Judas, der auch Makkabäus h.
Mt 1,16 Jesus, der da h. Christus
21 *des Namen sollst du Jesus h.* 25; Lk 1,31
23 *sie werden seinen Namen Immanuel h.*
23 (Immanuel,) das h. übersetzt: Gott mit uns
2,23 er soll Nazoräer h.
4,18 *Simon, der h. Petrus*
5,9 denn sie werden Gottes Kinder h.
19 der wird der Kleinste h. im Himmelreich
9,9 Jesus sah einen Menschen, der h. Matthäus
13 hin und lernt, was da h.
10,25 *haben sie den Hausvater Beelzebub geh.*
12,7 wenn ihr wüßtet, was das h.
13,55 h. nicht seine Mutter Maria
21,13 mein Haus soll ein Bethaus h. Mk 11,17
23,9 *ihr sollt niemand euren Vater h.*
26,3 im Palast des Hohenpriesters, der h. Kaiphas
36 einen Garten, der h. Gethsemane
27,8 daher h. dieser Acker Blutacker
16 einen Gefangenen, der h. Jesus Barabbas

Mt	27,33	Golgatha, das h.: Schädelstätte Mk 15,22
	46	das h.: Mein Gott, mein Gott Mk 15,34
	57	der h. Josef und war ein Jünger Jesu
Mk	3,17	Boanerges, das h.: Donnersöhne
	5,9	Legion h. ich; denn wir sind viele Lk 8,30
	41	Talita kum! - das h.
	7,2	mit unreinen, das h.: mit ungewaschenen Händen
	11	Korban - das h.: Opfergabe soll sein, was
	34	Hefata!, das h.: Tu dich auf
	10,18	*was h. du mich gut Lk 18,19*
	12,37	*da h. ihn ja David seinen Herrn*
Lk	1,5	Zacharias... seine Frau h. Elisabeth
	13	*des Namen sollst du Johannes h.*
	26	Gabriel gesandt in eine Stadt, die h. Nazareth
	59	*h. es nach seinem Vater Zacharias*
	60	nein, sondern er soll Johannes h. 63
	61	niemand in deiner Verwandtschaft, der so h.
	62	*wie er ihn wollte h. lassen*
	76	du wirst ein Prophet des Höchsten h.
	2,4	zur Stadt Davids, die da h. Bethlehem
	23	alles Männliche... soll dem Herrn geheiligt h.
	6,46	*was h. ihr mich Herr, Herr*
	8,2	*Maria, die da Magdalena h.*
	9,10	zog sich in die Stadt zurück, die h. Betsaida
	10,39	sie hatte eine Schwester, die h. Maria
	15,19	nicht mehr wert, daß ich dein Sohn h. 21
	19,29	Berg, der Ölberg h. Apg 1,12
	20,37	*da er den Herrn h. Gott Abrahams*
	22,1	Fest der Ungesäuerten Brote, das Passa h.
	25	*ihre Mächtigen h. man gnädige Herren*
	23,33	die Stätte, die da h. Schädelstätte Jh 19,17
Jh	1,6	es war ein Mensch, von Gott gesandt, der h. Johannes
	38	Rabbi - das h. übersetzt: Meister
	41	Messias, das h. übersetzt: der Gesalbte
	42	Kephas, das h. übersetzt: Fels
	42	du sollst Kephas h.
	4,5	kam in eine Stadt Samariens, die h. Sychar
	25	der Messias, der da Christus h.
	5,2	ein Teich, h. auf hebräisch Betesda
	6,1	Galiläische Meer, das See von Tiberias h.
	9,7	Siloah - das h. übersetzt: gesandt
	11	der Mensch, der Jesus h., machte einen Brei
	13,13	*ihr h. mich Meister und Herr*
	18,10	der Knecht h. Malchus
	19,13	an der Stätte, die da h. Steinpflaster
	20,16	spricht zu ihm: Rabbuni!, das h.: Meister
	24	*Thomas, der da h. Zwilling 21,2*
Apg	1,19	Hakeldamach, das h. Blutacker
	3,2	die Tür des Tempels, die da h. die Schöne
	11	in der Halle, die da h. Salomos
	4,36	Barnabas - das h.: Sohn des Trostes
	7,58	zu den Füßen e. jungen Mannes, der h. Saulus
	8,10	*der ist die Kraft Gottes, die da groß h.*
	9,11	in die Straße, die Gerade h.
	36	Tabita, das h. übersetzt: Reh
	10,1	von der Schar, die da h. die italische
	15	*das h. du nicht gemein 11,9*
	28	keinen Menschen unrein zu h.
	12,12	*Johannes, der mit dem Zunamen Markus h.*
	13,9	Saulus, der auch Paulus h., sah ihn an
	24,14	*nach der Lehre, die sie eine Sekte h.*
	27,8	kamen an einen Ort, der „Guthafen" h.
	16	fuhren vorbei an einer Insel, die Kauda h.
	28,1	erfuhren wir, daß die Insel Malta h.
Rö	1,12	das h., damit ich mit euch getröstet werde

Rö	2,17	*du aber h. ein Jude*
	6,21	*das Ende derselben h. Tod*
	7,3	*wird sie eine Ehebrecherin geh.*
	9,7	*soll dein Geschlecht h.*
	8	*das h.: nicht das sind Gottes Kinder*
	25	*ich will das mein Volk h.*
	15,10	und wiederum h. es
1Ko	4,6	damit ihr an uns lernt, was das h.
	12,3	*niemand kann Jesus den Herrn h.*
	15,9	nicht wert bin, daß ich ein Apostel h.
	27	wenn es h., alles sei ihm unterworfen
Gal	3,16	*es h. nicht: und dem Nachkommen*
	4,25	*Hagar h. in Arabien der Berg Sinai*
Eph	3,15	Vater über alles, was Kinder h.
	4,8	*darum h. es 5,14; Jak 4,6*
	9	was h. das anderes, als daß er auch hinabgefahren ist
Kol	4,11	*Jesus, der da h. Justus*
2Th	2,4	der sich erhebt über alles, was Gott oder Gottesdienst h.
1Pt	3,6	*Sara h. (Abraham) Herr*
1Jh	3,1	Liebe erwiesen, daß wir Gottes Kinder h.
Heb	2,11	schämt sich nicht, sie Brüder zu h.
	3,13	ermahnt euch, solange es „heute" h.
	15	wenn es h.: Heute, wenn ihr seine Stimme hören werdet
	7,2	h. er übersetzt: König der Gerechtigkeit
	9,2	er h. das Heilige
	3	Teil der Stiftshütte, der das Allerheiligste h.
	11,16	schämt sich Gott ihrer nicht, ihr Gott zu h.
	24	*nicht mehr ein Sohn h. des Pharao*
Jak	2,23	Abraham ward „ein Freund Gottes" geh.
Off	1,9	auf der Insel, die h. Patmos h.
	3,14	das sagt, der Amen h.
	6,8	*des Name h. Tod*
	8,11	der Name des Sterns h. Wermut
	9,11	sein Name h. auf hebräisch Abaddon 16,16
	11,8	Stadt, die h. geistlich: Sodom und Ägypten
	12,9	alte Schlange, die da h.: Teufel und Satan
	19,11	der darauf saß, h. Treu und Wahrhaftig
	13	*sein Name h.: Das Wort Gottes*

heißen (befehlen)

1Mo	15,5	er h. ihn hinausgehen
	20,13	als mich Gott wandern h.
	27,8	tu, was ich dich h. 2Ch 7,17
Ps	137,3	h. uns dort singen
Apg	4,15	da h. sie sie hinausgehen

heiter

Hi	9,27	meine Klage vergessen und will h. bleiben
StE	4,3	ihr Angesicht war h. und lieblich

heizen

Hos	7,4	Backofen, den der Bäcker h.
StD	3,22	die Diener hörten nicht auf zu h.

Hela

1Ch	4,5	Aschhur hatte zwei Frauen: H. und Naara 7

Helam

2Sm	10,16	die Aramäer kamen nach H. 17

Helba

Ri	1,31	Asser vertrieb nicht die Einwohner von H.

Helbon

Hes	27,18	gekauft gegen Wein von H.

Held

1Mo	6,4	das sind die H. der Vorzeit
	49,10	bis daß der H. komme
Ri	5,13	der HERR zog mit herab unter den H. 23
	6,12	der HERR mit dir, du streitbarer H.
2Sm	1,19	wie sind die H. gefallen 21.22.25.27
	16,6	obwohl alle seine H. zu s. Rechten waren
	17,10	daß dein Vater ein H. ist
	20,7	zogen die Männer aus und alle H.
	23,8	H. Davids 9.13.16.17.22; 1Kö 1,8.10; 1Ch 11,10-12.19.24.26; 12,1.9.22.26.29.31; 19,8; 27,6; 28,1; 29,24
Ps	19,6	freut sich wie ein H., zu laufen ihre Bahn
	33,16	ein H. kann sich nicht retten
	45,4	gürte dein Schwert an die Seite, du H.
	89,20	hast gesagt: Ich habe einen H. erweckt
	103,20	lobet den HERRN, ihr starken H.
Jes	3,2	(der Herr wird wegnehmen) H.
	5,22	weh denen, die H. sind, Wein zu saufen
	9,5	er heißt Wunder-Rat, Gott-H.
	42,13	der HERR zieht aus wie ein H., zieht wie ein H. wider seine Feinde
Jer	5,16	es sind lauter H.
	14,9	wie ein H., der nicht helfen kann
	20,11	der HERR ist bei mir wie ein starker H.
	46,5	ihre H. erschlagen sind
	9	lasset die H. ausziehen
	12	ein H. fällt über den andern
	48,14	wie könnt ihr sagen: Wir sind H.
	41	das Herz der H. in Moab sein wie 49,22
	51,30	die H. zu Babel nicht zu Felde ziehen
	56	seine H. werden gefangen
Hes	32,12	dein Volk fällen durch das Schwert der H.
	21	von ihm werden sagen die starken H.
	27	H., die in der Vorzeit... gefürchtete H.
Hos	10,13	dich verläßt auf die Menge deiner H.
Jo	2,7	sie werden laufen wie H.
1Ma	2,66	Judas Makkabäus ist ein starker H. 3,3
	9,21	ach, daß der H. umgekommen ist

Heldai

1Ch	27,15	¹H., der Netofatiter (= Heled)
Sa	6,10	²nimm von den Weggeführten, von H. 14

Heldenkraft

Hes	32,29	in ihrer H. zu den Erschlagenen getan

Heled (= Heldai 1)

2Sm	23,29	H., der Sohn Baanas 1Ch 11,30

Helef, *Heleph*

Jos	19,33	(Naftali) seine Grenze war von H.

Helek, Helekiter

4Mo	26,30	H., daher das Geschlecht der H.
Jos	17,2	fiel das Los auf die Söhne H.

Helez

2Sm	23,26	¹H., der Peletiter 1Ch 11,27; 27,10
1Ch	2,39	²Asarja zeugte H. H. zeugte Elasa

helfen

1Mo	37,26	was h.'s uns, daß wir unsern Bruder töten
	49,25	von deines Vaters Gott werde dir geh.
2Mo	1,16	wenn ihr den hebräischen Frauen h.
	2,17	Mose h. ihnen und tränkte ihre Schafe
4Mo	8,26	(die Leviten sollen) ihren Brüdern h. beim Dienst 2Ch 29,34
5Mo	20,4	der HERR geht mit euch, um euch zu h.
	22,27	niemand war da, der ihr h.
	28,29	niemand wird dir h. 31
	32,38	laßt (Götter) euch h. Ri 10,14; Jer 2,28
Jos	1,14	ihr sollt hinüberziehen und ihnen h.
	10,4	kommt herauf und h. mir 6.33; 2Kö 16,7
	22,22	so h. er uns heute nicht
Ri	2,16	Richter erweckte, die ihnen h. Neh 9,27
	6,31	wollt ihr (Baal) h.
	10,12	ich h. euch aus ihren Händen 1Sm 10,19
	11,8	damit du uns h., gegen die Ammoniter
	12,2	ihr h. mir nicht aus ihren Händen 3
	21,7	wie können wir ihnen h.
1Sm	2,9	viel Macht h. doch niemand
	7,8	Gott, daß er uns h. 12
	10,27	was soll der uns h.
	14,6	dem HERRN nicht schwer... zu h. 23.45
	17,47	daß der HERR nicht durch Schwert... h.
	25,26	dir mit eigener Hand zu h. 31.33
2Sm	8,5	kamen, um Hadad-Eser zu h. 1Ch 18,5
	6	der HERR h. David, wo er auch hinzog 14; 1Ch 12,19; 18,6.13
	10,19	die Aramäer fürchteten sich zu h. 1Ch 19,19
	14,4	h. mir, König 2Kö 6,26
	15,4	damit ich ihm zum Recht h.
	18,3	daß du uns von der Stadt aus h. kannst
	21,17	Abischai h. David
	22,3	Gott, der du mir h. 28.44; Ps 18,28.44.49
2Kö	6,27	h. dir der HERR nicht, woher soll ich h.
1Ch	5,20	h. wider sie. gegen sie
	12,18	kommt ihr... mir zu h. 20.22.23.34
	15,26	weil Gott den Leviten h.
	16,35	h. uns, Gott 2Ch 14,10; Ps 79,9; 85,5; 106,47
	19,12	(Joab) sprach... will ich dir h.
	22,17	David gebot, Salomo zu h.
2Ch	6,35	wollest ihnen zu ihrem Recht h. 39
	14,10	HERR, es ist dir nicht schwer, zu h.
	18,31	und der HERR h. ihm 26,7; 32,22
	19,2	sollst du so dem Gottlosen h.
	20,9	du wirst hören und h.
	25,8	bei Gott steht die Kraft zu h.
	26,13	dem König gegen die Feinde zu h.
	15	weil ihm wunderbar geh. wurde
	28,16	dem König von Assur, dachte er ihm h. 20
	21	obwohl Ahas... gab, h. es ihm nichts
	23	die Götter h. ihnen... daß sie mir auch h.
	32,8	mit uns ist der HERR, daß er uns h.
Esr	1,4	sie sollen die Leute des Orts h. 6
	8,22	vom König Geleit, um uns zu h.
	36	diese h. dem Volk 10,15; Est 9,3
Hi	5,15	er h. dem Armen vom Schwert
	12,14	wenn er zerbricht, so h. kein Bauen
	22,3	daß du gerecht bist? Was h.'s ihm
	29	wer seine Augen niederschlägt, dem h. er
	26,2	wie h. du dem, der keine Stärke hat
	30,13	zu meinem Fall h. sie
	36,6	er h. dem Elenden zum Recht Ps 82,3

Hi	40,14	daß dir deine rechte Hand h. kann			h. nicht geschickt sein... h. nicht klug sein...
Ps	3,8	h. mir, mein Gott 54,3; 69,2; 71,4; 86,2; 119,86.94.146			h. nicht, daß er etwas gut kann
			Jes	1,17	h. den Unterdrückten
	4,9	allein du, HERR, h. mir		25,9	auf den wir hofften, daß er uns h.
	6,5	h. mir um deiner Güte willen 31,17		26,18	wir können dem Lande nicht h.
	7,2	h. mir von allen meinen Verfolgern		30,7	sein H. ist vergeblich
	7	wache auf, mir zu h.		15	wenn ihr stille bliebet, so würde euch geh.
	11	der den frommen Herzen h.		31,3	daß der, dem geh. wird, fällt
	12,2	h., HERR! Die Heiligen haben abgenommen		33,22	der HERR h. 35,4; 38,20; 41,10.13.14; 43,12
	13,6	mein Herz freut sich, daß du so gerne h.		41,6	einer will dem andern h.
	20,6	wollen wir jubeln, weil er dir h.		45,20	zu einem Gott, der nicht h. kann 46,7; Jer 2,8.11; 10,5; 11,12; 16,19; Hab 2,18
	7	daß der HERR seinem Gesalbten h., seine rechte Hand h. mit Macht		47,12	ob du dir h. kannst
	10	h., HERR, du König		13	sollen dir h. die Sterngucker
	22,20	eile, mir zu h. 40,14; 70,2; 71,12		48,17	dein Gott, der dich lehrt, was dir h.
	22	h. mir aus dem Rachen des Löwen		49,8	habe dir am Tage des Heils geh. 2Ko 6,2
	25,5	du bist der Gott, der mir h.		25	ich selbst will deinen Söhnen h.
	28,7	auf ihn hofft mein Herz, und mir ist geh.		50,7	Gott der HERR h. mir 9
	9	h. deinem Volk Jer 31,7		57,13	so sollen dir deine Götzen h.
	31,3	h. mir eilends... daß du mir h.		59,1	ist nicht zu kurz, daß er nicht h. könnte
	33,16	einem König h. nicht seine große Macht		16	da h. er sich selbst mit seinem Arm 63,5
	17	Rosse h. auch nicht		63,1	bin mächtig zu h.
	34,7	h. ihm aus allen seinen Nöten		9	sein Angesicht h. ihnen
	19	h. denen, die ein zerschlagenes Gemüt	Jer	2,18	was h.'s dir, daß du nach Ägypten ziehst
	20	aus alledem h. ihm der HERR		27	sprechen sie: Auf und h.
	35,2	mache dich auf, mir zu h.		4,14	wasche dein Herz, auf daß dir geh. werde
	36,7	HERR, du h. Menschen und Tieren		5,28	sie h. den Armen nicht zum Recht
	37,39	der HERR h. den Gerechten 40		14,9	stellst dich wie ein Held, der nicht h.
	44,4	ihr Arm h. ihnen nicht		15,20	bin bei dir, dir h. 30,11; 42,11
	7	mein Schwert kann mir nicht h.		17,14	h. du mir, so ist mir geh.
	8	du h. uns von unsern Feinden		22,16	er h. dem Elenden und Armen
	27	h. uns und erlöse uns		23,6	zu seiner Zeit soll Juda geh. werden 33,16
	46,6	Gott h. ihr früh am Morgen		30,7	doch soll ihm daraus geh. werden
	55,17	der HERR wird mir h.		46,27	will dir h. aus fernen Landen
	57,4	er h. mir von der Schmähung	Klg	1,7	Jerusalem denkt, wie ihr niemand h.
	59,3	h. mir von den Blutgierigen		3,59	h. mir meinem Recht
	60,7	dazu h. mit deiner Rechten 108,7; 138,7		4,17	Volk, das uns doch nicht h. konnte
	62,2	m. Seele ist stille zu Gott, der mir h.	Hes	16,49	dem Armen h. sie nicht
	68,20	legt uns Last auf, aber er h. uns auch		30,8	daß alle, die ihn h., zunichte werden
	21	wir haben einen Gott, der da h.		33,12	wird's ihm nicht h., daß er gerecht
	69,36	Gott wird Zion h.		34,22	will meiner Herde h.
	71,2	neige deine Ohren zu mir und h. mir	Dan	6,17	dein Gott, dem du dienst, h. dir
	3	du zugesagt hast, mir zu h.		10,10	es ist keiner, der mir h. gegen jene
	72,4	er soll den Armen h. 13		11,1	ich stand bei ihm, um ihm zu h.
	76,10	daß er h. allen Elenden auf Erden 109,31		26	die sein Brot essen, die werden h.
	83,9	sie h. den Söhnen Lot		45	niemand wird ihm h.
	86,16	h. dem Sohn deiner Magd	Hos	1,7	will ihnen h. durch den HERRN; ich will ihnen aber nicht h. durch Bogen, Schwert
	89,20	habe einen Helden erweckt, der h. soll		5,13	Jareb kann euch nicht h.
	27	du bist mein Vater, mein Gott, der mir h.		10,3	was kann uns der König h. 13,10
	94,17	wenn der HERR mir nicht h., läge ich bald		11,3	sie merkten's nicht, wie ich ihnen h.
	106,8	er h. um seines Namens willen 10; Jer 14,7		4	ich h. ihnen das Joch tragen
	107,12	daß sie dalagen und ihnen niemand h.		14,4	Assur soll uns nicht h.
	13	er h. ihnen aus ihren Ängsten 19	Jon	2,10	Gelübde... dem HERRN, der mir geh. hat
	109,26	h. mir nach deiner Gnade		4,6	daß sie ihm h. von seinem Unmut
	116,6	wenn ich schwach bin, so h. er mir	Hab	1,2	rufen, und du willst nicht h.
	118,7	der HERR ist mit mir, mir zu h. 13.21		3,13	zogest aus, deinem Volk zu h., zu h. deinem Gesalbten
	25	o HERR, h.! O HERR, laß wohlgelingen	Ze	3,19	ich will den Hinkenden h.
	119,175	laß dein Recht mir h.	Sa	1,15	sie aber h. zum Verderben
	145,19	er hört ihr Schreien und h. ihnen		9,16	der HERR wird ihnen zu der Zeit h.
	146,3	sind Menschen, die können ja nicht h.	Jdt	7,24	wird uns in diesen fünf Tagen nicht geh. 8,9
	149,4	er h. den Elenden herrlich		8,11	wollt ihr bestimmen, wann er h. soll
Spr	10,2	unrecht Gut h. nicht		9,2	h. mir armen Witwe, Herr
	11,4	Reichtum h. nicht am Tage des Zorns		4	wenn du h., kann's nicht fehlgehen
	20,22	harre des HERRN, der wird dir h.		14,6	sah, wie mächtig Gott geh. hatte
	28,17	wird flüchtig sein, und niemand h. ihm	Wsh	2,18	ist der Gerechte Gottes Sohn, wird er ihm h.
	18	wer ohne Tadel einhergeht, dem wird geh.		5,8	was h. uns nun der Übermut
Pr	5,15	was h.'s ihm, daß er... gearbeitet		13,16	weiß, daß es sich selber nicht h. kann
	6,8	was h.'s dem Armen, daß er verstehet			
	7,11	Weisheit h. denen, die die Sonne sehen			
	9,11	h. nicht schnell sein... h. nicht stark sein...			

helfen

Wsh	17,12	sich von seinem Verstand h. zu lassen		
Tob	3,25	Rafael wurde gesandt, beiden zu h.		
	4,7	mit deinem Hab und Gut hilf den Armen 8; Sir 29,12; 35,16		
	5,14	hab Geduld, Gott wird dir bald h. 13,4; Bar 4,22.29; 1Ma 16,3		
Sir	2,13	der Herr h. in der Not 11,13; 34,19; 1Ma 4,11		
	4,28	wenn du andern damit h. kannst		
	12,18	tut so, als wollte er dir h.		
	29,4	macht dem Ärger, der ihm geh. hat		
	34,15	ihre Hoffnung richtet sich auf den, der h. kann		
	30	was h. ihm sein Waschen 31		
	37,22	aber sich selbst kann er nicht h.		
	38,13	dem Kranken allein durch die Ärzte geh. wird		
	22	du h. ihm nicht, und dir tust du Schaden		
	39,23	wenn er h., kann's niemand hindern		
	51,4	du hast mir geh. gegen die Feinde 11; 2Ma 2,17; 8,19.20; 14,15.35		
	9	ich war umringt, und niemand h. mir		
Bar	2,14	Herr, h. uns um deinetwillen 2Ma 13,10; StE 3,4.10		
	4,17	wie kann ich euch h.		
	6,37	(Götzen) können in der Not nicht h. 64		
	58	(Götzen) können sich selber nicht h.		
	68	die Tiere können sich selber h.		
1Ma	3,2	seine Brüder h. ihm 5,16; 10,72.74; 11,43.60		
	53	wie standhalten, wenn du nicht h.		
	8,18	damit die Römer ihnen h. sollten 13		
2Ma	3,28	weil er sich selbst nicht mehr h. konnte		
	11,6	einen Engel, der Israel h. sollte		
	14,9	darum wolle der König raten und h.		
StD	1,60	Gott, der denen h., die auf ihn hoffen		
GMn	15	du wollest mir Unwürdigem h.		
Mt	8,25	Herr, h., wir kommen um		
	9,22	dein Glaube hat dir geh. Mk 10,52; Lk 7,50; 8,48; 17,19; 18,42		
	10,21	werden sie töten h. Mk 13,12		
	13,15	damit sie nicht... und ich ihnen h. Jh 12,40; Apg 28,27		
	14,30	Herr, h. mir 15,25		
	16,26	was h. es dem Menschen, wenn Mk 8,36		
	17,16	sie konnten ihm nicht h.		
	27,40	h. dir selber, wenn du Gottes Sohn bist Mk 15,30; Lk 23,37.39		
	42	andern hat er geh. und kann sich selber nicht h. Mk 15,31; Lk 23,35		
	49	ob Elia komme und ihm h.		
Mk	1,34	er h. vielen Kranken		
	5,26	es hatte ihr nichts geh.		
	9,22	wenn du etwas kannst, so h. uns		
	24	ich glaube; h. meinem Unglauben		
Lk	4,23	Arzt, h. dir selber		
	5,7	*daß sie kämen und h. ihnen*		
	10,40	sage ihr, daß sie mir h. soll		
	17,33	*der wird ihr zum Leben h.*		
Jh	4,47	bat ihn, seinem Sohn zu h.		
	12,27	Vater, h. mir aus dieser Stunde		
Apg	14,9	er glaubte, ihm könne geh. werden		
	16,9	komm herüber nach Mazedonien und h. uns		
	18,27	h. er denen viel, die gläubig geworden waren		
	21,28	ihr Männer von Israel, h.		
	26,10	*h. ich das Urteil sprechen*		
Rö	5,16	die Gnade h. aus vielen Sünden		
	15,30	daß ihr mir kämpfen h. durch eure Gebete		
1Ko	12,28	Gaben, gesund zu machen, zu h.		
	15,32	was h.'s mir		
2Ko	1,11	dazu h. auch ihr durch eure Fürbitte für uns		
1Ti	2,4	welcher will, daß allen Menschen geh. werde		
2Ti	2,16	*das h. zum ungöttlichen Wesen*		
Heb	2,18	kann er h. denen, die versucht werden		
	4,2	das Wort der Predigt h. jenen nichts		
Jak	2,14	was h.'s, liebe Brüder, wenn jemand sagt 16		
	5,15	das Gebet des Glaubens wird dem Kranken h.		
Jud	5	nachdem er dem Volk aus Ägypten geh. hatte		
Off	12,16	die Erde h. der Frau		

Helfer

2Sm	22,42	sehen sich um – da ist kein H. Ps 18,42; Jes 63,5
2Kö	14,26	daß kein H. in Israel war
1Ch	12,1	gehörten zu den H. im Kampf
	18	Friede sei mit deinen H.
Hi	9,13	mußten sich beugen die H. Rahabs
	29,12	die Waise, die keinen H. hatte
	31,21	sah, daß ich im Tor H. hatte
Ps	10,14	du bist der Waisen H. Spr 23,10
	22,12	es ist hier kein H.
	30,11	HERR, sei mein H.
	40,18	du bist mein H. und Erretter 63,8; 70,6
	68,6	ein H. der Witwen ist Gott
	72,12	den Elenden, der keinen H. hat
	79,9	hilf uns, Gott, unser H.
Jes	31,3	so daß der H. strauchelt
Jer	47,4	auszurotten den letzten H.
Hes	12,14	seine H. will ich zerstreuen
	32,21	die starken Helden mit ihren H.
Sa	9,9	dein König kommt zu dir, ein H.
Sir	40,24	Brüder und H. sind gut in der Not
Bar	4,22	die euch von unserm H. widerfahren wird
2Ma	11,10	den H., den ihnen Gott gesandt hatte
	12,36	er möge ihnen als H. erscheinen
	13,17	denn Gott war ihr H. gewesen
1Ko	12,28	H., Regierer, mancherlei Zungen
Phl	2,25	der ist euer Abgesandter und H. in meiner Not
Heb	13,6	der Herr ist mein H., ich will mich nicht fürchten

Heliodor

2Ma	3,7	bestimmte seinen Kanzler H. 9u.ö.40; 4,1; 5,18

Helkai

Neh	12,15	von Meremot: H.

Helkat, *Helkath*

Jos	19,25	(Asser) sein Gebiet war H. 21,31; 1Ch 6,60

Helkat-Hazzurim, *Helkath-Hazzurim*

2Sm	2,16	wird er Ort „H." genannt

hell

1Ch	15,16	mit Harfen und h. Zimbeln 19.28; 16,5
Hi	10,22	wenn's h. wird... immer noch Finsternis
	25,5	auch der Mond scheint nicht h.
	31,26	das Licht, wenn es h. leuchtete 37,21
Ps	18,29	du machst h. meine Leuchte
	78,14	leitete sie die Nacht mit einem h. Feuer
	150,5	lobet ihn mit h. Zimbeln
Spr	4,18	wie das Licht, das immer h. leuchtet

Jes	9,1	über denen... scheint es h.
	13,10	die Sterne am Himmel scheinen nicht h.
	30,26	der Sonne Schein wird siebenmal h. sein
Jer	6,4	solange es noch h. Tag ist
	15,8	ließ kommen den Verderber am h. Mittag 9
Hes	12,3	zieh am h. Tage fort 4.7
Dan	2,31	ein h. glänzendes Bild stand vor dir
	10,6	seine Arme und Füße wie h. Kupfer
Am	5,20	des HERRN Tag dunkel und nicht h.
	8,9	will das Land am h. Tage finster werden l.
Wsh	17,20	die ganze Welt hatte h. Licht
	18,1	deine Heiligen hatten h. Licht
Tob	13,12	du wirst in h. Glanze leuchten
Sir	17,30	was ist h. als die Sonne
	23,28	daß die Augen des Herrn h. sind
	26,22	ein schönes Antlitz ist wie die h. Lampe
	43,1	Schönheit der Höhe ist das h. Firmament
	4	die Sonne gibt h. Glanz von sich
	9	die h. Sterne zieren den Himmel
Bar	6,60	Sonne, Mond und Sterne, die h. scheinen
	67	sie können es nicht h. machen wie die Sonne
StE	6,8	die Sonne ging auf, und es wurde h. 7,3
Mt	24,31	er wird s. Engel senden mit h. Posaunen
Mk	9,3	seine Kleider wurden h. und sehr weiß
Lk	11,36	wenn dich das Licht erleuchtet mit h. Schein
Apg	10,30	*stand ein Mann in einem h. Kleid*
	26,13	ein Licht, h. als der Glanz der Sonne
	27,33	als es anfing h. zu werden, ermahnte Paulus sie alle
2Ko	4,4	daß sie nicht sehen das h. Licht des Evangeliums
	6	einen h. Schein in unsre Herzen gegeben
2Pt	2,13	für eine Lust, am h. Tag zu schlemmen
Off	7,14	haben ihre Kleider h. gemacht
	15,6	die 7 Engel, angetan mit reinem, h. Leinen
	22,16	ich bin der h. Morgenstern

Heller

Lk	12,59	nicht herauskommen, bis du den allerletzten H. bezahlt hast *Mt 5,26*

hellflammend

Wsh	17,5	noch konnten die h. Sterne... licht machen

Helligkeit

Jes	59,9	wir harren auf H.

hellklingend

1Ch	16,42	mit Trompeten und h. Zimbeln

Hellseherei

5Mo	18,10	nicht gefunden werde, der H. treibt

Helm

1Sm	17,5	(Goliat) hatte einen ehernen H. auf
	38	(Saul) setzte (David) einen H. auf
2Ch	26,14	Usija beschaffte Schilde, Spieße, H.
Jes	59,17	setzt den H. des Heils auf sein Haupt
Jer	46,4	setzt die H. auf
Hes	23,24	werden dich belagern mit Schilden und H.
	27,10	ihre H. hängten sie bei dir auf
	38,5	die alle Schild und H. tragen
Wsh	5,19	wird Gericht sich aufsetzen als H.
1Ma	6,35	tausend Mann zu Fuß in eisernen H.
Eph	6,17	nehmt den H. des Heils und das Schwert des Geistes
1Th	5,8	angetan mit dem H. der Hoffnung auf das Heil

Helon

4Mo	1,9	Eliab, der Sohn H. 2,7; 7,24.29; 10,16

Hemam

1Mo	36,22	des Lotan Söhne waren: H. 1Ch 1,39

Heman

1Kö	5,11	¹(Salomo) war weiser als H.
1Ch	2,6	Söhne Serachs: H.
Ps	88,1	Unterweisung H., des Esrachiters
1Ch	6,18	²H., der Sänger, der Sohn Joels 15,17.19; 16,41; 25,1.4-6; 2Ch 5,12; 29,14; 35,15

Hemd

Hi	30,18	wie der Kragen meines H. würgt es mich
Ps	109,18	er zog den Fluch an wie sein H.
Jes	3,23	(wird der Herr wegnehmen) die H.
2Ma	12,40	fanden unter dem H. Abbilder der Götzen
Mt	10,10	(sollt haben) nicht zwei H. Mk 6,9; Lk 9,3
Lk	3,11	wer zwei H. hat, der gebe dem, der keines

Hemdan

1Mo	36,26	die Söhne Dischons waren: H. 1Ch 1,41

hemmen

2Mo	14,25	(der HERR) h. die Räder ihrer Wagen
Sir	4,31	vergeblich, den Lauf eines Stromes zu h.

Hena

2Kö	18,34	wo sind die Götter von H. 19,13; Jes 37,13

Henadad

Esr	3,9	¹traten an... die Söhne H. Neh 10,10
Neh	3,18	²Binnui, dem Sohn H. 24

Hengst

Jer	5,8	wie die vollen, müßigen H. Hes 23,20
	8,6	laufen alle ihren Lauf wie ein H.
	16	vom Wiehern ihrer H. erbebt das Land
Sir	33,6	ein h., der unter jedem Reiter wiehert

henken

Klg	5,12	Fürsten wurden von ihnen geh.
Lk	23,39	*der Übeltäter einer, die da geh. waren*

Henker

Hes	21,16	ein Schwert, daß man's dem H. gebe
	28,9	wirst du vor deinen H. noch sagen... bist ein Mensch und in der Hand deiner H.
2Ma	7,29	darum fürchte dich nicht vor diesem H.
Mk	6,27	sogleich schickte der König den H. hin

Henne

Mt 23,37 deine Kinder versammeln, wie eine H. ihre Küken versammelt Lk 13,34

Henoch, Henochiter

1Mo 4,17 ¹Kain... sein Weib gebar den H. 18
4,17 ² baute eine Stadt, die nannte er H.
5,18 ³Jered zeugte H. Lk 3,37
21 H. zeugte Methuschelach 1Ch 1,3
22 H. wandelte mit Gott Sir 44,16
Sir 49,16 niemand, der H. gleich wäre
Heb 11,5 durch den Glauben wurde H. entrückt
Jud 14 es hat auch von diesen geweissagt H.
1Mo 25,4 ⁴Söhne Midians: H. 1Ch 1,33
46,9 ⁵Söhne Rubens: H. 2Mo 6,14; 4Mo 26,5; 1Ch 5,3

herabbringen

1Mo 43,7 b. euren Bruder mit h. 44,21
22 haben auch anderes Geld mit uns herabg.
5Mo 1,25 Früchte des Landes b. sie h. zu uns
Sir 48,3 dreimal b. (Elia) Feuer h.
Bar 3,29 wer hat (Weisheit) herabg.

herabfahren

2Mo 19,11 wird der HERR h. auf den Berg Sinai 18
2Sm 22,10 neigte den Himmel und f. h. Ps 18,10; 144,5
Ps 72,6 er soll h. wie der Regen auf die Aue
Jes 63,19 daß du den Himmel zerrissest und f. h.
64,2 h., daß die Berge vor dir zerflössen
Dan 4,10 ein heiliger Wächter f. vom Himmel h. 20
Mi 1,3 der HERR wird h. und treten auf die Höhen
Wsh 18,15 f. dein Wort vom Himmel h.
Sir 43,14 er läßt Blitze h., mit denen er richtet
Mt 3,16 wie eine Taube. Jh 1,32.33
Jh 1,51 die Engel Gottes hinauf- und h.
5,4 der Engel des Herrn f. h. in den Teich
Off 20,1 ich sah einen Engel vom Himmel h.
21,2 ich sah die heilige Stadt... h.

herabfallen

5Mo 22,8 Geländer auf d. Dache... wenn jemand h.
1Kö 18,38 da f. das Feuer des HERRN h. 2Ch 7,3
Ps 133,3 wie der Tau, der vom Hermon h.
Wsh 10,6 Feuer, das auf die fünf Städte h.
Sir 43,19 streut den Schnee; der f. h., wie

herabfließen

Jos 3,13 wird das Wasser, das h., stehen bleiben
1Kö 18,28 ritzten sich, bis ihr Blut h.
Ps 133,2 Salböl, das h... zum Saum seines Kleides
Klg 2,18 laß Tränen h. wie einen Bach
Sa 4,12 Röhren, aus denen das goldene Öl h.
Sir 35,18 die Tränen der Witwen f. die Backen h.

herabgehen

4Mo 34,11 g. h. von Schefam... danach g. sie h.
5Mo 9,15 als ich von dem Berge h. 10,5; Jos 2,23
Jos 18,16 (die Grenze) g. h. durchs Tal Hinnom
Mt 8,1 als (Jesus) vom Berge h.
Lk 6,17 er g. h. mit ihnen

herabhängen

1Kö 7,29 auf den Leisten waren h. Kränze
Hes 1,24 ließen sie die Flügel h. 25

herabheben

1Sm 6,15 die Leviten h. die Lade des HERRN h.

herabholen

Am 9,3 will ich sie doch suchen und von dort h.
Rö 10,6 wer will hinauf gen Himmel fahren? - nämlich um Christus h.

herabkommen

1Mo 45,9 k. h. zu mir, säume nicht 13
2Mo 11,8 werden zu mir h. alle diese deine Großen
4Mo 14,45 da k. die Amalekiter h.
34,12 (die Grenze) k. h. an den Jordan Jos 15,10; 16,7; 17,9
Ri 7,24 k. h. den Midianitern entgegen
9,36 da k. Kriegsvolk von der Höhe h. 37
15,12 wir sind herabg., dich zu binden
16,31 da k. seine Brüder h.
1Sm 6,21 k. h und holt (die Lade) zu euch
10,5 Propheten, die von der Höhe h.
13,12 werden Philister zu mir h. nach Gilgal
17,8 erwählt einen, der zu mir h. soll
23,11 wird Saul h.? Er wird h.
2Sm 19,25 Mefi-Boschet k. h., dem König entgegen 32
2Kö 1,9 du Mann Gottes sollst h. 11
6,18 als die Aramäer zu ihm h., betete Elisa
Mt 28,2 der Engel des Herrn k. vom Himmel h.
Mk 1,10 sah, daß der Geist h. auf ihn
3,22 Schriftgelehrten, die von Jerusalem herabg.
Jh 3,13 außer dem, der vom Himmel herabg. ist
4,47 bat ihn, h. und seinem Sohn zu helfen
49 Herr, k. h., ehe mein Kind stirbt
Apg 7,34 herabg., es zu erretten
10,11 sah ein großes leinenes Tuch h. 11,5
14,11 die Götter sind zu uns herabg.
15,1 einige k.h. von Judäa und lehrten
21,10 ein Prophet mit Namen Agabus h.
24,22 wenn Lysias h., so will ich entscheiden
25,7 die Juden, die von Jerusalem herabg. waren
1Th 4,16 er selbst, der Herr, wird h. vom Himmel
Jak 1,17 alle gute Gabe k. von oben h.
3,15 das ist nicht die Weisheit, die von oben h.
Off 10,1 ich sah einen Engel vom Himmel h.
21,2 ich sah die heilige Stadt aus dem Himmel h.

herablassen

Apg 27,30 als die Schiffsleute das Beiboot ins Meer h.

herabnehmen

Mk 15,36 laßt sehen, ob Elia komme und ihn h.
Jh 19,38 *Josef n. den Leichnam Jesu h.*

herabschauen

Klg 3,50 bis der HERR vom Himmel h.

herabschicken

Wsh 9,10 s. sie h. von deinem heiligen Himmel

herabschreiten
Sir 50,22 wenn er h., so hob er seine Hand

herabschütten
Mal 3,10 ob ich euch werde Segen h. die Fülle

herabsehen
5Mo 26,15 s. h. von deiner heiligen Wohnung Jes 63,15; Bar 2,16
Ps 11,4 seine Augen s. h.
22,18 sie schauen zu und s. auf mich h.
54,9 daß mein Auge auf meine Feinde h. 59,11; 92,12; 112,8; 118,7
Klg 1,7 ihre Feinde s. auf sie h.
Ob 12 sollst nicht h. auf deinen Bruder 13
Mi 4,11 wir wollen auf Zion h.
Jdt 6,16 so daß nicht sie auf dich h.

herabsenden
Jo 2,23 Gott, der euch h. Frühregen und Spätregen
Lk 24,49 ich will auf euch h., was mein Vater verheißen

herabsinken
Hes 7,17 alle Hände werden h.

herabsteigen
2Mo 19,14 Mose s. vom Berge zum Volk h. 34,29
3Mo 9,22 Aaron segnete sie und s. h.
4Mo 20,28 Mose und Eleasar s. h. vom Berge
Neh 9,13 bist herabg. auf den Berg Sinai
Hl 4,1 Ziegen, die h. vom Gebirge Gilead 6,5
8 s. h. von der Höhe des Amana
Hes 26,16 alle Fürsten werden von ihren Thronen h.
27,29 Seefahrer werden von ihren Schiffen h.
Mt 27,40 hilf dir selber und s. h. vom Kreuz 42; Mk 15,30

herabstoßen
Hi 9,26 wie ein Adler h. auf die Beute

herabstürzen
Wsh 17,19 ob die Felsen mit Gepolter h.

herabwälzen
Jer 51,25 ich will dich von den Felsen h.

herabwerfen
Ps 147,17 er w. seine Schloßen h. wie Brocken

herabziehen
1Mo 43,20 wir sind herabg., Getreide zu kaufen
Ri 5,11 als des HERRN Volk h. 13.14
1Sm 23,6 Abjatar z. mit h. nach Keïla
Jdt 3,6 da z. Holofernes vom Gebirge h.

Herakles
2Ma 4,19 Silber, um dem H. zu opfern 20

heranbilden
1Ma 6,15 seinen Sohn zum Herrscher h.

heranbrausen
Jer 51,55 Wellen b. h. wie große Wasser
Dan 11,10 der eine wird wie eine Flut h.

heranbringen
4Mo 17,4 Pfannen, die die Verbrannten herang.
Hes 30,11 er und sein Volk werden herang.

heranfliegen
Dan 9,21 da f. der Mann Gabriel dicht an mich h.

heranfluten
Dan 11,22 h. Heere werden hinweggeschwemmt

heranführen
4Mo 5,16 der Priester soll sie h.
2Ch 36,17 f. er gegen sie h. den König der Chaldäer
Jer 50,9 will Völker gegen Babel h.
Hes 21,27 da soll er Sturmböcke h.

herangehen
Sir 6,19 g. an sie h. wie einer, der ackert

herankommen
2Mo 14,10 als der Pharao nahe h.
4Mo 21,1 als der König hörte, daß Israel h.
Jos 3,8 wenn ihr an das Wasser des Jordan h.
Ri 20,24 als die *Israeliten nahe h.
1Sm 7,10 k. die Philister h. zum Kampf 28,4
14,9 steht still, bis wir zu euch h.
17,41 der Philister k. immer näher an David h.
2Sm 23,19 k. nicht an jene Drei h. 1Ch 11,21.25
2Kö 9,17 der Wächter sah die Staubwolke, als Jehu h.
1Ch 14,14 umgehe sie, daß du an sie h. 19,17
Neh 7,72 als der siebente Monat herang. war
Est 2,15 als für Ester die Zeit h.
Jer 41,6 als (Jischmaël) an sie h.
47,2 es k. Wasser h. von Norden
Klg 1,3 alle seine Verfolger k. h.
Hes 9,2 k. h. und traten neben den Altar
Dan 8,7 sah, daß er nahe an den Widder h.
Mt 8,2 ein Aussätziger k.h., fiel vor ihm nieder
Mk 5,27 k. sie in der Menge von hinten h.
Apg 21,33 als der Oberst herang. war, nahm er ihn fest

heranmachen
2Sm 2,21 m. dich an einen der Männer h.
2Kö 5,13 da m. sich seine Diener an ihn h.

heranreichen
1Mo 47,9 r. nicht h. an die Zeit meiner Väter

heranrücken
Jos 8,5 wollen nahe an die Stadt h.
2Sm 11,20 warum seid ihr so nahe herang. 21
Jdt 15,2 hatten gehört, daß diese gegen sie h.

heranstürzen

heranstürzen
Nah 2,6 sie s. h. auf ihren Wegen

herantreten
2Mo 28,1 sollst Aaron zu dir h. lassen
4Mo 31,48 t. an Mose h. die Anführer 32,16; 36,1
1Sm 10,20 als Samuel alle Stämme Israels h. ließ 21
22,17 t. h. und tötet die Priester des HERRN 18
2Kö 16,12 als der König den Altar sah, t. er h.
Sa 5,9 zwei Frauen t. h. und hatten Flügel
Mt 9,20 eine Frau t. von hinten an ihn h. Lk 8,44
26,50 t. h. und legten Hand an Jesus

heranwachsen
1Mo 21,8 das Kind w. h. 20; Ri 13,24; 1Sm 3,19
Hes 16,7 (sollst) h... und du w. h.

heranwälzen
Hi 30,14 sie w. sich unter den Trümmern h.

heranziehen
Sir 13,12 wenn dich ein Mächtiger zu sich h. will
38,37 zur Beratung werden sie nicht herang.
2Ma 8,12 als Judas hörte, daß Nikanor h. 15,25

heraufbringen
2Sm 21,13 David b. (die Gebeine) von dort h.
1Kö 8,1 die Lade des Bundes h. 1Ch 13,6; 15,12.14; 2Ch 1,4
10,29 sie b. h. aus Ägypten den Wagen 2Ch 1,17
Neh 10,39 sollen den Zehnten ihrer Zehnten h.
Jer 51,27 b. Rosse h.

herauffahren
Hos 13,15 wird ein Ostwind vom HERRN h.

herauffliegen
Jer 49,22 er f. h. wie ein Adler

heraufführen
1Mo 46,4 will dich auch wieder h.
Ri 2,1 ich habe euch aus Ägypten herauf.
2Sm 6,15 David f. die Lade des HERRN h.
2Ch 8,11 Salomo f. die Tochter des Pharao h.
Hi 38,32 kannst du die Sterne... die Bärin h.
Ps 37,6 wird deine Gerechtigkeit h. wie das Licht
Hes 26,3 will Völker h., wie das Meer Wellen h.
Heb 13,20 Gott, der Jesus von den Toten heraufg. hat

heraufholen
1Sm 7,1 h. die Lade h. 2Sm 6,2.12; 1Ch 15,25
28,8 h. mir h., wen ich dir nenne 11
Ps 30,4 du hast mich von den Toten heraufg.
71,20 du h. mich h. aus den Tiefen der Erde
Hes 32,3 sollen dich in meinem Garn h.
37,12 ich h. euch aus euren Gräbern h. 13
Rö 10,7 um Christus von den Toten h.

heraufkommen
2Mo 8,2 es k. Frösche h.
16,13 am Abend k. Wachteln h.
19,24 k. wieder h., du und Aaron mit dir 24,12
24,2 das Volk k. auch nicht mit ihm h.
Jos 10,4 k. h. zu mir und helft mir 6; 2Kö 16,7
15,6 (die Nordgrenze) k. h. zum Stein Bohans
Ri 2,1 es k. aber der Engel des HERRN h.
6,3 k. die Midianiter und Amalekiter h. 5
35 die k. h., (Gideon) entgegen
11,16 als sie aus Ägypten h.
12,3 warum k. ihr nun zu mir h.
14,2 als (Simson) h. 15,10
21,5 wer ist nicht heraufg. zum HERRN 8
1Sm 14,10 werden sie sagen: K. zu uns h. 12
17,23 da k. h. der Riese mit Namen Goliat 25
28,14 es k. ein alter Mann h.
2Kö 1,6 es k. ein Mann h. uns entgegen
2,23 Kahlkopf, k. h.! Kahlkopf, k. h.
12,11 k. der Schreiber des Königs h.
2Ch 20,16 wenn sie den Höhenweg von Ziz h.
Hi 7,9 so k. nicht wieder h., wer zu den Toten
Jes 14,8 k. niemand h., der uns abhaut
Jer 49,19 er k. h. wie ein Löwe 50,44
Jo 4,12 die Heiden sollen h. zum Tal Joschafat
Sa 14,16 werden jährlich h., um anzubeten 18.19
Mt 17,27 den ersten Fisch, der h., den nimm
Jh 12,20 Griechen unter denen, die heraufg. waren

heraufkriechen
2Mo 7,28 (Frösche) sollen h. und in dein Haus

heraufrücken
Nah 3,3 Reiter r. h. mit glänzenden Schwertern

heraufsteigen
1Mo 24,16 füllte den Krug und s. h.
2Mo 24,1 s. h. zum HERRN, du und Aaron
Jos 4,16 daß sie aus dem Jordan h. 17-19
1Sm 28,13 ich sehe einen Geist h. 15
Hl 3,6 was s. da h. aus der Wüste 8,5
Jer 4,7 es s. h. der Löwe aus seinem Dickicht
Dan 7,3 vier große Tiere s. h. aus dem Meer
Mt 3,16 s. er h. aus dem Wasser
Apg 8,39 als sie aus dem Wasser h.
Off 4,1 s.h., ich will dir zeigen, was 11,12
20,9 sie s.h. auf die Ebene der Erde

herauftreten
Spr 25,7 daß man zu dir sage: T. hier h.

heraufwerfen
Wsh 10,19 w. sie wieder h. aus der Tiefe

heraufziehen
1Mo 13,1 so z. Abram h. aus Ägypten
Jos 10,9 die ganze Nacht war er heraufg. von Gilgal
Ri 1,16 die Nachkommen des Keniters Hobab z. h.
8,11 Gideon z. h. auf der Straße
15,10 warum seid ihr gegen uns heraufg.
1Sm 11,1 es z. aber h. Nahasch
13,5 die Philister z. h. 2Sm 5,17.22; 1Ch 14,8
1Kö 1,35 z. wieder h. hinter (Salomo) her 40.45

1Kö	9,16	der König war heraufg. 14,25; 15,17; 16,17; 20,1.22.26; 2Kö 3,21; 6,24; 12,18; 14,11; 15,14; 16,9; 17,3; 18,9.13; 23,29; 24,1.10; 2Ch 12,2.9; 16,1; 21,17; 24,23; 25,21; 35,20; 36,6; Jes 7,1; 36,1; Jer 35,11
	24	die Tochter des Pharao z. h. in ihr Haus
2Kö	18,25	ich sei ohne den HERRN heraufg. Jes 36,10
Esr	2,1	die h. aus der Gefangenschaft 59; 4,12; 7,7; Neh 7,6.61
	7,1	nach diesen Geschichten z. Esra h. 6.9; 8,1
Jes	10,27	er z. h. von Rimmon
	21,2	Elam, z. h.
	37,24	bin mit der Menge meiner Wagen heraufg.
Jer	10,13	Wolken läßt er h. vom Ende der Erde 51,16
	38,13	sie z. Jeremia h. aus der Zisterne
	49,28	z. h. gegen Kedar 31
Hes	38,9	wirst h. wie ein Sturmwetter 16
Dan	11,23	wird er listig handeln und h.
Hos	2,2	werden die *Israeliten aus dem Lande h.
Jo	1,6	es z. h. in mein Land ein Volk
Mi	2,13	wird als ein Durchbrecher vor ihnen h.
Nah	2,2	wird gegen dich h., der dich zerstört
Hab	3,16	Trübsal, daß sie h. über das Volk
Sa	14,17	Geschlecht, das nicht h. wird 18
2Ma	5,11	er z. in wildem Grimm von Ägypten h.
Apg	27,17	sie z. es h. und umspannten

heraus

Jh	10,24	bist du der Christus, so sage es frei h.
	11,14	da sagte es ihnen Jesus frei h.
	16,25	euch frei h. verkündigen von meinem Vater
	29	nun redest du frei h. und nicht mehr in Bildern

herausbrechen

Hi	38,8	wer hat das Meer verschlossen, als es h.
Sir	19,11	aus einem Narren b. es h. wie

herausbringen

5Mo	24,11	soll sein Pfand zu dir h.
Jos	10,22	b. die fünf Könige h. zu mir 24
Ri	19,24	Nebenfrau; die will ich euch h.
1Kö	17,13	mache Gebackenes und b. mir's h.
2Kö	10,22	b. Feierkleider h.! sie b. die Kleider h.
Hi	12,22	er b. h. das Dunkel ans Licht
Hes	14,22	einige, die Söhne und Töchter h. werden

herausfahren

Hi	3,24	mein Schreien f. h. wie Wasser
Spr	12,18	wer unvorsichtig h. mit Worten 13,3
Jes	59,5	zertritt man sie, f. eine Schlange h.
Apg	28,3	f. wegen der Hitze eine Schlange h.

herausfallen

Sir	43,16	drückt Wolken, daß Hagelkörner h.

herausfließen

Ri	15,19	spaltete Gott die Höhlung, daß Wasser h.
Ps	105,41	er öffnete den Felsen, da f. Wasser h.
Spr	5,16	sollen deine Quellen h. auf die Straße
Hes	47,1	f. ein Wasser h. unter der Schwelle

herausfordern

Jer	50,24	du hast den HERRN herausg.
Jdt	14,11	die Mäuse wagen, uns zum Kampf h.
Wsh	1,3	wird seine Macht herausg., so bestraft sie
1Ko	10,22	wollen wir den Herrn h.
Gal	5,26	laßt uns einander nicht h.

herausführen

1Mo	19,5	f. sie h. zu uns 38,24
	43,23	er f. Simeon zu ihnen h.
2Mo	3,8	daß ich sie h. aus diesem Lande
	13,3	HERR hat euch mit mächtiger Hand herausg.
	16,3	habt uns herausg. in diese Wüste 32,12
4Mo	14,13	dies Volk mit d. Kraft herausg. 5Mo 4,37
5Mo	5,15	daß der HERR, dein Gott, dich herausg. hat 7,8.19; 9,28.29; 1Ch 17,5; Hes 20,14.22
	22,21	soll man sie h. vor die Tür f.
Jos	6,22	f. die Frau von da h. 23
2Sm	12,31	das Volk f. (David) h. 1Ch 20,3
2Ch	23,11	sie f. den Sohn des Königs h.
Ps	66,12	du hast uns herausg. und uns erquickt
	68,7	ein Gott, der die Gefangenen h.
	105,37	er f. sie h. mit Silber und Gold 43; 136,11
	135,7	der den Wind h. aus seinen Kammern
Jes	40,26	er f. ihr Heer vollzählig h.
Jer	23,8	die Nachkommen des Hauses Israel herausg.
Hes	20,34	will euch aus den Völkern h. 38; 34,13; 38,8
Bar	6,3	will ich euch wieder h. mit Frieden
Jh	19,4	seht, ich f. ihn h. zu euch 13
Apg	5,19	der Engel des Herrn f. sie h. und sprach
	7,36	dieser Mose f. sie h.
	13,17	mit starkem Arm f. er sie von dort h.
	16,30	er f. sie h. und sprach 39

Herausgabe

1Ma	9,70	um die H. der Gefangenen zu erreichen

herausgeben

1Mo	19,8	habe Töchter; die will ich h. unter euch
Jos	2,3	g. die Männer h.
Ri	6,30	g. deinen Sohn h., er muß sterben
	19,22	g. den Mann h., der in dein Haus gekommen
	20,13	g. nun h. die Männer, die ruchlosen
2Sm	20,21	g. ihn allein h., so will ich abziehen
	21,6	ich will sie euch h.
Esr	1,7	Kyrus h. die Geräte
Jes	26,19	die Erde wird die Toten h.
Hos	9,13	Ephraim muß s. Kinder h. dem Totschläger
1Ma	9,72	er g. ihm die Gefangenen wieder h.
StD	2,8	sagten: G. uns Daniel h.
Off	20,13	das Meer g. die Toten h., die darin waren

herausgehen

1Mo	8,17	alles Getier g. h. mit dir 18
	19,6	Lot g. h. zu ihnen
	24,11	da die Frauen pflegten h.
	43,31	g. (Josef) h. und hielt an sich
2Mo	12,22	kein Mensch g. zu seiner Haustür h.
	33,7	befragen wollte, mußte h. zur Stiftshütte
	34,34	tat die Decke ab, bis er wieder h.
3Mo	14,38	so soll er aus dem Hause h.
4Mo	11,24	Mose g. h. und sagte dem Volk
	16,27	Datan und Abiram g. h.
Jos	2,19	wer zur Tür deines Hauses h.

herausgehen 638

Ri	9,42	am Morgen g. das Volk h. aufs Feld
	11,34	da g. seine Tochter h. ihm entgegen
	19,27	als ihr Herr h., um s. Weges zu ziehen
	21,21	daß die Töchter Silos zum Reigentanz h.
1Sm	9,11	Mädchen, die h., um Wasser zu schöpfen
	18,6	daß die Frauen h. mit Gesang
2Sm	6,20	g. Michal h. (David) entgegen
1Kö	2,30	so sagt der König: G. h. 36
	19,11	g. h. und tritt hin vor den HERRN
	20,33	da g. Ben-Hadad zu ihm h.
2Kö	2,3	g. die Prophetenjünger h. zu Elisa
	9,11	als Jehu h. zu den Leuten
1Ch	12,18	David g. h. zu ihnen
2Ch	5,11	die Priester g. h. aus dem Heiligtum
Ps	19,6	g. h. wie ein Bräutigam aus s. Kammer
Jes	48,20	g. h. aus Babel, flieht
	49,9	zu sagen den Gefangenen: G. h.
Jer	5,6	die von da h., werden zerfleischt
	31,4	du sollst wieder h. zum Tanz
	37,12	wollte Jeremia aus Jerusalem h.
	41,6	Jischmaël g. h. von Mizpa ihnen entgegen
Hes	39,9	die Bürger Israels werden h.
	44,3	durch die Vorhalle soll er h. 19
	47,3	der Mann g. h. nach Osten
Mi	1,3	der HERR wird h. aus seiner Wohnung
Sa	2,7	ein anderer Engel g. h. ihm entgegen
Mal	3,20	sollt h. und springen wie die Mastkälber
Mt	8,34	da g. die ganze Stadt h. Jesus entgegen
	10,14	so g.h. aus diesem Hause oder dieser Stadt
	15,18	was aber zum Munde h.
Lk	15,28	da g. sein Vater h. und bat ihn
Jh	4,30	da g. sie aus der Stadt h. und kamen zu ihm

heraushelfen

Ps	22,5	da sie hofften, h. du ihnen h.
	9	er klage es dem HERRN, der h. ihm h.
	34,8	der Engel des HERRN h. ihnen h.
	71,2	errette mich und h. mir h.
	81,8	als du mich anriefst, h. ich dir h.
Mt	12,11	der sein einziges Schaf nicht ergreift und ihm h.

herausholen

| 5Mo | 4,34 | ob je ein Gott... sich ein Volk h. |
| Hes | 36,24 | will euch aus den Heiden h. 37,21 |

herauskommen

1Mo	24,13	die Töchter dieser Stadt werden h. 43
	15	da k. h. Rebekka 45
	25,25	der erste, der h., war rötlich 26; 38,28-30
2Mo	28,35	wenn er ins Heiligtum... und wieder h. 34,34
3Mo	9,23	als sie wieder h., segneten sie das Volk
	16,17	bis (der Priester) h.
4Mo	20,11	da k. viel Wasser h.
Jos	6,1	verwahrt, so daß niemand h. konnte
	8,22	die in der Stadt k. h. ihnen entgegen
	15,11	(die Nordgrenze) k. h... bei Jabneel 16,2
1Sm	9,14	siehe, da k. Samuel h. ihnen entgegen
	17,16	der Philister k. h. frühmorgens
2Sm	2,23	daß der Spieß hinten h.
	16,5	da k. ein Mann von dort h.
	19,8	k. h. und rede mit d. Knechten freundlich
2Kö	2,23	k. kleine Knaben zur Stadt h.
	5,11	ich meinte, er selbst sollte zu mir h.
	18,18	da k. zu ihnen h. der Hofmeister Jes 36,3
	31	schließt Freundschaft und k. zu mir h. Jes 36,16

Hl	3,11	(ihr Töchter Jerusalems,) k. h.
Jer	48,44	wer h., wird gefangen werden
Jdt	15,11	(Judit) k. zu ihnen h.
	16,13	heulte, als meine Leute elend h. kamen
Sir	11,10	so k. du doch nicht h.
1Ma	2,33	k. h. und tut, was der König befohlen 34
	6,49	Geleit, damit sie sicher h. konnten 61
	7,33	einige von den Priestern k. h.
2Ma	5,26	als alle h., um zu sehen
Mt	5,26	du wirst nicht von dort h., bis Lk 12,59
	15,11	was aus dem Mund h., das macht den Menschen unrein 18; Mk 7,15.19.20
	28,14	wenn es würde h. bei dem Landpfleger
Mk	7,23	alle diese bösen Dinge k. von innen h.
	8,11	die Pharisäer k.h.
Lk	1,22	als er h., konnte er nicht mit ihnen reden
Jh	11,43	rief mit lauter Stimme: Lazarus, k.h. 44
	18,16	da k. der andere Jünger h.
	29	da k. Pilatus zu ihnen h. und fragte
	19,5	Jesus k.h. und trug die Dornenkrone
	34	sogleich k. Blut und Wasser h.
Apg	16,36	k.h. und geht hin in Frieden
Off	6,4	es k.h. ein zweites Pferd, das war feuerrot

herauskönnen

| Ps | 88,9 | ich liege gefangen und k. nicht h. |
| Klg | 3,7 | ummauert, daß ich nicht h. k. |

herauslassen

| Hi | 32,19 | wie der Most, den man nicht h. |

herauslaufen

| 2Mo | 17,6 | so wird Wasser h., daß das Volk trinke |

herausnehmen

| 2Ch | 34,14 | als sie das Geld h. |
| Hes | 24,6 | n. ein Stück nach dem andern h. |

herausreißen

3Mo	13,56	soll er sie h. aus dem Kleid
5Mo	28,63	werdet heraus. werden aus dem Lande
Ri	16,14	Simson r. die geflochtenen Locken h.
2Sm	22,20	er r. mich h. Ps 18,20
Esr	6,11	soll ein Balken herausg. werden
Ps	91,15	ich will ihn h. und zu Ehren bringen
Am	3,12	sollen die *Israeliten herausg. werden

herausrinnen

| Jes | 48,21 | spaltete den Fels, daß Wasser h. |

heraussägen

| Wsh | 13,11 | s... ein Stück Holz h. |

herausschaffen

| Hes | 12,4 | sollst deine Sachen h. |

herausschießen

| Hi | 41,11 | feurige Funken s. h. |

herausschütteln

Hi 38,13 damit die Gottlosen herausg. würden

heraussehen

2Kö 9,32 da s. zwei Kämmerer zu ihm h.

herausspringen

Hes 47,2 das Wasser s. h. aus seiner Seitenwand

herausstehen

Hi 33,21 seine Knochen s. h.

heraussteigen

1Mo 41,19 sah sieben magere Kühe h.

herausstoßen

StD 3,26 die Feuerflamme aus dem Ofen herausg.

herausstrecken

Jes 57,4 über wen wollt ihr die Zunge h.
2Ma 7,10 s. er sogleich die Zunge h.

heraustragen

1Mo 14,18 Melchisedek t. Brot und Wein h.
4Mo 17,24 Mose t. die Stäbe alle h.
Lk 7,12 da t. man einen Toten h.

heraustreiben

Hi 20,15 Gott t. sie aus seinem Bauch h.
Mt 21,12 Jesus t.h. alle Verkäufer und Käufer

heraustreten

1Sm 17,4 t. aus den... der Philister ein Riese h.
2Sm 20,8 wenn diese h., entfiel ihr der Dolch
2Kö 6,15 der Diener stand früh auf und t. h.
2Ch 21,15 bis deine Eingeweide h. 19
Dan 3,26 ihr Knechte Gottes, t. h.

heraustun

1Mo 8,9 t. die Hand h. und nahm sie zu sich
38,28 als sie gebar, t. sich eine Hand h.
2Mo 25,15 (Stangen) sollen nicht herausg. werden
2Ch 29,5 t. h. den Unrat aus dem Heiligtum

herausziehen

1Mo 37,28 z. sie ihn h. aus der Grube
2Mo 4,6 als er sie wieder h., war sie aussätzig 7
Ri 9,35 Gaal z. h. und trat vor das Stadttor
20,20 die Männer von Israel z. h.
Rut 2,16 z. etwas für sie aus den Garben h.
2Sm 11,23 die Männer z. h. aufs Feld gegen uns
1Kö 20,19 als die Leute aus der Stadt herausg.
Jes 33,20 s. Pflöcke sollen nie mehr herausg. werden
Hes 29,4 will dich aus deinem Strom h.
Dan 6,24 ließ Daniel h... sie z. Daniel h.
Am 4,2 daß man euch h. wird mit Angeln Hab 1,15
Jdt 13,8 (Schwert, das dort hing,) z. es h.
Tob 6,4 pack ihn bei den Kiemen und z. ihn h.

Mt 13,48 wenn es voll ist, z. sie h. an das Ufer
Lk 10,35 am nächsten Tag z. er zwei Silbergroschen h.
14,5 der ihn nicht alsbald h., auch am Sabbat
Jh 18,10 da hatte Petrus ein Schwert und z. es h.

herauszwingen

Spr 30,33 wer die Nase hart schneuzt, z. Blut h.

herbeibringen

2Mo 22,12 so soll er es zum Zeugnis h.
3Mo 6,14 durchgeröstet sollst du es h.
1Sm 14,18 b. den Efod h.
2Kö 4,5 b. ihr die Gefäße h., und sie goß ein
1Ch 29,16 dies Viele, das wir herbeig. haben
Neh 13,15 daß man am Sabbat Getreide h.
Jes 31,2 auch er ist weise und b. Unheil h.
Hes 23,42 weil eine Menge Menschen herbeig. war
Dan 5,3 wurden die goldenen Gefäße herbeig.
Bar 6,41 wenn sie... sehen, b. sie den Bel h.

herbeieilen

Jes 49,17 deine Erbauer e. h.
Jer 9,17 daß sie h. und um uns klagen
48,16 Moabs Unglück e. h.

herbeifahren

Jdt 2,9 aus ganz Syrien ließ er Korn h.

herbeiführen

2Mo 10,13 am Morgen f. der Ostwind Heuschrecken h.
Nah 1,9 er f. doch das Ende h.
Sir 36,10 f. bald die Zeit h. und denke
2Pt 2,1 werden h. ein schnelles Verderben

herbeiholen

Dan 5,7 rief, daß man die Weisen h. solle

herbeikommen

1Mo 47,29 als die Zeit h., daß... sterben sollte 5Mo 31,14; 1Kö 2,1
2Mo 16,9 k. h. vor den HERRN
Esr 3,1 als der siebente Monat h.
Ps 59,5 erwache, h. und sieh darein
Hl 2,12 der Lenz ist herbeig.
Hes 39,17 sammelt euch und k. h.
Hos 11,10 so werden zitternd h. seine Söhne
Jdt 13,14 da k. alle h., klein und groß
Wsh 18,21 k. der untadelige Mann h.
1Ma 3,49 sie ließen die Gottgeweihten h.
Mt 3,2 das Himmelreich ist nahe herbeig. 4,17; 10,7; Mk 1,15; Lk 10,11
21,34 als nun die Zeit der Früchte h.
Lk 21,8 viele werden sagen: Die Zeit ist herbeig.
20 dann erkennt, daß seine Verwüstung nahe herbeig. ist
Apg 28,9 k. die andern Kranken der Insel h.
Rö 13,12 die Nacht ist vorgerückt, der Tag herbeig.

herbeilaufen

1Ma 6,45 er l. mit großer Kühnheit h.
Mk 9,15 l.h. und grüßten ihn

herbeilaufen

Mk 9,25 als Jesus sah, daß das Volk h.
10,17 l. einer h., kniete vor ihm nieder und fragte ihn

herbeilocken

Hes 39,2 ich will dich herumlenken und h.

herbeipfeifen

Jes 5,26 er p. es h. vom Ende der Erde
7,18 zu der Zeit wird der HERR h. die Fliege

herbeirufen

4Mo 22,5 sandte Boten, um (Bileam) h.
Ri 9,54 da r. Abimelech seinen Waffenträger h.
Jer 25,29 ich r. das Schwert über alle h. Hes 38,21
Am 5,8 der das Wasser im Meer h.
Apg 24,2 als (Paulus) herbeig. worden war

herbeischaffen

5Mo 1,13 s. h. weise, verständige Leute
1Ch 22,3 David s. viel Eisen h.
14 herbeig. für das Haus des HERRN 29,2

herbeistürzen

Jes 33,4 wie die Käfer h.

herbeitragen

Mk 6,28 (der Henker) t. sein Haupt h. auf einer Schale
Apg 3,2 ein Mann herbeig., lahm von Mutterleibe

herbeiwünschen

Jer 17,16 hab den bösen Tag nicht herbeig.
Am 5,18 weh denen, die des HERRN Tag h.

herbeiziehen

Jes 5,18 die das Unrecht h. mit Stricken der Lüge
Hes 22,4 damit hast du deine Tage herbeig.
Wsh 1,12 z. nicht das Verderben h.

herbeizwingen

Wsh 1,16 die Gottlosen z. (d. Tod) h. mit Worten

Herberge

1Mo 42,27 daß er seinem Esel Futter gäbe in der H.
43,21 als wir in die H. kamen
2Mo 4,24 als Mose unterwegs in der H. war
2Kö 19,23 bin gekommen bis zur äußersten H.
Jer 9,1 ach daß ich eine H. hätte in der Wüste
41,17 kehrten ein in der H. Kimhams
Tob 5,9 ich habe H. genommen bei unserm Bruder
Sir 14,25 sucht H. nahe bei ihrem Hause
Lk 2,7 sie hatten sonst keinen Raum in der H.
9,12 damit sie H. und Essen finden
52 die gingen hin... ihm H. zu bereiten
10,34 brachte ihn in die H. und pflegte ihn
Jh 1,38 Rabbi, wo ist deine H.
Apg 10,6 zur H. bei einem Gerber Simon 18.32
28,23 kamen viele zu ihm in die H.
Phm 22 zugleich bereite mir die H.

herbergen

1Mo 24,23 haben wir auch Raum, um zu h. 25
Jes 16,4 laß Moabs Verjagte bei dir h.
34,14 das Nachtgespenst wird auch dort h.
Apg 10,23 *da rief er sie herein und h. sie*
21,16 *Mnason, bei dem wir h. sollten*
Rö 12,13 *h. gerne*

herbringen

1Mo 27,25 b. mir h. zu essen von deinem Wildbret
28,15 will dich wieder h. in dies Land
39,14 hat uns den hebräischen Mann herg. 17
48,9 b. sie h. zu mir, daß ich sie segne
1Sm 13,9 b. mir h. das Brandopfer
15,20 ich habe Agag herg.
19,15 b. ihn h. zu mir samt dem Bett
21,16 daß ihr diesen h., bei mir zu toben
23,9 b. den Ephod. 30,7
2Sm 1,10 habe es her. zu dir
1Kö 22,9 b. eilends h. Micha 2Ch 18,8
2Kö 2,20 b. mir h. eine neue Schale
4,41 b. Mehl h.
17,26 die Völker, die du herg. hast 33
20,7 b. h. ein Pflaster von Feigen
1Ch 11,19 haben Wasser unter Lebensgefahr herg.
2Ch 15,11 opferten von der Beute, die sie herg.
Esr 4,10 Völker, die Asenappar herg. hat
Jes 43,6 b. h. meine Söhne von ferne 49,22; 60,9
66,20 sie werden alle eure Brüder h.
Jer 23,8 herg. hat aus dem Lande des Nordens
Hes 7,24 will die schlimmsten unter den Völkern h.
Dan 5,2 ließ er die goldenen und silb. Gefäße h.
13 einer der Gefangenen... aus Juda herg.
6,17 befahl der König, Daniel h.
Hos 8,13 wenn sie auch viel opfern und Fleisch h.
Am 4,1 die ihr sprecht: B. h., laßt uns saufen
Bar 3,30 wer hat (die Weisheit) h.
Mt 14,18 sprach: B. sie mir h. 17,17; Mk 9,19; Lk 9,41
Mk 6,27 befahl, das Haupt des Johannes h.
9,17 Meister, ich habe meinen Sohn herg.
Lk 15,22 b. schnell das beste Gewand h.
19,27 meine Feinde b.h. und macht sie nieder
30 bindet es los und b.'s h.
Jh 21,10 b.h. von den Fischen
Apg 25,26 *darum habe ich ihn lassen h. vor euch*

Herbst

Spr 20,4 im H. will der Faule nicht pflügen
Jes 16,9 ist Kriegsgeschrei in deinen H. gefallen
Sir 24,37 hervorbrechen wie der Gihon im H.
33,17 wie einer, der im H. Nachlese hält

Herd

3Mo 6,2 das Brandopfer soll bleiben auf dem H.
11,35 wird unrein, es sei Ofen oder H.
Jes 30,14 darin man Feuer hole vom H.
Hes 46,23 waren H. unten an den Mauern

Herde

1Mo 4,4 Abel brachte von den Erstlingen seiner H.
27,9 geh hin zu der H. 31,4
29,2 drei H. Schafe lagen dabei
2 pflegten die H. zu tränken 3.8; 30,38
30,32 will durch alle deine H. gehen
36 Jakob weidete die übrigen H. Labans 40; 31,19.38.41.43; Hos 12,13

1Mo	30,39	so empfingen die H. über den Stäben 40.41; 31,8.10.12
	32,17	tat je eine H. besonders 20; 33,8.13
	38,17	will dir einen Ziegenb. von der H. senden
3Mo	5,6	als Buße v. der H. ein Muttertier 15.18.25
4Mo	35,3	daß sie auf den Weiden ihre H. haben
Ri	5,16	zu hören bei den H. das Flötenspiel
1Sm	8,17	von euren H. wird er den Zehnten nehmen
	17,34	trug ein Schaf weg von der H.
1Kö	20,27	lagerte sich wie zwei kleine H. Ziegen
1Ch	28,1	die Vorsteher über die H. des Königs
Hi	21,11	ihre Kinder lassen sie hinaus wie eine H.
	24,2	die Gottlosen rauben die H.
	30,1	sie zu m. Hunden bei der H. zu stellen
Ps	68,11	daß deine H. darin wohnen konnte
	77,21	du führtest dein Volk wie eine H.
	78,48	als er preisgab ihre H. dem Wetterstrahl
	52	führte sie wie eine H. in der Wüste
	107,41	mehrte ihr Geschlecht wie eine H. Hes 36,37
Spr	27,23	nimm dich deiner H. an
Hl	1,7	herumlaufen muß bei den H. deiner Gesellen
	4,1	dein Haar ist wie eine H. Ziegen 2; 6,5.6
Jes	13,14	sie sollen sein wie eine H. ohne Hirten
	20	noch Horten ihre H. lagern lassen
	17,2	daß H. dort weiden, die niemand 32,14
	40,11	er wird seine H. weiden Jer 31,10
	60,7	alle H. von Kedar sollen zu dir
	61,5	Fremde werden eure H. weiden
	63,11	aus dem Wasser zog den Hirten seiner H.
	65,10	soll Scharon eine Weide für die H. werden
Jer	6,3	werden Hirten über sie kommen m. ihren H.
	10,21	ihre ganze H. ist zerstreut 23,2; 50,17
	13,17	des HERRN H. gefangen weggeführt wird
	20	wo ist nun die H ... deine herrliche H.
	23,1	die ihr die H. umkommen laßt
	3	will die Übriggebl. meiner H. sammeln
	25,34	wälzt euch... ihr Herren der H. 35.36
	31,24	wohnen ... die mit H. umherziehen
	33,12	für die Hirten, die da H. weiden
	13	sollen H. gezählt aus- und einziehen
	49,29	man wird ihnen ihre H. nehmen
	50,6	mein Volk ist wie eine verlorne H.
	8	macht's wie die Böcke vor der H.
	51,23	durch dich habe ich H. zerschmettert
Hes	24,5	nimm das Beste von der H.
	34,2	sollen die Hirten nicht die H. weiden 8
	8	sind meine H. zum Fraß für alle 10-12.22
	17	zu euch, meine H., spricht Gott
	31	sollt meine H. sein, die H. meiner Weide
	36,38	wie eine heilige H., wie H. in Jerus.
	43,23	sollst opfern von der H. 25; 45,15
Am	6,4	ihr eßt die Lämmer aus der H.
	7,15	der HERR nahm mich von der H.
Mi	2,12	will sie tun wie eine H. in ihre Hürden
	4,8	du, Turm der H., zu dir wird kommen
	5,7	sein wie ein Löwe unter einer H. Schafe
	7,14	weide die H. deines Erbteils
Ze	2,14	daß H. sich darin lagern werden
Sa	9,16	wird ihnen helfen, der H. seines Volks
	10,2	geht das Volk in die Irre wie eine H.
	3	der HERR wird seine H. heimsuchen
	11,17	weh über meinen Hirten, der die H. verläßt
	13,7	schlage den Hirten, daß sich die H. zerstreue Mt 26,31
Mal	1,14	Betrüger, der in seiner H. ein gutes Tier
Jdt	2,8	mit Hau Rindern und Schafen ohne Zahl
Sir	18,13	er führt zurück wie ein Hirt seine H.
Bar	4,26	sie sind wie eine H. weggeführt
Mt	8,30	eine große H. Säue auf der Weide 31; Mk 5,11; Lk 8,32
Mt	8,32	die ganze H. stürmte den Abhang hinunter Mk 5,13; Lk 8,33
Lk	2,8	es waren Hirten auf dem Felde, die hüteten des Nachts ihre H.
	12,32	fürchte dich nicht, du kleine H.
Jh	10,16	es wird eine H. und ein Hirte werden
Apg	20,28	habt acht auf euch selbst und auf die ganze H.
	29	Wölfe, die die H. nicht verschonen werden
1Ko	9,7	wer weidet eine H. und nährt sich nicht von der Milch der H.
1Pt	5,2	weidet die H. Gottes, die euch anbefohlen ist
	3	nicht Herren, sondern als Vorbilder der H.

hereinbrechen

Ps	106,29	da b. die Plage h. über sie
Hes	7,7	es geht schon an und b. h.
Mt	14,15	die Gegend ist öde, und die Nacht b.h.
Lk	21,35	*er wird unversehens h. über alle*

hereinbringen

1Mo	27,4	mach mir ein Essen und b. mir's h.
Neh	13,19	damit man keine Last h.
Dan	4,4	da b. man h. die Zeichendeuter, Weisen
2Ma	8,10	Nikanor hatte vor, den Betrag h.
Apg	20,12	sie b. den jungen Mann lebend h.

hereinfallen

Sir	25,27	f. nicht auf die Schönheit einer Frau h.
Mt	14,15	*die Nacht f.h.*

hereinführen

1Mo	43,18	wir sind hereing. um des Geldes willen
5Mo	9,4	der HERR hat mich hereing.
Dan	5,8	wurden alle Weise des Königs hereing.
Lk	14,21	f. die Armen, Verkrüppelten, Blinden und Lahmen h.

hereinkommen

1Mo	24,31	k. h., du Gesegneter des HERRN
	39,14	er k. zu mir h. 17
5Mo	9,5	du k. nicht h. ihr Land einzunehmen
Jos	2,2	sind in dieser Nacht Männer hereing. 4
Ri	4,22	als (Barak) zu (Jaël) h.
2Sm	9,7	wisset nicht hier h. 1Ch 11,5
1Kö	14,6	wie sie h., sprach er: K. h., Frau
2Kö	11,8	wer h., der soll sterben
1Ch	9,25	mußten h., um Dienst zu tun
Est	6,6	als Haman h.
Hi	30,14	sie k. wie durch eine Bresche h.
Jer	26,2	predige denen, die h., um anzubeten
	32,29	die Chaldäer werden h.
	36,6	Judäer, die aus ihren Städten h.
Tob	5,11	bat, daß der junge Mann solle h. 12
Mt	22,12	Freund, wie bist du hier hereing.
Lk	7,45	hat, seit ich hereing. bin, nicht abgelassen
	14,23	nötige sie h., daß mein Haus voll werde
	21,21	wer auf dem Lande ist, k. nicht h.
Apg	5,7	nach drei Stunden, da k. seine Frau h.
	9,12	einen Mann gesehen, der zu ihm h.
	10,25	als Petrus h., ging ihm Kornelius entgegen
	12,7	siehe, der Engel des Herrn k.h.

hereinrufen

hereinrufen
Apg 5,40 r. die Apostel h., ließen sie geißeln
10,23 da r. er sie h. und beherbergte sie

hereinsteigen
Jer 9,20 der Tod ist zu unsern Fenstern hereing.

hereintragen
Mt 14,11 sein Haupt wurde hereing. auf einer Schale

hereintreten
Est 6,5 laßt (Haman) h.
Mk 6,22 da t.h. die Tochter der Herodias

hereinziehen
1Mo 19,10 die Männer z. Lot h. zu sich ins Haus

Heres
Ri 1,35 die Amoriter wohnen auf dem Gebirge H.
8,13 als Gideon zurückkam auf der Steige von H.

Heresch
1Ch 9,15 (Leviten aus den Söhnen Merari:) H.

herfahren
Jes 21,1 wie ein Wetter vom Süden h.

herfallen
1Mo 14,15 f. über sie h. mit seinen Knechten
43,18 man will über uns h.
2Mo 14,26 daß das Wasser h. über die Ägypter
Ri 18,25 damit nicht zornige Leute über euch h.
27 (die Daniter) f. über Lajisch h.
1Sm 14,32 das Volk f. über die Beute h.
1Ch 4,41 diese f. h. über die Zelte Hams
Hi 1,17 die Chaldäer f. über die Kamele h.
Jes 27,4 so wollte ich über sie h.
Jer 48,32 der Verwüster ist über deine Ernte herg.
Jdt 15,8 die Bewohner fdt. über das Lager h.
Sir 13,29 wenn er Anstoß erregt, f. sie über ihn h.
Mk 3,10 daß alle... über ihn h., um ihn anzurühren

herführen
Mk 11,2 bindet es los und f. es h.
Jh 10,16 auch sie muß ich h., und sie werden meine Stimme hören
Apg 19,37 ihr habt diese Menschen herg.

hergeben
1Sm 9,23 g. das Stück h., das ich dir gab
11,12 g. sie h., daß wir sie töten
2Sm 14,7 g. den f., der seinen Bruder erschlagen
2Kö 6,28 g. deinen Sohn h., daß wir ihn essen 29
Hi 20,10 seine Hände müssen seine Habe wieder h.
Spr 6,31 g. h. alles Gut seines Hauses
30,15 zwei Töchter, die heißen „G. h., g. h."
Jes 42,22 niemand, der sagt: G. wieder h.
43,6 will sagen zum Norden: G. h.
Sa 11,12 gefällt's euch, so g. h. meinen Lohn

1Ma 1,16 g. sich dazu h., allen Lastern zu frönen
Mt 14,8 g. mir h. das Haupt Johannes des Täufers

hergehen
1Mo 32,17 g. vor mir h. 21.22; 33,3
2Mo 23,23 mein Engel wird vor dir h. 32,34
32,1 mach uns einen Gott, der vor uns h. 23
4Mo 14,14 daß du vor ihnen h. 5Mo 1,33; 9,3; 31,3.8
Jos 3,6 g. vor dem Volk h. und (sie) g... h. 11
4,12 g. gerüstet vor Israel h. 13; 6,7.9.13
1Sm 12,2 ich bin vor euch herg.
17,7 sein Schildträger g. vor ihm h. 41
23,24 g. vor Saul h. nach Sif
25,19 g. vor ihm h., ich will hinter euch her
2Sm 6,4 als Achjo vor der Lade h.
1Kö 6,5 Umgang, so daß er um den Chorraum h.
8,5 die Gemeinde g. vor der Lade h.
Ps 50,3 fressendes Feuer g. vor ihm h. 97,3; Jo 2,3
Jes 45,2 ich will vor dir h.
58,8 deine Gerechtigkeit wird vor dir h.
Mi 2,13 ihr König wird vor ihnen h.
Hab 3,5 Pest g. vor ihm h.
Bar 6,6 wie das Volk vor und hinter den Götzen h.
Mt 2,9 der Stern g. vor ihnen h.
Lk 1,17 er wird vor ihm h. im Geist Elias
76 du wirst vor dem Herrn h.
22,47 einer von den Zwölfen g. vor ihnen h.
Apg 7,40 mache uns Götter, die vor uns h.

herholen
1Sm 20,31 laß (David) h. zu mir
Hi 36,3 will mein Wissen weit h.
StD 1,29 laßt Susanna, Jojakims Frau, h.
Mt 27,27 h. die ganze Schar zu ihm h.

herhören
2Sm 20,16 rief eine kluge Frau: H. h.! H. h.

herkehren
Hi 17,10 k. euch alle wieder h. und kommt 21,5

herkommen
1Mo 4,20 von dem sind herg., die in Zelten wohnen 21. 22; 9,19; 19,37.38; 22,21; 36,9
27,26 k. h. und küsse mich, mein Sohn
30,30 hattest wenig, ehe ich h. 48,5
42,15 es k. denn h. euer jüngster Bruder 44,23
Jos 10,24 k. h. und setzt eure Füße auf den Nacken
Ri 4,22 k. h., ich will dir den Mann zeigen
16,18 k. noch einmal h., denn er hat mir
1Sm 10,22 ist denn der Mann überhaupt herg.
17,28 warum bist du herg.
44 sprach zu David: K. h. zu mir
2Sm 1,15 k. h. und schlag ihn nieder
14,32 k. h., damit ich dich zum König sende
1Kö 1,42 k. h., denn du bist ein redlicher Mann
18,30 da sprach Elia zu allem Volk: K. h.
19,11 ein starker Wind k. vor dem HERRN h.
2Kö 14,8 k. h., wir wollen uns messen
19,28 den Weg zurückführen, den du herg. bist
Hi 38,22 wo der Schnee h... wo der Hagel h.
Ps 34,12 k. h., ihr Kinder, höret mir zu 66,16
46,9 k. h. und schauet die Werke des HERRN 66,5
Hl 2,10 steh auf, meine Freundin, und k. h. 13

Jes	19,11	ich k. von Königen der Vorzeit h.
	28,29	auch das k. h. vom HERRN
	50,8	der k. h. zu mir 55,3
	55,1	k. h... und kauft ohne Geld
	56,12	k. h., ich will Wein holen
Jer	22,11	Schallum... wird nicht wieder h.
	27,16	werden bald von Babel wieder h.
	49,14	sammelt euch und k. h. 50,26; Ze 2,1
Dan	3,26	ihr Knechte Gottes, k. h.
Am	4,4	k. h. nach Bethel
Sir	24,25	k. h. zu mir, alle, die ihr
	33,7	obwohl alle Tage von der Sonne h.
	37,3	ach wo k. doch das Übel h.
	51,31	k. h. zu mir, ihr Unerfahrenen
Bar	4,14	k. h., ihr Nachbarn Zions
1Ma	7,35	sobald ich glücklich wieder h.
	12,21	weil beide Völker von Abraham h.
Mt	8,9	wenn ich zu einem sage: K.h. Lk 7,8
	29	bist du herg., uns zu quälen
	11,28	k.h. zu mir, alle, die ihr mühselig und beladen
	14,29	(Jesus) sprach: K.h.
	25,34	k.h., ihr Gesegneten meines Vaters
	28,6	k.h. und seht die Stätte, wo er gelegen
Lk	12,51	*daß ich herg. bin, Frieden zu bringen*
	17,7	k.h. und setz dich zu Tisch
	22,52	zu den Ältesten, die zu ihm herg. waren
Jh	4,15	damit ich nicht h. muß, um zu schöpfen
	16	geh hin, ruf deinen Mann und k. wieder h.
	6,25	Rabbi, wann bist du herg.
Apg	7,34	k.h., ich will dich nach Ägypten senden
	9,17	*auf dem Wege, da du h.*
Rö	9,5	aus denen Christus h. nach dem Fleisch

Herkunft

Est	2,10	Ester sagte nichts von ihrer H. 20
Dan	1,3	er sollte einige auswählen von edler H.
Wsh	8,3	sie zeigt sich ihrer edlen H. würdig
Apg	7,13	so wurde dem Pharao Josefs H. bekannt

herlaufen

Klg	1,6	die matt vor dem Verfolger h.

herlegen

1Mo	31,37	l. das h. vor meinen Brüdern

hermachen

1Mo	19,5	daß wir uns über sie h. Ri 19,22.25
5Mo	19,11	m. sich über ihn h. und schlägt ihn tot
Am	7,9	will mich über das Haus Jerobeam h.

Hermas

Rö	16,14	grüßt Patrobas, H. und die Brüder bei ihnen

Hermes

Rö	16,14	grüßt Asynkritus, Phlegon, H., Patrobas

Hermes, *Merkurius*

Apg	14,12	sie nannten Barnabas Zeus und Paulus H.

Hermogenes

2Ti	1,15	unter ihnen Phygelus und H.

Hermon (= Senir; Sion; Sirjon)

5Mo	3,8	das Land bis an den Berg H. 4,48; Jos 11,3.17; 12,1.5; 13,5.11
Ps	42,7	aus dem Land am Jordan und H.
	89,13	Tabor und H. jauchzen über deinen Namen
	133,3	wie der Tau, der vom H. herabfällt
Hl	4,8	steig herab von der Höhe des H.
Am	4,3	ihr werdet zum H. weggeschleppt werden
Sir	24,17	wie eine Zypresse auf dem Gebirge H.

hernach

5Mo	8,16	dich versuchte, damit er dir h. wohltäte
	32,29	daß sie merkten, was ihnen h. begegnen
2Sm	3,28	als David das h. erfuhr
Esr	4,16	daß du h. nichts behalten wirst
Hi	8,7	was zuerst wenig, wird h. zunehmen
Ps	127,2	daß ihr früh aufsteht und h. lange sitzet
Spr	5,4	h. ist sie bitter wie Wermut 11
	19,20	nimm Zucht an, daß du h. weise seist
Pr	1,9	das wird h. sein... tut man h. wieder
	11	man gedenkt derer nicht, die h. kommen
Jes	8,23	wird h. zu Ehren bringen den Weg am Meer
	41,23	verkündigt, was h. kommen wird 46,10
	47,7	nicht gedacht, wie es h. werden könnte
Jer	1,3	(z. Z. Josias) und h. zur Zeit Jojakims
Hos	9,10	h. gingen sie zum Baal-Peor
	12,14	h. führte der HERR Israel aus Ägypten
Mt	12,45	mit diesem Menschen h. ärger als es vorher
Jh	6,71	(Judas Iskariot) verriet ihn h. 12,4
	13,7	du wirst es aber h. erfahren
1Ti	5,24	bei einigen werden (die Sünden) h. offenbar
Heb	12,17	ihr wißt ja, daß er h. verworfen wurde

herneigen

Jes	55,3	n. eure Ohren h. und kommt her zu mir

herniederfahren

1Mo	11,5	da f. der HERR h. 7
2Mo	3,8	bin herniederg., daß ich sie errette
Jes	30,30	man wird sehen, wie sein Arm h.
	31,4	so wird der HERR Zebaoth h.
	34,5	mein Schwert wird h. auf Edom
Lk	3,22	der heilige Geist f.h. wie eine Taube
Apg	10,11	*sah h. ein Gefäß 11,5*
Off	18,1	danach sah ich einen andern Engel h.
	21,10	*Jerusalem h. aus dem Himmel*

herniederkommen

2Mo	19,20	als der HERR herniederg. war
	33,9	so k. die Wolkensäule h. 34,5; 4Mo 11,17.25; 12,5
Jos	3,16	stand das Wasser, das von oben h.
Jh	3,13	*denn der vom Himmel herniederg. ist*
Apg	14,11	*die Götter sind zu uns herniederg.*
1Th	4,16	*der Herr wird h. vom Himmel*
Off	3,12	der Stadt meines Gottes, die vom Himmel h.
	21,10	zeigte mir die hl. Stadt h. aus dem Himmel

herniederlassen

1Mo	24,18	eilends l. sie den Krug h.
Jos	2,15	l. Rahab sie durchs Fenster h. 18
Mk	2,4	*sie l. das Bett h. Lk 5,19*

herniederschauen

Ps 113,6 der h. in die Tiefe

herniedersteigen

Mt 24,17 *wer auf dem Dach ist, der s. nicht h.* Mk 13,15; Lk 17,31
Lk 19,5 *Zachäus, s. eilend h. 6*

herniederstoßen

1Mo 15,11 die Raubvögel s. h. auf die Stücke

herniederziehen

Jos 16,3 (die Grenze) z. sich h. westwärts

Herodes

Mt 2,1 ¹Jesus geboren zur Zeit des Königs H. 3.7.12. 13.15.16.19; Lk 1,5
       22 Archelaus König anstatt seines Vaters H.
     14,1 ²zu der Zeit kam die Kunde von Jesus vor den Landesfürsten. Mk 6,14.16; Lk 9,7.9
        3 H. hatte Johannes ergriffen wegen der Herodias Mk 6,17.18.20; Lk 3,19
        6 als H. seinen Geburtstag beging Mk 6,21.22
     22,16 sandten zu ihm ihre Jünger samt den Anhängern des H. Mk 12,13
Mk 3,6 hielten Rat über ihn mit den Anhängern des H.
     8,15 seht euch vor vor dem Sauerteig des H.
Lk 3,1 als H. Landesfürst von Galiläa (war)
     8,3 Johanna, die Frau des Chuzas, eines Verwalters des H.
    13,31 H. will dich töten
    23,7 daß er Untertan des H., sandte er ihn zu H.
        8 als H. Jesus sah, freute er sich sehr
      11 H. mit seinen Soldaten verachtete ihn
      12 an dem Tag wurden H. und Pilatus Freunde
      15 H. auch nicht, er hat ihn uns zurückgesandt
Apg 4,27 H. und Pontius Pilatus mit den Heiden
    12,1 ³um diese Zeit legte der König H. Hand an einige von der Gemeinde 6.11.19.21
    13,1 ⁴Manäen, der mit H. erzogen worden war
   23,35 ließ ihn in Gewahrsam halten im Palast des H.

Herodias

Mt 14,3 Herodes hatte Johannes ergriffen wegen der H. Mk 6,17.19; Lk 3,19
       6 da tanzte die Tochter der H. Mk 6,22

Herodion

Rö 16,11 grüßt H., meinen Stammverwandten

Herold

Dan 3,4 der H. rief laut

Herr (von Gott und Christus; vgl. HERR)

1Mo 18,27 unterwunden, zu reden mit dem H. 30-32
    20,4 H., willst du ein gerechtes Volk umbringen
2Mo 4,13 mein H., sende, wen du senden willst 10
     5,22 H., warum tust du so übel
   15,17 brachtest sie zu seinem Heiligtum, H.
2Mo 33,9 der H. redete mit Mose
    34,9 hab ich, H., Gnade vor deinen Augen gefunden, so gehe der H. in unserer Mitte
4Mo 14,17 laß deine Kraft, o H., groß werden
5Mo 10,17 der HERR ist H. über alle Herren Ps 16,2
    14,3 nichts essen, was dem H. ein Greuel ist
   31,23 der H. befahl Josua, dem Sohn Nuns
   32,6 ist er nicht dein Vater und dein H.
   33,5 der H. ward König über Jeschurun
Jos 7,8 ach, H., was soll ich sagen
1Kö 3,10 das gefiel dem H. gut
     15 die Lade des Bundes des H.
   19,11 der H. sprach 2Ch 18,21; Jes 1,24; 21,6.16; 29,13; Hes 21,14; Am 7,8
   22,6 der H. wird's in die Hand des Königs geben
      7 daß wir durch ihn den H. befragen 2Ch 18,6
2Kö 7,6 der H. hatte hören lassen ein Getümmel
   17,21 der H. riß Israel vom Hause David los
2Ch 15,15 suchten den H. mit ganzem Willen
   33,13 als er bat, ließ sich der H. erbitten
Esr 10,10 habt dem H. die Treue gebrochen
Neh 1,11 H., laß deine Ohren aufmerken
    4,8 gedenket an den H.
   8,10 dieser Tag ist heilig unserm H.
Ps 2,4 der H. spottet ihrer 37,13
   22,31 vom H. wird man verkündigen
   30,9 zum H. flehte ich
   35,17 H., wie lange willst du zusehen Jes 6,11
     22 H., sei nicht ferne von mir
     23 wache auf, mein Gott und H. 44,24; 78,65
   38,10 H., du kennst mein Begehren
     16 du, H., mein Gott, wirst erhören
     23 eile, mir beizustehen, H., du meine Hilfe
   39,8 H., wessen soll ich mich trösten
   40,18 der H. sorgt für mich
   45,8 darum hat dich der H. gesalbt
   51,17 H., tu meine Lippen auf
   54,6 der H. erhält mein Leben
   55,10 mache ihre Zunge uneins, H.
   57,10 H., ich will dir danken 86,12
   59,12 zerstreue sie, H., unser Schild
   62,13 du, H., bist gnädig 86,3.5
   66,18 so hätte der H. nicht gehört
   68,12 der H. gibt ein Wort 23; Jes 9,7
     18 der H. zieht ein ins Heiligtum
     20 gelobt sei der H. täglich 33
   73,20 so verschmähst du, H., ihr Bild
   77,3 in der Zeit meiner Not suche ich den H.
      8 wird denn der H. auf ewig verstoßen
   79,12 mit dem sie dich, H., geschmäht haben
   86,4 nach dir, H., verlangt mich
      8 es ist dir keiner gleich
      9 alle Völker werden vor dir anbeten, H.
   89,50 H., wo ist deine Gnade von einst
     51 gedenke, H., an die Schmach
   90,1 H., du bist unsre Zuflucht Spr 10,29
     17 der H. sei uns freundlich
   97,10 der H. bewahrt die Seelen
  105,24 der H. ließ sein Volk wachsen
  106,29 erzürnten den H. mit ihrem Tun 32
  110,1 der HERR sprach zu meinem H.
      5 der H. wird zerschmettern die Könige
  114,7 vor dem H. erbebe, du Erde
  130,2 H., höre meine Stimme
      3 H., wer wird bestehen
      6 meine Seele wartet auf den H.
  136,3 danket dem H. aller Herren
  147,5 unser H. ist groß
Jes 3,1 der H. wird wegnehmen Stütze und Stab
     17 wird der H. den Scheitel kahl machen 7,20

Herr

Jes	3,18	wird der H. den Schmuck wegnehmen
	4,4	wenn der H. den Unflat abwaschen wird
	6,1	sah ich den H. sitzen auf einem Thron
	8,7	wird der H. kommen lassen die Wasser
	9,16	darum kann der H. nicht verschonen
	10,12	wenn der H. sein Werk ausgerichtet hat
	16	wird der H. Auszehrung senden 33
	11,11	der H. wird seine Hand ausstrecken
	25,11	wird der H. seinen Hochmut niederdrücken
	28,2	einen Starken hält der H. bereit
	30,20	der H. wird euch Brot und Wasser geben
	37,24	durch d. Knechte hast du den H. geschmäht
	38,14	H., ich leide Not, tritt für mich ein
	16	H., laß mich wieder genesen
Jer	3,14	kehrt um, denn ich bin euer H. 31,32
Klg	1,14	der H. hat mich in die Gewalt gegeben
	15	der H. hat zertreten alle meine Starken. Der H. hat der Kelter getreten
	2,1	hat der H. die Tochter Zion mit s. Zorn
	2	der H. hat alle Wohnungen Jakobs vertilgt
	5	der H. ist wie ein Feind geworden
	7	der H. hat seinen Altar verworfen 20
	18	schreie laut zum H. 19
	3,31	der H. verstößt nicht ewig
	36	sollte das der H. nicht sehen
	37	solches geschieht ohne des H. Befehl
	58	du führst, H., meine Sache
	4,22	der H. wird dich nicht mehr wegführen l.
Hes	8,3	ein Bild zum Ärgernis für den H. 5
	18,25	der H. handelt nicht recht 29; 33,17.20
	43,3	der H. kam, um die Stadt zu zerstören
Dan	1,2	der H. gab in seine Hand Jojakim
	2,47	euer Gott ist ein H. über alle Könige
	5,23	hast dich gegen den H. des Himmels erhoben
	9,4	ach, H., du großer und heiliger Gott
	7	du, H., bist gerecht
	9	bei dir, H., unser Gott, ist Barmherzigk. 16
	15	H., der du dein Volk aus Ägyptenl. geführt
	17	laß leuchten dein Antlitz, H.
	19	H., höre! H., sei gnädig! H., merk auf
Hos	12,15	ihr H. wird ihnen vergelten die Schmach
Am	7,7	der H. stand auf der Mauer
	9,1	ich sah den H. über dem Altar stehen
Mi	1,2	zu reden, der H. aus s. heiligen Tempel
	5,1	soll der kommen, der in Israel H. sei
Ze	2,13	der H. wird seine Hand ausstrecken
Sa	9,4	der H. wird es erobern
Mal	1,6	bin ich H., wo fürchtet man mich
	14	aber dem H. ein fehlerhaftes opfert
	3,1	bald wird kommen zu seinem Tempel der H.
Jdt	4,7	das ganze Volk schrie zum H. 14; 6,13; 8,14. 26.27; 12,6; 16,22; Sir 46,19; 47,6; 48,22; 50,19. 21; 51,14; Bar 1,5.13; 2Ma 1,8.24; 8,2.14. 29; 10,4; 12,36; 13,10; 15,21.22; StE 2,1.8; 7,6
	11	daß der H. euer Gebet erhören wird Tob 3,24.25; 8,9; 12,12; Sir 36,19; Bar 2,14
	14	wenn sie dem H. Brandopfer darbrachten
	6,17	wenn uns der H., unser Gott, errettet 8,17
	8,7	einen guten Ruf, da sie den H. fürchtete 24
	10	wer seid ihr, daß ihr den H. versucht 11
	12	der H. ist geduldig Sir 5,4
	22	daß wir vom H. gezüchtigt werden
	28	der H. sei mit dir
	9,1	Judit fiel nieder vor dem H.
	2	H., du Gott meines Vaters Tob 8,7; GMn 1
	2	hilf mir armen Witwe, H., mein Gott
	8	daß du selbst, H., unser Gott, es bist Sir 36,19; Bar 2,15.31; 3,6; StE 3,4; StD 3,21; GMn 7
Jdt	9,8	daß du mit Recht „H." heißt 16,3
	10	H., bestrafe ihn, den Hochmütigen 8; 13,19; 14,5; 16,7.20; 2Ma 8,35; 9,5
	13	denn du, H., bist stark
	14	du Gott des Himmels, H. aller Dinge Wsh 11,26; 12,16.18; 13,3; Sir 43,37; StE 2,3.4; 3,10; StD 2,4
	10,5	der H. machte ihre Schönheit so groß, daß
	11,4	wird gelingen, was der H. vorhat
	11	Öl, das dem H. geweiht ist
	12	so hat mich der H. zu dir gesandt
	13,17	dankt dem H. Sir 39,9; 51,1.17
	20	so wahr der H. lebt
	22	gelobt sei der H. Tob 13,22; Sir 43,32; 1Ma 4,55; 2Ma 3,30; 15,34; StD 3,2.28
	23	gesegnet bist du, Tochter, vom H.
	24	alle, die an die Macht des H. denken
	16,1	da sang Judit dem H. dies Lied 2.3.14.15; 2Ma 10,38
	19	den H. fürchten übertrifft alles Sir 43,31
Wsh	1,1	denkt über ihn, H. nach in lauterem Sinn
	9	seine Reden sollen vor den H. kommen
	3,8	der H. wird König sein in Ewigkeit
	10	die Gottlosen weichen vom H.
	14	der nichts Böses gegen den H. erdenkt
	4,14	seine Seele gefiel dem H.
	17	merken nicht, was der H. beschlossen 18
	5,7	den Weg des H. haben wir nicht erkannt
	16	der H. ist ihr Lohn
	6,4	vom H. ist euch die Macht gegeben
	8	der H. des Alls wird niemand begünstigen
	7,7	ich rief den H. an 8,21
	8,3	der H. aller Dinge hat sie lieb 16,26
	9,1	Gott meiner Väter und H. des Erbarmens
	13	wer kann ergründen, was der H. will Sir 39,10
	10,16	sie ging ein in die Seele des Dieners des H.
	20	priesen, H., deinen heiligen Namen Tob 3,14; StE 2,7
	11,13	spürten sie das Walten des H.
	12,2	damit sie an dich, H., glauben
	13,9	warum haben sie nicht den H. gefunden
	16,12	dein Wort, H., das alles heilt
	17,1	groß sind deine Gerichte, H. Tob 3,5
	19,9	sie lobten dich, H., der sie erlöst
	21	H., du hast dein Volk groß gemacht
Tob	1,6	diente dort dem H. und betete... an
	8	alles hielt er nach dem Gesetz des H.
	13	weil er von Herzen den H. fürchtete
	2,1	an einem Fest des H.
	5	das der H. durch den Propheten Amos geredet
	3,2	H., du bist gerecht Sir 18,2; Bar 1,15; 2,6.9; StE 3,6
	3	mein H., sei mir gnädig
	15	zu dir, H., kehre ich mein Angesicht 17
	4,7	das Angesicht des H. von dir nicht abwenden
	6,3	o H., er will mich fressen
	7,20	der H. des Himmels gebe dir Freude
	8,10	H., erbarme dich 18; Sir 36,1.14; StE 2,5
	11,7	bete zu Gott, deinem H. 12; 13,11
	12,15	von den Engeln, die vor dem H. stehen 14
	13,2	groß bist du, H., in Ewigkeit Sir 3,21; 15,18; 43,5
	3	ihr *Israeliten, lobt den H. 9
	16	werden alle versammelt werden zum H. 14
	14,10	dient dem H. in der Wahrheit
Sir	1,13	wer den H. fürchtet, dem wird's gutgehen 19. 25; 2,7-9.18-21; 3,8; 10,24; 32,18.20.28; 33,1; 34,16.47

Herr

Sir	1,37	der H. deine geheimen Gedanken offenbart 2Ma 2,8
	2,11	wer ist zuschanden geworden, der auf den H. gehofft hat
	13	der H. ist gnädig 17,28; Bar 2,27; 3,2
	17	ergehen, wenn sie der H. heimsucht 30,20
	3,3	der H. will den Vater geehrt haben
	7	wer dem H. gehorsam ist
	18	wer… ist verflucht vom H.
	4,15	wer (Weisheit) hat, den hat der H. lieb 14
	5,3	der H. wird's zu strafen wissen
	8	zögere nicht, dich zum H. zu bekennen 17,21.22
	7,4	begehre vom H. nicht die Herrschaft
	31	fürchte den H. von ganzer Seele 32
	10,16	hat der H. die Hochmütigen heimgesucht
	11,4	der H. ist wunderbar in seinen Werken 39,19
	22	dem H. ist es ein leichtes… reich zu machen
	27	der H. kann jedem vergelten 12,2; 35,13
	14,11	gib dem H. die Opfer, die ihm gebühren
	15,1	das alles tut nur, wer den H. fürchtet
	9	es ist ihm vom H. nicht gegeben
	13	der H. haßt alles, was ein Greuel ist
	16,1	wenn sie nicht den H. fürchten
	8	der H. verschonte die Riesen der Vorzeit nicht Bar 3,27
	15	sage nicht: Der H. sieht nach mir nicht
	25	als der H. seine Werke erschuf 42,17
	17,15	über Israel ist er selbst H. geworden
	27	wer gesund ist, der lobe den H.
	31	das Heer… hält der H. in Ordnung
	23,1	H., Vater und Herrscher über mein Leben 4
	28	die Augen des H. heller als die Sonne
	26,21	an dem Himmel des H. eine Zierde 43,10
	27,27	der H. haßt ihn auch
	28,1	an dem wird sich der H. wieder rächen
	27	wer den H. verläßt, wird
	33,8	die Weisheit des H. hat sie unterschieden 11
	34,19	Augen des H. sehen auf die, die ihn liebhaben
	29	wessen Stimme soll der H. erhören
	35,5	ein Gottesdienst, der dem H. gefällt
	15	der H. ist ein Richter 22; 2Ma 12,41
	36,5	keinen andern Gott als dich, H.
	38,2	der H. hat (den Arzt) geschaffen 12
	4	der H. läßt Arznei aus der Erde wachsen
	9	bitte den H., dann wird er dich gesund machen 14
	39,6	denkt daran, in der Frühe den H. zu suchen
	11	er rühmt sich des Gesetzes des H.
	41,5	so ist es vom H. verordnet über alle
	43,25	durch sein Wort brachte der H. das Meer zur Ruhe
	27	durch den H. findet jeder Weg sein Ziel
	44,2	viel Herrliches hat der H. an ihnen getan
	16	Henoch gefiel dem H.
	45,14	Stirnblatt… „Heilig dem H."
	20	hat (Mose) erwählt
	23	der H. sah es, es gefiel ihm nicht Bar 1,22
	27	der H. selbst war ihr Erbteil 26
	28	wer sich für den H. eingesetzt hatte
	46,4	(Josua) führte die Kriege des H. 8
	11	der H. erhielt den Kaleb in voller Kraft
	12	wie gut es ist, dem H. zu gehorchen
	13	die Richter, die nicht vom H. abfielen
	16	Samuel, der Prophet des H. 17
	17	der H. sah Jakob wieder gnädig an
	20	der H. donnerte vom Himmel herab
	22	bezeugte er vor dem H. und seinem Gesalbten
Sir	47,7	ehrte ihn mit Lobliedern auf den H.
	13	der H. vergab (David) seine Sünden
	24	der H. ließ nicht ab von s. Barmherzigkeit
	48,25	Hiskia tat, was dem H. wohlgefiel
	49,4	er richtete sein Herz auf den H. 14
	50,15	mit dem Opfer für den H. in ihren Händen
	22	rief über sie den Segen des H. aus
	31	des H. Licht leitet ihn
	51,11	da dachte ich, H., an deine Barmherzigkeit
	30	der H. hat mir eine neue Zunge gegeben
Bar	1,10	opfert auf dem Altar des H., unseres Gottes
	12	so wird der H. uns Kraft geben
	13	wir haben uns versündigt an dem H. 17; 2,4. 5.10.12.33; 3,8; GMn 12
	19	da der H. unsre Väter aus Ägyptenland geführt 20; 2,11
	20	Strafe, die der H. durch Mose angekündigt
	2,1	der H. hat sein Wort gehalten 7-9
	16	sieh herab, H., von deinem hl. Haus 17.18
	19	nun, H., liegen wir vor dir mit unserm Gebet
	21	so spricht der H.
	6,6	H., dich soll man anbeten
1Ma	1,62	Altar, der auf dem Altar des H. stand
	4,10	so wird uns der H. auch gnädig sein
	24	danket dem H.; denn er ist freundlich StD 3,65
	7,37	ach H., weil du dieses Haus erwählt hast 41
2Ma	1,8	beteten wir, und der H. erhörte uns
	2,2	sollten die Gebote des H. nicht vergessen
	5	von dem aus er das Erbland des H. gesehen
	10	wie Mose den H. gebeten hatte
	3,30	nach diesen Zeichen des allmächtigen H.
	33	um seinetwillen hat dir der H. das Leben
	35	Heliodor ließ dem H. opfern
	5,17	sah nicht, daß der H. erzürnt war 7,33
	19	der H., hat das Volk sich auserwählt
	6,30	der H., die die heilige Erkenntnis hat
	7,40	hat sein ganzes Vertrauen auf den H. gestellt
	10,28	Zuflucht, die sie zum H. genommen hatten
	14,35	H., du brauchst kein irdisches Haus
	46	Gott, der über Leben und Geist H. ist
	15,4	ja, es gibt den lebendigen H.
	35	daß ihnen der H. geholfen hatte
StE	3,5	daß du, H., Israel abgesondert hast
	9	denk an uns, H. 8; 7,6
StD	1,23	als gegen den H. sündigen
	35	ihr Herz vertraute auf den H. 42
	53	obwohl doch der H. geboten hat
	2,24	ich will den H., meinen Gott, anbeten
	40	H., du Gott Daniels, du bist ein großer Gott
	3,13	H., wir sind geringer geworden als
	34	lobt den H., alle seine Werke 35-64
	66	die den H. fürchten, lobt den H.
GMn	7	du, H., hast Buße verheißen 8
	13	vergib mir, H., vergib mir
Mt	1,22	damit erfüllt würde, was der H. gesagt 2,15
	3,3	bereitet dem H. den Weg Mk 1,3; Lk 3,4; Jh 1,23
	4,7	du sollst den H. nicht versuchen Lk 4,12
	10	du sollst den H. anbeten Lk 4,8
	5,33	du sollst dem H. deinen Eid halten
	7,21	nicht alle, die zu mir sagen: H., H. 22
	8,2	H., wenn du willst, kannst du Lk 5,12
	6	H., mein Knecht liegt zu Hause
	8	H., ich bin nicht wert, daß du
	21	H., erlaube mir, daß ich zuvor Lk 9,59
	25	H., hilf 14,30; 15,25
	9,28	da sprachen sie: Ja, H. 15,27; Mk 7,28
	38	darum bittet den H. der Ernte Lk 10,2

Mt	11,25	H. des Himmels und der Erde Lk 10,21	Lk	19,8	siehe, H., die Hälfte von meinem Besitz gebe ich den Armen
	12,8	der Menschensohn ist ein H. über den Sabbat Mk 2,28; Lk 6,5		20,37	wo er den H. nennt Gott Abrahams
	14,28	H., bist du es		22,33	er sprach zu ihm: H., ich bin bereit
	15,22	H., erbarme dich meiner 17,15; 20,30.31		38	H., siehe, hier sind zwei Schwerter
	16,22	Gott bewahre dich, H.		49	H., sollen wir mit dem Schwert dreinschlagen
	17,4	H., hier ist gut sein		61	der H. wandte sich und sah Petrus an
	18,21	H., wie oft muß ich meinem Bruder vergeben		24,3	fanden den Leib des H. Jesus nicht
	20,33	H., daß unsere Augen aufgetan werden		34	der H. ist wahrhaftig auferstanden
	21,3	der H. bedarf ihrer Mk 11,3; Lk 19,31.34	Jh	4,1	da nun der H. innewurd
	42	vom H. ist das geschehen Mk 12,11		11	H., hast du doch nichts, womit du schöpfen könntest 15.19
	22,37	du sollst den H. lieben von ganzem Herzen Mk 12,30; Lk 10,27		49	H., komm herab, ehe mein Kind stirbt
	43	wie kann ihn David H. nennen, wenn er sagt 44.45; Mk 12,36.37; Lk 20,42.44; Apg 2,34		5,7	H., ich habe keinen Menschen, der mich
				6,23	wo sie gegessen unter der Danksagung des H.
	24,42	ihr wißt nicht, an welchem Tag euer H. kommt Mk 13,35		34	H., gib uns allezeit solches Brot
	25,37	H., wann haben wir dich hungrig gesehen 44		68	H., wohin sollen wir gehen
	26,22	H., bin ich's Jh 9,36; 13,25; 21,20		9,38	er aber sprach: H., ich glaube 11,27
	27,10	wie mir der H. befohlen hat		11,2	Maria war es, die den H. mit Salböl gesalbt
	63	H., wir haben daran gedacht, daß Lk 22,61		3	H., siehe, der, den du liebhast, liegt krank 12.21.32.34.39
Mk	5,19	welch große Wohltat dir der H. getan		12,38	H., wer glaubt unserm Predigen Rö 10,16
	12,29	höre, Israel, der H., unser Gott, ist H. allein 32		13,6	H., solltest du mir die Füße waschen 9
	13,20	wenn der H. diese Tage nicht verkürzt hätte		13	ihr nennt mich Meister und H. 14
	16,19	nachdem der H. mit ihnen geredet hatte		36	H., wo gehst du hin 37; 14,5
	20	der H. wirkte mit ihnen		14,8	H., zeige uns den Vater, und es genügt uns
Lk	1,15	er wird groß sein vor dem H.		22	H., was bedeutet, daß du dich uns offenbaren willst und nicht der Welt
	16	er wird viele zu dem H., ihrem Gott, bekehren		20,2	sie haben den H. weggenommen 13.15
	17	zuzurichten dem Herrn ein Volk, das		18	ich habe den H. gesehen 25
	25	so hat der H. an mir getan		20	die Jünger froh, daß sie den H. sahen
	28	der H. ist mit dir		28	Thomas sprach: Mein H. und mein Gott
	38	Maria sprach: Siehe, ich bin des H. Magd		21,7	es ist der H. 12
	43	daß die Mutter meines H. zu mir kommt		15	ja, H., du weißt, daß ich dich liebhabe 16.17
	45	vollendet, was dir gesagt ist von dem H.		21	H., was wird mit diesem
	46	meine Seele erhebt den H.	Apg	1,6	H., wirst du in dieser Zeit aufrichten das Reich
	58	daß der H. große Barmherzigkeit an ihr getan		21	als der H. Jesus unter uns ein- und ausgegangen
	76	du wirst dem H. vorangehen		24	H., der du aller Herzen kennst
	2,9	die Klarheit des H. leuchtete um sie		2,20	ehe der Tag der Offenbarung des H. kommt
	11	welcher ist Christus, der H.		25	ich habe den H. allezeit vor Augen
	15	die Geschichte, die uns der H. kundgetan hat		36	daß Gott diesen Jesus zum H. und Christus gemacht hat
	22	um ihn dem H. darzustellen		39	so viele der H., unser Gott, herzurufen wird
	23	alles Männliche... soll dem H. geheiligt heißen 24.39		47	der H. aber fügte täglich zur Gemeinde hinzu
	26	er habe denn zuvor den Christus des H. gesehen		3,20	Zeit der Erquickung von dem Angesicht des H.
	29	H., nun läßt du deinen Diener in Frieden fahren		4,24	H., du hast Himmel und Erde gemacht
	4,19	zu verkündigen das Gnadenjahr des H.		26	die Fürsten versammeln sich wider den H.
	5,8	H., geh weg von mir		29	nun, H., sieh an ihr Drohen
	17	die Kraft des H. war mit ihm		33	bezeugten die Auferstehung des H. Jesus
	6,46	was nennt ihr mich H., H., und tut nicht, was		5,14	wuchs die Zahl derer, die an den H. glaubten
	7,6	ach H., bemühe dich nicht		7,33	der H. sprach zu ihm: Zieh die Schuhe aus von deinen Füßen
	13	als sie der H. sah, jammerte sie ihn		49	was mir für ein Haus bauen, spricht der H.
	19	sandte sie zum H. und ließ ihn fragen		59	H. Jesus, nimm meinen Geist auf
	9,54	H., willst du, so wollen wir sagen		60	H., rechne ihnen diese Sünde nicht an
	61	ein andrer sprach: H., ich will dir nachfolgen		8,22	flehe zum H., ob dir... vergeben werden könne
	10,1	danach schied der H. weitere 72 Jünger ein		24	bittet den H., daß nichts von dem komme
	17	H., auch die bösen Geister sind uns untertan		9,1	Saulus schnaubte noch mit Drohen gegen die Jünger des H.
	39	setzte sich dem H. zu Füßen und hörte zu		5	er sprach: H., wer bist du 27; 22,8.10; 26,15
	40	H., fragst du nicht danach, daß		10	dem erschien der H. 11.13.15; 18,9
	11,1	so uns beten		17	Bruder Saul, der H. hat mich gesandt
	12,41	H., sagst du dies Gleichnis zu uns		35	alle bekehrten sich zu dem H. 42; 11,21
	13,23	H., meinst du, daß nur wenige selig werden			
	17,5	sprachen zu dem H.: Stärke uns den Glauben			
	18,41	er sprach: H., daß ich sehen kann			

Herr

Apg	10,4	er sah ihn an, erschrak und fragte: H., was ist
	14	Petrus sprach: O nein, H. 11,8
	33	alles zu hören, was dir vom H. befohlen ist
	36	Christus, welcher ist H. über alle 17,24
	11,17	die wir zum Glauben gekommen sind an den H.
	20	predigten das Evangelium vom H. Jesus
	21	die Hand des H. war mit ihnen
	23	mit festem Herzen an dem H. zu bleiben
	24	viel Volk wurde für den H. gewonnen
	12,11	daß der H. seinen Engel gesandt hat 17
	13,2	als sie dem H. dienten und fasteten
	10	hörst du nicht auf, krumm zu machen die geraden Wege des H.
	11	siehe, die Hand des H. kommt über dich
	12	verwunderte sich über die Lehre des H.
	47	denn so hat uns der H. geboten
	14,3	lehrten frei und offen im Vertrauen auf den H.
	23	befahlen sie dem H., an den sie gläubig
	15,17	die Menschen... nach dem H. fragen
	16,14	der tat der H. das Herz auf
	15	anerkennt, daß ich an den H. glaube
	31	glaube an den H. Jesus, so wirst du selig
	18,8	Krispus kam zum Glauben an den H. mit seinem ganzen Hause
	25	dieser war unterwiesen im Weg des H.
	19,20	breitete sich das Wort aus durch die Kraft des H.
	20,19	wie ich dem H. gedient habe in aller Demut
	21	habe Juden und Griechen bezeugt den Glauben an unsern H. Jesus
	24	Amt, das ich von dem H. Jesus empfangen habe
	21,14	des H. Wille geschehe
	22,19	H., sie wissen doch, daß ich die, die
	28,31	lehrte von dem H. Jesus Christus
Rö	1,3	(Evangelium) von Jesus Christus, unserm H.
	7	Gnade sei mit euch von Gott unserm Vater und dem H. Jesus Christus 1Ko 1,3; 2Ko 1,2; Gal 1,3; Eph 1,2; 6,23; Phl 1,2; 2Th 1,2; 1Ti 1,2; 2Ti 1,2; Phm 3; 2Pt 1,2
	4,8	selig, dem der H. die Sünde nicht zurechnet
	24	der unsern H. Jesus auferweckt hat von den Toten 1Ko 6,14; 2Ko 4,13
	5,1	haben wir Frieden mit Gott durch unsern H. 11
	21	zum ewigen Leben durch Christus, unsern H.
	6,23	das ewige Leben in Christus Jesus, unserm H.
	7,25	Dank sei Gott durch Jesus Christus, unsern H.
	8,39	Liebe Gottes, in Christus Jesus, unserm H.
	9,28	der H. wird sein Wort ausrichten auf Erden
	10,9	wenn du bekennst, daß Jesus der H. ist
	12	es ist über alle derselbe H., reich für alle
	11,3	H., sie haben deine Propheten getötet
	34	wer hat des Herrn Sinn erkannt 1Ko 2,16
	12,11	dient dem H.
	19	die Rache ist mein; ich will vergelten, spricht der H.
	13,14	zieht an den H. Jesus Christus
	14,4	der H. kann ihn aufrecht halten
	6	wer auf den Tag achtet, tut's im Blick auf den H.
	8	wir leben oder sterben, so sind wir des H.
	9	Christus, daß er über Tote und Lebende H. sei
	14	ich weiß und bin gewiß in dem H. Jesus

Rö	15,6	Gott, den Vater unseres H. Jesus Christus 2Ko 1,3; Eph 1,3; Kol 1,3; 1Pt 1,3
	11	lobet den H., alle Heiden, und preist ihn
	30	ich ermahne euch durch unsern H.
	16,2	daß ihr sie aufnehmt in dem H. Phl 2,29
	8	grüßt Ampliatus, meinen Lieben in dem H. 13
	11	Haus des Narzissus, die in dem H. sind
	12	Tryphäna und Tryphosa, die in dem H. arbeiten
	18	solche dienen nicht unserm H. Christus
	22	ich, Tertius, grüße euch in dem H. 1Ko 16,19
1Ko	1,7	wartet nur auf die Offenbarung unseres H.
	8	untadelig am Tag unseres H. 2Ko 1,14
	9	berufen zur Gemeinschaft unseres H.
	31	wer sich rühmt, der rühme sich des H.
	2,8	so hätten sie den H. der Herrlichkeit nicht gekreuzigt
	3,5	das, wie es der H. einem jeden gegeben hat
	20	der H. kennt die Gedanken der Weisen
	4,4	der H. ist's, der mich richtet
	5	richtet nicht vor der Zeit, bis der H. kommt
	17	Timotheus, mein lieber Sohn in dem H.
	19	ich werde, wenn der H. will, bald kommen
	5,4	wenn ihr in dem Namen unseres H. Jesus versammelt seid
	5	damit der Geist gerettet werde am Tage des H.
	6,13	der Leib nicht der Hurerei, sondern dem H., und der H. dem Leibe
	17	wer dem H. anhängt, der ist ein Geist mit ihm
	7,10	den Verheirateten gebiete nicht ich, sondern der H. 12
	17	so leben, wie der H. es ihm zugemessen 22
	25	einer, der durch die Barmherzigkeit des Herrn Vertrauen verdient
	32	sorgt sich um die Sache des H., wie er dem H. gefalle 34
	35	damit ihr ungehindert dem H. dienen könnt
	39	nur daß es in dem H. geschehe
	8,6	so haben wir doch nur einen H., Jesus Christus
	9,1	habe ich nicht unsern H. Jesus gesehen
	2	Siegel meines Apostelamts seid ihr in dem H. 1
	5	Schwester als Ehefrau wie die Brüder des H.
	14	so hat auch der H. befohlen, daß
	10,9	*lasset uns den H. nicht versuchen*
	21	nicht zugleich den Kelch des H. und den Kelch
	22	wollen wir den H. herausfordern
	26	die Erde ist des H. und was darinnen ist
	11,11	in dem H. ist weder die Frau etwas ohne Mann
	20	so hält man da nicht das Abendmahl des H.
	23	der H., in der Nacht, da er verraten ward
	26	verkündigt ihr den Tod des H., bis er kommt
	27	wer unwürdig aus dem Kelch des H. trinkt
	29	so, daß er den Leib des H. nicht achtet 27
	32	wenn wir vom H. gerichtet werden
	12,3	niemand kann Jesus den H. nennen außer
	5	es sind verschiedene Ämter; aber es ist ein H.
	14,21	sie werden mich nicht hören, spricht der H.
	15,31	so wahr ihr mein Ruhm seid, den ich in Christus Jesus, unserm H., habe
	57	der uns den Sieg gibt durch unsern H. Jesus
	58	weil ihr wißt, daß eure Arbeit nicht vergeblich ist in dem H.

1Ko	16,7	bei euch bleiben, wenn es der H. zuläßt
	22	wenn jemand den H. nicht liebhat
2Ko	2,12	als mir eine Tür aufgetan war in dem H.
	3,16	wenn Israel sich bekehrt zu dem H., so wird
	17	der H. ist der Geist
	18	nun aber schauen wir die Herrlichkeit des H.
	4,5	predigen Jesus Christus, daß er der H. ist
	5,6	solange wir im Leibe wohnen, weilen wir fern von dem H.
	8	wir haben Lust, daheim zu sein bei dem H.
	11	weil wir wissen, daß der H. zu fürchten ist
	6,17	spricht der H. 18; Heb 8,8-10
	8,5	gaben sich selbst, zuerst dem H.
	19	diese Gabe überbringen dem H. zur Ehre
	21	daß es redlich zugehe nicht allein vor dem H.
	10,8	Vollmacht, die uns der H. gegeben hat 13,10
	17	wer sich rühmt, der rühme sich des H.
	18	der ist tüchtig, den der H. empfiehlt
	11,17	das rede ich nicht dem H. gemäß
	31	Gott, der Vater des H. Jesus
	12,1	will ich kommen auf die Erscheinungen des H.
	8	seinetwegen habe ich dreimal zum H. gefleht
Gal	1,19	sah keinen außer Jakobus, des H. Bruder
	5,10	ich habe Vertrauen zu euch in dem H. 2Th 3,4
	6,14	mich rühmen allein des Kreuzes unseres H.
Eph	1,15	nachdem ich gehört habe von dem Glauben bei euch an den H.
	17	der Gott unseres H. Jesus Christus
	2,21	der ganze Bau wächst zu einem heiligen Tempel in dem H.
	3,11	ausgeführt in Christus Jesus, unserm H.
	4,1	ermahne ich euch, der Gefangene in dem H.
	5	ein H., ein Glaube, eine Taufe
	17	so sage ich nun und bezeuge in dem H.
	5,8	nun seid ihr Licht in dem H.
	10	prüft, was dem H. wohlgefällig ist
	17	versteht, was der Wille des H. ist
	19	singt und spielt dem H. in eurem Herzen
	22	ordnet euch unter wie dem H. 6,1.5; Kol 3,18; 1Pt 2,13
	6,4	erzieht sie in der Zucht und Ermahnung des H.
	7	tut euren Dienst mit gutem Willen als dem H. Kol 3,24
	8	das wird er vom H. empfangen
	9	daß euer und ihr H. im Himmel ist Kol 4,1
	10	seid stark in dem H.
	21	Tychikus, mein lieber Bruder in dem H. Kol 4,7
	24	die liebhaben unsern H. Jesus Christus
Phl	1,14	meisten Brüder in dem H. haben Zuversicht
	2,11	alle Zungen bekennen sollen, daß Jesus Christus der H. ist
	19	ich hoffe in dem H. Jesus, daß
	24	ich vertraue in dem H. darauf, daß
	3,1	liebe Brüder: Freut euch in dem H. 4,4
	8	Erkenntnis meines H. 2Pt 1,8; 2,20
	20	woher wir auch erwarten den Heiland, den H. Jesus Christus
	4,1	steht fest in dem H., ihr Lieben
	2	daß sie eines Sinnes seien in dem H.
	5	der H. ist nahe
	10	ich bin aber hoch erfreut in dem H.
Kol	1,10	daß ihr des H. würdig lebt
	2,6	wie ihr den H. Christus Jesus angenommen habt
Kol	3,13	wie der H. euch vergeben hat, so auch ihr
	20	das ist wohlgefällig in dem H.
	23	alles, was ihr tut, tut von Herzen als dem H.
	24	von dem H. als Lohn das Erbe empfangen
	4,17	das Amt, das du empfangen hast in dem H.
1Th	1,1	Paulus an die Gemeinde in Thessalonich in Gott und dem H. Jesus Christus 2Th 1,1
	3	denken an eure Hoffnung auf unsern H. Jesus
	6	seid unserm Beispiel gefolgt und dem des H.
	2,15	die haben den H. Jesus getötet
	19	seid nicht ihr es vor unserm H. Jesus
	3,8	wieder lebendig, wenn ihr feststeht in dem H.
	11	unser H. Jesus lenke unsern Weg zu euch
	12	euch lasse der H. wachsen
	13	wenn unser H. Jesus kommt 5,23; 2Th 2,1; 2Pt 1,16; Jak 5,7.8
	4,1	(wir) ermahnen euch in dem H. 2Th 3,12
	2	welche Gebote wir euch gegeben durch den H.
	6	der H. ist ein Richter über das alles
	15	die wir übrigbleiben bis zur Ankunft des H.
	16	denn er selbst, der H., wird herabkommen
	17	so werden wir bei dem H. sein allezeit
	5,2	daß der Tag des H. kommen wird wie ein Dieb 2Pt 3,10
	9	Heil zu erlangen durch unsern H. Jesus
	12	erkennt an, die euch vorstehen in dem H.
	27	ich beschwöre euch bei dem H., daß
2Th	1,7	wenn der H. Jesus sich offenbaren wird
	8	nicht gehorsam dem Evangelium unseres H.
	9	Strafe erleiden vom Angesicht des H. her
	2,2	als sei der Tag des H. schon da
	8	ihn wird der H. Jesus umbringen
	13	vom H. geliebte Brüder
	14	damit ihr die Herrlichkeit unseres H. erlangt
	16	er aber, unser H. Jesus Christus, und Gott
	3,3	der H. ist treu
	5	der H. richte eure Herzen aus auf die Liebe Gottes
	16	der H. des Friedens gebe euch Frieden allezeit
1Ti	1,12	ich danke unserm H. Christus Jesus
	6,14	bis zur Erscheinung unseres H. Jesus Christus
	15	der König aller Könige und H. aller Herren Off 17,14; 19,16
2Ti	1,8	schäme dich n. des Zeugnisses von unserm H.
	16	der H. gebe Barmherzigkeit dem Hause des Onesiphorus 18
	2,7	der H. wird dir in allen Dingen Verstand geben
	19	der H. kennt die Seinen
	22	mit allen, die den H. anrufen aus reinem H.
	3,11	aus allen hat mich der H. erlöst
	4,8	Krone, die mir der H. geben wird
	14	der H. wird ihm vergelten nach s. Werken
	17	der H. stand mir bei und stärkte mich
	18	der H. wird mich erlösen von allem Übel
	22	der H. sei mit deinem Geist
Phm	5	ich höre von der Liebe, die du hast an den H.
	16	ein geliebter Bruder... auch in dem H.
	20	daß ich mich an dir erfreue in dem H.
1Pt	2,3	geschmeckt habt, daß der H. freundlich ist
	3,12	die Augen des H. sehen auf die Gerechten
	15	heiligt den H. Christus in euren Herzen
2Pt	1,11	der Eingang in das ewige Reich unseres H.

Herr

2Pt	1,14	wie es mir auch unser H. eröffnet hat
	2,1	die verleugnen den H., der sie erkauft Jud 4
	9	der H. weiß die Frommen zu erretten
	11	wo doch die Engel kein Verdammungsurteil gegen sie vor den H. bringen
	3,8	daß ein Tag vor dem H. wie tausend Jahre ist
	9	der H. verzögert nicht die Verheißung
	15	Geduld unseres H. erachtet für eure Rettung
Heb	1,10	du, H., hast am Anfang die Erde gegründet
	2,3	das seinen Anfang nahm mit der Predigt des H.
	7,14	daß unser H. aus Juda hervorgegangen ist
	21	der H. hat geschworen, und es wird ihn nicht gereuen
	10,15	nachdem der H. gesagt hat
	12,5	achte nicht gering die Erziehung des H.
	6	wen der H. liebhat, den züchtigt er
	14	Heiligung, ohne die niemand den H. sehen
	13,6	der H. ist mein Helfer, ich will mich nicht fürchten
	20	Gott, der unsern H. von den Toten heraufgeführt
Jak	1,7	daß er etwas von dem H. empfangen werde
	2,1	Glauben an unsern H. der Herrlichkeit
	3,9	mit ihr loben wir den H. und Vater
	4,10	demütigt euch vor dem H., so wird er euch
	15	wenn der H. will, werden wir leben
	5,11	der H. ist barmherzig und ein Erbarmer
	15	der H. wird ihn aufrichten
Jud	5	der H., nachdem er dem Volk das eine Mal aus Ägypten geholfen hatte
	9	sprach: Der H. strafe dich
	14	der H. kommt mit vielen tausend Heiligen
	17	Worte, die zuvor gesagt sind von den Aposteln unseres H. Jesus Christus
	21	wartet auf die Barmherzigkeit unseres H.
	25	Gott, durch Jesus Christus, unsern H.
Off	1,5	der H. über die Könige auf Erden
	10	wurde vom Geist ergriffen am Tag des H.
	4,11	H., unser Gott, du bist würdig
	6,10	H., du Heiliger und Wahrhaftiger
	7,14	ich sprach zu ihm: Mein H., du weißt es
	11,4	Leuchter, die vor dem H. der Erde stehen
	8	wo ihr H. gekreuzigt wurde
	15	es sind die Reiche der Welt unseres H. und seines Christus geworden
	17	wir danken dir, H., allmächtiger Gott
	14,13	selig sind die Toten, die in dem H. sterben
	15,3	groß und wunderbar sind deine Werke, H., allmächtiger Gott
	4	wer sollte dich, H., nicht fürchten
	16,7	ja, H., allmächtiger Gott
	19,6	der H. hat das Reich eingenommen
	21,22	der H., der allmächtige Gott, ist ihr Tempel
	22,5	Gott der H. wird sie erleuchten
	6	der H., der Gott des Geistes der Propheten
	20	Amen, ja, komm, H. Jesus

HERR
(s.a. Bund; Engel des HERRN; Furcht Gottes; Gebot; Geist Gottes; Gnade; Gott der HERRN; Gott, der HERR Zebaoth; Haus des HERRN; Herr; HERR, Gott Israels; HERR Zebaoth; Herrlichkeit; Knecht Gottes; Lade; Name Gottes; Stimme Gottes; Tempel Gottes; Werk Gottes; Wort des HERRN; Zorn)

1Mo	4,1	einen Mann gewonnen mit Hilfe des H.
1Mo	4,3	daß Kain dem H. Opfer brachte 6.9.13.15.16
	4	der H. sah gnädig an Abel
	5,29	auf dem Acker, den der H. verflucht hat
	6,3	da sprach der H. 5; 11,6; 18,17.20; 22,16; 2Mo 3,7u.ö.40,1; Ri 20,18.23.28; 1Kö 9,3; 11,11; 14,5; 19,15; 22,17.20.21; 2Kö 10,30; 15,12; 1Ch 21,9; 2Ch 18,16.19.20; Jes 20,3; Hes 4,13; 9,3; Jon 4,4.10
	7,1	der H. sprach zu Noah
	5	Noah tat alles, was ihm der H. gebot
	16	der H. schloß hinter ihm zu
	8,20	baute dem H. einen Altar 12,7.8; 13,18; Ri 6,24.26; 1Sm 7,17; 14,35
	21	der H. roch den lieblichen Geruch
	9,26	gelobt sei der H. Rut 4,14; 2Sm 25,39; 2Sm 18,28; 1Kö 5,21; 8,56; 10,9; 1Ch 16,36; 29,10; 2Ch 9,8; Esr 7,27; Ps 28,6; 31,22; 89,53; 119,12; 124,6; 135,21; 144,1; Sa 11,5
	10,9	ein gewaltiger Jäger vor dem H.
	11,5	da fuhr der H. hernieder
	8	so zerstreute sie der H. von dort 9
	12,1	der H. sprach zu Abram 4; 13,14; 15,4.13; 18,13.26
	7	erschien der H. dem Abram 17,1; 18,1
	17	der H. plagte den Pharao 2Kö 15,5
	13,10	ehe der H. Sodom vernichtete 19,13.14.16.24; 5Mo 29,22
	10	wie der Garten des H.
	13	die Leute zu Sodom sündigten wider den H.
	14,22	hebe meine Hand auf zu dem H.
	15,2	Abram sprach: H., mein Gott 8
	6	Abram glaubte dem H.
	7	bin der H., der dich aus Ur geführt
	16,2	H. hat mich verschlossen 20,18; 1Sm 1,5.6
	5	der H. sei Richter zwischen mir und dir
	11	der H. hat dein Elend erhört 29,32
	18,14	sollte dem H. etwas unmöglich sein
	19	des H. Wege halten... auf daß der H.
	22	Abraham blieb stehen vor dem H. 19,27
	33	der H. ging weg
	21,1	der H. suchte Sara heim 1Sm 1,19; 2,21
	22,14	Abraham nannte die Stätte „Der H. sieht"
	24,1	der H. hatte ihn gesegnet allenthalben 35; 26,12; 30,27.30; 39,5; Ri 13,24; 2Sm 6,11.12; 1Ch 13,14
	3	schwöre mir bei dem H.
	7	der H., Gott des Himmels Neh 1,5; Jon 1,9
	12	H., Gott Abrahams 27.42; 27,20; 28,13.21; 2Mo 3,15.16.18; 4,5; 7,16; 1Kö 18,36; 1Ch 29,18; Neh 9,7
	21	ob der H. zu seiner Reise Gnade gegeb. 56
	26	betete den H. an 48.52; Neh 8,6
	27	der H. hat mich geradeswegs geführt
	31	du Gesegneter des H. 26,29; Ps 115,15
	40	der H., vor dem ich wandle
	44	die Frau, die der H. beschert hat 51
	50	das kommt vom H.
	25,21	Isaak bat den H... der H. ließ sich
	22	(Rebekka) ging hin, den H. zu befragen 23
	26,2	da erschien (Isaak) der H. 24
	22	nun hat uns der H. Raum gemacht
	28	sehen, daß der H. mit dir ist
	27,7	dich segne vor dem H., ehe ich sterbe
	27	Geruch des Feldes, das der H. gesegnet hat
	28,13	(eine Leiter) der H. stand oben darauf
	16	fürwahr, an dieser Stätte
	29,31	als der H. sah, daß Lea ungeliebt war 33
	35	nun will ich dem H. danken
	30,24	der H. wolle mir noch einen Sohn geben
	31,3	der H. sprach... ich will mit dir sein 39,2.3. 21.23

1Mo	31,49	der H. wache als Späher über mir und dir	2Mo	9,23 der H. ließ donnern und... Hagel fallen

1Mo 31,49 der H. wache als Späher über mir und dir
32,11 H., ich bin zu gering aller Treue
38,7 Er war böse vor dem H., darum ließ ihn der H. sterben 1Ch 2,3
10 dem H. mißfiel, was er tat
49,18 H., ich warte auf dein Heil Ps 119,166
2Mo 3,4 als der H. sah, daß (Mose) hinging
18 daß wir opfern dem H., unserm Gott 5,3.17; 8,4.22-25; 10,7.8.11.24.26; 12,31
4,1 sagen: Der H. ist dir nicht erschienen
10 Mose sprach zu dem H. 5,22; 6,12.30; 19,9.23; 33,12; 4Mo 10,35.36; 11,11; 14,13; 16,15
11 habe ich's nicht getan, der H.
14 da wurde der H. sehr zornig über Mose
22 sollst sagen: So spricht der H. 7,26; 8,16; 9,1. 13; 10,3; 11,4; 1Sm 2,27; 2Sm 7,5; 12,11; 24,12; 1Kö 12,24; 13,2.21; 20,13.14.28.42; 21,19; 22,11; 2Kö 1,6.16; 2,21; 3,16.17; 4,43; 7,1; 9,3.12; 19,6; 20,1.5; 22,16; 1Ch 17,4; 21,10. 11; 2Ch 11,4; 12,5; 18,10; 20,15; 21,12; 34,24; Jes 3,16; 37,6; 38,1.5; 43,14; 44,2.6.24; 45,1.11. 14.18; 48,17; 49,7.8.25; 50,1; 51,22; 52,3; 56,1.4; 65,8; 66,1.12; Jer 2,2.5; 4,3.27; 5,14; 6,16.22; 8,4; 9,21.22; 10,2.18; 12,14; 13,9.13; 14,10; 15,2; 16,3.5; 17,5.21; 18,11; 19,1; 20,4; 21,4.8.12; 22,1. 3.6.11.30; 23,38; 26,2.4; 27,16; 28,11.13; 29,10. 16.31; 30,5.12.18; 31,2.7.15.16.35.37; 32,3.28.42; 33,2.10.17.20.25; 34,2.4; 35,17; 36,29; 38,2.3.17; 44,7.30; 45,4; 47,2; 48,40; 49,1.12.28; 51,1; Hes 11,5; 21,8; 30,6; Am 1,3.6.9.11.13; 2,1.4.6; 3,12; 5,4.16; 6,8.14; Mi 3,5; Nah 1,12; Ze 3,8.20; Sa 8,3
24 kam ihm der H. entgegen
27 der H. sprach zu Aaron 3Mo 10,8; 4Mo 18,1. 8.20
31 daß der H. sich der *Israeliten angenommen
5,2 wer ist der H... weiß nichts von dem H.
21 der H. richte seine Augen wider euch
6,2 ich bin der H. 6-8.29; 7,5.17; 8,18; 10,2; 12,12; 14,4.18; 16,12; 20,2; 29,46; 31,13; 3Mo 11,44. 45; 18,2.4-6.21.30; 19,2.u.ö.37; 20,7.8.24; 21,12. 15.23; 22,2.3.8.9.16.30-33; 23,22.43; 24,22; 25,17.38.55; 26,1.2.13.44.45; 4Mo 3,13.41.45; 10,10; 15,41; 35,34; 5Mo 5,6; 29,5; Ri 6,10; 1Kö 20,13.28; Ps 81,11; Jes 41,4.13.17; 42,6.8; 43,3.11.15; 44,24; 45,3-8.19; 48,17; 49,23.26; 51,15; 60,16.22; 61,8; Jer 9,23; 16,21; 24,7; Hes 5,13u.ö.39,28; Hos 12,10; 13,4; Jo 2,27; Sa 10,6
3 mit meinem Namen „H." 15,3; Ps 68,5; 83,19; Jer 33,2; Hos 12,6; Am 5,8; 9,6
7,6 Mose und Aaron taten, wie ihnen der H. geboten hatte 10.20; 12,28.50
13 wie der H. gesagt hatte 22; 8,11.15; 9,12.35
17 darum spricht der H. 1Sm 2,30; 2Kö 1,4; 19,32; Jes 29,22; 37,33; Jer 5,14; 6,21; 11,21; 14,15; 15,19; 18,13; 22,18; 28,16; 29,32; 34,17; 36,30; 37,9; 51,36; Am 5,16; 7,17; Mi 2,3; Sa 1,16
25 nachdem der H. den Strom geschlagen hatte
8,4 bittet den H. für mich 25.26; 9,28.29.33; 10,17. 18
6 niemand ist wie der H., unser Gott Jer 10,6
8 Mose schrie zu dem H. 15,25; 17,4; 32,11; 4Mo 12,13
9 der H. tat, wie Mose gesagt 20.27
9,4 der H. wird einen Unterschied machen 11,7
5 der H. bestimmte eine Zeit: Morgen wird der H. solches tun 6
12 der H. verstockte das Herz des Pharao 10,20.27; 11,10; 14,8

2Mo 9,23 der H. ließ donnern und... Hagel fallen
27 der H. ist im Recht
29 innewirst, daß die Erde des H. ist
10,9 ein Fest des H. 12,14; 13,6; 32,5; 3Mo 23,39. 41; 4Mo 29,12; Ri 21,19; 1Kö 8,65; 2Ch 2,3
10 der H. sei mit euch
13 der H. trieb einen Ostwind ins Land 19
16 habe mich versündigt an dem H., eurem Gott
11,3 der H. verschaffte dem Volk Gunst 12,36
12,11 es ist des H. Passa 27.48; 3Mo 23,5; 4Mo 9,10.13.14; 28,16; 5Mo 16,1.2; 2Kö 23,21.23; 2Ch 35,1
23 der H. wird die Ägypter schlagen 29; 13,15; 4Mo 33,4
25 Land, das euch der H. geben wird 13,5.11; 20,12; 4Mo 32,7
41 zog das ganze Heer des H. aus Ägyptenland
42 eine Nacht des Wachens für den H.
51 führte der H. die *Israeliten aus Ägyptenland 13,3.9.14.16; 16,6; 18,1; 5Mo 5,15; 6,21; 7,19; 16,1; Jos 24,17; Ri 6,13; 1Sm 6,6; Hos 12,14
13,8 um dessentwillen, was uns der H. getan hat
9 damit des H. Gesetz in deinem Munde sei
12 alle Erstgeburt gehört dem H. 15; 3Mo 27,26; 5Mo 15,19
21 der H. zog vor ihnen her 4Mo 14,14; 5Mo 1,30; 9,3; 31,3; Ri 4,14; 2Sm 5,24; Jes 52,12; Mi 2,13
14,10 die *Israeliten schrien zu dem H. 4Mo 11,1. 18; 20,16; 5Mo 26,7; 2Sm 22,7; Ri 3,9.15; 4,3; 6,6.7; 10,10; 1Sm 12,8.10; 2Ch 13,14; Mi 3,4
13 was für ein Heil der H. an euch tun wird 18,9; 4Mo 10,32; Mi 6,5
14 der H. wird für euch streiten 25; 5Mo 1,30; 3,22; 20,4; Jos 10,14.42; 23,3.10; 2Ch 20,29
21 ließ es der H. zurückweichen Jos 2,10; 4,23
24 schaute es der H. auf das Heer der Ägypter
27 stürzte der H. sie mitten ins Meer 15,19
30 errettete der H. an jenem Tage Israel 31
31 das Volk fürchtete den H. Jer 26,19
15,1 sangen dies Lied dem H.: Ich will dem H. singen 21; Ri 5,3; Ps 13,6; 7,6; 96,1.2; 104,33; Jer 20,13
2 der H. ist meine Stärke Ps 28,7.8; Jer 16,9
3 der H. ist der rechte Kriegsmann
6 H., deine rechte Hand tut große Wunder
11 H., wer ist dir gleich unter den Göttern 18,11; 5Mo 10,17; Ps 35,10; 89,7; 92,9; 93,4; 95,3; 97,9; 99,2; 113,4.5; 135,5
16 bis dein Volk, H., hindurchzog
17 der du, H., dir zur Wohnung gemacht hast
18 der H. wird König sein immer und ewig Ps 10,16; 29,10; 93,1; 96,10; 97,1.8; 99,1; 146,10; Ob 21; Mi 4,7; Sa 14,9
25 der H. zeigte ihm ein Holz
26 bin der H., dein Arzt
16,7 hat euer Murren wider den H. gehört 8
8 der H. wird euch Fleisch geben 4Mo 11,18
9 kommt herbei vor den H.
15 Brot, das euch der H. zu essen gegeben
16 so hat der H. geboten 23.32; 35,1.4.10. 29; 36,1.5; 3Mo 8,5.36; 9,6; 17,2; 4Mo 30,2; 36,6
23 heiliger Sabbat für den H. 25; 20,10; 31,15; 35,2; 3Mo 23,3; 5Mo 5,14
29 der H. hat euch den Sabbat gegeben
33 stelle es vor den H., daß es aufbewahrt
34 wie der H. es Mose geboten hatte 34,4; 38,22; 39,1u.ö.43; 40,16u.ö.32; 3Mo 7,38; 8,4u.

HERR

ö.29; 9,10.21; 16,34; 24,23; 4Mo 1,19.54; 2,33. 34; 3,16.42.51; 4,49; 5,4; 8,3.4.20.22; 9,5; 15,23. 36; 17,5.26; 20,27; 26,4; 27,11.22.23; 30,1; 31,7. 31.41.47; 36,2.10; 5Mo 1,3; 4,5; 10,5; 34,9; Jos 9,24; 11,15.20; 14,2.5.6.10; 17,4; 21,2.8

2Mo 17,1 zog weiter, wie ihnen der H. befahl
 2 warum versuchet ihr den H. 7; 5Mo 6,16
 7 ist der H. unter uns oder nicht
 15 nannte ihn: Der H. mein Feldzeichen
 16 die Hand an den Thron des H.! Der H. führt
 18,8 was der H. dem Pharao angetan hatte und wie sie der H. errettet hatte 10
 19,3 der H. rief ihm vom Berge zu 24,16
 7 alle diese Worte, die ihm der H. geboten 8
 8 was der H. geredet hat, wollen wir tun 24,3. 7; 5Mo 5,27
 11 wird der H. herabfahren 18.20; 34,5; 4Mo 11,25; 12,5
 21 daß sie nicht durchbrechen zum H. 24
 22 Priester, die sonst zum H. nahen dürfen... daß sie der H. nicht zerschmettere
 20,5 ich, der H., dein Gott, bin ein eifernder Gott 34,14; 5Mo 5,9; 6,15; Nah 1,2
 7 der H. wird den nicht ungestraft lassen 5Mo 5,11
 11 hat der H. Himmel und Erde gemacht... segnete der H. den Sabbattag 31,17
 22,10 soll es zum Eid vor dem H. kommen
 19 wer den Göttern opfert und nicht dem H.
 23,17 dreimal im Jahre erscheinen vor dem H. 34,23.24; 5Mo 16,16
 25 dem H., eurem Gott, sollt ihr dienen
 24,1 steig herauf zum H. 32,30.31
 2 Mose allein nahe sich zum H.
 5 daß sie dem H. Brandopfer opferten 29,18. 25.41.42; 30,20; 3Mo 2,3.10.11.16; 3,3.9.11.14; 8,21.28; 21,6.21; 23,8.25.27.36.37; 24,7; 4Mo 28,3.6-8.11.13.19.27; 1Ch 16,40; 23,31; 29,21; 2Ch 13,11; 23,18; 29,32; Esr 3,3.6; 8,35; Neh 10,35; Hes 43,24; 45,23; 46,4.12-14
 27,21 Leuchter, daß er brenne vor dem H. 40,23; 3Mo 24,3.4
 28,12 daß Aaron ihre Namen trage vor dem H., damit der H. ihrer gedenke 29.30.38; 30,16; 39,7
 30 wenn er hineingeht vor den H. 35; 34,34
 36 Stirnblatt „Heilig dem H." 39,30; Sa 14,20
 29,11 sollst den Stier schlachten vor dem H. 3Mo 1,5.11; 4,4.15.24; 6,18
 23 aus dem Korbe, der vor dem H. steht 3Mo 8,26
 24 schwinge es als Schwingopfer vor dem H. 26; 3Mo 8,27.29; 9,21; 10,15; 14,12.24; 23,11. 12.20; 4Mo 5,25; 6,20; 8,11.13.21
 25 zum lieblichen Geruch vor dem H. 3Mo 1,9. 13.17; 2,2.9; 3,5; 4,31; 6,8.14; 17,6; 23,13.18; 4Mo 15,3.7.10.13.14.24; 18,17; 28,24; 29,2.6.8. 13.36
 28 ihr Hebopfer für den H.
 30,8 das tägliche Räucheropfer vor dem H.
 10 hochheilig ist der Altar dem H.
 12 soll jeder dem H. ein Sühnegeld geben
 13 als Opfergabe für den H. 14.15; 35,5.21.22.24; 3Mo 7,14; 4Mo 18,26.28; 31,28-30.37-41.47.50. 52; Ri 11,31; 2Ch 24,9; 31,14; Esr 3,5; 8,28; Hes 45,1; 48,9.14
 37 soll dir als dem H. geheiligt gelten
 32,11 H., warum will dein Zorn entbrennen
 14 da gereute den H. das Unheil
 26 her zu mir, wer dem H. angehört

2Mo 32,29 füllet eure Hände zum Dienst für den H.
 35 der H. schlug das Volk
 33,7 wer den H. befragen wollte
 11 der H. redete mit Mose von Angesicht 4Mo 12,8; 5Mo 34,10
 34,6 der H. ging vor seinem Angesicht vorüber 6 H., H., Gott, barmherzig und gnädig 4Mo 14,18; 5Mo 4,31; 2Ch 30,9.18; Ps 86,15; 103,8; 111,4
 28 war allda bei dem H. 40 Tage 5Mo 9,18.25
 32 gebot ihnen, was der H. mit ihm geredet
 35,30 der H. hat mit Namen berufen Bezalel
 36,1 denen der H. Weisheit gegeben 2
 40,23 legte die Schaubrote auf vor dem H. 3Mo 24,6.8; 1Sm 21,7
 38 die Wolke des H. war über der Wohnung 4Mo 10,34; 5Mo 31,15
3Mo 1,1 der H. rief Mose
 2 wer dem H. ein Opfer darbringen will 14; 2,1.8.11.12.14; 3,1.6.7.12; 22,18.21.22.24.27.29; 4Mo 15,3.4.8.19; 5Mo 15,21
 3 damit es ihn wohlgefällig mache vor dem H.
 3,16 alles Fett ist für den H. 4,35; 7,5.25
 4,1 der H. redete mit Mose 5,14.20; 6,1 u.ö.27,1; 4Mo 1,1.48; 2,1u.ö.35,9; 5Mo 31,2.14.16; 32,48; 34,4; Jos 11,23
 3 darbringen dem H. zum Sündopfer 5,6.7.12. 15.25; 9,2.4; 10,19; 12,7; 14,23; 15,14; 19,21; 4Mo 15,25; 28,15
 6 soll siebenmal sprengen vor dem H. 7.17; 14,16.27; 17,6
 18 des Altars, der vor dem H. steht 16,12.18; 1Kö 8,64; 2Kö 16,14; 2Ch 1,5; 15,8; 29,17.19. 21; Hes 41,22
 5,15 versündigt an dem, was dem H. geweiht 19
 26 Sühnung vollziehen vor dem H. 14,18.29.31; 15,15.30; 16,30; 19,22; 23,28; 4Mo 15,28; 31,50
 6,7 Aarons Söhne sollen es bringen vor den H. 13; 7,35.36
 11 ewiges Anrecht an den Feueropfern des H. 15; 7,35; 10,12.13.17.19; 24,9; 4Mo 18,19; 5Mo 18,1
 7,11 Gesetz des Dankopfers, das man dem H. opfert 20.21.29.30.38; 19,5
 8,34 hat der H. geboten, fernerhin zu tun 35
 9,4 heute wird euch der H. erscheinen
 5 die Gemeinde stellte sich auf vor dem H. Ri 20,1; 21,5.8; 1Sm 10,17.19; 2Ch 20,13
 7 wie der H. geboten hat 10,15; 5Mo 4,23; Jos 10,40; 11,9; 2Sm 5,25; Ps 106,34
 24 ein Feuer ging aus von dem H. 10,2.6; 4Mo 11,1.3; 16,35; 1Kö 18,38
 10,1 brachten ein fremdes Feuer vor den H. 16,1; 4Mo 26,61
 2 sie starben vor dem H. 4Mo 3,4; 14,36; 20,3
 3 das ist's, was der H. gesagt hat 4Mo 10,29; 14,40; 21,16; 26,65
 7 das Salböl des H. ist auf euch
 11 Ordnungen, die der H. ihnen verkündet 4Mo 19,2
 14,11 der Priester soll alles darstellen vor dem H. 16,7.10; 4Mo 5,16.18.30; 5Mo 19,17
 16,8 soll das Los werfen... ein Los dem H. 9; Jos 18,6.8.10; 19,51
 13 aufs Feuer tun vor dem H. 4Mo 16,7; 17,5
 17,4 dem H. zum Opfer vor der Wohnung des H. 5.9
 19,8 das Heilige des H. entheiligt 4Mo 19,13.20
 24 sollen unter Jubel dem H. geweiht werden
 20,26 ich, der H., bin heilig 21,8; Ps 47,3; 99,9

3Mo	22,3	das die *Israeliten dem H. heiligen 15
	23,2	dies sind die Feste des H. 4.6.34.37.38.44
	16	sollt ein neues Speisopfer dem H. opfern 4Mo 28,26
	17	als Erstlingsgabe für den H. 18; 4Mo 15,21; 18,12.13.15
	20	soll dem H. heilig sein 4Mo 6,8
	38	an freiwilligen Gaben, die ihr dem H. gebt 4Mo 29,39
	40	fröhlich sein vor dem H. 5Mo 12,7.12.18; 14,23.26; 15,20; 16,11; 26,11; 27,7; 1Ch 29,22; Esr 6,22
	24,12	bis Antwort würde durch den Mund des H. 4Mo 16,5; Jos 9,14
	25,2	soll das Land dem H. Sabbat feiern 4
	26,46	Gesetze, die der H. aufgerichtet hat 27,34; 4Mo 30,17; 36,13; 5Mo 6,1.20.24; 2Kö 18,6
	27,2	wenn jemand dem H. ein Gelübde getan 14. 16.21-23; 4Mo 6,21; 21,2; 30,3.4; 5Mo 12,11; 23,22.24
	9	Tier, das man dem H. opfern darf... dem H. gibt, ist heilig 11,28
	30	alle Zehnten gehören dem H... dem H. heilig 32; 4Mo 18,24.29; 2Ch 31,6
4Mo	5,8	soll man's dem H. geben für den Priester 6,14.16.17
	21	der H. mache deinen Namen zum Fluch
	6,2	Gelübde, sich dem H. zu weihen 5.6.12
	24	der H. segne dich und behüte dich 25,26
	7,3	(Fürsten) brachten ihre Gabe vor den H.
	8,10	die Leviten vor dem H. bringen 11.12
	9,7	unsere Gabe dem H. nicht bringen dürfen
	8	will hören, was euch der H. gebietet
	19	beachteten die Weisung des H. 23
	10,9	daß euer gedacht werde vor dem H.
	29	der H. hat Israel Gutes zugesagt
	33	so zogen sie von dem Berge des H.
	11,1	als es der H. hörte 12,2; 21,3
	2	Mose bat den H. 21,7; 27,5.15.21; 5Mo 3,23; 9,26
	20	weil ihr den H. verworfen habt 16,11; 26,9; 27,3; 32,13
	29	daß alle des H. Propheten wären
	31	ein Wind, vom H. gesandt
	12,2	redet denn der H. allein durch Mose
	6	ist jemand ein Prophet des H.
	14,3	warum führt uns der H. in dies Land
	8	wenn der H. uns gnädig ist 30,6.9.13; 31,54
	9	fallt nicht ab vom H... der H. ist mit uns
	14	daß du, H., unter d. Volk bist 16,3; 23,21
	16	der H. vermochte es nicht 5Mo 9,28
	28	so wahr ich lebe, spricht der H. Jes 49,18; Jer 22,24; Rö 14,11
	35	ich, der H., habe es gesagt
	42	der H. ist nicht unter euch 43.44
	15,15	vor dem H. der Fremdling sei wie ihr
	30	den H. geschmäht 16,30; 31,16; 32,23
	16,3	erhebt euch über die Gemeinde des H.
	7	wen der H. erwählt, der ist heilig
	9	euer Amt an der Wohnung des H.
	16	sollt morgen vor den H. kommen 17; 17,3.22. 24
	28	merken, daß mich der H. gesandt 29
	30	wird der H. etwas Neues schaffen
	17,6	habt des H. Volk getötet 20,4.13; 21,7
	22	legte die Stäbe vor den H. nieder 24; 20,9
	28	wer sich naht zu der Wohnung des H.
	18,6	Leviten, dem H. zu eigen 5Mo 10,8; 18,5.7; 21,5; 1Ch 15,2; 2Ch 30,22; 35,3
	21,2	gelobte dem H. ein Gelübde Ri 11,30; 2Sm 15,7.8

4Mo	21,6	sandte der H. feurige Schlangen
	14	in dem Buch von den Kriegen des H.
	22,8	wie mir's der H. sagen wird 19; 23,5.12.17.26; 24,13; 1Kö 22,14; 2Ch 36,12
	13	der H. will's nicht gestatten 23,8; 24,11; 5Mo 23,6
	28	tat der H. der Eselin den Mund auf 31
	23,3	ob mir vielleicht der H. begegnet 15.16
	24,1	Bileam sah, daß es dem H. gefiel
	6	Aloebäume, die der H. pflanzt
	25,4	hänge sie vor dem H. auf 31,16; Jos 22,17
	27,16	der H., der Gott des Lebensgeistes
	17	die Gemeinde des H. nicht... ohne Hirten
	31,3	die die Rache des H. vollstrecken
	32,4	(das Land,) das der H. geschlagen hat
	9	Land, das ihnen der H. geben wollte 22; 34,13.29; 5Mo 1,20.21.25; 11,9.21; 26,3; Jos 5,6; 9,24
	12	sind dem H. treu nachgefolgt 5Mo 1,36
	20	rüstet euch zum Kampf vor dem H. 21. 27-32
	22	werdet ohne Schuld sein vor dem H.
	33,2	nach dem Befehl des H. 38; 36,5; Jos 19,50; 21,3; 22,9; 1Kö 20,35; Jer 13,2.4; 47,7
	4	der H. hatte Gericht geübt
	36,2	der H. hat geboten unserm Herrn
5Mo	1,6	der H., unser Gott, redete mit uns Jos 14,12
	8	von dem der H. euren Vätern geschworen 2,14; 6,3.18.19; 8,1; 9,5; 11,9.21; 26,3; 28,11; 30,20; 31,7; Jos 5,6
	10	der H. hat euch zahlreich werden lassen 11; 10,22
	19	wie uns der H., unser Gott, geboten hatte 41; 2,37; 5,12.16.32.33; 13,6; 20,17
	26	ungehorsam dem Munde des H. 43; 9,7.23; 31,27; 1Kö 13,21.26
	27	spracht: Der H. ist uns gram
	31	daß dich der H., dein Gott, getragen
	32	trotzdem glaubtet ihr dem H. nicht
	34	euer Geschrei hörte der H. 10,10
	37	über mich wurde der H. zornig 42; 3,26; 4,21; 32,19
	41	haben an dem H. gesündigt 20,18; Jos 22,31
	45	als ihr vor d. H. weintet, wollte der H. nicht
	2,1	wie der H. zu mir gesagt 2.9.17.31; 3,2; 4,10. 14; 10,1; 17,16; 18,17
	7	der H. hat dich gesegnet 12,7; 14,24.29; Jos 17,14
	7	vierzig Jahre ist der H. bei dir gewesen
	21	der H. vertilgte sie vor ihnen 4,3; 9,4; 12,29; 18,12; 19,1; 28,7; Jos 23,5.9; 1Kö 14,24; 12,26; 2Kö 16,3; 17,8.11; 21,2.9; 2Ch 28,3; 33,2.9
	30	der H., dein Gott, verhärtete seinen Sinn
	33	der H., unser Gott, gab ihn dahin 36; 3,3; 7,2; 31,5; Jos 10,12
	3,20	bis der H. eure Brüder zur Ruhe bringt 25,19; Jos 1,13.15; 21,44; 22,4; 23,1; 2Sm 7,1; 1Kö 5,18; 2Ch 14,5; 15,15
	21	gesehen, was der H. getan hat 4,3.34; 5,24; 7,18; 24,9; 29,1; Jos 23,3
	21	so wird der H. mit allen Königr. tun 31,4
	4,4	die ihr dem H. anhinget, lebt
	7	dem ein Gott so nahe ist wie uns der H.
	10	da du vor dem H., deinem Gott, standest
	12	der H. redete mit euch aus dem Feuer 15; 5,5.22; 9,10; 10,4
	19	der H. hat sie zugewiesen andern Völkern
	20	euch hat der H. angenommen
	24	der H., dein Gott, ist ein verzehrendes Feuer
	25	übeltut vor dem H. und ihn erzürnet 31,29;

HERR

          1Kö 11,9; 14,15; 2Kö 17,11.18; 23,19; 2Ch 28,25
5Mo 4,27 der H. wird euch zerstreuen 28,64.68
    27 zu denen euch der H. wegführen wird 29,27; 30,1.3
    29 wenn du den H., deinen Gott, suchen wirst 1Ch 22,19; 2Ch 12,14; 14,3.6; 15,12; 20,3.4; 22,9; 26,5; 30,19; Jes 51,1; 55,6; Jer 50,4; Hos 3,5; 5,6; 10,12; Am 5,6; Ze 2,3
    30 dich bekehren zu dem H., deinem Gott 30,2.10; 2Kö 23,25; 2Ch 24,19; 30,6.9; Jes 55,7; Klg 3,40; Hos 14,2.3; Jo 2,12.13
    35 daß der H. allein Gott ist 6,4; 7,9; Jos 22,34; 1Sm 2,2; 2Sm 22,32; 1Kö 8,60; 2Kö 19,19; 1Ch 17,20; Neh 9,6; Ps 18,32; 83,19; Jes 37,20; 43,11; 45,5.6.18; Sa 14,9
    39 der H. Gott ist oben im Himmel Jos 2,11
  5,27 höre, was der H. sagt 28
  6,2 damit du den H., deinen Gott, fürchtest 13.24; 10,12.20; 13,5; 14,23; 17,19; 28,58; 31,12.13; Jos 4,24; Spr 3,7; 14,2.26; 24,21; 31,30
    5 sollst den H., deinen Gott, liebhaben 11,1.13.22; 19,9; 30,6.16.20; Jos 22,5; 23,8.11
   12 daß du den H. nicht vergißt 8,11.14.18.19; Ri 3,7; Jes 51,13; Jer 3,21
   18 tust, was recht und gut ist vor den Augen des H. 12,25.28; 13,19; 21,9
   22 der H. tat große und furchtbare Zeichen
  7,6 bist ein heiliges Volk dem H., deinem Gott. Dich hat der H. erwählt 7; 14,2.21; 26,19; 27,9; 28,1.9; 2Kö 9,6; Esr 8,28; Jer 2,3; Hes 36,20
   12 wird der H., dein G., auch halten den Bund
   15 der H. wird von dir nehmen alle Krankheit
   16 Völker, die der H., dein Gott, dir geben wird 19.20.22.23; 11,23; 13,13; 16,5.18; 17,2; 20,14.16; 21,10
   21 der H. ist in deiner Mitte 20,1.4; 23,15; 31,6.8; Jos 1,9.17; 6,27; 14,12; 22,31; 1Kö 8,57; 2Kö 18,7; 1Ch 9,20; 22,11.16.18; 2Ch 15,2.9; 17,3; 20,17; 32,8; 36,23; Jer 14,9; 20,11; Hes 48,10; Mi 3,11; Ze 3,15.17; Hag 1,13; Sa 10,5
   25 ist dem H. ein Greuel 12,31; 16,22; 17,1.2; 18,12; 22,5; 23,19; 24,4; 25,16; 27,15; Ps 5,7; Spr 3,32; 11,1.20; 12,22; 15,8.9.26; 16,5; 17,15; 20,10.23
  8,2 gedenke des Weges, den dich der H. geleitet
    3 von allem, was aus dem Mund des H. geht
    5 daß der H. dich erzogen hat 11,2
   10 sollst den H., deinen Gott, loben
   20 wie die Heiden, die der H. umbringt
  9,3 wie dir der H. zugesagt 10,9; 27,3; 31,3; Jos 14,12; 21,45; 23,5
    4 H. hat mich hereingeführt
    7 denke daran, wie du den H., deinen Gott, erzürntest 8-11.13.16.18-20.22.24
 10,4 die Zehn Worte... der H. sagte sie mir
    9 der H. ist (der Leviten) Erbteil 18,2
   12 was fordert der H. noch von dir, als daß du dem H. dienst von Herzen Mi 6,8
   14 Himmel und Erde ist des H. deines Gottes
 11,4 als sie der H. umkommen ließ
   12 Land, auf das der H. achthat
   25 Furcht wird der H. kommen lassen
 12,4 sollt dem H. so nicht dienen 31
    5 Stätte, die der H. erwählen wird 11.14.18.21.26; 14,24.25; 15,20; 16,2.6.7.11.15.16; 17,8.10; 18,6; 26,2
   15 nach dem Segen des H., deines Gottes 16,17
   20 wenn der H. dein Gebiet erweitern 19,8

5Mo 12,21 von d. Schafen, die dir der H. gegeben hat
    27 auf den Altar des H., deines Gottes 16,21; 26,4.10; 27,6; Jos 22,19.28.29
  13,4 der H., euer Gott, versucht euch
    6 gelehrt, abzufallen von dem H. 11
   17 alles verbrennen als Ganzopfer für den H.
  14,1 ihr seid Kinder des H. Jes 63,16; 64,7
  15,2 man hat ein Erlaßjahr ausgerufen dem H.
    4 der H. wird dich segnen 6.10.14.18; 16,10.15; 23,21; 24,19; 30,16
    9 wird er wider dich zu dem H. rufen 24,15
   15 daß der H. dich erlöst hat 21,8; 24,18
  16,8 ist Festversammlung für den H. 10.15
  17,12 dem Priester, der im Dienst des H. steht
   15 zum König, den der H. erwählen wird
  18,13 sollst untadelig sein vor dem H.
   14 dir hat der H. so etwas verwehrt
   15 einen Propheten wie mich wird dir der H., dein Gott, erwecken Apg 3,22; 7,37
   16 wie du es von dem H., deinem Gott, erbeten
   21 merken, welches Wort der H. nicht geredet 22
  23,2 k. Entmannter in d. Gemeinde des H. 3.4.9
    6 weil dich der H. liebhatte 1Kö 10,9; 2Ch 2,10
  26,3 ich bekenne heute dem H., deinem Gott 5
   10 sollst anbeten vor dem H. 13; Hes 46,3
   16 heute gebietet dir der H., dein Gott 17.18
  27,5 dem H. einen Altar bauen 6; Jos 8,31
  28,8 der H. wird gebieten dem Segen 11-13
   20 der H. wird senden Unglück 21-61
   47 weil du dem H. nicht gedient hast
   63 wie sich der H. zuvor freute, Gutes 30,9
   65 der H. wird dir ein bebendes Herz geben 29,3
   69 Worte des Bundes, den der H. geboten 29,11
  29,9 der H. der Götter, der H. ist 14; 31,11
   17 dessen Herz sich abwendet von dem H. Jos 22,16.18.19
   19 solchen wird... der H. austilgen
   21 Krankheiten, mit denen der H. es beladen
   23 warum hat der H. so gehandelt 24
   28 was verborgen ist, ist des H.
  30,3 wird der H. deine Gefangenschaft wenden
    4 wird dich der H. von dort sammeln
    6 der H. wird dein Herz beschneiden
    7 Flüche wird der H. auf deine Feinde legen
    9 der H. wird dir Glück geben
  32,6 dankst du so dem H., deinem Gott
    9 des H. Teil ist sein Volk
   12 der H. allein leitete ihn
   27 nicht der H. hat dies alles getan
   30 daher, daß der H. sie dahingegeben hat
   36 H. wird s. Volk Recht schaffen Heb 10,30
  33,2 H. ist vom Sinai gekommen
    7 H., erhöre die Stimme Judas
   11 H., segne (Levis) Macht
   12 der Geliebte des H. wird sicher wohnen
   13 gesegnet vom H. ist sein Land 23
   21 (Gad) vollstreckte die Gerechtigk. des H.
   29 Volk, das s. Heil empfängt durch den H.
  34,1 H. zeigte (Mose) das ganze Land
   11 Wundern, mit denen der H. (Mose) gesandt
Jos 1,1 sprach der H. zu Josua 3,7; 4,1.8.15; 5,2.9; 6,2; 7,10; 8,1.18; 10,8; 11,6; 13,1; 20,1
  2,12 schwört mir bei dem H. Ri 21,7; 1Sm 24,22; 28,10; 2Sm 19,8; 1Kö 1,17; 2,8.23.42
  3,5 morgen wird der H. Wunder unter euch tun
  4,10 was der H. dem Josua geboten 15,13
   13 gingen vor dem H. her zum Kampf
   14 an diesem Tage machte der H. Josua groß

Jos	4,23	als der H. den Jordan austrocknete 5,1	Ri	5,23 daß sie nicht kamen dem H. zu Hilfe
	5,6	wie der H. ihnen geschworen Ri 2,15		31 so sollen umkommen, H., alle deine Feinde
	14	bin der Fürst über das Heer des H. 15		6,1 gab sie der H. in die Hand der Midianiter 13; 13,1; 1Sm 28,19; 2Ch 28,5
	6,17	soll dem Bann des H. verfallen sein		8 sandte der H. seinen Propheten Jer 19,14; 25,4.17; 26,12.15; Hag 1,12; Sa 1,10
	19	dem H. geheiligt... zum Schatz des H. 7,23; 2Sm 8,11; 1Ch 18,11		12 der H. mit dir, du streitbarer Held
	26	verflucht vor dem H. sei... Jericho		16 der H. sprach zu (Gideon) 14.23.25; 7,2-9
	7,14	welchen Stamm der H. treffen wird		27 Gideon tat, wie ihm der H. gesagt hatte
	25	so betrübe dich der H. 22,23		7,18 sollt rufen: Für den H. und für Gideon 20
	26	kehrte sich der H. ab von dem Grimm		22 schaffte der H., daß im ganzen Heerlager
	9,27	zu Wasserschöpfern für den Altar des H.		8,7 wenn der H. Sebach in meine Hand gibt
	10,10	der H. erschreckte sie vor Israel 11		19 so wahr der H. lebt Rut 3,13; 1Sm 14,39.45; 19,6; 20,3.21; 25,26.34; 26,10.16; 28,10; 29,6; 2Sm 4,9; 11,11; 12,5; 14,11; 15,21; 1Kö 1,29; 2,24; 17,1.12; 18,10; 22,14; 2Kö 2,2.4.6; 4,30; 5,16.20; 2Ch 18,13; Jer 4,2; 12,16; 16,14.15; 23,7.8; 38,16; Hos 4,15
	12	damals redete Josua mit dem H.		
	14	daß der H. so auf die Stimme... hörte		
	25	ebenso wird der H. allen euren Feinden tun		
	11,20	so geschah es von dem H.		
	14,8	folgte dem H., meinem Gott, treulich 9		
	10	der H. hat mich am Leben gelassen		
	18,7	das Priestertum des H. ist ihr Erbteil		23 der H. soll Herrscher über euch sein
	22,16	läßt euch sagen die Gemeinde des H.		34 sie dachten nicht an den H., ihren Gott
	19	Land, das dem H. gehört... Wohnung des H.		10,11 der H. sprach zu den *Israeliten 15
	22	lehnen wir uns auf gegen den H., so 23.29		11,10 der H. sei Ohrenzeuge zwischen uns
	25	der H. hat den Jordan zur Grenze gesetzt		11 Jeftah redete alles vor dem H.
	25	ihr habt kein Teil am H. 27		24 die der H. vor uns vertrieben hat
	27	daß wir dem H. Dienst tun wollen		27 der H. richte zwischen Israel u. Ammonitern
	23,13	der H. nicht alle Völker vertreiben wird		35 habe meinen Mund aufgetan vor dem H. 36
	14	Worten, die der H. euch verkündigt 15		36 nachdem der H. dich gerächt hat
	24,14	fürchtet den H. und dient ihm treulich 15; 1Sm 12,14.18.20.24; 1Kö 2,3; 2Ch 30,8; 34,33; 35,3; Ps 2,11; Jer 30,9		13,8 da bat Manoach den H. 16.19.23
				14,4 wußten nicht, daß es von dem H. kam
				15,18 rief (Simson) den H. an und sprach 16,28
	15	ich und mein Haus wollen dem H. dienen		16,20 daß der H. von (Simson) gewichen war
	16	das sei ferne, daß wir den H. verlassen 20		17,2 gesegnet seist du, mein Sohn, vom H. Rut 2,20; 3,10; 1Sm 15,13; 23,21; 2Sm 2,5
	18	wollen wir auch dem H. dienen 21.24.31; Ri 2,7; 10,16		
	19	könnt dem H. nicht dienen 1Sm 12,15		3 ich weihe nun das Geld dem H.
	22	seid Zeugen, daß ihr euch den H. erwählt		13 nun weiß ich, daß mir der H. wohltun wird
	26	Eiche, die bei dem Heiligtum des H. war		18,6 euer Weg ist vor dem H. vor Augen
Ri	1,1	befragten die *Israeliten den H. 2; 20,23.27 1Sm 10,22		20,23 hielten Klage vor dem H. 26; 21,3
				35 schlug der H. die Benjaminiter 2Ch 14,11.12
	4	gab der H. die Kanaaniter in ihre Hände 3,10.28; 7,15; 11,9.32; 12,3; 1Kö 22,12.15; 2Ch 16,8; 18,11; 24,24		21,15 daß der H. einen Riß gemacht hatte
			Rut	1,6 daß der H. sich seines Volkes angenommen
				8 der H. tue an euch Barmherzigkeit 2Sm 2,6
	19	dennoch war der H. mit Juda 22; 6,13; 1Sm 3,19; 16,18; 18,12.14.28; 2Sm 5,10; 7,3		9 der H. gebe euch, daß ihr Ruhe findet
				17 der H. tue mir dies und das 1Sm 20,13
	2,5	opferten dort dem H.		21 leer hat mich der H. wieder heimgebracht... da doch der H. gegen mich gesprochen ...
	10	Geschlecht, das den H. nicht kannte		
	11	taten die *Israeliten, was dem H. mißfiel 3,7. 12; 4,1; 6,1; 10,6; 13,1; 1Sm 12,17; 2Sm 11,27; 1Kö 11,6; 14,22; 15,26.34; 16,19.25.30; 22,53; 2Kö 3,2; 8,18.27; 13,2.11; 14,24; 15,9.18.24.28; 17,2.17; 21,2.6.16.20.22; 23,32.37; 24,9.19; 2Ch 21,6; 22,4; 29,6; 33,2.6.22; 36,5.9.12; Jer 52,2		2,4 der H. sei mit euch! Der H. segne dich 1Sm 17,37; 20,13; 2Sm 14,17
				12 der H. vergelte dir 1Sm 24,20; 26,23
				4,11 der H. mache die Frau wie Rahel und Lea 12.13; 1Sm 2,20
			1Sm	1,3 die beiden Söhne Elis, Priester des H. 14,3
				10 (Hanna) betete zum H. 12.19.20.26.28; 2,20
				11 so will ich ihn dem H. geben 28
				15 hab mein Herz vor dem H. ausgeschüttet
	12	(die *Israeliten) verließen den H. 13; 10,6; 1Kö 19; Esr 21,22; 2Ch 7,22; 21,10; 24,20.24; 25,27; 28,6		21 das jährliche Opfer dem H. zu opfern
				22 daß er vor dem H. erscheine 2,21.26
				23 der H. bestätige, was er geredet hat
	16	wenn dann der H. Richter erweckte 18		27 nun hat der H. mir die Bitte erfüllt
	18	es jammerte den H. ihr Wehklagen		2,1 fröhlich in dem H... erhöht in dem H.
	22	ob sie auf den Wege des H. bleiben		3 der H. ist ein Gott, der es merkt
	23	so ließ der H. diese Völker übrig 3,1		6 der H. tötet und macht lebendig 7
	3,9	der H. erweckte einen Retter 15; 2Kö 13,5		8 der Welt Grundfesten sind des H.
	12	machte der H. den Eglon stark		10 die mit dem H. hadern, sollen zugrunde gehen... der H. wird richten der Welt Enden
	4,2	der H. verkaufte sie 1Sm 12,9		
	9	der H. wird Sisera in eines Weibes Hand geben 14.15		
				11 der Knabe war des H. Diener 18; 3,1
	5,2	lobet den H. 9; 1Ch 16,36; 29,20; Neh 9,5; Ps 9,12; 98,5; 103,20-22; 117,1; 134,1.2; 135,3.19. 20; 147,1; 148,1.7; 150,6		12 die Söhne Elis fragten nichts nach dem H. 17.24.25
				3,3 Samuel im Heiligtum des H. 7
	4	H., als du von Seïr auszogst		4 der H. rief Samuel 6.8.10
	11	da sage man von der Gerechtigkeit des H.		
	11	als des H. Volk herabzog 13		

HERR 656

1Sm	3,9	rede, H., denn dein Knecht hört	
	11	der H. sprach zu Samuel 8,7.22; 10,22; 16,1.2. 4.7.12	
	18	es ist der H.; er tue, was ihm wohlgefällt 2Sm 10,12; 1Ch 19,13	
	20	Samuel damit betraut, Prophet des H. zu sein	
	21	der H. erschien weiter zu Silo	
	4,3	warum hat uns der H. geschlagen	
	6,14	opferten dem H. 15.17; 15,15.21; 16,2.5	
	19	der H. schlug unter ihnen siebzig Mann	
	20	wer kann bestehen vor dem H.	
	7,2	wandte sich das ganze Haus Isr. zum H. 3.4	
	5	ich für euch zum H. bete 8.9; 12,18.19	
	6	gossen (Wasser) aus vor dem H.	
	6	wir haben an dem H. gesündigt 12,10; 2Kö 17,7.9; 2Ch 12,2; 28,19.22; 30,7; Jer 3,13.25; 8,14; 16,10; 40,3; 44,23; 50,7.14; Ze 1,17	
	9	der H. erhörte ihn 1Kö 17,22; 2Kö 13,4; 1Ch 21,28; 2Ch 30,20; 33,19	
	10	der H. ließ donnern 12,17.18; 2Sm 22,14; Ps 18,14; Jo 2,11	
	12	bis hierher hat uns der H. geholfen	
	8,6	Samuel betete zum H. 21; 15,1	
	18	so wird euch der H. nicht erhören	
	9,15	der H. hatte Samuel das Ohr aufgetan 17	
	10,1	der H. hat dich gesalbt 12,13; 13,14; 15,17	
	24	wen der H. erwählt hat 2Sm 16,18	
	25	Samuel legte es vor dem H. nieder	
	11,7	fiel der Schrecken des H. auf das Volk 2Ch 14,13; 17,10	
	13	der H. hat heute Heil gegeben in Israel 19,5; 2Sm 23,10; 1Ch 11,14	
	15	machten Saul dort zum König vor dem H.	
	12,3	tretet gegen mich auf vor dem H. 7	
	5	der H. ist euch gegenüber Zeuge	
	6	der H. ist's, der Mose u. Aaron eingesetzt 8	
	7	wegen aller Wohltaten des H. 11.16	
	12	obwohl doch der H. euer König ist	
	20	weicht nicht vom H. ab 2Ch 34,33	
	22	der H. verstößt sein Volk nicht	
	23	ferne, mich an dem H. zu versündigen	
	14,6	wird der H. etwas für uns tun, denn es ist dem H. nicht schwer, zu helfen	
	10	hat sie der H. in unsere Hände gegeben 12	
	23	so half der H. an diesem Tage 2Ch 18,31	
	33	das Volk versündigt sich am H. 34	
	41	Saul sprach zum H.	
	15,1	Samuel sprach: Der H. hat mich gesandt	
	16	was der H. mit mir diese Nacht geredet	
	18	der H. sandte dich auf den Weg 19.20	
	22	meinst du, daß der H. Gefallen habe	
	24	des H. Befehl übertreten 26; 1Ch 10,13.14	
	26	der H. hat auch verworfen 28,35	
	31	Saul betete den H. an 25.30	
	33	Samuel hieb Agag in Stücke vor dem H.	
	16,6	steht vor dem H. sein Gesalbter	
	7	der H. aber sieht das Herz an	
	8	diesen hat der H. nicht erwählt 9.10	
	14	ein böser Geist vom H. ängstigte (Saul) 19,9	
	17,37	der H. wird mich erretten 2Sm 22,1; Ps 18,1	
	46	heute wird dich der H. in meine Hand geben	
	47	daß der H. nicht durch Schwert hilft; denn der Krieg ist des H. 18,17; 25,28	
	20,14	die Barmherzigkeit an mir tun	
	15	der H. die Feinde Davids ausrotten 16	
	22	der H. befiehlt dir fortzugehen	
	23	steht der H. zw. mir und dir 42; 2Sm 21,7	
	21,8	es war ein Mann eingeschlossen vor dem H.	
	22,10	befragte den H. 23,2.4; 28,6; 30,8; 2Sm 2,1; 5,19.23; 1Kö 22,8; 2Kö 3,11; 8,8; 22,13.18; 2Ch 18,7; 34,21.26; Hes 20,1	
1Sm	22,17	tötet die Priester des H. 21	
	23,2	der H. sprach zu David 4.11.12; 2Sm 2,1; 5,19.25	
	24,5	Tag, von dem der H. zu dir gesagt	
	7	das lasse der H. ferne von mir sein 26,11; 2Sm 23,17; 1Kö 21,3	
	11	dich der H. in m. Hand gegeben 19; 26,23	
	11	der Gesalbte des H. 26,9.11.16.23; 2Sm 1,14. 16; 19,22; 2Ch 6,42; 22,7; Ps 20,7; Klg 4,20	
	13	der H. wird Richter sein 16; 26,10; 2Sm 4,8	
	25,26	der H. hat dich davor bewahrt	
	28	der H. wird meinem Herrn ein beständiges Haus bauen 2Sm 7,11; 1Ch 17,10	
	29	im Bündlein der Lebendigen bei dem H.	
	30	wenn der H. meinem Herrn das Gute tun wird 31; 1Kö 8,66	
	38	nach 10 Tagen schlug der H. Nabal 2Sm 12,15; 2Ch 13,20	
	39	der H. hat dem Nabal vergolten	
	26,12	ein tiefer Schlaf vom H. auf sie gefallen	
	19	reizt dich der H. gegen mich ... verflucht vor dem H ... Erbteil des H.	
	20	fern vom Angesicht des H.	
	24	mein Leben wertgeachtet in den Augen d. H.	
	28,16	da doch der H. von dir gewichen ist 18	
	17	der H. hat das Königtum aus deiner Hand gerissen 2Sm 16,8	
	30,6	David aber stärkte sich in dem H.	
	23	mit dem, was uns der H. gegeben hat	
	26	aus der Beute der Feinde des H.	
2Sm	1,12	hielten Totenklage um das Volk des H.	
	3,9	wie der H. David geschworen Ps 132,11	
	18	der H. hat von David gesagt	
	28	sind unschuldig von dem H.	
	39	der H. vergelte dem, der Böses tut	
	5,2	hat der H. gesagt: Du sollst mein Volk Israel weiden 1Ch 11,2	
	12	der H. ihn zum König bestätigt 1Ch 14,2	
	20	der H. hat meine Feinde durchbrochen	
	6,5	tanzten vor dem H. her 14.16.21	
	8	daß der H. Usa so wegriß 9; 1Ch 13,10.11; 15,13	
	17	David opferte vor dem H.	
	21	zum Fürsten über das Volk des H.	
	7,18	setzte sich (David) vor dem H. nieder 1Ch 17,16-19.23	
	24	du, H., bist ihr Gott geworden 25; 1Ch 17,22; 2Ch 13,10; 14,10; Ps 99,8; 105,7	
	8,6	der H. half David, wo er auch hinzog 14; 1Ch 18,6.13	
	12,1	der H. sandte Nathan zu David	
	13	ich habe gesündigt gegen den H.	
	13	der H. deine Sünde weggenommen 24,10	
	14	die Feinde des H. zum Lästern gebracht	
	22	der H. mir nicht gnädig wird 15,25; 16,12	
	24	der H. liebte (Salomo) 25; 1Kö 3,3	
	15,31	H., mache den Ratschlag zur Torheit 17,14	
	16,8	der H. hat über dich gebracht alles Blut	
	10	der H. hat ihm geboten: Fluche David 11	
	18,19	daß der H. ihm Recht verschafft 31	
	20,19	willst du das Erbteil des H. verderben	
	21,1	David suchte das Angesicht des H.	
	3	daß ihr das Erbteil des H. segnet	
	6	aufhängen vor dem H., auf dem Berge des H. 9	
	22,1	David redete vor dem H. Ps 18,1	
	2	der H. ist mein Fels und meine Burg Ps 18,3	
	4	ich rufe an den H. 7; Ps 18,4.7	

2Sm	22,16	bei dem Schelten des H. Ps 18,16
	19	der H. ward mein Halt Ps 3,6; 18,19
	21	der H. tut wohl an mir 25; Ps 18,21.25
	22	ich halte die Wege des H. Ps 18,22
	29	du, H., bist meine Leuchte Ps 18,29
	42	sie sehen sich um nach dem H. Ps 18,42
	47	der H. lebt Ps 18,47
	50	darum will ich dir danken, H. Ps 18,50
	23,16	(David) goß es aus für den H. 1Ch 11,18
	24,3	der H. tue zu d. Volk noch hinzu 1Ch 21,3
	10	David sprach zum H. 17
	15	ließ der H. die Pest kommen 1Ch 21,14
	16	reute den H. das Übel 1Ch 21,15; Jer 26,13. 19; Am 7,3.6
	18	errichte dem H. einen Altar 19.21.24.25; 1Ch 21,18.22.24.26
	23	der H., dein Gott, sei dir gnädig 25
1Kö	1,36	der H., der Gott m. Königs, bestätige es 37
	2,4	damit der H. sein Wort erfülle
	15	von dem H. ist's ihm zuteil geworden
	27	nicht mehr Priester des H. sein 2Ch 11,14; 13,9.10
	28	Floh Joab in das Zelt des H. 29.30
	32	der H. lasse Blut auf s. Haupt kommen 44
	33	Frieden haben ewiglich von dem H. 45
	43	nicht gehalten den Schwur vor dem H.
	3,5	der H. erschien Salomo 9,2; 2Ch 7,12
	7	H., du hast deinen Knecht zum König gemacht
	5,17	der H. seine Feinde unter seine Füße gab
	19	wie der H. zu meinem Vater David gesagt hat 8,18.20; 1Ch 11,2; 2Ch 3,1; 6,8.10; 23,3
	26	der H. gab Salomo Weisheit 1Ch 22,12
	6,1	wurde das Haus dem H. gebaut 2; 1Ch 22,5. 11; 2Ch 2,11
	8,12	der H... wolle im Dunkel wohnen 2Ch 6,1
	20	der H. hat sein Wort wahr gemacht 2Ch 6,10; 10,15
	22	vor den Altar des H. 54; 9,25; 2Ch 6,12; 8,12
	28	wende dich zu seinem Flehen, H. 2Ch 6,19
	44	wenn sie beten werden zum H.
	54	als Sal. dies Gebet vor dem H. vollendet 59
	59	mögen diese Worte nahe sein dem H.
	61	euer Herz sei ungeteilt bei dem H. 11,4.6; 15,3.14
	62	opferten vor dem H. 63; 1Ch 23,13; 2Ch 1,6; 7,4; 8,12; 11,16; 15,11; 33,17; 35,12.16; Mal 3,3
	9,8	warum hat der H. das angetan 9; 2Ch 7,21
	25	räucherte vor dem H. 2Ch 26,18
	11,2	Völkern, von denen der H. gesagt 2Kö 17,15
	9	der H. wurde zornig über Salomo
	10	gehalten, was ihm der H. geboten 13,21; 18,18; 2Kö 17,16.19.34; 2Ch 24,20
	14	der H. erweckte Salomo einen Widersacher
	12,15	so war es bestimmt vom H.
	24	wie der H. gesagt hatte 13,26; 14,11; 21,23; 2Kö 9,36; 10,10; 19,33; 24,13; Jer 32,8; 48,8; Jon 3,3
	13,3	Zeichen, daß der H. geredet hat
	6	flehe den H. an... flehte den H. an 2Kö 13,4; 2Ch 33,12; Neh 9,3.4; Sa 7,2; 8,21.22
	26	hat ihn der H. dem Löwen gegeben 2Kö 17,25
	14,14	der H. wird sich einen König erwecken
	15	der H. wird Israel schlagen
	21	Jerusalem, das der H. erwählt 2Ch 12,13
	15,4	gab der H. ihm eine Leuchte zu Jerusalem
	5	getan, was dem H. wohlgefiel 11; 22,43; 2Kö 12,3; 14,3; 15,3.34; 16,2; 18,3; 22,2; 2Ch 14,1; 20,32; 24,2; 25,2; 26,4; 27,2.6; 28,1; 29,2; 31,20; 34,2
1Kö	16,7	Unrechts, das er vor dem H. tat 21,20.25
	17,14	Tag, an dem der H. regnen lassen wird
	20	rief den H. an: H. 21; 2Kö 4,33; 20,11; 1Ch 21,26; 2Ch 14,10
	18,3	Obadja fürchtete den H. sehr 12
	4	als Isebel die Proph. des H. ausrottete 13
	21	ist der H. Gott, so wandelt ihm nach
	22	allein übriggeblieben als Proph. des H.
	30	baute den Altar des H. auf 2Ch 15,8; 33,16
	37	erhöre mich, H. Ps 3,4; 69,17; 119,145; 143,7
	39	ist der H., der H. ist Gott 37; 1Ch 17,26; 2Ch 33,13; Ps 118,27; Jer 10,10; Hos 12,6
	19,4	so nimm nun, H., meine Seele
	10	habe geeifert für den H. 14
	11	tritt hin auf den Berg vor den H.! Und siehe, der H. wird vorübergehen. Und ein Wind kam vor dem H. her
	12	aber der H. war nicht im Feuer 11
	20,28	gesagt, der H. sei ein Gott der Berge
	22,7	ist hier kein Prophet des H. 2Kö 3,11; 2Ch 18,6
	19	sah den H. auf seinem Thron 2Ch 18,18
	21	da trat ein Geist vor den H. 2Ch 18,20; Hi 1,6; 2,1
	23	der H. hat einen Lügengeist gegeben... der H. hat Unheil geredet 2Ch 18,22
	28	so hat der H. nicht durch mich geredet 2Ch 18,27
2Kö	2,1	als der H. Elia im Wetter holen wollte 3.5
	2	der H. hat mich nach Bethel gesandt 4.6
	14	wo ist nun der H., der Gott Elias Mi 7,10
	3,10	der H. hat diese drei Könige hergerufen 13
	18	ist ein Geringes vor dem H. 2Ch 14,10
	4,1	weißt, daß dein Knecht den H. fürchtete
	27	der H. hat mir's verborgen
	5,1	durch (Naaman) gab der H. Sieg
	17	nicht mehr andern Göttern opfern, sondern allein dem H. 18
	6,17	H., öffne ihm die Augen
	18	H., schlage dies Volk mit Blindheit
	27	hilft dir der H. nicht, woher soll ich
	33	dies Übel kommt v.d.H... v.d.H. erwarten
	7,2	wenn der H. Fenster am Himmel machte 19
	8,1	der H. wird eine Hungersnot rufen
	10	der H. hat mir gezeigt 13
	19	der H. wollte Juda nicht verderben 2Ch 21,7
	9,25	als der H. diese Last auf ihn legte
	10,16	sieh meinen Eifer für den H.
	32	fing der H. an, von Israel abzutrennen
	11,17	daß sie des H. Volk sein sollten 23,3; 2Ch 23,16; 34,31
	13,17	ein Pfeil des Siegs vom H.
	14,6	Gesetzbuch des Mose, wo der H. geboten hat 2Ch 25,4; Esr 7,11; Neh 8,1.14
	26	der H. sah den Jammer Israels an 27
	15,37	begann der H., zu senden Rezin
	17,13	hatte der H. gewarnt durch alle Propheten 12; 21,10; 2Ch 24,19; 33,10; 36,15
	14	die nicht an den H. glaubten 21
	20	darum verwarf der H. Israel 23; 23,27; Jer 2,37; 6,30; 7,29; 33,24
	25	als sie aber den H. nicht fürchteten 34
	28	wie sie den H. fürchten sollten 36.39
	33	den H... aber auch den Göttern 32.41
	18,6	(Hiskia) hing dem H. an
	22	verlassen uns auf den H. 2Ch 13,18; Jes 10,20; 26,4; 36,7; Mi 3,11
	25	meinst du, ich sei ohne den H... der H. hat mir's geboten Jes 36,10

HERR

2Kö	18,30	laßt euch von Hiskia nicht vertrösten auf den H.: Der H. wird uns erretten 32.35; 2Ch 32,11; Jes 36,15.18.20		
	19,4	vielleicht hört der H..., straft die Worte, die der H. gehört hat 16; Jes 37,4.17		
	14	breitete (d. Brief) aus vor dem H. Jes 37,14		
	15	(Hiskia) betete vor dem H. 20,2; Jes 37,15; 38,2		
	17	ist wahr, H., die Könige haben Jes 37,18		
	19	H., errette uns 2Ch 14,10; Jes 37,20		
	21	was der H. gegen ihn geredet Jes 37,22		
	23	hast den H. verhöhnt Jes 37,24		
	20,3	ach, H., gedenke doch Jes 38,3		
	9	dies Zeichen wirst du vom H. haben, daß der H. tun wird, was er zugesagt 8; Jes 38,7		
	17	spricht der H. 22,19; 2Ch 34,27; Jes 1,11.18; 14,22; 16,13; 17,6; 30,1; 31,9; 33,10; 37,34; 39,6; 41,14.21; 43,1.10.12.16; 48,22; 49,5; 52,5; 54,1.8.10.17; 55,8; 57,19; 59,20.21; 65,7.25; 66,2. 9.17.20-23; Jer 1,8u.ö.51,53; Hes 16,58; 37,14; Hos 2,15.18.23; 11,11; Am 1,5u.ö.9,15; Ob 4.8; Mi 4,6; 5,9; Ze 1,2.3.10; 3,8.20; Hag 1,8; 2,4.14. 17.23; Sa 1,4; 2,9.10.14; 8,17; 10,12; 11,6; 12,4; 13,8; Mal 1,2.13; 2,16; 3,13		
	19	das Wort ist gut, das der H. geredet		
	21,4	Hause, von dem der H. gesagt 7; 2Ch 33,4		
	22	(Amon) wandelte nicht im Wege des H.		
	22,13	groß ist der Grimm des H. 23,26; 2Ch 34,21; 36,16; Jer 36,7		
	19	gedemütigt vor dem H. 2Ch 12,7; 33,23		
	23,3	daß sie dem H. nachwandeln 2Ch 34,31		
	9	durften nicht opfern auf dem Altar des H.		
	24,2	ließ der H. Scharen von Kriegsleuten kommen 2Ch 33,11		
	4	das wollte er dem H. nicht vergeben		
1Ch	5,41	als der H. Juda gefangen wegführen ließ		
	9,19	im Lager des H. den Eingang gehütet 2Ch 31,2		
	13,2	ist's dem H., unserm Gott, angenehm		
	14,17	der H. ließ Furcht über alle Völker kommen		
	16,7	zu der Zeit ließ David dem H. danken 41		
	8	danket dem H., ruft s. Namen an Ps 105,1		
	10	es freue sich das Herz derer, die den H. Ps 105,3		
	11	fraget nach dem H. Ps 105,4		
	14	er ist der H., unser Gott Ps 105,7; Jes 25,1; Jer 3,22; 14,22; 31,18; Hab 1,12; Sa 13,19		
	23	singet dem H., alle Lande Ps 96,1		
	25	der H. ist groß und hoch zu loben Ps 96,4		
	26	der H. hat den Himmel gemacht Ps 96,5		
	28	bringet dar dem H. Ehre 29; Ps 29,1.2; 96,7.8; Jer 13,16		
	29	betet den H. an in hl. Schmuck Ps 29,2; 96,9		
	31	man sage, daß der H. regiert 2Ch 16,9		
	33	sollen jauchzen vor dem H. Ps 96,12.13		
	34	danket dem H., denn er ist freundlich 2Ch 7,3; 20,21; Ps 100,4.5; 106,1; 107,1; 118,1.29; 135,3; 136,1; Jes 12,4		
	39	Priester bei der Wohnung des H. 21,29		
	40	geschrieben im Gesetz des H. 2Ch 31,3		
	17,23	H., das Wort werde wahr		
	27	was du, H., segnest, ist gesegnet 2Ch 31,10		
	21,12	drei Tage das Schwert des H. 27		
	17	H., laß deine Hand gegen mich sein		
	24	will nicht, was dein ist, für den H. nehmen		
	22,12	daß du haltest das Gesetz des H. 28,8; 2Ch 13,11; 23,6; 29,25; 31,4; Esr 7,10; Neh 10,30		
	18	das Land ist unterworfen dem H.		
	23,5	(4.000) zu Sängern des H. 25,7; 2Ch 20,21		
	30	den H. zu loben und ihm zu danken 25,3; 29,10.20; 2Ch 5,13; 7,6; 20,26; 29,30; 30,21.22; 31,8; Esr 3,10.11; Neh 5,13; 8,6; Ps 33,2		
1Ch	26,30	bestellt für alle Geschäfte des H. 2Ch 19,11		
	27,23	der H. hatte zugesagt, Israel zu mehren		
	28,5	der H. hat mir viele Söhne gegeben		
	5	auf dem Thron des Königtums des H. 29,23		
	8	vor der Augen Isr., der Gemeinde des H.		
	9	der H. erforscht alle Herzen		
	10	der H. hat dich erwählt 2Ch 29,11		
	29,5	willig, seine Hand für den H. zu füllen 9; 2Ch 29,31		
	11	dein, H., ist die Majestät... dein, H., ist		
	16	H., all dies Viele ist von deiner Hand		
	20	fielen nieder vor dem H. 2Ch 20,18; Esr 9,5		
	22	salbten (Salomo) dem H. zum Fürsten 2Ch 9,8		
	25	der H. machte Salomo größer 2Ch 1,1		
2Ch	1,9	laß, H., Gott, dein Wort wahr werden		
	6,41	mache dich auf, H... deine Priester, H.		
	7,6	mit den Saitenspielen des H. 30,21		
	12,1	verließ das Gesetz des H.		
	6	der H. ist gerecht Ps 11,7; 25,8; 116,5; 119,75. 137; 129,4; 145,17; Klg 1,18; Dan 9,14; Ze 3,5		
	13,8	empören gegen das Königtum des H. 17,5		
	12	streitet nicht gegen den H.		
	15,14	schworen dem H. mit lauter Stimme		
	16,7	verlassen nicht auf den H., deinen Gott		
	9	des H. Augen schauen alle Lande		
	12	Asa suchte nicht den H., sondern die Ärzte		
	17,6	als er in den Wegen des H. mutiger wurde		
	9	hatten das Gesetzbuch des H. 34,14; Neh 9,3		
	16	freiwillig in den Dienst des H. gestellt		
	19,2	sollst du die lieben, die den H. hassen		
	4	Joschafat brachte sie zurück zu dem H.		
	7	bei dem H. ist kein Ansehen der Person		
	8	bestellte einige für das Gericht des H.		
	10	sie sich nicht am H. verschulden 28,10.13		
	11	der H. wird mit dem Guten sein		
	20,20	glaubet an den H., so werdet ihr sicher		
	22	ließ der H. einen Hinterhalt kommen		
	27	der H. hatte ihnen Freude gegeben		
	37	zerstört der H. dein Werk		
	21,14	wird dich der H. schlagen 18; 26,20		
	16	der H. erweckte den Geist der Philister 36,22; Esr 1,1		
	24,22	der H. wird es sehen und strafen		
	25,7	der H. ist nicht mit Israel		
	9	steht beim H., dir mehr zu geben		
	26,16	verging sich gegen den H.		
	17	Priester des H. (traten Usija entgegen)		
	28,9	ein Prophet des H., der hieß Oded... weil der H. über Juda zornig ist		
	29,6	der Wohnung des H. den Rücken zugekehrt		
	27	begann der Gesang für den H.		
	30,8	gebt eure Hand dem H.		
	17	daß sie dem H. geheiligt würden		
	32,21	der H. sandte einen Engel		
	22	so half der H. dem Hiskia 24		
	23	daß viele dem H. Geschenke brachten		
	33,10	wenn der H. zu seinem Volk reden ließ		
	35,16	wurde geordnet aller Gottesdienst des H.		
	26	seine Taten... dem Gesetz des H. entsprachen		
	36,23	der H. hat mir alle Königreiche Esr 1,2		
Esr	10,11	bekennt sie dem H.		
Neh	9,8	dieser Tag ist heilig dem H.		
	10	die Freude am H. ist eure Stärke		
Hi	1,7	der H. sprach zu dem Satan 8.9.12; 2,2-6		
	12	ging der Satan hinaus von dem H. 2,7		
	21	der H. hat's gegeben, der H. hat's genommen		

Hi	38,1	der H. antwortete Hiob 40,1.6	Ps	17,14 (errette mich) vor den Leuten, H. 116,4; 120,2; 140,2.5
	40,3	Hiob antwortete dem H. 42,1		18,2 herzlich lieb habe ich dich, H., meine Stärke
	42,7	der H. sprach zu Elifas von Teman 9		19,8 das Gesetz des H. ist vollkommen... das Zeugnis des H. ist gewiß
	9	der H. erhörte Hiob 10,12		9 die Befehle des H. sind richtig Hos 14,10
Ps	1,2	sondern hat Lust am Gesetz des H.		10 die Rechte des H. sind Wahrheit
	6	der H. kennt den Weg der Gerechten 37,18		15 H., mein Fels und mein Erlöser
	2,2	halten Rat wider den H. und s. Gesalbten		20,2 der H. erhöre dich in der Not
	7	kundtun will ich den Ratschluß des H.		6 der H. gewähre dir alle deine Bitten
	3,2	ach H., wie sind meiner Feinde so viel		21,2 H., der König freut sich in deiner Kraft
	4	du, H., bist der Schild für mich		8 der König hofft auf den H.
	5	ich rufe mit meiner Stimme zum H.		10 der H. wird sie verschlingen in s. Zorn
	8	auf, H., und hilf mir 20,10; 30,11; 40,14; 55,17; 70,2.6; 106,47; 109,26; 118,25; Jes 38,20		14 H., erhebe dich in deiner Kraft
	9	bei dem H. findet man Hilfe 4,9; 118,13		22,9 er klage es dem H.
	4,4	daß der H. seine Heiligen wunderbar führt		20 du, H., sei nicht ferne 38,22; 109,21
	4	der H. hört, wenn ich ihn anrufe 30,3; 34,7. 18; 99,6; 118,5; Klg 3,55		24 rühmet den H.
	6	hoffet auf den H. 26,1; 31,7.15; 32,10; 37,3; 112,7; 115,9-11; 125,1; 130,7; 131,3; Jes 8,17		27 die nach dem H. fragen, werden ihn preisen
				28 w. sich zum H. bekehren aller Welt Enden
	7	H., laß leuchten über uns das Licht		29 des H. ist das Reich
	5,2	H., höre meine Worte 4; 86,1		23,1 der H. ist mein Hirte
	9	H., leite mich in deiner Gerechtigkeit		24,1 die Erde ist des H. 1Ko 10,26
	13	du, H., segnest die Gerechten 146,8		3 wer darf auf des H. Berg gehen 68,17
	6,2	H., strafe mich nicht in d. Zorn 38,2		5 wird den Segen vom H. empfangen
	3	H., sei mir gnädig 9,14; 31,10; 41,5.11; 123,3; Jes 33,2		8 es ist der H., stark und mächtig
				25,1 nach dir, H., verlanget mich
	3	heile mich, H. Jer 17,14		4 H., zeige mir d. Wege 27,11; 86,11; 119,33
	4	ach du, H., wie lange 13,2; 79,5; 89,47; 94,3; Hab 1,2		6 gedenke, H. 106,4; 132,1
				7 H., um deiner Güte willen
	5	wende dich, H., und errette mich 40,14		10 die Wege des H. sind lauter Güte
	9	der H. hört mein Weinen 10; 119,169		11 um deines Namens willen, H., vergib
	10	mein Gebet nimmt der H. an 86,6; 143,1		12 wer ist, der den H. fürchtet Jes 50,10
	7,1	Klagelied Davids, das er dem H. sang		14 der H. ist denen Freund, die ihn fürchten
	2	auf dich, H., mein Gott, traue ich 11,1; 31,2; 71,1		15 meine Augen sehen stets auf den H. 123,2
				26,2 prüfe mich, H., und erprobe mich
	4	H., mein Gott, hab ich solches getan		6 ich halte mich, H., zu deinem Altar
	7	stehe auf, H. 9,20; 10,12; 12,6		8 H., ich habe lieb die Stätte deines Hauses
	9	der H. ist Richter... Schaffe mir Recht, H. 26,1; 35,24; 103,6; 135,14		12 ich will den H. loben 34,2; 101,1; 145,21; 146,2
	18	ich danke dem H. 9,2; 30,13; 108,4; 109,30; 111,1; 138,4; 145,10		27,1 der H. ist mein Licht... der H. ist meines Lebens Kraft Mi 7,8; Hab 3,19
	8,2	H., unser Herrscher, wie herrlich 10		4 eines bitte ich vom H... zu schauen die schönen Gottesdienste des H.
	9,8	der H. bleibt ewiglich 102,13; 104,31; 135,13; Klg 5,19		7 H., höre meine Stimme 30,11; 39,13; 102,2
	10	der H. ist des Armen Schutz		8 darum suche ich, H., dein Antlitz
	11	du verlässest nicht, die dich, H., suchen		10 der H. nimmt mich auf
	17	H. hat sich kundgetan		13 daß ich sehen werde die Güte des H.
	21	lege, H., einen Schrecken auf sie		14 harre des H. 31,25; 33,20; 37,9.34; 38,16; 40,2; 130,5; Spr 20,22
	10,1	H., warum stehst du so ferne		28,1 ich rufe zu dir, H. 30,9; 88,10; 120,1; 141,1
	3	der Habgierige sagt dem H. ab		5 wollen nicht achten auf das Tun des H.
	17	das Verlangen der Elenden hörst du, H.		29,3 donnert, der H., über großen Wassern 4-10
	11,4	der H. ist in s. heiligen Tempel Hab 2,20		11 der H. wird seinem Volk Kraft geben; der H. wird sein Volk segnen mit Frieden
	4	des H. Thron ist im Himmel 103,19		30,2 ich preise dich, H. 34,4; 54,8
	5	der H. prüft den Gerechten		4 H., du hast mich v. d. Toten heraufgeholt
	12,2	hilf, H. Die Heiligen haben abgenommen		5 lobsinget dem H., ihr Heiligen Jes 12,5
	4	der H. wolle ausrotten alle Heuchelei		8 H., durch dein Wohlgefallen hattest du
	8	du, H., wollest sie bewahren		31,6 du hast mich erlöst, H. 34,23; 107,2
	14,2	der H. schaut vom Himmel auf die Menschenkinder 33,13; 102,20; Klg 3,50; Sa 9,1		18 H., laß mich nicht zuschanden w. 119,31
				20 wie groß ist deine Güte, H. 36,6; 138,8
	4	aber den H. rufen sie nicht an		24 liebet den H., alle seine Heiligen! Die Gläubigen behütet der H.
	6	der H. ist seine Zuversicht 18,19; 91,2.9		32,2 dem der H. die Schuld nicht zurechnet
	7	daß der H. sein gefangenes Volk erlöste		5 will dem H. meine Übertretungen bekennen
	15,1	H., wer darf weilen in deinem Zelt		11 freuet euch des H. 33,1; 35,9; 64,11; 97,12; 104,34; Jes 61,10; Hab 3,18
	16,2	habe gesagt zu dem H.: Du bist der Herr		
	5	der H. ist mein Gut und m. Teil Klg 3,24		33,5 die Erde ist voll der Güte des H. 119,64
	7	ich lobe den H., der mich beraten hat		8 alle Welt fürchte den H. 34,10
	8	ich habe den H. allezeit vor Augen 141,8		10 der H. macht zunichte der Heiden Rat
	17,1	H., höre die gerechte Sache		
	13	H., mache dich auf, tritt ihm entgegen		

HERR

Ps 33,11 der Ratschluß des H. bleibt ewiglich
  12 Volk, dessen Gott der H. ist 144,15
  18 des H. Auge achtet auf alle 34,16; Spr 15,3
  22 deine Güte, H., sei über uns
  34,3 meine Seele soll sich rühmen des H.
  5 als ich den H. suchte, antwortete er 11
  9 schmecket und sehet, wie freundlich der H.
  17 das Angesicht des H. steht wider 1Pt 3,12
  19 der H. ist nahe denen, die zerbr. Herzens
  20 aus alledem hilft ihm der H.
  35,1 H., führe m. Sache wider meine Widersacher
  22 H., du hast es gesehen
  27 der H. sei hoch gelobt 40,17; 48,2
  36,7 H., du hilfst Menschen und Tieren
  37,4 habe deine Lust am H.
  5 befiehl dem H. deine Wege Spr 16,3
  7 sei stille dem H. Sa 2,17
  17 der H. erhält die Gerechten 24.33.39.40
  20 die Feinde des H. werden vergehen 92,10
  22 die Gesegneten des H. erben das Land
  23 von dem H. kommt es, wenn eines Mannes
  28 der H. hat das Recht lieb Jes 30,18
  39,5 H., lehre mich doch, daß es ein Ende haben
  40,4 werden viele sehen und auf den H. hoffen
  5 der seine Hoffnung setzt auf den H.
  6 H., mein Gott, groß sind deine Wunder
  10 H., das weißt du
  12 H., deine Barmh. nicht von mir wenden
  41,2 den wird der H. erretten zur bösen Zeit
  3 der H. wird ihn bewahren
  4 der H. wird ihn erquicken 119,107.149.159; 143,11
  42,9 am Tage sendet der H. seine Güte
  47,6 der H. beim Hall der Posaune
  55,23 wirf dein Anliegen auf den H.
  58,7 zerschlage, H., das Gebiß der jungen Löwen
  59,4 siehe, H., sie lauern mir auf
  9 du, H., wirst ihrer lachen
  69,14 rede zu dir, H.,
  32 wird dem H. besser gefallen als ein Stier
  34 der H. hört die Armen
  71,5 du bist meine Zuversicht, H. 94,22; Spr 3,26
  74,18 gedenke, H., wie der Feind schmäht 89,52
  75,9 der H. hat einen Becher in der Hand
  76,12 tut Gelübde dem H., eurem Gott
  77,12 darum denke ich an die Taten des H.
  78,4 wir verkündigen den Ruhm des H.
  21 da der H. das hörte, entbrannte er
  80,5 H., wie lange willst du zürnen
  20 H., Gott Zebaoth, tröste uns wieder
  81,16 die den H. hassen, müßten sich beugen
  83,17 daß sie, H., nach deinem Namen fragen
  84,3 sehnt sich nach den Vorhöfen des H.
  9 H., Gott Zebaoth, höre mein Gebet
  12 der H. gibt Gnade und Ehre 85,8; 119,41
  85,2 H., der du bist vormals gnädig gewesen
  13 daß uns Gutes tue 116,7; 119,65
  86,17 weil du mir beistehst, H.
  87,2 der H. liebt die Tore Zions mehr
  6 der H. spricht: Die sind hier geboren
  88,2 H., Gott, ich schreie vor dir 14
  15 warum verstößt du, H., meine Seele
  89,6 d. Himmel werden, H., deine Wunder preisen
  9 H., wer ist wie du? Mächtig bist du, H.
  16 H., sie werden im Licht deines Antlitzes wandeln Jes 2,5
  19 dem H. gehört unser Schild
  90,13 H., kehre dich doch endlich wieder zu uns
  92,2 das ist ein köstlich Ding, dem H. danken
  5 H., du lässest mich fröhlich singen

Ps 92,6 H., wie sind d. Werke so groß 104,24.31
  16 verkündigen, wie der H. es recht macht
  93,3 H., die Wasserströme erheben sich
  5 Heiligkeit ist die Zierde d. Hauses, H.
  94,1 H., du Gott der Vergeltung, erscheine
  5 H., sie zerschlagen dein Volk
  7 sagen: Der H. sieht's nicht
  11 der H. kennt die Gedanken der Menschen
  12 wohl dem, den du, H., in Zucht nimmst
  14 der H. wird sein Volk nicht verstoßen
  17 wenn der H. mir nicht hülfe
  23 der H., unser Gott, wird sie vertilgen
  95,1 laßt uns dem H. frohlocken
  6 laßt uns anbeten vor dem H.
  96,1 singet dem H. ein neues Lied 98,1; 149,1; Jes 42,10
  97,5 Berge zerschmelzen wie Wachs vor dem H.
  10 die ihr den H. liebet, hasset das Arge
  98,2 der H. läßt sein Heil kundwerden
  4 jauchzet dem H., alle Welt 6.9; 100,1
  99,5 erhebet den H., unsern Gott 9
  100,2 dienet dem H. mit Freuden
  101,8 Übeltäter ausrotte aus der Stadt des H.
  102,1 wenn er s. Klage vor dem H. ausschüttet
  17 der H. baut Zion wieder Jes 14,32
  19 das Volk wird den H. loben
  23 zusammenkommen, dem H. zu dienen
  103,1 lobe den H., meine Seele 2; 104,1.35; 146,1
  13 erbarmt sich der H. über die, die ihn fürchten
  104,1 H., mein Gott, du bist sehr herrlich
  16 die Bäume des H. stehen voll Saft
  105,19 bis die Rede des H. ihm recht gab
  106,2 wer kann die großen Taten des H. erzählen
  16 empörten sich wider den Heiligen des H.
  107,6 die zum H. riefen in ihrer Not 13.19.28
  8 die sollen dem H. danken 15.21.31
  43 wieviel Wohltaten der H. erweist
  109,14 soll gedacht werden vor dem H.
  15 der H. soll sie nie mehr aus den Augen
  20 so geschehe denen vom H.
  27 laß sie innewerden, daß du, H., das tust
  110,1 H. sprach zu meinem Herrn
  2 der H. wird d. Zepter ausstrecken aus Zion
  4 der H. hat geschworen Jes 62,8; Jer 49,13; Am 8,7; Heb 7,21
  112,1 wohl dem, der den H. fürchtet 128,1.4
  115,1 nicht uns, H., nicht uns... gib Ehre
  12 der H. denkt an uns und segnet uns 13
  14 der H. segne euch je mehr und mehr
  16 der Himmel ist der Himmel des H.
  17 die Toten werden dich, H., nicht loben 18
  116,1 ich liebe den H., denn er hört die Stimme
  6 der H. behütet die Unmündigen 145,20; 146,9
  9 werde wandeln vor dem H. im Lande d. Lebendigen
  12 wie soll ich dem H. vergelten s. Wohltat
  14 meine Gelübde dem H. erfüllen 18; Jon 2,10
  15 Tod s. Heiligen wiegt schwer vor dem H.
  16 ach, H., ich bin dein Knecht
  118,4 es sagen nun, die den H. fürchten
  6 der H. ist mit mir 7
  8 es ist gut, auf den H. vertrauen 9
  14 der H. ist meine Macht und mein Psalm
  15 die Rechte des H. behält den Sieg 16
  18 der H. züchtigt mich schwer
  19 daß ich einziehe und dem H. danke 20
  23 das ist vom H. geschehen
  24 dies ist der Tag, den der H. macht
  25 o H., hilf! O H., laß wohlgelingen

Ps	119,1	wohl denen, die im Gesetz des H. wandeln 52.55.57.108	Spr	10,3	der H. läßt... nicht Hunger leiden
				22	der Segen des H. allein macht reich
	89	H., dein Wort bleibt ewiglich 1Pt 1,25		15,11	Unterwelt und Abgrund liegen vor dem H.
	126	es ist Zeit, daß der H. handelt		25	der H. wird das Haus der Hoffärtigen einreißen
	151	H., du bist nahe 145,18			
	156	H., deine Barmherzigkeit ist groß		29	der H. ist ferne von den Gottlosen
	174	H., mich verlangt nach deinem Heil		16,1	vom H. kommt, was die Zunge reden wird
	121,2	meine Hilfe kommt vom H.		2	der H. prüft die Geister 17,3; 21,2
	5	der H. behütet dich; der H. ist dein Schatten 7.8		4	der H. macht alles zu seinem Zweck
				7	wenn eines Menschen Wege dem H. wohlgefallen
	122,4	wohin hinaufziehen die Stämme des H.			
	124,1	wäre der H. nicht bei uns 2		9	der H. allein lenkt seinen Schritt
	125,2	so ist der H. um sein Volk her		11	Waage und rechte Waagschalen sind vom H.
	4	H., tu wohl den Guten			
	5	die abweichen, wird der H. dahinfahren lassen		20	der sich auf den H. verläßt 28,25; 29,25
				33	das Los fällt, wie der H. will
	126,1	wenn der H. die Gefangenen erlösen wird 4		19,3	doch tobt sein Herz wider den H.
	2	der H. hat Großes an uns getan 3		14	eine verständige Ehefrau kommt vom H.
	127,1	wenn der H. nicht... die Stadt behütet		17	wer sich des Armen erbarmt, leiht dem H.
	3	Kinder sind eine Gabe des H.		21	zustande kommt der Ratschluß des H.
	128,5	der H. wird dich segnen aus Zion 134,3		20,12	die macht beide der H. 22,2; 29,13
	129,4	der H. hat der Gottlosen Stricke zerhauen		24	jedermanns Schritte bestimmt der H.
	8	der Segen des H. sei über euch		27	eine Leuchte des H. ist des Menschen Geist
	130,1	aus der Tiefe rufe ich, H., zu dir		21,3	Recht tun ist dem H. lieber als Opfer
	3	wenn du, H., Sünden anrechnen willst		30	kein Rat besteht vor dem H.
	131,1	H., mein Herz ist nicht hoffärtig		31	der Sieg kommt vom H.
	132,2	(David) der dem H. einen Eid schwor 5		22,12	die Augen des H. behüten die Erkenntnis
	8	H., mache dich auf zur Stätte deiner Ruhe		14	wem der H. zürnt, der fällt hinein
	13	der H. hat Zion erwählt 135,4		19	damit d. Hoffnung sich gründe auf den H.
	133,3	dort verheißt der H. den Segen		24,18	der H. könnte es sehen
	135,5	ich weiß, daß der H. groß ist 145,3		25,22	der H. wird dir's vergelten
	137,4	wie könnten wir des H. Lied singen		28,5	die nach dem H. fragen, verstehen alles
	7	H., vergiß den Söhnen Edom		29,26	eines jeglichen Recht kommt vom H.
	138,5	sie singen von den Wegen des H., daß die Herrlichkeit des H. so groß ist		30,9	ich könnte sonst sagen: Wer ist der H.
			Hl	8,6	ihre Glut ist eine Flamme des H.
	6	der H. ist hoch und sieht auf die Niedrigen	Jes	1,2	höret, der H. redet Jer 10,1; Am 3,1; Mi 6,1
	8	der H. wird meine Sache hinausführen		4	wehe den Kindern, die den H. verlassen 28; 65,11; Jer 2,17.19; 17,13; 22,9; Hos 4,10
	139,1	H., du... kennest mich 4; Jer 12,3			
	21	sollte ich nicht hassen, H., die dich hassen		20	der Mund des H. sagt es 22,25; 24,3; 25,8; 40,5; 58,14
	140,7	ich sage zum H.: H., vernimm 8; 142,2.6			
	9	H., gib dem Gottlosen nicht, was er begehrt		2,3	laßt uns auf den Berg des H. gehen Mi 4,2
	13	daß der H. des Elenden Sache führen wird Spr 22,23		10	verbirg dich vor dem Schrecken des H. 19.21
				11	der H. wird allein hoch sein 17
	141,3	H., behüte meinen Mund		3,8	weil ihre Worte wider den H. sind
	144,3	H., was ist der Mensch		13	der H. steht da zum Gericht 14
	5	H., neige deinen Himmel und fahre herab		17	der H. wird ihre Schläfe entblößen
	145,9	der H. ist allen gütig		4,2	was der H. sprießen läßt, wert sein
	13	der H. ist getreu in all seinen Worten		5	dann wird der H. eine Wolke schaffen
	14	der H. hält alle, die da fallen		6,12	der H. wird die Menschen weit wegtun
	146,5	der s. Hoffnung setzt auf den H. Jer 17,7		7,3	der H. sprach zu Jesaja 8,1.3.5.11; 18,4; 31,4
	7	der H. macht die Gefangenen frei		10	der H. redete abermals zu Ahas
	8	der H. macht die Blinden sehend		11	fordere dir ein Zeichen vom H. 12.14
	8	der H. richtet auf, die niedergeschlagen sind 147,6		17	der H. wird über dich... kommen lassen
				18	wird der H. herbeipfeifen die Fliege
	147,2	der H. baut Jerusalem auf		8,18	die Kinder, die mir der H. gegeben hat
	7	singet dem H. ein Danklied		9,10	der H. macht stark ihre Bedränger
	11	der H. hat Gefallen an denen 149,4		13	haut der H. von Israel Kopf u. Schwanz ab
	12	preise, Jerusalem, den H.		11,9	das Land voll Erkenntnis des H. Hab 2,14
Spr	2,6	der H. gibt Weisheit		15	der H. wird austrocknen d. Zunge d. Meeres
	3,5	verlaß dich auf den H. von ganzem Herzen		12,1	ich danke dir, H., daß du zornig gewesen
	9	ehre den H. mit deinem Gut		13,5	der H. selbst samt d. Werkzeugen s. Zorns
	11	verwirf die Zucht des H. nicht		6	der Tag ist nahe des H. Hes 30,3; Jo 1,15; 2,1.11; 3,4; 4,14; Am 5,18.20; Ob 15; Ze 1,7.14; Mal 3,23
	12	wen der H. liebt, den weist er zurecht			
	19	der H. hat die Erde durch Weisheit gegründet			
				14,1	der H. wird sich über Jakob erbarmen
	33	im Hause des Gottl. ist der Fluch des H.		2	sie als Mägde besitzen im Lande des H.
	5,21	eines jeden Wege liegen offen vor dem H.		3	wenn dir der H. Ruhe geben wird
	6,16	diese sechs Dinge haßt der H.		5	der H. hat d. Stock der Gottl. zerbrochen
	8,22	der H. hat mich schon gehabt im Anfang		16,13	was der H. damals gegen Moab geredet hat
	35	erlangt Wohlgefallen vom H. 12,2; 18,22		19,1	der H. wird auf einer Wolke fahren

HERR 662

Jes 19,14 der H. hat einen Taumelgeist ausgegossen
 19 für den H. ein Altar in Ägypten 21.22
 20 wenn sie zum H. schreien vor d. Bedrängern
 20,2 zu der Zeit redete der H. durch Jesaja
 22,17 der H. wird dich wegwerfen
 23,11 der H. hat seine Hand ausgereckt 31,3
 17 wird der H. heimsuchen 24,21; 27,1
 18 wird dem H. geweiht werden Jer 31,40
 24,1 der H. macht die Erde leer
 15 so preiset nun den H. an den Gestaden
 25,9 das ist der H., auf den wir hofften
 26,8 wir warten auf dich, H.
 11 H., deine Hand ist erhoben
 12 uns, H., wirst du Frieden schaffen
 13 H., unser Gott, es herrschen and. Herren
 15 du, H., mehrest das Volk
 16 H., wenn Trübsal da ist, suchen wir dich
 17 so geht's uns auch, H., vor d. Angesicht
 21 der H. wird ausgehen 28,21
 27,3 ich, der H., behüte ihn
 12 der H. Ähren ausklopfen
 13 werden die Verlorenen den H. anbeten
 29,10 der H. hat eure Augen zugetan
 15 die verborgen sein wollen vor dem H.
 19 werden wieder Freude haben am H.
 30,9 die nicht hören wollen die Weisung des H.
 18 harrt der H., daß er euch gnädig sei
 26 wenn der H. Wunden heilen wird
 29 mit Flötenspiel zum Berge des H.
 30 der H. wird s. Stimme erschallen lassen
 32 Zuchtrute, die der H. niedersausen läßt
 33 der Odem des H. wird ihn anzünden
 31,1 fragen nichts nach dem H. Jer 10,21
 32,6 daß er rede über den H. lauter Trug
 33,5 der H. ist erhaben
 21 der H. wird bei uns mächtig sein
 22 der H. ist unser Richter, der H. ist unser Meister, der H. ist unser König
 34,2 der H. ist zornig Hab 3,8; Sa 1,2
 6 des H. Schwert ist voll Blut Jer 12,12; 47,6
 8 es kommt der Tag der Rache des H. Jer 50,15.28; 51,6.11.56
 16 suchet nun in dem Buch des H.
 35,10 die Erlösten des H. werden wiederkommen 51,11; 62,12
 38,11 werde den H. nicht mehr schauen
 40,3 bereitet dem H. den Weg Mt 3,3; Mk 1,3; Lk 3,4; Jh 1,23
 7 des H. Odem bläst darein
 27 mein Weg ist dem H. verborgen
 28 der H., der ewige Gott, wird nicht müde
 31 die auf den H. harren, kriegen neue Kraft
 41,16 wirst fröhlich sein über den H. 58,14
 42,12 sollen dem H. die Ehre geben
 13 der H. zieht aus wie ein Held
 21 der H. hat es gefallen
 24 hat es nicht der H. getan 44,23; 45,21
 43,14 der H., euer Erlöser 44,24; 48,17; 49,7; 54,8
 44,5 bin des H… eigen
 23 der H. hat Jakob erlöst 45,17; 48,20; Jer 31,11; Mi 4,10
 45,24 im H. habe ich Gerechtigkeit und Stärke
 25 im H. wird gerecht Israels Geschlecht
 48,14 er, den der H. liebt
 49,1 der H. hat mich berufen
 4 wiewohl mein Recht bei dem H. ist
 5 bin vor dem H. wertgeachtet
 7 sollen niederfallen um des H. willen
 13 der H. hat sein Volk getröstet 51,3; 52,9
 14 der H. hat mich verlassen, der H. hat meiner vergessen Hes 8,12; 9,9

Jes 51,3 macht ihr Land wie den Garten des H.
 9 zieh Macht an, du Arm des H. 52,10; 53,1
 52,8 wenn der H. nach Zion zurückkehrt
 11 die ihr des H. Geräte trägt
 53,6 der H. warf unser aller Sünde auf ihn
 10 so wollte ihn der H. zerschlagen… des H. Plan wird durch s. Hand gelingen
 54,6 der H. hat dich zu sich gerufen
 13 deine Söhne sind Jünger des H.
 55,5 zu dir laufen um des H. willen
 13 dem H. soll es zum Ruhm geschehen
 56,3 der sich dem H. zugewandt hat 6
 58,5 Tag, an dem der H. Wohlgefallen hat
 9 der H. wird dir antworten
 11 der H. wird dich immerdar führen
 13 nennst den heiligen Tag des H. „Geehrt"
 59,1 des H. Arm ist nicht zu kurz
 13 abtrünnig sein und den H. verleugnen
 15 das alles sieht der H.
 19 Strom, den der Odem des H. treibt
 60,2 aber über dir geht auf der H.
 6 werden des H. Lob verkündigen
 14 werden dich nennen „Stadt des H."
 19 der H. wird dein ewiges Licht sein 20
 61,1 weil der H. mich gesalbt hat
 2 zu verkünd. ein gnädiges Jahr des H.
 3 genannt „Pflanzung des H."
 6 sollt Priester des H. heißen
 9 ein Geschlecht, gesegnet vom H. 65,23
 62,2 welchen des H. Mund nennen wird
 4 der H. hat Lust an dir
 6 die ihr den H. erinnern sollt
 9 sollen's essen und den H. rühmen
 11 der H. läßt es hören
 63,7 gedenken der Ruhmestaten des H., was der H. getan
 17 warum läßt du uns, H., abirren
 64,8 H., zürne nicht so sehr
 11 H., willst du bei alledem schweigen
 66,5 laßt den H. sich verherrlichen
 6 horch, der H. vergilt seinen Feinden
 15 der H. wird kommen mit Feuer
 16 der H. wird durch Feuer richten, der vom H. Getöteten werden viele sein
 20 dem H. zum Weihgeschenk

Jer 1,7 her H. sprach zu mir 12.14; 3;6.11; 11;6.9; 13,1.6; 14,1.14; 15,1; 17,19; 24,3; 27,2; Hes 23,36; 44,2.5; Hos 3,1; Am 8,2; Hab 2,2; Sa 11,4.13.15
 9 der H. rührte meinen Mund an
 2,6 dachten niemals: Wo ist der H. 8
 3,16 nicht mehr reden von d. Bundeslade des H.
 17 wird man Jerusalem nennen „Des H. Thron"
 23 wird Israel keine Hilfe als am H.
 4,4 beschneidet euch für den H.
 26 alle Städte waren zerstört vor dem H.
 5,3 H., deine Augen sehen auf Wahrhaftigkeit
 4 wissen nicht um des H. Weg 5
 10 sie gehören nicht dem H.
 12 sie verleugnen den H.
 19 warum tut uns der H. dies 22,8
 24 sprechen niemals: Laßt uns den H. fürchten
 7,1 Wort, das vom H. geschah zu Jeremia 11,1; 14,1; 18,1; 21,1; 26,1; 27,1; 30,1; 32,1; 34,1.8.12; 35,1; 36,1; 40,1
 2 zu diesen Toren eingeht, den H. anzubeten
 8,7 will das Recht des H. nicht wissen
 8 wir haben das Gesetz des H. bei uns
 14 der H. wird uns umkommen lassen
 19 will der H. nicht mehr Gott sein in Zion

HERR

Jer	9,11	zu wem spricht des H. Mund
	10,23	ich weiß, H., daß des Menschen Tun
	24	züchtige mich, H., doch mit Maßen
	11,5	ja, so sei es
	16	der H. nannte dich einen grünen Ölbaum
	18	der H. tat mir kund ihr Vorhaben
	12,1	H., wenn ich auch mit dir rechten wollte
	13,15	der H. hat's geredet
	17	des H. Herde gefangen weggeführt wird
	14,7	H., wenn unsre Sünden uns verklagen 20
	10	hat der H. kein Gefallen an ihnen
	15,15	H., du weißt es! Gedenke an mich
	16	nach d. Namen genannt, H., Gott Zebaoth
	16,10	warum kündigt uns der H. dies Unheil an
	17,5	und weicht mit seinem Herzen vom H.
	10	ich, der H., kann das Herz ergründen
	13	du, H., bist die Hoffnung Israels 50,7
	18,19	H., hab acht auf mich
	23	du, H., kennst alle ihre Anschläge
	20,3	der H. nennt dich „Schrecken um und um"
	7	H., du hast mich überredet
	16	Städte, die der H. vernichtet hat
	21,2	befrage den H... vielleicht wird der H.
	23,6	der H. unsere Gerechtigkeit 33,16
	9	meine Gebeine zittern vor dem H.
	16	verkünden nicht aus dem Mund des H.
	18	wer hat im Rat des H. gestanden Rö 11,34
	19	wird ein Wetter des H. kommen 30,23
	33	Last, die der H. ankündigt 34.36.38; 27,13
	35	was antwortet der H.? Was sagt der H. 37; 42.4.20
	24,1	der H. zeigte mir zwei Feigenkörbe
	25,30	der H. wird brüllen Jo 4,16; Am 1,2
	31	der H. will rechten Hos 12,3; Mi 6,2
	33	werden die vom H. Erschlagenen liegen
	36	daß der H. ihre Weide so verwüstet hat
	26,8	gesagt, was ihm der H. befohlen 42,5; 43,1
	28,6	der H. tue so; der H. bestätige dein Wort
	9	ob ihn der H. wahrhaftig gesandt hat 15; 43,2; Hes 13,6
	16	hast sie vom H. abgewendet 29,32
	29,7	betet für sie zum H. 32,16; Dan 9,4
	15	der H. habe auch in Babel Propheten
	22	der H. tue an dir wie an Zedekia
	26	der H. hat dich zum Priester bestellt
	30,4	der H. redete über Israel 50,1
	31,3	der H. ist mir erschienen von ferne
	6	laßt uns hinaufziehen zum H.
	7	der H. hat seinem Volk geholfen
	12	werden sich freuen über die Gaben des H.
	22	der H. wird ein Neues schaffen
	23	d. H. segne dich, du Wohnung der Gerechtigk.
	34	erkenne den H. Hos 2,22; Heb 8,11
	38	daß die Stadt des H. gebaut werden wird
	32,27	ich, der H., bin der Gott allen Fleisches
	36,7	sich mit Beten vor dem H. demütigen
	9	daß man ein Fasten ausrief vor dem H.
	26	der H. hatte sie verborgen
	37,3	bitte den H. für uns 42,2.4.20
	17	ist wohl ein Wort vom H. vorhanden 38,21
	40,2	der H. hat dies Unglück 51.55.62
	42,3	daß der H. uns kundtun wolle
	5	der H. sei Zeuge wider uns
	44,21	der H. gedacht an das Opfer
	45,3	wie hat mir der H. Jammer hinzugefügt
	46,15	der H. hat sie so gestürzt
	47,4	der H. wird die Philister verderben
	48,26	(Moab) hat sich gegen den H. erhoben 42
	49,14	hab eine Kunde vernommen vom H. Ob 1

Jer	49,20	höret den Ratschluß des H. 50,45
	50,5	wollen uns dem H. zuwenden
	24	hast den H. herausgefordert 29
	25	der H. hat sein Zeughaus aufgetan
	51,10	der H. hat unsere Gerechtigkeit ans Licht
	11	der H. hat den Mut der Könige erweckt
	12	der H. hat sich's vorgenommen
	29	die Gedanken des H. wollen erfüllt werden
	50	gedenkt des H. in fernem Lande
Klg	1,5	der H. hat Jammer gebracht 12
	9	H., sieh an mein Elend 11.20; 2,20; 3,59; 5,1
	17	der H. hat seine Feinde aufgeboten
	2,6	der H. hat Feiertag u. Sabbat vergessen l.
	8	der H. gedachte zu vernichten
	9	haben keine Gesichte vom H.
	17	der H. hat getan, was er vorhatte
	3,18	Ruhm und Hoffnung auf den H. dahin
	22	die Güte des H. ist's, daß wir nicht gar
	25	der H. ist freundlich dem, der auf ihn
	26	köstl. Ding, auf die Hilfe des H. hoffen
	61	H., du hörst ihr Schmähen 64.66
	4,11	der H. hat seinen Grimm austoben lassen
	5,21	bringe uns, H., zu dir zurück
Hes	8,12	der H. sieht uns nicht 9,9
	11,15	sind ferne vom H.
	13,5	damit es fest steht am Tage des H.
	6	der H. hat's gesagt 7; 22,28; 24,20; Jo 4,8; Ob 18
	33,30	ein Wort, das vom H. ausgeht
	35,10	obgleich der H. dort wohnt
	37,3	H., mein Gott, du weißt es
	40,46	die vor den H. treten dürfen 42,13; 44,3; 45,4; 46,9
	48,35	genannt „Hier ist der H."
Dan	9,2	Jahre, von denen der H. geredet hatte
	8	ja, H., wir müssen uns schämen
	13	wir beteten nicht vor dem H., unserm Gott
	14	ist der H. bedacht gewesen auf dies Unglück
	20	als ich vor dem H., meinem Gott, lag
Hos	1,2	als der H. anfing zu reden durch Hosea 4
	2	d. Land läuft vom H. weg der Hurerei nach
	7	will ihnen helfen durch den H., ihren Gott
	3,1	wie der H. um die *Israeliten wirbt
	4,1	der H. hat Ursache, zu schelten
	16	soll der H. sie weiden l. wie ein Lamm
	5,4	den H. kennen sie nicht 6,3
	7	sie sind dem H. untreu
	6,1	kommt, wir wollen wieder zum H.
	7,10	dennoch bekehren sie sich nicht zum H.
	8,13	hat der H. kein Gefallen daran 9,4.5
	9,3	sollen nicht bleiben im Lande des H.
	14	H., gib ihnen... unfruchtbare Leiber
	10,3	wir fürchteten den H. nicht
	11,10	alsdann wird man dem H. nachfolgen
	13,15	wird ein Ostwind vom H. heraufhahren
Jo	1,9	die Priester, des H. Diener, trauern 2,17
	14	schreit zum H. 19
	2,14	daß ihr opfern könnt dem H.
	17	H., schone dein Volk
	18	wird der H. um sein Land eifern 19
	21	der H. kann auch Gewaltiges tun
	23	seid fröhlich im H., eurem Gott Sa 10,7
	3,5	Errettung, wie der H. verheißen hat, bei den Entronnenen, die der H. berufen wird
	4,11	führe du hinab, H., deine Starken
	16	seinem Volk wird der H. eine Zuflucht sein
	17	daß ich, der H., zu Zion wohne 21
Am	2,4	weil sie des H. Gesetz verachten
	3,6	ist ein Unglück, das der H. nicht tut
	4,13	er heißt „H., Gott Zebaoth"

HERR 664

Am	5,14	wird der H. bei euch sein 15
	18	weh denen, die des H. Tag herbeiwünschen
	6,11	der H. hat geboten Nah 1,14
	7,15	der H. nahm mich von der Herde
Jon	1,3	Jona wollte vor dem H. fliehen 10
	4	ließ der H. einen großen Wind kommen
	9	bin ein Hebräer und fürchte den H. 14,16
	2,1	der H. ließ einen großen Fisch kommen 11
	2	Jona betete zu dem H., s. Gott 3.7.8; 4,2.3
Mi	1,3	der H. wird herausgehen aus s. Wohnung
	9	unheilbar ist die Plage des H.
	12	es wird das Unglück vom H. kommen
	2,5	keinen Anteil in der Gemeinde des H.
	4,12	sie wissen des H. Gedanken nicht
	13	du sollst ihr Gut dem H. weihen
	5,3	er wird weiden in der Kraft des H.
	6	werden die Übriggebl. sein wie Tau vom H.
	14	wird der H. bei euch sein 15
	6,6	womit soll ich mich dem H. nahen
	7	wird wohl der H. Gefallen haben an
	7,7	ich aber will auf den H. schauen
	17	werden sich fürchten vor dem H. Hag 1,12
Nah	1,2	ein Vergelter ist der H.
	3	der H. ist geduldig... er ist der H.
	7	der H. ist gütig und eine Feste
	9	was wollt ihr ersinnen wider den H. 11
	2,3	der H. wird die Pracht Jakobs erneuern
Hab	1,12	laß sie uns, o H., nur eine Strafe sein
	2,16	kommen d. Kelch in d. Rechten des H.
	3,2	H., ich habe... dein Werk gesehen, H.
Ze	1,5	schwören bei dem H. und zugl. bei Milkom
	6	vom H. abfallen u. nach dem H. nichts fragen
	7	der H. hat ein Schlachtopfer zubereitet 8
	12	der H. wird weder Gutes noch Böses tun
	2,7	wenn der H. sie wiederum heimsuchen wird
	11	heilig wird über ihnen der H. sein
	3,2	sie will auf den H. nicht trauen
	15	der H. hat deine Strafe weggenommen
Hag	1,13	der Bote des H... mit Botschaft des H.
	14	der H. erweckte den Geist Serubbabels
Sa	1,13	der H. antwortete dem Engel
	17	der H. wird Zion wieder trösten
	2,3	zeigte mir vier Schmiede
	15	sollen viele Völker sich zum H. wenden
	16	der H. wird Juda in Besitz nehmen
	3,2	der H. schelte dich, du Satan
	4,10	jene sieben sind des H. Augen
	7,7	ist's nicht das, was der H. predigen ließ
	9,1	die Last, die der H. ankündigt 12,1; Mal 1,1
	14	der H. wird über ihnen erscheinen
	16	der H. wird ihnen helfen 14,3.5
	10,1	bittet den H... so wird der H. geben
	12	will sie stärken in dem H.
	12,1	der H., der den Himmel ausbreitet
	7	der H. wird die Hütten Judas erretten 8
	14,1	siehe, es kommt für den H. die Zeit
	7	wird ein Tag sein - er ist dem H. bekannt
	12	Plage, mit der der H. schlagen wird 18
	13	wird der H. eine Verwirrung anrichten
Mal	1,4	ein Volk, über das der H. ewiglich zürnt
	5	der H. ist herrlich über d. Grenzen Israels
	7	sagt: Des H. Tisch ist für nichts zu achten 12
	2,11	Juda entheiligt, was dem H. heilig ist
	12	der H. ausrotten dem, der... tut, ausrotten
	13	ihr bedeckt den Altar des H. mit Tränen
	14	der H. Zeuge zwischen dir und dem Weib
	17	ihr macht den H. unwillig... sprecht: Wer Böses tut, gefällt dem H.
	3,6	ich, der H., wandle mich nicht
Mal	3,16	der H. merkt und hört es... Gedenkbuch für die, welche den H. fürchten

Herr (von Geschöpfen)

1Mo	3,16	er soll dein H. sein
	18,3	H., hab ich Gnade gefunden 33,8.15; 39,4; 47,25; Rut 2,13
	12	mein H. ist auch alt 24,36
	19,2	liebe H., kehrt doch ein
	18	nein, H. 23,11; 42,10; 1Sm 1,15; Sa 4,5.13
	23,6	höre uns, lieber H. 15
	24,9	legte seine Hand unter die Hüfte Abrahams, seines H. 10.37.39.44.49.51
	12	du Gott Abrahams, meines H., tu Barmherzigkeit an meinem H. 14.27.42.48
	18	(Rebekka) sprach: Trinke, mein H.
	27	zum Hause des Bruders, meines H. 48
	35	der HERR hat meinen H. reich gesegnet
	54	laßt mich ziehen zu meinem H. 56.65
	27,29	sei ein H. über deine Brüder 37
	31,35	mein H., zürne nicht 2Mo 32,22
	32,5	so sprecht zu Esau, meinem H. 6.19
	33,14	mein H. ziehe vor seinem Knechte her 13
	34,2	Hamor, der Landes H. war 42,30.33
	39,2	in seines H., des Ägypters Hause 3.8
	7	seines H. Frau sprach: Lege dich zu mir 16. 19.20
	40,1	sich versündigten an ihrem H., dem König
	43,20	mein H., wir sind... Getreide zu kaufen
	44,5	der, aus dem mein H. trinkt 8
	7	warum redet mein H. solche Worte
	9	wollen wir meines H. Sklaven sein 16.33
	16	was sollen wir meinem H. sagen 18.19.22.24
	45,8	Gott hat mich gesetzt zum H. 9.26; Ps 105,21
	47,10	wollen unserm H. nicht verbergen
2Mo	21,4	hat ihm sein H. eine Frau gegeben, so 8
	5	spricht der Sklave: Ich habe m. H. lieb 6
	32	soll ihrem H. dreißig Lot Silber geben
	22,7	soll der H. des Hauses vor Gott treten
4Mo	11,28	Mose, mein H., wehre ihnen 12,11
	32,25	werden tun, wie mein H. geboten 27
	36,2	der HERR hat geboten unserm H.
5Mo	10,17	ist der Herr über alle H. Ps 136,3
	23,16	den Knecht nicht seinem H. ausliefern
Jos	5,14	was sagt mein H. seinem Knecht
Ri	3,25	da lag ihr H. auf der Erde tot
	4,18	kehre ein, mein H., kehre ein bei mir
	6,13	sprach: Ach, mein H. 15; 1Sm 1,26; 1Kö 3,17. 26; Dan 4,16
	19,11	da sprach der Knecht zu seinem H. 12
	26	Tür des Hauses, in dem ihr H. war 27
1Sm	16,16	unser H. befehle nun seinen Knechten
	20,38	brachte (den Pfeil) zu seinem H.
	22,12	hier bin ich, mein H.
	24,7	meine Hand legen an meinen H. 11
	9	sprach: Mein H. und König 26,17; 2Sm 14,9. 12.15.17-19.22; 15,15.21; 16,4; 18,28.31.32; 19,20.21.27-29.31.36.38; 24,3.21.22; 1Kö 1,13. 17.18.20.21.24.27.31.36.37; 2,38; 20,4; 2Kö 6,12. 26; 8,5; 1Ch 21,3.23; Jer 37,20; 38,9; Dan 1,10; 4,21
	25,10	Knechte, die ihren H. davongelaufen sind
	14	David Boten gesandt, unsern H. zu grüßen
	17	ein Unheil beschlossen über unsern H.
	24	H., auf mich allein falle die Schuld 25-31
	41	den Knechten meines H. zu dienen
	26,15	deinen H. nicht bewacht 16
	18	warum verfolgt mein H. seinen Knecht
	29,4	seinem H. einen größeren Gefallen tun

1Sm	29,8	kämpfen gegen die Feinde meines H. 10
	30,13	mein H. hat mich zurückgelassen 15
2Sm	1,10	hergebracht zu dir, meinem H.
	2,5	Barmherzigkeit an Saul, eurem H., getan 7
	3,21	Israel zu meinem H., dem König, zu sammeln
	4,8	der HERR hat meinen H. gerächt
	9,9	alles dem Sohn deines H. gegeben 10
	11	wie mein H., der König... geboten hat
	10,3	sprachen die Obersten zu ihrem H. Hanun
	11,9	wo alle Kriegsleute seines H. lagen 11.13
	12,8	habe dir deines H. Haus gegeben
	13,32	mein H. denke nicht, daß alle Männer tot 33
	14,20	mein H. gleicht an Weisheit dem Engel
	16,3	wo ist der Sohn deines H.
	9	sollte dieser tote Hund meinem H. fluchen
	20,6	nimm die Männer deines H. und jage nach
1Kö	1,11	David, unser H. 2.43.47
	33	nehmt mit euch die Großen eures H.
	5,1	Salomo H. über alle Königreiche 2Ch 9,26
	8,16	daß er über Israel H. sein sollte 2Ch 6,6; 7,18
	11,23	Reson, der von seinem H. geflohen war
	12,27	wird sich wenden zu ihrem H. Rehabeam
	18,7	Elia, mein H. 13; 2Kö 2,19; 4,16
	8	sage deinem H.: Elia ist da 10.11.14; 20,9
	22,17	diese haben keinen H. 2Ch 18,16
2Kö	2,3	der HERR deinen H. hinwegnehmen wird 5
	16	die laß gehen und e. Sohn erbeten von m. H.
	4,28	wann hab ich e. Sohn erbeten von m. H.
	5,1	Naaman war ein treffl. Mann vor s. H. 4
	3	daß mein H. wäre bei dem Propheten
	20	mein H. nichts von ihm genommen 22.25
	6,5	o weh, mein H. 15
	22	laß sie zu ihrem H. ziehen 23
	32	höre das Geräusch der Tritte seines H.
	8,12	warum weint mein H. 14
	9,7	sollst das Haus Ahabs, deines H., schlagen 11,31; 10,2.3.6.9
	18,23	eine Wette mit meinem H. 24; Jes 36,8.9
	27	hat mich mein H. zu meinem H. gesandt 19,4. 6; Jes 36,12; 37,4.6
1Ch	4,22	die da H. waren über Moab
	12,20	wenn er zu Saul, seinem H., überginge
	21,3	sind nicht alle meinem H. untertan
2Ch	2,14	mein H. sende seinen Leuten... Wein 13
	13,6	Jerobeam wurde seinem H. abtrünnig
	23,20	nahm er H. im Volk
Esr	10,3	hinaustun nach dem Rat meines H.
Neh	3,5	beugten ihren Nacken nicht für ihre H.
Est	1,22	jeder Mann der H. in seinem Hause sei
Hi	3,19	der Knecht ist frei von seinem H.
Ps	2,2	die H. halten Rat miteinander
	4,3	ihr H., wie lange soll m. Ehre geschändet
	8,7	zum H. gemacht über deiner Hände Werk
	12,5	die da sagen: Wer ist unser H.
	45,12	er ist dein H., du sollst ihm huldigen
	49,3	(merket auf,) einfache Leute und H.
	105,20	der H. über Völker, er gab ihn frei
	123,2	wie... auf die Hände ihrer H. sehen
Spr	6,7	wenn (die Ameise) auch keinen H. hat
	18,16	das Geschenk bringt ihn zu den großen H.
	23,1	du zu Tische sitzt mit einem hohen H.
	25,13	getreuer Bote erquickt seines H. Seele
	27,18	wer seinem H. treu dient, wird geehrt
	28,2	wechseln häufig seine H.
	30,10	verleumde nicht den Knecht bei seinem H.
Jes	1,3	ein Ochse kennt s. H... die Krippe seines H.
	10	höret des HERRN Wort, ihr H. Mi 3,1.9
	3,6	wird einer drängen: Sei unser H. 7
	16,8	die H. haben seine edlen Reben zerschlagen
Jes	19,4	übergeben in die Hand eines grausamen H.
	21,8	H., ich stehe auf der Warte
	22,18	du Schmach für das Haus deines H.
	24,2	es geht dem H. wie dem Knecht
	26,13	es herrschen wohl andere H. über uns
Jer	2,31	spricht mein Volk: Wir sind freie H.
	22,18	man wird ihn nicht beklagen: Ach, H. 34,5
	25,34	wälzt euch, ihr H. der Herde 35,36
	27,4	ihren H. sagen... sollt euren H. sagen
	51,23	habe zerschmettert Fürsten und H. 28.57
Dan	10,16	mein H., meine Glieder bebten 17.19; 12,8
	11,39	wird sie zu H. machen über viele 43
Am	4,1	sprecht zu euren H.: Bringt her
Mi	2,4	m. Volkes Land kriegt einen fremden H.
Hab	1,14	wie dem Gewürm, das keinen H. hat
Ze	1,9	die ihres H. Haus füllen mit Rauben
Sa	1,9	mein H., wer sind diese 4,4; 6,4
Mal	1,6	ein Knecht (soll ehren) seinen H.
Jdt	5,4	will mein H. mich anhören
	22	darum, mein H., versuche zu erfahren
	6,2	daß Nebukadnezar der H. aller Welt ist
	8	sie zogen wieder zu ihrem H.
	10,16	entschlossen, zu unserm H. herabzukommen
	12,4	so gewiß mein H. lebt
	13	schöne Frau, mein H. will dich ehren
	14	wie dürfte ich meinem H. das abschlagen 19
Wsh	18,11	es erging gleiche Strafe über H. und Knecht
Sir	9,2	damit sie nicht über dich H. wird
	10,27	H. und Regenten stehen in hohem Ansehen
	28	einem weisen Knecht muß sein H. dienen
	11,6	viele große H. sind gestürzt worden
	38,3	macht ihn groß bei Fürsten und H.
	39,4	der kann vor den H. erscheinen
	41,20	schämt euch vor dem H. der Lüge
1Ma	2,48	daß die Gottlosen nicht über sie H. wurden
	6,63	daß sich Philippus zum H. der Stadt gemacht
	14,4	so daß sie ihn gern zum H. hatten
	16,13	trachtete danach, H. im Lande zu werden
2Ma	3,9	erzählte, was seinem H. berichtet worden
	5,22	der noch ärger und wilder war als sein H.
	9,24	damit man wüßte, wer H. sein sollte
StE	4,9	als ich dich ansah, H. 10
Mt	6,24	niemand kann zwei H. dienen Lk 16,13
	10,24	der Knecht (steht) nicht über seinem H. 25; Jh 13,16; 15,20
	13,27	H., hast du nicht guten Samen gesät
	15,27	Brosamen, die vom Tisch ihrer H. fallen
	18,25	befahl der H., ihn zu verkaufen
	27	da hatte der H. Erbarmen mit diesem Knecht 31.32.34
	20,8	sprach der H. des Weinbergs 21,40; Mk 12,9; Lk 20,13.15
	21,30	ja, H.! und ging nicht hin
	24,45	den der H. über seine Leute gesetzt hat Lk 12,42
	46	selig ist der Knecht, den sein H. Lk 12,37.43
	48	mein H. kommt noch lange nicht 50; Lk 12,45.46
	25,11	H., H., tu uns auf Lk 13,25
	18	verbarg das Geld seines H. 19-24.26
Lk	12,36	gleich den Menschen, die auf ihren H. warten
	47	der Knecht, der den Willen seines H. kennt
	13,8	H., laß ihn noch dies Jahr
	14,21	der Knecht sagte das seinem H.
	22	H., es ist geschehen, was du befohlen hast
	16,3	mein H. nimmt mir das Amt 5
	8	der H. lobte den Verwalter, weil er klug
	19,16	H., dein Pfund hat 10 eingebracht 18.20.25

Herr

Lk	19,33	als sie das Füllen losbanden, sprachen seine H.
	22,25	*ihre Mächtigen heißet man gnädige H.*
Jh	12,21	H., wir wollten Jesus gerne sehen
	15,15	ein Knecht weiß nicht, was sein H. tut
Apg	16,16	die brachte ihren H. viel Gewinn 19
	30	liebe H., was muß ich tun
	25,26	etwas Sicheres über ihn habe ich nicht, das ich meinem H. schreiben könnte
Rö	14,4	er steht oder fällt seinem H.
1Ko	8,5	wie es ja viele Götter und viele H. gibt
2Ko	1,24	nicht daß wir H. wären über euren Glauben
Gal	4,1	obwohl er H. ist über alle Güter
Eph	6,5	seid gehorsam euren irdischen H. als dem Herrn Christus Kol 3,22; 1Ti 6,1; Tit 2,9; 1Pt 2,18
	9	ihr H., tut ihnen gegenüber das gleiche Kol 4,1; 1Ti 6,2
	12	nämlich mit den H. der Welt
1Ti	2,12	nicht, daß sie über den Mann H. sei
	6,15	der König aller Könige und Herr aller H. Off 17,14; 19,16
1Pt	3,6	wie Sara Abraham H. nannte
	5,3	nicht als H. über die Gemeinde

Herr HERR

5Mo	3,24	H.H., du hast angefangen, zu offenbaren
	9,26	H.H., verdirb dein Volk und Erbe nicht Hes 9,8; 11,13
Jos	7,7	ach, H.H., warum hast du dies Volk
Ri	6,22	ach, H.H.! Habe ich wirklich... gesehen
	16,28	H.H., denke an mich und gib mir Kraft
2Sm	7,18	wer bin ich, H.H. 19.20.22.28.29
1Kö	8,53	unsere Väter aus Ägypten führtest, H.H.
Jer	1,6	ach, H.H., ich tauge nicht zu predigen
	4,10	ach, H.H., du hast dies Volk getäuscht
	14,13	ach, H.H., die Propheten sagen ihnen
	32,17	ach, H.H., du hast Himmel und Erde gemacht
	25	aber du, H.H., sprichst zu mir
Hes	4,14	ach, H.H., ich bin noch nie unrein gew.
	21,5	ach, H.H., sie sagen von mir
Am	7,2	ach, H.H., sei gnädig 5

HERR (Herr), Gott Israels
(s.a. Gott Israels)

2Mo	5,1	so spricht der H., der G.I. 32,27; Jos 7,13; 24,2; Ri 6,8; 1Sm 2,30; 10,18; 2Sm 12,7; 1Kö 11,31; 14,7; 17,14; 2Kö 9,6; 19,20; 21,12; 22,15.18; 2Ch 34,23.26; Jes 17,6; 37,21; Jer 11,3 u.ö. 42,9; Mal 2,16
	34,23	dreimal erscheinen vor dem H., dem G.I.
Jos	7,19	gib dem H., dem G.I., die Ehre
	20	habe mich versündigt an dem H., dem G.I.
	8,30	baute Josua dem H., dem G.I., einen Altar
	9,18	geschworen bei dem H., dem G.I. 19; 1Sm 20,12; 1Kö 1,30
	10,40	wie der H., der G.I., geboten hatte Ri 4,6; 1Ch 24,19
	42	der H., der G.I., stritt für Israel
	13,14	die Feueropfer des H., des G.I. 33
	14,14	weil er dem H., dem G.I., gefolgt war
	22,24	was geht euch der H., der G.I., an
	24,23	neigt euer Herz zu dem H., dem G.I.
Ri	5,3	dem H., dem G.I., will ich spielen
	5	die Berge wankten vor dem H., dem G.I.
	11,21	der H., der G.I., gab Sihon in die Hände
	23	der H., der G.I., die Amoriter vertrieben
	21,3	H., G.I., warum ist das geschehen
Rut	2,12	dein Lohn bei dem H., dem G.I.
1Sm	14,41	H., G.I., so gib das Los „Licht"
	23,10	H., G.I., dein Knecht hat gehört 11
	25,32	gelobt sei der H., der G.I. 1Kö 1,48; 8,15; 1Ch 16,36; 29,10; 2Ch 2,11; 6,4; Ps 41,14; 72,18; 106,48
	34	so wahr der H., der G.I., lebt 1Kö 17,1
1Kö	8,17	dem Namen des H., des G.I., ein Haus zu bauen 20; 1Ch 22,6; 2Ch 6,7.10
	23	H., G.I., es ist kein Gott dir gleich 2Ch 6,14
	25	H., G.I., halt, was du zugesagt 2Ch 6,16.17
	11,9	s. Herz von dem H., dem G.I., abgewandt
	14,13	weil der H., der G.I., Gutes an ihm
	15,30	womit er den H., den G.I., zum Zorn reizte 16,13.26.33; 22,54
2Kö	10,31	hielt nicht das Gesetz des H., des G.I.
	14,25	nach dem Wort des H., des G.I.
	18,5	vertraute dem H., dem G.I.
	19,15	H., G.I., der du über den Cherubim thronst
1Ch	15,12	die Lade des H., des G.I., heraufbringt 14
	16,4	lobten den H., den G.I. 2Ch 20,19
	23,25	der H., der G.I., hat s. Volk Ruhe gegeben
	28,4	der H., der G.I., mich erwählt 2Ch 13,5
2Ch	11,16	die den H., den G.I., suchten 15,13; Esr 6,21
	15,4	als sie sich zu dem H., dem G.I., bekehrten 36,13
	29,10	Bund zu schließen mit dem H., dem G.I.
	30,1	Passa zu halten dem H., dem G.I. 5
	32,17	dem H., dem G.I., hohnzusprechen
	33,16	daß sie dem H., dem G.I., dienen sollten
	18	im Namen des H., des G.I.
Esr	1,3	baue das Haus des H., des G.I. 4,1.3
	7,6	Gesetz, das der H., der G.I., gegeben hatte
	9,15	H., G.I., du bist getreu
Ps	59,6	du HERR, Gott Zebaoth, G.I.
Jes	21,17	der H., der G.I., hat's gesagt
	24,15	preiset den Namen des H., des G.I.
Hes	44,2	der H., der G.I., ist dort eingezogen
Jdt	12,9	betete zum H., dem G. I. Bar 3,1.4; StE 3,3
	13,6	H., G. I., stärke mich 9
Tob	8,17	wir danken dir, H., du G. I. 11,17
Bar	2,11	H., G. I., der du... geführt hast
2Ma	9,5	bestrafte ihn der H., der G. I.
Lk	1,68	gelobt sei der H., der G.I.

HERR (Herr) Zebaoth

1Sm	1,3	dem H.Z. zu opfern in Silo
	11	H.Z., wirst du das Elend d. Magd ansehen
	4,4	die Lade des Bundes des H.Z.
	15,2	spricht der H.Z. 2Sm 7,8; 1Ch 17,7; Jes 1,24; 14,22.23; 17,3.22.25; 19,4; 45,13; Jer 6,7; 8,3; 25,29; 30,8; 45,2; 49,26; Nah 2,14; 3,5; Ze 2,9; Hag 1,9; 2,4.7-9.23; Sa 1,16; 3,9.10; 4,6; 5,4; 7,9.13; 8,11; 13,2.7; Mal 1,4 u.ö.3,21
	17,45	ich komme zu dir im Namen des H.Z.
2Sm	6,2	genannt nach dem Namen des H.Z.
	18	segnete das Volk in dem Namen des H.Z.
	7,26	H.Z. ist Gott über Israel 27; 1Ch 17,24; Jes 37,16
1Kö	18,15	so wahr der H.Z. lebt 2Kö 3,14
2Kö	19,31	der Eifer des H.Z. wird solches tun Jes 9,6; 37,32
1Ch	11,9	der H.Z. war mit ihm
Ps	24,10	es ist der H.Z.
	46,8	der H.Z. ist mit uns 12
	48,9	sehen wir es in der Stadt des H.Z.
	69,7	die deiner harren, Herr, H.Z.
	84,2	wie lieb sind mir d. Wohnungen, H.Z. 4

Ps	84,13	H.Z., wohl dem, der sich auf dich verläßt	Mal	3,14	daß wir in Buße einhergehen vor dem H.Z.
Jes	1,9	hätte uns der H.Z. nicht e. Rest Rö 9,29	Jak	5,4	das Rufen der Schnitter ist gekommen vor die Ohren des H.Z.
	2,12	der Tag des H.Z. wird kommen			
	3,1	der Herr, der H.Z., wird wegnehmen			
	5,7	des H.Z. Weinberg ist das Haus Israel			**herreichen**
	9	es ist in meinen Ohren das Wort des H.Z. Sa 7,4; 8,18	2Kö	4,6	r. mir noch ein Gefäß h.
	16	der H.Z. wird hoch sein im Gericht	Jh	20,27	r. deine Hand h. und lege sie in meine Seite
	24	sie verachten die Weisung des H.Z.			
	6,3	heilig, heilig, heilig ist der H.Z.			**herrichten**
	5	ich habe den König, den H.Z., gesehen	3Mo	24,3	soll Aaron den Leuchter h. 4
	8,13	verschwört euch mit dem H.Z.	4Mo	23,4	sieben Altäre hab ich herg.
	18	gegeben als Zeichen in Israel vom H.Z.	5Mo	19,3	sollst den Weg dahin h.
	9,12	das Volk fragt nicht nach dem H.Z.	2Ch	31,11	befahl, daß man Kammern h. sollte
	18	vom Zorn des H.Z. brennt das Land		35,20	nachdem Josia das Haus des Herrn herg.
	10,16	wird der H.Z. Auszehrung senden 33	Esr	3,3	sie r. den Altar wieder h.
	26	wird der H.Z. eine Geißel schwingen 19,16	Jes	30,33	die Feuergrube ist längst herg.
	13,4	der H.Z. rüstet ein Heer zum Kampf	Hes	23,41	ein Tisch war davor herg.
	13	durch den Grimm des H.Z.	Jdt	8,5	hatte sich einen besonderen Raum herg.
	14,24	der H.Z. hat geschworen Jer 51,14	Tob	7,18	Raguël ließ sie eine zweite Kammer h.
	27	der H.Z. hat's beschlossen 19,12; 23,9			
	18,7	wird das Volk Geschenke bringen dem H.Z.			**Herrin**
		an den Ort, da der Name des H.Z. wohnt	1Mo	16,4	achtete (Hagar) ihre H. gering 8.9
	19,17	erschrecken wegen des Rates des H.Z.	1Kö	15,13	daß sie nicht mehr H. war 2Ch 15,16
	18	werden 5 Städte bei dem H.Z. schwören	2Kö	5,3	sprach zu ihrer H.: Ach, daß mein Herr
	20	das wird ein Zeichen sein für den H.Z.	Spr	30,23	eine Magd, wenn sie ihre H. beerbt
	25	der H.Z. wird sie segnen	Jes	47,5	sollst nicht mehr heißen „H..." 7
	21,10	was ich gehört habe vom H.Z. 22,14	2Jh	1	der Älteste an die auserwählte H.
	24,23	wenn der H.Z. König sein wird		5	nun bitte ich dich, H.
	25,6	der H.Z. wird ein fettes Mahl machen			
	28,5	wird der H.Z. eine liebliche Krone sein			**herrlich**
	29	auch das kommt her vom H.Z. 29,6	2Mo	15,1	denn er hat eine h. Tat getan 21
	31,4	so wird der H.Z. herniederfahren		28,2	sollst Kleider machen, h. und schön 40
	5	der H.Z. wird Jerusalem beschirmen	3Mo	10,3	vor allem Volk erweise ich mich h. Jes 12,5; Hes 38,23; Sa 2,9
	39,5	höre das Wort des H.Z.			
	44,6	so spricht der H.Z. 6,6.9; 7,3.21; 9,16; 16,9; 19,3.11.15; 23,16; 25,27.28.32; 26,18; 27,4.19.21; 28,2.14; 29,4.8.17.21.25; 31,23; 32,14.15; 33,12; 35,13.18; 39,16; 42,15.18; 43,10; 44,2.25; 45,2; 46,25; 48,1; 49,7.35; 50,33; 51,33.58; Hag 1,2.5.7; 2,6.11; Sa 1,3.4.14.17; 2,12; 3,7; 6,12; 8,2-23	5Mo	4,7	wo ist so ein h. Volk 6; Mal 3,12
				28,58	wenn du nicht fürchtest diesen h. Namen
			Ri	5,13	was übrig war von H. im Volk
				25	Sahne reichte sie dar in einer h. Schale
			2Sm	6,20	wie h. ist heute der König von Israel
			1Kö	1,47	Gott mache Salomos Namen h. als deinen
	47,4	der heißt der H.Z. 48,2; 51,15; 54,5; Jer 10,16; 31,35; 32,18; 46,18; 48,15; 50,34; 51,19.57	1Ch	17,18	da du deinen Knecht so h. machst
				29,13	rühmen deinen h. Namen Neh 9,5; Ps 66,2; 72,19
Jer	9,6	darum spricht der H.Z. 14; 11,22; 23,15; 25,8; 35,19; 44,11; 50,18			
				25	der HERR gab ihm ein h. Königreich
	11,21	der H.Z. hat dir Unheil angedroht 20	Esr	7,27	daß er das Haus des HERRN so h. mache
	20,12	H.Z., der du die Gerechten prüfst	Est	1,4	damit er sehen ließ der h. Reichtum
	23,36	weil ihr die Worte des H.Z. verdreht	Hi	31,26	den Mond, wenn er h. dahinzog
	27,18	laßt sie den H.Z. bitten	Ps	8,2	wie h. ist dein Name in allen Landen 10
	33,11	danket dem H.Z.		16,3	an den H. hab ich all mein Gefallen
Mi	4,4	der Mund des H.Z. hat's geredet		29,4	die Stimme des Herrn ergeht h. Jes 30,30
Hab	2,13	wird's nicht so vom H.Z. geschehen		45,4	schmücke dich h. Jes 52,1
Ze	2,10	weil sie das Volk des H.Z. geschmäht		76,2	in Israel ist sein Name h. Jes 44,23
Hag	1,14	arbeiteten am Hause des H.Z. Sa 8,9		5	du bist h. als die ewigen Berge
Sa	1,6	wie der H.Z. vorhatte, uns zu tun		87,3	h. Dinge werden in dir gepredigt
	12	H.Z., wie lange noch willst du		89,17	werden in deiner Gerechtigkeit h. sein
	2,13	daß mich der H.Z. gesandt hat 15; 4,9; 6,15		93,1	der HERR ist h. geschmückt Sa 6,13
	7,3	Priester, die zum Hause des H.Z. gehörten		104,1	HERR, mein Gott, du bist sehr h.
	12	die Worte, die der H.Z. sandte... Daher ist so großer Zorn vom H.Z. gekommen		111,3	was tut, das ist h. und prächtig
				138,2	hast deinen Namen und dein Wort h. gemacht Jes 63,14
	8,3	heißen soll der Berg des H.Z. ein hl. Berg			
	21	laßt uns gehen, zu suchen den H.Z. 22		145,5	sollen reden von deiner h. Pracht 12
	9,15	der H.Z. wird sie schützen		149,4	er hilft den Elenden h.
	10,3	der H.Z. wird seine Herde heimsuchen	Spr	28,12	wenn... Oberhand haben, so ist h. Zeit
	12,5	sollen getrost sein in dem H.Z.	Pr	1,16	siehe, ich bin h. geworden
	14,16	um anzubeten den König, den H.Z. 17	Jes	2,10	verbirg dich vor seiner h. Majestät 19.21
	21	werden alle Töpfe dem H.Z. heilig sein... keinen Händler mehr im Hause des H.Z.		4,2	die Frucht des Landes (wird) h. (sein)
Mal	2,7	er ist ein Bote des H.Z.			
	12	auch wenn er dem H.Z. Opfer bringt			

herrlich

Jes	4,5	ein Schutz über allem, was h. ist
	11,10	die Stätte, da er wohnt, wird h. sein
	13,19	Babel, die h. Pracht der Chaldäer
	23,8	ihre Händler die H. auf Erden 9
	28,5	wird der HERR Zebaoth sein ein h. Kranz
	29	er führt es h. hinaus
	42,21	daß er sein Gesetz h. mache
	43,4	weil du so wertgeachtet und h. bist
	55,5	der dich h. gemacht hat 60,9
	56,12	und morgen noch viel h.
	60,13	will die Stätte meiner Füße h. machen
	63,12	der seinen h. Arm zur Rechten gehen ließ
	15	sieh herab von deiner h. Wohnung
Jer	13,20	wo ist nun deine h. Herde
	30,19	ich will sie h. machen
	48,17	wie ist der h. Stab so zerbrochen
Hes	17,8	hätte können ein h. Weinstock werden
	23	daß es ein h. Zedernbaum wird
	23,12	h. gekleidet, lauter junge hübsche Leute
	41	saßest auf einem h. Polster
	24,21	mein Heiligtum, eure h. Zuflucht
	27,25	bist reich und h. geworden
Dan	5,1	Belsazar machte ein h. Mahl
	8,9	nach dem h. Land hin 11,16.20.41
	11,45	zwischen dem Meer und dem h. Berg
Hos	9,13	als ich Ephraim sah, war es h. gepflanzt
Mi	5,3	er wird h. werden, so weit die Welt ist
Sa	11,2	heult; denn die H. (sind) vernichtet
Mal	1,5	der HERR ist h. über die Grenzen Israels
Jdt	7,23	ob er seinen Namen h. machen will 13,24
Wsh	3,15	wer sich recht müht, empfängt h. Frucht
	4,2	im Ringen um einen h. Kampfpreis gesiegt
	7,29	(Weisheit) ist h. als die Sonne
	13,3	um wieviel h. der Herr ist
	18,8	eben damit hast du uns h. gemacht
	19,21	du hast dein Volk h. gemacht
Sir	6,30	ihr Halseisen ein h. Schmuck für dich
	14,27	er hat eine h. Wohnung
	17,11	sie haben seine h. Stimme gehört
	39,19	preise seinen Namen h.
	42,23	wie h. sind alle seine Werke
	44,2	viel H. hat der Herr an ihnen getan
	45,3	er machte (Mose) h. vor Königen
	9	er zog ihm ein h. Gewand an
	14	das alles war h. und kostbar
	46,3	wie h. stand (Josua) da
	48,4	wie h. bist du gewesen, Elia
	50,5	wie h. war er, wenn das Volk einherzog
	12	wenn er das h. Gewand anzog, verlieh er dem Heiligtum h. Glanz
Bar	5,1	zieh den h. Schmuck von Gott an für immer
1Ma	1,42	so h. Jerusalem einst gewesen war
	2,64	so wird euch Gott wieder h. machen
2Ma	3,2	h. Geschenke in den Tempel zu schicken
	8,15	um seines h. Namens willen
StD	3,21	Herr, h. auf dem ganzen Erdkreis
	29	gelobt sei dein h. und heiliger Name
	30	gelobt seist du in deinem h. Tempel
GMn	4	durch deinen furchterregenden und h. Namen
Lk	7,25	die h. Kleider tragen, sind an den königlichen Höfen
	13,17	alles Volk freute sich über alle h. Taten
	16,19	lebte alle Tage h. und in Freuden
Rö	3,7	wenn die Wahrheit Gottes h. wird
	8,21	frei zu der h. Freiheit der Kinder Gottes
	30	*die hat er auch h. gemacht*
1Ko	4,10	ihr (seid) h., wir aber verachtet
	12,26	*wenn ein Glied wird h. gehalten*
Eph	1,6	zum Lob seiner h. Gnade
Eph	5,27	vor sich stelle als Gemeinde, die h. sei
Kol	1,11	(daß ihr) gestärkt werdet durch seine h. Macht
	27	was der h. Reichtum dieses Geheimnisses unter den Heiden ist
2Th	1,9	werden Strafe erleiden von seiner h. Macht
	10	*daß er h. erscheine bei seinen Heiligen*
1Pt	1,8	ihr werdet euch freuen mit h. Freude
Jak	2,2	ein Mann in h. Kleidung 3
Off	18,7	*wie viel sie sich h. gemacht hat*
	14	alles, was glänzend und h. war, ist

Herrlichkeit

1Mo	45,13	verkündet meinem Vater alle meine H.
2Mo	14,4	meine H. erweisen an dem Pharao 17,18
	15,7	mit deiner großen H. hast du gestürzt
	16,7	werdet des HERRN H. sehen 10; 4Mo 14,22; 5Mo 5,24
	24,16	die H. des HERRN ließ sich nieder 17
	29,43	das Heiligtum geheiligt durch meine H.
	33,18	laß mich deine H. sehen 22
	40,34	die H. des HERRN erfüllte die Wohnung 35; 1Kö 8,11; 2Ch 5,14; 7,1-3; Hes 43,4.5
3Mo	9,6	auf daß euch des HERRN H. erscheine 23; 4Mo 14,10; 16,19; 17,7; 20,6; Ps 102,17
4Mo	14,21	alle Welt der H. des HERRN voll w. soll
	21,30	seine H. ist zunichte geworden
5Mo	3,24	deinem Knecht zu offenbaren deine H.
	11,2	erkennt heute seine H.
	33,17	sein erstgeborener Stier ist voll H.
1Sm	4,21	die H. ist hinweg aus Israel 22
1Ch	16,24	erzählet unter d. Heiden seine H. Ps 96,3
	17,19	daß du kundtätest alle H.
	29,11	dein ist die Majestät und H. Hi 40,10
Est	5,11	(Haman) zählte insonderheit auf die H.
	10,2	die große H. Mordechais
Hi	30,15	Schrecken hat verjagt meine H.
Ps	8,6	mit Ehre und H. hast du ihn gekrönt
	21,6	er hat große H. durch deine Hilfe
	45,5	es möge dir gelingen in deiner H.
	47,5	erwählt uns unser Erbteil, die H. Jakobs
	49,13	ein Mensch in h. sein kann 21
	57,6	erhebe deine H. über alle Welt 12; 108,6
	63,3	wollte gerne sehen deine Macht und H.
	68,35	seine H. ist über Israel
	78,61	gab seine H. in die Hand des Feindes
	90,16	zeige deine H. ihren Kindern
	96,6	Macht und H. (sind) in seinem Heiligtum
	97,6	sehen alle Völker Jes 35,2; 62,2; 66,18.19; Hes 39,21
	102,16	daß alle Könige deine H. (fürchten)
	104,31	die H. des HERRN bleibe ewiglich
	106,20	verwandelten die H. ihres Gottes
	113,4	seine H. reicht, so weit der Himmel 148,13
	138,5	daß die H. des HERRN so groß ist 150,2
	145,6	sollen erzählen von deiner H.
Spr	14,28	viel Volk, das ist seine H.
Jes	10,3	wo wollt ihr eure H. lassen
	16	seine H. wird er anzünden
	18	seiner Wälder soll zunichte werden
	13,3	die da jauchzen über meine H.
	16,14	wird die H. gering werden 17,3.4; 21,16
	24,14	sie jauchzen über die H. des HERRN 16
	23	wenn der HERR König sein wird in H.
	26,10	und sieht des HERRN H. nicht
	15	du, HERR, beweisest deine H.
	28,1	weh der welken Blume ihrer liebl. H. 4
	35,2	die H. des Libanon ist ihr gegeben 60,13
	40,5	die H. des HERRN soll offenbart werden

Jes	46,13	will geben in Israel meine H.	Lk	9,43	sie entsetzten sich über die H. Gottes
	58,8	die H. des HERRN wird den Zug beschließen		24,26	mußte nicht Christus in seine H. eingehen
	59,19	seine H. bei denen von (der Sonne) Aufgang	Jh	1,14	wir sahen seine H., eine H. als des eingeborenen Sohnes
	60,1	die H. des HERRN geht auf über dir 2		2,11	er offenbarte seine H.
	7	will das Haus meiner H. zieren		11,40	wenn du glaubst, wirst du die H. Gottes sehen
	61,6	werdet euch ihrer H. rühmen		12,41	hat Jesaja gesagt, weil er seine H. sah
	64,10	das Haus unsrer H. ist verbrannt		17,5	mit der H., die ich bei dir hatte, ehe die Welt
Jer	2,11	mein Volk hat seine H. eingetauscht		22	ich habe ihnen die H. gegeben
	13,18	die Krone der H. ist euch vom Haupt		24	damit sie meine H. sehen, die du mir gegeben
	14,21	den Thron deiner H. 17,12			
	48,18	herunter von der H.	Apg	7,2	der Gott der H. erschien Abraham
Klg	2,1	hat die H. Israels auf die Erde geworfen		55	sah die H. Gottes und Jesus
Hes	1,28	so war die H. des HERRN 3,23	Rö	1,23	haben die H. des unvergänglichen Gottes vertauscht
	3,12	als die H. des HERRN sich erhob 10,4.18; 11,23		2,7	die mit guten Werken trachten nach H.
	7,11	nichts ist mehr da von ihrer H.		10	H. allen denen, die Gutes tun
	8,4	dort war die H. des Gottes Israels 9,3; 10,19; 11,22; 43,2		5,2	rühmen uns der Hoffnung der zukünftigen H.
	10,4	erfüllt mit dem Glanz der H. des HERRN 43,2; 44,4		6,4	wie Christus auferweckt ist von den Toten durch die H. des Vaters
	28,22	will meine H. erweisen 39,13; Hag 1,8		8,17	damit wir mit zur H. erhoben werden
	31,2	wem bist du gleich in deiner H. 18		18	H., die an uns offenbart werden soll
	32,12	werden die H. Ägyptens verheeren		9,4	Israeliten sind, denen die H. (gehört)
Dan	4,27	Babel, das ich erbaut zu Ehren meiner H.		23	die er zuvor bereitet hatte zur H. 2,7
	33	H. und Glanz kamen... noch größere H.	1Ko	2,8	hätten den Herrn der H. nicht gekreuzigt
	5,18	der Höchste hat deinem Vater H. gegeben		15,40	eine andere H. haben die himmlischen (Körper)
Hos	9,11	muß die H. Ephraims wegfliegen		43	gesät in Niedrigkeit und auferstehen in H.
	10,5	seine Götzenpfaffen zittern um seine H.	2Ko	3,7	wenn schon das Amt... H. hatte 8.9.11
Mi	1,15	die H. Israels soll kommen bis Adullam		10	jene H. ist nicht für H. zu achten gegenüber dieser überschwenglichen H.
Hag	2,3	dies Haus in seiner früheren H. gesehen		13	nicht sehen konnten das Ende der H.
	7	will dies Haus voll H. machen 9		18	nun aber schauen wir die H. des Herrn
Sa	11,3	ihre H. ist vernichtet		4,4	des Evangeliums von der H. Christi
Wsh	5,17	werden das Reich der H. empfangen		6	die Erleuchtung zur Erkenntnis der H. Gottes
	7,25	sie ist ein reiner Strahl der H.		17	unsre Trübsal schafft eine ewige H.
	9,10	sende sie von dem Thron deiner H.	Eph	1,12	damit wir etwas seien zum Lob seiner H. 14
	11	sie wird mich behüten in ihrer H.		17	daß Gott, der Vater der H., euch gebe den Geist der Weisheit
	18,24	deine H. auf dem Stirnband seines Hauptes		18	wie reich die H. seines Erbes für die Heiligen
Tob	13,19	m. Nachkommen die H. Jerusalems sehen		3,16	Kraft gebe nach dem Reichtum seiner H.
Sir	36,16	erfülle dein Volk mit deiner H.	Phl	4,19	nach seinem Reichtum in H. in Christus Jesus
	42,16	des Herrn Werk ist seiner H. voll	Kol	1,27	Christus in euch, die Hoffnung der H.
	17	damit das All durch seine H. besteht		3,4	dann werdet ihr auch offenbar werden in H.
	43,1	wer kann sich an seiner H. satt sehen	1Th	2,12	Gottes, der euch berufen hat zu seiner H.
	45,2	er hat ihm Glanz und H. gegeben	2Th	2,14	damit ihr die H. unseres Herrn erlangt
	3	er zeigte ihm seine H.	1Ti	1,11	nach dem Evangelium von der H. Gottes
	25	Aaron verlieh er nicht mehr H.		3,16	er ist aufgenommen in die H.
	28	Pinhas kam als Dritter zu solcher H.	2Ti	2,10	damit auch sie die Seligkeit erlangen mit ewiger H.
	32	damit eure H. nicht untergehe	Tit	2,13	warten auf die Erscheinung der H. Gottes
	49,10	Hesekiel schaute die H. des Herrn	1Pt	1,11	der bezeugt hat die Leiden und die H. danach
	14	das bestimmt war zu ewiger H.		21	Gott, der ihm die H. gegeben
Bar	2,17	rühmen die H. und Gerechtigkeit des Herrn 18		24	ist alle seine H. wie des Grases Blume
	4,24	Hilfe, die kommen wird mit großer H.		4,13	damit ihr auch zur Zeit der Offenbarung seiner H. Freude haben mögt
	37	sie freuen sich über Gottes H.		14	der Geist, der ein Geist der H. und Gottes ist
	5,2	setze die Krone der H. auf dein Haupt		5,1	der ich auch teilhabe an der H.
	7	heimziehen unter Gottes H. 9		4	die unvergängliche Krone der H. empfangen
1Ma	1,41	alle ihre H. wurde zunichte 2,11		10	der euch berufen hat zu seiner ewigen H.
	2,62	seine H. wird zu Dreck	2Pt	1,3	der uns berufen hat durch seine H.
2Ma	2,8	dann wird die H. des Herrn erscheinen		16	wir haben seine H. selber gesehen
	5,20	mit aller H. wieder zu Ehren gebracht		17	Stimme, die zu ihm kam von der großen H.
StE	3,11	daß ich das Zeichen meiner H. trage			
	4,2	als sie in ihrer H. erschien			
Mt	4,8	alle Reiche der Welt und ihre H. Lk 4,6			
	6,13	dein ist die H. in Ewigkeit. Amen			
	29	auch Salomo in aller seiner H. Lk 12,27			
	16,27	daß der Menschensohn kommt in der H. 24,30; 25,31; Mk 8,38; 13,26; Lk 9,26; 21,27			
	19,28	wenn der Menschensohn sitzen wird auf dem Thron seiner H. 25,31			
Mk	10,37	daß wir sitzen zu deiner Rechten in deiner H.			

Herrlichkeit 670

Heb	1,3	er ist der Abglanz seiner H.
	2,10	den, der viele Söhne zur H. geführt hat
	9,5	oben darüber waren die Cherubim der H.
Jak	2,1	Glauben an Christus, unsern Herrn der H.
Jud	24	der euch untadelig stellen kann vor das Angesicht seiner H.
Off	15,8	wurde voll Rauch von der H. Gottes
	18,7	wieviel H. sie gehabt hat, soviel
	19,1	das Heil und die H. sind unseres Gottes
	21,11	(Jerusalem) hatte die H. Gottes
	23	die H. Gottes erleuchtet sie
	24	die Könige werden ihre H. in sie bringen
	26	man wird die H. der Völker in sie bringen

Herrschaft

5Mo	17,20	daß er verlängere die Tage seiner H.
1Kö	2,12	seine H. hatte festen Bestand
	6,1	im vierten Jahr (seiner) H. 2Kö 24,12; 25,1. 27; 1Ch 26,31; 2Ch 3,2; 15,10.19; 16,1.12.13; 17,7; 29,3; 34,3.8; 35,19; Esr 6,15; Est 1,3; 2,16; Jer 1,2; 51,59; 52,4; Dan 1,1; 2,1; 8,1; 9,2
	9,19	im ganzen Lande seiner H. 2Kö 20,13; 2Ch 8,6
2Ch	36,20	bis das Königtum der Perser zur H. kam Esr 4,5; Neh 12,22; Est 10,2
Esr	4,6	im Anfang seiner H. Jer 26,1; 27,1; 28,1; 49,34
Neh	3,7	die unter die H. des Statthalters gehörten
Hi	25,2	H. und Schrecken ist bei ihm
	38,33	bestimmst du seine H. über die Erde
Ps	103,21	lobet den HERRN an allen Orten seiner H.
	145,13	deine H. währet für und für Dan 3,33; 6,27
Jes	9,5	die H. ruht auf seiner Schulter 6
	22,21	will deine H. in seine Hand geben
Jer	51,28	heiligt das ganze Land ihrer H.
Dan	8,23	gegen Ende ihrer H. wird aufkommen
	11,5	dessen H. wird groß sein
	21	wird sich durch Ränke d. H. erschleichen
Mi	4,8	zu dir wird wiederkehren die frühere H.
Sa	9,10	seine H. von einem Meer zum andern
Jdt	1,1	hatte viele Völker unter seine H. gebracht
	2,3	die ganze Erde unter seine H. zu bringen 3,11
	3,4	unsre ganze H... gehören dir
Wsh	6,21	führt das Verlangen nach Weisheit zu... H.
	23	damit ihr für immer die H. behaltet
Sir	7,4	begehre vom Herrn nicht die H.
	10,4	alle H. auf Erden liegt in Gottes Händen
1Ma	1,11	Jahr der griechischen H.
	17	als Antiochus seine H. gefestigt 2Ma 4,7
	6,56	daß er nach der H. trachtete
	10,52	ich habe die H. an mich gebracht
2Ma	4,27	Menelaus bemächtigte sich der H.
StE	1,1	die seiner H. untertan sind
Lk	3,1	im 15. Jahr der H. des Kaisers Tiberius
1Ko	15,24	nachdem er alle H. vernichtet hat
Eph	1,21	(eingesetzt) über alle Reiche, Gewalt, H.
Kol	1,16	es seien Throne oder H.
2Pt	2,10	am meisten die, die jede H. verachten Jud 8
Off	17,18	Stadt, die die H. hat über die Könige auf Erden

herrschen

1Mo	1,26	die da h. über die Fische im Meer 28
	4,7	so lauert die Sünde... du aber h. über sie
	37,8	willst du über uns h.
3Mo	25,43	sollst nicht mit Härte über sie h. 46.53
	26,17	die euch hassen, sollen über euch h. Ps 106,41
4Mo	16,13	mußt du auch noch über uns h.
5Mo	1,4	Sihon, der zu Heschbon h., Og, der zu Aschtarot h. 3,2; 4,46; Jos 12,2.5; 13,10.12.21
	15,6	wirst über viele Völker h., doch über dich wird niemand h.
Ri	4,2	in die Hand Jabins, der zu Hazor h.
	9,22	als Abimelech 3 Jahre über Israel geh.
	14,4	die Philister h. über Israel 15,11
1Sm	8,9	Recht des Königs, der über sie h. wird 11
	9,17	daß er über mein Volk h. soll
	11,12	sollte Saul über uns h. 12,12.14
2Sm	23,3	wer gerecht h. unter den Menschen
1Kö	5,4	(Salomo) h. im ganzen Lande
	15,18	Ben-Hadad, der zu Damaskus h. 2Ch 16,2
1Ch	26,6	Söhne, die in ihren Sippen h.
	29,12	du h. über alles
Esr	4,20	Könige, die geh. haben über alles
Neh	9,28	ihrer Feinde, daß die über sie h. 37
Hi	41,6	um seine Zähne herum h. Schrecken
Ps	12,9	Gemeinheit h. unter den Menschenkindern
	19,14	daß sie nicht über mich h.
	22,29	er h. unter den Heiden
	49,15	die Frommen werden gar bald über sie h.
	66,7	er h. mit seiner Gewalt ewiglich
	72,8	soll h. von einem Meer bis ans andere
	89,10	du h. über das ungestüme Meer
	26	seine Hand laß ich h. über das Meer
	103,19	sein Reich h. über alles
	110,2	h. mitten unter deinen Feinden
	119,133	laß kein Unrecht über mich h.
Spr	8,16	durch mich h. die Fürsten
	12,24	die fleißige Hand wird h.
	17,2	ein kluger Knecht wird h.
	19,10	viel weniger einem Knecht, zu h.
	22,7	der Reiche h. über die Armen
	29,2	wenn der Gottlose h., seufzt das Volk
Pr	2,19	soll doch h. über alles
	8,9	da ein Mensch h. über den andern
Jes	3,4	Mutwillige sollen über sie h.
	14,2	werden h. über ihre Bedränger
	6	der h. mit Wüten über die Nationen
	19,4	ein harter König soll über sie h.
	26,13	es h. wohl andere Herren über uns
	28,14	Spötter, die ihr h. über dieses Volk
	32,1	werden h., das Recht zu handhaben
	40,10	sein Arm wird h.
	63,19	wie solche, über die du niemals h.
Jer	5,31	die Priester h. auf eigene Faust
	22,30	Glück haben, daß er in Juda h.
Klg	5,8	Knechte h. über uns
Hes	20,33	will über euch h. mit starker Hand
	29,15	daß sie nicht über die Völker h. sollen
Dan	2,39	Königreich, das über alle Länder h. wird
	11,3	wird ein König mit großer Macht h. 5
Sa	6,13	wird sitzen und h. auf seinem Thron
Wsh	3,8	sie werden über die Völker h.
	6,3	horcht auf, die ihr h. über die Menge
	9,2	damit h. soll über die Geschöpfe Sir 17,4; Bar 3,16
	14,25	überall h. ohne Unterschied Blutvergießen
Tob	4,14	Hoffart laß weder in deinem Herzen... h.
	9,11	sein Amt in Ewigkeit h. 13,5.22
Sir	10,1	wo ein Verständiger ist, h. Sicherheit
Bar	2,34	sie sollen darin h.
1Ma	1,1	Alexander, der über Griechenland h.
StE	1,2	obwohl ich über sie h. soll
Lk	4,25	als eine Hungersnot h. im ganzen Lande
	19,14	wir wollen nicht, daß dieser über uns h.
	22,25	die Könige h. über ihre Völker
Rö	5,14	dennoch h. der Tod von Adam an bis Mose

Rö	5,17	wegen der Sünde des Einen der Tod geh. 21
	21	wie die Sünde geh. hat zum Tode, so auch die Gnade h. durch die Gerechtigkeit
	6,9	der Tod kann hinfort über ihn nicht h.
	12	laßt die Sünde nicht h. in eurem sterbl. Leibe
	14	die Sünde wird nicht h. können über euch
	7,1	daß das Gesetz nur h. über den Menschen, solange er lebt
	15,12	wird aufstehen, um zu h. über die Heiden
1Ko	4,8	h., damit auch wir mit euch h. könnten
	15,25	er muß h., bis Gott
Eph	2,2	unter dem Mächtigen, der in der Luft h.
	6,12	die in dieser Finsternis h.
2Ti	2,12	dulden wir, so werden wir mit h.
1Pt	5,3	*nicht als die über die Gemeinden h.*
Off	5,10	sie werden h. auf Erden
	11,17	an dich genommen hast deine Macht und h.

Herrscher

1Mo	45,8	Gott hat mich gesetzt zum H.
	49,10	wird nicht weichen der Stab des H.
2Mo	23,17	soll erscheinen vor dem HERRN, dem H.
	34,23	
4Mo	24,19	aus Jakob wird der H. kommen
Jos	3,11	Lade des Bundes des H. über alle Welt 13
Ri	8,22	sprachen zu Gideon: Sei H. über uns 23
	9,2	daß 70 Männer über euch H. seien
2Ch	20,6	bist du nicht H. über alle Königreiche
Neh	10,30	alle Gebote des HERRN, unseres H., zu tun
Ps	8,2	HERR, unser H., wie herrlich ist 10
	59,14	daß Gott H. ist in Jakob
	97,5	vor dem H. der ganzen Erde
	105,21	setzte ihn zum H. über alle seine Güter
Spr	29,12	ein H., der auf Lügen hört, hat
Pr	9,17	sind besser als des H. Schreien
	10,4	wenn des H. Zorn wider dich ergeht
Jes	14,5	der HERR hat zerbrochen die Rute der H.
	19,4	spricht der H., der HERR Zebaoth 51,22
Jer	30,21	soll ihr H. von ihnen ausgehen
	33,26	nicht mehr aus ihrem Geschlecht H. nehme
	51,46	ein H. wider den andern
Am	2,3	will den H. unter ihnen ausrotten
Mi	4,13	sollst weihen ihre Habe dem H. der Welt
Sa	4,14	die vor dem H. aller Lande stehen 6,5
Wsh	6,1	Freveltat stürzt die Throne der H.
	10	an euch, ihr H., ergehen meine Worte 22
Sir	1,8	der auf seinem Thron sitzt als H. und Gott
	3,8	dient seinen Eltern, wie man H. dient
	17,14	jedem Volk hat er gegeben
	23,1	Herr, Vater und H. über mein Leben 51,14
2Ma	6,14	unser H. sieht uns nicht so langmütig zu
	15,3	gibt es im Himmel den H., der 4.23
	5	so bin ich der H. auf Erden
StE	3,9	du König und H. über alle Gewalt
Mt	20,25	ihr wißt, daß die H. ihre Völker niederhalten Mk 10,42
1Ko	2,6	nicht eine Weisheit der H. dieser Welt
	8	die keiner von den H. dieser Welt erkannt
Jud	4	verleugnen unsern alleinigen H. und Herrn

herrufen

2Kö	3,10	der HERR hat diese drei Könige herg. 13
	4,15	(Elisa) sprach: R. sie h.
Mk	10,49	Jesus blieb stehen und sprach: R. ihn h.
Apg	10,32	laß h. Simon mit dem Beinamen Petrus

herschaffen

1Mo	47,16	s. euer Vieh h.
4Mo	23,1	s. mir h. sieben Widder 29

herschauen

Jes	42,18	s. h., ihr Blinden, daß ihr seht

hersehen

1Mo	16,13	gewiß hab ich hier hinter dem herg.
5Mo	1,21	s. h., der HERR hat dir das Land
Hes	40,4	s. h. und höre fleißig zu
Sa	3,4	s. h., ich nehme deine Sünde von dir

hersenden

1Mo	45,5	hat mich Gott vor euch herg. 7.8
2Mo	5,22	warum hast du mich herg.
2Kö	6,32	herg., daß er mir das Haupt abschlage
	19,16	der herg. hat, Gott hohnzusprechen
Mk	11,3	der Herr s. es alsbald wieder h.
Apg	16,36	die Stadtrichter haben herg., daß ihr

hersetzen

Ri	9,28	hat Sebul, seinen Vogt, herg.
Jak	2,3	*s. du dich h. aufs beste*

herstellen

2Mo	30,32	es in der gleichen Mischung nicht h.
	40,8	(sollst) den Vorhof ringsherum h.
2Kö	14,25	(Jerobeam) s. wieder h. das Gebiet Israels
Jer	10,9	durch den Bildhauer werden sie herg.

hertragen

1Sm	5,10	sie haben die Lade herg. zu mir
Jes	49,22	deine Töchter auf der Schulter h. 60,4
Hes	24,10	t. nur viel Holz h.
Mt	14,11	*sein Haupt ward herg. Mk 6,28*

hertreiben

1Mo	32,18	wessen Eigentum ist das, was du vor dir h.

hertreten

1Mo	45,4	sprach zu seinen Brüdern: T. doch h. zu mir
1Sm	12,7	so t. nun h., daß ich mit euch rechte
2Sm	1,9	t. h. zu mir und töte mich
2Kö	5,11	ich meinte, er selbst sollte zu mir h.
Jes	47,13	sollen h. und dir helfen
	48,16	t. h. zu mir und höret dies
Apg	22,13	*der kam zu mir und t. h.*

herüberbringen

Apg	7,4	b. Gott ihn von dort h. in dies Land
	16	sie wurden nach Sichem herüberg.

herüberfahren

Mt	9,1	*er f. wieder h. Mk 8,13*
Mk	5,21	als Jesus wieder herüberg. war im Boot

herüberkommen 672

herüberkommen

Jos 22,19 k. h. ins Land, das dem HERRN gehört
Rut 4,1 (der Löser) k. h. und setzte sich
1Sm 26,22 es k. einer von den jungen Leuten h.
2Sm 24,20 sah er den König mit s. Großen zu ihm h.
Apg 16,9 k.h. nach Mazedonien und hilf uns

herüberziehen

1Ma 5,40 so mutig ist, daß er zuerst zu uns h.

herumfahren

Apg 28,13 von da f. wir h.

herumführen

2Ch 14,6 laßt uns Mauern h.
1Ma 13,31 Tryphon f. Antiochus im Land h.
2Ma 6,10 f. sie h. durch die ganze Stadt

herumgehen

Jos 6,3 laß alle Kriegsmänner um die Stadt h.
Hes 46,23 es g. eine Mauer h.

herumkommen

Sir 34,9 ein Mann, der viel herumg. ist 11.12
51,18 als ich noch nicht weit herumg. war

herumlaufen

Hl 1,7 damit ich nicht h. muß bei den Herden
Nah 2,12 wo der Löwe und die Löwin h.

herumlenken

Hes 38,4 ich will dich h. 39,2

herumziehen

Ps 48,13 z. um Zion h. und umschreitet es
Jdt 7,6 als Holofernes um die Stadt h.
Heb 11,30 als Israel sieben Tage um sie herumg. war

herunter

Jes 47,1 h., setze dich in den Staub
Jer 48,18 h. von der Herrlichkeit

herunterbringen

Apg 23,20 *daß du Paulus h. lassest*

herunterfahren

Jes 14,11 deine Pracht ist h. zu den Toten gef.

herunterführen

Apg 23,15 daß er ihn zu euch h. läßt

herunterhalten

Rö 12,16 h. euch h. zu den geringen

herunterholen

Hos 7,12 will sie h. wie Vögel unter dem Himmel

herunterkommen

Ri 1,34 daß (die Daniter) h. in die Ebene k.
2Kö 1,4 sollst nicht mehr von dem Bett h. 6.16
Dan 2,34 bis ein Stein h. 45
Jdt 6,9 die *Israeliten k. zu ihm h.

herunterlassen

Mk 2,4 l. das Bett h.
Apg 27,17 l. sie den Treibanker h. und trieben so dahin
30 vorgaben, sie wollten auch vorne die Anker h.

heruntermüssen

Hes 30,6 seine stolze Macht m. h.

herunterreißen

Ri 16,12 (Simson) r. (die Stricke) von s. Armen h.
Am 3,11 man wird dich von deiner Macht h.
Apg 16,22 die Stadtrichter ließen ihnen die Kleider h.

herunterschlagen

Jes 17,6 wie wenn man Oliven h. in der Ernte

herunterschlucken

Sir 29,32 wirst Schmähworte h. müssen

heruntersetzen

Sir 11,5 Tyrannen haben sich auf die Erde h. müssen

heruntersinken

5Mo 28,13 wirst aufwärts steigen und nicht h.
43 wirst immer tiefer h.

heruntersteigen

Lk 19,5 Zachäus, s. eilend h. 6

herunterstoßen

Klg 1,9 sie ist greulich herunterg.
Am 9,2 will ich sie doch h.

herunterstürzen

Jer 49,16 dennoch will ich dich h. Ob 4

herunterziehen

Sir 46,7 schlug die Widersacher tot, als sie h.
1Ma 10,71 so z. h. in die Ebene

hervorbrechen

Jos 8,7 sollt h. aus dem Hinterhalt
Ri 20,33 der Hinterhalt Israels b. h. 37
21,21 so b. h. aus den Weinbergen
2Sm 22,13 aus dem Glanz b. h. flammendes Feuer
1Ch 14,15 wenn du hören wirst... so b. h. zum Kampf

Hi	37,15	wie er das Licht aus s. Wolken h. läßt
Ps	74,15	hast Quellen und Bäche h. lassen
Hl	6,10	wer ist sie, die h. wie die Morgenröte
Jes	35,6	werden Wasser in der Wüste h.
	58,8	dein Licht h. wie die Morgenröte Hos 6,3
Hes	28,18	habe ein Feuer aus dir h. lassen
Dan	7,8	da b. ein anderes Horn h. 20
Sir	24,37	das Gesetz läßt Belehrung h. wie der Nil
	48,1	Elia b. h. wie ein Feuer
Gal	4,27	*b.h., die du nicht schwanger bist*

hervorbringen

1Mo	1,24	die Erde b. h. lebendiges Getier
2Mo	8,14	die Zauberer taten ebenso, um Mücken h.
4Mo	20,8	sollst Wasser aus dem Felsen h. 10
5Mo	29,17	eine Wurzel, die Gift und Wermut h.
	33,14	mit dem Köstlichsten, was die Sonne h.
Hi	8,10	werden ihre Rede aus ihrem Herzen h.
Ps	104,14	daß du Brot aus der Erde h.
Wsh	19,10	wie die Erde Mücken h.
	17	wie die Töne verschiedene Melodien h.
Sir	40,15	Nachkommen der Gottl. b. keine Zweige h.
Mt	12,35	ein guter Mensch b. Gutes h. Lk 6,45
Lk	15,22	*b. schnell das beste Kleid h.*
1Ko	14,7	auch so mit leblosen Dingen, die Töne h.
2Pt	1,21	noch nie eine Weissagung... hervorg.

hervorgehen

5Mo	8,15	ließ dir Wasser aus dem harten Felsen h.
Hi	5,6	Frevel g. nicht aus der Erde h.
	38,29	aus wessen Schoß g. das Eis h.
Jes	11,1	es wird ein Reis h. aus dem Stamm Isais
Dan	5,5	g. h. Finger wie von einer Menschenhand
	7,24	Könige, die aus diesem Königreich h.
Sa	10,4	alle Mächtigen sollen aus ihr h.
Wsh	4,3	weil sie aus... hervorg. sind
Jh	5,29	werden h., die Gutes getan haben
Heb	7,14	offenbar, daß unser Herr aus Juda hervorg. ist

hervorholen

Pr	3,15	Gott h. wieder h., was vergangen ist
Jer	50,25	die Waffen seines Zorns hervorg.
Sa	4,7	er wird h. den Schlußstein
Mt	13,52	der aus seinem Schatz Neues und Altes h.

hervorkommen

1Sm	14,11	die Hebräer sind aus den Löchern hervorg.
Neh	4,15	arbeiteten, bis die Sterne h.
Jes	49,9	zu denen in der Finsternis: K. h.
Jer	20,18	warum bin ich aus dem Mutterleib hervorg.
Hos	6,5	daß mein Recht wie das Licht h.
Mi	7,17	sollen sie zitternd h. aus ihren Burgen
Sa	5,5	was k. da h. 6
	6,1	Wagen, die k. zwischen den Bergen h. 5
Jdt	14,11	Mäuse sind aus ihren Löchern hervorg.
Wsh	19,7	da sah man trockenes Land h.
StD	1,19	k. die beiden Ältesten h.
Apg	28,3	k. eine Otter von der Hitze h.

hervorleuchten

2Ko	4,6	Licht soll aus der Finsternis h.

hervorquellen

Spr	3,20	kraft seiner Erkenntnis q. die Wasser h.
Apg	1,18	ist mitten entzwei geborsten, so daß alle seine Eingeweide h.

hervorrufen

Spr	30,33	wer den Zorn reizt, r. Streit h.
Sir	22,23	wenn man ins Auge trifft, r. man Tränen h.
	35,19	schreien gegen den, der sie hervorg. hat
Jud	19	diese sind es, die Spaltungen h.

hervorschießen

Tob	6,2	siehe, ein großer Fisch s. h.

hervorsehen

1Mo	8,5	s. die Spitzen der Berge h.

hervortragen

2Ma	1,15	als die Priester der Nanäa sie h.

hervortreten

2Kö	11,12	Jojada ließ den Sohn des Königs h.
Neh	3,25	Turm, der vom Königshause h. 26.27
Jes	43,8	soll h. das blinde Volk
	51,5	mein Heil t. h.
Sa	5,5	der Engel t. h. und sprach zu mir
Sir	38,57	in der Gemeinde t. sie nicht.
	50,6	wenn er hinter dem Vorhang t.
Mk	3,3	er sprach: T.h. Lk 6,8
Lk	1,80	*bis daß er sollte h. vor das Volk Israel*
Apg	12,13	*t.h. eine Magd mit Namen Rhode*

hervortun

Tit	3,8	damit alle darauf bedacht sind, sich h.
	14	lernen, sich h. mit guten Werken

hervorwachsen

Dan	8,3	das höhere (Horn) war später hervorg.

hervorziehen

1Mo	24,53	danach z. er h. Kleinode und Kleider
Rut	2,18	da z. Rut h. und gab ihr
1Sm	2,14	was er mit der Gabel h.
Hab	3,9	du z. deinen Bogen h.
Apg	8,3	*Saulus z.h. Männer und Frauen*

herwälzen

1Sm	14,33	w. h. zu mir einen großen Stein

herwenden

Hl	1,12	als der König sich h., gab meine Narde
	2,17	w. dich h. gleich einer Gazelle 7,1

Herz (s.a. verstocken; verzagen)

1Mo	6,5	Dichten und Trachten ihres H. böse 8,21
	6	bekümmerte ihn in seinem H. 8,21
	17,17	Abraham sprach in seinem H. 27,41
	18,5	Bissen Brot, daß ihr euer H. labt

Herz

1Mo	20,5	hab das getan mit einfältigem H. 6
	24,45	ehe ich ausgeredet hatte in meinem H.
	34,3	sein H. hing an ihr 8
	39,21	der HERR neigte die H. zu ihm
	42,28	da entfiel ihnen ihr H.
	43,30	sein H. entbrannte ihm gegen seinen Bruder
	45,26	sein H. blieb kalt
	49,6	mein H. sei nicht in ihrer Versammlung
2Mo	4,14	wird (Aaron) sich von H. freuen
	7,14	das H. des Pharao ist hart 23
	8,11	der Pharao verhärtete sein H. 28; 9,34; 10,1
	9,21	wessen H. sich nicht an des HERRN Wort
	14,5	sein H. verwandelt und das H. s. Großen
	23,9	ihr wisset um der Fremdlinge H.
	28,29	soll die Namen auf seinem H. tragen 30
	31,6	habe allen Künstlern Weisheit ins H. gegeben 35.34.35; 36,2
	35,29	brachten, die ihr H. dazu trieb, Gaben 2Kö 12,5; 1Ch 29,9.17; 2Ch 29,31
3Mo	19,17	sollst d. Bruder nicht hassen in deinem H.
	26,36	denen will ich ein feiges H. machen 5Mo 28,65.67
	41	ihr unbeschnittenes H. Jer 9,25; Hes 44,7.9
4Mo	15,39	euch nicht von eurem H. verführen laßt
	16,28	Werke... nicht aus meinem eigenen H.
	24,13	könnte nicht tun nach meinem H.
	32,7	warum macht ihr der H. abwendig 9
5Mo	2,7	hat dein Wandern auf sein H. genommen
	4,9	daß es nicht aus deinem H. kommt
	29	wenn du ihn von ganzem H. suchen wirst
	39	sollst wissen und zu H. nehmen 6,6
	5,29	ach daß sie ein solches H. hätten
	6,5	sollst den HERRN liebhaben von ganzem H. 13,4; 30,6; Mt 22,37; Mk 12,30.33; Lk 10,27
	7,17	wirst du in deinem H. sagen 8,17; 18,21
	8,2	damit kundwürde, was in deinem H. wäre
	5	so erkennst du ja in deinem H.
	14	hüte dich, daß dein H. sich nicht überhebt 17,20; 2Ch 25,19; 26,16; 32,25.26
	9,4	sprich nicht in deinem H.
	5	nicht um deines aufrichtigen H. willen
	10,12	daß du dem HERRN dienst von ganzem H. 11,13; 30,2; Jos 22,5; 1Sm 12,20.24; 1Ch 28,9
	16	beschneidet eure H. 30,6
	11,16	daß sich euer H. nicht betören lasse
	18	so nehmt nun diese Worte zu H.
	14,26	woran dein H. Lust hat... dein H. wünscht
	15,7	sollst dein H. nicht verhärten 9.10
	17,17	daß sein H. nicht abgewandt werde 30,17
	18,6	kommt ganz nach seines H. Wunsch
	26,16	daß du danach tust von ganzem H.
	28,47	dem HERRN nicht gedient mit Lust d. H.
	29,3	noch nicht ein H. gegeben, das verständig
	17	dessen H. sich abwendet von dem HERRN
	18	laßt niemand sich in seinem H. segnen
	30,1	wenn du es zu H. nimmst 32,46
	10	wenn du dich bekehrst von ganzem H. 1Sm 7,3; 1Kö 8,48; 2Kö 23,25; 2Ch 6,38; Jer 3,10; 24,7; Jo 2,12
	14	das Wort ganz nahe, in deinem H. Rö 10,8
Jos	23,14	sollt wissen von ganzem H.
	24,23	neigt euer H. zu dem HERRN Ps 119,36.112
Ri	5,9	mein H. ist mit den Gebietern Israels
	9,3	ihr H. neigte sich Abimelech zu
	16,15	wenn doch dein H. nicht mit mir ist
	17	(Simson) tat ihr sein ganzes H. auf 18
	25	als nun ihr H. guter Dinge war 19,6.9.22; Rut 3,7; 1Sm 25,36
1Sm	1,8	warum ist dein H. so traurig 10
	13	Hanna redete in ihrem H. 15
1Sm	2,1	mein H. ist fröhlich in dem HERRN
	16	nimm dann, was dein H. begehrt 20,4; 1Kö 11,37
	35	tun, wie es meinem H. gefällt
	4,13	sein H. bangte um die Lade Gottes
	20	nahm's auch nicht mehr zu H.
	7,3	richtet euer H. zu dem HERRN
	9,19	alles, was du auf dem H. hast
	10,9	gab ihm Gott ein anderes H.
	26	denen Gott das H. gerührt hatte
	13,14	einen Mann nach seinem H. Apg 13,22
	14,7	tu alles, was in deinem H. ist; ich bin mit dir, wie dein H. will 2Sm 7,3; 1Ch 17,2
	16,7	der HERR aber sieht das H. an
	17,28	ich kenne deines H. Bosheit
	18,1	verband sich Jonatans mit dem H. Davids 3; 20,17
	21,13	David nahm sich die Worte zu H.
	22,2	Männer, die verbitterten H. waren
	23,20	ist's nun, König, deines H. Verlangen
	24,6	danach schlug (David) sein H. 2Sm 24,10
	25,31	wird das H. meines Herrn frei sein
	37	da erstarb sein H. in seinem Leibe
	27,1	dachte in seinem H. 1Kö 12,26; Est 6,6; Jes 14,13
2Sm	3,21	daß du König seist, wie es dein H. begehrt
	6,16	Michal verachtete ihn in ihrem H. 1Ch 15,29
	7,21	nach deinem H. hast du... getan 1Ch 17,19
	27	darum hat dein Knecht sich ein H. gefaßt
	13,20	nimm dir die Sache nicht zu H. 19,20
	14,1	daß des Königs H. an Absalom hing
	15,6	stahl Absalom das H. der Männer 13
	17,10	auch wenn er ein H. hat wie ein Löwe
	18,14	Joab stieß (drei Stäbe) Absalom ins H.
	19,15	er wandte das H. aller Männer Judas
1Kö	2,4	daß sie vor mir von ganzem H. wandeln 8,23; 14,8; 2Kö 10,31; 23,3; 2Ch 6,14; 19,9; 34,31; Ps 84,6
	44	das Böse, dessen dein H. sich bewußt ist
	3,6	gewandelt mit aufrichtigem H. vor dir
	9	wollest D. Knecht ein gehorsames H. geben
	12	gebe dir ein weises H. 10,24; 2Ch 9,23
	26	ihr mütterl. H. entbrannte für ihren Sohn
	8,38	wer dann bittet in seinem H.
	39	wie du sein H. erkennst – denn du allein kennst das H. aller Menschenkinder 1Ch 28,9; 2Ch 6,30; 32,31; Ps 139,23
	47	und se nehmen sich's zu H. 2Ch 6,37
	58	er neige unser H. zu ihm 18,37; 1Ch 29,18
	61	euer H. sei ungeteilt bei dem HERRN 15,14; Jes 38,3
	9,3	mein H. sollen da sein 2Ch 7,16
	4	mit rechtschaffenem H. 2Kö 20,3; 1Ch 29,19; 2Ch 15,17; Ps 119,80
	11,2	eure H. ihren Göttern zuneigen 3.4
	4	sein H. nicht ungeteilt bei dem HERRN, wie das H. seines Vaters David 15,3
	9	zornig über Salomo, daß sein H. abgewandt
	12,27	wird sich das H. wenden zu ihrem Herrn
	33	Altar, den er sich in seinem H. ausgedacht
2Kö	6,11	wurde das H. des Königs voller Unmut
	9,24	daß der Pfeil durch sein H. fuhr
	10,15	ist dein H. aufrichtig wie mein H.
	30	alles getan hast, was in meinem H. war
	22,19	weil du im H. betroffen 2Ch 34,27
1Ch	12,18	soll mein H. mit euch sein
	39	kamen von ganzem H., David zum König zu machen... das ganze übrige Israel eines H.
	16,10	freue sich das H. derer, die den HERRN suchen

Herz

1Ch	22,19	richtet euer H. darauf, den HERRN zu suchen 2Ch 11,16; 12,14; 15,12; 19,3; 20,33; 22,9; 30,19; Esr 7,10	Ps	38,9 ich schreie vor Unruhe meines H.
	29,17	weiß, daß du das H. prüfst Ps 7,10; 17,3; 26,2; Spr 17,3; 21,2; Jer 11,20; 12,3; 17,10; 20,12; Off 2,23		11 mein H. erbebt
				39,4 mein H. ist entbrannt in meinem Leibe
				40,11 Gerechtigkeit verberge ich nicht in m. H.
	18	bewahre solchen Sinn im H. deines Volks		41,7 meinen's doch nicht von H.
2Ch	15,15	hatten geschworen von ganzem H.		42,5 will ausschütten mein H. 62,9
	16,9	die mit ganzem H. bei ihm sind		44,19 unser H. ist nicht abgefallen
	25,2	doch nicht von ganzem H.		22 er kennt ja unsres H. Grund
	31,21	alles, was er anfing, tat er von ganzem H.		45,2 mein H. dichtet ein feines Lied
	32,6	(Hiskia) redete ihnen zu H.		6 sie dringen ins H. der Feinde des Königs
Esr	6,22	hatte das H. des Königs ihnen zugewandt		49,4 was mein H. sagt, soll verständig sein
Neh	1,11	die von H. deinen Namen fürchten		51,12 schaffe in mir, Gott, ein reines H.
	6,8	hast es dir in deinem H. ausgedacht		19 ein geängstetes, zerschlagenes H. Jes 57,15
	7,5	mein Gott gab mir ins H.		55,5 mein h. ängstet sich 61,3; 77,4
	9,8	hast sein H. treu erfunden		57,8 mein H. ist bereit, daß ich singe 108,2
Hi	1,5	könnten Gott abgesagt haben in ihrem H.		62,5 im H. fluchen sie
	3,20	warum gibt Gott Leben den betrübten H.		11 hängt euer H. nicht daran
	7,11	will reden in der Angst meines H.		63,6 das ist meines H. Freude und Wonne
	8,10	ihre Rede aus ihrem H. hervorbringen		64,7 haben Ränke im H.
	10,13	verbargst in deinem H.		11 alle frommen H. werden sich seiner rühmen
	11,13	wenn du dein H. auf ihn richtest		66,18 wenn ich Unrechtes vorgehabt in meinem H.
	15,12	was reißt dein H. dich fort		68,4 die Gerechten freuen sich von H.
	17,4	hast ihrem H. den Verstand verborgen		69,21 die Schmach bricht mir mein H.
	11	Pläne, die mein H. besessen haben		33 denen wird das H. aufleben
	19,27	danach sehnt sich mein H.		73,13 umsonst, daß ich mein H. rein hielt
	22,22	fasse seine Worte in dein H.		21 als es mir wehe tat im H.
	23,16	Gott, der mein H. mutlos gemacht		26 bist du doch allezeit meines H. Trost
	29,13	ich erfreute das H. der Witwe		77,7 ich rede mit meinem H.
	31,7	ist mein H. meinen Augen nachgefolgt		78,8 dessen H. nicht fest war 37
	9	hat sich mein H. betören lassen 27		18 sie versuchten Gott in ihrem H.
	33,3	mein H. spricht aufrichtige Worte		81,13 dahingegeben in die Verstockth. ihres H.
	36,5	Gott ist mächtig an Kraft des H.		86,11 erhalte mein H. bei dem einen
	37,1	darüber entsetzt sich mein H.		89,51 Schmach, die ich trage in meinem H.
	41,16	sein H. ist so hart wie ein Stein		94,15 ihm werden alle frommen H. zufallen
Ps	4,5	redet in eurem H. auf eurem Lager		19 ich hatte viel Kummer in meinem H.
	8	du erfreust mein H.		95,10 Leute, deren H. immer den Irrweg will
	7,11	er, der den frommen H. hilft		97,11 muß aufgehen Freude den frommen H.
	9,2	ich danke dem HERRN von ganzem H.		101,2 ich wandle mit redlichem H. in m. Hause
	10,6	er spricht in seinem H. 11.13; 14,1; 35,25; 36,2; 53,2; 74,8		4 ein falsches H. muß von mir weichen
				102,5 mein H. ist geschlagen 109,22
	17	du machst ihr H. gewiß		104,15 daß der Wein erfreue des Menschen H. und das Brot des Menschen H. stärke
	12,3	reden aus zwiespältigem H.		
	13,3	wie lange mich ängsten in meinem H.		105,3 freue sich das H. derer, die den HERRN
	6	mein H. freut sich, daß du hilfst 16,9		25 diesen verwandelte er das H.
	15,2	wer die Wahrheit redet von H.		106,33 sie erbitterten seinen H.
	16,7	auch mahnt mich mein H. des Nachts		107,12 daß er ihr H. durch Unglück beugte
	17,10	ihr H. haben sie verschlossen		112,7 sein H. hofft unverzagt auf den HERRN
	19,9	die Befehle des HERRN erfreuen das H.		8 sein H. ist getrost
	15	laß dir wohlgefallen das Gespräch m. H.		119,2 die ihn von ganzem H. suchen 10; Jer 29,13
	20,5	er gebe dir, was dein H. begehrt 37,4		11 ich behalte dein Wort in meinem H.
	21,3	du erfüllst ihm seines H. Wunsch		32 du tröstest mein H.
	22,15	mein H. ist wie zerschmolzenes Wachs		34 daß ich dein Gesetz halte v. ganzem H. 69
	27	euer H. soll ewiglich leben		58 ich suche deine Gunst von ganzem H.
	24,4	wer reinen H. ist 73,1		111 deine Mahnungen sind meines H. Wonne
	25,17	die Angst meines H. ist groß		145 ich rufe von ganzem H.
	27,3	so fürchtet sich dennoch mein H. nicht		161 mein H. fürchtet s. nur vor deinen Worten
	8	mein H. hält dir vor dein Wort		125,4 tu wohl denen, die frommen H. sind
	28,3	haben Böses im H.		131,1 HERR, mein H. ist nicht hoffärtig
	7	auf ihn hofft mein H... mein H. fröhlich		140,3 die Böses planen in ihrem H.
	31,13	bin vergessen in ihrem H. wie ein Toter		141,4 neige mein H. nicht zum Bösen
	33,11	seines H. Gedanken für und für		143,4 mein H. ist erstarrt in meinem Leibe
	15	er lenkt ihnen allen das H.		147,3 er heilt, die zerbrochenen H. sind Jes 61,1
	21	unser H. freut sich seiner	Spr	2,2 (wenn) du dein H. der Einsicht zuneigst
	34,19	ist nahe denen, die zerbrochenen H. sind		10 Weisheit wird in dein H. eingehen
	35,13	ich betete immer wieder von H.		3,1 dein H. behalte meine Gebote 4,21
	37,15	ihr Schwert wird in ihr eigenes H. dringen		3 schreibe sie auf die Tafel deines H. 7,3
	31	das Gesetz s. Gottes ist in seinem H. 40,9		5 verlaß dich auf den HERRN von ganzem H.
				22 das wird Leben sein für dein H.
				4,4 laß dein H. meine Worte aufnehmen
				23 behüte dein H. mit allem Fleiß

Herz

Spr	5,12	wie konnte mein H. die Warnung verschm.
	6,14	trachtet nach Bösem in seinem H.
	18	ein H., das arge Ränke schmiedet
	21	binde sie dir aufs H. allezeit
	25	laß dich nicht gelüsten in deinem H. 7,25
	10,8	wer weisen H. ist, nimmt Gebote an
	11,13	wer getreuen H. ist, verbirgt es
	20	falsche H. sind dem HERRN ein Greuel
	12,10	das H. der Gottlosen ist unbarmherzig
	20	die Böses planen, haben Trug im H.
	23	das H. des Toren schreit s. Torheit hinaus
	25	Sorge im H. bedrückt den Menschen
	13,12	Hoffnung, die s. verzögert, ängstet das H.
	19	wenn kommt… tut es dem H. wohl
	14,10	das H. allein kennt sein Leid
	13	auch beim Lachen kann das H. trauern
	30	ein gelassenes H. ist des Leibes Leben
	33	im H. des Verständigen ruht Weisheit
	15,7	der Toren H. ist nicht recht
	11	wieviel mehr die H. der Menschen
	13	ein fröhliches H. macht ein fröhliches Angesicht; aber wenn das H. bekümmert ist
	14	des Klugen H. sucht Erkenntnis 18,15
	28	H. des Gerechten bedenkt
	30	freundliches Antlitz erfreut das H.
	16,1	der Mensch setzt sich's wohl vor im H.
	5	ein stolzes H. ist dem HERRN ein Greuel
	9	des Menschen H. erdenkt sich seinen Weg
	23	des Weisen H. redet klug
	17,20	ein verkehrtes H. findet nichts Gutes
	22	ein fröhliches H. tut dem Leibe wohl
	18,2	will kundtun, was in seinem H. steckt
	12	wird sein H. zuvor stolz
	14	wer ein mutiges H. hat, weiß
	19,3	doch tobt sein H. wider den HERRN
	21	in eines Mannes H. sind viele Pläne 20,5
	20,9	wer sagen kann: Ich habe mein H. geläutert
	21,1	des Königs H. ist in der Hand des HERRN
	22,11	wer ein reines H. und liebliche Rede hat
	15	Torheit steckt dem Knaben im H.
	17	nimm zu H. meine Lehre
	23,7	in s. H. berechnend… sein H. nicht mit dir
	12	wende dein H. hin zur Zucht
	15	wenn dein H. weise ist, so freut sich auch mein H. 27,11
	17	dein H. sei nicht neidisch auf Sünder
	19	richte dein H. auf den rechten Weg
	26	gib mir, mein Sohn, dein H.
	33	dein H. wird Verkehrtes reden
	24,2	ihr H. trachtet nach Gewalt
	12	der die H. prüft, merkt es
	17	dein H. sei nicht froh über sein Unglück
	32	als ich das sah, nahm ich's zu H. Pr 9,1
	25,3	der Könige H. ist unerforschlich
	20	wer einem mißmutigen H. Lieder singt
	26,23	glatte Lippen u. ein böses H., das ist wie
	24	aber im H. ist (der Hasser) falsch
	25	es sind sieben Greuel in seinem H.
	27,9	das H. freut sich an Salbe und Räucherwerk
	19	so ein Mensch im H. des andern
	28,14	wer sein H. verhärtet, wird in Unglück
	31,11	ihres Mannes H. darf sich auf sie verlassen
Pr	1,13	richtete ich darauf, die Weisheit zu suchen 17; 8,9.16
	16	ich sprach in meinem H. 2,1.3.15; 3,17.18
	16	mein H. hat viel gelernt und erfahren
	2,3	daß mein H. mich mit Weisheit leitete
	10	verwehrte meinem H. keine Freude
	20	daß ich mein H. verzweifeln ließ an allem
	22	was kriegt der Mensch v. d. Streben s. H.

Pr	2,23	daß sein H. des Nachts nicht Ruhe findet
	3,11	auch hat er die Ewigkeit in ihr H. gelegt
	5,1	laß dein H. nicht eilen, etwas zu reden
	19	weil Gott sein H. erfreut
	6,2	mangelt ihm nichts, was sein H. begehrt
	7,2	der Lebende nehme es zu H. 21
	3	durch Trauern wird das H. gebessert 4
	7	Bestechung verdirbt das H.
	9	Ärger ruht im H. des Toren
	22	dein H. weiß, daß du andern geflucht hast
	26	Stricke ihr H. und Fesseln ihre Hände
	8,5	des Weisen H. weiß um Zeit und Gericht
	11	wird das H. voll Begier, Böses zu tun
	9,3	dazu ist das H. der Menschen voll Bosheit, und Torheit ist in ihrem H.
	10,2	des Weisen H. ist zu seiner Rechten, aber des Toren H. ist zu seiner Linken
	11,9	laß dein H. guter Dinge sein… Tu, was dein H. gelüstet 10
Hl	3,11	am Tage der Freude seines H.
	4,9	du hast mir das H. genommen
	5,2	ich schlief, aber mein H. war wach
	8,6	lege mich wie ein Siegel auf dein H.
Jes	1,5	das ganze H. ist matt
	5,7	seine Pflanzung, an der sein H. hing
	6,10	daß sie nicht verstehen mit ihrem H.
	7,2	bebte ihm das H. und das H. seines Volks
	4	dein H. sei unverzagt vor diesen beiden
	10,7	sein H. denkt nicht so
	13,7	aller Menschen H. wird feige sein 19,1
	15,5	mein H. schreit über Moab 16,11; Jer 48,36
	19,3	der Mut soll in ihrem H. vergehen
	21,4	mein H. zittert
	24,7	die von H. fröhlich waren, seufzen
	26,3	wer festen H. ist, dem bewahrst du Frieden
	8	das H. begehren steht nach deinem Namen
	9	von H. verlangt mich nach dir
	29,13	weil ihr H. fern von mir ist Mt 15,8; Mk 7,6
	30,10	schauet, was das H. begehrt
	29	werdet euch von H. freuen 66,14
	32,6	sein H. geht mit Unheil um
	33,18	dein H. wird zurückdenken
	42,25	nehmen's nicht zu H. 57,1.11; Jer 12,11
	44,9	woran ihr H. hängt, das nichts nütze
	18	daß ihre H. nichts merken können
	20	den hat sein H. getäuscht
	46,8	nehmt's zu H. 47,7; Klg 3,21
	12	hört mir zu, ihr trotzigen H.
	47,8	sprichst in deinem H. 10; 49,21; Jer 5,24; 13,22; 49,4; Ob 3; Ze 1,12; 2,15; Sa 12,5
	51,7	du Volk, in dessen H. mein Gesetz ist
	54,6	wie ein von H. betrübtes Weib
	57,17	gingen die Wege ihres H.
	58,10	den Hungrigen dein H. finden läßt
	60,5	dein H. wird erbeben
	63,17	warum läßt du unser H. verstocken
	65,17	daß man sie nicht mehr zu H. nehmen wird
Jer	3,15	will euch Hirten geben nach meinem H.
	4,4	tut weg die Vorhaut eures H.
	14	wasche dein H. von der Bosheit
	18	daß es dir bis ans H. dringt
	19	pocht mir im Leibe 49,23
	5,23	dies Volk hat ein ungehorsames H.
	6,8	ehe sich mein H. von dir wende
	8,18	mein H. in mir ist krank Klg 5,17
	21	mich jammert von H.
	9,7	im H. lauern sie ihm auf
	12,2	aber ferne (bist du) von ihrem H.
	14,14	predigen euch ihres H. Trug 23,26
	15,1	habe ich doch kein H. für dies Volk

676

Jer	15,16	dein Wort ist meines H. Freude und Trost		Jdt	8,18	daß sie Gott von H. dienten
	17,1	gegraben auf die Tafel ihres H.			10,17	wirst seinem H. sehr gefallen 12,17; 16,11
	5	und weicht mit seinem H. vom HERRN			12,15	das will ich von H. gern tun
	9	es ist das H. ein trotzig und verzagt Ding		Wsh	1,1	sucht (den Herrn) mit aufrichtigem H.
	20,9	es ward in meinem H. wie Feuer			6	Gott erkennt in Wahrheit sein H.
	22,17	deine Augen und dein H. sind aus auf			2,2	Funke, der aus dem Pochen unsres H. entsteht
	27	Land, wohin sie von H. gern kämen			4,15	die Leute nahmen's nicht zu H.
	23,9	mein H. will mir brechen 31,20			8,17	das erwog (ich) in meinem H.
	16	verkünden euch Gesichte aus ihrem H.			9,3	mit aufrichtigem H. Gericht halten
	24,7	ihnen ein H. geben, daß sie mich erkennen			15,10	die Gedanken seines H. sind wie Asche
	31,14	will der Priester H. voller Freude machen			17,13	wenn die Hoffnung im H. zu schwach ist
	33	m. Gesetz in ihr H. geben Heb 8,10; 10,16		Tob	1,13	weil er von ganzem H. den Herrn fürchtet
	32,40	will ihnen Furcht vor mir ins H. geben			4,2	m. Worte behalte fest in deinem H.
	41	ganz gewiß, von ganzem H.			4	als sie dich unter dem H. trug
	44,21	der HERR hat's zu H. genommen			6	dein Leben lang habe Gott im H.
	48,41	wie das H. einer Frau in Kindsnöten 49,22			9	so gib doch das Wenige von H.
	49,16	dein H. ist hochmütig			14	Hoffart laß weder in deinem H... herrschen
	51,50	laßt euch Jerusalem im H. sein			6,6	behalte das H., die Galle und die Leber 9
Klg	1,20	mir dreht sich das H. im Leibe um 22			13,8	ich will mich von H. freuen in Gott
	2,11	mein H. ist auf die Erde ausgeschüttet		Sir	1,12	Furcht des Herrn macht das H. fröhlich 18
	19	schütte dein H. aus vor dem Herrn			16	seinen Getreuen ist sie ins H. gelegt
	3,33	nicht von H. plagt und betrübt er			34	diene Gott nicht mit falschem H. 38
	41	laßt uns unser H. aufheben zu Gott			2,2	mache dein H. bereit und steh fest 21
	5,15	unsres H. Freude hat ein Ende			4,3	einem betrübten H. füge nicht Leid zu
Hes	3,10	meine Worte fasse mit dem H.			6	wenn er mit bitterem H. dich verflucht
	6,9	ihr abgöttisches H. zerschlagen habe 11,21			6,33	setzt du dein H. daran, so wirst du weise
	11,19	ein anderes H. geben ... steinerne H. wegnehmen und ein fleischernes H. geben 36,26			37	der wird dein H. verständig machen
					7,10	wenn du betest, so tu's nicht mit halbem H.
	13,22	das H. der Gerechten betrübt habt			28	hast du eine Frau nach deinem H.
	14,3	hängen mit ihrem H. an ihren Götzen 4.7			29	ehre deinen Vater von ganzem H.
	5	damit ich dem Hause Israel ans H. greife			8,3	Geld bewegt sogar das H. der Könige
	16,30	wie fieberte doch dein H.			22	öffne dein H. nicht jedem
	18,31	macht euch ein neues H.			9,13	damit nicht dein H. sich ihr zuneigt
	20,16	sie folgten den Götzen ihres H. nach			10,14	wenn sein H. von seinem Schöpfer weicht
	22,14	meinst du, dein H. kann standhalten			11,31	ein falscher H. ist wie ein Lockvogel
	24,21	mein Heiligtum, das Verlangen eures H. 25			12,16	im H. plant er schon, dich zu stürzen
	25,6	von H. höhnisch dich gefreut hast 36,5			14,23	der ihre Wege von H. betrachtet
	27,31	werden von H. bitterlich um dich weinen			17,7	er hat sein Licht in ihre H. gegeben
	28,2	weil sich dein H. überhebt 6.17; 31,10; Dan 5,20; 11,12; Hos 13,6			19,23	sein H. ist doch voll Arglist
					21,7	wer Gott fürchtet, der nimmt es zu H.
	2	dein H., als wäre es eines Gottes H. 6			17	das H. des Narren ist wie 33,5
	32,9	will die H. vieler Völker erschrecken			20	was er rät, nimmt man sich zu H.
	33,31	hinter ihrem Gewinn läuft ihr H. her			28	die Narren tragen ih. auf der Zunge; aber die Weisen haben ihren Mund im H.
Dan	1,8	Daniel nahm sich in seinem H. vor				
	2,30	damit du deines H. Gedanken erführest			22,19	ein H., das seiner Sache gewiß ist
	4,13	das menschliche H. soll von ihm genommen und ein tierisches H. ihm gegeben werden			20	ein H., das festhält an Erkenntnis
					22	hält ein ... H. keinem Schrecken stand
	5,21	sein H. wurde gleich dem der Tiere			24	wenn man jemand ins H. trifft
	22	hast dein H. nicht gedemütigt			23,2	eine Zuchtrute zur Weisheit für mein H.
	7,4	es wurde ihm ein menschliches H. gegeben			25,3	drei Dinge, denen ich von H. feind bin 26,5
	28	behielt ich die Rede in meinem H.			9	neun Dinge, die ich in meinem H. lobe
	10,12	als du von H. begehrtest zu verstehen			30	ein böses Weib schafft ein betrübtes H.
Hos	5,4	haben einen Geist d. Hurerei in ihrem H.			26,4	reich oder arm, sein H. ist guter Dinge
	7,6	ihr H. ist in heißer Glut			27,7	merkt man an der Rede, was das H. denkt
	14	auch rufen sie mich nicht von H. an			30,16	kein Gut gleicht der Freude des H.
	10,2	ihr H. ist falsch			23	ein fröhliches H. ist des Menschen Leben
	11,8	mein H. ist andern Sinnes			24	ermuntere dich und tröste dein H.
Jo	2,13	zerreißet eure H. und nicht eure Kleider			27	ein H., das heiter und fröhlich ist
Ob	3	der Hochmut deines H. hat dich betrogen			31,35	der Wein erfreut H. und Seele 40,20
Hab	2,4	wird keine Ruhe in seinem H. haben			34,20	er erfreut das H. und macht ... fröhlich
Ze	3,14	sei fröhlich von ganzem H.			36,21	merkt ein verständiges H. die falschen Worte
Sa	7,10	denke keiner Arges in seinem H. 8,17				
	12	machten ihre H. hart wie Diamant			37,6	vergiß den Freund nicht in deinem H.
	10,7	ihr H. soll fröhlich werden			17	bleibe bei dem, was dir dein H. rät 18
Mal	2,2	wenn ihr's nicht zu H. nehmen werdet			38,10	reinige dein H. von aller Missetat
	3,24	soll das H. der Väter bekehren zu den Söhnen und das H. der Söhne Lk 1,17			17	du sollst von H. betrübt sein
					20	ein Leben in Armut tut dem H. weh
Jdt	4,14	beteten zum Herrn von ganzem H. Wsh 8,21			21	laß Traurigkeit nicht in dein H. 19
	8,14	wollen uns von H. demütigen Sir 7,5			39,41	darum soll man ... danken mit H. und Mund

Herz

Sir	42,18	er allein erforscht das H. der Menschen		Lk	16,15	Gott kennt eure H. Apg 1,24; 15,8
	43,20	das H. muß sich wundern			21,14	nehmt zu H., daß ihr euch nicht vorher sorgt
	47,10	von ganzem H. rühmte er den, der			34	daß eure H. nicht beschwert werden
	21	dein H. hängte sich an die Frauen			24,25	zu trägen H., all dem zu glauben
	48,10	das H. der Väter den Kindern zuzuwenden			32	brannte nicht unser H. in uns
	21	da zitterten ihre H. und Hände			38	warum kommen solche Gedanken in euer H.
	49,4	er richtete sein H. auf den Herrn		Jh	13,2	als schon der Teufel dem Judas ins H. gegeben
	50,25	er gebe uns ein fröhliches H.			14,1	euer H. erschrecke nicht 27
	29	hat aus seinem H. Weisheit strömen lassen			16,6	weil... ist euer H. voll Trauer
	30	wer's zu H. nimmt, der wird weise werden			22	euer H. soll sich freuen
	51,20	mein H. freute sich über sie		Apg	2,26	darum ist mein H. fröhlich
	29	mein H. verlangte nach ihr 25			37	als sie das hörten, ging's ihnen durchs H. 5,33; 7,54
Bar	1,22	nach den Gedanken seines bösen H. 2,8			46	hielten die Mahlzeiten mit lauterem H.
	2,31	ich will ihnen ein verständiges H. geben			4,32	Menge der Gläubigen ein H. und eine Seele
	3,7	hast die Furcht in unser H. gegeben			5,3	warum hat der Satan dein H. erfüllt 4
	6,6	so sprecht in euren H.			7,39	wandten sich in ihrem H. wieder Ägypten zu
1Ma	2,24	es ging ihm durchs H.			8,21	dein H. ist nicht rechtschaffen vor Gott
2Ma	1,3	(Gott) gebe euch ein H., das bereit ist			22	ob dir das Trachten deines H. vergeben werden könne
	2,3	sollten das Gesetz nicht aus ihrem H. lassen			37	wenn du von ganzem H. glaubst
	3,17	welches Leid sein H. erfüllte			11,23	mit festem H. an dem Herrn zu bleiben
	7,21	sie faßte sich ein männliches H.			14,17	hat eure H. mit Freude erfüllt
	15,27	mit dem H. schrien sie zu Gott			15,9	nachdem er ihre H. gereinigt hatte
StE	3,9	verwandle sein H. 4,6			16,14	der tat der Herr das H. auf
	4,3	ihr H. war wie abgeschnürt vor Angst			21,13	daß ihr weint und brecht mir mein H.
	6,9	Mordechai behielt den Traum in seinem H.		Rö	1,21	ihr unverständiges H. ist verfinstert
StD	1,35	ihr H. vertraute auf den Herrn			24	in den Begierden ihrer H. dahingegeben in die Unreinheit
	56	die Begierde hat dein H. verkehrt			2,15	in ihr H. geschrieben, was das Gesetz fordert
	3,15	mit betrübtem H. kommen wir vor dich 17			29	das ist die Beschneidung des H., die
GMn	11	nun beuge ich die Knie meines H.			5,5	die Liebe Gottes ist ausgegossen in unsre H.
Mt	5,8	selig sind, die reinen H. sind			6,17	von H. gehorsam geworden der Gestalt der Lehre
	28	hat mit ihr die Ehe gebrochen in seinem H.			8,27	der die H. erforscht, der weiß
	6,21	wo dein Schatz ist, da ist auch dein H.			9,2	daß ich große Traurigkeit in meinem H. habe
	9,4	warum denkt ihr so Böses in euren H. Mk 2,8; Lk 5,22			10,1	meines H. Wunsch ist, daß sie gerettet werden
	11,29	denn ich bin sanftmütig und von H. demütig			6	sprich nicht in deinem H.
	12,34	wes das H. voll ist, des geht der Mund über Lk 6,45			9	wenn du in deinem H. glaubst, daß
	35	bringt Gutes hervor aus dem guten Schatz seines H. Lk 6,45			10	wenn man von H. glaubt, so wird man gerecht
	13,15	damit sie nicht mit dem H. verstehen Jh 12,40; Apg 28,27			16,18	durch süße Worte verführen sie die H. der Arglosen
	19	reißt hinweg, was in sein H. gesät ist		1Ko	2,9	was in keines Menschen H. gekommen ist
	15,8	aber ihr H. ist fern von mir Mk 7,6			4,5	wird das Trachten der H. offenbar machen
	18	was aus dem Mund herauskommt, das kommt aus dem H.			7,33	so ist er geteilten
	19	denn aus dem H. kommen böse Gedanken Mk 7,21			37	wenn einer in seinem H. fest ist
	18,35	wenn ihr einander nicht von H. vergebt			14,25	was in seinem H. verborgen ist, würde offenbar
	22,37	du sollst den Herrn lieben von ganzem H. Mk 12,30.33; Lk 10,27		2Ko	1,22	in unsre H. als Unterpfand den Geist gegeben
	24,48	wenn aber jener Knecht in seinem H. sagt Lk 12,45			2,4	ich schrieb euch aus Angst des H.
Mk	2,6	einige Schriftgelehrte dachten in ihren H.			3,2	in unser H. geschrieben und gelesen 3
	6,52	ihr H. war verhärtet			15	hängt die Decke vor ihrem H.
	7,19	es geht nicht in sein H., sondern in den Bauch			4,6	von dem hellen Schein in unsre H. gegeben
	8,17	habt ihr noch ein verhärtetes H.			5,12	die sich des Äußeren rühmen und nicht des H.
	11,23	wer... und zweifelte nicht in seinem H.			6,11	unser H. ist weit geworden 12.13
Lk	1,17	zu bekehren die H. der Väter zu den Kindern			7,2	gebt uns Raum in euren H.
	51	zerstreut, die hoffärtig sind in ihres H. Sinn			3	daß ihr in unserm H. seid, mitzusterben
	66	alle, die es hörten, nahmen's zu H.			8,16	der dem Titus solchen Eifer ins H. gegeben
	2,19	behielt alle diese Worte und bewegte sie in ihrem H. 51			9,7	ein jeder, wie er sich in seinem H. vorgenommen
	35	damit vieler H. Gedanken offenbar werden		Gal	4,6	den Geist seines Sohnes gesandt in unsre H.
	3,15	als alle dachten in ihren H. von Johannes		Eph	1,18	er gebe euch erleuchtete Augen des H.
	8,12	der Teufel nimmt das Wort aus ihrem H.			3,17	daß Christus in euren H. wohne
	15	das Wort behalten in einem feinen, guten H.			4,18	sie sind entfremdet dem Leben durch die Verstockung ihres H.
	9,47	als Jesus den Gedanken ihres H. erkannte				
	12,34	wo euer Schatz ist, da wird auch euer H. sein				

Eph	5,19	singt dem Herrn in eurem H. Kol 3,16
	6,5	seid gehorsam euren irdischen Herren in Einfalt eures H.
	6	die den Willen Gottes tun von H.
	22	daß er eure H. tröste Kol 4,8
Phl	1,7	weil ich euch in meinem H. habe
	4,7	der Friede Gottes bewahre eure H. und Sinne
Kol	2,2	damit ihre H. gestärkt und zusammengefügt werden in der Liebe
	3,15	der Friede Christi regiere in euren H.
	22	in Einfalt des H. und in der Furcht des Herrn
	23	alles, was ihr tut, das tut von H. als dem Herrn
1Th	2,4	Gott, der unsere H. prüft
	17	von euch geschieden – nicht im H.
	3,13	damit eure H. gestärkt werden
2Th	2,17	der tröste eure H. und stärke euch
	3,5	der Herr richte eure H. aus auf die Liebe Gottes
1Ti	1,5	die Hauptsumme... ist Liebe aus reinem H.
2Ti	2,22	mit allen, die den Herrn anrufen aus reinem H.
Phm	7	weil die H. der Heiligen erquickt sind
	12	den sende ich dir wieder zurück und damit mein eigenes H.
	20	erquicke mein H. in Christus
1Pt	1,22	so habt euch untereinander lieb aus reinem H.
	3,4	(euer Schmuck soll sein) der verborgene Mensch des H.
	15	heiligt den Herrn Christus in euren H.
2Pt	1,19	bis der Morgenstern aufgehe in euren H.
	2,14	haben ein H. getrieben von Habsucht
1Jh	3,17	sieht seinen Bruder darben und schließt sein H. vor ihm zu
	19	unser H. vor ihm zum Schweigen bringen
	20	daß Gott größer ist als unser H.
	21	wenn uns unser H. nicht verdammt
Heb	3,10	immer irren sie im H.
	12	daß keiner unter euch ein böses H. habe
	4,12	und ist ein Richter der Gedanken des H.
	10,22	laßt uns hinzutreten mit wahrhaftigem H.
	13,9	ein köstlich Ding, daß das H. fest werde
Jak	1,26	hält seine Zunge nicht im Zaum, sondern betrügt sein H.
	3,14	habt ihr bittern Neid und Streit in eurem H.
	4,8	heiligt eure H., ihr Wankelmütigen
	5,5	ihr habt eure H. gemästet am Schlachttag
	8	seid auch ihr geduldig und stärkt eure H.
Jud	3	*da es mir sehr am H. lag*
Off	17,17	Gott hat's ihnen in ihr H. gegeben, nach seinem Sinn zu handeln
	18,7	sie spricht in ihrem H.

Herzeleid

1Mo	26,35	die machten Isaak und Rebekka lauter H.
	42,38	mit H. hinunter zu den Toten bringen 44,31
1Sm	1,16	hab aus Kummer und H. so lange geredet
Hi	21,17	daß Gott H. über sie austeilt
Ps	16,4	werden viel H. haben
	35,12	um mich in H. zu bringen
Spr	15,4	eine lügenhafte (Zunge) bringt H.
	19,13	ein törichter Sohn ist seines Vaters H.
Jes	65,14	ihr aber sollt vor H. schreien
Jer	2,19	was es für Jammer und H. bringt
	10,18	was hab ich für Jammer und H. 20,18
Sir	25,17	es ist kein Leiden so groß wie H.
	25,30	ein böses Weib schafft H. 26,8
	30,12	damit es nicht dir H. bereitet
	31,36	wenn man zuviel davon trinkt, bringt er H.
Bar	4,11	mit H. mußte ich sie ziehen lassen
1Ma	1,26	da herrschte überall in Israel großes H.
	6,10	ich kann keinen Schlaf mehr finden vor H.
	9,41	da wurde aus der Hochzeit H.
Rö	3,16	*auf ihren Wegen ist lauter H.*

herzen

1Mo	29,13	h. und küßte ihn 33,4; 48,10
2Kö	4,16	übers Jahr sollst du einen Sohn h.
Spr	4,8	dich zu Ehren bringen, wenn du sie h.
	5,20	und h. eine andere
Pr	3,5	h... aufhören zu h. hat seine Zeit
Hl	2,6	seine Rechte h. mich 8,3
Mk	9,36	er nahm ein Kind und h. es 10,16

Herzensangst

Wsh	5,3	sie werden in H. seufzen

Herzensgrund

Phl	1,8	wie mich nach euch allen verlangt von H.
1Pt	5,2	nicht um Gewinns willen, sondern von H.

Herzenslust

5Mo	12,15	darfst ganz nach H. schlachten 20.21
Jes	65,14	meine Knechte sollen vor H. jauchzen
Jer	49,9	Diebe sollen nach H. verwüsten
Sir	32,16	freue dich nach H., doch sündige nicht
1Th	2,8	so hatten wir H. an euch

herziehen

1Mo	32,19	Jakob z. hinter uns h. 33,14
2Mo	13,21	der HERR z. vor ihnen h. 14,19; Ps 68,8
	14,10	die Ägypter z. hinter ihnen h. 17
4Mo	10,33	die Lade des Bundes z. vor ihnen h.
1Sm	12,2	wird euer König vor euch h. 18,16
1Kö	6,21	z. goldene Riegel vor dem Chorraum h.
2Ch	20,21	Sänger, daß sie vor den Kriegsleuten h.
Pr	4,16	war kein Ende des Volks, vor dem er h.
Jes	52,12	der HERR wird vor euch h.
1Ma	2,32	da z. sie eilends hinter ihnen h.
2Ma	10,29	die z. vor den Juden h. 11,8

herzlich

2Ch	30,22	Hiskia redete h. zu allen Leviten
Ps	18,2	h. lieb habe ich dich, HERR
Hl	1,4	h. lieben sie dich
Jes	38,17	hast du dich meiner Seele h. angenommen
	63,15	deine große. h. Barmherzigkeit
Sir	18,11	darum erbarmt er sich umso h. über sie
Lk	1,78	(Vergebung ihrer Sünden) durch die h. Barmherzigkeit unseres Gottes
	22,15	mich hat h. verlangt, dies Passalamm zu essen
Rö	12,10	die brüderliche Liebe untereinander sei h.
2Ko	7,15	er ist überaus h. gegen euch gesinnt
Eph	4,32	seid untereinander freundlich und h.
Phl	2,1	ist bei euch h. Liebe und Barmherzigkeit
	20	ich habe keinen, der so h. für euch sorgen wird
Kol	3,12	so zieht nun an h. Erbarmen

herzlos

Spr 11,17   h. Mann schneidet sich ins eigene Fleisch

Herzog

Mt   2,6   aus dir soll mir kommen der H.
Heb 2,10   als den H. ihrer Seligkeit

herzubringen

2Mo 29,3   sollst es in dem Korbe h.
3Mo 1,5   die Priester sollen das Blut h.
       7,29   soll h., was dem HERRN gehört 30
       8,13   (Mose) b. h. Aarons Söhne 24
         18   (Mose) b. h. den einen Widder 22; 23,18
       9,15   (Aaron) b. h. die Opfergabe 16.17; 16,11.20
4Mo 3,6   b. den Stamm Levi h.
1Sm 14,34   da b. alles Volk noch in der Nacht h.
2Ch 29,21   sie b. h. sieben junge Stiere 31
Jer   4,6   ich b. von Norden Unheil h.
Mal   1,13   ihr b. h., was geraubt ist

herzudrängen

Lk   11,29   die Menge aber d.h.

herzueilen

5Mo 32,35   was über sie kommen soll, e. h.

herzufinden

Apg 17,17   er redete zu denen, die sich h.

herzuführen

2Mo 29,8   seine Söhne sollst du auch h. 40,14
         10   sollst den jungen Stier h. 3Mo 8,14
Jes 60,11   daß ihre Könige herzug. werden

herzukommen

4Mo 27,1   die Töchter Zelophhads k. h.
Ps   95,1   k. h., laßt uns dem HERRN frohlocken
Jes 34,1   k. h., ihr Heiden 45,20
      41,5   nahten sich und k. h.
Hes 37,9   Odem, k. h. von den vier Winden
Jo   4,9   laßt h. alle Kriegsleute
Mk   5,27   k. sie im Volk von hinten h.
     14,43   alsbald, während er noch redete, k.h. Judas
Apg   5,16   es k.h. viele aus den Städten
      21,33   als der Oberhauptmann nahe h.
      28,9   k. die h., die Krankheiten hatten

herzulaufen

2Kö 11,13   Geschrei des Volks, das h. 2Ch 23,12
Ps   59,5   sie l. h. und machen sich bereit
Jes   2,2   alle Heiden werden h. Mi 4,1
Mk   9,15   l.h. und grüßten ihn 25; Lk 12,1
     10,17   l. einer h., kniete vor ihm nieder

herzurufen

1Mo 20,9   Abimelech r. Abraham auch h.
Apg   2,39   so viele der Herr h. wird

herzutreten

1Mo 27,21   sprach Isaak zu Jakob: T. h., mein Sohn
      33,6   die Mägde t. h. mit ihren Kindern 7
      45,4   t. doch h. zu mir! Und sie t. h.
2Mo   3,5   Gott sprach: T. nicht h.
     12,48   alsdann t. er h., daß er (das Passa) halte
3Mo   8,6   Mose ließ h. Aaron und seine Söhne
       9,5   es t. h. die ganze Gemeinde
      21,17   der soll nicht h., um zu opfern 18.21
      22,3   wer v. euren Nachkommen h. zu dem Heiligen
5Mo   4,11   t. h. und standet unten an dem Berge
      20,2   soll der Priester h. und reden
      21,5   die Priester, die Leviten, sollen h.
Jos   7,16   Josua ließ Israel h. 14.17.18
      14,6   t. h. die von Juda zu Josua
      21,1   t. h. die Häupter der Sippen 1Sm 14,38; 2Sm 12,17; Jer 42,1
1Sm   3,10   da kam der HERR und t. h.
      12,16   so t. nun h. und seht
1Kö 18,36   t. der Prophet Elia h. 20,28
      22,24   da t. h. Zedekia 2Ch 18,23
2Kö   4,27   Gehasi t. h., um sie wegzustoßen
2Ch 29,31   t. h. und bringt die Schlachtopfer
Est   5,2   da t. Ester h.
Jes   41,1   sollen t. h. und dann reden 22
      57,3   t. h., ihr Söhne der Zauberin
Mt   8,19   es t. ein Schriftgelehrter h.
      25,20   da t.h., der... empfangen 22.24; Lk 19,16
      26,60   obwohl viele falsche Zeugen h.
      28,18   Jesus t.h. und sprach zu ihnen
Lk   23,36   die Soldaten t.h. und brachten ihm Essig
Apg   6,12   t.h. und ergriffen ihn

Heschbon(iter)

4Mo 21,25   Israel wohnte in H. 32,3.37; Jos 13,17.26; 21,39; Ri 11,26; 1Ch 6,66
         26   H. war die Stadt Sihons 27.34; 5Mo 1,4; 2,24. 26.30; 3,2.6; 4,46; 29,6; Jos 9,10; 12,2.5; 13,10. 21.27; Ri 11,19; Neh 9,22
         28   Feuer ist aus H. gefahren 30; Jer 48,45
Hl   7,5   deine Augen sind wie Teiche von H.
Jes   15,4   H. und Elale schreien 16,9; Jer 48,34
       16,8   die Fluren von H. sind wüst geworden
Jer   48,2   der Stolz Moabs auf H. 45
       49,3   heule, H.! denn Ai ist verwüstet
Jdt   5,18   erschlugen sie alle Mächtigen von H.

Heschmon

Jos 15,27   (Städte des Stammes Juda:) H.

Hesed

1Kö   4,10   der Sohn H. in Arubbot

Hesekiel

Hes   1,3   geschah das Wort des HERRN zu H.
      24,24   so soll H. ein Wahrzeichen sein
Sir 49,10   H. schaute die Herrlichkeit des Herrn

Hesir

1Ch 24,15   [1]das 17. (Los fiel) auf H.
Neh 10,21   [2](die Oberen des Volks sind:) H.

Hesjon

1Kö 15,18 Tabrimmons, des Sohnes H.

Hesli, *Esli*

Lk 3,25 Nahum war ein Sohn H.

Het, Hetiter, Hetiterin

1Mo 10,15 Kanaan zeugte H. 1Ch 1,13
    15,20 (deinen Nachkommen will ich geben:) die H. 2Mo 3,8.17; 13,5; 23,23.28; 33,2; 34,11; 5Mo 7,1; Jos 1,4; 3,10; 24,11; Neh 9,8
    23,3 (Abraham) redete mit H. 5.7.10.16.18.20
    25,9 begruben ihn auf dem Acker Efrons, des H. 10; 49,29.30.32; 50,13
    26,34 Esau nahm zur Frau die Tochter des H. 36,2
    27,46 wenn Jakob eine Frau nimmt von den H.
4Mo 13,29 die H. wohnen auf dem Gebirge
5Mo 20,17 den Bann vollstrecken an den H.
Jos 9,1 als das hörten... die H.
    11,3 (Jabin sandte) zu den H.
    12,8 was an den Abhängen war, die H.
Ri 1,26 da zog der Mann ins Land der H.
    3,5 die *Israeliten wohnten unter den H.
1Sm 26,6 David sprach zu Ahimelech, dem H.
2Sm 11,3 Batseba, die Frau Urias, die H. 6.17.21.24; 12,9.10; 23,39; 1Kö 15,5; 1Ch 11,41
    24,6 kamen nach Gilead und zum Land der H.
1Kö 9,20 Volk, das übrig war von den H. 2Ch 8,7
    10,29 Wagen... an alle Könige der H. 2Ch 1,17
2Kö 7,6 verbündet mit den Königen der H.
Esr 9,1 haben sich nicht abgesondert von den H.
Hes 16,3 deine Mutter (war) eine H. 45
Jdt 5,18 erschlugen sie die Könige der H.

hetitisch

1Kö 11,1 Salomo liebte h. (Frauen)

Hetlon, *Hethlon*

Hes 47,15 ist die Grenze... auf H. zu 48,1

hetzen

Jes 19,2 ich will die Ägypter gegeneinander h.
Sir 28,11 h. gegeneinander, die in Frieden leben

Heu

1Ko 3,12 wenn jemand auf den Grund baut H.

Heuchelei

Ps 12,4 der HERR wolle ausrotten alle H.
Jer 3,10 bekehrt sich Juda nur mit H.
    4,2 wenn du ohne H. schwörst
Sir 1,35 suche nicht Ruhm bei den Leuten durch H.
    15,20 er weiß, was recht getan oder H. ist
Mt 23,28 innen seid ihr voller H.
Mk 12,15 er aber merkte ihre H.
Lk 12,1 Sauerteig der Pharisäer, das ist die H.
1Ti 4,2 verleitet durch H. der Lügenredner
1Pt 2,1 legt ab H. und Neid
Jak 3,17 die Weisheit von oben her ist ohne H.

heucheln

Ps 5,10 mit ihren Zungen h. sie
    12,3 h. und reden aus zwiespältigem Herzen
2Ma 6,24 will... übel anstehen, daß ich h. 25
Gal 2,13 mit ihm h. auch die andern Juden

Heuchler

Jes 33,14 Zittern hat die H. befallen
Sir 15,8 die H. wissen nichts von (Weisheit)
    33,2 ein H. treibt umher wie ein Schiff
Mt 6,2 wie es die H. tun in den Synagogen
    5 wenn ihr betet, sollt ihr nicht sein wie die H. 16
    7,5 du H., zieh zuerst den Balken aus deinem Auge Lk 6,42
    15,7 ihr H., wie fein hat Jesaja von euch geweissagt Mk 7,6
    22,18 ihr H., was versucht ihr mich
    23,13 weh euch, Schriftgelehrte und Pharisäer, ihr H. 15.23.25.27.29; Lk 12,56; 13,15
    24,51 er wird ihm sein Teil geben bei den H.

heulen

Ps 55,3 wie ich so ruhelos klage und h. 18
    59,7 h. wie die Hunde 15
    102,6 mein Gebein klebt an meiner Haut vor H.
    137,3 hießen uns in unserm H. fröhlich sein
Jes 13,6 h., denn des HERRN Tag ist nahe
    22 wilde Hunde werden in ihren Palästen h.
    14,31 h., Tor! Schreie, Stadt
    15,2 Moab h. über Nebo 3; 16,7
    23,1 h., ihr Tarsisschiffe 6.14
    65,14 ihr aber sollt vor Jammer h.
Jer 3,21 man hört ein klägliches H.
    4,8 zieht den Sack an, klagt und h. 49,3
    9,9 ich muß weinen und h. 48,31; Mi 1,8
    25,34 h. und schreit 36; 48,20; Hes 21,17; 30,2; Jo 1,5.8.11.13; Ze 1,11
    46,12 deines H. ist das Land voll 47,2; 48,39
    51,8 h. über Babel, bringt Balsam
Am 8,3 die Lieder sollen in H. verkehrt werden
Sa 11,2 h., ihr Zypressen... h., ihr Eichen Baschans
    3 man hört die Hirten h.
Jdt 7,18 darauf weinte und h. das ganze Volk
    14,13 da schrie und h. (Bagoas) laut
    16,13 das ganze Heer der Assyrer h.
Wsh 17,19 die grausamen wilden Tiere h.
Bar 6,32 h. und schreien vor ihren Götzen
1Ma 9,41 da wurde aus dem Pfeifen H.
Mt 2,18 *zu Rama... viel Weinen und H.*
    8,12 da wird sein H. und Zähneklappern 13,42.50; 22,13; 24,51; 25,30; Lk 13,28
    24,30 *werden h. alle Geschlechter auf Erden*
Mk 5,38 sah... wie sehr sie weinten und h.
Lk 6,25 *ihr werdet weinen und h.* Jh 16,20
Jak 5,1 ihr Reichen: Weint und h. über das Elend

heurig

Hl 7,14 edle Früchte, h. und auch vorjährige

Heuschrecke

2Mo 10,4 will H. kommen lassen 12.13.19
3Mo 11,22 von diesen könnt ihr essen die H.
4Mo 13,33 wir waren in unsern Augen wie H.
5Mo 28,38 die H. werden's abfressen

Heuschrecke

Ri	6,5	wie eine große Menge H. 7,12; Jer 46,23; 51,14.27; Nah 3,15.17
1Kö	8,37	wenn H. im Lande 2Ch 6,28; 7,13
Hi	39,20	kannst du es springen lassen wie die H.
Ps	78,46	gab ihre Saat den H.
	105,34	er gebot, da kamen H. geflogen
	109,23	ich werde abgeschüttelt wie H.
Spr	30,27	die H. - sie haben keinen König
Pr	12,5	wenn die H. sich belädt
Jes	33,4	wird man Beute wegraffen, wie die H.
	40,22	die darauf wohnen, sind wie H.
Jo	1,4	was die Raupen übrigl., fressen die H.
	2,25	deren Ertrag die H. gefressen haben
Am	7,1	da war einer, der machte H.
Jdt	2,11	die den Erdboden bedeckten wie H.
Wsh	16,9	über die Ägypter kam durch H. Tod
Sir	43,19	Schnee fällt herab, wie H.
Mt	3,4	seine Speise H. und wilder Honig Mk 1,6
Off	9,3	aus dem Rauch kamen H. auf die Erde 7

heute

1Mo	4,14	treibst mich h. vom Acker
	7,4	von h. an in 7 Tagen will ich regnen lassen
	21,26	noch hab ich's gehört bis h.
	22,14	daher man noch h. sagt
	24,12	laß es mir h. gelingen 42; Neh 1,11
	25,31	verkaufe mir h. deine Erstgeburt
	30,32	will h. durch deine Herden gehen
	31,43	was kann ich h. für meine Töchter tun
	48	der Steinhaufe sei h. Zeuge
	40,7	warum seid ihr h. so traurig
	41,9	muß h. an meine Sünden denken
	47,23	hab h. euer Feld für den Pharao gekauft
2Mo	2,18	warum seid ihr h. so bald gekommen
	5,14	warum habt ihr nicht auch h. euer Tagewerk
	9,18	von der Zeit, als es gegründet, bis h.
	13,4	h. zieht ihr aus, im Monat Abib
	14	wenn dich h. dein Sohn fragen wird
	14,13	was der HERR h. an euch tun wird
	16,25	eßt dies h., denn h. ist der Sabbat
	19,10	heilige sie h. und morgen
	32,29	füllet h. eure Hände... h. Segen gegeben
	34,11	halte, was ich dir h. gebiete 5Mo 4,40; 6,6; 7,11; 8,1.11; 10,13; 11,8.13.27.28; 13,19; 15,5; 19,9; 26,16; 27,1.10; 28,1.13-15; 30,2.8.11.16
3Mo	9,4	h. wird euch der HERR erscheinen
	10,19	haben sie ihr Sündopfer geopfert
5Mo	1,10	zahlreich, daß ihr h. seid wie Sterne
	2,18	h. durch das Gebiet der Moabiter ziehen
	25	von h. an will ich Furcht auf Völker legen
	30	so wie es h. ist 6,24; 8,18; 10,15; 29,27; 1Kö 8,61; 14,14; 1Ch 28,7; 2Ch 6,15; Esr 9,7.15; Neh 9,10; Jer 11,5; 32,20; 44,6.22.23; Dan 9,15
	4,4	ihr... lebt alle h. noch
	8	Gesetz, das ich euch h. vorlege 5,1; 11,32
	26	rufe h. Himmel und Erde zu Zeugen 30,19
	39	sollst h. wissen 9,3
	5,3	mit uns, die wir h. hier sind 29,14
	24	h. haben wir gesehen, daß Gott... redet
	8,19	so bezeuge ich euch h. 32,46
	9,1	wirst h. über den Jordan gehen
	11,2	erkennt h., was eure Kinder nicht wissen
	26	lege euch h. vor Segen und Fluch 30,15
	12,8	sollt es noch so halten, wie es h. hier
	15,15	darum gebiete ich dir solches h. 27,4
	20,3	ihr zieht h. in den Kampf
	26,3	ich bekenne h. dem HERRN
	17	hast dir h. vom HERRN sagen lassen 18
	29,9	ihr steht h. vor dem HERRN, eurem Gott
5Mo	29,11	Eid, den der HERR dir h. auflegt 12.14
	17	dessen Herz sich h. abwendet von dem HERRN Jos 22,16.18.29
	30,18	verkünde ich euch h. Sa 9,12
	31,2	bin h. 120 Jahre alt Jos 14,10; 2Sm 19,36
Jos	3,7	h. will ich anfangen, dich groß zu machen
	5,9	h. habe ich die Schande von euch abgewälzt
	8,28	Schutthaufen, der noch h. daliegt
	14,11	bin noch h. so stark, wie ich war
	22,22	so helfe er uns h. nicht
	31	h. erkennen wir, daß der HERR unter uns
	23,14	ich gehe h. dahin wie alle Welt
	24,15	wählt euch h., wem ihr dienen wollt
Ri	9,18	euch h. gegen meines Vaters Haus aufgelehnt
	19	habt ihr nun h. recht gehandelt
	10,15	nur errette uns h.
	11,27	der HERR richte h. zwischen Israel und
	13,10	der Mann, der h. Nacht zu mir kam
	21,3	daß h. Israel um einen Stamm weniger 6
Rut	2,19	wo hast du h. gelesen
	3,18	er bringe es h. zu Ende
	4,9	Boas sprach: Ihr seid h. Zeugen 10
1Sm	4,3	warum hat uns der HERR h. geschlagen 16
	9,12	er ist h. in die Stadt gekommen
	19	ihr sollt h. mit mir essen
	10,19	ihr habt h. euren Gott verworfen
	11,13	der HERR hat h. Heil gegeben
	12,5	Zeuge (ist) h. auch sein Gesalbter
	14,28	verflucht sei, der h. etwas ißt 30
	38	an wem h. die Schuld liegt 41.45
	15,28	hat das Königtum h. von dir gerissen
	17,10	habe h. dem Heere Israels hohngesprochen
	46	h. wird dich der HERR in meine Hand geben
	18,21	in 2 Jahren mein Schwiegersohn werden
	20,27	nicht gekommen, weder gestern noch h.
	21,6	wieviel mehr werden sie h. rein sein
	22,15	hab ich denn h. erst angefangen
	24,11	h. gesehen, daß dich der HERR in meine Hand gegeben hat 26,8.21.23.24; 1Kö 20,13
	19	du hast mir h. gezeigt 20
	25,32	der HERR, der dich h. entgegengesandt 33
	26,19	verflucht, weil sie mich h. verstoßen
	27,10	wo seid ihr h. eingefallen
	29,3	habe nichts an ihm gefunden... bis h. 6.8
2Sm	2,27	hätte schon h. morgen jeder abgelassen
	3,8	h. erweise ich mich freundlich
	39	ich aber bin h. noch schwach
	4,8	der HERR hat h. den König gerächt
	6,20	wie herrlich ist h. der König gewesen
	11,12	David sprach zu Uria: Bleib h. hier
	14,22	h. erkennt dein Knecht, daß ich Gnade gef.
	15,20	gestern bist du gekommen, h. sollte
	16,3	h. wird mir das Haus Israel zurückgeben
	18,20	h. nicht der Mann für gute Botschaft 31
	19,6	du hast h. schamrot gemacht alle 7
	21	ich bin h. als erster gekommen 23
1Kö	1,25	er ist h. hinabgegangen und hat geopfert
	30	will h. tun, wie ich dir geschworen
	48	der h. einen meiner Söhne auf meinen Thron
	51	der König schwöre mir h.
	2,24	h. noch soll Adonija sterben
	26	ich will dich h. nicht töten
	5,21	gelobt sei der HERR h.
	8,28	hörest das Flehen d. Knechts h. vor dir
	12,7	wirst h. diesem Volk einen Dienst tun
	18,15	will mich ihm h. zeigen
	36	h. kundwerden, daß du Gott in Israel bist
2Kö	2,3	h. deinen Herrn von dir hinwegnehmen 5

2Kö	4,23	ist doch h. weder Neumond noch Sabbat	Jak	4,13	h. oder morgen in die oder die Stadt gehen

2Kö 4,23 ist doch h. weder Neumond noch Sabbat
 6,28 gib deinen Sohn her, daß wir ihn h. essen
 31 wenn das Haupt Elisas h. auf ihm bleiben
1Ch 29,5 wer ist willig, h. seine Hand zu füllen
Neh 5,11 gebt ihnen noch h. ihre Äcker
 9,36 wir sind h. Knechte
Est 5,4 komme der König h. zu dem Mahl
Hi 23,2 auch h. lehnt sich meine Klage auf
Ps 2,7 h. habe ich dich gezeugt Apg 13,33; Heb 1,5; 5,5
 95,7 wenn ihr doch h. auf seine Stimme hören wolltet Heb 3,7.15; 4,7
 119,91 sie steht noch h. nach deinen Ordnungen
Spr 7,14 h. habe ich meine Gelübde erfüllt
 22,19 erinnere ich daran h. gerade dich
Jes 10,32 noch h. wird er haltmachen in Nob
 38,19 loben dich so wie ich h.
 56,12 es soll morgen sein wie h.
Jer 1,10 setze dich h. über Völker und Königreiche
 18 ich will dich h. zur ehernen Mauer machen
 40,4 ich mache dich h. los von den Fesseln
 42,19 daß ich euch h. gewarnt habe 21
Dan 9,7 wir müssen uns alle h. schämen
Hos 7,5 h. ist unseres Königs Fest
Jdt 7,17 wir bezeugen h. vor Himmel und Erde
 13,22 der h. unsre Feinde zuschanden gemacht
Tob 7,10 ich will h. weder essen noch trinken
Sir 10,12 h. König, morgen tot 1Ma 2,63
 20,16 h. leiht er, morgen will er's wieder haben
 38,23 gestern war's mir, h. ist's an dir
1Ma 3,17 auch sind wir h. matt vom Fasten
 4,10 wird unsre Feinde h. vernichten 7,42
StD 3,16 wollest unser Opfer h. gelten lassen
Mt 6,11 unser tägliches Brot gib uns h.
 30 Gras, das h. steht und morgen Lk 12,28
 11,12 bis h. leidet das Himmelreich Gewalt
 16,3 es wird h. ein Unwetter kommen
 21,28 geh hin und arbeite h. im Weinberg
 27,19 ich habe h. viel erlitten im Traum
Mk 14,30 h., in dieser Nacht, ehe der Hahn
Lk 2,11 euch ist h. der Heiland geboren
 4,21 h. ist dieses Wort der Schrift erfüllt
 5,26 wir haben h. seltsame Dinge gesehen
 13,32 ich treibe böse Geister aus h. und morgen
 33 doch muß ich h. und morgen noch wandern
 19,5 ich muß h. in deinem Haus einkehren
 9 h. ist diesem Hause Heil widerfahren
 22,34 der Hahn wird h. nicht krähen, ehe 61
 23,43 h. wirst du mit mir im Paradies sein
 24,21 über das alles ist h. der dritte Tag
Jh 5,10 es ist h. Sabbat
Apg 4,9 wenn wir h. verhört werden wegen
 13,33 du bist mein Sohn, h. habe ich dich gezeugt Heb 1,5; 5,5
 22,3 ein Eiferer für Gott, wie ihr es h. alle seid
 24,21 um der Auferstehung der Toten willen werde ich von euch h. angeklagt
 26,2 daß ich mich h. vor dir verantworten soll
 29 alle, die mich h. hören, das würden, was ich
 27,33 es ist h. der vierzehnte Tag, daß ihr wartet
1Ko 4,13 sind geworden jedermanns Kehricht, bis h.
 15,6 von denen die meisten noch h. leben
Phl 1,5 für eure Gemeinschaft am Evangelium vom ersten Tage an bis h.
Heb 3,7 h., wenn ihr seine Stimme hören werdet 15; 4,7
 13 ermahnt euch alle Tage, solange es „h." heißt
 4,7 bestimmt er abermals einen Tag, ein „H."
 13,8 Jesus Christus gestern und h. und derselbe auch in Ewigkeit

Jak 4,13 h. oder morgen in die oder die Stadt gehen

heutig

1Mo 19,37 bis auf den h. Tag 38; 26,33; 32,33; 5Mo 3,14; 29,3; 34,6; Jos 4,9; Ri 6,24; 15,19; 2Sm 4,3; Jer 3,25; 11,7; Hes 2,3; 20,31; Jdt 16,31; Sir 47,8; Mt 11,23; 27,8; 28,15; Apg 2,29; 26,22; Rö 11,8; 2Ko 3,14.15
3Mo 8,34 wie es am h. Tage geschehen ist
5Mo 27,9 am h. Tage bist du ein Volk des HERRN
Jos 22,3 eure Brüder bis zum h. Tag nicht verlassen
 17 Schuld, von der wir bis zum h. Tag nicht
2Sm 16,12 mit Gutem vergelten sein h. Fluchen
Est 9,13 tun nach dem Gesetz für den h. Tag
Bar 1,13 nicht von uns gewandt bis auf den h. Tag
 19 bis auf den h. Tag sind wir ungehorsam
Apg 19,40 wegen der h. Empörung verklagt zu werden
 20,26 darum bezeuge ich euch am h. Tage

heutigentags

Ri 1,26 (Lus) heißt noch h. so
Jer 25,18 wie es denn h. steht
 44,2 Städte in Juda; h. sind sie wüst

Hezro

2Sm 23,35 H., der Karmeliter 1Ch 11,37

Hezron, Hezroniter

1Mo 46,2 ¹Söhne Rubens: H. 2Mo 6,14; 4Mo 26,6
 46,12 ²Söhne des Perez: H. 4Mo 26,21; Rut 4,18.19; 1Ch 2,5.9.18.21.24.25; Mt 1,3; Lk 3,33
Jo 15,3 ³(seine Südgrenze) führt bis nach H.

Hiddai

2Sm 23,30 H., aus Nahale-Gaasch 1Ch 11,32

Hiël

1Kö 16,34 baute H. von Bethel Jericho auf

hier

1Mo 19,9 bist der einzige Fremdling h. 12.15
 22,1 h. bin ich 7.11; 27,1.18; 31,11; 37,13; 46,2; 2Mo 3,4; 1Sm 3,4-6.8.16; 12,3; 22,12; 2Sm 1,7; 9,6; 15,26; Jes 6,8; 8,18; Apg 9,10
 7 h. ist Feuer und Holz
 24,13 ich stehe h. bei dem Wasserbrunnen 43
 28,17 h. ist nichts anderes als Gottes Haus und h. ist die Pforte des Himmels
 32,3 h. ist Gottes Heerlager
 11 als ich h. über den Jordan ging 5Mo 3,27; 31,2; Jos 1,11
2Mo 8,21 opfert eurem Gott h. im Lande
 10,24 nur eure Schafe und Rinder laßt h.
 11,1 von h. wegziehen... von h. vertreiben 35,15
 14,20 dort finster, h. erleuchtete sie die Nacht
4Mo 11,3 weil h. das Feuer aufgelodert war
 14,40 h. sind wir und wollen hinaufziehen
 20,4 h. sterben 21,5
 23,1 baue mir h. sieben Altäre 29
5Mo 5,3 mit uns, die wir heute h. sind 29,14
 31 sollst h. vor mir stehen bleiben 2Sm 20,4
 12,8 sollt es nicht so halten, wie wir h. tun
 22,17 h. sind die Zeichen der Jungfräulichkeit

hier

Ri	4,20	fragt, ob jemand h. sei, so sprich
	7,20	h. Schwert des HERRN und Gideons
	8,15	h. sind Sebach und Zalmunna
	13,15	wir möchten dich gern h. behalten 16
1Sm	9,11	ist der Seher h. 18
	21,9	ist nicht h. bei dir ein Schwert 10
	24,12	sieh doch h. den Zipfel deines Rocks
2Sm	5,6	du wirst nicht h. hereinkommen
	15,14	h. wird kein Entrinnen sein vor Absalom
	18,31	h. gute Botschaft, mein Herr und König
1Kö	2,30	nein, h. will ich sterben
	8,30	wenn sie h. bitten an dieser Stätte
	18,10	wenn sie sprachen: (Elia) ist nicht h.
	19,9	was machst du h., Elia 13
	22,7	ist h. kein Prophet des HERRN 8; 2Kö 3,11; 2Ch 18,6.7
2Kö	7,13	wie der Menge, die h. noch übriggeblieben
	9,32	wer hält's h. mit mir
1Ch	22,1	h. soll das Haus Gottes sein Esr 5,11
Esr	9,15	h. sind wir vor dir in unserer Schuld
	10,13	es ist viel Volk h.
Hi	31,35	h. meine Unterschrift
	38,11	sollen sich legen deine stolzen Wellen
	35	die Blitze sprechen zu dir: H. sind wir
Ps	22,12	es ist h. kein Helfer
	87,4	die wird h. geboren 6
	132,14	h. will ich wohnen Hes 43,7; 48,35
Spr	9,4	wer noch unverständig ist, kehre h. ein 16
Jes	8,10	denn h. ist Immanuel
	14,32	h. werden die Elenden Zuflucht haben
	28,10	ein wenig, da ein wenig 13
	52,5	was habe ich h. zu schaffen
	6	der da spricht: H. bin ich 58,9; 65,1
Jer	7,4	wenn sie sagen: H. ist des HERRN Tempel
	44,14	nach Ägyptenland, um h. zu wohnen
Hes	8,6	Greuel, die das Haus Israel h. tut 9.17
	13,15	h. ist weder Wand noch Tüncher
	16,28	wurdest auch h. nicht satt
	40,4	damit du, was du h. siehst, verkündigest
Nah	2,10	h. ist der Schätze kein Ende
Hab	2,1	h. stehe ich auf meiner Warte
Sa	3,7	Zugang geben mit diesen, die h. stehen
Jdt	13,27	sieh h. den Kopf des Holofernes
Tob	6,12	h. wohnt ein Mann, der heißt Raguël
	14,12	liebe Kinder, bleibt nicht h. in Ninive
Sir	31,13	denke nicht: H. gibt's viel zu fressen
Bar	3,35	(antworteten sie:) H. sind wir
Mt	12,6	h. ist Größeres als der Tempel
	41	siehe, h. ist mehr als Jona 42; Lk 11,31.32
	14,17	wir haben h. nichts als fünf Brote
	16,28	es stehen einige h. Mk 9,1; Lk 9,27
	17,4	Herr, h. ist gut sein Mk 9,5; Lk 9,33
	22,12	Freund, wie bist du h. hereingekommen
	24,2	h. nicht ein Stein auf dem andern bleiben
	23	siehe, h. ist der Christus Mk 13,21
	26,36	setzt euch h., solange ich bete *Mk 14,32*
	28,6	er ist nicht h. Mk 16,6; Lk 24,6
Mk	6,3	sind nicht seine Schwestern bei uns
Lk	4,23	tu so auch h. in deiner Vaterstadt
	6,21	*die ihr h. hungert... die ihr h. weinet* 25
	15,17	ich verderbe h. im Hunger
	16,25	nun wird er h. getröstet
	17,21	man wird nicht sagen: Siehe, h. ist es 23
	18,6	*höret h., was der ungerechte Richter sagt*
	19,20	Herr, siehe, h. ist dein Pfund
	22,38	Herr, siehe, h. sind zwei Schwerter
Jh	4,37	denn h. ist der Spruch wahr
	11,21	wärst du h. gewesen, mein Bruder 32
Apg	10,33	nun sind wir alle h. vor Gott zugegen
	24,19	die sollten jetzt h. sein vor dir
Apg	26,6	stehe h. und werde angeklagt 22
Rö	3,22	denn es ist h. kein Unterschied 10,12
	8,33	Gott ist h., der gerecht macht
	34	Christus Jesus ist h., der gestorben ist
1Ko	16,17	sie haben mir euch, dir ihr nicht h. sein könnt
	21	hier mein, des Paulus, eigenhändiger Gruß
2Ko	3,10	*gegen die Herrlichkeit h.*
Gal	3,28	h. ist nicht Jude noch Grieche, h. ist nicht
Phl	1,16	zur Verteidigung des Evangeliums h. liege
Heb	2,13	siehe, h. bin ich
	13,14	wir haben h. keine bleibende Stadt
Off	13,10	h. ist Geduld und Glaube der Heiligen 14,12
	18	h. ist Weisheit

Hierapolis

Kol	4,13	daß er viel Mühe hat um die in H.

hierbleiben

1Mo	22,5	b. ihr h. mit dem Esel 2Mo 24,14
	44,33	laß deinen Knecht h. als Sklaven
2Mo	9,28	daß ihr nicht länger h. müßt
4Mo	22,8	b. h. über Nacht 19; 2Sm 11,12; 2Kö 2,2.4.6
	32,6	und ihr wollt h.
2Kö	7,3	was sollen wir h., bis wir sterben 4
Jer	40,10	(Gedalja sprach:) ich b. h. in Mizpa
Mt	26,38	b.h. und wacht mit mir Mk 14,34

hierher

1Mo	45,5	daß ihr mich h. verkauft habt 13
4Mo	14,19	wie du vergeben hast bis h.
Jos	8,22	gerieten unter Israel, von h. und dorther
Ri	14,15	habt ihr uns h. geladen, um uns arm zu m.
1Sm	7,12	bis h. hat uns der HERR geholfen
	14,36	laßt uns erst h. vor Gott treten
2Sm	7,18	daß du mich bis h. gebracht 1Ch 17,16
	15,19	bist von deiner Heimat h. gezogen
	19,8	alles Übel, von deiner Jugend auf bis h.
Hi	38,11	bis h. sollst du kommen und nicht weiter
Mt	11,12	*bis h. leidet das Himmelreich Gewalt*
Apg	9,17	Jesus, der dir auf dem Wege h. erschienen ist
	17,6	diese sind jetzt auch h. gekommen
Phl	1,5	*vom ersten Tage an bis h.*
Jak	2,3	setze du dich h. auf den guten Platz

hierherbringen

Ri	18,3	wer hat dich hierherg.
2Ch	28,13	sollt die Gefangenen nicht h.
Esr	4,2	der uns hierherg. hat
Hes	40,4	dazu bist du hierherg.
StE	3,11	niemals gefreut, seit ich hierherg. worden
Mt	17,17	b. ihn mir h.

hierherkommen

1Mo	15,16	sollen nach vier Menschenaltern h.
Ri	16,2	Simson ist hierherg.
Rut	2,14	k. h. und iß vom Brot
1Sm	16,11	werden uns nicht niedersetzen, bis er h.
2Sm	14,32	warum bin ich von Geschur hierherg.
	20,16	k. h., ich will mit dir reden
2Kö	8,7	der Mann Gottes ist hierherg.
Jer	31,8	daß sie wieder h. sollen
Apg	9,21	ist er nicht deshalb hierherg.

Himmel

Hieronymus
2Ma 12,2 von den Unterbefehlshabern H.

Hilfe
1Mo 4,1 einen Mann gewonnen mit H. des HERRN
2Mo 18,4 Gott meines Vaters ist meine H. gewesen
5Mo 33,7 sei ihm H. wider seine Feinde
     26 der am Himmel daherfährt dir zur H.
     29 den HERRN, der deiner H. Schild ist
Ri 5,23 daß sie nicht kamen dem HERRN zu H.
1Sm 11,9 morgen soll euch H. werden
2Sm 10,11 so komm mir zu H. 1Ch 19,12
     19,29 zum König um H. zu schreien
1Kö 20,16 die ihm zu H. gekommen waren
2Ch 20,17 seht die H. des HERRN, der mit euch ist
Est 4,14 wird eine H. den Juden erstehen
Hi 5,4 seinen Kindern bleibt H. fern
     6,13 hab ich denn keine H. mehr
     26,4 mit wessen H. redest du
     35,9 man ruft um H. vor dem Arm der Großen
Ps 3,3 er hat keine H. bei Gott
     9 bei dem HERRN findet man H.
     9,15 fröhlich über deine H. 21,2; 35,9
     12,6 ich will H. schaffen
     14,7 daß die H. aus Zion über Israel käme 53,7
     20,3 er sende dir H. vom Heiligtum
     21,6 er hat große Herrlichkeit durch deine H.
     22,2 ich schreie, aber meine H. ist ferne
     27,9 du bist meine H. 62,3.7; 140,8
     28,8 ist H. und Stärke für seinen Gesalbten
     33,20 er ist uns H. und Schild 115,9-11
     35,3 sprich zu mir: Ich bin deine H.
     38,23 eile, mir beizustehen, Herr, meine H.
     42,6 daß er meines Angesichts H. ist 12; 43,5
     44,5 der du Jakob H. verheißest 146,5
     46,2 Gott ist eine H. in den großen Nöten
     51,14 erfreue mich wieder mit deiner H.
     69,14 erhöre mich mit deiner treuen H.
     30 deine H. schütze mich
     72,12 wird den Armen erretten, der um H. schreit
     74,12 der alle H. tut, die auf Erden geschieht
     77,2 ich schreie um H.
     78,22 weil sie nicht hofften auf seine H.
     80,3 komm uns zu H.
     85,10 ist seine H. nahe denen, die ihn fürchten
     106,4 erweise an uns deine H.
     119,41 laß mir widerfahren deine H.
     147 ich komme in der Frühe und rufe um H.
     121,1 woher kommt mir H.
     2 meine H. kommt vom HERRN
     124,8 unsre H. steht im Namen des HERRN
     144,2 meine H. und meine Burg
Spr 6,15 und keine H. ist da
     11,14 wo viele Ratgeber sind, findet sich H.
     13,17 ein getreuer Bote bringt H.
     29,1 wird plötzlich verderben ohne alle H.
Jes 10,3 zu wem wollt ihr fliehen um H. 20,6
     30,5 weder zur H. noch sonst zu Nutz
     31,1 die hinabziehen nach Ägypten um H.
     2 sich aufmachen wider die H. der Übeltäter
     38,13 bis zum Morgen schreie ich um H.
Jer 3,23 hat Israel keine H. als am HERRN
     8,20 uns ist keine H. gekommen
     15,11 will euch zu H. kommen in der Not
     37,7 Heer des Pharao, euch zu H. ausgezogen
Klg 3,26 köstl. Ding, auf die H. des HERRN hoffen
     4,6 keine Hand kam zu H.
     17 blickten aus nach nichtiger H.
Dan 10,13 Michael kam mir zu H.
     11,34 wird ihnen eine kleine H. zuteil werden
Nah 3,9 Put und Libyen waren ihre H.
Jdt 6,20 beteten um H. von Gott 8,16; 1Ma 3,44
     7,14 wir haben keine H. zu erwarten
     22 laßt uns auf H. von Gott warten
     9,3 alle H. hast du erdacht und gebracht
Wsh 13,16 es ist ein Bild und bedarf der H.
     18 er fleht zu dem Unfähigsten um H.
     16,9 sie konnten keine H. für ihr Leben finden
Tob 4,20 daß alles durch seine H. gelingt
Sir 8,19 wenn du keine H. hast, bringt er dich um
     11,12 mancher... der H. nötig hätte
     40,27 man braucht keine H.
     51,2 daß du mein Schutz und meine H. bist
     10 ich suchte H. bei den Menschen
Bar 4,24 werden bald die H. eures Gottes sehen
1Ma 5,12 bitten dich, uns zu H. zu kommen 8,1.25.27
     12,14 haben euch nicht um H. bitten wollen
     15 wir haben H. vom Himmel gehabt
2Ma 3,29 er war jeder H. beraubt
     8,23 die Losung: Gott unsre H.
     35 wurde durch die H. des Herrn gedemütigt
     9,2 die Einwohner suchten H. bei den Waffen
     12,11 Judas behielt durch Gottes H. den Sieg
     13,13 wollte die Sache mit Gottes H. enden
     15,8 sollten an die H. denken, die
StE 3,10 ich habe keine andre H. als dich, Herr
Apg 26,22 Gottes H. habe ich erfahren
Heb 4,16 Gnade finden, wenn wir H. nötig haben

hilflos
Wsh 12,6 die als Eltern ihre h. Kinder töteten
Sir 51,14 wenn ich den Überheblichen gegenüber h. bin

Hilfstruppe
Jdt 3,7 er nahm sie in seine H. auf
     7,2 dazu die H., die er ausgehoben hatte

Hilkija
2Kö 22,4 zu dem Hohenpriester H. 8.10.12.14; 23,4.24; 2Ch 34,9-22; 35,8
1Ch 5,39 Schallum zeugte H. 9,11; Esr 7,1; Neh 11,11; Bar 1,7
     weitere Träger ds. Namens
     2Kö 18,18.26.37; Jes 22,20; 36,3.22/ 1Ch 6,30/ 26,11; Neh 8,4/ 12,7.21; Bar 1,1/ Jer 1,1/ 29,3/ Jdt 8,1/ StD 1,2.29.63

Hillel
Ri 12,13 Abdon, ein Sohn H. aus Piraton

Himmel
1Mo 1,1 am Anfang schuf Gott H. und Erde 14,19.22; 2Kö 19,15; 1Ch 16,26; 2Ch 2,11; Neh 9,6; Ps 96,5; Jes 37,16; 45,18
     8 Gott nannte die Feste H. 14.15.17
     9 sammle sich das Wasser unter dem H.
     20 Vögel sollen fliegen unter der Feste des H. 26.28.30; 2,19.20; 6,7; 7,3.23; 9,2; Ps 8,9; Dan 2,38
     2,1 so wurden vollendet H. und Erde 4
     6,17 zu verderben alles Fleisch unter dem H.
     7,11 taten sich die Fenster des H. auf 8,2

Himmel

1Mo	7,19	alle hohen Berge unter dem ganzen H.
	11,4	dessen Spitze bis an den H. reiche
	15,5	sieh gen H. und zähle die Sterne Jer 33,22
	19,24	Schwefel und Feuer regnen vom H. Lk 17,29
	21,17	der Engel Gottes rief vom H. 22,11.15
	22,17	will dein Geschlecht mehren wie die Sterne am H. 26,4; 2Mo 32,13; 5Mo 1,10; 10,22; 28,62; 1Ch 27,23; Neh 9,23; Heb 11,12
	24,3	schwöre bei dem HERRN, dem Gott des H.
	27,28	Gott gebe dir vom Tau des H. 39; 5Mo 33,28; Sa 8,12
	28,12	Leiter... rührte mit der Spitze an den H.
	17	hier ist die Pforte des H.
	49,25	seist gesegnet vom Segen vom H. herab
2Mo	9,8	Mose werfe ihn vor dem Pharao gen H. 10
	22	recke deine Hand aus gen H. 23; 10,21.22
	16,4	will euch Brot vom H. regnen lassen Neh 9,15; Jh 6,31
	17,14	will Amalek unter dem H. austilgen
	20,4	kein Bildnis machen, weder vom dem, was im H. 5Mo 4,17; 5,8
	11	in sechs Tagen H. und Erde gemacht 31,17
	22	daß ich mit euch vom H. geredet 5Mo 4,36; Neh 9,13
	24,10	war wie der H., wenn es klar ist
3Mo	26,19	will euren H. wie Eisen machen 5Mo 28,23
5Mo	1,28	die Städte bis an den H. ummauert 9,1
	2,25	alle Völker unter dem ganzen H. 4,19
	3,24	wo ist ein Gott im H. und auf Erden Ps 113,5; 135,6
	4,11	stand in Flammen bis in den H. hinein
	19	hebe nicht deine Augen auf zum H.
	19	Heer des H., betest sie an 17,3; 2Kö 17,16; 21,3.5; 23,4.5; 2Ch 33,3.5; Jer 8,2; 19,13; Ze 1,5; Apg 7,42
	26	rufe H. und Erde zu Zeugen 30,19; 31,28
	32	von einem Ende des H. zum andern
	39	daß der HERR Gott ist oben im H. und unten auf Erden Jos 2,11; 1Ch 29,11; 2Ch 20,6; Dan 2,28
	7,24	ihren Namen auslöschen unter dem H. 9,14; 25,19; 29,19; 2Kö 14,27
	10,14	der H. und aller H. H. ist des HERRN Neh 9,6; Ps 115,16; Klg 3,66
	11,11	Berge, die der Regen vom H. tränkt
	17	schließe den H. zu, daß kein Regen kommt 1Kö 8,35; 2Ch 6,26; 7,13; Lk 4,25
	21	solange die Tage des H. währen
	26,15	von deiner hl. Wohnung, vom H. 1Kö 8,30; Neh 9,27.28; Ps 20,7
	28,12	der HERR wird s. Schatz auftun, den H.
	24	statt des Regens Staub und Asche vom H.
	26	deine Leichname zum Fraß allen Vögeln des H. 1Sm 17,44.46; 2Sm 21,10; 1Kö 14,11; 16,4; 21,24; Ps 79,2; Jer 7,33; 15,3; 16,4; 19,7; 34,20; Hes 29,5; 32,4
	30,4	bis ans Ende des H. verstoßen Neh 1,9
	12	es ist nicht im H... Wer will für uns in den H. fahren Rö 10,6
	32,1	merkt auf, ihr H., ich will reden
	40	will meine Hand zum H. heben
	33,13	gesegnet mit dem Köstlichsten vom H.
	26	der am H. daherfährt dir z. Hilfe Ps 68,34
Jos	8,20	sahen den Rauch der Stadt aufsteigen gen H. Ri 20,40
	10,11	ließ große Steine vom H. auf sie fallen
	13	blieb die Sonne stehen mitten am H.
Ri	5,4	als du auszogst... der H. troff Ps 68,9
	20	vom H. her kämpften die Sterne
	13,20	als die Flamme auflöderte v. Altar gen H.
1Sm	2,10	der Höchste im H. wird sie zerschmettern
	5,12	das Geschrei der Stadt stieg auf gen H.
2Sm	18,9	(Absalom) schwebte zwischen H. und Erde
	21,10	bis Regen vom H. auf die Toten troff
	22,8	die Grundfesten des H. bewegten sich
	10	er neigte den H. Ps 18,10; 144,5
	14	der HERR donnerte vom H. Ps 18,14
1Kö	8,12	die Sonne hat der HERR an den H. gestellt
	22	breitete seine Hände gen H. 54; 2Ch 6,13
	23	kein Gott, weder droben im H. 2Ch 6,14
	27	der H. und aller H. H. können dich nicht fassen 2Ch 2,5; 6,18
	32	wollest hören im H. 34.36.39.43.45.49; 2Ch 6,21.23.25.27.30.33.35.39; 7,14
	18,45	wurde der H. schwarz von Wolken
2Kö	1,14	Feuer ist vom H. gefallen 10.12; 1Ch 21,26; 2Ch 7,1; Hi 1,16
	2,1	Elia im Wetter gen H. holen wollte 11
	7,2	wenn der HERR Fenster am H. machte 19
1Ch	16,31	freue sich der H. Ps 96,11
	21,16	Engel stehen zwischen H. und Erde Hes 8,3
2Ch	28,9	mit solcher Wut, daß es gen H. schreit
	30,27	ihr Gebet kam in Gottes Wohnung im H.
	32,20	Hiskia und Jesaja schrien gen H.
	36,23	der Gott des H. Esr 1,2; 5,11.12; 6,9.10; 7,12. 21.23; Neh 1,4.5; 2,4.20; Ps 136,26; Dan 2,18. 19.37.44; 4,34; 5,23; Jon 1,9
Esr	9,6	unsere Schuld ist groß bis an den H.
Neh	7,3	während sie noch am H. steht
Hi	2,12	warfen Staub gen H. auf ihr Haupt
	9,8	er allein breitet den H. aus Ps 104,2; Jes 40,22; 42,5; 44,24; 45,12; 48,13; 51,13.16; Jer 10,12; 51,15; Sa 12,1
	9	er macht den Wagen am H.
	11,8	die Weisheit ist höher als der H.
	12,7	Vögel unter dem H. 28,21; 35,11; Ps 104,12; Pr 10,20; Jer 4,25; 9,9; Hes 31,6.13; 38,20; Dan 4,9.18; Hos 2,20; 4,3; 7,12; Ze 1,3
	14,12	solange der H. bleibt Ps 89,30
	15,15	selbst die H. sind nicht rein
	16,19	noch ist mein Zeuge im H.
	20,6	wenn auch sein Scheitel in den H. reicht
	27	H. wird seine Schuld enthüllen
	22,12	ist Gott nicht hoch wie der H. 14
	26,11	die Säulen des H. zittern
	13	am H. wurde es schön
	28,24	schaut alles, was unter dem H. ist
	35,5	schau gen H. und sieh Jes 51,6
	37,3	läßt ihn hinfahren unter dem ganzen H.
	38,29	wer hat den Reif unter H. gezeugt
	33	weißt du des H. Ordnungen Jer 33,25
	37	kann die Wasserschläuche am H. ausschütten
	41,3	unter dem ganzen H. ist keiner
Ps	2,4	der im H. wohnt, lachet ihrer 123,1
	8,2	der du zeigst deine Hoheit am H.
	4	wenn ich sehe die H., deiner Finger Werk 102,26; Heb 1,10
	11,4	des HERRN Thron ist im H. 103,19
	14,2	der HERR schaut vom H. auf die Menschenkinder 33,13; 53,3; 80,15; 102,20; Jes 63,15; Klg 3,50
	19,2	die H. erzählen die Ehre Gottes
	5	hat der Sonne ein Zelt am H. gemacht 7
	33,6	der H. ist durch d. Wort d. HERRN gemacht
	36,6	reicht, so weit der H. ist 57,11; 108,5; 113,4; 119,89; 148,13
	50,4	er ruft H. und Erde zu
	6	die H. werden Gerechtigkeit verkünden 97,6
	57,4	er sende vom H. und helfe mir

Himmel

Ps	57,6	erhebe dich, Gott, über den H. 12; 108,6
	69,35	es lobe ihn H. und Erde 148,4; Hab 3,3
	71,19	deine Gerechtigkeit reicht bis zum H.
	73,9	das soll vom H. herab geredet sein
	25	frage ich nichts nach H. und Erde
	76,9	wenn du das Urteil lässest hören vom H.
	78,23	er tat auf die Türen des H.
	26	ließ wehen den Ostwind unter dem H.
	85,12	daß Gerechtigkeit vom H. schaue
	89,3	gibst deiner Treue sicheren Grund im H.
	6	die H. werden deine Wunder preisen
	12	H. und Erde sind dein
	30	s. Thron erhalten, solange der H. währt
	103,11	so hoch der H. über der Erde ist Jes 55,9
	107,26	(die Wellen erhob,) und sie gen H. fuhren
	115,3	unser Gott ist im H., er kann schaffen
	15	der H. und Erde gemacht hat 121,2; 124,8; 134,3; 136,5; Spr 3,19; Jes 37,16; 42,5; 45,18; Jer 32,17; Apg 4,24; 14,15; Off 14,7
	139,8	führe ich gen H., so bist du da
	147,8	der den H. mit Wolken bedeckt
	148,1	lobet ihn H. den HERRN
Spr	8,27	als er die H. bereitete, war ich da
	23,5	er macht sich Flügel und fliegt gen H.
	25,3	der H. ist hoch und die Erde tief
	30,4	wer ist hinaufgefahren zum H.
	18	(zu wundersam:) des Adlers Weg am H.
Pr	1,13	zu erforschen, was man unter dem H. tut
	2,3	solange sie unter dem H. leben
	3,1	alles Vorhaben unter dem H. hat s. Stunde
	5,1	Gott ist im H. und du auf Erden
Jes	1,2	höret, ihr H., und Erde, nimm zu Ohren
	13,5	sie kommen vom Ende des H.
	10	die Sterne am H. scheinen nicht hell
	13	will den H. bewegen Hag 2,6.21; Heb 12,26
	14,12	wie bist du vom H. gefallen, Morgenstern
	13	gedachtest: Ich will in den H. steigen
	34,4	alles Heer des H. wird dahinschwinden, der H. wird zusammengerollt werden
	5	mein Schwert ist trunken im H.
	40,12	wer bestimmt des H. Weite
	44,23	jauchzet, ihr H. 49,13; Jer 51,48
	45,8	träufelt, ihr H., von oben
	50,3	ich kleide den H. mit Dunkel
	51,6	der H. wird wie ein Rauch vergehen
	55,10	gleichwie Regen und Schnee vom H. fällt
	63,19	ach daß du den H. zerrissest
	65,17	will einen neuen H. schaffen 66,22
	66,1	der H. ist mein Thron Apg 7,49
Jer	2,12	entsetze dich, h.
	4,23	ich schaute an den H., und er war finster
	28	wird der H. droben traurig sein
	8,7	der Storch unter dem H. weiß seine Zeit
	10,2	nicht fürchten vor den Zeichen des H.
	11	die H. und Erde nicht gemacht haben, müssen vertilgt werden unter dem H.
	13	so ist Wasser die Menge am H. 51,16
	14,22	oder gibt der H. Regen
	23,24	bin ich es nicht, der H. und Erde erfüllt
	31,37	wenn man den H. messen könnte
	49,36	werde von der vier Winde von den Enden des H. Dan 7,2; 8,8; 11,4; Sa 2,10; 6,5
	51,9	seine Strafe reicht bis an den H.
	53	wenn Babel zum H. emporstiege Am 9,2
Klg	2,1	vom H. auf die Erde geworfen
	3,41	Herz samt Händen aufheben zu Gott im H.
	4,19	schneller als die Adler unter dem H.
Hes	1,1	tat sich der H. auf
	25	es donnerte im H. über ihnen
	32,7	so will ich den H. verhüllen 8
Dan	4,8	seine Höhe reichte bis an den H. 17.19
	10	ein hl. Wächter fuhr vom H. herab 20
	12	unter dem Tau d. H. liegen 20.22.30; 5,21
	23	erkannt hast, daß H. die Gewalt hat
	28	kam eine Stimme vom H.
	31	hob ich meine Augen auf zum H.
	32	macht's, wie er will, m. d. Mächten im H.
	6,28	Zeichen und Wunder im H. und auf Erden
	7,13	kam einer mit den Wolken des H.
	27	d. Macht unter d. ganzen H. wird gegeben
	8,10	es wuchs bis an das Heer des H.
	9,12	unter d. H. ist derartiges nicht geschehen
	12,3	werden leuchten wie des H. Glanz
	7	hob seine rechte u. linke Hand auf gen H.
Hos	2,23	will den H. erhören, der die Erde erhören
Jo	2,10	vor ihm bebt der H. 4,16
	3,3	will Wunderzeichen geben am H. Apg 2,19
Am	9,6	er ist es, der seinen Saal in den H. baut
Nah	3,16	hast mehr Händler, als Sterne am H. sind
Hag	1,10	hat der H. über euch Tau zurückgehalten
Sa	5,9	trugen die Tonne zwischen Erde und H.
Mal	3,10	ob ich nicht des H. Fenster auftun werde
Jdt	5,7	um dem Gott des H. zu dienen 10.17
	13	sie bekamen Brot vom H. Wsh 16,20
	6,12	der Gott des H. würde ihr Schutz sein 14; 9,14; 1Ma 16,3
	7,17	wir bezeugen vor H. und Erde 1Ma 2,37
Wsh	9,10	schick sie herab von deinem heiligen H.
	16	was im H. ist, wer hat es erforscht
	13,2	die Lichter am H. für Götter halten
	18,15	fuhr dein Wort vom H. herab
	16	berührte er doch den H.
Tob	3,24	wurden die Gebete von dem Herrn im H. erhört Sir 48,23
	5,13	wenn ich das Licht des H. nicht sehen 11,8
	7,20	der Herr des H. gebe dir Freude
	8,7	dich sollen loben H., Erde, Meer
	12,7	lobt und preist den Gott des H. 1Ma 4,55
Sir	1,3	wer kann erforschen, wie hoch der H. ist
	13,28	seine Worte hebt man in den H.
	16,15	sage nicht... wer fragt im H. nach mir
	17	der H., das Meer und die Erde erbeben
	26,21	sie sie aufgeht an dem H. 43,9
	43,1	das Bild des H. ist herrlich anzusehen
	9	die hellen Sterne zieren den H.
	13	er zieht am H. einen glänzenden Bogen
	14	darum tut sich der H. auf
	45,19	Gott dienen, solange der H. besteht
	46,20	der Herr donnerte vom H. herab
	48,3	durch das Wort des Herrn schloß er den H. zu
	51,26	ich hob meine Hände auf zum H.
Bar	1,11	ihre Tage seien wie die Tage des H.
	2,2	daß unter dem H. nie geschehen ist
	3,17	die mit den Vögeln unter dem H. spielen
	5,3	wird deinen Glanz unter dem H. offenbaren
	6,67	können keine Zeichen am H. geben
1Ma	3,19	Sieg kommt vom H. 12,15; 2Ma 11,10; 15,8
	50	schrien laut zum H. 4,10.40; 5,31; 9,46; 2Ma 3,20; 14,34
	60	was Gott im H. will, das geschehe
2Ma	2,22	Erscheinungen vom H. her 10,29; 15,23
	3,15	die Priester riefen Gott im H. an
	34	weil du vom H. gegeißelt worden bist
	39	der seine Wohnung im H. hat, wacht
	7,11	diese Glieder sind mir vom H. gegeben
	28	ich bitte dich, sieh H. und Erde an
	9,10	er könnte nach den Sternen am H. greifen
	20	ich setze meine Hoffnung auf den H.
	15,3	gibt es im H. den Herrscher, der 4

Himmel

2Ma	15,21	streckte er seine Hände zum H. empor
StE	2,2	hast H. und Erde gemacht StD 2,4; GMn 2
StD	1,9	daß sie nicht mehr zum H. aufsehen konnten
	3,12	Nachkommen mehren wie die Sterne am H.
	33	gelobt seist du in der Feste des H.
	35	ihr H., lobt den Herrn 37.40.56
Mt	3,16	da tat sich ihm der H. auf Mk 1,10; Lk 3,21
	17	siehe, eine Stimme vom H. herab sprach Mk 1,11; Lk 3,22; Jh 12,28
	5,12	es wird euch im H. reichlich belohnt werden
	16	damit sie euren Vater im H. preisen
	18	bis H. und Erde vergehen Lk 16,17
	34	nicht schwören bei dem H. 23,22; Jak 5,12
	45	damit ihr Kinder seid eures Vaters im H.
	48	vollkommen wie euer Vater im H.
	6,1	keinen Lohn bei eurem Vater im H.
	9	unser Vater im H. *Lk 11,2*
	10	dein Wille geschehe wie im H. so auf Erden Lk 11,2
	20	sammelt euch Schätze im H. Lk 12,33
	26	seht die Vögel unter dem H. an
	7,11	wird euer Vater im H. Gutes geben denen, die Lk 11,13
	21	die den Willen tun meines Vaters im H. 12,50
	8,20	Vögel unter dem H. haben Nester Lk 9,58
	11,23	wirst du bis zum H. erhoben werden Lk 10,15
	25	Vater, Herr des H. und der Erde Lk 10,21; Apg 17,24
	13,32	daß die Vögel unter dem H. kommen Mk 4,32; Lk 13,19
	14,19	sah auf zum H. Mk 6,41; 7,34; Lk 9,16; Jh 17,1; Apg 7,55
	16,1	sie ein Zeichen vom H. sehen zu lassen Mk 8,11; Lk 11,16
	2	schöner Tag werden, denn der H. ist rot 3
	3	über das Aussehen des H. könnt ihr urteilen Lk 12,56
	17	dir das offenbart mein Vater im H.
	19	soll auch im H. gebunden sein 18,18
	18,10	ihre Engel im H. sehen allezeit das Angesicht meines Vaters im H.
	14	nicht der Wille bei eurem Vater im H.
	19	soll ihnen widerfahren von m. Vater im H.
	19,21	so wirst du einen Schatz im H. haben Mk 10,21; Lk 18,22
	21,25	war sie vom H. oder von den Menschen Mk 11,30.31; Lk 20,4.5
	22,30	sie sind wie Engel im H. Mk 12,25
	23,9	denn einer ist euer Vater, der im H. ist
	24,29	die Sterne werden vom H. fallen Mk 13,25; Lk 21,26; Off 6,13; 8,10; 9,1
	30	sehen den Menschensohn kommen auf den Wolken des H. 26,64; Mk 14,62
	31	von einem Ende des H. bis zum andern Mk 13,27; Lk 17,24
	35	H. und Erde werden vergehen Mk 13,31; Lk 21,33
	36	weiß niemand, auch die Engel im H. nicht Mk 13,32
	28,2	der Engel des Herrn kam vom H. herab
	18	mir ist gegeben alle Gewalt im H.
Mk	11,25	damit auch euer Vater im H. euch vergebe 26
	16,19	Jesus wurde aufgehoben gen H. Lk 24,51; Apg 1,11
Lk	2,15	als die Engel von ihnen gen H. fuhren
	6,23	denn siehe, euer Lohn ist groß im H.
	8,5	die Vögel unter dem H. fraßen's auf
Lk	9,54	wollen wir sagen, daß Feuer vom H. falle
	10,18	ich sah den Satan vom H. fallen
	20	eure Namen im H. geschrieben Heb 12,23
	15,7	Freude im H. über e. Sünder, der Buße tut
	18	habe gesündigt gegen den H. und vor dir 21
	18,13	wollte die Augen nicht aufheben zum H.
	19,38	Friede sei im H. und Ehre in der Höhe
	21,11	werden vom H. her Zeichen geschehen
	22,43	es erschien ihm ein Engel vom H.
Jh	1,32	der Geist herabfuhr wie eine Taube vom H.
	51	ihr werdet den H. offen sehen Apg 7,56; 10,11; Off 4,1; 19,11
	3,13	niemand ist gen H. aufgefahren außer dem, der vom H. herabgekommen ist
	27	wenn es ihm nicht vom H. gegeben ist
	31	der vom H. kommt, der ist über allen
	6,31	er gab ihnen Brot vom H. zu essen
	32	nicht Mose hat euch das Brot vom H. gegeben
	33	denn Gottes Brot ist das, das vom H. kommt
	38	ich bin vom H. gekommen 42
	41	ich bin das Brot, das vom H. gekommen ist 50.51.58
Apg	1,10	als sie ihm nachsahen, wie er gen H. fuhr
	11	was steht ihr da und seht zum H.
	2,2	es geschah plötzlich ein Brausen vom H.
	5	in Jerusalem Juden, die waren gottesfürchtige Männer aus allen Völkern unter dem H.
	34	denn David ist nicht gen H. gefahren
	3,21	ihn muß der H. aufnehmen bis zu der Zeit
	4,12	kein andrer Name unter dem H.
	9,3	umleuchtete ihn plötzlich ein Licht vom H. 22,6; 26,13
	10,12	Tiere der Erde und Vögel des H. 11,6
	16	alsbald wurde das Tuch wieder hinaufgenommen gen H. 11,5.10
	11,9	die Stimme antwortete vom H.
	14,17	hat euch vom H. fruchtbare Zeiten gegeben
	19,35	Hüterin der Diana und ihres Bildes, das vom H. gefallen ist
Rö	1,18	Gottes Zorn wird vom H. her offenbart
1Ko	8,5	Götter, es sei im H. oder auf Erden
	15,47	der zweite Mensch ist vom H.
2Ko	5,1	ein Haus, das ewig ist im H. 2
	12,2	wurde derselbe entrückt bis in den dritten H.
Gal	1,8	wenn ein Engel vom H. euch ein Evangelium predigen
Eph	1,3	der uns gesegnet hat im H.
	10	daß alles zusammengefaßt würde in Christus, was im H. und auf Erden ist
	20	(Christus) eingesetzt zu seiner Rechten im H.
	2,6	er hat uns mit eingesetzt im H. in Christus
	3,10	kundwerde den Mächten im H. durch die Gemeinde
	15	Vater über alles... im H. und auf Erden
	4,10	der aufgefahren ist über alle H.
	6,9	wißt, daß euer und ihr Herr im H. ist Kol 4,1
	12	kämpfen mit den bösen Geistern unter dem H.
Phl	2,10	aller derer Knie, die im H. sind
	3,20	unser Bürgerrecht aber ist im H.
Kol	1,5	Hoffnung, die für euch bereit ist im H.
	16	in ihm ist alles geschaffen, was im H. und auf Erden ist
	20	versöhnte, es sei auf Erden oder im H.
	23	gepredigt allen Geschöpfen unter dem H.
1Th	1,10	zu warten auf seinen Sohn vom H.
	4,16	der Herr wird herabkommen vom H.
2Th	1,7	wenn der Herr sich offenbaren wird vom H.
1Pt	1,4	Erbe, das aufbewahrt wird im H. für euch

1Pt	1,12	heiligen Geist, der vom H. gesandt ist
	3,22	zur Rechten Gottes, aufgefahren gen H.
2Pt	1,18	diese Stimme haben wir gehört vom H. kommen
	3,5	daß der Himmel vorzeiten auch war
	7	auch der H., der jetzt ist, und die Erde
	10	die H. zergehen mit großem Krachen 12
	13	warten auf einen neuen H. und eine neue Erde
Heb	4,14	Jesus, der die H. durchschritten hat
	7,26	Hohenpriester, der höher ist als der H.
	8,1	zur Rechten des Thrones der Majestät im H.
	9,24	Christus ist eingegangen in den H. selbst
	12,25	wenn wir den abweisen, der vom H. redet
Jak	5,18	der H. gab den Regen, und die Erde brachte ihre Frucht
Off	3,12	Stadt Gottes, die vom H. herniederkommt 21,2.10
	4,2	siehe, ein Thron stand im H.
	5,3	niemand, weder im H. noch auf Erden
	13	jedes Geschöpf, das im H. ist
	6,14	der H. wich wie eine Schriftrolle 20,11
	8,1	entstand eine Stille im H. eine halbe Stunde
	13	wie ein Adler mitten durch den H. flog 19,17
	10,1	ich sah einen Engel vom H. herabkommen 5; 11,12; 14,6.17; 18,1; 20,1
	4	da hörte ich eine Stimme vom H. zu mir sagen 8; 14,2.13; 18,4
	6	der den H. geschaffen hat und was darin ist
	11,6	diese haben Macht, den H. zu verschließen
	12	sie stiegen auf in den H. in einer Wolke
	13	gaben dem Gott des H. die Ehre
	15	es erhoben sich Stimmen im H. 12,10; 19,1
	19	Tempel Gottes im H. wurde aufgetan 15,5
	12,1	erschien ein großes Zeichen am H. 3; 15,1
	4	fegte den 3. Teil der Sterne des H. hinweg
	7	es entbrannte ein Kampf im H.
	8	ihre Stätte wurde nicht mehr gefunden im H.
	12	freut euch, H. und die darin wohnen 18,20
	13,6	zu lästern die im H. wohnen 16,11
	13	daß es Feuer vom H. auf die Erde fallen läßt 16,21; 20,9
	18,5	ihre Sünden reichen bis an den H.
	19,14	ihm folgte das Heer des H. auf weißen Pferden
	21,1	ich sah einen neuen H. und eine neue Erde

Himmelreich

Mt	3,2	tut Buße, denn das H. ist nahe 4,17; 10,7
	5,3	denn ihrer ist das H. 10; 19,14
	19	wer ... der wird der Kleinste heißen im H.
	20	so werdet ihr nicht in das H. kommen 18,3
	7,21	es werden nicht alle in das H. kommen
	8,11	viele werden im H. zu Tisch sitzen
	11,11	der der Kleinste im H. ist, ist größer als er
	12	von Johannes bis heute leidet das H. Gewalt
	13,11	die Geheimnisse des H. zu verstehen
	24	das H. gleicht 31.33.44.45.47; 18,23; 20,1; 22,2; 25,1
	52	jeder Schriftgelehrte, der ein Jünger des H. ist
	16,19	ich will dir die Schlüssel des H. geben
	18,1	wer ist doch der Größte im H.
	4	wer sich selbst erniedrigt, ist der Größte im H.
	19,12	zur Ehe unfähig gemacht um des H. willen
	23	ein Reicher wird schwer ins H. kommen
	23,13	die ihr das H. zuschließt vor den Menschen

Himmelsbrot

Ps	78,24	gab ihnen H. 105,40
Heb	9,4	in ihr waren der goldene Krug mit dem H.

himmelschreiend

2Ma	12,3	Leute von Joppe verübten eine h. Tat

Himmelsfeste

Hes	1,22	war es wie eine H. 10,1

Himmelsgewölbe

Sir	24,7	ich allein durchwanderte das H.

Himmelsheer

GMn	16	dich lobt das ganze H.

Himmelshöhe

Ps	78,69	baute sein Heiligtum wie H.
Sir	17,31	das Heer der H. hält der Herr in Ordnung
	43,10	ein leuchtender Schmuck an der H. des Herrn

Himmelskönigin

Jer	7,18	daß sie der H. Kuchen backen
	44,17	wir wollen der H. opfern 18.19.23.25

Himmelslauf

Jes	47,13	sollen dir helfen die Meister des H.

Himmelsrichtung

1Ch	9,24	Torhüter nach den vier H.

himmlisch

1Kö	22,19	ich sah das h. Heer neben ihm 2Ch 18,18
Neh	9,6	das h. Heer betet dich an
Ps	29,1	bringet dar dem HERRN, ihr H., Ehre
	89,7	dem HERRN gleich sein unter den H.
Wsh	19,20	brachten nicht die h. Speise zum Schmelzen
Sir	43,9	ist ein Feldzeichen für das h. Heer
Mt	6,14	wird euch euer h. Vater vergeben
	26	euer h. Vater ernährt sie doch
	32	euer h. Vater weiß, daß ihr all dessen bedürft
	10,32	den will ich auch bekennen vor meinem h. Vater 33
	15,13	Pflanzen, die mein h. Vater nicht gepflanzt
	18,35	so wird auch mein h. Vater an euch tun
Lk	2,13	bei dem Engel die Menge der h. Heerscharen
Jh	3,12	wie glauben, wenn ich euch von h. Dingen sage
Apg	26,19	war der h. Erscheinung nicht ungehorsam
1Ko	15,40	es gibt h. Körper und irdische Körper
	48	wie der h. ist, so sind auch die h.
	49	werden wir tragen das Bild des h. (Menschen)
Phl	3,14	dem Siegespreis der h. Berufung Gottes
2Ti	4,18	der Herr wird mich retten in sein h. Reich
2Pt	2,10	schrecken sie nicht davor zurück, h. Mächte zu lästern Jud 8

himmlisch

Heb	3,1	die ihr teilhabt an der h. Berufung
	6,4	die, die geschmeckt haben die h. Gabe
	8,5	dienen nur dem Abbild und Schatten des H.
	9,23	mußten die Abbilder der h. Dinge gereinigt
	11,16	nun sehnen sie sich nach dem h. (Vaterland)
	12,22	gekommen zu dem h. Jerusalem
Jud	6	die Engel, die ihren h. Rang nicht bewahrten
Off	4,6	um den Thron vier h. Gestalten

hin

Jes	8,20	h. zur Weisung und h. zur Offenbarung

hin sein

Jes	17,11	h. ist die Ernte
	21,11	Wächter, ist die Nacht bald h.

hin und her

1Mo	8,7	flog h. u. h., bis die Wasser vertrockneten
2Mo	2,5	ihre Gespielinnen gingen am Ufer h. u. h.
	32,27	jeder gehe durch das Lager h. u. h.
4Mo	32,13	ließ sie h. u. h. in der Wüste ziehen
2Ch	28,25	h. u. h. machte er Höhen... andern Göttern
Est	3,12	h. u. h. in den Ländern... h. u. h.
Hi	1,7	habe die Erde h. u. h. durchzogen 2,2
Spr	17,24	ein Tor wirft die Augen h. u. h.
Klg	4,14	irrten h. u. h. wie die Blinden
Mk	8,16	und sie bedachten h.u.h., daß sie kein Brot hätten

hin- und herfahren

Hes	1,13	Fackeln, die zwischen den Gestalten h.

hin- und herfliegen

Bar	6,54	Krähen, die in der Luft h.- und h.

hin- und herlaufen

4Mo	11,8	das Volk l. h. u. h. und sammelte
Ps	59,16	sie l. h. u. h. nach Speise
Jer	3,13	bist h.- u. herg. zu den fremden Göttern
	14,10	sie l. gern h. u. h.
	49,3	klaget und l. h. u. h. mit Ritzwunden
Hes	1,14	die Gestalten l. h. u. h... wie Blitze
Hos	7,12	indem sie h.- und h... mein Netz werfen
Am	8,11	h.- u. h. und des HERRN Wort suchen

hin- und herschwanken

Sir	2,14	weh dem Gottlosen, der h.- und h.

hin- und hertreiben

Jes	30,28	er wird die Völker h.- und h.

hin- und herwehen

Mt	11,7	ein Rohr sehen, das der Wind h.- und h.

hin- und herwerfen

Jes	24,20	die Erde wird h.- und herg.
Sir	29,24	Bürge werden hat viele h.- und herg.

hin- und herwogen

1Sm	14,16	wie das Getümmel der Philister h.- und h.

hin- und herziehen

2Sm	15,20	heute sollte ich dich mit uns h. u. h. lassen
Hi	15,23	er z. h. u. h. nach Brot
Hes	35,7	will alle ausrotten, die dort h. u. h.
Sa	7,14	verwüstet, so daß niemand mehr darin h. u.h.
	9,8	um mein Haus lagern, so daß keiner h. u. h.

hinab

Jes	57,9	tief h. bis zum Totenreich
Jer	48,15	s. Mannschaft muß h. zur Schlachtbank
Hes	47,8	dies Wasser fließt... h. zum Jordantal
	18	die Grenze... bis h. ans Meer 19; 48,28

hinabbringen

1Mo	39,1	Ismaelitern, die (Josef) hinabg. hatten
	43,11	b. dem Manne Geschenke h.
1Kö	5,23	Stämme vom Libanon h. ans Meer
	17,23	Elia b. (das Kind) h. ins Haus

hinabfahren

1Mo	18,21	darum will ich h. und sehen
1Kö	18,44	f. h., damit dich der Regen nicht 45
Hi	21,13	in Ruhe f. sie h. zu den Toten
Ps	22,30	alle, die zum Staube h.
	31,18	die Gottlosen sollen h. zu den Toten
Pr	3,21	ob d. Odem des Viehes h. unter die Erde f.
Jes	14,20	h. in eine steinerne Gruft
Hes	31,18	mußt unter die Erde h. 32,30
Rö	10,7	wer will h. in die Tiefe f.
Eph	4,9	als daß er auch hinabg. ist in die Tiefen
	10	der hinabg. ist, ist derselbe, der aufgefahren

hinabfallen

Dan	3,23	die 3 Männer f. h. in den glühenden Ofen

hinabfließen

Ps	78,16	daß sie h. wie Wasserströme

hinabführen

1Mo	39,1	Josef wurde h. nach Ägypten gef.
5Mo	21,4	sollen sie h. in einen Talgrund
Ri	7,4	f. (das Volk) h. ans Wasser 5
	16,21	f. (Simson) h. nach Gaza
1Sm	2,6	der HERR f. h. zu den Toten
1Kö	1,33	f. ihn h. zum Gihon
	18,40	Elia f. sie h. an den Bach Kischon
2Kö	11,19	sie f. den König h. 2Ch 23,20
Neh	3,15	Stufen, die von der Stadt Davids h.
Jer	50,27	f. sie h. zur Schlachtbank 51,40
Jo	4,2	will (alle Heiden) ins Tal Joschafat h.
	11	dahin f. du h., HERR, deine Starken
Tob	13,2	du f. h. zu den Toten
Apg	8,26	Straße, die von Jerusalem nach Gaza h.
	22,30	er f. Paulus h. und stellte ihn vor sie

hinabgehen

1Mo	24,45	Rebekka g. h. zum Brunnen
2Mo	2,5	die Tochter des Pharao g. h. baden

5Mo	9,12	g. eilends h. von hier
Jos	18,16	(die Grenze) g. h. an den Fuß des Berges
Ri	7,9	steh auf und g. h. zum Lager 10.11
	14,1	Simson g. h. nach Timna 5.19
Rut	3,3	g. h. auf die Tenne 6
1Sm	9,25	als sie hinabg. von der Höhe 10,8
	23,25	(David) g. zu dem Felsen h. in der Wüste
2Sm	11,8	g. h. in dein Haus 9.10.13
	16,1	als David über die Höhe hinabg. war
	23,21	er aber g. zu ihm h. mit einem Stecken
1Kö	1,25	ist hinabg. und hat geopfert 38
	21,16	stand auf, um h. zum Weinberge Nabots 18
2Kö	1,15	g. mit ihm h... Und er g. h. zum König
	12,21	wo man h. nach Silla
Hl	6,2	mein Freund hinabg. in seinen Garten 11
Jer	18,2	g. h. in des Töpfers Haus 3
	22,1	g. h. in das Haus des Königs 36,12
Jdt	10,12	als sie frühmorgens den Berg h.
Mt	17,9	als sie vom Berge h., gebot ihnen Jesus Mk 9,9
Lk	2,51	er g. mit ihnen h. und kam nach Nazareth
	4,31	er g.h. nach Kapernaum Jh 2,12
	6,17	er g. mit ihnen h. und trat auf ein ebenes Feld
	10,30	es war ein Mensch, der g. von Jerusalem h. nach Jericho
	18,14	dieser g. gerechtfertigt h. in sein Haus
Jh	4,51	während er h., begegneten ihm seine Knechte
	6,16	am Abend g. seine Jünger h. an den See
Apg	8,26	*Straße, die g.h. nach Gaza*
	20,10	Paulus g.h. und warf sich über ihn
	23,10	ließ Soldaten h. und Paulus ihnen entreißen

hinabkommen

Jos	18,13	(Grenze) k. h. nach Atrot-Addar 16-18
1Sm	9,27	als sie k. an das Ende der Stadt
	10,8	will ich zu dir h. 15,12; 2Sm 23,13; 2Kö 2,2
	23,20	deines Herzens Verlangen h.
Neh	6,3	kann nicht h... wenn ich h.
Jon	1,3	Jona k. h. nach Jafo
Jh	4,47	*daß er h. und hülfe 49*
Apg	8,5	Philippus k.h. in die Hauptstadt Samariens
	15	die k.h. und beteten für sie
	16,8	da zogen sie durch Mysien und k.h. nach Troas
Off	12,12	der Teufel k. zu euch h.

hinablassen

1Sm	19,12	da l. ihn Michal durchs Fenster h.
Jer	38,6	sie l. ihn an Seilen h. 11
Apg	9,25	l. ihn in einem Korb die Mauer h.

hinablaufen

Spr	5,5	ihre Füße l. zum Tode h.
Hes	47,1	das Wasser l. an der Seitenwand h.
	19	die Grenze l. h. bis an das große Meer

hinabsteigen

1Mo	24,16	das Mädchen s. h. zum Brunnen
2Mo	19,21	s. h. und verwarne das Volk 24; 32,7
2Sm	23,20	s. h. und erschlug einen Löwen 1Ch 11,22
Jes	63,14	wie Vieh, das ins Tal h.
Wsh	10,13	sie s. mit ihm h. in die Grube
Apg	8,38	beide s. in das Wasser h., Philippus und
	10,20	steh auf, s.h. und geh mit ihnen 21

hinabstoßen

Hes	32,18	s. es h. tief unter die Erde
2Pt	2,4	*hat sie in finstere Höhlen hinabg.*

hinabstürzen

2Kö	9,33	s. sie h.! Und sie s. Isebel h.
Ps	141,6	ihre Anführer sollen hinabg. vom Felsen
2Ma	14,43	er s. sich mutig h. unter die Leute
Lk	4,29	führten ihn an den Abhang des Berges, um ihn h.

hinabwerfen

2Ma	6,10	man w. sie zuletzt über die Mauer h.
Mt	4,6	bist du Gottes Sohn, so w. dich h.

hinabziehen

1Mo	12,10	z. Abram h. nach Ägypten 26,2; 37,25
	38,1	daß Juda h. von seinen Brüdern
	42,2	z. h. und kauft Getreide 3.38; 43,4.5; 44,26; 46,3.4
4Mo	20,15	unsere Väter nach Ägypten hinabg. 5Mo 10,22; 26,5; Jos 24,4; Jes 52,4; Apg 7,15
Ri	1,9	danach z. Juda h.
	4,14	z. Barak von dem Berge Tabor h.
	7,11	du wirst h. zum Lager
	15,8	er z. h. und wohnte in der Felsenkluft 11
1Sm	13,20	ganz Israel mußte h.
	14,36	laßt uns h. den Philistern nach 37; 2Sm 5,17; 21,15
	23,8	zum Kampf h. nach Keïla 2Ch 20,16
	25,1	David z. h. in die Wüste 26,2
	20	als (Abigajil) auf dem Esel ritt und h.
2Sm	19,17	Schimi z. h. David entgegen 1Kö 22,2; 2Kö 3,12; 9,16; 2Ch 18,2; 22,6
1Ch	7,21	hinabg., ihnen das Vieh wegzunehmen
	11,15	drei Helden z. h. zum Felsen zu David
Jes	31,1	weh denen, die h. nach Ägypten 30,2
Am	6,2	z. h. nach Gat der Philister
Jdt	2,17	z. er h. in die Ebene von Damaskus
	5,8	z. sie nach Ägypten h.
1Ma	2,31	hinabg., um sich zu verstecken
Lk	10,31	traf sich, daß ein Priester dieselbe Straße h.
Jh	2,12	*danach z. er h. nach Kapernaum*
Apg	12,19	dann z. er von Judäa h. nach Cäsarea
	14,25	sagten das Wort in Perge und z.h. nach Attalia
	18,22	grüßte die Gemeinde und z.h. nach Antiochia
	25,5	laßt mit h. und den Mann verklagen
	6	z. (Festus) h. nach Cäsarea

hinangehen

2Sm	15,30	David g. den Ölberg h. und weinte
2Kö	2,23	als (Elisa) den Weg h.

hinankommen

Eph	4,13	*bis wir alle h. zur Einheit des Glaubens*

hinaufbringen

Ri	16,31	b. (Simson) h. und begruben ihn
1Kö	8,4	b. (die Lade) h. 1Ch 15,3.28; 2Ch 5,2.5
Esr	1,11	alles b. Scheschbazar h.
Jer	52,9	b. ihn h. zum König von Babel

hinaufbringen

Dan 3,22 die Männer, die Schadrach h., getötet

hinauffahren

Spr 30,4 wer ist hinaufg. zum Himmel u. wieder herab
Jh 1,51 ihr werdet sehen die Engel Gottes h.
Rö 10,6 wer will h. gen Himmel f.

hinaufführen

2Mo 33,12 f. das Volk h. 15
4Mo 22,41 Balak f. ihn h. nach Bamot-Baal
Jos 7,24 f. sie h. ins Tal Achor
15,3 (Südgrenze) f. h. nach... Addar 6-8
Ri 15,13 f. (Simson) aus der Felsenkluft h.
21,19 Straße, die h. von Bethel nach Sichem
2Sm 2,3 die Männer, die bei ihm waren, f. David h.
2Kö 25,6 f. ihn h. zum König von Babel
Hes 40,26 sieben Stufen f. h.
Lk 4,5 der Teufel f. ihn hoch h. und zeigte ihm
22,66 *f. ihn h. vor ihren Rat*
Apg 9,39 f. sie ihn h. in das Obergemach

hinaufgehen

1Mo 38,12 g. (Juda) h., seine Schafe zu scheren 13
2Mo 34,24 während du dreimal im Jahr h.
4Mo 13,21 g. h. und erkundeten das Land 22; Jos 7,2; Ri 18,17
5Mo 9,23 g. h. und nehmt das Land ein
17,8 h. zu der Stätte, die der HERR erwählen
Jos 17,15 g. h. ins Waldgebirge und rode dort
18,12 Grenze g. h. auf den Hang 19,11; Ri 1,36
Ri 14,19 (Simson) g. h. in seines Vaters Haus
Rut 4,1 Boas g. h. ins Tor und setzte sich
1Sm 1,3 g. h., um anzubeten 2,19; 10,3; 1Kö 12,27.28; Jes 15,2; 57,7
6,9 g. (die Lade) den Weg h. in ihr Land
9,13 ehe er h. auf die Höhe, um zu essen 19
13,15 Samuel g. von Gilgal h.
14,9 stehenbleiben und nicht zu ihnen h.
25,5 g.h. nach Karmel
2Sm 19,1 der König g. h. in das Obergemach
24,18 g. h. und errichte einen Altar 19
1Kö 6,8 so daß man durch eine Wendeltreppe h.
17,19 (Elia) g. h. ins Obergemach
18,43 g. h. und schaue zum Meer! Er g. h.
2Kö 2,23 (Elisa) g. h. nach Bethel
4,21 g. h. und legte ihn aufs Bett
19,14 Hiskia g. h. zum Hause des HERRN 20,5.8; 23,2; 2Ch 29,20; 34,30; Jes 37,14; 38,22; Jer 26,10; Mi 4,2
22,4 g. h. zu dem Hohenpriester Hilkija
1Ch 26,16 beim Tor Schallechet, wo die Straße h.
Jes 15,5 sie g. die Steige von Luhit h. Jer 48,5
Jer 22,20 g. h. auf den Libanon
46,11 g. h. nach Gilead und hole Balsam
Hes 40,6 er g. seine Stufen h. 22.31.34.37.40.49
2Ma 14,31 Nikanor g. h. zu dem Tempel
Mk 10,33 siehe, wir g.h. nach Jerusalem Lk 18,31
15,8 das Volk g.h. und bat
41 Frauen, die mit ihm h. nach Jerusalem g. waren
Lk 2,42 g. sie h. nach dem Brauch des Festes
18,10 es g. zwei Menschen h. in den Tempel
Jh 6,3 *Jesus g.h. auf den Berg*
7,8 g. ihr h. zum Fest
10 als seine Brüder hinaufg. waren zum Fest, da g. auch er h.

Jh 7,14 mitten im Fest g. Jesus h. in den Tempel
11,55 viele aus der Gegend g.h. nach Jerusalem
Apg 3,1 Petrus und Johannes g.h. in den Tempel
13,31 denen erschienen, die mit ihm h. nach Jerusalem geg. waren
18,22 kam nach Cäsarea und g.h. nach Jerusalem
20,11 dann g. er h. und brach das Brot und aß
Gal 1,17 g. nicht h. nach Jerusalem zu denen

hinaufholen

1Sm 6,21 h. (die Lade) zu euch h.

hinaufklettern

1Sm 14,13 Jonatan k. mit Händen und Füßen h.

hinaufkommen

4Mo 32,9 als sie hinaufg. waren bis an den Bach
Jos 15,8 (die Nordgrenze) k. h. auf den Gipfel
Ri 4,5 die *Israeliten k. zu (Debora) h.
21,5 wer nicht h. zum Herrn nach Mizba
1Sm 9,14 und als sie h. zur Stadt k.
2Kö 1,9 als der (Hauptmann) zu (Elia) h. 11.13
Hos 4,15 k. nicht h. nach Bet-Awen
Jh 12,20 *die hinaufg. waren, daß sie anbeteten*
Apg 10,4 *deine Gebete sind hinaufg. vor Gott*
11,2 als Petrus h. nach Jerusalem, stritten
21,31 k. die Nachricht h. zu dem Oberst
24,11 *daß ich bin h. nach Jerusalem gek.*
Gal 1,18 drei Jahre später k. ich h. nach Jerusalem

hinauflangen

Jer 51,9 seine Strafe l. h. bis an die Wolken

hinaufnehmen

Apg 10,16 alsbald wurde das Tuch wieder hinaufg. gen Himmel

hinaufreichen

Jos 19,12 (die Grenze) r. h. nach Jafia

hinaufreisen

Lk 19,28 *zog er fort und r.h. nach Jerusalem*

hinaufrücken

Lk 14,10 damit er zu dir sagt: Freund, r.h.

hinaufrufen

1Sm 9,26 r. Samuel zum Dach h.: Steh auf

hinaufschaffen

2Ch 2,15 von da mußt du es h. nach Jerusalem s.

hinaufschreiten

Sir 50,12 wenn er zum heiligen Altar h.

hinaufspringen

Neh 3,35 wenn ein Fuchs auf ihre Mauer h.

hinaufsteigen

2Mo	19,3	Mose s. h. zu Gott 20; 24,9; 32,30
	24	nicht, daß sie h. zu dem HERRN 34,3
	20,26	sollst nicht auf Stufen zu meinem Altar h.
5Mo	32,50	stirb auf dem Berge, auf den du hinaufg.
Jos	2,8	s. sie zu ihnen h. auf das Dach
	6,5	das Kriegsvolk soll h. 20; 1Ch 11,6
1Sm	9,11	(als sie) den Aufgang zur Stadt h.
	14,10	so wollen wir zu ihnen h.
2Sm	5,8	wer durch den Schacht h. 1Ch 11,6
2Kö	16,12	als der König den Altar sah, s. (er) h.
Neh	2,15	s. ich bei Nacht das Bachtal h.
	12,37	sie z. zur Stadt Davids h.
Am	9,2	wenn sie zum Himmel h., will ich sie
Apg	1,13	s. sie h. in das Obergemach des Hauses
Off	8,4	der Rauch des Räucherwerks s.h. vor Gott

hinaufstürmen

Jer	5,10	s. ihre Weinberge h. und zerstört sie

hinauftragen

Ri	16,3	(Simson) t. (die Torflügel) h. auf d. Höhe
1Pt	2,24	der unsre Sünde selbst hinaufg. hat an seinem Leibe auf das Holz

hinaufziehen

1Mo	44,17	z. h. mit Frieden zu eurem Vater 24.33.34; 45,9.25
	46,29	z. h. seinem Vater Israel entgegen 31
	50,5	will h. und meinen Vater begraben 6.7.9.14
2Mo	33,3	ich selbst will nicht mit dir h. 5
4Mo	13,17	z. h. ins Südland 30.31; 14,40.42.44; 5Mo 1,21. 24.26.41-43; Jos 14,8
	21,33	z. h. den Weg nach Baschan 5Mo 3,1
	34,4	soll vom Skorpionensteig sich h.
Jos	7,3	nicht das ganze Kriegsvolk h. 4; 8,1.3.10.11
	10,5	z. h. die fünf Könige der Amoriter
	7	da z. Josua h. von Gilgal 36
	33	da z. Horam h., um Lachisch zu helfen
	15,15	(Kaleb) z. von dort h. gegen Debir
	19,47	Dan z. h. und kämpfte gegen Leschem
Ri	1,1	wer soll unter uns zuerst h. 2-4
	22	das Haus Josef h. nach Bethel
	4,10	es z. h. (Barak) nach 10.000 Mann
	8,8	(Gideon) z. von dort h. nach Pnuël
	15,9	da z. die Philister h. 1Sm 7,7; 15,11
	18,9	laßt uns gegen sie h. 12; 20,9.28.30
	20,3	daß ganz Israel h. nach Mizpa gez. 18.23.26
1Sm	1,7	wenn sie h. zum Haus des HERRN 21.22
	14,46	Saul z. h. 15,34; 23,19
	24,1	David z. von dort h. 23; 27,8
	25,35	z. mit Frieden h. in dein Haus
	29,9	laß ihn nicht mit uns h. in den Kampf
2Sm	2,1	soll ich h. in eine der Städte h. 5,19.23; 1Kö 12,24; 1Ch 14,10.11.14; 2Ch 11,4
	19,35	daß ich mit dem König h. sollte 1Kö 11,15
1Kö	18,41	Elia sprach: Z. h., iß und trink 42
	22,6	z. h. (gegen Ramot) 15.20.29; 2Ch 18,2-28
2Kö	3,8	welchen Weg wollen wir h.
	12,18	um gen Jerusalem h. 16,5; 18,17.25; Jes 36,10; Jer 6,4.5
2Ch	36,23	wer von seinem Volk ist, z. h. Esr 1,3
Esr	1,5	um h. und das Haus zu bauen 11; 7,28
Ps	122,4	(Jerusalem,) wohin die Stämme h.
Jes	7,6	wir wollen h. nach Juda
Jer	31,6	laßt uns h. nach Zion zum HERRN
Jer	46,8	ich will h., das Land bedecken
Jo	4,9	laßt h. alle Kriegsleute
Jdt	5,21	sie sind in dies Gebirge hinaufg.
	22	dann wollen wir h. 26
1Ma	4,36	laßt uns h. und das Heiligtum reinigen
	9,38	darum z. sie h. und versteckten sich
	16,1	z. Johannes zu seinem Vater Simon h.
Mt	20,17	Jesus z.h. nach Jerusalem Lk 19,28; Jh 2,13; 5,1
	18	siehe, wir z.h. nach Jerusalem
Apg	11,10	alles wurde wieder gen Himmel hinaufg.
	15,2	daß Paulus und Barnabas nach Jerusalem h. sollten
	21,4	er solle nicht nach Jerusalem h. 12
	15	machten wir uns fertig und z.h. nach Jerusalem
	24,11	seit ich nach Jerusalem h., um anzubeten
	25,1	Festus z. von Cäsarea h. nach Jerusalem
Gal	2,1	danach z. ich abermals h. nach Jerusalem 2

hinaus

1Mo	44,4	als sie aber zur Stadt h. waren
3Mo	14,53	den Vogel h. vor die Stadt fliegen lassen
4Mo	31,13	gingen ihnen entgegen, h. vor das Lager
Ri	3,19	(Eglon) aber gebot: H.
Rut	3,18	bis du erfährst, wo es h. will
2Sm	16,7	h., h., du Bluthund
	20,5	Amasa blieb über die Zeit h.
2Kö	23,6	warf Jerusalem an den Bach Kidron
Hi	18,11	daß er nicht weiß, wo er h. soll
Jes	30,22	werdet zu ihnen sagen: H.
Jer	38,22	alle Frauen werden h. müssen 23
	40,5	weiter h. wird kein Wiederkehren sein
Hes	11,7	aber ihr müßt h.
Am	4,3	werdet zu den Mauerlücken h. müssen
Mi	4,10	du mußt zwar zur Stadt h.
Mal	1,5	der HERR ist herrlich über die Grenzen h.
Mt	26,58	um zu sehen, worauf es h. wollte
Apg	7,43	ich will euch wegführen bis über Babylon h.
1Ko	4,6	nicht über das h., was geschrieben steht
2Ko	11,33	*in einem Korbe zum Fenster h.*
Heb	11,11	*schwanger über die Zeit ihres Alters h.*

hinausbegeben

Jer	21,9	wer sich h. und überläuft zu d. Chaldäern

hinausbringen

1Mo	19,17	als sie (Lot) hinausg. hatten
3Mo	14,45	soll es h. an einen unreinen Ort
	16,26	und den Bock für Asasel hinausg. hat
Ri	6,19	Gideon b. es zu ihm h.
	19,25	b. (seine Nebenfrau) zu ihnen h.
2Kö	10,26	b. h. die Bilder der Aschera
1Ti	6,7	darum werden wir auch nichts h.

hinausdringen

2Ch	26,15	sein Name d. weit h.

hinauseilen

1Mo	43,30	Josef e. h.; denn sein Herz entbrannte

hinausfahren

Lk	5,4	f.h., wo es tief ist

hinausfliehen 694

hinausfliehen
1Mo	39,18	ließ sein Kleid bei mir und f. h.
Jer	39,4	f. sie bei Nacht zur Stadt h.
1Ma	4,14	daß sie alle in die Ebene h.

hinausfließen
Hes	47,8	dies Wasser f. h. ins Tote Meer

hinausführen
1Mo	19,16	f. ihn h. und ließen ihn erst draußen los
	38,25	(verbrannt werde.) Und als man sie h.
3Mo	24,14	f. den Flucher h. vor das Lager 23; 4Mo 15,36; 5Mo 17,5; 22,24; 1Kö 21,10.13; 2Kö 11,15; 2Ch 23,14
4Mo	19,3	h. vor das Lager f. und dort schlachten
2Sm	22,20	er f. mich h. ins Weite Ps 18,20
Ps	138,8	der HERR wird meine Sache h.
Jes	28,29	er f. es herrlich h. Jer 50,34
Hes	37,1	er f. mich h. im Geist des HERRN
	42,1	er f. mich h. zum Vorhof 15; 46,21; 47,2
Mt	12,20	bis er das Recht h. zum Sieg
Mk	8,23	f. ihn h. vor das Dorf
	15,20	sie f. ihn h., daß sie ihn kreuzigten
Lk	14,28	*ob er's habe, h. 29.30*
	24,50	er f. sie h. bis nach Betanien
Jh	10,3	er ruft seine Schafe mit Namen und f. sie h.
Apg	5,34	ließ die Männer für kurze Zeit h.
	16,37	sie sollen selbst kommen und uns h.
	21,38	der 4.000 von den Aufrührern in die Wüste hinausg. hat
Jak	5,11	*habt gesehen, wie's der Herr hinausg. hat*

hinausgehen
1Mo	15,5	(der HERR) hieß (Abram) h.
	19,14	da g. Lot h. und redete mit den Männern
	27,30	als Jakob kaum hinausg. war
	30,16	g. h. ihm entgegen 2Mo 18,7; Ri 4,18; 2Ch 28,9; Jes 7,3
	34,6	da g. Hamor h. zu Jakob
	45,1	laßt jedermann von mir h. 2Sm 13,9
	47,10	Jakob segnete den Pharao und g. h.
2Mo	2,11	g. (Mose) h. zu seinen Brüdern 13
	5,10	da g. die Vögte des Volks h.
	8,16	wenn er h. ans Wasser g.
	26	Mose g. h. vom Pharao 25; 9,33; 10,6.18
	16,4	das Volk soll h. und sammeln 27
	33,8	wenn Mose h. zur Stiftshütte
3Mo	16,18	soll h. zum Altar
4Mo	11,26	waren nicht hinausg. zu der Stiftshütte
	12,4	g. h., ihr drei... und sie g. h.
5Mo	21,2	sollen deine Ältesten und Richter h.
	23,11	soll h. vor das Lager g. 13
Jos	2,5	als es finster wurde, g. sie h.
Ri	3,19	da g. h. von ihm alle, die um ihn standen
	23	Ehud g. zum Nebenraum h. 24
	19,23	der Hauswirt g. zu ihnen h.
Rut	2,22	gut, daß du mit seinen Mägden h.
1Sm	9,26	die beiden g. miteinander h.
	11,3	so wollen wir zu dir h. 10
	19,3	(Jonatan sprach:) Ich will h. 20,11.35
2Sm	11,8	als Uria aus des Königs Haus h. 13
1Kö	2,37	an dem Tag, an dem du h. wirst
	11,29	begab sich, daß Jerobeam aus Jerusalem h.
	19,13	g. h. und trat in den Eingang der Höhle
	20,31	laßt uns zum König von Israel h.
2Kö	2,21	da g. er h. zu der Wasserquelle
	4,18	daß (das Kind) h. zu seinem Vater g.
	21	schloß zu und g. h. 37
	5,27	da g. Gehasi h., aussätzig wie Schnee
	7,16	g. das Volk h. und plünderte das Lager
	20,4	als Jesaja noch nicht hinausg. war
	24,12	Jojachin g. h. zum König von Babel
2Ch	26,18	g. h. aus dem Heiligtum 20
Neh	8,15	g. h. auf die Berge 16
Est	4,1	Mordechai g. h. mitten in die Stadt 6; 8,15
	5,9	g. Haman an dem Tage h.
Hi	1,12	der Satan g. h. von dem HERRN 2,7
	31,34	so daß ich nicht zur Tür h.
Hl	1,8	g. h. auf die Spuren der Schafe 7,12
Jes	66,24	h. und schauen die Leichname Jer 14,18
Jer	6,25	niemand g. h. auf den Acker
	19,2	g. h. ins Tal Ben-Hinnom
	38,2	wer h. zu den Chaldäern 17.18.21
Hes	3,22	mach dich auf und g. h. 23; 9,7
	10,7	der empfing es und g. h.
	18	die Herrlichkeit des HERRN g. h. 19
	42,14	sollen dann h. unter das Volk
	46,2	soll anbeten und wieder h. 8-10.12
Jon	4,5	Jona g. zur Stadt h.
Jdt	8,26	wenn ich mit meiner Magd h. 10,11
	11,13	h. und zu Gott beten 12,6.8
	13,10	kurz darauf ging sie h. 11
Tob	5,5	da g. der junge Tobias h.
1Ma	7,24	(Judas) hinderte sie, aufs Land h.
StD	1,13	sie g. h. und trennten sich
	18	die Mägde g. zur hinteren Tür h. 19
	2,10	siehe, wir wollen h. 13
Mt	3,5	da g. zu ihm h. die Stadt Jerusalem Mk 1,5
	8,34	da g. die Stadt h. Jesus entgegen Jh 12,13
	9,24	sprach (Jesus): G.h.
	31	aber sie g.h. und verbreiteten die Kunde
	32	als diese nun hinausg. waren
	11,7	was seid ihr hinausg. zu sehen 8.9; Lk 7,24-26
	12,14	da g. die Pharisäer h. Mk 3,6
	18,28	da g. dieser Knecht h. und traf
	21,17	er ließ sie stehen und g. zur Stadt h.
	22,9	g.h. auf die Straßen 10; Lk 10,10; 14,21.23
	24,26	er ist in der Wüste!, so g. nicht h.
	25,1	zehn Jungfrauen, die g. h., dem Bräutigam entgegen 6
	26,30	g. sie h. an den Ölberg Mk 14,26; Lk 21,37; 22,39
	71	als er h. in die Torhalle
	75	er g.h. und weinte bitterlich Lk 22,62
	27,32	als sie h., fanden sie einen Menschen
Mk	1,35	am Morgen stand (Jesus) auf und g.h.
	2,12	nahm sein Bett und g.h.
	13	Jesus g. wieder h. an den See
	5,14	die Leute g.h., um zu sehen Lk 8,35
	6,11	g.h. und schüttelt den Staub von euren Füßen
	24	sie g.h. und fragte ihre Mutter
	10,17	*da er h. auf den Weg*
	11,11	g. er h. nach Betanien mit den Zwölfen
	19	abends g. sie h. vor die Stadt
	14,68	er g. h. in den Vorhof, und der Hahn krähte
	16,8	sie g.h. und flohen von dem Grab
Lk	3,7	da sprach Johannes zu der Menge, die h.
	4,42	als es Tag, g. er h. an eine einsame Stätte
	5,8	*Herr, g. von mir h.*
	27	danach g. er h. und sah einen Zöllner
	9,6	sie g.h. und zogen von Dorf zu Dorf
	11,53	als er von dort h., fingen... an
	14,18	Acker gekauft und muß h. und ihn besehen
	21,21	wer in der Stadt ist, g.h.

Jh	8,9	*g. sie h., einer nach dem andern*
	59	Jesus verbarg sich und g. zum Tempel h.
	11,31	die Juden sahen, daß Maria aufstand und h.
	13,30	als er den Bissen genommen, g. er h. 31
	18,1	g. er h. mit s. Jüngern über den Bach Kidron
	4	g. er h. und sprach zu ihnen: Wen sucht ihr
	16	*da g. der andere Jünger h.*
	38	g. er wieder h. zu den Juden 19,4
	19,17	er trug sein Kreuz und g.h. zur Stätte
	20,3	da g. Petrus und der andere Jünger h., und sie kamen zum Grab
	21,3	sie g.h. und stiegen in das Boot
Apg	4,15	hießen sie h. aus dem Hohen Rat
	12,9	er g.h. und folgte ihm
	17	dann g. er h. und zog an einen andern Ort
	13,42	als sie aus der Synagoge h.
	16,13	am Sabbattag g. wir h. vor die Stadt
2Jh	7	*viele Verführer sind... hinausg.*
	9	wer darüber h. und bleibt nicht in der Lehre
Heb	13,13	so laßt uns nun zu ihm h. aus dem Lager
Off	3,12	er soll nicht mehr h.
	18,4	g.h. aus (der Stadt), mein Volk

hinausgreifen

1Mo	19,10	g. die Männer h. und zogen Lot herein

hinauskommen

2Mo	9,29	wenn ich zur Stadt h.
Jos	18,17	(die Grenze) k. h. zu den Steinkreisen
2Sm	15,17	als der König und alles Volk h. 18,6
2Ma	11,8	sobald sie h. aus der Stadt k.
Mk	1,45	da er h., hob er an und sagte viel davon

hinauslassen

Hi	21,11	ihre kleinen Kinder l. sie h.
Jdt	10,9	fragten nicht, sondern l. sie h.
Jh	10,4	wenn er alle seine Schafe hinausg. hat
Jak	2,25	als sie die Boten aufnahm und l. sie auf einem andern Weg h.

hinauslaufen

1Mo	39,12	(Josef) l. zum Hause h. 15
Jdt	14,14	l. er h. zu den Kriegsleuten
Tob	10,8	sie l. alle Tage h. und suchte

hinausmachen

Apg	22,18	*m. dich behende von Jerusalem h.*

hinausreiten

Neh	2,13	ich r. zum Taltor h. bei Nacht

hinausschaffen

3Mo	16,27	den jungen Stier und den Bock soll man h.

hinausschauen

2Kö	9,30	schmückte ihr Haupt und s. zum Fenster h.

hinausschicken

4Mo	5,3	Männer wie Frauen sollt ihr h. 4
StD	1,21	daß du deine Mägde deshalb hinausg. hast

hinausschleifen

Apg	14,19	steinigten Paulus und s. ihn zur Stadt h.

hinausschreien

Spr	12,23	das Herz des Toren s. seine Torheit h.

hinausschütten

3Mo	14,41	soll man den Lehm h. vor die Stadt s.
Mt	5,13	*Salz... denn daß man es h.*

hinaussehen

1Ch	15,29	s. Michal zum Fenster h.

hinausspähen

Ri	5,28	die Mutter Siseras s. zum Fenster h.

hinausstoßen

2Mo	10,11	man s. sie h. vom Pharao
Ob	7	Bundesgenossen werden dich zum Lande h.
Mt	8,12	aber die Kinder des Reichs werden hinausg.
	21,39	sie s. ihn zum Weinberg h. Lk 20,12.15
Lk	4,29	sie standen auf und s. ihn zur Stadt h.
	13,28	Propheten im Reich Gottes, euch aber hinausg.
Jh	6,37	wer zu mir kommt, den werde ich nicht h.
	9,34	sie s. ihn h.
Apg	7,58	s. ihn zur Stadt h. und steinigten ihn
	13,50	*s. sie zu ihren Grenzen h.*
Gal	4,30	s. die Magd h. mit ihrem Sohn

hinaustragen

1Mo	23,4	daß ich meine Tote h. und begrabe 8
2Mo	12,46	sollt nichts von seinem Fleisch h.
3Mo	4,12	soll er alles h. aus dem Lager 21; 6,4; 10,4.5; 2Ch 29,16
Ps	41,7	gehen hin und t.'s h. auf die Gasse
Jes	42,3	in Treue t. er das Recht h.
	48,20	laßt es hören, t.'s h.
Hes	12,7	ich t. mein Gepäck h.
	46,20	damit sie es nicht in den Vorhof h.
Apg	5,6	die Männer t. ihn h. und begruben ihn 10
	9	die Füße... werden auch dich h.
	15	daß sie die Kranken sogar auf die Straßen h.

hinaustreiben

1Mo	3,24	(Gott der HERR) t. den Menschen h.
2Mo	3,1	Mose t. die Schafe über die Steppe h.
2Sm	13,17	t. diese von mir h. 18
Spr	22,10	t. den Spötter h., so geht der Zank weg
Hes	11,9	will euch aus der Stadt h.
	34,21	bis ihr sie alle hinausg. hattet
Mt	9,25	als aber das Volk hinausg. war Mk 5,40
Jh	2,15	er t. sie alle zum Tempel h.
Apg	9,40	als Petrus sie alle hinausg. hatte

hinaustreten

Apg	12,10	sie t.h. und gingen eine Straße weit

hinaustun

2Kö	23,4	aus dem Tempel h. alle Geräte

hinaustun

Esr 10,3 daß wir alle fremden Frauen h.
Apg 5,34 *hieß die Apostel ein wenig h.*
1Ko 5,13 *t. ihr selbst h., wer böse ist*

hinauswachsen

Hi 8,16 seine Reiser w. h. über seinen Garten

hinauswerfen

3Mo 14,40 soll die Steine h. vor die Stadt w.
2Sm 20,22 hieben Scheba den Kopf ab und w. ihn h.
2Kö 10,25 die Ritter w. die Leichname h.
2Ch 33,15 er w. (die Götter) h. vor die Stadt
Neh 13,8 ich w. allen Hausrat des Tobija h.
Jer 22,19 hinausg. vor die Tore Jerusalems
Hes 7,19 werden ihr Silber h. auf die Gassen w.
Mt 22,13 w. ihn in die Finsternis h. 25,30
Mk 12,8 töteten ihn und w. ihn h. vor den Weinberg
Apg 27,19 w. sie das Schiffsgerät h.
Off 12,9 es wurde hinausg. der große Drache

hinausziehen

2Mo 15,22 Mose ließ Israel z. vom Schilfmeer h.
Ri 9,27 (Männer von Sichem) z. h. aufs Feld 33
2Sm 15,16 der König z. h. und sein Haus ihm nach
2Ch 15,2 da z. (Asarja) h. Asa entgegen
Jer 52,7 Kriegsleute z. zur Stadt h. bei Nacht
Hes 12,4 sollst am Abend h. 5-7.12
    25 soll sich nicht lange h. 28
Mi 2,13 sie werden durchs Tor h.
1Ma 2,29 viele z. in die Wüste h.
2Ma 10,27 z. ein Stück vor die Stadt h.
Apg 21,30 sie ergriffen Paulus und z. ihn zum Tempel h.

hinbringen

1Mo 43,12 das Geld b. auch wieder h.
4Mo 17,3 haben sie hing. vor den HERRN
1Ch 13,13 ließ sie h. ins Haus Obed-Edoms
2Ch 28,11 b. die Gefangenen wieder h.
Esr 7,15 h. (nach Jerusalem) Silber und Gold
Jes 23,3 was wuchs, b. man nach Sidon h.
1Ko 16,3 *daß sie h. eure Liebesgabe*

Hinde

Hl 2,7 ich beschwöre euch bei den H. 3,5

hindern

Esr 4,5 dingten Ratgeber und h. ihr Vorhaben
Sir 7,23 h. ihn nicht, wenn er frei werden kann
    20,23 manchen h. nur seine Armut daran
    32,5 h. die Spielleute nicht
    39,23 wenn er hilft, kann's niemand h.
1Ma 7,24 (Judas) h. sie ... hinauszugehen
Lk 13,7 *was h. er das Land*
Apg 5,39 *so könnt ihr sie nicht h.*
    8,36 was h.'s, daß ich mich taufen lasse
    27,7 denn der Wind h. uns
Rö 1,13 zu euch zu kommen - wurde aber bisher geh.
    15,22 warum ich daran geh. worden bin, zu euch
1Th 2,18 doch der Satan hat uns geh.
1Pt 3,7 *euer Gebet darf nicht geh. werden*
3Jh 10 h. auch die, die es tun wollen

Hindernis

3Mo 19,14 sollst vor den Blinden kein H. legen
1Kö 5,18 weder ein Widersacher noch ein böses H.
Wsh 19,7 zeigte sich im Roten Meer ein Weg ohne H.
1Ko 9,12 damit wir nicht dem Evangelium von Christus ein H. bereiten

hindurch

1Sm 31,12 (die Leute) gingen die ganze Nacht h.
Klg 3,44 mit einer Wolke, daß kein Gebet h. konnte
1Pt 3,20 acht Seelen, gerettet durchs Wasser h.

hindurchdringen

1Ma 6,45 (Eleasar) d. durch die Feinde h.
Jh 5,24 *er ist vom Tode zum Leben hindurchg.*

hindurchfahren

Spr 14,16 meidet das Böse; ein Tor f. trotzig h.

hindurchgehen

3Mo 27,32 alles, was unter dem Hirtenstabe h. Hes 20,37
Jos 3,16 g. das Volk h. gegenüber von Jericho 17
    4,23 Schilfmeer austrocknete, bis wir hindurchg. waren Neh 9,11; Ps 136,14; Jes 51,10
    16,6 (die Grenze) g. h. östlich von Janoach
2Kö 2,14 Wasser teilte sich, und Elisa g. h.
Hi 41,8 daß nicht ein Lufthauch h.
Jes 11,15 daß man mit Schuhen h. kann
    34,10 verwüstet, daß niemand h. wird
Jer 34,18 Kalb, zw. dessen Stücken sie hindurchg. 19
Hes 47,5 daß ich nicht mehr h. konnte

hindurchkommen

4Mo 20,17 bis wir durch dein Gebiet hindurchg. 21,22
Jdt 5,10 daß sie trockenen Fußes h.

hindurchsteuern

Wsh 10,4 den Gerechten auf einem Holz h.
    14,3 deine Vorsehung, Vater, s. es h.

hindurchziehen

2Mo 15,16 bis dein Volk h., bis das Volk h., das du
4Mo 20,18 sollst nicht h. 19.20; 5Mo 2,28.30
5Mo 2,13 zieht durch den Bach Sered! Und wir z. h.
2Ch 20,10 durch die du Israel nicht h. ließest
Ps 78,13 er zerteilte das Meer und ließ sie h.
Jes 41,3 er z. unversehrt h.
Jer 9,9 verödet, daß niemand h. Hes 14,15; 33,28
Jo 4,17 kein Fremder wird mehr h.
Lk 19,1 er ging nach Jericho hinein und z.h.

hinein

Mt 23,13 die h. wollen, laßt ihr nicht hineingehen Lk 11,52

hineinbohren

2Kö 12,10 nahm eine Lade und b. oben ein Loch h.

hineinbringen

1Mo	47,7	Josef b. seinen Vater h. vor den Pharao
2Mo	15,17	b. sie h. und pflanztest sie ein
	40,4	sollst den Tisch h.
3Mo	10,18	s. Blut ist nicht in das Heilige hineing.
	16,12	soll es h. hinter den Vorhang b. 15
4Mo	14,31	eure Kinder will ich h.
5Mo	4,38	dich h., dir ihr Land zu geben 6,23
2Sm	6,17	als sie die Lade h. 1Ch 16,1; 2Ch 6,11
1Kö	7,51	b. h., was sein Vater geheiligt 2Ch 5,1
2Kö	4,20	der b. ihn h. zu seiner Mutter
Neh	13,9	b. h., was zum Hause Gottes gehörte
Dan	2,25	Arjoch b. Daniel eilends h.
Jdt	6,9	b. (Achior) nach Bethulia h.
Lk	5,18	sie versuchten, ihn h. 19

hineinbücken

Lk 24,12 Petrus lief zum Grab und b. sich h.

hineindrängen

Lk 16,16 jedermann d. sich mit Gewalt h.

hineindringen

Ps 109,18 (den Fluch) der d. in ihn h. wie Wasser

hineinfahren

Ri	3,22	daß nach der Schneide noch der Griff h.
Mk	9,25	fahre von ihm aus und f. nicht mehr in ihn h.

hineinfallen

1Mo	14,10	Erdharzgruben. Und die Könige f. da h.
2Mo	21,33	und es f. ein Rind oder Esel h.
3Mo	11,33	Gefäß, in das ein solches Aas h.
Ps	57,7	sie f. doch selbst h. Spr 26,27; Pr 10,8
Spr	22,14	wem der HERR zürnt, der f. h.
Sir	27,29	wer eine Grube gräbt, f. selbst h.
	28,27	wer den Herrn verläßt, der wird h.

hineinfließen

Jos 15,5 bis dort, wo der Jordan h. 18,19

hineinfressen

1Mo 41,21 als sie die (Kühe) hineing. hatten

hineinführen

Hes	40,48	er f. mich h. zur Vorhalle 41,1
Dan	2,24	f. mich h. zum König
Mk	15,16	die Soldaten f. ihn h. in den Palast
Jh	18,16	redete mit der Türhüterin und f. Petrus h.

hineingehen

1Mo	6,20	soll je ein Paar zu dir h. 7,16
	19,33	die erste g. h. und legte sich 34
	27,18	(Jakob) g. h. zu seinem Vater
2Mo	3,18	sollst h. zum König von Ägypten 7,10
	14,22	die *Israeliten g.h. mitten ins Meer
	24,18	Mose g. mitten in die Wolke h.
	28,30	wenn er h. vor den HERRN 35; 34,34.35
	40,35	konnte nicht in die Stiftshütte h. 2Ch 7,2
3Mo	14,36	ausräumen, ehe der Priester h. 44.48

3Mo	16,3	soll h. mit einem jungen Stier 17
4Mo	4,5	sollen Aaron und seine Söhne h. 19.20; 2Ch 23,6; Hes 42,14 ; 44,16.27
Jos	6,23	da g. die Kundschafter h.
Ri	4,21	Jaël g. leise zu (Sisera) h.
1Sm	24,4	Saul g. h., um seine Füße zu decken
2Sm	3,24	g. Joab zum König h. 14,3.33
	12,24	g. (David) zu (Batseba). 1Kö 1,13.15
1Kö	1,47	die Großen des Königs sind hineing.
	7,26	es g. 2.000 Eimer h.
	19,15	g. h. und salbe Hesaël zum König
2Kö	4,33	g. h. und schloß die Tür hinter sich zu
	5,4	da g. Naaman h. zu seinem Herrn
	9,2	g. h. und laß ihn aufstehen 6
	10,25	g. h. und erschlagt jedermann
	23,8	wenn man zum Tor der Stadt h. 2Ch 33,14
2Ch	29,15	g. h., um das Haus des HERRN zu reinigen
Neh	6,11	ich will nicht (in den Tempel) h.
Est	2,14	wenn sie am Abend hineing. war
	4,8	daß sie zum König h. 11.16
Ps	43,4	daß ich h. zum Altar Gottes
Jes	22,15	g. h. zu dem Verwalter da, zu Schebna
	24,10	verschlossen, daß niemand h. kann
	26,2	Tore, daß h. das gerechte Volk Jer 22,2
	52,1	wird kein Unreiner zu dir h.
Jer	36,20	sie g. h. zum König
Hes	8,9	g. h. und schaue die Greuel
	10,2	g. h. zwischen das Räderwerk ... er g. h. 3.6
	42,9	wenn man vom Vorhof h. 44,2.3; 46,8-10
Dan	2,16	da g. Daniel h. 24; 6,11
	5,10	da g. die Königinmutter in den Saal h.
Jon	3,4	als Jona anfing, in die Stadt h.
Jdt	12,16	(Judit) g. h. und trat vor ihn
	14,9	niemand wagte es, h. 11.12
Tob	5,11	da g. Tobias h. und sagte
Bar	6,17	voll Staub von den Füßen derer, die h.
1Ma	7,36	g. h. und traten vor den Altar
StD	2,12	durch den g. sie immer wieder h. 14.18
Mt	7,13	g.h. durch die enge Pforte Lk 13,24
	8,5	als Jesus nach Kapernaum h. Mk 1,21
	9,25	g. er h. und ergriff sie Mk 5,39.40
	15,11	was zum Mund h., das macht den Menschen nicht unrein 17
	21,12	Jesus g. in den Tempel h. Mk 11,11
	22,11	da g. der König h.
	23,13	die hinein wollen, laßt ihr nicht h.
	24,38	bis an den Tag, an dem Noah in die Arche h.
	25,10	die bereit waren, g. mit ihm h.
	21	g.h. zu deines Herrn Freude 23
	26,58	g. h. und setzte sich zu d. Knechten Jh 18,15
Mk	6,25	da g. sie sogleich eilig h. zum König
	56	wo er in Dörfer, Städte und Höfe h.
	7,15	was von außen in den Menschen h. 18
	8,26	g. nicht h. in das Dorf
	13,15	der g. nicht h., etwas zu holen
	14,14	wo er h., da sprecht zu dem Hausherrn
	15,43	wagte es und ging h. zu Pilatus
	16,5	sie g.h. in das Grab Lk 24,3; Jh 20,5.6.8
Lk	7,36	er g.h. in das Haus des Pharisäers 11,37
	8,16	damit, die h. das Licht sehe 11,33
	51	als er in das Haus kam, ließ er niemanden h.
	11,52	ihr selbst seid nicht hineing.
	15,28	da wurde er zornig und wollte nicht h.
	19,1	er g. nach Jericho h. und zog hindurch
	22,10	folgt ihm in das Haus, in das er h.
	24,29	er g.h., bei ihnen zu bleiben
Jh	10,1	wer nicht zur Tür h. in den Schafstall 2
	9	wenn jemand durch mich h., wird er selig
	18,28	sie g. nicht h.

hineingehen

Jh	18,33	da g. Pilatus wieder h. ins Prätorium 19,9
Apg	3,3	sah, wie (Petrus und Johannes) in den Tempel h. wollten
	10,27	während er mit ihm redete, g. er h.
	17,2	g. er zu ihnen h. und redete mit ihnen
	28,8	zu dem g. Paulus h. und betete
Off	3,20	zu dem werde ich h. und das Abendmahl mit ihm halten
	21,27	*wird nicht h. irgendein Unreines*
	22,14	daß sie zu den Toren h. in die Stadt

hineingießen

Hes	24,3	setz ihn auf und g. Wasser h.

hineingucken

Sir	14,24	g. zu ihrem Fenster h. und horcht
	21,25	ein Narr g. einem... zum Fenster h.

hineinkommen

1Mo	19,22	kann nichts tun, bis du h.
	40,6	als Josef zu ihnen h.
	41,14	Josef k. h. zum Pharao
5Mo	1,37	du sollst auch nicht h. 38.39; 32,52
	4,1	auf daß ihr lebet und h. 6,18; 8,1; 9,1; 10,11; 11,8.31; Jos 1,11
	23,4	Ammoniter und Moabiter sollen nie h.
	11	der nicht rein ist, soll nicht wieder h.
Jos	6,1	so daß niemand heraus- oder h. konnte
Ri	3,20	Ehud k. zu (Eglon) h. 27
	19,15	als er aber h., blieb er auf dem Platze
Rut	1,19	als sie nach Bethelehem h.
1Sm	26,15	es ist einer vom Volk hineing.
2Sm	5,6	daß David nicht dort h. könnte
	14,33	daß (Absalom) h. zum König k.
	16,16	als Huschai zu Absalom h. 17,6
1Kö	1,14	will ich nach dir h. 23.28.32
	14,5	als sie h., stellte sie sich fremd
	16,10	Simri k. h. und schlug ihn tot Ende
	21,5	da k. seine Frau Isebel zu ihm h.
2Kö	4,36	die Sunamiterin k. h. zu (Elisa)
	9,34	als er h. und gegessen hatte
	10,24	sie k. h., um Brandopfer darzubringen
2Ch	8,11	weil die Lade des HERRN hineing. ist
	23,19	daß niemand h., der sich unrein gemacht
Est	4,9	als Hatach h. 11
Jer	2,7	als ihr h., machtet ihr m. Land unrein 32,23
Hes	8,10	als ich h. und schaute
	20,38	ins Land Israels sollen sie nicht h.
	43,4	die Herrlichkeit des HERRN k. h.
Wsh	7,25	kann nichts Unreines in sie h.
1Ma	15,14	so daß niemand heraus- und h. konnte 25
StD	1,36	als wir umhergingen, k. sie h.
Mt	12,45	wenn sie h., wohnen sie darin Lk 11,26
Mk	10,15	wer das Reich Gottes nicht empfängt wie ein Kind, der wird nicht h.
	11,2	sobald ihr h., ein Füllen finden Lk 19,30
Lk	1,28	der Engel k. zu ihr h.
	9,34	sie erschraken, als sie in die Wolke h.
	13,24	viele werden danach trachten, wie sie h.
	22,10	h. in die Stadt, wird euch ein Mensch begegnen
Apg	1,13	als sie h., stiegen sie hinauf
	10,25	*als Petrus h., ging ihm Kornelius entgegen*
Rö	5,20	das Gesetz aber ist dazwischen hineing.
1Ko	14,23	es k. Unkundige oder Ungläubige h. 24
Heb	3,19	*daß sie nicht haben h. können*
	4,11	Fleiß tun, h. zu dieser Ruhe
Off	21,27	nichts Unreines wird h.

hineinlassen

Ri	15,1	da wollte ihn ihr Vater nicht h.
Hes	44,7	habt fremde Leute hineing.
2Ma	10,37	l. das übrige Heer h. und eroberten

hineinlaufen

Apg	12,14	l.h. und verkündete, Petrus stünde vor dem Tor

hineinlegen

1Mo	30,42	l. (Jakob die Stäbe) nicht h.
2Mo	2,3	machte ein Kästlein und l. das Kind h.
4Mo	16,7	(nehmt Pfannen) und l. Feuer h. 18
1Kö	8,9	Tafeln, die er hineing. hatte 2Ch 5,10
1Ma	4,61	l. Kriegsvolk h., um... zu schützen
Lk	23,55	beschauten wie sein Leib hineing. wurde

hineinleiten

Sir	48,19	befestigte seine Stadt und l. Wasser h.

hineinpflanzen

Pr	2,5	ich p. allerlei fruchtbare Bäume h.

hineinpfropfen

Rö	11,19	*auf daß ich hineing. würde*

hineinreichen

Heb	6,19	der h. bis in das Innere hinter dem Vorhang

hineinschauen

StD	2,39	als er zum Graben kam und h.
Jh	20,5	s.h. und sieht die Leinentücher liegen

hineinschießen

2Kö	19,32	er soll keinen Pfeil h. Jes 37,33

hineinschleichen

2Sm	4,6	s. sich Rechab und sein Bruder Baana h.

hineinsehen

Apg	11,6	als ich h., erblickte ich vierfüßige Tiere
Off	5,3	niemand konnte das Buch auftun und h. 4

hineinsetzen

1Mo	2,8	pflanzte einen Garten und s. den Menschen h.
2Mo	40,24	s. den Leuchter auch h. 26
1Ma	13,48	s. Leute h., die Gottes Gesetz hielten

hineinspringen

Apg	16,29	*er forderte ein Licht und s. h.*

hineinstecken

2Mo	4,6	und (Mose) s. sie h.

hineinsteigen

Jh	5,4	wer zuerst h., der wurde gesund 7
	10,1	sondern s. anderwo h.
	21,11	Simon Petrus s.h. und zog das Netz an Land

hineinstellen

| 2Mo | 40,3 | sollst die Lade mit dem Gesetz h. 4 |
| 2Kö | 4,10 | laß uns Bett, Tisch, Stuhl und Leuchter h. |

hineinstürzen

1Sm	31,4	nahm das Schwert und s. sich h. 1Ch 10,4
Ps	35,8	zum eigenen Unheil s. er h.
Apg	16,29	der Aufseher s. h. (ins Gefängnis)

hineintauchen

| 3Mo | 4,17 | (der Priester soll) mit seinem Finger h. |

hineintragen

1Mo	27,10	das sollst du deinem Vater h. 25.31
1Ch	9,28	mußten sie abgezählt heraus- und h.
2Ma	6,4	t. viel h., was sich nicht gehörte

hineintreten

Hes	34,18	nicht genug... daß ihr auch noch h.
	40,15	Tor, wo man von außen h.
Jon	1,3	gab er Fährgeld und t. h.

hineintun

1Mo	41,48	was an Getreide wuchs, das t. er h.
2Mo	4,7	(Mose) t. sie wieder h.
	16,33	nimm ein Gefäß und t. Manna h.
	25,27	daß man Stangen h. könne 30,4; 37,14.27
	26,29	Ringe, in die man die Riegel h. 36,34
	30,18	ein Becken machen und Wasser h. 40,7.30
3Mo	10,1	Aarons Söhne t. Feuer h. 4Mo 17,11
2Kö	2,20	bringt mir eine Schale und t. Salz h.
	12,10	die Priester t. alles Geld h.
2Ch	31,12	(sie) t. die Abgaben gewissenhaft h.
Hes	22,20	will euch. und schmelzen
	24,4	setze einen Topf auf... t. Fleisch h.

hineinwagen

| 1Ma | 16,6 | da w. er sich zuerst h. |

hineinwerfen

| 2Kö | 2,21 | ging zu der Wasserquelle und w. das Salz h. |

hineinziehen

1Mo	38,29	als der seine Hand wieder h.
2Mo	14,23	die Ägypter z. h. (ins Meer) 15,19
5Mo	1,8	z. h. und nehmt das Land ein Neh 9,24
	22	die uns den Weg sagen, auf dem wir h.
Jer	39,3	alle Obersten des Königs von Babel z. h.
1Ma	6,61	der König z. h. auf den Berg Zion
	13,48	darauf z. e. h. in die Stadt
Lk	19,1	er z. h. und ging durch Jericho

hinfahren

| 1Mo | 15,17 | Feuerflamme f. zwischen den Stücken h. |

2Ch	18,21	f. h. und tu das
Hi	20,25	Schrecken f. über ihn h.
	33,28	daß ich nicht h. zu den Toten
	37,3	läßt ihn h. unter dem Himmel 38,35
	38,24	wo der Ostwind h. über die Erde
Jes	23,6	f. h. nach Tarsis, ihr Bewohner der Küste
Hes	20,39	so f. h. und dient Götzen
Hos	4,17	so laß (Ephraim) h.
Apg	20,22	nun f. ich h. nach Jerusalem
	21,2	stiegen wir ein und f. h. 27,13.16
	27,4	(wir) f. im Schutz von Zypern h. 7
Rö	15,25	f. ich h. nach Jerusalem, um... zu dienen

hinfallen

3Mo	26,37	einer soll über den andern h.
Ri	19,26	(die Frau) f. h. vor der Tür des Hauses
1Sm	19,24	(Saul) f. h. und lag nackt den ganzen Tag
2Sm	2,23	(Asaël) f. h. und starb
	4,4	während sie eilends floh, f. er h.
2Kö	6,6	der Mann Gottes sprach: Wo ist's hing.
Jes	28,18	daß h. euer Bund mit dem Tode
	54,10	es sollen wohl Hügel h., aber der Bund meines Friedens soll nicht h.

hinfällig

| Wsh | 9,14 | unsre Vorsätze (sind) h. |
| Rö | 9,6 | nicht, daß Gottes Wort h. geworden sei |

hinfort

1Mo	4,12	soll dir h. seinen Ertrag nicht geben
	8,21	will h. nicht mehr die Erde verfl. 9,11.15
2Mo	10,14	noch h. sein werden Jo 2,2
	36,6	niemand soll h. noch etwas bringen
4Mo	18,5	damit h. nicht mehr ein Zorn komme 22
5Mo	10,16	seid h. nicht halsstarrig 18,16; 19,20
	17,16	soll h. nicht wieder diesen Weg gehen
	34,10	es stand h. kein Prophet auf wie Mose
Jos	7,12	werde h. nicht mit euch sein, wenn ihr
Ri	2,21	will auch h. die Völker nicht vertreiben
2Kö	2,21	soll h. weder Tod...
2Ch	35,16	aller Gottesdienst, um h. Passa zu halten
Neh	4,10	geschah h., daß die Hälfte arbeitete
Jes	2,4	h. nicht lernen, Krieg zu führen Mi 4,3
	13,20	daß man h. nicht mehr da wohne
	29,14	will h. mit d. Volk wunderlich umgehen
	52,1	wird h. kein Unreiner hineingehen
Hes	12,24	soll h. keine trügenden Gesichte geben
	20,39	meinen Namen laßt h. ungeschändet
	24,13	sollst h. nicht wieder rein werden
Sa	8,4	sollen h. sitzen auf den Plätzen Jerusal.
StE	5,6	zu sehen, soll h. Friede im Reich bleibe
	16	daß weder Mensch noch... h. darin wohnen
Mt	5,13	es ist zu nichts h. nütze
	21,19	nun wachse auf dir h. nimmermehr Frucht
	22,46	wagte niemand, ihn h. zu fragen *Mk 12,34; Lk 20,40*
Mk	9,25	fahrest h. nicht in ihn
	14,25	*daß ich h. nicht trinken werde*
Lk	15,19	h. nicht mehr wert, daß ich dein Sohn heiße 21
	16,2	du kannst h. nicht Verwalter sein
	20,36	denn sie können h. auch nicht sterben
	22,16	*daß ich es h. nicht mehr essen werde*
Jh	4,42	*wir glauben h. nicht um deiner Rede willen*
	5,14	sündige h. nicht mehr 8,11
	15,15	ich sage h. nicht, daß ihr Knechte seid
	16,10	daß ihr mich h. nicht seht

hinfort

Apg	4,17	sie h. zu keinem Menschen in d. Namen reden
	13,34	*auf daß er h. nicht verwese*
Rö	6,6	so daß wir h. der Sünde nicht dienen
	9	der Tod kann h. über ihn nicht herrschen
2Ko	1,10	er werde uns auch h. erretten
	2,7	*nun möget ihr h. ihm desto mehr vergeben*
2Ti	4,8	h. liegt für mich bereit die Krone
1Pt	4,2	daß er h. dem Willen Gottes lebe
Heb	10,13	wartet h., bis seine Feinde
	26	haben wir h. kein andres Opfer mehr
Off	10,6	es soll h. keine Zeit mehr sein

hinführen

1Sm	30,15	willst du mich h. 16
Ps	45,16	man f. sie h. mit Freude und Jubel
Tob	5,15	kannst du meinen Sohn zu Gabaël h. 16
1Ma	3,50	wo sollen wir sie h.
2Ma	7,7	f. sie den zweiten auch h.
Mt	27,2	banden ihn, f. ihn h. 31; Lk 22,54; 23,26
Mk	13,11	wenn sie euch h. und überantworten werden
Lk	23,32	es wurden auch andere hing.
Apg	23,17	*diesen f.h. zu dem Oberhauptmann*
Off	21,10	er f. mich h. auf einen hohen Berg

Hingabe

Esr	7,23	das soll mit H. geleistet werden

hingeben

5Mo	1,21	der HERR hat dir das Land hing.
Jer	15,9	was übrig ist, will ich dem Schwert h.
Jo	4,3	haben Knaben für eine Hure hing.
Rö	6,13	g. euch selbst Gott h., als solche, die tot
	19	g. nun eure Glieder h. an den Dienst der Gerechtigkeit
	12,1	ich ermahne euch, daß ihr eure Leiber h.
2Ko	12,15	ich will gern h. und hing. werden
1Pt	1,14	g. euch nicht den Begierden h.

hingehen, *hin gehen*

1Mo	21,16	g. h. und setzte sich gegenüber 19
	22,2	g. h. in das Land Morija 3.13
	25,22	g. (Rebekka) h., den HERRN zu befragen
	27,5	Esau g. h. aufs Feld 28,9
	9	g. h. zu der Herde 14
	29,7	g. h. und weidet sie 37,12.14
	35,22	g. Ruben h. und legte sich zu Bilha
	38,11	g. h. und blieb in ihres Vaters Hause
	41,55	g. h. zu Josef 50,18
2Mo	2,1	es g. h. ein Mann vom Hause Levi
	7	soll ich h. und eine der Frauen rufen 8
	3,3	will h. und die Erscheinung besehen 4
	10	g. h., ich will dich zum Pharao senden 16; 4,12.18.19.27.29; 5,1.15.23; 6,11; 7,15.26; 9,1; 10,1.3
	8,21	g. h., opfert eurem Gott hier 10,8; 12,31.32
	12,28	g. h. und taten, wie der HERR geboten
	17,5	nimm deinen Stab und g. h.
	19,10	g. h. zum Volk und heilige sie 24; 32,34; 4Mo 8,15.22; 5Mo 5,30; 10,11; 31,1.14
4Mo	12,5	Aaron und Mirjam g. beide h. 17,8
	13,26	kehrten um, g. h. zu Mose und Aaron
	22,7	die Ältesten g. h. 13; Ri 11,5
	23,3	will h... Und er g. h.
	32,41	Jaïr g. h. und eroberte ihre Dörfer 42
5Mo	4,34	ob je ein Gott versucht hat, h.

5Mo	13,7	laß uns h. und andern Göttern dienen 14; 17,3; 29,17.25; Jos 23,16; Ri 10,14; 1Sm 26,19; 1Kö 9,6; 12,30; 14,9; 16,31; 2Kö 1,2.3.6; 2Ch 7,19; Jer 3,6.8; 11,12; 44,3
	24,2	wenn sie h. und wird eines andern Frau
	25,7	so soll seine Schwägerin h. ins Tor
	26,2	sollst h. an die Stätte, die der HERR
Jos	1,16	wo du uns hinsendest, da wollen wir h.
	2,1	g. h., seht das Land an. Die. g. h. 5
	6,7	g. h. und zieht um die Stadt
	9,4	g. h. und versahen sich mit Speise
	18,3	h., das Land einzunehmen 8.9; Neh 9,15
Ri	1,16	g. h. und wohnten mitten unter dem Volk
	4,6	g. und zieh auf den Berg Tabor
	6,14	g. h. in dieser deiner Kraft 19
	8,29	Jerubbaal g. h. und wohnte 9,1
	9,6	g. h. und machten Abimelech zum König 7-13
	11,37	daß ich h. und beweine 38.40
	14,3	daß du h. und willst eine Frau nehmen
	15,4	Simson g. h. und fing 300 Füchse
	18,7	da g. die fünf Männer h. nach Lajisch
	21,10	g. h. und schlagt die Bürger von Jabesch
	20	g. h. und legt euch auf die Lauer
Rut	1,8	g. h. und kehrt um 12
	16	wo du h., da will auch ich h.
	2,2	g. h., meine Tochter 3.9; 3,4
	3,7	(Boas) g. h. und legte sich
1Sm	1,17	g. h. mit Frieden 20,42; 2Sm 15,9
	3,5	g. wieder h. und lege dich schlafen 6.9
	8,22	g. h., ein jeder in seine Stadt
	9,3	g. h. und suche die Eselinnen 7.10
	10,14	wo seid ihr hing.
	14,7	g. nur h.! Siehe, ich bin mit dir
	15,32	Agag g. h. zu ihm zitternd
	34	Samuel g. h. nach Rama 16,1.2
	17,20	machte sich David auf, lud auf und g. h.
	32	dein Knecht wird h. und kämpfen 33.37
	20,22	g. h.; denn der HERR befiehlt dir fortzugehen 29; 22,5; 23,16
	28,8	Saul g. h. zu dem Weibe
2Sm	2,15	da g. h. zwölf aus Benjamin
	3,19	g. h., um David kundzutun 21
	4,5	so g. die Söhne Rimmons h.
	6,12	g. (David) h. und holte die Lade
	7,5	g. h. und sage zu David 1Ch 17,4
	9	mit dir gewesen, wo du h. 1Ch 17,8
	23	um dessentwillen Gott hing. ist 1Ch 17,21
	11,22	der Bote g. h. und sagte David alles
	13,7	g. h. ins Haus deines Bruders Amnon 8
	24	der König und seine Großen mögen h. 25
	14,21	so g. h. und bringe Absalom zurück
	30	so g. h. und steckt's in Brand
	15,7	will h. und mein Gelübde erfüllen
	16,9	will h. und ihm den Kopf abhauen
	17,17	eine Magd g. von Zeit zu Zeit h. 21
	18,21	g. h. und sage dem König an
	20,5	Amasa g. h., um Juda zusammenzurufen
	21,12	David g. h. und nahm die Gebeine
	23,17	Blut der Männer, die hing. sind
	24,1	g. h., zähle Israel 12; 1Ch 21,2.4.10
1Kö	1,49	g. h., jeder seinen Weg 50
	2,2	ich g. h. den Weg aller Welt 1Ch 17,11
	19	Batseba g. h. zum König Salomo
	26	h. nach Anatot und in deinen Besitz
	34	Benaja h. und stieß ihn nieder 46
	3,4	der König g. h. nach Gibeon 2Ch 1,3
	12,5	g. h. bis zum dritten Tag... das Volk g. h. 2Ch 10,5
	14,2	g. h. nach Silo 4.7

hingehen

1Kö	17,5	g. h. nach dem Wort des HERRN 18,1.2
	11	als sie h. zu holen 13.15
	18,8	g. h. und sage deinem Herrn 11.12.14.16.44; 2Kö 8,10
	43	g. wieder h., und der Diener g. wieder h.
	19,4	(Elia) g. h. in die Wüste 20,38
	20,9	die Boten g. h. 22,13; 2Ch 18,12
2Kö	2,7	50 von den Prophetenjüngern g. h. 17.18
	3,13	g. h. zu den Propheten deines Vaters
	4,3	g. h. und erbitte von d. Nachbarinnen 5.7
	29	nimm meinen Stab und g. h. 31
	5,10	Elisa ließ ihm sagen: G. h. 6,2.13
	7,4	laßt uns h. zu dem Heer der Aramäer 8.9
	8,3	sie g. h., den König anzurufen
	9,1	g. h. nach Ramot 4.15
	35	als sie h., um (Isebel) zu begraben
	11,16	Atalja g. h. und wurde dort getötet
	22,13	g. h. und befragt den HERRN 14; 1Ch 21,30; 2Ch 34,21.22
	23,12	g. h. und warf ihren Staub in den Bach
2Ch	29,18	g. h. und sprachen: Wir haben gereinigt
	30,6	die Läufer g. h. mit den Briefen
	31,8	als Hiskia h., lobten sie den HERRN
Neh	8,10	g. h. und eßt fette Speisen 12
Est	4,16	g. h. und versammle alle Juden 17
Hi	1,4	g. h. und machten ein Festmahl
	2,11	h., um ihn zu beklagen
	6,18	sie g. h. ins Nichts 10,21
	7,21	warum läßt (du nicht) meine Schuld h.
	42,8	g. h. zu meinem Knecht Hiob 9
Ps	41,7	g. h. und tragen's hinaus auf die Gasse
	126,6	sie g. h. und weinen
Spr	3,28	sprich nicht: G. h. und komm wieder
	6,3	g. h., dränge deinen Nächsten
	6	g. h. zur Ameise, du Fauler
	15,12	der Spötter g. nicht h. zu den Weisen
Pr	9,7	g. h. und iß dein Brot mit Freuden
Hl	6,1	wo ist denn dein Freund hing.
Jes	2,3	viele Völker werden h. und sagen Mi 4,2
	6,9	g. h. und sprich 38,5; Jer 2,2; 3,12; 17,19; 28,13; 34,2; 35,13; 39,16; Hes 3,1.4.11
	16,12	wenn Moab h. und sich abmüht
	18,2	g. h., ihr schnellen Boten, zum Volk
	20,2	g. h. und tu den Schurz von deinen Lenden
	21,6	g. h., stelle den Wächter auf
	26,20	g. h., mein Volk, in deine Kammer
	28,13	daß sie h. und rücklings fallen
	30,8	g. h. und schreib es nieder
	50,11	g. h. in die Glut eures Feuers
	60,15	die Ungeliebte, zu der niemand h.
Jer	2,10	g. h. zu den Inseln der Kittäer
	7,12	g. h. an meine Stätte zu Silo
	13,1	g. h. und kaufe einen leinenen Gürtel 4-7
	19,1	g. h. und kaufe dir einen irdenen Krug
	29,12	ihr werdet h. und mich bitten
	35,2	g. h. zu den Rechabitern 36,6
	36,19	g. h. und verbirg dich mit Jeremia
	40,15	will h. und Jischmaël erschlagen
Hes	3,24	g. h. und schließ dich ein
Dan	4,13	sieben Zeiten sollen über ihn h. 20.22.29
	12,9	g. h., Daniel; denn es ist verborgen 13
Hos	1,2	g. h. und nimm ein Hurenweib 3; 3,1
	4,15	nicht h. nach Gilgal
Am	6,2	g. h. nach Kalne
	7,15	g. h. und weissage meinem Volk Israel
Jon	3,3	Jona g. h. nach Ninive
Hag	1,8	g. h. auf das Gebirge und holt Holz
Sa	2,6	ich sprach: Wo g. du h.
	6,7	g. h. und durchzieht die Lande
	8,21	wir selber wollen h.
Jdt	8,28	g. h. in Frieden; der Herr sei mit dir
	12,11	g. h. und überrede die Hebräerin
Wsh	1,11	was ihr redet, wird nicht unbestraft h.
Tob	2,7	in der Nacht g. er h. und begrub
	5,4	g. h. und suche dir einen Begleiter
	12,20	zu dem h., der mich gesandt
Sir	29,33	du Fremder, g. h. und bereite den Tisch
1Ma	6,36	wohin er ging, da g. sie auch h.
2Ma	6,14	wie den andern Völkern, die er h. läßt
StD	2,3	der König g. täglich h., um ihn anzubeten
Mt	2,9	*der Stern g. vor ihnen h.*
	5,24	g. h. und versöhne dich
	8,4	g. h. und zeige dich dem Priester Mk 1,44; Lk 5,14; 17,14
	9	wenn ich zu einem sage: G. h. Lk 7,8
	13	g. h.; *dir geschehe, wie du geglaubt hast*
	19	*ich will dir folgen, wo du h. Lk 9,57*
	21	zuvor h. und meinen Vater begrabe Lk 9,59
	33	die Hirten flohen und g. h. in die Stadt
	9,13	g. h. und lernt, was das heißt
	10,6	g. h. zu den verlorenen Schafen Lk 10,3
	11,4	g. h. und sagt Johannes wieder *Lk 7,22*
	7	*da die h., fing Jesus an Lk 7,24*
	12,45	dann g. er h. und nimmt mit sich sieben andre Geister Lk 11,26
	13,28	willst du, daß wir h. und es ausjäten
	44	in seiner Freude g. er h. 46
	14,15	*daß sie h. in die Dörfer g. Mk 6,36.37.38;* Lk 9,12.13
	16	es ist nicht not, daß sie h.
	16,21	wie er müßte h. nach Jerusalem g.
	17,27	g. h. an den See
	18,12	g. h. und sucht das verirrte *Lk 15,4*
	15	g. h. und weise ihn zurecht
	30	g. h. und warf ihn ins Gefängnis
	19,21	g. h., verkaufe, was du hast Mk 10,21
	20,4	ihr auch h. in den Weinberg 5.7
	21,2	g. h. in das Dorf 6; 26,18; Mk 11,2.4; 14,12.13. 16; Lk 19,30.32; 22,8.13
	19	g. h. und fand nichts daran als Blätter Mk 11,13
	28	g. h. und arbeite heute im Weinberg 29.30
	22,9	*g. h. auf die Straßen*
	15	da g. die Pharisäer h.
	25,9	*g. h. zu den Krämern*
	10	als sie h. zu kaufen, kam der Bräutigam
	16	sogleich g. der h., der 18.25
	41	*g. h. von mir, ihr Verfluchten*
	46	sie werden h.: diese zur ewigen Strafe
	26,14	g. einer von den Zwölfen h. Mk 14,10; Lk 22,4
	32	will vor euch h. nach Galiläa 28,7; Mk 14,28; 16,7
	39	*er g. h. ein wenig 42.44;* Mk 14,39
	27,5	*g. h. und erhängte sich selbst*
	65	g. h. und bewacht es, so gut ihr könnt 66
	28,7	g. eilends h. und sagt seinen Jüngern 10.11; Mk 16,7.10.13; Jh 20,17
	19	g. h. und machet zu Jüngern alle Völker Mk 16,15
Mk	3,13	rief, welche er wollte, und die g.h. zu ihm
	5,19	g. h. in dein Haus und verkünde 20; Lk 8,39
	24	g. h. mit ihm *Lk 7,6*
	34	g.h. in Frieden Lk 7,50; 8,48; Apg 16,36; Jak 2,16
	6,27	der g. h. und enthauptete ihn
	38	g. h. und seht
	46	g. er h. auf einen Berg, um zu beten
	7,29	g. h., der böse Geist ist ausgefahren 30
	10,52	g. h., dein Glaube hat dir geholfen Lk 17,19

hingehen 702

Mk	14,12	wo willst du, daß wir h.
	21	der Menschensohn g. zwar. *Lk 22,22*
	16,1	wohlriechende Öle, um h. und ihn zu salben
Lk	8,14	die es hören und g.h. und ersticken unter den Sorgen des Lebens
	42	als er h., umdrängte ihn das Volk
	9,52	die g. h. und kamen in ein Dorf
	60	du aber g.h. und verkündige das Reich Gottes
	10,37	sprach Jesus: So g. h. und tu desgleichen
	13,32	g. h. und sagt diesem Fuchs
	14,10	eingeladen bist, g. h. und setz dich untenan
	19	Ochsen... ich g. jetzt h., sie zu besehen
	15,15	g. h. und hängte sich an einen Bürger
	17,14	als sie h., da wurden sie rein
	23	g. nicht h. und lauft ihnen nicht nach
	24,24	einige von uns g. h. zum Grab und fanden's so
	28	sie kamen nahe an das Dorf, wo sie h.
Jh	4,16	g. h., ruf deinen Mann
	47	g. h. zu ihm und bat ihn
	50	Jesus spricht zu ihm: G. h., dein Sohn lebt
	5,8	nimm dein Bett und g. h. 9.11.12.15
	7,33	g. ich h. zu dem, der mich gesandt 35; 16,5
	8,11	g. h. und sündige hinfort nicht mehr
	21	wo ich h., da könnt ihr nicht hinkommen 13,33.36; 14,5
	9,7	da g. er h. und kam sehend wieder 11
	10,4	g. er vor ihnen h.
	11,11	ich g. h., ihn aufzuwecken
	28	als sie das gesagt hatte, g. sie h.
	31	*sie g. h. zum Grabe*
	46	einige g. h. zu den Pharisäern
	12,11	um seinetwillen g. viele Juden h.
	35	der weiß nicht, wo er h. 1Jh 2,11
	14,2	g. h., euch die Stätte zu bereiten 3.4
	28	ich g. h. und komme wieder zu euch
	15,16	bestimmt, daß ihr h. und Frucht bringt
Apg	1,25	*daß er h. an seinen Ort*
	5,20	g. h. und tretet im Tempel auf
	22	g. h. und fanden sie nicht im Gefängnis
	26	da g. der Hauptmann mit den Knechten h.
	7,40	*mache uns Götter, die vor uns h.*
	8,27	er stand auf und g. h.
	29	g. h. und halte dich zu diesem Wagen
	9,11	g. h. in die Gasse
	15	der Herr sprach zu ihm: G. nur h. 17
	12,10	*h. eine Gasse weit*
	22,21	g.h.; denn ich will dich zu den Heiden senden
	23,16	g. er h. und kam in die Burg
	24,25	*g. h. für diesmal*
	28,26	g. h. zu diesem Volk und sprich
	29	*g. die Juden h.*
1Ko	10,27	wenn euch einer einlädt und ihr wollt h.
1Pt	3,19	in ihm ist er auch hing.
Off	10,8	g. h., nimm das offene Büchlein 9
	12,17	der Drache g. h., zu kämpfen
	16,1	g. h. und gießt aus die sieben Schalen des Zornes Gottes 2

hingelangen

Eph	4,13	bis wir alle h. zur Einheit des Glaubens

hingießen

Hi	10,10	hast du mich nicht wie Milch hing.

hinhalten

Rut	3,15	und (Rut) h. (das Tuch) h.
Klg	5,6	wir mußten Ägypten und Assur die Hand h.
Rö	16,4	die für mein Leben ihren Hals hing. haben

hinken

1Mo	32,32	und er h. an seiner Hüfte
5Mo	15,21	wenn's einen Fehler hat, daß es h.
1Kö	18,21	wie lange h. ihr auf beiden Seiten
	26	sie h. um den Altar
Ze	3,19	will den H. helfen

hinknien

Jes	65,12	daß ihr euch zur Schlachtung h. müßt

hinkommen

1Mo	20,13	daß, wo wir h., du von mir sagst
	30,38	wo die Herden h. mußten zu trinken
2Mo	16,22	alle Vorsteher der Gemeinde k. h.
Ri	14,7	als (Simson) nun h. 10
1Sm	4,13	als er h., saß Eli auf seinem Stuhl
	14,26	als das Volk h. kam in den Waben
	17,22	David k. h. und fragte seine Brüder
	25,9	als die Leute hing. waren 1Kö 2,40; 2Kö 6,14; 18,17
2Kö	5,15	als er h., trat er vor (Elisa) 8,9; 9,5
Sir	36,28	bleiben muß, wo er am Abend h.
Lk	10,1	in alle Städte, da er wollte h.
	12,33	einen Schatz im Himmel, wo kein Dieb h.
Jh	5,7	wenn ich h., steigt ein anderer vor mir hinein
	7,34	wo ich bin, könnt ihr nicht h. 36; 8,21.22; 13,33
Apg	5,22	*die Diener k.h. und fanden sie nicht*
	9,39	als er hing. war 11,23; *14,27*; *15,4*
	20,15	*k. des andern Tages h. gegen Chios*
	25	ihr alle, zu denen ich hing. bin
Heb	11,8	Abraham zog aus und wußte nicht, wo er h.

hinlaufen

4Mo	11,27	da l. ein junger Mann h. und sagte es Mose
Jos	18,15	die Grenze l. h. zur Quelle 17; 19,12.13
1Sm	10,23	da l. sie h. und holten (Saul)
	17,51	da l. (David) h. und trat vor dem Philister
2Sm	18,21	der Mohr neigte sich vor Joab und l. h.
Sa	2,8	l. h. und sage diesem jungen Mann
StD	1,25	der eine l. h. zu der Tür des Gartens
Apg	8,30	da l. Philippus h. und hörte, daß

hinlegen

2Mo	17,12	nahmen einen Stein und l. ihn h.
5Mo	25,2	soll ihn der Richter h. lassen
Ri	6,18	bringe meine Gabe und l. sie vor dir h. 20
Rut	3,4	wo er sich h., gehe hin und l. dich h. 7
1Sm	9,24	das Übriggebliebene l. vor dich h. und iß
2Sm	13,6	so l. sich Amnon h. und stellte sich krank
1Kö	19,5	(Elia) l. sich h. und schlief
2Kö	9,13	jeder l. (sein Kleid) vor ihn h.
Hes	4,1	Ziegelstein; den l. vor dich h. und entwirf
Sa	3,9	Stein, den ich vor Jeschua hing. habe
Mt	8,20	nichts, wo er sein Haupt h. Lk 9,58
Mk	15,47	sahen, wo er hing. wurde 16,6; Jh 20,2.12.13.15
Lk	19,21	*du nimmst, was du nicht hing. hast* 22
Jh	11,34	sprach: Wo habt ihr ihn hing.

hinmorden

2Ma 5,13 da m. man h. Junge und Alte

hinnehmen

1Mo 31,32 suche das Deine bei mir und n.'s h.
2Mo 22,10 der Besitzer soll es h.
2Kö 4,36 da, n. h. deinen Sohn
2Ma 15,16 n. h. das heilige Schwert
Jh 18,31 so n. ihr ihn h. 19,6
20,22 n. h. den heiligen Geist
Off 10,9 *n. h. und verschling's*

hinneigen

1Mo 47,31 n. sich anbetend über das Kopfende h.

Hinnom (= Ben-Hinnom)

Jos 15,8 führt hinauf zum Tal des Sohnes H... westlich vor dem Tal H. 18,16
Neh 11,30 ließen sich nieder bis zum Tal H.
Sa 14,5 das Tal H. wird verstopft werden

hinraffen

Ri 18,25 damit nicht dein Leben hing. werde
Hi 24,22 Gott r. die Gewalttätigen h.
Ps 26,9 r. meine Seele nicht h. mit Sündern 28,3
50,22 begreift es doch... damit ich nicht h.
Spr 5,23 um s. Torheit willen wird er hing. werden
Jes 57,1 fromme Leute sind hing.
Wsh 16,14 kann die hing. Seele nicht befreien

hinreichen

Hi 29,19 meine Wurzel r. zum Wasser h.

hinreisen

1Ko 16,4 wenn es die Mühe lohnt, daß ich auch h.

hinreißen

Spr 19,18 laß dich nicht h., ihn zu töten
Sir 9,4 laß dich nicht h. von der Sängerin

hinrichten

2Ma 7,41 zuletzt wurde auch die Mutter hing.
Lk 23,32 zwei Übeltäter, daß sie mit ihm hing. würden

hinrücken

1Th 4,17 *zugleich mit ihnen hing. werden*

hinschauen

Hab 1,5 s. h. unter die Heiden
Apg 7,32 Mose wagte nicht h.

hinscheiden

2Ti 4,6 die Zeit meines H. ist gekommen
2Pt 1,15 auch nach meinem H. im Gedächtnis behalten

hinschicken

1Mo 27,42 s. h. und ließ rufen 2Mo 9,27; 4Mo 16,12
37,32 s. den bunten Rock h.
5Mo 19,12 sollen die Ältesten h. und ihn holen lassen
1Sm 20,21 ich will den Knaben h.
1Ch 13,2 laßt uns h. zu unsern Brüdern
Esr 4,14 s. wir h. und lassen es den König wissen
Tob 8,14 s. eine Magd h. und laß nachsehen
2Ma 3,38 wenn du einen Feind hast, den s. h.
StD 1,29 s. h. und laßt Susanna herholen
Mt 14,10 s.h. und ließ Johannes enthaupten
Mk 4,29 s. er alsbald die Sichel h.
6,27 sogleich s. der König den Henker h.

hinschlachten

4Mo 14,16 darum hat er sie hing. in der Wüste

hinschütten

3Mo 4,12 wo man die Asche h.

hinschwinden

3Mo 26,16 daß euch das Leben h.
Ps 31,11 mein Leben ist hing. in Kummer

hinsegeln

Apg 27,7 *s. wir im Schutz von Kreta h.*

hinsehen

Sir 36,2 s. h. und versetze... in Schrecken
Mk 16,4 sie s.h. und wurden gewahr, daß
Heb 11,26 *er s. h. auf die Belohnung*

hinsenden

1Mo 20,2 s. h. und ließ holen 42,16; 2Mo 2,5; 1Sm 16,11.12; 20,31; 2Sm 3,15; 9,5; 14,2; 1Kö 1,53; 7,13; 2Kö 6,13; 11,4; 23,16; 2Ch 36,10; Esr 8,16; Est 5,10; Jer 37,17; 38,14; 39,13; 43,10
31,4 s. h. und ließ rufen 41,14; Jos 24,9; Ri 4,6; 16,18; 1Sm 22,11; 1Kö 2,36.42; 12,3.20; 2Ch 10,3
2Mo 9,7 der Pharao s. h., und siehe 19
24,5 s. junge Männer h., daß sie opferten
Jos 1,16 wo du uns h., da wollen wir hingehen
7,22 da s. Josua Boten h. 8,9
Ri 21,13 s. die Gemeinde h. und verhandelte
1Sm 5,8 s. h. und versammelten alle 11; 1Kö 18,19.20; 2Kö 23,1; 2Ch 30,1; 34,29
6,8 s. (die Lade) h. und laßt sie gehen
20,12 wenn ich dann nicht h. zu dir
25,39 s. h. und ließ sagen 2Sm 11,18; 17,16; 19,15; 2Kö 3,7; 10,5; 2Ch 25,17; Jer 29,31
2Sm 10,2 s. h. und ließ ihn trösten 1Ch 19,2
6 s. (die Ammoniter) h. 1Ch 19,16
11,3 David s. h. nach der Frau 4.5.27
1Kö 2,25 s... stieß ihn nieder 29; 12,18; 14,19
2Kö 1,6 daß du h., zu befragen Baal-Sebub 16
2,17 sie s. h. 50 Männer, diese suchten Elia
6,14 da s. er h. ein großes Heer 10; 1Ch 19,8
Hi 1,4 s. h. und luden ihre Schwestern ein 5
Ps 59,1 als Saul h. und sein Haus bewachen ließ
105,20 da s. der König h. und ließ ihn losgeben
Apg 5,21 *s. h. zum Gefängnis, sie zu holen*

hinsetzen 704

hinsetzen
2Mo 40,18 richtete die Wohnung und s. ihre Füße h.
3Mo 15,6 wer sich h., wo jener gesessen hat
Esr 9,3 s. mich bestürzt h.
Jes 47,5 s. dich stumm h.
Bar 6,27 wenn man sie aufrecht h.
StD 2,10 sollst den Trank selbst mischen und h.
Lk 14,28 s. sich nicht zuvor h. und überschlägt die Kosten 31
16,6 nimm d. Schuldschein, s. dich h. und schreib

Hinsicht
2Ch 8,15 wich in keiner H. vom Gebot des Königs

hinsinken
Hi 24,24 sie s. h. und werden hinweggerafft

hinstarren
Jes 29,9 s. h. und werdet bestürzt

hinstellen
2Mo 16,33 nimm ein Gefäß und s. es h. vor den HERRN
1Sm 17,8 (Goliat) s. sich h. und rief 16
1Kö 2,19 wurde der Mutter d. Königs ein Thron hing.
2Ch 13,4 Abija s. sich h. oben auf den Berg
Hi 34,13 wer hat den Erdkreis hing.
Hos 2,5 damit ich nicht h., wie sie war
2Ma 14,33 dem Dionysos einen prächtigen Tempel h.
StD 2,10 du sollst die Speise selbst h.
Lk 16,15 *die ihr euch selbst als gerecht h.*
Rö 3,25 den hat Gott hing. als Sühne
1Ko 4,9 Gott hat uns Apostel als die Allergeringsten hing.

hinsterben
2Ma 5,10 so ist er hing. ohne Grab

hinstrecken
1Mo 49,9 wie ein Löwe hat er sich hing. 4Mo 24,9
Jer 14,16 liegen, vom Schwert und Hunger hing.
Hes 10,7 der Cherub s. seine Hand h. zum Feuer

hinstreuen
Jer 8,2 wird sie h. der Sonne, dem Mond

hinten
2Mo 26,12 einen halben Teppich h. überhängen lassen
Jos 10,19 jagt euren Feinden nach und faßt sie nicht h.
Ri 19,1 ein Levit wohnte weit h. im Gebirge Ephr.
1Sm 24,4 David und s. Männer saßen h. in der Höhle
2Sm 2,23 daß der Spieß h. herauskam
5,23 komm von h. über sie
1Kö 7,8 im andern Hof, h. an der Halle
10,19 h. am Thron waren Stierköpfe
2Ch 13,14 von vorn und von h. angegriffen Jes 9,11
Ps 78,66 (der Herr) schlug seine Feinde h.
Hes 1,10 Angesichter waren... h. gleich einem Adler
32,23 seine Gräber bekam es ganz h.
Mt 9,20 eine Frau trat von h. an ihn heran Mk 5,27; Lk 7,38; 8,44

Mk 4,38 er war h. im Boot und schlief
Apg 27,29 warfen h. vom Schiff vier Anker aus
Off 4,6 Gestalten, voller Augen vorn und h.

hintennach
1Mo 33,14 will gemächlich h. treiben

hinter
1Mo 7,16 der HERR schloß h. ihm zu
18,10 das hörte Sara h. ihm, h. der Tür
19,6 schloß die Tür h. sich zu Ri 3,23; 9,51; 2Sm 13,17.18; 2Kö 4,4.5; Jes 26,20; Hes 46,12
17 rette dein Leben und sieh nicht h. dich 26
22,13 Abraham sah einen Widder h. sich
32,21 dein Knecht Jakob kommt h. uns
2Mo 11,5 Magd, die h. ihrer Mühle hockt
14,19 der Engel Gottes stellte sich h. sie
26,33 sollst die Lade h. den Vorhang setzen
3Mo 5,8 soll den Kopf abknicken h. dem Genick
16,2 h. den Vorhang 12.15; 4Mo 18,7
26,37 als wäre das Schwert h. ihnen
4Mo 3,23 sollen sich lagern h. der Wohnung
5Mo 25,18 die Schwachen, die h. dir zurückgeblieben
Jos 8,2 einen Hinterhalt h. die Stadt 4.20; 2Ch 13,13
Rut 3,7 Boas legte sich h. einen Kornhaufen
2Sm 11,15 zieht euch h. (Uria) zurück
2Kö 11,6 am Tor h. dem Haus der Leibwache
1Ch 17,7 habe dich h. den Schafen weggenommen
19,10 daß h. ihm sich der Kampf gegen ihn
Neh 4,7 stellte man sich h. der Mauer 10
9,26 warfen dein Gesetz h. sich
Hi 37,21 Licht, das h. den Wolken hell leuchtet
39,10 wird er h. dir den Pflug ziehen
41,24 läßt h. sich eine leuchtende Bahn
Ps 50,17 wirfst meine Worte h. dich
Hl 2,9 siehe, er steht h. unsrer Wand
4,1 wie Taubenaugen h. deinem Schleier 3; 6,7
Jes 30,21 werden h. dir das Wort hören
38,17 wirfst alle meine Sünden h. dich zurück
57,8 h. die Tür setztest du dein Denkzeichen
Jer 9,21 sollen liegen wie Garben h. dem Schnitter
Hes 3,12 hörte h. mir ein Getöse
23,5 trieb Hurerei h. meinem Rücken
Dan 10,20 wenn ich das h. mich gebracht habe
Jo 2,3 h. ihm (geht) eine brennende Flamme
Jon 2,7 der Erde Riegel schlossen sich h. mir
Sa 1,8 h. ihm waren rote, braune u. weiße Pferde
7,14 das Land blieb verwüstet h. ihnen liegen
Sir 27,26 aber h. deinen Rücken redet er anders
1Ma 5,34 sah, daß der Makkabäer h. ihnen war
9,45 wir haben Feinde vor uns und h. uns
StD 1,18 die Mägde gingen zur h. Tür hinaus 26
Lk 17,31 wende sich nicht um nach dem, was h. ihm ist
Apg 5,37 Judas brachte eine Menge Volk h. sich
2Ko 12,13 *zu kurz gekommen h. anderen Gemeinden*

hinter - her
2Sm 23,10 das Volk sich wieder umwandte h. ihm h.
1Kö 1,35 zieht wieder herauf h. ihm 40; 1Ch 14,14
2Kö 6,32 höre das Geräusch der Tritte h. ihm h.
19,21 schüttelt ihr Haupt h. dir h. Jes 37,22
Ps 89,52 schmähn h. deinem Gesalbten.
Hes 5,2 h. ihnen h. das Schwert ziehen 12; 12,14
Off 12,15 Wasser wie einen Strom h. der Frau h.

hinter - her sein

1Mo	31,36	daß du so hitzig h. mir h. bist
3Mo	26,33	will mit gezücktem Schwert h. euch h. s. Jer 29,18; 48,2
1Sm	31,2	die Philister waren h. Saul h. 1Ch 10,2
Jer	42,16	Hunger soll stets h. euch h. s.
Hos	5,8	ruft laut: Man ist h. dir h., Benjamin

hinterbringen

1Ma 9,37 danach wurde Jonatan h. 60

hintergehen

1Mo 31,27 hast mich h.
1Ma 7,14 ein Priester wird uns nicht h.

Hinterhalt

Jos	8,2	einen H. hinter die Stadt 4.7.9.12.14.19.21
Ri	9,25	die Männer von Sichem legten einen H.
	32	lege einen H. im Felde 34.35.43
	20,29	und Israel legte einen H. 33.36-38
1Sm	15,5	legte (Saul) einen H. im Tal
2Kö	6,8	wollen einen H. legen
	13,13	Jerobeam legte einen H. hinter Juda
2Ch	20,22	ließ der HERR einen H. kommen
Jer	51,12	bestellt Wächter, legt einen H.
1Ma	11,68	hatten einen H. im Gebirge gelegt 69
Apg	25,3	sie wollten ihm einen H. legen

hinterhältig

1Mo	34,13	da antworteten Jakobs Söhne Sichem h.
Sir	5,16	rede nicht h.
	27,28	wer h. sticht, der verwundet sich selbst

hinterhergehen

Ri	13,11	(Manoach) g. h. seiner Frau h.
1Sm	25,42	fünf Mägde g. h. (Abigajil) h.
Neh	12,32	h. ihnen h. g. Hoschaja 38

hinterherjagen

1Sm 14,22 j. sie h. (den Philistern) h. im Kampf

hinterherkommen

1Sm 11,5 k. Saul h. den Rindern h.
25,19 ich will sogleich h. euch h. k.

hinterherlaufen

Hes 33,31 h. ihrem Gewinn l. ihr Herz h.

hinterherrufen

Ri 18,23 jagten d. Danitern nach und r. h. ihnen h.

hinterherschicken

Jer 9,15 will das Schwert h. ihnen h. s. 49,37
Lk 19,14 seine Bürger s. eine Gesandtschaft h. ihm s.

hinterherschreien

Jer 12,6 deine Brüder s. h. dir h.

hinterhersehen

1Mo 16,13 gewiß hab ich hier h. dem herg.
2Mo 33,23 darfst h. mir h. s.; aber mein Angesicht

hinterhersenden

2Ch 25,27 s. h. (Amazja) h. und töteten ihn

hinterherweinen

2Sm 3,16 ihr Mann w. h. ihr h. bis Bahurim

hinterherziehen

1Mo	32,19	Jakob, der z. h. uns h.
2Mo	14,10	die Ägypter z. h. ihnen h. 17
1Sm	13,15	die Übrigen vom Volk z. h. Saul h.
	29,2	David und seine Männer z. h.

Hinterkopf

3Mo 13,40 daß er am H. kahl wird

hinterlassen

Hi	22,20	was er h., hat das Feuer verzehrt
Ps	17,14	ihren Kindern ein Übriges h.
Jdt	8,4	der h. Judit
Wsh	8,13	ich werde ein ewiges Andenken h.
	14,6	h. so der Welt die Stammeltern
Sir	24,46	ich h. sie kommenden Geschlechtern
	30,4	er hat sein Ebenbild h. 6
	44,8	sie haben einen solchen Namen h.
Bar	6,48	h. den Nachkommen nichts als Betrug
2Ma	6,28	den Jungen ein gutes Beispiel h. 31
Mt	22,25	h. seine Frau s. Bruder Mk 12,19-22; Lk 20,31
1Pt	2,21	da auch Christus euch ein Vorbild h. (hat)

hinterlegen

5Mo 14,28 sollst (den Zehnten) h. in deiner Stadt
2Ma 3,10 es ist Geld, h. zu treuer Hand 15.22

Hinterlist

2Mo	21,14	jemand ihn mit H. umbringt 4Mo 35,20
2Kö	10,19	aber Jehu tat dies mit H.
1Ma	1,31	redete voll H. friedliche Worte
Apg	7,19	dieser ging mit H. vor gegen unser Volk
2Ko	12,16	habe euch mit H. gefangen

hinterlistig

Sir	22,27	h. Nachrede verjagt jeden Freund
1Ma	13,31	Tryphon tötete (Antiochus) h.
	16,13	wie er Simon h. umbringen könnte
StE	5,9	mit einem Netz h. Anschläge verklagt

hinterrücks

Sir 12,18 er bringt dich h. zu Fall

Hinterschiff

Apg 27,41 das H. zerbrach

Hinterteil

Hinterteil

1Kö 7,25 ihre H. waren alle nach innen 2Ch 4,4

hintragen

5Mo 14,24 daß du's nicht h. kannst
2Ch 24,11 sie t. (die Lade) wieder h. an ihren Ort

hintreiben

Hi 18,14 wird hing. zum König des Schreckens

hintreten

2Mo 17,5 t. h. vor das Volk und nimm deinen Stab
4Mo 16,17 t. h. vor den HERRN 5Mo 31,14; 1Kö 19,11
1Kö 8,55 t. h. und segnete die Gemeinde
2Kö 10,9 t. er h. und sprach zu allem Volk 2Ch 20,20
    18,28 da t. der Rabschake h. und rief Jes 36,13
2Ch 20,5 Joschafat t. h. unter die Gemeinde Judas
    17 t. h. und seht die Hilfe des HERRN
    34,32 ließ h. alle, die in Jerusalem waren
Neh 9,2 t. h. und bekannten ihre Sünden
Jes 36,2 er t. h. an die Wasserleitung
    61,5 Fremde werden h. und eure Herden weiden
Jer 6,16 t. h. an die Wege und schauet
Hab 3,5 Seuche folgte, wo er h.
Wsh 12,12 wer darf kommen und vor dich h.
1Ma 2,18 darum t. du zuerst h. 23
2Ma 3,26 die t. auf beiden Seiten neben ihn h.
Apg 22,13 der kam zu mir, t. vor mich h. und sprach

hinüber

Ri 19,12 wir wollen h. auf Gibea zu
Hi 19,8 Weg vermauert, daß ich nicht h. kann
Jer 41,10 er wollte h. zu den Ammonitern

hinüberbringen

Jos 4,3 b. (zwölf Steine) mit euch h. 8

hinüberfahren

Mt 8,18 befahl er, h. ans andre Ufer zu f. 14,22; Mk 4,35
  9,1 da stieg (Jesus) in ein Boot und f. h. 14,34; Mk 6,53; 8,13
Mk 6,45 vor ihm h. nach Betsaida
Lk 16,26 *die da wollten h. zu euch*

hinüberführen

2Sm 19,19 damit sie das Haus des Königs h. 41

hinübergehen

4Mo 34,4 (Grenze) soll... h. nach Azmon Jos 15,11
5Mo 3,25 laß mich h. und sehen das gute Land 34,4
    4,22 ihr aber werdet h. 27,3; 31,3
Jos 4,5 g. h. vor der Lade des HERRN 10.11.23; 5,1
Ri 8,4 Gideon g. h. mit den 300 Mann
    12,5 wenn einer sprach: Laß mich h.
1Sm 14,1 Jonatan sprach: Komm, laß uns h. 4.6.8
2Sm 17,16 laßt David sagen: G. gleich h.
2Kö 2,8 daß die beiden auf trockenem Boden h.

hinüberkommen

1Mo 32,24 daß h., was er hatte
1Sm 26,13 als David auf die andere Seite hinüberg.
2Kö 2,9 als sie h., sprach Elia zu Elisa

hinüberlassen

Ri 3,28 besetzten die Furten und l. niemand h.

hinüberreiten

Neh 2,14 ich r. h. zu dem Quelltor

hinüberziehen

4Mo 32,7 daß sie nicht h. in das Land 30.32
Jos 1,14 sollt vor euren Brüdern gerüstet h.
    3,1 blieben dort über Nacht, ehe sie h.
Mi 6,5 wie du h. von Schittim bis nach Gilgal

hinunter

1Mo 42,38 würdet meine grauen Haare h. zu den Toten bringen 44,29.31; 1Kö 2,6.9
Hes 31,17 sie mußten mit h. zu den Toten
    32,19 (geschah des HERRN Wort:) H. mit dir

hinunterblicken

4Mo 21,20 Pisga, der h. auf das Jordantal 23,28

hinunterbringen

Apg 23,20 daß du Paulus morgen vor den Hohen Rat h. läßt

hinunterfahren

1Mo 37,35 werde mit Leid h. zu den Toten
4Mo 16,30 daß sie lebendig h. zu den Toten f. 33
Hi 7,9 nicht wieder, wer zu den Toten h. f. 17,16
    33,24 erlöse ihn, daß er nicht h.
Ps 63,10 werden in die Tiefen der Erde h.
    115,17 keiner, der h. in die Stille
Spr 1,12 wie die, welche h. in die Grube f.
    7,27 da man h. in des Todes Kammern
Jes 5,14 daß h., was da prangt und lärmt
    14,15 h. zu den Toten f. du
Hes 31,15 an dem er h. zu den Toten f.
    32,21 sind hinunterg. und liegen da 24
Eph 4,9 *daß er auch hinunterg. ist 10*

hinunterfallen

Apg 20,9 f. er h. vom dritten Stock

hinunterführen

Wsh 16,13 du f. h. zu den Pforten des Totenreichs
Apg 22,30 f. Paulus h. 23,28

hinuntergehen

Jdt 10,2 rief ihre Magd und g. h. ins Haus

hinunterjagen

1Ma 3,24 j. sie h. in die Ebene

hinunterlassen

Lk	5,19	l. ihn durch die Ziegel h. mit dem Bett
2Ko	11,33	in einem Korb durch ein Fenster hinunterg.

hinunterlaufen

Jos	3,16	das Wasser, das zum Meer h., nahm ab
Apg	21,32	der nahm sogleich Soldaten und l.h. zu ihnen

hinunterlegen

Ps	88,7	du hast mich h. in die Grube gel.

hinunterleiten

2Ch	32,30	der die Wasserquelle h. zur Stadt Davids

hinuntersinken

Jon	2,7	ich s. h. zu der Berge Gründen

hinuntersteigen

2Mo	19,25	Mose s. h. zum Volk
Jon	1,5	Jona war h. in das Schiff ges.
Mt	24,17	wer auf dem Dach ist, der s. nicht h. Mk 13,15; Lk 17,31

hinunterstoßen

Ps	55,24	du wirst sie h. in die tiefe Grube
	56,8	s. diese Leute ohne alle Gnade h. 59,12
Hes	26,20	will dich h. zu denen 28,8; 31,16
Mt	11,23	bis in die Hölle hinunterg. werden Lk 10,15

hinunterstürmen

Mt	8,32	die ganze Herde s. den Abhang h. in den See Mk 5,13; Lk 8,33

hinunterwerfen

Lk	4,9	bist du Gottes Sohn, so w. dich von hier h.

hinweg

1Mo	36,6	zog in das Land Seïr, h. von Jakob
1Sm	4,21	die Herrlichkeit ist h. aus Israel 22
Pr	8,10	die recht getan hatten, mußten h.
Mi	4,9	sind deine Ratgeber alle h.
Lk	23,18	h. mit diesem Apg 22,22
Jh	20,1	*daß der Stein vom Grabe h. war*
2Ko	11,3	*verkehrt werden h. von der Einfalt*

hinwegeilen

2Mo	12,11	sollt es essen als die, die h.

hinwegfegen

Off	12,4	sein Schwanz f. den dritten Teil der Sterne h.

hinwegführen

1Mo	34,29	alle Kinder und Frauen f. sie gefangen h.
4Mo	24,22	f. Assur dich gefangen h.
Jdt	16,6	drohte, meine jungen Mädchen h.
Mk	14,44	*den greift und f. sicher h.*

Mk	14,53	*sie f. Jesus h. 15,1*

hinweggehen

1Mo	4,16	g. Kain h. von dem Angesicht des HERRN
	38,19	g. h. und legte den Schleier ab
	41,46	g. h. und zog durch ganz Ägyptenland
3Mo	10,7	sollt nicht h. von der Stiftshütte
4Mo	16,27	sie g. h. von der Wohnung Korachs
	20,6	g. Mose und Aaron von der Gemeinde h.
1Sm	17,15	David g. ab und zu von Saul h. 22,1
Ps	124,5	es g. Wasser hoch über uns h.
Mt	24,1	*Jesus g. h. von dem Tempel*
Mk	9,30	*sie g. h. und zogen durch Galiläa*
Lk	4,30	er g. mitten durch sie h.
Jh	8,21	da sprach Jesus: Ich g. h.
Apg	10,7	als der Engel hinwegg. war

hinwegheben

4Mo	17,10	h. euch h. aus dieser Gemeinde

hinwegnehmen

1Mo	5,24	weil er mit Gott wandelte, n. ihn Gott h.
1Sm	21,7	Schaubrote, die man vor dem HERRN nur h.
2Kö	2,3	daß der HERR deinen Herrn h. wird 5
Hi	3,6	das Dunkel n. sie h.
Jes	53,8	er ist aus Angst und Gericht hinwegg.
Jer	48,33	Freude und Wonne sind hinwegg.
Hes	17,3	ein Adler n. h. den Wipfel
Ze	3,18	n. ich von ihr h. das Unheil
Wsh	4,10	er unter Sündern lebte, wurde er hinwegg.
Sir	44,16	Henoch wurde hinwegg. 49,16
	48,9	bist hinwegg. worden in einem Wetter 13
Lk	9,51	die Zeit, daß er hinwegg. werden sollte

hinweggraffen

Hi	24,24	sinken hin und werden hinwegg.
Jes	5,17	nähren in den Trümmerstätten der Hinwegg.
Jer	15,15	laß mich nicht hinwegg. werden
Sir	16,11	so hat er auch die 600.000 hinwegg.
	19,3	wer so verwegen lebt, der wird hinwegg.
2Ma	5,16	das r. er mit seinen sündigen Händen h.

hinwegräumen

Jes	62,10	r. die Steine h.

hinwegreißen

Ri	5,21	der Bach Kischon r. sie h.
Ps	58,10	r. alles der brennende Zorn h.
Mt	13,19	r.h., was in sein Herz gesät ist

hinwegschwemmen

Dan	11,22	Heere werden vor ihm hinwegg.

hinwegsehen

Apg	17,30	über die Zeit der Unwissenheit hinwegg.

hinwegstreuen

4Mo	17,2	s. das Feuer weit h.

hinwegstürzen

hinwegstürzen
Hes 27,34 bist h. in die tiefen Wasser ges.

hinwegtilgen
Hes 28,16 ich t. dich h. aus der Mitte

hinwegtun
Spr 25,5 man t. den Gottlosen h. vom König
Hes 16,50 darum habe ich sie hinwegg.
1Kö 5,2 aus eurer Mitte hinwegg. würde
2Th 2,7 der es aufhält, muß hinwegg. werden

hinwegwehen
Hi 27,21 der Ostwind wird ihn h.

hinwegziehen
Mt 2,13 als sie hinwegg. waren
25,15 einem gab er fünf Zentner und z. h.
Apg 20,11 so z. er h.

hinwelken
Jes 34,4 sein Heer wird h., wie ein Blatt

hinwenden
2Mo 16,10 w. sie sich zur Wüste h.
1Sm 14,47 wo (Saul) sich h., da gewann er
2Ch 3,13 ihr Antlitz war zur Halle hing.
Spr 23,12 w. dein Herz h. zur Zucht
Hl 6,1 wo hat sich dein Freund hing.
7,1 w. dich h., o Sulamith! W. dich h.
Wsh 16,7 die sich zu diesem Zeichen h.
1Ti 1,6 haben sich hing. zu unnützem Geschwätz

hinwerfen
2Mo 7,9 nimm deinen Stab und w. ihn h. 10.12
2Ch 30,14 sie w. es h. an den Bach Kidron
Jes 14,19 du aber bist hing. ohne Grab
34,3 ihre Erschlagenen werden hing. werden Jer 36,30; Hes 6,5; Am 8,3
Sa 11,13 w.'s h. dem Schmelzer... ich w. sie h.

hinwollen
1Mo 45,28 ich w. h. und ihn sehen
Ri 19,17 wo w. du h.
Hab 1,9 wo sie h., stürmen sie vorwärts

hinziehen
1Mo 12,19 nimm sie und z. h. 24,51
21,14 da z. (Hagar) h. und irrte umher
24,10 nahm der Knecht zehn Kamele und z. h. 38
28,15 will dich behüten, wo du h.
32,1 z. h. und kam an seinen Ort
42,19 ihr aber h. 33; 43,2; 44,25; 45,17.24
46,1 Israel z. h. mit allem, was er hatte
2Mo 5,3 laß uns h. und opfern 8.17; 10,8.11.24
4Mo 21,15 der sich h. zur Stadt Ar
22,22 daß (Bileam) h. 35; 24,25
34,11 die Grenze z. sich h. östlich Jos 15,6
5Mo 1,7 wendet euch und z. h. 28.30
Jos 8,13 Josua z. h. mitten in das Tal

Jos 22,4 z. h. zu euren Wohnstätten Ri 2,6
Ri 1,17 Juda z. h. mit seinem Bruder Simeon
3,13 (Eglon) z. h. und schlug Israel
9,38 z. nun h. und kämpfe mit ihm
15,6 da z. die Philister h. und verbrannten sie
18,2 z. h. und erforscht das Land 9.10.21
6 z. h. mit Frieden 1Sm 29,7; 2Kö 5,19
19,10 der Mann machte sich auf und z. h.
20,23 der HERR sprach: Z. h. gegen sie 37
1Sm 15,3 so z. nun h. und schlag Amalek 18
18,27 David z. h. mit seinen Männern 27,2; 30,9; 2Sm 8,3; 12,29; 1Ch 11,4; 13,6; 15,25
23,2 soll ich h. und diese Phil. schlagen 3.4
25 als nun Saul h., David zu suchen 28; 24,3
29,4 damit er nicht mit uns h. zum Kampf
2Sm 8,6 der HERR half David, wo er h. 14; 1Ch 18,6.13
1Kö 2,40 Schimi z. h., um seine Knechte zu suchen
13,28 z. er h. und fand den Leichnam
20,27 z. ihnen entgegen 22,12; 2Ch 22,5
2Kö 3,9 so z. h. der König von Israel, von Juda und
4,25 so z. sie h. und kam zu dem Mann Gottes
5,5 z. h., ich will... schreiben. Und er z. h.
7,14 z. h. und seht nach
8,2 die Frau z. h. mit ihrem Hause
10,13 wir z. h., die Söhne des Königs zu grüßen
17,27 er z. h., und wohne dort und lehre sie
1Ch 4,39 sie z. h., um Weide zu suchen
16,43 alles Volk z. h., ein jeder in sein Haus
2Ch 21,9 da z. Joram h. mit seinen Obersten
24,5 z. h. in alle Städte und sammelt Geld
Esr 4,23 z. sie eilends h. nach Jerusalem
5,15 z. h. und bringe sie in den Tempel
Neh 4,2 verschworen sich h., gegen Jerusalem
12,37 z. h. zum Quelltor h.
Jer 31,2 Israel z. h. zu seiner Ruhe
40,4 das ganze Land; wo dir's gefällt, da z. h.
41,10 Jischmaël z. h. zu den Ammonitern 12.17
51,50 z. h., die ihr dem Schwert entronnen seid
Hos 5,13 z. Ephraim h. nach Assur
Hab 1,6 das h. wird, so weit die Erde ist
2,3 wenn sie sich auch h., so harre ihrer
Tob 5,23 so z. h.! Gott sei mit euch
Bar 4,19 z. h., liebe Kinder, z. h.
Mt 2,8 z. h. und forscht nach dem Kindlein 9
20 z. in das Land Israel
Lk 17,11 daß er durch Samarien und Galiläa h.z.
18,7 sollte er's bei ihnen lange h.
19,36 als er nun h., breiteten sie ihre Kleider
Jh 10,40 z. h. wieder jenseits des Jordan
Apg 15,40 Paulus h., der Gnade Gottes befohlen
20,7 z. er die Rede h. bis Mitternacht
22,6 da ich h. und nahe an Damaskus kam
24,22 Felix aber z. die Sache h.
1Ko 16,6 damit ihr mich geleitet, wo ich h. werde
Gal 1,17 sondern z. h. nach Arabien
Heb 10,37 und wird's nicht h.

hinzufügen
3Mo 5,16 soll den fünften Teil h.
Hi 34,37 zu seiner Sünde f. er Frevel h.
Jer 45,3 wie hat mir der HERR Jammer hinzug.
Sir 21,18 ein Vernünftiger f. noch etwas h.
1Ma 8,30 wenn einer etwas h. will Off 22,18
Lk 3,20 f. zu dem allen noch dies h.
Apg 2,41 an diesem Tage wurden hinzug. etwa 3.000 Menschen
47 der Herr aber f. täglich zur Gemeinde h.

hinzugehen

1Mo	9,23	Sem und Jafet g. rückwärts h.
Mt	21,19	g. h. und fand nichts daran
Lk	8,19	es g. h. seine Mutter
Apg	7,31	als er h., zu schauen, geschah die Stimme
	8,29	g. h. und halte dich zu diesem Wagen
Heb	10,22	lasset uns h. mit wahrhaftigem Herzen

hinzukommen

Mk	11,13	da er h., fand er nichts
Lk	19,41	als er nahe h., sah er die Stadt
Gal	3,19	es ist hinzug. um der Sünden willen

hinzulaufen

1Mo	19,9	als sie h. und die Tür aufbrechen wollten
5Mo	25,11	des einen Frau l. h., ihren Mann zu erretten
1Ma	2,25	er l. h. und tötete am Altar den Juden
StD	1,38	l. wir eilends h. und fanden sie
Mk	5,6	als er Jesus sah von ferne, l. er h.
Apg	8,30	da l. Philippus h. und hörte

hinzulegen

3Mo	27,15	soll den fünften Teil des Geldes h. 19

hinzutreten

1Mo	27,27	t. h. und küßte ihn
	29,10	t. h. und wälzte den Stein von dem Loch
2Mo	28,43	wenn sie h. zum Altar 40,32
3Mo	10,4	t. h. und tragt eure Brüder hinaus 5
5Mo	5,27	t. h. und höre alles, was der HERR sagt
Ri	6,19	Gideon brachte es hinaus und l. h.
1Kö	8,11	die Priester nicht h. konnten 2Ch 5,14
Ps	106,30	da t. Pinhas h. und vollzog das Gericht
Mt	26,50	da l. sie h. und legten die Hände an Jesus
	73	nach einer kleinen Weile t. h., die da standen
	28,2	der Engel t. h. und wälzte den Stein weg
Lk	2,38	die t. auch h. zu derselben Stunde
	7,14	t. h. und berührte den Sarg
	8,44	die t. h. von hinten
	10,40	Marta t. h. und sprach
Heb	4,16	laßt uns h. mit Zuversicht
	10,22	laßt uns h. mit wahrhaftigem Herzen

hinzutun

4Mo	15,9	sollst h. drei Zehntel feinstes Mehl
5Mo	5,22	t. nichts h. und schrieb sie auf 2 Tafeln
	19,9	sollst drei Städte zu diesen dreien h.
2Sm	24,3	Gott t. zu diesem Volk... 1Ch 21,3
2Kö	20,6	will fünfzehn Jahre zu deinem Leben h.
Spr	10,22	nichts t. eigene Mühe h.
	30,6	t. nichts zu seinen Worten h.
Jer	36,32	wurden noch viele ähnliche Worte hinzug.
Apg	2,41	wurden hinzug. an dem Tage bei 3.000 Seelen
	47	der Herr t. h. täglich, die gerettet

Hiob

Hi	1,1	es war ein Mann im Lande Uz, der hieß H.
	5	sandte H. hin... H. dachte... so tat H.
	8	hast du achtgehabt auf H. 2,3
	9	meinst du, daß H. Gott umsonst fürchtet
	14	kam ein Bote zu H.
	20	stand H. auf und zerriß sein Kleid
Hi	1,22	in diesem allen sündigte H. nicht 2,10
	2,7	schlug H. mit bösen Geschwüren
	11	als die drei Freunde H. hörten
	3,1	tat H. seinen Mund auf 2; 6,1; 9,1; 12,1; 16,1; 19,1; 21,1; 23,1; 26,1; 27,1; 29,1
	31,40	die Worte H. haben ein Ende 32,1.4
	32,2	Elihu ward zornig über H. 3.12
	33,1	höre doch, H. 31; 37,14
	34,5	H. hat gesagt: Ich bin gerecht
	35	H. redet mit Unverstand 35,16
	36	H. sollte bis zum Äußersten geprüft w.
	38,1	der HERR antwortete H. 40,1.6; 42,7
	40,3	H. antwortete dem HERRN 42,1
	42,7	habt nicht recht von mir geredet wie H. 8
	8	geht hin zu meinem Knecht H.; mein Knecht H. soll für euch Fürbitte tun
	9	der HERR erhörte H. 10.12
	15	keine so schönen wie die Töchter H.
	16	H. sah Kinder und Kindeskinder
	17	H. starb alt und lebenssatt
Hes	14,14	wenn diese drei... Noah, Daniel und H. 20
Tob	2,12	ein Beispiel der Geduld wie H. 14
Jak	5,11	von der Geduld H. habt ihr gehört

Hira

1Mo	38,1	Mann aus Adullam, der hieß H. 12

Hiram

2Sm	5,11	¹H. sandte Boten zu David 1Ch 14,1
1Kö	5,15	H., der König von Tyrus, sandte zu Salomo 22; 2Ch 2,10.11
	15	H. liebte David sein Leben lang
	16	Salomo sandte zu H. 21; 2Ch 2,2
	24	gab H. Salomo Zedernholz 9,11.14
	25	Salomo gab H. Weizen... schlossen ihm der H.
	26	war Friede zwischen H. und Salomo
	32	Bauleute Salomos und H. 9,27; 2Ch 9,10.21
	9,11	gab Salomo H. zwanzig Städte 12; 2Ch 8,2
	10,11	Schiffe H., die Gold aus Ofir einführten 22; 2Ch 8,18
	7,13	²H. von Tyrus (ein Kupferschmied) 40.45; 2Ch 2,12 ; 4,11.16

Hirsch

1Mo	49,21	Naftali ist ein schneller H.
5Mo	12,15	dürfen davon essen, so wie man Reh oder H. ißt 22; 14,5; 15,22
2Sm	22,34	er macht meine Füße gleich den H. Ps 18,34
1Kö	5,3	(täglich zur Speisung) H. und Gazellen
Ps	42,2	wie der H. lechzt nach frischem Wasser
Spr	7,22	wie ein H., der ins Netz rennt
Hl	2,9	m. Freund gleicht einem jungen H. 17; 8,14
Jes	35,6	werden die Lahmen springen wie ein H.
	51,20	verschmachtet wie ein H. im Netz
Klg	1,6	ihre Fürsten sind wie H., die keine Weide

Hirschfuß

Hab	3,19	er wird meine Füße machen wie H.

Hirschkuh

Hi	39,1	weißt du die Zeit, wann die H. kreißen
Ps	22,1	Weise „Die H., die früh gejagt wird"
Jer	14,5	die H. verlassen die Jungen

Hirse

Hirse
Hes 4,9 nimm dir Linsen, H. und Spelt

Hirt, Hirte
1Mo 13,7 war immer Zank zwischen den H. 8; 26,20
37,2 Josef war siebzehn Jahre und ein H.
48,15 der Gott, der mein H. gewesen ist 49,24
2Mo 2,17 da kamen H. und stießen sie weg 19
4Mo 14,33 eure Kinder sollen H. sein
27,17 nicht sei wie die Schafe ohne H.
1Sm 21,8 Doëg, der über die H. Sauls gesetzt war
25,7 deine H. sind mit uns zusammen gewesen
1Kö 22,17 wie Schafe, die keinen H. haben 2Ch 18,16; Jes 13,14; Hes 34,5.8
2Kö 10,12 als er nach Bet-Eked der H. kam
2Ch 14,14 schlugen die Zeltlager der H.
Ps 23,1 der HERR ist mein H.
80,2 du H. Israels, höre
Pr 12,11 Worte d. Weisen sind v. einem H. gegeben
Hl 1,8 weide deine Zicklein bei den Zelten der H.
Jes 13,20 noch H. ihre Herden lagern lassen
31,4 wider ihn aufruft die Menge der H.
38,12 weggenommen wie eines H. Zelt
40,11 wird s. Herde weiden wie ein H. Jer 31,10
44,28 der zu Kyrus sagt: Mein H.
56,11 sind die H., die keinen Verstand haben
63,11 der aus dem Wasser zog den H.
Jer 2,8 die H. des Volks wurden mir untreu
3,15 will euch H. geben nach m. Herzen 23,4
6,3 es werden H. über sie kommen
10,21 die H. sind zu Toren geworden
12,10 viele H. haben meinen Weinberg verwüstet
22,22 alle deine H. weidet der Sturmwind
23,1 weh euch H. 2; 25,34-36; Hes 34,2.10
33,12 Auen für die H., die da Herden weiden
43,12 wie ein H. sein Kleid laust
49,19 wer ist der H., der mir widerst. kann 50,44
50,6 ihre H. haben sie verführt
51,23 durch dich habe ich H. zerschmettert
Hes 34,2 sollen die H. nicht die Herde weiden 8
7 hört, ihr H., des HERRN Wort 9
12 wie ein H. seine Schafe sucht
23 will ihnen einen einzigen H. erwecken, David soll ihr H. sein 37,24
Am 1,2 daß die Auen der H. vertrocknen werden
3,12 ein H. dem Löwen... aus dem Maul reißt
7,14 ich bin ein H., der Maulbeeren züchtet
Mi 5,4 so werden wir sieben H. aufstellen
Nah 3,18 deine H. werden schlafen
Sa 10,2 ist verschmachtet, weil kein H. da ist
3 m. Zorn ist entbrannt über die H. 11,3.8; 13,7
11,5 ihre H. schonen sie nicht
15 nimm abermals zu dir das Gerät eines H.
16 ich werde einen H. im Lande erwecken 17
Jdt 11,13 wie Schafe, die keinen H. haben
Wsh 17,17 ob es nun ein Bauer war oder ein H.
Sir 18,13 er führt zurück wie ein H. seine Herde
Mt 8,33 die H. flohen und gingen hin in die Stadt Mk 5,14; Lk 8,34
9,36 wie Schafe, die keinen H. haben Mk 6,34
25,32 wie ein H. die Schafe von den Böcken scheidet
26,31 ich werde den H. schlagen Mk 14,27
Lk 2,8 waren H. in derselben Gegend auf dem Felde
15 als die Engel gen Himmel, sprachen die H.
18 wunderten sich über das, was ihnen die H. gesagt hatten
Lk 2,20 die H. kehrten wieder um
Jh 10,2 der hineingeht, der ist der H. der Schafe
11 ich bin der H. der gute H. 14
12 der Mietling aber, der nicht H. ist
16 es wird eine Herde und ein H. werden
Eph 4,11 (er hat eingesetzt) einige als H.
1Pt 2,25 bekehrt zu dem H. und Bischof eurer Seelen
Heb 13,20 den H. von den Toten heraufgeführt

Hirtenfeld
Ze 2,6 dann sollen am Meer hin H. sein

Hirtenstab
3Mo 27,32 alles, was unter dem H. hindurchgeht

Hirtentasche
1Sm 17,40 (David) tat (Steine) in die H. 49

Hiski
1Ch 8,17 H. (Söhne Elpaals)

Hiskia
2Kö 16,20 ¹(Ahas') Sohn H. wurde König 18,1; 1Ch 3,13; 2Ch 28,27; 29,1; Jer 15,4; Mt 1,9.10
18,9 im 4. Jahr H. zog Salmanassar herauf 10
13 im 14. Jahr des H. zog herauf Sanherib 2Ch 32,2.9.16; Jes 36,1.2; 2Ma 15,22
14 sandte H. zum König von Assyrien
15 so gab H. Silber 14.16
17 der König von Assyrien sandte zum König H. 19; 19,9.10; Jes 36,4; 37,9.10
22 dessen Altäre H. entfernt hat 21,3; 2Ch 32,12; 33,3; Jes 36,7
29 laßt euch von H. nicht betrügen 30-32; 2Ch 32,8.11.15; Jes 36,14-16.18
37 kamen zu H. mit zerrissenen Kleidern 19,1; Jes 36,22; 37,1
19,3 so sagt H. 5.14.20.29; Jes 37,3.5.14.15.21.30
20,1 wurde H. todkrank 3-21; 2Ch 32,23.24.32.33; Jes 38,1-5.22; 39,1-5.8; Sir 48,19
1Ch 4,41 kamen zur Zeit H. und fielen her über
2Ch 29,18 (die Priester) gingen zum König H. 20.27.30. 31; 31,2.8.9.13
36 H. freute sich samt allem Volk
30,1 H. sandte hin zu ganz Israel 18.20.22.24
31,20 H. tat, was recht und wahrhaftig war 32,5. 17-30; Sir 48,25
Spr 25,1 die Männer H. haben sie gesammelt
Jes 1,1 die Jesaja geschaut hat zur Zeit H. 26,18; Hos 1,1; Mi 1,1
38,9 dies ist das Lied H.
Jer 26,19 doch ließ ihn H. nicht töten
Ze 1,1 zu Zefanja, dem Sohn... des Sohnes H.
Sir 49,5 ausgenommen H., sind schuldig
1Ch 3,23 ²Söhne Nearjas: H.
Esr 2,16 ³die Söhne Ater, nämlich H. Neh 7,21; 10,18

Hitze
1Mo 8,22 soll nicht aufhören Frost und H.
31,40 des Tages kam ich um vor H.
5Mo 19,6 nicht nachjage in der H. seines Zornes
Hi 6,17 zur Zeit, wenn die H. kommt
24,19 wie die H. das Schneewasser verzehrt
Jes 4,6 (wird sein) eine Hütte... vor der H.

Jes	18,4	warten wie drückende H... H. der Ernte
	25,4	du bist ein Schatten vor der H. 5
	49,10	sie wird weder H. noch Sonne stechen Off 7,16
Jer	17,8	obgl. die H. kommt, fürchtet er sich nicht
	36,30	Leichnam soll liegen, am Tage in der H.
Hes	40,43	um die Opferfleisch gegen H. zu schützen
Jdt	8,3	machte ihn die H. krank, und er starb
Wsh	2,4	der von ihrer H. zu Boden gedrückt wird
Sir	14,27	da wird er vor der H. beschirmt
	18,16	wie der Tau die H. kühlt
	34,19	er ist ein Schutz gegen die H.
	43,3	wer kann ihre H. ertragen
	24	der Tau nach der H. erquickt alles wieder
	51,6	aus der erstickenden H., die mich umgab
StD	3,43	Feuer und H., lobt den Herrn
Mt	20,12	die wir des Tages Last und H. getragen haben
Apg	28,3	fuhr wegen der H. eine Schlange heraus
1Pt	4,12	laßt euch durch die H. nicht befremden
2Pt	3,10	die Elemente werden vor H. schmelzen 12
Jak	1,11	die Sonne geht auf mit ihrer H.
Off	16,9	Menschen wurden versengt von der großen H.

hitzig

1Mo	31,36	daß du so h. hinter mir her bist
5Mo	28,22	der HERR wird dich schlagen mit h. Fieber
Hi	30,30	meine Gebeine sind verdorrt vor h. Fieber
Spr	17,27	ein verständiger Mann wird nicht h.

Hiwiter

1Mo	10,17	(Kanaan zeugte) den H. 1Ch 1,15
	34,2	Sichem, der Sohn des H. Hamor
2Mo	3,8	in das Gebiet der H. 17; 13,5; 23,23.28; 33,2; 34,11; 5Mo 7,1; 20,17; Jos 3,10; 12,8; 24,11
Jos	9,1	als das hörten die H. 7; 11,3.19
Ri	3,3	die H. am Gebirge Libanon wohnten
	5	die *Israeliten wohnten unter den H.
2Sm	24,7	kamen sie zu allen Städten der H.
1Kö	9,20	das übrig war von den H. 2Ch 8,7
Jes	17,9	verlassen wie die Städte der H.

Hoba

1Mo	14,15	(Abram) jagte sie bis nach H.

Hobab

4Mo	10,29	Mose sprach zu seinem Schwager H.
Ri	1,16	die Nachkommen des Keniters H. 4,11

hoch (s.a. hoher; höher; Hoherrat; höchster)

1Mo	7,20	fünfzehn Ellen. 2Mo 25,25; 27,1; 30,2; 37,1. 10.12.25; 38,1.18; 4Mo 11,31; 1Kö 6,2.10.20.23. 26; 7,2.15.16.23.27.31.32.35; 2Kö 25,17; 2Ch 3,15; 4,1.2; 6,13; Esr 5,14; 7,9; Jer 52,21.22; Hes 40,5.42; 41,8.22; 42,6; 43,13.15.17; Dan 3,1; Jdt 1,2.3.5; 2Ma 13,5
4Mo	21,8	richte sie an einer Stange h. auf 9
	22,17	denn ich will dich h. ehren
5Mo	30,11	das Gebot ist dir nicht zu h.
1Sm	18,30	daß sein Name h. gepriesen werde
2Sm	22,47	Gott sei h. erhoben Ps 18,47
	23,1	der Mann, der h. erhoben ist 1Ch 14,2; 17,17; 2Ch 7,21; 32,23
1Ch	16,25	der HERR ist h. zu loben Ps 96,4
1Ch	29,9	der König David war h. erfreut
2Ch	33,14	machte (die äußere Mauer) sehr h.
Est	1,20	in Ehren halten bei H. und Niedrig
Hi	5,7	wie Funken h. empor fliegen
	22,12	ist Gott nicht h. wie der Himmel? Sieh die Sterne an, wie h. sie sind
	24,24	sie sind h. erhöht
	35,5	schau die Wolken an h. über dir
	39,27	fliegt der Adler auf deinen Befehl so h.
	41,26	sieht allem ins Auge, was h. ist
	42,3	hab geredet, was mir zu h. ist
Ps	24,7	machet die Türen in der Welt h. 9
	35,27	der HERR sei h. gelobt 40,17; 70,5; Apg 19,17
	38,17	würden sie sich h. rühmen wider mich
	47,10	(Gott) ist h. erhaben
	48,2	groß ist der HERR und h. zu rühmen
	69,31	will ihn h. ehren mit Dank
	73,8	sie reden und lästern h. her
	74,5	h. sieht man Äxte sich heben
	75,6	pochet nicht so h. auf eure Gewalt
	89,14	h. ist deine Rechte
	90,10	wenn's h. kommt, so sind's 80 Jahre
	97,9	du bist h. erhöht über alle Götter
	103,11	so h. der Himmel über der Erde ist
	104,8	die Berge stiegen h. empor
	112,9	seine Kraft wird h. in Ehren stehen
	113,4	der HERR ist h. über alle Völker 138,6
	124,5	es gingen Wasser h. über uns hinweg
	139,6	diese Erkenntnis ist mir zu h.
	148,13	sein Name allein ist h. Jes 12,4
Spr	4,8	achte sie h., so wird sie dich erhöhen
	17,19	wer seine Tür zu h. macht
	24,7	Weisheit ist dem Toren zu h.
	25,3	der Himmel ist h. und die Erde tief
	30,13	eine Art, die ihre Augen h. trägt
Hl	7,8	dein Wuchs ist h. wie ein Palmbaum
Jes	2,11	der HERR wird allein h. sein 17
	5,16	der HERR Zebaoth wird h. sein im Gericht
	10,33	wird, was h. aufgerichtet, niedergeschlagen
	28,1	Blume, die da prangt h. über dem Tal 4
	52,13	er wird erhöht und sehr h. erhaben sein
Jer	46,18	so h., wie der Berg Tabor ist
	49,16	wenn du auch dein Nest so h. machtest
	51,53	wenn Babel seine Mauern h. machte
Hes	19,11	s. Wuchs wurde h. bis an die Wolken 31,3.10
	21,31	was h. ist, soll erniedrigt werden
	47,5	das Wasser war h.
Dan	2,11	was der König fordert, ist zu h.
	4,7	ein Baum in der Mitte, der war sehr h.
Am	2,9	Amoriter, der so h. war wie die Zedern
Sa	12,7	daß sich nicht zu h. rühme das Haus David
	14,10	Jerusalem wird h. liegen
Sir	1,3	wer kann erforschen, wie h. der Himmel ist
	3,22	strebe nicht nach dem, was zu h. für dich ist
	24,17	ich bin h. gewachsen wie eine Zeder
	43,30	wenn wir alles h. rühmen - was ist das
	32	lobt den Herrn, so h. ihr könnt
	35	wer kann ihn so h. preisen, wie er ist
	45,1	Mose, dessen Name h. gepriesen wird
Bar	3,25	sie ist groß und unermeßlich h.
1Ma	1,42	so herrlich h. Jerusalem einst war
	13,27	ein Denkmal, h. und weithin sichtbar
2Ma	14,32	als sie aber h. und heilig schworen
StD	3,28	du sollst h. erhoben werden 29-33
Mt	2,10	als sie... sahen, wurden sie h. erfreut
Lk	4,5	der Teufel führte ihn h. hinauf und zeigte ihm
	16,15	was h. bei den Menschen, ein Greuel vor Gott

hoch 712

Jh	3,29	*freut sich h. über des Bräutigams Stimme*
Apg	10,46	sie hörten, daß sie Gott h. priesen
	19,17	der Name des Herrn Jesus wurde h. gelobt
Phl	4,10	ich bin aber h. erfreut in dem Herrn, daß
	12	ich kann niedrig sein und kann h. sein
Heb	1,4	und ist so viel h. geworden als die Engel
Off	19,17	allen Vögeln, die h. am Himmel fliegen

hochangesehen, hoch angesehen

Jdt	11,17	sollst h. a. sein im Hause Nebukadnezars
Sir	11,6	h. Männer sind andern in die Hände gefallen

hochbegnadet

Lk	1,28	*gegrüßet seist du, H.*

hochberühmt

1Mo	6,4	das sind die Helden der Vorzeit, die h.
Jdt	11,6	deine Taten sind h. in aller Welt
Sir	44,20	Abraham war der h. Vater vieler Völker

hochbetagt

1Mo	18,11	waren beide alt und h. 24,1; Jos 13,1; 23,1.2; 1Kö 1,1; Lk 1,7; 2,36
Jer	6,11	sollen Alte und H. weggeführt werden

hochbringen

Jes	1,2	ich habe Kinder großgezogen und hochg.
	17,11	wenn du sie h. am Tag, da du sie pflanzest

Hochebene

5Mo	3,10	alle Städte auf der H. 4,43

hochfahren

Hi	37,1	mein Herz f. bebend h.
Jer	13,15	merkt auf und seid nicht so h.

hochgeehrt

2Sm	23,19	war h. unter den dreißig 23; 1Ch 11,21.25
Lk	1,3	es für dich, h. Theophilus, aufzuschreiben

hochgelobt

2Sm	22,4	ich rufe an den HERRN, den H. Ps 18,4
Mk	14,61	bist du der Christus, der Sohn des H.

hochgerühmt

Sir	51,4	errettet nach deiner h. Barmherzigkeit

hochgesinnt

2Ma	7,21	wurde sie so h., daß sie... tröstete

hochgewachsen

5Mo	2,10	ein großes, starkes und h. Volk 21; 9,2
Jes	18,2	geht hin zum Volk, das h. und glatt ist 7
	45,14	die h. Leute von Seba

hochhalten

3Jh	9	*Diotrephes, der will hochg. sein*

hochheben

Ps	102,11	weil du mich hochg. und zu Boden geworfen
Jer	13,26	will auch ich dein Gewand h.
Mk	16,18	Schlangen mit den Händen h.

hochheilig

2Mo	29,37	so wird (der Altar) ein H. 30,10; 40,10; 4Mo 18,10
	30,29	sollst sie weihen, daß sie h. seien
	36	es soll euch ein H. sein 3Mo 2,3.10; 6,10.18.22; 7,1.6; 10,12.17; 14,13; 4Mo 18,9
3Mo	16,31	darum soll es euch ein h. Sabbat sein
	21,22	essen darf er... vom H. 24,9; Hes 42,13
	27,28	alles Gebannte ist ein H.
4Mo	4,4	dies soll das Amt sein; der Dienst am H.
	19	sterben, wenn sie dem H. nahen
1Ch	23,13	Aaron heilige das H.
2Ch	31,14	gesetzt, daß er ausgebe das H.
Esr	2,63	sollten nicht essen vom H. Neh 7,65
Neh	10,34	(zu geben) für das H.
Hes	43,12	soll sein ganzes Gebiet h. sein 48,12
	44,13	sollen an die h. Opfer nicht kommen

hochkommen

1Mo	49,9	bist hochg., mein Sohn, vom Raube
Spr	11,11	durch den Segen... k. eine Stadt h.
	28,12	wenn die Gottlosen h., verbergen sich 28
Jes	14,21	daß sie nicht h. und die Welt erobern
Bar	2,5	sie können nicht mehr h.

Hochland

Apg	19,1	es geschah aber, daß Paulus durch das H. zog

Hochmut

Hi	35,12	schreien über den H. der Bösen
Ps	31,24	vergilt reichlich dem, der H. übt
	56,3	viele kämpfen gegen mich voll H.
Spr	8,13	Hoffart und H. bin ich feind
	11,2	wo H. ist, da ist auch Schande
	14,3	in des Toren Mund ist... für seinen H.
	16,18	H. kommt vor dem Fall
Jes	9,8	die da sagen in H. und stolzem Sinn
	10,12	ich will heimsuchen die Frucht des H.
	13,11	will dem H. der Stolzen ein Ende machen
	16,6	wir haben gehört von dem H. Moabs
	25,11	wird der Herr seinen H. niederdrücken
Jer	13,9	will ich verderben den großen H. Judas
	17	muß ich weinen über solchen H.
Hes	16,56	zur Zeit deines H.
Ob	3	der H. deines Herzens hat dich betrogen
Jdt	6,14	Herr, blicke auf ihren H.
	8,15	trauern wegen des H. der Assyrer
Sir	3,30	H. tut niemals gut
	10,14	daher kommt aller H.
	15	er treibt zu allen Sünden
	13,1	wer sich zum Hochmütigen gesellt, lernt H.
	47,5	er zerbrach den H. des Goliat
	48,20	der prahlte lästerlich in seinem H.
2Ma	7,36	wie du es mit deinem H. verdient hast
StE	2,4	weder aus H. noch aus Stolz geschehen
Mk	7,22	Lästerung, H., Unvernunft

hochmütig

Hi	22,29	er erniedrigt die H. 40,11.12
Pr	7,8	ein Geduldiger ist besser als ein H.
Jer	48,29	gesagt von Moab, es sei h.
	49,16	dein Herz ist h.
Dan	5,20	als er stolz und h. wurde
Jdt	9,10	Herr, bestrafe ihn, den H.
Wsh	14,6	vor alters, als die h. Riesen umkamen
Sir	10,16	hat der Herr die H. schrecklich heimgesucht
	13,1	wer sich zum H. gesellt, der lernt Hochmut
	24	wie der H. verachtet, was gering ist
	15,8	sie ist weit weg von den H.
	21,5	wer h. ist, kommt von Haus und Hof
1Ma	1,4	sein Herz wurde h.
Rö	1,30	(sie sind) h., prahlerisch
2Ti	3,2	die Menschen werden sein h.
1Pt	5,5	Gott widersteht den H. Jak 4,6

hochragend

Sir	50,2	er baute die h. Ringmauer
	11	wie ein h. Zypressenbaum

höchstens

1Ko	14,27	wenn jemand in Zungen redet, so seien es zwei oder h. drei

höchster

1Mo	14,18	Melchisedek war ein Priester Gottes des H.
	19	gesegnet seist du vom h. Gott 22
	20	gelobt sei Gott der H.
4Mo	24,16	der die Erkenntnis des H. hat
5Mo	26,19	zum h. über alle Völker machen 28,1
	32,8	als der H. den Völkern Land zuteilte
1Sm	2,10	der H. im Himmel wird sie zerschmettern
2Sm	22,14	der H. ließ seine Stimme erschallen Ps 18,14
Ps	21,8	wird durch die Güte des H. festbleiben
	46,5	da die heiligen Wohnungen des H. sind
	11	will der H. sein... der H. auf Erden
	50,14	erfülle dem H. deine Gelübde
	73,11	wie sollte der H. etwas merken
	77,11	daß die Hand des H. sich so ändern kann
	78,17	empörten s. in der Wüste gegen den H. 56
	35	daß Gott, der H., ihr Erlöser (ist)
	82,6	ihr seid allzumal Söhne des H.
	83,19	du (bist) der H. in aller Welt 92,9; 97,9
	87,5	er selbst, der H., erhält (Zion)
	89,28	zum H. unter den Königen auf Erden
	91,1	wer unter dem Schirm des H. sitzt
	9	der H. ist deine Zuflucht
	92,2	lobsingen deinem Namen, du H.
	107,11	weil sie den Ratschluß des H. verachtet
	137,6	lasse Jerusalem meine h. Freude sein
Jes	24,4	die H. des Volks auf Erden verschmachten
Dan	3,26	ihr Knechte Gottes des H., tretet heraus
	32	Wunder, die Gott der H. an mir getan hat
	4,14	erkennen, daß der H. Gewalt hat über die Königreiche 22,29; 5,21
	21	ergeht als Ratschluß des H. über m. Herrn
	31	ich lobte den H.
	5,18	Gott der H. hat deinem Vater Macht geg.
	7,18	die Heiligen des H. 22.25.27
Jdt	13,23	gesegnet bist du vom Herrn, dem h. Gott
Wsh	5,16	der H. sorgt für sie
	6,4	ist euch gegeben die Gewalt vom H.
Tob	4,12	Almosen schaffen Zuversicht vor dem h. Gott

Sir	4,11	dann wird der H. dich Sohn nennen
	7,16	den Ackerbau, den der H. gestiftet hat
	17,23	kehre zum H. zurück
	25	wer kann den H. loben bei den Toten
	23,33	erstens ist sie dem Gebot des H. ungehorsam
	24,2	tut ihren Mund auf in der Gemeinde des H.
	4	ich ging vom Munde des H. aus
	32	Bundes, den der h. Gott aufgerichtet
	28,9	denk an den Bund des H.
	33,16	schau alle Werke des H. an
	34,6	wenn es nicht kommt durch Eingebung des H.
	23	Gaben der Gottlosen gefallen dem H. nicht
	35,8	Opfergeruch ist dem H. wohlgefällig 50,17
	12	gib dem H., wie er dir gegeben hat
	21	hört nicht auf, bis der H. darauf achtet
	38,2	die Heilung kommt vom dem H.
	39,1	über das Gesetz des H. nachzusinnen
	6	er betet vor dem H.
	41,6	was wehrst du dich gegen den Willen des H.
	11	weh euch, die ihr des H. Gesetz verlaßt 49,6
	42,1	Gesetz und Bund des H. zu halten 44,21
	19	der H. weiß alle Dinge
	43,2	die Sonne ist in Wunderwerk des H.
	13	die Hand des H. hat ihn gespannt
	46,6	rief den H. an; und der H. erhörte ihn 47,6
	47,9	bei jeder Tat dankte er dem H.
	48,5	durch das Wort des H. hast du
	50,7	die Sonne scheint auf den Tempel des H.
	16	wenn er dem H. ein Opfer dargebracht
	18	damit der H. an das Volk denke
	19	beteten zu dem allmächtigen, h. Gott 21
	23	sie nahmen den Segen vom H. an
2Ma	1,7	an euch geschrieben in unsrer h. Not
	3,36	die Taten des h. Gottes gesehen
StE	1,3	Haman, der nach dem König der H. ist
	5,10	die Juden Kinder des h. Gottes sind
Mt	22,36	welches ist das h. Gebot im Gesetz 38; Mk 12,28.29.31
Lk	1,32	der wird Sohn des H. genannt werden
	35	die Kraft des H. wird dich überschatten
	76	du wirst ein Prophet des H. heißen
Jh	7,37	am letzten Tag des Festes, der der h. war
Heb	7,1	Melchisedek war Priester Gottes des H.

Hochzeit

Hl	3,11	s. Mutter gekrönt hat am Tage seiner H.
Tob	9,3	bitte ihn, zu meiner H. zu kommen 10,1
1Ma	9,37	daß die Leute von Jambri eine H. feiern
	41	da wurde aus der H. Herzeleid
	10,58	die H. wurde mit großer Pracht gefeiert
Mt	22,2	König, der seinem Sohn die H. ausrichtete 3.4.8.9
	25,10	die bereit waren, gingen mit ihm hinein zur H.
Lk	12,36	die auf ihren Herrn warten, wann er aufbrechen wird von der H.
	14,8	wenn du von jemandem zur H. geladen bist
Jh	2,1	am dritten Tage war eine H. in Kana 2
Off	19,7	die H. des Lammes ist gekommen

hochzeitlich

Mt	22,11	der hatte kein h. Gewand an 12

Hochzeitsgast, *Hochzeitleute*

Mt	9,15	wie können die H. Leid tragen Mk 2,19; Lk 5,34

Hochzeitsgelage

Hochzeitsgelage
Ri 14,10 machte Simson dort ein H.

Hochzeitshaus
Jer 16,8 sollst in kein H. gehen zum Essen und

Hochzeitsmahl
1Mo 29,22 lud Laban alle Leute ein u. machte ein H.
Tob 9,12 das H. feierten sie in der Furcht des Herrn
Off 19,9 selig sind, die zum H. des Lammes berufen sind

Hochzeitswoche
1Mo 29,27 halte mit dieser die H. 28

hocken
2Mo 11,5 Magd, die hinter ihrer Mühle h.

Höcker
Jes 30,6 führen Schätze auf dem H. von Kamelen

höckerig
Jes 42,16 will machen das H. zur Ebene

Hod
1Ch 7,37 (Söhne Zofachs:) H.

Hodawja
1Ch 3,24 ¹Söhne Eljoënais: H.
 5,24 ²(Stamm Manasse) Häupter: H.
 9,7 ³von den Söhnen Benjamin: H.
Esr 2,40 ⁴Leviten: H. 3,9; Neh 7,43

Hoden
3Mo 21,20 wer beschädigte H. hat 22,24

Hodesch
1Ch 8,9 (Schaharajim) mit seiner Frau H.

Hodija
1Ch 4,19 die Söhne der Frau des H.
Neh 8,7 die Leviten... H. 9,5; 10,11.14.19

Hof
2Mo 8,9 die Frösche starben in den H.
2Sm 17,18 der hatte einen Brunnen in seinem H.
1Kö 5,23 sollst Speise geben für meinen H. 25
 7,8 (baute) sein Haus im andern H. 12
2Kö 20,4 noch nicht zum mittl. H. hinausgegangen
Neh 8,16 machte Laubhütten in seinem H.
 11,25 wohnten in H. auf ihren Fluren Est 9,19
Est 1,5 im H. beim königl. Palast 2,11; 4,11; 5,1.2
 9,4 Mordechai war groß am H. des Königs
Ps 10,8 er sitzt und lauert in den H.
Jes 39,7 daß sie Kämmerer werden müssen am H.
Hes 45,9 Leute von Haus und H. zu vertreiben
Dan 1,4 fähig, an des Königs H. zu dienen 2,49

Sir 21,5 wer hochmütig ist, kommt von Haus und H.
StE 6,1 war einer der Ersten am königlichen H.
Mt 26,36 *kam Jesus zu einem H., Gethsemane Mk 14,32*
 69 Petrus saß draußen im H. Mk 14,66
Mk 6,36 damit sie in die H. und Dörfer gehen Lk 9,12
 56 wo er in Dörfer, Städte und H. hineinging
Lk 7,25 die herrliche Kleider tragen, die sind an den königlichen H.
 22,55 da zündeten sie ein Feuer an mitten im H.
Apg 8,27 ein Kämmerer und Mächtiger am H.

den Hof machen
Jer 4,30 die dir den H. m., werden dich verachten

Hoffart
Hi 33,17 damit er von ihm die H. tilge
Ps 59,13 sollen sie sich fangen in ihrer H.
 73,6 darum prangen sie in der H.
Spr 8,13 H. und Hochmut bin ich feind
 29,23 die H. des Menschen wird ihn stürzen
Jes 2,17 daß sich beugen muß alle H. der Menschen
 13,11 die H. der Gewaltigen Hes 7,24; 33,28
Hes 7,20 haben ihre Kleinode zur H. verwendet
 16,49 siehe, das war die Schuld: H.
Hos 5,5 wider Israel zeugt seine H. 7,10
Am 6,8 mich verdrießt die H. Jakobs
Ze 2,10 das soll ihnen begegnen für ihre H.
Tob 4,14 H. laß weder in d. Herzen... herrschen
2Ma 5,21 aus H. und Überheblichkeit dachte er
Mk 7,22 *Mißgunst, Lästerung, H., Unvernunft*

hoffärtig
Ps 12,4 die Zunge, die h. redet
 40,5 wohl dem, der nicht wendet zu den H.
 94,2 vergilt den H., was sie verdienen
 101,5 ich mag den nicht, der h. Art hat
 123,4 litt unsere Seele die Verachtung der H.
 131,1 HERR, mein Herz ist nicht h.
 140,6 die H. legen mir Schlingen
Spr 15,25 der HERR wird das Haus der H. einreißen
 16,19 besser... als Beute austeilen mit den H.
 21,4 h. Augen und stolzer Sinn ist Sünde
Jes 2,11 alle h. Augen werden erniedrigt 5,15; 10,12
 12 Tag des HERRN wird kommen über alles H.
Jer 48,29 gesagt von Moab, es sei h.
Jdt 9,13 die H. haben dir noch nie gefallen
Sir 10,7 den H. sind Gott und die Welt feind
 17 Gott hat h. Fürsten vom Thron geworfen
 21 daß die Menschen h. und bösartig sind
 25,4 wenn ein Armer h. ist
 27,16 wenn sich h. miteinander streiten
 31 die H. höhnen und spotten
Lk 1,51 zerstreut, die h. sind
Rö 1,30 *Frevler, h., ruhmredig 2Ti 3,2*
1Pt 5,5 *Gott widersteht den H. Jak 4,6*
1Jh 2,16 h. Leben, ist nicht vom Vater

hoffen
Est 9,1 als die Feinde der Juden h.
Hi 3,9 die Nacht h. aufs Licht 30,26
 6,8 könnte Gott mir geben, was ich h.
 19 die Karawanen von Saba h. auf sie
 13,15 ich habe nichts zu h. 17,15
Ps 4,6 h. auf den HERRN 37,3.5; 115,9-11; 130,7; 131,3; Jes 50,10

Ps	9,11	h. auf dich, die deinen Namen kennen
	21,8	der König h. auf den HERRN
	22,5	unsere Väter h. auf dich; und da sie h. 6
	25,2	mein Gott, ich h. auf dich 31,15; 39,8; 55,24; 56,4.5.12; 91,2; 143,8
	26,1	ich h. auf den HERRN 31,7; Jes 8,17
	28,7	auf ihn h. mein Herz
	32,10	wer auf den HERRN h. 125,1
	33,18	die auf seine Güte h. 147,11
	22	wie wir auf dich h.
	40,4	werden viele sehen und auf den HERRN h.
	62,9	h. auf ihn allezeit, liebe Leute Hos 12,7
	78,22	weil sie nicht h. auf seine Hilfe
	112,7	sein Herz h. unverzagt auf den HERRN
	115,8	alle, die auf (Götzen) h. 135,18
	119,43	ich h. auf deine Ordnungen
	49	denke an das Wort u. laß mich darauf h.
	74	ich h. auf dein Wort 81.114.147; 130,5
Spr	11,23	der Gottlosen H. führt zum Tage d. Zorns
	24,20	der Böse hat nichts zu h.
	25,19	auf einen Treulosen h. zur Zeit der Not
Jes	25,9	das ist unser Gott, auf den wir h.
	30,15	durch Stillesein und H. würdet ihr stark
	31,1	weh denen, die h. auf Wagen
Jer	8,15	wir h., es sollte Friede... wir h. 14,19
	14,22	du bist der HERR, auf den wir h.
	49,11	deine Witwen sollen auf mich h.
Klg	3,21	darum h. ich noch 24
	26	köstl. Ding, auf die Hilfe des HERRN h.
Hes	19,5	nachdem sie lange geh. hatte
Wsh	15,6	sind dessen wert, worauf sie h.
Tob	2,15	wo bleibt nun, worauf du geh. hast
Sir	2,6	geh gerade Wege und h. auf ihn
	8	h. das Beste von ihm, h. auf Gnade
	11	wer ist jemals zuschanden geworden, der auf den Herrn geh. hat
	16,21	was h., wenn er sich ans Gesetz hält
	41,4	der nichts Besseres zu h. hat
	49,12	Erlösung, auf die er h. sollte
Bar	4,22	ich h., daß der Ewige euch helfen wird
2Ma	2,17	wir h. aber zu Gott
	5,9	wo er Sicherheit zu finden geh. hatte
	7,14	wir h. auf Gottes Verheißung 11
	9,22	ich h., daß es besser werden wird
	14,14	h., das Unglück... sollte ihr Glück sein
	15,8	sie sollten auf den Sieg h.
StD	1,60	der dennoch hilft, die auf ihn h.
Mt	12,21	die Heiden werden auf s. Namen h. Rö 15,12
Lk	6,34	von denen ihr etwas zu bekommen h.
	35	leiht, wo ihr nichts dafür zu bekommen h.
	23,8	h., er würde ein Zeichen von ihm sehen
	24,21	wir h., er sei es, der Israel erlösen werde
Jh	5,45	der euch verklagt: Mose, auf den ihr h.
Apg	24,26	er h., daß ihm von Paulus Geld gegeben
	26,7	auf ihre Erfüllung h. die zwölf Stämme
Rö	4,18	geglaubt auf Hoffnung, wo nichts zu h. war
	8,24	wie kann man auf das h., was man sieht
	25	wenn wir auf das h., was wir nicht sehen
	15,24	ich h., daß ich bei euch durchreisen kann
1Ko	13,7	(die Liebe) glaubt alles, sie h. alles
	15,19	h. wir allein in diesem Leben auf Christus
	16,7	ich h., einige Zeit bei euch bleiben
2Ko	1,10	auf ihn h. wir, er werde... erretten
	13	ich h., ihr werdet es noch völlig verstehen
	5,11	ich h. aber, daß wir auch vor eurem Gewissen offenbar sind
	8,5	das nicht nur, wie wir h.
	13,6	ich h., ihr werdet erkennen, daß wir
Gal	5,5	Gerechtigkeit, auf die man h. muß
Eph	1,12	die wir zuvor auf Christus geh. haben
Phl	1,20	wie ich sehnlich warte und h., daß
	2,19	ich h. in dem Herrn Jesus, daß
	23	ihn h. ich zu senden
1Ti	3,14	ich h., bald zu dir zu kommen 2Jh 12; 3Jh 14
	4,10	*weil wir auf den lebendigen Gott h.*
	6,17	nicht h. auf den unsicheren Reichtum
Phm	22	ich h., daß ich euch geschenkt werde
Heb	11,1	es ist der Glaube eine feste Zuversicht auf das, was man h.

Hoffnung

Rut	1,12	wenn ich dächte: Ich habe noch H.
Esr	10,2	es ist noch H. für Israel
Hi	4,6	ist nicht die Unsträflichkeit deine H.
	5,16	dem Armen wird H. zuteil
	6,20	wurden zuschanden über ihrer H.
	7,6	meine Tage sind vergangen ohne H.
	8,13	H. des Ruchlosen wird verloren sein 27,8
	14	seine H. ist ein Spinnweb
	11,18	dürftest dich trösten, daß H. da ist
	20	ihr H. bleibt, die Seele auszuhauchen
	14,7	ein Baum hat H.
	19	machst die H. des Menschen zunichte
	17,15	wer sieht noch H. für mich
	19,10	er hat meine H. ausgerissen
	41,1	jede H. wird an ihm zuschanden
Ps	9,19	H. der Elenden wird nicht verloren sein
	40,5	der seine H. setzt auf den HERRN 146,5
	62,6	Gott, denn er ist meine H.
	11	setzt auf Raub nicht eitle H.
	71,5	du bist meine H. von meiner Jugend an
	78,7	daß sie setzten auf Gott ihre H.
	119,116	laß mich nicht zuschanden w. in meiner H.
Spr	10,28	der Gottlosen H. wird verloren sein 11,7
	13,12	H., die sich verzögert, ängstet das Herz
	19,18	züchtige deinen Sohn, solange H. da ist
	22,19	damit deine H. sich gründe auf den HERRN
	23,18	dann wird deine H. nicht zuschanden
	24,14	deine H. wird nicht umsonst sein
	26,12	ist für einen Toren mehr H. 29,20
Pr	9,4	wer bei den Lebenden weilt, der hat H.
Jer	2,37	verworfen, auf die du deine H. setztest
	17,13	du, HERR, bist die H. Israels
	50,7	HERRN, der ihrer Väter H. war
Klg	3,18	mein Ruhm und meine H. sind dahin
	29	vielleicht ist noch H.
Hes	19,5	sah, daß ihre H. verloren war 37,11
Hos	2,17	will das Tal Achor zum Tor der H. machen
Sa	9,12	die ihr auf H. gefangenliegt
Jdt	13,14	sie hatten schon die H. aufgegeben
Wsh	2,22	auch haben sie nicht die H.
	3,4	sind erfüllt von H. auf Unsterblichkeit
	11	ihre H. ist nichtig 5,15; 15,10
	13,10	die setzen ihre H. auf tote Dinge
	14,6	die, an denen die H. der Welt hing
	16,29	die H. des Undankbaren wird vergehen
	17,13	im Herzen zu schwach ist
Tob	2,22	sieht man, daß deine H. nutzlos war
Sir	22,26	gib die H. nicht auf
	34,1	betrügen sich selbst mit törichten H.
	15	H. auf den, der helfen kann 2Ma 15,7
	40,2	da sind immer Sorge, Furcht, H.
2Ma	3,29	er war jeder H. und Hilfe beraubt
	7,20	in der H. willen, die zu Gott hatte
	34	überhebe dich nicht in eitlen H.
	9,20	ich setze meine H. auf den Himmel
	13,3	H., das Hohepriesteramt zu erlangen
StE	3,12	die Stimme derer, die keine H. haben
Apg	2,26	mein Leib wird ruhen in H.

Hoffnung

Apg	16,19	daß ihre H. auf Gewinn ausgefahren war
	23,6	ich werde angeklagt um der H. willen 26,6.7
	24,15	ich habe die H. zu Gott
	27,20	war all unsre H. auf Rettung dahin
	28,20	um der H. Israels willen trage ich d. Ketten
Rö	4,18	geglaubt auf H., wo nichts zu hoffen war
	5,2	rühmen uns der H. der zukünftigen Herrlichk.
	4	Bewährung aber (bringt) H.
	5	H. läßt nicht zuschanden werden
	8,20	doch auf H.
	24	die H., die man sieht, ist nicht H.
	24	wir sind zwar gerettet, doch auf H.
	12,12	seid fröhlich in H., geduldig in Trübsal
	15,4	damit wir durch Geduld H. haben
	13	daß ihr immer reicher werdet an H.
1Ko	9,10	wer pflügt, soll auf H. pflügen
	13,13	nun bleiben Glaube, H., Liebe, diese drei
2Ko	1,7	unsre H. steht fest für euch
	3,12	weil wir solche H. haben, sind wir voll großer Zuversicht
	10,15	wir haben die H., daß wir zu Ehren kommen
Eph	1,18	damit ihr erkennt, zu welcher H. ihr berufen
	2,12	daher hattet ihr keine H.
	4,4	wie ihr auch berufen seid zu einer H.
Kol	1,5	um der H. willen, die für euch im Himmel
	23	wenn ihr nicht weicht von der H. des Evangeliums
	27	Christus in euch, die H. der Herrlichkeit
1Th	1,3	denken an eure Geduld in der H.
	2,19	wer ist unsre H. oder Freude
	4,13	wie die andern, die keine H. haben
	5,8	angetan mit dem Helm auf das Heil
2Th	2,16	der uns gegeben hat H. durch Gnade
1Ti	1,1	Christi Jesu, der unsre H. ist
	4,10	unsre H. auf den lebendigen Gott gesetzt
	5,5	die ihre H. auf Gott setzt 1Pt 3,5
Tit	1,2	in der H. auf das ewige Leben
	2,13	(daß wir) warten auf die selige H.
	3,7	damit wir Erben des ew. Lebens würden nach unsrer H.
1Pt	1,3	wiedergeboren hat zu einer lebendigen H.
	13	setzet eure H. ganz auf die Gnade
	21	damit ihr Glauben und H. zu Gott habt
	3,15	der von euch Rechenschaft fordert über die H.
1Jh	3,3	ein jeder, der solche H. auf ihn hat
Heb	3,6	sind wir, wenn wir den Ruhm der H. festhalten
	6,11	Eifer, die H. festzuhalten bis ans Ende
	18	festzuhalten an der angebotenen H.
	7,19	eingeführt wird eine bessere H., durch die wir
	10,23	laßt uns festhalten an dem Bekenntnis der H.

Hofgesinde

Lk	23,11	Herodes mit seinem H. verachtete ihn

Hofhaltung

1Ma	15,32	als... die glänzende H. Simons sah

Hofleute

Jer	41,16	nahm zu sich Frauen und Kinder und H.

Hofmeister

1Kö	4,6	Ahischar war H.
	16,9	trunken im Hause Arzas, des H. in Tirza
	18,3	Ahab rief Obadja, seinen H.
2Kö	10,5	der H. und der Stadtvogt sandten zu Jehu
	18,18	der H. Eljakim 37; 19,2; Jes 36,3.22; 37,2
Jes	22,15	geh hinein zu Schebna, dem H.

Hofni, *Hophni*

1Sm	1,3	H. und Pinhas Priester 2,34; 4,4.11.17

Hofra, *Hophra*

Jer	44,30	will den Pharao H. übergeben

Hofraum

Hes	41,12	das Gebäude am H. 13-15; 42,1.10.13

Hoftor

2Ma	14,41	als sie das H. stürmen wollten
Apg	12,13	als er an das H. klopfte, kam eine Magd

Hogla

4Mo	26,33	Zelofhad hatte keine Söhne, sondern Töchter; H. 27,1; 36,11; Jos 17,3

Hoham

Jos	10,3	sandte zu H., dem König von Hebron

Höhe

1Mo	6,15	dreißig Ellen die H. 2Mo 25,10.23; 27,18; 2Ch 3,4; Esr 6,3; Hes 43,13.14
2Mo	17,10	gingen auf die H. des Hügels
	26,28	einen Mittelriegel in halber H. 36,33
4Mo	14,40	zogen auf die H. des Gebirges 44
	21,28	hat verzehrt die H. am Arnon
	23,9	von der H. der Felsen sehe ich ihn
	34,11	(Grenze) ziehe sich hin längs der H.
5Mo	32,13	ließ ihn einherfahren über die H. d. Erde
	33,12	allezeit wird Er zw. seinen H. wohnen
	29	wirst auf ihren H. einherschreiten
Jos	17,11	hatte Manasse Megiddo samt den drei H.
Ri	5,18	Naftali auf den H. des Gefildes
	6,26	baue dem HERRN auf die H. einen Altar
	9,25	einen Hinterhalt auf den H. der Berge 36
	16,3	trug (die Torflügel) auf die H. des Berges
1Sm	9,12	ein Opferfest auf der H. 13.14.19.25
	10,5	Propheten, die von der H. herabkommen
	22,6	saß unter dem Tamariskenbaum auf der H.
2Sm	1,19	sind auf deinen H. erschlagen 25
	15,32	als David auf die H. kam 16,1
	22,17	streckte seine Hand aus von der H. Ps 18,17; 144,7
	34	stellt mich auf meine H. Ps 18,34; Hab 3,19
1Kö	3,2	das Volk opferte auf der H. 3; 22,44; 2Kö 12,4; 14,4; 15,4.35; 16,4; 17,11; 2Ch 28,4; 33,17
	4	Gibeon war die bedeutendste H. 1Ch 16,39; 21,29; 2Ch 1,3.13
	11,7	baute Salomo eine H. dem Kemosch
	12,32	bestellte Priester für die H. 13,33; 2Kö 17,32; 2Ch 11,15
	13,2	der wird schlachten die Priester der H. 32; 2Kö 23,5.9.20

1Kö	14,23	auch sie machten sich H. 2Kö 17,9.29; 21,3; 2Ch 28,25; Jer 7,31; 19,5; 32,35
	15,14	die H. entfernten sie nicht 22,44; 2Kö 12,4; 14,4; 15,4.35
2Kö	9,27	schossen auf (Ahasja) auf der H. von Gur
	18,4	er entfernte die H. 22; 23,8.13.15.19; Jes 36,7
	19,23	auf die H. der Berge gestiegen Jes 37,24
Neh	3,38	bauten die Mauer bis zur halben H.
Hi	16,19	mein Fürsprecher ist in der H.
	25,2	der Frieden schafft in seinen H.
	31,2	was gäbe der Allmächtige aus der H.
	28	damit hätte ich verleugnet Gott in der H.
	39,27	baut sein Nest in der H.
Ps	7,8	throne über ihnen in der H. 113,6
	68,19	du bist aufgefahren zur H.
	78,58	sie erzürnten ihn mit ihren H.
	93,4	der HERR ist noch größer in der H.
	95,4	die H. der Berge sind auch sein
	102,20	er schaut von seiner heiligen H.
	148,1	lobet ihn in der H.
Spr	9,3	zu rufen oben auf den H. der Stadt 14
Pr	12,5	wenn man vor H. sich fürchtet
Hl	4,8	steig herab von der H. des Amana
Jes	5,1	hatte einen Weinberg auf einer fetten H.
	7,11	ein Zeichen, es sei... droben in der H.
	22,16	daß du dein Grab in der H. aushauen läßt
	24,18	die Fenster in der H. sind aufgetan
	21	das Heer der H. heimsuchen in der H.
	26,5	er erniedrigt, die in der H. wohnen
	32,15	bis ausgegossen wird der Geist aus der H.
	33,5	erhaben, denn er wohnt in der H. 16; 57,15
	40,26	hebet eure Augen in die H.
	41,18	will Wasserbäche auf den H. öffnen
	42,11	sollen rufen von den H. der Berge
	49,9	werden auf kahlen H. ihre Weide haben
	58,4	wenn eure Stimme in der H. gehört w. soll
	14	will dich über die H. gehen lassen
Jer	3,2	hebe deine Augen auf zu den H.
	21	man wird ein kläglich Weinen auf den H.
	4,11	ein heißer Wind von den H. 12,12
	7,29	wehklage auf den H.
	14,6	die Wildesel stehen auf den kahlen H.
	25,30	der HERR wird brüllen aus der H.
	26,18	wird zu einer H. wilden Gestrüpps Mi 3,12
	31,12	werden auf der H. des Zion jauchzen
	48,35	ein Ende machen; daß sie auf den H. opfern
Klg	1,13	hat ein Feuer aus den H. gesandt
Hes	20,29	was ist das für eine H... heißt „H."
	31,4	ließ ihn die Flut in die H. wachsen
	14	damit doch kein Baum seiner H. überhebe
	36,2	die ewigen H. sind nun unser Besitz
	43,12	H. des Berges soll hochheilig sein
Dan	4,8	seine H. reichte bis an den Himmel 17
Hos	10,8	die H. zu Awen sind verwüstet Am 7,9
Jo	2,5	sie sprengen daher über die H. der Berge
Am	4,13	er tritt einher auf den H. der Erde Mi 1,3
Ob	4	wenn du in die H. führest wie ein Adler
Hab	2,9	auf daß er sein Nest in der H. baue
	3,19	er wird mich über die H. führen
Mal	3,10	bringt aber die Zehnten in voller H.
Wsh	9,17	hast... aus der H. gesandt
Sir	1,5	das Wort Gottes in der H. ist die
	24,6	mein Zelt war in der H.
	27,28	wer einen Stein in die H. wirft
	43,1	die Schönheit der H. ist das Firmament
	50,2	er errichtete ihn in doppelter H.
Bar	5,5	Jerusalem, tritt auf die H.
Mt	21,9	Hosianna in der H. Mk 11,10
Lk	1,78	uns besuchen wird das Licht aus der H.
	2,14	Ehre sei Gott in der H.

Lk	5,4	*fahre auf die H.*
	19,38	Friede sei im Himmel und Ehre in der H.
	24,49	bis ihr ausgerüstet werdet mit Kraft aus der H.
Apg	20,15	am nächsten Tag auf die H. von Chios 27,7
Eph	3,18	so könnt ihr begreifen, welches die H. ist
	4,8	er ist aufgefahren zur H.
Heb	1,3	gesetzt zur Rechten der Majestät in der H.
Jak	1,9	ein Bruder aber, der niedrig ist, rühme sich seiner H.
Off	21,16	die Breite und die H. der Stadt sind gleich

Hoheit

4Mo	27,20	lege von deiner H. auf ihn
5Mo	33,26	der daherfährt in seiner H. auf Wolken
1Ch	16,27	H. und Pracht sind vor ihm Ps 96,6
	29,11	dein, HERR, ist Sieg und H.
Hi	31,23	ich könnte seine H. nicht ertragen
	40,10	schmücke dich mit Pracht und H.
Ps	8,2	der du zeigst deine H. am Himmel
	21,6	Pracht und H. legst du auf ihn
Jes	53,2	er hatte keine Gestalt und H.
Sir	49,7	überlassen ihre H. einem fremden Volk

Höhenheiligtum

1Kö	12,31	baute auch ein H.

Höhenopfer

Hes	18,6	der von den H. nicht ißt 11.15; 22,9

Höhenweg

2Ch	20,16	wenn sie den H. von Ziz heraufkommen

Hohepriesteramt

1Ma	11,27	bestätigte ihn in seinem H. 57; 14,38
2Ma	4,7	erschlich Jason sich das H.
	24	(Menelaus) brachte die H. an sich 29; 13,3
	11,3	das H. jährlich für Geld zu vergeben
	14,3	nicht wieder zum H. kommen könnte 7

Hohepriestergeschlecht

Apg	4,6	Hannas... und alle, die vom H. waren

hohepriesterlich

2Ma	1,10	Aristobulus, der von h. Stamm ist
Heb	5,4	niemand nimmt sich selbst die h. Würde

Hohepriestertum

Sir	45,30	das H. für immer haben sollten

hoher (s.a. hoch; Hoherrat)

1Mo	7,19	daß alle h. Berge bedeckt wurden
	29,7	es ist noch h. Tag
2Mo	28,40	den Söhnen Aarons h. Mützen machen 29,9; 39,28; 3Mo 8,13
5Mo	3,5	lauter Städte, befestigt mit h. Mauern
	12,2	Göttern gedient, auf den h. Bergen
	28,52	bis es niedergeworfen hat deine h. Mauern
Ri	8,32	Gideon starb in h. Alter
1Sm	16,7	sieh nicht an seinen h. Wuchs
1Kö	14,23	Steinmale auf allen h. Hügeln 2Kö 17,10; Jer 2,20; 3,6; 17,2; Hes 20,28; 34,6

hoher 718

1Kö	22,31	nicht kämpfen gegen Geringe u. H. 2Ch 18,3
2Kö	9,13	jeder legte (sein Kleid) auf die h. Stufen
	19,23	habe seine h. Zedern abgehauen Jes 37,24
Hi	21,22	Gott, der auch die H. richtet
Ps	30,8	hattest du mich auf einen h. Fels 61,3
	104,18	die h. Berge geben d. Steinbock Zuflucht
	145,5	reden von deiner h., herrlichen Pracht
Spr	17,7	steht nicht an, von h. Dingen zu reden
	18,11	des Reichen Habe dünkt ihn eine h. Mauer
	23,1	wenn du zu Tische sitzt mit einem h. Herrn
	34	der auf h. See sich schlafen legt
Pr	5,7	ein H. schützt den andern
Jes	2,12	der Tag des HERRN wird kommen über alles H. 13-15; 10,33
	6,1	sah den Herrn sitzen auf einem h. Thron
	9,17	das gibt h. Rauch
	13,2	auf h. Berge erhebt das Banner
	14,14	ich will auffahren über die h. Wolken
	18,4	wie drückende Hitze am h. Mittag
	25,12	deine h. Mauern wird er beugen Jer 48,1
	26,5	die h. Stadt wirft er nieder
	30,13	beginnt zu rieseln an einer h. Mauer
	25	werden auf h. Hügeln Ströme fließen
	40,9	Zion, steig auf einen h. Berg
	57,7	machtest dein Lager auf h. Berg
	15	so spricht der H. und Erhabene
Jer	49,16	weil du h. Gebirge innehast
	51,58	seine h. Tore mit Feuer verbrannt
Hes	17,22	will's auf einen h. Berg pflanzen 23; 20,40
	24	ich erniedrige den h. Baum
	26,19	daß h. Wogen dich bedecken
	27,26	haben dich auf die h. See geführt
	34,14	auf den h. Bergen sollen sie h. Auen sein
	40,2	stellte mich auf einen sehr h. Berg
Dan	2,31	ein großes und h. Bild stand vor dir
	5,14	daß h. Weisheit bei dir zu finden sei
	8,3	ein Widder, der hatte zwei h. Hörner
Am	5,11	nehmt von ihnen h. Abgaben an Korn
Ob	3	wohnst, in deinen h. Schlössern
Mi	6,6	mich beugen vor dem h. Gott
Ze	1,16	Tag d. Kriegsgeschreis gegen h. Zinnen
Sa	8,4	mit seinem Stock in der Hand vor h. Alter
Tob	14,15	fand sie in ihrem h. Alter frisch
Sir	9,16	wenn der Gottlose in h. Ehren steht
	20	wisse, daß du dich auf h. Zinnen bewegst
	22,21	wie ein Zaun auf h. Berge
	26,21	an dem h. Himmel eine Zierde ist
	22	ein schönes Antlitz auf h. Gestalt
	40,3	dem, der in h. Ehren sitzt
Bar	2,11	aus Ägyptenland geführt mit h. Gewalt
	5,7	Gott will alle h. Berge niedrig machen
1Ma	9,50	er ließ h. Mauern bauen 12,36; 13,33
Mt	4,8	führte ihn der Teufel auf einen h. Berg
	17,1	führte sie allein auf einen h. Berg Mk 9,2
Lk	4,38	Simons Schwiegermutter hatte h. Fieber
Jh	19,31	dieser Sabbat war ein h. Festtag
Rö	8,39	weder H. noch Tiefes noch eine andere Kreatur
	12,16	trachtet nicht nach h. Dingen
1Ko	2,1	kam ich nicht mit h. Worten und h. Weisheit
2Ko	10,5	wir zerstören damit alles H.
	11,5	*nicht weniger, als die h. Apostel sind 12,11*
	12,7	damit ich mich wegen der h. Offenbarungen nicht überhebe
1Ti	3,1	der begehrt eine h. Aufgabe
Off	21,10	er führte mich hin auf einen h. Berg
	12	sie hatte eine große und h. Mauer

höher

1Mo	41,40	allein um den Thron will ich h. sein
4Mo	24,7	sein König wird h. werden als Agag
5Mo	1,28	das Volk sei größer und h. gewachsen
	28,43	der Fremdling wird immer h. emporsteigen
Hi	11,8	die Weisheit ist h. als der Himmel
Spr	8,10	achtet Erkenntnis h. als kostbares Gold
Pr	5,7	noch H. sind über beiden
Jes	2,2	der Berg ... h. als alle Berge Mi 4,1
	55,9	soviel der Himmel h. ist als die Erde, so sind auch meine Wege h.
Hes	31,5	ist h. geworden als alle Bäume
	43,14	bis zu dem h. Absatz sind es vier Ellen
Dan	8,3	der hatte zwei hohe Hörner, doch eins h.
Wsh	7,8	ich achtete sie h. als Zepter und Throne
Sir	8,16	verbürge dich nicht h., als du kannst
	43,30	er ist doch noch viel h. 32
1Ma	12,36	sollte die Mauern von Jerusalem h. machen
Rö	14,5	der eine hält einen Tag für h. als den andern
1Ko	12,24	hat den geringeren Glied h. Ehre gegeben
2Ko	12,6	damit nicht jemand mich h. achte, als er
Phl	2,3	in Demut achte einer den andern h. als sich
	4,7	der Friede Gottes, der h. ist als alle Vernunft
Heb	1,4	Name, den er ererbt hat, h. ist als ihr Name
	7,7	daß das Geringere vom H. gesegnet wird
	26	Hohenpriester, der h. ist als der Himmel
	8,6	nun aber hat er ein h. Amt empfangen

Hoherpriester

3Mo	21,10	wer H. ist unter seinen Brüdern
4Mo	35,25	bleiben, bis der H. stirbt 28; Jos 20,6
2Kö	12,11	kam der Schreiber mit dem H. 2Ch 24,11
	22,4	zu dem H. Hilkija 8; 23,4; 2Ch 34,9
1Ch	27,5	Sohn des H. Jojada 2Ch 24,6
2Ch	19,11	der H. Amarja ist über euch bestellt
	26,20	der H. Asarja wandte das Angesicht
Esr	7,5	des Sohnes Aarons, des H.
Neh	3,1	Eljaschib, der H., machte sich auf 20; 13,28
Hag	1,1	geschah des HERRN Wort zu Jeschua, dem H. 12.14; 2,2.4; Sa 3,1.8; 6,11
Jdt	4,10	Jojakim, der H. des Herrn 15,10
Sir	50,1	Simon, der Sohn des Onias, der H. 1Ma 13,36.42; 14,7.20.27.35.41.47; 15,2.17.21.24
1Ma	7,5	wäre gern H. geworden 9.21; 2Ma 14,3.13
	10,69	zu Jonatan, dem H. 20.32.38; 12,3.6; 14,30
	12,7	hat an unsern H. Onias geschrieben 20; 2Ma 3,1.4.9.16.21.32.33; 15,12
2Ma	14,26	hätte vor ihm den Judas als H. eingesetzt
Mt	2,4	(Herodes) ließ zusammenkommen alle H.
	16,21	viel leiden von den H. Mk 8,31; Lk 9,22
	20,18	der Menschensohn wird den H. überantwortet Mk 10,33
	21,15	als die H. die Wunder sahen
	23	traten die H. zu ihm Mk 11,27; Lk 20,1
	45	der H. seine Gleichnisse hörten
	26,3	da versammelten sich die H. im Palast des H. Kaiphas Mk 14,53; Lk 22,66
	14	da ging einer von den Zwölfen hin zu den H. Mk 14,10; Lk 22
	47	da kam Judas von den H. Mk 14,43
	51	zog sein Schwert und schlug nach dem Knecht des H. Mk 14,47; Lk 22,50; Jh 18,10
	57	führten ihn zu dem H. Kaiphas Mk 14,53; Lk 22,54
	58	Petrus folgte ihm bis zum Palast des H. Mk 14,54
	59	die H. suchten falsches Zeugnis gegen Jesus Mk 14,55

Höhle

Mt	26,62	der H. stand auf 63; Mk 14,60.61
	65	da zerriß der H. seine Kleider Mk 14,63
	27,1	faßten alle H. den Beschluß über Jesus, ihn zu töten Mk 15,1
	3	brachte die Silberlinge den H. zurück 6
	12	als er von den H. verklagt wurde Mk 15,3; Lk 23,10
	20	die H. überredeten das Volk Mk 15,11
	41	desgleichen spotteten auch die H. Mk 15,31
	62	kamen die H. zu Pilatus
	28,11	verkündeten den H. alles, was geschehen war
Mk	2,26	zur Zeit Abjatars, des H.
	11,18	es fürchteten ihn der H. und Schriftgelehrten
	14,1	die H. suchten, wie sie ihn töten könnten Lk 19,47; 20,19; 22,2
	66	kam eine von den Mägden des H. Jh 18,26
	15,10	daß ihn die H. aus Neid überantwortet hatten
Lk	3,2	als Hannas und Kaiphas H. waren
	22,52	Jesus sprach zu den H. und Hauptleuten
	23,4	Pilatus sprach zu den H. und zum Volk
	13	Pilatus rief die H. und das Volk zusammen
	24,20	wie ihn unsre H. zur Todesstrafe überantwortet haben
Jh	7,32	da sandten die H. Knechte aus
	45	die Knechte kamen zu den H.
	11,47	da versammelten die H. den Hohen Rat
	49	Kaiphas, der in dem Jahr H. war 51; 18,13
	57	die H. hatten Befehl gegeben
	12,10	die H. beschlossen, auch Lazarus zu töten
	18,3	als Judas mit sich genommen hatte Knechte von den H.
	15	dieser Jünger war dem H. bekannt 16
	19	der H. befragte Jesus über seine Lehre
	22	sollst du dem H. so antworten
	24	Hannas sandte ihn zu dem H. Kaiphas
	35	die H. haben dich mir überantwortet
	19,6	als die H. sahen, schrien sie: Kreuzige
	15	die H. antworteten 21
Apg	4,6	auch Hannas, der H., und Kaiphas
	23	berichteten, was die H. zu ihnen gesagt hatten
	5,17	es erhoben sich aber der H. und alle, die 21
	24	als die H. diese Worte hörten
	27	der H. fragte sie 7,1
	9,1	Saulus ging zum H.
	14	hier hat er Vollmacht von den H. 26,10
	21	daß er sie gefesselt zu den H. führe
	19,14	es waren sieben Söhne eines jüdischen H.
	22,5	wie mir der H. und alle Ältesten bezeugen
	30	er befahl den H. zusammenzukommen
	23,2	der H. befahl, ihn auf den Mund zu schlagen
	4	schmähst du den H. Gottes
	5	ich wußte es nicht, daß er der H. ist
	14	die gingen zu den H. und sprachen
	24,1	nach fünf Tagen kam der H. Hananias
	25,2	erschienen die H. vor (Festus) gegen Paulus 15
	26,12	als ich nach Damaskus reiste im Auftrag der H.
Heb	2,17	damit er würde ein treuer H. vor Gott
	3,1	schaut auf den H., den wir bekennen, Jesus
	4,14	weil wir einen großen H. haben 15; 7,26; 8,1
	5,1	jeder H. wird eingesetzt zum Dienst vor Gott 5
	10	ein H. nach der Ordnung Melchisedeks 6,20
	7,27	er hat es nicht nötig, wie jene H.
	28	das Gesetz macht Menschen zu H., die
	8,3	jeder H. wird eingesetzt, um
Heb	9,7	in den andern Teil ging nur der H. 25
	11	Christus ist gekommen als ein H. der zukünftigen Güter
	10,21	haben einen H. über das Haus Gottes
	13,11	Tiere, deren Blut durch den H. als Sündopfer in das Heilige getragen wird

Hoherrat, Hoher Rat

2Ma	4,44	trugen Gesandte des H. die Klage vor
Mt	5,22	der ist des H. R. schuldig
	26,59	der ganze H. R. suchten falsches Zeugnis Mk 14,55
Mk	15,1	hielten Rat mit dem ganzen H. R.
Jh	11,47	da versammelten die Hohenpriester den H. R.
Apg	4,15	da hießen sie sie hinausgehen aus dem H. R.
	5,21	riefen den H. R. und alle Ältesten zusammen
	27	sie stellten sie vor den H. R.
	34	da stand im H. R. ein Pharisäer auf
	41	sie gingen fröhlich von dem H. R. fort
	22,30	er befahl dem H. R. zusammenzukommen
	23,1	Paulus sah den H. R. an und sprach
	15	wirkt mit dem H. R. bei dem Oberst darauf hin
	20	Paulus vor den H. R. hinunterbringen läßt
	28	führte ich ihn hinunter vor ihren H. R.
	24,20	was gefunden, als ich vor dem H. R. stand

hohl

2Mo	27,8	daß (der Altar) inwendig h. sei 38,7
Jes	40,12	wer mißt die Wasser mit der h. Hand
Jer	52,21	jede Säule war inwendig h.

Höhle

1Mo	19,30	Lot blieb in einer H.
	23,9	daß er mir gebe seine H. 11.17
	19	begrub Abraham Sara in der H. 20; 25,9; 49,29.30.32; 50,13
Jos	10,16	die fünf Könige hatten sich versteckt in der H. 17.18.22.23.27
Ri	6,2	machten sich die *Israeliten H.
1Sm	13,6	verkrochen sie sich in die H. und Klüfte
	22,1	David rettete sich in die H. Adullam 2Sm 23,13; 1Ch 11,15; Ps 57,1; 142,1
	24,4	dort eine H., und Saul ging hinein 8.9.11
1Kö	18,4	Obadja versteckte (100 Propheten) in H. 13
	19,9	(Elia) kam in eine H. und blieb dort 13
Hi	37,8	die wilden Tiere gehen in die H. 38,40
Ps	104,22	legen sich in ihre H.
Jes	2,19	da wird man in die H. der Felsen gehen
	11,8	wird s. Hand stecken in die H. der Natter
	32,14	daß Burg und Turm zu H. werden
	65,4	bleiben über Nacht in H.
Hes	33,27	die in den Festungen und H. sind
Am	3,4	schreit etwa ein Löwe aus seiner H.
Nah	2,12	wo ist die H. der jungen Löwen 13
Sa	14,12	ihre Augen werden in ihren H. verwesen
Bar	6,68	Tiere können in eine H. fliehen
1Ma	2,36	sie verschanzten sich auch in die H. nicht
	41	wie unsre Brüder in den H. ermordet worden
2Ma	2,5	als Jeremia dorthin kam, fand er eine H.
	10,6	Laubhüttenfest in den H. gehalten
Jh	11,38	es war eine H., und ein Stein lag davor
Heb	11,38	sie sind umhergeirrt in H. und Erdlöchern

Hohlkopf

Hi 11,12 kann ein H. verständig werden

Höhlung

Ri 15,19 spaltete Gott die H. im Kinnbacken
2Ma 1,19 in der H. eines Brunnens versteckt

Hohn

1Kö 9,7 Israel wird ein Spott und H. sein 2Ch 7,20; Ps 44,14; 79,4; Jes 30,3; Jer 24,9; 29,18; Hes 5,15; 22,4; 23,32
Neh 3,36 laß ihren H. auf ihren Kopf 5,9
Hi 34,7 Hiob, der H. trinkt wie Wasser
Spr 18,3 wo Schande ist, da ist H.
Jes 43,28 Jakob dem Bann und Israel dem H.
Jer 20,8 des HERRN Wort ist mir zu H. geworden
Klg 3,14 bin ein H. für mein ganzes Volk
Jdt 14,14 hat das Haus des Königs zu H. gemacht
Tob 3,4 hast uns zu Spott und H. gemacht
Sir 42,14 Frau, die einen zu H. und Spott macht

höhnen

1Kö 9,8 alle, die vorübergehen, werden h. Ps 44,17
2Kö 19,22 wen hast du geh.
Sir 27,31 die Hoffärtigen h. und spotten
Mt 22,6 etliche h. und töteten sie
Lk 20,11 sie schlugen den auch und h. ihn

höhnisch

Ps 31,19 die da reden wider den Gerechten h.
Hes 25,6 weil du so h. dich gefreut hast 15
Sir 12,19 er beklagt dich h.

Hohnlachen

Hes 36,5 die mein Land genommen haben mit H.

hohnsprechen

1Sm 17,10 ich habe dem Heere Israels hohng. 25; 2Sm 21,21; 1Ch 20,7
2Kö 19,4 h. dem lebendigen Gott 16; 2Ch 32,17

holdselig

Spr 5,19 sie ist h. wie ein Reh
11,16 ein h. Weib erlangt Ehre
26,25 wenn er seine Stimme h. macht

holen

1Mo 18,7 (Abraham) h. ein zartes gutes Kalb
20,2 Abimelech ließ (Sara) h.
27,9 h. mir zwei gute Böcklein 13.14
45 will dich von dort h. lassen
42,16 sendet einen hin, der euren Bruder h.
45,27 Wagen gesandt, um ihn zu h. 46,5
2Mo 2,5 als sie das Kästlein sah, ließ (sie) es h.
4Mo 23,7 aus Aram hat mich Balak h. lassen 11
5Mo 19,12 sollen die Ältesten ihn von da h. lassen
24,19 sollst nicht umkehren, (die Garbe) zu h.
30,4 wird doch der HERR dich von dort h.
12 in den Himmel fahren und es uns h. 13
Ri 8,16 (Gideon) h. Dornen aus der Wüste
11,5 um Jeftah aus dem Lande Tob zu h. 9

Ri 14,8 kam (Simson) wieder, um sie zu h.
16,25 laßt Simson h.
20,10 damit sie Speise h. für das Volk
1Sm 4,3 die Lade zu uns h. 4; 2Sm 6,3; 1Ch 13,3.5
10,23 liefen sie hin und h. (Saul) von dort
16,11 sende hin und laß ihn h. 12
17,31 (Saul) ließ (David) h. 19,14.20
20,21 die Pfeile liegen herwärts, h. sie 26,22
2Sm 9,5 (David) ließ (Mefi-Boschet) h.
11,4 David ließ (Batseba) h. 27
14,2 ließ von dort eine kluge Frau h.
15,12 Absalom ließ (Ahitophel) h.
23,15 wer will mir Wasser zu trinken h.
1Kö 1,53 Salomo ließ (Adonija) vom Altar h.
3,24 der König sprach: H. mir ein Schwert
5,23 Stämme vom Libanon... sollst sie h. lassen
7,13 Salomo ließ h. Hiram von Tyrus
9,28 kamen nach Ofir und h. dort Gold 22,49; 2Ch 8,18
17,10 h. mir ein wenig Wasser 11; 18,34
2Kö 2,1 als der HERR Elia gen Himmel h. wollte
6,2 jeder soll einen Stamm h.
13 damit ich (Elisa) h. lasse
18,32 bis ich euch h. in ein Land Jes 36,17
23,16 Josia ließ die Knochen aus den Gräbern h.
2Ch 36,10 Nebukadnezar ließ (Jojachin) nach Babel h.
Esr 8,17 damit sie Diener für das Haus Gottes h.
Neh 8,1 er solle das Buch des Gesetzes h.
15 geht hinaus und h. Ölzweige 16
12,27 h. man die Leviten nach Jerusalem
Est 1,11 daß sie die Königin Wasti h. 2,8
5,5 eilt und h. Haman
10 (Haman) ließ seine Freunde h.
Hi 5,5 auch aus den Hecken h. er sie
Ps 68,23 aus Baschan will ich sie wieder h., aus der Tiefe des Meeres will ich sie h.
78,71 von den säugenden Schafen h. er ihn
80,9 hast einen Weinstock aus Ägypten geh.
Spr 9,7 wer... zurechtweist, h. sich Schmach
Jes 30,14 eine Scherbe, darin man Feuer h.
56,12 kommt her, ich will Wein h.
Jer 3,14 will euch h., einen aus einer Stadt
26,23 die h. (Uria) aus Ägypten
36,21 sandte den Jehudi, die Schriftrolle zu h.
37,17 ließ (Jeremia) h. 38,14; 39,14; 40,2
43,10 will meinen Knecht Nebukadnezar h. lassen
46,11 geh hinauf nach Gilead und h. Balsam
52,31 ließ der König von Babel Jojachin h.
Klg 5,9 müssen unser Brot unter Gefahr h.
Hes 27,5 haben die Zedern vom Libanon geh.
39,10 brauchen kein Holz zu h.
Dan 6,25 da ließ der König die Männer h.
Am 9,2 soll sie doch meine Hand von dort h.
Hag 1,8 h. Holz und baut das Haus
Jdt 7,7 Quellen, aus denen sie Wasser h. 10
Wsh 15,15 (Götter,) die nicht Luft h. können
Tob 12,3 er hat das Geld von Gabaël geh.
1Ma 2,58 Elia wurde in den Himmel h.
13,25 Simon ließ den Leichnam... h.
2Ma 2,15 laßt sie bei uns h.
12,39 höchste Zeit, die Toten zu h.
StD 1,17 h. mir Öl und Salben
2,13 Daniel befahl seinen Dienern, Asche zu h.
Mt 21,34 sandte Knechte, damit sie seine Früchte h.
24,17 etwas aus seinem Hause zu h. 18; Mk 13,15.16; Lk 17,31
Mk 12,2 damit er seinen Anteil an den Früchten des Weinbergs h.
Jh 20,15 wo du ihn hingelegt hast; dann will ich ihn h.

Apg	5,21	sandten zum Gefängnis, sie zu h. 26
	7,14	Josef ließ seinen Vater Jakob h.
	10,5	laß h. Simon mit dem Beinamen Petrus 22. 29; 11,13
	29	nicht geweigert, als ich geh. wurde
	12,19	als Herodes ihn h. lassen wollte
	17,5	h. sich einige üble Männer aus dem Pöbel
	25,6	am nächsten Tag ließ (er) Paulus h.

Hölle

Hi	11,8	tiefer als die H.: was kannst du wissen
Sir	21,11	an seinem Ende ist der Abgrund der H.
Mt	5,29	daß nicht der ganze Leib in die H. geworfen werde 30; Mk 9,43.45.47
	10,28	der Leib und Seele verderben kann in der H. Lk 12,5
	11,23	du wirst bis in die H. hinuntergestoßen werden Lk 10,15
	16,18	Pforten der H. sollen sie nicht überwältigen
	23,15	macht ihr aus ihm ein Kind der H.
Lk	8,31	daß er sie nicht hieße in die H. fahren
	16,23	als er in der H. war, hob er seine Augen auf
1Ko	15,55	H., wo ist dein Sieg
2Pt	2,4	Gott hat sie in die H. gestoßen
Jak	3,6	sie ist selbst von der H. entzündet
Off	1,18	ich habe die Schlüssel des Todes und der H.
	6,8	die H. folgte ihm nach

höllisch

Mt	5,22	der ist des h. Feuers schuldig
	18,9	und wirst in das h. Feuer geworfen
	23,33	wie wollt ihr der h. Verdammnis entrinnen

Holofernes

Jdt	2,4	König Nebukadnezar seinen Feldhauptmann H. 7; 3,1.6; 5,1.24; 6,1.6.11; 7,1.6.8.17; 10,14.18.19.21; 11,1.15.17; 12,3.7.11.17; 13,2.3.10.18; 14,4.7.13.14; 15,1; 16,23

Holon

Jos	15,51	¹(Städte des Stammes Juda:) H.
	21,15	(gaben den Söhnen Aaron:) H. 1Ch 6,43
Jer	48,21	²Strafe ist ergangen über H.

Holz

1Mo	22,3	spaltete H. zum Brandopfer 6.7.9
2Mo	15,25	der HERR zeigte ihm ein H.
	31,5	kunstreich zu schnitzen in H. 35,33
3Mo	1,7	die Priester sollen H. oben darauf legen 8.12. 17; 3,5; 4,12; 6,5
	14,45	soll man H. und allen Lehm hinausbringen
4Mo	15,32	der H. auflas am Sabbattag 33
	35,18	schlägt er ihn mit einem H.
5Mo	4,28	Götzen, die H. und Stein (sind) 28,36.64; 29,16; 2Kö 19,18; Jes 37,19; Jer 2,27; 3,9; Hes 20,32; Hos 4,12; Hab 2,19
	19,5	in den Wald ginge, H. zu hauen
	21,22	man hängt ihn an ein H.
	23	soll nicht über Nacht an dem H. bleiben
Jos	9,23	Knechte zu sein, die H. hauen
Ri	6,26	Brandopfer mit dem H. des Ascherabildes
1Sm	6,14	da spalteten sie das H. des Wagens
1Kö	5,20	niemand, der H. zu hauen versteht 2Ch 2,7
	32	bereiteten H. und Steine zu 2Ch 2,8.9
	6,15	täfelte es innen mit H.
1Kö	15,22	nahmen das H. von Rama weg 2Ch 16,6
	17,10	war eine Witwe, die las H. auf 12
	18,23	laßt ihn zerstücken und aufs H. legen 33
	33	(Elia) richtete das H. zu 34. 38
2Kö	12,13	die H. kaufen sollten 22,6; 2Ch 34,11
1Ch	22,14	auch H. habe ich herbeigeschafft 29,2
	15	die in Stein und H. arbeiten 2Ch 2,13
2Ch	2,15	wollen H. hauen, soviel du bedarfst
	9,11	solches H. hatte man nie gesehen
Esr	6,4	eine Schicht von H.
Neh	2,8	damit er mir H. gebe zu Balken
Hi	24,20	so zerbricht Frevel wie H.
	41,19	er achtet Erz wie faules H.
Spr	26,20	wenn kein H. mehr da ist, verlischt
	21	wie H. das Feuer, so facht ein zänk. Mann
Pr	10,9	wer H. spaltet, der kann verletzt werden
Hl	3,9	eine Sänfte aus H. vom Libanon
Jes	10,15	als ob der Stock den höbe, der kein H. ist
	30,33	der Scheiterhaufen hat H. die Menge
	40,20	der wählt ein H., das nicht fault
	44,13	er behaut das H.
	60,17	ich will Erz anstatt des H. (bringen)
Jer	7,18	die Kinder lesen H.
	10,8	H. zu dienen ist nichtiger Gottesdienst
Klg	5,4	unser eigenes H. müssen wir bezahlen
Hes	15,2	was hat das H... vor anderm H. 6
	24,10	trage nur viel H. her
	37,16	nimm ein H... nimm noch ein H. 17.19.20
	39,10	brauchen kein H. zu holen
	41,22	ein Altar aus H... Fuß und Wände aus H.
	25	ein Gitter aus H. war vor der Vorhalle
Hag	1,8	holt H. und baut das Haus
Sa	5,4	soll's verzehren samt seinem Holz
	12,6	will... machen zum Feuerbecken im H.
Wsh	10,4	den Gerechten in einem geringen H.
	13,11	sägt ein handliches Stück H. heraus 13
	14,1	der ein H. anruft, das viel morscher ist
	5	vertrauen ihr Leben geringem H. an 7
	8	dem H. den Namen, der
Sir	8,4	damit du nicht H. zu seinem Feuer trägst
	28,12	wenn viel H. da ist, wird das Feuer größer
	38,5	wurde nicht das... Wasser süß durch H.
Bar	6,9	sie sind aus H., mit Gold überzogen 51
2Ma	1,21	das H. und das Opfer, das auf dem H. lag
Lk	23,31	wenn man das tut am grünen H.
Apg	5,30	Jesus, den ihr an das H. gehängt habt 10,39
	13,29	nahmen sie ihn von dem H. und legten ihn in ein Grab
1Ko	3,12	wenn aber jemand auf den Grund baut H.
Gal	3,13	verflucht ist, der am H. hängt
1Pt	2,24	der unsre Sünde selbst hinaufgetragen hat an seinem Leibe auf das H.
Off	18,12	(ihre Ware:) allerlei wohlriechende H.

Holzbalken

Sir	22,19	ein Haus, das mit H. fest gefügt ist

hölzern

2Mo	7,19	es sei Blut, selbst in den h. Gefäßen
3Mo	11,32	wird unrein, jedes h. Gefäß 15,12
4Mo	31,20	alle h. Geräte sollt ihr entsündigen
5Mo	10,1	mache dir eine h. Lade
1Ch	29,2	habe herbeigeschafft Holz und h. Gerät
Neh	8,4	Esra stand auf einer h. Kanzel
Jer	28,13	du hast das h. Joch zerbrochen
Dan	5,4	lobten sie die h. Götter 23
Bar	6,4	die h. Götzen 11.30.55.57.70.71
	59	besser eine h. Säule als Götzen

hölzern

1Ma	6,37	jeder Elefant trug einen h. Turm
2Ti	2,20	in einem großen Haus sind auch h. (Gefäße)
Off	9,20	nicht mehr anbeteten die h. Götzen

Holzhauer

5Mo	29,10	dein H. und dein Wasserschöpfer
Jos	9,21	damit sie H. und Wasserschöpfer seien 27
2Ch	2,9	will den H. 200.000 Scheffel Weizen geben
Jer	46,22	bringen Äxte über sie wie die H.

Holzpfahl

5Mo	16,21	H. als Ascherabild errichten

Holzscheit

Klg	4,8	sie sind so dürr wie ein H.
Hes	24,5	schichte H. darunter

Holzschnitzer

Wsh	13,11	es sägt ein H. ein Stück Holz heraus

Holzstoß

Hes	24,9	ich will den H. groß machen

Holztragen

Klg	5,13	Knaben (mußten) beim H. strauchein

Honig

1Mo	43,11	Geschenke, ein wenig Balsam und H.
2Mo	3,8	ein Land, darin Milch und H. fließt 17; 13,5; 33,3; 3Mo 20,24; 4Mo 13,27; 14,8; 16,13.14; 5Mo 6,3; 11,9; 26,9.15; 27,3; 31,20; Jos 5,6; Jer 11,5; 32,22; Hes 20,6.15
	16,31	hatte einen Geschmack wie Semmel mit H.
3Mo	2,11	weder Sauerteig noch H. (opfern)
5Mo	8,8	darin es Ölbäume und H. gibt 2Kö 18,32
	32,13	ließ ihn H. saugen aus den Felsen
Ri	14,8	da war ein Bienenschwarm und H. 9.18
1Sm	14,26	siehe, da floß der H. 29.43
2Sm	17,29	(brachten) H., Butter, Kuh- und Schafkäse
1Kö	14,3	nimm mit dir einen Krug mit H.
2Ch	31,5	gaben reichlich die Erstlinge von H.
Hi	20,17	Bäche, die mit H. und Milch fließen
Ps	19,11	sie sind süßer als H. 119,103
	81,17	würde es mit H. aus den Felsen sättigen
Spr	24,13	iß H., mein Sohn, denn er ist gut
	25,16	findest du H., so iß, soviel du bedarfst
	27	zuviel H. essen ist nicht gut
Hl	4,11	H. und Milch sind unter deiner Zunge
	5,1	habe meine Wabe samt meinem H. gegessen
Jes	7,15	Butter und H. wird er essen
Jer	41,8	wir haben Vorrat an Öl und H.
Hes	3,3	war in m. Munde so süß wie H. Off 10,9.10
	16,13	aßest H. und Öl 19
	27,17	haben H. als Ware gebracht
Sir	24,27	an mich zu denken ist süßer als H.
	39,31	der Mensch bedarf vor allem... H.
	49,2	er ist süß wie H. im Munde
Mt	3,4	s. Speise Heuschrecken und wilder H. Mk 1,6

Honigseim

1Sm	14,27	Jonatan tauchte die Spitze in den H.

Ps	19,11	sie sind süßer als Honig und H.
Spr	5,3	Lippen der fremden Frau sind süß wie H.
	16,24	freundliche Reden sind H.
	24,13	H. ist süß deinem Gaumen
	27,7	ein Satter tritt H. mit Füßen
Hl	4,11	von deinen Lippen träufelt H.
Sir	24,27	mich zu besitzen (ist) süßer als H.
Lk	24,42	*ein Stück Fleisch und H.*

Honigwabe

1Sm	14,25	es waren aber H. auf dem Felde

Hor

4Mo	20,22	¹kamen an den Berg H. 23.25.27; 21,4; 33,37. 38.41
5Mo	32,50	wie Aaron starb auf dem Berge H.
4Mo	34,7	²Grenze nach Norden bis an den Berg H. 8

Hor-Gidgad (= Gudgoda)

4Mo	33,32	lagerten sich in H. 33

Horam

Jos	10,33	zog H., der König von Geser, hinauf

horchen

Ri	5,11	h., wie sie jubeln
Jes	66,6	h., Lärm aus der Stadt! H., der HERR
Jer	4,15	h.! Es kommt ein Geschrei von Dan her
	9,18	h., man hört ein Klagegeschrei in Zion
	10,22	h., es kommt eine Kunde daher
Ze	1,14	h., der bittere Tag des HERRN
Jdt	14,13	er h., ob sich etwas regte
Sir	14,24	(wohl dem, der) h. an ihrer Tür
	21,26	der ist unerzogen, der an der Tür h.
Apg	12,13	*trat hervor eine Magd, zu h.*

Horeb

2Mo	3,1	kam an den Berg Gottes, den H. 1Kö 19,8
	17,6	will vor dir stehen auf dem Fels am H.
	33,6	taten ihren Schmuck von sich an dem H.
5Mo	1,2	elf Tagereisen weit ist es vom H. 19
	6	redete mit uns am Berge H. 4,10.15
	5,2	einen Bund mit uns am H. 28,69
	9,8	am H. erzürnet ihr den HERRN Ps 106,19
	18,16	wie du es von dem HERRN erbeten am H.
1Kö	8,9	Tafeln des Mose, die er am H. 2Ch 5,10
Mal	3,22	das ich ihm befohlen habe auf dem Berge H.
Sir	48,7	gehört auf dem H. die Gerichtsurteile

Horem

Jos	19,38	(Naftali... feste Städte sind:) H.

hören

1Mo	3,8	sie h. Gott den HERRN 10
	4,23	Ada und Zilla, h. meine Rede
	14,14	Abram h., daß seines Bruders Sohn gefangen
	18,10	das h. Sara hinter ihm
	21,6	wer es h. wird, wird über mich lachen
	17	Gott hat geh. die Stimme des Knaben
	26	noch hab ichs geh. bis heute
	23,6	h. uns, lieber Herr 8.15
	13	redete, so daß das Volk es h.

hören

1Mo	24,30	als (Laban) die Worte Rebekkas geh. 52	5Mo	23,6
	27,5	Rebekka h. diese Worte 6.34		27,9
	8	h. auf mich 43; 49,2		29,3
	29,13	Laban h. von Jakob		18
	33	der HERR hat geh., daß ich ungeliebt		30,12
	34,7	als sie es h., verdroß es die Männer		31,12
	37,6	h. doch, was mir geträumt hat		32,1
	17	ich h., daß sie sagten: Laßt uns	Jos	3,9

1Mo 24,30 als (Laban) die Worte Rebekkas geh. 52
 27,5 Rebekka h. diese Worte 6.34
 8 h. auf mich 43; 49,2
 29,13 Laban h. von Jakob
 33 der HERR hat geh., daß ich ungeliebt
 34,7 als sie es h., verdroß es die Männer
 37,6 h. doch, was mir geträumt hat
 17 ich h., daß sie sagten: Laßt uns
 21 als das Ruben h., wollte er ihn erretten
 39,15 als er h., daß ich ein Geschrei machte 19
 41,15 habe von dir sagen h., wenn du einen Traum h. Dan 5,14.16
 42,2 h., es sei in Ägypten Getreide zu haben
 22 doch ihr wolltet nicht h.
 43,25 hatten geh., daß sie dort essen sollten
 45,2 weinte laut, daß es die Ägypter h.
2Mo 3,7 habe ihr Geschrei geh. 6,5; 4Mo 20,16; Apg 7,34
 18 werden auf dich h. 4,1.8.9; 6,9.12.30; 7,4; 24,7
 4,31 als sie h., daß der HERR sich... angenommen
 7,13 (der) Pharao h. nicht auf sie 16.22; 8,11.15; 9,12; 11,9
 15,14 als das die Völker h., erbebten sie Jos 2,10. 11; 5,1
 16,7 hat euer Murren geh. 8.9; 4Mo 14,27
 18,1 Jitro h. alles, was Gott getan hatte
 19,9 daß d. Volk es h., wenn ich mit dir rede
 20,19 rede mit uns, wir wollen h. 5Mo 5,27; 18,16
 23,13 aus eurem Munde sollen sie nicht geh.
 22 wirst du aber auf seine Stimme h.
 28,35 man seinen Klang h., wenn er hineingeht
 32,17 als Josua das Geschrei des Volks h. 18
 33,4 als das Volk diese harte Rede h.
3Mo 5,1 daß er den Fluch aussprechen h. Spr 29,24
 10,20 als Mose h., ließ er sich's gefallen
 24,14 laß alle, die es geh. haben, ihre Hände
 26,21 wenn ihr mich nicht h. wollt
4Mo 7,89 Mose h. die Stimme zu sich reden
 9,8 will h., was euch der HERR gebietet
 11,1 als es der HERR h., entbrannte sein Zorn 5Mo 1,34; Ps 78,21.59
 10 als Mose h. das Volk weinen h.
 12,2 der HERR h. es 21,3; 5Mo 5,28; 2Kö 19,4.16; Ps 4,4; Jes 37,4.17
 6 h. meine Worte 5Mo 4,10.12; 18,19
 14,13 dann werden's die Ägypter h. 14.15
 16,4 als Mose das h., fiel er auf s. Angesicht
 8 h. doch, ihr Söhne Levi 20,10
 21,1 als der König h., daß Isr. herankam 33,40
 22,36 Balak h., daß Bileam kam
 23,18 steh auf, Balak, und h.
 30,5 ihr Vater h. von ihrem Gelübde 6-16
5Mo 1,17 sollt den Kleinen h. wie den Großen
 45 wollte der HERR eure Stimme nicht h.
 2,25 Furcht auf alle Völker, wenn sie von dir h. 2Ch 20,29
 4,1 h., Israel, die Gebote und Rechte 6; 5,1; 6,3; 7,12; 11,13; 12,28
 28 Götzen, die weder sehen noch h. können
 32 ob desgleichen h. Jes 66,8; Jer 18,13
 33 daß ein Volk die Stimme Gottes aus dem Feuer hat reden h., wie du sie geh. hast 36; 5,23-26
 6,4 h., Israel, d. HERR ist unser Gott Mk 12,29
 9,1 h., Israel, du wirst über den Jordan gehen
 2 Anakiter, von denen du hast sagen h. 13,13; Jos 14,12
 17,4 wird dir angezeigt, und du h. es
 18,14 diese Völker h. auf Zeichendeuter

5Mo 23,6 der HERR wollte Bileam nicht h. Jos 24,10
 27,9 merke auf und h., Israel Jer 13,15
 29,3 euch noch nicht gegeben Ohren, die da h.
 18 niemand, der die Worte dieses Fluches h.
 30,12 wer will es holen, daß wir's h. 13
 31,12 damit sie es h. und lernen 13
 32,1 die Erde h. die Rede meines Mundes
Jos 3,9 h. die Worte des HERRN 1Sm 15,1; 1Kö 22,19; 2Kö 7,1; 20,16; 2Ch 18,18; Jes 1,10; 28,14; 39,5; 66,5; Jer 2,4; 7,2; 9,19; 17,20; 19,3; 21,11; 22,2; 29,20; 31,10; 34,4; 42,15; 44,24.26; Hes 6,3; 13,2; 16,35; 21,3; 25,3; 34,7.9; 36,1; 37,4; Hos 4,1; Am 7,16
 6,5 wenn ihr den Schall der Posaune h. 20; 2Sm 15,10; 1Kö 1,41.45; 2Kö 11,13; 2Ch 23,12; Neh 4,14; Jes 18,3; Jer 4,19.21; 42,14; Hes 33,4.5; Dan 3,5.7.10.15
 10 sollt kein Kriegsgeschrei... h. lassen
 7,9 wenn das die Kanaaniter h.
 9,1 als das alle Könige h. 3.9; 10,1; 11,1; Ri 20,3; 1Sm 7,7; 2Kö 3,21
 10,14 daß... auf die Stimme eines Menschen h.
 22,11 als die *Israeliten sagen h. 30
 24,27 dieser Stein hat geh. die Worte des HERRN
Ri 5,16 zu h. bei den Herden das Flötenspiel
 7,11 damit du h., was sie reden 15
 9,7 h. mich, daß euch Gott auch h.
 30 laß Sebul die Worte Gaals h. 46.47
 11,17 der König h. nicht auf sie 28
 13,23 das alles weder sehen noch h. lassen
 14,13 gib dein Rätsel auf, laß uns h.
 18,25 laß deine Stimme nicht weiter bei uns h.
 19,25 die Leute wollten nicht auf ihn h. 20,13
Rut 2,8 h. du wohl, meine Tochter
1Sm 1,13 ihre Stimme aber h. man nicht
 2,23 solche bösen Dinge, von denen ich h. 24
 3,9 rede, HERR, denn dein Knecht h. 10
 11 wovon jedem, der es h. wird, beide Ohren gellen werden 2Kö 21,12; Jer 19,3
 4,6 als die Philister das Jauchzen h. 14.19
 8,19 weigerte sich, auf d. Stimme Samuels zu h.
 21 als Samuel alle Worte des Volks geh.
 10,27 (Saul) tat, als h. er's nicht
 11,6 der Geist Gottes über Saul, als er h.
 13,3 Philister h., daß die Hebräer abgefallen
 4 Israel h.: Saul hat die Wache erschlagen
 14,22 Israel, daß die Philister flohen
 27 Jonatan hatte nicht geh., daß s. Vater
 15,14 ein Brüllen von Rindern, das ich h.
 17,11 diese Rede der Philister h. 23
 28 als Eliab (David) reden h. 31
 19,6 da h. Saul auf die Stimme Jonatans
 22,1 als das (Davids) Brüder h., kamen sie
 7 da sprach Saul: H., ihr Benjaminiter 12
 23,10 HERR, dein Knecht hat geh. 11
 25 als das Saul h., jagte er David nach
 24,10 warum h. du auf Geschwätz der Menschen
 25,4 als David h. 7.39; 2Sm 10,7; 13,21; 1Ch 19,8
 24 h. die Worte deiner Magd 2Sm 20,17
 35 ich habe auf deine Stimme geh.
 26,19 rede nun mein Herr, der König
 28,21 als ich die Worte h., die du gesagt 23
 30,24 wer sollte in dieser Sache auf euch h.
 31,11 als die Leute von Jabesch h. 1Ch 10,11
2Sm 4,1 der Sohn Sauls h., daß Abner umgekommen
 5,17 h., daß David zum König gesalbt 1Kö 1,11; 5,15; 1Ch 14,8
 24 h. du, wie das Rauschen 1Ch 14,15
 7,22 was wir mit unsern Ohren geh. 1Ch 17,20
 8,9 als Toï, der König von Hamat, h. 1Ch 18,9

hören

2Sm	11,26	als Urias Frau h., daß ihr Mann tot war 1Kö 11,21; 21,15.16	Hi	5,27 darauf h. und merke dir's 33,1; 34,16; 42,4
	12,18	(David) h. nicht auf uns		9,16 glaube nicht, daß er meine Stimme h. 19,7
	13,14	(Amnon) wollte nicht auf sie h. 16		13,1 das hat alles mein Ohr geh. 16,2
	15,3	du hast keinen beim König, der dich h.		6 h. doch, wie ich mich verantworte 17
	35	alles, was du h., sollst du sagen 36		15,21 Stimmen des Schreckens h. sein Ohr
	16,21	so wird ganz Israel h. 18,5; 19,3; 1Kö 3,28; 12,20		20,3 muß h., wie man mich schmäht
	17,5	laßt doch h., was (Huschai) dazu sagt		22,27 wenn du ihn bitten wirst, wird er dich h.
	19,36	wie kann ich h., was die Sänger singen		27,9 meinst du, daß Gott sein Schreien h. wird
1Kö	2,42	es ist recht so; ich habe es geh.		28,22 wir haben nur ein Gerücht von ihr geh.
	3,11	Verstand, zu h. und recht zu richten		29,11 wessen Ohr mich h., der pries mich
	5,14	zu h. die Weisheit Salomos 10,6.8.24; 2Ch 9,5. 7.23; Mt 12,42; Lk 11,31		33,8 den Ton deiner Reden h. ich noch
	22	habe die Botschaft geh., die du mir 21		34,2 h., ihr Weisen, meine Rede
	6,7	daß man weder Hammer noch Beil h.		28 daß er das Schreien der Elenden h. Ps 10,17; 22,25; 34,7
	8,28	damit du h. das Flehen 29-52; 2Ch 6,20-39		37,2 h. doch, wie sein Donner rollt 4
	42	werden h. von deinem großen Namen	Ps	5,2 HERR, h. meine Worte
	9,3	habe dein Gebet geh. 2Kö 19,20; 20,5; Jes 37,21; 38,5		4 frühe wollest du mein Stimme h.
	12,2	h. das, als er noch in Äg. war 2Ch 10,2		6,9 der HERR h. mein Weinen 10; 55,18; 142,7
	15	so h. der König nicht auf das Volk 16; 2Ch 10.15.16		17,1 HERR, h. die gerechte Sache
	13,4	als der König von d. Mann Gottes h. 21,27		27,7 HERR, h. meine Stimme 28,2; 64,2; 119,149; 130,2
	26	als das der Prophet h. 19,13; 2Kö 5,8		30,11 HERR, h. und sei mir gnädig Dan 9,19
	14,6	als Ahija das Geräusch ihrer Tritte h. 2Kö 6,32		31,14 ich h., wie viele über mich lästern
	15,20	Ben-Hadad h. auf die Bitte 2Ch 16,4		23 du h. die Stimme meines Flehens 40,2; 116,1
	21	als das Bascha., ließ er davon ab 2Ch 16,5		34,3 daß es die Elenden h. und sich freuen
	16,16	als das Volk h., daß eine Verschwörung		18 wenn die... schreien, h. der HERR 145,19
	20,12	als das Ben-Hadad h., sprach er: Greift an		38,14 ich bin wie taub und h. nicht 15
	31	geh., daß die Könige Isr. barmherzig		44,2 wir haben mit unsern Ohren geh. 78,3
	22,28	h., alle Völker 2Ch 18,27; Jes 8,9; 33,13; 34,1; 51,4; Jer 6,18; Klg 1,18; Mi 1,2		17 weil ich sie höhnen und lästern h.
2Kö	6,30	als der König die Worte der Frau h.		45,11 h., Tochter, sieh und neige dein Ohr
	7,6	hatte die Aramäer h. lassen ein Getümmel		46,7 muß vergehen, wenn er sich h. läßt
	14,11	Amazja h. nicht darauf 2Ch 25,16.20		48,9 wie wir es h. haben, so sehen wir es
	16,9	der König von Assyrien h. auf ihn		50,7 h., mein Volk, laß mich reden 78,1; 81,9
	18,28	h., das Wort des großen Königs Jes 36,13		51,10 laß mich h. Freude und Wonne
	31	h. nicht auf Hiskia 32; Jes 36,16		55,2 Gott, h. mein Gebet 61,2; 84,9; 102,2
	19,1	als der König Hiskia das h. Jes 37,1		20 Gott wird h. und sie demütigen
	6	vor den Worten,die du geh. hast Jes 37,6		58,6 daß sie nicht h. die Stimme des Zauberers
	7	daß er ein Gerücht h. wird 8.9; Jes 37,7-9		59,8 sie geifern: Wer sollte es h.
	11	geh., was die Könige von Ass. Jes 37,11		61,6 du, Gott, h. mein Gelübde
	16	neige deine Ohren und h. Ps 17,6; Jes 37,17; Dan 9,18		62,12 ein Zweifaches habe ich geh.
	25	hast du es nicht geh., daß ich Jes 37,26		66,18 so hätte der Herr nicht geh.
	20,12	geh., daß Hiskia krank gewesen Jes 39,1		69,34 der HERR h. der Armen
	22,11	als der König die Worte des Gesetzbuches h. 18.19; 2Ch 34,19.26.27; Neh 8,9		76,9 wenn du das Urteil lässest h. vom Himmel
	25,23	alle Hauptleute h., daß Gedalja eingesetzt		80,2 du Hirte Israels, h.
2Ch	5,13	als h. man eine Stimme loben und danken		81,3 laßt h. die Pauken
	7,14	so will ich vom Himmel her h. 20,9		6 eine Sprache h. ich, die ich nicht kannte
	15,8	als Asa h. die Weissagung		85,9 könnte ich doch h., was Gott redet
	24,17	da h. der König auf (die Oberen Judas)		92,12 mit Freude h. mein Ohr von den Boshaften
	28,11	h. auf mich und bringt die Gefangenen		94,9 der d. Ohr gepflanzt, sollte der nicht h.
	35,22	Josia h. nicht auf die Worte Nechos		95,7 wenn ihr doch heute auf seine Stimme h. wolltet Heb 3,7.15; 4,7
Esr	3,13	daß man den Schall weithin h. Neh 12,43		97,8 Zion h. es und ist froh
	4,1	als die Widersacher Judas h. Neh 2,10.19; 3,33; 4,1.9; 6,16		102,21 er das Seufzen der Gefangenen h.
	9,3	als ich dies h., zerriß ich mein Kleid Neh 1,4; 5,6; 13,3.27		103,20 daß man h. auf die Stimme s. Wortes 138,4
Neh	1,6	daß du das Gebet deines Knechtes h. 3,36; Dan 9,17		106,44 sah ihre Not an, als er ihre Klage h.
	9,17	(unsere Väter) weigerten sich zu h.		115,6 (Götzen) haben Ohren und h. nicht 135,17; Dan 5,23; Off 9,20
Est	1,18	wenn sie von dieser Tat der Königin h.		132,6 wir h. von ihr in Ephrata
	3,4	als (Mordechai) nicht auf sie h.		143,8 laß mich am Morgen h. deine Gnade
Hi	2,11	als die Freunde Hiobs das Unglück h.	Spr	1,20 läßt ihre Stimme h. auf den Plätzen 8,1
	3,18	h. nicht die Stimme des Treibers 39,7		4,1 h., meine Söhne 10; 7,24; 8,32.33; 23,19
	4,16	ich h. eine Stimme		8,6 h., denn ich rede, was edel ist
				12,15 wer auf Rat h., der ist weise 19,20
				13,1 ein Spötter h. selbst auf Drohen nicht
				8 ein Armer bekommt keine Drohung zu h.
				15,31 das Ohr, das da h. auf heilsame Weisung
				17,4 ein Falscher h. gern auf schädl. Zungen
				18,13 wer antwortet, ehe er h., dem ist's Torheit
				19,27 läßt du ab, auf Ermahnung zu h.
				20,12 ein h. Ohr... macht der HERR

Spr	21,28	wer recht geh. hat, dessen Wort bleibt	Jer	18,2	dort will ich dich meine Worte h. lassen
	22,17	h. die Worte von Weisen		19	HERR, h. die Stimme meiner Widersacher
	25,10	damit nicht übel spricht, wer es h.		22	daß Geschrei geh. werde 20,16; 30,5; 48,3.5.
	12	ein Ohr, das auf ihn h., das ist wie			34; 49,21.23; 50,28; 51,46.54
	28,9	Ohr abwendet, um die Weisung nicht zu h.		20,1	h., wie Jeremia solche Worte weissagte 26,7.
	29,12	ein Herrscher, der auf Lügen h.			10-12.21; 38,1
Pr	1,8	das Ohr h. sich niemals satt		10	ich h., wie viele heimlich reden
	4,17	zum Hause Gottes komm, daß du h.		22,20	laß deine Klage h. in Baschan
	5,2	wo viel Worte sind, da h. man den Toren		21	du sprachst: Ich will nicht h.
	7,5	besser, das Schelten des Weisen zu h.		29	o Land, Land, Land, h. des HERRN Wort
	21	daß du nicht h. müssest, wie dein Knecht		23,16	h. nicht auf die Worte der Propheten 27,9.14.
	9,16	auf seine Worte h. man nicht			16.17; 29,8
	12,13	laßt uns die Hauptsumme aller Lehre h.		18	wer hat... daß er sein Wort geh.
Hl	2,12	die Turteltaube läßt sich h.		25	ich h. es wohl, was die Propheten reden
	14	laß mich h. deine Stimme 8,13		25,30	der HERR wird seinen Donner h. lassen
Jes	1,2	h., ihr Himmel, und Erde, nimm zu Ohren		28,7	doch h. dies Wort 15; Am 4,1; 5,1; 8,4
	15	wenn ihr auch viel betet, h. ich euch doch		31,18	habe wohl geh., wie Ephraim klagt
		nicht Jer 7,16; 11,11.14; Hes 8,18; Sa 7,13		33,9	wenn sie all das Gute h.
	6,8	ich h. die Stimme des HERRN		11	wieder h. den Jubel der Freude
	9	h. und verstehet's nicht 10; Jer 5,21; Hes		36,11	als Michaja alle Worte des HERRN geh. 13
		12,2; Mt 13,13-15; Mk 4,12; 8,18; Lk 8,10;		15	lies, daß wir's h. 16.24.25
		Apg 28,26.27; Rö 11,8		37,5	als die Chaldäer davon h. 38,7
	7,13	h., ihr vom Hause David 44,1; Hes 18,25		14	Jirija wollte ihn h.
	11,3	nach dem, was seine Ohren h.		20	mein Herr und König, h. mich
	15,4	schreien, daß man's zu Jahaz h.		40,11	h., daß... einen Rest in Juda übriggelassen
	16,6	wir haben geh. von dem Hochmut Moabs		49,20	h. den Ratschluß des HERRN 50,45
	21,3	ich krümme mich, wenn ich's h.		51,51	weil wir die Schmach h. mußten
	10	was ich geh. habe vom HERRN Zebaoth	Klg	1,21	man h.'s wohl... m. Feinde h. mein Unglück
	23,5	sobald die Ägypter h., erschrecken sie		2,14	haben Worte h. lassen, die Trug waren
	24,16	wir h. Lobgesänge vom Ende der Erde		3,61	HERR, du h. ihr Schmähen Hes 36,15
	28,12	aber sie wollten nicht h. 30,9; 42,20; 65,12;	Hes	1,24	h. ich ihre Flügel rauschen 10,5
		66,4; Jer 7,13.24.26-28; 13,10.11; 17,23; 19,15;		28	ich h. einen reden 4,6
		25,3.4.8; 26,5; 29,19; 32,33; 35,17; Hos 9,17; Sa		2,8	h., was ich dir sage 44,5
		7,11-13		3,6	würden sie dich gern h. 7
	22	habe von einem Verderben geh.		11	sie h. oder lassen es 27
	23	h. meine Stimme... h. meine Rede 32,9		12	h. hinter mir ein Getöse
	29,18	werden die Tauben h. 42,18		17	wirst aus meinem Munde das Wort h. 33,7
	30,19	wird dir antworten, sobald er's h.		9,5	sprach er, so daß ich es h.
	21	deine Ohren werden das Wort h.		13,19	Volk, das so gern Lügen h.
	32,3	die Ohren der H. werden aufmerken		19,9	damit seine Stimme nicht mehr geh. würde
	33,15	daß er nichts von Blutschuld h.			26,13; Nah 2,14
	40,21	wißt ihr denn nicht? H. ihr denn nicht 28		31,16	als sie ihn fallen h.
	41,22	laßt uns h., was kommen wird 26; 42,9; 43,9;		33,31	hören, aber nicht danach tun 32
		44,8; 45,21; 48,6.20; Hes 33,30		35,12	daß ich Lästerreden geh. 13; Ze 2,8
	42,2	seine Stimme wird man nicht h. Mt 12,19		36,4	h., ihr Berge Israels Mi 6,1.2
	23	der es h. für künftige Zeiten	Dan	1,14	er h. auf sie und versuchte es
	43,9	sollen beweisen, so wird man's h.		6,15	als der König das h., wurde er betrübt
	47,8	so h. nun dies 48,1.6.14.16; 51,21		8,13	ich h. einen Heiligen reden 16; 10,9; 12,7.8
	48,7	vorher hast du nicht davon geh. 8	Hos	5,1	h. dies, ihr Priester Jo 1,2; Mal 2,2
	50,4	daß ich h., wie Jünger h.	Jo	4,16	der HERR wird s. Stimme h. lassen Am 1,2
	52,15	die nichts davon geh. haben, werden 66,19	Am	3,13	h. und bezeugt es dem Hause Jakob
	55,2	h. auf mich, so werdet ihr Gutes essen 3		5,23	ich mag dein Harfenspiel nicht h.
	58,4	wenn eure Stimme geh. werden soll 59,2		8,11	Hunger nach dem Wort des HERRN, es zu h.
	59,1	sind nicht hart, daß er nicht h. könnte	Ob	1	wir haben vom HERRN eine Botschaft geh.
	60,18	man soll nicht mehr von Frevel h. 65,19	Jon	2,3	du h. meine Stimme
	62,11	der HERR läßt es h.	Mi	1,10	laßt euer Weinen nicht h.
	64,3	kein Ohr hat geh. einen Gott außer dir		3,1	h., ihr Häupter im Hause Jakob 9
	65,24	wenn sie noch reden, will ich h.	Nah	3,2	da wird man h. die Peitschen knallen
Jer	3,21	man h. ein klägliches Heulen 9,18; 31,15		19	die das von dir h., werden klatschen
	4,31	h. ein Geschrei wie von einer Gebährenden	Hab	1,2	wie lange... und du willst nicht h.
	6,7	Frevel und Gewalt h. man in ihr		3,2	HERR, ich habe die Kunde von dir geh.
	10	daß doch jemand h... können's nicht h.		10	die Tiefe ließ sich h.
	24	wir haben von ihnen geh.		16	weil ich solches h., bebt mein Leib
	8,6	ich h., daß sie nicht die Wahrheit reden	Sa	3,8	h. nun, Jeschua, du Hoherpriester
	16	man h. ihre Rosse schnauben 46,22		8,9	die ihr diese Worte h. in dieser Zeit
	9,9	daß man kein Vieh blöken h.		23	wir h., daß Gott mit euch ist
	10,1	h., was der HERR redet Am 3,1; Mi 6,1.9		11,3	man h. die Hirten heulen... h. die Löwen
	11,2	h. die Worte dieses Bundes 6	Mal	3,16	der HERR merkt und h. es
	12,17	wenn sie aber nicht h. wollen 13,17; 17,27	Jdt	8,27	unternimmt nichts, bis ihr von mir h.
	17,24	wenn ihr auf mich h. werdet 26,3; 36,3			

hören

Jdt	13,31	bei allen Völkern, die deinen Namen h.
	14,1	liebe Brüder, h. mich
Wsh	1,10	das Ohr Gottes h. alles 6; Sir 21,6
	6,2	so h. nun, ihr Könige, und versteht
	8,15	Tyrannen werden sich fürchten, wenn sie von mir h.
	15,15	Götter, die nicht h. können
	18,1	die Feinde h. ihre Stimme
	10	man h. überall klägliches Weinen
Tob	4,2	h. meine Worte 14,10.12; Sir 18,14
Sir	5,13	sei schnell bereit zum H.
	19,6	h. du etwas Böses, das schwatze nicht nach 10; 41,29
	15	glaube nicht alles, was du h.
	21,18	wenn ein Vernünftiger eine gute Lehre h.
	22,32	wird sich jeder hüten, der davon h.
	25,12	wohl dem, der lehrt, wo man's gern h.
	27,8	niemand loben, bevor du ihn geh. hast
	15	wo man viel schwören h.
	16	widerlich zu h., wenn sie sich beschimpfen
	28,20	wer darauf h., hat keine Ruhe mehr
	29,33	dazu mußt du die bittere Worte h.
	37,23	mancher wird doch nicht gern geh.
	43,26	wir, die es h., verwundern uns
	45,5	(Gott) ließ seine Stimme h. 46,20.23
	11	damit der Klang im Heiligtum geh. würde
	48,7	du hast die künftige Strafe geh.
	51,23	ich h. auf (die Weisheit)
Bar	2,16	neige, Herr, dein Ohr und h. doch 3,2.4
	31	will ihnen geben Ohren, die h.
	3,9	h., Israel, die Gebote des Lebens
	22	in Kanaan h. man nichts von ihr
1Ma	3,45	man h. dort weder Flöte noch Harfe
	6,41	wer sie h., geriet in Angst
	55	mittlerweile h. Lysias, daß
	10,19	wir h. von dir, daß du ein... Mann bist
	26	haben gern geh., daß ihr nicht abfallt
	74	als Jonatan diese Prahlerei h.
2Ma	8,3	wolle er das unschuldige Blut h.
StE	3,5	ich habe von meinem Vater geh.
Mt	2,3	als das Herodes h., erschrak er Mk 6,16
	9	als sie den König geh. hatten
	18	in Rama hat man ein Geschrei geh.
	22	als er h., daß Archelaus König war
	4,12	als Jesus h., daß Johannes gefangengesetzt
	5,21	geh., daß zu den Alten gesagt ist 27.33.38.43
	7,24	wer m. Rede h. und tut sie 26; Lk 6,47.49
	8,10	als das Jesus h. 9,12; 14,13; Mk 2,17; Lk 7,9; 8,50; 18,22; Jh 11,4.6
	10,14	wenn jemand euch m. Rede nicht h. Mk 6,11
	11,2	als Johannes von den Werken Christi h.
	4	sagt Johannes wieder, was ihr h. Lk 7,22
	5	Aussätzige werden rein und Taube h. Mk 7,37; Lk 7,22
	15	wer Ohren hat, der h. 13,9.43; Mk 4,9.23; 7,16; Lk 8,8; 14,35; Off 2,7.11.17.29; 3,3.6.13. 22; 13,9
	12,24	als die Pharisäer das h. 15,12; 21,45; 22,33; Lk 16,14; Jh 9,40
	42	um Salomos Weisheit zu h. Lk 11,31
	13,13	mit h. sie nicht 14.15; Mk 4,12; 8,18; Lk 8,10; Apg 28,26.27; Rö 11,8
	15	ihre Ohren h. schwer
	16	selig sind eure Ohren, daß sie h.
	17	haben begehrt, zu h., was ihr h., und haben's nicht geh. Lk 10,24
	18	h. nun dies Gleichnis 21,33
	19	wenn jemand das Wort h. und nicht versteht 20.22.23; Mk 4,15.16.18.20; Lk 8,12-15
	14,13	als das Volk das h., folgte es ihm
Mt	17,5	den sollt ihr h. Mk 9,7; Lk 9,35
	6	als das die Jünger h. 19,25; 20,24; Mk 6,29; 10,41; 11,14; Jh 6,60
	18,15	h. er auf dich, so hast du deinen Bruder gewonnen 16.17
	19,22	als der Jüngling das Wort h. Lk 18,23
	20,30	als sie h., daß Jesus vorüberging Mk 10,47; Lk 18,36
	21,16	h. du auch, was diese sagen
	22,22	als sie das h., wunderten sich
	33	als das Volk das h., entsetzten sie sich
	24,6	ihr werdet h. von Kriegen Mk 13,7; Lk 21,9
	26,65	jetzt habt ihr die Gotteslästerung geh. Mk 14,64; Lk 22,71
	27,13	h. du nicht, wie hart sie dich verklagen
	47	einige, als sie das h., sprachen Mk 15,35
Mk	3,8	große Menge, die von seinen Taten geh. hatte
	21	als es die Seinen h.
	4,24	seht zu, was ihr h.
	33	das Wort so, wie sie es zu h. vermochten
	5,27	als die von Jesus h., kam sie heran 7,25
	6,20	doch h. er ihn gern
	55	dorthin zu tragen, wo sie h., daß er war
	12,37	alles Volk h. ihn gern
	14,11	als die das h., wurden sie froh
	58	wir haben geh., daß er gesagt hat
	16,11	als diese h., daß er lebe
Lk	1,41	als Elisabeth den Gruß Marias h. 44
	58	h., daß der Herr große Barmherzigkeit an ihr
	66	alle, die es h., nahmen's zu Herzen
	2,20	lobten Gott für alles, was sie geh. und gesehen
	4,23	denn wie große Dinge haben wir geh.
	28	alle wurden von Zorn erfüllt, als sie das h.
	5,1	um das Wort Gottes zu h. 15; 6,18; 21,38
	7,3	als er von Jesus h. 4,47
	29	alles Volk, das ihn h., gaben Gott recht
	8,21	meine Brüder, die Gottes Wort h. und tun
	9,9	wer ist dieser, über den ich solches h.
	10,16	wer euch h., der h. mich
	11,28	selig, die das Wort Gottes h. und bewahren
	12,3	was ihr in der Finsternis sagt, das wird man im Licht h.
	14,15	als einer das h., der mit zu Tisch saß, sprach er
	15,1	nahten sich Zöllner und Sünder, ihn zu h.
	25	als er nahe zum Hause kam, h. er Singen
	16,2	was h. ich da von dir
	29	die sollen sie h. 31
	18,6	h., was der ungerechte Richter sagt
	26	da sprachen, die das h. 20,16
	19,48	das ganze Volk hing ihm an und h. ihn
	23,6	als Pilatus das h., fragte er, ob
	8	gerne gesehen; denn er hatte von ihm geh.
Jh	1,37	die zwei Jünger h. ihn reden 40
	3,8	du h. sein Sausen wohl
	32	bezeugt, was er gesehen und geh. hat
	4,42	wir haben selber geh. und erkannt
	5,24	wer mein Wort h. und glaubt 12,47
	25	h. werden die Stimme des Sohnes Gottes 28
	30	wie ich h., so richte ich, und mein Gericht ist gerecht
	37	ihr habt niemals seine Stimme geh.
	6,45	wer es vom Vater h., der kommt zu mir
	60	eine harte Rede; wer kann sie h.
	7,40	einige, die diese Worte h., sprachen
	8,9	als sie das h., gingen sie weg
	26	was ich von ihm geh. habe, das rede ich zu der Welt 40; 15,15

Jh	8,38	ihr tut, was ihr von eurem Vater geh. habt	Apg	19,28	als sie das h., wurden sie von Zorn erfüllt
	43	weil ihr mein Wort nicht h. könnt		21,12	als wir aber das h., baten wir
	47	wer von Gott ist, der h. Gottes Worte		20	als sie aber das h., lobten sie Gott
	9,27	euch schon gesagt, und ihr habt's nicht gehört		22	werden sie h., daß du gekommen bist
	31	*daß Gott die Sünder nicht h... den h. er*		22,2	als sie h., daß er auf hebräisch zu ihnen redete
	32	von Anbeginn der Welt an hat man nicht geh.		15	Zeuge von dem, was du gesehen und geh. hast
	10,3	die Schafe h. seine Stimme 27		26	als das der Hauptmann h. 23,16
	16	herführen, und sie werden meine Stimme h.		24,4	*du wollest uns in Kürze h.* 26,3
	11,20	als Marta nun h., daß Jesus kommt 29		24	h. ihn über den Glauben an Christus Jesus
	42	ich weiß, daß du mich allezeit h.		25,22	ich möchte den Menschen auch gerne h.
	12,12	h., daß Jesus nach Jerusalem käme 18		26,29	alle, die mich heute h., das würden, was ich
	34	wir haben aus dem Gesetz geh., daß		27,21	liebe Männer, man hätte auf mich h. sollen
	14,24	das Wort, das ihr h., ist nicht mein Wort		28,15	dort hatten die Brüder von uns geh.
	28	ihr habt geh., daß ich euch gesagt habe		22	doch wollen wir von dir h., was du denkst
	16,13	was er h. wird, das wird er reden		28	sie werden es h.
	18,21	frage die, die geh. haben, was ich geredet	Rö	2,13	vor Gott nicht gerecht, die das Gesetz h.
	37	wer aus der Wahrheit ist, der h. meine Stimme		10,14	an den glauben, von dem sie nichts geh.
	19,8	als Pilatus dies Wort h., fürchtete er sich 13		18	ich frage: Haben sie es nicht geh.
	21,7	als Simon Petrus h., daß es der Herr war		15,21	die nichts geh. haben, sollen verstehen
Apg	1,4	Verheißung des Vaters, die ihr von mir geh.	1Ko	2,9	was kein Auge gesehen und kein Ohr geh. hat
	2,6	jeder h. sie in seiner Sprache reden 8.11		11,18	zum ersten h. ich
	22	ihr Männer von Israel, h. diese Worte		14,21	sie werden mich nicht h., spricht der Herr
	33	ausgegossen, wie ihr hier seht und h.	2Ko	12,4	der h. unaussprechliche Worte
	37	als sie das h., ging's ihnen durchs Herz 5,33; 7,54		6	mich höher achte, als er von mir h.
	3,22	den sollt ihr h. in allem, was 23	Gal	1,13	ihr habt ja geh. von meinem Leben früher 23
	4,4	viele von denen, die das Wort geh. hatten		4,21	h. ihr das Gesetz nicht
	20	zu reden, was wir gesehen und geh. haben	Eph	1,13	ihr, die ihr das Wort der Wahrheit geh. habt
	24	als sie das h., erhoben sie ihre Stimme		15	nachdem ich geh. habe von dem Glauben bei euch an den Herrn Jesus Kol 1,4; Phm 5
	5,5	kam eine große Furcht über alle, die dies h. 11		3,2	ihr habt geh., welches Amt die Gnade Gottes mir gegeben
	21	als sie das geh. hatten, gingen sie		4,21	ihr habt doch von ihm geh.
	24	als die Hohenpriester diese Worte h.		29	damit es Segen bringe denen, die es h.
	6,11	ihn Lästerworte reden h. gegen Gott 14	Phl	1,27	ob ich komme oder abwesend von euch h.
	7,12	Jakob h., daß es in Ägypten Getreide gäbe		30	Kampf, den ihr von mir h.
	8,14	als die Apostel in Jerusalem h., daß		2,26	weil ihr geh. hattet, daß er krank geworden
	30	h., daß er den Propheten Jesaja las		4,9	was ihr geh. habt an mir, das tut
	9,4	er fiel auf die Erde und h. eine Stimme 7; 11,7; 22,7.9.14; 26,14	Kol	1,5	von ihr habt ihr schon zuvor geh. 23
	13	geh. über diesen Mann, wieviel Böses er		6	wächst von dem Tag an, da ihr's geh. habt
	21	alle aber, die es h., entsetzten sich		9	von dem Tag an, an dem wir's geh. haben
	38	sandten die Jünger, als sie h., daß Petrus dort war, zwei Männer	2Th	3,11	wir h., daß einige unordentlich leben
	10,22	h., was du zu sagen hast	1Ti	4,16	wirst du dich retten und die, die dich h.
	33	zugegen, um alles zu h., was dir befohlen	2Ti	1,13	Worte, die du von mir h. hast
	46	sie h., daß sie in Zungen redeten		2,2	was du von mir geh. hast vor vielen Zeugen
	11,18	als sie das h., schwiegen sie still		4,17	damit alle Heiden (die Botschaft) h.
	12,13	um zu h., wer da wäre	1Pt	3,12	seine Ohren h. auf ihr Gebet
	13,7	begehrte, das Wort Gottes zu h. 44	2Pt	1,18	diese Stimme haben wir geh. vom Himmel kommen
	48	als das die Heiden h., wurden sie froh	1Jh	1,1	was von Anfang an war, was wir geh. 3.5
	14,9	der h. Paulus reden		2,7	ist das Wort, das ihr geh. habt 24; 3,11; 2Jh 6
	14	als das die Apostel Barnabas und Paulus h.		18	wie ihr geh. habt, daß der Antichrist kommt 4,3
	15,7	daß durch meinen Mund die Heiden das Wort des Evangeliums h. und glaubten		4,5	wie die Welt redet, und die Welt h. sie
	24	geh., daß einige von den Unsern		6	wer Gott erkennt, der h. uns
	16,25	die Gefangenen h. sie		5,14	wenn wir um etwas bitten, so h. er uns 15
	38	als sie h., daß sie römische Bürger seien	3Jh	4	keine größere Freude als die, zu h., daß
	17,8	brachten auf die Oberen der Stadt, die das h.	Heb	2,1	achten auf das Wort, das wir h.
	21	nichts anderes, als etwas Neues zu h.		3	bekräftigt durch die, die es geh. haben
	32	wir wollen dich darüber ein andermal weiter h.		3,7	wenn ihr seine Stimme h. werdet 15; 4,7
	18,14	*so h. ich euch billig*		15	heute, wenn ihr seine Stimme h. werdet
	26	als ihn Aquila und Priszilla h.		16	wer hat sie denn geh. und sich verbittert
	19,2	wir haben noch nie geh., daß		4,2	das Wort half jenen nichts, weil sie nicht glaubten, als es h.
	5	als sie das h., ließen sie sich taufen	Jak	1,19	ein jeder Mensch sei schnell zum H.
	10	daß alle das Wort des Herrn h.		5,11	von der Geduld Hiobs habt ihr geh.
	26	ihr seht und h., daß nicht allein in Ephesus	Off	1,3	selig, der da liest und die da h. die Worte
				10	h. eine große Stimme 4,1; 5,11; 9,13; 10,4.8; 11,12; 12,10; 14,2.13; 16,1; 18,4; 19,1.6; 21,3

hören

Off	3,3	denke daran, wie du empfangen und geh. hast
	20	wenn jemand meine Stimme h. wird
	5,13	jedes Geschöpf h. ich sagen
	6,1	ich h. eine der vier Gestalten sagen 3.5-7
	7,4	ich h. die Zahl derer, die versiegelt wurden 9,16
	8,13	ich sah, und ich h., wie ein Adler
	16,5	ich h. den Engel der Wasser sagen 7
	18,22	die Stimme der Sänger soll nicht mehr in dir geh. werden 23
	22,8	ich, Johannes, bin es, der dies geh. hat
	17	wer es h., der spreche: Komm
	18	allen, die da h. die Worte der Weissagung

Hörensagen

Hi	42,5	hatte von dir nur vom H. vernommen

Hörer

4Mo	24,4	es sagt der H. göttlicher Rede 16
Heb	12,19	bei denen die H. baten, daß
Jak	1,22	seid Täter des Worts und nicht H. allein 23.25

Horescha

1Sm	23,15	blieb (David) in H. 16.18.19

Hori

1Mo	36,22	¹des Lotan Söhne waren: H. 1Ch 1,39
4Mo	13,5	²Schafat, der Sohn H.

Horiter

1Mo	14,6	die H. auf ihrem Gebirge Seïr 5Mo 2,12.22
	36,2	Oholibama, die Tochter des Ana, des H.
	20	die Söhne von Seïr, dem H. 21.29.30

Horma (= Zefat)

4Mo	14,45	die Kanaaniter zersprengten sie bis nach H. 21,3; 5Mo 1,44; Jos 12,14; Ri 1,17
Jos	15,30	(Städte... Juda:) H. 19,4; 1Ch 4,30
1Sm	30,30	(ein Segensgeschenk) denen zu H.

Horn

1Mo	22,13	sah einen Widder mit seinen H. hängen
2Mo	27,2	sollst auf seinen vier Ecken H. machen 30,2.3; 37,25.26; 38,2; Hes 43,15
	29,12	Blut an die H. des Altars streichen 30,10; 3Mo 4,7.18.25.30.34; 8,15; 9,9; 16,18; Hes 43,20
4Mo	23,22	Gott ist wie das H. des Wildstiers 24,8
5Mo	33,17	seine H. sind wie die H. wilder Stiere
1Sm	16,1	fülle dein H. mit Öl
1Kö	1,50	Adonija faßte die H. des Altars 51; 2,28
	22,11	hatte sich eiserne H. gemacht 2Ch 18,10
Ps	22,22	hilf mir vor den H. wilder Stiere
	69,32	als ein Stier, der H. und Klauen hat
	118,27	schmückt... bis an die H. des Altars
Jer	17,1	gegraben auf die H. an ihren Altären
	48,25	das H. Moabs ist abgeschlagen
Hes	34,21	weil ihr... von euch stießet mit euren H.
Dan	7,7	das vierte Tier hatte zehn H. 8.11.20.21.24
	8,3	Widder, der hatte zwei hohe H. 4.6.7.20
	5	Bock hatte ein ansehliches H. 8.9.12.21
Am	3,14	will ich die H. des Altars abbrechen
Mi	4,13	will dir eiserne H. machen
Sa	2,1	da waren vier H. 2.4
Jdt	9,9	drohen, das H. deines Altars abzuhauen
Lk	1,69	hat uns aufgerichtet ein H. des Heils
Off	5,6	es hatte sieben H. und sieben Augen
	12,3	der hatte zehn H. 13,1; 17,3.7
	13,11	das hatte zwei H. wie ein Lamm
	17,12	die zehn H. sind zehn Könige 16

Hornisse

Wsh	12,8	du sandtest deinem Heer H. voraus

Horonajim

2Sm	13,34	war viel Volk auf dem Wege nach H.
Jes	15,5	nach H. ein Jammergeschrei Jer 48,3.5.34

Horoniter

Neh	2,10	Sanballat, der H. 19; 13,28

Hort

2Sm	22,3	Gott ist mein H. Ps 18,3; 94,22
Ps	71,3	sei mir ein starker H.
	78,35	dachten daran, daß Gott ihr H. ist
	89,27	du bist mein Vater, mein Gott und H.
	95,1	laßt uns jauchzen dem H. unsres Heils
Jes	30,29	mit Flötenspiel geht zum H. Israels

Hosa

Jos	19,29	¹(Asser... die Grenze) wendet sich nach H.
1Ch	16,38	²H. als Torhüter 26,10.11.16

Hoschaja

Neh	12,32	¹hinter ihnen her gingen H.
Jer	42,1	²Asarja, der Sohn H. 43,2

Hoschama

1Ch	3,18	(Söhne Jechonjas:) H.

Hoschea

4Mo	13,16	¹H., den Sohn Nuns, nannte Mose Josua 8 (= Josua)
2Kö	15,30	²H., der Sohn Elas, wurde König 17,1; 18,1.9.10
	17,3	H. wurde untertan 4.6
1Ch	27,20	³H., der Sohn Asasjas
Neh	10,24	⁴(die Oberen des Volks sind:) H.

Hose

Dan	3,21	wurden diese Männer in ihren H. gebunden

Hosea

Hos	1,1	Wort, das geschehen ist zu H. 2; Rö 9,25

Hosianna

Mt	21,9	H. dem Sohn Davids 15; Mk 11,10
Mk	11,9	H.! Gelobt sei, der da kommt in dem Namen des Herrn Jh 12,13

Hotam, *Hotham*

1Ch	7,32	¹Heber zeugte H. 35
	11,44	²die Söhne H., des Aroëriters

Hotir, *Hothir*

1Ch	25,4	Hemans Söhne: H. 28 ↲

Hubba

1Ch	7,34	Söhne Schemers: H.

hübsch

1Mo	39,6	Josef war h. von Angesicht
Hes	23,6	lauter junge h. Leute 12
Mt	23,27	Gräber, die von außen h. aussehen

Huf

Ri	5,22	da stampften die H. der Rosse 28
Jes	5,28	die H. ihrer Rosse sind wie Kieselsteine
Hes	26,11	wird mit den H. deine Gassen zerstampfen

Hufam, Hufamiter (= Huppim)

4Mo	26,39	H., daher kommt das Geschlecht der H.

Hufe

1Sm	14,14	etwa auf einer halben H. Acker

Hüfte

1Mo	24,2	lege deine Hand unter meine H. 9; 47,29
	32,26	schlug ihn auf das Gelenk seiner H., und das Gelenk der H. wurde verrenkt 32.33
2Mo	28,42	Beinkleider von den H. bis an die Schenkel
4Mo	5,21	der HERR deine H. schwinden läßt 22.27
Ri	3,16	gürtete (einen Dolch) auf seine rechte H. 21; 2Sm 20,8
Ps	69,24	ihre H. laß immerfort wanken
Hl	3,8	jeder hat sein Schwert an der H.
	7,2	die Rundung deiner H. ist wie
Jes	5,27	keinem geht der Gürtel auf von seinen H.
	11,5	wird die Treue der Gurt seiner H. (sein)
Jer	30,6	wie Männer ihre Hände an die H. halten
Hes	1,27	was aussah wie seine H. 8,2
	29,7	alle H. wankten
Sir	19,12	wie wenn ein Pfeil in der H. steckt
Off	19,16	trägt einen Namen geschrieben auf seiner H.

Hügel

1Mo	49,26	die köstlichen Güter der ewigen H.
2Mo	17,9	morgen will ich oben auf dem H. stehen 10
4Mo	23,3	ging hin auf einen kahlen H.
	9	von den H. schaue ich ihn
5Mo	12,2	Göttern gedient, es sei auf H. oder
	33,15	mit dem Köstlichsten der ewigen H.
Jos	5,3	beschnitt die Kinder Israel auf dem H.
	11,2	die auf den H. von Dor wohnten 13; 12,23
Ri	7,1	nördlich von dem H. More
1Sm	7,1	ins Haus Abinadabs auf dem H. 2Sm 6,3.4
	26,1	David... verborgen auf dem H. Hachila 3
2Sm	2,24	als sie auf den H. Amma kamen 25
1Kö	14,23	machten Steinmale auf allen H. 2Kö 16,4; 17,10; 2Ch 28,4; Jes 65,7; Jer 2,20; 3,23; 13,27; 17,2; Hes 20,28; Hos 4,13
2Kö	5,24	als Gehasi an den H. kam
Hi	15,7	kamst du vor den H. zur Welt Spr 8,25
	21,32	man hält Wache über seinem H.
Ps	65,13	die H. sind erfüllt mit Jubel
	72,3	laß die H. Gerechtigkeit (bringen)
	114,4	die H. (hüpften) wie die jungen Schafe 6
	148,9	(lobet den HERRN) ihr Berge und alle H.
Hl	2,8	er springt über die H.
Jes	2,2	der Berg... über alle H. erhaben Mi 4,1
	14	(d. Tag wird kommen) über alle erhabenen H.
	10,32	wird ausstrecken gegen den H. Jerusalems
	30,17	wie ein Banner auf einem H.
	25	werden auf allen H. Ströme fließen
	31,4	wird herniederstoßen auf seinen H.
	40,4	alle H. sollen erniedrigt werden Lk 3,5
	12	wer wiegt die H. mit einer Waage
	41,15	sollst H. wie Spreu machen 42,15
	54,10	es sollen wohl H. hinfallen
	55,12	Berge und H. sollen frohlocken
Jer	4,24	siehe, alle H. wankten
	16,16	Jäger sollen sie fangen auf allen H.
	30,18	die Stadt soll auf ihren H. gebaut werden
	31,39	Meßschnur wird gehen bis an den H. Gareb
	50,6	daß sie über Berge und H. gehen mußten
Hes	6,3	so spricht Gott der HERR zu den H. 36,4.6
	13	ihre Erschlagenen liegen auf allen H. 35,8
	34,6	irren umher auf allen hohen H.
	26	will, was um meinen H. her ist, segnen
Hos	10,8	ihr H., fallet über uns Lk 23,30
Jo	4,18	werden die H. von Milch fließen
Am	9,13	alle H. werden fruchtbar sein
Mi	6,1	laß die H. deine Stimme hören
Nah	1,5	die Berge erzittern und die H. zergehen
Hab	3,6	bücken mußten sich die uralten H.
Ze	1,10	wird sich erheben ein Jammer von den H.
Jdt	3,4	unser Besitz, alle H. gehören dir
	7,9	die Kinder Israel verteidigen die H.
Bar	5,7	Gott will alle H. niedrig machen
StD	3,51	Berge und H., lobt den Herrn

hügelig

Jes	40,4	was h. ist, soll eben werden

Hügelland

5Mo	1,7	zu ihren Nachbarn in dem H. Jos 9,1; 10,40
Jos	11,2	Königen, die im H. wohnten
	16	nahm Josua ein das H. 12,8
	15,33	im H. waren Eschtaol, Zora
Ri	1,9	Kanaaniter, die im H. wohnten
1Kö	4,11	über das ganze H. von Dor
	10,27	wie wilde Feigenbäume im H. 1Ch 27,28; 2Ch 1,15; 9,27
2Ch	26,10	(Usija) hatte viel Vieh im H.
	28,18	die Philister fielen ein im H.
Jer	17,26	sollen kommen aus dem H. 32,44; 33,13
Ob	19	sie werden besitzen das H.
Sa	7,7	als Leute im Südland und im H. wohnten

hui

Hi	39,25	wiehert es „H.!" und wittert den Kampf

Hukkok

Jos	19,34	die Grenze läuft nach H.

Hul

	Hul
1Mo 10,23	Söhne Arams: H. 1Ch 1,17

Huld

2Sm 22,36	deine H. macht mich groß Ps 18,36
Ps 45,3	voller H. sind deine Lippen
Sa 9,17	wie groß ist seine H.
11,7	Stäbe; den einen nannte ich „H." 10
StE 4,10	dein Angesicht ist voller H.

Hulda

2Kö 22,14	gingen zu der Prophetin H. 2Ch 34,22

huldigen

5Mo 33,29	deine Feinde werden dir h.
2Sm 1,2	fiel er nieder zur Erde und h. ihm 14,4.22
9,6	Mefi-Boschet h. (David)
22,45	Söhne der Fremde h. mir Ps 18,45
2Ch 24,17	die Oberen Judas h. dem König
Ps 45,12	er ist dein Herr, und du sollst ihm h.
2Ma 4,24	h. er ihm angesichts seiner Macht
Mk 15,19	fielen auf die Knie und h. ihm

Hülle

Hi 22,14	die Wolken sind seine H.
Jes 25,7	wird auf diesem Berge die H. wegnehmen
30,22	entweihen die goldenen H. eurer Bilder
Hes 13,18	die ihr näht H. für die Köpfe 21

hüllen

Neh 9,1	kamen zusammen, in Säcke geh. Jon 3,8
Ps 73,6	prangen in Hoffart und h. sich in Frevel
84,7	Frühregen h. es in Segen
Jes 50,3	ich h. (den Himmel) in Trauer
Klg 3,43	du hast dich in Zorn geh.
Hes 16,10	ich h. dich in seidene Schleier
Jon 3,8	sie sollen sich in den Sack h.

Humta

Jos 15,54	(Städte des Stammes Juda:) H.

Hund, Hündlein

2Mo 11,7	gegen ganz Isr. soll nicht ein H. mucken
22,30	(Fleisch) vor die H. werfen
Ri 7,5	wer Wasser leckt, wie ein H. leckt
1Sm 17,43	bin ich denn ein H.
24,15	jagst du nach? Einem toten H. 2Sm 9,8
2Sm 16,9	sollte dieser tote H. meinem Herrn fluchen
1Kö 14,11	den sollen die H. fressen 16,4; 21,23.24; 2Kö 9,10.36
21,19	wo H. das Blut Nabots geleckt haben, sollen H. auch dein Blut lecken 22,38
2Kö 8,13	was ist dein Knecht, der H., daß er
Hi 30,1	sie zu meinen H. zu stellen
Ps 22,17	H. haben mich umgeben
21	errette mein Leben von den H.
59,7	heulen wie die H. 15
68,24	daß deine H. (Blut) lecken
Spr 26,11	ein H. frißt, was er gespien 2Pt 2,22
17	der den H. bei den Ohren zwackt
Pr 9,4	lebender H. ist besser als toter Löwe
Jes 13,22	wilde H. werden in ihren Palästen heulen 34,14; Jer 50,39
Jes 56,10	stumme H. sind sie
11	aber gierige H., die nie satt werden
66,3	der einem H. das Genick bricht
Jer 15,3	will sie heimsuchen mit H.
Jdt 11,13	kein H. wird dich anbellen
Tob 6,1	Tobias zog dahin, sein H. lief mit 11,9
Sir 13,22	wie... mit dem H. nicht Frieden hält
Mt 7,6	ihr sollt das Heilige nicht den H. geben
15,26	nicht recht, daß man den Kindern... und werfe es vor die H. Mk 7,27
27	fressen die H. von den Brosamen Mk 7,28
Lk 16,21	kamen die H. und leckten seine Geschwüre
Phl 3,2	nehmt euch in acht vor den H.
Off 22,15	draußen sind die H. und die Zauberer

Hundegeld

5Mo 23,19	kein H. in das Haus des HERRN bringen

hundert

1Mo 11,10	Sem war h. Jahre alt u. zeugte Arpachschad
17,17	soll mir mit h. ein Kind geboren w. 21,5
33,19	(Jakob) kaufte das Land um h. Goldstücke Jos 24,32
2Mo 18,21	Oberste über h. 25; 5Mo 1,15; 1Sm 22,7
27,9	h. Ellen lang 11.18; 38,9.11; 1Kö 7,2; Hes 40,19.23.27.47; 41,13-15; 42,2.4.8
38,25	Silber betrug h. Zentner 27; Esr 7,22; 8,26
3Mo 26,8	fünf von euch sollen h. jagen
4Mo 11,32	wer am wenigsten sammelte... h. Scheffel
31,14	Hauptleute über h. 48.52.54; 2Sm 18,1.4; 2Kö 11,4.9.15.19; 1Ch 12,15; 13,1; 26,26; 27,1; 28,1; 29,6; 2Ch 1,2; 23,1.9.14.20; 25,5
5Mo 22,19	Buße von h. Silberstücken 2Kö 23,33; 2Ch 27,5; 36,3
Ri 7,19	kam Gideon mit h. Mann
20,10	laßt uns nehmen zehn Mann von h.
1Sm 18,25	h. Vorhäute von Philistern 2Sm 3,14
25,18	Abigajil nahm h. Rosinenkuchen 2Sm 16,1
2Sm 8,4	David behielt h. (Pferde) übrig 1Ch 18,4
1Kö 5,3	(täglich zur Speisung) h. Schafe
18,4	nahm h. Propheten und versteckte sie 13
2Kö 4,43	wie soll ich davon h. Mann geben
2Ch 3,16	h. Granatäpfel Jer 52,23
4,8	h. goldene Schalen
25,6	warb 100.000 Kriegsleute für h. Ztr. Silber 9
29,32	h. Widder zum Brandopfer Esr 6,17
Esr 2,69	gaben zum Schatz h. Priesterkleider
Spr 17,10	ein Scheltwort dringt tiefer als h. Schläge
Pr 6,3	wenn einer h. Kinder zeugte
Jes 65,20	als Knabe gilt, wer h. Jahre alt stirbt, wer die h. Jahre nicht erreicht, gilt als
Am 5,3	die Stadt... aus der h. ausziehen
Jdt 1,3	ihre Türme machte er h. Ellen hoch
Sir 18,8	wenn er lange lebt, so lebt er h. Jahre
41,6	ob du h. oder tausend Jahre lebst
Mt 18,12	wenn ein Mensch h. Schafe hätte Lk 15,4
28	einen, der war ihm h. Silbergroschen schuldig
Mk 6,40	setzten sich, in Gruppen zu h. und zu fünfzig
Lk 16,6	er sprach: H. Eimer Öl 7
Jh 19,39	Myrrhe gemischt mit Aloe, etwa h. Pfund

hundertachtundachtzig

Neh 7,26	die Männer von Bethlehem und Netopha h.

hundertachtunddreißig
Neh 7,45 Torhüter... insgesamt h.

hundertachtundvierzig
Neh 7,44 die Söhne Asaf h.

hundertachtundzwanzig
Esr 2,23 die Männer von Anatot h. 41; Neh 7,27; 11,14

hundertachtzig
1Mo 35,28 Isaak wurde h. Jahre alt
Est 1,4 sehen ließe die Pracht h. Tage

hundertachtzigtausend
1Kö 12,21 h. streitbare Männer 2Ch 11,1; 17,18

hundertdreißig
1Mo 5,3 war h. Jahre alt 2Ch 24,15
47,9 die Zeit meiner Wanderschaft ist h. Jahre
4Mo 7,13 seine Gabe war... h. Lot schwer 19u.ö.85
1Ch 15,7 von den Söhnen Gerschon: h.

hundertdreiunddreißig
2Mo 6,18 Kehat wurde h. Jahre alt

hundertdreiundfünfzig
Jh 21,11 zog das Netz an Land, voll großer Fische, h.

hundertdreiundfünfzigtausendsechshundert
2Ch 2,16 fanden sich h. (Fremdlinge)

hundertdreiundzwanzig
4Mo 33,39 (Aaron starb,) als er h. Jahre alt war
Esr 2,21 die Männer von Bethlehem h. Neh 7,32

hundertfach, hundertfältig
1Mo 26,12 Isaak erntete in jenem Jahre h.
Mt 13,8 Frucht, einiges h. 23; Mk 4,8.20; Lk 8,8
19,29 der wird's h. empfangen Mk 10,30

hundertfünf
1Mo 5,6 Set war h. Jahre alt und zeugte Enosch
Jdt 16,28 lebte... bis sie h. Jahre alt war

hundertfünfundachtzigtausend
2Kö 19,35 der Engel schlug h. Mann Jes 37,36; 2Ma 8,19; 15,22

hundertfünfundsiebzig
1Mo 25,7 das ist Abrahams Alter: h. Jahre

hundertfünfzig
1Mo 7,24 die Wasser wuchsen auf Erden h. Tage 8,3

1Kö 10,29 das Pferd für h. (Silberstücke) 2Ch 1,17
1Ch 8,40 Söhne und Enkel, h.
Esr 8,3 mit ihm verzeichnet h. Männer
Neh 5,17 waren h. an meinem Tisch
2Ma 4,9 ihm noch h. Zentner zu überschreiben

hundertjährig
Rö 4,19 der schon erstorben war, weil er fast h. war

hundertmal
2Sm 24,3 tue zu diesem Volk noch h. soviel hinzu
Pr 8,12 wenn ein Sünder auch h. Böses tut

hundertneununddreißig
Esr 2,42 Zahl der Torhüter: insgesamt h.

hundertneunzehn
1Mo 11,25 (Nahor) lebte danach h. Jahre

Hundertschaft
1Sm 29,2 die Fürsten zogen daher mit ihren H.

hundertsechsundfünfzig
Esr 2,30 die Söhne Magbisch h.

hundertsechzig
Esr 8,10 mit ihm h. Männer

hundertsiebenundachtzig
1Mo 5,25 Methuschelach war h. Jahre alt

hundertsiebenunddreißig
1Mo 25,17 das ist das Alter: h. Jahre 2Mo 6,16.20

hundertsiebenundvierzig
1Mo 47,28 Jakob wurde h. Jahre

hundertsiebenundzwanzig
1Mo 23,1 Sara wurde h. Jahre alt
Est 1,1 der König war über h. Länder 8,9; 9,30
StE 1,1 den Statthaltern der h. Provinzen 5,1

hunderttausend
1Kö 20,29 Israel schlug von den Aramäern h. Mann
2Kö 3,4 Wolle von h. Lämmern und h. Widdern
1Ch 5,21 führten weg h. Menschen
21,5 elfmal h. Mann, die das Schwert trugen
22,14 habe herbeigeschafft h. Zentner 29,7
2Ch 25,6 warb aus Israel h. Kriegsleute
27,5 die Ammoniter (gaben) h. Scheffel
1Ma 6,30 brachte zusammen h. Mann zu Fuß
11,48 erschlugen an diesem Tag h. Mann

hundertvierundvierzig
Off 21,17 h. Ellen nach Menschenmaß

hundertvierundvierzigtausend 732

hundertvierundvierzigtausend

Off 7,4 h., die versiegelt waren aus allen Stämmen Israels
14,1 stand auf dem Berg Zion und mit ihm H.
3 niemand konnte das Lied lernen außer den H.

hundertvierzig

Hi 42,16 Hiob lebte danach h. Jahre

hundertzehn

1Mo 50,22 lebte h. Jahre 26; Jos 24,29; Ri 2,8
Esr 8,12 mit ihm h. Männer

hundertzwanzig

1Mo 6,3 will ihm als Lebenszeit geben h. Jahre
24,22 zwei goldene Armreifen, h. Gramm schwer
4Mo 7,86 Summe des Goldes h. Lot betrug
5Mo 31,2 bin heute h. Jahre alt 34,7
1Kö 9,14 h. Zentner Gold 10,10; 2Ch 9,9
1Ch 15,5 von den Söhnen Kehat: h.
2Ch 3,4 die Höhe (der Vorhalle) war h. Ellen
5,12 h. Priester, die mit Trompeten bliesen
Dan 6,2 über d. Königreich h. Statthalter zu setzen
Apg 1,15 es war eine Menge beisammen von etwa h.

hundertzwanzigtausend

Ri 8,10 denn h. waren gefallen 2Ch 28,6
1Kö 8,63 Salomo opferte h. Schafe 2Ch 7,5
1Ch 12,38 von jenseits des Jordan h.
Jon 4,11 in der mehr als h. Menschen sind
Jdt 2,7 für den Kriegszug h. Mann 7,2; 2Ma 12,20
1Ma 11,45 machte einen Aufruhr, etwa h. Mann
15,13 Antiochus belagerte Dor mit h. Mann
2Ma 8,20 (die Juden) erschlugen h. Mann

hundertzweiundachtzig

1Mo 5,28 Lamech war h. Jahre alt

hundertzweiundsechzig

1Mo 5,18 Jered war h. Jahre alt

hundertzweiundsiebzig

Neh 11,19 die Torhüter (waren): h.

hundertzweiundzwanzig

Esr 2,27 die Männer von Michmas h. Neh 7,31

hundertzwölf

1Ch 15,10 von den Söhnen Usiël: h. Esr 2,18; Neh 7,24

Hundskopf

2Sm 3,8 bin ich denn ein H. aus Juda

Hunger

1Mo 12,10 der H. war groß im Lande 41,56.57
41,27 die mageren Ähren sind Jahre des H. 30.36
55 als nun Ägyptenland auch H. litt 47,13
1Mo 42,19 bringt heim, was ihr gekauft für den H.
2Mo 16,3 daß ihr die Gemeinde an H. sterben laßt
5Mo 28,48 wirst deinem Feinde dienen in H. u. Durst
32,24 vor H. sollen sie verschmachten
1Sm 2,5 die H. litten, hungert nicht mehr
2Kö 7,12 wissen, daß wir H. leiden
25,3 wurde der H. stark in der Stadt Jer 52,6
2Ch 32,11 gibt euch in den Tod durch H. und Durst
Hi 5,22 über Verderben und H. wirst du lachen
30,3 die vor H. erschöpft sind
Spr 10,3 läßt den Gerechten nicht H. leiden
16,26 der H. des Arbeiters arbeitet für ihn
19,15 ein Lässiger wird H. leiden
Jes 5,13 seine Vornehmen müssen H. leiden
8,21 wenn sie H. leiden, werden sie zürnen
9,19 sie verschlingen zur Rechten u. leiden H.
14,30 deine Wurzel will ich durch H. töten
51,19 beides ist dir begegnet: H. und Schwert
Jer 5,12 sprechen: H. werden wir nicht sehen 42,14
11,22 mit dem Schwert getötet, vor H. sterben
14,12.15.16.18; 15,2; 16,4; 18,21; 21,7.9; 24,10;
27,8.13; 29,17.18; 32,24.36; 34,17; 38,2; 42,16.
17.22; 44,12.13.18.27; Hes 5,12; 6,11.12; 7,15;
14,21
38,9 Zisterne; dort muß er vor H. sterben
Klg 2,19 Kinder, die vor H. verschmachten
4,9 besser als denen, die vor H. starben
5,10 verbrannt von dem schrecklichen H.
Hes 5,16 wenn ich Pfeile des H. schießen werde 17
12,16 will einige übriglassen vor dem H.
34,29 daß sie nicht mehr H. leiden
Am 8,11 daß ich einen H. ins Land schicken werde, nicht einen H. nach Brot
Jdt 11,10 dazu leiden sie großen H.
Sir 39,35 H. ist zur Strafe geschaffen Bar 2,25
40,9 (allem Fleisch:) Unglück, H.
1Ma 6,54 der H. nahm überhand 49; 9,24; 13,49
Lk 15,17 ich verderbe hier im H.
Rö 8,35 Verfolgung oder H. oder Blöße
1Ko 4,11 bis auf diese Stunde leiden wir H. und Durst
11,34 hat jemand H., so esse er daheim
2Ko 11,27 (ich bin gewesen) in H. und Durst
Off 6,8 mit Schwert und H. und Pest
18,8 ihre Plagen, Tod, Leid und H.

Hungerjahr

1Mo 41,54 fingen an die sieben H. zu kommen

hungern

5Mo 8,3 er demütigte dich und ließ dich h.
1Sm 2,5 die Hunger litten, h. nicht mehr
Neh 9,15 hast Brot vom Himmel gegeben, als sie h.
Hi 18,12 Unheil h. nach ihm
Ps 34,11 Reiche müssen darben und h.
50,12 wenn mich h., wollte ich dir nicht sagen
Spr 6,30 wenn er stiehlt, weil ihn h.
25,21 h. deinen Feind, so speise ihn Rö 12,20
Jes 49,10 sie werden weder h. noch dürsten
65,13 ihr aber sollt h.
Hes 36,30 nicht mehr verspotten, weil ihr h. müßt
Sir 18,25 bedenken, daß man vielleicht wieder h. muß
24,28 wer von mir ißt, den immer nach mir
Mt 4,2 da er gefastet hatte, h. ihn Lk 4,2
5,6 selig sind, die da h. nach der Gerechtigkeit
12,3 was David tat, als ihn h. Mk 2,25; Lk 6,3
21,18 als er in die Stadt ging, h. ihn Mk 11,12
Lk 6,21 selig seid ihr, die ihr jetzt h. 25
Jh 6,35 wer zu mir kommt, den wird nicht h.

Rö	12,20	wenn deinen Feind h., gib ihm zu essen
1Ko	11,34	h. jemand, der esse daheim
Phl	4,12	mir ist vertraut: beides, satt sein und h.
Off	7,16	sie werden nicht mehr h. noch dürsten

Hungersnot

1Mo	12,10	kam eine H. in das Land 26,1; 41,54.56; 42,5; 45,6.11; Rut 1,1; 2Kö 4,38; 8,1; Ps 105,16
	41,31	H.; sie wird schwer sein 43,1; 47,4.13.20
2Sm	21,1	es war eine H. zu Davids Zeiten
	24,13	daß drei Jahre lang H. kommt 1Ch 21,12
1Kö	8,37	wenn H. im Lande sein w. 2Ch 6,28; 20,9
	18,2	war große H. in Samaria 2Kö 6,25; 7,4
Hi	5,20	in der H. wird er dich vom Tod erlösen
Ps	33,19	daß er sie am Leben erhalte in H.
	37,19	in H. werden sie genug haben
Jer	14,13	sagen: Ihr werdet keine H. haben 15
Hes	14,13	wenn ich H. ins Land schicke
	36,29	will keine H. kommen lassen
Jdt	5,8	als über das ganze Land eine H. kam
Sir	48,2	(Elia) brachte eine H. über die
Mt	24,7	es werden H. sein Mk 13,8; Lk 21,11
Lk	4,25	als eine große H. herrschte im ganzen Lande
	15,14	als er all das Seine verbraucht hatte, kam eine große H.
Apg	7,11	es kam eine H. über ganz Ägypten
	11,28	sagte durch den Geist eine große H. voraus

Hungerzeit

1Mo	41,50	bevor die H. kam
Neh	5,3	damit wir Getreide kaufen in dieser H.

hungrig

2Sm	17,29	das Volk wird h. geworden sein
Hi	5,5	seine Ernte verzehrt der H.
	22,7	hast dem H. dein Brot versagt
	24,10	h. tragen sie Garben
Ps	107,5	die h. und durstig waren
	9	die H. füllt (er) mit Gutem *Lk 1,53*
	36	ließ die H. dort bleiben
	146,7	der die H. speiset
Spr	27,7	einem H. ist alles Bittere süß
Jes	8,21	sie werden im Lande umhergehen, h.
	29,8	wie ein H. träumt, daß er esse
	32,6	läßt er h. die H. Seelen
	44,12	arbeitet... dabei wird er h.
	58,7	brich dem H. dein Brot Hes 18,7.16
	10	den H. dein Herz finden läßt
Tob	1,20	die H. speiste er
Sir	4,2	verachte den H. nicht
Bar	2,18	die leben mit h. Seele
Mt		seine Jünger waren h. und fingen an
	15,32	ich will sie nicht h. gehen lassen Mk 8,3
	25,35	ich bin h. gewesen, und ihr 37.42.44
Lk	1,53	die H. füllt er mit Gütern
Apg	10,10	als er h. wurde, wollte er essen
1Ko	11,21	der eine ist h., der andere ist betrunken

hüpfen

3Mo	11,21	womit es auf Erden h.
Ps	29,6	er läßt h. wie ein Kalb den Libanon
	114,4	die Berge h. wie die Lämmer 6
Hl	2,8	er kommt und h. über die Berge
Jes	13,21	Feldgeister werden da h.
Jer	50,11	daß ihr h. wie die Kälber
Wsh	19,9	sie h. wie die Lämmer

Lk	1,41	als Elisabeth... hörte, h. das Kind in ihrem Leibe 44

Huppa

1Ch	24,13	das dreizehnte (Los fiel) auf H.

Huppim (= Hufam)

1Mo	46,21	Söhne Benjamins: H. 1Ch 7,12.15

Hur

2Mo	17,10	¹Mose und Aaron und H. gingen auf d. Höhe
	12	Aaron und H. stützten ihm die Hände
	24,14	Aaron und H. sind bei euch
	31,2	²Bezalel, Sohn... des Sohnes H. 35,30; 38,22; 1Ch 2,19.20.50; 4,1.3.4; 2Ch 1,5
4Mo	31,8	³töteten auch H. Jos 13,21
1Kö	4,8	⁴der Sohn H. auf dem Gebirge Ephraim
Neh	3,9	⁵Refaja, der Sohn H.

Huram

1Ch	8,5	(Bela hatte Söhne:) H.

Hürde

4Mo	32,24	baut nun H. für euer Vieh
2Ch	32,28	(Hiskia) baute H. für die Schafe
Mi	2,12	will sie tun wie eine Herde in ihre H.
Hab	3,17	Schafe werden aus den H. gerissen
Lk	2,8	waren Hirten auf dem Felde bei den H.

Hure

1Mo	34,31	durfte er... wie an einer H. handeln
	38,15	meinte (Juda), es wäre eine H. 21.22
3Mo	21,7	(Priester) keine H. zur Frau nehmen 14
Jos	2,1	Haus einer H., die hieß Rahab 6,17.22.25
Ri	11,1	Jeftah war der Sohn einer H.
	16,1	Simson sah dort eine H. und ging zu ihr
1Kö	3,16	kamen zwei H. zum König
	22,38	die H. wuschen sich darin
Spr	6,26	eine H. bringt einen nur ums Brot 29,3
	23,27	die H. ist eine tiefe Grube
Jes	1,21	daß die treue Stadt zur H. geworden ist
	23,16	geh in der Stadt umher, du vergessene H.
	57,3	tretet herzu, ihr Kinder der H.
Hes	16,31	warst nicht wie sonst eine H. 33
	35	du H., höre des HERRN Wort
	23,3	die wurden H. in Ägypten 19
	44	wie man zu einer H. geht
Hos	2,7	ihre Mutter ist eine H.
	4,13	darum werden eure Töchter auch zu H. 14
	5,3	Ephraim ist nun eine H.
Jo	4,3	haben Knaben für eine H. hingegeben
Am	7,17	deine Frau wird in d. Stadt zur H. werden
Nah	3,4	der schönen H., die mit Zauberei umgeht
Sir	9,6	hänge dich nicht an die H. 19,3; 41,25
Bar	6,10	sogar im Freudenhaus davon geben
Mt	21,31	die H. kommen eher ins Reich Gottes als ihr
	32	aber die Zöllner und H. glaubten ihm
Lk	15,30	der dein Hab und Gut mit H. verpraßt hat
1Ko	6,16	wer sich an die H. hängt, ist ein Leib mit ihr
Heb	11,31	durch den Glauben kam die H. Rahab nicht um
Jak	2,25	die H. Rahab, durch Werke gerecht geworden

Hure 734

Off 17,1 will dir zeigen das Gericht über die große H.
   15 die Wasser, an denen die H. sitzt, sind
   16 die zehn Hörner werden die H. hassen
   19,2 daß er die große H. verurteilt hat, die

huren

4Mo 25,1 fing das Volk an zu h.
Jer 3,1 du aber hast mit vielen geh.
Hes 23,43 sie kann das H. nicht lassen
Hos 3,3 lange Zeit sollst du bleiben, ohne zu h.
   4,15 willst du, Israel, schon h.
Off 18,9 die Könige, die mit ihr geh. haben

Hurenaltar

Hes 16,24 bautest dir einen H. 31.39

Hurengewand

Spr 7,10 da begegnete ihm eine Frau im H.

Hurenglied

1Ko 6,15 Glieder Christi... H. daraus machen

Hurenhaus

Jer 5,7 deine Söhne liefen ins H.

Hurenkind

Hos 1,2 nimm ein Hurenweib und H.
   2,6 will mich nicht erbarmen, sie sind H.

Hurenlager

Hes 16,25 an jeder Straßenecke bautest du dein H. 31

Hurenlied

Jes 23,15 wird mit Tyrus gehen, wie es im H. heißt

Hurenlohn

5Mo 23,19 keinen H. in das Haus des HERRN bringen
Jes 23,17 daß (Tyrus) wieder zu ihrem H. komme 18
Hos 9,1 gern nimmst du H.
Mi 1,7 sein H. soll... wieder zu H. werden

Hurenstirn

Jer 3,3 du hast eine H.

Hurenweib

Hos 1,2 nimm ein H.

Hurer

Hi 36,14 ihr Leben unter den H. im Tempel

Hurerei

1Mo 38,24 deine Schwiegertochter hat H. getrieben
3Mo 19,29 deine Tochter nicht zur H. anhalten, daß nicht das Land H. treibe
   21,9 wenn eines Priesters Tochter sich durch H.
5Mo 22,21 weil sie H. getrieben hat

Jes 23,17 daß sie H. treibe mit allen Königreichen
Jer 2,20 triebst du H. 3,2.6.8.9; 13,27; Hes 16,15u.ö.36; 23,5.u.ö.30; Hos 4,18; 6,10
Hes 16,41 will deiner H. ein Ende machen
   23,29 soll die Schande deiner H. aufgedeckt
   35 so trage nun deine H.
Hos 1,2 läuft vom HERRN weg der H. nach 4,12; 5,4; 9,1
   2,4 daß sie die Zeichen ihrer H. wegtue
   4,10 sie werden H. treiben u. sich nicht mehren
   11 H., Wein und Trunk machen toll
Nah 3,4 das alles um der großen H. willen... mit ihrer H. die Völker an sich gebracht
Wsh 14,12 Götzenbilder ersinnen ist Anfang der H.
Tob 4,13 hüte dich, mein Sohn, vor aller H.
Mt 19,9 *es sei denn um der H. willen*
1Ko 6,13 der Leib nicht der H., sondern dem Herrn
   18 flieht die H... wer H. treibt, der sündigt
   10,8 laßt uns nicht H. treiben, wie einige von ihnen H. trieben
Off 2,14 vom Götzenopfer zu essen und H. zu treiben
   20 verführt meine Knechte, H. zu treiben
   21 sie will sich nicht bekehren von ihrer H.
   14,8 sie hat mit dem Zorneswein ihrer H. getränkt alle Völker 17,2.4; 18,3
   17,2 mit der die Könige H. getrieben 18,3
   5 das große Babylon, die Mutter der H.
   19,2 die die Erde mit ihrer H. verdorben hat

Huri

1Ch 5,14 H., des Sohnes Jaroachs

Huscha, Huschat(h)iter

2Sm 21,18 Sibbechai, der H. 23,27; 1Ch 11,29; 20,4; 27,11
1Ch 4,4 Eser, der Vater H.

Huschai

2Sm 15,32 da begegnete (David) H. 37; 1Ch 27,33
   16,16 als H. zu Absalom hineinkam 17.18
   17,5 laßt doch H. rufen 6-8.14.15
1Kö 4,16 Baana, der Sohn H.

Huscham

1Mo 36,34 wurde König H. 35; 1Ch 1,45.46

Huschim

1Ch 7,12 ¹H. war ein Sohn Ahers
   8,8 ²seine Frauen H. und Baara

Hut

2Kö 6,10 der König v. Israel war dort auf der H.
Sir 6,13 sei auch vor den Freunden auf der H.

Hut, der

Dan 3,21 wurden diese Männer in ihren H. gebunden

hüten

1Mo 24,6 h. dich, daß du meinen Sohn dahin bringest
   29,9 Rahel h. die Schafe
   30,31 will deine Schafe wieder weiden und h.

1Mo	31,24	h. dich, mit Jakob anders zu reden als 29	Lk	21,34	h. euch, daß eure Herzen nicht beschwert
	36,24	der die Quellen fand, als er die Esel h.	Apg	12,6	die Hüter h. das Gefängnis
	37,13	h. nicht deine Brüder das Vieh 16		21,25	daß sie sich. h. sollen vor dem Götzenopfer
2Mo	3,1	Mose h. die Schafe Jitros	2Ti	4,15	vor dem h. du dich auch
	10,28	h. dich, daß du mir nicht vor die Augen	1Pt	3,10	der h. seine Zunge, daß sie nichts Böses rede
	19,12	h. euch, auf den Berg zu steigen	2Pt	3,17	h. euch, daß ihr nicht verführt werdet
	23,21	h. dich vor ihm und gehorche seiner Stimme	1Jh	5,21	Kinder, h. euch vor den Abgöttern
	34,12	h. dich, einen Bund zu schließen 15			
5Mo	2,4	h. euch davor, (sie zu bekriegen)			**Hüter**
	4,9	h. dich nur und bewahre deine Seele 15	1Mo	4,9	soll ich meines Bruders H. sein
	23	h. euch, daß ihr den Bund nicht vergeßt	1Sm	17,20	David überließ die Schafe einem H.
	6,12	h. dich, daß du nicht d. HERRN vergißt 8,11. 14	2Kö	22,4	die H. an der Schwelle 23,4; 25,18; 1Ch 9,21. 22; Jer 52,24; Hes 44,11
	11,16	h. euch, daß sich euer Herz nicht betören 30		14	Harhas, des H. der Kleider
	12,13	h. dich, daß deine Brandopfer nicht	Est	2,3	Hegais, des H. der Frauen 8.14.15
	19	h. dich, daß du den Leviten nicht leer	Ps	121,4	der H. Israels schläft u. schlummert nicht
	15,9	h. dich, daß nicht ein arglistiger Gedanke	Pr	12,3	wenn die H. des Hauses zittern
	23,10	h. dich vor allem Bösen	Jer	2,8	die H. des Gesetzes achteten meiner nicht
	24,8	h. dich beim Auftreten von Aussatz	Mt	27,65	da habt ihr die H.
	33,9	die h. dein Wort u. bewahren deinen Bund		66	verwahrten das Grab mit den H.
Jos	6,18	h. euch vor dem Gebannten		28,4	die H. erschraken vor Furcht
Ri	13,4	h. dich nun, Wein zu trinken 13		11	da kamen etliche von den H. in die Stadt
1Sm	16,11	siehe, er h. die Schafe 17,15.34	Apg	5,23	fanden wir die H. außen stehen
	19,2	so h. dich morgen und verstecke dich		12,6	die H. hüteten das Gefängnis
	25,16	solange wir die Schafe geh. haben		19	Herodes ließ die H. verhören
2Sm	22,24	h. mich vor Schuld Ps 18,24			
1Kö	14,27	Leibwache, die das Tor h. Est 2,21			**Hüterin**
2Kö	6,9	h. dich, daß du nicht vorüberziehst	Hl	1,6	haben mich zur H. der Weinberge gesetzt
1Ch	9,19	sie h. die Schwelle der Stiftshütte 23	Apg	19,35	Ephesus eine H. der großen Diana
Hi	36,21	h. und kehre dich nicht zum Unrecht			
Ps	39,2	ich will mich h., daß ich nicht sündige			**Hütte**
	80,2	der du Josef h. wie Schafe Jer 31,10	1Mo	33,17	Jakob machte seinem Vieh H.
	84,11	will lieber die Tür h. in meines Gottes Hause Spr 8,34	2Mo	31,7	alle Geräte in der H.
			3Mo	23,43	die *Israeliten habe in H. wohnen lassen
Spr	7,2	h. meine Weisung wie deinen Augapfel	4Mo	9,15	bedeckte eine Wolke die H. des Gesetzes 17,22.23; 18,2
	11,15	wer sich h., Bürge zu sein, geht sicher			
	13,3	wer seine Zunge h., bewahrt sein Leben	5Mo	31,15	der HERR erschien in der H ... die Wolkensäule stand in der Tür der H.
Jes	7,4	h. dich und bleibe still			
	44,20	wer Asche h., den hat sein Herz getäuscht	1Kö	12,16	auf zu deinen H., Israel 2Ch 10,16
	56,2	seine Hand h., nichts Arges zu tun	Hi	5,24	wirst erfahren, daß deine H. Frieden hat
Jer	9,3	ein jeder h. sich vor seinem Freunde		8,22	die H. der Gottl. wird nicht bestehen 21,28
	17,21	h. euch u. tragt keine Last am Sabbattag		11,14	daß in deiner H. kein Unrecht bliebe 22,23
Hos	12,13	um eine Frau mußte er die Herde h.		12,6	die H. der Verwüster stehen sicher
	14	durch einen Propheten ließ er sie h.		15,34	das Feuer wird die H. fressen
Sa	11,4	h. die Schlachtschafe 7.9		18,6	das Licht wird finster werden in seiner H.
Wsh	1,11	h. euch vor unnützem Murren		14	er wird aus seiner H. verjagt 15
Tob	1,12	h. sich und machte sich nicht unrein		19,12	haben sich um meine H. gelagert
	4,6	h. dich, in eine Sünde einzuwilligen		20,26	wer übriggeblieben ist in seiner H.
	13	h. dich, mein Sohn, vor aller Hurerei		27,18	wie ein Wächter eine H. macht
Sir	4,23	liebes Kind, h. dich vor Unrecht 17,12		29,4	Gottes Freundschaft über meiner H. war
	11,34	h. dich vor solchen Buben 12,11; 22,15	Ps	27,5	er deckt mich in s. H. zur bösen Zeit 31,21
	18,27	ein weiser Mensch h. sich vor Verfehlungen		84,11	lieber ... als wohnen in den H. der Gottlosen
	19,9	man hört dir zu, aber man h. sich vor dir		118,15	man singt vom Sieg in den H. der Gerechten
	22,32	wird sich jeder vor ihm h., der davon hört	Spr	14,11	die H. der Frommen wird grünen
	26,28	ein Kaufmann kann sich schwer h. vor Unrecht	Jes	4,6	h. zum Schatten am Tage
	28,30	h. dich, daß du nicht dadurch ausgleitest		16,5	daß einer darauf sitze in der H. Davids
	32,26	h. dich auch vor deinen eignen Kindern		24,20	hin- und hergeworfen wie e. schwankende H.
	37,9	h. dich vor dem Ratgeber		38,12	meine H. ist abgebrochen
	40,31	davor h. sich ein vernünftiger Mann	Jer	4,20	plötzlich sind meine H. zerstört
1Ma	7,30	darum h. er sich vor (Nikanor)		10,20	niemand richtet meine H. wieder auf
2Ma	12,42	sich fortan vor Sünden zu h.		30,18	will das Geschick der H. Jakobs wenden
Mt	10,17	h. euch vor den Menschen	Hos	9,6	Dornen (werden wachsen) in ihren H.
	16,6	h. euch vor dem Sauerteig der Pharisäer 11. 12; Lk 12,1	Am	9,11	die H. Davids wieder aufrichten Apg 15,16
Lk	2,8	Hirten, die h. des Nachts ihre Herde	Jon	4,5	Jona machte sich dort eine H.
	12,15	seht zu und h. euch vor aller Habgier	Hab	3,7	sah die H. von Kuschan in Not
	15,15	auf seinen Acker, die Säue zu h.	Sa	12,7	d. HERR wird zuerst die H. Judas erretten
	17,3	h. euch			
	20,46	h. euch vor den Schriftgelehrten Mk 12,38			

Hütte 736

Jdt	13,31	gepriesen seist du in allen H. Jakobs
Wsh	9,15	die irdische H. drückt den Geist nieder
Tob	13,11	so wird er seine H. in dir wieder bauen
Sir	29,29	besser ein armes Leben in der eignen H.
Mt	17,4	willst du, so will ich drei H. bauen Mk 9,5; Lk 9,33
Lk	16,9	sie euch aufnehmen in die ewigen H.
Apg	7,43	ihr trugt die H. Molochs
2Ko	5,1	wenn unser irdisches Haus, diese H., abgebrochen wird
	4	solange wir in dieser H. sind 2Pt 1,13
2Pt	1,14	daß ich meine H. bald verlassen muß
Heb	9,3	die H., die heißt das Allerheiligste
	6	gingen die Priester in die vordere H. 8
	7	in die andere H. aber ging nur einmal
	11	ist durch die größere H. eingegangen
Off	21,3	siehe da, die H. Gottes bei den Menschen

Hyäne

Sir	13,22	wie die H... nicht Frieden hält

Hyazinth

Off	21,20	der elfte (Grundstein war) ein H.

Hymenäus

1Ti	1,20	unter ihnen sind H. und Alexander 2Ti 2,17

Hyrkanus

2Ma	3,11	H., Sohn des Tobias

I

Ibri

1Ch	24,27	Söhne Merari: I.

Ibzan

Ri	12,8	nach ihm richtete Israel I.

ich, mir, mich
(von Gott und Christus; s.a. mein)

1Mo	15,7	i. bin der HERR 2Mo 6,2.6-8.29; 7,5.17; 8,18; 10,2; 12,12; 14,4.18; 15,26; 16,12; 20,2; 29,46; 31,13; 3Mo 11,44.45; 18,2.4-6.21.30; 19,2.u.ö.18; 20,7.8.24; 21,12.15.23; 22,2.3.8.9.16.30-33; 23,22. 43; 24,22; 25,17.38.55; 26,1.2.13.44.45; 4Mo 3,13.41.45; 10,10; 15,41; 35,34; 5Mo 5,6; 29,5; Ri 6,10; 1Kö 20,13.28; Ps 46,11; 50,7; 81,11; Jes 27,3; 41,4.10.13.17; 42,6.8; 43,3.10-15; 44,24; 45,3-8.18.19; 46,9; 48,17; 49,23.26; 51,15; 60,16.22; 61,8; Jer 3,14; 9,23; 16,21; 17,10; 24,7; 32,27; Hes 5,13.15.17; 6,7.10-14; 7,4.9.27; 11,10.12; 12,15.16.20.25; 13,9.14.21.23; 14,4.7-9; 15,7; 16,62; 17,21.24; 20,5.12.20.26.38.42.44; 21,4.10.22.37; 22,14.16.22; 23,49; 24,14.24.27; 25,5.7.11.17; 26,6.14; 28,22-26; 29,6.9.16.21; 30,8.12.19.25.26; 32,15; 33,29; 34,24.27.30; 35,4. 9.12.15; 36,11.23.36.38; 37,6.13.14.28; 38,23; 39,6.7.22.28; Hos 12,10; 13,4; Jo 2,27; Sa 10,6
	17,1	i. bin der allmächtige Gott 35,11
	8	i. will ihr Gott sein 2Mo 6,7; 29,45; 3Mo 26,12; 5Mo 26,17; Jer 7,23; 11,4; 24,7; 30,22; 31,1.33; 32,38; Hes 11,20; 14,11; 34,24.31; 36,28; 37,23.27; Sa 8,8; Heb 8,10
1Mo	26,3	i. will mit dir sein 24; 28,15; 2Mo 3,12; 5Mo 31,23; Jos 1,5; 3,7; Ri 6,16; Jes 43,2; Jer 42,11
2Mo	3,6	i. bin der Gott deines Vaters Mt 22,32; Mk 12,26; Apg 7,32
	14	i. werde sein, der i. sein werde
	20,5	i. bin ein eifernder Gott 5Mo 5,9
3Mo	11,44	denn i. bin heilig 45; 19,2; 20,26; 1Pt 1,16
	26,11	i. will meine Wohnung unter euch haben 12; 2Kö 21,4.7; 2Ko 6,16
4Mo	14,21	so wahr i. lebe 28; 5Mo 32,40; Jes 49,18; Jer 22,24; Hes 5,11; 14,16.18.20; 16,48; 17,16.19; 18,3; 20,3.31.33
	35	i., der HERR, habe es gesagt Jer 4,28
5Mo	1,42	i. bin nicht unter euch Jos 7,12
	3,2	i. habe ihn in deine Hände gegeben Ri 7,9; 20,28; 1Kö 20,13
	6,6	diese Worte, die i. dir heute gebiete 7,11
	18,18	i. will ihnen einen Propheten erwecken
	31,18	i. werde mein Antlitz verborgen halten
	32,35	die Rache ist mein, i. will vergelten Rö 12,19; Heb 10,30
	39	i. kann töten und lebendig machen
Jos	1,5	so will i. auch mit dir sein 3,7; Ri 6,16; 1Kö 11,38; Jes 41,10.14; 43,2.5; Jer 1,8.9; 15,20; 30,11; 42,11; 46,28
	5	i. will dich nicht verlassen Jes 57,16; Heb 13,5
1Sm	2,30	wer m. ehrt, den will i. auch ehren
	35	dem will i. ein... Haus bauen 2Sm 7,13
	3,12	i. will es anfangen und vollenden 13
2Sm	7,14	i. will sein Vater sein
	12,11	i. will Unheil über dich kommen lassen
1Kö	9,3	i. habe dein Gebet gehört 2Kö 19,20; 20,5; 2Ch 7,12
	11,36	Jerusalem, die i. m. erwählt habe
2Kö	19,25	daß i. es von Anfang an geplant Jes 37,26
2Ch	12,5	darum habe i. euch auch verlassen
Ps	2,7	heute habe i. dich gezeugt Apg 13,33; Heb 1,5; 5,5
	32,8	i. will dich leiten Jes 57,18.19; Hos 14,9
	50,15	so will i. dich erretten 91,14-16; Jer 15,21; 30,10; 33,6; 42,12; 46,27; Hos 13,14
	21	i. schweige; da meinst du, i. sei wie du
	89,29	i. will ihm bewahren meine Gnade 34.35
Jes	40,25	mit wem... vergleichen, dem i. gleich sei
	43,1	i. habe dich bei deinem Namen gerufen
	44,6	i. bin der Erste, i. bin der Letzte 48,12; Off 1,17; 22,13
	45,19	i. habe nicht im Verborgenen geredet 48,16; Jh 18,20
	51,12	i., i. bin euer Tröster 66,13
	57,15	i. wohne in der Höhe
	65,17	i. will eine neue Erde schaffen
	66,2	i. sehe aber auf den Elenden
Jer	1,7	gehen, wohin i. dich sende
	3,12	i. bin gnädig, spricht der HERR 5,1.7; Hes 43,27
	21,5	i. selbst will wider euch streiten
	31,3	i. habe dich je und je geliebt
	9	i. bin Israels Vater
	31	i. (will) einen neuen Bund schließen 33; Heb 8,8.10; 10,16
	34	i. will ihre Missetat vergeben Heb 10,17
	32,44	i. will ihr Geschick wenden 33,7.26
Hos	11,9	i. bin Gott und nicht ein Mensch
	14,9	i. will sein wie eine grünende Tanne
Mal	3,6	i., der HERR, wandle m. nicht
Mt	11,29	i. bin sanftmütig und von Herzen demütig

Mt	14,27	seid getrost, i. bin's Mk 6,50; 14,62; Jh 4,26; 6,20; 18,5.6.8
	26,11	m. aber habt ihr nicht allezeit
	39	nicht wie i. will, sondern wie du Mk 14,36
	27,43	i. bin Gottes Sohn Jh 10,36
	28,18	m. ist gegeben alle Gewalt im Himmel und auf Erden
	20	i. bin bei euch alle Tage bis an der Welt Ende
Mk	8,38	wer sich m. schämt Lk 9,26
	9,37	wer ein solches Kind in meinem Namen aufnimmt, der nimmt m. auf
Lk	10,16	wer euch hört, der hört m.
Jh	6,35	i. bin das Brot des Lebens 41.48.51
	8,12	i. bin das Licht der Welt
	58	ehe Abraham wurde, bin i.
	9,5	solange i. in der Welt bin, bin i. das Licht der Welt
	10,7	i. bin die Tür zu den Schafen 9
	11	i. bin der gute Hirte 14
	30	i. und der Vater sind eins
	38	Werken, wenn ihr m. nicht glauben wollt
	38	wißt, daß der Vater in mir ist und ich in ihm
	11,25	i. bin die Auferstehung und das Leben
	12,44	wer an m. glaubt, der glaubt nicht an m., sondern an den, der m. gesandt hat 45
	13,19	damit ihr, wenn es geschehen ist, glaubt, daß i. es bin
	14,6	i. bin der Weg und die Wahrheit und das Leben
	19	i. lebe, und ihr sollt auch leben
	15,1	i. bin der wahre Weinstock 5
	18,37	du sagst es, i. bin ein König 19,21
Apg	9,5	i. bin Jesus, den du verfolgst 22,8; 26,15
	10,20	i. habe sie gesandt
	18,10	i. bin mit dir
Off	1,8	i. bin das A und das O 21,6; 22,13
	17	i. bin der Erste und der Letzte 22,13
	2,23	daß i. es bin, der die Nieren erforscht
	22,16	i., Jesus, habe meinen Engel gesandt

ich, mir, mich (von Menschen; s.a. mein)

1Mo	14,22	i. hebe meine Hand auf zu dem HERRN
	22,1	hier bin i. 7.11; 27,1.18; 31,11; 37,13; 46,2; 2Mo 3,4; 1Sm 3,4-8.16; 2Sm 1,7.8.13; 15,2; Jes 6,8; Jon 1,8
	23,4	i. bin ein Fremdling 2Mo 2,22; 18,3
	25,32	i. muß doch sterben
	32,27	i. lasse dich nicht, du segnest m. denn
	49,18	HERR, i. warte auf dein Heil Ps 119,166
2Mo	15,1	i. will dem HERRN singen 2
Jos	24,15	i. und mein Haus wollen dem HERRN dienen
Rut	1,16	wo du hin gehst, da will i. auch hin gehen 17
1Kö	18,24	aber i. will den HERRN anrufen Ps 55,17
Hi	5,8	i. aber würde m. zu Gott wenden
	19,25	i. weiß, daß mein Erlöser lebt
Ps	26,11	i. aber gehe meinen Weg in Unschuld
	73,23	dennoch bleibe i. stets an dir
Jes	44,5	wird sagen „I. bin des HERRN"
Mt	26,22	Herr, bin i.'s 25; Mk 14,19
	33	will i. doch niemals Ärgernis nehmen an dir
Mk	13,6	i. bin's, und werden viele verführen Lk 21,8
Apg	13,25	i. bin nicht der, für den ihr mich haltet
	26,29	alle, die mich heute hören, das würden, was i. bin 1Ko 7,7.8; Gal 4,12
Rö	7,17	so tue nicht i. es, sondern die Sünde 20
1Ko	7,10	den Verheirateten gebiete nicht i., sondern der Herr 12
1Ko	9,6	haben allein i. und Barnabas das Recht
	15,10	nicht i., sondern Gottes Gnade, die mit mir ist
2Ko	11,5	i. sei nicht weniger als die Überapostel
	22	sie sind Hebräer – i. auch
Gal	2,20	i. lebe, doch nun nicht i., sondern Christus lebt in m.
Off	1,9	i., Johannes, euer Bruder 22,8

Iddo

versch. Träger ds. Namens
1Kö 4,14/ 1Ch 6,6 (s.a. Adaja)/ 2Ch 12,15; 13,22 (= Jedo)/ Esr 5,1; 6,14; Neh 12.4.16; Sa 1,1.7/ Esr 8,17

Idumäa (= Edom)

1Ma	4,15	jagte ihnen nach bis ins Gebiet von I.
	29	dies Heer zog nach I. 5,3; 6,31
2Ma	10,15	gemeinsame Sache mit Gorgias machten auch die I. 17
	12,32	Gorgias, Befehlshaber von I.
Mk	3,8	aus I. und von jenseits des Jordans

Idumäer (= Edomiter)

1Ma 5,3 Judas schlug viele I. tot

Iëser, Iëseriter (= Abiëser 1)

4Mo 26,30 I., daher das Geschlecht der I.

Igel

Jes 14,23 Babel machen zum Erbe für die I. 34,11

ihm, ihn s. **er**

ihnen s. **sie**

ihr, euch

1Mo	50,20	i. gedachtet, es böse mir mir zu machen
2Mo	19,4	i. habt gesehen, was ich getan habe Hi 27,12; Jer 44,2
4Mo	33,53	e. habe ich das Land gegeben
	56	e. tun, wie ich gedachte, ihnen zu tun
Jos	24,22	i. seid Zeugen Rut 4,10; Jes 44,8
2Kö	10,9	i. seid ohne Schuld
2Ch	32,14	(sollte) Gott e. erretten können 15
Hi	19,21	erbarmt e. über mich, meine Freunde
	29	fürchtet e. selbst vor dem Schwert
Ps	115,14	der HERR segne e.
Jes	65,13	meine Knechte... i. aber 14
Am	3,2	habe allein e. erkannt
Mi	2,8	i. steht wider mein Volk
Sa	1,3	kehrt e. zu mir... i. zu. kehren
Mt	5,13	i. seid das Salz der Erde 14
	10,20	nicht i. seid es, die da reden
	19,28	i., die ihr mir nachgefolgt seid
	21,31	Zöllner kommen eher ins Reich Gottes als i.
	23,8	i. sollt euch nicht Rabbi nennen lassen
	28,20	ich bin bei e. alle Tage bis an der Welt Ende
Lk	9,20	wer sagt i. aber, daß ich sei
	10,16	wer e. hört, der hört mich
	12,40	seid auch i. bereit
	17,21	siehe, das Reich Gottes ist mitten unter e.

ihr

Jh	15,5	ich bin der Weinstock, i. seid die Reben
	19	so hätte die Welt das I. lieb
Apg	4,23	kamen sie zu den I. und berichteten
1Ko	3,21	alles ist e. 22
	13,5	(die Liebe) sucht nicht das I.
2Ko	3,2	i. seid unser Brief, in unser Herz geschrieben
Gal	4,12	werdet wie ich, denn ich wurde wie i.
Phl	2,21	sie suchen alle das I., nicht das, was Jesu

ihresgleichen

Lk	16,8	die Kinder d. Welt sind unter i. klüger als die Kinder des Lichts
Jud	8	i. sind auch diese Träumer

ihretwillen

2Pt	2,2	um i. wird der Weg der Wahrheit verlästert

Ije-Abarim

4Mo	21,11	lagerten sich in I.-A. 33.44.45

Ijim

Jos	15,29	(Städte des Stammes Juda:) I.

Ijon

1Kö	15,20	Ben-Hadad schlug I. 2Kö 15,29; 2Ch 16,4

Ikabod

1Sm	4,21	sie nannte den Knaben I. 14,3

Ikkesch

2Sm	23,26	Ira, Sohn des I., aus Thekoa 1Ch 11,28

Ikonion

Apg	13,51	sie kamen nach I.
	14,1	es geschah in I., daß sie in die Synagoge
	19	es kamen von I. Juden dorthin
	21	dann kehrten sie zurück nach I.
	16,2	hatte einen guten Ruf bei den Brüdern in I.
2Ti	3,11	Leiden, die mir widerfahren sind in I.

Ilai (= Zalmon 2)

1Ch	11,29	(streitbare Helden:) I., der Ahoachiter

Illyrien

Rö	15,19	von Jerusalem aus ringsumher bis nach I.

Immanuel

Jes	7,14	den wird sie nennen I. Mt 1,23
	8,8	daß sie dein Land, o I., füllen
	10	hier ist I.

immer

(s.a. immer mehr; immer und ewig; immer wieder)

1Mo	8,7	der (Rabe) flog i. hin und her
	13,3	(Abram) zog i. weiter bis nach Bethel
	7	war i. Zank zwischen den Hirten
2Mo	9,17	stellst dich noch i. wider mein Volk
2Mo	19,9	daß dies Volk dir für i. glaube
	19	der Posaune Ton wird i. stärker
	21,6	er sei Sklave für i. 3Mo 25,46; 5Mo 15,17
	40,36	i., wenn die Wolke sich erhob
3Mo	24,8	als beständige Gabe, eine Ordnung für i.
	25,23	sollt das Land nicht verkaufen für i. 30
	31	es soll i. eingelöst werden können
	34	das Weideland ist ihr Eigentum für i.
4Mo	18,19	soll ein Salzbund sein für i.
	35,29	soll euch Gesetz und Recht für i. sein
5Mo	4,40	in dem Lande, das dir der HERR, dein Gott, gibt i. Jos 14,19; 2Ch 20,7
	13,17	in Trümmern liege für i. Jos 8,28
	28,13	du wirst i. aufwärts steigen
	43	der Fremdling wird i. höher emporsteigen; du aber wirst i. tiefer heruntersinken
Ri	4,24	die Hand legte sich i. härter auf Jabin
	6,3	i., wenn Israel gesät hatte
1Sm	1,22	und dort für i. bleibe
	3,13	daß ich sein Haus für i. richten will
	6,12	die Kühe gingen i. auf derselben Straße
	8,8	sie tun dir, wie sie i. getan haben
	27,12	darum wird er für i. mein Knecht sein
2Sm	15,21	wo i. mein Herr, der König, ist
	18,25	als der Mann i. näher kam
1Kö	2,33	Blut komme auf das Haupt Joabs für i.
2Kö	4,9	dieser Mann Gottes, der i. hier durchkommt
1Ch	29,18	bewahre für i. solchen Sinn
	25	der HERR machte Salomo i. größer 2Ch 1,1
2Ch	18,7	(Micha) weissagt i. nur Böses
	26,8	er wurde i. mächtiger 2Ch 9,4; Est 9,4
	27,2	das Volk handelte noch i. böse
Est	8,17	an welchen Ort auch i... war Freude
Hi	7,1	muß nicht der Mensch i. im Dienst stehen
	10,17	würdest i. neue Zeugen... i. neue Heerhaufen gegen mich senden
	22	ist es i. noch Finsternis
	11,2	muß ein Schwätzer i. recht haben
	14,20	überwältigst ihn für i. 20,7
	15,22	er fürchtet i. das Schwert
	23,7	für i. würde ich entrinnen meinem Richter
	29,20	meine Ehre bleibe i. frisch... i. stark
	40,28	daß du ihn für i. zum Knecht bekommst
Ps	9,7	der Feind ist zertrümmert für i.
	19	er wird den Armen nicht für i. vergessen
	35,27	i. sagen: Der HERR sei hoch gelobt
	38,18	mein Schmerz ist i. vor mir
	44,24	verstoß uns nicht für i.
	49,10	damit er i. weiterlebe
	51,5	meine Sünde ist i. vor mir
	52,7	wird dich auch Gott für i. zerstören
	61,8	er i. throne vor Gott Spr 29,14
	71,3	Hort, zu dem ich i. fliehen kann
	14	ich will i. harren
	74,1	warum verstößest du uns für i.
	19	das Leben d. Elenden vergiß nicht für i.
	77,9	hat die Verheißung für i. ein Ende
	78,69	Erde, die er gegründet hat für i. Pr 1,4
	83,18	sollen erschrecken für i.
	92,8	nur um vertilgt zu werden für i.
	95,10	Leute, deren Herz i. den Irrweg will
	103,9	er wird nicht für i. hadern
	119,109	mein Leben ist i. in Gefahr
	139,18	am Ende bin ich noch i. bei dir
Spr	4,18	das i. heller leuchtet bis zum vollen Tag
	13,10	unter den Übermütigen ist... Streit
Pr	2,16	man gedenkt des Weisen nicht für i.
	5,8	i. ist ein König... Gewinn für das Land
	9,8	laß deine Kleider i. weiß sein
Jes	17,2	Städte werden verlassen sein für i. 32,14

738

Jes	34,10	i. wird Rauch von ihm ausgehen			**Immer**	
	47,7	dachtest: Ich bin eine Herrin für i.		1Ch	9,12	¹Meschillemots, des Sohnes I. Esr 2,37; 10,20; Neh 3,29; 7,40; 11,13
	52,5	mein Name wird i. gelästert				
Jer	48,29	man hat i. gesagt von dem stolzen Moab		Jer	20,1	Paschhur, ein Sohn I.
Klg	1,13	daß ich für i. siech bin		1Ch	24,14	²das sechzehnte (Los fiel) auf I.
	4,17	noch i. blickten unsere Augen nach Hilfe		Esr	2,59	³die heraufzogen aus I. Neh 7,61
Hes	1,9	i. gingen sie in der Richtung 12				
	5,16	den Hunger i. größer werden lasse			**immer mehr**	
	21,5	redet der nicht i. in Rätseln				
	23,19	trieb ihre Hurerei i. schlimmer		1Mo	8,5	es nahmen die Wasser i. m. ab
	26,16	alle Fürsten werden i. von neuem erzittern			26,13	wurde ein reicher Mann und nahm i. m. zu
	37,25	ihre Kinder sollen darin wohnen für i. David soll für i. ihr Fürst sein		4Mo	32,14	damit die Sünder i. m. werden
				1Sm	2,26	Samuel nahm i. m. zu an Alter
	26	mein Heiligtum soll unter ihnen sein für i. 28; 43,7.9		2Sm	3,1	David nahm i. m. zu an Macht 5,10; 1Ch 11,9
					15,12	es sammelte sich i. m. Volk um Absalom
Jo	4,20	Juda soll für i. bewohnt werden		1Kö	22,35	der Kampf nahm i. m. zu 2Ch 18,34
Am	6,3	trachtet i. nach Frevelregiment		Spr	11,24	einer teilt aus und hat i. m. 13,11
Ob	10	sollst du für i. ausgerottet sein		Sir	11,11	und fällt doch i. m. zurück
Jon	1,11	das Meer ging i. ungestümer 13		1Ma	1,10	die Schlechtigkeit nahm i. m. zu
Mi	2,9	nehmt meinen Schmuck auf i.		Apg	9,22	Saulus gewann i. m. an Kraft
	6,10	noch i. bleibt unrecht Gut in des Gottl.				
Sa	4,10	wer i. den Tag des Anfangs verachtet hat			**immer und ewig, ewiglich**	
	7,3	muß ich i. noch im fünften Monat weinen				
Wsh	6,23	damit ihr für i. die Herrschaft behaltet		2Mo	15,18	der HERR wird König sein i. u. e. Ps 10,16
Tob	4,19	suche deinen Rat i. bei den Weisen		Ps	9,6	ihren Namen vertilgst du auf i. u. e.
Sir	6,37	betrachte i. Gottes Gebote			21,5	gibst es ihm, langes Leben für i. u. e.
	14,23	(wohl dem,) der ... i. weiter nachforscht			45,7	Gott, dein Thron bleibt i. u. e.
	16,27	hat für i. geordnet, was der tun			18	werden dir danken die Völker i. u. e.
	17,13	ihre Wege hat er i. vor Augen			48,15	ist Gott, unser Gott für i. u. e.
	24,28	wer von mir ißt, den hungert i. nach mir			52,10	verlasse mich auf Gottes Güte i. u. e.
	33,16	es sind i. zwei (Werke) 42,25			104,5	das Erdreich, daß es bleibt i. u. e.
	38,32	der muß i. um sein Werk besorgt sein			111,8	(s. Ordnungen) stehen fest für i. u. e.
	40,2	da sind i. Sorge, Furcht, Hoffnung 4			119,44	will dein Gesetz halten i. u. e. 112
	41,9	ihre Nachkommen werden i. verachtet sein			145,1	ich will deinen Namen loben i. u. e. 2.21
	42,24	dies alles lebt und bleibt für i.			148,6	er läßt sie bestehen für i. u. e.
	44,11	für i. bleibt ihr Geschlecht		Jes	30,8	in ein Buch, daß es bleibe für i. u. e.
	45,30	das Hohepriestertum für i. haben 1Ma 14,41			45,17	Israel wird nicht zuschanden i. u. e.
	32	damit euer Glück für i. bei euch bleibe		Jer	7,7	will ich i. u. e. bei euch wohnen
Bar	2,5	sie werden i. unterdrückt			25,5	sollt in dem Lande für i. u. e. bleiben
	3,3	wir aber vergehen für i.		Dan	7,18	die Heiligen werden's i. u. e. besitzen
	13	du hättest wohl i. im Frieden gewohnt			12,3	werden leuchten wie die Sterne i. u. e.
	4,23	Gott wird mir euch wiedergeben für i.		Mi	4,5	wir wandeln im Namen des HERRN i. u. e.
	5,1	zieh den Schmuck von Gott an für i.		Sir	11,16	was er verleiht, das gedeiht i. u. e.
1Ma	2,57	David erbte den Königsthron für i.		StE	3,7	die einen sterblichen König rühmen i. u. e.
2Ma	14,6	halten Krieg und Aufruhr i. in Gang		GMn	16	dich soll man preisen i. u. e.
Mt	15,16	seid auch ihr noch i. unverständig				
	27,24	als Pilatus sah, daß das Getümmel i. größer			**immer wieder**	
Lk	1,50	s. Barmherzigkeit währet i. für und für				
	5,15	die Kunde von ihm breitete sich i. weiter aus		2Ch	36,15	der HERR ließ i. w. gegen sie reden
Apg	9,22	Saulus aber gewann i. mehr an Kraft		Hi	27,22	muß er i. w. fliehen
	10,2	gab dem Volk Almosen und betete i. zu Gott		Ps	35,13	ich betete i. w. von Herzen
					78,41	sie versuchten Gott i. w.
Rö	15,13	daß ihr i. reicher werdet an Hoffnung			97,11	dem Gerechten muß das Licht i. w. aufgehen
1Ko	15,58	nehmt i. zu in dem Werk des Herrn		Spr	26,11	der Tor, der seine Torheit i. w. treibt
Gal	4,18	umworben zu werden ist gut, und zwar i.		Pr	1,7	an den Ort fließen sie i. w.
Phl	1,9	daß eure Liebe i. noch reicher werde		Jes	27,3	ich begieße ihn i. w.
	3,1	daß ich euch i. dasselbe schreibe		Jer	6,9	strecke deine Hand i. w. aus
	4,10	ihr wart zwar i. darauf bedacht			7,13	weil ich zu euch redete 11,7; 25,3
1Th	3,12	lasse der Herr i. reicher werden in Liebe			25	i. w. gesandt meine Knechte, die Propheten 25,4; 26,5; 29,19; 35,14.15; 44,4
	4,1	daß ihr darin i. vollkommener werdet				
1Ti	4,6	Lehre, bei der du i. geblieben bist		Hes	8,17	daß sie mich i. w. reizen
2Ti	3,7	die i. auf neue Lehren aus sind			32,10	w. sollen sie zittern
Tit	1,12	die Kreter sind i. Lügner, böse Tiere			43,27	sollen die Priester i. w. opfern
Heb	3,10	i. irren sie im Herzen		Jdt	9,3	alle Hilfe, vorzeiten und i. w.
	7,25	er lebt für i. und bittet für sie		Sir	12,10	wie das Eisen i. w. rostet
	10,1	kann es nicht für i. vollkommen machen			34,31	der Mensch sündigt i. w.
	12	dieser sitzt nun für i. zur Rechten Gottes				
	14	mit einem Opfer hat er für i. die vollendet, die				

immerdar 740

immerdar

1Mo	6,3	mein Geist soll nicht i. im Menschen
	5	daß alles Dichten u. Trachten böse war i.
5Mo	11,12	auf das die Augen des HERRN i. sehen
	28,46	werden Zeichen und Wunder sein an dir i.
	66	dein Leben wird i. in Gefahr schweben
1Sm	2,30	sollten i. vor mir einhergehen 35
	32	niemand alt werden in d. Vaters Hause i.
	3,14	nicht gesühnt werden soll i.
2Kö	8,19	ihm eine Leuchte zu geben i. 2Ch 21,7
1Ch	28,4	daß ich König über Israel sein sollte i.
Hi	36,7	auf dem Thron läßt er sie sitzen i.
Ps	10,5	er fährt fort in seinem Tun i.
	23,6	werde bleiben im Hause des HERRN i.
	34,2	sein Lob soll i. in meinem Munde sein
	37,27	so bleibst du wohnen i.
	49,12	Gräber sind ihr Haus i.
	68,17	dort wird der HERR i. wohnen
	71,6	dich rühme ich i.
	72,15	man soll i. für ihn beten
	84,5	die loben dich i.
	106,3	wohl denen, die... tun i. recht
Spr	12,19	wahrhaftiger Mund besteht i.
Jes	21,8	ich stehe auf der Warte bei Tage i.
	26,4	verlaßt euch auf den HERRN i.
	49,16	deine Mauern sind i. vor mir
	57,16	ich will nicht i. hadern
	58,11	der HERR wird dich i. führen
	65,18	freuet euch und seid fröhlich i.
Jer	17,25	soll diese Stadt i. bewohnt werden
	51,62	daß sie i. wüst sei
Hab	1,17	sollen sie darum ihr Netz i. ausleeren
Mal	3,7	seid i. abgewichen von meinen Geboten
Sir	50,25	er verleihe i. Frieden zu unsrer Zeit
Lk	11,3	gib uns unser täglich Brot i.
Rö	8,22	alle Kreatur ängstet sich noch i.
2Ko	4,11	wir werden i. in den Tod gegeben
Gal	4,18	wenn's im Guten geschieht i.
1Ti	4,6	Lehre, bei welcher du i. gewesen bist
2Ti	3,7	Weiber, die i. lernen und nimmer
Heb	3,10	i. irren sie mit dem Herzen
	7,25	er lebt i. und bittet für sie

immerfließend

Wsh	11,6	das i. Wasser mit Blut vermischtest

immerfort

Jos	6,9	man blies i. die Posaunen 13
1Sm	6,12	die Kühe brüllten i.
1Ch	9,26	die Torhüter standen i. im Amt
Ps	35,16	sie lästern und spotten i.
	69,24	ihre Hüften laß i. wanken
	74,10	soll der Feind deinen Namen i. lästern
Pr	7,28	ich suchte i. und hab's nicht gefunden
Jes	24,16	i. rauben die Räuber
	28,24	pflügt ein Ackermann seinen Acker i.
Am	1,11	weil sie i. wüten in ihrem Zorn
1Ma	15,25	er führte i. Kriegsleute heran

Imri

1Ch	9,4	¹I., des Sohnes Banis
Neh	3,2	²Sakkur, der Sohn I.

inbrünstig

1Pt	4,8	habt untereinander eine i. Liebe

Inder

1Ma	6,37	Elefant... I., der das Tier leitete

Indien

1Ma	8,8	nahmen ihm I., seine besten Länder

Indus

Est	1,1	König vom I. bis zum Nil 8,9; StE 1,1; 5,1

ineinandergefügt

Eph	2,21	der ganze Bau i. wächst

ineinanderschlagen

Spr	6,10	s. die Hände i. ein wenig Pr 4,5

ineinanderwachsen

Nah	1,10	wie die Dornen, die noch i.

Inhalt

3Mo	1,16	Kropf mit I. auf den Aschenhaufen werfen
Dan	7,1	hatte einen Traum, und dies ist sein I.
Bar	1,1	dies ist der I. des Buches
Apg	8,32	der I. der Schrift, die er las, war dieser

inmitten

2Mo	8,18	daß ich der HERR bin, i. dieses Landes
3Mo	16,16	Stiftshütte... i. ihrer Unreinheit
	25,33	ihr Besitz i. der *Israeliten 4Mo 18,20
5Mo	23,15	der HERR zieht mit dir i. deines Lagers
	32,51	mich nicht heiligtet i. der *Israeliten
Jos	17,9	gehören Ephraim i. der Städte Manasses 19,1
Ps	55,15	die wir in Gottes Haus gingen i. der Menge
Spr	14,33	i. der Toren wird (Weisheit) offenbar
Jer	12,16	sollen sie i. meines Volks wohnen
Hes	28,14	wandeltest i. der feurigen Steine
	29,12	i. verwüsteter Länder... Städte 30,7
	31,17	gewohnt hatten i. der Völker
	32,28	mußt i. der Unbeschnittenen begraben sein
Mi	5,7	werden i. vieler Völker sein wie ein Löwe

inne

Jh	19,18	*Jesus aber mitten i.*

innehaben

1Mo	47,27	h. es i. und mehrten sich sehr
Jer	49,16	weil du hohe Gebirge i.
1Ma	3,45	Fremde h. die Burg i.
Apg	7,45	in das Land, das die Heiden i.

innehalten

2Kö	13,18	schlug dreimal und h. i.
Jes	62,1	um Jerusalems willen will ich nicht i.

innen

1Mo	6,14	verpiche ihn i. und außen
2Mo	25,11	mit Gold überziehen i. und außen 37,2
	28,26	Ringe heften i. zum Schurz hin 39,19

3Mo	13,55	es ist tief eingefressen außen oder i.
	14,41	das Haus soll man i. ringsherum abschaben
2Sm	5,9	David baute vom Millo an nach i. zu
1Kö	6,15	bedeckte die Wände i. mit Brettern 18
	21	überzog das Haus i. mit Gold 30; 7,50; 2Ch 3,4
	29	Blumenwerk, i. und außen
	7,25	ihre Hinterteile nach i. gekehrt 2Ch 4,4
Hes	2,10	sie war außen und i. beschrieben
	40,16	waren Fenster nach i... i. auf beiden Seiten
StD	2,6	dieser Bel ist i. nur Ton
Mt	23,25	i. sind sie voller Raub und Gier
	27	i. sind sie voller Totengebeine und Unrat
	28	i. seid ihr voller Heuchelei
Mk	7,21	von i. kommen heraus böse Gedanken 23
2Ko	7,5	bedrängt, von außen Streit, von i. Furcht
Off	4,8	sechs Flügel, außen und i. voller Augen
	5,1	ein Buch, beschrieben i. und außen

Innenseite

Hes	40,22	hatte seine Vorhalle auf der I. 26

innerer, innerster

2Mo	12,9	mit Kopf, Schenkeln und i. Teilen
4Mo	4,5	sollen den i. Vorhang abnehmen
1Sm	26,5	Saul lag im i. Lagerring 7
1Kö	6,16	baute im I. den Chorraum 19
	36	den i. Vorhof 7,12; Hes 8,16; 10,3; 40,19.23.27. 28.32.44; 42,3; 43,5; 44,17.21.27; 45,19; 46,1
2Kö	9,2	führe ihn in die i. Kammer
	10,25	drangen in das I. des Hauses Baals
	19,23	bin gestiegen in den i. Libanon Jes 37,24
1Ch	28,11	Entwurf für seine i. Kammern
2Ch	4,22	die i. Türen zum Allerheiligsten Hes 8,3; 40,15.44
	29,16	ins I. des Hauses Hes 41,3.15.17; 42,4.15
Neh	6,10	laß uns zusammenkommen im I. des Tempels
Est	4,11	jeder, der hineingeht in den i. Hof 5,1
Hi	32,18	weil mich der Geist in meinem I. bedrängt
	19	mein I. ist wie der Most
Ps	5,10	ihr I. ist Bosheit
Spr	20,27	durchforscht alle Kammern des I.
Hl	3,10	ihr I. mit Ebenholz eingelegt
	5,4	mein I. entgegen wallte
1Ma	4,48	sie bauten wieder auf das I. des Hauses
Mt	23,26	reinige zuerst das I. des Bechers
Lk	11,39	euer I. ist voller Raubgier und Bosheit
	40	der das Äußere geschaffen hat, auch das I.
Apg	16,24	warf er sie in das i. Gefängnis
2Ko	4,16	wird der i. (Mensch) von Tag zu Tag erneuert
Heb	6,19	Anker unsrer Seele, der hineinreicht bis in das I.

innerhalb

5Mo	22,23	trifft sie i. der Stadt und wohnt ihr bei

innerlich

2Ko	4,16	*wird doch der i. von Tag zu Tag erneuert*

innewerden

2Mo	7,5	sollen i., daß ich der HERR bin 8,18; 14,4.18; 16,12
	9,14	damit du i., daß meinesgleichen nicht ist
	9,29	damit du i., daß die Erde des HERRN ist
	16,6	sollt i., daß euch der HERR geführt hat
3Mo	4,14	w. danach ihrer Sünde i. 23.28
	5,2	wußte es nicht und w.'s i. 3.4
4Mo	14,34	daß ihr i., was es sei, wenn ich
1Sm	12,17	i., daß ihr getan, was dem HERRN mißfiel
	17,46	daß Israel einen Gott hat 47
1Kö	8,43	daß sie i., daß dein Name 2Ch 6,33
2Kö	5,8	damit er i., daß ein Prophet in Israel ist
	17,4	als der König von Assyrien i.
2Ch	12,8	damit sie i., was es heißt, mir zu dienen
Hi	9,5	er versetzt Berge, ehe sie es i.
Ps	59,14	laß sie i., daß Gott Herrscher ist
	109,27	laß sie i., daß dies deine Hand ist
Pr	4,3	besser daran, wer des Bösen nicht i.
Jes	9,8	daß alles Volk es i.
Jer	2,19	du mußt i., was es für Jammer bringt
Hos	9,7	dessen wird Israel i.
Lk	9,11	*da das Volk des i.*
Jh	4,1	*da nun der Herr i.*
	7,17	wird er i., ob diese Lehre von Gott ist
Apg	14,6	*w. sie des i. und entflohen*
	19,34	als sie i., daß er ein Jude war
Jak	4,9	*w. eures Elends i.*

Inschrift

Hi	19,23	ach daß sie aufgezeichnet würden als I.
Sa	3,9	will auf ihm eine I. eingraben

Insel

1Mo	10,5	sich ausgebreitet die Bewohner d. I.
Est	10,1	Ahasveros legte eine Steuer auf die I.
Ps	72,10	Könige auf den I. Geschenke bringen
	97,1	seien fröhlich die I., soviel ihrer sind
Jes	11,11	der übriggebl. ist auf die I. des Meeres
	24,15	preiset den HERRN auf den I. des Meeres
	40,15	die I. sind wie ein Stäublein
	41,1	die I. sollen vor mir schweigen
	5	als die I. das sahen, fürchteten sie sich
	42,4	die I. warten auf seine Weisung
	10	singet dem HERRN, ihr I. 12; Jer 31,10
	49,1	hört mir zu, ihr I.
	51,5	die I. harren auf mich 60,9
	59,18	den I. will er heimzahlen
	66,19	will senden zu den fernen I.
Jer	2,10	geht hin zu den I. der Kittäer
	25,22	(ließ trinken) auf den I. jenseits
	47,4	gekommen von der I. Kaftor
Hes	26,15	die I. werden erbeben 18; 27,35; 39,6
	27,3	mit vielen I. Handel treibst 15
Dan	11,18	danach wird er sich gegen die I. wenden
Ze	2,11	sollen ihn anbeten alle I. der Heiden
Sir	43,25	der Herr säte I. darein
	47,17	dein Name drang bis zu den fernsten I.
1Ma	6,29	nahm fremde Söldner von den I. 11,38
	14,5	schuf eine Zufahrt nach den I.
	15,1	schrieb von den I. aus an Simon
2Ma	10,13	weil er die I. Zypern verlassen
Apg	13,6	durchzogen die ganze I.
	27,14	brach von der I. her ein Sturmwind los
	16	fuhren vorbei an einer I., die Kauda heißt
	26	wir werden auf eine I. auflaufen
	28,1	erfuhren wir, daß die I. Malta hieß
	7	der angesehenste Mann der I., Publius
	9	kamen die andern Kranken der I. herbei
	11	das bei der I. überwintert hatte
Off	1,9	war auf der I., die Patmos heißt, um des Wortes Gottes willen

Insel

Off	6,14	alle I. wurden wegbewegt von ihrem Ort
	16,20	

insgemein

1Ko	5,10	meine ich nicht i. von den Unzüchtigen

inständig

Jdt	4,7	das ganze Volk schrie i. zum Herrn
Tob	8,6	beteten i., daß Gott sie behüten wolle
1Th	3,10	wir bitten Tag und Nacht i., daß
2Ti	4,1	so ermahne ich dich i. vor Gott

Instrument

1Ch	23,5	mit den I., die David hatte machen lassen
Dan	3,5	hören w. den Schall aller anderen I. 7.10.15

inwendig

2Mo	27,8	daß (der Altar) i. hohl sei 38,7
Jer	52,21	jede Säule war i. hohl
Mt	7,15	i. aber sind sie reißende Wölfe
	23,25	i. sind sie voll Raub und Gier Lk 11,39
	26	reinige zum ersten, was i. ist
	27	i. sind sie voller Totengebeine
	28	i. seid ihr voller Heuchelei u. Übertretung
Lk	11,40	auch das I. geschaffen
	41	gebt das, was i. ist
Rö	2,29	Jude, der es i. verborgen ist
	7,22	Lust an Gottes Gesetz nach dem i. Menschen
2Ko	7,5	auswendig Streit, i. Frucht
Eph	3,16	stark zu werden an dem i. Menschen
Off	4,8	waren außenherum und i. voll Augen
	5,1	Buch, beschrieben i. und auswendig

Ir

1Ch	7,7	Söhne Belas: Ir 12

Ir-Heres

Jes	19,18	fünf Städte... eine wird heißen I.

Ir-Schemesch (= Bet-Schemesch 1)

Jos	19,41	(Dan) das Gebiet war I.

Ira

2Sm	20,26	¹I., der Jaïriter, war Davids Priester
	23,38	I., der Jattiriter 1Ch 11,40
	23,26	²I., der Sohn des Ikkesch, aus Tekoa 1Ch 11,28; 27,9

Irad

1Mo	4,18	Henoch zeugte I., I. zeugte Mehujaël

Iram

1Mo	36,43	(Fürsten von Esau:) der Fürst I. 1Ch 1,54

irden

3Mo	6,21	den i. Topf soll man zerbrechen 11,33; 15,12
	14,5	zu schlachten in ein i. Gefäß 50
4Mo	5,17	heiliges Wasser nehmen in ein i. Gefäß

2Sm	17,28	(brachten zu David) i. Gefäße
Jes	45,9	eine Scherbe unter i. Scherben
Jer	19,1	kaufe dir einen i. Krug vom Töpfer
	32,14	nimm Briefe und lege sie in ein i. Gefäß
Klg	4,2	wie sind sie nun den i. Töpfen gleich
Sir	13,3	was soll der i. Topf beim ehernen Kessel
2Ko	4,7	wir haben diesen Schatz in i. Gefäßen
2Ti	2,20	in einem großen Haus sind auch i. (Gefäße)

irdisch

Wsh	9,15	die i. Hütte drückt den Geist nieder
	15,13	wenn er Bilder aus i. Stoff schafft
Bar	3,23	forschten der i. Weisheit nach
2Ma	14,35	Herr, du brauchst kein i. Haus
Jh	3,12	wenn ich euch von i. Dingen sage
1Ko	15,40	es gibt himmlische Körper und i. Körper
	47	der erste Mensch ist von der Erde und i.
	48	wie der i. ist, so sind auch die i.
	49	wie wir getragen das Bild des i. (Menschen)
2Ko	5,1	wenn unser i. Haus abgebrochen wird
Eph	6,5	ihr Sklaven, seid gehorsam euren i. Herren Kol 3,22
Phl	3,19	sie sind i. gesinnt
Heb	5,7	er hat in den Tagen seines i. Lebens... dargebracht
	9,1	es hatte auch der erste Bund sein i. Heiligtum
Jak	3,15	sie ist i., niedrig und teuflisch

irgend

Esr	6,11	wenn i. jemand diesen Erlaß übertritt

irgendeiner

1Mo	49,16	wie nur i. e. Stamm in Israel 1Kö 8,16
2Mo	20,4	kein Bildnis noch i. Gleichnis 5Mo 4,16.23.25; 5,8
	22,9	wenn jemand i. Vieh in Obhut gibt
3Mo	4,2	wenn jemand gegen i. Gebot sündigte 13.22. 27; 5,17; 13,49; 4Mo 5.6.12; 15,23
	5,3	in i. Unreinheit... und wüßte es nicht
	11,44	nicht unrein machen an i. Getier 22,5
	14,34	lasse an i. Hause eine aussätzige Stelle
	20,16	wenn ein Frau sich i. Tier naht 5Mo 27,21
	21,4	soll sich nicht unrein machen an i. 4Mo 19,11.13; 2Ch 23,19
	18	keiner soll herzutreten mit i. Mißbildung
	23,30	wer an diesem Tage i. Arbeit tut
	24,17	wer i. Menschen erschlägt
	25,47	wenn i. Fremdling zu Besitz kommt
5Mo	12,17	nicht essen von i. Gabe, die du gelobt
	13,13	wenn du von i. Stadt sagen hörst
	15,7	wenn einer arm ist in i. Stadt
	21	oder sonst i. bösen Fehler hat 17,1
	16,5	Passa schlachten i. deiner Städte
	17,15	nicht i. Ausländer über dich setzen
	19,15	kein einzelner Zeuge wegen i. Missetat
	23,19	keinen Hurenlohn bringen aus i. Gelübde
1Kö	6,7	weder Hammer noch i. Werkzeug
	8,37	wenn i. Plage da ist 2Ch 6,28
2Kö	2,16	auf i. Berg oder in i. Tal geworfen
2Ch	9,19	desgleichen ist nicht in i. Königreich
	18,6	ist nicht noch i. e. Prophet hier
Esr	7,24	nicht Zoll zu legen auf i. Priester
Ps	34,11	die... haben keinen Mangel an i. Gut
Jes	18,2	schrecklicher als sonst i. 7
Jer	44,26	durch i. Menschen Mund
Klg	1,12	ob i. Schmerz ist wie mein Schmerz

Hes	20,28	wo sie i. hohen Hügel sahen
Dan	2,10	der solches von i. Weisen fordern würde
	6,8	der etwas bitten wird von i. Gott 13
Am	9,1	keiner entfliehen noch i. entkommen
Wsh	6,8	niemand begünstigen noch i. Macht scheuen
Mt	18,12	wenn i. Mensch 100 Schafe hätte
	19,3	aus i. Grund von seiner Frau scheidet
Jh	7,48	*glaubt auch i. Pharisäer an ihn*
1Ko	1,7	daß ihr keinen Mangel habt an i. Gabe
2Ko	6,3	wir geben in nichts i. Anstoß
Off	7,1	damit kein Wind blase über i. Baum
	16	wird nicht auf ihnen lasten i. Hitze
	9,4	sie sollten nicht Schaden tun ... noch i. Baum
	18,22	kein Handwerker i. Handwerks
	21,27	*wird nicht hineingehen i. Unreines*

irgendetwas

3Mo	5,22	wenn er schwört über i. e.
	15,10	i. e., das er unter sich hat 22
4Mo	35,22	wirft i. e. auf ihn 23
5Mo	24,10	wenn du deinem Nächsten i. e. borgst

irgendwelcher

1Mo	17,12	was gekauft ist von i. Fremden
3Mo	17,10	wer i. Blut ißt
	18,6	keiner soll sich i. Blutsverwandten nahen

irre

Hi	12,25	(Gott) macht sie i. wie die Trunkenen
	38,41	wenn seine Jungen i. fliegen
Sa	12,4	will ich ihre Reiter i. machen
Apg	15,24	euch mit Lehren i. gemacht und verwirrt
Gal	4,20	ich bin i. an euch

Irre

Ps	146,9	die Gottlosen führt er in die I. Spr 12,26
Spr	10,17	wer Zurechtwsg. n. achtet, geht in die I.
	14,22	nach Bösem trachten, gehen in die I.
	19,3	des Menschen Torheit führt ihn in die I.
Jes	53,6	wir gingen alle in die I. wie Schafe Jer 50,6; Sa 10,2
Jer	31,22	wie lang willst du in der I. gehen
Tit	3,3	auch wir gingen (früher) in die I.
2Pt	2,15	sie gehen in die I.

irrefliegen

Hi	38,41	*i., weil sie nichts zu essen haben

irreführen

5Mo	27,18	verflucht sei, wer einen Blinden i.
Hi	12,16	sein ist, der da irrt und der i.
	24	(Gott) f. sie i., wo kein Weg ist
1Ko	6,9	laßt euch nicht i.

irregehen

5Mo	22,1	wenn du deines Bruders Rind i. siehst
Ps	58,4	die Lügner g. i. von Mutterleib an
	107,4	die i. in der Wüste
Jes	8,22	sie g. i. im Finstern
Jer	8,4	wo ist jemand, wenn er i., der nicht
	5	warum will dies Volk i. für und für
Hes	44,10	als Israel von mir abfiel und i.

Bar	3,21	ihre Kinder sind irreg.
2Pt	2,15	*g. i. und folgen dem Wege Bileams*

irreleiten

Sir	3,26	schon viele hat ihr Denken irreg.

irremachen

Gal	5,10	wer euch aber i., der wird

irren

Hi	6,24	worin ich gei. habe, darin unterweist mich
	19,4	
	12,16	sein ist, der da i. und der irreführt
Ps	107,40	ließ sie i. in der Wüste
	119,67	ehe ich gedemütigt wurde, i. ich
Jes	29,24	welche i., werden Verstand annehmen
Klg	4,14	sie i. hin und her wie die Blinden
Wsh	2,21	das alles denken sie – und i.
	13,6	sie i. vielleicht und suchen doch Gott
	14,22	daß sie in der Erkenntnis Gottes i.
Mt	22,29	ihr i., weil ihr weder die Schrift kennt Mk 12,24
Mk	12,27	ihr i. sehr
Gal	6,7	i. euch nicht! Gott läßt sich nicht spotten
1Pt	2,25	ihr wart wie die i. Schafe
Heb	3,10	immer i. sie im Herzen
	5,2	er kann mitfühlen mit denen, die i.
Jak	1,16	i. euch nicht, meine lieben Brüder
	5,19	*wenn jemand i. würde von der Wahrheit*

Irrgeist

Mi	2,11	wenn ich ein I. wäre

Irrlehre

2Pt	2,1	die verderbliche I. einführen und

Irrtum

1Mo	43,12	vielleicht ist ein I. da geschehen
Hi	19,4	so trage ich meinen I. selbst
Wsh	10,8	nicht verborgen bleiben in ihrem I.
2Pt	2,18	die kaum entronnen waren denen, die im I. ihr Leben führen
	3,17	nicht durch den I. dieser Leute verführt
1Jh	4,6	daran erkennen wir den Geist des I.
Jak	5,20	*bekehrt hat von dem I. seines Weges*
Jud	11	fallen in den I. des Bileam um Gewinnes willen

Irrweg

Ps	95,10	Leute, deren Herz immer den I. will
Klg	3,9	hat meinen Pfad zum I. gemacht
Wsh	12,24	sie waren so weit auf I. geraten
Jak	5,20	wer den Sünder bekehrt hat von seinem I.

Iru

1Ch	4,15	Söhne Kalebs: I.

Isaak

1Mo	17,19	Sohn, den sollst du I. nennen 21,3.5; 25,19; Jos 24,3.4; 1Ch 1,28.34
	21	meinen Bund will ich aufrichten mit I. 2Mo 2,24; 3Mo 26,42; 2Kö 13,23; 1Ch 16,16; Ps 105,9; Sir 44,24; 2Ma 1,2

Isaak

1Mo	21,8	am Tage, da I. entwöhnt wurde
	10	soll nicht erben mit meinem Sohn I. 25,6
	12	nach I. soll dein Geschlecht benannt werden 48,16; Rö 9,7.10; Heb 11,18
	22,2	nimm I., deinen einzigen Sohn 3.6.7.9
	24,4	nehmest meinem Sohn I. eine Frau 14.64.66.67; 25,20
	62	I. wohnte im Südlande 35,27
	25,5	Abraham gab all sein Gut I.
	9	begruben ihn seine Söhne I. und Ismael
	11	segnete Gott I. 26,12
	19	dies ist das Geschlecht I. 21.26
	28	I. hatte Esau lieb
	26,1	I. zog zu Abimelech 6.8.9.17.20.27.31
	19	I. Knechte fanden eine Quelle 32
	35	die machten I. lauter Herzeleid
	27,1	als I. alt geworden war 35,28; 49,31
	20	I. sprach zu seinem Sohn 5.21.22.26.30-39
	46	Rebekka sprach zu I.
	28,1	rief I. Jakob und segnete ihn 5.6
	8	daß I. die Töchter Kanaans nicht gerne sah
	13	bin I. Gott 31,42.54; 32,10; 46,1; 48,15; 2Mo 3,6.15.16; 4,5; 6,3; 1Kö 18,36; 1Ch 29,18; 2Ch 30,6; Tob 7,15; Mt 22,32; Mk 12,26; Lk 20,37; Apg 3,13; 7,32
	31,18	daß er käme zu I., seinem Vater 35,27
	35,12	Land, das ich Abraham und I. gegeben habe 50,24; 2Mo 6,8; 33,1; 4Mo 32,11; 5Mo 1,8; 6,10; 9,5; 29,12; 30,20; 34,4; Bar 2,34
2Mo	32,13	gedenke an deine Knechte Abraham, I. 5Mo 9,27
Jer	33,26	Herrscher über die Nachkommen I.
Am	7,9	die Höhen I. sollen verwüstet werden
Jdt	8,20	I., die Gott lieb, standhaft geblieben
StD	3,11	um deines Knechtes I. (willen)
GMn	8	I., die nicht gesündigt haben
Mt	1,2	Abraham zeugte I. I. zeugte Jakob Lk 3,34; Apg 7,8
	8,11	viele werden mit I. im Himmelreich sitzen
Lk	13,28	wenn ihr sehen werdet Abraham, I. und Jakob
	20,37	wo er den Herrn nennt Gott I.
Rö	9,7	nur was von I. stammt, soll dein Geschlecht genannt werden 10; Heb 11,18
Gal	4,28	ihr seid wie I. Kinder der Verheißung
Heb	11,9	wohnte in Zelten mit I. und Jakob
	17	durch den Glauben opferte Abraham den I.
	20	durch den Glauben segnete I. den Jakob
Jak	2,21	als er seinen Sohn I. auf dem Altar opferte

Isai, *Jesse*

Rut	4,17	Obed. Der ist der Vater I. 22; 1Sm 17,12.58; 1Ch 2,12.13; 2Ch 11,18
1Sm	16,1	ich will dich senden zu I. 3.5.8-11.18-20.22; 17,13.17.20
	20,27	warum ist der Sohn I. nicht gekommen 30.31; 22,7-9.13
	25,10	antwortete Nabal: wer ist der Sohn I.
2Sm	20,1	wir haben kein Erbe am Sohn I. 1Kö 12,16; 2Ch 10,16
	23,1	es spricht David, der Sohn I. Ps 72,20
1Ch	10,14	wandte das Königtum David, dem Sohn I., zu
	12,19	mit dir halten wir's, du Sohn I. 29,26
Jes	11,1	ein Reis hervorgehen aus dem Stamm I. 10
Mt	1,5	Obed zeugte I. 6
Lk	3,32	(David) war ein Sohn I.
Apg	13,22	ich habe David gefunden, den Sohn I.
Rö	15,12	es wird kommen der Sproß aus der Wurzel I.

Isch-Boschet, *Isch-Boscheth*
(= Eschbaal)

2Sm	2,8	I., Sauls Sohn 10.12.15; 3,7.8.14.15; 4,5.8.12

Ischhod

1Ch	7,18	Molechet gebar I.

Isebel

1Kö	16,31	¹(Ahab) nahm I., die Tochter Etbaals
	18,4	als I. die Proph. des HERRN ausrottete 13
	19	Propheten Baals, die vom Tisch I. essen
	19,1	Ahab sagte I. alles, was Elia getan
	2	da sandte I. einen Boten 21,11
	21,5	kam seine Frau I. zu ihm hinein 7
	14	sandten zu I.: Nabot ist gesteinigt 15
	23	auch über I. hat der HERR geredet: Die Hunde sollen I. fressen 2Kö 9,7.10.22.30.33.36.37
	25	Ahab, den seine Frau I. verführte
Off	2,20	²ich habe gegen dich, daß du I. duldest

Iskariot, *Ischarioth*

Mt	10,4	(Apostel:) Judas I. Mk 3,19; Lk 6,16
	26,14	einer von den Zwölfen, mit Namen Judas I. Mk 14,10
Lk	22,3	es fuhr der Satan in Judas, genannt I.
Jh	6,71	er redete von Judas, dem Sohn des Simon I.
	12,4	da sprach einer seiner Jünger, Judas I.
	13,2	als schon der Teufel dem Judas, dem I., ins Herz gegeben hatte, ihn zu verraten
	26	gab ihn Judas, dem Sohn des Simon I.
	14,22	spricht zu ihm Judas, nicht der I.

Ismael, *Ismaeliter*

1Mo	16,11	dessen Namen sollst du I. nennen 15.16; 25,12.13.16.17; 1Ch 1,28.29.31
	17,18	daß I. möchte leben bleiben vor dir 20
	23	nahm Abraham I. und beschnitt (ihn) 25.26
	25,9	begruben ihn seine Söhne Isaak und I.
	28,9	(Esau) ging zu I. und nahm die Tochter I. zur Frau 36,3
	37,27	laßt uns ihn an den I. verkaufen 25.28; 39,1
Ri	8,24	weil es I. waren, hatten sie goldene Ringe
1Ch	2,17	Jeter, ein I.
	27,30	Obil, ein I.
Ps	83,7	die in den Zelten von Edom und I. wohnen
Jdt	2,13	(Holofernes) beraubte alle I.

Israel
(s.a. Gott Israels; Haus Israel; HERR, Gott Israels; Jakob; Kinder Israel; Land Israel; Männer... Israel; Stämme Israels; Volk Israel)

1Mo	32,29	sollst nicht mehr Jakob heißen, sondern I. 35,10; 1Kö 18,31; 2Kö 17,34
	34,7	daß er eine Schandtat an I. begangen 35,22; 2Mo 18,11
	35,21	I. zog jenseits von Migdal-Eder 22
	37,3	I. hatte Josef lieber 13
	42,5	kamen die Söhne Israel, Getreide zu kaufen
	43,6	I. sprach: Warum habt ihr so übel 8.11
	45,21	die Söhne I. taten so 46,5
	28	I. sprach: Mir ist genug, daß Josef lebt
	46,1	I. zog (nach Ägypten) 47,27

Israel

1Mo	46,8	die Namen der Söhne I. 2Mo 1,1; 6,14; 28,9. 21.29; 39,6.14; 4Mo 1,20; 26,5; Ri 18,29; 1Ch 2,1; 5,1.3; 6,23; Esr 8,18		
	29	Josef zog seinem Vater I. entgegen		
	30	sprach I.: Ich will nun gerne sterben 47,29. 31; 48,2.8.10.13.14.21		
	48,20	wer in I. jemanden segnen will		
	49,2	höret euren Vater I.		
	7	will sie zerstreuen in I.		
	24	stark durch ihn, den Hirten und Fels I.		
	50,2	die Ärzte salbten I.		
	25	nahm einen Eid von den Söhnen I.		
2Mo	1,7	*die Nachkommen I. mehrten sich		
	12	kam sie ein Grauen an vor I. 14,25		
	3,16	versammle die Ältesten von I. 18; 12,21; 17,5. 6; 18,12; 24,1.9; 3Mo 9,1; 4Mo 11,16.30; 16,25; 5Mo 27,1; 31,9		
	4,22	I. ist mein erstgeborener Sohn Jer 31,9		
	5,2	daß ich I. ziehen lasse 6,11.13		
	9,7	war von dem Vieh I. nicht eins gestorben		
	11,7	gegen ganz I. soll nicht ein Hund mucken... Unterschied zwischen Ägypten und I.		
	12,3	sagt der ganzen Gemeinde I. 16,6; 5Mo 1,1; 5,1; 27,9; 29,1; 31,1.7.30; 32,45		
	6	da soll es die Gemeinde I. schlachten 47		
	15	soll ausgerottet werden aus I. 19; 4Mo 19,13		
	13,18	I. zog wohlgeordnet aus Ägyptenland 15,22		
	19	*hatte den Söhnen I. einen Eid abgenommen		
	14,5	warum haben wir I. ziehen lassen		
	19	Engel, der vor dem Heer I. herzog 20		
	30	so errettete der HERR an jenem Tage I.		
	31	so sah I. die mächtige Hand 34,30		
	17,8	Amalek kämpfte gegen I.		
	11	wenn Mose s. Hand emporhielt, siegte I.		
	18,1	daß der HERR I. aus Ägypten geführt hatte 8; 1Sm 10,18; Ps 136,11; Hos 12,14; Am 9,7		
	9	das Gute, das der HERR an I. getan Ri 8,35		
	25	erwählte redliche Leute aus ganz I.		
	24,11	reckte s. Hand nicht aus wider die Edlen I.		
	32,4	das (Kalb) ist dein Gott, I. 8; 1Kö 12,28		
	13	gedenke an Abraham, Isaak und I.		
	34,27	mit I. einen Bund geschlossen 5Mo 28,69; 1Kö 8,9; 2Ch 5,10		
3Mo	4,13	wenn die Gemeinde I. sich versündigte		
	10,11	(sollt) I. lehren alle Ordnungen 5Mo 33,10; 2Ch 35,3; Esr 7,10.11; Neh 8,1		
	14	Anrecht an den Dankopfern I... gegeben 4Mo 18,14.21; Hes 44,29		
	16,17	so soll er Sühne schaffen für I. 34; 1Ch 6,34; 29,24; Neh 10,34		
	20,2	wer in I. Kinder dem Moloch gibt		
	22,18	wer in I. sein Opfer darbringen will		
	23,42	wer einheimisch ist in I., in Laubhütten		
4Mo	1,3	wer wehrfähig ist in I. 45; 26,2; 31,4.5		
	16	Häupter über die Tausende in I. 44; 4,46; 7,2. 84; 10,4.36; Jos 22,14.21.30		
	3,12	statt aller Erstgeburt in I. 13; 16,9		
	10,29	der HERR hat I. Gutes zugesagt		
	16,34	I. floh vor ihrem Geschrei 5Mo 11,6		
	20,14	läßt dir dein Bruder I. sagen		
	21	weigerten sich, I. zu gestatten 21,1		
	21,2	da gelobte I. dem HERRN 3		
	6	daß viele aus I. starben 26,64		
	17	damals sang I. dies Lied		
	21	I. sandte Boten zu Sihon 23-25; Ri 11,19-21		
	31	wohnte I. im Lande der Amoriter 24,2; 25,1		
	22,2	Balak sah, was I. 23,7.10; Jos 24,9		
	23,10	wer kann zählen den vierten Teil I.		
	21	man sieht kein Verderben in I. 23		
	23	zu rechter Zeit wird I. gesagt		
4Mo	24,1	dem HERRN gefiel, I. zu segnen		
	5	wie fein sind deine Wohnungen, I.		
	17	wird ein Zepter aus I. aufkommen		
	18	I. wird Sieg haben 32,4		
	25,3	I. hängte sich an den Baal-Peor		
	3	entbrannte des HERRN Zorn über I. 4; 32,13.14; Jos 22,18.20; Ri 2,14.20; 3,8; 10,7; 2Sm 24,1; 2Kö 13,3; 2Ch 28,13; Ps 78,21		
	5	Mose sprach zu den Richtern I.		
	32,17	wir wollen gerüstet vor I. einherziehen		
	22	werdet ohne Schuld sein vor I.		
	36,1	*redeten vor den Häuptern der Sippen I.		
5Mo	1,38	Josua soll I. das Erbe austeilen Jos 21,41		
	2,12	gleichwie I. mit dem Lande tat, das		
	4,1	höre, I., die Gebote und Rechte 5,1; 6,3; 27,9; 31,11		
	6,4	höre, I., der H. ist unser Gott Mk 12,29		
	9,1	höre, I., du wirst heute über den Jordan gehen 20,3		
	10,12	I., was fordert der HERR von dir		
	13,12	daß I. aufhorche und sich fürchte 21,21		
	17,4	daß solch ein Greuel in I. geschehen		
	12	sollst das Böse aus I. wegtun 19,13; 22,21.22; Jos 7,15		
	20	verlängere die Tage seiner Herrschaft in I.		
	18,1	die Priester sollen weder Anteil noch Erbe haben mit I. Hes 44,28		
	6	wenn ein Levit kommt aus... I.		
	22,19	über die Jungfrau in I. Gerücht		
	23,18	keine Tempeldirne unter den Töchtern I. und kein Tempelhurer unter den Söhnen I.		
	25,6	damit dessen Name nicht ausgetilgt werde aus I. 7.10; 29,20		
	31,11	wenn ganz I. kommt, zu erscheinen		
	32,8	*nach der Zahl der Söhne I.		
	28	I., an dem man nicht raten kann		
	33,21	vollstreckte seine Gerichte zusammen mit I.		
	28	I. wohnt sicher 1Kö 5,5; Jer 23,6		
	29	wohl dir, I.! Wer ist dir gleich		
	34,10	hinfort kein Prophet in I. wie Mose 12		
Jos	3,7	dich groß zu machen vor ganz I. 4,14		
	17	I. ging auf trockenem Boden hindurch 4,22		
	4,7	diese Steine für I. ein ewiges Andenken		
	21	(Josua) sprach zu I.		
	5,1	wagte keiner mehr zu atmen vor I.		
	12	so daß I. kein Manna mehr hatte		
	6,18	das Lager I. in Unglück zu bringen		
	23	brachten sie außerh. des Lagers I. unter		
	25	Rahab blieb in I. wohnen 13,13		
	7,6	Josua samt den Ältesten I. 8,10; 23,2; 24,1		
	8	seinen Feinden den Rücken gekehrt 12		
	11	I. hat sich versündigt 13		
	16	Josua ließ I. herzutreten 24		
	25	ganz I. steinigte ihn 1Kö 12,18; 2Ch 10,18		
	8,14	um I. zum Kampf zu begegnen 15.17.21.22. 24.27; 9,2; 11,5.20		
	33	ganz I. zu beiden Seiten der Lade 1Kö 8,5		
	10,1	daß die von Gibeon Frieden mit I. gemacht		
	10	der HERR erschreckte sie vor I. 11.20		
	12	sprach in Gegenwart I.: Sonne, steh still		
	14	der HERR stritt für I. 42; 2Ch 20,29		
	15	Josua und ganz I. mit ihm 29.31.34.36.38.43		
	21	wagte niemand, gegen I. s. Zunge zu regen		
	30	der HERR gab dieses in die Hand I. 32; 11,6. 8; 1Sm 14,12.37		
	11,13	die Städte... verbrannte I. nicht		
	16	nahm Josua ein das Gebirge I. 21		
	23	gab es I. zum Besitz 13,6; 21,43		
	14,10	45 Jahre, als I. in der Wüste umherzog		
	22,11	an der Grenze des Gebiets von I.		

Israel

Jos	22,12	versammelte sich die ganze Gemeinde I.
	13	I. sandte zu ihnen den Pinhas
	22	der HERR weiß es; so wisse es auch I.
	23,1	als der HERR I. Ruhe gegeben hatte
	24,31	I. diente dem HERRN, solange Josua lebte
	31	Werke, die er an I. getan Ri 2,7.10
Ri	1,28	als aber I. mächtig wurde
	2,4	als der Engel zu ganz I. geredet hatte
	22	damit ich I. durch (die Völker) prüfe 3,1.4
	3,2	die Geschlechter I. Krieg führen lehrte
	8	diente I. dem Kuschan-Rischatajim
	10	wurde Richter in I. 4,4
	12	machte der HERR den Eglon stark gegen I. 13
	30	die Moabiter unter die Hand I. gedemütigt
	31	auch (Schamgar) errettete I. 6,14.15.36.37; 10,1; 13,5
	4,23	so demütigte Gott Jabin vor I.
	5,2	daß man sich in I. zum Kampf rüstete
	7	still war es in I., bis du, Debora… eine Mutter in I.
	8	es war kein Schild noch Speer in I.
	9	mein Herz ist mit den Gebietern I.
	11	Gerechtigkeit an seinen Bauern in I.
	6,2	Hand der Midianiter zu stark über I. 3.4.6
	7,2	könnte sich rühmen
	15	Gideon kam zurück ins Lager I.
	8,27	ganz I. trieb dort mit ihm Abgötterei
	9,22	als Abimelech 3 Jahre über I. geherrscht
	10,2	richtete I. 23 Jahre 3; 12,7-14; 15,20; 16,31; 1Sm 4,18
	8	(Philister) zerschlugen ganz I. 9.16.17; 14,4; 1Sm 4,1-5.10.17
	11,4	kämpften die Ammoniter mit I. 5
	13	weil I. mein Land genommen hat 15-17
	25	hat (Balak) je mit I. gerechtet 26.27
	39	ward Brauch in I. 40; Rut 4,7; 2Ch 35,25
	17,6	war kein König in I. 18,1; 19,1; 21,25
	19,29	sandte sie in das Gebiet I. 20,3.6.10.13
	30	seitdem I. aus Ägyptenland gezogen
	20,17	von I. 400.000 streitbare Männer 2Sm 24,9; 1Ch 21,5
	21	die Benjaminiter schlugen von I. 22.000 zu Boden 22.25.29.30.33.39
	21,3	I. um einen Stamm weniger geworden 6.17
Rut	4,7	das diente zur Bezeugung in I.
	14	dessen Name werde gerühmt in I.
1Sm	2,14	so taten sie allen in I. 22
	28	habe alle Feueropfer I. gegeben
	32	bei allem Gutem, das I. geschehen wird
	3,11	ich werde etwas tun in I.
	20	ganz I. erkannte, daß Samuel 21
	4,21	die Herrlichkeit ist hinweg aus I. 22
	7,5	versammelt ganz I. in Mizpa 7.9.10.13.14
	15	Samuel richtete I. sein Leben lang 16.17
	8,1	setzte er s. Söhne als Richter über I. ein 4
	9,9	vorzeiten sagte man in I.
	20	wem gehört alles, was wertvoll ist in I.
	11,2	bringe damit Schmach über ganz I. 3.7.8
	13	der HERR hat Heil gegeben in I. 14,45; 19,5
	12,1	sprach zu ganz I. 14,40
	13,1	zwei Jahre regierte (Saul) über I. 4.5.13; 14,47; 15,17.26.28.35; 16,1; 24,15
	20	I. mußte hinabziehen zu den Philistern
	14,18	trug den Efod in jener Zeit vor I.
	21	gingen über zu denen von I.
	23	so half der HERR I. an diesem Tage
	39	so wahr der HERR lebt, der Heiland I.
	48	(Saul) errettete I. aus der Hand aller
	15,2	habe bedacht, was Amalek I. angetan hat
1Sm	15,29	lügt der nicht, der I. Ruhm ist
	30	ehre mich vor I.
	17,8	(Goliat) rief dem Heer I. zu 10.11.21.24-26.45. 46; 2Sm 21,21; 1Ch 20,7
	18,6	die Frauen aus allen Städten I.
	16	ganz I. und Juda hatte David lieb
	18	was ist meine Sippe in I.
	23,17	wirst König werden über I. 24,21; 25,30; 29,3; 2Sm 3,10; 5,2; 6,21; 12,7; 1Ch 11,10; 2Ch 13,5
	25,1	ganz I. hielt Totenklage 28,3; 1Kö 14,13.18
	26,15	wer ist dir gleich in I.
	27,1	zu suchen im ganzen Gebiet I. 1Kö 1,3
	28,1	in den Kampf zu ziehen gegen I. 4.19; 29,1; 31,1; 1Ch 10,1
	30,25	machte es zu Satzung und Recht für I.
2Sm	1,3	aus dem Heer I. bin ich entronnen
	19	die Edelsten in I. sind erschlagen
	24	ihr Töchter I., weinet über Saul
	2,9	(Isch-Boschet) zum König über I. 10
	28	und jagte I. nicht mehr nach
	3,12	daß ich dir ganz I. zuführe 17.19.21.37
	38	daß ein Großer gefallen ist in I.
	4,1	ganz I. erschrak
	5,2	führtest I. ins Feld 3; 1Ch 11,1-4
	5	regierte (David) 33 Jahre über ganz I. 12.17; 8,15; 1Kö 2,11; 1Ch 12,39; 14,2.8; 18,14; 29,27
	6,1	David sammelte in I. 3.000 Mann, (um die Lade Gottes heraufzuholen) 5.19; 1Ch 13,2.5. 6.8; 15,3.25.28; 16,3
	20	wie herrlich ist heute der König von I.
	7,7	geredet zu einem der Richter I. 1Ch 17,6
	26	HERR Zebaoth ist Gott über I. 1Ch 17,24
	10,9	wählte aus der Mannsch. in I. 1Ch 19,10
	15	die Aramäer von I. geschlagen 17-19; 1Ch 19,16-19
	11,1	sandte David Joab und ganz I.
	11	I. und Juda wohnen in Zelten
	12,12	ich aber will dies tun vor ganz I.
	13,12	so tut man nicht in I. 13
	14,25	war in ganz I. kein Mann so schön
	15,6	auf diese Weise tat Absalom mit ganz I. 13
	16,21	so wird ganz I. hören 22
	17,4	die Rede gefiel allen Ältesten in I. 15
	10	es weiß ganz I. 11.13.14
	26	I. und Absalom lagerten sich in Gilead
	18,6	als das Heer hinauskam I. entgegen 7.16.17; 19,9.12.23.43.44
	20,1	ein jeder gehe in sein Zelt, I. 1Kö 12,16
	2	fiel jedermann in I. von David ab
	19	bin eine von den friedsamen Städten in I.
	23	Joab war über das ganze Heer I. gesetzt
	21,2	Saul in seinem Eifer für I.
	4	jemand zu töten in I.
	15	wieder im Krieg der Philister mit I.
	17	damit nicht die Leuchte in I. verlischt
	23,1	David, der Liebling der Lieder I.
	3	der Fels I. hat geredet
	24,1	ganz I. und Juda 1Ch 21,1.2.4
	15	ließ der HERR die Pest über I. kommen 1Ch 21,7.12.14
1Kö	1,3	suchten ein Mädchen im ganzen Gebiet I.
	20	die Augen I. sehen auf dich 2,15; 1Ch 28,8
	35	(Salomo) zum Fürsten über I. und Juda 1Ch 29,25
	2,4	soll niemals fehlen an einem Mann auf dem Thron I. 8,20.25; 9,5; 10,9; 2Kö 10,30; 15,12; 1Ch 22,10; 28,5; 2Ch 6,10.16; 7,18
	5	was (Joab) tat den Feldhauptleuten I. 32
	3,28	ganz I. hörte von dem Urteil
	4,7	Salomo hatte 12 Amtleute über ganz I.

Israel

1Kö	4,20	Juda und I. waren zahlreich
	5,27	Salomo hob Fronarbeiter aus von ganz I.
	6,1	im 480. Jahr nach dem Auszug I., im 4. Jahr der Herrschaft Salomos über I. 1Ch 17,5
	13	will wohnen unter I.
	8,1	versammelte die Ältesten in I., alle Häupter in I. 3; 18,19.20; 1Ch 22,17; 23,2; 28,1; 2Ch 5,2.4; 23,2
	14	König segnete die Gemeinde I. 55; 2Ch 6,3
	14	und die ganze Gemeinde I. stand 2Ch 7,6
	22	angesichts der Gemeinde I. 2Ch 6,12.13
	62	der König und ganz I. opferten 63; 2Ch 5,6
	65	beging das Fest und I. mit ihm 2Ch 7,8
	9,7	so werde ich I. ausrotten 14,15.16; 2Ch 7,20
	7	I. wird ein Spott und Hohn sein
	21	an denen I. den Bann nicht 2Ch 8,8
	22	aus I. niemand zu Fronleuten
	10,9	weil der HERR I. liebhat 2Ch 9,8
	11,15	die Erschlagenen I. zu begraben
	16	sechs Monate blieb ganz I. (in Edom)
	25	Hadad hatte einen Haß auf I.
	38	will dir I. geben
	12,1	ganz I. war nach Sichem 3.16; 2Ch 10,1
	16	da ging I. heim 2Ch 10,16
	19	also fiel I. ab vom Hause David 20; 2Kö 17,21; 2Ch 10,19
	24	nicht gegen die von I. kämpfen 2Ch 11,1
	14,10	bis auf den letzten Mann in I. 21,21; 2Kö 9,8
	16	Jerobeams, der I. sündigen gemacht hat 15,26.30.34; 16,13.19.26; 21,22; 22,53; 2Kö 3,3; 10,29.31; 13,2.6.11; 14,24; 15,9.18.24.28; 17,21; 23,15
	24	Heiden, die der HERR vor I. vertrieben hatte 21,26; 2Kö 17,8; 21,2.9
	15,20	Ben-Hadad sandte gegen die Städte I. 20,26; 2Ch 16,4
	25	regierte über I. zwei Jahre 16,29; 22,52; 2Kö 10,36
	27	Nadab und I. belagerten Gibbethon 16,17
	16,16	da machte ganz I. Omri zum König
	18,17	du, der I. ins Unglück stürzt 18; 1Ch 2,7
	19,10	I. hat deinen Bund verlassen 14
	18	will übriglassen 7.000 in I.
	20,20	I. jagte ihnen nach 27.29; 2Kö 3,6.24
	22,1	kein Krieg war zw. den Aramäern und I.
	17	ich sah ganz I. verstreut 2Ch 18,16
2Kö	1,1	fielen die Moabiter ab von I. 3,24
	3	ist denn kein Gott in I. 6.16
	2,12	du Wagen I. und sein Gespann 13,14
	3,27	kam ein großer Zorn über I. 17,18; 1Ch 27,24
	5,8	innewerde, daß in I. ein Prophet in I. ist 6,12
	12	besser als alle Wasser in I.
	15	kein Gott ist in allen Landen, außer in I.
	6,8	der König von Aram führte Krieg mit I. 9,14; 10,32; 13,22
	9,6	I., das Volk des HERRN
	10,21	sandte Jehu umher in ganz I. 28
	32	fing der HERR an, von I. abzutrennen
	13,4	der HERR sah den Jammer I. an 14,26
	5	der HERR gab I. einen Retter 14,26
	25	gewann die Städte I. zurück 14,25.28
	14,12	Juda wurde vor I. geschlagen 2Ch 25,22
	27	daß er den Namen I. austilgen wollte
	15,20	legte eine Steuer auf die Reichsten in I.
	17,6	führte I. weg nach Assyrien 23; 18,11
	13	und doch hatte der HERR I. gewarnt
	19	nach den Satzungen, nach denen I. gelebt
	20	darum verwarf der HERR I. 23; 23,27; Ps 78,59
	22	so wandelte I. in allen Sünden Jerobeams
2Kö	17,24	wohnen in den Städten an I. Statt
	18,4	bis zu dieser Zeit hatte I. geräuchert
	19,22	wider den Heiligen I. Ps 78,41; Jes 1,4; 5,24; 30,11; 37,23
	21,8	den Fuß I. nicht weichen lassen 2Ch 33,8
	23,22	Zeit der Richter, die I. gerichtet haben 1Ch 17,6
1Ch	1,34	Söhne Isaaks sind: Esau und I.
	6,49	I. gab den Leviten Städte
	9,1	ganz I. wurde aufgezeichnet
	10,1	die Philister kämpften gegen I.
	11,4	David und ganz I. zogen nach Jerusalem 10
	12,33	rieten, was I. zu jeder Zeit tun sollte
	39	war das übrige I. eines Herzens
	41	denn Freude war in I.
	16,13	ihr, das Geschlecht I., seines Knechts
	17	gesetzt hat I. zum ewigen Bund Ps 105,10
	40	Gesetz des HERRN, das er I. geboten 22,13
	21,1	der Satan stellte sich wider I.
	3	warum soll eine Schuld auf I. kommen
	22,1	der Altar für die Brandopfer I.
	9	ich will I. Frieden geben
	12	der HERR wird dich bestellen über I.
	26,29	in I. zum Dienst bestellt 30
	27,1	dies sind die Söhne I. nach ihrer Zahl
	23	der HERR hatte zugesagt, I. zu mehren
	29,21	opferten für ganz I. 2Ch 5,6; Esr 6,17; 8,35
	23	ganz I. wurde (Salomo) gehorsam 25
	30	Geschehnisse, die über I. dahingegangen
2Ch	1,2	Salomo redete mit ganz I.
	13	Salomo regierte über I. 9,30
	2,3	wie es allezeit für I. gilt
	8,7	von den(en), die nicht zu I. gehörten
	10,3	Jerobeam kam mit ganz I. 16
	11,3	sage all denen von I.
	13	Priester und Leviten von ganz I. 16; 19,8
	12,1	verließ das Gesetz und ganz I. mit ihm
	6	demütigten sich die Obersten in I.
	13,4	hört mir zu, Jerobeam und ganz I.
	15	schlug Gott ganz I. vor Juda 16.17
	15,3	lange Zeit war I. ohne rechten Gott
	9	fiel ihm eine große Menge aus I. zu
	17	die Opferhöhen in I. nicht entfernt 34,33
	17,1	Joschafat wurde mächtig gegenüber I.
	4	(Joschafat) wandelte nicht so wie I.
	20,10	durch die du I. nicht hindurchziehen l.
	21,4	erschlug auch einige Obere in I.
	24,5	sammelt Geld aus ganz I. 6.9; 34,9
	16	weil er an I. wohlgetan hatte
	25,6	warb aus I. 100.000 Kriegsleute 9
	7	laß nicht das Heer I. mit dir ziehen, denn der HERR ist nicht mit I.
	28,8	die von I. führten 200.000 Frauen weg
	23	brachten ihn und ganz I. zu Fall
	30,1	Hiskia sandte zu ganz I. 5.6.25
	31,1	zog ganz I. in die Städte Judas
	6	die von I. brachten auch den Zehnten
	34,21	befragt... für die Übriggebliebenen in I.
	33	daß alle in I. dem HERRN dienten
	35,18	kein Passa gehalten in I. wie dies
Esr	2,59	ob (sie) aus I. stammten Neh 7,61
	70	ließen sich nieder... alle aus I. Neh 7,72; 11,20
	3,11	seine Barmherzigkeit währt ewigl. über I.
	4,3	die Häupter in I. antworteten 7,28
	8,25	Abgabe, die ganz I. gegeben 29; Neh 12,47
	10,1	sammelte sich aus I. eine große Gemeinde
	2	es ist noch Hoffnung für I.
	5	nahm einen Eid von ganz I.
	10	als ihr d. Schuld I. gemehrt habt Neh 13,18

Israel

Neh	9,2	sonderten sich die Nachkommen I. ab 13,3
	10	daß sie gegen I. vermessen waren
Ps	14,7	daß die Hilfe aus Zion über I. käme... so würde I. sich freuen 53,7
	22,4	der du thronst über den Lobgesängen I.
	25,22	Gott, erlöse I. aus aller seiner Not
	50,7	I., ich will wider dich zeugen
	68,27	lobet Gott, die ihr von I. herstammt
	35	seine Herrlichkeit ist über I.
	71,22	ich will dir lobsingen, du Heiliger I.
	73,1	Gott ist dennoch I. Trost
	76,2	in I. ist sein Name herrlich
	78,5	er gab ein Gesetz in I.
	31	schlug die Besten in I. nieder
	71	daß er weide sein Erbe I. Jer 10,16; 51,19
	80,2	du Hirte I., höre
	81,5	das ist eine Satzung für I.
	9	I., du sollst mich hören
	12	I. will mich nicht
	14	wenn doch I. auf meinem Wege ginge
	16	I. Zeit würde ewiglich währen
	83,5	daß des Namens I. nicht mehr gedacht w.
	89,19	dem Heiligen in I. (gehört) unser König
	114,1	als I. aus Ägypten zog
	2	da wurde I. sein Königreich
	115,9	I. hoffe auf den HERRN 130,7; 131,3
	118,2	es sage nun I.: Seine Güte währet ewigl.
	121,4	der Hüter I. schläft u. schlummert nicht
	124,1	wäre der HERR nicht... so sage I. 129,1
	125,5	Friede sei über I. 128,6
	130,8	er wird I. erlösen aus allen seinen Sünden
	135,4	(erwählt) I. zu seinem Eigentum Hes 20,5
	136,14	ließ I. mitten hindurchgehen
	22	zum Erbe seinem Knecht I.
	147,2	bringt zusammen die Verstreuten I. Jes 11,12; 49,5.6; 56,8; Jer 50,17.19; Mi 2,12
	19	er verkündigt I. seine Gebote
	149,2	I. freue sich seines Schöpfers
Pr	1,12	ich, der Prediger, war König über I.
Hl	3,7	sechzig Starke von den Starken in I.
Jes	1,3	aber I. kennt's nicht
	24	darum spricht der Mächtige I.
	4,2	bei denen, die erhalten bleiben in I.
	5,19	es nahe der Ratschluß des Heiligen I.
	8,18	als Zeichen in I. vom HERRN Zebaoth
	9,7	ein Wort ist in I. niedergefallen
	11	daß sie I. fressen mit vollem Maul 13
	10,17	das Licht I. wird ein Feuer sein
	20	die Übriggebliebenen von I. werden sich verlassen auf den Heiligen I. Ze 3,13
	22	wäre auch dein Volk, o. I., wie Sand
	11,16	eine Straße, wie sie für I. da war
	12,6	der Heilige I. ist groß bei dir Hes 39,7
	14,1	der HERR wird I. noch einmal erwählen
	2	Völker werden I. an seinen Ort bringen
	17,3	Aram w. es gehen wie der Herrlichk. I. 9
	7	s. Augen w. auf den Heiligen I. schauen
	19,24	zu der Zeit wird I. der dritte sein
	25	gesegnet bist du, I., mein Erbe
	27,6	daß I. blühen und grünen wird
	7	wird doch I. nicht geschlagen, wie s. Feinde
	29,19	fröhlich sein in dem Heiligen I. 41,16
	30,12	spricht der Heilige I. 15; 43,14; 45,11; 48,17
	29	mit Flötenspiel zum Hort I.
	31,1	halten sich nicht zum Heiligen I.
	40,27	und du, I., sagst
	41,8	I., den ich erwählt habe 44,1.21; 48,12
	14	du Würmlein Jakob, du armer Haufe I.
	14	dein Erlöser ist der Heilige I. 43,3; 47,1; 49,7; 54,5; 55,5
	41,20	der Heilige I. hat es geschaffen 60,9
	42,24	und I. den Räubern 43,28
	43,1	der dich gemacht hat, I. 15
	22	daß du um mich gemüht hättest, I.
	44,5	wird mit dem Namen „I." genannt 48,1
	21	I., ich vergesse dich nicht
	23	der HERR ist herrlich in I. 46,13; 49,3
	45,4	um I. willen rief ich dich
	17	I. wird erlöst mit einer ewigen Erlösung
	25	im HERRN wird gerecht I. Geschlecht
	60,14	werden dich nennen „Zion des Heiligen I."
	63,16	I. kennt uns nicht
	66,20	gleichwie I. die Opfergaben bringt
Jer	2,3	da war I. dem HERRN heilig
	14	ist denn I. ein Sklave
	31	bin ich denn für I. eine Wüste
	3,6	was I., die Abtrünnige, tat 8.11.12
	23	es hat I. keine Hilfe als am HERRN
	4,1	willst du dich, I., bekehren Hos 14,2
	6,9	halte Nachlese am Rest I. Hes 9,8; 11,13
	9,25	ganz I. hat ein unbeschnittenes Herz
	14,8	du bist der Trost I. und sein Nothelfer
	17,13	du, HERR, bist die Hoffnung I.
	18,13	greuliche Dinge tut die Jungfrau I.
	29,23	weil sie eine Schandtat in I. begingen
	30,4	Worte, die der HERR redete über I. 36,2
	10	entsetze dich nicht, I.
	31,1	will der Gott aller Geschlechter I. sein
	2	zieht hin zu seiner Ruhe
	4	daß du gebaut sein sollst, I. 33,7
	7	der HERR hat geholfen dem Rest I.
	10	der I. zerstreut hat, wird's wieder
	21	kehr zurück, Jungfrau I.
	36	müßte auch das Geschlecht I. aufhören 37
	32,20	hast Wunder getan an I.
	30	I... haben getan, was mir mißfällt 32
	46,27	I., verzage nicht
	48,27	ist I. dir nicht ein Gespött gewesen
	49,1	hat denn I. keine Kinder
	2	I. soll seine Besitzer besitzen
	50,20	wird man die Missetat I. suchen
	29	stolz gehandelt wider d. Heiligen I. 51,5
	51,5	I. und Juda sollen nicht Witwen werden
	49	Babel fallen für die Erschlagenen I.
Klg	2,1	I. vom Himmel auf die Erde geworfen 3.5
Hes	6,2	richte dein Angesicht gegen die Berge I. 3; 35,12; 36,1.4
	11,10	an der Grenze I. will ich euch richten 11
	12,23	Gerede nicht mehr führen soll in I. 18,3
	13,9	weissage gegen die Propheten I. 4.16; 34,2
	14,1	kamen einige von den Ältesten I. 20,1.3
	7	jedem in I. will ich antworten
	17,23	auf den Berg I. will ich's pflanzen 20,40
	19,1	von den Fürsten I. 21,30; 22,6; 45,9
	9	nicht mehr gehört auf den Bergen I.
	21,17	es geht über alle Regenten in I.
	33,28	daß das Gebirge I. zur Wüste wird 38,8
	34,13	sie will ich weiden auf den Bergen I. 14; 36,8; 37,22
	37,16	schreibe darauf: Für Juda und I. 19
	28	ich, der I. heilig macht
	38,17	geredet habe durch die Propheten in I.
	39,2	Gog... auf die Berge I. bringen 4.11.17
	9	die Bürger I. werden herausgehen
	44,10	als I. von mir abfiel
	45,8	soll sein Eigentum sein in I.
	15	je ein Lamm von den Herden I.
	16	soll Abgaben zum Fürsten in I. bringen
Dan	9,7	müssen uns schämen, die vom ganzen I. 11
Hos	1,5	will ich den Bogen I. zerbrechen

Hos	4,15	willst du, I., schon huren, so soll Juda	Bar	2,1	sein Wort gehalten gegen I.
	16	I. läuft dahin wie eine tolle Kuh		15	I. und ... sind ja nach dir genannt
	5,3	I. ist ... nicht verborgen: I. unrein 6,10		3,9	höre, I., die Gebote des Lebens 10.24
	5	wider I. zeugt seine Hoffart 7,10		37	hat (Erkenntnis) I. gegeben
	5	sollen I. und Ephraim fallen		4,5	an I. wird noch gedacht werden 4
	7,1	wenn ich I. heilen will		5,9	Gott wird I. zurückbringen 7.8
	8,2	du bist mein Gott; wir, I., kennen dich	1Ma	1,12	zu dieser Zeit in I. gottlose Leute
	3	I. verwirft das Gute		26	in I. großes Herzeleid 32.38; 9,27; 12,52; 13,3. 26
	8	verschlungen wird I.			
	14	I. vergißt seinen Schöpfer		45	viele aus I. opferten den Götzen
	9,1	darfst dich nicht freuen, I.		2,55	wurde (Josua) der oberste Fürst in I.
	7	dessen wird I. innewerden		3,2	kämpften für I. 8; 4,11; 5,62; 9,21; 13,4; 2Ma 11,6; StE 2,4
	10	ich fand I. wie Trauben in der Wüste			
	10,1	I. ist ein üppig rankender Weinstock		46	I. hatte vorzeiten in Mizpa angebetet
	6	I. beschämt trotz seiner Klugheit		4,25	ist I. großes Heil widerfahren
	8	Höhen, auf denen sich I. versündigte 9		30	Lob sei dir, du Heiland I.
	11,1	als I. jung war, hatte ich ihn lieb		5,60	I. verlor an diesem Tage 2.000 Mann
	8	wie kann ich dich ausliefern, I.		63	Judas ... wurden hoch geachtet in I.
	12,13	I. mußte um ein Weib dienen		6,21	Abtrünnige aus I. 7,5.23; 10,61
	13,1	war (Ephraim) erhoben in I.		7,12	die Asidäer waren die ersten in I., die
	9	I., du bringst dich ins Unglück		8,18	daß I. nicht unterdrückt würde
	14,6	ich will für I. wie ein Tau sein		11,23	einige von den Ältesten in I.
Jo	2,27	erfahren, daß ich mitten unter I. bin	StE	2,8	ganz I. rief zum Herrn
	4,2	will rechten wegen meines Erbteils I.		3,5	daß du I. von allen Heiden abgesondert
Am	1,1	was Amos gesehen hat über I.	StD	1,48	Narren, daß ihr eine Tochter I. verdammt
	2,6	um 4 Frevel willen derer von I. will ich		3,11	um I., deines Heiligen, (willen)
	3,14	da ich die Sünden I. heimsuchen werde		59	I., lobe den Herrn
	4,12	will ich's weiter so mit dir machen, I ... bereite dich, I., und begegne deinem Gott	Mt	8,10	solchen Glauben habe ich in I. bei keinem gefunden Lk 7,9
	5,2	die Jungfrau I. ist gefallen		9,33	so etwas ist noch nie in I. gesehen worden
	7,9	Heiligtümer I. (sollen) zerstört werden		10,23	mit den Städten I. nicht zu Ende kommen
	11	I. wird gefangen weggeführt werden 17	Lk	1,54	er hilft seinem Diener I. auf
	16	weissage nicht wider I.		2,25	Simeon wartete auf den Trost I.
Mi	1,13	in dir finden sich die Übertretungen I.		34	zum Fall und zum Aufstehen für viele in I.
	15	die Herrlichk. I. soll kommen bis Adullam		4,25	waren viele Witwen in I. zur Zeit des Elia 27
	3,8	daß ich I. seine Sünde anzeigen kann		24,21	hofften, er sei es, der I. erlösen werde
	4,14	man wird den Richter I. schlagen	Jh	1,31	damit er I. offenbart werde, darum bin ich gekommen
	5,1	aus dir soll kommen, der in I. Herr sei			
	2	*der Rest wiederkommen zu den Söhnen I.		3,10	bist du I. Lehrer und weißt das nicht
	6,2	der HERR will mit I. ins Gericht gehen	Apg	1,6	wirst du wieder aufrichten das Reich für I.
Nah	2,3	der HERR wird erneuern die Pracht I.		5,21	riefen alle Ältesten in I. zusammen
Ze	3,14	frohlocke, I.		31	um I. Vergebung der Sünden zu geben
Sa	11,14	Bruderschaft zw. Juda und I. aufzuheben		28,20	um der Hoffnung I. willen trage ich d. Ketten
	12,1	von I. spricht der HERR Mal 1,1			
Mal	1,5	der HERR ist herrlich über die Grenzen I.	Rö	9,4	die da sind von I.
	2,11	in I. und in Jerusalem geschehen Greuel		6	nicht alle sind Israeliten, die von I. stammen
	3,22	Gesetz, das ich befohlen habe für ganz I.		27	Jesaja ruft aus über I.
Jdt	4,10	Jojakim ermutigte ganz I.		31	I. aber hat nach dem Gesetz ... getrachtet
	13	so soll es allen Feinden I. ergehen		10,1	ich flehe zu Gott für I.
	6,3	wirst unter den Verwundeten I. liegen		19	I. frage: Hat es I. nicht verstanden
	6	befahl, Achior in die Hände I. geben 11		21	zu I. aber spricht er
	7,3	Kampf gegen I. 1Ma 1,21; 3,10.15.35; 4,27; 9,51; 10,46; 14,17		11,2	Elia, wie er vor Gott tritt gegen I.
				7	was I. sucht, das hat es nicht erlangt
	10,9	damit I. sich über dich freut 16,9		11	I. Heil, damit I. ihnen nacheifern sollte
	13,12	Gott hat an I. Großes getan 2Ma 10,38		25	Verstockung ist einem Teil I. widerfahren
	15,6	Boten in alle Städte I.		26	so wird ganz I. gerettet werden
	12	du bist die Wonne I.	1Ko	10,18	seht an das I. nach dem Fleisch
	16,30	wagte niemand, I. anzugreifen	2Ko	3,16	I. sich bekehrt zu dem Herrn, so wird
Sir	17,15	über I. ist (Gott) selbst Herr	Gal	6,16	Friede über sie und über das I. Gottes
	24,13	in I. soll dein Erbbesitz sein	Eph	2,12	ausgeschlossen vom Bürgerrecht I.
	36,14	Herr, erbarme dich über I. StE 2,1	Heb	11,30	fielen die Mauern Jerichos, als I.
	37,28	I. Tage sind nicht zu zählen			
	45,6	damit er lehren sollte I. seine Satzungen 21	**Israelit, Kinder Israel**		
	29	(Pinhas) schaffte Sühne für I.	1Mo	32,33	*daher essen die I. nicht das Muskelstück
	46,2	damit I. sein Erbe bekäme	2Mo	1,13	*da zwangen die Ägypter die I. 2,23.25
	47,13	daß der Thron in I. bei ihnen bleiben		3,9	*das Geschrei der I. vor mich gekommen
	50,15	vor der ganzen Gemeinde I. 22; 1Ma 4,59		10	*damit du die I. aus Ägypten führst 11.13; 6,13.26.27; 7,5; 12,51; 14,8; 2Sm 7,6.7; Jer 16,14.15; 23,7
	25	er verleihe Frieden in I. 1Ma 9,73; 13,41.51; 14,11.26; 2Ma 1,25			

Israelit

2Mo	3,14	*so sollst du zu den I. sagen 15; 6,6.9; 14,2. 15; 16,9.10; 19,3.6; 20,22; 25,2; 30,31; 31,13; 33,5; 35,30; 3Mo 1,2; 4,2; 7,23.29; 9,3; 11,2; 12,2; 15,2; 17,2.12.14; 18,2; 19,2; 20,2; 21,24; 22,18; 23,2.10.24.34; 24,15; 25,2; 27,2; 4Mo 5,6. 12; 6,2.23; 9,10; 14,39; 15,2.18.38; 17,17.21; 19,2; 27,8; 30,1; 33,51; 34,2.13; 35,2.10; 36,5; 5Mo 1,3; Jos 3,9; 1Sm 10,18	
	4,29	*versammelten alle Ältesten der I.	
	31	*daß der HERR sich der I. angenommen	
	5,14	*Aufseher aus den Reihen der I. 15.19	
	6,12	*die I. hören nicht auf mich	
	7,2	*damit er die I. ziehen lasse 9,35; 10,20; 11,10; 12,31.37	
	9,4	Unterschied zwischen I. und Ägypter	
	4	*nichts sterbe von allem, was die I. haben 6	
	26	*wo die I. waren, hagelte es nicht 10,23	
	12,27	*des HERRN, der an den I. vorüberging	
	28	*die I. taten, wie der HERR es geboten 35. 50; 39,32; 3Mo 24,23; 4Mo 1,54; 2,34; 5,4; 8,20; 9,5; Jos 8,31; 14,5	
	40	*Zeit, die die I. in Äg. gewohnt, 430 Jahre	
	42	*die I. diese Nacht dem HERRN wachen	
	13,2	*heilige mir alle Erstgeburt bei den I.	
	14,3	*der Pharao wird sagen von den I. 8	
	10	*hoben die I. ihre Augen auf	
	16	*daß die I. mitten durch das Meer gehen 22. 29; 15,19	
	15,1	*damals sangen Mose und die I. dies Lied	
	16,1	*die Gemeinde der I. kam in die Wüste 17,1; 19,1; 4Mo 15,32; 20,1	
	2	*murrte die Gemeinde der I. 12; 17,7; 4Mo 14,2.27; 17,6.20; 20,13	
	15	*die I. sprachen: Man hu 17. 35	
	24,5	*sandte junge Männer von den I. hin	
	17	*wie ein verzehrendes Feuer vor den I.	
	25,22	*dir gebieten will für die I. 3Mo 7,38	
	27,20	*gebiete den I. 3Mo 24,2; 4Mo 5,2; 28,2; 34,2; 35,2	
	21	*ewige Ordnung für die Nachkommen bei den I.	
	28,1	*herantreten aus der Mitte der I.	
	12	*zum gnädigen Gedenken an die I. 30; 30,16; 39,7; 4Mo 17,5; 31,54	
	38	*Sünde, die an den Gaben der I. haftet	
	29,28	*als ewiges Anrecht bei den I. 3Mo 7,34.36; 4Mo 18,8.11.19	
	43	*daselbst will ich den I. begegnen	
	45	*will unter den I. wohnen 4Mo 35,34; Hes 43,7	
	30,12	*wenn du die I. zählst 4Mo 1,2.45.49; 2,32.33; 26,2.4.51.62.63	
	31,16	*sollen die I. den Sabbat halten 17	
	32,20	*gab's den I. zu trinken	
	33,6	*die I. taten ihren Schmuck von sich	
	34,32	*nahten sich ihm auch alle I. 34. 35	
	35,1	*Mose versammelte die Gemeinde der I. 4. 20	
	29	*brachten die I. freiwillige Gaben 36,3	
	39,42	*hatten die I. alle Arbeiten ausgeführt	
	40,36	*brachen die I. auf 4Mo 9,17; 10,12.28; 20,22; 21,10; 22,1; 5Mo 10,6; Jos 9,17	
3Mo	15,31	*sollt die I. wegen Unreinheit absondern 16,5.16.19.21	
	17,5	*sollen die I. ihre Schlachttiere opfern	
	20,2	*wer unter den I. ... dem Moloch gibt	
	22,2	*achtsam mit dem Heiligen der I. 3.15.16; 4Mo 18,32	
	32	*damit ich geheiligt werde unter den I. 4Mo 20,12; 5Mo 32,51	
3Mo	23,43	*wie ich die I. habe in Hütten wohnen lassen 44; Neh 8,14.17	
	24,8	*Gabe der I. 4Mo 3,9; 5,9; 8,11.16; 31,42	
	10	*ging unter die I. und zankte sich	
	25,33	*sind ihr Besitz inmitten der I. 4Mo 18,20.23. 24; Jos 21,3.8	
	46	*von den I. soll keiner über den andern	
	55	*mir gehören die I. als Knechte 2Ch 8,9	
	26,46	*Gesetze, die der HERR zwischen sich und den I. 27,34; 4Mo 19,10; 27,11; 36,13; 5Mo 4,44.45; Jos 8,32	
4Mo	1,52	*die I. sollen sich lagern 2,2; 8,9; 9,17.19.22; 33,1; Jos 5,10	
	53	*damit nicht ein Zorn über die I. komme 8,19; 18,5.22; Jos 7,1	
	3,8	*sollen den Dienst für die I. versehen 38; 8,19	
	12	*habe die Leviten genommen aus den I. 40-42.45.46.50; 8,6.14.16-19; 18,6	
	6,27	*sollt meinen Namen auf die I. legen 8,10	
	9,2	*laß die I. Passa halten 4.7; 2Ch 30,21; 35,17; Esr 6,21	
	11,4	*fingen die I. an zu weinen 25,6	
	13,2	*Land das ich den I. geben will 20,24; 27,12; 5Mo 32,49.52; Jos 1,2	
	3	*Häupter unter den I. 27,20. 21	
	24	*Traube, die die I. abgeschnitten 26.32; 14,5.7	
	14,10	*erschien die Herrlichkeit des HERRN allen I.	
	15,25	*soll für die Gemeinde der I. Sühne 26	
	29	*einerlei Gesetz unter den I.	
	16,2	*empörten sich unter die I. 17,3	
	17,24	*Mose trug die Stäbe zu allen I.	
	27	*die I. sprachen zu Mose 20,19	
	18,24	*den Zehnten der I. den Leviten 26.28; 31,30. 47	
	19,9	*damit sie verwahrt werde für die I.	
	21,23	*Sihon gestattete den I. nicht 5Mo 4,46	
	22,3	*den Moabitern graute vor den I.	
	25,8	*hörte die Plage auf unter den I. 11.13	
	31,2	*übe Rache für die I. 9.12.16	
	32,7	*macht die Herzen der I. abwendig 9	
	18	*bis von den I. jeder sein Erbe hat 34,29; 35,8; 36,2.7.8; Jos 14,1; 18,10; 19,49; Ri 2,6; 21,24	
	33,38	*im 40. Jahr des Auszugs der I. Jos 5,6	
	40	*hörte, daß die I. kamen	
	35,15	*sind die Freistädte für die I. Jos 20,2.9	
	36,4	*wenn das Erlaßjahr der I. kommt	
5Mo	3,18	*zieht gerüstet vor den I. her 4,12	
	24,7	*der von den I. einen Menschen raubt	
	31,19	*dies Lied ... lehrt es die I. 22	
	23	*sollst du I. in das Land führen	
	32,51	*habt euch an mir versündigt unter den I. 2Kö 17,7.9	
	33,1	*Segen, mit dem Mose die I. segnete	
	34,8	*beweinen Mose	
	9	*die I. gehorchten (Josua) Jos 4,8	
Jos	3,1	*kamen an den Jordan, er und alle I.	
	5,1	*das Wasser ausgetrocknet vor den I.	
	2	*beschneide die I. wie schon früher 3	
	6,1	*Jericho war verschlossen vor den I.	
	7,1	*die I. vergriffen sich an dem Gebannten	
	23	*brachten's zu Josua und allen I.	
	9,18	*die I. erschlugen sie nicht	
	26	*errettete sie aus der Hand der I.	
	10,4	*Gibeon hat mit den I. Frieden gemacht	
	11	*starben mehr ... als die I. töteten 12	
	11,14	*die Beute teilten die I. unter sich	
	19	*k. Stadt, die Frieden machte mit den I.	

Jos	11,22	*ließ keine Anakiter übrig im Lande der I.	Hes	44,9	*Fremdlingen, die unter den I. leben 47,22
	12,1	*Könige, die die I. schlugen 6.7		15	*als die I. von mir abfielen 48,11
	13,6	*ich will sie vertreiben vor den I. 13	Dan	1,3	*er sollte einige von den I. auswählen
	22	*töteten die I. Bileam mit dem Schwert	Hos	2,1	*wird die Zahl der I. sein wie der Sand
	17,13	*als die I. mächtig wurden		3,1	*wie der HERR um die I. wirbt
	18,1	*versammelte sich die Gemeinde der I.		4	*lange werden die I. ohne König bleiben
	22,9	*gingen von den I. weg 11.31-33		5	*danach werden sich die I. bekehren
	24,32	*die die I. aus Ägypten gebracht hatten		4,1	*höret, ihr I., des HERRN Wort Am 3,1
Ri	1,1	*befragten die I. den HERRN 20,27	Jo	4,16	*wird sein eine Burg den I.
	2,11	*taten die I., was dem HERRN mißfiel 3,7.	Am	2,11	*ist's nicht so, ihr I.
		12; 4,1; 6,1; 10,6; 13,1		3,1	was der HERR wider euch redet, ihr I.
	3,5	*die I. wohnten unter den Kanaanitern		12	*sollen die I. herausgerissen werden
	9	*schrien die I. zu dem HERRN 4,3; 6,6; 10,10		4,5	*so habt ihr's gern, ihr I.
	14	*die I. dienten Eglon 15		9,7	*seid ihr I. nicht gleichwie die Mohren
	27	*die I. zogen mit (Ehud)	Jdt	4,1	*die I., die im Lande Juda wohnten
	4,3	*Jabin unterdrückte die I. 24		6	*die I. taten, was ihnen befohlen
	5	*die I. kamen zu (Debora) zum Gericht		5,1	*daß die I. sich rüsteten 25
	6,2	*machten sich die I. Schluchten		6,11	*man sollte ihn den I. übergeben 9
	7,8	die übrigen I. ließ er alle gehen		7,4	*als die I. das Heer der Assyrer sahen 9
	14	Gideons, des Sohnes des Joasch, des I.		15,3	*als die I. sahen, daß die Feinde 5
	8,28	*Midianiter gedemütigt vor den I. 11,33	Wsh	16,5	es kamen über die I. böse Tiere
	33	*kehrten sich die I. ab		19,2	sie die I. erlaubt hatten wegzuziehen
	9,55	als die I. sahen, daß Abimelech tot war	Tob	1,17	unter den I. einen Armen mit Namen
	10,11	*der HERR sprach zu den I. 15			Gabaël
	19,12	*der Fremden, die nicht von den I. sind		18	*Sanherib, dem die I. verhaßt waren 21
	20,1	*da zogen die I. aus 3.7.13.14.19.23.24.26.32.		19	ging Tobias bei allen I. umher
		35; 21,5.6.18.24		13,3	*ihr I., lobt den Herrn
1Sm	2,27	*als die I. noch in Ägypten	Sir	46,12	*damit alle I. sehen konnten
	7,4	*die I. taten I. von sich die Baale		47,2	*David war unter den I. auserkoren
	6	*so richtete Samuel die I. 7	Bar	2,28	*dein Gesetz vor den I. zu schreiben
	9,2	*war niemand unter den I. so schön		3,4	*Herr, höre das Gebet der I.
	15,6	*ihr tatet Barmherzigkeit an allen I.	1Ma	3,41	*um die I. als Sklaven zu kaufen
	17,3	die I. (standen) auf e. Berge diesseits		5,3	*wo sie die I. belagerten
	53	*die I. kehrten um von der Verfolgung		9	die Heiden in Gilead gegen die I. 15.45
2Sm	17,25	Jeter, eines I.	Mt	27,9	den Preis, der geschätzt wurde bei den I.
	21,2	gehörten nicht zu den I. 1Kö 9,20	Jh	1,47	ein rechter I., in dem kein Falsch ist
	2	*die I. hatten einen Bund geschlossen	Apg	7,23	gedachte er, nach den I. zu sehen
1Kö	11,2	*den I. gesagt: Geht nicht zu ihnen		37	dies ist der Mose, der zu den I. gesagt hat
	12,17	*Rehabeam die I. regierte 2Ch 10,17	Rö	9,4	die I. sind, denen die Kindschaft gehört
	33	*Jerobeam machte den I. ein Fest		6	nicht alle aus I. sind von Israel stammen
2Kö	8,12	*weiß, was du den I. antun wirst		27	wenn die Zahl der I. wie der Sand am Meer
	13,5	*daß die I. wohnen konnten 2Ch 8,2		11,1	ich bin auch ein I., vom Geschlecht Abrahams
	16,3	*Heiden, die der HERR vor den I.			
		vertrieben hatte 2Ch 28,3; 33,2.9	2Ko	3,7	die I. das Angesicht des Mose nicht ansehen
1Ch	9,2	die zuerst... wohnten, waren I. Neh 11,3		13	damit die I. nicht sehen konnten
2Ch	6,11	*des Bundes, den er mit den I. geschlossen		11,22	sie sind I. - ich auch
	7,3	*alle die Feuer herabfallen	Heb	11,22	redete Josef, als er starb, vom Auszug der I.
	13,12	*ihr I., streitet nicht gegen den HERRN	Off	2,14	der den Balak lehrte, die I. zu verführen
	30,6	*ihr I., kehret um zu dem HERRN			
	31,1	*die I. zogen wieder heim			**israelitisch**
	5	*gaben die I. reichlich die Erstlinge	3Mo	24,10	Sohn einer i. Frau... mit einem i. Mann
Esr	3,1	*als die I. in ihren Städten waren Neh 7,72	4Mo	25,8	(Pinhas) ging dem i. Mann nach 14
	6,16	*die I. hielten die Einweihung			
	7,7	*zogen herauf einige von den I.			**Issachar**
	10,25	(die fremde Frauen genommen) unter den I.	1Mo	30,18	¹(Lea) nannte ihn I. 35,23; 2Mo 1,3; 1Ch 2,1
Neh	1,6	*ich bete für die I ... bekenne die Sünden		46,13	Söhne I.: Tola, Puwa 4Mo 26,23
		der I.		49,14	I. wird ein knochiger Esel sein
	2,10	*einer, der für die I. Gutes suchte	4Mo	1,8	(je ein Mann) von I. 7,18; 10,15; 34,26; 1Ch
	9,1	*kamen die I. zu einem Fasten			27,18
	10,40	*die I. sollen die Abgaben bringen		28	die Söhne I. 29; 26,25; 1Ch 7,5
	13,2	*weil sie den I. nicht entgegenkamen		2,5	neben ihm soll sich lagern der Stamm I.
Jes	27,12	*ihr I. werdet aufgesammelt werden		13,7	Jigal, vom Stamme I.
	31,6	*kehrt um, ihr I.	5Mo	27,12	auf dem Berge Garizim, um zu segnen: I.
Jer	3,21	*man hört ein klägliches Heulen der I.		33,18	I., freue dich deiner Zelte
	32,30	*die I. haben mich erzürnt	Jos	19,17	I. ... sein Gebiet 23; 17,10.11; 21,6.28; 1Ch
Hes	2,3	*sende dich zu den I.			6,47.57
	4,13	*sollen die I. unreines Brot essen	Ri	5,15	die Fürsten in I. mit Debora
	6,5	*will die Leichname der I. hinwerfen		10,1	Tola, ein Mann aus I.
	35,5	*ewige Feindschaft hattet gegen die I.			
	37,21	*will die I. herausholen aus den Heiden			

Issachar

1Kö	4,17	Joschafat (war Amtmann) in I.
	15,27	Bascha aus dem Stamm I.
1Ch	12,33	Männer von I., die rieten, was zu tun 41
2Ch	30,18	eine Menge Volk, vor allem von I.
Hes	48,25	soll I. seinen Anteil haben 26.33
Off	7,7	aus dem Stamm I. 12.000 (versiegelt)
1Ch	26,5	²(Söhne Obed-Edoms:) I.

Italien

Apg	18,2	der war mit seiner Frau aus I. gekommen
	27,1	als es beschlossen war, daß wir nach I. fahren sollten
	6	ein Schiff, das nach I. ging
Heb	13,24	es grüßen euch die Brüder aus I.

italisch

Apg	10,1	Hauptmann der Abteilung, die die I. genannt

Itamar, *Ithamar*

2Mo	6,23	Aaron nahm Elischeba; die gebar I. 28,1; 4Mo 3,2; 26,60; 1Ch 5,29; 24,1
	38,21	unter der Leitung I. 4Mo 4,28.33; 7,8
3Mo	10,6	da sprach Mose zu Eleasar und I. 12,16
4Mo	3,4	Eleasar und I. versahen Priesterdienst 1Ch 24,2-6
Esr	8,2	von den Söhnen I.: Daniel

Itiël, *Ithiël*

Neh	11,7	I., des Sohnes Jesajas

Ittai

2Sm	15,19	¹sprach zu I., dem Gatiter 21.22; 18,2.5.12
	23,29	²I., der Sohn Ribais, aus Gibea 1Ch 11,31

Ituräa

Lk	3,1	Herodes... sein Bruder Landesfürst von I.

Iwwa s. **Awa**

J

ja

1Mo	3,1	ja, sollte Gott gesagt haben
	24,58	ja, ich will es
	27,24	ja, ich bin's
	29,5	ja, wir kennen (Laban)
	44,10	ja, es sei, wie ihr geredet habt
2Mo	6,1	ja, er muß sie aus seinem Lande treiben
	7,29	ja, die Frösche sollen auf dich kriechen
	10,10	o ja, der HERR sei mit euch
	23,23	ja, mein Engel wird vor dir hergehen
3Mo	26,34	ja, dann wird das Land ruhen
4Mo	15,31	ja, der soll ausgerottet werden
	22,34	ich hab's ja nicht gewußt
5Mo	1,14	ja, das ist eine gute Sache
Jos	24,22	sie sprachen: Ja Ri 13,11; 1Sm 9,12; 12,5; 16,5; 2Sm 14,19; 19,7; 1Kö 2,13; 13,14; 18,8; 20,33; 21,20; 22,15; 2Kö 5,22; 10,15; 2Ch 18,14; Hi 9,2; 22,20; Jer 37,17
1Kö	18,27	ruft laut! Denn (Baal) ist ja ein Gott
Ps	16,2	du bist ja der Herr
Jes	48,15	ich, ja, ich habe es gesagt
	63,8	sie sind ja mein Volk Hes 34,31
Jer	11,5	ich sprach: HERR, ja, so sei es
Hes	30,3	ja, des HERRN Tag ist nahe Am 5,20
Sir	2,23	seine Barmherzigkeit ist ja so groß
	3,14	betrübe ihn ja nicht, solange er lebt
	17,29	da (der Mensch) ja nicht unsterblich ist
Bar	2,12	ach Herr, wir haben ja gesündigt GMn 12
	15	Israel... sind ja nach dir genannt
	3,6	du bist ja der Herr, unser Gott
2Ma	2,2	sollten die Gebote ja nicht vergessen
	7,32	wir leiden ja um unsrer Sünden willen
Mt	5,37	eure Rede sei: Ja, ja; nein, nein
	9,28	da sprachen sie zu ihm: Ja, Herr
	20,22	sie antworteten ihm: Ja, das können wir
	21,16	Jesus antwortete ihnen: Ja
	30	ja, Herr! und ging nicht hin
Jh	11,27	sie spricht zu ihm: Ja, Herr, ich glaube
	16,2	*ja, es kommt die Stunde*
Apg	5,8	sie sprach: Ja, für diesen Preis
2Ko	1,17	daß das Ja Ja bei mir auch ein Nein Nein ist
	18	daß unser Wort nicht Ja und Nein zugleich
	19	nicht Ja und Nein, sondern es war J. in ihm
Jak	5,12	es sei euer Ja ein Ja und euer Nein ein Nein
Off	22,20	ja, ich komme bald. – Amen, ja, komm, Herr Jesus

Jaakoba

1Ch	4,36	(Söhne Simeons:) J.

Jaala

Esr	2,56	(Nachkommen d. Sklaven:) Söhne J. Neh 7,58

Jaar

Ps	132,6	wir haben sie gefunden im Gefilde von J.

Jaar-Heret, *Jaar-Hereth*

1Sm	22,5	David kam nach J.

Jaareschja

1Ch	8,27	J... Söhne Jerohams

Jaasai

Esr	10,37	(bei den Söhnen Bani:) J.

Jaasanja

2Kö	25,23	¹J., der Sohn eines Maachatiters
Jer	35,3	²J., den Sohn Jirmejas 40,8 (s.a.Asarja; = Jesanja)
Hes	8,11	³J., der Sohn Schafans
	11,1	⁴J., den Sohn Asurs

Jaasiël

1Ch	11,47	¹(Helden Davids:) J. aus Zoba
	15,18	²(Leviten) der zweiten Ordnung: J. 20; 16,5
	27,21	³J., der Sohn Abners

Jaasija

1Ch	24,26	die Söhne Merari waren: J. 27

Jabal
1Mo 4,20 J.; von dem sind, die in Zelten wohnen

Jabbok, Jabbokfluß
1Mo 32,23 Jakob zog an die Furt des J.
4Mo 21,24 vom Arnon bis an den J. 5Mo 2,37; 3,16; Ri 11,13.22
Jos 12,2 Sihon herrschte bis an den J.

Jabesch
Ri 21,8 ¹niemand gekommen von J. in Gilead 9-14
1Sm 11,1 Nahasch belagerte J. in Gilead 3.5.9.10
  31,11 die Leute von J. 12.13; 2Sm 2,4; 21,12; 1Ch 10,11.12
2Kö 15,10 ²Schallum, der Sohn des J. 13.14

Jabez
1Ch 2,55 ¹Schreiber, die in J. wohnten
  4,10 ²J. rief den Gott Israels an 9

Jabin
Jos 11,1 ¹J., der König von Hazor
Ri 4,2 ²J., des Königs von Kanaan 3.7.17.23.24
Ps 83,10 mach's mit ihnen wie mit J.

Jabne, Jabneel
Jos 15,11 ¹(Nordgrenze) kommt heraus bei J.
2Ch 26,6 (Usija) riß nieder die Mauer von J.
Jos 19,33 ²(Naftali) seine Grenze war J.

Jachdiël
1Ch 5,24 (Stamm Manasse) Häupter: J.

Jachdo
1Ch 5,14 J., des Sohnes Bus

Jachin, Jachiniter
1Mo 46,10 ¹Söhne Simeons: J. 2Mo 6,15; 4Mo 26,12 (= Jarib 1)
1Kö 7,21 ²die Säulen J. und Boas 2Ch 3,17
1Ch 9,10 ³von den Priestern: J. Neh 11,10
  24,17 ⁴das 21. (Los fiel) auf J.

Jachleel, Jachleeliter
1Mo 46,14 Söhne Sebulons: J. 4Mo 26,26

Jachmai
1Ch 7,2 Söhne Tolas: J.

Jachseja
Esr 10,15 J., der Sohn Tikwas

Jachsera
1Ch 9,12 J., des Sohnes Meschullams

Jachzeel, Jachzeeliter
1Mo 46,24 Söhne Naftalis: J. 4Mo 26,48; 1Ch 7,13

Jada
1Ch 2,28 Onam hatte Söhne: J. 32

Jaddai
Esr 10,43 bei den Söhnen Nebo: J.

Jaddua
Neh 10,22 ¹(die Oberen des Volks sind:) J.
  12,11 ²(die Leviten waren:) J. 22

Jadon
Neh 3,7 neben ihnen bauten J. von Meronot

Jaël
Ri 4,17 Sisera floh in das Zelt J. 18.21.22; 5,6.24

Jafet, *Japheth*
1Mo 5,32 ¹Noah zeugte Sem, Ham und J. 6,10; 9,18; 10,1.2.21; 1Ch 1,4.5
  7,13 ging Noah in die Arche mit Sem, Ham und J.
  9,23 Sem und J. deckten ihres Vaters Blöße zu
  27 Gott breite J. aus
Jdt 2,15 ²nahm die Gebiete ein bis an die Grenzen J.

Jafia, *Japhia*
Jos 10,3 ¹sandte zu J., dem König von Lachisch
  19,12 ²(Sebulon... Grenze seines Erbteils) J.
2Sm 5,15 ³(die David geb. sind:) J. 1Ch 3,7; 14,6

Jaflet, Jafletiter, *Japhlet, Japhletiter*
Jos 16,3 (geht die Grenze) zu dem Gebiet der J.
1Ch 7,32 Heber zeugte J. 33

Jafo, *Japho* (= Jamnia; Joppe)
Jos 19,46 (Dan... das Gebiet war) bei J.
2Ch 2,15 auf Flößen nach J. bringen Esr 3,7
Jon 1,3 Jona kam hinab nach J.

Jagd
1Mo 27,30 da kam Esau von seiner J.
3Mo 17,13 wer auf der J. ein Tier fängt
Hi 18,2 wie lange wollt ihr auf Worte J. machen

Jagdnetz
Hi 19,6 daß Gott mich mit seinem J. umgeben hat

jagen
1Mo 14,15 (Abram) j. sie bis nach Hoba
  27,3 j. mir ein Wildbret 5
3Mo 26,7 sollt eure Feinde j. 8; Jos 23,10
  17 fliehen, ohne daß euch einer j. 36.37
  36 daß sie ein raschelndes Blatt soll j.
5Mo 1,44 die Amoriter j. euch, wie die Bienen tun

jagen

Jos	7,5	hatten sie bis zu den Steinbrüchen gej.
Ri	5,22	ein J. ihrer mächtigen Renner
1Sm	26,20	wie man ein Rebhuhn j. auf den Bergen
2Kö	9,20	ist ejn J. wie das J. Jehus; denn er j.
Neh	13,28	ich j. ihn von mir
Hi	10,16	würdest mich j. wie ein Löwe
	38,39	kannst du der Löwin zu j. geben
Ps	22,1	die Hirschkuh, die früh gej. wird
Spr	28,1	d. Gottlose flieht, wenn niemand ihn j.
	22	wer habgierig ist, j. nach Reichtum
Jes	17,13	werden gej. wie Spreu vom Winde
Klg	3,52	meine Feinde haben mich ohne Grund gej.
	4,18	man j. uns. Da kam unser Ende
Mi	7,2	ein jeder j. den andern
Nah	3,2	da wird man hören die Rosse j.
1Ma	3,4	mutig wie ein Löwe, wenn er etwas j.
	5,60	(Gorgias) j. sie bis ins Land Juda
2Ma	12,37	(Judas) j. sie in die Flucht

Jäger

1Mo	10,9	(Nimrod) ein gewaltiger J. vor dem HERRN
	25,27	wurde Esau ein J.
	27,33	wo ist denn der J., der mir gebracht hat
Ps	91,3	er errettet dich vom Strick des J.
Jer	16,16	danach will ich viele J. aussenden

Jagur

Jos	15,21	Städte des Stammes Juda: J.

jäh

5Mo	32,24	sollen verzehrt werden von j. Tod
Hi	18,11	schreckt ihn j. Angst

Jahasiël

1Ch	12,5	¹(die aus Benjamin:) J.
	16,6	²die Priester Benaja und J.
	23,19	³Söhne Hebrons: J. 24,23
2Ch	20,14	⁴J., den Sohn Secharjas 15
Esr	8,5	⁵Schechanja, der Sohn J.

Jahat, Jahath

1Ch	4,2	¹Reaja zeugte J. J. zeugte Ahumai
	6,5	²Libni, dessen Sohn war J. 28
	23,10	³Schimis Söhne waren: J.
	24,22	⁴von den Söhnen Schelomots: J.
2Ch	34,12	⁵als Aufseher J.

Jahaz, Jahza

4Mo	21,23	als (Sihon) nach J. kam, kämpfte er 5Mo 2,32; Ri 11,20
Jos	13,18	(gab Mose dem Stamm Ruben:) J. 21,36
Jes	15,4	daß man's zu J. hört Jer 48,21.34

Jahdai

1Ch	2,47	die Söhne J.

Jahr

1Mo	1,14	geben Zeichen, Zeiten, Tage und J.
	5,3	Adam war 130 J. 4-32; 7,6; 9,28.29; 11,10-26.32; 12,4; 16,16; 17,1.24.25; 23,1; 25,7.17.20.26; 26,34; 35,28; 37,2; 41,46; 47,9.28; 50,22.26; 2Mo 6,16.18.20; 7,7; 4Mo 33,39; 5Mo 31,2; 34,7; Jos 24,29; Ri 2,8; 2Sm 19,33.36; 1Ch 2,21; 2Ch 24,15; Hi 42,16
1Mo	6,3	will ihm als Lebenszeit geben 120 J.
	11,10	zwei J. nach der Sintflut
	14,4	waren zwölf J. untertan gewesen, und im dreizehnten J. abgefallen 5
	15,13	da wird man sie plagen 400 J. 2Mo 12,40; Apg 7,6;
	16,3	zehn J. im Lande Kanaan gewohnt
	17,17	soll mir mit 100 J. ein Kind werden 21,5
	17	soll Sara, 90 J. alt, gebären 21; 18,10.14
	29,18	will dir 7 J. um Rahel dienen 20.27.30
	31,38	diese 20 J. bin ich bei dir gewesen 41
	41,1	nach 2 J. hatte der Pharao einen Traum
	26	die sieben Kühe sind sieben J. 27
	27	7 J. des Hungers 30.36; 45,6.11; 2Kö 8,1-3
	29	sieben reiche J. 34.35.47.48.53
	47,17	Josef ernährte sie das J. hindurch 18
	18	als das J. um war 1Kö 20,22.26
	28	Jakob lebte 17 J. in Ägyptenland
2Mo	12,2	von ihm an sollt ihr d. Monate d. J. zählen
	5	ein männliches Tier, ein J. alt 3Mo 9,3
	13,10	halte diese Ordnung J. für J.
	16,35	aßen Manna 40 J. lang
	21,2	soll dir 6 J. dienen; im 7. J. freigelassen werden 5Mo 15,12.18; Jer 34,14
	23,10	6 J. sollst du dein Land besäen 3Mo 25,3
	11	im 7. J. sollst du es ruhen lassen 3Mo 25,4
	14	dreimal im J. mir ein Fest feiern 16; 34,22
	17	dreimal im J. erscheinen vor dem HERRN 34,23.24; 5Mo 16,16
	29	will sie nicht in einem J. ausstoßen
	30,10	einmal im J. die Sühnung vollziehen 3Mo 16,34; Heb 9,7.25
	14	wer gezählt ist von 20 J. an 38,26; 4Mo 1,3u.ö.45; 14,29; 26,2,4; 32,11; 2Ch 25,5
	40,17	wurde die Wohnung aufgerichtet im 2. J.
3Mo	19,23	3 J. lang die Früchte als unrein 24.25
	25,8	siebenmal sieben J… 49 J.
	10	sollt das 50. J. heiligen 11.15.16
	20	was sollen wir essen im 7. J. 21.22
	27	so soll er die J. abrechnen 50-52; 27,18
	29	der hat ein ganzes J. Frist 30
	53	wie ein Tagelöhner soll er von J. zu J.
	27,3	einen Mann bis 60 J… auf 50 Lot 7
4Mo	1,1	am 1. Tag des 2. Monats im 2. J. 9,1; 10,11
	4,3	von 30 J. an und darüber bis ins 50. J. 23.30.35.39.43.47
	8,24	von 25 J. an und darüber 25
	13,22	Hebron war erbaut worden 7 J. vor Zoan
	14,33	in der Wüste 40 J. 34; 32,13; Jos 5,6; Ps 95,10; Apg 13,18; Heb 3,17
	28,14	zum Neumond eines jeden Monats im J.
	33,38	im 40. J. des Auszugs 5Mo 1,3; 1Kö 6,1
5Mo	2,7	40 J. ist der HERR bei dir gewesen 8,2.4; 29,4; Neh 9,21; Am 9,21; Apg 7,36; Heb 3,9
	14	die Zeit, die wir zogen, betrug 38 J.
	11,12	vom Anfang des J. bis an sein Ende
	14,22	sollst alle J. den Zehnten absondern 28
	15,1	alle 7 J. ein Erlaßjahr halten 9; 31,10
	24,5	soll frei in seinem Hause sein ein J.
	26,12	im dritten J., das ist das Zehnten-J.
	32,7	sollt auf die J. von Geschl. zu Geschl.
Jos	5,12	aßen schon von der Ernte in diesem J.
	14,7	war 40 J., als mich Mose aussandte 10
Ri	3,8	so diente Jsrael 8 J. 14; 4,3; 6,1; 10,8; 13,1
	11	hatte das Land Ruhe 40 J. 30; 5,31; 8,28; 2Ch 13,23; 14,5
	9,22	als Abimelech 3 J. über Israel geherrscht
	10,2	richtete Israel 23 J. 3; 12,7-11.14; 15,20; 16,31; 1Sm 4,18
	11,26	obwohl Israel 300 J. gewohnt in Heschbon

Jahr

Ri	11,40	klagen um die Tochter Jeftahs 4 Tage im J.
	21,19	jedes J. findet ein Fest des HERRN statt
Rut	1,4	als sie ungefähr zehn J. dort gewohnt
1Sm	1,7	so ging es alle J.
	2,19	brachte es ihm J. für J. 7,16
	7,2	verging eine lange Zeit; es wurden 20 J.
	13,1	Saul war... J. und zwei J. regierte er
	18,21	heute in 2 J. kannst du mein Schwiegersohn
	27,7	David im Philisterlande... 1 J. und 4 Monate
	29,3	David, der bei mir gewesen ist J. und Tag
2Sm	2,10	war 40 J. alt und regierte zwei J. 11; 5,4.5; 1Kö 2,11; 11,42; 14,20.21.25; 15,1.2.9.10.25.28. 33; 16,8.10.15.23.29; 22,41.42.52; 2Kö 1,17; 3,1; 8,16.17.25.26; 9,29; 10,36; 12,1.2.7; 13,1.10; 14,1.2.21.23; 15,1.2.8.13.17.23.27.30.32.33; 16,1. 2; 17,1.6; 18,1.2.9.10.13; 21,1.19; 22,1.3; 23,23. 31.36; 24,8.12.18; 25,27; 1Ch 3,4; 26,31; 29,27; 2Ch 9,30; 12,2.13; 13,1.2; 15,10.19; 16,1.12.13; 17,7; 20,31; 21,5.20; 22,2; 23,1; 24,1; 25,1; 26,1. 3; 27,1.8; 28,1; 29,1.3; 33,1.21; 34,1.3.8; 35,19; 36,2.5.9.11; Jes 36,1; Jer 1,2.3; 25,1.3; 28,1; 32,1; 36,1.9; 45,1; 46,2; 51,59; Dan 7,1; 8,1
	4,4	(Mefi-Boschet) war fünf J. alt
	11,1	als das J. um war, sandte David 1Ch 20,1
	13,23	nach zwei J. hatte Absalom Schafschur
	38	Absalom blieb dort drei J. 14,28
	14,26	man sein Haupt schor – das geschah alle J.
	15,7	nach vier J. sprach Absalom zum König
	21,1	eine Hungersnot 3 J. nacheinander 24,13
1Kö	2,39	begab sich nach 3 J. 10,22; 2Ch 9,21; 11,17
	4,7	jeder im J. einen Monat lang
	6,37	im 4. J. wurde der Grund gelegt 38; 2Ch 3,2
	38	daß sie 7 J. daran bauten 7,1; 9,10; 2Ch 8,1
	9,25	Salomo opferte dreimal im J. 2Ch 8,13
	10,14	Goldes, das in einem J. einkam 2Ch 9,13
	17,1	diese J. weder Tau noch Regen Lk 4,25
	18,1	kam das Wort des HERRN zu Elia, im 3. J.
	22,1	vergingen drei J., daß kein Krieg war
	2	im 3. J. zog Joschafat hinab 18,2
2Kö	4,16	übers J. sollst du einen Sohn herzen 17
	11,3	war versteckt sechs J. 4; 2Ch 22,12
	13,20	fielen Moabiter ins Land J. um J.
	14,17	lebte noch 15 J. 20,6; 2Ch 25,25; Jes 38,5
	17,4	Abgaben wie alle J. 2Ch 27,5
	5	König von Assyr. belagerte (Samaria) 3 J.
	19,29	in diesem J. iß... im 3. J. Jes 37,30
	24,1	Jojakim war ihm untertan drei J.
	25,1	im 9. J. zog heran Nebukadnezar 2.8.27; Jer 25,1; 32,1; 39,1.2; 52,1.4.5.12.28-31; Dan 1,1; 2,1
1Ch	23,3	Leviten von 30 J. an 24.27; 27,23; 2Ch 25,5; 31,16.17; Esr 3,8
	27,1	Ordnungen in allen Monaten des J.
	23	nahm nicht, die 20 J. und darunter waren
2Ch	21,15	bis über J. und Tag deine Eingeweide 19
	24,23	als das J. um war 36,10
	36,21	auf daß 70 J. voll wurden
	22	im 1. J. des Königs von Persien Esr 1,1; 4,24; 5,13; 6,3.15; 7,7.8; Neh 1,1; 2,1; 5,14; 13,6; Est 1,3; 2,16; 3,7; Dan 1,21; 6,1; 9,1.2; 10,1; 11,1; Hag 1,1.15; 2,10; Sa 1,1.7; 7,1
Esr	3,8	im 2. J. nach ihrer Ankunft begannen
	5,11	das vor vielen J. hier gestanden
Neh	9,30	hattest viele J. Geduld mit ihnen
	10,32	Abgaben in jedem siebenten J. 35
Hi	3,6	sich nicht unter den Tagen des J. freuen
	10,5	deine J. wie eines Mannes J.
	15,20	dem Tyrannen d. Zahl seiner J. verborgen
	16,22	nur wenige J. noch
	32,6	bin jung an J., ihr aber seid alt
Hi	32,7	die Menge der J. laß Weisheit beweisen
	36,26	die Zahl seiner J. kann niemand erforschen
Ps	31,11	meine J. (hingeschwunden) in Seufzen
	61,7	daß seine J. währen für und für
	65,12	du krönst J. mit deinem Gut
	77,6	ich gedenke der vergangenen J.
	78,33	ließ dahinschwinden ihre J. in Schrecken
	90,4	1.000 J. sind vor dir wie der Tag 2Pt 3,8
	9	wir bringen unsre J. zu wie ein Geschwätz
	10	unser Leben währet 70 J... 80 J.
	102,25	deine J. währen für und für 28; Heb 1,12
	104,19	den Mond gemacht, das J. danach zu teilen
Spr	3,2	werden dir gute J. und Frieden (bringen)
	4,10	werden deine J. viel werden 9,11
	5,9	gebest deine J. einem Unbarmherzigen
	10,27	die J. der Gottlosen werden verkürzt
Pr	6,6	ob er auch zweitausend J. lebte
	11,8	wenn ein Mensch viele J.
	12,1	ehe die J. sich nahen, da du wirst sagen
Jes	6,1	in dem J., als König Usija starb 14,28
	7,8	in 65 J. soll es mit Ephraim aus sein
	16,14	in 3 J., wie eines Tagelöhners J. sind, wird die Herrlichkeit Moabs gering werden 21,16
	20,1	im J., da der Tartan nach Aschdod kam
	3	Jesaja nackt und barfuß geht 3 J. lang
	23,15	wird Tyrus vergessen werden 70 J. 17
	29,1	füget J. zu J. und feiert die Feste
	32,10	über J. und Tag, da werdet ihr zittern
	34,8	es kommt das J. der Vergeltung Jer 11,23; 23,12; 48,44
	61,2	zu verkündigen ein gnädiges J. des HERRN
	63,4	das J., die Meinen zu erlösen
	65,20	Alte, die ihre J. nicht erfüllen, sondern als Knabe gilt, wer 100 J. alt stirbt
Jer	17,8	sorgt sich nicht, wenn ein dürres J. kommt
	25,3	habe ich euch 23 J. lang gepredigt
	11	dem König von Babel dienen 70 J. 12; 29,10; Dan 9,2; Sa 1,12
	28,3	ehe zwei J. um sind 11.16.17
	51,46	in dem J. ein Gerücht... im nächsten J.
Hes	1,1	im 30. J. tat sich der Himmel auf 2; 8,1; 20,1; 24,1; 26,1; 29,1.17; 30,20; 31,1; 32,1.17; 33,21; 40,1
	4,5	will dir die J. ihrer Schuld auflegen 6
	22,4	bewirkt, daß deine J. kommen müssen
	29,11	daß 40 J. lang weder Mensch noch 12.13
	39,9	werden 7 J. lang Feuer damit machen
	46,17	es besitzen bis zum J. der Freilassung
Dan	1,5	so sollten sie drei J. erzogen werden
	11,6	nach einigen J. werden sie 8.13.20
Jo	2,25	will euch die J. erstatten, deren Ertrag
Am	1,1	gesehen hat zwei J. vor dem Erdbeben
	5,25	habt ihr mir d. 40 J. lang geopfert Apg 7,42
Sa	7,3	Fasten h., wie ich es so viele J. getan 5
Mal	3,4	wird wohlgefallen wie vor langen J.
Jdt	16,28	lebte... bis sie 105 J. alt war
Wsh	4,8	wird nicht nach der Zahl der J. gemessen
	13	vollendet, hat er doch viele J. erfüllt
	7,19	wie das J. umläuft
Sir	18,8	wenn er lange lebt, so lebt er 100 J... so gering sind seine J. im Vergleich
	26,2	er verbringt seine J. in Frieden
	33,7	obwohl alle Tage im J. von der Sonne
	41,6	ob du 10 oder 100 oder 1.000 J. lebst
Bar		werdet in Babel bleiben müssen viele J.
1Ma	1,11	im 137. J. der griechischen Herrschaft 21.57; 3,37; 4,52; 6,20; 7,1; 9,3; 10,1.21.57.67; 11,19; 13,41.51; 14,1.27; 15,10; 16,14; 2Ma 1,7.9; 11,21.33.38; 13,1; 14,4
2Ma	6,23	dachte, wie es seinen J. anstand 24

Jahr

2Ma	7,28	den ich drei J. gestillt habe
Mt	9,20	eine Frau, die seit zwölf J. den Blutfluß hatte Mk 5,25; Lk 8,43
Mk	5,42	es war zwölf J. alt Lk 8,42
Lk	2,36	sie hatte sieben J. mit ihrem Mann gelebt
	37	war nun eine Witwe an die 84 J.
	41	gingen alle J. nach Jerus. zum Passafest
	42	als er zwölf J. alt war, gingen sie
	3,1	im 15. J. der Herrschaft des Kaisers Tiberius
	23	Jesus war, als er auftrat, etwa 30 J. alt
	12,19	du hast einen großen Vorrat für viele J.
	13,7	siehe, ich bin nun drei J. lang gekommen
	8	Herr, laß ihn noch dies J.
	11	Frau, die hatte seit 18 J. einen Geist 16
	15,29	siehe, so viele J. diene ich dir
Jh	2,20	dieser Tempel ist in 46 J. erbaut worden
	5,5	war ein Mensch, der lag 38 J. krank
	8,57	du bist noch nicht fünfzig J. alt und hast Abraham gesehen
	11,49	Kaiphas, der in dem J. Hoherpriester 51; 18,13
Apg	4,22	der Mensch war über 40 J. alt
	7,23	als er 40 J. alt wurde
	30	nach 40 J. erschien ihm ein Engel
	9,33	seit acht J. ans Bett gebunden
	11,26	sie blieben ein ganzes J. 18,11
	13,20	das geschah in etwa 450 J.
	21	Gott gab ihnen Saul, Sohn des Kisch, für 40 J.
	19,10	das geschah zwei J. lang
	20,31	daß ich drei J. lang nicht abgelassen habe
	24,10	daß du in diesem Volk nun viele J. Richter bist
	17	nach mehreren J. aber bin ich gekommen, um
	27	als zwei J. um waren, kam Porzius Festus
	28,30	Paulus blieb zwei volle J. in seiner Wohnung
Rö	15,23	habe ich seit vielen J. das Verlangen, zu euch zu kommen
2Ko	8,10	seit vorigem J. angefangen habt mit dem Tun
	9,2	Achaja ist schon voriges J. bereit gewesen
	12,2	vor vierzehn J ... da wurde derselbe entrückt
Gal	1,18	drei J. später, kam ich hinauf nach Jerusalem
	2,1	danach, 14 J. später, zog ich abermals hinauf
	3,17	das Gesetz, 430 J. danach gegeben worden
	4,10	ihr haltet bestimmte Tage und J.
1Ti	5,9	keine Witwe auserwählt werden unter 60 J.
2Pt	3,8	daß ein Tag vor dem Herrn wie tausend J. ist
Heb	1,12	deine J. werden nicht aufhören
	10,1	da man alle J. die gleichen Opfer bringen muß
	3	vielmehr geschieht dadurch alle J. eine Erinnerung an die Sünden
Jak	4,13	ein J. dort zubringen und Handel treiben
Off	9,15	die bereit waren für den Monat und das J.
	20,2	fesselte ihn für 1.000 J.
	3	bis vollendet würden die 1.000 J. 5.7
	4	diese regierten mit Christus 1.000 J. 6

Jahresfest

Jes	1,14	meine Seele ist feind euren J.
Sir	47,12	daß man die J. prächtig feiern sollte

Jahreszeit

Wsh	7,18	wie die J. wechseln

jährlich

2Mo	30,10	solche Sühnung soll j. einmal geschehen
3Mo	23,41	sollt das Fest halten j. sieben Tage lang
5Mo	15,20	sollst sie essen j. an der Stätte
Ri	11,40	die Töchter Israel j. hingehen, zu klagen
	17,10	ich will dir j. zehn Silberstücke geben
1Sm	1,3	dieser Mann ging j. hinauf 21; 2,19; 20,6
1Kö	5,25	das gab Salomo j. dem Hiram
	10,25	jedermann brachte j. Geschenke 2Ch 9,24
2Ch	24,5	j. das Haus eures Gottes auszubessern
Neh	10,33	j. den dritten Teil zu geben
Est	9,21	sollten als Feiertage j. halten 27
Ps	107,37	Weinb. pflanzten, die j. Früchte trugen
Jer	5,24	der uns die Ernte j. gewährt
Sa	14,16	werden j. heraufkommen, um anzubeten
1Ma	4,59	daß man j. das Fest halten sollte 7,49; 13,52; 2Ma 10,8
	8,7	Tribut, den sie j. zahlen 11,35; 2Ma 8,10
	16	j. wählte man einen Mann
	10,40	ich will j. Silber dazugeben 42
2Ma	11,3	das Hohepriesteramt j. zu vergeben

Jahrmarkt

Wsh	15,12	hält unser Treiben für einen J.

jähzornig

Spr	14,17	ein J. handelt töricht
Tit	1,7	ein Bischof soll sein nicht j.

Jaïr

4Mo	32,41	[1]J., der Sohn Manasses, nannte sie „Dörfer J." 5Mo 3,14; Jos 13,30; 1Kö 4,13; 1Ch 2,22.23
Ri	10,3	[2]stand auf J., ein Gileaditer 4.5
2Sm	21,19	[3]Elhanan, der Sohn J. 1Ch 20,5
Est	2,5	[4]J., des Sohnes Schimis StE 6,1

Jaïriter

2Sm	20,26	Ira, der J., war Davids Priester

Jaïrus

Mk	5,22	einer von den Vorstehern der Synagoge, mit Namen J. Lk 8,41

Jakan

1Ch	5,13	(Söhne Gad:) J.

Jake

Spr	30,1	die Worte Agurs, des Sohnes des J.

Jakim

1Ch	8,19	[1]J. (Söhne Schimis)
	24,12	[2]das zwölfte (Los fiel) auf J.

Jakob

(s.a. Gott Jakobs; Haus Jakob; Haus Israel; Israel; Söhne Israel)

1Mo	25,26	[1]sie nannten ihn J. Jos 24,4
	27	wurde J. aber ein gesitteter Mann
	28	Rebekka hatte J. lieb 27,6.11.15.17.42.46
	29	J. kochte ein Gericht 30.31.33.34

1Mo	27,19	J. sprach: Ich bin Esau 21.22	Ps	78,5 er richtete ein Zeugnis auf in J.
	30	als Isaak den Segen über J. vollendet hatte und J. hinausgegangen war 28,1.5-7		21 Feuer brach aus in J. Klg 2,3
				71 daß er sein Volk J. weide
	36	er heißt mit Recht J. 41		79,7 sie haben J. gefressen Jer 10,25
	28,10	J. zog aus von Beerscheba 29,1.4; Hos 12,13		85,2 hast erlöst die Gefangenen J.
	16	als J. von seinem Schlaf aufwachte 18.20		87,2 liebt... mehr als alle Wohnungen in J.
	29,10	als J. Rahel sah, trat er hinzu 13.15.18		99,4 du schaffest Gericht und Gerechtigk. in J.
	20	diente J. um Rahel sieben Jahre 21.25.28.30		105,23 J. ward ein Fremdling im Lande Hams
	23	(Laban) brachte (Lea) zu J.		132,2 (David) gelobte dem Mächtigen J. 5
	30,1	Rahel sah, daß sie J. kein Kind gebar 2		135,4 der HERR hat sich J. erwählt Jes 41,8
	1	sprach zu J.: Schaffe mir Kinder 4-19		147,19 er verkündigt J. sein Wort
	25	sprach J. zu Laban: Laß mich ziehen 31.36; 31,3.4.17.20; 32,2	Jes	9,7 der Herr hat ein Wort gesandt wider J.
				10,21 ein Rest wird sich bekehren, der Rest J.
	37	J. nahm frische Stäbe von Pappeln 40,42		14,1 der HERR wird sich über J. erbarmen
	31,1	J. hat alles Gut an sich gebracht 2		17,4 wird die Herrlichkeit J. gering sein
	11	der Engel Gottes sprach zu mir: J. 46,2		27,6 wird einst kommen, daß J. wurzeln wird
	22	wurde Laban angesagt, daß J. geflohen		9 wird die Sünde J. gesühnt werden
	24	hüte dich, mit J. anders zu reden als freundlich 25.26.29.31-33.36.43.51		29,22 J. soll nicht mehr beschämt dastehen
				23 sie werden den Heiligen J. heiligen
	45	J. richtete ihn auf zu einem Steinmal 47; 35,14.15.20		40,27 warum sprichst du denn, J.
				41,14 fürchte dich nicht, du Würmlein J. 44,2; Jer 30,10; 46,27.28
	54	J. schwor ihm... J. opferte auf dem Gebirge		
	32,4	J. schickte Boten zu Esau 5.7.8.10.19.21; 33,1.10.17.18		21 sagt an, spricht der König in J.
				42,24 wer hat J. preisgegeben 43,28
	23	J. zog an die Furt des Jabbok 26-33		43,1 der dich geschaffen hat, J.
	29	sollst nicht mehr J. heißen, sondern Israel 35,10		22 nicht, daß du mich gerufen hättest, J.
				44,1 höre nun, mein Knecht J. 21; 48,12
	34,1	Dina, Leas Tochter, J. geboren 5-7.19		5 wird genannt mit dem Namen „J."
	35,1	Gott sprach zu J. 2.6.9		23 der HERR hat J. erlöst 48,20; Jer 31,11
	22	hatte J. zwölf Söhne 23.26; 37,2; 46,8.15.18.19. 22.25.26; 2Mo 1,1.5		45,4 um J. willen rief ich dich
				49,5 daß ich J. zu ihm zurückbringen soll 6
	27	J. kam zu seinem Vater Isaak 37,1		26 dein Erlöser, der Mächtige J. 60,16
	29	seine Söhne Esau und J. begruben ihn		58,14 mit dem Erbe deines Vaters J.
	36,6	Esau zog hinweg von seinem Bruder J.		59,20 für die in J., die sich abwenden Rö 11,26
	37,34	J. trug Leid um (Josef)		65,9 will aus J. Nachkommen wachsen lassen
	42,1	J. sah, daß es Getreide in Ägypten 4; Apg 7,12	Jer	10,16 so ist der nicht, der J. Reicht. ist 51,19
	29	heimkamen zu ihrem Vater J. 36; 45,25		30,7 es ist eine Zeit der Angst für J.
	45,27	wurde der Geist J. lebendig 46,5		18 will das Geschick J. wenden Hes 39,25
	46,6	kamen nach Ägypten, J. und sein Geschlecht 28; Jos 24,4; 1Sm 12,8; Apg 7,14.15		31,7 jubelt über J. mit Freuden
				33,26 so wollte ich nicht mehr verwerfen das Geschlecht J.
	47,7	Josef brachte J. vor den Pharao. Und J. segnete den Pharao 8-10	Klg	1,17 hat gegen J. seine Feinde aufgeboten
				2,2 hat alle Wohnungen J. vertilgt
	28	J. lebte 17 Jahre in Ägyptenland	Hos	10,11 Juda soll pflügen und J. eggen
	48,2	wurde J. angesagt: Siehe, dein Sohn		12,3 er wird J. heimsuchen
	49,1	J. berief seine Söhne 2.29.33	Am	6,8 mich verdrießt die Hoffart J.
	7	will sie versprengen in J.		7,2 wer soll J. wieder aufhelfen 5
	24	stark durch die Hände des Mächtigen in J.		8,7 bei sich, dem Ruhm J., geschworen
	50,24	Land, das er Abraham, Isaak und J. zu geben geschworen 2Mo 6,8; 33,1; 4Mo 32,11; 5Mo 1,8; 6,10; 9,5; 29,12; 30,20; 34,4; Hes 28,25; 37,25; Bar 2,34	Ob	10 um des Frevels willen, an J. begangen
			Mi	1,5 das alles um J. Übertretung willen 3,8
				2,12 will dich, J., sammeln
				5,6 die Übriggebliebenen aus J. wie Tau 7
2Mo	2,24	Gott gedachte seines Bundes mit Abraham, Isaak und J. 3Mo 36,42; 2Kö 13,23; Sir 44,25; 2Ma 1,2		7,20 wirst J. die Treue halten
			Nah	2,3 der HERR wird die Pracht J. erneuern
			Mal	1,2 ist nicht Esau J. Bruder? spricht der HERR; und doch hab ich J. lieb Rö 9,13
	6,3	bin erschienen Abraham, Isaak und J.		
4Mo	23,7	komm, verfluche mir J. 10.21.23; 24,5		2,12 der HERR wird ausrotten aus den Zelten J.
	24,17	wird ein Stern aus J. aufgehen	Jdt	8,20 J. und alle, die Gott lieb, standhaft
	19	J. wird der Herrscher kommen		13,31 gepriesen seist du in allen Hütten J.
5Mo	9,27	gedenke an Abraham, Isaak und J.	Sir	24,13 in J. sollst du wohnen
	32,9	J. ist sein Erbe		33 Gesetz, das Erbe der Gemeinde J.
	33,4	das Gesetz, das Erbe der Gemeinde J.		36,13 versammle die Stämme J.
	10	sie lehren J. deine Rechte		45,6 damit er J. den Bund lehren sollte 21
	28	der Brunnquell J. (wohnt) unbehelligt		46,17 der Herr sah J. gnädig an
Jos	24,32	Feld, das J. für 100 Goldstücke gekauft		47,25 behielt einen Rest übrig aus J.
1Ch	16,17	den er J. gesetzt hat zur Satzung Ps 105,10		48,10 die Stämme J. wieder aufzurichten
Ps	14,7	so würde J. fröhlich sein 53,7		49,12 die 12 Propheten haben J. getröstet
	44,5	der du J. Hilfe verheißest	Bar	3,37 (Gott) hat Erkenntnis J. gegeben
	47,5	die Herrlichkeit J., den er liebhat		4,2 kehre um, J., nimm (Weisheit) an
	59,14	daß Gott Herrscher ist in J.	1Ma	3,7 J. war es eine Freude und Ruhm
	77,16	hast dein Volk erlöst, die Kinder J.		45 die Freude war von J. weggenommen

Jakob

1Ma	5,2	das Geschlecht J. auszurotten
GMn	8	J., nicht an dir gesündigt
Mt	1,2	Isaak zeugte J. J. zeugte Juda Lk 3,34; Apg 7,8
	8,11	viele werden mit J. im Himmelreich sitzen
Lk	13,28	sehen werdet Abraham, Isaak und J. im Reich Gottes
Jh	4,5	Feld, das J. seinem Sohn Josef gab
	6	es war dort J. Brunnen
	12	bist du mehr als unser Vater J.
Apg	7,12	J. hörte, daß es in Ägypten Getreide
Heb	11,9	wohnte in Zelten mit Isaak und J.
	20	durch den Glauben segnete Isaak den J.
	21	durch den Glauben segnete J. die beiden Söhne Josefs
1Ma	8,17	²Eupolemus, Sohn Johannes, des Sohnes J.
Mt	1,15	³Mattan zeugte J. 16

Jakobus

Mt	4,21	¹(Jesus) sah J. und Johannes Mk 1,19; Lk 5,10
	10,2	Apostel: J., der Sohn des Zebedäus Mk 3,17; Lk 6,14; Apg 1,13
	17,1	nahm Jesus mit sich J. Mk 9,2
Mk	1,29	kamen in das Haus des Simon mit J.
	5,37	er ließ niemanden mit sich gehen als J. Lk 8,51
	10,35	da gingen zu ihm J. und Johannes und sprachen
	41	die Zehn wurden unwillig über J.
	13,3	fragten ihn J. und Johannes Lk 9,54
	14,33	er nahm mit sich J. und Johannes Lk 9,28
Mt	10,3	²(Apostel:) J., der Sohn des Alphäus Mk 3,18; Lk 6,15; Apg 1,13
	27,56	Maria, die Mutter des J. Mk 15,40; 16,1; Lk 24,10
	13,55	³heißen nicht seine Brüder J. und Mk 6,3
Apg	12,2	er tötete J., den Bruder des Johannes
	17	verkündet dies dem J. und den Brüdern
	15,13	danach, sie schwiegen, antwortete J.
	21,18	am nächsten Tag ging Paulus mit uns zu J.
1Ko	15,7	danach ist er gesehen worden von J.
Gal	1,19	von den andern Aposteln keinen außer J.
	2,9	gaben J. und Kephas mir die rechte Hand
	12	bevor einige von J. kamen, aß er
Jak	1,1	J., Knecht Gottes und des Herrn Jesus
Jud	1	Judas, Knecht Jesu Christi und Bruder des J.
Lk	6,16	⁴Judas, den Sohn des J. Apg 1,13

Jalam

1Mo	36,5	Oholibama gebar J. 14.18; 1Ch 1,35

Jalon

1Ch	4,17	Söhne Esras: J.

Jambres

2Ti	3,8	wie Jannes und J. dem Mose widerstanden

Jambri

1Ma	9,36	die Männer von J. überfielen Johannes 37.38

Jamin, Jaminiter

1Mo	46,10	¹Söhne Simeons: J. 2Mo 6,15; 4Mo 26,12
1Ch	2,27	²Söhne Rams: J.
Neh	8,7	³die Leviten... J.

Jamlech

1Ch	4,34	(Söhne Simeons:) J.

Jamliku

1Ma	11,39	zog (Tryphon) zu dem Araber J.

Jammer

1Mo	44,29	meine grauen Haare mit J. hinunter bringen
	34	ich könnte den J. nicht sehen
2Sm	2,26	daß daraus nur J. kommen wird
2Kö	13,4	der HERR sah den J. Israels an 14,26
Hi	7,13	mein Lager soll mir meinen J. erleichtern
Ps	10,14	du schaust das Elend und den J.
	25,18	sieh an meinen J. und mein Elend
	116,3	ich kam in J. und Not
Jes	14,3	dir d. HERR Ruhe geben wird von deinem J.
	29,2	daß er traurig und voll J. sei
	65,14	ihr aber sollt vor J. heulen
Jer	2,19	was es für J. und Herzeleid bringt 10,19
	4,6	ich bringe großen J. 6,1; 48,3; 50,22; 51,54; Klg 1,5.12; 2,5
	8,18	was kann mich in meinem J. erquicken
	20,18	warum... wenn ich nur J. sehen muß
	45,3	wie hat mir der HERR J. hinzugefügt
Klg	2,11	J. der Tochter meines Volks 3,48; 4,10
Hes	7,7	der Tag des J. ist nahe
	23,33	mußt dich mit J. volltrinken
Jo	1,12	so ist die Freude zum J. geworden
Ob	12	dich nicht freuen zur Zeit ihres J. 13
Hab	1,3	warum siehst (du) dem J. zu 13
Ze	1,10	wird sich erheben ein großer J.
Jdt	8,15	daß wir uns nach diesem J. wieder freuen
1Ma	9,27	in Israel war viel J. 2Ma 3,14; 6,9
2Ma	6,12	sich durch diesen J. nicht entmutigen zu lassen
	10,4	er wolle sie nicht wieder in solchen J.
StE	6,5	großer J. und Schrecken war auf Erden
Rö	3,16	auf ihren Wegen ist lauter Schaden und J.

Jammergeschrei

Jes	15,5	auf dem Wege erhebt sich ein J. Jer 48,5

jämmerlich

Jes	33,9	das Land sieht j. aus
Jer	12,11	sie haben ihn j. verwüstet
	14,2	Juda liegt j. da
Hes	27,35	ihre Könige sehen j. drein
Jo	1,10	der Wein steht j.
Jdt	7,14	müssen vor Durst j. umkommen Bar 2,25
2Ma	9,28	der Mörder starb eines j. Todes
Off	3,17	weißt nicht, daß du elend und j. bist

jammern

2Mo	2,6	da j. es (die Tochter des Pharao)
Ri	2,18	es j. den HERRN ihr Wehklagen 10,16
Ps	102,15	j. sie, daß (Zion) in Trümmern liegt
Jer	8,21	mich j., daß mein Volk zerschlagen ist
Hes	9,4	die da j. über alle Greuel
Jon	4,10	dich j. die Staude 11
Mi	1,8	muß j. wie die Strauße
1Ma	13,47	das j. Simon, so daß er sie nicht tötete
Mt	9,36	als er das Volk sah, j. es ihn 14,14; 15,32; Mk 6,34; 8,2
	18,27	da j. den Herrn des Knechts

Mt	20,34	es j. Jesus Mk 1,41; Lk 7,13
Lk	10,33	als (der Samariter) ihn sah, j. er ihn
	15,20	sah ihn sein Vater, und es j. ihn
Jak	4,9	j. und klagt und weint

jammervoll

Klg	1,4	ihre Jungfrauen sehen j. drein

Jamnia (= Jafo; Joppe)

1Ma	4,15	jagte ihnen nach bis Aschdod und J.
	5,58	befahlen, nach J. zu ziehen 10,69; 15,40
2Ma	12,8	die Leute von J.
	40	Abbilder der Götzen von J.

Jamnor

Jdt	8,1	Judit. Tochter Meraris... des Sohnes J.

Janai

1Ch	5,12	(Söhne Gad:) J.

Jannai

Lk	3,24	Melchi war ein Sohn J.

Jannes

2Ti	3,8	wie J. und Jambres dem Mose widerstanden

Janoach

Jos	16,6	(Ephraim... die Grenze) geht von J. 7
2Kö	15,29	der König von Assyrien nahm J.

Janum

Jos	15,53	(Städte des Stammes Juda:) J.

jappen

Jes	56,10	sie liegen und j. und schlafen gerne

Jareb

Hos	5,13	Ephraim schickte zum König J. 10,6

Jarha

1Ch	2,34	Scheschan hatte einen ägypt. Knecht, J. 35

Jarib

1Ch	4,24	[1]Söhne Simeons: J. (= Jachin 1)
Esr	8,16	[2]sandte ich hin J.
	10,18	[3]bei (den) Brüdern (Jeschuas) J.

Jarmut, *Jarmuth*

Jos	10,3	[1]sandte zu Piram, dem König von J. 5.23; 12,11; 15,35; Neh 11,29
	21,29	[2](von Issachar:) J. und s. Weideplätze (= Ramoth 3; Remet)

Jaroach

1Ch	5,14	J., des Sohnes Gileads

Jaschen

2Sm	23,32	J., der Guniter 1Ch 11,34

Jaschub, Jaschubiter

1Mo	46,13	[1]Söhne Issachars: J. 4Mo 26,24; 1Ch 7,1
Esr	10,29	[2]bei den Söhnen Bani: J.

Jaser

4Mo	21,24	das Gebiet der Ammoniter reichte bis J.
	32	sandte Kundschafter aus nach J.
	32,35	(die Söhne Gad bauten) J. 1.3; Jos 13,25
Jos	21,39	(den übrigen Leviten wurden gegeben:) J. 2Sm 24,5; 1Ch 6,66; 26,31
Jes	16,9	weine mit J. um den Weinstock 8; Jer 48,32
1Ma	5,8	(Judas) eroberte die Stadt J.

Jasis

1Ch	27,31	J., der Hagariter

Jason

1Ma	8,17	[1]J., Sohn Eleasars 12,16; 14,22
2Ma	1,7	[2]als J. abtrünnig geworden war
	4,7	[3]J... das Hohepriesteramt 10u.ö.26; 5,5.6
	2,24	[3]das J. von Kyrene aufgezeichnet hat
Apg	17,5	[4]zogen vor das Haus J. und suchten 6.7
	9	nachdem ihnen von J. Bürgschaft geleistet
Rö	16,21	[5]es grüßen euch meine Mitarbeiter J. und

Jaspis

2Mo	28,20	die vierte (Reihe sei) ein J. 39,13
Hes	28,13	in Eden warst du geschmückt mit J.
Off	4,3	anzusehen wie der Stein J. und Sarder
	21,11	gleich dem alleredelsten Stein, einem J.
	18	ihr Mauerwerk war aus J.
	19	der erste Grundstein war ein J.

Jatniël, *Jathniël*

1Ch	26,2	Söhne Meschelmjas: J.

Jattir, Jattiriter

Jos	15,48	(Städte des Stammes Juda:) J. 21,14; 1Sm 30,27; 1Ch 6,42
2Sm	23,38	Ira, der J.; Gareb, der J. 1Ch 11,40

jauchzen

1Sm	4,5	j. ganz Israel mit gewaltigem J. 6
	10,24	j. das Volk und sprach: Es lebe der König
	18,6	dem König Saul entgegen unter J.
2Sm	6,15	führte die Lade herauf mit J. 1Ch 15,28
1Ch	16,33	sollen j. alle Bäume im Wald Ps 96,12
Esr	3,11	das ganze Volk j. laut 12.13
Est	8,15	die Stadt Susa j.
Hi	3,7	sei kein J. darin
	8,21	bis er mache deine Lippen voll J.
	21,12	sie j. mit Pauken und Harfen
	38,7	j. alle Gottessöhne
Ps	32,11	j., alle ihr Frommen
	47,2	j. Gott mit fröhlichem Schall 81,2; 98,6
	6	Gott fährt auf unter J.
	65,14	daß man j. und singet
	66,1	j. Gott, alle Lande

jauchzen

Ps	67,5	die Völker freuen sich und j.
	89,13	Tabor und Hermon j. über deinen Namen
	16	wohl dem Volk, das j. kann
	95,1	laßt uns j. dem Hort unsres Heils 2
	98,4	j. dem HERRN, alle Welt 100,1
	108,10	über die Philister will ich j.
Jes	12,6	j. und rühme, du Tochter Zion
	13,3	die da j. über meine Herrlichkeit
	16,10	in den Weinbergen j. man nicht mehr
	24,8	das J. der Fröhlichen ist aus
	14	sie j. über die Herrlichkeit des HERRN
	35,10	werden nach Zion kommen mit J. 51,11
	42,11	sollen j., die in Felsen wohnen
	44,23	j., ihr Himmel... frohlocket mit J. 49,13; 55,12
	54,1	j., die du nicht schwanger warst
	65,14	meine Knechte sollen j.
Jer	31,7	j. über das Haupt unter den Völkern
	12	werden auf der Höhe des Zion j.
	51,48	Himmel und Erde werden j. über Babel
Ze	3,14	j., du Tochter Zion Sa 9,9
	17	wird über dich mit J. fröhlicher sein
Bar	5,33	wie sie über deinen Fall gej. hat
Gal	4,27	j., die du nicht schwanger bist

Jawan

1Mo	10,2	¹Söhne Jafets: J. 4; 1Ch 1,5.7
Jes	66,19	²senden nach Tubal und J. Hes 27,13.19 (= Griechenland; Kittim)

je

1Mo	6,19	von allen Tieren je ein Paar 20; 7,2.3.9
	15,10	legte je einen Teil dem andern gegenüber
	32,17	je eine Herde besonders
	41,56	der Hunger ward je länger je größer
2Mo	1,12	je mehr sie das Volk bedrückten, desto
	12,3	nehme jeder je ein Lamm für ein Haus
	16,22	je zwei Krüge voll für einen
3Mo	7,14	je ein Teil als Opfergabe für den HERRN 4Mo 7,3.11; 18,26; 31,28.30.47
4Mo	1,4	soll euch beistehen je ein Mann 13,2; 17,17. 18.21; 31,4.5
	14,34	je ein Tag soll ein Jahr gelten Hes 4,6
	22,30	war es je meine Art
5Mo	4,32	ob je so Großes geschehen oder desgleichen je gehört sei 34
	16,10	je nach dem, wie dich der HERR gesegnet
Ri	2,13	sie verließen je und je den HERRN
	11,25	hat (Balak) auch je mit Israel gerechtet
	15,4	tat eine Fackel je zwischen 2 Schwänze
2Sm	7,7	habe ich je geredet zu einem der Richter
2Kö	23,35	von jedem, je nach seinem Vermögen
1Ch	20,6	der hatte je sechs Finger und Zehen
	28,14	für alle Geräte je nach ihrem Zweck
Hi	4,7	wo wurden die Gerechten je vertilgt
	9,4	wem ist's je gelungen 38,17
	37,20	hat je ein Mensch gesagt, er wolle
Ps	74,23	das Toben wird je länger, je größer
Pr	6,11	je mehr Worte, desto mehr Eitelkeit
Jes	66,8	wer hat solches je gehört... je gesehen Jer 18,13
Jer	31,3	ich habe dich je und je geliebt
Hes	1,11	je zwei Flügel berührten einander 15
	27,32	wer ist je so still geworden
	36,11	will euch mehr Gutes tun als je zuvor
Sir	3,20	je größer du bist, desto mehr demütige dich
Lk	22,35	habt ihr da je Mangel gehabt
	23,53	*Grab, darinnen noch niemand je gelegen hatte*
Jh	1,18	niemand hat Gott je gesehen
Apg	7,42	habt ihr mir je Opfer dargebracht
Phl	1,9	*eure Liebe je mehr und mehr reich werde*
Heb	10,25	*je mehr ihr sehet, daß sich der Tag naht*
Off	2,19	daß du je länger je mehr tust

Jearim (= Baala 2)

Jos	15,10	an der Nordseite des Gebirges J.

Jeberechja

Jes	8,2	ich nahm mir Secharja, den Sohn J.

Jebus

Ri	19,10	J. - das ist Jerusalem 11; 1Ch 11,4.5

Jebusiter

1Mo	10,16	(Kanaan zeugte) den J. 15,21; 1Ch 1,14
2Mo	3,8	in das Gebiet der J. 17; 13,5; 23,23; Neh 9,8
	33,2	will ausstoßen die J. 34,11; 5Mo 7,1; Jos 3,10
4Mo	13,29	die J. wohnen auf dem Gebirge Jos 11,3; 12,8; 15,8
5Mo	20,17	sollst den Bann vollstrecken an den J.
Jos	9,1	als das hörten die J.
	15,63	die J. wohnten in Jerusalem 18,28; Ri 19,11; 1Ch 11,4
	24,11	kämpften gegen euch die J.
Ri	1,21	Benjamin vertrieb die J. nicht 3,5
2Sm	5,6	der König zog gegen die J. 8; 1Ch 11,6
	24,16	der Engel war bei der Tenne Araunas, des J. 18; 1Ch 21,15.18.28; 2Ch 3,1
1Kö	9,20	das übrig war von den J. 2Ch 8,7
Esr	9,1	haben sich nicht abgesondert von den J.
Sa	9,7	werden die Bewohner Ekrons wie die J.
Jdt	5,18	erschlugen sie die Könige der J.

Jebusiterstadt

Jos	18,16	durchs Tal Hinnom am Südhang der J.

Jechdeja

1Ch	24,20	¹von den Söhnen Schubaëls: J.
	27,30	²J., der Meronotiter

Jecholja

2Kö	15,2	(Asarjas) Mutter hieß J. 2Ch 26,3

Jechonja

1Sm	6,19	¹aber die Söhne J. freuten sich nicht
1Ch	3,16	²die Söhne Jojakims waren: J. 17
Est	2,6	als J. in die Gefangenschaft geführt wurde Jer 24,1; 27,20; 29,2; Bar 1,9; StE 6,2
Jer	28,4	J. will ich wieder an diesen Ort bringen
Bar	1,3	Baruch las vor den Ohren J. (= Jojachin; Konja)

Jedaja

1Ch	4,37	¹J., des Sohnes Schimris
	9,10	²von den Priestern: J. 24,7
Esr	2,36	Priester: die Söhne J. Neh 7,39; 11,10
Neh	3,10	³J., der Sohn Harumafs
	12,6	⁴(Häupter der Priester) J. 7.19.21
Sa	6,10	⁵Tobija und J., die von Babel gekommen 14

jeder

1Mo	1,11	ein j. nach seiner Art 12.21.24.25
	2,20	der Mensch gab einem j. seinen Namen 19
	6,21	sollst dir von j. Speise nehmen
	8,19	ging aus der Arche, ein j. mit seinesgl.
	9,5	euer Blut, das ist das Leben eines j... will es fordern von einem j. Menschen
	17,12	j. Knäblein sollt ihr beschneiden
	20,18	der HERR hatte verschlossen j. Mutterschoß
	30,30	hat dich gesegnet auf j. meiner Schritte
	34,25	nahmen ein j. sein Schwert 2Mo 32,27.29; 1Sm 25,13
	40,5	träumte einem j... eines j. Traum hatte seine Bedeutung 41,11.12
	41,48	was rings um eine j. Stadt wuchs
	42,25	ihr Geld wiederzugeben, einem j. in seinen Sack 35; 43,21; 44,1.11.13
	45,22	gab ihnen allen, einem j. ein Feierkleid
	47,12	einen j. nach der Zahl seiner Kinder
	20	verkauften ein j. seinen Acker
	49,28	einen j. mit einem besonderen Segen
2Mo	1,1	ein j. mit seinem Hause 1Sm 27,3; 2Sm 2,3
	3,22	j. Frau soll sich... geben lassen 11,2
	7,12	warf seinen Stab hin
	12,3	nehme j. Hausvater ein Lamm
	16	nur was j. zur Speise braucht 16,16.18.21
	14,7	600 Wagen mit Kämpfern auf j. Wagen
	16,29	bleibe nun ein j., wo er ist
	17,12	stützten ihm die Hände, auf j. Seite einer
	20,24	an j. Ort, wo ich m. Namens gedenken lasse
	25,2	eine Opfergabe erheben von j. 30,12.13; 35,5. 22; 5Mo 16,17; 2Ch 29,31
	29,38	sollst an j. Tage darauf opfern 30,7
	31,5	um j. Arbeit zu vollbringen 35,31.33.35; 36,4; 1Ch 22,15
	33,8	j. trat in seines Zeltes Tür 10
3Mo	6,16	j. Speisopfer soll verbrannt werden
	7,19	j... darf von Opferfleisch essen
	27	j., der Blut ißt, wird ausgerottet werden
	10,1	nahmen ein j. seine Pfanne 4Mo 16,17.18
	11,29	unrein sein, ein j. mit seiner Art
	32	wird unrein, j. Gefäß oder Fell 15,4.17.26; 4Mo 19,14.15
	16,2	nicht zu j. Zeit in das Heiligtum gehe
	19,3	ein j. fürchte Mutter und Vater
	23,37	Feueropfer darzubringen, ein j. an seinem Tage 4Mo 7,11; 2Ch 8,13
	24,8	an j. Sabbat soll er sie zurichten 4Mo 28,10. 14
	25,10	soll ein j. wieder zu seiner Habe kommen
	27,9	j. Tier, das man dem HERRN gibt, heilig 32
4Mo	1,4	je ein Mann von j. Stamm 44; 13,2; 17,17.18. 21.24; 34,18; 5Mo 1,23; Jos 3,12; 4,2.4; 18,4; 22,14
	52	ein j. in seinem Lager 2,2.17.34
	3,47	sollst 5 Lot Silber erheben für j. Kopf
	4,19	j. anstellen zu seinem Amt 49; 7,5; 8,26; 1Ch 28,21; 2Ch 31,19; 34,13; Neh 11,23; 13,30
	11,10	als Mose weinen hörte einen j.
	15,5	zu j. Schaf, das geopfert wird Hes 46,5
	23,2	beide opferten auf j. Altar 4.14.30
	25,5	töte ein j. seine Leute
	26,54	einem j. geben nach seiner Zahl 33,54
	30,5	j. Verpflichtung soll gelten
	31,50	bringen wir, was j. gefunden hat 53
	32,18	bis j. sein Erbe eingenommen 35,8
	36,7	j. soll festhalten an dem Erbe 8.9
5Mo	1,41	euch rüstetet, ein j. mit seinen Waffen
	12,8	ein j., was ihn recht dünkt Ri 17,6; 21,25; Est 1,8.22
	13	daß du nicht an j. Stätte opferst
	14,6	j. Tier, das gespaltene Klauen hat
	16,18	Richter in j. deiner Stämme
	24,16	ein j. soll für seine Sünde sterben 2Kö 14,6; 2Ch 25,4; Jer 31,30; Hes 18,4
	25,9	so soll man tun einem j. Mann
	16	dem HERRN ein Greuel, ein j., der übeltut
	29,9	steht vor dem HERRN, j. Mann in Israel
Jos	1,3	j. Stätte, auf die eure Fußsohlen treten
	4,5	j. hebe einen Stein auf seine Schulter
	6,5	ein j. stracks vor sich hin 20; Am 4,3
	11,23	Josua gab einem j. Stamm sein Teil 12,7; 18,10; 23,4
	21,42	j. von d. Städten hatte ihren Weideplatz
	24,28	entließ Josua j. in sein Erbteil
Ri	5,30	ein j. ein Weib, zwei Weiber in j. Mann
	7,8	ließ er alle gehen, j. in sein Zelt 21,24; 1Sm 8,22; 10,25; 13,2
	16	(Gideon) gab j. eine Posaune 21
	22	eines j. Schwert gegen den andern 1Sm 14,20; Hes 38,21; Hag 2,22
	8,18	j. anzusehen wie ein Königssohn
	24	j. gebe die Ringe, die er genommen 25
	9,49	da hieb j. einen Ast ab
	16,5	wollen wir dir ein j. 1.100 Silberst. geben
	21,19	j. Jahr findet ein Fest des HERRN statt
	21	raubt euch j. eine Frau 22
Rut	1,8	eine j. ins Haus ihrer Mutter 9
1Sm	2,33	nicht einen j. will ich ausrotten
	4,10	ein j. floh in sein Zelt 2Sm 18,17; 19,9; 20,1. 22; 2Kö 14,12; 2Ch 25,22
	14,34	daß j. seinen Stier zu mir bringen soll
	26,23	der HERR wird einem j... vergelten
	30,6	war erbittert, ein j. wegen seiner Söhne
	22	sondern j. nehme nur seine Frau
	24	j. soll den gleichen Anteil haben
2Sm	2,16	ein j. ergriff den andern bei dem Kopf
	27	hätte schon heute morgen j... abgelassen
	6,19	ließ austeilen einem j. einen Brotkuchen
	13,29	j. setzte sich auf sein Maultier
	20,12	weil er sah, daß j. stehen blieb
1Kö	1,49	gingen hin, j. seinen Weg
	4,7	und zwar ein j. einen Monat lang 5,7.8; 1Ch 26,13.16; 27,1; 28,21; 2Ch 8,14; 23,8; 31,2
	5,5	wohnten, j. unter seinem Weinstock Mi 4,4
	8,38	wer dann fleht, j. in seinem Herzen
	39	daß du j. gibst, wie er gewandelt ist
	19,18	j. Mund, der (Baal) nicht geküßt
	20,20	erschlug j. den, der vor ihm kam
	22,10	saßen j. auf seinem Thron 2Ch 18,9
	17	j. kehre wieder heim mit Frieden 36; 2Ch 11,4; 18,16
2Kö	3,25	warf einen Stein auf alle guten Äcker
	6,2	j. von uns soll dort einen Stamm holen
	9,13	da nahm j. eilends sein Kleid
	21	zogen aus, j. auf seinem Wagen
	11,8	j. mit seiner Waffe in der Hand 11; 2Ch 23,7. 10
	12,6	soll sich nehmen, j. von seinen Bekannten 8
	15,20	50 Silberstücke auf j. Mann 23,35
	17,29	j. Volk machte sich seinen Gott
	18,21	Rohrstab, der j. in die Hand dringen wird Jes 36,6
	25,30	sein ständiger Unterhalt an j. Tag
1Ch	12,33	was Israel zu j. Zeit tun sollte
	16,37	wie es j. Tag erforderte 23,30; 2Ch 8,14; Esr 3,4
	28,20	bis du j. Werk vollendet hast

jeder

2Ch	9,24	brachten ihm j. sein Geschenk
Esr	2,1	zurückkehrten, ein j. in seine Stadt Neh 4,9; 7,6; 11.3.20; 13,10
	6,12	bringe j. König um und j. Volk 7,26; Neh 5,13
	7,22	und Salz in j. Menge
	8,34	nach Zahl und Gewicht eines j. Stückes
	10,14	mit ihnen die Ältesten einer j. Stadt
Neh	3,28	bauten die Priester, ein j. 4,12.16.17
	8,16	Laubhütten, ein j. auf seinem Dach 18
	10,32	in j. 7. Jahr auf... j. Art verzichten 35
Est	1,22	ausgesandt in j. Land und zu j. Volk 3,12; 8,9
	2,12	wenn die Zeit für j. Jungfrau kam
	4,11	j., der ungerufen zum König hineingeht
Hi	1,4	Festmahl, ein j. in seinem Hause
	2,11	kamen, ein j. aus seinem Ort 12
	7,18	j. Morgen suchst du ihn heim
	8,13	so geht es j., der Gott vergißt
	11,6	ist zu wunderbar für j. Erkenntnis
	33,29	das alles tut Gott mit einem j.
	34,11	trifft einen j. nach seinem Tun 21; Jer 17,10; 32,19
	41,1	j. Hoffnung wird an ihm zuschanden
	42,11	ein j. gab ihm ein Goldstück
Ps	59,7	Abend kommen sie wieder, heulen 15
	62,13	vergiltst einem j., wie er's verdient hat
	80,13	daß j. seine Früchte abreißt
	101,8	j. Morgen bring ich zum Schweigen
Spr	2,9	wirst verstehen j. guten Weg
	5,21	eines j. Wege liegen offen vor dem HERRN
	18,17	ein j. hat zuerst in seiner Sache recht
	23,29	wo sind Wunden ohne j. Grund
	26,10	wie ein Schütze, der j. verwundet
Pr	8,6	j. Vorhaben hat seine Zeit und Gericht
	10,3	der Tor hält j. andern für einen Toren
Hl	3,8	j. hat sein Schwert an der Hüfte
	8,11	j. für s. Früchte brächte 1.000 Silberstücke
Jes	3,5	wird bedrängen, ein j. seinen Nächsten
	4,3	j., der aufgeschriebn ist zum Leben
	6,2	ein j. hatte sechs Flügel Hes 1,6; 10,9.14.21
	7,19	daß sich alle niederlassen an j. Tränke
	9,4	j. Stiefel... j. Mantel wird verbrannt
	19	ein j. frißt das Fleisch seines Nächsten
	13,14	daß sich ein j. zu seinem Volk kehren und ein j. in sein Land fliehen wird Jer 50,16
	14,18	ruhen, ein j. in seiner Kammer
	15,2	Haupt ist kahlgeschoren, j. Bart abgeschn.
	21,8	ich stelle mich auf meine Wacht j. Nacht
	28,25	sät ein j., wohin er's haben will
	31,7	wird j. seine Götzen verwerfen Hes 20,7
	32,2	daß ein j. sein wird wie eine Zuflucht
	36,16	soll j. von seinem Weinstock essen
	47,13	Sterngucker, die an j. Neumond kundtun
	15	wird wanken
	53,6	ein j. sah auf seinen Weg 56,11
	54,17	j. Zunge sollst du schuldig sprechen
	58,6	reiß j. Joch weg
Jer	5,8	ein j. wiehert nach seines Nächsten Weibe
	6,3	die werden ein j. seinen Platz abweiden
	9,3	ein j. hüte sich vor seinem Freunde
	11,8	j. wandelte nach s. Herzen 16,12; 18,12
	12,15	will j. in sein Erbteil zurückbringen
	18,11	bekehrt euch, ein j. von seinen bösen Wegen 25,5; 26,3; 35,15; 36,3.7; Jon 3,8
	19,3	j., der es hören wird, die Ohren gellen
	22,7	bestellt, einen j. mit seinen Waffen
	23,36	einem j. wird sein eigenes Wort zur Last
	34,9	daß j... freilassen sollte 10.14-17
	37,10	so würde doch ein j. aufstehen
	48,37	j. wird den Sack anziehen
Jer	51,6	rette ein j. sein Leben 9.45
Klg	2,19	schreie zu Beginn j. Nachtwache
	3,39	ein j. murre wider seine Sünde
Hes	4,5	für j. Jahr einen Tag
	7,16	j. wegen seiner Missetat
	8,11	j. hatte sein Räucherfaß
	12	in der Kammer seines Götzenbildes 20,39
	9,1	j. habe sein Werkzeug zur Zerstörung 2
	14,4	j. will ich antworten 7
	16,15	botest dich j. an 25
	18,30	will richten einen j. nach s. Weg 33,20
	21,3	soll j. Angesicht versengt werden
	15	hast verachtet j. Rat
	24	stelle Wegweiser an den Anfang j. Weges
	22,6	ein j. pocht auf seine Macht
	28,13	geschmückt mit Edelsteinen j. Art
	32,10	zittern, ein j. um sein Leben
	46,21	war in j. Ecke ein Vorhof 23
	47,23	j. bei dem Stamm, bei dem er wohnt
Dan	1,17	Verstand für j. Art von... Träume j. Art
	6,8	j., der in 30 Tagen etwas bitten w. 13
	7,3	vier Tiere, j. anders als das andere
	12	bestimmt, wie lang ein j. leben sollte
	28	j. Farbe war aus meinem Antlitz gewichen
Jo	2,6	j. Angesicht erbleicht
	7	ein j. zieht unentwegt voran 8
Jon	1,5	schrien, ein j. zu seinem Gott
Mi	2,2	treiben Gewalt mit eines j. Hause
	4,5	j. Volk wandelt im Namen seines Gottes
	7,2	ein j. jagt den andern Sa 8,10; 11,6.9
Ze	2,11	sollen anbeten, ein j. an seiner Stätte
Hag	1,9	ein j. nur eilt, für sein Haus zu sorgen
Sa	4,2	sind sieben Schnauzen an j. Lampe
	7,9	ein j. erweise seinem Bruder Güte
	8,4	sitzen j. mit seinem Stock in der Hand
	10,1	wird Regen genug geben für j. Gewächs
	12,12	wird klagen, j. Geschlecht besonders 14
	13,5	j. wird sagen: Ich bin kein Prophet
Jdt	11,6	j. weiß, daß du der mächtigste Fürst bist
	16,25	danach zog j. wieder heim
Wsh	15,7	macht j. Gefäß zu unserm Gebrauch. Wozu j. einzelne gebraucht wird
	16,20	das j. nach seinem Geschmack war
	25	nach dem Wunsch und der Bitte eines j.
	19,16	als j. den Zugang zu s. Tür suchen mußte
Sir	2,4	sei geduldig bei j. neuen Demütigung
	5,11	folge bei j. Weg
	8,22	öffne dein Herz nicht j.
	11,27	der Herr kann j. im Tod leicht vergelten
	30	nimm nicht j. die auf
	13,19	j. Tier liebt... und j. Mensch den, der
	16,14	j. Wohltat findet ihre Stätte bei Gott
	17,12	befahl j., für seinen Nächsten zu sorgen
	14	j. Volk hat seinen Herrscher gegeben
	21,4	j. Sünde ist wie ein zweischneidiges Schwert
	33,14	er gibt einem j., wie er es für recht hält
	37,1	j. Freund sagt: Ich bin auch dein Freund
	8	j. Ratgeber warnt j.
	28	j. hat eine bestimmte Zeit zu leben
	31	nicht alles ist j. nützlich, auch mag nicht j. alles
	38,35	j. versteht sich auf sein Handwerk
	39,39	daß jedes... einen Zweck erfüllt
	40,1	großes Elend ist j. Menschen zugeteilt
	42,7	Ausgabe und Einnahme aufzuschreiben
	46,13	die Richter, j. nach seinem Namen
	47,9	bei j. Tat dankte er dem Heiligen
	31	versuchten es mit j. Art von Abgötterei
Bar	1,6	legten Geld zusammen, soviel j. vermochte
	22	j. trieb es nach den Gedanken s. Herzens 2,8

jeder

Bar	6,52	kann j. merken, daß es nicht Götter sind
1Ma	14,8	j. bebaute sein Feld in Frieden 12
	28	ist j. kund und offenbar gemacht worden
2Ma	12,40	fanden bei j. der Erschlagenen Götzen
StE	1,2	damit j. ohne Furcht leben könnte
Mt	3,10	j. Baum... wird abgehauen Lk 3,9
	4,4	von j. Wort, das aus dem Mund Gottes geht
	6,34	genug, daß j. Tag seine eigene Plage hat
	12,25	j. Reich, das mit sich selbst uneins ist Lk 11,17
	36	Rechenschaft von j. Wort, das sie geredet
	13,52	j. Schriftgelehrte, der ein Jünger des Himmelreichs geworden ist
	16,27	wird er einem j. vergelten nach seinem Tun
	18,16	j. Sache durch den Mund von zwei oder drei Zeugen 2Ko 13,1
	35	wenn ihr nicht vergebt, ein j. seinem Bruder
	20,9	j. empfing seinen Silbergroschen 10
	25,15	j. nach seiner Tüchtigkeit, und zog fort
	26,22	fingen an, j. einzeln, ihn zu fragen
Mk	9,49	j. wird mit Feuer gesalzen werden
Lk	2,3	jedermann ging, ein j. in seine Stadt
	6,44	j. Baum wird an seiner eigenen Frucht erkannt
	13,15	bindet j. von euch am Sabbat s. Ochsen los
	16,5	rief die Schuldner, einen j. für sich
	19,15	erfahren, was ein j. erhandelt hätte
Jh	2,6	in j. gingen zwei oder drei Maße
	3,8	so ist es bei j., der aus dem Geist geboren ist
	6,7	nicht genug, daß j. ein wenig bekomme
	15,2	j. Rebe an mir, die keine Frucht bringt, wird
	16,32	zerstreut werdet, ein j. in das Seine
	19,23	machten vier Teile, für j. Soldaten einen
Apg	2,3	er setzte sich auf einen j. von ihnen
	6	j. hörte sie in seiner Sprache reden 8
	38	j. von euch lasse sich taufen
	3,26	daß ein j. sich bekehre von seiner Bosheit
	4,35	man gab einem j., was er nötig hatte
	8,19	Macht, damit j. den heiligen Geist empfange
	11,29	beschloß j., nach seinem Vermögen den Brüdern eine Gabe zu senden
	13,27	Propheten, die an j. Sabbat vorgelesen
	14,23	sie setzten in j. Gemeinde Älteste ein
	17,27	er ist nicht ferne von j. unter uns
	20,31	nicht abgelassen, einen j. unter Tränen zu ermahnen
	21,22	auf j. Fall werden sie hören, daß du gekommen
	26	sobald für j. das Opfer dargebracht wäre
Rö	2,6	der einem j. geben wird nach seinen Werken
	3,2	viel in j. Weise
	12,3	ich sage durch die Gnade j. unter euch
	13,7	gebt j., was ihr schuldig seid
	14,5	ein j. sei in seiner Meinung gewiß
	12	j. für sich selbst Gott Rechenschaft geben
	15,2	j. von uns lebe so, daß er seinem Nächsten gefalle
1Ko	1,2	samt allen, die den Namen unsres Herrn anrufen an j. Ort
	3,5	das, wie es der Herr einem j. gegeben hat
	8	j. wird seinen Lohn empfangen
	10	sehe zu, wie er darauf baut
	13	so wird das Werk eines j. offenbar werden
	4,5	wird einem j. von Gott sein Lob zuteil werden
	7,2	soll j. seine eigene Frau haben
	7	j. hat seine eigene Gabe von Gott
	17	soll j. so leben, wie der Herr es ihm zugemessen 20.24
	9,25	j., der kämpft, enthält sich aller Dinge
1Ko	11,3	daß Christus das Haupt eines j. Mannes ist
	4	ein j. Mann, der betet oder prophetisch redet
	21	ein j. nimmt beim Essen sein eigenes Mahl vorweg
	12,7	in einem j. offenbart sich der Geist
	11	d. Geist teilt einem j. das Seine zu
	18	Glieder eingesetzt, ein j. von ihnen im Leib
	27	seid der Leib Christi und j. von euch ein Glied
	14,26	wenn ihr zusammenkommt, so hat ein j. einen Psalm
	15,23	j. in seiner Ordnung: als Erstling Christus
	30	was stehen wir dann j. Stunde in Gefahr
	38	Gott gibt j. Samen seinen eigenen Leib
	16,2	an j. ersten Tag der Woche lege ein j. von euch etwas zurück
2Ko	5,10	damit j. seinen Lohn empfange
	9,7	ein j., wie er's sich im Herzen vorgenommen
	8	damit ihr reich seid zu j. guten Werk
	11,6	in j. Weise haben wir sie bei euch kundgetan
Gal	3,10	verflucht sei j., der 13
	5,3	bezeuge einem j., der sich beschneiden läßt
	6,4	j. prüfe sein eigenes Werk
	5	j. wird seine eigene Last tragen
Eph	4,7	einem j. von uns ist die Gnade gegeben
	14	uns von j. Wind einer Lehre bewegen und umhertreiben lassen
	16	wodurch j. Glied das andere unterstützt
	25	redet die Wahrheit, ein j. mit seinem Nächsten
	5,3	von j. Art Unreinheit nicht die Rede sein
	6,8	was ein j. Gutes tut, das wird er vom Herrn
Phl	1,18	wenn Christus verkündigt wird auf j. Weise
	2,4	ein j. sehe nicht auf das Seine
	4,12	mir ist alles und j. vertraut
Kol	1,10	daß ihr Frucht bringt in j. guten Werk
	4,6	daß ihr wißt, wie ihr einem j. antworten sollt
1Th	2,11	daß wir einen j. von euch (ermahnt haben)
	4,4	ein j. von euch seine Frau zu gewinnen suche
	5,22	meidet das Böse in j. Gestalt
2Th	3,6	daß ihr euch zurückzieht von j. Bruder, der
1Pt	1,17	der ohne Ansehen der Person einen j. richtet nach seinem Werk
	4,10	dient einander, ein j. mit der Gabe, die er empfangen hat
2Pt	2,10	die j. Herrschaft verachten Jud 8
1Jh	3,3	ein j., der solche Hoffnung auf ihn hat
	4,1	ihr Lieben, glaubt nicht einem j. Geist
	2	ein j. Geist, der bekennt, daß Jesus Christus in das Fleisch gekommen ist 3
3Jh	15	grüße die Freunde, j. mit Namen
Heb	2,2	wenn j. Übertretung und j. Ungehorsam den rechten Lohn empfing
	3,4	j. Haus wird von jemandem erbaut
	4,12	das Wort Gottes ist schärfer als j. Schwert
	5,1	j. Hohepriester wird eingesetzt für die Menschen 8,3
	6,11	daß j. von euch denselben Eifer beweise
	10,11	j. Priester versieht seinen Dienst
	12,11	j. Züchtigung scheint uns nicht Freude zu sein
Jak	1,14	ein j., der versucht wird, wird von seinen eigenen Begierden gereizt
	19	j. Mensch sei schnell zum Hören, langsam zum Reden
	3,1	nicht j. von euch soll ein Lehrer werden
Off	2,23	geben einem j. von euch nach euren Werken
	4,8	eine j. der vier Gestalten hatte sechs Flügel
	5,8	ein j. hatte eine Harfe und goldene Schalen

jeder

Off	6,11	gegeben einem j. ein weißes Gewand
	20,13	sie wurden gerichtet, ein j. nach seinen Werken
	21,21	ein j. Tor war aus einer einzigen Perle
	22,2	j. Monat bringen sie ihre Frucht
	12	einem j. zu geben, wie seine Werke sind
	15	*j., der Lüge lieb hat und tut*

jedermann

1Mo	16,12	seine Hand wider j. und j. Hand wider ihn
	45,1	laßt j. von mir hinausgehen 2Sm 13,9
3Mo	25,13	da j. wieder zu dem Seinen kommen soll
1Sm	14,24	verflucht sei j., der etwas ißt 28
2Sm	15,4	daß j. zu mir käme, damit ich ihm hülfe
	13	j. Herz sich Absalom zugewandt 17,10.14
	20,2	fiel j. in Israel von David ab 13
1Kö	10,25	j. brachte (Salomo) jährlich Geschenke
	12,24	j. gehe wieder heim 2Ch 20,27
2Kö	10,25	sprach Jehu: Geht und erschlagt j.
	12,5	Geld, das j. gibt ... j. aus freiem Herzen
	18,31	soll j. von seinem Weinstock essen
1Ch	10,11	als j. hörte, was die Philister
	16,3	(David) teilte aus an j. ein Brot
	29,12	in deiner Hand steht es, j. groß zu machen
2Ch	6,30	wollest j. geben nach seinem Wandel
	10,16	j. von Israel, auf zu seiner Hütte
Spr	20,24	j. Schritte bestimmt der HERR
Jes	2,20	wird j. wegwerfen seine Götzen
Jer	2,14	(daß Israel) j. Raub sein darf
	15,10	j. hadert u. streitet ... flucht mir j. 20,7
Tob	12,7	preist den Gott des Himmels vor j.
GMn	4	daß j. vor dir erschrecken muß
Mt	10,22	ihr werdet gehaßt werden von j. Mk 13,13; Lk 21,17
	19,11	*dies Wort fasset nicht j.*
Mk	1,37	j. sucht dich
	5,20	j. verwunderte sich
Lk	2,3	j. ging, daß er sich schätzen ließe
	4,15	(Jesus) wurde von j. gepriesen
	6,26	weh euch, wenn euch j. wohlredet
	16,16	j. drängt sich mit Gewalt hinein
Jh	2,10	j. gibt zuerst den guten Wein
	3,26	j. kommt zu ihm
	13,35	daran wird j. erkennen
Apg	17,25	da er doch selber j. Leben gibt
	31	hat j. den Glauben angeboten
Rö	12,3	*ich sage j. unter euch*
	17	seid auf Gutes bedacht gegenüber j.
	13,1	j. sei untertan der Obrigkeit
	7	*gebet j., was ihr schuldig seid*
	16,19	*euer Gehorsam ist bei j. kundgeworden*
1Ko	4,1	dafür halte uns j.: für Diener Christi
	13	wir sind geworden j. Kehricht
	8,7	es hat nicht j. das Wissen
	9,19	frei bin von j. ... zum Knecht gemacht
	10,33	so wie auch ich j. in allem zu Gefallen lebe
Gal	3,10	*verflucht sei j., der 13*
	6,10	laßt uns Gutes tun an j.
1Th	3,12	immer reicher werden in der Liebe zu j.
	5,14	seid geduldig gegen j.
	15	jagt allezeit dem Guten nach gegen j.
2Th	3,2	der Glaube ist nicht j. Ding
1Ti	3,16	groß ist, wie j. bekennen muß, das Geheimnis
2Ti	2,24	Knecht des Herrn freundlich gegen j.
	3,9	ihre Torheit wird j. offenbar werden
1Pt	2,17	ehrt j., habt die Brüder lieb, fürchtet Gott
	3,15	bereit zur Verantwortung vor j.
2Pt	3,9	der Herr will, daß j. zur Buße finde
3Jh	12	Demetrius hat ein gutes Zeugnis von j.
Heb	12,14	jagt dem Frieden nach mit j.
Jak	1,5	Gott, der j. gern gibt

jederzeit

3Mo	25,32	sollen die Häuser j. einlösen können
Jdt	13,24	daß dich j. alle preisen werden

jedesmal

Jes	30,32	j., wenn ein Schlag daherfährt

Jediaël

1Ch	7,6	¹Söhne Benjamins: J. 10.11
	11,45	²J., der Sohn Schimris
	12,21	³fielen (David) zu von Manasse: J.
	26,2	⁴Söhne Mechelemjas: J.

Jedida

2Kö	22,1	Josia(s) Mutter hieß J.

Jedidja

2Sm	12,25	Nathan nannte (Salomo) J.

Jedo (s.a. Iddo)

2Ch	9,29	in den Geschichten des Sehers J.

Jedutun, Jeduthun

1Ch	9,16	¹(Leviten:) Galals, des Sohnes J. 41.42; 25,1.3.6; 2Ch 5,12; 29,14; 35,15; Neh 11,17
Ps	39,1	Psalm Davids für J. 62,1; 77,1 (= Etan 3)
1Ch	16,38	²(damit sie Dienst täten) dazu den Sohn J.

Jeftah, Jephthah

Ri	11,1	J., ein Gileaditer 2-15.28-34.40; 12,1-7
1Sm	12,11	sandte der HERR Jerubbaal, Barak, J. Heb 11,32

Jefunne, Jephunne

4Mo	13,6	¹Kaleb, der Sohn J. 14,6.30.38; 26,65; 32,12; 34,19; 5Mo 1,36; Jos 14,6.13.14; 15,13; 21,12; 1Ch 4,15; 6,41; Sir 46,9
1Ch	7,38	²Söhne Jeters: J.

Jegar-Sahaduta, Jegar-Sahadutha

1Mo	31,47	Laban nannte ihn J.

jeglicher

Spr	16,2	einen j. dünken seine Wege rein 21,2
	24,29	will einem j. sein Tun vergelten
	29,26	eines j. Recht kommt vom HERRN
Pr	3,1	ein j. hat seine Zeit

Jehallelel

1Ch	4,16	¹(Söhne Judas:) die Söhne J.
2Ch	29,12	²aus Merari aber Asarja, der Sohn J.

Jeheskel

1Ch 24,16 das zwanzigste (Los fiel) auf J.

Jehiël, Jehiëliter

versch. Träger ds. Namens
1Ch 11,44/ 15,18.20; 16,5/ 23,8; 26,21.22/ 29,8/ 27,32/ 2Ch 20,14/ 21,2/ 29,14; 31,13/ 35,8/ Esr 8,9/ 10,2.26/ 10,21

Jehija

1Ch 15,24 und J. waren Torhüter bei der Lade

Jehiskija

2Ch 28,12 J., der Sohn Schallums

Jehu

1Kö 19,16 J. König über Israel 17; 2Kö 9; 10; 13,1; 14,8; 15,12; 2Ch 22,7-9; 25,17
Hos 1,4 will d. Blutschuld heimsuchen am Hause J.
weitere Träger ds. Namens
1Kö 16,1.7.12; 2Ch 19,2; 20,34/ 1Ch 2,38/ 4,35/ 12,3

Jehud

Jos 19,45 (Dan... das Gebiet war) J.

Jehudi

Jer 36,14 J., den Sohn Netanjas 21.23

Jehudit

1Mo 26,34 Esau nahm zur Frau J.

Jeïël

versch. Träger ds. Namens
1Ch 5,7/ 8,29; 9,35/ 15,18/ 2Ch 26,11/ 29,13; 35,9/ Esr 8,13/ 10,43

Jekamam

1Ch 23,19 Söhne Hebrons: J. 24,23

Jekamja

1Ch 2,41 ¹Schallum zeugte J. J. zeugte Elischama
3,18 ²die Söhne Jechonjas: J.

Jekutiël, *Jekuthiël*

1Ch 4,18 (Jeter zeugte) J.

jemals

1Ch 17,6 habe ich j. zu einem Richter gesagt
Jer 31,36 wenn j. diese Ordnungen ins Wanken kämen 33,25
Sir 2,11 wer ist j. zuschanden geworden 12
1Ko 9,7 wer zieht j. in den Krieg
Eph 5,29 niemand hat j. sein eigen Fleisch gehaßt
1Jh 4,12 niemand hat Gott j. gesehen
Heb 1,5 zu welchem Engel hat Gott j. gesagt 13

jemand

1Mo 26,10 daß j. sich zu deiner Frau gelegt hätte
48,20 wer in Israel j. segnen will
2Mo 21,7 verkauft j. seine Tochter als Sklavin
14 wenn j. an seinem Nächsten frevelt 26.33.35. 37; 22,4.6.9.13.15; 3Mo 20,10-21; 4Mo 35,16-20; 5Mo 19,4.5.11; 22,8.13.22.25.26.28; 24,1.7; Jos 20,3.9; 1Kö 8,31; 2Ch 6,22
24,14 hat j. eine Rechtssache, der wende sich
3Mo 2,1 wenn j. dem HERRN ein Speisopfer darbringen will 7,8.18; 22,21
4,2 wenn j. gegen irgendein Gebot sündigte 27; 5,1.2.4.15.17.21; 7,21; 20,6; 4Mo 5,13.20; 6,9; 9,10; 19,13; 5Mo 17,2.12; 18,10; 21,22; 23,11; 29,17; Hag 2,12.13
13,18 wenn j. ein Geschwür bekommt 24
25,26 wenn j. keinen Löser hat 48
47 wenn dein Bruder sich j. verkauft
27,2 wenn j. dem HERRN ein Gelübde getan 10. 13.14.16.22.28.31.33; 4Mo 5,10; 6,2; 30,3
4Mo 12,6 ist j. ein Prophet des HERRN
21,9 wenn j. eine Schlange biß
27,8 wenn j. stirbt und keinen Sohn hat
31,19 lagert euch draußen, alle, die j. getötet
36,3 wenn diese j. zur Frau nimmt
5Mo 19,15 kein einzelner Zeuge gegen j. auftreten 16
21,15 wenn j. zwei Frauen hat 24,5
18 wenn j. einen widerspenstigen Sohn hat
Ri 4,20 wenn einer fragt, ob j. hier sei
1Sm 2,13 wenn j. ein Opfer bringen wollte 16
25 wenn j. gegen... den HERRN sündigt
13,20 wenn j. eine Pflugschar zu schärfen hatte
24,20 wo ist j., der seinen Feind findet
2Sm 9,1 ist noch j... von dem Hause Sauls 3
15,2 wenn j. einen Rechtshandel hatte 5
19,23 sollte heute j. sterben in Israel
21,4 auch steht es uns nicht zu, j. zu töten
1Kö 8,31 wenn j. an s. Nächsten sündigt 2Ch 6,22
2Kö 4,29 wenn dir j. begegnet... grüßt dich j., so
10,23 seht zu, daß hier nicht j. unter euch sei
2Ch 6,29 wenn j. seine Plage und Schmerzen fühlt
Esr 6,11 wenn j. diesen Erlaß übertritt
Hi 12,14 wenn er j. einschließt, kann niemand
31,19 wie j. ohne Kleid verkommen ist
37,20 wenn j. redet, muß es ihm gesagt werden
Ps 14,2 daß er sehe, ob j. klug sei 53,3
69,21 ich warte, ob j. Mitleid habe
89,49 wo ist j., der den Tod nicht sähe
Spr 3,30 geh nicht mutwillig mit j. vor Gericht
6,27 kann j. Feuer unterm Gewand tragen 28
Jes 13,20 noch j. da bleibe für und für
Jer 5,1 ob ihr j. findet, der Recht übt
6,10 daß doch j. hören wollte
7,33 ohne daß sie j. verscheuchen wird 21,12
8,4 wo ist j., wenn er fällt... wo ist j., wenn
23,24 meinst du j., daß sich j. verbergen könne
Hes 22,30 ob j. in die Bresche treten würde
46,18 damit nicht j. vertrieben wird
Am 5,19 gleichwie wenn j. vor dem Löwen flieht
Sa 13,3 wenn j. weiterhin als Prophet auftritt
Wsh 8,7 hat aber j. Gerechtigkeit lieb
11,16 womit j. sündigt, damit wird er bestraft
Sir 11,2 noch j. verachten, weil er häßlich aussieht
18,15 wenn du j. etwas gibst, kränke ihn nicht
Mt 5,39 dich j. auf d. rechte Backe schlägt 40.41
10,11 ob j. darin ist, der es wert ist
14 wenn euch j. nicht aufnehmen wird
12,29 wie kann j. in das Haus e. Starken eindringen

jemand

Mt	13,19	wenn j. das Wort von dem Reich hört
	16,24	will mir j. nachfolgen
	18,10	*daß ihr nicht j. von... verachtet*
	21,3	wenn euch j. etwas sagen wird, so sprecht 24,23; Mk 11,3; 13,21; Lk 19,31
	24,4	daß euch nicht j. verführe Mk 13,5
Mk	7,16	hat j. Ohren zu hören, der höre Off 13,9
	8,4	wie kann sie j. hier mit Brot sättigen
	9,30	er wollte nicht, daß es j. wissen sollte
	35	wenn j. will der Erste sein, der soll der Letzte
	11,16	daß j. etwas durch den Tempel trage
	25	vergebt, wenn ihr etwas gegen j. habt
	12,19	wenn j. stirbt Lk 20,28
Lk	8,46	Jesus sprach: Es hat mich j. berührt
	11,5	wenn j. unter euch einen Freund hat
	14,8	wenn du von j. zur Hochzeit geladen bist
	26	wenn j. zu mir kommt und haßt nicht Vater
	16,31	nicht überzeugen lassen, wenn j. von den Toten auferstünde
	19,8	wenn ich j. betrogen habe
	23,53	Felsengrab, in dem noch nie j. gelegen hatte Jh 19,41
Jh	2,25	daß ihm j. Zeugnis gab
	3,3	sei denn, daß j. von neuem geboren werde 5
	4,33	hat ihm j. zu essen gebracht
	6,46	nicht als ob j. den Vater gesehen hätte
	7,17	wenn j. dessen Willen tun will
	8,33	wir sind niemals j. Knecht gewesen
	51	*so j. mein Wort wird halten* 52
	9,22	wenn j. ihn als den Christus bekenne, der solle ausgestoßen werden
	31	*wenn j. gottesfürchtig ist*
	32	daß j. einem Blindgeborenen die Augen aufgetan
	10,9	wenn j. durch mich hineingeht, wird er selig werden
	11,57	wenn j. weiß, wo er ist, soll er's anzeigen
	13,20	wer j. aufnimmt, den ich senden werde, der nimmt mich auf
	16,30	bedarfst dessen nicht, daß dich j. fragt
Apg	5,25	da kam j., der berichtete ihnen
	8,31	wie kann ich, wenn mich nicht j. anleitet
	34	von wem redet der Prophet das, von sich selber oder von j. anderem
	10,47	kann j. das Wasser zur Taufe verwehren
	13,11	suchte j., der ihn an der Hand führte
	41	nicht glauben werdet, wenn es euch j. erzählt
	15,38	hielt es nicht für richtig, j. mitzunehmen, der
	17,25	als bedürfe er j.
	19,38	haben Demetrius und die mit ihm vom Handwerk sind einen Anspruch an j.
	24,12	wie ich mit j. gestritten hätte
	27,42	*daß nicht j. fortschwimme*
Rö	5,7	nun stirbt kaum j. um eines Gerechten willen
	9,16	so liegt es nicht an j. Wollen
	12,6	ist j. prophetische Rede gegeben 7.8
1Ko	1,15	damit nicht j. sagen kann, ihr wäret
	16	weiß ich nicht, ob ich noch j. getauft habe
	3,12	wenn j. auf den Grund baut Gold
	14	wird j. Werk bleiben, Lohn empfangen 15
	17	wenn j. den Tempel Gottes verdirbt
	4,6	*nicht um j. willen aufblase*
	6,1	wie kann j. von euch wagen... sein Recht zu suchen vor den Ungerechten
	7,18	ist j. als Beschnittener berufen
	36	wenn j. meint, er handle unrecht
	8,2	wenn j. meint, er habe etwas erkannt
1Ko	8,3	wenn j. Gott liebt, der ist von ihm erkannt
	10	wenn j. dich im Götzentempel sitzen sieht
	10,27	*wenn j. von den Ungläubigen euch einladet*
	28	wenn j. zu euch sagen würde: Das ist Opferfleisch
	11,16	ist j. unter euch, der Lust hat zu streiten
	34	hat j. Hunger, so esse er daheim
	14,27	wenn j. in Zungen redet
	37	*so sich j. läßt dünken*
	15,35	es könnte j. fragen
	16,11	daß ihn nur nicht j. verachte
	22	wenn j. den Herrn nicht lieb hat
2Ko	2,5	wenn j. Betrübnis angerichtet hat
	5,17	ist j. in Christus, so ist er eine neue Kreatur
	8,20	so verhüten wir, daß uns j. übel nachredet
	10,7	verläßt sich j. darauf, daß er Christus angehört
	11,20	ihr ertragt es, wenn euch j. knechtet
	12,6	damit nicht j. mich höher achte
Gal	1,9	wenn j. euch ein Evangelium predigt, anders als 1Ti 6,3; 2Jh 10
	6,3	wenn j. meint, er sei etwas, obwohl er nichts
Eph	2,9	damit sich nicht j. rühme
Kol	3,13	wenn j. Klage hat gegen den andern
1Th	3,3	damit nicht j. wankend würde in diesen Bedrängnissen
2Th	3,8	haben nicht umsonst Brot von j. genommen
	10	*wenn j. nicht will arbeiten*
	14	wenn j. unserm Wort nicht gehorsam ist
1Ti	1,8	das Gesetz gut, wenn es j. recht gebraucht
	3,1	wenn j. ein Bischofsamt begehrt
	5	wenn j. seinem eigenen Haus nicht vorzustehen weiß 5,8
2Ti	2,5	wenn j. auch kämpft
	21	wenn nun j. sich reinigt von solchen Leuten
1Pt	2,19	Gnade, wenn j. vor Gott um des Gewissens willen das Übel erträgt
	4,11	wenn j. predigt, daß er's rede als Gottes Wort
2Pt	2,19	von wem j. überwunden ist, dessen Knecht ist er geworden
	3,9	will nicht, daß j. verloren werde
1Jh	2,1	wenn j. sündigt, haben wir einen Fürsprecher
	15	die Welt lieb hat
	27	ihr habt nicht nötig, daß euch j. lehrt
	3,17	wenn aber j. dieser Welt Güter hat
	4,20	wenn j. spricht: Ich liebe Gott, und haßt seinen Bruder
	5,16	wenn j. seinen Bruder sündigen sieht
Heb	3,4	jedes Haus wird von j. erbaut
	12	*daß nicht j. ein arges Herz habe* 13
	4,11	damit nicht j. zu Fall komme
	8,11	*lehren... noch j. seinen Bruder*
	10,28	wenn j. das Gesetz des Mose bricht
	12,13	damit nicht j. strauchle wie ein Lahmer
	15	daß nicht j. Gottes Gnade versäume
	16	daß nicht j. sei ein Abtrünniger
Jak	1,5	wenn es j. unter euch an Weisheit mangelt
	23	wenn j. ein Hörer des Worts
	26	wenn j. meint, er diene Gott
	2,10	wenn j. das ganze Gesetz hält und
	14	wenn j. sagt, er habe Glauben, und hat doch keine Werke
	16	j. unter euch spräche zu ihnen: Geht hin in Frieden
	18	es könnte j. sagen
	5,13	leidet j. unter euch, der bete 14
	19	wenn j. unter euch abirren würde von der Wahrheit
Off	3,20	wenn j. meine Stimme hören wird

Off	13,10	wenn j. ins Gefängnis soll, dann wird er	Phl	1,17	j. verkündigen Christus aus Eigennutz
	14,9	wenn j. das Tier anbetet und sein Bild	2Th	1,10	wenn er kommen wird... an j. Tage
	20,15	wenn j. nicht gefunden wurde geschrieben	2Ti	1,12	bis an j. Tag 18; 4,8
	22,18	wenn j. etwas hinzufügt 19		3,9	ihre Torheit wird jedermann offenbar werden, wie es bei j. geschah

Jemima

Hi 42,14 (Hiob) nannte die erste J.

Jemuël, Jemuëliter (s.a. Nemuël)

1Mo 46,10 Söhne Simeons: J. 2Mo 6,15; 1Ch 4,24
4Mo 26,12 die Söhne Simeons waren: J., daher (die) J.

jener

1Mo 48,20 so segnete er sie an j. Tage
2Mo 14,30 so errettete der HERR an j. Tage Israel
Hi 3,4 j. Tag soll finster sein 6.7
Ps 20,8 j. verlassen sich auf Wagen und Rosse
Jes 2,11 der HERR wird allein hoch sein an j. Tage 17
 20 an j. Tage wird jedermann wegwerfen
Jer 33,15 in j. Tagen und zu j. Zeit 50,20; Jo 4,1; Am 2,16
Hes 24,27 an j. Tag wird dein Mund 26
Dan 12,1 zu j. Zeit wird Michael sich aufmachen
Wsh 11,10 hast j. wie ein strenger König verhört
 14,8 j., weil es Gott genannt wird
 18,6 j. Nacht war vorher angekündigt worden
 19,5 j. einen ungewöhnlichen Tod fänden
 15 j. empfingen die Fremden gleich feindselig
 16 so wie j. an der Tür des Gerechten
Sir 44,10 j. waren begnadete Leute
Mt 7,22 es werden viele zu mir sagen an j. Tage
 9,26 diese Kunde erscholl in j. ganze Land 31
 10,14 gehet heraus von j. Hause oder j. Stadt
 12,32 weder in dieser noch in j. Welt
 15,22 ein... Weib kam aus j. Gegend
 23,23 dies tun und j. nicht lassen Lk 11,42
 24,19 weh den Schwangeren zu j. Zeit Mk 13,17; Lk 21,23
 29 sogleich nach der Bedrängnis j. Zeit
Lk 5,35 dann werden sie fasten, in j. Tagen
 6,23 freut euch an j. Tage und springt
 9,36 verkündeten in j. Tagen niemandem, was sie gesehen hatten
 10,12 wird Sodom erträglicher ergehen an j. Tage
 12,45 wenn j. Knecht in seinem Herzen sagt
 14,32 eine Gesandtschaft, solange j. noch fern ist
 15,14 kam eine große Hungersnot über j. Land
 17,34 in j. Nacht werden zwei auf einem Bett liegen
 18,14 dieser ging gerechtfertigt hinab, nicht j.
 19,27 j. meine Feinde... bringet her
 20,35 gewürdigt werden, j. Welt zu erlangen
Jh 16,13 wenn j., der Geist der Wahrheit, kommen wird
 18,13 Kaiphas, der in j. Jahr Hoherpriester war
Apg 2,18 will in j. Tagen von meinem Geist ausgießen
 8,1 erhob sich an j. Tage eine Verfolgung
 16,3 wegen der Juden, die in j. Gegend waren
 21,6 j. wandten sich wieder heimwärts
1Ko 6,13 Gott wird diesen und j. zunichte machen
 10,6 damit wir nicht am Bösen unsre Lust haben, sie hatten 7-10
 15,11 es sei nun ich oder j.
2Ko 2,16 j. ein Geruch des Lebens zum Leben
Gal 4,29 wie zu j. Zeit, so geht es auch jetzt
Eph 2,12 daß ihr zu j. Zeit ohne Christus wart

1Pt 3,21 was j. da widerfahren ist
1Jh 3,3 der reinigt sich, wie auch j. rein ist
 7 wer recht tut, der ist gerecht, wie auch j.
 4,4 ihr seid von Gott und habt j. überwunden
Heb 4,2 es ist auch uns verkündigt wie j.
 7,20 j. sind ohne Eid Priester geworden
 9,23 die himmlischen Dinge selbst müssen bessere Opfer haben als j.
 12,10 j. haben uns gezüchtigt für wenige Tage
 25 wenn j. nicht entronnen sind, die
 26 seine Stimme hat zu j. Zeit die Erde erschüttert
Off 9,6 in j. Tagen werden die Menschen den Tod suchen und nicht finden

jenseits

1Mo 4,16 Kain wohnte j. von Eden
 35,21 schlug sein Zelt auf j. von Migdal-Eder
 50,10 Goren-Atad, das j. des Jordan liegt 11
4Mo 32,19 wollen nicht erben j. des Jordan
5Mo 1,1 Worte, die Mose redete j. des Jordan 5; 4,46
 3,8 nahmen das Land j. des Jordan 20.25; 4,41. 47; Jos 12,1; 13.8.27.32; 14,3; 17,5; 18,7; 20,8; 22,4
 11,30 (Berge,) die j. des Jordan liegen
 30,13 (das Gebot) ist auch nicht j. des Meeres
Jos 2,10 was ihr Königen j. des Jordan getan 9,10 24,8
 5,1 Amoriter, die j. des Jordan wohnten 7,7; 9,1; 24,2 eure Väter wohnten j. des Euphr. 3.14.15
Ri 5,17 Gilead blieb j. des Jordan
 10,8 zerschlugen Israel j. des Jordan
 11,18 lagerten sich j. des Arnon
1Sm 14,4 Felsklippen, eine diesseits, die andere j.
 17,3 die Philister standen auf einem Berge j.
 31,7 Männer Israels, die j. der Ebene wohnten
2Sm 10,16 ließ die Aramäer j. des Stromes ausziehen 1Ch 19,16
1Kö 4,12 Baana (war Amtmann) bis j. von Jokneam
 14,15 wird sie zerstreuen j. des Stromes
1Ch 6,63 j. des Jordan gegenüber Jericho 12,38
2Ch 20,2 eine große Menge von j. des Salzmeeres
Esr 4,10 die (er) j. des Euphrat angesiedelt hat 11.16. 17.20; 5,3.6; 6,6.8.13; 7,21.25; 8,36; Neh 2,7.9; 3,7
Jes 7,20 Schermesser, das gedungen ist j. d. Stroms
 8,23 Land j. des Jordan, Galiläa der Heiden
 18,1 j. der Ströme von Kusch Ze 3,10
Jer 25,22 (ließ trinken) auf den Inseln j. d. Meeres
Am 5,27 will euch wegführen bis j. von Damaskus
Mt 4,15 das Land j. des Jordans
 25 eine große Menge von j. des Jordans Mk 3,8
 19,1 kam in das Gebiet j. des Jordans Mk 10,1
Jh 1,28 dies geschah in Betanien j. des Jordans
 3,26 der j. des Jordans, von dem du
 6,25 da sie ihn fanden j. des Meeres
 10,40 zog hin wieder j. des Jordan
Apg 7,43 will euch wegführen bis j. Babylon
2Ko 10,16 denen predigen, die j. von euch wohnen

Jeotrai, *Jeothrai*

1Ch 6,6 Serach, dessen Sohn war J.

Jerach

Jerach
1Mo 10,26 Joktan zeugte J. 1Ch 1,20

Jerachmeel, Jerachmeeliter
1Sm 27,10 ¹in das Südland der J. 30,29
1Ch 2,9 Söhne Hezrons: J. 25-27.33.42
24,29 ²von den Söhnen des Kisch: J.
Jer 36,26 ³J., dem Königssohn

Jered
1Mo 5,15 Mahalalel zeugte J. 18; 1Ch 1,2
1Ch 4,18 (Jeter) seine judäische Frau gebar J.
Lk 3,37 Henoch war ein Sohn J.

Jeremai
Esr 10,33 bei den Söhnen Haschum: J.

Jeremia
2Ch 35,25 J. sang ein Klagelied über Josia
36,12 (Zedekia) demütigte sich nicht vor J.
21 das Wort des HERRN durch den Mund J. 22; Esr 1,1; Jer 37,2
Jer 1,1 dies sind die Worte J. 36,10; 45,1; 51,64
11 J., was siehst du 24,3
7,1 das Wort, das vom HERRN geschah zu J. 11,1; 14,1; 18,1; 21,1; 25,1; 27,1; 28,12; 29,30; 30,1; 32,1.26; 33,1.19.23; 34,1.8.12; 35,1.12; 36,1.27; 37,6; 39,15; 40,1; 42,7; 43,8; 44,1; 46,1. 13; 47,1; 49,34; 50,1; Dan 9,2
18,18 laßt uns gegen J. Böses planen 26,9. 24
19,14 als J. vom Tofet zurückkam
20,2 schlug J. und schloß ihn in den Block 1.3
21,3 J. sprach 25,2; 26,7.8.12; 28,5.15; 32,6; 34,6; 35,18; 36,4.5.8.18.27.32; 38,1; 43,1; 44,20.24
25,13 was J. geweissagt hat 26,20; Sir 49,8
28,10 nahm das Joch vom Nacken des J. 11.12
29,1 Briefes, den J. von Jerusalem sandte Bar 6,1
27 warum strafst du nicht J. 29
32,2 J. lag gefangen im Wachthof 37,21; 38,13.28; 39,14
36,19 verbirg dich mit J. 26
32 nahm J. eine andere Schriftrolle
37,3 sandte Zedekia zum Propheten J. 4.12-18; 38,14-17.19.20.24
38,6 da nahmen sie J. und warfen ihn in die Zisterne... J. sank in den Schlamm 7.9-13
27 kamen alle Oberen zu J.
39,11 hatte Befehl gegeben wegen J. 40,2
40,6 so kam J. zu Gedalja 42,2.4.5; 43,2.6; 44,15
51,59 Wort, das J. befahl Seraja 61
60 J. schrieb all das Unheil in ein Buch
2Ma 2,1 daß der Prophet J. geboten habe
5 als J. dorthin kam, fand er 7
15,14 dies ist J., der Prophet Gottes 15
Mt 2,17 wurde erfüllt, was gesagt durch J. 27,9
16,14 wieder andere (sagen, du seist) J.

Jeremot, Jeremoth
versch. Träger ds. Namens
1Ch 8,14/ 23,23; 24,30/ 25,22/ 27,19/ Esr 10,26/ 10,27/ 10,29

Jeribai
1Ch 11,46 J., die Söhne Elnaams

Jericho
4Mo 22,1 lagerten sich gegenüber J. 26,3.63; 31,12; 33,48.50; 35,1; 36,13
34,15 haben ihr Erbteil gegenüber J.
5Mo 32,49 Berg Nebo im Lande Moab gegenüber J. 34,1
34,3 von J., der Palmenstadt 2Ch 28,15
Jos 2,1 seht das Land an, auch J. 6,25
2 wurde dem König von J. angesagt 3
3,16 ging hindurch gegenüber von J. 4,13.19
5,10 hielten Passa im Jordantal von J. 13
6,1 J. war verschlossen vor den *Israeliten
2 habe J. in deine Hand gegeben 24,11
26 verflucht sei, der J. wieder aufbaut
7,2 Josua sandte Männer aus von J.
8,2 wie du mit J. und seinem König getan 9,3; 10,1.28.30; 12,9
13,32 Gebiete jenseits des Jordan östlich von J. 16,1.7; 18,12.21; 20,8; 1Ch 6,63
2Sm 10,5 bleibt in J., bis euer Bart 1Ch 19,5
1Kö 16,34 baute Hiël von Bethel J. auf
2Kö 2,4 nach J. gesandt... als sie nach J. kamen
5 Prophetenjünger, die in J. waren 15.18
25,5 holten ihn ein im Jordantal von J. Jer 39,5; 52,8
Esr 2,34 die Männer von J. Neh 3,2; 7,36
Jdt 4,3 darum sandten sie Leute bis nach J.
Sir 24,18 wie die Rosenstöcke in J.
1Ma 9,50 fing an, zu befestigen J.
16,11 Amtmann im Lande J. 14
2Ma 12,15 ohne... J. zum Einsturz gebracht
Mt 20,29 als sie von J. fortgingen Mk 10,46
Mk 10,46 sie kamen nach J. Lk 18,35; 19,1
Lk 10,30 ein Mensch ging von Jerusalem hinab nach J.
Heb 11,30 durch den Glauben fielen die Mauern J.

Jeriël
1Ch 7,2 Söhne Tolas: J.

Jerija
1Ch 23,19 die Söhne Hebrons: J. 24,23; 26,31

Jerimot, Jerimoth
versch. Träger ds. Namens
1Ch 7,7/ 7,8/ 12,6/ 25,4/ 2Ch 11,18/ 31,13

Jeriot, Jerigoth
1Ch 2,18 Kaleb zeugte mit Asuba die J.

Jerobeam
1Kö 11,26 ¹J., der Sohn Nebats 15,1.9; 2Kö 17,21; 2Ch 9,29; 13,1.6; Tob 1,5; Sir 47,29
28 J. war ein tüchtiger Mann
29 J... traf der Prophet Ahija 31; 12,15; 2Ch 10,15
40 Salomo trachtete, J. zu töten... J. floh 12,2; 2Ch 10,2
12,3 J. und die ganze Gemeinde Israel 12.20; 2Ch 10,3.12

Jerusalem

1Kö 12,25	J. baute Sichem aus 26		2Sm 12,31	kehrten nach J. zurück 17,20; 19,34.35; 20,2.3; 24,8; 2Kö 23,20; 1Ch 20,3; 2Ch 14,14
	33 einst opferte J. in Bethel 13,1		14,23	Absalom nach J. 28; 15,8.11.37; 16,15
13,33	kehrte J. nicht um von seinem bösen Wege		15,29	brachten die Lade zurück nach J. 2Ch 1,4
34	geriet zur Sünde dem Hause J. 14,10.11.13.14. 16; 15,30		19,20	da der König aus J. ging
14,1	war Abija, der Sohn J., krank 2.4-7.17		20,7	die Männer Joabs zogen aus von J.
19	was mehr von J. zu sagen ist 20		24,16	als der Engel seine Hand ausstreckte über J. 1Ch 21,15.16
30	Krieg zwischen Rehabeam und J. 15,6.7; 2Ch 12,15; 13,2-4	1Kö	2,36	baue dir ein Haus in J. 38.41
15,25	Nadab, der Sohn J., wurde König		3,1	bis er die Mauer um J. gebaut 9,15
29	erschlug das Haus J.; ließ nicht einen übrig vom Hause J.		15	Salomo kam nach J. 10,26; 2Ch 1,13.14; 9,25
34	wandelte in dem Wege J. 16,2.19.26.31; 22,53; 2Kö 3,3; 10,29.31; 13,2.6.11; 14,24; 15,9.18.24. 28; 17,22		8,1	versammelte... Israel nach J. 2Kö 23,1; 1Ch 15,3; 28,1; 2Ch 5,2; 15,10; 34,29
			16	J. hab ich erwählt 11,13.32.36; 2Kö 21,7; 2Ch 6,6; 33,7
16,3	dein Haus wie das Haus J. 7; 21,22; 2Kö 9,9		9,19	was er zu bauen wünschte in J. 2Ch 8,6
2Kö 23,15	die Höhe, die J. gemacht hatte		10,2	(Königin von Saba) kam nach J. 2Ch 9,1
1Ch 5,17	aufgezeichnet zur Zeit J.		27	in J. soviel Silber wie Steine 2Ch 1,15; 9,27
2Ch 11,4	zogen nicht gegen J.		11,7	Höhe auf dem Berge, der vor J. liegt 2Kö 23,13
14	J. und s. Söhne hatten (d. Leviten) verstoßen			
13,8	Kälber, die euch J. zu Göttern gemacht		29	daß Jerobeam aus J. hinausging
15	schlug Gott J. 13.19.20		42	Zeit, die Salomo König zu J. 2Ch 9,30
2Kö 14,23	²wurde J., der Sohn des Joasch, König 16; 13,13; 15,1; Hos 1,1; Am 1,1		12,18	Rehabeam floh nach J. 21; 2Ch 10,18; 11,1.5; 12,13
27	der HERR errettete sie durch J. 28.29		27	Opfer darzubringen zu J. 28; 2Kö 23,5.9
15,8	wurde Secharja, der Sohn J., König		14,21	regierte zu J. 15,2.10; 22,42; 2Kö 8,17.26; 12,2; 14,2; 15,2.33; 16,2; 18,2; 21,1.19; 22,1; 23,31.36; 24,8.18; 1Ch 3,4; 29,27; 2Ch 12,13; 13,2; 20,31; 21,5.20; 22,2; 24,1; 25,1; 26,3; 27,1. 8; 28,1; 29,1; 33,1.21; 34,1; 36,2.5.9.11; Jer 52,1
Am 7,9	will mich mit dem Schwert über das Haus J. hermachen 10.11			
	Jeroham			
	versch. Träger ds. Namens 1Sm 1,1; 1Ch 6,12.19/ 1Ch 8,27/ 9,8/ 9,12; Neh 11,12/ 1Ch 12,8/ 27,22/ 2Ch 23,1		25	zog gegen J. 2Kö 12,18.19; 16,5; 24,10; 2Ch 12,2.4.5.7.9; 24,23; 32,2; Jes 7,1
	Jerubbaal		15,4	eine Leuchte zu J., daß er J. erhielt
Ri 6,32	nannte man Gideon J. 7,1; 8,35	2Kö	9,28	brachten ihn nach J. und begruben ihn 14,20; 23,30; 2Ch 28,27; 35,24
8,29	J. ging hin und wohnte in seinem Hause		14,2	seine Mutter hieß Joaddan, aus J. 15,2; 24,8; 2Ch 25,1; 26,3
9,1	Abimelech, der Sohn J. 2Sm 11,21			
2	70 Männer, alle die Söhne J. 5.24		13	Joasch kam nach J. und riß die Mauer J. ein 25,10; 2Ch 25,23; 36,19
16	habt ihn wohlgetan an J. 19			
28	ist er nicht J. Sohn		19	machten eine Verschwörung in J. 2Ch 25,27
57	der Fluch Jotams, des Sohnes J.		18,17	der König von Assyrien sandte nach J. 2Ch 32,9.18; Jes 36,2
1Sm 12,11	da sandte der HERR J.			
	Jeruël		22	(der) zu J. gesagt hat: Nur vor diesem Altar, der in J. ist 2Ch 32,12; Jes 36,7
2Ch 20,16	wo das Tal endet, vor der Wüste J.		35	daß der HERR J. erretten sollte Jes 36,20
			19,10	J. nicht in die Hand von Assyr. Jes 37,10
	Jerusalem (s.a. Ariel 2; Jebus; Salem)		21	J. schüttelt ihr Haupt Jes 37,22
Jos 10,1	der König von J. 3.5.23; 12,10		31	von J., die übriggeblieben sind Jes 37,32; Jer 24,8
15,63	die Jebusiter wohnten in J. Ri 1,21		21,4	will meinen Namen zu J. wohnen lassen 1Ch 23,25; 2Ch 33,4; Ps 135,21; Jer 3,17
18,28	Stadt der Jebusiter – das ist J. 15,8; Ri 19,10; 1Ch 11,4			
Ri 1,7	man brachte (Adoni-Besek) nach J.		12	will Unheil über J. bringen 13.16; 23,27; 24,4. 20; 25,9; Jer 19,13; 35,17; 36,31; 44,2; 52,13
8	Juda kämpfte gegen J.			
1Sm 17,54	zu J. regierte (David) 33 Jahre 1Kö 2,11; 1Ch 29,27		22,14	Hulda wohnte in J. 2Ch 34,22
2Sm 5,5			23,2	alle Einwohner von J. 2Ch 34,30.32
6	der König zog vor J. 1Ch 11,4		23	wurde in J. dies Passa gehalten 2Ch 30,1-3.5. 13.21.26; 35,1.18
13	David nahm noch mehr Frauen in J. 14; 1Ch 3,5; 14,3.4			
8,7	David brachte (die goldenen Schilde) nach J. 1Ch 18,7		24	rottete Josia aus alle Greuel in J. 4.6; 2Ch 34,3.5.7
			33	nicht mehr in J. regieren sollte 2Ch 36,3
9,13	Mefi-Boschet wohnte in J. 16,3; 19,26		24,14	führte weg das ganze J. 15; 1Ch 5,41; Jer 1,3; 24,1; 29,2.4.20; 40,1; 52,29; Bar 1,9; StE 6,2
10,14	Joab kam nach J. 20,22; 1Ch 19,15			
11,1	David blieb in J. 15,14; 1Ch 20,1		25,1	zog heran Nebukadnezar gegen J. 8; Jer 32,2; 38,28; 39,1; 52,4.12; Hes 17,12; 24,2; Dan 1,1
12	so blieb Uria in J.			
		1Ch	5,36	Tempel, den Salomo gebaut hatte zu J. 6,17; 2Ch 3,1
			8,28	die in J. wohnten 32; 9,3.34.38; 2Ch 31,4; Jes 22,21; Jer 17,25.26; 32,32; Hes 11,15; Ze 1,4
		2Ch	2,6	mit den Meistern, die bei mir in J. sind 15
			11,14	die Leviten kamen nach J. 16; 23,2

Jerusalem

2Ch	17,13	(Joschafat) hatte Kriegsleute zu J.
	19,1	Joschafat kam heim mit Frieden nach J. 4.8
	20,5	Joschafat trat unter die Gemeinde J. 15.17.18. 20.27.28
	21,11	verleitete die Einwohner von J. 13; 33,9
	22,1	die von J. machten... zum König 36,1.4.10
	24,6	von J. die Steuer einbringen 9; 34,9
	18	kam der Zorn über J. 29,8; 32,25
	26,9	Usija baute Türme in J. 15
	28,10	gedenkt, die Leute von J. zu unterwerfen
	24	machte sich Altäre in allen Winkeln J. Jer 11,13
	30,11	demütigten sich und kamen nach J.
	14	entfernten die Altäre, die in J. waren 33,15
	26	war eine große Freude in J. Neh 12,43
	32,10	die ihr in dem belagerten J. wohnt 19.22.23. 26.33
	33,13	brachte ihn wieder nach J. in s. Königreich
	35,24	Juda und J. trugen Leid um Josia
	36,14	machten unrein das Haus des HERRN in J.
	23	mir befohlen, ihm ein Haus zu bauen zu J. Esr 1,2.3.5; 5,2.16.17; 6,3.12; 7,27
Esr	1,3	der Gott, der zu J. ist 6,18; 7,15
	4	was sie für das Haus Gottes zu J. geben 2,68; 7,16; 8,30
	7	Geräte, die Nebukadnezar aus J. genommen 5,14.15; 6,5; 7,19; Jer 27,18.20.21; Dan 5,2.3
	11	als man nach J. hinaufzog 2,1.70; 3,1.8; 4,12; 7,7-9.13; 8,31.32; Neh 2,11; 7,6; 11,1-4.6
	4,6	schrieb gegen die von J. 8.23.24; Neh 4,2
	20	hat es mächtige Könige zu J. gegeben
	5,1	weissagten den Juden, die in J. wohnten
	6,9	nach dem Wort der Priester in J.
	7,14	wie es in Juda und J. steht Neh 1,2; 2,12
	17	opfere auf dem Altar zu J. 8,29
	9,9	damit er uns ein Bollwerk in J. gebe
	10,7	ließ ausrufen in J... sich in J. versammeln 9; Neh 6,7; 8,15; 12,27
Neh	1,3	die Mauern J. liegen zerbrochen 2,13.17; Jes 64,9; Jer 39,8; 52,14
	2,20	für euch gibt es keinen Anteil in J.
	3,8	bauten in J. 9.12; 4,1
	4,16	jeder bleibe über Nacht in J. 13,20
	7,2	setzte über J. meinen Bruder 3; 11,22
	12,27	bei der Einweihung der Mauer J. 28.29
	13,6	bei alledem war ich nicht in J. 7
	15	daß man am Sabbat Last nach J. brachte 16. 19; Jer 17,21.27
Est	2,6	der mit weggeführt war von J.
Ps	51,20	baue die Mauern zu J.
	68,30	um J. willen werden Könige Geschenke br.
	79,1	haben aus J. einen Steinhaufen gemacht
	3	haben ihr Blut vergossen um J. her
	102,22	daß sie verkünden sein Lob in J.
	116,19	(will m. Gelübde erfüllen) in dir, J.
	122,2	stehen unsere Füße in deinen Toren, J.
	3	J. ist gebaut als eine Stadt, in der man
	6	wünschet J. Glück
	125,2	wie um J. Berge sind, so ist der HERR
	128,5	daß du siehst d. Glück J. dein Leben lang
	137,5	vergesse ich dich, J., so verdorre
	6	ich lasse J. meine höchste Freude sein
	7	was sie sagten am Tage J.
	147,2	der HERR baut J. auf
	12	preise, J., den HERRN
Pr	1,1	die Reden des Königs zu J. 12.16; 2,7.9
Hl	1,5	ihr Töchter J. 2,7; 3,5.10; 5,8.16; 8,4
	6,4	du bist lieblich wie J.
Jes	1,1	die Jesaja geschaut hat über J. 2,1
	2,3	wird ausgehen des HERRN Wort von J. Mi 4,2
Jes	3,1	der HERR wird von J. wegnehmen Stütze
	8	J. ist gestrauchelt
	4,3	wer da wird übrigbleiben in J., jeder, der aufgeschrieben ist zum Leben in J.
	4	die Blutschuld J. wegnehmen
	5,3	nun richtet, ihr Bürger zu J.
	8,14	wird sein eine Schlinge für die Bürger J.
	10,10	ihre Götzen mehr waren, als die zu J. 11
	12	wenn d. Herr sein Werk ausgerichtet zu J.
	32	seine Hand ausstrecken gegen den Hügel J.
	22,10	ihr zähltet auch die Häuser J.
	24,23	wenn der HERR König sein wird zu J.
	27,13	werden den HERRN anbeten zu J. Sa 8,22
	28,14	dies Volk, das in J. ist 30,19; Jer 29,25; 36,9
	31,5	der HERR wird J. beschirmen Sa 12,8
	9	der J. einen Glutofen hat
	33,20	deine Augen werden J. sehen
	40,2	redet mit J. freundlich
	9	J. du Freudenbotin
	41,27	J. gebe ich einen Freudenboten
	44,26	der zu J. spricht: Werde bewohnt 28
	51,17	werde wach, steh auf, J. 52,2
	52,1	schmücke dich herrlich, J.
	9	seid fröhlich, ihr Trümmer J.; denn der HERR hat J. erlöst Ze 3,14
	62,1	um J. willen will ich nicht innehalten
	6	J., ich habe Wächter bestellt
	7	bis er J. wieder aufrichte Sa 1,16; 2,6.8; 8,3
	65,18	ich will J. zur Wonne machen
	19	will fröhlich sein über J.
	66,10	freuet euch mit J.
	13	ihr sollt an J. getröstet werden
	20	werden eure Brüder herbringen nach J.
Jer	1,15	ihre Throne setzen vor die Tore J.
	2,2	predige öffentlich der Stadt J. Sa 7,7
	3,17	wird J. nennen „Des HERRN Thron"
	4,3	spricht der HERR zu denen zu J. 4.5.11
	10	du hast J. sehr getäuscht
	14	so wasche nun, J., dein Herz
	16	verkündet in J. 11,2.6; 17,19.20; 18,11; 19,3; 25,2; 35,13
	17	sie werden sich um J. her lagern 34,1.7
	5,1	geht durch die Gassen J. 7,17; 44,9.17.21
	6,1	flieht aus J.
	6	werft einen Wall auf gegen J.
	8	beßre dich, J., ehe sich mein Herz wende
	7,34	auf den Gassen J. wegnehmen den Jubel
	8,1	wird die Gebeine der Bürger J... werfen
	5	warum will dies Volk zu J. irregehen
	9,10	J. zu Steinhaufen machen 26,18; Mi 3,12
	11,9	ich weiß, wie sie in J. sich verschworen
	12	werden d. Bürger J. zu d. Göttern schreien
	13,9	will ich verderben den großen Hochmut J.
	13	Einwohner J. mit Trunkenheit füllen
	27	weh dir, J.
	14,2	in J. ist lautes Klagen
	16	sollen auf den Gassen J. liegen 33,10
	15,4	für alles, was er in J. begangen hat
	5	wer wird dein erbarmen, J.
	17,27	Feuer, das die Häuser J. verzehrt Am 2,5
	19,7	will den Gottesdienst J. zunichte machen
	22,19	hinausgeworfen vor die Tore J.
	23,14	zu J. Greuel... Bürger J. wie Gomorra 15
	25,18	(ließ trinken alle Völker) nämlich J.
	27,3	Boten, die nach J. gekommen sind
	29,1	Worte des Briefes, den Jeremia von J. sandte
	32,44	man wird kaufen um J. her
	33,9	all das Gute, das ich J. tue Klg 1,7
	16	soll J. sicher wohnen Sa 14,11
	34,6	Worte zu Zedekia in J. 8.19

Jer	35,11	laßt uns nach J... so sind wir in J.	Sa	14,4	Ölberg, der vor J. liegt
	37,5	die vor J. lagern... von J. abgezogen 11.12		8	werden lebendige Wasser aus J. fließen
	42,18	mein Zorn über die Einwohner J. ausgeschüttet 44,6.13; 52,3; Hes 9,8		10	aber J. wird hoch liegen
				14	auch Juda wird gegen J. kämpfen
	50,4	werden die *Leute von J. Gott suchen		17	das nicht heraufziehen wird nach J.
	33	die *Leute von J. müssen Gewalt leiden		21	werden alle Töpfe in J. heilig sein
	51,35	mein Blut komme... spricht J.	Mal	3,4	wird dem HERRN wohlgefallen das Opfer J.
	50	laßt euch J. im Herzen sein	Jdt	1,9	(gesandt) nach J. Bar 1,7; 1Ma 1,46; 8,22; 10,7; 14,19; 15,32; 2Ma 3,37
Klg	1,8	J. hat sich versündigt 17			
	2,10	die Jungfrauen von J. senken ihre Köpfe		4,2	Zittern, daß er J. das gleiche antun
	13	J., wem soll ich dich vergleichen 15		5	Zugänge ins Gebirge, die nach J. führen
	4,12	der Feind zum Tor J. einziehen könnte		5,21	wohnten in J. Sir 50,29; 1Ma 2,1.18; 10,10.66. 74.87; 11,7.51.62.74; 2Ma 1,1
Hes	4,1	entwirf darauf die Stadt J.			
	7	richte dein Angesicht gegen J. 21,7		11,13	mitten durch J. will ich dich führen
	16	will den Vorrat an Brot in J. wegnehmen		13,6	damit du deine Stadt J. erhöhst
	5,5	J., das ich unter die Heiden gesetzt		15,12	du bist die Krone J.
	8,3	der Geist brachte mich nach J.		16,22	nach J., um anzubeten 24; Tob 1,6; 14,8.9; 1Ma 10,39.43; 11,30; 13,39; 2Ma 12,31
	9,4	geh durch J. und zeichne die Leute			
	12,10	diese Last trifft den Fürsten zu J.	Tob	13,10	J., du Gottesstadt
	19	spricht Gott zu den Einwohnern J. 16,3		19	die Herrlichkeit J. sehen 18.20
	13,16	Propheten, die J. wahrsagen	Sir	24,15	daß ich in J. regieren sollte
	14,21	meine schweren Strafen über J. 22.23; 15,6		36,15	erbarme dich über die Stadt J.
	16,2	tu kund J. ihre Greuel Mal 2,11	Bar	1,2	Monats, von den Chaldäer J. erobert
	21,25	mache den Weg zu der festen Stadt J. 27		15	Schande, wir, die Einwohner von J.
	22,19	will euch alle in J. zusammenbringen		2,2	eine so große Strafe über J. 23; StD 3,4
	23,4	Oholiba (ist) J.		4,8	ihr habt J. betrübt
	26,2	Tyrus spricht über J... J. wüst liegt		30	J., sei getrost 36; 5,1.5
	33,21	kam zu mir ein Entronnener von J.	1Ma	1,15	richteten in J. eine Kampfbahn her
	36,38	wie eine heilige Herde in J.		22	kam nach J. 30.37.40.42; 2,31; 3,34.35; 6,7.12. 26.48; 7,17.19.27.39.47; 9,3.50.52.53; 11,20.41; 12.25; 13,2.49; 14,7.36; 15,28; 16,20; 2Ma 3,6.9; 4,21.25; 5,11.25; 8,31; 9,4; 10,15; 11,8; 14,23; 15,30
Dan	6,11	er hatte offene Fenster nach J.			
	9,2	daß J. 70 Jahre wüst liegen sollte 12			
	7	wir müssen uns alle schämen, die von J. 16			
	16	wende ab deinen Zorn von deiner Stadt J.			
	25	d. Wort erging, J. werde wieder aufgebaut		2,6	sahen das schreckliche Elend von J.
Jo	3,5	zu J. wird Errettung sein		3,45	wohnte niemand mehr in J.
	4,1	da ich das Geschick J. wenden werde		46	kam zusammen in Mizpa, gegenüber von J.
	6	die *Leute von J. den Griechen verkauft		10,31	J. mit seiner Umgebung soll frei sein 15,7
	16	wird aus J. seine Stimme hören l. Am 1,2		44	zur Ausbesserung der Mauern in J. 12,36; 13,10; 14,37
	17	dann wird J. heilig sein			
	20	Juda soll bewohnt w. und J. für und für	2Ma	1,1	wir Juden, die in J. sind 10
Ob	11	wie Fremde über J. das Los warfen		5,22	Vögte J. den Philippus
	20	die Weggeführten von J. werden... besitzen		6,2	sollte den Tempel zu J. entweihen
Mi	1,1	das er geschaut hat über Samaria und J.		8,33	sie feierten ihren Sieg in J.
	5	die Opferhöhen Judas? Ist's nicht J.		36	von... für die Gefangenen J. den Tribut
	9	sein Schlag reicht bis hin nach J. 12		11,2	Absicht, Griechen in J. anzusiedeln
	3,10	die ihr baut J. mit Unrecht		5	Bet-Zur, fünf Stunden von J. entfernt
	4,8	wiederkehren das Königtum der Tochter J.		12,29	Skythopolis, 600 Stadien von J. entfernt
Ze	1,12	will ich J. mit der Lampe durchsuchen		14,37	ein Ältester von J. mit Namen Rasi
	3,16	wird sprechen zu J.: Fürchte dich nicht	StE	7,8	Schreiben, in J. übersetzt
Sa	1,12	willst du dich nicht erbarmen über J.	Mt	2,1	kamen Weise nach J. und sprachen
	14	ich eifere für J. und Zion		3	Herodes erschrak und mit ihm ganz J.
	17	d. HERR wird J. wieder erwählen 2,16; 3,2		3,5	zu ihm hinaus die Stadt J. Mk 1,5; Lk 5,17
	2,2	Hörner, die J. zerstreut haben		4,25	folgte ihm eine große Menge aus J. Mk 3,8; Lk 6,17
	8,3	daß J. eine Stadt der Treue heißen soll			
	4	sollen wieder sitzen auf d. Plätzen J. 8		5,35	(nicht schwören, weder) bei J.
	15	gedenke ich, wohlzutun J.		15,1	kamen zu Jesu Pharisäer aus J. Mk 3,22; 7,1
	9,9	und du, Tocher J., jauchze		16,21	wie er nach J. gehen müsse Lk 9,31
	10	will wegtun die Rosse aus J.		20,17	Jesus zog hinauf nach J. 18; 21,1.10; Mk 10,32.33; 11,1.11.15.27; Lk 9,51; 18,31; 19,11. 28; Jh 2,13.23; 5,1
	12,2	will J. zum Taumelbecher zurichten, auch Juda wird's gelten, wenn J. belagert wird			
	3	will J. machen zum Laststein... werden sich Völker gegen J. versammeln		23,37	J., J., die du tötest die Propheten Lk 13,34
	5	die Bürger J. sollen getrost sein	Mk	15,41	viele andere Frauen, die mit ihm hinauf nach J. gegangen waren
	6	J. soll fernerhin bleiben an seinem Ort			
	7	sich nicht zu hoch rühme... die Bürger J.	Lk	2,22	als... brachten sie ihn nach J.
	9	zu vertilgen, die gegen J. gezogen		25	ein Mann war in J., mit Namen Simeon
	10	über J. ausgießen den Geist der Gnade		38	zu allen, die auf die Erlösung J. warteten
	11	zu der Zeit wird große Klage sein in J.		41	seine Eltern gingen alle Jahre nach J. zum Passafest 45
	13,1	Bürger J. einen offenen Quell haben			
	14,2	alle Heiden sammeln gegen J. 12.16		43	blieb der Knabe Jesus in J.
				4,9	er führte ihn nach J. und stellte ihn

Jerusalem

Lk	9,53	weil er sein Angesicht gewandt hatte, nach J. zu wandern 17,11
	10,30	ein Mensch, der ging von J. hinab n. Jericho
	13,4	schuldiger gewesen sind als alle andern in J.
	22	er lehrte und nahm seinen Weg nach J.
	33	es geht nicht, daß ein Prophet umkomme außerhalb von J.
	21,20	sehen werdet, daß J. von einem Heer belagert
	24	J. wird zertreten werden von den Heiden
	23,7	Herodes, der in diesen Tagen auch in J. war
	28	ihr Töchter von J., weint nicht über mich
	24,13	das war von J. etwa zwei Wegstunden entfernt
	18	einzige unter den Fremden in J., der nicht weiß
	33	kehrten zurück nach J. und fanden die Elf
	47	fangt an in J.
	52	sie kehrten zurück nach J. mit großer Freude
Jh	1,19	als die Juden zu ihm sandten Priester von J.
	4,20	in J. sei die Stätte, wo man anbeten soll 21
	45	alles gesehen hatten, was er in J. getan hatte
	5,2	es ist in J. beim Schaftor ein Teich
	7,25	da sprachen einige aus J.
	10,22	es war damals das Fest der Tempelweihe in J.
	11,18	Betanien war nahe bei J.
	55	viele aus der Gegend gingen hinauf nach J.
	12,12	die Menge hörte, daß Jesus nach J. käme
Apg	1,4	befahl er ihnen, J. nicht zu verlassen
	8	ihr werdet meine Zeugen sein in J.
	12	der heißt Ölberg und liegt nahe bei J.
	19	allen bekanntgeworden, die in J. 4,16
	2,5	wohnten in J. Juden, die waren gottesfürchtig
	14	die ihr in J. wohnt, das sei euch kundgetan
	4,5	versammelten sich ihre Oberen in J.
	5,16	es kamen viele aus den Städten rings um J.
	28	ihr habt J. erfüllt mit eurer Lehre
	6,7	die Zahl der Jünger wurde sehr groß in J.
	8,1	es erhob sich eine große Verfolgung über die Gemeinde in J.
	14	als die Apostel in J. hörten, daß
	25	kehrten sie um nach J. und predigten
	26	Straße, die von J. nach Gaza hinabführt
	27	war nach J. gekommen, um anzubeten
	9,2	damit er Anhänger gefesselt nach J. führe 22,5
	13	gehört, wieviel Böses er deinen Heiligen in J. angetan hat 21; 10,39
	26	als er nach J. kam, versuchte er
	28	er ging bei ihnen in J. ein und aus
	11,2	als Petrus hinaufkam nach J., stritten
	22	es kam der Gemeinde von J. zu Ohren
	27	in diesen Tagen kamen Propheten von Jerusalem nach Antiochia
	12,25	nachdem sie in J. die Gabe überbracht hatten
	13,13	Johannes kehrte zurück nach J.
	27	die Einwohner von J. haben
	31	denen erschienen, die mit ihm hinauf nach J. gegangen waren
	15,2	nach J. hinaufziehen um dieser Frage willen
	4	als sie nach J. kamen
	16,4	Beschlüsse, die in J. gefaßt worden waren
	18,22	kam nach Cäsarea und ging hinauf nach J. 19,21; 20,16; 21,15.17
	20,22	durch den Geist gebunden, fahre ich nach J.
	21,4	er solle nicht nach J. hinaufziehen 12
	11	den Mann werden die Juden in J. binden
Apg	21,13	zu sterben in J. für den Namen des Herrn Jesus
	31	Nachricht, daß ganz J. in Aufruhr sei
	22,17	als ich wieder nach J. kam und im Tempel betete 24,11
	18	eile und mach dich schnell auf aus J.
	23,11	wie du für mich in J. Zeuge warst
	25,1	Festus zog nach 3 Tagen hinauf nach J.
	3	baten ihn, daß er Paulus nach J. kommen ließe
	7	die Juden, die von J. herabgekommen waren
	9	willst du hinauf nach J. und dich dort richten lassen 20
	15	um dessentwillen erschienen die Hohenpriester, als ich in J.
	24	dessentwillen die ganze Menge der Juden in J. in mich drang
	26,4	mein Leben, wie ich es in J. zugebracht
	10	das habe ich in J. auch getan
	20	verkündigte zuerst denen in J.
	28,17	bin doch als Gefangener aus J. überantwortet in die Hände der Römer
Rö	15,19	von J. aus ringsumher bis nach Illyrien
	25	jetzt fahre ich nach J., 26.31
1Ko	16,3	werde ich eure Gabe nach J. bringen
Gal	1,17	ging nicht hinauf nach J. zu denen
	18	drei Jahre später kam ich hinauf nach J.
	4,25	ist ein Gleichnis für das jetzige J.
	26	das J., das droben ist, das ist die Freie
Heb	12,22	gekommen zu dem himmlischen J.
Off	3,12	auf ihn schreiben den Namen des neuen J.
	21,2	ich sah die heilige Stadt, das neue J. 10

Jerusalemer

2Ma	4,9	die J. als Antiochener einschrieb 19

Jeruscha

2Kö	15,33	J., eine Tochter Zadoks 2Ch 27,1

Jesaja

2Kö	19,2	(Hiskia) sandte zu dem Propheten J., dem Sohn des Amoz 5.6.20; Jes 37,2.5.6
	20,1	der Prophet J. kam zu Hiskia 4.7-9.14.16.19; Jes 37,21; 38,1.4.21; 39,3.5.8
	11	da rief J. den HERRN an 2Ch 32,20
2Ch	26,22	hat beschrieben der Prophet J. 32,32
Jes	1,1	die Offenbarung, die J. geschaut 2,1; 13,1
	7,3	der HERR sprach zu J. 20,2
	20,3	gleichwie m. Knecht J. nackt u. barfuß geht
Sir	48,25	J., der ein großer Prophet war 23
Mt	3,3	dieser ist's, von dem J. gesagt
	4,14	damit erfüllt würde, was durch J. 8,17; 12,17
	13,14	an ihnen wird die Weissagung J. erfüllt
	15,7	fein hat J. von euch geweissagt Mk 7,6
Mk	1,2	wie geschrieben steht im Propheten J. Lk 3,4
Lk	4,17	ihm das Buch des Propheten J. gereicht
Jh	1,23	wie der Prophet J. gesagt hat
	12,38	werde erfüllt werde der Spruch des Propheten J.
	39	denn J. hat wiederum gesagt 41
Apg	8,28	saß auf s. Wagen und las den Propheten J. 30
	28,25	mit Recht hat J. zu euren Vätern gesprochen
Rö	9,27	J. ruft aus über Israel
	29	wie J. vorausgesagt hat
	10,16	J. spricht 20; 15,12

weitere Träger ds. Namens
1Ch 3,21/ 25,3.15/ 26,25/ Esr 8,7/ Neh 11,7

Jeschana

2Ch 13,19 Abija gewann ihm Städte ab: J.

Jeschebab

1Ch 24,13 das vierzehnte (Los fiel) auf J.

Jescher

1Ch 2,18 Kaleb(s) Söhne: J.

Jeschimon

1Sm 23,19 Gibea-Hachila, südlich von J. 24; 26,1.3

Jeschischai

1Ch 5,14 J., des Sohnes Jachdos

Jeschohaja

1Ch 4,36 (Söhne Simeons:) J.

Jeschua

versch. Träger ds. Namens
1Ch 24,11; Esr 2,36; Neh 7,39/ 2Ch 31,15/ Esr 2,2; 3,2.8; 4,2.3; 5,2; 10,18; Neh 7,7; 12,1.7. 10.26; Hag 1,1.12.14; 2,2.4; Sa 3,1.3.9; 6,11; Sir 49,11/ Esr 2,6; Neh 7,11/ Esr 2,40; 3,9; Neh 7,43; 8,7; 9,4.5; 10,10; 12,8.24/ Esr 8,33/ Neh 3,19/ 11,26/ Sir 49,14

Jeschurun

5Mo 32,15 als aber J. fett ward
33,5 der Herr ward König über J. 26; Jes 44,2

Jesiël

1Ch 12,3 (die aus Benjamin:) J.

Jesimiël

1Ch 4,36 (Söhne Simeons:) J.

Jesreel

Jos 15,56 ¹(Städte des Stammes Juda:) J. 1Sm 25,43
17,16 ²bei denen in der Ebene J.
19,18 (Issachar) sein Gebiet war J.
Ri 6,33 lagerten sich in der Ebene J. 1Sm 29,1.11
2Sm 2,9 machte (Isch-Boschet) zum König über J.
4,4 als Kunde von Saul u. Jonatan aus J. kam
1Kö 4,12 Bet-Schean, das liegt unterhalb von J.
18,45 Ahab fuhr hinab nach J. 46
21,1 Nabot hatte einen Weinberg in J.
23 die Hunde sollen Isebel fressen an der Mauer J. 2Kö 9,10.36.37
2Kö 8,29 um sich in J heilen zu lassen ... um in J Joram zu besuchen 9,15.16; 2Ch 22,6
9,15 daß er es in J. ansagen könne
17 der Wächter, der auf dem Turm in J. stand
30 als Jehu nach J. kam 10,6.7.11
Hos 1,4 nenne ihn J ... Blutschuld von J. 5; 2,2.24; Jdt 1,8; 4,6; 7,3
1Ch 4,3 ³Söhne Hurs, des Vaters Etams: J.

Jesreeliter, Jesreeliterin

1Sm 27,3 David mit ... Ahinoam, der J. 30,5; 2Sm 2,2; 3,2; 1Ch 3,1
1Kö 21,1 Nabot, ein J. 4.6.7.15.16; 2Kö 9,21.25

Jesse s. Isai

Jesus

Mt 1,1 Buch von der Geschichte J. Christi
16 Maria, von der geboren ist J.
18 die Geburt J. Christi geschah so
21 Sohn, dem sollst du den Namen J. geben 25; Lk 1,31
2,1 als J. geboren war in Bethlehem
3,13 kam J. an den Jordan zu Johannes
16 als J. getauft war Lk 3,21
4,1 da wurde J. in die Wüste geführt Lk 4,1
12 als J. hörte, daß Johannes gefangengesetzt
17 seit der Zeit fing J. an 11,7; 16,21; Mk 13,5; Lk 7,24
18 als J. am Galiläischen Meer entlangging
23 J. zog umher in Galiläa 9,35; Mk 8,27; Jh 7,1
7,28 als J. diese Rede vollendet 19,1; 26,1
8,3 J. streckte die Hand aus, rührte ihn an 14,31
5 als J. nach Kapernaum hineinging
10 als das J. hörte, wunderte er sich Lk 7,9
14 J. kam in das Haus des Petrus
18 als J. die Menge um sich sah
34 da ging die ganze Stadt hinaus J. entgegen
9,2 als J. ihren Glauben sah Mk 2,5
4 als J. ihre Gedanken sah 12,25; Lk 5,22; 9,47
9 als J. von dort wegging 27; 15,21.29
10 saßen zu Tisch mit J. Mk 2,15
12 als das J. hörte, sprach er Mk 2,17
19 J. stand auf und folgte ihm
22 da wandte sich J. um Jh 1,38
30 J. drohte ihnen und sprach 17,9.18; Mk 1,25. 43; 9,9.25; Lk 4,35; 9,42.55
10,5 diese Zwölf sandte J. aus, gebot ihnen
11,1 als J. diese Gebote beendet hatte
12,1 zu der Zeit ging J. durch ein Kornfeld
15 als J. das erfuhr, entwich er von dort 14,13; Mk 6,1; Jh 5,13
22 da wurde ein Besessener zu Jesus gebracht
13,1 an demselben Tage ging J. aus dem Hause
34 das alles redete J. in Gleichnissen 53; 22,1
36 da ließ J. das Volk gehen und kam heim
14,1 kam die Kunde von J. vor Herodes
12 sie verkündeten es J. Mk 6,30; Lk 9,10
14 J. stieg aus und sah die große Menge Mk 6,34
22 alsbald trieb J. seine Jünger, in das Boot
25 in der vierten Nachtwache kam J. zu ihnen
29 Petrus stieg aus dem Boot und kam auf J. zu
15,1 da kamen zu J. Pharisäer und sprachen
30 legten sie J. vor die Füße, und er heilte sie
32 J. rief seine Jünger zu sich und sprach
16,8 als das J. merkte, sprach er zu ihnen
17,1 nahm J. mit sich Petrus 9,2
4 Petrus sprach zu J. Mk 9,5
7 J. trat zu ihnen, rührte sie an und sprach
8 sahen sie niemand als J. Mk 9,8; Lk 9,36
25 als er heimkam, kam ihm J. zuvor und fragte
18,1 traten die Jünger zu J. und fragten 26,17
2 J. rief ein Kind zu sich
19,26 J. sah (seine Jünger) an Mk 10,27
20,17 J. zog hinauf nach Jerusalem
25 J. rief (seine Jünger) zu sich Mk 10,32.42

Jesus

Mt	20,30	als sie hörten, daß J. vorüberging Lk 18,37
	32	J. blieb stehen, rief sie Mk 10,49; Lk 18,40
	21,1	sandte J. zwei Jünger voraus
	6	taten, wie ihnen J. befohlen 26,19; Mk 11,6
	11	das ist J., der Prophet aus Nazareth
	12	J. ging in den Tempel Mk 11,15; Jh 7,14
	27	(die Hohenpriester) antworteten J. Mk 11,33
	22,18	als J. ihre Bosheit merkte, sprach er
	41	als die Pharisäer beieinander, fragte sie J.
	23,1	da redete J. zu dem Volk
	24,1	J. ging aus dem Tempel fort
	26,4	hielten Rat, wie sie J. ergreifen könnten
	6	als J. in Betanien war
	10	als J. das merkte, sprach er
	26	nahm J. das Brot, dankte und brach's und gab's den Jüngern Mk 14,22; 1Ko 11,23
	36	da kam J. mit ihnen zu einem Garten
	49	alsbald trat (Judas) zu J. und
	50	da traten sie heran und legten Hand an J. 57
	51	einer von denen, die bei J. waren
	59	suchten falsches Zeugnis gegen J. Mk 14,55
	63	aber J. schwieg Mk 15,5; Jh 19,9
	69	du warst auch mit dem J. 71; Mk 14,67
	75	Wort, das J. zu ihm gesagt hatte Mk 14,72
	27,1	faßten den Beschluß über J., ihn zu töten
	11	J. stand vor dem Statthalter
	17	wen soll ich euch losgeben, Barabbas oder J.
	20	daß sie J. umbringen sollten
	22	was soll ich denn machen mit J.
	26	J. ließ er geißeln Mk 15,15; Jh 19,1
	27	nahmen J. mit sich in das Prätorium
	37	dies ist J., der Juden König
	46	um die neunte Stunde schrie J. laut 50; Mk 15,34.37; Lk 23,46
	54	der Hauptmann und die mit ihm J. bewachten
	55	die waren J. aus Galiläa nachgefolgt
	57	Josef war auch ein Jünger J. Jh 19,38
	58	der ging zu Pilatus und bat um den Leib J. Mk 15,52; Lk 23,52; Jh 19,38
	28,5	daß ihr J., den Gekreuzigten, sucht Mk 16,6
	9	da begegnete ihnen J. und sprach
	16	wohin J. sie beschieden hatte
	18	J. trat herzu und sprach zu ihnen
Mk	1,1	der Anfang des Evangeliums von J. Christus
	9	daß J. aus Nazareth in Galiläa kam
	14	kam J. nach Galiläa und predigte Lk 4,14
	17	J. sprach zu ihnen: Folgt mir nach
	24	was willst du von uns, J. von Nazareth 5,7; Lk 4,34; 8,28
	45	so daß J. nicht mehr öffentlich in eine Stadt
	2,8	J. erkannte sogleich in seinem Geist
	3,7	J. entwich mit seinen Jüngern
	23	J. rief sie zusammen und sprach zu ihnen
	5,6	als er J. sah von ferne, lief er hinzu Lk 8,28
	10	er bat J. sehr, daß er sie nicht vertreibe
	15	kamen zu J. und sahen Lk 8,35
	17	sie fingen an und baten J., fortzugehen
	20	welch große Wohltat ihm J. getan Lk 8,38
	21	als J. wieder herübergefahren war im Boot
	22	als er J. sah, fiel er ihm zu Füßen
	27	als die von J. hörte, kam sie heran Lk 7,3
	30	J. spürte an sich selbst, daß Lk 8,45.46
	36	J. hörte mit an, was gesagt wurde
	6,14	der Name J. war nun bekannt
	9,4	Elia mit Mose redeten mit J.
	27	J. ergriff ihn bei der Hand
	10,14	als es J. sah, wurde er unwillig
	21	J. sah ihn an und gewann ihn lieb und sprach
	47	J., erbarme dich meiner Lk 18,38.39

Mk	11,7	sie führten das Füllen zu J. Lk 19,35
	12,34	als J. sah, daß er verständig antwortete
	41	J. setzte sich dem Gotteskasten gegenüber
	14,53	sie führten J. zu dem Hohenpriester
	60	der Hohepriester fragte J. Jh 18,19
	15,1	sie banden J., führten ihn ab
Lk	2,21	gab man ihm den Namen J.
	27	als die Eltern J. in den Tempel brachten
	43	blieb der Knabe J. in Jerusalem
	52	J. nahm zu an Weisheit, Alter und Gnade
	3,23	J. war, als er auftrat, etwa 30 Jahre alt
	5,8	Petrus fiel J. zu Füßen
	12	als der J. sah, fiel er nieder 8,28
	19	ließen ihn hinunter mit dem Bett vor J.
	7,4	als sie zu J. kamen, baten sie ihn sehr
	6	da ging J. mit ihnen
	8,30	J. fragte ihn: Wie heißt du
	38	J. schickte ihn fort und sprach
	40	als J. zurückkam, nahm ihn das Volk auf
	41	fiel J. zu Füßen und bat ihn, in sein Haus
	50	als J. das hörte, antwortete er ihm 18,22
	10,21	zu der Stunde freute sich J. im heiligen Geist
	39	*Maria setzte sich zu J. Füßen*
	13,12	als J. sie sah, rief er sie zu sich und sprach
	14	war unwillig, daß J. am Sabbat heilte
	17,13	J., lieber Meister, erbarme dich unser
	18,16	J. rief sie zu sich und sprach
	24	als J. sah, daß er traurig geworden, sprach er
	19,3	J. begehrte, zu sehen, wer J. wäre 5
	22,63	die Männer, die J. gefangen hielten
	23,8	als Herodes J. sah, freute er sich sehr
	20	weil er J. losgeben wollte
	25	J. übergab er ihrem Willen
	26	daß er's J. nachtrüge
	28	J. wandte sich um zu ihnen und sprach
	42	J., gedenke an mich, wenn du in dein Reich
	24,3	fanden den Leib des Herrn J. nicht
	15	als sie so redeten, da nahte sich J. selbst
	19	das mit J. von Nazareth, der ein Prophet war
	36	als sie aber davon redeten, trat J. unter sie
Jh	1,17	die Gnade und Wahrheit ist durch J. Christus geworden
	29	sieht Johannes, daß J. zu ihm kommt
	36	als er J. vorübergehen sah, sprach er
	37	hörten ihn reden und folgten J. nach 40
	42	er führte ihn zu J.
	43	am nächsten Tag wollte J. nach Galiläa gehen
	45	wir haben gefunden J., Josefs Sohn 6,42
	47	J. sah Nathanael kommen und sagt von ihm
	2,1	die Mutter J. war da
	2	J. und seine Jünger waren auch geladen
	11	das erste Zeichen, das J. tat 4,54; 6,14
	13	J. zog hinauf nach Jerusalem 5,1
	22	glaubten dem Wort, das J. gesagt hatte 4,50
	24	J. vertraute sich ihnen nicht an
	3,2	der kam zu J. bei Nacht und sprach zu ihm
	22	danach kam J. in das Land Judäa
	4,1	J. erfuhr, daß den Pharisäern zu Ohren
	2	obwohl J. nicht selber taufte
	6	weil J. müde war, setzte er sich nieder
	44	J. bezeugte, daß ein Prophet daheim nichts gilt
	46	J. kam abermals nach Kana in Galiläa 47
	53	die Stunde, in der J. zu ihm gesagt hatte
	5,6	als J. den liegen sah und vernahm
	14	danach fand ihn J. im Tempel und sprach zu ihm
	15	berichtete den Juden, es sei J.

Jh	5,16	darum verfolgten die Juden J.
	6,3	J. ging auf einen Berg und setzte sich
	5	da hob J. seine Augen auf 11,41
	11	J. nahm die Brote, dankte und gab 21,13
	15	als J. merkte, daß 61.64
	17	J. war noch nicht zu ihnen gekommen 22.24
	19	sahen sie J. auf dem See gehen
	24	fuhren nach Kapernaum und suchten J.
	7,28	da rief J., der im Tempel lehrte
	37	am letzten Tag des Festes trat J. auf und rief
	39	denn J. war noch nicht verherrlicht
	8,1	J. aber ging zum Ölberg
	6	J. bückte sich und schrieb auf die Erde
	9	J. blieb allein mit der Frau
	10	J. richtete sich auf und fragte sie
	59	J. verbarg sich
	9,1	J. sah einen Menschen, der blind geboren war
	11	der Mensch J. machte einen Brei 14
	35	es kam vor J., daß sie ihn ausgestoßen hatten
	10,6	dies Gleichnis sagte J. zu ihnen 7
	23	J. ging umher im Tempel in der Halle Salomos
	11,5	J. hatte Marta lieb und ihre Schwester
	13	J. aber sprach von seinem Tod
	17	als J. kam, fand er Lazarus schon
	20	als Marta hörte, daß J. kommt 21.30
	32	als Maria dahin kam, wo J. war 33
	33	als J. sah... ergrimmte er im Geist 38
	35	J. gingen die Augen über
	45	viele von den Juden, die sahen, was J. tat, glaubten an J.
	46	sagten, was J. getan hatte
	51	J. sollte sterben für das Volk
	54	J. ging nicht mehr frei umher unter den Juden
	56	da fragten sie nach J. und redeten miteinander
	12,1	vor dem Passafest kam J. nach Betanien
	3	Maria salbte die Füße J.
	9	sie kamen nicht allein um J. willen
	11	viele Juden glaubten an J.
	12	hörte, daß J. nach Jerusalem käme
	14	J. fand einen jungen Esel und ritt darauf
	16	als J. verherrlicht war
	21	Herr, wir wollten J. gerne sehen 22
	36	das redete J. und ging weg
	13,1	erkannte J., daß seine Stunde gekommen war
	3	wußte, daß ihm der Vater alles gegeben
	21	als J. das gesagt hatte, wurde er betrübt
	23	einer unter seinen Jüngern, den J. liebhatte 20,2; 7.20
	25	da lehnte der sich an die Brust J. 23
	29	meinten, J. spräche zu ihm
	16,19	da merkte J., daß sie ihn fragen wollten
	17,3	den du gesandt hast, J. Christus
	18,1	ein Garten, in den gingen J. und seine Jünger
	2	J. versammelte sich oft dort mit s. Jüngern
	4	J. ging hinaus und sprach
	5	sie antworteten ihm: J. von Nazareth 7
	6	als J. zu ihnen sagte: Ich bin's 8
	12	Knechte der Juden nahmen J. und banden ihn
	15	Petrus folgte J. nach und ein anderer Jünger
	22	schlug einer J. ins Gesicht und sprach
	28	führten sie J. von Kaiphas zum Prätorium
	32	so sollte das Wort J. erfüllt werden
	33	Pilatus rief J. und fragte ihn 19,9
Jh	19,5	J. trug die Dornenkrone
	13	Pilatus führte J. heraus
	16	überantwortete er ihnen J., daß er gekreuzigt
	18	J. aber in der Mitte 20.23.32
	19	J. von Nazareth, der König der Juden
	25	es standen bei dem Kreuz J. seine Mutter
	26	als J. seine Mutter sah und bei ihr den Jünger
	28	als J. wußte, daß schon alles vollbracht war
	30	als J. den Essig genommen hatte, sprach er
	40	da nahmen sie den Leichnam J. 42; 20,12
	20,7	Schweißtuch, das J. um das Haupt gebunden
	14	sieht J. stehen und weiß nicht, daß es J. ist
	19	kam J. und trat mitten unter sie 24.26
	30	noch viele andere Zeichen tat J. 21,25
	31	damit ihr glaubt, daß J. der Christus ist
	21,1	danach offenbarte sich J. den Jüngern am See Tiberias 4.14
	4	die Jünger wußten nicht, daß es J. war
Apg	1,1	den ersten Bericht von all dem, was J. tat
	11	J., der von euch weg gen Himmel
	14	samt den Frauen und Maria, der Mutter J.
	16	Judas, der denen den Weg zeigte, die J. gefangennahmen
	21	als der Herr J. unter uns ein- und ausgegangen
	2,22	J. von Nazareth, von Gott ausgewiesen
	32	diesen J. hat Gott auferweckt 3,26; 5,30; 13,33; Rö 4,24; 8,11; 2Ko 4,14; 1Th 1,10
	36	daß Gott diesen J. zum Herrn und Christus gemacht hat
	38	lasse sich taufen auf den Namen J. Christi
	3,6	im Namen J. steh auf und geh umher 4,10
	13	Gott hat seinen Knecht J. verherrlicht
	20	der euch zuvor zum Christus bestimmt ist: J.
	4,2	verkündigten an J. die Auferstehung
	13	wußten von ihnen, daß sie mit J. gewesen
	18	keinesfalls zu reden in dem Namen J. 5,40
	27	versammelt gegen deinen heiligen Knecht J.
	30	Zeichen durch den Namen J.
	33	bezeugten die Apostel die Auferstehung J.
	5,42	zu predigen das Evangelium von J. Christus 8,35; 11,20; 17,18
	6,14	J. von Nazareth wird diese Stätte zerstören
	7,55	sah J. stehen zur Rechten Gottes
	59	Herr J., nimm meinen Geist auf
	8,12	den Predigten von dem Namen J. glaubten
	16	sie waren allein getauft auf den Namen J.
	37	ich glaube, daß J. Christus Gottes Sohn ist
	9,5	ich bin J., den du verfolgst 22,8; 26,15
	17	J., der dir auf dem Wege hierher erschienen
	20	predigte von J., daß dieser Gottes Sohn sei
	22	bewies, daß J. der Christus ist 17,3; 18,5.28
	27	wie er im Namen J. frei und offen gepredigt
	34	J. Christus macht dich gesund
	10,36	er hat Frieden verkündigt durch J. Christus
	38	wie Gott J. gesalbt hat mit heiligem Geist
	48	er befahl, sie zu taufen in dem Namen J.
	11,17	die wir zum Glauben gekommen sind an J.
	13,23	aus dessen Geschlecht J. kommen lassen
	24	Johannes, bevor J. auftrat
	27	weil sie J. nicht erkannten
	15,11	durch die Gnade des Herrn J. selig zu werden
	26	ihr Leben eingesetzt für den Namen J.
	16,7	der Geist J. ließ es ihnen nicht zu
	18	ich gebiete dir im Namen J. Christi
	31	glaube an den Herrn J., so wirst du selig
	17,7	sagen, ein anderer sei König, nämlich J.
	18,25	lehrte richtig von J.

Jesus

Apg	19,4	dem Volk gesagt, sie sollten glauben an J.
	5	ließen sie sich taufen auf den Namen J.
	13	unterstanden sich einige, den Namen des Herrn J. zu nennen über denen, die
	15	J. kenne ich wohl, und von Paulus weiß ich
	17	der Name des Herrn J. wurde hoch gelobt
	20,24	Amt, das ich von dem Herrn J. empfangen
	35	im Gedenken an das Wort des Herrn J.
	21,13	zu sterben in Jerusalem für den Namen J.
	24,24	hörte ihn über den Glauben an Christus J.
	25,19	Streit mit ihm über einen verstorbenen J.
	26,9	meinte, ich müßte viel gegen den Namen J. tun
	28,23	predigte ihnen von J. aus dem Gesetz
	31	lehrte von dem Herrn J. mit allem Freimut
Rö	1,1	Paulus, ein Knecht Christi J., berufen zum Apostel 1Ko 1,1; 2Ko 1,1; Gal 1,1; Eph 1,1; Phl 1,1; Kol 1,1; 1Ti 1,1; 2Ti 1,1; Tit 1,1; 1Pt 1,1; 2Pt 1,1; Jak 1,1; Jud 1
	3	(das Evangelium) von seinem Sohn J. Christus
	6	ihr, die ihr berufen seid von J. Christus
	7	Gnade sei mit euch von dem Herrn J. Christus 1Ko 1,3; 2Ko 1,2; Gal 1,3; Eph 1,2; 6,23; Phl 1,2; 2Th 1,2; 1Ti 1,2; 2Ti 1,2; Tit 1,4; Phm 3; 2Jh 3
	8	zuerst danke ich meinem Gott durch J. 7,25
	2,16	Tag, an dem Gott durch J. richten wird
	3,22	die da kommt durch den Glauben an J. 26
	24	Erlösung, die durch Christus J. geschehen ist
	5,1	haben wir Frieden mit Gott durch J.
	11	wir rühmen uns auch Gottes durch J.
	15	durch die Gnade des einen Menschen J. Christus
	17	herrschen im Leben durch den Einen, J.
	21	zum ewigen Leben durch J. Christus
	6,3	alle, die wir auf Christus J. getauft sind
	11	haltet dafür, daß ihr lebt Gott in Christus J.
	23	das ewige Leben in Christus J., unserm Herrn
	8,1	für die, die in Christus J. sind
	2	das Gesetz des Geistes, der lebendig macht in Christus J.
	34	Christus J. ist hier, der gestorben ist
	39	Liebe Gottes, die in Christus J. ist
	10,9	wenn du bekennst, daß J. der Herr ist
	13,14	zieht an den Herrn J. Christus
	14,14	ich weiß und bin gewiß in dem Herrn J.
	15,5	einträchtig untereinander, Christus J. gemäß
	6	Gott, den Vater unseres Herrn J. Christus
	16	damit ich ein Diener Christi J. unter den Heiden sei
	17	darum kann ich mich rühmen in Christus J. vor Gott 1Ko 15,31
	30	ich ermahne euch durch J. Christus
	16,3	Priska und Aquila, meine Mitarbeiter in J.
	20	die Gnade unseres Herrn J. Christus sei mit euch 24; 1Ko 16,23; 2Ko 13,13; Gal 6,18; Phl 4,23; 1Th 5,28; 2Th 3,18; Phm 25; Off 1,5; 22,21
	25	dem, der euch stärken kann gemäß der Predigt von J. Christus
	27	Gott sei Ehre durch J. Christus
1Ko	1,2	an die Geheiligten in J. Eph 1,1; Phl 1,1
	4	Gnade Gottes, euch gegeben in Christus J.
	7	wartet auf die Offenbarung unseres Herrn J.
	8	daß ihr unsträflich seid am Tag unsers Herrn J. Christus Phl 1,6; 1Th 3,13; 5,23; 2Th 2,1
	9	berufen zur Gemeinschaft seines Sohnes J.
	10	ich ermahne euch im Namen unseres Herrn J.
1Ko	1,30	durch ihn seid ihr in Christus J.
	2,2	nichts zu wissen als allein J. Christus
	3,11	Grund, der gelegt ist, welcher ist J. Christus
	4,15	ich habe euch gezeugt in Christus J. durchs Evangelium
	17	damit er euch erinnere an m. Weisungen in J.
	5,4	wenn ihr in dem Namen J. versammelt seid
	6,11	gerecht geworden durch den Namen J.
	8,6	so haben wir doch nur einen Herrn, J. Christus
	9,1	habe ich nicht unsern Herrn J. gesehen
	12,3	daß niemand J. verflucht, der durch den Geist Gottes redet
	15,57	der uns den Sieg gibt durch unsern Herrn J.
	16,24	meine Liebe ist mit euch allen in Christus J.
2Ko	1,3	gelobt sei Gott, der Vater unseres Herrn J. Christus 11,31; Eph 1,3; 1Pt 1,3
	14	unser Ruhm am Tage unseres Herrn J.
	19	J. Christus, unter euch durch uns gepredigt
	4,5	wir predigen, daß er der Herr
	6	Herrlichkeit in dem Angesicht J. Christi
	10	wir tragen allezeit das Sterben J. an unserm Leibe 11
	11	wir, die wir leben, werden immerdar in den Tod gegeben um J. willen
	8,9	ihr kennt die Gnade unseres Herrn J. Christus
	11,4	wenn einer einen andern J. predigt
	13,5	daß J. Christus in euch ist
Gal	1,12	ich habe es empfangen durch eine Offenbarung J. Christi
	2,4	Freiheit, die wir in Christus J. haben
	16	gerecht durch den Glauben an J. Christus
	3,1	J. vor die Augen gemalt als der Gekreuzigte
	14	damit der Segen Abrahams unter die Heiden komme in Christus J.
	22	die Verheißung durch den Glauben an J.
	26	durch Glauben Gottes Kinder in Christus J.
	28	ihr seid allesamt einer in Christus J.
	4,14	nahmt ihr mich auf wie Christus J.
	5,6	in Christus J. gilt weder Beschneidung noch Unbeschnittensein etwas 6,15
	24	die Christus J. angehören, die haben
	6,14	mich rühmen allein von des Kreuzes
	17	ich trage die Malzeichen J. an meinem Leibe
Eph	1,5	vorherbestimmt, seine Kinder zu sein durch J.
	15	gehört von dem Glauben bei euch an J. Kol 1,4
	17	der Gott unseres Herrn J. Christus
	2,6	uns mit eingesetzt im Himmel in Christus J.
	7	durch seine Güte gegen uns in Christus J.
	10	geschaffen in Christus J. zu guten Werken
	13	jetzt in Christus J. seid ihr Nahe geworden
	20	da J. Christus der Eckstein ist
	3,1	Paulus, der Gefangene Christi J.
	6	daß die Heiden Mitgenossen der Verheißung in Christus J. sind
	11	ausgeführt in Christus J., unserm Herrn
	21	dem sei Ehre in Christus J. zu aller Zeit
	4,21	unterwiesen, wie es Wahrheit in J. ist
	5,20	sagt Dank Gott im Namen unseres Herrn J.
Phl	1,8	wie mich nach euch allen verlangt von Herzensgrund in Christus J.
	11	erfüllt mit Frucht der Gerechtigkeit durch J.
	19	durch den Beistand des Geistes J. Christi
	26	damit euer Rühmen in J. größer werde
	2,5	wie es der Gemeinschaft J. entspricht
	10	daß in dem Namen J. sich beugen sollen aller derer Knie

Phl	2,11	alle Zungen bekennen sollen, daß J. Christus der Herr ist	1Pt	1,3	Hoffnung durch die Auferstehung J. Christi
	19	ich hoffe in dem Herrn J., daß		7	wenn offenbart wird J. Christus
	21	suchen alle das Ihre, nicht das, was J. ist		13	Gnade, die euch angeboten wird in der Offenbarung J. Christi
	3,3	die wir uns Christi J. rühmen		2,5	geistliche Opfer, die Gott wohlgefällig sind durch J. Christus
	8	für Schaden gegenüber der Erkenntnis J.			
	12	weil ich von Christus J. ergriffen bin		3,21	wir bitten Gott um ein gutes Gewissen durch die Auferstehung J.
	14	dem Siegespreis der himmlischen Berufung Gottes in Christus J.		4,11	damit Gott gepriesen werde durch J. Christus
	20	woher wir erwarten den Heiland, den Herrn J. Christus Tit 2,13		5,10	berufen zu seiner Herrlichkeit in J.
	4,7	der Friede Gottes bewahre eure Herzen in Christus J.	2Pt	1,1	Gerechtigkeit, die Gott gibt und J.
				2	durch die Erkenntnis J., unseres Herrn 8
	19	nach seinem Reichtum in Herrlichkeit in J.		11	in das ewige Reich unseres Herrn und Heilands J. Christus
	21	grüßt alle Heiligen in Christus J.		14	wie es mir unser Herr J. eröffnet hat
Kol	1,3	wir danken Gott, dem Vater unseres Herrn J.		16	kundgetan das Kommen unseres Herrn J.
	2,6	wie ihr den Herrn J. angenommen habt		2,20	durch J. Christus entflohen dem Unrat der Welt
	3,17	das tut alles im Namen des Herrn J.			
	4,12	es grüßt euch Epaphras, ein Knecht Christi J.		3,18	wachset in der Gnade unseres Herrn J.
			1Jh	1,3	Gemeinschaft... mit seinem Sohn J. Christus
1Th	1,1	in Gott und dem Herrn J. Christus 2Th 1,1		7	das Blut J. macht uns rein von aller Sünde
	3	denken an eure Geduld in der Hoffnung auf unsern Herrn J.		2,1	einen Fürsprecher bei dem Vater, J. Christus
	2,14	Gemeinden in Judäa, die in Christus J. sind		22	ein Lügner, der leugnet, daß J. der Christus ist
	15	die haben den Herrn J. getötet		3,23	glauben an den Namen seines Sohnes J.
	19	seid nicht auch ihr es vor unserm Herrn J.		4,2	jeder Geist, der bekennt, daß J. Christus in das Fleisch gekommen ist 3; 2Jh 7
	3,11	unser Herr J. lenke unsern Weg zu euch hin			
	4,1	ermahnen euch in dem Herrn J. 2Th 3,12		15	wer bekennt, daß J. Gottes Sohn ist 5,5
	2	welche Gebote wir euch gegeben durch J.		5,1	wer glaubt, daß J. der Christus ist
	14	glauben, daß J. gestorben und auferstanden		6	der gekommen ist durch Wasser und Blut, J.
	5,9	dazu, das Heil zu erlangen durch unsern Herrn J. Christus 2Ti 2,10		20	wir sind in dem Wahrhaftigen, in s. Sohn J.
			Heb	2,9	J. sehen wir durch das Leiden des Todes gekrönt
	18	das ist der Wille Gottes in Christus J. an euch			
				3,1	schaut auf den Apostel und Hohenpriester, den wir bekennen, J. 4,14
2Th	1,7	wenn der Herr J. sich offenbaren wird			
	8	die nicht gehorsam sind dem Evangelium unseres Herrn J.		6,20	dahinein ist der Vorläufer für uns gegangen, J.
	12	damit in euch verherrlicht werde der Name J.		7,22	so ist J. Bürge eines viel besseren Bundes geworden
	2,8	ihn wird der Herr J. umbringen		10,10	geheiligt ein für allemal durch das Opfer des Leibes J. Christi
	14	damit ihr die Herrlichkeit J. erlangt			
	16	er aber, unser Herr J., und Gott, unser Vater		19	durch das Blut J. die Freiheit zum Eingang in das Heiligtum
	3,6	wir gebieten euch im Namen unseres Herrn J.			
				12,2	aufsehen zu J., dem Anfänger des Glaubens
1Ti	1,12	ich danke unserm Herrn Christus J.		24	(gekommen) zu dem Mittler des neuen Bundes, J.
	14	Liebe, die in Christus J. ist 2Ti 1,13			
	15	daß Christus J. in die Welt gekommen ist		13,8	J. Christus gestern und heute
	16	daß Christus J. an mir alle Geduld erweise		12	darum hat auch J. gelitten
	2,5	nämlich der Mensch Christus J.		20	Gott, der J. von den Toten heraufgeführt
	3,13	große Zuversicht im Glauben an Christus J.		21	schaffe in uns, was ihm gefällt, durch J. Christus
	4,6	wirst du ein guter Diener Christi J. sein			
	5,21	ich ermahne dich vor Christus J. 2Ti 4,1	Jak	2,1	den Glauben an J. Christus, unsern Herrn
	6,3	bleibt nicht bei den Worten unseres Herrn J.	Jud	1	Berufenen, die bewahrt (sind) für J. Christus
	13	ich gebiete dir vor Christus J.		4	verleugnen unsern Herrn J. Christus
	14	bis zur Erscheinung unseres Herrn J. Christus 2Ti 1,10		17	Worte, die zuvor gesagt sind von den Aposteln unseres Herrn J. Christus
2Ti	1,9	Gnade, die uns gegeben ist in Christus J. 2,1		21	wartet auf die Barmherzigkeit unseres Herrn J. Christus zum ewigen Leben
	2,3	leide mit als ein guter Streiter Christi J.			
	8	halt im Gedächtnis J. Christus	Off	1,1	die Offenbarung J. Christi, die ihm Gott gegeben hat
	3,12	alle, die fromm leben wollen in Christus J.			
	15	zur Seligkeit durch den Glauben an J.		2	der bezeugt hat das Zeugnis J. Christus 9
Tit	3,6	ausgegossen durch J. Christus, unsern Heiland			
				9	euer Mitgenosse an der Geduld in J.
Phm	1	Paulus, Gefangener Christi J., und Timotheus		12,17	die haben das Zeugnis J. 19,10
	5	ich höre von der Liebe und dem Glauben, die du hast an den Herrn J.		14,12	die da halten den Glauben an J.
				17,6	ich sah die Frau, betrunken von dem Blut der Zeugen J.
	23	Epaphras, mein Mitgefangener in Christus J.			
1Pt	1,2	zum Gehorsam und zur Besprengung mit dem Blut J. Christi		19,10	das Zeugnis J. ist der Geist der Weissagung
				20,4	enthauptet um des Zeugnisses von J. willen

Jesus

Off	22,16	ich, J., habe meinen Engel gesandt
	20	Amen, ja, komm, Herr J.

Jesus (Name von Menschen)

Sir	50,29	¹J... des Sohnes Sirachs; Vorrede Vers 3
Mt	27,16	²einen berüchtigten Gefangenen, der hieß J. Barabbas
	17	wen soll ich euch losgeben, J. Barabbas oder
Kol	4,11	³(es grüßt euch) J. mit dem Beinamen Justus

Jeter, Jether, Jithra

Ri	8,20	¹(Gideon) sprach zu seinem Sohn J.
2Sm	17,25	²Amasa war der Sohn J. 1Kö 2,5.32; 1Ch 2,17
1Ch	2,32	³Söhne Jadas: J... J. starb ohne Söhne
	4,17	⁴Söhne Esras: J... J. zeugte Mirjam
	7,38	⁵Söhne J. waren: Jefunne (= Jitran 2)

Jeteriter, Jithriter

1Ch	2,53	Geschlechter von Kirjat-Jearim: die J.

Jetet, Jetheth

1Mo	36,40	Fürsten von Esau: der Fürst J. 1Ch 1,51

Jetur

1Mo	25,15	(Söhne Ismaels:) J. 1Ch 1,31; 5,19

jetzig

Gal	4,25	Hagar ist ein Gleichnis für das j. Jerusalem

jetzt

1Mo	28,4	Land, darin du j. ein Fremdling Hes 20,38
	46,34	von unserer Jugend an bis j.
	50,20	was j. am Tage ist 1Sm 22,8.13
2Mo	4,10	bin nicht beredt gewesen, auch j. nicht
	8,25	wenn ich j. von dir hinausgegangen bin
	33,17	was du j. gesagt hast, will ich tun
4Mo	11,23	sollst j. sehen, ob sich mein Wort
	22,29	ach daß ich j. ein Schwert hätte 33
	24,17	sehe ihn, aber nicht j.
5Mo	1,39	Kinder, die j. weder Gutes noch Böses
	4,20	Volk, das ihm gehört, wie ihr es j. seid
	38	Land zum Erbteil geben, wie es j. ist
	28,63	Lande, in das du j. ziehst, es einzunehmen
	31,21	Gedanken, mit denen sie schon j. umgehen
	27	j. schon seid ihr ungehorsam
Jos	5,12	weil sie j. vom Getreide des Landes aßen
	14	bin j. gekommen
	14,11	wie m. Kraft damals war, ist sie noch j.
Ri	8,2	was hab ich j. getan, das eurer Tat gleich
	13,23	weder sehen noch... wie es j. geschehen
	19,18	kehre j. nach Hause zurück
	20,9	sondern das wollen wir j. mit Gibea tun
	21,22	sonst wäret ihr j. schuldig
1Sm	2,16	du sollst mir's j. geben
	9,9	die man j. Propheten nennt
	20	um die Eselinnen sorge dich j. nicht 27
	12,17	ist nicht j. die Weizenernte
	25,10	j. viele Knechte, die davongelaufen sind
	28,18	darum hat der HERR dir das j. getan
2Sm	6,22	ich will noch geringer werden als j.
	16,8	j. hat der HERR das Königtum gegeben
	11	warum nicht auch j. der Benjaminiter
2Sm	17,9	er hat sich j. vielleicht verkrochen
	19,10	hat j. aus dem Lande fliehen müssen
	24,3	zu d. Volk, wie es j. ist, noch... hinzu
1Kö	3,6	auf s. Thron sitzen sollte, wie es j. ist
2Kö	5,22	j. sind zu mir gekommen zwei
	8,6	allen Ertrag des Ackers seit... bis j.
1Ch	9,18	(Schallum) steht bis j. am Tor
	29,17	habe ich j. mit Freuden gesehen, wie dein Volk
2Ch	35,21	ich komme j. nicht gegen dich
Neh	1,6	Gebet, das ich j. vor dir bete
Hi	6,21	so seid ihr j. für mich geworden
	16,19	auch j. noch ist mein Zeuge im Himmel
	30,1	j. verlachen mich, die jünger sind 9
	16	j. zerfließt meine Seele
Ps	12,6	will ich j. aufstehen, spricht der HERR
	71,17	noch j. verkündige ich deine Wunder
Spr	7,12	j. ist sie draußen, j. auf der Gasse
Jes	7,23	wo j. Weinstöcke stehen 25; 29,17; Hos 9,6
	37,26	j. aber habe ich's kommen lassen
	43,19	j. wächst es auf 48,7
	58,4	sollt nicht so fasten, wie ihr j. tut
Jer	3,4	du schreist j. zu mir: Lieber Vater
	4,30	die dir j. den Hof machen, werden dich
	22,23	die du j. auf dem Libanon wohnst
	23,33	die Last, die der HERR j. ankündigt
	34,16	j. seid ihr umgeschlagen... zwingt sie j. 21
Klg	1,8	die sie ehrten, verschmähen sie j.
	4,5	verschmachten j... müssen j. im Schmutz
Hes	26,2	ich werde j. reich werden
	30,9	Kusch, das j. so sicher ist
	36,35	j. ist's wie der Garten Eden
	37,11	j. sprechen sie: es ist aus mit uns
Dan	2,23	danke dir, daß du mir j. offenbart hast
	9,22	Daniel, j. bin ich ausgegangen, um dir 10,11
	10,17	da auch j. noch keine Kraft in mir ist 20
		damals ging es mir besser als j.
Hos	2,9	
	7,11	j. rufen sie Ägypten an, dann... Assur
	8,10	will ich sie doch j. einsammeln
	11,1	wenn man j. ruft, wenden sie sich davon
Jo	2,12	doch auch j. noch bekehret euch zu mir
Am	8,14	die j. schwören bei dem Abgott Samarias
Mi	4,9	warum schreist du denn j. so laut
	7,10	meine Feindin, die j. zu mir sagt
Nah	1,13	will ich sein Joch zerbrechen
Hag	2,15	achtet darauf, wie es euch gehen wird
Jdt	7,17	der uns j. um unsrer Sünden willen bestraft
	8,15	will j. trauern können
	9,5	schau j. auf das Heer der Assyrer, wie
	8	geschehe j. auch denen, die... vertrauen
Bar	2,26	Haus so zerstören lassen, wie es j. ist
	3,5	je j. an der Taten deiner Hand
	8	wir, die j. in Gefangenschaft sind
1Ma	6,13	j. weiß ich, woher dies Unglück kommt
2Ma	6,26	ich werde auch j. der Strafe entgehen würde
	27	darum will ich j. tapfer sterben
	7,23	weil ihr j. keinerlei Rücksicht nehmt
	36	unsere Brüder haben j. teil am ewigen Leben
StD	3,14	wir haben j. keinen Fürsten mehr
Mt	3,15	Jesus antwortete ihm: Laß es j. geschehen
	23,39	ihr werdet mich von j. an nicht sehen
	26,65	j. habt ihr die Gotteslästerung gehört
Mk	6,25	daß du mir j. gleich auf einer Schale, das Haupt Johannes
	10,30	j. in dieser Zeit Häuser und Brüder
Lk	1,36	Elisabeth ist j. im sechsten Monat
	6,21	selig seid ihr, die ihr j. hungert 25.26
	14,19	Ochsen gekauft und gehe j. hin
Jh	2,10	du hast den guten Wein bis j. zurückbehalten
	4,18	der, den du j. hast, ist nicht dein Mann

Jh	4,23	es kommt die Zeit und ist schon j. 5,25
	12,27	j. ist meine Seele betrübt
	31	j. ergeht das Gericht über diese Welt
	13,7	was ich tue, das verstehst du j. nicht
	19	j. sage ich's euch, ehe es geschieht 14,29
	31	j. ist der Menschensohn verherrlicht
	33	wie ich zu den Juden sagte, sage ich j. auch zu euch
	16,5	j. gehe ich hin zu dem, der mich gesandt hat
	12	ihr könnt es j. nicht ertragen
	31	Jesus antwortete ihnen: J. glaubt ihr
	21,10	bringt von den Fischen, die ihr j. gefangen
Apg	13,31	die sind j. seine Zeugen vor dem Volk
	17,6	diese... sind j. auch hierher gekommen
	22,1	wenn ich mich j. vor euch verantworte
	23,21	j. sind sie bereit und warten auf deine Zusage
	24,19	die sollten j. hier sein vor dir
Rö	5,9	nachdem wir j. durch sein Blut gerecht geworden sind
	11	durch den wir j. die Versöhnung empfangen
	6,21	solche, deren ihr euch j. schämt
	11,5	so geht es auch j. zu dieser Zeit Gal 4,29
	31	damit auch sie j. Barmherzigkeit erlangen
	13,11	unser Heil ist j. näher als zu der Zeit
	15,25	j. fahre ich hin nach Jerusalem, um den Heiligen
1Ko	3,2	auch j. könnt ihr's noch nicht
	13,12	wir sehen j. ein dunkles Bild
	16,12	es war nicht sein Wille, j. zu kommen
2Ko	5,16	so kennen wir ihn doch j. so nicht mehr
	6,2	siehe, j. ist die Zeit der Gnade
	7,9	so freue ich mich j. nicht darüber, daß
	8,14	j. helfe euer Überfluß ihrem Mangel ab
	11,17	was ich j. rede, das rede ich nicht dem Herrn gemäß
	12,14	ich bin j. bereit, zum dritten Mal zu euch zu kommen 13,1
Gal	1,10	predige ich j. Menschen oder Gott zuliebe
	23	der uns früher verfolgte, der predigt j. den Glauben
	4,20	ich wollte, daß ich j. bei euch wäre
Eph	2,13	j. in Christus Jesus seid ihr Nahe geworden
	3,5	wie es j. offenbart ist seinen hl. Aposteln
	10	damit j. kund werde die mannigfaltige Weisheit Gottes
Phl	1,20	wie allezeit so auch j., Christus verherrlicht
	2,12	j. noch viel mehr in meiner Abwesenheit
2Th	2,7	der es j. noch aufhält, weggetan werden
2Ti	1,10	j. aber offenbart ist durch die Erscheinung
Phm	11	der dir früher unnütz, j. aber nützlich
1Pt	1,6	die ihr j. eine kleine Zeit traurig seid
2Pt	3,7	auch der Himmel, der j. ist, und die Erde
	18	ihm sei Ehre j. und für ewige Zeiten Jud 25
1Jh	2,8	die Finsternis vergeht, und das wahre Licht scheint j.
	4,3	er ist j. schon in der Welt
Heb	2,8	j. sehen wir noch nicht, daß
	6,1	darum wollen wir j. lassen, was am Anfang über Christus zu lehren ist
	9,5	von d. Dingen ist j. nicht im einzelnen zu reden
	24	um j. für uns vor dem Angesicht Gottes zu erscheinen
	12,26	j. verheißt er: Noch einmal will ich erschüttern
Off	17,8	das Tier, das du gesehen hast, ist gewesen und ist j. nicht 11

Jëuël

1Ch 9,6 von den Söhnen Serach: J.

Jëusch

1Mo 36,5 [1]Oholibama gebar J. 14.18; 1Ch 1,35
1Ch 7,10 [2]Bilhans Söhne: J.
8,39 [3]Söhne Eschek(s): J.
23,10 [4]Schimis Söhne: J. 11
2Ch 11,19 [5](Rehabeam nahm Mahalat.) Die gebar J.

Jëuz

1Ch 8,10 (Schaharajim zeugte:) J.

jeweils

5Mo 31,10 j. nach sieben Jahren (ausrufen lassen)
1Ch 9,25 mußten für j. sieben Tage hereinkommen
Neh 5,18 j. für zehn Tage Wein
11,1 wer von j. zehn nach Jerusalem ziehen
Sir 33,16 es sind immer j. zwei (Werke)

Jezer, Jezeriter

1Mo 46,24 Söhne Naftalis: J. 4Mo 26,49; 1Ch 7,13

Jibhar

2Sm 5,15 (die David geb. sind:) J. 1Ch 3,6; 14,5

Jibleam (= Bileam 2)

Jos 17,11 hatte Manasse im Gebiet von Issachar: J. Ri 1,27; 2Kö 9,27; 1Ch 6,55

Jibneja

1Ch 9,8 J., der Sohn Jerohams

Jibnija

1Ch 9,8 Reguëls, des Sohnes J.

Jibsam

1Ch 7,2 Söhne Tolas: J.

Jidala

Jos 19,15 J... sind Städte (des Stammes Sebulon)

Jidbasch

1Ch 4,3 Söhne Hurs, des Vaters Etams: J.

Jiddo

1Ch 27,21 J., der Sohn Secharjas

Jidlaf, *Jidlaph*

1Mo 22,22 (Milka hat Söhne geboren,) nämlich J.

Jifdeja, *Jiphdeja*

1Ch 8,25 J... Söhne Schaschaks

Jiftach

Jiftach, *Jiphtach*
Jos 15,43 (Städte des Stammes Juda:) J.

Jiftach-El, *Jiphtach-El*
Jos 19,14 (Sebulon... die Grenze) endet im Tal J. 27

Jigal
4Mo 13,7   ¹J., der Sohn Josefs
2Sm 23,36   ²J., der Sohn Nathans, aus Zoba
1Ch 3,22   ³die Söhne Schechanjas waren: J.

Jigdalja
Jer 35,4   Hanans, des Sohnes J.

Jimla
1Kö 22,8   Micha, der Sohn J. 9; 2Ch 18,7.8

Jimna, Jimniter
1Mo 46,17   ¹Söhne Assers: J. 4Mo 26,44; 1Ch 7,30
1Ch 7,35   ²Söhne seines Bruders Hotam: J.
2Ch 31,14   ³der Levit Kore, der Sohn J.

Jimra
1Ch 7,36   Söhne Zofachs: J.

Jirija
Jer 37,13   J., der Sohn Schelemjas 14

Jirmeja
verschiedene Träger ds. Namens
2Kö 23,31; 24,18; Jer 52,1/ 1Ch 5,24/ 12,5/ 12,11/ 12,14/ Neh 10,3; 12,34/ 12,1.12/ Jer 35,3

Jiron
Jos 19,38   (Naftali... feste Städte sind:) J.

Jirpeel
Jos 18,27   (Städte des Stammes Benjamin:) J.

Jischbaal s. **Joschobam**

Jischbach
1Ch 4,17   Jeter zeugte J., den Vater Eschtemoas

Jischbak
1Mo 25,2   (Ketura) gebar (Abraham) J. 1Ch 1,32

Jischewi, Jischwiter
1Mo 46,17   ¹Söhne Assers: J. 4Mo 26,44; 1Ch 7,30
1Sm 14,49   ²Sauls Söhne waren: Jonatan, J.

Jischi
1Ch 2,31   ¹der Sohn Appajims ist J. Der Sohn J. ist
4,20   ²(die Söhne Judas:) die Söhne J.

1Ch 4,42   ³von den Söhnen Simeons: die Söhne J.
5,24   ⁴(Stamm Manasse) Häupter: J.

Jischija
1Ch 7,3   ¹Söhne Jisrachjas: J.
12,7   ²J... die Korachiter
23,20   ³Söhne Usiëls: J. 24,25
24,21   ⁴von den Söhnen Rahabjas war der Erste J.
Esr 10,31   ⁵bei den Söhnen Harim: J.

Jischma
1Ch 4,3   Söhne Hurs, des Vaters Etams: J.

Jischmaël
weitere Träger ds. Namens
2Kö 25,23.25; Jer 40,8.14-16; 41,1-18/ 1Ch 8,38; 9,44/ 2Ch 19,11/ 23,1/ Esr 10,22

Jischmaja
1Ch 12,4   ¹J., der Gibeoniter
27,19   ²bei Sebulon J., der Sohn Obadjas

Jischmerai
1Ch 8,18   J... Söhne Elpaals

Jischpa
1Ch 8,16   J... Söhne Berias

Jischpan
1Ch 8,22   J. (Söhne Schaschaks)

Jischwa
1Mo 46,17   Söhne Assers: J. 1Ch 7,30

Jisija
Esr 10,25   bei den Söhnen Parosch: J.

Jiska
1Mo 11,29   Harans, der der Vater war der J.

Jislia
1Ch 8,18   J... Söhne Elpaals

Jismachja
2Ch 31,13   J., Aufseher unter Kananja

Jisrachja, Jisrachiter
1Ch 7,3   ¹der Sohn Usis: J. Und die Söhne J.
Neh 12,42   ²die Sänger, J. stand ihnen vor

Jitla, *Jithla*
Jos 19,42   (Dan... das Gebiet war) J.

Jitma, *Jithma*
1Ch 11,46   J., der Moabiter

Jitnan, *Jithnan*

Jos 15,23 (Städte des Stammes Juda:) J.

Jitra s. Jeter

Jitran, *Jithran*

1Mo 36,26 ¹die Söhne Dischons waren: J. 1Ch 1,41
1Ch 7,37 ²(Söhne Zofachs:) J. (= Jeter 5)

Jitream, *Jithream*

2Sm 3,5 (wurden David Söhne geboren) J. 1Ch 3,3

Jitro, *Jethro* (= Reguël 2)

2Mo 3,1 Mose hütete die Schafe J., des Priesters
 4,18 Mose kam zu J... J. sprach: Geh hin
 18,1 J., Moses Schwiegervater, hörte alles, was Gott getan hatte 5.6.9.10.12

Jizhar, Jizhariter (= Amminadab 2)

2Mo 6,18 Söhne Kehats: J. 21; 4Mo 3,19.27; 16,1; 1Ch 5,28; 6,3.23; 23,12.18; 24,22; 26,23.29

Joab

1Sm 26,6 ¹Abischai, Sohn der Zeruja, Bruder J. 2Sm 2,13.18; 8,16; 17,25; 23,18.24.37; 1Ch 2,16; 11,39; 18,15
2Sm 2,14 Abner... J. 22.24.26-28.30.32; 3,22-31
 5,8 J. wurde Hauptmann 1Kö 1,19; 1Ch 11,6
 10,7 sandte (David) J. 9.13.14; 11,1; 12,26; 1Ch 19,8.10.14.15; 20,1
 11,6 David sandte zu J.: Sende Uria 7-25
 14,1 J. merkte, daß des Königs Herz an Absalom hing 3.19-23.29-33
 17,25 Amasa an J. Statt gesetzt 19,14
 18,2 ein Drittel des Volks unter J. 5.10-12.14
 14 J. stieß (3 Stäbe) Absalom ins Herz 15
 16 ließ J. die Posaune blasen 20-22.29
 19,2 es wurde J. angesagt: Der König weint 6
 20,7 die Männer J. folgten Abischai 8-23
 24,2 der König sprach zu J.: Geht und zählt das Kriegsvolk 3.4.9; 1Ch 21,2-6
1Kö 1,7 (Adonija) beriet sich mit J. 41; 2,22.28
 2,5 was mir getan hat J.
 28 die Kunde kam vor J... da floh J. 29-31
 33 ihr Blut komme auf das Haupt J.
 11,15 als J... die Erschlagenen zu begraben 16
 21 als Hadad hörte, daß J. tot war
1Ch 11,8 J. stellte die übrige Stadt wieder her
 26,28 was Abner und J. geheiligt hatten
Ps 60,2 als J. die Edomiter im Salztal schlug
1Ch 4,14 ²Seraja zeugte J.
Esr 2,6 ³(kamen mit Serubbabel) J. 8,9; Neh 7,11

Joach

2Kö 18,18 ¹der Kanzler J., der Sohn Asafs 26.37; Jes 36,3.11.22
1Ch 6,6 ²(Simma.) Dessen Sohn war J.
 26,4 ³Söhne Obed-Edoms: J.
2Ch 29,12 ⁴aus den Söhnen Gerschon J.
 34,8 ⁵den Kanzler J., den Sohn des Joahas

Joadda

1Ch 8,36 Ahas zeugte J. 9,42

Joaddan

2Kö 14,2 (Amazja.) Seine Mutter hieß J. 2Ch 25,1

Joahas

2Kö 10,35 ¹(Jehus) Sohn J. wurde König 13,1.8.9
 13,4 J. flehte zum HERRN 7.22.25
 10 Joasch, der Sohn des J. 14,1.8.17; 2Ch 25,17.23.25
 23,30 ²J., den Sohn Josias 31; 2Ch 36,1.2
 34 J. brachte (er) nach Ägypten 2Ch 36,4 (s.a. Schallum)
2Ch 21,17 ³J., (Jorams) Sohn (= Ahasja 2)
 34,8 ⁴sandte Joach, den Sohn des J.

Joasch

2Kö 11,2 ¹J., den Sohn Ahasjas 12,20; 13,1.10; 14,1.13.17.23; 1Ch 3,11; 2Ch 22,11; 25,23.25
 12,1 J. war sieben Jahre alt, als er König wurde 2; 2Ch 24,1
 3 J. tat, was recht war, solange 5.7.8; 14,3; 2Ch 24,2.4
 19 nahm J. alle heiligen Gaben
2Ch 24,3 Jojada nahm zwei Frauen für J.
 22 J. gedachte nicht an die Barmherzigkeit 24
2Kö 13,9 ²(Joahas') Sohn J. wurde König 10.12.13; 14,1.15-17.23.27; 2Ch 25,25; Hos 1,1; Am 1,1
 14 kam J. zu (Elisa) und weinte vor ihm
 25 J. gewann die Städte zurück... dreimal schlug in J.
 14,8 Amazja sandte zu J. 9; 2Ch 25,17.18.20
 11 da zog J. herauf 13; 2Ch 25,21.23
 weitere Träger ds. Namens Ri 6,11.29-31; 7,14; 8,13.29.32/ 1Kö 22,26; 2Ch 18,25 1Ch 4,22/ 7,8/ 12,3/ 27,28

Jobab

1Mo 10,29 ¹(Joktan zeugte) J. 1Ch 1,23
 36,33 ²J., ein Sohn Serachs 34; 1Ch 1,44.45
Jos 11,1 ³Jabin sandte zu J., dem König von Madon
1Ch 8,9 ⁴(Schaharajim) zeugte: J.
 8,18 ⁵J... Söhne Elpaals

Joch

1Mo 27,40 sein J. von deinem Halse reißen wirst
3Mo 26,13 habe euer J. zerbrochen 9,3
4Mo 19,2 auf die noch nie ein J. gekommen ist 5Mo 21,3; 1Sm 6,7
5Mo 28,48 wird ein eisernes J. auf deinen Hals legen
1Sm 14,14 Hufe Acker, die ein J. Rinder pflügt
1Kö 12,4 hat unser J. zu hart gemacht. Mache du das J. leichter 9-11.14; 2Ch 10,4.9-11.14
 19,19 Elisa pflügte mit zwölf J. 21
 21 mit den J. der Rinder kochte er
Hi 1,3 (Hiob) besaß 500 J. Rinder 42,12
Jes 10,27 wird weichen sein J. von deinem Halse 14,25
 47,6 machtest dein J. allzu schwer
 58,6 laß ledig, auf die du das J. gelegt... reiß jedes J. weg
Jer 2,20 von jeher hast du dein J. zerbrochen 5,5
 27,2 mache dir ein J. 28,10.12.13
 8 unter das J. des Königs von Babel 11.12

Joch

Jer	28,2	habe das J. von Babel zerbr. 4.11; 30,8
	14	ein eisernes J. habe ich allen Völkern
Klg	1,14	schwer ist das J. meiner Sünden
	3,27	daß er das J. in seiner Jugend trage
	5,5	mit dem J. auf unserm Hals treibt man uns
Hes	34,27	wenn ich ihr J. zerbrochen habe Nah 1,13
Hos	10,11	habe (Ephr.) ein J. auf s. Nacken gelegt
	11,4	ein menschliches J... half das J. tragen
Sir	26,9	ein böses Weib gleicht einem... J.
	28,23	wohl dem, der ihr J. nicht tragen muß
	24	ihr J. ist eisern
	33,27	J. und Riemen beugen den Nacken
	51,34	beugt euren Nacken unter ihr J.
Mt	11,29	nehmt auf euch mein J. und lernt von mir
	30	mein J. ist sanft, und meine Last ist leicht
Lk	14,19	ich habe fünf J. Ochsen gekauft
Apg	15,10	daß ihr ein J. auf den Nacken der Jünger legt
2Ko	6,14	zieht nicht am fremden J. mit den Ungläubigen
Gal	5,1	laßt euch nicht wieder das J. der Knechtschaft
1Ti	6,1	alle, die als Sklaven unter dem J. sind

Jochebed

2Mo	6,20	Amram nahm J. zur Frau 4Mo 26,59

Jochstange

Jes	9,3	du hast die J. zerbrochen

Joda

Lk	3,26	Josech war ein Sohn J.

Joëd

Neh	11,7	J., des Sohnes Pedajas

Joel

		versch. Träger ds. Namens
		1Sm 8,2; 1Ch 6,13.18; 15,17/ 1Ch 4,35/ 5,4.8/ 5,12/ 6,21/ 7,3/ 11,38/ 15,7.11; 23,8; 26,22/ 27,20; 2Ch 29,12/ Esr 10,43/ Neh 11,9/ Jo 1,1; Apg 2,16

Joëla

1Ch	12,8	J... die Söhne Jerohams von Gedor

Joëser

1Ch	12,7	(die aus Benjamin:) J.

Jogboha

4Mo	32,35	(die Söhne Gad bauten) J. Ri 8,11

Jogli

4Mo	34,22	Bukki, der Sohn J.

Joha

1Ch	8,16	¹J... Söhne Berias
	11,45	²der Sohn Schimris; J., der Tiziter

Johanan

1Ch		versch. Träger ds. Namens
		2Kö 25,23; Jer 40,8.13.15.16; 41,11.13-16; 42,1. 8; 43,2.4.5/ 1Ch 3,15/ 3,24/ 5,35.36/ 12,5/ 12,13/ 26,3/ 2Ch 17,15; 23,1/ 28,12/ Esr 8,12/ 10,6/ 10,28/ Neh 6,18/ 12,11.22.23/ 12,13.42/ Lk 3,27

Johanna

Lk	8,3	J., die Frau des Chuzas, eines Verwalters des Herodes
	24,10	es waren J. und Maria, des Jakobus Mutter

Johannes

Mt	3,1	¹zu der Zeit kam J. der Täufer Mk 1,4
	4	J. hatte ein Gewand aus Kamelhaaren an Mk 1,6
	13	zu der Zeit kam Jesus an den Jordan zu J. 14; Mk 1,9; Jh 1,29
	4,12	als Jesus hörte, daß J. gefangen Mk 1,14
	9,14	da kamen die Jünger des J. zu ihm
	11,2	als J. von den Werken Christi hörte 4.7; Lk 7,18.20.22.24
	11	ist keiner größer als J. der Täufer Lk 7,28
	12	von den Tagen J. des Täufers Apg 1,22
	13	alle Propheten haben geweissagt bis zu J. Lk 16,16
	18	J. ist gekommen, aß nicht und trank nicht Lk 7,33
	14,2	das ist J. der Täufer Mk 6,14.16; Lk 9,7
	3	Herodes hatte J. ergriffen wegen Herodias Mk 6,17; Lk 3,20
	4	denn J. hatte zu ihm gesagt Mk 6,18.20
	8	gib mir das Haupt J. des Täufers Mk 6,24.25
	10	schickte hin und ließ J. enthaupten Mk 6,27; Lk 9,9
	16,14	einige sagen, du seist J. der Täufer Mk 8,28; Lk 9,19
	17,13	daß er von J. dem Täufer geredet hatte
	21,25	woher war die Taufe des J. Mk 11,30; Lk 20,4
	26	sie halten J. für einen Propheten Mk 11,32; Lk 20,6
	32	J. kam und lehrte euch den rechten Weg
Mk	2,18	die Jünger des J. fasteten viel Lk 5,33
Lk	1,13	du sollst ihm den Namen J. geben 60.63
	3,2	geschah das Wort Gottes zu J.
	7	sprach J. zu der Menge, die hinausging
	15	ob (J.) vielleicht der Christus wäre 16
	19	Herodes, der von J. zurechtgewiesen wurde
	7,29	ließen sich taufen mit der Taufe des J.
	11,1	lehre uns beten, wie auch J. seine Jünger lehrte
Jh	1,6	ein Mensch, von Gott gesandt, der hieß J.
	15	J. gibt Zeugnis von ihm und ruft 19.26.32
	28	jenseits des Jordans, wo J. taufte 3,23; 10,40
	35	am nächsten Tag stand J. abermals da
	40	der von den zweien, die J. gehört hatten
	3,24	J. war noch nicht ins Gefängnis geworfen
	25	Streit zwischen den Jüngern des J. und 26.27
	4,1	daß (Jesus) mehr taufte als J.
	5,33	ihr habt zu J. geschickt, und er hat die Wahrheit bezeugt
	36	ich habe ein größeres Zeugnis als das des J.
	10,41	J. hat kein Zeichen getan
Apg	1,5	J. hat mit Wasser getauft 11,16; 19,4
	10,37	Taufe, die J. predigte 13,24.25

Apg	18,25	wußte nur von der Taufe des J. 19,3
Mt	4,21	²(Jesus) sah Jakobus und J. Mk 1,19
	10,2	Apostel: Jakobus und J. Mk 3.17; Lk 6,14; Apg 1,13
	17,1	nahm Jesus mit sich Jakobus und J. Mk 9,2; 14,33; Lk 9,28
Mk	1,29	kamen in das Haus des Simon mit J.
	5,37	ließ niemanden mit sich gehen als J. Lk 8,51
	9,38	J. sprach zu ihm Lk 9,49
	10,35	da gingen zu ihm Jakobus und J. und sprachen
	41	wurden unwillig über Jakobus und J.
	13,3	fragten ihn Jakobus und J.
Lk	5,10	Jakobus und J., die Söhne des Zebedäus
	9,54	als das Jakobus und J. sahen, sprachen sie
	22,8	er sandte Petrus und J. und sprach
Apg	3,1	Petrus und J. gingen in den Tempel 3.4
	11	als er zu Petrus und J. hielt
	4,13	sahen den Freimut des J. 19
	8,14	die Apostel sandten zu ihnen Petrus und J.
	12,2	er tötete Jakobus, den Bruder des J.
Gal	2,9	gaben Jakobus und J. mir die rechte Hand
Off	1,1	er hat sie seinem Knecht J. kundgetan 9; 22,8
	4	an die sieben Gemeinden in Asien
Apg	12,12	³ging er zum Haus Marias, der Mutter des J.
	25	J., der den Beinamen Markus hat
	13,5	sie hatten J. als Gehilfen bei sich
	13	J. trennte sich von ihnen
	15,37	Barnabas wollte, daß sie J. Markus mitnähmen
		weitere Träger ds. Namens
		1Ma 2,1/ 2,2; 9,35-38/ 8,17; 2Ma 4,11/ 13,54; 16,1.23/ 2Ma 11,17; Jh 1,42; 21,15-17; Apg 4,6

Jojachin (= Jechonja 2; Konja)

2Kö	24,6	(Jojakims) Sohn J. wurde König 8.12.17; 2Ch 36,8.9
	15	führte weg nach Babel J. 25,27; Jer 52,31; Hes 1,2
	25,29	J. aß beim König s. Leben lang Jer 52,33
Mt	1,11	Josia zeugte J. 12

Jojada

2Sm	8,18	¹Benaja, der Sohn J., war über die Kreter gesetzt 20,23; 23,20.22; 1Kö 1,8.26.32.36.38.44; 2,25.29.34.35.46; 1Ch 11,22.24; 12,28; 18,17; 27,5
2Kö	11,9	²die Hauptleute taten, was der Priester J. geboten 4.12.15.18; 2Ch 23,9.11.14.18
	17	J. schloß einen Bund 2Ch 23,1.3.8.16
	12,3	solange ihn der Priester J. lehrte 8.10; 2Ch 24,2.3.6.12.14
2Ch	22,11	Joschabat, die Frau des Priesters J.
	24,15	J. ward alt und lebenssatt 17
	20	Secharja, den Sohn J. 22.25
		weitere Träger ds. Namens
		1Ch 27,34/ Neh 3,6/ 12,10.11.22; 13,28/ Jer 29,26

Jojakim

2Kö	23,34	¹wandelte (Eljakims) Namen um in J. 36; 24,5.6; 1Ch 3,15.16; 2Ch 36,4.5.8
	35	J. gab das Silber und Gold dem Pharao
	24,1	J. war (Nebukadnezar) untertan
	19	mißfiel, wie J. getan hatte Jer 52,2
Jer	1,3	zur Zeit J. 25,1; 26,1; 35,1; 36,1.9; 45,1; Dan 1,1.2
	22,18	spricht der HERR über J. 24; 36;29.30
	24,1	Jechonja, Sohn J. 27,20; 28,4; 37,1; Bar 1,3
	26,21	als der König J... hörten 22.23
	36,28	Schriftrolle, die J. verbrannt hat 32
Neh	12,10	²Jeschua zeugte J., J. zeugte 12.26
Jdt	4,6	³J., der Priester des Herrn 10; 15,10
StD	1,1	⁴Mann in Babylon mit Namen J. 4u.ö.63

Jojarib

1Ch	9,10	¹von den Priestern: J. 24,7
Neh	11,5	²J., des Sohnes Secharjas, von Schela
	11,10	³von den Priestern: J. 12,6.19
1Ma	2,1	⁴Mattatias, aus dem Geschlecht J. 14,29

Jokdeam (= Jorkoam)

Jos	15,56	(Städte des Stammes Juda:) J.

Jokim

1Ch	4,22	(Söhne Schelas:) J.

Jokneam

Jos	12,22	der König von J. am Karmel 19,11; 21,34
1Kö	4,12	bis jenseits von J.

Jokschan

1Mo	25,2	(Ketura) gebar ihm J. 3; 1Ch 1,32

Joktan

1Mo	10,25	Eber (zeugte) J. 26.29; 1Ch 1,19.20.23

Jokteel, Joktheel

Jos	15,38	¹(Städte des Stammes Juda:) J.
2Kö	14,7	²eroberte die Stadt Sela und nannte sie J.

Jona

2Kö	14,25	¹Wort des HERRN... durch J., den Sohn Amittais Jon 1,1; 3,1
Jon	1,3	J. wollte vor dem HERRN fliehen 5.7
	15	nahmen J. und warfen ihn ins Meer
	2,1	ließ e. Fisch kommen, J. zu verschlingen
	2	J. betete im Leibe des Fisches 11
	3,3	machte sich J. auf und ging hin 4
	4,1	das verdroß J. sehr 5
	6	die wuchs über J... J. freute sich 8.9
Mt	12,39	kein Zeichen, es sei denn das Zeichen des J. 16,4; Lk 11,29
	40	wie J. drei Tage im Bauch des Fisches war
	41	sie taten Buße nach der Predigt des J. Und siehe, hier ist mehr als J. Lk 11,32
Lk	11,30	wie J. ein Zeichen für die Leute von Ninive
Mt	16,17	²selig bist du, Simon, J. Sohn (s.a. Johannes)

Jonadab

2Sm	13,3	¹Amnon hatte einen Freund, J. 5.32.35
2Kö	10,15	²J., den Sohn Rechabs 23; Jer 35,19
Jer	35,6	unser Vater J. hat geboten 8.10.14.16.18

Jonam

Lk	3,30	Josef war ein Sohn J.

Jonatan, Jonathan

1Sm	13,2	¹eintausend (Mann) mit J. zu Gibea 3
	16	Saul und sein Sohn J. 22; 14,49; 1Ch 8,33.34; 9,39.40; 1Ma 4,30
	14,1	J. sprach... laß uns hinübergehen 3-45
	18,1	verband sich das Herz J. mit dem Herzen Davids 3.4; 19,1; 20,16
	19,1	Saul redete mit seinem Sohn J. 4.6.7
	20,1	David redete vor J. 3-42; 21,1; 23,16.18
	31,2	Philister erschlugen J. 2Sm 1,4.5.12; 1Ch 10,2
2Sm	1,17	David sang dies Klagelied über J. 22.23.25.26
	4,4	J. Sohn Mefi-Boschet 9,3.6
	9,1	Barmherzigkeit an ihm tue um J. 7; 21,7
	21,12	David nahm die Gebeine J. 14
1Ma	2,5	²J. mit dem Zunamen Aphus 5,17.24.55; 9,19u.ö.13,26; 14,16.18.30; 2Ma 1,23; 8,22 weitere Träger ds. Namens Ri 18,30/ 2Sm 15,27.36; 17,17.20; 1Kö 1,42. 43/ 2Sm 21,21; 1Ch 20,7/ 2Sm 23,32; 1Ch 11,34/ 1Ch 2,32.33/ 27,25/ 27,32/ 2Ch 17,8/ Esr 8,6/ 10,15/ Neh 12,14/ 12,18/ 12,35/ Jer 37,15.20; 38,26/ 40,8

Joppe

1Ma	10,76	eroberte Jonatan die Stadt J. 74.75.77; 12,33. 34; 13,11; 14,34; 15,28.35; 2Ma 12,3.7
	11,6	zog dem König entgegen nach J. 2Ma 4,21
	14,5	machte die Stadt J. zum Hafen
Apg	9,36	in J. war eine Jüngerin mit Namen Tabita
	38	weil Lydda nahe bei J. ist
	42	das wurde in ganz J. bekannt
	43	daß Petrus lange Zeit in J. blieb
	10,5	sende Männer nach J. und laß holen Simon 8.32; 11,13
	23	einige Brüder aus J. gingen mit ihm
	11,5	ich war in der Stadt J. im Gebet

Jorah (= Harif)

Esr	2,18	die Söhne J.

Jorai

1Ch	5,13	(Söhne Gad:) J.

Joram

2Sm	8,10	¹sandte (Toï) seinen Sohn J. zum König David (= Hadoram 2)
1Kö	22,51	²Joschafat... sein Sohn J. König 2Kö 1,17; 8,16.23.24; 1Ch 3,11; 2Ch 21,1-5; Mt 1,8
2Kö	8,21	zog J. nach Zaïr 2Ch 21,9.16
	25	wurde Ahasja, der Sohn J., König von Juda 29; 2Ch 22,1
	11,2	Joscheba, die Tochter des J. 2Ch 22,11
	12,19	Gaben, die J. und Ahasja geheiligt hatten
	3,1	³J., der Sohn Ahabs, wurde König über Israel 1,17; 8,16.25.29; 9,29
	6	zog der König J. aus von Samaria 8; 8,28; 9,14-16; 2Ch 22,5-7
	9,14	machte Jehu gegen J. eine Verschwörung 17. 19.21-24
1Ch	26,25	⁴Jesaja, dessen Sohn war J.
2Ch	17,8	⁵die Priester Elischama und J.

Jordan

1Mo	13,10	Lot besah die ganze Gegend am J. 11.12
	32,11	als ich hier über den J. ging
	50,10	Goren-Atad, das jenseits des J. liegt 11
4Mo	13,29	die Kanaaniter wohnen am J.
	32,5	laß uns nicht über den J. ziehen 19.21.29; 33,51; 35,10
	19	unser Erbteil diesseits des J. 32; 34,15; Jos 13,8.27.32; 14,3; 17,5; 18,7; 22,4; Ri 5,17
	33,49	lagerten sich am J.
	34,12	(die Grenze) komme herab an den J.
	35,14	drei (Freistädte) diesseits des J. 5Mo 4,41; Jos 20,8
5Mo	1,1	Worte, die Mose redete jenseits des J. 5
	2,29	bis ich über den J. komme
	3,8	nahmen wir das Land jenseits des J. 17.20.25; 4,26.46.47.49; Jos 2,10; 9,10; 12,1; 24,8; Ri 11,13.22
	27	nicht über den J. gehen 4,21.22; 31,2
	28	Josua soll über den J. ziehen Jos 1,2.11; 4,1
	9,1	wirst heute über den J. gehen 11,31; 12,10; 27,2.4.12; 30,18; 31,13; 32,47
	11,30	(Berge,) die jenseits des J. liegen
	34,3	(der HERR zeigte ihm) die Gegend am J.
Jos	1,14	Frauen u. Kinder laßt diesseits des J. 15
	2,7	jagten Männern nach auf d. Wege zum J.
	3,1	kamen an den J. 8.11.13-15.17; 4,3-23; 5,1
	7,7	warum hast du dies Volk über den J.
	9,1	Könige, die jenseits des J. waren 12,7
	13,23	die Grenze war der J. 27; 15,5; 16,1.7; 18,12. 19.20; 19,22.33.34; Hes 47,18
	22,7	gab Josua Erbteil diesseits des J.
	10	als sie zu den Steinkreisen des J. kamen 11
	25	der HERR hat den J. zur Grenze gesetzt
	23,4	die ich ausgerottet habe vom J. an
	24,11	als ihr über den J. gingt
Ri	3,28	sie besetzten die Furten am J. 12,5.6
	7,24	nehmt die Wasserstellen weg und den J.
	25	brachten... zu Gideon über den J. 8,4
	10,8	zerschlugen Israel jenseits des J. 9
1Sm	13,7	gingen aber auch durch die Furten des J.
	31,7	die gegen den J. hin wohnten Neh 3,22
2Sm	2,29	gingen über den J. 24,5
	10,17	David zog über den J. 17,22.24; 19,16.18.19. 31.32.37.40.42; 24,5; 1Ch 19,17
	16,14	der König kam... müde an den J.
	20,2	geleiteten ihn vom J. bis Jerusalem
1Kö	2,8	Schimi kam mir entgegen am J.
	7,46	in der Gegend des unteren J. 2Ch 4,17
	17,3	am Bach Krit, der zum J. fließt 5
2Kö	2,6	der HERR hat mich an den J. gesandt 7.13
	5,10	wasche dich siebenmal im J. 14
	6,2	laß uns an den J. gehen 4; 7,15
	10,33	vom J. gegen der Sonne Aufgang 1Ch 6,63
1Ch	12,16	die sind es, die über den J. gingen 38
	26,30	zur Verwaltung Israels westlich des J.
Hi	40,23	auch wenn ihm der J. ins Maul dringt
Ps	42,7	gedenke ich an dich aus dem Land am J.
	114,3	der J. wandte sich zurück 5
Jes	8,23	das Land jenseits des J. Mt 4,15
Jer	12,5	was... tun im Dickicht des J. 49,19; 50,44
Sa	11,3	die Pracht des J. ist vernichtet
Jdt	1,9	die alle, die wohnten jenseits des J.
Sir	24,36	Verstand... wie der J. in der Ernte
1Ma	5,24	zogen über den J. 52; 9,34.42-45.48
Mt	3,5	da (gingen) zu ihm hinaus alle Länder am J.
	6	ließen sich taufen von ihm im J. Mk 1,5
	13	kam Jesus aus Galiläa an den J. Mk 1,9
	4,25	eine große Menge von jenseits des J. Mk 3,8
	19,1	Jesus kam in das Gebiet jenseits des J. Mk 10,1; Jh 10,40
Lk	3,3	er kam in die ganze Gegend um den J.

Lk 4,1 Jesus kam zurück vom J.
Jh 1,28 dies geschah in Betanien jenseits des J.
   3,26 der bei dir war jenseits des J., siehe, der tauft

Jordantal

4Mo 21,20 der hinunterblickt auf das J. 23,28
    22,1 lagerten sich im J. der Moabiter 26,3.63; 31,12; 33,48-50; 35,1; 36,13; 5Mo 1,1; 34,1.8; Jos 5,10
5Mo 1,7 daß ihr kommt zu ihren Nachbarn im J. 3,17; 4,49; 11,30; Jos 4,13; 8,14; 11,2.16; 12,1.3.8; 13,32
2Sm 2,29 gingen die ganze Nacht durchs J. 4,7
    18,23 da lief Ahimaaz auf dem Weg durchs J.
2Kö 25,4 der König floh zum J. hin 5; Jer 39,4; 52,7.8
Hes 47,8 dies Wasser fließt weiter zum J.

Jorim

Lk 3,29 Eliëser war ein Sohn J.

Jorkoam (= Jokdeam)

1Ch 2,44 Raham, den Vater J.

Josabad

versch. Träger ds. Namens
2Kö 12,22; 2Ch 24,26/ 1Ch 12,5/ 12,21/ 26,4/ 2Ch 17,18/ 31,13/ 35,9/ Esr 8,33/ 10,22/ 10,23/ Neh 8,7/ 11,16

Josachar

2Kö 12,22 J., der Sohn Schimats 2Ch 24,26

Joscha

1Ch 4,34 J., der Sohn Amazjas

Joschafat, *Josaphat*

1Kö 15,24 Asa... sein Sohn J. wurde König 22,41.46.51. 52; 1Ch 3,10; 2Ch 17,1; 20,31.34; 21,1
    22,2 zog J. hinab zum König von Israel 4-10.18. 29.30.32; 2Ch 18,3-9.17.28.29.31
    49 J. hatte Tarsisschiffe machen lassen 50
2Kö 3,7 (Joram) sandte hin zu J. 8.11.12.14
    8,16 wurde – J. war noch König von Juda – Joram, der Sohn J., König 1,17; 3,1
    12,19 Gaben, die J. und Ahasja geheiligt hatten
2Ch 17,3 der HERR war mit J. 10
    5 ganz Juda gab J. Geschenke 11
    12 so wurde J. immer mächtiger 18,1
    19,1 J. kam heim mit Frieden 2.4.8; 20,27.30
    20,1 kamen die Moabiter, um gegen J. zu kämpfen 2.3.5.15.18.20.25
    35 schloß J. einen Vertrag mit Ahasja
    37 Eliëser weissagte gegen J.
    21,2 J. Söhne 12; 22,9
Mt 1,8 Asa zeugte J. J. zeugte
weitere Träger ds. Namens
2Sm 8,16; 20,24; 1Kö 4,3; 1Ch 18,15/ 1Kö 4,17/ 2Kö 9,2.14/ 1Ch 11,43/ 15,24/ Jo 4,2.12

Joschawja

1Ch 1,46 Jeribai und J., die Söhne Elnaams

Joschbekascha

1Ch 25,4 Hemans Söhne: J. 24

Joscheba *Joschabath*

2Kö 11,2 J., die Tochter des Königs Joram 3; 2Ch 22,11

Joschibja

1Ch 4,35 J., des Sohnes Serajas

Joschobam, Jischbaal

2Sm 23,8 ¹J., der Hachmoniter
1Ch 11,11 J., der Sohn Hachmonis
    12,7 ²J., (der) Korachiter
    27,2 ³J., der Sohn Sabdiëls

Joschua

1Sm 6,14 der Wagen kam auf den Acker J. 18
2Kö 23,8 vor dem Tore J., des Stadtvogts
Lk 3,29 (Er) war ein Sohn J.

Josech

Lk 3,26 Schimi war ein Sohn J.

Josef, *Joseph* (s.a. Haus Josef)

1Mo 30,24 ¹(Rahel) nannte ihn J. 25; 35,24; 46,19
    33,2 (Jakob) stellte Rahel mit J. zuletzt 7
    37,2 J. war 17 Jahre alt 41,46
    3 Israel hatte J. lieber als alle
    5 hatte J. einmal einen Traum 42,9
    13 sprach Israel zu J. 47,29; 48,3.21
    17 da zog J. seinen Brüdern nach 23.29.31.33
    39,1 J. wurde hinab nach Ägypten geführt
    2 der HERR war mit J. 5.6.23
    6 J. war schön an Gestalt 7.10.11
    40,3 Gefängnis, wo J. gefangenlag 4.6.8.9.12.16.18. 22.23
    41,14 d. Pharao ließ J. rufen 16.17.25.39.41.42.44
    48 J. sammelte die ganze Ernte 49.54-57
    50 J. wurden zwei Söhne geboren 46,20.27; 48,8
    42,3 zogen hinab zehn Brüder J. 14.23; 43,15.30
    4 Benjamin, J. Bruder, ließ J. nicht mit
    6 J. war der Regent im Lande 45,26
    25 J. gab Befehl, ihre Säcke zu füllen 44,1.2.4.14. 15
    36 J. ist nicht mehr da
    45,1 konnte J. nicht länger an sich halten 3.4
    9 das läßt dir J., dein Sohn, sagen 27.28
    16 daß J. Brüder gekommen, gefiel dem Pharao 17.21; 46,31; 47,1.5-7.11
    46,4 J. soll dir die Augen zudrücken 30
    28 Jakob sandte Juda vor sich her zu J. 29
    47,14 J. brachte alles Geld zusammen 15-17
    20 kaufte J. dem Pharao das ganze Äg. 23.26
    48,1 wurde J. gesagt... dein Vater ist krank
    2 dein Sohn J. kommt zu dir 9-13
    15 (Israel) segnete J. 17; 49,22.26; Heb 11,21
    50,1 warf sich J. über s. Vaters Angesicht 2.4
    7 zog J. hinauf, seinen Vater zu begraben 10
    14 zog J. wieder nach Ägypten 22; 2Mo 1,5
    15 die Brüder J. fürchteten sich: J. könnte uns gram sein 17.19
    24 J. sprach: Ich sterbe 26; 2Mo 1,6

Josef

2Mo	1,8	ein neuer König, der wußte nichts von J.
	13,19	nahm mit sich die Gebeine J. Jos 24,32
4Mo	1,10	von den Söhnen J. 32; 13,11; 26,28.37; 27,1; 32,33; 34,23; 36,1.5.12
5Mo	27,12	auf dem Berge Garizim, um zu segnen: J.
	33,13	über J. sprach er: Gesegnet ist s. Land 16
Jos	14,4	die Söhne J. bestanden aus zwei Stämmen 16,1.4; 17,1.2.14.16; 18,11; 1Ch 7,29; Hes 47,13
	24,32	Stück Feld... Erbteil der Söhne J. Jh 4,5
1Ch	2,2	(die Söhne Israels:) J.
	5,2	J. erhielt das Erstgeburtsrecht 1
Ps	77,16	hast erlöst die Kinder Jakobs und J.
	78,67	er verwarf das Zelt J.
	80,2	der du J. hütest wie Schafe
	81,6	hat er zum Zeugnis gesetzt für J.
	105,17	J. wurde als Knecht verkauft
Hes	37,16	Holz Ephraims, für J. und das Haus Isr. 19
	48,32	drei Tore: das erste Tor J.
Am	5,15	gnädig denen, die von J. übrigbleiben
	6,6	bekümmert euch nicht um den Schaden J.
Sir	49,17	J., der seine Brüder geführt hat
1Ma	2,53	J. hielt das Gebot
Apg	7,9	die Erzväter beneideten J. 13.14.18
Heb	11,22	redete J. vom Auszug der Israeliten
Off	7,8	aus dem Stamm J. 12.000 versiegelt
Mt	1,16	²J., Mann der Maria
	18	als Maria dem J. vertraut war Lk 1,27
	19	J., ihr Mann, war fromm
	20	J., du Sohn Davids, fürchte dich nicht 24
	2,13	erschien der Engel dem J. im Traum 19
Lk	2,4	da machte sich auf auch J. aus Galiläa
	16	sie kamen eilend und fanden Maria und J.
	3,23	Jesus wurde gehalten für einen Sohn J.
	4,22	ist das nicht J. Sohn Jh 6,42
Jh	1,45	haben gefunden Jesus, J. Sohn, aus Nazareth
Mt	27,57	³J. war auch ein Jünger Jesu 59; Mk 15,43.45; Lk 23,50; Jh 19,38

weitere Träger ds. Namens
4Mo 13,7/ 1Ch 25,2.9/ Esr 10,42/ Neh 12,14/ Jdt 8,1/ 1Ma 5,18.56.60/ 2Ma 8,11; 10,19

Joses

Mk	6,3	¹ist er nicht der Bruder des J.
	15,40	²Maria, die Mutter des J. 47

Josia

1Kö	13,2	¹wird ein Sohn dem Hause David geboren, J.
2Kö	21,24	das Volk machte J. zum König 26; 22,1.3; 23,23.28.34; 1Ch 3,14.15; 2Ch 33,25; 34,1; 35,26
	23,16	J. verbrannte (Knochen) auf dem Altar
	24	rottete J. aus alle Greuel 2Ch 34,33
	29	J. zog ihm entgegen, aber Necho tötete ihn 2Ch 35,20
	30	Joahas, den Sohn J. 2Ch 36,1
	34	Eljakim, den Sohn J... wandelte s. Namen
2Ch	34,33	solange J. lebte, wichen sie nicht
	35,1	J. hielt dem HERRN Passa 7.16.18.19
	20	nachdem J. das Haus hergerichtet
	22	J. hörte nicht auf die Worte Nechos 23
	24	Juda und Jerusalem trugen Leid um J. 25
Jer	1,2	geschah das Wort des HERRN zur Zeit J. 3,6; 22,11; 36,2; Ze 1,1
	3	zur Zeit Jojakims, des Sohnes J. 22,11.18; 25,1; 26,1; 27,1; 35,1; 36,1.2.9; 45,1; 46,2
	3	Zedekias, des Sohnes J. 27,1; 37,1; Bar 1,8
Sir	49,5	ausgenommen J., sind schuldig 1
Mt	1,10	Amon zeugte J. 11

Sa	6,10	²geh ins Haus J., des Sohnes Zefanjas

Josifja, *Josiphja*

Esr	8,10	Schelomit, der Sohn J.

Josua

2Mo	17,9	Mose mit seinem Diener J. 33,11; 4Mo 11,28
	32,17	als J. das Geschrei des Volks hörte
4Mo	13,16	Hoschea, den Sohn Nuns, nannte Mose J.
	14,6	J... zerrissen ihre Kleider Jos 7,6
	30	außer Kaleb und J. 38; 26,65; 32,12
	27,18	nimm J. zu dir und lege d. Hände auf ihn
	32,28	gebot Mose dem J. 5Mo 3,21
	34,17	Männer, die das Land austeilen sollen: J.
5Mo	31,3	5Mo 1,38; 3,28; 31,7; Jos 12,7; 14,1; 19,51 J., der soll vor dir hinübergehen
	14	rufe J., tretet hin zur Stiftshütte 23
	32,44	Mose redete alle Worte... er und J.
	34,9	J. wurde erfüllt mit Geist der Weisheit
Jos	1,1	sprach der HERR zu J. 3,7; 4,1.8.15; 5,2.9.15; 6,2; 7,10; 8,1.18; 10,8; 11,6; 20,1
	10	da gebot J. 12.16; 4,17; 6,6; 18,8.9
	2,1	J. sandte Kundschafter aus 23.24; 6,22.25
	3,1	J. machte sich früh auf 6,12; 7,16; 8,9
	5	J. sprach zum Volk 9; 6,8.10.16; 8,35; 18,3; 24,19.21.22.24
	4,4	da rief J. die zwölf Männer 8
	9	J. richtete zwölf Steine auf im Jordan 20
	10	was der HERR dem J. geboten hatte 8,27; 11,9; 15,13
		genau wie Mose J. geboten hatte 11,15
	14	machte der HERR J. groß vor ganz Israel
	5,3	machte sich J. steinerne Messer 4.7
	13	als J. s. Augen aufhob... J. ging zu ihm 14
	15	und so tat J. 11,15
	6,25	alles, was (Rahab) hatte, ließ J. leben
	26	zu d. Zeit ließ J. schwören 1Kö 16,34
	27	so war der HERR mit J.
	7,2	J. sandte Männer aus nach Ai 3; 8,3.9-28
	7	J. sprach: Ach, Herr HERR
	19	J. sprach zu Achan 20.22-25
	8,30	damals baute J. dem HERRN einen Altar
	9,2	um gegen J. und Israel zu kämpfen
	3	hörten, was J. mit Jericho und Ai getan 6.8. 22.24.27; 10,1
	15	J. machte Frieden mit ihnen 10,4.6
	10,7	zog J. hinauf von Gilgal 9.15.43
	12	damals redete J. mit dem HERRN
	17	da wurde J. angesagt 18.22.24-26
	20	als J. sie ganz geschlagen 21.28-40; 11,7
	11,12	eroberte J. alle Städte 13.16.23
	21	J. rottete aus die Anakiter
	12,7	Könige, die J. und Israel schlugen
	13,1	als J. alt war, sprach der HERR 23,1
	14,6	traten herzu die von Juda zu J.
	13	gab Kaleb Hebron zum Erbteil
	17,4	traten vor Eleasar und vor J. 21,1
	14	redeten die Nachk. Josefs mit J. 15.17
	18,10	warf J. das Los für sie vor dem HERRN
	19,49	gaben die *Israeliten dem J. ein Erbteil
	22,1	rief J. die Rubeniter und Gaditer 6.7
	24,1	J. versammelte alle Stämme Israels
	25	schloß J. einen Bund vor dem Volk 26
	28	entließ J., jeden in sein Erbteil Ri 2,6
	29	J., der Knecht des HERRN, starb Ri 2,8
	31	Isr. diente dem HERRN, sol. J. lebte Ri 2,7
Ri	1,1	nach dem Tod J. befragte Isr. den HERRN
	2,21	Völker, die J. übriggelassen hat 23

Neh	8,17	seit der Zeit J. nicht mehr getan
Sir	46,1	J. war ein gewaltiger Kriegsheld
1Ma	2,55	wurde J. der oberste Fürst in Israel
2Ma	12,15	zu J. Zeiten ohne... Jericho zum Einsturz
Apg	7,45	unsre Väter brachten sie mit J. in das Land
Heb	4,8	wenn J. sie zur Ruhe geführt hätte (= Hoschea 1)

Jotam, Jotham

Ri	9,5	¹blieb übrig J., der Sohn Jerubbaals 7
	21	J. floh vor seinem Bruder Abimelech
	57	kam über (Sichem) der Fluch J.
2Kö	15,5	²J., Sohn des Königs (Asarja) 1Ch 3,12; Mt 1,9
	7	J. wurde König 30.32.36.38; 1Ch 5,17; 2Ch 26,21.23; 27,1.7.9; Jes 1,1; Hos 1,1; Mi 1,1
	16,1	wurde Ahas König, der Sohn J. Jes 7,1
2Ch	27,6	wurde J. mächtig; denn er wandelte recht
1Ch	2,47	³Söhne Jahdais: J.

Jotba

2Kö	21,19	Meschullemet, Tochter des Haruz aus J.

Jotbata, Jotbatha

4Mo	33,33	lagerten sich in J. 34; 5Mo 10,7

Jozadak

1Ch	5,40	Seraja zeugte J. 41
Esr	3,2	Jeschua, Sohn J. 8; 5,2; 10,18; Neh 12,26; Hag 1,1.12.14; 2,2.4; Sa 6,11; Sir 49,14

Jubal

1Mo	4,21	J.; von dem sind alle Flötenspieler

Jubel

3Mo	19,24	alle Früchte unter J. geweiht werden
2Ch	23,13	gaben das Zeichen zum J.
Ps	45,16	man führt sie hin mit Freude und J.
	65,13	die Hügel sind erfüllt mit J.
	105,43	führte heraus seine Auserwählten mit J.
Jes	9,2	du weckst lauten J.
	43,14	zur Klage wird der J.
Jer	7,34	wegnehmen den J. der Freude 16,9; 33,11
Gal	4,27	brich in J. aus und jauchze, die du nicht schwanger bist

jubeln

Ri	5,11	horch, wie sie j. zwischen Tränkrinnen
Ps	20,6	dann wollen wir j., weil er dir hilft
	35,27	j. und freuen sollen sich, die mir gönnen
Jes	14,7	nun hat Ruhe alle Welt und j. fröhlich
	25,9	laßt uns j. und fröhlich sein über sein Heil
	35,1	die Steppe wird j. und blühen 2
	44,23	j., ihr Tiefen der Erde
Jer	31,7	j. über Jakob mit Freuden
Jdt	16,2	j. (dem Herrn) mit Zimbeln

Juchal

Jer	37,3	J., den Sohn Schelemjas 38,1

jucken

2Ti	4,3	Lehrer, nach denen ihnen die Ohren j.

Juda
(s.a. Haus Juda; Judäa; Kinder Juda; König Judas; Land Juda; Männer... Juda)

1Mo	29,35	darum nannte (Lea) ihn J. 35,23; 1Ch 2,1
	37,26	sprach J. zu seinen Brüdern: Was hilft's
	38,1	daß J. hinabzog von seinen Brüdern 2
	6	J. gab seinem Sohn eine Frau, Tamar 8.11.12.15.20.22-24.26; Rut 4,12
	43,3	sprach J.: Der Mann schärfte uns ein 8
	44,14	J. ging in Josefs Haus 16.18; 46,28
	46,12	die Söhne J. 2Mo 1,2; 4Mo 26,19.20; 1Ch 2,3.4; 4,1.21; Neh 11,24
	49,8	J., du bist's! Dich werden d. Brüder preisen
	9	J. ist ein junger Löwe
	10	wird das Zepter von J. nicht weichen
2Mo	31,2	Bezalel vom Stamm J. 35,30; 38,22
4Mo	1,7	(je ein Mann) von J. 7,12; 13,6; 34,19; 1Ch 27,18
	26	die Söhne J. nach ihrer Abstammung 27; 2,3.9; 26,22
	10,14	das Banner J. brach zuerst auf
5Mo	27,12	auf dem Berge Garizim, um zu segnen: J.
	33,7	der Segen über J... erhöre die Stimme J.
Jos	7,1	Achan, vom Stamm J., nahm vom Gebannten 16-18
	11,21	rottete aus vom ganzen Gebirge J.
	14,6	traten herzu die von J. zu Josua
	15,1	das Los des Stammes J. 12.20.21; 18,11.14; 19,1.9; 21,4.9; 1Ch 6,50; Hes 48,7.8.22
	13	Kaleb wurde J. Teil... mitten unter J.
	63	J. konnte (die Jebusiter) nicht vertreiben
	18,5	J. soll bleiben auf seinem Gebiet
	14	*Kirjat-Jearim, einer Stadt in J.
	20,7	Hebron auf dem Gebirge J. 21,11
Ri	1,2	J. soll hinaufziehen 3.4.8-10.17.18; 20,18
	16	zogen herauf in die Wüste J.
	19	dennoch war der HERR mit J.
	10,9	die Ammoniter kämpften gegen J.
	15,9	die Philister lagerten sich in J. 10.11; 1Sm 17,1
	17,7	ein Mann von Bethlehem in J. 8.9; 19,1.2.18; Rut 1,2; 1Sm 17,12
	18,12	lagerten sich bei Kirjat-Jearim in J.
1Sm	15,4	musterte 10.000 Mann aus J. 2Ch 14,7
	18,16	ganz Israel und J. hatte David lieb
	23,3	wir fürchten uns schon hier in J.
	23	ihn aufspüren unter allen Tausendschaften J.
	27,10	eingefallen in das Südland J. 30,14; 2Ch 28,18
	30,26	Beute, die sie mitgenommen hatten aus J.
	26	den Ältesten in J. 2Sm 19,12; 2Kö 23,1; 2Ch 34,29; Hes 8,1
2Sm	1,18	die Leute von J. das Bogenlied lehren
	2,1	soll ich in eine der Städte J. ziehen
	3,8	bin ich denn ein Hundskopf aus J.
	10	der Thron Davids aufgerichtet über J.
	5,5	regierte (David) sieben Jahre über J.
	6,2	(David) zog nach Baala in J. 1Ch 13,6
	11,11	Israel und J. wohnen in Zelten
	19,41	Volk von J. den König hinübergeführt 44
	20,5	Amasa in J. zusammenzurufen
	21,2	Saul in seinem Eifer für Israel und J.
	24,1	zähle Israel und J. 7,9; 1Ch 21,5
1Kö	1,35	(Salomo) zum Fürsten über Israel und J.
	2,32	Amasa, Feldhauptmann über J.
	4,20	J. und Israel waren wie der Sand am Meer

Juda

1Kö	5,5	so daß J. und Israel sicher wohnten
	12,17	Kinder Israel, die in den Städten J. wohnten 2Ch 10,17; 11,3; 31,6
	20	niemand als der Stamm J. allein 2Kö 17,18
	32	machte (in Bethel) ein Fest wie das in J.
	13,1	ein Mann Gottes kam von J. 12.14.21; 2Kö 23,17
	14,22	J. tat, was dem HERRN mißfiel Jer 32,30
	15,17	Bascha zog herauf gegen J. 2Ch 16,1
	22	Asa bot ganz J. auf 2Ch 16,6; 25,5
	19,3	(Elia) kam nach Beerscheba in J.
2Kö	8,19	wollte J. nicht verderben um David willen
	20	fielen die Edomiter von J. ab 22; 2Ch 21,8.10; 28,17
	14,10	zu Fall kommst und J. mit 2Ch 25,19
	11	maßen sich miteinander... in J. 2Ch 25,21
	12	J. wurde vor Israel geschlagen 2Ch 25,22
	21	Volk von J. nahm Asarja 2Ch 26,1
	22	brachte (Elat) wieder an J. 2Ch 26,2
	15,37	gegen J. zu senden Rezin, den König v. Aram
	17,13	hatte der HERR Israel und J. gewarnt
	19	J. hielt nicht die Gebote 2Ch 24,24
	18,13	zog Sanherib gegen alle festen Städte J. 2Ch 32,1.9; Jes 36,1
	22	(der) zu J. gesagt 2Ch 32,12; Jes 36,7
	21,11	weil Manasse J. sündigen gemacht hat 16; 2Ch 33,9
	12	will Unheil über J. bringen Jer 35,17; 36,31; 44,7.11
	22,13	befragt den HERRN für ganz J. 2Ch 34,21
	23,5	zu opfern in den Städten J. 8
	26	Zorns, mit dem er über J. erzürnt war 27; 24,3.20; 2Ch 24,18; 28,9; 29,8; 32,25; Jer 52,3
	24,2	sandte (Kriegsleute) gegen J. 2Ch 24,23
	25,21	weggeführt aus seinem Lande 1Ch 5,41; 9,1; Jer 13,19; 52,30; 1Ma 9,72; 10,33
1Ch	4,27	mehrte sich nicht so wie die Söhne J.
	5,2	J. wurde das Fürstentum gegeben 28,4
	9,3	in Jerusalem wohnten einige der Söhne J. 4; Neh 11,4.25
2Ch	2,6	mit den Meistern, die bei mir in J. sind
	11,5	Städte in J. zu Festungen 10.17.23; 14,5.6; 17,2.12.13.19; 19,5; 21,3; 33,14; Hos 8,14
	12	J. und Benjamin waren ihm untertan
	14	die Leviten kamen nach J.
	12,4	nahm die festen Städte ein, die in J.
	5	kam Schemaja zu den Obersten J.
	12	denn auch in J. war noch manches Gute
	13,13	vor J. und der Hinterhalt hinter J. 14-16
	14,3	gebot J., daß sie den HERRN suchten 20,4; 33,16
	4	entfernte aus allen Städten J. die Opferhöhen 17,6; 31,1; 34,3.5
	11	der HERR schlug die Kuschiter vor J. 12
	15,2	höret mir zu, Asa und ganz J. 9; 20,15.20
	15	ganz J. war fröhlich 30,25
	17,5	ganz J. gab Joschafat Geschenke
	7	daß sie in den Städten J. lehren 9
	10	über alle Königreiche, die um J. lagern
	14	J. waren Oberste über unzählige
	20,3	ließ in ganz J. ein Fasten ausrufen 13.18; Jer 36,9
	17	seht die Hilfe des HERRN, J. und Jerusal.
	22	die gegen J... wurden geschlagen 24.27
	31	Joschafat regierte über J. 5
	21,11	machte Opferhöhen in den Städten J. und verführte J. 13; 28,19.25
	17	(Philister und Araber) brachen in J. ein
	22,8	Obere aus J. 24,17; 36,14; Neh 12,31.32
2Ch	23,2	zogen umher in J... aus allen Städten J.
	8	ganz J. taten, wie der Priester geboten
	24,6	von J. die Steuer einbringen 5.9; 34,9
	25,5	Amazja ordnete J. nach Sippen
	10	entbrannte ihr Zorn gegen J. 13; 31,1
	27,4	(Jotam) baute Städte auf dem Gebirge J.
	28,6	Pekach schlug in J. 120.000 Männer
	10	gedenkt, die Leute von J. zu unterwerfen
	19	der HERR demütigte J. um des Ahas willen
	29,21	zum Sündopfer für J.
	30,1	Hiskia sandte zu ganz Israel und J. 6
	12	auch war Gottes Hand über J.
	31,6	die von J. brachten den Zehnten Neh 13,12
	20	so tat Hiskia in ganz J.
	32,33	ganz J. gaben ihm Ehre bei s. Tod 35,24
	35,18	Passa gehalten mit ganz J. und allen
	36,23	befohlen, ihm ein Haus zu bauen zu Jerusalem in J. Esr 1,2
Esr	1,3	ziehe hinauf nach Jerusalem in J. 5; 2,1; Neh 7,6; 11,3.20.36
	8	zählte sie den Fürsten J. vor
	4,1	als die Widersacher J. hörten
	6	schrieb man eine Anklage gegen die von J.
	5,1	weissagten den Juden, die in J. wohnten
	7,14	nachzuforschen, wie es in J. steht
	9,9	damit er uns ein Bollwerk in J. gebe
	10,7	man ließ ausrufen in J.
Neh	2,5	wollest mich nach J. reisen lassen 7
	4,4	das Volk von J. sprach
	6,17	viele Vornehme aus J. 18; 13,17
	12,44	J. hatte seine Freude an den Priestern
	13,15	sah in J., daß man am Sabbat 16
	17	schalt die Vornehmen von J.
Ps	48,12	die Töchter J. seien fröhlich 97,8
	60,9	J. ist mein Zepter 108,9
	63,1	Psalm Davids, als er in der Wüste J. war
	68,28	die Fürsten J. mit ihren Scharen
	69,36	Gott wird die Städte J. bauen
	76,2	Gott ist in J. bekannt
	78,68	sondern erwählte den Stamm J.
	114,2	da wurde J. sein Heiligtum
Jes	1,1	die Jesaja geschaut hat über J. 2,1; Jer 25,1.2; 30,4; 36,2
	3,1	der HERR wird von J. wegnehmen Stütze
	8	J. liegt da
	7,6	wir wollen hinaufziehen nach J.
	17	da Ephraim sich von J. schied
	8,8	sie werden einbrechen in J.
	9,20	beide miteinander sind gegen J. 11,13
	11,12	wird die Zerstreuten J. sammeln
	20,5	sie werden erschrecken in J.
	22,8	da wird der Schutz J. weggenommen werden
	40,9	sage den Städten J.: Siehe... euer Gott
	44,26	in den Städten J.: Werdet aufgebaut
	48,1	die ihr aus dem Wasser J. gekommen
	65,9	will wachsen lassen aus J. Erben
Jer	1,15	ihre Throne setzen vor alle Städte J.
	2,28	soviel Götter hast du, J. 11,13
	3,7	obwohl ihre Schwester J. gesehen 8.10.11
	4,3	spricht der HERR zu denen in J. 5; 5,20; 11,2.6; 18,11; 26,2.10.18
	16	Kriegsgeschrei gegen die Städte J. 34,7
	7,2	höret, ihr alle von J. 17,20; 44,24.26
	17	was sie tun in den Städten J. 34; 44,17.21
	30	*die Leute von J. tun, was mir mißfällt
	9,10	will die Städte J. zur Wüste machen 10,22; 25,18; 33,10; 34,22; 44,2.6
	25	(heimsuchen) Ägypten, J., Edom
	11,9	ich weiß, wie sie in J. sich verschworen
	12	werden d. Städte J. zu d. Göttern schreien

Judäa

Jer	13,9	will ich verderben den großen Hochmut J.
	14,2	J. liegt jämmerlich da
	19	hast du denn J. verworfen
	17,1	die Sünde J. ist geschrieben
	25	samt allen, die in J. wohnen 26; 32.32.44
	19,7	will den Gottesdienst J. zunichte machen
	20,4	J. in die Hand des Königs von Babel geben
	22,30	Glück haben, daß er... in J. herrschte
	23,6	zu seiner Zeit soll J. geholfen w. 33,16
	24,1	weggeführt samt den Großen J. 27,20; 29,2; 39,6; 40,1; 52,10.27
	5	will blicken auf die Weggeführten aus J. 28,4; 29,22
	26,19	ließ ihn das ganze J. nicht töten
	30,3	das Geschick meines Volks J. wenden 33,7; Jo 4,1
	31,24	auch J. soll darin wohnen 33,13
	32,32	wegen all der Bosheit J. 35; 34,19
	40,5	Gedalja... über die Städte in J. gesetzt
	11	einen Rest in J. übriggelassen 15; 42,15.19; 43,5; 44,12.14.28
	44,27	wer aus J. in Ägyptenland ist
	50,4	*werden die Leute von J. Gott suchen
	20	wird man suchen die Sünden J.
	33	*die Leute von J. müssen Gewalt leiden
	51,5	Israel und J. sollen nicht Witwen werden
Klg	1,3	J. ist gefangen in Elend 2,2.5
	15	hat die Kelter getreten der Tochter J.
	5,11	Jungfrauen in den Städten J. (geschändet)
Hes	21,25	nach J. zu der festen Stadt Jerusalem
	27,17	J. und Israel haben mit dir gehandelt
	37,16	ein Holz und schreibe darauf: Für J. 19
	48,31	drei Tore... das zweite J.
Dan	1,6	unter ihnen ist J. Daniel 2,25; 5,13; 6,14
	9,7	müssen uns schämen, die von J.
Hos	4,15	soll J. sich nicht auch verschulden
	5,5	auch J. soll mit ihnen fallen
	10	die Oberen von J. sind denen gleich
	13	als J. seine Wunde fühlte
	6,4	was soll ich dir tun, J.
	11	auch J. wird noch eine Ernte vor sich
	10,11	J. soll pflügen und Jakob eggen
	12,1	auch J. hält nicht fest an Gott
	3	darum wird der HERR mit J. rechten
Jo	4,6	*die Leute von J. den Griechen verkauft
	8	*verkaufen in die Hand der Leute von J.
	18	alle Bäche in J. werden voll Wasser sein
	19	*um des Frevels willen an den Leuten von J.
	20	J. soll für immer bewohnt werden
Am	2,4	um vier Frevel willen derer von J.
	5	ich will ein Feuer nach J. schicken
Ob	12	*nicht freuen über die Söhne J.
Mi	1,5	was sind aber die Opferhöhen J.
	9	die Plage des HERRN kommt bis nach J.
	5,1	die du klein bist unter d. Städten in J.
Nah	2,1	feiere deine Feste, J.
Ze	1,4	will meine Hand ausstrecken gegen J.
Hag	1,1	Serubbabel, dem Statthalter von J. 14; 2,2.21
Sa	1,12	dich nicht erbarmen über die Städte J.
	2,2	Hörner, die J. zerstreut haben 4
	16	der HERR wird J. in Besitz nehmen
	9,7	daß auch sie wie ein Stamm in J. werden
	13	habe mir J. zum Bogen gespannt
	11,4	Bruderschaft zwischen J. und Israel
	12,2	auch J. wird's gelten, wenn Jerusalem
	5	die Fürsten J. werden sagen 6
	7	der HERR wird die Hütten J. erretten... sich nicht zu hoch rühme wider J.
	14,14	auch J. wird gegen Jerusalem kämpfen
	21	werden alle Töpfe in J. heilig sein
Mal	2,11	J. ist treulos geworden... J. entheiligt
	3,4	wird dem HERRN wohlgefallen das Opfer J.
Jdt	8,28	Usija, der Fürst J.
Sir	45,31	David, aus dem Stamm J.
Bar	2,1	sein Wort gehalten gegen J.
	23	von den Städten J. den Jubel wegnehmen
1Ma	1,30	Steuereinnehmer in die Städte J.
	46	Briefe in alle Städte J. 54.57
	2,6	sahen das schreckliche Elend in J.
	3,8	zog durch die Städte J. 42
StD	1,56	du Mann... nicht nach J. Art
	57	diese Tochter J. hat nicht... gewillgt
Mt	1,2	Jakob zeugte J. und seine Brüder 3; Lk 3,33
	2,6	bist keineswegs die kleinste in J.
Lk	1,39	Maria ging eilends zu einer Stadt in J.
Heb	7,14	daß unser Herr aus J. hervorgegangen ist
Off	5,5	hat überwunden der Löwe aus dem Stamm J.
	7,5	aus dem Stamm J. 12.000 versiegelt weitere Träger ds. Namens Esr 10,23; Neh 12,8/ Neh 11,9/ 12,34/ 12,36/ Lk 3,30

Judäa

Tob	1,21	kam aus J. zurück
1Ma	3,34	gegen die Bewohner von J. 4,35; 6,12.48; 9,1.63; 2Ma 11,5; 13,1.13
	5,8	zog wieder nach J. 23.45; 6,53
	18	zu Hauptleuten, um J. zu beschützen
	9,50	die Städte in J. zu befestigen 12,35; 14,33; 15,39.41
	10,38	Bezirke, die J. vom Lande Samar. 11,28.34
	45	(zur Ausbesserung) in J. der König bezahlen
2Ma	1,7	haben wir in J. an euch geschrieben 10
	5,11	dachte, J. würde von ihm abfallen
	14,12	machte ihn zum Befehlshaber über J.
	14	die als Heiden aus J. geflüchtet
StD	2,32	ein Prophet, Habakuk, in J.
Mt	2,1	Jesus geboren in Bethlehem in J. 5
	22	er hörte, daß Archelaus in J. König war
	3,1	predigte in der Wüste von J.
	5	da ging zu ihm hinaus ganz J.
	4,25	es folgte ihm eine große Menge aus J. Mk 3,7; Lk 5,17; 6,17
	19,1	Jesus kam in das Gebiet von J. Mk 10,1; Jh 3,22
	24,16	alsdann fliehe auf die Berge, wer in J. ist Mk 13,14; Lk 21,21
Lk	1,5	zu der Zeit des Herodes, des Königs von J.
	65	wurde bekannt auf dem Gebirge J.
	3,1	als Pontius Pilatus Statthalter in J. war
	4,44	er predigte in den Synagogen J.
	7,17	diese Kunde von ihm erscholl in ganz J.
	23,5	wiegelt das Volk auf damit, daß er lehrt in J.
Jh	4,3	verließ er J. und ging nach Galiläa 47.54
	7,1	er wollte nicht in J. umherziehen
	3	mach dich auf von hier und geh nach J. 11,7
Apg	1,8	ihr werdet meine Zeugen sein in ganz J.
	2,9	wir wohnen in Mesopotamien und J.
	8,1	da zerstreuten sich alle in die Länder J. und
	9,31	so hatte die Gemeinde Frieden in ganz J.
	10,37	ihr wißt, was in ganz J. geschehen ist
	11,1	es kam den Aposteln in J. zu Ohren
	29	den Brüdern, die in J. wohnten, eine Gabe
	12,19	dann zog er von J. hinab nach Cäsarea
	15,1	einige kamen herab von J. 21,10
	28,21	deinetwegen weder Briefe aus J. empfangen
Rö	15,31	damit ich errettet von den Ungläubigen in J.
2Ko	1,16	mich von euch geleiten lassen nach J.

Judäa

Gal	1,22	ich war unbekannt den Gemeinden in J.
1Th	2,14	seid den Gemeinden Gottes in J. nachgefolgt

Judäer

2Kö	16,6	Rezin vertrieb die J. aus Elat 25,25
Jer	32,12	gab beides Baruch in Gegenwart aller J.
	34,9	daß kein J. den andern als Sklave hielte
	36,6	sollst sie lesen vor den Ohren aller J.
	38,19	daß ich den J. übergeben werden könnte
	40,11	J., die im Lande Moab waren
	15	daß alle J. zerstreut werden
	41,3	auch erschlug Jischmaël alle J. in Mizpa
	44,1	an alle J., die in Ägyptenland wohnten
	52,28	im siebenten Jahr 3.023 J.
Hos	2,2	*es werden die J. zusammenkommen

judäisch

1Ch	4,18	seine j. Frau gebar Jered

Judas

1Ma	2,4	¹J. Makkabäus 66; 3,1u.ö.58; 4,3u.ö.61; 5,3u.ö. 68; 6,19.32.42; 7,6.7.10.11.23-47; 8,1.17.20; 9,5-29; 13,8; 14,18; 2Ma 1,10; 2,14.20; 8,1.12; 12,5-42; 13,1.10.12.20.22; 14,1.10-33; 15,1.6. 14-17.24-30
Mt	10,4	²(Apostel:) Simon Kananäus und J. Iskariot Mk 3,19; Lk 6,16
	26,14	einer von den Zwölfen, mit Namen J. Iskariot Mk 14,10
	25	da antwortete J., der ihn verriet Jh 14,22
	47	als er noch redete, kam J. Mk 14,43; Lk 22,47; Jh 18,3.5
	27,3	als J. sah, daß er zum Tode verurteilt
Lk	22,3	es fuhr der Satan in J. Iskariot Jh 13,2
	48	J., verrätst du den Menschensohn mit e. Kuß
Jh	6,71	er redete aber von J. Iskariot
	12,4	da sprach einer seiner Jünger, J. Iskariot
	13,26	er nahm den Bissen und gab ihn J. Iskariot
	29	einige meinten, weil J. den Beutel hatte
	31	als J. hinausgegangen war, spicht Jesus
	18,2	J., der ihn verriet, kannte den Ort auch
Apg	1,16	vorausgesagt über J., der denen den Weg
	25	Apostelamt empfange, das J. verlassen
Mt	13,55	³seine Brüder Simon und J. Mk 6,3
Jud	1	J., Knecht Jesu Christi und Bruder des Jakobus
		weitere Träger ds. Namens 1Ma 11.70/ 16,2.4.9.14/ Lk 6,16; Jh 14,22; Apg 1,13/ Apg 5,37/ 9,11/ 15,22.27.32

Jude (s.a. Judenkönig)

Esr	4,4	machte das Volk die J. mutlos
	12	daß die J... wieder aufbauen 6,7.8.14
	23	zogen zu den J. und wehrten ihnen
	5,1	weissagten Haggai und Sacharja den J.
	5	Auge Gottes war über den Ältesten der J.
Neh	1,2	ich fragte sie, wie es den J. ginge
	2,16	ich hatte den J. nichts gesagt
	3,33	Sanballat spottete über die J. 34; 4,6; 6,6
	5,17	waren von den J. 150 an meinem Tisch
	13,23	zu dieser Zeit sah ich auch J.
Est	3,4	Mordechai, ein J. 5,13; 6,10.13; 8,7; 9,29.31; 10,3; StE 6,1
	6	trachtete, alle J. zu vertilgen 10.13; 4,3.7.13; 8,3.5.7
	4,14	wird eine Hilfe den J. erstehen 16; 8,8.9.11.13. 16.17; 9,1-6.12-30; 10,3
Dan	3,8	chaldäische Männer verklagten die J.
1Ma	2,23	ein J., um den Götzen zu opfern 25; 2Ma 12,40
	4,1	gegen... J. 28.35; 5,2; 6,47; 8,31; 2Ma 4,35.36; 8,9.10.20.32; 9,4.7; 10,14.15; 11,2; 12,3.4.8.17.34; 13,9; 14,5.6.14; 15,2
	6,2	vor den J. fliehen 11,49-51; 2Ma 8,36; 12,24. 29; 13,18.19
	8,23	gebe den J. Glück 25-28; 12,21; 2Ma 12,1
	29	Bündnis zwischen... und J. 10,23; 11,47; 14,22.40; 2Ma 4,11; 9,15-17; 12,28.30; 14,27
	10,25	dem Volk der J. seinen Gruß 29.33.35.36; 11,33; 15,19; 2Ma 9,19; 10,12; 11,15.16.24.27. 31.34; 13,23
	13,42	Simons, des Fürsten der J. 14,47; 15,1
	14,34	Festung... legte J. hinein 37
2Ma	1,1	wir J., eure Brüder 10
	3,30	die J. lobten den Herrn 32; 5,25; 6,1.6.8; 14,15; 15,12
	8,34	Kaufleute, die J. kaufen sollten
	14,37	Rasi, ein Vater der J. 39
StE	5,13	damit die J. frei sei... Gesetz 10
	7,5	Völker, den Namen der J. austilgen
StD	1,4	die J. kamen bei (Jojakim) zusammen
	2,27	unser König ist ein J. geworden
Mt	28,15	so ist dies zum Gerede geworden bei den J.
Mk	7,3	alle J. essen nicht, wenn sie nicht
Lk	7,3	sandte er die Ältesten der J. zu ihm
	23,51	er war aus Arimathäa, einer Stadt der J.
Jh	1,19	als die J. zu ihm sandten Priester und Leviten
	2,13	Passafest der J. war nahe 5,1; 6,4; 7,2; 11,55
	18	da fingen die J. an und sprachen 20
	3,1	einer von den Oberen der J.
	25	Streit zwischen den Jüngern des Johannes und einem J.
	4,9	die J. haben keine Gemeinschaft mit den Samaritern
	22	das Heil kommt von den J.
	5,10	da sprachen die J. zu dem, der 15
	16	darum verfolgten die J. Jesus 18; 7,1
	6,41	da murrten die J. über ihn, weil er sagte
	52	da stritten die J. untereinander und sagten
	7,11	da suchten ihn die J. auf dem Fest
	13	aus Furcht vor den J. 9,22; 19,38; 20,19
	15	die J. verwunderten sich und sprachen
	35	da sprachen die J. untereinander 8,22.48.52. 57; 10,33; 18,31; 19,7.12
	8,31	da sprach Jesus zu den J., die an ihn glaubten
	9,18	glaubten die J. nicht von ihm, daß er blind
	22	die J. hatten sich schon geeinigt
	10,19	da entstand abermals Zwietracht unter den J.
	24	da umringten ihn die J. und sprachen zu ihm
	31	hoben die J. Steine auf, ihn zu steinigen 11,8
	11,19	viele J. waren zu Maria gekommen 31.33.36
	45	viele von den J. glaubten an ihn 12,11
	54	Jesus ging nicht mehr frei umher unter den J.
	12,9	da erfuhr eine große Menge der J., daß er dort
	13,33	wie ich zu den J. sagte, sage ich jetzt auch zu euch
	18,12	die Knechte der J. nahmen J. und banden ihn
	14	Kaiphas war es, der J. geraten hatte
	20	gelehrt im Tempel, wo alle J. zusammenkommen
	35	Pilatus antwortete: Bin ich ein Jude
	36	kämpfen, daß ich den J. nicht überantwortet

Jh	18,38	ging (Pilatus) wieder hinaus zu den J.	Apg	26,4 mein Leben von Jugend auf allen J. bekannt
	19,20	diese Aufschrift lasen viele J.		28,17 daß Paulus die Angesehensten der J. bei sich zusammenrief
	21	da sprachen die Hohenpriester der J. zu Pilatus		19 da die J. widersprachen, war ich genötigt
	31	baten die J. Pilatus, daß		29 gingen die J. weg und stritten untereinander
	40	wie die J. zu begraben pflegen	Rö	1,16 die J. zuerst und ebenso die Griechen 2,9.10
	42	dahin legten sie Jesus wegen des Rüsttags der J.		2,17 wenn du dich aber J. nennst

Apg 2,5 es wohnten aber in Jerusalem J.
11 J. und Judengenossen, Kreter und Araber
14 ihr J., liebe Männer
6,1 ein Murren unter den griechischen J.
9,22 Saulus trieb die J. in die Enge 18,28
23 nach mehreren Tagen hielten die J. Rat
29 er redete und stritt mit den griechischen J.
10,22 mit gutem Ruf bei dem ganzen Volk der J. 22,12
45 die gläubig gewordenen J. entsetzten sich
11,2 stritten die gläubig gewordenen J. mit ihm
3 du bist zu Männern gegangen, die nicht J. sind
19 verkündigten das Wort niemandem als den J.
12,3 als er sah, daß es den J. gefiel
13,5 verkündigten sie das Wort Gottes in den Synagogen der J. 14,1; 17,1.10.17; 18,19
6 trafen sie einen Zauberer, einen J.
43 folgten viele J. dem Paulus und Barnabas
45 als die J. die Menge sahen
50 die J. hetzten... auf 14,2; 17,13
14,1 daß eine große Menge J. gläubig wurde
4 die einen hielten's mit den J.
5 als sich ein Sturm erhob bei den J.
19 es kamen von Antiochia J. dorthin
16,3 wegen der J., die in jener Gegend waren
20 bringen unsre Stadt in Aufruhr; sie sind J.
17,5 die J. ereiferten sich 18,12
18,2 fand einen J. mit Namen Aquila
4 er überzeugte J. und Griechen
5 bezeugte den J., daß Jesus der Christus ist 20,21
14 sprach Gallio zu den J.
24 es kam nach Ephesus ein J. mit Namen Apollos
19,10 daß alle das Wort hörten, J. und Griechen
13 es unterstanden sich einige von den J.
17 das wurde allen bekannt, J. und Griechen
33 Alexander, den die J. vorschickten
34 als sie innewurden, daß er ein J. war
20,3 da ihm die J. nachstellten 19
21,11 den Mann werden die J. in Jerusalem binden
20 du siehst, wieviel J. gläubig geworden sind
21 daß du alle J. den Abfall von Mose lehrst
27 sahen ihn die J. aus der Provinz Asien im Tempel 24,19
22,30 warum Paulus von den J. verklagt wurde 26,2.7.21
23,12 rotteten sich einige J. zusammen
20 die J. sind übereingekommen, dich zu bitten
27 diesen Mann hatten die J. ergriffen und wollten ihn töten
24,5 daß er Aufruhr erregt unter allen J. 9
27 Felix wollte den J. eine Gunst erweisen 25,9
25,2 da erschienen die Angesehensten der J. vor ihm gegen Paulus 7.15
8 ich habe mich weder am Gesetz der J. versündigt 10
24 dessentwillen die ganze Menge der J. in mich drang
26,3 weil du alle Ordnungen der J. kennst

Rö 28 nicht der ist ein J., der es äußerlich ist 29
3,1 was haben dann die J. für einen Vorzug 9
9 alle, J. wie Griechen, unter der Sünde
29 ist Gott allein der Gott der J.
30 es ist der eine Gott, der gerecht macht die J.
9,24 dazu hat er uns berufen, nicht allein aus den J. 1Ko 1,24
10,12 es ist hier kein Unterschied zwischen J. und Griechen
15,8 Christus ist ein Diener der J. geworden
1Ko 1,22 die J. fordern Zeichen
23 den J. ein Ärgernis und den Griechen eine Torheit
9,20 den J. bin ich wie ein J. geworden, damit ich die J. gewinne
10,32 keinen Anstoß, weder bei den J. noch
12,13 wir seien J. oder Griechen, Sklaven oder
2Ko 11,24 von den J. habe ich erhalten Geißelhiebe
26 ich bin in Gefahr gewesen unter J.
Gal 2,7 Petrus das Evangelium an die J. 8.9
13 mit ihm heuchelten auch die andern J.
14 wenn du, der du ein J. bist, heidnisch lebst
15 wir sind von Geburt J. und nicht Sünder
3,28 hier ist nicht J. noch Grieche Kol 3,11
Kol 4,11 von den J. sind diese allein meine Mitarbeiter
1Th 2,14 dasselbe erlitten, was jene von den J. erlitten
Tit 1,10 Verführer, besonders die aus den J.
Off 2,9 die sagen, sie seien J., und sind's nicht 3,9

Judenfeind

Est 8,1 Hamans, des J. 9,10

Judengenosse

Mt 23,15 damit ihr einen J. gewinnt
Apg 2,11 Juden und J., Kreter und Araber
6,5 Nikolaus, den J. aus Antiochia
13,43 folgten viele Juden und J. dem Paulus

Judenkönig, König der Juden

Mt 2,2 wo ist der neugeborene K.d.J.
27,11 bist du der K.d.J. Mk 15,2; Lk 23,3; Jh 18,33
29 gegrüßet seist du, d.J.K. Mk 15,18; Jh 19,3
37 dies ist Jesus, d.J.K. Mk 15,26; Lk 23,38; Jh 19,19
Mk 15,9 daß ich euch den K.d.J. losgebe Jh 18,39
12 tue mit dem, den ihr den K.d.J. nennt
Lk 23,37 bist du der d.J.K., so hilf dir selber
Jh 19,21 schreib nicht: der K.d.J.

Judentum

2Ma 2,22 die für das J. redlich gekämpft haben
Gal 1,13 gehört von meinem Leben früher im J.
14 übertraf im J. viele m. Altersgenossen
2,12 weil er die aus dem J. fürchtete

Jüdin

Apg 24,24 Felix mit seiner Frau Drusilla, die J. war

jüdisch

jüdisch

Esr	5,8	daß wir ins j. Land gekommen sind
Neh	5,1	ein Geschrei gegen ihre j. Brüder 8
	13,24	j. konnten sie nicht sprechen
Est	2,5	es war ein j. Mann zu Susa
Dan	3,12	nun sind da j. Männer
Sa	8,23	werden zehn Männer einen j. Mann ergreifen
1Ma	8,20	das j. Volk... haben uns gesandt 12,3; 15,17
	11,30	dem j. Volk seinen Gruß 13,36; 14,20; 15,2
	12,6	und das j. Volk entbieten seinen Gruß
	14,41	das j. Volk eingewilligt
	15,1	schrieb an das j. Volk 24
2Ma	1,1	Juden in Jerusalem und im j. Lande
	5,23	gegen seine j. Mitbürger feindselig
	8,11	forderte auf, j. Sklaven zu kaufen
	14,38	(Rasi) wegen seines j. Glaubens verklagt
Mt	2,1	geboren zu Bethlehem im j. Lande 5.6.22
	3,1	predigte in der Wüste des j. Landes
	5	ging zu ihm das ganze j. Land Mk 1,5
	4,25	viel Volks aus dem j. Lande Lk 6,17
	19,1	kam in das Gebiet des j. Landes
	24,16	fliehe, wer im j. Lande ist
Lk	2,4	da machte sich auf Josef in das j. Land
	7,17	diese Rede erscholl in das ganze j. Land
	23,5	er lehrt im ganzen j. Lande
Jh	2,6	Wasserkrüge für die Reinigung nach j. Sitte
Apg	10,28	daß es einem j. Mann nicht erlaubt ist
	37	was geschehen ist im ganzen j. Land
	39	Zeugen für alles, was er getan im j. Land
	11,1	Apostel, die in dem j. Lande waren
	12,11	weiß von allem, was das j. Volk erwartete
	16,1	der Sohn einer j. Frau und eines griechischen
	19,14	es waren sieben Söhne eines j. Hohenpriesters
	21,39	ich bin ein j. Mann aus Tarsus 22,3
	26,20	verkündigte zuerst im ganzen j. Land
Gal	2,14	warum zwingst du die Heiden, j. zu leben
Tit	1,14	nicht achten auf die j. Fabeln

Judit, Judith

Jdt	8,1	J. Tochter Meraris 4.8.25; 9,1; 10,11.21; 11,4; 12,4.13.14.19; 13,2-5.12.16.26; 14,1.12.14; 15,10.15; 16,1.8.23-25

Jugend

1Mo	8,21	böse von J. auf
	43,33	man setzte den Jüngsten nach seiner J.
	46,34	von unserer J. an bis jetzt
3Mo	22,13	so darf sie essen wie in ihrer J.
5Mo	33,25	dein Alter sei wie deine J.
1Sm	12,2	vor euch hergegangen von meiner J. an
	17,33	dieser ist ein Kriegsmann von J. auf
2Sm	19,8	alles Übel, das... von deiner J. auf
1Kö	18,12	fürchtet dein Knecht den HERRN von J. auf
Hi	13,26	über mich bringst die Sünden meiner J.
	31,18	habe sie von J. auf gehalten wie ein Vater
	33,25	sein Fleisch blühe wieder wie in der J.
	36,14	wird ihre Seele in der J. sterben
Ps	9,1	Psalm, nach der Weise „Schöne J." 49,1
	25,7	gedenke nicht der Sünden meiner J.
	71,5	du bist m. Hoffnung von meiner J. an
	17	du hast mich von J. auf gelehrt
	88,16	bin elend und dem Tode nahe von J. auf
	89,46	du hast die Tage seiner J. verkürzt
	129,1	haben mich oft bedrängt von J. auf 2
Spr	2,17	verläßt den Gefährten ihrer J.
	5,18	freue dich des Weibes deiner J.
	29,21	wenn ein Knecht von J. auf verwöhnt wird
Pr	11,9	freue dich, Jüngling, in deiner J.
	10	Kindheit und J. sind eitel
	12,1	denk an deinen Schöpfer in deiner J.
Jes	47,12	dich von deiner J. auf bemüht hast
	15	mit dir Handel trieben von deiner J. auf
	54,4	wirst die Schande deiner J. vergessen
Jer	2,2	ich gedenke der Treue deiner J.
	3,4	schreist... du Vertrauter meiner J.
	24	der schändliche Baal... von unsrer J. an 25
	31,19	muß büßen die Schande meiner J.
	32,30	von J. auf getan, was mir mißfällt
	48,11	ist Moab von J. an ungestört gewesen
Klg	3,27	daß er das Joch in seiner J. trage
Hes	4,14	habe von meiner J. an niemals Fleisch
	16,22	gedacht an die Zeit deiner J. 43.60; 23,19
	23,3	wurden Huren schon in ihrer J. 8.21
Hos	2,17	wird willig folgen wie zur Zeit ihrer J.
Sa	13,5	vom Acker habe ich m. Erwerb von J. auf
Mal	2,15	keiner treulos dem Weib seiner J. 14
Wsh	8,2	Weisheit hab ich geliebt von J. an
Tob	1,8	alles hielt er von J. auf nach dem Gesetz
	10	lehrte ihn von J. auf Gott fürchten 2,13
Sir	6,18	laß dich von der Weisheit erziehen von J. auf
	7,25	beuge ihnen den Nacken von J. auf
	25,5	wenn du in der J. nicht sammelst
	30,11	laß ihm seinen Willen nicht in der J.
	47,4	in seiner J. schlug er den Riesen tot
	16	wie weise warst du in deiner J.
	51,21	ich forschte von J. auf nach (Weisheit)
1Ma	1,7	die mit ihm von J. auf erzogen worden
	2,66	Judas ist ein starker Held von J. auf
	16,2	haben von J. auf Kriege geführt
2Ma	6,23	seinem untadeligen Wandel von J. auf
	15,12	der von J. auf allem Guten nachgestrebt
	30	von J. auf sich zu s. Landsleuten gehalten
Mk	10,20	alles gehalten von meiner J. auf Lk 18,21
Apg	26,4	mein Leben von J. auf allen Juden bekannt
1Ti	4,12	niemand verachte dich wegen deiner J.
2Ti	2,22	fliehe die Begierden der J.

Jugendkraft

Hi	20,11	sind auch seine Gebeine voll J.
Ps	144,12	wie Pflanzen, die aufschießen in ihrer J.

Jugendzeit

Ps	127,4	so sind die Söhne der J.
Jes	54,6	das Weib der J., wie könnte es verstoßen

Julia

Rö	16,15	grüßt Philologus und J., Nereus

Julius

Apg	27,1	übergaben sie Paulus einem Hauptmann J.
	3	J. verhielt sich freundlich gegen Paulus

jung, jünger
(s.a. Junge; Jünger; jüngster; Löwe; Mannschaft)

1Mo	19,4	umgaben das Haus, j. und alt
	31	sprach die ältere zu der j. 34.35.38
	25,23	der Ältere wird dem J. dienen Rö 9,12

jung

1Mo	27,15	Jakob, ihrem j. Sohn 42
	29,16	die ältere hieß Lea, die j. Rahel 18.26
	32,16	(Geschenk für Esau:) zehn j. Stiere
	44,20	einen j. Knaben, in seinem Alter geboren
	48,14	legte sie auf Ephraims, des J., Haupt 19
2Mo	10,9	wollen ziehen mit j. und alt
	24,5	sandte j. Männer hin, daß sie opferten
	5	Brandopfer von j. Stieren 29,1.10.36; 3Mo 4,3.14; 8,2; 9,2.8; 16,3.27; 23,18; 4Mo 7,15u.ö. 88; 8,8,12; 15,24; 23,1.2.4.14.29.30; 28,11.12.14. 19.20.27.28; 29,2.u.ö.37; Ri 6,25; 1Ch 15,26; 2Ch 29,21; Esr 8,35; Hi 42,8; Hes 43,19.23.25; 45,18; 46,6
4Mo	11,27	da lief ein j. Mann hin
5Mo	21,3	deren Älteste sollen eine j. Kuh nehmen 6
	28,50	freches Volk, das die J. nicht schont
	32,25	rauben... den j. Mann wie das Mädchen
Jos	6,21	vollstreckten den Bann an j. und alt
Ri	14,10	Hochzeitsgelage, wie es die j. Leute tun
	15,2	sie hat aber ein j. Schwester
	17,7	es war ein j. Mann von Bethlehem 18,3.15
	19,3	als ihn der Vater der j. Frau sah 4-9
Rut	3,10	daß du nicht den j. Männern nachgegangen
	4,12	Nachkommen... von dieser j. Frau
1Sm	1,24	der Knabe war noch j. 1Kö 11,17; 2Ch 13,7
	9,2	Saul war ein j., schöner Mann
	14,49	(Sauls) Töchter hießen: die j. Michal
	16,2	nimm eine j. Kuh mit dir
	18	da antwortete einer der j. Männer
	17,33	du bist zu j. dazu 42,56
	26,22	es komme einer von den j. Leuten herüber
	30,13	ich bin ein j Ägypter
	17	keiner entrann außer 400 j. Männern
2Sm	1,5	David sprach zu dem j. Mann 6.13
	2,14	laß die j. Männer sich aufmachen
	13,32	denke nicht, daß alle j. Männer tot sind
	17,3	wie die j. Frau zu ihrem Mann zurückkehrt
	18,32	wie es dem j. Mann ergangen ist
1Kö	3,7	ich aber bin noch j. 1Ch 22,5; 29,1
	12,8	hielt Rat mit den J. 10.14; 2Ch 10,8.10.14
	18,23	gebt uns zwei j. Stiere
2Kö	5,2	hatten ein j. Mädchen weggeführt
	14	sein Fleisch wurde das eines j. Knaben
	8,12	wirst ihre... j. Kinder töten
1Ch	12,29	Zadok, ein j. streitbarer Held
	25,8	für den J. wie für den Älteren
	29,21	tausend j. Stiere 2Ch 30,24
2Ch	13,9	wer da kam mit einem j. Stier
	34,3	fing an, obw. er noch j. war, Gott zu suchen
	35,7	Josia gab als Opfergabe j. Ziegen
Est	3,13	man solle töten alle Juden, j. und alt
Hi	1,19	fiel on die j. Leute
	11,12	kann ein j. Wildesel als Mensch zur Welt
	14,9	treibt Zweige wie eine j. Pflanze
	29,8	dann sahen mich die J.
	30,1	jetzt verlachen mich, die j. sind
	32,6	bin ich j. an Jahren, ihr aber seid alt
	33,25	er soll wieder j. werden
Ps	8,3	aus dem Munde der j. Kinder hast du
	29,6	den Sirjon wie einen j. Wildstier
	37,25	bin ich j. gewesen und alt geworden
	103,5	du wieder j. wirst wie ein Adler
	114,4	die Hügel (hüpften) wie die j. Schafe 6
	119,9	wie ein j. Mann s. Weg unsträflich gehen
	128,3	deine Kinder wie j. Ölbäume
	137,9	der deine j. Kinder nimmt u. zerschmettert
	147,9	den j. Raben, die zu ihm rufen
	148,12	(lobet den HERRN) Alte mit den J.
Spr	7,7	(ich) erblickte unter den j. Leuten
	30,17	ein Auge... müssen die j. Adler fressen

Pr	11,9	freue dich... in deinen j. Tagen
Hl	2,9	mein Freund gleicht einem j. Hirsch 17; 8,14
	4,5	deine Brüste sind wie j. Zwillinge 7,4
Jes	3,5	der J. geht los auf den Alten
	7,21	wird ein Mann eine j. Kuh aufziehen
	20,4	die Gefangenen Ägyptens, j. und alt
	34,7	werden niedersinken j. Stiere
	60,6	die j. Kamele aus Midian
	62,5	wie ein j. Mann eine Jungfrau freit
Jer	1,6	tauge nicht zu predigen; bin zu j. 7
	6,11	über die Schar der j. Männer
	9,20	er würgt die j. Männer
	31,8	will sie sammeln, auch j. Mütter
	12	werden sich freuen über... j. Schafe
	18	ich ließ mich erziehen wie ein j. Stier
	46,20	Ägypten ist wie eine j. Kuh
	51,22	habe ich zerschmettert Alte und J.
Klg	2,19	um des Lebens deiner j. Kinder willen
Hes	13,18	näht Hüllen für die Köpfe der J.
	23,3	ließen ihren j. Busen betasten 8
	6	lauter j. hübsche Leute 12.23
Dan	1,4	j. Leute, keine Gebrechen 13.15
	17	diesen vier j. Leuten gab Gott Einsicht
Hos	10,11	Ephraim war eine j. Kuh
	11,1	als Israel j. war, hatte ich ihn lieb
Sa	2,8	lauf hin und sage diesem j. Mann
Jdt	7,13	da kamen alle, j. und alt, zu Usija
	15,16	alle waren fröhlich, j. und alt
	16,6	drohte, meine j. Mädchen hinwegzuführen
Wsh	2,6	die Welt auskosten, solange wir j. sind
	8,10	Ehre bei den Alten haben, obwohl ich j. bin
	19	ich war ein wohlgestalteter j. Mann
Tob	5,1	da antwortete der j. Tobias seinem Vater 5; 8,1; 9,7; 10,1
	11	bat, der j. Mann solle hereinkommen 14
	7,2	wie gleicht der j. Mann doch meinem Vetter
Sir	15,2	sie wird ihn empfangen wie eine j. Frau
	30,12	beuge ihm den Nacken, solange es noch j. ist
	42,8	daß sie sich nicht mit j. zanken
	9	eine Tochter, solange sie j. ist
	51,18	als ich j. war, suchte ich Weisheit
1Ma	1,27	die j. Mädchen und j. Männer wurden kraftlos
	3,33	vertraute ihm den j. Antiochus an 6,15.17; 11,54.57; 13,31
2Ma	3,26	erschienen dem Heliodor zwei j. Männer 33
	4,12	brachte die j. Leute dazu, als Wettkämpfer
	5,13	da mordete man hin J. und Alte
	24	er sollte die j. Leute verkaufen
	6,28	den J. ein gutes Beispiel hinterlassen 24
	10,35	wurden zwanzig j. Männer sehr zornig
StD	1,45	erweckte Gott den Geist eines j. Mannes
Mk	14,51	ihm folgte ihm nach
Lk	2,24	ein Paar Turteltauben oder zwei j. Tauben
	15,12	der j. von ihnen sprach zu dem Vater
	13	sammelte der j. Sohn alles zusammen
	18,15	sie brachten j. Kindlein zu ihm
Jh	12,14	Jesus fand einen j. Esel und ritt darauf
	21,18	als du j. warst, gürtetest du dich selbst
Apg	5,6	da standen die j. Männer auf und deckten ihn zu 10
	7,19	daß man die j. Kindlein aussetzen mußte
	58	legten ihre Kleider ab zu den Füßen eines j. Mannes
	20,9	es saß ein j. Mann in einem Fenster 12
	23,17	führe diesen j. Mann zu dem Oberst 18.22
1Ko	3,1	wie mit j. Kindern in Christus
1Ti	5,1	ermahne die j. Männer wie Brüder Tit 2,6
	2	(ermahne) die j. (Frauen) wie Schwestern Tit 2,4

jung

1Ti	5,11	j. Witwen aber weise ab
	14	so will ich, daß die j. Witwen heiraten
1Pt	5,5	ihr J., ordnet euch den Ältesten unter
1Jh	2,13	ich schreibe euch j. Männern; denn ihr 14

Junge

1Sm	17,55	wessen Sohn ist der J. 58

Junge, das

3Mo	22,27	so soll das J. 7 Tage bei s. Mutter sein
	28	nicht mit s. J. an einem Tage schlachten
5Mo	22,6	Vogelnest mit J... Mutter sitzt auf den J.
	7	darfst die J. nehmen 6
	32,11	wie ein Adler ausführt seine J.
2Sm	17,8	Bärin, der die J. geraubt Spr 17,12; Hos 13,8
Hi	4,11	die J. der Löwin werden zerstreut
	38,32	Sterne... die Bärin samt ihren J.
	41	wenn seine J. zu Gott rufen
	39,3	(die Hirschkühe) werfen ihre J. 4; Jer 14,5
	16	ist so hart gegen ihre J.
	30	seine J. gieren nach Blut
Ps	84,4	die Schwalbe ein Nest für ihre J.
Jes	11,7	daß ihre J. beieinander liegen
Klg	4,3	Schakale reichen ihren J. die Brüste
Hes	19,2	unter Löwen zog sie ihre J. auf 3.5
	31,6	alle Tiere des Feldes hatten J.
Nah	2,13	der Löwe raubte genug für seine J.
Mt	21,5	auf einem Füllen, dem J. eines Lasttiers

Jünger

2Mo	33,11	(Mose) sein Diener und J. Josua
Jes	8,16	verschließen die Offenbarung in meinen J.
	50,4	eine Zunge, wie sie J. haben... daß ich höre, wie J. hören
	54,13	deine Söhne sind J. des HERRN
Mt	5,1	seine J. traten zu ihm 13,10.36; 14,15; 15,12. 23; 17,19; 18,1; 24,1.3; 26,17 Mk 6,35
	8,21	ein anderer unter den J. sprach zu ihm
	23	seine J. folgten ihm Mk 6,1; Lk 22,39
	9,10	saßen zu Tisch mit seinen J. Mk 2,15
	11	Pharisäer sprachen zu seinen J. Mk 2,16; Lk 5,30
	14	da kamen die J. des Johannes zu ihm Mk 2,18; Lk 5,33
	19	Jesus folgte ihm mit seinen J.
	37	Jesus sprach zu seinen J. 16,24; 19,23; 23,1; 26,1.36; Mk 3,9; 10,23; 14,32; Lk 9,14.43; 10,23; 12,1.22; 16,1; 17,1.22; 20,45; Jh 6,12; 11,7
	10,1	er rief seine zwölf J. zu sich 15,32; Mk 8,1.34; 12,43; Lk 6,13
	24	steht nicht über dem Meister Lk 6,40
	25	es ist für den J. genug, daß er ist wie
	42	wer einem dieser Geringen zu trinken gibt, weil es ein J. ist
	11,1	als Jesus diese Gebote an seine J. beendet
	2	sandte er seine J. 21,1; Mk 11,1; 14,13; Lk 19,29
	12,1	seine J. waren hungrig und fingen an Mk 2,23; Lk 6,1
	2	deine J. tun, was nicht erlaubt ist Mk 2,24
	49	er streckte die Hand aus über seine J.
	13,52	jeder Schriftgelehrte, der ein J. des Himmelreichs ist
	14,12	da kamen seine J. und nahmen seinen Leichnam
	19	dankte und brach's und gab den J. 15,36; 26,26; Mk 6,41; 8,6; Lk 9,16
Mt	14,22	trieb Jesus seine J. Mk 6,45; Jh 6,22.24
	26	als ihn die J. sahen auf dem See gehen
	15,2	warum übertreten deine J. die Satzungen Mk 7,2.5
	33	da sprachen seine J. zu ihm 19,10; Mk 5,31; 14,12; Jh 11,8.12; 16,29
	16,5	als die J. ans andre Ufer gekommen waren
	13	Jesus fragte seine J. Mk 8,27; Lk 9,18
	20	da gebot er seinen J.
	21	fing Jesus an, seinen J. zu zeigen
	17,6	als das die J. hörten
	10	seine J. fragten ihn Mk 7,17; 9,28; 10,10; Lk 8,9; Jh 9,2
	13	da verstanden die J., daß
	16	ich habe ihn zu deinen J. gebracht Mk 9,18; Lk 9,40
	19,13	die J. aber fuhren sie an Mk 10,13; Lk 18,15
	25	als das seine J. hörten Mk 6,29; 11,14
	20,17	Jesus nahm die zwölf J. beiseite
	21,6	die J. gingen hin und taten 26,19; Mk 14,16
	20	als das die J. sahen 26,8; Lk 9,54
	22,16	sandten ihre J. samt den Anhängern des Herodes
	26,18	will Passa feiern mit meinen J. Mk 14,14; Lk 22,11
	35	das gleiche sagten auch alle J.
	40	er kam zu seinen J. 45; Mk 9,14; Lk 22,45
	56	da verließen ihn alle J. und flohen
	27,57	Josef war auch ein J. Jesu Jh 19,38
	64	damit nicht seine J. kommen 28,13
	28,7	sagt seinen J., daß er auferstanden ist 8; Mk 16,7; Lk 24,9; Jh 20,18
	16	die elf J. gingen nach Galiläa
	19	gehet hin und machet zu J. alle Völker
Mk	3,7	Jesus entwich mit seinen J.
	4,34	wenn sie allein, legte er seinen J. alles aus
	8,4	seine J. antworteten ihm
	10	stieg er in das Boot mit seinen J. Lk 8,22
	27	Jesus ging fort mit seinen J. in die Dörfer
	33	er wandte sich um, sah seine J. an
	9,31	er lehrte seine J. und sprach zu ihnen
	10,24	die J. entsetzten sich über seine Worte
	46	er und seine J. und eine große Menge
	13,1	sprach einer seiner J. Lk 11,1
Lk	6,17	um ihn war eine große Schar seiner J.
	20	er hob seine Augen auf über seine J.
	7,11	seine J. gingen mit ihm
	18	die J. des Johannes verkündeten ihm das alles
	10,1	danach setzte der Herr weitere 72 J. ein
	11,1	lehre uns beten, wie auch Johannes seine J. lehrte
	14,26	der kann nicht mein J. sein 27.33
	19,37	fing die ganze Menge der J. an
	39	Meister, weise deine J. zurecht
Jh	1,35	Johannes und zwei seiner J. 37
	2,2	Jesus und seine J. waren auch geladen
	11	seine J. glaubten an ihn
	12	hinab nach Kapernaum, er und seine J.
	17	seine J. dachten daran, daß geschrieben 22
	3,22	kam Jesus mit seinen J. in das Land Judäa
	25	Streit zwischen den J. des Johannes und
	4,1	daß (Jesus) mehr zu J. machte als Johannes 2
	8	seine J. in die Stadt gegangen 27.31.33
	6,3	Jesus setzte sich dort mit seinen J.
	8	spricht zu ihm einer seiner J. 12,4
	16	am Abend gingen seine J. hinab an den See
	60	viele seiner J., die das hörten, sprachen 61
	66	von da an wandten sich viele seiner J. ab
	7,3	damit deine J. die Werke sehen, die du tust

Jh	8,31	wenn ihr bleiben werdet... seid ihr wahrhaftig meine J.
	9,27	wollt ihr auch seine J. werden 28
	11,16	da sprach Thomas zu den J.
	54	blieb dort mit den J.
	12,16	das verstanden seine J. zuerst nicht
	13,5	fing an, den J. die Füße zu waschen
	22	da sahen sich die J. untereinander an
	23	einer unter seinen J., den Jesus liebhatte 19,26.27; 21,7.20
	35	jedermann erkennen, daß ihr meine J. seid
	15,8	daß ihr viel Frucht bringt und werdet meine J.
	16,17	da sprachen einige seiner J. untereinander
	18,1	ging (Jesus) hinaus mit seinen J.
	2	versammelte sich oft dort mit seinen J. 1
	15	Petrus folgte Jesus und ein anderer J. 16
	17	bist auch einer von den J. dieses Menschen 25
	19	der Hohepriester befragte Jesus über seine J.
	20,2	da läuft sie zu Petrus und zu dem andern J.
	3	da ging Petrus und der andere J. hinaus, und sie kamen zum Grab 4.8
	10	da gingen die J. wieder heim
	19	als die J. versammelt waren, kam Jesus 26
	20	da wurden die J. froh, daß sie den Herrn sahen
	25	da sagten die andern J. zu ihm
	30	viele andere Zeichen tat Jesus vor seinen J.
	21,1	danach offenbarte sich Jesus den J. am See Tiberias 14
	2	die Söhne des Zebedäus und zwei andere J.
	4	die J. wußten nicht, daß es Jesus war
	8	die andern J. kamen mit dem Boot
	12	niemand unter den J. wagte, ihn zu fragen
	23	dieser J. stirbt nicht
	24	dies ist der J., der dies alles bezeugt hat
Apg	6,1	als die Zahl der J. zunahm 7
	2	da riefen die Zwölf die J. zusammen
	9,1	Saulus schnaube gegen die J. des Herrn
	10	ein J. in Damaskus mit Namen Hananias
	19	blieb einige Tage bei den J. in Damaskus
	25	da nahmen ihn seine J.
	26	versuchte, sich zu den J. zu halten
	38	sandten die J. zwei Männer zu ihm
	11,26	in Antiochia wurden die J. zuerst Christen genannt
	29	unter den J. beschloß ein jeder
	13,52	die J. wurden erfüllt von heiligem Geist
	14,20	als ihn die J. umringten, stand er auf
	21	sie machten viele zu J.
	22	stärkten die Seelen der J. 18,23
	28	sie blieben dort eine Zeit bei den J.
	15,10	daß ihr ein Joch auf den Nacken der J. legt
	16,1	dort war ein J. mit Namen Timotheus
	18,27	schrieben die Brüder an die J. dort
	19,1	als Paulus nach Ephesus kam und einige J. fand
	9	trennte sich von ihnen und sonderte die J. ab
	30	ließen's die J. nicht zu
	20,1	rief Paulus die J. zu sich und tröstete sie
	30	Verkehrtes lehren, um die J. an sich zu ziehen
	21,4	als wir die J. fanden
	16	es kamen mit uns einige J. aus Cäsarea

Jüngerin

Apg	9,36	in Joppe war eine J. mit Namen Tabita

Jungfrau

1Mo	24,16	eine J., die noch von keinem Manne wußte
2Mo	22,15	wenn jemand eine J. beredet 16; 5Mo 22,28
3Mo	21,3	an seiner Schwester, die noch J. ist
	7	keine zur Frau... die nicht mehr J. ist 13.14; Hes 44,22
4Mo	31,17	tötet alle Frauen, die nicht mehr J. sind
5Mo	22,14	fand ich sie nicht als J. 17.19.20
	23	wenn eine J. verlobt ist 24
Ri	19,24	ich habe eine Tochter, noch eine J.
	21,12	400 Mädchen, die J. waren
2Sm	13,2	(Tamar) war eine J.
1Kö	1,2	man suche dem König eine J.
2Kö	19,21	die J., die Tochter Zion, verachtet dich Jes 37,22
2Ch	36,17	verschonte weder Jünglinge noch J. Jer 51,22; Klg 2,21
Est	2,2	man suche dem König J. 3.8.12.13.17.19
Hi	31,1	daß ich nicht lüstern blickte auf eine J.
Ps	45,15	J. folgen ihr
	46,1	vorzusingen, nach der Weise „J."
	68,26	in der Mitte die J., die Pauken schlagen
	78,63	ihre J. mußten ungefreit bleiben
	148,12	(lobet den HERRN) Jünglinge und J.
Hl	6,8	J. ohne Zahl
Jes	7,14	siehe, eine J. ist schwanger Mt 1,23
	23,4	darum erziehe (ich) keine J.
	12	du geschändete J., Tochter Sidon
	47,1	herunter, J., du Tochter Babel
	62,5	wie ein junger Mann eine J. freit
Jer	2,32	vergißt wohl eine J. ihren Schmuck
	14,17	die J. ist unheilbar verwundet
	18,13	greuliche Dinge tut die J. Israel
	31,4	will dich bauen, du J. Israel 21
	13	werden die J. fröhlich beim Reigen sein
	46,11	hole Balsam, J. Tochter Ägypten
Klg	1,4	ihre J. sehen jammervoll drein 2,10
	15	hat die Kelter getreten der J. 5,11
	18	meine J. sind in die Gefangensch. gegangen
	2,13	du J., wem soll ich dich vergleichen
Hes	9,6	erschlagt Alte, Jünglinge, J.
Jo	1,8	heule wie eine J., die Trauer anlegt
Am	5,2	die J. Israel ist gefallen
	8,13	werden die J. verschmachten vor Durst
Nah	2,8	ihre J. werden seufzen wie die Tauben
Sa	9,17	läßt sprossen Jünglinge und J.
Tob	8,4	danach forderte Tobias die J. auf
Sir	20,4	ein... der eine J. schänden will 30,21
Bar	6,43	die J. aber sitzen an den Wegen
2Ma	3,19	jene J... liefen unter die Tore
	5,13	da mordete man hin Frauen und Kinder, J.
Mt	1,23	wird J. schwanger sein
	25,1	wird das Himmelreich gleichen zehn J. 7.11
Lk	1,27	(wurde Gabriel gesandt) zu einer J.; und die J. hieß Maria
Apg	21,9	Töchter, die waren J. und weissagten
1Ko	7,25	über die J. habe ich kein Gebot des Herrn
	28	wenn eine J. heiratet, sündigt sie nicht
	34	die Frau, die keinen Mann hat, und die J.
	36	er handle unrecht an seiner J.
	37	er beschließt, seine J. unberührt zu lassen
	38	wer seine J. heiratet, der handelt gut
2Ko	11,2	damit ich Christus eine reine J. zuführte

jungfräulich

Off	14,4	sie sind j.

Jungfräulichkeit

5Mo 22,15 die Zeichen ihrer J. nehmen u. bringen 17

Jungfrauschaft

Ri 11,37 meine J. beweine mit meinen Gespielen 38
Lk 2,36 sieben Jahre mit ihrem Manne nach ihrer J.

Jüngling

1Mo 4,23 erschlug einen J. für meine Beule
34,19 der J. zögerte nicht, dies zu tun
41,12 da war bei uns ein hebräischer J.
1Kö 11,28 sah, daß der J. viel schaffte
2Ch 36,17 verschonte weder J. noch Jungfrauen Jer 51,22; Klg 2,21
Ps 148,12 (lobet den HERRN) J. und Jungfrauen
Spr 1,4 daß die J. vernünftig (werden)
7,7 erblickte einen törichten J.
20,29 der J. Ehre ist ihre Stärke
Pr 11,9 freue dich, J., in deiner Jugend
Hl 2,3 so ist mein Freund unter den J.
Jes 13,18 die J. mit Bogen erschießen
23,4 darum ziehe ich keine J. auf
40,30 J. straucheln und fallen
Klg 1,18 meine J. sind in die Gefangensch. gegangen
5,13 J. mußten Mühlsteine tragen
14 die J. nicht mehr beim Saitenspiel
Hes 9,6 erschlagt Alte, J., Jungfrauen
Jo 3,1 eure J. sollen Gesichte sehen *Apg 2,17*
Am 2,11 habe erweckt Gottgeweihte aus euren J.
8,13 werden die J. verschmachten vor Durst
Sa 9,17 läßt sprossen J. und Jungfrauen
Sir 32,10 auch du, J., darfst reden, wenn's nötig ist
2Ma 5,13 da mordete man hin Junge und Alte, J.
7,12 wunderten sich, daß der J. so mutig 25.30
Mt 19,20 da sprach der J. zu ihm 22
Mk 14,51 *es war ein J., der folgte ihm nach*
16,5 sahen einen J. zur rechten Hand sitzen
Lk 7,14 J., ich sage dir, steh auf
Apg 5,6 es standen die J. auf 10
7,57 zu den Füßen eines J., der hieß Saulus
20,9 ein J. mit Namen Eutychus
23,17 diesen J. zu dem Oberhauptmann 18.22
1Jh 2,13 ich schreibe euch J. 14

jüngster

1Mo 9,24 was ihm sein j. Sohn angetan
42,13 der j. ist noch bei unserm Vater 32
15 es komme denn her euer j. Bruder 20.34; 43,29.33; 44,23.26
44,2 meinen Becher lege oben in des J. Sack 12
Jos 6,26 das koste ihn seinen j. Sohn 1Kö 16,34
Ri 1,13 des Kenas, des j. Bruders von Kaleb 3,9
6,15 ich bin der j. in meines Vaters Hause
9,5 Jotam, der j. Sohn Jerubbaals
1Sm 16,11 es ist noch übrig der j. 17,14
1Ch 24,31 für den j. Bruder wie für das Sippenhaupt
2Ch 21,17 außer Joahas, seinem j. Sohn
22,1 machten Ahasja, Jorams j. Sohn, zum König
Ps 68,28 Benjamin, der j., geht ihnen voran
Tob 1,4 als er noch einer der J. Männer war
2Ma 7,24 so redete er dem j. Sohn zu
Mt 12,41 werden auftreten beim J. Gericht 42; Lk 11,31
Lk 22,26 der Größte unter euch soll sein wie der J.
Jh 6,39 daß ich's auferwecke am J. Tage 40.44.54
11,24 ich weiß, daß er auferstehen wird am J. Tage

Jh 12,48 das Wort wird ihn richten am J. Tage

Jungtier

5Mo 28,4 gesegnet die J. deines Viehs 11; 30,9
51 wird verzehren die J. deines Viehs

Jungvieh

5Mo 7,13 wird segnen das J. deiner Kühe
28,18 verflucht wird sein das J. deiner Rinder
51 nichts übriglassen vom J. deiner Rinder

Junias

Rö 16,7 grüßt Andronikus und J.

Jupiter s. Zeus

Juschab-Hesed

1Ch 3,20 (Söhne Serubbabels:) J.

Justus

Apg 1,23 [1]Josef, gen. Barsabbas, mit dem Beinamen J.
Kol 4,11 [2](es grüßt euch) Jesus mit dem Beinamen J.

Jutta

Jos 15,55 (Städte des Stammes Juda:) J. 21,16

K

Kabbon

Jos 15,40 (Städte des Stammes Juda:) K.

Kabri

Jdt 8,8 Botschaft an die Ältesten K. und Karmi

Kabul

Jos 19,27 (Asser... die Grenze) läuft hin nach K.
1Kö 9,13 man nannte sie das Land K.

Kabzeel

Jos 15,21 Städte des Stammes Juda: K.
2Sm 23,20 Benaja war aus K. 1Ch 11,22
Neh 11,25 einige wohnten auf ihren Fluren in K.

Kadesch, Kadesch-Barnea
(= Kedesch 2)

1Mo 14,7 kamen nach En-Mischpat, das ist K.
16,14 (der Brunnen) liegt zwischen K. und Bered
20,1 Abraham wohnte zwischen K. und Schur
4Mo 13,26 kamen zu Mose nach K. 22; Ri 11,16.17
20,1 das Volk lagerte sich in K.
14 Mose sandte Botschaft aus K. 16
27,14 das ist das Haderwasser zu K. 5Mo 32,51; Hes 47,19; 48,28
32,8 als ich sie aussandte von K. Jos 14,6.7
33,36 Wüste Zin, das ist K. 37
34,4 weitergehen südlich von K. Jos 15,3

5Mo 1,2 vom Horeb bis K. 19.46; 2,14; 9,23
Jos 10,41 (Josua) schlug sie von K. an
2Sm 24,6 kamen zum Land der Hetiter nach K.
Ps 29,8 der HERR läßt erbeben die Wüste K.

Kadmiël

Esr 2,40 Leviten... nämlich K. 3,9; Neh 7,43; 9,4.5; 10,10; 12,8.24

Kadmoniter

1Mo 15,19 (deinen Nachkommen will ich geben:) die K.

Kafar Salama, *Kaphar Salama*

1Ma 7,31 gegen Judas und kämpfte bei K.S.

Käfer

Jes 33,4 wie die K. herbeistürzen
Jo 1,4 was die Heuschrecken übriglassen, fressen die K. 2,25
Nah 3,15 es wird dich fressen, wie K. fressen, magst du auch zahlreich werden wie K. 16.17

Käfig

Hes 19,9 stießen ihn gefesselt in einen K.

Kafnata, *Kaphnata*

1Ma 12,37 die Mauer am Bach, das Stück K.

Kaftor, Kaftoriter, *Kaphtor, Kaphtoriter*

1Mo 10,14 (Mizrajim zeugte) die K. 1Ch 1,12
5Mo 2,23 die K. zogen aus K.
Jer 47,4 gekommen von der Insel K. Am 9,7

kahl

3Mo 13,40 daß er am Hinterkopf k. wird 55
4Mo 23,3 ging hin auf einen k. Hügel
Jos 11,17 von dem k. Gebirge an 12,7
Ps 29,9 die Stimme des HERRN reißt Wälder k.
Jes 3,17 den Scheitel der Töchter Zions k. machen
33,9 Baschan und Karmel stehen k.
49,9 werden auf k. Höhen Weide haben
Jer 4,11 ein heißer Wind von den k. Höhen
12,12 kommen daher über alle k. Höhen
14,6 Wildesel stehen auf den k. Höhen
Am 8,10 will ich Köpfe k. machen
Mi 1,16 k. um deiner Kinder; k. wie ein Geier
Jud 12 sie sind k., unfruchtbare Bäume

kahlfressen

2Mo 10,5 (Heuschrecken) sollen alle Bäume k.
Jo 1,7 (ein Volk) f. meinen Feigenbaum k.

Kahlkopf

2Kö 2,23 K., komm herauf! K., komm herauf

kahlscheren, kahl scheren

5Mo 14,1 sollt euch nicht k. s. über den Augen
Jes 15,2 jedes Haupt ist kahlg.
Jer 2,16 dazu s. die Leute dir den Kopf k. 48,37; Hes 7,18; 29,18

Jer 16,6 niemand wird sich ihretwegen k.s.
Hes 27,31 werden sich k.s. deinetwegen
44,20 ihr Haupt sollen sie nicht k.s.

Kain

1Mo 4,1 ¹Eva gebar den K. 2.17
3 daß K. Opfer brachte 5-9.13.15.16.24.25
1Jh 3,12 nicht wie K., der vom Bösen stammte
Heb 11,4 brachte Abel ein besseres Opfer dar als K.
Jud 11 weh ihnen! Denn sie gehen den Weg K.
4Mo 24,22 ²dennoch wird K. ausgetilgt werden (= Keniter)

Kaiphas

Mt 26,3 versammelten sich im Palast des Hohenpriesters, der hieß K.
57 führten ihn zu K. Jh 18,24.28
Lk 3,2 als Hannas und K. Hohepriester waren Jh 11,49; 18,13; Apg 4,6
Jh 18,14 K. war es, der den Juden geraten hatte

Kaiser

Mt 22,17 ist's recht, daß man dem K. Steuern zahlt Mk 12,14; Lk 20,22
21 gebt dem K., was des K. ist Mk 12,16.17; Lk 20,24.25
Lk 2,1 daß ein Gebot von dem K. Augustus ausging
3,1 im 15. Jahr der Herrschaft des K. Tiberius
23,2 verbietet, dem K. Steuern zu geben
Jh 19,12 läßt du diesen frei, so bist du des K. Freund nicht
15 wir haben keinen König als den K.
Apg 11,28 dies geschah unter dem K. Klaudius
17,7 diese alle handeln gegen des K. Gebote
18,2 weil K. Klaudius allen Juden geboten hatte, Rom zu verlassen
25,8 ich habe mich weder... noch am K. versündigt
10 ich stehe vor des K. Gericht 11.12.21.25.32; 28,19
27,24 Paulus, du mußt vor den K. gestellt werden
Phl 4,22 Heiligen, besonders die aus dem Haus des K.

kaiserlich

Apg 27,1 einem Hauptmann von einer k. Abteilung

Kajin

Jos 15,57 (Städte des Stammes Juda:) K.

Kalb

1Mo 18,7 (Abraham) holte ein zartes gutes K. 8
2Mo 32,4 (Aaron) machte ein gegossenes K. 8.19.24.35; 5Mo 9,16; Neh 9,18; Ps 106,19; Apg 7,41
20 nahm das K. und zermalmte es 5Mo 9,21
3Mo 9,3 nehmt ein K. und ein Schaf zum Brandopfer
Ri 14,18 wenn ihr nicht mit meinem K. gepflügt
1Sm 6,7 laßt ihre K. daheim bleiben 10
14,32 sie nahmen K. und schlachteten sie
28,24 das Weib hatte im Haus ein gemästetes K.
2Sm 6,13 opferte man ein fettes K.
1Kö 12,28 machte 2 goldene K. 32; 2Kö 10,29; 17,16; 2Ch 11,15; 13,8; Hos 8,5.6; 10,5.6; 13,2
Ps 29,6 er läßt hüpfen wie ein K. den Libanon

Kalb 798

Jes	11,6	ein kl. Knabe wird K. und Löwen treiben
	27,10	daß K. dort weiden
Jer	34,18	wie das K., in zwei Stücke geteilt 19
	46,21	sind wie gemästete K.
	50,11	hüpft wie die K. im Grase
Am	6,4	ihr eßt die gemästeten K.
Mi	6,6	soll ich mich nahen mit einjährigen K.
Lk	15,23	bringt das K. und schlachtet's 27.30
Heb	9,12	nicht durch das Blut von Böcken oder K.
	19	nahm er das Blut von K. und Böcken

kalben

Hi	21,10	ihre Kuh k. und wirft nicht fehl

Kaleb

4Mo	13,6	¹K., der Sohn Jefunnes 14,6; 34,19; Jos 14,6; 15,13.17.18; Ri 1,13.14; 3,9; 1Ch 4,15; Sir 46,9
	30	K. beschwichtigte das Volk
	14,24	nur K. will ich in das Land bringen 30; 32,12; 5Mo 1,36; 1Ma 2,56
	38	und K. blieben am Leben 26,65; Sir 46,11
Jos	14,13	Josua gab K. Hebron 14; 21,12; Ri 1,20; 1Ch 6,41
	15,14	K. vertrieb die Söhne Anaks 16; Ri 1,12
1Sm	25,3	(Nabal) war einer von K.
	30,14	eingefallen in das Südland... K.
1Ch	2,18	²K., der Sohn Hezrons 9.19.24.42.46.48-50 (= Kelubai)

Kalk

5Mo	27,2	Steine aufrichten und mit K. tünchen 4
Jes	33,12	Völker werden zu K. verbrannt
Hes	13,10	weil sie sie mit K. übertünchen 11.14.15

Kalkol

1Kö	5,11	K. und Darda, die Söhne Mahols 1Ch 2,6

Kalkstein

Jes	27,9	wird alle Altarsteine K. gleichmachen

Kallai

Neh	12,20	(unter den Priestern:) von Sallu: K.

Kallisthenes

2Ma	8,33	K.; Lohn für seine Gottlosigkeit

Kalmus

2Mo	30,23	nimm die beste Spezerei: K.
Hl	4,14	(wie ein Lustgarten mit) K. und Zimt
Hes	27,19	haben auf deine Märkte K. gebracht

Kalne

1Mo	10,10	¹Babel, Akkad und K. im Lande Schinar
Jes	10,9	²ist K. nicht wie Karkemisch
Am	6,2	gehet hin nach K. und schauet

kalt

1Mo	45,26	(Jakobs) Herz blieb k.
Spr	25,20	wenn einer d. Kleid ablegt an einem k. Tag
Nah	3,17	Käfer, die sich lagern in den k. Tagen
Sir	43,22	wenn der k. Nordwind weht
Mt	10,42	wer... einen Becher k. Wassers zu trinken gibt
Jh	18,18	Kohlenfeuer gemacht, denn es war k., und sie wärmten sich
Off	3,15	daß du weder k. noch warm bist 16

Kälte

Hi	37,9	kommt von Norden her die K.
Sa	14,6	zu der Zeit wird weder K. noch Frost sein
StD	3,44	Frost und K., lobt den Herrn
Apg	28,2	nahmen uns alle auf wegen der K.

Kamel

1Mo	12,16	Abram bekam Eselinnen und K. 24,35
	24,10	zehn K. von den K. seines Herrn 11.31.32
	14	will deine K. tränken 19.20.22.30.44.46
	61	Rebekka... setzten sich auf die K. 63,64
	30,43	daß (Jakob) viele K. hatte 31,17; 32,8
	32,16	(Geschenk für Esau:) 30 säugende K.
	37,25	Karawane von Ismaelitern mit ihren K.
2Mo	9,3	wird kommen über dein Vieh, über die K.
3Mo	11,4	dürft nicht essen: das K. 5Mo 14,7
Ri	6,5	weder sie noch ihre K. zu zählen 7,12
	8,21	Monde an den Hälsen ihrer K. 26
1Sm	15,3	(Samuel sprach zu Saul:) töte K. und Esel
	27,9	David nahm mit K. und Kleider
	30,17	stiegen auf die K. und flohen
1Kö	10,2	(die Königin v. Saba) kam mit K. 2Ch 9,1
2Kö	8,9	Geschenke, eine Last für vierzig K.
1Ch	5,21	führten weg ihr Vieh, an K. 2Ch 14,14
	12,41	brachten Nahrung auf Eseln, K.
	27,30	über die K. (war) Obil, der Ismaeliter
Esr	2,67	(hatten) 435 K. Neh 7,68
Hi	1,3	(Hiob) besaß 3.000 K. 17; 42,12
Jes	21,7	sieht er einen Zug von Eseln und K.
	30,6	führen Schätze auf dem Höcker von K.
	60,6	die Menge der K... die jg. K. aus Midian
Jer	49,29	man wird alle K. wegführen 32
Sa	14,15	so wird diese Plage auch kommen über K.
Jdt	2,8	sein Heer mit unzähligen K.
	3,4	alle Pferde und K. gehören dir
Tob	9,3	nimm dir Knechte und K. 6
	10,11	gab ihm Vieh, K. und viel Geld 11,18
Mt	19,24	es ist leichter, daß ein K. durch ein Nadelöhr gehe Mk 10,25; Lk 18,25
	23,24	die ihr Mücken aussiebt, aber K. verschluckt

Kamelhaar

Mt	3,4	Johannes hatte ein Gewand aus K. an Mk 1,6

Kamelsattel

1Mo	31,34	hatte den Hausgott unter den K. gelegt

Kamelstute

Jer	2,23	du läufst umher wie eine K.

Kameltrift

Hes	25,5	will Rabba zur K. machen

kämmen

Jes	19,9	es werden zuschanden, die da Flachs k.

Kammer

1Mo	6,14	mache dir einen Kasten und K. darin
	43,30	Josef ging in seine K. und weinte dort
4Mo	25,8	ging dem Mann nach in die K.
Ri	3,24	austreten gegangen in die K. am Obergemach
	15,1	ich will zu meiner Frau in die K. gehen
	16,9	man lauerte ihm auf in der K. 12
2Sm	13,10	bringe die Krankenspeise in die K.
1Kö	20,30	Ben-Hadad verkroch sich von einer K. in die andere 22,25; 2Ch 18,24
2Kö	4,10	laß uns ihm eine kleine K. oben machen 11
	6,12	sagt alles, auch was du in der K. redest
	9,2	führe ihn in die innerste K.
	23,11	bei der K., die am Parwarhause war
1Ch	9,26	Leviten waren über die K. 33; 23,28
	28,11	Entwurf für die inneren K.
2Ch	12,11	brachte sie wieder in ihre K.
	31,11	K. am Hause des HERRN Esr 8,29; Neh 10,38-40; 12,44; 13,4.5.7-9
Esr	10,6	Esra ging in die K. Johanans
Neh	3,30	baute Meschullam gegenüber seiner K.
Hi	37,9	aus seinen K. kommt der Sturm Ps 135,7
Ps	19,6	wie ein Bräutigam aus seiner K.
	33,7	sammelt in K. die Fluten
	105,30	von Fröschen bis in die K. ihrer Könige
	144,13	unsere K. gefüllt, daß sie Vorrat geben
Spr	7,27	da man hinunterfährt in des Todes K.
	20,27	er durchforscht alle K. des Innern
	24,4	werden die K. voll kostbarer Habe
Hl	1,4	der König führte mich in seine K.
	3,4	in die K. derer, die mich geboren hat 8,2
Jes	14,18	alle Könige ruhen, ein jeder in seiner K.
	26,20	geh hin, mein Volk, in deine K.
Hes	8,12	tun, jeder in der K. seines Götzenbildes
	40,17	da waren K... dreißig K. 38.44-46; 41,10; 42,1.4-14; 46,19
	44,19	sollen die Kleider in die K. legen
Jo	2,16	der Bräutigam gehe aus seiner K.
Jdt	9,1	danach ging Judit in ihre K.
	13,2	Bagoas machte die K. des Holofernes zu 4
	14,9	niemand wagte, an der K. anzuklopfen 8
	12	da ging Bagoas hinein in die K.
	14	sah in Judits K. nach
Tob	3,12	ging Sara in die K. oben im Haus
	7,18	Raguël ließ eine zweite K. herrichten
	8,1	führten sie den jungen Tobias in die K. 15
Mt	24,26	siehe, er ist in der K.
Lk	11,7	meine Kindlein sind bei mir in der K.
	12,3	was ihr ins Ohr flüstert in der K.

Kammerdiener

Jdt	12,7	da befahl Holofernes seinen K. 14,10

Kämmerer

1Mo	37,36	Potifar, des Pharao K. 39,1
	40,2	der Pharao wurde zornig über seine K.
1Sm	8,15	den Zehnten nehmen und seinen K. geben
1Kö	22,9	rief der König einen K. 1Ch 28,1; 2Ch 18,8
2Kö	8,6	gab ihr der König einen K. mit
	9,32	sahen zwei K. zu (Jehu) heraus
	20,18	K. im Palast des Königs Jes 39,7
	22,12	Asaja, dem K. des Königs 2Ch 34,20
	23,11	Rosse... bei der Kammer des K.
	24,12	Jojachin... mit seinen K. 15; Jer 29,2
	25,19	K. über die Kriegsmänner Jer 52,25
Est	1,10	befahl er den sieben K. 12.15; 2,3.14.15; 6,14; 7,9
	2,21	gerieten zwei K. in Zorn 6,2
	4,4	kamen ihre K. und erzählten 5
Jer	34,19	die K., die Priester und das ganze Volk
	38,7	Ebed-Melech, ein K. in des Königs Haus
Dan	1,3	sprach zu seinem obersten K. 7-9.11.18
	11,20	der wird einen K. das Land durchziehen l.
Jdt	12,11	Holofernes sagte zu seinem K. Bagoas
Apg	8,27	ein K. der Kandake 34.36.38.39
	12,20	überredeten Blastus, den K. des Königs

Kämmerlein

Mt	6,6	wenn du betest, so geh in dein K.

Kamon

Ri	10,5	Jaïr starb und wurde begraben in K.

Kampf

2Mo	13,17	K. vor sich, sie könnten wieder umkehren
4Mo	21,1	König von Arad zog in den K. gegen Israel
	31,3	rüstet zum K. gegen die Midianiter 5-7.21; 32,6.20.27.29
	27	die Hälfte denen, die in den K. gezogen 28. 36; 1 Sm 30,24
5Mo	2,32	Sihon zog uns entgegen zum K.
	20,2	wenn ihr auszieht zum K. 3
Jos	4,13	an 40.000 gingen zum K. ins Jordantal
	8,14	um Israel zum K. zu begegnen 11,20
	11,19	sie eroberten sie alle im K.
Ri	3,10	(Otniël) zog aus zum K.
	5,2	daß man sich in Israel zum K. rüstete
	8,1	nicht riefst, als du in den K. zogst 12,1
	13	als Gideon vom K. zurückkam
	9,29	mehre dein Heer und zieh in den K.
	12,2	K. mit Ammonitern 2Sm 10,8; 1Ch 19,7.9.10
	18,11	zogen von dort 600 Mann zum K.
	20,14	(Benjaminiter) in den K. gegen die *Israeliten 18.20.23.34.39.42; 21,22
1Sm	4,1	daß die Philister sich sammelten zum K. gegen Israel 2.10; 7,10; 13,5.22; 14,22.23; 17,1. 2.8.20.28; 19,8; 28,1; 29,4.9; 2Sm 23,9; 1Ch 11,13; 14,15
	16,18	ein tapferer Mann und tüchtig zum K.
	18,5	David zog in den K. 30; 23,8
	31,3	der K. tobte heftig um Saul 1Ch 10,3
2Sm	2,17	erhob sich ein sehr harter K. 3,1.6.30
	10,16	*ließ die Aramäer in den K. ziehen
	11,15	stellt Uria vornehin, wo der K. am härtesten ist 18-20.25
	18,6	kam es zum K. im Walde Ephraim 8; 19,11
	19,4	schämen muß, weil es im K. geflohen
	21,17	nicht mehr mit uns auszieht in den K.
1Kö	20,18	ob zum Frieden oder zum K. ausgezogen
	29	in den K., Israel schlug von den Aramäern 22,4.6.15.30-35; 2Kö 8,28; 13,25; 1Ch 19,10.16. 17; 2Ch 18,3.5.14.29-34; 22,5
2Kö	3,26	sah, daß ihm der K. zu stark war
	14,7	(Amazja) eroberte Sela im K. 2Ch 25,8.13
1Ch	5,18	die in den K. ziehen konnten 7,4.11; 12,34. 36-38; 2Ch 17,18; 26,11
	20	schrien zu Gott im K.
	12,1	gehörten zu den Helfern im K. 20
2Ch	13,3	Abija rüstete sich zum K. 14,9
	28,12	gegen die, aus dem K. kamen
Hi	33,19	warnt ihn durch K. in seinen Gliedern
	39,25	es wittert den K. von ferne
	40,32	an den K. wirst du denken
Pr	9,11	zum K. hilft nicht stark sein

Kampf

Hl	3,8	alle sind geübt im K.
Jes	3,25	deine Krieger (werden fallen) im K.
	13,4	der HERR Zebaoth rüstet ein Heer zum K.
	21,15	sie fliehen vor der Gewalt des K.
	22,2	deine Erschl. sind nicht im K. gefallen
	28,6	Kraft denen, die den K. zurücktreiben
	37,8	fand er den König im K. gegen Libna
	54,15	wird im K. gegen dich fallen
Jer	33,5	(zur Abwehr) im K. gegen die Chaldäer
	49,14	macht euch auf zum K.
	51,27	heiligt die Völker zum K. 28
Hes	13,5	damit es fest steht im K.
Dan	10,13	ihm überließ ich d. K. mit d. Engelfürsten
	11,20	umgebracht, weder öffentl. noch im K. 25
Jo	2,5	ein Volk, das zum K. gerüstet ist
Am	5,3	die Stadt, aus der 1.000 zum K. ausziehen
Sa	10,3	wie ein Roß, das geschmückt ist zum K.
	5	Riesen, die im K. den Feind niedertreten
	14,2	Heiden sammeln zum K. gegen Jerus. 12
Jdt	16,14	kamen um im K. vor meinem Herrn
Wsh	10,12	sie entschied einen schweren Kampf für ihn
Sir	46,8	daß der Herr selbst gegenwärtig war im K.
1Ko	14,8	wer wird sich zum K. rüsten
2Ko	10,4	die Waffen unsres K. sind nicht fleischlich
Phl	1,30	habt ihr doch denselben K., den
Kol	2,1	welchen K. ich um euch führe
1Th	2,2	das Evangelium Gottes zu sagen unter viel K.
1Ti	1,18	damit du in ihrer Kraft einen guten K. kämpfst
	6,12	kämpfe den guten K. des Glaubens
2Ti	4,7	ich habe den guten K. gekämpft
Heb	10,32	erduldet habt einen großen K. des Leidens
	11,34	(diese) sind stark geworden im K.
	12,1	laßt uns laufen mit Geduld in dem K.
	4	nicht widerstanden im K. gegen die Sünde
Jak	4,1	woher kommt der euch
Off	12,7	es entbrannte ein K. im Himmel
	16,14	sie zu versammeln zum K. am großen Tag Gottes 20,8

Kampfbahn

1Ma	1,15	richteten sie in Jerusalem eine K. her 2Ma 4,9.12.14
1Ko	9,24	daß die, die in der K. laufen

kampfbereit

StE	6,3	zwei Drachen gingen k. aufeinander los

kämpfen

1Mo	14,8	rüsteten sich, zu k. im Tal Siddim
	30,8	habe gek. mit meiner Schwester
	32,29	hast mit Gott und mit Menschen gek.
	49,23	wiewohl die Schützen gegen ihn k.
2Mo	1,10	könnten sie gegen uns k.
	17,8	da kam Amalek und k. gegen Israel 9.10
4Mo	21,23	Sihon k. gegen Israel 26.33; 5Mo 2,24; 3,1; 29,6; Jos 9,2; 24,8; Ri 11,20
	22,11	vielleicht kann ich mit ihm k. Jos 24,9
5Mo	1,41	wir wollen hinaufziehen und k. 42
	20,10	vor eine Stadt, um gegen sie zu k. 19
Jos	10,5	fünf Könige der Amoriter k. gegen (Gibeon)
	25	ebenso allen Feinden tun, gegen die ihr k. 29.31.34.36.38
	11,5	alle Könige versammelten sich, um mit Israel zu k. 18; 24,11
	14,11	wie meine Kraft damals war, zu k. und
Jos	19,47	Dan k. gegen Leschem und eroberte es
Ri	1,3	laß uns mit den Kanaanitern k. 5.9
	8	Juda k. gegen Jerusalem
	5,20	vom Himmel her k. die Sterne
	9,17	mein Vater hat für euch gek.
	45	so k. Abimelech gegen die Stadt 38.39.52
	10,9	die Ammoniter k. gegen Juda 18; 11,4-9.12. 27.32; 2Sm 11,17; 12,26.27.29; 2Ch 27,5
	11,25	hat (Balak) auch je mit Israel k.
	12,4	Jeftah k. gegen Ephraim 3
	20,20	um gegen Benjamin zu k. 22.28
1Sm	4,9	seid Männer, ihr Philister, und k.
	12,9	Philister und Moab; die k. gegen sie
	14,47	Saul k. gegen alle seine Feinde
	15,18	k. mit (den Amalekitern)
	17,9	vermag er gegen mich zu k. 10.19.32.33
	19,8	k. gegen die Philister 23,1.5; 28,15; 31,1; 2Sm 21,15; 1Ch 10,1; 2Ch 26,6
	29,8	k. gegen die Feinde meines Herrn
2Sm	2,28	das ganze Volk k. auch nicht weiter
	8,10	weil er gegen Hadad-Eser gek. 1Ch 18,10
	10,13	um gegen die Aramäer k. 17; 1Kö 20,26; 22,31; 2Kö 8,29; 9,15; 12,18; 1Ch 19,14.17; 2Ch 18,30.31; 22,6
1Kö	12,21	sammelte gegen das Haus Juda, um gegen Israel zu k. 4; 2Ch 11,1.4; 13,3
	20,1	Ben-Hadad k. gegen (Samaria) 23.25
2Kö	3,7	komm mit, um gegen die Moabiter zu k. 21
	10,3	k. für eures Herrn Haus
	13,12	wie er gek. hat 14,15.28
	16,5	um gegen Jerusalem zu k. 2Ch 32,2
	18,20	Rat und Macht zum K. Jes 36,5
	19,8	fand er den König von Assyr. k. 9; Jes 37,9
1Ch	5,19	sie k. gegen die Hagariter
2Ch	17,10	daß sie nicht gegen Joschafat k. 20,1.15.17
	35,22	Josia... kam, mit (Necho) zu k.
Ps	56,3	viele k. gegen mich voll Hochmut
	144,1	der meine Hände k. lehrt
Jes	19,2	daß ein Reich wider das andre k. wird
	20,1	und (der Tartan) gegen Aschdod k.
	29,8	Völker, die gegen Ariel k. 8
	31,4	wird der HERR herniederfahren, um zu k.
	54,15	wenn man k., dann kommt es nicht von mir
Jer	21,4	k. gegen den König von Babel 32,5; 37,10
	41,12	zogen hin, um mit Jischmaël zu k.
Dan	7,21	ich sah das Horn k. gegen die Heiligen
	10,20	muß mit dem Engelfürsten von Persien k.
	11,11	wird mit dem König des Nordens k.
Hos	12,4	er hat im Mannesalter mit Gott gek. 5
Sa	10,5	sollen k., der HERR wird mit ihnen sein
	14,3	HERR k., wie er zu k. pflegt
	14	auch Juda wird gegen Jerusalem k.
Jdt	1,6	Nebukadnezar k. gegen Arphaxad
Wsh	5,21	mit ihm wird die Welt k. gegen die Toren
1Ma	3,2	seine Brüder k. für Israel 11; 16,3; 2Ma 2,22; 13,17
	10	um gegen Israel zu k. 12,24
	17	wie sollen wir gegen ein so großes Heer k.
	21	müssen für unser Gesetz k. 43; 6,59
	58	bereit seid, gegen diese Heiden zu k.
	5,32	für ihre Brüder zu k., um sie zu retten
	6,31	das Heer k. viele Tage lang; aber die Juden k. tapfer
	10,2	zog gegen Alexander, um mit ihm zu k.
StE	6,4	um gegen ein Volk von Gerechten zu k.
Jh	18,36	meine Diener würden darum k., daß
Rö	15,30	daß ihr mir k. helft durch eure Gebete
1Ko	9,25	jeder, der k., enthält sich aller Dinge
	26	ich k. mit der Faust, nicht wie einer, der
	15,32	habe ich... mit wilden Tieren gek.

2Ko	10,3	k. wir doch nicht auf fleischliche Weise
Eph	6,12	wir haben nicht mit Fleisch und Blut zu k.
Phl	1,27	einmütig mit uns k. für den Glauben des Evangeliums 4,3
1Ti	1,18	damit du in ihrer Kraft einen guten Kampf k.
	4,10	dafür arbeiten und k. wir
	6,12	k. den guten Kampf des Glaubens
2Ti	2,5	wird er doch nicht gekrönt, er k. denn recht
	4,7	ich habe den guten Kampf gek.
Jak	4,2	ihr streitet und k.
Jud	3	daß ihr für den Glauben k.
Off	11,7	so wird das Tier mit ihnen k.
	12,7	und der Drache k. und seine Engel
	17	zu k. gegen die übrigen von ihrem Geschlecht
	13,4	wer ist dem Tier gleich, und wer kann mit ihm k.
	7	Macht, zu k. mit den Heiligen
	17,14	die werden gegen das Lamm k.
	19,11	er richtet und k. mit Gerechtigkeit

Kämpfer

2Mo	14,7	was in Ägypten war mit K. auf jedem Wagen
2Sm	1,6	die Wagen mit ihren K. waren hart an ihm
Hes	23,15	ein Bild gewaltiger K. allesamt

Kampfgeschrei

1Sm	17,52	die Männer Israels erhoben das K.
Jes	42,13	laut erhebt er das K.

Kampfplatz

1Sm	14,20	Saul und das ganze Volk kamen zum K.

Kampfpreis

Wsh	4,2	im Ringen um einen herrlichen K. gesiegt

Kampfspiel

2Sm	2,14	laß die jg. Männer sich aufmachen zum K.
2Ma	4,18	als man in Tyrus das K. hielt

Kana

Jos	16,8	¹geht die Grenze zum Bach K. 17,9
	19,28	²(Asser... die Grenze läuft nach) K.
Jh	2,1	³am dritten Tage war eine Hochzeit in K. in Galiläa 11
	4,46	Jesus kam abermals nach K. in Galiläa
	21,2	Nathanael aus K. in Galiläa

Kanaan

1Mo	9,25	verflucht sei K. und sein Knecht 26.27
	10,15	K. zeugte Sidon und Het 1Ch 1,13
	13,12	Abram wohnte im Lande K. 16,3; Jdt 5,7
	17,8	will dir geben das ganze Land K. 2Mo 6,4; 3Mo 25,38; 1Ch 16,18; Ps 105,11
	23,2	starb im Lande K. 46,12; 48,7; 4Mo 26,19
	19	in Machpela im Lande K. 49,30; 50,5.13
	28,1	eine Frau von den Töchtern K. 6.8; 36,2
	31,18	daß (Jakob) käme ins Land K. 35,6; 37,1
	33,18	Stadt Sichem, die im Lande K. liegt
	36,5	die geboren sind im Lande K. 42,13.32
	6	Gütern, die er im Lande K. erworben 46,5
1Mo	42,5	im Lande K. Hungersnot 47,4.13; Apg 7,11
	7	aus dem Lande K., Getreide zu kaufen 44,8; 46,31; 47,1
	29	als sie heimkamen ins Land K. 45,18.25
	47,14	alles Geld, das in K. gefunden wurde 15
	48,3	Gott erschien mir zu Lus im Lande K.
2Mo	15,15	alle Bewohner K. wurden feig
	16,35	bis an die Grenze K. aßen sie Manna
3Mo	14,34	wenn ihr ins Land K. kommt 4Mo 34,2; 35,10
	18,3	nicht tun nach der Weise des Landes K.
4Mo	13,2	Männer, die das Land K. erkunden 17
	32,30	sollen erben im Lande K. 34,2.29; Jos 14,1
	32	wollen hinüberziehen ins Land K. 33,51; 5Mo 1,7
	33,40	wohnte im Süden des Landes K.
	35,14	drei (Freistädte) im Lande K.
5Mo	32,49	schaue das Land K.
Jos	5,12	aßen schon von der Ernte des Landes K.
	21,2	in Silo im Lande K. 22,9; Ri 21,12
	22,10	Steinkreisen, die im Lande K. liegen 11
	32	kehrten die Obersten ins Land K. zurück
Ri	3,1	die nichts wußten von den Kriegen um K.
	4,2	Jabins, des Königs von K. 23.24
	5,19	damals stritten die Könige K.
Ps	106,38	sie opferten den Götzen K.
	135,11	(schlug) alle Königreiche in K.
Jes	19,18	werden 5 Städte die Sprache K. sprechen
Hos	12,8	wie K. Händler... eine falsche Waage
Ze	2,5	des HERRN Wort wird über euch kommen, K.
Bar	3,22	in K. hörte man nichts von ihr
1Ma	9,37	die Tochter eines Fürsten aus K.
StD	1,56	du Mann nach K. Art
1Mo	9,18	¹Ham ist der Vater K. 22; 10,6; 1Ch 1,8
Apg	13,19	vernichtete sieben Völker in K.
StD	11,31	²um ins Land K. zu ziehen 12,5; Jos 24,3

kanaanäisch

Mt	15,22	eine k. Frau kam aus diesem Gebiet

Kanaaniter

1Mo	10,18	nachher haben sich die K. ausgebreitet
	12,6	wohnten zu der Zeit die K. im Lande 13,7
	15,21	(deinen Nachkommen geben) die K. Neh 9,8
	24,3	keine Frau von den Töchtern der K. 37
	34,30	habt mich in Verruf gebracht bei den K.
	38,2	Juda sah dort die Tochter eines K.
	50,11	als die K. die Klage sahen
2Mo	3,8	in das Gebiet der K. 17; 13,5.11; 23,23; Jos 13,3.4
	23,28	vor dir her vertreiben die K. 33,2; 34,11
4Mo	13,29	K. wohnen am Meer und am Jordan 14,25; 5Mo 11,30; Jos 11,3; 12,8
	14,45	die K. schlugen und zersprengten sie 43
	21,1	der König von Arad, der K. 33,40; Jos 5,1; 9,1
	3	gab die K. in ihre Hand Ri 1,4; Neh 9,24
5Mo	7,1	wenn der HERR ausrottet die K. Jos 3,10
	20,17	sollst den Bann vollstrecken an den K.
Jos	7,9	wenn das K. hören, werden sie uns
	16,10	vertrieben die K. nicht... die K. wurden fronpflichtig 17,12.13; Ri 1,27-33; 3,3.5
	17,16	gibt es eiserne Wagen bei allen K. 18
	24,11	kämpften gegen euch die K.
Ri	1,1	Krieg zu führen gegen die K. 3.5.9.10.17
2Sm	24,7	kamen sie zu allen Städten der K.
1Kö	9,16	der Pharao hatte die K. erschlagen

Kanaaniter

Esr	9,1	haben sich nicht abgesondert von den K.
Hes	16,3	bist aus dem Lande der K.
Ob	20	werden die Städte der K. besitzen
Jdt	5,18	erschlugen sie die Könige der K.

Kanaaniterin

1Mo	46,10	Schaul, der Sohn der K. 2Mo 6,15
1Ch	2,3	diese drei wurden ihm geboren von der K.

Kanal

2Mo	7,19	recke deine Hand aus über ihre K. 8,1

Kananäus

Mt	10,4	(Apostel:) Simon K. und Judas Mk 3,18

Kandake

Apg	8,27	ein Mächtiger am Hof der K.

Kanne

2Mo	25,29	aus feinem Golde K. und Becher 37,16; 4Mo 4,7; 1Ch 28,17
	30,24	eine K. Olivenöl 29,40; 3Mo 23,13; 4Mo 15,4-7.9.10; 28,5.7.14; Hes 4,11; 45,24; 46,5.7.11.14

Kanne (Name)

Hes	27,23	Haran und K. haben mit dir gehandelt

Kanzel

2Ch	6,13	Salomo hatte eine K. aus Kupfer gemacht
Neh	8,4	Esra stand auf einer hölzernen K.

Kanzlei

Jer	36,12	ging er hinab in die K.

Kanzler

2Sm	8,16	Joschafat war K. 20,24; 1Kö 4,3; 1Ch 18,15
2Kö	18,18	der K. Joach 37; 2Ch 34,8; Jes 36,3.22
Esr	4,8	der K. Rehum 9.17
2Ma	3,7	bestimmte der König seinen K. Heliodor
	11,1	Lysias, der K. des Königs 13,2
Apg	19,35	als der Kanzler das Volk beruhigt hatte

Kaper

Pr	12,5	wenn die K. aufbricht

Kapernaum

Mt	4,13	(Jesus) wohnte in K. Jh 2,12
	8,5	als Jesus nach K. hineinging 17,24; Mk 1,21; 2,1; 9,33; Lk 4,31; 7,1
	11,23	und du, K., wirst du bis Lk 10,15
Lk	4,23	große Dinge, die in K. geschehen sind
Jh	4,46	dessen Sohn lag krank in K. 47
	6,17	stiegen in ein Boot und fuhren nach K. 24
	59	das sagte er in der Synagoge in K.

Kappadozien

Apg	2,9	wir in Mesopotamien und K.

1Pt	1,1	die verstreut wohnen in K.

Karawane

1Mo	37,25	sahen eine K. von Ismaelitern kommen
Hi	6,19	die K. von Tema… die K. von Saba
Jes	21,13	ihr K. der Dedaniter

Kareach

2Kö	25,23	Johanan, der Sohn K. Jer 40,8.13.15.16; 41,11.13.14.16; 42,1.8; 43,2.4.5

kargen

Spr	11,24	ein andrer k., wo er nicht soll
Sir	11,17	mancher k. und wird dadurch reich

kärglich

1Kö	22,27	speist ihn nur k. 2Ch 18,26
Sir	31,3	der Arme arbeitet und lebt doch k.
2Ko	9,6	wer da k. sät, der wird auch k. ernten

Karien

1Ma	15,23	(schrieb Luzius) nach K.

Karka

Jos	15,3	(Juda. Seine Südgrenze) biegt um nach K.

Karkas

Est	1,10	befahl er Setar und K., den Kämmerern

Karkemisch

2Ch	35,20	K. am Euphrat Jes 10,9; Jer 46,2

Karkor

Ri	8,10	Sebach und Zalmunna waren in K.

Karmel

Jos	12,22	¹(schlug) den König von Jokneam am K.
	19,26	(Asser) die Grenze stößt an den K.
1Kö	18,19	versammle ganz Israel auf den K. 20
	42	ging Elia auf den Gipfel des K.
2Kö	2,25	ging (Elisa) auf den Berg K. 4,25
2Ch	26,10	hatte Ackerleute und Weingärtner am K.
Hl	7,6	dein Haupt auf dir ist wie der K.
Jes	33,9	Baschan und K. stehen kahl Am 1,2; Nah 1,4
	35,2	die Pracht von K. und Scharon
Jer	46,18	so hoch, wie der K. am Meer
	50,19	daß sie auf dem K. weiden sollen
Am	9,2	wenn sie sich auch versteckten auf dem K.
Jdt	1,8	(Boten) zu den Völkern am K.
Jos	15,55	²(Städte des Stammes Juda:) K.
1Sm	15,12	daß Saul nach K. gekommen sei
	25,2	ein Mann hatte s. Tätigkeit in K. 5.7.40
	30,29	(ein Segensgeschenk) denen zu K.

Karmeliter, Karmeliterin

1Sm	27,3	David mit Abigajil, des Nabals Frau, der K. 30,5; 2Sm 2,2; 3,3; 1Ch 3,1
2Sm	23,35	Hezro, der K. 1Ch 11,37

karmesinfarben

3Mo 14,49 zur Entsündigung k. Wolle 51.52

Karmi, Karmiter

1Mo 46,9 ¹Söhne Rubens: K. 2Mo 6,14; 4Mo 26,6
Jos 7,1 ²Achan, der Sohn K. 18; 1Ch 2,7
1Ch 4,1 ³Söhne Judas: K.
Jdt 6,10 ⁴K., der auch Otniël hieß
8,8 Botschaft an die Ältesten Kabri und K.

Karnajim (s.a. Aschterot-Karnajim)

Am 6,13 haben wir nicht K. genommen
1Ma 5,44 wurde K. unterworfen 26.43; 2Ma 12,21.26

Karpus

2Ti 4,13 den Mantel, den ich ließ bei K.

Karschena

Est 1,14 waren K... die sieben Fürsten

Karta, *Kartha*

Jos 21,34 den übrigen Leviten wurden gegeben: K.

Kartan, *Karthan* (= Kirjatajim 2)

Jos 21,32 von Naftali: K. und seine Weideplätze

Käse

1Sm 17,18 diese 10 frischen K. bringe dem Hauptmann
Hi 10,10 hast mich wie K. gerinnen lassen

Kasifja, *Kasiphja*

Esr 8,17 zu Iddo... und seinen Brüdern, die in K. waren

Kasluhiter

1Mo 10,14 (Mizrajim zeugte) die K. 1Ch 1,12

Kaspin

2Ma 12,13 griff eine Stadt an; die hieß K.

Kaspon

1Ma 5,26 viele eingeschlossen waren in K.
36 von dort eroberte (er) K.

Kassia

2Mo 30,24 (nimm die beste Spezerei:) K. Ps 45,9

kasteien

Jes 58,3 warum k. wir unseren Leib, und du 5

Kasten

1Mo 6,14 mache dir einen K. von Tannenholz
2Mo 27,8 (den Altar) als K. von Brettern machen

Kästlein

2Mo 2,3 machte sie ein K... das K. in das Schilf 5
1Sm 6,8 die Dinge aus Gold tut in ein K. 11.15

Katan

Esr 8,12 Johanan, der Sohn K.

Kattat, *Kattath*

Jos 19,15 K... sind Städte (des Stammes Sebulon)

Katze

Bar 6,22 setzen sich auf ihre Köpfe, K.

Kauda, *Klauda*

Apg 27,16 vorbei an einer Insel, die K. heißt

Kauf

1Mo 23,16 Gewicht, das im K. gang und gäbe war
Sir 27,3 steckt Sünde zwischen K. und Verkauf

Kaufbrief

Jer 32,10 ich schrieb einen K. 11.12.14.16

kaufen

1Mo 17,12 was an Gesinde gek. ist 13.23.27; 2Mo 12,44; 21,2; 3Mo 22,11; 25,44.51
25,10 auf dem Felde, das Abraham von den Hetitern gek. hatte 49,30.32; 50,13
33,19 (Jakob) k. das Land von den Söhnen Hamors Jos 24,32; Apg 7,16
39,1 Potifar k. ihn von den Ismaelitern
41,57 alle Welt kam, um bei Josef zu k.
42,2 k. uns Getreide 3.5.7.10.19; 43,2.4.20.22; 44,25; 47,14
47,19 k. unser Land für Brot 20.22.23
3Mo 25,15 nach der Zahl der Jahre sollst du es k.
27,22 einen Acker gelobt, den er gek. hat 24
5Mo 2,6 Speise sollt ihr k., Wasser sollt ihr k.
Rut 4,4 willst du k. es, so k. es 5.8.9
2Sm 12,3 ein kleines Schäflein, das er gek.
24,21 um von dir die Tenne zu k. 24; 1Ch 21,24
1Kö 10,28 Kaufleute k. (Pferde) aus Koë 2Ch 1,16
16,24 (Omri) k. den Berg Samaria
2Kö 12,13 Holz und Steine k. 22,6; 2Ch 34,11
Esr 7,17 alles das nimm und k. Speisopfer
Neh 5,2 verpfänden, um Getreide zu k. 3
16 ich k. keinen Acker
Spr 17,16 was soll dem Toren Geld, Weisheit zu k.
20,14 schlecht! spricht man, wenn man k.
23,23 k. Wahrheit
27,26 Böcke geben dir das Geld, Acker zu k.
31,16 sie trachtet nach einem Acker und k. ihn
Jes 43,24 mir hast du nicht Gewürz gek.
55,1 k. und eßt... k. ohne Geld
Jer 13,1 k. dir einen leinenen Gürtel 2.4; 19,1
32,7 k. du... dir kommt es zu, ihn zu k. 8.9.25
15 man wird wieder k. in diesem Lande 43.44
Hes 16,33 gibst deinen Liebhabern Geld und k. sie
27,16 haben von dem Vielen gek. 18
Hos 3,2 ich k. sie mir für fünfzehn Silberstücke
Sir 20,12 mancher k. zunächst viel für wenig Geld
51,33 k. euch nun Weisheit

kaufen

Bar	1,10	wir senden euch Geld; dafür k. Brandopfer
1Ma	3,41	um die *Israeliten als Sklaven zu k. 2Ma 8,11.25
	12,36	daß die Leute... nichts k. könnten 13,49
Mt	10,29	k. zwei Sperlinge für einen Groschen
	13,44	ging er hin und k. den Acker 46
	14,15	laß das Volk, damit sie sich zu essen k. Mk 6,36; Lk 9,13; Jh 6,5
	25,9	geht zum Kaufmann und k. für euch selbst 10
	27,7	sie beschlossen, den Töpferacker zu k.
	9	*welchen sie k. von den Kindern Israel*
Mk	6,37	für zweihundert Silbergroschen Brot k.
	15,46	der k. ein Leinentuch und nahm ihn ab
	16,1	k. Maria und Salome wohlriechende Öle
Lk	14,18	ich habe einen Acker gek. 19
	17,28	sie k., sie verkauften, sie pflanzten, sie bauten
	22,36	verkaufe seinen Mantel und k. ein Schwert
Jh	4,8	waren in die Stadt gegangen, um Essen zu k.
	13,29	k., was wir zum Fest nötig haben
1Ko	7,30	die k., als behielten sie es nicht
Off	3,18	ich rate dir, daß du Gold von mir k.
	13,17	daß niemand k. oder verkaufen kann
	18,11	weil ihre Ware niemand mehr k. wird

Käufer

3Mo	25,27	was übrig ist, dem K. zurückzahlen 28.30
	50	soll mit seinem K. rechnen
5Mo	28,68	aber es wird kein K. dasein
Jes	24,2	es geht dem Verkäufer wie dem K.
Hes	7,12	der K. freue sich nicht
	27,25	Tarsisschiffe waren die K.
Sa	11,5	ihre K. schlachten sie
Sir	37,12	man fragt ja auch nicht einen K.
Mt	21,12	Jesus trieb heraus alle K. Mk 11,15

Kaufgeld

Ps	44,13	hast mit ihrem K. nichts gewonnen

Kaufhaus

Jh	2,16	macht nicht meines Vaters Haus zum K.

Kaufmann, Kaufleute

1Mo	37,28	als die midianitischen K. vorüberkamen
1Kö	10,15	außer dem, was vom Gewinn der K. kam 2Ch 9,14
	28	K. des Königs kauften (Pferde) 2Ch 1,16
Jes	23,2	sind still geworden, die K. von Sidon 8
Hes	27,22	K. aus Saba haben mit dir gehandelt 23.36
	38	die K. von Tarsis werden zu dir gagen
Sir	26,28	ein K. kann sich schwer hüten vor Unrecht
	37,12	man fragt ja auch nicht einen K.
	42,5	Gewinn zu erzielen beim Handeln mit K.
Bar	3,23	die K. von Midian dichteten zwar Fabeln
1Ma	3,41	als die K. in der Umgegend davon hörten
2Ma	8,34	Nikanor, der die 1.000 K. mitgebracht
Mt	13,45	K., der gute Perlen suchte
	25,9	geht zum K. und kauft für euch selbst
Off	18,3	die K. auf Erden sind reich geworden 15
	11	die K. auf Erden werden weinen um sie
	23	deine K. waren Fürsten auf Erden

Kaufmannsschiff

Spr	31,14	sie ist wie ein K.

Kaufpreis

1Mo	31,15	(Laban) hat unsern K. verzehrt
3Mo	25,16	den K. steigern... den K. verringern

kaum

1Mo	27,30	als Jakob k. hinausgegangen war
2Ch	20,25	so viel, daß es k. zu tragen war
Jes	40,24	k. sind sie gepflanzt, k. sind sie gesät, k. hat ihr Stamm eine Wurzel
	66,8	k. in Wehen, hat Zion ihre Kinder
Hag	2,16	waren k. zehn da... k. zwanzig da
Wsh	9,16	wir erfassen k., was auf Erden ist
Apg	14,18	konnten sie k. das Volk davon abbringen
	27,8	gelangten k. daran vorbei und kamen
1Pt	4,18	wenn der Gerechte k. gerettet wird
2Pt	2,18	die k. entronnen waren denen, die im Irrtum

Käuzchen

3Mo	11,17	(daß ihr nicht esset:) das K. 5Mo 14,16
Ps	102,7	ich bin wie das K. in den Trümmern
Ze	2,14	das K. wird im Fenster schreien

kawlakaw

Jes	28,10	(Priester und Propheten sagen) k. k. 13

Kebar

Hes	1,1	als ich am Fluß K. war 3; 3,15.23; 10,15.20.22; 43,3

Kedar

1Mo	25,13	Söhne Ismaels: K. 1Ch 1,29
Ps	102,5	muß wohnen bei den Zelten K. Hl 1,5
Jes	21,16	soll alle Herrlichkeit K. untergehen 17
	42,11	samt den Dörfern, wo K. wohnt
	60,7	alle Herden von K. sollen zu dir
Jer	2,10	sendet nach K. und gebt genau acht
	49,28	wider K... ziehet herauf gegen K.
Hes	27,21	alle Fürsten K. haben Handel getrieben
Jdt	1,8	(Boten) zu den Völkern von K.

Kedemot, *Kedemoth*

5Mo	2,26	sandte Boten aus der Wüste K. an Sihon
Jos	13,18	(gab dem Stamm Ruben:) K. 21,37; 1Ch 6,64

Kedesch

Jos	12,22	[1]der König von K.
	19,37	(Naftali... feste Städte sind:) K. 20,7; 21,32; 1Ch 6,61
Ri	4,6	(Debora) ließ rufen Barak... aus K. 9.10
2Kö	15,29	Tiglat-Pileser nahm K.
1Ma	11,63	mit einem Heer nach K. gekommen 73
Jos	15,23	[2](Städte des Stammes Juda:) K. (= Kadesch)
Ri	4,11	[3] in Zaanannim bei K. 1Ch 6,57 (= Kischjon)

Kedma

1Mo	25,15	(Söhne Ismaels:) K. 1Ch 1,31

Kedor-Laomer

1Mo	14,1	K., des Königs von Elam 4.5.9.17

Kefar-Ammoni, *Kephar-Ammoni*

Jos 18,24 (Städte des Stammes Benjamin:) K.

Kefira, *Kephira*

Jos 9,17 K., Beerot und Kirjat-Jearim 18,26; Esr 2,25; Neh 7,29

Kefirim, *Kephirim*

Neh 6,2 laß uns in K. zusammenkommen

Kehat, Kehatiter, *Kehath, Kehathiter*

1Mo 46,11 Söhne Levis: K. 2Mo 6,16.18; 4Mo 3,17.19.27. 29; 4,2; 16,1; 26,57.58; 1Ch 5,27.28; 6,1.3.7; 15,5; 23,6.12; 2Ch 29,12
4Mo 4,4 Amt der Söhne K. 15.18.34.37; 7,9; 10,21; 1Ch 6,18; 9,32; 2Ch 20,19; 34,12
Jos 21,4 das Los fiel auf das Geschlecht der K. 5.10. 20.26; 1Ch 6,39.52

Kehelata, *Kehelatha*

4Mo 33,22 lagerten sich in K. 23

Kehle

Ps 69,2 das Wasser geht mir bis an die K.
115,7 kein Laut kommt aus ihrer K.
Spr 5,3 ihre K. ist glatter als Öl
23,2 setze ein Messer an deine K.
25,25 wie kühles Wasser für eine durstige K.
Jer 2,25 schone deine K., daß sie nicht durstig

kehren

2Mo 9,21 wessen Herz s. nicht an des HERRN Wort k.
3Mo 17,10 gegen den will ich mein Antlitz k. 20,3.5.6
Jos 7,8 Israel seinen Feinden den Rücken gek. 12
8,24 da k. sich ganz Israel gegen Ai
Ri 15,4 Simson k. je einen Schwanz zum andern
1Kö 7,25 Hinterteile nach innen gek. 2Ch 4,4
12,8 er k. sich nicht an den Rat 13
14,9 hast mir den Rücken gek.
18,37 daß du ihr Herz wieder zu dir k.
2Ch 20,23 k. sich einer gegen den andern
30,6 wird sich zu den Erretteten k.
Hi 30,15 Schrecken hat sich gegen mich gek.
36,21 k. dich nicht zum Unrecht
37,12 er k. die Wolken, wohin er will
Ps 21,13 wirst machen, daß sie den Rücken k.
90,13 k. dich doch endlich wieder zu uns
Spr 1,23 k. euch zu meiner Zurechtweisung
5,13 daß ich k. mein Ohr neigt zu denen
17,8 wohin er sich k., hat er Glück
Jes 1,25 will meine Hand wider dich k.
13,14 daß sich jeder zu seinem Volk k. wird
44,22 k. dich zu mir, denn ich erlöse dich
60,5 wenn sich die Schätze zu dir k.
Jer 15,19 sollen sich zu dir k., doch du k. dich
50,5 fragen nach Zion sich dorthin k.
Hes 36,9 will mich wieder zu euch k.
Dan 9,3 ich k. mich zu Gott, dem Herrn
Hos 3,1 obgleich sie sich zu fremden Göttern k.
11,7 mein Volk ist müde, sich zu mir zu k.
Sa 1,3 k. euch zu mir ... will mich zu euch k. Mal 3,7
Tob 3,15 zu dir, Herr, k. ich mein Angesicht
Mt 12,44 wenn er kommt, so findet er's gek. Lk 11,25
Lk 15,8 zündet ein Licht an und k. das Haus
24,33 k. wieder nach Jerusalem 52
2Ti 4,4 werden sich zu den Fabeln k.
2Pt 3,9 daß sich jedermann zur Buße k.

Kehricht

Ps 80,17 haben ihn mit Feuer verbrannt wie K.
Jes 5,25 ihre Leichen sind wie K. auf den Gassen
Klg 3,45 hast uns zu K. und Unrat gemacht
1Ko 4,13 wir sind geworden jedermanns K.

kehrtmachen

Ri 20,41 die Männer von Israel m. k.

Këila

Jos 15,44 (Städte des Stammes Juda:) K. 1Ch 4,19
1Sm 23,1 die Philister kämpfen gegen K. 2-8.10-13
Neh 3,17 der Vorsteher des Bezirkes von K. 18

kein, keiner

1Mo 2,5 k. Mensch war da, der das Land bebaute
20 für den Menschen ward k. Gehilfin gefunden
9,11 hinfort k. Sintflut mehr kommen soll 15
11,7 daß k. des andern Sprache verstehe
30 hatte k. Kind 15,3; 16,1; 30,1; Ri 13,2.3; 1Sm 1,2; 2Sm 6,23; Lk 1,7
19,8 Töchter, die wissen noch von k. Manne 24,16
31 k. Mann ist, der zu uns eingehen könnte
20,11 gewiß ist k. Gottesfurcht an diesem Orte
21,23 daß du mir k. Untreue erweisen wollest
23,6 k. Mensch unter uns wird dir wehren
24,3 k. Frau von den Töchtern der Kanaaniter 37; 28,6
26,29 daß du uns k. Schaden tust
27,36 hast du mir k. Segen vorbehalten
31,14 haben k. Erbe in unseres Vaters Hause
38 haben k. Fehlgeburt gehabt 2Mo 23,26
40 k. Schlaf kam in meine Augen
50 es ist hier k. Mensch bei uns 39,11; 45,1; 2Mo 2,12
37,4 konnten ihm k. freundliches Wort sagen
24 die Grube war leer und k. Wasser darin
38,21 es ist k. Hure da gewesen 22
41,8 war k., der sie dem Pharao deuten konnte
39 ist k. so verständig und weise wie du
47,13 war k. Brot im ganzen Lande
2Mo 5,10 man wird euch k. Häcksel mehr geben 16
8,18 daß dort k. Stechfliegen seien
9,29 so wird k. Hagel mehr fallen
12,5 ein solches Lamm, an dem k. Fehler ist
16 k. Arbeit sollt ihr dabei tun 20,10; 35,3; 3Mo 23,3; 5Mo 5,14; 16,8
19 daß man k. Sauerteig finde 39; 5Mo 16,3.4
22 k. Mensch gehe heraus 30
43 k. Ausländer soll davon essen 29,33; 3Mo 22,10.13
46 k. Knochen an ihm zerbrechen 4Mo 9,12
15,22 fanden k. Wasser 17,1; 4Mo 20,2.5; 21,5; 33,14; 5Mo 8,15; 2Kö 3,9; 2Ch 32,4
26 will dir k. der Krankheiten auferlegen
16,24 war auch k. Wurm darin
19,13 k. Hand soll ihn anrühren 34,3
15 k. rühre eine Frau an
20,3 sollst k. anderen Götter haben neben mir 23; 34,14; 5Mo 5,7; 2Kö 17,35; Ps 81,10; Hos 13,4

kein

2Mo	20,4	sollst dir k. Bildnis machen 34,17; 3Mo 19,4; 26,1; 5Mo 5,8; 16,21.22
	21,22	so daß ihr sonst k. Schaden widerfährt
	22,1	so liegt k. Blutschuld vor
	30	k. Fleisch, das von Tieren zerrissen
	23,1	k. Gerücht verbreiten; k. falscher Zeuge sein
	32	mit ihnen k. Bund schließen 5Mo 7,2; Ri 2,2
	28,43	damit sie k. Schuld auf sich laden 3Mo 20,14; 5Mo 23,23
	30,9	k. fremdes Räucherwerk darauf tun, auch k. Brandopfer 4Mo 17,5; 18,4
	32	auf k. andern soll es gegossen werden
	32,18	es ist k. Geschrei wie bei einem Sieg
	33,20	k. Mensch wird leben, der mich sieht
	34,28	40 Tage k. Brot und k. Wasser 5Mo 9,9.18
3Mo	5,11	soll k. Öl darauf gießen 4Mo 5,15
	7,23	sollt k. Fett essen von... Ziegen
	26	sollt k. Blut essen 17,12.14
	11,4	hat aber k. durchgespaltenen Klauen 5-7
	12,4	k. Heiliges soll sie anrühren
	13,32	findet, daß k. goldgelbes Haar da ist
	16,17	k. Mensch soll in der Stiftshütte sein
	29	sollt ihr fasten und k. Arbeit tun 23,7.8.21.25. 28.31.35.36; 4Mo 28,18.25.26; 29,1.7.12.35
	18,6	k. soll k. Blutsverwandten nahen
	23	sollst bei k. Tier liegen 26
	19,14	sollst vor den Blinden k. Hindernis legen
	19	k. Kleid... aus zweierlei Faden
	28	an eurem Leibe k. Einschnitte machen 21,5
	21,1	ein Priester soll sich an k. Toten unrein machen 3.11; 4Mo 6,6; Hes 44,25
	5	k. Glatze scheren auf ihrem Haupt 4Mo 6,5; Ri 13,5
	7	sollen k. Hure zur Frau nehmen 14
	18	k., an dem ein Fehler ist, soll herzutreten
	22,13	wird Witwe 4Mo 27,8-11 k. Kinder
	21	es soll k. Fehler haben 22.24; 4Mo 19,2
	23,14	sollt von der neuen Ernte k. Brot essen
	25,14	soll k. seinen Bruder übervorteilen 17
	20	so sammeln wir auch k. Getreide ein
	26	wenn jemand k. Löser hat Rut 4,4
	31	Dorf, um das k. Mauer ist
	46	k. über den andern herrschen
	26,6	k. Schwert soll durch euer Land gehen
	27,29	soll k. gebannten Menschen loskaufen
4Mo	3,4	starben und hatten k. Söhne 26,33; 27,3.4; Jos 17,3; 2Kö 1,17; 4,14; 1Ch 2,34; 23,22; 24,2.28
	5,13	ist k. Zeuge wider sie da 19
	11,11	warum finde ich k. Gnade
	14,23	soll k. das Land sehen 26,64.65; 5Mo 1,35
	16,15	habe k. von ihnen ein Leid getan
	18,20	sollst k. Erbgut besitzen, k. Anteil 23.24; 26,62; 5Mo 18,2; Jos 13,14.33; 14,3.4; 18,7; Hes 44,28
	19,15	Gefäß, auf das k. Deckel gebunden ist
	21,35	bis k. mehr übrigblieb 5Mo 3,3; Jos 11,22
	22,26	wo k. Platz mehr war auszuweichen
	23,21	man sieht k. Unheil u. k. Verderben 23
	35,30	ein einzelner Zeuge soll k. Aussage machen 5Mo 19,15
	31	sollt k. Sühnegeld nehmen 32
5Mo	2,9	sollst den Moabitern k. Schaden tun 19
	36	k. Stadt, die sich schützen konnte 3,4; Jos 11,19; 21,44
	4,12	ihr saht k. Gestalt 15
	35	daß der HERR allein Gott ist und sonst k. 39; 32,39; 33,26; 1Sm 2,2; 2Sm 7,22; 1Kö 8,23. 60; 2Kö 5,15; 1Ch 17,20; 2Ch 6,14; Hi 41,3; Jes 43,10; 44,6; 45,5.6.14.18.21.22; 46,9; Jo 2,27
	7,2	sollst k. Gnade gegen sie üben Jos 11,20
	7,15	wird dir k. von d. bösen Seuchen auflegen
	10,17	der große Gott, der k. Geschenk nimmt
	11,17	schließe den Himmel zu, daß k. Regen
	14,21	sollt k. Aas essen
	15,4	sollte überhaupt k. Armer unter euch sein
	16,19	sollst k. Geschenke nehmen
	19,4	hat vorher k. Haß gegen ihn gehabt 6
	21,14	wenn du k. Gefallen mehr an ihr hast
	22,26	denn sie hat k. Sünde getan
	23,2	k. Entmannter soll in die Gemeinde 3
	18	k. Tempeldirne und k. Tempelhurer 19
	27,5	aus Steinen, die k. Eisen berührt Jos 8,31
	28,29	auf deinem Wege k. Glück haben 32.65.68
	29,5	kein Brot, k. Wein... k. starkes Getränk
	32,4	treu ist Gott und k. Böses an ihm
	12	k. fremder Gott war mit ihm Jes 43,12
	28	k. Verstand wohnt in ihnen
	34,10	stand k. Prophet in Israel auf wie Mose
Jos	2,11	wagt k. mehr vor euch zu atmen 5,1
	5,12	so daß Israel k. Manna mehr hatte
	6,10	sollt k. Kriegsgeschrei erheben
	8,35	k. Wort, das Josua nicht h. ausrufen lassen
	10,14	war k. Tag diesem gleich
	22,25	ihr habt k. Teil am HERRN 27
Ri	5,8	es gab k. Brot in den Toren... k. Schild
	11,34	Jeftah hatte k. Sohn und k. Tochter
	13,7	trinke nun k. Wein 14
	14,3	ist denn nun k. Mädchen in deinem Volk
	17,6	war k. König in Israel 18,1; 19,1; 21,25
	18,1	war ihm noch k. Erbe zuteil geworden
	21,7	von unsern Töchtern k. zu Frauen geben
	9	war k. Bürger da von Jabesch in Gilead
	12	400 Mädchen, die k. Mann angehört hatten
Rut	1,13	wolltet ihr euch k. Mann nehmen
1Sm	2,24	das ist k. gutes Gerücht
	31	daß es k. Alten geben wird in d. Hause
	3,19	ließ k. von allen seinen Worten zur Erde fallen 2Kö 10,10
	6,7	Kühe, auf die noch k. Joch gekommen
	9,7	k. Gabe, die wir dem Mann Gottes bringen
	10,24	(Saul) ist k. gleich im ganzen Volk
	14,45	soll k. Haar auf die Erde fallen 2Sm 14,11
	16,10	HERR hat k. von ihnen erwählt
	17,32	seinetwegen lasse k. den Mut sinken
	20,21	es steht gut um dich und hat k. Gefahr
	21,2	warum ist k. Mann bei dir
	5	ich habe k. gewöhnliches Brot 7
	26,8	daß es k. zweiten mehr bedarf
	28,20	auch war k. Kraft mehr in ihm
	30,12	hatte in drei Tagen k. Wasser getrunken
	17	so daß k. von ihnen entrann 1Kö 18,40; 2Ch 14,12; 20,24
2Sm	5,8	laß k. Blinden und Lahmen ins Haus
	14,6	weil k. da war, der schlichtete
	7	daß k. Name und k. Nachkomme bleibt
	25	k. Mann so schön wie Absalom
	15,3	du hast k. beim Könige, der dich hört
	14	hier wird k. Entrinnen sein vor Absalom
	26	ich habe k. Wohlgefallen an dir
	17,7	ist k. guter Rat, den Ahitofel diesmal
	8	wird seinen Leuten k. Nachtruhe gönnen
	18,18	habe k. Sohn, der meinen Namen erhält
	19,8	so wird k. Mann bei dir bleiben
	20,1	wir haben k. Teil an David
	10	gab ihm k. Stich mehr
	22,42	da ist k. Helfer 2Kö 14,26; Ps 18,42; 22,12; 72,12; Spr 6,15; Jes 63,5
1Kö	3,2	k. Haus gebaut dem HERRN 8,16; 2Ch 6,5
	13	so daß deinesgleichen k. ist 2Kö 23,25; 1Ch 29,25; Neh 13,26

1Kö	8,46	k. Menschen, der nicht sündigt 2Ch 6,36	Hi	20,21	wird sein gutes Leben k. Bestand haben
	13,8	will an diesem Ort k. Brot essen 9		26	ein Feuer, daß k. angezündet hat
	17,7	es war k. Regen im Lande		24,7	haben k. Decke im Frost 8
	17	daß k. Odem mehr in ihm blieb		15	denkt: Mich sieht k. Auge
	18,10	k. Volk, wohin mein Herr nicht gesandt hat		26,2	der k. Kraft... der k. Stärke hat 3
	23	laßt k. Feuer daran legen 25		6	der Abgrund hat k. Decke
	26	war k. Stimme noch Antwort 29; 2Kö 4,31; 7,10		27,4	meine Zunge sagt k. Betrug
				28,7	hat k. Geier... k. Falkenauge gesehen 8
	22,1	drei Jahre, daß k. Krieg war 2Ch 14,5; 15,19		29,12	die Waise, die k. Helfer hatte
	7	ist hier k. Prophet mehr 2Kö 3,11		30,13	k. gebietet ihnen Einhalt
	17	wie Schafe, die k. Hirten haben 2Ch 18,16; Hes 34,5.8; Sa 10,2; Mt 9,36; Mk 6,34		31,32	k. Fremder durfte draußen bleiben
				32,3	weil sie k. Antwort fanden 5
	48	war k. König in Edom		12	war k., der Hiob zurechtwies
2Kö	1,3	ist denn k. Gott in Israel 6.16		21	vor mir soll k. Ansehen der Person gelten, will k. Menschen schmeicheln
	4,6	es ist k. Gefäß mehr hier			
	9,22	Abgötterei und Zauberei haben k. Ende		33,9	bin rein, habe k. Sünde
	12,9	daß sie vom Volk k. Geld mehr nehmen 14		34,22	es gibt k. Finsternis und k. Dunkel
	17,4	daß Hoschea k. Abgaben brachte		27	verstanden k. seiner Wege
	19,32	k. Pfeil... k. Schild... k. Wall Jes 37,33		31	will k. Unrecht mehr tun
	22,7	k. Rechnung zu legen brauchten		36,16	wo k. Bedrängnis mehr ist
	23,22	war k. Passa so gehalten worden 2Ch 35,18		37,24	sieht k. an, wie weise sie auch sind
1Ch	4,10	daß mich k. Übel bekümmere Hi 5,19		38,26	in der Wüste, wo k. Mensch ist
	9,33	die in den Kammern k. Dienst hatten		39,17	Gott hat ihr k. Verstand zugeteilt
	12,18	da doch k. Frevel an mir ist		41,20	k. Pfeil wird ihn verjagen
	16,22	tut meinen Propheten k. Leid Ps 105,15		42,15	es gab k. so schönen Frauen wie die
	23,17	Eliëser hatte k. andern Söhne 2Ch 21,17	Ps	10,6	es wird k. Not haben
2Ch	6,5	habe k. Mann erwählt, daß er Fürst		14,1	die Toren sprechen: Es ist k. Gott... da ist k., der Gutes tut 3; 53,2.4
	8,9	von Israel machte Salomo k. zum Knecht			
	15	man wich in k. Hinsicht vom Gebot		4	will das k. der Übeltäter begreifen
	9,9	gab k. Spezerei wie diese... von Saba		16,2	ich weiß von k. Gut außer dir
	13,20	so daß Jerobeam k. Macht mehr hatte		22,3	doch finde ich k. Ruhe Jer 4,19; 45,3; Klg 1,3. 6
	14,10	gegen dich vermag k. Mensch etwas			
	15,5	zu der Zeit gab es k. Sicherheit		7	ich bin ein Wurm und k. Mensch
	19,7	bei dem HERRN ist k. Unrecht Ps 92,16		23,4	fürchte ich k. Unglück
	20,12	in uns ist k. Kraft		25,3	k. wird zuschanden, der auf dich harret
	21,19	man machte k. Brand ihm zu Ehren		32,2	in dessen Geist k. Trug ist
	24,20	so daß ihr k. Gelingen habt		34,10	die ihn fürchten, haben k. Mangel 11
	26,18	wird dir k. Ehre bringen vor Gott		36,2	es ist k. Gottesfurcht bei ihnen Rö 3,18
	29,7	k. Räucherwerk... k. Brandopfer		5	scheuen k. Arges
	32,15	k. Gott eines Volkes hat erretten können		45,8	hat dich gesalbt wie k. deinesgleichen
	36,16	bis es k. Vergeben mehr gab		49,8	kann doch k. einen andern auslösen
Esr	8,15	aber ich fand k. Leviten		59,6	sei k. von ihnen gnädig
	10,6	Esra aß k. Brot und trank k. Wasser		63,2	aus dürrem Land, wo k. Wasser ist
Neh	2,12	hatte k. gesagt... war k. Tier bei mir 14		69,3	versinke in Schlamm, wo k. Grund ist
	20	für euch gibt es k. Anteil, k. Anrecht		21	warte auf Tröster, ich finde k. Klg 1,21
	5,16	kaufte k. Acker		73,4	für sie gibt es k. Qualen
	6,1	daß k. Lücke mehr darin sei		74,9	k. Prophet ist mehr da, und k. bei uns
	13,19	damit man k. Last hereinbringe am Sabbattag Jer 17,21.22.24.27		77,8	wird denn der Herr k. Gnade mehr erweisen Jer 16,13
Est	1,7	k. Glanz soll über ihm scheinen 7		83,5	ausrotten, daß sie k. Volk mehr seien
Hi	3,4	hatte k. Frieden, k. Rast, k. Ruhe 16,18		84,12	wird k. Gutes mangeln lassen den Frommen
	26	der Löwe kommt um, wenn er k. Beute hat		86,8	es ist dir k. gleich unter den Göttern
	4,11	Erretter ist da Ps 7,3; 50,22; 71,11; Jes 42,22; 47,15		88,5	bin wie ein Mann, der k. Kraft mehr hat
	5,4			91,10	es wird dir k. Übel begegnen, k. Plage
	6,13	k. Hilfe mehr Ps 3,3		101,3	ich nehme mir k. böse Sache vor
	7,8	mein Auge wird mich nicht mehr schauen		102,28	deine Jahre nehmen k. Ende
	19	läßt mir k. Atemzug Ruhe		105,14	ließ k. Menschen Schaden tun
	9,35	bin mir k. Schuld bewußt 16,17		37	war k. Gebrechlicher unter ihren Stämmen
	11,14	daß in deiner Hütte k. Unrecht bliebe		107,4	fanden k. Stadt, in der sie wohnen konnten
	12,14	wenn er zerbricht, so hilft k. Bauen		27	sie wußten k. Rat mehr
	24	führt sie irre, wo k. Weg ist		109,16	weil er so gar k. Barmherzigkeit übte
	13,16	es kommt k. Ruchloser vor ihn		24	mein Leib ist mager und hat k. Fett
	15,19	daß k. Fremder unter ihnen umherzog		115,7	k. Laut kommt aus ihrer Kehle
	16,3	wollen der leeren Worte k. Ende haben		17	k., der hinunterfährt in die Stille
	17,10	werde k. Weisen unter euch finden		119,3	k. Unrecht tun
	18,17	er wird k. Namen haben 19		133	laß k. Unrecht über mich herrschen
	19,7	ich rufe, aber k. Recht ist da		129,8	k., der vorübergeht, soll sprechen
	27	m. Augen werden ihn schauen und k. Fremder		135,17	ist k. Odem in ihrem Munde
				139,4	ist k. Wort auf m. Zunge, das du, HERR
				16	alle Tage, von denen k. da war

kein

Ps	140,12	ein böses Maul wird k. Glück haben
	143,2	vor dir ist k. Lebendiger gerecht
	144,14	k. Klagegeschrei sei auf unsern Gassen
	147,10	k. Freude an der Stärke des Rosses und k. Gefallen an den Schenkeln des Mannes
	20	so hat er an k. Volk getan
Spr	1,33	wer mir gehorcht, wird k. Unglück fürchten
	3,30	wenn er dir k. Leid getan hat
	31	erwähle seiner Wege k.
	4,24	sei k. Lästermaul
	5,17	habe du sie allein, k. Fremder mit dir
	6,7	wenn sie auch k. Fürsten hat
	29	es bleibt k. ungestraft, der sie berührt
	35	achtet k. Sühnegeld und nimmt nichts an
	12,21	es wird dem Gerechten k. Leid geschehen
	13,8	ein Armer bekommt k. Drohung zu hören
	23	wo k. Recht ist, da ist Verderben
	14,4	wo k. Rinder sind, ist die Krippe leer
	10	in s. Freude kann sich k. Fremder mengen
	16,29	ein Frevler führt ihn auf k. guten Weg
	17,21	eines Toren Vater hat k. Freude
	19,23	wird schlafen, von k. Übel heimgesucht
	21,30	k. Weisheit, k. Verstand, k. Rat besteht
	26,20	wenn k. Holz mehr da ist, so verlischt
	29,9	aber es gibt k. Ruhe
	18	wo k. Offenbarung ist, wird d. Volk wild
	30,27	die Heuschrecken – sie haben k. König
	31,12	sie tut ihm Liebes und k. Leid
Pr	2,10	verwehrte meinem Herzen k. Freude
	11	da war k. Gewinn unter der Sonne 3,9
	4,1	Tränen derer, die k. Tröster hatten
	8	doch ist seiner Mühe k. Ende
	10	doch ist k. anderer da, der ihm aufhilft
	16	war k. Ende des Volks, vor dem er herzog
	5,3	er hat k. Gefallen an den Toren
	9	wer Reichtum liebt, wird k. Nutzen haben
	7,17	sei nicht allzu gottlos und sei k. Tor
	20	es ist k. Mensch so gerecht auf Erden
	8,8	der Mensch hat k. Macht, den Wind aufzuhalten, und k. Macht über den Tag des Todes, und k. bleibt verschont im Krieg
	9,5	die Toten haben k. Lohn mehr 6
	15	k. Mensch dachte an diesen armen Mann
	10,11	so hat der Beschwörer k. Vorteil
	12,12	des vielen Büchermachens ist k. Ende
Hl	4,2	k. unter ihnen ist unfruchtbar 6,6
	7	k. Makel ist an dir
	8,8	unsre Schwester hat k. Brüste
Jes	1,11	ich habe k. Gefallen am Blut der Stiere Hos 8,13; Am 5,22; Mal 1,10
	2,4	wird k. Volk das Schwert erheben Mi 4,3
	7	ihrer Schätze k. Ende; ihrer Wagen k. Ende
	3,7	er wird sagen: Ich bin k. Arzt; es ist k. Brot und k. Mantel in meinem Hause
	5,8	bis k. Raum mehr da ist
	27	k. unter ihnen ... schläft; k. geht der Gürtel auf; k. zerreißt ein Schuhriemen
	8,20	so wird ihnen k. Morgenrot scheinen
	9,6	des Friedens k. Ende auf dem Thron Davids
	18	k. schont den andern
	10,14	k. Flügel ...
	15	als ob der Stock den höbe, der k. Holz ist
	13,10	der Mond gibt k. Schein
	20	daß auch Araber dort k. Zelte aufschlagen
	14,31	k. sondert sich ab von seinen Scharen
	15,6	daß k. Grünes wächst
	16,10	man keltert k. Wein in den Keltern
	17,1	Damaskus wird k. Stadt mehr sein
	21,4	auch am Abend habe ich k. Ruhe
	23,1	zerstört, daß k. Haus mehr da ist 10
Jes	23,4	ziehe k. Jünglinge auf und k. Jungfrauen
	12	doch wirst du auch da k. Ruhe haben
	25,6	ein Mahl von Wein, darin k. Hefe ist
	27,9	k. Bilder der Aschera werden bleiben
	32,10	wird k. Weinlese sein, auch k. Obsternte
	33,20	k. seiner Seile zerrissen werden 21
	24	k. Bewohner wird sagen: Ich bin schwach
	34,12	man wird dort k. König mehr ausrufen
	15	k. vermißt das andere 16
	35,8	k. Unreiner darf ihn betreten 9; 52,1
	41,26	k., der es verkündigte, k., der etwas hören ließ, k., der von euch ein Wort hörte 28
	42,8	will meine Ehre k. andern geben 48,11
	43,11	außer mir ist k. Heiland 12; 44,8
	44,12	trinkt k. Wasser, so daß er matt wird
	19	k. Vernunft und k. Verstand 45,20; 56,11
	45,9	spricht sein Werk: Du hast k. Hände
	47,1	setze dich auf die Erde, wo k. Thron ist
	6	du erwiesest ihnen k. Barmherzigkeit
	8	ich bin's, und sonst k.; ich werde k. Witwe werden 10; Ze 2,15
	48,21	litten k. Durst, als er sie leitete
	22	die Gottlosen haben k. Frieden 57,21; 59,8
	50,2	ist bei mir k. Kraft mehr, zu erretten
	10	dem k. Licht scheint
	51,14	daß er k. Mangel an Brot habe
	53,2	k. Gestalt und Hoheit ... k. Gestalt, die
	9	wiewohl k. Betrug in s. Munde gewesen
	54,11	du Elende, die k. Trost fand
	17	k. Waffe soll es gelingen
	55,1	die ihr k. Geld habt, kauft und eßt 2
	58,13	daß du k. leeres Geschwätz redest
	59,10	wie die, die k. Augen haben
	14	Aufrichtigkeit findet k. Eingang
	15	mißfällt ihm, daß k. Recht ist
	62,7	laßt ihm k. Ruhe, bis er wieder aufrichte
	64,3	k. Ohr hat gehört, k. Auge gesehen 1Ko 2,9; 1Ti 6,16
	65,12	erwählet, wonach ich k. Verlangen 66,4
	20	k. Kinder mehr, die nur Tage leben 23
Jer	2,6	Lande, das k. Mensch bewohnt 49,33; 51,43
	11	wechseln ihre Götter, die k. sind 16,20
	13	machen sich Zisternen, die k. Wasser geben
	3,3	und k. Spätregen kommt
	23	es hat Israel k. Hilfe als am HERRN
	5,21	tolles Volk, das k. Verstand hat
	28	sie halten k. Recht 7,6
	7,32	weil sonst k. Raum mehr sein wird 19,11
	8,13	daß k. Trauben und k. Feigen übrigbleiben
	19	soll (Zion) k. König mehr haben
	20	und uns ist k. Hilfe gekommen
	22	ist denn k. Salbe ... ist k. Arzt da
	9,2	sie schießen lauter Lüge und k. Wahrheit 4
	9	verödet, daß man k. Vieh blöken hört
	10,14	ihre Götzen haben k. Leben 51,17
	20	mein Zelt schlägt k. mehr auf
	11,14	bringe für sie k. Gebet vor mich
	23	daß k. von ihnen übrigbleibt 42,17; 44,14; 49,10
	12,5	wenn du im Lande, wo k. Gefahr ist
	12	k. Geschöpf wird Frieden haben
	14,3	finden sie k. Wasser 5
	10	hat der HERR k. Gefallen an ihnen
	13	sagen: Ihr werdet k. Hungersnot haben
	15,1	habe ich doch k. Herz für dies Volk
	16,2	du sollst dir k. Frau nehmen
	5	du sollst in k. Trauerhaus gehen 8
	7	wird man k. das Trauerbrot brechen
	22,30	k. seiner Nachkommen ... auf dem Thron Davids 33,21; 36,30

Jer	23,17	sagen: Es wird k. Unheil über euch kommen
	29,32	daß k. von den Seinen bleiben soll
	30,5	nur Furcht ist da und k. Friede
	13	k., der dich verbindet
	31,34	wird k. den andern lehren
	32,17	ist k. Ding vor dir unmöglich Lk 1,37
	34,9	k. Judäer den andern als Sklaven
	35,6	wir trinken k. Wein 7-9.14
	38,6	in der Zisterne war k. Wasser 9
	39,12	nimm (Jeremia) und tu ihm k. Leid
	40,5	wird k. Wiederkehren möglich sein
	44,17	wir sahen k. Unglück
	48,42	daß es k. Volk mehr sei 49,36
	49,1	hat Israel k. Kinder... k. Erben
	7	k. Weisheit... k. Rat mehr
	9	Winzer, die k. Nachlese übriglassen
	50,20	es wird k. da sein... k. gefunden werden
	29	laßt k. davonkommen
Klg	2,9	ihre Propheten haben k. Gesichte
	3,22	seine Barmherzigkeit hat noch k. Ende
	44	daß k. Gebet hindurch konnte
	49	es ist k. Aufhören da
	4,6	k. Hand kam zu Hilfe
	16	an den Alten übte man k. Barmherzigkeit
	5,3	wir haben k. Vater
	5	läßt man uns doch k. Ruhe
Hes	7,7	Tag, an dem k. Singen mehr sein wird
	13	wird k. sein Leben erhalten können
	9,5	eure Augen sollen k. verschonen 6
	12,24	k. trügenden... k. falsche Offenbarung mehr
	13,3	und haben doch k. Gesichte
	10	sagen: Friede!, wo doch k. Friede ist 16
	18,8	der k. Aufschlag nimmt 16
	32	habe k. Gefallen am Tod 33,11
	19,14	es blieb k. Ranke mehr 28,24
	20,8	k. warf die Greuelbilder weg
	25	Gesetze, durch die sie k. Leben haben
	22,26	seine Priester machen k. Unterschied
	30	ich suchte, aber ich fand k.
	24,16	sollst k. Träne vergießen 17
	26,20	daß du k. Wohnung und k. Stätte mehr hast
	30,13	Ägypten soll k. Fürsten mehr haben
	31,8	war ihm k. Zedernbaum gleich 12.14
	32,13	daß k. Fuß und k. Klaue sie mehr trübe
	34,5	Schafe... weil sie k. Hirten haben 8
	28	k. Tier soll sie mehr fressen
	36,29	will k. Hungersnot kommen lassen 47,12
	37,8	war aber noch k. Odem in ihnen
	39,10	brauchen k. Holz zu holen
	41,6	k. Halt in der Wand 42,6
	44,9	soll k. Fremder in mein Heiligtum kommen
	21	die Priester sollen k. Wein trinken
	22	(die Priester) sollen k. Witwe nehmen
Dan	1,4	junge Leute, die k. Gebrechen hätten
	2,10	ist k. Mensch auf Erden... auch k. König
	44	s. Reich soll k. anderes Volk kommen
	47	k. Zweifel, euer Gott ist 3,27
	3,27	man konnte k. Brand an ihnen riechen
	28	sie wollten k. andern Gott verehren 29
	6,5	konnten k. Grund zur Anklage finden 6
	19	der König ließ k. Essen vor sich bringen
	23	so daß sie mir k. Leid antun konnten
	27	seine Herrschaft hat k. Ende 7,14; Lk 1,33
	8,4	k. Tier konnte vor ihm bestehen
	7	der Widder hatte k. Kraft
	10,3	ich aß k. leckere Speise
	8	es blieb aber k. Kraft in mir 16.17
	21	es ist k., der mir hilft gegen jene
	11,6	sie wird k. Erfolg haben
Hos	4,1	es ist k. Treue, k. Liebe und k. Erkenntnis Gottes im Lande

Hos	7,7	es ist k. unter ihnen, der mich anruft
	8,6	das Kalb, es kann doch k. Gott sein
	7	was dennoch aufwächst, bringt k. Mehl
	9,4	werden dem HERRN k. Trankopfer bringen
	12	kinderlos machen, daß k. Mensch mehr ist
	15	will ihnen k. Liebe mehr erweisen
	16	daß sie k. Frucht mehr bringen können
	10,3	müssen sagen: Wir haben k. König
	11,7	wenn man predigt, so richtet sich k. auf
	12,9	wird man k. Schuld an mir finden
Jo	1,18	die Rinder haben k. Weide
	2,8	k. wird den andern drängen
	4,17	k. Fremder wird mehr hindurchziehen
Am	3,4	brüllt ein Löwe, wenn er k. Raub hat 5
	10	sie achten k. Recht
	7,14	ich bin k. Prophet Sa 13,5
	9,1	will töten, daß k. entfliehen soll
	9	Sieb schüttelt und k. Stein zur Erde fällt
Ob	5	sollen sie dir k. Nachlese übriglassen
Mi	2,5	werdet k. Anteil behalten in der Gemeinde
	3,7	weil k. Gotteswort dasein wird
	11	es kann k. Unglück über uns kommen
	4,9	ist k. König bei dir
	5,11	k. Zeichendeuter bei dir bleiben sollen
Nah	1,14	daß k. Nachkomme bleiben soll
	2,10	hier ist der Schätze k. Ende
	3,3	Unzahl von Leichen, ihrer ist k. Ende
Hab	1,14	wie dem Gewürm, das k. Herrn hat
	2,4	wer halsstarrig ist, wird k. Ruhe haben
	5	wird der treulose Tyrann k. Erfolg haben
	19	ein Götze... k. Odem ist in ihm
	3,17	k. Gewächs... k. Nahrung... k. Rinder
Ze	1,13	sie werden k. Wein davon trinken
	2,1	du Volk, das k. Scham kennt 3,5
	3,5	der HERR tut k. Arges
	13	man wird k. betrügerische Zunge finden
	15	daß du dich vor k. Unheil fürchten mußt
	18	daß du seinetwegen k. Schmach mehr trägst
Sa	7,10	denke k. gegen seinen Bruder Arges 8,17
	8,10	k. Friede für die, die aus- u. einzogen
	9,8	lagern, so daß k. dort hin- und herziehe
	11	aus der Grube, in der k. Wasser ist
	11,5	ihre Käufer halten's für k. Sünde
	14,11	es wird k. Bann mehr geben
	21	k. Händler mehr im Hause des HERRN
Mal	2,15	werde k. treulos dem Weib seiner Jugend
Jdt	2,6	du sollst k. Reich verschonen
	5,12	so daß k. einziger übrigbleibt
	12	wo vorher k. Mensch wohnen konnte
	26	daß Nebukadnezar Gott ist und sonst k. 6,2
	8,16	wir kennen k. andern Gott als ihn allein 9,15; Wsh 12,13; Sir 36,5; StD 2,40
	11,13	wie Schafe, die k. Hirten haben
	16,8	k. Mann, k. Krieger hat ihn umgebracht
Wsh	2,1	Rettung 5; Sir 38,22
	7	k. Frühlingsblume soll uns entgehen 9
	10	laßt uns k. Witwe verschonen
	3,1	Qual rührt sie k. an
	4,1	besser ist's, k. Kinder zu haben
	3	kann k. festen Grund gewinnen Sir 40,15
	5,11	wie man k. Spur seines Weges finden kann
	14	(haben) k. Zeichen der Tugend vorzuweisen
	7,5	k. König hatte jemals einen andern Anfang
	8,16	ihr Umgang bringt k. Verdruß
	14,21	den Namen, der k. andern gebührt
	29	fürchten sie k. Schaden
	16,9	konnten k. Hilfe für ihr Leben finden
	18,2	daß sie ihnen jetzt k. Schaden zufügten
Tob	12,19	einen Trank, den k. Mensch sehen kann

kein

Sir	4,32	nimm auf einen Mächtigen k. Rücksicht
	7,20	gib deinen Freund um k. Preis auf
	8,19	wenn du k. Hilfe hast, so bringt er dich um
	20	mit einem Narren mach k. Pläne
	9,17	k. Gefallen an dem, was Gottl. gefällt 19
	12,7	wenn's einem gutgeht, so lernt man k. Freund richtig kennen
	13,30	Reichtum... wenn k. Sünde an ihm klebt
	14,2	wohl dem, der k. böses Gewissen hat
	15,12	er braucht k. Gottlosen
	16,19	wenn ich sündige, sieht mich k. Auge
	28	das andere behindern
	17,22	flehe zum Herrn und gib k. Ärgernis mehr
	18,32	sei k. Prasser 31,20.30
	20,13	die Worte des Narren haben k. Wert 22
	23	so hat er k. schlechtes Gewissen
	21,17	das Herz des Narren kann k. Lehre behalten
	23,23	hat k. Ruhe, bis das Feuer ausgebrannt ist
	25,17	es ist k. Leiden so groß wie Herzeleid 18-21
	30,16	k. Gut gleicht der Freude des Herzens
	31,40	gib (d. Nächsten) k. bösen Worte
	33,21	überlaß deinen Platz k. andern Menschen
	30	zu viel (Arbeiten) auf
	35,15	vor ihm gilt k. Ansehen der Person
	36,27	wo k. Zaun ist, wird Hab und Gut geraubt
	37,17	du wirst k. treueren Ratgeber finden
	24	es ist k. Weisheit in ihm
	39,25	vor ihm ist k. Ding zu wunderbar
	40,27	in der Furcht des Herrn braucht (man) k. Hilfe
	42,1	nimm k. falsche Rücksicht
	10	daß er k. Kind von ihr haben kann
	20	es entgeht ihm k. Gedanke
	22	er hat k. Ratgeber nötig
	44,9	andere haben k. Ruhm
	45,27	sie durften k. Anteil am Landbesitz haben
	46,22	daß er von k. Menschen Geld genommen
	48,13	zu seiner Zeit erschrak er vor k. Herrscher
	51,10	ich suchte Hilfe bei Menschen, und fand k.
Bar	3,25	sie ist groß und hat k. Ende
	36	Gott, k. ist ihm zu vergleichen
	6,73	wohl dem Menschen, der k. Götzen hat
1Ma	4,6	doch hatten sie k. Harnische
	5,50	k. würde ihnen Schaden antun
2Ma	2,7	diese Stätte soll k. Mensch kennen
StE	3,4	ich habe k. andern Helfer als dich
	12	die Stimme derer, die k. Hoffnung haben
StD	3,14	wir haben k. Fürsten gesehen
Mt	6,1	ihr habt sonst k. Lohn bei eurem Vater
	8,10	solchen Glauben habe ich bei k. gefunden
	9,36	wie Schafe, die k. Hirten haben Mk 6,34
	10,10	(ihr sollt haben) k. Reisetasche Mk 6,8; Lk 10,4
	29	dennoch fällt k. von ihnen auf die Erde
	11,11	ist k. größer als Johannes der Täufer Lk 7,28
	12,39	k. Zeichen, es sei denn das Zeichen des Jona 16,4; Mk 8,12; Lk 11,29
	13,5	ging bald auf, weil es k. tiefe Erde hatte 6.21; Mk 4,5-7.17; Lk 8,13.14
	22	und er bringt k. Frucht Mk 4,19
	15,23	und (Jesus) antwortete ihr k. Wort
	16,7	daß wir k. Brot haben 8; Mk 8.16.17
	17,27	damit wir ihnen k. Anstoß geben
	22,11	einen Menschen, der hatte k... Gewand 12
	23	die lehren, es gebe k. Auferstehung Mk 12,18; Lk 20,27; Apg 23,8; 1Ko 15,12.13
	23,4	sie selbst wollen k. Finger dafür krümmen
	24,22	würde k. Mensch selig werden Mk 13,20
	26,60	(suchten falsch Zeugnis) und fanden k.
Mk	2,17	die Starken bedürfen k. Arztes
	3,29	wer... hat k. Vergebung in Ewigkeit
	4,40	habt ihr noch k. Glauben
	9,3	k. Bleicher auf Erden so weiß machen kann
	12,31	k. anderes Gebot größer als diese
	32	und ist k. anderer außer ihm 1Ko 8,4
Lk	1,7	sie hatten k. Kind
	33	sein Reich wird k. Ende haben
	34	zugehen, da ich doch von k. Mann weiß
	37	bei Gott ist k. Ding unmöglich
	2,7	sie hatten sonst k. Raum in der Herberge
	3,11	wer zwei Hemden hat, der gebe dem, der k. hat
	4,24	k. Prophet gilt etwas in seinem Vaterland
	26	zu k. von ihnen wurde Elia gesandt 27
	35	fuhr aus und tat k. Schaden
	5,19	weil sie wegen der Menge k. Zugang fanden
	7,33	Johannes aß k. Brot und trank k. Wein
	8,27	er trug seit langer Zeit k. Kleider mehr
	43	alles für die Ärzte aufgewandt und konnte von k. geheilt werden
	11,36	k. Teil an ihm finster ist
	12,24	sie haben k. Keller und k. Scheune
	29	macht euch k. Unruhe
	33	Schatz im Himmel, wo k. Dieb hinkommt
	13,6	kam und suchte Frucht darauf und fand k. 7
	14,6	sie konnten ihm darauf k. Antwort geben
	16,13	k. Knecht kann zwei Herren dienen
	17,1	unmöglich, daß k. Verführungen kommen
	18	hat sich sonst k. gefunden
	18,2	der scheute vor k. 4
	34	*sie verstanden der k.*
	19,44	werden k. Stein auf dem andern lassen in dir
	20,21	*du achtest k. Menschen Ansehen*
	21,18	k. Haar soll verloren gehen Apg 27,34
	22,53	*ihr habt k. Hand an mich gelegt*
	23,4	ich finde k. Schuld an diesem Menschen 14; Jh 18,38; 19,4.6
Jh	1,47	ein rechter Israelit, in dem k. Falsch ist
	4,9	die Juden haben k. Gemeinschaft mit den Samaritern
	17	die Frau antwortete: Ich habe k. Mann
	5,7	habe k. Menschen, der mich in den Teich bringt
	6,53	so habt ihr k. Leben in euch
	7,18	k. Ungerechtigkeit ist in ihm
	52	aus Galiläa steht k. Prophet auf
	8,37	mein Wort findet bei euch k. Raum
	49	Jesus antwortete: Ich habe k. bösen Geist
	9,41	wärt ihr blind, so hättet ihr k. Sünde
	10,41	Johannes hat k. Zeichen getan
	11,10	denn es ist k. Licht in ihm
	13,8	wenn ich dich nicht wasche, so hast du k. Teil an mir
	14,30	er hat k. Macht über mich
	15,2	jede Rebe an mir, die k. Frucht bringt
	4	wie die Rebe k. Frucht bringen kann aus sich
	22	so hätten sie k. Sünde 24
	24	die Werke, die k. anderer getan hat
	17,12	k. von ihnen ist verloren 18,9
	19,9	Jesus gab ihm k. Antwort
	11	du hättest k. Macht über mich, wenn
	15	wir haben k. König als den Kaiser
	36	ihr sollt ihm k. Bein zerbrechen
Apg	4,12	in k. andern ist das Heil
	17	zu k. Menschen in diesem Namen reden
	7,5	er gab ihm k. Eigentum darin
	11	unsre Väter fanden k. Nahrung
	8,16	er war noch auf k. von ihnen gefallen
	10,28	daß ich k. Menschen unrein nennen soll

kein

Apg	15,9	k. Unterschied zwischen uns und ihnen	Phl	4,15	k. Gemeinde mit mir Gemeinschaft gehabt hat als ihr allein
	28	euch weiter k. Last aufzuerlegen als	1Th	4,13	wie die andern, die k. Hoffnung haben
	19,26	was mit Händen gemacht ist, sind k. Götter		5,3	wenn sie sagen werden: Es hat k. Gefahr
	20,10	macht k. Getümmel		15	daß k. dem andern Böses mit Bösem vergelte
	16	um in der Provinz Asien k. Zeit zu verlieren	1Ti	1,4	Geschlechtsregister, die k. Ende haben
	24	*ich achte mein Leben k. Rede wert*		9	daß dem Gerechten k. Gesetz gegeben ist
	23,29	k. Anklage gegen sich hatte 25,18.27		3,3	(ein Bischof soll sein) k. Säufer 8; Tit 1,7
	25,10	den Juden habe ich k. Unrecht getan		6	er soll k. Neugetaufter sein
	17	als sie hier zusammenkamen, duldete ich k. Aufschub		5,9	soll k. Witwe auserwählt werden unter 60 Jahren
	26,26	*ich achte, ihm sei der k. verborgen*		19	nimm k. Klage an ohne zwei oder drei Zeugen
	27,22	k. wird umkommen, nur das Schiff	2Ti	2,4	*k. Kriegsmann verstrickt sich in Sorgen*
Rö	1,20	daß sie k. Entschuldigung haben	Tit	3,14	damit sie fruchtloses Leben führen
	2,11	es ist k. Ansehen der Person vor Gott Eph 6,9; Kol 3,25	1Pt	2,22	er, der k. Sünde getan hat und in dessen Mund sich k. Betrug fand
	3,10	k., der gerecht ist, auch nicht einer 11.12	2Pt	1,20	daß k. Weissagung in der Schrift eine Sache eigener Auslegung ist
	18	es ist k. Gottesfurcht bei ihnen		2,11	die Engel k. Verdammungsurteil vor den Herrn bringen
	20	weil k. Mensch durch Werke vor ihm gerecht sein kann 2,16	1Jh	1,5	Gott ist Licht, und in ihm ist k. Finsternis
	22	es ist hier k. Unterschied 10,12; Gal 4,1		8	wenn wir sagen, wir haben k. Sünde, so betrügen wir uns selbst
	4,15	wo das Gesetz nicht ist, da ist auch k. Übertretung 5,13		2,10	*und ist k. Ärgernis in ihm*
	6,12	leistet seinen Begierden k. Gehorsam		21	ihr wißt, daß k. Lüge aus der Wahrheit kommt
	8,1	so gibt es k. Verdammnis für die, die		27	so ist's wahr und ist k. Lüge
	39	*k. Kreatur kann uns scheiden*		3,5	in ihm ist k. Sünde
	13,1	es ist k. Obrigkeit außer von Gott		9	wer aus Gott geboren ist, der tut k. Sünde
	14,2	wer aber schwach ist, der ißt k. Fleisch	2Jh	5	Ich schreibe dir k. neues Gebot
	7	unser k. lebt sich selber	Heb	1,9	hat dich Gott gesalbt wie k. deinesgleichen
	15,23	nun habe ich k. Aufgabe mehr in diesen Ländern		3,12	daß k. unter euch ein böses Herz habe
1Ko	1,10	laßt k. Spaltungen unter euch sein		4,1	daß k. von euch etwa zurückbleibe
	29	damit sich k. Mensch vor Gott rühme		13	k. Geschöpf ist vor ihm verborgen
	2,8	die k. von den Herrschern dieser Welt erkannt		6,8	wer Dornen trägt, bringt sie k. Nutzen
	9	was k. Auge gesehen hat und k. Ohr gehört hat 1Ti 6,16		13	da er bei k. Größeren schwören konnte
	4,6	damit sich k. für den einen gegen den andern aufblase		7,23	weil der Tod k. bleiben ließ
	11	wir haben k. feste Bleibe		8,2	*welche Gott aufgerichtet hat und k. Mensch*
	6,5	ist denn gar k. Weiser unter euch		11	es wird k. seinen Mitbürger lehren
	9,2	für andere k. Apostel, so bin ich's doch für euch		9,22	ohne Blutvergießen geschieht k. Vergebung
	15	ich habe von alledem k. Gebrauch gemacht		10,2	sich k. Gewissen mehr gemacht hätten
	10,5	an den meisten hatte Gott k. Wohlgefallen		18	wo Vergebung der Sünden ist, da geschieht k. Opfer mehr 26
	13	*noch k. denn menschliche Versuchung*		38	wenn er zurückweicht, hat meine Seele k. Gefallen an ihm
	32	erregt k. Anstoß, weder bei den Juden noch		12,17	er fand k. Raum zur Buße
	12,15	ich bin k. Hand, darum bin ich nicht Glied des Leibes 16		19	baten, daß ihnen k. Worte mehr gesagt würden
	25	damit im Leib k. Spaltung sei		13,9	von denen k. Nutzen haben, die damit umgehen
	14,28	ist k. Ausleger da, so schweige er		10	von dem zu essen k. Recht haben, die
2Ko	2,13	da hatte k. Ruhe in meinem Geist 7,5		14	wir haben hier k. bleibende Stadt
	5,21	den, der von k. Sünde wußte	Jak	1,17	bei dem k. Veränderung ist
	6,17	rühret k. Unreines an		2,14	er habe Glauben, und hat doch k. Werke
	7,9	so daß ihr von uns k. Schaden erlitten habt		3,8	die Zunge kann k. Mensch zähmen
	8,15	wer viel sammelte, hatte k. Überfluß	Off	2,10	*fürchte dich vor k.*
	11,9	euch k. Weise zur Last gefallen 2Th 3,8		11	wer überwindet, dem soll k. Leid geschehen 20,6
	12,4	hörte Worte, die k. Mensch sagen kann		4,8	sie hatten k. Ruhe Tag und Nacht 14,11
Gal	1,7	obwohl es k. andres (Evangelium) gibt		7,1	damit k. Wind über die Erde blase
	12	*ich habe es von k. Menschen empfangen*		3	tut der Erde k. Schaden 9,4
	19	von den andern Aposteln sah ich k.		10,6	es soll hinfort k. Zeit mehr sein
Eph	4,12	ihr habt mir k. Leid getan		14,5	in ihrem Mund wurde k. Falsch gefunden
	2,12	daher hattet ihr k. Hoffnung		18,7	ich bin eine Königin und k. Witwe
	4,29	laßt faules Geschwätz aus eurem Mund		22	k. Handwerker mehr in dir gefunden werden
	5,5	k. Unzüchtiger ein Erbteil hat im Reich Gottes		20,11	es wurde k. Stätte für sie gefunden
	27	Gemeinde, die k. Flecken oder Runzel habe		21,22	ich sah k. Tempel (in der Stadt)
Phl	1,20	daß ich in k. Stück zuschanden werde		23	die Stadt bedarf k. Sonne
	28	(damit ihr) euch in k. Stück erschrecken laßt 1Ti 5,14			
	2,20	ich habe k., der so ganz meines Sinnes ist			

kein

Off 21,25 da wird k. Nacht sein 22,5
    27 hineinkommen k., der Greuel tut und Lüge

keinerlei

2Mo 12,20 k. gesäuertes Brot sollt ihr essen
    22,24 sollst k. Zinsen von ihm nehmen
2Th 2,3 laßt euch von niemandem verführen, in k. Weise

keinesfalls

Apg 4,18 k. zu reden oder zu lehren in dem Namen Jesu

keineswegs

1Mo 3,4 werdet k. des Todes sterben
Mt 2,6 du, Bethlehem, bist k. die kleinste

Kelach

1Mo 10,11 (Nimrod) baute K. 12

Kelaja

Esr 10,23 Leviten: K., das ist Kelita

Kelal

Esr 10,30 bei den Söhnen Pahat-Moab: K.

Kelch

2Mo 25,31 einen Leuchter mit K. 33.34; 37,17.19.20
Ps 116,13 ich will den K. des Heils nehmen
Jes 51,17 getrunken hast den K. seines Grimmes
Jer 49,12 nicht verdient hatten, den K. zu trinken
    51,7 ein goldener K. war Babel
Klg 4,21 der K. wird auch zu dir kommen
Hes 23,31 darum gebe ich dir auch ihren K. 32.33
Hab 2,16 an dich wird kommen der K. in der Rechten
Sir 50,10 wie ein K. von getriebenem Gold
Mt 20,22 könnt ihr den K. trinken, den ich 23; Mk 10,38.39
    26,27 er nahm den K. und dankte Mk 14,23; Lk 22,17.20; 1Ko 11,25
       39 gehe dieser K. an mir vorüber 42; Mk 14,36; Lk 22,42
Lk 22,20 dieser K. ist der neue Bund 1Ko 11,25
Jh 18,11 soll ich den K. nicht trinken, den
1Ko 10,16 der gesegnete K., den wir segnen
       21 nicht zugleich den K. des Herrn und den K. der bösen Geister
    11,26 sooft ihr aus dem K. trinkt 27.28
Off 14,10 eingeschenkt in den K. seines Zorns
    16,19 der K. mit dem Wein seines Zorns
    18,6 in den K... schenkt ihr zweifach ein

Kelita

Esr 10,23 Kelaja, das ist K. Neh 8,7; 10,11

Keller

Lk 12,24 sie haben keinen K. und keine Scheune

Kelter

4Mo 18,27 als gäbet ihr Wein aus der K. 30
5Mo 15,14 sollst ihm aufladen von deiner K.
    16,13 wenn du eingesammelt hast von deiner K.
Ri   6,11 Gideon drosch Weizen in der K.
     7,25 erschlugen Seeb bei der K. Seeb
2Kö 6,27 woher soll ich dir helfen... von der K.
Neh 13,15 daß man am Sabbat die K. trat
Hi 24,11 treten die K. und leiden doch Durst
Spr 3,10 w. deine K. von Wein überlaufen Jo 2,24
Jes 5,2 er grub eine K. Mt 21,33; Mk 12,1
    16,10 man keltert keinen Wein in den K.
    63,3 ich trat die K. allein
Jer 25,30 wie einer, der die K. tritt
Klg 1,15 der Herr hat die K. getreten
Hos 9,2 sollen Tenne und K. sie nicht nähren
Jo   4,13 kommt und tretet, denn die K. ist voll
Hag 2,16 kam er zur K... so waren kaum zwanzig da
Sa 14,10 Jerus. wird bleiben bis an des Königs K.
Sir 33,17 daß auch ich meine K. füllen konnte
Off 14,19 warf sie in die K. des Zornes Gottes 14,20; 19,15
       20 das Blut ging von der K. bis an die Zäume der Pferde

Kelterer

Jer 48,33 der K. wird nicht mehr keltern

keltern

Ri   9,27 ernteten ihre Weinberge ab und k.
Jes 16,10 man k. keinen Wein in den Keltern
    63,3 habe sie gek. in meinem Zorn
Jer 48,33 der Kelterer wird nicht mehr k.
Am   9,13 daß man zugleich k. und säen wird
Mi   6,15 sollst Öl k... und Wein k.

Keltertreter

Jes 63,2 dein Kleid wie das eines K.
Jer 51,14 wird man anstimmen den Ruf des K.

Kelub

1Ch 4,11 K., der Bruder Schuhas
    27,26 Esri, der Sohn K.

Keluhi

Esr 10,35 (bei den Söhnen Bani:) K.

Kemosch

4Mo 21,29 du Volk des K. bist verloren Jer 48,46
Ri 11,24 die dein Gott K. vertreibt
1Kö 11,7 K., dem greulichen Götzen 33; 2Kö 23,13
Jer 48,7 K. muß gefangen wegziehen 13

Kemuël

1Mo 22,21 [1]K., von dem die Aramäer herkommen
4Mo 34,24 [2]K., der Sohn Schiftans
1Ch 27,17 [3]bei den Leviten Haschabja, der Sohn K.

Kenaana

1Kö 22,11 [1]Zedekia, der Sohn K. 24; 2Ch 18,10.23
1Ch 7,10 [2]Bilhans Söhne: K.

Kenan

1Mo	5,9	¹Enosch zeugte K. 12; 1Ch 1,2; Lk 3,37
Lk	3,36	²(Schelach) war ein Sohn K.

Kenani

Neh	9,4	für die Leviten... K.

Kenanja

1Ch	15,22	K., der Leviten Oberster, der Singm. 27
	26,29	von den Jizharitern waren K.

Kenas

1Mo	36,11	¹des Elifas Söhne: K. 15.42; 1Ch 1,36.53
Jos	15,17	²Otniël, der Sohn des K. Ri 1,13; 3,9.11; 1Ch 4,13
1Ch	4,15	³der Sohn des Ela: K.

Kenasiter

1Mo	15,19	deinen Nachkommen will ich geben: die K.
4Mo	32,12	Kaleb, der Sohn... des K. Jos 14,6.14

Kenat, Kenath

4Mo	32,42	Nobach eroberte K. 1Ch 2,23

Kenchreä

Apg	18,18	ließ er sich in K. sein Haupt scheren
Rö	16,1	Phöbe, die im Dienst der Gemeinde von K.

Kendebäus

1Ma	15,38	machte K. zum Hauptmann 40; 16,1.4.8

Keniter (= Kain 2; Kiniter)

1Mo	15,19	deinen Nachkommen will ich geben: die K.
4Mo	24,21	als (Bileam) die K. sah
Ri	1,16	Nachkommen des K. Hobab 4,11.17; 5,24
1Sm	15,6	Saul ließ den K. sagen... zogen die K.
	27,10	eingefallen... in das Südland der K.
	30,29	(Segensgeschenk) denen in d. Städten d. K.

kennen

1Mo	29,5	k. ihr auch Laban... wir k. ihn
2Mo	33,12	gesagt hast: Ich k. dich mit Namen 17
4Mo	20,14	du k. die Mühsal, die uns betroffen
5Mo	7,15	Seuchen der Ägypter, die du k.
	8,3	Manna, das du und deine Väter nie gek.
	9,2	die Anakiter, die du k.
	24	ungehorsam, solange ich euch gek. 31,27
	11,28	Göttern nachwandelt, die ihr nicht k. 13,3.7. 14; 28,64; 29,25; 32,17; Jer 7,9; 19,4; 44,3
	22,2	wenn dein Bruder... und du k. ihn nicht
	28,33	ein Volk, das du nicht k. 36; Rut 2,11; Jer 9,15; Sa 7,14
	31,13	daß ihre Kinder, die es nicht k., es hören
	33,9	und von s. Bruder: Ich k. ihn nicht
Jos	24,31	die Ältesten, die alle Werke des HERRN k.
Ri	2,10	Geschlecht, das den HERRN nicht k.
1Sm	10,11	alle, die ihn früher gek. hatten Hi 42,11
	17,28	ich k. deine Vermessenheit
2Sm	3,25	k. du Abner nicht
	7,20	du k. ja deinen Knecht 1Ch 17,18
2Sm	17,8	du k. deinen Vater und seine Leute
	22,44	ein Volk, das ich nicht k. Ps 18,44
1Kö	8,39	du allein k. das Herz Ps 44,22
2Kö	4,39	sie k. (ein Rankengewächs) nicht
	9,11	ihr k. doch den Mann
Esr	7,25	die das Gesetz k.; und wer es nicht k.
Hi	7,10	s. Stätte k. ihn nicht mehr 8,18; Ps 103,16
	11,11	er k. die heillosen Leute
	21,27	ich k. eure Gedanken
	23,10	er k. meinen Weg gut Ps 1,6
	24,1	warum sehen, die ihn k., seine Tage nicht
	13	sie k. Gottes Weg nicht
	28,23	Gott allein k. ihre Stätte
	34,25	er k. ihre Werke Jes 66,18
	38,20	könntest du die Pfade zu ihrem Hause
Ps	9,11	hoffen auf dich, die deinen Namen k.
	36,11	breite deine Güte über die, die dich k.
	37,18	der HERR k. die Tage der Frommen
	38,10	Herr, du k. all mein Begehren
	50,11	ich k. alle Vögel auf den Bergen
	69,6	du k. meine Torheit 20
	79,6	die Völker, die dich nicht k. Jer 10,25
	81,6	Sprache, die ich bisher nicht k.
	87,4	ich zähle Ägypten zu denen, die mich k.
	91,14	er k. meinen Namen, darum will ich
	94,11	der HERR k. die Gedanken der Menschen Jes 66,18; Klg 3,60; Hes 11,5
	119,79	zu mir hielten, die deine Mahnungen k.
	138,6	der HERR k. den Stolzen von ferne
	139,1	du erforschest mich und k. mich Jer 12,3
	142,5	da will niemand mich k.
	147,20	sein Recht sie nicht
Spr	14,10	das Herz allein k. sein Leid
Pr	6,5	hat sie die Sonne nicht gesehen noch gek.
Jes	1,3	ein Ochse k. seinen Herrn; Israel k.'s nicht
	29,15	wer sieht uns, und wer k. uns
	42,16	auf den Steigen, die sie nicht k.
	45,4	obgleich du mich nicht k. 5
	51,7	die ihr die Gerechtigkeit k.
	55,5	Heiden, die dich nicht k., die dich nicht k.
	59,8	sie k. den Weg des Friedens nicht
	12	wir k. unsre Sünden
	61,9	man soll ihr Geschlecht k.
	63,16	Israel k. uns nicht
Jer	1,5	ich k. dich, ehe ich dich bereitete
	9,5	vor lauter Trug wollen sie mich nicht k.
	23	daß er klug sei und mich k.
	14,18	müssen in ein Land ziehen, das sie nicht k. 15,14; 17,4; Hes 32,9
	18,23	du, HERR, k. alle ihre Anschläge 48,30
	48,17	habt Mitleid, die ihr seinen Namen k.
Hes	28,19	die dich k. unter den Völkern
Dan	11,32	die vom Volk, die ihren Gott k.
Hos	5,3	ich k. Ephraim gut
	4	den HERRN k. sie nicht
	8,2	wir, Israel, k. dich
	13,4	du solltest keinen andern Gott k.
	14	Rache k. ich nicht mehr
Am	5,12	ich k. eure Freveltaten
Mi	3,1	ihr sollet die sein, die das Recht k.
	4,12	sie k. seinen Ratschlag nicht
Nah	1,7	der HERR k. die, auf ihn trauen
Ze	2,1	Volk, das keine Scham k. 3,5
Jdt	8,16	wir k. keinen andern Gott als ihn
Wsh	1,15	die Gerechtigkeit k. keinen Tod
	8,8	die Weisheit, die das Vergangene k.
	14,18	lockte auch die an, die ihn nicht k.
	15,2	wir k. deine Macht
	3	dich k. ist vollkommene Gerechtigkeit
	11	weil er den nicht k., der ihn geschaffen

kennen

Wsh	16,16	die Gottlosen, die dich nicht k. Tob 8,5
Tob	5,2	Gabaël k. mich nicht, und ich k. ihn nicht
	8	k. du den Weg nach Medien 9
	7,5	k. ihr Tobias? Ja, wir k. ihn gut
Bar	3,32	der alle Dinge weiß, k. die Weisheit
1Ma	4,33	daß dich preisen, die deinen Namen k.
2Ma	2,7	diese Stätte soll kein Mensch k.
	6,21	weil die Männer ihn gek. hatten
StD	1,42	Gott, der du alle Heimlichkeiten k.
Mt	7,23	ich habe euch noch nie gek.
	11,27	niemand k. den Sohn, niemand k. den Vater
	22,29	weil ihr weder die Schrift k. Mk 12,24
	24,50	zu einer Stunde, die er nicht k. Lk 12,46
	25,12	ich k. euch nicht Lk 13,25
	26,72	ich k. den Menschen nicht 74; Mk 14,71; Lk 22,34.57
Mk	1,34	denn sie k. ihn
	10,19	du k. die Gebote Lk 18,20
Lk	12,47	der Knecht, der den Willen s. Herrn k. 48
	16,15	Gott k. eure Herzen
Jh	1,26	er, den ihr nicht k. 31. 33
	48	Nathanael spricht zu ihm: Woher k. du mich
	2,24	er k. sie alle 5,42
	6,42	dessen Vater und Mutter wir k.
	7,15	wie k. dieser die Schrift
	28	ihr k. mich und wißt, woher ich bin
	29	ich aber k. ihn; denn ich bin von ihm 8,55; 10,15; 17,25
	8,19	ihr k. weder mich noch meinen Vater 55; 14,7.17; 15,21; 17,25
	10,4	die Schafe folgen ihm; denn sie k. seine Stimme 5
	14	ich k. die Meinen, und die Meinen k. mich 27
	13,11	er k. seinen Verräter; darum sprach er
	14,9	so lange bin ich bei euch, und du k. mich nicht
	18,2	Judas, der ihn verriet, k. den Ort auch
Apg	1,24	der du aller Herzen k. 15,8
	3,10	sie k. ihn auch, daß er's war 16
	19,15	Jesus k. ich wohl, von Paulus weiß ich wohl
	26,3	weil du alle Ordnungen der Juden k.
	5	die mich von früher k.
	27,39	als es Tag wurde, k. sie das Land nicht
Rö	2,18	(du kennst dich Jude und) k. (Gottes) Willen
	3,17	den Weg des Friedens k. sie nicht
	7,1	ich rede mit denen, die das Gesetz k.
1Ko	3,20	der Herr k. die Gedanken der Weisen
	14,11	wenn ich die Bedeutung der Sprache nicht k.
	16,15	ihr k. das Haus des Stephanas
2Ko	3,2	*ihr seid unser Brief, gek. und gelesen*
	5,16	k. niemanden mehr nach dem Fleisch
	8,9	ihr k. die Gnade unseres Herrn Jesus Christus
	12,2	ich k. einen Menschen in Christus 3
Gal	4,8	zu der Zeit, als ihr Gott noch nicht k.
2Th	1,8	Vergeltung üben an denen, die Gott nicht k.
2Ti	2,19	der Herr k. die Seinen
	3,15	daß du von Kind auf die heilige Schrift k.
Tit	1,16	sie sagen, sie k. Gott
2Pt	2,12	*sie lästern, was sie nicht k.*
	21	als daß sie ihn k. und sich abkehren
1Jh	2,3	merken wir, daß wir ihn k.
	4	wer sagt: Ich k. ihn, und hält seine Gebote nicht
	13	ihr k. den, der von Anfang an ist 14
	3,1	k. uns die Welt nicht; denn sie k. ihn nicht
	4,7	wer liebt, ist von Gott geboren und k. Gott 8
Heb	8,11	sie werden mich alle k.
	10,30	wir k. den, der gesagt hat
Jud	10	was sie k., daran verderben sie
Off	2,2	ich k. deine Werke 19; 3,1.8.15
	9	ich k. deine Bedrängnis und deine Armut
	17	den niemand k. als der, der 19,12

kennenlernen

4Mo	14,31	daß sie das Land k., das ihr verwerft
Jes	5,19	es nahe der Ratschluß, daß wir ihn k.
Sir	12,7	l. man keinen Freund richtig k.
1Ko	4,19	nicht die Worte der Aufgeblasenen k.
Gal	1,18	nach Jerusalem, um Kephas k.
Eph	4,20	ihr habt Christus nicht so kenneng.

Kenntnis

Wsh	1,7	der das All umfaßt, hat K. von jedem Wort
	7,16	dazu K. in mancherlei Fertigkeiten
Sir	19,19	K. des Bösen ist nicht Weisheit

Kennzeichen

Hes	27,7	dein Segel war... als dein K.

Kephas

Jh	1,42	du sollst K. heißen
1Ko	1,12	daß der dritte sagt: Ich gehöre zu K.
	3,22	es sei Paulus oder Apollos oder K.
	9,5	eine Schwester als Ehefrau wie K.
	15,5	gesehen worden von K., danach den Zwölfen
Gal	1,18	nach Jerusalem, um K. kennenzulernen
	2,9	gaben Jakobus und K. mir die rechte Hand
	11	als K. nach Antiochia kam
	14	sprach ich zu K. öffentlich vor allen

kephisch

1Ko	1,12	*der dritte: Ich bin k.*

Keran

1Mo	36,26	die Söhne Dischons waren: K. 1Ch 1,41

Kerem

Jos	15,59	(Städte des Stammes Juda:) K.

Keren-Happuch

Hi	42,14	(Hiob) nannte die dritte K.

Kerijot, *Kerijoth*

Jer	48,24	(Strafe ergangen über) K. Am 2,2

Kerijot-Hezron, *Kerijoth-Hezron*
(= Hazor 3)

Jos	15,25	(Städte des Stammes Juda:) K.

Kerker

1Kö	22,27	diesen werft in den K.
2Kö	25,27	ließ Jojachin aus dem K. kommen Jer 52,31
Ps	142,8	führe mich aus dem K.
Jes	24,22	daß sie verschlossen werden im K.
	42,7	die da sitzen in Finsternis, aus dem K.
	22	sie sind alle verschlossen in K.

Jer 37,15 das hatten sie zum K. gemacht 18
Mt 5,25 nicht werdest in den K. geworfen

Kerkermeister

Apg 16,23 man gebot dem K. 36
27 als der K. aus dem Schlafe fuhr

Kerl

Sir 14,3 zu einem kleinlichen K. paßt es nicht

Keros

Esr 2,44 (Tempelsklaven:) die Söhne K. Neh 7,47

Kerub-Addon

Esr 2,59 die heraufzogen aus K. Neh 7,61

Kesalon

Jos 15,10 des Gebirges Jearim – das ist K.

Kesed

1Mo 22,22 (Milka hat Söhne geboren) K.

Kesib

1Mo 38,5 sie war in K., als sie ihn gebar

Kesil

Jos 15,30 (Städte des Stammes Juda:) K.

Kessel

1Sm 2,14 Tiegel oder K. oder Topf 2Ch 35,13
1Kö 7,38 K. aus Kupfer 30.43; 2Kö 16,17; 2Ch 4,6.14
Hi 41,12 Rauch wie von einem siedenden K. Jer 1,13
Mi 3,3 ihr zerlegt es wie Fleisch in einen K.
Sir 13,3 was soll der irdene Topf beim ehernen K.
Mk 7,4 Trinkgefäße und Krüge und K. zu waschen

Kesullot, Kesulloth (= Kislot-Tabor)

Jos 19,18 (Issachar) sein Gebiet war K.

Kettchen

Hl 1,10 deine Wangen sind lieblich mit den K. 11

Kette

1Mo 41,42 legte ihm eine goldene K. um seinen Hals
2Mo 28,14 K. wie gedrehte Schnüre... geflochtenen K. 22.24.25; 39,15.17.18
4Mo 31,50 was jeder gefunden hat an K.
Ri 16,21 und legten (Simson) in K.
2Sm 3,34 deine Füße waren nicht in K. gelegt
1Kö 7,17 geflochtene Reifen wie K. 2Ch 3,16
2Kö 25,7 legten (Zedekia) in K. Jer 39,7; 52,11
2Ch 33,11 legten Manasse in K. 36,6
Hi 36,8 wenn sie gefangenliegen in K.
Ps 149,8 ihre Könige zu binden mit K. Nah 3,10
Spr 1,9 das ist eine K. an deinem Halse
Hl 4,9 mit einer einzigen K. an deinem Hals
Jes 40,19 der Goldschmied macht silberne K. daran
Hes 7,23 mache K... das Land ist voll Blutschuld

Hes 16,11 legte dir eine K. um deinen Hals
19,4 führten ihn in K. nach Ägypten
Dan 4,12 er soll in eisernen K. liegen 20
5,7 der soll eine goldene K. tragen 16.29
Wsh 17,18 mit derselben K. der Finsternis gefangen
Mk 5,3 niemand konnte ihn binden, auch nicht mit K. 4; Lk 8,29
4 er hatte die K. zerrissen
Apg 12,6 schlief Petrus zwischen zwei Soldaten, mit zwei K. gefesselt
7 die K. fielen ihm von seinen Händen
21,33 der Oberst ließ ihn fesseln mit zwei K.
22,30 er ließ ihn von den K. lösen
28,20 um der Hoffnung Israels willen trage ich diese K. Eph 6,20
2Ti 1,16 er hat sich meiner K. nicht geschämt
1Pt 3,3 euer Schmuck soll nicht äußerlich sein wie goldene K.
2Pt 2,4 hat sie mit K. der Finsternis in die Hölle gestoßen
Off 20,1 der hatte eine große K. in seiner Hand

Ketura

1Mo 25,1 Abraham nahm eine Frau, K. 4; 1Ch 1,32.33

ketzerisch

Tit 3,10 einen k. Menschen meide

kouohon

Jer 4,31 Geschrei der Tochter Zion, die da k.

Keule

2Mo 29,22 von dem Widder die rechte K. 27; 3Mo 7,32-34; 8,25.26; 9,21; 10,14.15; 4Mo 6,20
1Sm 9,24 da trug der Koch eine K. auf
Hi 41,21 die K. achtet er wie einen Strohhalm
Hes 39,9 werden verbrennen K. und Spieße

keusch

Tit 2,5 (die jungen Frauen anhalten,) daß sie besonnen seien, k.

Keuschheit

2Ko 6,6 (Diener Gottes:) in K.
Gal 5,23 die Frucht des Geistes ist Sanftmut, K.
1Ti 5,2 die jungen als Schwestern, in aller K.

Kewan

Am 5,26 ihr truget K., den Stern eures Gottes

Kezia

Hi 42,14 (Hiob) nannte die zweite K.

Kibzajim

Jos 21,22 (die Leviten erhielten von Ephraim:) K. 1Ch 6,53

Kidon (= Nachon)

1Ch 13,9 als sie zur Tenne K. kamen

Kidron

Kidron
1Ma 15,40 er befestigte die Stadt K. 39; 16,9

Kidron s. Bach

Kiefer
Jes 41,19 will pflanzen Buchsbaum und K. 60,13
44,14 nimmt K. und Eichen

Kieme
Tob 6,4 pack ihn bei den K. und zieh ihn heraus

Kiesel
Klg 3,16 er hat mich auf K. beißen lassen

Kieselstein
Spr 20,17 am Ende hat er den Mund voller K.
Jes 5,28 die Hufe ihrer Rosse sind hart wie K.
50,7 mein Angesicht hart gemacht wie einen K.
Hes 3,9 Diamanten, der härter ist als ein K.

Kilab
2Sm 3,3 (es wurden David Söhne geboren) K.

Kiljon
Rut 1,2 seine beiden Söhne Machlon und K. 5; 4,9

Kimham
2Sm 19,38 da ist dein Knecht K. 39,41; Jer 41,17

Kina
Jos 15,22 (Städte des Stammes Juda:) K.

Kind
(s.a. Kinder Gottes; Kinder Israel; Kinder Juda)
1Mo 3,16 unter Mühen sollst du K. gebären
6,4 als sie ihnen K. gebaren, wurden... Riesen
11,30 hatte kein K. 15,2; 16,1; 30,1; Ri 13,2.3; 2Sm 6,23
17,17 soll mir mit 100 ein K. geboren 21,7
18,19 auserkoren, daß er seinen K. befehle
20,17 heilte Gott... daß sie K. gebaren
21,8 das K. wuchs heran
25,22 die K. stießen sich in ihrem Leib
29,35 (Lea) hörte auf, K. zu gebären
30,1 schaffe mir K. 3
26 gib mir meine Frauen und K. 31,17
31,16 der ganze Reichtum gehört uns u. unsern K.
43 die K. sind meine K.
32,12 daß er schlage die Mütter samt den K.
33,1 verteilte seine K. auf Lea und Rahel 2.5-7.13.14
34,29 alle K. und Frauen führten sie hinweg
38,9 Onan wußte, daß die K. nicht sein eigen
42,36 ihr beraubt mich meiner K. 43,14
43,8 daß wir nicht sterben, wir und unsere K.
45,10 sollst nahe bei mir sein, du und deine K.
19 nehmt Wagen für eure K. und Frauen 46,5
47,12 versorgte jeden nach der Zahl seiner K. 24; 50,21
1Mo 50,8 allein ihre K. ließen sie im Lande
23 sah Ephraims K. bis ins dritte Glied
2Mo 1,7 wuchsen und zeugten K.
17 die Hebammen ließen die K. leben 18
2,2 sah, daß es ein feines K. war 3.6.8-10; Apg 7,20; Heb 11,23
10,2 verkündigest vor den Ohren deiner K. 5Mo 4,9.10
10 euch und eure K. ziehen lasse 24
12,26 wenn eure K. zu euch sagen Jos 4,6.21
37 600.000 Mann zu Fuß ohne Frauen und K.
17,3 daß du unsere K. vor Durst sterben läßt
16 Krieg gegen Amalek von K. zu Kindeskind
20,5 der die Missetat der Väter heimsucht an den K. 34,7; 4Mo 14,18; 5Mo 5,9; Jer 32,18
21,4 sollen Frau und K. seinem Herrn gehören 5
22,23 daß eure K. zu Waisen werden
3Mo 10,14 Anrecht dir und deinen K. geg. 4Mo 18,31
18,21 nicht eins deiner K... dem Moloch 20,2-4
19,18 noch Zorn gegen die K. deines Volks
20,20 ohne K. sollen sie sterben 21
22,13 wird sie aber Witwe und hat keine K.
25,41 soll frei ausgehen und seine K. mit ihm 54
46 sollt (Sklaven) vererben euren K.
26,22 wilde Tiere sollen eure K. fressen
4Mo 7,24 Fürst der K. Sebulon 30u.ö.78
11,12 wie eine Amme ein K. trägt
14,3 daß unsere K. ein Raub werden 31; 31,9.17; 5Mo 1,39
33 eure K. sollen Hirten sein
16,27 traten an die Tür mit ihren K.
18,21 den K. Levi habe ich alle Zehnten gegeben
32,16 wollen Städte für unsere K. 17.24.26; 5Mo 3,19; Jos 1,14
5Mo 2,34 vollstreckten den Bann an Frauen und K. 3,6; Ri 21,10; 1Sm 15,3; 22,19
4,25 wenn ihr K. zeugt und Kindeskinder
40 so wird's dir und deinen K. wohlgehen 5,29; 11,21; 12,25.28; Jer 32,39
6,2 seine Gebote hältst, du und deine K. 30,2
7 sollst deinen K. einschärfen 11,19; 32,46; Ps 78,5.6
11,2 was eure K. nicht wissen 31,13
14,1 ihr seid K. des HERRN, eures Gottes
20,14 Frauen, K. und Vieh und alle Beute
21,15 wenn beide ihm K. gebären
23,9 K., die sie im dritten Glied zeugen
24,16 die Väter sollen nicht für die K. noch die K. für die Väter sterben 2Ch 25,4
28,57 (nicht gönnen) K., das sie geboren
29,10 (steht alle vor dem HERRN) eure K., eure Frauen 31,12; Jos 8,35; 2Ch 20,13; Esr 10,1
21 sagen eure K., die nach euch aufkommen
28 was offenbart ist, gilt uns und unsern K.
32,5 sind Schandflecken und nicht seine K.
8 als der Höchste der Menschen K. schied
20 es sind untreue K.
25 draußen wird das Schwert ihre K. rauben
Ri 11,34 (Jeftahs) Tochter war sein einziges K.
18,21 schickten Frauen und K. vor sich her
Rut 1,11 wie kann ich noch einmal K. haben
4,16 Noomi nahm das K.
1Sm 1,2 Peninna hatte K., Hanna hatte keine K.
2,5 die viele K. hatte, welkt dahin Jer 15,9
20 der HERR gebe dir K. von dieser Frau
15,33 wie dein Schwert Frauen ihrer K. beraubt
20,31 er ist ein K. des Todes 26,16; 2Sm 12,5
30,22 jeder nehme seine K. mit sich
2Sm 7,10 daß die K. der Bosheit es nicht bedrängen
12,3 daß es groß wurde zugleich mit seinen K.

Kind

2Sm	12,15	das K., das Urias Frau geboren hatte 18-22
	15,22	der ganze Haufe von Frauen und K.
1Kö	3,25	teilt das lebendige K. in 2 Teile 26.27
	9,6	werdet ihr euch abwenden, ihr und eure K.
	11,20	daß Genubat unter den K. des Pharao war
	14,12	wenn dein Fuß... wird das K. sterben
	17,22	das Leben kehrte in das K. zurück 21.23; 2Kö 4,18.34
2Kö	2,24	Bären zerrissen 42 von den K.
	4,1	will meine K. nehmen zu Knechten
	8,12	wirst ihre jungen K. töten
	9,26	das Blut Nabots und seiner K. vergelten
	17,41	auch ihre K. und Kindeskinder tun
	19,3	wie wenn K. geboren werden sollen Jes 37,3
1Ch	4,27	seine Brüder hatten nicht viel K. 7,4
	28,8	das Land auf eure K. vererbt Esr 9,12
2Ch	21,14	wird dich der HERR schlagen an deinen K.
	25,7	der HERR ist nicht mit euch, mit Ephraim
	28,12	traten auf Sippenhäupter der K. Ephraim
	30,9	werden eure K. Barmherzigkeit finden
Esr	8,21	von ihm eine Reise für uns und unsere K.
	10,3	daß wir alle fremden... K. hinaustun 44
Neh	5,5	unsere K. sind wie ihre K.
	9,23	mehrtest ihre K. wie die Sterne Hi 5,25
	24	die nahmen das Land ein
	12,43	daß sich auch Frauen und K. freuten
	13,24	die Hälfte ihrer K. sprach aschdodisch
Est	3,13	töten jung und alt, K. und Frauen 8,11
Hi	3,16	wie K., die das Licht nie gesehen
	5,4	seinen K. bleibt Hilfe fern 17,5
	14,21	sind seine K. in Ehren, das weiß er nicht
	18,19	er wird keine K. haben
	19,18	selbst die K. geben nichts auf mich
	21,11	ihre kleinen K. lassen sie hinaus
	19	spart das Unglück auf für dessen K.
	24,5	suchen Nahrung, als Speise für ihre K.
	29,5	als noch meine K. um mich her
	42,16	Hiob sah K. und Kindeskinder
Ps	8,3	aus dem Munde der jungen K. u. Säuglinge
	5	was ist des Menschen K., daß du 144,3
	17,14	ihren K. ein Übriges hinterlassen
	21,11	ihre K. aus der Zahl der Menschen
	22,31	wird man verkündigen K. und Kindeskind
	34,12	kommt her, ihr K., höret mir zu
	37,25	noch nie gesehen seine K. um Brot betteln
	45,18	deinen Namen kundmachen von K. zu Kindeskind
	69,9	bin unbekannt den K. meiner Mutter
	37	die K. seiner Knechte werden sie erben
	73,15	das Geschlecht deiner K. verleugnet
	77,16	hast erlöst... die K. Jakobs und Josefs
	78,4	wollen wir nicht verschweigen ihren K.
	79,11	erhalte die K. des Todes 102,21
	90,16	zeige deine Herrlichkeit ihren K.
	103,13	wie sich ein Vater über K. erbarmt
	109,9	seine K. sollen Waisen werden 10
	112,2	die K. der Frommen werden gesegnet sein
	115,14	der HERR segne euch und eure K.
	127,3	K. sind eine Gabe des HERRN
	128,3	K. wie junge Ölbäume um deinen Tisch her
	6	(daß du) siehst K. deiner K.
	131,2	meine Seele ist still wie ein kleines K.
	137,9	wohl dem, der deine jungen K. nimmt
	147,13	er segnet deine K. in deiner Mitte
	149,2	die K. Zions seien fröhlich Jo 2,23
Spr	4,3	als ich noch K. in m. Vaters Hause war
	14,26	auch seine K. werden beschirmt
	17,6	der K. Ehre sind ihre Väter
	20,7	dessen K. wird's wohlgehen
Pr	4,8	hat weder K. noch Bruder
Pr	6,3	wenn einer auch hundert K. zeugte
	10,16	weh dir, Land, dessen König ein K. ist
Jes	1,2	ich habe K. großgezogen und hochgebracht
	4	wehe den verderbten K.
	2,6	hängen sich an die K. der Fremden
	3,12	K. sind Gebieter meines Volks
	8,18	die K., die mir der HERR gegeben Heb 2,13
	9,5	uns ist ein K. geboren
	11,8	ein entwöhntes K. wird seine Hand stecken
	13,16	sollen auch ihre K. zerschmettert w. 18
	14,22	will von Babel ausrotten K. und Kindesk.
	22,24	wenn sich an ihn hängt K. und Kindesk.
	29,23	sehen die Werke meiner Hände – seine K.
	38,19	der Vater macht den K. deine Treue kund
	43,5	will vom Osten deine K. bringen
	44,3	will meinen Geist auf deine K. gießen
	47,8	werde keine Witwe noch ohne K. sein 9
	48,19	deine K. würden zahlreich sein
	54,1	die Einsame hat mehr K. Gal 4,27
	57,3	tretet herzu, ihr K. des Ehebrechers 4
	5	die ihr die K. opfert
	59,21	noch aus dem Mund deiner K.
	65,20	keine K. mehr, die nur Tage leben 23
	66,8	kaum in Wehen, hat Zion ihre K. 9.12
Jer	3,14	kehrt um, ihr abtrünnigen K. 22
	6,1	flieht, ihr K. Benjamin, aus Jerusalem
	11	Zorn über die K. auf der Gasse 9,20
	7,18	die K. lesen Holz
	10,20	meine K. sind von mir gegangen
	18,21	strafe ihre K. mit Hunger
	19,5	K. dem Baal als Brandopfer Hes 23,37
	22,30	als einen, der ohne K. ist
	31,15	Rahel weint über ihre K. und will sich nicht trösten lassen über ihre K. Mt 2,18
	20	ist nicht Ephraim mein liebes K.
	29	den K. sind die Zähne stumpf Hes 18,2
	38,23	deine K. werden hinaus müssen Klg 1,5.16
	40,7	gesetzt über Frauen und K. 41,16; 43,6
	44,7	ausgerottet werden... K. und Säugling
	47,3	werden sich nicht umsehen nach den K.
	49,1	hat denn Israel keine K.
Klg	1,20	hat mich das Schwert meiner K. beraubt
	2,19	um des Lebens deiner jungen K. willen
	4,2	die edlen K. Zions, wie sind sie nun
	4	die kleinen K. verlangen nach Brot
	10	haben die Frauen ihre K. kochen müssen
	2,4	die K... haben harte Köpfe
Hes	5,10	sollen Väter ihre K. und ihre Väter fressen
	9,6	erschlagt K. und Frauen
	16,21	daß du meine K. schlachtetest 36.45; 23,39
	27,32	werden ihre K. ein Klagelied anstimmen
	36,12	sollst ihnen die K. nicht mehr nehmen 13-15
	37,25	die K. sollen darin wohnen
	47,22	Fremdlinge, die K. unter euch zeugen
Dan	6,25	ließ in die Grube werfen samt ihren K.
Hos	2,1	o ihr K. des lebendigen Gottes
	6	will mich ihrer K. nicht erbarmen
	4,6	darum will ich auch deine K. vergessen
	5,7	sie zeugen fremde K.
	9,14	d. Mutter zerschmettert wurde samt den K.
	10,14	er ist ein unverständiges K.
	13,13	sollen ihre kleinen K. zerschmettert werden
	14,1	sagt euren K. davon... eure K. ihren K.
Jo	2,16	bringt zusammen die K.
	4,6	habt die K. Jerus. den Griechen verkauft
Mi	1,16	kahl um deiner verzärtelten K. willen
	2,9	nehmt von ihren K. meinen Schmuck
Sa	10,9	daß sie leben sollten mit ihren K.

Kind 818

Sa	12,10	wie man klagt um ein einziges K.
Jdt	4,8	die K. warfen sich vor dem Tempel nieder
	7,16	sehen müssen, wie unsre K. sterben
	16,6	er drohte, meine K. zur Beute zu machen
	14	erschlugen sie auf der Flucht wie K.
Wsh	2,13	er rühmt sich, Gottes K. zu sein
	3,12	ihre Frauen sind töricht und ihre K. böse
	16	die K. der Ehebrecher geraten nicht
	4,1	besser ist's, keine K. zu haben Sir 16,4
	6	die K. ... sind Zeugen im Gericht
	9,4	verwirf mich nicht aus der Schar deiner K.
	11,6	jene bestraftest du für den Befehl, die K. zu töten 12,5
	12,6	die als Eltern ihre hilflosen K. töteten
	20	wenn du die Feinde deiner K. bestraft hast
	24	betrogen wie unverständige K. 25
	13,17	wenn er betet für seine K.
	14,23	entweder töten sie ihre K. zum Opfer
	15,14	sind törichter als ein kleines K.
	16,10	deinen K. konnten auch ... nicht schaden
	21	wie freundlich du zu deinen K. bist
	26	damit deine K. lernen, daß
	18,4	weil sie deine K. eingekerkert hielten
	5	beschlossen, die K. der Heiligen zu töten
	9	im Verborgenen opferten die K. der Frommen
	10	man hörte Weinen wegen ihrer K.
	19,6	damit deine K. bewahrt blieben
Tob	1,4	hatte bewiesen, daß er kein K. mehr war
	2,17	wir sind K. der Heiligen 8,5
	4,21	als du noch ein K. warst
	6,12	Sara, sonst hat er kein K.
	22	daß euch gesunde K. geboren werden 8,9
	8,18	hast dich erbarmt über diese beiden K.
	9,11	daß ihr eure K. seht 10,12; 13,16; 14,1.15
	14,11	lehrt eure K. Gerechtigkeit üben
	12	liebe K., hört auf mich Sir 2,1; 3,1.19; 4,1.23; 6,18.24.33; 10,31; 11,10; 14,11; 16,23; 18,15; 21,1; 23,7; 31,26; 37,30; 38,9.16; 40,29; 41,17; Bar 4,19; 2Ma 7,28
Sir	3,3	will den Vater von den K. geehrt haben 14
	6	wird auch Freude an seinen K. haben
	11	der Segen des Vaters baut den K. Häuser
	4,12	die Weisheit erhöht ihre K.
	14,26	er bringt auch seine K. unter ihr Dach
	16,1	wünsche dir nicht viele K.
	3	besser ein frommes K. als tausend gottlose
	19,11	wie ein K., das geboren werden will
	23,33	bekommt sie K. von einem andern
	34	ihre K. müssen's büßen 35
	25,10	ein Mann, der Freude an seinen K. hat
	30,9	verhätschelst du dein K.
	32,26	hüte dich auch vor deinen eignen K.
	33,22	es ist besser, daß deine K. dich brauchen
	40,19	K. zeugen und Städte gründen
	41,8	die K. der Gottlosen werden verworfen 9
	10	die K. werden die gottlosen Vater anklagen
	42,5	die K. streng zu erziehen
	11	im Bunde Gottes geblieben auch ihre K.
	46,15	ihr Name, auf ihre K. vererbt, werde gepriesen
	48,10	das Herz der Väter den K. wieder zuwenden
Bar	3,21	auch ihre K. erfaßten sie nicht
	23	die K. Hagars forschten ... nach
	4,12	einsam wegen der Sünden meiner K.
	16	noch sich der K. erbarmen
	21	seid getrost, K. 25.27
	26	meine K. mußten auf rauhe Wege gehen
	32	die Städte, denen deine K. gedient
	37	deine K. kommen, die du hast ziehen lassen
Bar	5,5	schaue deine K., die versammelt sind
	6,33	die Priester kleiden ihre K. damit
1Ma	1,34	die Feinde führten Frauen und K. weg
	2,9	die K. sind auf den Gassen erschlagen
	30	blieben dort mit Frauen und K.
2Ma	5,13	da mordete man hin Frauen und K.
StE	1,4	sollen mit Weib und K. umgebracht werden
StD	1,30	sie kam mit ihren Eltern und K.
	2,9	70 Priester des Bel, ohne Frauen und K. 14
Mt	2,16	Herodes ließ alle K. in Bethlehem töten
	3,9	Gott vermag aus diesen Steinen K. zu erwecken Lk 3,8
	5,45	damit ihr K. seid eures Vaters im Himmel
	7,11	gute Gaben geben könnt Lk 11,13
	8,12	aber die K. des Reichs werden hinausgestoßen
	10,21	die K. werden sich empören gegen ihre Eltern Mk 13,12
	11,16	es gleicht den K., die Lk 7,32
	13,38	der gute Same sind die K. des Reichs
	14,21	5.000 Mann, ohne Frauen und K. 15,38
	15,26	nicht recht, daß man der K. ihr Brot nehme Mk 7,27.28
	17,25	Zoll: von ihren K. 26
	18,2	Jesus rief ein K. zu sich Mk 9,36; 10,13; Lk 9,47; 18,15
	3	wenn ihr nicht werdet wie die K. 4; Mk 10,15; Lk 18,17
	5	wer ein solches K. aufnimmt Mk 9,37; Lk 9,48
	25	befahl, ihn und seine K. zu verkaufen
	19,13	da wurden K. zu ihm gebracht
	14	lasset die K. und wehret ihnen nicht, zu mir zu kommen Mk 10,14; Lk 18,16
	29	wer Mutter oder K. verläßt Mk 10,29.30; Lk 14,26; 18,29
	20,20	*die Mutter der K. des Zebedäus 27,56*
	21,15	die K., die im Tempel schrien
	22,24	wenn einer stirbt und hat keine K. Mk 12,19-22; Lk 20,28.31
	23,15	macht ihr aus ihm ein K. der Hölle
	31	K. derer, die die Propheten getötet
	37	habe ich deine K. versammeln wollen Lk 13,34
	27,25	sein Blut komme über uns und unsere K.
Mk	5,39	das K. ist nicht gestorben, sondern es schläft 40.41; 7,30; Lk 8,54
	9,21	er sprach: von K. auf
	24	sogleich schrie der Vater des K.
	10,24	liebe K., schwer ist's, ins Reich Gottes
Lk	1,7	sie hatten kein K.
	17	zu bekehren die Herzen der Väter zu den K.
	41	hüpfte das K. in ihrem Leibe 44
	55	Abraham und seinen K. in Ewigkeit
	2,12	ihr werdet finden das K. in Windeln gewickelt 16
	17	Wort, das zu ihnen von diesem K. gesagt war
	21	als man das K. beschneiden mußte
	27	als die Eltern das K. in den Tempel brachten
	40	das K. aber wuchs und wurde stark
	6,35	ihr werdet K. des Allerhöchsten sein
	7,35	die Weisheit gerechtfertigt von ihren K.
	8,51	niemanden hineingehen als den Vater des K.
	9,55	welches Geistes K. ihr seid
	10,6	wohnt dort ein K. des Friedens ist
	11,7	meine K. und ich liegen schon zu Bett
	16,8	die K. dieser Welt klüger als die K. des Lichts
	19,44	werden dich dem Erdboden gleichmachen samt deinen K.

Lk	20,34	die K. dieser Welt heiraten	1Jh	2,18	K., es ist die letzte Stunde
	36	Gottes Kinder, weil sie K. der Auferstehung		28	nun, K., bleibt in ihm
	23,28	weint über euch selbst und über eure K.		3,7	K., laßt euch von niemandem verführen
Jh	4,12	er hat daraus getrunken und seine K.		10	welche die K. Gottes und welche die K. des Teufels sind
	49	Herr, komm herab, ehe mein K. stirbt		18	meine K., laßt uns nicht lieben mit Worten
	51	seine Knechte sagten: Dein K. lebt		4,4	ihr, ihr habt jene überwunden
	6,9	es ist ein K. hier, das hat fünf Gerstenbrote		5,21	K., hütet euch vor den Abgöttern
	8,33	wir sind Abrahams K. 37.39; Apg 13,26	2Jh	1	der Älteste an die Herrin und ihre K.
	12,36	damit ihr K. des Lichtes werdet		4	unter deinen K. solche gefunden habe, die
	13,33	liebe K., ich bin noch eine kl. Weile bei euch		13	es grüßen dich die K. deiner Schwester
	16,21	wenn sie das K. geboren hat	3Jh	4	daß meine K. in der Wahrheit leben
	21,5	K., habt ihr nichts zu essen	Heb	2,10	der viel K. zur Herrlichkeit geführt hat
Apg	2,39	euch und euren K. gilt diese Verheißung		14	weil die K. von Fleisch und Blut sind
	3,25	ihr seid der Propheten und des Bundes K.		16	der K. Abrahams nimmt er sich an
	7,5	obwohl er noch kein K. hatte		5,13	denn er ist ein kleines K.
	16	gekauft von den K. Hemor		7,5	die K. Levi haben das Recht
	19	ließ ihre kleinen K. aussetzen		12,5	Trost, der zu euch redet wie zu seinen K.
	13,10	(Paulus) sprach: O du K. des Teufels		7	wie mit seinen K. geht Gott mit euch um
	33	daß Gott sie uns, ihren K., erfüllt hat		8	so seid ihr Ausgestoßene und nicht K.
	21,5	sie geleiteten uns mit Frauen und K.	Off	2,23	ihre K. will ich mit dem Tode schlagen
	21	sagst, sie sollen ihre K. nicht beschneiden		12,4	damit er, wenn sie geboren hätte, ihr K. fräße
Rö	8,17	sind wir K., so sind wir auch Erben Gal 4,7		5	ihr K. wurde entrückt zu Gott
	9,7	nicht alle, die Abrahams Nachkommen sind, sind darum seine K.			
	8	nur die K. der Verheißung werden als seine Nachkommenschaft anerkannt			**Kinder Gottes**
	11	ehe die K. geboren waren	Wsh	12,7	damit das Land die K. G. aufnehmen könnte
1Ko	3,1	reden wie zu unmündigen K. in Christus	2Ma	7,34	lege nicht Hand an die K.
	4,14	ich ermahne euch als meine K. 2Ko 6,13	StE	5,10	daß die Juden K. des ewigen G. sind
	7,14	sonst wären eure K. unrein; nun aber sind sie	Mt	5,9	denn sie werden G.K. heißen
	13,11	als ich ein K. war, da redete ich wie ein K.	Lk	20,36	sie sind den Engeln gleich und G.K.
	14,20	seid nicht K., wenn es ums Verstehen geht	Jh	1,12	denen gab er Macht, K. G. zu werden
2Ko	11,22	sie sind Abrahams K. – ich auch		11,52	die verstreuten K.G. zusammenzubringen
	12,14	nicht die K. den Eltern Schätze sammeln	Rö	8,14	welche der Geist Gottes treibt, die sind G.K.
Gal	3,7	die aus dem Glauben sind, das sind Abrahams K. 29		16	Geist gibt Zeugnis, das
	4,6	weil ihr nun K. seid, hat Gott		19	wartet darauf, daß die K.G. offenbar werden
	19	meine lieben K., die ich abermals		21	frei werden zu der Freiheit der K.G.
	25	das mit seinen K. in der Knechtschaft lebt		9,8	nicht das sind G.K., die nach dem Fleisch
	28	ihr seid wie Isaak K. der Verheißung		26	sie die lebendigen G. genannt werden
	31	nicht K. der Magd, sondern der Freien	Gal	3,26	ihr seid alle durch den Glauben G.K.
Eph	1,5	seine K. zu sein durch Jesus Christus	Phl	2,15	K.G. unter einem verdorbenen Geschlecht
	2,2	in den K. des Ungehorsams 5,6; Kol 3,6	1Jh	3,1	Liebe erwiesen, daß wir G.K. heißen
	3	waren K. des Zorns von Natur		2	meine Lieben, wir schon G.K.
	3,15	Vater über alles, was K. heißt		9	G.K. bleiben in ihm
	5,1	folgt Gottes Beispiel als die geliebten K.		10	welche die K.G. und welche die Kinder des Teufels sind
	8	lebt als K. des Lichts		5,2	daran erkennen wir, daß wir G.K. lieben
	6,1	ihr K., seid gehorsam euren Eltern Kol 3,20			
	4	ihr Väter, reizt eure K. nicht Kol 3,21			**Kinder Israel**
Phl	2,22	wie dem Vater hat er ... gedient			(s.a. Israel; Israelit; Mann Israels; Nachkomme; Sippe; Sohn; Stämme Israels)
1Th	2,7	wie eine Mutter ihre K. pflegt	Ps	103,7	hat die K. I. sein Tun (wissen lassen)
	11	wie ein Vater seine K. (ermahnt)		148,14	die K. I., das Volk, das ihm dient
	5,5	ihr alle seid K. des Lichtes und K. des Tages			
	8	wir aber, die wir K. des Tages sind			**Kinder Juda** (s.a. Juda; Judäer; Leute)
1Ti	2,15	selig dadurch, daß sie K. zur Welt bringt	2Sm	1,18	man solle die K. J. das Bogenlied lehren
	3,4	der gehorsame K. hat in aller Ehrbarkeit	2Ch	13,18	die K. J. blieben unverzagt
	12	die Diakone sollen ihre K. gut vorstehen		25,12	die K. J. fingen 10.000 von ihnen lebendig
	5,4	wenn eine Witwe K. oder Enkel hat 10	Jer	7,30	die K. J. tun, was mir mißfällt
	14	daß die jüngeren Witwen K. zur Welt bringen		50,4	Kinder Israel samt den K. J. 33; Hos 2,2
2Ti	3,15	daß du von K. auf die heilige Schrift kennst	Jo	4,6	habt die K. J. den Griechen verkauft 8
Tit	1,6	Mann, der gläubige K. hat		19	um des Frevels willen an den K. J.
	2,4	anhalten, daß sie ihre K. lieben	Ob	12	sollst dich nicht freuen über die K. J.
1Pt	1,14	als gehorsame K. gebt euch nicht den Begierden hin			
2Pt	2,14	K. des Fluches			**kinderlos**
1Jh	2,1	meine K., dies schreibe ich euch, damit	Jes	49,20	daß deine Söhne, du K., sagen
	14	ich habe euch K. geschrieben; denn ihr kennt den Vater			

kinderlos

Jer	15,7	mein Volk machte ich k.
	18,21	daß ihre Frauen k. seien Hos 9,12
Hes	5,17	wilde Tiere sollen euch k. machen
Lk	20,28	*und er stirbt k.* 29

Kindermutter

Ps	113,9	daß sie eine fröhliche K. wird

Kindeskind

1Mo	45,10	sollst nahe bei mir sein, du und deine K.
2Mo	10,2	verkündigest vor den Ohren deiner K. 5Mo 4,9
	17,16	führt Krieg gegen Amalek von Kind zu K.
	34,7	sucht die Missetat heim an Kindern und K.
5Mo	4,25	wenn ihr Kinder zeugt und K.
	6,2	seine Gebote hältst, du und deine K.
2Kö	17,41	auch ihre Kinder und K. tun, wie ihre Väter
Est	9,28	daß diese Tage zu halten seien bei K.
Hi	42,16	Hiob sah Kinder und K.
Ps	22,31	wird man verkündigen Kind und K. 71,18
	45,18	deinen Namen kundmachen von Kind zu K.
	103,17	seine Gerechtigkeit (währt) auf K.
	145,4	K. werden deine Werke preisen
Spr	13,22	der Gute wird vererben auf K.
	17,6	der Alten Krone sind K.
Jes	14,22	ich will von Babel ausrotten Kind und K.
	22,24	wenn sich an ihn hängt Kind und K.
	59,21	noch von dem Mund deiner Kinder und K.
Jer	2,9	muß mit euch und euren K. rechten
Hes	37,25	Kinder und K. sollen darin wohnen
Tob	9,11	daß ihr eure Kinder und K. seht 14,15
Sir	44,10	bleibt ihr Erbe bei ihren K.
Lk	1,48	werden mich selig preisen alle K.

Kindheit

Pr	11,10	K. und Jugend sind eitel

Kindlein

2Mo	2,6	es ist eins von den hebräischen K. 7.9
Jes	49,15	kann auch ein Weib ihres K. vergessen
Klg	2,20	K., die man auf Händen trägt
2Ma	6,10	denen band man die K. an die Brust
	8,4	an die K. denken, die umgebracht wurden
Mt	2,8	forscht fleißig nach dem K. 9
	11	sie fanden das K. mit Maria 13
	20	nimm das K. und seine Mutter 14.21
Lk	1,59	da kamen sie, das K. zu beschneiden
	66	was will aus diesem K. werden
	76	du, K., wirst ein Prophet... heißen
	80	das K. wuchs und wurde stark im Geist
1Pt	2,2	seid begierig... wie die neugeborenen K.

kindlich

Rö	8,15	ihr habt einen k. Geist empfangen
1Ko	13,11	als ich ein Mann wurde, tat ich ab, was k. war

Kindschaft

Rö	8,23	auch wir sehnen uns nach der K.
	9,4	Israeliten, denen die K. gehört
Gal	4,5	damit wir die K. empfingen

Kindsnot

Jes	66,7	ehe sie in K. kommt, ist sie genesen
Jer	4,31	Angstrufe wie von einer, die in K. ist 13,21; 22,23; 48,41; 49,22.24; 50,43; Mi 4,9
	30,6	ihre Hände an die Hüften wie Frauen in K.
Off	12,2	sie war schwanger und schrie in K.

Kiniter (= Keniter)

1Ch	2,55	K., die gekommen sind von Hammat

Kinnbacken

5Mo	18,3	daß man dem Priester gebe beide K.
Ri	15,16	Simson sprach: Mit eines Esels K. 17.19
Hi	29,17	ich zerbrach die K. des Ungerechten

Kinneret, *Kinnereth*

4Mo	34,11	¹ziehe sich hin östlich vom See K. Jos 12,3; 13,27 (= Genezareth)
5Mo	3,17	²von K. bis an das Meer Jos 11,2; 19,35
1Kö	15,20	³Ben-Hadad schlug das ganze K.

Kir

2Kö	16,9	¹führte die Einwohner weg nach K. Jes 22,6; Am 1,5; 9,7
Jes	15,1	²kommt Verheerung über K. in Moab (= Kir-Heres)

Kir-Heres

2Kö	3,25	bis nur K. übrigblieb Jes 16,7
Jes	16,11	klagt meine Seele über K. Jer 48,31.36

Kirjat-Arba, *Kirjath-Arba* (s.a. Arba)

1Mo	23,2	K. – das ist Hebron 35,27; Jos 15,54; 20,7; Ri 1,10
Neh	11,25	einige von den Söhnen Juda wohnten in K.

Kirjat-Baal, *Kirjath-Baal*

Jos	15,60	K. – das ist Kirjath-Jearim 18,14

Kirjat-Huzot, *Kirjath-Huzoth*

4Mo	22,39	kamen nach K.

Kirjat-Jearim, *Kirjath-Jearim*

Jos	9,17	kamen zu ihren Städten; die hießen K.
	15,9	Baala – das ist K.
	60	Kirjat-Baal – das ist K. 18,14.15
	18,28	(Städte des Stammes Benjamin:) K.
Ri	18,12	(600 Mann) lagerten sich... hinter K.
1Sm	6,21	sandten Boten zu den Bürgern von K. 7,1.2
1Ch	2,50	Schobal, der Vater K. 52.53
	13,5	die Lade von K. zu holen 2Ch 1,4
Esr	2,25	die Männer von K. Neh 7,29
Jer	26,20	Uria, der Sohn Schemajas, von K.

Kirjat-Sanna, *Kirjat-Sefer* (= Debir 2)

Jos	15,15	Debir hieß vor Zeiten K. Ri 1,11
	16	wer K. schlägt, dem will Ri 1,12
	49	K. – das ist Debir

Kirjatajim, *Kirjathajim*

1Mo	14,5	¹schlugen die Emiter in der Ebene K.
4Mo	32,37	die Söhne Ruben bauten K. Jos 13,19
Jer	48,1	geschändet ist K. 23
Hes	25,9	daß es sei ohne den Stolz des Landes: K.
1Ch	6,61	²aus dem Stamm Naftali: K. (= Kartan)

Kisch

1Sm	9,1	¹von Benjamin, K., ein Sohn Abiëls 14,51
	3	K., der Vater Sauls 10,11.21; 2Sm 21,14; 1Ch 8,33; 9,39; 12,1; 26,28; Apg 13,21
1Ch	8,30	²(Jeïels Sohn) K. 9,36
	23,21	³Söhne Machlis: K. 22; 24,29
2Ch	29,12	⁴K., der Sohn Abdis
Est	2,5	⁵Schimis, des Sohnes des K. StE 6,1

Kischjon (= Kedesch 3)

Jos	19,20	(Issachar... sein Gebiet war) K. 21,28

Kischon s. Bach

Kislew

Neh	1,1	geschah im Monat K. Sa 7,1; 1Ma 1,57; 4,52; 2Ma 1,9.18; 10,5

Kislon

4Mo	34,21	Elidad, der Sohn K.

Kislot-Tabor, *Kisloth-Tabor* (= Kesullot)

Jos	19,12	(Sebulon... Grenze seines Erbteils) K.

Kissen

Mk	4,38	er schlief auf einem K.

Kitlisch, *Kithlisch*

Jos	15,40	(Städte des Stammes Juda:) K.

Kitron

Ri	1,30	Sebulon vertrieb nicht die Einw. von K.

Kittim, *Kittäer* (= Griechenland; Jawan 2)

1Mo	10,4	Söhne Jawans: die K. 1Ch 1,7
4Mo	24,24	Schiffe aus K. werden verderben Assur
Jes	23,1	wenn sie heimkehren aus dem Lande K. 12
Jer	2,10	geht hin zu den Inseln der K.
Hes	27,6	Buchsbaumholz von den Gestaden der K.
Dan	11,30	es werden Schiffe aus K. gegen ihn kommen
1Ma	1,1	Alexander ist aus dem Lande K.
	8,5	König von K., Philippus

Klafter

Apg	27,28	fanden zwanzig K. tief

Klage

1Mo	50,10	hielten eine große und feierliche K. 11
Ri	20,23	*Israeliten hielten K. vor dem HERRN 26
Est	9,31	die Einsetzung ihrer K. festgesetzt
Hi	9,27	ich will meine K. vergessen
	10,1	will meiner K. ihren Lauf lassen 23,2
	21,4	geht gegen einen Menschen meine K.
	30,31	mein Harfenspiel ist zur K. geworden
Ps	30,12	mir meine K. verwandelt in einen Reigen
	64,2	höre meine Stimme in meiner K.
	102,1	wenn er seine K. vor dem HERRN ausschüttet
	106,44	sah ihre Not an, als er ihre K. hörte
	142,3	ich schütte meine K. vor ihm aus 7
Jes	43,14	zur K. wird der Jubel der Chaldäer
Jer	7,16	sollst weder K. noch Gebet vorbringen
	22,20	laß deine K. hören in Baschan
Hes	2,10	darin stand geschrieben K., Ach und Weh
Sa	12,11	wird große K. sein in Jerusalem
Bar	4,34	ich will ihre Prahlerei in K. verwandeln
1Ma	4,39	da hielten (sie) eine große K.
	15,35	wenn du darüber K. führst
2Ma	4,44	trugen drei Gesandte ihm die K. vor
Jh	18,29	was für eine K. bringt ihr gegen diesen Menschen vor
Apg	8,2	hielten eine große K. über ihn
	25,7	brachten viele und schwere K. gegen ihn vor
	18	*brachten sie der schlimmen K. keine vor*
Gal	2,11	es war Grund zur K. gegen ihn
Kol	3,13	vergebt, wenn jemand K. hat gegen den andern
1Ti	5,19	nimm keine K. an ohne zwei oder drei Zeugen

Klageeiche

1Mo	35,8	unter der Eiche; die wurde genannt die K.

Klagegeschrei

Ps	144,14	kein K. sei auf unsern Gassen
Jer	9,18	man hört ein K. in Zion 31,15

Klageleute

Pr	12,5	die K. gehen umher auf der Gasse

Klagelied

2Sm	1,17	David sang dies K. über Saul und Jonatan
2Ch	35,25	Jeremia sang ein K... geschr. unter den K.
Ps	7,1	ein K. Davids Hab 3,1
Jer	9,19	eine lehre die andere dies K.
Hes	19,1	stimm ein K. an 14; 26,17; 27,2.32; 28,12; 32,2.16; Am 5,1
Mt	11,17	wir haben K. gesungen Lk 7,32

klagen

4Mo	11,1	das Volk k. vor den Ohren des HERRN
5Mo	34,8	bis die Zeit des K. über Mose vollendet
Ri	5,28	die Mutter Siseras k. durchs Gitter
	11,40	zu k. um die Tochter Jeftahs
2Sm	3,33	der König k. um Abner
2Ch	35,25	alle Sänger k. in ihren Liedern über Josia
Est	4,1	Mordechai schrie laut k. 3
Hi	7,11	will k. in der Betrübnis meiner Seele
Ps	22,9	er k. es dem HERRN, der helfe ihm heraus
	32,3	verschmachteten durch mein tägliches K.
	55,5	wie ich so ruhelos k. und heule 18
	102,8	ich wache und k. wie ein einsamer Vogel
	119,169	laß mein K. vor dich kommen
Spr	23,29	wo ist Zank? Wo ist K.
Pr	3,4	K. hat seine Zeit
Jes	3,26	Zions Tore werden trauern und k.

klagen

Jes	16,11	darum k. mein Herz über Moab Jer 48,36.38
	19,8	die Angeln ins Wasser werfen, werden k.
	22,12	daß man weine und k.
	24,11	man k. um den Wein auf den Gassen
	32,12	man wird k. um die Äcker
	65,19	nicht mehr hören die Stimme des K.
Jer	4,8	zieht den Sack an, k. und heult 6,26; 49,3
	9,9	ich muß in der Steppe k.
	16	schickt nach denen, die k. können 17
	19	lehrt eure Töchter k. Klg 2,18; Hes 32,16
	14,2	in Jerusalem ist lautes K.
	16,5	weder um zu k. noch um zu trösten
	31,18	habe wohl gehört, wie Ephraim k.
	48,31	muß über die Leute von Kir-Heres k.
Hes	24,16	sollst nicht k. und nicht weinen 23
	27,30	(werden) über dich bitterlich k. 32
Jo	1,13	k., ihr Priester
	2,12	bekehret euch mit Weinen, mit K.
Mi	1,8	darüber muß ich k... k. wie die Schakale
	2,4	wird man einen Spruch machen und k.
Sa	12,10	werden um ihn k., wie man k.
	12	das Land wird k., ein jedes Geschlecht
Jdt	7,13	da kamen alle zu Usija und k.
	8,21	haben in ihrem Leiden gegen Gott gek.
Wsh	19,3	als sie an den Gräbern... k.
Sir	20,17	der Narr k.: Niemand ist mein Freund
	29,6	er k. sehr, es sei schwere Zeit
	35,17	er verachtet nicht die Witwe, wenn sie k.
	38,16	k. wie einer, dem Leid geschehen ist
	51,27	k., daß ich sie nicht oft genug erkannt hatte
1Ma	2,7	Mattatias k.: Ach, daß ich dazu geboren
	7,18	das ganze Volk k.
	8,32	wenn sie weiter über dich k.
	9,20	Israel k. um Judas sehr 13,26
Lk	6,25	ihr werdet weinen und k. Jh 16,20
	8,52	sie weinten alle und k. um sie
	23,27	die k. und beweinten ihn
Jak	4,9	jammert und k. und weint
Off	18,15	die Kaufleute... werden weinen und k.
	19	sie schrien, weinten und k.

Kläger

Apg	23,30	ich wies die K. an, vor dir zu sagen, was
	25,16	bevor er seinen K. gegenüberstand

Klageweib

Jer	9,16	gebt acht und bestellt K.

kläglich

Jer	3,21	man hört ein k. Heulen
Jo	1,10	der Wein steht jämmerlich und das Öl k.
	18	die Rinder sehen k. drein
Wsh	18,10	man hörte überall k. Weinen
2Ko	10,10	wenn er selbst anwesend ist, ist seine Rede k.

Klammer

1Ch	22,3	schaffte Eisen herbei zu Nägeln und K.
2Ch	34,11	Holz zu K. und Balken

Klang

2Mo	28,35	daß man seinen K. höre, wenn er hineingeht
Ps	49,5	will... kundtun beim K. der Harfe
Jes	14,11	deine Pracht... samt dem K. deiner Harfen
Hes	26,13	den K. der Harfen soll man nicht mehr
Wsh	19,17	obwohl sie im K. immer gleich bleiben
Sir	45,11	damit der K. im Heiligtum gehört würde

klar

2Mo	24,10	war wie der Himmel, wenn es k. ist
3Mo	24,12	bis ihnen k. Antwort würde
4Mo	15,34	war nicht k. bestimmt, was man tun sollte
5Mo	27,8	alle Worte d. Gesetzes, k. und deutlich
Neh	8,8	legten das Buch des Gesetzes k. aus
Hi	37,21	als der Wind daherfuhr, da wurde es k.
Hl	6,10	die hervorbricht k. wie die Sonne
Jes	32,4	wird fließend und k. reden
Jer	23,20	werdet ihr es k. erkennen
Hes	32,14	will seine Wasser k. machen
	34,18	nicht genug, k. Wasser zu trinken
Wsh	7,22	es wohnt in ihr ein Geist, rein, k.
1Ko	3,13	der Tag des Gerichts wird's k. machen
Heb	7,15	noch k. ist es, wenn ein anderer als Priester
Off	21,11	k. wie Kristall 22,1

Klarheit

Lk	2,9	die K. des Herrn leuchtete um sie
Jh	17,5	*verherrliche mich bei dir selbst mit K.*
Apg	22,11	geblendet von der K. dieses Lichtes

klatschen

2Kö	11,12	k. in die Hände und riefen: Es lebe
Hi	27,23	man wird über ihn mit den Händen k.
Jes	55,12	sollen alle Bäume in die Hände k.
Klg	2,15	die vorübergehen, k. in die Hände Nah 3,19; Ze 2,15
Hes	25,6	weil du in die Hände gek.
Sir	12,19	er k. in die Hände

Klauda s. Kauda

Klaudia

2Ti	4,21	es grüßen dich Linus und K.

Klaudius

Apg	11,28	dies geschah unter dem Kaiser K.
	18,2	weil Kaiser K. allen Juden geboten hatte

Klaudius Lysias

Apg	23,26	K. L. dem Statthalter Felix: Gruß zuvor

Klaue

2Mo	10,26	nicht eine K. darf dahintenbleiben
3Mo	11,3	was gespaltene K. hat, dürft ihr essen 4-7.26; 5Mo 14,6-8
Ps	69,32	als ein Stier, der Hörner und K. hat
Hes	32,13	daß keines Tieres K. sie trübe
Dan	7,19	das anders war... mit ehernen K. Mi 4,13
Sa	11,16	wird er fressen und ihre K. zerreißen

kleben

5Mo	13,18	laß nichts von dem an deiner Hand k.
Hi	29,10	ihre Zunge k. an ihrem Gaumen Ps 22,16; 137,6; Klg 4,4; Hes 3,26
	38,38	wenn die Schollen aneinander k.
Ps	26,10	an deren Händen Schandtat k.

Ps	102,6	mein Gebein k. an meiner Haut vor Heulen
Klg	1,9	ihr Unflat k. an ihrem Saum
Mal	2,4	(Unrat) soll an euch k. bleiben
Sir	13,30	Reichtum... wenn keine Sünde an ihm k.

Kleid

1Mo	9,23	da nahmen Sem und Jafet ein K.
	24,53	zog hervor Kleinode und K.
	27,27	roch (Isaak) den Geruch seiner K.
	28,20	wird Gott mir zu essen geben und K.
	35,2	reinigt euch und wechselt eure K. 41,14; Rut 3,3; 2Sm 12,20
	37,29	zerriß er sein K. 34; 44,13; 4Mo 14,6; Jos 7,6; Ri 11,35; 2Sm 1,11; 3,31; 13,31; 1Kö 21,27; 2Kö 2,12; 5,7.8; 6,30; 11,14; 18,37; 19,1; 22,11. 19; 2Ch 23,13; 34,19.27; Esr 9,3.5; Est 4,1; Hi 1,20; 2,12; Jes 36,22; 37,1; Jer 36,24; 41,5
	39,12	erwischte ihn bei seinem K. 13.15.16.18
	49,11	wird sein K. in Wein waschen
2Mo	3,22	jede Frau soll sich K. geben lassen 12,35
	19,10	heilige sie, daß sie ihre K. waschen 14; 4Mo 8,21; Sa 3,3-5
	22,8	Veruntreuung, es handle sich um K.
	28,2	sollst Aaron heilige K. machen 3.4; 29,5.21. 29; 31,10; 35,19.21; 39,1.41; 40,13; 3Mo 6,4; 16,23.24.32; 8,2.30; 10,6; 16,4.32; 21,10; 4Mo 20,26.28; Hes 42,14; 44,17.19
3Mo	6,20	wer von seinem Blut ein K. besprengt
	11,25	soll seine K. waschen 28.32.40; 13,6.34; 14,8.9. 47; 15,5-8.10.11.13.17.21.22.27; 16,26.28; 17,15. 16; 1Mo 8,7; 19,7.8.10.19.21; 31,20.24
	13,45	wer aussätzig, soll zerrisene K. tragen
	47	wenn eine aussätzige Stelle an einem K. ist 49.51-53.56-59; 14,55
	19,19	ein K. aus zweierlei Faden 5Mo 22,11
4Mo	15,38	Quasten an den Zipfeln ihrer K.
5Mo	8,4	deine K. sind nicht zerrissen 29,4; Neh 9,21
	10,18	daß er ihnen Speise und K. gibt
	21,13	die K. ablegen, in denen sie gefangengen.
	22,3	mit seinem K., das dein Bruder verliert
	24,17	der Witwe nicht das K. zum Pfand nehmen
Jos	9,5	(die von Gibeon) zogen alte K. an 13
	22,8	ihr kommt heim mit sehr viel K. Ri 5,30; 1Sm 27,9; 2Kö 7,8.15; 2Ch 20,25; 28,15; Sa 14,14
Ri	3,16	Ehud gürtete (einen Dolch) unter sein K.
1Sm	19,13	Michal deckte ein K. darauf
	24	da zog auch (Saul) seine K. aus 28,8
2Sm		mit goldenen Kleinoden und K.
	10,4	ließ die K. halb abschneiden 1Ch 19,4
	13,18	solche K. trugen des Königs Töchter
	19,25	er hatte seine K. nicht gewaschen
	20,12	warf K. auf (Amasa)
1Kö	1,1	wenn man ihn auch mit K. bedeckte
	10,5	(sah seine) Diener und ihre K. 2Ch 9,4
	25	jedermann brachte K. 2Ch 9,24
	22,10	saßen in ihren königlichen K. 2Ch 18,9
	30	behalte deine königlichen K. an 2Ch 18,29
2Kö	4,39	pflückte sein K. voll mit Gurken 42
	5,26	hast da Silber und K. genommen
	9,13	da nahm jeder eilends sein K.
	10,22	brachten (allen Dienern Baals) die K.
	22,14	Harhas, des Hüters der K.
	25,29	K. seiner Gefangenschaft Jer 52,33
Neh	4,17	zogen unsere K. nicht aus
Est	4,4	die Königin sandte K. 6,8-11; 8,15
Hi	9,31	daß sich meine K. vor mir ekeln
	13,28	wie ein K., das die Motten fressen Jes 50,9; 51,6.8
Hi	22,6	du hast den Nackten die K. entrissen
	24,10	nackt gehen die Armen einher ohne K. 31,19
	27,16	schafft K. an, wie man Lehm aufhäuft
	29,14	Gerechtigkeit war mein K.
	30,18	mit aller Gewalt wird mein K. entstellt
	37,17	dem schon die K. heiß werden
	38,14	färbt sich bunt wie ein K.
Ps	22,19	teilen meine K. unter sich Mt 27,35; Jh 19,24
	39,12	verzehrst s. Schönheit wie Motten ein K.
	45,9	deine K. sind lauter Myrrhe
	15	man führt sie in gestickten K. zum König
	102,27	wie ein K. wirst du sie wechseln
	104,2	Licht ist dein K., das du anhast
	6	mit Fluten decktest du es wie mit einem K.
	109,19	(der Fluch) werde ihm wie ein K.
	133,2	das herabfließt zum Saum seines K.
Spr	6,27	ohne daß seine K. brennen
	20,16	nimm dem sein K., der Bürge wurde 27,13
	23,21	ein Schläfer muß zerrisene K. tragen
	25,20	wie wenn einer das K. ablegt
	30,4	wer hat die Wasser in ein K. gebunden
	31,21	ihr ganzes Haus hat wollene K. 22
Pr	9,8	laß deine K. immer weiß sein
Hl	4,11	Duft deiner K. wie Duft des Libanon
	5,3	ich habe mein K. ausgezogen
Jes	59,6	ihre Gewebe taugen nicht zu K.
	61,10	hat mir die K. des Heils angezogen
	63,1	mit rötlichen K... geschmückt in seinem K.
	2	dein K. wie das eines Keltertreters 3
	64,5	unsre Gerechtigkeit ein beflecktes K.
Jer	2,34	findet man an deinen K. das Blut Klg 4,11
	43,12	wie ein Hirt sein K. laust
Hes	9,2	hatte ein K. von Leinwand an 3.11; 10,2.6.7; Dan 10,5; 12,6.7
	16,10	kleidete dich mit bunten K. 13.16.18
	39	daß sie dir deine K. ausziehen 23,26
Jo	2,13	zerreißet eure Herzen und nicht eure K.
Am	2,8	schlemmen sie auf den gepfändeten K.
Hag	2,12	wenn jemand... trüge im Zipfel seines K.
Mal	2,16	der bedeckt mit Frevel sein K.
Tob	4,17	bedecke die Nackten mit K. von
Sir	11,4	rühme dich nicht wegen deiner herrlichen K.
	14,18	alles Lebendige veraltet wie ein K.
	29,28	K. braucht man am nötigsten 39,31
	42,13	wie aus den K. Motten kommen
Bar	6,11	sie schmücken die Götzen mit K.
	20	von den Würmern, die ihre K. fressen
	33	die Priester stehlen ihnen K.
1Ma	3,49	sie brachten dorthin die priesterlichen K.
	6,2	daß im Tempel die goldenen K. aufbewahrt
StE	3,2	(Ester) legte ihre königlichen K. ab 4,4
Mt	3,4	Johannes hatte ein K. von Kamelhaaren
	9,16	niemand flickt ein altes K. mit einem Lappen von neuem Tuch Mk 2,21; Lk 5,36
	20	rührte seines K. Saum an 14,36; Mk 5,27; 6,56; Lk 8,44
	21	könnte ich sein K. anrühren Mk 5,28.30
	11,8	wolltet ihr einen Menschen in weichen K. sehen Lk 7,25
	17,2	seine K. wurden weiß 28,3; Mk 9,3; 16,5; Lk 9,29; 24,4; Jh 20,12; Apg 1,10
	21,7	legten ihre K. darauf Mk 11,7; Lk 19,35
	8	eine sehr große Menge breitete ihre K. auf den Weg Mk 11,8; Lk 19,36
	22,11	*der hatte kein hochzeitlich K. an* 12
	23,5	sie machen die Quasten an ihren K. groß
	26,65	da zerriß der Hohepriester seine K. Mk 14,63
	27,31	zogen ihm seine K. an Mk 15,20
	35	verteilten sie seine K. Mk 15,24; Lk 23,34; Jh 19,23

Kleid

Mk	12,38	die gerne in langen K. gehen Lk 20,46
Lk	8,27	er trug seit langer Zeit keine K. mehr
	15,22	bringt schnell das beste K. hervor
	23,11	Herodes legte ihm ein weißes K. an
Jh	13,4	legte seine K. ab und nahm einen Schurz
	12	als er ihre Füße gewaschen hatte, nahm er seine K.
Apg	7,58	die Zeugen legten ihre K. ab 22,20
	9,39	zeigten ihm die Röcke und K., die
	10,30	stand ein Mann in einem hellen K.
	12,21	tat Herodes das königliche K. an
	14,14	Barnabas und Paulus zerrissen ihre K.
	16,22	ließen ihnen die K. herunterreißen
	18,6	schüttelte er die K. aus und sprach
	22,23	als sie schrien und ihre K. abwarfen
1Ti	2,9	die Frauen in schicklichem K.
	6,8	wenn wir Nahrung und K. haben
1Pt	3,3	euer Schmuck soll nicht äußerlich sein wie prächtige K.
Heb	1,11	sie werden alle veralten wie ein K.
Jak	2,2	käme ein Mann mit einem herrlichen K. 3
	5,2	eure K. sind von Motten zerfressen
Off	3,4	einige, die ihre k. nicht besudelt haben
	5	der soll mit weißen K. angetan werden 4
	18	kaufst weiße K., damit du sie anziehst
	4,4	mit weißen K. angetan 7.9.13; 19,13
	6,11	ihnen wurde gegeben ein weißes K.
	7,14	haben ihre K. gewaschen
	16,15	selig ist, der... seine K. bewahrt
	19,16	einen Namen geschrieben auf seinem K.
	22,14	selig sind, die ihre K. waschen

kleiden

1Mo	41,42	(der Pharao) k. ihn mit kostbarer Leinwand
2Sm	1,24	Saul, der euch k. mit kostbarem Purpur
Hi	8,22	die dich hassen, müssen sich in Schmach k. Ps 35,26; 132,18
	38,9	als ich's mit Wolken k.
Ps	132,9	deine Priester laß sich k. mit Gerechtigkeit 16
Spr	27,26	dann k. dich die Lämmer
Jes	4,1	wir wollen uns selbst ernähren und k.
	50,3	ich k. den Himmel mit Dunkel
	58,7	wenn du einen nackt siehst, so k. ihn
	59,17	k. sich mit Eifer wie mit einem Mantel
	61,10	mit dem Mantel der Gerechtigkeit gek.
Jer	4,30	wenn du dich schon mit Purpur k. würdest
Hes	7,27	Fürsten werden sich in Entsetzen k.
	16,10	(ich) k. dich mit bunten Kleidern 13
	18,7	der den Nackten k. 16
	23,6	die mit Purpur gek. waren 12
	34,3	ihr k. euch mit der Wolle
Dan	5,7	der soll mit Purpur gek. werden 16.29
Hag	1,6	ihr k. euch und könnt euch nicht erwärmen
Sir	45,9	er hat ihn prächtig und schön gek.
Bar	6,33	die Priester k. ihre Frauen damit
Mt	6,29	Salomo nicht gek. gewesen wie Lk 12,27
	30	wenn Gott das Gras so k. Lk 12,28
	31	sollt ihr nicht sagen: Womit werden wir uns k.
	25,36	ihr habt mich gek. 38.43
Lk	16,19	es war ein reicher Mann, der k. sich in Purpur
Jak	2,3	ihr sähet auf den, der herrlich gek. ist

Kleiderhüter

2Ch	34,22	Harhas, des K.

Kleiderkammer

2Kö	10,22	die über die K. gesetzt waren
Jer	38,11	Ebed-Melech ging in die K.

Kleiderpracht

1Pt	3,3	euer Schmuck nicht auswendig mit K.

Kleidung

2Mo	21,10	soll der ersten an K. nichts abbrechen
Ri	17,10	will dir jährlich K. und Nahrung geben
Dan	3,21	wurden in ihrer ganzen K. gebunden
Sir	19,27	K. und Gang zeigen, was an ihm ist
2Ma	3,33	erschienen die Männer in derselben K.
Mt	6,25	ist nicht der Leib mehr als die K. Lk 12,23
	28	warum sorgt ihr euch um die K.
Apg	20,33	ich habe von niemandem Silber oder K. begehrt
1Ti	2,9	daß die Frauen in schicklicher K. sich schmücken
Jak	2,2	wenn in eure Versammlung ein Mann käme mit herrlicher K.
	15	wenn ein Bruder Mangel hätte an K.

Kleie

Bar	6,43	Jungfrauen sitzen und räuchern K.

klein

1Mo	1,16	ein k. Licht, das die Nacht regiere
	19,11	schlugen die Leute, k. und groß 1Sm 5,9
	20	da ist eine Stadt nahe, die k. ist
	26,14	viel Gut an k. und großem Vieh
2Mo	16,14	siehe, da lag's in der Wüste rund und k.
	18,26	die k. Sachen selber richteten
3Mo	11,20	alles k. Getier... ein Greuel 43
4Mo	16,27	traten an die Tür mit ihren k. Kindern
	22,18	weder im K. noch im Großen
	33,54	dem Geschlecht, das k. ist... ein k. Erbe
5Mo	1,17	sollt den K. hören wie den Großen
	7,7	bist das k. unter allen Völkern
	25,13	nicht zweierlei Gewicht, groß und k. 14
Ri	8,21	Gideon nahm die k. Monde 26
1Sm	2,19	machte ihm seine Mutter ein k. Oberkleid
	9,21	aus einem der k. Stämme Israels
	20,2	tut nichts, weder Großes noch K. 22,15
	30,2	k. und groß, gefangengenommen 19
2Sm	9,12	Mefi-Boschet hatte einen k. Sohn
	12,3	der Arme hatte nichts als ein k. Schäflein
	19,37	Stück mit dem König gehen
1Kö	2,20	ich habe eine k. Bitte an dich
	8,64	der Altar war zu k. für die Brandopfer
	10,17	(ließ machen) 300 k. Schilde 2Ch 9,16
	12,10	mein k. Finger soll dicker sein 2Ch 10,10
	18,44	es steigt eine k. Wolke auf
	20,27	lagerte sich wie zwei k. Herden Ziegen
2Kö	2,23	kamen k. Knaben zur Stadt heraus
	4,10	laß uns ihm eine k. Kammer machen
	23,2	alles Volk, k. und groß 25,26; 2Ch 34,30; Est 1,5; Jer 42,1.8
1Ch	26,13	für die k. wie für die großen Sippen
2Ch	14,7	aus Benjamin, die k. Schilde trugen
	15,13	sollte sterben, k. und groß Jer 16,6; 44,12
	31,15	auszugeben, K. wie Großen Hi 3,19
	36,18	Geräte, große und k., ließ er nach Babel
Esr	9,8	ist einen k. Augenblick Gnade geschehen
Hi	21,11	ihre k. Kinder lassen sie hinaus

Kleinod

Hi	24,24	nach einer k. Weile nicht mehr Ps 37,10
Ps	104,25	wimmelt's ohne Zahl, große und k. Tiere
	115,13	er segnet die K. und die Großen
	131,2	m. Seele ist ruhig geworden wie ein k. Kind
Spr	30,24	vier sind die K. auf Erden
Pr	9,14	da war eine k. Stadt und wenig Männer
Hl	1,11	Kettchen mit k. silbernen Kugeln
	2,15	fangt uns die Füchse, die k. Füchse
	8,8	unsre Schwester ist k.
Jes	10,25	ist nur noch eine k. Weile 29,17; Hag 2,6
	11,6	ein k. Knabe wird Kälber und Löwen treiben
	22,24	alle k. Geräte, Trinkgefäße und Krüge
	26,20	verbirg dich einen k. Augenblick
	54,7	habe dich einen k. Augenblick verlassen
	60,22	aus dem K. sollen tausend werden
Jer	6,13	sie gieren alle, k. und groß 8,10
	31,34	mich erkennen, k. und groß Heb 8,11
	48,4	man hört ihre K. schreien
Klg	4,4	die k. Kinder verlangen nach Brot
Hes	5,3	nimm ein k. wenig davon
	16,46	deine k. Schwester ist Sodom 61
	23,24	mit großen und k. Schilden 38,4; 39,9
	29,14	sollen nur ein k. Königreich sein 15
	46,22	in den Ecken waren k. Vorhöfe
Dan	7,8	da brach ein anderes k. Horn hervor 8,9
	11,34	wird ihnen eine k. Hilfe zuteil werden
Hos	14,1	sollen ihre k. Kinder zerschmettert werden
Am	6,11	schlagen soll die k. Häuser in Stücke
Jon	3,5	zogen groß und k. den Sack zur Buße an
Mi	5,1	Bethlehem Ephrata, die du k. bist unter
Sa	13,7	will meine Hand wenden gegen die K.
Jdt	7,7	hatten unweit der Mauer k. Quellen
Wsh	6,8	er hat die K. und die Großen geschaffen
Sir	5,18	achte nichts gering, es sei k. oder groß
	10,25	es sollen sich Große und K. dessen rühmen
	11,3	die Biene ist k. unter allem
	30,12	bläue ihm den Rücken, solange es noch k. ist
	48,17	(bis) nur ein k. Häuflein übrigblieb
1Ma	3,16	zog Judas ihm mit einer k. Schar entgegen
	5,45	alle Israeliten, k. und groß
	7,1	kam mit einem k. Gefolge in eine Stadt
2Ma	2,22	daß ihre k. Schar das Land erobert
StE	6,7	ergoß sich... aus einer k. Quelle 7,3
Mt	2,6	bist keineswegs die k. in Juda
	5,18	wird nicht vergehen der k. Buchstabe vom Gesetz
	19	wer eines von diesen k. Geboten auflöst
	19	wer... der wird der K. heißen im Himmelreich
	11,11	der K. im Himmelreich ist größer als er Lk 7,28
	13,32	ist das k. unter allen Samenkörnern Mk 4,31
	18,6	wer aber einen dieser K. zum Abfall verführt Mk 9,42; Lk 17,2
	10	daß ihr nicht einen von diesen K. verachtet
	14	auch nur eines von diesen K. verloren werde
	26,73	nach einer k. Weile Mk 14,70; Lk 22,58
Mk	15,40	Maria, die Mutter Jakobus' des K.
Lk	1,63	er forderte eine k. Tafel und schrieb
	9,48	wer k. ist unter euch allen, der ist groß
	12,32	fürchte dich nicht, du k. Herde
	18,15	sie brachten k. Kinder zu ihm, damit er sie
	19,3	denn er war k. von Gestalt
Jh	5,35	ihr wolltet eine k. Weile fröhlich sein
	7,33	ich bin noch eine k. Zeit bei euch 12,35; 13,33; 14,19; 16,16-19
Apg	7,19	ließ ihre k. Kinder aussetzen
	8,10	alle hingen ihm an, k. und groß
	12,18	*war eine nicht k. Bestürzung*
Apg	26,22	stehe hier und bin sein Zeuge bei groß und k.
1Pt	1,6	die ihr eine k. Zeit traurig seid 5,10
Heb	2,7	eine k. Zeit niedriger sein lassen 9
	5,13	denn er ist ein k. Kind
	10,37	nur noch eine k. Weile, so wird kommen
Jak	3,4	werden sie gelenkt mit einem k. Ruder
	5	ein k. Feuer, welch einen Wald zündet's an
	4,14	ein Rauch, der eine k. Zeit bleibt
Off	2,14	*ich habe ein K. wider dich*
	3,8	du hast eine k. Kraft
	6,11	daß sie ruhen müßten noch eine k. Zeit
	11,18	die deinen Namen fürchten, den K. und den Großen
	13,16	daß sie allesamt, die K. und Großen, sich ein Zeichen machen
	17,10	muß er eine k. Zeit bleiben 20,3
	19,5	lobt Gott, alle die ihn fürchten, k. und groß
	18	eßt das Fleisch der K. und der Großen
	20,12	ich sah die Toten, groß und k.

Kleinglaube

Mt	17,20	er sprach zu ihnen: Wegen eures K.

kleingläubig

Mt	6,30	sollte er das nicht für euch tun, ihr K.
	8,26	ihr K., warum seid ihr so furchtsam
	14,31	du K., warum hast du gezweifelt
	16,8	ihr K., was bekümmert ihr euch doch
Lk	12,28	wieviel mehr wird er euch kleiden, ihr K.

kleinlich

Sir	14,3	zu einem k. Kerl paßt es nicht

Kleinmut

2Mo	6,9	aber sie hörten nicht auf ihn vor K.

kleinmütig

1Th	5,14	tröstet die K.

Kleinod

1Mo	24,53	zog hervor silberne und goldene K.
2Sm	1,24	euch schmückte mit goldenen K.
	8,10	Joram brachte mit sich silberne K.
2Ch	21,3	viele Gaben an Gold und K. 32,23
Esr	1,6	halfen mit Gut und Vieh und K.
Hi	28,17	kann man nicht eintauschen um güldnes K.
Ps	16,1	ein güldenes K. Davids 56,1; 57,1; 58,1; 59,1; 60,1
Spr	20,15	der Vernünftiges redet, ist ein K.
Jes	45,3	will dir geben verborgene K.
Jer	4,30	wenn du dich schon mit gold. K. schmücken
	20,5	will alle K. in die Hand ihrer Feinde Klg 1,10
Klg	1,11	es gibt seine K. um Speise
Hes	7,20	haben ihro K. zur Hoffart verwendet
	22	mein K. soll entheiligt werden
	16,11	(ich) schmückte dich mit K.
Jo	4,5	habt meine K. in eure Tempel gebracht
Nah	2,10	hier ist die Menge aller kostbaren K.
Lk	21,5	Tempel, daß er mit K. geschmückt sei
Phl	3,14	*jage nach dem K. der... Berufung*

Kleinvieh

Kleinvieh
1Mo 45,10 dein K. und Großvieh 46,32; 47,1
3Mo 3,6 will er ein Dankopfer vom K. darbringen
4Mo 22,29 so sollst du auch tun mit deinem K.

Klemens
Phl 4,3 für das Evangelium gekämpft mit K.

Kleopas
Lk 24,18 der eine, mit Namen K., antwortete ihm

Kleopatra
1Ma 10,57 Ptolemäus mit seiner Tochter K. 58

klingen
1Ch 15,19 mit kupfernen, hell k. Zimbeln Ps 150,5
Sir 39,20 lobt ihn mit Singen und K.
    40,21 Flöte und Harfe k. schön
    45,11 Schellen, damit es k. sollte
1Ko 13,1 so wäre ich eine k. Schelle

Klippdachs
3Mo 11,5 (dürft nicht essen:) den K. 5Mo 14,7
Ps 104,18 die Felsklüfte (geben Zuflucht) dem K.
Spr 30,26 die K. - ein schwaches Volk, dennoch

Klippe
Hi 39,28 (der Adler) nächtigt auf steilen K.
Apg 27,29 da fürchteten sie, wir würden auf K. geraten

klirren
Hi 39,23 auf ihm k. der Köcher
1Ma 6,41 Angst vor dem K. der Waffen

Klopas
Jh 19,25 Maria, die Frau des K., und Maria von Magdala

klopfen
Lk 13,25 anfangt, draußen zu stehen und an die Tür zu k.
Apg 12,13 als er an das Hoftor k., kam eine Magd

Klotz
Jes 44,19 sollte knien vor einem K.
    45,20 die sich abschleppen mit den K.

Kluft
1Sm 13,6 verkrochen sie sich in die Höhlen und K.
Jes 2,19 wird man gehen in die K. der Erde
Lk 16,26 besteht zwischen uns und euch eine große K.
Heb 11,38 *die sind umhergeirrt in den K.*
Off 6,15 verbargen sich in den K. der Berge

klug
1Mo 3,6 verlockend, weil er k. machte

2Sm 14,2 ließ von dort eine k. Frau holen
    17,14 daß der k. Rat Ahitofels verhindert
    20,16 da rief eine k. Frau aus der Stadt
1Ch 26,14 Secharja, der ein k. Ratgeber war
2Ch 2,11 daß er David einen k. Sohn gegeben hat
    11,23 handelte k. und verteilte seine Söhne in
Esr 8,18 brachten uns einen k. Mann
Hi 5,12 er macht zunichte die Pläne der K.
    22,2 nur sich selber nützt ein K.
    34,35 Hiob(s) Worte sind nicht k.
    35,11 der uns k. macht als die Tiere
    38,4 sage mir's, wenn du so k. bist
Ps 14,2 daß er sehe, ob jemand k. sei 53,3
    78,72 leitete sie mit k. Hand
    90,12 sterben müssen, auf daß wir k. werden
    94,8 ihr Toren, wann wollt ihr k. werden
    111,10 k. sind alle, die danach tun
    119,100 ich bin k. als die Alten
    104 dein Wort macht mich k. 130; Spr 1,4
Spr 1,3 daß man annehme Zucht, die da k. macht
    12,1; 15,5.32
    4,1 merkt auf, daß ihr lernet und k. werdet
    10,5 wer im Sommer sammelt, ist ein k. Sohn
    19 wer seine Lippen im Zaum hält, ist k.
    12,16 wer Schmähung überhört, der ist k.
    13,16 ein K. tut alles mit Vernunft
    14,8 das ist des K. Weisheit, daß er achtgibt 15
    18 Erkenntnis ist der K. Krone 15,14
    35 ein k. Knecht gefällt dem König
    15,24 der Weg des Lebens führt den K. aufwärts
    16,23 des Weisen Herz redet k.
    17,2 ein k. Knecht wird herrschen über
    20,5 ein k. Mann kann es schöpfen
    22,3 der K. sieht das Unglück kommen 27,12
    30,24 der Kleinsten und doch k. als die Weisen
Pr 9,11 zum Reichtum hilft nicht k. sein
Jes 5,21 und halten sich selbst für k.
    10,13 ich hab's ausgerichtet, denn ich bin k.
    29,14 daß der Verstand seiner K. sich verberge
    40,20 der sucht einen k. Meister dazu
Jer 9,23 daß er k. sei und mich kenne
    49,7 ist kein Rat mehr bei den K.
Hes 28,3 hältst dich für k. als Daniel
Dan 1,4 junge Leute, die k. und verständig wären
    20 fand sie zehnmal k. und verständiger
    2,14 da wandte sich Daniel k. an Arjoch
Hos 14,10 wer ist k., daß er dies einsieht
Am 5,13 darum muß der K. zu dieser Zeit schweigen
Wsh 6,26 ein k. König ist das Glück seines Volks
Sir 1,24 diese Weisheit macht die Leute k.
    10,3 wenn ... k. sind, so gedeihet die Stadt
    29 spiele nicht den K.
    20,1 doch wäre es k., wenn er schwiege
    29 ein k. Mann gefällt den Mächtigen
    21,8 ein K. merkt, wo er entgleist
    14 wer nicht k. ist, läßt sich nicht erziehen
    25,12 wohl dem, der k. ist
    37,23 mancher möchte k. raten
    44,4 die gegeben haben k. Sprüche
    47,14 nach ihm wurde König sein k. Sohn
Mt 7,24 wer ... gleicht einem k. Mann
    10,16 k. wie Schlangen und ohne Falsch wie Tauben
    11,25 weil du dies den Weisen und K. verborgen hast Lk 10,21
    24,45 wer ist der treue und k. Knecht Lk 12,42
    25,2 fünf von ihnen waren k. 4.8.9
Lk 16,8 die Kinder dieser Welt sind k. als die Kinder des Lichts
Rö 11,25 damit ihr euch nicht selbst für k. haltet

Rö	12,16	haltet euch nicht selbst für k.
1Ko	1,17	zu predigen – nicht mit k. Worten
	20	wo sind die K.
	4,10	ihr seid k. in Christus
	10,15	*als mit K. rede ich*
	13,11	war k. wie ein Kind
2Ko	11,19	ihr ertragt die Narren, ihr, die ihr k. seid
2Pt	1,16	*wir sind nicht k. Fabeln gefolgt*
Jak	3,13	wer ist weise und k. unter euch

Klugheit

1Sm	25,33	gesegnet sei deine K.
2Sm	20,22	beredete das ganze Volk mit ihrer K.
1Ch	22,12	auch wird der HERR dir geben K.
Hi	5,13	er fängt die Weisen in ihrer K.
Spr	3,4	wirst du Freundlichkeit und K. erlangen
	21	bewahre Umsicht und K.
	7,4	nenne die K. deine Freundin
	8,1	läßt nicht die K. sich hören
	5	ihr Unverständigen, auf K.
	12	ich, die Weisheit, wohne bei der K.
	9,6	geht auf dem Wege der K.
	12,8	ein Mann wird gelobt nach seiner K.
	23	trägt seine K. nicht zur Schau
	16,22	K. ist ein Brunnen des Lebens dem, der
	19,8	wer K. erwirbt, liebt sein Leben
	11	K. macht den Mann langsam zum Zorn
	21,16	ein Mensch, der vom Wege der K. abirrt
	23,4	da spare deine K.
	9	er verachtet die K. deiner Rede
Jes	32,4	die Unvorsichtigen werden K. lernen
	33,6	wirst haben: Reichtum an Weisheit und K.
Hes	28,4	durch K. habest du Macht erworben
Dan	5,11	fand sich bei ihm K. und Weisheit 12
Hos	10,6	muß Israel beschämt sein trotz seiner K.
Ob	8	zunichte machen die K. auf dem Gebirge
Jdt	11,15	sie bewunderten ihre K. 16
Wsh	6,16	über sie nachdenken, ist vollkommene K.
	7,16	in seiner Hand sind alle K. und
	8,6	ist's aber K., die etwas schafft
	7	Weisheit lehrt Besonnenheit und K.
	18	durch die Arbeit kommt K.
	21	K. zu wissen, von wem ... kommt
Sir	10,33	der Arme wird geehrt um seiner K. 34
	19,19	Pläne der Gottlosen stinkt K. zu nennen
	21	besser geringe K ... als große K. mit
	21,15	es gibt eine K., die viel Bitterkeit schafft
	34,11	wer weit herumgekommen ist, ist voll K.
	44,4	die Land und Leute regiert haben mit K.
Bar	3,9	achtet darauf, daß ihr K. lernt
1Ma	8,3	daß sie viele Länder durch K. gewonnen
Lk	1,17	zu bekehren ... zu der K. der Gerechten
1Ko	3,19	die Weisen fängt er in ihrer K.
Eph	1,8	die er uns hat widerfahren lassen in aller K.

klüglich

Lk	16,8	*daß er k. gehandelt hatte*

Klumpen

Rö	9,21	aus demselben K. ein Gefäß ... zu machen

Knabe

1Mo	21,12	laß es dir nicht mißfallen wegen des K. 14
	15	warf den K. unter einen Strauch 16-20
	22,5	ich und der K. wollen dorthin gehen
	12	lege deine Hand nicht an den K.
	25,27	als die K. groß wurden
	37,30	der K. ist nicht da 44,31
	42,22	versündigt euch nicht an dem K.
	43,8	laß den K. mit mir ziehen 44,33
	44,20	wir haben einen jungen K. 22.30.32-34
	48,16	der Engel segne die K.
3Mo	12,2	wenn eine Frau einen K. gebiert 7
	27,6	wenn es ein K. ist, schätzen auf 5 Lot
Ri	8,14	griffen einen K. v. d. Leuten v. Sukkot
	20	aber der K. zog sein Schwert nicht
	13,5	der K. wird ein Geweihter Gottes sein 7.8. 12.24
	16,26	Simson sprach zu dem K., der ihn führte
1Sm	1,22	wenn der K. entwöhnt ist 24.25.27
	2,11	der K. war des HERRN Diener 18.21.26; 3,1
	3,8	daß der HERR den K. rief
	4,21	sie nannte den K. Ikabod
	16,11	sind das die K. alle
	20,21	ich will den K. hinschicken 22.35-41
2Sm	17,18	es sah sie aber ein K.
1Kö	14,3	wie es dem K. ergehen wird 17
2Kö	2,23	kamen kleine K. zur Stadt heraus
	4,29	lege m. Stab auf des K. Antlitz 30-32. 35
	5,14	heil wie das Fleisch eines jungen K.
Hi	3,3	ein K. kam zur Welt
	21,11	ihre K. springen umher
Spr	20,11	einen K. erkennt man an seinem Tun
	22,6	gewöhne einen K. an seinen Weg
	15	Torheit steckt dem K. im Herzen
	23,13	laß nicht ab, den K. zu züchtigen
	29,15	ein K., sich selbst überlassen
Pr	4,13	ein K., der arm, aber weise ist 15
Jes	3,4	ich will ihnen K. zu Fürsten geben
	7,16	ehe der K. lernt Böses verwerfen
	8,4	ehe der K. rufen kann: Lieber Vater
	10,19	ein K. kann sie aufschreiben
	11,6	ein kl. K. wird Kälber und Löwen treiben
	65,20	als K. gilt, wer 100 Jahre alt stirbt
	66,7	ist sie eines K. genesen
Klg	2,21	lagen in den Gassen K. und Alte
	5,13	K. beim Holztragen straucheln
Jo	4,3	haben K. für eine Hure hingegeben
Sa	8,5	die Plätze der Stadt voll v. K.
Jdt	16,14	unmündige K. erstachen die Assyrer
1Ma	11,40	drängte er, ihm den K. zu übergeben
Mt	17,18	der K. wurde gesund Lk 9,42
Mk	9,26	der K. lag da wie tot
Lk	2,43	blieb der K. Jesus in Jerusalem
Jh	6,9	*es ist ein K. hier*
Apg	20,12	sie brachten den K. lebendig
Off	12,5	sie gebar einen Sohn, einen K. 13

Knabenschänder

1Ko	6,9	weder Unzüchtige noch K. (werden das Reich Gottes ererben)
1Ti	1,10	(daß das Gesetz gegeben ist) den K.

Knäblein

1Mo	17,12	jedes K. sollt ihr beschneiden
2Mo	2,6	und siehe, das K. weinte
2Sm	12,16	David suchte Gott um des K. willen
1Ma	1,64	man hängte ihnen die K. an den Hals
Mt	2,16	*Herodes ließ alle K. töten*
Off	12,5	*sie gebar einen Sohn, ein K. 13*

knallen

Nah	3,2	da wird man hören die Peitschen k.

Knappe

Knappe
2Sm 18,15 zehn K. schlugen (Absalom) tot

Knäuel
Jes 22,18 (der HERR wird) dich zum K. machen

Knauf
2Mo 25,31 einen Leuchter mit Kelchen, K. und Blumen 33-36; 37,17.19-22
1Kö 7,16 machte zwei K... jeder K. war fünf Ellen hoch 17-20.41.42; 2Kö 25,17; 2Ch 3,15; 4,12.13; Jer 52,22
Am 9,1 er sprach: Schlage an den K.

Knecht (s.a. Knecht Gottes)
1Mo 9,25 Kanaan sei s. Brüdern ein K. aller K. 26.27
12,16 Abram bekam K. und Mägde 20,14; 24,35
14,14 wappnete (Abram) seine K. 15.24
15,2 mein K. Eliëser wird mein Haus besitzen 3
17,23 nahm Abraham alle K. und beschnitt (sie)
18,3 so geh nicht an deinem K. vorüber 5; 19,2
7 holte ein Kalb und gab's dem K.
19,19 dein K. hat Gnade gefunden 32,11
21,25 Wasserbrunnen, den Abimelechs K. genommen
22,3 nahm mit sich zwei K. und Isaak 5.19
24,2 (Abraham) sprach zu dem ältesten K. 5.9.10.17.34.52.59.61.65.66
26,15 Brunnen, die s. Vaters K. gegraben 19.25.32
24 dich segnen um meines K. Abraham willen
27,37 seine Brüder hab ich ihm zu K. gemacht
30,43 daß (Jakob) viele K. hatte 32,6
32,5 dein K. Jakob läßt dir sagen 19.21; 33,5.14
17 tat sie unter die Hand seiner K.
39,17 die hebräische K. kam zu mir 19; 41,12
41,10 als der Pharao zornig wurde über seine K.
42,10 deine K. sind gekommen, Getreide zu kaufen 11.13; 44,7.9.17-19.21.23.31-33; 50,18
43,28 es geht deinem K., unserm Vater, gut 44,24.27.30.31
46,34 deine K. sind Leute, die Vieh haben 47,3.4
49,15 (Issachar) ist ein fronpflichtiger K. gew.
2Mo 4,10 seitdem du mit deinem K. redest
5,15 warum verfährst du so mit deinem K. 16
9,20 ließ seine K. in die Häuser fliehen 21
14,31 glaubten ihm und seinem K. Mose 4Mo 12,7.8; 5Mo 3,24; Jos 1,2.7; 9,24; 11,15; 1Kö 8,53.56; 2Kö 21,8; Neh 1,7.8; 9,14; Ps 105,26; Dan 9,11; Mal 3,22
20,10 keine Arbeit tun, auch nicht dein K. 5Mo 5,14
17 nicht begehren deines Nächsten K. 5Mo 5,21
32,13 gedenke an deine K. Abr., Isaak 5Mo 9,27
3Mo 25,6 davon sollt ihr essen, du und dein K.
42 sie sind meine K. 55
26,13 damit ihr nicht länger ihr K. bleibt
4Mo 11,11 warum bekümmerst du deinen K.
14,24 meinen K. Kaleb will ich in das Land
22,22 zwei K. waren mit (Bileam)
31,49 wir, deine K., haben die Summe aufgenommen 32,4.5.25.27.31
5Mo 5,15 daran denken, daß auch du K. in Ägyptenland warst 6,21; 15,15; 16,12; 24,18.22
12,12 fröhlich an deine K. Mose 4,18; 16,11.14
15,17 laß ihn für immer deinen K. sein
23,16 sollst den K. nicht seinem Herrn ausliefern
5Mo 28,68 werdet als K. verkauft werden
32,36 über seine K. wird er sich erbarmen
43 er wird das Blut seiner K. rächen
Jos 5,14 was sagt mein Herr seinem K.
9,8 sprachen zu Josua: Wir sind deine K. 9.11.23.24; 10,6
Ri 15,18 Heil gegeben durch die Hand deines K.
19,3 hatte seinen K. und Esel bei sich 9-13.19
Rut 2,5 Boas sprach zu seinem K. 6.9.15
1Sm 3,9 rede, HERR, denn dein K. hört 10
8,16 eure K. und Mägde wird er nehmen 17
9,3 nimm einen der K. mit dir 5-10.22.27; 10,14
12,19 bitte für deine K. den HERRN
14,41 warum hast du deinem K. nicht geantwortet
16,16 unser Herr befehle nun seinen K. 17,8
17,9 wollen wir eure K. sein... ihr unsere K.
32 David sprach: dein K. wird hingehen 34.36.58; 19,4; 22,8.14; 26,18.19; 29,3.10
20,7 so steht es gut um deinen K. 8
22,15 lege solches seinem K. nicht zur Last
23,10 David sprach: HERR, dein K. hat gehört 11; 25,39; 2Sm 3,18; 7,5.8.19-21.25-29; 24,10; 1Kö 3,6; 8,24-26.66; 11,36.38; 14,8; 1Ch 17,4.7.17-19.23-27; 2Ch 6,15-17.42; Ps 78,70; 89,4.21; 144,10; Jer 33,21.22.26
25,8 gib deinen K., was du zur Hand 10.40.41
27,5 warum soll dein K. bei dir wohnen 12; 28,2; 29,8
30,13 ich bin eines Amalekiters K.
2Sm 9,2 ein K. vom Hause Sauls, Ziba 9.11; 16,1; 19,27
6 huldigte (David:) Hier bin ich, dein K. 8; 13,24.34.35; 14,19.20.22; 15,8.15.21; 18,29; 19,6.8.20.21.27-29.36-38; 24,21; 1Kö 1,19.26
10 Ziba hatte... zwanzig K. 19,18
11,21 dein K. Uria ist tot 24
14,30 die K. Absaloms 31; 15,2.34
1Kö 1,51 daß er seinen K. nicht töten wird
2,38 wie mein Herr geredet, so wird dein K. tun 20,9; 2Kö 10,5
39 daß zwei K. dem Schimi entliefen 40
3,7 hast deinen K. zum König gemacht 8.9
8,23 der du hältst so den Bund deines K. 2Ch 6,14
28 wende dich zum Gebet deines K. 29.30.52; 2Ch 6,19-21; Neh 1,6.11; Dan 9,17
32 Recht schaffen deiner K. 59; 2Ch 6,23
36 vergeben die Sünde deiner K. 2Ch 6,27
11,13 um Davids willen, meines K. 32.34; 2Kö 8,19; 19,34; 20,6; 1Ch 17,19; Ps 132,10; Jes 37,35
14,18 geredet durch seinen K. Ahija, den Propheten 15,29; 2Kö 9,36; 10,10; 14,25
16,9 sein K. Simri machte eine Verschwörung
18,9 deinen K. in die Hände Ahabs geben willst
12 und doch fürchtet dein K. den HERRN 2Kö 4,1
36 daß du Gott in Israel bist und ich dein K.
20,32 Ben-Hadad läßt dir sagen 39.40
2Kö 1,13 laß das Leben deiner K. etwas gelten
2,16 sind unter deinen K. 50 starke Männer
4,1 dein K., mein Mann, ist gestorben 19.22.24
1 will meine beiden Kinder nehmen zu K.
5,6 habe meinen K. Naaman zu dir gesandt
15 nimm eine Segensgabe von deinem K. 17.18
25 dein K. ist weder hierhin noch dorthin
26 wirst dir schaffen Ölgärten, Rinder, K.
6,3 geh doch mit deinen K.
8,13 was ist dein K., der Hund
9,7 das Blut der Propheten, meiner K., räche
16,7 bin dein K. und dein Sohn
17,13 durch meine K., die Propheten 23; 21,10;

		24,2; Esr 9,11; Jer 7,25; 25,4; 26,5; 29,19; 35,15; 44,4; Dan 9,6.10; Sa 1,6; Off 10,7	Spr	30,22	einen K., wenn er König wird
			Pr	2,7	ich erwarb mir K. und Mägde
2Kö	18,26	rede mit deinen K. aramäisch Jes 36,11		7,21	nicht hören müssest, wie dein K. flucht
	19,6	mit denen mich die K. gelästert Jes 37,6		10,7	K. auf Rossen und Fürsten zu Fuß wie
	22,9	deine K. haben das Geld ausgeschüttet 2Ch 34,16	Jes	14,2	wird das Haus Israel sie als K. besitzen
				20,3	gleichwie mein K. Jesaja barfuß geht
1Ch	2,34	Scheschan hatte einen ägyptischen K. 35		22,20	will ich rufen meinen K. Eljakim
	16,13	ihr, das Geschlecht Israels, seines K.		24,2	es geht dem Herrn wie dem K.
2Ch	8,9	von Israel machte Salomo keinen zum K.		37,24	durch deine K. hast du den Herrn geschmäht
	13,6	Jerobeam, der K. Salomos, erhob sich		41,8	du aber, Israel, mein K. 9; 44,21; 49,3.5
	32,16	gegen Gott und seinen K. Hiskia		42,1	das ist mein K. 43,10; Mt 12,18
	36,20	wurden seine und seiner Söhne K.		19	wer ist so blind wie mein K.
Esr	2,65	K. und Mägde waren 7.337		44,1	höre nun, mein K. Jakob 45,4
	4,11	deine K., jenseits des Euphrat		2	fürchte dich nicht, mein K. Jakob Jer 30,10; 46,27.28
	9,9	denn wir sind K. Neh 1,10; 2,20; 9,36			
Neh	2,5	hat dein K. Gnade gefunden		26	der das Wort seiner K. wahr macht
	10	Tobija, der ammonitische K. 19		48,20	der HERR hat seinen K. Jakob erlöst
Est	7,4	wären wir nur zu K. verkauft		49,6	zu wenig, daß du mein K. bist
Hi	1,8	achtgehabt auf meinen K. Hiob 2,3; 42,7.8		7	dem K., der unter Tyrannen ist
	15	erschlugen die K. 16.17		50,10	der der Stimme seines K. gehorcht
	3,19	der K. ist frei von seinem Herrn		52,13	meinem K. wird's gelingen
	7,2	wie ein K. sich sehnet nach dem Schatten		53,11	wird er, mein K., Gerechtigkeit schaffen
	19,16	meinen K... ich mußte ihn anflehen		56,6	damit sie seine K. seien
	31,13	hab ich mißachtet das Recht meines K.		63,17	kehr zurück um deiner K. willen
	40,28	daß du ihn für immer zum K. bekommst		65,8	so will ich um meiner K. willen tun
Ps	19,12	auch läßt dein K. sich durch sie warnen		9	meine K. sollen auf ihnen wohnen
	14	bewahre deinen K. vor den Stolzen		13	meine K. sollen essen... fröhlich sein 14
	27,9	verstoße nicht im Zorn deinen K.		15	meine K. mit einem andern Namen nennen
	31,17	laß leuchten dein Antlitz über deinen K. 119,135		66,14	erkennen die Hand des HERRN an seinen K.
	34,23	der HERR erlöst das Leben seiner K.	Jer	15,14	will dich zum K. deiner Feinde machen 17,4
	35,27	dei seinem K. so wohl will		25,9	meinen K. Nebukadnezar 27,6; 43,10
	69,18	verbirg d. Angesicht nicht vor deinem K.	Klg	5,8	K. herrschen über uns
	37	die Kinder seiner K. werden erben 102,29	Hes	28,25	Lande, das ich meinem K. Jakob geg. 37,25
	79,2	die Leichname deiner K. den Vögeln gegeben		34,23	einen einzigen Hirten... meinen K. David 24; 37,24.25
	10	die Vergeltung für das Blut deiner K.	Dan	1,12	versuch's doch mit deinen K. zehn Tage 13
	86,2	hilf du, mein Gott, deinem K.		2,4	sage deinen K. den Traum 7
	4	erfreue die Seele deines K. 109,28		3,28	der seine K. errettet hat
	16	stärke deinen K. mit deiner Kraft		10,17	wie kann mir der K. meines Herrn reden
	89,40	hast zerbrochen d. Bund mit deinem K.	Jo	3,2	über K. und Mägde meinen Geist ausgießen Apg 2,18
	51	gedenke an die Schmach deiner K.			
	90,13	sei deinen K. gnädig 119,124	Am	3,7	er offenbart denn den Propheten, seinen K.
	16	zeige deinen K. deine Werke	Hag	2,23	will dich, Serubbabel, meinen K., nehmen
	102,15	deine K. wollten gerne, daß es gebaut	Sa	1,6	Gebote, die ich durch meine K. gab
	105,6	du Geschlecht Abrahams, seines K. 42		3,8	will meinen K., „den Sproß", kommen lassen
	17	Josef wurde als K. verkauft	Mal	1,6	soll ehren... ein K. seinen Herrn
	25	daß sie Arglist übten an seinen K.	Jdt	3,5	wir mit unsern Söhnen sind deine K.
	116,16	HERR, ich bin dein K. 119,125; 143,12		6,6	da befahl Holofernes seinen K. 7; 11,15
	119,17	tu wohl deinem K., daß ich lebe 65		8,22	daß wir wie K. vom Herrn gezüchtigt werden
	23	dein K. sinnt nach über deine Gebote			
	38	erfülle deinem K. dein Wort 49.76		9,2	ihre Habe plündern lassen durch deine K.
	84	wie lange soll dein K. noch warten		5	als sie bewaffnet deinen K. nachjagten
	122	tritt ein für deinen K.		12	als sie K. sie in das Gemach führen wollten
	140	dein K. hat (dein Wort) lieb	Wsh	9,5	ich bin dein K. und der Sohn deiner Magd
	176	suche deinen K.		18,11	erging gleiche Strafe über Herr und K.
	123,2	wie die Augen der K. auf d. Hände... sehen	Tob	9,3	nimm dir K. und Kamele und zieh 6
	135,9	ließ Wunder kommen über den Pharao und seine K.		10,11	die Hälfte von seinem Gut: K.
				11,10	darum rief er einen K., der ihn führte
	14	der HERR wird seinen K. gnädig sein	Sir	10,28	einem weisen K. muß sein Herr dienen
	136,22	(gab ihr Land) zum Erbe seinem K. Israel		23,10	wie ein K. nicht ohne Striemen ist
	143,2	geh nicht ins Gericht mit deinem K.	Bar	1,20	durch Mose, seinen K., angekündigt 2,28
Spr	11,29	ein Tor muß des Weisen K. werden		2,20	geredet durch die Propheten, deine K. 24
	14,35	ein kluger K. gefällt dem König	1Ma	4,30	durch die Hand deines K. David
	17,2	ein kluger K. wird mit Brüdern teilen	2Ma	1,2	Abraham, Isaak und Jakob, seinen treuen K.
	19,10	viel weniger einem K., zu herrschen über		7,6	über seine K. wird er sich erbarmen 33
	22,7	wer borgt, ist des Gläubigers K.		8,35	(Nikanor) kam wie ein entlaufener K.
	29,19	ein K. läßt s. mit Worten nicht in Zucht	StD	3,9	sind deine K. zu Spott geworden
	21	wenn ein K. von Jugend auf verwöhnt wird		11	um deines K. Isaak (willen)
	30,10	verleumde nicht den K. bei seinem Herrn		19	schämen, die deinen K. Leid antun

Knecht

Mt	8,8	so wird mein K. gesund 6.13; Lk 7,2.3.7.10
	9	zu meinem K.: Tu das Lk 7,8
	10,24	der K. (steht) nicht über seinem Herrn Jh 13,16; 15,20
	25	daß der K. (so ist) wie sein Herr
	12,18	das ist mein K., den ich erwählt habe
	13,27	da traten die K. zu dem Hausvater 28
	18,23	König, der mit seinen K. abrechnen wollte 26-28
	32	du böser K.! Deine ganze Schuld... erlassen
	20,27	wer unter euch der Erste sein will, der sei euer K. Mk 10,44
	21,34	sandte er seine K. zu den Weingärtnern 35. 36; Mk 12,2.4; Lk 20,10.11
	22,3	sandte seine K. aus, die Gäste zur Hochzeit zu laden 4.6.8.10; Lk 14,17.21-23
	24,45	wer ist nun der treue und kluge K.
	46	selig ist der K. 48.50; Lk 12,37.38.43.45.46
	25,14	er rief seine K. 19; Mk 13,34; Lk 19,13.15
	21	recht so, du tüchtiger K. 23; Lk 19,17
	26	du böser und fauler K. Lk 19,22
	30	den unnützen K. werft in die Finsternis hinaus
	26,51	zog sein Schwert und schlug nach dem K. Mk 14,47; Lk 22,50; Jh 18,10
	58	setzte sich zu den K. Mk 14,54; Jh 18,18.26
Mk	14,65	die K. schlugen ihn ins Angesicht
Lk	12,47	der K., der den Willen seines Herrn kennt
	15,22	der Vater sprach zu seinen K. 26
	16,13	kein K. kann zwei Herren dienen
	17,7	wer unter euch hat einen K. 9
	10	wir sind unnütze K.
Jh	4,51	begegneten ihm seine K.
	7,32	sandten die Hohenpriester K. aus 45.46
	8,33	wir sind niemals jemandes K. gewesen
	34	wer Sünde tut, der ist der Sünde K. 2Pt 2,19
	35	der K. bleibt nicht ewig im Haus
	15,15	ich sage hinfort nicht, daß ich K. seid; denn ein K. weiß nicht, was sein Herr tut
	18,3	mit sich genommen K. von den Hohenpriestern 12
	18	es standen die K. und Diener
	19,6	als ihn die Hohenpriester und die K. sahen
Apg	3,13	Gott hat seinen K. Jesus verherrlicht 26
	4,25	du hast durch den Mund deines K. gesagt
	27	versammelt gegen deinen heiligen K. Jesus
	29	gib deinen K., zu reden dein Wort
	30	Zeichen durch den Namen deines K. Jesus
	5,22	die K. gingen hin und fanden sie nicht
	26	da ging der Hauptmann mit den K. hin
	7,7	das Volk, dem sie als K. dienen müssen
	10,7	rief Kornelius zwei seiner K.
Rö	1,1	Paulus, ein K. Christi Jesu 1Ko 7,22; Eph 6,6; Phl 1,1; Kol 4,12; 2Pt 1,1; Jud 1
	6,16	wem ihr euch zu K. macht... dessen K. seid ihr
	17	daß ihr K. der Sünde gewesen seid 20
	18	seid ihr K. geworden der Gerechtigkeit
	14,4	wer bist du, daß du einen fremden K. richtest
1Ko	7,21	bist du als K. berufen
	23	werdet nicht der Menschen K.
	9,19	mich selbst jedermann zum K. gemacht
2Ko	4,5	daß wir eure Knechte um Jesu willen (sind)
	11,20	wenn euch jemand zu K. macht
Gal	1,10	so wäre ich Christi K. nicht
	3,28	hier ist nicht K. noch Freier 4,1; Eph 6,8; Kol 3,11
	4,7	so bist du nicht mehr K., sondern Kind
Eph	6,5	ihr K., seid gehorsam Kol 3,22; 1Ti 6,1; Tit 2,9; 1Pt 2,18
Kol	4,1	*was recht ist, das erweiset den K.*
Phm	16	*nicht mehr wie einen K.*
2Pt	2,19	obwohl sie selbst K. des Verderbens sind
Heb	2,15	im ganzen Leben K. sein mußten
	3,5	Mose war treu als K.
Off	1,1	seinen K. zu zeigen, was in Kürze 22,6
	2,20	verführt meine K., Hurerei zu treiben
	6,15	*alle K. und alle Freien 13,16; 19,18*
	10,7	wie er es verkündigt hat seinen K., den Propheten
	11,18	den Lohn zu geben deinen K., den Propheten
	19,2	hat das Blut seiner K. gerächt
	5	lobt Gott, alle seine K. und die ihn fürchten
	22,3	seine K. werden ihm dienen

Knecht Gottes, Knecht des HERRN (Herrn)

5Mo	34,5	so starb Mose, der K. d. H. Jos 1,1
Jos	1,13	das Wort, das euch Mose, der K. d. H., geboten hat 15; 8,31.33; 11,12; 12,6; 13,8; 14,7; 18,7; 22,2.4.5; 2Kö 18,12; 2Ch 1,3; 24,6
	24,29	Josua, der K. d. H., starb Ri 2,8
2Kö	9,7	daß ich das Blut aller K. d. H. räche
	10,23	daß hier nicht jemand sei von den K. d. H.
1Ch	6,34	wie Mose, der K. G., geboten hatte 2Ch 24,9; Neh 10,30; Dan 9,11
Esr	5,11	wir sind die G. des Himmels
Ps	18,1	von David, dem K. d. H. 36,1
	113,1	lobet, ihr K. d. H. 134,1; 135,1; StD 3,61
Jes	42,19	wer ist so blind wie der K. d. H.
	54,17	das ist das Erbteil der K. d. H.
Dan	3,26	ihr K. G. des Höchsten, tretet heraus
	6,21	Daniel, du K. des lebendigen G.
Apg	16,17	diese Menschen sind K. des allerhöchsten G.
Rö	6,22	da ihr G. K. geworden seid
2Ti	2,24	ein K. d. H. soll nicht streitsüchtig sein
Tit	1,1	Paulus, ein K. G. und ein Apostel Jak 1,1
1Pt	2,16	nicht als... sondern als die K. G.
Off	7,3	bis wir versiegeln die K. unseres G.
	15,3	sangen das Lied des Mose, des K. G.

knechten

Apg	7,6	man wird sie k. und mißhandeln 400 Jahre lang
Gal	2,4	eingeschlichen, um uns zu k.

knechtisch

Rö	8,15	ihr habt nicht einen k. Geist empfangen

Knechtschaft

2Mo	2,23	die *Israeliten seufzten über ihre K.
	13,3	Tag, an dem ihr aus Ägypten, aus der K.
	14	der HERR hat uns aus Ägypten, aus der K., geführt 20,2; 5Mo 5,6; 6,12; 8,14; 13,11; Jos 24,17; Ri 6,8; Jer 34,13
5Mo	7,8	hat dich erlöst von der K. 13,6; Mi 6,4
Esr	9,8	uns aufleben zu lassen in unserer K. 9
Neh	9,17	nahmen s. vor, zu ihrer K. zurückzukehren
Jes	40,2	daß ihre K. ein Ende hat
StE	3,7	genügt nicht, uns in K. zu halten
Rö	8,21	die Schöpfung wird frei werden von der K.
Gal	4,3	waren wir K. der Mächte der Welt
	24	einen vom Berg Sinai, der zur K. gebiert
	25	das mit seinen Kindern in der K. lebt
	5,1	laßt euch nicht wieder das Joch der K. auflegen

Knechtsgestalt

Phl 2,7 entäußerte sich selbst und nahm K. an

kneten

1Mo 18,6 k. und backe Kuchen 1Sm 28,24; 2Sm 13,8
Jer 7,18 k. den Teig, daß sie der Himmelskönigin
Nah 3,14 k. den Ton und mache harte Ziegel
Wsh 15,7 Töpfer, der den weichen Ton mühevoll k.

knicken

Jes 42,3 das gek. Rohr wird er nicht zerbrechen Mt 12,20

Knidos, *Knidus*

1Ma 15,23 (schrieb Luzius) nach K.
Apg 27,7 gelangten mit Mühe bis auf die Höhe von K.

Knie

4Mo 22,27 die Eselin fiel in die K.
5Mo 28,35 mit bösen Geschwüren an den K.
1Kö 18,42 Elia hielt sein Haupt zwischen seine K.
. 19,18 alle K., die sich nicht gebeugt Rö 11,4
2Kö 1,13 beugte seine K. vor Elia
2Ch 6,13 Salomo fiel nieder auf seine K. 7,3; 29,29
Esr 9,5 fiel auf meine K. 10,1
Est 3,2 alle Großen beugten die K. Mordechai beugte die K. nicht 5
Hi 4,4 die bebenden K. hast du gekräftigt
Ps 22,30 vor ihm werden die K. beugen alle, die
109,24 meine K. sind schwach vom Fasten
Jes 35,3 macht fest die wankenden K.
45,23 mir sollen sich alle K. beugen Rö 14,11
66,12 auf den K. wird man sie liebkosen
Hes 7,17 alle K. werden weich 21,12
47,4 da ging es mir bis an die K.
Dan 6,11 Daniel fiel dreimal am Tag auf seine K.
10,10 eine Hand half mir auf die K.
Nah 2,11 muß geplündert w., daß die K. schlottern
Hab 3,16 meine K. beben
Sir 25,31 eine Frau lähmt seine K.
GMn 11 nun beuge ich die K. meines Herzens
Mt 27,29 beugten die K. vor ihm
Mk 15,19 fielen auf die K. und huldigten ihm
Apg 7,60 er fiel auf die K. und schrie laut
Eph 3,14 deshalb beuge ich meine K. vor dem Vater
Phl 2,10 daß in dem Namen Jesu sich beugen sollen aller derer K., die im Himmel sind
Heb 12,12 stärkt die Hände und die wankenden K.

knien

Ri 7,6 alles übrige Volk hatte k. getrunken
1Kö 8,54 Salomo hörte auf zu k.
Ps 95,6 kommt, laßt uns anbeten und k.
Jes 44,17 sein Götze, vor dem er k. 19; 46,6

knirschen

Hi 16,9 er k. mit den Zähnen gegen mich Ps 35,16; 37,12; 112,10
Klg 2,16 deine Feinde k. mit den Zähnen
Mk 9,18 k. mit den Zähnen und wird starr
Apg 7,54 sie k. mit den Zähnen über ihn

Knoblauch

4Mo 11,5 wir denken an den K.

Knöchel

2Sm 22,37 daß meine K. nicht wanken Ps 18,37
Hes 47,3 da ging es mir bis an die K.
Apg 3,7 sogleich wurden seine Füße und K. fest

Knochen

2Mo 12,46 sollt keinen K. an ihm zerbrechen 4Mo 9,12
2Kö 23,16 Josia ließ die K. aus den Gräbern holen
Hi 10,11 mit K. hast du mich zusammengefügt
33,21 seine K. stehen heraus
40,18 seine K. sind wie eherne Röhren
Ps 22,15 meine K. haben sich voneinander gelöst
18 ich kann alle meine K. zählen
Spr 25,15 eine linde Zunge zerbricht K.
Jes 38,13 zerbricht mir alle meine K. wie ein Löwe
Jer 50,17 danach nagte ihre K. ab Nebukadnezar
Klg 4,8 ihre Haut hängt an den K.
Hes 24,4 fülle ihn mit den besten K. 5.10
Dan 6,25 die Löwen zermalmten alle ihre K.
Mi 3,2 schindet ab das Fleisch von ihren K. 3
Sir 28,21 die Zunge zerschmettert die K.
Lk 24,39 ein Geist hat nicht Fleisch und K.

knochig

1Mo 49,14 Issachar wird ein k. Esel sein

Knospe

Hl 6,11 zu schauen die K. im Tal

Knoten

1Kö 6,18 Zedernholz mit gedrehten K.
7,24 um das Meer gingen K. an s. Rand 2Ch 4,3
Hl 2,13 der Feigenbaum hat K. gewonnen

knüpfen

2Mo 28,28 soll die Tasche an die Ringe k. 39,21
Jos 2,18 sollst dies rote Seil in das Fenster k. 21

knurren

Jer 51,38 sollen k. wie die jungen Löwen

Koa

Hes 23,23 die von Pekod, Schoa und K.

Koch

1Sm 9,23 Samuel sprach zu dem K. 24

kochen

1Mo 25,29 Jakob k. ein Gericht
2Mo 12,9 sollt es weder roh essen noch gek.
16,23 was ihr k. wollt, das k.
23,19 sollst das Böcklein nicht k. in seiner Mutter Milch 34,26; 5Mo 14,21
29,31 sein Fleisch an einem heiligen Ort k.
3Mo 6,21 Topf, darin es gek. ist, soll man zerbrechen
8,31 k. das Fleisch vor der Tür der Stiftshütte 1Sm 2,13.15; Hes 46,20.24

kochen 832

4Mo	6,19	soll eine gek. Vorderkeule nehmen
	11,8	das Volk k. es in Töpfen
5Mo	16,7	sollst (das Passa) k. und essen 2Ch 35,13
1Sm	8,13	eure Töchter... daß sie k. und backen
1Kö	19,21	Elisa opferte es und k. das Fleisch
2Kö	4,38	k. ein Gemüse für die Prophetenjünger
	6,29	haben wir meinen Sohn gek. und gegessen
Hi	30,27	in mir k. es
Klg	4,10	haben ihre Kinder selbst k. müssen
Hes	24,5	laß die Knochen gut k. 10
Hag	2,12	berührte mit seinem Zipfel Brot, Gek.
Sa	14,21	daß alle sie nehmen und darin k. werden
Wsh	13,12	verbraucht er, um Speise zu k.
StD	2,32	Habakuk hatte einen Brei gek.

Köcher

1Mo	27,3	nimm dein Gerät, K. und Bogen
1Sm	17,40	Hirtentasche, die ihm als K. diente
Hi	39,23	auf ihm klirrt der K.
Ps	127,5	wohl dem, der seinen K. gefüllt hat
Jes	22,6	Elam fährt daher mit K.
	49,2	hat mich in seinem K. verwahrt
Jer	6,16	seine K. sind wie offene Gräber

Koë

1Kö	10,28	man brachte Salomo Pferde aus K. 2Ch 1,16

Kohl

Lk	11,42	*ihr verzehntet Minze und allen K.*

Kohle

Ps	120,4	(was dir noch geben?) feurige K.
	140,11	er möge feurige K. über sie schütten
Spr	6,28	könnte jemand auf K. gehen, ohne daß
	25,22	feurige K. auf s. Haupt häufen Rö 12,20
	26,21	wie die K. die Glut, so facht
Jes	6,6	hatte eine glühende K. in der Hand
	44,19	hab auf den K. Brot gebacken
	54,16	der die K. im Feuer anbläst
Hes	1,13	wie wenn feurige K. brennen
	10,2	fülle deine Hände mit glühenden K.
Tob	6,9	wenn du... auf glühende K. legst 20; 8,2
Jh	21,9	sahen sie K. gelegt und Fische darauf

Kohlenbecken

Jer	36,22	der König saß vor dem K. 23

Kohlenfeuer

Jh	18,18	standen die Knechte und hatten ein K. gemacht
	21,9	als sie ans Land stiegen, sahen sie ein K.

Kohlenpfanne

2Mo	27,3	mache auch K. 38,3; 4Mo 4,14

Kohlgarten

1Kö	21,2	will mir einen K. daraus machen

Kolaja

Neh	11,7	¹von den Söhnen Benjamin: K.
Jer	29,21	²wider Ahab, den Sohn K.

Kolhose

Neh	3,15	¹Schallun, der Sohn K.
	11,5	²Baruchs, des Sohnes K., von Schela

Kolonie

Apg	16,12	von da nach Philippi, eine römische K.

Kolossä

Kol	1,2	an die Heiligen in K., die gläubigen Brüder

kommen (s.a. im **Sinn** haben)

1Mo	6,17	will eine Sintflut k. lassen 7,6.10.12
	8,1	Gott ließ Wind auf Erden k.
	11	die (Taube) k. zu ihm um die Abendzeit
	9,11	hinfort keine Sintflut mehr k. soll 14.15
	10,11	von diesem Lande ist er nach Assur gek.
	14	von denen sind gek. die Philister 4Mo 26,5u. ö.49; 1Ch 2,55
	30	bis man k. nach Sephar 13,10; Ri 3,3
	11,31	k. nach Haran und wohnten dort 12,5
	12,10	k. eine Hungersnot in das Land 26,1; 41,30. 31.36.50.54; 2Sm 24,13; 2Kö 8,1; Ps 105,16
	14	als Abram nach Ägypten k.
	13,18	Abram k. und wohnte im Hain Mamre
	14,5	(waren abgefallen.) Darum k. die Könige 7
	13	da k. einer, der entronnen war
	15,1	daß zu Abram das Wort des HERRN k.
	4	der von deinem Leibe k. wird 2Sm 7,12; 16,11; 2Kö 20,18; 2Ch 6,9; 32,21; Ps 132,11; Jes 39,7
	16,2	ob ich durch sie zu einem Sohn k. 30,3
	5	das Unrecht k. über dich
	8	wo k. du her 42,7
	17,6	auch Könige sollen von dir k. 35,11
	18,19	auf Abraham k. lasse, was er verheißen hat
	21	Geschrei, das vor mich gek. ist 2Mo 2,23; 3,9; 4Mo 11,18; 1Sm 9,16; 2Sm 22,7; Ps 18,7
	19,1	die zwei Engel k. nach Sodom 3.5.8.23
	4	k. die Männer der Stadt Ri 19,22
	32	k., laß uns unserm Vater zu trinken geben
	20,3	Gott k. zu Abimelech im Traum 31,24
	10	wie bist du dazu gek.
	22,9	als sie an die Stätte k., die ihm Gott
	23,2	da k. Abraham, daß er sie beklagte
	24,14	ein Mädchen k., zu dem ich spreche 30
	41	wenn du zu meiner Verwandtschaft k. 42
	50	das k. vom HERRN
	25,24	als die Zeit k., daß sie gebären sollte Lk 1,57; 2,6
	29	da k. Esau vom Feld 27,30.33.35; 30,16
	26,27	warum k. ihr zu mir 32
	27,19	k. nun, setze dich und iß
	41	es wird die Zeit k. 1Sm 2,31; 2Kö 20,17; Jes 39,6
	28,11	k. an eine Stätte, da blieb er über Nacht
	29,6	k. seine Tochter Rahel mit den Schafen 9
	30,16	zu mir sollst du k. Und er schlief bei ihr 38,16.18
	33	wenn du k. wegen meines Lohnes
	38	wenn (die Herden) zu trinken k. 31,10
	31,1	vor ihn der Reden der Söhne Labans
	18	daß er k. zu Isaak, seinem Vater 35,27
	40	kein Schlaf k. in meine Augen
	44	k. und laß uns einen Bund schließen
	32,7	wir k. zu deinem Bruder Esau 21; 33,3.14.18
	9	wenn Esau über das eine Lager k. 12; 33,1

kommen

1Mo	34,5	Jakob schwieg, bis sie k. 7.20		
	27	k. die Söhne Jakobs über die Erschlagenen		
	35,5	da k. ein Gottesschrecken über die Städte		
	6	so k. Jakob nach Lus 9; 48,7		
	22	das k. vor Israel		
	37,10	soll ich k. und vor dir niederfallen		
	13	k., ich will dich zu ihnen senden 14.18.23		
	20	k. und laßt uns ihn töten 27		
	25	sahen eine Karawane von Ismaelitern k.		
	35	k. zu ihm, ihn zu trösten		
	41,13	wie er uns deutete, so ist's gek.		
	29	sieben reiche Jahre werden k. 35		
	57	alle Welt k. nach Ägypten, um bei Josef zu kaufen 42,5.6.10; 45,16; 47,15.18		
	42,9	seid gek. zu sehen, wo das Land offen 12		
	21	darum k. diese Trübsal über uns		
	43,21	als wir in die Herberge k. 25		
	44,4	als sie noch nicht weit gek.		
	34	Jammer, der über meinen Vater k. würde		
	45,16	das Gerücht k. in des Pharao Haus 2Mo 2,15		
	18	wenn ihr ins Land Kanaan k., so k. zu mir 19.25; 46,1; 50,10		
	46,6	k. nach Ägypten, Jakob und sein ganzes Geschlecht 8.26-28.31; 47,1.4.5; 2Mo 1,1		
	48,2	dein Sohn Josef k. zu dir		
	49,2	k. zuhauf und höret zu		
	6	meine Seele k. nicht in ihren Rat		
	10	bis daß der Held k.		
	26	mögen sie k. auf das Haupt Josefs 5Mo 33,16		
2Mo	1,19	ehe die Hebamme k., haben sie geboren		
	2,16	Töchter; die, k., Wasser zu schöpfen 17.18		
	3,1	Mose k. an den Berg Gottes, den Horeb 24,15; 5Mo 10,1		
	13	wenn ich zu den *Israeliten k. und spreche		
	7,28	die (Frösche) sollen in dein Haus k. 8,1.3.13. 17.20; 10,4.12.14; 11,1; Ps 105,28.31.34		
	9,3	wird die Hand des HERRN k. über		
	10,19	wendete den Wind, so daß er aus Westen k.		
	26	womit wir dienen sollen, bis wir dorthin k.		
	28	daß du mir nicht mehr vor der Augen k. 29		
	12,23	Verderber nicht in eure Häuser k. lassen		
	25	wenn ihr in das Land k. 16,35; 34,12; 3Mo 14,34; 19,23; 23,10; 25,2; 4Mo 15,2.18; 34,2; 35,10; 5Mo 4,5; 7,1; 11,29; 12,29; 17,14; 18,9; 23,21; 26,1.3; 27,3; 28,21; 31,16; Esr 9,11		
	14,20	(die Wolkensäule) k. zwischen das Heer		
	24	als der Zeit der Morgenwache k. 19,16		
	15,23	da k. sie nach Mara 27; 16,1; 19,1.2; 4Mo 20,1.22; 21,23; 33,9; Ri 11,16		
	17,8	da k. Amalek und kämpfte gegen Israel		
	18,5	als zu Jitro (Mose) k. 6.12		
	15	d. Volk k. zu mir, um Gott zu befragen 16		
	23	dies Volk kann mit Frieden an s. Ort k.		
	19,7	Mose k. 24,3; 32,19; 33,8.9; 5Mo 32,44		
	9	will zu dir k. in einer dichten Wolke		
	20,20	Gott ist gek., euch zu versuchen		
	24	will zu dir k. und dich segnen		
	25	du mit deinem Eisen darüber k.		
	21,3	ist er ohne Frau gek... mit Frau gek.		
	22,8	soll beider Sache vor Gott k. 10		
	9	stirbt oder k. zu Schaden 13		
	23,27	alle Völker verzagt machen, wohin du k.		
	32,34	Sünde heimsuchen, wenn meine Zeit k		
	35,10	wer kunstverständig ist, der k. 36,4		
	21	k. und brachten dem HERRN die Opfergabe		
3Mo	2,12	auf den Altar sollen sie nicht k.		
	7,19	das mit Unreinem in Berührung gek. ist 21		
	10,6	daß nicht der Zorn über die Gemeinde k. 4Mo 1,53; 18,5; Jos 9,20; 22,20		
	12,4	zum Heiligtum soll sie nicht k.		

3Mo	13,16	so soll er zum Priester k. 14,2; 5Mo 26,3
	14,35	so soll der k., dem das Haus gehört
	16,26	und erst danach ins Lager k. 28; 4Mo 31,24
	20,9	seine Blutschuld k. über ihn 11.16.27
	21,11	(Hoherpriester) soll zu keinem Toten k.
	23	aber zum Vorhang soll er nicht k.
	25,25	so soll sein nächster Verwandter k.
	47	wenn irgendein... bei dir zu Besitz k.
	26,10	wenn das Neue k., das Vorjährige wegtun
4Mo	4,3	alle, die zum Dienst k. 15.23.30.35.39.43.47; 8,24
	5,14	der Geist der Eifersucht k. über ihn 30
	10,29	k. mit uns, so wollen wir Gutes an dir tun
	11,26	der Geist k. über sie 29; 24,2; Ri 3,10; 11,29; 1Sm 10,6; 19,20.23; 2Ch 15,1; 20,14
	31	ließ Wachteln k. Ps 105,40
	12,12	Totgeborenes, daß von seiner Mutter k.
	13,22	sie k. bis nach Hebron 23.26.27; 14,24
	14,30	sollt nicht in das Land k. 20,24; 5Mo 4,21
	16,12	wir k. nicht 14.16
	19,2	auf die noch nie ein Joch gek. ist 1Sm 6,7
	21,7	da k. sie zu Mose 25,6; 32,2; 5Mo 1,22
	27	k. nach Hesbhon, daß man die Stadt baue
	22,6	k. und verfluche das Volk 11.17.36-39; 23,7. 13.27; 24,17
	7	die Ältesten k. zu Bileam 9.16.20; 23,6.17
	24,19	aus Jakob wird der Herrscher k.
	25,18	Plage, die um des Peor willen k.
	31,14	die aus dem Feldzug k.
	33,40	hörte, daß die *Israeliten k.
	36,3	wird zu dem Erbteil k. 4
	4	wenn das Erlaßjahr k.
5Mo	1,7	daß ihr zu dem Gebirge der Amoriter k. 19. 20.24.31; 9,7; 11,5; 29,6
	22	Städte, zu denen wir k. werden 11,10
	2,14	bis wir durch den Bach Sered k.
	19	wirst in die Nähe der Ammoniter k. 37
	25	damit ihnen weh werden soll vor deinem K.
	29	bis ich über den Jordan k. Jos 3,1.15.17
	4,9	daß es nicht aus deinem Herzen k.
	11,17	daß kein Regen k.
	25	Furcht wird der HERR k. lassen Est 8,17; 9,2.3
	12,5	die Städte sollt ihr aufsuchen u. dahin k.
	9	seid noch nicht zur Ruhe gek. Jos 11,23; 14,15; Neh 9,28
	14,22	Ertrag, der aus deinem Acker k.
	29	soll k. der Levit, der (kein) Erbe hat
	17,9	(sollst) zu den levitischen Priestern k.
	18,6	wenn ein Levit k... und k. nach Wunsch
	19,10	daß nicht Blutschuld k. über dich
	21,16	die Zeit k., daß er das Erbe austeile
	23,2	kein Verschnittener soll in die Gemeinde k. 3.4.9; Neh 13,1; Klg 1,10; Hes 44,9
	25,1	wenn sie vor Gericht k.
	28,2	werden über dich k. alle diese Segnungen
	15	alle d. Flüche über dich k. 45.61; 29,26
	29,21	die Fremden, die aus fernen Landen k.
	30,1	wenn dies alles über dich k.
	31,11	wenn Israel k., zu erscheinen Hes 46,9
	32,30	k.'s nicht daher, daß... sie verkauft hat
	35	was ihnen k. soll, eilt herzu
	33,2	der HERR ist vom Sinai gek.
Jos	1,8	laß das Buch dieses Gesetzes nicht von deinem Munde k.
	2,1	die (Kundschafter) k. in das Haus 3.18.22.23
	19	wer herausgeht, dessen Blut k. über ihn
	3,4	sollt (der Lade) nicht zu nahe k.
	5,14	bin der Fürst über das Heer und bin gek.
	6,19	daß es zum Schatz des HERRN k.

kommen

Jos	8,11	k. nahe vor die Stadt 19; 9,17
	9,6	wir k. aus fernen Landen 8.9.16
	10,9	so k. Josua plötzlich über sie 24; 11,5.7.21
	15,9	(die Grenze) k. von dem Berggipfel 18,12
	18	als sie zu ihm k., beredete er sie Ri 1,14
	21,45	(von dem guten Wort) alles gek. 23,14.15
	22,10	als sie zu den Steinkreisen des Jordan k. 15
	17	eine Plage unter die Gemeinde k.
	24,6	als ihr ans Meer k. und die Ägypter 7.11
Ri	1,24	zeige uns, wo wir in die Stadt k. 25
	3,24	k. die Leute des Königs
	31	nach (Ehud) k. Schamgar
	4,20	wenn einer k. und fragt
	5,19	Könige k. und stritten 23
	28	warum zögert sein Wagen, daß er nicht k.
	6,11	der Engel des HERRN k. und setzte sich
	18	geh nicht fort, bis ich wieder zu dir k.
	7,13	als nun Gideon k. 17.19; 8,4.15
	13	ein Laib Gerstenbrot k. an das Zelt
	9,5	(Abimelech) k. in das Haus 52
	10	k. du und sei unser König 12.14.15
	24	ihr Blut k. auf Abimelech 2Sm 1,16; 1Kö 2,37
	26	es k. Gaal und seine Brüder 31
	57	es k. über sie der Fluch Jotams
	11,6	k. und sei unser Hauptmann 7
	12	daß du zu mir k., um zu kämpfen
	18	und k. an das Land der Moabiter
	34	als Jeftah nach Mizpa zu seinem Hause k.
	13,5	kein Schermesser aufs Haupt k. 16,17; 1Sm 1,11
	6	da k. die Frau... Es k. ein Mann Gottes zu mir 10.11
	14	sie soll nicht essen, was vom Weinstock k.
	14,4	wußten nicht, daß es von dem HERRN k.
	5	als sie k. an die Weinberge von Timna 15,14
	16,5	zu der k. die Fürsten der Philister 18
	9	Flachsschnur, die ans Feuer k.
	17,3	es k. aus meiner Hand für meinen Sohn 4
	8	k. er aufs Gebirge Ephraim 18,2
	18,7	die Männer k. nach Lajisch 8.13.15.18
	9	daß ihr k. und das Land einnehmt 10
	19,10	der Mann k. bis gegenüber von Jebus 11.13. 15.16.22.23.26; 20,4
	20,10	ihr zu holen für das Volk, das gek.
	26	alle *Israeliten k. nach Bethel 21,2
	42	die von der Stadt her k.
	21,7	daß die Benjaminiter zu Frauen k. 16
	8	da war niemand gek. von Jabesch
	22	wenn ihre Väter k., um mit uns zu rechten
Rut	1,2	als sie ins Land der Moabiter gek. waren
	19	sie k. nach Bethlehem 2,6.18
	2,4	Boas k. eben von Bethlehem
	7	ist gek. und dageblieben
	12	dem Gott Israels, zu dem du gek. bist
	3,7	(Rut) k. leise 14.16.17; 4,11
	4,1	sprach Boas: K., mein Lieber
1Sm	1,4	wenn der Tag k., daß Elkana opferte
	2,13	so k. des Priesters Diener 15
	14	so taten sie allen in Israel, die dorthin k.
	27	k. ein Mann Gottes zu Eli
	34	Zeichen, das über deine Söhne k. wird
	36	der wird k. und vor jenem niederfallen
	3,10	da k. der HERR und trat herzu
	12	an dem Tage will ich über Eli k. lassen
	4,3	als das Volk ins Lager k. 11,11
	5	als die Lade in das Lager k. 6.7; 5,10; 2Sm 6,6.9.16; 1Ch 6,16; 13,9
	12	einer von Benjamin k. nach Silo 13.14.16
	5,3	als die Leute... in das Haus Dagons k.
	11	k. ein tötlicher Schrecken über die Stadt
1Sm	6,14	der Wagen k. auf den Acker Josuas
	7,1	da k. die Leute von Kirjat-Jearim
	13	die Philister k. nicht in das Gebiet Isr.
	16	(Samuel) k. nach Bethel und Gilgal 16,4
	8,4	alle Ältesten Israels k. nach Rama
	9,5	als sie ins Gebiet von Zuf k. 13.15
	9	k., laßt uns zu dem Seher gehen 10
	12	er ist heute in die Stadt gek. 13
	10,3	wirst du zur Eiche Tabor k. 5.10.13; 11,5
	7	tu, was dir vor die Hände k.
	8	sollst warten, bis ich zu dir k.
	12	daher ist das Sprichwort gek.
	11,4	da k. die Boten nach Gibea Sauls 9
	14	laßt uns nach Gilgal gehen
	13,8	als Samuel nicht nach Gilgal k. 10.11
	22	als der Tag des Kampfes k.
	14,1	k., laß uns hinübergehen 6; 20,11
	20	Saul k. 15,5.12; 19,22.23; 24,4; 26,4; 28,8
	24	als die Männer Israels in Bedrängnis k.
	15,14	Blöken, das zu meinen Ohren k.
	16,2	ich bin gek., dem HERRN zu opfern 5.6
	4	bedeutet dein K. Heil
	16	wenn der böse Geist Gottes über dich k. 23; 18,10; 19,9
	21	so k. David 17,20.28; 19,18; 20,1.19.21; 21,2. 11; 22,5.9; 23,7; 26,5.7; 27,9; 29,6.10; 30,1.3.9. 21.26; 2Sm 5,13.20; 7,18; 10,17; 15,32; 16,5.14; 17,24.27; 19,16.18; 1Ch 11,13; 19,9; Ps 52,2
	34	k. dann ein Löwe oder ein Bär
	43	daß du mit Stecken zu mir k.
	45	du k. zu mir mit Schwert und Spieß, ich aber k. zu dir im Namen des HERRN
	18,19	die Zeit k., daß Merab David gegeben
	19,16	als die Boten k., (nach David zu sehen)
	20,24	als der Neumond k.
	27	ist der Sohn Isais nicht zu Tisch gek. 29
	37	als der Knabe an den Ort k.
	21,16	sollte der in mein Haus k.
	22,1	k. sie zu (David) dahin
	6	es k. vor Saul, daß David
	11	sie k. alle zum König
	23,20	herab; wir wollen ihn übergeben
	27	k. eilends, die Philister sind eingefallen
	24,14	von Bösen k. Böses
	25,5	wenn ihr zu Nabal k. 8.19.36.40
	26,1	die Leute von Sif k. zu Saul Ps 54,2
	10	wenn seine Zeit k., daß er sterbe
	27,11	ließ weder Mann noch Frau nach Gat k.
	28,22	daß du issest und zu Kräften k.
	30,23	Schar, die über uns gek. war
	31,4	daß nicht diese Unbeschnittenen k. 1Ch 10,4
	7	k. die Philister 8; 2Sm 5,18; 1Ch 10,7.8; 14,9
2Sm	1,2	k. ein Mann zu David 3
	16	dein Blut k. auf dein Haupt 1Kö 2,32.33.37. 44; 8,32; 2Ch 6,23
	2,4	die Männer Judas k. und salbten
	23	wer an die Stelle k... blieb stehen 24.29
	26	weißt du nicht, daß Jammer k. wird
	3,20	als Abner zu David k. 13.23-25
	23	als Joab und das ganze Heer k. 35
	25	daß er erkunde dein K. und Gehen
	4,4	als die Kunde von Saul aus Jesreel k.
	5	zum Hause Isch-Boschets k.
	5,1	es k. alle zu David 3; 19,9.42; 1Ch 11,3; 12,1. 23.24.32.39
	23	von hinten über sie 17,12
	6,22	bei den Mägden will ich zu Ehren k.
	7,4	k. das Wort des HERRN zu Nathan 24,11; 1Kö 12,22; 13,20; 16,1.7; 17,2.8; 18,1; 19,9; 21,17.28; 2Kö 20,4; 1Ch 17,3; 22,8; 2Ch 11,2; 12,7

kommen

2Sm	8,5	es k. die Aramäer 10,16; 1Ch 18,5; 19,7
	9,6	als Mefi-Boschet zu David k. 19,26
	10,2	als die Gesandten Davids k. 1Ch 19,2.3
	11	so k. mir zu Hilfe 1Kö 20,16; 1Ch 19,12
	14	Joab k. nach Jerusalem 19,6; 1Ch 19,15
	11,4	als (Batseba) zu (David) k. 7.10.22
	12,1	als (Nathan) zu (David) k. Ps 51,2
	4	als zu dem reichen Mann ein Gast k.
	11	will Unheil k. lassen Jer 11,11.23; 19,15; 23,12; 32,42; 35,17; 36,31; 42,17; 44,2; 45,5; 48,44; 49,8.32.37
	13,5	wenn dein Vater k., sprich: Laß doch meine Schwester Tamar k. 6
	11	k., lege dich zu mir
	24	(Absalom) k. zum König und sprach
	30	k. das Gerücht vor David 19,12
	35	die Söhne des Königs k. 36
	14,4	als die Frau aus Thekoa zum König k. 15
	29	Joab wollte nicht zu (Absalom) k. 31
	15,4	daß jedermann zu mir k. 6
	13	da k. einer, der sagte es David
	20	gestern bist du gek. 22
	28	bis von euch Botschaft zu mir k.
	37	so k. Huschai in die Stadt
	16,15	Absalom k. nach Jerusalem
	17,18	k. in das Haus eines Mannes 20
	18,6	k. es zum Kampf im Walde Ephraim
	9	als das Maultier unter eine große Eiche k.
	22	k., was da will 23.26.31
	19,8	alles Übel, das über dich gek.
	21	bin als erster vom Hause Josef gek.
	20,15	die Leute Joabs k. 17; 24,6.7
	21,10	ließ die Vögel nicht an (die Toten) k.
	22,46	Söhne der Fremde k. mit Zittern Ps 18,46
	24,13	Gad k. zu David und sagte es ihm an 18
	15	ließ Pest über Israel k. 1Ch 21,14; 2Ch 7,13
	21	warum k. der König zu seinem Knecht
1Kö	1,12	k., ich will dir einen Rat geben
	22	während sie noch redete, k. der Prophet 42
	35	soll k. und sitzen auf meinem Thron
	53	als er k., fiel er vor Salomo nieder
	2,13	Adonija k... k. du auch mit Frieden 1Ch 12,17.18
	28	die Kunde davon k. vor Joab
	3,15	Salomo k. nach Jerusalem 2Ch 1,13
	16	k. zwei Huren zum König
	5,14	aus allen Völkern k. man 10,1.2.7; 2Ch 9,1.6
	7,14	(Hiram von Tyrus) k. zum König
	8,3	als alle Ältesten Israels k. 2Ch 5,4
	20	bin zur Macht gek. 2Ch 6,10
	31	k. und verflucht sich 2Ch 6,22
	41	wenn ein Fremder k. 42; 2Ch 6,32
	9,28	(Schiffe) k. und holten Gold 10,22; 2Ch 9,21
	10,10	es k. nie mehr soviel Spezerei 12.15
	11,2	laßt sie nicht zu euch k.
	18	sie k. nach Paran... k. nach Ägypten
	25	das k. zu dem Schaden, den Hadad tat
	12,1	ganz Israel war gek. 3.12; 2Ch 10,1.3.12
	21	als Rehabeam nach Jerusalem k. 2Ch 11,1
	13,1	ein Mann Gottes k. von Juda 8.12.14.16.21; 2Kö 8,7; 23,17.18; 2Ch 25,7
	9	sollst nicht den Weg zurückgehen, den du gek. 10.17; 2Kö 19,33; Jes 37,29.34
	11	zu dem k. seine Söhne
	22	dein Leichnam nicht in d. Väter Grab k.
	25	k. und sagten es in der Stadt 29
	14,4	Jerobeams Frau k. ins Haus Ahijas 5.17
	13	dieser allein wird zu Grabe k.
	17,1	soll weder Tau noch Regen k. 18,45
	10	als (Elia) an das Tor der Stadt k. 18

1Kö	18,12	wenn ich dann k. und sagte es Ahab an
	46	die Hand des HERRN k. über Elia 2Kö 3,15; Jes 8,11; Hes 1,3; 3,22; 37,1; 40,1
	46	(Elia) k. nach Israel 19,3.4.9
	19,11	Wind k... nach dem Wind k. ein Erdbeben 12
	13	da k. eine Stimme zu ihm
	20,20	erschlug jeder den, der vor ihn k.
	32	gürteten Säcke um und k. zum König
	43	der König zog heim und k. nach Samaria
	21,13	da k. die zwei ruchlosen Männer
	29	das Unheil nicht k. zu s. Lebzeiten
	22,15	als (Micha) zum König k. 2Ch 18,14
2Kö	2,4	als (Elia und Elisa) nach Jericho k.
	11	da k. ein feuriger Wagen
	21	soll weder Tod noch Unfruchtbarkeit k.
	24	da k. zwei Bären aus dem Walde
	3,7	k. mit mir... ich will k. 10,16
	20	da k. Wasser von Edom
	24	als sie zum Lager Israels k. 7,5.8.10
	27	da k. ein Zorn über Israel 1Ch 27,24; 2Ch 19,2.10; 24,18; 29,8; 32,25.26; Esr 7,23; Ps 78,21.31; Ze 2,2; Sa 7,12
	4,1	nun k. der Schuldherr
	10	einkehren, wenn er zu uns k. 32
	25	sie k. zu dem Mann Gottes 27.37.42
	39	als er k., schnitt er's in den Topf
	5,6	wenn dieser Brief zu dir k. 10,2.7
	8	laß ihn zu mir k., damit er innewerde 9
	22	sind gek. zwei von den Prophetenjüngern
	24	als Gehasi an den Hügel k.
	6,4	als sie an den Jordan k.
	20	als sie nach Samaria k. 10,17; 15,14
	23	k. streifende Rotten nicht mehr 2Ch 22,1
	32	aber ehe der Bote zu ihm k. 10,8
	33	dies Übel k. von dem HERRN
	7,5	um zum Heer der Aramäer k.
	6	daß sie über uns k. sollen
	10	als sie k., riefen sie die Torhüter
	8,7	Elisa k. nach Damaskus
	14	ging weg von Elisa und k. zu seinem Herrn
	9,2	wenn du dahin k., wirst du Jehu sehen 11
	19	als der (Reiter) zu ihnen k.
	30	als Jehu nach Jesreel k. 31; 10,12
	10,21	ließ alle Diener Baals k. 23,8
	11,4	ließ sie ins Haus des HERRN k. 9.13
	19	sie k. durchs Tor der Leibwache 2Ch 23,15
	14,10	dein Unglück, daß du zu Fall k. 2Ch 25,19
	13	Joasch k. nach Jerusalem und riß die Mauer
	15,19	k. Pul, der König von Assyrien 29
	16,6	danach k. die Edomiter 2Ch 20,1; 28,17
	11	bis er selbst von Damaskus k.
	17,24	der König ließ Leute von Babel k.
	28	da k. einer der Priester
	18,32	ich k. und hole euch in ein Land Jes 36,17
	37	da k. der Hofmeister zu Hiskia Jes 36,22
	19,5	als die Großen des Hiskia zu Jesaja k. Jes 37,5
	23	bin gek. bis zur Herberge Jes 37,24
	25	nun habe ich's k. lassen Jes 37,26
	28	Übermut vor meine Ohren gek. Jes 37,29
	32	soll nicht in diese Stadt k. 33; Jes 37,33.34
	20,1	Jesaja k. zu (Hiskia) 14; Jes 38,1; 39,3
	14	woher sind sie gek... sind aus fernen Landen zu mir gek. Jes 39,3
	22,9	der Schreiber Schafan k. zum König
	20	mit Frieden in dein Grab k. 2Ch 34,28
	24,2	ließ Scharen von Kriegsleuten k. 11; 25,8; 2Ch 33,11
	25,23	k. sie zu Gedalja 25; Jer 40,6.8.10; 41,1.5-7

kommen

2Kö	25,27	ließ Jojachin aus dem Kerker k.
1Ch	2,21	k. Hezron zu der Tochter Machirs 24
	4,10	Gott ließ k., worum er bat
	41	k. und fielen her über die Zelte Hams
	7,22	seine Brüder k., ihn zu trösten
	14,17	der HERR ließ Furcht über alle Völker k.
	16,29	k. vor ihn und betet an 2Ch 20,4
	33	er k., zu richten die Erde Ps 96,13; 98,9; Mal 3,5
	19,6	daß sie bei David in Verruf gek. waren
	7	k. und lagerten... k. zum Kampf 9; 20,1
	21,3	warum soll eine Schuld auf Israel k.
	27,24	darum k. die Zahl nicht in die Chronik
	29,12	Reichtum und Ehre k. von dir 14.16
2Ch	9,15	daß 600 Lot auf einen Schild k. 16
	11,14	die Leviten k. nach Jerusalem 23,2; 29,4
	12,3	das Volk, das mit ihm aus Ägypten k. 20,10
	4	er k. bis vor Jerusalem 14,8; 24,23
	5	da k. der Prophet Schemaja 16,7
	11	sooft der König... k. die Leibwache
	13,9	wer da k., sich die Hand füllen zu lassen
	14,10	in deinem Namen sind wir gek.
	13	Schrecken des H. k. über sie 17,10; 20,29
	19,10	in allen Streitfällen, die vor euch k.
	20,2	man k. und sagte: Es k. eine Menge 12
	9	wenn Unglück... über uns k.
	11	sie k., uns auszutreiben
	22	ließ der HERR einen Hinterhalt k.
	24	an den Ort k., wo man in der Wüste sehen
	25	Joschafat, die Beute auszuteilen
	21,12	es k. ein Brief Esr 5,5; Neh 6,17
	22,7	daß er zu Joram k. Und als er k.
	24,11	so k. der Schreiber des Königs
	17	k. und huldigten dem König
	24	obwohl das Heer mit wenigen Männern k.
	25,10	die zu ihm aus Ephraim gek. waren
	17	k., wir wollen uns miteinander messen
	28,9	dem Heer entgegen, das nach Samaria k.
	12	gegen die, die aus dem Kampf k.
	29,36	es war unvermutet schnell gek.
	30,1	nach Jerusalem k., Passa zu halten 5.8.11.25
	27	ihr Gebet k. in Gottes heilige Wohnung
	32,1	nach solch... Verhalten k. Sanherib 2.4
	34,9	sie k. zu dem Hohenpriester Hilkija
	35,21	ich k. jetzt nicht gegen dich 22
	36,20	bis das Königtum der Perser k.
Esr	2,2	sie k. mit Serubbabel Neh 7,7
	68	als einige zum Hause des HERRN k. 4,2; 5,3. 8.16; Hag 1,14
	3,3	war Furcht über sie gek. 9,13
	8	alle, die aus der Gefangenschaft gek. 4,12; 8,35; 9,4; 10,6.8.16
	7,8	(Esra) k. nach Jerusalem 9; 8,32; 10,8
	9,12	laßt sie nicht zu Frieden k. Neh 3,36; 4,5
	10,14	daß sie zu bestimmten Zeiten k. Neh 13,22; Est 2,12.14.15
Neh	1,2	k. Hanani, einer meiner Brüder 4,6
	2,7	Geleit, bis ich nach Juda k. 9-11; 6,10; 13,7
	17	laßt uns wieder aufbauen 6,2.7
	5,17	die zu uns k. aus den Völkern 13,21
Est	1,12	Königin Wasti wollte nicht k. 17.19
	13	des Königs Sachen mußten vor alle k.
	4,2	(Mordechai) k. bis vor das Tor 4
	14	um dieser Zeit willen zur Würde gek.
	5,4	k. der König mit Haman 5.8.12; 6,4.14; 7,1
	6,13	wirst vor ihm vollends zu Fall k.
	7,8	als das Wort aus des Königs Munde gek.
	8,16	für die Juden war Licht und Ehre gek. 9,22
	9,11	k. die Zahl der Getöteten vor den König
Hi	1,6	da die Gottessöhne k., k. auch der Satan 2,1

Hi	1,14	k. ein Bote zu Hiob 16-19
	21	bin nackt von meiner Mutter Leibe gek. 3,3. 11; Pr 5,14
	2,11	Unglück, das über ihn gek. war 3,26; 42,11
	11	die drei Freunde Hiobs k.
	3,6	sie soll nicht in die Zahl der Monde k.
	9	hoffe aufs Licht, doch es k. nicht
	21	die auf den Tod warten, und er k. nicht
	25	was ich gefürchtet, ist über mich gek.
	4,5	nun es an dich k., wirst du weich
	12	zu mir ist heimlich ein Wort gek.
	5,10	der Wasser k. läßt auf die Gefilde
	21	dich verbergen... wenn Verderben k.
	26	wirst im Alter zu Grabe k.
	6,17	wenn Hitze k., versiegen sie 20
	10,18	warum hast du mich aus m. Mutter Leib k.
	11,12	kann ein Wildesel als Mensch zur Welt k.
	13,13	es k. über mich, was da will
	16	es k. kein Ruchloser vor ihn
	14,4	kann ein Reiner k. von Unreinen
	6	bis sein Tag k. 14
	15,7	k. du vor den Hügeln zur Welt
	21	mitten im Frieden k. der Verderber
	16,11	hat m. in die Hände der Gottl. k. lassen
	17,10	kehrt euch alle wieder her und k.
	19,12	vereint k. seine Kriegsscharen
	20,22	Gewalt wird über ihn k. 21,17
	21,29	habt ihr nicht befragt, die des Weges k.
	22,21	daraus wird dir viel Gutes k.
	23,3	wie ich zu seinem Thron k. könnte
	27,5	bis mein Ende k., will ich nicht weichen
	9	wenn die Angst über ihn k.
	28,20	woher k. denn die Weisheit
	29,13	der Segen des Verlassenen k. über mich
	25	wenn ich zu ihnen k. wollte
	30,26	es k. das Böse... k. Finsternis
	33,23	k. dann zu ihm ein Engel
	34,28	das Schreien der Armen vor ihn k. mußte
	37,9	aus seinen Kammern k. der Sturm 10
	13	zum Segen läßt er es k.
	22	von Norden k. goldener Schein
	38,11	bis hierher sollst du k. und nicht weiter
	16	bist du zu den Quellen des Meeres gek.
	42,11	k. zu ihm alle seine Brüder
Ps	3,9	dein Segen k. über dein Volk
	5,11	sprich sie schuldig, daß sie zu Fall k.
	7,17	sein Unrecht wird k. auf seinen Kopf
	14,7	daß die Hilfe aus Zion über Israel k. 53,7
	22,32	werden k. und s. Gerechtigkeit predigen
	32,6	wenn große Wasserfluten k.
	9	sie werden sonst nicht zu dir k.
	36,12	laß mich nicht k. unter den Fuß d. Stolzen
	37,13	der Herr sieht, daß sein Tag k.
	23	von dem HERRN k. es, wenn eines Mannes
	40,8	da sprach ich: Siehe, ich k. Heb 10,7.9
	41,7	sie k., nach mir zu schauen
	42,3	wann werde ich dahin k., daß ich Gottes
	44,18	dies alles ist über uns gek.
	45,13	die Tochter Tyrus k. mit Geschenken
	50,3	unser Gott k. und schweiget nicht
	52,2	als Doëg, der Edomiter, k.
	55,6	Furcht und Zittern ist über mich gek.
	65,3	darum k. alles Fleisch zu dir
	66,12	hast Menschen über unser Haupt k. lassen
	68,32	aus Ägypten werden Gesandte k.
	69,28	daß sie nicht k. zu deiner Gerechtigkeit
	71,18	verkündige... allen, die noch k. sollen
	75,3	wenn m. Zeit gek., werde ich recht richten
	7	es k. nicht vom Aufgang und nicht vom
	78,4	verkündigen dem k. Geschlecht den Ruhm

Ps	78,16	er ließ Bäche aus den Felsen k.
	79,11	laß vor dich k. das Seufzen der Gefangenen
	80,3	k. uns zu Hilfe
	86,9	alle Völker werden k. und vor dir anbeten Jes 45,14.24; 66,23; Jer 16,19; Sa 8,20.22
	88,3	laß mein Gebet vor dich k. 14; 102,2; 119,169.170
	90,10	wenn's hoch k., so sind's 80 Jahre
	95,2	laßt uns vor sein Angesicht k. 100,2
	6	k., laßt uns anbeten und knien
	11	sie sollen nicht zu meiner Ruhe k. Heb 3,11. 18; 4,3.5
	96,8	k. in seine Vorhöfe
	101,2	ich handle, daß du mögest zu mir k.
	102,14	die Stunde ist gek.
	104,9	Grenze gesetzt, darüber k. sie nicht
	107,7	daß sie k. zur Stadt, in der sie wohnen
	109,17	liebte den Fluch, so k. er auch über ihn
	115,7	kein Laut k. aus ihrer Kehle
	116,3	ich k. in Jammer und Not
	118,26	der da k. im Namen des HERRN Mt 21,9; 23,39; Mk 11,9.10; Lk 13,35; 19,38; Jh 12,13
	119,147	ich k. in der Frühe und rufe um Hilfe
	121,1	woher k. mir Hilfe
	2	meine Hilfe k. vom HERRN
	126,6	k. mit Freuden und bringen ihre Garben
	135,9	ließ Zeichen und Wunder k. über Ägyptenl.
	140,10	das Unglück k. über sie selber
Spr	1,26	wenn da k., was ihr fürchtet 27
	2,6	aus seinem Munde k. Erkenntnis
	15	die krumme Wege gehen und auf Abwege k.
	3,25	Verderben der Gottl., wenn es über sie k
	4,14	k. nicht auf den Pfad der Gottlosen
	19	wissen nicht, wodurch sie zu Fall k.
	21	laß sie dir nicht aus den Augen k.
	5,10	nicht k. in eines andern Haus
	14	ich wäre fast ganz ins Unglück gek.
	6,15	wird plötzlich sein Verderben über ihn k.
	7,18	k., laß uns kosen bis an den Morgen
	9,5	k., esset von meinem Brot
	10,8	wer ein Narrenmaul hat, k. zu Fall 10; 13,3
	11,8	der Gottlose k. an seine Statt
	26	Segen k. über den, der es verkauft
	13,12	wenn aber k., was man begehrt 19
	18	wer s. zurechtweisen läßt, zu Ehren k.
	14,13	nach der Freude k. Leid
	15,33	ehe man zu Ehren k., Demut lernen 18,12
	16,1	vom HERRN k., was die Zunge reden wird
	18	Hochmut k. vor dem Fall
	17,11	ein grausamer Bote wird über ihn k.
	18,3	wohin ein Frevler k., k. auch Verachtung
	17	k. der andere zu Wort, so findet sich's
	19,14	eine verständige Ehefrau k. vom HERRN
	20,18	Pläne z. Ziel, wenn man sich berät
	21,31	aber der Sieg k. vom HERRN
	22,3	der Kluge sieht das Unglück k. 27,12
	23,18	das Ende k. noch, und dann
	30	wo man k., auszusaufen, was eingeschenkt
	24,22	unversehens (wird) das Unheil k.
	25	reicher Segen k. auf sie
	34	so wird deine Armut k. wie ein Räuber
	28,22	weiß nicht, daß Mangel über ihn k. wird
	29,3	wer mit Huren umgeht, k. um sein Gut
	26	eines jeglichen Recht k. vom HERRN
	31,25	sie lacht des Tages
Pr	1,4	ein Geschlecht vergeht, das andere k.
	8	daß niemand damit zu Ende k.
	11	man gedenkt derer nicht, die hernach k.
	2,12	der Mensch, der nach dem König k. wird
	24	sah ich auch, daß es von Gottes Hand k.
Pr	4,14	aus d. Gefängnis ist er auf den Thron gek.
	16	wurden seiner nicht froh, die später k.
	17	k., daß du hörst
	5,2	wo viel Mühe ist, da k. Träume
	14	fährt wieder dahin, wie er gek. ist 15
	6,4	(eine Fehlgeburt) k. ohne Leben
	12	wer will sagen, was nach ihm k. wird
	7,10	wie k.'s, daß die früheren Tage besser k.
	8,10	die begraben wurden und zur Ruhe k.
	9,10	was dir vor die Hände k., es zu tun
	14	k. ein großer König, der belagerte sie
	11,2	weißt nicht, was für Unglück k. wird
	8	alles, was k., ist eitel
	12,1	denk an den Schöpfer, ehe die bösen Tage k.
Hl	2,8	er k. und hüpft über die Berge
	13	steh auf, meine Freundin, und k.
	4,2	wie Schafe, die aus der Schwemme k. 6,6
	8	k. mit mir, meine Braut, vom Libanon
	16	k., Südwind, u. wehe durch meinen Garten
	16	mein Freund k. in seinen Garten 5,1; 7,12
	8,5	wo deine Mutter mit dir in Wehen k.
Jes	1,12	wenn ihr k., zu erscheinen vor mir
	18	so k. und laßt uns miteinander rechten
	23	der Witwen Sache k. nicht vor sie
	2,3	k., laßt uns auf den Berg des HERRN gehen Mi 4,2
	5	k., laßt uns wandeln im Licht des HERRN
	12	der Tag des HERRN Zebaoth wird k. 13,6.9; Jo 1,15; 2,1; 3,4; Mal 3,23; Apg 2,20
	5,19	er lasse eilends und bald k. sein Werk
	7,17	wird Tage k. lassen, wie sie nicht gek.
	19	daß sie k. und sich alle niederlassen
	25	daß man zu all den Bergen nicht k. kann
	8,7	wird über sie k. lassen die vielen Wasser
	10,3	am Tage des Unheils, das von ferne k.
	28	er k. nach Aja
	13,5	sie k. aus fernen Landen 49,12; Jer 4,16
	22	ihre Zeit wird bald k.
	14,9	das Totenreich erzittert, wenn du nun k.
	22	ich will über sie k., spricht der HERR
	25	damit seine Last von ihrem Halse k.
	29	wird eine giftige Natter k.
	31	von Norden k. Rauch
	15,1	k. Verheerung über Moab 9; Jer 48,8.16
	16,12	wenn Moab k. zu seinem Heiligtum
	19,1	der HERR wird über Ägypten k.
	23	daß die Ägypter nach Assyrien k.
	20,1	da der Tartan nach Aschdod k.
	21,1	wie ein Wetter, k.'s aus der Wüste
	9	siehe, da k. Männer
	12	wenn auch der Morgen k., so wird es doch
	22,5	es ein Tag des Getümmels
	23,17	daß (Tyrus) wieder zu ihrem Hurenlohn k.
	24,17	über euch, Bewohner der Erde, k. Schrecken
	27,6	wird dazu k., daß Israel blühen wird
	11	daß die Frauen k. und Feuer machen
	13	werden k. die Verlorenen
	28,19	Morgen für Morgen wird (die Flut) k.
	29,6	Heimsuchung v. HERRN
	30,4	ihre Boten sind nach Hanes gek.
	27	des HERRN Name k. von ferne
	32,10	wird auch keine Obsternte k.
	34,8	es k. der Tag der Rache des HERRN 35,4
	35,10	die Erlösten werden nach Zion k. 51,11
	40,10	Gott der HERR! Er k. gewaltig
	41,2	wer läßt den von Osten her k.
	22	sollen uns verkündigen... was k. wird 23; 42,9; 44,7; 46,10; 48,3.5
	25	von Norden habe ich einen k. lassen Jer 6,22; 25,9; 46,20; 50,41; 51,48; Hes 38,13-18; Dan 11,15.16

kommen

Jes	42,13	wie ein Kriegsmann k. er in Eifer
	44,19	er k. nicht zur Einsicht
	46,11	wie ich's gesagt habe, so lasse ich's k. 48,3
	47,9	beides wird plötzlich k... wird in vollem Maße k. 11.13; Jer 6,26
	48,1	die ihr aus dem Wasser Judas gek.
	15	habe ihn auch k. lassen
	49,18	sind versammelt und k. zu dir 60,4
	50,2	warum k. ich, und niemand war da
	54,15	wenn man kämpft, dann k. es nicht von mir
	17	ihre Gerechtigkeit k. von mir
	56,1	mein Heil ist nahe, daß es k. 62,11
	9	ihr Tiere, k. und freßt Jer 12,9
	59,9	die Gerechtigkeit k. nicht zu uns
	14	die Wahrheit ist zu Fall gek.
	19	wenn er k. wird wie ein reißender Strom
	20	für Zion wird er als Erlöser k. Rö 11,26
	60,1	werde licht, denn dein Licht k.
	5	wenn der Reichtum der Völker zu dir k. 6.13; Jer 6,20
	7	sollen als Opfer auf meinen Altar k.
	14	werden gebückt zu dir k.
	63,1	wer ist der, der von Edom k.
	4	das Jahr, die Meinen zu erlösen, war gek.
	66,4	will k. lassen, wovor ihnen graut
	7	ehe sie in Kindsnöte k., ist sie genesen
	8	ist ein Volk auf einmal zur Welt gek.
	15	der HERR wird k. mit Feuer Mal 3,19
	18	ich k., um alle zu versammeln, daß sie k.
Jer	1,15	will rufen alle Völker, daß sie k. sollen
	2,3	Unheil mußte über ihn k.
	27	wenn die Not über sie k.
	3,3	und kein Spätregen k.
	22	wir k. zu dir; denn du bist der HERR
	4,11	es k. ein heißer Wind 12
	15	ein Geschrei von Dan her
	18	das k. von deiner Bosheit
	6,3	es werden Hirten über sie k.
	7,10	dann k. ihr und tretet vor mich
	32	siehe, es k. die Zeit 9,24; 16,14; 19,6; 23,5.7; 30,3; 31,6.27.31.38; 33,14; 48,12; 49,2; 51,47.52; Hes 7,7.12; Am 4,2; 8,11; 9,13; Sa 14,1
	8,15	aber k. nichts Gutes 14,19
	20	uns ist keine Hilfe gek.
	9,16	bestellt Klageweiber, daß sie k.
	20	der Tod ist in unsere Häuser gek.
	10,13	er läßt den Wind k. 51,16
	11,8	k. lassen alle Worte dieses Bundes 39,16
	14,3	wenn sie zum Brunnen k., finden sie
	15	weder Schwert noch Hungersnot k.
	18	k. ich in die Stadt, siehe
	15,5	wer wird dann k. und fragen
	8	ich ließ k. den Verderber
	11	will euch zu Hilfe k.
	17,6	wird nicht sehen das Gute, das k.
	8	die Hitze k... ein dürres Jahr k. 50,38
	15	wo ist denn des HERRN Wort? es k. doch k.
	16	habe dich nie gedrängt, Unheil k. z. l.
	18	Tag des Unheils über sie k. 46,21.22; 50,27.31; Klg 1,21; Hes 7,10; 21,30.34; 30,9; 32,10; 39,8; Hos 9,7; Mi 7,4
	26	sollen k. aus den Städten Judas 36,9
	18,18	k. und laßt uns gegen Jeremia... k., laßt
	22	wenn du Kriegsvolk über sie k. läßt
	23	laß sie vor dir zu Fall k.
	20,6	du sollst... nach Babel k. 34,3; Mi 4,10
	21,13	wer will in unsere Feste k.
	22,23	wenn dir Wehen k. werden
	27	Land, wohin sie gern wieder k.
	23,17	sagen: Es wird kein Unheil k. Mi 3,11
	23,19	es wird ein Wetter des HERRN k. 30,23
	25,32	wird eine Plage k. Mi 1,9.12; Sa 14,15.18
	26,21	Uria floh und k. nach Ägypten
	27,3	Boten, die zu Zedekia gek. sind
	7	bis auch für sein Land die Zeit k.
	28,4	die nach Babel gek. sind, will ich wieder
	30,6	wie k. es, daß ich sehe 46,5
	21	ihr Fürst soll aus ihrer Mitte k.
	31,9	werden weinend k... nicht zu Fall k. 50,4
	12	sie werden k. und jauchzen
	19	als ich zur Einsicht k., schlug ich
	36	wenn diese Ordnungen ins Wanken k.
	32,7	Hanamel wird zu dir k. 8
	18	der Schuld der Väter k. läßt
	35,11	k., laßt uns nach Jerusalem ziehen
	36,14	k.! Und Baruch... k. zu ihnen
	29	daß der König von Babel k. werde 37,19; 39,1; 43,11; 52,4.12; Hes 17,12; 26,7
	37,13	als (Jeremia) zum Benjamintor k. 16
	38,25	wenn die Oberen zu dir k. 27; 40,13
	40,3	hat's auch k. lassen und getan
	4	gefällt dir's, mit mir zu ziehen, so k.
	43,7	sie k. nach Tachpanhes 44,14; 47,4
	44,17	Worte, die aus unserem eig. Munde gek.
	47,4	Tag, der da k., alle Phil. zu verderben
	5	über Gaza wird Trauer k.
	48,2	k., wir wollen sie ausrotten
	32	deine Ranken k. bis nach Jaser
	49,5	will Schrecken k. lassen 36; Hes 30,9
	9	sollen Winzer... Diebe k. 51,2.35
	50,5	k., wir wollen uns dem HERRN zuwenden Hos 6,1
	35	das Schwert soll k. 36.37; Hes 11,8; 14,17; 21,19.24.25; 29,8; 30,4; 33,3.4.6; Hos 11,6; Sa 11,17
	51,10	k., laßt uns in Zion erzählen
	13	(Babel,) dein Ende ist gek. 33.53.56.60.61
	51	weil die Fremden über das Heiligtum k. Klg 2,3
Klg	1,4	weil niemand auf ein Fest k.
	14	sie sind mir auf den Hals gek.
	22	laß alle ihre Bosheit vor dich k. Jon 1,2
	3,38	k. aus dem Munde des Allerhöchsten
	4,6	keine Hand k. zu Hilfe
	18	da k. unser Ende... unser Ende ist gek.
	21	der Kelch wird auch zu dir k. Hab 2,16
Hes	1,4	es k. ein ungestümer Wind 13
	2,2	k. Leben in mich 3,24
	3,15	ich k. zu den Weggeführten
	4,14	nie ist unreines Fleisch in m. Mund gek.
	5,13	soll mein Grimm zum Ziel k. 16,42
	7,2	das Ende k. 3.6; Dan 9,26; 12,13
	4	deine Greuel sollen über dich k. 9; 9,10; 11,21; 16,43; 17,19; 18,13; 22,31; 33,4.5; Ob 15; Hab 2,17
	5	k. ein Unglück über das andere 26
	12	der Zorn über all ihren Reichtum k.
	22	Räuber sollen darüber k. 38,11
	25	Angst k.
	9,1	gek. ist die Heimsuchung der Stadt
	2	k. sechs Männer
	11,16	in den Ländern, in die gek. 12,16; 14,22; 36,20-22
	18	(in das Land Israels) sollen sie k. 13,9
	12,23	alles k., was geweissagt ist 14,22; 21,12; 24,14.24; 33,33
	13,9	meine Hand soll über die Propheten k. 20; 33,22
	11	wird ein Platzregen k. und Hagel 38,22
	14,1	k. einige von den Ältesten zu mir 20,1.3

kommen

Hes	14,4	jedem, der dann zum Propheten k. 7; 33,31
	16,13	du k. zu königlichen Ehren
	19	k. dahin, (daß du deine Söhne opfertest)
	33	k. und Hurerei treiben 23,5.12.17.24.40
	38	lasse Grimm und Eifer über dich k. 24,8
	17,3	ein Adler k. auf den Libanon 7
	10	sobald der Ostwind über ihn k.
	21,32	bis der k., der das Recht hat
	22,3	damit deine Zeit k. 4
	24,26	wird einer, der entronnen ist, k. 27; 33,21.22
	26,19	will eine große Flut k. lassen 47,9
	27,19	Zimt und Kalmus k. als Ware
	30,3	die Zeit der Heiden k.
	33,30	k. doch und laßt uns hören
	36,3	weil ihr übel ins Gerede gek. seid
	29	will keine Hungersnot über euch k. lassen
	37,10	da k. der Odem in sie
	38,8	am Ende der Zeiten sollst du k.
	10	werden dir Gedanken k.
	41,16	das Licht k. durch die Fenster
	42,12	wenn man von Osten her k.
	43,3	der Herr k., die Stadt zu zerstören
	44,13	sollen an die Opfer nicht k.
	24	wenn eine Streitsache vor sie k.
	45,2	sollen auf das Heiligtum k. je 500 Ellen
	48,14	damit nicht in andere Hände k.
	23	sollen die übrigen Stämme k.
Dan	2,2	sie k. und traten vor den König
	44	sein Reich wird auf kein anderes Volk k.
	3,8	da k. einige chaldäische Männer
	4,28	k. eine Stimme vom Himmel Lk 3,22; Jh 12,28
	6,7	k. die Fürsten eilends vor d. König 12.16
	21	als er zur Grube k., rief er Daniel
	7,13	es k. einer mit den Wolken des Himmels
	17	vier Königreiche, die auf Erden k. werden
	22	bis der k., der uralt war
	8,5	da k. ein Ziegenbock vom Westen her 6
	17	erschrak aber, als er k. 9,23; 10,12-14.20
	9,12	ein so gr. Unglück hat k. lassen 13.14
	25	bis ein Gesalbter k., sind es 7 Wochen
	26	das Volk eines Fürsten wird k.
	10,3	Fleisch und Wein k. nicht in meinen Mund
	20	wird der Engelfürst von Griechenland k.
	11,6	die Tochter d. Königs des Südens wird k.
	10	der wird k. und wie eine Flut
	21	der wird unerwartet k. 24.30.31
Hos	3,5	werden mit Zittern zu dem HERRN k.
	4,2	eine Blutschuld k. nach der andern
	5,6	alsdann werden sie k. mit ihren Schafen
	6,3	er wird zu uns k. wie ein Regen
	8,1	es k. über d. Haus des HERRN wie ein Adler
	10,9	sollte nicht der Krieg über sie k.
	12	Zeit, den HERRN zu suchen, bis er k.
	11,9	will nicht k., zu verheeren
	11	aus Ägypten k. sie erschrocken wie Vögel
	12,15	wird ihr Blut über sie k.
	13,12	Wehen k., daß er geboren werden soll 13
	14,10	die Übertreter k. auf ihnen zu Fall
Jo	1,13	k., ihr Diener meines Gottes
	2,2	k. ein großes und mächtiges Volk 9
	4,6	ich will sie k. lassen aus dem Ort
	11	Heiden k. und versammelt euch
	13	k. und tretet, denn die Kelter ist voll
Am	1,14	das Wetter k. am Tage des Sturms
	5,5	k. nicht nach Gilgal
	9	damit über die Starken Verderben k. läßt
	19	er k. in ein Haus und lehnt sich
	6,1	weh denen, zu denen das Haus Israel k.

Ob	5	wenn Diebe über dich k... Weinleser k.
	21	werden die Geretteten vom Berg Zion k.
Jon	1,3	um dem HERRN aus den Augen zu k.
	4	ließ der HERR einen großen Wind k. 12; 2,1; 4,7.8
	7	k., wir wollen losen
	13	ruderten, daß sie wieder ans Land k.
	2,8	mein Gebet k. zu dir in deinen hl. Tempel
	3,4	als Jona eine Tagereise weit gek. war
	6	als das vor den König von Ninive k.
Mi	1,15	die Herrlichk. Israels soll k. bis Adullam
	2,8	wie Leute, die aus dem Kriege k.
	3,5	dem predigen sie, es werde ein Krieg k.
	4,8	zu dir wird k. die frühere Herrschaft
	5,1	Bethlehem, aus dir soll mir der k. Mt 2,6
	7,11	es k. der Tag, da werden d. Mauern gebaut
	12	werden sie von Assur zu dir k.
Nah	1,9	es wird das Unglück nicht zweimal k. 2,1
	11	von dir ist gek., der Arges ersann
	12	sie mögen k. so gerüstet und mächtig
Hab	1,9	sie k. allesamt, um Schaden zu tun
	2,3	Weissagung wird endlich frei an den Tag k.; sie wird gewiß k. und nicht ausbleiben
	3,3	Gott k. von Teman
Ze	2,5	des HERRN Wort wird über euch k.
	3,7	so würde nichts von allem k., womit
Hag	1,11	Dürre über alles, was aus der Erde k.
	2,7	da sollen k. aller Völker Kostbarkeiten
	16	wenn einer zum Kornhaufen k., der
Sa	2,4	diese aber sind gek., jene abzuschrecken
	14	siehe, ich k. und will bei dir wohnen
	3,8	will m. Knecht, „den Sproß", k. lassen
	5,4	daß er k. soll über das Haus des Diebes
	6,10	nimm, die von Babel gek. sind
	15	werden k. von ferne, die bauen werden
	9,1	die Last k. über das Land Hadrach
	8	daß nicht mehr der Treiber über sie k.
	9	dein König k. zu dir Mt 21,5; Jh 12,15
	14,5	wird dann k. der HERR, mein Gott
	21	daß alle, die opfern wollen, k. werden
Mal	3,1	bald wird k. der Herr... siehe, er k.
	2	wer wird den Tag seines K. ertragen können
	24	daß ich nicht k. und das Erdreich schlage
Jdt	5,12	als dies Volk aus dem Roten Meer k.
	10,12	fragten sie, woher sie k.
Wsh	1,4	Weisheit k. nicht in eine arglistige Seele
	9	seine Reden sollen vor den Herrn k.
	2,24	durch... Neid ist der Tod gek.
	5,13	nachdem wir ins Leben gek. sind
	6,6	er wird schnell über euch k.
	7,7	der Geist der Weisheit k. zu mir
	11	zugleich k. mit ihr alle Güter
	8,13	Andenken bei denen, die nach mir k.
	18	daß durch Arbeit Reichtum k.
	9,6	die Weisheit, die von dir k.
	11,12	es k. doppeltes Leid über sie
	15	Gedanken, die aus ihrer Ungerechtigkeit k.
	17	über sie eine Menge von Bären k. zu lassen
	12,12	wer darf k. und vor dich hintreten
	27	darum k. Strafe über sie 14,30
	14,14	durch eitlen Wahn sind sie in die Welt gek.
	31	über die Bosheit... k. nicht die Macht
	16,4	es sollte ein unabwendbarer Mangel k.
	5	k. über die Israeliten zornige Tiere
	17,14	Nacht, die aus den Schlupfwinkeln gek. war
	15	es k. plötzlich Furcht über sie 18,17
	20	Finsternis, die über sie k. sollte
	19,4	damit sie zu einem solchen Ende k.
	12	es k. zu ihnen Wachteln aus dem Meer
	13	auch k. die Strafen über die Sünder

kommen

Tob	2,12	diese Prüfung ließ Gott über ihn k.
	13,13	aus fernen Ländern werden die Völker k.
Sir	3,10	damit ihr Segen über dich k.
	4,20	so wird sie doch wieder zu ihm k.
	5,9	sein Zorn k. plötzlich
	10	es hilft nichts, wenn die Anfechtungen k.
	15	der Mensch k. durch seine eigne Zunge zu Fall 22,33; 23,1.3.8
	9,5	es könnte dich teuer zu stehen k.
	6	damit du nicht um dein Vermögen k.
	10,14	daher k. aller Hochmut
	11,14	es k. alles von Gott: Glück und Unglück
	20	wie die Gottlosen zu Geld k.
	14,7	zuletzt k. seine Habgier zum Vorschein
	17,20	die reumütig sind, läßt er zu Gnaden k.
	18,21	prüfe dich, bevor das Gericht k.
	24	denk an den Zorn, der am Ende k. wird
	19,1	wer nicht haushält, k. bald zu Fall
	25	wenn er seine Zeit gek. sieht 20,7
	20,20	es k. einer auf schlüpfrigem Boden zu Fall
	23	k. er zur Ruhe, so hat er
	27	zuletzt k. sie beide an den Galgen
	21,2	wenn du ihr zu nahe kommst, sticht sie dich
	5	wer hochmütig ist, k. von Haus und Hof
	6	seine Rache wird eilends k.
	22,16	so k. (du) nicht in Angst und Not
	30	so k.'s vom Schmähen zum Blutvergießen
	23,17	denn dabei k. es zur Sünde
	24,38	der mit dem Lernen zu Ende gek. wäre
	46	hinterlasse sie k. Geschlechtern
	27,30	dem k.'s selbst über den Hals, ohne daß er weiß, woher es k.
	28,14	beides kann aus deinem Munde k.
	29,10	weil er fürchtet, um das Seine zu k.
	27	daß du nicht selbst zu Schaden k.
	31,3	der Reiche arbeitet und k. zu Geld
	6	viele k. zu Fall um Geldes willen
	33,24	wenn dein Ende k., daß du davon mußt
	34,6	wenn es k. durch Eingebung
	13	oft bin ich in Todesgefahr gek.
	35,21	läßt nicht ab, bis es vor Gott k.
	38,2	die Heilung k. von dem Höchsten
	13	es kann die Stunde k., in der
	19	vom Trauern k. der Tod
	39,34	wenn die Strafe k. soll, toben sie
	37	wenn ihre Zeit k., widersetzen sie sich nicht
	40,6	ich sähe den Feind k.
	10	die Sintflut mußte um ihretwillen k. 44,18
	11	was aus der Erde k., muß wieder zu Erde werden 41,13
	41,5	denke an die, die nach dir k. werden
	13	so k. die Gottlosen zur Verdammnis
	42,13	wie aus den Kleidern Motten k., so k. von Frauen viel Schlechtigkeit
	44,25	hat ihn auf Jakob k. lassen
	45,1	er hat aus ihm k. lassen Mose
	28	Pinhas kam als Dritter zu Herrlichkeit
	47,31	bis die Strafe über sie k.
	48,10	den Zorn zu stillen, ehe der Grimm k.
	13	Elia... k. sein Geist auf Elisa
	28	verkündete das Verborgene, ehe es k.
Bar	1,20	darum sind Strafe und Fluch gek. 2,7; 4,9.25; 1Ma 2,49
	3,10	wie k. es, Israel, daß
	15	wer ist in ihre Schatzkammer gek.
	4,24	Hilfe Gottes, die über euch k. wird
	35	ein Feuer wird über sie k. viele Tage
	36	schaue den Trost, der von Gott k.
	37	deine Kinder k., die du hast ziehen lassen
	6,49	wenn ein Unglück über sie k.
1Ma	3,19	der Sieg k. vom Himmel
	4,45	damit kein Ärgernis von ihm k.
	46	bis ein Prophet k. würde
	5,12	bitten, uns zu Hilfe zu k.
	7,18	darum kam Furcht über das ganze Volk
	9,10	ist unsre Zeit gek., so wollen wir sterben
2Ma	4,6	nicht möglich, noch zum Frieden zu k.
	5,11	als diese Vorfälle dem König zu Ohren k.
	7,25	ließ der König die Mutter vor sich k.
	8,20	als die Mazedonier in gr. Not gek. waren
	9,4	sobald ich nach Jerusalem k.
	18	es war Gottes Gericht über ihn gek.
	12,2	ließen... nicht zu Ruhe k.
	15,21	wußte, daß der Sieg nicht durch Waffen k.
	31	als er dorthin kam, rief er... zusammen
StE	4,6	bis sie wieder zu sich k.
StD	1,22	so k. ich nicht aus euren Händen
	2,1	k. das Königreich an Kyrus
	3,15	mit demütigem Geist k. wir vor dich 17
Mt	2,1	da k. Weise aus dem Morgenland
	2	wir sind gek., ihn anzubeten 8
	6	aus dir wird k. der Fürst, der
	9	*bis daß er k. und stand*
	21	er k. in das Land Israel
	23	k. und wohnte in Nazareth Lk 2,51
	3,7	als er viele Pharisäer sah zu seiner Taufe k. Lk 3,12
	11	der nach mir k., ist stärker als ich Mk 1,7; Lk 3,16; Jh 1,15.27.30; Apg 13,25; 19,4
	13	zu der Zeit k. Jesus an den Jordan Mk 1,9; Jh 1,29
	14	ich bedarf dessen... und du k. zu mir
	16	Jesus sah den Geist Gottes über sich k.
	4,13	k. und wohnte in Kapernaum Mk 9,33; Lk 4,16; Jh 6,17.24
	5,17	nicht gek., das Gesetz aufzulösen
	20	so werdet ihr nicht in das Himmelreich k.
	7,21; 18,3; Jh 3,5	
	24	dann k. und opfere deine Gabe
	6,10	dein Reich k. Lk 11,2
	7,15	die in Schafskleidern zu euch k.
	25	als die Wasser k. 27; Lk 6,48
	8,7	ich will k. und ihn gesund machen 9,18.23; Mk 5,23.38; Lk 7,3.4; 8,51
	9	komm her!, so k. er Lk 7,8
	11	viele werden k. von Osten Lk 13,29
	14	Jesus k. in das Haus des Petrus 28; 9,1; 12,9; 13,54; 15,29.39; 16,13; 17,24; 19,1; Mk 1,29; 6,1.53; 7,17.31; 8,10.22; 9,33; 10,1.46; 11,1. 15,27; Lk 4,14.38; 7,12; 10,38; 17,12; 18,35; 19,5.29; Jh 4,45-47.54; 12,1
	28	zwei Besessene; die k. aus den Grabhöhlen
	9,10	da k. viele Zöllner Mk 2,13
	13	gek., die Sünder zu rufen Mk 2,17; Lk 5,32
	14	da k. die Jünger des Johannes zu ihm
	15	es wird aber die Zeit k. Mk 2,20; Lk 5,35; 17,22; 21,6; 23,29
	18	k. einer von den Vorstehern der Gemeinde Mk 5,22; Lk 8,41.51
	10,13	wird euer Friede auf sie k.
	23	nicht zu Ende k., bis der Menschensohn k.
	34	nicht gek., Frieden zu bringen 35; Lk 12,51
	11,3	bist du es, der da k. soll Lk 7,19.20
	14	er ist Elia, der da k. soll
	18	Johannes ist gek., aß nicht und trank nicht 19; Lk 7,33.34
	12,28	das Reich Gottes zu euch gek. Lk 11,20
	42	sie k. vom Ende der Erde, um Salomos Weisheit zu hören Lk 11,31
	44	wenn er k., so findet er's leer Lk 11,25

Mt	13,4	da k. die Vögel und fraßen's auf Mk 4,4
	19	so k. der Böse und reißt hinweg, was in sein Herz gesät ist Mk 4,15; Lk 8,12
	25	als die Leute schliefen, k. sein Feind
	32	daß die Vögel k. und wohnen in s. Zweigen
	56	woher kommt ihm denn das alles
	14,1	zu der Zeit k. die Kunde von Jesus vor Herodes Mk 6,14; Lk 9,7
	12	da k. seine Jünger und nahmen seinen Leichnam Mk 6,29
	24	das Boot k. in Not durch die Wellen
	25	k. Jesus zu ihnen Mk 6,48
	28	befiehl mir, zu dir zu k. auf dem Wasser
	34	sie fuhren hinüber und k. ans Land
	15,1	da k. zu Jesus Pharisäer und sprachen Mk 7,1; 8,11; 11,27; 12,14; Lk 13,31
	18	was aus dem Mund, k. aus dem Herzen
	19	aus dem Herzen k. böse Gedanken Mk 7,21
	22	eine kanaanäische Frau k. aus diesem Gebiet
	25	sie k. und fiel vor ihm nieder Mk 7,25
	30	es k. eine große Menge zu ihm Mk 2,13; 3,8; Lk 4,42; Jh 6,5; 8,2; 10,41
	16,3	es wird heute ein Unwetter k.
	5	als die Jünger ans andre Ufer gek. waren
	27	es wird geschehen, daß der Menschensohn k. 28; 24,30; 26,64; Mk 8,38; 13,26; 14,62; Lk 9,26; 18,8; 21,27
	17,10	sagen, zuerst müsse Elia k. 11; Mk 9,11.12
	12	Elia ist schon gek. Mk 9,13
	14	als sie zu dem Volk k.
	18,7	es müssen ja Verführungen k. Lk 17,1
	11	der Menschensohn ist gek. Lk 9,56; 19,10
	24	k. einer, der war... schuldig
	31	k. und brachten bei ihrem Herrn alles vor
	19,14	wehret ihnen nicht, zu mir zu k. Mk 10,14; Lk 18,16
	21	k. und folge mir nach Mk 10,21; Lk 18,22
	23	ein Reicher wird schwer ins Himmelreich k. 24; Mk 10,23-25; Lk 18,24.25
	20,9	k., die um die elfte Stunde eingestellt 10
	28	wie der Menschensohn nicht gek. ist, daß er sich dienen lasse Mk 10,45
	21,1	als sie in die Nähe von Jerusalem k.
	5	siehe, dein König k. zu dir Jh 12,15
	9	gelobt sei, der da k. in dem Namen des Herrn 23,39; Mk 11,9.10; Lk 13,35; 19,38; Jh 12,13
	23	als er in den Tempel k. und lehrte
	31	die Zöllner k. eher ins Reich Gottes als ihr
	32	Johannes k. zu euch und lehrte euch den rechten Weg
	38	das ist der Erbe; k., laßt uns ihn töten Mk 12,7; *Lk 20,14*
	40	wenn der Herr des Weinbergs k. wird Mk 12,9; Lk 20,16
	22,3	doch sie wollten nicht k. Lk 14,20
	4	k. zur Hochzeit Lk 14,17
	23,35	damit über euch k. all das gerechte Blut 36
	24,3	was wird das Zeichen sein für dein K.
	5	es werden viele k. unter meinem Namen Mk 13,6; Lk 21,8
	14	dann wird das Ende k.
	27	so wird das K. des Menschensohns sein 37. 39; 25,31
	29	die Kräfte der Himmel werden ins Wanken k. Mk 13,25; Lk 21,26
	32	*wenn die Blätter k. Mk 13,28*
	39	beachteten es nicht, bis die Sintflut k. Lk 17,27
	42	ihr wißt nicht, an welchem Tag euer Herr k. 43.44.46.48.50; Mk 13,35.36; Lk 12,37-40.43.45.46
Mt	25,6	siehe, der Bräutigam k. 10.11.13
	19	nach langer Zeit k. der Herr dieser Knechte
	27	wenn ich gek. wäre Lk 19,23
	36	ihr seid zu mir gek. 39
	26,36	da k. Jesus mit ihnen zu einem Garten Mk 14,32
	40	er k. zu seinen Jüngern und fand sie schlafend 43.45; Mk 14,37.41; Lk 22,45
	47	als er noch redete, k. Judas Mk 14,43; Lk 22,47; Jh 18,3
	50	mein Freund, dazu bist du gek.
	27,25	sein Blut k. über uns und unsere Kinder
	33	als sie an die Stätte k. mit Namen Golgatha Lk 23,33
	45	von der sechsten Stunde an k. eine Finsternis
	49	ob Elia k. und ihm helfe Mk 15,36
	53	gingen aus den Gräbern und k. in die Stadt
	57	am Abend k. ein reicher Mann aus Arimathäa Mk 15,43; Jh 19,38
	62	k. die Hohenpriester zu Pilatus
	64	damit nicht seine Jünger k. 28,13
	28,1	k. Maria von Magdala und die andere Maria Mk 16,*1*.2; Lk 24,1; Jh 20,1.2.4.8.*18*
	11	da k. einige von der Wache in die Stadt
	14	wenn es dem Statthalter zu Ohren kommt
Mk	1,14	k. Jesus nach Galiläa und predigte
	24	du bist gek., uns zu vernichten Lk 4,34
	38	denn dazu bin ich gek.
	39	er k. und predigte in ihren Synagogen
	40	k. zu ihm ein Aussätziger
	45	doch sie k. zu ihm
	2,3	es k. einige zu ihm, die brachten
	18	es k. einige, die sprachen zu (Jesus)
	3,31	es k. seine Brüder und standen draußen
	4,22	es ist nichts geheim, was nicht an den Tag k. soll Lk 8,17
	5,1	sie k. ans andre Ufer des Sees
	15	k. zu Jesus und sahen
	33	k. und fiel vor ihm nieder Lk 8,47
	35	k. einige aus dem Hause des Vorstehers der Synagoge Lk 8,49
	6,2	als der Sabbat k., fing er an
	21	es k. ein gelegener Tag
	31	es waren viele, die k. und gingen
	7,4	wenn sie vom Markt k., essen sie nicht, wenn
	8,3	einige sind von ferne gek.
	9,1	bis sie sehen das Reich Gottes k.
	7	es k. eine Wolke, die überschattete sie Lk 3,22; 9,34; Jh 12,28
	14	sie k. zu den Jüngern und sahen eine große Menge
	10,50	sprang auf und k. zu Jesus
	11,13	als er zu ihm k., fand er nichts als Blätter
	18	k. vor die Hohenpriester
	12,2	er sandte, als die Zeit k., einen Knecht Lk 20,10
	42	es k. eine arme Witwe und legte 2 Scherflein ein
	14,3	k. eine Frau, die hatte ein Glas mit Nardenöl
	16	die Jünger gingen hin und k. in die Stadt
	17	am Abend k. er mit den Zwölfen
	37	er k. und fand sie schlafend und sprach
	41	es ist genug; die Stunde ist gek.
	45	als er k., trat er zu ihm und sprach
	66	da k. eine von den Mägden des Hohenpriesters

kommen 842

Mk	15,21	einen, der vom Feld k. Lk 23,26
	33	k. eine Finsternis über das Land Lk 23,44
Lk	1,12	und es k. Furcht über (Zacharias)
	35	der heilige Geist wird über dich k.
	40	k. in das Haus und begrüßte Elisabeth
	43	daß die Mutter meines Herrn zu mir k.
	57	k. die Zeit, daß sie gebären sollte 2,6
	59	da k. sie, das Kindlein zu beschneiden
	65	k. Furcht über alle 4,36; Apg 2,43; 5,5.11
	2,16	sie k. eilend und fanden beide
	18	alle, vor die es k., wunderten sich
	27	er k. auf Anregung des Geistes in den Tempel
	37	(Hanna) k. *nimmer vom Tempel*
	44	k. eine Tagereise weit und suchten ihn
	3,3	er k. in die Gegend um den Jordan
	4,1	*Jesus k. wieder zum Jordan*
	22	daß solche Worte aus seinem Munde k.
	5,7	ihren Gefährten, sie sollten k. und ziehen
	17	die gek. waren aus allen Orten in Galiläa
	6,18	die gek. waren, ihn zu hören
	47	wer zu mir k. und hört meine Rede und tut sie
	7,7	mich selbst nicht für würdig geachtet, zu dir zu k.
	10	als die Boten wieder nach Hause k.
	20	als die Männer zu ihm k., sprachen sie
	44	ich bin in dein Haus gek.
	8,19	es k. seine Mutter und seine Brüder zu ihm
	23	es k. ein Wirbelbind, und die Wellen
	35	k. zu Jesus und fanden den Menschen
	9,37	als sie von dem Berg k.
	42	als er zu ihm k., riß ihn der Geist
	52	k. in ein Dorf, ihm Herberge zu bereiten
	10,5	wenn ihr in ein Haus k., sprecht zuerst 8.10
	9	das Reich Gottes ist nahe zu euch gek.
	32	als er zu der Stelle k. und ihn sah 33
	11,6	mein Freund ist zu mir gek. auf der Reise
	22	wenn ein Stärkerer über ihn k.
	12,36	damit, wenn er k. und anklopft, sie ihm auftun
	49	gek., ein Feuer anzuzünden auf Erden
	54	*sprecht ihr: Es k. ein Regen*
	13,1	es k. zu der Zeit einige
	6	k. und suchte Frucht darauf und fand keine 7
	14	an denen k. und laßt euch heilen
	35	bis die Zeit k., da ihr sagen werdet
	14,1	daß er in das Haus eines Oberen der Pharisäer k., zu essen
	9	dann k. der, der dich eingeladen hat, und sagt 10
	26	wenn jemand zu mir k. und haßt nicht seinen Vater
	31	der über ihn k. mit 20.000
	15,14	k. eine große Hungersnot
	20	er k. zu seinem Vater 25.27.30
	16,21	dazu k. die Hunde und leckten s. Geschwüre
	26	daß niemand dorthin k. kann
	28	warnen, damit sie nicht k. an diesen Ort
	17,1	weh dem, durch den (Verführungen) k.
	4	k. und spräche: Es reut mich!, so sollst du ihm vergeben
	7	*k. sogleich und setze dich zu Tische*
	20	wann k. das Reich Gottes
	18,3	k. zu ihm und sprach 5
	25	als daß ein Reicher in das Reich Gottes k.
	19,18	der zweite k. auch und sprach 20
	43	es wird eine Zeit über dich k., da werden
	21,23	es wird Zorn über dies Volk k.
	26	Dinge, die k. sollen über die ganze Erde
Lk	21,34	nicht über euch k. wie ein Fallstrick 35
	22,7	es k. der Tag der Ungesäuerten Brote
	14	als die Stunde k., setzte er sich nieder
	18	nicht... trinken, bis das Reich Gottes k.
	23,42	gedenke an mich, wenn du in dein Reich k.
	55	Frauen, die mit ihm gek. waren aus Galiläa
	24,23	k. und sagen, sie haben eine Erscheinung
	28	sie k. nahe an das Dorf, wo sie hingingen
	38	warum k. solche Gedanken in euer Herz
Jh	1,7	der k. zum Zeugnis, damit sie glaubten
	9	alle Menschen erleuchtet, die in diese Welt k.
	11	er k. in sein Eigentum
	29	sieht Johannes, daß Jesus zu ihm k.
	31	bin ich gek., zu taufen mit Wasser
	39	k., und seht 46; 11,34
	46	was kann aus Nazareth Gutes k.
	47	Jesus sah Nathanael. k. und sagt von ihm
	2,4	meine Stunde ist noch nicht gek. 7,30; 8,20
	9	als der Speisemeister den Wein kostete und nicht wußte, woher er k.
	3,2	k. zu Jesus bei Nacht 7,50; 19,39
	8	du weißt nicht, woher er k. und wohin er fährt
	19	Gericht, daß das Licht in die Welt gek. ist
	20	wer Böses tut, k. nicht zu dem Licht 21
	22	danach k. Jesus in das Land Judäa
	23	sie k. und ließen sich taufen
	26	der tauft, und jedermann k. zu ihm
	31	der von oben k., ist über allen
	4,1	daß den Pharisäern zu Ohren gek. war
	5	da k. er in eine Stadt Samariens, Sychar
	7	da k. eine Frau, um Wasser zu schöpfen
	21	es k. die Zeit 23; 16,2.4.25
	22	das Heil k. von den Juden
	25	ich weiß, daß der Messias k. 7,27.31
	27	unterdessen k. seine Jünger
	29	k., seht einen Menschen, der mir alles gesagt hat 30
	35	es sind noch vier Monate, dann k. die Ernte
	38	euch ist ihre Arbeit zugute gek.
	40	als die Samariter zu ihm k.
	45	sie waren auch zum Fest gek.
	5,7	wenn ich k., steigt ein anderer hinein
	24	wer mein Wort hört, nicht in das Gericht
	25	es k. die Stunde und ist schon jetzt 28; 16,32
	40	wollt nicht zu mir k.
	43	ich bin gek. in meines Vaters Namen 7,28; 8,14.42; 16,28
	6,14	das ist der Prophet, der in die Welt k. soll
	15	als Jesus merkte, daß sie k. würden, um ihn zum König zu machen
	17	Jesus war noch nicht zu ihnen gek.
	19	sahen sie Jesus nahe an das Boot k.
	23	es k. andere Boote nahe an den Ort
	33	Brot, das vom Himmel k. 38.41.42.50.51.58
	35	wer zu mir k. 37.45
	37	alles, was mir mein Vater gibt, das k. zu mir
	44	es kann niemand zu mir k., es sei denn 65
	46	außer dem, der von Gott gek. ist
	7,22	nicht daß aus Mose k.
	32	es k. den Pharisäern zu Ohren
	37	wen da dürstet, der k. zu mir und trinke
	41	soll der Christus aus Galiläa k. 42
	45	k. die Knechte zu den Hohenpriestern
	8,2	frühmorgens k. er wieder in den Tempel
	9,4	es k. die Nacht, da niemand wirken kann
	7	*da ging er hin und k. sehend*
	35	es k. vor Jesus, daß sie ihn ausgestoßen hatten

Jh	9,39	ich bin zum Gericht in diese Welt gek.
	10,8	alle, die vor mir gek. sind, sind Diebe 10.12
	10	ich bin gek., damit sie das Leben haben sollen
	38	*damit ihr zur Erkenntnis k.*
	11,17	als Jesus k., fand er Lazarus... liegen
	19	viele Juden waren zu Maria gek. 33.45
	20	als Marta hörte, daß Jesus k. 30
	27	du bist der Sohn Gottes, der in die Welt gek.
	29	stand (Maria) eilend auf und k. zu ihm 32
	38	Jesus k. zum Grab
	48	dann k. die Römer und nehmen uns Land und
	56	was meint ihr? Er wird doch nicht zum Fest k.
	12,9	sie k. nicht allein um Jesu willen
	12	die Menge, die aufs Fest gek. war, hörte, daß Jesus nach Jerusalem k.
	22	Philippus k. und sagt es Andreas
	23	die Zeit ist gek., daß der Menschensohn 13,1; 17,1
	27	darum bin ich in diese Stunde gek.
	46	ich bin in die Welt gek. als ein Licht 18,37
	47	ich bin nicht gek., daß ich die Welt richte
	13,3	daß er von Gott gek. war und zu Gott ging
	6	da k. er zu Simon Petrus; der sprach zu ihm
	14,6	niemand k. zum Vater denn durch mich
	18	ich k. zu euch 23
	30	es k. der Fürst dieser Welt
	15,22	wenn ich nicht gek. wäre und hätte es ihnen gesagt
	26	wenn der Tröster k. wird 16,7.8.13
	16,21	Freude, daß ein Mensch zur Welt gek. ist
	17,7	nun wissen sie, daß alles von dir k.
	11	sie sind in der Welt, und ich k. zu dir 13
	19,32	da k. die Soldaten 33
	20,19	am Abend dieses Tages k. Jesus 24.26; 21,13
	21,8	die andern Jünger k. mit dem Boot
	12	spricht Jesus zu ihnen: K. und haltet das Mahl
	22	wenn ich will, daß er bleibt, bis ich k., was geht es dich an 23
Apg	1,8	heiliger Geistes, der auf euch k. wird
	11	*Jesus wird so k., wie*
	2,1	als der Pfingsttag gek. war
	20	ehe der Tag der Offenbarung des Herrn k.
	3,20	damit die Zeit der Erquickung k.
	4,5	als der Morgen k., versammelten sich
	23	k. sie zu den Ihren und berichteten
	5,10	da k. die jungen Männer und fanden sie tot
	13	wagte keiner, an ihnen zu nahe zu k.
	15	wenn Petrus k., wenigstens sein Schatten
	16	es k. viele aus den Städten rings um Jerusalem
	21	der Hohepriester und die mit ihm waren, k.
	25	da k. jemand, der berichtete ihnen
	7,11	es k. eine Hungersnot über ganz Ägypten
	26	am nächsten Tag k. er zu ihnen
	52	die zuvor verkündigten das K. des Gerechten
	8,24	nichts von dem über mich k., was ihr gesagt
	27	war nach Jerusalem gek., um anzubeten
	36	als sie dahinfuhren, k. sie an ein Wasser
	40	das Evangelium, bis er nach Cäsarea k.
	9,3	als er in die Nähe von Damaskus k. 22,6.11
	17	Hananias k. in das Haus 22,13
	26	als er nach Jerusalem k., versuchte er
	32	daß er auch zu den Heiligen k., die in Lydda
	38	säume nicht, zu uns zu k. 10,29.33
	10,4	deine Gebete sind vor Gott gek.
Apg	10,9	als diese in die Nähe der Stadt k.
	24	am folgenden Tag k. er nach Cäsarea
	28	nicht erlaubt, zu (einem Fremden) zu k.
	45	die gläubig gewordenen Juden, die mit Petrus gek. waren
	11,1	es k. den Aposteln in Judäa zu Ohren 22
	5	das k. bis zu mir
	8	nie etwas Unreines in meinen Mund gek.
	12	es k. mit mir auch diese sechs Brüder
	17	wie auch uns, die wir zum Glauben gek. sind
	20	einige Männer k. nach Antiochia
	27	in diesen Tagen k. Propheten nach Antiochia 14,19
	28	Hungersnot, die über den Erdkreis k. sollte
	12,10	k. zu dem Tor, das zur Stadt führt *12*
	11	als Petrus zu sich gek. war, sprach er
	13	k. eine Magd, um zu hören, wer da wäre
	20	sie k. einmütig zu ihm und überredeten Blastus
	13,4	k. sie nach Seleuzia und von da nach Zypern 5.13.14.51; 14,24; 15,4.30; 16,1.7.11; 17,1; 18,1. 19.22; 19,1; 20,2.6.14.15; 21,1.3.7.8.17
	5	als sie in die Stadt Salamis k., verkündigten sie
	11	siehe, die Hand des Herrn k. über dich
	23	aus dessen Geschlecht hat Gott Jesus k. lassen
	40	seht zu, daß nicht über euch k., was
	16,15	k. in mein Haus und bleibt da
	34	freute sich, daß er zum Glauben gek. war
	37	sie sollen selbst k. und uns hinausführen 39
	17,6	diese, die... sind jetzt auch hierher gek.
	13	k. sie und erregten Unruhe
	15	so schnell wie möglich zu ihm k. sollten 18,5
	18,2	der war mit seiner Frau aus Italien gek.
	6	euer Blut k. über euer Haupt
	7	k. in das Haus eines Mannes Titius Justus
	24	es k. nach Ephesus ein Jude mit Namen Apollos
	19,6	k. der heilige Geist auf sie
	18	es k. viele und bekannten, was sie getan
	19	berechneten und k. auf 50.000 Silbergroschen
	20,18	als ich in die Provinz Asien gek. bin
	29	reißende Wölfe zu euch k.
	21,11	als er zu uns k., nahm er den Gürtel des Paulus
	16	k. mit uns einige Jünger aus Cäsarea
	18	es k. die Ältesten alle dorthin
	22	werden sie hören, daß du gek. bist
	35	als er an die Stufen k.
	22,17	als ich wieder nach Jerusalem k. und im Tempel betete 24,17
	27	da k. der Oberst zu ihm und fragte ihn
	23,15	bereit, ihn zu töten, ehe er vor euch k.
	16	ging er und k. in die Burg
	30	als vor mich k., daß
	33	als jene nach Cäsarea k.
	24,1	nach fünf Tagen k. der Hohepriester Hananias
	8	hieß seine Ankläger zu dir k.
	24	ließ Paulus k. und hörte ihn 26
	27	k. Porzius Festus 24; 25,1.13.23
	25,3	daß er Paulus nach Jerusalem k. ließe
	7	als (Paulus) k.
	26,7	(Verheißung,) zu welcher hoffen zu k.
	27,5	wir k. nach Myra in Lyzien 7.8.12; 28,12-14
	27	wähnten, sie k. an ein Land
	44	daß sie alle gerettet ans Land k.
	28,2	Regens, der über uns gek. war *Heb 6,7*

kommen

Apg	28,21	noch ist ein Bruder gek., der
	23	k. viele zu ihm in die Herberge 30
Rö	1,10	ob sich's einmal fügen möchte, daß ich zu euch k. 13; 15,22.23.*24.32*
	17	die Gerechtigkeit, welche k. aus Glauben in Glauben 3,22; 4,16; 9,30; Heb 11,7
	3,8	laßt uns Böses tun, damit Gutes k.
	20	durch das Gesetz k. Erkenntnis der Sünde
	22	Gerechtigkeit, die da k. durch den Glauben
	5,12	wie durch einen Menschen die Sünde in die Welt gek. ist 14.*16.*18
	13	die Sünde war in der Welt, ehe das Gesetz k.
	18	so ist durch die Gerechtigkeit des Einen die Rechtfertigung gek.
	7,9	als das Gebot k., wurde die Sünde lebendig
	9,9	um diese Zeit will ich k., und Sara soll einen Sohn haben
	32	als k. sie aus den Werken
	10,5	Gerechtigkeit, die aus dem Gesetz k. Gal 2,21; 3,21; Phl 3,9
	17	so k. der Glaube aus der Predigt
	11,26	es wird k. aus Zion der Erlöser
	14,23	was nicht aus dem Glauben k., das ist Sünde
	15,12	es wird k. der Sproß aus der Wurzel Isais
	29	wenn ich zu euch k., mit dem vollen Segen Christi k. werde
1Ko	2,1	als ich zu euch k., k. (ich) nicht mit hohen Worten
	9	es ist gek., wie geschrieben steht
	4,5	richtet nicht vor der Zeit, bis der Herr k.
	18	als würde ich nicht zu euch k. 19.21; 11,34; 14,6; 16,2.3.5; 2Ko 1,15.16; 2,1.3; 12,14.20.21; 13,1.2
	7,26	um der k. Not willen
	28	doch werden solche in äußere Bedrängnis k.
	8,11	*wird der Schwache ins Verderben k.*
	10,11	uns, auf die das Ende der Zeiten gek. ist
	11,12	so k. der Mann durch die Frau
	26	verkündigt ihr den Tod des Herrn, bis er k.
	13,10	wenn k. wird das Vollkommene
	14,36	ist das Wort Gottes allein zu euch gek.
	15,21	da durch einen Menschen der Tod gek. ist, so k. auch
	23	wenn k. wird, die, die Christus angehören
	35	mit was für einem Leib werden sie k.
	16,10	wenn Timotheus k., so seht zu, daß 11.12
2Ko	1,5	wie die Leiden Christi reichlich über uns k.
	23	darum nicht wieder nach Korinth gek. bin
	2,12	als ich nach Troas k., zu predigen
	7,5	als wir nach Mazedonien k., fanden wir keine Ruhe
	8,13	sondern daß es zu einem Ausgleich k.
	9,4	wenn die aus Mazedonien mit mir k.
	10,14	mit dem Evangelium Christi bis zu euch gek.
	15	wir haben die Hoffnung, daß wir zu Ehren k.
	11,4	wenn einer zu euch k. und einen andern Jesus
	9	halfen die Brüder ab, die aus Mazedonien k.
	17	weil wir so ins Rühmen gek. sind
	12,1	so will ich doch k. auf die Erscheinungen
	13	was ist's, worin ihr zu kurz gek. seid
	13,2	wenn ich noch einmal k., dann will ich nicht schonen
Gal	1,17	*k. wiederum nach Damaskus* 18.21
	2,11	als Kephas nach Antiochia k. 12
	16	sind wir zum Glauben an Christus Jesus gek.
	3,14	damit der Segen Abrahams unter die Heiden k.
	23	ehe der Glaube k., waren wir unter dem Gesetz verwahrt
Gal	3,25	nachdem der Glaube gek. ist
	5,8	solches Überreden k. nicht von dem, der euch berufen hat
Eph	1,11	*in ihm sind wir zum Erbteil gek.*
	2,7	damit er in den k. Zeiten erzeige
	17	er ist gek. und hat im Evangelium Frieden verkündigt
	5,6	um dieser Dinge willen k. der Zorn Gottes Kol 3,6
Phl	1,26	größer werde, wenn ich wieder zu euch k.
	27	ob ich k. und euch sehe 2,24
	2,30	ist er dem Tode so nahe gek.
	3,9	Gerechtigkeit, die aus dem Gesetz k.
	4,18	empfangen habe, was von euch gek. ist
Kol	1,6	(durch das Evangelium,) das zu euch gek. ist
	4,10	wenn er zu euch k., nehmt ihn auf
1Th	1,5	unsere Predigt des Evangeliums k. zu euch nicht allein im Wort
	2,3	Ermahnung k. nicht aus betrügerischem Sinn
	16	der Zorn Gottes ist schon über sie gek.
	18	wollten wir zu euch k. 1Ti 3,14.15; 4,13
	19	vor unserm Herrn Jesus, wenn er k.
	3,4	daß Bedrängnisse über uns k. würden
	6	nun ist Timotheus von euch wieder zu uns gek.
	13	wenn unser Herr Jesus k. mit seinen Heiligen
	5,2	daß der Tag des Herrn k. wird wie ein Dieb in der Nacht 4; 2Pt 3,10; Off 3,3; 16,15
2Th	1,10	wenn er k. wird, daß er verherrl. werde
	2,1	was das K. unseres Herrn Jesus Christus angeht
	3	zuvor muß der Abfall k.
	8	wird ihm ein Ende machen, wenn er k.
1Ti	1,15	daß Christus Jesus in die Welt gek. ist
	2,4	will, daß alle Menschen zur Erkenntnis der Wahrheit k.
	6,16	wohnt in einem Licht, zu dem niemand k. kann
2Ti	3,1	daß in den letzten Tagen schlimme Zeiten k.
	7	die nie zur Erkenntnis der Wahrheit k. können
	9	sie werden damit nicht weit k.
	4,1	Christus, der da k. wird 2Pt 1,16; 1Jh 2,28
	3	es wird eine Zeit k., da sie die heilsame Lehre
	6	die Zeit meines Hinscheidens ist gek.
	9	daß du bald zu mir k. 13.21; Tit 3,12
Tit	3,8	alle, die zum Glauben an Gott gek. sind
1Pt	1,10	*Gnade, die auf euch k. sollte*
	11	Leiden, die über Christus k. sollten
	2,4	zu ihm k. als zu dem lebendigen Stein
	4,7	es ist nahe gek. das Ende 18
2Pt	1,17	Stimme, die zu ihm k. 18
	2,6	den Gottlosen, die hernach k. würden
	3,3	daß in den letzten Tagen Spötter k. werden
	4	wo bleibt die Verheißung seines K.
	12	die ihr das K. des Tages Gottes erwartet
1Jh	2,10	durch ihn k. niemand zu Fall
	18	wie ihr gehört habt, daß der Antichrist k. 4,3
	21	ihr wißt, daß keine Lüge aus der Wahrheit k.
	3,14	daß wir aus dem Tod zum Leben gek. sind
	4,2	daß Jesus Christus in das Fleisch gek. ist 2Jh 7
	5,6	dieser ist's, der gek. ist durch Wasser und Blut
	20	wir wissen, daß der Sohn Gottes gek. ist
2Jh	10	wenn jemand zu euch k.
	12	ich hoffe, zu euch zu k.
3Jh	3	ich habe mich sehr gefreut, als die Brüder k.

3Jh	10	darum will ich ihn, wenn ich k., erinnern
Heb	2,11	weil sie alle von einem k.
	3,11	sie sollen nicht zu meiner Ruhe k. 18.19; 4,3. 5.6
	4,1	Verheißung, daß wir zu seiner Ruhe k. 3.6
	10	wer zu Gottes Ruhe gek. ist, der ruht
	11	damit nicht jemand zu Fall k. durch den gleichen Ungehorsam
	7,11	wäre nun die Vollendung durch das levitische Priestertum gek.
	25	selig machen, die durch ihn zu Gott k.
	8,8	siehe, es k. Tage, spricht der Herr
	9,11	Christus ist gek. als ein Hoherpriester der zukünftigen Güter
	10,5	darum spricht er, wenn er in die Welt k.
	37	so wird k., der da k. soll
	11,6	wer zu Gott k. will, der muß glauben
	20	*auf das hin, was erst k. sollte*
	34	sind aus der Schwachheit zu Kräften gek.
	12,18	ihr seid nicht gek. zu dem Berg, den man
	22	ihr seid gek. zu dem Berg Zion
	13,23	mit ihm will ich euch, wenn er bald k., besuchen
Jak	2,2	wenn in eure Versammlung ein Mann k. mit einem goldenen Ring
	3,10	aus einem Munde k. Loben und Fluchen
	15	*nicht die Weisheit, die von oben k.*
	4,1	woher k. der Kampf unter euch
	5,1	Elend, das über euch k. wird
	4	das Rufen der Schnitter ist gek. vor die Ohren des Herrn Zebaoth
	7	seid geduldig bis zum K. des Herrn
	8	das K. des Herrn ist nahe Off 3,11; 22,7.12.20
Jud	14	siehe, der Herr k. mit vielen tausend Heiligen
Off	1,4	der da ist und der da war und der da k. 8; 4,8
	7	siehe, er k. mit den Wolken
	10	*der Geist k. über mich 4,2*
	2,5	werde ich über dich k. 16
	25	was ihr habt, das haltet fest, bis ich k.
	3,9	daß sie k. und zu deinen Füßen niederfallen
	10	Versuchung, die k. wird über den Weltkreis
	5,7	(ein Lamm) k. und nahm das Buch
	6,1	ich hörte eine der vier Gestalten sagen: K. 3. 5.7; 17,1; 21,9; 22,17
	17	es ist gek. der große Tag ihres Zorns 11,18
	7,13	wer sind diese und woher sind sie gek.
	14	die sind aus der großen Trübsal
	8,3	ein anderer Engel k. und trat an den Altar
	7	es k. Hagel und Feuer, mit Blut vermengt 9,3.17.18; 11,5
	9,12	es k. noch zwei Wehe danach 11,14
	13,10	wenn jemand ins Gefängnis soll, dann wird er ins Gefängnis k.
	14,7	die Stunde seines Gerichts ist gek.
	15	ein andrer Engel k. 17.18; 15,6; 17,1; 21,9
	15	die Zeit zu ernten ist gek.
	15,4	alle Völker werden k. und anbeten vor dir
	16,13	ich sah aus dem Rachen des Drachen drei unreine Geister k.
	17	es k. eine große Stimme vom Thron 19,5
	17,10	wenn er k., muß er eine kleine Zeit bleiben
	18,8	darum werden ihre Plagen an einem Tag k.
	10	in einer Stunde ist dein Gericht k.
	19,7	die Hochzeit des Lammes ist gek.
	17	k., versammelt euch zu dem Mahl Gottes
	22,17	wen dürstet, der k.
	20	Amen, ja, k., Herr Jesus

Konanja

2Ch 31,12 Vorsteher wurde der Levit K. 13; 35,9

König
(von Menschen; s.a. König Israels; König Judas)

1Mo	14,5	(waren abgefallen.) Darum kamen die K. 1.2. 4-8.10.17
	18	Melchisedek, der K. von Salem
	21	sprach der K. von Sodom zu Abram 22
	17,6	K. sollen von dir kommen 16; 35,11
	20,2	Abimelech, der K. von Gerar 26,1.8
	36,31	K., die im Lande Edom regiert haben, bevor Israel K. hatte 32-39; 4Mo 20,14; Ri 11,17; 1Ch 1,43-50
	37,8	willst du unser K. werden
	39,20	Gefängnis, in dem des K. Gefangene waren
	40,1	der Mundschenk des K. von Ägypten 5
	41,46	vor dem Pharao, dem K. von Ägypten
	49,20	es wird leckere Speise wie für K. geben
2Mo	1,8	kam ein neuer K. auf in Ägypten
	15	der K. von Ägypten sprach 17.18; 5,4
	2,23	lange danach starb der K. von Ägypten
	3,18	sollst hineingehen zum K. von Ägypten 19; 6,11.13.27.29
	14,8	verstockte das Herz des Pharao, des K. 5
4Mo	21,1	der K. von Arad zog in den Kampf 33,40
	21	Sihon, K. der Amoriter 26.29.34; 32,33; 5Mo 1,4; 2,24.26.30; 3,2.6; 4,46; 29,6; Jos 9,10; 12,2. 5; 13,10.21.27; Ri 11,19; 1Kö 4,19; Neh 9,22
	33	Og, der K. von Baschan 32,33; 5Mo 1,4; 3,1.3. 11; 4,47; 29,6; Jos 9,10; 12,4; 13,30; 1Kö 4,19; Neh 9,22
	22,4	Balak, K. der Moabiter 10; 23,7; Jos 24,9; Ri 11,17.25; Mi 6,5
	24,7	sein K. wird höher werden als Agag
	31,8	töteten die K. der Midianiter Ri 8,5.12.26
5Mo	3,8	nahmen wir den beiden K. der Amoriter das Land 21; 4,47; 31,4; Jos 2,10; 9,10; 24,12
	7,8	erlöst aus der Hand des K. von Ägypten
	24	wird ihre K. in deine Hände geben Neh 9,24
	11,3	Zeichen, die er getan hat, an dem K. von Ägypt.
	17,14	will einen K. über mich setzen 15
	28,36	wird deinen K. unter ein Volk treiben
Jos	2,2	wurde dem K. angesagt 3; 5,1; 9,1; 10,1; 11,1. 2
	6,2	Jericho samt seinem K. in deine Hand 8,1.2. 14.23.29; 10,1.3.5.6.28.30.33.37.39.40.42; 11,10. 12.17
	10,16	die fünf K. waren geflohen 17.22-24
	11,5	alle diese K. versammelten sich
	18	(Josua) kämpfte lange mit diesen K.
	12,1	K., die die *Israeliten schlugen 7.9-24
	21,1	der K. von Arad zog in den Kampf 33,40 11,10.12.17
Ri	1,7	siebzig K. mit abgehauenen Daumen
	3,8	in die Hand des K. von Mesopotamien 10
	12	K. der Moabiter 14.15.17.19.24; 1Sm 12,9
	4,2	Jabins, des K. von Kanaan 17.23.24
	5,3	höret zu, ihr K.
	19	K. kamen und stritten
	9,6	und machten Abimelech zum K. 16.18
	8	die Bäume gingen hin, einen K. über sich zu salben 10.12.14.15
	11,12	zum K. der Ammoniter 13.14.28; 1Sm 12,12
1Sm	2,10	er wird Macht geben seinem K.
	8,5	setze einen K. über uns 6.9-11.18-20.22; 10,19; 12,12.17.19; Apg 13,21

König 846

1Sm	10,24	jauchzte das Volk: Es lebe der K. 18,6	1Kö 1,34	es lebe der K. Salomo 35.39.43.45.51.53
	11,15	machten Saul dort zum K. 13,1	2,17	rede mit dem K. 18-46
	12,1	habe einen K. über euch gesetzt 2.13.14.25	30	so sagt der K. 22,27; 2Kö 9,18.19; 18,19.29.31; 2Ch 18,26; 32,10
	14,47	Saul kämpfte gegen die K. Zobas		
	15,8	nahm Agag, den K. von Amalek 20.32	3,1	verschwägerte sich mit dem K. von Ägypten
	11	reut mich, daß ich Saul zum K. gemacht	4	der K. ging hin nach Gibeon, zu opfern
	23	daß du nicht mehr K. seist	7	hast deinen Knecht zum K. gemacht 5,15; 1Ch 29,22.23; 2Ch 1,8.9.11; 2,10
	16,1	unter seinen Söhnen einen zum K. ersehen		
	17,25	den will der K. reich machen 18,18.22-27	13	deinesgleichen keiner unter den K. ist 2Kö 23,25; 2Ch 1,12; Neh 13,26
	55	bei deinem Leben, K.: ich weiß es nicht 56		
	19,4	es versündigte sich der K. nicht an David	16	kamen zwei Huren zum K. 22-28
	20,5	sollte mit dem K... sitzen 24.25.29	4,5	Sabud war des K. Freund 1Ch 18,17; 27,33
	21,3	der K. hat mir eine Sache befohlen 9	7	Amtleute, die den K. versorgten 5,7
	11	zu Achisch, dem K. von Gat 13; 27,2; 29,8; 1Kö 2,39	5,4	herrschte üb. alle K. diesseits des Euphrat
			14	kam man von allen K. auf Erden
	12	David, der K. des Landes 24,21	15	Hiram, der K. von Tyrus 9,11.14; 1Ch 14,1; 2Ch 2,2.10
	22,3	David sprach zum K. von Moab 4		
	11	sandte der K. (Saul) hin 14-18; 23,20	31	der K. gebot, Steine auszubrechen
	24,9	David sprach: Mein Herr und K. 26,17.19	6,2	Haus, das der K. Salomo dem HERRN baute 7,13.14.40.45.46.51; 8,63.64; 9,1.10.15; 10,12; 2Ch 4,11.16.17; 7,5
	25,36	ein Mahl zubereitet wie eines K. Mahl		
	26,14	daß du so schreist zum K. hin 15.16.22		
	28,13	der K. sprach zu ihr: Fürchte dich nicht	8,1	versammelte der K. die Ältesten 2; 2Kö 23,1; 2Ch 5,3; 34,29
2Sm	3,3	Talmais, des K. von Geschur 1Ch 3,2		
	17	daß David K. über euch sei 21.23.24; 1Ch 11,10; 12,32.39	5	der K. opferte 62; 2Ch 5,6; 7,4
			14	der K. segnete die Gemeinde 2Ch 6,3
	31	der K. folgte der Bahre 32.33.36-38	66	sie segneten den K.
	4,8	der HERR hat den K. gerächt	9,16	der K. von Ägypten war heraufgezogen 11,18; 14,25; 2Ch 12,2,9
	5,2	als Saul über uns K. war 1Ch 11,2		
	4	als (David) K. wurde 6; 1Kö 2,11; 1Ch 11,3	28	holten Gold und brachten's dem K. Salomo 2Ch 8,18
	11	Hiram, der K. von Tyrus, sandte Zedernholz 1Kö 5,15; 9,11; 1Ch 14,1; 2Ch 2,2		
			10,2	als (die Königin von Saba) zum K. kam 3.6.9.10.13; 2Ch 9,2.5.8.9.12
	6,12	es wurde dem K. David angesagt	15	was von allen K. Arabiens kam 2Ch 9,14
	16	Michal sah den K. David tanzen 1Ch 15,29	16	der K. ließ Schilde machen 17.18.21.22; 14,27; 2Kö 11,10; 2Ch 9,15-17.20.21; 12,9; 23,9
	7,1	der K. (sprach zu Nathan) 3.18; 1Ch 17,16		
	8,3	Hadad-Eser, K. von Zoba 5.12; 10,19; 1Kö 11,23; 1Ch 18,3.5.9	23	so war der K. Salomo größer als alle K. auf Erden 26-29; 2Ch 1,14-17; 9,22-27
	8	nahm der K. David sehr viel Kupfer 10.11; 1Ch 18,10.11	11,1	K. Salomo liebte ausländische Frauen
		24	(Reson) wurde K. in Damaskus 25
	9	Toï, der K. von Hamat, hörte 1Ch 18,9	26	Jerobeam hob die Hand gegen den K. 27
	9,2	der K. sprach zu Ziba 3-5.9.11; 16,2-4	40	Jerobeam floh zu dem K. von Ägypten 12,2; 2Ch 10,2
	13	Mefi-Boschet aß an des K. Tisch		
	10,1	der K. der Ammoniter starb 1Ch 19,1.9	42	Zeit, die Salomo K. war
	5	der K. ließ ihnen sagen: Bleibt 1Ch 19,5	43	Rehabeam wurde K. 12,1; 14,21.25; 2Ch 9,31; 10,1; 12,2.6.13
	6	warben an von dem K. von Maacha 1Ch 19,7		
		12,6	der K. hielt einen Rat 12.13.28; 2Ch 10,6.12.13; 30,2.4.6.12
	11,1	da die K. ins Feld ziehen 1Ch 20,1		
	8	Uria aus dem K. Haus hinausging 19.20.21	15	hörte der K. nicht auf das Volk 16.18; 2Ch 10,13.15.16.18
	12,30	nahm seinem K. die Krone 1Ch 20,2		
	13,6	als der K. kam, (Amnon) zu besuchen 13.21	13,4	als der K. das Wort von dem Mann Gottes hörte 6-8.11
	18	solche Kleider trugen des K. Töchter		
	23	Absalom lud alle Söhne des K. ein 24-39	14,2	daß ich K. sein sollte über dies Volk
	37	ging zu Talmai, dem K. von Geschur	20	sein Sohn wurde K. 31; 15,8.24.28; 16,6.10.15.28; 22,40.42.51; 2Kö 8,24.26; 10,35; 12,1.2.22; 13,9.24; 14,1.2.16.29; 15,1.2.7.10.13.14.22.25.30. 32.33.38; 16,1.2.20; 18,1; 20,21; 21,1.18. 26; 22,1; 23,30.31.34.36; 24,6.8.18; 1Ch 19,1; 29,28; 2Ch 12,16; 13,23; 17,1; 20,31; 21,1.5.20; 22,1.2; 24,1.27; 25,1; 26,3.23; 27,1.8.9; 28,1.27; 29,1; 32,33; 33,1.20.21.25; 34,1; 36,2.5.8.9.11; Jes 37,38; Jer 22,11
	14,1	daß des K. Herz an Absalom hing 3-33		
	15,2	zum K. vor Gericht gehen 3.6		
	7	sprach Absalom zum K. 9.15		
	10	ruft: Absalom ist K. geworden 34.35		
	16	der K. zog hinaus 17.19.21.23.25.27		
	16,5	als der K. David nach Bahurim kam 6-14		
	17,2	will ich den K. erschlagen 16.17.21		
	18,5	der K. gebot: Verfahrt schonend mit Absalom 2.4.12.13.19-21.25-32		
		26	nahm die Schätze aus dem Hause des K. 15,18; 2Kö 16,8; 18,15; 24,13; 2Ch 12,9; 16,2; 21,17; 25,24; 28,21; 36,18
	19,1	da erbebte der K. 2.3.5.6.9		
	10	der K. hat uns errettet 11-44		
	20,2	die Männer hingen ihrem K. an 3.4.21.22	27	das Tor hüteten am Hause des K. 1Ch 9,18; 2Ch 12,10
	21,2	ließ der K. die Gibeoniter rufen 5-8.14		
	22,51	der seinem K. großes Heil gibt Ps 18,51	28	sooft der K. in das Haus des HERRN ging 2Kö 23,2.4.12.13; 2Ch 12,11; 34,30
	24,2	der K. sprach zu Joab 3.4.9.20-24		
1Kö	1,1	als der K. David alt war 2-4.15	15,1	im 18. Jahr des K. Jerobeam 2Ch 13,1
	5	Adonija sprach: Ich will K. werden 9.11. 13-25.27-33.36-38.43.44.47; 2,15	18	dem K. von Aram 19,15; 20,1.4.9.12.16.20. 22-24; 22,3.31; 2Kö 5,1.5.18; 6,8.11.12.24; 8,7-9.

König

		13.15.28.29; 9,14.15; 12,18.19; 13,3.4.7.22.24; 15,37; 16,5-7; 2Ch 16,2.7; 18,30; 22,5.6; 24,23; 28,23
1Kö	15,20	Ben-Hadad hörte auf die Bitte des K. Asa 22; 2Ch 16,4.6
	29	als er nun K. war, erschlug er 16,11
	16,16	daß Simri den K. erschlagen hätte 18
	21	machte ihn zum K. 22; 2Kö 14,21; 17,21; 21,24; 24,17; 2Ch 11,22; 26,1; 36,1
	31	die Tochter des K. der Sidonier 2Kö 9,34
	20,31	die K. des Hauses Israel barmherziger K.
	38	der Proph. trat an den Weg, den der K. 39
	21,1	bei dem Palast Ahabs, des K. von Samaria
	10	hast Gott und den K. gelästert 13
	22,6	der Herr wird's in die Hand des K. geben 12.15; 2Ch 18,5.11
	8	der K. rede so nicht 2Ch 18,7
	13	die Worte der Propheten sind gut für den K. 15.16; 2Ch 18,12.14.15
	26	zu Joasch, dem Sohn des K. 2Ch 18,25
	48	K. in Edom 2Kö 3,9.12.26; 8,20; 2Ch 21,8
2Kö	1,3	geh den Boten des K. von Samaria entgegen 5.6.9.11.13.15
	17	Joram wurde K. 3,6; 8,29; 9,15
	3,4	Mescha, der K. der Moabiter 5.7.26.27
	10	der HERR hat diese 3 K. hergerufen 13.21
	23	die K. haben sich umgebracht
	4,13	brauchst du Fürsprache beim K.
	6,26	hilf mir, mein Herr und K. 28.30.32.33; 8,3-6
	7,2	auf dessen Arm sich der K. lehnte 6.9-18
	8,15	breitete sie über des K. Angesicht
	9,13	rieten: Jehu ist K. geworden
	10,4	zwei K. konnten ihm nicht widerstehen
	5	wollen niemand zum K. machen
	6	es waren 70 Söhne des K. 7.8.13
	11,2	Joscheba, Tochter des K. Joram 2Ch 22,11
	2	stahl (Joasch) aus der Mitte der Söhne des K. 4.12.14.16; 2Ch 22,11; 23,3.11-13.15
	5	Wache im Haus des K. 7.8.11; 2Ch 23,5.7.10
	17	Bund zwischen dem HERRN und dem K ... K. und dem Volk 23,3; 2Ch 23,3.16; 34,31
	19	führten den K. hinab zum Hause des K. 20; 2Ch 23,20
	12,8	rief der K. den Priester Jojada 7; 2Ch 24,6.8.11.12.14.17.21.22
	11	kam der Schreiber des K. 22,3.9-12.20; 2Ch 24,11; 34,16.18-20.22.28
	13,16	Elisa legte seine Hand auf des K. Hand
	14,5	die den K. erschlagen hatten 21,23.24; 2Ch 25,3; 33,25
	22	nachdem der K. sich zu seinen Vätern gelegt 2Ch 26,2
	15,5	der HERR plagte den K. Jotam, der Sohn des K., stand dem Haus des K. vor 2Ch 26,20.21
	19	kam der K. von Assyrien 20.29; 16,7-10.18; 17,3-7.24.26.27; 18,7.9.11.13.14.16.17.19.21.23. 28-31.33; 19,4.6.8-11.13.17.20.32.36; 20,6; 23,29; 1Ch 5,6.26; 2Ch 28,5.16.20.21; 30,6; 32,1.4.7. 9-11.21.22; 33,11; Esr 4,2; Neh 9,34; Jes 36,1.2. 4.8.13-16.18; 37,4.6.8.10.11.18.21.33.37; 38,6; Jer 50,17.18
	16,12	als der K. aus Damaskus zurückkam 11.15-17
	18,13	im 14. Jahr des K. Hiskia 17-19.36; 19,1.5; 20,14; 2Ch 32,20; Jes 36,1.2.21; 37,1.5; 39,3
	20,12	sandte der K. von Babel an Hiskia 18; Jes 39,1.7
	22,3	im 18. Jahr des K. Josia 11.12; 23,21.23.29; 2Ch 35,10.16.23
2Kö	23,29	der K. von Ägypten 24,7; 2Ch 35,20; 36,3.4; Jer 44,30; 46,2.17.25; Hes 29,2.3; 30,21.22; 31,2; 32,2
	24,1	zog herauf der K. von Babel 7.10.12.16.17.20; 25,1.6.8.11.20-24.27-30; 2Ch 36,6.13.17; Esr 2,1; 5,12 Neh 7,6; Est 2,6; Jer 39,1.3.5.6.11.13; 46,13; 49,28.30; 52,3.4.9-12.15.26.27.31-34; Hes 17,12.16; 19,9; 21,24.26; 24,2; 26,7; 29,18.19; 30,10.24.25; Dan 1,1
	15	führte weg die Mutter des K., Frauen des K.
	25,2	belagert bis ins 11. Jahr des K. Zedekia 5.6.9. 19; Jer 37,1.17-21; 38,4-11.14.16.19.25-27; 52,1. 5.8.9.13.20.25
	4	zu dem Garten des K. Neh 3,15; Jer 39,4; 52,7
1Ch	4,23	waren Töpfer und wohnten bei dem K.
	31	das waren ihre Städte bis auf den K. David
	16,21	wies K. zurecht um ihretwillen Ps 105,14
	21,4	des K. Wort blieb fest 3.6.23.24
	24,6	Schemaja schrieb sie auf vor dem K. 31
	25,2	der nach Anweisung des K. spielte 6
	5	des Sehers des K. 2Ch 25,16; 29,25; 35,15
	26,26	Gaben, die geheiligt hatten der K. David
	30	zum Dienst des K. 32; 27,1.25.31-34; 28,1; 29,6; 2Ch 8,10; 17,19
	27,24	in die Chronik des K. David 29,29
	28,2	der K. David sprach: Hört mir zu 29,1.9
	29,20	neigten sich vor dem K. 24
2Ch	1,18	ein Haus für sich als K. 2,11; 7,11; 9,11
	2,11	daß er K. David einen weisen Sohn gegeben
	13	mit den Meistern meines Herrn, des K. David
	7,6	Saitenspielen, die K. David hatte machen
	8,15	wich in keiner Hinsicht vom Gebot des K.
	15,16	auch setzte der K. seine Mutter ab
	17,19	die der K. in die Städte gelegt hatte
	19,2	der Seher sprach zum K. 20,15; 25,7; 26,18
	11	in allen Sachen des K.
	21,20	in den Gräbern der K. 24,16.25; 26,23
	24,27	steht geschrieben im Buch der K.
	26,13	dem K. gegen die Feinde zu helfen 11
	27,5	auch kämpfte er mit dem K. der Ammoniter
	28,7	erschlug Elkana, den Ersten nach dem K.
	22	dazu versündigte sich der K. noch mehr
	29,15	das Haus des HERRN zu reinigen, wie der K. geboten hatte 18-20.23.24.29.30
	30,6	die Läufer gingen aus dem Befehl des K.
	31,3	der K. gab von s. Habe s. Anteil 11.13; 35,7
	36,22	im 1. Jahr des Kyrus, des K. von Persien 23; Esr 1,1.2.7.8; 3,7; 4,3.5; 5,13.14.17; 6,3; Dan 10,1
Esr	4,5	Darius, des K. von Persien 24; 5,6-8.17; 6,1. 13-15; Neh 12,22; Hag 1,1.15; Sa 1,1.7; 7,1
	6	als Ahasveros K. war Est 1,1u.ö.10,3; Dan 9,1
	7	Artahsasta, den K. von Persien 8.11-14.16.17. 23; 7,1.7.8.11.12.21; 8,1.22.36; Neh 5,14; 13,6
	15	daß diese Stadt K. Schaden gebracht 19.22
	20	es mächtige K. zu Jerusalem gegeben 9,7
	6,4	Mittel sollen vom Hause des K. gegeben werden 8; 7,6.14.15.20; 8,25
	10	damit sie bitten für d. Leben des K. 12.22; 7,23
	7,26	der nicht das Gesetz des K. hält Neh 11,23
	27	der solches dem K. eingegeben hat 28; 9,9
Neh	1,11	ich war des K. Mundschenk 2,1-9.14.18.19; 11,24
	5,4	um dem K. Steuern zahlen zu können 9,37
	6,6	das Gerücht, du wollest ihr K. werden
	7	das wird vor den K. kommen
	9,34	unsere K. haben nicht nach dem Gesetz 32

König 848

Hi	3,14	(hätte Ruhe) mit den K.
	12,18	er macht frei von den Banden der K.
	15,24	wie ein K., der angreift
	18,14	hingetrieben zum K. des Schreckens
	29,25	ich thronte wie ein K.
	34,18	der zum K. sagt: Du heilloser Mann
	36,7	mit K. auf dem Thron läßt er sie sitzen
	41,26	er ist K. über alle stolzen Tiere
Ps	2,2	die K. der Erde lehnen sich auf Apg 4,26
	10	seid nun verständig, ihr K.
	21,2	der K. freut sich in deiner Kraft
	8	der K. hofft auf den HERRN
	33,16	einem K. hilft nicht seine große Macht
	45,2	einem K. will ich es singen
	6	dringen ins Herz der Feinde des K.
	10	in deinem Schmuck gehen Töchter von K.
	12	den K. verlangt nach d. Schönheit 15.16
	48,5	siehe, K. waren versammelt
	61,7	wollest dem K. langes Leben geben
	63,12	der K. freut sich in Gott
	68,13	die K. der Heerscharen fliehen
	15	als der Allmächtige dort K. zerstreute
	30	werden dir K. Geschenke bringen 72,10.11
	72,1	Gott, gib dein Gericht dem K.
	76,13	der furchtbar ist unter den K. auf Erden
	89,19	dem Heiligen in Israel (gehört) unser K.
	28	zum Höchsten unter den K. auf Erden
	102,16	daß alle K. deine Herrlichkeit (fürchten)
	105,20	sandte der K. hin und ließ losgeben
	30	(Frösche) bis in die Kammern ihrer K.
	110,5	der Herr wird zerschmettern die K.
	119,46	ich rede von deinen Zeugnissen vor K.
	135,10	tötete mächtige K. 11; 136,17-20
	138,4	es danken dir, HERR, alle K. auf Erden
	144,10	der du den K. Sieg gibst
	148,11	(lobet den HERRN) ihr K. auf Erden
	149,8	ihre K. zu binden mit Ketten
Spr	8,15	durch mich regieren die K.
	14,28	wenn ein K. viel Volk hat, das ist
	35	ein kluger Knecht gefällt dem K.
	16,10	Gottes Spruch ist in dem Munde des K.
	12	den K. ist Unrecht tun ein Greuel
	13	rechte Worte gefallen den K. 22,11
	14	des K. Grimm ist ein Bote des Todes 19,12; 20,2
	15	wenn des K. Angesicht freundlich ist
	20,8	ein K... sondert aus alles Böse
	26	ein weiser K. sondert die Gottlosen aus
	28	gütig und treu sein behütet den K.
	21,1	des K. Herz ist in der Hand des HERRN
	22,29	der K. dienen
	24,21	fürchte den HERRN und den K.
	25,2	der K. Ehre ist es, eine Sache zu erforschen
	3	Herz ist unerforschlich
	5	man tue den Gottlosen hinweg vom K.
	6	prange nicht vor dem K.
	29,4	ein K. richtet das Land auf durchs Recht
	14	ein K., der die Armen treulich richtet
	30,22	einen Knecht, wenn er ... wird
	27	die Heuschrecken, sie haben keinen K.
	28	die Eidechse ist in der K. Schlössern
	31	der K., wenn er einhergeht vor s. Heerbann
	31,1	die Worte Lemuëls, des K. von Massa
	3	Wege, auf denen sich die K. verderben
	4	ziemt es, Wein zu trinken
Pr	1,1	Davids, des K. zu Jerusalem
	2,8	sammelte mir ... was K. und Länder besitzen
	12	der Mensch, der nach dem K. kommen wird
	4,13	ein Knabe, der arm ... besser als ein K.
	14	als jener noch K. war
Pr	5,8	immer ist ein K... Gewinn für das Land
	8,2	achte auf das Wort des K.
	4	in des K. Wort ist Gewalt
	9,14	kam ein großer K., der belagerte sie
	10,16	weh dir, Land, dessen K. ein Kind ist
	17	wohl dir, Land, dessen K. ein Edler ist
	20	fluche dem K. auch nicht in Gedanken
Hl	1,4	der K. führte mich in seine Kammern 12
	3,9	der K. Salomo ließ sich e. Sänfte machen
	11	sehet, ihr Töchter Zions, den K. Salomo
	7,6	ein K. liegt in deinen Locken gefangen
Jes	6,1	in dem Jahr, als der K. starb 14,28
	7,6	wir wollen zum K. machen den Sohn Tabeals
	16	Land, vor dessen zwei K. dir graut
	17	wird Tage kommen lassen ... durch den K. von Assyrien 20; 8,4.7; 10,12; 20,1.4.6
	8,21	werden sie zürnen und fluchen ihrem K.
	10,8	sind meine Fürsten nicht allesamt K.
	14,4	dies Lied anheben gegen den K. von Babel
	9	läßt alle K. von ihren Thronen aufstehen
	18	alle K. der Völker ruhen doch in Ehren
	19,4	ein harter K. soll über sie herrschen
	11	ich komme von K. der Vorzeit her
	23,15	solange etwa ein K. lebt
	24,21	wird der HERR heimsuchen die K. der Erde
	30,33	die Feuergrube ist auch dem K. bereitet
	34,12	man wird keinen K. ausrufen
	36,6	so tut der K. von Ägypten allen
	37,9	über Tirhaka, den K. von Kusch 13
	41,2	vor dem er K. dahingibt
	45,1	daß ich K. das Schwert abgürte
	49,7	K. sollen sehen und aufstehen
	23	K. sollen deine Pfleger sein 60,16
	52,15	werden ihren Mund vor ihm zuhalten
	57,9	bist mit Öl zum K. gezogen
	60,3	ziehen die K. zum Glanz
	10	K. werden dir dienen 11
	62,2	sehen alle K. deine Herrlichkeit
Jer	2,26	wird Israel zuschanden samt seinen K.
	4,9	wird dem K. der Mut entfallen
	8,19	soll (Zion) keinen K. mehr haben 33,21
	13,13	will die K. mit Trunkenheit füllen
	18	sage dem K. und der Königinmutter 29,2
	17,25	durch die Tore und eingehen K. 22,4
	20,4	in die Hand des K. von Babel geben 21,2.4.7.10; 22,25; 24,1; 25,1.9.11; 27,6.20; 29,3.21; 32,2-4.28.36; 34,1.2.7.21; 35,11; 36,29; 37,1.17.19; 38,3.17.18.22.23; 40,5.7.11; 43,10; 44,30; 46,26; 50,17; 51,34; Hes 32,11
	21,1	als der K. Zedekia zu ihm sandte 34,8; 37,3
	22,15	meinst du, du seiest K.
	25,12	will heimsuchen den K. von Babel 50,18.43; 51,31
	14	sollen großen K. dienen 27,7
	18	(ließ daraus trinken) die K. 19-26
	26,10	gingen aus des K. Hause hinauf 36,12; 39,8
	21	der K. Jojakim wollte ihn töten l. 22.23
	27,3	schicke Botschaft zum K. von ... Sidon
	8	dem K. von Babel nicht untertan 9.11-14
	17	seid dem K. von Babel untertan 28,14; 40,9; 41,2.18
	28,2	Joch des K. von Babel zerbr. 3.4.11; 42,11
	29,16	der HERR über den K. auf Davids Thron
	22	die der K. von Babel rösten ließ
	30,9	(werden dienen) ihrem K. David
	32,32	ihre K. (haben mir den Rücken zugekehrt)
	34,5	wie deinen Vätern, den früheren K.
	36,12	ging er hinab in des K. Haus 39,8
	16	wir müssen diese Worte dem K. mitteilen 20-22.24-27

König

Jer	40,14	Baalis, der K. der Ammoniter
	41,1	einer von den Obersten des K.
	44,17	der Himmelskönigin opfern, wie unsere K. getan 21; Hes 43,7.9
	49,38	will dort den K. umbringen
	50,41	viele K. werden sich aufmachen
	51,11	den Mut der K. von Medien erweckt 28
Klg	2,6	ließ er K. und Priester schänden
	9	K. und Fürsten sind unter den Heiden
	4,12	es hätten's die K. nicht geglaubt
Hes	1,2	nachdem der K. Jojachin gefangen war 17,12.16
	7,27	der K. wird trauern
	26,7	Nebukadnezar, den K. der K. Dan 2,37; 3,31; 4,19
	27,33	machtest reich die K. auf Erden
	35	ihre K. entsetzten sich 32,10
	28,12	ein Klagelied über den K. von Tyrus
	17	ein Schauspiel aus dir gemacht vor den K.
	32,29	da liegt Edom mit seinen K.
	37,22	sollen allesamt einen K. haben 24
Dan	1,5	so sollten sie vor dem K. dienen 3.4.8.10.15. 18-21
	2,2	der K. ließ alle Zeichendeuter zusammenrufen 3-16
	21	er setzt K. ab und setzt K. ein
	23	du hast uns des K. Sache offenbart 24-31.36. 46.47
	44	zur Zeit dieser K. wird der Gott des Himmels
	47	euer Gott ist ein Herr über alle K.
	48	der erhöhte Daniel 49; 3,30
	3,1	der K. ließ ein goldenes Bild machen 2.3.5.7. 9.13.16.17.22.24.27.28
	9	der K. lebe ewig 5,10; 6,7.22
	4,15	solch einen Traum hab ich, K. Nebukadnezar, gehabt 16.20.21.24-26.28
	5,1	K. Belsazer machte ein herrliches Mahl 2-13. 17.18.30; 7,1; 8,1-27
	6,4	dachte der K. (Darius) 3.7-10.13-26; 9,1
	7,24	zehn Hörner bedeuten zehn K. 8,20.21
	8,23	wird aufkommen ein verschlagener K.
	9,6	Propheten, die zu unsern K. redeten 8
	11,2	werden noch drei K. in Persien aufstehen 3. 5-9.11.13-15.25.27.36.40
Hos	3,4	werden die *Israeliten ohne K. bleiben 5
	5,1	nimm zu Ohren, du Haus des K.
	13	Ephraim schickte zum K. Jareb 10,6
	7,3	sie erfreuen den K. mit ihrer Bosheit 5
	7	ja, alle ihre K. fallen
	8,4	sie machen K., aber ohne mich 10
	10,3	keinen K... was kann der K. helfen
	7	der K. von Samaria dahin
	11,5	nun muß Assur ihr K. sein
	13,10	wo ist dein K... gib mir einen K. 11
Am	1,15	wird ihr K. gefangen weggeführt werden
	2,1	die Gebeine des K. von Edom verbrannt
	5,26	ihr truget den Sakkut, euren K.
	7,1	nachdem der K. hatte mähen lassen
	13	(Bethel) ist des K. Heiligtum
Jon	3,6	als das Wort vor den K. von Ninive kam 7
Nah	3,18	deine Hirten w. schlafen, o K. von Assur
Hab	1,10	sie spotten der K.
Ze	1,8	will ich heimsuchen die Söhne des K.
Sa	9,5	es wird aus sein mit dem K. von Gaza
	11,6	fallen l., jeden in die Hand seines K.
	14,10	Jerus. wird bleiben bis an des K. Kelter
Jdt	5,2	welcher K. führt ihr Heer
	9	als der K. von Ägypten ihnen... auferlegte
	18	so erschlugen sie die K. der Kanaaniter
Jdt	5,25	sich wehren gegen den K. Nebukadnezar
	11,5	Nebukadnezar, K. über die ganze Erde
Wsh	6,2	so hört nun, ihr K., und verstehet
	26	ein kluger K. ist das Glück seines Volks
	7,5	kein K. hatte einen andern Anfang seines Lebens
	9,7	hast mich erwählt zum K. über dein Volk
	10,16	sie widerstand den grausamen K.
	11,10	hast jene wie ein strenger K. verhört
	12,14	es kann dir weder im K... die Stirn bieten
	14,17	fertigten ein sichtbares Bild des K. an
	18,11	der K. mußte ebenso leiden
Tob	2,9	Tobias fürchtete Gott mehr als den K.
	14	wie die K. den heiligen Hiob verhöhnten
	12,8	Geheimnisse eines K. soll man verschweigen
Sir	7,4	begehre vom K. keinen Ehrenplatz
	5	poche nicht auf d. Weisheit vor dem K.
	8,3	Geld bewegt sogar das Herz der K.
	10,3	ein zuchtloser K. richtet... zugrunde
	12	heute K., morgen tot
	38,2	K. ehren (den Arzt) mit Geschenken
	45,3	er machte (Mose) herrlich vor K.
	31	daß allein aus s. Söhnen einer K. sein soll
	46,23	(Samuel) verkündete dem K. sein Ende
	48,6	du hast Könige gestürzt und umgebracht
	8	du hast Könige gesalbt
	26	so verlängerte er dem K. das Leben
	49,5	alle K. sind schuldig geworden
Bar	1,4	vor den Ohren der Söhne der K.
	11	betet für das Leben des K. von Babel 12; 2,21.22.24
	16	(tragen unsre Schande, wir) und unsre K.
	2,1	Wort, geredet gegen unsre K.
	19	nicht wegen der Gerechtigkeit unsrer K.
	24	die Gebeine unserer K. zerstreut
	6,1	die von Babel weggeführt 2
	14	der Götze trägt ein Zepter wie ein K.
	18	der sich am K. vergriffen hat
	34	(Götzen) können einen K. weder einsetzen 53.66
	51	allen K. wird offenbar werden
	56	können weder K. noch Feinden widerstehen
	59	darum ist's besser K.
1Ma	1,1	Alexander, K. von Mazedonien 6,2
	1	Darius, K. der Perser und Meder
	2	hat die andern K. der Erde umgebracht
	10	machten sich nach seinem Tode zu K.
	19	Ptolemäus, K. von Ägypten StE 7,8
	57	ließ K. Antiochus das Greuelbild... setzen
	2,18	tu, was der K. befohlen hat 23.31.33.34; 2Ma 6,21; 15,5
	18	werden... zu den Freunden des K. gezählt
	19	wenn alle Völker dem K. gehorsam wären
	25	tötete den Mann, den der K. gesandt
	31	als den Amtleuten des K. gemeldet wurde
	48	das Gesetz gegen alle Macht der K. zu erhalten
	3,7	das verdroß viele K.
	14	Judas, der den Befehl des K. verachtet
	27	als K. Antiochus das alles hörte 6,28; 10,2.15
	37	der K. zog in die oberen Länder 6,1
	39	wie der K. befohlen hatte 42; 4,27
	4,3	um das Heer des K. zu schlagen
	6,16	danach starb K. Antiochus 17
	17	machte den jungen Antiochus zum K. 55; 11,54
	32	lagerte gegenüber dem Lager des K.
	33	da brach K. morgens früh auf
	43	er dachte, der K. wäre darauf
	47	daß das Heer des K. angriff 48

König 850

1Ma	6,49	sie erlangten Geleit vom K. 61
	50	da nahm der K. Bet-Zur ein
	56	Kriegsvolk, das der K. geführt 57
	60	diese Meinung gefiel dem K.
	61	der K. zog hinein auf den Berg Zion
	7,1	Demetrius regierte dort als K.
	6	verklagten ihr eigenes Volk beim K. 7
	8	wählte der K. Bakchides aus, dem K. treu
	20	Bakchides zog wieder zum K. 25
	26	darum sandte der K. Nikanor
	33	Brandopfer, das sie für den K. darbrachten
	41	als dich die Boten des K. Sanherib lästerten
	8,4	daß sie viele K. besiegt 5.6.8
	12	sie herrschten über die K. nah und fern
	31	weil K. Demetrius Gewalttaten verübt
	10,8	daß der K. ihm das Recht zugestand 37; 2Ma 4,11
	18	K. Alexander entbietet... seinen Gruß 25
	20	du sollst „Freund des K." heißen 11,57
	36	30.000 Mann für das Heer des K. 11,44
	37	die der K. zu Rate ziehen wird
	11,45	man wollte den K. totschlagen 46.47.52
	49	das Volk schrie zum K. um Frieden
	51	die Juden wurden hoch geehrt vom K.
	12,13	viele Kriege gehabt mit den K. ringsum
	19	Aräus, der K. von Sparta
2Ma	1,20	als Nehemia vom K. heimgesandt wurde
	2,13	Bücher über die K. und Briefe
	3,2	wurden die K. bewogen, die Stadt zu ehren
	6,7	wenn der K. seinen Geburtstag feierte
	7,1	wurden... vom K. bedrängt 3.25
	12	der K. und seine Diener wunderten sich
	8,10	den der K. den Römern zahlen mußte
StE	1,3	Haman, nach dem K. der Höchste 4; 5,8
	3	Volk, das die Gebote der K. mißachtet
	3,7	wollen einen sterblichen K. rühmen
	11	nie an einem Gelage des K. Gefallen gehabt
	4,6	da wandelte Gott dem K. das Herz zur Milde
	12	der K. erschrak
	7,3	Ester, die der K. zur Gemahlin genommen
StD	2,1	Daniel war stets um den K. und angesehener als alle „Freunde des K."
	3	der K. diente dem Götzen 4-29.39.40
	3,8	übergeben dem grausamsten K. auf Erden
Mt	1,6	Isai zeugte den K. David
	2,1	Jesus geboren zur Zeit des K. Herodes 3.9. 22; Lk 1,5
	10,18	man wird euch vor Statthalter und K. führen um meinetwillen Mk 13,9; Lk 21,12
	11,8	die weiche Kleider tragen, sind in den Häusern der K.
	14,9	und der K. wurde traurig Mk 6,22.25-27
	17,25	von wem nehmen die K. auf Erden Zoll
Mk	6,14	es kam dem K. Herodes zu Ohren
Lk	10,24	viele K. wollten sehen, was ihr seht
	14,31	welcher K. will sich auf einen Krieg einlassen gegen einen andern K.
	19,27	Feinde, die nicht wollten, daß ich ihr K. werde
	22,25	die K. herrschen über ihre Völker
Jh	4,46	es war ein Mann im Dienst des K.
	19,12	wer sich zum K. macht, der gegen den Kaiser
	15	wir haben keinen K. als den Kaiser
Apg	4,26	die K. der Erde treten zusammen
	7,10	Gnade vor dem Pharao, K. von Ägypten
	18	bis ein andrer K. über Ägypten aufkam
	9,15	daß er m. Namen trage vor Heiden und vor K.
Apg	12,1	legte der K. Herodes Hand an einige
	20	überredeten Blastus, den Kämmerer des K.
	13,22	erhob er David zu ihrem K.
	25,13	kamen K. Agrippa und Berenike nach Cäsarea 14.24.26; 26,2.7.13.19.30
	26,26	der K. versteht sich auf diese Dinge
	27	glaubst du, K. Agrippa, den Propheten
2Ko	11,32	bewachte der Statthalter des K. die Stadt
1Ti	2,2	(tue Bitte) für die K.
	6,15	der König aller K. und Herr aller Herren Off 17,14; 19,16
1Pt	2,13	seid untertan... es sei dem K.
	17	fürchtet Gott, ehrt den K.
Heb	7,1	dieser Melchisedek war K. von Salem 2
	2	heißt übersetzt: K. der Gerechtigkeit
	11,23	sie fürchteten sich nicht vor des K. Gebot
	27	er fürchtete nicht den Zorn des K.
Off	1,5	der Herr über die K. auf Erden
	6	uns zu K. und Priestern gemacht vor Gott 5,10
	6,15	die K. auf Erden verbargen sich
	9,11	über sich einen K., den Engel des Abgrunds
	10,11	du mußt abermals weissagen von vielen K.
	16,12	damit der Weg bereitet würde den K. vom Aufgang der Sonne
	14	die gehen aus zu den K. der ganzen Welt
	17,2	mit der die K. Hurerei getrieben 18,3
	9	es sind sieben K. 12
	18	Stadt, die die Herrschaft hat über die K.
	18,9	es werden sie beweinen und beklagen die K.
	19,18	eßt das Fleisch der K. und der Hauptleute
	19	ich sah die K. auf Erden und ihre Heere
	21,24	die K. werden ihre Herrlichkeit in sie bringen

König
(von Gott und Christus; s.a. Judenkönig, König Israels)

2Mo	15,18	der HERR wird K. sein immer und ewig
4Mo	23,21	es jauchzt dem K. zu
5Mo	33,5	der Herr ward K. über Jeschurun
1Sm	8,7	daß ich nicht mehr K. über sie sein soll
	12,12	obwohl der HERR, euer Gott, euer K. ist
Ps	2,6	ich habe meinen K. eingesetzt
	5,3	mein K. und mein Gott 44,5; 68,25; 84,4
	10,16	der HERR ist K. 29,10; 93,1; 96,10; 97,1; 99,1; 146,10; Jes 33,22; 43,15; Jer 10,10; Mi 4,7
	20,10	hilf, HERR, du K.
	24,7	daß der K. der Ehre einziehe 8-10
	47,3	der HERR, ein großer K. über die ganze Erde 95,3; Sa 14,9
	7	lobsinget unserm K.
	8	Gott ist K. 9; 74,12; Jes 52,7
	48,3	ragt empor... die Stadt des großen K.
	98,6	jauchzet vor dem HERRN, dem K.
	99,4	die Macht des K., der das Recht liebhat
	145,1	ich will dich erheben, m. Gott, du K.
	149,2	d. Kinder Zions seien fröhlich üb. ihren K.
Jes	6,5	ich habe den K., den HERRN Zeb., gesehen
	24,23	wenn der HERR Zebaoth K. sein wird
	32,1	es wird ein K. regieren Jer 23,5
	33,17	deine Augen werden den K. sehen
	41,21	sagt an, spricht der K. in Jakob
Jer	10,7	wer sollte dich nicht fürchten, K. d. Völker
	46,18	K., der HERR Zebaoth heißt 48,15; 51,57
Hes	37,22	sollen allesamt einen K. haben 24
Dan	4,34	preise den K. des Himmels
Mi	2,13	ihr K. wird vor ihnen hergehen
	4,9	ist kein K. bei dir

Sa	9,9	dein K. kommt zu dir Mt 21,5; Jh 12,15
	14,16	heraufkommen, um anzubeten den K. 17
Mal	1,14	bin ein großer K., spricht der HERR
Wsh	3,8	der Herr wird K. sein über sie
Sir	1,7	einer ist's, ein gewaltiger K.
	50,17	dem Höchsten, der über alles K. ist
	51,1	ich danke dir, Herr, mein K.
2Ma	1,24	der du bist allein der rechte K.
	7,9	der K. der Welt wird uns wieder erwecken
	13,4	der K. aller K. erweckte den Zorn
StE	2,1	Herr, du bist der allmächtige K. 5; 3,4
	3,9	gib mir Mut, du K. aller Götter
Mt	5,35	Jerusalem ist die Stadt des großen K.
	18,23	darum gleicht das Himmelreich einem K. 22,2
	21,5	siehe, dein K. kommt zu dir Jh 12,15
	22,7	da wurde der K. zornig
	11	da ging der K. hinein 13
	25,34	da wird der K. sagen zu denen zu seiner Rechten 40
Lk	1,33	er wird K. sein über das Haus Jakob
	19,38	gelobt sei, der da kommt, der K. Jh 12,15
	23,2	spricht, er sei Christus, ein K. Jh 18,37
Jh	6,15	kommen würden, um ihn zum K. zu machen
	19,14	(Pilatus) spricht zu den Juden: Seht, euer K.
	15	soll ich euren K. kreuzigen
Apg	17,7	sagen, ein anderer sei K., nämlich Jesus
1Ti	1,17	Gott, dem ewigen K., sei Ehre und Preis
	6,15	der K. aller Könige und Herr aller Herren Off 17,14; 19,16
Off	15,3	gerecht und wahrhaftig sind deine Wege, du K. der Völker

König Israels (in, über, von Israel)

Ri	17,6	zu der Zeit war kein K. in I. 18,1; 19,1; 21,25
1Sm	15,1	daß ich (Saul) zum K. salben sollte über I. 17.26.35; 16,1; 24,15; 26,20; 29,3
1Kö	14,14	der HERR wird sich einen K. über I. erwecken 1Ch 28,4; Neh 13,26
	19	geschrieben in der Chronik der K. von I. 15,31; 16,5.14.20.27; 22,39; 2Kö 1,18; 10,34; 13,8.12; 14,15.28; 15,11.15.21.26.31; 1Ch 9,1; 2Ch 16,11; 20,34; 25,26; 27,7; 28,26; 32,32; 33,18; 35,27; 36,8
	16,33	mehr tat, den HERRN zu erzürnen, als alle K. von I. 2Kö 17,2
2Kö	8,18	wandelte auf den Wege der K. von I. 16,3; 17,8; 2Ch 21,6.13; 28,2
	13,13	begraben zu Samaria bei den K. von I. 14,16. 29; 2Ch 28,27
	23,19	alle Heiligtümer, die die K. von I. gemacht
	22	war kein Passa so gehalten in allen Zeiten der K. von I. 2Ch 35,18
Pr	1,12	ich, der Prediger, war K. über I.
Jes	44,6	so spricht der HERR, der K. I.
Mi	1,14	werden den K. von I. zum Trug werden
Ze	3,15	der HERR, der K. I., ist bei dir
Tob	14,9	in Jerusalem ... freuen, die die K. I. anbeten
Mt	27,42	ist er der K. von I. Mk 15,32
Jh	1,49	du bist der K. von I.
	12,13	gelobt sei, der da kommt, der K. von I.

weitere Könige Israels in alph. Reihenfolge:
Ahab 1Kö 16,29; 20,2.4.7.11.13.21.22.28.31.32. 40.41.43; 21,7.18; 22,2-10.18.26.29-37.41.45; 2Kö 21,3; Ch 18,3-9.17.19.25.28-34
Ahasja 1Kö 22,52; 2Ch 20,35
Bascha 1Kö 15,16.17.19.32.33; 2Ch 16,1.3; Jer 41,9
David 1Sm 23,17; 2Sm 5,3.12.17; 6,20; 8,15; 12,7; 1Kö 2,11; 1Ch 11,3; 12,39; 14,2.8; 18,17;

		29,26.27; 2Ch 8,11; 29,27; 30,26; 35,3.4; Esr 3,10
Jh		**Ela** 1Kö 16,8
		Hoschea 2Kö 17,1; 18,1.9.10
		Isch-Boschet 2Sm 2,9.10
		Jehu 1Kö 19,16; 2Kö 9,3.6.12
		Jerobeam, der Sohn des Joasch 2Kö 14,23; 15,1; 1Ch 5,17; Hos 1,1; 10,15; Am 1,1; 7,10
		Jerobeam, der Sohn Nebats 1Kö 11,37; 12,20; 15,9; Tob 1,5
		Joahas 2Kö 13,1; 14,1
		Joasch 2Kö 13,10.14.16.18; 14,8.9.11.13.17; 2Ch 25,17.18.21.23.25
		Joram 2Kö 3,1.4.5.9-13; 5,5-8; 6,9-12.21.26; 7,6; 8,16.25; 9,21; 2Ch 22,5
		Menahem 2Kö 15,17
		Nadab 1Kö 15,25
		Omri 1Kö 16,16.23; 2Kö 8,26
		Pekach 2Kö 15,27.29.32; 16,5.7; 2Ch 28,5; Jes 7,1
		Pekachja 2Kö 15,23
		Secharja 2Kö 15,8
		Salomo 1Kö 1,34; 4,1; 11,42; 2Kö 23,13; 24,13; 1Ch 23,1; Esr 5,11; Neh 13,26; Spr 1,1

König Judas (in, über, von Juda)

1Sm	27,6	daher gehört Ziklag den K. von J.
2Sm	2,4	salbten David zum K. über J. 7.11; 3,39
1Kö	14,29	geschrieben in der Chronik der K. von J. 15,7.23; 22,46; 2Kö 8,23; 12,20; 14,18; 15,6.36; 16,19; 20,20; 21,17.25; 23,28; 24,5; 2Ch 16,11; 25,26; 27,7; 28,26; 32,32; 35,27; 36,8
2Kö	18,5	unter allen K. von J. seinesgleichen nicht
	23,5	Götzenpriester, die die K. von J. eingesetzt 11.12
	22	kein Passa so in allen Zeiten der K. von J.
2Ch	34,11	Gebäude, die die K. von J. hatten verfallen
Neh	6,7	ausrufen sollen: Er ist der K. in J.
Jer	1,18	zur ehernen Mauer wider die K. J.
	8,1	die Gebeine der K. von J ... werfen
	17,19	Tor, durch d. die K. von J. aus- und eingehen
	20	höret des HERRN Wort, ihr K. J. 19,3; 21,11; 22,2
	19,4	die weder sie noch die K. von J. kannten
	13	die Häuser der K. von J. sollen unrein w.
	20,5	will alle Schätze der K. von J. 27,18.21
	22,1	geh hinab in das Haus des K. von J.
	6	so spricht der HERR von dem Hause des K. von J. 11.18; 33,4
	44,9	vergessen die Sünden der K. von J.
Sir	49,7	danach war es aus mit den K. von J.

weitere Könige Judas in alph. Reihenfolge:
Abija 1Kö 15,1; 2Ch 13,1
Ahas 2Kö 17,1; 18,1; 2Ch 28,19; Jes 1,1; 7,1; Mi 1,1
Ahasja 2Kö 8,25.29; 9,16.21.27.29; 10,13; 12,19; 13,1; 2Ch 22,6
Amazja 2Kö 13,12; 14,9.11.13.15.23; 15,1; 2Ch 25,17.18.21.23.25
Asa 1Kö 15,9.17.25.28.33; 16,8.10.15.23.29; 2Ch 16,1.7; 21,12; Jer 41,9
Asarja (= Usija) 2Kö 15,8.13.17.23.27.32; Jes 1,1; Am 1,1; Sa 14,5
Eljakim (= Jojakim) 2Ch 36,4; Jer 25,1; 26,1; 28,4; 35,1; 36,1.9.28-32; 45,1; 46,2; Dan 1,1.2
Hiskia 2Kö 18,9.14.16; 19,10; 1Ch 4,41; 2Ch 30,24; 32,8.9.23; Spr 25,1; Jes 1,1; 37,10; 38,9; Jer 15,4; 26,18.19; Mi 1,1; 2Ma 15,22

König Judas 852

Sir	**Jechonja** s. **Jojachin**	Est	5,1 zog sich k. an 6,8; 8,15
	Joasch 2Kö 12,19; 13,10; 14,1.17	Jes	62,3 ein k. Reif in der Hand Gottes
	Jojachin (= Jechonja, Konja) 2Kö 24,12; 25,27; Est 2,6; Jer 22,24; 24,1; 27,20; 52,31; Bar 1,3; StE 6,2	Hes	16,13 kamst zu k. Ehren
			17,13 nahm einen vom k. Geschlecht
		Dan	1,3 sollte auswählen von k. Stamm
	Jojakim s. **Eljakim**		4,26 auf dem Dach des k. Palastes 5,5
	Joram 2Kö 1,17; 8,16.17; 2Ch 22,1		5,20 wurde (Nebukad.) vom k. Thron gestoßen
	Joschafat 1Kö 22,2.10.29.41.52; 2Kö 3,1.7.9. 14; 8,16; 2Ch 18,3.9.28; 19,1; 20,35; 21,2		6,8 es solle ein k. Befehl gegeben werden 13
	Josia 2Kö 22,16.18; 2Ch 34,24.26; 35,21; Jer 1,2.3; 3,6; 25,3; Ze 1,1	Wsh	18,15 fuhr dein Wort herab vom k. Thron
		Sir	47,7 ehrte ihn, als er die k. Krone empfing
	Jotam 2Kö 16,1; 1Ch 5,17; Jes 1,1; Mi 1,1		13 daß der k. Thron in Israel bleiben
	Konja s. **Jojachin**	Bar	6,59 eine hölzerne Säule in einem k. Saal
	Manasse 2Kö 21,11	1Ma	3,32 ließ einen Fürsten aus k. Stamm zurück
	Mattanja s. **Zedekia**		10,58 die Hochzeit wurde mit k. Pracht gefeiert
	Rehabeam 1Kö 12,23.27; 14,21; 2Ch 11,3	2Ma	4,25 nachdem er die k. Beauftragung empfangen
	Usija s. **Asarja**	StE	3,2 (Ester) legte ihre k. Kleider ab
	Zedekia (= Mattanja) 2Ch 36,10; Jer 21,7; 24,8; 27,1.3.12; 28,1; 29,3; 32,1-4; 34,2.4.6.21; 37,7; 38,22; 39,1.4; 44,30; 49,34; 51,59		4,1 sie legte ihren k. Schmuck an
			4 der auf seinem k. Thron saß in k. Kleidern
			6,1 Mordechai war einer der Ersten am k. Hof
		StD	3,32 gelobt seist du auf deinem k. Thron
		Lk	7,25 die herrliche Kleider tragen, die sind an den k. Höfen
	Königin	Apg	12,21 legte Herodes das k. Gewand an
		1Pt	2,9 ihr seid die k. Priesterschaft
1Kö	10,1 als die K. von Saba von Salomo vernahm 4. 10.13; 2Ch 9,1.3.9.12	Jak	2,8 wenn ihr das k. Gesetz erfüllt nach der Schrift
	11,19 daß er ihm die Schwester der K. gab		
2Kö	11,3 Atalja war K. über das Land 2Ch 22,12		**Königreich**
Neh	2,6 während die K. neben ihm saß		
Est	1,9 die K. Wasti machte ein Festmahl 11.12. 15-18	2Mo	19,6 sollt mir ein K. von Priestern sein
		4Mo	32,33 das K. Sihons... das K. Ogs 5Mo 3,4.10.13
	2,4 werde K. an Wastis Statt 17	5Mo	17,18 so wird der HERR mit allen K. tun sitzen wird auf dem Thron seines K.
	22 sagte er es der K. Ester 4,4; 5,2.3.12; 7,1-8; 8,1.7; 9,12.29.31	Jos	11,10 Hazor war Hauptstadt dieser K. Jer 49,28
Hl	6,8 sechzig K. sind es 9	1Sm	10,18 errettet aus der Hand aller K.
Klg	1,1 die einе K. in den Ländern war	1Kö	5,1 Salomo Herr über alle K. 10,20; 2Ch 9,19
Nah	2,8 die K. wird gefangen weggeführt		18,10 kein K., wohin m. Herr nicht gesandt hat
StE	3,1 die K. nahm zum Herrn ihre Zuflucht	2Kö	19,15 bist allein Gott über alle K. 19; 2Ch 20,6; Jes 37,16.20; Jer 10,7
	4,5 erblaßte die K. und sank in Ohnmacht		
	5,9 unsere Gemahlin, die K. Ester 7,3	1Ch	16,20 zogen von einem K. zum andern Ps 105,13
Mt	12,42 die K. vom Süden wird auftreten mit diesem Geschlecht Lk 11,31		29,25 der HERR gab (Salomo) ein herrliches K.
			30 Geschehnisse, die über die K. dahingegangen
Apg	8,27 ein Kämmerer am Hof der K. von Äthiopien	2Ch	11,17 so machten sie das K. Juda mächtig
Off	18,7 ich throne hier und bin eine K.		12,8 was es heißt, mir zu dienen oder den K.
			14,4 das K. hatte Ruhe unter ihm 20,30
	Königinmutter		17,10 Schrecken des HERRN über alle K. 20,29
2Kö	10,13 um die Söhne der K. zu grüßen		29,21 zum Sündopfer für das K.
Jer	13,18 sage dem König und der K.		32,15 kein Gott eines K. hat erretten können
	29,2 nachdem die K. mit... weggeführt waren		33,13 der Herr brachte ihn wieder in sein K.
Dan	5,10 da ging die K. in den Saal hinein		35,21 gegen das K., mit dem ich Krieg habe
			36,22 Kyrus (ließ) in s. K. verkünden Esr 1,1
	königlich		23 der HERR hat mir alle K. gegeben Esr 1,2
1Mo	41,40 allein um den k. Thron will ich höher sein	Neh	9,22 gabst ihnen K. und Völker
2Sm	14,26 zweihundert Lot nach dem k. Gewicht	Est	1,14 die obenan saßen im K. 2,3
1Kö	1,46 schon sitzt Salomo auf dem k. Thron		3,6 Juden, die im K. waren 8; 9,30
	11,14 Hadad, vom k. Geschlecht in Edom		5,3 die Hälfte des K. soll dir gegeben 6; 7,2
	22,10 saßen in ihren k. Kleidern 30; 2Ch 18,9.29	Ps	46,7 Heiden müssen verzagen und die K. fallen
2Kö	11,1 Atalja brachte alle aus dem k. Geschlecht um 2Ch 22,10		68,33 ihr K. auf Erden, singet Gott
			79,6 die K., die deinen Namen nicht anrufen
	19 setzte sich auf den k. Thron 2Ch 23,20		102,23 wenn Völker zusammenkommen und K.
	25,25 Jischmaël von k. Geschlecht Jer 41,1		114,2 da wurde Israel sein K.
1Ch	22,10 will seinen k. Thron bestätigen ewiglich		135,11 (der HERR schlug) alle K. in Kanaan
Est	1,2 Ahasveros auf seinem k. Thron 5,9; 5,1	Jes	9,6 des Friedens kein Ende in seinem K.
	7 k. Wein in Menge nach k. Weise 2,18		10,10 wie m. Hand gefunden die K. der Götzen
	11 die Königin mit ihrer k. Krone 2,17		13,4 es ist Getümmel von den versammelten K.
	19 lasse man ein k. Gebot ausgehen		19 Babel, das schönste unter den K.
	19 ihre k. Würde einer andern geben 4,14		14,16 ist das der Mann, die die K. beben machte
	2,3 unter die Hand des k. Kämmerers 14		23,11 der HERR erschreckt die K.
	16 wurde Ester gebracht in den k. Palast		17 daß sie Hurerei treibe mit allen K.

Jes	47,5	sollst nicht mehr heißen „Herrin über K."
	60,12	welche K. dir nicht dienen wollen
Jer	1,10	ich setze dich über Völker und K.
	15	will rufen alle Völker der K. des Nordens
	15,4	Entsetzens für alle K. 24,9; 29,18; 34,17
	18,7	bald rede ich über ein Volk und K. 9
	25,26	(ließ trinken) alle K. der Welt
	27,8	K., das Nebukadnezar nicht untertan 34,1
	28,8	Propheten haben gegen große K. geweissagt
	51,20	durch dich habe ich K. zerstört
	27	ruft wider sie die K.
Klg	2,2	der Herr hat entweiht ihr K.
Hes	29,14	sollen nur ein kleines K. sein
	37,22	nicht mehr geteilt in zwei K.
Dan	2,37	dem Gott K. gegeben hat 5,18
	39	wird ein anderes K. aufkommen 41.44
	4,14	daß der Höchste Gewalt hat über die K. 22.29; 5,21
	15	alle Weisen in meinem K. können nicht
	23	dein K. soll dir erhalten bleiben 28.33
	5,7	soll der Dritte in meinem K. sein 16.29
	11	es ist ein Mann in deinem K.
	6,2	über das K. Statthalter setzen 4.5.8.29
	27	in meinem K. den Gott Daniels fürchten
	7,17	diese Tiere sind vier K. 23.24.27; 8,22
	10,13	der Engelfürst des K. Persien 11,2.17
Hos	1,4	mit dem K. des Hauses Israel ein Ende
Am	6,2	seid ihr besser als diese K.
	7,13	(Bethel) ist der Tempel des K.
	9,8	die Augen Gottes sehen auf das sündige K.
Nah	3,5	will den K. deine Schande zeigen
Ze	3,8	m. Beschluß ist, die K. zusammenzubringen
Hag	2,22	Throne der K. umstürzen... vertilgen
Jdt	11,6	der mächtigste Fürst in seinem ganzen K.
Wsh	10,14	bis sie ihm das Zepter des K. brachte
Sir	44,3	solche, die in ihren K. gut regiert haben
	46,16	Samuel richtete ein K. auf
	49,7	sie mußten ihr K. andern überlassen
Bar	2,4	machte sie zu Sklaven in allen K.
1Ma	1,5	er hatte alle Länder und K. eingen. 8,11
	17	gedachte, das K. Ägypten an sich zu bringen
	17	damit er über beide K. herrschte 11,1
	43	ein Gebot an sein ganzes K. 53
	3,14	damit ich im ganzen K. gepriesen werde 27; 15,9
	32	zum Statthalter über das ganze K. 6,14
	6,57	den Frieden im K. zu erhalten 8,11
	10,33	in meinem ganzen K. freigelassen
	43	mit allem, was ihm in meinem K. gehört
	11,38	Kriegsvolk, das im K. daheim war
	15,4	großen Schaden in meinem K. angerichtet
	9	wenn wir unser K. wieder erobern
Mt	24,7	es wird sich erheben ein K. gegen das andere Mk 13,8
Mk	6,23	dir geben, bis zur Hälfte meines K.
Heb	11,33	diese haben durch den Glauben K. bezwungen

Königseingang

2Kö	16,18	den äußeren K. am Hause des HERRN

Königsgrund

2Sm	18,18	eine Säule aufgerichtet; die steht im K.

Königshaus

2Sm	11,2	sich auf dem Dach des K. erging 9
1Kö	7,1	an seinen K. baute Salomo 13 Jahre
2Kö	14,14	nahm alles Gold im Schatz des K. 16,8
	15,25	schlug ihn tot im Burgturm des K.
2Ch	28,7	erschlug Asrikam, den Vorsteher des K.
Esr	4,14	weil wir das Salz des K. essen
Neh	3,25	Turm, der vom K. hervortritt

Königsherrschaft

1Sm	14,47	als Saul die K. über Israel erlangt
Ob	21	die K. wird des HERRN sein
Sir	10,8	die K. von einem Volk aufs andre

Königsmacht

Jdt	1,11	er hatte bei seiner K. geschworen

Königssohn

Ri	8,18	jeder anzusehen, wie ein K.
2Sm	9,11	esse an meinem Tische wie einer der K.
	13,4	warum wirst du so mager, du K.
2Ch	28,7	Sichri erschlug Maaseja, den K.
Ps	72,1	gib deine Gerechtigkeit dem K.
Jer	36,26	gebot Jerachmeel, dem K.
	38,6	Zisterne Malkijas, des K.

Königsstadt

Jos	10,2	Gibeon war wie eine der K. 13,31
1Sm	27,5	warum soll dein Knecht in der K. wohnen
2Sm	12,26	Joab eroberte die K.
Dan	4,27	Babel, das ich erbaut habe zur K.

Königstal

1Mo	14,17	in das Tal Schawe, das ist das K.

Königsthron

2Sm	7,13	ich will seinen K. bestätigen
Bar	5,6	in Ehren getragen wie auf einem K.
1Ma	10,52	ich habe mich auf seinen K. gesetzt 55
	11,52	als Demetrius sicher auf seinem K. saß

Königstochter

2Ch	22,11	Joscheba, eine K., nahm Joasch
Ps	45,14	die K. ist mit Perlen geschmückt
Jer	41,10	Jischmaël führte weg: die K. 43,6

Königtum

1Sm	10,16	was Samuel von dem K. gesagt hatte 25
	11,14	laßt uns dort das K. erneuern
	13,13	er hätte dein K. bestätigt 14
	15,28	der HERR hat das K. Israels von dir gerissen 28,17; 2Sm 3,10; 1Kö 11.11.31.35; 14,8; 1Ch 10,14; 12,24
	18,8	David wird das K. zufallen 20,31; 1Ch 12,24
	24,21	das K. durch deine Hand Bestand haben
2Sm	3,28	ich und mein K. sind unschuldig
	5,12	der HERR sein K. erhöht hatte 1Ch 14,2
	7,12	dem will ich sein K. bestätigen 16; 1Kö 9,5; 1Ch 17,11.14; 28,7; 2Ch 7,18; 13,5
	16,3	wird mir meines Vaters K. zurückgeben 8
1Kö	2,15	weißt, daß das K. mein war 22
	46	das K. wurde gefestigt durch Salomos Hand 2Ch 1,1
	12,21	das K. an Rehabeam zurückzubringen 2Ch 11,1; 12,1

Königtum 854

1Kö	12,26	das K. wird wieder an David fallen
2Kö	14,5	als er das K. fest in s. Hand hatte 2Ch 25,3
	15,19	damit er sein K. befestigte 2Ch 17,5
1Ch	11,10	die sich treu zu ihm hielten in seinem K.
	28,5	auf dem Thron des K. des HERRN 2Ch 13,8
2Ch	21,3	das K. gab (Joschafat) Joram 4
	22,9	niemand mehr, der zum K. tüchtig war
	36,20	bis das K. der Perser zur Herrschaft kam
Est	1,4	sehen ließe den Reichtum seines K.
Ps	145,11	(sollen) die Ehre deines K. rühmen 12
Jes	17,3	es wird aus sein mit dem K. von Damaskus
Hes	17,14	damit das K. niedrig bliebe
Dan	5,26	Gott hat dein K. gezählt und beendet
Mi	4,8	wiederkehren das K. der Tochter Jerusalem
Sir	47,13	das K. in Israel bei ihm bleiben
2Ma	1,7	als Jason von dem K. abtrünnig geworden
	2,17	das Erbe, nämlich das K.
Lk	19,12	um ein K. zu erlangen 15

Konja (= Jechonja 2; Jojachin)

Jer	22,24	K., der Sohn Jojakims
	28	ist denn K. ein elender Mann
	37,1	Zedekia wurde König anstatt K.

können

1Mo	4,7	so k. du frei den Blick erheben
	13	zu schwer, als daß ich sie tragen k.
	7,14	alles, was fliegen k.
	8,9	nichts fand, wo ihr Fuß ruhen k.
	11,6	wird ihnen nichts mehr verwehrt werden k.
	13,6	das Land k. es nicht ertragen; sie k. nicht beieinander wohnen 36,7
	16	k. ein Mensch den Staub zählen 15,5; 16,10; 32,13; 4Mo 23,10; Jer 33,22; Hos 2,1
	16,2	verschlossen, daß ich nicht gebären k.
	18,17	wie k. ich verbergen, was ich tun will
	24	es k. vielleicht 50 Gerechte sein 28-32
	19,19	k. mich nicht auf das Gebirge retten 20
	19	mich sonst das Unheil ereilen 42,4
	22	ich k. nichts tun, bis du hineinkommst
	31	kein Mann ist, der zu uns eingehen k.
	21,16	ich k. nicht ansehen des Knaben Sterben 44,34
	24,50	darum k. wir nichts dazu sagen
	26,7	sie k. mich töten um Rebekkas willen
	22	wir k. wachsen im Lande
	27,12	so k. vielleicht mein Vater mich betasten
	29,8	wir k. es nicht, bis alle Herden
	31,29	daß ich euch Böses antun k. 2Mo 9,15
	35	ich k. nicht aufstehen vor dir
	43	was k. ich für meine Töchter tun
	33,14	gemächlich, wie die Kinder gehen k.
	34,14	k. das nicht tun, daß wir unsere Schwester
	37,4	k. ihm kein freundliches Wort sagen
	41,8	war keiner, der sie Pharao deuten k. 15.24
	38	wie k. wir einen Mann finden, in dem
	49	man k. (das Getreide) nicht zählen
	43,7	wie k. wir wissen, daß er sagen würde: Bringt euren Bruder 44,22.26
	30	Josef suchte, wo er weinen k. 45,1.3
	44,15	wie habt ihr das tun k.? Wußtet ihr nicht, daß ich wahrsagen k. 16
	48,10	nicht mehr sehen 1Sm 3,2; 4,15; 1Kö 14,4
	50,15	Josef k. uns gram sein
2Mo	1,10	k. sich zu unsern Feinden schlagen
	2,3	als sie ihn nicht länger verbergen k.
	7,21	das Wasser nicht trinken k. 24; 15,23; Ps 78,44
	8,14	die Zauberer k. es nicht 9,11
	10,5	daß man nichts mehr sehen k. 21.23
	12,4	daß sie das Lamm aufessen k.
	39	weil sie sich nicht länger aufhalten k.
	13,17	Gott dachte, es k. das Volk gereuen
	21	damit sie Tag und Nacht wandern k.
	18,18	k. es allein nicht ausrichten 23; 5Mo 1,9.12
	19,23	das Volk k. nicht auf den Sinai steigen
	20,19	wir k. sonst sterben 5Mo 5,26
	21,13	einen Ort bestimmen, wohin er fliehen k. 4Mo 35,6.15; 5Mo 4,42; 19,3; Jos 20,9
	19	(daß er) ausgehen k. an seinem Stock
	25,27	daß man Stangen hineintun k. 37,5.14
	26,17	daß eins an das andere gesetzt werden k. 27,20; 28,8; 39,3; 3Mo 24,2
	31,6	Weisheit, daß sie alles machen k. 35,35
	32,30	ob ich vielleicht Vergebung erwirken k.
	33,20	mein Angesicht k. du nicht sehen 23
	40,35	Mose k. nicht in die Stiftshütte
3Mo	5,3	womit der Mensch unrein werden k. 11.22. 34; 4Mo 9,6; 5Mo 24,4
	14,22	Tauben, die er aufbringen k. 30.32; 25,26.28. 49
	20,27	wenn ein Mann Zeichen deuten k.
	25,18	daß ihr sicher wohnen k. 35.36
	29	Zeit, darin er es einlösen k. 31.32; 27,20
	26,35	weil (das Land) nicht ruhen k.
	37	sollt nicht bestehen k. gegen eure Feinde
4Mo	5,8	niemand, dem man's erstatten k.
	28	sie k. schwanger werden
	8,11	damit sie den Dienst versehen k.
	11,12	daß du zu mir sagen k.: Trag es
	20	bis ihr's nicht mehr riechen k.
	22	k. man so viele Schafe schlachten
	13,30	wir k. (das Land) überwältigen
	20,5	bösen Ort, wo man nicht säen k. 10.11
	22,6	vielleicht k. ich's vertreiben 11.41
	18	so k. ich doch nicht übertreten 38; 24,13
	37	meinst du, ich k. dich nicht ehren
	23,20	ich k.'s nicht wenden
	30,14	alle Gelübde k. ihr Mann aufheben
	35,17	mit dem jemand getötet werden k. 18.23
	33	das Land k. nicht entsühnt werden
5Mo	2,36	keine Stadt, die sich vor uns schützen k.
	3,24	wo ist ein Gott, der es gleichtun k.
	4,28	Götzen, die weder sehen noch hören k. 1Sm 12,21; 2Ch 25,15; 32,13-15; Jes 45,20; Jer 2,8. 11.28; 10,5; 14,22; 16,19; Dan 5,23; Hab 2,19; Sir 30,19; Bar 6,8 u.ö.68; Off 9,20
	5,33	damit ihr leben k. 16,20; 31,3
	7,17	wie k. ich (diese Völker) vertreiben 22
	8,17	du k. sonst sagen in deinem Herzen
	9,2	wer k. wider die Anakiter bestehen
	28	der HERR k. sie nicht ins Land bringen
	11,25	niemand wird euch widerstehen k.
	14,24	daß du's nicht hintragen k.
	18,21	wie k. ich merken, welches Wort der HERR
	19,15	was für eine Sünde... die man tun k.
	20,19	denn du k. davon essen
	21,16	k. nicht den Sohn... zum erstgeb. machen
	23,20	alles, wofür man Zinsen nehmen k.
	28,27	schlagen, daß du nicht geheilt w. k. 35
	44	wirst ihm nicht leihen k.
	29,8	daß ihr ausrichten k. euer Tun Jos 1,7
	22	daß es weder besät werden k.
	31,2	ich k. nicht mehr aus- und eingehen
	32,28	ein Volk, dem man nicht mehr raten k.
	39	ich k. töten und lebendig machen, k. schlagen und k. heilen 2Kö 5,7
Jos	6,1	daß niemand heraus- oder hineinkommen k.

können

Jos	7,12	darum k. Israel nicht bestehen 13
	8,22	bis niemand mehr entrinnen k.
	9,7	wie k. wir dann einen Bund schließen
	19	darum k. wir sie nicht antasten
	10,8	niemand wird vor dir bestehen k.
	15,63	Juda k. sie nicht vertreiben 17,12; Ri 1,19
	17,18	wo der Wald ist; dort k. du roden
	22,24	künftig k. eure Söhne zu unsern sagen 28
	24,19	ihr k. dem HERRN nicht dienen
Ri	2,14	k. nicht mehr ihren Feinden widerstehen
	7,2	Israel k. sich rühmen wider mich
	8,10	die das Schwert ziehen k. 1Ch 5,18; 7,11; 2Ch 14,7; 25,5
	9,41	daß er in Sichem nicht bleiben k.
	11,35	k.'s nicht widerrufen
	12,6	weil er's nicht richtig aussprechen k.
	13,16	willst du... so k. du es opfern
	14,13	k. ihr's aber nicht erraten 14
	16,5	womit wir (Simson) überwältigen k. 10.13
	15	wie k. du sagen, du habest mich lieb
	17,8	einen Ort zu finden, wo er bleiben k. 9
	18,1	Erbteil, wo sie wohnen k.
	19,5	danach k. ihr ziehen
	24	die k. ihr schänden
	20,16	mit der Schleuder ein Haar treffen k.
	21,7	wie k. wir ihnen helfen 18
Rut	1,11	Kinder, die eure Männer werden k.
	3,14	ehe einer den andern erkennen k.
1Sm	2,25	so k. es Gott entscheiden
	6,20	wer k. bestehen vor dem HERRN Esr 9,15; Hi 41,2.3; Ps 76,8
	16,16	der auf der Harfe gut spielen k.
	17,33	du k. nicht hingehen, um zu kämpfen
	18,21	in 2 Jahren k. du mein Schwiegersohn w.
	19,12	daß (David) floh und entrinnen k. 18
	20,3	k. ihn bekümmern
	13	daß du mit Frieden weggehen k.
	27,11	David dachte: Sie k. uns verraten
	29,4	k. er uns Herrn einen größeren Gefallen tun
2Sm	1,10	daß (Saul) nicht leben k. nach seinem Fall
	3,11	k. er Abner kein Wort mehr antworten
	12,23	k. ich es wieder zurückholen
	14,17	der Gutes und Böses unterscheiden k.
	22,30	mit dir k. ich... zerschlagen 40; Ps 18,30
1Kö	1,1	k. (David) nicht warm werden
	3,8	so groß, daß es niemand zählen k. 8,5; 2Ch 5,6; Jer 46,23
	9	damit er dein Volk richten k. 2Ch 1,10
	5,17	weißt, daß David nicht ein Haus bauen k.
	8,11	daß die Priester nicht zum Dienst hinzutreten k. 2Ch 5,14; 7,2
	27	aller Himmel Himmel k. dich nicht fassen 2Ch 2,5; 6,18
	9,21	an denen Isr. den Bann nicht vollstrecken k.
	10,3	nichts, was er nicht hätte sagen k. 2Ch 9,2
	13,4	seine Hand verdorrte, er k. sie nicht 6
	16	ich k. nicht mit dir umkehren
	18,5	ob wir Gras finden k.
	12	so k. dich der Geist des HERRN entführen
	20,9	aber dies k. ich nicht tun
	23	wenn wir in der Ebene kämpfen k.
	22,8	durch den man den HERRN befragen k. 2Kö 3,16; 2Ch 18,7
2Kö	3,17	daß ihr und euer Vieh trinken k.
	26	durchzubrechen; aber sie k.'s nicht
	4,10	damit er dort einkehren k.
	40	sie k.'s nicht essen
	5,3	der k. ihn von seinem Aussatz befreien 12
	17	so k. deinem Knecht gegeben werden
	6,2	eine Stätte, wo wir wohnen k. 8,1; 13,5
2Kö	7,2	wie k. das geschehen 19
	8,8	befrage den HERRN, ob ich genesen k. 9
	9,15	daß er es in Jesreel ansagen k.
	37	daß man nicht sagen k.: Das ist Isebel
	10,4	zwei Könige k. ihm nicht widerstehen; wie k.
	16,5	sie k. (Jerusalem) nicht erobern Jes 7,1
	18,23	ob du Reiter dazu stellen k. Jes 36,8
1Ch	12,20	so k. es uns den Hals kosten
	17,18	was k. David noch mehr zu dir sagen
	21,30	David k. nicht vor (Gott) treten
	22,14	davon k. du noch mehr anschaffen
2Ch	2,6	sende einen Mann, der mit Gold arbeiten k.
	4,2	eine Schnur von 30 Ellen k. es umspannen
	7,7	der Altar k. nicht alle Brandopfer fassen
	11,14	das Priesteramt nicht mehr ausüben k.
	20,24	an den Ort, wo man in die Wüste sehen k.
	37	die Schiffe k. nicht nach Tarsis fahren
	29,34	allen Brandopfern die Haut abziehen zu k.
	30,3	sie k.'s nicht zur rechten Zeit halten
	31,4	sich an das Gesetz des HERRN halten k.
Esr	2,59	k. nicht angeben, ob ihre Sippe Neh 7,61
	3,13	man k. das Jauchzen... nicht unterscheiden
	7,13	befohlen, daß alle mit dir ziehen k.
	10,13	Regenzeit, man k. nicht draußen stehen
Neh	2,14	daß mein Tier weiterkommen k.
	4,4	wir k. nicht weiterbauen 6,3
	5,2	damit wir essen und leben k. 3-5
	6,13	damit sie mich verhöhnen k.
	8,2	alle, die es verstehen k. 3; 10,29
	13,24	jüdisch k. sie nicht sprechen
Est	6,1	k. der König nicht schlafen Dan 6,19
	8,6	wie k. ich dem Unheil zusehen
	9,2	niemand k. ihnen widerstehen
Hi	1,5	meine Söhne k. gesündigt haben
	3,8	die einen Tag verfluchen k.
	4,2	Worte zurückhalten, wer k.'s
	17	wie k. ein Mensch gerecht sein 9,2; 25,4
	5,12	daß ihre Hand nicht ausführen k.
	6,8	k. meine Bitte doch kommen 11
	27	ihr freilich k. das Los werfen
	8,11	k. Schilf wachsen ohne Wasser
	9,3	k. er ihm nicht antworten 15.32; 37,19
	10,7	der aus deiner Hand erretten k. Jes 43,13
	11,7	k. du alles so vollkommen treffen 37,18; 38,20.31.32.34.35.37.39; 39,10-12.19.20; 40,9.24-26.29.31; 41,5.6
	8	was k. du wissen 12
	15	so k. du dein Antlitz aufheben
	20	werden nicht entrinnen k. 15,22
	12,14	wenn er einschließt, k. niemand aufmachen
	13,19	wer ist, der mit mir rechten k. 40,2; Jer 1,29
	14,4	k. ein Reiner kommen von Unreinen
	5	ein Ziel, das er nicht überschreiten k.
	7	ein Baum k. wieder ausschlagen
	16,4	auch ich k. reden... Worte gegen euch
	19,22	ihr k. nicht satt werden
	20,2	deswegen k. ich nicht schweigen
	20	sein Wanst k. nicht voll genug werden
	22,2	k. ein Mann Gott etwas nützen 35,6-8
	11	so daß du nicht sehen k. 14
	13	sollte er durchs Gewölk richten k. 17
	23,3	wie ich zu seinem Thron kommen k.
	27,10	k. er Gott allezeit anrufen
	19	wird's nicht noch einmal tun k.
	28,15	man k. nicht Gold für sie geben 17
	31,23	ich k. seine Hoheit nicht ertragen
	32,15	sie k. nicht mehr antworten
	33,5	k. du, so antworte mir
	21	daß man's nicht ansehen k.
	31	schweige, damit ich reden k.

können

Hi	34,17	k. denn regieren, wer das Recht hasset
	22	wo sich verbergen k. die Übeltäter
	29	wer k. ihn schauen 35,14
	36,26	die Zahl s. Jahre k. niemand erforschen
	37,7	daß die Leute erkennen, was er tun k.
	39,15	daß ein Fuß sie zertreten k.
	40,14	daß dir deine rechte Hand helfen k.
Ps	7,12	ein Gott, der täglich strafen k.
	11,3	was k. da der Gerechte ausrichten
	19,13	wer k. merken, wie oft er fehlet
	21,12	Anschläge, die sie nicht ausführen k.
	22,30	die ihr Leben nicht k. erhalten
	27,4	daß ich im Hause des HERRN bleiben k.
	32,7	daß ich errettet gar fröhlich rühmen k.
	33,16	ein Held k. sich nicht retten durch Kraft
	36,13	gestürzt und k. nicht wieder aufstehen
	37,21	der Gerechte ist barmherzig und k. geben
	40,3	daß ich sicher treten k.
	13	ich k. sie nicht überblicken
	41,7	suchen etwas, daß sie lästern k.
	44,7	mein Schwert k. mir nicht helfen
	49,13	ein Mensch in s. Herrlichkeit k. nicht 21
	56,5	was k. mir Menschen tun 12; 118,6
	14	daß ich wandeln k. vor Gott im Licht
	64,6	sprechen: Wer k. sie sehen
	66,6	sie k. zu Fuß durch den Strom gehen
	7	die Abtrünnigen k. sich nicht erheben
	77,5	so voll Unruhe, daß ich nicht reden k.
	78,19	k. Gott wohl einen Tisch bereiten 20
	64	die Witwen k. die Toten nicht beweinen
	85,9	k. ich doch hören, was Gott redet
	86,8	niemand k. tun, was du tust
	89,16	wohl dem Volk, das jauchzen k.
	101,4	den Bösen k. ich nicht leiden
	106,2	wer k. die gr. Taten des HERRN erzählen
	47	daß wir dich loben k.
	107,4	keine Stadt, in der sie wohnen k. 7.36
	115,3	er k. schaffen, was er will
	139,6	ich k. sie nicht begreifen
	140,9	sie k. sich sonst überheben
	142,5	ich k. nicht entfliehen
	146,3	sind Menschen, die k. ja nicht helfen
	147,17	wer k. bleiben vor seinem Frost
Spr	4,16	jene k. nicht schlafen, wenn sie nicht
	5,12	wie k. ich die Zucht hassen
	6,27	k. jemand Feuer unterm Gewand tragen 28
	8,11	was man wünschen mag, k. ihr nicht gleichen
	12,3	durch Gottlosigkeit k. der Mensch nicht
	13,25	der Gerechte k. essen, bis er satt ist
	14,10	in s. Freude k. sich kein Fremder mengen
	13	auch beim Lachen k. das Herz trauern
	18,14	wenn d. Mut daniederliegt, wer k.'s tragen
	19,11	daß er Verfehlung übersehen k.
	20,5	ein kluger Mann k. es schöpfen
	9	wer k. sagen: Ich habe m. Herz geläutert
	19	der den Mund nicht halten k.
	22,13	ich k. getötet werden auf der Gasse
	21	damit du rechte Antwort bringen k.
	25	du k. auf seinen Weg geraten
	27	wenn du nicht bezahlen k., wird man
	24,18	der HERR k. es sehen
	25,17	er k. dich satt bekommen
	28	Mann, der s. Zorn nicht zurückhalten k.
	27,4	wer k. vor der Eifersucht bestehen
	11	ich k. antworten dem, der mich schmäht
	30,9	ich k. sonst verleugnen
	21	viererlei k. (ein Land) nicht ertragen
	31,5	sie k. beim Trinken des Rechts vergessen
Pr	1,10	von dem man sagen k.: Sieh, das ist neu
	1,15	krumm k. nicht gerade werden 7,13
	2,25	wer k. fröhlich essen ohne ihn
	3,11	daß der Mensch nicht ergründen k. 8,17; 11,5
	14	man k. nichts dazutun noch wegtun
	4,8	s. Augen k. nicht genug Reichtum sehen
	11	k. ein einzelner warm werden 12; Am 3,3
	5,5	Gott k. zürnen über deine Worte
	6,10	k. nicht hadern mit dem, der zu mächtig
	9,11	dazu hilft nicht, daß er etwas gut k.
	15	hätte die Stadt retten k. durch Weisheit
	10,8	wer e. Grube gräbt, k. selbst hineinfallen 9
Jes	5,29	daß niemand retten k.
	8,4	ehe der Knabe rufen k.: Lieber Vater
	9,16	darum k. der Herr nicht verschonen
	19,11	wie k. ihr zum Pharao sagen
	24,20	daß sie nicht wieder aufstehen k.
	26,18	wir k. dem Lande nicht helfen
	29,11	der lesen k., spricht: Ich k. nicht 12
	30,5	Volk, das nichts nützen k. 6; Klg 4,17
	32,20	die ihr säen k. und k... frei gehen lassen
	33,14	wer, der bei verzehrendem Feuer wohnen k.
	19	Sprache, die man nicht verstehen k. Jer 5,15; Hes 3,6
	21	kein stolzes Schiff dahinziehen k.
	36,14	Hiskia k. euch nicht erretten Hos 5,13.14
	38,22	daß ich wieder zum Hause des HERRN k.
	41,28	daß ich sie fragen k.
	43,9	wer, der dies verkündigen k.
	44,12	wird hungrig, so daß er nicht mehr k.
	18	daß ihre Herzen nichts merken k.
	46,2	sie k. die Last nicht wegbringen
	47,7	wie es hernach werden k.
	11	das du nicht durch Sühne abwenden k. 12
	14	sie k. ihr Leben nicht erretten... nicht ein Feuer, um das man sitzen k.
	48,5	ich k. nicht sagen k. 7
	49,15	k. ein Weib ihres Kindleins vergessen
	20	mach mir Platz, daß ich wohnen k. 58,12
	24	k. man einem Starken den Raub wegnehmen
	50,2	daß ich nicht mehr erlösen k. 59,1
	53,8	wer k. sein Geschick ermessen
	54,6	wie k. es verstoßen bleiben
	56,10	stumme Hunde, die nicht bellen k. 11
	57,6	mein Urteil nicht ändern
	20	wie das Meer, das nicht still sein k.
	66,1	für ein Haus, das ihr mir bauen k.
Jer	1,19	sie dir dennoch nichts anhaben k.
	2,24	daß niemand sie aufhalten k.
	4,4	daß niemand löschen k. 7,20; 17,27; 21,12; Hes 21,3.4; Am 5,6
	6,10	sie k.'s nicht hören
	11	Zorn, daß ich ihn nicht zurückhalten k.
	8,8	wie k. ihr sagen: Wir sind weise 48,14
	9	was k. sie Weises lehren
	18	was k. mich in meinem Jammer erquicken
	23	daß ich bewienen k. die Erschlagenen
	9,16	schickt nach denen, die klagen k. Am 5,16
	10,10	die Völker k. sein Drohen nicht ertragen
	21	darum k. ihnen nichts Rechtes gelingen
	11,5	damit ich den Eid halten k.
	15	meinen, Gelübde k. die Schuld nehmen
	12,13	sie k.'s nicht genießen, k. nicht froh werden
	13,23	k. ein Mohr s. Haut wandeln... so wenig k.
	14,9	wie ein Held, der nicht helfen k.
	19	daß niemand heilen k. 15,18; 30,13; 51,8; Klg 2,13
	15,12	k. man Eisen zerbrechen
	16,17	daß sie sich nicht vor mir verstecken k.
	20	wie k. ein Mensch sich Götter machen
	17,9	das Herz... wer k. es ergründen 10

können

Jer	18,6	k. ich nicht ebenso mit euch umgehen
	19,11	daß es nicht wieder ganz werden k.
	20,9	wie Feuer, daß ich's nicht ertragen k.
	10	daß wir ihm beikommen k.
	23,24	meinst du, daß sich jemand verbergen k.
	24,2	daß man sie nicht essen k. 3.8
	25,27	speit, daß ihr nicht aufstehen k.
	35	nicht fliehen k... nicht entrinnen k.
	26,3	damit mich auch reuen k. das Übel
	14	ihr k. mit mir machen, wie euch dünkt
	30,11	ungestraft k. ich dich nicht lassen 46,28; Hos 8,5
	31,37	wenn man den Himmel oben messen k.
	34,16	gehen k., wohin sie wollten
	36,3	damit ich ihnen vergeben k.
	5	ich k. nicht in des HERRN Haus gehen
	38,27	weil sie nichts erfahren k.
	44,22	nicht mehr leiden k. euren bösen Wandel
	46,6	der Schnelle k. nicht entfliehen 15
	47,7	wie k. es aufhören, da doch der HERR
	49,10	daß er sich nicht verbergen k.
	19	wer ist der, der mir widerstehen k. 50,44
	23	daß sie nicht Ruhe finden k.
	51,3	sollen sich nicht wehren k. 26
	46	euer Herz k. sonst weich werden
Klg	1,14	gegen die ich nicht aufkommen k.
	2,9	wo sie das Gesetz nicht üben k.
	3,44	daß kein Gebet hindurch k.
	49	meine Augen fließen und k.'s nicht lassen
	4,12	nicht... daß der Feind einziehen k.
	14	daß man ihre Kleider nicht anrühren k.
	18	daß wir auf unsern Gassen nicht gehen k.
Hes	1,17	nach allen Seiten k. sie gehen 10,11
	3,25	binden, daß du nicht gehen k. 26; 4,8
	7,13	wird keiner sein Leben erhalten k. 33,12
	19	Silber und Gold k. nicht retten Ze 1,18
	12,2	daß sie sehen k... daß sie hören k.
	13,21	daß ihr sie nicht mehr fangen k.
	14,15	daß niemand hindurchziehen k. 47,5
	15,3	Pflock, an den man etwas hängen k. 5
	17,8	daß er hätte Zweige bringen k. 14.23
	20,25	durch die sie kein Leben haben k.
	21,24	Wege, auf denen das Schwert kommen k. 25
	22,14	meinst du, dein Herz k. standhalten
	23,43	sie k. das Huren nicht lassen
	24,7	daß man's hätte zudecken k.
	27	so daß du reden k.
	27,36	daß du nicht mehr aufkommen k. 28,19; 30,21
	31,15	daß die großen Wasser nicht fließen k.
	33,10	wie k. wir denn leben
	32	wie einer, der gut spielen k.
	34,25	daß sie in den Wäldern schlafen k.
	38,12	damit du rauben und plündern k.
	41,24	beide Türflügel k. sich drehen
	46,12	soll man ihm auftun, damit er opfern k.
Dan	2,9	ich merken, daß die Deutung trefft
	10	ist kein Mensch, der sagen k. 11.16.25.26; 4,4.15; 5,7.8.15.16; 8,27
	28	Gott k. Geheimnisse offenbaren
	35	daß man sie nirgends finden k.
	3,15	Gott, der aus m. Hand erretten k. 17.29
	27	man k. keinen Brand an ihnen riechen
	4,14	die Königreiche geben k., wem er will
	32	niemand k. seiner Hand wehren
	34	wer stolz ist, den k. er demütigen
	6,5	sie k. keinen Grund zur Anklage finden
	13	das Gesetz der Meder k. niemand aufheben
	21	hat dich Gott erretten k. von Löwen 23
	8,4	kein Tier k. vor ihm bestehen 7
Dan	10,17	wie k. der Knecht meines Herrn reden
	11,15	die Heere k.'s nicht verhindern 16
	27	bedacht, wie sie einander schaden k.
Hos	8,6	das Kalb, es k. doch kein Gott sein
	9,16	daß sie keine Frucht mehr bringen k.
	10,3	was k. uns der König helfen 13,10
	11,8	wie k. ich dich preisgeben, Ephraim
Jo	1,11	weil aus der Ernte nichts werden k.
	2,11	der Tag... wer k. ihn ertragen Mal 3,2
	14	so daß ihr opfern k. Speisopfer
	21	der HERR k. auch Gewaltiges tun
Am	2,14	soll nicht sein Leben retten k. 15
	4,8	k. nicht genug (Wasser) finden
	5,14	suchet das Gute, auf daß ihr leben k.
	6,12	wer k. auf Felsen mit Rossen rennen
	7,10	das Land k. seine Worte nicht ertragen
	8,5	daß wir Korn feilhalten k.
	14	daß sie nicht wieder aufstehen k.
Jon	1,13	ans Land kämen; aber sie k. nicht
Mi	3,8	daß ich Israel seine Sünde anzeigen k.
	11	es k. kein Unglück über uns kommen
	5,7	junger Löwe, dem niemand wehren k.
Nah	1,6	wer k. vor seinem Zorn bestehen Ze 2,3
Hab	1,4	die rechte Sache k. nie gewinnen
	13	dem Jammer k. du nicht zusehen
	2,2	daß es lesen k., wer vorüberläuft
Hag	1,6	k. euch doch nicht erwärmen
Sa	2,4	niemand sein Haupt hat erheben k.
Jdt	3,9	sie k. ihn dennoch nicht milde stimmen
	4,2	daß er Jerusalem das gleiche antun k.
	5,11	der es den Nachkommen hätte sagen k.
	15	niemand k. diesem Volk Schaden tun 7,10
	6,2	wie k. du weissagen, daß das Volk
	4	daß meine Worte nicht erfüllt werden k.
	7,10	damit du sie überwinden k. 10,14
	8,7	niemand k. etwas Schlechtes über sie sagen
	13,24	daß du... den Kopf abschlagen k.
	15,1	erschraken und k. sich nicht entscheiden
	5	erschlugen alle, die sie einholen k.
	16,3	der Herr ist's, der den Kriegen wehren k.
	16	Herr, niemand k. dir widerstehen 17; Wsh 11,21; Tob 13,2; StE 2,1
Wsh	1,8	darum k. keiner verborgen bleiben
	2,19	damit wir erfahren, wieviel er ertragen k.
	5,5	wie k. er zu den Söhnen Gottes gezählt
	10	k. man seine Spur nicht mehr finden 11
	6,7	dem Geringsten k. Erbarmen widerfahren
	7,25	darum k. nichts Unreines hineinkommen
	27	obwohl sie nur eine ist, k. sie doch alles
	30	Bosheit k. die Weisheit nicht überwältigen
	8,18	suchte, wie ich sie zu mir nehmen k.
	9,13	wer k. ergründen, was der Herr will Sir 1,2.3.6; 18,2-5
	11,23	erbarmst dich über alle; denn du k. alles
	25	wie k. etwas bleiben, was du nicht wolltest
	12,12	wer k. deinem Gericht widerstehen
	14	es k. weder... die Stirn bieten
	13,16	weiß, daß er sich selber nicht helfen k.
	18	was nicht einmal den Fuß gebrauchen k.
	14,4	damit man ein Schiff besteigen k.
	17	die Leute k. sie nicht ehren
	15,15	die mit ihren Fingern nicht fühlen k.
	17	ein Mensch k. nicht einen Gott machen
	16,8	daß du es bist, der aus Unheil erlösen k.
	9	sie k. keine Hilfe finden
	10	deinen Kindern k... nicht schaden
	16	Unwetter, denen sie nicht entgehen k.
	23	damit die Gerechten sich nähren k.
	17,2	meinten, das heilige Volk unterdrücken zu k.
	3	als sie meinten, sie k. sich verstecken 4.5.8

können

Wsh	17,9	Luft, die man doch nicht entbehren k.
	19	Tiere, die man nicht sehen k.
Tob	1,19	gab von s. Vermögen, soviel er k. Sir 29,27
	23	Tobias k. sich verborgen halten
	4,8	wo du k., da hilf den Bedürftigen
	5,27	hätten zufrieden sein k. in unsrer Armut
	6,9	daß sie weder Mann noch Frau schaden k.
	16	daß mir's auch so gehen k. 7,11; 8,12
	17	über die der böse Geist Gewalt gewinnen k.
Sir	1,28	ein Langmütiger k. warten
	3,25	mehr gezeigt, als Menschenverstand fassen k.
	30	nichts als Unheil k. daraus erwachsen
	4,28	wenn du andern damit helfen k.
	5,2	folge deinem Begehren nicht, auch wenn du k.
	7	er k. sehr bald zornig werden
	7,12	es gibt einen, der erniedrigen und erhöhen k.
	8,10	von ihnen k. du Bildung empfangen 12
	20	er k. dein Geheimnis nicht wahren 22; 9,5
	11,25	was k. mir künftig zustoßen 26; 18,25.26
	27	der Herr k. jedem im Tod vergelten
	14,9	ein habgieriger Mensch k. nicht gedeihen
	11	tu dir selbst soviel Gutes an, wie du k.
	15,7	die Gottlosen k. (Weisheit) nicht entdecken
	15	wenn du willst, k. du die Gebote halten
	17,25	wer k. den Höchsten loben bei den Toten 26
	18,2	niemand k. seine Werke aufzählen
	19,22	k. eine Sache so drehen, daß er recht behält
	22,17	wie k. man ihn anders nennen als „Narr"
	26	ihr k. wieder Freunde werden 27-29
	33	doch kein Schloß an meinen Mund gelegt werden 23,2
	24,38	nie einer, der (Weisheit) ergründen k.
	25,5	wie k. du im Alter etwas finden
	6	wie die grauen Häupter urteilen k.
	16	mit wem k. man den vergleichen
	26,17	Frau, die schweigen k., ist eine Gabe Gottes
	27,6	k. den Menschen erproben an s. Rede
	13	unter Weisen k. du jederzeit bleiben
	23	Wunden k. man verbinden, Scheltworte k. man sühnen
	28,14	beides k. aus deinem Munde kommen
	20	wer... k. nicht in Frieden leben
	31,10	wer k. das Gesetz übertreten... k. Böses tun
	33,4	dann k. du recht antworten
	34,4	was unrein ist, wie k. das rein sein
	9	Mann mit Erfahrung k. Weisheit lehren 12
	15	Hoffnung auf den, der ihnen helfen k.
	38,26	wie k. der Weisheit erlernen
	38	sie k. Recht und Gerechtigkeit nicht lehren
	39,9	er k. weisen Rat und Lehre geben 4
	43,32	preist den Herrn, so hoch ihr k. 35
	35	gesehen, daß er von ihm erzählen k.
	46,4	wer k. (Josua) standhalten
	22	kein Mensch k. ihn anklagen
	48,4	wer k. sich rühmen, dir gleich zu sein
	51,33	kauft Weisheit, weil ihr sie haben k.
Bar	2,5	sie k. nicht mehr hochkommen
	3,17	Gold, wovon sie nie genug haben k.
1Ma	3,18	Gott k. durch wenige den Sieg verleihen
	53	wie k. wir ihnen standhalten
	5,16	wie sie ihren Brüdern helfen k.
2Ma	8,18	Gott, der die ganze Welt schlagen k.
Mt	3,9	denkt nur nicht, daß ihr bei euch sagen k.
	5,14	es k. die Stadt... nicht verborgen sein
	6,24	niemand k. zwei Herren dienen Lk 16,13
	27	wer seines Lebens Länge eine Spanne zusetzen k. Lk 12,25
	7,4	wie k. du sagen zu deinem Bruder Lk 6,42
Mt	7,11	wenn ihr euren Kindern gute Gaben geben k. Lk 11,13
	16	k. man Trauben lesen von den Dornen
	8,2	wenn du willst, k. du mich reinigen Mk 1,40; Lk 5,12
	28	gefährlich, daß niemand diese Straße gehen k.
	9,15	wie k. die Hochzeitsgäste Leid tragen Mk 2,19; Lk 5,34
	21	k. ich nur sein Gewand berühren Mk 5,28
	28	glaubt ihr, daß ich das tun k.
	10,28	die die Seele nicht töten k. Lk 12,4
	12,29	erst dann k. er sein Haus berauben Mk 3,27
	34	wie k. ihr Gutes reden, die ihr böse seid
	16,3	über das Aussehen des Himmels k. ihr urteilen Lk 12,56
	26	was k. der Mensch geben, womit er seine Seele auslöse Mk 8,37
	17,16	sie k. ihm nicht helfen Mk 9,18; Lk 9,40
	19	warum k. wir ihn nicht austreiben Mk 9,28
	20	k. ihr sagen zu diesem Berge Lk 17,6
	18,25	da er's nicht bezahlen k. Lk 7,42
	19,12	wer es fassen k., der fasse es
	25	wer k. dann selig werden Mk 10,26; Lk 18,26
	20,22	k. ihr den Kelch trinken, den Mk 10,38.39
	22,15	wie sie ihn in seinen Worten fangen k. Lk 11,54
	43	wie k. ihn David Herr nennen, wenn er sagt
	46	niemand k. ihm ein Wort antworten Lk 14,6
	26,4	hielten Rat, wie sie Jesus ergreifen k. Mk 3,2.6; 14,1; Lk 22,2
	9	Geld den Armen gegeben werden k. Mk 14,5
	40	k. ihr nicht... mit mir wachen Mk 14,37
	53	meinst du, ich k. meinen Vater nicht bitten
	61	ich k. den Tempel Gottes abbrechen
	27,42	k. sich selber nicht helfen Mk 15,31
	65	geht hin und bewacht es, so gut ihr k.
Mk	1,45	daß Jesus nicht mehr öffentlich in eine Stadt gehen k.
	2,4	da sie nicht zu ihm bringen k. wegen der Menge Lk 8,19
	7	wer k. Sünden vergeben als Gott Lk 5,21
	3,20	so daß sie nicht einmal essen k.
	23	wie k. der Satan den Satan austreiben
	24	k. es nicht bestehen 25.26; Lk 11,18
	4,32	daß die Vögel unter s. Schatten wohnen k.
	5,3	niemand k. ihn mehr binden 4
	6,5	er k. dort nicht eine einzige Tat tun
	19	wollte ihn töten und k. es nicht
	7,15	es gibt nichts, was von außen in den Menschen hineingeht, das ihn unrein machen k. 18
	24	k. doch nicht verborgen bleiben
	8,4	k. sie hier mit Brot sättigen
	25	zurechtgebracht, so daß er scharf sehen k.
	9,3	wie sie kein Bleicher auf Erden so weiß machen k.
	22	wenn du etwas k., so erbarme dich unser
	23	du sagst: Wenn du k. – alle Dinge sind möglich dem, der da glaubt
	39	so bald übel von mir reden
	14,7	wenn ihr wollt, k. ihr ihnen Gutes tun
	8	sie hat getan, was sie k.
	12	das Passalamm bereiten, damit du es essen k. 14; Lk 22,11; Jh 18,28
Lk	1,20	wirst stumm werden und nicht reden k. 22
	3,8	Gott k. dem Abraham aus diesen Steinen Kinder erwecken
	5,17	Kraft des Herrn war mit ihm, daß er heilen k.

können

Lk	6,39	k. ein Blinder einem Blinden den Weg weisen
	48	es nicht bewegen; denn es war gut gebaut
	8,43	k. von keinem geheilt werden
	9,1	daß sie Krankheiten heilen k.
	11,6	ich habe nichts, was ich ihm vorsetzen k.
	7	ich k. nicht aufstehen und dir etwas geben
	13,11	sie war verkrümmt und k. sich nicht aufrichten
	24	viele werden... und werden's nicht k.
	14,8	es k. einer eingeladen sein, der vornehmer
	20	Frau genommen; darum k. ich nicht kommen
	26	der k. nicht mein Jünger sein 27.33
	29	wenn... und kann's nicht ausführen 30
	16,2	du k. hinfort nicht Verwalter sein
	3	graben k. ich nicht
	26	daß niemand dorthin kommen k.
	17,20	daß man's beobachten k.
	18,41	was willst du... Herr, daß ich sehen k.
	19,3	k. es nicht wegen der Menge
	20,20	damit man ihn überantworten k. der Obrigkeit
	26	sie k. ihn in seinen Worten nicht fangen
	36	sie k. hinfort auch nicht sterben
	21,15	der eure Gegner nicht widerstehen k.
	22,4	darüber, wie er ihn an sie verraten k.
Jh	1,46	was k. aus Nazareth Gutes kommen
	3,2	niemand k. die Zeichen tun, die du tust
	3	so k. er das Reich Gottes nicht sehen 5
	4	wie k. ein Mensch geboren werden, wenn er alt ist
	9	Nikodemus sprach: Wie k. dies geschehen
	27	ein Mensch k. nichts nehmen, wenn nicht
	4,11	hast du doch nichts, womit du schöpfen k.
	5,19	der Sohn k. nichts von sich aus tun 30
	44	wie k. ihr glauben, die ihr Ehre voneinander annehmt
	6,44	es k. niemand zu mir kommen, es sei denn 65
	52	wie k. der uns sein Fleisch zu essen geben
	60	wer k. sie hören
	7,7	die Welt k. euch nicht hassen
	15	wie k. dieser die Schrift verstehen
	34	wo ich bin, k. ihr nicht hinkommen 35.36; 8,21.22; 13,33.36.37
	8,43	weil ihr mein Wort nicht hören k.
	46	wer von euch k. mich einer Sünde zeihen
	9,4	es kommt die Nacht, da niemand wirken k.
	16	wie k. ein sündiger Mensch solche Zeichen tun
	33	wäre dieser nicht von Gott, er k. nichts tun
	10,21	k. ein böser Geist die Augen der Blinden auftun
	35	die Schrift k. nicht gebrochen werden
	11,37	k. er nicht auch machen, daß dieser nicht sterben mußte
	57	soll er's anzeigen, damit sie ihn ergreifen k.
	12,39	darum k. sie nicht glauben, denn
	14,5	wie k. wir den Weg wissen
	17	Geist, den die Welt nicht empfangen k.
	15,4	wie die Rebe keine Frucht bringen k. aus sich
	5	ohne mich k. ihr nichts tun
	22	nun k. sie nichts vorwenden, um ihre Sünde zu entschuldigen
	16,12	ihr k. es jetzt nicht ertragen
	21,6	sie k.'s nicht mehr ziehen
Apg	2,24	unmöglich, daß er vom Tode festgehalten werden k.
	3,8	er sprang auf, k. gehen und stehen
Apg	3,12	als hätten wir bewirkt, daß dieser gehen k.
	4,16	wir k.'s nicht leugnen
	20	wir k.'s nicht lassen, von dem zu reden, was
	21	*wie sie sie strafen k.*
	5,4	hättest du den Acker nicht behalten k.
	39	ist es von Gott, so k. ihr sie nicht vernichten
	8,22	ob dir das Trachten deines Herzens vergeben werden k.
	31	wie k. ich, wenn mich nicht jemand anleitet
	33	wer k. seine Nachkommen aufzählen
	9,9	er k. drei Tage nicht sehen 22,11
	10,47	k. jemand das Wasser zur Taufe verwehren
	11,17	wer war ich, daß ich Gott wehren k.
	13,38	worin ihr durch das Gesetz nicht gerecht werden k.
	14,8	er hatte noch nie gehen k.
	9	er glaubte, ihm k. geholfen werden
	18	k. sie kaum das Volk davon abbringen
	15,1	wenn ihr euch nicht beschneiden laßt, k. ihr nicht selig werden
	10	Joch, das weder... noch wir tragen k.
	17,19	k. wir erfahren, was
	27	ob sie ihn wohl fühlen und finden k.
	19,39	k. man es in einer ordentlichen Versammlung entscheiden
	40	mit dem wir diesen Aufruhr entschuldigen k.
	21,24	trage die Kosten, daß sie ihr Haupt scheren k.
	34	da er nichts Gewisses erfahren k.
	37	er sprach: K. du Griechisch
	23,10	befürchtete der Oberst, sie k. Paulus zerreißen
	24,8	wenn du ihn verhörst, k. du erkunden 11
	13	sie k. dir auch nicht beweisen, wessen 25,7
	25,21	bis ich ihn zum Kaiser senden k.
	26	damit ich etwas hätte, was ich schreiben k.
	26,32	dieser Mensch k. freigelassen werden, wenn
	27,12	ob sie bis nach Phönix kommen k. 13
	15	da das Schiff nicht mehr gegen den Wind gerichtet werden k.
	16	k. das Beiboot in unsre Gewalt bekommen
	31	k. ihr nicht gerettet werden
	42	damit niemand entfliehen k.
	43	die schwimmen k., als erste ins Meer springen
	28,20	gebeten, daß ich zu euch sprechen k.
Rö	1,19	was man von Gott erkennen k.
	2,1	darum k. du dich nicht entschuldigen
	3,6	wie k. sonst Gott die Welt richten
	20	weil kein Mensch durch Werke vor ihm gerecht sein k.
	4,2	k. er sich wohl rühmen, aber nicht vor Gott
	21	was Gott verheißt, das k. er auch tun
	6,9	der Tod k. hinfort über ihn nicht herrschen
	14	die Sünde wird nicht herrschen k. über euch
	7,18	aber das Gute vollbringen k. ich nicht
	8,8	die aber fleischlich sind, k. Gott nicht gefallen
	24	wie k. man auf das hoffen, was man sieht
	31	ist Gott für uns, wer k. wider uns sein
	39	uns scheiden k. von der Liebe Gottes
	9,19	wer k. seinem Willen widerstehen
	11,14	ob ich vielleicht einige von ihnen retten k.
	23	denn Gott sie wieder einpfropfen k.
	12,2	damit ihr prüfen k., was Gottes Wille ist
	14,4	der Herr k. ihn aufrecht halten
	15,14	daß ihr euch untereinander ermahnen k.
	17	darum k. ich mich rühmen vor Gott
	24	ich hoffe, daß ich bei euch durchreisen k.
	16,25	der euch stärken k. gemäß m. Evangelium

können

1Ko	1,15	damit nicht jemand sagen k., ihr wäret
	2,12	daß wir wissen k., was uns von Gott geschenkt
	13	wie sie menschliche Weisheit lehren k.
	14	er k. es nicht erkennen
	3,1	ich k. nicht zu euch reden wie zu
	2	ihr konntet sie noch nicht vertragen
	11	einen andern Grund k. niemand legen als den
	4,8	damit auch wir mit euch herrschen k.
	6,1	wie k. jemand von euch sein Recht suchen vor den Ungerechten
	5	der zwischen Bruder und Bruder richten k.
	7,5	weil ihr euch nicht enthalten k. 9
	21	k. du frei werden, so nutze es lieber
	35	damit ihr dem Herrn dienen k.
	36	wenn es k. nicht anders sein
	10,13	daß ihr's ertragen k. Eph 6,11.13
	21	ihr k. nicht den Kelch des Herrn trinken und
	11,17	ich k.'s nicht loben, daß ihr
	22	Häuser, wo ihr essen und trinken k.
	12,3	niemand k. Jesus den Herrn nennen außer
	21	das Auge k. nicht sagen zu der Hand
	30	k. alle auslegen
	13,2	wenn ich prophetisch reden k.
	14,5	daß ihr alle in Zungen reden k. 31
	7	wie k. man erkennen, was 9
	13	der bete, daß er's auch auslegen k.
	15,35	es k. jemand fragen
	50	das Reich Gottes nicht ererben k.
	16,10	seht zu, daß er ohne Furcht bei euch sein k.
	17	sie haben mir euch, die ihr nicht hier sein k.
2Ko	1,4	damit wir auch trösten k., die
	3,7	daß die Israeliten das Angesicht des Mose nicht ansehen k.
	5,12	damit ihr antworten k. denen, die
	7,16	daß ich mich in allem auf euch verlassen k.
	9,8	Gott k. machen, daß alle Gnade
	11,8	beraubt, um euch dienen zu k.
	12	sich rühmen zu k., sie seien wie wir
	12,4	hörte Worte, die kein Mensch sagen k.
	13,8	wir k. nichts wider die Wahrheit
Gal	3,21	ein Gesetz, das lebendig machen k.
	4,20	ich jetzt mit andrer Stimme zu euch reden k.
	6,13	damit sie sich dessen rühmen k.
Eph	3,4	daran k. ihr meine Einsicht erkennen
	18	so k. ihr mit allen Heiligen begreifen
	20	der überschwenglich tun k. über alles hinaus
	4,28	damit er dem Bedürftigen abgeben k.
	6,16	mit dem ihr auslöschen k. alle feurigen Pfeile des Bösen
Phl	1,10	daß ihr prüfen k., was das Beste sei
	3,4	obwohl ich mich des Fleisches rühmen k.
	21	nach der Kraft, mit der er sich alle Dinge untertan machen k.
	4,12	ich k. niedrig sein und k. hoch sein
Kol	4,3	daß wir das Geheimnis Christi sagen k.
1Th	2,7	obwohl wir unser Gewicht hätten einsetzen k.
	3,9	wie k. wir euretwegen Gott genug danken
1Ti	2,2	damit wir ein stilles Leben führen k.
	5,16	damit sie für die rechten Witwen sorgen k.
	6,16	den kein Mensch gesehen hat noch sehen k.
2Ti	1,12	er k. bewahren, was mir anvertraut ist
	2,13	er k. sich selbst nicht verleugnen
	24	der Böses ertragen k.
	3,7	nie zur Erkenntnis der Wahrheit kommen k.
	15	die heilige Schrift, die dich unterweisen k.
Tit	2,8	nichts Böses, das er uns nachsagen k.
1Pt	3,13	wer ist's, der euch schaden k.
2Pt	1,15	daß ihr dies im Gedächtnis behalten k.
1Jh	3,9	k. nicht sündigen; denn sie sind von Gott
	19	k. unser Herz zum Schweigen bringen
	4,20	wie k. er Gott lieben, den er nicht sieht
Heb	2,18	worin er selber gelitten hat, kann er helfen
	3,19	daß sie nicht dahin kommen k. wegen des Unglaubens
	4,15	nicht k. mit leiden mit unserer Schwachheit
	5,2	er k. mitfühlen mit denen, die unwissend
	7	dem dargebracht, der ihn vom Tod erretten k.
	14	die Gutes und Böses unterscheiden k.
	6,9	*ein Besseres, das euch retten k.*
	13	da er bei keinem Größeren schwören k.
	7,19	das Gesetz k. nichts zur Vollendung bringen 9,9; 10,1
	25	daher k. er für immer selig machen, die
	8,3	darum muß auch dieser etwas haben, was er opfern k.
	10,11	Opfer, die niemals die Sünden wegnehmen k.
	11,19	Gott k. auch von den Toten erwecken
	12,2	obwohl er hätte Freude haben k.
	18	Berg, den man anrühren k.
	20	sie k.'s nicht ertragen, was da gesagt wurde
	27	das bleibe, was nicht erschüttert werden k.
	13,6	was k. mir ein Mensch tun
Jak	1,13	Gott k. nicht versucht werden zum Bösen
	2,14	k. denn der Glaube ihn selig machen
	18	es k. jemand sagen
	3,2	k. den ganzen Leib im Zaum halten
	8	die Zunge k. kein Mensch zähmen
	12	k. ein Feigenbaum Oliven tragen
	4,12	einer ist Richter, der selig machen und verdammen k.
Jud	24	dem, der euch untadelig stellen k. vor das Angesicht seiner Herrlichkeit
Off	2,2	weiß, daß du die Bösen nicht ertragen k.
	3,8	niemand k. sie zuschließen
	5,3	k. das Buch auftun
	6,17	wer k. bestehen
	7,9	eine große Schar, die niemand zählen k.
	13,4	wer k. mit (dem Tier) kämpfen
	15	damit das Bild reden und machen k., daß
	17	daß niemand kaufen oder verkaufen k.
	14,3	niemand k. das Lied lernen außer
	15,8	niemand k. in den Tempel gehen

Konsul

1Ma 15,16 Luzius, K. der Römer

Kopf

1Mo	3,15	der soll dir den K. zertreten
2Mo	12,9	mit K., Schenkeln und inneren Teilen
	29,10	sollen ihre Hände auf den K. des Stieres legen 15.19; 3Mo 1,4; 3,2.8.13; 4,4.15.24.29.33; 8,14.18.22; 16,21; 4Mo 8,12
	17	seine Eingeweide zu seinem K. legen 3Mo 1,8.12; 8,20; 9,13
	36,38	überzog ihre K. mit Gold 38,17.19.28
	38,26	auf den K. ein halbes Lot
3Mo	1,15	d. Priester soll ihm den K. abknicken 5,8
	4,11	des Stieres ... K. (soll er hinaustragen)
	13,12	wenn Aussatz ausbricht... vom K. bis zum Fuß 29.30.41.44; 14,9.18.29
4Mo	1,2	was männlich ist, K. für K. 18.20.22; 3,47; 1Ch 23,3
5Mo	28,13	der HERR wird dich zum K. machen 44
	32,42	mit Blut von den K. streitbarer Feinde

Ri	8,28	Midianiter hoben ihren K. nicht mehr
	9,53	warf einen Mühlstein Abimelech auf den K.
	57	vergalt ihnen Gott auf ihren K. 1Sm 25,39; Jo 4,4.7
1Sm	17,46	und dir den K. abhaue 51; 2Sm 16,9
	29,4	Gefallen tun mit den K. unsrer Männer
2Sm	2,16	jeder ergriff den andern bei dem K.
	3,29	(das Blut) falle auf den K. Joabs
	4,7	und hieben ihm den K. ab 20,22
	20,21	sein K. soll über die Mauer geworfen w.
1Kö	20,31	laßt uns Stricke um unsere K. (tun) 32
2Kö	4,19	o mein K., mein K.
	10,6	nehmt die K. der Söhne eures Herrn 7.8
Neh	3,36	laß Hohn auf ihren K. kommen Est 9,25
Est	6,8	dessen K. königlichen Schmuck trägt
Hi	15,26	läuft mit dem K. gegen ihn an
	40,31	mit Fischerhaken (spicken) seinen K.
Ps	7,17	sein Unrecht wird auf seinen K. kommen
	22,8	die mich sehen, schütteln den K. 109,25
	68,22	Gott wird den K. s. Feinde zerschmettern
	74,13	hast zerschmettert die K. der Drachen 14
Pr	2,14	daß der Weise seine Augen im K. hat
Jes	9,13	haut von Israel K. und Schwanz ab 14
	19,15	was K. oder Schwanz ausrichten wollen
	58,5	wenn ein Mensch seinen K. hängen läßt
Jer	2,16	scheren dir den K. kahl 48,37; Hes 7,18; Am 8,10
	37	mußt d. Hände über dem K. zusammenlegen
	18,16	wer vorübergeht, den K. schüttle Klg 2,15
	23,19	Ungewitter auf ihren K. niedergehen 30,23
Klg	2,10	die Jungfrauen senken ihre K.
Hes	2,4	haben harte K. und verstockte Herzen
	9,10	will ihr Tun auf ihren K. 11,21; 16,43; 17,19; 22,31; Ob 15
	13,18	die ihr näht Hüllen für die K.
	23,15	bunte Turbane auf ihren K.
	33,4	dessen Blut wird auf seinen K. kommen
Dan	7,6	das Tier hatte vier K.
Am	2,7	treten den K. der Armen in den Staub
	9,1	daß die Trümmer ihnen auf den K. fallen
Jon	4,8	die Sonne stach Jona auf den K.
Jdt	13,9	schnitt ihm den K. ab 24.27.29; 14,13; 15,1; 16,11
	14,2	hängt diesen K. über die Mauer 7
Sir	12,19	mit dem K. nickt er Beifall
	13,9	er schüttelt den K. über dich
	17,19	wird jedem vergelten auf seinen K.
	21,12	der folgt seinem eignen K. nicht
	27,28	dem fällt er auf den K.
	36,12	zerschmettre die K. der Fürsten
Bar	6,22	Vögel setzen sich auf ihre K.
	31	die Priester sitzen da mit bloßen K.
1Ma	7,47	dem Nikanor ließ er den K. abhauen 2Ma 15,30.32.35
	11,17	ließ seinem Gast den K. abhauen
2Ma	7,7	zogen ihm vom K. Haut und Haar ab
Mt	27,39	die vorübergingen, schüttelten ihre K. Mk 15,29
Mk	12,4	dem schlugen sie auf den K.
Off	9,7	auf ihren K. war etwas wie goldene Kronen

Kopfbund

2Mo	28,4	(heilige) Kleider: K. und Gürtel 39; 29,6; 39,28; 3Mo 8,9; 16,4; Hes 44,18
	37	sollst es heften vorn an den K. 29,6; 39,31; 3Mo 8,9
Hi	29,14	mein Recht war mir Mantel und K.
Hes	16,10	ich gab dir einen K.
	21,31	tu weg den K.
	24,17	sollst deinen K. anlegen 23
Sa	3,5	setzt ihm einen reinen K. auf das Haupt

Kopfende

1Mo	47,31	neigte sich über das K. des Bettes hin

Kopfputz

Jdt	10,3	(Judit) setzte sich einen K. auf

Kopfschmuck

Jes	61,10	hat mich mit priesterlichem K. geziert

Kopftuch

Jes	3,23	(wird der Herr wegnehmen) die K.

Korach, Korachiter

1Mo	36,5	¹Oholibama gebar K. 14.16.18; 1Ch 1,35
2Mo	6,21	²Söhne Jizhars: K. 24; 4Mo 26,58; 1Ch 6,7.22; 9,19.31; 26,1.19; 2Ch 20,19
4Mo	16,1	(empörte sich) 5.6.8.16.19.24.27.32; 17,5.14; 26,9-11; 27,3; Sir 45,22; Jud 11
Ps	42,1	Unterweisung der Söhne K. 44,1; 45,1; 46,1; 47,1; 48,1; 49,1; 84,1; 85,1; 87,1; 88,1
1Ch	2,43	³Söhne Hebrons: K.
	12,7	⁴(die aus Benjamin:) die K.

Koralle

Hi	28,18	K. achtet man gegen sie nicht
Klg	4,7	ihr Leib war rötlicher als K.
Hes	27,16	haben K. auf deine Märkte gebracht

Korb

1Mo	40,16	trüge drei K. auf meinem Haupt 17.18
2Mo	29,3	sollst (ungesäuertes Brot) in einen K. legen 23.32; 3Mo 8,2.26.31; 4Mo 6,15.17.19
5Mo	26,2	Feldfrüchte... in einen K. legen 4
	28,5	gesegnet wird sein dein K. 17
Ri	6,19	Gideon legte das Fleisch in einen K.
2Kö	10,7	töteten die 70 und legten ihre Köpfe in K.
Jer	24,2	einen K. gute... andern K. schlechte Feigen
Am	8,1	da stand ein K. mit reifem Obst 2
Mt	14,20	was übrigblieb, zwölf K. voll 15,37; Mk 6,43; 8,8; Lk 9,17; Jh 6,13
	16,9	denkt... wieviel K. voll ihr da aufgesammelt habt 10; Mk 8,19.20
Apg	9,25	ließen ihn in einem K. die Mauer hinab 2Ko 11,33

Korban

Mk	7,11	K. - das heißt: Opfergabe soll sein, was

Kore

1Ch	9,19	K., des Sohnes Abiasafs 26,1; 2Ch 31,14

Koriandersamen

2Mo	16,31	es war wie weißer K. 4Mo 11,7

Korinth

Apg	18,1	danach verließ Paulus Athen und kam nach K.

Korinth

Apg	19,1	als Apollos in K. war, daß Paulus
1Ko	1,2	an die Gemeinde Gottes in K. 2Ko 1,1
2Ko	1,23	darum nicht wieder nach K. gekommen
2Ti	4,20	Erastus blieb in K.

Korinther

Apg	18,8	auch viele K., die zuhörten, ließen sich taufen
2Ko	6,11	o ihr K., unser Mund hat sich euch gegenüber aufgetan

Korn

1Mo	27,28	Gott gebe dir K. und Wein die Fülle 37
	47,19	gib uns K. zur Saat, daß wir leben 23
2Mo	9,32	Weizen und K. wurden nicht zerschlagen
3Mo	2,14	so sollst du die K. zerstoßen
	23,14	sollt kein Brot noch frische K. essen
4Mo	18,12	alles Beste vom K. habe ich dir gegeben
	27	als gäbet ihr K. von der Tenne
5Mo	18,4	(dem Priester) die Erstlinge deines K.
	28,51	wird dir nichts übriglassen vom K.
	33,28	in dem Lande, da K. und Wein ist 2Kö 18,32; Jes 36,17
Jos	5,11	ungesäuertes Brot und geröstete K.
Ri	15,5	ließ die Füchse in das K. der Philister
Rut	2,14	er aber legte ihr geröstete K. vor
1Sm	17,17	nimm für deine Brüder geröstete K.
2Sm	17,19	schüttete K. darüber
	28	(brachten) Mehl, geröstete K.
Hi	39,12	trauen, daß er dein K. einbringt
Ps	4,8	ob jene auch viel Wein und K. haben
	65,14	die Auen stehen dick mit K.
Spr	11,26	wer K. zurückhält, dem fluchen die Leute
Hes	36,29	ich will das K. rufen und es mehren
Hos	2,10	daß ich es bin, der ihr K. gegeben hat
	11	will mein K. und Wein mir wieder nehmen
	24	die Erde soll K., Wein und Öl erhören
	7,14	sie ritzen sich wund um K. und Wein
	14,8	von K. sollen sie sich nähren
Jo	2,24	daß die Tennen voll K. werden
Am	5,11	ihr nehmt von ihnen hohe Abgaben an K.
	8,5	daß wir K. feilhalten können 6
Hag	1,11	habe die Dürre gerufen über K., Wein, Öl
Sa	9,17	K. und Wein läßt er sprossen
Jdt	2,9	aus Syrien ließ er K. herbeifahren
	11,11	K., das dem Herrn geweiht ist
1Ma	14,10	Simon beschaffte Vorrat an K.
Lk	12,18	will darin sammeln all mein K.
1Ko	15,37	ein bloßes K., sei es von Weizen oder etwas anderem

Kornelius

Apg	10,1	es war ein Mann in Cäsarea mit Namen K. 3.7.17.22.24.25.30.31

Kornfeld

5Mo	23,26	wenn du in das K. deines Nächsten gehst
1Sm	8,15	von eurem K. wird er den Zehnten nehmen
Mt	12,1	ging Jesus durch ein K. Mk 2,23; Lk 6,1

Kornhaufen

Rut	3,7	(Boas) legte sich hinter einen K.
Hag	2,16	wenn einer zum K. kam

Kornhaus

1Mo	41,35	Getreide aufschütten in des Pharao K. 56
Jer	50,26	öffnet seine K.
Jo	1,17	die K. stehen wüst

Körnlein

Sir	18,8	wie ein K. Sand sind seine Jahre

Kornmaß

1Kö	18,32	Graben, so breit wie für zwei K. Aussaat

Kornspeicher

1Kö	9,19	Städte mit K. 2Ch 8,4.6; 16,4; 17,12

Körper

Jdt	13,9	danach wälzte sie den K. aus dem Bett
Sir	30,15	ein gesunder K. ist besser als großes Gut 16
1Ma	5,52	Judas zog über die toten K. hinweg
1Ko	15,40	es gibt himmlische K. und irdische K.

Körperkraft

Wsh	18,22	er überwand die Plage, nicht mit K.

Kos

1Ma	15,23	(schrieb Luzius) nach K.
Apg	21,1	kamen wir geradewegs nach K.

Kosam

Lk	3,28	Addi war ein Sohn K.

Kosbi

4Mo	25,15	K., eine Tochter Zurs 18

Koseba

1Ch	4,22	Jokim und die Männer von K.

kosen

Spr	7,18	laß uns k. bis an den Morgen

kostbar

1Mo	2,12	das Gold des Landes ist k.
	24,53	Bruder und Mutter gab er k. Geschenke
	37,25	trugen k. Harz, Balsam und Myrrhe
	41,42	(der Pharao) kleidete ihn mit k. Leinwand
Jos	7,21	ich sah einen k. babylonischen Mantel
2Sm	1,24	der euch kleidete mit k. Purpur
1Kö	5,31	gebot, k. Steine auszubrechen 7,9-11
2Kö	8,9	nahm mit sich allerlei k. Dinge
2Ch	20,25	fanden k. Geräte 32,27; 36,10.19
Esr	8,27	Gefäße aus Kupfer, so k. wie Gold
Est	2,12	sechs Monate mit k. Spezerei
Hi	28,10	alles, was k. ist, sieht das Auge
	16	gleicht nicht k. Onyx
Spr	1,13	wir wollen k. Gut finden
	6,26	eines and. Ehefrau (bringt) um das k. Leben
	8,10	achtet Erkenntnis höher als k. Gold
	10,20	des Gerechten Zunge ist k. Silber
	21,20	im Hause d. Weisen ist ein k. Schatz 24,4

Jes	2,16	(der Tag wird kommen) über alle k. Boote
	3,16	haben k. Schuhe an ihren Füßen 18
	13,12	daß ein Mann k. sein soll als feines Gold
	22,18	dort werden deine k. Wagen bleiben
	28,16	lege in Zion einen k. Eckstein
	39,2	zeigte den Gesandten k. Salben
Jer	25,34	zerbrechen müßt wie ein k. Gefäß
Hes	16,10	gab dir e. Kopfbund aus k. Leinwand 13
Dan	11,8	ihre Götter samt den k. Geräten wegführen
Hos	9,6	wo jetzt ihr k. Silber ist
	13,15	wird rauben alles k. Gerät
Nah	2,10	hier ist die Menge aller k. Kleinode
Jdt	10,3	(Judit) salbte sich mit k. Balsam
Sir	45,10	er zierte ihn mit k. Geschmeide
	14	das alles war herrlich und k.
Bar	3,30	wer hat... für k. Gold hergebracht
1Ma	1,24	(Antiochus) nahm die k. Gefäße 2,9
	10,60	Jonatan schenkte ihnen viele k. Gaben
StE	3,2	statt der k. Salben Asche
Mt	13,46	als er eine k. Perle fand, ging er hin
	26,7	hatte ein Glas mit k. Salböl Mk 14,3
Lk	16,19	ein reicher Mann kleidete sich in k. Leinen
Jh	12,3	da nahm Maria ein Pfund Salböl von k. Narde
1Ti	2,9	sich schmücken nicht mit k. Gewand
2Ti	1,14	dieses k. Gut bewahre durch den heiligen Geist
1Pt	1,7	damit euer Glaube als echt und viel k. befunden werde
	2,4	Stein, bei Gott auserwählt und k.
	6	siehe, ich lege in Zion einen k. Eckstein
	7	für euch, die ihr glaubt, ist er k.
Jak	5,7	der Bauer wartet auf die k. Frucht der Erde
Off	18,12	(ihre Ware:) allerlei Gerät aus k. Holz

Kostbarkeit

Jer	51,34	hat seinen Bauch gefüllt mit meinen K.
Dan	11,38	den Gott wird er ehren mit K.
	43	er wird Herr werden über alle K. Ägyptens
Hag	2,7	da sollen dann kommen aller Völker K.

kosten

Jos	6,26	das k. ihn seinen erstgeborenen... k. ihn seinen jüngsten Sohn 1Kö 16,34
1Sm	14,29	weil ich von diesem Honig gek. habe 43
1Kö	2,23	diese Bitte soll Adonija sein Leben k.
1Ch	12,20	könnte es uns den Hals k.
Hi	21,25	der andere hat nie vom Glück gek.
Ps	49,9	es k. zuviel, ihr Leben auszulösen
Jh	2,9	als der Speisemeister den Wein k.
Kol	2,21	du sollst das nicht k.

Kosten

Sir	3,12	suche nicht Ehre auf K. deines Vaters
1Ma	3,30	nichts übrigbehalten für die K. seines Hofes
	10,39	damit die K. bezahlt werden
	45	die K. aus s. eignen Einkommen 2Ma 3,3
Lk	14,28	der nicht zuvor überschlägt die K.
Apg	21,24	trage die K., daß sie ihr Haupt scheren können

Kostgänger

Sir	6,10	mancher Freund ist nicht mehr als dein K.

köstlich

1Mo	49,26	die k. Güter der ewigen Hügel
5Mo	33,13	gesegnet mit dem K. vom Himmel 14-16
Est	1,4	damit er sehen ließe die k. Pracht
Hi	20,20	mit seinem k. Gut wird er nicht entrinnen
Ps	19,11	sie sind k. als Gold
	36,8	wie k. ist deine Güte, Gott
	90,10	was daran k. scheint, ist vergebliche Mühe
	92,2	das ist ein k. Ding, dem HERRN danken
	106,24	sie achteten das k. Land gering
	147,1	unsern Gott loben, das ist ein k. Ding
Spr	22,1	guter Ruf ist k. als großer Reichtum
	31,10	ist viel edler als die k. Perlen
Hl	1,3	es riechen deine Salben k.
Jes	43,24	mir hast du nicht k. Gewürz gekauft
	55,2	so werdet ihr euch am K. laben
	57,9	bist zum König gezogen mit k. Salbe
Jer	6,20	was frage ich nach dem k. Gewürz
Klg	3,26	es ist ein k. Ding, geduldig sein 27
Sir	24,20	einen lieblichen Geruch wie k. Würze
	26,3	eine gute Frau ist eine k. Gabe
	29,29	besser... als ein k. gedeckter Tisch
1Pt	3,4	das ist k. vor Gott
Heb	13,9	ein k. Ding, daß das Herz fest werde

Kot

Hi	20,7	wird für immer vergehen wie sein K.
Ze	1,17	sollen weggeworfen w., als wären sie K.
Sir	10,9	der Mensch, der nur Schmutz und K. ist
Phl	3,8	*ich achte es für K.*
2Pt	2,22	*die Sau wälzt sich wieder im K.*

kotbeschmutzt

Sir	22,1	ein fauler Mensch ist wie ein k. Stein

Koz

1Ch	4,7	Söhne Helas: K. 8

krachen

Pr	7,6	wie das K. der Dornen unter den Töpfen
Jes	22,5	es k. die Mauer
	24,19	es wird die Erde mit K. zerbrechen
Jer	49,21	vom K. ihres Sturzes erbebt die Erde
2Pt	3,10	werden die Himmel zergehen mit großem K.

kraft

Spr	3,20	k. seiner Erkenntnis quellen die Wasser
Rö	15,15	um euch zu erinnern k. der Gnade
Gal	4,23	der (Sohn) von der Freien k. der Verheißung

Kraft

1Mo	31,6	aus allen meinen K. eurem Vater gedient
	49,3	mein erster Sohn bist du, meine K.
2Mo	9,16	erhalten, daß meine K. an dir erscheine
	32,11	dein Volk, das du mit großer K. geführt 4Mo 14,13; 5Mo 4,37; 9,29; 2Kö 17,36
4Mo	14,17	laß deine K. groß werden
5Mo	6,5	du sollst Gott liebhaben mit aller deiner K. Mk 12,30.33; Lk 10,27
	8,17	meine K. haben diesen Reichtum gewonnen
	18	er ist's, der dir K. gibt
	9,26	Volk, das du durch deine K. erlöst Neh 1,10
	21,17	dieser ist der Erstling seiner K.

Kraft

5Mo	28,32	in deinen Händen wird keine K. sein
	34,7	seine K. war nicht verfallen
	12	mit der mächt. K., die Mose vollbrachte
Jos	14,11	wie meine K. damals war, so ist sie noch
Ri	5,21	tritt einher, meine Seele, mit K.
	6,14	geh hin in dieser deiner K.
	8,21	wie der Mann ist, so ist auch seine K.
	16,5	wodurch (Simson) so große K. hat 6.9.15.17. 19.28.30
1Sm	28,20	auch war keine K. mehr in ihm 22
2Sm	22,33	Gott stärkt mich mit K. Ps 18,33
1Kö	19,8	ging durch die K. der Speise 40 Tage
2Kö	19,3	die K. fehlt, sie zu gebären Jes 37,3
	26	die darin wohnen, wurden ohne K. Jes 37,27
	23,25	von allen K. sich zum HERRN bekehrte
1Ch	29,2	habe aus allen K. herbeigeschafft
	12	in deiner Hand steht K. und Macht 2Ch 20,6
2Ch	20,12	in uns ist keine K.
	25,8	bei Gott steht die K. zu helfen
Neh	4,4	die K. der Träger ist zu schwach
Hi	6,11	meine K., daß ich ausharren könnte 12
	12,16	bei ihm ist K. und Einsicht
	21,7	werden alt und nehmen zu an K.
	24,22	Gott rafft hin durch seine K.
	26,2	wie stehst du dem bei, der keine K. hat
	12	durch seine K. hat er das Meer erregt
	30,2	denen die K. dahinschwand
	36,5	Gott ist mächtig an K. des Herzens
	22	Gott ist groß in seiner K. 37,23
	39,19	kannst du dem Roß K. geben 21
	40,16	welch eine K. ist in seinen Lenden
Ps	21,2	der König freut sich in deiner K.
	14	HERR, erhebe dich in deiner K.
	22,16	meine K. sind vertrocknet wie eine Scherbe
	27,1	der HERR ist meines Lebens K. Hab 3,19
	29,11	der HERR wird seinem Volk K. geben
	31,11	meine K. ist verfallen durch m. Missetat
	33,16	kann sich nicht retten durch s. große K.
	38,11	meine K. hat mich verlassen
	54,3	schaffe mir Recht durch deine K.
	65,7	der du Berge festsetzest in deiner K.
	68,36	er wird dem Volke Macht und K. geben
	71,16	ich gehe einher in der K. Gottes
	18	bis ich verkündige deine K. allen, die
	74,13	hast das Meer gespalten durch deine K.
	78,51	schlug die Erstlinge ihrer K. 105,36
	80,3	erwecke deine K.
	84,8	sie gehen von einer K. zur andern
	86,16	stärke deinen Knecht mit deiner K.
	88,5	bin wie ein Mann, der keine K. mehr hat
	89,44	hast die K. seines Schwerts weggenommen
	93,1	der HERR ist umgürtet mit K.
	102,24	er demütigt auf dem Wege meine K.
	112,9	seine K. wird hoch in Ehren stehen
	138,3	gibst meiner Seele große K.
	147,5	unser Herr ist von großer K. Nah 1,3
Spr	5,9	daß du nicht andern gebest deine K.
	14,4	die K. des Ochsen bringt reichen Ertrag
	24,5	ein vernünftiger Mann (ist) voller K.
	31,3	laß nicht den Weibern deine K.
	17	sie gürtet ihre Lenden mit K. 25
Pr	9,10	es zu tun mit deiner K.
	10,10	muß man mit ganzer K. arbeiten
Jes	10,13	ich hab's durch m. Hände K. ausgerichtet
	28,6	K. denen, die den Kampf zurücktreiben
	40,26	also groß, daß nicht eins
	29	er gibt dem Müden K.
	31	die auf den HERRN harren, kriegen neue K.
	41,1	sollen die Völker neue K. gewinnen
	44,12	arbeitet daran, mit der ganzen K.
Jes	49,4	dachte, ich verzehrte meine K. umsonst
	50,2	ist bei mir keine K. mehr
	63,1	einherschreitet in seiner großen K.
Jer	5,15	ein Volk von unerschöpflicher K.
	10,12	er hat die Erde durch seine K. gemacht 27,5; 32,17; 51,15
	16,19	HERR, du bist meine Stärke und K.
	21	meine K. und Gewalt ihnen kundtun
Klg	1,14	daß mir alle meine K. vergangen ist
Hes	17,9	ohne große K. wird man ihn ausreißen
Dan	8,7	der Widder hatte keine K.
	10,8	es blieb aber keine K. in mir 16.17
Hos	7,9	Fremde fressen seine K.
Am	6,13	durch unsere K. Karnajim genommen
Mi	3,8	ich aber bin voll K., voll Geist
	5,3	er wird auftreten in der K. des HERRN
Hab	1,11	machen ihre K. zu ihrem Gott
Sa	4,6	soll nicht durch Heer oder K. geschehen
Jdt	4,12	Amalekiter, die sich auf K. verließen
	5,17	gab... die K., ihren Feinden zu widerstehen
	9,11	gib mir die K., ihn zu stürzen
Wsh	7,20	(daß ich begriffe) die K. der Raubtiere
	25	sie ist ein Hauch der göttlichen K.
	10,2	gab ihm K., über alles zu herrschen
	13,4	wenn sie über ihre K. staunten
	16,23	dasselbe Feuer seine K. vergessen mußte
	24	die Schöpfung steigert ihre K.
	19,19	das Wasser vergaß seine K. zum Löschen
Sir	3,15	verachte ihn nicht im Gefühl deiner K.
	22	nicht nach dem, was deine K. übersteigt
	6,2	Leidenschaft, die deine K. anschwellen läßt
	27	halte ihre Wege ein mit aller deiner K.
	7,31	liebe den (Herrn) mit aller K.
	14,13	gib dem Armen nach deinen K.
	17,3	verlieh ihnen K., wie er selber sie hat
	38,5	damit man seine K. erkennen sollte
	19	Traurigkeit schwächt die K.
	43,16	drückt durch seine K. die Wolken zusammen
	33	preist ihn aus allen K.
	46,11	der Herr erhielt den Kaleb in voller K.
Bar	1,12	so wird der Herr uns K. geben
	6,64	Götzen sind... noch an K. zu vergleichen
2Ma	3,39	es wirkt eine K. Gottes an jener Stätte
StE	2,8	Israel rief mit aller K. zum Herrn
Mt	6,13	denn dein ist das Reich und die K.
	22,29	weil ihr weder... kennt noch die K. Gottes Mk 12,24
	24,29	die K. der Himmel werden ins Wanken kommen Mk 13,25; Lk 21,26
	30	sehen den Menschensohn kommen mit großer K. Mk 13,26; Lk 21,27
	26,64	zur Rechten der K. Mk 14,62; Lk 22,69
Mk	5,30	daß eine K. von ihm ausgegangen Lk 8,46
	9,1	sehen das Reich Gottes kommen mit K.
	12,30	du sollst Gott lieben von allen deinen K. 33; Lk 10,27
Lk	1,17	er wird vor ihm hergehen in Geist und K. Elias
	35	die K. des Höchsten wird dich überschatten
	4,14	Jesus kam in der K. des Geistes nach Galiläa
	5,17	die Kraft des Herrn war mit ihm 6,19
	13,7	was nimmt er dem Boden die K.
	24,49	bis ihr ausgerüstet werdet mit K. aus der Höhe
Apg	1,8	ihr werdet die K. des hl. Geistes empfangen
	3,12	als hätten wir durch eigene K. bewirkt
	4,7	aus welcher K. habt ihr das getan
	33	mit großer K. bezeugten die Apostel
	6,8	Stephanus, voll Gnade und K., tat Wunder

Apg	8,10	dieser ist die K. Gottes, die Große genannt
	9,22	Saulus gewann immer mehr an K.
	10,38	wie Gott Jesus gesalbt hat mit K.
	18,28	er überwand die Juden mit K.
	19,20	breitete sich das Wort aus durch die K.
Rö	1,4	eingesetzt ist als Sohn Gottes in K.
	16	es ist eine K. Gottes, die selig macht
	20	Gottes Wesen, seine ewige K. und Gottheit
	15,13	durch die K. des heiligen Geistes
	19	K. von Zeichen und in der K. des Geistes
1Ko	1,24	predigen wir Christus als Gottes K.
	2,4	geschahen in Erweisung der K.
	5	euer Glaube stehe auf Gottes K.
	4,19	nicht die Worte der Aufgeblasenen, sondern ihre K.
	20	das Reich Gottes steht in K.
	5,4	wenn mein Geist samt der K. unseres Herrn bei euch ist
	6,14	Gott wird uns auferwecken durch seine K.
	10,13	der euch nicht versuchen läßt über eure K.
	12,6	es sind verschiedene K.; aber ein Gott 10
	15,43	es wird auferstehen in K.
	56	die K. der Sünde ist das Gesetz
2Ko	1,8	wo wir beschwert waren über unsere K.
	4,7	damit die überschwengliche K. von Gott sei
	6,7	(als Diener Gottes:) in der K. Gottes
	8,3	nach K. und sogar über ihre K. gegeben
	12,9	damit die K. Christi bei mir wohne
	13,4	so lebt er doch in der K. Gottes
Eph	1,19	wie groß seine K. an uns (ist)
	3,7	Gnade Gottes, die mir nach seiner mächtigen K. gegeben ist
	16	daß er euch K. gebe
	20	der tun kann nach der K., die in uns
	4,16	wodurch jedes Glied das andere unterstützt nach dem Maß seiner K.
Phl	3,10	erkennen die K. seiner Auferstehung
	21	nach der K., mit der er sich alle Dinge untertan machen kann
	4,10	daß ihr K. habt, für mich zu sorgen
Kol	1,11	gestärkt werdet mit aller K.
	29	in der K. dessen, der kräftig in mir wirkt
	2,12	durch den Glauben aus der K. Gottes
1Th	1,5	unsere Predigt kam zu euch in der K.
2Th	1,11	vollende das Werk des Glaubens in K.
	2,9	der Böse wird auftreten mit großer K.
1Ti	1,18	damit du in ihrer K. einen guten Kampf
2Ti	1,7	Gott hat uns gegeben den Geist der K.
	8	leide mit mir in der K. Gottes
	3,5	Schein der Frömmigkeit, aber deren K. verleugnen sie
Tit	1,9	damit er die K. habe, zu ermahnen
1Pt	3,22	sind ihm untertan die Engel und die K.
	4,11	daß er's tue aus der K., die Gott gewährt
2Pt	1,3	alles hat uns seine göttliche K. geschenkt
	16	die K. und das Kommen unseres Herrn
Heb	6,5	(geschmeckt haben) die K. der zukünftigen Welt
	7,16	nach der K. unzerstörbaren Lebens
	9,17	ein Testament tritt erst in K. mit dem Tode
	11,11	durch den Glauben K., Nachkommen hervorzubringen
	12	von dem einen, dessen K. schon erstorben war
	34	sind aus der Schwachheit zu K. gekommen
Jak	1,21	das Wort, das K. hat, selig zu machen
Off	3,8	du hast kleine K. und hast mein Wort bewahrt
	4,11	würdig, zu nehmen Ehre und K.
	5,12	ist würdig, zu nehmen K. und Reichtum
Off	7,12	Preis und K. und Stärke sei unserm Gott
	9,10	in ihren Schwänzen war ihre K. 19
	12,10	nun ist die K. unseres Gottes geworden 19,1
	13,2	der Drache gab ihm seine K.
	15,8	der Tempel wurde voll Rauch von seiner K.
	17,13	diese geben ihre K. und Macht dem Tier

kräftig

1Mo	30,41	wenn die Brunstzeit der k. Tiere war 42
2Mo	1,19	sind k. Frauen. Ehe die Hebamme kommt
Hi	6,25	wie k. sind doch redliche Worte
	18,7	seine k. Schritte werden kürzer
	36,19	oder alle k. Anstrengungen
Dan	1,15	nach den zehn Tagen sahen sie k. aus
Apg	18,28	er widerlegte die Juden k.
Rö	7,5	waren die Leidenschaften k. in unsern Gliedern
1Ko	1,6	die Predigt von Christus ist k. geworden
Gal	2,8	*in Petrus k. gewesen... in mir k. gewesen*
Eph	4,16	*ein jegliches Glied k. Handreichung tut*
Kol	1,29	der in mir k. wirkt
2Th	2,11	*darum sendet ihnen Gott k. Irrtümer*
Tit	3,8	solches will ich, daß du k. lehrest
Phm	6	daß der Glaube in dir k. werde
Heb	1,3	trägt alle Dinge mit seinem k. Wort
	4,12	das Wort Gottes ist lebendig und k.
	6,17	Gott, als er noch k. beweisen wollte
	11,34	*sind k. geworden aus der Schwachheit*

kräftigen

Hi	4,4	die bebenden Knie hast du gek.
1Pt	5,10	der wird euch stärken, k.

kraftlos

Hes	7,27	die Hände des Volks werden k. sein
Wsh	13,19	ruft das um Kraft an, dessen Hände k. sind
Mt	5,13	*wenn das Salz k. wird* Mk 9,50; Lk 14,34

kraftvoll

Wsh	8,1	k. erstreckt sich (die Weisheit)

Kragen

Hi	30,18	wie der K. meines Hemdes würgt es mich

Krähe

Bar	6,54	wie die K., die hin- und herfliegen

krähen

Tob	8,11	als der Hahn k., rief Raguël seine Diener
Mt	26,34	in dieser Nacht, ehe der Hahn k. 75; Mk 14,30.72; Lk 22,34.61; Jh 13,38
	74	alsbald k. der Hahn Mk 14,68.72; Lk 22,60; Jh 18,27

Krämer

Hl	3,6	wie ein Duft von allerlei Gewürz des K.
Mt	25,9	*gehet hin zu den K.*

Krämerland

Hes	16,29	triebst Hurerei mit dem K. Chaldäa 17,4

Krämervolk

Krämervolk
Ze 1,11 das ganze K. ist dahin

Kranich
Jer 8,7 K. und Schwalbe halten die Zeit ein

krank
1Mo 48,1 wurde Josef gesagt: Dein Vater ist k.
3Mo 14,3 daß die k. Stelle am Aussätzigen heil gew.
1Sm 19,14 (Michal) sprach: Er ist k.
30,13 denn ich wurde vor drei Tagen k.
2Sm 13,2 so daß (Amnon) fast k. wurde 5.6
1Kö 14,1 zu der Zeit war Abija k. 5; 15,23; 17,17; 2Kö 1,2; 8;7.29; 2Ch 16,12; 22,6
2Kö 20,12 hatte gehört, daß Hiskia k. Jes 38,9; 39,1
Neh 2,2 du bist doch nicht k.
Ps 35,13 ich zog einen Sack an, wenn sie k. waren
69,21 die Schmach macht mich k.
Hl 2,5 ich bin k. vor Liebe 5,8
Jes 1,5 das ganze Haupt ist k.
Jer 8,18 mein Herz in mir ist k. Klg 5,17
Hes 34,4 das K. heilt ihr nicht
Dan 8,27 ich, Daniel, lag einige Tage k.
Mal 1,8 wenn ihr ein lahmes oder k. opfert 13
Jdt 8,3 machte ihn die Hitze k., und er starb
Wsh 17,8 wurden selbst k. vor lächerlicher Angst
Sir 7,39 nicht verdrießen, die K. zu besuchen
18,20 sorge für d. Gesundheit, bevor du k. wirst 22
31,27 so wirst du auch nicht k. werden
37,33 viel Fressen macht k.
38,9 wenn du k. bist, so mißachte dies nicht
13 Stunde, in der dem K... geholfen wird
Bar 6,28 geben weder dem Armen noch dem K. etwas
1Ma 1,6 als (Alexander) k. wurde und merkte
6,8 Antiochus in Babel k. vor Kummer
2Ma 9,21 weil ich schwer k. geworden bin
Mt 4,24 sie brachten zu ihm alle K. 14,35; Mk 1,32; Lk 4,40
8,16 er machte alle K. gesund 14,14
9,12 die Starken bedürfen des Arztes nicht, sondern die K. Mk 2,17; Lk 5,31
10,8 macht K. gesund, weckt Tote auf Mk 6,13; Lk 9,2.6; 10,9
15,30 die hatten bei sich viele andere K.
25,36 ich bin k. gewesen, und ihr 39.43.44
Mk 1,34 er half vielen K.
6,5 außer daß er wenigen K. die Hände auflegte
55 die K. dorthin zu tragen, wo 56
16,18 auf die K. werden sie die Hände legen
Lk 5,17 *wirkte, daß er die K. heilte*
13,11 Frau, die hatte einen Geist, der sie k. machte
Jh 4,46 dessen Sohn lag k. in Kapernaum
5,3 in denen lagen viele K., Blinde, Lahme
5 ein Mensch, der lag 38 Jahre k. 7
6,2 die Zeichen sahen, die er an den K. tat
11,1 es lag einer k., Lazarus aus Betanien 2.3
6 als er hörte, daß er k. war, blieb er noch zwei Tage an dem Ort
Apg 4,9 wegen dieser Wohltat an dem k. Menschen
5,15 so daß sie die K. auf die Straßen hinaustrugen
16 brachten K. und solche, die von Geistern
9,37 es begab sich zu der Zeit, daß sie k. wurde
19,12 so hielten sie die Schweißtücher über die K.
28,9 kamen die andern K. der Insel herbei
1Ko 11,30 darum sind viele Schwache und K. unter euch
Phl 2,26 weil ihr gehört hattet, daß er k. geworden war
1Ti 5,23 nimm ein wenig Wein dazu, weil du oft k. bist
2Ti 4,20 Trophimus aber ließ ich k. in Milet
Jak 5,14 ist jemand unter euch k., der rufe zu sich
15 das Gebet des Glaubens wird dem K. helfen

kränken
1Sm 1,6 ihre Widersacherin k... sie 7
Ps 78,41 sie k. den Heiligen Israels
Spr 18,19 ein gek. Bruder ist abweisender als
Jes 65,3 Volk, das mich beständig k.
Sir 18,15 wenn du jemand gibst, k. ihn nicht

Krankenkost
2Sm 13,5 damit sie mir K. gebe

Krankenspeise
2Sm 13,7 mache ihm eine K. 10

Krankheit
2Mo 15,26 so will ich dir keine der K. auferlegen 23,25; 5Mo 7,15
5Mo 28,59 wird dich schlagen mit bösen K. 61; 29,21
1Kö 8,37 wenn K. da ist 2Ch 6,28
17,17 seine K. wurde so schwer, daß 2Ch 16,12
2Kö 1,2 ob ich von dieser K. genesen werde 8,8.9
13,14 als Elisa an der K. erkrankte, an der er
2Ch 21,15 wirst viel K. haben, bis deine Eingeweide vor K. heraustreten 18.19
24,25 ließen ihn in großer K. zurück
Ps 41,4 du hilfst ihm auf von aller seiner K.
Pr 5,16 sein Leben lang hat er gesessen in K.
Jes 38,9 als er von seiner K. gesund geworden
53,3 er war voller Schmerzen und K.
4 fürwahr, er trug unsre K. Mt 8,17
10 wollte zu ihr: der HERR zerschlagen mit K.
Jer 16,4 sie sollen an bösen K. sterben
Hos 5,13 als Ephraim seine K. fühlte
Sir 10,11 eine leichte K. – der Arzt scherzt
30,17 ewige Ruhe (ist) besser als stete K.
31,2 schwere K. verscheucht den Schlaf
Mt 4,23 Jesus heilte alle K. im Volk 9,35; Lk 7,21
10,1 daß sie heilten alle K. Lk 9,1
Lk 5,15 gesund zu werden von ihren K. 6,18
8,2 einige Frauen, die er gesund gemacht von K.
13,11 *die hatte einen Geist der K.*
12 sprach zu ihr: Frau, sei frei von deiner K.
Jh 11,4 diese K. ist nicht zum Tode
Apg 19,12 die K. wichen von ihnen
28,9 *kamen auch die andern, die K. hatten*

Kranz
2Mo 25,11 sollst einen goldenen K. ringsherum machen 24.25; 30,3.4; 37,2.11.12.26.27; 1Kö 7,29.36
Jes 28,5 wird der HERR sein ein herrlicher K.
Jdt 3,8 daß... ihn aufnahmen mit K. und Fackeln
Wsh 2,8 laßt uns K. tragen von Rosenknospen
1Ma 4,57 sie schmückten... mit goldenen K.
2Ma 6,7 daß sie mit K. einherziehen mußten
14,4 brachte ihm einen goldenen K.
Apg 14,13 der Priester des Zeus brachte Stiere und K.
1Ko 9,25 einen vergänglichen K. empfangen

Krates

2Ma 4,29 Sostratus seinen Stellvertreter K.

Krätze

3Mo 21,20 (keiner soll herzutreten, wer) K. hat
22,22 hat es K., sollt ihr es nicht opfern
5Mo 28,27 der HERR wird dich schlagen mit K.

kraus

Hl 5,11 seine Locken sind k.

Kraut

1Mo 1,11 lasse die Erde aufgehen Gras und K. 12; 2,5
30 habe alles K. zur Nahrung gegeben 3,18; 9,3
2Mo 12,8 das Fleisch mit bitteren K. essen 4Mo 9,11
5Mo 29,22 daß weder etwas wächst noch K. aufgeht
32,2 meine Rede riesele wie Tropfen auf das K.
2Kö 4,39 ging einer aufs Feld, um K. zu sammeln
19,26 wurden wie das grüne K. Ps 37,2; Jes 37,27
Spr 15,17 besser ein Gericht K. mit Liebe als
Jes 15,6 daß das K. verwelkt
Hos 10,4 ihr Recht grünt wie giftiges K.
Wsh 16,12 es heilte sie weder K. noch Pflaster
2Ma 5,27 Judas ernährte sich im Gebirge von K.
Mt 13,32 wenn es gewachsen ist, ist es größer als alle K. Mk 4,32

Kreatur

Mk 16,15 predigt das Evangelium aller K. *Kol 1,23*
Rö 8,19 das ängstliche Harren der K. *20-22*
39 noch eine andere K. uns scheiden kann
2Ko 5,17 so ist er eine neue K. Gal 6,15
Kol 1,15 *er ist der Erstgeborne vor allen K.*
Heb 4,13 *keine K. ist vor ihm verborgen*
Jak 1,18 *daß wir wären Erstlinge seiner K.*
Off 5,13 *alle K. hörte ich sagen*
8,9 *der dritte Teil der K. im Meer starb*

Krebs

2Ti 2,17 ihr Wort frißt um sich wie der K.

Kreis

5Mo 19,3 sollst das Gebiet d. Landes in drei K. teilen
Spr 8,27 als er den K. zog über d. Fluten der Tiefe
Jes 40,22 er thront über dem K. der Erde
Mk 3,34 sah auf die, die um ihn im K. saßen
Apg 11,28 *die kommen sollte über den K. der Erde*
Jak 3,6 sie setzt des Lebens K. in Flammen

kreißen

Hi 39,1 wann die Hirschkühe k.

Kreszens, *Crescens*

2Ti 4,10 ist gezogen K. nach Galatien

Kreta, Kreter, *Krether*

1Sm 30,14 sind eingefallen in das Südland der K.
2Sm 8,18 Benaja war über die K. und Pleter gesetzt 20,23; 1Kö 1,38.44; 1Ch 18,17
15,18 alle K. und Plether zogen vorüber 20,7

Hes 25,16 ich will die K. ausrotten
Ze 2,5 weh dem Volk der K.
1Ma 10,67 kam Demetrius aus K.
Apg 2,11 K. und Araber
27,7 wir fuhren im Schutz von K. hin 12.13
21 man hätte nicht von K. aufbrechen (sollen)
Tit 1,5 deswegen ließ ich dich in K.
12 die K. sind immer Lügner, böse Tiere und

Kreuz

Mt 10,38 wer nicht sein K. auf sich nimmt
16,24 will mir jemand nachfolgen, der nehme sein K. auf sich Mk 8,34; 10,21; Lk 9,23
27,32 daß er ihm sein K. trug Mk 15,21
40 hilf dir selber und steig herab vom K. 42; Mk 15,30.32
Lk 14,27 wer nicht sein K. trägt und mir nachfolgt
23,26 sie legten das K. auf ihn
39 einer der Übeltäter, die am K. hingen
Jh 19,17 er trug sein K. und ging hinaus zur Stätte
19 Pilatus schrieb eine Aufschrift auf das K.
25 es standen bei dem K. Jesu seine Mutter
31 weil die Leichname nicht am K. bleiben
Apg 2,23 durch die Hand der Heiden ans K. geschlagen
1Ko 1,17 damit nicht das K. Christi zunichte werde
18 das Wort vom K. ist Torheit denen, die
Gal 5,11 dann wäre das Ärgernis des K. aufgehoben
6,12 damit sie nicht um des K. Christi willen verfolgt werden
14 mich rühmen allein des K. unseres Herrn
Eph 2,16 die beiden versöhne mit Gott durch das K.
Phl 2,8 ward gehorsam bis zum Tode am K.
3,18 sie sind Feinde des K. Christi
Kol 1,20 indem er Frieden machte am K.
2,14 hat ihn weggeschafft und an das K. geheftet
Heb 12,2 Jesus, der das K. erduldete

kreuzen

1Mo 48,14 Israel k. seine Arme

kreuzigen

Mt 20,19 den Heiden überantworten, damit sie ihn k. 27,26; Mk 15,15; Jh 19,16
23,34 von ihnen werdet ihr einige töten und k.
26,2 Menschensohn, daß er gek. werde Lk 24,7
27,22 sie sprachen alle: Laß ihn k. 23; Mk 15,13.14; Lk 23,21.23; Jh 19,6.15
31 führten ihn ab, um ihn zu k. 35; Mk 15,20.24. 25; Lk 23,33; Jh 19,18.23
38 da wurden zwei Räuber mit ihm gek. 44; Mk 15,27.32; Jh 19,32
28,5 daß ihr Jesus, den Gek., sucht Mk 16,6
Lk 24,20 wie ihn unsre Hohenpriester gek. haben
Jh 19,6 Pilatus spricht zu ihnen: Nehmt ihn und k. ihn
10 weißt du nicht, daß ich Macht habe, dich zu k.
15 spricht Pilatus: Soll ich euren König k.
20 die Stätte, wo Jesus gek. wurde, war nahe bei der Stadt 41
Apg 2,36 diesen Jesus, den ihr gek. habt 4,10
Rö 6,6 unser alter Mensch mit ihm gek. ist
1Ko 1,13 ist Paulus für euch gek.
23 wir predigen den gek. Christus
2,2 unter euch nichts zu wissen als allein den Gek.

kreuzigen

1Ko	2,8	hätten den Herrn der Herrlichkeit nicht gek.
2Ko	13,4	wenn er auch gek. worden ist in Schwachheit
Gal	2,19	ich bin mit Christus gek.
	3,1	denen Jesus Christus vor die Augen gemalt war als der Gek.
	5,24	haben ihr Fleisch gek.
	6,14	durch den mir die Welt gek. ist
Heb	6,6	da sie den Sohn Gottes abermals k.
Off	11,8	wo ihr Herr gek. wurde

Kreuzung

Spr	8,2	(d. Weisheit) steht an der K. der Straßen

kriechen

1Mo	1,26	alles Gewürm, das auf Erden k. 28; 7,14; 8,17.18
	3,14	auf deinem Bauche sollst du k.
2Mo	7,29	ja, die Frösche sollen auf dich selbst k.
3Mo	11,31	sind euch unrein unter allem, was da k. 41. 42.44.46; 20,25; 5Mo 14,19
Ps	105,34	kamen Heuschrecken geflogen und gek.
Jer	4,29	werden in die Felsen k.
Bar	6,20	von den Würmern, die auf der Erde k.
Apg	10,12	vierfüßige und k. Tiere der Erde 11,6
Rö	1,23	vertauscht mit einem Bild der k. Tieren

Krieg

1Mo	14,2	K. führten mit Bera, dem König von Sodom
	31,26	als wenn sie im K. gefangen wären
2Mo	1,10	wenn K. ausbräche, könnten sie gegen uns
	17,16	der HERR führt K. 1Sm 17,47; 1Ch 5,22
4Mo	10,9	wenn ihr in den K. zieht 5Mo 20,1; 21,10
	21,14	heißt es in dem Buch von den K.
5Mo	4,34	sich ein Volk herauszuholen durch K.
	20,5	daß er nicht sterbe im K. 6.7
	12	will sie aber mit dir K. führen 20
Jos	4,13	an 40.000 zum K. gerüstete Männer Ri 18,16. 17; 2Ch 25,5
	11,23	das Land war zur Ruhe gek. vom K. 14,15
Ri	1,1	K. zu führen gegen die Kanaaniter 3,1.2
1Sm	8,20	daß unser König unsere K. führe
	14,52	der K. gegen die Philister 2Sm 21,15.18-20; 1Ch 20,4-6
	17,13	die Söhne Isais waren in den K. gezogen
	18,17	führe des HERRN K. 25,28
	26,10	er sterbe oder er wird in den K. ziehen
2Sm	8,10	Toï führte K. mit Hadad-Eser 10,8
	11,7	fragte David, ob es mit dem K. gut stünde
1Kö	2,5	wie er im K. vergossenes Blut gerächt hat
	5,17	nicht bauen konnte um des K. willen
	8,44	wenn dein Volk ausz. in den K. 2Ch 6,34
	14,19	wie er K. geführt hat 22,46; 2Ch 27,7
	30	war K. ihr Leben lang 15,6.7.16.32; 2Ch 12,15; 13,2
	22,1	drei Jahre, daß kein K. war 2Ch 14,5; 15,19
2Kö	6,8	der König von Aram führte K. mit Israel
1Ch	5,10	zur Zeit Sauls führten sie K.
	22,8	hast große K. geführt
2Ch	16,9	darum wirst du von nun an K. haben
	35,20	zog Necho herauf, um K. zu führen 21
Hi	5	wird ich vom Tod erlösen und im K.
	38,23	die ich verwahrt habe für den Tag des K.
Ps	27,3	wenn sich K. wider mich erhebt
	46,10	der den K. steuert in aller Welt
	55,22	und haben doch K. im Sinn
	60,2	als (David) mit den Aramäern K. führte
Ps	68,31	zerstreue die Völker, die gerne K. führen
	144,1	lehrt meine Fäuste, K. zu führen
Spr	20,18	K. soll man mit Vernunft führen 24,6
Pr	8,8	keiner bleibt verschont im K.
Jes	2,4	w. nicht mehr lernen, K. zu führen Mi 4,3
	42,25	hat ausgeschüttet den Schrecken des K.
Jer	6,4	rüstet euch zum K. gegen sie
	18,21	ihre junge Mannschaft im K. getötet
	21,2	Nebukadnezar führt K. gegen uns
	28,8	Propheten haben geweissagt von K.
	41,9	anlegen lassen im K. gegen Bascha
	42,14	wollen nach Äg... daß wir weder K. sehen
Hes	7,14	wird doch niemand in den K. ziehen
	17,17	wird ihm der Pharao nicht beistehen im K.
Dan	9,26	bis zum Ende wird es K. geben
	11,10	seine Söhne werden K. führen
Hos	10,9	sollte nicht der K. über sie kommen
	14	zerstörte Bet-Arbeel damals im K.
Jo	4,9	bereitet euch zum heiligen K.
Mi	2,8	wie Leute, die aus dem K. kommen
	3,5	dem predigen sie, es werde ein K. kommen
Jdt	4,4	legten Vorräte für den K. an
	10,20	lohnte es sich, diesen K. zu führen
Wsh	8,15	zeige ich mich im K. tapfer
	14,22	obwohl sie wie im K. lebten
Sir	37,12	einen Ängstlichen, wie man K. führen soll
	46,4	(Josua) führte die K. des Herrn
Bar	6,49	wenn K. über sie kommt
	50	sich weder vor K... schützen können
1Ma	1,2	(Alexander) hat viele K. geführt
	2,66	Judas soll den K. führen 9,30
	3,29	K., den er gegen die... Gesetze führt
	59	für uns ist es besser, im K. zu fallen
	8,3	welche schweren K. sie in Spanien geführt
	23	Gott behüte sie vor K. und Feinden 24.27
	11,51	Beute, die sie im K. gewonnen hatten
	13,3	wißt, welche schweren K. ich geführt 8
Mt	24,6	ihr werdet hören von K. und Kriegsgeschrei Mk 13,7; Lk 21,9
Lk	14,31	welcher König will sich auf einen K. einlassen
1Ko	9,7	wer zieht in den K. und zahlt sich selbst den Sold
2Ti	2,4	wer in den K. zieht, verwickelt sich nicht in Geschäfte des täglichen Lebens
Jak	4,1	*woher kommt Streit und K. unter euch*
Off	9,7	wie Rosse, die zum K. gerüstet sind
	9	wie Rosse, die in den K. laufen
	12,7	es entbrannte ein K. im Himmel
	19,19	K. zu führen mit dem, der auf dem Pferd saß

kriegen

2Mo	8,11	der Pharao merkte, daß er Luft gek. hatte
Hi	42,12	so daß er 14.000 Schafe k.
Spr	13,4	der Faule begehrt und k.'s doch nicht 20,4
Pr	4	die Fleißigen k. genug
	2,22	was k. der Mensch von aller seiner Mühe
Jes	40,31	die auf den HERRN harren, k. neue Kraft
Mi	2,4	m. Volkes Land k. einen fremden Herrn
Sir	22,4	eine vernünftige Tochter k. einen Mann
	29,34	ich habe einen besseren Gast gek.

Krieger

2Sm	17,10	verzagt, auch wenn er ein K. ist
2Ch	26,12	Zahl der Häupter der Sippen unter den K.
Ps	76,6	allen K. versagen die Hände
Jes	3,25	deine K. (werden fallen) im Kampf
Jer	50,9	Pfeile wie die eines guten K.

Jer	51,57	will seine K. trunken machen
Jo	2,7	sie werden die Mauern ersteigen wie K.
Jdt	16,8	kein K. hat ihn umgebracht
Bar	3,26	da waren vorzeiten Riesen, gute K.
1Ma	6,37	Turm, darin standen je vier K.
	9,11	die besten K. standen an der Spitze
2Ma	8,9	Gorgias, der ein erfahrener K. war

kriegerisch

Jer	48,45	den Scheitel der k. Leute

Kriegsbeute

1Ch	26,27	aus der K. hatten sie's geheiligt

Kriegsbogen

Sa	9,10	der K. soll zerbrochen werden
	10,4	K. sollen aus ihr hervorgehen

Kriegserfahrung

Jdt	5,25	das sind doch nur Leute ohne K.

Kriegsgeschrei

2Mo	32,17	es ist ein K. im Lager
Jos	6,5	soll ein großes K. erheben 10.16.20
1Sm	17,20	sie erhoben das K. 2Ch 13,15
Hi	39,25	es wittert Rufen und K.
Jes	16,9	es ist K. in deinen Herbst gefallen
Jer	4,16	erheben K. gegen die Städte Judas
	20,16	hören am Mittag K.
	49,2	will ein K. erschallen lassen 50,15.22; Hes 21,27; Am 1,14
Ze	1,16	(dieser Tag ist) ein Tag des K.
1Ma	9,12	rückte von beiden Seiten mit K. vor
2Ma	15,25	zogen heran mit Trompeten und K.
Mt	24,6	ihr werdet hören von K. Mk 13,7

kriegsgewohnt

1Ma	6,30	brachte zusammen 32 k. Elefanten

Kriegshaufe

1Mo	49,19	Gad wird gedrängt werden von K.

Kriegsheld

2Ch	32,3	beriet sich mit seinen Obersten und K.
Sir	46,1	Josua war ein gewaltiger K.

kriegskundig

1Ch	5,18	zählten die Männer, die k. waren

Kriegskunst

Jdt	11,6	daß deine K. überall gepriesen wird

Kriegsmann, Kriegsleute

2Mo	15,3	der HERR ist der rechte K.
4Mo	31,28	sollst Abgabe erheben von den K. 42.53
	49	die Summe der K. aufgenommen 1Ch 7,40
5Mo	2,14	bis alle K. gestorben waren 16; Jos 5,4.6
	3,18	zieht vor euren Brüdern her, all ihr K.
Jos	6,2	Jericho samt K. in deine Hand gegeben 3
Jos	6,7	die K. sollen vor der Lade her gehen 9.13
	17,1	Machir, denn er war ein K.
1Sm	17,12	zu alt, um unter die K. zu gehen
	33	dieser ist ein K. von Jugend auf
	18,5	Saul setzte (David) über die K.
2Sm	10,7	sandte er Joab mit dem ganzen Heer der K.
	11,9	wo alle K. seines Herrn lagen 11
	17,8	dazu ist dein Vater ein K.
	19,7	daß dir nichts gelegen ist an den K.
	21,22	fielen durch die Hand seiner K. 1Ch 20,8
1Kö	9,22	(Salomo) ließ sie K. sein 2Ch 8,9
2Kö	5,2	die K. hatten ein Mädchen weggeführt
	24,2	K. kommen aus Chaldäa 10.11.14; 25,5; Jer 39,4.5; 52,7
	16	starke K... gefangen nach Babel 25,4.19
1Ch	12,9	gingen über zu David starke K. 39
	28,3	bist ein K. und hast Blut vergossen
2Ch	13,3	rüstete sich mit e. Heer von K. 14,7; 17,13
	20,21	Sänger, daß sie vor den K. herzögen
	25,6	warb K. für 100 Zentner Silber 9.10.13
	28,7	Sichri, ein K. aus Ephraim
	14	da gaben die K. die Gefangenen frei
	32,21	Engel; der vertilgte alle K.
Neh	3,16	baute bis an das Haus der K.
	34	sprach vor den K. in Samaria
Hi	16,14	läuft gegen mich an wie ein K. Jes 42,13
Jes	3,2	(der Herr wird wegnehmen:) Helden und K.
Jer	6,23	reiten auf Rossen, gerüstet als K. 50,42
	38,4	nimmt er den K. den Mut 51,32
	41,3	erschlug Jischmaël sämtliche K. 16
	48,14	wie könnt ihr sagen: Wir sind rechte K.
	49,26	alle K. werden umkommen 50,30; Hes 27,27
	51,27	sammelt K. gegen sie
	52,25	der über die K. gesetzt war
Hes	39,20	sättigt euch von all den K.
Dan	3,20	er befahl den K.
Jo	4,9	laßt hinaufziehen alle K.
Jdt	14,14	lief (Bagoas) hinaus zu den K.
Wsh	18,15	dein allmächtiges Wort, ein harter K.
Sir	47,6	daß er den erfahrenen K. tötete
1Ma	4,7	sahen, daß sie erfahrene K. waren
	5,39	daß sie auch K. aus Arabien bei sich hätten
	11,18	da wurden auch die K... umgebracht
	43	helfen, wenn du mir K. schickst 44
2Ma	3,23	als er mit den K... stand 28
	5,12	befahl den K., alle zu erschlagen
	10,14	Gorgias nahm K. in Sold
	13,15	mit den besten K. überfiel (er)
	14,39	Nikanor sandte über 500 K. 46

Kriegsrüstung

1Ma	14,9	Männer gingen im Schmuck ihrer K. einher

Kriegsschar

Hi	19,12	vereint kommen seine K.

Kriegsschiff

1Ma	15,4	darum habe ich K. bauen lassen

Kriegstrompete

4Mo	31,6	Pinhas hatte die K. bei sich
2Ch	13,12	K., um sie gegen euch zu blasen

kriegstüchtig

2Ch	26,11	Usija hatte ein k. Heer 13

Kriegsvolk

Kriegsvolk
- 4Mo 21,23 Sihon sammelte sein K. 33.35; 5Mo 2,32.33; 3,1-3; Ri 11,20.21
- 31,21 Eleasar sprach zu dem K. 32.48
- Jos 6,5 soll das K. ein Kriegsgeschrei erheben 10
- 7,3 laß nicht das ganze K. hinaufziehen
- 8,1 nimm mit dir das ganze K. 3.5.11.14; 10,5.7.24; 11,7
- 10,33 Josua schlug ihn und sein K.
- Ri 7,1 Gideon und das ganze K. 3
- 9,36 da kommt K. von der Höhe 37.38.43.48
- 20,22 da ermannte sich das K. von Israel 26.31
- 1Sm 13,15 zogen dem K. entgegen
- 14,15 das ganze K., die Wache… erschraken
- 18,13 David zog aus und ein vor dem K.
- 23,8 Saul ließ das ganze K. aufrufen 26,5.14
- 2Sm 10,10 das übrige K. 12,28; 1Ch 19,11
- 12,29 brachte David das ganze K. zusammen 31; 15,23.24; 16,6; 17,2.3; 18,1-5; 1Ch 20,3
- 19,3 Trauer unter dem ganzen K. 4.9
- 22,30 mit dir kann ich K. zerschlagen Ps 18,30
- 24,2 geht umher und zählt das K.
- 2Kö 13,7 vom K. nicht mehr übriggeblieben als
- 25,23 als alle Hauptleute des K. hörten 26
- 2Ch 17,2 legte K. in alle festen Städte
- 32,6 setzte Hauptleute über das K.
- Jer 18,22 wenn du K. über sie kommen läßt
- Hes 17,15 daß man ihm K. schicken sollte 23,24
- 27,10 Perser… waren dein K.
- Dan 11,15 sein bestes K. kann nicht widerstehen
- Nah 3,13 dein K. soll zu Weibern werden
- Bar 6,15 kann sich des K. nicht erwehren
- 1Ma 3,34 überließ ihm die Hälfte des K.
- 37 nahm der König das übrige K.
- 41 aus Syrien stieß viel K. zu ihnen
- 4,21 dazu sahen sie Judas und sein K.
- 28 brachte Lysias viel K. zusammen
- 5,30 sahen sie eine große Menge K.
- 10,71 wenn du auf dein K. vertraust
- 15,4 darum habe ich fremdes K. angenommen
- Apg 23,10 hieß das K. hinabgehen 27

Kriegswaffe
- 1Sm 8,12 daß sie seine K. machen
- Pr 9,18 Weisheit ist besser als K.
- Jer 51,20 du, Babel, warst meine K.

Kriegswagen
- Ri 4,13 (Sisera) rief alle seine K. zusammen
- 1Kö 5,6 Salomo hatte 4.000 Gespanne für seine K.
- 16,9 Simri, der Oberste über die Hälfte der K.

Kriegswehr
- Hes 32,27 die mit ihrer K. zu den Toten gefahren

Kriegszug
- Ri 4,9 Ruhm wird nicht dein sein auf diesem K.
- Jdt 2,7 wählte für den K. aus, wie ihm befohlen

Krippe
- Hi 39,9 der Wildstier wird bleiben an deiner K.
- Spr 14,4 wo keine Rinder sind, da ist die K. leer
- Jes 1,3 ein Esel (kennt) die K. seines Herrn
- Lk 2,7 wickelte ihn in Windeln und legte ihn in eine K. 12.16
- 13,15 bindet nicht jeder seinen Ochsen von der K. los

Krispus
- Apg 18,8 K., der Vorsteher der Synagoge
- 1Ko 1,14 daß ich niemand getauft habe außer K.

Kristall
- Hi 28,18 K. achtet man gegen sie nicht
- Jes 54,12 (will) deine Zinnen aus K. machen
- Hes 1,22 wie ein K., unheimlich anzusehen
- Off 4,6 wie ein gläsernes Meer, gleich dem K.
- 21,11 gleich einem Jaspis, klar wie K. 22,1

Krit(h) s. Bach

Krone
- 2Sm 1,10 nahm die K. von seinem Haupt 12,30; 1Ch 20,2
- 2Kö 11,12 setzte ihm die K. auf 2Ch 23,11
- Est 1,11 daß sie Wasti mit ihrer K. holen
- 2,17 setzte die K. auf ihr Haupt 8,15
- Hi 19,9 hat die K. von meinem Haupt genommen
- 31,36 wollte ich sie wie eine K. tragen
- Ps 21,4 du setzest eine goldene K. auf sein Haupt
- 89,40 du hast seine K. entweiht in den Staub
- 132,18 über ihm soll blühen seine K.
- Spr 4,9 wird dich zieren mit einer prächtigen K.
- 12,4 eine tüchtige Frau ist ihres Mannes K.
- 14,18 Erkenntnis ist der Klugen K.
- 24 den Weisen ist ihr Reichtum eine K.
- 16,31 graue Haare sind eine K. der Ehre
- 17,6 der Alten K. sind Kindeskinder
- 27,24 auch eine K. währt nicht für und für
- Hl 3,11 sehet den König Salomo mit der K.
- Jes 23,8 daß es Tyrus, der K., so gehen sollte
- 28,1 weh der prächtigen K. der Trunkenen 3
- 5 wird der HERR Zebaoth eine liebl. K. sein
- 62,3 wirst sein eine schöne K.
- Jer 13,18 K. ist euch vom Haupt gef. Klg 5,16
- Hes 16,12 gab dir eine schöne K. 23,42
- 21,31 nimm ab die K.
- Sa 6,11 mache K. und kröne das Haupt Jeschuas 14
- Jdt 15,12 du bist die K. Jerusalems
- Wsh 5,17 werden eine schöne K. empfangen
- Sir 1,11 die Furcht des Herrn ist eine schöne K. 22
- 6,32 wirst als schöne K. (Weisheit) dir aufsetzen
- 11,5 die K. ist dem aufgesetzt worden
- 25,8 das ist die K. der Alten
- 40,4 sowohl bei dem, der Purpur und K. trägt
- 47,7 ehrte ihn, als er die königliche K. empfing
- Bar 5,2 setze die K. der Herrlichkeit auf
- 1Ma 1,23 wegnehmen an Tempel
- 6,15 übergab ihm K., Mantel und Ring
- 8,14 bei all dem hat sich niemand eine K. aufgesetzt
- 10,20 wir schicken dir eine goldene K. 13,37
- 11,13 setzte sich die K. Vorderasiens auf 54; 12,39; 13,7
- Jh 19,2 die Soldaten flochten eine K. aus Dornen
- Phl 4,1 meine lieben Brüder, meine Freude und K.
- 2Ti 4,8 liegt für mich bereit die K. der Gerechtigk.
- 1Pt 5,4 die unvergängliche K. der Herrlichkeit empfangen
- Jak 1,12 wird er die K. des Lebens empfangen
- Off 2,10 so will ich dir die K. des Lebens geben

Off	3,11	halte, was du hast, daß niemand deine K. nehme
	4,4	hatten auf ihren Häuptern goldene K. 9,7; 12,1.3; 13,1; 14,14; 19,12
	10	legten ihre K. nieder vor dem Thron
	6,2	ihm wurde eine K. gegeben

krönen

Ps	8,6	mit Ehre und Herrlichk. ihn gek. Heb 2,7.9
	65,12	du k. das Jahr mit deinem Gut
	103,4	der dich k. mit Gnade und Barmherzigkeit
Hl	3,11	Krone, mit der ihn seine Mutter gek.
Sa	6,11	mache Kronen und k. das Haupt Jeschuas
Tob	3,22	jeder... wird nach der Anfechtung gek.
Sir	15,6	sie wird ihn k. mit Freude und Wonne
2Ti	2,5	wird er nicht gek., er kämpfe denn recht

Kronrat

2Ma	14,5	als ihn Demetrius vor den K. fordern ließ

Kronreif

2Mo	29,6	den heiligen K. am Kopfb. befestigen 39,30

Kropf

3Mo	1,16	den K. mit s. Inhalt auf den Aschenhaufen

Kröte

3Mo	11,29	sollen euch unrein sein... die K.

Krug

1Mo	24,14	neige deinen K. und laß mich trinken 15-18. 20.43.45.46
2Mo	16,16	jeder sammle einen K. voll für jeden 22.32
	36	ein K. ist der zehnte Teil eines Scheffels
	29,40	zu dem einen Schaf einen K. feinsten Mehls
Ri	7,16	gab jedem leere K. mit Fackeln 19.20
1Sm	1,24	dazu... einen K. Wein 10,3; 25,18
	10,1	da nahm Samuel den K. mit Öl 2Kö 9,1.3
1Kö	14,3	nimm einen K. mit Honig und geh
	17,12	habe nichts, nur ein wenig Öl im K.
	19,6	zu seinen Häupten ein K. mit Wasser
Ps	56,9	sammle meine Tränen in deinen K.
	80,6	tränkest sie mit e. großen K. voll Tränen
Jes	22,24	wenn sich an ihn hängt... allerlei K.
Jer	13,12	alle K. werden mit Wein gefüllt
	19,1	kaufe dir einen irdenen K. vom Töpfer 10
	35,5	setzte den Männern K. voll Wein vor
	48,12	Küfer sollen ihre K. zerschmettern
Jdt	10,6	gab ihrer Magd einen K. mit Öl
Mk	7,4	Trinkgefäße und K. und Kessel zu waschen
	14,13	der trägt einen K. mit Wasser
Jh	4,28	da ließ die Frau ihren K. stehen
Heb	9,4	in ihr war der K. mit dem Himmelsbrot

krumm

Ps	38,7	ich gehe k. und sehr gebückt
	125,5	die abweichen auf ihre k. Wege Spr 2,15
Spr	21,8	wer mit Schuld beladen ist, geht k. Wege
Pr	1,15	k. kann nicht gerade werden
Jes	59,8	gehen auf k. Wegen
Mi	3,9	die ihr alles, was gerade ist, k. macht
Wsh	13,13	ein k. Stück Holz nimmt er
Lk	3,5	was k. ist, soll gerade werden

Apg	13,10	k. zu machen die geraden Wege des Herrn

krümmen

Ri	5,27	zu ihren Füßen k. (Sisera) sich
Pr	7,13	wer kann das gerade machen, was er k.
	12,3	zur Zeit, wenn die Starken sich k.
Jes	21,3	ich k. mich, wenn ich's höre
Wsh	16,5	gebissen durch die sich k. Schlangen
GMn	9	ich gehe gek. in schweren Banden
Mt	23,4	sie selbst wollen keinen Finger dafür k.

Krüppel

Mt	15,30	*die hatten mit sich Lahme, K.*
	31	*daß die K. gesund waren*
	18,8	*zum Leben als K. eingehest Mk 9,43*
Lk	14,13	*so lade die Armen, die K. 21*

Kub

Hes	30,5	K. und ihre Verbündeten sollen fallen

Küche

Hes	46,24	K., in denen die Tempeldiener kochen

Kuchen

1Mo	18,6	knete und backe K.
	19,3	backte ungesäuerte K. 2Mo 29,2
3Mo	2,4	nimm K. von feinstem Mehl 7,12.13; 8,26; 4Mo 6,15.19
4Mo	11,8	das Volk machte sich K. daraus
	15,20	als Erstling eures Teigs einen K.
2Sm	13,6	daß sie vor m. Augen K. mache 8.10
1Kö	14,3	nimm mit dir zehn Brote, K.
1Ch	12,41	K. von Feigen und Rosinen
Jer	7,18	der Himmelskönigin K. backen 44,19
Hos	7,8	Ephraim ist wie ein K.

Küchlein

Mt	23,37	*wie eine Henne versammelt ihre K.*

Kuckuck

3Mo	11,16	(daß ihr nicht esset:) den K. 5Mo 14,15

Kufe

Jer	48,33	dem Wein in den K. mache ich ein Ende
Jo	4,13	die K. laufen über

Küfer

Jer	48,12	daß ich ihnen K. schicken will

Kugel

Hl	1,11	Kettchen mit kleinen silbernen K.
Jes	22,18	(wird) dich wegschleudern wie eine K.

kuglig

1Kö	7,41	k. Knäufe auf den Säulen 42; 2Ch 4,12.13

Kuh

1Mo	15,9	bringe mir eine dreijährige K.

Kuh

1Mo	32,16	(Geschenk für Esau:) vierzig K.
	33,13	dazu säugende Schafe und K.
	41,2	sieben fette K. 3.4.18-20.26.27
4Mo	19,2	zu dir führen eine rötliche K. 5.6
	9	die Asche von der Kuh 10; Heb 9,13
5Mo	7,13	wird segnen das Jungvieh deiner K.
	21,3	sollen eine junge K. nehmen 6
	32,14	Butter von K. und Milch von Schafen
1Sm	6,7	nehmt zwei säugende K. 10.12.14
	16,2	nimm eine junge K.
Hi	21,10	ihre K. kalbt und wirft nicht fehl
Jes	7,21	wird ein Mann eine junge K. aufziehen
	11,7	K. und Bären werden zusammen weiden
Jer	46,20	Ägypten ist wie eine junge K. Hos 10,11
Hos	4,16	Israel läuft dahin wie eine tolle K.
Am	4,1	höret dies Wort, ihr fetten K.
Sir	38,27	muß spät und früh den K. Futter geben

Kuhkäse

2Sm	17,29	(brachten) K., um David zu stärken

kühl

1Mo	3,8	als der Tag k. geworden war
Ri	3,20	(Eglon) saß in dem k. Obergemach
Spr	25,25	gute Botschaft... ist wie k. Wasser
Hl	2,17	bis der Tag k. wird 4,6
StD	3,26	ein Wind, der k. Tau bringt

Kühle

Spr	25,13	wie die K. des Schnees zur Zeit der Ernte

kühlen

2Mo	15,9	will meinen Mut an ihnen k.
Hi	16,10	haben ihren Mut an mir gek.
Hes	5,13	daß ich meinen Mut k. 24,13
Sir	18,16	wie der Tau die Hitze k.
Lk	16,24	damit er mir die Zunge k.

Kühlung

2Ma	4,46	als wollte er ihm K. verschaffen

Kuhmist

Hes	4,15	will dir K. statt Menschenkot zulassen

kühn

2Sm	16,21	werden alle... desto k. werden
Hi	41,2	niemand ist so k., ihn zu reizen
Jdt	16,12	sich entsetzten vor ihrer k. Tat
1Ma	3,4	(Judas) war k. wie ein junger Löwe
	5,67	Priester, die allzu k. gewesen waren
	9,48	die Leute des Bakchides waren nicht so k.
2Ma	14,18	hörte, daß Judas so k. Leute bei sich hatte
2Ko	11,21	wo einer k. ist, da bin ich auch k.
Phl	1,14	sind um so k. geworden

Kühnheit

2Ma	8,18	sie verlassen sich auf ihre K.
2Ko	10,2	K. zu gebrauchen, mit der ich

kühnlich

1Ti	1,7	was sie so k. behaupten

Küken

Mt	23,37	deine Kinder versammeln, wie eine Henne ihre K. versammelt Lk 13,34

Kulon

Jos	15,59	(Städte des Stammes Juda:) K.

kum, *kumi*

Mk	5,41	talita k.! – das heißt

Kümmel

Jes	28,25	streut er Dill und wirft K. 27
Mt	23,23	die ihr den Zehnten gebt von K.

Kummer

1Sm	1,16	hab aus meinem großen K. geredet
1Ch	4,9	ich habe ihn mit K. geboren
Hi	6,2	wenn man doch meinen K. wägen wollte
Ps	31,11	mein Leben ist hingeschwunden in K.
	94,19	ich hatte viel K. in meinem Herzen
	107,39	wurden geschwächt von der Last des K.
Pr	2,23	voll K. ist sein Mühen
Hes	4,16	daß sie das Brot essen müssen mit K.
Sir	22,4	eine Tochter... macht ihrem Vater K.
	24	wenn man... löst man K. aus
	40,4	da sind immer Zorn, Eifersucht, K.
1Ma	6,8	Antiochus wurde krank vor K. 9

kümmern

1Mo	39,6	k. sich, da er ihn hatte, um nichts 8.23
2Mo	5,9	daß sie sich nicht um falsche Reden k.
Hi	35,15	da er sich um Frevel nicht viel k.
	39,16	k. sie nicht, daß ihre Mühe umsonst war
Sir	7,24	hast du Vieh, so k. dich darum
Bar	4,13	haben sich um seine Rechte nicht gek.
2Ma	11,23	damit alle sich um das Ihre k. können
Jh	10,13	er k. sich nicht um die Schafe
Apg	18,17	Gallio k. sich nicht darum

kummervoll

Dan	9,25	aufgebaut, wiewohl in k. Zeit

Kun

1Ch	18,8	Städten Hadad-Esers, Tibhat und K.

kund

Apg	4,16	*ist k. allen, die zu Jerusalem wohnen*
	13,38	*so sei es euch k.*
	28,22	*von dieser Sekte ist uns k.*

Kunde

4Mo	13,26	brachten ihnen K., wie es stand
2Sm	4,4	als die K. von Saul aus Jesreel kam
1Kö	2,28	davon kam vor Joab
	10,1	als die Königin die K. von Salomo vernahm 7; 2Ch 9,1.6
1Ch	21,2	bringt mir K... wieviel ihrer sind
Est	9,4	die K. von (Mordechai) erscholl
Ps	112,7	vor schlimmer K. fürchtet er sich nicht
Jes	23,5	erschrecken sie über die K. von Tyrus

Jer	10,22	horch, es kommt eine K. daher
	49,14	eine K. vernommen vom HERRN Hab 3,2
	50,43	wenn der König v. Babel die K. hören wird
Hes	7,26	eine schlimme K. nach der andern
Mt	4,24	die K. von ihm erscholl durch ganz Syrien 9,26; Mk 1,28; Lk 4,14.37; 7,17
	9,31	sie verbreiteten die K. von ihm
	12,16	*daß sie die K. nicht ausbreiten sollten*
	14,1	zu d. Zeit kam die K. von Jesus vor Herodes
Lk	5,15	die K. von ihm breitete sich immer weiter aus
Apg	11,22	es kam die K. davon der Gemeinde von Jerusalem zu Ohren
	21,31	*kam die K. vor den obersten Hauptmann*

kundig

1Sm	16,17	der des Saitenspiels k. ist 18; 2Ch 34,12
2Ch	8,18	Leute, die des Meeres k. waren
Esr	7,6	Esra war k. im Gesetz des Mose 11
Hi	3,8	k., den Leviatan zu wecken
Hes	27,8	die k. Männer von Tyrus hattest du 9
Apg	26,3	*weil du k. bist aller Sitten der Juden*

kündlich

1Ti	3,16	*k. groß ist das gottselige Geheimnis*

kundmachen, kund machen

4Mo	12,6	dem will ich mich k. in Gesichten
Ps	45,18	will deinen Namen k. von Kind zu Kindesk.
Jes	12,4	m. k. unter den Völkern sein Tun 5
	38,19	der Vater m. den Kindern deine Treue k.
Hes	39,7	will meinen heiligen Namen k.
1Ma	14,28	ist jedem k. gem. worden
Mk	1,45	*er m. die Geschichte k.*
Rö	16,26	kundg. durch die Schriften der Propheten
Eph	3,3	durch Offenbarung ist mir das Geheimnis kundg. worden
	5	dies war in früheren Zeiten den Menschenkindern nicht kundg.
	6,19	*k. das Geheimnis des Evangeliums*
Kol	1,25	*um Gottes Wort in seiner Fülle k.*

Kundschafter

1Mo	42,9	ihr seid K. 11.14.16.30.31.34
4Mo	21,32	Mose sandte K. aus nach Jaser
Jos	2,1	Josua sandte zwei Männer als K. aus
	6,23	die K. führten Rahab heraus Heb 11,31
1Sm	26,4	sandte (David) K. aus
Sir	11,31	wer ... ist wie ein K.
1Ma	12,26	als er K. in das Lager der Feinde sandte

kundsein

Phl	4,5	eure Güte laßt k. allen Menschen

kundtun

1Mo	41,39	weil dir Gott dies alles kundg. hat
2Mo	4,28	Mose t. Aaron k. alle Worte des HERRN
	18,16	t. ihnen k. die Satzungen Gottes 20
	33,19	will vor dir k. den Namen des HERRN
3Mo	23,44	Mose t. die Feste des HERRN k.
4Mo	16,5	wird der HERR k., wer ihm gehört
	24,14	will dir k., was dies Volk tun wird
5Mo	4,9	sollst d. Kindern und Kindeskindern k.
	45	Gebote und Rechte, die Mose Israel k.
5Mo	8,3	daß er dir k., daß ... nicht lebt vom Brot
Jos	4,22	so sollt ihr ihnen k. und sagen
	18,6	schreibt die Teile auf und t. mir's k.
1Sm	4,13	t. er's k., und die Stadt schrie auf
	9,17	als Samuel Saul sah, t. ihm der HERR k.
	27	daß ich dir k., was Gott gesagt 10,8
	10,25	Samuel t. dem Volk das Recht k.
	19,3	was ich erfahre, will ich dir k. 20,12.13
	20,2	mein Vater tut nichts, ohne es mir k.
	28,15	daß du mir k., was ich tun soll
2Sm	3,19	das t. Abner auch Benjamin k.
	7,21	um sie deinem Knecht k. 1Ch 17,19
	18,10	t. er's Joab k.: ich sah Absalom 11
1Kö	1,20	daß du ihnen k., wer auf dem Thron
2Kö	4,27	der HERR hat mir's nicht kundg.
1Ch	16,8	t. k. unter den Völkern sein Tun
	17,19	daß du k. alle Herrlichkeit
Esr	4,12	nun sei dem König kundg. 13.16; 5,8.10
	7,24	euch sei kundg., daß ihr nicht Macht habt
Neh	8,12	Worte verstanden, die man ihnen kundg. 15
	9,14	hast deinen heiligen Sabbat kundg.
Hi	32,6	mein Wissen euch k. 10.17
	33,23	ein Engel k. dem Menschen, was recht ist
Ps	2,7	k. will ich den Ratschluß des HERRN
	9,17	der HERR hat sich kundg. und Gericht
	16,11	t. mir k. den Weg zum Leben Apg 2,28
	19,3	eine Nacht t.'s k. der andern
	22,23	ich will deinen Namen k. meinen Brüdern
	49,5	will m. Rätselwort beim Klang der Harfe
	51,8	im Geheimen t. du mir Weisheit
	143,8	t. mir k. den Weg, den ich gehen soll
Spr	1,23	will euch meine Worte k.
	18,2	ein Tor will k., was in s. Herzen steckt
	22,21	um dir k. zuverlässige Worte der Wahrheit
Jes	44,7	wer hat vorzeiten kundg. das Künftige
	45,21	t. es k., bringt es vor, beratet
	47,13	Sterngucker, die k. jeden Neumond k.
	57,12	will deine Gerechtigkeit k.
Jer	11,18	der HERR t. mir k. ihr Vorhaben
	16,21	will meine Kraft und Gewalt ihnen k.
	33,3	will dir k. große und unfaßbare Dinge
	42,3	daß der HERR uns k. wolle 4.20
Hes	16,2	t. k. der Stadt Jerusalem ihre Greuel
	24,26	wird einer, der entronnen ist, dir's k.
	35,11	will mich an ihnen k.
Dan	2,5	werdet ihr mir den Traum nicht k. 6.26
	28	Gott hat Nebukadnezar kundg. 29.45
	4,15	alle Weisen können mir nicht k. 5,8.15
	5,17	ich will die Schrift dem König k.
	8,19	will dir k., wie es gehen 26; 9,23; 10,21; 11,2
Hos	12,11	ich bin's, der durch Propheten sich k.
Lk	2,15	die uns der Herr kundg. hat
Jh	15,15	alles habe ich euch kundg.
	17,26	ich habe ihnen deinen Namen kundg.
Apg	2,14	das sei euch kundg. 4,10; 13,38; 28,28
	28	du hast mir kundg. die Wege des Lebens
	9,24	*es ward Saulus kundg.*
	15,18	*der Herr, der solches k.*
Rö	9,22	da Gott seine Macht k. wollte
	23	damit er den Reichtum seiner Herrlichkeit k.
1Ko	12,3	darum t. ich euch k. Gal 1,11
2Ko	8,1	t. euch k. die Gnade Gottes
	11,6	vor allen haben wir sie bei euch kundg.
Eph	3,5	*in den vorigen Zeiten nicht kundg.*
	6,21	*wird's euch alles k. Tychikus Kol 4,7.9*
Kol	1,8	*der uns kundg. hat eure Liebe im Geist*
	27	denen Gott k. wollte, was
2Pt	1,14	*wie mir Christus kundg. hat*
	16	als wir euch kundg. haben die Kraft
Heb	9,8	damit t. der heilige Geist k.

kundtun

Off 1,1 er hat sie seinem Knecht Johannes kundg.

kundwerden

5Mo 8,2 damit k., was in deinem Herzen 2Ch 32,31
Ri 3,4 damit es k., ob sie gehorchten
16,9 so w. nicht k., worin seine Kraft lag
1Sm 6,3 es wird euch k., warum seine Hand
1Kö 18,36 laß heute k., daß du Gott in Israel bist
Neh 4,9 hörten, daß es uns kundg. war
Ps 79,10 laß unter den Heiden k. die Vergeltung
98,2 der HERR läßt sein Heil k.
145,12 daß den Menschen deine gewalt. Taten k.
Jes 64,1 daß dein Name k. unter deinen Feinden
Dan 2,30 damit dem König die Deutung k.
Hab 3,2 laß (dein Werk) k. in naher Zeit
Mk 2,1 es w. k., daß er im Hause war
Lk 1,65 diese ganze Geschichte w. k.
8,17 nichts Heimliches, was nicht k. w.
Apg 1,19 es ist k. gew. allen zu Jerusalem 9,42; 19,17
Rö 16,19 euer Gehorsam ist bei jedermann kundg.
1Ko 1,11 es ist mir kundg. über euch
Eph 3,3 daß mir ist kundg. dieses Geheimnis
10 damit jetzt k. w. die Weisheit Gottes
Phl 4,6 laßt eure Bitten vor Gott k.

künftig

1Mo 49,1 was euch begegnen wird in k. Zeiten
3Mo 19,25 damit ihr k. um so reicheren Ertrag
21,17 wenn... in k. Geschlechtern e. Fehler hat
5Mo 4,30 wenn dich das treffen wird in k. Zeiten
29,21 werden sagen k. Geschlechter, eure Kinder
Jos 22,24 k. eure Söhne zu unsern sagen 27.28
Pr 2,16 in k. Tagen ist alles vergessen
7,14 der Mensch nicht wissen soll, was k. ist
Jes 42,23 der es hört für k. Zeiten
44,7 wer hat kundgetan das K. Dan 2,28
Wsh 19,2 Gott wußte, was sie k. tun würden
Sir 48,7 du hast auf dem Sinai die k. Strafe gehört
Mt 3,7 daß ihr dem k. Zorn entrinnen werdet Lk 3,7

Kunst

2Mo 7,11 die Zauberer mit ihren K. 22; 8,3.14
30,25 nach der K. des Salbenbereiters 35; 37,29
35,25 alle Frauen, die diese K. verstanden
5Mo 18,10 der geheime K. oder Zauberei treibt
1Kö 7,14 Verstand und K. in allerlei Kupferarbeit
Pr 7,29 aber sie suchen viele K.
Jes 44,25 der ihre K. zur Torheit macht
47,10 deine K. hat dich verleitet
Jer 10,14 Menschen sind Toren mit ihrer K. 51,17
Wsh 14,4 retten, auch ohne die K. des Seemanns
19 machte das Bild durch seine K. so, daß
17,7 das Pochen auf ihre K. wurde zum Spott
Sir 9,4 damit sie dich nicht mit ihren K. fängt
38,3 die K. des Arztes erhöht ihn
6 er hat solche K. den Menschen gegeben
Apg 17,29 Bilder, durch menschliche K. gemacht

kunstgerecht

Wsh 13,11 bearbeitet es k. und macht ein Gerät

Künstler, Künstlerin

2Mo 31,6 habe allen K. Weisheit gegeben 36,1.2
36,4 K., die am Werk des Heiligt. arbeiteten 8
Jer 10,9 alles ist der K. Werk

Wsh 14,2 die K. Weisheit hat es gebaut
18 lockte der Ehrgeiz der K. auch die an
Bar 6,46 von K. und Goldschmieden gemacht 8

kunstreich

2Mo 26,1 Cherubim einweben in k. Arbeit 31; 36,8.35
28,6 Priesterschurz, k. gewirkt 15.39; 39,8
31,4 (erfüllt mit Geschicklichkeit,) k. zu arbeiten 5; 35,32.33.35; 2Ch 2,13
2Ch 3,10 zwei Cherubim, k. Werke

kunstverständig

2Mo 35,10 wer unter euch k. ist, der komme

kunstvoll

2Ch 16,14 mit k. zubereiteter Spezerei
26,15 (Usija) machte k. Geschütze
Wsh 7,21 die Weisheit, die alles k. gebildet hat
13,10 Götter, Gold und Silber, k. verarbeitet

Kunstweber

2Mo 38,23 Oholiab, ein Schmied, Schnitzer, K.

Kunstwirker

2Mo 35,35 alle Arbeiten des Goldschmieds und des K.

Kunstwirkerarbeit

2Mo 39,3 daß man sie in K. einweben konnte

Kupfer

2Mo 25,3 die Opfergabe: Gold, Silber, K. 35,5.24
26,11 sollst Haken aus K. machen 27,4; 36,18
37 Füße aus K. 27,10.11.18; 36,38; 38,10.11.17.19
27,2 (den Altar) mit K. überziehen 6; 38,2.6
3 alle seine Geräte aus K. machen 19; 30,18; 38,3.8.20; 1Kö 7,16.27.38.45; 1Ch 29,2; 2Ch 4,9.16
4 ein Gitterwerk aus K. 35,16; 38,4
31,4 kunstreich zu arbeiten in Gold, Silber, K. 35,32; 1Ch 22,16; 2Ch 2,6.13; 24,12
38,29 das K. betrug 70 Zentner 1Ch 29,7
4Mo 31,22 K. (sollt ihr durchs Feuer gehen lassen)
Jos 22,8 ihr kommt heim mit Silber, Gold, K.
2Sm 8,8 nahm König David sehr viel K. 1Ch 18,8
21,16 das Gewicht seines Speers war 300 Lot K.
1Kö 7,47 ungewogen wegen der großen Menge des K. 2Kö 25,16; 1Ch 22,3.14; 2Ch 4,18
2Kö 25,13 brachten das K. nach Babel 17; Jer 52,17.20.22
2Ch 6,13 eine Kanzel aus K.
Esr 8,27 schöne Gefäße aus goldglänzendem K.
Hi 28,2 aus dem Gestein schmilzt man K.
Jer 15,12 kann man zerbrechen Eisen und K.
Hes 1,4 war es wie blinkendes K. 7.27; 8,2
22,18 sie alle sind K. im Ofen 20
27,13 haben Geräte aus K. als Ware gebracht
Dan 2,32 Bauch und Lenden waren von K. 35.39.45
10,6 seine Arme und Füße wie helles, glattes K.
Sa 6,1 die Berge aber waren aus K.
Mt 10,9 ihr sollt weder Gold noch K. haben

Kupferarbeit

1Kö 7,14 voll Verstand und Kunst in allerei K.

Kupfererz

5Mo 8,9 wo du K. aus den Bergen haust

kupfern

2Mo 27,17 alle Säulen sollen k. Füße haben
    39,39 den k. Altar und sein k. Gitter 38,5; 1Kö 8,64; 2Kö 16,14.15; 2Ch 1,5.6; 4,1; 7,7; Hes 9,2
3Mo 6,21 ein k. Topf, soll man ihn scheuern
4Mo 17,4 Eleasar nahm die k. Pfannen
Jos 6,19 Silber und Gold samt dem k. Gerät 24
2Sm 8,10 brachte mit sich k. Kleinode 1Ch 18,10
1Kö 7,30 k. Räder mit k. Achsen
    14,27 k. Schilde 2Ch 12,10
2Kö 16,17 von den k. Rindern Jer 52,20
    25,13 die k. Säulen und das k. Meer 1Ch 18,8; Jer 52,17.22
    14 k. Gefäße 1Ch 18,8.10; Jer 52,18
1Ch 15,19 Sänger mit k. Zimbeln
    29,2 herbeigeschafft Kupfer zu k. Gerät

Kupferschmied

1Kö 7,14 (Hiram von Tyrus); der war ein K.

Kürbis

4Mo 11,5 wir denken an die K.

kurz

3Mo 22,23 die zu k. Glieder haben, magst du opfern
4Mo 11,23 ist die Hand des HERRN zu k. Jes 50,2
5Mo 24,5 wenn jemand k. vorher eine Frau genommen
    32,17 Göttern, die vor k. erst aufgekommen
Hi 10,20 ist denn mein Leben nicht k.
    14,1 Mensch, vom Weibe geboren, lebt k. Zeit
    18,7 seine Schritte werden k.
Ps 89,48 gedenke, wie k. mein Leben ist
Pr 5,17 guten Mutes in der k. Zeit seines Lebens
    6,12 was nützlich ist in seinen k. Tagen
Jes 28,20 das Bett ist zu k.
    59,1 des HERRN Arm ist nicht zu k.
    63,18 k. Zeit haben sie dein Volk vertrieben
Hes 11,3 sind nicht vor k. die Häuser aufgebaut
    42,5 die oberen Kammern waren k.
Hos 1,4 denn es ist nur noch eine k. Zeit
Wsh 2,1 k. ist unser Leben 9,5; 15,8.9
    14,20 Gott, der k. zuvor als Mensch geehrt
Sir 11,23 in k. Zeit gibt er schönstes Gedeihen
    32,11 mach es k., und sage mit wenigen Worten viel
Bar 4,25 du wirst in k. sein Verderben sehen
2Ma 2,32 wer... darf sich k. fassen
    10,10 so k. wie möglich die Kriegsnöte
Jh 6,4 k. vor dem Passa, dem Fest der Juden
    11,8 vor k. wollten die Juden dich steinigen
Apg 5,34 ließ die Männer für k. Zeit hinausführen
    24,4 du wollest uns k. anhören in deiner Güte
    26,29 ich wünschte vor Gott, daß über k. oder lang
1Ko 7,29 das sage ich, liebe Brüder: Die Zeit ist k.
2Ko 12,13 was ist's, worin ihr zu k. gekommen seid
Eph 3,3 Geheimnis, wie ich eben aufs k. geschrieben
3Jh 9 ich habe der Gemeinde k. geschrieben
Heb 11,32 die Zeit würde mir zu k., wenn ich
    13,22 ich habe euch ja nur k. geschrieben

Kürze

2Ch 12,7 sondern ich will sie in K. erretten
Pr 5,19 er denkt nicht viel an die K. seines Lebens
Lk 18,8 wird ihnen Recht schaffen in K.
Apg 24,4 *du wollest uns in K. hören*
    25,4 er selber werde in K. wieder dahin ziehen
Rö 16,20 wird den Satan unter eure Füße treten in K.
Off 1,1 zu zeigen, was in K. geschehen soll

kürzlich

Apg 18,2 mit seiner Frau k. aus Italien gekommen

Kusch

1Mo 2,13 ¹Gihon, der fließt um das ganze Land K.
2Kö 19,9 Tirhaka, den König von K. Jes 37,9
Hi 28,19 Topas aus K. wird nicht gleich geschätzt
Jes 11,11 der übriggeblieben ist in K. 18,1
    20,3 als Zeichen und Weissagung über K. 4
    43,3 K. und Seba an deiner Statt
Jer 46,9 lasset die Helden ausziehen, die von K.
Hes 29,10 bis an die Grenze von K. Jdt 1,9
    30,4 K. wird erschrecken 5.9
Nah 3,9 K. und Ägypten waren ihre unermeßl. Macht
Ze 3,10 von jenseits der Ströme von K.
1Mo 10,6 ²Söhne Hams: K. 7.8; 1Ch 1,8-10
Ps 7,1 ³wegen der Worte des K., des Benjaminiters

Kuschaja

1Ch 15,17 Etan, den Sohn K. 6,29

Kuschan

Hab 3,7 sah die Hütten von K. in Not

Kuschan-Rischat(h)ajim

Ri 3,8 verkaufte sie in die Hand K. 10

Kuschi

1Ch 6,29 ¹K., des Sohnes Abdis (= Kuschaja)
Jer 36,14 ²Schelemjas, des Sohnes K.
Ze 1,1 ³Wort... zu Zefanja, dem Sohn K.

Kuschiter, Kuschiterin

4Mo 12,1 gegen Mose um seiner Frau willen, der K.
2Ch 12,3 Volk, das mit ihm aus Ägypten kam, K.
    14,8 zog gegen sie Serach, der K.
    11 der HERR schlug die K. 12; 16,8
    21,16 Araber, die neben den K. wohnen
Jes 20,5 werden zuschanden werden wegen der K.
    45,14 der K. Gewinn... werden dein eigen sein
Hes 38,5 führt mit dir K. und Libyer Dan 11,43
Ze 2,12 auch ihr K. sollt erschlagen werden

kuschitisch

4Mo 12,1 (Mose) hatte sich eine k. Frau genommen

Kuß

Hi	31,27	ihnen K. zuzuwerfen mit meiner Hand
Spr	24,26	richtige Antwort ist wie ein lieblicher K.
	27,6	die K. des Hassers sind trügerisch
Hl	1,2	er küsse mich mit dem K. seines Mundes
Lk	7,45	du hast mir keinen K. gegeben
	22,48	verrätst du den Menschensohn mit einem K.
Rö	16,16	grüßt euch untereinander mit dem heiligen K. 1Ko 16,20; 2Ko 13,12; 1Th 5,26
1Pt	5,14	grüßt euch mit dem K. der Liebe

küssen

1Mo	27,26	k. mich, mein Sohn 27; 50,1
	29,11	(Jakob) k. Rahel und weinte laut
	13	herzte und k. ihn 33,4; 48,10
	31,28	hast mich nicht lassen meine Enkel k. 32,1
	45,15	(Josef) k. alle seine Brüder
2Mo	4,27	(Aaron) begegnete (Mose) und k. ihn
	18,7	Mose neigte sich vor ihm und k. ihn
Rut	1,9	und (Noomi) k. sie 14
1Sm	10,1	goß (Öl) auf sein Haupt und k. ihn
	20,41	(Jonatan und David) k. einander
2Sm	14,33	der König k. Absalom
	15,5	(Absalom) ergriff ihn und k. ihn
	19,40	k. der König den Barsillai
	20,9	Joab faßte Amasa, um ihn zu k.
1Kö	19,18	jeden Mund, der (Baal) nicht gek. hat
	20	laß mich meinen Vater und meine Mutter k.
Ps	2,11	k. seine Füße mit Zittern
	85,11	daß Gerechtigkeit und Friede sich k.
Spr	7,13	sie erwischt ihn und k. ihn
Hl	1,2	er k. mich mit dem Kusse seines Mundes
	8,1	fände ich dich draußen, wollte ich dich k.
Hos	13,2	wer die Kälber k. will, soll... opfern
Tob	7,7	Raguël k. (Tobias) unter Tränen
	9,8	Tobias sprang auf, und sie k. sich
	10,13	die Eltern k. (ihre Tochter)
	11,7	geh zu deinem Vater und k. ihn 11
Sir	29,5	er k. einem Leute die Hand, bis er's empfängt
StE	2,4	bereit, ihm sogar die Fußsohlen zu k.
	4,8	er hob das Zepter auf und k. sie
Mt	26,48	welchen ich k. werde, der ist's Mk 14,44
	49	trat zu Jesus und k. ihn Mk 14,45; Lk 22,47
Lk	7,38	k. seine Füße und salbte sie mit Salböl 45
	15,20	er fiel ihm um den Hals und k. ihn
Apg	20,37	sie fielen Paulus um den Hals und k. ihn

Küste

4Mo	34,6	das große Meer und seine K.
Jes	20,6	Bewohner dieser K. werden sagen 23,2.6
Apg	27,5	fuhren über das Meer längs der K. 28,13

Küstenland

Lk	6,17	große Menge des Volkes aus dem K. von Tyrus

Küstenstadt

Apg	27,2	das die K. der Provinz Asien anlaufen sollte

Kuta, *Kutha*

2Kö	17,24	ließ Leute von Babel kommen, von K. 30

Kyrenäer

Apg	6,9	da standen einige auf von der Synagoge der K.

Kyrene

1Ma	15,23	(schrieb Luzius) nach K.
2Ma	2,24	das Jason von K. aufgezeichnet hat
Mt	27,32	fanden sie einen Menschen aus K. Mk 15,21; Lk 23,26
Apg	2,10	(wir wohnen in) Ägypten und der Gegend von K.
	11,20	einige Männer aus Zypern und K., die kamen nach Antiochia
	13,1	Barnabas und Luzius von K.

Kyrus

2Ch	36,22	im ersten Jahr des K. erweckte der HERR den Geist des K. 23; Esr 1,1.2
Esr	1,7	K. gab heraus die Geräte 8; 5,14
	3,7	wie es ihnen K. erlaubt hatte 4,3
	4,5	solange K. lebte
	5,13	befahl K., dies Haus zu bauen 17; 6,3.14
Jes	44,28	der zu K. sagt: Mein Hirte
	45,1	spricht zu seinem Gesalbten, zu K.
Dan	1,21	bis ins erste Jahr des Königs K. 10,1
	6,29	Daniel hatte Macht im Königreich des K.
StD	2,1	kam das Königreich an K. aus Persien

L

Laban

1Mo	24,29	¹Rebekka hatte einen Bruder, L. 25,20; 27,43; 28,2.5
	29	L. lief zu dem Mann draußen 50
	29,5	kennt ihr L., den Sohn Nahors
	10	als Jakob Rahel sah, die Tochter... L., des Bruders seiner Mutter 13-28
	24	L. gab Lea Silpa zur Leibmagd 46,18.25
	30,25	sprach Jakob zu L.: Laß mich ziehen 27.34
	36	Jakob weidete die Herden L. 40.42; 31,1.2.12. 19-26.31-36.43.46-48.51; 32,1.5
5Mo	1,1	²Worte, die Mose redete zwischen L., Hazerot (= Libna 1)

laben

1Mo	18,5	Brot, daß ihr euer Herz l. Ri 19,5.8
1Kö	13,7	komm mit mir heim und l. dich
Hi	24,20	die Würmer l. sich an ihm
Ps	68,11	du l. die Elenden in deiner Güte
Spr	11,25	wer reichlich gibt, wird gel.
	15,30	gute Botschaft l. das Gebein
	28,25	wer sich auf den HERRN verläßt, wird gel.
Pr	2,3	dachte ich, meinen Leib mit Wein zu l.
Hl	2,5	er l. mich mit Äpfeln
Jes	43,24	mich hast du nicht gel.
	55,2	so werdet ihr euch am Köstlichen l.

Lache

Hes	47,11	die L. werden nicht gesund werden

lächeln

Sir 13,14 mit freundlichem L. horcht er dich aus
21,29 ein Weiser l. nur ein wenig

lachen

1Mo 17,17 fiel Abraham auf sein Angesicht und l.
18,12 darum l. (Sara) bei sich selbst 13.15
21,6 Gott hat mir ein L. zugerichtet; denn wer es hören wird, der wird über mich l.
Hi 5,22 über Hunger wirst du l.
8,21 bis er deinen Mund voll L. mache
Ps 2,4 der im Himmel wohnt, l. ihrer
37,13 der Herr l. seiner
52,8 die Gerechten werden seiner l.
59,9 du, HERR, wirst ihrer l.
126,2 dann wird unser Mund voll L. sein
Spr 1,26 dann will ich auch l. bei eurem Unglück
14,13 auch beim L. kann das Herz trauern
29,9 tobt der oder l., aber es gibt keine Ruhe
31,25 sie l. des kommenden Tages
Pr 2,2 ich sprach zum L.: Du bist toll
3,4 l. hat seine Zeit
7,3 Trauern ist besser als L.
6 wie das Krachen... ist das L. der Toren
10,19 man hält Mahlzeiten, um zu l.
Hab 1,10 der Fürsten l. sie
Sir 19,27 L. und Gang zeigen, was an ihm ist
21,29 ein Narr l. überlaut 27,14
StD 2,6 Daniel l. und sagte 18
Lk 6,21 denn ihr werdet l. 25
Jak 4,9 euer L. verkehre sich in Weinen

lächerlich

1Mo 19,14 aber es war ihnen l.
Wsh 17,8 wurden selbst krank vor l. Angst

Lachisch

Jos 10,3 Jafia, dem König von L. 5.23.31-35; 12,11
15,39 (Städte des Stammes Juda:) L. 2Ch 11,9
2Kö 14,19 (Amazja) floh nach L. 2Ch 25,27
18,14 sandte Hiskia zum König von Assyrien nach L. 17; 19,8; 2Ch 32,9; Jes 36,2; 37,8
Neh 11,30 (einige wohnten draußen) in L.
Jer 34,7 die übriggeblieben waren, nämlich L.
Mi 1,13 du Stadt L., spanne Rosse an

Lachmas

Jos 15,40 (Städte des Stammes Juda:) L.

Lachmi

1Ch 20,5 erschlug L., den Bruder Goliats

Lada

1Ch 4,21 L., der Vater Mareschas

Ladan

1Ch 7,26 ¹(Tahan) dessen Sohn war L.
23,7 ²Gerschoniter waren L. 8.9; 26,21

Lade

2Mo 16,34 so stellte Aaron das Gefäß vor die L.
2Mo 25,10 macht eine L. aus Akazienholz 14; 31,7; 35,12; 37,1.5; 5Mo 10,1.3
16 in die L. das Gesetz legen 21; 39,35; 40,20; 5Mo 10,2.5; 1Kö 8,9; 2Ch 5,10
21 den Gnadenthron oben auf die L. tun 22; 26,34; 30,6; 40,20; 3Mo 16,2.13; 4Mo 4,5; 7,89
26,33 die L. hinter den Vorhang setzen 27,21; 30,6; 40,3.21; 3Mo 24,3
30,26 sollst salben die L. mit dem Gesetz 36
40,3 die L. (in die Stiftshütte) hineinstellen 21
5 den Räucheraltar vor die L. stellen
4Mo 3,31 sollen in Obhut nehmen die L.
10,33 die L. des Bundes zog vor ihnen her 35; Jos 3,11
14,44 die L. und Mose wichen nicht
17,19 lege (12 Stäbe) nieder vor der L. 25
5Mo 10,8 Stamm Levi, die L. des Bundes des HERRN zu tragen 31,9.25; Jos 3,3.13.17; 4,10.11.16.18; 6,4-13; 8,33; 1Ch 15,2.15.26
31,26 Buch dieses Gesetzes legt neben die L.
Jos 4,5 geht hinüber vor der L. des HERRN 7
7,6 Josua fiel zur Erde vor der L. des HERRN
8,33 ganz Israel stand zu beiden Seiten der L.
Ri 20,27 es war die L. des Bundes Gottes dort
1Sm 3,3 im Heiligtum, wo die L. Gottes war
4,3 laßt uns die L. zu uns holen 4-6
11 die L. Gottes weggenommen 13.17-19.21.22; 5,1
5,2 die L. Gottes brachten sie in das Haus Dagons 3.4.7-11; 6,1-3.8.11.13.15.18.19.21; 7,1.2
2Sm 6,2 um die L. heraufzuholen 3-17; 1Ch 13,3-14; 15,1-3.12.14.23-29; 16,1.4.6.37; 2Ch 1,4
7,2 die L. Gottes wohnt unter Zeltdecken 11,11; 1Ch 15,1; 16,1; 17,1
15,24 Zadok u. alle Leviten trugen die L. 25.29
1Kö 2,26 du hast die L. Gottes getragen
3,15 Salomo trat vor die L. des Bundes
6,19 Chorraum, damit man die L. des Bundes dahin stellte 8,6.7.21; 1Ch 22,19; 28,2; 2Ch 5,7.8; 6,11; 35,3
8,1 die L. heraufzubringen 3.5; 2Ch 5,2.4.6
7 Cherubim bedeckten die L. 1Ch 28,18; 2Ch 5,8
2Kö 12,10 nahm Jojada eine L. 11; 2Ch 24,8.10.11
1Ch 6,16 als die L. zur Ruhe gekommen war
2Ch 6,41 mache dich auf, du und die L. deiner Macht Ps 132,8
8,11 geheiligt, weil die L. des HERRN
2Ma 2,5 darin versteckte er die L.
Heb 9,4 *Hütte; die hatte die L. des Bundes*
Off 11,19 die L. seines Bundes wurde in seinem Tempel sichtbar

laden

1Mo 31,17 Jakob l. Kinder und Frauen auf die Kamele
54 lud seine Brüder zum Essen
42,26 l. ihre Ware auf ihre Esel 1Sm 25,18
2Mo 28,43 damit sie keine Schuld auf sich l. 3Mo 22,9; 4Mo 18,22.32
3Mo 5,17 l. eine Schuld auf sich 7,18
19,17 damit du nicht seinetw. Schuld auf dich l.
4Mo 25,2 l. das Volk zu den Opfern ihrer Götter
5Mo 22,8 damit du nicht Blutschuld auf d. Haus l.
Ri 14,15 habt ihr uns hierher gel., um uns arm
1Sm 9,13 danach essen die, die gel. sind 22
16,3 du sollst Isai zum Opfer l. 5
2Sm 15,11 gingen mit Absalom 200, die gel. waren
1Kö 1,19 hat alle Söhne des Königs gel... aber Salomo hat er nicht gel. 25.26.41.49

laden

Neh 13,15 daß man am Sabbat auf Esel l.
Est 5,12 auch morgen bin ich zu ihr gel.
Jes 53,4 er l. auf sich unsre Schmerzen
Jer 26,15 werdet unschuldiges Blut auf euch l.
Hes 12,12 wird seine Habe auf die Schulter l.
Ze 1,7 der HERR hat seine Gäste dazu gel.
Mt 22,3 die Gäste zur Hochzeit zu l.
Lk 7,39 *der Pharisäer, der ihn gel. hatte*
    14,8 wenn du von jemandem gel. bist *9.10.12*
    12 *daß sie dich nicht etwa wieder l.*
    16 *ein großes Abendmahl und l. viele dazu*
    17 sandte s. Knecht aus, den Gel. zu sagen
    24 *der Männer keiner, die gel. waren*
Jh 2,2 Jesus und... waren auch zur Hochzeit gel.

Ladung

Jon 1,5 warfen die L. ins Meer
Apg 27,10 nicht allein für die L. und das Schiff
    18 warfen sie am nächsten Tag L. ins Meer

Laël

4Mo 3,24 Eljasaf, der Sohn L.

Lager

1Mo 32,8 Jakob teilte das Volk in zwei L. 9.11
    22 er aber blieb diese Nacht im L.
    49,4 bist auf deines Vaters L. gestiegen
2Mo 16,13 Wachteln bedeckten das L. Und am Morgen lag Tau rings um das L. 4Mo 11,9.31.32
    19,16 das Volk, das im L. war, erschrak 17
    29,14 Fleisch, Fell und Mist draußen vor dem L. verbrennen 3Mo 4,12.21; 8,17; 9,11; 16,27
    32,17 es ist ein Kriegsgeschrei im L.
    33,7 herausgehen zur Stiftshütte vor das L. 11
    36,6 gebot Mose, daß man durchs L. rufen ließe
3Mo 6,4 die Asche hinaustragen aus dem L. 4Mo 19,3.9
    10,4 tragt eure Brüder hinaus vor das L. 5
    13,46 s. Wohnung soll außerhalb des L. sein 14,3; 4Mo 5,2-4; 12,14.15; 31,19; 5Mo 23,11.13
    14,8 danach gehe er ins L. 16,26.28; 4Mo 19,7; 31,24; 5Mo 23,12
    15,4 jedes L., worauf er liegt, wird unrein 5.21.23.24.26
    17,3 wer schlachtet im L. oder vor dem L.
    24,10 zankte sich im L. mit einem israel. Mann
    14 führe den Flucher hinaus vor das L. 23; 4Mo 15,35.36
4Mo 1,52 jeder in seinem L. 2,3.9.10.16-18.24.25.31.32
    10,5 sollen die L. aufbrechen 6.14.18.22.25.34
    11,1 daß Feuer fraß am Rande des L.
    26 zwei Männer im L... in Verzückung im L. 27
    30 kehrte Mose zum L. zurück 14,44; 31,12.13
5Mo 2,14 bis alle Kriegsl. aus dem L. gestorben 15
    23,10 wenn du ein L. aufschlägst, hüte dich 15
    15 der HERR zieht mit dir inmitten deines L.
    29,10 dein Fremdling, der in deinem L. ist
Jos 1,11 geht durch das L. und gebietet 3,2
    4,3 legt (12 Steine) in dem L. nieder 8
    5,8 beschnitten war, blieben sie im L. 10
    6,11 kamen zurück in das L. 14; 10,15.21.43; 18,9; 1Sm 4,3
    18 das L. Israels in Bann zu bringen
    23 brachten (Rahab) außerhalb des L. unter
    8,13 stellten das Volk des ganzen L. so auf
    9,6 gingen zu Josua ins L. nach Gilgal 10,6

Ri 7,9 geh hinab zum L. 10.11.13.15.17.19.21
    13,25 im L. Dans zw. Zora und Eschtaol 18,12
    21,8 ins L. der Gemeinde niemand v. Jabesch 12
1Sm 4,5 als die Lade des Bundes ins L. kam 6.7
    9,25 machten sie Saul ein L. auf dem Dach
    11,11 sie kamen ins L. um die Morgenwache
    13,17 aus dem L. der Philister 14,15.19; 17,53
    17,17 bringe sie ins L. zu deinen Brüdern 20
    26,5 Ort, wo Saul sein L. hielt 6.7
2Sm 4,5 schlief auf seinem L. am Mittag 11
    11,2 daß David aufstand von seinem L. 13
    23,13 das L. der Philister lag in der Ebene Refaim 16; 1Ch 11,15.18
1Kö 1,47 der König hat sich verneigt auf seinem L.
    16,16 das Volk... machte im L. Omri zum König
2Kö 3,24 als sie zum L. kamen 7,5.7.8.10.12.16
    6,12 was du in d. Kammer redest, wo dein L. ist
    19,35 schlug im L. von Assyrien 185.000 Mann 2Ch 32,21; Jes 37,36
1Ch 9,28 die Torhüter in den L. der Leviten
    19 im L. des HERRN den Eingang gehütet 2Ch 31,2
2Ch 16,14 auf sein L., das man mit Spezerei gefüllt
    22,1 die streifende Rotte, die ins L. gekommen
Est 7,8 lag Haman vor dem L., auf dem Ester ruhte
Hi 7,13 mein L. soll meinen Jammer erleichtern
    37,8 die wilden Tiere gehen auf ihr L.
Ps 4,5 redet in eurem Herzen auf eurem L.
    6,7 ich netze mit meinen Tränen mein L.
    36,5 sie trachten auf ihrem L. nach Schaden
    41,4 der HERR wird ihn erquicken auf seinem L.
    78,28 mitten in das L. fielen sie ein
    106,16 sie empörten sich wider Mose im L.
    132,3 noch mich aufs L. meines Bettes legen
    149,5 die Heiligen sollen rühmen auf ihren L.
Spr 7,17 ich habe mein L. mit Myrrhe besprengt
Hl 1,16 unser L. ist grün
    3,1 auf m. L. suchte ich, den m. Seele liebt
    7,1 seht ihr an der Sulamith beim Reigen im L.
Jes 57,2 ruhen auf ihren L., die recht gewandelt
    7 machtest dein L. auf hohem Berg 8
    8 liebtest ihr L. und buhltest mit ihnen
Hes 16,24 machtest dir ein L. an allen Plätzen 39
Hos 7,14 machen ein Geheul auf ihren L.
Am 3,12 zu Samaria sitzen auf dem L. von Damast
    6,4 schlaft auf elfenbeingeschmückten L.
Mi 2,1 gehen mit bösen Gedanken um auf ihrem L.
Jdt 13,11 sie gingen durch das L. hindurch
    15,8 fielen über das L. der Assyrer her
    16,4 (der Herr) schlug sein L. auf in s. Volk
Wsh 19,7 die Wolke überschattete das L.
1Ma 3,41 die Kaufleute kamen in das L.
    57 schlugen ihr L. im Süden auf 9,5; 11,67.73; 12,27
    4,1 gegen das L. der Juden 4.5.13; 9,11
    20 sahen, daß das L. angezündet war
    23 um das L. zu plündern
    5,38 Leute, die das L. erkunden sollten 12,26
    6,48 das Heer des Königs schlug... sein L. auf 7,39; 10,48.69
    11,73 jagte den Feinden nach bis in ihr L. 2Ma 13,16
    12,28 ließen überall im L. Feuer machen
2Ma 15,17 beschlossen, kein L. mehr aufzuschlagen
    22 der erschlug in Sanheribs L. 185.000 Mann
Heb 13,11 die Leiber der Tiere werden außerhalb des L. verbrannt
    13 zu ihm hinausgehen aus dem L.

lagern

1Mo	3,24	ließ l. vor dem Garten die Cherubim
	24,11	da ließ er die Kamele sich l.
	33,18	l. vor der Stadt (und kaufte das Land)
	49,9	Juda hat wie eine Löwin sich gel.
	14	wird sich l. zwischen den Sattelkörben
2Mo	13,20	l. sich am Rande der Wüste 14,2.9; 15,27; 17,1; 18,5; 19,2; 4Mo 12,16; 20,1; 21,10-13; 22,1.5; 25,1; 33,5-37.41-49; Jos 4,19; 8,9.11
4Mo	1,50	sollen um die Wohnung her sich l. 51-53; 2,2. 3.5.12.17.20.27.34; 3,23.29.35.38; 24,2
	9,17	wo die Wolke... da l. sich die *Israeliten 18. 22
	18	nach s. Wort l. sie sich 20.23; 5Mo 1,33
	10,31	du weißt, wo wir l. sollen
	31,19	l. euch draußen
Jos	11,5	alle diese Könige l. sich gemeinsam
Ri	6,4	(die Midianiter) l. sich gegen (Isr.) 33
	7,1	(Gideon und das Kriegsvolk) l. sich
	8,11	während (das Heerlager) ohne Sorge l.
	10,17	die Ammoniter l. sich in Gilead 1Ch 19,7
	11,20	Sihon l. sich bei Jahaz
	15,9	die Philister l. sich in Juda 1Sm 4,1; 13,5.16; 17,1; 28,4
	18,12	(600 Mann) l. sich bei Kirjat-Jearim
	20,19	die *Israeliten l. sich vor Gibea 1Sm 4,1; 17,2; 26,3; 28,4; 29,1; 2Sm 2,13; 17,26; 1Kö 20,27
2Ch	32,1	Sanherib l. sich vor die festen Städte
Hi	19,12	haben sich um meine Hütte her gel.
Ps	27,3	wenn sich auch ein Heer wider mich l
	34,8	der Engel des HERRN l. sich um die her
Jes	7,2	die Aramäer haben sich gel. in Ephraim
	11,6	wird eine Panther bei den Böcken l.
	13,21	Wüstentiere werden sich da l. 20
	29,1	Ariel, du Stadt, wo David l.
Jer	4,17	werden sich um Jerusalem her l. Hes 24,2
	46,2	das Heer des Pharao l. am Euphrathstrom
Hes	19,2	unter Löwen l. sie
	34,14	da werden sie auf guten Auen l. 15
Mi	1,11	wird euch wehren, daß ihr euch da l.
Nah	3,17	Käfer, die sich an die Zäune l.
Ze	2,7	sollen sich in den Häusern v. Aschkelon l.
	14	daß Herden sich darin l. werden 15
	3,13	sollen weiden und l. ohne Furcht
Sa	9,8	will mich als Wache um mein Haus l.
Jdt	3,12	er l. dort dreißig Tage lang
1Ma	3,40	l. sich bei Emmaus 4,29; 5,37.39
	6,32	Judas l. bei Bet-Sacharja 7,40; 13,13
Mt	14,19	er ließ das Volk sich auf das Gras l. 15,35; Mk 6,39; 8,6; *Lk 9,15;* Jh 6,10.11

Lagerplatz

4Mo	33,1	dies sind die L. der *Israeliten 2
Jes	65,10	das Tal Achor ein L. für das Vieh

Lagerring

1Sm	26,5	Saul lag im innersten L. 7

Lahad

1Ch	4,2	Jahat zeugte L.

lahm

3Mo	21,18	keiner... soll herzutreten, er sei blind, l.
2Sm	4,4	(Mefi-Boschet) war l. 9,3.13; 19,27
	5,6	Blinde und L. werden dich abwehren 8
Hi	29,15	ich war des L. Fuß
Jes	33,23	auch die L. werden plündern
	35,6	dann werden die L. springen
Jer	31,8	will sie sammeln, Blinde und L. Mi 4,6
Mi	4,7	will den L. geben, daß sie Erben haben
Mal	1,8	wenn ihr ein l. (Tier) opfert 13
Mt	11,5	Blinde sehen und L. gehen Lk 7,22
	15,30	*die hatten mit sich L., Krüppel, Blinde*
	31	*sahen, daß die L. gingen*
	18,8	besser, daß du l. zum Leben eingehst Mk 9,45
	21,14	es gingen zu ihm Blinde und L. im Tempel
Lk	14,13	lade Arme, L. und Blinde ein 21
Jh	5,3	in denen lagen viele Kranke, L.
Apg	3,2	ein Mann, l. von Mutterleibe *14,8*
	8,7	*auch viele L. wurden gesund*
Heb	12,13	damit nicht jemand strauchle wie ein L.

lähmen

1Mo	49,6	in ihrem Mutwillen haben sie Stiere gel.
Jos	11,6	Rosse sollst du l. 9; 2Sm 8,4; 1Ch 18,4
Spr	26,7	wie einem Gel. das Tanzen, so dem Toren
Dan	5,6	so daß er wie gel. war
Wsh	17,15	die andern wurden dadurch gel.
Sir	25,31	eine Frau... l. seine Knie
Mt	4,24	brachten zu ihm Gel. 9,2; 15,30; Mk 2,3; Lk 5,18
	8,6	Herr, mein Knecht ist gel.
	9,2	Jesus sprach zu dem Gel. 6; Mk 2,5.10; Lk 5,24
	15,31	sahen, daß die Gel. gingen
Mk	2,4	das Bett, auf dem der Gel. lag
	9	was ist leichter, zu dem Gel. zu sagen
Apg	8,7	viele Gel. und Verkrüppelte wurden gesund
	9,33	dort fand er einen Mann... der war gel. 14,8

Laib

Ri	7,13	ein L. Gerstenbrot rollte zum Lager
Jer	37,21	ließ ihm täglich einen L. Brot geben

Lajescha

Jes	10,30	merke auf, L.

Lajisch

Ri	18,7	¹die fünf Männer kamen nach L. 14.27.29 (= Dan 1)
1Sm	25,44	²Palti, Sohn des L. aus Gallim 2Sm 3,15

Lakkum

Jos	19,33	(Naftali) seine Grenze war bis L.

lama

Mt	27,46	Eli, Eli, l. asabtani Mk 15,34

Lamech

1Mo	4,18	¹Metuschaël zeugte L. 19.23
	24	Kain soll 7mal gerächt werden, L. 77mal
	5,25	²Metuschelach zeugte L.
	28	L. zeugte (Noah) 1Ch 1,3; Lk 3,36

Lamm

Lamm

1Mo	21,28	Abraham stellte sieben L. besonders 29.30
	30,35	was schwarz war unter den L. 33.40
2Mo	12,3	nehme jeder Hausvater ein L. 4.5
3Mo	3,7	ist es ein L., soll er's vor den HERRN
	14,10	am 8. Tage soll er zwei L. nehmen 12.13
	21	ist er arm, so nehme er ein L. 24.25
5Mo	32,14	samt dem Fett von den L.
1Sm	15,9	verschonten das Mastvieh und die L.
2Kö	3,4	hatte Wolle zu entrichten von 100.000 L.
1Ch	29,21	opferten Brandopfer, tausend L. 2Ch 29,32; Esr 8,35
2Ch	29,21	brachten sieben L. zum Sündopfer 22
	35,7	Josia gab als Opfergabe L. 8.9
Esr	6,9	was sie bedürfen an L.
	17	opferten zur Einweihung 400 L.
	7,17	kaufe von diesem Geld L.
Hi	31,20	wenn er von der Wolle meiner L. erwärmt
Ps	114,4	die Berge hüpften wie die L. 6
Spr	27,26	dann kleiden dich die L.
Jes	1,11	ich habe kein Gefallen am Blut der L.
	5,17	werden L. weiden wie auf ihrer Trift
	11,6	da werden die Wölfe bei den L. wohnen
	16,1	schickt dem Landesherrn die L.
	34,6	des HERRN Schwert trieft vom Blut der L.
	40,11	wird die L. in seinen Arm sammeln
	53,7	tat seinen Mund nicht auf wie ein L. Apg 8,32
Jer	11,19	ich war wie ein argloses L. gewesen
	51,40	hinabführen wie L. zur Schlachtbank
Hes	39,18	Blut sollt ihr saufen, der L.
	45,15	je ein L. zum Speisopfer 46,5-7.11
	46,4	das Brandopfer sollen sechs L. sein
Hos	4,16	soll der HERR sie weiden lassen wie ein L.
Am	6,4	ihr eßt die L. aus der Herde
Wsh	19,9	sie hüpften wie die L. und lobten dich
Sir	47,3	(David) spielte mit Bären wie mit L.
Lk	10,3	ich sende euch wie L. mitten unter die Wölfe
Jh	1,29	siehe, das ist Gottes L. 36
	21,15	spricht Jesus zu ihm: Weide meine L.
Apg	8,32	wie ein L., das vor seinem Scherer verstummt
1Pt	1,19	Blut Christi als eines unschuldigen L.
Off	5,6	ich sah ein L. stehen, wie geschlachtet 8.12; 6,1; 7,9; 8,1
	13	dem L. sei Lob und Ehre
	6,16	verbergt uns vor dem Zorn des L.
	7,10	das Heil ist bei unserm Gott und dem L.
	14	haben ihre Kleider hell gemacht im Blut des L.
	17	das L. mitten auf dem Thron wird sie weiden
	12,11	haben ihn überwunden durch des L. Blut
	13,8	deren Namen... in dem Lebensbuch des L. 21,27
	11	das hatte zwei Hörner wie ein L.
	14,1	siehe, das L. stand auf dem Berg Zion
	4	erkauft als Erstlinge für Gott und das L.
	10	gequält werden vor dem L.
	15,3	sangen das Lied des Mose und das Lied des L.
	17,14	die werden gegen das L. kämpfen, und das L. wird sie überwinden
	19,7	die Hochzeit des L. ist gekommen
	9	die zum Hochzeitsmahl des L. berufen sind
	21,9	ich will dir die Frau zeigen, die Braut des L.
	14	auf ihnen die Namen der zwölf Apostel des L.
	22	der Herr ist ihr Tempel, er und das L.
	23	ihre Leuchte ist das L.
Off	22,1	der ausgeht von dem Thron Gottes und des L.
	3	der Thron des L. wird in der Stadt sein

Lampe

2Mo	25,6	Öl für die L. 27,20; 35,8
	37	sollst 7 L. machen 35,14; 37,23; 39,37
	30,7	jeden Morgen, wenn er die L. zurichtet 8
	40,4	Leuchter hineinstellen und die L. darauf 25
3Mo	24,2	beständig L. aufsetzen 4; 4Mo 8,2.3
4Mo	4,9	sollen umhüllen den Leuchter und seine L.
1Sm	3,3	die L. Gottes war noch nicht verloschen
1Kö	7,49	Leuchter mit goldenen L. 1Ch 28,15; 2Ch 4,20.21; 13,11
2Ch	29,7	haben sogar die L. ausgelöscht
Jer	25,10	will wegnehmen das Licht der L.
Ze	1,12	will Jerusalem mit der L. durchsuchen
Sa	4,2	Leuchter mit Schale, auf der 7 L. sind
Sir	26,22	ein schönes Antlitz ist wie die helle L.
Bar	6,19	sie zünden ihnen L. an
1Ma	4,50	sie zündeten die L. auf dem Leuchter an 2Ma 1,8; 10,3
Mt	25,1	zehn Jungfrauen, die ihre L. nahmen 3.4.7
	8	gebt uns Öl, denn unsre L. verlöschen
Jh	18,3	kommt (Judas) dahin mit Fackeln, L.
Apg	20,8	es waren viele L. in dem Obergemach
Off	18,23	das Licht der L. soll nicht mehr in dir leuchten

Land

(s.a. geben; jüdisch; Kanaan; Land Israel; Land Juda; Land der Lebendigen)

1Mo	2,5	kein Mensch war da, der das L. bebaute
	6	ein Nebel feuchtete alles L.
	11	Pischon fließt um das ganze L. Hawila 13
	12	das Gold des L. ist kostbar
	4,16	Kain wohnte im L. Nod
	10,5	die Söhne Jafets nach ihren L. 20.31
	10	Babel im L. Schinar 11; 11,2; Dan 1,2; Sa 5,11
	11,4	werden sonst zerstreut in alle L. 8.9
	9	verwirrt hat aller L. Sprache
	12,1	geh in ein L., das ich dir zeigen will 5.6; Apg 7,3.4; Heb 11,8
	6	wohnten die Kanaaniter im L. 13,7
	10	kam eine Hungersnot in das L. 26,1; Rut 1,1; 2Kö 4,38; 8,1; 25,3; Jer 52,6
	13,6	das L. konnte es nicht ertragen
	9	steht dir nicht alles L. offen 20,15; 34,10; 47,6; Jer 40,4
	17	durchzieh das L. in die Länge und Breite
	14,7	schlugen das ganze L. der Amalekiter
	15,13	L., das nicht das ihre Apg 7,6; Heb 11,9
	19,25	vernichtete, was auf dem L. gewachsen war
	28	wandte sein Angesicht gegen alles L., da ging ein Rauch auf vom L.
	31	kein Mann ist mehr im L., der zu uns
	21,23	daß du die Barmherzigkeit tust an dem L.
	32	zogen wieder in der Philister L. 34
	22,2	geh hin in das L. Morija
	23,7	verneigte sich vor dem Volk des L. 12.13
	24,5	nicht folgen will in dies L. ... zurückbringen in jenes L., von dem du ausgezogen 37
		Kanaaniter, in deren L. ich wohne 27,46
	26,2	bleibe in dem L., das ich dir sage 3
	12	Isaak säte in dem L. und erntete 22
	28,15	will dich wieder herbringen in dies L. 31,3.13; 32,10; 48,21; 50,24

1Mo	29,1	Jakob ging in das L., das im Osten liegt	2Mo	23,30	bis du das L. besitzt 3Mo 20,24

1Mo 29,1	Jakob ging in das L., das im Osten liegt
26	es ist nicht Sitte in unserm L.
30,25	laß mich reisen in mein L.
32,4	Jakob schickte Boten ins L. Seïr 36,6.30
33,19	kaufte das L. von den Söhnen Hamors 34,2
34,1	Dina ging aus, die Töchter des L. zu sehen
21	laßt sie im L. wohnen, das L. ist weit
30	in Verruf bei den Bewohnern dieses L.
35,22	als Israel im L. wohnte, ging Ruben hin
36,16	die Fürsten im L. Edom 17.20.21.31.34; 1Ch 1,43.45
37,1	im L., in dem sein Vater Fremdling
40,15	aus dem L. der Hebräer heimlich gestohlen
41,30	der Hunger wird das L. verzehren 31.36.53. 54.56.57; 43,1; 45,6; 47,13.15; Ps 105,16
34	daß er Amtleute verordne im L.
43	der ist des L. Vater 42,6.30.33
47	das L. trug in den 7 Jahren die Fülle 48
52	gekommen zu sehen, wo das L. offen 12
42,9	gekommen zu sehen, wo das L. offen 12
34	mögt im L. Handel treiben
43,11	nehmt von des L. besten Früchten
45,10	sollst im L. Goschen wohnen 46,28.34; 47,1.4. 6.27; 50,8; 2Mo 8,18; 9,26
18	daß ihr essen sollt das Fett des L. 20
47,11	am besten Ort des L., im L. Ramses 6
19	kaufe uns und unser L. für Brot 20
49,15	sah das L., daß es lieblich ist
50,7	zogen mit ihm alle Ältesten des L. Ägypt.
11	als die Leute im L. die Klage sahen
2Mo 1,7	daß von ihnen das L. voll ward 10
2,15	Mose hielt sich auf im L. Midian Apg 7,29
22	Fremdling geworden im fremden L. 6,4; 18,3; 1Ch 16,19; Ps 105,23
3,5	Ort, darauf du stehst, ist hl. L. Apg 7,33
8	aus diesem L. in ein gutes und weites L. 17; 1Ch 4,40
8	in ein L., darin Milch und Honig fließt 17; 13,5; 33,3; 3Mo 20,24; 4Mo 13,27; 14,8; 16,13. 14; 5Mo 6,3; 11,9; 26,9.15; 27,3; 31,20; Jos 5,6; Jer 11,5; 32,22; Hes 20,6.15
4,9	gieß es auf das trockene L.
5,5	sie sind schon mehr als das Volk des L.
12	zerstreute sich, Stroh zu sammeln
6,1	ja, er muß sie aus seinem L. treiben 12,33
11	Israel aus seinem L. ziehen lasse 7,2; 11,10
8,10	das L. stank davon
18	daß ich der HERR bin, inmitten dieses L.
20	das L. wurde verheert von Stechfliegen 17; 10,5.12.13.15; Ps 105,35
21	opfert eurem Gott hier im L.
9,5	morgen wird der HERR solches an dem L. tun 5Mo 11,3; 29,1; 34,11; Neh 9,10; Ps 78,43; 105,30.32; 106,22
14	meinesgleichen nicht ist in allen L.
16	mein Name verkündigt werde in allen L.
12,19	Fremdling oder ein Einheimischer des L. 48; 3Mo 19,33; 25,45; 5Mo 24,14
25	wenn ihr in das L. kommt 13,5.11; 3Mo 19,23; 23,10; 25,2; 4Mo 10,29; 15,2.18; 5Mo 4,25
13,17	nicht durch das L. der Philister
14,3	haben sich verirrt im L.
16,35	aßen Manna, bis sie in bewohntes L. kamen
18,27	ließ u. S. Schwiegervater in sein L. ziehen
20,12	daß du lange lebest in dem L. 5Mo 4,40; 5,16.33; 11,9.21; 25,15; 30,20; 32,47; Jer 35,7
23,10	sechs Jahre sollst du dein L. besäen
26	soll keine in deinem L. unfruchtbar sein
29	auf daß nicht das L. wüst werde

2Mo 23,30	bis du das L. besitzt 3Mo 20,24
31	in d. Hand geben die Bewohner des L. 5Mo 1,8.21; 2,24.31; 3,2; Jos 2,24; 8,1; Ri 1,2
33	laß sie nicht wohnen in deinem L.
34,10	Wunder, wie sie nicht geschehen in allen L.
12	hüte dich, einen Bund zu schließen mit den Bewohnern des L. 15; Ri 2,2
24	niemand soll dein L. begehren
3Mo 11,2	essen dürft unter allen Tieren auf dem L.
14,34	an irg. Hause eures L. eine aussätz. Stelle
18,3	nicht tun nach der Weise des L. Ägypten
25	L. wurde dadurch unrein 27; Jer 2,7; 3,1. 2.9; 16,18; Hes 36,17
25	das L. seine Bewohner ausspie 28; 20,22
27	solche Greuel die Leute dieses L. getan
19,9	wenn du dein L. aberntest 23,22.39
29	daß nicht das L. Hurerei treibe
20,2	das Volk des L. soll ihn steinigen 4
22,24	sollt ihr in eurem L. an Tieren nicht tun
25,2	soll das L. dem HERRN einen Sabbat feiern 4-7.9.10; 26,34; 2Ch 36,21
18	daß ihr sicher wohnen könnt 26,5
19	das L. soll euch s. Früchte geben 26,4.20
23	das L. nicht verkaufen... das L. ist mein
24	für das L. die Einlösung gewähren 31
26,1	sollt keinen Stein setzen in eurem L.
6	will Frieden geben in eurem L... will die wilden Tiere aus eurem L. wegschaffen... kein Schwert soll durch euer L. gehen
32	das L. wüst machen 33.43; Jes 1,7; 14,20; Jer 4,20.23.27.28; 6,8; 7,34; 9,11; 12,11; 18,16; 44,22, Hes 6,14, 12,19.20, 14,15-17.19, 15,8, 29,11.12; 30,7.11.12; 32,15; 33,2.3.28.29
34	solange ihr in der Feinde L. seid 36.38.39.41. 44; 4Mo 33,55
42	werde an das L. gedenken
27,30	alle Zehnten im L. 4Mo 18,13; 5Mo 26,2.10; Neh 10,36.38
4Mo 10,9	wenn ihr in den Krieg zieht in eurem L.
30	will in mein L. ziehen 22,5.13; 24,11.25
11,12	in das L., das du ihren Vätern 27,12; 5Mo 6,23; 7,13; 19,8; 26,3; Jos 21,43; Ri 2,1
13,16	aussandte, um das L. zu erkunden 18-32; 14,6.34.36-38; 32,8.9; 5Mo 1,22; Jos 14,7
14,3	warum führt uns der HERR in dies L. 31.40; 16,13; 32,7.9
7	L. ist sehr gut 8; 32,1.3.5; 5Mo 1,25; 3,25; 4,22; 6,18; 8,7-10; 11,10.12; Ri 18,9
9	fürchtet euch vor d. Volk dieses L. nicht
14	zu den Bewohnern dieses L. 32,17; Jos 7,9
16	vermochte nicht, dies Volk in das L. zu bringen 5Mo 9,28
23	soll keiner das L. sehen 30; 20,12.24; 32,11; 5Mo 1,35; 4,21.22; 32,52; Jos 5,6
24	Kaleb will ich in das L. bringen 5Mo 1,36
15,19	eßt von dem Brot des L. Jos 5,11.12
18,20	in ihrem L. kein Erbgut besitzen Jos 14,4; Hes 44,28
20,17	laß uns durch dein L. ziehen 23; 21,4.22; 33,37; 5Mo 2,27; Ri 11,17.19
21,24	Israel nahm sein L. ein 26.31.34.35; 22,5.11; 32,22.29; 33,53; 5Mo 3,8.12; 4,46.47; 11,31; 29,7; Ri 11,21
22,6	vielleicht kann ich's aus dem L. vertreiben
26,53	diesen sollst du das L. austeilen 55; 32,29.33; 33,54; 34,2.12.13.17.18; 36,2; 5Mo 3,28; 31,7. 23; Jos 1,4.6; 12,6.7; 13,7.16.21.25; 14,5; 17,8. 15; 18,3-10; 19,49.51; Apg 13,19
35,28	in das L. seines Erbbesitzes zurückk. 32
33	schändet das L. nicht 34

Land 882

5Mo	1,5	im L. Moab fing Mose an, auszulegen 28,69
	8	nehmt das L. ein 2,31; 4,5.14; 9,23
	25	nahmen Früchte des L. mit sich
	2,4	werdet durch das L. eurer Brüder ziehen 5.9.19; 29,15
	12	gleichwie Israel mit dem L. tat, das 31,4
	20	dies gilt als L. der Riesen 3,13
	21	der HERR ließ sie ihr L. besitzen 22
	37	zu dem L. der Ammoniter kamst du nicht
	4,1	daß ihr das L. einnehmt 8,1; 9,1; 10,11; 11,8; 12,29; 16,20; 18,14; 19,14; 31,3; Jos 23,5
	17	(Bildnis gleich) einem Tier auf dem L.
	26	daß ihr weggerafft werdet aus dem L. 11,17; 28,21.63; 29,21.27; 30,18; Jos 23,13.15.16; 1Kö 9,7; 14,15; Ch 7,20; Jer 12,14; 45,4
	5,31	daß sie danach tun in dem L. 6,1; 12,1
	6,10	wenn dich der HERR in das L. bringen wird 7,1; 11,29; 18,9; 26,1; 30,5; 31,20.21; Hes 20,28.42
	9,6	nicht um deiner Gerechtigkeit dies L. 4.5
	10,7	nach Jotbata, in ein L. mit Wasserbächen
	11,14	so will ich eurem L. Regen geben 28,12; 1Kö 8,36; 2Ch 6,27; Hi 5,10; 38,26
	24	L., darauf eure Fußsohle tritt 25; Jos 14,9
	30	L. der Kanaaniter, die im Jordantal wohnen
	12,1	solange du im L. lebst 19; 31,13; 1Kö 8,40; 2Ch 6,31
	15,4	der HERR wird dich segnen in dem L. 23,21; 28,8.11; 30,16; 33,13
	7	wenn einer d. Brüder arm ist in… L. 11
	11	es werden allezeit Arme sein im L.
	16,4	kein Sauerteig in deinem ganzen L.
	19,2	sollst drei Städte aussondern im L. 3
	10	nicht unschuld. Blut in deinem L. vergossen
	21,1	einen Erschlagenen findet in dem L.
	23	daß du dein L. nicht unrein machst
	23,8	bist ein Fremdling in seinem L. gewesen
	24,4	damit du nicht Sünde über das L. bringst
	25,19	dich zur Ruhe bringt im L. Jos 1,13.15
	27,2	über den Jordan in das L. 3; Jos 1,2.11
	28,24	statt des Regens für dein L. Staub
	26	d. Leichname zum Fraß allen Tieren des L.
	42	Bäume deines L. wird Ungeziefer fressen
	52	Mauern deines L… geängstigt in d. L.
	29,18	fortgerafft wasserreiche mit dem dürren L.
	21	die Fremden, die aus fernen L. kommen 1Kö 8,41; 2Ch 6,32
	22	all ihr L. hat er mit Schwefel verbrannt
	23	warum hat der HERR an diesem L. so gehandelt 1Kö 9,8
	26	ist des HERRN Zorn entbrannt gegen dies L.
	27	hat sie in ein anderes L. geworfen
	31,16	wird nachlaufen fremden Göttern des L. Jer 5,19
	32,8	als der Höchste den Völkern L. zuteilte
	22	ein Feuer wird verzehren das L.
	43	wird entsühnen das L. seines Volks
	49	geh auf den Nebo, im L. Moab 34,1-6
	33,28	in dem L., da Korn und Wein ist
Jos	1,14	Frauen und Kinder laßt im L. bleiben 15
	2,1	seht das L., auch Jericho 2.3.18; 6,22; 7,2
	9	alle Bewohner des L. sind feige 24
	6,27	daß man (Josua) rühmte im ganzen L.
	7,2	geht und erkundet das L. Ri 18,2.14.17
	9,6	wir kommen aus fernem L. 9.11
	24	vor euch her alle Bewohner des L. vertilgen wolle 1Kö 20,7
	10,40	so schlug Josua das ganze L. 41.42; 11,16.23; 12,1
	11,3	am Fuße des Hermon im L. Mizpa
Jos	11,22	ließ keine Anakiter übrig im L.
	23	das L. war zur Ruhe gekommen vom Kriege 14,15; Ri 3,11.30; 5,31; 8,28; 2Ch 13,23; 14,5
	12,1	dies sind die Könige des L. 7
	13,1	vom L. bleibt viel einzunehmen 4.5; Ri 2,6
	17,5	L. Gilead und Baschan 6; 22,9.13.15.32.33; Ri 20,1; 1Kö 4,19; 2Kö 10,33; 1Ch 2,22; 5,9.11.23; Sa 10,10
	12	die Kanaaniter vermochten im L. zu bleiben 16; Ri 1,27.32.33
	18,1	das L. war ihnen unterworfen
	21,43	so hat der HERR Israel das ganze L. gegeben
	24,8	in das L. der Amoriter 13.15.18; Ri 6,10; 10,8
Ri	1,14	beredete er sie, ein Stück L. zu fordern
	26	ins L. der Hetiter 2Sm 24,6
	6,4	vernichteten die Ernte im L. 5
	11,3	(Jeftah) wohnte im L. Tob 5
	12	gegen mein L. zu kämpfen 13.15.18.21-24
	12,12	begraben in… im L. 15; 2Sm 21,14
	16,24	unsern Feind, der unser L. verwüstete
	18,9	daß ihr kommt und das L. einnehmt 10
	30	bis sie aus dem L. weggeführt wurden 2Kö 17,23; 25,21; Jer 52,27; Am 7,11.17
	21,21	geht heim ins L. Benjamin
Rut	1,1	ein Mann zog ins L. der Moabiter 2.6; 2,6; 4,3; 1Sm 22,3
1Sm	6,1	so war die Lade im L. der Philister 9
	5	Mäuse, die euer L. zugrunde gerichtet
	9,16	einen Mann aus dem L. Benjamin
	12,8	und sie in diesem L. wohnen zu lassen
	13,3	Posaune blasen lassen im ganzen L. Jer 4,5
	7	gingen auch Hebräer ins L. Gad
	17	zogen aus dem Lager, das L. zu verheeren 14,46; 23,27
	14,29	mein Vater bringt das L. ins Unglück
	20,15	die Feinde Davids ausrotten aus dem L.
	21,12	David, der König des L. 1Ch 14,17
	23,23	ist er im L., so will ich ihn aufspüren
	27,5	in einer der Städte auf dem L.
	8	David fiel ins L. der Geschuriter 9
	28,3	hatte Zeichendeuter aus dem L. vertrieben 9
	30,16	hatten sich ausgebreitet über das ganze L.
2Sm	3,12	wem gehört das L.
	5,6	die Jebusiter, die im L. wohnten 1Ch 11,4
	10,2	ins L. der Ammoniter 11,1; 1Ch 19,2.3; 20,1
	15,4	wer setzt mich zum Richter im L.
	23	das ganze L. weinte
	19,10	der König hat aus dem L. fliehen müssen
	21,14	wurde Gott dem L. wieder gnädig 24,25
	24,8	durchzogen sie das ganze L.
	13	Hungersnot oder Pest in deinem L. 1Kö 8,37; 2Ch 6,28; Hes 14,13.15
1Kö	4,10	der Sohn Heseds hatte das L. Hepher
	19	ein Amtmann war in diesem L.
	5,4	(Salomo) herrschte im ganzen L. 1Ch 22,18; 2Ch 9,26
	13	auch dichtete er von den Tieren des L.
	8,34	wollest sie zurückbringen in das L. 2Ch 6,25; Jer 12,15; 16,15; 24,6; 30,3
	37	wenn sein Feind im L. seine Städte belagert 2Ch 6,28
	46	gefangen führen in das L. der Feinde 47; 2Ch 6,36.37
	47	heim zu dir im L. ihrer Gefangenschaft 2Ch 6,37
	48	bekehren sich zu dir im L. ihrer Feinde und beten zu dir nach ihrem L. hin 2Ch 6,38
	9,11	zwanzig Städte im L. Galiläa Jes 8,23
	13	man nannte sie das L. Kabul

1Kö	9,19	was er zu bauen wünschte im L. 2Ch 8,6	2Ch	30,10	von einer Stadt zur andern im L. Ephraim
	21	übriggeblieben im L. 2Ch 8,8; Jes 7,22; Jer 40,6.7		32,21	daß er mit Schanden wieder in sein L. zog
	26	bei Elat im L. der Edomiter 2Ch 8,17		31	Wunder, das im L. geschehen war
	10,6	ist wahr, was ich in meinem L. gehört 13; 2Ch 9,5.12		34,8	als (Josia) das L. gereinigt hatte
			Esr	3,3	war Furcht vor den Völkern des L. 4,4
	10	kam nie mehr soviel Spezerei ins L. 12		4,15	daß diese Stadt L. Schaden gebracht hat
	11,18	der (Pharao) wies (Hadad) L. an 21.22.25		6,21	abgesondert von der Unreinheit im L. 9,1.2. 11; 10,2.11; Neh 10,29.31.32; Est 3,8
	14,24	waren auch Tempelhurer im L. 15,12; 22,47			
	15,20	schlug Dan samt dem L. Naftali		9,7	in die Hand der Könige der L. Neh 9,30
	17,7	es war kein Regen im L. Lk 4,25		12	damit ihr das Gut des L. eßt Jes 1,19
	18,5	wollen durchs L. ziehen zu Wasserquellen 6	Neh	1,3	sind dort im L. in Unglück Est 4,3
	27	oder ist über L. oder schläft vielleicht		3,36	daß du sie preisgibst in einem L.
	20,7	rief der König alle Ältesten des L.		9,15	sie sollten das L. einnehmen 22-25.35.36
	27	von der Aramäern war das L. voll		13,10	fortgegangen, ein jeder auf sein L.
	22,36	ein jeder gehe in sein L. 2Kö 3,27	Est	1,1	Ahasveros, König über 127 L. 3.16.22; 2,3; 3,12-14; 4,11; 8,5.9.11-13.17; 9,30
	48	kein König; ein Statthalter war im L.			
2Kö	3,20	kam Wasser von Edom her und füllte das L.		2,18	gewährte den L. Steuererlaß 10,1
	5,15	kein Gott in allen L., außer in Israel		9,2	versammelten sich die Juden in allen L. 3.4. 12.16.20.28
	8,2	wohnte im L. der Philister 3.6			
	11,3	Atalja war Königin über das L. 2Ch 22,12	Hi	1,1	es war ein Mann im L. Uz
	14	alles Volk des L. war fröhlich 18-20; 2Ch 23,13.20.21		10	sein Besitz hat sich ausgebreitet im L. 15,29
				5,22	vor wilden Tieren im L. nicht fürchten
	13,20	fielen streifende Rotten ins L.		10,21	ehe ich hingehe ins L. der Finsternis 22
	15,5	Jotam richtete das Volk des L. 2Ch 26,21		12,15	wenn er's losläßt, so wühlt es das L. um
	19	kam der König v. Assyr. ins L. 20.29; 17,5		24	nimmt den Häuptern im L. den Mut
	17,26	von der Verehrung des Gottes dieses L. 27		15,19	denen allein das L. gegeben war
	18,25	zieh in dies L. und verdirb es Jes 36,10		18,17	sein Andenken wird vergehen im L.
	32	in ein L., das eurem L. gleich Jes 36,17		22,8	dem Mächtigen gehört das L.
	33	haben die Götter der Völker ihr L. errettet 34.35; 2Ch 32,13.17; Jes 36,18-20; 37,12		24,4	die Elenden im L. müssen sich verkriechen
				18	verflucht wird sein Acker im L.
	19,7	daß er in sein L. zurückziehen wird, und will ihn fällen in seinem L. Jes 37,7		30,3	die das dürre L. abnagen
				8	die man aus dem L. weggejagt hatte
	11	was die Könige von Assyrien allen L. getan 17; 2Ch 32,13; Jes 37,11.18		37,13	zur Züchtigung für ein L. läßt er sie
				17	wenn das L. stilliegt unterm Südwind
	37	sie entkamen ins L. Ararat Jes 37,38		42,15	gab keine so schönen Frauen im L.
	20,14	sind aus fernen L. gekommen Jes 39,3	Ps	8,2	wie herrlich ist dein Name in allen L. 10
	21,8	nicht weichen von dem L. 2Ch 33,8		10,16	die Heiden sollen aus s. L. verschwinden
	24	das Volk des L. erschlug alle 2Ch 33,25		16,6	das Los ist gefallen auf liebliches L.
	24	das Volk des L. machte Josia zum König 23,30; 2Ch 33,25; 36,1		19,5	ihr Schall geht aus in alle L.
				25,13	sein Geschlecht wird das L. besitzen
	23,33	Ribla im L. Hamat 25,21; Jer 39,5; 52,9.27		35,20	falsche Anklagen wider die Stillen im L.
	33	legte eine Geldbuße aufs L. 35; 2Ch 36,3		37,3	bleibe im L. und nähre dich redlich
	24,7	der König von Äg. zog nicht mehr aus s. L.		9	werden das L. erben 11.22.29.34; Jes 57,13
	14	nichts übrig als geringes Volk des L. 15; 25,12; Jer 52,16; Hes 17,13		42,7	gedenke ich an dich im L. am Jordan
				43,6	dürstet nach dir wie ein dürres L.
	25,19	das Volk des L. aufbot... 60 Mann des L.		44,4	sie haben das L. nicht eingenommen
	24	bleibt im L. und seid untertan Jer 40,9		58,3	mutwillig tut ihr Unrecht im L.
1Ch	5,25	da sie aber abfielen zu den Götzen des L.		63,2	aus trockenem, dürrem L., wo kein Wasser
	7,21	die Einheimischen im L. töteten sie		65,10	du suchst das L. heim... baust das L.
	8,8	Schaharajim zeugte im L. Moab		66,1	jauchzet Gott, alle L.
	10,9	sein Haupt sandten sie im L. umher		4	alles L. bete dich an
	16,23	singet dem HERRN, alle L.		6	er verwandelte das Meer in trockenes L.
	22,5	sein Name erhoben werde in allen L.		67,7	das L. gibt sein Gewächs 85,13; 104,13; Hes 34,27; Sa 8,12
	27,25	über die Vorräte auf dem L.			
	26	über die Ackerleute, die das L. bebauten		68,7	läßt er bleiben in dürrem L.
	28,8	damit ihr das gute L. besitzt		72,6	wie die Tropfen, die das L. feuchten
	29,30	Geschnisse, die in allen L. dahingegangen		16	voll stehe das Getreide im L.
2Ch	7,13	wenn ich die Heuschrecken das L. fressen		74,8	verbrennen alle Gotteshäuser im L.
	14	will ihre Sünde vergeben und ihr L. heilen		17	hast dem L. seine Grenze gesetzt
	9,28	man führte Rosse ein aus allen L.		20	die dunklen Winkel des L. sind voll Frevel
	12,8	mir zu dienen oder den Königreichen der L.		78,54	brachte sie zu seinem heiligen L. 55
	13,9	eigene Priester wie die Völker in den L.		79,2	das Fleisch d. Heiligen den Tieren im L.
	14,6	solange das L. noch unser ist		80,10	daß er das L. erfüllt hat
	15,5	Verwirrung bei allen, die in diesen L. wohnten 17,10; 20,29		83,13	wir wollen das L. Gottes einnehmen
				85,2	du bist gnädig gewesen deinem L.
	16,9	des HERRN Augen schauen alle L.		10	daß in unserm L. Ehre wohne
	19,3	Bilder der Aschera aus dem L. ausgetilgt		88,13	deine Gerechtigkeit im L. des Vergessens
	5	(Joschafat) bestellte Richter im L.		97,9	bist der Höchste über allen L.
	30,9	so daß sie in dies L. zurückkehren		101,6	meine Augen sehen nach den Treuen im L.
				8	bring zum Schweigen alle Gottlosen im L.

Land 884

Ps	106,9	führte sie wie durch trockenes L.
	24	achteten das köstlichste L. gering
	27	zerstreute sie in die L.
	38	daß das L. mit Blutschuld befleckt war
	107,3	die er aus den L. zusammengebracht hat
	30	daß er sie zum erwünschten L. brachte
	34	daß fruchtbares L. zur Salzwüste wurde
	35	gab dem dürren L. Wasserquellen Jes 41,18
	112,2	sein Geschlecht wird gewaltig sein im L.
	137,2	hängten wir an die Weiden dort im L.
	4	wie des HERRN Lied singen in fremdem L.
	141,7	wie wenn einer das L. pflügt und zerwühlt
Spr	2,21	die Gerechten werden im L. wohnen
	22	werden aus dem L. ausgerottet 10,30
	25,25	eine gute Botschaft aus fernen L.
	28,2	um des L. Sünde willen wechseln s. Herren
	29,4	ein König richtet das L. auf durchs Recht
	30,14	eine Art... verzehrt die Elenden im L.
	21	ein L. wird durch dreierlei unruhig
	31,23	wenn er sitzt bei den Ältesten des L.
Pr	2,8	sammelte mir... was Könige und L. besitzen
	5,7	wie im L. der Arme Unrecht leidet
	8	ist ein König... ein Gewinn für das L.
	10,16	weh dir, L., dessen König ein Kind ist
	17	wohl dir, L., dessen König ein Edler ist
Hl	2,12	die Blumen sind aufgegangen im L.
Jes	2,7	ihr L. ist voll Silber... voll Rosse
	8	auch ist ihr L. voll Götzen
	4,2	die Frucht des L. (wird) herrlich (sein)
	5,8	bis sie allein das L. besitzen
	30	wenn man dann das L. ansehen wird
	6,3	alle L. sind seiner Ehre voll
	12	daß das L. sehr verlassen sein wird 7,16
	7,18	wird herbeipfeifen die Biene im L. Assur
	24	im ganzen L. werden Dornen u. Disteln sein
	8,8	daß sie dein L. füllen, so weit es ist
	9	höret's alle, die ihr in fernen L. seid
	21	werden im L. umhergehen, hart geschlagen
	23	das L. Sebulon und das L. Naftali
	9,1	über denen, die da wohnen im finstern L.
	18	vom Zorn des HERRN brennt das L. Ze 1,18
	10,13	habe die Grenzen der L. anders gesetzt 14
	23	Verderben ergehen lassen in ganzen L.
	11,4	rechtes Urteil sprechen den Elenden im L.
	9	das L. wird voll Erkenntnis des HERRN sein Hos 4,1
	14	werden sich stürzen auf das L. der Philister
	12,5	solches sei kund in allen L.
	13,5	sie kommen aus fernen L.
	14	daß ein jeder in sein L. fliehen wird Jer 50,16; 51,9
	14,1	der HERR wird sie in ihr L. setzen Jer 32,41; Am 9,15
	2	wird Israel sie... besitzen im L. des HERRN
	25	daß Assur zerschlagen werde in meinem L.
	26	der Ratschluß, den er hat über alle L.
	15,9	Löwen über die Übriggebliebenen im L.
	16,4	der Bedrücker (wird) aus dem L. müssen
	18,1	weh dem L. voll schwirrender Flügel 2.7
	3	alle, die ihr in den L. lebt
	6	daß man's liegenläßt für d. Tiere im L.
	21,1	so kommt's aus einem schrecklichen L.
	14	die ihr wohnt im L. Tema
	22,18	wie eine Kugel in ein weites L.
	23,1	wenn sie heimkehren aus dem L. Kittim
	10	bebaue dein L., du Tochter Tarsis
	24,4	das L. verdorrt und verwelkt 33,9
	11	daß alle Wonne des L. dahin ist
	25,8	die Schmach seines Volks in allen L.
Jes	26,10	tut nur übel im L., wo das Recht gilt
	15	du machst weit alle Grenzen des L.
	18	wir können dem L. nicht helfen
	27,13	die Verlorenen im L. Assur und die im L.
	29,17	soll... fruchtbares L. werden, was jetzt fruchtbares L. ist, soll 32,15
	30,6	im L. der Angst, wo Drachen sind
	32,2	wie der Schatten im trockenen L.
	16	wird wohnen Gerechtigkeit im fruchtb. L.
	33,17	wirst ein weites L. sehen
	34,6	der HERR hält ein Opfer im L. Edom
	7	ihr L. wird trunken werden von Blut
	9	sein L. wird zu brennendem Pech werden
	17	das L. besitzen auf ewige Zeiten 60,21; Jer 25,5; 27,11
	35,6	werden hervorbrechen Ströme im dürren L.
	36,10	ohne den HERRN heraufgezogen in dies L.
	42,15	will die Wasserströme zu L. machen
	46,11	rufe aus fernem L. den Mann Mi 2,4
	49,8	daß du das L. aufrichtest Hes 36,34
	12	werden kommen vom L. Sinim
	19	dein wüstes L. wird dir zu eng werden
	51,3	ihr dürres L. wie den Garten des HERRN
	60,18	soll nicht von Frevel hören in deinem L.
	61,7	doppelten Anteil besitzen in ihrem L.
	62,4	dein L. nicht mehr „Einsame"... dein L. „Liebes Weib"... dein L. hat einen Mann
	66,8	ward in L. an einem Tage geboren
Jer	1,1	Anatot im L. Benjamin 32,8.44; 37,12
	14	Unheil über alle, die im L. wohnen
	18	zur ehernen Mauer im ganzen L.
	18	wider das Volk des L. 34,19
	2,2	in der Wüste, im L., da man nicht sät 6
	7	ich brachte euch in ein fruchtbares L.
	15	Löwen verwüsten sein L. 4,7
	31	bin ich denn für Israel ödes L.
	3,16	euch ausgebreitet habt im L.
	18	werden heimkommen von Norden her in das L. 16,15; 23,8; 31,8
	4,16	Belagerer kommen aus fernen L.
	5,30	es steht greulich und gräßlich im L. 50,22
	6,12	m. Hand wider die Bewohner des L. 10,18
	20	Gewürz, das aus fernen L. kommt
	25	niemand gehe über L.
	7,7	will ewig bei euch wohnen, in dem L.
	20	ausgeschüttet über die Früchte des L.
	8,16	erbebt das L... werden die L. auffressen 50,34; 51,29; Jo 2,10; Am 8,8
	19	schreit aus fernem L. her
	9,2	sie treiben's mit Gewalt im L.
	18	wir müssen das L. räumen
	10,22	es kommt... aus dem L. des Nordens 50,9
	12,4	wie lange soll das L. so trocken stehen
	5	wenn du schon im L. Sicherheit suchst
	12	frißt von einem Ende des L. bis zum and.
	13,13	alle, die in diesem L. wohnen... füllen
	14,8	als wärest du ein Fremdling im L.
	15	es werde weder... in dies L. kommen
	18	in ein L. ziehen, das sie nicht kennen 16,13; Hes 32,9
	15,7	worfelte sie in den Städten des L. 51,2
	10	jedermann streitet im ganzen L.
	14	dich zum Knecht machen in einem L. 17,4
	16,3	die sie zeugen in diesem L.
	6	Große und Kl. sollen sterben in diesem L.
	17,6	er wird bleiben im unfruchtbaren L.
	26	sollen kommen aus dem L. Benjamin
	22,12	wird dies L. nicht mehr sehen 26-28
	29	o L., L., L., höre des HERRN Wort
	23,3	will sammeln aus allen L. 32,37; Hes 11,17; 20,34.38.41; 34,13; 36,24; 39,27

Land

Jer	23,5	der Recht im L. üben wird 33,15
	10	L. ist voller Ehebrecher... vertrocknet das L.
	15	geht das ruchlose Wesen aus ins ganze L.
	24,5	fortziehen lassen in der Chaldäer L.
	8	dahingeben, die übriggebl. sind in d. L. 10
	25,9	will sie bringen über dies L. 11
	12	will heimsuchen das L. der Chaldäer 50,1.3.8. 18.21.25-28.45; 51,4.5.29.43-47.52.54
	13	lasse an diesem L. in Erfüllung gehen
	20	(ließ trinken) alle Könige im L. Uz... in der Philister L. Klg 4,21
	38	ihr L. ist verheert von seinem Schwert
	26,17	standen auf etliche von d. Ältesten des L.
	20	Uria weissagte gegen dies L.
	27,6	alle L. in die Hand des Königs von Babel gegeben 35,11; 36,29; 37,19
	7	bis auch für sein L. die Zeit kommt
	10	daß sie euch aus eurem L. fortbringen
	28,8	Propheten haben gegen viele L. geweissagt
	30,10	will dich erretten aus fernen L. 46,27
	31,16	wiederkommen aus dem L. des Feindes
	22	der HERR wird ein Neues im L. schaffen
	32,15	man wird wieder kaufen in diesem L. 43
	33,11	will das Geschick des L. wenden 13; 46,26
	35,15	so sollt ihr in dem L. bleiben 42,10.13
	37,2	er und das Volk des L. gehorchten nicht
	40,7	Gedalja über das L. gesetzt 41,2.18
	11	Judäer, die im L. Moab und in allen L. waren 13; 44,1.21
	46,8	will hinaufziehen, das L. bedecken
	10	ein Schlachtopfer im L. des Nordens
	12	deines Heulens ist das L. voll 47,2
	47,2	Wasser werden das L. überfluten
	48,21	Strafe über das ebene L. ergangen 24.33
	49,1	warum besitzt Milkom das L. Gad
	51,28	heiligt das ganze L. ihrer Herrschaft
	50	gedenkt des HERRN in fernem L. Sa 10,9
Klg	1,1	die Königin in den L. war, muß dienen
	2,15	Stadt, an der alles L. freut
Hes	1,3	im L. der Chaldäer am Fluß Kebar
	5,5	unter die L. ringsumher 6; 19,8; Am 3,11
	6,8	wenn ich euch in die L. zerstreut habe 11,16; 12,13.15; 20,23; 22,15; 29,12; 30,23.26; 34,6; 36,19; Dan 9,7
	7,2	das Ende kommt über alle Enden des L. 7
	23	ist das L. voll Blutschuld 8,17; 9,9; 21,37; 22,25.29; 36,18
	27	die Hände des Volks des L. werden kraftlos
	8,12	der HERR hat das L. verlassen 9,9
	12,6	damit du das L. nicht siehst 12
	14,13	wenn ein L. an mir sündigt
	14	wenn drei im L. wären, Noah, Daniel u. Hiob
	16,3	bist aus dem L. der Kanaaniter 21,35; 25,5.10
	17,5	nahm ein Gewächs des L... in gutes L.
	19,7	daß das L. sich entsetzte 26,17
	13	gepflanzt in ein dürres L. 22,24
	20,6	ein edles L. vor allen L. 15
	32	wollen sein wie die Völker in andern L.
	40	dienen alle, die im L. sind
	21,24	sollen beide von einem L. ausgehen
	22,4	will dich zum Hohn in allen L. machen
	30	in die Bresche vor mir treten für das L.
	23,40	die aus fernen L. kommen sollten
	48	will der Unzucht im L. ein Ende machen
	25,7	will dich aus dem L. austilgen
	9	ohne Städte, ohne den Stolz des L.
	27,29	alle Seefahrer werden an L. gehen
	33	machtest viele L. satt

Hes	28,25	sollen wohnen in ihrem L. 34,27.29; 36,28; 37,14.21.22.25; 39,26.28
	29,5	wirst aufs L. fallen und nicht wieder 31,12
	5	gebe dich den Tieren auf dem L.
	14	will sie wieder ins L. Patros bringen
	32,4	will dich an L. ziehen
	6	das L. will ich mit deinem Blut tränken
	8	bringe Finsternis über dein L.
	33,24	nahm dies L. in Besitz 25.26
	34,13	will sie weiden an allen Plätzen des L.
	25	alle bösen Tiere aus dem L. ausrotten 28
	35,10	mit beiden L. müssen mein werden 38,11
	14	daß sich alles L. freuen soll
	36,5	Heiden, die mein L. in Besitz genommen
	20	haben doch aus meinem L. müssen
	35	dies L... wie der Garten Eden Jo 2,3
	38,2	Gog, der im L. Magog ist
	8	am Ende sollst du in ein L. kommen 16
	9	wie eine Wolke, die das L. bedeckt 16
	20	was sich regt und bewegt auf dem L.
	39,12	damit das L. gereinigt werde 13-16
	45,1	wenn ihr das L. austeilt 47,13-15.21-23; 48,22.29
	1	sollt eine Abgabe vom L. absondern 4.8.16; 48,9.12.14
	22	soll für alles Volk des L. opfern
	46,3	soll das Volk des L. anbeten 9
Dan	2,39	Königreich, das über alle L. herrschen
	48	machte ihn zum Fürsten über das L. Babel 49; 3,12.30
	3,1	ließ es aufrichten in Dura im L. Babel
	2	Nebuk. sandte nach den Fürsten im L. 3
	7,23	es wird alle L. fressen
	8,2	war ich in der Festung Susa im L. Elam
	9	nach dem herrlichen L. hin 11,16.20
	9,6	die zu allem Volk des L. redeten
	11,9	wird in sein L. zurückkehren 19.24.28
	39	wird ihnen L. zum Lohn austeilen
	40	wird in die L. einfallen 41.42
Hos	1,2	das L. läuft der Hurerei nach
	2,2	Juda und Isr. werden aus dem L. heraufziehen
	5	ich sie nicht mache wie ein dürres L.
	20	will Schwert und Rüstung im L. zerbrechen
	25	ich will ihn mir in das L. einsäen
	4,1	Ursache, zu schelten, die im L. wohnen
	3	darum wird das L. dürre stehen
	6,3	wie ein Spätregen, der das L. feuchtet
	9,3	sie sollen nicht bleiben im L. des HERRN
	10,1	wo das L. am besten war
	11,11	kommen aus dem L. Assur wie Tauben
	12,13	Jakob mußte fliehen in das L. Aram
	13,5	nahm mich deiner an im dürren L.
Jo	1,2	merkt auf, alle Bewohner des L. 14; 2,1
	6	es zieht herauf in mein L. ein Volk
	2,18	wird der HERR um sein L. eifern
	20	will ihn in ein wüstes L. verstoßen
	21	fürchte dich nicht, liebes L.
	4,2	weil sie sich in mein L. geteilt haben
	6	um sie weit weg von ihrem L. zu bringen
	8	sie einem Volk in fernen L. verkaufen
	19	weil sie Blut in ihrem L. vergossen haben
Am	2,10	damit ihr der Amoriter L. besäßet
	3,9	verkündigt in den Palästen im L. Ägypten
	7,2	als sie alles Gras im L. abfressen wollten
	10	das L. kann seine Worte nicht ertragen
	17	sollst in einem unreinen L. sterben
	8,4	die ihr d. Elenden im L. zugrunde richtet
	9	will das L. am hellen Tage finster
	11	daß ich Hunger ins L. schicken will

Land 886

Ob	7	werden dich zum L. hinausstoßen
	19	werden besitzen das L. der Phil. Ze 2,5
Jon	1,8	aus welchem L. bist du
	13	ruderten, daß sie wieder ans L. kämen
	2,11	der (Fisch) spie Jona aus ans L.
	4,2	dachte, als ich noch in meinem L. war
Mi	1,2	merk auf, L. und alles, was darinnen ist
	4,3	wird Heiden zurechtweisen in fernen L.
	5,4	wenn Assur in unser L. fällt 5
	5	die das L. Assur verderben... L. Nimrods
	10	will die Städte deines L. vernichten
	7,2	die frommen Leute sind weg in diesem L.
	14	Herde, die wohnt mitten im fruchtbaren L.
Nah	3,4	Hure, die L. und Leute an sich gebracht
	13	die Tore deines L. sollen geöffnet werden
Hab	2,8	um des Frevels willen, begangen am L. 17
	3,9	du spaltest das L., daß Ströme flossen
	12	du zertratest das L. im Zorn
Ze	2,3	suchet den HERRN, alle ihr Elenden im L.
	7	das L. am Meer soll... zuteil werden
	8	womit sie gegen sein L. großgetan haben
	3,19	will sie zu Ehren bringen in allen L.
Hag	1,11	habe die Dürre gerufen über L. und Berge
	2,4	sei getrost, alles Volk im L.
Sa	1,10	ausgesandt, die L. zu durchziehen 11; 4,10; 6,7; Off 5,6
	2,10	flieht aus dem L. des Nordens
	16	Juda als sein Erbteil in dem heiligen L.
	3,9	will die Sünde des L. wegnehmen 5,6
	4,14	die vor dem Herrscher aller L. stehen 6,5
	5,3	Fluch, der ausgeht über das ganze L.
	6,8	meinen Geist ruhen im L. des Nordens
	7,5	sage allem Volk im L. und den Priestern
	14	das L. blieb verwüstet liegen... haben das liebliche L. zur Wüste gemacht
	8,7	will mein Volk erlösen aus dem L. gegen Aufgang... aus dem L. gegen Niedergang
	9,1	die Last kommt über das L. Hadrach
	16	wie edle Steine... in seinem L. glänzen
	11,6	will nicht schonen die Bewohner des L... werden das L. zerschlagen
	16	ich werde einen Hirten im L. erwecken
	12,12	das L. wird klagen, ein jedes Geschlecht
	13,2	die Götzen ausrotten aus dem L. ; will die Propheten aus dem L. treiben
	8	es soll geschehen in dem ganzen L.
	14,9	der HERR wird König sein über alle L.
	10	das L. wird verwandelt in eine Ebene
Mal	1,4	man wird sie nennen „L. des Frevels"
	3,12	ihr sollt ein herrliches L. sein
Jdt	1,9	L. Goschen bis an die Grenzen des L. Kusch
	11	daß er sich an diesen L. rächen wollte
	2,18	das ganze L. fürchtete sich vor ihm
	3,1	schickten von allen L. ihre Boten
	3	ohne unser L. vor Knechtschaft zu bewahren
	6	unterwarf alle Bewohner des L. 8
	11	alle Götterbilder des L. zu entfernen
	5,8	als über das ganze L. eine Hungersnot kam
	10	als die Ägypter sie aus ihrem L. gestoßen
	18	sie nahmen ihr L. und ihre Städte ein
	20	wurden gefangen in ein fremdes L. geführt Sir 47,30; 48,16; Bar 1,9
	21	aus den L. heimgekehrt, in die sie
	26	daß Nebukadnezar der Gott des L. ist
	7,2	Hilfstruppen aus... der L.
	15,7	verfolgten sie bis zu den Grenzen des L.
	9	das ganze L. wurde reich von dieser Beute
	16,5	seine Pferde bedeckten das L.
	6	drohte mir an, mein L. zu verbrennen
Wsh	1,1	die ihr L. und Leute regiert Sir 44,4

Wsh	6,1	Gesetzlosigkeit verwüstet das ganze L.
	12,3	den... Bewohnern deines L. feind
	18,15	L., das zugrunde gerichtet werden sollte
	19,7	sah man trockenes L. hervorkommen
	18	was auf dem L. zu leben pflegt... stieg aufs L.
Tob	6,5	er zog den Fisch aufs L.
	13,6	ich will ihn preisen in diesem L.
	13	aus fernen L. werden die Völker kommen
	14	dein L. werden sie heilig halten
	14,7	unser L. wird wieder bewohnt werden
	17	Gnade bei allen, die im L. wohnten
Sir	10,3	ein... König richtet L. und Leute zugrunde
	19	Gott hat das L. der Heiden verheert
	28,16	vertreibt aus seinem L. ins andre 29,25
	39,5	er durchzieht fremde L.
	28	ein... L. in ein Salzmeer verwandelte
	43,3	am Mittag trocknet sie das L. aus
	46,10	L., darin Milch und Honig fließt Bar 1,20
	47,16	wie der Strom das L. bewässert
	18	alle L. bewunderten deine Lieder
	49,4	als das L. voll Abgötterei war
Bar	2,21	so werdet ihr im L. bleiben
	23	das ganze L. soll wüst werden
	30	in dem L., in dem sie gefangen 32
	34	ich will sie zurückbringen in das L. 35
	3,10	wie... daß du im L. deiner Feinde bist 11
	5,7	damit das L. eben wird
	6,53	sie erwecken keinen König über ein L.
	61	ebenso weht der Wind in jedem L.
1Ma	1,24	er führte alles mit sich in sein L.
	29	das ganze L. war tief bewegt
	56	gottlosen Frevel trieben sie im L.
	3,26	in allen L. sprach man von Judas
	29	daß aus dem L. nicht viel Tribut einging
	32	ließ im L. einen Fürsten zurück 33; 7,20; 8,16
	36	sollte das L. durchs Los verteilen
	37	der König zog hinauf in die oberen L.
	41	aus fremden L. stieß Kriegsvolk zu ihm
	6,13	muß in einem fremden L. sterben
	49	die Felder im ganzen L. brachliegen
	7,6	haben alle... aus unserm L. verjagt
	7	Zerstörung über das L. des Königs gebracht
	8,4	Könige, die in L. gezogen, besiegt
	8	sie nahmen ihm seine besten L. 10
	23	Gott gebe... Frieden zu Wasser und L. 31
	9,24	herrschte sehr großer Hunger im L.
	53	die... Männer des L. als Geiseln
	61	nahm 50 Männer vom Volk des L. gefangen
	10,55	Tag, an dem du in das L. deiner Väter gek.
	72	zweimal in ihrem eignen L. geschlagen
	11,34	daß Judäa... zu ihrem L. gehören sollen
	14,11	(Simon) hielt den Frieden im L. aufrecht
2Ma	1,7	als Jason von dem heiligen L. abtrünnig
	14,10	nicht möglich, daß Friede im L. aus
StE	1,3	überall zu L. und Leuten im Gegensatz
	5,16	jedes L... sollen vertilgt werden
Mt	2,12	zogen auf einem andern Weg wieder in ihr L.
	22	er zog ins galiläische L. 4,12.23
	3,5	(da gingen) zu ihm hinaus alle L. am Jordan
	4,13	*im L. Sebulon und Naftali 15*
	9,26	diese Kunde erscholl durch dieses ganze L. 31; Mk 1,28; Lk 4,37; 7,17
	10,15	dem L. der Sodomer wird es erträglicher ergehen 11,24
	13,8	einiges fiel auf gutes L. und trug Frucht 23; Mk 4,8.20; Lk 8,8.15
	14,24	das Boot war schon weit vom L. entfernt
	34	fuhren hinüber und kamen ans L. Mk 6,53

Mt	14,35	schickten Botschaft in das ganze L. Mk 6,55
	21,33	verpachtete ihn und ging außer L. 25,14; Mk 12,1; 13,34; Lk 19,12; 20,9
	23,15	die ihr L. und Meer durchzieht
	27,45	kam eine Finsternis über das ganze L. Mk 15,33; Lk 23,44
Mk	4,1	alles Volk stand auf dem L. am See
	26	wie wenn ein Mensch Samen aufs L. wirft 31
	5,14	verkündeten das auf dem L.
	6,47	am Abend war er auf dem L. allein
	16,12	offenbarte sich zweien, als sie über L. gingen
Lk	4,25	als eine große Hungersnot herrschte im L.
	26	*nach Sarepta im L. der Sidonier*
	5,3	ein wenig vom L. wegzufahren 11; 8,22.27
	8,37	aus dem L. der Gerasener
	13,7	*was hindert er das L.*
	14,35	*ist weder auf das L. nütze*
	15,13	der jüngere Sohn zog in ein fernes L.
	14	kam eine Hungersnot über jenes L. 15
	21,21	wer auf dem L. ist, komme nicht herein
Jh	3,22	kam Jesus mit seinen Jüngern in das L. Judäa
	6,21	sogleich war das Boot am L. 21,8.9.11
	11,48	dann kommen die Römer und nehmen uns L. und Leute
Apg	7,4	da ging er aus dem L. der Chaldäer
	11	*teure Zeit über das ganze L.*
	40	Mose, der uns aus dem L. Ägypten geführt hat
	45	in das L., das die Heiden inne hatten
	8,1	da zerstreuten sich alle in die L. Judäa und
	9,32	als Petrus überall im L. umherzog
	12,20	weil ihr L. seine Nahrung aus dem L. des Königs bekam
	13,13	*nach Perge im L. Pamphylien 14; 14,6; 16,6; 18,23; 19,1; 20,2;* Gal 1,21
	17	als sie Fremdlinge waren im L. Ägypten
	23,34	der Statthalter fragte, aus welchem L. er sei
	25,1	als Festus ins L. gekommen war, zog er
	27,2	und fuhren ab vom L. 27.39.43.44
Rö	9,17	*verkündigt in allen L.*
	10,18	es ist in alle L. ausgegangen ihr Schall
	15,23	habe ich keine Aufgabe mehr in diesen L.
2Ko	11,10	in den L. Achajas nicht verwehrt werden
Heb	11,15	wenn sie das L. gemeint hätten, von dem sie ausgezogen waren
	29	durchs Rote Meer wie über trockenes L.
Jak	5,4	der Arbeiter, die euer L. abgeerntet haben
Off	5,6	die sieben Geister Gottes, gesandt in alle L.

Land der Lebendigen

Hi	28,13	sie wird nicht gefunden im L. d. L.
Ps	27,13	sehen werde die Güte des HERRN im L. d. L.
	52,7	aus dem L. d. L. ausrotten Jer 11,19
	116,9	werde wandeln vor dem HERRN im L. d. L.
	142,6	du bist mein Teil im L. d. L.
Jes	38,11	werde nicht mehr schauen im L. d. L.
	53,8	er ist aus dem L. d. L. weggerissen
Hes	26,20	daß du keine Stätte mehr hast im L. d. L.
	32,23	von denen Schrecken ausging im L. d. L. 24-27.32

Land Israel(s)

1Sm	13,19	kein Schmied im ganzen L. I. zu finden
2Sm	21,5	daß uns nichts bleibe in allen L. I.
2Kö	5,2	ein Mädchen weggeführt aus dem L. I. 4
	6,23	seitdem kamen Aramäer nicht mehr ins L.I.
1Ch	13,2	zu unsern Brüdern in allen L. I.
	22,2	Fremdlinge, die im L. I. 2Ch 2,16; 30,25
2Ch	34,7	im L. I. die Götzenbilder zertrümmert
Hes	7,2	spricht Gott der HERR zum L. I. 12,19; 21,7. 8; 36,6
	11,17	will euch das L. I. geben 20,42; 37,12
	12,22	ein Gerede im L. I. 18,2; 25,3.6; 33,24
	13,9	sollen ins L. I. nicht kommen 20,38
	27,17	Juda und das L. I. haben mit dir gehandelt
	38,18	wenn Gog kommen wird über das L. I. 19
	40,2	in Gesichten führte er mich ins L. I.
	47,18	der Jordan zwischen Gilead und dem L. I.
Jdt	16,26	(Judit) wurde hoch geehrt im L. I.
1Ma	2,45	zogen im L. I. umher
	9,23	wurden die gottlosen Leute mächtig im L. I.
Mt	2,20	steh auf und zieh hin in das L. I. 21

Land Juda

5Mo	34,2	(der HERR zeigte Mose) das ganze L. J.
Rut	1,7	um ins L. J. zurückzukehren
1Sm	22,5	sprach zu David: geh hin ins L. J.
1Kö	9,18	Tamar im L. J. 1Ch 6,40
2Kö	23,24	alle Greuel, die im L. J. zu sehen waren
	25,22	über das Volk, das übrig war im L. J.
2Ch	9,11	solches Holz hatte man im L. J. nie gesehen
	15,8	tat weg die Götzen aus dem L. J.
	17,2	(Joschafat) setzte Amtleute ein im L. J.
Neh	5,14	ihr Statthalter zu sein im L. J.
Jes	19,16	werden Ägypter sich fürchten vor dem L. J.
	26,1	wird man dies Lied singen im L. J.
Jer	31,23	man wird dies Wort wieder sagen im L. J.
	37,1	Nebukadnezar machte ihn zum König im L. J.
	39,10	ließ etliche im L. J. zurück 43,4
	40,12	kamen alle zurück in das L. J. 43,5
	44,9	Sünden, die sie getan haben im L. J.
	14	sollen nicht mehr ins L. J. zurückkehren 28
Am	7,12	geh weg und flieh ins L. J.
Sa	2,4	die ihr Horn gegen das L. J. erhoben haben
Jdt	4,1	*Israeliten, die im L. J. wohnten
Bar	1,8	damit sie wieder ins L. J. gebracht
1Ma	3,39	das L. J. überfallen 6,5; 7,10.22; 13,1.12
	5,53	bis sie ins L. J. kamen 60.68; 12,46.52; 16,10
	7,24	durchzog das L. J. 16,14
	50	so wurde wieder Friede im L. J. 14,4
	9,72	(Bakchides) kam nicht wieder ins L. J.
	10,30	das L. J. für alle Zeit befreit sein 37
	11,20	das Volk im L. J. 14,28
	13,33	befestigte viele Städte im L. J. 14,33
	15,30	Orte, außerhalb des L. J. besetzt

Landanteil

1Mo	47,22	daß sie sich nähren sollten von dem L.

Landesfürst

Mt	14,1	kam die Kunde von Jesus vor den L. Lk 9,7
Lk	3,1	als Herodes L. von Galiläa (war)
	19	der L. Herodes, von Johannes zurechtgewiesen
Apg	13,1	Manaën, der mit dem L. erzogen worden

Landesherr

Jes	16,1	schickt dem L. die Lämmer von Sela

Landgut

Landgut
Apg 28,7 in dieser Gegend hatte Publius L.

Landpfleger
Mt 27,2 überantworteten ihn dem L. Lk 20,20
  11 Jesus stand vor dem L.
  14 so daß sich der L. sehr verwunderte
  15 auf das Fest hatte der L. die Gewohnheit
  21 da hob der L. an und sprach 23
  27 nahmen die Kriegsknechte des L. Jesus
  28,14 wenn es würde herauskommen bei dem L.
Lk 2,2 da Cyrenius L. in Syrien war
  3,1 da Pontius Pilatus L. in Judäa war
Apg 23,24 bringen ihn zu Felix, dem L. 26.33.34
  24,1 die erschienen vor dem L. wider Paulus 10
  26,30 da stand der König auf und der L.

Landschaft
Esr 2,1 dies sind die Leute der L. Juda Neh 7,6; 11,3
  6,8 was einkommt aus der L. jenseits 7,16
Jdt 15,6 Usija sandte Boten in alle L. Israels
1Ma 10,39 Ptolemais und die L., die dazugehört
Lk 3,1 Philippus Landesfürst von der L. Trachonitis
Apg 2,9 L. Asien 6,9; 16,6; 19,10.22.26.27.31; 20,4.16.
  18; 21,27; 24,19; 27,2; Rö 16,5; 1Ko 16,19;
  2Ko 1,8; 2Ti 1,15; 1Pt 1,1; Off 1,4

Landsleute
2Ma 12,5 wie greulich man an seinen L. gehandelt
  14,8 weil ich auch um meine L. Sorge habe
1Th 2,14 ihr habt dasselbe erlitten von euren L.

Landstraße
4Mo 20,17 die L. wollen wir ziehen 21,22
Lk 14,23 geh hinaus auf die L. und an die Zäune

Landvogt
1Kö 20,14 durch die Leute der L. 15.17.19
Apg 13,7 bei Sergius Paulus, dem L. 12
  8 daß er den L. vom Glauben abwendete
  18,12 als Gallio L. war in Achaja
  19,38 so gibt es Gerichte und sind L. da

lang, lange (s.a. Leben lang)
1Mo 21,34 (Abraham) war ein Fremdling eine l. Zeit
  29,14 einen Monat l. 4Mo 11,19-21; 5Mo 21,13;
  1Kö 4,7
  32,5 bin bei Laban l. in der Fremde gewesen
  37,34 Jakob trug Leid um seinen Sohn l. Zeit
  41,56 der Hunger ward je l. je größer
  42,1 was seht ihr euch l. an
  17 drei Tage l. 2Mo 10,22.23; Est 4,16
  45,1 da konnte Josef nicht l. an sich halten
  46,29 weinte l. an seinem Halse
  50,3 so l. währen die Tage der Salbung
2Mo 2,3 als sie ihn nicht l. verbergen konnte
  23 l. Zeit danach starb der König
  7,25 sieben Tage l. 12,19; 3Mo 8,33.35; 23,34.39.41;
  4Mo 28,24; 5Mo 16,4; 2Ch 7,8; 30,21.22;
  35,17; Esr 6,22; Est 1,4.5; Hes 43,25.26; Dan
  9,27
  9,28 daß ihr nicht l. hierbleiben müßt
  10,3 wie l. weigerst du dich 16,28

2Mo 10,7 wie l. soll dieser uns Verderben bringen
  12,39 weil sie sich nicht l. aufhalten konnten
  16,35 vierzig Jahre l. Hes 29,11.12; Am 5,25
  19,13 wenn das Widderhorn l. tönen wird
  20,12 auf daß du l. lebest in dem Lande 5Mo 5,16.
  33; 6,2; 11,9.21; 22,7; 32,47; Jer 35,7; Eph 6,3
  26,16 zehn Ellen l. 27,1.9.11.12; 30,2; 36,15.21; 37,1.
  6.10.25; 38,1.9.11.12.18; 39,9; 5Mo 3,11; Ri
  3,16; 1Kö 6,2.3.17.20; 7,2.6.10.27; 8,8; 2Kö
  14,13; 2Ch 3,4; 4,1; 5,9; 6,13; 25,23; Jer 52,21;
  Hes 40,5.7.21.25.29.30.33.36.42.47; 41,13.22;
  42,4.7; 43,16.17; 45,1.5; 46,22; 48,8-10; Sa 5,2
3Mo 15,25 wenn eine Frau Blutfluß eine l. Zeit hat
  19,23 drei Jahre l. 2Sm 24,13; 2Kö 17,5; Jes 20,3
  22,23 die zu l. Glieder haben
4Mo 9,18 solange die Wolke... so l. lagerten sie 22
  14,11 wie l. lästert mich dies Volk? Und wie l.
  wollen sie nicht an mich glauben
  27 wie l. murrt diese böse Gemeinde
  20,15 daß wir l. Zeit in Ägypten gewohnt
  24,22 wie l. noch, dann führt Assur dich hinweg
  32,15 wird das Volk noch l. in der Wüste lassen
5Mo 1,6 seid l. genug an diesem Berge gewesen
  46 so bliebt ihr in Kadesch eine l. Zeit 2,1
  4,26 werdet nicht l. darin bleiben 30,18
  40 so wird dein Leben l. währen 25,15
  20,19 wenn du vor einer Stadt l. Zeit liegen mußt
  Jos 11,18; 24,7
  24,5 soll frei in seinem Hause sein ein Jahr l.
Jos 6,3 tu so sechs Tage l.
  5 wenn man die Posaune bläst und es l. tönt
  9,13 Kleider sind alt gew. über der l. Reise
  18,3 wie l. seid ihr lässig, das Land
  22,3 habt eure Brüder l. Zeit nicht verlassen
  23,1 nach l. Zeit, als Josua alt war 24,31
Ri 3,25 als sie allzu l. gewartet hatten
  5,15 an Rubens Bächen überlegten sie l. 16
  10,8 zerschlugen Israel 18 Jahre l.
  19,2 sie war dort vier Monate l.
Rut 1,13 wolltet ihr euch so l. einschließen
1Sm 1,12 als sie l. betete 14.16
  7,2 verging eine l. Zeit; es wurden 20 Jahre
  9,2 eines Hauptes l. als alles Volk 10,23
  16,1 wie l. trägst du Leid um Saul
  17,16 (Goliat) stellte sich hin 40 Tage l.
  28,20 stürzte Saul zur Erde, so l. er war
2Sm 2,26 wie l. willst du dem Volk nicht sagen
  3,1 es war ein l. Kampf zwischen dem Hause
  14,2 wie ein Weib, das l. Zeit Leid getragen
  18,14 ich kann nicht so l. bei dir verweilen
  21,20 da war ein l. Mann, der hatte 6 Finger
1Kö 1,31 l. lebe mein Herr, der König David
  2,38 wohnte Schimi in Jerusalem l. Zeit
  3,11 bittest weder um l. Leben 14; 2Ch 1,11
  18,1 nach einer l. Zeit kam das Wort zu Elia
  21 wie l. hinket ihr auf beiden Seiten
2Kö 1,8 (Elia) hatte l. Haar
  8,1 sieben Jahre l. Hes 39,9
  11 der Mann Gottes schaute l. vor sich hin
  11,3 Joasch war versteckt 6 Jahre l. 2Ch 22,12
  19,25 wie ich es l. zuvor bereitet Jes 37,26
1Ch 7,22 ihr Vater Ephraim trug Leid l. Zeit
2Ch 15,3 l. Zeit war Israel ohne rechten Gott
  29,17 weihten das Haus des HERRN acht Tage l.
  28 währte es l., bis das Brandopfer vollendet
Esr 4,14 die Schmach nicht l. sehen wollen
Neh 2,6 wie l. wird deine Reise dauern
  9,3 man las vor drei Stunden l.
  13,6 hatte erst nach l. Zeit gebeten
Hi 7,4 so wird mir's l. bis zum Abend

lang

Hi	8,2	wie l. willst du so reden 11,2; 18,2
	11,9	(die Weisheit ist) l. als die Erde
	15,10	die l. gelebt haben als dein Vater
	17,13	wenn ich auch l. warte
	19,2	wie l. plagt ihr meine Seele
	20,5	daß das Frohlocken nicht l. währt
	40,27	meinst du, er wird dich l. bitten
Ps	4,3	soll meine Ehre geschändet werden
	6,4	ach du, HERR, wie l. Jes 6,11
	13,2	wie l. willst du mich so ganz vergessen? Wie l. verbirgst du dein Antlitz 89,47
	3	wie l. soll ich sorgen in meiner Seele? Wie l. soll sich mein Feind erheben
	21,5	du gibst es ihm, l. Leben für immer
	30,6	den Abend l. währet das Weinen
	35,17	Herr, wie l. willst du zusehen
	61,7	wollest dem König l. Leben geben
	62,4	wie l. stellt ihr alle einem nach
	69,4	weil ich so l. harren muß auf m. Gott
	74,3	was so l. wüste liegt Jes 58,12 ; Hes 38,8
	10	wie l. soll der Widersacher noch schmähen
	23	das Toben wird je l. größer
	79,5	wie l. willst du so sehr zürnen 80,5
	82,2	wie l. wollt ihr unrecht richten
	90,15	nachdem du uns so l. plagest, nachdem wir so l. Unglück leiden
	91,16	ich will ihn sättigen mit l. Leben
	94,3	wie l. sollen die Gottlosen prahlen
	119,84	wie l. soll dein Knecht noch warten
	120,6	es wird m. Seele l., zu wohnen bei denen
	127,2	daß ihr früh aufsteht und hernach l. sitzet
	143,3	wie die, die l. schon tot sind
Spr	1,22	wie l. wollt ihr unverständig sein
	3,2	sie werden dir l. Leben bringen 16
	6,9	wie l. liegst du, Fauler
	12,19	die falsche Zunge besteht nicht l.
	23,30	wo man l. beim Wein sitzt
	28,16	wer unrechten Gewinn haßt, wird l. leben
Pr	6,3	hätte ein so l. Leben, daß er sehr alt
	7,15	der lebt l. in seiner Bosheit
	8,12	wenn ein Sünder auch l. lebt 13
	11,1	du wirst es finden nach l. Zeit
Jes	24,22	daß sie nach l. Zeit heimgesucht werden
	32,15	so l., bis ausgegossen wird der Geist
	38,10	da ich doch gedachte, noch l. zu leben
	42,14	ich schwieg wohl eine l. Zeit
	44,8	habe ich's nicht schon l. hören lassen
	48,9	halte l. meinen Zorn zurück
	54,2	spann deine Seile l.
Jer	2,32	vergißt mich seit endlos l. Zeit
	4,14	wie l. bleiben deine heillosen Gedanken
	21	wie l. soll ich das Fluchtzeichen sehen
	6,4	die Schatten werden l.
	12,4	wie l. soll das Land so trocken stehen
	13,6	nach l. Zeit sprach der HERR
	15,18	warum währt doch mein Leiden so l.
	18,14	bleibt doch der Schnee l. auf den Steinen
	25,3	habe zu euch nun 23 Jahre l. gepredigt
	29,28	es wird noch l. währen
	31,22	wie l. willst du in der Irre gehen
	32,14	in ein Gefäß, daß sie l. erhalten bleiben
	37,16	Jeremia blieb dort l. Zeit
	47,5	wie l. willst du dich wund ritzen
Klg	4,15	sollen nicht l. bei uns bleiben
Hes	4,4	so l. sollst du deine Schuld tragen 5.6.9
	12,22	es dauert es l. 25.27.28
	16,7	bekamst l. Haare
	17,3	ein Adler mit l. Fittichen kam
	19,5	nachdem sie l. gehofft hatte
	31,5	trieb viele Äste und l. Zweige 7
Hes	38,8	nach l. Zeit sollst du aufgeboten werden
	39,7	meinen Namen nicht l. schänden lassen
	12	wird sie sieben Monate l. begraben
	40,5	war l. als eine gewöhnliche Elle 43,13
	45,9	habt's l. genug schlimm getrieben
Dan	4,24	so wird es dir l. wohlergehen
	7,10	von ihm ging aus ein l. feuriger Strahl
	12	wie l. ein jedes (Tier) leben sollte
	8,13	wie l. gilt dies Gesicht vom tägl. Opfer
	26	es ist noch eine l. Zeit bis dahin
	9,25	62 Wochen l. wird es wieder aufgebaut
	10,2	trauerte ich, Daniel, drei Wochen l.
Hos	3,3	l. Zeit sollst du bleiben, ohne zu huren 4
	8,5	wie l. soll das noch andauern
Hab	1,2	wie l. soll ich schreien
	2,6	wie l. wird's währen
Sa	1,12	wie l. willst du dich nicht erbarmen
	2,6	zu sehen, wie l. und breit es werden soll
	7,5	als ihr fastetet diese 70 Jahre l.
Mal	3,4	dem HERRN wohlgefallen wie vor l. Jahren
Jdt	3,12	er lagerte dort dreißig Tage l.
	5,13	bekamen Brot vom Himmel vierzig Jahre l.
	6,19	nachdem sie so l. gefastet hatten
	7,18	darauf weinte das Volk viele Stunden l.
	15,14	dreißig Tage l. die Beute eingesammelt
	16,24	feierte drei Monate l. den Sieg
	29	trauerte um (Judit) sieben Tage l.
	30	während sie lebte und noch l. danach
Wsh	7,2	im Mutterleib zehn Monate l. gebildet
	15,8	nicht l. zuvor aus Erde geschaffen
	17,2	wurden Gefangene einer l. Nacht
	18,20	der Zorn währte nicht l.
	24	auf seinem l. Gewand war... abgebildet
Tob	1,18	l. nach dem Tod des Königs
	9,4	wenn ich einen l. fortbliebe 10,1
	10,1	warum bleibt mein Sohn so l. aus
	11,20	sieben Tage l. feierten sie miteinander
	12,22	sie dankten Gott den l. Stunden l.
Sir	1,12	die Furcht des Herrn gibt l. Leben 25
	3,7	wer seinen Vater ehrt, wird l. leben
	26,1	der lebt noch einmal so l.
	37,34	wer mäßig ist, lebt desto l.
	41,7	im Tod fragt man nicht, wie l. einer gelebt
	46,5	ein Tag wurde so l. wie zwei
Bar	3,14	damit du erfährst, wo es l. Leben gibt
	6,47	die sie gemacht haben, leben nicht l.
1Ma	6,9	der Kummer wurde je l. umso größer
	49	konnten vor Hunger nicht l. ... bleiben
	14,41	so l., bis ihnen Gott... erwecken würde
2Ma	4,50	Menelaus trieb es je l. desto ärger
	5,2	man sah fast vierzig Tage l. Reiter
	6,1	l. danach sandte der König
	8,8	daß Judas je l. desto stärker wurde
	12,36	als... vom l. Kampf müde wurden
	14,20	als man l. darüber beraten hatte
Mt	15,32	sie sind schon drei Tage l. bei mir
	17,17	wie l. soll ich bei euch sein Mk 9,19; Lk 9,41
	23,14	zum Schein l. Gebete verrichtet Mk 12,40; Lk 20,47
	24,48	mein Herr kommt noch l. nicht Lk 12,45
	25,5	als der Bräutigam l. ausblieb
	19	nach l. Zeit kam der Herr dieser Knechte
Mk	6,34	er fing an l. Predigt zu halten
	9,21	wie l. ist's, daß ihm das widerfährt
	12,38	die gern in l. Gewändern gehen Lk 20,46
	15,44	ob er schon l. gestorben sei
	16,5	der hatte ein l. weißes Gewand an
Lk	1,21	wunderte sich, daß er so l. im Tempel blieb
	75	ihm dienten unser Leben l.
	4,2	(Jesus wurde) 40 Tage l. von dem Teufel versucht

lang

Lk	8,27	er trug seit l. Zeit keine Kleider mehr
	29	der hatte ihn l. Zeit geplagt
	13,7	ich bin nun drei Jahre l. gekommen
	15,13	nicht l. danach sammelte der jüngere Sohn alles zusammen
	18,4	er wollte l. nicht
	7	sollte er's bei ihnen l. hinziehen
	20,9	ging außer Landes für eine l. Zeit
Jh	2,12	sie blieben nicht l. da
	5,6	als Jesus vernahm, daß er schon so l. gelegen
	10,24	wie l. hältst du uns im Ungewissen
	14,9	so l. bin ich bei euch, und du kennst mich nicht
Apg	1,3	ließ sich sehen unter ihnen vierzig Tage l.
	5	nicht l. nach diesen Tagen
	7,6	man wird sie knechten und mißhandeln 400 Jahre l.
	36	Mose tat Wunder und Zeichen 40 Jahre l.
	8,11	weil er sie l. Zeit in seinen Bann gezogen hatte
	9,33	Äneas, 8 Jahre l. auf dem Bette gelegen
	43	daß Petrus l. Zeit in Joppe blieb
	13,18	40 Jahre l. ertrug er sie in der Wüste
	21	Gott gab ihnen Saul vierzig Jahre l.
	14,3	dennoch blieben sie eine l. Zeit dort
	15,7	als man sich l. gestritten hatte
	21	*Mose hat von l. Zeiten her solche, die*
	16,18	das tat sie viele Tage l.
	17,26	er hat festgesetzt, wie l. sie bestehen sollen
	18,20	sie baten ihn, daß er l. Zeit bei ihnen bleibe
	19,8	er predigte frei und offen drei Monate l. 10
	34	schrie alles fast zwei Stunden l.
	20,9	Schlaf, weil Paulus so l. redete
	31	daß ich drei Jahre l. nicht abgelassen habe
	24,4	damit ich dich nicht zu l. aufhalte
	25,24	schrie, er dürfe nicht l. leben
	26,29	ich wünschte vor Gott, daß über kurz oder l.
	27,14	nicht l. danach brach ein Sturmwind los
	21	als man l. nichts gegessen hatte
	28,6	als sie l. gewartet hatten und sahen
	7	der beherbergte uns drei Tage l. freundlich
Rö	11,25	so l. bis die Fülle der Heiden zum Heil gelangt ist
1Ko	11,14	für einen Mann eine Unehre, wenn er l. Haar trägt 15
2Ko	12,19	schon l. werdet ihr denken, daß wir
Eph	6,3	auf daß dir's wohl gehe und du l. lebest
1Th	3,1	ertrugen wir's nicht l. und beschlossen 5
2Ti	3,13	mit den bösen Menschen wird's je l., desto ärger
2Pt	2,3	das Gericht über sie bereitet sich seit l. vor
Heb	3,9	hatten meine Werke gesehen 40 Jahre l.
	17	über wen war Gott zornig 40 Jahre l.
	4,7	spricht nach so l. Zeit durch David
Off	1,13	angetan mit einem l. Gewand
	2,19	daß du je l. je mehr tust
	6,10	wie l. richtest du nicht und rächst nicht unser Blut
	8,1	Stille im Himmel etwa eine halbe Stunde l.
	9,5	nicht... sondern sie quälten fünf Monate l. 10
	11,2	hl. Stadt werden sie zertreten 42 Monate l.
	3	sie sollen weissagen 1.260 Tage l.
	13,5	Macht gegeben, es zu tun 42 Monate l.

Länge

1Mo	6,15	dreihundert Ellen sei die L. 2Mo 25,10.17.23; 26,2.8; 27,18; 28,16; 36,9; 2Ch 3,3.8.11; Hes 40,11.20; 41,13.15; 42,2.8.11; 45,3.6.7; 48,13
1Mo	13,17	durchzieh das Land in die L. und Breite
4Mo	13,32	sind Leute von großer L.
Jes	53,10	wird er in die L. leben
Mt	6,27	s. Lebens L. eine Spanne zusetzen Lk 12,25
Eph	3,18	so könnt ihr begreifen, welches die L. ist
2Ti	3,9	*sie werden's in die L. nicht treiben*
Off	21,16	ihre L. ist so wie die Breite

Langmut

Sir	35,22	der Herr wird nicht säumen noch L. zeigen
Rö	2,4	verachtest du den Reichtum seiner L.
2Ko	6,6	(als Diener Gottes:) in L.
Kol	1,11	ihr gestärkt werdet zu aller Geduld und L.
2Ti	3,10	du bist mir gefolgt in der L.

langmütig

Jon	4,2	ich wußte, daß du l. bist
Sir	1,28	ein L. kann warten
2Ma	6,14	unser Herrscher sieht uns nicht so l. zu
1Ko	13,4	die Liebe ist l. und freundlich

Langmütigkeit

Rö	2,4	*verachtest du den Reichtum seiner L.*

längs

4Mo	34,11	l. der Höhen östlich vom See
Apg	27,5	(wir) fuhren über das Meer l. der Küste

langsam

Spr	19,11	Klugheit macht den Mann l. zum Zorn
Jdt	7,17	lieber rasch umkommen, als l. verschmachten
Tob	11,3	wollen deine Frau l. nachkommen lassen
Apg	27,7	wir kamen viele Tage nur l. vorwärts
Jak	1,19	jeder Mensch sei l. zum Reden, l. zum Zorn

Langschild

Jer	46,3	rüstet Rundschild und L.

Langseite

2Mo	26,26	Riegel auf der einen L. 27; 36,31.32

längst

2Sm	3,17	ihr habt schon l. danach verlangt
Ps	119,152	l. weiß ich aus deinen Mahnungen
Pr	1,10	es ist l. vorher auch geschehen 2,12; 3,15
	6,10	was da ist, ist l. mit Namen genannt
	9,6	ihr Lieben und Hassen ist l. dahin
	7	dein Tun hat Gott schon l. gefallen
Jes	30,33	ist die Feuergrube l. hergerichtet
Klg	2,17	erfüllt, das er l. zuvor geboten hat
	3,6	wie die, die l. tot sind
Dan	9,26	Verwüstung, die l. beschlossen ist
Mt	11,21	sie hätten l. Buße getan Lk 10,13
Lk	23,8	er hätte ihn l. gerne gesehen
Heb	5,12	die ihr solltet l. Lehrer sein
Jud	4	Menschen, über die schon l. das Urteil geschrieben ist

langziehen

Ps	129,3	die Pflüger haben ihre Furchen langg.

Lanze

Jos	8,18	strecke die L. in deiner Hand aus 26
1Sm	17,45	du kommst zu mir mit Schwert, L.
Hi	39,23	auf ihm glänzen Spieß und L.
	41,21	er spottet der sausenden L.
2Ma	5,2	Reiter mit L. und gezückten Schwertern

Laodizea

Kol	2,1	welchen Kampf ich führe um die in L.
	4,13	daß er Mühe hat um die in L.
	15	grüßt die Brüder in L.
	16	sorgt dafür, daß ihr auch den von L. lest
Off	1,11	nach Sardes und nach Philadelphia und L.
	3,14	dem Engel der Gemeinde in L. schreibe

Läppchen

3Mo	14,14	Blut auf das L. des rechten Ohrs tun 17.25.28

Lappen

2Mo	29,13	sollst nehmen den L. an der Leber 22; 3Mo 3,4.10.15; 4,9; 7,4; 8,16.25; 9,10.19
StE	3,11	verabscheue es wie einen beschmutzten L.
Mt	9,16	niemand flickt ein altes Kleid mit einem L. von neuem Tuch Mk 2,21; Lk 5,36

Lappidot, *Lapidoth*

Ri	4,4	war Richterin Debora, die Frau L.

Lärm

1Sm	4,14	was ist das für ein großer L.
Jes	13,4	es ist Geschrei und L. auf den Bergen
	66,6	horch, L. aus der Stadt
Jer	3,23	es ist nichts als Betrug mit dem L.
	4,19	ich höre den L. der Feldschlacht
Jdt	14,8	damit er durch den L. aufwachen sollte
1Ma	6,41	geriet in Angst vor dem L. der großen Menge
Lk	22,6	daß er ihn überantwortete ohne L.

lärmen

Hi	39,7	er verlacht das L. der Stadt
Jes	5,13	die l. Menge (leidet) Durst
	14	daß hinunterfährt, was da prangt und l.
	22,2	du Stadt voller L. und Toben
Mk	5,39	was l. und weint ihr

Lasäa

Apg	27,8	nahe dabei lag die Stadt L.

lassen

(s.a. außer acht lassen; bleiben; fahren; fallen; gehen; gelingen; genügen; holen; hören; kommen; leben; Leben; liegen; machen; regnen; rufen; sagen lassen; sehen lassen; töten; übrigbleiben; ungestraft, verkündigen; wissen; wohnen; ziehen)

1Mo	1,11	es l. die Erde aufgehen Gras 12; 2,9
	3,24	l. lagern vor dem Garten die Cherubim
	8,7	l. einen Raben ausfliegen 8.10.12
	11,3	l. uns Ziegel streichen und brennen 4.7
	13,8	l. nicht Zank sein zwischen mir und dir
1Mo	14,24	l. die Männer ihr Teil nehmen
	19,2	l. eure Füße waschen
	32	l. uns unserm Vater zu trinken geben 34
	20,7	l. ihn für dich bitten
	21,12	l. es dir nicht mißfallen
	23,13	willst du ihn mir l.
	24,11	da l. er die Kamele sich lagern
	14	l. mich trinken 17
	27	der seine Treue nicht hat weichen l.
	56	l. mich, daß ich zu meinem Herrn ziehe
	25,21	der HERR l. sich erbitten 1Ch 5,20; 2Ch 33,13; Hes 36,37
	26,18	(Isaak) l. die Wasserbrunnen aufgraben
	30,15	l. mich diese Nacht bei dir schlafen
	27	l. mich Gnade vor deinen Augen finden 33,15; 34,11; 39,21; 47,25; Rut 2,13; 1Sm 1,18; 25,8; 2Sm 16,4
	31,28	hast mich nicht l. meine Enkel küssen
	44	l. uns einen Bund schließen
	32,17	l. Raum zwischen einer Herde und d. andern
	27	ich l. dich nicht, du segnest mich denn
	33,12	l. uns aufbrechen und fortziehen 35,3
	15	will bei dir l. etliche von meinen Leuten
	37,27	l. uns ihn den Ismaelitern verkaufen 32
	35	wollte sich nicht trösten l.
	38,7	darum l. ihn der HERR sterben 10
	39,3	das l. der HERR in seiner Hand glücken 6
	12	er l. das Kleid in ihrer Hand 13.15.18
	40,3	l. sie setzen ins Gefängnis 22; 41,14; 42,17.24.33
	41,14	l. sich scheren und zog andere Kleider an
	35	l. sammeln den Ertrag der guten Jahre
	43	l. ausrufen: Der ist des Landes Vater
	43,51	Gott hat mich vergessen l. mein Unglück
	52	Gott hat mich wachsen l. 48,4
	44,18	l. deinen Knecht ein Wort reden
	45,1	l. jedermann von mir hinausgehen
	47,15	warum l. du uns sterben 19; 2Mo 16,3
	50,8	allein ihre Kinder l. sie im Lande
2Mo	2,20	warum habt ihr den Mann draußen gel.
	3,22	soll sich von ihrer Nachbarin geben l. 11,2; 12,35
	5,3	l. uns hinziehen drei Tagereisen weit
	5	und ihr wollt sie noch feiern l. 7
	9,20	l. seine Knechte in die Häuser fliehen 21
	23	der HERR l. donnern 1Sm 7,10; 12,17.18
	11,1	dann wird er euch von hier wegziehen l.
	14,12	l. uns in Ruhe
	21	das Meer l. der HERR zurückweichen
	25	l. uns fliehen vor Israel
	15,10	da l. du deinen Wind blasen Ps 78,26
	21	l. uns dem HERRN singen
	17,11	wenn er s. Hand sinken l., siegte Amalek
	18,22	l. sie mit dir tragen
	20,19	l. Gott nicht mit uns reden
	24	wo ich meines Namens gedenken l.
	21,8	so soll er sie auslösen l.
	13	hat Gott es seiner Hand widerfahren l.
	22,4	weil er das Feld seines andern abweiden l.
	29	sieben Tage l. es bei seiner Mutter sein
	23,5	so l. ihn ja nicht im Stich
	7	ich l. den Schuldigen nicht Recht haben
	8	sollst dich nicht bestechen l.
	11	im 7. Jahr sollst du es ruhen l. 3Mo 26,35
	26	will dich l. alt werden
	24,2	Mose l. jene sich nicht nahen
	26,12	einen halben Teppich überhängen l. 28
	28,1	sollst Aaron zu dir herantreten l. 3Mo 8,6
	29,4	vor die Stiftshütte treten l. 40,12
	13	auf dem Altar in Rauch aufgehen l. 18.25; 3Mo 1,9.13.15.17; 2,2.9.11.16; 3,5.11.16; 4,10.19

lassen 892

	26.31.35; 5,12; 6,5.8; 7,5.31; 8,16.21.28; 9,10.13. 14.17.20; 16,25; 17,6; 4Mo 5,26; 18,17; 1Sm 2,15.16; Jer 33,18	
2Mo 32,5	l. ausrufen: Morgen ist des HERRN Fest	
10	l. mich, daß mein Zorn über sie entbrenne	
12	l. dich des Unheils gereuen 22; Jon 3,9; 4,2	
20	nahm das Kalb und l. es zerschmelzen	
25	Aaron hatte sie zuchtlos werden l.	
33,19	will meine Güte vorübergehen l.	
34,3	l. niemand mit dir... kein Rind l. weiden	
9	l. uns dein Erbbesitz sein	
3Mo 1,15	er soll das Blut ausbluten l. 5,9; 17,13	
7,35	da der HERR sie sich nahen l. 4Mo 16,10	
8,14	er l. herzuführen den Stier zum Sündopfer	
10,6	sollt euer Haupthaar nicht wirr hängen l. 21,10; 4Mo 6,5; Hes 44,20	
6	l. eure Brüder weinen über diesen Brand	
20	als Mose das hörte, l. er sich's gefallen	
14,7	und (soll) den Vogel fliegen l. 53	
34	ich l. eine aussätzige Stelle entstehen	
40	so soll er die Steine ausbrechen l.	
15,3	mag ihr Glied den Fluß ausfließen l.	
16,21	soll den Bock in die Wüste bringen l. 22	
23	Aaron soll die leinenen Kleider dort l.	
19,10	dem Armen... sollst du es l. 23,22	
19	l. nicht zweierlei Art sich paaren	
22,15	sollen nicht entheiligen l. das Heilige	
24,14	l. alle... l. die Gemeinde ihn steinigen	
25,9	sollst du die Posaune blasen l. Ri 6,34; 1Sm 13,3; Hes 7,14	
39	sollst ihn nicht als Sklaven dienen l. 46	
26,13	habe euch aufrecht einhergehen l.	
23	werdet ihr euch nicht zurechtbringen l.	
4Mo 1,18	sich einschreiben nach ihren Sippen	
4,18	sollt den Stamm nicht zugrunde gehen l.	
5,21	daß der HERR deine Hüfte schwinden l.	
6,25	der HERR l. sein Angesicht leuchten Ps 4,7; 31,17; 67,2; 80,4.8.20; 119,135; Dan 9,17	
7,11	l. an jedem Tag Opfer bringen 9,2	
10,35	l. deine Feinde zerstreut werden	
12,12	l. Mirjam nicht sein wie e. Totgeborenes 14	
13,30	l. uns hinaufziehen Ri 18,9; 20,9	
14,4	l. uns einen Hauptmann über uns setzen	
17	l. deine Kraft groß werden	
15,39	nicht verführen l. 5Mo 11,16; 12,30; 30,17	
18,15	sollst die Erstgeburt auslösen l. 16.17	
19,3	soll (eine rötl. Kuh) schlachten l. 5	
27,19	l. ihn treten vor den Priester 22	
32,15	wird das Volk noch länger in der Wüste l.	
35,25	soll ihn zurückbringen l. zu der Freistadt	
36,6	l. sie heiraten, wie es ihnen gefällt	
5Mo 1,10	der HERR hat euch zahlr. werden l. Jos 5,7	
17	die (Sache) l. an mich gelangen	
21	l. dir nicht grauen 7,21; 20,3; 31,6; Jos 1,9; Hi 31,34; Jes 8,12	
22	l. uns Männer vor uns her senden	
2,21	der HERR l. sie ihr Land besitzen 22	
30	uns nicht hindurchziehen 20,10	
3,26	l. es genug sein 13,18; Hes 44,6	
8,3	demütige dich und l. dich hungern	
15	l. Wasser aus dem Felsen hervorgehen Neh 9,15; Jes 48,21	
11,4	als sie der HERR umkommen l.	
29	sollst d. Segen sprechen l. auf dem Berge	
12,19	den Leviten nicht leer ausgehen l. 14,27	
13,3	l. uns andern Göttern folgen 7.14	
15,10	dein Herz soll sich's nicht verdrießen l. 18	
17	l. ihn für immer deinen Knecht sein	
17,18	Abschrift des Gesetzes in ein Buch schreiben l. 2Kö 17,37; Neh 9,34	
5Mo 21,12	l. sie ihr Haar abscheren 13	
22,7	die Mutter sollst du fliegen l.	
25,2	soll ihn der Richter hinlegen l.	
29,4	hat euch in der Wüste wandern l. Jos 24,3	
17	l. nicht unter euch sein, dessen Herz 18	
31,11	dies Gesetz vor Isr. ausrufen l. Jos 8,34.35	
32,15	l. ihn einherfahren über die Höhen der Erde und l. ihn Honig saugen aus dem Felsen	
38	l. sie aufstehen und euch helfen	
50	l. dich zu deinem Volk versammeln	
33,7	seine Macht groß werden 11	
Jos 2,6	sie hatte sie auf das Dach steigen l.	
17	Eid, den du uns hast schwören l. 20	
6,3	l. Kriegsmänner um die Stadt herumgehen 4	
18	l. euch nicht gelüsten, von dem Gebannten .	
26	zu d. Zeit l. Josua schwören: Verflucht	
7,3	l. nicht das ganze Kriegsvolk hinaufziehen	
16	l. Israel herzutreten 17.18; 2Ch 34,32	
8,17	l. die Stadt offen stehen	
29	l. den König an einen Baum hängen	
10,19	l. sie nicht in ihre Städte entrinnen	
22,26	l. uns einen Altar bauen	
Ri 1,3	l. uns mit den Kanaanitern kämpfen	
23	das Haus Josef l. Bethel auskundschaften	
2,19	sie l. nicht von ihrem Tun	
7,3	l. ausrufen: Wer ängstlich ist, kehre um	
10	l. deinen Diener Pura mit dir hinabgehen	
8,16	(Gideon) l. es die Leute fühlen	
9,9	soll ich meine Fettigkeit l. 11.13	
10,14	schreit zu den Göttern; l. diese helfen	
11,24	du solltest uns das Land einnehmen l.	
37	l. mir zwei Monate 38	
12,5	l. mich hinübergehen 1Sm 14,1.6	
6	l. sie ihn sprechen: Schibbolet	
15,5	l. die Füchse in das Korn laufen	
16,2	l. auf (Simson) lauern	
14	l. (Delila) ihn einschlafen 19	
19,6	l. dein Herz guter Dinge sein 9; Pr 11,9	
8	l. uns warten, bis sich der Tag neigt 11	
20,10	l. uns nehmen zehn Mann von hundert	
28	oder sollen wir es l. 1Kö 22,6.15; 2Ch 18,5. 14; Jer 40,4; Sa 11,12	
32	l. uns fliehen 2Sm 15,14	
38	sollten eine Rauchsäule aufsteigen l.	
43	jagten nach, ohne ihnen Ruhe zu l.	
Rut 2,7	l. mich doch auflesen 15	
1Sm 2,3	l. euer großes Rühmen und Trotzen	
8	daß er ihn an den Thron der Ehre erben l.	
36	l. mich doch Anteil haben am Priesteramt	
6,7	l. ihre Kälber daheim bleiben	
9,5	l. uns wieder heimgehen	
10,20	als Samuel alle Stämme herantreten l. 21	
12,3	mir damit die Augen blenden zu l.	
14,19	l. es sein 2Kö 4,23	
36	l. uns noch in der Nacht hinabziehen	
36	l. uns erst hierher vor Gott treten 38	
16,8	Isai l. ihn an Samuel vorübergehen 9-12	
17,10	l. uns miteinander kämpfen 1Kö 20,25	
22	da David sein Gepäck bei der Wache	
32	seinetwegen l. keiner den Mut sinken	
19,17	warum hast du meinen Feind entrinnen l.	
20,5	l. mich, daß ich mich verberge 29	
17	Jonatan l. David schwören	
21,14	(David) l. seinen Speichel fließen	
23,8	Saul l. das Kriegsvolk zusammenrufen	
24,7	das l. der HERR ferne von mir sein 26,11; 2Sm 23,17; 1Kö 21,3; 1Ch 11,19	
8	David l. sie sich nicht an Saul vergreifen	
25,24	l. deine Magd reden	
26,19	so l. man ihn ein Speisopfer riechen	

lassen

1Sm	28,15	daß du mich heraufsteigen l.	1Ch	13,2 l. uns hinschicken zu unsern Brüdern
	29,9	l. ihn nicht mit uns hinaufziehen		16,7 zu der Zeit l. David dem HERRN danken
2Sm	3,15	Isch-Boschet l. sie wegnehmen Paltiël		21 er l. niemand ihnen Schaden tun
	5,8	l. keinen Blinden und Lahmen ins Haus		37 David l. vor der Lade den Asaf
	6,10	er wollte sie nicht zu sich bringen l.		17,17 hast mich schauen l… ein Gesicht
	8,2	l. sie sich auf den Boden legen		18,4 David l. alle Wagenpferde lähmen
	10,2	(David) l. ihn über seinen Vater trösten		10 sandte zum König und l. ihn grüßen
	12,10	soll von… das Schwert nimmermehr l.		19,13 l. uns getrost handeln
	14,9	den König ohne Schuld sein l. 12		21,1 daß l. Israel zählen l. 17; 2Ch 2,16
	32	fragen l.: Warum bin ich von Geschur		22,2 David l. die Fremdlinge versammeln
	16,10	l. ihn fluchen: der HERR hat ihm 11		13 l. dich nicht erschrecken 28,20
	18,19	l. mich doch laufen	2Ch	6,41 l. deine Priester mit Heil angetan werden
	19,7	du l. heute merken, daß dir nichts gelegen		7,10 er l. das Volk fröhlich heimgehen
	38	l. deinen Knecht umkehren, daß ich sterbe		9,8 auf daß er es ewiglich bestehen l.
	24,17	l. deine Hand gegen mich sein 1Ch 21,17		13,9 um sich die Hand füllen zu l.
1Kö	1,47	Gott l. seinen Thron größer werden		14,6 l. uns diese Städte ausbauen
	2,9	l. ihn nicht frei ausgehen		15,2 wird sich von euch finden l. 4,15; Jer 29,14
	42	hab ich dich nicht schwören l.		7 l. eure Hände nicht sinken Ze 3,16
	3,26	sei weder noch dein; l. es teilen		16,14 in s. Grabe, das er sich hatte aushauen l.
	5,7	l. es an nichts fehlen Neh 10,40; Est 6,10		18,2 Ahab l. für ihn viele Schafe schlachten
	23	will sie in Flöße zusammenlegen l.		19,7 l. die Furcht des HERRN bei euch sein
	7,36	er l. auf die Flächen eingraben Cherubim 2Ch 3,7		20,11 sie l. uns das entgelten
	46	l. sie gießen in der Gießerei von Adama 2Ch 4,17		23,8 l. die Abteilungen nicht auseinandergehen
				20 l. den König sich auf den Thron setzen
	47	Salomo l. alle Geräte ungewogen		24,7 haben das Haus Gottes verfallen l.
	8,26	l. dein Wort wahr werden 2Ch 1,9; 6,17		28,19 weil er ein zuchtloses Wesen aufkommen l.
	29	l. deine Augen offen stehen 52; 2Ch 6,20.40		33,10 wenn der HERR zu Manasse reden l. 36,15
	50	wollest sie Erbarmen finden l.		34,4 er l. abbrechen die Altäre der Baale
	9,22	(Salomo) l. sie seine Räte sein		29 der König l. zusammenkommen alle Ältesten
	11,13	einen Stamm will ich deinem Sohn l.		36,17 er l. ihre junge Mannschaft erschlagen
	34	will ihn Fürst sein l. sein Leben lang	Esr	4,15 man l. in den Chroniken suchen 5,17
	17,21	mein Gott, l. sein Leben zurückkehren		5,5 bis man den Bericht an Darius gelangen l.
	18,23	l. sie wählen einen Stier		6,7 l. sie arbeiten am Hause Gottes Neh 2,17.18; 3,34.35
	36	l. heute kundwerden, daß du Gott bist		9,8 um uns ein wenig aufleben zu l. 9
	19,3	(Elia) l. seinen Diener dort		10,3 l. uns mit Gott einen Bund schließen
	20	l. mich Vater und Mutter küssen	Neh	1,6 l. deine Ohren aufmerken 11
	20,31	l. uns Säcke um unsre Lenden tun		2,5 wollest mich nach Juda reisen l. 6
	33	l. ihn auf den Wagen steigen 2Kö 10,15		4,7 ich l. das Volk antreten 12,31
	42	Mann, auf dem mein Bann lag, von dir gel.		5,5 müssen… als Sklaven dienen l.
	21,9	l. ein Fasten ausrufen 12; 2Ch 20,3; Esr 8,21; Jon 3,5		6,2 l. uns zusammenkommen 7.10
	12	sie l. Nabot obenan im Volk sitzen		13,19 l. ich die Tore schließen
	22,13	l. dein Wort wie ihr Wort sein 2Ch 18,12	Est	1,19 l. man ein königliches Gebot ausgehen 3,9
	36	l. ausrufen 2Kö 10,20; 2Ch 24,9; Esr 10,7; Est 6,9; Jon 3,7		3,8 ziemt d. König nicht, sie gewähren zu l. 9,13
2Kö	1,13	l. mein Leben vor dir etwas gelten 14		4,13 l. Mordechai Ester antworten 15
	16	hast befragen l. Baal-Sebub		5,14 Haman l. einen Galgen aufrichten 9,24
	2,17	l. sie hingehen Jer 15,1; Hos 4,17		6,1 l. der König sich das Buch bringen
	4,27	l. sie, denn ihre Seele ist betrübt 30		5 der König sprach: L. ihn hereintreten
	5,20	will mir etwas von ihm geben l.	Hi	2,4 alles l. er für sein Leben
	6,29	l. uns (deinen Sohn) essen		7,19 du l. mir keinen Atemzug Ruhe 9,18
	7,4	so l. uns nun hingehen 9.13		21 oder l. meine Schuld vergeben
	7	sie l. ihre Zelte und Esel im Lager		10,1 will meiner Klage ihren Lauf l.
	8,29	sich in Jesreel heilen zu l. 9,15; 2Ch 22,6		9 du l. mich wieder zum Staub zurückkehren
	9,2	l. ihn aufstehen unter s. Gefährten 11,12		10 hast mich wie Käse gerinnen l.
	17	l. ihn fragen: Ist's Friede		13,13 schweigt und l. mich reden
	10,25	erschlagt jedermann; l. niemand entkommen		21 l. deine Hand fern von mir sein
	15,16	ihre Schwangeren l. er aufschlitzen		14,20 du l. ihn dahinfahren 30,22
	18,16	Goldblech, das er hatte darüberziehen l.		15,13 solche Reden aus deinem Munde l.
	29	l. euch von Hiskia nicht betrügen 30; 19,10; 2Ch 32,15; Jes 36,14.15.18; 37,10		17,6 muß mir ins Angesicht speien l.
				21,2 l. mir das eure Tröstung sein
	20,11	der Herr l. den Schatten zurückgehen		22,9 Witwen hast du leer weggehen l. 31,16
	21,8	den Fuß Israels nicht weichen l. 2Ch 33,8		27,6 halte ich fest und l. sie nicht
	22,16	des Buches, das der König hat lesen l.		31,9 hat sich mein Herz betören l.
	23,4	l. sie verbrennen draußen vor Jerus. 6		30 ich l. meinen Mund nicht sündigen
	20	er l. alle Priester der Höhen schlachten		32,7 das Alter reden… l. Weisheit beweisen
1Ch	5,41	als der HERR Juda wegführen l. 2Ch 36,18; Jer 24,5; 29,4.7.14; Klg 4,22; Am 5,27		34,4 l. uns ein Urteil finden
				30 l. er nicht einen Gottlosen regieren
	10,14	darum l. er ihn sterben		36,7 auf dem Thron l. er sie sitzen
				29 wer versteht, wie er donnern l. 37,3.15

lassen

Hi	38,32	kannst du die Sterne aufgehen l.
	39,20	kannst du (das Roß) springen l. 24
	41,3	und ich l. ihn unversehrt 9
	10	sein Niesen l. Licht aufleuchten 24
	42,4	so höre nun, l. mich reden Ps 50,7
Ps	2,3	l. uns zerreißen ihre Bande
	10	l. euch warnen, ihr Richter auf Erden
	5,12	l. sich freuen... ewiglich l. sie rühmen... fröhlich l. sein 40,17; 70,5; 118,24
	7,10	l. der Gottlosen Bosheit ein Ende nehmen, aber die Gerechten l. bestehen
	18,14	der Höchste l. seine Stimme erschallen 68,34; Jes 30,30
	19,12	auch l. dein Knecht sich warnen
	15	l. dir wohlgefallen die Rede m. Mundes
	22,10	du l. mich geborgen sein an der Brust
	25,2	l. mich nicht zuschanden werden 20; 31,2.18; 71,1; 119,31.116
	29,6	er l. hüpfen wie ein Kalb den Libanon
	8	Stimme des HERRN l. die Wüste erbeben 9
	30,2	l. meine Feinde sich nicht freuen 35,19
	34,4	l. uns miteinander seinen Namen erhöhen
	37,8	steh ab vom Zorn und l. den Grimm
	33	der HERR l. ihn nicht in seinen Händen und l. ihn nicht zum Schuldigen werden
	39,9	l. mich nicht den Narren zum Spott werden
	40,10	will mir meinen Mund nicht stopfen l.
	12	l. deine Güte und Treue mich behüten
	41,3	wird es ihm l. wohl gehen auf Erden
	44,10	du l. uns zuschanden werden 11.15
	49,11	sie müssen ihr Gut andern l.
	17	l. es dich nicht anfechten, wenn einer
	50,19	deinen Mund l. du Böses reden
	55,23	wird den Gerechten nicht wanken l.
	59,1	als Saul (Davids) Haus bewachen l.
	11	Gott l. mich auf meine Feinde herabsehen
	14	l. sie innewerden, daß Gott Herrscher ist
	60,5	du l. deinem Volk Hartes widerfahren
	65,5	wohl dem, den du erwählst und zu dir l.
	10	du l. ihr Getreide gut geraten Sa 9,17
	66,8	seinen Ruhm weit erschallen
	9	der l. unsere Füße nicht gleiten
	11	du hast uns in den Turm werfen l.
	69,7	l. an mich nicht zuschanden werden, die
	24	ihre Hüften l. immerfort wanken
	71,8	l. meinen Mund deines Ruhmes voll sein
	20	du l. mich erfahren viele und große Angst
	72,3	l. die Berge Frieden bringen für das Volk
	74,15	hast Bäche hervorbrechen l. 78,16; 104,10
	15	du l. starke Ströme versiegen Nah 1,4
	21	l. den Geringen nicht beschämt davongehen, l. die Armen rühmen deinen Namen
	77,3	meine Seele will sich nicht trösten l.
	78,13	er l. sie hindurchziehen 52; 136,14
	33	l. ihre Tage dahinschwinden ins Nichts
	50	als er seinem Zorn freien Lauf l.
	79,5	deinen Eifer brennen l. wie Feuer
	10	l. unter den Heiden kundwerden 98,2
	80,7	du l. unsere Nachbarn sich um uns streiten
	10	du hast ihn l. einwurzeln
	81,11	tu deinen Mund auf, l. mich ihn füllen
	83,5	sprechen sie, l. uns sie ausrotten
	84,12	er wird kein Gutes mangeln l. den Frommen
	85,6	willst du deinen Zorn walten l.
	89,44	du l. ihn nicht siegen im Streit
	90,3	du l. die Menschen l. sterben
	5	du l. sie dahinfahren wie einen Strom
	92,5	du l. mich fröhlich singen
	95,1	l. uns dem HERRN frohlocken 6
	103,11	l. er seine Gnade walten über denen 12
Ps	104,14	du l. Gras wachsen 147,8.18
	105,14	l. keinen Menschen ihnen Schaden tun 20.24
	106,46	er l. sie Barmherzigkeit finden
	109,15	soll sie nie mehr aus den Augen l.
	118,25	o HERR, l. wohlgelingen
	119,10	l. mich nicht abirren von deinen Geboten
	27	l. mich verstehen den Weg deiner Befehle
	41	l. mir deine Gnade widerfahren 77
	49	l. mich darauf hoffen
	133	l. meinen Gang in deinem Wort fest sein und l. kein Unrecht über mich herrschen
	173	deine Hand mir beistehen
	121,3	er wird deinen Fuß nicht gleiten l.
	130,2	l. deine Ohren merken auf die Stimme
	132,4	will meine Augen nicht schlafen l.
	135,7	der Wolken l. aufsteigen Jer 10,13; 51,16
	137,6	wenn ich nicht l. Jerusalem m. Freude sein
	138,8	das Werk deiner Hände wollest du nicht l.
	141,10	mich aber l. entrinnen
	148,6	er l. sie bestehen für immer und ewig
Spr	1,5	wer verständig ist, l. sich raten 13,10
	17	doch l. sie sich nicht warnen
	23	will über euch strömen l. meinen Geist
	3,21	l. sie nicht aus deinen Augen weichen
	4,4	l. dein Herz meine Worte aufnehmen 21
	5,8	l. deine Wege ferne von ihr sein
	19	l. dich von ihrer Anmut allezeit sättigen
	6,4	l. deine Augen nicht schlafen
	25	l. dich... nicht gelüsten 7,25
	7,11	komm, l. uns kosen
	10,3	der HERR l... nicht Hunger leiden
	17,22	betrübtes Gemüt l. das Gebein verdorren
	26	daß man Unschuldige Strafe zahlen l.
	18,18	d. Los l. Mächtige nicht aneinander geraten
	19,18	l. dich nicht hinreißen, ihn zu töten
	20,13	l. deine Augen offen sein
	22,6	so l. er nicht davon, wenn er alt wird
	23,25	l. deinen Vater und deine Mutter s. freuen
	26	l. deinen Augen meine Wege wohlgefallen
	27,2	l. dich von einem andern loben
	15	sich miteinander vergleichen
	22	so l. doch seine Torheit nicht von ihm
	28,13	wer seine Sünde bekennt und l., der wird
	29,19	Knecht l. sich mit Worten nicht in Zucht
	30,1	habe mich gemüht, o Gott, und muß davon l.
	8	Falschheit und Lüge l. ferne von mir sein; l. mich mein Teil Speise dahinnehmen
	31,3	l. nicht den Weibern deine Kraft
Pr	2,18	weil ich es einem Menschen l. muß
	20	daß ich m. Herz verzweifeln l. an allem
	4,13	König, der nicht versteht, sich raten zu l.
	5,1	l. dein Herz nicht eilen, zu reden vor Gott... l. deiner Worte wenig sein
	11	die Fülle l. den Reichen nicht schlafen
	18	und l. davon essen an Abend nicht ruhen
	7,18	wenn du jenes nicht aus der Hand l.
	9,8	l. deine Kleider immer weiß sein und l. deinem Haupte Salbe nicht mangeln
	11,6	l. deine Hand bis zum Abend nicht ruhen
	10	l. den Unmut fern sein von deinem Herzen
	12,12	über dem allen l. dich warnen
Hl	7,9	deine Brüste sein wie Trauben 10
	8,12	die Tausend l. ich dir, Salomo
Jes	1,18	l. uns miteinander rechten 41,1; 43,26; 50,8
	2,5	l. uns wandeln im Licht des HERRN
	4,1	l. uns nur nach deinem Namen heißen
	2	was der HERR sprießen l.
	6,10	l. ihre Ohren taub sein
	7,25	man wird Schafe es zertreten l.
	8,13	den l. eure Furcht und Schrecken sein

Jes	9,15	die sich leiten l., sind verloren	Jer	31,15 Rahel will sich nicht trösten l.
	10,3	wo wollt ihr eure Herrlichkeit l.		16 l. dein Schreien und Weinen
	28	er l. seinen Troß zu Michmas		18 ich l. mich erziehen wie ein junger Stier
	13,22	ihre Tage l. nicht auf sich warten		32,3 wo Zedekia ihn hatte gefangensetzen l.
	14,9	l. alle Könige von ihren Thronen aufstehen		23 l. du ihnen Unheil widerfahren
	22,4	l. mich bitterlich weinen		33 obwohl ich sie stets lehren l. 35,14
	6	Kir l. seine Schilde glänzen		33,15 will einen gerechten Sproß aufgehen l.
	13	l. uns essen und trinken 1Ko 15,32		24 sie l. es nicht mehr ein Volk sein
	25,9	l. fröhlich sein über sein Heil		34,15 daß ihr eine Freilassung ausrufen l.
	28,22	so l. nun euer Spotten		36,20 l. die Schriftrolle verwahren 32
	29,3	will Wälle um dich aufführen l.		37,15 die l. (Jeremia) schlagen 20; 38,26.27
	24	welche murren, werden sich belehren l.		20 l. meine Bitte vor dir gelten 21; 42,2
	30,11	l. uns in Ruhe mit dem Heiligen Israels		38,22 deine Freunde l. dich stecken Klg 1,19
	32	Zuchtrute, die der HERR niedersausen l.		39,7 Zedekia l. er die Augen ausstechen 52,11
	32,6	l. er hungrig die hungrigen Seelen		12 l. (Jeremia) dir befohlen sein
	38,16	l. mich wieder genesen		18 will ich dich entkommen l.
	40,24	l. er einen Wind unter sie wehen Hes 13,13		41,9 Zisterne, welche König Asa anlegen l.
	41,19	will in der Wüste wachsen l. Zedern		43,6 die Nebusaradan bei Gedalja gel. hatte
	42,15	will ihr Gras verdorren l. Jer 51,36		10 Steine, die ich eingraben l.
	16	das will ich tun und nicht davon l.		46,4 l. Reiter aufsitzen 9
	43,17	der ausziehen l. Wagen und Rosse		50,29 l. keinen davonkommen
	44,14	der Regen l. sie wachsen 55,10		34 das Land erbeben und Babel erzittern l. Hab 3,6
	48,11	will meine Ehre keinem andern l.		51,10 l. uns in Zion erzählen die Werke d. HERRN
	49,21	ich war allein gel.		50 l. euch Jerusalem im Herzen sein
	55,7	der Gottlose l. von seinem Wege	Klg	1,13 er l. ein Feuer gesandt und l. es wüten
	57,10	sprachst nicht: Das l. ich		15 hat gegen mich ein Fest ausrufen l. 2,17
	58,5	wenn ein Mensch seinen Kopf hängen l.		2,6 der HERR hat vergessen l ... l. schänden
	6	l. ledig, auf die du das Joch gelegt		18 Tag und Nacht Tränen herabfließen 3,49
	10	den Hungrigen dein Herz finden l.		3,11 er l. mich den Weg verfehlen
	59,15	muß sich ausplündern l.		16 hat mich auf Kiesel beißen l.
	61,11	so l. der HERR Gerechtigkeit aufgehen		30 er l. sich viel Schmach antun
	62,7	l. ihm keine Ruhe, bis er Jerusalem wieder		40 l. uns prüfen unsern Wandel 41
	8	noch deinen Wein die Fremden trinken l.		65 l. ihnen das Herz verstockt werden, l. sie deinen Fluch fühlen
	63,17	warum l. du uns abirren 64,6		4,11 der HERR hat seinen Grimm austoben l.
	65,1	ich l. mich suchen ... l. mich finden		5,5 l. man uns doch keine Ruhe
	9	will aus Jakob Nachkommen wachsen l.	Hes	1,24 l. sie die Flügel herabhängen 25
	66,5	l. doch den HERRN sich verherrlichen		2,5 sie gehorchen oder l. es 7; 3,11.27
	9	sollte ... ich, der gebären l. ... verschließen		3,21 will die Zunge an deinem Gaumen kleben l.
Jer	1,16	ich will m. Gericht über sie ergehen l.		26
	2,28	l. (deine Götter) aufstehen		4,3 l. sie eine eiserne Mauer sein
	3,5	willst du nicht vom Grimm l ... tust Böses und l. dir nicht wehren		5,8 will Gericht über dich ergehen l. 10.15.16; 20,37; 25,11; 28,22.26; 30,14.19
	5,24	l. uns den HERRN fürchten		14,3 was sie schuldig werden l. 4.7
	6,4	l. uns hinaufziehen 5; 31,6		3 sollte ich mich befragen l. 20,3.31
	7	wie ein Brunnen sein Wasser quellen l.		9 wenn ein Prophet sich betören l.
	10,18	damit sie sich finden l.		16,21 du l. sie für die Götzen verbrennen
	11,16	der HERR hat ein Feuer anzünden l.		17,24 ich l. verdorren ... ich l. grünen 19,12; 20,26
	19	l. uns den Baum in seinem Saft verderben		20,39 meinen Namen l. ungeschändet 39,7
	12,13	sie l.'s sich sauer werden		21,20 l. ich das Schwert stoßen 32,10
	13,1	Gürtel ... l. ihn nicht naß werden 6		26 um sich wahrsagen zu l. 34
	14,21	l. den Thron d. Herrlichkeit nicht verspottet werden; l. (deinen Bund) aufhören		22,12 sie l. sich bestechen
	15,15	l. mich nicht hinweggerafft werden		20 wie man Silber zerschmelzen l.
	17,18	l. die zuschanden werden ... l. sie erschrecken		23,3 dort l. sie nach ihren Brüsten greifen 8
	18,18	uns gegen Jeremia Böses planen; l. uns		22 will (sie) gegen dich aufstehen l.
	19,9	will sie ihrer Söhne Fleisch essen l.		43 sie kann das Huren nicht l.
	20,7	HERR, ich habe mich überreden l.		24,5 l. die Stücke tüchtig sieden
	10	vielleicht l. er sich überlisten		8 ich l. das Blut auf den Felsen schütten
	22,13	seinen Nächsten umsonst arbeiten l. 14		28,18 habe ein Feuer hervorbrechen l.
	23,1	die ihr die Herde umkommen l.		29,18 hat sein Heer vor Tyrus arbeiten l.
	25,15	l. daraus trinken alle Völker 17		30,12 will das Land verwüsten l
	30	wird seinen Ruf erschallen l. 49,2; 50,2		31,4 Wasser l. ihn groß werden
	26,23	(Jojakim) l. seinen Leichnam ... begraben		15 l. ich die Fluten ... l. den Libanon trauern
	27,11	will ich in seinem Lande l. 22		32,8 alle Lichter l. ich über dir dunkel werden
	18	l. sie den HERRN Zebaoth bitten		34,15 will meine Schafe lagern l. 29
	29,8	l. euch durch Propheten nicht betrügen		35,6 darum will ich auch dich bluten l.
	15	der HERR habe Propheten erstehen l.		36,11 ich l. Menschen und Vieh zahlreich w. 33
	21	soll sie totschlagen l. vor euren Augen		37,6 ich l. Fleisch über euch wachsen
	22	die der König von Babel rösten l.		

lassen 896

Hes	38,4	will dich ausziehen l. mit deinem Heer
	41,11	frei gel. Raum... frei gel. Fläche
	45,8	das Land für ihre Stämme l.
Dan	1,2	die (Geräte) l. er ins Land Schinar bringen
	12	l. uns Gemüse zu essen geben 13
	2,2	der König l. alle Weisen zusammenrufen
	43	so wie sich Eisen mit Ton nicht mengen l.
	3,2	Bild, das der König hatte aufrichten l. 3-5.7. 12
	4,16	l. dich durch den Traum nicht beunruhigen
	22	man wird dich Gras fressen l. 29
	5,2	l. die gold. und silb. Gefäße herbringen
	10	l. dich nicht so erschrecken
Hos	2,5	damit ich sie nicht vor Durst sterben l.
	14	ich will ihre Weinstöcke verwildern l.
	4,16	soll sie weiden l. auf freiem Feld
	12,14	durch einen Propheten l. er sie hüten
Jo	2,17	l. die Priester weinen... l. dein Erbteil nicht zuschanden werden 19
	4,21	will ihr Blut nicht ungesühnt l.
Am	6,14	will gegen euch ein Volk aufstehen l.
	7,1	Gott der HERR l. mich schauen 4.7; 8,1
	8	nachdem der König hatte mähen l.
	8,9	will die Sonne am Mittag untergehen l.
	9,9	will Isr. unter allen Heiden schütteln l.
Jon	1,14	HERR, l. uns nicht verderben
	4,6	Gott der HERR l. eine Staude wachsen 7.8
Mi	1,16	l. dir die Haare abscheren
	5,2	indes l. er sie plagen bis auf die Zeit
	7,14	l. sie in Baschan und Gilead weiden
Nah	3,1	die von ihrem Rauben nicht l. will
Hab	1,12	l. uns nicht sterben; l. sie uns nur eine Strafe sein, l. sie uns nur züchtigen
Ze	1,12	sich durch nichts aus der Ruhe bringen l.
	3,2	sie will nicht sich zurechtweisen l. 7
Sa	3,4	ich l. dir Feierkleider anziehen
	5,4	wird (d. Fluch) ausgehen l.
	6,8	l. meinen Geist ruhen im Lande d. Nordens
	7,7	ist's nicht das, was der HERR predigen l.
Mal	3,19	er wird ihnen weder Wurzel noch Zweig l.
Jdt	2,8	er l. ein ganzes Heer aufbrechen 9.17; 7,6
	8,13	wie ein Mensch, der sich nicht versöhnen l.
	22	l. uns nicht ungeduldig werden
	12,7	daß man sie aus- und eingehen l. sollte
	14,6	Achior l. sich beschneiden
	16,15	l. uns singen ein neues Lied dem Herrn
Wsh	1,2	er l. sich finden von denen, die
	6	Weisheit l. den Lästerer nicht unbestraft
	2,6	kommt und l. uns die Güter genießen 8; Sir 14,14
	10	l. uns den Gerechten unterdrücken 12
	6,13	die Weisheit l. sich gern erkennen
	27	l. euch unterweisen durch meine Worte Sir 6,18.25; 51,34
	10,5	sie l. (den Gerechten) festbleiben
	12,20	Gelegenheit, von ihrer Schlechtigkeit zu l.
	16,25	darum l. sie sich damals verwandeln
Tob	2,13	weil (Gott) ihn hatte blind werden l.
	3,23	nach dem Gewitter l. du die Sonne scheinen
	7,9	l. Raguël einen Widder schlachten 18
	11,3	wollen deine Frau langsam nachkommen l.
Sir	4,1	l. den Armen nicht Not leiden 29,12
	5,11	l. dich nicht treiben von jedem Wind 6,2; 9,4; 23,6
	6,12	er l. sich nirgends mehr finden
	35	l. dir keinen Weisheitsspruch entgehen
	7,38	l. die Weinenden nicht ohne Beistand 39
	8,3	viele l. sich bestechen 2Ma 10,20.21
	9,2	l. deiner Frau keine Gewalt 33,20; 37,9
	15	wie neuer Wein; l. ihn erst alt werden
Sir	10,20	er hat viele von ihnen absterben l.
	11,8	l. die Leute erst ausreden
	11	mancher l. sich's sauer werden
	12	mancher aber l. sich Zeit
	20	l. dich nicht davon beirren
	12,10	so l. er auch nicht von seiner Niedertracht
	13,27	so l. man's doch nicht gelten
	14,15	mußt, was du erworben hast, andern l.
	16,12	er l. sich versöhnen, aber er straft auch
	19,10	hast du etwas gehört, so l. es mit dir sterben
	25,33	wie man Wasser nicht durchbrechen l. soll
	26,26	wenn man... Armut leiden l.
	27,21	wenn du einen Vogel aus der Hand l.
	28,8	l. deinen Groll gegen deinen Nächsten
	29,11	l. ihm aus Barmherzigkeit Zeit
	19	ein Schamloser l. ihn im Stich 23
	33	l. mich essen, was du hast
	30,11	l. ihm seinen Willen nicht in der Jugend
	31,1	sich darum sorgen l. nicht schlafen
	32,21	ein Gottloser l. sich nicht zurechtweisen
	33,2	ein Weiser l. sich das Gesetz nicht verleiden
	4	l. dich zuvor belehren
	23	l. dir deine Ehre nicht nehmen
	35,5	von Sünden l., das ist ein Gottesdienst
	36,13	l. sie dein Erbe sein wie am Anfang
	38,4	der Herr l. die Arznei wachsen
	12	danach l. den Arzt zu dir
	21	l. die Traurigkeit nicht in dein Herz
	43,14	er l. Blitze herabfahren
	44,1	l. uns loben die berühmten Männer
	45,2	er l. (Mose) viele Zeichen tun
	47,11	(David) l. Sänger vor den Altar treten
	21	du l. dich durch (Frauen) beherrschen
	50,18	dann l. sich die Söhne Aaron vernehmen
Bar	2,14	l. uns Gnade finden bei denen, die
	26	hast du dein Haus so zerstören l.
	4,27	der euch hat wegführen l., wird
1Ma	1,23	l. wegnehmen den goldenen Altar 59
	43	l. ein Gebot ausgehen 53; 2Ma 6,8
	57	l. Antiochus das Greuelbild... setzen
	2,7	muß die Feinde ihren Mutwillen treiben l.
	4,10	l. uns zum Himmel rufen
	36	l. uns hinaufziehen und das Heiligtum
	6,38	l. uns Frieden mit den Leuten schließen
	8,22	l. den Vertrag auf Tafeln schreiben 10,7; 14,22.23.26
	10,65	der König l. ihn unter seine Freunde 63.64
	13,48	alles wegtun, was unrein macht
2Ma	1,31	l. Nehemia das Wasser auf... gießen
	2,2	sie sollten sich nicht verführen l. 3
	6,14	Völkern, die er hingehen l., bis
	7,7	der ganzen Leib martern l. 25.36.39
	9,8	mußte sich auf einer Sänfte tragen l.
	11,25	daß man sie ihr Gemeinwesen führen l.
	14,5	ihn Demetrius fragen l.
	6	l. dein Reich nicht gedeihen
	15,24	l. die erschrecken vor deinem starken Arm
StE	2,7	l. denen nicht den Mund gestopft werden
StD	2,6	mein Volk l. nicht täuschen
	20	der König l. die Priester ergreifen
	41	die andern... l. er in den Graben werfen
	3,16	du l. nicht zuschanden werden, die 18
GMn		l. mich nicht in meinen Sünden verderben
Mt	2,4	l. zusammenkommen alle Hohenpriester
	18	Rahel wollte sich nicht trösten l.
	3,6	sich taufen von ihm l. im Jordan Mk 1,5; Lk 3,7.12.21; 7,29.30; Jh 3,23
	13	kam Jesus, daß er sich taufen l. Mk 1,9
	15	Jesus antwortete ihm: L. es jetzt geschehen
	5,13	und l. es von Leuten zertreten

lassen

Mt 5,16 so l. euer Licht leuchten vor den Leuten
24 l. vor dem Altar deine Gabe
40 dem l. auch den Mantel
45 er l. seine Sonne aufgehen über Böse und Gute
8,22 l. die Toten ihre Toten begraben Lk 9,60
31 l. uns in die Herde Säue fahren Mk 5,12
11,3 l. ihn fragen: Bist du es Lk 7,19.20
13,30 l. beides miteinander wachsen bis zur Ernte
36 da l. Jesus das Volk gehen 14,15.22.23; 15,23. 39; Mk 6,36.45.46; 8,9; Lk 8,38; 9,12
14,10 schickte hin und l. Johannes enthaupten
19 er l. das Volk sich auf das Gras lagern 15,35; Lk 9,14.15
15,14 l. sie, sie sind blinde Blindenführer
23 l. sie doch gehen, denn sie schreit uns nach
32 ich will sie nicht hungrig l. Mk 8,3
16,4 er l. sie und ging davon 21,17; *Mk 8,13*
18,12 l. er die 99 auf den Bergen Lk 15,4
19,14 l. die Kinder
20,21 l. meine beiden Söhne sitzen in deinem Reich
22 euch taufen l. mit der Taufe Mk 10,38; Lk 12,50
28 wie der Menschensohn nicht gekommen ist, daß er sich dienen l. Mk 10,45
21,3 *alsbald wird er sie euch l.*
22,22 l. ihn und gingen davon *Mk 12,12*
25 l. er seine Frau seinem Bruder
30 werden sie weder heiraten noch sich heiraten l. 24,38; Mk 12,25; Lk 17,27; 20,34.35
23,8 ihr sollt euch nicht Rabbi nennen l. 10
13 die hinein wollen, l. ihr nicht hineingehen
23 dies sollte man tun und jenes nicht l. Lk 11,42
38 euer Haus soll wüst gel. werden Lk 13,35
24,43 nicht in sein Haus einbrechen l. Lk 12,39
51 er wird ihn in Stücke hauen l. Lk 12,46
26,44 er l. sie und ging abermals hin
27,22 sie sprachen alle: L. ihn kreuzigen 23
26 Jesus l. er geißeln Mk 15,15; Lk 23,16.22; Jh 19,1
60 Grab, das er in einen Felsen hatte hauen l.

Mk 1,20 l. ihren Vater Zebedäus im Boot
34 l. die Geister nicht reden
4,35 l. uns hinüberfahren
36 sie l. das Volk gehen
5,37 l. niemanden mit sich gehen Lk 8,51
6,26 wegen des Eides wollte er sie keine Fehlbitte tun l.
7,12 l. ihr nichts mehr tun für seinen Vater
27 l. zuvor die Kinder satt werden
8,7 er dankte und l. auch diese austeilen
12,3 *l. ihn leer von sich Lk 20,10.11*
38 die ... und l. sich auf dem Markt grüßen Lk 20,46
14,6 Jesus sprach: L. sie in Frieden Jh 12,7

Lk 1,53 er l. die Reichen leer ausgehen
62 wie er ihn nennen l. wollte
2,3 jedermann ging, daß er sich schätzen l. 5
29 nun l. du deinen Diener in Frieden fahren
4,41 er bedrohte sie und l. sie nicht reden
5,34 ihr könnt die Hochzeitsgäste nicht fasten l.
9,11 er l. sie zu sich und sprach vom Reich Gottes
33 l. uns drei Hütten bauen, dir eine
44 l. diese Worte in eure Ohren dringen
10,40 daß mich meine Schwester l. allein dienen
12,35 l. eure Lichter brennen
50 ich muß mich zuvor taufen l.

Lk 13,8 Herr, l. ihn noch dies Jahr
14 an denen kommt l. euch heilen
15,23 l. uns essen und fröhlich sein
16,31 werden sich nicht überzeugen l., wenn
18,40 Jesus blieb stehen und l. ihn zu sich führen
19,44 werden keinen Stein auf dem andern l. 21,6
21,8 seht zu, l. euch nicht verführen
22,25 ihre Machthaber l. sich Wohltäter nennen

Jh 3,7 *l. dich's nicht wundern*
6,10 l. die Leute sich lagern
7,47 habt ihr euch auch verführen l.
8,9 *Jesus ward allein gel.* 16,32
29 er l. mich nicht allein
9,21 l. ihn für sich selbst reden
11,48 l. wir ihn so, dann werden alle an ihn glauben
57 *hatten ein Gebot ausgehen l.*
14,27 den Frieden l. ich euch
31 steht auf und l. uns von hier weggehen
19,24 da sprachen sie: L. uns das nicht zerteilen

Apg 2,14 l. meine Worte zu euren Ohren eingehen
29 l. mich freimütig zu euch reden
38 jeder l. sich taufen 41; 8,12.13.36; 9,18; 16,33; 18,8; 19,5; 22,16
40 l. euch erretten aus diesem Geschlecht
4,17 *l. uns sie ernstlich bedrohen*
20 wir können's nicht l., von dem zu reden, was
5,34 l. die Männer hinausführen
7,19 l. ihre kleinen Kinder aussetzen
8,38 er l. den Wagen halten
9,41 er gab ihr die Hand und l. sie aufstehen
10,32 sende nach Joppe und l. herrufen Simon
40 den hat Gott auferweckt und erscheinen l.
12,6 als ihn Herodes vorführen l. wollte
19 verhörte er die Wachen und l. sie abführen
14,3 Zeichen geschehen durch ihre Hände
17 doch hat er sich selbst nicht unbezeugt gel.
15,1 wenn ihr euch nicht beschneiden l., könnt ihr nicht selig werden Gal 5,2.3; 6,13
30 als man ihn hatte gehen l.
33 l. die Brüder sie mit Frieden gehen
36 l. uns wieder aufbrechen
16,22 l. ihnen die Kleider herunterreißen
17,4 einige von ihnen l. sich überzeugen
25 l. sich nicht von Menschenhänden dienen
18,18 zuvor l. er sein Haupt scheren
19 er l. sie daselbst
19,38 l. sie sich untereinander verklagen
40 l. er die Versammlung gehen
21,13 ich bin bereit, mich auch binden zu l.
14 da er sich nicht überreden l., schwiegen wir
24 l. dich reinigen mit ihnen
33 der Oberst nahm ihn fest und l. ihn fesseln 22,29.30
34 l. er ihn in die Burg führen 23,10.15.20
22,19 daß ich die, die an dich glaubten, geißeln l.
23,3 du l. mich schlagen gegen das Gesetz
22 l. den jungen Mann gehen
32 l. sie die Reiter mit ihm ziehen
35 l. ihn im Palast des Herodes
25,5 l. mit hinabziehen und den Mann verklagen
9 nach Jerusalem und dich dort richten l. 20
15 ich solle ihn richten l. 17
26 darum habe ich ihn vor euch bringen l.
26,16 *was ich dir noch will erscheinen l.*
27,3 zu seinen Freunden zu gehen und sich pflegen zu l.
6 der Hauptmann l. uns darauf übersteigen
15 und l. uns treiben *30.32.39-41*
43 l. die, die schwimmen konnten, als erste ins Meer springen

lassen

Apg	28,9	die andern Kranken l. sich gesund machen
Rö	3,8	l. uns Böses tun, damit Gutes daraus komme
	5,5	Hoffnung l. nicht zuschanden werden
	6,12	l. die Sünde nicht herrschen 12,21
	7,7	l. dich nicht gelüsten
	10,20	ich l. mich finden von denen, die mich nicht suchten
	11,9	l. ihren Tisch zur Falle werden
	13,12	l. uns ablegen die Werke der Finsternis
	13	l. uns ehrbar leben wie am Tage
	14,13	l. uns nicht mehr einer den andern richten
	19	l. uns nachstreben, was zum Frieden
1Ko	1,10	l. keine Spaltungen unter euch sein
	5,8	l. uns das Fest feiern nicht im alten Sauerteig
	11	der sich Bruder nennen l.
	6,7	warum l. ihr euch nicht lieber Unrecht tun
	9	l. euch nicht irreführen 15,33; Eph 5,6; Phl 1,28; 2Th 2,2.3; 1Jh 3,7; Heb 13,9
	7,9	so l. sie freien
	15	so l. ihn sich scheiden
	18	der l. sich nicht beschneiden
	36	wenn jemand sich l. dünken 8,2; 10,12; 14,37; Gal 6,3; Phl 3,4; Jak 1,26
	37	er beschließt, seine Jungfrau unberührt zu l.
	10,1	ich will euch nicht in Unwissenheit darüber l. 12,1; 1Th 4,13
	6	nicht gelüsten l. des Bösen 8.9
	13	der euch nicht versuchen l. über eure Kraft
	29	das Gewissen eines andern über meine Freiheit urteilen l.
	30	was soll ich mich wegen etwas verlästern l.
	11,6	soll sie sich doch das Haar abschneiden l.
	13,3	wenn ich ... und l. meinen Leib verbrennen
	5	(die Liebe) l. sich nicht erbittern
	14,26	l. es alles geschehen zur Erbauung
	29	Propheten l. reden, die andern l. urteilen
	34	l. die Frauen schweigen in der Gemeinde
	35	l. sie daheim ihre Männer fragen
	40	l. alles ehrbar und ordentlich zugehen
	15,29	daß sich einige für die Toten taufen l.
	32	l. uns essen und trinken; denn morgen sind wir tot
	16,14	alle eure Dinge l. in der Liebe geschehen
2Ko	1,16	mich von euch geleitet l. nach Judäa
	5,20	l. euch versöhnen mit Gott
	7,1	l. uns von aller Befleckung reinigen
	8,17	er l. sich gerne zureden
	9,10	wachsen l. die Früchte eurer Gerechtigkeit
	13,11	l. euch zurechtbringen, l. euch mahnen
Gal	1,6	daß ihr euch abwenden l. von dem, der
	2,3	selbst Titus wurde nicht gezwungen, sich beschneiden zu l.
	5,1	l. euch nicht wieder das Joch der Knechtschaft auflegen
	12	sollen sie sich doch gleich verschneiden l.
	25	l. uns auch im Geist wandeln
	26	l. uns nicht nach eitler Ehre trachten
	6,7	irret euch nicht! Gott l. sich nicht spotten
	9	l. uns aber Gutes tun und nicht müde werden 10
Eph	1,8	die er uns reichlich hat widerfahren l.
	20	(Stärke,) die er in Christus wirken l.
	4,14	uns von jedem Wind einer Lehre bewegen und umhertreiben l.
	15	l. uns wahrhaftig sein in der Liebe
	26	l. die Sonne n. über eurem Zorn untergehen
	5,3	Unzucht l. nicht von euch gesagt werden
	18	l. euch vom Geist erfüllen
	6,9	ihr Herren, ihnen gegenüber l. das Drohen
Phl	3,15	l. uns so gesinnt sein
	4,5	eure Güte l. kundsein allen Menschen
Kol	2,16	l. euch von niemandem ein schlechtes Gewissen machen
	18	l. euch den Siegespreis von niemandem nehmen
	20	was l. ihr euch dann Satzungen auferlegen
1Th	3,12	euch l. der Herr wachsen
	5,6	l. uns nicht schlafen wie die andern
	27	daß ihr diesen Brief lesen l. vor allen Brüdern
2Th	3,13	l.'s euch nicht verdrießen, Gutes zu tun
1Ti	2,14	die Frau hat sich zur Übertretung verführen l.
	3,10	danach l. man sie dienen
	12	die Diakone l. sein eines Weibes Mann
	4,15	dies l. deine Sorge sein, damit gehe um
	5,9	l. keine Witwe ausgewählt werden
	16	l. die Gemeinde nicht beschwert werden
	6,9	Begierden, welche die Menschen versinken l.
2Ti	4,13	den Mantel, den ich in Troas l. bei Karpus
	20	Trophimus aber l. ich krank in Milet
Tit	1,5	deswegen l. ich dich in Kreta
	3,14	l. auch die Unseren lernen, sich hervorzutun
1Pt	2,21	Christus hat euch ein Vorbild gel.
	3,6	wenn ihr euch durch nichts beirren l.
	4,12	l. euch durch die Hitze nicht befremden
2Pt	1,8	wird's euch nicht faul und unfruchtbar sein l.
	12	will ich's nicht l., euch zu erinnern
	2,8	seine gerechte Seele von Tag zu Tag quälen l.
1Jh	3,18	l. uns nicht lieben mit Worten
	4,7	ihr Lieben, l. uns einander liebhaben 19
Heb	2,7	eine kleine Zeit niedriger sein l. als die Engel
	4,1	l. uns nun mit Furcht darauf achten, daß
	11	l. uns bemüht sein, zu d. Ruhe zu kommen
	14	l. uns festhalten an dem Bekenntnis
	16	l. uns hinzutreten mit Zuversicht zu dem Thron
	6,1	wollen wir jetzt l., was am Anfang
	10,22	l. uns hinzutreten mit wahrhaftigem Herzen
	23	l. uns festhalten an dem Bekenntnis der Hoffnung
	24	l. uns aufeinander achthaben
	12,1	l. uns ablegen alles, was uns beschwert
	3	damit ihr den Mut nicht sinken l.
	28	l. uns dankbar sein
	13,13	l. uns zu ihm hinausgehen aus dem Lager
	15	l. uns durch ihn Gott allezeit das Lobopfer darbringen
Jak	3,11	l. die Quelle ... Wasser fließen
Off	2,21	sie will nicht von ihrer Unzucht l.
	19,7	l. uns freuen und fröhlich sein

lässig

Jos	18,3	wie lange seid ihr so l.
2Ch	29,11	seid nicht l. ... zum Dienst vor ihm
Esr	4,22	daß ihr nicht l. hierin seid 6,9
Spr	10,4	l. Hand macht arm 12,24; 19,15
	12,27	einem L. gerät sein Handel nicht
	18,9	wer l. ist in seiner Arbeit
Pr	10,18	durch l. Hände tropft es im Haus
Jer	48,10	verflucht, wer des HERRN Werk l. tut
Sir	4,34	die träge und l. sind in ihren Taten
Heb	12,12	richtet wieder auf die l. Hände

Last

2Mo	6,6	will euch wegführen von den L. 7
	23,5	den Esel unter seiner L. liegen siehst
4Mo	4,47	kamen, daß sie L. trügen
	11,11	die L. dieses Volks auf mich legst 17; 5Mo 1,12
5Mo	22,14	legt ihr etwas Schändliches zur L. 17
1Sm	17,25	frei machen von L. in Israel
	22,15	lege solches seinem Knecht nicht zur L.
2Sm	15,33	wirst du mir eine L. sein
2Kö	5,17	könnte gegeben werden von d. Erde eine L.
	8,9	Geschenke, eine L. für vierzig Kamele
	9,25	als der HERR diese L. auf ihn legte
2Ch	2,1	siebzigtausend, die L. tragen Neh 4,11
Neh	13,15	daß man am Sabbat allerlei L. brachte 19
Hi	7,20	daß ich mir selbst eine L. bin
Ps	31,12	bin geworden eine L. meinen Nachbarn
	38,5	meine Sünden... wie eine schwere L.
	66,11	hast auf unsern Rücken eine L. gelegt
	68,20	Gott legt uns eine L. auf, aber er hilft
	81,7	habt ihre Schultern von der L. befreit
	107,39	wurden geschwächt von der L. des Unglücks
Spr	27,3	Stein ist schwer, und Sand ist L.
Jes	1,14	sie sind mir eine L.
	10,27	wird seine L. von deiner Schulter weichen
	13,1	dies ist die L. für Babel 14,28; 15,1; 17,1; 19,1; 21,1.11.13; 22,1; 23,1; Nah 1,1; Hab 1,1; Sa 9,1; 12,1; Mal 1,1
	14,25	damit seine L. von ihrem Halse komme
	30,6	dies ist die L. für die Tiere 46,1.2
Jer	17,21	tragt keine L. am Sabbattag 22.24.27
	23,33	was ist die L... ihr seid die L. 34.36.38
	36	wird sein eigenes Wort zur L.
Hes	12,10	diese L. trifft das ganze Haus Israel
Wsh	17,20	waren sich selbst noch mehr zur L. als
Sir	13,2	du lädst sonst eine schwere L. auf dich
	21,19	die Rede der Narren drückt wie eine L.
	33,25	der Esel braucht seine L.
1Ma	13,34	(Simon) bat um Erleichterung der L. 37
Mt	11,30	mein Joch ist sanft, und meine L. ist leicht
	20,12	die wir des Tages L. und Hitze getragen haben
Lk	11,46	ihr beladet die Menschen mit unerträgl. L.
Apg	15,28	euch weiter keine L. aufzuerlegen als
2Ko	11,9	fiel ich niemandem zur L. 12.13.14.16; 1Th 2,9; 2Th 3,8
Gal	6,2	einer trage des andern L.
	5	ein jeder wird seine eigene L. tragen
Off	2,3	hast um meines Namens willen die L. getragen
	24	ich will nicht noch eine L. auf euch werfen

lastbar

Mt	21,5	*auf einem Füllen der l. Eselin*
2Pt	2,16	*das stumme l. Tier redete*

lasten

3Mo	20,12	ihr Blut l. auf ihnen 13
Hi	33,7	mein Drängen soll nicht auf dir l.
Off	7,16	es wird nicht auf ihnen l. die Sonne

Laster

1Ma	1,16	gaben sich dazu her, allen L. zu frönen

Lästerer

Wsh	1,6	die Weisheit läßt den L. nicht unbestraft
Sir	23,8	wie der L... zu Fall kommen
2Ma	15,32	(er) zeigte die Hand des L.
Apg	19,37	diese Menschen, die weder L. unserer Göttin
1Ko	5,11	der... und ist ein L. oder ein Räuber
	6,10	noch L. werden das Reich ererben
Eph	4,27	*gebet nicht Raum dem L.*
1Ti	1,13	mich, der ich früher ein L. war
2Ti	3,2	die Menschen werden sein... L.

Lästerin

1Ti	3,11	*ihre Frauen nicht L. Tit 2,3*

lästerlich

Ps	139,20	sie reden von dir l.
Sir	48,20	Sanherib prahlte l. in seinem Hochmut
1Ma	1,25	er führte l. Reden
Off	13,1	auf seinen Häuptern l. Namen 17,3

Lästermaul

Spr	4,24	sei kein L.

lästern

2Mo	22,27	Gott sollst du nicht l.
3Mo	24,11	l. den Namen des HERRN und fluchte 16
4Mo	14,11	wie lange l. mich dies Volk 23; 16,30
5Mo	31,20	werden mich l. und meinen Bund brechen
2Sm	12,14	durch diese Sache zum L. gebracht
1Kö	21,10	hast Gott und den König gel. 13
2Kö	19,22	gel... den Heiligen Israels 6; Jes 1,4; 5,24; 37,4.23
Neh	3,37	sie haben die Bauleute gel.
Ps	10,3	sagt dem HERRN ab und l. ihn
	13	warum soll der Gottlose Gott l.
	31,14	ich höre, wie viele über mich l. 35,15.16
	41,7	suchen etwas, daß sie l. können
	44,17	weil ich sie höhnen und l. höre
	73,8	sie reden und l. hoch her
	74,10	wie lange soll der Feind d. Namen l. 18
Spr	14,31	wer dem Geringen... l. dessen Schöpfer
Jes	48,11	will ich's tun, daß ich nicht gel. werde
	52,5	mein Name wird den ganzen Tag gel. Rö 2,24
	60,14	die dich gel. haben, werden niederfallen
Hes	20,27	eure Väter haben mich gel.
Dan	3,29	wer den Gott Schadrachs l., der soll
	7,25	er wird den Höchsten l.
Ze	2,8	ich habe das L. der Ammoniter gehört
Jdt	8,21	haben in ihrem Leiden gegen Gott gel.
Tob	13,15	verdammt werden alle sein, die dich gel.
Sir	3,18	wer... ist wie einer, der Gott l.
1Ma	7,41	als dich die Boten... l.
	42	Nikanor (hat) dein Heiligtum gel. 38.47
2Ma	12,14	sie l. und führten frevelhafte Reden
StD	2,8	denn er hat den Bel gel.
Mt	9,3	sprachen: Dieser l. Gott Mk 2,7
	26,65	er hat Gott gel.
	27,39	die vorübergingen, l. ihn Mk 15,29
Mk	3,28	vergeben, wieviel sie auch l. mögen
	29	wer den heiligen Geist l. Lk 12,10
Lk	23,39	einer der Übeltäter l. ihn
Jh	10,36	wie sagt ihr zu dem, den... du l. Gott
Apg	13,45	die Juden widersprachen und l. 18,6
	26,11	*ich zwang sie zu l.*

lästern

Rö	2,24	wird Gottes Name gel. unter den Heiden
1Ko	4,12	man l. uns, so reden wir freundlich
1Ti	1,20	damit sie nicht mehr l.
	5,14	dem Widersacher keinen Anlaß geben zu l.
Tit	3,2	niemand l., nicht hadern
1Pt	4,4	das befremdet sie, und sie l.
2Pt	2,10	himmlische Mächte zu l. Jud 8
	11	die Engel kein l. Urteil fällen Jud 9
	12	sie l. das, wovon sie nichts verstehen Jud 10
Off	13,6	zu l. seinen Namen und sein Haus
	16,9	die Menschen l. den Namen Gottes
	11	l. Gott wegen ihrer Schmerzen 21

Lästerrede

Hes	35,12	daß ich all deine L. gehört habe

Lästerung

2Ch	32,20	Hiskia und Jesaja beteten gegen solche L.
Neh	9,18	obwohl sie große L. redeten 26
Tob	1,21	um seiner L. willen geschlagen
Sir	34,21	dessen Opfer ist eine L.
2Ma	8,4	(wolle) sich an die L. seines Namens erinnern
	10,34	die Besatzung stieß ungeheuerliche L. aus
Mt	12,31	alle L. wird vergeben Mk 3,28
	15,19	aus dem Herzen kommen... L. Mk 7,22
Lk	22,65	noch mit vielen andern L. schmähten sie ihn
Apg	26,11	zwang ich sie oft durch Strafen zur L.
Eph	4,31	Geschrei und L. seien fern von euch
Kol	3,8	legt alles ab von euch, Bosheit, L.
1Ti	6,4	daraus entspringen Neid, Hader, L.
Off	2,9	die L. von denen, die sagen, sie seien Juden
	13,5	zu reden große Dinge und L.
	6	es tat sein Maul auf zur L. gegen Gott

Lästerwort

2Ma	15,32	Nikanor, (der) L. ausgestoßen hatte
Apg	6,11	haben ihn L. reden hören gegen Mose

Lasthenes

1Ma	11,31	Abschrift des Briefs an L. 32

lästig

Wsh	2,12	dem Gerechten auflauern; denn er ist uns l.

Laststein

Sa	12,3	will Jerus. machen zum L. für alle Völker

Lasttier

Mt	21,5	auf einem Füllen, dem Jungen eines L.
2Pt	2,16	das stumme L. redete mit Menschenstimme

Lastträger

1Kö	5,29	Salomo hatte 70.000 L.
2Ch	34,13	(Leviten) waren über die L. gesetzt

lateinisch

Jh	19,20	es war geschrieben in hebräischer, l. und griechischer Sprache

lau

Off	3,16	weil du l. bist und weder warm noch kalt

Laub

Spr	11,28	die Gerechten werden grünen wie das L.
Hes	31,3	(gleich) einem Zedernbaum mit dichtem L.
Dan	4,9	sein L. war dicht 11.18

Laubbaum

3Mo	23,40	Zweige von L. und Bachweiden Neh 8,15

Laubhütten, Laubhüttenfest

3Mo	23,34	am 15. Tage des 7. Monats ist das L.
	42	sieben Tage sollt ihr in L. wohnen 5Mo 16,13; Neh 8,14-17
5Mo	16,16	vor dem HERRN erscheinen: zum L. 31,10; 2Ch 8,13; Esr 3,4
Sa	14,16	heraufkommen, um das L. zu halten 18.19
1Ma	10,21	zog das priesterliche Gewand an am L.
2Ma	1,18	dies Fest so wie das L. 10,6
	10,6	ihr L. in Höhlen gehalten
Jh	7,2	es war aber nahe das L. der Juden

Lauch

4Mo	11,5	wir denken an die Fische... den L.

Lauer

Ri	21,20	legt euch auf die L. in den Weinbergen

lauern

1Mo	4,7	so l. die Sünde vor der Tür
5Mo	19,11	Haß trägt gegen s. Nächsten und l. auf ihn
Ri	16,2	sie ließen auf (Simson) l.
2Kö	6,9	die Aramäer d. ebendort
Hi	24,15	das Auge des Ehebrechers l.
	31,9	hab ich an meines Nächsten Tür gel.
	38,40	wenn sie l. in ihrem Versteck
Ps	10,8	er sitzt und l. in den Höfen 9
	56,7	l. und haben acht auf meine Schritte
	71,10	die auf mich l., beraten sich miteinander
Spr	1,11	wir wollen auf Blut l. 18; Mi 7,2
	7,12	ist sie draußen und l. an allen Ecken
	23,28	auch l. sie wie ein Räuber
	24,15	l. nicht auf das Haus des Gerechten
Jer	3,2	du l. auf sie wie ein Araber in der Wüste
	5,6	Panther wird um ihre Städte l. Hos 13,7
	20,10	meine Freunde l., ob ich
Klg	3,10	hat auf mich gel. wie ein Bär
	4,19	haben in der Wüste auf uns gel.
Hos	6,9	wie die Räuber, die da l. auf die Leute
Sir	11,33	der Gottlose l. darauf, Blut zu vergießen
	27,11	wie der Löwe auf den Raub l., so l. die Sünde auf die, die Unrecht tun
	31	die Strafe l. auf sie wie ein Löwe
	28,30	nicht hinfällst vor denen, die auf dich l.
2Ma	9,25	wie die Fürsten auf die Gelegenheit l.
StD	1,15	als sie auf einen günstigen Tag l. 16
Mk	3,2	sie l. darauf, ob er ihn heilen würde Lk 6,7
Lk	11,54	l. auf ihn, ob sie etwas erjagen könnten
Apg	23,21	es l. auf ihn Männer 30

Lauf

Hi	10,1	will meiner Klage ihren L. lassen
Ps	78,50	als er seinem Zorn freien L. ließ
Jer	8,6	laufen alle ihren L. wie ein Hengst
Sir	4,31	versuchst vergeblich, den L... zu hemmen
Apg	13,25	als Johannes seinen L. vollendete
	20,24	wenn ich nur meinen L. vollende
Eph	2,2	*vormals gewandelt nach dem L. dieser Welt*
2Ti	4,7	den L. vollendet, ich habe Glauben gehalten

laufen

1Mo	18,7	er l. zu den Rindern und holte ein Kalb
	24,20	(Rebekka) l. zum Brunnen 28.29; 29,12
4Mo	11,8	das Volk l. hin und her
	17,12	Aaron l. mitten unter die Gemeinde
Jos	3,13	wird das Wasser nicht weiter l.
	7,22	sandte Boten hin, die l. zum Zelt
	8,19	brach der Hinterhalt auf, und sie l.
	18,15	nach Süden l. die Grenze 19,34; Hes 47,17. 19; 48,28
Ri	7,21	da fing das Heer an zu l.
	13,10	da l. sie eilends und sagte es ihrem Mann
	15,5	ließ die Füchse in das Korn l.
1Sm	3,5	(Samuel) l. zu Eli und sprach
	4,12	da l. einer von Benjamin nach Silo
	8,11	daß sie vor seinem Wagen her l.
	17,22	David l. zu dem Heer der Philister
	20,36	l. und suche mir die Pfeile
2Sm	18,19	laß mich l. und Botschaft bringen 22-27
1Kö	18,35	das Wasser l. um den Altar her
	46	Elia l. vor Ahab hin 19,3
2Kö	7,4	laßt uns zu dem Heer der Aramäer l.
	14,9	das Wild l. über den Dornstrauch 2Ch 25,18
Hi	5,14	daß sie am Tage in Finsternis l.
Ps	19,6	freut sich wie ein Held, zu l. ihre Bahn
	50,18	wenn du einen Dieb siehst, l. du mit ihm
	59,16	sie l. hin und her nach Speise
	105,41	daß Bäche l. in der dürren Wüste
	119,32	ich l. den Weg deiner Gebote
	147,15	sein Wort l. schnell
Spr	1,16	ihre Füße l. zum Bösen Jes 59,7
	4,12	man du l., du nicht strauchelst
	18,10	der Gerechte l. und wird beschirmt
	19,2	wer hastig l., der tritt fehl
	22,3	die Unverständigen l. weiter 27,12
	25,8	l. nicht zu schnell vor Gericht
Pr	1,5	die Sonne l. an ihren Ort
	7	alle Wasser l. ins Meer
	9,11	zum L. hilft nicht schnell sein
Hl	1,4	zeih mich dir nach, so wollen wir l.
Jes	38,8	zehn Striche, über die er gel. ist
	40,31	daß sie l. und nicht matt werden
	51,23	deinen Rücken... daß man darüberhin l.
	55,5	Heiden werden zu dir l.
Jer	2,23	du l. umher wie eine Kamelstute 24
	24	wer l. haben will, muß nicht weit l.
	36	was l. du denn so leichtfertig
	3,13	bist gel. zu den fremden Göttern
	4,29	werden in die dichten Wälder l.
	5,7	deine Söhne l. ins Hurenhaus
	8,6	l. alle ihren Lauf wie ein Hengst
	12,5	wenn du mit Rossen l. sollst
	14,10	sie l. gern hin und her
	23,21	sandte Propheten nicht, und doch l. sie
	49,3	l. hin und her mit Ritzwunden
	51,44	die Heiden sollen nicht mehr zu ihm l.
Klg	1,2	daß ihr die Tränen über die Backen l.
	5,18	daß die Füchse darüber l.
Hes	1,14	l. hin und her... wie Blitze
	33,31	hinter ihrem Gewinn l. ihr Herz her
	40,18	das Pflaster l. zur Seite der Tore 41,6.7.19; 42,11
	47,17	so soll die Grenze l. 19; 48,28
Dan	6,7	da kamen die Fürsten vor den König gel.
	12	da kamen jene Männer eilends gel. 16
	8,6	er l. in gewaltigem Zorn auf ihn zu
Hos	7,11	dann l. sie nach Assur 8,9
Jo	2,7	sie werden l. wie Helden
Am	2,15	wer schnell l. kann, soll nicht entrinnen
Jdt	14,8	die Wachen l. zum Zelt
Tob	6,1	sein Hündlein l. mit ihm
Sir	9,7	l. nicht durch alle einsamen Winkel
	21,24	ein Narr l. ohne weiteres ins Haus
1Ma	13,45	sie l. auf die Mauer 2Ma 3,18.19
2Ma	4,14	die zum Diskuswerfen zur Kampfbahn l.
StD	1,19	die beiden Ältesten l. zu ihr
Mt	27,48	sogleich l. einer von ihnen Mk 15,36
	28,8	l., um es seinen Jüngern zu verkündigen
Mk	10,1	*das Volk l. in Haufen zu ihm*
Lk	11,44	Gräber, über die die Leute l.
	15,20	und fiel ihm um den Hals und küßte ihn
	24,12	Petrus stand auf und l. zum Grab
Jh	20,2	da l. sie und kommt zu Simon Petrus
	4	es l. die zwei miteinander
Apg	3,8	l. und sprang umher und lobte Gott
	11	l. alles Volk zu ihnen in die Halle
Rö	9,16	so liegt es nicht an jemandes L.
1Ko	9,24	die in der Kampfbahn l., die l. alle
	26	ich aber l. nicht wie aufs Ungewisse
Gal	2,2	damit ich nicht etwa vergeblich l. Phl 2,16
	5,7	ihr l. so gut
2Th	3,1	daß das Wort des Herrn l.
1Ti	5,13	lernen, von Haus zu Haus zu l.
1Pt	4,4	*daß ihr nicht mehr mit ihnen l.*
Heb	12,1	laßt uns l. mit Geduld in dem Kampf, der uns
Off	9,9	Rosse, die in den Krieg l.

Läufer

2Ch	30,6	die L. gingen mit Briefen 10; Est 3,13.15
Hi	9,25	m. Tage sind schneller gewesen als ein L.
Jer	51,31	ein L. begegnet dem andern

Lauge

Hi	9,30	und reinigte meine Hände mit L.
Spr	25,20	das ist wie Essig auf L.
Jes	1,25	will wie mit L. ausschmelzen
Jer	2,22	wenn du dich auch mit L. wüschest
Mal	3,2	er ist wie die L. der Wäscher

lauschen

Hl	8,13	die Gefährten l. dir
Sir	32,6	wenn man l., so schwatz nicht dazwischen

lausen

Jer	43,12	soll Ägypten l., wie ein Hirt sein Kleid l.

laut

1Mo	27,34	als Esau diese Worte hörte, schrie er l.
	29,11	küßte Rahel und weinte l. 45,2
	39,14	aber ich rief mit l. Stimme
2Mo	19,19	Gott antwortete ihm l.
4Mo	10,5	wenn ihr aber l. trompetet 6.7.9

laut 902

5Mo	27,14	die Leviten sollen mit l. Stimme sagen
1Sm	4,14	als Eli das l. Schreien hörte
	28,12	schrie sie l. und sprach zu Saul
2Sm	13,19	Tamar ging l. schreiend davon
	15,23	das ganze Land weinte mit l. Stimme
	19,5	schrie l.: Ach, mein Sohn Absalom
1Kö	8,55	(Salomo) segnete Israel mit l. Stimme
	18,27	ruft l.! Denn er ist ja ein Gott 28
2Kö	18,28	rief mit l. Stimme auf hebräisch 2Ch 32,18; Jes 36,13
1Ch	15,16	daß sie l. sängen mit Freuden 2Ch 20,19
2Ch	15,14	schworen mit l. Stimme Esr 10,12
Esr	3,11	das Volk jauchzte l. 12.13
Neh	9,4	schrien l. zu dem HERRN
	12,42	die Sänger sangen l.
Est	4,1	Mordechai schrie l. klagend
Ps	26,7	dir zu danken mit l. Stimme
Spr	1,20	die Weisheit ruft l. auf der Straße 21
	27,14	wenn einer mit l. Stimme segnet
Jes	9,2	du weckst l. Jubel
	10,30	du Tochter Gallim, schreie l.
	13,2	ruft l. ihnen zu
	42,11	rufet l., ihr Wüsten
	13	l. erhebt er das Kampfgeschrei 14
	52,8	deine Wächter rufen mit l. Stimme
Jer	2,15	Löwen brüllen über ihm, brüllen l.
	4,5	schreit l. in Jerusalem und sprecht 31,7
	14,2	in Jerusalem ist l. Klagen
	51,55	es erschallt ihr l. Tosen
	61	lies l. alle diese Worte
Klg	2,18	schreie l. zum Herrn
Hes	8,18	wenn sie auch mit l. Stimme schreien
	9,1	rief mit l. Stimme vor meinen Ohren
	11,13	ich schrie mit l. Stimme
	19,7	vor seinem l. Brüllen sich entsetzte
	27,30	(werden) l. über dich schreien
Dan	3,4	der Herold rief l. 4,11; 5,7
Hos	5,8	ruft l. zu Bet-Awen
	8,1	stoße l. in die Posaune
Jo	2,1	ruft l. auf meinem heiligen Berge
Mi	4,9	warum schreist du denn jetzt so l.
Ze	1,10	wird sich ein l. Geschrei erheben
Jdt	14,13	da schrie und heulte er l. Tob 6,3; 1Ma 3,50. 54; StD 1,42.60
Wsh	17,19	ob die Felsen mit l. Gepolter herabstürzten
1Ma	5,31	daß... l. Geschrei zum Himmel schallten
Mt	25,6	um Mitternacht erhob sich l. Rufen
	27,46	um die neunte Stunde schrie Jesus l. 50; Mk 15,34.37; Lk 23,46
Mk	1,26	der unreine Geist schrie l. 5,6.7; Lk 4,33; 8,28
Lk	1,42	(Elisabeth) rief l.: Gepriesen bist du
	17,15	pries Gott mit l. Stimme
	19,37	Gott zu loben mit l. Stimme
Jh	11,43	als er das gesagt hatte, rief er mit l. Stimme
Apg	7,57	sie schrien l. und hielten ihre Ohren zu
	60	(Stephanus) fiel auf die Knie und schrie l.
	14,10	sprach er mit l. Stimme
	16,28	Paulus rief l.: Tu dir nichts an
	20,37	da begannen alle l. zu weinen
	26,24	sprach Festus mit l. Stimme
Rö	16,25	stärken l. meines Evangeliums
Heb	5,7	mit l. Schreien dem dargebracht, der
Off	6,10	sie schrien l. mit l. Stimme

Laut

Ps	115,7	kein L. kommt aus ihrer Kehle
Wsh	7,3	Weinen ist mein erster L. gewesen

Laute

Dan	3,5	wenn ihr hören w. den Schall der L. 10.15

lauten

2Kö	5,6	den Brief; der l. 10,1.6; 2Ch 21,12
1Ch	4,22	wie die alte Rede l.
Esr	5,7	die Botschaft, die sie ihm sandten, l.
Dan	5,25	so aber l. die Schrift
1Ma	8,22	die Abschrift l. 11,29; 12,7; 14,27; 2Ma 11,16. 22.27
Apg	15,23	ein Schreiben, also l.
	23,25	er schrieb einen Brief, der l.

lauter

1Mo	26,35	machten Isaak und Rebekka l. Herzeleid
	39,5	war l. Segen des HERRN in allem
2Mo	25,36	l. Gold in getriebener Arbeit 1Kö 6,20.21; 7,49.50; 10,21; 1Ch 28,17; 2Ch 3,4; 4,20.22; 9,17.20
4Mo	13,2	sende Männer aus, l. Älteste 3
5Mo	3,5	l. Städte, die befestigt waren
	8,15	Wüste, wo l. Dürre und kein Wasser war
Ri	20,17	l. streitbare Männer 44.46; 2Kö 24,16
1Kö	6,18	innen war das Haus l. Zedernholz
1Ch	29,4	siebentausend Zentner l. Silber
Hi	11,4	bin ich vor deinen Augen
	33,3	meine Lippen reden l. Erkenntnis
Ps	12,7	die Worte des HERRN sind l. wie Silber
	19,9	die Gebote des HERRN sind l.
	25,10	die Wege des HERRN sind l. Güte
	40,3	er zog mich aus l. Schmutz und Schlamm
	45,9	deine Kleider sind l. Myrrhe
	55,16	es ist l. Bosheit bei ihnen Jer 11,15
Spr	11,23	der Gerechten Wunsch führt zu l. Gutem
	12,5	was die Gottlosen planen, ist l. Trug
	14,8	der Toren Torheit ist l. Trug
	20,11	ob er l. und redlich werden will
	24,31	l. Nesseln waren darauf
Hl	4,4	l. Schilde der Starken
	7,14	an unsrer Tür sind l. edle Früchte
Jes	22,13	siehe da, l. Freude und Wonne
	32,6	daß er rede über den HERRN l. Trug
	60,21	dein Volk sollen l. Gerechte sein
Jer	5,16	es sind l. Helden
	7,13	weil ihr l. solche Dinge treibt
	8,8	ist's doch l. Lüge, was 9,2
	9,1	es sind l. Ehebrecher
	5	vor l. Trug wollen sie mich nicht kennen
	31,3	habe dich zu mir gezogen aus l. Güte
Hes	8,10	da waren l. Bilder von Gewürm
	9,9	l. Blutschuld im Lande und l. Unrecht
	13,7	euer Wahrsagen ist l. Lüge
	23,6	l. junge hübsche Leute 7.12.23
	24,4	tu Fleisch hinein, l. gute Stücke
Dan	2,22	bei ihm ist l. Licht
	11,35	damit viele bewährt, rein und l. werden
Sa	8,10	vor l. Feinden war kein Friede
Wsh	1,1	denkt über den Herrn nach in l. Sinn
	7,23	alle Geister, die l. und fein sind
	14,28	weissagen sie, so ist's l. Lüge
Tob	3,2	deine Gerichte sind l. Güte und Treue
Sir	25,29	so gibt es l. Streit
Mt	6,22	wenn dein Auge l. ist Lk 11,34
	23,27	innen voller Totengebeine und l. Unrat
Apg	2,46	hielten die Mahlzeiten mit l. Herzen
Rö	3,16	auf ihren Wegen ist l. Schaden und Jammer
	12,8	gibt jemand, so gebe er mit l. Sinn

Phl	1,10	damit ihr l. und unanstößig seid 2,15
	17	jene verkündigen Christus nicht l.
1Pt	2,2	seid begierig nach der l. Milch
2Pt	3,1	ich euren l. Sinn erwecke
Jak	3,17	die Weisheit von oben her ist l.
Off	21,21	*die Gassen der Stadt waren l. Gold*

Lauterkeit

1Ko	5,8	im ungesäuerten Teig der L. und Wahrheit
2Ko	1,12	daß wir in göttlicher L. unser Leben geführt
	2,17	aus L. reden wir vor Gott in Christus
	6,6	(als Diener Gottes:) in L.
	8,2	*reichlich gegeben in aller L. 9,11*
	9,13	*über die L. eurer Gabe an sie*
	11,3	abgewendet von der L. gegenüber Christus

läutern

Hi	28,1	es hat das Gold seinen Ort, wo man es l.
Ps	12,7	wie Silber, gel. siebenmal 66,10
	17,3	du l. mich und findest nichts
Spr	20,9	wer kann sagen: Ich habe mein Herz gel.
Jes	48,10	ich habe dich gel.
Dan	12,10	viele werden gereinigt, gel. werden
Sa	13,9	will ... l., wie man Silber l. Mal 3,3
1Pt	1,7	das vergängliche Gold, das durchs Feuer gel.
Off	3,18	Gold, das im Feuer gel. ist

Lazarus

Lk	16,20	¹es war ein Armer mit Namen L. 23-25
Jh	11,1	²es lag aber einer krank, L. aus Betanien 2
	5	Jesus hatte Marta lieb und L.
	11	L., unser Freund, schläft 14
	17	Jesus fand L. schon vier Tage im Grabe
	43	rief er mit lauter Stimme: L., komm heraus
	12,1	L., den Jesus auferweckt hatte von den Toten 2.9.17
	10	die Hohenpriester beschlossen, auch L. zu töten

Lazedämon (= Sparta)

2Ma	5,9	mußte in der Fremde sterben, in L.

Lea

1Mo	29,16	zwei Töchter; die ältere hieß L. 17.23-25
	30	Jakob hatte Rahel lieber als L. 31.32
	30,9	L. sah, daß sie aufgehört hatte zu gebären 10-14.16.17.19
	31,4	Jakob ließ rufen Rahel und L. 14.33
	33,1	verteilte s. Kinder auf L. und Rahel 2.7
	34,1	Dina, L. Tochter, die sie Jakob geboren
	35,23	die Söhne L. waren deine 46,15
	26	die Söhne Silpas, L. Magd 46,18
	49,31	da habe ich auch L. begraben
Rut	4,11	der HERR mache die Frau wie Rahel und L.

Lebana

Esr	2,45	(Tempelsklaven:) die Söhne L. Neh 7,48

Lebaot s. Bet-Lebaot

leben (s.a. leben, am Leben bleiben)

1Mo	1,21	alles Getier, das da l. und webt 30; 9,3
	3,20	wurde die Mutter aller, die da l.
	22	daß er nicht esse und l. ewiglich
	5,4	(Adam) l. danach 800 Jahre 7.10.13.16.19.22.26.30; 9,28; 11,11.13.15.17.19.21.23.25; 50,22
	8,21	will nicht mehr schlagen alles, was da l.
	12,12	werden mich umbringen und dich l. lassen
	20,1	Abraham l. nun als Fremdling 35,27
	27,46	mich verdrießt zu l.
	42,2	kauft uns Getreide, daß wir l. 43,8; 47,19
	15	so wahr der Pharao l. 16
	18	wollt ihr l., so tut nun dies
	43,7	l. euer Vater noch 27.28; 45,3
	45,28	mir ist genug, daß mein Sohn l. 26; 46,30
	47,28	Jakob l. 17 Jahre in Ägyptenland
2Mo	1,6	als gestorben, die zu der Zeit gel. hatten
	16	ist's eine Tochter, so laßt sie l. 17.18.22
	4,18	daß ich sehe, ob sie noch l.
	20,10	Fremdling, der in deiner Stadt l. 5Mo 5,14; 12,18; 14,27.29; 16,11.14; 26,11; 31,12
	12	daß du lange l. in dem Lande 5Mo 5,16.33; 11,9.21; 32,47; Jer 35,7; Eph 6,3
	33,20	kein Mensch wird l., der mich sieht
3Mo	11,9	essen von dem, was im Wasser l. 10; 5Mo 14,9
	18,5	der Mensch, der sie tut, wird durch sie l. Hes 20,11.13.21; Rö 10,5; Gal 3,12
	18	solange deine Frau noch l.
	25,35	daß er neben dir l. könne 36
4Mo	4,19	damit sie l. und nicht sterben 21,8
	11,21	600.000 sind es, mit denen ich l.
	13,22	da l. die Söhne Anaks
	14,21	so wahr ich l. 28; Jes 49,18; Jer 22,24; 46,18; Hes 5,11; 14,16u.ö.35,11; Ze 2,9
	15,14	wenn ein Fremdling bei euren Nachkommen l.
	17,13	(Aaron) stand zwischen den Toten und L.
	31,15	warum habt ihr alle Frauen l. lassen 18
5Mo	4,1	Gebote ... tun sollt, daß ihr l. 5,33; 6,2; 8,1; 16,20; 22,7; 30,16.20; Neh 9,29
	4	die ihr Gott anhinget, l. heute noch 5,3
	8,3	der Mensch nicht l. vom Brot allein Mt 4,4; Lk 4,4
	12,1	solange du im Lande l. 19
	20,16	sollst nichts l. lassen, was Odem hat
	28,54	der zuvor in Üppigkeit gel. hat 56
	31,13	Gott fürchten alle Tage, die ihr l. 1Kö 8,40
	27	während ich noch bei euch l.
	32,40	will sagen: So wahr ich ewig l.
	33,6	Ruben l. und sterbe nicht
Jos	2,13	daß ihr l. laßt meinen Vater, Mutter 6,25
	9,20	laßt sie l., daß nicht ein Zorn komme 21
	24,31	diente dem HERRN, solange Josua l. Ri 2,7
	31	die noch lange nach Josua l. Ri 2,7.10
Ri	2,18	solange der Richter l. 8,28; 1Sm 7,13; 14,52; 1Kö 5,5; 11,25; 12,6; 14,20; 1Ch 22,9; 2Ch 13,20; 24,2.14; 26,5; 32,26; 34,33; Esr 4,5
	4,17	Jabin und Heber l. miteinander im Frieden
	8,19	so wahr der HERR l. Rut 3,13; 1Sm 14,39.45; 19,6; 20,3.21; 25,26.34; 26,10.16; 28,10; 29,6; 2Sm 4,9; 11,11; 12,5; 14,11; 15,21; 1Kö 1,29; 2,24; 17,1.12; 18,10.15; 22,14; 2Kö 2,2.4.6; 3,14; 4,30; 5,16.20; 2Ch 18,13; Jer 4,2; 12,16; 16,14. 15; 23,7.8; 38,16; 44,26; Hos 4,15
1Sm	1,26	mein Herr, so wahr du l. 20,3; 25,26; 2Sm 11,11; 14,19; 15,21
	10,24	es l. der König 2Sm 16,16; 1Kö 1,25.31.34.39; 2Kö 11,12; 2Ch 23,11
	20,14	Barmherzigkeit an mir tun, solange ich l.
	31	solange der Sohn Isais l., wirst du
	27,9	ließ (David) weder Mann noch Frau l. 11

leben 904

2Sm	1,10	daß (Saul) nicht l. könnte nach s. Fall
	2,27	so wahr Gott l. Hi 27,2
	12,21	als das Kind l., hast du gefastet 22
	18,14	als (Absalom) noch l. 18; 19,7
	19,35	was ist's noch, das ich zu l. habe
	20,3	die zehn Nebenfrauen l. wie Witwen
	22,47	der HERR l., gelobt sei m. Fels Ps 18,47
1Kö	3,22	mein Sohn l., doch dein Sohn ist tot 23,26
	17,23	Elia sprach: Sieh da, dein Sohn l.
	20,32	l. er noch? Er ist mein Bruder
	21,15	Nabot l. nicht mehr
2Kö	7,4	lassen sie uns l., so l. wir
	14,17	Amazja l. noch 15 Jahre 2Ch 25,25
	17,19	Satzungen, nach denen Israel gel. hatte
Esr	1,4	Orts, an dem er als Fremdling gel.
Neh	2,3	der König l. ewig Dan 2,4; 3,9; 5,10; 6,7.22
	5,2	damit wir essen und l. können
	9,25	wurden satt und fett und l. in Wonne
	12,26	diese l. zur Zeit Jojakims
Hi	3,16	wie eine Fehlgeburt... hätte ich nie gel.
	7,16	ich l. ja nicht ewig
	9,21	ich möchte nicht mehr l. Jon 4,3.8
	12,10	die Seele von allem, was l.
	14,1	Mensch, vom Weibe geboren, l. kurze Zeit
	14	meinst du, ein toter Mensch wird wieder l.
	15,10	die länger gel. haben als dein Vater
	19,25	ich weiß, daß mein Erlöser l.
	36,11	so werden sie glücklich l.
	42,16	Hiob l. danach 140 Jahre
Ps	7,5	vergolten denen, die friedlich mit mir l.
	15,2	wer untadelig l. und tut, was recht ist
	22,27	euer Herz soll ewiglich l.
	34,13	wer möchte gern gut l.
	38,20	meine Feinde l. und sind mächtig
	39,6	alle Menschen, die doch so sicher l.
	49,2	merket auf, alle, die in dieser Zeit l.
	65,9	was da l. im Osten wie im Westen
	72,5	er soll l., solange die Sonne scheint 15
	80,19	laß uns l., so wollen wir deinen Namen
	89,49	wo ist, der da l. und den Tod nicht sähe
	118,17	ich werde nicht sterben, sondern l.
	119,1	wohl denen, die ohne Tadel l.
	17	daß ich l. und dein Wort halte 77.116
	144	unterweise mich, so l. ich
	175	laß meine Seele l., daß sie dich lobe
	141,4	neige mein Herz nicht, gottlos zu l.
	145,16	sättigst alles, was l., nach sein. Wohlgefallen
	146,2	will den HERRN loben, solange ich l.
Spr	4,4	halte meine Gebote, so wirst du l. 7,2
	9,6	verlasset die Torheit, so werdet ihr l.
	10,9	wer in Unschuld l., der l. sicher
	15,27	wer Bestechung haßt, der wird l.
	21,17	wer gern in Freuden l., wird Mangel haben
	28,16	wer unrechten Gewinn haßt, wird lange l.
Pr	2,3	solange sie unter dem Himmel l.
	17	darum verdroß es mich zu l.
	4,15	ich sah alle L., die unter der Sonne
	6,6	ob er auch zweitausend Jahre l.
	8	versteht, unter den L. zu wandeln
	7,2	der L. nehme es zu Herzen
	15	und da ist ein Gottloser, der l. lange
	8,12	wenn ein Sünder auch lange l. 13
	9,3	Torheit in ihrem Herzen, solange sie l.
	4	wer noch bei den L. weilt, hat Hoffnung; ein l. Hund ist besser als ein toter Löwe
	5	die L. wissen, daß sie sterben werden
	11,8	wenn ein Mensch viele Jahre l., so sei er
Jes	18,3	alle, die ihr in den Ländern l.
	23,15	solange etwa ein König l.
	26,19	aber deine Toten werden l.
Jes	34,1	der Erdkreis und was darauf l.
	38,10	da ich doch gedachte, noch länger zu l.
	16	laß mich wieder genesen und l.
	19	allein, die da l., loben dich
	20	wollen singen und spielen, solange wir l.
	39,8	es wird doch Friede sein, solange ich l.
	47,8	höre, die du in Wollust l.
	53,10	wird er in die Länge l.
	55,3	höret, so werdet ihr l.
	65,20	keine Kinder mehr, die nur einige Tage l.
Jer	9,12	weil sie auch nicht danach l.
	16,12	jeder l. nach seinem bösen Herzen
	30,10	Jakob soll in Frieden l.
Klg	4,20	in seinem Schatten wollen wir l.
	5,7	unsre Väter haben... und l. nicht mehr
Hes	5,6	wollten nicht nach meinen Geboten l. 7; 11,12; 18,24; 20,13.16.21
	7,27	mit ihnen umgehen, wie sie gel. haben
	13,19	Seelen erhaltet, die nicht l. sollten 18,13
	16,6	sollst l. 18,28.32; 33,13; 37,14; 47,9
	18,9	der nach meinen Gesetzen l. 17; 20,19
	19,6	der l. unter den Löwen
	20,18	nicht nach den Geboten eurer Väter l.
	24,14	sollen dich richten, wie du gel. hast
	33,10	wie können wir denn l.
	11	daß der Gottlose umkehre und l.
	38,11	will über die kommen, die sicher l.
	44,9	Fremdlinge, die unter den *Israeliten l.
	9	Fremdl., die unter den Kindern Israel l.
	47,9	alles, was darin l. und webt, soll l.
Dan	2,30	größer als die Weisheit aller, die da l.
	4,1	ich l. zufrieden in meinem Palast
	14	damit die L. erkennen, daß der Höchste
	31	ich pries und ehrte den, der ewig l. 12,7
	5,19	er ließ l., wen er wollte
	7,12	wie lang ein jedes l. sollte
Hos	6,2	daß wir vor ihm l. werden
Am	5,4	suchet mich, so werdet ihr l. 6
	14	suchet das Gute, auf daß ihr l. könnt
	8,14	so wahr dein Gott l., Dan! So war... l.
Hab	2,4	der Gerechte wird durch seinen Glauben l. Rö 1,17; Gal 3,11; Heb 10,38
Sa	1,5	die Propheten, l. sie noch
	10,9	daß sie l. sollten mit ihren Kindern
Jdt	12,4	so gewiß mein Herr l.
	16,27	sie nahm, solange sie l., keinen Mann
	30	während sie l., wagte niemand
Wsh	1,13	hat keinen Gefallen am Untergang der L.
	3,17	wenn sie auch lange l.
	4,1	wenn man dabei in Tugend l.
	10	weil er unter Sündern l.
	16	es verurteilt... die l. Gottlosen
	5,16	die Gerechten werden ewig l.
	7,28	außer dem, der mit der Weisheit l.
	8,3	zeigt sich... würdig, zusammen l. bei Gott
	14,22	obwohl sie wie im Kriege l.
	28	sie l. nicht recht
	15,17	ein Mensch l., jenes aber nie
	18,12	nicht genug l., sie zu begraben
	23	schnitt ihm den Weg zu den L. ab
	19,18	was auf dem Lande zu l. pflegt
Tob	3,5	weil wir nicht aufrichtig gel. haben
	6	ich will lieber tot sein als l. 2Ma 6,19
	14,4	die restliche Zeit l. er im Glück
Sir	1,27	wer Furcht l., der gefällt Gott nicht
	3,2	l. nach ihr, damit es euch gutgeht 51,25
	7	wer seinen Vater ehrt, der wird länger l.
	14	betrübe (d. Vater) nicht, solange er l.
	6,6	l. in Frieden mit vielen
	11	er l. in deinem Hause als Hausherr

Sir	7,37	erfreue jeden, der l., mit einer Gabe
	9,20	wisse, daß du zwischen Fußangeln l. mußt
	10,10	solange (der Mensch) l.
	11,28	tritt erst hervor, wie er gel. hat
	13,18	du l. in großer Gefahr
	16,9	bei denen Lot als Fremdling l.
	17,27	wer l., der lobe den Herrn StE 2,7
	18,1	der ewig l., der hat alles geschaffen
	8	wenn er lange l., so l. er 100 Jahre
	19,3	wer so verwegen l., der wird hinweggerafft
	26,1	der l. noch einmal so lange
	28,15	richtet viele zugrunde, die in Frieden l. 20
	25	immer noch besser, als mit ihr zu l.
	30,5	als er noch l., sah er ihn mit Freuden an
	31,4	der Arme arbeitet und l. doch kärglich
	33,20	nicht über dich verfügen, solange du l. 21
	37,28	jeder hat eine bestimmte Zeit zu l.
	34	wer mäßig ißt, der l. desto länger
	39,15	solange er l., hat er einen größern Namen
	40,18	wer von seiner Arbeit l.
	23	lieber hat man die Frau, mit der man l.
	41,1	ein Mensch, der ohne Sorgen l.
	6	ob du 10 oder 100 oder 1.000 Jahre l.
	7	im Tod fragt man nicht, wie lange einer gel.
	42,24	dies alles l. und bleibt für immer
	44,9	als sie noch l., war es, als sie nicht
	45,20	der Herr hat (Aaron) erwählt aus allen L.
	48,15	als er l., tat er Zeichen
	49,20	über allem, was l., steht Adam
	50,26	daß seine Gnade uns erlöse, solange wir l.
Bar	1,12	werden l. unter dem Schatten Nebukadnezars
	18	nach seinen Geboten zu l. 2,10; 4,13
	4,1	alle, die fest an ihr halten, werden l.
	20	zu dem Ewigen schreien, solange ich l.
	6,47	die sie gemacht haben, l. nicht lange
1Ma	2,13	wer sollte da noch Lust haben zu l.
	4,35	bereit, zu l. oder zu sterben
	13,4	es l. keiner mehr außer mir
	50	erwies ihnen Gnade und ließ sie l.
	14,4	es blieb Friede, solange Simon l. 21
2Ma	5,27	um nicht unter Unreinen l. zu müssen
	11,25	daß auch dies Volk in aller Ruhe l. StE 1,2
	14,45	er l. aber gleichwohl noch
StD	2,4	Gott der Herr ist über alles, was l.
	23	er l. ja, denn er ißt und trinkt
Mt	4,4	der Mensch l. nicht vom Brot allein Lk 4,4
	22,32	ist nicht ein Gott der Toten, sondern der L. Mk 12,27; Lk 20,38
	23,30	hätten wir zu Zeiten unserer Väter gel.
	27,63	dieser Verführer, als er noch l.
Mk	5,23	damit sie gesund werde und l.
	7,5	warum l. deine Jünger nicht nach den Satzungen
	16,11	als diese hörten, daß er l. Lk 24,23
Lk	1,5	zu der Zeit des Herodes l. ein Priester
	6	l. in allen Geboten des Herrn untadelig
	2,36	sie hatte sieben Jahre mit ihrem Mann gel.
	7,25	die üppig l., die sind an den königl. Höfen
	10,28	tu das, so wirst du l.
	12,15	niemand l. davon, daß er viele Güter hat
	16,19	alle Tage herrlich und in Freuden l.
	20,38	denn ihm l. sie alle
	24,5	was sucht ihr den L. bei den Toten
Jh	4,50	geh hin, dein Sohn l. 51.53
	5,25	die sie hören werden, die werden l.
	6,51	wer von diesem Brot ißt, wird l. in Ewigkeit 58
	57	wie ich l. um des Vaters willen
	11,25	der wird l., auch wenn er stirbt 26
	14,19	ich l., und ihr sollt auch l.
Apg	7,29	Mose l. als Fremdling im Lande Midian
	9,31	baute sich auf und l. in der Furcht des Herrn
	10,42	bestimmt zum Richter der L. und Toten
	15,29	l. wohl
	17,28	in ihm l., weben und sind wir
	20,12	sie brachten den jungen Mann l. herein
	21,21	sagst, sie sollen nicht nach den Ordnungen l.
	24	daß du selber nach dem Gesetz l. und es hältst
	22,22	er darf nicht mehr l. 25,24
	24,2	daß wir in großem Frieden l. unter dir
	25,19	Jesus, von dem Paulus behauptete, er l.
	26,5	nach... habe ich gel. als Pharisäer
	28,4	den der Göttin der Rache nicht l. läßt
Rö	1,17	der Gerechte wird aus Glauben l. Gal 3,11; Heb 10,38
	4,16	für die, die wie Abraham aus dem Glauben l.
	6,2	wie sollten wir in der Sünde l. wollen
	8	glauben wir, daß wir auch mit ihm l. werden
	10	was er aber l., das l. er Gott
	11	der Sünde gestorben und l. Gott in Christus
	7,1	daß das Gesetz nur herrscht über den Menschen, solange er l.
	2	eine Frau ist an ihren Mann gebunden, solange der Mann l. 3; 1Ko 7,39
	9	ich l. einst ohne Gesetz
	8,4	nicht nach dem Fleisch l., sondern nach dem Geist
	12	daß wir nach dem Fleisch l. 13
	13	wenn ihr... tötet, so werdet ihr l.
	10,5	der Mensch, der das tut, wird dadurch l. Gal 3,12
	13,13	laßt uns ehrbar l. wie am Tage
	14,7	unser keiner l. sich selber
	8	wir l. oder sterben, so sind wir des Herrn
	9	Christus, daß er über Tote und L. Herr sei
	11	so wahr ich l., spricht der Herr
	15,2	jeder von uns l. so, daß er seinem Nächsten gefalle zum Guten
1Ko	3,3	l. (ihr da nicht) nach Menschenweise
	7,17	nur soll jeder so l., wie der Herr es Eph 4,1
	9,13	daß, die im Tempel dienen, vom Tempel l.
	10,33	wie auch ich jedermann zu Gefallen l.
	14,7	die da tönen und doch nicht l.
	15,6	von denen die meisten noch heute l.
2Ko	4,11	wir, die wir l., werden immerdar in den Tod gegeben
	5,15	damit, die da l., hinfort nicht sich selbst l.
	6,9	als die Sterbenden und siehe, wir l.
	13,4	so l. er doch in der Kraft Gottes
Gal	2,14	warum zwingst du die Heiden, jüdisch zu l.
	19	bin dem Gesetz gestorben, damit ich Gott l.
	20	ich l., doch nun nicht ich, sondern Christus l. in mir
	3,10	die aus den Werken des Gesetzes l., die sind unter dem Fluch
	4,25	das jetzige Jerusalem, das mit seinen Kindern in der Knechtschaft l.
	5,16	ich sage aber: L. im Geist
	25	wenn wir im Geist l., so laßt uns auch
Eph	2,2	(Sünden), in denen ihr früher gel. habt
	4,17	daß ihr nicht mehr l. dürft wie die Heiden
	5,2	l. in der Liebe, wie auch Christus uns geliebt hat 2Jh 6
	8	als Kinder des Lichts
	6,3	auf daß dir's wohl gehe und du lange l. auf Erden
Phl	3,16	was wir erreicht, darin laßt uns auch l.
	17	seht auf die, die so l.

Phl	3,18	viele l. so, daß ich euch oft von ihnen gesagt
Kol	1,10	daß ihr des Herrn würdig l.
	2,6	wie ihr den Herrn Christus Jesus angenommen habt, so l. auch in ihm
	20	als l. ihr noch in der Welt
	3,7	als ihr noch darin l.
1Th	4,1	wie ihr l. sollt, um Gott zu gefallen
	12	ehrbar l. vor denen, die draußen sind
	15	wir, die wir l. 17
	5,10	der für uns gestorben ist, damit wir zugleich mit ihm l.
2Th	3,6	daß ihr euch zurückzieht von jedem Bruder, der unordentlich l.
	7	wir haben nicht unordentlich bei euch gel.
	7	wir haben nicht unordentlich bei euch gel.
	11	wir hören, daß einige unordentlich l.
1Ti	5,4	lernen, zuerst im eigenen Hause fromm zu l.
	6	die ausschweifend l., ist lebendig tot
2Ti	2,11	sterben wir mit, so werden wir mit l.
	3,12	alle, die fromm l. wollen in Christus Jesus
	4,1	der da kommen wird, zu richten die L. und die Toten 1Pt 4,5
Tit	2,12	daß wir gerecht und fromm in dieser Welt l.
	3,3	l. in Bosheit und Neid
1Pt	1,14	da ihr nach den Lüsten l.
	17	solange ihr hier als Fremdlinge l.
	2,24	damit wir der Gerechtigkeit l.
	3,2	sehen, wie ihr in Reinheit und Gottesfurcht l.
	10	wer l. will und gute Tage sehen
	4,2	daß er nicht den Begierden der Menschen, sondern dem Willen Gottes l.
2Pt	2,10	die nach dem Fleisch l. in unreiner Begierde
1Jh	2,6	der soll auch l., wie er gel. hat
	4,9	gesandt, damit wir durch ihn l. sollen
2Jh	4	solche, die in der Wahrheit l. 3Jh 3.4
	6	die Liebe, daß wir l. nach seinen Geboten
Heb	7,8	dort einer, dem bezeugt wird, daß er l.
	25	er l. für immer und bittet für sie
	9,17	solange der noch l., der es gemacht hat
	12,9	unterordnen dem geistl. Vater, damit wir l.
	13,3	weil ihr auch noch im Leibe l.
Jak	4,15	wenn der Herr will, werden wir l.
Jud	16	sie l. nach ihren Begierden 18
Off	3,1	du hast den Namen, daß du l., und bist tot
	4,9	dem, der da l. von Ewigkeit zu Ewigkeit 10; 10,6; 15,7

Leben
(s.a. leben, am Leben bleiben; Leben lang)

1Mo	2,7	blies den Odem des L. in seine Nase 6,17; 7,15.22
	9	den Baum des L. mitten im Garten 3,22.24
	7,3	das L. zu erhalten auf dem Erdboden
	9,4	mit seinem Blut, in dem sein L. ist 5; 3Mo 17,11.14; 5Mo 12,23
	5	will des Menschen L. fordern
	19,17	rette dein L.
	19	daß du mich am L. erhieltest 47,25; 50,20; Ps 30,4; 66,9; Jer 49,11
	27,46	was soll mir das L.
	32,31	und doch wurde mein L. gerettet
	35,18	als ihr das L. entwich
	45,5	um eures L. willen hat mich Gott 7
	47,9	wenig und böse ist die Zeit meines L.
2Mo	1,14	machten ihnen ihr L. sauer
	4,19	*sind tot, die dir nach dem L. trachteten
	21,23	sollst du geben L. um L. 3Mo 24,18; 5Mo 19,21
	30	Lösegeld, um sein L. auszulösen 30,12
2Mo	22,17	Zauberinnen sollst du nicht am L. lassen
	30,15	als Opfergabe zur Sühnung für euer L. 16
3Mo	19,16	sollst nicht... gegen deines Nächsten L.
	26,16	daß euch das L. hinschwindet
4Mo	22,33	hätte ich die Eselin am L. gelassen
	35,31	sollt kein Sühnegeld nehmen für das L.
5Mo	4,10	mich fürchten lernen alle Tage ihres L.
	40	so wird dein L. lange währen 25,15
	13,7	Freund, der dir so lieb ist wie dein L.
	24,6	hättest das L. zum Pfand genommen
	28,66	dein L. wird immerdar in Gefahr schweben... wirst deines L. nicht sicher sein
	30,15	habe dir vorgelegt das L. und das Gute 19; Jer 21,8
	19	damit du das L. erwählst
	32,47	ist nicht ein leeres Wort... es ist euer L.
Jos	9,24	fürchteten wir sehr für unser L.
	14,10	der HERR hat mich am L. gelassen
Ri	5,18	Sebulons Volk wagte sein L. in den Tod
	8,19	wenn ihr sie am L. gelassen hättet
	9,17	gekämpft und sein L. gewagt 12,3; 1Sm 19,5
	18,25	dein L. und das L. deiner Leute hingerafft
	21,14	Mädchen, die sie am L. gelassen
1Sm	17,55	bei deinem L., König: ich weiß es nicht
	19,11	wirst du nicht diese Nacht dein L. retten
	20,1	daß er mir nach dem L. trachtet 22,23; 23,15; 25,29
	22,22	bin schuldig am L. aller aus d. Vaters Haus
	24,12	jagst mir nach, um mir das L. zu nehmen
	25,29	das L. meines Herrn... das L. deiner Feinde
	26,21	weil mein L. heute... teuer gewesen 24
	28,21	ich habe mein L. aufs Spiel gesetzt
2Sm	1,9	mein L. ist noch ganz in mir
	23	im L. und im Tod nicht geschieden
	3,30	hatten Abner nach dem L. getrachtet
	4,8	der dir nach dem L. getrachtet
	8,2	so viele ließ er am L.
	12,18	als das Kind noch am L. war
	14,7	damit wir ihn töten für das L. s. Bruders
	14	Gott will nicht das L. wegnehmen
	15,21	es gerate zum Tod oder zum L.
	16,11	mein Sohn trachtet mir nach dem L. 17,3
	19,6	Knechte, die dir das L. gerettet haben
	23,17	Blut der Männer, die ihr L. gewagt haben
1Kö	1,12	dein L. und das L. Salomo(s) errettest
	2,23	diese Bitte soll Adonija sein L. kosten
	3,11	bittest weder um Reichtum noch um langes L. 14; 2Ch 1,11
	17,21	laß sein L. in dies Kind zurückkehren 22
	19,3	(Elia) lief um sein L. 10.14; Rö 11,3
	20,31	vielleicht läßt er dich am L. 32
	39	dein L. für sein L. 42; 2Kö 10,24
2Kö	1,14	laß mein L. etwas gelten vor dir 13
	7,7	flohen, um ihr L. zu retten
	20,6	will 15 Jahre zu deinem L. hinzutun
1Ch	29,15	unser L. auf Erden ist wie ein Schatten
	28	starb, satt an L., Reichtum und Ehre
2Ch	10,6	als (Salomo) noch am L. war
Esr	6,10	dafür bitten um das L. des Königs
Est	4,13	daß du dein L. errettest 7,3
	7,7	Haman bat Ester um sein L.
	8,11	ihr L. zu verteidigen 9,16
Hi	2,4	alles läßt er für sein L.
	6	doch schone sein L. 33,18
	3,20	warum gibt Gott L. den betrübten Herzen
	7,7	bedenke, daß mein L. ein Hauch ist 10,20; Ps 89,48
	8,19	das ist das Glück seines L.
	9,21	ich verachte mein L. 10,1
	10,12	L. und Wohltat hast du an mir getan
	11,17	dein L. würde aufgehen wie der Mittag

Leben

Hi	13,14	was soll ich mein L. aufs Spiel setzen	Spr	9,11 werden die Jahre deines L. sich mehren
	19,20	nur das nackte L. brachte ich davon		10,11 des Gerechten Mund ist ein Brunnen des L.
	20,21	wird sein gutes L. keinen Bestand haben		16 dem Gerechten gereicht s. Erwerb zum L.
	24,22	müssen sie am L. verzweifeln		17 Zucht bewahren ist der Weg zum L.
	29,4	wie war ich in der Blüte meines L.		11,19 Gerechtigkeit führt zum L. 12,28
	31,39	seinen Ackerleuten das L. sauer gemacht		30 aber Gewalttat nimmt das L. weg
	33,4	der Odem... hat mir das L. gegeben		13,3 wer s. Zunge hütet, bewahrt sein L. 21,23
	20	richtet ihm das L. so zu		8 mit Reichtum muß mancher sein L. erkaufen
	22	so nähert sich sein L. den Toten		14 Lehre des Weisen ist eine Quelle des L.
	28	daß mein L. das Licht sieht		14,25 ein wahrhaft. Zeuge rettet manchem das L.
	30	daß er sein L. zurückhole		30 ein gelassenes Herz ist des Leibes L.
	36,6	den Gottlosen erhält er nicht am L.		15,24 der Weg des L. führt den Klugen aufwärts
	14	ihr L. unter den Hurern im Tempel		16,15 wenn des Königs Anges. freundl., das ist L.
Ps	7,6	der Feind trete mein L. zu Boden		17 wer auf s. Weg achtet, bewahrt sein L.
	11,14	trachten, mir das L. zu nehmen 54,5; 56,7;		22 Klugheit ist ein Brunnen des L.
		63,10; 86,14		18,21 Tod und L. stehen in der Zunge Gewalt
	16,11	du tust mir kund den Weg zum L. Apg 2,28		19,8 wer Klugheit erwirbt, liebt sein L.
	17,9	die mir nach dem L. trachten 35,4; 38,13;		16 wer das Gebot bewahrt, bewahrt sein L.
		40,15; 70,3		23 die Furcht des HERRN führt zum L.
	14	die ihr Teil haben schon im L.		20,2 der sündigt wider das eigene L.
	21,5	er bittet dich um L.; du gibst langes L.		21,21 wer der Gerechtigkeit nachjagt, findet L.
	22,21	errette mein L. von den Hunden		22,4 der Lohn der Demut ist Ehre und L. 5
	30	die ihr L. nicht konnten erhalten		23,13 so wird er sein L. behalten
	26,9	noch mein L. mit den Blutdürstigen		29,24 wer mit Dieben... haßt sein L.
	27,1	der HERR ist meines L. Kraft	Pr	3,12 als sich gütlich tun in seinem L.
	31,11	mein L. ist hingeschwunden in Kummer		4,2 mehr als die Lebendigen, die das L. haben
	33,19	daß er sie am L. erhalte in Hungersnot		5,17 guten Mutes in der kurzen Zeit seines L.
	34,23	der HERR erlöst das L. seiner Knechte		19 denkt nicht viel an die Kürze seines L.
	35,17	errette mein L. vor den jungen Löwen		6,3 hätte ein so langes L., daß er sehr alt
	36,10	bei dir ist die Quelle des L. Spr 14,27		4 (eine Fehlgeburt) kommt ohne L.
	39,5	lehre mich, daß mein L. ein Ziel hat		12 was dem Menschen nützlich ist im L.
	6	mein L. ist wie nichts vor dir		7,12 die Weisheit erhält das L.
	41,3	der HERR wird ihn beim L. erhalten		15 hab ich gesehen in den Tagen meines L.
	42,9	ich bete zu dem Gott meines L.		9,9 genieße das L. mit deinem Weibe, solange
	49,9	es kostet zuviel, ihr L. auszulösen		du das L. hast; das ist dein Teil am L.
	19	er freut sich wohl dieses guten L.		10,19 der Wein erfreut das L.
	54,6	der Herr erhält mein L.	Jes	4,3 aufgeschrieben zum L. in Jerusalem
	55,24	werden ihr L. nicht bis zur Hälfte bringen		38,10 nun muß ich... in der Mitte meines L.
	61,7	wollest dem König langes L. geben		12 zu Ende gewebt hab ich mein L.
	63,4	deine Güte ist besser als L.		43,4 gebe Völker für dein L.
	64,2	behüte mein L. vor den schreckl. Feinde		44,20 daß er sein L. errettet wird 47,14
	69,29	tilge sie aus dem Buch des L.		53,10 wenn er sein L. zum Schuldopfer gegeben
	74,19	das L. deiner Elenden vergiß nicht		12 dafür daß er sein L. in den Tod gegeben
	78,50	als er ihr L. preisgab der Pest		57,10 fandest noch L. in deinen Gliedern
	88,4	mein L. ist nahe dem Tode	Jer	4,10 wo doch das Schwert uns ans L. geht
	89,48	gedenke, wie kurz mein L. ist		30 sie werden dir nach dem L. trachten 11,21;
	90,10	unser L. währet siebzig Jahre		19,7.9; 21,7; 22,25; 34,20.21; 38,16; 44,30;
	91,16	will ich ihn sättigen mit langem L.		46,26; 49,37
	103,4	der dein L. vom Verderben erlöst Jon 2,7		7,3 bessert euer L. und euer Tun 5
	15	ein Mensch ist in seinem L. wie Gras		10,14 ihre Götzen haben kein L. 51,17
	119,5	daß mein L. deine Gebote hielte		14,20 wir erkennen unser gottloses L.
	109	mein L. ist immer in Gefahr		20,13 der des Armen... errettet
	133,3	dort verheißt der HERR den Segen und L.		21,9 sein L. als Beute behalten 38,2; 39,18; 45,5;
	143,3	der Feind schlägt mein L. zu Boden		Hes 33,5
Spr	1,18	*jene trachten sich selbst nach dem L.		30,21 wer dürfte sonst sein L. wagen
	19	(unrechter Gewinn) nimmt ihnen das L.		38,16 der uns dies L. gegeben hat
	2,19	erreichen den Weg des L. nicht		42,20 habt euer L. in Gefahr gebracht
	3,2	sie werden dir langes L. bringen 16		48,6 fliehet und rettet euer L. 51,6.45
	18	sie ist der Baum des L. 11,30; 13,12; 15,4	Klg	1,11 geht nach Brot, um sein L. zu erhalten 19
	22	das wird L. sein für dein Herz		2,19 um das L. deiner Kinder willen
	4,13	bewahre sie, denn sie ist dein L. 22		3,39 was murren denn die Leute im L.
	23	behüte dein Herz, daraus quillt das L.		53 haben mein L. in der Grube zunichte
	5,6	daß du den Weg des L. nicht wahrnimmst		gemacht
	11	wenn dir Leib und L. vergehen		58 du erlösest mein L.
	6,23	die Vermahnung ist der Weg des L.		5,9 Brot unter Gefahr für unser L.
	26	eine andern Ehefrau (bringt) um das L.	Hes	2,2 als er mit mir redete, kam L. in mich
	32	wer sein L. ins Verderben bringen will		19 aber du hast dein L. errettet 21; 33,9
	7,23	weiß nicht, daß es das Leben gilt		7,13 auch wenn er noch am L. ist... wird keiner
	8,35	wer mich findet, der findet das L.		sein L. erhalten können
	36	wer mich verfehlt, zerstört sein L.		13,18 wollt ihr Seelen am L. erhalten 19

Leben

Hes	13,22	um ihr L. zu retten 18,9.27
	14,14	würden allein ihr L. retten 20
	16,5	so verachtet war dein L.
	20,25	Gesetze, durch die sie kein L. haben
	32,10	zittern, ein jeder um sein L.
	33,15	nach den Satzungen des L. wandelt
Dan	1,10	brächtet ihr mich um mein L.
	12,2	werden aufwachen, die einen zum ewigen L.
Am	2,14	der Mächtige soll nicht sein L. retten 15
Jon	1,14	nicht verderben um des L. d. Mannes willen
	2,6	Wasser gingen mir ans L.
Hab	2,10	du hast gegen dein L. gesündigt
Mal	2,5	mein Bund war, daß ich ihm L. gab
Jdt	8,17	so wird Gott uns das L. retten
	18	weil ihr L. in eurer Hand ist
	12,19	bin in meinem L. nicht so geehrt worden
	13,24	du hast dein L. nicht geschont
Wsh	1,12	strebt nicht nach dem Tod durch... L.
	2,1	kurz und voller Leid ist unser L. 4; Sir 41,16
	15	sein L. unterscheidet sich von dem
	22	daß ein frommes L. belohnt wird
	4,9	ein... L. (ist) das rechte Greisenalter
	5,4	wir hielten sein L. für unsinnig
	13	nachdem wir ins L. gekommen sind
	6,19	wo man die Gebote hält, da ist L. 20
	7,6	sie haben alle denselben Eingang ins L. 5
	8,5	ist Reichtum ein Gut, das man im L. begehrt
	7	nichts Nützlicheres gibt es im L.
	9,5	Mensch, der nur ein kurzes L. hat 15,9
	11,26	es gehört dir, Herr, du Freund des L.
	12,23	die ein unverständiges L. führten
	13,11	das für den Gebrauch im L. nützlich ist
	18	er bittet das Tote um L.
	14,5	vertrauen ihr L. geringem Holz an
	12	Götzenbilder erfinden ist des L. Verderben
	21	dies wurde zu einer Gefahr für das L.
	15,10	sein L. (ist) verächtlicher als Ton
	12	er hält unser menschliches L. für ein Spiel
	16,9	konnten keine Hilfe für ihr L. finden
	13	du hast Gewalt über L. und Tod
Tob	2,17	warten auf ein L., (das Gott geben wird)
	8,18	dich loben mit dem L., das du ihnen erhältst
	12,9	Almosen führen zum ewigen L.
	10	wer Sünde tut, bringt sich um sein L.
	14,17	seine Nachkommen führten ein frommes L.
		der seines L.
Sir	1,12	die Furcht des Herrn gibt langes L. 25
	19	am Ende seines L. wird er gesegnet sein
	4,13	wer (Weisheit) liebhat, hat das L. lieb
	6,16	ein treuer Freund ist ein Trost im L.
	7,30	daß du von deinen Eltern das L. hast
	9,19	damit er nicht ja nimmt
	11,14	es kommt alles von Gott: L. und Tod
	19	nun will ich mir ein gutes L. machen
	15,17	der Mensch hat vor sich L. und Tod
	17,3	er bestimmte ihnen die Zeit ihres L.
	9	hat ihnen das Gesetz des L. gegeben 45,6
	21	bekehre dich und laß dein sündiges L.
	26	die Toten, die kein L. haben, können nicht
	20,10	denn es ist L. in ihm
	24	mancher setzt sein L. aufs Spiel
	22,12	das L. des Narren ist schlimmer als der Tod
	23,1	Herr, Vater und Herrscher mein L. 4
	29,21	hat sich mit seinem L. für dich eingesetzt
	28	das Erste zum L. sind Wasser und Brot 39,31
	29	besser ein armes L. in der eignen Hütte 30
	30,17	der Tod ist besser als ein bitteres L.
	23	ein fröhliches Herz ist des Menschen L., und seine Freude verlängert sein L.
	26	Eifer und Zorn verkürzen das L.
	31,33	was ist L. ohne Wein
Sir	33,15	wie das L. dem Tod gegenübergestellt ist
	31	du hast ihn nötig wie dein eignes L.
	34,20	er gibt Gesundheit, L. und Segen
	25	der Arme hat nichts zum L. als ein wenig Brot
	37,21	vier Dinge: L. und Tod
	38,20	ein L. in Armut tut dem Herzen weh
	40,18	wer bescheiden ist, der hat ein gutes L.
	30	dessen L. kann nicht als rechtes L. gelten
	44,19	daß nicht mehr alles L. vertilgt werden sollte
	48,12	da werden auch wir das rechte L. haben
	26	so verlängerte er dem König das L.
	51,5	aus der Hand derer, die mir nach dem L.
	8	mein L. war fast ins Grab gesunken
Bar	1,11	betet für das L. Nebukadnezars
	3,9	höre, Israel, die Gebote des L.
	14	damit du erfährst, wo es langes L. gibt
	6,7	mein Engel will euer L. erhalten
	25	es ist doch kein L. in ihnen
1Ma	2,40	wehren, um unser L. zu retten 3,21; 10,83
	50	wagt euer L. für den Bund unsrer Väter
	9,9	laßt uns diesmal unser L.
	14	alle, die ihr L. wagten 11,23; 13,5; 14,29; 2Ma 7,37; 14,38
	11,11	er hätte ihm nach L... getrachtet
	12,51	sahen, daß es ihnen ans L. ging
2Ma	3,31	dem Heliodor das L. erwirken 33.35
	38	wenn er überhaupt mit dem L. davonkommt
	6,20	die sich weigern, aus Liebe zum L. Verbotenes zu essen 25
	7,9	du nimmst uns wohl das zeitliche L.
	14	du wirst uns auferweckt werden zum L.
	22	das L. habe ich euch nicht gegeben
	23	der... wird euch das L. zurückgeben
	36	haben jetzt Teil am ewigen L. 9
	9,18	verzweifelte er an seinem L.
	10,13	nahm er sich mit Gift das L.
	14,46	Gott, der über L. und Geist Herr ist
StE	5,8	uns um Königreich und L. zu bringen
	9	Mordechai, der unser L. errettet hat
StD	1,55	mit d. Lüge bringst du dich um dein L. 59
Mt	2,20	gestorben, die dem Kindlein nach dem L.
	6,25	sorgt nicht um euer L. Lk 12,22.23
	27	der seines L. Länge eine Spanne zusetzen Lk 12,25
	7,14	schmal ist der Weg, der zum L. führt
	10,39	wer sein L. findet, der wird's verlieren 16,25; Mk 8,35; Lk 9,24; 17,33; Jh 12,25
	18,8	besser, daß du lahm zum L. 9; Mk 9,43.45
	19,16	was soll ich Gutes tun, damit ich das ewige L. habe Mk 10,17; Lk 10,25; 18,18
	17	willst du zum L. eingehen, so halte die Gebote
	29	wird das ewige L. ererben Mk 10,30; Lk 18,30
	20,28	gekommen, daß er gebe sein L. Mk 10,45
	25,46	hingehen die Gerechten in das ewige L.
Mk	3,4	soll man am Sabbat L. erhalten Lk 6,9
	12,44	alles, was sie zum L. hatte Lk 21,4
Lk	8,14	sie ersticken unter den Freuden des L.
	15	alles, was sie zum L. hatte, für die Ärzte
	14,26	*der hasset nicht sein eigen L.*
	16,25	daß du dein Gutes empfangen hast in deinem L.
	21,19	seid standhaft und ihr werdet euer L. gewinnen
Jh	1,4	das L. war das Licht der Menschen
	3,15	damit alle, die an ihn glauben, das ewige L. haben 16

Leben

Jh	3,36	wer an den Sohn glaubt, der hat das ewige L. 5,24; 6,40.47
	4,14	Quelle des Wassers, das in das ewige L. quillt
	36	wer erntet sammelt Frucht zum ewigen L.
	5,24	er ist vom Tode zum L. hindurchgedrungen
	26	wie der Vater das L. hat in sich selber
	29	die Gutes getan, zur Auferstehung des L.
	39	ihr meint, ihr habt das ewige L. darin
	40	aber ihr wollt nicht zu mir kommen, daß ihr das L. hättet
	6,27	Speise, die bleibt zum ewigen L.
	33	Gottes Brot, das gibt der Welt das L. 51
	35	ich bin das Brot des L. 48
	53	so habt ihr kein L. in euch
	54	wer mein Fleisch ißt, der hat das ewige L.
	63	die Worte, die ich zu euch geredet, sind L.
	68	du hast Worte des ewigen L.
	7,1	weil ihm die Juden nach dem L. trachteten
	8,12	wer mir nachfolgt, wird das Licht des L. haben
	10,10	gekommen, damit sie das L. haben sollen
	11	der gute Hirte läßt sein L. für die Schafe 15
	17	darum liebt mich mein Vater, weil ich mein L. lasse 18
	28	ich gebe ihnen das ewige L.
	11,25	ich bin die Auferstehung und das L.
	12,25	der wird's erhalten zum ewigen L.
	50	ich weiß: sein Gebot ist das ewige L.
	13,37	ich will mein L. für dich lassen 38
	14,6	ich bin der Weg und die Wahrheit und das L.
	15,13	daß er sein L. läßt für seine Freunde
	17,2	damit er das ewige L. gebe allen
	3	das ist das ewige L., daß sie dich erkennen
	20,31	damit ihr durch den Glauben das L. habt
Apg	2,28	du hast mir kundgetan die Wege des L.
	3,15	den Fürsten des L. habt ihr getötet
	5,20	redet zum Volk alle Worte des L.
	7,38	dieser empfing Worte des L., um sie uns weiterzugeben
	8,33	sein L. wird von der Erde weggenommen
	11,18	die Umkehr, die zum L. führt
	13,46	nicht würdig des ewigen L.
	48	alle, die zum ewigen L. bestimmt waren
	15,26	Männer, die ihr L. eingesetzt haben
	17,25	da er selber jedermann L. gibt
	20,24	achte mein L. nicht der Rede wert
	23,1	mein L. mit gutem Gewissen vor Gott geführt
	26,4	mein L. ist allen Juden bekannt
	27,10	sondern auch für unser L.
	43	der Hauptmann wollte Paulus am L. erhalten
Rö	2,7	ewiges L. denen, die
	5,7	um des Guten willen, wagt er vielleicht sein L.
	10	werden wir selig werden durch sein L.
	17	wieviel mehr werden die herrschen im L.
	18	die Rechtfertigung, die zum L. führt
	21	so die Gnade herrsche zum ewigen L.
	6,4	damit auch wir in einem neuen L. wandeln
	22	das Ende ist das ewige L.
	23	die Gabe Gottes aber ist das ewige L.
	7,10	das Gebot, das doch zum L. gegeben war
	8,6	geistlich gesinnt sein ist L.
	10	der Geist ist L. um der Gerechtigkeit willen
	38	weder Tod noch L., weder Engel noch Mächte
	11,3	Herr, sie trachten mir nach dem L.
Rö	11,15	wird ihre Annahme sein L. aus den Toten
	16,4	die für mein L. ihren Hals hingehalten haben
1Ko	3,22	es sei Welt oder L. oder Tod
	6,3	wieviel mehr über Dinge des täglichen L.
	15,19	hoffen wir allein in diesem L. auf Christus
	32	auf dieses L. mit wilden Tieren gekämpft
2Ko	1,8	daß wir auch am L. verzagten
	12	daß wir in der Gnade Gottes unser L. geführt
	2,16	jenen ein Geruch des L. zum L.
	4,10	damit das L. Jesu an unserm Leibe offenbar werde 11
	12	so ist der Tod in uns, aber das L. in euch
	5,4	das Sterbliche verschlungen werde von dem L.
Gal	1,13	ihr habt gehört von meinem L.
	6,8	wer auf den Geist sät, wird das ewige L. ernten
Eph	2,3	L. geführt in den Begierden unsres Fleisches
	4,18	sie sind entfremdet dem L., das aus Gott ist
	5,15	seht darauf, wie ihr euer L. führt
Phl	1,20	es sei durch L. oder durch Tod
	21	Christus ist mein L., und Sterben Gewinn
	22	wenn das L. im Fleisch mir dazu dient
	2,16	daß ihr festhaltet am Wort des L.
	30	da er sein L. nicht geschont hat
	4,3	deren Namen im Buch des L. stehen
Kol	3,3	euer L. ist verborgen mit Christus in Gott
	4	wenn Christus, euer L., sich offenbaren wird
1Th	2,8	euch teilzugeben an unserm L.
	12	euer L. würdig des Gottes zu führen
	4,11	eure Ehre, daß ihr ein stilles L. führt
1Ti	1,16	die an ihn glauben sollten zum ewigen L.
	2,2	damit wir ein stilles L. führen können
	4,8	die Verheißung dieses und des zukünftigen L.
	6,12	ergreife das ewige L., wozu du berufen bist
	19	damit sie das wahre L. ergreifen
2Ti	1,1	Paulus, Apostel nach der Verheißung des L. in Christus Jesus
	10	Jesus, der das L. und ein unvergängliches Wesen ans Licht gebracht hat
	2,4	wer in den Krieg zieht, verwickelt sich nicht in Geschäfte des täglichen L.
	3,10	du bist mir gefolgt im L.
Tit	1,2	in der Hoffnung auf das ewige L.
	3,7	damit wir Erben des ewigen L. würden
	14	damit sie kein fruchtloses L. führen
Phm	16	geliebter Bruder, sowohl im leiblichen L. wie
1Pt	1,17	führt euer L. in Gottesfurcht
	2,12	führt ein rechtschaffenes L. unter den Heiden
	3,1	durch das L. ihrer Frauen ohne Worte gewonnen
	7	die Frauen sind Miterben der Gnade des L.
	10	wer das L. lieben und gute Tage sehen will
	4,3	als ihr ein L. führtet in Ausschweifung
	6	nach Gottes Weise das L. haben im Geist
2Pt	1,3	alles, was zum L. und zur Frömmigkeit dient
	2,7	Lot, dem die Leute viel Leid antaten mit ihrem ausschweifenden L.
	18	denen, die im Irrtum ihr L. führen
1Jh	1,1	was wir betrachtet haben, vom Wort des L.
	2	wir verkündigen euch das L., das ewig ist
	2,16	hoffärtiges L. ist nicht vom Vater
	25	das ist die Verheißung, das ewige L.
	3,14	daß wir aus dem Tod in das L. gekommen sind
	15	daß kein Totschläger das ewige L. in sich hat
	16	daß er sein L. für uns gelassen hat

Leben

1Jh	5,11	daß uns Gott das ewige L. gegeben hat
	12	wer den Sohn hat, der hat das L. 11
	13	damit ihr wißt, daß ihr das ewige L. habt
	16	Gott wird ihm das L. geben
	20	ist der wahrhaftige Gott und das ewige L.
Heb	2,15	die durch Furcht vor dem Tod im ganzen L. Knechte sein mußten
	5,7	er hat in den Tagen seines irdischen L. Bitten und... dargebracht
	7,3	hat weder Anfang der Tage noch Ende des L.
	16	nach der Kraft unzerstörbaren L.
	13,18	in allen Dingen ein ordentliches L. führen
Jak	1,12	nachdem er bewährt ist, wird er die Krone des L. empfangen
	3,6	*die Zunge setzt des L. Kreis in Flammen*
	4,14	was ist euer L.
Jud	21	wartet auf die Barmherzigkeit zum ewigen L.
Off	2,7	zu essen geben von dem Baum des L.
	10	sei getreu bis an den Tod, so will ich dir die Krone des L. geben
	3,5	ich werde seinen Namen nicht austilgen aus dem Buch des L.
	11,11	fuhr in sie der Geist des Lebens von Gott
	12,11	haben ihr L. nicht geliebt, bis hin zum Tod
	17,8	deren Namen nicht geschrieben stehen im Buch des L. 20,15
	20,12	ein andres Buch, welches ist das Buch des L.
	22,2	mitten auf dem Platz Bäume des L.
	14	daß sie teilhaben an dem Baum des L.
	17	wer da will, der nehme das Wasser des L.
	19	seinen Anteil wegnehmen am Baum des L.

leben, am Leben bleiben

1Mo	6,19	je ein Paar, daß sie l. b. 20
	12,13	daß ich am L. b. 19,20; 20,7
	17,18	ach daß Ismael möchte l. b. vor dir
2Mo	19,13	Tier oder Mensch, sie sollen nicht l. b.
	21,21	b. sie am L., soll er nicht bestraft werden
4Mo	14,38	Josua und Kaleb b. am L. 21,9
	24,23	wer wird am L. b. 31,32
5Mo	4,33	und dennoch am L. geb. 5,24.26
	42	damit er am L. b. 19,4.5; 30,6.19; Jos 6,17; 9,15; Hes 3,18.21; 18,13.17.19.21-24; 33,12.15. 16.19
2Sm	12,22	das Kind am L. b.
2Kö	10,19	der soll nicht am L. b. 2Ch 14,12
	18,32	dann werdet ihr am L. b. Neh 6,11; Est 4,11; Jer 21,9; 27,12.17; 38,2.17.20
	20,1	du wirst nicht am L. b. Jes 38,1; Sa 13,3
Hi	21,7	warum b. der Gottlose am L.
Jdt	3,3	es ist besser, daß wir am L. b. 7,16
Sir	16,2	verlaß dich nicht darauf, daß sie am L. b.
	34,14	der Geist der Gottesfürchtigen wird am L.b.
	46,10	darum sind allein sie beide am L. geb.
1Ma	2,33	so werdet ihr am L. b. 2Ma 6,22
Apg	7,19	damit sie nicht am L. b.

Leben lang

1Mo	3,14	sollst Erde fressen dein L. l.
	17	mit Mühsal dich nähren dein L. l.
	43,9	will mein L. l. die Schuld tragen 44,32
	48,15	Gott, der mein Hirte gewesen mein L. l.
5Mo	4,9	nicht aus deinem Herzen dein L. l.
	5,29	zu halten meine Gebote ihr L. l. 11,1
	6,2	damit du dein L. l. den HERRN fürchtest 14,23; Jer 32,39
5Mo	6,24	daß es uns wohlgehe unser L. l.
	16,3	daß du deines Auszugs gedenkst dein L. l.
	17,19	soll darin lesen sein L. l.
	19,9	in seinen Wegen wandelst dein L. l.
	22,19	darf sie sein L. l. nicht entlassen 29
	23,7	sollst nie ihr Bestes suchen dein L. l.
	28,29	wirst Gewalt leiden dein L. l. 33
Jos	1,5	soll dir niemand widerstehen dein L. l.
	4,14	fürchteten (Josua) sein L. l.
1Sm	1,11	will ihn dem HERRN geben sein L. l. 28
	7,15	Samuel richtete Israel sein L. l.
	18,29	Saul wurde (Davids) Feind sein L. l.
	25,28	nichts Böses an dir gefunden dein L. l.
2Sm	19,14	Feldhauptmann sein dein L. l. 1Kö 11,34
1Kö	1,6	hatte ihm nie etwas verwehrt sein L. l.
	5,1	alle Königreiche dienten ihm sein L. l.
	15	Hiram liebte David sein L. l.
	12,7	werden dir untertan sein dein L. l.
	14,30	war Krieg zwischen... ihr L. l. 15,6.16.32; 2Ch 12,15
	15,5	was (der HERR) ihm gebot sein L. l.
	14	Herz ungeteilt mit dem HERRN sein L. l.
2Kö	15,18	ließ sein L. l. nicht v. d. Sünden Jerobeams
	25,29	aß bei dem König sein L. l. 30; Jer 52,33.34
2Ch	15,17	doch war (Asa) rechtschaffen sein L. l.
Hi	15,20	der Gottlose bebt sein L. l.
Ps	23,6	Gutes und Barmherzigkeit werden mir folgen mein L. l.
	27,4	im Hause des HERRN bleiben mein L. l.
	63,5	will dich loben mein L. l.
	90,14	wollen rühmen und fröhlich sein unser L. l.
	104,33	will dem HERRN singen mein L. l.
	116,2	will ich mein L. l. ihn anrufen
	128,5	daß du siehst das Glück Jerus. dein L. l.
Spr	31,12	sie tut ihm Liebes ihr L. l.
Pr	5,16	sein L. l. hat er im Finstern gesessen
	8,15	das bleibt ihm bei seinen Mühen sein L. l.
Jer	22,30	Mann, dem sein L. l. nichts gelingt
	35,7	sollt in Zelten wohnen euer L. l. 8
Jdt	12,15	das will ich tun mein ganzes L. l.
Tob	2,13	dankte Gott sein ganzes L. l.
	4,6	dein L. l. habe Gott vor Augen
Sir	22,13	(man) trauert über Gottlose ihr L. l.
	23,20	der nimmt sein L. l. keine Zucht an
1Ma	3,12	das Schwert... führte er sein L. l.
	9,71	ihm sein L. l. kein Leid mehr anzutun
	10,47	ihm leisteten sie Hilfe sein L. l.
	14,4	sie hatten sie gern zum Herrn hatten sein L. l.
GMn	15	so will ich mein L. l. dich loben
Lk	1,75	(daß wir) ihm dienten unser L. l.

lebendig (s.a. Land der Lebendigen)

1Mo	1,20	es wimmle das Wasser von l. Getier 24
	2,7	so ward der Mensch ein l. Wesen
	7,4	will vertilgen alles L., das ich gemacht
	9,10	(einen Bund) mit allem l. Getier 12.15.16
	16,14	„Brunnen des L., der mich sieht" 24,62; 25,11
	26,19	fanden eine Quelle l. Wassers
	45,27	wurde der Geist Jakobs l.
2Mo	21,35	so sollen sie das l. Rind verkaufen
	22,3	findet man bei ihm das Gestohlene l.
3Mo	14,4	daß man zwei l. Vögel nehme 6.7.51-53
	16,10	den Bock l. vor den HERRN stellen 20
4Mo	16,30	daß sie l. zu den Toten fahren 33; Ps 55,16
5Mo	5,26	(wer) kann die Stimme des l. Gottes hören
	32,39	ich kann töten und l. machen 1Sm 2,6
Jos	3,10	merken, daß ein Gott l. unter euch ist
	8,23	ergriffen den König von Ai l. 1Sm 15,8
Rut	2,20	Barmherzigkeit nicht abgewendet von den L.

1Sm	17,26	der das Heer des l. Gottes verhöhnt 36
	25,29	eingebunden sein im Bündlein der L.
2Sm	18,18	keinen Sohn, der meinen Namen l. erhält
1Kö	3,25	teilt das l. Kind in zwei Teile 26.27
	17,22	das Kind wurde wieder l. 2Kö 8,1.5
	20,18	greift sie l. 2Kö 7,12; 10,14
2Kö	5,7	bin ich Gott, daß ich l. machen könnte
	13,21	wurde l. und trat auf seine Füße
	19,4	hohnzusprechen dem l. Gott 16; Jes 37,4.17
2Ch	25,12	die *Männer von Juda fingen 10.000 l.
Neh	3,34	werden sie die Steine l. machen
	9,6	HERR, du machst alles l.
Hi	7,8	kein l. Auge wird mich mehr schauen
	28,21	verhüllt vor den Augen aller L.
	30,23	zum Tod, da alle L. zusammenkommen
	33,30	erleuchte ihn mit dem Licht der L.
Ps	42,3	meine Seele dürstet nach dem l. Gott
	56,14	daß ich wandeln kann im Licht der L.
	71,20	machst mich wieder l.
	84,3	Leib und Seele freuen sich in dem l. Gott
	124,3	so verschlängen sie uns l. Spr 1,12
	143,2	vor dir ist kein L. gerecht
Pr	4,2	pries die Toten mehr als die L.
Hl	4,15	(du bist) ein Born l. Wassers
Jes	8,19	soll man für die L. die Toten befragen
	26,14	Tote werden nicht l.
Jer	2,13	mich, die l. Quelle, verlassen sie 17,13
	5,2	wenn sie auch sprechen: Bei dem l. Gott
	8,3	werden lieber tot als l. sein wollen
	10,10	der HERR ist der l. Gott
	23,36	weil ihr die Worte des l. Gottes verdreht
Hes	37,3	meinst du, daß diese wieder l. 5.6.9.10
Dan	6,21	Daniel, du Knecht des l. Gottes
	27	er ist der l. Gott, der ewig bleibt
Hos	2,1	o ihr Kinder des l. Gottes Rö 9,26
	6,2	er macht uns l. nach zwei Tagen
Hab	3,2	mache (dein Werk) l. in naher Zeit
Sa	14,8	werden l. Wasser aus Jerusalem fließen
Sir	14,18	alles L. veraltet wie ein Kleid
	17,26	allein die L. können loben
	21,16	sein Rat ist wie eine l. Quelle
	50,24	der uns von Mutterleib an l. erhält
1Ma	14,2	befahl, ihn l. zu ihm zu bringen
2Ma	6,26	ich sei l. oder tot
	7,33	obwohl unser l. Herr zornig ist
	12,35	wollte den Verfluchten l. gefangennehmen
	15,4	ja, es gibt den l. Herrn
StD	2,4	ich diene dem l. Gott 24
	5	hältst du Bel nicht für einen l. Gott 23
Mt	9,18	so wird sie l.
	16,16	du bist Christus, des l. Gottes Sohn
	22,32	ein Gott der L. Mk 12,27; Lk 20,38
	26,63	ich beschwöre dich bei dem l. Gott
Lk	15,24	dieser mein Sohn war tot und ist wieder l. geworden 32
	24,5	was suchet ihr den L. bei den Toten
Jh	4,10	du bätest ihn, und der gäbe dir l. Wasser
	11	woher hast du l. Wasser
	5,21	wie der Vater die Toten auferweckt und macht sie l.
	6,51	ich bin das l. Brot, das vom Himmel
	57	wie mich der l. Vater gesandt hat
	63	der Geist ist's, der l. macht Rö 8,2; 2Ko 3,6
	7,38	von dessen Leib werden Ströme l. Wassers fließen
Apg	1,3	ihnen zeigte er sich nach s. Leiden als der L.
	7,19	damit sie nicht l. blieben
	9,41	stellte sie l. vor sie
	10,42	zum Richter der L. und der Toten Rö 14,9; 2Ti 4,1; 1Pt 4,5
Apg	14,15	zu dem l. Gott, der Himmel und Erde gemacht
Rö	4,17	der die Toten l. macht
	6,13	als solche, die tot waren und nun l. sind
	7,9	als das Gebot kam, wurde die Sünde l.
	8,11	auch eure sterblichen Leiber l. machen
	9,26	sollen sie Kinder des l. Gottes genannt werden
	12,1	Opfer, das l., heilig und Gott wohlgefällig ist
	14,9	dazu ist Christus gestorben und wieder l. geworden
1Ko	15,22	so werden sie in Christus alle l. gemacht
	36	was du säst, wird nicht l., wenn es nicht stirbt
	45	der erste Mensch wurde zu einem l. Wesen
	45	wurde der letzte Adam zum Geist, der l. macht
2Ko	3,3	geschrieben mit dem Geist des l. Gottes
	6,16	wir sind der Tempel des l. Gottes
	13,4	so werden wir uns doch mit ihm l. erweisen
Gal	3,21	nur, wenn ein Gesetz gegeben wäre, das l. machen könnte
Eph	2,5	(Gott hat) auch uns l. gemacht Kol 2,13
1Th	1,9	bekehrt zu Gott, zu dienen dem l. Gott
	3,8	wieder l., wenn ihr feststeht in dem Herrn
1Ti	3,15	das ist die Gemeinde des l. Gottes
	4,10	unsre Hoffnung auf den l. Gott gesetzt
	5,6	die ausschweifend lebt, ist l. tot
	6,13	Gott, der alle Dinge l. macht
1Pt	1,3	wiedergeboren zu einer l. Hoffnung
	23	wiedergeboren aus dem l. Wort Gottes
	2,4	zu ihm kommt als zu dem l. Stein
	5	l. Steine erbaut euch zum geistl. Hause
	3,18	getötet nach dem Fleisch, aber l. gemacht nach dem Geist
Heb	3,12	ein böses Herz, das abfällt von dem l. Gott
	4,12	das Wort Gottes ist l. und kräftig
	9,14	unser Gewissen reinigen, zu dienen dem l. Gott
	10,20	den er uns aufgetan hat als neuen und l. Weg
	31	schrecklich ist's, in die Hände des l. Gottes zu fallen
	12,22	gekommen zu der Stadt des l. Gottes
Off	1,18	(ich bin der Erste und der Letzte) und der L.
	2,8	das sagt, der tot war und ist l. geworden
	7,2	der hatte das Siegel des l. Gottes
	17	leiten zu den Quellen des l. Wassers
	8,9	der dritte Teil der l. Geschöpfe im Meer starb
	13,14	Tier, das die Wunde vom Schwert hatte und l. geworden war
	16,3	alle l. Wesen im Meer starben
	19,20	l. in den feurigen Pfuhl geworfen
	20,4	diese wurden l. und regierten mit Christus
	5	die andern Toten wurden nicht wieder l.
	21,6	Quelle des l. Wassers 22,1

Lebensart

2Ma	4,10	gewöhnte seine Mitbürger an griechische L.

Lebensbuch

Off	13,8	deren Namen nicht geschrieben stehen in dem L.
	21,27	wird hineinkommen allein, die geschrieben stehen in dem L.

Lebensfaden

Hi	6,9	daß doch Gott mir den L. abschnitte
Jer	51,13	dein L. wird abgeschnitten

Lebensgefahr

2Sm	18,13	etwas Falsches getan hätte unter L.
1Ch	11,19	sie haben das Wasser unter L. hergebracht

Lebensgeist

4Mo	16,22	du bist der Gott des L. 27,16

Lebensjahr

1Mo	7,11	in dem sechshundertsten L. Noahs 8,13

lebenslang

Ps	30,6	l. (währet) seine Gnade
Klg	5,20	warum willst du uns l. so ganz verlassen

Lebensodem

Hi	12,10	in seiner Hand ist der L. aller Menschen
Jes	57,16	der L., den ich geschaffen habe
Klg	4,20	der Gesalbte des HERRN, der unser L. war
Bar	2,17	deren L. aus ihrem Leibe gewichen ist

lebenssatt

1Mo	25,8	starb, alt und l. 35,29; Hi 42,17
1Ch	23,1	als David alt und l. war 2Ch 24,15

Lebensweise

1Ma	1,14	gestattete ihnen, heidnische L. einzuführen
2Ma	11,24	daß die Juden bei ihrer L. bleiben wollen

Lebenszeit

1Mo	6,3	will ihm als L. geben 120 Jahre

Leber

2Mo	29,13	sollst nehmen den Lappen an der L. 22; 3Mo 3,4.10.15; 4,9; 7,4; 8,16.25; 9,10.19
Spr	7,23	bis ihm der Pfeil die L. spaltet
Hes	21,26	befragt seinen Götzen und beschaut die L.
Tob	6,6	behalte die Galle und die L. 9.20; 8,2

leblos

Wsh	13,17	schämt sich nicht, mit etwas L. zu reden
	14,29	weil sie an l. Götzen glauben
	15,5	daß sie Verlangen haben nach dem l. Bild
	17	schafft nur etwas L. mit seinen Händen
1Ko	14,7	verhält sich's doch auch so mit l. Dingen

Lebona

Ri	21,19	Silo, südlich von L.

Lebtag

Jer	22,21	so hast du es dein L. getan

Lebzeiten

1Mo	25,6	schickte sie noch zu seinen L. fort
Ri	16,30	mehr, als die er zu seinen L. getötet
1Kö	21,29	das Unheil nicht kommen zu seinen L.
Jer	16,9	will zu euren L. ein Ende machen dem Jubel
Tob	5,4	das Geld noch bei meinen L. zurückbekommst
Sir	44,7	sie sind zu ihren L. gerühmt worden
1Ma	1,7	teilte sein Reich noch zu seinen L.
2Ko	5,10	das, was er getan hat bei L., es sei gut oder böse

Lecha

1Ch	4,21	Söhne Schelas: Ger, der Vater L.

lechzen

Hi	5,5	nach seinem Gut l. die Durstigen
Ps	17,12	gleichwie ein Löwe, der nach Raub l.
	42,2	wie der Hirsch l. nach frischem Wasser
	119,131	ich tue meinen Mund weit auf und l.
Jer	2,24	wenn sie vor großer Brunst l.
	14,4	die Erde l., weil es nicht regnet
Sir	26,15	wie ein Wanderer, der durstig ist, l.

lecken

Ri	7,5	wer mit seiner Zunge Wasser l. 6.7
1Kö	21,19	wo Hunde das Blut Nabots gel. haben, sollen Hunde auch dein Blut l. 22,38
Ps	68,24	daß deine Hunde (Blut) l.
	72,9	seine Feinde sollen Staub l. Jes 49,23
Mi	7,17	sie sollen Staub l. wie die Schlangen
Lk	16,21	die Hunde l. seine Geschwüre

lecker

1Mo	49,20	wird l. Speise wie für Könige geben
Ps	141,4	ich mag nicht essen von ihren l. Speisen
Klg	4,5	die früher l. Speisen aßen
Dan	10,3	ich aß keine l. Speise
Wsh	19,11	als sie um l. Speise baten
Sir	37,32	sei nicht gierig bei l. Speisen

Leckerbissen

Spr	18,8	Worte des Verleumders sind wie L. 26,22

Leder

3Mo	13,48	(eine aussätzige Stelle) an L. 49.51.56
Hes	16,10	zog dir Schuhe von feinem L. an

Ledergurt

2Kö	1,8	(Elia) hatte einen L. um seine Lenden

ledern

Mt	3,4	Johannes hatte einen l. Gürtel um Mk 1,6

Lederwerk

3Mo	13,52	L., woran solche Stelle ist 53.57-59

Lederzeug

4Mo	31,20	alles L. sollt ihr entsündigen

ledig

1Mo	24,8	so bist du dieses Eides l. 41
4Mo	30,4	solange sie l. ist 9.13.17
Jes	58,6	laß l., auf die du das Joch gelegt
	61,1	den Gebundenen, daß sie l. sein sollen
Dan	4,24	mache dich l. von deinen Sünden
Lk	4,18	zu predigen den Zerschlagenen, daß sie l. sein sollen
1Ko	7,8	den L. und Witwen sage ich
	26	es sei gut für den Menschen, l. zu sein 40
	32	wer l., sorgt sich um die Sache des Herrn
	37	*seine Jungfrau l. bleiben zu lassen*

leer

1Mo	1,2	die Erde war wüst und l.
	31,42	hättest mich l. ziehen lassen
	37,24	aber die Grube war l.
2Mo	3,21	daß ihr nicht l. auszieht
	23,15	erscheint nicht mit l. Händen vor mir 34,20; 5Mo 16,16
5Mo	12,19	den Leviten nicht l. ausgehen läßt 14,27
	15,13	ihn nicht mit l. Händen gehen lassen
	32,47	es ist nicht ein l. Wort an euch
Ri	7,16	gab jedem eine Posaune und l. Krüge
Rut	1,21	l. hat mich der HERR heimgebracht
	3,17	sollst nicht mit l. Händen kommen
1Sm	20,18	wenn dein Platz l. bleibt 25.27
2Sm	1,22	Schwert Sauls ist nie l. zurückgekommen
2Kö	4,3	erbitte von deinen Nachbarinnen l. Gefäße
Neh	5,13	sei er ausgeschüttelt und l.
Hi	11,3	zu deinem l. Gerede schweigen 15,2; 16,3
	22,9	Witwen hast du l. weggehen lassen
	26,7	spannt den Norden aus über dem L.
Spr	14,4	wo keine Rinder sind, ist die Krippe l.
Jes	3,26	(Zion) wird l. und einsam sitzen
	5,9	die großen (Häuser sollen) l. stehen
	24,1	der HERR macht die Erde l. und wüst 3
	41,29	ihre Götzen sind l. Wind
	45,18	nicht geschaffen, daß sie l. sein soll
	55,11	das Wort wird nicht l. zurückkommen
	58,13	daß du kein l. Geschwätz redest
Jer	14,3	bringen ihre Gefäße l. zurück
	50,9	der nicht mit l. Händen zurückkehrt
	51,34	hat aus mir ein l. Gefäß gemacht
Hes	12,19	ihr Land l. von allem, was darin ist
	24,11	den Topf l. auf die Glut
Ze	3,6	habe ihre Gassen so l. gemacht
Sir	21,21	die Erkenntnis... hüllt sich in l. Worte
	29,12	laß ihn in der Not nicht l. weggehen
2Ma	14,44	er fiel mitten auf den l. Platz
Mt	12,44	wenn er kommt, findet er's l.
Mk	12,3	schickten ihn mit l. Händen fort Lk 20,10.11
Lk	1,53	er läßt die Reichen l. ausgehen
Eph	5,6	laßt euch von niemandem verführen mit l. Worten Kol 2,8

leeren

Jes	51,17	hast den Becher gel.
Sir	13,6	wenn er dir den Beutel l.

leerschlagen

Jes	24,13	wenn ein Ölbaum leerg. wird

legen
(s.a. gefangenlegen; gefangenliegen; Gefängnis; Grund; Hand; Last; schlafen)

1Mo	9,23	Kleid und l. es auf ihrer beider Schulter
	15,10	l. je einen Teil dem andern gegenüber
	19,4	ehe sie sich l., kamen die Männer d. Stadt
	33	l. sich zu ihrem Vater 32.34.35
	21,14	l. es Hagar auf ihre Schulter
	22,6	l. es auf seinen Sohn Isaak 9
	24,47	da l. ich einen Reif an ihre Stirn 41,42
	26,10	daß jemand sich zu deiner Frau gel. hätte
	27,44	bis sich der Grimm deines Bruders l.
	28,11	l. (einen Stein) zu seinen Häupten 18
	30,38	l. die Stäbe in die Tränkrinnen 41
	31,34	den Hausgott unter den Kamelsattel gel.
	34,2	l. sich zu ihr und tat ihr Gewalt an
	35,22	l. sich zu Bilha, seines Vaters Nebenfrau
	37,34	l. ein härenes Tuch um seine Lenden
	38,14	da l. (Tamar) die Witwenkleider von sich
	39,7	l. dich zu mir 10.12.14; 2Sm 13,11
	16	sie l. sein Kleid neben sich
	42,17	ließ sie zusammen in Gewahrsam l.
	44,1	l. jedem sein Geld oben in seinen Sack 2
	50,26	salbten ihn und l. ihn in einen Sarg
2Mo	4,15	die Worte in seinen Mund l. 5Mo 31,19; Esr 8,17
	16,23	was aber übrig ist, das l. beiseite 24
	25,16	sollst in die Lade das Gesetz l. 21; 40,20; 5Mo 10,2.5; 31,26
	30	sollst auf den Tisch Schaubrote l. 3Mo 24,6
	26,9	den Teppich doppelt l. 28,16; 39,9
	27,5	sollst sie von untenher an den Altar l.
	29,3	sollst es in einen Korb l. 5Mo 26,2; Ri 6,19
	17	sollst seine Eingeweide zu seinem Kopf l.
	34,33	l. (Mose) eine Decke auf sein Angesicht
	40,19	l. die Decke des Zeltes obendarauf
3Mo	1,7	Priester sollen Holz oben darauf l. 8.12
	2,1	soll Weihrauch darauf l. 15; 24,7
	8,8	(Mose) l. in die Tasche das Lose
	26	(Mose) l. es auf das Fett 27; 9,20
	10,1	Aarons Söhne l. Räucherwerk darauf 4Mo 16,17; 17,11
	19,14	sollst vor den Blinden kein Hindernis l.
4Mo	4,6	(sollen) darauf eine Decke l. 7.10.12.14
	5,18	das Erinnerungsopfer auf ihre Hand l. 6,19
	6,27	meinen Namen auf die *Israeliten l.
	11,17	will von deinem Geist auf sie l. 25; 27,20
	23,24	das Volk wird sich nicht l., bis
5Mo	2,25	will Furcht vor dir auf alle Völker l.
	12,27	sollst dein Brandopfer... auf den Altar l.
	16,9	wenn man die Sichel an die Halme l.
	21,8	l. nicht das vergossene Blut auf d. Volk
	28,48	wird ein eisernes Joch auf deinen Hals l.
	29,19	werden sich auf ihn l. alle Flüche 30,7
Jos	7,11	gestohlen und zu ihren Geräten gel.
	8,2	l. einen Hinterhalt 12.14; Ri 9,25.32.34.43; 20,29; 1Sm 15,5; 2Kö 6,8; 2Ch 13,13; Jer 51,12
	10,27	l. Steine vor den Eingang der Höhle
Ri	6,37	abgeschorene Wolle auf die Tenne l.
	9,48	l. (einen Ast) auf seine Schulter 49
	16,3	l. (beide Torflügel) auf seine Schultern
	21	und l. (Simson) in Ketten
	19,28	da l. er (seine Nebenfrau) auf den Esel
	21,20	l. euch auf die Lauer in den Weinbergen
Rut	3,7	(Boas) l. sich hinter einen Kornhaufen
	4,16	(Noomi) l. es auf ihren Schoß
1Sm	3,3	Samuel hatte sich gel. im Heiligtum
	17,54	seine Waffen l. (David) in sein Zelt

legen

1Sm	19,13	Michal l. (das Götzenbild) aufs Bett
	31,10	l. seine Rüstung in das Haus der Astarte
2Sm	3,34	deine Füße waren nicht in Ketten gel.
	8,2	ließ (die Moabiter) sich auf den Boden l.
	13,5	l. dich auf dein Bett 8; 1Kö 21,4
	31	(der König) l. sich auf die Erde
	14,3	Joab l. ihr die Worte in den Mund 19
	9	Schuld wird man auf mich l.
	17,13	soll Israel Stricke an die Stadt l.
	18,17	l. einen großen Haufen Steine auf ihn
1Kö	2,10	also l. sich David zu seinen Vätern 1,21; 11,21.43; 14,20.31; 15,8.24; 16,6.28; 22,40.51; 2Kö 8,24; 10,35; 13,9.13; 14,16.22.29; 15,7.22. 38; 16,20; 20,21; 21,18; 24,6; 2Ch 9,31; 12,16; 13,23; 16,13; 21,1; 26,2.23; 27,9; 28,27; 32,33; 33,20
	3,20	sie l. (meinen Sohn) in ihren Arm
	7,2	l. (Salomo) eine Decke von Zedernbalken
	51	Salomo l. es in den Schatz 2Ch 5,1
	10,26	l. sie in die Wagenstädte 2Ch 1,14; 9,25
	12,9	Joch, das dein Vater auf uns gel. 11; 2Ch 10,4.9.11
	13,29	der Prophet l. (den Leichnam) auf den Esel
	30	er l. (ihn) in sein eigenes Grab 31
	17,19	(Elia) l. auf sein Bett 2Kö 4,32
	21	er l. sich auf das Kind dreimal 2Kö 4,34
	18,23	aufs Holz l., kein Feuer daran l. 25.33
	21,27	Ahab l. ein härenes Tuch um seinen Leib
2Kö	1,4	sollst nicht mehr von dem Bett herunterkommen, auf das du dich gel. 6.16
	4,29	l. meinen Stab auf des Knaben Antlitz 31
	5,24	Gehasi l. es beiseite im Hause
	10,7	sie l. ihre Köpfe in Körbe 8
	12,16	brauchten nicht Rechnung zu l. 22,7
	15,20	l. eine Steuer auf die Reichsten 23,33.35; 2Ch 24,9; 36,3; Est 10,1
	19,28	will meinen Ring in d. Nase l. Jes 37,29
	20,7	l. (Pflaster) auf das Geschwür Jes 38,21
	25,7	sie l. ihn in Ketten 2Ch 33,11; 36,6; Jer 39,7; 52,11; Nah 3,10
2Ch	11,11	(Rehabeam) l. Vorrat (in alle Städte)
	16,14	sie l. ihn auf sein Lager
	17,2	er l. Kriegsvolk in alle Städte 19; 33,14
Esr	4,12	die Fundamente sind schon gel.
	5,8	man l. Balken in die Wände
	7,24	nicht Abgaben l. auf Priester, Leviten
Neh	13,5	in die man die Speisopfer gel. hatte
Est	2,1	als der Grimm sich gel. 7,10; Hi 14,13
Hi	6,2	mein Leiden auf die Waage l. wollte
	7,21	nun werde ich mich in die Erde l.
	13,27	hast meinen Fuß in den Block gel. 33,11
	16,15	habe einen Sack um meinen Leib gel.
	19,8	hat Finsternis auf meinen Steig gel.
	20,11	Jugendkraft muß sich in den Staub l.
	37,7	so l. er alle Menschen unter Siegel
	8	die wilden Tiere l. sich 38,40; Ps 104,22
	38,6	wer hat ihren Eckstein gel. Spr 8,29
	11	hier sollen sich l. deine stolzen Wellen
	40,26	ein Binsenseil an die Nase l.
Ps	3,7	die sich ringsum wider mich l.
	7,6	der Feind l. meine Ehre in den Staub
	9,21	l., HERR, einen Schrecken auf sie
	11,2	l. ihre Pfeile auf die Sehnen
	21,6	Pracht und Hoheit l. du auf ihn
	22,16	du l. mich in des Todes Staub
	63,7	wenn ich mich zu Bette l., so denke ich
	64,6	reden, wie sie Stricke l. wollen
	107,29	daß die Wellen sich l.
	119,110	l. mir Schlingen 140,6; 141,9; 142,4
	132,3	will nicht mich aufs Lager m. Bettes l.
Ps	143,3	der Feind l. mich ins Finstere
Spr	3,24	l. du dich, wirst du dich nicht fürchten
	6,22	daß sie dich bewachen, wenn du dich l.
Pr	3,11	hat er die Ewigkeit in ihr Herz gel.
	4,5	ein Tor l. die Hände ineinander
Hl	8,6	l. mich wie ein Siegel auf dein Herz
Jes	17,10	l. Reben aus der Fremde
	22,22	will die Schlüssel... auf s. Schulter l.
	28,16	ich l. in Zion einen Grundstein Rö 9,33; 1Pt 2,6
	34,15	da wird auch die Natter nisten und l.
	49,18	wirst sie als Gürtel um dich l.
	51,16	habe mein Wort in deinen Mund gel. 59,21; Jer 1,9
	58,6	laß ledig, auf die du das Joch gel.
Jer	17,11	über Eier setzt, die er nicht gel. hat
	27,2	Joch und l. es auf deinen Nacken 28,14
	29,26	daß sie in Block und Eisen l.
	32,14	l. sie in ein irdenes Gefäß
	38,12	l. diese Lumpen unter deine Achseln
	49,27	will an die Mauern Feuer l. 50,32
Klg	3,7	er hat mich in harte Fesseln gel.
Hes	4,4	sollst dich auf deine linke Seite l. 6
	4	die Schuld des Hauses Isr. auf dich l.
	16,11	(ich) l. dir Spangen an deine Arme
	23,41	darauf l. du mein Räucherwerk
	49	man wird die Strafe auf euch l.
	29,4	will dir einen Haken ins Maul l. 38,4
	30,8	wenn ich Feuer an Ägypten l. 14.16
	31,13	Tiere l. sich auf seine Äste
	32,19	l. dich zu den Unbeschnittenen 25
	27	ihre Schwerter unter ihre Häupter gel.
	40,42	darauf l. man die Geräte
	44,19	sollen die Kleider in die Kammern l.
Dan	6,18	einen Stein, den l. sie vor die Öffnung
Hos	10,11	habe ihm ein Joch auf seinen Nacken gel.
Am	7,8	will das Bleilot l. an mein Volk Israel
Hab	3,9	du l. die Pfeile auf deine Sehne
Hag	1,6	der l.'s in einen löchrigen Beutel
	2,15	bevor ein Stein auf den andern gel. war
Sa	9,13	ich habe Ephraim darauf gel.
Wsh	8,12	werden sie die Hand auf ihren Mund l.
Tob	6,9	wenn du... von der Leber auf Kohlen l.
	7,15	l. sie Tobias in die rechte Hand
Sir	6,25	laß ihr Halseisen dir um den Hals l.
	20,31	Geschenke l. ihnen einen Zaum ins Maul
	21,22	als wollte man ihm Fesseln an Hände... l.
	22,33	ein Schloß an meinen Mund gel. werden
1Ma	3,25	so l. sich Furcht auf alle Völker
	4,50	sie l. Weihrauch auf den Altar 51
	11,68	die Heiden in einen Hinterhalt gel.
2Ma	10,36	andere l. Feuer an die Türme
StE	4,8	das Zepter l. (er) auf ihre Schulter
Mt	3,10	es ist schon die Axt den Bäumen an die Wurzel gel. Lk 3,9
	12,18	ich will meinen Geist auf ihn l.
	14,32	sie traten in das Boot, und der Wind l. sich
Mk	4,39; 6,51; Lk 8,24	
	15,30	l. sie Jesus vor die Füße, und er heilte sie
	21,7	l. ihre Kleider darauf Mk 11,7
	22,44	bis ich deine Feinde unter deine Füße l. Mk 12,36; Lk 20,43; Apg 2,35; 1Ko 15,25; Heb 1,13; 10,13
	23,4	schwere Bürden l. sie den Menschen auf
	27,6	l. wir sie in den Gotteskasten l.
	60	l. ihn in sein eigenes neues Grab Mk 15,46; Lk 23,53.55; Jh 19,41.42
Mk	6,29	nahmen s. Leichnam und l. ihn in ein Grab
	56	l. sie die Kranken auf den Markt
	7,33	l. ihm die Finger in die Ohren

Mk	12,43	diese hat mehr in den Gotteskasten gel.
Lk	2,7	in Windeln und l. ihn in eine Krippe
	5,18	versuchten, ihn vor ihn zu l.
	15,5	l. er sich's auf die Schultern voller Freude
	20,19	trachteten danach, Hand an ihn zu l.
	23,26	sie l. das Kreuz auf ihn
Jh	9,6	*l. den Brei auf des Blinden Augen* 11.15
	11,38	es war ein Stein davor gel.
	20,5	*sieht die leinenen Binden gel.* 6.7
	25	meinen Finger in die Nägelmale l. 27
	21,9	*sahen sie Kohlen gel. und Fische darauf*
Apg	4,35	(brachte das Geld) und l. es den Aposteln zu Füßen 37; 5,2
	5,15	daß sie die Kranken auf Betten und Bahren l.
	7,16	in das Grab gel., das Abraham gekauft hatte
	9,37	da wuschen sie sie und l. sie in das Obergemach
	12,1	l. Herodes Hand an einige von der Gemeinde, sie zu mißhandeln
	15,10	daß ihr ein Joch auf den Nacken der Jünger l.
	16,24	er l. ihre Füße in den Block
	20,10	*Paulus ging hinab und l. sich auf ihn*
	25,3	sie wollten ihm einen Hinterhalt l.
	28,3	als Paulus einen Haufen Reisig aufs Feuer l.
	8	*daß der Vater des Publius am Fieber l.*
Rö	9,33	ich l. in Zion einen Stein des Anstoßes 1Pt 2,6
Jak	3,3	wenn wir den Pferden den Zaum ins Maul l.
Off	11,9	lassen nicht zu, daß ihre Leichname ins Grab gel. werden

Legion

Mt	26,53	daß er mir mehr als zwölf L. Engel schickte
Mk	5,9	L. heiße ich; denn wir sind viele Lk 8,30
	15	den, der die L. unreiner Geister gehabt

Lehabiter

1Mo	10,13	Mizrajim zeugte die L. 1Ch 1,11

Lehi (= Ramat-Lehi)

Ri	15,9	die Philister breiteten sich aus bei L. 14.19; 2Sm 23,11

Lehm

3Mo	14,41	den abgeschabten L. hinaus schütten 42.45
Hi	27,16	schafft an, wie man L. aufhäuft
Jes	41,25	er zerstampft die Gewaltigen wie L.
Nah	3,14	tritt den L. und mache harte Ziegel

Lehmhaufen

Hi	13,12	eure Bollwerke werden zu L.

Lehmhaus

Hi	4,19	die in L. wohnen

Lehne

1Kö	10,19	es waren L. am Sitz 2Ch 9,18
Hl	3,10	ihre L. (machte er) aus Gold

lehnen

4Mo	21,15	der sich l. an die Grenze Moabs
Ri	16,26	nach den Säulen, damit ich mich daran l.
2Sm	1,6	Saul l. sich auf seinen Spieß
2Kö	5,18	wenn er sich auf meinen Arm l. 7,2.17
Hl	8,5	und l. sich auf ihren Freund
Hes	29,7	wenn sie sich auf dich l., brachst du
Am	5,19	l. sich mit der Hand an die Wand
StE	4,2	sie l. sich vornehm auf die eine
Jh	13,25	da l. der sich an die Brust Jesu und fragte

Lehre

5Mo	32,2	meine L. rinne wie der Regen
Ps	119,37	daß sie nicht sehen nach unnützer L.
Spr	4,2	ich gebe euch eine gute L.
	5,1	neige dein Ohr zu meiner L. 22,17
	9,9	so wird er in der L. zunehmen
	13,14	die L. des Weisen eine Quelle des Lebens
	16,23	des Weisen Herz mehrt auf s. Lippen die L.
	19,27	so irrst du ab von vernünftiger L.
	28,7	wer L. bewahrt, ist ein verständ. Sohn
Pr	12,9	der Prediger lehrte auch das Volk gute L.
	13	laßt uns die Hauptsumme aller L. hören
Hos	8,12	werden doch geachtet wie eine fremde L.
Mal	2,7	des Priesters Lippen die L. bewahren
Sir	6,24	liebes Kind, gehorche meiner L.
	16,24	ich will dir eine zuverlässige L. geben
	21,17	das Herz des Narren kann keine L. behalten
	18	wenn ein Vernünftiger eine gute L. hört
	24,45	nun lasse ich meine L. leuchten 46
	39,9	er kann seinen Rat und L. geben in Fülle
	50,29	L. zur Weisheit hat geschrieben Jesus
	51,36	nehmt die L. an
Mt	7,28	daß sich das Volk entsetzte über seine L. 22,33; Mk 1,22; 11,18
	15,9	weil sie lehren solche L., die Mk 7,7
	16,12	sich hüten vor der L. der Pharisäer
Mk	1,27	eine neue L. in Vollmacht
Lk	1,4	damit du den sicheren Grund der L. erfahrest
	4,32	sie verwunderten sich über seine L.
Jh	7,16	meine L. ist nicht von mir
	17	ob diese L. von Gott ist
	18,19	der Hohepriester befragte Jesus über seine L.
Apg	2,42	sie blieben beständig in der L. der Apostel
	5,28	ihr habt Jerusalem erfüllt mit eurer L.
	13,12	der Statthalter verwunderte sich über die L.
	15,24	daß einige euch mit L. gemacht haben
	17,19	was das für eine neue L. ist, die du lehrst
	18,15	weil es aber Fragen sind über L. und Namen
	19,9	als einige übel redeten von der L.
	20,30	*Männer, die verkehrte L. reden*
	22,4	ich habe die neue L. verfolgt bis auf den Tod
	24,22	er wußte recht gut um diese L.
Rö	6,17	nun von Herzen gehorsam geworden der L.
	15,4	was zuvor geschrieben ist, das ist uns zur L. geschrieben
	16,17	die Zwietracht anrichten entgegen der L.
1Ko	1,5	reich gemacht in aller L. und aller Erkenntnis
	14,6	redete in Worten der L.
	26	wenn ihr zusammenkommt, hat jeder eine L.
Eph	4,14	uns von jedem Wind einer L. bewegen und umhertreiben lassen
Kol	2,8	Trug, gegründet auf die L. von Menschen
	22	es sind Gebote und L. von Menschen

Lehre

2Th	2,15	haltet euch an die L., in der ihr unterwiesen
	3,6	der lebt nicht nach der L., die ihr von uns empfangen habt
1Ti	1,10	wenn etwas der heilsamen L. zuwider ist
	3,2	*ein Bischof geschickt zur L.*
	4,1	werden teuflischen L. anhängen
	6	auferzogen in den Worten des Glaubens und der L.
	16	hab acht auf dich selbst und auf die L.
	5,17	die sich mühen im Wort und in der L.
	6,1	damit nicht die L. verlästert werde
	3	wenn... und bleibt nicht bei der L.
2Ti	3,7	(die,) die immer auf neue L. aus sind
	10	du bist mir gefolgt in der L.
	16	alle Schrift... ist nütze zur L.
	4,2	ermahne mit aller Geduld und L.
	3	da sie die heilsame L. nicht ertragen werden
Tit	1,9	damit er die Kraft habe, zu ermahnen mit der heilsamen L.
	2,1	rede, wie sich's ziemt nach der heilsamen L.
	7	zum Vorbild mit unverfälschter L.
	10	damit sie der L. Gottes Ehre machen
2Jh	9	wer... und bleibt nicht in der L.
	10	wenn jemand... und bringt diese L. nicht
Heb	6,2	mit der L. vom Taufen
	13,9	laßt euch nicht durch fremde L. umtreiben
Off	2,14	Leute, die sich an die L. Bileams halten 15
	24	den andern, die solche L. nicht haben

lehren

2Mo	4,12	will dich l., was du sagen sollst 15
	18,20	daß du sie l. den Weg 1Sm 12,23; 2Ch 6,27
3Mo	10,11	(sollt) Israel l. alle Ordnungen Hes 44,23
5Mo	4,1	Gebote und Rechte, die ich euch l. 5.14; 5,31; Esr 7,10.25
	10	daß sie ihre Kinder l. 11,19; Ps 78,5
	13,6	sterben, weil er euch gel. hat, abzufallen
	17,10	daß du tust, was sie dich l. 24,8
	20,18	damit sie euch nicht l., all die Greuel
	31,19	dies Lied l. die *Israeliten 22; 2Sm 1,18
	33,10	sie l. Jakob deine Rechte
Ri	3,2	die Geschlechter Israels Krieg führen l.
	13,8	damit er uns l., was wir mit dem Knaben
1Sm	14,12	so wollen wir's euch schon l.
2Sm	22,35	er l. meine Hände streiten Ps 18,35; 144,1
2Kö	12,3	tat, was recht war, solange ihn Jojada l.
	17,27	er l. sie die Verehrung des Gottes 28
2Ch	15,3	ohne Priester, der da l.
	17,7	Oberen, daß sie in den Städten l. 9
	35,3	Leviten, die ganz Israel l.
Hi	8,10	sie werden dich's l. 12,7.8
	15,5	deine Schuld l. deinen Mund
	20,3	der Geist l. mich antworten
	21,22	wer will Gott Weisheit l.
	26,3	du l. ihn Einsicht in Fülle
	33,33	ich will dich Weisheit l. 36,2
	34,32	was ich nicht weiß, das l. du mich
	38,3	will dich fragen, l. mich 40,7; 42,4
Ps	25,4	l. mich deine Steige 5
	9	er l. die Elenden seinen Weg
	34,12	ich will euch die Furcht des HERRN l.
	37,30	seine Zunge l. das Recht
	39,5	l. mich doch, daß es ein Ende mit mir
	51,15	ich will die Übertreter deine Wege l.
	71,17	du hast mich von Jugend auf gel.
	90,12	l. uns bedenken, daß wir sterben müssen
	94,10	er, der die Menschen Erkenntnis l. 12
	105,22	daß er seine Ältesten Weisheit l.
	119,7	daß du mich l. die Ordnungen
Ps	119,12	l. mich deine Gebote 26.64.68.108.124.135
	66	l. mich heilsame Einsicht und Erkenntnis
	102	denn du l. mich 171
	132,12	m. Gebot, das ich sie l. werde Hes 20,11
	143,10	l. mich tun nach deinem Wohlgefallen
Spr	4,4	da l. er mich und sprach
	5,13	m. Ohr nicht kehrte zu denen, die mich l.
	9,9	l. den Gerechten, so wird er... zunehmen
	10,32	Lippen der Gerechten l. heilsame Dinge
	31,1	Worte Lemuëls, die ihn seine Mutter l.
Pr	12,9	der Prediger l. auch das Volk gute Lehre
Jes	2,3	daß er uns l. seine Wege Mi 4,2
	9,14	die Propheten aber, die falsch l., sind
	28,9	wen will der denn Erkenntnis l.
	26	so unterweis ihn sein Gott und l. ihn
	29,13	nach Menschengeboten, die man sie l.
	40,14	l. ihn den Weg und l. ihn Erkenntnis
	48,17	ich bin der HERR, dein Gott, der dich l.
Jer	8,9	was können sie Weises l., wenn sie
	9,13	wie ihre Väter sie gel. haben
	19	l. eure Töchter klagen, eine l. die andere
	12,16	wie sie mein Volk gel. haben
	16,21	siehe, diesmal will ich sie l.
	31,34	wird keiner den andern l. *Heb 8,11*
	32,33	obwohl ich sie stets l. ließ
Hes	22,26	seine Priester l.
Dan	12,3	die l., leuchten wie des Himmels Glanz
Hos	7,15	ich l. sie Zucht und stärke ihren Arm
	11,3	ich l. Ephraim gehen
Mi	3,11	seine Priester l. für Lohn
Hab	2,18	das gegossene Bild, das da Lügen l. 19
Wsh	7,21	die Weisheit l. mich's 8,7
	12,19	dein Volk l. du durch solche Werke
Tob	1,10	er l. ihn Gott fürchten
	14,11	l. eure Kinder Gerechtigkeit üben
Sir	17,9	hat sie gel. und ihnen das Gesetz gegeben
	22,7	wer einen Narren l., leimt Scherben
	25,12	der da l., wo man's gern hört
	33,29	Müßiggang l. viel Böses
	34,9	ein Mann mit viel Erfahrung kann Weisheit l.
	37,26	ein weiser Mann l. sein Volk
	38,38	sie können Gerechtigkeit nicht l.
	39,2	über die Sprüche nachdenken, was sie l.
	14	was er gel. hat, wird man verkünden
	45,6	damit er Jakob den Bund l. sollte 21
	48,25	wie ihn Jesaja l.
	51,33	ich habe meinen Mund aufgetan und gel.
1Ma	4,47	unbehauene Steine, wie das Gesetz l.
StE	3,9	l. mich, wie ich recht reden soll
Mt	4,23	Jesus l. in ihren Synagogen 5,2; 9,35; 11,1; 13,54; 21,23; Mk 1,21; 2,13; 4,1.2; 6,2.6; 8,31; 9,31; 10,1; 11,17; 12,38; Lk 4,15.31; 5,3.17; 6,6; 13,10.22; Jh 8,2
	5,19	wer (d. Gesetz) tut und l.
	7,29	er l. sie mit Vollmacht Mk 1,22
	15,5	aber ihr l. Mk 7,11
	9	weil sie l. solche Lehren Mk 7,7
	21,32	Johannes l. euch den rechten Weg
	22,16	daß du wahrhaftig bist und l. den Weg Gottes Mk 12,14; Lk 20,21
	23	l., es gebe keine Auferstehung Mk 12,18; Lk 20,27
	26,55	habe ich doch täglich im Tempel gel. Mk 12,35; 14,49; Lk 19,47; 20,1; 21,37 Jh 7,14; 18,20
	28,20	l. sie halten alles, was
Mk	6,30	alles, was sie getan und gel. hatten
Lk	11,1	l. uns beten, wie auch Johannes seine Jünger l.

Lk	12,12	der heilige Geist wird euch in dieser Stunde l.
	13,26	auf unsern Straßen hast du gel.
Jh	6,45	sie werden alle von Gott gel. sein
	59	das sagte er in der Synagoge, als er in Kapernaum l. 7,28; 8,20
	7,35	will er die Griechen l.
	8,28	wie mich der Vater gel. hat, so rede ich
	9,34	du bist in Sünden geboren und l. uns
	14,26	der wird euch alles l., was ich euch gesagt
Apg	1,1	den ersten Bericht von all dem, was Jesus l.
	4,2	die verdroß, daß sie das Volk l.
	18	keinesfalls zu l. in dem Namen Jesu 5,28
	5,21	gingen sie frühmorgens in den Tempel und l. 25; 11,26; 14,3; 15,35; 18,4.11; 19,8.9; 28,31
	42	sie hörten nicht auf, alle Tage zu l.
	7,22	Mose wurde in aller Weisheit der Ägypter gel.
	15,1	einige kamen herab und l. die Brüder
	17,19	was das für eine neue Lehre ist, die du l.
	18,25	(Apollos) l. richtig von Jesus
	20,20	daß ich's euch nicht verkündigt und gel. hätte
	30	aus eurer Mitte Männer, die Verkehrtes l.
	21,21	daß du alle Juden den Abfall von Mose l. 28
	23,8	die Pharisäer aber l. beides
Rö	2,21	du l. andere, und l. dich selber nicht
	12,7	ist jemand Lehre gegeben, so l. er
1Ko	2,13	nicht mit Worten, wie sie menschliche Weisheit l. kann
	4,17	wie ich sie überall in allen Gemeinden l.
	11,14	l. euch nicht die Natur, daß es
Eph	4,21	wenn anders ihr in ihm gel. seid
Kol	1,28	l. alle Menschen in aller Weisheit
	2,7	seid fest im Glauben, wie ihr gel. worden seid
	3,16	l. und ermahnt einander in aller Weisheit
1Th	4,9	von Gott gel., euch untereinander zu lieben
1Ti	1,3	einigen zu gebieten, daß sie nicht anders l.
	2,12	einer Frau gestatte ich nicht, daß sie l.
	3,2	ein Bischof sei geschickt im L.
	4,6	wenn du die Brüder dies l.
	11	dies gebiete und l. 6,2
	13	fahre fort mit L., bis ich komme
	6,3	wenn jemand anders l.
2Ti	2,2	die tüchtig sind, auch andere zu l. 24
Tit	1,11	weil sie l., was nicht sein darf
	2,3	sie sollen Gutes l.
	4	daß sie die jungen Frauen l.
	3,8	ich will, daß du dies mit Ernst l.
1Jh	2,27	ihr habt nicht nötig, daß euch jemand l.
Heb	5,12	daß man euch die Anfangsgründe der göttlichen Worte l.
	6,1	lassen, was am Anfang über Christus zu l. ist
	8,11	es wird keiner seinen Mitbürger l.
Off	2,14	der Balak l., die Israeliten zu verführen
	20	diese Frau, die l. und verführt meine Knechte

Lehrer

Hi	36,22	wo ist ein L., wie er ist
Ps	119,99	habe mehr Einsicht als alle meine L.
Spr	5,13	nicht gehorchte der Stimme meiner L.
Jes	30,20	dein L. wird sich nicht mehr verbergen
2Ma	1,10	Aristobulus, der ein L. des Königs ist
Mt	23,10	ihr sollt euch nicht L. nennen lassen; denn einer ist euer L.: Christus
Lk	2,46	fanden ihn im Tempel sitzen, mitten unter den L.
Jh	3,2	Meister, wir wissen, du bist ein L.
	10	bist du Israels L. und weißt das nicht
Apg	13,1	es waren in Antiochia Propheten und L.
Rö	2,20	(zu sein) ein L. der Unmündigen
1Ko	12,28	Gott hat eingesetzt… drittens L. Eph 4,11
	29	sind alle L.
1Ti	2,7	als L. der Heiden 2Ti 1,11
2Ti	4,3	nach ihren eigenen Gelüsten werden sie sich selbst L. auflanden
2Pt	2,1	wie auch unter euch sein werden falsche L.
Heb	5,12	ihr, die ihr längst L. sein solltet
	13,7	gedenkt an eure L., die euch das Wort Gottes
	17	gehorcht euren L. und folgt ihnen
	24	grüßt alle eure L. und alle Heiligen
Jak	3,1	nicht jeder von euch soll ein L. werden

Leib

1Mo	15,4	der von deinem L. kommen wird, soll Erbe
	25,22	die Kinder stießen sich in ihrem L. 23
	24	waren Zwillinge in ihrem L. 38,27
	30,2	der dir deines L. Frucht geben will
	47,18	ist nichts mehr übrig als nur unsere L.
2Mo	22,26	ist seine einzige Decke für seinen L.
	30,32	auf keines andern L. gegossen werden
3Mo	13,13	daß der Aussatz den ganzen L. bedeckt
	14,9	soll seinen L. mit Wasser abwaschen 15,16; 16,4; 22,6; 4Mo 19,7.8
	17,11	des L. Leben ist im Blut 14
	19,28	sollt an eurem L. keine Einschnitte 21,5
4Mo	5,22	gehe das Wasser in deinen L.
	12,12	Totgeborenes, das von seiner Mutter L.
	14,29	eure L. sollen in der Wüste verfallen 32.33
	25,8	durchstach beide durch ihren L. 2Sm 2,23; 3,27
5Mo	7,13	segnen die Frucht deines L. 28,4.11; 30,9
	28,18	verflucht wird sein die Frucht deines L.
	53	wirst die Frucht deines L. essen Klg 2,20
Ri	14,8	ein Bienenschwarm in der L. des Löwen 9
1Sm	1,5	obgleich der HERR ihren L. verschlossen 6
	21,6	war der L. der Leute nicht unrein
	25,37	da erstarb sein Herz in seinem L.
2Sm	7,12	der von deinem L. kommen wird 16,11; 2Ch 32,21; Ps 132,11
1Kö	21,27	ein härenes Tuch um seinen L. 2Kö 6,30
2Kö	4,34	da wurde des Kindes L. warm
Neh	9,37	herrschen über unsere L.
Hi	1,21	bin nackt von meiner Mutter L. gekommen
	3,10	weil sie nicht verschlossen hat den L. meiner Mutter 10,18; Jer 20,17
	4,15	standen mir die Haare zu Berge an meinem L.
	16,15	habe einen Sack um meinen L. gelegt
	18,13	die Glieder seines L. werden verzehrt
	20,14	wird sich verwandeln in seinem L.
	21,6	Zittern kommt meinen L. an
Ps	16,9	mein L. wird sicher liegen
	22,10	hast mich aus m. Mutter L. gezogen 71,6
	15	mein Herz ist in meinem L. wie Wachs
	31,10	matt (ist) meine Seele und mein L.
	38,4	es ist nichts Gesundes an meinem L. 8
	39,1	mein Herz ist entbrannt in meinem L.
	44,26	unser L. liegt am Boden
	55,5	mein Herz ängstigt sich in meinem L. 143,4; Jer 4,19; 23,9; Klg 2,11
	73,4	gesund und feist ist ihr L.
	26	wenn mir gleich L. und Seele verschmachtet
	84,3	mein L. und Seele freuen sich in Gott
	105,18	sein L. mußte in Eisen liegen

Leib

Ps	109,24	mein L. ist mager und hat kein Fett
Spr	3,8	das wird deinem L. heilsam sein 4,22
	5,11	wenn dir L. und Leben vergehen
	14,30	ein gelassenes Herz ist des L. Leben
	17,22	ein fröhliches Herz tut dem L. wohl
	31,2	du Sohn meines L.
Pr	2,3	dachte ich, meinen L. mit Wein zu laben
	11,10	halte fern das Übel von deinem L.
	12,12	viel Studieren macht den L. müde
Hl	5,14	sein L. ist wie reines Elfenbein
	7,3	dein L. ist wie ein Weizenhaufen
Jes	7,20	wird der Herr die Haare am L. scheren
	13,18	die sich der Frucht des L. nicht erbarmen
	17,4	sein fetter L. wird mager sein
	19,1	wird das Herz feige werden in ihrem L.
	49,15	sich nicht erbarme über den Sohn ihres L.
	58,3	warum kasteien wir unseren L.
Klg	2,11	mein L. tut mir weh
	4,7	ihr L. war rötlicher als Korallen
Hes	1,11	mit 2 Flügeln bedeckten sie ihren L. 23
	3,3	mußt deinen L. damit füllen
	10,12	L., Rücken... waren voller Augen
	11,19	steinerne Herz wegnehmen aus ihrem L.
Dan	3,27	das Feuer den L. nichts hatte anhaben
	28	seine Knechte, die ihren L. preisgaben
	4,30	sein L. lag unter d. Tau des Himmels 5,21
	7,11	wie das Tier getötet wurde und sein L.
	10,6	sein L. war wie ein Türkis
Hos	9,14	gib ihnen unfruchtbare L.
	16	will die ersehnte Frucht ihres L. töten
Jon	2,1	Jona war im L. des Fisches drei Tage 2
Mi	6,7	soll geben meines L. Frucht für m. Sünde
Hab	3,16	weil ich solches höre, bebt mein L.
Jdt	16,21	(Gott) wird ihren L. plagen mit Feuer
Wsh	1,4	die Weisheit wohnt nicht in einem L.
	2,3	so geht der L. dahin wie Asche
	8,20	kam ich in einen unbefleckten L.
	9,15	der vergängliche L. beschwert die Seele
Tob	4,3	so begrabe meinen L.
Sir	31,1	wachen um des Reichtums verzehrt den L.
	37,30	prüfe, was für deinen L. gesund ist
	38,16	verhülle seinen L., wie es ihm zukommt
	41,14	die Menschen trauern zwar um ihren L.
	51,3	meinen L. aus dem Verderben erlöst hast
Bar	2,17	deren Lebensodem aus ihrem L. gewichen ist
	6,22	Vögel setzen sich auf ihre L.
2Ma	3,17	er zitterte am ganzen L.
	6,30	Schmerzen, die ich an meinem L. ertrage
	7,7	den ganzen L. Glied für Glied martern
	37	ich will L. und Leben dahingeben
	9,5	kam ihn ein Reißen im L. an 7.9
	14,18	Leute, die L. und Gut wagten 38; 15,30
	46	riß er sich die Därme aus dem L.
StE	3,2	(Ester) demütigte ihren L. durch Fasten
Mt	5,29	daß nicht der ganze L. in die Hölle geworfen werde 30
	6,22	das Auge ist das Licht des L. 23
	25	sorgt nicht um euren L. Lk 12,22.23
	10,28	fürchtet euch nicht vor denen, die den L. töten Lk 12,4
	14,12	*nahmen seinen L. und begruben ihn* Mk 6,29
	26,12	daß sie das Öl auf meinen L. gegossen hat Mk 14,8
	26	das ist mein L. Mk 14,22; Lk 22,19; 1Ko 11,24
	27,52	L. der entschlafenen Heiligen standen auf
	58	der ging zu Pilatus und bat um den L. Jesu Lk 23,52
	59	nahm den L. und wickelte ihn in ein Leinentuch
Mk	5,29	sie spürte es am L., daß sie geheilt war
Lk	1,41	hüpfte das Kind in ihrem L. 44
	42	gepriesen ist die Frucht deines L.
	11,27	selig ist der L., der dich getragen hat
	23,29	selig sind die L., die nicht geboren haben
	55	beschauten das Grab und wie sein L. hineingelegt wurde
	24,3	fanden den L. des Herrn Jesus nicht 23
Jh	2,21	er redete von dem Tempel seines L.
	3,4	kann er wieder in seiner Mutter L. gehen
	7,38	von dessen L. werden Ströme... fließen
Apg	2,26	mein L. wird ruhen in Hoffnung
	31	sein L. hat die Verwesung nicht gesehen
Rö	1,24	daß ihre L. durch sie selbst geschändet werden
	4,19	als er auf seinen eigenen L. sah
	6,6	damit der L. vernichtet werde
	12	laßt die Sünde nicht herrschen in eurem sterblichen L.
	7,4	dem Gesetz getötet durch den L. Christi
	24	wer wird mich erlösen von diesem L.
	8,10	wenn Christus in euch ist, so ist der L. zwar tot
	11	auch eure sterblichen L. lebendig machen
	23	wir sehnen uns nach der Erlösung unseres L.
	12,1	ich ermahne euch, daß ihr eure L. hingebt
	4	wie wir an einem L. viele Glieder haben 1Ko 12,12.14
	5	sind wir viele ein L. in Christus 1Ko 10,17; 12,27
	13,14	sorgt für den L. nicht so, daß ihr
1Ko	5,3	*der ich mit dem L. nicht da bin*
	6,13	der L. nicht der Hurerei, sondern dem Herrn
	15	wißt ihr nicht, daß eure L. Glieder Christi sind
	16	wer sich an die Hure hängt, ist ein L. mit ihr
	18	alle Sünden, die der Mensch tut, bleiben außerhalb des L.
	19	daß euer L. ein Tempel des heiligen Geistes ist
	20	darum preist Gott mit eurem L.
	7,4	die Frau verfügt nicht über ihren L.
	34	daß sie heilig seien am L. und auch am Geist
	9,27	ich bezwinge meinen L.
	10,16	das Brot ist die Gemeinschaft des L. Christi
	11,27	wird schuldig sein am L. und Blut des Herrn
	29	so ißt, daß er den L. des Herrn nicht achtet
	12,13	wir sind durch einen Geist zu einem L. getauft
	15	ich bin keine Hand, darum bin ich nicht Glied des L. 16-20.22.24.25
	13,3	wenn ich... und ließe meinen L. verbrennen
	15,35	mit was für einem L. werden sie kommen 37. 44
	38	Gott gibt ihm einen L., wie er will
	46	aber der geistliche L. ist nicht der erste
2Ko	4,10	wir tragen allezeit das Sterben Jesu an unserm L. Gal 6,17
	5,6	solange wir im L. wohnen
	8	wir haben Lust, den L. zu verlassen
	12,2	ist er im L. gewesen? ich weiß es nicht 3
Gal	1,15	von meiner Mutter L. an ausgesondert
	4,13	in Schwachheit des L. gepredigt
	14	*was euch anfocht an meinem L.*
Eph	1,23	(d. Gemeinde,) welche sein L. ist Kol 1,18.24
	2,14	durch das Opfer seines L. (hat er abgetan das Gesetz)
	16	die beiden versöhne mit Gott in einem L.
	3,6	daß die Heiden mit zu seinem L. gehören
	4,4	ein L. und ein Geist

Eph	4,12	dadurch soll der L. Christi erbaut werden 16		1Ko	9,11	wenn wir L. von euch ernten
	16	von dem aus der ganze L. zusammengefügt ist		Gal	4,14	obwohl meine l. Schwäche euch ein Anstoß war
	5,23	Gemeinde, die er als seinen L. erlöst hat		Eph	6,5	*seid gehorsam euren l. Herren Kol 3,22*
	28	ihre Frauen lieben wie ihren eigenen L.		Kol	2,5	obwohl ich l. abwesend bin
	30	wir sind Glieder seines L.		1Ti	4,8	die l. Übung ist wenig nütze
Phl	1,20	daß Christus verherrlicht werde an meinem L.		Phm	16	ein geliebter Bruder, sowohl im l. Leben wie
				Heb	9,13	*sie heiligt zu der l. Reinigkeit*
	3,21	der unsern nichtigen L. verwandeln wird			12,9	wenn unsre l. Väter uns gezüchtigt haben
Kol	1,22	hat er versöhnt durch den Tod seines L.		Jak	1,23	der sein l. Angesicht im Spiegel beschaut
	2,11	*als ihr euren fleischlichen L. ablegtet*				
	19	Haupt, von dem her der ganze L. zusammengehalten wird				**Leibmagd**
	23	dadurch, daß sie den L. nicht schonen		1Mo	29,24	Laban gab Lea Silpa zur L. 29
	3,15	der Friede Christi, zu dem ihr auch berufen seid in einem L.			30,4	gab ihm Bilha, ihre L., zur Frau 7.9.10.12
					33,1	verteilte seine Kinder auf die beiden L.
1Th	5,23	bewahre euren L. unversehrt				
1Pt	2,24	der unsre Sünde selbst hinaufgetragen hat an seinem L.				**Leibschmerzen**
				Sir	31,24	ein Vielfraß hat L. und Bauchweh
	3,21	in (der Taufe) wird nicht der Schmutz vom L. abgewaschen				**Leibwache**
Heb	3,17	deren L. in der Wüste zerfielen		1Mo	37,36	Obersten der L. 39,1; 1Sm 22,14; 2Sm 23,23; 1Kö 14,27; 2Kö 11,4; 25,8.10.11.15.18.20; 1Ch 11,25; 2Ch 12,10; Jer 39,9-11.13; 40,1.2.5; 41,10; 43,6; 52,12.14-16.19.24.26.30; Dan 2,14
	10,5	einen L. hast du mir geschaffen				
	10	geheiligt durch das Opfer des L. Jesu Christi				
	20	als neuen Weg durch den Vorhang, das ist: durch das Opfer seines L.				
	22	gewaschen am L. mit reinem Wasser		1Sm	22,17	der König sprach zu seiner L. 2Kö 10,25
	11,12	*wiewohl er erstorbenen L. war*		2Sm	15,1	fünfzig Mann, die seine L. waren 1Kö 1,5
	13,3	weil ihr auch noch im L. lebt		1Kö	14,28	trug die L. die Schilde 2Kö 11,11; 2Ch 12,11
	11	die L. der Tiere werden außerhalb des Lagers verbrannt		2Kö	11,6	am Tor hinter dem Haus der L. 19
					19	(der Priester Jojada) nahm die L.
Jak	2,16	gabet ihnen nicht, was der L. nötig hat				
	26	wie der L. ohne Geist tot ist				**Leibwächter**
	3,2	der kann den L. im Zaum halten		1Sm	28,2	so will ich dich zu meinem L. setzen
	3	so lenken wir ihren ganzen L.				
	6	sie befleckt den ganzen L.				**Leiche**
Off	18,13	(ihre Ware:) L. und Seelen von Menschen		3Mo	21,3	an deren L. darf er sich unrein machen
				2Kö	19,35	lag alles voller L. Jes 37,36
		leibeigen		Jes	5,25	ihre L. sind wie Kehricht auf den Gassen
1Mo	47,19	daß wir und unser Land l. seien 21.25			14,19	du aber bist wie eine zertretene L.
3Mo	19,20	die eine l. Magd ist		Jer	9,21	die L. sollen liegen wie Dung
2Kö	4,1	will meine Kinder nehmen zu l. Knechten			31,40	das ganze Tal der L. wird heilig sein
				Hes	39,14	umhergehen, die L. zu begraben
		Leibesfrucht			43,7	entweihen durch die L. ihrer Könige 9
Ps	127,3	L. ist ein Geschenk		Nah	3,3	da liegen viele, eine Unzahl von L.
				Tob	2,4	nachdem er die L. versteckt hatte 12,12
		Leibesleben				
2Ko	5,10	*wie er gehandelt hat bei L.*				**Leichnam**
				3Mo	26,30	will eure L. auf die L. eurer Götzen werfen Hes 6,5
		leibhaftig				
1Mo	45,12	daß ich l. mit euch rede		5Mo	21,23	sein L. nicht über Nacht an d. Holz bleiben
Kol	2,9	in ihm wohnt die ganze Fülle der Gottheit l.			28,26	deine L. werden zum Fraß werden allen Vögeln 1Sm 17,46; Ps 79,2; Jer 7,33; 16,4; 19,7; 34,20
	17	l. ist es in Christus				
		leiblich		Jos	8,29	daß man seinen L. vom Baum nehmen sollte
2Mo	1,5	alle l. Nachkommen Jakobs waren 70 an Zahl		1Sm	31,10	seinen L. hängten sie auf 12; 1Ch 10,12
				1Kö	13,22	soll dein L. nicht in deiner Väter Grab kommen 24.25.28-30
3Mo	18,7	mit deiner l. Mutter nicht Umgang haben				
Ri	8,30	Gideon hatte siebzig l. Söhne		2Kö	9,37	der L. Isebels soll wie Mist sein
Lk	3,22	der hl. Geist fuhr hernieder auf ihn in l. Gestalt			10,25	die Ritter warfen die L. hinaus
				2Ch	20,24	da lagen nur L. auf der Erde
Jh	11,13	sie meinten, er rede vom l. Schlaf		Jes	26,19	deine L. werden auferstehen
Rö	15,27	daß sie ihnen mit l. Gütern Dienst erweisen			34,3	der Gestank von ihren L. aufsteigen wird
1Ko	5,3	der ich nicht l. bei euch bin			66,24	werden hinausgehen und schauen die L.
	7,28	*doch werden sie l. Trübsal haben*		Jer	26,23	ließ seinen L... begraben
					33,5	sie zu füllen mit den L.

Leichnam

Jer	36,30	sein L. soll hingeworfen liegen
	41,9	Zisterne, in die Jischmaël die L. warf
Am	8,3	werden an allen Orten viele L. liegen
Jdt	14,4	den L. in seinem Blut liegen sehen
Sir	48,14	wirkte noch sein L. prophetische Taten
1Ma	9,19	nahmen den L. ihres Bruders 13,25
	11,4	zeigten ihm die L., die umherlagen
Mt	14,12	nahmen seinen L. und begruben ihn Mk 6,29
Mk	15,43	bat um den L. Jesu 45; Jh 19,38.40
Jh	19,31	weil die L. nicht am Kreuz bleiben sollten
	20,12	wo sie den L. Jesu hingelegt hatten
Apg	9,40	Petrus wandte sich zu dem L.
Heb	13,11	*L. der Tiere werden außerhalb verbrannt*
Jud	9	als Michael rechtete um den L. des Mose
Off	11,8	ihre L. werden liegen auf dem Marktplatz
	9	sehen ihre L. drei Tage und einen halben

leicht

1Mo	26,10	wäre l. geschehen, daß jemand
2Mo	18,22	mach dir's l. und laß sie mit dir tragen
5Mo	1,41	als ihr es für ein L. hieltet
1Sm	6,5	vielleicht wird seine Hand l. werden
	16,23	so wurde es Saul l.
1Kö	12,4	mache das schwere Joch l. 9.10; 2Ch 10,10
2Kö	20,10	es ist l., daß der Schatten zehn Striche
Hi	24,18	er fährt l. wie auf dem Wasser dahin
Spr	14,6	dem Verständigen ist die Erkenntnis l.
Pr	4,12	dreifache Schnur reißt nicht l. entzwei
Jes	18,2	das in l. Schiffen auf den Wassern fährt
Dan	5,27	man hat dich gewogen und zu l. befunden
Hos	7,11	eine Taube, die sich l. locken läßt
Jon	1,5	warfen Ladung ins Meer, das es l. würde
Jdt	10,14	wie er sie l. überwältigen kann
Wsh	5,11	er schlägt in die l. Luft
	12,2	bestrafst du die, die fallen, nur l.
	19,20	Speise, die doch wie Eis l. schmilzt
Sir	10,11	eine l. Krankheit – der Arzt scherzt
	11,22	dem Herrn ist es ein l.
	27	der Herr kann im Tod l. vergelten
	22,18	es ist l., Sand zu tragen als
2Ma	2,26	uns vorgenommen, l. Übersicht zu geben
Mt	9,5	was ist l., zu sagen Mk 2,9; Lk 5,23
	11,30	mein Joch ist sanft, und meine Last ist l.
	19,24	ist es l., daß ein Kamel durch ein Nadelöhr gehe Mk 10,25; Lk 18,25
Lk	16,17	es ist l., daß Himmel und Erde vergehen, als
Apg	24,23	Paulus gefangenzuhalten, in l. Gewahrsam
2Ko	4,17	unsre Trübsal, die zeitlich und l. ist

leichtfertig

Ps	25,3	zuschanden werden die l. Verächter
Spr	29,8	Spötter bringen l. eine Stadt in Aufruhr
Jer	2,36	was läufst du denn so l.
	3,9	ihre l. Hurerei hat das Land unrein gemacht
	15,19	wenn du recht redest und nicht l.
Ze	3,4	ihre Propheten sind l. und voll Trug
Wsh	14,28	sie schwören l. falsche Eide
Tob	3,18	mich nie zu l. Gesellschaft gehalten
2Ko	1,17	bin ich etwa l. gewesen, als ich dies wollte
2Pt	2,14	sie locken an sich l. Menschen
	3,16	welche die Unwissenden und L. verdrehen

leichtgläubig

Sir	19,4	wer l. ist, der ist leichtsinnig

leichtsinnig

Sir	19,4	wer leichtgläubig ist, der ist l.
	32,16	geh eilends heim und sei nicht l.

leid

Ri	21,6	es tat den *Israeliten l.
2Sm	1,26	es ist mir l. um dich, Jonatan
	11,25	laß dir das nicht l. sein
Jer	8,6	niemand, dem seine Bosheit l. wäre
	9,4	es ist ihnen l. umzukehren
Hes	36,21	tat es mir l. um meinen Namen

Leid

1Mo	27,41	daß man um meinen Vater L. tragen muß
	37,34	Jakob trug L. um seinen Sohn lange Zeit
	35	werde mit L. hinunterfahren zu den Toten
2Mo	33,4	als das Volk... hörte, trugen sie L.
4Mo	16,15	habe keinem von ihnen ein L. getan
Rut	2,22	damit dir nicht jemand etwas L. tue
1Sm	6,19	da trug das Volk L.
	15,35	doch trug Samuel L. um Saul 16,1
2Sm	13,37	David trug L. um seinen Sohn 19,2
	14,2	wie ein Weib, das L. getragen hat
1Ch	7,22	ihr Vater Ephraim trug L. lange Zeit
	16,22	tut meinen Propheten kein L. Ps 105,15
2Ch	35,24	Juda und Jerusalem trugen L. um Josia
Esr	10,6	Esra trug L. um den Treubruch Neh 1,4
Est	4,3	viele fasteten, weinten, trugen L.
	9,22	sich ihr L. in Festtage verwandelt
Ps	35,14	wie einer L. trägt über seine Mutter
	39,3	muß mein L. in mich fressen
	40,13	es haben mich umgeben L. ohne Zahl
Spr	3,30	wenn er dir kein L. getan hat
	12,21	wird dem Gerechten kein L. geschehen
	14,10	das Herz allein kennt sein L.
	13	nach der Freude kommt L.
	23,29	wo ist L.? Wo ist Zank
	31,12	sie tut ihm Liebes und kein L.
Jes	14,3	wenn d. HERR Ruhe geben w. von deinem L.
	51,19	wer trug L. um dich
	57,18	Trost geben; und denen, die da L. tragen
Jer	6,26	trage L. wie um den einzigen Sohn
	29,11	Gedanken des Friedens und nicht des L.
	39,12	tu ihm kein L.
Klg	2,5	hat der Tochter Juda viel L. gebracht
Dan	6,23	so daß sie mir kein L. antun konnten
Mi	1,11	das L. Bet-Ezels wird euch wehren
Sa	7,5	als ihr fastetet und L. trugt
Wsh	2,1	kurz und voller L. ist unser Leben
	11,12	es kam doppeltes L. über sie
	14,15	als ein Vater über s. Sohn L. trug 19,3
Tob	6,16	würden meine Eltern vor L. sterben
	7,20	Freude, nachdem du viel L. erlitten
Sir	4,3	einem betrübten Herzen füge nicht L. zu
	6,29	dein L. wird in Freude verwandelt werden
	36,11	die deinem Volk L. antun, sollen umkommen Bar 4,31; StD 3,19
	38,17	sollst L. tragen, wie er es verdient 16
Bar	4,9	Gott hat mir großes L. geschickt
	6,14	kann niemand bestrafen, der ihm L. antut
1Ma	7,15	wir wollen euch kein L. antun 9,71
2Ma	5,10	ohne daß jemand um ihn L. getragen hätte
	7,31	gegen die Hebräer alles L. ausdenken
Mt	5,4	selig sind, die da L. tragen
	9,15	wie können die Hochzeitsgäste L. tragen
Mk	16,10	verkündete es denen, die L. trugen

Apg	7,24	rächte den, dem L. geschah
	27,10	diese Fahrt mit L. vor sich gehen 21
1Ko	5,2	ihr habt nicht L. getragen
2Ko	12,21	und ich muß L. tragen über viele, die
Gal	4,12	ihr habt mir kein L. getan
2Pt	2,7	dem die schändlichen Leute viel L. antaten
Heb	12,11	jede Züchtigung scheint uns L. zu sein
Jak	4,9	traget L. und weinet
Off	2,11	wer überwindet, dem soll kein Leid geschehen
	18,7	soviel Qual und L. schenkt ihr ein
	8	ihre Plagen, Tod, L. und Hunger
	11	die Kaufleute werden weinen und L. tragen
	21,4	der Tod wird nicht mehr sein, noch L.

leiden

1Mo	41,55	als nun ganz Ägyptenland auch Hunger l.
1Sm	2,5	die Hunger l., hungert nicht mehr
1Kö	2,26	hast alles mitgelitten, was m. Vater gel.
2Kö	7,12	sie wissen, daß wir Hunger l.
Hi	24,11	treten die Kelter und l. doch Durst
Ps	10,2	müssen die Elenden l. 12,6
	77,11	darunter l. ich, daß die Hand d. HERRN
	90,15	nachdem wir so lange Unglück l.
	101,4	den Bösen kann ich nicht l.
	103,6	schafft Gerechtigk. allen, die Unrecht l.
	123,3	allzusehr l. wir Verachtung 4
	146,7	der Recht schafft denen, die Gewalt l.
Spr	10,3	läßt den Gerechten nicht Hunger l.
	13,25	der Gottlosen Bauch aber l. Mangel
	19,15	ein Lässiger wird Hunger l.
	19	großer Grimm muß Strafe l.
	22,3	die Unverständigen l. Schaden 27,12
	26,6	der sich die Füße abhaut und Schaden l.
Pr	1,18	wer viel lernt, der muß viel l.
	4,1	da waren Tränen derer, die Unrecht l.
Jes	5,13	seine Vornehmen müssen Hunger l.
	8,21	wenn sie Hunger l., werden sie zürnen
	9,19	sie verschlingen zur Rechten u. l. Hunger
	38,14	Herr, ich l. Not
	48,21	sie l. keinen Durst, als er sie leitete
	53,7	als er gemartert ward, l. er doch willig
Jer	42,14	noch Hunger nach Brot l. müssen
	44,18	haben wir an allem Mangel gel.
	22	nicht mehr l. konnte euren bösen Wandel
Hes	4,17	damit sie an Brot und Wasser Mangel l.
	34,29	daß sie nicht mehr Hunger l.
Hos	5,11	Ephraim l. Gewalt
Mi	4,10	l. doch solche Wehen und stöhnte
Wsh	3,4	wenn sie auch viel zu l. haben
	11,5	geschah ihnen Gutes, als sie Not l.
	16,3	die Israeliten, die nur kurze Zeit Mangel l.
	18,2	selig, daß sie nicht ebenso l. mußten
	11	der König mußte wie der einfache Mann l.
	19,13	mit Recht l. sie um ihrer Bosheit willen
Sir	4,1	laß den Armen nicht Not l.
	26,26	wenn man einen tüchtigen Mann Armut l. läßt
Bar	4,25	l. geduldig den Zorn, der von Gott kommt
1Ma	1,12	wir haben viel l. müssen seit der Zeit 12,13
2Ma	5,20	mußte die heilige Stätte auch mit l.
	7,32	wir l, ja um unsrer Sünden willen
Mt	8,6	Herr, mein Knecht l. große Qualen 17,15
	11,12	bis heute l. das Himmelreich Gewalt
	14,24	l. Not von den Wellen Mk 6,48
	16,21	wie er viel l. müsse 17,12; Mk 8,31; 9,12; Lk 9,22; 15; 17,25; 24,26.46; Apg 3,18; 17,3; 26,23
Lk	12,47	der wird viel Streiche l. müssen 48
	16,24	ich l. Pein in diesen Flammen

Lk	22,15	dies Passalamm mit euch zu essen, ehe ich l.
Apg	5,41	um Seines Namens willen Schmach zu l.
	9,16	zeigen, wieviel er l. muß um meines Namens willen
Rö	8,17	wenn wir denn mit ihm l., damit wir
1Ko	3,15	wird jemandes Werk verbrennen, so wird er Schaden l.
	4,11	bis auf diese Stunde l. wir Hunger und Durst
	12,26	wenn ein Glied l., so l. alle Glieder mit
2Ko	1,6	dieselben Leiden ertragt, die auch wir l.
	4,9	wir l. Verfolgung, aber wir werden nicht verlassen
	8,13	nicht, daß ihr Not l.
	11,29	wer l. Ärgernis, und ich brenne nicht
Gal	5,11	warum l. ich dann Verfolgung
Eph	3,13	Trübsale, die ich für euch l.
Phl	1,29	nicht allein an ihn zu glauben, sondern auch um seinetwillen zu l.
	4,10	die Zeit hat's nicht wollen l.
	11	ich sage das nicht, weil ich Mangel l.
	12	Überfluß haben und Mangel l.
Kol	1,24	Leiden, die ich für euch l.
1Th	2,2	obgleich wir zuvor in Philippi gel. hatten
2Th	1,5	Reiches Gottes, für das ihr l.
	7	euch, die ihr Bedrängnis l., Ruhe zu geben
	9	die werden Strafe l.
2Ti	1,8	l. mit mir für das Evangelium
	12	aus diesem Grund l. ich dies alles 2,9
	3,12	alle müssen Verfolgung l.
	4,3	da sie die Lehre nicht l. werden
	5	du sei nüchtern in allen Dingen, l. willig
1Pt	2,20	wenn ihr um guter Taten willen l.
	21	da auch Christus gel. hat für euch 3,18; 4,1
	23	der nicht drohte, als er l.
	3,14	wenn ihr auch l. um der Gerechtigkeit willen
	17	besser, daß ihr um guter Taten willen l.
	4,1	wer im Fleisch gel. hat, der hat
	13	freut euch, daß ihr mit Christus l.
	15	niemand unter euch l. als ein Mörder
	16	l. er als ein Christ, so schäme er sich nicht
	19	sollen die, die nach Gottes Willen l.
	5,10	euch, die ihr eine kleine Zeit l., aufrichten
Heb	2,18	worin er l. und selber gel. hat, kann er helfen
	4,15	der nicht könnte mit l. mit
	5,8	an dem, was er l., Gehorsam gelernt
	9,26	sonst hätte er oft l. müssen vom Anfang der Welt an
	10,34	ihr habt mit den Gefangenen gel.
	13,3	gedenket derer, die Trübsal l.
	12	darum hat auch Jesus gel. draußen vor dem Tor
Jak	5,13	l. jemand unter euch, der bete
Jud	7	l. die Pein des ewigen Feuers
Off	2,10	fürchte dich nicht vor dem, was du l. wirst

Leiden

2Mo	3,7	habe ihre L. erkannt
Hi	6,2	mein L. zugleich auf die Waage legen
Ps	88,4	meine Seele ist übervoll an L.
Spr	18,14	weiß sich auch im L. zu halten
Pr	6,2	das ist auch eitel und ein schlimmes L.
Jes	60,20	die Tage deines L. sollen ein Ende haben
Jer	15,18	warum währt doch mein L. so lange
	30,15	dein verzweifelt böses L.
Jdt	8,21	haben in ihrem L. gegen Gott geklagt
	22	laßt uns nicht ungeduldig werden in diesem L.
Sir	25,17	es ist kein L. so groß wie Herzeleid
2Ma	7,18	wir haben ja unser L. verdient

Leiden

2Ma	9,5	bestrafte ihn der Herr mit einem... L.
Mt	4,24	alle Kranken, mit mancherlei L. Lk 4,40
Jh	5,4	*mit welcherlei L. er behaftet war*
Apg	1,3	ihnen zeigte er sich nach seinem L. als der Lebendige
	7,34	ich habe gesehen das L. meines Volkes
Rö	8,18	daß dieser Zeit L. nicht ins Gewicht fallen
2Ko	1,5	wie die L. Christi reichlich über uns kommen
	6	wenn ihr dieselben L. ertragt, die auch wir
	7	wie ihr an den L. teilhabt... am Trost
Phl	3,10	möchte erkennen die Gemeinschaft seiner L.
Kol	1,24	nun freue ich mich in den L., die ich für euch
2Ti	3,11	(du bist mir gefolgt) in den L.
1Pt	1,11	hat die L., die über Christus
	5,1	ich, der Mitälteste und Zeuge der L. Christi
	9	ebendieselben L. über eure Brüder in der Welt
Heb	2,9	Jesus sehen wir durch das L. des Todes gekrönt
	10	daß er den Anfänger ihres Heils durch L. vollendete
	10,32	erduldet habt einen großen Kampf des L.
Jak	5,10	nehmt zum Vorbild des L. die Propheten

Leidenschaft

Hl	8,6	L. unwiderstehlich wie das Totenreich
Hes	35,11	will an dir handeln mit derselben L.
Sir	6,2	laß dich nicht überwältigen von deiner L. 18,30.31
	4	so richten wilde L. einen Menschen zugrunde 9,10
2Ma	10,28	ließen sich allein von ihrer L. führen
Rö	1,26	hat sie Gott dahingegeben in schändliche L.
	7,5	waren die sündigen L. kräftig in unsern Gliedern
Gal	5,24	ihr Fleisch gekreuzigt samt den L.
Kol	3,5	tötet... schändliche L., böse Begierde

leider

Jer	42,2	l. sind wir von vielen nur wenige übrig

leidig

Hi	16,2	seid allzumal l. Tröster

leihen

2Mo	22,13	wenn es jemand l. und es kommt zu Schaden
3Mo	25,37	sollst ihm dein Geld nicht auf Zinsen l.
5Mo	15,6	wirst vielen Völkern l. 28,12
	8	sollst ihm l., soviel er Mangel hat
	28,44	wird dir l.... wirst ihm nicht l. können
Neh	5,10	haben unsern Brüdern Geld gel.
Ps	37,26	er ist allezeit barmherzig und l. gerne
	112,5	wohl dem, der barmherzig ist u. gerne l.
Spr	19,17	wer s. des Armen erbarmt, der l. dem HERRN
Jer	15,10	hab doch weder... noch hat man mir gel.
Wsh	15,16	einer, dem der Geist nur gel. ist
Tob	1,17	l. (Tobias) ihm das Geld 4,21
Sir	8,15	l. keinem etwas, der mächtiger ist als du
	20,16	heute l. er, morgen will er's wieder haben
	29,1	der Barmherzige l. seinem Nächsten 2
	10	mancher l. ungern, nicht aus Bosheit
Lk	6,34	wenn ihr denen l., von denen ihr etwas zu bekommen hofft
	35	l., wo ihr nichts dafür zu bekommen hofft

Lk	11,5	lieber Freund, l. mir drei Brote

leinen, Leinen

2Mo	28,42	sollst ihnen l. Beinkleider machen 3Mo 6,3
3Mo	6,3	der Priester soll sein l. Gewand anziehen 8,7. 13; 10,5; 16,4.23.32; Hes 44,17.18
	13,47	Kleid, es sei wollen oder l. 48.52.59
	16,4	mit einem l. Gürtel... den l. Kopfbund
5Mo	22,11	nicht ein Kleid, aus Wolle und L.
1Sm	2,18	umgürtet mit einem l. Priesterschurz 22,18; 2Sm 6,14; 1Ch 15,27
Est	1,6	Tücher, mit l. Schnüren eingefaßt
		angetan mit einem Mantel aus L.
Jer	13,1	kaufe dir einen l. Gürtel
Hes	40,3	ein Mann hatte eine l. Schnur
Dan	10,5	ein Mann, der hatte l. Kleider an 12,6.7
Lk	16,19	reicher Mann, der kleidete sich in kostbares L.
	24,12	*Petrus sah nur die l. Tücher Jh 20,5*
Jh	19,40	*banden (den Leichnam Jesu) in l. Tücher*
Apg	10,11	sah etwas wie ein großes l. Tuch herabkommen 11,5
Off		angetan mit reinem, hellem L. 18,16; 19,8.14
	18,12	(ihre Ware:) feines L. und Scharlach
	19,8	das L. ist die Gerechtigkeit der Heiligen

Leinengewand

Mk	14,51	war mit einem L. bekleidet

Leinentuch

Mt	27,59	nahm den Leib und wickelte ihn in ein L. Mk 15,46; Lk 23,53
Lk	24,12	sah nur die L. Jh 20,5
Jh	19,40	banden (den Leichnam Jesu) in L.

Leinwand

1Mo	41,42	(der Pharao) kleidete ihn mit kostbarer L.
2Mo	25,4	(Opfergabe:) feine L. 35,6.23.25
	26,1	von gezwirnter feiner L. 31.36; 27,9.16.18; 28,5.6.8.15.39; 35,35; 36,8.35.37; 38,9.16.18.23; 39,2.5.8.24.27-29
	39,3	Goldplatten zu Fäden, unter die L. einweben
2Ch	2,13	versteht zu arbeiten mit feiner L.
	3,14	einen Vorhang von Scharlach und feiner L.
	5,12	Leviten, angetan mit feiner L.
Spr	31,22	feine L. und Purpur ist ihr Kleid
Hes	9,2	hatte ein Kleid von L. an 3.11; 10,2.6.7
	16,10	gab dir einen Kopfbund aus kostb. L. 13
	27,7	dein Segel war beste feine L. 16
Mt	27,59	*wickelte ihn in eine L. Mk 15,46; Lk 23,53*
Mk	14,51	*ein Jüngling, mit einer L. bekleidet 52*
Off	15,6	*angetan mit reiner L. 19,8.14*
	18,12	*köstliche L. und Purpur 16*
	19,8	*die L. ist die Gerechtigkeit der Heiligen*

Leinweber

1Ch	4,21	Geschlechter der L. von Bet-Aschbea

leise

Ri	4,21	Jaël ging l. zu (Sisera) hinein
Rut	3,7	kam l. und deckte ihn unten seinen Füßen auf
1Sm	24,5	schnitt l. einen Zipfel vom Rock Sauls
2Sm	12,19	als David sah, daß s. Männer l. redeten
Hi	26,14	nur ein l. Wörtlein haben wir vernommen

Pr	12,4	daß die Stimme der Mühle l. wird
Tob	8,15	eine Magd trat l. in die Kammer

Leiste

2Mo	25,27	unter der L. sollen Ringe sein 25; 37,12.14; 1Kö 7,28.29.35.36; Hes 43,11.17.20
2Kö	16,17	Ahas brach die L. der Gestelle ab

leisten

1Mo	29,27	Dienst, den du weitere 7 Jahre l. sollst
2Mo	21,34	so soll der Besitzer Ersatz l. 22,5.10
	23,1	sollst nicht einem Schuldigen Beistand l.
1Ch	20,3	ließ sie Frondienste l.
Esr	7,23	soll mit Hingabe gel. werden
Spr	12,24	die lässig ist, muß Frondienst l.
Pr	8,2	wenn du einen Eid bei Gott l. sollst
Jes	31,8	s. junge Mannschaft wird Frondienste l.
Hes	44,30	von allem, wovon ihr Abgaben l. 45,13
Jdt	2,16	er schlug alle, die Widerstand l.
1Ma	10,70	niemand l. uns Widerstand als du allein
	14,29	haben den Feinden... Widerstand gel.
Apg	17,9	erst nachdem ihnen Bürgschaft gel. war
Rö	6,12	l. seinen Begierden keinen Gehorsam
1Ko	7,3	der Mann l. der Frau, was er ihr schuldig ist
Eph	6,13	damit ihr an dem bösen Tag Widerstand l. könnt
2Ti	1,18	welche Dienste er in Ephesus gel. hat

Leitelefant

2Ma	13,15	erschlug im Lager den L.

leiten

2Mo	15,13	hast gel. durch Barmherzigkeit dein Volk
	33,14	will dich zur Ruhe l.
5Mo	8,2	gedenke des Weges, den dich der HERR gel.
	15	gel. durch die Wüste Ps 78,14.53.72; Jes 48,21; Jer 2,6; Am 2,10
	32,12	der HERR allein l. ihn
2Kö	20,20	Wasserleitung, durch der er Wasser in die Stadt gel. hat 2Ch 32,4
Esr	3,8	damit sie die Arbeit am Hause l.
Hi	31,18	habe sie von Mutterleib an gel.
Ps	5,9	l. mich in deiner Gerechtigkeit
	25,5	l. mich in deiner Wahrheit
	9	er l. die Elenden recht
	27,11	l. mich auf ebener Bahn
	31,4	um d. Namens willen wollest du mich l.
	32,8	will dich mit meinen Augen l.
	43,3	dein Licht u. d. Wahrh., daß sie mich l.
	73,24	du l. mich nach deinem Rat
	108,11	wer wird mich nach Edom l.
	139,24	l. mich auf ewigem Wege
Spr	4,11	ich will dich auf rechter Bahn l.
	11,3	ihre Unschuld wird die Frommen l.
Pr	2,3	daß mein Herz mich mit Weisheit l.
Jes	9,15	die sich l. lassen, sind verloren
	42,16	die Blinden will ich l. 57,18
	48,17	der HERR, dein Gott, der dich l.
	49,10	wird sie an die Wasserquellen l.
	51,18	es war niemand, der sie l.
	55,12	sollt im Frieden gel. werden
Jer	2,17	sooft er dich den rechten Weg l. will
	31,9	will sie trösten und l.
Wsh	9,11	Weisheit) wird mich mit Besonnenheit l.
	10,10	sie l. den Gerechten auf geraden Wegen
Tob	4,20	bete, daß er dich l.
Tob	10,13	ermahnten sie, Kinder und Gesinde recht zu l.
Sir	50,31	des Herrn Licht l. ihn
1Ma	6,37	der Inder, der das Tier l.
Jh	16,13	wird er euch in alle Wahrheit l.
Apg	13,11	jemand, der ihn bei der Hand l.
	22,11	wurde ich an der Hand gel.
Rö	2,4	daß dich Gottes Güte zur Buße l.
1Ko	12,28	Gott hat eingesetzt Gaben, zu l.
Off	7,17	das Lamm wird sie l. zu den Quellen

Leiter

1Mo	28,12	eine L. stand auf Erden
1Ma	5,30	sahen sie Kriegsvolk L. tragen

Leiter, der

Jes	9,15	die L. dieses Volks sind Verführer
Rö	2,19	ein L. der Blinden zu sein

Leitung

2Mo	38,21	unter der L. Ithamars 4Mo 4,28.33; 7,8
1Ch	25,2	unter der L. Asafs 3.6
Sir	48,19	ließ mit Eisen eine L. in den Fels hauen

Lemuël

Spr	31,1	die Worte L., des Königs von Massa 4

Lende

1Mo	37,34	legte ein härenes Tuch um seine L.
2Mo	12,11	um eure L. sollt ihr gegürtet sein
	32,27	ein jeder gürte sich das Schwert um die L.
3Mo	3,4	mit dem Fett an den L. 10.15; 4,9; 7,4
1Kö	2,5	Blut an den Gürtel seiner L. gebracht
	12,10	dicker als meines Vaters L. 2Ch 10,10
	18,46	Elia gürtete seine L. 2Kö 4,29; 9,1
	20,31	laßt uns Säcke um unsere L. tun 32
2Kö	1,8	hatte einen Ledergurt um seine L.
1Ch	19,4	schnitt ihre Kleider ab bis an die L.
Neh	4,12	hatte sein Schwert um die L. gegürtet
Hi	12,18	er umgürtet L. mit einem Gurt
	38,3	gürte deine L. wie ein Mann 40,7
	40,16	Kraft ist in seinen L.
Ps	38,8	meine L. sind ganz verdorrt
Spr	31,17	sie gürtet ihre L. mit Kraft
Jes	11,5	Gerechtigk. wird der Gurt seiner L. sein
	20,2	tu den härenen Schurz von deinen L.
	21,3	darum sind meine L. voll Schmerzen
	32,11	entblößt euch und umgürtet eure L.
Jer	1,17	gürte deine L. und mache dich auf
	13,1	kaufe einen Gürtel u. gürte deine L. 2.4.11
Hes	21,11	sollst seufzen, bis dir die L. weh tun
	17	schlag auf deine L.
	23,15	(Chaldäer,) um ihre L. gegürtet
	24,4	tu Fleisch hinein, L. und Schultern
	44,18	sollen leinene Beinkleider um ihre L.
	47,4	da ging es mir bis an die L.
Dan	2,32	sein Bauch u. seine L. waren von Kupfer
	10,5	der hatte einen gold. Gürtel um seine L.
Am	8,10	will über alle L. den Sack bringen
Nah	2,11	aller L. zittern
Sir	35,22	bis er... die L. zerschmettert
Mt	3,4	einen Gürtel um seine L. Mk 1,6
Lk	12,35	laßt eure L. umgürtet sein 1Pt 1,13
Eph	6,14	umgürtet an euren L. mit Wahrheit

lenken

lenken

1Ch	13,7	Usa und sein Bruder l. den Wagen
Ps	33,15	er l. ihnen allen das Herz
	119,59	ich l. meine Füße zu deinen Mahnungen
Spr	16,9	der HERR allein l. seinen Schritt
	21,1	er l. es, wohin er will
Wsh	14,6	auf ein Floß, das deine Hand l.
Tob	5,29	daß ein guter Engel alles zum besten l.
Sir	3,34	Gott, der alles l.
1Th	3,11	Gott selbst l. unsern Weg zu euch
Jak	3,3	so l. wir ihren ganzen Leib
	4	werden sie gel. mit einem kleinen Ruder

Lenz

Hl	2,12	der L. ist herbeigekommen
Sir	50,8	wie eine Rosenblüte im L.

Leopard

Hl	4,8	steig herab von den Bergen der L.

lernen

5Mo	4,10	daß sie mich fürchten l. 14,23; 17,19; 31,12.13
	5,1	höre die Gebote und l. 6,1; Ps 119,71.73
	18,9	sollst nicht l., die Greuel zu tun
	33,3	sie werden l. von deinen Worten
Ps	78,6	damit es die Nachkommen l.
	95,10	die meine Wege nicht l. wollen
	106,35	mit den Heiden und l. ihre Werke
Spr	1,2	um zu l. Weisheit und Zucht
	4,1	merkt auf, daß ihr l. und klug werdet
	6,6	sieh an ihr Tun und l. von ihr
	14,7	geh weg v. d. Toren, du l. nichts von ihm
	15,33	ehe man zu Ehren kommt, muß man Demut l.
	24,32	ich schaute und l. daraus
	30,3	Weisheit hab ich nicht gel.
Pr	1,16	mein Herz hat viel gel.
	17	richtete mein Herz, daß ich l. Weisheit
	18	wer viel l., der muß viel leiden
Jes	1,17	l. Gutes tun
	2,4	nicht mehr l. Krieg zu führen Mi 4,3
	7,16	ehe der Knabe l. Böses verwerfen
	26,9	so l. die Bewohner Gerechtigkeit 10
	32,4	die Unvorsichtigen werden Klugheit l.
	40,21	habt ihr's nicht gel. von Anbeginn
Jer	4,22	rechttun wollen sie nicht l.
	12,16	wenn sie von meinem Volk l. werden
	31,18	Stier, der noch nicht gel. hat zu ziehen
Hes	19,3	ein junger Löwe; l. Tiere zu reißen 6
Dan	5,21	bis er l., daß Gott Gewalt hat
Wsh	6,2	l. es, die ihr die Erde richtet
	10	damit ihre Weisheit l. Sir 16,23
	7,13	arglos habe ich sie gel.
	16,26	damit deine Kinder l., daß
Sir	3,31	ein vernünftiger Mensch l. die Weisheit
	8,10	von ihnen kannst du l. 12
	11	auch sie haben von ihren Vätern gel.
	13,1	wer sich zum Hochmütigen gesellt, l. Hochmut
	23,7	liebe Kinder, l. den Mund halten
	37	daran l. die Nachkommen
	24,38	mit dem L. der Weisheit zu Ende gekommen
	33,18	für alle, die gern l. wollen
	34,12	konnte ich viel l.
	38,25	wer Weisheit l., braucht viel Zeit
	51,22	da l. ich viel und hatte reichen Gewinn

Mt	9,13	geht hin und l., was das heißt
	11,29	nehmt auf euch mein Joch und l. von mir
	24,32	an dem Feigenbaum l. ein Gleichnis Mk 13,28
Jh	6,45	wer es vom Vater hört und l., der
	7,15	wenn er es doch nicht gel. hat
Rö	16,17	Lehre, die ihr gel. habt
1Ko	4,6	damit ihr an uns l., was das heißt
	14,31	damit alle l.
	35	wollen sie aber etwas l.
Gal	1,12	ich habe es nicht von einem Menschen gel.
Eph	4,20	*ihr habt Christus nicht so gel.*
Phl	4,9	was ihr gel. habt an mir, das tut
	11	ich habe gel., mir genügen zu lassen
Kol	1,7	so habt ihr's gel. von Epaphras
1Ti	2,11	eine Frau l. in der Stille
	5,4	sollen diese l., zuerst im eigenen Hause
	13	daneben sind sie faul und l., von Haus zu Haus zu laufen
2Ti	3,7	*immerdar l. und nimmer zur Erkenntnis*
	14	du bleibe bei den, was du gel. hast
Tit	3,14	laß auch die Unseren l., sich hervorzutun
Heb	5,8	so hat er an dem, was er litt, Gehorsam gel.
Off	14,3	niemand konnte das Lied l. außer

Lescha

1Mo	10,19	von Sidon bis nach L.

Leschem (= Dan 1)

Jos	19,47	(Dan) kämpfte gegen L.

Lese

2Mo	23,16	Fest der L. am Ausgang des Jahres 34,22
Jer	8,13	ich will unter ihnen L. halten

lesen

2Mo	24,7	nahm das Buch des Bundes und l. 2Kö 22,8. 10.16; 23,2; 2Ch 34,24.30; Neh 8,3.8; 13,1
5Mo	17,19	soll darin l. sein Leben lang
2Kö	5,7	als der König den Brief l. 19,14; Jes 37,14
Esr	4,23	als der Brief des Königs gel. wurde
Jes	29,11	einem, der l. kann, und spricht: L. 12
	34,16	suchet in dem Buch des HERRN und l.
Jer	36,6	sollst sie l. vor den Ohren aller 15.23
	51,61	l. laut alle diese Worte
Dan	5,7	welcher Mensch diese Schrift l. kann 8.15-17
Hab	2,2	daß es l. könne, wer vorüberläuft
Bar	1,3	Baruch l. dies Buch vor... Jechonjas
1Ma	5,14	als man diesen Brief l.
2Ma	2,26	denen, die gerne l., Anregung zu verschaffen
Mt	12,3	habt ihr nicht gel. 5; 19,4; 21,16.42; 22,31; Mk 2,25; 12,10.26; Lk 6,3
	24,15	wer da l., der merke auf Mk 13,14
Lk	4,16	stand auf und wollte l.
	10,26	was l. du
Jh	19,20	diese Aufschrift l. viele Juden
Apg	8,28	saß auf seinem Wagen und l. den Propheten Jesaja 30.32
	30	verstehst du auch, was du l.
	13,27	*welche an allen Sabbaten gel. werden* 15,21
	15,31	als sie ihn l., wurden sie froh
	23,34	als der Statthalter den Brief gel. hatte
2Ko	1,13	nichts anderes, als was ihr l.
	3,2	erkannt und gel. von allen Menschen
	14	über dem alten Testament, wenn sie es l. 15
Eph	3,4	daran könnt ihr, wenn ihr's l... erkennen

Kol	4,16	wenn der Brief bei euch gel. ist, so sorgt dafür
1Th	5,27	daß ihr diesen Brief l. laßt vor allen Brüdern
1Ti	4,13	*halte an mit L., mit Ermahnen*
Off	1,3	selig ist, der da l. und die da hören

lesen (sammeln)

3Mo	25,5	die Trauben... sollst du nicht l. 11
5Mo	28,39	wirst weder Wein trinken noch Trauben l.
Rut	2,18	als sie sich aufmachte zu l. 18.19
Jes	17,5	wie wenn einer Ähren l. im Tal Refaim
Jer	7,18	die Kinder l. Holz
Mt	7,16	kann man denn Trauben l. Lk 6,44

Leser

2Ma	6,12	ich möchte hier den L. ermahnen

Lesung

Apg	13,15	nach der L. des Gesetzes schickten die Vorsteher

Letuschiter

1Mo	25,3	Söhne Dedans waren: die L.

letzter

4Mo	2,31	sollen die l. sein beim Auszug 10,25
	24,14	was dies Volk tun wird zur l. Zeit
5Mo	2,15	sie zu vertilgen bis auf den l. Mann 1Kö 14,10; 21,21; 2Kö 9,8
	31,30	Mose trug dies Lied bis zum l. Wort vor
2Sm	15,17	blieben sie stehen beim l. Hause
	19,12	warum wollt ihr die L. sein 13
	23,1	dies sind die l. Worte Davids
Esr	8,13	von den Söhnen Adonikam: die l.
Neh	8,18	vorgelesen, vom ersten Tag an bis zum l.
Hi	19,25	als der l. wird er sich erheben
	28,3	bis ins l. erforscht man das Gestein
Jes	2,2	wird zur l. Zeit fest stehen Mi 4,1
	41,4	der Erste und bei den L. noch derselbe
	44,6	ich bin der Erste, und ich bin der L. 48,12; Off 1,17; 2,8; 22,13
Jer	23,20	zur l. Zeit werdet ihr es erkennen 30,24
	47,4	auszurotten die l. Helfer
	48,47	in der l. Zeit das Geschick wenden 49,39
Hes	5,2	das l. Drittel streue in den Wind 12
Dan	8,19	wie es gehen wird zur l. Zeit des Zorns
	12,4	versiegle d. Buch bis auf die l. Zeit 8.9
Hos	3,5	werden zu d. HERRN kommen in der l. Zeit
Ze	3,8	Tag, an dem ich zum l. Gericht auftrete
Tob	13,19	wenn meine l. Nachkommen... sehen werden
Sir	32,15	steh beizeiten auf und sei nicht der L.
	33,17	als L. bin auch ich am Werk gewesen
1Ma	4,14	so fielen die l. erstochen wurden
2Ma	3,31	Heliodor, der in den l. Zügen lag 7,9
Mt	5,26	bis du auch den l. Pfennig bezahlt hast
	19,30	die Ersten werden die L. und die L. die Ersten sein 20,16; Mk 10,31; Lk 13,30
	20,8	fang an bei den l. bis zu den ersten 12
	14	ich will aber diesem l. dasselbe geben wie dir
	27,64	damit nicht der l. Betrug ärger wird als der erste
Mk	5,23	meine Tochter liegt in den l. Zügen Lk 8,42
	9,35	der soll der L. sein von allen und aller Diener
Mk	12,6	sandte er als l. auch zu ihnen und sagte sich
Jh	7,37	am l. Tag des Festes trat Jesus auf
Apg	2,17	es soll geschehen in den l. Tagen, spricht Gott
1Ko	15,8	*am l. ist er von mir gesehen worden*
	26	der l. Feind, der vernichtet wird, ist der Tod
	45	der l. Adam zum Geist, der lebendig macht
	52	in einem Augenblick, zur Zeit der l. Posaune
1Ti	4,1	daß in den l. Zeiten einige abfallen
2Ti	3,1	daß in den l. Tagen schlimme Zeiten kommen werden
1Pt	1,5	offenbar werde zu der l. Zeit 20
2Pt	3,3	daß in den l. Tagen Spötter kommen Jud 18
1Jh	2,18	Kinder, es ist die l. Stunde
Heb	1,2	hat in diesen l. Tagen zu uns geredet
Jak	5,3	Schätze gesammelt in diesen l. Tagen
Off	1,17	ich bin der Erste und der L. 2,8; 22,13
	15,1	sieben Engel, die hatten die l. sieben Plagen 21,9

Leu

Hi	4,10	die Stimme der L. (ist) dahin

Leuchte

2Sm	21,17	damit nicht die l. in Israel verlischt
	22,29	du, HERR, bist meine L. Ps 18,29
1Kö	11,36	damit David eine L. habe 15,4; 2Kö 8,19; 2Ch 21,7
Hi	18,6	wird seine L. über ihm verlöschen 21,17; Spr 13,9; 20,20; 24,20
	29,3	da seine L. über meinem Haupt schien
Ps	18,29	du machst hell meine L.
	119,105	dein Wort ist meines Fußes L.
	132,17	habe meinem Gesalbten eine L. zugerichtet
Spr	6,23	das Gebot ist eine L.
	20,20	wer... flucht, dessen L. wird verlöschen
	27	eine L. des HERRN ist des Menschen Geist
	21,4	hoffärtige Augen... die L. der Gottlosen
Mt	6,22	*das Auge ist des Leibes L. Lk 11,34*
Off	21,23	ihre L. ist das Lamm
	22,5	sie bedürfen keiner L.

leuchten

2Mo	13,21	in einer Feuersäule, um ihnen zu l. Neh 9,12.19; Ps 105,39
	25,37	oben anbringen, so daß sie nach vorn l.
3Mo	24,3	daß er es beständig l. vor dem HERRN 4
4Mo	6,25	der HERR lasse sein Angesicht l. über dir
Hi	18,5	der Funke seines Feuers wird nicht l.
	31,26	hab ich das Licht angesehen, wenn es l.
	37,21	Licht, das hinter den Wolken hell l.
	41,24	läßt hinter sich eine l. Bahn
Ps	4,7	laß l. über uns d. Licht deines Antlitzes
	31,17	laß l. dein Antlitz 67,2; 80,4.8.20; 119,135; Dan 9,17
	139,12	die Nacht l. wie der Tag
	148,3	lobet ihn, alle l. Sterne
Spr	4,18	das immer heller l. bis zum vollen Tag
Jes	60,19	Glanz des Mondes soll nicht mehr l.
Hes	1,13	das Feuer l.
Dan	12,3	werden l. wie des Himmels Glanz
Nah	2,4	s. Wagen stellt er auf wie l. Fackeln
Hab	3,11	verblassen beim L. des blitzenden Speeres
Wsh	5,6	das Licht... hat uns nicht gel.
	17,5	Macht des Feuers vermochte... nicht zu l.
Tob	13,12	du wirst in hellem Glanze l.
Sir	24,45	nun lasse ich meine Lehre l. weithin

leuchten

Sir	32,7	wie ein Rubin auf einem Goldring l.	1Mo	29,22 lud Laban alle L. des Ortes ein
	14	vor dem Donner l. der Blitz		33,15 will bei dir lassen etliche von meinen L.
	20	seine Urteile l. wie ein Licht		34,21 diese L. sind friedsam bei uns
	43,10	ein l. Schmuck an der Himmelshöhe		30 ich habe nur wenige L.
	50,6	l. er wie der Morgenstern		38,21 da fragte er die L. des Ortes 22
Bar	3,14	damit du erfährst, wo es l. Augen gibt		46,32 es sind L., die Vieh haben 34
	34	die Sterne l. in ihrer Ordnung 35		47,6 daß L. unter ihnen sind, die tüchtig sind
1Ma	4,50	Lampen, damit sie im Tempel l.		50,4 redete Josef mit den L. des Pharao
	6,39	das Gebirge l., als wäre es Feuer		11 als die L. im Lande die Klage sahen
2Ma	1,32	sie wurde überstrahlt vom L. des Feuers	2Mo	4,19 die L. sind tot, die dir nach dem Leben
Mt	5,15	so l., allen, die im Hause sind		5,9 man drücke die L. mit Arbeit 10,7
	16	so laßt euer Licht l. vor den Leuten		9,24 seitdem L. dort wohnen
	13,43	dann werden die Gerechten l.		16,16 nach der Zahl der L. in seinem Zelte
	17,2	sein Angesicht l. wie die Sonne Off 1,16		18,21 sieh dich um nach redlichen L. 25
	24,27	wie der Blitz l. bis zum Westen Lk 17,24		22,30 sollt mir heilige L. sein
Lk	2,9	die Klarheit des Herrn l. um sie	3Mo	18,27 Greuel haben die L. dieses Landes getan
Apg	10,30	stand ein Mann vor mir in einem l. Gewand		20,17 ausgerottet werden vor den L. ihres Volks
Off	18,23	das Licht der Lampe soll nicht mehr in dir l.	4Mo	13,32 alles Volk sind l. von großer Länge
				16,2 empörten sich namhafte L. 30; 5Mo 11,6
		Leuchter		14 willst du den L. die Augen ausreißen
				19,18 soll besprengen alle L.
2Mo	25,31	einen L. aus feinem Golde 32-35. 39; 26,35; 30,27; 31,8; 35,14; 37,17.20; 39,37; 40,4.24; 3Mo 24,4; 2Ch 13,11		21,34 in deine Hand gegeben mit Land und L.
				22,9 wer sind die L., die bei dir sind
				25,5 töte ein jeder seine L.
	27,20	das allerreinste Öl für den L. 21; 35,28; 39,37; 3Mo 24,2.3		31,3 rüstet unter euch L. zum Kampf
				32,11 diese L. sollen das Land nicht sehen
4Mo	3,31	sollen in Obhut nehmen den L. 4,9; 8,2-4	5Mo	1,13 schafft herbei weise, erfahrene L. 4,6
1Kö	7,49	5 L... und 5 L. 1Ch 28,15; 2Ch 4,7.20		7,22 der HERR wird diese L. ausrotten vor dir
2Kö	4,10	laß uns Tisch, Stuhl und L. hineinstellen		13,14 sind heilloseL. aufgetreten in d. Mitte
Jer	52,19	was golden und silbern war an L.		21,21 sollen ihn steinigen alle L. s. Stadt 22,21
Dan	5,5	Finger, die schrieben gegenüber dem L.		26,5 war dort ein Fremdling mit wenig L.
Sa	4,2	da steht ein L., ganz aus Gold 11	Jos	8,25 an diesem Tage fielen alle L. von Ai
Sir	26,22	wie die helle Lampe auf dem heiligen L.	Ri	3,18 entließ (Ehud) die L., die den Tribut
1Ma	1,23	ließ wegnehmen den L. und alle Geräte		24 kamen die L. des Königs
	4,49	sie brachten den goldenen L. 50		6,27 nahm Gideon zehn Mann von seinen L...
Mt	5,15	ein Licht setzt (man) auf einen L. Mk 4,21; Lk 8,16; 11,33		fürchtete sich vor den L. in der Stadt 28.30
				8,5 bat (Gideon) die L. von Sukkot 8.9.14-17
Heb	9,2	der vordere Teil, worin der L. war		9,28 dienet den L. Hamors, des Vaters von Sichem
Off	1,12	sah ich sieben goldene L. 13.20; 2,1		
	2,5	werde ich deinen L. wegstoßen		36 siehst die Schatten der Berge für L. an
	11,4	diese sind die zwei Ölbäume und die zwei L.		11,3 sammelten sich bei (Jeftah) lose L.
				14,10 wie es die jungen L. zu tun pflegen
		leugnen		18,3 während die L. Michas waren 23.25
				19,16 die L. waren Benjaminiter 22.25; 20,13
1Mo	18,15	da l. Sara: Ich habe nicht gelacht		20,48 schlugen in der Stadt L. und Vieh
Spr	28,13	wer s. Sünde l., dem wird's nicht gelingen	Rut	2,21 du sollst dich zu meinen L. halten
Mt	26,70	er l. aber und sprach 72; Mk 14,68.70; Lk 22,57; Jh 18,25.27	1Sm	1,18 *die L. von Juda das Bogenlied lehren
				5,3 als die L. von Aschdod sich aufmachten 6.7
Lk	8,45	da sie alle l., sprach Petrus		9 er schlug die L. in der Stadt 10.12
	22,34	ehe du dreimal gel. hast, daß du mich kennst		6,10 so taten die L. und nahmen zwei... Kühe
Jh	1,20	er bekannte und l. nicht, und er bekannte		13 die L. von Bet-Schemesch 15.19.20
Apg	4,16	wir können's nicht l.		7,1 da kamen die L. von Kirjat-Jearim
1Jh	2,22	Antichrist, der den Vater und den Sohn l.		10,27 aber einige ruchlose L. sprachen 30,22
	23	wer den Sohn l., der hat auch den Vater nicht		14,2 die L. bei (Saul) waren 600 Mann 16,17
				21,3 meine L. an den und den Ort beschieden
		Lëummiter		5 müssen die L. sich der Frauen enthalten 6
				23,5 so errettete David die L. von Keïla
1Mo	25,3	Söhne Dedans waren: die L.		25,5 (David) sandte L. aus 8-27
				26,1 die L. von Sif kamen zu Saul
		Leute		22 es komme einer von den jungen L.
				30,4 David und die L. hüben die 6.21; 2Sm 1,15; 4,12; 16,13; 17,8.10; 19,15
1Mo	12,5	nahm Abram die L., die sie erworben 36,6		
	20	der Pharao bestellte L. um seinetwillen		31,11 als die L. von Jabesch hörten
	13,13	die L. zu Sodom waren böse	2Sm	4,11 diese gottlosen L. haben getötet
	14,21	gib mir die L., die Güter behalte		6,20 wie sich die losen L. entblößen
	19,11	schlugen die L. vor der Tür mit Blindheit		13,28 Absalom gebot seinen L. 29; 17,20
	24,13	die Töchter der L. werden herauskommen		16,2 Früchte sind für die L. zum Essen
	59	Rebekka samt Abrahams Knecht u. seinen L.		18,28 Gott, der die L. dahingegeben hat
	26,7	wenn die L. fragten nach seiner Frau		20,11 ein Mann von den L. Joabs 15
				23,6 die nichtswürdigen L. sind wie Disteln

1Kö	5,6	Salomo hatte 12.000 L. für die Pferde	Spr	24,24	die L. verwünschen ihn
	20	meine L. sollen mit deinen L. sein 23; 9,27; 22,50; 2Ch 2,7.9.14; 8,18; 9,10.21		28,5	böse L. verstehen nichts vom Recht
				12	verbergen sich die L. 28
	30	Vögte, welche den L. geboten 9,23; 2Ch 2,17; 8,10		30,14	verzehrt die Armen unter den L.
				31,5	verdrehen die Sache aller elenden L.
	11,18	nahmen L. mit sich aus Paran	Jes	3,9	rühmen sie sich wie die L. in Sodom
	12,31	(Jerobeam) machte Priester aus allerlei L.		22,6	Elam fährt daher mit L. und Rossen
	13,25	als L. vorübergingen, sahen sie den Löwen		24,6	daß wenig L. übrigbleiben
	19,21	gab's den L., daß sie aßen 2Kö 4,41-43		29,21	welche die L. schuldig sprechen
	20,6	L., daß sie dein Haus durchsuchen 10.12		33,7	die L. von Ariel schreien draußen
	14	durch die L. der Landvögte 15.17.19		8	man achtet der L. nicht
2Kö	4,13	wohne sicher unter meinen L.		41,11	L., die mit dir hadern, sollen umkommen
	5,15	(Naaman) kehrte zurück mit seinen L.		44,15	das gibt den L. Brennholz
	9,11	als Jehu herausging zu den L.		45,14	die hochgewachsenen L. von Seba
	13,21	als man einige L. (der Moabiter) sah		51,7	fürchtet euch nicht, wenn euch die L.
	17,24	ließ L. von Babel kommen		52,14	s. Gestalt häßlicher als die anderer L.
	19,12	haben die Götter errettet die L. von Eden		57,1	fromme L. sind hingerafft
	20,14	was haben diese L. gesagt 23,17		63,19	wie L., über die dein Name nie genannt
	24,16	von den besten L. 7.000 nach Babel Jer 52,29.30	Jer	2,16	L. von... (scheren) dir den Kopf kahl
				4,4	beschneidet euch, ihr L. von Jerusalem
1Ch	8,40	waren gewaltige L. und geschickt mit Bogen 2Ch 13,3.17; 25,5		5,4	es sind arme, unverständige L.
				26	man findet... L. nachstellen
	9,13	tüchtige L. im Dienst... Gottes 28,21		6,1	*flieht, ihr L. von Benjamin, aus Jerusalem
	22,15	L., die in Stein und Holz arbeiten		18	merkt auf samt euren L.
2Ch	13,7	schlugen sich auf seine Seite ruchlose L.		7,30	die L. von Juda tun, was mir mißfällt
	20,23	gegen die L. vom Gebirge Seïr 25,14		11,2	höret die Worte, daß ihr sie den L. sagt
	23,8	L., die am Sabbat antraten		14,3	die Großen schicken ihre L. nach Wasser
	26,17	und 80 Priester mit ihm, zuverlässige L.		16	die L. sollen auf den Gassen liegen
	28,10	gedenkt ihr, die L. von Juda zu unterwerfen		18,11	sprich zu den L. in Juda 44,20
Esr	1,4	dem sollen die L. des Orts helfen 6,8		23,34	wenn die L. sagen werden 33,24
	2,1	dies sind die L., die heraufzogen 70; 8,35; Neh 7,6.61.72		26,22	Jojakim schickte L. nach Ägypten
				34,18	will die L., zurichten wie das Kalb
	3,7	gaben Speise den L. von Sidon		39,17	sollst du L. nicht ausgeliefert werden
Neh	3,5	bauten die L. von Thekoa 27		40,7	Hauptleute samt ihren L. erfuhren 8.9
	4,10	die Hälfte meiner L. arbeitete 16.17; 5,16		47,2	daß die L. schreien und alle heulen
	5,1	erhob sich ein Geschrei der L. 10.15; 6,6		48,31	muß über die L. von Kir-Heres klagen 36
	13,16	verkauften am Sabbat den L. 19		45	den Scheitel der kriegerischen L.
Hi	1,19	da fiel es auf die jungen L.		50,4	*werden kommen die L. von Israel samt den L. von Juda 33
	4,13	wenn Schlaf auf die L. fällt			
	11,11	er kennt die heillosen L.	Klg	3,39	was murren denn die L. im Leben
	12,2	ja, ihr seid die L.		4,12	hätten's nicht geglaubt noch alle L.
	17,6	zum Sprichwort unter den L. gemacht	Hes	3,25	daß du nicht unter die L. kannst
	30,8	ohne Namen, die man weggejagt		4,12	vor den Augen der L. backen sollst
	33,27	wird vor den L. lobsingen		9,4	zeichne die L., die da seufzen 7; 11,15
	34,8	(wie Hiob) wandelt mit den gottlosen L.		14,3	diese L. hängen an ihren Götzen
	20	plötzlich müssen die L. sterben		15	wilde Tiere, die die L. ausrotteten
	29	wer kann ihn schauen unter allen L.		18,8	der rechtes Urteil fällt unter den L.
	34	verständige L. werden zu mir sagen		21,36	will dich rohen L. preisgeben 23,47; 30,12
	37,7	daß die L. erkennen, was er tun kann		23,6	lauter junge hübsche L. 12
Ps	17,14	(errette mich) vor der L. dieser Welt 43,1		27,14	L. von Togarma haben Rosse gebracht 15
	22,7	ich bin ein Spott der L.		36,3	weil ihr ins Gerede der L. gekommen
	26,4	ich sitze nicht bei heillosen L.		27	will solche L. aus euch machen
	31,20	Güte, die du erweisest vor den L.		39,14	sie werden L. aussondern
	21	du birgst sie vor den Rotten der L.		44,7	fremde L. in mein Heiligtum hineingelassen
	49,3	(merket auf,) einfache L. und Herren		45,9	hört auf, L. zu vertreiben
	56,8	stoß diese L. ohne alle Gnade hinunter	Dan	1,4	(sollte auswählen) junge L. 10.13.15.17
	57,10	will dir lobsingen unter den L. 108,4		2,38	dem er Länder, in denen L. wohnen, gegeben
	58,12	die L. werden sagen: Ja, der Gerechte			
	62,9	hoffet auf ihn allezeit, liebe L.		3,4	ihr Völker und L. 7.29.31; 5,19; 6,26; 7,14
	10	große L. täuschen auch		11,23	wird er mit wenigen L. Macht gewinnen 24
	73,5	sind nicht in Mühsal wie sonst die L.	Hos	6,9	wie die Räuber, die da lauern auf die L.
	95,10	sind L., deren Herz immer d. Irrweg will		10,9	Krieg über sie kommen wegen der bösen L.
	101,7	falsche L. in m. Haus nicht bleiben	Jo	4,6	*die L. von Juda und von Jerusalem den Griechen verkauft
Spr	2,12	unter L., die Falsches reden			
	5,14	vor allen L. und allem Volk		8	*verkaufen in die Hand der L. von Juda
	7,7	unter den jungen L. einen törichten Jüngl.		19	*um des Frevels willen an den L. von Juda
	11,26	wer Korn zurückhält, dem fluchen die L.	Ob	7	die L. werden dich betrügen
	14,34	die Sünde ist der L. Verderben	Jon	1,10	da fürchteten sich die L. sehr 13.16
	22,29	geringen L. wird er nicht dienen		3,5	da glaubten die L. von Ninive an Gott
	24,9	der Spötter ist den L. ein Greuel	Mi	2,8	wie L., die aus dem Kriege kommen

Leute

Mi	7,2	die frommen L. sind weg in diesem Lande
Hab	2,13	wofür die L. sich müde gemacht haben
Ze	1,12	will aufschrecken die L., die sich
Hag	2,14	ebenso ist es mit diesen L. vor mir
Sa	7,2	sandte Bethel den Sarezer mit seinen L.
	7	als L. im Südland und im Hügelland wohnten
	11,6	will die L. fallen lassen, einen jeden
Jdt	2,13	beraubte alle L. von Tarsis
	5,25	das sind doch nur waffenlose L.
	26	wenn wir ihre besten L. gefangennehmen
	6,11	daß ihn die L. des Holofernes töten wollten
	7,12	man hatte den L. das Wasser zugemessen
Wsh	1,1	die ihr Land und L. regiert Sir 44,4
	2,1	diese L., die so verkehrt denken
	4,15	die L., die es sahen, beachteten es nicht
	14,17	die L. konnten sie nicht ehren
	21	wenn den L. etwas Schlimmes zugestoßen war
Sir	1,24	diese Weisheit macht die L. verständig
	35	suche nicht Ruhm bei den L.
	37	der Herr dich vor den L. stürzt
	8,10	wie du dich gegenüber großen L. verhalten
	9,21	Rat suche nur bei weisen L.
	23	lade dir rechtschaffene L. zu Gast
	10,3	ein... König richtet Land und L. zugrunde
	11,8	laß die L. erst ausreden
	14,8	nicht ansehen, daß man den L. Gutes tut
	19,15	man verleumdet die L. gern
	20,16	das sind widerwärtige L.
	26	Lüge ist im Munde unerzogener L.
	23,18	wenn du unter vornehmen L. sitzt
	28,16	ein Schandmaul bringt viele L. zu Fall
	29,24	hat viele L. zugrunde gerichtet 25
	30,25	die Traurigkeit tötet viele L.
	31,28	einen gastfreien Mann loben die L.
	30	der Wein bringt viele L. um
	34,1	unweise L. betrügen sich selbst
	7	Träume betrügen viele L.
	35,23	(bis er) an solchen L. Vergeltung übt
	37,14	alle diese L. frag nicht um Rat
	15	halte dich stets zu gottesfürchtigen L.
	39,2	er muß die Geschichten berühmter L. kennen
	41,29	wirst allen L. lieb und wert sein 42,8
	42,8	die alten L., daß sie nicht... zanken
	11	daß du dich vor allen L. schämen mußt
	44,10	jene waren begnadete L.
	14	die L. reden von ihrer Weisheit
	46,23	daß die gottlosen L. umkommen würden
Bar	3,26	da waren Riesen, große, berühmte L.
	6,26	können die L. sehen, wie nichtig sie sind
1Ma	1,12	traten in Israel gottlose L. auf 7,5; 9,23
	25	(Antiochus) ließ viele L. töten 15,40; 16,22
	36	eine heidnische Besatzung, gottlose L.
	51	die L. an alle Unreinheiten zu gewöhnen
	3,36	sollte L. aus fremdem Stamm ansiedeln
	6,57	wir verlieren täglich viele L.
	58	laßt uns Frieden mit den L. schließen
	7,28	ich will mit wenigen L. kommen
	8,13	wird vor Land und L. verjagt
	9,66	liefen ihm noch mehr L. zu
	10,32	daß er L. hineinlegt, die er selbst ausgewählt hat 13,48; 2Ma 10,39
	72	werdet diesen L. nicht standhalten können
	80	daß L. hinter ihm heimlich versteckt waren
	12,45	wähle dir L. aus, die bei dir bleiben
	50	daß Jonatan umgekommen samt seinen L.
2Ma	3,15	den L. das Ihre unversehrt zu erhalten
	18	die L. liefen in Scharen aus den Häusern
2Ma	3,19	die sonst nicht unter die L. gingen
	4,2	ein Feind von Land und L. zu sein
	39	Kunde davon unter die L. gekommen war
	41	warfen alles auf die L. des Lysimachus
	47	daß er die armen L. zum Tode verurteilte
	5,9	wie er viele L. vertrieben hatte
	25	befahl er seinen L., sich zu rüsten
	6,2	weil gastfreie L. dort wohnten
	25	weil ich vor den L. heuchle
	8,16	als Makkabäus seine L. versammelt hatte
	9,6	weil er andere L. geplagt hatte
	12,37	stürmte auf die L. des Gorgias los
	14,18	daß Judas so kühne L. bei sich hatte
StD	1,5	solche L., von denen der Herr gesagt
Mt	5,13	als daß man es von den L. zertreten (läßt)
	16	so laßt euer Licht leuchten vor den L.
	19	wer... auflöst und lehrt die L. so
	6,1	habt acht, daß ihr... nicht übt vor den L.
	2	damit sie von den L. gepriesen werden
	5	damit sie von den L. gesehen werden
	16	sie verstellen ihr Gesicht, um vor den L. 18
	7,12	was ihr wollt, daß euch die L. tun sollen, das tut ihnen auch Lk 6,31
	12,41	die L. von Ninive werden auftreten beim Jüngsten Gericht Lk 11,32
	13,25	als die L. schliefen, kam sein Feind
	14,2	(Herodes) sprach zu seinen L. Mk 6,14
	35	als die L. an diesem Ort ihn erkannten Mk 6,54
	16,13	wer sagen die L., daß der Menschensohn sei Mk 8,27; Lk 9,18
	23,5	damit sie von den L. gesehen werden
	7	gern, von den L. Rabbi genannt werden
	24,45	den der Herr über seine L. gesetzt hat Lk 12,42
Mk	1,5	ging zu ihm hinaus... alle L. von Jerusalem
	5,14	die L. gingen hinaus, um zu sehen Lk 8,35
Lk	8,49	einer von den L. des Vorstehers der Synagoge
	9,13	daß wir hingehen sollen und für alle diese L. Essen kaufen
	11,30	wie Jona ein Zeichen war für die L. von Ninive
	31	die Königin vom Süden wird auftreten mit den L. dieses Geschlechts
	44	Gräber, über die die L. laufen
	18,11	ich danke dir, daß ich nicht bin wie die andern L.
	20,20	sie belauerten ihn und sandten L. aus
	21,25	*auf Erden wird den L. bange sein*
Jh	4,28	ging in die Stadt und spricht zu den L.
	6,10	laßt die L. sich lagern
	11,48	dann kommen die Römer und nehmen uns Land und L.
Apg	4,13	sie merkten, daß sie ungelehrte und einfache L. waren
	13,42	baten sie die L., daß sie noch einmal... redeten
	18,13	dieser Mensch überredet die L.
	28,2	die L. erwiesen uns nicht geringe Freundlichkeit
	4	als die L. das Tier an seiner Hand hängen sahen
1Ko	1,11	mir bekanntgeworden durch die L. der Chloë
	16,18	erkennt solche L. an
2Ko	3,1	brauchen wir, wie gewisse L., Empfehlungsbriefe
1Th	2,6	haben auch nicht Ehre gesucht bei den L.
2Ti	2,21	wenn jemand sich reinigt von solchen L.
2Pt	2,7	dem die schändlichen L. viel Leid antaten

2Pt	2,14	haben ein Herz getrieben von Habsucht – verfluchte L.
	3,17	nicht durch den Irrtum dieser L. verführt
Jak	2,12	redet so und handelt so wie L., die
Jud	16	um ihres Nutzens willen schmeicheln sie den L.
Off	2,14	L., die sich an die Lehre Bileams halten 15
	9,20	die L., die nicht getötet wurden von d. Plagen

Leutseligkeit

Tit	3,4	*als erschien die L. Gottes*

Levi (s.a. Söhne Levi)

1Mo	29,34	¹darum nannte (Lea) ihn L. 35,23; 2Mo 1,2; 1Ch 2,1
	34,25	nahmen Simeon und L. ein jeder sein Schwert 30; 49,5
2Mo	4,14	Aaron aus dem Stamm L. 4Mo 17,18.23; Sir 45,7
	6,16	L. wurde 137 Jahre alt
	19	das sind die Geschlechter L. 4Mo 3,20; 26,58
4Mo	1,49	den Stamm L. sollst du nicht zählen 1Ch 12,27; 21,6
	3,6	bringe den Stamm L. herzu 18,2; 1Ch 6,23.28. 32; Esr 8,18
	16,1	Korach ... des Sohnes L.
	26,59	Jochebed, eine Tochter L.
5Mo	10,8	sonderte der HERR den Stamm L. aus
	18,1	der Stamm L., weder Anteil noch Erbe Jos 13,33
	27,12	auf dem Berge Garizim, um zu segnen: L.
	33,8	(dies ist der Segen) über L.
Jos	3,3	Priester aus dem Stamm L. 8,33
Ps	135,20	ihr vom Hause L., lobet den HERRN
Hes	48,31	drei Tore ... das dritte L.
Mal	2,4	damit mein Bund mit L. bestehen bleibe 8
Heb	7,9	L., der doch selbst den Zehnten nimmt
Off	7,7	aus dem Stamm L. 12.000 (versiegelt)
Mk	2,14	²sah er L., den Sohn des Alphäus Lk 5,27
Lk	5,29	L. richtete ihm ein großes Mahl zu in s. Haus
	3,24	³Mattat war ein Sohn L.
	3,29	⁴Mattat war ein Sohn L.

Leviatan, *Leviathan*

Hi	3,8	kundig sind, den L. zu wecken
	40,25	kannst du den L. fangen mit der Angel
Ps	74,14	hast dem L. die Köpfe zerschlagen
Jes	27,1	wird der HERR heimsuchen den L.

Levit

2Mo	6,25	das sind die Häupter der L. 1Ch 9,33.34; 15,12.16.22; 24,6.31; 27,17; Neh 12,24
	38,21	Summe, die errechnet wurde von den L.
3Mo	25,32	Städte der L. 33; 4Mo 35,2.4.6-8; Jos 21,1.3.4. 8.10.20.27.34.40.41; 1Ch 6,49
4Mo	1,47	die L. wurden nicht mit gezählt 2,33; 3,39; 4,16; 26,57; 1Ch 6,4; 23,3.14.27; 24,6.30; Esr 2,40; Neh 7,43; 11,18; 12,22.23
	51	sollen die L. die Wohnung abbrechen 2,17
	53	die L. sollen sich um die Wohnung lagern
	3,9	sollst die L. dem Aaron übergeben
	12	habe die L. genommen ... die L. mir gehören 41.45.46.49; 8,6.14.18; 18,6
	32	der Fürst über alle L. soll Eleasar sein
4Mo	4,18	nicht zugrunde gehen lassen unter den L.
	7,5	nimm's und gib's den L. 6; 18,24; 31,30.47; 5Mo 26,12.13; 2Ch 31,4.9.19; 35,8.9; Neh 10,38-40; 12,44.47; 13,5.10
	8,9	sollst die L. vor die Stiftshütte bringen 10-13. 20-22
	24	das ist's, was für die L. gilt 26; 18,23.26.30; 1Ch 28,13.21; 2Ch 31,2.17
5Mo	10,9	werden die L. weder Anteil noch Erbe haben 14,29; Jos 13,14; 14,3.4; 18,7
	12,12	sollt fröhlich sein vor dem HERRN, ihr und die L. 18; 14,27; 16,11.14; 26,11
	19	daß du den L. nicht leer ausgehen läßt
	18,6	ein L. aus einer deiner Städte 7
	21,5	die Priester, die L., sollen herzutreten
	27,14	die L. sollen anheben und sagen
	31,25	L., die die Lade trugen 1Sm 6,15; 2Sm 15,24; 1Kö 8,4; 1Ch 15,2.15.26.27; 2Ch 5,4.5
Ri	17,7	ein Mann; der war ein L. 9,11-13; 18,3.15
	19,1	ein L. wohnte als Fremdling 20,4
1Ch	6,33	ihre Brüder, die L., waren bestellt 9,26; 16,4; 26,20; 2Ch 8,14.15; 10,13; 17,8; 19,8.11; 23,18; 24,11; 31,2; 34,13; Esr 6,18; Neh 7,1; 13,30
	9,2	die zuerst wohnten, waren L. 14.18.31
	13,2	laßt uns hinschicken zu den L.
	15,4	David brachte zusammen die L. 11; 23,2; 2Ch 23,2; 24,5; 29,4
	14	so heiligten sich die L. 2Ch 29,5.12
	17	da bestellten die L. (den Sänger) Heman
2Ch	5,12	L. standen mit Zimbeln 7,6; 20,19; 29,25.26. 30; 30,21; Esr 3,10
	11,13	die L. hielten sich zu (Rehabeam) 14.16
	13,9	habt ihr nicht die L. verstoßen
	20,14	der Geist kam auf Jahasiël, den L.
	23,7	die L. sollen rings um den König 4.6.8
	24,5	aber die L. eilten nicht 6
	29,16	die L. trugen es hinaus an den Kidron
	34	halfen ihnen ihre Brüder, die L. 30,15-17.22. 25.27; 35,5.10.11.14.15.18
	31,12	Vorsteher darüber wurde der L. Konanja 14; 34,12; 35,9; Neh 13,13
	34,9	Geld, das die L. gesammelt hatten
	30	König ins Haus des HERRN und die L.
	35,3	L., die ganz Israel lehrten Neh 8,7.9.11
Esr	1,5	machten sich auf die L. 3,8.9; 7,7.13; Neh 8,13; 12,1.8
	2,70	ließen sich die L. nieder Neh 7,72; 11,3.15.16. 20.22.36
	3,12	viele von den betagten L. weinten
	6,16	die L. hielten die Einweihung 20; Neh 12,27. 30
	7,24	Zoll zu legen auf irgendeinen L.
	8,15	aber ich fand keine L.
	20	Tempelsklaven ... den L. zu dienen
	29	bis ihr es darwägt vor den L. 30.33
	9,1	die L. haben sich nicht abgesondert
	10,5	Esra nahm einen Eid von den L. 15.23
Neh	3,17	nach ihm bauten die L.
	9,4	auf dem erhöhten Platz für die L. 5
	10,1	unsere L. sollen sie versiegeln 10.29
	35	wollen das Los unter den L. werfen
	12,44	Juda hatte Freude an den L.
	13,22	befahl den L., daß sie sich reinigten
	29	den Bund der L. gebrochen Hes 48,11
Jes	66,21	will aus ihnen Priester und L. nehmen
Jer	33,21	würde mein Bund aufhören mit den L. 22
Hes	44,10	die L. sollen ihre Sünde tragen
	45,5	die L. sollen auch einen Raum bekommen 48,12.13.22
Lk	10,32	desgleichen auch ein L.

Levit

Jh	1,19	als die Juden zu ihm sandten Priester und L.
Apg	4,36	Josef, Barnabas genannt, ein L. aus Zypern

levitisch

5Mo	17,9	(sollst hinaufgehen) zu den l. Priestern
	18	Gesetzes, wie es den l. Priestern vorliegt
	18,1	die l. Priester weder Anteil noch Erbe
	24,8	alles tust, was dich die l. Priester lehren
	27,9	Mose u. die l. Priester redeten mit Israel
Jer	33,18	den l. Priestern soll's niemals fehlen
Hes	43,19	den l. Priestern einen Stier geben 44,15
Heb	7,11	wäre nun die Vollendung durch das l. Priestertum gekommen

Libanon

5Mo	1,7	zieht hin, daß ihr kommt zum Berge L.
	3,25	laß mich sehen den L.
	11,24	von der Wüste bis an den Berg L. Jos 1,4
Jos	9,1	alle Könige, die nach dem L. hin Ri 3,3
	11,17	beim Gebirge L. 12,7; 13,5.6
Ri	9,15	Feuer verzehre die Zedern L.
1Kö	5,13	dichtete von den Bäumen auf dem L.
	20	daß man Zedern im L. fällt 23.28; 2Ch 2,7.15; Esr 3,7; Hes 27,5
	9,19	was er zu bauen wünschte im L. 2Ch 8,6
2Kö	14,9	Dornstrauch im L... Zedern im L. 2Ch 25,18
	19,23	in den innersten L. Jes 37,24
Ps	29,5	der HERR zerbricht die Zedern des L.
	6	er läßt hüpfen wie ein Kalb den L.
	72,16	wie am L. rausche seine Frucht
	92,13	wie eine Zeder auf dem L. Hes 31,3.15.16; Sir 24,17; 50,14
	104,16	die Zedern des L., die er gepflanzt hat
Hl	3,9	ließ eine Sänfte machen aus Holz vom L.
	4,8	komm mit mir, meine Braut, vom L.
	11	Duft deiner Kleider wie der Duft des L.
	15	Born lebend. Wassers, das vom L. fließt
	5,15	seine Gestalt ist wie der L.
	7,5	deine Nase ist wie der Turm auf dem L.
Jes	2,13	über alle hohen Zedern auf dem L.
	10,34	der L. wird fallen durch einen Mächtigen
	14,8	auch freuen sich die Zedern auf dem L.
	29,17	soll der L. fruchtbares Land werden
	33,9	der L. ist zuschanden geworden
	35,2	die Herrlichkeit des L. gegeben 60,13
	40,16	der L. wäre zu wenig zum Feuer
Jer	18,14	wenn's vom L. herab schneit
	22,6	ein Gilead warst du mir, ein Gipfel im L.
	20	geh hinauf auf den L. 23
Hes	17,3	ein Adler kam auf den L.
Hos	14,8	man soll sie rühmen wie den Wein vom L.
Nah	1,4	was auf dem Berge L. blüht, verwelkt
Hab	2,17	der Frevel, den du am L. begangen
Sa	10,10	ich will sie zum L. bringen
	11,1	tu deine Türen auf, L.
Jdt	1,7	Boten zu allen, die am L. wohnten
Sir	50,8	(Simon) wie das Grün des L. im Sommer

Libanon-Waldhaus

1Kö	7,2	baute das L. 10,17.21; 2Ch 9,16.20

Libertiner

Apg	6,9	einige von der Synagoge der L.

Libna

4Mo	33,20	¹lagerten sich in L. 21(= Laban 2)
Jos	10,29	²kämpften gegen L. 31.32.39; 12,15
	15,42	(Städte des Stammes Juda:) L. 21,13; 1Ch 6,42
2Kö	8,22	fiel zur selben Zeit L. ab 2Ch 21,10
	19,8	König v. Assyr. gegen L. kämpfen Jes 37,8
	23,31	Tochter Jirmejas aus L. 24,18; Jer 52,1

Libnat, *Libnath*

Jos	19,26	(Asser) die Grenze stößt an den Fluß L.

Libni, Libniter

2Mo	6,17	¹die Söhne Gerschons sind: L. 4Mo 3,18.21; 26,58; 1Ch 6,2.5
1Ch	6,14	²Machli, dessen Sohn war L.

Libyen

Nah	3,9	Put und L. waren ihre Hilfe
Jdt	3,1	die Könige... von L.
Apg	2,10	(wir wohnen in) der Gegend von Kyrene in L.

Libyer

2Ch	12,3	L. und Kuschiter 16,8; Hes 38,5; Dan 11,43
Hes	27,10	L. waren dein Kriegsvolk

licht

1Mo	44,3	am Morgen, als es l. ward Ri 16,2; 19,26; 1Sm 14,36; 25,22.34.36; 2Sm 17,22; 2Kö 7,9; Neh 8,3
2Mo	10,23	bei allen *Israeliten war es l.
2Sm	12,11	bei ihnen liegen an der l. Sonne
	22,29	der HERR macht m. Finsternis l. Ps 18,29
Hi	11,17	das Finstre würde ein l. Morgen werden
	41,13	sein Odem ist wie l. Lohe
Jes	60,1	mache dich auf, werde l.
Hes	43,2	es ward sehr l. von seiner Herrlichkeit
Am	5,20	des HERRN Tag wird finster und nicht l.
Mi	2,1	es frühe, wenn's l. wird, vollbringen
Sa	14,7	auch um den Abend wird es l. sein
Wsh	17,5	nicht konnten die Sterne jene Nacht l. machen
Sir	24,45	lasse m. Lehre leuchten wie der l. Morgen
Mt	6,22	so wird dein ganzer Leib l. sein Lk 11,34.36
	17,5	da überschattete sie eine l. Wolke

Licht

1Mo	1,3	es werde L.! Und es ward L. 14-16; Ps 136,7
	4	Gott sah, daß das L. gut war. Da schied Gott das L. von der Finsternis 18; Hi 26,10
	5	(Gott) nannte das L. Tag
2Mo	28,30	die Lose „L. und Recht" 3Mo 8,8; 5Mo 33,8; 1Sm 14,41; 28,6; Esr 2,63; Neh 7,65
	35,14	das Öl zum L. 4Mo 4,16
4Mo	5,15	Erinnerungsopfer, das Schuld ans L. bringt
2Sm	12,12	ich will dies tun... im L. der Sonne
	23,4	wie das L. des Morgens
Est	8,16	für die Juden war L. und Freude
Hi	3,9	die Nacht hoffe aufs L. 30,26; Jes 59,9; Jer 13,16
	16	Kinder, die das L. nie gesehen
	20	warum gibt Gott das L. den Mühseligen

Hi	12,22	bringt heraus das Dunkel ans L.	Am	5,18	des HERRN Tag ist Finsternis und nicht L.
	25	daß sie in der Finsternis tappen ohne L.	Mi	7,8	so ist doch der HERR mein L.
	17,12	L. sei näher als Finsternis		9	er wird mich ans L. bringen
	18,5	wird das L. der Gottl. verlöschen 6; 38,15	Hab	3,4	sein Glanz war wie L.
	18	wird vom L. in die Finsternis vertrieben	Ze	3,5	er bringt alle Morgen sein Recht ans L.
	22,11	dein L. ist Finsternis	Wsh	5,6	das L... hat uns nicht geleuchtet
	28	das L. wird auf deinen Wegen scheinen		7,10	ich zog sie sogar dem L. vor 29
	24,13	sie sind Feinde des L. geworden 16		26	sie ist ein Abglanz des ewigen L.
	25,3	über wem geht sein L. nicht auf		30	das L. muß der Nacht weichen
	29,3	da ich bei s. L. durch Finsternis ging		13,2	(die) die L. am Himmel für Götter halten
	24	das L. meines Angesichts tröstete		17,20	die ganze Welt hatte helles L. 18,1
	31,26	hab ich das L. angesehen		18,4	das unvergängliche L. des Gesetzes
	33,28	daß mein Leben das L. sieht	Tob	5,13	wenn ich das L. des Himmels nicht sehen kann
	30	erleuchte ihn mit dem L. der Lebendigen		10,5	du L. unsrer Augen, unsere Stütze im Alter
	36,30	er breitet sein L. um sich		11,8	wird das L. des Himmels wieder schauen
	37,15	wie er das L. hervorbrechen läßt 21	Sir	17,7	er hat sein L. in ihre Herzen gegeben
	38,19	der Weg dahin, wo das L. wohnt 24		22,10	das L. ist ihm erloschen
	41,10	sein Niesen läßt L. aufleuchten		32,20	seine Urteile leuchten wie ein L.
Ps	4,7	laß leuchten über uns das L. d. Antlitzes		42,16	die Sonne gibt ihr L.
	27,1	der HERR ist mein L. und mein Heil		50,31	des Herrn L. leitet ihn
	36,10	in deinem L. sehen wir das L.	Bar	3,20	die Nachkommen sahen zwar das L.
	37,6	d. Gerechtigkeit heraufführen wie das L.		4,2	geh in ihrem L., das dir entgegenleuchtet
	38,11	das L. meiner Augen ist auch dahin		5,9	zurückbringen im L. seiner Herrlichkeit
	43,3	sende dein L. und deine Wahrheit	2Ma	2,8	wird der Herr alles wieder ans L. bringen
	44,4	sondern dein Arm und das L. deines Anges.	StD	3,46	L. und Finsternis, lobt den Herrn
	49,20	und sehen das L. nimmermehr	Mt	4,16	das Volk... hat ein großes L. gesehen
	56,14	daß ich wandeln kann im L. der Lebendigen		5,14	ihr seid das L. der Welt
	89,16	werden im L. deines Antlitzes wandeln		15	man zündet auch nicht ein L. an Mk 4,21; Lk 8,16; 11,33
	90,8	stellst vor dich unsre Sünde ins L.		16	so laßt euer L. leuchten vor den Leuten
	97,11	dem Gerechten muß das L. immer aufgehen		6,22	das Auge ist das L. des Leibes Lk 11,34
	104,2	L. ist dein Kleid, das du anhast		23	wenn das L. in dir Finsternis ist Lk 11,35
	112,4	Frommen geht das L. auf in der Finsternis		10,27	was ich euch sage in der Finsternis, das redet im L. Lk 12,3
	119,105	dein Wort ist ein L. auf meinem Wege		17,2	seine Kleider wurden weiß wie das L.
	139,11	Nacht (möge) statt L. um mich sein	Lk	1,78	uns besuchen hat das L. aus der Höhe
	12	Finsternis ist wie das L.		2,32	ein L., zu erleuchten die Heiden
Spr	4,18	der Gerechten Pfad glänzt wie das L.		8,16	damit, wer hineingeht, das L. sehe 11,33
	6,23	die Weisung (ist) ein L.		11,36	wie wenn dich das L. erleuchtet mit hellem Schein
	13,9	das L. der Gerechten brennt fröhlich		12,35	eure Lenden umgürtet und eure L. brennen
	31,18	ihr L. verlischt des Nachts nicht		15,8	zündet ein L. an und kehrt das Haus
Pr	2,13	übertrifft wie das L. die Finsternis		16,8	die Kinder dieser Welt sind klüger als die Kinder des L.
	11,7	es ist das L. süß	Jh	1,4	das Leben war das L. der Menschen
	12,2	ehe die Sonne und das L. finster werden		5	das L. scheint in der Finsternis
Jes	2,5	laßt uns wandeln im L. des HERRN		7	von dem L. zu zeugen 8
	5,20	die aus Finsternis L. und aus L. Finsternis machen		8	er war nicht das L.
	30	das L. scheint nicht mehr über ihnen		9	das war das wahre L., das alle Menschen erleuchtet
	9,1	das Volk... sieht ein großes L. Mt 4,16		3,19	die Menschen liebten die Finsternis mehr als das L.
	10,17	L. Israels wird ein Feuer sein		20	haßt das L. und kommt nicht zu dem L. 21
	26,19	ein Tau der L. ist dein Tau		5,35	er war ein brennendes und scheinendes L.
	42,6	ich mache dich zum L. der Heiden 49,6; Lk 2,32; Apg 13,47		8,12	ich bin das L. der Welt. Wer mir nachfolgt, wird das L. des Lebens haben
	16	will die Finsternis zum L. machen		9,5	solange ich in der Welt bin, bin ich das L. der Welt
	45,7	der ich das L. mache und schaffe Finstern.		11,9	denn er sieht das L. dieser Welt 10
	50,10	wer ist unter euch, dem kein L. scheint		12,35	es ist das L. noch eine kleine Zeit bei euch
	51,4	mein Recht zum L. der Völker machen		36	glaubt an das L., damit ihr Kinder des L. werdet
	53,11	wird er das L. schauen und die Fülle haben		46	ich bin in die Welt gekommen als ein L.
	58,8	dann wird dein L. hervorbrechen 10	Apg	9,3	umleuchtete ihn plötzlich ein L. vom Himmel 12,7; 22,6; 26,13
	60,1	werde dein L.; denn das L. kommt		13,47	ich habe dich zum L. der Heiden gemacht
	3	die Heiden werden zu deinem L. ziehen Off 21,24		16,29	da forderte der Aufseher L.
	19	die Sonne soll nicht mehr dein L. sein, der HERR wird dein ewiges L. sein 20		22,9	die mit mir waren, sahen zwar das L.
Jer	25,10	will wegnehmen das L. der Lampe		11	geblendet von der Klarheit dieses L.
	31,35	der die Sonne zum L. gibt... L. bestellt			
	51,10	hat unsere Gerechtigkeit ans L. gebracht			
Klg	3,2	hat uns gehen lassen... nicht ins L.			
Hes	32,8	alle L. lasse ich dunkel werden			
	41,16	das L. kam durch die Fenster			
Dan	2,22	denn bei ihm ist lauter L.			
Hos	6,5	daß mein Recht wie das L. hervorkomme			

Licht

Apg	26,18	daß sie sich bekehren von der Finsternis zum L.
	23	als erster verkündigen das L. den Heiden
Rö	2,19	sind ein L. derer, die in Finsternis sind
	3,5	daß unsre Ungerechtigkeit Gottes Gerechtigkeit ins L. stellt
	13,12	laßt uns anlegen die Waffen des L.
1Ko	4,5	ans L. bringen, was im Finstern verborgen
2Ko	4,4	daß sie nicht sehen das helle L. des Evangeliums
	6	L. soll aus der Finsternis hervorleuchten
	6,14	was hat das L. für Gemeinschaft mit der Finsternis
	11,14	der Satan verstellt sich als Engel des L.
Eph	3,9	für alle ans L. zu bringen, wie Gott
	5,8	lebt als Kinder des L.
	9	die Frucht des L. ist lauter Güte
	13	alles wird offenbar, wenn's vom L. aufgedeckt wird
	14	alles, was offenbar wird, das ist L.
Phl	2,15	unter dem ihr scheint als L. in der Welt
Kol	1,12	tüchtig gemacht zu dem Erbteil der Heiligen im L.
1Th	5,5	ihr alle seid Kinder des L.
1Ti	6,16	der wohnt in einem L.
2Ti	1,10	unvergängliches Wesen ans L. gebracht hat
Tit	2,15	*stelle ans L. mit ganzem Ernst*
1Pt	2,9	der euch berufen hat von der Finsternis zu seinem wunderbaren L.
2Pt	1,19	L., das scheint an einem dunklen Ort
1Jh	1,5	Gott ist L., in ihm ist keine Finsternis
	7	wenn wir im L. wandeln, wie er im L. ist
	2,8	die Finsternis vergeht, und das wahre L. scheint jetzt
	9	wer sagt, er sei im L., und haßt seinen Bruder
	10	wer seinen Bruder liebt, der bleibt im L.
Jak	1,17	von dem Vater des L., bei dem keine Veränderung ist noch Wechsel des L.
Off	8,12	den dritten Teil des Tages das L. nicht schien
	18,23	das L. der Lampe soll nicht mehr leuchten
	21,11	ihr L. war gleich dem alleredelsten Stein
	24	die Völker werden wandeln in ihrem L.
	22,5	sie bedürfen nicht des L. der Sonne

lichten

Apg	27,13	l. die Anker und fuhren

lichterloh

Hos	7,6	am Morgen brennt er l.

Lichtschere

2Mo	25,38	L. und Löschnäpfe aus feinem Golde 37,23; 4Mo 4,9; 1Kö 7,49

lieb (s.a. lieber; liebhaben)

1Mo	19,2	l. Herren, kehrt doch ein
	7	ach, l. Brüder, tut nicht so übel 29,4
	23,6	höre uns, l. Herr
5Mo	13,7	Freund, der dir so l. ist wie dein Leben
Rut	4,1	sprach Boas: Komm, mein L.
1Sm	29,9	du bist mir l. wie ein Engel
1Kö	21,6	wenn es dir l. ist, will ich dir
2Kö	5,13	l. Vater, wenn dir der Prophet geboten
Neh	13,26	Salomo war seinem Gott l.
Ps	38,12	meine L. scheuen zurück vor meiner Plage
	62,9	hoffet auf ihn allezeit, l. Leute
	84,2	wie l. sind mir deine Wohnungen
	119,47	Freude an d. Geboten, sie sind mir l. 48
Spr	31,12	sie tut ihm L. und kein Leid
Hl	4,9	meine Schwester, l. Braut 10.12; 5,1.2
	6,9	ist das L. für die, die sie geboren
	7,7	wie schön bist du, du L. voller Wonne
Jes	4,2	zu der Zeit wird... l. und wert sein
	5,1	ich will meinem l. Freunde singen
	8,4	ehe der Knabe rufen kann: L. Vater! L. Mutter
	21,4	am Abend, der mir so l. ist
	62,4	dein Land „L. Weib"... hat einen l. Mann
Jer	3,4	l. Vater, Vertrauter meiner Jugend 19
	19	will dir das l. Land geben
	31,20	ist nicht Ephraim mein l. Kind
Jo	2,21	fürchte dich nicht, l. Land
Mi	2,9	ihr treibt die Frauen aus ihren l. Häusern
Jdt	8,20	alle, die Gott l. gewesen sind Tob 12,13
	12,15	was ihm l. ist, das will ich gern tun
Wsh	4,10	der Gott wohlgefiel, wurde ihm l.
Tob	4,2	l. Sohn, höre meine Worte 14,12; Sir 3,1.14. 19; 4,1.23; 6,18.24.33; Bar 4,19; 1Ma 2,50.64
	7,7	mein l. Sohn, gesegnet seist du
	11,17	kann meinen l. Sohn wieder sehen
Sir	41,29	wirst allen Leuten l. und wert sein 45,1
2Ma	7,28	mein l. Sohn, den ich großgezogen
StE	1,2	damit jeder den l. Frieden genieße
Mt	3,17	dies ist mein l. Sohn 17,5; Mk 1,11; 9,7; Lk 3,22; 2Pt 1,17
Mk	10,24	l. Kinder, wie schwer ist's, ins Reich Gottes zu kommen
Lk	7,2	einen Knecht, der ihm l. und wert war
	11,5	Freund, leih mir drei Brote
	12,19	l. Seele, du hast einen großen Vorrat
	17,13	Jesus, l. Meister, erbarme dich unser
	20,13	ich will meinen l. Sohn senden
Jh	13,33	l. Kinder, ich bin noch eine kl. Weile bei euch
	19,3	*sei gegrüßt, l. Judenkönig*
Apg	1,1	den ersten Bericht habe ich gegeben, l. Theophilus
	2,14	l. Männer 7,26; 19,25; 27,10.21.25
	29	ihr Männer, l. Brüder 37; 13,26; 15,7.13; 22,1; 23,1.6; 28,17
	3,17	l. Brüder 6,3; 7,2; 13,38; 23,5
	9,17	l. Bruder Saul 22,13
	13,15	l. Brüder, wollt ihr etwas reden, so sagt es
	16,30	l. Herren, was muß ich tun
	26,2	es ist mir sehr l., König Agrippa
Rö	1,13	l. Brüder 7,1; 8,12; 10,1; 11,25; 12,1; 15,14.30; 16,17
	8,15	Geist, durch den wir rufen: Abba, l. Vater Gal 4,6
	9,20	l. Mensch, wer bist du denn
	25	meine L., die nicht meine L. war
	12,19	meine L. 1Ko 10,14; 2Ko 7,1; 12,19; 1Pt 4,12
	16,5	grüßt Epänetus, meinen L. 8.9.12
1Ko	1,10	l. Brüder 11.26; 2,1; 3,1; 4,6; 7,24.29; 10,1; 11,33; 12,1; 14,6.20.26.39; 15,1.31.50.58; 16,15
	4,14	ermahne euch als meine l. Kinder
	17	Timotheus, der mein l. Sohn ist 2Ti 1,2
2Ko	1,8	l. Brüder 8,1; 13,11; Gal 1,11; 3,15; 4,12.28.31; 5,11.13; 6,1.18
Gal	4,19	l. Kinder, die ich abermals... gebäre
Eph	6,21	Tychikus, mein l. Bruder und treuer Diener Kol 1,7; 4,7.9; Phm 1; 3Jh 1
Phl	1,12	l. Brüder 3,1; 4,1.8; 1Th 1,4; 2,1.9.14.17; 3,7; 4,1.10.13; 5,1.4.12.14.25; 2Th 1,3; 2,1.15; 3,1.6. 13; Phm 7.20

Phl	2,12	meine L., – wie ihr allezeit gehorsam gewesen
Kol	1,13	hat uns versetzt in das Reich seines l. Sohnes
Phm	16	*als einen l. Bruder, sonderlich mir*
1Pt	2,11	l. Brüder 2Pt 1,10
2Pt	3,1	ihr L. 8.14.17; 1Jh 2,7; 3,2.21; 4,1.7.11; 3Jh 2.5.11; Heb 6,9; Jud 3.17.20
	15	wie unser l. Bruder Paulus euch geschrieben
1Jh	2,12	l. Kinder, ich schreibe euch, daß
Heb	3,12	l. Brüder 10,19; 13,22; Jak 1,2.16.19; 2,1.5.14; 3,1.10.12; 5,7.9.10.19

Liebe

1Mo	18,12	soll ich noch der L. pflegen
	20,13	die L. tu mir an, daß du sagst
	47,29	daß du die L. und Treue an mir tust
Rut	3,10	hast deine L. jetzt noch besser erzeigt
1Sm	20,17	ließ David schwören bei seiner L. zu ihm
2Sm	1,26	ihr L. ist mir wundersamer gewesen
	13,15	Widerwille größer als vorher seine L.
	16,17	ist das deine L. zu deinem Freunde
1Kö	3,26	ihr mütterliches Herz entbrannte in L.
	11,2	an diesen hing Salomo mit L.
Ps	109,5	sie erweisen mir Haß für L.
Spr	5,19	ergötze dich allewege an ihrer L.
	7,18	laß uns die L. genießen
	10,12	L. deckte alle Übertretungen zu 1Pt 4,8
	15,17	besser ein Gericht Kraut mit L. als
	19,22	ein gütiger Mensch ist der L. wert
	27,5	ist besser als L., die verborgen bleibt
Pr	9,1	über L. und Haß bestimmt der Mensch nicht
Hl	1,2	deine L. ist lieblicher als Wein 4; 4,10
	2,4	die L. ist sein Zeichen über mir
	5	ich bin krank vor L. 5,8
	7	daß ihr die L. nicht aufweckt 3,5; 8,4
	4,10	wie schön ist deine L., meine Schwester
	5,1	trinkt und werdet trunken von L.
	7,13	da will ich dir meine L. schenken
	8,6	L. ist stark wie der Tod 7
	7	wenn einer alles Gut um L. geben wollte
Jer	2,2	ich gedenke... der L. deiner Brautzeit
Hos	4,1	es ist keine Treue, keine L. im Lande
	6,4	eure L. ist wie eine Wolke am Morgen
	6	habe Lust an der L. und nicht am Opfer
	9,15	will ihnen keine L. mehr erweisen
	10,12	erntet nach dem Maße der L.
	11,4	ich ließ sie in Seilen der L. gehen
Mi	6,8	habe Lust, was gut ist, nämlich L. üben
Ze	3,17	er wird dir vergeben in seiner L.
Wsh	3,9	die treu sind in der L., werden... bleiben
Sir	48,11	die in L. zu dir entschlafen sind
2Ma	6,20	die sich weigern, aus L. zum Leben Verbotenes zu essen
	9,21	(ich) denke in L. an eure Ehrerbietung
StD	1,20	von mir in L. zu dir entbrannt
Mt	24,12	wird die L. in vielen erkalten
Lk	7,47	vergeben, denn sie hat viel L. gezeigt
	11,42	am Recht und an der L. Gottes geht ihr vorbei
Jh	5,42	ich kenne euch, daß ihr nicht Gottes L. in euch
	13,35	m. Jünger, wenn ihr L. untereinander habt
	15,9	bleibt in meiner L. 10
	10	so wie ich bleibe in seiner L.
	13	niemand hat größere L. als die, daß
	17,26	die L., mit der du mich liebst, in ihnen sei
Rö	5,5	die L. Gottes ist ausgegossen in unsre Herzen
	5,8	Gott erweist seine L. zu uns darin, daß
	8,35	wer will uns scheiden von der L. Christi 39
	12,9	die L. sei ohne Falsch
	10	die brüderliche L. sei herzlich 1Pt 4,8
	13,10	so ist die L. des Gesetzes Erfüllung
	14,15	handelst du nicht mehr nach der L.
	15,30	ich ermahne euch durch die L. des Geistes
1Ko	4,21	soll ich zu euch kommen mit L.
	8,1	die Erkenntnis bläht auf; aber die L. baut auf
	13,1	wenn ich... und hätte die L. nicht 2.3
	4	die L. ist langmütig und freundlich
	8	die L. hört niemals auf
	13	nun bleiben Glaube, Hoffnung, L., diese drei; aber die L. ist die größte unter ihnen
	14,1	strebt nach der L. 1Ti 6,11; 2Ti 2,22
	16,14	alle eure Dinge laßt in der L. geschehen
	24	meine L. ist mit euch allen in Christus Jesus
2Ko	2,4	damit ihr die L. erkennt, die
	8	ermahne ich euch, daß ihr ihm L. erweiset
	5,14	die L. Christi drängt uns
	6,6	(als Diener Gottes:) in ungefärbter L.
	8,7	reich im Glauben, in L.
	8	prüfe ich eure L., ob sie rechter Art sei
	24	erbringt den Beweis eurer L. und zeigt
	13,11	so wird der Gott der L. mit euch sein
	13	die L. Gottes sei mit euch allen
Gal	5,6	gilt der Glaube, der durch die L. tätig ist
	13	durch die L. diene einer dem andern
	22	die Frucht des Geistes ist L., Freude
Eph	1,4	in seiner L. (hat er uns dazu vorherbestimmt)
	15	nachdem ich gehört habe von eurer L.
	2,4	Gott in seiner großen L., mit der er uns geliebt
	3,17	daß ihr in der L. eingewurzelt seid
	19	(so könnt ihr) die L. Christi erkennen
	4,2	ertragt einer den andern in L.
	15	laßt uns wahrhaftig sein in der L.
	16	daß der Leib sich selbst aufbaut in der L.
	5,2	lebt in der L., wie auch Christus uns gel. hat
	6,23	Friede sei mit den Brüdern und L. von Gott
Phl	1,9	daß eure L. reicher werde an Erkenntnis
	16	(einige predigen) aus L.
	2,1	ist bei euch Trost der L., herzliche L.
	2	daß ihr gleiche L. habt, einmütig und einträchtig
Kol	1,4	gehört von der L., die ihr zu allen Heiligen habt 8; 1Th 3,6; Phm 5
	2,2	damit ihre Herzen gestärkt und zusammengefügt werden in der L.
	3,14	über alles zieht an die L.
1Th	1,3	denken an eure Arbeit in der L.
	3,12	immer reicher werden in der L. untereinander und zu jedermann
	4,9	von der brüderlichen L. ist es nicht nötig, euch zu schreiben
	5,8	angetan mit dem Panzer der L.
2Th	1,3	eure gegenseitige L. nimmt zu bei euch allen
	2,10	die L. zur Wahrheit nicht angenommen
	3,5	der Herr richte eure Herzen auf die L. Gottes
1Ti	1,5	die Hauptsumme aller Unterweisung ist L.
	14	samt dem Glauben und der L.
	2,15	selig, wenn sie bleiben in der L.
	4,12	du aber sei ein Vorbild in L., im Glauben
2Ti	1,7	Gott hat uns gegeben den Geist der L.
	13	halte dich in der L. in Christus
	3,10	du bist mir gefolgt in der L.
Tit	2,2	daß sie nüchtern seien in der L.
Phm	7	ich hatte Freude und Trost durch deine L.

Liebe

Phm	9	(will ich) um der L. willen doch nur bitten
1Pt	4,8	die L. deckt der Sünden Menge
	5,14	grüßt euch untereinander mit dem Kuß der L.
2Pt	1,7	brüderliche L. und in der L. die L. zu
1Jh	2,5	in dem ist die L. Gottes vollkommen
	15	in dem ist nicht die L. des Vaters
	3,1	seht, welch L. hat uns der Vater erwiesen
	16	daran haben wir die L. erkannt, daß 4,16
	17	wie bleibt dann die L. Gottes in ihm
	4,7	die L. ist von Gott
	8	Gott ist die L. 16
	9	darin ist erschienen die L. Gottes unter uns
	10	darin besteht die L.
	12	bleibt Gott in uns, und seine L. ist in uns vollkommen 18
	16	wer in der L. bleibt, der bleibt in Gott
	17	Furcht ist nicht in der L.
	5,3	das ist die L. zu Gott, daß wir seine Gebote halten 2Jh 6
2Jh	3	von Jesus Christus, in Wahrheit und L.
	6	das ist die L., daß wir leben nach seinen Geboten
3Jh	6	die deine L. bezeugt haben vor der Gemeinde
Heb	6,10	daß (Gott) vergäße die L., die ihr
	10,24	laßt uns anreizen zur L.
	13,1	bleibt fest in der brüderlichen L.
Jud	2	Gott gebe euch viel Barmherzigkeit und L.
	21	erhaltet euch in der L. Gottes
Off	2,4	gegen dich, daß du die erste L. verläßt
	19	ich kenne deine Werke und deine L.

lieben

2Mo	20,6	die mich l. und meine Gebote halten
3Mo	19,18	sollst deinen Nächsten l. wie dich selbst Mt 5,43; 19,19; 22,39; Mk 12,31.33; Rö 13,9; Gal 5,14; Jak 2,8
	34	(ein Fremdling) sollst ihn l. 5Mo 10,19
5Mo	4,37	weil er deine Väter gel. 10,15
	5,10	vielen Tausenden, die mich l. 7,9; Neh 1,5
	7,8	weil er euch gel. hat 2Ch 2,10; Jes 63,9
	13	wird dich l. und segnen
	10,12	in allen seinen Wegen wandelst und ihn l. 11,1.13.22; 19,9; 30,6.16.20; Jos 22,5
	33,12	der Gel. des HERRN wird sicher wohnen
Rut	4,15	Schwiegertochter, die dich gel. hat
1Sm	18,22	alle seine Großen l. dich
2Sm	1,23	Saul u. Jonatan, gel. und einander zugetan
	12,24	der HERR l. (Salomo)
	13,21	(David) l. (Amnon)
1Kö	5,15	Hiram l. David sein Leben lang
	11,1	Salomo l. viele ausländische Frauen
2Ch	19,2	sollst du die l., die den HERRN hassen
Ps	5,12	die deinen Namen l. 69,37; 119,132
	11,5	wer Unrecht l., den haßt seine Seele
	31,24	l. den HERRN, alle seine Heiligen
	33,5	er l. Gerechtigkeit und Recht 45,8; Jes 61,8
	40,17	die ein Heil l., mit allewege sagen 70,5
	52,5	du l. das Böse mehr als das Gute Mi 3,2
	87,2	der HERR l. die Tore Zions mehr als
	91,14	er l. mich, darum will ich ihn erretten
	97,10	die ihr den HERRN l., hasset das Arge
	109,4	dafür, daß ich sie l., feinden sie mich an
	17	er l. den Fluch, so komme er über ihn
	116,1	ich l. den HERRN, denn er hört
	119,113	ich l. dein Gesetz 119.127.159.167
	165	großen Frieden haben, die dein Gesetz l.
	122,6	es möge wohlgehen denen, die dich l.
Ps	145,20	der HERR behütet alle, die ihn l.
	146,8	der HERR l. die Gerechten
Spr	3,12	wen der HERR l., den weist er zurecht
	4,6	l. sie, so wird sie dich behüten
	8,17	ich l., die mich l. 21
	36	alle, die mich hassen, l. den Tod
	9,8	rüge den Weisen, der wird dich l.
	12,1	wer Zucht l., der wird klug 13,1
	15,9	wer der Gerechtigk. nachjagt, den l. er
	12	der Spötter l. den nicht, der ihn
	16,13	wer aufrichtig redet, wird gel.
	17,17	ein Freund l. allezeit
	19	wer Zank l., der l. die Sünde
	18,21	wer sie l., wird ihre Frucht essen
	19,8	wer Klugheit erwirbt, l. sein Leben
	20,13	l. den Schlaf nicht, daß du nicht arm
	21,17	wer Wein und Salböl l., wird nicht reich
	29,3	wer Weisheit l., erfreut seinen Vater
Pr	3,8	l. hat seine Zeit
	5,9	wer Geld l... wer Reichtum l.
	9,6	ihr l. und ihr Hassen ist längst dahin
Hl	1,3	darum l. dich die Mädchen 4
	7	du, den meine Seele l. 3,1-4
Jes	41,8	du Sproß Abrahams, meines Gel.
	48,14	er, der den HERR l.
	56,6	ihm zu dienen und seinen Namen zu l.
	57,8	l. ihr Lager und buhltest mit ihnen
Jer	2,25	ich muß diese Fremden l.
	8,2	der Sonne, dem Mond, die sie gel. haben
	11,15	was macht mein gel. Volk in meinem Hause
	12,7	was meine Seele l., in der Feinde Hand
	31,3	ich habe dich je und je gel.
Hes	16,37	alle, die du gel., die du nicht gel. hast
Dan	9,4	Bund und Gnade bewahrst denen, die dich l.
	23	du von Gott gel.
	10,11	Daniel, du von Gott Gel., merk auf 19
Hos	3,1	obgleich sie Traubenkuchen l.
	14,5	gerne will ich sie l.
Am	5,15	hassest das Böse und l. das Gute
Sa	8,17	l. nicht falsche Eide
	19	l. Wahrheit und Frieden
	13,6	geschlagen im Hause derer, die mich l.
Wsh	1,6	Weisheit ist ein Geist, der die Menschen l.
	7,28	niemanden l. Gott außer dem, der
	8,2	die Weisheit hab ich gel. Sir 1,15
	11,24	du l. alles, was ist
Tob	10,13	ermahnten sie, ihren Mann zu l.
	13,17	wohl allen, die dich l.
Sir	1,10	gibt (Weisheit) denen, die ihn l.
	14	Gott l., das ist die allerschönste Weisheit
	7,31	l. den, der dich geschaffen hat 47,10
	39	dafür wird man dich l. 47,17
	13,19	jedes Tier l. seinesgleichen
	46,16	Samuel, von seinem Gott gel.
	47,24	die Söhne dessen, der ihn gel. hatte
Bar	3,37	hat Erkenntnis Israel, seinem Gel. gegeben
	4,16	haben die gel. Söhne der Witwe weggeführt
1Ma	4,33	mit dem Schwert derer, die dich l.
2Ma	14,37	ein Mann, der seine Mitbürger l.
StD	2,37	du verläßt die nicht, die dich l.
	3,11	um Abrahams, deines gel. Freundes, willen
Mt	5,43	du sollst deinen Nächsten l. 19,19; 22,39; Mk 12,31.33; Rö 13,9; Gal 5,14; Jak 2,8
	44	l. eure Feinde Lk 6,27.35
	46	wenn ihr l., die euch l. Lk 6,32
	6,24	er wird den einen hassen und den andern l. Lk 16,13
	10,37	wer Vater oder Mutter mehr l. als mich
	12,18	das ist mein Gel., an dem meine Seele Wohlgefallen hat

Mt	22,37	du sollst den Herrn l. von ganzem Herzen Mk 12,30.33; Lk 10,27
Mk	10,21	*Jesus sah ihn an und l. ihn*
	12,6	da hatte er noch einen, seinen gel. Sohn
Lk	6,32	auch die Sünder l. ihre Freunde
	7,42	wer von ihnen wird ihn am meisten l.
	47	wem wenig vergeben wird, der l. wenig
	20,46	hütet euch vor den Schriftgelehrten, die es l.
Jh	3,16	also hat Gott die Welt gel., daß er seinen eingeborenen Sohn gab
	19	l. die Finsternis mehr als das Licht
	8,42	wäre Gott euer Vater, so l. ihr mich
	10,17	darum l. mich mein Vater, weil ich
	13,1	wie er die Seinen gel. hatte, so l. er sie
	34	daß ihr euch untereinander l., wie ich euch gel. habe 15,12.17; Rö 13,8
	14,15	l. ihr mich, so werdet ihr m. Gebote halten 21
	21	wer mich l., der wird von meinem Vater gel. werden 23
	23	wer mich l., der wird mein Wort halten 24
	31	die Welt soll erkennen, daß ich den Vater l.
	15,9	wie mich mein Vater l., so l. ich euch auch
	16,27	weil ihr mich l. und glaubt, daß ich von Gott
	17,23	daß du sie l., wie du mich l.
	24	du hast mich gel., ehe der Grund der Welt
	26	damit die Liebe, mit der du mich l., in ihnen
Apg	15,25	mit unsern gel. Brüdern Barnabas und Paulus
Rö	1,7	an alle Gel. Gottes in Rom
	8,28	denen, die Gott l., alle Dinge zum Besten
	37	überwinden wir durch den, der uns gel. hat
	9,13	Jakob habe ich gel., aber Esau habe ich gehaßt
	25	ich will das nennen meine Gel., die nicht meine Gel. war
	11,28	im Blick auf die Erwählung sind sie Gel. um der Väter willen
	13,8	wer den andern l., der hat das Gesetz erfüllt
1Ko	2,9	was Gott bereitet hat denen, die ihn l.
	8,3	wenn jemand Gott l., der ist von ihm erkannt
2Ko	12,15	wenn ich euch mehr l., soll ich darum weniger gel. werden
Gal	2,20	Sohn Gottes, der mich gel. hat
Eph	1,6	Gnade, mit der er uns begnadet hat in dem Gel.
	2,4	Gott in s. Liebe, mit der er uns gel. hat
	5,1	so folgt nun Gottes Beispiel als die gel. Kinder
	2	lebt in der Liebe, wie auch Christus uns gel. hat 25
	25	ihr Männer, l. eure Frauen 28.33; Kol 3,19
	28	wer seine Frau l., der l. sich selbst
Kol	3,12	zieht an als die Gel. herzliches Erbarmen
	4,14	es grüßt euch Lukas, der Arzt, der Gel., und
1Th	1,4	liebe Brüder, von Gott gel. 2Th 2,13; Jud 1
	4,9	seid von Gott gelehrt, euch untereinander zu l.
2Th	2,16	der uns gel. und uns Trost gegeben hat
1Ti	6,2	Herren ehren, weil sie gläubig und gel. sind
2Ti	3,4	sie l. die Wollust mehr als Gott
Tit	2,4	anhalten, daß sie ihre Männer l., ihre Kinder l.
	3,15	grüße alle, die uns l. im Glauben
Phm	16	ein gel. Bruder, besonders für mich
1Pt	3,10	wer das Leben l. und gute Tage sehen will
2Pt	2,15	Bileam, der den Lohn der Ungerechtigkeit l.
1Jh	2,10	wer seinen Bruder l., der bleibt im Licht
	3,11	daß wir uns untereinander l. sollen 23; 2Jh 5
	3,14	wer nicht l., der bleibt im Tod
	18	laßt uns nicht l. mit Worten
	4,7	wer l., der ist von Gott geboren 8
	10	nicht, daß wir Gott gel. haben, sondern daß er uns gel. hat
	11	hat uns Gott so gel., so sollen wir uns auch untereinander l.
	12	wenn wir uns l., bleibt Gott in uns
	19	laßt uns l., denn er hat uns zuerst gel.
	20	wenn jemand spricht: Ich l. Gott, und haßt seinen Bruder
	21	daß, wer Gott l., daß der auch seinen Bruder l.
	5,1	wer den l., der ihn geboren hat, der l. auch den, der
	2	wenn wir Gott l. und seine Gebote halten
Heb	1,9	du hast gel. die Gerechtigkeit und gehaßt die Ungerechtigkeit
Off	1,5	der uns l. und uns erlöst hat
	3,9	erkennen, daß ich dich gel. habe
	12,11	haben ihr Leben nicht gel., bis hin zum Tod
	20,9	sie umringten die gel. Stadt
	22,15	draußen sind alle, die die Lüge l.

liebenswert

Sir	26,19	es gibt nicht L. als eine Frau
	40,20	die Weisheit ist l. als sie beide
Phl	4,8	was l. ist – darauf seid bedacht

lieber

1Mo	29,30	Jakob hatte Rahel l. als Lea
	37,3	Israel hatte Josef l. als alle s. Söhne 4
4Mo	11,15	töte mich l. Hi 7,15
2Ch	11,21	hatte Maacha l. als alle s. Frauen
Hi	33,21	daß man l. wegsieht
	36,21	Unrecht wählst du l. als Elend
Ps	52,5	redest l. Falsches als Rechtes
	84,11	will l. die Tür hüten in Gottes Hause
	119,72	Gesetz deines Mundes ist mir l. als Gold
Spr	8,10	nehmt meine Zucht an l. als Silber
	21,3	Recht tun ist dem HERRN l. als Opfer
Jer	8,3	l. tot als lebendig sein wollen Jon 4,3.8
Wsh	7,10	ich hatte (Weisheit) l. als Gesundheit
Sir	2,22	wir wollen l. in die Hände des Herrn fallen
	4,11	er wird dich l. haben, als deine Mutter
	25,22	wollte l. bei Löwen und Drachen wohnen
	36,23	nimmt man die eine l. als die andre
	24	er sieht nichts l.
	40,22	eine grüne Saat l. als beides
	23	l. hat man die Frau, mit der man lebt
1Ma	1,66	ließen sich l. töten, als
2Ma		wollte l. in Ehren sterben 14,42
	11,23	ist uns nichts l., als daß Friede herrscht
StD	1,23	will l. unschuldig in eure Hände fallen
Mk	15,11	daß er ihnen l. den Barabbas losgebe
Lk	12,49	was wollte ich l., als daß es schon brennte
Jh	12,43	hatten l. Ehre bei Menschen als bei Gott
	21,15	Simon, hast du mich l. als diese
1Ko	6,7	warum laßt ihr euch nicht l. Unrecht tun
	7,7	ich wollte l., alle Menschen wären wie ich
	21	so nutze es um so l.
	9,15	l. würde ich sterben
	14,19	ich will l. fünf Worte reden mit Verstand
2Ko	5,4	weil wir l. nicht entkleidet werden wollen
Heb	11,25	wollte viel l. mit dem Volk Gottes mißhandelt werden

Liebesapfel

Liebesapfel
1Mo	30,14	Ruben fand L. auf dem Felde 15.16
Hl	7,14	die L. geben den Duft

Liebesgabe
1Ko	16,3	daß sie hinbringen eure L. nach Jerusalem

Liebeslied
Hes	33,32	bist für sie wie einer, der L. singt

Liebesmahl
Jud	12	sie sind Schandflecken bei euren L.

Liebesweise
Hes	33,31	ihr Mund ist voll von L.

Liebeswerk
2Ko	8,19	zum Gefährten unsrer Fahrt in diesem L.

liebgewinnen
1Mo	24,67	wurde seine Frau, und er g. sie l. 29,18
5Mo	21,11	siehst ein schönes Mädchen und g. sie l.
Ri	16,4	danach g. (Simson) ein Mädchen l.
1Sm	16,21	Saul g. (David) sehr l.
	18,1	Jonatan g. (David) l. wie s. eigenes Herz
2Sm	13,1	Amnon g. (Tamar) l. 4
Est	2,17	der König g. Ester l. als alle
Wsh	8,2	ich hab ihre Schönheit liebg.
Mk	10,21	Jesus sah ihn an und g. ihn l. und sprach
1Th	2,8	wir hatten euch l.
2Ti	4,10	Demas hat mich verlassen und diese Welt l.

liebhaben, *lieb haben*
1Mo	22,2	nimm Isaak, d. einzigen Sohn, den du l.
	25,28	Isaak h. Esau l.... Rebekka h. Jakob l.
	29,20	als wären's einzelne Tage, so l. h. er sie
	32	nun wird mich mein Mann l.
	34,3	(Sichem) das Mädchen l.
	44,20	sein Vater h. ihn l.
2Mo	21,5	spricht der Sklave: Ich h. meinen Herrn l.
5Mo	6,5	sollst der HERRN, deinen Gott, l. Jos 23,11
	10,18	(der HERR) h. die Fremdlinge l.
	13,4	versucht euch, ob ihr ihn von Herzen l.
	15,16	ich h. dich und dein Haus l.
	21,15	die er l., und eine, die er nicht l. 16
	23,6	weil dich der HERR l. 1Kö 10,9; 2Ch 9,8
	33,3	wie h. er sein Volk so l. Ps 47,5; Jes 43,4; Hos 11,1; Mal 1,2
Ri	5,31	die ihn l., sollen sein wie die Sonne
	14,16	du h. mich nicht l. 16,15
1Sm	1,5	denn er h. Hanna l.
	18,3	Jonatan h. (David) l. 19,1; 20,17
	16	ganz Israel und Juda h. David l.
	20	aber Michal h. David l. 28
2Sm	19,7	weil du l., die dich hassen
1Kö	3,3	Salomo h. den HERRN l.
2Ch	9,8	der HERR sei gelobt, der dich l.
Hi	19,19	die ich l., haben sich gegen mich gewandt
Ps	4,3	wie h. ihr das Eitle so l.
	11,7	der HERR h. Gerechtigkeit l. 37,28
	18,2	herzlich l. h. ich dich, HERR
	26,8	ich h. l. die Stätte deines Hauses
Ps	68,31	tritt nieder, die das Silber l.
	78,68	den Berg Zion, den er l.
	99,4	des Königs, der das Recht l.
	119,97	wie h. ich dein Gesetz so l. 163
	140	dein Knecht h. (dein Wort) l.
Spr	13,24	wer ihn l., der züchtigt ihn beizeiten
Pr	9,9	genieße... mit deinem Weibe, das du l.
Jes	66,10	seid fröhlich, die ihr sie l.
Mal	2,11	Juda entheiligt, was (der HERR) l.
Wsh	1,1	h. Gerechtigkeit l., die ihr regiert 8,7
	6,13	erkennen von denen, die sie l.
	19	wer (Weisheit) l. 18; Sir 3,32; 4,13.15
	8,3	der Herr aller Dinge h. sie l.
	16,26	deine Kinder, die du, Herr, l.
Sir	2,18	die ihn l., bleiben auf seinen Wegen 20
	7,23	einen umsichtigen Sklaven h. l.
	25,2	wenn die Nachbarn sich l.
	30,1	wer seinen Sohn l., hält die Rute bereit
	31,5	wer Geld l., bleibt nicht ohne Sünde
	34,19	die Augen des Herrn sehen auf die, die ihn l.
2Ma	15,14	Jeremia, der deine Brüder sehr l.
Lk	7,5	(dieser Mann) h. unser Volk l.
Jh	3,35	der Vater h. den Sohn l. 5,20
	11,3	der, den du l., liegt krank 5
	36	da sprachen die Juden: Siehe, wie hat er ihn liebg..
	12,25	wer sein Leben l., der wird's verlieren
	13,23	einer unter seinen Jüngern, den Jesus l. 19,26; 20,2; 21,7.20
	34	damit auch ihr einander l.
	14,28	h. ihr mich l., so würdet ihr euch freuen
	15,19	so h. die Welt das Ihre l.
	16,27	er selbst, der Vater, h. euch l.
	21,15	ja, Herr, du weißt, daß ich dich l. 16.17
	16	Simon, Sohn des Johannes, h. du mich l. 17
1Ko	16,22	wenn jemand den Herrn nicht l.
2Ko	9,7	einen fröhlichen Geber h. Gott l.
	11,11	warum das? Weil ich euch nicht l.
Eph	5,33	ein jeder h. l. seine Frau
	6,24	die l. unsern Herrn Christus
1Th	5,13	h. sie l. um ihres Werkes willen
2Ti	4,8	auch allen, die seine Erscheinung l.
1Pt	1,8	ihn habt ihr nicht gesehen und h. ihn doch l.
	22	so h. euch untereinander beständig l. 2,17; 1Jh 4,7
1Jh	2,15	h. nicht l. die Welt noch was in der Welt ist
	3,10	wer nicht seinen Bruder l.
	4,8	*wer nicht l. h., kennt Gott nicht*
2Jh	1	an die Herrin und ihre Kinder, die ich l. 3Jh 1
Heb	12,6	wen der Herr l., den züchtigt er
Jak	1,12	die Gott verheißen hat denen, die ihn l. 2,5
Off	3,19	welche ich l., die weise ich zurecht
	22,15	*jeder, der Lüge l. und tut*

Liebhaber
Jer	2,33	fein findest du Wege, dir L. zu suchen
	3,20	gleichwie ein Weib wegen ihres L. nicht
	22,20	alle deine L. sind zunichte gemacht 22
	30,14	alle deine L. vergessen dich Klg 1,2
Hes	16,33	gibst deinen L. noch Geld dazu 36.37; 23,22; Hos 2,7.9.12.14.15
	23,5	Ohola entbrannte für ihre L. 9.20
Hos	9,10	wurden so zum Greuel wie ihre L.

liebkosen
Jes	66,12	auf den Knien wird man sie l.

lieblich

1Mo	8,21	der HERR roch den l. Geruch
	49,15	sah das Land, daß es l. ist
2Mo	29,18	denn es ist dem HERRN ein l. Geruch 25.41; 3Mo 1,9.13.17; 2,2.9.12; 3,5.16; 4,31; 6,8.14; 8,21.28; 17,6; 23,13.18; 4Mo 15,3.7.10.13.14.24; 18,17; 28,2.6.8.13.24.27; 29,2.6.8.13.36; Esr 6,10
3Mo	26,31	will den l. Geruch nicht mehr riechen
Ps	16,6	das Los ist mir gefallen auf l. Land
	81,3	laßt hören l. Zithern und Harfen
	133,1	wie fein und l. ist's, wenn Brüder
	135,3	lobsinget seinem Namen, denn er ist l.
	147,1	ihn loben ist l. und schön
Spr	2,10	Erkenntnis wird deiner Seele l. sein
	3,17	ihre Wege sind l. Wege
	5,19	sie ist l. wie eine Gazelle
	16,21	l. Rede mehrt die Erkenntnis
	22,11	wer ein reines Herz und l. Rede hat
	18	l. ist's, wenn du sie im Sinne behältst
	24,4	werden die Kammern voll kostbarer, l. Habe
	26	richtige Antwort ist wie ein l. Kuß
	31,30	l. und schön sein ist nichts
Pr	11,7	es ist den Augen l., die Sonne zu sehen
Hl	1,2	deine Liebe ist l. als Wein 4,10
	5	ich bin braun, aber gar l.
	10	deine Wangen sind l. mit den Kettchen
	16	mein Freund, du bist schön und l. 5,16
	2,14	deine Gestalt ist l. 4,3; 7,7
	6,4	du bist l. wie Jerusalem
Jes	27,2	zu der Zeit wird es heißen: L. Weinberg
	28,1	der welken Blume ihrer l. Herrlichkeit 4
	5	wird der HERR eine l. Krone sein
	32,12	man wird klagen um die l. Äcker
	52,7	wie l. sind die Füße der Freudenboten Rö 10,15
Jer	6,2	die Tochter Zion ist wie eine l. Aue
Klg	2,4	hat alles getötet, was l. anzusehen
Hes	6,13	wo sie ihren Götzen l. Opferduft darbrachten 16,19; 20,41
Sa	7,14	haben das l. Land zur Wüste gemacht
Jdt	10,5	daß sie allen unsagbar l. schien
Sir	24,20	ich strömte einen l. Geruch aus 23
	36,25	wie sehr freundliche und l. Worte spricht
	39,18	werdet l. Duft geben wie Weihrauch
	50,17	zum l. Geruch dem Höchsten
StE	4,3	ihr Angesicht war heiter und l.
Eph	5,2	sich selbst gegeben als Opfer, Gott zu einem l. Geruch
Phl	4,8	was wahrhaftig ist, was rein, was l.
	18	ein l. Geruch, ein angenehmes Opfer
Kol	4,6	eure Rede sei allezeit l.

Liebling

5Mo	33,24	Asser sei der L. seiner Brüder
2Sm	23,1	David, der L. der Lieder Israels
Spr	8,30	war ich als sein L. bei ihm

Lieblingsgott

Dan	11,37	weder den L. der Frauen noch einen andern

lieblos

Sir	18,18	ein Narr macht l. Vorwürfe
Rö	1,31	(sie sind) unvernünftig, treulos, l.
2Ti	3,3	(die Menschen werden sein) l.

Lied

1Mo	31,27	daß ich dich geleitet hätte mit L.
2Mo	15,1	sangen Mose und die *Israeliten dies L. 4Mo 21,17.27; 5Mo 31,30; 32,44
5Mo	31,19	schreibt euch nun dies L. auf 21.22
Ri	5,12	auf, Debora! Auf, und singe ein L.
2Sm	6,5	tanzten vor dem HERRN her mit L. 1Ch 13,8
	22,1	David redete die Worte dieses L. Ps 18,1
	23,1	David, der Liebling der L. Israels
1Kö	5,12	(Salomo) dichtete 1.005 L.
2Ch	23,18	mit L., nach Davids Weisung 29,30
	35,25	klagten in ihren L... L. stehen geschr.
Ps	28,7	will ihm danken mit meinem L.
	30,1	ein L. zur Einweihung des Tempels
	33,3	singet ihm ein neues L. 96,1; 98,1; 144,9; 149,1; Jes 42,10
	40,4	hat mir ein neues L. in m. Mund gegeben
	45,2	mein Herz dichtet ein feines L.
	46,1	ein L. der Söhne Korach
	69,31	will den Namen Gottes loben mit einem L.
	119,54	deine Gebote sind mein L. im Hause
	137,3	singet uns ein L. von Zion
	4	wie sollten wir des HERRN L. singen
Spr	25,20	wer einem mißmutigen Herzen L. singt
Jes	5,1	ich will singen, ein L. von meinem Freund
	14,4	wirst du dies L. anheben gegen den König
	23,16	und singe viel L.
	26,1	zu der Zeit wird man dies L. singen
	38,9	dies ist das L. Hiskias
Jer	48,33	der Winzer wird nicht mehr sein L. singen
Hes	26,13	will dem Getön deiner L. ein Ende machen
Am	5,23	tu weg von mir das Geplärr deiner L.
	6,5	erdichtet euch L. wie David
	8,3	die L. sollen in Heulen verkehrt werden 10
Hab	2,6	diese alle werden über ihn ein L. sagen
Jdt	16,1	da sang Judit dem Herrn dies L.
	2	singt (dem Herrn) ein neues L. 15
Sir	32,9	so wirken L. beim guten Wein
	44,5	(solche,) die L. und Weisen ersonnen
	47,18	alle Lande bewunderten deine L.
	50,20	das ganze Haus hallte wider von L.
Eph	5,19	ermuntert einander mit Psalmen und L.
Kol	3,16	mit geistlichen L. singt Gott in euren Herzen
Off	5,9	sie sangen ein neues L. 14,3
	14,3	niemand konnte das L. lernen außer
	15,3	sangen das L. des Mose und das L. des Lammes

liederlich

Tit	1,6	Kinder, die nicht im Ruf stehen, l. zu sein

liefern

1Ma	8,26	brauchen die Juden nicht... zu l. 28

Lieferung

Neh	13,31	(ordnete) die L. von Brennholz

liegen
(s.a. gefangen, gelegen, wüst)

1Mo	9,21	(Noah) l. im Zelt aufgedeckt
	14,15	Hoba, das nördlich l. 16,14; 33,18; 35,5; 50,10. 11; 2Mo 16,1; 4Mo 21,20; 22,5.36; 33,6,7; 34,3; 5Mo 3,17; 11,30; 32,49; Jos 3,16; 7,2; 11,16; 12,9.23; 13,17.30; 15,1.7.8.46; 16,6; 17,5.7.10; 18,13.14.16; 19,8; 22,9.10; 24,30; Ri 1,16; 10,4.

liegen 938

	8; 11,29; 12,4; 18,12.28; 19,14; 21,12.19; 1Sm 15,7; 23,19; 26,1.3; 2Sm 2,16.24; 13,23; 24,5; 1Kö 1,9; 4,12.13; 9,26; 11,7; 17,9; 2Kö 9,27; 14,11; 18,17; 1Ch 4,33; 13,6; 2Ch 17,10; 25,21; Esr 6,2; Jer 19,2; 32,8; 39,5; 52,9.27; Hes 47,18; Nah 3,8
1Mo 19,34	ich habe gestern bei meinem Vater gel.
21,17	gehört die Stimme des Knaben, der dort l.
23,9	Höhle, die am Ende s. Ackers l. 25,9; 49,30
28,13	das Land, darauf du l., will ich dir geben
29,1	Jakob ging in das Land, das im Osten l.
2	Schafe l. dabei... ein Stein l. vor
34,7	daß (Sichem) bei Jakobs Tochter gel. hatte
39,20	(Josef) l. allda im Gefängnis
42,19	laßt einen eurer Brüder gebunden l.
27	sah sein Geld, das oben im Sack l.
47,20	weil die Hungersnot schwer auf ihnen l.
30	will l. bei meinen Vätern
49,25	von der Flut, die drunten l. 5Mo 33,13
2Mo 14,30	sahen die Ägypter tot am Ufer l.
16,13	am Morgen l. Tau rings um das Lager 14
21,18	schlägt den andern, daß er zu Bett l. muß
23,5	den Esel deines Widersachers l. siehst
3Mo 1,8	Holz, das auf dem Altar l. 3,5
6,8	Weihrauch, der auf dem Speisopfer l.
15,4	jedes Lager, worauf er l., wird unrein 18.20. 24.26.33
18,20	nicht bei der Frau deines Nächsten l. 22.23; 19,20; 20,13.15.18; 4Mo 5,13.19.20; 5Mo 27,20-23; Hes 18,6
4Mo 4,7	das Schaubrot soll darauf l. 1Kö 7,48
5,6	so l. eine Schuld auf ihnen
10,5	Lager, die nach Osten zu l. 6
20,9	Stab, der vor dem HERRN l.
30,7	l. noch ein Gelübde auf ihr 9.15
5Mo 2,36	Aroër, das am Ufer des Arnon l. 3,12; 4,48; Jos 12,2; 13,9.16.25; Ri 11,26; 2Kö 10,33
9,25	fiel nieder und l. vor dem HERRN 40 Tage
13,17	daß (die Stadt) in Trümmern l. für immer
20,15	allen Städten, die sehr fern von dir l.
19	wenn du vor einer Stadt lange l. mußt
21,1	Erschlagenen findet... l. auf freiem Felde
3	welche Stadt am nächsten l. 6
Jos 7,10	warum l. du da auf deinem Angesicht
Ri 3,25	da l. ihr Herr auf der Erde tot
7,8	das Heer der Midianiter l. in der Ebene
13	so daß das Zelt am Boden l.
16,3	Simson aber l. bis Mitternacht
6	worin deine große Kraft l. 9.15
19,26	(die Frau) l. da, bis es licht wurde 27
Rut 2,16	laßt l., daß sie es auflese
3,8	eine Frau l. zu seinen Füßen
1Sm 3,2	Eli l. an seinem Ort 15
4,20	als sie im Sterben l.
5,3	sahen sie Dagon auf seinem Antlitz l. 4
6	die Hand des HERRN l. schwer 7.11; 7,13; Ps 32,4; Hes 3,14
6,14	dort l. ein großer Stein 18
14,38	an wem die Schuld l. 41; 20,8; 2Sm 14,32
19,16	da l. das Götzenbild im Bett
24	(Saul) l. nackt den ganzen Tag
20,21	die Pfeile l. herwärts von dir 22. 37
26,5	David sah die Stätte, wo Saul l. 7
31,8	wie sie gefallen l. 1Ch 10,8
2Sm 2,23	Stelle, wo Asaël tot l.
4,7	da l. er auf seinem Bett 13,8
11,9	wo alle Kriegsleute seines Herrn l. 11
11	bei meinem Weibe zu l. 12,11
12,16	David l. über Nacht auf der Erde
20,12	Amasa l. in seinem Blut
2Sm 21,1	auf Saul l. eine Blutschuld
23,13	das Lager der Philister l. in 14; 1Ch 11,15
1Kö 5,9	wie Sand am Ufer des Meeres l.
7,4	Gebälk l. in drei Reihen
13,25	sahen den Leichnam auf dem Wege l. 28
16,15	das Volk l. vor Gibbethon
19,6	zu seinen Häupten l. ein geröstetes Brot
20,42	Mann, auf dem mein Bann l.
21,2	weil er so nahe an meinem Hause l.
2Kö 4,32	da l. der Knabe tot auf seinem Bett
6,15	ein Heer um die Stadt 25,4; 2Ch 32,9; Jer 37,5; 52,7
7,15	l. der Weg voll von Kleidern und Geräten
8,7	da l. Ben-Hadad krank 29; 2Ch 22,6
9,14	Joram hatte vor Ramot gel. 16
19,35	l. alles voller Leichen 2Ch 20,24; Jes 37,36
23,18	laßt ihn l., niemand rühre seine Gebeine an
Esr 4,16	was jenseits des Euphrat l.
10,1	wie nun Esra auf den Knien l.
Neh 1,3	die Mauern l. zerbrochen
5,18	der Dienst l. schwer auf dem Volk
Est 4,3	viele l. in Sack und Asche
7,8	l. Haman vor dem Lager
Hi 16,16	auf meinen Wimpern l. Dunkelheit
17,16	wenn alle miteinander im Staub l. 21,26
21,21	was l. ihm an seinem Hause
24,7	sie l. in der Nacht nackt
28,3	Gestein, das tief verborgen l.
37,10	die weiten Wasser l. erstarrt
39,14	läßt ihre Eier auf der Erde l.
30	wo Erschlagene l., da ist er
40,21	er l. unter Lotosbüschen
Ps 3,6	ich l. und schlafe und erwache 4,9
16,9	mein Leib wird sicher l.
44,26	unser Leib l. am Boden
49,15	sie l. bei den Toten wie Schafe
51,8	dir gefällt Wahrheit, die im Verborgenen l.
57,5	ich l. mitten unter Löwen
68,14	wenn ihr zu Felde l., glänzt es
88,6	ich l. unter den Toten... die im Grabe l.
94,17	l. ich bald am Orte des Schweigens
102,15	jammert sie, daß (Zion) in Trümmern l.
105,18	sein Leib mußte in Eisen l.
119,25	meine Seele l. im Staube
168	alle meine Wege l. offen vor dir Spr 5,21
139,3	ich gehe oder l., so bist du um mich
Spr 3,24	l. du, so wirst du süß schlafen
4,15	laß ihn l., laß dich nicht darauf
6,9	wie lange l. du, Fauler
15,11	Unterwelt und Abgrund l. vor dem HERRN
23,34	wie einer, der l. im Mastkorb l.
Pr 4,11	wenn zwei beieinander l., wärmen sie sich
6,1	es l. schwer auf den Menschen
8,6	des Menschen Bosheit l. schwer auf ihm
9,11	alles l. an Zeit und Glück
Hl 2,6	seine Linke l. unter meinem Haupte 8,3
Jes 11,7	daß ihre Jungen beieinander l.
18,6	l. im Winter allerlei Tiere darauf l.
25,2	(die Stadt) in Trümmern l. Hes 29,12; 30,7
26,5	er stößt sie, daß sie im Staube l.
19	rühmet, die ihr l. unter der Erde
35,7	wo zuvor die Schakale gel. haben
50,11	in Schmerzen sollt ihr l.
51,20	deine Söhne l. auf allen Gassen Jer 14,16.18; Klg 2,21; Hes 11,6
53,5	die Strafe l. auf ihm
56,10	sie l. und jappen und schlafen gerne
61,4	die von Geschlecht zu G. zerstört gel.
64,9	Jerusalem l. zerstört Jer 25,11.18
Jer 9,21	Leichen sollen l. wie Dung 25,33; 36,30

Jer	10,23	l. in niemandes Macht, wie er wandle	Mk	5,40 ging hinein, wo das Kind l. 7,30
	12,11	verödet l. er vor mir Klg 1,1	Lk	2,12 werdet finden das Kind in einer Krippe l. 16
	17,16	was ich gepredigt habe, l. offen vor dir		11,7 meine Kinder l. schon zu Bett
	39,15	als er noch im Wachthof l.		16,20 der l. vor seiner Tür voll von Geschwüren
	41,8	wir haben Vorrat verborgen l.		17,34 in jener Nacht werden zwei auf einem Bett l.
	48,11	Moab ist auf seinen Hefen still gel.		23,53 Felsengrab, in dem noch nie jemand gel.
	51,47	daß seine Erschlagenen darin l. werden Hes 6,13; 30,11; 35,8; Am 8,3; Nah 3,3		hatte Jh 19,41
				24,13 der l. von Jerusalem bei zwei Stunden
Klg	4,1	wie l. die Edelsteine zerstreut	Jh	5,3 in denen l. viele Kranke, Blinde, Lahme, Ausgezehrte 5.6
	5	müssen jetzt im Schmutz l.		6,1 daran die Stadt Tiberias l.
Hes	4,9	so lange du auf deiner Seite l. mußt		11,1 es l. einer krank, Lazarus aus Betanien 3
	5,6	Länder, die ringsumher l.		17 fand er Lazarus schon vier Tage im Grabe l. 39
	7,18	auf allen Gesichtern l. Scham		
	8,3	des Tores, das gegen Norden l. 14; 9,2; 11,1. 23; 40,6.9.10.17.20.23.31.34.37; 41,15; 42,1.4.12; 43,4.17; 47,1; 48,21.22		12,2 Lazarus war deren einer, die zu Tische l.
				13,23 der l. bei Tisch an der Brust Jesu 21,20
				20,5 schaut hinein und sieht die Leinentücher l. 6
	16,6	sah dich in deinem Blut l. 22	Apg	1,12 der heißt Ölberg und l. nahe bei Jerusalem
	39	daß sie dich nackt und bloß l. lassen 23,29		9,33 Äneas, acht Jahre lang auf dem Bette gel.
	18,20	die Ungerechtigkeit soll auf ihm l.		10,6 Gerber Simon, dessen Haus am Meer l.
	23,8	mit den Ägyptern, die bei ihr gel.		27,8 nahe dabei l. die Stadt Lasäa
	26,17	Stadt, die du am Meer l. 27,4		28,8 daß der Vater des Publius darnieder l.
	28,23	sollen in ihr l. Erschlagene 32,22-32; 39,17	Rö	1,15 darum, soviel an mir l., bin ich willens
	29,3	Drache, der du in deinem Strom l.		3,3 daß einige nicht treu waren, was l. daran
	31,12	hieben ihn um und ließen ihn l. 18		9,16 so l. es nicht an jemandes Wollen oder Laufen
	33,10	Sünden und Missetaten l. auf uns		
	37,1	weites Feld; das l. voller Totengebeine 2		12,18 ist's möglich, soviel an euch l.
Dan	2,22	er weiß, was in der Finsternis l.	2Ko	10,7 seht, was vor Augen l.
	4,11	daß Tiere, die unter ihm l., weglaufen	Gal	2,6 was sie früher gewesen, daran l. mir nichts
	12	dich der Tau des Himmels l. 20.22.30; 5,21	Phl	1,16 daß ich l. zur Verteidigung des... hier l.
	8,27	ich, Daniel, l. einige Tage krank	Kol	2,3 in welchem verborgen l. alle Schätze der Weisheit und der Erkenntnis
	9,18	wir l. vor dir mit unserm Gebet 20		
	12,2	die unter der Erde schlafen l., aufwachen	1Jh	5,19 die ganze Welt l. im Argen
Jon	1,5	Jona l. und schlief	Jud	3 da es mir sehr am Herzen l.
Sa	1,11	alle Lande l. ruhig und still	Off	11,8 ihre Leichname werden l. auf dem Marktplatz
	14,4	Ölberg, der vor Jerusalem l. nach Osten		
	10	Jerusalem wird hoch l.		21,16 die Stadt l. viereckig
Jdt	2,5	gegen alle Reiche, die im Westen l.		
	6,3	wirst unter den Verwundeten Israels l.		**liegenbleiben**
	14,13	sah den Leichnam des Holofernes auf der Erde l. 4.14	Ri	9,40 viele b. erschlagen l. 1Sm 31,1; 1Ch 10,1
Wsh	17,2	l. eingeschlossen unter ihren Dächern	1Kö	13,24 sein Leichnam b. auf dem Wege l.
Tob	5,9	die auf dem Gebirge von Ekbatana l.	1Ch	5,22 waren erschlagen liegeng. 2Ch 13,17
Sir	6,33	wenn dir daran l., so wirst du weise	Esr	4,24 die Arbeit am Hause Gottes b. l. Neh 6,3
	10,4	alle Herrschaft l. in Gottes Händen 5	Pr	11,3 wohin er fällt, da b. er l.
	31,2	wenn einer wach l. und sich sorgt	Hes	47,17 sollen nördlich l. 48,1
	46,14	ihre Gebeine mögen grünen, wie sie l. 49,12	Sa	7,14 das Land b. verwüstet hinter ihnen l.
Bar	2,25	daß sie des Nachts im Tau gel. haben		
	6,13	Staub, der dich auf ihnen l.		**liegenlassen**
	71	wie ein Toter, der im Grabe l.	2Mo	23,11 im 7. Jahr sollst du es ruhen und l.l.
1Ma	3,42	sahen, daß die Feinde an der Grenze l.	Jes	18,6 daß man's l. für die Geier
	11,41	denen, die in den Festungen l.	Lk	10,30 machten sich davon und l. ihn halbtot l.
2Ma	1,21	das Opfer, das auf dem Holz l.	Apg	21,3 Zypern l. wir linker Hand l.
	3,31	Heliodor, den in den letzten Zügen l. 7,9		
	5,10	wie er viele unbegraben hatte l. lassen		**Likhi**
	13,12	drei Tage unaufhörlich auf der Erde l.	1Ch	7,19 Schemida hatte diese Söhne: L.
StD	2,30	darin l. er sechs Tage lang		
Mt	4,13	Kapernaum, das am See l.		**Lilie**
	5,14	die Stadt, die auf einem Berge l.	1Kö	7,19 die Knäufe waren wie L. 26; 2Ch 4,5
	8,6	Herr, mein Knecht l. zu Hause Lk 7,2; Jh 4,46.47	Ps	45,1 vorzusingen, nach der Weise „L." 69,1
				60,1 nach der Weise „L. des Zeugnisses" 80,1
	14	Jesus sah, daß dessen Schwiegermutter zu Bett l. Mk 1,30	Hl	2,1 ich bin eine L. im Tal 2
				16 der unter den L. weidet 4,5; 6,2.3
	9,2	einen Gelähmten, der l. auf einem Bett Mk 2,4; Lk 5,25		5,13 seine Lippen sind wie L.
	21,2	geht in das Dorf, das vor euch l. Mk 11,2; Lk 19,30		7,3 wie ein Weizenhaufen, umsteckt mit L.
	23,18	schwört bei dem Opfer, das darauf l. 20	Jes	35,1 die Steppe wird blühen wie die L.
	28,6	seht die Stätte, wo er gel. hat	Hos	14,6 daß es blühen soll wie eine L.
Mk	4,1	ein Boot, das im Wasser l. Lk 5,2		
	5,23	meine Tochter l. in den letzten Zügen Lk 8,42		

Lilie

Sir	39,18	werdet blühen wie die L. 50,8
Mt	6,28	schaut die L. auf dem Feld an Lk 12,27

Lilienschmuck

1Kö	7,22	oben auf den Säulen war L.

lind

Ps	55,22	ihre Worte sind l. als Öl
Spr	15,1	eine l. Antwort stillt den Zorn
	4	eine l. Zunge ist ein Baum des Lebens
	25,15	eine l. Zunge zerbricht Knochen
1Th	2,7	*wir sind bei euch l. gewesen*

Linde

Jes	6,13	doch wie bei einer Eiche und L.
Hos	4,13	räuchern unter den Eichen, L. und Buchen
	14,6	s. Wurzeln sollen ausschlagen wie eine L.
	7	daß es so guten Geruch gebe wie die L.
StD	1,54	er antwortete: Unter einer L.

lindern

Jes	1,6	Wunden, die nicht mit Öl gel. sind
Nah	3,19	niemand wird deinen Schaden l.

Lindigkeit

2Ko	10,1	*ich ermahne euch bei der L. Christi*
Phl	4,5	*eure L. lasset kund sein allen*

linker, links

1Mo	13,9	willst du zur L., so will ich zur Rechten
	24,49	daß ich mich wende zur Rechten oder L.
	48,14	legte seine l. (Hand) auf Manasses Haupt 13
2Mo	14,22	das Wasser war eine Mauer… zur L. 29
3Mo	14,15	von d. Öl in seine l. Hand gießen 16.26.27
4Mo	20,17	weder zur Rechten noch zur L. weichen
		22,26; 5Mo 2,27; 5,32; 17,11.20; 28,14; Jos 1,7;
		23,6; 1Sm 6,12; 2Sm 2,19.21; 14,19; 2Kö 22,2;
		2Ch 34,2; Spr 4,27; Jes 30,21
Ri	3,21	Ehud streckte seine l. Hand aus
	7,20	hielten die Fackeln in ihrer l. Hand
	16,29	umfaßte die andere mit seiner l. Hand
2Sm	16,6	seine Helden zu seiner Rechten und L.
	20,10	Dolch in der l. Hand Joabs
1Kö	7,21	die er zur l. Hand setzte 39.49; 1Ch 6,29;
		2Ch 3,17; 4,6-8; 23,10; Neh 8,4; 12,38; Sa 4,3.
		11
	22,19	das himml. Heer zu seiner L. 2Ch 18,18
2Kö	23,8	zur L., wenn man zum Tor hineingeht
Hi	23,9	ist er zur L., so schaue ich ihn nicht
Spr	3,16	in ihrer l. ist Reichtum und Ehre
Pr	10,2	des Toren Herz ist zu seiner L.
Hl	2,6	seine L. liegt unter meinem Haupte 8,3
Jes	9,19	sie fressen zur L. und werden nicht satt
	54,3	wirst dich ausbreiten zur L.
Hes	1,10	zur l. Seite gleich einem Stier
	4,4	sollst dich auf deine l. Seite legen
	16,46	Samaria, die dir zur L. wohnt
	21,21	hau drein zur Rechten und L. Sa 12,6
	39,3	will dir den Bogen aus d. l. Hand schlagen
Dan	12,7	er hob seine rechte und l. Hand auf
Jon	4,11	die nicht wissen, was rechts oder l. ist
Tob	1,1	wenn man Safed zur L. hat
1Ma	9,16	als die auf dem l. Flügel sahen
Mt	6,3	laß deine l. Hand nicht wissen, was die rechte tut
Mt	20,21	den andern zu deiner L. Mk 10,37
	23	das Sitzen zu meiner Rechten und L. zu geben Mk 10,40
	25,33	wird stellen die Böcke zur L. 41
	27,38	zwei Räuber, einer zur L. Mk 15,27; Lk 23,33
Apg	21,3	Zypern ließen wir l. Hand liegen
2Ko	6,7	mit den Waffen der Gerechtigkeit zur L.
Off	10,2	er setzte seinen l. (Fuß) auf die Erde

linkshändig

Ri	3,15	Ehud war l.
	20,16	siebenhundert Männer, die l. waren

Linsen, Linsengericht

1Mo	25,34	da gab ihm Jakob Brot und das L.
2Sm	17,28	(brachten) Körner, Bohnen, L.
	23,11	war dort ein Stück Acker mit L.
Hes	4,9	nimm dir L., Hirse und Spelt

Linus

2Ti	4,21	es grüßen dich L. und Klaudia

Lippe

3Mo	5,4	daß ihm über die L. fährt, er wolle 4Mo 30,3. 13; 5Mo 23,24
1Sm	1,13	Hanna… nur ihre L. bewegten sich
Hi	2,10	versündigte sich Hiob nicht mit seinen L.
	8,21	bis er mache deine L. voll Jauchzens
	11,5	täte Gott seine L. auf
	15,6	deine L. zeugen gegen dich
	16,5	würde euch mit meinen L. trösten
	23,12	übertrat nicht das Gebot seiner L.
	27,4	meine L. reden nichts Unrechtes 33,3
	32,20	muß meine L. auftun Ps 66,14
Ps	17,1	mein Gebet von L., die nicht trügen
	4	bewahre ich mich durch das Wort deiner L.
	34,14	behüte deine L., daß sie nicht Trug reden
	45,3	voller Huld sind deine L.
	51,17	Herr, tu meine L. auf
	59,8	Schwerter sind auf ihren L.
	13	das Wort ihrer L. ist nichts als Sünde
	63,4	meine L. preisen dich 119,171
	71,23	meine L. sollen fröhlich sein
	119,13	will mit m. L. erzählen alle Weisungen
	140,4	Otterngift ist unter ihren L. Rö 3,13
	141,3	HERR, bewahre meine L.
Spr	5,3	die L. der fremden Frau sind süß
	8,6	meine L. sprechen, was recht ist 7.13
	10,13	auf den L. der Verständigen… Weisheit
	18	falsche L. bergen Haß
	19	wer seine L. im Zaum hält, ist klug
	21	des Gerechten L. erquicken viele 32
	16,23	des Weisen Herz mehrt auf s. L. die Lehre
	30	wer mit den L. andeutet, vollbringt Böses
	18,6	die L. des Toren bringen Zank 7.20
	22,18	laß sie miteinander auf deinen L. bleiben
	23,16	wenn deine L. reden, was recht ist
	24,2	ihre L. raten zum Unglück
	26,23	glatte L., das ist wie Tongeschirr 28
	27,2	laß dich loben nicht von deinen eignen L.
Pr	10,12	des Toren L. verschlingen ihn selber
Hl	4,3	deine L. sind wie eine scharlachf. Schnur
	11	von deinen L. träufelt Honigseim
	5,13	seine L. sind wie Lilien
	7,10	wie guten Wein, der L. und Zähne mir netzt
Jes	6,5	bin unreiner L… Volk von unreinen L.

Jes	6,7	hiermit sind deine L. berührt Dan 10,16
	11,4	mit dem Odem seiner L. den Gottl. töten
	29,13	weil dies Volk mit seinen L. mich ehrt Mt 15,8; Mk 7,6
	30,27	seine L. sind voll Grimm
	57,19	will ich Frucht der L. schaffen
	59,3	eure L. reden Falsches
Hos	14,3	wollen wir opfern die Frucht unserer L.
Hab	3,16	meine L. zittern von dem Geschrei
Ze	3,9	will ich den Völkern reine L. geben
Mal	2,6	wurde nichts Böses auf seinen L. gefunden
	7	des Priesters L. sollen die Lehre bewahren
Sir	22,33	ein Siegel fest auf meine L. gedrückt
1Ko	14,21	ich will mit andern L. reden zu diesem Volk
1Pt	3,10	der hüte seine L., daß sie nicht betrügen
Heb	13,15	Frucht der L., die seinen Namen bekennen

List

1Mo	27,35	dein Bruder ist gekommen mit L.
2Mo	1,10	wollen sie mit L. niederhalten
4Mo	25,18	haben euch Schaden getan mit ihrer L.
Jos	9,4	erdachten (die Bürger von Gibeon) eine L.
1Ch	12,18	kommt ihr aber mit L.
Wsh	14,24	einer tötet den andern mit L.
Sir	11,30	die Welt ist voller L. und Verleumdung
2Ma	1,13	durch L. der Priester erschlagen
	4,34	Andronikus beredete ihn mit L.
	13,18	die Orte mit L. in seine Gewalt zu bringen
	14,29	Gelegenheit, ihn mit L. zu fangen
Mt	26,4	wie sie Jesus mit L. ergreifen Mk 14,1
Lk	20,23	er aber merkte ihre L.
Apg	13,10	du Sohn des Teufels, voll aller L.
Rö	1,29	(Menschen,) voll von aller L., Niedertracht
2Ko	4,2	wir gehen nicht mit L. um
	11,3	wie die Schlange Eva verführte mit ihrer L.
1Th	2,3	unsre Ermahnung... noch geschah sie mit L.

listig

1Mo	3,1	die Schlange war l. als alle Tiere
1Sm	23,22	man hat mir gesagt, daß er sehr l. ist
Hi	15,5	hast erwählt eine l. Zunge
Ps	83,4	machen l. Anschläge wider dein Volk
Spr	7,10	begegnete ihm eine Frau im Hurengewand,l.
Dan	11,23	wird er l. handeln
Eph	6,11	damit ihr bestehen könnt gegen die l. Anschläge des Teufels

Lo-Ammi

Hos	1,9	nenne ihn L. 2,25

Lo-Dabar

Jos	13,26	(dem Stamm Gad gab Mose) L.
2Sm	9,4	in L. im Hause Machirs 5; 17,27
Am	6,13	die ihr euch freut über L.

Lo-Ruhama

Hos	1,6	nenne sie L. 8; 2,25

Lob

2Sm	14,25	Absalom hatte dieses L. vor allen
1Ch	16,35	daß wir dir L. sagen Ps 101,1
Esr	3,11	jauchzte laut beim L. des HERRN
Ps	27,6	will L. opfern und L. sagen dem HERRN
	34,2	sein L. soll immerdar in m. Munde sein

Ps	102,22	daß sie verkünden sein L. in Jerusalem
	106,2	wer kann sein L. genug verkündigen
	12	und sangen sein L.
	111,10	sein L. bleibet ewiglich
	145,21	m. Mund soll des HERRN L. verkündigen
Jes	60,6	sie werden des HERRN L. verkündigen
	18	sollen deine Tore „L." heißen
Jer	13,11	mir zum Ruhm, zu L. und Ehren
Hab	3,3	seines L. war der Himmel voll
Ze	3,19	will sie zu L. und Ehren bringen 20
Wsh	15,19	ist ihnen das L. Gottes verlorengeg.
Tob	3,23	deinem Namen sei ewig Ehre und L.
Sir	15,10	zu rechtem L. gehört die Weisheit
	44,12	ihr L. wird nicht untergehen 15
1Ma	4,30	L. sei dir, du Heiland Israels
Mt	21,16	aus dem Munde... hast du dir L. bereitet
Rö	2,29	das L. eines solchen nicht von Menschen
	13,3	so wirst du L. von ihr erhalten
	15,7	wie Christus euch angenommen zu Gottes L.
1Ko	4,5	dann wird einem jeden sein L. zuteil werden
2Ko	1,20	durch ihn das Amen, Gott zum L.
	8,18	dessen L. durch alle Gemeinden geht
Eph	1,6	zum L. seiner herrlichen Gnade
	12	zum L. seiner Herrlichkeit 14
Phl	1,11	Gerechtigkeit zur Ehre und zum L. Gottes
	4,8	was einen guten Ruf hat, sei es eine Tugend, sei es ein L.
1Pt	1,7	damit euer Glaube befunden werde... zu L.
	2,14	zum L. derer, die Gutes tun
Off	5,12	ist würdig, zu nehmen Ehre und Preis und L.
	13	dem L. von Ewigkeit zu Ewigkeit 7,12

loben

1Mo	9,26	gel. sei der HERR 24,27; 2Mo 18,10; Rut 4,14; 1Sm 25,32.39; 2Sm 18,28; 1Kö 1,48; 5,21; 8,15.56; 10,9; 1Ch 16,36; 2Ch 2,11; 6,4; 9,8; Esr 7,27; Ps 28,6; 31,22; 41,14; 72,18; 106,48; 124,6; 135,21; 144,1; Sa 11,5; Lk 1,68
	14,20	gel. sei der Gott, der Höchste
	24,48	neigte mich und l. den HERRN
5Mo	8,10	wenn du satt bist, sollst du den HERRN l.
	33,20	gel. sei, der Gad Raum schafft
Jos	22,33	das gefiel... Israel gut, und sie l. Gott
Ri	5,2	l. den HERRN 9; 1Ch 16,36; Neh 9,5; Ps 9,12; 135,3; 147,1; 148,7
	16,24	(die Philister) ihren Gott
2Sm	22,47	gel. sei mein Fels Ps 18,47
1Ch	16,4	Leviten, daß sie l. den HERRN 23,30; 25,3; 2Ch 5,13; 8,14; 20,19.22.26; 29,30; 30,21; 31,2; Esr 3,10; Neh 12,24.46
	25	der HERR ist hoch zu l. Ps 96,4; 145,3
	29,10	er l. den HERRN: Gel. seist du 20; Ps 119,12
2Ch	31,8	l. sie den HERRN und sein Volk Israel
Neh	5,13	sprach: Amen! und l. den HERRN 8,6
Hi	1,21	der Name des HERRN sei gel. Ps 113,2.3
	38,7	als mich die Morgensterne miteinander l.
Ps	7,18	will l. den Namen des HERRN 9,3; 145,1
	16,7	ich l. den HERRN, der mich beraten hat
	21,14	wollen wir singen und l. deine Macht
	26,12	ich will den HERRN l. 34,2; 146,2
	35,27	der HERR sei hoch gel. 40,17; 70,5
	40,4	neues Lied gegeben, zu l. unsern Gott
	57,8	mein Herz ist bereit, daß ich singe und l.
	63,5	mein Leben lang
	6	wenn ich dich mit fröhlichem Munde l. kann
	65,2	man l. dich in der Stille zu Zion
	66,8	l., ihr Völker, unsern Gott
	20	gel. sei Gott 68,36; 72,18
	68,20	gel. sei der Herr täglich Ps 145,2

loben

Ps	68,27	l. Gott in den Versammlungen
	69,31	will den Namen Gottes l. mit einem Lied
	35	es l. ihn Himmel und Erde 148,3-5
	72,19	gel. sei sein herrlicher Name ewiglich
	84,5	die l. dich immerdar
	89,53	gel. sei der HERR ewiglich
	96,2	l. seinen Namen 100,4
	98,4	singet, rühmet und l.
	5	l. den HERRN mit Harfen 147,7; 150,3-5
	100,4	gehet ein zu seinen Vorhöfen mit L.
	102,19	Volk, das er schafft, wird den HERRN l.
	103,1	l. den HERRN, meine Seele 2.22; 104,1.35; 146,1
	20	l. den HERRN, ihr seine Engel 21; 148,1.2
	22	l. den HERRN, alle seine Werke
	104,33	will meinen Gott l., solange ich bin 146,2
	106,47	daß wir dich l. können
	113,1	l., ihr Knechte des HERRN, l. den Namen des HERRN 134,1.2; 135,1
	115,17	die Toten werden dich nicht l. Jes 38,18
	18	wir l. den HERRN von nun an bis in Ewigk.
	117,1	l. den HERRN, alle Heiden Rö 15,11
	118,26	gel. sei, der da kommt im Namen des HERRN Mt 21,9; 23,39; Mk 11,9; Lk 13,35; 19,38; Jh 12,13
	119,164	ich l. dich des Tages siebenmal
	171	meine Lippen sollen dich l.
	175	laß m. Seele leben, daß sie dich l.
	135,19	das Haus Israel l. den HERRN 20
	145,10	deine Heiligen (sollen) dich l. 148,14; 149,1
	21	alles Fleisch l. seinen heiligen Namen
	147,1	unsern Gott l., das ist ein köstlich Ding, ihn l. ist lieblich
	12	l., Zion, deinen Gott
	148,13	sollen l. den Namen des HERRN 149,3
	150,1	l. Gott in s. Heiligtum, l. ihn in der Feste
	2	l. ihn für s. Taten, l. ihn in s. Herrlichkeit
	6	alles, was Odem hat, l. den HERRN
Spr	12,8	ein Mann wird gel. nach seiner Klugheit
	27,2	laß dich von einem andern l.
	31,28	ihr Mann l. sie
	30	ein Weib, das den HERRN fürchtet, soll man l. 31
Jes	25,1	Gott, ich l. deinen Namen
	38,19	allein, die da leben, l. dich
	49,13	l., ihr Berge, mit Jauchzen
	64,10	das Haus, in dem dich unsre Väter gel.
Dan	2,19	Daniel l. den Gott des Himmels
	20	gel. sei der Name Gottes
	23	ich l. dich, Gott meiner Väter
	3,28	gel. sei der Gott Schadrachs
	4,31	ich l. den Höchsten 34
	5,4	l. sie die goldenen, hölzernen Götter 23
	6,11	Daniel l. und dankte seinem Gott
Jdt	7,16	am Leben bleiben und darin l. Tob 8,18
Wsh	10,20	die Gerechten l. einmütig deine Hand
	19,9	sie l. dich, Herr, der sie erlöst
Tob	3,13	l. Gott und sprach 7,17; 9,8; 13,1; Sir 50,20; 1Ma 4,24.55; 13,48; 2Ma 3,30; 8,27; 11,9; 15,29.34; StD 1,63; 3,27
	14	gel. sei dein Name, Herr, du Gott
	12,7	l. und preist den Gott des Himmels 18; 13,3; Sir 17,27; 39,19.20; 43,32; Bar 3,6.7; StD 3,34-66
Sir	9,24	das Werk l. den Meister
	10,34	wird die Klugheit an einem Armen gel.
	15,9	es schickt sich nicht für einen Gottlosen, Gott zu l.
	17,25	wer kann den Höchsten l. bei den Toten 26
	26	allein die Lebendigen können l.
Sir	21,18	eine gute Lehre l. er
	24,3	(sie) l. sich vor seinem himmlischen Heer
	25,9	neun Dinge, die ich in meinem Herzen l.
	27,8	sollst niemand l., bevor du ihn gehört hast
	26	er l. sehr, was du redest
	31,9	wo ist der? so wollen wir ihn l. 10
	28	einen gastfreien Mann l. die Leute
	37,27	ein weiser Mann wird sehr gel.
	39,41	darum soll man den Namen des Herrn l.
	43,12	l. den, der... gemacht hat
	44,1	laßt uns l. die berühmten Männer
	47,12	damit der Name gel. 1Ma 4,33
	49,15	Nehemia ist allezeit zu l.
	51,1	ich l. dich, Gott, m. Heiland 15.17.30.37
2Ma	1,17	unser Gott sei gel. 15,34; StD 3,2.28-33
StE	2,7	denen nicht der Mund gestopft werden, die dich l. 3,7
GMn	15	so will ich mein Leben lang dich l.
	16	l. dich l. das ganze Himmelsheer
Mt	21,9	gel. sei, der da kommt in dem Namen des Herrn 23,39; Mk 11,9; Lk 13,35; 19,38; Jh 12,13
Mk	11,10	gel. sei das Reich unseres Vaters David
Lk	1,64	er redete und l. Gott
	68	gel. sei der Herr, der Gott Israels
	2,13	die l. Gott und sprachen 20.28
	16,8	l. den Verwalter, weil er klug gehandelt
	18,43	alles Volk, das es sah, l. Gott
	19,37	mit Freuden Gott zu l. mit lauter Stimme
Apg	2,47	l. Gott und fanden Wohlwollen beim ganzen Volk
	3,8	lief und sprang umher und l. Gott 9
	4,21	l. Gott für das, was geschehen war
	11,18	sie l. Gott und sprachen
	16,25	Paulus und Silas l. Gott
	19,17	der Name des Herrn Jesus wurde hoch gel.
	21,20	als sie das hörten, l. sie Gott und sprachen
Rö	1,25	Schöpfer, der gel. ist in Ewigkeit. Amen
	9,5	Gott, gel. in Ewigkeit 2Ko 11,31
	15,6	damit ihr einmütig mit einem Munde Gott l.
	9	die Heiden sollen Gott l. um der Barmherzigk.
1Ko	11,2	ich l. euch, weil ihr an mich denkt
	17	ich kann's nicht l., daß ihr 22
	22	was soll ich euch sagen? Soll ich euch l.
	14,16	wenn du Gott l. im Geist, wie soll
2Ko	1,3	gel. sei Gott, der Vater unseres Herrn Jesus Christus Eph 1,3; 1Pt 1,3
	5,12	*wir l. uns nicht abermals bei euch*
	10,12	*nicht unter die, die sich selbst l.*
	18	*nicht daß er sich l... der Herr l.*
	12,11	*ich sollte von euch gel. werden*
Jak	3,9	mit ihr l. wir den Herrn und Vater
	10	aus einem Munde kommt L. und Fluchen
Off	19,5	l. unsern Gott, alle seine Knechte

Lobetal

2Ch	20,26	im L... daher heißt die Stätte „L."

Lobgesang

2Mo	15,2	der HERR ist meine Stärke und mein L.
1Ch	23,5	die David zum L. hatte machen lassen
Neh	11,17	hatte beim Gebet den L. anzustimmen
Hi	35,10	wo ist Gott, der L. gibt
Ps	22,4	der du thronst über den L. Israels
Jes	24,16	wir hören L. vom Ende der Erde
	51,3	daß man darin findet Dank und L.
	61,3	L. statt eines betrübten Geistes

Wsh	18,9	nachdem sie die L. der Väter angestimmt
1Ma	13,51	zog hinein mit L. und Palmenzweigen
2Ma	1,30	die Priester sangen die L. dazu
	10,7	priesen mit L. den, der es gefügt hatte 38
	12,37	stimmte unter L. das Kriegsgeschrei an
Mt	26,30	als sie den L. gesungen hatten Mk 14,26
Eph	5,19	ermuntert einander mit Psalmen und L.
Kol	3,16	mit L. singt Gott dankbar in euren Herzen

löblich

2Mo	15,11	wer ist dir gleich, der so l. ist

Loblied

2Ch	20,21	bestellte Sänger, daß sie L. sängen
Ps	145,1	ein L. Davids
Sir	39,19	singt ein L.
	47,7	man ehrte (David) mit L. auf den Herrn

Lobopfer

3Mo	7,12	wollen sie es als L. darbringen 13.15; 22,29
2Ch	29,31	bringt L... und die Gemeinde brachte L.
	33,16	opferte darauf Dankopfer
Sir	35,4	Barmherzigkeit üben, das ist das rechte L.
Heb	13,15	laßt uns Gott allezeit das L. darbringen

Lobpreis

Esr	3,11	stimmten den L. an
Jes	26,8	des Herzens Begehren steht nach deinem L.
	62,7	bis er Jerusalem setze zum L.
Sir	47,9	dankte (David) dem Höchsten, mit einem L.
Bar	5,4	dein Name: „L. der Frömmigkeit"

lobpreisen

1Ko	14,16	*wenn du l. im Geist*

lobsingen

2Sm	22,50	will deinem Namen l. Ps 18,50; 61,9; 92,2
Hi	33,27	wird vor den Leuten l.
Ps	30,5	l. dem HERRN 68,33; Jes 12,5
	13	daß ich dir l. und nicht stille werde
	33,2	l. ihm zum Psalter von zehn Saiten
	47,7	l., l. Gott, l., l. unserm Könige 8
	57,10	will dir l. unter den Leuten 59,18; 108,4
	66,2	l. zur Ehre seines Namens 4; 68,5; 135,3
	4	alles Land bete dich an und l. dir
	71,22	ich will dir zur Harfe l.
	23	meine Lippen sollen dir l.
	75,10	ich will l. dem Gott Jakobs
	138,1	vor den Göttern will ich dir l.
	146,2	will meinem Gott l., solange ich bin
Heb	2,12	ich will mitten in der Gemeinde dir l.

Loch

1Mo	29,2	Stein lag vor dem L. des Brunnens 3.8.10
1Sm	14,11	Hebräer sind aus den L. hervorgekommen
2Kö	12,10	bohrte oben ein L. hinein
Hi	30,6	an den Hängen wohnen sie, in den L.
Ps	69,16	das L. des Brunnens sich nicht schließe
Jes	11,8	ein Säugling wird spielen am L. der Otter
Jer	48,28	Tauben, die da nisten in den L.
Hes	8,7	da war ein L. in der Wand 8; 12,5.7.12
Jdt	14,11	Mäuse sind aus ihren L. hervorgekommen
Mt	25,18	grub ein L. in die Erde und verbarg das Geld
Mk	2,4	deckten sie das Dach auf, machten ein L.
Heb	11,38	*sind umhergeirrt in den L. der Erde*
Jak	3,11	aus einem L. süßes und bitteres Wasser fließen

löchrig

Hag	1,6	Geld, legt's in einen l. Beutel

Locke

Ri	16,13	L. meines Hauptes... heftetest sie an 14.19
Hl	5,2	und meine L. voll Nachttropfen
	11	seine L. sind kraus
	7,6	ein König liegt in deinen L. gefangen

locken

Spr	1,10	wenn dich die bösen Buben l., folge nicht
Hos	2,16	will sie l. und in die Wüste führen
	7,11	wie eine Taube, die sich leicht l. läßt
Sa	10,8	ich will sie l. und sie sammeln
Wsh	4,12	l. Begierde verkehrt den arglosen Sinn
2Pt	2,14	sie l. an sich leichtfertige Menschen
Jak	1,14	wird von seinen eigenen Begierden gel.

löcken

Apg	26,14	schwer, wider den Stachel zu l.

locker

Wsh	4,4	weil sie auf l. Grund steht

lockig

Jes	3,24	es wird sein eine Glatze statt l. Haars

Lockvogel

Jer	5,27	wie ein Vogelbauer voller L. ist
Sir	11,31	wer ein falsches Herz hat, ist wie ein L.

Lod (= Lydda)

1Ch	8,12	baute Ono und L. Esr 2,33; Neh 7,37; 11,35

lodern

Jes	9,17	die Bosheit l. wie Feuer
Hes	1,4	es kam l. Feuer Dan 7,9
	24,10	bring das Feuer zum L.

Löffel

4Mo	4,7	(sollen) darauf legen die L.
	7,14	dazu ein goldener L. 20 u. ö. 86
1Kö	7,50	L. von lauterem Gold 2Ch 4,22; 24,14
2Kö	25,14	die L. nahmen sie weg Jer 52,19

Lohe

Hi	41,13	sein Odem ist wie lichte L.

Lohesch

Neh	3,12	Schallum, der Sohn des L. 10,25

Lohn

1Mo	15,1	bin dein Schild und dein sehr großer L.
	29,15	was soll dein L. sein 30,28.32.33
	31,7	hat zehnmal meinen L. verändert 8.41
3Mo	19,13	soll des Tagelöhners L. nicht bei dir bleiben bis zum Morgen 5Mo 24,14.15; Hi 7,2
4Mo	18,31	ist euer L. für euer Amt
	22,7	den L. für das Wahrsagen in ihren Händen
Rut	2,12	dein L. möge vollkommen sein
2Sm	4,10	dem ich doch L. hätte geben sollen
1Kö	5,20	den L. deiner Leute will ich dir geben
2Ch	15,7	euer Werk hat seinen L.
Hi	15,31	Trug wird sein L. werden
	20,29	das ist der L. eines gottl. Menschen 27,13
Ps	11,6	wird Glutwind ihnen zum L. geben
	19,12	wer sie hält, der hat großen L.
Spr	11,18	wer Gerechtigkeit sät, hat sicheren L.
	22,4	der L. der Demut ist Reichtum
Pr	4,9	sie haben guten L. für ihre Mühe
	9,5	die Toten haben keinen L. mehr
Jes	17,14	das ist der L. unsrer Räuber
	19,10	die um L. arbeiten, sind bekümmert
	49,4	wiewohl mein L. bei meinem Gott ist
	61,8	will ihnen ihren L. in Treue geben
Jer	4,18	das hast du zum L. für deinen Wandel
	6,19	will über dies Volk bringen verdienten L.
	13,25	das soll dein L. sein und dein Teil
	15,13	geben als L. für alle deine Sünden
	22,13	gibt ihm seinen L. nicht
Hes	29,20	zum L. für die Arbeit, die er getan hat
Dan	11,39	wird ihnen Land zum L. austeilen
Hos	2,14	weil sie sagt: Das ist mein L.
Mi	3,11	seine Priester lehren für L.
Sa	11,12	gebt meinen L... wogen mir den L. dar
Wsh	5,16	der Herr ist ihr L.
Tob	4,10	wirst du dir einen guten L. sammeln
	15	enthalte dem Tagelöhner den L. nicht vor
	5,15	will ich dir deinen L. geben
	12,2	welchen L. können wir ihm geben
Sir	2,7	euer L. wird nicht verlorengehen
	11,23	der Segen Gottes ist der L. der Frommen
	34,27	wer dem Arbeiter seinen L. nicht gibt
2Ma	8,33	empfing den L. für seine Gottlosigkeit
Mt	5,46	was werdet ihr für L. haben
	6,1	ihr habt sonst keinen L. bei eurem Vater
	2	sie haben ihren L. schon gehabt 5.16
	10,41	der wird den L. eines Propheten empfangen
	20,8	ruf die Arbeiter und gib ihnen den L.
	24,51	ihm L. geben mit den Heuchlern Lk 12,46
Lk	6,23	euer L. ist groß im Himmel 35
	10,7	ein Arbeiter ist seines L. wert 1Ti 5,18
Jh	4,36	wer erntet, empfängt schon seinen L.
Apg	1,18	einen Acker erworben mit dem L. für seine Ungerechtigkeit
Rö	1,27	L. ihrer Verirrung an sich selbst empfangen
	4,4	wird der L. nicht aus Gnade zugerechnet
1Ko	3,8	jeder wird seinen L. empfangen
	14	wird jemandes Werk bleiben, so wird er L. empfangen
	9,17	täte ich's aus eigenem Willen, so erhielte ich L.
	18	was ist nun mein L.
2Ko	5,10	damit jeder seinen L. empfange für das, was vor dem Herrn als L. empfangen wird
Kol	3,24	den L. der Ungerechtigkeit davontragen
2Pt	2,13	Bileam, der den L. der Ungerechtigkeit liebte
2Jh	8	daß ihr vollen L. empfangt
Heb	2,2	jeder Ungehorsam den rechten L. empfing
Heb	11,6	daß er denen, die ihn suchen, ihren L. gibt
Jak	5,4	L. der Arbeiter, den ihr ihnen vorenthalten habt
Off	11,18	Zeit, den L. zu geben deinen Knechten
	22,12	siehe, ich komme bald und mein L. mit mir

lohnen

1Mo	30,18	Gott hat mir gel.
2Mo	2,9	stille es mir; ich will es dir l.
Spr	13,13	wer das Gebot fürchtet, dem wird es gel.
Sir	36,18	l. es denen, die auf dich warten
1Ko	9,17	täte ich's... so würde mir gel.
	16,4	wenn es die Mühe l., daß ich auch hinreise

Lois

2Ti	1,5	Glauben, der gewohnt hat in deiner Großmutter L.

Los

2Mo	28,30	die L. „Licht und Recht" 3Mo 8,8; 5Mo 33,8; 1Sm 14,41.42; 28,6; Esr 2,63; Neh 7,65
3Mo	16,8	soll das L. werfen... ein L. dem HERRN 9.10; 4Mo 27,21
4Mo	26,55	soll man das Land durchs L. austeilen 56; 33,54; 34,13; 36,2; Jos 13,6; 14,2; 15,1; 16,1; 17,1.2; 18,6.8.10.11; 19,1.10.17.24.32.40.51; 23,4
	36,3	wird das L. unseres Erbteils verringert
Jos	17,14	warum hast du mir nur ein L. gegeben 17
	21,4	das L. fiel auf die Geschlechter der Kehatiter 5.6.8.10.40; 1Ch 6,39.46.48.50
Ri	20,9	laßt uns hinaufziehen nach dem L.
Rut	1,13	mein L. ist zu bitter für euch
1Sm	10,20	fiel das L. auf den Stamm Benjamin 21
1Ch	16,18	Kanaan, das L. eures Erbteils Ps 105,11
	24,5	teilten sie durchs L. 7.31; 25,8.9; 26,13.14
Neh	10,35	wir wollen das L. werfen 11,1
Est	3,7	wurde das Pur, das ist, das L. 9,24
Hi	6,27	könntet über eine Waise das L. werfen
Ps	16,6	das L. ist mir gefallen auf liebl. Land
	22,19	werfen sie... um mein Gewand
Spr	16,33	der Mensch wirft das L.; aber
	18,18	das L. schlichtet den Streit
Jes	17,14	ist das L. derer, die uns das Unsre nehmen
	34,17	er wirft ihnen das L.
	57,6	bei den Steinen... sie sind dein L.
Hes	21,26	wirft mit den Pfeilen das L. 27
	45,1	wenn ihr das Land durchs L. austeilt 47,22
Jo	4,3	sie haben das L. in mein Volk geworfen
Ob	11	wie Ausländer über Jerusalem das L. warfen
Nah	3,10	um ihre Edlen warf man das L.
Wsh	2,9	sie ist unser Teil und unser L.
	3,14	dem wird ein besseres L. gegeben werden
StE	7,6	so hatte Gott einst zwei L. gemacht
Mt	27,35	verteilten seine Kleider und warfen das L. darum Mk 15,24; Lk 23,34
Lk	1,9	daß ihn nach dem Brauch das L. traf
Apg	1,26	sie warfen das L. über sie, und das L. fiel auf Matthias
2Pt	2,17	ihr L. ist die dunkelste Finsternis Jud 13

los, lose

3Mo	13,45	aussätzig ist, soll das Haar l. (tragen)
Jos	2,20	wenn du verrätst, sind wir des Eides l.
Ri	9,4	warb l., verwegene Männer an 11,3
2Sm	6,20	wie sich die l. Leute entblößen
Jes	33,23	seine Taue hängen l.

Jer	23,32	verführen mein Volk mit l. Geschwätz
Mt	16,19	soll auch im Himmel l. sein 18,18
Mk	7,35	das Band seiner Zunge ward l.
Lk	4,18	den Gefangenen, daß sie l. sein sollen
	12,58	mühe dich, daß du ihn l. werdest
	13,12	Weib, sei l. von deiner Krankheit
Rö	7,2	so ist sie l. vom Gesetz 6
1Ko	7,27	bist du l. von der Frau
Eph	5,4	närrische oder l. Reden stehen euch nicht an
1Ti	6,20	meide das ungeistliche l. Geschwätze 2Ti 2,16
2Ti	3,6	umgarnen die l. Weiber
Heb	10,22	l. von dem bösen Gewissen
Off	9,15	es wurden die vier Engel l.
	20,3	muß (Satan) l. werden eine kleine Zeit 7

Losanteil

Jos	21,20	Leviten erhielten ihren L. von Ephraim

losbinden

Jdt	6,9	die *Israeliten b. (Achior) l.
Mt	21,2	b. sie l. und führt sie zu mir Mk 11,2.4.5; Lk 19,30.31.33
Lk	13,15	b. nicht jeder am Sabbat seinen Ochsen l.
Apg	27,40	b. die Steuerruder l.

losbrechen

Spr	17,14	laß ab vom Streit, ehe er l
Jer	1,14	von Norden her wird das Unheil l.
Hes	13,11	wird ein Wirbelwind l. 13
Apg	27,14	nicht lange danach b. ein Sturmwind l.

löschen

Ps	104,11	daß das Wild seinen Durst l.
Jes	1,31	beides wird brennen, und niemand l.
Jer	4,4	so daß niemand l. kann 7,20; 17,27; 21,12; Hes 21,3.4; Am 5,6
Wsh	11,4	sie l. den Durst aus hartem Stein
	19,19	das Wasser vergaß seine Kraft zum L.
Sir	3,33	wie das Wasser ein brennendes Feuer l.

Löschnapf

2Mo	25,38	Lichtscheren und L. aus feinem Golde 37,23

Lösegeld

2Mo	21,2	soll freigelassen werden ohne L. 11
	30	will man ihm aber ein L. auferlegen
4Mo	3,46	L. für die 273 Erstgeburten 48.49
Hi	33,24	habe ein L. gefunden
	36,18	die Menge des L. dich verleitet
Spr	21,18	der Gottlose wird als L. gegeben
Jes	43,3	habe Ägypten für dich als L. gegeben
1Ma	10,33	sollen ohne L. freigelassen werden
Mk	10,45	sein Leben gebe als L. für viele

losen

Hes	24,6	l. nicht, welches zuerst heraus soll
Jon	1,7	wir wollen l... als sie l., traf's Jona
Jh	19,24	darum l., wem es gehören soll

lösen

4Mo	5,18	(der Priester) soll ihr Haupthaar l.

Rut	3,13	will er dich am Morgen l.
	4,4	willst du es l., so kaufe es 6
Hi	30,11	er hat mein Seil gel.
	39,5	wer hat die Bande des Flüchtigen gel.
Ps	22,15	meine Knochen haben sich voneinander gel.
Tob	11,14	da l. sich der Star von seinen Augen
Mt	16,19	was du auf Erden l. wirst, soll auch im Himmel gel. sein 18,18
	26	damit er seine Seele wieder l. Mk 8,37
Mk	1,7	ich bin nicht wert, daß ich die Riemen seiner Schuhe l. Lk 3,16; Jh 1,27 Apg 13,25
	7,35	die Fessel seiner Zunge l. sich Lk 1,64
Lk	13,15	l. nicht ein jeglicher seinen Ochsen
	16	am Sabbat von dieser Fessel gel. werden
Jh	11,44	l. die Binden und laßt ihn gehen
Apg	16,26	alsbald wurden die Fesseln aller gel.
	22,30	er ließ ihn von den Ketten l.
Off	9,14	l. die vier Engel, die gebunden sind

Losentscheidung

2Mo	28,15	die Brusttasche für die L. Sir 45,13
Sir	33,3	gibt ihm Weisung wie eine L. durch Gott

Löser

3Mo	25,26	wenn jemand keinen L. hat
Rut	2,20	gehört zu unsern L. 3,9.12; 4,1.3.4.8.14

losgeben

Ps	105,20	da sandte der König hin und ließ ihn l.
Jes	51,14	der Gefangene wird eilends losg.
Jer	34,10	da hatten alle Oberen sie losg.
1Ma	13,19	Tryphon wollte Jonatan nicht l. 16
Mt	27,15	Gewohnheit, einen Gefangenen l. Mk 15,6; Lk 23,17; Jh 18,39
	17	wen soll ich euch l. 21; Mk 15,9.11
	26	g. ihnen Barabbas l. Mk 15,15; Lk 23,18
Lk	23,16	will ich ihn l. 22
	20	weil er Jesus l. wollte
Jh	19,10	daß ich Macht habe, dich l.
Apg	26,32	dieser Mensch hätte können losg. werden
	28,18	(Römer,) diese wollten mich l.

losgehen

1Sm	17,35	wenn (ein Löwe) aber auf mich l.
Jes	3,5	der Junge g. l. auf den Alten

loskaufen

3Mo	19,20	die nicht losg. oder freigelassen ist
	27,29	man soll keinen gebannten Menschen l.
Neh	5,8	haben unsere jüdischen Brüder losg.
Hi	6,23	errettet mich und k. mich l.
Jes	11,11	daß er den Rest seines Volks l.

loskommen

Wsh	12,2	damit sie von ihrer Schlechtigkeit l.
Lk	12,58	bemühe dich auf dem Wege, von ihm l.
1Ko	7,27	suche nicht, von ihr l.

loslassen

1Mo	19,16	l. ihn erst draußen vor der Stadt wieder l.
5Mo	28,60	alle Seuchen Ägyptens werden dich nicht l.
Ri	16,26	l. mich l., daß ich nach den Säulen taste
Hi	12,15	wenn er's l., wühlt es das Land um

loslassen

Hi	20,13	daß er es hegt und nicht l.
Hl	3,4	ich hielt ihn und l. ihn nicht l.
Jes	45,13	er soll meine Gefangenen l.
	58,6	l. l., die du mit Unrecht gebunden
Jer	20,3	l. Paschur den Jeremia aus dem Block l.
	40,1	als ihn Nebusaradan l. in Rama
	50,33	wollen sie nicht l.
Sa	8,10	ich l. alle Menschen aufeinander l.
Sir	6,28	wenn du sie ergriffen, l. sie nicht mehr l.
Mt	18,27	er l. ihn l., die Schuld erließ er ihm
Lk	23,22	will ich ihn züchtigen lassen und l. Jh 19,12;
	25	l. den l., der wegen Aufruhr
Jh	19,12	l. du diesen l., so bist du... nicht
Apg	3,13	Pilatus, als der ihn l. wollte
	17,9	l. sie sie l.
Off	9,14	l. l. die vier Engel l., die gebunden sind
	15	es wurden losg. die vier Engel
	20,3	danach muß er losg. werden eine kleine Zeit
	7	wird der Satan losg. werden aus s. Gefängnis

losmachen

2Mo	28,28	daß die Tasche sich nicht l. 39,21
Ps	102,21	daß er l. die Kinder des Todes
Jes	52,2	m. dich l. von den Fesseln deines Halses
Jer	40,4	ich m. dich heute l. von den Fesseln
Dan	4,24	m. dich l. von deinen Sünden

losreißen

Ri	16,20	dachte (Simson): ich will mich l.
1Kö	11,13	will nicht das ganze Reich l.
2Kö	17,21	der Herr r. Israel vom Hause David l.
Lk	22,41	er r. sich von ihnen l., etwa einen Steinwurf
Apg	21,1	als wir uns von ihnen losg. hatten

lossagen

Sir	8,11	s. dich nicht l. von der Unterweisung
2Ma	7,24	wenn er sich von den Gesetzen... l. würde
Lk	14,33	der sich nicht l. von allem, nicht m. Jünger

lossprechen

Hi	10,14	wolltest mich von meiner Schuld nicht l.
StD	1,53	als du die Schuldigen losg. hast

Losung

2Ma	8,23	gab ihnen die L.: Gott unsre Hilfe 13,15

Lösung

Ri	14,15	daß er uns des Rätsels L. sagt 17
Rut	4,7	die eine L. oder einen Tausch betraf

loswerden

Hi	39,3	werfen ihre Jungen und w. l. ihre Wehen
1Ma	13,51	daß Israel diesen Feind losg. war

losziehen

Ri	11,32	so z. Jeftah auf die Ammoniter l.

Lot

1Mo	23,15	das Feld ist 400 L. Silber wert 16
2Mo	21,32	so soll der Besitzer 30 L. Silber geben
	30,23	Spezerei: Myrrhe, 500 L., Kalmus, 250 L.
	38,24	beträgt 29 Zentner 730 L. 25-29; 4Mo 31,52
3Mo	27,3	sollst du schätzen auf 50 L. Silber 4-7.16; 4Mo 3,47.50
	25	ein L. hat 20 Gramm 4Mo 3,47; Hes 45,12
4Mo	7,13	s. Gabe war eine Schüssel, 130 L. 14-86
Jos	7,21	sah unter der Beute 200 L. Silber
	21	eine Stange Gold, 50 L. schwer Ri 8,26
1Sm	17,5	Gewicht s. Panzers 5.000 L. Erz 7; 2Sm 21,16
2Sm	14,26	(Absalom) so wog sein Haupthaar 200 L.
	24,24	kaufte David die Tenne für 50 L. 1Ch 21,25
1Kö	10,16	600 L. Gold zu einem Schild 2Ch 9,15.16
2Kö	21,13	will an Jerusalem anlegen das L.
2Ch	3,9	gab für die Nägel 50 L. Gold an Gewicht
Jer	32,9	wich ihm das Geld dar, 17 L. Silber
Hes	4,10	so daß deine Speise zwanzig L. sei
	45,12	ein Pfund (soll haben) 50 L.
1Ma	10,40	will 15.000 L. Silber geben 42

Lot (Name)

1Mo	11,27	Haran zeugte L. 31
	12,4	zog Abram aus, und L. zog mit ihm 5; 13,1
	13,5	L. hatte auch Schafe und Rinder 7.8
	10	L. besah die Gegend am Jordan 11.12.14
	14,12	nahmen auch mit sich L. 16
	19,1	L. saß unter dem Tor 5-29; Sir 16,9
	30	L. zog weg von Zoar 36
5Mo	2,9	Ar den Söhnen L. zum Besitz gegeben 19
Ps	83,9	sie helfen den Söhnen L.
Lk	17,28	ebenso, wie es geschah zu den Zeiten L. 29
	32	denkt an L. Frau
2Pt	2,7	und hat den gerechten L. errettet

Lotan

1Mo	36,20	Söhne von Seïr: L. 22.29; 1Ch 1,38.39

loten

Apg	27,28	ein wenig weiter l. sie abermals

Lotosbusch

Hi	40,21	er liegt unter L. 22

Löwe

1Mo	49,9	Juda ist ein junger L. 4Mo 23,24; 5Mo 33,22
	9	wie ein L. hingestreckt 4Mo 24,9; 5Mo 33,20
Ri	14,5	kam ein L. (Simson) entgegen 8.9.18
1Sm	17,34	kam dann ein L. oder ein Bär 36.37
2Sm	1,23	Saul und Jonatan... stärker als die L.
	17,10	auch wenn er ein Herz wie ein L.
	23,20	Benaja erschlug einen L. 1Ch 11,22
1Kö	7,29	an den Seiten L. und Cherubim 36
	10,19	L. standen an den Lehnen 20; 2Ch 9,18.19
	13,24	fand ihn ein L. auf dem Wege 25.26.28
	20,36	so wird dich ein L. schlagen
2Kö	17,25	sandte der HERR unter sie L. 26
1Ch	12,9	ihr Angesicht war wie das der L.
Hi	4,10	das Brüllen der L. und die Zähne der L. 11
	10,16	würdest mich jagen wie ein L.
	28,8	kein L. ist darauf gegangen
	38,39	kannst du die jungen L. sättigen
Ps	7,3	daß sie nicht wie L. mich packen
	10,9	er lauert im Verborg. wie ein L. Klg 3,10
	17,12	gleichwie ein L... wie ein junger L. 22,14; Jer 51,38; Mi 5,7
	22,22	hilf mir aus dem Rachen des L. 35,17

Ps	57,5	ich liege mitten unter L.
	58,7	zerschlage das Gebiß der jungen L.
	91,13	über L. und Ottern wirst du gehen
	104,21	die jungen L., die da brüllen nach Raub
Spr	19,12	Ungnade des Königs ist wie das Brüllen eines L. 20,2
	22,13	der Faule: Es ist ein L. draußen 26,13
	28,1	der Gerechte ist furchtlos wie ein jg. L.
	15	ein Gottloser ist wie ein brüllender L.
	30,30	der L. kehrt um vor niemandem
Pr	9,4	lebender Hund ist besser als ein toter L.
Hl	4,8	steig herab von den Wohnungen der L.
Jes	5,29	wie der L., und sie brüllen wie junge L.
	11,6	ein kleiner Knabe wird junge L. treiben
	7	L. werden Stroh fressen 65,25
	15,9	L. über die Entronnenen Moabs
	30,6	im Lande, wo L. und Löwin sind
	31,4	wie ein L. und ein junger L. brüllt, so wird der HERR Jer 25,38; Hos 5,14; 11,10; 13,7.8
	35,9	es wird da kein L. sein
	38,13	zerbricht meine Knochen wie ein L.
Jer	2,15	L. brüllen über ihm 4,7
	30	euer Schwert frißt wie ein wütender L.
	5,6	darum wird sie der L. zerreißen
	12,8	mein Erbe ist mir geworden wie ein L.
	49,19	kommt herauf wie ein L. 50,44
	50,17	eine Herde, die die L. verscheucht haben
Hes	1,10	waren gleich einem L. 10,14; Dan 7,4; Off 4,7
	19,2	unter L. lagerte sie, unter jungen L. 3.5.6
	22,25	dessen Fürsten sind wie brüllende L. Ze 3,3
	32,2	du L. unter den Völkern, wie bist du dahin
Dan	6,8	zu den L. in die Grube geworfen 13.17.20.21.23.25.28
	7,4	das erste (Tier) war wie ein L.
Jo	1,6	ein Volk, das hat Zähne wie die L.
Am	3,4	brüllt etwa ein L. im Walde... junger L.
	8	der L. brüllt, wer sollte sich nicht
	12	ein Hirte dem L... aus dem Maul reißt
	5,19	gleichwie wenn jemand vor dem L. flieht
Nah	2,12	die Wohnung der L... mit den jungen L.
	13	der L. raubte genug für die Jungen
	14	das Schwert soll deine jungen L. fressen
Sa	11,3	man hört die jungen L. brüllen
Wsh	11,17	über sie kommen zu lassen mutige L.
Sir	4,35	sei nicht wie ein L. in deinem Hause
	13,23	wie der L. Wild in der Steppe frißt 27,11
	25,22	ich wollte lieber bei L. wohnen
	27,31	die Strafe lauert auf sie wie ein L.
	28,27	es wird ihn überfallen wie ein L.
	47,3	(David) spielte mit L. wie mit Böcken
1Ma	3,4	war mutig wie ein L., kühn wie ein junger L.
2Ma	11,11	sie griffen ihre Feinde an wie L.
StE	3,9	wie ich recht reden soll vor dem L.
StD	2,30	warfen ihn zu den L. in den Graben 31
	39	da saß Daniel mitten unter den L.
	41	sie waren sofort von den L. verschlungen
2Ti	4,17	so wurde ich erlöst aus dem Rachen des L.
1Pt	5,8	euer Widersacher geht umher wie ein L.
Heb	11,33	diese haben L. den Rachen gestopft
Off	4,7	die erste Gestalt war gleich einem L.
	5,5	es hat überwunden der L. aus dem Stamm Juda
	9,8	*waren wie die der L. 13,2*
	17	Häupter, wie die der L.
	10,3	er schrie mit lauter Stimme, wie ein L. brüllt

Löwengesicht

Hes	41,19	wendete zur andern Palme ein L.

Löwengraben

StD	2,33	bring das Essen zu Daniel in den L.

Löwenrachen

Off	13,2	sein Rachen wie ein L.

Löwenzahn

Sir	21,3	ihre Zähne wie L. und töten Menschen
Off	9,8	sie hatten Zähne wie L.

Löwin

1Mo	49,9	wie eine L. sich gelagert
Hi	4,11	die Jungen der L. werden zerstreut
	38,39	kannst du der L. zu jagen geben
Jes	30,6	im Lande, wo Löwe und L. sind
Hes	19,2	welch eine L. war deine Mutter
Jo	1,6	Volk, das hat Backenzähne wie die L.
Nah	2,12	wo der Löwe und die L. herumliefen
	13	der Löwe würgte für seine L.

Lucius s. **Luzius**

Lücke

1Kö	11,27	Salomo schloß die L. in der Stadt Davids
2Ch	32,5	besserte alle Mauern aus, wo sie L. hatten Neh 4,1; 6,1
Jes	58,12	der die L. zumauert

Lud, Luditer

1Mo	10,13	¹Mizrajim zeugte die L. 1Ch 1,11
Jes	66,19	nach Put und L. Jer 46,9; Hes 30,5
1Mo	10,22	²(Sems) Söhne: L. 1Ch 1,17

Luft

2Mo	8,11	der Pharao merkte, daß er L. gekriegt
Hi	32,20	muß reden, daß mir L. mache
Jer	14,6	die Wildesel schnappen nach L.
Wsh	2,3	der Geist zerflattert wie L.
	5,11	Vogel, der durch die L. fliegt 12
	7,3	auch ich habe Atem geholt aus der L.
	13,2	(die) die flüchtige L. für Götter halten
	15,15	Götter, die nicht L. holen können
	17,9	sich weigerten, die L. auch nur anzusehen
Bar	6,54	wie Krähen, die in der L. hin- und herfliegen
2Ma	5,2	man sah, wie Reiter durch die L. einhersprengten
Apg	22,23	als sie schrien und Staub in die L. wirbelten
1Ko	9,26	nicht wie einer, der in die L. schlägt
Eph	2,2	unter dem Mächtigen, der in der L. herrscht
1Th	4,17	zugleich mit ihnen entrückt werden in die L.
Off	9,2	wurden verfinstert die Luft von dem Rauch
	16,17	der siebte Engel goß aus seine Schale in die L.

Lufthauch

Hi	41,8	daß nicht ein L. hindurchgeht

Lug und Trug

Ps	10,7	sein Mund ist voll Fluchens, voll L. u. T.
	12,3	einer redet mit dem andern L. u. T.
	24,4	wer nicht bedacht ist auf L. u. T.

Lug und Trug 948

Ps	119,118	ihr Tun ist L. u. T.
Dan	2,9	euch vorgenommen, L. u. T. zu reden
Hos	7,1	so zeigt sich, wie sie L. u. T. treiben

Lüge

2Mo	23,7	Sache, bei der L. im Spiel ist
Hi	24,25	wer will mich L. strafen
Ps	4,3	wie habt ihr die L. so gern
	7,15	er wird L. gebären
	40,5	zu denen, die mit L. umgehen
	59,13	mit all ihren Flüchen und L.
	119,29	halte fern von mir den Weg der L.
	69	die Stolzen erdichten L. über mich 78.86
	163	L. bin ich feind Spr 13,5
Spr	6,19	ein falscher Zeuge, der frech L. redet 14,5; 19,5.9
	14,25	wer L. ausspricht, übt Verrat
	17,7	einem Edlen, daß er mit L. umgeht
	21,6	wer Schätze sammelt mit L.
	29,12	ein Herrscher, der auf L. hört, hat
	30,8	Falschheit und L. laß ferne von mir sein
Jes	5,18	Unrecht herbeiziehen mit Stricken der L.
	28,15	wir haben L. zu unsrer Zuflucht gemacht
	29,21	beugen durch L. das Recht
Jer	5,31	die Propheten weissagen L. 14,14; 23,25.26; 27,10.14-16; 29,9.21.23; Hes 13,6-9.19; 21,34; 22,28; Sa 13,3
	6,13	gehen alle mit L. um 8,10; 23,14; Mi 6,12
	8,8	L., was die Schreiber daraus machen
	9,2	sie schießen mit ihren Zungen lauter L.
	13,25	weil du dich auf L. verläßt 28,15; 29,31
	16,19	sagen: Nur L. haben unsre Väter gehabt
	20,6	Freunden, denen du L. gepredigt
	23,32	verführen mein Volk mit ihren L.
Hos	4,2	Verfluchen, L. haben überhandgenommen
	7,3	sie erfreuen Obere mit ihren L.
	13	aber sie reden L. wider mich 12,1.2
Nah	3,1	weh der Stadt, die voll L. ist
Hab	2,18	das gegossene Bild, das da L. lehrt
Ze	3,13	werden nichts Böses tun noch L. reden
Sa	10,2	die Götzen reden L.
Sir	7,13	streu keine L. über deinen Bruder aus
	14	gewöhne dich nicht an die L.
	20,26	die L. ist ein häßlicher Schandfleck
	41,20	schämt euch vor Fürsten der L.
StD	1,55	mit deiner L. bringst du dich selbst um dein Leben 59
Jh	8,44	wenn er L. redet, spricht er aus Eigenem
Rö	1,25	sie, die Gottes Wahrheit in L. verkehrt haben
	3,7	wenn... durch meine L. herrlicher wird
Eph	4,25	legt die L. ab und redet die Wahrheit
2Th	2,11	daß sie der L. glauben
1Jh	2,21	daß keine L. aus der Wahrheit kommt
	27	so ist's wahr und ist keine L.
Off	21,27	hineinkommen keiner, der tut L.
	22,15	draußen sind alle, die die L. lieben

lügen

3Mo	19,11	sollt nicht stehlen noch l.
4Mo	23,19	Gott ist nicht ein Mensch, daß er l.
1Sm	15,29	auch l. der nicht, der Israels Ruhm ist
Hi	6,28	ob ich euch ins Angesicht l.
	34,6	soll l., obwohl ich recht habe
Ps	55,12	L. und Trügen weicht nicht aus ihren Gassen
	62,5	haben Gefallen am L.
Spr	14,5	ein treuer Zeuge l. nicht
Jer	43,2	sprachen alle zu Jeremia: Du l.

Hes	13,19	durch euer L. unter meinem Volk
Jdt	5,26	damit Achior sieht, daß er gel. hat
Wsh	1,11	der Mund, der l., bringt sich den Tod
Sir	20,27	schlimmer ist ein Mensch, der ständig l.
	25,4	wenn ein Reicher gern l.
Mt	5,11	reden Übles gegen euch, wenn sie l.
Rö	9,1	ich l. nicht, wie mir mein Gewissen bezeugt 1Ti 2,7
2Ko	11,31	Gott weiß, daß ich nicht l. Gal 1,20
Tit	1,2	das Gott, der nicht l., verheißen hat
1Jh	1,6	so l. wir und tun nicht die Wahrheit
Heb	6,18	es ist unmöglich, daß Gott l.
Jak	3,14	l. nicht der Wahrheit zuwider
Off	3,9	sagen, sie seien Juden, und sind's nicht, sondern l.

Lügenfrucht

Hos	10,13	ihr pflügt Böses und esset L.

Lügengeist

1Kö	22,22	will ein L. sein im Munde aller seiner Propheten 23; 2Ch 18,21.22

Lügengötze

Am	2,4	sich von ihren L. verführen lassen

lügenhaft

Spr	15,4	eine l. (Zunge) bringt Herzeleid
	21,28	ein l. Zeuge wird umkommen
2Th	2,9	mit l. Zeichen und Wundern

Lügenmaul

Ps	31,19	verstummen sollen die L.
	63,12	die L. sollen verstopft werden
	109,2	haben ihr gottl. L. wider mich aufgetan
	120,1	errette mich von den L.
Spr	12,22	L. sind dem HERRN ein Greuel

Lügenprediger

Mi	2,11	wenn ich ein Irrgeist wäre und ein L.

Lügenredner

1Ti	4,2	verleitet durch Heuchelei der L.

Lügentüncher

Hi	13,4	ihr seid L. und unnütze Ärzte

Lügenwort

Jes	59,13	(unsre Sünden:) L. ausbrüten
Jer	7,4	verlaßt euch nicht auf L. 8

Lügner

Ps	5,7	du bringst die L. um
	58,4	die L. gehen irre von Mutterleib an
	101,7	die L. gedeihen nicht bei mir
	116,11	ich sprach: Alle Menschen sind L. Rö 3,4
Spr	19,22	ein Armer ist besser als ein L.
	30,6	und du als L. dastehst
Wsh	10,14	erwies die als L., die ihn geschmäht hatten
Sir	51,7	(mich errettet) von den Verleumdern und L.

Jh	8,44	er ist ein L. und der Vater der Lüge
	55	so würde ich ein L., wie ihr seid
1Ti	1,10	(daß das Gesetz bestimmt ist für) die L.
Tit	1,12	die Kreter sind immer L., böse Tiere
1Jh	1,10	so machen wir ihn zum L.
	2,4	wer sagt... ist ein L. 4,20
	22	ist ein L., der leugnet, daß Jesus der Christus ist
	5,10	wer Gott nicht glaubt, der macht ihn zum L.
Off	2,2	hast sie als L. befunden
	21,8	Zauberer und Götzendiener und L.

Luhit, *Luhith*

Jes	15,5	gehen die Steige von L. hinauf Jer 48,5

Lukas

Kol	4,14	es grüßen euch L. und Demas Phm 24
2Ti	4,11	L. ist allein bei mir

Lumpen

Jer	38,11	nahm zerrissene, alte L. 12

Lus

1Mo	28,19	¹Bethel; vorher hieß die Stadt L. 35,6; 48,3; Jos 18,13; Ri 1,23
Jos	16,2	(die Grenze) kommt nach L. 18,13
Ri	1,26	²baute eine Stadt und nannte sie L.

Lust

1Mo	3,6	eine L. für die Augen
2Mo	32,6	standen auf, um ihre L. zu treiben
5Mo	14,26	Geld für alles, woran dein Herz L. hat
	28,47	nicht gedient hast mit L. deines Herzens
Rut	3,13	hat er aber keine L., dich zu lösen
2Sm	22,20	er hatte L. zu mir Ps 18,20
	24,3	daß mein Herr seiner Augen L. daran habe
2Ch	26,10	(Usija) hatte L. am Ackerbau
Hi	9,3	hat er L., mit ihm zu streiten
	22,26	deine L. haben an dem Allmächtigen 27,10
	33,20	daß sie nicht L. hat zu essen
Ps	1,2	sondern hat L. am Gesetz des HERRN
	37,4	habe deine L. am HERRN Jes 58,14
Spr	1,22	wie lange wollt ihr L. zu Spötterei haben
	8,30	ich war seine L. täglich
	31	hatte meine L. an den Menschenkindern
	10,23	ein Tor hat L. an Schandtat
	12,12	des Gottlosen L. ist, Schaden zu tun
Jes	1,29	Eichen, an denen ihr eure L. habt
	13,22	Schakale (heulen) in den Schlössern der L.
	17,10	setze nur Pflanzen zu deiner L.
	35,2	wird blühen in L. und Freude
	58,13	wenn du den Sabbat „L." nennst
	60,5	dann wirst du deine L. sehen
	62,4	sollst heißen „Meine L."; denn der HERR hat L. an dir
	66,3	wie sie L. haben an ihren Wegen 4
	4	so will auch ich L. daran haben
Hos	4,18	ihre Schamlosen haben L. an der Schande
	6,6	habe L. an der Liebe und nicht am Opfer
Jdt	10,5	sie schmückte sich nicht aus böser L.
Wsh	7,2	aus der L., die im Beischlaf dazukam
	8,16	mit ihr zusammenzuleben (bringt) L.
	16,3	sollte... die natürliche L. am Essen vergehen
Tob	3,17	m. Seele rein erhalten von aller bösen L.
	19	nicht, weil ich nach L. gierig war
Tob	8,9	nicht aus böser L. m. Schwester zur Frau
1Ma	2,13	wer sollte da noch L. haben zu leben
Mt	27,43	der erlöse ihn, hat er L. zu ihm
Rö	1,26	hat sie dahingegeben in schändliche L.
	27	sind aneinander entbrannt in ihrer L.
	7,5	da waren die sündlichen L.
	7	ich wußte nichts von der L.
	22	ich habe L. an Gottes Gesetz
	12,8	so tue er's mit L.
1Ko	10,6	damit wir nicht am Bösen unsre L. haben
	11,16	ist jemand unter euch, der L. hat zu streiten
2Ko	5,8	haben L., den Leib zu verlassen Phl 1,23
Gal	5,16	*die L. des Fleisches nicht vollbringen*
	24	*gekreuzigt samt den L. und Begierden*
Eph	2,3	*Wandel gehabt in den L. unsers Fleisches*
	4,22	*der durch trügerische L. sich verderbt*
Kol	3,5	*schändliche L., böse Begierde*
1Th	4,5	*nicht in gieriger L. wie die Heiden*
2Th	2,12	*L. hatten an der Ungerechtigkeit*
1Ti	5,6	*welche aber ihren L. lebt*
	6,9	*fallen in schädliche L.*
2Ti	2,22	*fliehe die L. der Jugend*
	3,4	*die die L. mehr lieben als Gott*
	6	*Weiber, von L. umgetrieben*
	4,3	*nach ihren eigenen L. werden sie sich*
Tit	2,12	*wir sollen verleugnen die weltlichen L.*
	3,3	*dienstbar den Begierden und L.*
1Pt	1,14	*vormals, da ihr nach den L. lebtet 4,3*
	2,11	*enthaltet euch von den fleischlichen L.*
	4,2	*daß nicht der Menschen L.*
2Pt	1,4	*die ihr entronnen seid der L. in der Welt*
	2,10	*welche wandeln in der unreinen L.*
	13	*sie halten es für eine L., am hellen Tag zu schlemmen*
	18	*reizen durch Unzucht zur fleischlichen L.*
1Jh	2,16	*des Fleisches L. und der Augen L.*
	17	*die Welt vergeht mit ihrer L.*
Jak	1,14	*wenn er von s. eigenen L. gereizt wird*
	15	*wenn die L. empfangen hat, gebiert sie*
	4,1	*aus euren L., die da streiten*
	3	*daß ihr's in euren L. verzehren wollt*
	5,5	*ihr habt auf Erden eure L. gehabt*
Jud	4	*mißbrauchen die Gnade Gottes für ihre L.*
	16	*aber wandeln nach ihren L. 18*
Off	18,14	das Obst, an dem deine Seele L. hatte

lüstern

4Mo	11,4	das fremde Volk war l. geworden 34; Ps 106,14
Hi	31,1	daß ich nicht l. blickte auf eine Jungfrau
Jes	3,16	weil die Töchter Zions gehen mit l. Augen
Sir	23,5	behüte mich vor l. Blick
	26,12	ein l. Weib erkennt man an ihrem Blick

Lustgarten

Pr	2,5	ich machte mir Gärten und L.
Hl	4,13	du bist gewachsen wie ein L.
Sir	24,40	Wassergraben, der in den L. geleitet wird

Lustgräber

4Mo	11,34	daher heißt die Stätte „L." 35; 33,16.17
5Mo	9,22	erzürnet den HERRN auch bei den L.

lustig

Ps	46,5	soll die Stadt Gottes fein l. bleiben
Sir	31,39	verachte ihn nicht, wenn er l. wird

lustig

Bar 4,12 niemand mache sich l. über mich

Lustknabe

1Ko 6,9 weder Unzüchtige noch L. (werden das Reich Gottes ererben)

Luzius, *Lucius*

1Ma 15,16 ¹L., Konsul der Römer 23
Apg 13,1 ²Barnabas L. von Kyrene
Rö 16,21 es grüßen euch L. und Sosipater

Lycien

1Ma 15,23 (schrieb Luzius) nach L.

Lydda (= Lod)

1Ma 11,34 die Städte L... zu ihrem Land
Apg 9,32 als Petrus zu den Heiligen kam in L.
35 alle, die in L. wohnten, bekehrten sich
38 weil L. nahe bei Joppe ist

Lyder

Hes 27,10 L. und Libyer waren dein Kriegsvolk

Lydia

Apg 16,14 eine Frau mit Namen L. hörte zu
40 gingen aus dem Gefängnis und gingen zu L.

Lydien

1Ma 8,8 nahmen ihm... L., seine besten Länder

Lykaonien

Apg 14,6 entflohen in die Städte L.

lykaonisch

Apg 14,11 erhoben sie ihre Stimme und riefen auf l.

Lynkurer

2Mo 28,19 die dritte (Reihe sei) ein L. 39,12

Lysanias

Lk 3,1 als L. Landesfürst von Abilene (war)

Lysias

1Ma 3,32 ¹einen Fürsten mit Namen L. 38; 4,26-28.34. 35; 6,6.17.55; 7,2; 2Ma 10,11; 11,1.12-16.22.35; 12,1.27; 13,2.4.26; 14,2
Apg 24,7 ²der Oberst L. kam dazu
22 wenn der Oberst L. herabkommt

Lysimachus

2Ma 4,29 ¹Menelaus... seinen Stellvertreter L. 39-41
StE 7,8 ²L., ein Sohn des Ptolemäus, übersetzt

Lystra

Apg 14,6 entflohen nach L. und Derbe
8 ein Mann in L. hatte schwache Füße

Apg 14,21 dann kehrten sie zurück nach L.
16,1 er kam auch nach Derbe und L.
2 hatte einen guten Ruf bei den Brüdern in L.
2Ti 3,11 Leiden, die mir widerfahren sind in L.

Lyzien

Apg 27,5 und kamen nach Myra in L.

M

Maacha

versch. Träger ds. Namens
1Mo 22,24/ 2Sm 3,3; 1Ch 3,2/ 1Kö 2,39/ 15,2. 10.13; 2Ch 11,20-22; 15,16 (s.a.Michaja)/ 1Ch 2,48/ 7,15.16/ 8,29; 9,35/ 11,43/ 27,16

Maacha, Maachat(h)iter

5Mo 3,14 bis an die Grenze der M. Jos 12,5
Jos 13,11 das Gebiet von Geschur und M. 13; 2Sm 10,6.8; 1Ch 19,6.7
2Sm 23,34 Elifelet, der M. 2Kö 25,23; 1Ch 4,19; Jer 40,8

Maadai

Esr 10,34 bei den Söhnen Bani: M.

Maadja

Neh 12,5 (Priester:) M. 17

Maai

Neh 12,36 (Priester mit Trompeten, nämlich) M.

Maarat, *Maarath*

Jos 15,59 (Städte des Stammes Juda:) M.

Maaseja

versch. Träger ds. Namens
1Ch 15,18.20/ 2Ch 23,1/ 26,11/ 28,7/ 34,8/ Esr 10,18.21.22; Neh 8,4.7; 12,41.42/ Esr 10,30/ Neh 3,23/ 10,26/ 11,5/ 11,7/ Jer 21,1; 29,25; 37,3/ 29,21/ 35,4

Maasja

1Ch 24,18 ¹das 24. (Los fiel) auf M.
Neh 10,9 ²(sollen unterschreiben:) M.

Maath s. Mahat

Maaz

1Ch 2,27 Söhne Rams: M.

Machbannai

1Ch 12,14 (von den Gaditern:) M.

Machbena

1Ch 2,49 Schewa, den Vater M.

machen

machen
(s. a. Bund; Ende; Friede; fröhlich; gesund; gut; herrlich; König; lebendig; Mahl; öde; Raum; reich; selig; traurig; viel; voll; wüst; Wüste; zunichte; zuschanden machen)

1Mo 1,7 da m. Gott die Feste
- 16 Gott m. zwei große Lichter Ps 104,19; 136,7; Am 5,8
- 25 Gott m. die Tiere 2,19; 3,1; Ps 104,26
- 26 lasset uns Menschen m. 2,8.18; 5,1; 9,6
- 28 füllet die Erde und m. sie euch untertan
- 31 Gott sah an alles, was er gem. hatte 2,2.3
- 2,4 da Gott der HERR Erde und Himmel m. 2Mo 20,11; 31,17; 2Kö 19,15; 1Ch 16,26; 2Ch 2,11; Neh 9,6; Ps 96,5; 115,15; 121,2; 124,8; 134,3; 136,5; 146,6; Jes 37,16; Jer 32,17; Jon 1,9; Apg 4,24; 14,15; 17,24; Off 14,7
- 7 m. den Menschen aus Erde Hi 10,9; 33,6
- 3,6 verlockend, weil er klug m.
- 7 m. sich Schurze 21
- 4,15 der HERR m. ein Zeichen an Kain
- 6,6 reute ihn, daß er die Menschen gem. 7; 7,4
- 14 m. dir einen Kasten von Tannenholz und m. Kammern darin 15.16; 8,6
- 11,4 damit wir uns einen Namen m. 12,2
- 12,2 will dich zum großen Volk m. 13,16; 17,5.6. 20; 32,13; 46,3; 48,4; 2Mo 32,10; 4Mo 14,12; 5Mo 1,11; 9,14; 10,22; 30,5
- 21,13 den Sohn der Magd zu einem Volk m. 18
- 26,3 will meinen Eid wahr m
- 35 die m. Isaak und Rebekka Herzeleid
- 27,4 m. mir ein Essen 7.9.14.17.31
- 37 seine Brüder hab ich ihm zu Knechten gem.
- 28,3 der allmächtige Gott m. dich fruchtbar 29,31; 30,22
- 10 Jakob m. sich auf den Weg 29,1
- 29,22 m. ein Hochzeitsmahl Ri 14,10
- 30,40 Jakob m. sich eigene Herden
- 31,46 nahmen Steine u. davon ein Haufen
- 33,17 Jakob m. seinem Vieh Hütten
- 37,3 Israel m. ihm einen bunten Rock
- 18 m. einen Anschlag, daß sie ihn töteten
- 38,16 (Juda) m. sich auf am Wege
- 39,15 hörte, daß ich ein Geschrei m. 18
- 40,20 m. ein Festmahl für alle seine Großen
- 43,18 man will uns zu Sklaven m.
- 45,17 sage deinen Brüdern: M. es so 19
- 46,15 die m. zusammen 33 Seelen
- 47,21 (Josef) m. das Volk leibeigen
- 26 so m. es Josef zum Gesetz
- 48,2 Israel m. sich stark und setzte sich auf
- 20 sage: Gott m. dich wie Ephraim und Manasse
- 50,20 gedachtet, es böse mit mir zu m.
- 2Mo 1,14 m. ihnen ihr Leben sauer
- 2,3 m. sie ein Kästlein von Rohr
- 4,11 wer m. den Sehenden oder Blinden gem.
- 5,7 daß sie Ziegel m., wie bisher 8.16
- 8,19 will einen Unterschied m. 9,4; 11,7
- 13,18 darum ließ er das Volk einen Umweg m.
- 14,21 der HERR m. das Meer trocken Jes 50,2
- 25 m., daß sie nur schwer vorwärtskamen
- 15,17 den du, HERR, dir zur Wohnung gem. hast
- 18,18 du m. dich zu müde 22.25
- 20,4 sollst dir kein Bildnis m. 23; 34,17; 3Mo 19,4; 26,1; 5Mo 4,16.23.25; 5,8; 27,15
- 24 einen Altar m. mir 25; 27,1-4.6.8; 30,1.3.5; 37,25.26.28; 38,1.3.4.6.7
- 23,8 Geschenke m. die Sehenden blind 5Mo 16,19

2Mo 23,27 will alle Völker verzagt m.
- 25,8 sollen mir ein Heiligtum m. 10-39; 26,1-36; 27,9; 30,18; 36,7-38; 37,1-24; 38,8.9.18.22.28.30
- 9 genau nach dem Bild sollt ihr's m. 40; 4Mo 8,4; Apg 7,44; Heb 8,5
- 28,2 sollst Aaron hl. Kleider m. 3-42; 39,1-30
- 29,2 aus feinem Weizenmehl sollst du das m.
- 30,25 m. hl. Salböl 33.35.37.38; 37,29; 1Ch 9,30
- 31,6 daß sie alles m. können, was ich dir geboten 11; 35,10.35; 36,4.5; 39,43
- 32,1 m. uns einen Gott, der vor uns hergehe 23; Apg 7,40
- 4 (Aaron) m. ein gegossenes Kalb 8.20.31.35; 5Mo 9,12.16.21; Neh 9,18; Ps 106,19; Apg 7,41
- 16 Gott hatte (die Tafeln) selbst gem.
- 34,16 m., daß d. Söhne ihren Göttern nachlaufen
- 24 denn ich werde dein Gebiet weit m.
- 3Mo 1,3 damit es ihn wohlgefällig m. vor dem HERRN 4; 19,5; 22,19.20.25.29; 23,11
- 7 sollen ein Feuer auf dem Altar m. 6,3
- 2,7 Speisopfer sollst du... m. 9,15
- 5,4 hat sich so oder so schuldig gem. 5
- 11,43 m. euch selbst nicht zum Greuel
- 43 m. euch nicht unrein 44; 18,24; 20,25; 21,1.3.4. 11; 22,5; 4Mo 5,19.28; 6,7; Hes 44,25
- 13,48 an allem, was aus Leder gem. wird 49.51
- 15,30 wegen ihres Blutflusses, der sie unrein m.
- 31 wenn sie meine Wohnung unrein m. 20,3; 4Mo 5,3; 19,13.20; 2Ch 23,19; 36,14; Jer 7,30; 32,34; Hes 5,11; 9,7; 23,38
- 18,27 das Land unrein gem. 28; 4Mo 35,34; 5Mo 21,23; Jer 2,7; 3,2,9; 16,18; Hes 36,17.18
- 19,28 sollt an eurem Leibe keine Einschnitte m.
- 25,8 daß die Zeit der Sabbatjahre 49 Jahre m.
- 26,9 will euch fruchtbar m.
- 19 will euren Himmel wie Eisen m.
- 36 denen will ich ein feiges Herz m. 5Mo 20,8
- 4Mo 5,21 der HERR m. deinen Namen zum Fluch
- 6,3 was aus Weinbeeren gem. wird
- 10,2 m. dir zwei Trompeten
- 12 die Wolke m. Halt
- 11,8 das Volk m. sich Kuchen daraus
- 15,38 daß sie sich Quasten m. 5Mo 22,12
- 16,11 ihr m. einen Aufruhr wider den HERRN
- 21,8 m. dir eine eherne Schlange 9; 2Kö 18,4
- 30,9 m. er sie ihres Gelübdes ledig 13
- 31,16 haben diese Israel abwendig gem. 32,7-9
- 53 hatte nur für sich selber Beute gem.
- 35,30 ein einzelner Zeuge soll keine Aussage m.
- 5Mo 1,28 haben unser Herz verzagt m. Jos 14,8
- 7,4 werden eure Söhne mir abtrünnig m.
- 10,1 m. dir eine hölzerne Lade 3.5; 2Ch 24,8
- 11,18 m. zu Merkzeichen zw. euren Augen
- 14,25 so m. es zu Geld
- 16,21 bei dem Altar, den du dir m. Jos 22,28
- 21,16 kann nicht den zum erstgeborenen Sohn m.
- 22,8 ein Geländer auf dem Dache
- 11 aus Wolle und Leinen zugleich gem.
- 26,19 zum höchsten über alle Völker m. 28,1.13
- 28,11 wird m., daß du Überfluß haben wirst
- 32,6 ist's nicht er allein, der dich gem. 15.18; Ps 95,6; 100,3; Jes 43,1; 44,2; 51,13
- 30 wie geht's zu, daß zwei 10.000 flüchtig m.
- 42 will meine Pfeile mit Blut trunken m.
- Jos 5,2 m. dir steinerne Messer 3
- 6,10 m. ein Kriegsgeschrei 16
- 7,26 m. über ihm einen gr. Steinhaufen 8,28.29
- 9,24 fürchteten wir... und haben das so gem.
- 27 so m. sie Josua zu Holzhauern

machen

Jos	17,13	m. sie die Kanaaniter fronpfl. Ri 1,28
Ri	3,16	m. sich Ehud einen zweischneidigen Dolch
	6,2	m. sich die *Israeliten Schluchten
	17	m. mir ein Zeichen, daß du es bist 40
	8,21	steh du auf und m. dich an uns
	27	m. einen Ephod daraus 17,5
	33	*Israeliten m. Baal-Berit zu ihrem Gott
	9,31	m. dir die Stadt aufrührerisch
	10,15	m. du es mit uns, wie dir's gefällt
	14,15	uns hierher geladen, um uns arm zu m.
	17,3	damit man ein Bild m. soll 4; 18,24.27.31
	18,3	was m. du hier 18; 1Kö 19,9
	20,25	m. die Benjaminiter einen Ausfall 31
	21,15	daß der HERR einen Riß gem. 1Ch 15,13
Rut	4,11	der HERR m. die Frau wie Rahel
1Sm	2,7	der HERR m. arm und m. reich
	19	m. ihm seine Mutter ein kleines Oberkleid
	5,8	was sollen wir mit der Lade m. 6,2
	6,5	m. nun Abbilder eurer Beulen 7
	8,12	daß sie seine Kriegswaffen m. 13,19.21
	9,25	m. sie Saul ein Lager auf dem Dach
	12,22	euch zu seinem Volk m. 10
	14,30	Beute, die es gem. hat 15,19
	22,6	David und die Männer von sich reden m.
	7	zu Obersten über 1.000 und über 100 m.
2Sm	7,9	will mir einen Namen m. 8,13; 1Ch 17,8
	23	ihm einen Namen zu m. 1Ch 17,21; Neh 9,10; Jes 63,12.14; Jer 32,20; Dan 9,15
	11,13	David m. (Uria) betrunken
	17	als die Männer der Stadt einen Ausfall m.
	13,6	daß sie einen Kuchen oder zwei m. 7.10
	14,20	das hat dein Knecht Joab gem.
	15,26	er m.'s mit mir, wie es ihm wohlgefällt
	31	m. den Ratschlag Ahitophels zur Torheit
	16,2	was willst du damit m.
	22	da m. sie Absalom ein Zelt
	19,6	hast heute schamrot gem. alle d. Knechte
	19	m. eine Furt durch den Jordan
	22,12	er m. Finsternis ringsum Ps 18,12
	29	der HERR m. meine Finsternis licht Ps 18,29; Jes 42,16
	34	er m. meine Füße gleich den Hirschen Ps 18,34; Hab 3,19
	44	m. mich zum Haupt über Heiden Ps 18,44
1Kö	2,24	der mir ein Haus gem. hat
	3,15	er m. ein großes Festmahl 12,32.33; Est 1,3.5.9; 2,18; Hi 1,4
	6,4	am Hause Fenster 5.6.19.20.23.29-35; 7,48.51; 9,1; 10,12.18; 2Kö 24,13; 25,16; 1Ch 18,8; 2Ch 3,8.10.14-16; 4,2.6-9.18.19; 6,13; 9,11.17; Jer 52,20
	12	will mein Wort wahr m. 8,20; 12,15; 2Ch 6,10; 10,15
	7,14	(Hiram) m. ihm alle seine Werke 16,18.23.27.28.37.38.40.45; 2Ch 2,13; 4,11.14.16
	9,21	die m. Salomo zu Fronleuten 22; 2Ch 8,8.9
	10,16	ließ Schilde m. 14,26.27; 2Ch 9,15; 12,9.10; 26,15; 32,5
	20	dergleichen ist nie gem. 2Ch 9,19
	12,4	dein Vater hat unser Joch zu hart gem. M. du ... leichter 9-11.14; 2Ch 10,4.10.11.14
	28	der König m. zwei goldene Kälber 32; 2Kö 17,16; 2Ch 11,15; 13,8
	31	m. Priester aus allerlei Leuten 2Ch 13,9
	32	Höhen, die er gem. hatte 14,23; 2Kö 17,29; 23,15.19; 2Ch 21,11; 28,25
	33	auf dem Altar, den er gem. in Bethel 18,26; Hos 8,11; 10,1
	14,9	hast dir Götter gem. 15; 15,12.13; 16,33; 2Kö 3,2; 17,29-31; 21,3.7; 2Ch 15,16; 28,2; 33,3.7. 22; Hes 7,20; 22,3.4; Hos 8,4; Am 5,26; Hab 2,18
1Kö	14,16	Jerobeams, der Israel sündigen gem. hat 15,26.30.34; 16,2.13.19.26; 21,22; 22,53; 2Kö 3,3; 10,29.31; 13,2.6.11; 14,24; 15,9.18.24.28; 17,21; 21,11.16; 23,15
	15,27	m. eine Verschwörung 16,9.16.20; 2Kö 9,14; 10,9; 12,21; 14,19; 15,10.15.25.30; 17,4; 21,23.24; 2Ch 24,21.25.26; 25,27; 33,24.25
	16,2	zum Fürsten gem. über mein Volk Israel
	3	will dein Haus m. wie das Haus Jerobeams 21,22; 2Kö 9,9
	17,13	m.'s, wie du gesagt hast. Doch m. zuerst mir
	18,32	(Elia) m. um den Altar her einen Graben
	20,34	m. dir Märkte in Damaskus
	21,2	will mir einen Kohlgarten daraus m.
	22,11	sich eiserne Hörner gem. 2Ch 18,10
	49	Joschafat hatte Tarsisschiffe m. lassen
2Kö	2,19	böses Wasser, es m. unfruchtbar
	3,16	m. hier und da Gruben in diesem Tal
	4,10	laß uns ihm eine kleine Kammer m.
	7,2	wenn der HERR Fenster am Himmel m. 19
	12	wie es die Aramäer mit uns m.
	10,27	(sie) m. Stätten des Unrats daraus
	12,14	doch ließ man nicht m. silbernes Gerät
	13,7	hatte sie gem. wie Staub beim Dreschen
	16,10	des Altars, ganz wie dieser gem. war 11
	15	will bedenken, was ich m.
	23,4	Geräte, die dem Baal gem. waren 12
	8	er m. unrein die Höhen 10.13.16
	15	zerschlug (sie) und m. sie zu Staub 2Ch 34,4
1Ch	16,42	die Söhne m. er zu Torhütern
	17,22	hast dir dein Volk Israel zum Volk gem.
	21,23	m., wie dir's gefällt
	29	Wohnung, die Mose gem. 2Ch 1,3
	23,5	Instrumente, die David hatte m. 2Ch 7,6
	26,10	daher m. ihn sein Vater zum Ersten
2Ch	1,5	kupferne Altar, den Bezalel m. 4,1; 7,7
	2,17	er m. von ihnen 70.000 zu Trägern
	7,20	werde (dies Haus) zum Hohn m.
	11,11	er m. die Festungen stark 12
	17	so m. sie das Königreich Juda mächtig
	16,14	sie m. ihm zu Ehren einen Brand 21,19
	24,14	das übrige Geld ... davon m. Geräte
	25,16	hat man dich zu des Königs Ratgeber gem.
	28,24	m. sich Altäre in allen Winkeln Jerusalems
	32,18	riefen, um sie furchtsam zu m. Neh 6,9
	33,14	die äußere Mauer ... m. sehr hoch
Esr	4,4	m. das Volk die Juden mutlos
	15	daß man von alters her Aufruhr gem.
	6,11	sein Haus soll zum Schutthaufen gem. werden Dan 2,5; 3,29
Neh	2,16	wußten nicht, was ich gem. hatte 19
	3,34	was m. die Ohnmächtigen Juden
	8,4	Kanzel, die sie dafür gem. hatten
	12	um ein Freudenfest zu m. Est 9,17-19
	15	daß man Laubhütten m. 16.17
	12,43	Gott hatte ihnen eine Freude gem.
Est	2,17	m. sie zur Königin an Wastis Statt
	5,14	man m. einen Galgen
Hi	1,17	die Chaldäer m. drei Abteilungen
	3,5	Verfinsterung m. ihn schrecklich
	4,17	rein sein vor dem, der ihn gem. hat
	7,14	du m. mir Grauen durch Gesichte
	20	warum m. du mich zum Ziel deiner Anläufe
	9,9	m. den Wagen am Himmel
	12	wer will zu ihm sagen: Was m. du Pr 8,4; Jes 45,9; Dan 4,32; Rö 9,20
	10,3	mich, den deine Hände gem. Ps 119,73
	12,9	daß des HERRN Hand das gem. hat

machen

Hi	12,17	er m. die Richter zu Toren	Ps	119,104 dein Wort m. mich klug 130
	25	(er) m. sie irre wie die Trunkenen		162 freue mich wie einer, der gr. Beute m.
	14,22	sein Fleisch m. ihm Schmerzen		135,7 der die Blitze samt dem Regen m. Jer 10,13;
	15,27	er m. sich feist und dick		51,16
	16,7	nun hat Er mich müde gem. 8; 23,16		139,14 danke dir, daß ich wunderbar gem. bin 15
	17,6	er hat mich zum Sprichwort gem. Ps 44,15		146,8 der HERR m. die Blinden sehend
	12	Nacht will man mir zum Tag m.		147,13 er m. fest die Riegel deiner Tore
	13	in der Finsternis ist mein Bett gem.	Spr	1,3 daß man annehme Zucht, die da klug m.
	18,2	wie lange wollt ihr auf Worte Jagd m.		8,26 als er die Erde noch nicht gem. hatte 28
	23,13	er m.'s, wie er will Dan 4,32		10,4 lässige Hand m. arm
	27,18	wie ein Wächter eine Hütte m.		5 m. seinen Eltern Schande
	29,18	werde meine Tage zahlreich m.		11,5 die Gerechtigkeit... m. seinen Weg eben
	31,24	hab das Gold zu meiner Zuversicht gem.		15,13 fröhliches Herz m. ein fröhl. Angesicht
	39	seinen Ackerleuten das Leben sauer gem.		16,4 der HERR m. alles zu seinem Zweck
	32,8	der Odem des Allmächt., der verständig m.		28 ein Verleumder m. Freunde uneins 17,9
	20	muß reden, daß ich mir Luft m.		17,19 wer s. Tür zu hoch m., strebt nach Einsturz
	33,4	der Geist Gottes hat mich gem.		19,4 Reichtum m. viel Freunde
	34,37	(Hiob) m. viele Worte wider Gott		11 Klugheit m. den Mann langsam zum Zorn
	35,11	der uns klüger m. als die Tiere		15 Faulheit m. schläfrig
	39,10	das Seil anknüpfen, um Furchen zu m.		20,1 Wein m. Spötter, starkes Getränk m. wild
	40,19	der ihn gem. hat, gab ihm sein Schwert		12 die m. beide der HERR
	41,23	m., daß die Tiefe brodelt		21,29 der Gottlose m. ein freches Gesicht
Ps	1,3	was er m., das gerät wohl		22,2 der HERR hat sie alle gem.
	7,16	ist in die Grube gefallen, die er gem. hat		28 Grenzen, die deine Väter gem. haben
	8,6	hast ihn wenig niedriger gem. als Gott		23,5 Reichtum m. sich Flügel wie ein Adler
	7	du hast ihn zum Herrn gem.		25,8 was willst du zuletzt m., wenn dich
	10,17	du m. ihr Herz gewiß		26,25 wenn er seine Stimme holdselig m.
	18,29	du m. hell meine Leuchte		27 wer eine Grube m., der wird hineinfallen
	33	Gott m. meine Wege ohne Tadel		28,7 der Schlemmer Geselle m. s. Vater Schande
	19,5	er hat der Sonne im Zelt am Himmel gem.		29,24 wer mit Dieben gemeinsame Sache m.
	8	Zeugnis des HERRN m. die Unverständigen weise		31,22 ich m. sich selbst Decken 24
	21,10	wirst es mit ihnen m. wie im Feuerofen	Pr	2,5 ich m. mir Gärten und Lustgärten 6
	12	m. Anschläge, die sie nicht ausführen		3,11 er hat alles schön gem. zu seiner Zeit
	13	du wirst m., daß sie den Rücken kehren		5,17 bei allem Mühen, das einer sich m.
	24,7	die Tore weit 9		7,7 unrechter Gewinn m. den Weisen zum Toren
	33,6	der Himmel ist durch das Wort gem.		13 wer kann das gerade m., was er krümmt
	39,7	m. sich viel vergebliche Unruhe		19 die Weisheit m. den Weisen stärker als
	44,14	m. uns zur Schmach bei unsern Nachbarn		29 Gott hat den Menschen aufrichtig gem.
	55,10	ihre Zunge uneins, Herr		10,14 der Tor m. viele Worte
	65,11	mit Regen m. du es weich		12,12 viel Studieren m. den Leib müde
	68,5	m. Bahn dem, der durch die Wüste	Hl	1,1 wir wollen uns güldene Kettchen m.
	69,21	die Schmach m. mich krank		3,9 Salomo ließ sich eine Sänfte m. 10
	74,17	Sommer und Winter hast du gem.		7,2 das des Meisters Hand gem. hat
	79,1	haben aus Jerusalem einen Steinhaufen gem. Jer 9,10; Mi 1,6	Jes	2,4 werden ihre Spieße zu Sicheln m. Jo 4,10; Mi 4,3
	83,4	sie listige Anschläge wider dein Volk		3,7 m. mich nicht zum Herrn über das Volk
	10	m.'s mit ihnen wie mit Midian		17 wird der Herr den Scheitel Zions kahl m.
	12	m. ihre Fürsten wie Oreb und Seeb		5,20 aus Finsternis Licht und aus Licht Finsternis m.
	14	m. sie wie verwehende Blätter		7,13 Menschen müde m... meinen Gott müde m.
	86,9	m. Völker, die du m. hast		9,10 der HERR m. stark ihre Bedränger
	88,9	hast mich ihnen zum Abscheu gem.		10,1 weh denen, die unrechte Gesetze m.
	89,28	will ihn zum erstgeborenen Sohn m.		14,16 der die Königreiche beben m. 17.21
	90,7	das m. dein Zorn, daß wir so vergehen		23 ich will Babel m. zum Erbe für die Igel
	92,11	mich m. du stark wie den Wildstier		16,3 m. d. Schatten des Mittags wie die Nacht
	94,9	der das Auge gem., sollte der nicht sehen		17,7 wird blicken auf den, der ihn gem.
	95,5	sein ist das Meer, er hat's gem. 104,26		19,14 daß sie Ägypt. taumeln m. in all s. Tun
	98,2	m. seine Gerechtigkeit offenbar		22,11 ein im Becken zw. beiden Mauern
	104,4	der du d. Winde zu deinen Boten Heb 1,7		16 daß du d. Wohnung in den Felsen m. läßt
	19	du hast den Mond gem. 20		18 (der HERR wird) dich zum Knäuel m.
	30	du m. neu die Gestalt der Erde		23,9 daß er verächtlich m. die stolze Stadt
	105,24	der Herr m. sie mächtiger als ihre Feinde		24,1 der HERR m. die Erde leer Jer 22,6; Hes 14,15; 15,8; 26,19
	28	ließ Finsternis kommen und m. es finster		26,7 den Steig des Gerechten m. du gerade
	106,39	sie m. sich unrein mit ihren Werken		15 du m. weit alle Grenzen des Landes
	107,33	die Bäche trocken 35		21 wird die Erde offenbar m. das Blut
	110,1	deine Feinde zum Schemel deiner Füße m.		27,11 Frauen Feuer damit m. werden. Darum erbarmt sich ihrer nicht, der sie gem.
	115,4	Götzen, von Menschenhänden gem. 8; 135,15.18; Jes 2,8.20; 17,8; 31,7; Jer 2,28		28,15 mit dem Totenreich einen Vertrag gem... haben Trug zu unserm Schutz gem.
	118,24	dies ist der Tag, den der HERR m.		
	119,98	du m. mich mit deinem Gebot weiser		

machen

Jes	28,17	will das Recht zur Richtschnur m.
	29,16	spräche: Er hat mich nicht gem.
	37,7	ich will ihn andern Sinnes m.
	40,3	m. Bahn unserm Gott 57,14; 62,10
	18	was für ein Abbild wollt ihr von ihm m. 19
	41,2	sein Schwert m. sie wie Staub
	4	wer tut und m. das
	7	sie m. mit dem Hammer das Blech glatt
	15	habe dich zum Dreschwagen gem... sollst Hügel wie Spreu m.
	18	will die Wüste zu Wasserstellen m. 51,3
	42,5	der die Erde m. und ihr Gewächs 45,12.18; Jer 10,12; 14,22; 27,5; 33,2; 51,15
	6	ich m. dich zum Licht der Heiden 49,6; 51,4
	15	will Wasserströme zu Land m. Nah 1,4
	43,7	die ich zu meiner Ehre gem. habe
	10	vor mir ist kein Gott gem.
	16	der in starken Wassern Bahn m. 19; 51,10
	23	habe dir nicht Arbeit gem. mit Opfergaben
	24	mir hast du Arbeit gem... Mühe gem.
	44,10	wer sind sie, die einen Gott m. 12.13.15.17.19; 46,6
	25	der ihre Kunst zur Torheit m.
	26	der das Wort seiner Knechte wahr m.
	45,2	will das Bergland eben m. 49,11
	7	der ich das Licht m.
	13	seine Wege will ich eben m.
	47,6	über die Alten m. du d. Joch allzu schwer
	13	hast dich müde gem.
	49,2	hat meinen Mund wie ein Schwert gem.
	20	m. mir Platz, daß ich wohnen kann
	50,7	hab mein Angesicht hart gem. Hes 3,8.9
	51,23	du m. deinen Rücken wie eine Gasse
	54,2	m. den Raum deines Zeltes weit
	5	der dich gem. hat, ist dein Mann
	12	(will) deine Zinnen aus Kristallen m.
	16	den Schmied, der Waffen m.
	55,2	für das, was nicht satt m.
	10	feuchtet die Erde und m. sie fruchtbar
	57,7	m. dein Lager auf hohem Berg 8
	58,13	daß du nicht deine Gänge m.
	60,15	will dich zur Pracht ewiglich m.
	17	will zu deiner Obrigkeit den Frieden m.
	63,6	habe sie trunken gem. in meinem Grimm
	64,1	wie Feuer Wasser sieden m.
	65,18	will Jerusalem zur Wonne m.
	66,2	meine Hand hat alles gem.
	22	die neue Erde, die ich m.
Jer	1,18	will dich zur ehernen Mauer m. 15,20
	2,3	wer davon essen wollte, m. sich schuldig
	13	m. sich Zisternen, die doch rissig sind
	3,16	wird (d. Bundeslade) nicht wieder gem. werden
	5,7	als ich sie satt gem. hatte
	14	will meine Worte zu Feuer m.
	7,19	damit m. sie nicht mir Verdruß
	8,8	Lüge, was die Schreiber daraus m.
	10,11	die Himmel und Erde nicht gem.
	11,15	was m. mein geliebtes Volk
	12,5	müde m., mit Fußgängern zu gehen
	13,16	während er es doch finster m. wird
	15,4	zu einem Bild des Entsetzens m. 19,8; 20,4; 24,9; 25,9; 29,18; 34,17
	7	mein Volk m. ich kinderlos
	14	will dich zum Knecht deiner Feinde m. 17,4
	16,20	wie kann ein Mensch sich Götter m.
	18,4	den er m., mißriet... m. einen andern Topf
	19,12	so will ich's mit ihren Bewohnern m.
	26,6	m. wie mit Silo... zum Fluchwort m. 29,22
	14	ihr könnt mit mir m., wie es euch dünkt
Jer	27,2	m. dir ein Joch
	28,15	du m., daß sich auf Lügen verläßt 29,31
	29,17	will sie m. wie die schlechten Feigen
	32,31	hat sie mich zornig und grimmig gem.
	33,4	Bollwerke zu m. zur Abwehr 52,4
	37,15	das hatten sie zum Kerker gem.
	39,12	wie er's von dir begehrt, so m.'s
	44,19	Kuchen backen, um ein Bild von ihr zu m.
	46,16	er m., daß ihrer viele fallen
	19	m. dir Fluchtgepäck
	48,26	m. es trunken 51,7.39.57; Hab 2,15
	49,4	wer darf sich an mich m. 16
	15	will dich gering m. Ob 2
	37	will Elam verzagt m.
	50,8	m.'s wie die Böcke vor der Herde
	51,12	m. stark die Wachen
	25	will einen verbrannten Berg aus dir m.
	34	hat aus mir ein leeres Gefäß gem.
	53	seine Mauern unersteigbar hoch m.
Klg	1,21	daß du (mein Unglück) gem. hast
	3,4	er hat mir Fleisch und Haut alt gem.
	9	hat meinen Pfad zum Irrweg gem.
	45	hast uns zu Kehrricht gem. Hes 7,20
	51	mein Auge m. mir Schmerz
	4,2	den Töpfen gleich, die ein Töpfer m.
Hes	1,16	so gem., daß ein Rad im andern war
	4,2	m. eine Belagerung 7,23
	9	m. dir Brot daraus
	5,14	will dich zur Schmach m.
	17	die sollen euch kinderlos m. Hos 9,12
	12,9	hat Israel nicht gesagt: Was m. du da
	13,5	haben sich nicht zur Mauer gem.
	14,8	will ihn zum Zeichen m.
	11	damit Israel sich nicht mehr unrein m. 20,7. 18.30.31.43; 22,4; 23,7.17.30; 24,13; 37,23
	15,3	nimmt man es, um m. etwas daraus 5
	16,7	wie ein Gewächs m. ich dich
	16	du m. bunte Opferhöhen daraus 17.24.25.31
	18,31	m. euch ein neues Herz
	19,5	m. einen jungen Löwen daraus
	21,20	es ist zum Blitzen gem.
	24	m. dir zwei Wege 25
	32	zu Trümmern m. ich sie m.
	22,4	will sich zum Spott und zum Hohn m.
	13	unrechten Gewinn, den du gem. Hab 2,9
	25	sie m. viele zu Witwen
	26	seine Priester m. keinen Unterschied
	25,5	will Rabba zur Kameltrift m.
	26,4	will einen nackten Fels aus ihm m. 14
	27,5	aus Zypressenholz gem... Mastbäume zum. 6
	11	haben dich so schön gem. 31,9
	33	da m. die viele Länder satt
	28,17	habe ein Schauspiel aus dir gem.
	18	das dich zu Asche gem. hat
	29,3	der Strom... ich habe ihn mir gem. 9
	15	will sie gering m.
	32,2	du m. seine Ströme trübe 13; 34,18.19
	14	will seine Wasser klar m.
	33,2	das Volk m. ihn zu seinem Wächter
	36,23	will meinen großen Namen heilig m.
	27	will solche Leute aus euch m.
	37,22	will ein einziges Volk aus ihnen m. 19
	28	ich, der Israel heilig m.
	38,13	um große Beute zu m.
	39,9	werden Feuer damit m. 10
Dan	2,48	der König m. (Daniel) zum Fürsten
	3,1	Nebukadnezar ließ ein gold. Bild m. 15
	19	man sollte den Ofen siebenmal heißer m.
	11,39	wird sie zu Herren m. über viele

Hos	2,14	ich will eine Wildnis aus ihnen m.
	17	will d. Tal Achor zum Tor der Hoffnung m.
	4,11	Hurerei, Wein und Trunk m. toll
	7,14	m. ein Geheul auf ihren Lagern
	8,6	ein Goldschmied hat das Kalb gem.
	14	Juda m. viele feste Städte
Am	2,13	will's unter euch schwanken m.
	4,12	darum will ich's weiter so mit dir m.
	13	der die Berge m... m. die Morgenröte 5,8
	7,1	war einer, die m. Heuschrecken zur Zeit
	10	der Amos m. einen Aufruhr gegen dich
	8,10	will alle Köpfe kahl m. Mi 1,16
Ob	4	m. dein Nest zwischen den Sternen
Jon	4,5	Jona m. sich dort eine Hütte
Mi	2,4	wird man einen Spruch von euch m. Hab 2,6
	3,9	die ihr alles, was gerade ist, krumm m.
	4,7	will die Verstoßenen zum großen Volk m.
	13	will dir eherne Klauen m.
Nah	1,14	ein Grab will ich dir m.
	3,14	m. harte Ziegel
Hab	1,11	sie ihre Kraft zu ihrem Gott
	2,13	wofür die Leute sich müde gem. haben
Ze	3,6	habe ihre Gassen so leer gem.
Hag	2,7	will dies Haus voll Herrlichkeit m.
Sa	2,4	(Schmiede) was wollen die m.
	6,11	m. Kronen und kröne das Haupt Jeschuas
	7,12	m. ihre Herzen hart wie Diamant
	9,13	will dich zum Schwert eines Riesen m.
	10,1	der HERR, der die Wolken m.
	12,1	der HERR, der den Odem des Menschen m.
	3	will ich Jerusalem m. zum Laststein
	6	will d. Fürsten Judas m. zum Feuerbecken
Mal	2,9	habe euch unwert gem.
	17	ihr m. den HERRN unwillig... womit m. wir
	3,17	an dem Tage, den ich m. will 21
Jdt	1,2	ihre Mauern m. er... hoch 3.5; 1Ma 12,36
	12,11	am vierten Tage m. Holofernes ein Festmahl
	14,2	m. einen Ausfall 1Ma 6,31; 9,67
	15,8	die Bewohner... m. reiche Beute 1Ma 1,20
	16,6	drohte, meine Kinder zur Beute zu m.
Wsh	1,13	Gott hat den Tod nicht gem.
	2,23	Gott hat den Menschen zum Abbild seines eignen Wesens gem.
	7,27	m. sie zu Freunden Gottes
	9,2	alle Dinge, die von dir gem. wurden 11,24; Sir 4,6; 33,14; 42,25; 43,5.12.37; 2Ma 7,28; StE 2,2; StD 2,4; GMn 2
	10,21	die Weisheit m. die Sprache... verständlich
	13,15	er m. (dem Bild) ein Haus
	14,8	dieser, weil er's m., jenes, weil es
	15	ließ er ein Bild m. 17.19
	15,7	ein Töpfer m. jedes Gefäß zu Gebrauch Sir 33,13
	8	wenn wer einen nichtigen Gott m.
	9	hält es für eine Ehre, Trugbilder zu m.
	16	ein Mensch hat sie gem.
	17	ein Mensch kann ja nicht einmal einen Gott m.
	16,21	deine Gabe m. offenbar, wie freundlich
	17,5	nicht konnten... jene Nacht licht m.
Tob	1,5	Kälbern, die Jerobeam hatte m. lassen
	3,4	du hast uns zu Spott und Hohn gem.
	8,8	du hast Adam aus Erde gem.
Sir	1,18	der behütet und m. das Herz fromm
	24	Weisheit m. die Leute verständig 20
	3,29	ein... Mensch m. es sich selber schwer
	4,7	m. dich nicht unbeliebt in der Gemeinde
	19	(wenn sie) ihm angst und bange m.
	34	sei nicht wie die, die große Worte m.
	5,16	m. niemand heimlich schlecht

Sir	6,37	der wird dein Herz verständig m.
	8,2	sein Gewicht nicht gegen dich geltend m.
	10,32	dem, der sich selber schlecht m.
	20,13	ein weiser Mann m. sich... beliebt
	25	mancher m. seinem Freund Versprechungen
	22,4	Tochter... m. ihrem Vater Kummer
	25,31	Frau, die ihren Mann nicht glücklich m.
	28,28	warum m. du nicht vor d. Mund Riegel
	29,4	mancher m. dem Ärger, der ihm geholfen
	30,3	der m. seinen Feind neidisch
	26	Sorge m. alt vor der Zeit
	31,37	Trunkenheit m. einen Narren noch toller
	32,12	m. es wie einer, der Bescheid weiß 11
	38,7	der Apotheker m. Arznei daraus
	30	sieht darauf, wie er das Werk richtig m.
	40,19	Kinder zeugen m. einen bleibenden Namen
	42,11	daß sie dich nicht zum Spott m.
	22	man kann sie weder größer noch geringer m.
Bar	2,4	er m. sie zu Sklaven
	6,37	sie können keinen Blinden sehend m. 67
	46	von Künstlern sind sie gem. 8.47.51; StD 2,4
1Ma	3,14	ich will mir einen Namen m.
	32	Lysias m. er zum Statthalter
	4,49	sie ließen neue heilige Gefäße m. 44.57
	8,2	Galatern, die sie tributpflichtig gem.
	9,25	gottlose Männer m. er zu Amtleuten
	14,36	das Heiligtum unrein zu m.
2Ma	9	m. aus (Jerusalem) einen Totenacker
	10,15	gemeinsame Sache mit Gorgias m.
	11,3	den Tempel... abgabepflichtig zu m.
StE	5,14	diesen Tag m. ihnen Gott zur Freude gem.
Mt	3,3	m. eben seine Steige Mk 1,3; Lk 3,4
	7	wer hat euch gewiß gem., daß ihr... entrinnen Lk 3,7
	4,19	will euch zu Menschenfischern m. Mk 1,17
	5,32	der m., daß sie die Ehe bricht
	36	vermagst nicht ein einziges Haar weiß zu m.
	6,7	erhört, wenn sie viele Worte m.
	15,11	m. den Menschen unrein 18.20; Mk 7,15.18. 20.23
	17,4	so wollen wir Hütten m. Mk 9,5; Lk 9,33
	19,12	von Menschen zur Ehe unfähig gem.
	21,13	ihr aber m. eine Räuberhöhle daraus Mk 11,17; Lk 19,46; Jh 2,16
	22,2	der seinem Sohn Hochzeit m.
	23,15	m. ihr aus ihm ein Kind der Hölle
	17	Tempel, der das Gold heilig m. 19
	25,7	diese Jungfrauen m. ihre Lampen fertig
	18	ging hin und m. eine Grube
	27,22	was soll ich m. mit Jesus Mk 15,12
	28,19	gehet hin und m. zu Jüngern alle Völker
Mk	2,4	deckten sie das Dach auf, m. ein Loch
	27	der Sabbat ist um des Menschen willen gem.
	3,12	daß sie ihn nicht offenbar m.
	7,37	die Tauben m. er hörend
	9,3	wie ein kein Bleicher so weiß m. kann
	10,17	als er sich auf den Weg m.
	11,5	was m. ihr da
	12,42	das m. zusammen einen Pfennig
	14,58	diesen Tempel, der mit Händen gem.
Lk	10,40	Marta m. sich viel zu schaffen
	11,7	der drinnen würde antworten: M. mir keine Unruhe
	12,29	m. euch keine Unruhe
	33	m. euch Geldbeutel, die nicht veralten
	13,11	Frau, die hatte einen Geist, der sie krank m.
	14,12	wenn du ein Abendmahl m.
	16	ein Mensch, der m. ein großes Abendmahl
	15,19	m. mich zu einem deiner Tagelöhner

machen

Lk	16,9	m. euch Freunde mit dem Mammon
	18,5	weil sie mir soviel Mühe m.
	19,48	fanden nicht, wie sie es m. sollten
	20,43	bis ich deine Feinde zum Schemel deiner Füße m. Apg 2,35; Heb 1,13; 10,13
	21,13	*das wird euch zu Zeugen m.*
	23,2	wie er unser Volk abwendig m.
Jh	1,3	alle Dinge sind durch dasselbe gem. 10
	2,15	er m. eine Geißel aus Stricken
	4,1	daß (Jesus) mehr zu Jüngern m. als Johannes
	46	Kana, wo er das Wasser zu Wein gem. hatte
	8,32	die Wahrheit wird euch frei m.
	36	wenn euch der Sohn frei m., seid ihr frei
	53	was m. du aus dir selbst
	9,6	spuckte er auf die Erde, m. daraus einen Brei 11.14
	10,33	du bist ein Mensch und m. dich selbst zu Gott
	11,37	m., daß dieser nicht sterben mußte
	12,2	dort m. sie ihm ein Mahl
	14,23	*werden Wohnung bei ihm m.*
	18,18	hatten ein Kohlenfeuer gem.
	19,7	denn er hat sich selbst zu Gottes Sohn gem.
	23	m. vier Teile, für jeden Soldaten einen
Apg	2,36	Gott Jesus zum Herrn und Christus gem.
	3,12	als hätten wir diesen wandeln gem.
	16	hat sein Name diesen stark gem.
	5,37	m. viel Volks abfällig ihm nach
	7,6	sie werden es dienstbar m.
	43	Bilder, die ihr gem. hattet, sie anzubeten
	48	Tempel, die mit Händen gem. 17,24
	50	hat nicht meine Hand das alles gem.
	9,34	steh auf und m. dir selber das Bett
	39	die Tabita gem. hatte, als sie noch bei ihnen war
	10,15	was Gott rein gem. hat, das nenne du nicht verboten 11,9
	13,10	krumm zu m. die geraden Wege des Herrn
	39	ist gerecht gem., der an ihn glaubt
	47	ich habe dich zum Licht der Heiden gem.
	14,15	ihr Männer, was m. ihr da
	21	sie m. viele zu Jüngern
	15,3	m. damit allen Brüdern große Freude
	9	k. Unterschied gem. zwischen uns und ihnen
	19	daß man denen nicht Unruhe m.
	24	euch mit Lehren irre gem. haben
	17,26	er hat das ganze Menschengeschlecht gem.
	29	Bildern, durch menschliche Kunst gem.
	19,24	Demetrius m. silberne Tempel der Diana
	26	daß dieser Paulus viel Volk abspenstig m.
	26	was mit Händen gem. ist, sind keine Götter
	20,10	m. kein Getümmel; denn es ist Leben in ihm
	21,13	was m. ihr, daß ihr weint
	15	nach diesen Tagen m. wir uns fertig
	38	der vor diesen Tagen einen Aufruhr gem.
	23,13	mehr als 40, die diese Verschwörung m.
	24,12	wie ein Aufruhr im Volk gem. hätte
	25,17	*m. ich keinen Aufschub*
	26,24	das große Wissen m. dich wahnsinnig
	28	so wirst du einen Christen aus mir m.
Rö	3,26	daß er gerecht m. den, der da ist aus dem Glauben an Jesus 30; 4,5
	8,2	das Gesetz des Geistes hat dich frei gem.
	30	die er berufen hat, hat er auch gerecht gem.
	33	Gott ist hier, der gerecht m.
	9,20	spricht ein Werk zu seinem Meister: Warum m. du mich so
	21	ein Gefäß zu ehrenvollem Gebrauch zu m.
	10,19	ich will euch eifersüchtig m. auf ein Nicht-Volk
1Ko	1,20	die Weisheit der Welt zur Torheit gem.
	30	der uns von Gott gem. ist zur Erlösung
	3,13	der Tag des Gerichts wird's klar m.
	4,5	wird das Trachten der Herzen offenbar m.
	6,15	sollte ich die Glieder Christi nehmen und Hurenglieder daraus m.
	8,8	*Speise wird uns nicht Gott wohlgefällig m.*
	9,12	wir haben von diesem Recht nicht Gebrauch gem. 15.18
	19	habe ich mich jedermann zum Knecht gem.
	10,13	Gott, der m., daß die Versuchung so ein Ende nimmt, daß
	15,29	*was m. sonst, die sich taufen lassen*
2Ko	1,21	Gott, der uns fest m. samt euch in Christus
	2,17	die mit dem Wort Gottes Geschäfte m.
	3,6	tüchtig gem. zu Dienern des neuen Bundes
	5,1	ein Haus, nicht mit Händen gem., das ewig ist im Himmel
	21	für uns zur Sünde gem.
	6,13	m. auch ihr euer Herz weit
	9,8	Gott kann m., daß alle Gnade
	11,21	*was einen kühn m., m. auch mich kühn*
Gal	2,18	m. ich mich selbst zu einem Übertreter
	3,8	die Heiden durch den Glauben gerecht m.
	4,17	sie wollen euch von mir abspenstig m.
	5,10	wer euch irre m., wird sein Urteil
	6,17	hinfort m. mir niemand weiter Mühe
Eph	2,14	unser Friede, der aus beiden eines gem. hat
	4,16	m., daß der Leib wächst
	6,21	damit ihr wißt, was ich m.
Phl	2,2	m. meine Freude vollkommen
	3,1	verdrießt mich nicht und m. euch
	4,13	ich vermag alles, durch den, der mich mächtig m.
Kol	1,12	der euch tüchtig gem. hat zu dem Erbteil der Heiligen
	2,11	*Beschneidung, die nicht mit Händen gem.*
	15	hat einen Triumph aus ihnen gem. in Christus
	16	laßt euch von niemandem ein schl. Gewissen m.
	4,4	damit ich es offenbar m., wie ich es sagen muß
2Th	1,11	daß unser Gott euch würdig m. der Berufung
	2,2	daß ihr euch nicht wankend m. laßt
1Ti	1,12	Christus Jesus, der mich stark gem. hat
	2,13	Adam wurde zuerst gem., danach Eva
	5,22	*m. dich nicht teilhaftig fremder Sünden*
	6,10	einige m. sich selbst viel Schmerzen
Tit	2,10	damit sie der Lehre Gottes Ehre m.
2Pt	2,6	hat Sodom und Gomorra zu Asche gem.
1Jh	1,7	das Blut Jesu m. uns rein von aller Sünde 9
	10	so m. wir ihn zum Lügner 5,10
3Jh	10	er m. uns schlecht mit bösen Worten
Heb	1,2	durch den er auch die Welt gem. hat
	2,5	nicht den Engeln hat er untertan gem.
	3,2	(Jesus,) der ihn gem. hat, der
	6,6	den Sohn Gottes zum Spott m.
	7,16	*welcher nicht dazu gem. ist*
	28	m. Menschen zu Hohenpriestern, die Schwachheit haben
	8,13	*m. er den ersten (Bund) alt*
	9,8	damit m. der heilige Geist deutlich
	9	die nicht im Gewissen vollkommen m. können den, der
	11	die nicht mit Händen gem. ist
	16	der Tod dessen, der das Testament gem. hat
	17	solange der noch lebt, der es gem. hat
	24	das mit Händen gem. ist

Heb	10,1	kann es nicht für immer vollkommen m.	5Mo	32,27 hätten gesagt: Unsere M. ist groß
	2	sich kein Gewissen mehr gem. hätten		36 daß ihre M. dahin ist
	11,3	*daß die Welt durch Gottes Wort gem. ist*		33,7 laß seine M. groß werden 11
	12,13	m. sichere Schritte mit euren Füßen	1Sm	2,9 viel M. hilft doch niemand
	13,21	der m. euch tüchtig in allem Guten	2Sm	3,1 David nahm zu an M. 5,10; 1Ch 11,9
Jak	2,4	ist's recht, daß ihr solche Unterschiede m.		6,5 tanzten mit aller M. 14; 1Ch 13,8
	3,9	Menschen, nach dem Bilde Gottes gem.		8,3 hinzog, seine M. aufzurichten 1Ch 18,3
	4,13	wollen dort Handel treiben und Gewinn m.	1Kö	8,20 bin zur M. gekommen 2Ch 6,10
Jud	19	*diese sind es, die Spaltungen m.*	2Kö	18,20 Worte seien schon M. zum Kämpfen Jes 36,5
Off	1,6	uns zu Königen und Priestern gem. hat vor Gott 5,10		25,1 zog heran Nebukadnezar mit s. ganzen M.
	3,12	wer überwindet, den will ich m. zum Pfeiler in dem Tempel meines Gottes	1Ch	16,11 fraget nach dem HERRN und seiner M. Ps 105,4
	7,14	ihre Kleider hell gem. im Blut des Lammes		27 M. und Freude in s. Heiligtum Ps 96,6
	13,12	(Tier) m., daß die Erde 13.15.16		28 bringet dar dem HERRN Ehre und M. Ps 96,7
	14	daß sie ein Bild m. sollen dem Tier		29,12 in deiner Hand Kraft und M. 2Ch 20,6
	16	sich ein Zeichen m. an ihre rechte Hand	2Ch	6,41 du und die Lade deiner M. Ps 132,8
	17,16	*werden sie einsam m. und bloß*	Neh	9,35 dir nicht gedient zur Zeit ihrer M.
	21,5	siehe, ich m. alles neu	Est	8,11 alle M. des Volks zu vertilgen
				10,2 alle Taten seiner M… geschrieben
		Machi	Hi	9,19 geht es um M.: Er hat sie
4Mo	13,15	Gëuël, der Sohn M.		23,6 würde er mit großer M. mit mir rechten
				26,14 wer will den Donner seiner M. verstehen
		Machir, Machiriter		37,6 so ist der Platzregen da mit M.
1Mo	50,23	¹M., Manasses Sohn 4Mo 26,29; 27,1; 32,39. 40; 36,1; 1Ch 2,21; 7,14.16.17	Ps	8,3 aus dem Munde… eine M. zugerichtet
5Mo	3,15	M. gab ich Gilead Jos 13,31; 17,1.3		20,7 seine rechte Hand hilft mit M.
Ri	5,14	von M. zogen Gebieter herab		21,14 wollen singen und loben deine M. 59,17
2Sm	9,4	²(Mefi-Boschet) ist im Hause M. 5; 17,27		29,4 die Stimme des HERRN ergeht mit M.
				33,16 einem König hilft nicht seine große M.
		Machla		59,12 zerstreue sie mit deiner M.
4Mo	26,33	¹Zelofhad hatte Töchter… M. 27,1; 36,11; Jos 17,3		63,3 wollte gerne sehen deine M.
1Ch	7,18	²Molechet gebar M.		65,7 der du gerüstet bist mit M.
				66,3 müssen sich beugen vor deiner großen M.
		Machli, Machliter		68,29 entbiete, Gott, deine M., die du bewiesen
2Mo	6,19	¹Söhne Meraris sind: M. 4Mo 3,20.33; 26,58; 1Ch 6,4.14; 23,21; 24,26.28; Esr 8,18		35 seine M. (ist) in den Wolken
1Ch	6,32	²M., des Sohnes Muschis 23,23; 24,30		71,18 bis ich deine M. verkündige Kindeskindern
				77,15 hast deine M. bewiesen 16; 106,8
		Machlon		78,4 wir verkündigen seine M.
Rut	1,2	s. beiden Söhne M. und Kiljon 5; 4,9.10		96,6 M. und Herrlichkeit in seinem Heiligtum
				99,4 die M. des Königs, der das Recht liebhat
		Machnadbai		110,2 wird der Zepter deiner M. ausstrecken
Esr	10,40	(bei den Söhnen Binnui:) M.		118,14 der HERR ist meine M. und mein Psalm
				145,11 (d. Heiligen sollen) von deiner M. reden
		Machpela		148,14 er erhöht die M. seines Volkes
1Mo	23,9	daß er mir gebe seine Höhle in M. 17.19; 25,9; 49,30; 50,13		150,1 lobet ihn in der Feste seiner M.
			Spr	21,22 ein Weiser stürzt ihre M.
		Machseja	Jes	8,4 die M. von Damaskus weggenommen werden
Jer	32,12	Nerijas, des Sohnes M. 51,59; Bar 1,1		7 den König von Assyrien und alle seine M.
				10,33 der Herr wird die Äste mit M. abhauen
		Macht (s.a. Macht geben, haben)		30,2 um sich zu stärken mit der M. des Pharao
1Mo	10,8	Nimrod. Der war der erste, der M. gewann		40,9 erhebe deine Stimme mit M.
	49,3	Ruben, der Oberste in der M.		26 seine M. ist so groß, daß nicht eins fehlt
2Mo	14,4	meine Herrlichkeit erweisen an dem Pharao und seiner M. 17; 15,4; 1Sm 6,6		43,17 der ausziehen läßt Heer und M.
	8	unter der M. einer starken Hand ausgezogen		47,9 trotz der M. deiner Beschwörungen
5Mo	3,24	der es deiner M. gleichtun könnte		51,9 zieh M. an, du Arm des HERRN
	29,2	die gewaltigen Proben seiner M.		63,15 wo ist nun dein Eifer und deine M.
			Jer	10,23 liegt in niemandes M., wie er wandle
			Klg	2,3 er hat alle M. Israels zerbrochen
				17 hat die M. deiner Widersacher erhöht
			Hes	22,6 ein jeder pocht auf seine M.
				28,4 durch Klugheit habest du M. erworben 5
				30,6 seine stolze M. muß herunter 18; 33,28
				38,15 alle zu Roß, eine gewaltige M.
			Dan	4,19 denn deine M. ist groß 27
				32 er macht's, wie er will, mit den M.
				7,12 mit der M. der andern Tiere war es aus
				14 seine M. ist ewig und vergeht nicht
				26 wird ihm seine M. genommen 27
				27 alle M. werden ihm dienen und gehorchen

Macht

Dan	11,3	wird ein König mit großer M. herrschen 4
	7	der wird an ihnen seine M. zeigen
	17	daß er mit M. sein Königr. bekomme 23.25
Am	3,11	man wird dich von deiner M. herunterreißen
Jon	3,8	sie sollen zu Gott rufen mit M.
Mi	5,3	er wird auftreten in der M. des Namens
	7,16	daß die Heiden ihrer M. sich schämen
Nah	3,9	Kusch und Ägypten waren ihre M.
Hab	3,4	darin war verborgen seine M.
Sa	9,4	der Herr wird seine M. ins Meer stürzen
Jdt	4,12	die sich auf ihre M. verließen 6,14
	6,14	die auf sich vertrauen und auf ihre M.
	16	Gott, dessen M. du gepriesen hast 13,24
	9,9	zerschmettere die Feinde durch deine M. 2Ma 3,24.29
Wsh	1,3	wird seine M. herausgefordert
	6,8	niemand begünstigen noch irgendeine M. scheuen
	7,20	(begreife) die M. der Geister
	10,14	M. über die, die ihm Gewalt angetan
	11,17	deiner Hand fehlte es nicht an M. 20
	21	wer der M. deines Arms widerstehen
	12,17	die an... deiner M. nicht glauben
	13,4	wenn sie schon über ihre M. staunten
	15,2	wir kennen deine M. 3
	17,5	die M. des Feuers vermochte nicht
Sir	18,3	wer kann seine große M. ermessen 43,31
	36,3	Völker, daß sie deine M. sehen
	40,26	Reichtum und M. erhöhen den Mut
	44,2	der Herr... durch seine große M. Bar 2,11
	3	Männer, die wegen ihrer M. gerühmt werden
	47,8	Philister, David zerbrach ihre M.
Bar	6,59	ein König, der seine M. beweisen kann
1Ma	2,48	das Gesetz gegen alle M... zu erhalten
	4,31	daß sie mit ihrer M. zuschanden werden 6,47; StD 3,20
2Ma	3,24	der Herrscher über alle M.
	4,10	als Jason die M. ergriffen hatte 50; 5,7
StE	1,2	wollte nicht überheblich werden in meiner M.
	2,1	es steht alles in deiner M.
	3,7	wollen die M. der Götzen preisen
GMn	4	sich vor deiner großen M. fürchten muß
Lk	1,69	hat uns aufgerichtet eine M. des Heils
	22,53	dies ist eure Stunde und die M. der Finsternis
Apg	1,7	Stunde, die der Vater in seiner M. bestimmt hat
Rö	8,38	weder Engel noch M. noch Gewalten
	9,17	erweckt, damit ich an dir meine M. erweise
	22	da Gott seine M. kundtun wollte
1Ko	12,2	zog es euch mit M. zu den stummen Götzen
	15,24	nachdem er alle M. vernichtet hat
Gal	4,3	in der Knechtschaft der M. der Welt
	9	wendet ihr euch wieder den schwachen M. zu
Eph	1,19	weil die M. seiner Stärke bei uns wirksam
	21	(eingesetzt) über alle Reiche, Gewalt, M.
	3,10	kund den M. im Himmel durch die Gemeinde
	6,10	seid stark in der M. seiner Stärke
Kol	1,11	gestärkt werdet durch seine herrliche M.
	13	er hat uns errettet von der M. der Finsternis
	16	es seien M. oder Gewalten
	2,8	gegründet auf die M. der Welt
	10	der das Haupt aller M. und Gewalten ist
	15	er hat die M. und Gewalten entkleidet
	20	mit Christus den M. der Welt gestorben
2Th	1,7	offenbaren mit den Engeln seiner M.
	9	vom Angesicht des Herrn her und von seiner herrlichen M.
2Th	2,9	der Böse wird in der M. des Satans auftreten
	11	sendet ihnen Gott die M. der Verführung
1Ti	6,16	dem sei ewige M.! Amen 1Pt 5,11; Jud 25
2Ti	1,10	der dem Tode die M. genommen hat
1Pt	1,5	aus Gottes M. durch den Glauben bewahrt
	3,22	es sind ihm untertan die M.
2Pt	2,10	schrecken sie nicht davor zurück, himmlische M. zu lästern Jud 8
Off	1,16	wie die Sonne scheint in ihrer M.
	2,28	wie auch ich M. empfangen habe von meinem Vater
	9,10	in ihren Schwänzen war ihre M. 19
	11,17	daß du an dich genommen hast deine große Macht
	12,10	nun ist geworden die M. seines Christus
	13,12	es übt alle M. des ersten Tieres aus
	17,12	wie Könige werden sie für eine Stunde M. empfangen

Macht geben, haben

1Mo	31,29	h. M., daß ich euch Böses antun könnte
2Mo	21,8	er h. aber nicht M., sie zu verkaufen
1Sm	2,10	er wird M. g. seinem Könige
2Ch	13,20	so daß Jerobeam keine M. mehr h.
Esr	7,24	ihr h. nicht M., Zoll zu legen auf
Ps	68,35	g. Gott die M.
	36	er wird dem Volk M. und Kraft g.
	78,61	er g. seine M. in Gefangenschaft
Spr	8,14	ich h. Verstand und M.
Pr	6,2	Gott g. ihm nicht M., es zu genießen
	8,8	der Mensch h. keine M., den Wind aufzuhalten und keine M. über den Tag des Todes
Hes	29,21	will dem Hause Israel wieder M.
Dan	2,37	dem der Gott des Himmels M. geg. hat
	3,30	der König g. Schadrach große M.
	5,18	Gott hat deinem Vater M. geg. 19
	6,28	Daniel h. große M. im Königreich
	7,6	(dem) Tier wurde große M. geg.
	14	der g. ihm M., Ehre und Reich
Mi	2,1	vollbringen, weil sie die M. h.
Jdt	11,15	so wahr er dir seine M. geg. hat
Wsh	6,4	vom Herrn ist euch die M. geg. Sir 17,3
1Ma	14,44	es sollte auch niemand die M. h.
Mt	9,8	Gott, der solche M. den Menschen geg. hat
	10,1	g. ihnen M. über die unreinen Geister Mk 6,7; Lk 9,1
	20,15	h. ich nicht M. zu tun, was ich will
Lk	4,6	alle diese M. will ich dir g.
	10,19	seht, ich habe euch M. geg.
	12,5	fürchtet euch vor dem, der auch M. h., in die Hölle zu werfen
	19,17	sollst du M. h. über zehn Städte
Jh	1,12	g. er M., Gottes Kinder zu werden
	5,27	hat ihm M. geg., das Gericht zu halten
	10,18	ich h. M., es zu lassen
	14,30	er h. keine M. über mich
	17,2	du hast ihm M. geg. über alle Menschen
	19,10	weißt du nicht, daß ich M. h., dich loszugeben
	11	du h. keine M. über mich, wenn
Apg	8,19	g. auch mir die M., damit
	25,5	welche M. h., lasset mit hinabziehen
Rö	9,21	h. nicht ein Töpfer M. über den Ton
1Ko	11,10	darum soll die Frau eine M. auf dem Haupt h.
2Pt	2,11	wo doch die Engel, die größere Stärke und M. h.
Off	2,26	dem will ich M. g. über die Heiden
	6,4	dem, der darauf saß, wurde M. geg. 9,5; 16,8

Off	6,8	ihnen wurde M. geg., zu töten 9,3; 13,5.7	Ps	12,5	durch unsere Zunge sind wir m.
	7,2	Macht geg., der Erde und dem Meer Schaden zu tun		13,5	nicht rühme, er sei meiner m. geworden
	9,3	wie die Skorpione auf Erden M. h.		22,13	m. Büffel haben mich umringt
	11,3	ich will meinen zwei Zeugen M.g.		24,8	der HERR, stark und m... m. im Streit
	6	diese h. M., den Himmel zu verschließen		38,20	meine Feinde leben und sind m.
	13,2	der Drache g. ihm große M. 4		50,1	Gott, der HERR, der M., redet
	14	Zeichen, die zu tun vor den Augen des Tieres ihm M. geg. ist		3	um ihn her ein m. Wetter
				52,9	war m., Schaden zu tun
	15	M. geg., Geist zu verleihen dem Bild des Tieres		58,2	sprecht ihr in Wahrheit Recht, ihr M.
				68,31	bedrohe die Rotte der M.
	14,18	der h. M. über das Feuer		69,5	die mich verderben wollen, sind m. Pr 4,1
	16,9	lästerten den Namen Gottes, der M. h. über diese Plagen		76,5	bist m. als die ewigen Berge
				77,14	wo ist ein so m. Gott, wie du, Gott, bist
	17,13	diese g. ihre Kraft und M. dem Tier		89,9	m. bist du, HERR
	18,1	der h. große M.		93,4	die Wasserwogen brausen m.
	20,6	über diese h. der zweite Tod keine M.		132,2	(David) gelobte dem M. Jakobs 5
				17	soll dem David aufgehen ein m. Sproß
		Machthaber		135,10	tötete m. Könige 136,18
				142,7	errette mich... sie sind mir zu m.
Wsh	6,6	ergeht ein strenges Gericht über die M.		145,6	sie sollen reden von deinen m. Taten
Lk	12,11	wenn sie euch führen vor die M. und die Obrigkeit	Spr	8,28	als er die Wolken droben m. machte
				18,18	das Los läßt M. nicht aneinander geraten
	22,25	ihre M. lassen sich Wohltäter nennen		23,11	(der Waisen) Retter ist m.
				30,30	der Löwe, m. unter den Tieren
		mächtig	Pr	6,10	kann nicht hadern mit dem, der ihm zu m.
			Jes	1,24	spricht der Herr, der M. Israels
1Mo	18,18	da er doch ein m. Volk werden soll		10,34	der Libanon wird fallen durch einen M.
	26,16	bist uns zu m. geworden		17,12	ha, ein Getümmel m. Nationen
	49,24	stark durch die Hände des M. in Jakob		25,3	darum ehrt dich ein m. Volk
2Mo	13,3	der HERR hat euch mit m. Hand herausgeführt 9.14.16; 5Mo 5,15; 6,21; 7,8; 9,26; 26,8		28,2	m. hält der HERR bereit; wie Wasserflut, die m. einreißt
				30,27	m. erhebt er sich
	14,31	m. Hand, mit der der HERR gehandelt hatte Jos 4,24; 1Kö 8,42		33,21	der HERR wird bei uns m. sein
				41,2	dahingibt, daß er ihrer m. wird
	15,10	sanken unter wie Blei im m. Wasser Neh 9,11		49,26	und dein Erlöser, der M. Jakobs 60,16
				60,22	aus dem Geringsten ein m. Volk
	11	wer ist dir gleich, der so m., heilig		63,1	bin m. zu helfen
	16	vor deinem m. Arm erstarrten sie	Jer	31,11	wird Jakob von der Hand des M. erretten
4Mo	14,12	will dich zu einem m. Volk machen		32,19	(Gott,) groß von Rat und m. von Tat
	20,20	die Edomiter zogen aus mit m. Heer	Hes	1,4	kam eine m. Wolke
	22,6	es ist mir zu m.		26,17	die du m. warst auf dem Meer 28,5
	15	sandte Balak noch m. Fürsten		31,11	gab ihn dem M. in die Hände
5Mo	4,34	durch seine m. Hand und ausgereckten Arm 7,19; 11,2; 2Ch 6,32; Jer 32,21	Dan	2,10	keinen König, wie groß oder m. er sei
				3,2	der König sandte nach allen M. 3
	10,17	der HERR, euer Gott, ist der M. Neh 9,32		33	seine Wunder sind m.
	34,12	mit m. Kraft und Schreckenstaten		4,8	er wurde groß und m. 17.19
Jos	17,13	als die *Israeliten m. wurden Ri 1,28		33	meine Räte und M. suchten mich auf
	18	wirst du als (die Kanaaniter) Ps 105,24		5,1	machte ein Mahl für seine M. 2.3.9.10.23
	23,9	der HERR hat m. Völker vertrieben		6,18	versiegelte mit dem Ringe seiner M.
Ri	5,22	ein Jagen ihrer m. Renner		8,22	vier Königr., aber nicht so m. wie er 24
	15,8	(Simson) schlug sie mit m. Schlägen		11,2	wenn er in seinem Reichtum m. ist
1Sm	4,8	erretten aus der Hand dieser m. Götter		3	wird ein m. König aufstehen 5.12.18
2Sm	22,18	Hassern, die mir zu m. waren Ps 18,18		25	s. aufmachen zum Kampf mit einem m. Heer
1Kö	3,9	wer vermag dein m. Volk zu richten	Jo	1,6	zieht herauf ein Volk, m. 2,2.5
2Kö	24,15	die M. führte er gefangen 2Ch 23,20		2,11	sein Heer ist sehr groß und m.
1Ch	5,2	Juda war m. unter seinen Brüdern	Am	2,14	der M. soll nicht s. Leben retten können
2Ch	1,1	wurde m. in seinem Königtum 12,1.13; 13,21; 17,1.12; 21,4; 26,8.15.16; 27,6; Esr 4,20	Nah	1,12	mögen kommen so m., wie sie wollen
				3,18	deine M. schlummern
	11,17	so machten sie das Königreich Juda m.	Hag	2,22	will die m. Königreiche vertilgen
	13,7	ruchlose Leute wurden m. als Rehabeam	Sa	10,4	alle M. sollen aus ihr hervorgehen
	30,21	lobten den HERRN mit den m. Saitenspielen	Jdt	1,5	er rühmte sich seines m. Heeres
Esr	7,28	mir die Gunst aller m. Oberen zugewandt		7	da wurde das Reich des Nebukadnezar m.
	9,12	damit ihr m. werdet Est 9,4		5,18	erschlugen alle M. von Hesebon
Neh	1,10	erlöst hast durch deine m. Hand		11,6	jeder weiß, daß du der m. Fürst bist
	10,30	sollen sich den M. anschließen		16,16	Herr, Gott, du bist der m. Gott Sir 15,18; 2Ma 7,17; 12,15
Hi	5,15	hilft dem Elenden von der Hand des M.			
	9,4	Gott ist weise und m. 36,5; Ps 62,12	Wsh	6,9	die M. werden streng verhört werden
	22,8	dem M. gehört das Land		8,11	ich werde Bewunderung finden bei den M. Sir 20,29.30
	34,20	die M. werden weggenommen			
	41,4	will nicht schweigen, wie m. er ist		10,12	daß die Frömmigkeit m. ist als alles

mächtig 960

Wsh	13,2	(die) m. Wasser für Götter halten
	4	m. ist, der alles bereitet hat
	16,16	sind durch deinen m. Arm gegeißelt worden
	18,5	ließest sie umkommen in m. Wasser
	19,7	aus den m. Fluten erhob sich ein... Feld
Sir	7,6	daß du vor einem M. zurückschrickst
	8,1	streite nicht mit einem M.
	15	leihe keinem, der m. ist als du
	10,3	wenn die M. klug sind, gedeiht die Stadt
	13,2	geselle dich nicht zum M. und Reichen 12
	29,25	hat m. Leute von Haus und Hof vertrieben
	36,4	zeige dich m. an ihnen vor unsern Augen
	46,6	(Josua) rief den Höchsten und M. an
Bar	1,9	als Nebukadnezar die M. weggeführt
1Ma	6,6	Beute, mit der sie m. geworden
	7,8	Bakchides war ein M. im Reich
	8,1	von den Römern, daß sie sehr m. waren 13
	9,23	wurden die gottlosen Leute wieder m.
	11,16	Ptolemäus war sehr m. geworden
2Ma	1,11	die wir uns gegen einen so m. König wehren
	3,5	weil ihm Onias zu m. war
Mt	20,25	daß die M... Gewalt antun Mk 10,42
Mk	6,2	m. Taten, die durch seine Hände geschehen
Lk	1,49	der m. ist und dessen Name heilig ist
	22,25	ihre M. heißet man gnädige Herren
	24,19	ein Prophet, m. in Taten und Worten
Apg	7,22	Mose war m. in Worten und Werken
	8,27	ein Kämmerer und M. am Hof
	18,24	*Apollos, m. in der Schrift*
	19,16	*der Mensch ward ihrer aller m.*
	20	so breitete sich das Wort aus und wurde m.
	20,32	Gott, der da m. ist
Rö	5,20	wo die Sünde m. geworden ist, da ist die Gnade noch viel m. geworden
	6,1	damit die Gnade um so m. werde
1Ko	1,26	nicht viele M. sind berufen
	7,4	*die Frau ist ihres Leibes nicht m.*
2Ko	4,12	so ist nun der Tod m. in uns
	10,4	m., Festungen zu zerstören
	12,9	meine Kraft ist in den Schwachen m.
	13,3	euch gegenüber nicht schwach, sondern m.
	9	freuen uns, wenn wir schwach sind und ihr m.
Eph	2,2	unter dem M., der in der Luft herrscht
	3,7	Gnade Gottes, die mir nach seiner m. Kraft gegeben ist
	6,12	zu kämpfen mit M. und Gewaltigen
Phl	4,13	alles durch den, der mich m. macht
Tit	1,9	*daß er m. sei, zu ermahnen*
Heb	2,4	Gott (hat) Zeugnis gegeben durch m. Taten

Machtprobe

5Mo	4,34	sich ein Volk herauszuholen durch M.
	7,19	(dem Pharao getan) durch große M.

Machwerk

Hes	6,6	man wird eure M. vertilgen

Madai

1Mo	10,2	Söhne Jafets: M. 1Ch 1,5

Mädchen

1Mo	24,5	wenn das M. mir nicht folgen wollte 8.14.16.28.39.43.55.57
	34,3	(Sichem) hatte das M. lieb 4.12
2Mo	2,1	nahm ein M. aus dem Hause Levi zur Frau
2Mo	2,8	das M. ging hin und rief die Mutter
3Mo	12,5	gebiert sie aber ein M. 7
	27,6	sollst schätzen ein M. auf 3 Lot Silber
4Mo	31,18	alle M. laßt für euch leben 35
5Mo	20,7	wer mit einem M. verlobt ist
	21,11	siehst unter den Gefangenen ein schönes M.
	22,13	wenn jemand ein M. zur Frau nimmt 14-16.19.20.25-27
	28,30	mit einem M. wirst du dich verloben
	32,25	den jungen Mann wie das M.
Ri	14,1	Simson sah ein M. in Timna 2.3.7.10
	16,4	danach gewann er ein M. lieb... Delila
	21,12	fanden 400 M., die Jungfrauen waren 14.23
Rut	2,5	zu wem gehört das M.
1Sm	9,11	trafen sie M., die herausgingen
2Sm	14,27	Tamar war ein schönes M.
1Kö	1,3	suchten (David) ein schönes M. 4
2Kö	5,2	hatten ein junges M. weggeführt 4
Est	2,4	das M., das dem König gefällt 7.9
Hi	40,29	kannst du ihn für deine M. anbinden
Hl	1,3	darum lieben dich die M.
	2,2	so ist meine Freundin unter den M.
Jo	4,3	sie haben M. für Wein verkauft
Am	2,7	Sohn und Vater gehen zu demselben M.
Sa	8,5	die Plätze der Stadt voll Knaben und M.
Jdt	16,6	drohte, meine jungen M. hinwegzuführen
Sir	9,5	schau nicht zu viel nach den M.
Bar	6,9	schmücken sie wie ein putzsüchtiges M.
1Ma	1,27	die jungen M. wurden kraftlos
Mt	9,24	das M. ist nicht tot 25; Mk 5,41.42
	14,11	Haupt wurde dem M. gegeben Mk 6,22.28

Made

Hi	25,6	wieviel weniger der Mensch, eine M.
Hos	5,12	bin für das Haus Juda wie eine M.
Sir	10,13	wenn der Mensch tot, fressen ihn M. 19,3

Madmanna

Jos	15,31	(Städte des Stammes Juda:) M. 1Ch 2,49

Madmen

Jer	48,2	du, M., mußt auch vernichtet werden

Madmena

Jes	10,31	M. weicht

Madon

Jos	11,1	zu Jobab, dem König von M. 12,19

Magadan

Mt	15,39	(Jesus) kam in das Gebiet von M.

Magbisch

Esr	2,30	die Söhne M.

Magd

1Mo	12,16	Abram bekam Knechte und M. 24,35; 30,43; 32,6
	16,1	eine ägyptische M., die hieß Hagar 2.3.5.6.8; 21,10.12.13; 25,12
	20,14	nahm Abimelech Knechte und M. 17
	24,61	machte sich Rebekka auf mit ihren M.

1Mo	29,24	Laban gab Lea seine M. Silpa 29; 31,33
	30,3	da ist meine M. Bilha 18; 35,25.26
	32,23	Jakob nahm die beiden M. 33,2.6
2Mo	2,5	sandte ihre M. hin und ließ es holen
	11,5	alle Erstgeburt bis zum ersten Sohn d. M.
	20,10	keine Arbeit tun, nicht deine M. 5Mo 5,14
	17	nicht begehren d. Nächsten M. 5Mo 5,21
3Mo	6,20	bei einer Frau liegt, die eine... M. ist
	25,6	sollt ihr essen, du und deine M. 5Mo 12,18
5Mo	12,12	fröhlich sein, Knechte und M. 16,11.14
	15,17	mit deiner M. sollst du ebenso tun
	28,68	werdet als Knechte und M. verkauft werden
Ri	9,18	Abimelech, seiner M. Sohn, zum König
	19,19	Brot und Wein für deine M. und den Knecht
Rut	2,8	halt dich zu meinen M. 13.22.23; 3,2
	13	deine M. freundlich angesprochen 3,9
1Sm	1,11	wirst du d. Elend deiner M. ansehen 16.18
	8,16	eure Knechte und M. wird er nehmen
	25,24	laß deine M. reden 25.27.28.31.41
	42	fünf M. gingen hinter (Abigajil) her
	28,21	deine M. hat deiner Stimme gehorcht 22
2Sm	6,20	als er sich vor den M. entblößt hat 22
	14,6	deine M. hatte zwei Söhne 7.12.15-17.19
	17,17	eine M. brachte ihnen Nachricht
	20,17	höre die Rede deiner M.
1Kö	1,13	hast du nicht deiner M. geschworen 17
	3,20	nahm meinen Sohn, als deine M. schlief
2Kö	4,2	deine M. hat nichts als einen Ölkrug
	16	täusche deine M. nicht
	5,26	wirst dir schaffen Knechte und M.
Esr	2,65	Knechte und M. waren
Est	7,4	wären wir zu M. verkauft
Hi	19,15	meinen M. gelte ich als Fremder
	31,13	hab ich mißachtet das Recht meiner M.
Ps	86,16	hilf dem Sohn deiner M. 116,16
	123,2	wie die Augen der M. auf die Hände
Spr	3,9	sandte ihre M. aus, zu rufen
	27,27	hast genug zur Nahrung deiner M.
	30,23	eine M., wenn sie ihre Herrin beerbt
Pr	2,7	ich erwarb mir Knechte und M.
Jes	14,2	wird das Haus Israel sie als M. besitzen
	24,2	es geht der Frau wie der M.
Jo	3,2	über M. meinen Geist ausgießen Apg 2,18
Jdt	8,5	(Judit) mit ihrer M. 26; 10,2.6.11; 11,3; 12,4.20; 13,4.10; 16,28
	11,4	höre deine M. gnädig an 13,17
Tob	3,7	von einer M... geschmäht 9
	8,14	schick eine M. hin und laß nachsehen 15
	10,11	gab ihm Knechte und M., Vieh
Sir	41,27	schäme dich, die M. eines andern zu begehren
1Ma	2,11	es war eine Königin, nun ist's eine M.
StE	3,11	deine M. hat sich niemals gefreut
StD	1,15	kam Susanna mit zwei M. 17.19.21.36
Mt	26,69	da trat eine M. zu ihm Mk 14,66.69; Lk 22,56; Jh 18,17
Lk	1,38	Maria sprach: Siehe, ich bin des Herrn M.
	48	er hat die Niedrigkeit seiner M. angesehen
	12,45	fängt an, die Knechte und M. zu schlagen
Apg	12,13	kam eine M., um zu hören, wer da wäre
	16,16	eine M., die hatte einen Wahrsagegeist
Gal	4,22	zwei Söhne, einen von der M., den andern von der Freien 23
	30	der Sohn der M. soll nicht erben mit dem Sohn
	31	wir nicht Kinder der M., sondern der Freien

Magdala

Mt	27,56	unter ihnen war Maria von M. 61; Mk 15,40.47; Jh 19,25
Mt	28,1	kamen Maria von M. und die andere Maria Mk 16,1; Jh 20,1
Mk	16,9	erschien er zuerst Maria von M. Lk 24,10; Jh 20,18

Magdalena

Lk	8,2	Maria, genannt M.

Magdiël

1Mo	36,43	(Fürsten von Esau:) M. 1Ch 1,54

Mägdlein

Mt	9,24	das M. ist nicht tot 25; Mk 5,41

Magen

5Mo	18,3	daß man dem Priester gebe den M.
Sir	31,23	wenn der M. mäßig gehalten wird
1Ti	5,23	nimm ein wenig Wein dazu um des M. willen
Off	10,9	es wird dir bitter im M. sein 10

mager

1Mo	41,3	sieben Kühe; die waren m. 4.19.20.27
	7	die sieben m. Ähren 27
4Mo	13,20	wie der Boden ist, ob fett oder m.
	21,5	uns ekelt vor dieser m. Speise
2Sm	13,4	warum wirst du so m.
Ps	109,24	mein Leib ist m. und hat kein Fett
Jes	17,4	sein fetter Leib wird m. sein
Hes	34,20	richten zwischen fetten und m. Schafen

Magog

1Mo	10,2	Söhne Jafets: M. 1Ch 1,5
Hes	38,2	Gog, der im Lande M. ist 39,6
Off	20,8	Gog und M. zum Kampf zu versammeln

Magpiasch

Neh	10,21	(die Oberen des Volks sind:) M.

Mahalalel

1Mo	5,12	[1]Kenan zeugte M. 15; 1Ch 1,2; Lk 3,37
Neh	11,4	[2]M., von den Söhnen Perez

Mahalat, Mahalath

1Mo	28,9	[1]nahm M., die Tochter Ismaels, zur Frau (= Basemat 1)
2Ch	11,18	[2]nahm zur Frau M., die Tochter Jerimots

Mahaleb

Jos	19,29	(Asser... sein Gebiet war) M. Ri 1,31

Mahanajim

1Mo	32,3	(Jakob) nannte diese Stätte M.
Jos	13,26	(dem Stamm Gad gab Mose) M. 30; 21,39
2Sm	2,8	führte (Isch-Boschet) nach M. 12.29
	17,24	David kam nach M. 27; 19,33; 1Kö 2,8
1Kö	4,14	(Amtleute) Ahinadab in M.

Mahasiot, *Mahasioth*
1Ch 25,4 Hemans Söhne: M. 30

Mahat, *Maath*
Lk 3,26 (Naggai) war ein Sohn M.

Mahat, *Mahath*
1Ch 6,20 ¹M., des Sohnes Amasais
29,12 ²die Leviten M. 31,13

Mahawiter
1Ch 11,46 Eliël, der M.

mähen
Am 7,1 nachdem der König hatte m. lassen

Mahl
1Mo 19,3 machte ihnen ein M. 21,8; 26,30; 2Sm 3,20
2Mo 18,12 kamen, um das M. zu halten vor Gott
1Sm 25,36 ein M. wie eines Königs M. 2Sm 13,27
2Kö 6,23 da wurde ein großes M. bereitet
Est 5,4 M., das ich bereitet 5.8.12.14; 6,14; 7,1
Hi 1,5 wenn die Tage des M. um waren
Jes 25,6 der HERR wird ein fettes M. machen
Jer 51,39 will ihnen ein M. zurichten
Dan 5,1 Belsazer machte ein herrliches M.
Tob 2,1 als Tobias ein herrliches M. bereitet 7,9; 8,20; 1Ma 16,15.16
     7,17 sie lobten Gott und hielten das M.
Mk 6,21 da Herodes an s. Geburtstag ein M. gab
     12,39 sitzen gern obenan am Tisch beim M.
Lk 5,29 Levi richtete ihm ein großes M.
     14,13 wenn du ein M. machst
     22,20 auch den Kelch nach dem M. 1Ko 11,25
Jh 12,2 dort machten sie ihm ein M.
     13,4 stand vom M. auf, legte sein Obergewand ab
     21,12 spricht Jesus: Kommt und haltet das M. 15
1Ko 11,21 jeder nimmt beim Essen sein eigenes M. vorweg
Off 19,17 versammelt euch zu dem großen M. Gottes

mahlen
2Kö 23,6 ließ das Bild der Aschera zu Staub m.
Jes 47,2 nimm die Mühle und m. Mehl
Mt 24,41 zwei werden m. mit der Mühle Lk 17,35

Mahlzeit
Pr 10,19 man hält M., um zu lachen
2Ma 2,28 wenn man eine M. bereiten will
Mt 22,4 siehe, meine M. habe ich bereitet
Apg 2,46 sie hielten die M. mit Freude
     6,2 es ist nicht recht, daß wir für die M. sorgen

Mähne
Hi 39,19 kannst du seinen Hals zieren mit einer M.

mahnen
Ps 16,7 auch m. mich mein Herz des Nachts
Spr 25,12 ein Weiser, der m., und ein Ohr, das hört
2Ma 11,7 Makkabäus m. die andern

Jh 4,31 inzwischen m. ihn die Jünger: Rabbi, iß
Apg 7,26 *m. sie, daß sie Frieden hielten*
2Ko 13,11 laßt euch zurechtbringen, laßt euch m.

Mahnung
Ps 119,2 wohl denen, die sich an seine M. halten
     14 freue mich über... deine M. 24.119
     22 ich halte mich an deine M. 95.146.167.168
     36 neige mein Herz zu deinen M. 88
     59 ich lenke meine Füße zu deinen M. 157
     79 die dich fürchten und deine M. kennen
     99 über deine M. sinne ich nach 125
     111 deine M. sind mein ewiges Erbe 152
     129 deine M. sind Wunderwerke
     138 hast deine M. geboten in Gerechtigkeit 144
Spr 4,1 höret die M. eures Vaters 8,33
Jer 44,23 weil ihr in seinen M. nicht gewandelt

Mahnzeichen
4Mo 17,5 als M. für die *Israeliten

Mahol
1Kö 5,11 Kalkol und Darda, die Söhne M.

Mahrai
2Sm 23,28 M., der Netofatiter 1Ch 11,30; 27,13

Maie
Ps 118,27 schmückt das Fest mit M.

Majestät
2Mo 8,5 bestimme über mich in deiner M.
5Mo 5,24 der HERR hat uns sehen lassen seine M.
1Ch 29,11 dein, HERR, ist die M. und Gewalt
Est 1,4 damit er sehen ließe die Pracht seiner M.
Hi 40,10 zieh M. und Herrlichkeit an
Jes 2,10 verbirg dich vor s. herrlichen M. 19.21
     3,8 daß sie seiner M. widerstreben
Wsh 12,15 siehst es als deiner M. nicht würdig an
Sir 3,21 groß ist allein die M. des Herrn
     17,11 sie haben seine hohe M. gesehen
     36,16 erfülle Zion mit deiner M.
StE 4,9 darum erschrak ich vor deiner M.
Apg 19,27 wird ihre göttliche M. untergehen
2Pt 2,10 *die M. zu lästern Jud 8*
Heb 1,3 gesetzt zur Rechten der M. in der Höhe 8,1
Jud 25 sei Ehre und M. vor aller Zeit

Makaz
1Kö 4,9 (Amtleute) der Sohn Dekers in M.

Maked
1Ma 5,26 viele eingeschlossen in M. 36

Makel
Hl 4,7 kein M. ist an dir
Phl 2,15 Gottes Kinder, ohne M. mitten unter einem verdorbenen Geschlecht

makellos

Kol 1,22 damit er euch m. vor sein Angesicht stelle

Makhelot, *Makheloth*

4Mo 33,25 lagerten sich in M. 26

Makkabäer

1Ma 5,34 daß der M. hinter ihnen war
2Ma 2,20 die Geschichten von Judas, dem M.

Makkabäus

1Ma 2,4 Judas mit dem Zunamen M. 2Ma 5,27; 8,5.16; 10,1.16.19.21.25.30.33.35; 11,6.7.15; 12,19.20.26; 13,24; 14,27.30.31; 15,7.21

Makkeda

Jos 10,10 schlugen sie bis nach M. 16.17.21.29
28 schlug M. samt seinem König 12,16
15,41 (Städte des Stammes Juda:) M.

Mal (s.a. erstesmal; zweitesmal)

1Mo 43,18 des Geldes, das wir das vorige M. 20
Jos 6,16 beim siebenten M. sprach Josua zum Volk
Ri 16,28 gib mir Kraft, Gott, noch dies eine M.
1Sm 26,8 an den Boden spießen mit einem M.
Neh 9,28 errettetest sie viele M.
Jer 21,2 Wunder tun wie so manches M.
Mt 26,42 zum zweiten M. ging er wieder hin
Mk 14,72 alsbald krähte der Hahn zum zweiten M.
Jh 9,24 da riefen sie zum andern M. den Menschen
Apg 10,16 das geschah zu drei M.
Rö 15,22 warum ich so viele M. daran gehindert worden
Heb 6,3 das wollen wir ein ander M. tun
9,28 zum zweiten M. wird er nicht erscheinen
Jud 5 das andere M. die umbrachte, die nicht
Off 19,3 sie sprachen zum andern M.: Halleluja

Mal (Malzeichen)

1Mo 31,52 vorüberziehe an diesem M. in böser Absicht
35,14 Jakob richtete ein steinernes M. auf
3Mo 21,5 an ihrem Leibe kein M. einschneiden
2Sm 18,18 die Säule heißt „Absaloms M."

Malachit

Hes 27,16 haben M. auf deine Märkte gebracht
28,13 geschmückt mit Jaspis, Saphir, M.

Malchus

Jh 18,10 der Knecht hieß M.

Maleachi

Mal 1,1 Last, die der HERR ankündigt durch M.

malen

Jer 22,14 läßt mit Zedern täfeln und rot m.
1Ma 3,48 Schriftrolle... um Götzen darauf zu m.
Gal 3,1 denen doch Christus vor die Augen gem. war als der Gekreuzigte

Maler

Wsh 15,4 uns verführen nicht die Arbeit der M.

Malkam

1Ch 8,9 (Schaharajim) zeugte: M.

Malkiël, Malkiëliter

1Mo 46,17 Söhne Berias: M. 4Mo 26,45; 1Ch 7,31

Malkija

versch. Träger ds. Namens
1Ch 6,25/ 9,12; 24,9; Neh 11,12/ Esr 10,25/ 10,31; Neh 3,11/ Neh 3,14/ 3,31/ 8,4; 10,4; 12,42/ Jer 21,1; 38,1.6/ Jdt 8,1

Malkiram

1Ch 3,18 (Söhne Jechonjas:) M.

Malkischua

1Sm 14,49 Sauls Söhne: M. 31,2; 1Ch 8,33; 9,39; 10,2

Malloti, *Mallothi*

1Ch 25,4 Hemans Söhne: M. 26

Malluch

1Ch 6,29 [1]M. (des Sohnes Haschabjas)
Esr 10,29 [2]bei den Söhnen Bani: M.
10,32 [3](bei den Söhnen Harim:) M.
Neh 10,5 [4]M. (das sind die Priester) 12,2.14
10,28 [5](die Oberen des Volks:) M.

Mallus

2Ma 4,30 machten die Leute von M. einen Aufruhr

Malta

Apg 28,1 erfuhren wir, daß die Insel M. hieß

Malzeichen

Gal 6,17 ich trage die M. Jesu an meinem Leibe
Off 13,16 daß sie allesamt sich ein M. geben 17
14,9 so jemand nimmt das M. an seine Stirn 11
16,2 die das M. des Tieres hatten 19,20; 20,4

Mambre

Jdt 2,14 zerstörte alle Städte zwischen M.

Mammon

Mt 6,24 nicht Gott dienen und dem M. Lk 16,13
Lk 16,9 macht euch Freunde mit dem M.
11 wenn ihr mit dem ungerechten M. nicht treu

Mamre

1Mo 13,18 [1]Abram wohnte im Hain M. 18,1
23,17 Machpela östlich von M. 19; 25,9; 49,30; 50,13
35,27 Jakob kam zu seinem Vater Isaak nach M.

Mamre

1Mo 14,24 ²Aner und M., die mit mir gezogen 13

man hu

2Mo 16,15 m. hu? Denn sie wußten nicht, was es war

Manaën

Apg 13,1 M., der mit Herodes erzogen worden war

Manahat, Manahatiter

1Mo 36,23 ¹Söhne von Schobal waren: M. 1Ch 1,40
1Ch 2,52 ²die Hälfte der M. 54
8,6 führte sie gefangen weg nach M.

Manasse, Manassiter

1Mo 41,51 ¹(Josef) nannte den ersten M. 46,20; 4Mo 26,28
48,1 Josef nahm mit sich M. und Ephraim
5 Ephraim und M. mein sein 13.14.17.20
50,23 Machir, M. Sohn 4Mo 26,29; 27,1; 36,1; Jos 17,3; 1Ch 7,14.17
4Mo 1,10 (je ein Mann) von M. 7,54; 10,23; 13,11; 34,23; 1Ch 27,20.21
34 die Söhne M. nach ihrer Abstammung 35; 2,20; 26,34; 36,12
32,33 gab Mose dem halben Stamm M. 39-41; 34,14; 5Mo 3,13.14; 4,43; 29,7; Jos 12,6; 13,7.8. 29.31; 18,7; 20,8; 21,5.6.25.27; 22,1.7.9; 1Kö 4,13; 1Ch 5,18.23.26; 6,46.47.55.56
5Mo 33,17 das sind die Tausende M.
34,2 (der HERR zeigte ihm) das ganze Land M.
Jos 1,12 zu M. sprach Josua 17,17
4,12 und M. gingen vor den Kindern Israel her
14,4 die Söhne Josef bestanden aus zwei Stämmen, M. und Ephraim 16,4.9; 17,1.2.5-12; 1Ch 7,29
22,10 bauten... der halbe Stamm M. einen Altar 11.13.15.21.24.25.28.30.31
Ri 1,27 M. vertrieb nicht Bet-Schean
6,15 mein Geschlecht ist das geringste in M.
35 (Gideon) sandte Botschaft zu ganz M. 7,23
11,29 Jeftah zog durch Gilead und M. 12,4
2Kö 10,33 (Hasaël schlug) die M.
1Ch 9,3 in Jerusalem wohnten... Söhne M.
12,20 von M. gingen zu David 21.32.38; 26,32
2Ch 15,9 (Asa) versammelte alle aus M.
30,1 Hiskia schrieb Briefe an M. 10.11.18
31,1 brachen ab die Opferhöhen in M. 34,6.9
Ps 60,9 Gilead ist mein, mein ist M.
80,3 (erscheine) vor Ephraim, Benjamin und M.
Jes 9,20 M. (frißt) den Ephraim, Ephraim den M.
Hes 48,4 soll M. seinen Anteil haben 5
Off 7,6 aus dem Stamm M. zwölftausend
2Kö 20,21 ²Hiskia(s) Sohn M. wurde König 21,1.17.18; 1Ch 3,13; 2Ch 32,33; 33,1.18.20; Mt 1,10
21,9 M. verführte sie 2Ch 33,9
11 weil M. diese Greuel getan hat 16
20 (Amon) tat, wie s. Vater M. 2Ch 33,22.23
23,12 Altäre, die M. gemacht hatte 2Ch 33,22
26 durch die ihn M. erzürnt hatte
24,3 um der Sünden M. willen Jer 15,4
2Ch 33,10 wenn der HERR zu M. reden ließ
11 nahmen M. gefangen
13 da erkannte M., daß der HERR Gott ist
Esr 10,30 ³bei den Söhnen Pahat-Moab: M.
10,33 ⁴bei den Söhnen Haschum: M.
Jdt 8,2 ⁵(Judit). Ihr Mann M. 16,27.28

mancher

2Ch 12,12 auch in Juda war noch m. Gute
Spr 13,7 m. stellt sich reich und hat nichts 8
14,12 m. scheint ein Weg recht 16,25
25 ein wahrhaft. Zeuge rettet m. das Leben
28,21 m. vergeht sich schon um ein Stück Brot
Jer 21,2 sein Wunder tun wie so m. Mal
Sir 6,8 m. ein Freund, solange es ihm gefällt 9.10
11,17 m. kargt und spart und wird dadurch reich
20,9 m. Unglück führt zum Guten und m. Gewinn zum Schaden
10 m. Gaben bringen keinen Gewinn
Apg 16,18 solches tat sie m. Tag
Rö 15,15 ich habe euch m. geschrieben

mancherlei

2Mo 1,14 machten ihr Leben sauer mit m. Frondienst
1Ch 29,2 habe herbeigeschafft m. Edelsteine
2Ch 29,27 dazu die m. Saitenspiele Davids
Wsh 7,16 dazu Kenntnisse in m. Fertigkeiten
15,4 Gestalt, die mit m. Farbe beschmiert ist
16,25 ließ sie sich damals in m. verwandeln
Sir 43,3 dort gibt es m. Tiere und große Fische
Mt 4,24 Kranken, mit m. Leiden Mk 1,34; Lk 4,40
13,3 er redete zu ihnen m. in Gleichnissen
Lk 11,53 ihn mit m. Fragen auszuhorchen
23,9 er fragte ihn m.
Apg 1,3 als der Lebendige erzeigt in m. Erweisungen
Rö 12,6 haben m. Gaben nach der Gnade
1Ko 12,4 m. Gaben, aber es ist ein Geist 5.6
10 einem andern m. Zungenrede 28
14,10 es ist m. Art der Sprache in der Welt
2Ti 3,6 von m. Begierden getrieben Tit 3,3
1Pt 1,6 traurig seid in m. Anfechtungen
4,10 als Haushalter der m. Gnade Gottes
Heb 1,1 *nachdem Gott auf m. Weise geredet hat*
9,10 *Satzungen über m. Waschungen*
13,9 *nicht durch m. Lehren umtreiben*
Jak 1,2 *Freude, wenn ihr in m. Anfechtungen fallt*

manchmal

Heb 1,1 *nachdem Gott m. geredet hat*

Mandel

1Mo 43,11 bringt dem Manne Nüsse und M.
4Mo 17,23 fand er den Stab Aarons M. tragen

Mandelbaum

1Mo 30,37 nahm frische Stäbe von Pappeln, M.
Pr 12,5 wenn der M. blüht

Mandelblüte

2Mo 25,33 jeder Arm soll Kelche wie M. haben 34

Mangel

5Mo 2,7 an nichts hast du M. gehabt
15,8 sollst ihm leihen, soviel er M. hat
28,48 wirst d. Feinde dienen in allerlei M. 57
2Sm 3,29 daß einer an Brot M. habe
Hi 30,3 die vor M. erschöpft sind
Ps 34,10 die ihn fürchten, haben keinen M. 11
Spr 6,11 der M. wie ein gewappneter Mann 24,34
12,9 der groß sein will und an Brot M. hat

Spr	13,25	der Gottlosen Bauch aber leidet M.	1Mo 19,9	drangen hart ein auf den M. Lot
	14,23	wo man nur mit Worten umgeht, da ist M.	31	kein M., der zu uns eingehen könnte
	21,17	wer gern in Freuden lebt, wird M. haben	20,3	denn sie ist eines M. Ehefrau 7; 26,11
	22,16	wer einem Reichen gibt, schafft ihm M.	8	die M. fürchteten sich sehr
	28,22	weiß nicht, daß M. über ihn kommen wird	24,21	der M. betrachtete (Rebekka) 26.29.30.32
Jes	50,2	daß ihre Fische vor M. an Wasser stinken	32	zu waschen seine Füße und die der M. 54
	51,14	daß er keinen M. an Brot habe	58	willst du mit diesem M. ziehen 61
Jer	44,18	haben wir an allem M. gelitten	65	wer ist der M., der uns entgegenkommt
Klg	4,9	die umkamen aus M. an Früchten	25,27	wurde Jakob ein gesitteter M.
Hes	4,17	damit sie an Brot und Wasser M. leiden	26,13	(Isaak) wurde ein reicher M. 30,43
Am	4,6	habe euch gegeben M. an Brot	29,32	nun wird mich mein M. liebhaben 34; 30,20
Wsh	16,3	Israeliten, die nur kurze Zeit M. litten	30,15	genug, daß du mir meinen M. genommen
	4	es sollte ein unabwendbarer M. kommen	32,7	zieht dir entgegen mit 400 M. 33,1
Lk	22,35	habt ihr da je M. gehabt	25	rang ein M. mit ihm, bis die Morgenröte
Apg	4,34	keiner unter ihnen, der M. hatte	34,7	als sie es hörten, verdroß es die M.
1Ko	1,7	daß ihr keinen M. habt an irgendeiner Gabe	14	unsere Schwester einem unbeschnittenen M.
	6,7	es ist ja schon ein M. an euch	37,15	fand ihn ein M., wie er umherirrte 17
2Ko	8,14	jetzt helfe euer Überfluß ihrem M. ab	38,1	gesellte sich zu einem M. aus Adullam
	15	wer wenig sammelte, hatte keinen M.	25	von dem M. bin ich schwanger
	9,12	der Dienst dieser Sammlung hilft nicht allein dem Mangel der Heiligen ab	39,1	Potifar, ein ägyptischer M., kaufte ihn
	11,9	als ich bei euch war und M. hatte	2	so daß er ein M. wurde, dem alles glückte
	9	meinem M. halfen die Brüder ab	14	hat uns den hebräischen M. hergebracht
Phl	4,11	ich sage das nicht, weil ich M. leide	41,33	sehe der Pharao nach einem weisen M. 38
	12	Überfluß haben und M. leiden	42,11	sind alle eines M. Söhne 13
	19	mein Gott wird all eurem M. abhelfen	30	der M., der im Lande Herr ist 43,3.5-7.11.13. 14; 44,15.26
Heb	11,37	sie haben M., Bedrängnis erduldet	43,16	führe diese M. ins Haus 17; 44,1.3.4
Jak	1,4	damit kein M. an euch sei	49,6	in ihrem Zorn haben sie M. gemordet
	2,15	M. hätte an der täglichen Nahrung	2Mo 2,1	ein M. vom Hause Levi nahm ein Mädchen
			13	sah zwei hebr. M. miteinander streiten

mangeln

			19	ein ägyptischer M. stand uns bei 20
			21	Mose willigte ein, bei dem M. zu bleiben
5Mo	8,9	ein Land, wo dir nichts m.	10,7	soll dieser M. uns Verderben bringen
Ri	19,20	alles, was dir m., findest du bei mir	11	nur ihr M. zieht hin
1Kö	17,14	dem Ölkrug soll nichts m. 16	11,3	Mose war ein angesehener M. in Ägyptenl.
Neh	9,21	versorgtest sie, daß ihnen nichts m.	12,37	zogen aus, 600.000 M. zu Fuß 2Mo 38,26; 4Mo 11,21
Ps	23,1	mir wird nichts m.	14,9	jagten ihnen nach mit ihren M. 17.18.23.26.28
	84,12	er wird kein Gutes m. lassen den Frommen	15,1	Roß und M. hat er ins Meer gestürzt 19.21
Spr	11,16	den Faulen wird es m. an Hab und Gut	17,9	erwähle uns M... gegen Amalek
	21,5	wer allzu rasch handelt, dem wird's m.	21,18	wenn M. miteinander streiten 22; 5Mo 25,1. 11
	28,27	wer dem Armen gibt, dem wird nichts m.	28	wenn ein Rind einen M. stößt 29
	31,11	Nahrung wird ihm nicht m.	24,5	sandte junge M. hin, daß sie opferten
Pr	6,2	es m. ihm nichts, was sein Herz begehrt	32,1	was diesem M. Mose widerfahren ist 23
	9,8	laß deinem Haupte Salbe nicht m.	28	fielen an dem Tage 3.000 M. Jos 8,25; 1Sm 4,2.10; 22,18
Hl	7,3	wie ein Becher, dem nimmer Getränk m.	33,11	wie ein M. mit seinem Freunde redet
Rö	3,23	m. des Ruhmes, den sie bei Gott haben	35,22	brachten M. und Frauen freiwillig 29; 36,6
Kol	1,24	was noch m. an den Trübsalen Christi	3Mo 13,29	wenn ein M... eine Stelle hat 38.40; 15,2.16. 18.24.33; 16,21.26; 4Mo 9,6
1Th	3,10	zurechtbringen, was eurem Glauben m.	18,22	sollst nicht bei einem M. liegen wie bei einer Frau 19,20.21; 20,13.18; 5Mo 22,5.22-25
Jak	1,5	wenn es jemandem unter euch an Weisheit m.	20,27	die von ihrem M. Geister beschwören kann
			21,7	die von ihrem M. verstoßen ist
			22,12	wenn... Tochter die Frau eines M. wird

Mann
(s.a. Mann Gottes, Mann Israels, Mann Judas)

			24,10	Sohn eines äg. M. zankte mit einem isr. M.
1Mo	1,27	Gott schuf sie als M. und Weib 5,2; Mt 19,4; Mk 10,6	27,3	wer M... schätzen will 5.7
	2,23	weil sie vom M. genommen ist 24	4Mo 1,4	je ein M. von jedem Stamm 5.17.44; 13,2.3; 5Mo 1,15.23; Jos 3,12; 4,2.4
	3,6	gab ihrem M. auch davon, und er aß 17	2,4	(Judas) Heer, 74.600 M. 6 u.ö. 32
	16	dein Verlangen soll nach deinem M. sein	5,3	M. wie Frauen sollt ihr hinausschicken
	4,1	habe einen M. gewonnen	6	wenn ein M. irgendeine Sünde tut 15,32.35; 5Mo 17,2.5
	23	einen M. erschlug ich für meine Wunde	12	wenn irgendeines M. Frau untreu wird 13.15. 19.20.27.29-31
	6,9	Noah war ein frommer M.	6,2	wenn (ein) M. das besondere Gelübde tut
	14,24	die M. Aner, Eschkol und Mamre	11,16	sammle mir siebzig M. 24.26.27
	16,3	gab sie Abram, ihrem M., zur Frau 30,8	13,2	M., die das Land Kanaan erkunden 16.31; 14,36.38; 34,17.19; 5Mo 1,22
	18,2	da standen drei M. vor ihm 16.22; 19,5.8.10. 12.16		
	19,4	kamen die M. der Stadt Sodom 14		
	8	Töchter, die wissen noch von keinem M. 24,16; 3Mo 21,3; 4Mo 31,35; Ri 11,39; Hes 44,25		

Mann

4Mo	14,15	würdest du dies Volk töten wie einen M.	Ri	17,7 ein junger M. von Bethlehem 18,19
	22	alle M., die meine Herrlichkeit gesehen		19,3 ihr M. zog ihr nach 6-10.22-25; 20,4
	16,2	empörten sich 250 M. 35; 26,10		16 kam ein alter M. 20.22.23
	22	wenn ein einziger M. gesündigt hat		22 da kamen ruchlose M. 20,13
	19,9	ein reiner M. soll die Asche sammeln 18		20,1 die Gemeinde versammelte sich wie ein M.
	22,20	sind die M. gekommen, dich zu rufen 35		8.11; 1Sm 11,7; Esr 3,1; Neh 8,1
	24,3	der M., dem die Augen geöffnet sind 15		10 laßt uns nehmen 10 M. von 100
	27,16	einen M. setzen über die Gemeinde 18		12 sandten M. zu allen Geschlechtern Benj. 41
	30,7	wird sie eines M. Frau 8.9.11-14.17		21,11 Frauen, die einem M. angehört haben 12
	31,4	aus jedem Stamm je 1.000 M. 5	Rut	1,1 ein M. von Bethlehem in Juda 3.5; 2,1
5Mo	1,31	wie ein M. seinen Sohn trägt 8,5		9 eine jede in ihres M. Hause 11-13; 2,11
	2,15	sie zu vertilgen bis auf den letzten M.		2,1 ein M. mit Namen Boas 19; 3,3.8.16.18.20
	34	vollstreckten den Bann an M., Frauen 3,6;		3,10 nicht dem jungen M. nachgegangen bist
		Jos 6,21; 1Sm 15,3; 22,19; 27,9.11		4,2 Boas nahm 10 M. von den Ältesten
	4,16	Bildnis, das gleich sei einem M. oder Weib	1Sm	1,1 ein M., der hieß Elkana 3.8.21-23; 2,19
	19,17	sollen die beiden M. vor den HERRN treten		2,12 die Söhne Elis waren ruchlose M. 17
	22,16	habe diesem M. meine Tochter gegeben 18		33 soll sterben, wenn sie M. geworden sind
	24,3	d. M. ihrer überdrüssig wird 4; Jer 3,1		4,9 seid M., ihr Philister, und kämpft
	25,5	die Frau eines M. aus e. andern Sippe 7.9		13 als der M. in die Stadt kam 14.16
	28,54	ein M. wird s. Bruder nichts gönnen 56		18 Eli war alt und ein schwerer M.
	29,17	laßt nicht einen M ... sein, dessen Herz 19		19 ihr Schwiegervater und ihr M. tot 21
	31,12	versammle das Volk, die M., Frauen		6,19 der HERR schlug unter ihnen 70 M.
	32,25	rauben den jungen M. wie das Mädchen		9,1 ein M. von Benjamin, mit Namen Kisch
Jos	1,14	so viele streitbare M. 10.2.7; Ri 3,29; 20,44.46;		2 Saul war ein junger, schöner M. 16.17; 10,22
		21,10; 1Sm 31,12; 2Sm 11,16.23; 1Kö 12,21;		22 das waren etwa 30 M.
		1Ch 5,18; 10,12; 2Ch 11,1; 17,13.14.16; 28,6		10,2 wirst du dort M. finden 3
	2,1	M. als Kundschafter 7,2; Ri 18,2.7.14.17		11,1 alle M. von Jabesch 5.9.10; 2Sm 2,4.7
	3	gib die M. heraus 4.7.8.14.17.23; 6,22.23		12 gebt sie her, die M., daß wir sie töten
	4,13	40.000 zum Krieg gerüstete M. 7,3.4; 8,3.12;		13,14 einen M. nach seinem Herzen Apg 13,22
		Ri 4,6.10.14; 18,11.16.17; 20,2.15-17; 1Sm 11,8;		14,8 wohlan, wir gehen zu den M. hinüber 12.14
		13,15; 14,2; 15,4; 2Ch 13,3; 17,18; 26,13		52 wo Saul einen rüstigen M. sah, den nahm er
	5,4	die M., alle Kriegsleute, waren gestorben		16,16 einen M., der Harfe spielen kann 17
	13	ihm gegenüberstand		18 antwortete einer der jungen M.
	6,26	verflucht der M., der Jericho aufbaut		17,10 (Goliat) sprach: Gebt mir einen M.
	7,4	flohen vor den M. von Ai 5; 8,14.17.20-22		24 wer den M. sah, floh vor ihm 25
	14	soll herzutreten, M. für M. 18; 1Sm 10,21		26 da sprach David zu den M. 28
	10,18	stellt M. davor, die sie bewachen		18,13 setzte (David) zum Obersten über 1.000 M.
	17,2	das sind die M. nach ihren Geschlechtern		17 (zu David:) sei nur ein tapferer M. 23
	18,4	nehmt aus jedem Stamm drei M. 8.9		27 zog hin mit seinen M. und erschlug 200 M.
	22,20	obgleich (Achan) nur ein einzelner M. war		19,11 Michal sagte es ihm
Ri	1,4	sie schlugen 10.000 M. 3,29; 20,35.44-47; 1Sm		20,15 ausrotten wird, M. für M.
		14,14		21,2 warum ist kein M. mit dir
	24	die Späher sahen einen M. gehen 25.26		8 war ein M. von den Großen Sauls dort
	3,17	Eglon aber war ein sehr fetter M.		15 ihr seht ja, daß der M. wahnsinnig ist
	4,22	will dir den M. zeigen, den du suchst		22,2 sammelten sich bei (David) allerlei M. 6;
	5,30	ein Weib, zwei Weiber für jeden M.		23,3.5.8.12.13.24-26; 24,3-5.7.8.23; 25,13.15.20;
	6,16	die Midianiter schlagen wie einen M.		27,2.3.8; 28,1; 29,2.11; 30,1.3.9.10.17.21.22.31;
	27	da nahm Gideon zehn M. 7,6-8.16.19.22; 8,4		2Sm 1,11; 2,3.13-17.30.31; 3,22.38; 5,6.21; 6,20;
	8,1	sprachen die M. von Ephraim zu (Gideon)		11,1.17.24; 12,18-21; 17,12; 18,7.9; 19,8.42;
	14	schrieb auf die Oberen von Sukkot, 77 M.		20,6; 21,15.17.20; 1Ch 12,1.17.24-37; 20,6
	18	wie waren die M., die ihr erschlagen habt		17 M. des Königs wollten nicht
	21	wie der M. ist, so ist auch seine Kraft		25,3 der M. hieß Nabal 2.13
	9,2	redet vor den Ohren aller M. von Sichem 3.		26,15 sprach zu Abner: Bist du nicht ein M.
		6.7.18.20.23-26.39.46.47.49.57		28,7 seine M. sprachen zu (Saul) 8.23.25
	2	daß 70 M. über euch Herrscher seien 5.18		14 es kommt ein alter M. herauf
	4	Abimelech warb damit lose, verwegene M.		29,4 schick den M. zurück ... womit Gefallen tun
		an		als mit den Köpfen unserer M.
	51	dahin flohen alle M. und Frauen		31,6 starben Saul und seine M. miteinander
	10,1	Tola, ein M. aus Issachar	2Sm	1,2 kam ein M. zu David 5.6.13
	18	wer ist der M., der anfängt zu kämpfen		2,12 mit den M. Isch-Boschets 29.31; 4,2
	11,1	war ein streitbarer M. 2Sm 23,20; 1Ch 11,22;		14 laß die jungen M. sich aufmachen 21.32
		2Ch 17,17		3,15 ließ (Michal) wegnehmen ihrem M. 16
	12,1	die M. von Ephraim wurden aufgeboten		20 als Abner zu David kam und mit ihm 20 M.
	4	Jeftah sammelte alle M. von Gilead 5		39 diese M. sind härter als ich
	13,2	ein M. mit Namen Manoach 6.9.10		4,11 haben ein gerechten M. getötet
	14,15	überrede deinen M.		6,19 (David) ließ austeilen ... M. und Frau 1Ch
	18	da sprachen die M. der Stadt zu ihm		16,3
	19	(Simson) erschlug 30 M. 15,15.16		8,4 David nahm gefangen 20.000 M. 5.7.13;
	16,27	das Haus war voller M. und Frauen		10,18; 1Ch 18,4.5.12; 19,18
	17,1	ein M. mit Namen Micha 5.11; 18,22		10,5 die M. waren sehr geschändet 1Ch 19,5

2Sm	10,6	warben an... 12.000 M. 1Ch 19,6.7	2Kö	12,16	brauchten die M. nicht Rechnung zu legen 2Ch 34,12

2Sm 10,6 warben an... 12.000 M. 1Ch 19,6.7
11,13 auf sein Lager bei den M. seines Herrn
26 daß ihr M. Uria tot war
12,1 es waren zwei M. in einer Stadt 4.5
7 du bist der M.
13,3 Jonadab war ein sehr erfahrener M.
32 denke nicht, daß alle jungen M. tot sind
14,5 mein M. ist gestorben 7
25 war kein M. so schön wie Absalom 1Kö 1,6
15,1 fünfzig M., seine Leibwache 1Kö 1,5
11 gingen mit Absalom 200 M. 17,1
18 alle Gatiter, 600 M. 22
16,5 da kam ein M. von dort heraus 7
17,3 wie die Frau zu ihrem M. zurückkehrt... du trachtest nur einem M. nach dem Leben
18 kamen in das Haus eines M. in Bahurim
25 der Sohn eines M. mit Namen Jitra
18,10 ein M. sah (Absalom hängen) 11.12.32
20 nicht der M. für eine gute Botschaft 24-27
19,15 wandte das Herz aller... wie eines M.
18 mit (Schimi) 1.000 M. von Benjamin
33 Barsillai war ein M. von großem Vermögen
20,1 daß dort ein ruchloser M. war 21
7 die M. Joabs folgten Abischai 11.12
21,5 von dem M., der uns zunichte gemacht 6
22,49 vor dem M. der Gewalttat rettest du mich
23,1 es spricht der M., der hoch erhoben ist
17 Blut der M., die ihr Leben gewagt 1Ch 11,19
21 erschlug einen ägyptischen M. 1Ch 11,23
24,15 so daß von dem Volk starben 70.000 M.
1Kö 1,42 bist ein redlicher M.
2,2 sei getrost und sei ein M.
4 soll niemals fehlen an einem M. auf dem Thron Israels 8,25; 9,5; 2Ch 6,16; 7,18
9 bist ein weiser M. und wirst wohl wissen
32 weil er zwei M. erschlagen, die gerechter
5,27 Fronarbeiter, 30.000 M.
10,8 glücklich sind deine M. 2Ch 9,7
11,17 Hadad war noch ein sehr junger M.
24 (Reson) hatte M. um sich gesammelt
28 Jerobeam war ein tüchtiger M.
14,10 ausrotten bis auf den letzten M. 21,21; 2Kö 9,8; 10,14
18,22 die Propheten Baals sind 450 M.
44 eine kleine Wolke wie eines M. Hand
20,15 zählte das Volk Israel, 7.000 M.
17 ziehen M. aus Samaria heran
29 Isr. schlug von den Aramäern 100.000 M. 30
33 die M. nahmen es als ein gutes Zeichen
35 da sprach ein M.: Schlage mich 37.39.40.42
21,10 stellt ihm zwei ruchlose M. gegenüber 13
22,6 versammelte Propheten, etwa 400 M.
34 ein M. spannte den Bogen 2Ch 18,33
2Kö 1,6 kam ein M. herauf uns entgegen 7
9 sandte einen Hauptmann samt 50 M. 10-14; 11,9; 15,25; 1Ch 11,42
2,16 sind unter deinen Knechten 50 M. 17
19 die M. der Stadt sprachen zu Elisa
3,11 antwortete einer unter den M. des Königs
26 nahm 700 M. mit sich, um durchzubrechen
4,1 dein Knecht, mein M., ist gestorben
9 sprach zu ihrem M 14,22,26
40 legte es den M. zum Essen vor 42.43
5,1 Naaman war ein... gewaltiger M. 7.24.26
6,19 führen zu dem M., den ihr sucht 32
7,3 waren vier aussätzige M. vor dem Tor
9,11 ihr kennt doch den M.
28 seine M. brachten ihn nach Jerusalem 23,30; 2Ch 35,24
10,24 wenn einer der M. entrinnt, so soll

2Kö 12,16 brauchten die M. nicht Rechnung zu legen 2Ch 34,12
13,7 übriggeblieben 10.000 M. Fußvolk
21 warf man den M. in Elisas Grab
14,7 schlug die Edomiter, 10.000 M. 2Ch 25,11.13; Ps 60,2
15,20 fünfzig Silberstücke auf jeden M.
18,27 zu den M., die auf der Mauer Jes 36,12
19,35 der Engel schlug 185.000 M. Jes 37,36
22,15 sagt dem M., der euch gesandt 2Ch 34,23
25,19 fünf M., die stets vor dem König waren, und 60 M. vom Volk 23; Jer 52,25
24 Gedalja schwor ihren M. 25; Jer 40,7
1Ch 4,12 das sind die M. von Recha 22
42 gingen von ihnen 500 M. zum Gebirge Seïr
5,24 gewaltige M. und berühmte Sippenhäupter 7,2.5.7.9.11.40; 9,9; 12,31
7,21 die M. von Gat töteten sie
16,38 dazu Obed-Edom und seine Brüder, 68 M.
22,9 der Sohn wird ein M. der Ruhe sein
23,3 die Zahl der M., nach Köpfen 24; 24,4
25,1 prophetische M., die auf Harfen spielen 2.3
26,6 waren angesehene M. 7-9.30-32; 28,1; Neh 11,6.14
12 fiel nach der Zahl der M. das Amt zu
27,32 Jonatan war ein schriftkundiger M.
2Ch 2,6 sende mir einen tüchtigen M. 12
6,5 keinen M. erwählt, daß er Fürst sein sollte
15,13 sterben, M. und Frau
18,7 ein M., durch den man den HERRN befragen
24,24 obwohl das Heer mit wenigen M. kam
25,7 *der HERR ist nicht mit allen M. von Efraim
28,15 M., die mit Namen genannt sind 31,19
35,23 Josia sprach zu seinen M.: Führt mich fort
Esr 2,2 dies ist die Zahl der M. 21-28.33.34; 8,3-14; Neh 7,7.25-32.36.37
4,9 wir, die M. von Erech 11.21; 5,4.10
6,20 hatten sich gereinigt, die M. für all
8,18 brachten uns einen klugen M.
10,1 sammelte sich eine große Gemeinde von M.
16 Esra sonderte M. aus
17 M., die fremde Frauen hatten Neh 13,25
Neh 1,11 gib ihm Gnade vor diesem M.
2,12 machte mich auf und wenige M. mit mir
3,2 bauten die M. von Jericho 7.22
6,11 sollte ein M. wie ich fliehen
7,2 Hananja, der ein treuer M. war
8,2 Esra brachte das Gesetz vor die M. 3
11,2 das Volk segnete alle M.
12,44 wurden M. über die Kammern bestellt
Est 1,17 so daß sie ihre M. verachten 20.22
2,2 sprachen die M. des Königs
5 es war ein jüdischer M. zu Susa
4,11 daß jeder, M. oder Weib, sterben muß
6,6 was soll man dem M. tun 7.9.11
9 brachten den M. auf dem M. 12.15
Hi 1,1 es war ein M. im Lande Uz
2,4 alles, was ein M. hat, läßt er für
3,23 dem M., dessen Weg verborgen ist
4,17 wie kann ein M. rein sein vor dem
10,5 oder deine Jahre wie eines M. Jahre
11,3 müssen M. zu deinem Gerede schweigen
14,10 stirbt ein M., so ist er dahin
15,2 soll ein weiser M. so reden
16,21 daß er Recht verschaffe dem M. bei Gott
22,2 kann denn ein M. Gott etwas nützen
31,31 haben nicht die M. sagen müssen
32,1 da hörten die drei M. auf 5

Mann 968

Hi	34,7	wo ist so ein M. wie Hiob
	10	hört mir zu, ihr weisen M. 34
	18	der zum König sagt: Du heilloser M.
	38,3	gürte deine Lenden wie ein M. 40,7
Ps	25,12	wer ist der M., der den HERRN fürchtet
	37,23	wenn eines M. Schritte fest werden
	52,9	das ist der M., der nicht auf Gott
	54,2	als die M. von Sif kamen
	80,18	deine Hand schütze den M. deiner Rechten
	87,5	M. für M. ist darin geboren
	88,5	bin wie ein M., der keine Kraft mehr hat
	105,17	er sandte einen M. vor ihnen hin
	119,9	wie wird ein junger M. unsträflich gehen
	128,4	gesegnet der M., der den HERRN fürchtet
	147,10	hat kein Gefallen an den Schenkeln des M.
Spr	6,11	der Mangel wie ein gewappneter M. 24,34
	12	ein nichtswürdiger M., wer einhergeht
	34	Eifersucht erweckt den Grimm des M.
	7,19	der M. ist nicht daheim
	8,4	o ihr M., euch rufe ich
	10,23	der einsichtige M. (hat Lust) an Weisheit
	11,12	ein verständiger M. schweigt stille 12,23
	17	ein barmherziger M. nützt sich selber
	12,4	eine tüchtige Frau ist ihres M. Krone
	8	ein M. wird gelobt nach seiner Klugheit
	14	wiel Gutes bekommt ein M.
	15,18	zorniger M. richtet Zank an 26,21; 29,22
	21	ein verständiger M. bleibt auf dem Wege
	23	es ist einem M. eine Freude, wenn er
	16,14	ein weiser M. wird ihn versöhnen
	21	wird gerühmt als ein weiser M.
	17,27	ein verständiger M. wird nicht hitzig
	18,4	die Worte in eines M. Munde 20
	19,11	Klugheit macht den M. langsam zum Zorn
	21	in eines M. Herzen sind viele Pläne
	20,3	eine Ehre ist es dem M., dem Streit fern
	5	das Vorhaben… eines M. ist wie tiefes Wasser; ein kluger M. kann es schöpfen
	17	das gestohlene Brot schmeckt dem M. gut
	22,24	halt dich nicht zu einem wütenden M.
	29	siehst du einen M., behende in s. Geschäft
	24,5	ein weiser M. ist stark und ein vernünftiger M. voller Kraft
	25,1	die M. Hiskias haben sie gesammelt
	28	M., der seinen Zorn nicht zurückhalten
	27,8	so ist ein M., der aus seiner Heimat flieht
	17	ein M. (wetzt) den andern
	21	ein M. bewährt sich in seinem Ruf
	28,2	durch einen vernünft. M. gewinnt das Recht
	3	ein gottl. M., der die Geringen bedrückt
	20	ein treuer M. wird von vielen gesegnet
	30,1	es spricht der M.: Ich habe mich gemüht
	19	zu wundersam: des M. Weg beim Weibe
	31,11	ihres M. Herz darf sich auf sie verlassen
	23	ihr M. ist bekannt in den Toren
	28	ihr M. lobt sie
Pr	7,28	unter tausend habe ich einen M. gefunden
	9,14	eine kleine Stadt und wenig M. darin 15
	10,17	dessen Fürsten tafeln als ehrbare M.
Jes	2,9	gedemütigt (wird) der M. 11.17; 5,15
	3,25	deine M. werden durchs Schwert fallen
	4,1	sieben Frauen werden einen M. ergreifen
	5,22	wackere M., Rauschtrank zu mischen
	7,21	wird ein M. eine junge Kuh aufziehen
	13,12	ein M. kostbarer als feines Gold
	14,16	ist das der M., der die Welt zittern
	21,9	siehe, da kommen M.
	39,3	was sagen diese M.
	40,30	M. werden müde und matt
	44,13	macht es wie eines M. Gestalt
Jes	46,11	rufe aus fernem Lande den M.
	54,1	mehr Kinder als die den M. hat Gal 4,27
	5	der dich gemacht hat, ist dein M.
	62,4	dein Land hat einen lieben M. 5
	66,3	gleicht dem, der einen M. erschlägt
Jer	6,11	über die Schar der jungen M… sollen alle,M. und Frau, weggeführt werden
	9,20	er würgt die jungen M.
	11,21	spricht über die M. von Anatot 23
	13,11	Gürtel um die Lenden des M. gebunden
	17,5	verflucht der M., der sich auf Menschen verläßt 7
	18,21	daß ihre M. vom Tode getroffen werden
	19,10	den Krug zerbrechen vor den Augen der M.
	22,28	ist denn Konja ein elender M. 30
	23,9	mir ist wie einem trunkenen M.
	26,11	dieser M. ist des Todes schuldig 16; 38,4
	29,6	gebt eure Töchter M., daß sie gebären
	30,6	ob dort M. gebären… alle M. wie Frauen
	31,22	das Weib wird den M. umgeben
	35,5	ich setzte den M. Krüge voll Wein vor
	19	soll niemals an einem M. fehlen
	38,4	der M. sucht nicht, was zum Heil dient
	9	diese M. handeln übel 10.11.16
	41,1	Jischmaël und zehn M. 2.5.7-9.12.15
	43,2	sprachen alle M. zu Jeremia 6; 44,15.20
	44,7	daß ausgerottet werden M. und Frau
	19	tun wir nicht, ohne den Willen unserer M.
	51,22	durch dich habe ich M. zerschmettert
Klg	3,1	bin der M., der Elend sehen muß
	27	es ist ein köstlich Ding für einen M.
	35	(wenn man) eines M. Recht beugt
Hes	8,2	da war ein Gestalt wie ein M.
	11	davor standen siebzig M. 16; 11,1.2
	9,2	da kamen sechs M. 5.11; 10,2.3.6.7
	14,14	diese M., Noah, Daniel und Hiob 16.18
	16,32	Fremde anstelle deines M. nimmst 45
	23,14	sie sah Bilder von M. an der Wand
	40	haben Boten geschickt nach M. 42
	45	werden gerechte M. sie richten
	27,8	die kundigsten M. hattest du 11
	33,2	nimmt einen M. zu seinem Wächter
	24	Abraham war ein einzelner M.
	38,4	mit deinem ganzen Heer, mit Roß und M.
	40,3	ein M., der war anzuschauen wie Erz
	5	der M. hatte die Meßrute 47,3; Sa 2,5
	43,6	während der M. neben mir stand
Dan	2,25	ich habe einen M. gefunden aus Juda 5,11
	3,8	kamen M. und verklagten 6,6.12.16.25
	12	nun sind da jüdische M. 13.21-25.27
	8,15	einer, der aussah wie ein M. 10,5; 12,6.7
	9,21	flog der M. Gabriel an mich heran
	10,7	die M., die bei mir waren, sahen's nicht
Hos	2,4	ich bin nicht ihr M.
	9	will wieder zu meinem früheren M. gehen
	18	alsdann wirst du mich nennen „Mein M."
	3,3	sollst bleiben, ohne einem M. anzugehören
	9,7	ist wahnsinnig der M. des Geistes
Am	6,9	wenn auch zehn M. übrigbleiben
Jon	1,14	laß uns nicht verderben um dieses M. willen
Hab	2,5	so wird auch der stolze M. nicht bleiben
Sa	1,8	ein M. saß auf einem roten Pferde 10
	2,8	lauf hin und sage diesem jungen M.
	6,12	es ist ein M., der heißt „Sproß"
	8,4	sollen wieder sitzen alte M. und Frauen
	23	werden 10 M. einen jüdischen M. ergreifen
	13,7	Schwert, mach dich auf über den M.
Mal	3,17	wie ein M. sich seines Sohnes erbarmt
Jdt	6,2	wenn wir sie schlagen wie einen M.
	7,13	da kamen alle, M. und Frau, zu Usija

Jdt	10,14	daß er nicht einen einzigen M. verliert
	12,12	einen M. zum Narren gehalten
	16,8	kein M. hat ihn umgebracht
	27	keinen M. nach dem Tode ihres ersten M.
	28	sie lebte im Hause ihres M.
	29	ihr Hab und Gut unter ihres M. Verwandte
Wsh	8,19	ich war ein wohlgestalteter junger M.
	18,11	der König mußte wie der einfache M. leiden
	21	eilends kam der untadelige M.
Tob	1,1	es war ein M. mit Namen Tobias 4
	3,8	man hatte sie sieben M. nacheinander gegeben 11; 6,15; 7,11
	17	daß ich niemals einen M. begehrt habe 19.20
	5,5	Tobias fand einen jungen M. 11.14
	6,9	weder M. noch Frau schaden können
	7,2	wie gleicht der junge M. meinem Vetter
	7	du bist der Sohn eines frommen M. 9,9
	12	diesem frommen M. deine Tochter geben 14
	10,13	die Eltern ihres M. zu ehren
	12,1	was sollen wir dem heiligen M. geben
Sir	6,35	wo ein weiser M. ist, schließ dich ihm an 36
	7,27	deine Tochter gib einem verständigen M.
	10,4	zur rechten Zeit schickt er den rechten M. 5
	11,6	hochangesehene M. sind andern in die Hände
	16,5	ein frommer M. kann einer Stadt zur Blüte verhelfen
	19,26	man sieht's einem an, was für ein M. er ist
	20,7	ein weiser M. schweigt, bis seine Zeit gekommen 13.29
	29	ein kluger M. gefällt den Mächtigen
	21,16	die Erkenntnis eines weisen M. wächst
	22,4	eine vernünftige Tochter kriegt einen M. 5
	23,25	ein M., der seine Ehe bricht 23.30
	32	Frau, die ihren M. betrügt 33; 25,24.31; 36,27.28
	25,2	wenn M. und Frau gut miteinander umgehen
	10	ein M., der Freude an seinen Kindern hat
	26	ein schwatzhaftes Weib ist für einen stillen M. wie ein… Weg bergauf für einen alten M.
	28	wenn die Frau ihren M. ernährt
	26,2	eine tüchtige Frau ist für ihren M. eine Freude 16; 36,24.25
	26	wenn man einsichtsvolle M. verachtet
	31,12	wenn du am Tisch eines reichen M. sitzt
	28	einen gastfreien M. loben die Leute
	32,22	ein vernünftiger M. verachtet nicht guten Rat
	34,9	ein M., der viel herumgekommen ist
	36,23	eine Frau wird jeden zum M. nehmen
	37,18	mit s. Herzen kann ein M. mehr erkennen
	27	ein weiser M. wird sehr gelobt 26; 42,8
	40,25	Gold… lassen einen M. sicher stehen
	31	davor hütet sich ein vernünftiger M.
	42,9	wenn sie einen M. hat, der 10
	14	besser, bei einem groben M. zu sein
	44,1	laßt uns loben die berühmten M. 3.6
	45,1	Mose, den begnadeten M.
	46,10	am Leben geblieben unter 600.000 M.
	47,27	Rehabeam, einen M. ohne Weisheit
1Ma	3,24	(Judas) erschlug 800 M. 4,15.34; 5,22.34; 6,42; 7,32; 9,49; 10,85; 11,74; 12,48; 16,10; 2Ma 8,19.30; 10,17.23; 11,11; 12,19.23; 13,15; 15,22.27
	39	gab ihnen 40.000 M. zu Fuß 4,28; 6,30; 9,4; 15,13; 2Ma 4,40; 5,5.24; 8,9; 11,2; 12,20.33; 13,2
	4,6	Judas kam mit 3.000 M. 29; 5,20; 7,40; 9,6; 10,74; 2Ma 8,1.22; 12,5.10
1Ma	5,13	unsre Brüder, 1.000 M., getötet
	8,15	einen Rat aus 320 M. 16
	9,53	die Kinder der vornehmsten M. als Geiseln
	10,16	solch einen tüchtigen M. findet man nur einmal 19; 13,54
	36	30.000 M. von den Juden für das Heer 15,26
	11,45	das Volk der Stadt, 120.000 M.
2Ma	3,11	Hyrkanus, einem sehr bedeutenden M.
	4,35	entrüstet über den Mord an diesem M.
	6,1	sandte der König einen alten M. von Athen
	18	Eleasar, ein schon betagter M. 27
	21	die M., die zur Aufsicht… bestellt waren
	14,37	daß Rasi ein M. sei, der s. Mitbürger liebte
	15,12	Onias, ein bescheidener, gütiger M.
StE	6,1	Mordechai war ein vornehmer M.
StD	1,1	ein M. mit Namen Jojakim 7.28.63
	45	erweckte Gott den Geist eines jungen M.
	2,19	ich sehe Fußtapen von M., Frauen
Mt	1,16	Josef, M. der Maria 19; Lk 1,27
	7,24	wer… gleicht einem klugen M.
	26	wer… gleicht einem törichten M. Lk 6,49
	8,27	was ist das für ein M.
	14,21	fünftausend M., ohne Frauen und Kinder 15,38; Mk 6,44; Lk 9,14; Jh 6,10
	19,3	daß sich ein M. von seiner Frau scheidet Mk 10,2
	4	schuf sie als M. und Frau Mk 10,6
	5	darum wird ein M. Vater und Mutter verlassen Mk 10,7; Eph 5,31
	10	steht die Sache eines M. mit seiner Frau so
	21,28	es hatte ein M. zwei Söhne
	25,24	Herr, ich wußte, daß du ein harter M. bist Lk 19,21.22
	27,57	kam ein reicher M. aus Arimathäa Lk 23,50
Mk	6,20	wußte, daß er ein frommer M. war
	10,12	wenn sich eine Frau scheidet von ihrem M. 1Ko 7,10
	14,51	ein junger M. folgte ihm nach
Lk	1,34	zugehen, da ich doch von keinem M. weiß
	2,25	ein M. war in Jerusalem, mit Namen Simeon
	36	Hanna hatte 7 Jahre mit ihrem M. gelebt
	5,12	in einer Stadt war ein M. voller Aussatz
	18	einige M. brachten einen Menschen
	6,8	er sprach zu dem M. mit der verdorrten Hand
	7,20	als die M. zu ihm kamen, sprachen sie
	8,27	ein M. aus der Stadt, der hatte böse Geister
	41	siehe, da kam ein M. mit Namen Jaïrus 9,38
	9,30	siehe, zwei M. redeten mit ihm 32
	14,24	keiner der M. mein Abendmahl schmecken
	16,1	ein reicher M. hatte einen Verwalter
	18	wer die von ihrem M. Geschiedene heiratet
	19	ein reicher M. kleidete sich in Purpur
	17,12	begegneten ihm zehn aussätzige M.
	19,2	siehe, da war ein M. mit Namen Zachäus
	22,63	die M., die Jesus gefangenhielten
	23,26	ergriffen sie einen M., Simon von Kyrene
	50	der war ein guter, frommer M.
	24,4	da traten zu ihnen zwei M.
Jh	1,13	die nicht aus dem Willen eines M., sondern von Gott geboren sind
	30	nach mir kommt ein M., der vor mir
	4,16	geh hin, ruf deinen M. und komm wieder her
	17	die Frau antwortete: Ich habe keinen M.
	18	fünf M. hast du gehabt
	46	ein M. im Dienst des Königs 47.49
	9,8	ist das nicht der M., der dasaß und bettelte
Apg	1,10	bei ihnen zwei M. in weißen Gewändern
	11	ihr M. von Galiläa, was steht ihr da
	16	ihr M. und Brüder, es mußte das Wort der Schrift erfüllt werden

Mann

Apg	1,21	so muß einer von diesen M. (Zeuge werden)		
	2,5	in Jerusalem Juden, gottesfürchtige M.		
	14	liebe M., das sei euch kundgetan		
	23	(Jesus von Nazareth,) dieser M.		
	29	ihr M., liebe Brüder 37; 13,26; 15,7.13; 22,1.4; 23,1.6; 28,17		
	3,2	es wurde ein M. herbeigetragen		
	4,4	die Zahl der M. stieg auf etwa 5.000		
	5,1	ein M. mit Namen Hananias samt seiner Frau		
	6	da standen die jungen M. auf und deckten ihn zu 10		
	9	Füße derer, die deinen M. begraben haben 10		
	14	an den Herrn glaubten eine Menge M. und Frauen 17,12		
	25	die M. stehen im Tempel und lehren das Volk		
	34	ließ die M. für kurze Zeit hinausführen		
	36	ihm hing eine Anzahl M. an, etwa 400		
	6,3	seht euch um nach sieben M. in eurer Mitte		
	5	sie wählten Stephanus, einen M. voll Glaubens		
	6	diese M. stellten sie vor die Apostel		
	11	da stifteten sie einige M. an, die sprachen		
	7,26	liebe M., ihr seid doch Brüder		
	58	ihre Kleider zu den Füßen eines jungen M.		
	8,2	bestatteten den Stephanus gottesfürchtige M.		
	3	ging von Haus zu Haus, schleppte M. und Frauen fort 9,2; 22,4		
	9	es war aber ein M. mit Namen Simon		
	12	ließen sich taufen M. und Frauen		
	27	siehe, ein M. aus Äthiopien		
	9,7	die M., seine Gefährten, standen sprachlos da		
	11	frage nach einem M. mit Namen Saulus von		
	12	einen M. gesehen, der zu ihm hereinkam 22,12		
	13	ich habe von vielen gehört über diesen M., wieviel Böses		
	33	dort fand er einen M. mit Namen Äneas		
	38	sandten die Jünger zwei M. zu ihm		
	10,1	in Cäsarea mit Namen Kornelius 22		
	5	sende M. nach Joppe und laß holen Simon 17.19.21; 11,11.13		
	28	daß es einem jüdischen M. nicht erlaubt ist		
	30	da stand ein M. vor mir		
	11,3	du bist zu M. gegangen, die nicht Juden sind		
	12	wir gingen in das Haus des M.		
	20	kamen nach Antiochia		
	24	ein bewährter M. voll heiligen Geistes		
	13,7	bei dem Statthalter, einem verständigen M.		
	21	Saul, einen M. aus dem Stamm Benjamin		
	50	hetzten die angesehensten M. der Stadt auf		
	14,8	ein M. in Lystra hatte schwache Füße		
	15	ihr M., was macht ihr da		
	15,22	aus ihrer Mitte M. auszuwählen 25		
	26	M., die ihr Leben eingesetzt haben		
	16,9	ein M. aus Mazedonien stand da und bat ihn		
	35	laß diese M. frei		
	17,5	holten sich einige üble M. aus dem Pöbel		
	22	ihr M. von Athen, ich sehe, daß		
	31	den Erdkreis richten durch einen M., den		
	34	einige M. schlossen sich ihm an		
	18,7	in das Haus eines M. mit Namen Titius Justus		
	24	Apollos, ein beredter M.		
	19,7	es waren zusammen etwa zwölf M.		
	25	liebe M. 35; 27,10.21.25		
Apg	20,9	es saß ein junger M. in einem Fenster 12		
	30	auch aus eurer Mitte werden M. aufstehen		
	21,11	den M. werden die Juden in Jerusalem binden		
	23	wir haben vier M., die haben ein Gelübde 24. 26		
	39	ich bin ein jüdischer M. aus Tarsus 22,3		
	23,17	führe diesen jungen M. zu dem Oberst 18.22		
	21	mehr als 40 M. lauern ihm auf 30		
	27	diesen M. wollten (die Juden) töten		
	24,5	erkannt, daß dieser M. schädlich ist		
	25,5	laßt mit hinabziehen und den M. verklagen		
	14	da ist ein M. als Gefangener zurückgelassen		
	17	ließ den M. vorführen 22		
	23	gingen in den Palast mit den vornehmsten M. der Stadt 24		
	28,7	der angesehenste M. der Insel, Publius		
Rö	1,27	haben die M. den natürlichen Verkehr mit der Frau verlassen		
	4,8	selig ist der M., dem der Herr die Sünde nicht zurechnet		
	7,2	eine Frau ist an ihren M. gebunden, solange der M. lebt 1Ko 7,39		
	3	wenn sie bei einem andern M. ist, solange ihr M. lebt		
	11,4	ich habe mir übriggelassen 7.000 M.		
1Ko	7,1	es ist gut für den M., keine Frau zu berühren		
	2	soll haben jede Frau ihren eigenen M.		
	3	der M. leiste der Frau, was er ihr schuldig ist		
	4	die Frau verfügt nicht über ihren Leib, sondern der M.		
	11	daß der M. seine Frau nicht verstoßen soll		
	13	wenn eine Frau einen ungläubigen M. hat 14		
	16	was weißt du, Frau, ob du den M. retten wirst		
	34	sorgt sich, wie sie dem M. gefalle		
	11,3	daß Christus das Haupt eines jeden M. ist; der M. ist das Haupt der Frau Eph 5,23		
	4	ein jeder M., der betet oder prophetisch redet		
	7	der M. ist Gottes Bild und Abglanz		
	8	der M. ist nicht von der Frau 9		
	11	im Herrn weder die Frau etwas ohne den M.		
	12	wie die Frau von dem M., so kommt der M. durch die Frau		
	14	daß es für einen M. eine Unehre ist, wenn er		
	13,11	als ich ein M. wurde, tat ich ab, was kindlich war		
	14,35	so sollen sie daheim ihre M. fragen		
2Ko	11,2	ich habe euch verlobt mit einem einzigen M.		
Gal	3,28	hier ist nicht M. noch Frau		
Eph	4,13	bis wir hingelangen... zum vollendeten M.		
	5,22	Frauen, ordnet euch euren M. unter wie dem Herrn 24; Kol 3,18; Tit 2,5; 1Pt 3,1.5		
	25	ihr M., liebt eure Frauen 28; Kol 3,19		
	33	die Frau ehre den M.		
1Ti	2,8	so will ich, daß die M. beten an allen Orten		
	12	nicht, daß sie über den M. Herr sei		
	3,2	Bischof, M. einer einzigen Frau 12; Tit 1,6		
	5,1	(ermahne) die jüngeren M. wie Brüder Tit 2,6		
	9	sie soll eines einzigen M. Frau gewesen sein		
Tit	2,2	den alten M. sage, daß sie nüchtern seien		
	4	anhalten, daß sie ihre M. und Kinder lieben		
Phm	9	so wie ich bin: Paulus, ein alter M.		
1Pt	3,7	ihr M., wohnt vernünftig mit (euren Frauen) zusammen		
1Jh	2,13	ich schreibe euch jungen M. 14		
3Jh	8	*so sollen wir solche M. aufnehmen*		
Jak	1,12	selig ist der M., der die Anfechtung erduldet		
	23	M., der sein Angesicht im Spiegel beschaut		

Jak	2,2	wenn in eure Versammlung ein M. käme mit einem goldenen Ring
	3,2	der ist ein vollkommener M.
Off	21,2	wie eine geschmückte Braut für ihren M.

Mann Gottes

5Mo	33,1	Mose, der M. G. Jos 14,6; 1Ch 23,14; 2Ch 30,16; Esr 3,2; Ps 90,1
Ri	13,6	es kam ein M. G. zu mir 8.10.11
1Sm	2,27	es kam ein M. G. zu Eli
	9,6	es ist ein berühmter M. G. 7.8.10
1Kö	12,22	zu Schemaja, dem M. G. 2Ch 11,2
	13,1	ein M. G. kam nach Bethel 31; 2Kö 23,17
	17,18	was hab ich mit dir zu schaffen, du M. G.
	24	nun erkenne ich, daß du ein M. G. bist
	20,28	trat der M. G. herzu
2Kö	1,9	du M. G. sollst herabkommen 11.13
	10	bin ich ein M. G., so falle Feuer 12
	4,7	sie sagte es dem M. G. an 9.16.21.22.25.27
	40	o M. G., der Tod im Topf 42
	5,8	Elisa, der M. G., hörte 14.15.20
	6,6	der M. G. sprach: Wo ist's hingefallen
	9	der M. G. sandte zum König 10.15
	7,2	anwortete der Ritter dem M. G. 17-19
	8,2	die Frau tat, wie der M. G. sagte 4.7.8.11
	13,19	da wurde der M. G. zornig auf ihn
	23,16	Wort des HERRN, das der M. G. ausgerufen
2Ch	8,14	David, der M. G., befohlen Neh 12,24.36
	25,7	kam ein M. G. zu (Amazja) 9
Jer	35,4	Jigdaljas, des M. G.

Mann Israels (aus, in, von Israel)

4Mo	25,6	ein M. I. kam 8.14
5Mo	27,14	die Leviten sollen zu allen M. I. sagen
	29,9	steht heute vor dem HERRN, jeder M. in I.
Jos	2,2	siehe, es sind M. v. I. hereingekommen
	9,6	(die von Gibeon) sprachen zu den M. I. 7
	10,24	rief Josua alle M. I. zu sich Ri 7,23
Ri	8,22	sprachen die M. von I. 1Sm 17,25
	20,11	versammelten sich gegen (Gibea) alle M. I. 17.20.31-48; 21,1
1Sm	7,11	zogen die M. I. aus von Mizpa 8,22; 17,52
	11,15	Saul und alle M. I. 14,22.24; 17,2.19
	13,2	3.000 M. aus I. 6; 24,3; 26,2; 2Sm 6,1
	31,1	die M. I. flohen 7; 2Sm 23,9; 1Ch 10,1.7
2Sm	2,17	die M. von I. wurden geschlagen
	15,6	stahl Absalom das Herz der M. I. 16,15.18; 17,24
	19,42	da kamen alle M. von I. zum König 1Kö 8,2; 2Ch 5,3
	24,9	waren in I. 800.000 streitb. M. 1Ch 21,5
1Ch	27,1	*dies sind die M. I. nach ihrer Zahl
2Ch	13,18	*wurden die M. v. I. gedemütigt
1Ma	2,42	tapfere M. aus I., die Asidäer
StD	1,48	seid ihr M. von I. solche Narren, daß
Apg	2,22	ihr M. von I. 3,12; 5,35; 13,16; 21,28

Mann Judas (aus, in, von Juda)

Ri	1,16	zogen herauf mit den M. von J
	15,11	da zogen 3.000 M. von J. hinab
1Sm	11,8	die M. J. (waren) 30.000 15,4; 2Sm 24,9; 1Ch 21,5
	17,52	die M. Israels und J. machten sich auf
2Sm	2,4	die M. J. salbten David zum König
	19,15	er wandte das Herz aller M. J. 16.17.42-44; 20,2
	20,4	ruf mir alle M. von J. zusammen Esr 10,9
1Kö	1,9	Adonija lud ein alle M. J.
2Kö	23,2	alle M. J. mit ihm 2Ch 34,30
1Ch	12,17	kamen auch M. von J. zu David 25
2Ch	13,15	die M. von J. erhoben das Kriegsgeschrei
	18	*die M. von J. blieben unverzagt
	25,12	*M. von J. fingen 10.000 von ihnen lebendig
Neh	1,2	kam Hanani mit einigen M. aus J.
Jes	5,3	nun richtet, ihr M. J.
	7	und die M. J. seine Pflanzung
Jer	4,4	die Vorhaut eures Herzens, ihr M. von J.
	35,13	sprich zu den M. von J.
	43,9	daß die M. aus J. es sehen
Bar	1,15	Schande, wir, die M. von J.
1Ma	2,18	tu wie alle M. von J.

Manna

2Mo	16,31	das Haus Israel nannte es M. 33.35
4Mo	11,6	unsere Augen sehen nichts als das M.
	7	es war das M. wie Koriandersamen 9
5Mo	8,3	er speiste dich mit M. 16; Ps 78,24
Jos	5,12	hörte das M. auf... kein M. mehr hatte
Neh	9,20	dein M. versagtest du nicht
Jh	6,31	haben in der Wüste das M. gegessen 49
Off	2,17	will ich geben von dem verborgenen M.

mannbar

1Ko	7,36	*Jungfrau, weil sie m. ist*

Männchen

1Mo	6,19	je ein Paar, M. und Weibchen 7,2.3.9.16

Männermörderin

Tob	3,10	(Sara wurde geschmäht:) du M.

Männersachen

5Mo	22,5	eine Frau soll nicht M. tragen

Mannes-Schwert

Jes	31,8	Assur soll fallen, nicht durch M.

Mannesalter

Hos	12,4	(Jakob) hat schon im M. mit Gott gekämpft
Eph	4,13	*bis wir hinankommen zur Reife des M.*

Mannessame

Wsh	7,2	im Blut zusammengeronnen aus M.

mannhaft

Am	2,16	wer unter den Starken der m. ist
2Ma	10,35	liefen m. Sturm gegen die Mauer

mannigfach, mannigfaltig

Spr	22,20	hab ich dir's nicht m. aufgeschrieben
Eph	3,10	jetzt kundwerde die m. Weisheit Gottes
Jak	3,2	wir verfehlen alle m.

Männin

1Mo	2,23	man wird sie M. nennen

männlich

männlich

1Mo	17,10	was m. ist, soll beschnitten werden 14.23.27; 34,15-22.24; 2Mo 12,48
	34,25	erschlugen alles, was m. war 4Mo 31,7.17
2Mo	12,5	sollt nehmen ein m. Tier, ein Jahr alt
	13,12	alle m. Erstgeburt gehört dem HERRN 15; 34,19; 5Mo 15,19; LK2,23
	23,17	erscheinen vor dem HERRN, was m. ist 34,23
3Mo	1,3	so opferte er ein m. Tier 10; 3,1.6; 14,10.21; 22,19
	6,11	wer m. ist unter den Nachkommen Aarons 22; 7,6; 4Mo 18,10; 2Ch 31,16.19
4Mo	1,2	die Summe der Gemeinde, alles, was m. ist 20.22; 3,15.22.28.34.39.40.43; 26,62
5Mo	16,16	alles, was m. ist, vor dem HERRN erscheinen
	20,13	alles, was m. ist, erschlagen Ri 21,11; 1Sm 25,22.34; 1Kö 11,15.16; 14,10; 16,11; 21,21; 2Kö 9,8
Mal	1,14	der in seiner Herde ein gutes m. Tier hat
1Ma	5,28	Judas erschlug alles, was m. war 35.52
2Ma	7,21	sie faßte sich ein m. Herz
	15,17	die den Jungen m. Mut geben konnten
1Ko	16,13	wachet, seid m. und stark

Mannschaft

5Mo	33,6	seine M. gewinne an Zahl
2Sm	6,1	David sammelte die jg. M. 10,9; 1Ch 19,10
2Kö	8,12	wirst ihre junge M. erschlagen 2Ch 36,17
Ps	78,63	ihre junge M. fraß das Feuer
Jes	9,16	kann ihre junge M. nicht verschonen
	31,8	seine junge M. wird Frondienste leisten
Jer	11,22	ihre junge M. soll mit dem Schwert getötet werden Hes 30,17; Am 4,10
	15,8	über die Mütter d. jungen M. den Verderber
	31,13	fröhlich sein, die junge M. und die Alten
	48,15	seine beste M. muß zur Schlachtbank
	49,26	wird ihre junge M. fallen 50,30
	51,3	verschont nicht ihre junge M.
Klg	1,15	um meine junge M. zu verderben
Hes	23,23	die schöne junge M.
Jdt	16,6	drohte, meine M. zu töten
1Ma	2,9	die junge M. ist erstochen worden
2Ma	12,27	die junge M. wehrte sich tapfer

Manoach

Ri	13,2	war ein Mann in Zora, mit Namen M. 8-21
	16,31	begruben (Simson) im Grab seines Vaters M.

Manocho

Jos	15,59	(Städte des Stammes Juda:) M.

Mantel

1Mo	49,11	wird waschen seinen Mantel in Traubenblut
2Mo	12,34	ihre Backschüsseln in ihre M. gewickelt
	22,25	wenn du den M. zum Pfande nimmst
	26	sein M. ist seine einzige Decke 5Mo 24,13
5Mo	22,12	Quasten machen an den Zipfeln deines M.
Jos	7,21	unter der Beute einen kostbaren M. 24
Ri	8,25	sie breiteten einen M. aus
1Sm	21,10	das Schwert, in einen M. gewickelt
1Kö	11,29	Ahija hatte einen neuen M. an 30
	19,13	Elia verhüllte sein Antlitz mit s. M.
	19	Elia warf seinen M. über (Elisa)
2Kö	2,8	nahm Elia seinen M. und schlug ins Wasser
	13	hob den M. auf, der Elia entfallen war 14
Esr	9,3	zerriß ich mein Kleid und meinen M. 5
Est	8,15	angetan mit einem M. aus Leinen
Hi	29,14	mein Recht war mir M.
Ps	109,29	mit Schande bekleidet wie mit einem M.
Jes	3,6	du hast noch einen M.! Sei unser Herr 7
	22	(wird der Herr wegnehmen) die M.
	9,4	jeder M. wird verbrannt
	59,17	kleidet sich mit Eifer wie mit einem M.
	61,10	mit dem M. der Gerechtigkeit gekleidet
Hes	16,8	breitete meinen M. über dich
	27,24	waren Händler mit M. von Purpur
Dan	3,21	wurden in ihren M. gebunden 27
Mi	2,8	raubt ihr Rock und M. denen, die sicher
Sa	13,4	nicht mehr einen härenen M. anziehen
Bar	5,2	zieh den M. der Gerechtigkeit Gottes an
1Ma	6,15	übergab ihm Krone, M. und Ring
2Ma	12,35	packte Gorgias und hielt ihn am M.
Mt	5,40	dem laß auch den M. Lk 6,29
	24,18	seinen M. zu holen Mk 13,16
	27,31	zogen sie ihm den M. aus
Mk	10,50	da warf er seinen M. von sich
Lk	22,36	verkaufe seinen M. und kaufe ein Schwert
Apg	12,8	wirf deinen M. um und folge mir
2Ti	4,13	den M., den ich in Troas ließ
Heb	1,12	wie einen M. wirst du sie zusammenrollen

Mantelzipfel

Hes	5,3	binde es in deinen M.

Maoch

1Sm	27,2	zu Achisch, dem Sohn M.

Maon

Jos	15,55	¹(Städte des Stammes Juda:) M.
1Sm	23,24	David und seine Männer waren in der Wüste M. 25; 25,1.2
1Ch	2,45	²M. war der Vater Bet-Zurs

Maoniter

Ri	10,12	(haben euch nicht unterdrückt) die M.

Mara

2Mo	15,23	¹kamen nach M... das Wasser von M. war bitter... nannte den Ort M. 4Mo 33,8.9
Rut	1,20	²nennt mich nicht Noomi, sondern M.

Marala

Jos	19,11	(Sebulon... die Grenze) geht nach M.

Maranata

1Ko	16,22	der sei verflucht. M.

Märchen

Lk	24,11	als wären's M., und glaubten ihnen nicht

Mardochai s. **Mordechai; Mordochai**

Marescha

Jos	15,44	¹(Städte des Stammes Juda:) M. 1Ch 4,21; 2Ch 11,8
2Ch	14,9	Kampf im Tal Zefata bei M. 8
	20,37	Eliëser, der Sohn Dodawas von M., weissagte
Mi	1,15	will über M. den rechten Erben bringen
1Ma	5,66	(Judas) zog durch M.
2Ma	12,35	so entkam Gorgias nach M.
1Ch	2,42	²Söhne Kalebs: die Söhne M.

Maria

Mt	1,16	¹Josef, Mann der M. 18
	20	fürchte dich nicht, M. zu dir zu nehmen
	2,11	fanden das Kindlein mit M., seiner Mutter
	13,55	heißt nicht seine Mutter M. Mk 6,3
Lk	1,27	die Jungfrau hieß M.
	30	fürchte dich nicht, M.
	34	da sprach M. zu dem Engel 38.46
	39	M. machte sich auf in diesen Tagen 56
	41	als Elisabeth den Gruß M. hörte
	2,5	sich schätzen ließe mit M., seinem Weibe
	16	sie kamen eilend und fanden M. und Josef
	19	M. aber behielt alle diese Worte
	34	Simeon segnete sie und sprach zu M.
Apg	1,14	samt den Frauen und M., der Mutter Jesu
Mt	27,56	²unter ihnen war M. von Magdala 61; Mk 15,40.47; Jh 19,25
	28,1	kamen M. von Magdala, um nach dem Grab Mk 16,1, Lk 24,10; Jh 20,1.11.16
Mk	16,9	erschien er zuerst M. von Magdala
Lk	8,2	M., genannt Magdalena
Jh	20,18	M. von Magdala verkündigt den Jüngern
Mt	27,56	³unter ihnen war M., die Mutter des Jakobus 61; Mk 15,40.47; Jh 19,25
	28,1	kamen M., um nach dem Grab Mk 16,1; Lk 24,10
Lk	10,39	⁴sie hatte eine Schwester, die hieß M.
	42	M. hat das gute Teil erwählt
Jh	11,1	Betanien, dem Dorf M. und ihrer Schwester Marta 2.19.20.28.29.31.32.45
	12,3	da nahm M. ein Pfund Salböl
		weitere Träger ds. Namens Apg 12,12/ Rö 16,6

Mark

2Sm	1,22	nie leer... vom M. der Helden
Hi	21,24	sein Gebein wird gemästet mit M.
Jes	25,6	ein Mahl von Fett, von M., von Wein
Heb	4,12	dringt durch, bis es scheidet M. und Bein

Markt

1Kö	20,34	mache dir M. in Damaskus
Hi	29,7	wenn ich meinen Platz auf dem M. einnahm
Jes	23,3	du warst der Völker M. geworden
Hes	27,12	Tarsis hat Blei auf deine M. gebracht 14.16.19.22
1Ma	1,58	damit man auf dem M. räucherte
Mt	11,16	Kindern, die auf dem M. sitzen Lk 7,32
	20,3	er sah andere auf dem M. stehen
	23,7	haben's gern, daß sie auf dem M. gegrüßt werden Mk 12,38; Lk 11,43; 20,46
Mk	6,56	legten sie die Kranken auf den M.
	7,4	wenn sie vom M. kommen, essen sie nicht
Apg	16,19	Paulus und Silas schleppten sie auf den M.
	17,17	er redete täglich auf dem M. zu denen, die

Marktplatz

5Mo	13,17	sollst du sammeln mitten auf dem M.
2Ma	10,2	die die Heiden auf dem M. errichtet hatten
Off	11,8	ihre Leichname werden liegen auf dem M.
	21,21	der M. der Stadt aus reinem Gold

Markus

Apg	12,12	Johannes mit dem Beinamen M. 25
	15,37	daß sie Johannes M. mitnähmen 39
Kol	4,10	es grüßt euch Aristarch und M. Phm 24; 1Pt 5,13
2Ti	4,11	M. nimm zu dir und bringe ihn mit

Marmor

Est	1,6	da waren Polster auf grünem M.
Tob	13,21	mit M. werden seine Gassen gepflastert
Off	18,12	(ihre Ware:) Gerät aus M.

Marmorsäule

Est	1,6	da hingen Tücher an M.
Hl	5,15	seine Beine sind wie M.

Marmorstein

1Ch	29,2	habe herbeigeschafft zum Hause Gottes M.

Marot, *Maroth*

Mi	1,12	die Einwohner von M. vermögen nicht

Marschall

Jer	51,59	Seraja war der M. für die Reise

Marsena

Est	1,14	waren M... die sieben Fürsten

Marta, *Martha*

Lk	10,38	eine Frau mit Namen M., die nahm ihn auf
	40	M. machte sich viel zu schaffen
	41	M., M., du hast viel Sorge und Mühe
Jh	11,1	Betanien, dem Dorf Marias und ihrer Schwester M. 5.19-21.24.30.39
	12,2	und M. diente ihm

Marter

2Ma	6,20	(Eleasar) ging freiwillig zur M. 29
	7,12	daß... die M. für nichts achtete
	37	du aber unter großer M. bekennen mußt
	42	dies sei genug von den grausamen M.
	9,6	weil er andere mit M. geplagt

martern

Jes	53,4	der von Gott geschlagen und gem. wäre 7
2Ma	7,7	ob er wollte den Leib m. lassen 9.36.39
	20	sah, wie ihre Söhne zu Tode gem. wurden
Heb	11,35	andere sind gem. worden

Masai

1Ch	9,12	M., der Sohn Adiëls

Masch

1Mo 10,23	Söhne Arams: M. 1Ch 1,17

Masreka

1Mo 36,36	regierte Samla von M. 1Ch 1,47

Maß

1Mo 18,6	menge drei M. feinstes Mehl
2Mo 36,9	alle (Teppiche) waren von einem M. 15
38,18	nach dem M. der Behänge des Vorhofs
3Mo 19,35	sollt nicht unrecht handeln... mit M. 36
5Mo 25,2	Schläge geben nach dem M. seiner Schuld
14	soll nicht zweierlei M. sein Spr 20,10
15	sollst rechtes M. haben Hes 45,10
Rut 3,15	maß sechs M. Gerste hinein 17; 1Sm 25,18
1Kö 6,25	beide Cherubim hatten das gleiche M. 7,37
7,15	eine Schnur von 12 Ellen war das M. 23
2Kö 7,1	ein M. Mehl ein Silberstück 16.18
16,10	sandte Ahas M. und Abbild des Altars
1Ch 23,29	für alles Gewicht und M.
2Ch 3,3	sechzig Ellen nach altem M. 24,13
Hi 28,25	als er dem Wasser sein M. gesetzt 38,5
Spr 17,26	den Edlen zu schlagen, geht über alles M.
Jes 5,14	hat den Rachen aufgetan ohne M.
40,12	wer faßt den Staub der Erde mit dem M.
47,9	es wird in vollem M. über dich kommen
Hes 43,13	das sind die M. des Altars
46,22	Vorhöfe, alle vier von gleichem M.
48,16	das sollen ihre M. sein
Hos 10,12	erntet nach dem M. der Liebe
Am 8,5	daß wir das M. verringern
Mi 6,10	noch immer bleibt das falsche M.
Hag 2,16	Kornhaufen, der zwanzig M. haben sollte
Wsh 11,21	du hast alles nach M. geordnet
Sir 38,32	muß sein bestimmtes M. an Arbeit tun
2Ma 6,14	bis sie das M. ihrer Sünden erfüllt haben
Mt 7,2	mit welchem M. ihr meßt, wird euch zugemessen werden Mk 4,24; Lk 6,38
23,32	macht auch ihr das M. eurer Väter voll
Lk 6,38	ein volles M. in euren Schoß geben
Jh 2,6	in jeden gingen zwei oder drei M.
3,34	Gott gibt den Geist ohne M.
Rö 12,3	wie Gott das M. des Glaubens ausgeteilt hat
2Ko 8,11	nach dem M. dessen, was ihr habt
10,13	uns nicht über alles M. hinaus rühmen 15
15	nach dem M., das uns zugemessen ist, zu Ehren
16	was andere nach ihrem Maß vollbracht haben
Eph 4,7	nach dem M. der Gabe Christi
13	hingelangen zum vollen M. der Fülle Christi
16	wodurch jedes Glied das andere unterstützt nach dem M. seiner Kraft
1Th 2,16	der Zorn Gottes ist in vollem M. über sie
Off 6,6	ein M. Weizen für einen Silbergroschen

Massa

1Mo 25,14	¹(Söhne Ismaels:) M. 1Ch 1,30
Spr 30,1	Agurs, des Sohnes des Jake aus M. 31,1
2Mo 17,7	²da nannte er den Ort M. und Meriba 5Mo 6,16; 9,22; 33,8; Ps 95,8

Masse

Sir 7,17	für etwas Besseres unter der M. der Sünder

Maßen

1Mo 17,2	will dich über alle M. mehren 20
27,33	entsetzte sich über die M. 34; Mk 5,42; 6,51; 7,37
30,8	über alle M. habe ich gekämpft
43	daher wurde der Mann über die M. reich
41,49	schüttete Getreide auf, über die M. viel
1Kö 21,26	versündigte sich dadurch über die M.
Jer 10,24	züchtige mich, doch mit M. 30,11; 46,28
Hes 28,12	warst über die M. schön
Sa 14,14	zusammenbringen Gold über die M. viel
2Ko 1,8	wo wir über die M. beschwert waren
4,17	eine über alle M. gewichtige Herrlichkeit
Gal 1,13	wie ich über die M. die Gemeinde verfolgte
14	eiferte über die M. für die Satzungen

mäßig

Sir 31,23	wenn der Magen m. gehalten wird
32	Wein erquickt, wenn man ihn m. trinkt
37,34	wer m. ißt, lebt desto länger
Rö 12,3	*sondern daß er von sich m. halte*
1Ti 3,2	*ein Bischof nüchtern, m.*
1Pt 4,8	*seid m. und nüchtern zum Gebet*

mäßigen

Spr 17,27	ein Vernünftiger m. seine Rede

Mäßigkeit

2Pt 1,6	(erweist) in der Erkenntnis M. und in der M.

maßlos

Apg 26,11	ich wütete m. gegen sie

Maßstab

Gal 6,16	alle, die sich nach diesem M. richten

maßvoll

Rö 12,3	daß er m. von sich halte
1Ti 3,2	ein Bischof soll sein m.

Mast

Jes 30,17	bis ihr übrigbleibt wie ein M.

Mastbaum

Jes 33,23	sie halten den M. nicht fest
Hes 27,5	um M. daraus zu machen

mästen

1Sm 2,29	daß ihr euch m. von dem Besten aller Opfer
28,24	das Weib hatte im Haus ein gem. Kalb
1Kö 1,9	als Adonija gem. Vieh opferte 19
5,3	(zur Speisung) gem. Rinder, gem. Federvieh
Hi 21,24	sein Gebein wird gem. mit Mark
Spr 15,17	besser Kraut mit Liebe als ein gem. Ochse
Jer 46,21	auch die sind wie gem. Kälber
Hes 34,3	ihr schlachtet das Gem. Am 6,4
Lk 15,23	bringt das gem. Kalb 27.30
Jak 5,5	ihr habt eure Herzen gem. am Schlachttag

Mastkalb

Jes 1,11 ich bin satt des Fettes von M.
Mal 3,20 ihr sollt springen wie die M.

Mastkorb

Spr 23,34 wie einer, der oben im M. liegt

Mastvieh

1Sm 15,9 verschonten das M. und die Lämmer
1Kö 1,25 (Adonija) hat geopfert Stiere und M.
Jes 11,6 wird jg. Löwen und M. miteinander treiben
Hes 39,18 Blut sollt ihr saufen, all des M.
Mt 22,4 meine Ochsen und mein M. ist geschlachtet

Matred

1Mo 36,39 Mehetabel, eine Tochter M. 1Ch 1,50

Matri

1Sm 10,21 fiel das Los auf das Geschlecht M.

matt

4Mo 11,6 nun aber ist unsere Seele m. Ps 31,10
5Mo 25,18 als du müde und m. warst
1Sm 14,28 so ist das Volk nun m. geworden 31
2Sm 17,2 solange (David) m. und verzagt ist
Hi 4,3 hast m. Hände gestärkt
Ps 6,8 mein Auge ist trübe geworden und m.
38,9 ich bin m. geworden und ganz zerschlagen
Jes 1,5 das ganze Herz ist m.
29,8 wenn er aufwacht, ist er m.
40,28 der HERR wird nicht müde noch m.
30 Männer werden müde und m.
31 daß sie laufen und nicht m. werden
44,12 trinkt kein Wasser, so daß er m. wird
Jer 51,39 trunken machen, daß sie m. werden
Klg 1,6 Hirsche, die m. vor d. Verfolger herlaufen
Jon 4,8 die Sonne stach Jona, daß er m. wurde
Sir 16,27 daß sie nicht müde noch m. werden
1Ma 3,17 auch sind wir heute m. vom Fasten
Heb 12,3 damit ihr nicht m. werdet

Mattan

2Kö 11,18 ¹M., den Priester Baals 2Ch 23,17
Jer 38,1 ²Schefatja, der Sohn M.
Mt 1,15 ³Eleasar zeugte M. M. zeugte Jakob

Mattana

4Mo 21,18 von Beer zogen sie nach M. 19

Mattanja

versch. Träger ds. Namens
2Kö 24,17 (= Zedekia 2/ 1Ch 9,15/ 25,4.16/
2Ch 20,14/ 29,13/ Esr 10,26/ 10,27/ 10,30/
10,37/ Neh 11,17/ 12,8.25/ 11,22/ 12,35/ 13,13

Mattat

Lk 3,24 ¹(Eli) war ein Sohn M.
3,29 ²Jorim war ein Sohn M.

Mattata

Esr 10,33 ¹bei den Söhnen Haschum: M.
Lk 3,31 ²Menna war ein Sohn M.

Mattatias

1Ma 2,1 der Priester M. 7u.ö.49; 14,29
weitere Träger d. Namens
11,70/ 16,14/ 2Ma 14,19

Mattenai

Esr 10,33 ¹bei den Söhnen Haschum: M.
10,37 ²(bei den Söhnen Bani:) M.
Neh 12,19 ³von Jojarib: M.

Matthäus

Mt 9,9 Jesus sah einen Menschen, der hieß M.
10,3 (die Namen der Apostel sind:) Thomas und M. Mk 3,18; Lk 6,15; Apg 1,13

Matthias

Apg 1,23 Josef, genannt Barsabbas und M.
26 sie warfen das Los über sie, und das Los fiel auf M.

Mattitja

1Ch 9,31 ¹M. von den Leviten
15,18 ²Brüder der zweiten Ordnung: M. 21; 16,5; 25,3.21
Esr 10,43 ³bei den Söhnen Nebo: M.
Neh 8,4 ⁴standen neben (Esra) M.
Lk 3,25 ⁵der war ein Sohn M.

Mauer

1Mo 49,22 daß die Zweige emporsteigen über die M.
2Mo 14,22 das Wasser war ihnen eine M. 29; Ps 78,13
3Mo 25,29 wer im Wohnhaus verkauft in einer Stadt mit M. 31
4Mo 22,24 wo auf beiden Seiten M. waren 25
5Mo 3,5 Städte, die befestigt waren mit hohen M.
28,52 bis ist niedergeworfen hat deine hohen M.
Jos 2,15 Rahab wohnte an der M.
6,20 Kriegsgeschrei. Da fiel die M. um
1Sm 25,16 sind wie M. um uns gewesen Tag und Nacht
31,10 s. Leichnam hängten sie auf an der M. 12
2Sm 11,20 daß von der M. geschossen wird 21.24
18,24 der Wächter ging aufs Dach an der M.
20,15 wollten die M. niederwerfen
21 s. Kopf soll über die M. geworfen werden
22,30 mit meinem Gott über M. springen Ps 18,30
1Kö 3,1 bis er die M. um Jerusalem gebaut 9,15
20,30 die M. fiel auf die Übriggebliebenen
21,23 die Hunde sollen Isebel fressen an der M.
2Kö 3,27 opferte ihn zum Brandopfer auf der M.
6,26 als der König auf der M. einherging 30
14,13 riß die M. Jerusalem ein 25,10; 2Ch 25,23; 36,19; Jer 39,8; 52,14
18,26 rede nicht vor den Ohren des Volks, das auf der M. 27; 2Ch 32,18; Jes 36,11.12
25,4 flohen zwischen den zwei M. Jer 39,4; 52,7
2Ch 8,5 daß sie feste Städte wurden mit M.
14,6 laßt uns M. herumführen
26,6 (Usija) riß nieder die M. von... Aschdod
27,3 an der M. des Ofel baute er Neh 3,27

Mauer

2Ch	32,5	Hiskia besserte alle M. aus 33,14
Esr	4,12	begonnen, die M. zu errichten 13.16; 5,3.9; Neh 2,17; 3,8.13.15.33.35.38; 4,1.4.9.11; 5,16; 6,1.6
Neh	1,3	die M. Jerusalems liegen zerbrochen 2,13.15
	4,7	stellte man sich auf hinter der M. 13
	6,15	die M. wurde... fertig 7,1; 12,27.30.31.37.38
	13,21	warum bleibt ihr über Nacht vor der M.
Ps	48,14	habt gut acht auf seine M.
	51,20	baue die M. zu Jerusalem
	55,11	das geht Tag und Nacht um auf ihren M.
	62,4	als wäre er eine rissige M.
	80,13	warum hast du seine M. zerbrochen
	89,41	hast eingerissen alle seine M.
	122,7	es möge Friede sein in deinen M.
Spr	18,11	des Reichen Habe dünkt ihn eine hohe M.
	24,31	die M. war eingefallen
	25,28	ist wie eine offene Stadt ohne M.
Pr	10,8	wer eine M. einreißt, den kann
Hl	5,7	die Wächter auf der M. nahmen m. Überwurf
	8,9	ist sie eine M., so wollen wir... bauen 10
Jes	2,15	(d. Tag wird kommen) über alle festen M.
	5,5	seine M. soll eingerissen werden
	22,5	es kracht die M. 10.11
	25,12	deine hohen, steilen M. wird er beugen
	26,1	zum Schutze schafft er M. und Wehr
	30,13	beginnt zu rieseln an einer hohen M.
	49,16	deine M. sind immerdar vor mir
	54,11	will deine M. auf Edelsteine stellen
	56,5	denen will ich in meinen M. ein Denkmal
	60,10	Fremde werden deine M. bauen
	18	sollen „Heil" heißen
	62,6	habe Wächter über deine M. bestellt
Jer	1,15	ihre Throne setzen rings um die M. her
	18	will dich zur ehernen M. machen 15,20
	5,10	zerstörst die stützenden M.
	21,4	Chaldäer, die euch vor der M. belagern
	49,27	will an die M. von Damaskus Feuer legen
	50,15	(Babel) ihre M. sind abgebrochen 51,44.58
	51,12	erhebt das Banner gegen die M. von Babel
	53	seine M. unersteigbar hoch machte
Klg	2,7	die M. ihrer Paläste in des Feindes 8
Hes	4,3	laß sie eine eiserne M. sein
	13,5	haben sich nicht zur M. gemacht 22,30
	26,4	die M. von Tyrus zerstören 9.10.12; 27,11
	33,30	dein Volk redet über dich an den M.
	38,11	die alle ohne M. dasitzen
	20	sollen alle M. zu Boden fallen
	40,5	ging eine M. ringsherum 41,12.13.15; 42,7.10. 20; 46,23
Hos	2,8	ich will eine M. ziehen
Jo	2,7	sie werden die M. ersteigen 9
Am	1,7	will ein Feuer in die M. schicken 10.14
	7,7	der Herr stand auf der M.
Mi	7,11	da werden deine M. gebaut werden
Nah	2,6	seine Gewaltigen eilen zur M.
	3,8	deren M. und Bollwerk Wasserfluten waren
Hab	2,11	die Steine in der M. werden schreien
Sa	2,8	Jerusalem soll ohne M. bewohnt werden
	9	ich will eine feurige M. um sie her sein
Jdt	1,2	ihre M. machte er aus Quadersteinen
	4,4	bauten M. um ihre Dörfer 1Ma 1,35; 4,60; 6,7; 9,50; 10,11.44; 12,36.37; 13,10.33; 14,37; 16,23
	5,10	daß das Wasser stand wie eine M. Sir 39,22
	7,7	sie hatten unweit der M. kleine Quellen
	13,12	Judit rief den Wächtern auf der M. zu
	14,2	hängt diesen Kopf über die M. 7
Tob	2,10	daß er sich im Schutz einer M. niederlegte
Tob	13,20	aus Edelsteinen ringsum all seine M.
Sir	14,25	schlägt seine Pflöcke bei ihren M. ein
	27,2	wie ein Nagel in der M. steckt
	49,15	der uns die M. wieder aufgerichtet
1Ma	1,33	riß die M. nieder 5,65; 6,62; 8,10; 9,54
	13,45	liefen auf die M. 2Ma 3,19
2Ma	5,5	die Verteidiger der M. zurückgetrieben 10,17
	6,10	warf sie zuletzt über die M. hinab
	10,35	liefen mannhaft Sturm gegen die M. 11,9; 12,13.14.16
	14,43	zog er sich entschlossen auf die M. zurück
Apg	9,25	ließen ihn in einem Korb die M. hinab 2Ko 11,33
Heb	11,30	durch den Glauben fielen die M. Jerichos
Off	21,12	sie hatte eine große und hohe M. 14.19
	15	um die Stadt zu messen und ihre M. 17

Mauerecke

Neh	3,31	bis an das Obergemach an der M.

Mauerlücke

Am	4,3	ihr werdet zu den M. hinaus müssen

Mauerwerk

Hes	40,5	er maß das M.
Off	21,18	und ihr M. war aus Jaspis

Maul

1Mo	4,11	Erde, die ihr M. hat aufgetan
5Mo	25,4	sollst dem Ochsen, der da drischt, nicht das M. verbinden 1Ko 9,9; 1Ti 5,18
Ri	9,38	wo ist nun dein M., das da sagte
1Sm	17,35	errettete (ein Schaf) aus seinem M.
2Kö	19,28	meinen Zaum in dein M. (legen) Jes 37,29
Hi	40,23	auch wenn ihm der Jordan ins M. dringt
Ps	22,8	alle sperren das M. auf 35,21; Klg 2,16; 3,46
	58,7	zerbrich ihnen die Zähne im M.
	59,8	sie geifern mit ihrem M.
	107,42	aller Bosheit wird das M. gestopft werden
	115,5	sie haben M. und reden nicht 135,16
	140,12	ein böses M. wird kein Glück haben
Spr	13,3	wer mit s. M. herausfährt, über den kommt
	17,4	ein Böser achtet auf böse M.
Jes	9,11	daß sie Israel fressen mit vollem M.
	57,4	über wen wollt ihr das M. aufsperren
Hes	29,4	will dir einen Haken ins M. legen 38,4
Dan	7,5	hatte in seinem M. drei Rippen
	8	hatte ein M.; das redete große Dinge 20
Am	3,12	ein Hirte dem Löwen... aus dem M. reißt
Mi	3,5	wer ihnen aber nichts ins M. gibt
Sir	20,31	Geschenke legen ihnen einen Zaum ins M.
	40,32	betteln schmeckt dem unverschämten M. gut
StE	3,7	das M. der Heiden wollen sie auftun
StD	2,26	warf sie dem Drachen ins M.
Mt	17,27	wenn du sein M. aufmachst, wirst du
	22,34	daß er den Sadduzäern das M. gestopft hatte
1Ko	9,9	du sollst dem Ochsen, der da drischt, nicht das M. verbinden 1Ti 5,18
Tit	1,11	denen man das M. stopfen muß
1Pt	2,15	daß ihr mit guten Taten den unwissenden Menschen das M. stopft
Jak	3,3	wenn wir den Pferden den Zaum ins M. legen
Off	9,17	aus ihren M. kam Feuer und Rauch 18
	19	die Kraft der Rosse war in ihrem M.

Off	13,5	es wurde ihm ein M. gegeben, zu reden große Dinge		2Ko	9,2	den ich an euch rühme bei denen aus M.
	6	es tat sein M. auf zur Lästerung gegen Gott			4	wenn die aus M. mit mir kommen und
					11,9	die Brüder, die aus M. kamen
				1Th	1,7	ein Vorbild für alle Gläubigen in M.
					8	von euch aus ist das Wort des Herrn erschollen nicht allein in M.
					4,10	das tut ihr auch an allen Brüdern, die in M.
				1Ti	1,3	in Ephesus zu bleiben, als ich nach M. zog

Maulbeerbaum

1Ch	27,28	über die M. (war gesetzt) Baal-Hanan
2Ch	1,15	so viele Zedern wie M. 9,27
Ps	78,47	als er ihre M. mit Schloßen (schlug)
Jes	9,9	man hat M. abgehauen
Lk	17,6	könntet ihr zu diesem M. sagen
	19,4	er lief voraus und stieg auf einen M.

Maulbeere

Am	7,14	ich bin ein Hirt, der M. züchtet

Maulbeersaft

1Ma	6,34	den Elefanten Wein und M. vorhalten

Maulesel

Hes	27,14	haben M. auf deine Märkte gebracht

Maultier

2Sm	13,29	jeder setzte sich auf sein M.
	18,9	Absalom ritt auf einem M.
1Kö	1,33	setzt Salomo auf mein M. 38.44
	10,25	jedermann brachte M. 2Ch 9,24
	18,5	ob wir die M. erhalten könnten
2Kö	5,17	eine Last, soviel zwei M. tragen
1Ch	12,41	brachten Nahrung auf Kamelen, M.
Esr	2,66	sie hatten 245 M. Neh 7,68
Ps	32,9	seid nicht wie Rosse und M.
Jes	66,20	werden eure Brüder herbringen auf M.
Sa	14,15	wird diese Plage kommen über Rosse, M.

Maulwurf

3Mo	11,30	(sollen euch unrein sein:) der M.
Jes	2,20	(wird wegwerfen seine Götzen) zu den M.

Maurer

2Kö	12,13	an die M. und Steinmetzen 22,6

Maus

3Mo	11,29	sollen euch unrein sein: die M. Jes 66,17
1Sm	6,4	5 goldene Beulen und 5 goldene M. 5.11.18
Jdt	14,11	die M. sind... hervorgekommen

Mazedonien

1Ma	1,1	Alexander, König von M. 6,2
Apg	16,9	ein Mann aus M. stand und bat ihn: Komm herüber nach M. und hilf uns
	10	suchten wir sogleich nach M. zu reisen 19,21; 20,1.3; 1Ko 16,5; 2Ko 1,16; 2,Phl 4,15
	12	Philippi, eine Stadt des 1. Bezirks von M.
	18,5	als Silas und Timotheus aus M. kamen
	19,22	er sandte zwei, die ihm dienten, nach M.
	29	sie ergriffen Gajus und Aristarch aus M.
Rö	15,26	die in M. und Achaja haben
2Ko	7,5	als wir nach M. kamen, fanden wir keine Ruhe
	8,1	Gnade, die in den Gemeinden M. gegeben ist

Mazedonier

2Ma	8,20	als 4.000 M. in die Schlacht zogen
StE	5,8	Haman, ein M.
	9	das Reich der Perser an die M. bringen
Apg	27,2	bei uns war Aristarch, ein M. aus Thessalonich

Me-Jarkon

Jos	19,46	(Dan... das Gebiet war) M.

Me-Sahab

1Mo	36,39	Matreds, die M. Tochter war 1Ch 1,50

Mea

Neh	3,1	bauten bis an den Turm M. 12,39

Meara

Jos	13,4	M., das den Sidoniern gehört

Mecherat(h)iter

1Ch	11,36	Hefer, der M.

Mechona

Neh	11,28	(einige wohnten draußen in) M.

Medad

4Mo	11,26	der andere (hieß) M. 27

Medan

1Mo	25,2	(Ketura) gebar ihm M. 1Ch 1,32

Medeba

4Mo	21,30	ist zerstört bis nach M.
Jos	13,9	die ganze Ebene von M. bis Dibon 16
1Ch	19,7	lagerten sich vor M.
Jes	15,2	Moab heult über Nebo und über M.
1Ma	9,36	zogen aus M. und überfielen Johannes

Meder

2Kö	17,6	ließ sie wohnen in den Städten der M. 18,11
Est	1,14	die sieben Fürsten der Perser und M.
	19	Gesetze der Perser und M. Dan 6,9.13.16
Jes	13,17	ich will die M. gegen sie erwecken
Dan	5,28	im Reich ist den M. und Persern gegeben
	9,1	Darius aus dem Stamm der M. 11,1
Jdt	1,1	der König der M. 1Ma 1,1
	16,12	so daß sich die Perser und M. entsetzten
Tob	3,7	in einer Stadt der M.
Apg	2,9	Parther und M. und Elamiter

Medien

Esr	6,2	Festung Achmeta, die in M. liegt
Est	1,3	Festmahl für die von Persien und M. 18
	10,2	Chronik der Könige von M. und Persien
Jes	21,2	Elam, zieh herauf! M., belagere
Jer	25,25	(ließ trinken) alle Könige in M.
	51,11	hat den Mut der Könige von M. erweckt 28
Hes	27,23	Eden und M. haben mit dir gehandelt
Dan	6,1	Darius aus M. übernahm das Reich
	8,20	der Widder bedeutet die Könige von M.
Tob	1,16	Stadt Rages in M. 4,21; 5,9.15; 9,3.6
	5,8	kennst du den Weg nach M.
	14,6	in M. wird noch Friede sein
	14	Tobias kehrte nach M. zurück
1Ma	6,56	(Philippus) aus M. zurückgekommen
	8,8	nahmen ihm... M., seine besten Länder
	14,1	König Demetrius zog nach M.
	2	Arsakes, der König von Persien und M.

Meer

1Mo	1,10	die Sammlung der Wasser nannte er M.
	22	erfüllet das Wasser im M.
	26	die da herrschen über die Fische im M. 28; 9,2; Ps 8,9
	22,17	mehren wie den Sand am Ufer des M. 32,13; 1Kö 4,20; Hos 2,1; Heb 11,12
	41,49	schüttete Getreide auf, wie Sand am M.
	49,13	Sebulon wird am Gestade des M. wohnen
2Mo	14,2	lagern zwischen Migdol und dem M. 9
	16	recke deine Hand über das M. 21.26.27; Ps 78,13
	16	auf dem Trockenen mitten durch das M. 22. 29; 15,19; 4Mo 33,8; Neh 9,11
	21	der HERR machte das M. trocken Neh 9,11; Ps 66,6; Jes 50,2; 51,10
	23	die Ägypter folgten mitten ins M. 28; 15,19
	27	so stürzte der HERR sie mitten ins M. 15,1.4. 10.19.21; Jos 24,6.7; Ps 78,53
	30	sahen die Ägypter tot am Ufer des M.
	15,8	die Tiefen erstarrten mitten im M.
	20,11	das M. (gemacht) und alles, was darinnen ist Neh 9,6; Ps 95,5; 146,6; Jon 1,9; Apg 4,24; 14,15; Off 10,6; 14,7
3Mo	11,9	was Flossen hat im Wasser, im M. 10
4Mo	11,22	kann man alle Fische des M. einfangen
	31	ließ Wachteln kommen vom M.
	13,29	die Kanaaniter wohnen am M. Jos 5,1; 9,1; 11,2; Ze 2,5
	34,5	(Grenze) ihr Ende sei an dem M. 6.7; Jos 15,4.5.11.12.46.47; 16,3.6.8; 17,9.10; 19,29; Hes 47,15-20; 48,1.28
5Mo	1,7	zu ihren Nachbarn am Ufer des M.
	3,17	bis an das M. am Jordantal 4,49; Jos 12,3
	11,24	bis ans M. im Westen soll euer Gebiet 34,2; Jos 1,4; 23,4
	30,13	(das Gebot) ist auch nicht jenseits d. M.
	33,19	sie werden den Reichtum des M. gewinnen
Jos	3,16	Wasser, das zum M. hinunterfließt
	11,4	ein großes Volk, soviel wie der Sand am M. Ri 7,12; 1Sm 13,5
Ri	5,17	Asser saß am Ufer des M.
2Sm	17,11	ganz Israel, soviel wie der Sand am M.
	22,16	da sah man das Bett des M.
1Kö	5,9	Weisheit, so weit, wie Sand am Ufer des M. liegt Hi 11,9
	23	vom Libanon hinabbringen ans M... in Flöße zusammenlegen auf dem M. 2Ch 2,15
	7,23	machte das M., gegossen 24-26.39.44; 2Kö 16,17; 25,13.16; 1Ch 18,8; 2Ch 4,2-4.6.10.15; Jer 27,19; 52,17.20
1Kö	9,27	die auf dem M. erfahren waren 2Ch 8,18
	10,22	hatte Tarsisschiffe, die auf dem M. fuhren
	18,43	schaue zum M. 44
1Ch	16,32	das M. brause Ps 96,11; 98,7
2Ch	8,17	zog Salomo nach Elat am Ufer des M.
Est	10,1	legte eine Steuer auf die Inseln im M.
Hi	6,3	nun ist es schwerer als Sand am M.
	7,12	bin ich denn das M. oder der Drache
	9,8	er geht auf den Wogen des M.
	12,8	die Fische im M. werden dir's erzählen
	26,12	hat er das M. erregt Jes 51,15; Jer 31,35
	28,14	das M. spricht: Bei mir ist sie nicht
	29,18	zahlreich machen wie Sand am M.
	36,30	er bedeckt alle Tiefen des M.
	38,8	wer hat das M. verschlossen
	16	bist du zu den Quellen des M. gekommen
	41,23	rührt das M. um, wie man Salbe mischt
Ps	24,2	er hat ihn über dem M. gegründet
	33,7	er hält die Wasser des M. zusammen
	46,3	wenngleich die Berge ins M. sänken 4
	65,6	Zuversicht aller auf Erden und fern am M.
	8	der du stillst die Brausen des M.
	68,23	aus der Tiefe des M. will ich sie holen
	69,35	es lobe ihn Himmel und Erde, die M. 148,7
	72,8	von einem M. bis ans andere Am 8,12; Mi 7,12; Sa 9,10
	74,13	hast das M. gespalten... Drachen im M.
	77,20	dein Weg ging durch das M. Jes 43,16
	78,27	ließ regnen Vögel wie Sand am M.
	80,12	seine Ranken ausgebreitet bis an das M.
	89,10	du herrschest über das ungestüme M.
	26	s. Hand laß ich herrschen über das M.
	93,4	die Wasserwogen im M. sind groß
	104,25	da ist das M., das so groß und weit ist
	106,7	unsre Väter waren ungehorsam am M.
	107,23	die mit Schiffen auf dem M. fuhren 24
	114,3	das M. sah es und floh 5
	135,6	das tut er im M. und in allen Tiefen
	139,9	und bliebe am äußersten M.
Spr	8,24	als die M. noch nicht waren 29
	30,19	des Schiffes Weg mitten im M.
Pr	1,7	alle Wasser laufen ins M., doch wird das M. nicht voller
Jes	2,16	(wird kommen) über alle Schiffe im M.
	5,30	wird über ihnen brausen wie das Brausen des M. 17,12; Jer 50,42
	8,23	wird er zu Ehren bringen den Weg am M.
	10,22	wäre auch dein Volk wie Sand am M.
	26	seinen Stab, den er am M. brauchte
	11,9	wie das Wasser das M. bedeckt Hab 2,14
	11	der übriggebl. ist auch auf den Inseln des M.
	15	austrocknen die Zunge des M. Jer 51,36
	16,8	ihre Ranken gingen über das M. Jer 48,32
	18,2	Kusch, das Boten über das M. sendet
	23,2	ihre Boten zogen übers M.
	4	das M., ja die Feste am M. spricht
	11	hat seine Hand ausgereckt über das M.
	24,14	sie jauchzen vom M. her 15
	27,1	wird den Drachen im M. töten
	42,10	die ihr auf dem M. fahret, und was im M.
	49,12	jene vom Norden und diese vom M.
	57,20	sind wie das ungestüme M. Jer 6,23
	60,5	die Schätze der Völker am M.
Jer	5,22	der ich dem M. den Sand zur Grenze setze
	15,8	wurden mehr zu Witwen als Sand am M.
	25,22	(ließ trinken) die Könige jenseits des M.
	33,22	noch den Sand am M. messen kann
	46,18	so hoch, wie der Karmel am M. ist
	47,7	wider das Ufer des M. bestellt
	51,42	ein M. ist über Babel gegangen

Klg	2,13	dein Schaden ist groß wie das M.	Mt	8,32	die Herde stürzte sich ins M. Mk 5,13

Klg 2,13 dein Schaden ist groß wie das M.
Hes 25,16 die übriggeblieben sind am Ufer des M.
26,3 wie das M. seine Wellen heraufführt
5 M., an dem man Fischnetze aufspannt
12 werden den Schutt ins M. werfen
16 alle Fürsten am M. werden herabsteigen
17 Stadt, die du am M. lagst und so mächtig warst auf dem M. 27,3.4.25.33; 28,2
18 die Inseln im M. erschrecken 27,26.27.32.34; 28,8; Sa 9,4
32,2 warst wie ein Drache im M.
38,20 erbeben sollen die Fische im M.
39,11 das Tal der Wanderer östlich vom M.
47,8 wenn es ins M. fließt 10; Sa 14,8
Dan 7,2 die vier Winde wühlten das große M. auf 3
11,45 Zelte aufschlagen zw. dem M. und dem Berg
Hos 4,3 die Fische im M. werden weggerafft Ze 1,3
Jo 2,20 verstoßen in das östliche M... westl. M.
Am 5,8 der das Wasser im M. herbeiruft 9,6
9,3 wenn sie sich verbärgen im Grunde des M.
Jon 1,4 ließ einen großen Wind aufs M. kommen 13
5 warfen die Ladung ins M.
11 mit dir tun, daß das M. stille 12.15
2,4 warfest mich in die Tiefe, mitten ins M.
Mi 7,19 unsere Sünden in d. Tiefen des M. werfen
Nah 1,4 er schilt das M. und macht es trocken
Hab 1,14 den Menschen gehen wie den Fischen im M.
3,8 entbrannte dein Zorn wider das M.
15 tratest nieder seine Rosse im M.
Ze 2,6 sollen am M. hin Hirtenfelder sein 7
Hag 2,6 so werde ich das M. erschüttern
Sa 10,11 wenn sie in Angst durchs M. gehen
Jdt 2,14 zwischen dem Lauf des Mambre und dem M.
5,10 trockenen Fußes auf dem Grund des M.
11 die Ägypter wurden im M. ersäuft
Wsh 5,23 die Wasser des M. werden toben
14,3 du gibst auch im M. Wege
19,12 es kamen zu ihnen Wachteln aus dem M.
Sir 1,2 wer kann sagen, wieviel Sand das M. hat 3
16,17 das M. und die Erde erbeben
18,8 wie ein Tröpflein Wasser im M. sind s. Jahre
24,9 auf den Wogen im M. (gewann ich Besitz)
39 ihr Sinn ist reicher als das M.
44 (da wurde) mein Strom zum M.
29,24 hin und her geworfen wie die Wellen im M.
40,11 wie alle Wasser wieder in d. M. fließen
43,25 brachte der Herr das M. zur Ruhe GMn 3
26 die auf dem M. fahren, erzählen
44,23 Erben von einem M. bis ans andere
Bar 3,30 wer ist übers M. gefahren
1Ma 7,1 Demetrius kam in eine Stadt am M.
11,1 so viel Kriegsvolk wie Sand am M.
13,29 daß es alle, die auf dem M. fahren, sehen
14,5 schuf eine Zufahrt nach den Inseln des M.
15,38 zum Hauptmann über das Land am M.
2Ma 5,21 auf dem Land... wie auf dem M. und auf dem Land gehen wie auf dem Land
8,11 darum schickte er in die Städte am M.
9,8 er könnte den Wogen des M. gebieten
StD 3,12 zu mehren wie den Sand am Ufer des M.
54 M. und Wasserströme, lobt den Herrn
GMn 9 m. Sünden sind zahlreicher als der Sand am M.
Mt 4,15 das Land am M.
18 warfen ihre Netze ins M. Mk 1,16
8,24 erhob sich ein Ungestüm im M.
26 (Jesus) und bedrohte das M. Mk 4,39
27 daß ihm Wind und M. gehorsam sind Mk 4,41

Mt 8,32 die Herde stürzte sich ins M. Mk 5,13
13,1 Jesus setzte sich an das M. Mk 3,7; 4,1; 5,21
47 Netz, das ins M. geworfen ist
14,24 das Schiff war mitten auf dem M. Mk 6,47
25 kam Jesus und ging auf dem M. 26; Mk 6,48. 49; Jh 6,19
17,27 gehe hin an das M.
18,6 besser, daß er ersäuft würde im M. Mk 9,42; Lk 17,2
21,21 heb dich und wirf dich ins M. Mk 11,23; Lk 17,6
23,15 die ihr Land und M. durchzieht
Mk 4,1 alles Volk stand am M. 5,1; Jh 6,22.25
Lk 21,25 sie werden verzagen vor dem Brausen des M.
Jh 6,16 gingen die Jünger hinab an das M.
21,7 Petrus warf sich ins M.
Apg 10,6 der ist zu Gast bei einem Gerber Simon, dessen Haus am M. liegt 32
17,14 schickten Paulus weiter bis an das M.
27,5 fuhren über das M. längs der Küste
18 warfen sie Ladung ins M. 38.40
30 das Beiboot ins M. herabließen 32
43 ins M. springen und sich ans Land retten
28,4 obgleich er dem M. entkommen ist
Rö 9,27 wenn die Zahl der Israeliten wäre wie der Sand am M.
1Ko 10,1 daß unsre Väter durchs M. gegangen sind 2
2Ko 11,25 trieb ich auf dem tiefen M. 26
Heb 11,12 wie der Sand am Ufer des M., der unzählbar
Jud 13 wilde Wellen des M., die
Off 4,6 vor dem Thron war es wie ein gläsernes M. 15,2
5,13 jedes Geschöpf, das auf dem M. (ist) und alles, was darin ist
7,1 damit kein Wind blase über das M.
2 Macht, dem M. Schaden zu tun 3
8,8 der dritte Teil des M. wurde zu Blut 9; 16,3
10,2 er setzte seinen rechten Fuß auf das M. 5.8
12,12 weh aber dem Erde und dem M.
18 er trat an den Strand des M.
13,1 ich sah ein Tier aus dem M. steigen
18,17 die auf dem M. arbeiten, standen fernab
19 reich geworden, die Schiffe auf dem M. hatten
21 warf ihn ins M. und sprach
20,8 deren Zahl ist wie der Sand am M.
13 das M. gab die Toten heraus, die darin waren
21,1 das M. ist nicht mehr

Meereswelle

Jes 48,18 und deine Gerechtigkeit wie M.
Wsh 14,5 gerettet, wenn sie durch die M. fahren

Meereswoge

Jak 1,6 wer zweifelt, der gleicht einer M., die

Meerwunder

Jak 3,7 die Natur aller M. ist gezähmt

Mefaat, *Mephaath*

Jos 13,18 (dem Stamm Ruben:) M. 21,37; 1Ch 6,64
Jer 48,21 Strafe ist ergangen über M.

Mefi-Boschet, *Mephiboscheth*

2Sm	4,4	¹Jonatan(s) Sohn hieß M. 1Ch 8,34; 9,40
	9,6	als M. zu David kam 10-13
	16,1	Ziba, der Knecht M. 4
	19,25	M. kam dem König entgegen 26.31
	21,7	der König verschonte M.
	21,8	²Söhne der Rizpa, die sie Saul geboren, M.

Megiddo

Jos	12,21	der König von M.
	17,11	hatte Manasse: die (Einw.) von M. Ri 1,27
Ri	5,19	stritten zu Taanach am Wasser M.
1Kö	4,12	(Amtleute) Baana in M.
	9,15	Fronleuten, die Salomo aushob, zu bauen M.
2Kö	9,27	Ahasja floh nach M. und starb dort
	23,29	Necho tötete (Josia) in M. 30; 2Ch 35,22
1Ch	7,29	(in) M. wohnten die Söhne Josefs
Sa	12,11	Klage, wie die in der Ebene von M. war

Mehetabel

1Mo	36,39	¹M., eine Tochter Matreds 1Ch 1,50
Neh	6,10	²Delajas, des Sohnes M.

Mehida

Esr	2,52	(Tempelsklaven:) die Söhne M. Neh 7,54

Mehir

1Ch	4,11	Kelub zeugte M.

Mehl

1Mo	18,6	menge drei Maß feinstes M.
2Mo	29,40	zu dem einen Schaf einen Krug feinsten M.
3Mo	2,1	Speisopfer soll von feinstem M. sein 2.4.5.7; 5,11; 6,8.13; 7,12; 14,10.21; 23,13.17; 24,5; 4Mo 6,15; 7,13u.ö.79; 8,8; 15,4.6.9; 28,5.9.12.13.20.28; 29,3.9.14; 1Ch 23,29
Ri	6,19	ungesäuerte Brote von einem Scheffel M.
1Sm	1,24	dazu einen Stier, einen Scheffel M.
	28,24	das Weib nahm M. und knetete es
2Sm	17,28	(brachten) Weizen, Gerste, M.
1Kö	5,2	dreißig Sack feinstes M., 60 Sack anderes M.
	17,12	habe nur eine Handvoll M. im Topf
	14	M. im Topf soll nicht verzehrt werden 16
2Kö	4,41	bringt M. her
	7,1	ein Maß M. ein Silberstück gelten 16.18
Jes	47,2	nimm die Mühle und mahle M.
Hes	16,13	aßest feinstes M., Honig und Öl 19
Hos	8,7	was dennoch aufwächst, bringt kein M.
Jdt	10,6	einen Sack, in dem sie M. und Brot hatte
Sir	38,11	opfre liebl. Geruch und feinstes M. 2Ma 1,8
	39,31	der Mensch bedarf M., Milch, Honig
Mt	13,33	Sauerteig, den eine Frau unter einen halben Zentner M. mengte Lk 13,21
Off	18,13	(ihre Ware:) Wein und Öl und feinstes M.

Mehola

1Sm	18,19	Merab wurde Adriël von M. gegeben 2Sm 21,8

mehr
(s.a. immer mehr; keiner; nicht mehr; niemand; immer; noch; viel; wieviel)

1Mo	34,19	war m. angesehen als alle
	43,34	Benjamin bekam fünfmal m.
2Mo	1,9	Israel ist m. und stärker als wir 5,5
	12	je m. sie das Volk bedrückten
	36,5	das Volk bringt zu viel, m. als nötig ist
3Mo	11,42	was auf vier oder m. Füßen geht
	25,51	soll er entsprechend m. erstatten
	26,24	will euch siebenfältig m. schlagen 28
4Mo	12,3	Mose war ein demütiger Mensch, m. als alle
	35,8	sollt m. denen vom Besitz derer
5Mo	25,3	damit, wenn man m. Schläge gibt, er nicht
Ri	16,30	daß es m. Tote waren, die er durch s.Tod
1Sm	1,8	bin ich dir nicht m. wert als zehn Söhne
	2,29	du ehrst deine Söhne m. als mich
2Sm	20,6	wird uns m. Schaden tun als Absalom
1Kö	5,18	daß weder... noch ein böses Hindernis m.
	10,7	hast m. Weisheit, als die Kunde sagte
	11,41	was m. von Salomo zu sagen ist 14,19.29; 15,7.23.31; 16,5.14.20.27; 22,39.46; 2Kö 1,18; 8,23; 10,34; 12,20; 13,8.12; 14,15.18.28; 15,6.11. 15.21.26.31.36; 16,19; 20,20; 21,17.25; 23,28; 24,5; 2Ch 9,29; 13,22; 20,34; 25,26; 26,22; 27,7; 28,26; 32,32; 33,18; 35,26; 36,8
	14,9	m. Böses getan als alle , die 22; 16,30.33
	22,7	ist hier kein Prophet m.
2Kö	6,16	derer sind m., die bei uns sind
1Ch	16,25	der HERR ist m. zu fürchten als Ps 96,4
2Ch	9,12	m. als die Gastgeschenke, die sie gebracht
	25,9	steht beim HERRN, dir m. zu geben
Neh	6,9	stärkte um so m. meine Hände
Est	9,12	was begehrst du m.
Hi	3,21	die nach ihm suchen m. als nach Schätzen
	28,18	wer Weisheit erwirbt, hat m. als Perlen
	33,12	Gott ist m. als ein Mensch
	34,19	achtet den Vornehmen nicht m. als den Armen
	42,12	der HERR segnete Hiob m. als einst
Ps	40,13	sind m. als Haare auf meinem Haupt 69,5
	52,5	du liebst das Böse m. als das Gute
	87,2	liebt die Tore Zions m. als alle Wohnungen
	109,15	soll sie nie m. aus den Augen lassen
	115,14	der HERR segne euch je m. und m.
	119,99	habe m. Einsicht als alle meine Lehrer
	127	liebe deine Gebote m. als Gold
	130,6	meine Seele wartet m. als die Wächter
	139,18	so wären m. als der Sand
Spr	26,12	da ist für einen Toren m. Hoffnung 29,20
	28,23	Dank haben, m. als der da freundlich tut
Pr	1,16	habe m. Weisheit als alle, die vor mir
	4,2	pries die Toten m. als die Lebendigen
	5,10	was hat ihr Besitzer m. davon als
	6,5	so hat sie m. Ruhe als jener
	11	m. Worte, desto m. Eitelkeit
	8,17	je m. der Mensch sich müht, zu suchen
Hl	1,4	wir preisen deine Liebe m. als den Wein
Jes	10,10	obwohl ihre Götzen m. waren
	33,20	seine Pflöcke in m. herausgezogen
	54,1	die Einsame hat m. Kinder
Jer	15,8	es wurden m. Frauen zu Witwen
	31,40	die Stadt wird niemals m. eingerissen
	46,23	ihrer sind m. als Heuschrecken
	48,32	m... muß ich über dich weinen
Hes	17,7	der Adler sollte ihm m. Wasser geben
	36,11	will euch m. Gutes tun als je zuvor
Hos	4,7	je m. ihrer werden, desto m. sündigen sie
	10,1	je m. Früchte er hatte, desto m. Altäre

Jon	4,11	Stadt, in der m. als 120.000 Menschen sind
Nah	3,16	hast m. Händler, als Sterne am Himmel
Jdt	13,23	gesegnet bist du, m. als alle Frauen
Wsh	12,10	daß sich ihr Sinn niemals m. ändern würde
Tob	2,9	Tobias fürchtete Gott m. als den König
Sir	3,16	das wird nie m. vergessen werden 39,13
	20	je größer du bist, desto m. demütige dich
	25	dir ist schon m. gezeigt, als Menschenverstand fassen kann
	27,17	wird nie m. einen treuen Freund finden
	40,8	die widerfährt den Gottlosen siebenmal m.
	26	m. als… ist die Furcht des Herrn 19.24.25
Bar	4,28	trachtet zehnmal m. danach, (Gott) zu suchen
2Ma	12,19	brachte alle um, m. als 10.000 Mann
Mt	6,26	seid ihr denn nicht viel m. als (die Vögel)
	30	sollte er das nicht viel m. für euch tun
	11,9	ja, er ist m. als ein Prophet Lk 7,26
	12,41	und siehe, hier ist m. zu Jona
	42	siehe, hier ist m. als Salomo Lk 11,31.32
	18,13	er freut sich darüber m. als über die
	20,10	die ersten meinten, sie würden m. empfangen
	31	sie schrien noch viel m. Mk 10,48; 15,14; Lk 18,39
	21,19	nun wachse auf dir niemals m. Frucht Mk 11,14
	36	andere Knechte, m. als das erstemal
	23,15	zwiefältig m., als ihr seid
	17	was ist m.: das Gold oder der Tempel 19
	26,53	daß er mir m. als zwölf Legionen Engel schickte
	27,23	sie schrien noch m.: Laß ihn kreuzigen Mk 15,14
Mk	5,3	niemand konnte ihn m. binden
	7,36	je m. er's verbot, desto m. breiteten sie es aus
	8,14	hatten nicht m. mit sich im Boot als ein Brot
	9,8	sahen sie niemand m. als Jesus allein
	10,26	sie entsetzten sich aber noch viel m.
	12,33	das ist m. als Brandopfer und Schlachtopfer
	43	diese arme Witwe hat m. in den Gotteskasten gelegt als Lk 21,3
	14,5	man hätte dieses Öl für m. als 300 Silbergroschen verkaufen können
Lk	3,13	fordert nicht m., als euch vorgeschrieben ist
	18	mit vielem andern m. ermahnte er
	8,27	er trug seit langer Zeit keine Kleider m.
	9,13	wir haben nicht m. als 5 Brote und 2 Fische
	10,35	wenn du m. ausgibst, dir's bezahlen
	12,7	*ihr seid m. denn viele Sperlinge*
	23	das Leben ist m. als die Nahrung
	48	wem viel anvertraut ist, von dem wird man um so m. fordern
	13,2	daß diese Galiläer m. gesündigt haben
	15,7	m. als über 99 Gerechte, die der Buße nicht bedürfen
Jh	2,3	sie haben keinen Wein m.
	3,19	liebten die Finsternis m. als das Licht
	4,1	daß er m. zu Jüngern machte als Johannes
	12	bist du m. als unser Vater Jakob 8,53
	41	noch viel m. glaubten um seines Wortes willen
	5,18	trachteten noch viel m. danach, ihn zu töten
	7,31	der Christus wird m. Zeichen tun, als dieser
	15,2	reinigen, daß sie m. Frucht bringe
	19,8	Pilatus fürchtete sich noch m.
Apg	4,19	recht, daß wir euch m. gehorchen als Gott
	5,14	desto m. wuchs die Zahl derer, die glaubten
	29	muß Gott m. gehorchen als den Menschen
Apg	23,13	es waren m. als 40, die diese Verschwörung machten 21
	24,11	daß es nicht m. als zwölf Tage sind
	25,6	Festus bei ihnen nicht m. als acht Tage gewesen war
	27,11	glaubte dem Steuermann m. als Paulus
Rö	12,3	daß niemand m. von sich halte
1Ko	4,2	nun fordert man nicht m. von den Haushaltern
	14,5	m., daß ihr prophetisch reden könntet
	18	daß ich m. in Zungen rede als ihr alle
	15,6	danach ist er gesehen worden von m. als 500 Brüdern
2Ko	2,7	so daß ihr nun ihm desto m. vergeben sollt
	3,8	wie sollte nicht viel m. das Amt, das 9.11
	5,16	kennen wir niemanden m. nach dem Fleisch
	7,7	so daß ich mich noch m. freute
	10,15	*daß wir m. als genug zu Ehren kommen*
	11,23	sie sind Diener Christi – ich bin's weit m.
	12,15	wenn ich euch m. liebe, soll ich darum weniger geliebt werden
Phl	1,9	daß eure Liebe je m. und m. reich werde
	12	das ist nur m. zur Förderung des Evangel.
	22	dient dazu, m. Frucht zu schaffen
	2,12	gehorsam noch m. in meiner Abwesenheit
1Th	2,17	haben wir uns um so m. bemüht, euch zu sehen
1Ti	1,4	*m. Fragen aufbringen als Gehorsam*
	6,2	ihnen um so m. dienstbar sein
2Ti	2,16	es führt m. und m. zu ungöttlichem Wesen
	3,4	sie lieben die Wollust m. als Gott
Phm	16	sondern als einen, der m. ist als ein Sklave
	21	ich weiß, du wirst m. tun, als ich sage
2Pt	1,10	bemüht euch desto m., eure Berufung festzumachen
Heb	2,1	darum sollen wir desto m. achten auf das Wort
	10,18	wo Vergebung der Sünden ist, da geschieht kein Opfer m. für die Sünde
	25	um so m., als ihr seht, daß sich der Tag naht
	26	haben wir hinfort kein andres Opfer m.
	11,32	was soll ich noch m. sagen
	12,9	sollten wir uns dann nicht viel m. unterordnen
	19	daß ihnen keine Worte m. gesagt würden
	13,19	um so m. aber ermahne ich euch
Off	2,19	weiß, daß du je länger je m. tust
	10,6	es soll hinfort keine Zeit m. sein
	16,20	die Berge wurden nicht m. gefunden
	18,22	die Stimme der Sänger soll nicht m. in dir gehört werden
	22,5	es wird keine Nacht m. sein

mehren

1Mo	1,22	seid fruchtbar und m. euch… sollen sich m. auf Erden 28; 8,17; 9,1.7; 35,11; Hes 36,11; Sa 10,8
	6,1	als die Menschen sich zu m. begannen
	16,10	will deine Nachkommen so m., daß 17,2.20; 22,17; 26,4.24; 48,4; 2Mo 32,13; 3Mo 26,9; Jos 24,3; 1Ch 27,23; Hi 5,25; Jes 51,2; Jer 30,19; 36,37; Hes 37,26
	28,3	der allmächtige Gott m. dich 5Mo 13,18
	47,27	wuchsen sich m. 2Mo 1,7.20; Apg 7,17
2Mo	1,12	desto stärker m. es sich
	23,29	daß nicht sich die Tiere wider dich m.
5Mo	7,13	wird dich segnen und m. Ps 107,38.41
	8,13	(wenn) alles, was du hast, sich m.
	17,16	um die Zahl seiner Rosse zu m.

mehren 982

5Mo	28,63	wie sich der HERR freute, euch zu m.
	30,16	so wirst du leben und dich m.
Ri	9,29	m. dein Heer und zieh in den Kampf
1Ch	4,10	daß du mich segnetest und mein Gebiet m.
	27	ihr ganzes Geschlecht m. sich nicht so
Esr	10,10	als ihr die Schuld Israels gem. habt
Neh	9,23	du m. ihre Kinder wie die Sterne
Hi	10,17	würdest deinen Zorn noch m.
Ps	71,14	will immer m. all deinen Ruhm
Spr	9,11	werden die Jahre deines Lebens sich m.
	10,27	die Furcht des HERRN m. die Tage
	16,21	liebliche Rede m. die Erkenntnis
	23	des Weisen Herz m. auf s. Lippen die Lehre
	22,16	wer dem Armen Unrecht tut, m. ihm s. Habe
	23,28	sie m. die Treulosen unter den Menschen
	28,8	wer sein Gut m. mit Zinsen und Aufschlag
Jes	26,15	du, HERR, m. das Volk
Jer	29,6	m. euch dort, daß ihr nicht weniger werdet
	33,22	will m. das Geschlecht Davids
Hes	28,5	habest durch Handel deine Macht gem.
	36,29	ich will das Korn m. 30
Hos	4,10	werden Hurerei treiben und sich nicht m.
	12,2	täglich m. es die Lüge und Gewalttat
Hab	2,6	weh dem, der sein Gut m. mit fremdem Gut
Lk	17,5	*m. uns den Glauben*
Apg	9,31	die Gemeinde m. sich
	12,24	*das Wort des Herrn wuchs und m. sich*
2Ko	9,10	der wird auch euch Samen geben und ihn m.
Heb	6,14	wahrlich, ich will dich segnen und m.

Mehrung

2Ma	5,16	was andere Könige zu M... gegeben

Mehujaël

1Mo	4,18	Irad zeugte M., M. zeugte Metuschaël

Mehuman

Est	1,10	befahl er M. und Karkas, den Kämmerern

meiden

Hi	1,1	Hiob m. das Böse 8; 2,3
	28,28	m. das Böse, das ist Einsicht
Spr	13,14	zu m. die Stricke des Todes 14,27
	19	das Böse m. ist den Toren ein Greuel
	14,16	ein Weiser scheut sich und m. das Böse
	15,24	daß er m. die Tiefen des Todes
	16,6	durch die Furcht des HERRN m. man das Böse
	17	der Frommen Weg m. das Arge
Wsh	2,16	er m. unsre Wege wie Schmutz
Tob	1,10	lehrte ihn von Jugend auf die Sünde m.
	4,22	wenn wir die Sünde m. und Gutes tun
Sir	9,3	m. die Frau, die dich verführen will
Apg	10,28	daß ich keinen Menschen m. soll
2Ko	4,2	wir m. schändliche Heimlichkeit
1Th	4,3	der Wille Gottes, daß ihr m. die Unzucht
	5,22	m. das Böse in jeder Gestalt
1Ti	4,3	sie gebieten, Speisen zu m.
	6,20	m. das ungeistliche lose Geschwätz
2Ti	3,5	solche Menschen m.
Tit	3,10	einen ketzerischen Menschen m.

Meile

Mt	5,41	wenn dich jemand nötigt, eine M. mitzugehen

mein, meiner

1Mo	31,43	alles, was du siehst, ist m.
	40,14	gedenke m., wenn dir's wohlgeht
	48,5	sollen deine beiden Söhne m. sein
2Mo	13,2	was zuerst den Mutterschoß durchbricht, das ist m. 34,19; 4Mo 3,13
	19,5	die ganze Erde ist m. Ps 50,12
3Mo	18,4	m. Satzungen sollt ihr halten 5; Hes 20,19
	20,26	der euch abgesondert hat, daß ihr m. wäret
	25,23	das Land ist m.
	55	Kinder Israel; m. Knechte sind sie
5Mo	32,35	die Rache ist m. Rö 12,19; Heb 10,30
Rut	1,16	dein Volk ist m. Volk
1Sm	23,21	gesegnet, daß ihr euch m. erbarmt habt
1Kö	2,15	weißt, daß das Königtum m. war
	3,26	sei weder m. noch dein; laßt es teilen
	20,3	m. ist alles, deine Söhne sind auch m.
1Ch	28,4	erwählt m. Vaters Haus
Ps	25,7	gedenke m. nach deiner Barmherzigk. 106,4
	50,12	der Erdkreis ist m. 10.11
	60,9	Gilead ist m., ein Manasse
Spr	8,14	m. ist beides, Rat und Tat
Hl	2,16	m. Freund ist m. 6,3
Jes	43,1	bei deinem Namen gerufen; du bist m.
	49,14	der HERR hat m. vergessen
	55,8	eure Wege sind nicht m. Wege 9
	63,4	das Jahr, die M. zu erlösen
Jer	2,8	die Hüter des Gesetzes achteten m. nicht
	18,15	wie m. Volk m. vergißt
	44,28	wessen Wort wahr ist, m. oder ihres
Hes	16,8	daß du solltest m. sein
	29,3	sprichst: der Strom ist m. 9
	35,10	diese beiden Völker müssen m. werden
Ze	2,9	der Rest von m. Volk
Hag	2,8	m. ist das Silber, und m. ist das Gold
Sa	10,9	daß sie m. gedächten in fernen Landen
Jdt	11,17	dein Gott soll auch m. Gott sein Rut 1,17
Mt	7,24	wer diese m. Rede hört und tut sie 26
	17,5	m. lieber Sohn, an dem ich Wohlgefallen habe
	20,15	tun, was ich will, mit dem, was m. ist
	21,13	m. Haus soll ein Bethaus heißen Mk 11,17; Lk 19,46
	24,5	es werden viele kommen unter m. Namen
	35	aber m. Worte werden nicht vergehen
	25,27	hätte ich das M. wiederbekommen mit Zinsen
	26,18	m. Zeit ist nahe
	26	das ist m. Leib
	39	m. Vater, ist's möglich, so gehe dieser Kelch an mir vorüber 42
	27,46	m. Gott, m. Gott, warum hast du mich verlassen
Lk	15,31	was m. ist, das ist dein Jh 17,10
	22,42	doch nicht m., sondern dein Wille geschehe
Jh	10,14	ich kenne die M., und die M. kennen mich
	16,14	denn von dem M. wird er's nehmen 15
	15	alles, was der Vater hat, das ist m.

meineidig

Jer	7,9	ihr seid Ehebrecher und M.
Sa	5,3	alle M. werden von hier ausgefegt
Mal	3,5	will ein... Zeuge sein gegen die M.
1Ti	1,10	(daß das Gesetz gegeben ist) den M.

meinen

1Mo	18,13	m. du, daß ich noch gebären werde

1Mo	38,15	als Juda sie sah, m. er, es wäre eine Hure
	41,28	das m. ich, wenn ich gesagt habe
4Mo	22,37	m. du, ich könnte dich nicht ehren
Ri	11,25	m. du, daß du ein besseres Recht hättest
	15,2	ich m., du bist ihrer ganz überdrüssig
1Sm	1,13	da m. Eli, sie wäre betrunken
	15,22	m. du, daß der HERR Gefallen habe am
2Sm	4,10	der m., er sei ein guter Bote
	5,6	damit m. sie, daß David nicht... könnte
	10,3	m. du, daß David... ehren wolle 1Ch 19,3
	13,33	so möge nun der König nicht m.
	19,23	m. du, ich wisse nicht, daß ich... König
	43	m. ihr, daß wir etwa ein Stück vom König
1Kö	20,7	seht, wie böse er's m.
	22,32	m. sie, er wäre der König von Israel
2Kö	5,11	ich m., er sollte zu mir herauskommen
	18,20	m. du, Worte seien schon Macht Jes 36,5
	25	m. du, ich sei ohne den HERRN Jes 36,10
Hi	1,9	m. du, daß Hiob Gott umsonst fürchtet
	8,3	m. du, daß Gott unrecht richtet
	11,7	m. du, daß du weißt, was Gott weiß
	12,5	gebührt Verachtung, so m. der Sichere
	13,9	m. ihr, daß ihr ihn täuschen werdet
	14,14	m. du, ein toter Mensch wird wieder leben
	22,3	m. du, der Allmächtige habe Vorteil davon
	4	m. du: er wird dich zurechtweisen
	27,9	m. du, daß Gott sein Schreien hören wird
	39,9	m. du, der Wildstier wird dir dienen
	40,27	m. du, er wird dich um Gnade bitten 28.30
Ps	10,4	der Gottlose m. in seinem Stolz
	41,7	und m.'s doch nicht von Herzen
	50,13	m. du, daß ich Fleisch... essen wolle
	21	da m. du, ich sei so wie du
	86,17	daß du's gut mit mir m.
	139,23	prüfe mich und erkenne, wie ich's m.
Spr	27,6	die Schläge des Freundes m. es gut
	28,11	ein Reicher m. weise zu sein
Pr	8,17	auch wenn der Weise m.: Ich weiß es
Jes	10,7	aber er m.'s nicht so
	36,12	m. du, daß mein Herr mich nur zu dir
Jer	11,15	sie m., Gelübde könnten
	22,15	m. du, du seiest König
	23,24	m. du, daß sich jemand verbergen könne
	29,15	zwar m. ihr, der HERR habe auch in Babel
Klg	1,9	sie hätte nicht gem., daß es ihr zuletzt
Hes	17,12	wißt ihr nicht, was damit gem. ist 37,18
	18,23	m. du, daß ich Gefallen habe am Tode
	22,14	m. du, dein Herz kann standhalten
	37,3	m. du, daß diese wieder lebendig werden
Am	6,3	die ihr m., vom bösen Tag weit ab zu sein
Jon	1,4	daß man m., das Schiff würde zerbrechen
	4,4	m. du, daß du mit Recht zürnst 9
Mi	2,7	m. du, der HERR sei schnell zum Zorn
Nah	3,8	m. du, seist besser als No-Amon
Hag	2,16	m., 50 Eimer zu schöpfen, so waren 20
Mal	1,8	m. du, daß du ihm gefallen werdest 9
Jdt	6,4	m. du, daß deine Weissagung gewiß ist
	7,10	m. du, daß deine Feinde nicht erobern kann
Wsh	17,2	m., das hl. Volk unterdrücken zu können
	3	als sie m., sie könnten sich verstecken
Sir	19,16	ein Wort, das doch nicht böse gem. war
	29,4	mancher m., er habe gefunden, was er
	32,19	wer's aber nicht mit Ernst m
1Ma	4,5	m., sie wären vor ihm geflohen
	5,61	gem. hatten, sie könnten sich Ruhm erringen
2Ma	4,2	obwohl er es mit seinem Volk treu m.
StE	5,3	m., sie könnten dem Urteil Gottes entgehen
	6,9	bedachte (Mordechai), was Gott damit m.
StD	1,47	fragte ihn, was er mit solchen Worten m.
Mt	5,17	ihr sollt nicht m., daß 10,34; Jh 5,45

Mt	6,7	m., sie werden erhört, wenn sie viele Worte
	16,23	du m. nicht, was göttlich ist Mk 8,33
	17,25	was m. du, Simon
	18,12	was m. ihr 21,28
	20,10	die ersten m., sie würden mehr empfangen
	22,17	darum sage uns, was m. du
	24,44	zu einer Stunde, da ihr's nicht m. 50; Lk 12,40
	26,53	m. du, ich könnte meinen Vater nicht bitten
Mk	6,49	m. sie, es wäre ein Gespenst Lk 24,37
Lk	1,66	was m. du, will aus diesem Kindlein werden
	2,44	sie m., er wäre unter den Gefährten
	8,18	auch das genommen, was er m. zu haben
	10,36	wer, m. du, ist der Nächste gewesen
	12,51	m. ihr, daß ich gekommen bin, Frieden zu bringen auf Erden
	13,2	m. ihr, daß diese Galiläer mehr gesündigt haben als 4
	23	Herr, m. du, daß nur wenige selig werden
	18,8	m. du, er werde Glauben finden auf Erden
	19,11	sie m., das Reich Gottes werde sogleich offenbar
Jh	5,39	ihr m., ihr habt das ewige Leben darin
	11,13	sie m., er rede vom leiblichen Schlaf
	56	was m. ihr? Er wird doch nicht zum Fest kommen
	13,29	einige m., weil Judas den Beutel hatte
	16,2	daß, wer euch tötet, m. wird, er tue Gott einen Dienst damit
	20,15	sie m., es sei der Gärtner, und spricht
	21,25	so würde, m. ich, die Welt die Bücher nicht fassen
Apg	2,15	diese sind nicht betrunken, wie ihr m.
	7,25	er m., seine Brüder sollten's verstehen
	8,20	weil du m., Gottes Gabe werde durch Geld
	12,9	er m., eine Erscheinung zu sehen
	14,19	und m., er wäre gestorben
	15,19	darum m. ich, daß man denen v. den Heiden
	16,27	er m., die Gefangenen wären entflohen
	17,29	sollen wir nicht m., die Gottheit sei gleich
	21,29	den, m. sie, hätte Paulus in den Tempel geführt
	26,9	zwar m. auch ich selbst, ich müßte
	27,13	m. sie, ihr Vorhaben ausführen zu können
Rö	2,26	m. du nicht, daß dann der Unbeschnittene
1Ko	1,12	ich m. dies, daß unter euch der eine sagt
	3,18	wer m., weise zu sein in dieser Welt
	5,10	damit m. ich nicht allgemein die Unzüchtigen
	7,26	so m. ich nun
	36	wenn jemand m., er handle unrecht
	40	m. aber: ich habe auch den Geist Gottes
	8,2	wenn jemand m., er habe etwas erkannt
	10,12	wer m., er stehe, mag zusehen, daß er
	14,9	wenn ihr in Zungen redet, wie kann man wissen, was gem. ist
	37	wenn einer m., er sei ein Prophet
2Ko	9,6	m.: Wer da kärglich sät, der wird auch kärglich ernten
	11,5	ich m. doch, ich sei nicht weniger als die Überapostel
Gal	3,17	ich m. aber
	6,3	wenn jemand m., er sei etwas, obwohl er
Phl	3,4	wenn ein anderer m., er könne sich
1Ti	6,5	Frömmigkeit sei ein Gewerbe
1Pt	4,12	*m. nicht, es widerführe euch Seltsames*
	5,12	durch Silvanus, den Bruder, wie ich m.
Heb	10,29	eine wieviel härtere Strafe, m. ihr, wird der verdienen, der
	11,15	wenn sie das Land gem. hätten, von dem sie

meinen

Jak	1,26	wenn jemand m., er diene Gott
	4,5	m. ihr, die Schrift sage umsonst

meinesgleichen

2Mo	9,14	innewirst, daß m. nicht ist

meinetwegen

Jos	14,6	was der HERR sagte m. und deinetwegen
Ri	20,5	umstellten m. das Haus des Nachts

meinetwillen

1Mo	22,12	hast deines Sohnes nicht verschont um m.
4Mo	11,29	Mose sprach: Eiferst du um m.
1Sm	23,10	um die Stadt zu verderben um m.
2Kö	19,34	daß ich sie errette um m. 20,6; Jes 37,35
Jes	43,25	ich tilge deine Übertretungen um m.
	48,11	um m., ja, um m. will ich's tun
Jon	1,12	daß um m. dies... über euch gekommen ist
Mt	5,11	wenn euch die Menschen um m. schmähen
	10,18	euch vor Könige führen um m. Mk 13,9
	39	wer sein Leben verliert um m. 16,25; Mk 8,35; Lk 9,24
Mk	10,29	es ist niemand, der Haus oder Brüder verläßt um m.
Jh	6,57	so wird auch, wer mich ißt, leben um m.
	12,30	diese Stimme ist nicht um m. geschehen
Phl	1,26	euer Rühmen groß werden möge um m.

Meinung

Esr	5,17	man sende uns des Königs M.
Wsh	3,4	nach M. der Menschen zu leiden haben
1Ma	1,13	diese M. gefiel ihnen gut 6,60
2Ma	11,25	unsre M., daß man ihnen ihren Tempel
	37	damit wir erfahren, was eure M. ist
Apg	28,6	änderten sie ihre M. und sprachen
Rö	14,1	streitet nicht über M.
	5	ein jeder sei in seiner M. gewiß
1Ko	1,10	haltet aneinander fest in einer M.
	7,25	ich sage meine M. als der
	40	seliger ist sie aber, nach meiner M., wenn
2Ko	8,10	und darin sage ich meine Meinung
	13	nicht geschieht das in der M.
Phl	1,15	etliche predigen Christus aus guter M.
2Ti	3,10	du bist nachgefolgt meiner M.

meist

Mt	11,20	die Städte, in denen die m. Taten geschehen
Lk	7,42	wer von ihnen wird ihn am m. lieben 43
1Ko	12,23	die schmückt man am m.
	14,27	so seien es zwei oder aufs m. drei
2Ko	9,2	euer Beispiel hat die m. angespornt
Phl	1,14	die m. Brüder haben Zuversicht gewonnen

Meister

1Ch	22,15	allerlei M. für jede Arbeit
	25,7	im Gesang des HERRN geübt, allesamt M.
	8	das Los für den M. wie für den Schüler
2Ch	2,6	mit den M., die bei mir sind 13; 24,12
Hl	7,2	Halsgeschmeide, das des M. Hand gemacht
Jes	29,16	daß das Werk spräche von seinem M.
	33,22	der HERR ist unser M.
	40,19	der M. gießt ein Bild 20; 41,7; Hab 2,18
	44,11	die M. sind auch nur Menschen
	47,13	sollen helfen die M. des Himmelslaufs
Wsh	8,6	wer ist ein größerer M. als die Weisheit
	13,1	die nicht begreifen, wer der M. ist 3
	14,10	das Werk wird samt dem M. bestraft werden
Sir	9,24	das Werk lobt den M.
Mt	8,19	M., ich will dir folgen
	9,11	warum ißt euer M. mit den Sündern
	10,24	der Jünger steht nicht über dem M. 25; Lk 6,40
	12,38	M., wir möchten ein Zeichen sehen
	17,24	pflegt euer M. nicht... zu geben
	19,16	M., was soll ich Gutes tun Mk 10,17; Lk 10,25; 18,18
	22,16	M., wir wissen, daß du wahrhaftig bist Mk 12,14; Lk 20,21; Jh 3,2
	24	M., Mose hat gesagt Mk 12,19; Lk 20,28
	36	M., welches ist das höchste Gebot
	23,8	einer ist euer M.
	26,18	der M. läßt dir sagen Mk 14,14; Lk 22,11
Mk	4,38	M., fragst du nichts danach, daß
	5,35	was bemühst du den weiter den M. Lk 8,49
	9,17	M., ich habe meinen Sohn hergebracht
	38	M., wir sahen einen, der Lk 9,49
	10,20	M., das habe ich alles gehalten
	35	M., wir wollen, daß du für uns tust
	12,32	M., du hast wahrhaftig recht Lk 20,39
	13,1	M., siehe, was für Steine und was für Bauten
Lk	3,12	M., was sollen denn wir tun
	5,5	M., wir haben die ganze Nacht gearbeitet
	7,40	er sprach: M., sag es
	8,24	weckten ihn auf und sagten: M., M., wir kommen um
	45	M., das Volk drängt und drückt dich
	9,33	M., hier ist für uns gut sein
	38	M., ich bitte dich, sieh nach meinem Sohn
	11,45	M., mit diesen Worten schmähst du uns auch
	12,13	M., sage meinem Bruder, daß er mit mir das Erbe teile
	17,13	Jesus, lieber M., erbarme dich unser
	19,39	M., weise deine Jünger zurecht
	21,7	M., wann wird das geschehen
Jh	1,38	M., wo ist deine Herberge
	3,10	bist du ein M. in Israel
	26	M., der bei dir war jenseits des Jordans
	8,4	M., diese Frau ist beim Ehebruch ergriffen
	9,2	M., wer hat gesündigt, dieser oder s. Eltern
	11,8	M., eben noch wollten die Juden dich steinigen
	28	der M. ist da und ruft dich
	13,13	ihr nennt mich M. und sagt es mit Recht 14
	20,16	spricht zu ihm: Rabbuni!, das heißt: M.
Rö	9,20	spricht ein Werk zu seinem M.: Warum machst du mich so
1Ti	1,7	*wollen der Schrift M. sein*
Heb	5,12	*die ihr solltet längst M. sein*

meistern

Jer	49,19	wer will mich m. 50,44
1Ti	1,7	wollen die Schrift m.

Melatja

Neh	3,7	neben ihnen bauten M. von Gibeon

Melchi

Lk	3,24	[1](Levi) war ein Sohn M.
	3,28	[2](Neri) war ein Sohn M.

Melchisedek

1Mo 14,18 M., der König von Salem Heb 7,1.10
Ps 110,4 bist ein Priester ewiglich nach der Weise M. Heb 5,6.10; 6,20; 7,11.15.17

Melde

Hi 30,4 die da M. sammeln bei den Büschen

melden

Jer 4,20 Niederlage auf Niederlage wird gem.
1Ma 5,38 m. ihm, daß es Heiden wären
6,5 kam ein Bote nach Persien und m.
2Ma 9,24 falls etwas Schlimmes gem. würde

Meldung

Est 2,23 im Buch der täglichen M. 6,1

Melea

Lk 3,31 (Eljakim) war ein Sohn M.

Melech

1Ch 8,35 Söhne Michas: M. 9,41

Melitene

Jdt 2,13 zerstörte die stolze Stadt M.

melken

Jes 7,22 wird so viel zu m. haben, daß er Butter

Melkfaß

Hi 21,24 sein M. ist voll Milch

Melodie

Wsh 19,17 wie... verschiedene M. hervorbringen

Melone

4Mo 11,5 wir denken an die M.

Memfis

Jes 19,13 die Fürsten von M. sind betrogen
Jer 2,16 Leute von M. (scheren) dir den Kopf kahl
44,1 an alle Judäer, die in M. wohnten
46,14 sagt's an in M.
19 M. wird wüst und verbrannt werden
Hes 30,13 will von M. die Götzen ausrotten 16
Hos 9,6 Äg. wird sie sammeln und M. sie begraben

Memuchan

Est 1,14 waren... M., die sieben Fürsten 16. 21

Menahem

2Kö 15,17 wurde M. König über Israel 14.16.19-23

mene

Dan 5,25 lautet die Schrift: M. tekel u-parsin 26

Menelaus

2Ma 4,27 M. bemächtigte sich der Herrschaft 23u.ö.50; 5,6.15.23; 11,29.32; 13,3.4.7

Menestheus

2Ma 4,4 Apollonius, der Sohn des M. 21

Menge

1Mo 16,10 daß sie der großen M. wegen nicht gezählt werden können 32,13; 1Kö 3,8
30,30 nun ist's geworden zu einer großen M.
35,11 eine M. von Völkern von dir kommen 48,4. 19
36,7 nicht zu ernähren wegen der M. Viehs
2Mo 23,2 sollst der M. nicht zum Bösen folgen
4Mo 10,36 komm wieder zu der M. der Tausende
5Mo 1,10 seid wie die M. der Sterne am Himmel
Ri 6,5 wie eine große M. Heuschrecken 7,12
2Sm 6,19 (David) ließ austeilen der ganzen M.
1Kö 7,47 ungewogen wegen der großen M. des Kupfers
20,13 siehst du diese große M. 28; 2Ch 28,5
2Kö 7,13 ihnen wird es gehen wie der ganzen M.
19,23 bin mit der M. meiner Wagen Jes 37,24
1Ch 12,41 brachten Rinder in M.; denn Freude war
29,2 habe herbeigeschafft Marmorsteine die M.
21 opferten in M. für ganz Israel
2Ch 11,23 gab ihnen Nahrung in M.
14,10 in deinem Namen gekommen gegen diese M.
14 führten eine M. Schafe weg 20,25
15,9 fiel ihm eine große M. aus Israel zu
20,2 kommt gegen dich eine große M.
24,27 die M. der Steuern, die er veranlaßte
30,5 Passa... nicht von der ganzen M. gehalten
18 eine M. Volk hatte sich nicht gereinigt
31,5 auch den Zehnten brachten sie in M.
32,29 (Hiskia) hatte Vieh die M.
Esr 7,22 und Salz in jeder M.
Neh 5,18 eine bestimmte M. Wein Est 1,7
Est 5,11 zählte ihnen auf die M. seiner Söhne
10,3 war beliebt unter der M. seiner Brüder
Hi 31,34 weil ich mir grauen ließ vor der M.
32,7 die der Jahre laß Weisheit beweisen
36,18 daß die M. des Lösegeldes dich verleitet
28 Regen senden auf die M. der Menschen
38,34 damit dich die M. des Wassers überströme
Ps 18,15 er sandte Blitze in M.
55,15 in Gottes Haus gingen inmitten der M.
109,30 will ihn rühmen vor der M.
Pr 2,8 die Wonne der Menschen, Frauen in M.
Jes 1,11 was soll mir die M. eurer Opfer
5,13 wird die lärmende M. Durst (leiden)
29,5 die M. deiner Feinde soll werden wie Staub und die M. der Tyrannen wie Spreu 7.8
30,33 der Scheiterhaufen hat Holz die M.
31,4 wider ihn aufruft die M. der Hirten
47,9 trotz der M. deiner Zaubereien 12
13 dich müde gemacht mit der M. deiner Pläne
57,10 dich abgemüht mit der M. deiner Wege
60,6 die M. der Kamele wird dich bedecken
Jer 10,13 so ist Wasser die M. am Himmel 51,16.42
13,22 um der M. deiner Sünden willen
44,15 alle Männer und Frauen, eine große M.
49,32 und die M. ihres Viehs genommen
Hes 23,42 weil solch eine M. herbeigebracht war
26,10 von der M. seiner Pferde wird Staub

Menge

Hes	27,33	mit der M. d. Güter machtest du reich
	32,3	Netz auswerfen durch eine M. Völker
Hos	10,13	dich verläßt auf die M. deiner Helden
Nah	2,10	hier ist die M. aller kostbaren Kleinode
Sa	2,8	ohne Mauern wegen der großen M.
Wsh	4,3	die kinderreiche M ... ist nichts nütze
	11,15	sandtest eine M. unvernünftiger Tiere 17; 16,1; 19,10
	14,20	die M., die von ... angezogen wurde
	18,5	nahmst du ihnen die M. ihrer Kinder weg
	20	eine M. wurde in der Wüste dahingerafft
Sir	7,7	erniedrige dich nicht vor der M.
	9	Gott wird die M. meiner Opfergaben ansehen
Bar	2,29	wird diese große M. klein werden 4,34
1Ma	4,8	fürchtet euch nicht vor ihrer großen M.
	5,30	sahen sie eine große M. Kriegsvolk 38
2Ma	2,22	eine große M. der Heiden in die Flucht
StD	1,47	die M. wandte sich ihm zu und fragte 50
Mt	4,25	es folgte ihm eine große M. 8,1; 12,15; 13,2; 15,30; 19,2; 20,29; Mk 3,7; 4,1; 5,21.24; Lk 5,15; 6,17; 7,11; 8,4; 9,37
	8,18	als Jesus die M. um sich sah 14,14; Mk 6,34
	15,33	um eine so große M. zu sättigen
	21,8	breitete ihre Kleider auf den Weg
	9	die M., die ihm voranging, schrie 11; Jh 12,18
Mk	2,4	nicht zu ihm bringen konnten wegen der M. Lk 5,19; 8,19; 19,3
	3,8	eine große M., die von seinen Taten gehört
	9	damit die M. ihn nicht bedränge
	5,27	kam sie in der M. von hinten heran
	30	er wandte sich um in der M.
	31	du siehst, daß dich die M. umdrängt
	6,2	*die M., die zuhörte, verwunderte sich*
	7,33	er nahm ihn aus der M. beiseite
	8,1	zu der Zeit, als eine große M. da war
	9,14	sahen eine große M. um sie herum
	15	sobald die M. ihn sah, entsetzten sich alle
	17	einer aber aus der M. antwortete 26
	10,46	er und seine Jünger und eine große M.
Lk	1,10	die ganze M. des Volkes stand draußen
	2,13	alsbald war bei dem Engel die M. der himmlischen Heerscharen
	3,7	da sprach Johannes zu der M., die
	10	die M. fragte ihn
	5,1	als sich die M. zu ihm drängte, um das Wort
	3	er setzte sich und lehrte die M. vom Boot aus
	6	als sie das taten, fingen sie eine M. Fische
	7,12	eine große M. aus der Stadt ging mit ihr
	8,37	die ganze M. aus dem Land bat ihn
	9,11	als die M. das merkte, zog sie ihm nach
	38	siehe, ein Mann aus der M. rief
	11,14	die M. verwunderte sich
	29	die M. aber drängte herzu
	12,54	er sprach aber zu der M.
	14,25	es ging aber eine große M. mit ihm
	18,36	als er die M. hörte, die vorbeiging
	19,37	fing die ganze M. der Jünger an
	39	einige Pharisäer in der M. sprachen zu ihm
Jh	12,9	da erfuhr eine große M. der Juden, daß er dort war 12
	21,6	konnten's nicht ziehen wegen der M.
Apg	1,15	es war eine M. beisammen von etwa 120
	2,6	als dieses Brausen geschah, kam die M. zusammen
	4,32	die M. der Gläubigen war ein Herz und eine Seele
	5,14	die an den Herrn glaubten – eine M. Männer und Frauen
Apg	5,37	Judas brachte eine M. Volk hinter sich
	6,2	riefen die Zwölf die M. der Jünger
	5	die Rede gefiel der ganzen M. gut
	13,45	als die Juden die M. sahen, wurden sie neidisch
	14,1	daß eine große M. gläubig wurde
	4	die M. in der Stadt spaltete sich
	15,12	da schwieg die ganze M. still
	17,4	eine große M. von gottesfürchtigen Griechen
	19,9	als einige vor der M. übel redeten
	33	einige aus der M. unterrichteten Alexander
	21,36	die M. folgte und schrie: Weg mit ihm
	25,24	dessentwillen die M. der Juden in mich drang
1Pt	4,8	deckt auch der Sünden M. Jak 5,20

mengen

1Mo	18,6	m. drei Maß feinsten Mehls
2Mo	30,35	gem. nach der Kunst des Salbenbereiters
Jos	23,7	damit ihr euch nicht m. unter diese Völker
Spr	14,10	in s. Freude kann sich kein Fremder m.
	24,21	m. dich nicht unter die Aufrührer
	26,17	wer sich m. in fremden Streit
Jes	30,24	werden gesalzenes gem. Futter fressen
Dan	2,43	so wie sich Eisen mit Ton nicht m. läßt
Hos	7,8	Ephraim m. sich unter die Völker
Mt	13,33	Sauerteig, den eine Frau unter einen halben Zentner Mehl m. Lk 13,21
Jh	19,39	*Myrrhe und Aloe untereinander gem.*
Off	8,7	*ein Hagel und Feuer, mit Blut gem.*
	15,2	*wie ein gläsernes Meer, mit Feuer gem.*

Meni

Jes	65,11	die ihr dem M. vom Trankopfer einschenkt

Menna

Lk	3,31	Melea war ein Sohn M.

Mensch (s.a. Menschensohn)

1Mo	1,26	lasset uns M. machen
	27	Gott schuf den M. zu seinem Bilde 2,8; 5,1; 9,6; 5Mo 4,32; Jes 45,12; Jer 47,5; Mt 19,4; Jak 3,9
	2,5	kein M. war da, der das Land bebaute 15
	7	machte Gott den M. aus Erde ... so ward der M. ein lebendiges Wesen 1Ko 15,45.47
	16	Gott der HERR gebot dem M.
	18	ist nicht gut, daß der M. allein sei 19-25
	3,22	der M. ist geworden wie unsereiner
	24	und er trieb den M. hinaus
	5,2	gab ihnen den Namen „M."
	6,1	als die M. sich zu mehren begannen
	2	wie schön die Töchter der M. waren 4
	3	mein Geist soll nicht immerdar im M. walten, denn auch der M. ist Fleisch
	5	als der M. Bosheit groß war auf Erden 6
	7	will die M. vertilgen ... vom M. an 7,21.23
	8,21	nicht mehr verfluchen um der M. willen
	9,5	des M. Leben fordern von einem jeden M. 6
	19	von ihnen kommen her alle M. auf Erden
	13,16	kann ein M. den Staub auf Erden zählen
	16,12	(Ismael) wird ein wilder M. sein
	23,6	kein M. unter uns wird dir wehren
	31,50	es ist hier kein M. 39,11; 45,1; 2Mo 2,12
	32,29	hast mit Gott und mit M. gekämpft

Mensch

2Mo	4,11	wer hat dem M. den Mund geschaffen
	8,13	Mücken setzten sich an die M. 14; 9,9.10
	9,19	alle M. und das Vieh, alles muß sterben 22. 25; 19,13
	11,7	nicht ein Hund mucken, weder gegen M. noch
	12,12	alle Erstgeburt unter M. und Vieh 13,2.13.15; 4Mo 3,13; 8,17; 18,15; Ps 135,8
	22	kein M. gehe zu seiner Haustür heraus
	21,12	wer einen M. schlägt, daß er stirbt 3Mo 24,17.21; 4Mo 35,30
	16	wer einen M. raubt, soll sterben 5Mo 24,7
	30,32	auf keines andern M. Leib gegossen werden
	33,20	kein M. wird leben, der mich sieht
3Mo	5,3	wenn er einen M. in dessen Unreinheit anrührt 7,21; 22,5; 4Mo 9,6.7; 19,11.13.16
	4	wie einem M. ein Schwur entfahren mag
	22	worin ein M. gegen seinen Nächsten Sünde tut 4Mo 5,6; 1Sm 2,25
	13,2	wenn bei einem M. ein Ausschlag entsteht 9
	16,17	kein M. soll in der Stiftshütte sein
	17,4	solcher M. soll ausgerottet werden 19,8; 4Mo 19,13
	18,5	der M., der es tut, wird durch sie leben Neh 9,29; Hes 20,11.13.21; Rö 10,5; Gal 3,12
	20,3	mein Antlitz kehren gegen solchen M. 4.5
	24,20	wie er einen M. verletzt hat, so soll man
	27,2	wenn ein Gelübde... sich um einen M. handelt 8.28.29
4Mo	12,3	Mose war ein demüt. M., mehr als alle M.
	16,26	weicht von den... gottlosen M.
	29	werden sie sterben, wie alle M.
	19,14	wenn ein M. in seinem Zelt stirbt
	23,19	Gott ist nicht ein M. 1Sm 15,29; Hos 11,9
	31,11	nahmen alles, M. und Vieh 26.28.30.35.40.46.47
5Mo	5,24	haben gesehen, daß Gott mit M. redet 26
	8,3	daß der M. nicht lebt vom Brot allein Mt 4,4; Lk 4,4
	20,19	die Bäume auf dem Felde sind nicht M.
	32,8	als der Höchste der M. Kinder schied
	26	will ihren Namen tilgen unter den M.
Jos	10,14	daß der HERR auf d. Stimme eines M. hörte
	11,14	M. erschlugen sie
	14,15	Arba, der größte M. unter den Anakitern
Ri	9,9	die Götter und M. an mir preisen 13
	16,7	schwach und wäre wie ein and. M. 11.13.17
1Sm	2,26	Gunst bei dem HERRN und bei den M.
	10,6	wirst du ein anderer M. werden
	16,7	ein M. sieht, was vor Augen ist
	24,10	warum hörst du auf das Geschwätz der M.
	25,17	er aber ist ein heilloser M. 25
	29	wenn sich ein M. erheben wird
	26,19	tun's aber M., so seien sie verflucht
2Sm	23,3	wer gerecht herrscht unter den M.
	24,14	ich will nicht in der M. Hand fallen
1Kö	5,11	(Salomo) war weiser als alle M.
	8,46	gibt keinen M., der nicht sündigt 2Ch 6,36; Pr 7,20
1Ch	5,21	führten weg 100.000 M. 21,14
	17,17	wie ein M. ein Gesicht empfängt
	29,1	denn es ist nicht die Wohnung eines M.
2Ch	6,18	sollte Gott bei den M. auf Erden wohnen
	29	es seien einzelne M. oder dein ganzes Volk
	13,7	schlugen sich auf seine Seite böse M.
	14,10	vermag kein M. etwas
	19,6	ihr haltet Gericht nicht im Namen von M.
Neh	2,12	hatte keinem M. gesagt, was mir Gott
Hi	4,17	wie kann ein M. gerecht sein 9,2; 15,14.16; 25,4.6; Pr 7,20
	5,7	der M. erzeugt sich selbst das Unheil
	17	selig ist der M., den Gott zurechtweist
	7,1	muß nicht der M. immer im Dienst stehen
	17	was ist der M., daß du ihn Ps 144,3
	9,32	er ist nicht ein M. wie ich 33,12
	10,5	ist deine Zeit wie eines M. Zeit
	11,12	kann ein Wildesel als M. zur Welt kommen
	12,10	in s. Hand ist der Lebensodem aller M.
	13,9	ihn täuschen, wie man einen M. täuscht
	14,1	M., vom Weibe geboren, lebt kurze Zeit
	10	kommt ein M. um - wo ist er 12.14
	19	machst die Hoffnung des M. zunichte
	15,7	bist du als der erste M. geboren
	16,21	daß er Recht verschaffe dem M.
	20,4	seitdem M. auf Erden gewesen sind
	29	das ist der Lohn eines gottlosen M. 27,13; Spr 11,7; 14,14
	21,4	geht gegen einen M. meine Klage
	33	alle M. ziehen ihm nach
	28,4	vergessen, fern von den M.
	28	(Gott) sprach zum M.
	30,5	aus der M. Mitte weggetrieben
	31,33	hab ich... wie M. tun, zugedeckt
	32,8	der Geist ist es in den M.
	13	Gott muß ihn schlagen und nicht ein M.
	21	will keinem M. schmeicheln
	33,15	wenn der Schlaf auf die M. fällt 16.17.23
	26	wird dem M. seine Gerechtigkeit zurückgeben
	34,9	es nützt dem M. nichts
	11	er vergilt dem M., wie er verdient hat Spr 12,14; 24,12
	15	M. würde wieder zu Staub werden
	35,8	einem M. wie dir kann Bosheit etwas tun
	36,24	sein Werk, von dem die M. singen 25
	28	Regen senden auf die Menge der M.
	37,7	so legt er alle M. unter Siegel
	20	hat je ein M. gesagt, er wolle vernichtet
	24	darum sollen ihn die M. fürchten
	38,26	in der Wüste, wo kein M. ist
Ps	8,5	was ist der M... und des M. Kind Heb 2,6
	9,20	daß nicht M. die Oberhand gewinnen
	21	daß die Heiden erkennen, daß sie M. sind
	10,18	nicht mehr trotze an M. auf Erden
	17,4	im Treiben der M. bewahre ich mich
	21,11	tilgen ihre Kinder aus der Zahl der M.
	22,7	ich bin ein Wurm und kein M.
	32,2	wohl dem M., dem der HERR die Schuld nicht
	36,7	du hilfst M. und Tieren
	39,6	wie gar nichts sind alle M. 12; 62,10; 144,4
	12	wenn du den M. züchtigst
	49,13	ein M... kann nicht bleiben 21
	56,2	M. stellen mir nach
	5	was können mir M. tun 12; 118,6
	57,4	verzehrende Flammen sind die M.
	63,2	mein ganzer M. verlangt nach dir
	64,10	alle M. werden sich fürchten
	66,12	hast M. über unser Haupt kommen lassen
	67,5	daß du die M. recht richtest
	68,19	hast Gaben empfangen unter den M.
	73,5	werden nicht wie andere M. geplagt
	76,11	wenn M. wider dich wüten
	78,60	das Zelt, in dem er unter M. wohnte
	82,7	ihr werdet sterben wie M.
	84,6	wohl den M., die dich für ihre Stärke
	13	wohl dem M., der sich auf dich verläßt
	89,48	wie vergänglich du alle M. geschaffen
	90,3	der du die M. lässest sterben
	94,10	der die M. Erkenntnis lehrt

Mensch

Ps	94,11	der HERR kennt die Gedanken der M.
	103,15	ein M. ist in seinem Leben wie Gras
	104,14	lässest wachsen Saat zu Nutz den M. 15
	15	daß der Wein erfreue des M. Herz
	23	so geht dann der M. aus an seine Arbeit
	105,14	ließ keinen M. ihnen Schaden tun
	116,11	ich sprach: Alle M. sind Lügner Rö 3,4
	118,8	es ist gut, nicht sich verlassen auf M.
	119,134	erlöse mich von der Bedrückung durch M.
	124,2	wenn M. wider uns aufstehen
	140,2	errette mich, HERR, von den bösen M.
	12	ein frecher, böser M. wird verjagt
	145,12	daß den M. deine gewalt. Taten kundwerden
	146,3	Fürsten sind M., die können nicht helfen
	4	des M. Geist muß davon
Spr	3,4	Klugheit, die Gott und den M. gefallen
	13	wohl dem M., der Weisheit erlangt, und dem M., der Einsicht gewinnt
	5,21	er hat acht auf aller M. Gänge
	6,12	ein heilloser M., wer einhergeht mit
	8,34	wohl dem M., der mir gehorcht
	12,3	durch Gottlosigk. kann der M. nicht bestehen
	25	Sorge im Herzen bedrückt den M.
	27	ein fleißiger M. wird reich
	15,11	wieviel mehr die Herzen der M.
	20	ein törichter M. verachtet seine Mutter
	16,1	der M. setzt sich's wohl vor im Herzen
	7	Wege dem HERRN wohlgefallen
	9	des M. Herz erdenkt sich seinen Weg
	27	ein heilloser M. gräbt nach Unheil
	28	ein falscher M. richtet Zank an
	33	der M. wirft das Los; aber es fällt
	17,11	ein böser M. trachtet, zu widersprechen
	18,16	das Geschenk des M. schafft ihm Raum
	19,3	des M. Torheit führt ihn in die Irre
	22	ein gütiger M. ist der Liebe wert
	20,6	viele M. rühmen ihre Güte
	24	welcher M. versteht seinen Weg
	25	ein Fallstrick, unbedacht Gelübde
	27	eine Leuchte des HERRN ist des M. Geist
	21,16	ein M., der vom Wege der Klugheit abirrt
	23,28	sie mehrt die Treulosen unter den M.
	24,1	sei nicht neidisch auf böse M.
	26,19	so ist ein M., der seinen Nächsten betrügt
	27,19	so (spiegelt sich) ein M. im ... anderen
	20	der M. Augen sind auch unersättlich
	28,17	wer schuldig ist am Blut eines M.
	23	wer einen M. zurechtweist, wird Dank haben
	29,23	die Hoffart des M. wird ihn stürzen
	27	ein ungerechter M. ist ein Greuel
Pr	1,3	was hat der M. von all seiner Mühe 2,22
	2,3	bis ich sähe, was den M. zu tun gut wäre
	8	beschaffte mir die Wonne der M., Frauen
	12	was wird der M. tun, der nach dem König
	18	weil ich es einem M. lassen muß, der 21
	24	ist's nicht besser für den M., daß er
	26	dem, der ihm gefällt, gibt er Weisheit
	3,10	sah die Arbeit, die Gott den M. gegeben
	11	daß der M. nicht ergründen kann das Werk
	13	ein M., der ißt und hat guten Mut 8,15
	19	es gehet dem M. wie dem Vieh
	21	ob der Odem der M. aufwärts fahre
	22	nichts Besseres, als daß ein M. fröhlich
	5,18	wenn Gott einem M. Reichtum gibt
	6,1	ein Unglück liegt schwer auf den M.
	7	alles Mühen des M. ist für seinen Mund
	10	bestimmt ist, was ein M. sein wird
	11	was hat der M. davon 12
	7,2	da zeigt sich das Ende aller M.
Pr	7,14	der M. nicht wissen soll, was künftig ist 10,14
	29	Gott hat den M. aufrichtig gemacht
	8,1	Weisheit des M. erleuchtet s. Angesicht
	6	des M. Bosheit liegt schwer auf ihm
	8	der M. hat keine Macht, Wind aufzuhalten
	9	ein M. herrscht über den andern
	11	das Herz der M. voll Begier, Böses zu tun 9,3
	17	daß ein M. das Tun nicht ergründen kann
	9,1	über Liebe und Haß bestimmt der M. nicht
	12	auch weiß der M. seine Zeit nicht
	15	kein M. dachte an diesen armen Mann
	11,8	wenn ein M. viele Jahre lebt
	12,5	der M. fährt dahin, wo er ewig bleibt
	13	das gilt für alle M.
Jes	2,9	gebeugt wird der M. 17; 5,15
	22	lasset ab vom M., der nur ein Hauch
	6,11	bis die Häuser ohne M. 12
	7,13	zu wenig, daß ihr M. müde macht
	13,7	aller M. Herz wird feige sein
	12	daß ein M. wertvoller als Goldstücke
	17,7	wird der M. blicken auf den, der ihn
	29,19	die Ärmsten unter den M. werden fröhlich
	31,3	Ägypten ist M. und nicht Gott Hes 28,2.9
	38,11	werde die M. nicht mehr sehen
	43,4	ich gebe M. an deiner Statt
	44,11	die Meister sind auch nur M.
	13	er macht es wie einen schönen M.
	49,7	der verachtet ist von den M.
	51,4	ihr M., hört mir zu
	12	daß du dich vor M. gefürchtet hast
	56,2	wohl dem M., der dies tut
	58,5	wenn ein M. seinen Kopf hängen läßt
Jer	2,6	im Lande, das kein M. bewohnt
	4,25	siehe, da war kein M.
	7,20	Grimm ausgeschüttet über M. und Vieh 21,6; Hes 14,13.17.19.21; 25,13; 29,8; Ze 1,3
	9,21	die Leichen der M. sollen liegen 33,5
	10,14	alle M. sind Toren mit ihrer Kunst 51,17
	23	des M. Tun nicht in seiner Gewalt steht
	16,20	wie kann ein M. sich Götter machen
	17,5	verflucht ... der sich auf M. verläßt
	31,27	besäen will mit M. 51,14; Hes 36,10-12.37
	32,20	hast Wunder getan an den M.
	43	eine Wüste ist's ohne M. 33,10.12; 36,29; 50,3
	44,26	durch irgendeinen M. Mund
	49,15	will dich machen verachtet unter den M.
	18	noch ein M. darin hausen 33; 50,40; 51,43.62; Hes 29,11
Klg	3,25	der HERR ist freundlich dem M., der
	33	nicht von Herzen betrübt er die M.
	36	(wenn man) eines M. Sache verdreht
Hes	1,5	waren anzusehen wie M. 10.26; 10,8.14; Dan 7,4; 10,16.18; Off 4,7
	18,4	alle M. gehören mir
	19,3	ja, M. fraß er 6; 22,25.27; 36,13.14
	23,42	weil eine Menge von M. herbeigebracht
	31,14	zu den M., die in der Grube fahren
	32,13	daß keines M. Fuß sie trübe
	38,20	alle M., die auf der Erde sind
Dan	2,10	ist kein M. Dr der M. sagen könnte
	11	Götter, die nicht bei den M. wohnen
	3,10	daß alle M. das Bild anbeten sollten
	4,14	Gewalt über die Königr. der M. 22.29; 5,21
	22	man wird dich aus der Gemeinschaft der M. verstoßen 29.30; 5,21
	5,7	welcher M. diese Schrift lesen kann
	6,8	der etwas bitten wird von M. 13
	11,21	wird emporkommen ein verächtlicher M.

Dan	12,1	wie sie nie gewesen, seitdem es M. gibt
Hos	9,12	kinderlos machen, so daß kein M. da ist
	13,2	wer d. Kälber küssen will, soll M. opfern
Jo	1,12	ist d. Freude der M. zum Jammer geworden
	4,14	werden Scharen über Scharen von M. sein
Am	4,13	er zeigt dem M., was er im Sinne hat
Jon	3,7	weder M. noch Vieh Nahrung nehmen 8
	4,11	Stadt, in der mehr als 120.000 M. sind
Mi	2,12	daß es von M. dröhnen soll
	5,6	wie Regen, der... noch auf M. wartet
	6,8	ist dir gesagt, M., was gut ist
	7,6	des M. Feinde sind seine Hausgenossen
Hab	1,14	du läßt es den M. gehen wie den Fischen
Ze	1,17	ich will die M. ängstigen
Hag	1,11	habe die Dürre gerufen über M. und Vieh
Sa	2,8	ohne Mauern wegen der gr. Menge der M.
	8,10	war der M. Arbeit vergebens... ließ alle M. aufeinander los
	9,1	der HERR schaut auf die M.
	12,1	der HERR, der den Odem des M. macht
Mal	3,8	ist's recht, daß ein M. Gott betrügt
Jdt	8,13	Gott zürnt nicht wie ein M.
	11,1	ich habe nie einem M. etwas zuleide getan
	5	nicht nur die M. werden ihm unterworfen
Wsh	1,6	Weisheit ist ein Geist, der den M. liebt
	2,1	wenn ein M. dahin soll, gibt es keine Rettung
	23	Gott hat den M. zur Unvergänglichkeit geschaffen
	3,4	nach Meinung der M. zu leiden
	11	wer... ist ein unglückseliger M.
	13	zu der Zeit, wenn die M. gerichtet werden
	4,1	wird bei Gott und den M. anerkannt Tob 14,17; Sir 45,1
	9	Einsicht ist für die M. das wahre graue Haar
	14	darum eilte sie fort von den bösen M.
	7,1	auch ich bin ein sterblicher M., Nachkomme des ersten M.
	14	sie ist für die M. ein... Schatz
	20	(daß ich begreife) die Gedanken der M.
	8,7	nicht Nützlicheres gibt es für die M.
	9,2	den M. durch deine Weisheit bereitet
	5	ich bin ein schwacher M.
	13	welcher M. erkennt den Ratschluß Gottes Tob 3,21
	14	die Gedanken der M. sind armselig Sir 27,5
	18	wurden die M. in dem unterwiesen, was
	11,23	du übersiehst die Sünden der M.
	12,8	schontest du sie, weil auch sie M. waren
	12	wer... als Verteidiger für ungerechte M.
	13,1	es sind von Natur alle M. nichtig, die
	13	macht's dem Bild eines M. gleich
	14,5	vertrauen die M. ihr Leben... an
	11	zum Ärgernis für die Seelen der M. geworden
	14	durch eitlen Wahn der M.
	20	der nur als M. geehrt worden war
	15,4	uns verführen nicht die... Einfälle der M.
	16	ein M. hat sie gemacht 17
	17	Gott, der einem M. gleich ist
	16,7	durch dich, den Heiland aller M.
	14	wenn ein M. jemanden tötet
	26	daß nicht Früchte den M. ernähren
Tob	6,18	als M., die von Gott nichts wissen
	9,1	Tobias hielt ihn für einen M.
	12,19	einen Trank, den kein M. sehen kann
Sir	1,10	hat sie ausgeschüttet über alle M.
	2,22	lieber... als in die Hände der M.
	3,28	ein starrköpfiger M. nimmt ein schlimmes Ende 29
Sir	3,31	ein vernünftiger M. lernt die Weisheit
	4,2	betrübe den M. nicht in seiner Armut
	5,15	der M. kommt durch s. eigne Zunge zu Fall
	6,4	richten wilde Leidenschaften einen M. zugrunde
	7,12	einen bekümmerten M. verlache nicht
	8,7	verachte einen M. nicht, weil er alt ist
	10,9	was überhebt sich der M., der nur
	13	wenn der M. tot ist, so fressen ihn Maden
	14	Hochmut: wenn ein M. von Gott abfällt
	21	daß die M. hoffärtig und bösartig sind
	11,28	wenn der M. stirbt, tritt erst hervor 29
	13,19	jeder M. (liebt), der ihm am nächsten 20
	14,8	das ist ein böser M., der
	9	ein habgieriger M. hat nie genug an dem
	15,14	(Gott) hat den M. geschaffen 17,1; 2Ma 7,23. 28
	17	der M. hat vor sich Leben und Tod
	16,22	nur ein beschränkter M. denkt so
	17,18	hält die Wohltaten eines M. so wert wie
	29	der M. ist nicht vollkommen
	31	alle M. sind Erde und Staub 33,10
	18,6	wenn im M. sein Bestes getan hat
	7	was ist der M.? Wozu taugt er
	9	darum hat Gott Geduld mit den M.
	12	die Barmherzigkeit eines M. gilt allein seinem Nächsten
	17	ein freundlicher M. gibt sie beide
	27	ein weiser M. ist in allem sorgsam
	20,21	ein dummer M. fällt auf durch... Reden
	26	Lüge ist ein Schandfleck an einem M. 27.28
	21,3	ihre Zähne töten den M.
	22,1	ein fauler M. ist wie ein Stein 2
	18	leichter... als einen unverständigen M. ertragen
	23,21	zwei Arten von M. begehen viele Sünden
	24	einem sittenlosen M. scheint alle Speise süß
	27	der (Allerhöchste) scheut nur die Augen der M.
	28	alles sehen, was die M. tun 39,24; 42,18
	24,10	unter allen M. gewann ich Besitz
	25,1	Dinge, die Gott und den M. wohlgefallen
	19	wie Heimsuchung durch M., die hassen
	27,8	an der Rede erkennt man den M. 6
	28,3	ein M. hält gegen den andern am Zorn fest
	11	ein zorniger M. entfacht Streit
	29,35	das ist schwer für einen vernünftigen M.
	30,23	ein fröhliches Herz ist des M. Leben
	31,19	iß, was dir vorgesetzt wird, wie ein M.
	22	ein wohlerzogener M. ist mit wenig zufrieden
	32	der Wein erquickt die M. 34
	33,3	ein verständiger M. vertraut dem Gesetz
	14	so sind die M. in der Hand dessen, der
	21	überlaß deinen Platz keinem andern M.
	34,31	so ist der M., der für seine Sünden fastet
	35,24	er wird den M. nach ihren Taten vergelten
	36,22	ein tückischer M. kann einen ins Unglück
	38,6	die weise Kunst den M. gegeben
	39,5	erfahren, was bei den M. gut und böse ist
	31	der M. bedarf zu seinem Leben Wasser
	40,1	großes Elend ist jedem M. zugeteilt
	8	dies widerfährt sowohl M. wie Vieh
	41,1	wie bitter... wenn an dich ein M. denkt
	5	so ist es vom Herrn verordnet über alle M.
	14	sie trauern zwar um ihren Leib
	42,12	sieh dich nicht um nach schönen M.
	44,24	er hat diesen Segen für alle M. bestätigt
	45,4	er hat (Mose) aus allen M. erwählt
	46,22	kein M. konnte (Samuel) anklagen

Mensch

Sir	49,19	standen bei den M. in Ehren
	51,10	ich suchte Hilfe bei den M. und fand keine
Bar	3,17	Gold, worauf die M. ihr Vertrauen setzen
	38	(die Weisheit) hat bei den M. gewohnt
	6,11	schmückten die Götzen, als wären's M.
	36	(Götzen) einen M. nicht erretten 37.53.64
	73	wohl dem M., der keine Götzen hat
1Ma	2,8	der Tempel Gottes ist wie ein M., dem
2Ma	2,7	diese Stätte soll kein M. kennen
	6,26	wenn ich der Strafe der M. entgehen würde
	7,9	du verruchter M. 34
	14	die M. können uns töten, aber wir hoffen
	16	du bist zwar ein M. und mußt sterben; weil du aber unter den M. Gewalt hast
	8,2	Tempel, den die gottlosen M. entheilgt
	9,12	daß ein sterblicher M. nicht so vermessen ist, zu meinen, er sei Gott gleich
	12,16	sie töteten unsagbar viele M.
StE	2,4	Ehre, die Gott gebührt, einem M. zu geben
	5,16	daß weder M. noch Tier darin wohnen können
StD	2,31	sieben Löwen, denen gab man täglich zwei M.
GMn	7	du bestrafst die M. nicht gern
Mt	4,4	der M. lebt nicht vom Brot allein Lk 4,4
	5,11	selig seid ihr, wenn euch die M. schmähen Lk 6,22
	6,14	wenn ihr den M. ihre Verfehlungen vergebt 15
	7,9	wer ist unter euch M., der seinem Sohn, wenn
	8,9	auch ich bin ein M., der Lk 7,8
	27	die M. aber verwunderten sich und sprachen
	9,8	Gott, der solche Macht den M. gegeben hat
	9	sah er einen M. am Zoll sitzen
	32	einen M., der war stumm 12,10.13; 17,14; Mk 1,23; 3,1.3.5; 5,2; Lk 4,33; 6,6; 14,2; Jh 5,5; 9,1. 24.30 Apg 19,16
	10,17	hütet euch vor den M.
	32	wer mich bekennt vor den M. 33; Lk 12,8.9
	35	ich bin gekommen, den M. zu entzweien
	36	des M. Feinde seine eigenen Hausgenossen
	11,8	wolltet ihr einen M. in weichen Kleidern sehen Lk 7,25
	19	was ist dieser M. für ein Fresser Lk 7,34
	12,12	wieviel mehr ist ein M. als ein Schaf
	31	alle Sünde wird den M. vergeben
	35	ein guter M. bringt Gutes hervor Lk 6,45
	36	daß die M. Rechenschaft geben müssen
	43	wenn der unreine Geist von einem M. ausgefahren ist Lk 11,24
	45	es wird mit diesem M. hernach ärger, als es vorher war Lk 11,26
	13,24	das Himmelreich gleicht einem M. 31.44; Mk 4,26; Lk 13,19
	15,11	was zum Mund hineingeht, macht den M. nicht unrein 18.20; Mk 7,15.18.20.23
	16,26	was hülfe es dem M., wenn Mk 8,36.37; Lk 9,25
	17,22	der Menschensohn wird überantwortet werden in die Hände der M. Mk 9,31; Lk 9,44
	18,7	weh dem M., der zum Abfall verführt
	12	wenn ein M. 100 Schafe hätte Lk 15,4
	19,4	der im Anfang den M. geschaffen hat Jak 3,9
	5	*wird ein M... verlassen Mk 10,7; Eph 5,31*
	6	was Gott zusammengefügt hat, soll der M. nicht scheiden Mk 10,9
	12	sind von M. zur Ehe unfähig gemacht
	26	bei den M. unmöglich Mk 10,27; Lk 18,27
Mt	21,25	war sie vom Himmel oder von M. 26; Mk 11,30.32; Lk 20,4.6
	22,11	sah einen M., der hatte kein Gewand an
	16	du achtest nicht das Ansehen der M. Mk 12,14; Lk 20,21
	23,4	schwere Bürden legen sie den M. auf die Schultern Lk 11,46
	7	*von den M. Rabbi genannt werden*
	13	die ihr das Himmelreich zuschließt vor den M.
	28	von außen scheint ihr vor den M. fromm
	24,22	würde kein M. selig werden Mk 13,20
	25,14	wie mit einem M., der außer Landes ging Mk 12,1; 13,34; Lk 20,9
	26,24	doch weh dem M., durch den Mk 14,21; Lk 22,22
	72	ich kenne den M. nicht 74; Mk 14,71
	27,32	fanden sie einen M. aus Kyrene
Mk	2,27	der Sabbat ist um des M. willen gemacht
	5,8	fahre aus von dem M. Lk 8,29.33.35
	7,8	ihr haltet der M. Satzungen
	21	aus dem Herzen der M. kommen heraus böse Gedanken
	8,24	er sah auf und sprach: Ich sehe die M.
	11,2	noch nie ein M. gesessen hat Lk 19,30
	14,13	es wird euch ein M. begegnen Lk 22,10
	15,39	dieser M. ist Gottes Sohn gewesen Lk 23,47
Lk	1,25	m. Schmach unter den M. von mir nehmen
	2,14	Friede auf Erden bei den M. seines Wohlgefallens
	25	*ein M. Simeon; derselbe M. war*
	52	Jesus nahm zu an Gnade bei Gott und den M.
	3,6	alle M. werden den Heiland Gottes sehen
	5,8	ich bin ein sündiger M.
	10	von nun an wirst du M. fangen
	18	Männer brachten einen M. auf einem Bett
	20	M., deine Sünden sind dir vergeben
	6,48	er gleicht einem M., der baute 49; 14,30
	7,31	mit wem soll ich die M. dieses Geschlechts vergleichen
	9,56	nicht, das Leben der M. zu vernichten
	10,30	M., der ging nach Jericho
	12,1	kamen einige tausend M. zusammen
	14	M., wer hat mich zum Richter gesetzt
	16	ein reicher M., dessen Feld hatte
	36	seid gleich den M., die auf ihren Herrn warten
	13,4	schuldiger gewesen sind als alle andern M.
	14,16	es war ein M., der machte ein Abendmahl
	15,11	ein M. hatte zwei Söhne
	16,15	was hoch ist bei den M., ein Greuel vor Gott
	18,2	scheute sich vor keinem M. 4
	10	*es gingen zwei M. hinauf in den Tempel*
	21,26	die M. werden vergehen vor Furcht
	22,58	Petrus sprach: M., ich bin's nicht 60
	23,4	ich finde keine Schuld an diesem M. 14
	6	ob der M. aus Galiläa wäre
	14	diesen M. zu mir gebracht als einen, der das Leben war das Licht der M.
Jh	1,4	das Leben war das Licht der M.
	6	ein M., von Gott gesandt, Johannes
	9	das wahre Licht, das alle M. erleuchtet
	2,25	bedurfte nicht, daß ihm jemand Zeugnis gab vom M.
	3,1	es war ein M. unter den Pharisäern
	4	wie kann ein M. geboren werden, wenn er alt
	19	die M. liebten die Finsternis mehr als das Licht
	27	ein M. kann nichts nehmen, wenn es ihm nicht

Jh	4,29	kommt, seht einen M.	Rö	2,9	Angst über alle M., die Böses tun
	50	der M. glaubte dem Wort		16	Tag, an dem Gott das Verborgene der M. richten wird
	5,7	Herr, ich habe keinen M.			
	9	sogleich wurde der M. gesund 15; 9,24.30		29	das Lob eines solchen ist nicht von M.
	12	wer ist der M., der zu dir gesagt hat		3,20	weil kein M. durch Werke vor ihm gerecht sein kann 28; Gal 2,16
	34	ich nehme nicht Zeugnis von einem M.			
	41	ich nehme nicht Ehre von M.		4,6	wie auch David den M. selig preist, dem
	6,14	als die M. das Zeichen sahen, das Jesus tat		5,12	wie durch einen M. die Sünde in die Welt gekommen 18.19; 1Ko 15,21
	7,22	ihr beschneidet den M. auch am Sabbat 23			
	23	am Sabbat den ganzen M. gesund gemacht		15	Gottes Gnade zuteil geworden durch die Gnade des einen M.
	46	noch nie hat ein M. so geredet wie dieser			
	51	richtet unser Gesetz einen M., ehe		18	durch die Gerechtigkeit des Einen für alle M. die Rechtfertigung 1Ko 15,21
	8,17	daß zweier M. Zeugnis wahr sei			
	40	einen M., der euch die Wahrheit gesagt		6,6	unser alter M. mit ihm gekreuzigt ist
	9,11	der M., der Jesus heißt, machte einen Brei		7,1	daß das Gesetz herrscht über den M., solange er lebt
	16	M. ist nicht von Gott			
	24	wir wissen, daß dieser M. ein Sünder ist		22	ich habe Lust nach dem inwendigen M.
	10,33	du bist ein M. und machst dich selbst zu Gott		24	ich elender M.
				9,20	ja, lieber M., wer bist du
	11,47	dieser M. tut viele Zeichen		10,5	der M., der das tut, wird dadurch leben Gal 3,12
	50	ein M. sterbe für das Volk 18,14			
	12,43	hatten lieber Ehre bei den M. als bei Gott		12,18	habt mit allen M. Friede
	16,21	daß ein M. zur Welt gekommen ist		14,18	wer Christus dient, der den M. geachtet
	17,2	du hast ihm Macht gegeben über alle M.	1Ko	1,25	die Torheit Gottes ist weiser als die M.
	6	ich habe deinen Namen den M. offenbart		2,9	was in keines M. Herz gekommen ist
	18,17	bist du auch einer von den Jüngern dieses M.		11	welcher M. weiß, was im M. ist, als allein der Geist des M.
	29	was für eine Klage bringt ihr gegen diesen M. vor		13	geistliche Dinge für geistliche M.
				14	der natürl. M. vernimmt nichts vom Geist Gottes
	19,5	Pilatus spricht zu ihnen: Seht, welch ein M.			
Apg	2,41	wurden hinzugefügt etwa 3.000 M.		15	der geistliche M. beurteilt alles
	4,9	verhört wegen dieser Wohltat an dem kranken M. 22		3,1	nicht zu euch reden wie zu geistlichen M.
				21	darum rühme sich niemand eines M.
	12	auch ist kein andrer Name den M. gegeben		4,9	wir sind ein Schauspiel geworden den M.
	14	sie sahen den M., der gesund geworden war		5,5	soll dieser M. dem Satan übergeben werden
	16	was wollen wir mit diesen M. tun		6,18	alle Sünden, die der M. tut, bleiben außerhalb
	17	hinfort zu keinem M. in diesem Namen reden			
				7,1	*gut für den M., keine Frau zu berühren* 26
	5,4	du hast nicht M., sondern Gott belogen		7	ich wollte lieber, alle M. wären, wie ich
	28	ihr wollt das Blut dieses M. über uns bringen		23	teuer erkauft; werdet nicht der M. Knechte
	29	man muß Gott mehr gehorchen als den M.		10,15	ich rede zu verständigen M.
	35	seht zu, was ihr mit diesen M. tun		11,28	der M. prüfe sich selbst
	38	laßt ab von diesen M. und laßt sie gehen		14,2	wer in Zungen redet, der redet nicht für M.
	6,13	M. hört nicht auf, gegen das Gesetz		15,19	so sind wir die elendesten unter allen M.
	7,14	Josef ließ holen seine Verwandtschaft, 75 M.		39	ein anderes Fleisch haben die M.
				45	der erste M. „wurde zu einem lebendigen Wesen" 47
	10,26	steh auf, ich bin auch nur ein M. 14,15			
	28	daß ich keinen M. unrein nennen solle		47	der zweite M. ist vom Himmel
	12,22	das ist Gottes Stimme und nicht die eines M.	2Ko	3,2	erkannt und gelesen von allen M.
	14,11	die Götter sind den M. gleich geworden		4,2	empfehlen wir uns dem Gewissen aller M.
	15,17	die M., die übriggeblieben sind, nach dem Herrn fragen		16	wenn auch unser äußerer M. verfällt
				5,11	suchen wir M. zu gewinnen
	16,17	diese M. sind Knechte Gottes		8,21	daß es redlich zugehe vor den M.
	20	diese M. bringen unsre Stadt in Aufruhr		12,2	ich kenne einen M. in Christus 3
	17,26	aus einem M. das ganze Menschengeschlecht		4	hörte Worte, die kein M. sagen kann
	30	nun gebietet er den M., daß alle Buße tun	Gal	1,1	Paulus, ein Apostel nicht von M., auch nicht durch einen M.
	18,13	dieser M. überredet die Leute			
	19,35	wo ist ein M., der nicht weiß		10	predige ich jetzt M. oder Gott zuliebe 1Th 2,4
	37	ihr habt diese M. hergeführt			
	21,28	dies ist der M., der alle M. lehrt		12	ich habe es nicht von einem M. empfangen
	22,15	du wirst für ihn vor allen M. Zeuge sein		2,6	Gott achtet das Ansehen der M. nicht
	25	einen M. ohne Urteil zu geißeln 26; *25,16*		3,15	man hebt das Testament eines M. nicht auf
	23,9	finden nichts Böses an diesem M. 26,31.32		6,1	wenn ein M. von einer Verfehlung ereilt wird
	24,16	unverletztes Gewissen vor Gott und den M.			
	25,22	ich möchte den M. auch gerne hören		7	was der M. sät, das wird er ernten
	28,4	dieser M. muß ein Mörder sein	Eph	2,15	damit er aus zweien einen neuen M. schaffe
Rö	1,18	Gottes Zorn über alle Ungerechtigkeit der M.		3,16	stark zu werden an dem inwendigen M.
				4,8	und hat den M. Gaben gegeben
	23	vertauscht mit einem Bild gleich dem eines vergängl. M.		14	uns umhertreiben lassen durch trügerisches Spiel der M.
	2,1	darum, o M., kannst du dich nicht entschuldigen 3			

Mensch 992

Eph	4,22	legt ab den alten M. Kol 3,9
	24	zieht den neuen M. an
	6,6	nicht, um den M. zu gefallen Kol 3,22
	7	tut euren Dienst nicht den M. Kol 3,23
Phl	2,7	ward den M. gleich und der Erscheinung nach als M. erkannt
	29	haltet solche M. in Ehren
	4,5	eure Güte laßt kundsein allen M.
Kol	1,28	den verkündigen wir und ermahnen alle M.
	2,8	Trug, gegründet auf die Lehre von M. 22
1Th	2,15	sie gefallen Gott nicht und sind allen M. feind
	4,8	wer das verachtet, der verachtet nicht M.
2Th	2,3	der M. der Bosheit offenbart werden
	3,2	daß wir erlöst werden von den bösen M.
1Ti	2,1	so ermahne ich, daß man tue Fürbitte für alle M.
	4	welcher will, daß allen M. geholfen werde
	5	ein Mittler zwischen Gott und den M., nämlich der M. Christus Jesus
	4,10	welcher ist der Heiland aller M.
	5,24	bei einigen M. sind die Sünden offenbar
	25	die guten Werke einiger M. zuvor offenbar
	6,5	M., die zerrüttete Sinne haben 2Ti 3,8; Tit 3,11
	9	welche die M. versinken lassen in Verderben
	16	den kein M. gesehen hat noch sehen kann
2Ti	2,2	was du von mir gehört hast, das befiehl treuen M. an
	3,2	die M. werden viel von sich halten
	5	solche M. meide
	13	mit den bösen M. wird's je länger, desto ärger
	17	daß der M. Gottes vollkommen sei
Tit	1,14	nicht achten auf die Gebote von M., die
	2,11	erschienen die Gnade Gottes allen M.
	3,2	alle Sanftmut beweisen gegen alle M.
	8	das ist gut und nützt den M.
	10	einen ketzerischen M. meide
1Pt	2,4	Stein, der von den M. verworfen ist
	15	daß ihr mit guten Taten den unwissenden M. das Maul stopft
	3,4	sondern der verborgene M. des Herzens
	4,2	daß er nicht den Begierden der M. lebe
2Pt	1,7	in der... Liebe die Liebe zu allen M.
	2,14	(sie) locken an sich leichtfertige M.
	3,7	Tag der Verdammnis der gottlosen M.
1Jh	5,9	wenn wir der M. Zeugnis annehmen
Heb	2,6	was ist der M., daß du seiner gedenkst
	5,1	eingesetzt für die M. zum Dienst vor Gott
	6,16	die M. schwören bei einem Größeren
	7,8	hier nehmen den Zehnten sterbliche M.
	28	macht M. zu Hohenpriestern, die Schwachheit
	8,2	Stiftshütte, die Gott aufgerichtet hat und nicht ein M.
	9,27	wie den M. bestimmt ist, einmal zu sterben
	13,6	was kann mir ein M. tun
Jak	1,7	ein solcher M. denke nicht, daß
	19	jeder M. sei schnell zum Hören, langsam zum Reden
	20	des M. Zorn tut nicht, was vor Gott recht ist
	2,20	willst du einsehen, du törichter M., daß
	24	daß der M. durch Werke gerecht wird
	3,7	jede Art von Tieren ist gezähmt vom M.
	8	die Zunge kann kein M. zähmen
	5,17	Elia war ein schwacher M. wie wir
Jud	4	es haben sich einige M. eingeschlichen
	15	strafen alle M. für alle Werke ihres Wandels
Off	4,7	die dritte Gestalt ein Antlitz wie ein M.
	5,9	hast mit deinem Blut M. für Gott erkauft
	8,11	viele M. starben von den Wassern
	9,4	Schaden tun den M., die 5.10.15; 16,2.8.9
	5	Skorpion, wenn er einen M. sticht
	6	in jenen Tagen werden die M. den Tod suchen
	7	ihr Antlitz glich der M. Antlitz
	18	von d. Plagen wurde getötet der 3. Teil der M.
	11,9	M. aus allen Völkern sehen ihre Leichname
	13	wurden getötet in dem Erdbeben 7.000 M.
	13,13	Feuer vom Himmel vor den Augen der M.
	18	es ist die Zahl eines M.
	14,4	diese sind erkauft aus den M.
	16,10	die M. zerbissen ihre Zungen
	18	noch nie, seit M. auf Erden sind
	21	die M. lästerten Gott wegen der Plage
	18,13	(ihre Ware:) Leiber und Seelen von M.
	21,3	siehe, die Hütte Gottes bei den M.

Menschen-Schwert

Jes	31,8	Assur soll verzehrt werden, nicht durch M.

Menschenalter

1Mo	15,16	erst nach vier M. wieder hierherkommen

Menschenauge

Hi	10,4	hast du denn M.
Dan	7,8	das Horn hatte Augen wie M.

Menschenblut

1Mo	9,6	wer M. vergießt, dessen Blut soll auch
Hab	2,8	dich berauben um des M. willen 17

Menschenfischer

Mt	4,19	ich will euch zu M. machen Mk 1,17

Menschenfleisch

Wsh	12,6	sich zu Opfermahlen von M. zusammentaten

menschenfreundlich

Wsh	7,23	(ein Geist,) m., beständig
	12,19	daß der Gerechte m. sein soll

Menschenfreundlichkeit

2Ma	9,27	Vertrauen, er werde meine M. fortsetzen

Menschenfurcht

Spr	29,25	M. bringt zu Fall

Menschengebein

1Kö	13,2	der wird M. auf dir verbrennen 2Kö 23,20
Hes	39,15	wenn sie M. sehen

Menschengebot

Jes	29,13	weil sie mich fürchten nur nach M.
Mt	15,9	Lehren, die nichts als M. sind Mk 7,7

Menschengeschlecht

Sir 14,19 so geht's mit dem M. auch
Apg 17,26 (Gott) hat aus einem Menschen das ganze M. gemacht

Menschengesicht

Hes 41,19 zur einen Palme wendete er ein M.

Menschenhand

5Mo 4,28 Götzen, die das Werk von M. sind 2Kö 19,18; 2Ch 32,19; Ps 115,4; 135,15; Jes 37,19; Jer 10,3
1Ch 21,13 aber ich will nicht in M. fallen
Hi 34,20 werden weggenommen ohne M.
Hes 1,8 hatten M. unter ihren Flügeln 10,21
Dan 2,34 ohne Zutun von M. 45; 8,25
5,5 gingen hervor Finger wie von einer M.
Wsh 13,10 die die Werke von M. als Götter anrufen
Apg 17,25 auch läßt er sich nicht von M. dienen

Menschenhändler

1Ti 1,10 (Gesetz ist gegeben) den Knabenschändern, den M.

Menschenherde

Hes 36,38 sollen die Städte voll M. werden

Menschenhilfe

Ps 60,13 M. ist nichts nütze 108,13

Menschenhüter

Hi 7,20 was tue ich dir damit an, du M.

Menschenkind

1Mo 11,5 Stadt und Turm, die die M. bauten
4Mo 23,19 Gott ist nicht ein M.
1Kö 8,39 kennst das Herz aller M. 2Ch 6,30
Hi 25,6 wieviel weniger das M., ein Wurm 35,8
Ps 11,4 seine Blicke prüfen die M.
12,2 gläubig sind wenige unter den M.
9 weil Gemeinheit herrscht unter den M.
14,2 schaut vom Himmel auf die M. 33,13; 53,3
36,8 daß M. unter ... Zuflucht haben
45,3 du bist der Schönste unter den M.
58,2 richtet ihr in Gerechtigkeit die M.
66,5 der so wunderbar ist in s. Tun an den M.
90,3 sprichst: Kommt wieder, M.
107,8 Wunder, die er an den M. tut 15.21.31
115,16 die Erde hat er den M. gegeben
Spr 8,4 erhebe meine Stimme zu den M.
31 hatte meine Lust an den M.
Pr 1,13 unselige Mühe hat Gott den M. gegeben
3,18 es geschieht wegen der M.
Jes 51,12 gefürchtet vor M., die wie Gras vergehen
52,14 sein Aussehen (häßlicher) als der M.
56,2 wohl dem M., das daran festhält
Jer 32,19 deine Augen ... über allen Wegen der M.
Hes 2,1 sprach zu mir: Du M. 3u.ö.44,5; Dan 8,17
Wsh 9,6 wenn einer unter den M. vollkommen wäre
Sir 40,1 ein schweres Joch liegt auf den M.
StD 3,58 ihr M., lobt den Herrn
Mk 3,28 alle Sünden werden den M. vergeben

Eph 3,5 dies war den M. nicht kundgemacht

Menschenknochen

2Kö 23,14 füllte ihre Stätte mit M.

Menschenkot

Hes 4,12 Gerstenfladen... auf M. backen sollst 15

Menschenliebe

Tit 3,4 als erschien die Freundlichkeit und M. Gottes

Menschenmaß

Off 21,17 144 Ellen nach M.

Menschenrute

2Sm 7,14 will ich ihn mit M. strafen

Menschenseele

Off 18,13 (ihre Ware) Sklaven und M.

Menschensohn, des Menschen Sohn

Dan 7,13 es kam einer wie eines M. S. Off 1,13; 14,14
Mt 8,20 aber der M. hat nichts, wo Lk 9,58
9,6 daß der M. Vollmacht hat Mk 2,10; Lk 5,24
10,23 nicht zu Ende kommen, bis der M. kommt
11,19 der M. ist gekommen, ißt und trinkt Lk 7,34
12,8 der M. ist ein Herr über den Sabbat Mk 2,28; Lk 6,5
32 wer etwas redet gegen den M. Lk 12,10
40 so wird der M. im Schoß der Erde sein
13,37 der M. ist's, der den guten Samen sät
41 der M. wird seine Engel senden
16,13 wer sagen die Leute, daß der M. sei
27 es wird geschehen, daß der M... kommt
28 bis sie den M. kommen sehen
17,9 bis der M. von den Toten auferstanden Mk 9,9
12 auch der M. leiden müssen Mk 8,31; Lk 9,22
22 der M. wird überantwortet werden in die Hände der Menschen 20,18; 26,2.45; Mk 9,31; 10,33; 14,41; Lk 9,44; 24,7
18,11 der M. ist gekommen, selig zu machen Lk 9,56; 19,10
19,28 wenn der M. sitzen wird auf dem Thron seiner Herrlichkeit
20,28 wie der M. nicht gekommen ist, daß er sich dienen lasse Mk 10,45
24,27 so wird auch das Kommen des M. sein 37.39
30 sehen den M. kommen Mk 13,26; Lk 21,27
44 der M. kommt zu einer Stunde, da ihr's nicht meint Lk 12,40
25,13 (Stunde,) in der der M. kommen wird
31 wenn der M. kommen wird in seiner Herrlichk.
26,24 der M. geht zwar dahin; doch weh dem Menschen, durch den der M. verraten wird Mk 14,21; Lk 22,22
64 werdet sehen den M. sitzen zur Rechten der Kraft Mk 14,62; Lk 22,69
Mk 8,38 dessen wird sich auch der M. schämen Lk 9,26
9,12 wie steht dann geschrieben von dem M.

Menschensohn

Lk	6,22	selig seid ihr, wenn euch die Menschen hassen um des M. willen
	11,30	so wird es auch der M. sein für dieses Geschlecht
	12,8	den wird auch der M. bekennen
	17,22	zu sehen einen der Tage des M.
	24	so wird der M. an seinem Tage sein
	26	so wird's geschehen in den Tagen des M. 30
	18,8	wenn der M. kommen wird
	31	alles vollendet werden, was geschrieben ist von dem M.
	21,36	daß ihr stark werdet, zu stehen vor dem M.
	22,48	Judas, verrätst du den M. mit einem Kuß
Jh	1,51	werdet sehen die Engel Gottes über dem M.
	3,13	niemand ist gen Himmel aufgefahren außer dem M.
	14	so muß der M. erhöht werden
	5,27	Gericht zu halten, weil er der M. ist
	6,27	die wird euch der M. geben
	53	wenn ihr nicht das Fleisch des M. eßt
	62	wenn ihr nun sehen werdet den M. auffahren
	8,28	wenn ihr den M. erhöhen werdet, dann
	9,35	als er ihn fand, fragte er: Glaubst du an den M.
	12,23	die Zeit, daß der M. verherrlicht werde
	34	wer ist dieser M.
	13,31	jetzt ist der M. verherrlicht
Apg	7,56	ich sehe den M. zur Rechten Gottes
Heb	2,6	was ist des M. S., daß du auf ihn achtest

Menschenstimme

2Kö	7,10	ist niemand da und keine M.
Dan	8,16	ich hörte eine M. rufen
2Pt	2,16	das stumme Lasttier redete mit M.

Menschenverstand

Spr	30,2	M. habe ich nicht
Sir	3,25	dir ist mehr gezeigt, als M. fassen kann

Menschenweise

2Sm	7,19	Zusagen gegeben, und das nach M.
Rö	3,5	ich rede nach M.
1Ko	3,3	lebt (ihr da nicht) nach M.
	4	ist das nicht nach M. geredet
1Pt	4,6	daß sie nach M. gerichtet werden im Fleisch

Menschenweisheit

1Ko	2,5	damit euer Glaube nicht stehe auf M.

Menschenwort

Hi	33,13	weil er auf M. nicht Antwort gibt
1Th	2,13	das Wort nicht als M. aufgenommen

Menschenzunge

1Ko	13,1	wenn ich mit M. und mit Engelzungen redete

Menschheit

1Ko	4,13	wir sind geworden wie der Abschaum der M.

menschlich

1Mo	8,21	das Dichten des m. Herzens ist böse
2Sm	7,14	will ich ihn mit m. Schlägen strafen
Dan	4,13	das m. Herz soll von ihm genommen werden
	7,4	es wurde ihm ein m. Herz gegeben
Hos	11,4	ich ließ sie ein m. Joch ziehen
Wsh	15,12	hält unser m. Treiben für einen Jahrmarkt
2Ma	10,28	ließen sich von ihrer m. Leidenschaft führen
Mt	16,23	du meinst, was m. ist Mk 8,33
Apg	17,29	Bildern, durch m. Kunst gemacht
Rö	6,19	ich muß m. davon reden
1Ko	2,4	nicht mit... Worten m. Weisheit 13
	3,3	ihr wandelt nach m. Weise
	4,3	daß ich gerichtet von einem m. Gericht
	9,8	rede ich das nach m. Gutdünken
	10,13	bisher hat euch nur m. Versuchung getroffen
	15,32	um m. Dinge willen mit Tieren gefochten
Gal	1,11	daß das Evangelium, das von mir gepredigt ist, nicht von m. Art ist
	3,15	liebe Brüder, ich will nach m. Weise reden
1Pt	2,13	seid untertan aller m. Ordnung um des Herrn
2Pt	1,21	es ist noch nie eine Weissagung aus m. Willen hervorgebracht

Meonotai, *Meonothai*

1Ch	4,13	Söhne Otniëls: M. 14

Merab

1Sm	14,49	Sauls Töchter: M. 18,17.19; 2Sm 21,8

Meraja

Neh	12,12	von der Sippe Seraja: M.

Merajot, *Merajoth*

1Ch	5,32	¹Serachja zeugte M. 33; 6,37; Esr 7,3
	9,11	²M., des Sohnes Ahitubs Neh 11,11

Merari, Merariter

1Mo	46,11	¹Söhne Levis: M. 2Mo 6,16; 4Mo 3,17; 1Ch 5,27; 6,1.32; 23,6
2Mo	6,19	die Söhne M. 4Mo 3,20.33; 4,29.33.42.45; 7,8; 10,17; 26,57; 1Ch 6,4.14.29; 9,14; 15,6.17; 23,21; 24,26.27; 26,10.19; 2Ch 29,12; 34,12; Esr 8,19
Jos	21,7	den Söhnen M. wurden zugeteilt zwölf Städte 34.40; 1Ch 6,48.62
Jdt	8,1	²Judit. Sie war eine Tochter M. 16,8

Meratajim, *Merathajim*

Jer	50,21	zieh heran gegen das Land M.

Mered

1Ch	4,17	Söhne Esras: M. 8

Meremot, *Meremoth*

Esr	8,33	¹M., dem Sohn Urias Neh 3,4.21; 10,6; 12,3.15
	10,36	²(bei den Söhnen Bani:) M.

Meres

Est 1,14 waren M... die sieben Fürsten

Merib-Baal s. **Mefi-Boschet**

Meriba

2Mo 17,7 nannte er den Ort Massa und M. Ps 95,8

Meribat-Kadesch, Meribath-Kadesch

5Mo 33,2 der HERR ist gezogen nach M.

merken

1Mo	8,11	da m. Noah, daß die Wasser sich verlaufen
	15,8	woran soll ich m., daß ich's besitzen
	41,7	der Pharao m., daß es ein Traum war
	42,33	daran will ich m., ob ihr redlich seid 34
2Mo	8,11	der Pharao m., daß er Luft gekriegt
	15,26	wirst du m. auf seine Gebote
4Mo	16,28	sollt m., daß mich der HERR Neh 6,12
5Mo	18,21	wie kann ich m., welches Wort der HERR
	32,29	daß sie m., was ihnen begegnen wird
Jos	3,10	daran sollt ihr m., daß ein leb. Gott ist
Rut	3,4	so m. dir die Stelle, wo er sich hinlegt
1Sm	2,3	der HERR ist ein Gott, der es m.
	3,8	da m. Eli, daß der HERR den Knaben rief
	18,28	als Saul m., daß der HERR mit David war
	20,7	m., daß Böses beschlossen ist 9.33; 23,9
	39	der Knabe aber m. nichts
	26,3	als (David) m., daß Saul ihm nachkam
	12	war niemand, der es sah oder m. 2Sm 17,19
	28,12	als das Weib m., daß es um Samuel ging
2Sm	3,37	m., daß es nicht vom König ausgegangen war
	12,19	David m., daß das Kind tot sei
	14,1	Joab m., daß ... an Absalom hing 19,7
1Kö	14,2	niemand m., daß du Jerobeams Frau bist
	20,7	m. doch, wie böse er's meint 2Kö 5,7
	22,33	m., daß er nicht der König war 2Ch 18,32
2Kö	4,9	ich m., daß dieser Mann Gottes heilig ist
2Ch	25,16	ich m., daß Gott beschlossen hat, dich
	33,10	wenn der HERR... m. sie nicht darauf
Neh	6,16	sie m., daß dies Werk von Gott war
	13,7	m. ich, daß es Unrecht war
Hi	5,27	darauf höre und m. du dir's 8,8; 13,6; 19,6; 33,1; 34,2.16; Hes 40,4
	6,30	sollte mein Gaumen Böses nicht m.
	9,11	wandelt vorbei, ohne daß ich's m.
	11,11	er sieht... und m.
	37,14	steh still und m. auf die Wunder Gottes
Ps	5,2	m. auf meine Reden 17,1; 61,2; 86,6
	10,17	dein Ohr m. darauf 130,2
	19,13	wer kann m., wie oft er fehlet
	34,16	die Augen des HERRN m. auf die Gerechten 1Pt 3,12
	41,12	daran m. ich, daß du Gefallen an mir hast
	55,3	m. auf mich und erhöre mich
	66,19	Gott hat gem. auf mein Flehen
	73,11	wie sollte der Höchste etwas m.
	17	bis ich m. ihr Ende
	107,43	wird m., wieviel Wohltaten der HERR
	119,95	ich aber m. auf deine Mahnungen
	141,6	wird man m., wie richtig meine Worte
Spr	4,20	mein Sohn, m. auf meine Rede 5,1; 7,24
	5,6	und die m. es nicht
	8,5	m., ihr Unverständigen, auf Klugheit
	16,20	wer auf das Wort m., der findet Glück
Spr	24,12	der die Herzen prüft, m. es
	31,18	sie m., wie ihr Fleiß Gewinn bringt
Pr	2,14	m., daß es dem einen geht wie dem andern
	3,12	da m. ich, daß es nichts Besseres gibt
	14	ich m., daß alles, was Gott tut, besteht
Hl	6,12	ohne daß ich's m., trieb mich Verlangen
Jes	6,9	sehet und m.'s nicht
	41,20	damit man m. und verstehe 22
	42,25	aber sie m.'s nicht 44,9.18
	48,18	o daß du auf meine Gebote gem. hättest
	51,4	m. auf mich, ihr Völker
	52,15	die nichts gehört haben, werden es m.
Jer	2,31	du böses Geschlecht, m. auf des HERRN Wort
	32,8	m. ich, daß es des HERRN Wort war
	33,24	hast du nicht gem., was diese Leute reden
Hes	10,20	ich m., daß es Cherubim waren
	12,3	vielleicht m. sie es
Dan	1,10	wenn er m. würde, daß euer Aussehen
	2,8	ich m., daß ihr Zeit gewinnen wollt
	9	kann ich m., daß ihr die Deutung trefft
	9,23	so m. nun auf das Wort 10,11
Hos	7,2	daß ich m. alle ihre Bosheit m.
	9	doch er will es nicht m.
	11,3	sie m. nicht, wie ich ihnen half
Ob	7	werden dich verraten, ehe du es m. wirst
Mal	3,16	der HERR m. und hört es
Wsh	2,9	damit man m., wie wir sind
	4,17	sie m. nicht, was der Herr beschlossen
	13,4	hätten m. sollen, wieviel mächtiger der ist
Sir	21,8	ein Kluger m., wo er entgleist
	26,14	wenn du m., daß sie frech um sich sieht
	27,7	m. man an der Rede, was das Herz denkt
	36,21	m. ein verständiges Herz die falschen Worte
Bar	6,23	daran könnt ihr m., daß es nicht Götter sind 29.50.52.72
1Ma	1,6	als er m., daß er sterben würde
	7,31	als Nikanor m., daß... bekannt geworden
	10,80	m. Jonatan, daß Leute versteckt waren
	12,28	damit man es ja nicht m. sollte
	13,17	obwohl Simon m., daß es Betrug war
2Ma	2,27	m., daß es uns nicht leicht wird
	14,30	Makkabäus m., daß er sich... verhielt
	41	da m. er, daß er gefangen war
Mt	9,4	da Jesus ihre Gedanken m. Lk 5,22; 6,8; Jh 6,61
	15,17	m. ihr nicht, daß Mk 7,18
	16,8	als das Jesus m., sprach er 26,10; Mk 8,17; Lk 14,7; Jh 16,19
	22,18	als Jesus ihre Bosheit m. Mk 12,15; Lk 20,23
Mk	6,33	viele m. es und liefen dorthin Lk 9,11
Lk	1,22	sie m., daß er eine Erscheinung gehabt hatte
	21,20	m. herbeigekommen ist s. Verwüstung
Jh	4,53	da m. der Vater, daß es die Stunde war, in der
	6,15	als Jesus m., daß sie kommen würden
Apg	4,13	sie m., daß sie einfache Leute waren
	14,6	m. sie es und entflohen in die Städte
	9	m., daß er glaubte, ihm könne geholfen
Eph	3,4	daran könnt ihr m. mein Verständnis
2Th	3,14	wenn jemand unserm Wort nicht gehorsam ist, den m. euch
2Ti	2,6	m., was ich sage
1Jh	2,3	daran m. wir, daß wir ihn kennen

Merkurius s. **Hermes**

Merkzeichen

Merkzeichen
2Mo 13,9 wie ein M. zwischen deinen Augen 16; 5Mo 6,8; 11,18

Merodach (= Bel)
Jer 50,2 M. ist zerschmettert

Merodach-Baladan
2Kö 20,12 sandte M. an Hiskia Jes 39,1

Merom
Jos 11,5 lagerten sich am Wasser von M. 7

Meronot(h), Meronot(h)iter
1Ch 27,30 Jechdeja, der M.
Neh 3,7 neben ihnen bauten Jadon von M.

Meros
Ri 5,23 fluchet der Stadt M.

Mescha
1Mo 10,30 ¹Wohnsitze von M. bis Sefar
2Kö 3,4 ²M., der König der Moabiter
1Ch 2,42 ³Söhne Kalebs: M.
8,9 ⁴(Schaharajim) zeugte: M.

Meschach
Dan 1,7 gab ihnen andere Namen und nannte Mischaël M. 2,49; 3,12-30

Meschech
1Mo 10,2 ¹Söhne Jafets: Magog, Tubal, M. 1Ch 1,5; Jes 66,19; Hes 27,13; 32,26; 38,2.3; 39,1
Ps 120,5 ²weh mir, daß ich weilen muß unter M.

Meschelemja
1Ch 9,21 Secharja, der Sohn M. 26,1.2.9.14

Meschesabel
Neh 3,4 ¹Berechjas, des Sohnes M.
10,22 ²(die Oberen des Volks:) M.
11,24 ³Petachja, der Sohn M.

Meschillemot
1Ch 9,12 ¹M., des Sohnes Immers Neh 11,13
2Ch 28,12 ²Berechja, der Sohn M.

Meschobab
1Ch 4,34 (Söhne Simeons) M.

Meschullam
versch. Träger ds. Namens
2Kö 22,3/ 1Ch 3,19/ 5,13/ 8,17/ 9,7; Neh 11,7/ 1Ch 9,8/ 9,11; Neh 11,11 (s.a.Schallum)/ 1Ch 9,12/ 2Ch 34,12/ Esr 8,16/ 10,15/ 10,29/ Neh 3,4.30; 6,18/ 3,6/ 8,4/ 10,8/ 10,21/ 11,7/ 12,13/ 12,16/ 12,25/ 12,33

Meschullemet, *Meschullemeth*
2Kö 21,19 M., eine Tochter des Haruz aus Jotba

Mesopotamien
1Mo 24,10 der Knecht zog nach M. 25,20
28,2 sprach zu (Jakob): Zieh nach M. 5-7; 31,18; 33,18; 35,9.26; 46,15; 48,7
5Mo 23,5 Bileam aus Petor in M.
Ri 3,8 Kuschan-Rischatajims, Königs von M. 10
1Ch 19,6 um Reiter anzuwerben in M.
Ps 60,2 als er mit den Aramäern von M. Krieg
Jdt 2,14 (Holofernes) kam nach M. 3,12
5,6 (dies Volk) hat in M. gewohnt
Apg 2,9 die wir wohnen in M. und Judäa
7,2 als er noch in M. war, ehe er in Haran wohnte

messen
Rut 3,15 er m. sechs Maß Gerste hinein
2Kö 14,8 wollen uns miteinander m. 11; 2Ch 25,17.21
Jes 40,12 wer m. die Wasser mit der hohlen Hand
46,5 an wem m. ihr mich
Jer 31,37 wenn man den Himmel oben m. könnte
33,22 noch den Sand am Meer m. Hos 2,1
Hes 40,5 er m. das Mauerwerk 6u.ö.48; 41,1-5.13.15; 42,15-20; 43,13; 47,3-5; 48,17
45,11 nach dem Faß soll man beide m.
Dan 11,40 wird sich der König des Südens mit ihm m.
Wsh 4,8 Alter wird nicht nach der Zahl der Jahre gem.
Sir 1,9 er hat sie gesehen, gezählt und gem.
1Ma 10,71 damit wir uns dort miteinander m.
Mt 7,2 mit welchem Maß ihr m., wird euch zugemessen werden Mk 4,24; Lk 6,38
2Ko 10,12 weil sie sich nur an sich selbst m.
Off 11,1 steh auf und m. den Tempel Gottes 2
21,15 Meßstab, um die Stadt zu m. 16.17

Messer
1Mo 22,6 Abraham nahm das Feuer und das M. 10
Jos 5,2 mache dir steinerne M. 3
Ri 19,29 nahm er ein M., faßte seine Nebenfrau
1Kö 7,50 M. von Gold 2Kö 12,14; 2Ch 4,22
18,28 ritzten sich mit M. und Spießen
2Kö 25,14 die M. nahmen sie weg Jer 52,18
Spr 23,2 setze ein M. an deine Kehle
27,17 ein M. wetzt das andre
30,14 eine Art, die M. als Backenzähne (hat)
Jes 44,12 der Schmied macht ein M.
Off 14,18 rief dem, der das scharfe M. hatte, zu

Messias
Jh 1,41 wir haben den M. gefunden
4,25 ich weiß, daß der M. kommt, der da Christus heißt

Meßrute
Hes 40,3 hatte eine M. in seiner Hand 5; 42,16

Meßschnur
2Sm 8,2 (David) maß sie mit der M. ab
2Kö 21,13 will an Jerusalem die M. anlegen Sa 1,16
Jes 34,11 er wird die M. spannen 17

Jer	31,39	die M. wird weiter geradeaus gehen
Klg	2,8	hat die M. über die Mauern gezogen
Hes	47,3	der Mann hatte eine M. Sa 2,5
Am	7,17	dein Acker soll mit der M. ausgeteilt

Meßstab

Off	11,1	wurde mir ein Rohr gegeben, einem M. gleich
	21,15	der mit mir redete, hatte einen M.

Metuschaël, Methuschaël

1Mo	4,18	Mehujaël zeugte M., M. zeugte Lamech

Metuschelach Methuschelach

1Mo	5,21	Henoch zeugte M. 22.25; 1Ch 1,3; Lk 3,37

Meuchelmörder

Apg	21,38	führte in die Wüste hinaus 4.000 M.

Meüniter

1Ch	4,41	fielen her über die M.
2Ch	20,1	kamen M., um gegen Joschafat zu kämpfen
	26,7	Gott half ihm gegen die M.
Esr	2,50	(Tempelsklaven:) Söhne der M. Neh 7,52

Miblhar

1Ch	11,38	M., der Sohn Hagris

Mibsam

1Mo	25,13	¹Söhne Ismaels: M. 1Ch 1,29
1Ch	4,25	²Schallum, dessen Sohn war M.

Mibzar

1Mo	36,42	(Fürsten von Esau:) M. 1Ch 1,53

mich s. ich

Micha

Ri	17,1	¹ein Mann auf dem Gebirge Ephraim mit Namen M. 4-13; 18,2-31
1Kö	22,8	²M., der Sohn Jimlas, durch den man den HERRN befragen kann 9-28; 2Ch 18,7-27
Jer	26,18	³ein Prophet, M. von Moreschet Mi 1,1
		weitere Träger ds. Namens 2Sm 2,12/ 1Ch 8,34.35/ 9,40.41/ 1Ch 5,5/ 9,15; Neh 11,17/ 1Ch 23,20/ 24,24.25/ Neh 10,12/ 11,22/ Jdt 6,10

Michael

Dan	10,13	M., einer unter den Engelfürsten, kam 21; 12,1; Jud 9; Off 12,7
		weitere Träger ds. Namens 4Mo 13,13/ 1Ch 5,13/ 5,14/ 6,25/ 7,3/ 8,16/ 12,21/ 27,18/ 2Ch 21,2/ Esr 8,8

Michaja

versch. Träger ds. Namens
2Kö 22,12/ 2Ch 34,20/ 2Ch 13,2 (s.a.Maacha)/ 17,7/ Neh 12,35/ 12,41/ Jer 36,11.13

Michal

1Sm	14,49	(Sauls) Töchter hießen: die jüngere M.
	18,20	M. hatte David lieb 27.28; 19,11-13.17
	25,44	Saul hatte M. Palti gegeben
2Sm	3,13	David sprach: du bringst M. zu mir 14
	6,16	guckte M. durchs Fenster 20.21; 1Ch 15,29
	23	M. hatte kein Kind

Michmas

1Sm	13,2	zweitausend waren mit Saul in M. 5.11.16.23; 14,5.31
Esr	2,27	die Männer von M. Neh 7,31
Neh	11,31	wohnten in M. 1Ma 9,73
Jes	10,28	er läßt seinen Troß zu M.

Michmetat, Michmethath

Jos	16,6	bei M. biegt (die Grenze) um ostwärts 17,7

Michri

1Ch	9,8	Usis, des Sohnes M.

Middin

Jos	15,61	(Städte des Stammes Juda:) M.

Midian

1Mo	25,2	(Ketura) gebar M. 4; 1Ch 1,32.33
2Mo	2,15	Mose hielt sich auf im Lande M. Apg 7,29
	16	der Priester (Jitro) in M. 3,1; 18,1
	4,19	sprach der HERR zu Mose in M.
4Mo	10,29	Mose sprach zu seinem Schwager aus M.
Jos	13,21	den Mose schlug samt den Fürsten M.
Ri	7,2	als daß ich M. in seine Hände geben sollte
1Kö	11,18	machten sich auf von M.
Ps	83,10	mach's mit ihnen wie mit M. Jes 9,3; 10,26
Jes	60,6	die jungen Kamele aus M. und Epha
Bar	3,23	die Kaufleute von M. und Teman

Midianiter, Midianiterin

1Mo	36,35	der die M. schlug 1Ch 1,46; Jdt 2,16
	37,36	die M. verkauften (Josef) in Ägypten
4Mo	22,4	zu den Ältesten der M. 7; 25,15.17.18
	25,6	brachte unter seine Brüder eine M. 14
	31,2	übe Rache an den M. 3.7-9
Ri	6,1	gab sie in die Hand der M. 2.3.6.7.11.13
	14	sollst Israel erretten aus den Händen der M. 16.33; 7,1u.ö.25; 8,1u.ö.28; 9,17
Hab	3,7	sah die Zelte der M. betrübt

midianitisch

1Mo	37,28	als die m. Kaufleute vorüberkamen
4Mo	25,15	die m. Frau hieß Kosbi

mieten

2Mo	22,14	wenn es gem. ist, soll es auf den Mietpreis

Mietling

Jh	10,12	der M. verläßt die Schafe 13

Mietpreis

Mietpreis
2Mo 22,14 soll auf den M. angerechnet werden

Migdal-Eder
1Mo 35,21 schlug sein Zelt auf jenseits von M.

Migdal-El
Jos 19,38 (Naftali... feste Städte sind:) M.

Migdal-Gad
Jos 15,37 (Städte des Stammes Juda:) M.

Migdol
2Mo 14,2 ¹zwischen M. und dem Meer 4Mo 33,7
Jer 44,1 ²an alle Judäer, die in M. wohnten 46,14
Hes 29,10 zur Wüste von M. bis nach Syene 30,6

Migron
1Sm 14,2 Granatapfelbaum, der in M. steht
Jes 10,28 er zieht durch M.

Mijamin
1Ch 24,9 ¹das sechste (Los fiel) auf M. Neh 12,5
Esr 10,25 ²bei den Söhnen Parosch: M.
Neh 10,8 ³M. (das sind die Priester) 12,17.41

Miklot, *Mikloth*
1Ch 8,31 ¹(Jeïels Sohn) M. 32; 9,37.38
27,4 ²M. war der Vorsteher seiner Ordnung

Mikneja
1Ch 15,18 Brüder der zweiten Ordnung: M. 21

Milalai
Neh 12,36 (Priester mit Trompeten, nämlich) M.

Milch
1Mo 18,8 trug Butter und M. auf
49,12 seine Zähne (sind) weiß von M.
2Mo 3,8 in ein Land, darin M. und Honig fließt 17; 13,5; 33,3; 3Mo 20,24; 4Mo 13,27; 14,8; 16,13. 14; 5Mo 6,3; 11,9; 26,9.15; 27,3; 31,20; Jos 5,6; Jer 11,5; 32,22; Hes 20,6.15
23,19 sollst das Böcklein nicht kochen in seiner Mutter M. 34,26; 5Mo 14,21
5Mo 32,14 Butter von Kühen und M. von Schafen
Ri 4,19 öffnete (Jaël) den Schlauch mit M. 5,25
Hi 10,10 hast du mich nicht wie M. hingegossen
20,17 Bäche, die mit Honig und M. fließen
21,24 sein Melkfaß ist voll M.
29,6 als ich meine Tritte wusch in M.
Spr 30,33 wenn man M. stößt, wird Butter daraus
Hl 4,11 Honig und M. sind unter deiner Zunge
5,1 habe meinen Wein samt meiner M. getrunken
12 seine Augen baden in M.
Jes 28,9 die entwöhnt sind von der M.
55,1 kauft umsonst Wein und M.
60,16 sollst M. von den Völkern saugen

Klg 4,7 Zions Fürsten waren weißer als M.
Hes 25,4 sie sollen deine M. trinken
Jo 4,18 werden die Hügel von M. fließen
Sir 39,31 der Mensch bedarf Mehl, M., Honig
1Ko 3,2 M. habe ich euch gegeben
9,7 nährt sich nicht von der M. der Herde
1Pt 2,2 seid begierig nach der lauteren M.
Heb 5,12 daß man euch M. gebe und nicht feste Speise
13 wem man noch M. geben muß, der ist

Milchlamm
1Sm 7,9 Samuel nahm ein M.
Sir 46,19 rief den Herrn an und opferte ein M.

mild, milde
Jdt 3,9 konnten ihn dennoch nicht m. stimmen
StE 1,2 bedacht, meine Untertanen m. zu regieren
Lk 5,39 denn er spricht: Der alte ist m.

Milde
Wsh 12,18 du aber richtest mit M.
2Ma 9,27 Vertrauen, er werde meine M. fortsetzen
10,4 er wolle sie in M. züchtigen
StE 4,6 wandelte Gott dem König das Herz zur M.

Milet
Apg 20,15 am nächsten Tag kamen wir nach M.
17 von M. sandte er nach Ephesus und ließ
2Ti 4,20 Trophimus aber ließ ich krank in M.

Milka
1Mo 11,29 ¹Nahors Frau M. 22,20.23; 24,15.24.47
4Mo 26,33 ²Zelofhad hatte Töchter... M. 27,1; 36,11; Jos 17,3

Milkom
1Kö 11,5 M., dem greulichen Götzen der Ammoniter 7.33; 2Kö 23,13; Jer 49,1.3; Ze 1,5

Millo
Ri 9,6 versammelten sich alle Bewohner des M. 20
2Sm 5,9 David baute vom M. an 1Ch 11,8
1Kö 9,15 um zu bauen des M. 24; 11,27; 2Ch 32,5
2Kö 12,21 erschlugen (Joasch) im Haus des M.

mindern
Jer 30,19 will sie mehren und nicht m.
Wsh 16,24 die Schöpfung m. (ihre) Kräfte)

Minjamin
2Ch 31,15 ihm zur Seite standen M.

Minni
Jer 51,27 ruft wider sie die Königreiche Ararat, M.

Minnit, *Minnith*
Ri 11,33 von Aroër an bis hin nach M.
Hes 27,17 haben Weizen aus M. als Ware gebracht

Minze

Mt 23,23 die ihr den Zehnten gebt von M. Lk 11,42

mir s. ich

Mirjam

2Mo 15,20 ¹M., die Prophetin, Aarons Schwester 21; 4Mo 26,59; 1Ch 5,29
4Mo 12,1 redeten M. und Aaron gegen Mose 4.5.10.12. 15; 5Mo 24,9
20,1 M. starb (in Kadesch)
Mi 6,4 vor dir her gesandt Mose, Aaron und M.
1Ch 4,17 ²Jeter zeugte M.

Mirma

1Ch 8,10 (Schaharajim zeugte:) M.

Misa

1Mo 36,13 Söhne Reguëls sind: M. 17; 1Ch 1,37

Misar

Ps 42,7 gedenke ich an dich vom Berge M.

Mischaël

2Mo 6,22 ¹Söhne Usiëls sind: M. 3Mo 10,4
Neh 8,4 ²standen neben (Esra) M.
Dan 1,6 ³unter ihnen waren aus Juda Daniel, M. 7.11. 19; 2,17; 1Ma 2,59; StD 3,64 (= Meschach)

Mischal

Jos 19,26 (Asser... sein Gebiet) M. 21,30; 1Ch 6,59

Mischam

1Ch 8,12 Söhne Elpaals: M.

mischen

Hi 41,23 rührt das Meer um, wie man Salbe m.
Ps 102,10 ich m. meinen Trank mit Tränen
Spr 9,2 hat ihren Wein gem. 5
Jes 5,22 wackere Männer, Rauschtrank zu m.
Sir 11,9 m. dich nicht in fremde Händel
Jh 19,39 brachte Myrrhe gem. mit Aloe

Mischling

5Mo 23,3 soll kein M. in die Gemeinde kommen
Sa 9,6 in Aschdod werden M. wohnen

Mischma

1Mo 25,14 ¹(Söhne Ismaels:) M. 1Ch 1,30
1Ch 4,25 ²Mibsam, dessen Sohn war M. 26

Mischmanna

1Ch 12,11 (von den Gaditern:) M.

Mischraiter

1Ch 2,53 Geschlechter von Kirjat-Jearim: die M.

Mischung

2Mo 30,32 in der gleichen M. nicht herstellen

Mischvolk

Jer 25,20 (ließ trinken Pharao mit) allem M. 24

Misperet, *Mispereth*

Esr 2,2 kamen mit Serubbabel... M. Neh 7,7

Misrefot-Majim, *Misrephoth-Majim*

Jos 11,8 jagten ihnen nach bis M. 13,6

mißachten

Hi 31,13 hab ich m. das Recht meines Knechts
Spr 13,18 wer Zucht m., hat Armut und Schande
Sir 31,19 damit man dich nicht m.
38,9 wenn du krank bist, m. dies nicht
StE 1,3 Volk, das die Gebote der Könige m.

Mißachtung

Sir 22,27 M. und Nachrede verjagt jeden Freund

Mißbildung

3Mo 21,18 er sei blind, lahm, mit irgendeiner M.

mißbrauchen

2Mo 20,7 den Namen des HERRN nicht m. 5Mo 5,11
Ps 94,20 die das Gesetz m.
StE 5,2 daß viele die Gnade ihrer Fürsten m.
Jud 4 sie m. die Gnade unseres Gottes

Missetat

1Mo 15,16 die M. der Amoriter ist noch nicht voll
19,15 nicht umkommst in der M. dieser Stadt
44,16 Gott hat die M. deiner Knechte gefunden
50,17 vergib doch deinen Brüdern die M.
2Mo 20,5 der die M. der Väter heimsucht an den Kindern 34,7; 4Mo 14,18; 5Mo 5,9
34,7 vergibt M., Übertretung u. Sünde 4Mo 14,18
9 vergib uns unsere M. 4Mo 14,19
3Mo 16,22 daß der Bock alle M. auf sich nehme 21
26,39 sollen dahinschwinden wegen ihrer M. 40-43
5Mo 19,15 kein einzelner Zeuge wegen irgendeiner M.
Jos 22,20 ging er nicht zugrunde wegen seiner M.
2Sm 24,17 ich habe die M. getan; was haben diese
2Ch 33,19 seine M. steht geschrieben
Esr 9,6 unsere M. ist über unser Haupt gewachsen 7. 13; Neh 9,2; Ps 65,4
Neh 3,37 decke ihre M. nicht zu
Hi 19,29 M., die das Schwert straft 31,28
22,5 sind deine M. nicht ohne Ende 35,6
33,9 bin rein, ohne M., unschuldig
Ps 19,14 werde rein bleiben von großer M.
31,11 meine Kraft ist verfallen durch meine M.
38,19 so bekenne ich denn meine M. 51,5
49,6 umgibt mich die M. meiner Widersacher
51,4 wasche mich rein von meiner M. 11
59,4 rotten sich zusammen ohne m. Schuld und M.
85,3 der du die M. vormals vergeben hast

Missetat

Ps	89,33	will ich heimsuchen ihre M. Jes 13,11
	90,8	unsre M. stellst du vor dich
	103,10	er vergilt uns nicht nach unsrer M.
	106,43	schwanden dahin um ihrer M. willen
Spr	5,22	den Gottlosen werden seine M. fangen
	16,6	durch Güte und Treue wird M. gesühnt
Jes	14,21	um der M. ihres Vaters willen
	22,14	diese M. soll euch nicht vergeben werden
	24,20	ihre M. drückt sie
	43,24	hast mir Mühe gemacht mit deinen M.
	44,22	ich tilge deine M. Jer 31,34; 33,8
	53,5	er ist um unsrer M. willen verwundet 8
	65,7	(heimzahlen) ihre M. und ihrer Väter M.
Jer	14,10	der HERR denkt nun an ihre M.
	20	wir erkennen unsrer Väter M. Dan 9,16
	16,10	was ist die M. und Sünde
	17	ihre M. ist nicht verborgen
	18	will ihre M. zwiefach vergelten
	18,23	vergib ihnen ihre M. nicht
	25,12	will heimsuchen Babel um ihrer M. willen
	50,20	wird man die M. Israels suchen
Klg	1,22	wie du mich zugerichtet um meiner M. willen
	4,6	die M. der Tochter meines Volks ist größer
	13	geschehen wegen der M. ihrer Priester
Hes	7,13	um seiner M. willen wird keiner sein Leben erhalten können 16
	19	Silber und Gold wurde zum Anlaß ihrer M.
	9,9	die M. des Hauses Israel ist allzu groß
	28,15	bis an dir M. gefunden wurde 18
	33,10	unsere M. liegen auf uns
	39,23	um seiner M. willen weggeführt worden
	43,10	damit sie sich schämen ihrer M.
Dan	4,24	mache dich los von deiner M. durch Wohltat
	9,7	sie verstoßen hast um ihrer M. willen
Wsh	4,20	ihre M. werden ihnen gegenübertreten
Sir	10,6	rechne deinem Nächsten seine M. nicht an
	38,10	reinige dein Herz von aller M.
Bar	2,26	um der M. willen des Hauses Israel
	3,5	denke nicht an die M. unsrer Väter 7.8
GMn	12	ach Herr, ich erkenne meine M.
1Pt	2,20	wenn ihr um M. willen geschlagen werdet

mißfallen

1Mo	21,11	das Wort m. Abraham sehr 12; 48,17
	38,10	dem HERRN m., was er tat 2Sm 11,27; 12,9
5Mo	17,2	der da tut, was dem HERRN m.
Ri	2,11	taten die *Israeliten, was dem HERRN m. 3,7.12; 4,1; 6,1; 10,6; 13,1; 1Sm 12,17; 15,19; 2Kö 17,17; 21,15.16; 2Ch 29,6; Jer 32,30
1Sm	8,6	das m. Samuel 18,8
1Kö	11,6	tat, was dem HERRN m. 14,22; 15,26.34; 16,19.25.30; 22,53; 2Kö 3,2; 8,18.27; 13,2.11; 14,24; 15,9.18.24.28; 17,2; 21,2.6.20; 23,32.37; 24,9.19; 2Ch 21,6; 22,4; 33,2.6.22; 36,5.9.12; Jer 7,30; 18,10; 52,2
1Ch	21,7	dies alles m. Gott sehr
Spr	24,18	der HERR könnte M. daran haben
Jes	59,15	es m. ihm sehr, daß kein Recht ist
Sir	21,18	eine gute Lehre m. ihm
	25,3	es m. mir sehr, daß es sie gibt

mißgönnen

Sir	14,10	ein Neidhammel m. dem andern das Brot

Mißgriff

Sir	9,19	mußt du um ihn sein, so tu keinen M.

Mißgunst

Mk	7,22	Ausschweifung, M., Lästerung

mißgünstig

Sir	37,11	berate dich nicht mit dem, der dich m. betrachtet 13

mißhandeln

Spr	19,26	wer den Vater m., ist ein verfluchter Sohn
Jdt	8,15	darum wurden sie... m.
Sir	49,9	den (Jeremia) m. sie schwer
Lk	18,32	er wird verspottet und m. werden
Apg	7,6	wird sie knechten und m. 400 Jahre lang 19
	12,1	legte Hand an einige, sie zu m.
	14,5	als Heiden und Juden sie m. wollten
1Th	2,2	obgleich wir in Philippi m. worden waren
Heb	11,25	wollte viel lieber mit dem Volk Gottes zusammen m. werden
	13,3	denkt an die M., weil ihr auch noch im Leibe lebt

Mißhandlung

2Ko	12,10	darum bin ich guten Mutes in M.
Heb	11,37	sie haben Mangel, Bedrängnis, M. erduldet

mißmutig

Spr	25,20	wer einem m. Herzen Lieder singt

mißraten

Hi	21,10	ihr Stier bespringt, und es m. nicht
Jer	18,4	der Topf m. ihm unter den Händen
Sir	16,1	wünsche dir nicht viele Kinder, wenn sie m.
	22,3	eine m. Tochter bringt ihm Schaden

mißtrauen

Wsh	1,2	er erscheint denen, die ihm nicht m.

Mist

2Mo	29,14	Fell und M. des Stieres sollst du verbrennen 3Mo 4,11; 8,17; 16,27
4Mo	19,5	die Kuh verbrennen... samt ihrem M.
2Kö	9,37	der Leichnam Isebels soll wie M. sein
	18,27	ihren eigenen M. fressen Jes 36,12
Ps	83,11	wurden zu M. auf dem Acker
Lk	14,35	es ist weder für den Acker noch für den M. zu gebrauchen

Mistlache

Jes	25,10	wie Stroh in die M. getreten wird

Misttor

Neh	2,13	ich ritt an das M. 3,13.14; 12,31

Mitältester

1Pt	5,1	die Ältesten unter euch ermahne ich, der M.

mitarbeiten

1Ko	16,16	ordnet euch unter allen, die m.

Mitarbeiter

Rö	16,3	grüßt die Priska und den Aquila, meine M. 9
	21	es grüßen euch Timotheus, mein M. Phm 24
1Ko	3,9	wir sind Gottes M.
2Ko	6,1	als M. ermahnen wir euch
	8,23	Titus, der mein M. unter euch ist Phl 2,25
Phl	4,3	zusammen mit Klemens und andern M.
Kol	4,11	von den Juden sind diese allein meine M.
1Th	3,2	Timotheus, Gottes M. am Evangelium Christi
Phm	1	Paulus an Philemon, den Lieben, unsern M.

mitbringen

1Mo	43,26	das Geschenk, das sie mitg. hatten
	45,19	b. euren Vater m.
	46,32	alles, was sie haben, haben sie mitg.
2Mo	12,39	aus dem Teig, den sie aus Ägypten m.
4Mo	13,20	b. m. von den Früchten des Landes
Ri	16,18	und b. das Geld in ihrer Hand m.
1Sm	17,18	b. auch ein Unterpfand von ihnen m.
	23,6	Abjatar b. den Efod m.
2Sm	3,22	die Männer Davids b. eine große Beute m.
	8,10	Joram b. m. sich Kleinode 1Ch 18,10
1Kö	17,11	b. mir auch einen Bissen Brot m.
2Ch	25,14	b. er die Götter von Seïr m.
Tob	11,18	Sara b. viel Geld m.
	12,5	die Hälfte aller Habe, die wir mitg. 6
1Ma	11,51	die Juden b. große Beute m.
2Ma	8,34	Nikanor, der die 1.000 Kaufleute mitg.
2Ti	4,13	den Mantel b. m., wenn du kommst

Mitbürger

Sir	7,7	setz dich nicht ins Unrecht vor deinen M.
2Ma	4,10	gewöhnte seine M. an die griechische Lebensart
	5,6	Jason schlachtete seine M. ab
	14,37	ein Mann, der seine M. liebte
Eph	2,19	so seid ihr M. der Heiligen
Heb	8,11	es wird keiner seinen M. lehren

miteinander

1Mo	21,27	schlossen einen Bund m. 1Sm 23,18; 1Kö 5,26
	31	weil sie beide m. da geschworen
	22,6	und gingen die beiden m. 8.19; Rut 1,19; 1Sm 9,26; 2Kö 2,6.11
	25,22	stießen sich m. in ihrem Leib
2Mo	2,13	sah zwei m. streiten 21,18.22; Apg 7,26
3Mo	20,17	wenn sie m. Umgang haben
4Mo	11,4	weinen ... alle Geschlechter m.
5Mo	19,17	Männer, die eine Sache m. haben
Ri	4,17	lebten m. im Frieden
	19,6	aßen beide m. und tranken 8; Jer 41,1
	20,38	sie hatten aber verabredet m.
1Sm	17,10	gebt mir einen Mann und laßt uns m. kämpfen
	20,23	Wort, das du und ich m. geredet 41
	31,6	starben die seine Männer m. 2Sm 2,16
2Sm	14,6	zwei Söhne, die zankten m.
	19,30	du und Ziba, teilt den Besitz m.
2Kö	14,8	wollen uns m. messen 11; 2Ch 25,17.21
Esr	4,3	ziemt sich nicht, daß ihr und wir m. bauen
Neh	4,2	verschworen sich alle m. hinzuziehen
	6,7	laß uns m. Rat halten
Hi	9,32	daß wir m. vor Gericht gingen 34,4
	16,10	haben ihren Mut m. an mir gekühlt
Hi	17,16	wenn alle m. im Staub liegen 21,26
	31,38	haben m. seine Furchen geweint
	34,15	würde alles Fleisch m. vergehen
	38,7	als mich die Morgensterne m. lobten
	40,13	verscharre sie m. in der Erde
Ps	2,2	die Herren halten Rat m. 31,14
	34,4	laßt uns m. seinen Namen erhöhen
	37,38	die Übertreter werden m. vertilgt
	41,8	die mich hassen, flüstern m. über mich
	48,5	Könige waren m. herangezogen
	49,3	(merket auf) reich und arm, m.
	55,15	die wir freundlich m. waren
	71,10	die auf mich lauern, beraten sich m.
	83,6	sie sind m. eins geworden
	141,10	d. Gottlosen sollen m. in ihr Netz fallen
Spr	15,22	Pläne w. zunichte, wo man nicht m. berät
	22,18	laß sie m. auf deinen Lippen bleiben
	27,15	lassen sich m. vergleichen
Pr	11,6	du weißt nicht, ob beides m. gut gerät
Jes	1,18	laßt uns m. rechten 41,1; 43,26
	31	Werg und Funke, beides wird m. brennen
	9,20	Manasse, Ephraim, beide m. gegen Juda
	11,6	wird junge Löwen und Mastvieh m. treiben
	14	(Juda und Ephraim) werden m. berauben alle
	18,6	daß man's m. liegenläßt für die Geier
	27,4	wollte ich sie m. anstecken
	31,3	daß alle m. umkommen 66,17; Jer 46,12
	40,5	alles Fleisch m. wird es sehen
	41,19	will pflanzen m. Zypressen, Buchsbaum
	45,16	sollen m. schamrot einhergehen
	20	kommt m. herzu, ihr Entronnenen 21
	52,8	deine Wächter rühmen m. 9
	65,7	(will ihnen heimzahlen) beides m.
Jer	3,18	werden m. heimkommen 31,13
	39,9	führte sie m. gefangen nach Babel
	46,21	die um Sold dienen, müssen m. fliehen
	51,38	sollen m. brüllen wie die Löwen
Klg	2,8	der HERR ließ Mauer und Wall m. fallen
Dan	2,35	da wurden m. zermalmt Eisen, Ton
	43	werden sich durch Heiraten m. vermischen
	11,6	werden sie sich m. befreunden
	27	werden an einem Tisch verlogen m. reden
Am	3,3	können zwei m. wandern, sie seien denn
Mi	2,12	will sie wie Schafe m. in e. Stall tun
Sa	3,8	du und deine Brüder sind m. ein Zeichen
Jdt	7,4	sie beteten m. Sir 50,19; 1Ma 3,44; 2Ma 3,18
	13,11	sie gingen m. hinaus zum Beten
Tob	11,20	sieben Tage lang feierten sie m.
Sir	25,2	wenn Mann und Frau gut m. umgehen
	27,16	wenn die Hoffärtigen m. streiten
1Ma	4,37	sie zogen m. auf den Berg Zion
	7,28	wir wollen Frieden m. halten
2Ma	11,8	so seien m. mutig m. aus
	14,26	sah, daß diese beiden m. eins waren
StD	1,14	danach kamen sie m. überein
Mt	9,17	so bleiben beide m. erhalten
	13,30	laßt beides m. wachsen bis zur Ernte
Mk	6,33	*liefen dahin m. zu Fuß*
	9,34	sie hatten auf dem Weg m. verhandelt Apg 4,15
	12,28	der zugehört hatte, wie sie m. stritten
Lk	4,36	redeten m. 24,14; Jh 11,56; Apg 26,31
	5,9	Fang, den sie m. getan hatten
	6,11	sie beredeten sich m., was sie Jesus tun
	17,35	zwei Frauen werden m. Korn mahlen
	23,12	*wurden Pilatus und Herodes Freunde m.*
	18	da schrien sie alle m.
	24,15	als sie so redeten und sich m. besprachen
	17	Dinge, die ihr m. verhandelt unterwegs
Jh	4,36	damit sich m. freuen, der da sät und der da erntet

miteinander

Jh 6,52 da stritten die Juden m.
     20,4 es liefen aber die zwei m.
Rö 1,12 Glauben, den wir m. haben Phm 6
1Ko 6,7 schlimm genug, daß ihr m. rechtet
Eph 4,32 seid m. freundlich
1Pt 5,5 alle m. haltet fest an der Demut
3Jh 14 dann wollen wir mündlich m. reden

miterbauen

Eph 2,22 durch ihn werdet auch ihr m.

Miterbe

Rö 8,17 so sind wir Gottes Erben und M. Christi
Eph 3,6 daß die Heiden M. sind
1Pt 3,7 auch die Frauen sind M. der Gnade des Lebens
Heb 11,9 Isaak und Jakob, den M. derselben Verheißung

mitfolgen

Mk 16,20 der Herr wirkte durch die m. Zeichen
1Ko 10,4 von dem geistlichen Fels, der m.

mitfühlen

Heb 5,2 er kann m. mit denen, die unwissend sind

mitführen

Jdt 15,9 alles, was jene mitg. hatten

mitgeben

2Mo 10,25 willst du uns denn Schlachtopfer m.
2Kö 8,6 da g. ihr der König einen Kämmerer m.
Apg 28,10 als wir abfuhren, g. sie uns m., was wir

mitgebunden

Heb 13,3 gedenket der Gebundenen als die M.

mitgefangen

Rö 16,7 grüßt Andronikus und Junias, meine M.
Kol 4,10 es grüßt euch Aristarch, mein M. Phm 23
Heb 13,3 denkt an die Gefangenen, als wärt ihr M.

mitgehen

2Kö 6,3 (Elisa) sprach: Ich will m.
Hes 1,19 so g. auch die Räder m. 10,16.19; 11,22
Mt 5,41 wenn dich jemand nötigt, eine Meile m.

Mitgenosse

Eph 3,6 daß die Heiden M. der Verheißung sind
     5,7 darum seid nicht ihre M.
Off 1,9 ich, Johannes, euer Bruder und M.

Mitgift

2Ma 1,14 die Schätze aus dem Tempel als M.

mithelfen

2Ko 8,4 daß sie m. dürften an der Wohltat

Mithelfer

2Ko 6,1 als M. ermahnen wir euch

Mitka, Mithka

4Mo 33,28 lagerten sich in M. 29

Mitknecht

Mt 18,28 traf einen seiner M., der 29
     31 als seine M. das sahen
     33 hättest du dich nicht auch erbarmen sollen über deinen M.
     24,49 fängt an, seine M. zu schlagen
Kol 1,7 gelernt von Epaphras, unserm lieben M.
     4,7 Tychikus, der treue Diener und M. in dem Herrn
Off 6,11 bis vollzählig dazukämen ihre M.
     19,10 ich bin dein und deiner Brüder M. 22,9

mitleben

2Ko 7,3 in unserm Herzen, mitzusterben und m.

Mitleid

2Ch 36,15 der HERR hatte M. mit seinem Volk
Ps 69,21 ich warte, ob jemand M. habe
Jer 13,14 will sie ohne M. verderben
     15,5 wer wird M. mit dir haben Nah 3,7
     48,17 habt doch M. mit ihnen
Hes 5,11 mein Auge soll ohne M. blicken 7,4.9; 8,18; 9,5.10
Sir 12,13 wer hat M. mit einem Schlangenbeschwörer
     37,16 die M. mit dir haben, wenn du strauchelst
2Ma 4,37 Antiochus war von M. ergriffen

mitleiden

1Kö 2,26 hast alles mitg., was mein Vater gelitten
2Ti 2,3 l. m. als ein guter Streiter Christi Jesu

mitleidig

Hes 16,5 niemand sah m. auf dich
1Pt 3,8 seid allesamt gleichgesinnt, m.

mitnehmen

1Mo 50,25 n. meine Gebeine m. von hier
2Mo 2,9 n. das Kindlein m. und stille es
Jos 9,12 Brot, das wir zu unserer Speise m.
1Sm 27,9 David n. m. Schafe, Rinder, Esel
     30,16 Beute, die sie mitg. hatten
2Sm 5,21 David und seine Männer n. sie m.
Ps 49,18 er wird nichts bei seinem Sterben m.
Jer 19,1 n. etliche von den Ältesten 38,10.11
     20,5 werden sie m. und nach Babel bringen
     27,20 (Geräte,) die Nebukadnezar nicht m.
Tob 11,4 n. etwas von der Galle des Fisches m.
Bar 6,44
1Ma 7,47 er ließ Kopf und Hand m. und aufhängen
Mt 16,5 die Jünger hatten vergessen, Brot m. 7; Mk 8,14
     25,3 aber sie n. kein Öl m. 4
Mk 4,36 sie n. ihn m., wie er im Boot war
     6,8 gebot ihnen, nichts m. auf den Weg Lk 10,4
Apg 15,37 wollte, daß sie Johannes Markus m. 38
     17,19 sie n. ihn m. und führten ihn

Gal 2,1 zog hinauf nach Jerusalem und n. auch Titus m.

mitnichten

Mt 2,6 bist m. die kleinste unter den Städten
Mk 4,21 m., sondern daß man's auf den Leuchter
Lk 1,60 m., sondern er soll Johannes heißen

Mitniter, Mithniter

1Ch 11,43 Joschafat, der M.

Mitredat, Mithredath

Esr 1,8 ¹übergab sie dem Schatzmeister M.
     4,7 ²schrieben Bischlam, M.

mitsamt

Apg 8,20 daß du verdammt werdest m. deinem Geld

mitsterben, mit sterben

2Ko 7,3 in unserm Herzen, m. und mitzuleben
2Ti 2,11 s. wir m., so werden wir mit leben

Mitstreiter

Phl 2,25 der mein Mitarbeiter und M. ist Phm 2

Mittag

1Mo 43,16 sollen zu M. mit mir essen
5Mo 28,29 wirst tappen am M., wie ein Blinder Hi 5,14
2Sm 4,5 schlief auf seinem Lager am M.
1Kö 18,26 riefen d. Namen Baals an bis zum M. 27.29
     20,16 sie zogen aus am M.
2Kö 4,20 setzte ihn auf ihren Schoß bis zum M.
Neh 8,3 (Esra) las daraus bis zum M.
Hi 11,17 dein Leben würde aufgehen wie der M.
Ps 37,6 wird heraufführen dein Recht wie den M.
     91,6 Seuche, die am M. Verderben bringt
Hl 1,7 sage mir an, wo du ruhst am M.
Jes 16,3 mache d. Schatten des M. wie die Nacht
     18,4 warten wie drückende Hitze am hohen M.
     58,10 dein Dunkel wird sein wie der M.
     59,10 wir stoßen uns am M.
Jer 15,8 ließ kommen den Verderber am hellen M.
     20,16 hören am M. Kriegsgeschrei
Am 8,9 will die Sonne am M. untergehen lassen
Ze 2,4 Aschdod soll am M. vertrieben werden
Sir 34,19 er ist ein schützendes Dach am heißen M.
     43,3 am M. trocknet sie das Land aus
Apg 22,6 umleuchtete mich um den M. ein Licht

Mittag (Himmelsrichtung Süden)

Off 21,13 von M. drei Tore

mittags

1Mo 43,25 bis Josef m. käme
Ps 55,18 abends und morgens und m. will ich klagen
StD 1,7 wenn das Volk m. weggegangen war

Mittagsmahl

Lk 11,37 daß er mit ihm das M. äße
     14,12 wenn du ein M. oder Abendmahl machst

Mittagszeit

Apg 22,6 umleuchtete mich um die M. ein großes Licht

Mitte

1Mo 6,16 drei Stockwerke... das zweite in der M.
     15,10 (Abram) zerteilte es in der M.
     42,24 nahm aus ihrer M. Simeon
2Mo 7,5 wenn ich die *Israeliten aus ihrer M. wegführen werde 4Mo 14,13
     27,5 das Gitter bis zur M. des Altars 38,4
     28,1 sollst Aaron herantreten lassen aus d. M.
     32 oben in der M. eine Öffnung 39,23
     34,9 gehe der Herr in unserer M. 5Mo 6,15; 7,21
     10 das ganze Volk, in dessen M. du bist 12
4Mo 2,17 soll die Stiftshütte... in der M.
     8,16 übergeben aus der M. der *Israeliten 19
     35,5 daß die Stadt in der M. sei
5Mo 3,16 Gebiet bis zur M. des Flusses Jos 12,2
     13,6 auf daß du das Böse aus deiner M. wegtust 17,7; 19,19.20; 21,9.21; 22,21.24; 24,7; Jos 7,12.13; Mi 5,12.13
     14 heillose Leute aufgetreten aus deiner M.
     16,11 der Fremdling... in deiner M. Jos 20,9
     16 alles, was männlich ist in deiner M.
Jos 19,49 gaben Josua ein Erbteil in ihrer M.
Ri 20,42 vernichteten in ihrer M. die Benjaminiter
1Kö 6,27 in der M. berührte ein Flügel den andern
     8,64 weihte die M. des Vorhofes 2Ch 7,7
2Kö 11,2 stahl ihn aus der M. der Söhne 2Ch 22,11
Hi 30,5 aus der Menschen M. weggetrieben
Ps 68,26 in der M. die, die da Pauken schlagen
     147,13 er segnet deine Kinder in deiner M.
Jes 29,23 sehen die Werke meiner Hände in ihrer M.
     38,10 nun muß ich... in der M. meines Lebens
     52,11 geht weg aus ihrer M.
     58,9 wenn du in deiner M. niemand unterjocht
     66,17 dem einen nach, der in der M. ist
Jer 12,14 will das Haus Juda aus ihrer M. reißen
     30,21 ihr Fürst soll aus ihrer M. kommen
Hes 1,13 in der M. sah es aus, wie wenn 10,7
     5,10 in deiner M. Väter ihre Kinder fressen 12
     15,4 wenn die M. versengt ist
     16,53 will wenden dein Geschick in ihrer M.
     22,9 treiben Schandtaten in deiner M. 13; 24,7; 26,15
     25 Fürsten in seiner M. sind wie Löwen 27
     28,16 tilgte dich hinweg aus der M.
     22 will m. Herrlichk. erweisen in deiner M.
     33,2 das Volk nimmt einen Mann aus seiner M.
     38,12 Volk, das in der M. der Erde wohnt
     48,21 der Tempel soll in der M. liegen
Dan 4,7 es stand ein Baum in der M. der Erde
     9,27 in der M. der Woche wird er... abschaffen
Ze 3,5 der HERR handelt gerecht in ihrer M.
Sa 14,1 daß man in deiner M. verteilen wird
     4 der Ölberg wird sich in der M. spalten
Wsh 7,18 (begreife) Anfang, Ende und M. der Zeiten
Mk 14,60 der Hohepriester stand auf, trat in die M.
Lk 24,22 haben uns erschreckt Frauen aus unserer M.
Jh 8,3 stellten sie in die M. (und sprachen zu ihm) 9
     19,18 zwei zu beiden Seiten, Jesus aber in der M.
Apg 2,22 die Gott durch ihn getan hat
     6,3 seht euch um nach 7 Männern in eurer M.
     15,22 aus ihrer M. Männer auszuwählen
     20,30 auch aus eurer M. werden Männer aufstehen
1Ko 5,2 daß ihr den aus eurer M. verstoßen hättet
     13 verstoßt ihr den Bösen aus eurer M.

Mitte

Kol	2,14	hat den Schuldbrief aus der *M.* getan
Off	4,6	in der *M.* vier himml. Gestalten
	8,13	einen Adler fliegen durch des Himmels *M.*

mitteilen

Jer	36,16	müssen alle diese Worte dem König m. 20
Dan	2,15	Arjoch t. es Daniel m. 17
1Ma	12,23	das lassen wir euch m.
2Ma	1,18	für unsere Pflicht gehalten, euch das m.
Apg	15,27	die euch mündlich dasselbe m. werden
Rö	1,11	ich euch etwas m. an geistlicher Gabe
Gal	6,6	der t. m. allerlei Gutes
1Th	2,8	euch m. nicht allein das Evangelium
Heb	13,16	wohlzutun und m. vergesset nicht

Mittel

Esr	6,4	*M.* vom Hause des Königs gegeben werden
Jes	59,16	verwundert sich, daß niemand ins *M.* tritt
Sir	38,6	um sich herrlich zu erweisen durch seine *M.*

Mittelriegel

2Mo	26,28	einen *M.* in halber Höhe 36,33

Mittelsäule

Ri	16,29	(Simson) umfaßte die zwei *M.*

Mitteltor

Jer	39,3	alle Obersten hielten unter dem *M.*

mitten

1Mo	2,9	den Baum des Lebens m. im Garten 3,5
	6,16	die Tür m. in seine Seite setzen
2Mo	14,16	teile es m. durch... m. durch das Meer gehen 22.23.27.29; 15,8.19; 4Mo 33,8; Neh 9,11; Ps 136,14
	24,18	Mose ging m. in die Wolke 5Mo 4,12; 10,4
3Mo	15,31	meine Wohnung, die m. unter ihnen ist 4Mo 35,34; Jo 2,27
	24,10	ging m. unter die *Israeliten und zankte
4Mo	16,33	m. aus der Gemeinde haraus 5Mo 11,6
	17,12	Aaron lief m. unter die Gemeinde
5Mo	4,34	ein Volk m. aus seinem Volk herauszuholen
	13,17	sollst du sammeln m. auf dem Marktplatz
	29,15	wie wir m. durch die Völker gezogen sind
Jos	3,17	standen m. im Jordan 4,3.5.8-10
	8,13	Josua zog hin m. in das Tal
	22	gerieten m. unter Israel
	9,7	vielleicht wohnt ihr m. unter uns 16.22; 10,1; 13,13; 16,10; Ri 1,16.29-33
	10,13	blieb die Sonne stehen m. am Himmel
	13,9	von der Stadt m. im Tal 16; 2Sm 24,5
	15,13	s. Teil gegeben m. unter Juda 16,9; 19,9
Ri	9,51	eine starke Burg m. in der Stadt
	12,4	Gilead liegt m. in Ephraim
1Sm	16,13	Samuel salbte ihn m. unter s. Brüdern
2Sm	6,17	stellten sie (die Lade)... m. in dem Zelt
	20,12	Amasa lag m. auf der Straße
	23,12	trat m. auf das Stück und entriß 1Ch 11,14
1Kö	3,8	dein Knecht steht m. unter s. Volk
	6,27	stellte die Cherubim m. ins Allerheiligste
	7,31	der Hals m. auf dem Gestell
	22,35	das Blut floß m. in den Wagen
2Kö	6,20	da waren sie m. in Samaria
2Ch	6,13	eine Kanzel aus Kupfer m. in den Vorhof
2Ch	20,14	der Geist kam m. in der Gemeinde auf
Neh	4,5	bis wir m. unter sie kommen
Est	4,1	Mordechai ging hinaus m. in die Stadt
Hi	15,21	m. im Frieden kommt der Verderber
Ps	46,3	wenngleich die Berge m. ins Meer sänken
	57,5	ich liege m. unter Löwen
	78,28	m. in das Lager fielen sie ein
	110,2	herrsche m. unter deinen Feinden
	138,7	wenn ich m. in der Angst wandle, so
Spr	8,20	ich wandle m. auf der Straße des Rechts
	30,19	des Schiffes Weg m. im Meer
Jes	19,19	wird ein Altar m. in Ägyptenland sein
	24	wird Israel sein ein Segen m. auf Erden
	41,18	und Quellen m. auf den Feldern
Jer	21,4	will euch versammeln m. in dieser Stadt
	41,7	als sie m. in die Stadt kamen
Hes	1,4	m. im Feuer war es wie Kupfer 5
	5,2	sollst du verbrennen m. in der Stadt
	5	Jerusalem, das ich m. unter die Heiden
	6,7	Erschlagene sollen m. unter euch daliegen 13; 32,20.25
	8,11	Jaasanja stand m. unter ihnen
	17,16	da soll er sterben, m. in Babel
	27,4	dein Gebiet liegt m. im Meer 25-27; 28,2.8
	37,1	stellte mich m. auf ein weites Feld
	48,8	m. darin soll das Heiligtum stehen 10.15.22
Dan	8,16	hörte eine Menschenstimme m. über dem Ulai
Jon	2,4	warfest mich in die Tiefe, m. ins Meer
Mi	7,14	Herde, die wohnt m. im fruchtbaren Lande
Sa	12,6	will machen zum Feuerbecken m. im Holz
Jdt	11,13	m. durch Jerusalem will ich dich führen
Wsh	14,3	gibst m. in den Wellen sichere Fahrt
	18,15	fuhr dein Wort herab, m. in das Land
Sir	51,6	(mich errettet) m. aus dem Feuer StD 3,64
StD	1,34	die Ältesten... m. unter dem Volk
	2,26	der Drache barst davon m. entzwei
	39	da saß Daniel m. unter den Löwen
	3,1	Asarja stand m. im glühenden Ofen
Mt	10,16	wie Schafe m. unter die Wölfe Lk 10,3
	14,24	das Schiff war m. auf dem Meer Mk 6,47
	18,2	rief ein Kind und stellte es m. unter sie Mk 9,36
	20	da bin ich m. unter ihnen
Mk	7,31	kam er m. in das Gebiet der Zehn Städte
	10,30	jetzt in dieser Zeit m. unter Verfolgungen
Lk	2,46	fanden sie ihn m. unter den Lehrern
	4,30	er ging m. durch sie hinweg
	35	der böse Geist warf ihn m. unter sie
	5,19	ließen ihn hinunter mit dem Bett m. vor Jesus
	8,7	einiges fiel m. unter die Dornen
	17,21	siehe, das Reich Gottes ist m. unter euch
	22,55	Petrus setzte sich m. unter sie
	23,45	der Vorhang des Tempels riß m. entzwei
	24,36	trat er selbst m. unter sie
Jh	1,26	er ist m. unter euch, den ihr nicht kennt
	7,14	m. im Fest ging Jesus in den Tempel
	19,18	*Jesus aber m. inne*
Apg	1,18	er ist m. entzwei geborsten
	7,38	*m. zwischen dem Engel und unsern Vätern*
	17,22	Paulus stand m. auf dem Areopag und sprach
	26,13	sah ich m. am Tage auf dem Weg ein Licht
	27,21	trat Paulus m. unter sie und sprach
Phl	2,15	Gottes Kinder m. unter einem verdorbenen Geschlecht
Heb	2,12	ich will m. in der Gemeinde dir lobsingen
Off	1,13	m. unter den Leuchtern einen, der war einem Menschensohn gleich

Off	2,1	der wandelt m. unter den Leuchtern
	4,6	*m. am Thron vier Gestalten*
	5,6	m. zwischen... und m. unter den Ältesten
	6,6	eine Stimme m. unter den vier Gestalten
	7,17	das Lamm m. auf dem Thron wird sie weiden
	8,13	wie ein Adler m. durch den Himmel flog
	14,6	einen Engel fliegen m. durch den Himmel
	22,2	m. auf dem Platz Bäume des Lebens

mittendurch

StD 1,55 der Engel des Herrn wird dich m. spalten 59

Mitternacht

2Mo	11,4	um M. will ich durch Ägyptenl. gehen 12,29
Ri	16,3	Simson lag bis M. Da stand er auf um M.
Rut	3,8	als es nun M. ward, erschrak der Mann
Hi	34,20	müssen die Leute zu M. erschrecken
Ps	119,62	zur M. stehe ich auf, dir zu danken
Wsh	18,14	als alles ruhte und eben M. war
Mt	25,6	um M. erhob sich lautes Rufen
Mk	13,35	ob am Abend oder zu M.
Lk	11,5	ginge zu ihm um M. und spräche zu ihm
Apg	16,25	um M. beteten Paulus und Silas
	20,7	zog er die Rede hin bis M.
	27,27	wähnten die Schiffsleute um M., sie

Mitternacht (Himmelsrichtung Norden)

Off 21,13 *von M. drei Tore*

Mittler

Hi	33,23	kommt dann zu ihm ein Engel, ein M.
Gal	3,19	verordnet durch die Hand eines M.
	20	ein M. ist nicht M. eines Einzigen
1Ti	2,5	es ist ein Gott und ein M.
Heb	8,6	der M. eines besseren Bundes ist 9,15
	12,24	(gekommen) zu dem M. des neuen Bundes

mittlerer

Ri	7,19	zu Anfang der m. Nachtwache
1Kö	6,6	der m. (Gang) sechs Ellen weit 8
2Kö	20,4	noch nicht zum m. Hof hinausgegangen war
Hes	41,7	stieg von dem unteren auf zum m. 42,5.6

mitwirken

2Ma	11,19	will bemüht sein, zu eurem Besten m.
1Ko	16,16	*seid untertan allen, die m.*

Mitylene

Apg 20,14 nahmen wir ihn zu uns und kamen nach M.

mitzählen

4Mo 2,33 die Leviten wurden nicht mitg. 1Ch 21,6

mitziehen

Ri	7,4	der soll nicht m.
1Sm	29,8	daß ich nicht m. darf
2Ma	15,2	Juden, die er gezwungen hatte m.
Jh	11,16	*laßt uns m., daß wir mit ihm sterben*

Mizpa, Mizpe

1Mo	31,49	¹(daher nennt man ihn Gilead) und M. Ri 10,17; 11,11.29.34 (= Rama 5; Ramat-Mizpe; Ramot 1)
Jos	11,3	²den Hiwitern im Lande M. 8
	15,38	³(Städte des Stammes Juda:) M.
	18,26	⁴(Städte des Stammes Benjamin:) M.
Ri	20,1	die Gemeinde versammelte sich in M. 3; 21,1.5.8; 1Sm 7,5-7.11.12.16; 10,17; 1Ma 3,46
1Kö	15,22	Asa baute M. aus 2Ch 16,6
2Kö	25,23	zu Gedalja nach M. 25; Jer 40,6-15; 41,1.3.6.10.14.16
Neh	3,7	neben ihnen bauten die Männer von M. 15.19
Hos	5,1	ihr seid eine Schlinge für M. geworden
1Sm	22,3	⁵David ging nach M. ins Land der Moabiter

Mizrajim

1Mo 10,6 Söhne Hams: M. 13; 1Ch 1,8.11

Mnason

Apg 21,16 führten uns zu einem Jünger mit Namen M.

Moab

1Mo	19,37	die ältere (Tochter Lots) gebar M.
2Mo	15,15	Zittern kam die Gewaltigen M. an
4Mo	21,11	lagerten sich östlich von M. 13.15.20
	28	eine Flamme hat gefressen Ar in M. 29
	22,36	zog (Balak) aus nach Ar in M. Mi 6,5
5Mo	1,5	im Lande M. fing Mose an, auszulegen
	28,69	Bundes... zu schließen im Lande M.
	32,49	Berg Nebo, der da liegt im Lande M.
	34,5	so starb Mose im Lande M. 6
Ri	3,28	Furten im Jordan, die nach M. gehen 11,18
	10,6	die *Israeliten dienten den Göttern M.
1Sm	12,9	verkaufte sie in die Hand des Königs v. M.
	22,3	sprach zum König von M. 4
2Sm	8,12	(Gold, das er geheiligt hatte) von M.
2Kö	3,23	ha, M., mach dich auf zur Beute 24
	23,13	Kemosch, dem greulichen Götzen von M.
	24,2	ließ der HERR über ihn kommen aus M.
1Ch	4,22	die da Herren waren über M.
	8,8	Schaharajim zeugte im Lande M.
Neh	13,23	Juden, die sich Frauen genommen aus M.
Ps	60,10	M. ist mein Waschbecken 108,10
	83,7	(einen Bund gemacht) M. und die Hagariter
Jes	11,14	nach M. werden sie ihre Hände ausstrecken
	15,1	dies ist die Last für M. 2-9; 16,2-6.11-14; Jer 48,1-47
	25,10	M. aber wird zertreten werden
Jer	9,25	(heimsuchen) die Ammoniter, M.
	25,21	(ließ trinken) die von M.
	27,3	schicke Botschaft zum König von M.
	40,11	Judäer, die im Lande M. waren
Hes	25,8	weil M. und Seïr sprechen 9.11
Dan	11,41	es werden seiner Hand entrinnen Edom, M.
Am	2,1	um vier Frevel willen derer von M. 2
Ze	2,8	habe das Schmähen M. gehört
	9	M. soll wie Sodom werden

Moabiter, Moabiterin

1Mo	19,37	Moab. Von dem kommen her die M.
	36,35	die Midianiter schlug auf d. Felde der M.
4Mo	21,26	hatte mit dem König der M. gekämpft
	22,1	im Jordantal der M. 26,3.63; 31,12; 33,44.48-50; 35,1; 36,13; 5Mo 34,1.8; Jos 13,32

Moabiter

4Mo	22,3	die M. fürchteten sich... den M. graute
	4	Balak war König der M. 10; 23,7; Jos 24,9; Ri 11,25
	7	die Ältesten der M. kamen zu Bileam 8.14.21; 23,6.17
	24,17	wird zerschmettern die Schläfen der M.
	25,1	zu huren mit den Töchtern der M.
5Mo	2,8	zogen den Weg zum Weideland der M. 18
	9	sollst den M. keinen Schaden tun
	11	die M. nennen sie Emiter
	29	M., die zu Ar wohnen
	23,4	die M. sollen nicht in die Gemeinde kommen Esr 9,1; Neh 13,1
Ri	3,12	Eglon, den König der M. 14.15.17
	28	der HERR hat die M. in eure Hände gegeben 29.30; 2Kö 3,18-26
	11,15	Israel hat kein Land genommen den M. 17.18
Rut	1,1	zog ins Land der M. 2.6; 2,6; 4,3
	22	Noomi mit Rut, der M. 2,2.6.21; 4,5.10
1Sm	14,47	kämpfte (Saul) gegen die M.
	22,3	David ging ins Land der M.
2Sm	8,2	(David) schlug die M. 1Ch 18,2.11
	23,20	die beiden „Gotteslöwen" der M. 1Ch 11,22
1Kö	11,7	Kemosch, dem greulichen Götzen der M. 33
2Kö	1,1	fielen die M. ab von Israel 3,4.5.7
	3,10	um sie in die Hände der M. zu geben 13
	13,20	fielen streifende Rotten der M. ins Land
1Ch	11,46	(Helden waren) Jitma, der M.
2Ch	20,1	danach kamen die M. 10
	22	ließ e. Hinterhalt kommen über die M. 23
	24,26	Josabad, der Sohn der Schimrith, der M.
Jes	16,7	darum wird ein M. über den andern heulen
Jdt	5,1	rief alle Obersten der M. 7,8

Moabiterland

Rut	1,6	denn (Noomi) hatte erfahren im M. 22

moabitisch

Rut	1,4	die nahmen m. Frauen
1Kö	11,1	Salomo liebte ausländische Frauen: m.

Modeïn

1Ma	2,1	Mattatias wohnte in M. 15.23.70; 9,19; 13,25.30
	16,4	Heer... lagerten in M. 5; 2Ma 13,15

Moder

Hi	13,28	der ich doch wie M. vergehe

mögen

1Mo	17,18	daß Ismael m. leben bleiben vor dir
	18,5	danach m. ihr weiterziehen
	31,39	es m. mir gestohlen sein
	38,23	sie m.'s behalten
	42,34	ihr m. im Lande Handel treiben
	49,26	m. sie kommen auf das Haupt Josefs
2Mo	23,11	was übrigbleibt, m. das Wild fressen
3Mo	2,12	als Erstlingsgabe ihr sie bringen 22,23
	5,4	wie e. Menschen ein Schwur entfahren m.
	13,12	alles, was dem Priester vor Augen sein m.
	15,3	m. sein Glied den Fluß ausfließen lassen
	25,45	die m. ihr zu eigen haben
4Mo	23,10	meine Seele m. sterben
Ri	13,15	wir m. dich gern hier behalten
Ri	19,9	morgen m. ihr früh aufstehen
Rut	2,12	dein Lohn m. vollkommen sein
	3,13	gut, so m. er's tun
1Sm	20,16	m. der Name Jonatans nicht ausgelöscht w.
1Kö	8,59	m. diese Worte nahe sein dem HERRN
2Kö	5,18	dann m. der HERR deinem Knecht vergeben
Est	8,5	m. man die Schreiben widerrufen
Hi	9,21	ich m. nicht mehr leben
	21,20	seine Augen m. sein Verderben sehen, vom Grimm des Allmächtigen m. er trinken
Ps	25,21	Unschuld und Redlichk. m. mich behüten
	34,13	wer m. gern gut leben und schöne Tage
	45,5	es m. dir gelingen in deiner Herrlichkeit
	75,4	die Erde m. wanken und alle, die darauf
	101,2	daß du m. zu mir kommen
	5	ich m. den nicht, der stolze Gebärde hat
	104,34	mein Reden m. ihm wohlgefallen
	122,6	es m. wohlgehen denen, die dich lieben
	7	es m. Friede sein in deinen Mauern
	140,11	er m. feurige Kohlen über sie schütten; er m. sie stürzen in Gruben
	141,2	mein Gebet m. vor dir gelten
	4	ich m. nicht essen von ihren Speisen
Spr	3,15	was du m. wünschen m., ist ihr nicht zu vergleichen 8,11
Pr	4,11	einer m. überwältigt werden
Jes	1,13	Frevel und Festversammlung m. ich nicht Am 5,21-23; Mal 2,13
Hes	46,7	soviel, wie er geben m.
Dan	1,13	danach m. du mit deinen Knechten tun
Jon	4,3	m. lieber tot sein als leben 8
Nah	1,12	sie m. kommen so gerüstet, wie sie wollen
	3,15	m. du auch zahlreich werden wie Käfer
Sa	11,8	ich m. die Schafe nicht mehr
Sir	37,23	mancher m. klug raten
	31	auch m. nicht jeder alles
2Ma	6,12	ich m. hier den Leser ermahnen
Mt	8,34	*daß er aus ihrer Gegend weichen m.*
	12,38	*wir m. gern ein Zeichen sehen*
	19,16	*daß ich das ewige Leben m. haben*
	21,31	*m. wohl eher ins Reich Gottes kommen*
Mk	3,28	*vergeben, wieviel sie auch lästern m.*
Lk	8,41	*daß er m. in sein Haus kommen*
	18,41	*Herr, daß ich wieder sehen m.*
	21,36	*daß ihr stark werden m., zu entfliehen*
	22,31	*daß er euch m. sichten wie den Weizen*
Apg	5,4	*hättest du ihn doch wohl m. behalten*
	6,3	*welche wir bestellen m. zu diesem Dienst*
	7,46	*bat, daß er eine Stätte finden m.*
	8,22	*bitte, ob dir vergeben werden m.*
	37	*so m. es geschehen*
	10,47	*m. auch jemand dem Wasser wehren*
	17,27	*ob sie wohl ihn finden m.*
	19,39	*so m. man es ausrichten in einer*
	40	*daß wir des Aufruhrs verklagt werden m.*
	23,10	*befürchtete, sie m. Paulus zerreißen*
	25,22	*ich den Menschen auch gerne hören*
	27,17	*fürchteten, es m. in die Syrte geraten*
Rö	1,10	*flehe, ob sich's wohl einmal fügen m.*
	8,31	*wer m. uns sein*
	9,3	*ich selber m. verflucht sein*
	12,2	*daß ihr prüfen m., was Gottes Wille ist*
	15,24	*daß ich von euch geleitet werden m.*
1Ko	1,15	*damit nicht jemand sagen m.*
	3,18	*auf daß er m. weise sein*
	4,8	*daß auch wir mit euch herrschen m.*
	7,28	*ich euch gerne schonen*
	32	*ich m., daß ihr ohne Sorge seid*
	10,12	*meint, er stehe, m. zusehen, daß er nicht falle*

1Ko	14,1	am meisten, daß ihr weissagen m.
	17	dein Dankgebet m. schön sein
	15,35	m. aber jemand sagen
2Ko	2,7	nun m. ihr ihm desto mehr vergeben
Eph	1,18	daß ihr erkennen m. 3,18
	21	was sonst genannt m. werden
	6,13	daß ihr das Feld behalten m.
	19	daß ich m. kundmachen das Evangelium
Phl	1,10	daß ihr prüfen m., was das Beste sei
	17	sie m. mir Trübsal bereiten in meiner Gefangenschaft
	26	daß euer Rühmen groß werden m.
	3,10	ihn m. ich erkennen
	12	ob ich's wohl ergreifen m.
1Th	3,10	daß wir sehen m. euer Angesicht
1Ti	5,16	auf daß sie... m. genug haben
2Ti	2,2	daß wir ein stilles Leben führen m.
1Pt	1,21	daß ihr Glauben haben m.
	4,13	damit ihr Freude und Wonne haben m.
1Jh	5,16	so m. er bitten
3Jh	13	ich m. nicht mit Tinte und Feder schreiben
Off	3,18	deine Augen zu salben, damit du sehen m.

möglich

Neh	5,8	losgekauft, soweit es m. war
Jer	40,5	wird kein Wiederkehren m. sein
Wsh	11,21	deine Kraft zu erweisen ist dir allezeit m.
1Ma	9,9	ist m. nicht., daß wir etwas erreichen
2Ma	4,6	nicht m., zum Frieden zu kommen 14,10
Mt	19,26	bei Gott sind alle Dinge m. Mk 10,27; 14,36; Lk 18,27
	24,24	wenn es m. wäre, auch die Auserwählten verführten Mk 13,22
	26,39	mein Vater, ist's m., so gehe dieser Kelch an mir vorüber 42; Mk 14,35
Mk	9,23	alle Dinge sind m. dem, der da glaubt
Apg	17,15	daß Silas und Timotheus so schnell wie m. zu ihm kommen sollten
	20,16	am Pfingsttag in Jerusalem, wenn es ihm m.
	27,39	das Schiff treiben lassen, wenn es m. wäre
Rö	12,18	ist's m., soviel an euch liegt, so
1Ko	9,19	damit ich m. viele gewinne
	16,2	jeder von euch sammle an, soviel ihm m. ist
	6	bei euch werde ich, wenn m., bleiben
Gal	4,15	ihr hättet, wenn es m. gewesen wäre
Heb	13,19	damit ich euch m. bald wiedergegeben werde

Mohr

2Sm	18,21	Joab befahl dem M. 22.23.31.32
Ps	87,4	die Philister und Tyrer samt den M.
Jer	13,23	kann einer ein M. seine Haut wandeln
	38,7	Ebed-Melech, der M. 10.12; 39,16
Am	9,7	seid ihr mir nicht gleichwie die M.

Mohrenland (= Äthiopien; Kusch)

Ps	68,32	M. wird seine Hände ausstrecken zu Gott
Apg	8,27	ein Mann aus M., ein Kämmerer... in M.

Molada

Jos	15,26	(Städte des Stammes Juda:) M. 19,2; 1Ch 4,28; Neh 11,26

Molch

3Mo	11,30	(sollen euch unrein sein:) der M.

Molechet

1Ch	7,18	M. gebar Ischhod

Molid

1Ch	2,29	die Frau Abischurs gebar M.

Moloch

3Mo	18,21	nicht geben, daß es dem M. geweiht werde 20,2-5; 2Kö 23,10; Jer 32,35
Apg	7,43	ihr trugt die Hütte M. umher

Monat, Mond

1Mo	7,11	am 17. Tag des zweiten M. 8.4.5.13.14
	29,14	als (Jakob) einen M. lang bei ihm gewesen
	38,24	nach drei M. wurde Juda angesagt
2Mo	2,2	verbarg sie ihn drei M. Apg 7,20; Heb 11,23
	12,2	dieser M. bei euch der erste M. 3.6.18; 4Mo 20,1; Jos 4,19; 1Ch 12,16; Esr 8,31; Est 3,7
	13,4	im M. Abib 5; 23,15; 34,18; 3Mo 16,29
	16,1	am 15. Tage des 2. M., nachdem sie ausgezogen waren 19,1; 4Mo 1,1.18; 10,11; 33,3.38
	40,2	am 1. Tage des 1. M. 17; 2Ch 29,17; Esr 7,9; 10,17; Hes 26,1; 29,17; 45,18
3Mo	23,5	am 14. Tage des 1. M. ist des HERRN Passa 6; 4Mo 9,1.3.5.11; 28,16.17; 5Mo 16,1; Jos 5,10; 2Ch 30,2.13.15; 35,1; Esr 6,19; Hes 45,21
	24	am 1. Tage des 7. M. sollt ihr Ruhetag halten 32; 4Mo 29,1
	27	am 10. Tage in diesem 7. M. ist der Versöhnungstag 25,9; 4Mo 29,7
	34	am 15. Tage dieses 7. M. ist das Laubhüttenfest 39.41; 4Mo 29,12; Neh 8,14; Hes 45,25
	27,6	von einem M. an... sollst du schätzen 4Mo 18,16
4Mo	3,15	zähle alles, was männlich ist, einen M. alt und darüber 22.28.34.39.40.43; 26,62
	9,22	wenn (die Wolke) einen M. blieb
	11,20	einen M. lang (zu essen) 21
	28,11	am 1. Tage eurer M. sollt ihr Brandopfer 14
5Mo	1,3	am 1. Tage des 11. M., da redete Mose
	21,13	laß sie einen M. lang ihren Vater beweinen
	33,14	mit dem Köstlichsten, was die M. erzeugen
Ri	11,37	laß mir zwei M., daß ich... beweine 38.39
	19,2	war dort vier M. 20,47; 1Kö 11,16
1Sm	6,1	war die Lade 7 M. im Lande der Philister 2Sm 6,11; 1Ch 13,14
	27,7	David im Philisterlande... 1 Jahr und 4 M.
2Sm	2,11	war König 7 Jahre und 6 M. 5,5; 1Ch 3,4
	24,8	kamen nach 9 M. und 20 Tagen zurück
	13	willst du 3 M. vor d. Widersachern fliehen
1Kö	4,7	jeder (versorgte den König) einen M. 5,7; 1Ch 27,1-15
	5,28	je 1 M.... auf dem Libanon und 2 M. daheim
	6,1	im M. Siw, das ist der 2. M. 37; 2Ch 3,2
	38	im M. Bul, das ist der achte M. 12.32.33
	8,2	im M. Etanim, das ist der siebente M. 2Ch 5,3; 7,10; 31,7; Esr 3,1.6; Neh 7,72; 8,2; 9,1; Jer 28,17; 41,1
2Kö	15,8	regierte sechs M. 13; 23,31; 24,8; 2Ch 36,2.9
	25,1	am 10. M. zog heran Nebukadnezar 3.8.25.27; Jer 39,1.2; 52,4.6.12.31
2Ch	15,10	versammelten sich im dritten M. 29,3; 31,7
Esr	3,8	im 2. M. begannen Serubbabel Hag 1,15
	6,15	bis zum dritten Tag des M. Adar Est 3,7.13; 8,12; 9,1.15.17.19.21.22
	7,8	im fünften M. 9; Jer 1,3; 28,1; Sa 7,3

Monat

Esr	10,9	im neunten M. Jer 36,9.22; Hag 2,18
	16	am 1. Tage des zehnten M. Est 2,16
Neh	1,1	geschah im M. Kislew
	2,1	im M. Nisan Est 3,7.12
	6,15	wurde am 25. Tage des M. Elul fertig
Est	2,12	nachdem sie zwölf M. gepflegt worden
	3,7	das Pur geworfen von M. zu M.
	8,9	im dritten M., das ist der M. Siwan
Hi	3,6	soll nicht in die Zahl der M. kommen
	7,3	hab ganze M. vergeblich gearbeitet
	14,5	steht die Zahl seiner M. bei dir 21,21
	29,2	daß ich wäre wie in den früheren M.
	39,2	zählst du die M., die sie erfüllen müssen
Hes	1,2	am 5. Tage des M. geschah das Wort des HERRN 1; 8,1; 20,1; 24,1; 26,1; 29,1.17; 30,20; 31,1; 32,1.17; 33,21; 40,1; 45,20; Dan 10,4; Hag 1,1; 2,1.10.20; Sa 1,1.7; 7,1
	39,12	wird sie sieben M. lang begraben 14
	47,12	werden alle M. neue Früchte Off 22,2
Dan	4,26	nach zwölf M., als der König auf dem Dach
Am	4,7	als noch drei M. waren bis zur Ernte
Sa	7,5	ihr fastetet im 5. und 7. M. 8,19
	11,8	ich vertilgte die drei Hirten in einem M.
Jdt	2,1	am 22. Tag des ersten M. 1Ma 9,3
	8,4	seit drei Jahren und sechs M. eine Witwe
	16,24	feierte mit Judit drei M. lang den Sieg
Wsh	7,2	im Mutterleib zehn M. lang gebildet 2Ma 7,28
Sir	43,8	er gibt dem M. seinen Namen
Bar	1,2	M., in dem Jerusalem erobert
	8	am zehnten Tag des M. Siwan
1Ma	1,57	am 15. Tage des M. Kislew 62; 4,52.59
	61	ließen M. für M. ihre Kraft ... aus
	7,43	am 13. Tag des M. Adar 49
	9,54	im 153. Jahr, im zweiten M.
2Ma	6,7	trieb die Juden alle M. zum Opferschmaus
Lk	1,24	Elisabeth hielt sich fünf M. verborgen
	26	im sechsten M. wurde Gabriel gesandt
	36	Elisabeth ist jetzt im sechsten M.
	56	Maria blieb bei ihr etwa drei M.
	4,25	als der Himmel verschlossen war drei Jahre und sechs M. Jak 5,17
Jh	4,35	es sind noch vier M., dann kommt die Ernte
Apg	18,11	er blieb dort 1 Jahr und 6 M. 19,8; 20,2.3
	28,11	nach drei M. fuhren wir ab
Gal	4,10	ihr haltet bestimmte Tage und M.
Off	9,5	Macht, daß sie sie quälten fünf M. lang 10
	15	die bereit waren für den M. und das Jahr
	11,2	die hl. Stadt werden sie zertreten 42 M. lang
	13,5	Macht, es zu tun 42 M. lang
	22,2	jeden M. bringen sie Frucht

Mond

1Mo	37,9	die Sonne und der M. neigten sich vor mir
5Mo	4,19	daß du (nicht) die Sonne sehest und den M. und betest sie an 17,3; 2Kö 23,5
Jos	10,12	steh still, M., im Tal Ajalon 13; Hab 3,11
Ri	8,21	Gideon nahm die kleinen M. 26
Hi	25,5	auch der M. scheint nicht hell
	31,26	den M., wenn er herrlich dahinzog
Ps	8,4	wenn ich sehe den M. und die Sterne
	72,5	solange der M. währt 7
	89,38	wie der M., der ewiglich bleibt
	104,19	du hast den M. gemacht 136,9; Jer 31,35
	121,6	nicht steche noch der M. des Nachts
	148,3	lobet ihn, Sonne und M.
Pr	12,2	ehe M. und Sterne finster werden Jo 2,10; 4,15
Hl	6,10	wie die Morgenröte, schön wie der M.
Jes	13,10	der M. gibt keinen Schein Hes 32,7
	24,23	der M. wird schamrot werden
	30,26	des M. Schein wie der Sonne Schein
	60,19	der Glanz des M. dir nicht mehr leuchten 20
Jer	8,2	wird sie hinstreuen der Sonne, dem M.
Jo	3,4	der M. in Blut verwandelt Apg 2,20
Sir	27,12	ein Narr ist wandelbar wie der M.
	43,7	nach dem M. rechnet man die Feste 6
	50,6	leuchtete wie der M. an den Festtagen
Bar	6,60	Sonne, M. und Sterne sind gehorsam
Mt	24,29	der M. seinen Schein verlieren Mk 13,24
Lk	21,25	Zeichen geschehen an Sonne und M. und Sternen
Apg	2,20	soll der M. in Blut verwandelt werden
1Ko	15,41	einen andern Glanz hat der M.
Off	6,12	der M. wurde wie Blut
	8,12	es wurde geschlagen der dritte Teil des M.
	12,1	eine Frau, der M. unter ihren Füßen
	21,23	die Stadt bedarf keiner Sonne noch des M.

mondsüchtig

Mt	4,24	brachten zu ihm M.
	17,15	er ist m. und hat schwer zu leiden

Mord

Ps	42,11	es ist wie M. in meinen Gebeinen
Wsh	14,25	überall herrschen M., Diebstahl Sir 40,9
1Ma	9,42	so rächten sie den M. an ihrem Bruder
	13,34	Tryphon hatte lauter Raub und M. verübt
2Ma	4,3	daß einer ... mehrere M. verübte
	35	waren entrüstet über den ruchlosen M.
Mt	15,19	aus dem Herzen kommen M., Ehebruch Mk 7,21
Mk	15,7	die einen M. begangen hatten Lk 23,19.25
Rö	1,29	voll Neid, M., Hader
Off	9,21	sie bekehrten sich nicht von ihren M.

Mordechai

Est	2,5	M., Sohn Jaïrs 7.10.11.15.20.22; StE 6,1.9
	19	saß M. im Tor des Königs 21; 3,2-6; 5,9.13
	4,1	als M. alles erfuhr 4-17; StE 5,9
	5,14	daß man M. daran aufhänge 6,4; 7,9.10
	6,3	welche Ehre hat M. dafür bekommen 2. 10-13; 8,1.2.7.9.15; 9,3.4; 10,2.3; StE 7,1
	9,20	M. schrieb diese Geschichten auf 23.29.31
2Ma	15,37	einen Tag vor dem M.-Fest
StE	2,1	M. betete zum Herrn

morden

1Mo	49,6	in ihrem Zorn haben sie Männer gem.
1Kö	21,19	hast gem., dazu fremdes Erbe geraubt
Ps	10,8	er m. die Unschuldigen heimlich
	37,14	daß sie m. die Frommen
	62,4	wollt alle ihn m.
Jes	14,30	deine Übriggebliebenen werde ich m.
Jer	6,7	M. und Schlagen treiben sie täglich
Hes	26,15	wenn das Schwert m. wird
Hos	4,2	M., Stehlen haben überhandgenommen
	6,9	sie m. auf dem Wege nach Sichem
Ob	9	daß alle ausgerottet werden durch M.
	14	sollst nicht stehen, s. Entronnenen zu m.
Apg	9,1	Saulus schnaubte mit Drohen und M.
Jak	4,2	ihr m. und neidet und gewinnt nichts

Mörder, Mörderin

4Mo	35,16	der ist ein M. 17-19.21.31
2Kö	6,32	habt ihr gesehen, wie dieser M. hergesandt
Hi	24,14	wenn der Tag anbricht, steht der M. auf
Jes	1,21	Gerechtigkeit wohnte darin; nun aber – M.
Jer	7,9	ihr seid Diebe, M., Ehebrecher
Hes	16,38	will dich richten, wie man M. richtet 23,45
Wsh	12,5	die unbarmherzige M. ihrer Kinder waren
Sir	34,25	wer ihn darum bringt, der ist ein M.
Mt	22,7	und brachte diese M. um
	26,55	*ihr seid ausgegangen wie zu einem M. Mk 14,48; Lk 22,52*
	27,38	*wurden M. mit ihm gekreuzigt Mk 15,27*
	44	desgleichen schmähten ihn auch die M.
Jh	8,44	der ist ein M. von Anfang an
Apg	3,14	gebeten, daß man euch den M. schenke
	7,52	dessen Verräter und M. ihr nun geworden seid
	28,4	dieser Mensch muß ein M. sein
1Pt	4,15	niemand unter euch leide als ein M.
Off	21,8	M., deren Teil wird in dem Pfuhl sein
	22,15	draußen sind die M. und die Götzendiener

mörderisch

1Mo	49,5	ihre Schwerter sind m. Waffen
Ps	144,10	erlösest d. Knecht David vom m. Schwert
Jer	46,16	laßt uns ... vor dem m. Schwert 50,16
Hes	22,2	willst du nicht richten die m. Stadt
Nah	3,1	weh der m. Stadt, die voll Lüge ist

Mordochai

Esr	2,2	kamen mit Serubbabel ... M. Neh 7,7

More

1Mo	12,6	¹Abram durchzog das Land bis zur Eiche M.
5Mo	11,30	wohnen, Gilgal gegenüber bei der Eiche M.
Ri	7,1	²nördlich von dem Hügel M.

Moreschet, *Morescheth*

Jer	26,18	war ein Prophet, Micha von M. Mi 1,1
Mi	1,14	wirst dich scheiden müssen von M.-Gat

morgen

1Mo	30,33	wird meine Redlichkeit m. für mich zeugen
2Mo	7,15	geh hin zum Pharao m. früh 8,16; 9,13
	8,6	(der Pharao) sprach: M. Mose antwortete
	19	m. schon soll das Zeichen geschehen 25; 9,5.18; 10,4
	13,14	wenn dich m. dein Sohn fragen wird 5Mo 6,20
	16,23	m. ist Ruhetag, heiliger Sabbat 32,5
	17,9	m. will ich oben auf dem Hügel stehen 34,2
	19,10	heilige sie heute und m. 4Mo 11,18; Jos 7,13
4Mo	14,25	m. wendet euch und zieht in die Wüste
	16,5	m. wird der HERR kundtun 6.16
Jos	3,5	m. wird der HERR Wunder tun
	7,14	m. früh sollt ihr herzutreten
	11,6	um soll euch Hilfe werden 10
	22,18	m. wird er über Israel zürnen
Ri	16,2	m., wenn's licht wird 19,9
1Sm	9,16	m. will ich einen Mann zu dir senden 19
	11,9	m. soll euch Hilfe werden 10
	19,2	hüte dich m. früh 11; 20,5.12.18
	28,19	m. wirst du mit deinen Söhnen bei mir sein
2Sm	2,27	heute m. jeder von s. Bruder abgelassen
	11,12	m. will ich dich gehen lassen
1Kö	19,2	wenn ich nicht m. dir tue, wie du getan
	20,6	will m. meine Leute zu dir senden
2Kö	6,28	m. wollen wir meinen Sohn essen 7,1.18
	10,6	bringt sie zu mir m. um diese Zeit 8
2Ch	20,16	sollt ihr gegen sie hinabziehen 17
Est	5,8	m. sollt ihr dann tun 12.14; 9,13
Spr	3,28	sprich nicht: m. will ich dir geben
Jes	22,13	essen und trinken; wir sterben doch m. 1Ko 15,32
	56,12	es soll m. sein wie heute
Sir	10,12	doch heißt's: Heute König, m. tot
	20,16	heute lieht er, m. will er's wieder haben
1Ma	2,63	m. ist er nichts mehr
	3,58	damit ihr m. früh bereit seid, zu kämpfen
Mt	6,30	Gras, das heute steht und m. Lk 12,28
	34	darum sorgt nicht für m.
Lk	13,32	ich treibe böse Geister aus heute und m.
	33	doch muß ich heute und m. noch wandern
Apg	23,20	Paulus m. vor den Hohen Rat hinunterbringen
	25,22	m. sollst du ihn hören
1Ko	15,32	essen und trinken; denn m. sind wir tot
Jak	4,13	heute oder m. wollen wir
	14	ihr wißt nicht, was m. sein wird

Morgen

Jes	5,10	zehn M. Weinberg nur einen Eimer geben

Morgen (Himmelsrichtung Osten)

Off	21,13	*von M. drei Tore*

Morgen, morgens (s.a. Abend)

1Mo	19,27	machte sich früh am M. auf 20,8; 21,14; 22,3; 24,54; 26,31; 28,18; 32,1; 29o, 34,4; 4Mo 14,40; 22,13.21; Jos 6,12; 7,16; 8,10; Ri 6,28.38; 9,33.42; 19,5.8; 20,19; 21,4; 1Sm 1,19; 5,3.4; 15,12; 17,20; 29,10.11; 2Sm 15,2; 17,22; 24,11; 2Kö 3,22; 10,9; 19,35; 2Ch 20,20; Hi 1,5; Jes 37,36
	34	am M. sprach die ältere zu der jüngeren
	29,25	am M. aber, siehe, da war es Lea
	40,6	als am M. Josef zu ihnen hineinkam
	41,8	als es M. wurde, war sein Geist bekümmert
	44,3	am M., als es licht ward
	49,27	des M. wird er Raub fressen
2Mo	9,6	der HERR tat es am andern M.
	10,13	am M. führte Ostwind Heuschrecken herbei
	12,10	sollt nichts davon übriglassen bis zum M. 16,19.20.23.24; 23,18; 34,25; 3Mo 7,15; 22,30; 4Mo 9,12; 5Mo 16,4
	10	wenn etwas übrigbleibt bis zum M. 29,34
	22	kein Mensch gehe heraus bis zum M.
	14,27	das Meer kam gegen M. wieder in sein Bett
	16,7	am M. d. HERRN Herrlichkeit sehen
	8	und am M. Brot die Fülle 12.13.21
	18,13	M. setzte sich Mose, Recht zu sprechen
	19,16	als es M. ward, erhob sich ein Donnern
	29,39	(sollst opfern) ein Schaf am M. 41; 3Mo 6,13; 9,17; 4Mo 28,4.8.23, 2Kö 3,20; 16,15₁ 1Ch 16,40; 29,21; 2Ch 2,3; 13,11; 31,3; Esr 3,3; Hes 46,13-15
	30,7	verbrennen gutes Räucherwerk jeden M.
	32,30	am nächsten M. sprach Mose zum Volk
	36,3	man brachte alle M. freiwillige Gaben
3Mo	6,2	das Brandopfer soll bleiben bis zum M.

Morgen 1010

3Mo	6,5	der Priester soll alle M. Holz anzünden
	19,13	des Tagelöhners Lohn n. bei dir bis zum M.
4Mo	17,6	am andern M. murrte die ganze Gemeinde
	23	am M. fand er den Stab grünen
	22,41	am M. nahm Balak den Bileam
5Mo	16,7	sollst am M. umkehren und heimgehen
	28,67	m. wirst du sagen: Ach daß es Abend wäre
Ri	6,31	der soll noch diesen M. sterben
	19,25	die ganze Nacht bis an den M. 26.27
Rut	2,7	dageblieben vom M. an bis jetzt
	3,13	will er dich am M. lösen 14
1Sm	3,15	Samuel lag bis an den M.
	11,11	am andern M. teilte Saul das Volk
	14,36	sie berauben, bis es lichter M. wird
	19,11	um (David) am M. zu töten
	20,35	am M. ging Jonatan hinaus
	25,22	bis zum lichten M. 34.36.37
2Sm	11,14	am andern M. schrieb David an Joab
	23,4	der ist wie das Licht des M.
	24,15	ließ Pest über Israel kommen vom M. an
1Kö	3,21	als ich dem M. aufstand... am M. sah ich
	17,6	die Raben brachten ihm Brot des M.
	18,26	riefen den Namen Baals an vom M. bis zum
2Kö	7,9	wenn wir warten, bis es lichter M. wird
1Ch	9,27	mußten alle M. die Türen auftun
	23,30	an jedem M. sollten sie stehen, zu loben
Neh	8,3	(Esra) las daraus vom lichten M. an
Est	2,14	ging sie am M. in das andere Frauenhaus
Hi	7,18	jeden M. suchst du ihn heim
	11,17	das Finstre würde ein lichter M. werden
	24,17	als M. gilt ihnen die Finsternis
	38,12	hast du dem M. geboten Am 5,8
Ps	30,6	aber des M. ist Freude
	46,6	Gott hilft ihr früh am M.
	55,18	abends und m. und mittags will ich klagen
	59,17	ich will des M. rühmen deine Güte
	73,14	meine Züchtigung ist alle M. da
	90,5	wie ein Gras, das am M. noch sproßt 6
	92,3	des M. deine Gnade verkündigen
	101,8	jeden M. bring ich zum Schweigen
	130,6	wartet mehr als die Wächter auf den M.
	143,8	laß mich am M. hören deine Gnade
Spr	4,18	der Gerechten Pfad glänzt wie... am M.
	7,18	laß uns kosen am M.
	27,14	wenn einer s. Nächsten des M. früh segnet
Pr	11,6	am M. säe deinen Samen
Jes	5,11	die des M. auf sind, dem Saufen nachzug.
	17,11	an dem M., da du sie säest
	14	ehe des M. wird, sind sie nicht mehr da
	21,12	wenn auch der M. kommt, so wird es doch
	26,9	mit meinem Geist suche ich dich am M.
	28,19	M. für M. wird sie kommen
	33,2	sei unser Arm alle M.
	38,13	bis zum M. schreie ich um Hilfe
	50,4	alle M. weckt er mir das Ohr
Jer	20,3	am andern M. ließ Paschhur Jeremia los
	16	am M. soll er Wehklage hören
	21,12	haltet alle M. gerechtes Gericht
Klg	3,23	(seine Barmherzigkeit) ist alle M. neu
Hes	24,18	als ich am M. geredet... am andern M.
	33,22	als jener am M. zu mir kam
Dan	6,20	früh am M. (ging) der König zur Grube
	8,14	bis 2.300 Abende und M. vergangen sind 26
Hos	6,4	eure Liebe ist wie eine Wolke am M. 13,3
	7,6	am M. brennt (ihr Grimm) lichterloh
	10,15	früh am M. wird der König untergehen
Am	4,4	bringt eure Schlachtopfer am M.
Jon	4,7	am M. ließ Gott einen Wurm kommen
Ze	3,3	die nichts bis zum M. übriglassen
	5	er bringt alle M. sein Recht ans Licht

Sir	18,26	anders werden, als es am M. war
	24,45	lasse meine Lehre leuchten wie der M.
	47,12	vom frühen M. an das Heiligtum erfüllt
1Ma	5,30	als sie am M. aufblickten, sahen sie Kriegsvolk 16,5
	12,29	dachten bis zum frühen M. nicht, daß
	30	m. jagte Jonatan ihnen nach
2Ma	13,17	am M., als der Tag anbrach
Mt	6,34	*sorget nicht für den andern M.*
	16,3	des M. sprecht ihr
	20,1	der früh am M. ausging, um
	21,18	als er am M. in die Stadt ging, hungerte ihn
	27,1	am M. faßten die Ältesten den Beschluß Mk 15,1
Mk	1,35	am M. stand (Jesus) auf
	11,20	am M. an dem Feigenbaum vorbeigingen
	13,35	ob um den Hahnenschrei oder am M.
Jh	18,28	es war früh am M.
	21,4	als es schon M. war, stand Jesus am Ufer
Apg	4,3	sie setzten sie gefangen bis zum M.
	5	als der M. kam, versammelten sich
	28,23	bezeugte das Reich Gottes vom frühen M. bis zum Abend

Morgengabe

Sir	41,26	Erbteil und M. an dich zu bringen

Morgenland

1Mo	25,6	(Abraham) schickte sie fort ins M.
Jdt	5,2	die einzigen im M., die uns verachten
Mt	2,1	da kamen Weise aus dem M.
	2	wir haben seinen Stern gesehen im M. 9

Morgenrot, Morgenröte

1Mo	19,15	als die M. aufging Jos 6,15; Ri 19,25; 1Sm 9,26; Jon 4,7
	32,25	rang mit ihm, bis die M. anbrach 27
Neh	4,15	arbeiteten wir vom Aufgang der M.
Hi	3,9	sie sehe nicht die Wimpern der M. 41,10
	38,12	hast du der M. ihren Ort gezeigt
Ps	57,9	ich will das M. wecken 108,3
	110,3	deine Söhne... wie der Tau aus der M.
	139,9	nähme ich die Flügel der M.
Hl	6,10	wer ist sie, die hervorbricht wie die M.
Jes	8,20	so wird ihnen kein M. scheinen
	58,8	wird dein Licht hervorbrechen wie die M.
Hos	6,3	er wird hervorbrechen wie die schöne M.
Jo	2,2	gleichwie die M. sich ausbreitet
Am	4,13	er macht die M. und die Finsternis

Morgenstern

Hi	38,7	als mich die M. miteinander lobten
Jes	14,12	wie bist du gefallen, du schöner M.
Sir	50,6	leuchtete er wie der M. durch die Wolken
2Pt	1,19	bis der M. aufgehe in euren Herzen
Off	2,28	ich will ihm geben den M.
	22,16	ich bin der helle M.

Morgentau

Wsh	11,22	ein Tropfen des M., der auf die Erde fällt

Morgenwache

2Mo	14,24	als die Zeit der M. kam
1Sm	11,11	kamen ins Lager um die Zeit der M.

Mose

morgig
Spr 27,1 rühme dich nicht des m. Tages
Mt 6,34 der m. Tag wird für das Seine sorgen

Morija
1Mo 22,2 geh hin in das Land M.
2Ch 3,1 in Jerusalem auf dem Berge M.

morsch
Wsh 14,1 der ein Holz anruft, das viel m. ist

Mörser
4Mo 11,8 das Volk zerstieß es in M.
Spr 27,22 wenn du den Toren im M. zerstießest
Ze 1,11 heulet, die ihr im „M." wohnt

Mörtel
1Mo 11,3 sie nahmen Erdharz als M.

Mose
2Mo 2,10 (die) Tochter des Pharao nannte ihn M.
11 als M. groß geworden war 14
15 der (Pharao) trachtete danach, M. zu töten. Aber M. floh Apg 7,29
17 M. stand auf und half ihnen
21 M. willigte ein, bei dem Mann zu bleiben. Und er gab M. seine Tochter Zippora 4,20; 18,2
3,1 M. hütete die Schafe Jitros
4 rief Gott ihn aus dem Busch: M., M. 6
11 M. sprach zu Gott 13; 4,1.10.13; 6,12; 19,8.9. 23; 33,12.15.18; 4Mo 10,35; 11,11; 14,13; 27,15
14 Gott sprach zu M. 15; 4,19.21; 6,1.2.10.13.28; 7,1.14.19.26; 8,1.12.16; 9,1.12.13.22; 10,1.12.21; 11,1.9; 13,1; 14,1.15.26; 16,4.11.28; 17,14; 19,9. 10; 24,12; 25,1; 30,11.17.22.34; 31,1.12.18; 32,7. 9.33; 33,1.5.9.11.17; 34,1.27; 40,1; 3Mo 1,1; 4,1; 5,14.20; 6,1.12.17; 7,22.28; 8,1; 12,1; 14,1; 16,1; 17,1; 18,1; 19,1; 20,1; 21,1.16; 22,1.17.26; 23,1.9. 23.26.33; 24,1.13; 25,1; 27,1; 4Mo 1,1.48; 3,1.5. 11.14.40.44; 4,21; 5,1.5.11; 6,1.22; 7,4.11; 8,1.5. 23; 9,1.9; 10,1; 11,16.23; 12,4.14; 13,1; 14,1; 15,1.17.35.37; 16,23; 17,1.9.16.25; 18,25; 20,7; 21,8.34; 25,4.10.16; 26,1.52; 27,12.18; 28,1; 31,1. 25; 33,50; 34,1.16; 35,1.9; 5Mo 31,14.16; 32,48
4,3 da ward er zur Schlange, und M. floh
14 da wurde der HERR sehr zornig über M. 24
18 M. kam wieder zu Jethro
27 sprach zu Aaron: Geh hin M. entgegen
28 M. tat Aaron kund alle Worte 30
30 M. tat die Zeichen 11,10
5,1 gingen M. und Aaron hin zum Pharao 20; 7,10; 10,3
4 M. und Aaron, warum wollt ihr
22 M. kam wieder zu dem HERRN 32,31
6,9 M. sagte das den *Israeliten 14,13; 20,20; 24,3; 32,29.30; 34,31; 35,1.4.20.30; 4Mo 9,4.8; 14,39.41; 17,21; 25,5; 30,1.2; 31,3; 32,6. 20; 34,13; 36,5; 5Mo 1,3; 5,1; 29,1; 31,1
20 Jochebed gebar Aaron und M. 26.27; 4Mo 3,1; 26,59; 1Ch 5,29; 23,13
7,6 M. und Aaron taten, wie ihnen der HERR geboten 20; 17,6.10; 40,16; 3Mo 8,4; 4Mo 3,16; 4,37.45; 8,20; 17,26; 20,27; 27,22.23; 31,31.41.42.47

2Mo 7,7 M. war 80 Jahre alt 5Mo 34,7
8 der HERR sprach zu M. und Aaron 9,8; 12,1. 43; 3Mo 11,1; 13,1; 14,33; 15,1; 4Mo 2,1; 4,1. 17; 14,26; 16,20; 19,1; 20,12.23
22 (der) Pharao hörte nicht auf M.
8,4 ließ der Pharao M. und Aaron rufen 5.6.8.21. 22.25.26; 9,27.29.33; 10,8.9.16.18.24.25.29; 12,31
8 M. schrie zu dem HERRN 17,4; 32,11
9 der HERR tat, wie M. gesagt hatte 27
9,10 M. warf den Ruß gen Himmel 8
11 daß die Zauberer nicht vor M. treten konnten
23 streckte M. seinen Stab gen Himmel 10,13. 22; 14,21.27
35 wie der HERR durch M. gesagt Jos 14,2; 20,2; 21,2.8; Ri 3,4; 1Kö 8,53.56; 2Ch 33,8; 35,6; Bar 2,28; 2Ma 1,29
11,3 M. war ein angesehener Mann in Ägyptenland Sir 45,1
4 M. sprach: So spricht der HERR
8 M. ging vom Pharao mit grimmigem Zorn
12,21 M. berief alle Ältesten Israels 19,7
28 taten, wie der HERR es M. geboten 50; 16,34; 35,29; 38,22; 39,1.5.7.21.26.29.31.32.42; 40,32; 3Mo 8,9.29.36; 9,10.21; 16,34; 24,23; 4Mo 1,19.54; 2,34; 5,4; 8,20.22; 9,5; 36,10; 5Mo 34,9; Jos 11,15.20.23; 14,5
35 hatten getan, wie M. gesagt 16,24; 32,28; 38,21; 3Mo 9,5; 10,5.7; 4Mo 17,12; 32,28; Jos 4,10.12; 11,12.15; 1Ch 6,34; 15,15
13,19 M. nahm mit sich die Gebeine Josefs
14,1 sangen M. und die *Israeliten dies Lied
11 sprachen zu M.: Waren nicht Gräber
22 M. ließ Israel ziehen 4Mo 33,1; Ps 77,21
24 murrte das Volk wider M. 16,2.6.8.9.15.19.20. 22.25.32.33; 17,2.3; 4Mo 13,30; 14,2; 17,6.7; 20,2.3; 21,5.7
31 glaubten ihm und seinem Knecht M.
17,10 Josua tat, wie M. ihm sagte 9
11 wenn M. seine Hand emporhielt, siegte Israel 12; Jdt 4,12
15 M. baute einen Altar
18,1 M. Schwiegervater hörte, was Gott an M. getan 5-8.12.24.27
3 M. sprach: Ich bin ein Gast geworden
13 setzte sich M., um Recht zu sprechen 15.26; 3Mo 24,11.23; 4Mo 9,6; 15,33
19,3 M. stieg hinauf zu Gott 19.20; 20,21 24,1.2.9. 13.15.16.18; 34,5.8
14 M. heiligte sie 17.25
20,19 sprachen zu M.: Rede du mit uns
24,4 schrieb M. alle Worte des HERRN nieder 34,4.29; 1Kö 8,9; 2Ch 5,10
6 nahm die Hälfte des Blutes 8; 3Mo 8,15. 19.23.29.30
32,1 das Volk sah, daß M. ausblieb 15.17.19.25
1 was diesem Mann M. widerfahren ist 23
33,7 M. nahm das Zelt 8.9; 40,18.35; 4Mo 7,89
36,2 M. berief Bezalel und Oholiab 3.5.6
39,33 brachten die Wohnung zu M. 43; 40,33; 1Ch 21,29; 2Ch 1,3
40,31 M., Aaron und s. Söhne wuschen ihre Hände
3Mo 7,38 wie der HERR es M. gebot 26,46; 27,34; 4Mo 2,33; 3,51; 4,19; 8,4; 9,23; 10,13; 15,22. 23.36; 21,16; 26,4; 27,11; 30,17; 31,7.21; 36,13; 5Mo 28,69; 2Kö 18,6; 1Ch 22,13
8,6 M. ließ herzutreten Aaron und seine Söhne 31; 9,1.6.7; 10,3.4.6.12; 21,24; 4Mo 17,11
10 M. salbte das Heiligtum 4Mo 7,1
29 die erhielt M. als seinen Anteil

Mose

3Mo	9,23	M. und Aaron gingen in die Stiftshütte 4Mo 14,5; 16,4; 17,8.15.23; 20,6
	10,16	M. suchte den Bock des Sündopfers 19.20
	23,44	M. tat die Feste des HERRN kund
4Mo	1,17	M. und Aaron nahmen Männer zu sich 44
	3,38	nach Osten sollen sich lagern M. und Aaron
	39	Leviten, die M. mit Aaron zählte 42.49; 4,34. 37.41.45.46; 26,3.63.64
	7,6	da nahm M. die Wagen
	10,29	M. sprach zu seinem Schwager Hobab 31; Ri 1,16; 4,11
	11,2	schrie das Volk zu M., und M. bat den HERRN 10.21.24.27-30; 12,11.13; 17,27; 21,7; 27,5; Ps 99,6
	12,1	redeten Mirjam und Aaron gegen M. 8
	2	redet der HERR allein durch M. 17,5
	3	M. war ein sehr demütiger Mensch
	7	so steht es nicht mit meinem Knecht M.
	13,3	entsandte M. aus der Wüste Paran Männer 16.17.26; 14,36; 20,14; 21,32; Jos 14,7
	16	Hoschea, den Sohn Nuns, nannte M. Josua
	14,44	die Lade und M. wichen nicht
	16,2	(Korach...) empörten sich gegen M. 3.8.12. 15.16.18.25.28; 26,9; Ps 106,16
	17,22	M. legte die Stäbe nieder 24; 20,9-11
	21,9	machte M. eine eherne Schlange 2Kö 18,4
	25,6	brachte eine Midianiterin vor M.
	27,2	traten vor M. und Eleasar 31,12.13.48; 32,2. 25; 36,1
	31,6	M. schickte sie in den Kampf
	14	M. wurde zornig
	32,33	gab M. den Söhnen das Königreich 40
	33,2	M. schrieb auf ihre Wanderungen
5Mo	1,5	fing M. an, dies Gesetz auszulegen 4,44.45
	4,41	sonderte M. drei Städte aus
	46	den schlugen M. und die *Israeliten Jos 12,6; 13,12.21
	27,1	M. gebot dem Volk und sprach 9.11; Jos 8,33
	31,7	M. rief Josua und sprach 14; 34,9
	9	M. schrieb dies Gesetz 22.24; Jos 8,31.32
	30	M. trug dies Lied vor 32,44.45; 2Ma 7,6
	33,1	der Segen, mit dem M. Israel segnete
	4	M. hat uns das Gesetz geboten Jos 1,7; 2Kö 18,12; 21,8; Neh 1,7; 8,1.14; 9,14; 10,30; Mal 3,22; Sir 24,33
	34,1	M. stieg auf den Berg Nebo 5.8; 2Ma 2,5
	10	stand kein Prophet auf wie M. 12
Jos	1,1	nachdem M. gestorben war, sprach der HERR zu Josua, M. Diener 2
	3	wie ich M. zugesagt habe
	5	wie ich mit M. gewesen, will ich mit dir sein 17; 3,7
	13	Wort, das euch M. geboten 8,35; Neh 1,8
	14	im Land, das euch M. gegeben 15; 12,6; 13,8. 15.24.29.32.33; 14,3; 18,7; 22,4.7.9
	4,14	fürchteten (Josua), wie sie M. gefürchtet
	8,31	wie geschrieben steht im Gesetzbuche des M. 23,6; 1Kö 2,3; 2Kö 14,6; 2Ch 8,13; 23,18; 25,4; 30,16; 34,14; 35,12; Esr 3,2; 6,18; Neh 13,1; Dan 9,11.13
	9,24	daß der HERR s. Knecht M. geboten 17,4
	14,6	weißt, was der HERR zu M. sagte 9-11; Ri 1,20
	22,2	habt gehalten, was euch M. geboten 5
	24,5	sandte ich M. und Aaron 1Sm 12,6.8; Ps 105,26; Mi 6,4
Ri	18,30	Gerschoms, des Sohnes des M. 1Ch 23,14.15; 26,24
2Kö	23,25	sich bekehrte, ganz nach dem Gesetz des M.
2Ch	24,6	die Steuer, die M. geboten 9
Esr	7,6	Esra war kundig im Gesetz des M.
Ps	90,1	ein Gebet des M., des Mannes Gottes
	103,7	er hat seine Wege M. wissen lassen
	106,23	wäre nicht M. gewesen, sein Auserwählter
	32	M. ging es übel um ihretwillen
Jes	63,11	da gedachte sein Volk wieder an M.
	12	der s. Arm zur Rechten des M. gehen ließ
Jer	15,1	wenn auch M. und Samuel vor mir stünden
Jdt	8,20	M. und alle, die Gott lieb, standhaft
Tob	7,14	nach dem Gesetz des M. Bar 2,2; 2Ma 7,30; StD 1,3.62
Sir	45,7	Aaron, Bruder des M.
	18	M. salbte (Aaron) mit hl. Öl
	46,1	Josua war der Nachfolger des M.
Bar	1,20	Fluch, durch M. angekündigt
2Ma	2,8	Wolke, wie zu M. Zeiten 10.11
Mt	8,4	opfere die Gabe, die M. befohlen hat Mk 1,44; Lk 5,14
	17,3	da erschienen ihnen M. und Elia 4; Mk 9,4.5; Lk 9,30.33
	19,7	warum hat dann M. geboten 8; Mk 10,3.4
	22,24	M. hat gesagt Mk 7,10; 12,19; Lk 20,28
	23,2	auf dem Stuhl des M. sitzen die Pharisäer
Mk	12,26	habt ihr nicht gelesen im Buch des M.
Lk	2,22	die Tage ihrer Reinigung nach dem Gesetz des M.
	16,29	sie haben M. und die Propheten 31
	20,37	daß die Toten auferstehen, darauf hat M. gedeutet
	24,27	er fing an bei M. und allen Propheten 44
Jh	1,17	das Gesetz ist durch M. gegeben 7,19
	45	den gefunden, von dem M. geschrieben
	3,14	wie M. in der Wüste die Schlange erhöht hat
	5,45	der euch verklagt: M., auf den ihr hofft
	46	wenn ihr M. glaubtet, so glaubtet ihr auch mir
	6,32	nicht M. hat euch das Brot vom Himmel gegeben
	7,22	M. hat euch die Beschneidung gegeben
	23	damit nicht das Gesetz des M. gebrochen
	8,5	M. hat uns im Gesetz geboten
	9,28	wir aber sind M. Jünger
	29	wir wissen, daß Gott mit M. geredet hat
Apg	3,22	M. hat gesagt
	6,11	haben ihn Lästerworte reden hören gegen M.
	14	die Ordnungen ändern, die uns M. gegeben
	7,20	zu der Zeit wurde M. geboren
	22	M. wurde in aller Weisheit... gelehrt
	31	als M. (die Erscheinung) sah
	32	M. fing an zu zittern und wagte nicht hinzuschauen Heb 12,21
	35	diesen M. sandte Gott 36.37.40.44
	13,38	durch das Gesetz des M. nicht gerecht werden
	15,1	wenn ihr euch nicht beschneiden laßt nach der Ordnung des M.
	5	gebieten, das Gesetz des M. zu halten
	21	M. (wird) von alten Zeiten her... gelesen
	26,22	sage nichts, als was M. vorausgesagt
	28,23	predigte aus dem Gesetz des M.
Rö	5,14	herrschte der Tod von Adam bis M.
	9,15	er spricht zu M.
	10,5	M. schreibt von der Gerechtigkeit
	19	als erster spricht M.
1Ko	9,9	im Gesetz des M. steht geschrieben
	10,2	alle sind auf M. getauft worden
2Ko	3,7	daß die Israeliten das Angesicht des M. nicht ansehen konnten
	13	M., der eine Decke vor sein Angesicht

2Ko	3,15	wenn M. gelesen wird, die Decke
2Ti	3,8	wie... dem M. widerstanden
Heb	3,2	treu, wie auch M. in Gottes Hause 5
	3	er ist größerer Ehre wert als M.
	16	alle, die von Ägypten auszogen mit M.
	7,14	zu welchem Stamm M. nichts gesagt hat vom Priestertum
	8,5	wie die Weisung an M. erging
	9,19	als M. alle Gebote gesagt hatte
	10,28	wenn jemand das Gesetz des M. bricht
	11,23	wurde M., als er geboren war, verborgen
	24	wollte M. nicht mehr als Sohn der Tochter des Pharao gelten
Jud	9	als Michael stritt um den Leichnam des M.
Off	15,3	sangen das Lied des M., des Knechtes Gottes

Moser, Moserot, *Moseroth*

4Mo	33,30	lagerten sich in M. 31
5Mo	10,6	die *Israeliten zogen aus nach M.

Most

Hi	32,19	mein Inneres ist wie der M.
Hl	8,2	tränken mit dem M. meiner Granatäpfel

Motte

Hi	4,19	die wie M. zerdrückt werden
	13,28	Kleid, das die M. fressen Jes 50,9; 51,8
Ps	39,12	verzehrst seine Schönheit wie M. ein Kleid
Hos	5,12	bin für Ephraim wie eine M.
Sir	42,13	wie aus den Kleidern M. kommen
Bar	6,12	die Götzen können sich nicht vor M. schützen
Mt	6,19	Schätze, die M. und Rost fressen 20; Lk 12,33
Jak	5,2	eure Kleider sind von M. zerfressen

Moza

Jos	18,26	¹(Städte des Stammes Benjamin:) M.
1Ch	2,46	²Efa, die Nebenfrau Kalebs, gebar M.
	8,36	³Simri zeugte M. 37; 9,42.43

Mücke

2Mo	8,13	kamen M... aller Staub ward zu M. 14
Jes	51,6	werden die M. dahinsterben
Wsh	19,10	wie die Erde M. hervorbrachte
Mt	23,24	die ihr M. aussiebt, aber Kamele verschluckt

mucken

2Mo	11,7	gegen ganz Israel soll nicht ein Hund m.

Mückennetz

Jdt	10,21	als Judit... unter seinem M. sah

müde

1Mo	25,29	da kam Esau vom Feld und war m. 30
2Mo	18,18	machst dich zu m., dazu auch das Volk
5Mo	25,18	als du m. und matt warst
Ri	8,4	waren m. und jagten den Feinden nach 5.15
1Sm	30,10	die 200 Mann waren zu m. 21
2Sm	16,2	wenn sie m. werden in der Wüste 17,29
	14	der König kam m. an den Jordan 21,15
2Sm	23,10	bis seine Hand m. war
Hi	16,7	nun hat Er mich m. gemacht
Ps	6,7	ich bin so m. vom Seufzen Jer 45,3
	69,4	habe mich m. geschrien
Pr	12,12	viel Studieren macht den Leib m.
Jes	1,14	ich bin's m., sie zu tragen
	5,27	keiner unter ihnen ist m. oder schwach
	7,13	zu wenig, daß ihr Menschen m. macht? Müßt ihr auch meinen Gott m. machen
	28,12	schaffet Ruhe den M.
	35,3	stärket die m. Hände
	40,28	der HERR wird nicht m. noch matt
	29	er gibt dem M. Kraft
	30	Männer werden m. und matt
	31	daß sie wandeln und nicht m. werden
	46,1	daß sie sich m. tragen an dem
	47,13	hast dich m. gemacht
	50,4	daß ich wisse mit den M. zu reden
	57,10	so wurdest du dessen nicht m.
Jer	12,5	m. macht, mit Fußgängern zu gehen
	15,6	ich bin des Erbarmens m.
	31,25	ich will die M. erquicken
Klg	4,17	blickten nach Hilfe, bis sie m. wurden
	5,5	wenn wir m. sind, läßt man uns keine Ruhe
Hes	23,17	bis sie ihrer m. wurde 18.22.28
Hos	8,10	sollen's m. werden, Könige zu salben
	11,7	mein Volk ist m., sich zu mir zu kehren
Hab	2,13	wofür die Leute sich m. gemacht haben
Tob	2,10	als er Tote begraben hatte und m. heimkam
Sir	16,27	die sind nicht m. noch matt werden
	17,20	die m. werden, tröstet er
	38,29	sich in der Hitze des Ofens m. arbeitet
	43,11	werden nicht m., wenn sie Wache halten
1Ma	10,81	bis die Pferde der Feinde m. wurden 82
2Ma	12,36	als Esri... vom langen Kampf m. wurden
Jh	4,6	weil Jesus m. war, setzte er sich am Brunnen
2Ko	4,1	darum werden wir nicht m. 16
Gal	6,9	laßt uns Gutes tun und nicht m. werden
Eph	3,13	darum bitte ich, daß ihr nicht m. werdet
Heb	12,12	stärkt die m. Hände und die wankenden Knie
Off	2,3	hast Geduld und bist nicht m. geworden

Mühe

1Mo	3,16	unter M. sollst du Kinder gebären
	5,29	der wird uns trösten in unserer M.
	31,42	Gott hat meine M. angesehen
3Mo	26,20	eure M. und Arbeit soll verloren sein
5Mo	1,12	wie kann ich allein tragen eure M.
Hi	3,17	dort ruhen, die viel M. gehabt
	39,16	daß ihre M. unsonst war
Ps	90,10	ist doch nur vergebliche M.
Spr	10,22	nichts tut eigene M. hinzu
Pr	1,3	was hat der Mensch von all seiner M. 2,22
	8	alles Reden ist so voll
	13	solch unselige M. hat Gott gegeben
	2,10	daß es fröhlich war von aller meiner M.
	11	als ich ansah die M., die ich gehabt 19
	26	dem Sünder gibt er M.
	4,6	besser... als beide Fäuste voll mit M.
	8	hat seiner M. kein Ende... das ist auch eitel und eine böse M.
	9	sie haben guten Lohn für ihre M.
	5,2	wo viel M. ist, da kommen Träume
	14	trotz seiner M. nimmt er nichts mit sich
	8,16	zu schauen die M., die auf Erden geschieht
	9,9	das ist dein Teil bei deiner M.
Jes	43,24	hast mir M. gemacht mit deinen Missetaten
Jer	31,16	deine M. wird noch belohnt werden

Mühe

Jer	51,58	dem Feuer verfalle, was mit M. erbaut
Dan	6,3	damit der König der M. enthoben wäre
Hos	12,9	bei meinen M. keine Schuld an mir finden
Wsh	3,11	ihre M. ist umsonst
	5,1	die seine M. nicht gelten lassen
	6,15	wer... braucht nicht viel M.
	10,17	sie belohnte die Heiligen für ihre M.
Sir	22,15	daß du nicht M. durch ihn hast
	34,28	was haben sie davon anderes als M.
	51,35	habe kurze Zeit M. und Arbeit gehabt
2Ma	2,27	uns der M. dieser Kürzung unterziehen 28
Lk	10,41	Marta, Marta, du hast viel Sorge und M.
	18,5	weil sie mir soviel M. macht
Apg	27,7	gelangten mit M. bis auf die Höhe von Knidos
	16	konnten wir mit M. das Beiboot in unsre Gewalt bekommen
Rö	16,6	Maria, die viel M. und Arbeit um euch gehabt
1Ko	16,4	wenn es die M. lohnt, daß ich auch hinreise
2Ko	6,5	(als Diener Gottes:) in M.
	11,27	(ich bin gewesen) in M. und Arbeit
Gal	6,17	hinfort mache mir niemand weiter M.
Kol	4,13	daß er viel M. hat um euch
1Th	2,9	ihr erinnert euch doch an unsre M.
2Th	3,8	mit M. und Plage Tag und Nacht gearbeitet
2Pt	1,5	so wendet alle M. daran

mühen

Jos	24,13	Land, um das ihr euch nicht gem. habt
1Sm	17,39	David m. sich vergeblich, damit zu gehen
Hi	9,29	warum m. ich mich so vergeblich
Spr	30,1	habe mich gem., o Gott, habe mich gem.
Pr	2,18	mich verdroß, um das ich mich gem. 20
	21	einem andern, der sich nicht gem.
	23	voll Kummer ist sein M.
	24	daß s. Seele guter Dinge sei bei seinem M.
	3,13	hat guten Mut bei all seinem M. 5,17.18; 8,15; 9,9
	4,4	ich sah alles M. an
	8	für wen m. ich mich denn
	6,7	alles M. des Menschen ist für seinen Mund
	8,17	je mehr der Mensch sich m., zu suchen
Jes	22,4	m. euch nicht, mich zu trösten
	25,11	trotz allen M. seiner Arme
	43,22	nicht, daß du dich um mich gem. hättest
Dan	6,15	der König m. sich, ihn zu erretten
Jon	4,10	Staude, um die du dich nicht gem. hast
Wsh	3,15	wer sich recht m., empfängt Frucht
Sir	6,20	du brauchst dich nur ein wenig zu m.
	24,47	mich nicht für mich allein gem. habe
Bar	3,18	die Silber bearbeiten und sich darum m.
Lk	12,58	so m. dich auf dem Wege
Rö	16,12	Persis, die sich viel gem. hat
1Ko	16,16	ordnet euch unter allen, die sich m.
2Ko	7,11	welches M. hat das in euch gewirkt
	12	damit euer M. für uns offenbar werde
1Th	2,17	haben wir uns desto mehr gem.
1Ti	5,17	die sich m. im Wort und in der Lehre

mühevoll

Wsh	15,7	Töpfer, der den Ton m. knetet

Mühle

2Mo	11,5	Magd, die hinter ihrer M. hockt
4Mo	11,8	das Volk zerrieb es mit M.
Ri	16,21	(Simson) mußte die M. drehen
Pr	12,4	daß die Stimme der M. leiser wird
Jes	47,2	nimm die M. und mahle Mehl
Jer	25,10	wegnehmen das Geräusch der M. Off 18,22
Mt	24,41	zwei Frauen werden mahlen mit der M. Lk 17,35

Mühlstein

5Mo	24,6	sollst nicht zum Pfande nehmen den M.
Ri	9,53	eine Frau warf einen M. 2Sm 11,21
Hi	41,16	sein Herz ist so fest wie der untere M.
Klg	5,13	Jünglinge mußten M. tragen
Mt	18,6	besser, daß ein M. an seinen Hals gehängt Mk 9,42; Lk 17,2
Off	18,21	Stein, groß wie ein M.

Mühsal

1Mo	3,16	will dir viel M. schaffen 17
2Mo	18,8	alle die M., die ihnen begegnet war
4Mo	20,14	kennst die M., die uns betroffen hat
1Ch	22,14	habe in M. herbeigeschafft Gold und Silber
Hi	11,16	dann würdest du alle M. vergessen
	15,35	gehen schwanger mit M. 20,22
Ps	10,7	seine Zunge richtet M. und Unheil an
	55,11	M. und Unheil ist drinnen
	73,5	sie sind nicht in M. wie sonst die Leute
	132,1	gedenke, HERR, an David und all seine M.
Klg	3,5	er hat mich mit M. umgeben
Mal	1,13	siehe, welch eine M.
Off	2,2	ich kenne deine M. und deine Geduld
	14,13	sie sollen ruhen von ihrer M.

mühsam

Spr	5,10	daß, was du m. erworben, nicht komme
Pr	2,21	ein Mensch, der seine Arbeit m. getan

mühselig

Hi	3,20	warum gibt Gott das Licht dem M.
Mt	11,28	kommt her zu mir, alle, die ihr m. und beladen seid

Müllerin

Pr	12,3	zur Zeit, wenn müßig stehen die M.

Mund (s.a. auftun)

2Mo	4,11	wer hat dem Menschen den M. geschaffen
	12	will mit deinem M. sein 15
	15	sollst die Worte in seinen M. legen 16
	13,9	damit des HERRN Gesetz in deinem M. sei
	23,13	aus eurem M. sollen nicht gehört werden Ps 16,4; Hos 2,19
	24,3	da antwortete alles Volk wie aus einem M.
3Mo	24,12	Antwort durch den M. des HERRN
4Mo	12,8	von M. zu M. rede ich mit ihm (Mose)
	20,24	weil ihr meinem M. ungehorsam gewesen 5Mo 1,26.43; 9,23; 1Kö 13,21
	22,38	was mir Gott in den M. gibt 23,5.12.16
	35,30	auf den M. von Zeugen hin 5Mo 17,6; 19,15; Mt 18,16; 2Ko 13,1
5Mo	8,3	von allem, was aus dem M. des HERRN geht
	18,18	will meine Worte in seinen M. geben Jes 51,16; 59,21; Jer 1,9
	23,24	wie du mit deinem M. geredet hast
	30,14	das Wort ganz nahe, in deinem M. Rö 10,8

5Mo	31,19	legt (dies Lied) in ihren M.
	21	nicht vergessen im M. ihrer Nachkommen
	32,1	die Erde höre die Rede meines M.
Jos	1,8	laß das Buch nicht von deinem M. kommen
	18	wer deinem M. ungehorsam ist
	6,10	noch soll ein Wort aus eurem M. gehen
	9,14	befragten den M. des HERRN nicht Jes 30,2
Ri	7,6	getrunken aus der Hand zum M.
	11,36	tu mit mir, wie dein M. geredet
	18,19	schweig und halt den M.
1Sm	1,12	achtete Eli auf ihren M.
	2,3	freches Reden gehe nicht aus eurem M.
	12,14	dem M. des HERRN nicht ungehorsam sein 15
	14,27	Jonatan führte seine Hand zum M. 26
2Sm	1,16	dein M. hat gegen dich selbst geredet
	14,3	Joab legte ihr die Worte in den M. 19
	18,25	so ist eine gute Botschaft in seinem M.
	22,9	verzehrend Feuer aus seinem M. Ps 18,9
1Kö	8,15	der HERR, der durch seinen M. David zugesagt hat 24; 2Ch 6,4.15
	17,24	des HERRN Wort in deinem M. ist Wahrheit
	19,18	jeden M., der (Baal) nicht geküßt hat
	22,22	will ein Lügengeist sein im M. aller seiner Propheten 23; 2Ch 18,21.22
2Kö	4,34	(Elisa) legte seinen M. auf des Kindes M.
1Ch	16,12	gedenket der Urteile seines M. Ps 105,5
2Ch	36,21	durch den M. Jeremias 22; Esr 1,1
Esr	8,17	ich legte ihnen in den M., was sie reden
Neh	9,20	dein Manna versagtest du nicht ihrem M.
Est	7,8	als das Wort aus des Königs M. gekommen
Hi	5,16	die Bosheit muß ihren M. zuhalten
	7,11	will meinem M. nicht wehren 8,2; 15,13
	8,21	bis er deinen M. voll Lachens mache
	9,20	müßte mich doch mein M. verdammen
	12,11	wie der M. die Speise schmeckt
	15,5	deine Schuld lehrt deinen M.
	6	dein M. verdammt dich und nicht ich
	30	ihn durch den Hauch seines M. wegraffen
	16,5	ich würde euch stärken mit dem M.
	10	haben ihren M. aufgesperrt 29,23
	19,16	mußte ihn anflehen mit eigenem M.
	20,12	das Böse in seinem M. wohlschmeckt
	21,5	werdet die Hand auf den M. legen 29,9; 40,4; Spr 30,32; Mi 7,16
	22,22	nimm Weisung an von seinem M. Ps 119,13
	23,4	würde meinen M. mit Beweisen füllen
	12	bewahrte die Reden seines M.
	31,30	ich ließ meinen M. nicht sündigen
	32,5	keine Antwort war im M. der Männer
	33,2	meine Zunge redet in meinem M.
	35,16	sperrt Hiob seinen M. auf um nichts
	37,2	was für Gedröhn aus seinem M. geht
Ps	5,10	in ihrem M. ist nichts Verläßliches
	8,3	aus dem M. der jungen Kinder Mt 21,16
	10,7	sein M. ist voll Fluchens Rö 3,14
	17,3	daß mein M. sich nicht vergehe
	10	mit ihrem M. reden sie stolz
	19,15	laß dir wohlgefallen die Rede meines M.
	21,3	verweigerst nicht, was sein M. bittet
	33,6	all sein Heer durch den Hauch seines M.
	34,2	sein Lob soll immerdar in meinem M. sein
	37,30	der M. des Gerechten redet Weisheit
	38,15	der keine Widerrede in seinem M. hat
	39,2	will meinem M. einen Zaum anlegen
	40,4	hat mir ein neues Lied in meinen M. gegeben
	10	will mir meinen M. nicht stopfen lassen
	49,4	mein M. soll Weisheit reden
Ps	50,16	nimmst meinen Bund in deinen M.
	19	deinen M. lässest du Böses reden
	51,17	daß mein M. deinen Ruhm verkündige 71,8
	54,4	vernimm die Rede meines M.
	55,22	ihr M. ist glatter als Butter
	62,5	mit dem M. segnen sie
	63,6	wenn ich dich mit fröhlichem M. loben kann
	66,14	wie mein M. geredet hat in meiner Not
	17	zu ihm rief ich mit meinem M.
	71,15	mein M. soll verkündigen deine Gerechtigk.
	78,1	neiget eure Ohren zu der Rede meines M. Jer 9,19
	30	ihre Speise war noch in ihrem M.
	36	doch betrogen sie ihn mit ihrem M.
	81,11	tu deinen M. weit auf
	89,2	will seine Treue verkünden mit meinem M.
	35	nicht ändern, was aus meinem M. gegangen
	103,5	der deinen M. fröhlich macht
	109,30	will dem HERRN sehr danken mit meinem M.
	119,43	nimm nicht von meinem M. das Wort der Wahrheit
	72	das Gesetz deines M. ist mir lieber
	88	daß ich halte die Mahnung deines M.
	103	dein Wort ist meinem M. süßer als Honig
	108	laß dir gefallen das Opfer meines M.
	126,2	dann wird unser M. voll Lachens sein
	135,17	ist kein Odem in ihrem M.
	138,4	daß sie hören das Wort deines M.
	141,3	HERR, behüte meinen M.
	144,8	deren M. unnütz redet 11
	145,21	mein M. soll des HERRN Lob verkündigen
	149,6	ihr M. soll Gott erheben
Spr	2,6	aus seinem M. kommt Erkenntnis
	4,5	weiche nicht von der Rede meines M. 5,7; 7,24
	24	tu von dir die Falschheit des M.
	5,2	daß dein M. wisse Erkenntnis zu bewahren
	6,2	bist du gefangen in der Rede deines M.
	12	wer einhergeht mit trügerischem M.
	7,21	sie gewinnt ihn mit ihrem glatten M.
	8,7	mein M. redet die Wahrheit 8
	10,11	des Gerechten M. ist ein Brunnen d. Lebens
	14	der Toren M. ist schnell zum Verderben
	31	aus dem M. des Gerechten sprießt Weisheit
	32	der Gottlosen M. ist Falschheit
	11,9	durch den M. des Gottesverächters wird 11
	12,6	die Frommen errettet ihr M.
	14	viel Gutes... durch die Frucht seines M.
	19	wahrhaftiger M. besteht immerdar
	14,3	in des Toren M. ist die Rute für seinen Hochmut; aber die Weisen bewahrt ihr M.
	15,2	der Toren M. speit nur Torheit 14
	7	der Weisen M. breitet Einsicht aus
	28	der M. der Gottlosen schäumt Böses
	16,10	Gottes Spruch ist in dem M. des Königs; sein M. spricht nicht fehl im Gericht
	26	seine treibt ihn an Pr 6,7
	27	in seinem M. ist's wie brennendes Feuer
	17,28	ein Tor verständig, wenn er den M. hielte
	18,4	Worte in eines Mannes M. wie tiefe Wasser
	6	sein M. ruft nach Schlägen
	7	der M des Toren bringt ihn ins Verderben
	20	wird vergolten, was sein M. geredet hat
	19,24	der Faule bringt sie nicht zum M. 26,15
	20,15	ein M., der Vernünftiges redet
	17	am Ende hat er den M. voller Kieselsteine
	19	der den M. nicht halten kann
	21,23	wer M. und Zunge bewahrt, bewahrt s. Leben

Mund 1016

Spr	22,14	der M. unzüchtiger Weiber ist eine Grube
	24,28	betrüge nicht mit deinem M.
	26,9	ein Spruch in eines Toren M. ist wie
	27,2	laß dich loben nicht von deinem M.
	30,20	(die) Ehebrecherin wischt sich den M.
Pr	5,1	sei nicht schnell mit deinem M.
	5	daß dein M. dich in Schuld bringe
	10,12	die Worte aus seinem M. des Weisen bringen
Hl	1,2	er küsse mich mit dem Kusse seines M.
	4,3	dein M. ist lieblich 5,16
	7,10	laß deinen M. sein wie guten Wein
Jes	1,20	der M. des HERRN sagt es 34,16; 40,5; 58,14; Mi 4,4
	6,7	rührte meinen M. an und sprach
	9,16	aller M. redet Torheit
	11,4	er wird mit dem Stabe seines M. schlagen
	29,13	weil dies Volk mir naht mit seinem M.
	45,23	Gerechtigk. ist ausgegangen aus meinem M.
	48,3	aus meinem M. ist es gekommen
	49,2	hat meinen M. wie ein Schwert gemacht
	52,15	daß auch Könige werden ihren M. zuhalten
	53,9	wiewohl kein Betrug in seinem M. gewesen
	55,11	so soll das Wort, das aus meinem M. geht
	59,21	meine Worte sollen von deinem M. nicht weichen noch von dem M. deiner Kinder
	62,2	Namen, welchen des HERRN M. nennen wird
Jer	1,9	der HERR rührte meinen M. an
	5,14	meine Worte in deinem M. zu Feuer machen
	7,28	die Wahrh. ist ausgerottet aus ihrem M.
	9,7	mit dem M. reden sie freundlich
	11	zu wem spricht des HERRN M.
	12,2	nahe bist du ihrem M., aber ferne
	23	es nicht mehr im M. führen soll
	15,19	so sollst du mein M. sein
	16,56	nahmst den Namen Sodoms nicht in den M.
	23,16	verkünden nicht aus dem M. des HERRN
	32,4	von M. zu M. mit ihm reden 34,3
	33,31	ihr M. ist voll von Liebesweisen
	44,17	Worte... aus unserm eigenen M. 25
	26	durch irgendeines Menschen M.
Klg	3,29	(er) stecke seinen M. in den Staub
	38	Gutes kommt aus dem M. des Allerhöchsten
Hes	3,3	in meinem M. süß wie Honig Off 10,9.10
	17	wirst aus meinem M. das Wort hören 33,7
	4,14	nie ist... in meinem M. gekommen Apg 11,8
Dan	10,3	Fleisch und Wein kamen nicht in meinen M.
Hos	6,5	ich töte sie durch die Worte meines M.
Jo	1,5	er ist euch vor eurem M. weggenommen
Ob	12	sollst mit deinem M. nicht so stolz reden
Mi	7,5	bewahre die Tür deines M. vor der, die
Nah	3,12	Feigen: so fallen sie dem in den M.
Ze	3,13	in ihrem M. keine betrüg. Zunge finden
Sa	8,9	diese Worte hört durch der Propheten M.
	9,7	will das Blut von ihrem M. wegnehmen
	14,12	werden verwesen ihre Zungen im M.
Mal	2,6	verläßliche Weisung war in seinem M. 7
Wsh	1,11	der M., der lügt, bringt sich den Tod
	10,21	Weisheit öffnet den M. der Stummen
Sir	5,14	wenn nicht, so halt deinen M.
	21,28	die Weisen haben ihren M. im Herzen
	22,33	könnte doch ein Schloß an meinen M. gelegt werden 28,25
	23,7	liebe Kinder, lernt den M. halten
	9	gewöhne deinen M. nicht ans Schwören 17
	24,4	ich ging vom M. des Höchsten
	25,9	das zehnte will ich mit meinem M. preisen
	28,14	beides kann aus deinem M. kommen
	30,18	vor einem M., der nicht essen kann
	31,12	so sperr deinen M. nicht auf
Sir	34,8	was... spricht mit wahrhaftigem M.
	39,41	darum soll man danken mit Herz und M.
	42,11	daß du in aller M. bist
	49,2	er ist süß wie Honig im M.
2Ma	6,18	dem sperrte man mit Gewalt den M. auf
StE	2,7	laß denen nicht den M. gestopft werden 3,7
Mt	4,4	von einem jeden Wort, das aus dem M. Gottes geht
	12,34	wes das Herz voll ist, des geht der M. über Lk 6,45
	15,11	was zum M. hineingeht, das macht den Menschen nicht unrein 17.18
	18,16	durch M. von Zeugen bestätigt 2Ko 13,1
	21,16	aus dem M. der Unmündigen... bereitet
Mk	9,18	er hat Schaum vor dem M. 20; Lk 9,39
Lk	1,70	geredet durch den M. seiner heiligen Propheten Apg 3,18.21
	4,22	daß solche Worte aus seinem M. kamen
	11,54	ob sie etwas aus seinem M. erjagen könnten
	19,22	*aus deinem M. richte ich dich*
	21,15	ich will euch M. und Weisheit geben
	22,71	wir haben's selbst gehört aus seinem M.
Jh	19,29	ein Ysoprohr und hielten es ihm an den M.
Apg	1,16	das der heilige Geist durch den M. Davids vorausgesagt hat 4,25
	11,8	nie etwas Unreines in meinen M. gekommen
	15,7	daß durch meinen M. die Heiden das Wort hörten
	19,34	schrie alles wie aus einem M.
	22,14	die Stimme aus seinem M. hören
	23,2	Hananias befahl, ihn auf den M. zu schlagen
Rö	3,14	ihr M. ist voll Fluch und Bitterkeit
	19	damit allen der M. gestopft werde
	10,8	das Wort ist dir nahe, in deinem M. und in deinem Herzen
	9	wenn du mit deinem M. bekennst, daß Jesus
	10	wenn man mit dem M. bekennt... gerettet
	15,6	damit ihr einmütig mit einem M. Gott lobt
Eph	4,29	laßt kein faules Geschwätz aus eurem M. gehen
Kol	3,8	legt ab: schandbare Worte aus eurem M.
2Th	2,8	ihn wird der Herr Jesus umbringen mit dem Hauch seines M.
1Pt	2,22	er, in dessen M. sich kein Betrug fand
Jak	3,10	aus einem M. kommt Loben und Fluchen
Jud	16	ihr M. redet stolze Worte
Off	1,16	aus seinem M. ging ein scharfes Schwert 19,15.21
	2,16	gegen sie streiten mit dem Schwert meines M.
	3,16	werde ich dich ausspeien aus meinem M.
	10,9	in deinem M. wird's süß sein wie Honig 10
	11,5	Feuer aus ihrem M. verzehrt ihre Feinde
	12,16	tat ihren M. auf und verschlang den Strom
	14,5	in ihrem M. wurde kein Falsch gefunden

munden

Spr	19,28	den Gottlosen m. das Unrecht

münden

Hes	47,8	dies Wasser m. ins Tote Meer

mündlich

2Ch	36,22	daß (Kyrus) m. verkünden ließ Esr 1,1
Apg	15,27	die euch m. dasselbe mitteilen werden
2Jh	12	ich hoffe, m. mit euch zu reden 3Jh 14

Mundschenk

1Mo	40,1	der M. des Königs von Ägypten
1Kö	10,5	(die Königin sah) seine M. 2Ch 9,4
Neh	1,11	ich war des Königs M.

Münze

Wsh	2,16	als falsche M. gelten wir ihm
1Ma	15,6	das Recht, eigne M. zu schlagen

Münzgewicht

2Mo	30,13	einen Taler nach dem M. des Heiligtums

Muppim

1Mo	46,21	Söhne Benjamins: M.

murmeln

Jes	8,19	Beschwörer, die da flüstern und m.
	29,4	dann sollst du aus dem Staube m.

murren

2Mo	15,24	m. das Volk wider Mose 7; 16,2; 17,3; 4Mo 13,30; 14,2.36; 17,6
	16,7	hat euer M. wider den HERRN gehört 8.9. 12; 4Mo 14,27.29; 16,11; 5Mo 1,27; Ps 106,25
4Mo	17,20	will das M., mit dem sie m., stillen 25
Jos	9,18	als die Gemeinde gegen die Obersten m.
Ps	2,1	warum m. die Völker so vergeblich
	59,16	sie m., wenn sie nicht satt werden
Jes	29,24	welche m., werden sich belehren lassen
Klg	3,39	was m. denn die Leute im Leben? Ein jeder m. wider seine Sünde
Wsh	1,10	das Gerede der M. bleibt nicht verborgen
	11	hütet euch vor unnützem M.
Sir	10,28	wenn er vernünftig ist, m. er nicht
	46,9	um das böse M. zu unterdrücken
Mt	20,11	als sie den empfingen, m. sie
Lk	5,30	die Pharisäer m. und sprachen 15,2; 19,7
Jh	6,41	da m. die Juden über ihn, weil er sagte
	43	m. nicht untereinander
	61	Jesus merkte, daß seine Jünger darüber m.
Apg	6,1	erhob sich ein M. unter den griech. Juden
1Ko	10,10	m. nicht, wie einige von ihnen m.
Phl	2,14	tut alles ohne M. und ohne Zweifel
1Pt	4,9	seid gastfrei untereinander ohne M.
Jud	16	diese m. und hadern mit ihrem Geschick

Muschi, Muschiter

2Mo	6,19	Söhne Meraris sind: M. 4Mo 3,20.33; 26,58; 1Ch 6,4.32; 23,21.23; 24,26.30

Musik

Sir	32,7	so ziert M. das Festmahl

Muskel

1Mo	32,33	weil er auf den M. am Gelenk geschlagen
Hi	40,16	welch eine Stärke in den M.

Muskelstück

1Mo	32,33	daher essen die *Israeliten nicht das M.

Muße

Wsh	13,13	schnitzt es mit Sorgfalt, wenn er M. hat

müssen (s.a. dahin müssen; davon müssen)

1Mo	2,17	da du von ihm issest, m. du sterben
	4,14	m. mich verbergen und m. unstet sein
	11,8	daß sie aufhören m., die Stadt zu bauen
	15,14	will das Volk richten, dem sie dienen m.
	20,7	so wisse, daß du des Todes sterben m. 26,9; 1Kö 2,37.42
	25,32	ich m. doch sterben 2Kö 7,4
	27,41	daß man um meinen Vater Leid tragen m.
	30,38	wo die Herden hinkommen m. zu trinken
	31,39	ich m. es ersetzen
	35,18	als (Rahel) sterben m.
	39,22	so daß alles durch ihn geschehen m.
	41,9	m. heute an meine Sünden denken
	42,20	so daß ihr nicht sterben m. 2Mo 28,43; 4Mo 35,12
	43,14	ich aber m. sein wie einer, der
	44,28	m. mir sagen: Er ist zerrissen
2Mo	5,2	daß ich ihm gehorchen m. 6,1
	9,19	m. sterben, wenn der Hagel auf ihn fällt
	28	daß ihr nicht länger hierbleiben m.
	10,26	m. wir nehmen zum Dienst unseres Gottes
	14,11	daß du uns wegführen m., damit wir sterben
	18,14	warum m. du ganz allein da sitzen
	21,18	schlägt den, daß er zu Bett liegen m.
	33,7	wer befragen wollte, m. heraussuchen
	40,32	m. sich waschen, wenn sie ... hinzutreten
3Mo	17,16	so m. er seine Schuld tragen 19,8
	26,10	werdet das Vorjährige wegtun m.
4Mo	7,9	es auf ihren Schultern tragen m.
	11,15	damit ich nicht mein Unglück sehen m.
	17	damit du nicht allein tragen m.
	16,13	m. du auch noch über uns herrschen
	23,12	m. ich nicht reden, was mir der HERR
5Mo	4,6	daß sie sagen m.: Ei, was für weise Leute
	22	ich m. in diesem Land sterben 31,14
	5,25	des HERRN Stimme hören, so m. wir sterben
	11,10	wo du deinen Samen selbst tränken m.
	20,19	wenn du vor einer Stadt lange liegen m... sind nicht Menschen, daß du sie belagern m.
	28,29	wirst Gewalt leiden m. Jer 50,33
	32	daß deine Augen zusehen m.
	30,12	nicht im Himmel, daß du sagen m. 13
	32,31	so m. (unsere Feinde) selber urteilen
Jos	3,4	aber ihr m. ja wissen
	7,12	m. ihren Feinden den Rücken kehren
	24,10	er m. euch segnen, und ich errettete euch
Ri	6,30	gib deinen Sohn heraus, er m. sterben
	8,5	ich m. nachjagen den Königen
	13,22	m. sterben, weil wir Gott gesehen haben
	15,18	nun aber m. ich vor Durst sterben
	16,6	womit man dich binden m.
	21	(Simson) m. die Mühle drehen
	21,17	die Entronnenen m. ihr Erbe behalten
Rut	4,5	m. du auch Rut nehmen
1Sm	2,5	die da satt waren, m. um Brot dienen
	4,9	damit ihr nicht dienen m. den Hebräern
	8,17	ihr m. seine Knechte sein
	13,20	Israel m. hinabziehen zu den Philistern
	14,44	Jonatan, du m. des Todes sterben 45
	21,5	m. die Leute sich der Frauen enthalten
2Sm	14,26	so daß man es abscheren m.
	18,32	den Feinden meines Herrn ergehen, wie
	24,13	daß du vor deinen Widersachern fliehen m.
1Kö	5,2	Salomo m. täglich zur Speisung haben

müssen

1Ch	9,25	m. zur verordneten Zeit hereinkommen 27. 28
	12,1	als er sich von Saul fernhalten m.
2Ch	2,15	von da m. du es nach Jerusalem schaffen
	20,10	sie m. vor ihnen weichen
	35,14	darum m. die Leviten für sich zubereiten
Esr	7,20	was du ausgeben m.
Neh	5,2	unsere Söhne m. wir verpfänden 3-5.8.16
	13,27	und von euch m. man das hören Hi 20,3
Est	1,13	des Königs Sachen m. vor alle kommen
	2,13	alles, was sie wollte, m. man ihr geben
	4,11	daß jeder, der hineingeht, sterben m.
	7,4	daß man den König belästigen m.
Hi	3,24	wenn ich essen soll, m. ich seufzen 23,2
	5,16	Bosheit m. ihren Mund zuhalten 8,22; 21,5
	21	daß du dich nicht fürchten m. Ze 3,15
	6,4	mein Geist m. ihr Gift trinken
	7,1	m. nicht der Mensch immer im Dienst stehen
	9,13	m. sich beugen die Helfer Rahabs
	15	ich m. um mein Recht flehen 20
	11,2	langes Gerede ohne Antwort bleiben 3
	12,4	m. von meinem Nächsten verlacht sein 17,6
	13,16	auch das m. mir zum Heil sein
	17,2	auf ihrem Hadern m. mein Auge weilen 5
	19,16	ich m. ihn anflehen mit eigenem Munde
	20,2	darum m. ich antworten 23,17; 32,20; 33,12
	10	seine Hände m. seine Habe hergeben 11.15
	24,4	die Elenden m. sich verkriechen 8.22
	27,22	m. er immer wieder fliehen
	29,25	so m. ich obenan sitzen
	30,9	ich m. ihnen zum Gerede dienen
	31,23	ich Gottes Strafe fürchten
	31	haben nicht die Männer sagen m.
	32,13	Gott m. ihn schlagen u. nicht ein Mensch
	34,20	plötzlich m. die Leute sterben 23
	28	daß das Schreien vor ihm kommen m.
	37,20	m. es ihm gesagt werden
	39,2	die Monde, die sie erfüllen m.
Ps	9,4	daß meine Feinde zurückweichen m.
	18,39	sie m. unter meine Füße fallen
	30,4	sie m. in die Grube fahren
	32,9	denen man Zaum und Gebiß anlegen m.
	34,11	Reiche m. darben und hungern
	20	der Gerechte m. viel erleiden
	37,21	der Gottlose m. borgen und bezahlt nicht
	38,15	ich m. sein wie einer, der nicht hört
	39,2	solange ich den Gottlosen vor mir sehen m.
	5	daß es ein Ende mit mir haben m. 90,12
	42,10	warum m. ich so traurig gehen, wenn
	44,17	ich m. die Feinde und Rachgierigen sehen
	46,7	die Heiden m. verzagen... das Erdreich m. vergehen
	49,9	er m. davon abstehen ewiglich
	11	sie m. ihr Gut andern lassen
	15	ihr Trotz m. vergehen; bei den Toten m. sie bleiben
	66,3	deine Feinde m. sich beugen 68,19; 81,16
	75,9	die Gottlosen auf Erden m. alle trinken
	77,5	meine Augen hältst du, daß sie wachen m.
	7	mein Geist m. forschen
	78,63	ihre Jungfrauen m. ungefreit bleiben
	83,17	daß sie nach deinem Namen fragen m.
	91,5	daß du nicht erschrecken m. vor der Nacht
	94,15	Recht m. doch Recht bleiben
	97,11	dem Gerechten m. das Licht aufgehen
	101,4	ein falsches Herz m. von mir weichen
	105,18	sein Leib m. in Eisen liegen
	107,10	die da sitzen m. in Finsternis
	119,91	es m. dir alles dienen
	146,4	er m. wieder zu Erde werden Pr 12,7
Spr	5,11	und m. hernach seufzen
	9,12	so m. du's allein tragen
	11,29	ein Tor m. des Weisen Knecht werden
	12,24	die lässig ist, m. Frondienst leisten Jes 31,8
	13,8	mit Reichtum m. mancher s. Leben erkaufen
	13	wer das Wort verachtet, m. dafür büßen
	14,19	die Bösen m. sich bücken vor den Guten
	15,10	wer Zurechtweisung haßt, der m. sterben
	33	ehe man zu Ehren kommt, m. man Demut lernen 18,12
	17,21	wer einen Toren zeugt, m. sich grämen
	19,19	großer Grimm m. Strafe leiden
	20,4	m. in der Ernte betteln und kriegt nichts
	30	man m. dem Bösen wehren mit harter Strafe
	23,8	die Bissen m. du ausspeien
	21	ein Schläfer m. zerrissene Kleider tragen
	30,1	habe mich gemüht und m. davon lassen
	10	daß er dir nicht fluche und du es büßen m.
	17	das m. die Raben am Bach aushacken
Pr	1,8	wer viel lernt, der m. viel leiden
	2,18	weil ich es einem Menschen lassen m. 21
	7,21	daß du nicht hören m., wie dein Knecht
	9,3	danach m. sie sterben
	10,6	Reiche m. in Niedrigkeit sitzen
	10	m. mit ganzer Kraft arbeiten
	19	das Geld m. alles zuwege bringen
Hl	1,7	damit ich nicht herumlaufen m.
Jes	1,27	Zion m. durch Gericht erlöst werden
	5,13	seine Vornehmen m. Hunger leiden
	7,13	m. ihr auch meinen Gott müde machen
	24	daß man mit Pfeil und Bogen dahin gehen m.
	8,9	tobet, ihr Völker, ihr m. doch fliehen
	19	ihr m. die Totengeister befragen
	10,27	wird seine Last weichen m.
	16,4	der Bedrücker (wird) aus dem Lande m.
	21,13	ihr m. im Gestrüpp über Nacht bleiben
	24,6	büßen m.'s, die darauf wohnen
	20	ihre Missetat drückt, daß sie fallen m.
	29,14	daß der Verstand sich verbergen m.
	30,5	m. doch alle zuschanden werden Jer 8,9; 17,13; 20,11; Hos 10,6
	20	dein Lehrer wird sich nicht verbergen m.
	38,10	nun m. ich zu des Totenreiches Pforten
	39,7	daß sie Kämmerer werden m.
	46,2	die Götzen m. in die Gefangenschaft gehen
	59,5	ißt man von ihren Eiern, m. man sterben
	15	sich ausplündern lassen
	63,5	da m. mein Arm mir helfen
	64,1	daß die Völker vor dir zittern m.
	65,12	daß ihr euch zur Schlachtung hinknien m.
	25	die Schlange m. Erde fressen
Jer	2,3	Unheil m. über ihn kommen
	9	ich m. noch weiter mit euch rechten
	19	du m. erfahren, was es für Jammer bringt
	24	wer sie haben will, m. nicht weit laufen
	25	ich m. diese Fremden lieben
	37	du m. auch von dort wegziehen
	3,25	m. wir uns betten in unsere Schande
	4,31	ich m. vergehen vor den Würgern
	5,22	zur Grenze setze, die m. es bleiben m.
	7,32	man wird im Tofet begraben m.
	9,9	ich m. über die Berge weinen
	18	wir m. das Land räumen Hes 14,16
	10,5	m. man (ihre Götter) tragen
	7	dir m. man gehorchen
	11	die Götter m. vertilgt werden 15; 51,18
	19	ich dachte... ich soll es erleiden
	11,16	so daß seine Äste verderben m.
	12,1	dennoch m. ich vom Recht mit dir reden

Jer	13,17	m. weinen... meine Augen m. überfließen	Hos	12,13	Jakob m. fliehen... Israel m. dienen

Jer 13,17 m. weinen... meine Augen m. überfließen
 14,18 m. in ein Land ziehen, daß sie nicht kennen
  Hes 12,11; 36,20; Mi 4,10
 17,11 m. zuletzt noch Spott dazu haben
 20,8 sooft ich rede, m. ich schreien
 18 warum... wenn ich nur Jammer sehen m.
 21,9 der wird sterben m. durch Schwert 22,12; 38,2; 42,22; Hes 6,11; 24,21; 39,23
 22,22 deine Liebhaber m. gefangen fort
 25,6 damit ich euch Unheil zufügen m.
 28 ihr m. trinken 49,12; Hes 23,32-34
 33 sondern m. zu Dung werden 34
 26,8 sprachen: Du m. sterben 38,9.26
 27,7 großen Königen untertan sein m. 9.14; Hes 34,27
 31,19 ich m. büßen die Schande meiner Jugend
 20 m. ich seiner gedenken... mich erbarmen m.
 36 so m. das Geschlecht Israels aufhören
 32,31 ich sie von meinem Angesicht wegtun m.
 34,11 daß sie wieder Sklaven sein m. 16
 36,16 m. diese Worte dem König mitteilen
 42,14 noch Hunger nach Brot leiden m.
 46,10 sie m. Gott ein Schlachtopfer werden
 21 sie m. sich dennoch wenden
 48,2 m. vernichtet werden 7.26.31.32.42; 51,49
 50,6 daß sie über Berge und Hügel gehen m.
 51,51 weil wir die Schmach hören m. Hes 36,6
 52,25 welche stets um den König sein m.
Klg 1,1 die eine Königin war, m. nun dienen 8.10.17; 4,5
 3,1 bin der Mann, der Elend sehen m.
 4,10 haben ihre Kinder kochen m.
 5,4 unser Wasser... unser Holz m. wir bezahlen
 6 wir m. Ägypten die Hand hinhalten 9
 7 wir aber m. ihre Schuld tragen 13
Hes 3,3 du m. diese Schriftrolle essen
 18 m. des Todes sterben 20; 18,26; 33,8.18
 4,9 so lange du auf d. Seite liegen m. 16
 12,19 sie ihr Brot essen m. mit Sorgen
 16,42 so daß ich nicht mehr zürnen m. 22,30
 54 daß du deine Schande tragen m. 58; 32,24.25.30; 34,29; 36,32; 44,12
 20,26 erkennen m., daß ich der HERR bin
 22,4 bewirkt, daß deine Jahre kommen m.
 21 daß ihr darin zerschmelzen m.
 26,17 daß sich das ganze Land fürchten m.
 27,9 die Ältesten m. deine Risse abdichten
 30,6 alle, die Ägypten stützen, m. fallen 22
 31,12 daß alle Völker wegziehen m.
 14 m. alle unter die Erde 18; 32,28
 33,22 so daß ich nicht mehr stumm sein m.
 34,19 fressen m., was ihr zertreten habt
 35,10 diese beiden Völker m. mein werden
 36,30 nicht verspotten, weil ihr hungern m.
 46,20 damit sie es nicht hinaustragen m.
 47,5 so hoch, daß man schwimmen m.
Dan 1,8 daß er sich nicht unrein machen m.
 3,3 sie sich vor dem Bild aufstellen m.
 4,22 m. bei den Tieren des Feldes bleiben 5,21
 5,23 die Gefäße s. Hauses hat man bringen m.
 10,20 jetzt m. ich wieder hin und kämpfen
 11,30 so daß er umkehren m.
 36 es m. geschehen, was beschlossen ist
 43 Libyer und Kuschiter m. ihm folgen m.
Hos 5,2 darum m. ich sie allesamt strafen
 9,3 Ephraim m. wieder nach Ägypten 11.13
 4 ihr Brot m. sie für sich allein essen
 6 sie m. fort wegen der Verwüstung
 10,3 m. sagen: Wir haben keinen König
 11,5 nun m. Assur ihr König sein

Hos 12,13 Jakob m. fliehen... Israel m. dienen
Am 2,16 soll nackt entfliehen m.
 5,1 ich m. dies Klagelied anstimmen Mi 1,8
 13 darum m. der Kluge schweigen
 8,8 sollte nicht das Land erbeben m.
 9,5 daß alle ihre Bewohner trauern m.
Mi 1,14 wirst scheiden m. von Moreschet-Gat
 2,10 d. Unreinheit willen m. sie zerstört werden
 3,7 sie m. alle ihren Bart verhüllen
 7,10 meine Feindin wird's sehen m.
Nah 2,9 Ninive... seine Wasser m. verrinnen 11
 3,3 Leichen... daß man über sie fallen m.
 10 m. gefangen wegziehen
 11 m. trunken werden... m. Zuflucht suchen
Hab 2,7 du m. ihnen zum Raube werden
 13 m. verbrennen... m. verloren sein
 3,6 bücken m. sich die uralten Hügel
Hag 1,4 dies Haus m. wüst stehen
Sa 1,6 daß (eure Väter) haben umkehren m.
 2,13 Beute derer, die ihnen haben dienen m.
 4,7 Berg, der du doch zur Ebene werden m.
 7,3 m. ich immer noch im fünften Monat weinen
 13,5 jeder wird sagen m.: Ich bin kein Prophet
Jdt 6,3 du m. sterben und verderben 7,10.14
 7,16 sehen n., wie unsre Frauen sterben
 8,15 wie wir jetzt trauern m. 20; Wsh 17,17
 9,3 was du willst, das m. geschehen
 11,10 sie m. vor Durst verschmachten 16,17; 1Ma 13,49
 11 weil sie das tun, m. sie umkommen
 16,17 die ganze Schöpfung m. dir dienen 18
Wsh 1,9 die Pläne des Gottlosen. vor Gericht
 11,14 über den m. sie staunen, als
 16,23 wie dasselbe Feuer seine Kraft vergessen m.
 18,11 wie der vornehme Mann leiden
 13 m. jetzt bekennen, daß dies Volk
 25 davor m. der Verderber weichen
 19,4 es m. so geschehen, damit
Tob 5,13 Freude, wenn du in Finstern sitzen m.
 12,13 hast du dich in der Anfechtung bewährt m.
Sir 4,22 wird ihn dahingeben, so daß er fallen m.
 8,8 denke daran, daß wir alle sterben m. 14,18; 25,32; 38,23
 18 du m. um s. Torheit willen Schaden erleiden
 9,20 daß du zwischen Fußangeln leben m. 19
 10,28 einem weisen Knecht m. sein Herr dienen
 11,5 viele Tyrannen haben sich heruntersetzen m.
 19 er weiß nicht, daß er sterben m.
 12,12 damit du zuletzt an meine Worte denken m.
 13,4 der Arme m. es erleiden
 14,15 du m. doch alles andern lassen
 20 alles vergängliche Werk m. ein Ende nehmen
 17,4 daß alle Geschöpfe sie fürchten mußten
 20,11 mancher, der sich bücken m., kommt empor
 12 nachher m. er's siebenfach bezahlen
 21,5 wer Gewalt tut, m. zum Bettler werden
 22,2 wer ihn aufhebt, m. sich die Hände abwischen
 23,34 ihre Kinder m.'s büßen
 25,24 ihr Mann m. vor Bitterkeit aufseufzen
 29,32 wirst Schmähworte herunterschlucken m. 33
 34 ich m. das Haus haben
 30,9 so m. du dich vor (d. Kind) fürchten
 10 damit du nicht mit ihm trauern m.
 33,7 warum m. ein Tag heiliger sein als der andre
 20 und du sie darum bitten m. 22
 35,7 so m. man tun um des Gebotes willen
 38,27 er m. daran denken, wie er ackern soll 28. 31-34; Bar 6,46

müssen

Sir	39,1	der m. die Weisheit erforschen 2.3
	40,10	auch die Sintflut m. kommen
	11	was aus der Erde kommt, m. zu Erde werden
	43,6	der Mond m. überall scheinen zu seiner Zeit
	20	das Herz m. sich wundern
	49,7	sie m. ihr Königreich andern überlassen
Bar	6,3	ihr werdet in Babel bleiben m. viele Jahre
	27	m. sich schämen, die ihnen dienen 39
1Ma	1,12	wir haben viel leiden m. seit der Zeit
	42	so elend m. es jetzt sein 2Ma 5,20
	56	daß es sich verstecken m.
	2,7	ich aber m. stillsitzen
	3,21	wir m. uns wehren und kämpfen
	6,9	daß er meinte, er m. sterben 13; 2Ma 5,9; 9,8
	8,16	dem m. sie alle gehorsam sein
2Ma	1,27	erlöse, die den Heiden dienen m.
	3,29	daß man die Macht Gottes erkennen m.
	4,16	zu Feinden, die sie bestrafen m.
	5,18	daß er von seinem Vorgehen ablassen m.
	7,16	du bist ein Mensch und m. sterben
	37	daß du bekennen m., daß er allein Gott ist
	9,1	m. Antiochus aus Persien abziehen 2
	13,7	eines solchen Todes mußte... sterben 8
StE	3,11	das ich verabscheue, wenn ich mich zeigen m.
StD	1,43	ich m. sterben, obwohl ich nicht
	57	sie haben euch zu Willen sein m.
	2,2	dem (Bel) m. man täglich opfern 7.8.11
	20	sie m. ihm die geheimen Gänge zeigen
GMn	4	jedermann sich vor deiner Macht fürchten m.
Mt	10,22	ihr m. gehaßt werden um m. Namens willen
	12,36	daß die Menschen Rechenschaft geben m.
	16,21	wie er nach Jerusalem gehen m.
	17,10	sagen, zuerst m. Elia kommen Mk 9,11
	12	so wird auch der Menschensohn leiden m. Mk 8,31; Lk 9,22; 17,25; Apg 26,23
	18,7	es m. ja Verführungen kommen
	21	wie oft m. ich meinem Bruder vergeben
	21,26	m. wir uns vor dem Volk fürchten
	24,6	das m. so geschehen 26,54; Mk 13,7; Lk 21,9
	26,35	wenn ich mit dir sterben m. Mk 14,31
Mk	4,1	daß er in ein Boot steigen m.
	9,49	*es m. ein jeglicher... gesalzen werden*
	13,10	das Evangelium muß zuvor gepredigt werden unter allen Völkern
	14,49	so m. die Schrift erfüllt werden Lk 22,37; 24,44; Jh 13,18; 15,25; Apg 1,16
Lk	2,21	als man ihn Kind beschneiden m.
	49	daß ich sein muß in dem, was meines Vaters
	4,43	ich m. auch den andern Städten das Evangelium predigen
	9,44	*des Menschen Sohn m. überantwortet werden* 24,7
	10,25	was m. ich tun, daß ich das ewige Leben ererbe 18,18
	12,47	wird viel Schläge erleiden m.
	50	ich m. mich zuvor taufen lassen
	13,17	als er das sagte, m. sich schämen alle
	33	m. heute und morgen noch wandern
	14,9	du m. dann beschämt untenan sitzen
	18	ich m. hinausgehen und ihn besehen
	19,5	ich m. heute in deinem Haus einkehren
	22,7	Tag, an dem man das Passalamm opfern m.
	23,17	er m. ihnen einen Gefangenen losgeben
	24,26	m. nicht Christus dies erleiden 46; Apg 17,3
	47	*m. gepredigt werden m. Buße*
Jh	3,7	ihr m. von neuem geboren werden
	14	m. der Menschensohn erhöht werden 12,34
Jh	3,30	er m. wachsen, ich aber m. abnehmen
	4,4	er m. durch Samarien reisen
	15	damit ich nicht herkommen m.
	24	die ihn anbeten, die m. ihn im Geist anbeten
	9,4	wir m. die Werke dessen wirken, der
	10,16	auch sie m. ich herführen
	11,37	machen, daß dieser nicht sterben m.
	15,6	man wirft sie ins Feuer, und sie m. brennen
	19,7	und nach dem Gesetz m. er sterben
	20,9	daß er von den Toten auferstehen m.
Apg	1,20	seine Behausung m. wüste werden
	21	so m. einer von diesen Männern, die
	3,21	ihn m. der Himmel aufnehmen bis zu der Zeit
	5,29	m. Gott mehr gehorchen als den Menschen
	7,7	das Volk, dem sie als Knechte dienen m., will ich richten
	19	*daß man die jungen Kindlein aussetzen m.*
	9,16	wieviel er leiden m. um meines Namens willen
	12,20	*weil ihr Land sich nähren m.*
	13,46	euch m. das Wort Gottes zuerst gesagt werden
	14,22	wir m. durch viele Bedrängnisse in das Reich Gottes eingehen
	15,5	man m. sie beschneiden und ihnen gebieten
	16,30	was m. ich tun, daß ich gerettet werde
	19,21	m. ich auch Rom sehen 23,11
	20,16	*damit er nicht m. in Asien Zeit zubringen*
	35	ich habe euch gezeigt, daß man sich der Schwachen annehmen m.
	21,35	m. ihn die Soldaten tragen
	25,10	da m. ich gerichtet werden
	26,9	ich m. viel gegen den Namen Jesu tun
	27,24	Paulus, du m. vor den Kaiser gestellt werden
	26	*wir m. anfahren an eine Insel*
	28,4	dieser Mensch m. ein Mörder sein
Rö	1,27	wie es ja sein m., an sich selbst empfangen
	4,16	deshalb m. die Gerechtigkeit durch den Glauben kommen
	6,16	dessen Knechte seid ihr und m. ihm gehorsam
	19	menschlich davon reden
	8,13	werdet ihr sterben m.
	15	nicht, daß ihr euch abermals fürchten m.
	11,35	daß Gott es ihm vergelten m.
	13,3	vor denen, die Gewalt haben, m. man sich nicht fürchten
1Ko	5,10	sonst m. ihr ja die Welt räumen
	6,5	ich das sagen
	7,29	*m. auch die da Frauen haben sein, als*
	9,16	dessen mich nicht rühmen; denn ich m. es tun
	11,17	dies m. ich befehlen
	19	es m. ja Spaltungen unter euch sein
	15,25	er m. herrschen, bis Gott
	53	dies Verwesliche m. anziehen die Unverweslichkeit
2Ko	1,9	für beschlossen, wir m. sterben
	2,3	damit ich nicht über die traurig sein m.
	17	wie man aus Lauterkeit reden m.
	5,10	wir m. alle offenbar werden vor dem Richterstuhl Christi
	11,21	zu meiner Schande m. ich sagen
	12,21	ich m. Leid tragen über viele, die
	13,5	*es m. denn sein, daß ihr untüchtig seid*
	10	damit ich nicht... Strenge gebrauchen m.
Gal	5,5	Gerechtigkeit, auf die man hoffen m.
Eph	6,20	daß ich mit Freimut davon rede, wie ich es m.

Kol	4,4	es offenbar mache, wie ich es sagen m.
1Th	5,23	*euer Geist m. bewahrt werden unversehrt*
2Th	1,3	wir m. Gott allezeit für euch danken
	2,3	zuvor m. der Abfall kommen
	7	nur m. der, der es aufhält, weggetan werden
	13	wir m. Gott allezeit für euch danken
1Ti	3,7	er m. einen guten Ruf haben bei denen, die draußen sind
	16	groß ist, wie jedermann bekennen m., das Geheimnis
2Ti	3,12	alle m. Verfolgung leiden
Tit	1,11	denen man das Maul stopfen m.
1Pt	4,5	sie werden Rechenschaft geben m. dem, der
2Pt	1,14	weiß, daß ich meine Hütte bald verlassen m.
	2,8	der Gerechte m. alles mit ansehen
	3,11	wie m. ihr dann dastehen
Heb	2,15	die erlöste, die Knechte sein m.
	17	m. in allem seinen Brüdern gleich werden
	4,13	Gottes, dem wir Rechenschaft geben m.
	5,3	darum m. er ... auch für sich selbst opfern
	13	wem man noch Milch geben m., ist unerfahren
	7,12	dann m. auch das Gesetz verändert werden
	26	einen solchen Hohenpriester m. wir haben
	8,3	darum m. auch dieser etwas haben, was er opfern kann
	9,16	m. der Tod dessen geschehen sein, der
	23	m. die Abbilder der himmlischen Dinge gereinigt werden
	26	oft leiden m. vom Anfang der Welt an
	10,1	alle Jahre die gleichen Opfer bringen m.
	28	wenn jemand ... m. er sterben ohne Erbarmen
	11,6	wer zu Gott kommen will, der m. glauben
	12,7	zu eurer Erziehung, wenn ihr dulden m.
	13,17	dafür m. sie Rechenschaft geben
Off	6,11	daß sie ruhen m. noch eine kleine Zeit
	10,11	du m. abermals weissagen
	11,5	wenn ihnen jemand Schaden tun will, m. er getötet werden
	13,10	*der m. mit dem Schwert getötet werden*
	17,10	m. er eine kleine Zeit bleiben
	20,3	m. er losgelassen werden eine kleine Zeit
	22,6	zu zeigen seinen Knechten, was geschehen m.

müßig

2Mo	5,8	sie gehen m.; darum schreien sie 17
Pr	12,3	zur Zeit, wenn m. stehen die Müllerinnen
Jer	5,8	wie die vollen, m. Hengste
Am	4,6	habe euch m. Zähne gegeben
Sir	30,13	laß (deinen Sohn) nicht m. gehen
	33,26	läßt du (den Sklaven) m. gehen 28
Mt	20,3	sah andere m. auf dem Markt stehen 6

Müßiggang

Sir	33,29	M. lehrt viel Böses
1Ti	5,13	*daneben lernen sie M.*

mustern

1Sm	11,8	(Saul) m. sie bei Besek 13,15; 15,4
1Ch	23,24	gem., von zwanzig Jahren an 2Ch 25,5
Hes	43,21	am Tempel, wo man die Opfertiere m.

Mut

1Mo	43,23	seid guten M. 2Sm 2,7; 1Kö 8,66; 21,7; 2Ch 7,10; Est 5,9

2Mo	15,9	will meinen M. an ihnen kühlen Hes 5,13
5Mo	1,38	dem stärke den M.
1Sm	17,32	seinetwegen lasse keiner den M. sinken
2Sm	4,1	entfiel (Isch-Boschet) der M.
	11,25	so sollst du ihm M. zusprechen
1Ch	17,25	darum hat dein Knecht den M. gefunden
2Ch	23,1	im siebenten Jahr faßte Jojada M.
Neh	3,38	das Volk gewann neuen M.
	6,16	der M. entfiel ihnen
Hi	12,24	nimmt den Häuptern des Volks den M. Ps 76,13; Jer 4,9
	15,13	daß sich dein M. wider Gott richtet
	16,10	haben ihren M. an mir gekühlt
Ps	139,20	deine Feinde erheben sich mit frechem M.
Spr	15,13	wenn das Herz bekümmert, entfällt der M.
	15	ein guter M. ist ein tägliches Fest
	18,14	wenn der M. daniederliegt, wer kann's tragen
Pr	3,13	hat guten M. bei all s. Mühen 5,17; 9,7
Jes	19,3	der M. soll den Ägyptern vergehen
Jer	38,4	nimmt er den Kriegsleuten den M.
	51,11	der HERR hat den M. der Könige erweckt
Hes	21,12	wird allen der M. entfallen
Dan	11,25	wird seinen M. gegen den König aufbieten
Jdt	15,1	so sehr war ihnen der M. entfallen
Wsh	17,15	gelähmt, daß ihnen der M. entsank
	18,6	damit sie darüber frohen M. wären
1Ma	5,53	Judas sprach dem Volk M. zu 2Ma 15,17
	13,7	das Volk faßte neuen M. 2Ma 15,11
Lk	12,19	iß, trink und habe guten M.
	15,32	du solltest fröhlich und guten M. sein
Apg	27,36	da wurden sie alle guten M.
2Ko	12,10	darum bin ich gerne in Schwachheit
1Th	2,2	fanden wir dennoch in unserm Gott den M.
Heb	12,3	damit ihr den M. nicht sinken laßt
Jak	5,13	ist jemand guten M., der singe Psalmen

mutig

4Mo	13,20	seid m. und bringt mit von den Früchten
2Ch	17,6	als er in den Wegen des HERRN m. wurde
Spr	18,14	wer ein m. Herz hat, weiß sich zu halten
Jdt	11,6	deine m. Taten sind hochberühmt
Wsh	11,17	über sie kommen zu lassen m. Löwen
1Ma	3,4	(Judas) war m. wie ein Löwe
	5,40	wenn Judas so m. ist, daß er
2Ma	7,12	daß der Jüngling so m. war
	8,21	als er sie wieder m. gemacht hatte 11,8
	14,43	stürzte sich m. hinab unter die Leute
1Ko	16,13	steht im Glauben, seid m. und seid stark
2Ko	10,1	der ich sein soll m., wenn ich fern von euch bin
	2	daß ihr mich nicht zwingt, m. zu sein

mutlos

Esr	4,4	machte das Volk die Juden m.
Hi	23,16	Gott ist's, der mein Herz m. gemacht

Mutter

1Mo	2,24	darum wird ein Mann Vater und M. verlassen Mt 19,5; Mk 10,7; Eph 5,31
	3,20	wurde die M. aller, die da leben
	20,12	(Sara) ist nicht meiner M. Tochter
	21,21	seine M. nahm ihm eine Frau
	24,28	sagte dies alles in ihrer M. Hause 53.55
	67	führte sie Isaak in das Zelt seiner M.
	27,11	Jakob sprach zu seiner M. 13.14; 28,2.5.7; 29,10

Mutter

1Mo	27,29	deiner M. Söhne sollen dir zu Füßen fallen 37,10
	30,14	fand Liebesäpfel und brachte sie seiner M.
	32,12	daß er schlage die M. samt den Kindern
	43,29	sah Benjamin, seiner M. Sohn 44,20
2Mo	2,8	das Mädchen rief die M. des Kindes
	20,12	sollst deinen Vater und deine M. ehren 3Mo 19,3; 5Mo 5,16; Mt 15,4; 19,19; Mk 7,10; 10,19; Lk 18,20 Eph 6,2
	21,17	wer Vater oder M. flucht 15; 3Mo 20,9; Spr 20,20; Mt 15,4; Mk 7,10
	22,29	7 Tage laß es bei seiner M. 3Mo 22,27
	23,19	sollst das Böcklein nicht kochen in seiner M. Milch 34,26; 5Mo 14,21
3Mo	18,7	sollst mit deiner M. nicht Umgang haben 9. 13; 20,14.17.19; 5Mo 27,22
	21,2	(unrein) außer an... seiner M. 11; 4Mo 6,7; Hes 44,25
	24,11	seine M. hieß 2Sm 17,25; 1Kö 11,26; 14,21. 31; 15,2.10; 22,42; 2Kö 8,26; 11,1; 12,2; 14,2; 15,2.33; 18,2; 21,1.19; 22,1; 23,31.36; 24,8.18; 1Ch 2,26; 2Ch 12,13; 13,2; 20,31; 22,2.10; 24,1; 25,1; 26,3; 27,1; 29,1; Jer 52,1
4Mo	12,12	Totgeborenes, das von seiner M. Leibe
5Mo	13,7	wenn dich deiner M. Sohn überreden würde
	21,13	laß sie einen Monat ihre M. beweinen
	18	der der Stimme seiner M. nicht gehorcht 19
	22,6	wenn die M. sitzt auf den Jungen, sollst du nicht die M. nehmen 7
	15	sollen Vater und M. des Mädchens... nehmen
	27,16	verflucht, wer Vater oder M. verunehrt
	33,9	der von seinem Vater und seiner M. spricht
Jos	2,13	daß ihr leben laßt meine M. 18; 6,23
Ri	5,7	bis du aufstandest, eine M. in Israel
	28	die M. Siseras spähte zum Fenster hinaus
	8,19	es sind m. Brüder, meiner M. Söhne 9,1.3
	14,2	sagte (Simson es) seiner M. 3-6.9.16
	17,2	(Micha) sprach zu seiner M. 3.4
Rut	1,8	kehrt um, eine jede ins Haus ihrer M.
	2,11	daß du verlassen hast deine M.
1Sm	2,19	machte ihm seine M. ein kleines Oberkleid
	15,33	soll auch deine M. der Kinder beraubt sein
	20,30	du Sohn einer ehrlosen M.
	22,3	David sprach: Laß meine M. bei euch bleiben
2Sm	19,38	daß ich sterbe bei meiner M. Grab
	20,19	willst eine M. in Israel zugrunde richten
1Kö	1,11	Batseba, Salomos M. 2,13.19.20.22
	3,27	gebt dieser das Kind... die ist seine M.
	15,13	setzte Maacha ab 2Ch 15,16
	17,23	gab (das Kind) seiner M. 2Kö 4,19.20.30
	19,20	laß mich meine M. küssen, dann will ich
	22,53	(Ahasja) wandelte in den Wegen seiner M.
2Kö	3,2	(Joram) tat nicht wie seine M. 9,22
	24,12	ging zum König von Babel mit seiner M. 15
1Ch	4,9	seine M. nannte ihn Jabez
2Ch	22,3	seine M. hielt ihn an, gottlos zu sein
Est	2,7	Ester hatte weder Vater noch M.
Hi	1,21	nackt von meiner M. Leibe gekommen Pr 5,14
	3,10	nicht verschlossen hat den Leib meiner M. 10,18; Jer 15,10; 20,14.17
	17,14	nenne ich die Würmer meine M.
	19,17	den Söhnen meiner M. ekelt's vor mir
Ps	22,10	hast mich aus meiner M. Leibe gezogen 71,6
	10	geborgen an der Brust meiner M.
	11	bist mein Gott von meiner M. Schoß an Jes 49,1; Jer 1,5
	27,10	mein Vater und meine M. verlassen mich
Ps	35,14	wie einer Leid trägt über seine M.
	50,20	deiner M. Sohn verleumdest du
	51,7	meine M. hat mich in Sünden empfangen
	69,9	bin unbekannt den Kindern meiner M.
	109,14	seiner M. Sünde soll nicht getilgt werden
	131,2	meine Seele wie ein kl. Kind bei seiner M.
Spr	1,8	verlaß nicht das Gebot deiner M. 6,20
	4,3	das einzige unter der Obhut meiner M.
	10,1	ein törichter Sohn ist seiner M. Grämen
	15,20	ein törichter Mensch verachtet seine M.
	17,25	ein törichter Sohn ist Gram für die M.
	19,26	wer die M. verjagt, ist ein verfl. Sohn
	23,22	verachte deine M. nicht, wenn sie alt wird
	25	laß deinen Vater u. deine M. sich freuen
	28,24	wer seiner M. etwas nimmt
	29,15	ein Knabe... bringt seiner M. Schande
	30,11	es gibt e. Art, die ihre M. nicht segnet
	17	Auge, das verachtet, der M. zu gehorchen
	31,1	Worte Lemuëls, die ihn seine M. lehrte
Hl	1,6	meiner M. Söhne zürnten mit mir
	3,4	bis ich ihn brachte in meiner M. Haus 8,2
	11	Krone, mit der ihn seine M. gekrönt
	6,9	die Einzige ist für ihre M.
	8,1	der meiner M. Brüste gesogen
	5	wo deine M. mit dir in Wehen kam
Jes	8,4	ehe der Knabe rufen kann: Liebe M.
	23,4	ich werde nicht mehr M.
	50,1	wo ist der Scheidebrief eurer M.
	66,13	euch trösten, wie einen seine M. tröstet
Jer	15,8	ließ kommen über die M. den Verderber
	16,3	so spricht der HERR von ihren M.
	7	den Trostbecher trinken wegen seiner M.
	22,26	will deine M. in ein anderes Land treiben
	31,8	will sie sammeln, auch junge M.
	50,12	wird eure M. doch zuschanden
Klg	2,12	zu ihren M. sprechen sie: Wo ist Brot... in den Armen ihrer M. den Geist aufgeben
	5,3	unsre M. sind wie Witwen
Hes	16,3	deine M. (war) eine Hetiterin 45
	44	wie die M., so die Tochter 45
	19,2	welch eine Löwin war deine M. 5
	10	deine M. war wie ein Weinstock
	22,7	Vater und M. verachten sie
	23,2	es waren zwei Frauen, Töchter einer M.
Hos	2,4	fordert von eurer M., daß sie wegtue
	7	ihre M. ist eine Hure
	4,5	auch deine M. will ich dahingeben
	10,14	im Krieg, als die M. zerschmettert wurde
Mi	7,6	die Tochter widersetzt sich der M.
Sa	13,3	sollen Vater und M. zu ihm sagen
Tob	4,3	ehre deine M., solange sie lebt Sir 3,5.7.9
	5,24	nahm Abschied von Vater und M. 25.29; 10,4.10; 11,11
	14,12	sobald ihr eure M. neben mir begraben 14
Sir	3,3	will das Recht der M. geachtet wissen
	11	der Fluch der M. reißt es nieder
	18	wer seine M. betrübt, der ist verflucht 13
	4,10	tritt für ihre M. ein, als wärst du ihr Mann
	11	lieber haben als dich deine M. hat
	7,29	vergiß nicht, welche Schmerzen deine M.
	15,2	(Weisheit) wird ihm begegnen wie eine M.
	23,18	denk an deinen Vater und deine M.
	40,1	Erde, die unser aller M. ist
	41,20	schämt euch vor Vater und M. der Unzucht
1Ma	13,28	Pyramiden: dem Vater, der M.
2Ma	7,1	sieben Brüder samt ihrer M. gefangen 4.5.20. 25.41
Mt	1,18	Jesu M. Maria 2,11.13.14.20.21
	10,35	zu entzweien die Tochter mit ihrer M. Lk 12,53

Mt	10,37	wer Vater oder M. mehr liebt als mich
	12,46	da standen seine M. und seine Brüder draußen 47; Mk 3,31.32; Lk 8,19.20
	48	wer ist meine M. Mk 3,33
	49	das ist meine M. 50; Mk 3,34.35; Lk 8,21
	13,55	heißt nicht seine M. Maria Jh 6,42
	14,8	von ihrer M. angestiftet 11; Mk 6,24.28
	15,4	du sollst Vater und M. ehren 19,19; Mk 7,10; 10,19; Lk 18,20; Eph 6,2
	5	wer zu Vater oder M. sagt Mk 7,10.11
	6	*braucht seine M. nicht zu ehren* Mk 7,12
	19,5	darum wird ein Mann Vater und M. verlassen Mk 10,7; Eph 5,31
	29	wer Vater oder M. verläßt Mk 10,29.30
	20,20	da trat zu ihm die M. der Söhne des Zebedäus
	27,56	Maria, die M. des Jakobus Mk 15,40.47; 16,1; Lk 24,10
Mk	5,40	er nahm mit sich die M. Lk 8,51
Lk	1,43	daß die M. meines Herrn zu mir kommt
	60	aber seine M. antwortete
	2,33	sein Vater und seine M. wunderten sich
	34	Simeon segnete sie und sprach zu seiner M.
	48	seine M. sprach zu ihm
	51	seine M. behielt alle diese Worte
	7,12	Toten, der der einzige Sohn seiner M. 15
	14,26	wenn jemand zu mir kommt und haßt nicht Vater, M.
Jh	2,1	die M. Jesu war da
	3	als der Wein ausging, spricht die M. Jesu 5
	12	ging Jesus nach Kapernaum, er, seine M.
	3,4	kann er wieder in seiner M. Leib gehen
	19,25	es standen bei dem Kreuz Jesu seine M.
	26	als Jesus seine M. sah
	27	siehe, das ist deine M.
Apg	1,14	beieinander samt den Frauen und Maria, der M. Jesu
	12,12	ging zum Haus Marias, der M. des Johannes
Rö	16,13	grüßt Rufus und seine M., die auch mir eine M. geworden ist
Gal	1,15	von meiner M. Leib an ausgesondert
	4,26	das ist unsre M.
1Th	2,7	wie eine M. ihre Kinder pflegt
1Ti	5,2	(ermahne) die älteren Frauen wie M.
2Ti	1,5	Glauben, der gewohnt hat in deiner M. Eunike
Heb	7,3	er ist ohne Vater, ohne M., ohne Stammbaum
Off	17,5	das große Babylon, die M. der Hurerei

Mutterbrust

Hi	24,9	man reißt das Waisenkind von der M.
Jes	66,11	euch erfreuen an dem Reichtum ihrer M.

Mutterleib

1Mo	49,25	gesegnet mit Segen der Brüste und des M.
Ri	13,5	ein Geweihter Gottes von M. an 7; 16,17
Hi	3,11	warum... als ich aus dem M. kam
	10,19	wäre ich vom M. weg zum Grabe gebracht Jer 20,17.18
	31,15	der mich im M. schuf Ps 139,13; Jes 44,24
	18	habe sie von M. an geleitet
Ps	22,11	auf dich bin ich geworfen von M. an
	58,4	die Lügner gehen irre von M. an
	71,6	habe mich verlassen vom M. an
Pr	11,5	wie die Gebeine im M. bereitet werden
Jes	44,2	der dir beisteht von M. an 46,3
	48,8	dich nennt „Abtrünnig von M. an"
Jes	49,1	der HERR hat mich berufen von M. an 5
Jer	1,5	kannte dich, ehe ich dich im M. bereitete
Hos	12,4	hat schon im M. seinen Bruder betrogen
Wsh	7,2	bin im M. zehn Monate lang gebildet
Sir	40,1	ein schweres Joch von M. an
	49,9	der im M. zum Propheten auserkoren war
	50,24	der uns von M. an lebendig erhält
Lk	1,15	schon von M. an erfüllt werden mit dem heiligen Geist
	2,21	genannt, ehe er im M. empfangen war
Apg	3,2	ein Mann, lahm von M. 14,8

mütterlich

1Kö	3,26	ihr m. Herz entbrannte für ihren Sohn
1Th	2,7	wir sind unter euch m. gewesen

Muttermörder

1Ti	1,9	(daß das Gesetz gegeben ist) den M.

Mutterschaf

Jes	40,11	er wird die M. führen

Mutterschoß

1Mo	20,18	der HERR hatte verschlossen jeden M.
2Mo	13,2	was zuerst den M. durchbricht, ist mein 12. 15; 4Mo 3,12; 8,16; 18,15; Lk 2,23
Hi	24,20	der M. vergißt ihn
	31,15	hat nicht der Eine uns im M. bereitet
	38,8	als (das Meer) herausbrach wie aus dem M.
Ps	58,4	die Gottlosen sind abtrünnig vom M. an
Jes	46,3	die ihr vom M. an mir aufgeladen seid
	66,9	das Kind den M. durchbrechen lassen
Hos	13,13	will er den M. nicht durchbrechen

Muttersprache

Apg	2,8	wie hören wir denn jeder seine eigene M.

Muttertier

3Mo	5,6	soll als Buße... von der Herde ein M.

Mutwille

1Mo	21,9	sah den Sohn Hagars, wie er M. trieb
	39,14	daß der seinen M. mit uns treibe 17
	49,6	in ihrem M. haben sie Stiere gelähmt
4Mo	22,29	weil du M. mit mir treibst
Ri	19,25	trieben ihren M. mit ihr die ganze Nacht
Ps	10,3	der Gottlose rühmt sich seines M.
	37,7	der seinen M. treibt
Jes	16,6	wir haben gehört von seinem Stolz und M.
	30,12	verlaßt euch auf Frevel und M.
Mi	7,3	die Gewaltigen reden nach ihrem M.
1Ma	2,7	muß die Feinde ihren M. treiben lassen
	9,26	um seinen M. an ihnen auszulassen 2Ma 7,7. 10
1Ko	13,4	die Liebe treibt nicht M., bläht sich nicht auf

mutwillig

Ps	58,3	m. tut ihr Unrecht im Lande
Spr	3,30	geh nicht m. mit jemand vor Gericht
Jes	3,4	M. sollen über sie herrschen
Sir	31,31	so prüft der Wein die M.
Heb	10,26	wenn wir m. sündigen

Mütze

2Mo 28,40 den Söhnen Aarons sollst du hohe M. machen 29,9; 39,28; 3Mo 8,13

Myndos

1Ma 15,23 (schrieb Luzius) nach M.

Myra

Apg 27,5 wir kamen nach M. in Lyzien

Myrrhe

1Mo 37,25 trugen kostbares Harz, Balsam und M.
43,11 bringt dem Manne Geschenke, Harz und M.
2Mo 30,23 nimm dir die beste Spezerei: die edelste M.
Est 2,12 sechs Monate mit Balsam und M.
Ps 45,9 deine Kleider sind lauter M.
Spr 7,17 ich habe mein Lager mit M. besprengt
Hl 1,13 mein Freund ist mir ein Büschel M.
3,6 was steigt da herauf wie ein Duft von M.
4,14 (wie ein Lustgarten) mit M. und Aloe
5,1 ich habe meine M. gepflückt
5 meine Hände troffen von M. 13
Sir 24,20 ich duftete wie die beste M.
Mt 2,11 schenkten ihm Gold, Weihrauch und M.
Mk 15,23 sie gaben ihm M. in Wein zu trinken
Jh 19,39 brachte M. gemischt mit Aloe
Off 18,13 (ihre Ware:) M. und Weihrauch

Myrrhenberg

Hl 4,6 will ich zum M. gehen

Myrte

Jes 41,19 will in der Wüste wachsen lassen M.
55,13 sollen wachsen M. statt Nesseln
Sa 1,8 er hielt zwischen den M. im Talgrund 10.11

Myrtenzweig

Neh 8,15 holt Balsamzweige, M.

Mysien

Apg 16,7 als sie bis nach M. gekommen waren 8

N

Naam

1Ch 4,15 Söhne Kalebs: N.

Naama

Jos 15,41 ¹(Städte des Stammes Juda:) N.
1Kö 14,21 ²N., eine Ammoniterin 31; 2Ch 12,13
Hi 2,11 ³Freunde Hiobs: Zofar von N. 11,1; 20,1; 42,9
1Mo 4,22 ⁴die Schwester des Tubal-Kain war N.

Naaman, Naamaniter

1Mo 46,21 ¹Söhne Benjamins: N. 4Mo 26,40; 1Ch 8,4
1Ch 8,7 ²(die Söhne Ehuds,) nämlich: N.

2Kö 5,1 ³N., der Feldhauptmann des Königs von Aram 2.4.6.9.11.17.20.21.23.27; Lk 4,27

Naara

Jos 16,7 ¹(Ephraim... Grenze) kommt herab nach N.
1Ch 7,28 Besitz gegen Osten N.
4,5 ²Aschhur hatte zwei Frauen: Hela und N. 6

Naarai (= Paarai)

1Ch 11,37 N., der Sohn Esbais

Nabal

1Sm 25,3 der Mann hieß N. 4.5.9.10.19.25.26.34-39
14 Abigajil, N. Frau 27,3; 30,5; 2Sm 2,2; 3,3

Nabat, Nabath

Tob 11,19 Achior und N., Vettern des Tobias

Nabatäer

1Ma 5,25 da trafen sie auf die N.
9,35 zu seinen Freunden, den N., gesandt

Nabe

1Kö 7,33 ihre N. waren alle gegossen
Sir 33,5 seine Gedanken drehen sich wie die N.

Nabel

Ri 9,37 Kriegsvolk kommt herab vom N. der Erde

Nabelschnur

Hes 16,4 wurde deine N. nicht abgeschnitten

Nabot, Naboth

1Kö 21,1 N. hatte einen Weinberg 2-4.6-9.12-19
2Kö 9,21 trafen ihn auf dem Acker N. 25.26

nachahmen

Wsh 15,9 er a. die Erzgießer n.

Nachbar

2Mo 11,2 daß jeder sich von seinem N. geben lasse
12,4 so nehme er's mit seinem N.
5Mo 1,7 Amoriter und zu allen ihren N.
1Kö 5,4 hatte Frieden mit allen seinen N.
Ps 15,3 wer seinen N. nicht schmäht
31,12 bin geworden eine Last meinen N.
44,14 machst uns zur Schmach bei unsern N. 79,4
79,12 vergilt unsern N. siebenfach
80,7 lässest unsre N. sich um uns streiten
89,42 er ist seinen N. ein Spott geworden
Spr 27,10 ein N. in der Nähe ist besser als ein
Jer 6,21 ein N. mit dem andern umkommen soll
12,14 wider alle meine bösen N.
49,10 seine N. sind vernichtet 18; 50,40
Hes 16,26 triebst Hurerei mit deinen N.
28,24 soll von seinen N. kein Dorn übrigbleiben
36,7 eure N. sollen ihre Schande tragen
Tob 8,21 ein Festmahl für alle seine N.
Sir 25,2 wenn die N. sich liebhaben

Sir	41,22	(schämt euch) vor den N., zu stehlen
Bar	4,9	hört zu, ihr N. Zions 14.24
Lk	1,58	ihre N. und Verwandten hörten, daß
	65	es kam Furcht über alle N.
	14,12	lade weder Verwandten noch reiche N. ein
	15,6	wenn er heimkommt, ruft er seine N.
Jh	9,8	die N., die ihn als Bettler gesehen hatten

Nachbarin

2Mo	3,22	jede soll sich von ihrer N. geben l. 11,2
Rut	4,17	ihre N. gaben ihm einen Namen
2Kö	4,3	erbitte von allen N. leere Gefäße
Lk	15,9	wenn sie ihn gefunden hat, ruft sie ihre N.

Nachbi

4Mo	13,14	N., der Sohn Wophsis

nachdenken

Ri	19,30	nun d. darüber n., beratet und sprecht
Hi	23,15	wenn ich darüber n., fürchte ich mich
Ps	77,13	(ich) d. deinen Taten n.
Wsh	1,1	d. über den Herrn n. in lauterem Sinn
	6,16	über sie n., das ist vollkommene Klugheit
Sir	27,5	haftet dem N. des Menschen Unreines an
	39,2	er muß über die Sprüche n.
StE	6,9	behielt den Traum und d. ihm n.
Phl	4,8	was wahrhaftig ist, dem d. n.

nachdrängen

1Mo	49,19	Gad wird gedrängt, er aber d. ihnen n.

nachdrücken

2Ma	12,23	Judas d. ungestüm n.

nacheifern

Sir	51,24	ich nahm mir vor, dem Guten n.
Rö	11,11	das Heil, damit Israel ihnen n. sollte
	14	meine Stammverwandten zum N. reizen
1Pt	3,13	wer, der euch schaden könnte, wenn ihr dem Guten n.

nacheilen

Jdt	5,11	als die Ägypter ihnen n. 1Ma 4,9
	15,4	e. sie (den Feinden) n.
1Ma	9,16	e. sie Judas und seinen Leuten n.
2Ma	8,26	darum hörten sie auf, jenen n.
Mk	1,36	Simon und die... e. ihm n.

nacheinander

2Mo	23,30	einzeln n. will ich sie ausstoßen 5Mo 7,22
2Sm	21,1	Hungersnot zu Davids Zeiten drei Jahre n.
Hos	15,25	soll (der Fürst) sieben Tage n. feiern
Lk	14,18	fingen an alle n., sich zu entschuldigen
Apg	11,4	Petrus erzählte es ihnen n.
	18,23	er durchzog n. das galatische Land und

Nachernte

Jes	17,6	wie wenn eine N. bleibt

nachfahren

2Kö	9,25	wie du seinem Vater Ahab n.
Ps	49,18	seine Herrlichkeit wird ihm nicht n.
	20	doch f. sie ihren Vätern n.

nachfolgen

2Mo	14,28	das Heer, das ihnen nachg. war ins Meer
	15,20	alle Frauen f. (Mirjam) n.
4Mo	14,24	weil er mir treu nachg. ist 32,11.12
	16,25	die Ältesten Israels f. (Mose) n.
5Mo	6,14	sollst nicht andern Göttern n. 8,19; 1Sm 12,21; Jer 35,15
Jos	3,3	f. (d. Lade des Bundes des HERRN) n. 6,8.9
Ri	2,12	verließen den HERRN und f. Göttern n.
	9,4	lose Männer, die (Abimelech) n.
2Sm	15,17	der König und alles Volk, das ihm n. 18
	17,9	das Heer, das Absalom n.
	20,11	der f. Joab n. 13.14
1Kö	19,20	dann will ich dir n. 21
2Kö	6,19	f. mir n.! Ich will euch führen
2Ch	23,14	wer ihr n., den soll man töten
Hi	31,7	ist mein Herz meinen Augen nachg.
Spr	7,22	er f. ihr alsbald n.
Hes	20,16	sie f. den Götzen ihres Herzens n.
Hos	11,10	alsdann wird man dem HERRN n.
Am	2,4	Lügengötzen, denen ihre Väter nachg. sind
Sir	27,9	f. du der Gerechtigkeit n.
Mt	4,19	(Jesus) sprach zu ihnen: F. mir n. 20.22; 19,21; Mk 1,17.18.20; 2,14; 10,21; Lk 5,11.27.28; 9,59; 18,22; Jh 1,43; 21,19.22
	25	es f. ihm n. viel Volks 8,1; 12,15; 14,13; 20,29; Mk 3,7; 5,24; Lk 23,27; Apg 21,36
	8,10	sprach zu denen, die ihm n. Lk 7,9
	9,27	*f. ihm zwei Blinde n.*
	10,38	wer nicht sein Kreuz... und f. mir n. Lk 14,27
	16,24	will mir jemand n., der verleugne sich selbst Mk 8,34; Lk 9,23
	19,28	eine große Menge f. ihm n. Mk 2,15
	27	wir haben alles verlassen und sind dir nachg. 28; Mk 10,28; Lk 18,28
	20,34	wurden wieder sehend, und sie f. ihm n. Mk 10,52; Lk 18,43
	21,9	die Menge, die ihm n., schrie Mk 11,9
	26,58	*Petrus f. ihm n.*
	27,55	Frauen; die waren Jesus aus Galiläa nachg. Mk 15,41; Lk 23,49.55
Mk	6,1	seine Jünger f. ihm n.
	9,38	wir verboten's ihm, weil er uns nicht n.
	10,32	die ihm n., fürchteten sich
	14,51	ein junger Mann aber f. ihm n.
	54	Petrus f. ihm n. von ferne Jh 18,15
Lk	9,49	der f. dir nicht n. mit uns
	61	ein andrer sprach: Herr, ich will dir n.
	21,8	f. ihnen nicht n.
	22,10	f. ihm n. in das Haus
Jh	1,37	die zwei Jünger f. Jesus n. 38.40
	8,12	wer mir n., wird das Licht des Lebens haben
	10,4	die Schafe f. ihm n. 5
	11,31	f. (die Juden) ihr n. und dachten
	12,26	wer mir dienen will, der f. mir nach
Apg	13,43	*f. dem Paulus n. viele Juden*
	16,17	*(eine Magd) f. Paulus n.*
1Th	2,14	ihr seid den Gemeinden Gottes in Judäa n.
2Th	3,7	ihr wißt, wie ihr uns n. sollt 9
2Ti	3,10	*du bist nachg. meiner Lehre*
1Pt	2,21	daß ihr sollt n. seinen Fußtapfen
2Pt	2,2	*viele werden n. ihrem Wandel*

nachfolgen 1026

3Jh	11	f. nicht dem Bösen n.
Heb	13,7	f. ihrem Glauben n.
Off	6,8	die Hölle f. ihm n.
	14,4	diese f. dem Lamm n.
	8	*ein zweiter Engel f. n. 9*
	13	ihre Werke f. ihnen n.
	19,14	*ihm f. n. das Heer im Himmel*

Nachfolger

Sir	48,8	du hast gesalbt Propheten als N.
Apg	24,27	kam Porzius Festus als N. des Felix
Heb	6,12	damit ihr werdet N. derer, die

nachforschen

5Mo	19,18	die Richter sollen gründlich n.
Esr	4,19	auf meinen Befehl hat man nachg. 6,1; 7,14; Est 2,23
Hi	31,14	was würde ich antworten, wenn er n.
Hes	39,14	nach 7 Monaten sollen sie beginnen n.
Jdt	8,27	ihr sollt nicht dem n., was ich vorhabe
Sir	14,23	der ihren Geheimnissen weiter n.
Bar	3,23	die Kinder Hagars f. der Weisheit n.
1Ko	10,25	f. nicht n., damit ihr das Gewissen nicht beschwert 27

nachfragen

Ri	6,29	als sie suchten und n., wurde gesagt
2Sm	20,18	man f. doch n. in Abel und in Dan

nachgeben

2Mo	23,2	nicht so antworten, daß du der Menge n.
2Kö	2,17	aber sie nötigten ihn, bis er n.
Jes	22,25	dann soll der Nagel n., daß alles zerbricht
2Ma	14,3	Alkimus, der nachg. hatte
Apg	27,15	g. wir n. und trieben dahin
1Ti	5,11	wenn sie ihrer Begierde n. Christus zuwider

Nachgeburt

5Mo	28,57	die N. und ihr Kind, das sie geboren

nachgehen

1Mo	32,20	gebot allen, die den Herden n.
2Mo	11,8	zieh aus, du und alles Volk, das dir n.
4Mo	25,8	(Pinhas) g. dem israelitischen Mann n.
Rut	2,9	wo sie schneiden, da g. ihnen n.
	3,10	daß du nicht den jungen Männern nachg.
1Sm	6,12	die Fürsten der Philister g. ihnen n.
2Kö	4,30	(Elisa) g. ihr n. 2Ch 26,17
Spr	12,9	wer gering ist und g. seiner Arbeit n.
	11	wer wichtigen Dingen n., ist ein Tor 28,19
	15,27	wer unrechtem Gewinn n., zerstört s. Haus
Jes	5,11	weh, die früh auf sind, dem Saufen n.
	58,3	g. ihr doch euren Geschäften n. 13
Hes	9,5	g. ihm n. durch die Stadt
	10,11	da g. die andern (Räder) n.
Wsh	17,20	die ganze Welt g. ihren Geschäften n.
Lk	15,4	g. dem verlorenen n., bis er's findet
2Th	3,12	daß sie still ihrer Arbeit n.
2Pt	3,3	Spötter, die ihren eigenen Begierden n.
Jud	7	die anderem Fleisch nachg. sind

Nachgiebigkeit

Sir	26,13	bewache sie, damit sie N. nicht ausnutzt

nachgraben

Jer	13,7	ich ging hin an den Euphrat und g. n.
Mt	6,19	*die Diebe n. und stehlen 20*

nachher

Sir	20,12	n. muß er's siebenfach bezahlen

nachholen

3Mo	26,34	wird das Land seine Sabbate n. 43

nachjagen

1Mo	14,14	Abram j. ihnen n. bis Dan 31,23
	35,5	so daß sie den Söhnen Jakobs nicht n.
	44,4	auf, j. den Männern n.
2Mo	14,4	will sein Herz verstocken, daß er ihnen n. 8. 9; 15,9; 5Mo 11,4; Jos 24,6
5Mo	16,20	was recht ist, dem sollst du n.
	19,6	daß nicht der Bluträcher n. Jos 20,5
Jos	2,5	j. ihnen eilends n. 7.16.22; 8,6.16.17.20.24; 10,10.19; 11,8; Ri 1,6; 3,28; 4,16.22; 7,23; 8,4.5. 12; 9,40; 18,22; 20,43; 1Sm 7,11; 17,52; 30,8. 10; 2Sm 2,19.24.28; 18,16; 20,6.7.10.13; 1Kö 20,20; 2Kö 3,24; 5,21; 9,27; 25,5; 2Ch 13,19; 14,12; Jer 39,5; 52,8
1Sm	23,25	j. er David n. 28; 24,12.15; 2Sm 17,1
2Sm	22,38	meinen Feinden j. n. Ps 18,38
Ps	34,15	suche Frieden und j. ihm n. 1Pt 3,11
	71,11	sprechen: J. ihm n. und ergreift ihn
Spr	11,19	dem Bösen n. führt zum Tode
	15,9	wer der Gerechtigkeit n. 21,21; Jes 51,1
	19,7	wer Worten n., der wird nicht entrinnen
Jes	41,3	er j. ihnen n. und zieht hindurch
Jdt	14,5	so j. ihnen zuversichtlich n.
1Ma	4,15	Judas j. ihnen n. bis nach Geser 7,45
2Ma	8,26	nachdem sie den Feinden nachg. hatten
Phl	3,12	ich j. ihm n., ob ich's wohl ergreifen könnte
	14	j. n. dem vorgestreckten Ziel
1Th	5,15	j. allezeit dem Guten n. untereinander
1Ti	6,11	j. aber n. der Gerechtigkeit 2Ti 2,22
1Pt	3,11	er suche Frieden und j. ihm n.
Heb	12,14	j. dem Frieden n. mit jedermann

Nachkomme

1Mo	3,15	Feindschaft zw. deinem N. und ihrem N.
	9,9	richte mit euch einen Bund auf und mit euren N. 17,7.9.12; 2Mo 31,16; 4Mo 18,19
	10,32	das sind die N. der Söhne Noahs
	12,7	deinen N. will ich dies Land geben 13,15; 15,18; 24,7; 26,3.4; 28,13; 48,4; 2Mo 32,13; 33,1; 5Mo 1,8; 11,9; 34,4; 2Ch 20,7; Neh 9,8
	13,16	will deine N. machen wie den Staub 15,5; 16,10; 26,4.24; 32,13; 2Mo 32,13; Jes 48,19
	15,3	mir hast du keine N. gegeben
	13	deine N. werden Fremdlinge sein
	17,7	so daß ich dein und deiner N. Gott bin
	19,32	uns N. schaffen von unserm Vater 34
	22,17	deine N. die ... Feinde besitzen
	28,4	gebe den Segen dir und deinen N. Jes 44,3
	14	durch deine N. sollen alle gesegnet werden
	38,8	daß du deinem Bruder N. schaffest 9
	46,26	seine N. sind 66 Seelen 2Mo 1,5
2Mo	1,7	*die N. Israels mehrten sich und wurden stark
	12,14	sollt ihn feiern, ihr und eure N. 17.42
	24	halte diese Ordnung für dich und deine N.

2Mo	16,32	um es aufzubewahren für eure N. 33	Jdt	14,6	in das Volk Israel, er und seine N.
	27,21	eine ewige Ordnung für die N. 30,21.31; 3Mo 3,17; 10,9; 23,14.21.31.41.43; 24,3; 4Mo 10,8; 15,15; 18,23	Wsh	3,16	die N. aus gesetzwidriger Ehe werden vertilgt
				7,1	ein N. des ersten Menschen
	29,42	das tägliche Brandopfer bei euren N. 30,8		18,12	waren ihre edelsten N. dahingesunken
	30,10	solche Sühnung jährl. einmal bei euren N.	Tob	9,11	eure N. seien gesegnet vom Gott Israels
3Mo	6,11	was männlich ist unter den N. Aarons 7,36; 21,15.17.21; 22,3.4		10,5	mein Sohn, von dem wir uns N. erhofften
				13,19	wenn meine N. die Herrlichkeit ... sehen
	25,30	soll es der Käufer behalten und seine N.		14,17	alle seine N. führten ein frommes Leben
	45	(Sklaven kaufen) von ihren N.	Sir	4,17	auch seine N. werden (Weisheit) besitzen
4Mo	9,10	wenn jemand unter euren N. unrein ist		23,37	daran lernen die N., Gott zu fürchten
	14,24	Kaleb, seine N. sollen (das Land) einnehmen 5Mo 1,36; Jos 14,9		40,15	die N. der Gottlosen bringen keine Zweige
				41,9	ihre N. werden immer verachtet sein
	15,14	wenn ein Fremdling bei euren N. lebt		44,10	bei ihren N. bleibt ihr Glück
	38	daß ihre N. sich Quasten machen		11	ihre N. sind im Bunde Gottes geblieben
	25,13	soll seinen N. das Priestertum zuteilen		45,30	seine N. das Hohepriestertum für immer 16
5Mo	4,37	weil er ihre N. erwählt hat 10,15		46,11	seine N. besaßen das Erbe
	23,4	auch nicht ihre N. bis ins zehnte Glied		47,22	daß der Zorn über deine N. erging
	28,46	Zeichen und Wunder an deinen N.		24	rottete die N ... nicht völlig aus
	59	wird dich und deine N. schlagen mit Plagen	Bar	2,15	Israel und seine N. sind nach dir genannt
	30,6	wird beschneiden das Herz deiner N.		3,20	die N. fanden den Weg der Weisheit nicht
	19	damit du am Leben bleibst, du und deine N.		6,48	sie hinterlassen den N. nichts als Betrug
	31,21	nicht vergessen werden im Mund ihrer N.	1Ma	1,10	ihre N. regierten lange Zeit
Jos	15,14	Kaleb vertrieb die N. Anaks		14,49	damit sie Simon und seine N. finden
	17,2	das sind die N. Manasses	2Ma	1,20	schickte er N. der Priester, die
	14	redeten die N. Josefs mit Josua 16	GMn	1	Gott unsrer Väter und ihrer gerechten N.
	22,27	Zeuge zwischen euch und unsern N. 25.28	Mt	22,24	soll seinem Bruder N. erwecken Mk 12,19; Lk 20,28
Ri	1,15	die N. des Keniters Hobab zogen herauf			
Rut	4,12	die N., die dir der HERR geben wird		25	weil er keine N. hatte, hinterließ er
1Sm	20,42	zwischen meinen N. und deinen N.	Apg	2,30	Eid, daß ein N. von ihm auf seinem Thron
2Sm	7,12	will ich dir einen N. erwecken 1Kö 2,33, 1Ch 17,11; Ps 89,30		7,5	es ihm zum Besitz geben
				6	deine N. werden Fremdlinge sein in einem fremden Lande
	14,7	daß meinem Mann kein N. bleibt			
1Kö	2,33	ihr Blut komme auf das Haupt seiner N.		8,33	wer kann seine N. aufzählen
	9,21	deren N. machte Salomo zu Fronl. 2Ch 8,8	Rö	4,13	die Verheißung ist Abraham oder seinen N.
	14,10	will die N. ausfegen 21,21			nicht zuteil geworden durchs Gesetz
2Kö	5,27	Aussatz wird dir anhangen und deinen N.		16	damit die Verheißung festbleibe für alle N.
1Ch	9,4	von den N. des Perez 26,21.31; 27,5; Esr 2,55.58.59; Neh 7,57.60.61; 11,3.6		18	zahlreich sollen deine N. sein
				9,7	nicht alle, die Abrahams N. sind 8
Neh	9,2	sonderten sich die N. Israels ab		29	wenn uns nicht der Herr Zebaoth N. übriggelassen hätte
Est	9,27	nahmen es an für sich und ihre N. 28.31			
Hi	5,25	daß deine N. wie das Gras sind	Gal	3,16	Verheißung Abraham zugesagt und seinem N.
	21,8	ihre N. sind bei ihnen			
	27,14	seine N. werden nicht satt		19	bis der N. da sei, dem die Verheißung gilt
Ps	21,11	ihre N. wirst du tilgen vom Erdboden			**nachkommen**
	22,31	er wird N. haben, die ihm dienen	4Mo	10,21	richtete die Wohnung auf, bis diese n.
	48,14	daß ihr den N. davon erzählt	1Sm	26,3	daß Saul (David) n. in die Wüste
	78,6	damit es die N. lernten	Jh	20,6	da k. Simon Petrus ihm n.
	102,19	das werde geschrieben für die N.	1Ti	5,10	wenn sie allem guten Werk nachg. ist
	106,27	und würfe ihre N. unter die Heiden			
	109,13	seine N. sollen ausgerottet werden			**Nachkommenschaft**
Jes	53,10	wird er N. haben und in die Länge leben	1Mo	46,7	seine N. brachte er mit nach Ägypten
	54,3	deine N. werden Völker beerben	5Mo	23,3	auch seine N. soll nicht in die Gemeinde
	61,9	soll kennen ihre N. unter den Völkern	Wsh	10,15	die Weisheit rettete die untadelige N.
	65,9	will aus Jakob N. wachsen lassen 23	Rö	9,8	nur die Kinder der Verheißung werden als seine N. anerkannt
Jer	22,30	keiner seiner N. wird das Glück haben			
	23,8	der die N. des Hauses Israel herausgeführt			**nachlassen**
	29,32	will Schemaja heimsuchen samt seinen N.	Sir	7,11	l. nicht n. im Almosengeben
	36,31	will dich erretten und deine N. 46,27	2Ma	9,18	als die Qualen nicht n. wollten
	31,17	deine N. haben viel Gutes zu erwarten	Lk	18,1	daß sie beten und nicht n. sollten
	33,26	Herrscher nehme über die N. Abrahams	Gal	6,9	werden wir ernten, wenn wir nicht n.
	35,6	eure N ... niemals Wein trinken 14.16			
	50,21	vollziehe den Bann an ihren N.			**nachlaufen**
Dan	11,4	wird zerteilt werden, nicht auf seine N.	2Mo	34,15	wenn sie ihren Göttern n. 16
	6	ihre N. wird nicht bleiben			
Jo	1,3	laßt's diese wiederum ihren N. (sagen)			
Nah	1,14	daß kein N. mehr bleiben soll			
Mal	2,15	er sucht N., die Gott geheiligt sind			
Jdt	5,11	kein einziger, der es den N. hätte sagen			

nachlaufen

5Mo	31,16	dies Volk wird n. den fremden Göttern Ri 2,17; 8,33; Ps 16,4; Jer 7,6.9; 8,2; 16,11
1Sm	17,35	so l. ich ihm n., schlug auf ihn ein
1Kö	19,20	(Elisa) verließ die Rinder und l. Elia n.
2Kö	5,20	ich will (Naaman) n. 21
Jer	2,25	ich muß diese Fremden lieben und ihnen n.
	31	wir brauchen dir nicht mehr n.
Hes	16,34	weil man dir nicht n. Hos 2,7.9.15
Hos	5,11	es gefiel ihm, dem Nichtigen n.
	12,2	Ephraim l. dem Ostwind n.
Sir	27,22	l. ihm nicht n.! Er ist zu weit weg
Lk	17,23	geht nicht hin und l. ihnen nicht n.
Jh	12,19	siehe, alle Welt l. ihm n.

Nachlese

3Mo	19,9	sollst nicht N. halten 10; 23,22
Ri	8,2	ist nicht die N. Ephraims besser
	20,45	hielten auf den Straßen eine N.
Hi	24,6	halten N. im Weinberg des Gottlosen
Jes	24,13	so geht es zu auf Erden, wie bei der N.
Jer	6,9	halte N. am Rest Israels
	49,9	Winzer, die keine N. übriglassen Ob 5
Mi	7,1	es geht mir wie einem, der N. hält
Sir	33,17	wie einer, der im Herbst N. hält

nachlesen

5Mo	24,21	deinen Weinberg... sollst du nicht n.

nachmals

Jh	13,36	du wirst mir n. folgen

Nachon (= Kidon)

2Sm	6,6	als sie zur Tenne N. kamen

nachprüfen

2Ma	1,34	da p. es der König n.

Nachrai

2Sm	23,37	N., der Beerotiter 1Ch 11,39

Nachrede

Wsh	1,11	bewahrt die Zunge vor böser N.
2Ko	12,20	es gibt Hader, Neid, Zorn, Zank, üble N.
1Pt	2,1	legt ab alle üble N.

nachreden

2Ko	8,20	so verhüten wir, daß uns jemand übel n.

nachrennen

Sir	11,11	mancher müht sich und r. dem Reichtum n.

Nachricht

Tob	8,16	sie brachte ihnen die gute N.
Apg	21,31	kam die N. hinauf vor den Oberst

nachrufen

1Sm	20,37	r. ihm Jonatan n. 38
	24,9	David ging aus der Höhle und r. Saul n.
1Kö	17,11	(Elia) r. ihr: Bringe auch Brot mit

nachsagen

Tit	2,8	damit der Widersacher nichts Böses habe, das er uns n. kann

nachschicken

Lk	19,14	seine Bürger s. Botschaft ihm n.

nachschleichen

Sir	14,23	der ihr wie ein Späher n.

Nachschon

2Mo	6,23	Aaron nahm zur Frau Elischeba, N. Schwester
4Mo	1,7	N., der Sohn Amminadabs 2,3; 7,12.17; 10,14; Rut 4,20; 1Ch 2,10; Mt 1,4; Lk 3,32

nachschreien

Hi	30,5	man s. ihnen n. wie einem Dieb
Mt	15,23	laß sie doch gehen, denn sie s. uns n.

nachschwatzen

Sir	19,5	wer etwas n., dem fehlt es an Verstand
	6	hörst du etwas Böses, das s. nicht n.

nachsehen

2Mo	33,8	jeder s. ihm n., bis er zur Stiftshütte
1Sm	26,16	nun s. doch n., wo der Spieß ist
2Kö	7,13	die laßt uns senden, um n. 14
Pr	5,10	was hat ihr Besitzer mehr als das N.
Tob	8,14	laß n., ob auch er tot ist
Apg	1,10	als sie ihm n., wie er gen Himmel fuhr

nachsenden

2Sm	3,26	s. (Joab) Abner Boten n.
2Kö	7,14	der König s. sie dem Heer der Aramäer n.

nachsetzen

Jdt	15,5	weil die *Israeliten ihnen n.

Nachsicht

Sir	3,15	habe N. mit ihm, selbst wenn er kindisch wird

nachsinnen

Hi	4,13	beim N. über Gesichte in der Nacht
Ps	63,7	wenn ich wach liege, s. ich über dich n.
	73,16	so s. ich n., ob ich's begreifen könnte
	77,4	ich s. n. - und mein Herz ist in Ängsten
	119,23	dein Knecht s. n. über deine Gebote 78.97.99.148
	143,5	ich s. n. über all deine Taten
	145,5	sie sollen deinen Wundern n.
Sir	14,22	wohl dem, der über die Weisheit n.
	39,1	vorgenommen, über das Gesetz n.
Apg	10,19	während Petrus n. über die Erscheinung

nachspüren

1Ma	3,48	Schriftrolle, der die Heiden nachg.

nächstbester

Sir 26,15 wie ein Wanderer vom n. Wasser trinkt

nachstellen

2Mo 21,13 hat er ihm aber nicht nachg.
1Sm 22,8 daß er mir n., wie es jetzt am Tage 13
Esr 8,31 errettete uns vor solchen, die uns n.
Ps 38,13 die mir nach dem Leben trachten, s. mir n.
56,2 Menschen s. mir n. 3
57,4 von der Schmähung dessen, der mir n.
62,4 wie lange s. ihr alle einem n.
Spr 1,11 wir wollen den Unschuldigen n. ohne Grund
Jes 29,21 s. dem n., der sie zurechtweist
Jer 5,26 Gottlose, die den Leuten n.
Wsh 10,12 beschützte ihn vor denen, die ihm n.
StE 5,9 gedachte er, auch uns n.
Mk 6,19 Herodias s. ihm n. und wollte ihn töten
Lk 20,20 *sie s. ihm n. und sandten Leute aus*
Apg 9,24 daß sie (Saulus) n. 29
20,3 da ihm die Juden n., als *19*

Nachstellung

Apg 20,19 Anfechtungen, durch die N. der Juden widerfahren

nächster, Nächster

1Mo 17,21 Isaak, den Sara gebären soll im n. Jahr
2Mo 2,13 warum schlägst du deinen N.
12,4 Nachbarn, der seinem Hause am n. wohnt
13,17 führte sie nicht den Weg, der am n. war
16,19 übrig bis zum n. Morgen 20.23.24
20,16 sollst nicht falsch Zeugnis reden wider deinen N. 5Mo 5,20; Spr 24,28; 25,18
17 sollst nicht begehren deines N. Haus... noch alles, was dein N. hat 5Mo 5,21
21,14 wenn jemand an seinem N. frevelt 3Mo 5,22; 1Kö 8,31; 2Ch 6,22
22,6 wenn jemand seinem N. Geld zu verwahren gibt 7-10.13.25; 3Mo 5,21; 5Mo 15,2; 24,10
32,27 jeder erschlage seinen Freund und N.
30 am n. Morgen 4Mo 17,23; 2Kö 3,20
3Mo 18,18 sollst deinen N. lieben wie dich selbst Mt 5,43; 19,19; 22,39; Mk 12,31.33; Lk 10,27; Rö 13,9; Gal 5,14; Jak 2,8
20 sollst nicht bei der Frau deines N. liegen 20,10; Spr 6,24.29
19,6 opfert, und am n. Tage Hes 43,22
13 sollst deinen N. nicht bedrücken
15 sollst deinen N. recht richten 16
17 sollst deinen N. zurechtweisen
21,2 (unrein) außer an seinen n. Blutsverw.
24,19 wer seinen N. verletzt
25,14 wenn du deinem N. etwas verkaufst 17
25 so soll sein n. Verwandter kommen 49; 4Mo 27,11
5Mo 4,42 wer seinen N. totschlägt ohne Vorsatz 19,4.5; Jos 20,5
19,11 wenn jemand Haß trägt gegen seinen N.
14 deines N. Grenze nicht verrücken 27,17
21,3 welche Stadt am n. liegt, deren Älteste 6
22,24 weil er seines N. Braut geschändet
26 wie wenn jemand sich gegen seinen N. erhöbe
23,25 wenn du in deines N. Weinberg gehst 26
27,24 verflucht, wer seinen N. heimlich erschlägt
Jos 5,12 vom n. Tag an kein Manna mehr

Jos 10,32 am n. Tag 1Sm 30,17; 2Sm 11,12; 2Kö 6,29
1Sm 28,17 das Königtum David, deinem N., gegeben
2Sm 12,11 will deine Frauen deinem N. geben
1Kö 1,6 war geboren als der n. Sohn nach Absalom
20,35 sprach zu seinem N. auf des HERRN Gebot
2Kö 19,29 im n. Jahr, was noch wächst Jes 37,30
Est 1,14 waren ihm am n. Karschena
Hi 6,14 wer Barmherzigkeit seinem N. verweigert
27 könntet euren N. verschachern
12,4 ich muß von meinem N. verlacht sein
19,14 haben sich zurückgezogen Ps 38,12
31,9 hab ich an meines N. Tür gelauert
Ps 15,3 wer seinem N. nichts Arges tut
28,3 die freundlich reden mit ihrem N. Jer 9,7
88,19 m. Freunde und N. hast du mir entfremdet
101,5 wer seinen N. heimlich verleumdet
Spr 3,28 sprich nicht zu deinem N.: Geh hin
29 nicht nach Bösem gegen deinen N. Sa 8,17
6,1 hast du gebürgt für deinen N. 3; 17,18
11,9 durch den Mund... wird sein N. verderbt
12 wer seinen N. schmäht, ist sein Tor
14,20 der Arme ist verhaßt auch seinem N.
21 wer seinen N. verachtet, versündigt sich
16,29 ein Frevler verlockt seinen N.
21,10 erbarmt sich seines N.
25,8 wenn dich dein N. beschämt
9 trage deine Sache mit deinem N. aus
17 halte d. Fuß zurück vom Hause deines N.
26,19 so ist im Mensch, der seinen N. betrügt
27,14 wenn einer seinen N. des Morgens segnet
29,5 wer seinem N. schmeichelt, der spannt
Jes 3,5 wird bedrängen, einer den andern N. 6
9,19 ein jeder frißt das Fleisch seines N.
41,6 spricht zu seinem N.: Steh fest
Jer 5,8 ein jeder wiehert nach seines N. Weibe
22,13 der seinen N. umsonst arbeiten läßt
29,23 Ehebruch trieben mit den Frauen ihrer N.
34,15 eine Freilassung... für seinen N. 17
51,46 im n. Jahr wieder ein Gerücht
Hes 18,6 der seines N. Weib nicht befleckt 11.15; 22,11
22,12 suchst unrechten Gewinn an deinem N.
Mi 7,5 niemand glaube seinem N.
Hab 2,15 weh dem, der seinen N. trinken läßt
Sa 8,10 ließ los, einen jeden gegen seinen N.
13,7 über den Mann, der mir N. ist
Tob 2,14 verlachten den Tobias seine n. Verwandten
Sir 5,14 verstehst du etwas, so erkläre es deinem N.
9,21 sieh dir deinen N. genau an
10,6 rechne deinem N. seine Missetat nicht an
15,5 sie wird ihn erhöhen über seine N.
17,12 befahl jedem, für seinen N. zu sorgen
18,12 die Barmherzigkeit eines Menschen gilt allein N.
19,13 stell deinen N. zur Rede 14.17
20,1 es tadelt einer oft seinen N. zur Unzeit
28,2 vergib deinem N., was er dir zuleide getan 9
8 laß deinen Groll gegen deinen N.
29,1 der Barmherzige leiht seinem N. 2
2 gib's auch dem N. wiederum zurück
5 er redet unterwürfig, weil der N. Geld hat
11 habe Geduld mit deinem N. in der Not
18 ein... Mann wird Bürge für seinen N.
27 hilf deinem N. aus, soviel du kannst
31,18 überlege dir, was dein N. gern hat
39 schilt deinen N. nicht beim Wein
34,26 wer seinem N. die Nahrung nimmt, tötet ihn
41,22 (schämt euch) vor dem N., treulos zu sein
42,3 mit dem N. genau abzurechnen
StD 1,62 wie sie gedacht hatten, ihrem N. zu tun

nächster 1030

Mt	5,43	du sollst deinen N. lieben 19,19; 22,39; Mk 12,31.33; Lk 10,27; Rö 13,9; Gal 5,14; Jak 2,8
	27,62	am n. Tag kamen die Hohenpriester
Mk	1,38	laßt uns gehen in die n. Städte
	11,12	am n. Tag hungerte ihn
Lk	9,37	als sie am n. Tag von dem Berg kamen
	10,29	wer ist denn mein N. 36
	35	am n. Tag zog er zwei Silbergroschen heraus
Jh	1,29	am n. Tag sieht Johannes, daß Jesus zu ihm kommt 35
	43	am n. Tag wollte Jesus nach Galiläa gehen
	6,22	am n. Tag sah das Volk, das am andern Ufer
	12,12	als am n. Tag die große Menge, die aufs Fest gekommen war
Apg	7,26	am n. Tag kam er zu ihnen
	27	der seinem N. Unrecht getan hatte
	10,9	am n. Tag, als diese in die Nähe der Stadt kamen
	23	am n. Tag machte er sich auf
	24	Kornelius hatte seine Verwandten und n. Freunde zusammengerufen
	13,42	daß sie am n. Sabbat noch einmal... redeten
	14,20	am n. Tag zog er weiter 16,11; 20,7.15; 21,8; 27,3
	21,18	am n. Tag ging Paulus mit uns zu Jakobus
	26	reinigte sich am n. Tag mit ihnen
	22,30	am n. Tag wollte er genau erkunden
	23,32	am n. Tag ließen sie die Reiter mit ihm ziehen
	25,6	am n. Tag setzte er sich auf den Richterstuhl 17
	23	am n. Tag kamen Agrippa und Berenike
	27,18	warfen sie am n. Tag Ladung ins Meer
	28,13	da am n. Tag der Südwind sich erhob
Rö	13,10	die Liebe tut dem N. nichts Böses
	15,2	lebe so, daß er seinem N. gefalle zum Guten
Eph	4,25	redet die Wahrheit, ein jeder mit seinem N.
Jak	4,12	wer bist du, daß du den N. verurteilst

nachstreben

2Ma	15,12	von Jugend auf allem Guten nachg.
Rö	14,19	laßt uns dem n., was zum Frieden dient

Nacht, nachts (s.a. Tag und Nacht)

1Mo	1,5	(Gott) nannte die Finsternis N.
	16	ein kleines Licht, das die N. regiere 18; Ps 136,9; Jer 31,35
	14,15	(Abram) fiel des N. über sie her
	19,2	bleibt über N. 5; 24,54; 28,11; 31,54; 32,14.22; 4Mo 22,8.19; Jos 3,1; 4,3; 6,11; Ri 18,2; 19,4-15.20; 20,4; 2Sm 17,16; 1Ch 9,27; Esr 10,6; Neh 4,16; 13,20.21; Jes 10,29; 21,13; 65,4; Jer 14,8
	33	gaben ihrem Vater Wein in ders. N. 34.35
	20,3	Gott kam des N. im Traum 26,24; 31,24.29.42; 46,2; 4Mo 22,20; Ri 6,25; 7,9; 1Sm 15,16; 2Sm 7,4; 1Kö 3,5; 1Ch 17,3; 2Ch 7,12
	30,15	laß ihn diese N. bei dir schlafen 16
	31,39	des Tages oder des N. gestohlen sein 40
	32,23	Jakob stand auf in der N.
	40,5	träumte beiden in einer N. 41,11
2Mo	10,13	trieb Ostwind ins Land, die ganze N. 14,21
	12,8	sollen das Fleisch essen in derselben N. 12. 30.31.42; 5Mo 16,1
	13,21	bei N. in einer Feuersäule 14; 14,20; 40,38; 4Mo 9,16.21; 14,14; 5Mo 1,33; Neh 9,12.19; Ps 78,14; 105,39
2Mo	23,18	das Fett soll nicht über N. bleiben 34,25; 5Mo 16,4
3Mo	6,2	das Brandopfer soll bleiben die ganze N.
4Mo	9,16	bei N. ein feuriger Schein 5Mo 1,33
	11,9	wenn bei N. der Tau fiel
	14,1	das Volk weinte die ganze N.
5Mo	21,23	sein Leichnam nicht über N. an dem Holz
	23,11	weil ihm des N. etwas wiederfahren ist
Jos	2,2	sind in dieser N. Männer hereingekommen
	8,3	Josua sandte sie aus bei N. 9.13; 10,9
Ri	6,27	(Gideon) tat's in der N.
	40	Gott machte es so in derselben N.
	9,32	so mach dich nun auf bei N. 34
	13,10	der Mann, der heute N. zu mir kam
	16,2	die ganze N. verhielten sie sich still
	19,25	trieben Mutwillen... die ganze N. 20,5
Rut	1,12	wenn ich diese N. einen Mann nehmen würde
	3,2	Boas worfelt diese N. Gerste 13
1Sm	14,34	brachte alles Volk noch in der N. herzu 36
	15,11	Samuel schrie zu dem HERRN die ganze N.
	19,10	an jener N. (sandte Saul Boten) 11
	26,7	kam David mit Abischai in der N. zum Lager
	28,8	sie kamen bei N. zu dem Weibe 25
	31,12	gingen die ganze N. hindurch 2Sm 2,29.32; 4,7
2Sm	12,16	lag (David) über N. auf der Erde
	17,1	ich will David nachjagen in dieser N.
	19,8	wird kein Mann bei dir bleiben diese N.
	21,10	noch des N. die Tiere des Feldes
1Kö	3,19	der Sohn dieser Frau starb in der N. 20
	19,9	kam in eine Höhle und blieb dort über N.
2Kö	6,14	als sie bei N. hinkamen, umstellten sie
	8,21	Joram machte sich des N. auf 2Ch 21,9
	19,35	in dieser N. fuhr aus der Engel
	25,4	alle Kriegsmänner flohen bei N.
1Ch	1,7	in derselben N. erschien Gott dem Salomo
	35,14	die Priester hatten bis in die N. zu tun
Neh	2,12	machte ich mich in der N. auf 13.15
	6,10	zu töten, in der N. werden sie kommen
Est	6,1	in ders. N. konnte der König nicht schlafen
Hi	3,3	ausgelöscht die N. der 6.7.9
	4,13	beim Nachsinnen über Gesichte in der N.
	5,14	tappen am Mittag wie in der N.
	7,3	viele elende N. sind mir geworden
	17,12	N. will man mir zum Tag machen
	24,6	sie ernten des N. auf dem Acker
	7	sie liegen in der N. nackt
	14	des N. schleicht der Dieb
	27,20	des N. nimmt ihn der Sturmwind fort
	30,17	des N. bohrt es in meinem Gebein
	31,32	kein Fremder durfte draußen zur N. bleiben
	34,25	er stürzt sie des N.
	35,10	der Lobgesänge gibt in der N.
	36,20	sehne dich nicht nach der N.
Ps	6,7	ich schwemme mein Bett die ganze N.
	16,7	auch mahnt mich mein Herz des N.
	17,3	prüfst m. Herz und suchst es heim bei N.
	19,3	eine N. tut's kund der andern
	22,3	des Tages rufe ich... und bei N.
	42,9	des N. singe ich ihm und bete
	74,16	dein ist der Tag und dein ist die N.
	77,3	meine Hand ist des N. ausgereckt
	7	ich denke und sinne die N.
	91,5	nicht erschrecken vor dem Grauen der N.
	92,3	des N. deine Wahrheit verkündigen
	104,20	du machst Finsternis, daß es N. wird
	119,55	ich denke des N. an deinen Namen
	148	ich wache auf, wenn's noch N. ist

Ps	121,6	Sonne nicht steche noch der Mond des N.
	134,1	die ihr steht des N. im Hause des HERRN
	139,11	N. (möge) statt Licht um mich sein 12
Spr	7,9	als es N. wurde und dunkel war
	31,18	ihr Licht verlöscht des N. nicht
Pr	2,23	daß auch s. Herz des N. nicht Ruhe findet
	8,16	daß einer weder Tag noch N. Schlaf bekommt
Hl	3,1	des N. auf meinem Lager suchte ich
	8	sein Schwert gegen die Schrecken der N.
	7,12	laß uns unter Zyperblumen die N. verbringen
Jes	4,5	Rauch und Feuerglanz in der N.
	5,11	sitzen bis in die N., daß sie der Wein
	15,1	des N. kommt Verheerung über Ar in Moab
	16,3	mache d. Schatten des Mittags wie die N.
	21,8	ich stelle mich auf meine Wacht jede N.
	11	Wächter, ist die N. bald hin
	12	so wird es doch N. bleiben
	26,9	von Herzen verlangt mich nach dir des N.
	30,29	singen wie in der N. des heiligen Festes
Jer	6,5	laßt uns hinaufziehen bei N.
	36,30	soll liegen... n. im Frost
	39,4	flohen bei N. zur Stadt hinaus 52,7
	49,9	Diebe sollen des N. über dich kommen
Klg	1,2	sie weint des N.
	2,19	steh des N. auf und schreie
Dan	2,19	wurde Daniel in der N. offenbart 7,2.7.13
	5,30	in derselben N. wurde Belsazer getötet
	6,19	der König fastete die N. über
Hos	4,5	der Prophet soll des N. neben dir fallen
	7,6	ihr Grimm schläft die ganze N.
Am	5,8	der aus dem Tag die finstere N. (macht)
Ob	5	wenn Diebe n. über dich kommen
Jon	4,10	die in einer N. ward und in einer N. verdarb
Mi	3,6	soll euch die N. ohne Gesichte sein
Sa	1,8	ich sah in dieser N., und siehe, ein Mann
Jdt	6,20	die ganze N. waren sie versammelt
	8,26	in dieser N. wartet am Tor
	13,17	hat in dieser N. den Feind umgebracht 26
Wsh	7,30	das Licht muß der N. weichen
	10,17	sie war ihnen bei N. ein Sternenlicht
	17,2	wurden Gefangene einer langen N.
	5	nicht konnten... jene N. licht machen
	14	in dieser wirklichen unentrinnbaren N.
	20	über die Ägypter N. ausgebreitet
	18,6	war unsern Vätern angekündigt
Tob	2,3	um ihn n. heimlich zu begraben 7,9; 12,12
	6,20	in der ersten N. sollst du 21.23
Sir	40,5	wenn einer des N. ruhen soll
	42,9	eine Tochter bereitete dem Vater unruhige N.
Bar	2,25	daß sie des N. im Tau gelegen haben
1Ma	4,1	Gorgias rückte bei N. vor 5; 12,26
	5,29	danach zogen sie bei N. zu der Burg
	9,58	Bakchides könnte sie in einer einzigen N.
	12,27	die ganze N. zum Kampf bereit sein
	13,22	in der N. fiel ein sehr tiefer Schnee
2Ma	8,7	dabei nutzte er besonders die N. aus
	12,9	überfiel (die Leute von Jamnia) bei N. 13,15
Mt	2,14	nahm das Kindlein und seine Mutter bei N.
	14,15	die Gegend ist öde, und die N. bricht herein
	21,17	er ging nach Betanien und blieb dort über N.
	24,43	zu welcher Stunde in der N. der Dieb kommt
	26,31	in dieser N. werdet ihr alle Ärgernis nehmen
	34	in dieser N. wirst du mich dreimal verleugnen Mk 14,30
	28,13	sagt, seine Jünger sind in der N. gekommen
Mk	4,27	schläft und aufsteht, N. und Tag
Lk	2,8	Hirten, die hüteten des N. ihre Herde
	5,5	die ganze n. gearbeitet und nichts gefangen
	6,12	er blieb die N. über im Gebet zu Gott
	12,20	diese N. wird man deine Seele von dir fordern
	17,34	in jener N. werden zwei auf einem Bett liegen
	21,37	des N. ging er hinaus und blieb an dem Berg
Jh	3,2	der kam zu Jesus bei N. 19,39
	9,4	es kommt die N., da niemand wirken kann
	11,10	wer bei N. umhergeht, der stößt sich
	13,30	es war N.
	21,3	in dieser N. fingen sie nichts
Apg	5,19	tat in der N. die Türen des Gefängnisses auf
	9,25	da nahmen ihn seine Jünger bei N.
	12,6	in jener N., als ihn Herodes vorführen lassen
	16,9	Paulus sah eine Erscheinung bei N. 18,9
	33	nahm sie zu sich in derselben Stunde der N.
	17,10	noch in derselben N. Paulus nach Beröa
	23,11	in der folgenden N. stand der Herr bei ihm
	23	rüstet 200 Soldaten für die dritte Stunde der N.
	31	führten ihn in der N. nach Antipatris
	27,23	diese N. trat zu mir der Engel des Gottes
	27	die 14. N., seit wir in der Adria trieben
Rö	13,12	die N. ist vorgerückt, der Tag aber nahe
1Ko	11,23	in der N., da er verraten ward, nahm er das Brot
1Th	5,2	der Tag des Herrn wie ein Dieb in der N.
	5	wir sind nicht von der N. noch Finsternis
	7	denn die schlafen, die schlafen des N.
Off	8,12	in der N. desgleichen
	21,25	denn da wird keine N. sein 22,5

Nachteule

3Mo	11,16	(daß ihr nicht esset:) die N. 5Mo 14,15
Jes	34,11	N. und Raben werden dort wohnen

Nachtgesicht

Hi	20,8	wird er wie ein N. verschwinden
	33,15	im N. (öffnet er das Ohr)
Jes	29,7	wie ein N. soll die Menge aller Völker

Nachtgespenst

Jes	34,14	das N. wird auch dort herbergen

Nachthütte

Jes	1,8	übriggeblieben wie eine N. im Gurkenfeld

nächtigen

Hi	39,28	(der Adler) n. auf Zacken der Felsen

nachtrachten

Jh	5,18	darum t. ihm die Juden noch viel mehr n.
Rö	9,31	Israel hat dem Gesetz nachg.

nachtragen

2Sm	11,8	wurde ihm ein Geschenk des Königs nachg.
Lk	23,26	daß er's Jesus n.

Nachtruhe

2Sm	17,8	wird seinen Leuten keine N. gönnen

Nachttropfen

Nachttropfen
Hl 5,2 und meine Locken voll N.

nachtun
5Mo 12,30 du dich nicht verführen läßt, es ihnen n.
Bar 6,5 daß ihr ihnen das nicht n.

Nachtwache
Ri 7,19 zu Anfang der mittleren N.
Ps 90,4 tausend Jahre sind vor dir wie eine N.
Klg 2,19 schreie zu Beginn jeder N.
Mt 14,25 in der 4. N. kam Jesus zu ihnen Mk 6,48
Lk 12,38 wenn er kommt in der zweiten N.

nachwachsen
2Kö 19,29 iß, was von selber n. Jes 37,30
Spr 27,25 ist wiederum Grünes nachg.

nachwandeln
5Mo 11,28 daß ihr andern Göttern n. 28,14; 1Kö 11,10
1Kö 14,8 David, der mir von ganzem Herzen n.
18,18 ihr w. den Baalen n. 21,26; 2Kö 17,15
21 ist der HERR Gott, so w. ihm n., ist's aber Baal, so w. ihm n.
2Kö 23,3 daß sie dem HERRN n. sollten 2Ch 34,31
Ps 84,6 die von Herzen dir n.
Hes 11,21 die ihren Götzen und Greueln n.

nachziehen
1Mo 24,61 Rebekka mit ihren Mägden z. dem Manne n.
37,17 da z. Josef seinen Brüdern n.
Ri 19,3 ihr Mann z. ihr n.
1Sm 24,15 wem z. der König von Israel n.
25,13 etwa 400 Mann z. (David) n.
42 Abigajil z. den Boten Davids n.
1Kö 13,14 (der Prophet) z. dem Mann Gottes n.
2Kö 7,15 als sie ihnen n. bis an den Jordan
Hi 21,33 alle Menschen z. ihm n.
Hl 1,4 z. mich dir n., so wollen wir laufen
Lk 9,11 als die Menge das merkte, z. sie ihm n.
Jh 6,2 es z. ihm viel Volk n.
Apg 8,36 sie z. der Straße n.

Nachzügler
5Mo 25,18 wie sie deine N. erschlugen

Nacken
1Mo 49,8 deine Hand wird d. Feinden auf dem N. sein
Jos 10,24 setzt eure Füße auf den N. dieser Könige
2Kö 17,14 versteiften ihren N. wie ihre Väter
Neh 3,5 beugten ihren N. nicht zum Dienst
Hi 31,22 so falle meine Schulter vom N.
41,14 auf seinem N. wohnt die Stärke
Jes 48,4 daß dein N. eine eiserne Sehne ist
Jer 27,2 mache ein Joch und lege es auf deinen N.
28,10 nahm das Joch vom N. 11.12.14; 30,8
Hos 10,11 habe ihm ein Joch auf seinen N. gelegt
11,4 half ihnen das Joch auf ihrem N. tragen
Sir 7,25 beuge ihnen den N. von Jugend auf 30,12
33,27 Joch und Riemen beugen den N.
51,34 beugt euren N. unter ihr Joch
Bar 4,25 auf seinen N. wirst du treten
Apg 15,10 daß ihr ein Joch auf den N. der Jünger legt

nackt
1Mo 2,25 waren beide n. und schämten sich nicht
3,7 wurden gewahr, daß sie n. waren 10.11
1Sm 19,24 (Saul) lag n. den ganzen Tag
Hi 1,21 bin n. von m. Mutter Leibe gekommen, n. werde ich wieder dahinfahren Pr 5,14
19,20 nur das n. Leben brachte ich davon
22,6 hast den N. die Kleider entrissen
24,7 liegen in der Nacht n. 10
Jes 20,2 Jesaja ging n. und barfuß 3.4
58,7 wenn du einen n. siehst, so kleide ihn
Hes 16,7 warst noch n. und bloß 22.39; 23,29
18,7 der den N. kleidet 16
24,7 auf den N. Felsen verschüttet 8
26,4 will einen n. Fels aus ihm machen 14
Hos 2,5 damit ich sie nicht n. ausziehe
Am 2,16 soll n. entfliehen müssen an jenem Tage
Sir 40,15 Wurzel... steht auf n. Felsen
Mt 25,36 ich bin n. gewesen, und ihr 38.43.44
Mk 14,52 er ließ das Gewand fahren und floh n. davon
Jh 21,7 gürtete er sich das Obergewand um, denn er war n.
Apg 19,16 daß sie n. und verwundet aus dem Haus flohen
2Ko 5,3 weil wir dann bekleidet und nicht n. befunden
Off 16,15 damit er nicht n. gehe

Nadab
2Mo 6,23 ¹Aaron nahm Elischeba; die gebar N. 4Mo 3,2; 26,60; 1Ch 5,29; 24,1
24,1 steig herauf, du und Aaron, N. 9; 28,1
3Mo 10,1 N. und Abihu nahmen ein jeder seine Pfanne 4Mo 3,4; 26,61; 1Ch 24,2
1Kö 14,20 ²(Jerobeams) Sohn N. wurde König 15,25.27.31
1Ch 2,28 ³Söhne Schammais: N. 30
8,30 ⁴(Jeïëls Sohn) N. 9,36

Nadabat, Nadabath
1Ma 9,37 die Braut aus N. abholen

Nadelöhr
Mt 19,24 es ist leichter, daß ein Kamel durch ein N. gehe Mk 10,25; Lk 18,25

Nafisch, Naphisch
1Mo 25,15 (Söhne Ismaels:) N. 1Ch 1,31; 5,19

Naftali, Naphthali
1Mo 30,8 ¹Rahel nannte ihn N. 35,25; 2Mo 1,4; 1Ch 2,2
46,24 Söhne N. 4Mo 1,42.43; 26,48.50; 1Ch 7,13
49,21 N. ist ein schneller Hirsch
4Mo 1,15 (je ein Mann) von N. 2,29; 7,78; 10,27; 34,28
13,14 Nachbi, vom Stamme N.
5Mo 27,13 auf dem Berge Ebal, zu verfluchen: N.
34,2 (der HERR zeigte ihm) das ganze N.
Jos 19,32 das sechste Los fiel auf N. 39
20,7 Kedesch auf dem Gebirge N. Ri 4,6; 5,18
21,6 dreizehn Städte von N. 32; 1Ch 6,47.61
Ri 1,33 N. vertrieb die Einwohner nicht

Ri	4,6	10.000 Mann von N. 10; 1Ch 12,35
	6,35	(Gideon) sandte auch Botschaft zu N.
	7,23	die Männer von N. wurden zusammengerufen
1Kö	4,15	(Amtleute) Ahimaaz in N. 1Ch 27,19
	7,14	(Hiram) Sohn einer Witwe aus N.
	15,20	Ben-Hadad schlug N. 2Ch 16,4
2Kö	15,29	Tiglat-Pileser nahm das ganze Land N.
1Ch	12,41	die ihnen nahe waren, bis nach N.
2Ch	34,6	(Josia reinigte Juda) bis nach N.
Ps	68,28	die Fürsten Sebulons, die Fürsten N.
Jes	8,23	hat er in Schmach gebracht Sebulon und N.
Hes	48,3	neben Asser soll N. Anteil haben 4.34
Tob	1,1	Tobias aus dem Stamme N. 4
	9	eine Frau, auch aus dem Stamm N.
	7,4	aus dem Stamm N., Weggeführte
Off	7,6	aus dem Stamm N. 12.000 (versiegelt)
5Mo	33,23	²über N.: N. hat viel Gnade Mt 4,13.15

Naftuhiter, Naphtuhiter

1Mo	10,13	Mizrajim zeugte die N. 1Ch 1,11

Nagel

2Mo	26,32	goldene N. 37; 36,36.38; 2Ch 3,9
	27,10	ihre N. von Silber 11.17; 38,10-12.17.19.28
5Mo	21,12	laß sie ihre N. beschneiden
1Ch	22,3	David schaffte viel Eisen herbei zu N.
Pr	12,11	wie eingeschlagene N. sind die Sprüche
Jes	22,23	ich will ihn als N. einschlagen 25
	41,7	machen's fest mit N. Jer 10,4
Dan	4,30	bis seine N. wie Vogelklauen wurden
Sir	27,2	wie ein N. in der Mauer steckt

Nägelmal

Jh	20,25	wenn ich nicht in seinen Händen die N. sehe

nagen

Hi	30,17	Schmerzen, die an mir n.

Naggai

Lk	3,25	Hesli war ein Sohn N.

nah, nahe (s.a. nächster)

1Mo	12,11	als er n. an Ägypten war
	19,20	ist eine Stadt n., in die ich fliehen
	37,18	ehe er n. zu ihnen kam
	45,10	sollst n. bei mir sein
2Mo	14,10	als der Pharao n. herankam 20
	32,19	als Mose aber n. zum Lager kam
3Mo	10,3	erzeige mich heilig an denen, die mir n.
4Mo	24,17	schaue ihn, aber nicht von n.
5Mo	4,7	wo ist ein Volk, dem ein Gott so n. ist
	13,8	Völker, die seien dir n. oder fern
	22,2	wenn dein Bruder nicht n. bei dir wohnt
	26,5	mein Vater war dem Umkommen n.
	30,14	es ist das Wort ganz n. bei dir Rö 10,8
	32,35	die Zeit ihres Unglücks ist n.
Jos	3,4	sollt (der Lade) nicht zu n. kommen
	8,5	wollen n. an die Stadt heranrücken 11
Ri	19,11	als sie n. bei Jebus waren 14
	20,24	als die *Israeliten n. herankamen
Rut	3,12	noch ein Löser da, n. verwandt als ich
1Sm	17,41	der Philister kam immer n. heran
2Sm	11,20	warum seid ihr so n. herangerückt 21
2Sm	18,25	als der Mann immer n. kam
	19,43	der König steht uns doch n.
1Kö	8,46	gefangen, fern oder n. 2Ch 6,36
	59	mögen diese Worte n. sein dem HERRN
	21,2	Weinberg... so n. an meinem Hause
1Ch	12,41	die ihnen n. waren, brachten Nahrung
Neh	4,6	Juden, die n. bei ihnen wohnten Est 9,20
Hi	17,12	Licht sei n. als Finsternis
Ps	22,12	sei nicht ferne, denn Angst ist n.
	34,19	n. denen, die zerbrochenen Herzens sind
	38,18	ich bin dem Fallen n.
	75,2	daß dein Name so n. ist
	85,10	ist s. Hilfe n. denen, die ihn fürchten
	88,4	mein Leben ist n. dem Tode 16
	119,151	HERR, du bist n.
	145,18	der HERR ist n. allen, die ihn anrufen
Jes	13,6	des HERRN Tag ist n. Hes 7,7; 30,3; Jo 1,15; 2,1; 4,14; Ob 15; Ze 1,7.14
	33,13	die ihr n. seid, erkennet meine Stärke
	46,13	habe meine Gerechtigkeit n. gebracht 51,5
	50,8	er ist n., der mich gerecht spricht
	55,6	rufet ihn an, solange er n. ist
	56,1	mein Heil ist n.
Jer	12,2	n. bist du ihrem Munde, aber ferne
	23,23	bin ich n. ein Gott, der n. ist
	48,24	sie seien fern oder n.
Hes	6,12	wer n. ist, wird durchs Schwert fallen
	12,23	die Zeit ist n. Off 1,3; 22,10
Dan	8,7	sah, daß er n. an den Widder herankam
	17	Gabriel trat n. zu mir
	9,7	müssen uns schämen, die, die n. sind
Am	9,10	es wird das Unglück nicht n. sein
Hab	3,2	mache (dein Werk) lebendig in n. Zeit
Jdt	14,13	(Bagoas) trat n. an den Vorhang
Wsh	6,20	bewirkt, daß man Gott n. ist
Sir	11,19	weiß nicht, daß sein Stündlein so n. ist
	14,25	sucht Herberge n. bei ihrem Hause
	21,2	wenn du ihr zu n. kommst, sticht sie dich
	51,8	ich war n. dem Tod
	34	sie ist n. und leicht zu finden
2Ma	6,11	sich in den n. Höhlen zusammengefunden
	8,11	daß die Strafe des Allmächtigen so n. wäre
Mt	3,2	das Himmelreich ist n. herbeigekommen 4,17; 10,7; Lk 10,9.11
	21,1	da sie n. an Jerusalem kamen Mk 11,1; Lk 19,11.41
	24,32	daß der Sommer n. ist Mk 13,28; Lk 21,30
	33	daß er n. vor der Tür ist Mk 13,29; Lk 21,31
	26,18	meine Zeit ist n.
Mk	14,42	der mich verrät, ist n.
Lk	7,12	als er n. an das Stadttor kam
	15,25	als er n. zum Hause kam, hörte er Singen
	18,35	als er n. an Jericho kam
	40	als er aber n. kam, fragte er ihn
	19,29	als er n. von Betfage an den Berg kam
	37	als er n. am Abhang des Ölbergs war
	21,20	erkennt, daß seine Verwüstung n. herbeikommen ist
	22,1	es war n. das Fest der Ungesäuerten Brote Jh 2,13; 6,4; 7,2; 11,55
	24,28	sie kamen n. an das Dorf, wo sie hingingen
Jh	3,23	Johannes taufte in Änon, n. bei Salim
	4,5	n. bei dem Feld, das Jakob seinem Sohn Josef gab
	6,19	sahen sie Jesus n. an das Boot kommen
	23	es kamen Boote von Tiberias n. an den Ort
	11,18	Betanien war n. bei Jerusalem
	54	ging von dort weg in die Gegend n. der Wüste
	19,20	die Stätte, wo Jesus gekreuzigt wurde, war n. bei der Stadt

nah 1034

Jh 19,42 dahin legten sie Jesus, weil das Grab n. war
Apg 1,12 der heißt Ölberg und liegt n. bei Jerusalem
    5,13 wagte keiner, ihnen zu n. zu kommen
    9,3 *als er n. an Damaskus kam 22,6*
    38 weil Lydda n. bei Joppe ist
    10,9 *da diese n. zur Stadt kamen*
    21,33 *als der Oberhauptmann n. herzukam*
    27,8 n. dabei lag die Stadt Lasäa
    13 fuhren n. an Kreta entlang
Rö 10,8 das Wort ist dir n., in deinem Munde und in deinem Herzen
    13,11 unser Heil ist jetzt n. als zu der Zeit
    12 die Nacht ist vorgerückt, der Tag aber n.
Eph 2,13 jetzt seid ihr N. geworden durch das Blut Christi
    17 Frieden verkündigt denen, die n. waren
Phl 2,30 um des Werkes Christi willen ist er dem Tode so n. gekommen
    4,5 der Herr ist n.
1Pt 4,7 es ist n. gekommen das Ende aller Dinge
Heb 6,8 ist (die Erde) dem Fluch n.
    8,13 was veraltet ist, das ist seinem Ende n.
Jak 5,8 das Kommen des Herrn ist n.
Off 1,3 die Zeit ist n. 22,10

Nahalal, Nahalol

Jos 19,15 (Sebulon... Grenze) N. 21,35; Ri 1,30

Nahale-Gaasch

2Sm 23,30 Hiddai, aus N. 1Ch 11,32

Nahaliël

4Mo 21,19 von Mattana nach N.; von N. nach Bamot

Naham

1Ch 4,19 Frau des Hodija, der Schwester N.

Nahamani

Neh 7,7 gekommen sind mit Serubbabel... N.

Nahasch

1Sm 11,1 ¹zog herauf N., der Ammoniter 2; 12,12; 2Sm 10,2; 1Ch 19,1.2
2Sm 17,25 ²Abigal, Tochter des N.
    17,27 ³Schobi, der Sohn des N. von Rabbat-Ammon
1Ch 4,12 ⁴Tehinna, den Vater der Stadt N.

Nahat, *Nahath*

1Mo 36,13 ¹Söhne Reguëls sind: N. 17; 1Ch 1,37
1Ch 6,11 ²Zuf, dessen Sohn war N.
2Ch 31,13 ³N... wurden Aufseher

Nähe

5Mo 2,19 wirst in die N. der Ammoniter kommen
Jos 9,16 kam es vor sie, daß jene aus ihrer N. wären
1Sm 18,13 da entfernte ihn Saul aus seiner N.
    25,16 solange wir Schafe in ihrer N. gehütet
Spr 27,10 ein Nachbar in der N. ist besser als
Jes 57,19 Friede, Friede denen in der N.
Jer 25,26 (ließ trinken) die in der N.
Hes 22,5 in der N. sollen sie spotten

Mt 21,1 als sie in die N. von Jerusalem kamen Mk 11,1
Lk 18,35 als er in die N. von Jericho kam
Apg 9,3 als er in die N. von Damaskus kam 22,6
    10,9 als diese in die N. der Stadt kamen

nahegehen

2Ma 11,1 als Lysias... erfuhr, g. es ihm n.

nahen

2Mo 19,22 Priester, die zum HERRN n. Hes 42,13
    20,21 Mose n. sich dem Dunkel, darinnen Gott
    24,2 Mose allein n. sich zum HERRN und lasse jene sich nicht n.
    34,30 fürchteten sich, (Mose) zu n. 32
3Mo 7,35 an dem Tage, da der HERR sie sich n. ließ
    18,6 keiner soll sich... Blutsverwandten n.
    20,16 wenn eine Frau sich irgendeinem Tier n.
    21,21 soll sich nicht n., um zu opfern 23
4Mo 1,51 wenn ein Fremder sich n., soll er sterben 3,10.38; 17,5.28; 18,3.4.7.22
    4,19 wenn sie dem Hochheiligen n. 8,19
    16,5 wer zu ihm n. soll 9.10
5Mo 15,9 sprichst: Es n. das siebente Jahr
1Sm 17,48 als der Philister sich David n.
2Sm 15,5 wenn jemand (Absalom) n.
Hi 31,37 ich wollte wie ein Fürst ihm n.
Ps 69,19 n. dich zu meiner Seele und erlöse sie
    91,10 keine Plage wird sich deinem Hause n.
    119,150 meine arglistigen Verfolger n.
Spr 5,8 nicht zur Tür ihres Hauses
Pr 12,1 ehe die Jahre sich n., da du wirst sagen
Jes 5,19 es n. der Ratschluß des Heiligen Israels
    29,13 weil dies Volk mir n. mit seinem Munde
    41,5 sie n. sich und kamen herzu
    54,14 Schrecken... soll dir nicht n.
    58,2 sie begehren, daß Gott sich n.
Jer 30,21 soll zu mir n., wer dürfte sonst mir n.
Klg 3,57 du n. dich zu mir, als ich dich anrief
Hes 7,12 es n. der Tag
    44,13 sie sollen nicht zu mir n.
Mi 6,6 womit soll ich mich dem HERRN n.
Wsh 1,5 geschmäht, wenn Ungerechtigkeit ihm n.
Lk 15,1 es n. sich ihm allerlei Zöllner und Sünder
    19,29 *als er sich Bethanien n.*
    21,28 weil sich eure Erlösung n.
    22,47 n. sich zu Jesus, um ihn zu küssen
    24,15 da n. sich Jesus selbst
Apg 7,17 als nun die Zeit der Verheißung sich n.
Heb 7,19 Hoffnung, durch die wir uns zu Gott n.
    10,25 um so mehr, als ihr seht, daß sich der Tag n.
Jak 4,8 n. euch zu Gott, so n. er sich zu euch

nähen

Hes 13,18 weh euch, die ihr Binden n.

nähern

Ri 9,52 Abimelech n. sich dem Burgtor
Hi 33,22 so n. er sich der Grube

nahestehen

Rut 2,20 der Mann s. uns n.

Nahor

1Mo	11,22	¹Serug zeugte N. 24
	11,26	²Terach zeugte Abram, N. und Haran 27; Jos 24,2; 1Ch 1,26; Lk 3,34
	29	nahmen Abram und N. Frauen. N. Frau Milka 22,20.23; 24,15.24.47
	24,10	der Knecht zog zu der Stadt N.
	29,5	kennt ihr Laban, den Sohn N.
	31,53	der Gott Abrahams und der Gott N.

nähren

1Mo	3,17	mit Mühsal sollst du dich von ihm n.
	27,40	von deinem Schwerte wirst du dich n.
	47,22	daß sie sich n. sollten von dem Landanteil
5Mo	32,13	er n. ihn mit den Früchten des Feldes
2Sm	9,10	damit (Mefi-Boschet) sich davon n.
	12,3	er n. (ein Schäflein), daß es groß wurde
2Kö	4,7	n. euch von dem übrigen
Ps	14,4	die n. Volk fressen, daß sie sich n. 53,5
	37,3	bleibe im Lande und n. dich redlich
	128,2	du wirst dich n. von deiner Hände Arbeit
Spr	4,17	sie n. sich vom Brot des Frevels
Jes	5,17	Ziegen sich n. in den Trümmerstätten
Dan	4,9	alles Fleisch n. sich von ihm
Hos	4,8	sie n. sich von den Sündopfern m. Volks
	9,2	sollen Tenne und Kelter sie nicht n.
	14,8	von Korn sollen sie sich n.
Wsh	16,20	n. du dein Volk mit Engelspeise
	23	damit die Gerechten sich n. konnten
	25	diente dir, der mit seinen Gaben alle n.
Mt	6,26	*euer himml. Vater n. sie doch Lk 12,24*
Lk	23,29	selig sind die Brüste, die nicht gen. haben
Apg	12,20	*ihr Land sich n. von des Königs Land*
1Ko	9,7	n. sich nicht von der Milch der Herde
	14	daß die sich vom Evangelium n. sollen
Eph	5,29	er n. und pflegt es, wie auch Christus die Gemeinde

Nahrung

1Mo	1,30	habe alles grüne Kraut zur N. gegeben 6,21
	41,36	damit für N. gesorgt sei für das Land
2Mo	21,10	soll der ersten an N. nichts abbrechen
3Mo	22,7	denn es ist seine N.
	25,7	all sein Ertrag soll zur N. dienen
Ri	6,4	ließen nichts übrig an N. in Israel
	17,10	will dir jährlich Kleidung und N. geben
1Kö	11,18	der (Pharao) gab ihm ein Haus und N.
1Ch	12,41	brachten N. auf Eseln
2Ch	11,23	gab ihnen N. in Menge
Neh	13,15	verwarnte sie, als sie die N. verkauften
Hi	24,5	suchen N. in der Einöde
Spr	27,27	Ziegenmilch genug zur N. deiner Mägde
	31,11	N. wird ihm nicht mangeln
Pr	9,11	zur N. hilft nicht geschickt sein
Hes	44,29	sollen ihre N. haben vom Speisopfer
Dan	4,9	(der Baum) gab N. für alle 18
Hos	11,4	ich half ihnen und gab ihnen N.
Jon	3,7	sollen weder Mensch noch Vieh N. nehmen
Hab	3,17	die Äcker bringen keine N.
Wsh	16,2	bereitetest ihm Wachteln zur N.
	3	den Ägyptern, wenn sie nach N. verlangten
Sir	34,26	wer s. Nächsten die N. nimmt, tötet ihn
	45,25	vor allem sicherte er ihm reichlich N.
1Ma	1,37	brachten Waffen und N. hinein 9,52; 13,33
	8,26	brauchen die Juden nicht N. zu liefern 28
	13,21	Tryphon sollte ihnen N. bringen
2Ma	12,14	verließen sich auf den Vorrat an N.

Mt	6,25	ist nicht das Leben mehr als die N. Lk 12,23
Lk	8,43	hatte alle ihre N. an die Ärzte gewandt
	21,34	nicht beschwert werden mit Sorgen der N.
Apg	7,11	unsre Väter fanden keine N.
	12,20	N. aus dem Land des Königs bekam
	27,33	ermahnte alle, N. zu sich zu nehmen 36
1Ti	6,8	wenn wir N. und Kleider haben
Jak	2,15	Mangel hätte an der täglichen N.

Nahum

Nah	1,1	¹dies ist das Buch der Weissagung N.
Lk	3,25	²Amos, der war ein Sohn N.

Nain

Lk	7,11	begab sich, daß er in eine Stadt mit Namen N. ging

Najot, *Najoth*

1Sm	19,19	David ist zu N. in Rama 18.22.23; 20,1

Name

(von Gott und Christus; s.a. Name Gottes)

2Mo	3,13	wenn sie sagen werden: Wie ist sein N.
	15	der HERR... das ist mein N. auf ewig 6,3; 15,3; Jes 42,8; Jer 33,2; Hos 12,6
	5,23	mit (dem Pharao) zu reden in deinem N.
	9,16	mein N. verkündigt werde in allen Landen
	20,7	nicht ungestraft, der seinen N. mißbraucht 5Mo 5,11
	24	Ort, wo ich meines N. gedenken lasse
	23,21	nicht vergeben, weil mein N. in ihm ist
3Mo	19,12	nicht falsch schwören bei meinem N. Sa 5,4
	20,3	weil er meinen heiligen N. entheiligt hat 22,2.32; Jer 34,16; Hes 36,20-23; Am 2,7
4Mo	6,27	sollt meinen N. auf die *Israeliten legen
5Mo	6,13	sollst bei seinem N. schwören 10,20; Jer 12,16
	10,8	Levi, in seinem N. zu segnen 21,5
	12,5	daß er seinen N. daselbst wohnen läßt 11.21; 14,23.24; 16,2.6.11; 26,2
	18,19	Worte, die er in meinem N. redet 20
	28,58	fürchtest diesen herrlichen und heiligen N.
Jos	7,9	was willst du für deinen großen N. tun
1Sm	12,22	verstößt... nicht um s. großen N. willen
2Sm	7,13	soll meinem N. ein Haus bauen 1Kö 5,19; 8,18.19; 1Ch 22,8.10; 28,3; 29,16; 2Ch 6,8.9
	23	N. zu machen 26; 1Ch 17,21.24
	22,50	deinem N. lobsingen Ps 18,50; 61,9; 66,2.4; 68,5; 92,2; 135,3
1Kö	8,16	damit mein N. da wäre 29; 9,3; 11,36; 14,21; 2Kö 21,4.7; 23,27; 2Ch 6,5.6.20; 7,16; 12,13; 20,9; 33,4.7; Esr 6,12; Neh 1,9; Jer 7,12
	33	und bekennen deinen N. 35; 2Ch 6,24.26
	41	wenn ein Fremder kommt um deines N. willen 2Ch 6,32; Jes 56,6
	42	werden hören von deinem großen N.
	43	daß alle deinen N. erkennen 2Ch 6,33; Jes 52,6
	43	daß dein N. über diesem Hause genannt ist 2Ch 6,33; 7,14; Jer 7,10.11.14.30; 25,29; 32,34; 34,15; Dan 9,18.19
	44	Hause, das ich deinem N. gebaut 48; 2Ch 6,34.38; 20,8
	9,7	Haus, das ich meinem N. geheiligt 2Ch 7,20
1Ch	13,6	thront, wo sein N. angerufen wird
	16,8	danket dem HERRN, ruft seinen N. an

Name

1Ch	16,10	rühmet seinen N. 29,13; Ps 74,21; 105,3
	29	bringet dar die Ehre seines N. Ps 29,2; 96,8
	35	daß wir deinen N. preisen Ps 30,5; 44,9; 54,8; 97,12; 99,3; 106,47; 138,2; 140,14; 142,8
	22,5	daß sein N. erhoben werde in allen Landen
2Ch	14,10	in deinem N. sind wir gekommen
Neh	1,11	die deinen N. fürchten Ps 61,6; 86,11; Mal 3,20
	9,5	man lobe deinen herrlichen N. Ps 9,3; 72,19; 96,2; 100,4; 103,1; 145,1.2.21; 149,3; Jes 25,1
	10	hast dir einen N. gemacht Jer 32,20; Dan 9,15
Ps	5,12	die deinen N. lieben 69,37; 119,132
	8,2	wie herrlich ist dein N. 10; 76,2
	9,11	die deinen N. kennen 91,14
	22,23	will deinen N. kundtun 45,18; Heb 2,12
	23,3	auf rechter Straße um seines N. willen
	25,11	um deines N. willen, HERR, vergib
	31,4	um deines N. willen wollest du mich leiten 119,21
	33,21	wir trauen auf seinen heiligen N.
	34,4	laßt uns miteinander seinen N. erhöhen
	44,6	wollen in deinem N. niedertreten, die
	48,11	wie dein N., so ist auch dein Ruhm
	52,11	will harren auf deinen N.
	54,3	hilf mir, Gott, durch deinen N. 79,9; 106,8; Jer 14,7
	63,5	will meine Hände in deinem N. aufheben
	72,17	sein N. bleibe ewiglich 102,13; 135,13
	74,7	entweihen sie die Wohnung deines N.
	10	deinen N. lästern 18; Jes 52,5
	75,2	daß dein N. so nahe ist
	79,6	die deinen N. nicht anrufen Jes 64,6; 65,1; Jer 10,25
	80,19	wollen wir deinen N. anrufen 99,6; 105,1; Jes 12,4
	83,17	daß sie nach deinem N. fragen müssen
	86,9	alle Völker werden deinen N. ehren 12
	89,13	Tabor und Hermon jauchzen über deinen N.
	17	werden über deinen N. fröhlich sein
	25	sein Haupt soll erhöht sein in meinem N.
	111,9	heilig und hehr ist sein N. Jes 57,15
	115,1	deinem N. gib Ehre
	119,55	ich denke des Nachts an deinen N.
	138,2	hast deinen N. herrlich gemacht Jes 63,14
	143,11	erquicke mich um deines N. willen
	148,13	sein N. allein ist hoch Jes 12,4
Jes	26,8	des Herzens Begehren steht nach deinem N.
	13	gedenken doch allein deines N. Mal 3,16
	29,23	werden sie meinen N. heiligen
	41,25	den, der meinen N. anruft Sa 13,9
	43,7	alle, die mit meinem N. genannt sind Jer 14,9
	48,9	um meines N. willen halte ich zurück
	51,15	sein N. heißt HERR Zebaoth 54,5; Jer 31,35; 32,18
	63,12	auf daß er sich einen ewigen N. machte
	16	„Unser Erlöser", das ist dein N.
	19	über die dein N. nie genannt wurde
	64,1	daß dein N. kundwürde
	65,16	sich im N. des wahrhaftigen Gottes segnen
	66,5	die euch hassen um meines N. willen
Jer	10,6	du bist groß, und dein N. ist groß
	14,14	weissagen Lüge in meinem N. 15; 23,25; 27,15; 29,9.21.23
	21	um deines N. willen verwirf uns nicht
	15,16	bin ja nach deinem N. genannt
	20,9	will nicht mehr in seinem N. predigen
	23,6	sein N.: „Der HERR unsere Gerechtigkeit"
	27	meinen N. vergesse... wie ihre Väter m. N.
	34,16	ihr habt meinen N. entheiligt
Jer	44,26	bei meinem N... mein N. nicht mehr genannt
Klg	3,55	ich rief deinen N. an (und du erhörtest)
Hes	3,17	sollst sie in meinem N. warnen 33,7
	20,9	unterließ es um meines N. willen 14.22
	39	meinen N. laßt ungeschändet 39,7; 43,7.8
	44	handle zur Ehre meines N.
	39,7	will meinen N. heiligen. kundmachen
	25	will um meinen heiligen N. eifern
Dan	9,6	die in deinem N. zu allem Volk redeten
Am	9,12	alle Heiden, über die mein N. genannt ist
Sa	10,12	daß sie wandeln sollen in seinem N.
	14,9	wird d. HERR der einzige sein und sein N.
Mal	1,6	Priestern, die meinen N. verachten
	11	ist mein N. herrlich unter den Heiden 14
	11	an allen Orten wird meinem N. geopfert
	2,2	daß ihr meinem N. die Ehre gebt
	5	daß er meinem N. scheute
Jdt	7,23	ob er seinen N. herrlich machen will
	9,12	das wird deinem N. Ehre bringen
	16,3	Herr ist sein N.
Wsh	10,20	die Gerechten priesen deinen N.
Tob	3,14	gelobt sei dein N., Herr StD 3,2
	8,9	durch die dein heiliger N. gepriesen wurde
Sir	17,8	damit sie seinen heiligen N. loben StE 2,7
	23,9	nicht, den N. des Heiligen ständig zu nennen
	36,17	Verheißungen, in deinem N. verkündigt
	39,19	preist seinen N. herrlich 51,17
	47,15	damit er seinem N. ein Haus baute
	51,2	ich danke deinem N., daß du mein Schutz bist
Bar	2,26	dein Haus, das nach deinem N. genannt war
	32	dann werden sie an meinen N. denken
	3,5	denke jetzt an deinen N.
	7	damit wir deinen N. anrufen
1Ma	4,33	daß dich alle preisen, die deinen N. kennen
2Ma	8,4	sich an die Lästerung seines N. erinnern
	15	um seines herrlichen N. willen
StD	3,10	verstoße uns nicht um deines N. willen
GMn	4	durch d. furchterregenden und herrlichen N.
Mt	1,21	dem sollst du den N. Jesus geben 25; Lk 1,31; 2,21
	23	werden ihm den N. Immanuel geben
	6,9	dein N. werde geheiligt Lk 11,2
	7,22	haben wir nicht in deinem N. geweissagt
	10,22	ihr werdet gehaßt werden um meines N. willen 24,9; Mk 13,13; Lk 21,12.17; Jh 15,21
	12,21	die Heiden werden auf seinen N. hoffen
	18,5	wer ein solches Kind aufnimmt in meinem N. Mk 9,37; Lk 9,48
	20	wo zwei oder drei versammelt sind in meinem N.
	19,29	wer... verläßt um meines N. willen
	24,5	es werden viele kommen unter meinem N. und sagen Mk 13,6; Lk 21,8
	28,19	taufet sie auf den N. des Vaters und des Sohnes und des Heiligen Geistes
Mk	6,14	der N. Jesu wurde nun bekannt
	9,38	trieb böse Geister in deinem N. aus Lk 9,49
	39	niemand, der ein Wunder tut in meinem N.
	41	*wer euch tränkt in meinem N.*
	16,17	in meinem N. böse Geister austreiben
Lk	1,49	der mächtig ist und dessen N. heilig ist
	10,17	die bösen Geister sind uns untertan in deinem N.
	24,47	daß gepredigt wird in seinem N. Buße zur Vergebung der Sünden
Jh	1,12	gab Macht denen, die an seinen N. glauben
	2,23	am Passafest glaubten viele an seinen N.
	3,18	er glaubt nicht an den N. des Sohnes Gottes

Jh	5,43	ich bin gekommen in meines Vaters N.
	10,25	die Werke, die ich tue in meines Vaters N.
	12,28	Vater, verherrliche deinen N.
	14,13	was ihr bitten werdet in meinem N., das will ich tun 14; 15,16; 16,23.24.26
	26	der Tröster, den mein Vater senden wird in meinem N.
	17,6	habe deinen N. den Menschen offenbart 26
	11	heiliger Vater, erhalte sie in deinem N. 12
	20,31	damit ihr durch den Glauben das Leben habt in seinem N.
Apg	2,38	jeder lasse sich taufen auf den N. Jesu Christi
	3,6	im N. Jesu Christi von Nazareth steh auf und geh umher 4,10
	16	hat sein N. diesen stark gemacht
	4,7	in welchem N. habt ihr das getan
	12	ist kein andrer N. den Menschen gegeben
	17	hinfort zu keinem Menschen in diesem N. reden 18; 5,28.40
	30	Zeichen durch den N. deines Knechtes Jesus
	5,41	würdig, um Seines N. willen Schmach zu leiden
	8,12	als sie den Predigten von dem N. Jesu Christi glaubten
	9,14	Vollmacht, alle gefangenzunehmen, die deinen N. anrufen 21
	15	daß er meinen N. trage vor Heiden
	16	wieviel er leiden muß um meines N. willen
	27	wie er im N. Jesu gepredigt hätte
	10,43	durch seinen N. alle ... Vergebung
	48	er befahl, sie zu taufen in dem N. Jesu Christi
	15,14	aus ihnen ein Volk für seinen N. zu gewinnen
	17	alle Heiden, über die mein N. genannt ist
	16,18	ich gebiete dir im N. Jesu Christi
	22,16	steh auf und rufe seinen N. an
	26,9	ich müßte viel gegen den N. Jesu von Nazareth tun
Rö	1,5	in seinem N. den Gehorsam des Glaubens aufzurichten
	9,17	mein N. auf der ganzen Erde verkündigt werde
	15,9	darum will ich deinem N. singen
	20	wo Christi N. noch nicht bekannt war
Phl	2,9	hat ihm den N. gegeben, der über alle N. ist
	10	daß in dem N. Jesu sich beugen sollen aller derer Knie
1Pt	4,14	selig, wenn ihr geschmäht werdet um des N. Christi willen
	16	sondern ehre Gott mit diesem N.
1Jh	2,12	euch die Sünden vergeben um seines N.
	3,23	daß wir glauben an den N. seines Sohnes
	5,13	ihr glaubt an den N. des Sohnes Gottes
3Jh	7	um seines N. willen sind sie ausgezogen
Heb	1,4	wie der N., den er ererbt hat, höher ist
	2,12	will deinen N. verkündigen meinen Brüdern
	6,10	Liebe, die ihr seinem N. erwiesen habt
	13,15	das ist die Frucht der Lippen, die seinen N. bekennen
Jak	2,7	verlästern sie nicht den guten N., der über euch genannt ist
Off	2,3	hast um meines N. willen die Last getragen
	13	du hältst an meinem N. fest
	3,8	du hast meinen N. nicht verleugnet
	12	will auf ihn schreiben den N. meines Gottes
	11,18	Lohn denen, die deinen N. fürchten
	13,6	zu lästern seinen N. und sein Haus
	14,1	die hatten seinen N. und den N. seines Vaters 22,4
	15,4	wer sollte deinen N. nicht preisen
	19,12	er trug einen N. geschrieben 16
	13	sein N. ist: Das Wort Gottes

Name (von Geschöpfen)

1Mo	2,20	der Mensch gab einem jeden Vieh seinen N.
	4,17	Stadt, die nannte er nach seines Sohnes N. 4Mo 32,38.42; 5Mo 3,14; Jos 19,47; 21,9; Ri 18,29; 2Sm 18,18; 1Kö 16,24; 1Ch 6,50
	5,2	gab ihnen den N. „Mensch"
	11,4	damit wir uns einen N. machen
	9	daher heißt ihr N. Babel
	12,2	will dir einen großen N. machen
	16,11	dessen N. sollst du Ismael nennen
	17,5	Abraham soll dein N. sein 15
	22,24	seine Nebenfrau, mit N. Rehuma, gebar
	25,13	dies sind die N. der Söhne 16; 46,8; 2Mo 1,1; 6,16; 4Mo 3,2.3.17.18; 2Sm 5,14; 1Ch 23,24
	26,18	nannte sie mit denselben N.
	36,40	die Fürsten von Esau genannt nach ihren N.
	48,6	genannt nach deinem N. ihrer Brüder
	16	mein und meiner Väter N. fortlebe 4Mo 27,4
2Mo	23,13	die N. anderer Götter sollt ihr nicht anrufen 5Mo 18,20; Jos 23,7
	28,9	sollst darauf eingraben die N. der Söhne Israels 10.12.21.29; 39,6.14
	12	Aaron ihre N. trage vor dem HERRN 29
	31,2	habe mit N. berufen Bezalel 35,30
	33,12	kenne dich mit N. 17
4Mo	1,2	die Summe der Gemeinde nach ihren N. 18u. ö.; 3,40.43
	5	dies sind die N. der Männer 17; 13,16; 34,17.19; 2Sm 23,8; 1Ch 4,38.41; 2Ch 28,15
	5,21	der HERR mache deinen N. zum Fluch
	17,17	schreib eines jeden N. auf seinen Stab 18
	26,53	Land austeilen nach der Zahl der N. 55
	27,1	die Töchter Zelophhads mit N. Jos 17,3
5Mo	7,24	sollst ihren N. auslöschen 12,3
	9,14	damit ich ihren N. austilge unter dem Himmel 29,19; 32,26; 2Kö 14,27
	25,6	damit dessen N. nicht ausgetilgt werde 7.10; Rut 4,5.10
	10	sein N. soll heißen „des Barfüßers Haus"
Jos	7,9	werden sie unsern N. ausrotten
Ri	13,2	ein Mann mit N. Manoach 17,1; Rut 2,1; 1Sm 9,1.2; 17,4.23; 21,8; 2Sm 17,25; 20,21; Jer 37,13
	18	warum fragst du nach meinem N.
Rut	4,11	dein N. werde gepriesen zu Bethlehem 14
	17	ihre Nachbarinnen gaben ihm einen N.
1Sm	18,30	daß sein N. hoch gepriesen wurde
	20,16	möge der N. Jonatans nicht ausgelöscht werden
	25,9	in Davids N. alle diese Worte geredet 5
	25	wie sein N., so ist er
2Sm	7,9	will dir einen großen N. machen 8,13; 1Ch 14,17; 17,8
	12,28	damit nicht mein N. über ihr ausgerufen
	14,7	daß meinem Mann kein N. bleibt
	18,18	keinen Sohn, der meinen N. lebendig erhält
1Kö	1,47	Salomos N. herrlicher als deinen N.
	13,2	wird ein Sohn geboren werden, mit N. Josia
	18,24	ruft ihr den N. eures Gottes an 25.26
	21,8	(Isebel) schrieb Briefe unter Ahabs N.
2Kö	17,34	Jakobs, dem er den N. Israel gab Jes 48,1
	23,34	wandelte seinen N. um 24,17; 2Ch 36,4; Dan 1,7; 4,5; 5,12
2Ch	19,6	haltet Gericht nicht im N. von Menschen
	26,15	(Usija) sein N. drang weit hinaus

Name

Esr	2,61	nach dessen N. genannt wurde Neh 7,63
	5,10	damit wir die N. aufschrieben 8,20
Est	2,14	es sei denn, er ließe sie mit N. rufen
	22	sagte es dem König in Mordechais N.
	3,12	geschrieben im N. des Königs 8,8.10
Hi	18,17	wird keinen N. haben auf der Gasse
	30,8	Leute ohne N., die man weggejagt
Ps	9,6	ihren N. vertilgst du auf immer und ewig 34,17; Spr 10,7
	16,4	noch ihren N. in meinem Munde führen
	41,6	wann wird er sterben und sein N. vergehen
	83,5	daß des N. Israel nicht mehr gedacht
	102,9	die mich verspotten, fluchen mit meinem N.
	109,13	ihr N. schon im 2. Glied getilgt werden
	147,4	nennt (die Sterne) alle mit N. Jes 40,26
Pr	6,4	ihr N. bleibt von Finsternis bedeckt
	10	was da ist, ist längst mit N. genannt
Hl	1,3	dein N. ist eine ausgeschüttete Salbe
Jes	4,1	laß uns nur nach deinem N. heißen
	14,22	ich will von Babel ausrotten N. und Rest
	43,1	habe dich bei deinem N. gerufen 45,3.4
	44,5	wird mit dem N. „Jakob"... mit dem N. „Israel" genannt
	48,19	dein N. würde nicht ausgerottet werden
	49,1	er hat meines N. gedacht
	56,5	will einen N. geben... einen ewigen N.
	62,2	sollst mit einem neuen N. genannt w. 65,15
	65,15	sollt euren N. zum Fluch überlassen
	66,22	so soll auch euer N. Bestand haben
Jer	2,8	weissagten im N. des Baal 23,13
	11,19	daß seines N. nimmermehr gedacht werde
	29,22	ihre N. zum Fluchwort machen
	25	weil du unter deinem N. Briefe gesandt
	46,17	nennet den N. des Pharao
	48,17	alle, die ihr ihren N. kennt
Hes	16,56	nahmst den N. Sodoms nicht in den Mund
	22,5	befleckt ist dein N.
	48,1	dies sind die N. der Stämme 31
Hos	2,19	will die N. Baale wegtun Sa 13,2
Mi	4,5	jedes Volk wandelt im N. seines Gottes
Nah	1,14	von deinem N. kein Nachkomme bleiben soll
Ze	1,4	will ausrotten den N. der Götzenpfaffen
Jdt	10,9	damit dein N. zu den Heiligen gezählt wird
	11,17	dein N. soll berühmt werden in aller Welt
	13,24	er hat heute deinen N. herrlich gemacht
	31	bei allen Völkern, die deinen N. hören
Wsh	2,4	unser N. wird mit der Zeit vergessen
	14,21	den N., der keinem andern gebührt
Sir	6,23	von der Weisheit, wie ihr N. sagt, wissen nur wenige
	10,20	er hat ihren N. von der Erde getilgt
	15,6	sie wird ihm einen ewigen N. verleihen
	36,14	dein Volk, das von dir den N. hat
	37,1	einige sind nur dem N. nach Freunde
	29	ein Weiser... sein N. bleibt ewig 39,13.15
	40,19	Städte gründen machen einen bleibenden N.
	41,14	bei den Gottlosen wird auch der N. vertilgt
	15	sieh zu, daß du einen guten N. behältst
	16	ein guter N. bleibt ewig 44,8.13
	45,1	Mose, dessen N. hoch gepriesen wird
	46,2	der Großes tat, wie sein N. sagt
	13	die Richter, jeder nach seinem N.
	15	ihr N. werde gepriesen
	47,17	dein N. drang bis zu den fernsten Inseln
	49,1	der N. des Josia ist wie edles Räucherwerk
Bar	5,4	dein N. wird von Gott genannt werden
1Ma	2,51	werdet einen ewigen N. erlangen 3,14; 6,44
	12,54	wollen ihren N. auf Erden vertilgen
	14,43	alle Erlasse sollten in seinem N. ausgehen
StE	7,5	die den N. der Juden austilgen wollten
Mt	2,23	in einer Stadt mit N. Nazareth
	10,2	die N. der zwölf Apostel sind diese
	26,14	einer von den Zwölfen, mit N. Judas Lk 22,47
	27,32	einen Menschen aus Kyrene mit N. Simon Mk 15,21
	33	als sie an die Stätte kamen mit N. Golgatha
Mk	3,16	er gab Simon den N. Petrus 17
	5,22	einer von den Vorstehern der Synagoge, mit N. Jaïrus Lk 8,41
	14,32	zu einem Garten mit N. Gethsemane
Lk	1,5	ein Priester mit N. Zacharias
	13	du sollst ihm den N. Johannes geben
	27	die vertraut war einem Mann mit N. Josef
	2,25	ein Mann war in Jerusalem, mit N. Simeon
	5,27	sah einen Zöllner mit N. Levi am Zoll sitzen
	6,22	selig, wenn die Menschen verwerfen euren N.
	7,11	daß er in eine Stadt mit N. Nain ging
	10,20	freut euch, daß eure N. im Himmel geschrieben sind
	38	eine Frau mit N. Marta, die nahm ihn auf
	16,20	es war ein Armer mit N. Lazarus
	19,2	siehe, da war ein Mann mit N. Zachäus
	23,50	da war ein Mann mit N. Josef, ein Ratsherr
	24,13	Dorf; dessen N. ist Emmaus
	18	der eine, mit N. Kleopas, antwortete ihm
Jh	3,1	es war ein Mensch unter den Pharisäern mit N. Nikodemus
	5,43	ein anderer kommen wird in s. eigenen N.
	10,3	er ruft seine Schafe mit N. und führt sie hinaus
	11,1	*es lag einer krank mit N. Lazarus*
	54	ging von dort weg in eine Stadt mit N. Ephraim
Apg	5,1	ein Mann mit N. Hananias... verkaufte einen Acker
	34	da stand ein Pharisäer auf mit N. Gamaliel
	8,9	es war aber ein Mann mit N. Simon
	9,10	es war ein Jünger in Damaskus mit N. Hananias 12; 22,12
	11	frage nach einem Mann mit N. Saulus
	33	dort fand er einen Mann mit N. Äneas
	36	in Joppe war eine Jüngerin mit N. Tabita
	11,28	einer mit N. Agabus trat auf 21,10
	12,13	kam eine Magd mit N. Rhode
	13,8	Elymas – so wird sein N. übersetzt
	16,1	dort war ein Jünger mit N. Timotheus
	14	gottesfürchtige Frau mit N. Lydia hörte zu
	17,34	unter ihnen war eine Frau mit N. Damaris
	18,2	fand einen Juden mit N. Aquila
	7	das Haus eines Mannes mit N. Titius Justus
	15	weil es Fragen sind über Lehre und N.
	24	nach Ephesus ein Jude mit N. Apollos
	19,14	Söhne eines Hohenpriesters mit N. Skevas
	20,9	saß ein Mann mit N. Eutychus in einem Fenster
	21,16	zu einem alten Jünger mit N. Mnason
	27,1	übergaben sie Paulus einem Hauptmann mit N. Julius
	28,7	angesehenste Mann der Insel, mit N. Publius
1Ko	1,13	oder seid ihr auf den N. des Paulus getauft 15
Eph	1,21	was sonst einen N. hat
Phl	4,3	deren N. im Buch des Lebens stehen
3Jh	15	grüße die Freunde, jeden mit N.
Heb	1,4	wie der Name, den er ererbt hat, höher ist als ihr N.
Off	2,17	auf dem Stein ist ein neuer N. geschrieben

Off	3,1	du hast den N., daß du lebst
	5	ich werde seinen N. nicht austilgen aus dem Buch des Lebens
	12	auf ihn schreiben den N. des neuen Jerusalem
	6,8	der darauf saß, dessen N. war: Der Tod
	8,11	der N. des Sterns heißt Wermut
	9,11	sein N. heißt auf hebräisch Abaddon
	13,1	das hatte auf seinen Häuptern lästerliche N. 17,3
	8	alle, deren N. nicht geschrieben stehen
	17	den N. des Tieres oder die Zahl seines N. 14,11; 15,2
	17,5	auf ihrer Stirn war geschrieben ein N.
	21,12	auf den Toren 12 Engel und N. darauf geschrieben, nämlich die N. der 12 Stämme der Israeliten
	14	auf ihnen die zwölf N. der zwölf Apostel

Name Gottes, Name des HERRN (Herrn)

1Mo	4,26	fing man an, den N. d. H. anzurufen 12,8; 13,4; 21,33; 26,25; 2Mo 34,5; 1Kö 18,24; 2Kö 5,11
	16,13	nannte den N. d. H., der mit ihr redete
2Mo	20,7	sollst den N. d. H., deines G., nicht mißbrauchen 5Mo 5,11
	33,19	will vor dir kundtun den N. d. H.
3Mo	18,21	damit du nicht entheiligst den N. deines G. 19,12; 21,6
	24,11	lästerte den N. d. H. und fluchte 16
5Mo	18,5	daß er stehe im Dienst im N. d. H. 7
	22	wenn der Prophet redet in dem N. d. H.
	28,10	daß über dir der N. d. H. genannt ist
	32,3	will den N. d. H. preisen
Jos	9,9	sind gekommen um des N. d. H., d. G., willen
1Sm	17,45	ich komme zu dir im N. d. H. Zebaoth
	20,42	was wir beide geschworen haben im N. d. H.
2Sm	6,2	genannt nach dem N. d. H. 1Ch 13,6
	18	segnete er im N. d. H. 1Ch 16,2; 23,13
	14,11	der König möge den N. d. H., s. G., nennen
1Kö	3,2	war noch kein Haus gebaut dem N. d. H. 5,17.19; 8,17.20; 1Ch 22,7.19; 2Ch 1,18; 2,3; 6,7.10
	18,32	baute einen Altar im N. d. H.
	22,16	im N. d. H. die Wahrheit 2Ch 18,15
2Kö	2,24	verfluchte (Elisa) sie im N. d. H.
1Ch	21,19	geredet in d. H. N. 2Ch 33,18; Jer 26,16
2Ch	19,6	ihr haltet Gericht im N. d. H.
Esr	5,1	weissagten im N. des G. Israels
Hi	1,21	der N. d. H. sei gelobt Ps 7,18; 69,31; 113,1-3; 135,1; 148,5.13; Dan 2,20
Ps	20,2	der N. des G. Jakobs schütze dich
	6	im N. unsres G. erheben wir das Banner
	8	wir aber denken an den N. d. H.
	44,21	wenn wir den N. unsres G. vergessen hätten
	102,16	daß die Heiden den N. d. H. fürchten
	22	daß sie in Zion verkünden den N. d. H.
	116,4	ich rief an den N. d. H. 13.17; Jo 3,5
	118,10	im N. d. H. will ich sie abwehren 11.12
	26	gelobt, der da kommt im N. d. H. Mt 21,9; 23,39; Mk 11,9; Lk 13,35; 19,38; Jh 12,13
	122,4	wie es geboten, zu preisen den N. d. H.
	124,8	unsre Hilfe steht im N. d. H.
	129,8	wir segnen euch im N. d. H.
Spr	18,10	der N. d. H. ist eine feste Burg
	30,9	könnte mich an dem N. meines G. vergreifen
Jes	18,7	da der N. d. H. Zebaoth wohnt
	24,15	preiset den N. d. H., d. G. Jo 2,26
	30,27	d. H. N. kommt von ferne
	48,1	die ihr schwört bei dem N. d. H.
	50,10	der hoffe auf den N. d. H.
	59,19	daß der N. d. H. gefürchtet werde
	60,9	Gold für den N. d. H., deines G.
Jer	3,17	werden sich sammeln um des N. d. H. willen
	11,21	weissage nicht im N. d. H. 26,9.20
	44,16	Worten, die du im N. d. H. uns sagst
Am	6,10	man darf d. H. N. nicht nennen
Mi	4,5	wir wandeln im N. d. H., unseres G.
	5,3	wird weiden in der Macht des N. d. H.
Ze	3,9	daß sie alle d. H. N. anrufen sollen
	12	die werden auf d. H. N. trauen
Sa	13,3	du redest Lüge im N. d. H.
Tob	13,14	den N. d. H. werden sie in dir anrufen
Sir	23,11	der oft schwört und G. N. ständig nennt
	39,41	darum soll man den N. d. H. loben 47,12
	47,19	du wurdest genannt mit dem N. d. H.
	50,22	sein Ruhm war es, den N. d. H. auszusprechen
Mt	21,9	gelobt sei, der da kommt in dem N. d. H. 23,39; Mk 11,9; Lk 13,35; 19,38; Jh 12,13
Apg	2,21	wer den N. d. H. anrufen wird, soll gerettet werden Rö 10,13
	8,16	sie waren allein getauft auf den N. d. H. Jesus
	9,28	predigte im N. d. H. frei und offen
	15,26	ihr Leben eingesetzt für den N. unseres H.
	19,5	ließen sie sich taufen auf den N. d. H. Jesus
	13	den N. d. H. Jesus zu nennen über denen, die
	17	der N. d. H. Jesus wurde hoch gelobt
	21,13	zu sterben in Jerusalem für den N. d. H.
Rö	2,24	euretwegen wird G. N. gelästert
1Ko	1,2	allen, die den N. unsres H. Jesus anrufen
	10	ich ermahne euch im N. unseres H. Jesus
	5,4	in dem N. unseres H. Jesus versammelt
	6,11	ihr seid gerecht geworden durch den N. d. H.
Eph	5,20	sagt Dank Gott im N. unseres H. Jesus
Kol	3,17	das tut alles im N. d. H. Jesus
2Th	1,12	damit in euch verherrlicht werde der N. unseres H. Jesus
	3,6	wir gebieten euch im N. unseres H. Jesus
1Ti	6,1	damit nicht der N. G. verlästert werde
2Ti	2,19	es lasse ab von Ungerechtigkeit, wer den N. d. H. nennt
2Pt	1,21	haben Menschen im N. G. geredet
Jak	5,10	Propheten, die geredet haben in dem N. d. H.
	14	daß sie ihn salben mit Öl in dem N. d. H.
Off	3,12	ich will auf ihn schreiben den N. meines G.
	16,9	lästerten den N. G., der Macht hat über diese Plagen

namenlos

Wsh	14,27	den n. Göttern zu dienen, das ist Anfang

namens

Apg	9,11	*frage nach einem n. Saul von Tarsus*

namhaft

4Mo	16,2	empörten sich gegen Mose n. Leute
Apg	21,39	ich bin Bürger einer n. Stadt

Nanäa

2Ma	1,13	im Tempel der N. durch Priester der N. 15

Narbe

Narbe
3Mo 13,23 so ist es die N. von einem Geschwür 28

Narde
Hl 1,12 gab meine N. ihren Duft
4,13 Zyperblumen mit N. 14
Jh 12,3 da nahm Maria ein Pfund Salböl von unverfälschter N.

Nardenöl
Mk 14,3 ein Glas mit unverfälschtem und kostbarem N.

Narr
Ps 39,9 laß mich nicht den N. zum Spott werden
49,11 so wie die Toren und N. umkommen
73,22 da war ich ein N. und wußte nichts
92,7 ein N. begreift es nicht
94,8 merkt doch auf, ihr N. im Volk
Jes 19,11 die Räte des Pharao sind zu N. geworden
32,5 es wird nicht mehr ein N. Fürst heißen
6 ein N. redet Narrheit
44,25 macht die Weissager zu N. Jer 50,36
Jer 10,8 sie sind alle N. und Toren
Hos 9,7 ein N. ist der Prophet
Jdt 12,12 einen Mann zum N. gehalten haben sollte
Wsh 1,3 seine Macht bestraft solche N.
5,3 der, über den wir gespottet haben, wir N.
Sir 4,32 mach dich nicht zum Diener eines N.
8,20 mit einem N. mach keine Pläne
15,7 die N. finden die Weisheit nicht
18,18 ein N. macht lieblose Vorwürfe
19,11 aus einem N. bricht es heraus
12 wenn ein Wort im N. steckt
20,7 ein N. achtet nicht auf die rechte Zeit
13 die Worte der N. haben keinen Wert 22
14 das Geschenk des N. wird nicht viel nützen
17 der N. klagt: Niemand ist mein Freund
21,17 das Herz des N. ist wie 33,5
19 die Rede des N. drückt wie eine Last 27,14
21 für den N. ist Weisheit wie ein Haus
22 wenn man den N. erziehen will 22,7.8
24 ein N. läuft einem... ins Haus 25
28 die N. tragen ihr Herz auf der Zunge 29
22,10 über einen N. soll man trauern 13
12 das Leben des N. ist schlimmer als der Tod
14 rede nicht viel mit einem N.
17 wie kann man ihn anders nennen als „N."
23,19 damit du nicht zum N. wirst
25,4 wenn ein alter N. ein Ehebrecher ist
27,12 ein N. ist wandelbar wie der Mond
31,37 Trunkenheit macht einen N. noch toller
34,1 N. verlassen sich auf Träume
StD 1,9 wurden darüber zu N.
48 seid ihr Männer von Israel solche N.
Mt 5,22 wer aber sagt: Du N.
23,17 ihr N. und Blinden Lk 11,40
Lk 12,20 aber Gott sprach zu ihm: Du N.
Rö 1,22 sich für Weise hielten, zu N. geworden
1Ko 3,18 der werde ein N., daß er weise werde
4,10 wir sind N. um Christi willen
15,36 du N.: Was du säst, wird nicht lebendig
2Ko 11,19 ihr ertragt gerne die N., ihr, die ihr klug seid
12,11 ich bin ein N. geworden

Narrenmaul
Spr 10,8 wer ein N. hat, kommt zu Fall 10

Narrheit
Spr 13,16 ein Tor stellt N. zur Schau
14,24 die N. der Toren bleibt N.
Pr 7,25 zu erkennen, daß N. Tollheit (ist)
10,13 der Anfang seiner Worte ist N.
Jes 32,6 ein Narr redet N.

närrisch
Eph 5,4 auch n. oder lose Reden stehen euch nicht an

Narzissus
Rö 16,11 grüßt die aus dem Haus des N.

Nase
1Mo 2,7 blies den Odem des Lebens in seine N.
2Sm 22,9 Rauch stieg auf von seiner N. Ps 18,9
2Kö 19,28 will m. Ring in deine N. legen Jes 37,29
Hi 27,3 solange der Hauch von Gott in meiner N.
40,24 einen Strick durch seine N. ziehen 26
Ps 115,6 (Götzen) haben N. und riechen nicht 26
Spr 11,22 mit einem goldenen Ring durch die N.
30,33 wer die N. hart schneuzt, zwingt Blut
Hl 7,5 deine N. ist wie der Turm vom Libanon
Jes 65,5 sollen ein Rauch werden in meiner N.
Hes 8,17 halten sich die Weinrebe an die N.
16,12 gab dir einen Ring an deine N.
23,25 sollen dir N. und Ohren abschneiden
Am 4,10 ich ließ den Gestank in eure N. steigen
Wsh 2,2 der Atem in unsrer N. ist nur Rauch
15,15 die mit ihren N. nicht Luft holen

Nasenring
Jes 3,21 (wird der Herr wegnehmen) die N.

naß
Jer 13,1 einen Gürtel... laß ihn nicht n. werden
Dan 4,12 er soll unter dem Tau n. werden 20.22.30; 5,21

Natanja, *Nathanja*
Jdt 8,1 Judit. Tochter Meraris... des Sohnes N.

Nathan
2Sm 7,2 sprach er zu dem Propheten N. 3.4.17; 1Ch 17,1-3.15; Sir 47,1
12,1 der HERR sandte N. zu David 5.7.13.15; Ps 51,2
25 tat (Salomo) unter die Hand des Proph. N.
1Kö 1,8 N. (war) nicht mit Adonija 10
11 da sprach N. zu Batseba 22.23.32
34 N. salbe ihn zum König 38.44.45
1Ch 29,29 in der Geschichte N. 2Ch 9,29
2Ch 29,25 wie David befohlen hatte und N.
weitere Träger ds. Namens:
2Sm 5,14; 1Ch 3,5; 14,4; Sa 12,12; Lk 3,31/ 2Sm 23,36/ 1Kö 4,5/ 4,5; 1Ch 2,36/ 1Ch 11,38/ Esr 8,16/ 10,39

Nathanael (s.a. Netanel)

Jh	1,45	Philippus findet N. 46-49
	21,2	es waren beieinander Petrus und N.

Nation

Jes	14,6	herrschte mit Wüten über die N.
	17,12	ha, ein Getümmel mächtiger N. 13
Hes	25,7	will dich aus den N. ausrotten
Wsh	8,14	N. werden mir untertan sein
StE	5,8	Leutseligkeit, die wir allen N. erweisen
Off	5,9	hast Menschen für Gott erkauft aus allen N.
	7,9	eine große Schar aus allen N.
	10,11	du mußt abermals weissagen von N.
	11,9	Menschen aus allen N. sehen ihre Leichname
	13,7	ihm wurde Macht gegeben über alle N.
	14,6	ein Evangelium zu verkündigen allen N.
	17,15	die Wasser sind Völker und N. und Sprachen

Natter

Jes	11,8	wird s. Hand stecken in die Höhle der N.
	14,29	wird eine giftige N. kommen
	34,15	da wird auch die N. nisten
Jer	8,17	will Schlangen und N. unter euch senden

Natternei

Jes	59,5	sie brüten N.

Natur

Wsh	7,20	(daß ich begreife) die N. der Tiere
	13,1	es sind von N. alle Menschen nichtig
	17,10	die Bosheit, die von N. aus feige ist
Rö	2,14	von N. tun, was das Gesetz fordert
	27	so wird der, der von N. unbeschnitten ist
	11,24	wider die N. in den edlen Ölbaum
1Ko	11,14	lehrt euch nicht auch die N., daß es
Gal	2,15	*wir sind von N. Juden*
Eph	2,3	wir waren Kinder des Zorns von N.
2Pt	1,4	damit ihr dadurch Anteil bekommt an der göttlichen N.
	2,12	Tiere, die von N. dazu geboren sind
Jak	3,7	*die N... gezähmt von der menschlichen N.*
Jud	10	was sie von N. aus kennen wie die unvernünftigen Tiere

natürlich

Wsh	16,3	sollte... die n. Lust am Essen vergehen
Mt	15,17	*durch den n. Gang ausgeworfen Mk 7,19*
Rö	1,26	ihre Frauen haben den n. Verkehr vertauscht mit dem widernatürlichen 27
	11,21	hat Gott die n. Zweige nicht verschont 24
1Ko	2,14	der n. Mensch vernimmt nichts vom Geist Gottes
	15,44	es wird gesät ein n. Leib und wird auferstehen
	46	der geistliche Leib ist nicht der erste, sondern der n.

Nazarener, Nazoräer

Mt	2,23	er soll N. heißen
Apg	24,5	daß er ein Anführer der Sekte der N. ist

Nazareth

Mt	2,23	kam und wohnte in N. Lk 2,39
	4,13	(Jesus) verließ N. Mk 1,9
	21,11	das ist Jesus, der Prophet aus N.
	26,71	dieser war auch mit dem Jesus von N. Mk 14,67
Mk	1,24	was willst du von uns, Jesus von N. Lk 4,34
	10,47	als er hörte, daß es Jesus von N. war
	16,6	ihr sucht Jesus von N., den Gekreuzigten
Lk	1,26	Gabriel gesandt in eine Stadt, die heißt N.
	2,4	da machte sich auf auch Josef aus der Stadt N.
	51	er ging mit ihnen hinab und kam nach N. 4,16
	18,37	berichteten ihm: Jesus von N. gehe vorbei
	24,19	das mit Jesus von N., der ein Prophet war
Jh	1,45	wir haben gefunden Jesus, Josefs Sohn, aus N.
	46	was kann aus N. Gutes kommen
	18,5	sie antworteten: Jesus von N. 7
	19,19	Jesus von N., der König der Juden
Apg	2,22	Jesus von N., von Gott unter euch ausgewiesen
	3,6	im Namen Jesu Christi von N. steh auf und geh umher 4,10
	6,14	Jesus von N. wird diese Stätte zerstören
	10,38	wie Gott Jesus von N. gesalbt hat
	26,9	ich müßte viel gegen den Namen Jesu von N. tun

Nea

Jos	19,13	(Sebulon... Grenze seines Erbteils) N.

Neapolis

Apg	16,11	am nächsten Tag nach N.

Nearja

1Ch	3,22	¹die Söhne Schechanjas waren: N. 23
	4,42	²N., die Söhne Jischis

Nebai

Neh	10,20	(die Oberen des Volks sind:) N.

Nebajot, Nebajoth

1Mo	25,13	Söhne Ismaels: N. 28,9; 36,3; 1Ch 1,29
Jes	60,7	die Widder N. sollen dir dienen

Neballat

Neh	11,34	(die Söhne Benjamin wohnten in) N.

Nebat

1Kö	11,26	Jerobeam, der Sohn N. 12,2.15; 15,1; 16,3.26.31; 21,22; 22,53; 2Kö 3,3; 9,9; 10,29; 13,2.11; 14,24; 15,9.18.24.28; 17,21; 23,15; 2Ch 9,29; 10,2.15; 13,6; Sir 47,29

Nebel

1Mo	2,6	ein N. stieg auf von der Erde
Ps	148,8	(lobet den HERRN) Schnee und N.
Jes	44,22	ich tilge deine Sünden wie den N.
Ze	1,15	d. Tag ist ein Tag der Wolken und des N.

Nebel

Wsh	2,4	unser Leben zergeht wie N.
Sir	24,5	(ich) bedeckte wie N. die Erde
	43,24	dagegen hilft der feuchte N.

neben

2Mo	20,3	sollst keine anderen Götter haben n. mir 23; 5Mo 5,7
	22,24	Geld verleihst an einen Armen n. dir 3Mo 25,35.36.39.47
4Mo	18,4	kein Fremder soll sich n. euch nahen
5Mo	28,69	n. dem Bund, den er geschlossen am Horeb
	32,39	und ist kein Gott n. mir
1Kö	22,19	sah das ganze himml. Heer n. ihm stehen
Ps	113,8	daß er ihn setze n. die Fürsten
Tob	4,5	begrabe sie n. mir 14,12
Sir	12,12	stelle ihn nicht n. dich ... setze ihn nicht n. dich
Lk	9,47	nahm er ein Kind und stellte es n. sich
Gal	2,4	falsche Brüder n. eingeschlichen *Jud 4*

Nebenbuhlerin

Sir	37,12	Rat, wie man ihre N. behandeln soll

nebeneinführen

2Pt	2,1	die n. verderbliche Sekten

nebeneinkommen

Rö	5,20	*das Gesetz ist nebeneing.*

Nebenfrau

1Mo	22,24	seine N., Rëuma, gebar auch
	25,6	den Söhnen von den N. gab er Geschenke
	35,22	legte sich zu Bilha, seines Vaters N.
	36,12	Timna war eine N. des Elifas
3Mo	18,18	die Schwester deiner Frau nicht zur N.
Ri	8,31	seine N., die (Gideon) in Sichem hatte
	19,1	ein Levit hatte sich eine N. genommen 9.10. 24.25.27.29; 20,4-6
2Sm	3,7	Saul hatte eine N., Rizpa 21,11
	5,13	David nahm noch mehr N. 1Ch 3,9
	15,16	der König ließ 10 N. zurück 16,21.22; 20,3
	19,6	das Leben gerettet deinen N.
1Kö	11,3	(Salomo) hatte 300 N.
1Ch	1,32	die Söhne Keturas, der N. Abrahams
	2,46	Epha, die N. Kalebs 48
	7,14	Asriël, den seine aramäische N. geboren
2Ch	11,21	lieber als alle s. N.; denn er hatte 60 N.
Est	2,14	des Schaaschgas, des Hüters der N.
Hl	6,8	60 Königinnen sind es und 80 N. 9
Dan	5,2	damit der König mit seinen N. tränke 3.23
2Ma	4,30	weil der König sie seiner N. geschenkt

Nebenraum

Ri	3,23	Ehud ging zum N. hinaus

neblig

Jo	2,2	(der Tag des HERRN ist nahe,) ein n. Tag

Nebo

4Mo	32,3	¹das Land N. 38; 1Ch 5,8; Jes 15,2; Jer 48,1. 22
	33,47	²lagerten sich östlich vom N.
5Mo	32,49	geh auf den Berg N. 34,1
Esr	2,29	³die Söhne N. 10,43; Neh 7,33
Jes	46,1	⁴Bel bricht zusammen, N. ist gefallen

Nebukadnezar

2Kö	24,1	zog herauf N., der König von Babel 10.11; 25,1.8.22; 2Ch 36,6; Jer 21,2; 25,1; 32,1; 35,11; 39,1; 52,4.12; Dan 1,1
1Ch	5,41	als der HERR Juda durch N. wegführen ließ 2Ch 36,7.10; Esr 1,7; 2,1; 5,12.14; 6,5; Neh 7,6; Est 2,6; Jer 24,1; 27,20; 28,3; 29,1; 52,28-30; Dan 5,2; Bar 6,2
2Ch	36,13	wurde (Zedekia) abtrünnig von N.
Jer	21,7	will Zedekia in die Hände N. geben 22,25; 27,6; 29,3.21; 37,1; 39,5; 44,30
	25,9	will kommen lassen meinen Knecht N. 27,8; 28,14; 32,28; 34,1; 43,10; 50,17; Hes 26,7
	28,11	will zerbrechen das Joch N.
	39,11	N. hatte Befehl gegeben wegen Jeremia
	46,2	Heer des Pharao, das N. schlug 13.26; Hes 30,10
	49,28	Königreiche von Hazor, die N. schlug 30
	51,34	N. hat mich gefressen und umgebracht
Hes	29,18	N. hat sein Heer vor Tyrus 19
Dan	1,18	brachte sie der oberste Kämmerer vor N.
	2,1	hatte N. einen Traum 28.46; 3,31; 4,1.15
	3,1	N. ließ ein goldenes Bild machen 2-19
	24	entsetzte sich N. 26.28
	4,25	dies widerfuhr N. 28.30.31.34
	5,11	N. setzte ihn über die Zeichendeuter
	18	Gott hat N. Macht, Ehre gegeben
Jdt	1,6	N., König von Assyrien 10.11; 2,1.4
	7	wurde das Reich des N. mächtig
	3,3	dem Großkönig N. dienen 11; 5,25; 11,1
	5,26	N. der Gott des Landes ist 6,2; 11,5
	11,17	hoch angesehen im Hause N. 14,14
Bar	1,11	betet für das Leben N. 12

Nebusaradan

2Kö	25,8	kam N. als Feldhauptmann des Königs von Babel 11.20; Jer 39,9-11.13; 40,1; 41,10; 43,6; 52,12.15.16.26.30

Nebuschasban

Jer	39,3	N., der Oberkämmerer 13

Necho

2Kö	23,29	zog der Pharao N. herauf 2Ch 35,20-22
	33	N. legte (Joahas) ins Gefängnis 34.35; 2Ch 36,4

Nedabja

1Ch	3,18	(Söhne Jechonjas:) N.

Nefeg, *Nepheg*

2Mo	6,21	¹Söhne Jizhars sind: N.
2Sm	5,15	²(David zu Jerusalem geboren:) N. 1Ch 3,7; 14,6

Neftai, *Nephthai*

2Ma	1,36	Neftar; die meisten nennen es N.

Neftar, *Nephthar*

2Ma 1,36 N., die meisten nennen es Neftai

Neftoach, *Menephtoach*

Jos 15,9 (die Grenze) kommt zur Quelle N. 18,15

Nefusiter, *Nephusiter*

Esr 2,50 (Tempelsklaven:) die Söhne der N. Neh 7,52

Negiël

Jos 19,27 (Asser... die Grenze) stößt an N.

Nehelam

Jer 29,24 wider Schemaja von N. 31.32

Nehemia

Neh 1,1 N., des Sohnes Hachaljas
    8,9 N., der Statthalter 10,2; 12,26.47; 2Ma 1,18.20. 21.23.31.36
Sir 49,15 N. ist allezeit zu loben
2Ma 2,13 Schriften, zu N. Zeiten geschrieben

Nehemja

Esr 2,2 ¹kamen mit Serubbabel, N. Neh 7,7
Neh 3,16 ²N., der Sohn Asbuks

nehmen

(s.a. in **acht** nehmen; Ende; Frau; gefangennehmen; Geschenk; Gewalt; Herz; Ohr; Schaden; Weib)

1Mo 2,15 n. den Menschen und setzte ihn in... Eden
    21 er n. eine seiner Rippen 22.23
   3,6 das Weib n. von der Frucht und aß
    19 zu Erde werdest, davon du gen. 23
   6,21 sollst dir von jeder Speise n.
   7,2 von allen reinen Tieren n. zu dir 8,20
   8,9 n. (die Taube) zu sich in die Arche
   9,23 n. ein Kleid und gingen rückwärts hinzu
   11,3 Ziegel als Stein und Erdharz als Mörtel
    31 Abram und Lot und führte sie aus Ur 12,5
   12,19 n. sie und zieh hin 20,14; 24,51.61
   14,11 n. alle Habe und zogen davon 12; 34,28
    23 daß ich nicht einen Schuhriemen n. will
    24 laß die Männer ihr Teil n.
   16,3 n. ihre Magd und gab sie Abram 30,9
   17,23 n. seinen Sohn und beschnitt 2Mo 4,25
   19,15 mach dich auf, n. Frau und Töchter 32,23.24; 34,17.26; 2Mo 4,20; 18,2; 1Sm 30,22
   21,14 n. Brot und einen Schlauch mit Wasser
    18 n. den Knaben und führe ihn 22,2.3.6
    30 7 Lämmer sollst du von meiner Hand n. 27
   22,13 n. den Widder und opferte ihn
   23,13 n. von mir das Geld für den Acker
   24,7 der mich von meines Vaters Hause gen. hat
    10 so n. der Knecht zehn Kamele 22
    37 m. Herr hat einen Eid von mir gen. 50,5.25
    46 n. eilends den Krug von ihrer Schulter
    48 daß ich für seinen Sohn (Rebekka) n. 67
    65 da n. sie den Schleier und verhüllte sich
   27,3 n. dein Gerät, Köcher und Bogen
    15 n. Esaus Feierkleider und zog sie Jakob
    36 Erstgeburt gen., nun n. er meinen Segen

1Mo 28,18 n. den Stein und richtete ihn auf 11; 31,45.46; Jos 4,20; 24,26; 1Sm 7,12
   29,23 am Abend n. er seine Tochter Lea
   30,15 meinen Mann gen... auch die Liebesäpfel n.
    23 Gott hat meine Schmach von mir gen. Jes 4,1; Lk 1,25
    33 wegen meines Lohnes, den ich n. soll
    37 Jakob n. frische Stäbe
   31,23 n. seine Brüder zu sich und jagte ihm nach
    34 Rahel hatte den Hausgott gen.
   33,11 so nötigte er ihn, daß er sie n.
   34,2 n. er sie und tat ihr Gewalt an
    9 n. unsere Töchter (und wohnt bei uns) 16; Neh 13,25
    25 ein jeder sein Schwert
   37,24 n. (Josef) und warfen ihn in die Grube
    31 n. Josefs Rock und tauchten den ins Blut
   38,8 n. sie zur Schwagerehe 5Mo 25,7.8
    28 da n. die Wehmutter einen roten Faden
   39,20 n. ihn und legte ihn ins Gefängnis
   40,11 n. die Beeren und zerdrückte sie
   41,34 n. den Fünften in Ägyptenland
   42,24 n. er aus ihrer Mitte Simeon 47,2
    33 n. für euer Haus, wieviel ihr bedürft
   43,11 n. von des Landes besten Früchten 12.13
    18 man will uns die Esel n.
   44,29 werdet ihr diesen auch von mir n.
   45,18 n. euren Vater und kommt zu mir 19; 46,6
   48,1 n. mit sich Manasse und Ephraim 12.13
    22 Land, das ich mit meinem Schwert gen.
2Mo 2,9 die Frau n. das Kind und stillte es
   3,22 sollt von den Ägyptern Beute n. 12,36
   4,9 n. Wasser aus dem Nil und gieß es
    17 diesen Stab n. in deine Hand 20; 7,9.15.19; 17,5; 4Mo 20,8.9
   8,4 bittet, daß er die Frösche von mir n.
   9,10 sie n. Ruß aus dem Ofen
   10,26 davon müssen wir n. zum Dienst Gottes
   12,3 n. jeder Hausvater ein Lamm 4.5.21
    7 sollen von seinem Blut n. 22; 24,6.8; 29,12.16. 20.21; 3Mo 4,5.25.30.34; 8,15.23.30; 14,14; 16,14.18; 4Mo 19,4; 2Ch 29,22; 30,16; 35,11; Hes 43,20; 45,19; Heb 9,19
    32 n. auch mit euch eure Schafe und Rinder
   13,19 Mose n. mit sich die Gebeine Josefs
   14,6 (der Pharao) n. sein Volk mit sich
   15,20 da n. Mirjam eine Pauke in ihre Hand
   16,33 n. ein Gefäß und tu Manna hinein
   17,5 n. einige von den Ältesten mit dir
    12 n. einen Stein, daß er sich daraufsetzte
   21,8 hat ihr Herr sie für sich n. 10
   22,24 sollst keinerlei Zinsen von ihm n. 3Mo 25,36; 5Mo 23,20.21
    25 wenn du zum Pfande n. 5Mo 24,6.10.17
   24,7 (Mose) n. das Buch und las es vor
   28,5 sollen Gold dazu n. 9
   29,1 n. einen jungen Stier 13.15.19.22.26.27.31; 3Mo 8,16.25.26.29; Ri 6,25.26; 1Kö 18,23.26; Hi 42,8
    5 die Kleider n. und Aaron anziehen 3Mo 8,2; 4Mo 20,25
    7 und du sollst das Salböl n. 30,22.34; 40,9; 3Mo 8,10.30
    25 danach n. es von ihren Händen 32,4; 3Mo 8,28
   30,16 sollst Sühnegeld n. von den *Israeliten
   32,20 n. das Kalb, das sie gemacht 5Mo 9,21
   33,7 Mose n. das Zelt und schlug es auf und nannte es Stiftshütte
   34,4 Mose n. die zwei steinernen Tafeln

nehmen

2Mo	40,20	n. das Gesetz und legte es in die Lade
3Mo	2,2	der Priester soll eine Handvoll n. 5,12; 9,17; 4Mo 5,26
	4	n. Kuchen von feinstem Mehl 24,5
	5,21	was er mit Gewalt gen. 23
	7,34	n. ich von ihren Dankopfern und gebe sie Aaron 10,12; 4Mo 7,5.6; 31,47
	9,2	n. einen Stier zum Sündopfer 3.15; 4Mo 8,8; Hes 43,21
	10,1	n. ein jeder seine Pfanne 16,12; 4Mo 16,6.17.18; 17,4.11
	12,8	so n. sie zwei Turteltauben 14,4.6.10.12.15.21.24.25.42.49.51; 15,14.29; 16,7
	16,22	der Bock alle ihre Missetat auf sich n.
	18,18	sollst... nicht zur Nebenfrau n. 20,17
	22,25	nicht aus der Hand eines Ausländers n.
	23,40	sollt Früchte n. von schönen Bäumen
4Mo	1,17	Mose n. diese Männer zu sich 27,18.22
	50	sollen alle Geräte in ihre Obhut n. 3,8.25.31.36; 4,9.12
	3,12	habe die Leviten gen. 45; 8,6.16.18; 18,2.6
	49	da n. Mose das Lösegeld 50; 31,51.54
	5,17	(der Priester soll) Wasser n. 25; 19,6.17.18
	6,4	soll er nichts essen, was man vom Weinstock n.
	18	soll sein geweihtes Haupthaar n. 19
	11,13	woher soll ich Fleisch n.
	17	will von deinem Geist n. 25
	12,1	Kuschiterin, die (Mose) gen. hatte
	16,15	habe nicht einen Esel von ihnen gen. 1Sm 12,3.4
	17,17	n. von ihnen zwölf Stäbe 24
	18,26	wenn ihr den Zehnten n. 28.30; Heb 7,5
	21,7	daß er die Schlangen von uns n.
	22,41	am Morgen n. Balak den Bileam
	25,4	n. alle Oberen und hänge sie auf
	7	Pinhas n. einen Spieß Ri 3,21
	27,11	damit sie (sein Erbe) in Besitz n.
	31,5	sie n. je 1.000 eines Stammes 34,18; 5Mo 1,15.23; Jos 3,12; 4,2; 18,4; Ri 20,10
	11	sie n. alles, was zu n. war 12; 1Sm 14,32; 15,21; 2Sm 8,7.8; 1Ch 18,1.7.8.11; 2Ch 28,8
	33,53	Land gegeben, damit ihr es in Besitz n. 5Mo 2,31; 3,4.8; Esr 9,11; Neh 9,25; Jer 32,23
	35,31	sollt kein Sühnegeld n. 32
5Mo	1,25	n. Früchte und brachten sie zu uns
	7,3	ihre Töchter sollt ihr nicht n. für eure Söhne Ri 3,6; Esr 9,2.12; Neh 10,31; 13,25
	15	der HERR wird von dir n. alle Krankheit
	25	nicht begehren Gold oder es zu dir n.
	14,25	mache es zu Geld und n. das Geld
	15,17	n. einen Pfriemen und durchbohre sein Ohr
	21,3	sollen eine junge Kuh n.
	13	danach n. sie zur Ehe 28,30
	22,2	sollst sie in dein Haus n.
	6	nicht die Mutter mit den Jungen n. 7
	15	sollen die Zeichen ihrer Jungfräulichk. n.
	18	sollen den Mann n. und züchtigen Jos 7,24
	23,20	für alles, wofür man Zinsen n. kann
	26,2	sollst du n. Erstlinge aller Feldfrüchte 4
	28,50	ein freches Volk, das nicht Rücksicht n. auf die Alten
	30,19	ich n. Himmel und Erde zu Zeugen 31,28
	31,26	n. das Buch dieses Gesetzes
	32,11	n. ihn und trug ihn auf seinen Flügeln
	43	wird an seinen Feinden Rache n.
Jos	6,18	etwas von dem Gebannten zu n. 7,1.11.21.23
	8,1	n. mit dir das Kriegsvolk 12; Ri 4,6; 9,43; 1Sm 24,3; 2Kö 3,26
	29	daß man seinen Leichnam vom Baum n. sollte 10,27
Jos	9,4	n. alte Säcke auf ihre Esel 5.11.14
	16,1	das Los des Stammes n. seinen Anfang
	19,9	ist von dem Anteil des Stammes Juda gen.
	20,4	sollen ihn zu sich in die Stadt n.
	24,3	da n. ich euren Vater Abraham
Ri	3,25	n. sie den Schlüssel und schlossen auf
	4,21	da n. Jaël einen Pflock
	6,20	n. das Fleisch und die Brote
	27	da n. Gideon zehn Mann
	7,8	sie n. die Verpflegung des Volks an sich
	8,16	(Gideon) n. die Ältesten der Stadt
	21	Gideon n. die kleinen Monde 24.25
	9,48	(Abimelech) n. eine Axt
	11,13	weil Israel mein Land gen. hat 15.26
	12,9	dreißig Töchter n. (Ibzan) von auswärts
	13,19	n. ein Ziegenböcklein 1Sm 7,9
	14,9	(Simson) n. davon in seine Hand und aß
	19	(Simson) n. ihre Gewänder 15,4.15
	15,2	sie hat eine jüngere Schwester... die n.
	16,12	da n. Delila neue Stricke
	17,2	1.100 Silberstücke, die dir gen. worden 4
	18,4	Micha hat mich in Dienst n.
	17	die fünf Männer n. das Bild 18.20.24.27
	19,1	ein Levit hatte sich eine Nebenfrau gen.
	29	als er nun heimkam, n. er ein Messer 20,6
Rut	1,12	bin zu alt, um wieder einen Mann zu n. 13
	3,15	n. das Tuch, das du umhast
	4,2	Boas n. zehn Männer von den Ältesten
	5	mußt du auch Rut n. 10.13
	16	Noomi n. das Kind
1Sm	1,24	n. (Hanna) ihn mit sich hinauf nach Silo
	2,14	das n. der Priester für sich 15.16
	5,2	dann n. sie die Lade Gottes 6,7.8.10
	3	sie n. Dagon und stellten ihn wieder
	7,14	Städte, die die Philister ihnen gen.
	8,11	eure Söhne wird er n. 13-17; 14,52; 2Kö 20,18; Jes 39,7
	9,3	sprach zu Saul: N. einen der Knechte 22
	10,1	da n. Samuel den Krug mit Öl 16,13; 1Kö 1,39; 2Kö 9,1.3
	11,7	(Saul) n. ein Paar Rinder
	14,26	niemand n. davon etwas
	16,2	n. eine junge Kuh
	20	da n. Isai einen Esel und Brot
	23	n. David die Harfe und spielte darauf
	17,17	n. für deine Brüder diesen Scheffel
	40	n. seinen Stab... n. die Schleuder 49.51
	54	David aber n. des Philisters Haupt
	57	n. ihn Abner und brachte ihn vor Saul 18,2
	19,13	dann n. Michal das Götzenbild
	20,16	Rache n. nur an den Feinden Davids
	21,9	habe meine Waffen nicht mit mir gen. 10
	24,12	du jagst mir nach, um mir das Leben zu n.
	25,11	sollte ich mein Brot und Wasser n. 18.35
	26,11	n. den Spieß zu seinen Häupten 12
	28,24	n. Mehl und knetete es 2Sm 13,8-10
	30,18	was die Amalekiter gen. hatten 19.20
	31,4	da n. Saul das Schwert und stürzte sich hinein 1Ch 10,4
	12	n. die Leichname von der Mauer 13; 2Sm 21,9.12; 1Ch 10,9.12
2Sm	1,10	n. die Krone von seinem Haupt 12,30; 1Ch 20,2
	2,8	Abner n. Isch-Boschet und führte ihn
	21	n. ihm seine Waffen
	3,10	daß das Königtum vom Hause Sauls gen.
	35	wenn ich Brot oder sonst etwas zu mir n.
	4,7	n. seinen Kopf und gingen 12
	7,8	habe dich gen. von den Schafhürden Ps 78,70; Am 7,15

2Sm	8,1	Dienstzaum den Philistern aus der Hand n.	1Ch	2,23	die Aramäer n. die „Dörfer Jaïrs"
	10,4	da n. Hanun die Gesandten Davids 1Ch 19,4		11,23	er n. ihm den Spieß aus der Hand
	12,4	n. das Schaf des armen Mannes	2Ch	28,15	n. die Gefangenen und bekleideten alle
	11	will deine Frauen n. und sie... geben	Esr	6,8	daß man aus des Königs Schatz n.
	13,5	daß ich von ihrer Hand n. 6.10		7,17	alles das n. und kaufe Speisopfer
	15,20	n. deine Brüder mit dir	Neh	2,1	n. ich den Wein und gab ihn dem König
	17,19	die Frau n. eine Decke und breitete sie		18	sie n. das gute Werk in die Hand
	18,14	da n. Joab drei Stäbe in seine Hand		5,15	hatten täglich 40 Silberstücke gen.
	17	n. Absalom und warfen ihn in eine Grube		10,32	wollen nicht am Sabbat Waren n.
	19,31	er n. ihn auch ganz	Est	6,10	eile und n. Kleid und Roß 11
	20,3	n. (David) die zehn Nebenfrauen		8,2	Fingerreif, den er Haman gen.
	6	n. du die Männer deines Herrn	Hi	1,21	der HERR hat's gegeben, der HERR hat's gen.
	21,8	(sieben Männer) n. der König			
	10	da n. Rizpa ein Sackgewand		2,8	n. eine Scherbe und schabte sich
	24,22	der König n. und opfere 1Ch 21,23.24		3,12	warum hat man mich auf den Schoß gen.
1Kö	1,33	n. mit euch die Großen eures Herrn		9,34	daß er seine Ruhe von mir n.
	3,20	sie n. meinen Sohn von meiner Seite		12,24	er n. den Häuptern den Mut
	10,16	600 Lot Gold n. er zu einem Schild		13,8	wollt ihr für ihn Partei n.
	11,18	kamen nach Paran und n. Leute mit sich		16,12	er hat mich beim Genick gen.
	31	n. zehn Stücke zu dir		19,9	hat die Krone von meinem Haupt gen.
	34	ich will aus seiner Hand das Reich noch nicht n. 35		24,3	sie n. das Rind der Witwe zum Pfande 9
				31,36	wollte sie auf meine Schulter n.
	37	will dich n., daß du regierst 2Kö 14,21; 23,30; 2Ch 26,1; 36,1		35,7	was wird er von deinen Händen n.
				38,15	den Gottlosen wird ihr Licht gen.
	14,3	n. mit dir zehn Brote	Ps	50,9	will von deinem Hause Stiere nicht n.
	26	die Schätze aus dem Hause des HERRN 15,18; 2Kö 12,19; 14,14; 16,8; 25,15; 2Ch 12,9; 16,2; 25,24; Esr 1,7; 5.14.15; 8,30; Jer 52,19		16	du n. meinen Bund in deinen Mund
				51,13	n. deinen heiligen Geist nicht von mir
				74,11	n. deine Rechte aus dem Gewand
	17,19	n. ihn von ihrem Schoß 23; 2Kö 4,20.37		76,13	der den Fürsten den Mut n.
	18,4	100 Propheten und versteckte sie		94,10	wohl dem, den HERR, in Zucht n.
	10	n. er einen Eid von dem Volk 2Kö 11,4; 2Ch 36,13; Esr 10,5; Neh 5,12; Hes 17,13		116,13	ich will den Kelch des Heils n.
				119,43	n. nicht von meinem Munde das Wort der Wahrheit
	31	n. 12 Steine nach der Zahl der Stämme			
	19,4	so n. nun, HERR, meine Seele Jon 4,3		137,3	wohl dem, der deine jungen Kinder n.
	10	trachten, mir mein Leben n. 14; Ps 31,14		139,9	n. ich Flügel der Morgenröte
	21	Elisa n. ein Joch Rinder		143,9	zu dir n. ich meine Zuflucht
	20,6	was ihm gefällt, sollen sie n.	Spr	1,19	(unrechter Gewinn) n. ihnen das Leben
	33	die Männer n. es als ein gutes Zeichen		7,20	er hat den Geldbeutel mit sich gen.
	34	Städte, die mein Vater deinem Vater gen. 2Kö 13,25		20,16	n. dem sein Kleid, der Bürge wurde 27,13
				28,24	wer seinem Vater oder seiner Mutter etwas
	21,15	steh auf und n. in Besitz den Weinberg Nabots 16.18	Pr	5,14	trotz seiner Mühe n. er nichts mit sich
	22,26	n. Micha und bring ihn 2Ch 18,25		18	läßt ihn davon sein Teil n.
2Kö	2,9	ehe du von dir weißt, werde 10.16		11,5	nicht weißt, welchen Weg der Wind n.
	14	(Elisa) n. den Mantel, der Elia entfallen 8	Hl	5,7	die Wächter n. mir meinen Überwurf
	3,27	n. seinen erstgeb. Sohn und opferte ihn	Jes	5,23	die d. Recht n. denen, die im Recht sind
	4,1	der Schuldherr will meine Kinder n.		6,6	Kohle, die er mit der Zange vom Altar n.
	29	meinen Stab in deine Hand		7	daß deine Schuld von dir gen. werde
	5,5	er n. mit sich zehn Zentner Silber		8,1	n. dir eine große Tafel
	15	n. eine Segensgabe 16.20.23.24.26		2	ich n. mir zwei Zeugen Jer 32,10.25.44
	6,7	streckte seine Hand aus und n.		14,2	werden Israel an seinen Ort bringen
	7,8	die Aussätzigen n. und kamen wieder und n.		25	damit sein Joch von ihnen gen. werde
	13	man n. fünf Rosse 14		17,14	das Los derer, die uns das Unsre n.
	8,15	n. die Decke und tauchte sie in Wasser		23,16	n. die Harfe, du vergessene Hure
	9,13	da n. jeder eilends sein Kleid		34,11	Igel werden's in Besitz n.
	17	einen Reiter, den sende ihnen entgegen		38,21	man solle ein Pflaster von Feigen n.
	25	n. und wirf ihn auf den Acker Nabots 26		41,7	der Meister n. den Goldschmied
	10,6	n. die Köpfe der Söhne und bringt sie 7		44,14	er n. Kiefern und Eichen 15
	11,2	Joscheba n. Joasch und stahl ihn 2Ch 22,11		47,2	n. die Mühle und mahle Mehl
	4	Jojada n. die Hauptleute von der Garde 9.19; 2Ch 23,8.20		51,18	niemand, der sie bei der Hand n.
				22	ich n. den Taumelkelch aus deiner Hand
	12,6	das (Geld) sollen die Priester n. 8.9		66,21	will aus ihnen Priester und Leviten n.
	10	eine Lade und bohrte ein Loch hinein	Jer	2,22	n. viel Seife, so bleibt doch der Schmutz
	13,15	n. Bogen und Pfeile! Und als er... n. 18		8,13	was ich ihnen gegeben, soll ihnen gen.
	15,29	Tiglat-Pileser n. Gilead und Naftali		11,15	Gelübde könnten die Schuld von ihnen n.
	23,34	aber Joahas n. er nach Ägypten 2Ch 36,4		13,4	n. den Gürtel 7; 32,11.14; 43,9
	24,7	der König von Babel hatte ihm alles gen.		25,15	n. diesen Becher... meines Zorns 17.28
	25,20	diese alle n. Nebusaradan nach Ribla 18; Jer 52,24.26; Hes 17,12.13		28,10	n. Hananja das Joch von Jeremia 11
				16	ich will dich vom Erdboden n.
1Ch	2,19	als Asuba starb, n. Kaleb Ephratha 21; 4,5		31,32	als ich sie bei der Hand n.

nehmen 1046

Jer	33,26	nicht aus ihrem Geschlecht Herrscher n.
	35,3	da n. ich Jaasanja 38,6
	36,2	n. eine Schriftrolle 14.21.28.32
	38,4	n. er den Kriegsleuten den Mut
	11	Ebed-Melech. alte Lumpen
	39,12	n. ihn und laß ihn dir befohlen sein
	40,10	Städten, die ihr wieder in Besitz gen.
	41,12	n. sie zu sich alle Männer 16; 43,5
	48,46	man hat deine Söhne und Töchter gen.
	49,29	man wird ihnen ihre Herden n. 32
	50,2	Babel ist gen. 46; 51,31
	51,26	daß man weder Ecksteine noch... aus dir n. kann
	52,7	als sie den Weg zum Jordantal n.
Hes	4,1	n. dir einen Ziegelstein 3.9
	5,1	n. ein Schwert... n. eine Waage 2-4
	10,6	n. von dem Feuer 7
	15,3	n. man es und macht etwas daraus 19,5
	16,16	du n. von deinen Kleidern 17.18.20
	32	Ehebrecherin, die du Fremde n.
	39	daß sie dir dein Geschmeide n. 23,29
	56	n. du den Namen Sodoms nicht in den Mund
	61	wenn ich deine Schwestern n.
	17,5	dann n. er ein Gewächs des Landes
	18,8	der keinen Aufschlag n. 13.17; 22,12
	24,5	n. das Beste von der Herde 45,18
	16	will dir deiner Augen Freude n. 25
	33,2	das Volk n. einen Mann aus seiner Mitte
	21	die Stadt ist gen.
	24	Abraham n. dies Land in Besitz
	35,10	wir wollen sie in Besitz n. 36,5
	36,12	sollst ihnen die Kinder nicht mehr n. 13-15
	37,16	n. ein Holz und schreibe darauf 19
	45,8	nicht meinem Volk das Seine n. 46,18
Dan	4,28	dein Königreich ist dir gen.
	7,4	ich sah, wie ihm die Flügel gen. wurden
	26	wird ihn seine Macht gen. werden
Hos	1,2	n. ein Hurenweib und Hurenkinder 3
	2,11	will mein Korn und Wein mir wieder n.
	9,1	gern n. du Hurenlohn auf allen Tennen
	11,3	ich n. ihn auf meine Arme
	13,8	wie eine Bärin, der ihre Jungen gen. sind
	11	will dir (Könige) n. in meinem Grimm
	14,3	n. diese Worte mit euch
Jo	4,5	mein Silber und Gold habt ihr gen.
Am	5,11	n. von ihnen hohe Abgaben
	12	wie ihr Bestechungsgeld n.
	6,10	dann einen sein Verwandter, der
	13	haben wir nicht Karnajim gen.
Jon	1,12	n. mich und werft mich ins Meer 15
	3,7	es sollen weder Mensch noch Vieh Nahrung zu sich n.
Mi	1,6	Steinhaufen, die man für die Weinberge n.
	2,2	n. Häuser, wie sie's gelüstet 4.9
Hag	2,23	will dich, Serubbabel, meinen Knecht, n.
Sa	6,10	n. von den Weggeführten 11
	11,7	n. mir zwei Stäbe 10
	13	ich n. die dreißig Silberstücke Mt 27,6.9
	15	n. abermals zu dir das Gerät 14,21
Jdt	2,10	Gold und Silber n. er mit sich
	12,2	ich habe ein wenig mit mir gen.
	14,2	eure Waffen 7
	16,27	sie n., solange sie lebte, keinen Mann
Wsh	4,2	ist sie da, n. man sie zum Vorbild
	5,18	er wird seinen Eifer als Rüstung n.
	8,2	getrachtet, wie ich sie zu mir n. könnte
	18	suchte, wie ich sie zu mir n. könnte
	14,15	Sohn, der ihm allzu früh gen. wurde
	15,8	wieder dahinfährt, von wo er gen. worden
Tob	1,17	er n. einen Schuldschein von ihm
	1,22	der König n. ihm all sein Hab und Gut
	4,3	wenn Gott meine Seele zu sich n. wird
	5,25	den Trost unsres Alters hast du uns gen.
	7,15	er n. die rechte Hand seiner Tochter
	16	sie n. eine Schriftrolle
	8,2	n. ein Stück von der Leber 11,5.13
	9,3	n. dir Knechte und Kamele 6
	12,6	n. ihn beiseite und baten ihn
Sir	4,32	n. auf einen Mächtigen keine Rücksicht
	36	deine Hand soll nicht offen sein, wenn's ums N. geht
	6,26	beuge deine Schultern, n. sie auf dich
	9,19	damit er dir nicht das Leben n.
	26,10	wer sie n., der faßt einen Skorpion an
	33,22	als daß du aus ihren Händen n. mußt
	23	laß dir deine Ehre nicht n.
	34,26	wer s. Nächsten die Nahrung n., tötet ihn
	36,20	der Bauch n. verschiedene Speisen zu sich
	23	eine Frau wird jeden zum Manne n.
	42,1	n. keine falsche Rücksicht
	9	die Sorge um sie n. ihm den Schlaf
Bar	4,16	die keine Rücksicht auf die Alten n.
1Ma	4,42	er n. dazu Priester, denen nichts unrein
	6,59	weil wir ihnen ihr Gesetz n. wollen
	9,53	er n. die Kinder der vornehmsten Männer als Geiseln 11,62
	15,34	wir haben niemand das Seine gen.
2Ma	1,19	haben die Priester Feuer vom Altar gen.
	2,28	wollen wir diese Mühe gern auf uns n.
	6,15	er seine Barmherzigkeit nie ganz von uns StD 3,11
	7,9	du n. uns wohl das zeitliche Leben
	23	er hat unser keinerlei Rücksicht n.
StD	2,36	n. das Essen, das dir Gott gesandt hat
Mt	2,13	n. das Kindlein und seine Mutter 14.20.21
	5,40	wenn jemand dir d. Rock n. (will) Lk 6,29
	8,17	er hat unsre Schwachheit auf sich gen.
	9,15	daß der Bräutigam von ihnen gen. wird Mk 2,20; Lk 5,35
	10,38	wer nicht sein Kreuz auf sich n. 16,24; Mk 8,34; 10,21; Lk 9,23
	11,6	*selig ist, der nicht Ärgernis n. Lk 7,23*
	29	n. auf euch mein Joch und lernt von mir
	12,45	n. mit sich sieben andre Geister Lk 11,26
	13,12	wer nicht hat, dem wird gen., was 25,29; Mk 4,25; Lk 8,18; 19,26
	21	*so n. er Ärgernis Mk 4,17*
	31	Senfkorn, das n. ein Mensch n. 33; Lk 13,19.21
	14,12	seine Jünger n. seinen Leichnam Mk 6,29
	19	n. die fünf Brote und die zwei Fische 15,36; Mk 6,41; 8,6; Lk 9,16; Jh 6,11
	15,12	daß die Pharisäer an dem Wort Anstoß n.
	26	daß man den Kindern ihr Brot n. *Mk 7,27*
	33	woher sollen wir soviel Brot n.
	16,5	*vergessen, Brot mit sich zu n. 7; Mk 8,14*
	22	Petrus. n. ihn beiseite und fuhr ihn an Mk 8,32
	17,1	nach sechs Tagen n. Jesus mit sich Petrus 26,37; Mk 9,2; 14,33; Lk 9,28
	25	von wem n. die Könige auf Erden Zoll
	27	den ersten Fisch, der heraufkommt, den n.
	18,16	n. noch einen oder zwei zu dir
	20,14	n., was dein ist, und geh
	17	Jesus n. die zwölf Jünger beiseite Mk 10,32; Lk 9,10; 18,31
	21,35	n. die Weingärtner seine Knechte 39; Mk 12,3.8
	43	das Reich Gottes wird von euch gen.
	25,1	zehn Jungfrauen, die ihre Lampen n. 3
	27	*hätte das Meine zu mir gen. mit Zinsen*

nehmen

Mt	25,28	*darum n. von ihm den Zentner* Lk 19,24
	26,26	n. Jesus das Brot, dankte und brach's Mk 14. 22; Lk 22,19; 24,30; Jh 21,13; 1Ko 11,23.*24*
	27	*er n. den Kelch und dankte* Mk 14,23; Lk 22,17; 1Ko 11,25
	31	werdet Ärgernis n. an mir 33; Mk 14,27.29
	52	wer das Schwert n., der soll durchs Schwert umkommen
	27,6	die Hohenpriester n. die Silberlinge 9
	24	n. er Wasser und wusch sich die Hände
	27	da n. die Soldaten des Statthalters Jesus
	30	n. das Rohr und schlugen damit sein Haupt
	48	n. einen Schwamm und füllte ihn mit Essig
	59	n. den Leib und wickelte ihn in ein Leinentuch Jh 19,40
	28,15	sie n. das Geld und taten, wie
Mk	2,9	oder zu sagen: Steh auf, n. dein Bett
	11	n. dein Bett und geh heim 11.12; Lk 5,24.25; Jh 5,8.9.11.12
	5,40	er n. mit sich den Vater des Kindes
	7,33	er n. ihn aus der Menge beiseite
	8,23	er n. den Blinden bei der Hand
	9,36	er n. ein Kind, stellte es mitten unter sie Lk 9,47
	12,2	*daß er n. von den Früchten des Weinbergs*
	14,36	n. diesen Kelch von mir Lk 22,42
	15,23	gaben ihm... zu trinken; aber er n.'s nicht
Lk	1,25	um meine Schmach von mir zu n.
	2,28	n. er ihn auf seine Arme und lobte Gott
	6,4	wie er die Schaubrote n. und aß
	30	wer dir das Deine n.
	34	*ihr hoffet zu n... Gleiches wieder n.*
	8,12	der Teufel n. das Wort aus ihrem Herzen
	54	er n. sie bei der Hand und rief: Kind, steh auf
	9,3	ihr sollt nichts mit auf den Weg n.
	51	daß er sollte von hinnen gen. werden
	61	daß ich Abschied n. von denen, die
	10,42	das soll nicht von ihr gen. werden
	11,22	so n. er ihm seine Rüstung
	13,7	was n. er dem Boden die Kraft
	22	er lehrte und n. seinen Weg nach Jerusalem
	16,3	mein Herr n. mir das Amt
	4	*daß sie mich in ihre Häuser n.*
	6	n. deinen Schuldschein und schreib fünfzig 7
	19,21	du n., was du nicht angelegt hast 22
	22,36	wer einen Geldbeutel hat, der n. ihn
	23,23	ihr Geschrei n. überhand
	24,43	er n.'s und aß vor ihnen
Jh	1,16	von seiner Fülle haben wir alle gen.
	3,27	ein Mensch kann nichts n., wenn es ihm nicht vom Himmel gegeben ist
	5,34	ich n. nicht Zeugnis von einem Menschen
	41	ich n. nicht Ehre von Menschen
	44	*die ihr Ehre voneinander n.*
	6,7	*daß ein jeglicher ein wenig n.*
	21	da wollten sie ihn ins Boot n.
	8,49	ich ehre m. Vater, aber ihr n. mir die Ehre
	10,17	*auf daß ich's wieder n.*
	18	niemand n. (mein Leben) von mir
	11,48	die Römer n. uns Land und Leute
	12,3	da n. Maria ein Pfund Salböl von kostbarer Narde
	6	n. an sich, was gegeben war
	13	n. sie Palmzweige und gingen hinaus
	13,4	stand vom Mahl auf, n. einen Schurz 12
	26	er n. den Bissen, tauchte ihn ein und gab ihn Judas 27.30
	14,3	will ich wiederkommen und euch zu mir n.
	23	zu ihm kommen und Wohnung bei ihm n.
Jh	16,1	*damit ihr nicht Ärgernis n.*
	14	denn von dem Meinen wird er's n. 15
	22	eure Freude soll niemand von euch n.
	24	bittet, so werdet ihr n. *1Jh 3,22*
	17,15	ich bitte dich nicht, daß du sie aus der Welt n.
	18,3	als Judas die Schar der Soldaten mit sich gen.
	12	n. Jesus und banden ihn 19,16
	19,1	da n. Pilatus Jesus und ließ ihn geißeln
	23	die Soldaten n. seine Kleider
	27	von der Stunde an n. sie der Jünger zu sich
	30	als Jesus den Essig gen. hatte, sprach er
Apg	1,22	Tag, an dem er von uns gen. wurde
	2,47	*n. die Speise mit Freuden*
	9,8	sie n. ihn bei der Hand und führten ihn
	19	und n. Speise zu sich und stärkte sich
	25	da n. ihn seine Jünger
	27	Barnabas n. ihn zu sich
	12,25	n. mit sich Johannes, der den Beinamen Markus hat 15,*37.38.39*
	13,29	n. ihn von dem Holz und legten ihn in ein Grab
	16,3	er n. ihn und beschnitt ihn wegen der Juden
	33	er n. sie zu sich in derselben Stunde
	17,5	*n. zu sich etliche üble Männer*
	19	*n. ihn und führten ihn auf den Areopag*
	18,18	*danach n. er Abschied von den Brüdern* 21; 20,1; 21,6; 2Ko 2,13
	26	Aquila und Priszilla n. ihn zu sich
	20,13	wollten dort Paulus zu uns n. 14
	35	geben ist seliger als n.
	21,11	als er zu uns kam, n. er den Gürtel des Paulus
	23	Männer, die haben ein Gelübde auf sich gen.
	24	n. zu dir und laß dich reinigen 26
	32	der n. sogleich Soldaten und Hauptleute
	33	*n. er ihn an sich und hieß ihn binden*
	23,18	der n. ihn und führte ihn zum Oberst 19
	31	die Soldaten n. Paulus, wie ihnen befohlen
	27,33	ermahnte alle, Nahrung zu sich zu n. *34.35.36*
Rö	7,8	die Sünde n. das Gebot zum Anlaß
1Ko	6,4	n. solche, die in der Gemeinde nichts gelten
	15	sollte ich die die Glieder Christi n. und
	14,24	*der würde von ihnen ins Gericht gen.*
2Ko	11,8	andere Gemeinden Geld von ihnen gen.
	12	denen den Anlaß n., die einen Anlaß suchen
Gal	2,1	n. auch Titus mit mir
Eph	6,17	n. den Helm des Heils und das Schwert des Geistes
Phl	2,6	*n. er's nicht als einen Raub*
	4,15	keine Gemeinde mit mir Gemeinschaft im N.
Kol	2,18	laßt euch den Siegespreis von niemandem n.
2Th	3,8	haben nicht umsonst Brot gen.
1Ti	1,20	damit sie in Zucht gen. werden Tit 2,12
2Ti	1,10	der dem Tode die Macht gen. hat
	4,11	Markus n. zu dir und bringe ihn mit dir
Phm	15	*darum eine Zeitlang von dir gen.*
1Pt	4,17	was wird es für ein Ende n. mit denen, die nicht glauben
2Jh	10	n. ihn nicht ins Haus und grüßt ihn auch nicht
3Jh	7	*sie n. von den Heiden nichts*
Heb	2,3	Heil, das seinen Anfang n. mit der Predigt des Herrn
	14	damit er durch seinen Tod die Macht n.
	5,1	jeder Hohepriester, der von den Menschen gen. wird
	4	niemand n. sich selbst die hohepr. Würde
	6,18	die wir unsre Zuflucht dazu gen. haben

nehmen

Heb	7,5	nach dem Gesetz das Recht, den Zehnten zu n. vom Volk 6.8.9
	8,9	an dem Tage, als ich sie bei der Hand n., um sie aus Ägyptenland
	9,19	n. er das Blut von Kälbern und Böcken
Jak	5,10	n. zum Vorbild des Leidens die Propheten
Off	3,11	halte, was du hast, daß niemand deine Krone n.
	4,11	du bist würdig, zu n. Preis und Ehre und Kraft 5,9.12
	5,7	es kam und n. das Buch 8
	6,4	Macht, den Frieden von der Erde zu n.
	8,5	der Engel n. das Räuchergefäß
	10,8	n. das Büchlein aus der Hand des Engels 9. 10
	11,17	daß du an dich gen. hast deine große Macht
	14,9	wenn jemand n. das Zeichen *19,20; 20,4*
	22,17	der n. das Wasser des Lebens umsonst

Nehuschta

2Kö	24,8	Jojachin. Seine Mutter hieß N.

Nehuschtan

2Kö	18,4	man nannte (die eherne Schlange) N.

Neid

Jes	11,13	der N. Ephraims wird aufhören
Wsh	2,24	durch N. ist der Tod gekommen
	6,25	ich will mit N. nichts zu tun haben
1Ma	8,16	es herrschte weder N. noch Zwietracht
Mt	27,18	wußte, daß sie ihn aus N. überantwortet Mk 15,10
Apg	13,45	*wurden sie voll N. 17,6*
Rö	1,29	(sie sind) voll N., Mord, Hader
	13,13	*nicht in Hader und N.*
2Ko	12,20	es gibt Hader, N., Zorn, Zank
Gal	5,21	(Werke des Fleisches:) N.
Phl	1,15	einige predigen Christus aus N.
1Ti	6,4	daraus entspringen N., Hader, Lästerung
Tit	3,3	lebten in Bosheit und N.
1Pt	2,1	legt ab Heuchelei und N.
Jak	3,14	habt ihr bittern N. in eurem Herzen
	16	wo N. und Streit ist, da sind Unordnung und lauter böse Dinge

neiden

Gal	5,26	*lasset uns einander nicht n.*
Jak	4,2	ihr mordet und n.

Neidhammel

Sir	14,10	ein N. mißgönnt den andern das Brot

neidisch

1Mo	37,11	seine Brüder wurden n. auf ihn
Ps	37,1	sei nicht n. auf die Übeltäter Spr 24,1
Spr	3,31	sei nicht n. auf den Gewalttätigen
	23,6	iß nicht bei einem N.
	17	dein Herz sei nicht n. auf den Sünder
Jes	11,13	daß Ephraim nicht mehr n. ist auf Juda
Sir	31,15	was ist n. als das Auge 14
	45,22	waren n. auf ihn in der Wüste
Apg	13,45	die Juden wurden n.

neidlos

Wsh	7,13	n. teile ich sie aus

Neige

Hes	23,34	den mußt du bis zur N. austrinken

neigen

1Mo	18,2	lief ihnen entgegen und n. sich 19,1; 33,3.6.7; 2Mo 18,7
	24,14	n. deinen Krug und laß mich trinken
	26	n. sich und betete an 48.52; 2Mo 4,31; 12,27; 33,10; 34,8; 2Ch 29,30; Neh 8,6
	37,7	eure Garben n. sich vor meiner Garbe 9
	39,21	der HERR n. die Herzen zu ihm
	49,15	da hat er seine Schultern gen., zu tragen
4Mo	22,31	Bileam n. sich und fiel nieder
5Mo	1,45	der HERR n. seine Ohren nicht zu euch
Jos	15,9	(die Grenze) n. sich nach Baala 18,14; 19,13
	24,23	n. euer Herz zu dem HERRN 1Kö 8,58
Ri	16,30	(Simson) n. sich mit aller Kraft
	19,8	laß uns warten, bis sich der Tag n. 9
1Sm	24,9	n. sein Antlitz zur Erde und fiel nieder 28,14; 1Kö 1,16.31
2Sm	16,4	Ziba sprach: Ich n. mich
	18,21	der Mohr n. sich vor Joab
	22,10	er n. den Himmel Ps 18,10; 144,5
1Kö	2,19	der König n. sich vor ihr
2Kö	4,37	n. sich zur Erde und nahm ihren Sohn
	19,16	HERR, n. deine Ohren Ps 17,6; 31,3; 71,2; 86,1; 88,3; 102,3; Jes 37,17; Dan 9,18
1Ch	29,20	n. sich vor dem HERRN und vor dem König
Hi	1,20	Hiob n. sich tief
Ps	40,2	er n. sich zu mir 116,2
	45,11	höre, Tochter, sieh und n. dein Ohr
	49,5	ich will einem Spruch mein Ohr n.
	72,9	vor ihm sollen sich n. die Söhne der Wüste
	78,1	vor die Ohren zu der Rede meines Mundes Spr 4,20; 5,1; 22,17
	119,36	n. mein Herz zu deinen Mahnungen
	112	ich n. mein Herz, zu tun deine Gebote
	141,4	n. mein Herz nicht zum Bösen
Spr	2,18	ihr Haus n. sich zum Tode
Pr	12,4	wenn alle Töchter des Gesanges sich n.
Dan	10,15	ich n. mein Angesicht zur Erde u. schwieg
Sir	6,34	n. du deine Ohren, so wirst du weise
Lk	4,39	*er n. sich zu ihr und gebot dem Fieber*
	9,12	der Tag fing an, sich zu n.
	24,5	sie erschraken und n. ihr Angesicht zur Erde
	29	es will Abend werden, der Tag hat sich gen.
Jh	19,30	n. das Haupt und verschied
Heb	11,21	Jakob n. sich anbetend über die Spitze seines Stabes

nein

1Mo	4,15	n., wer Kain totschlägt... gerächt werden
	17,19	n., Sara, deine Frau wird gebären
	19,18	ach n., Herr 23,11; 33,10; 42,10; 1Sm 1,15; Sa 4,5.13
2Mo	10,11	n., nur ihr Männer zieht hin
4Mo	22,30	er sprach: N. Jos 5,14; Ri 12,5; 15,13; 1Sm 10,19; 2Sm 16,18; Hag 2,12
Jos	24,21	n., sondern wir wollen dem HERRN dienen
Ri	12,5	wenn er dann antwortete: N.
	15,13	sie antworteten: N., sondern wir wollen dich nicht töten
1Kö	1,43	n., David hat Salomo zum König gemacht

1Kö	2,30	n., hier will ich sterben
Hi	23,6	n., er selbst würde achthaben auf mich
	31,18	n., ich habe sie gehalten wie ein Vater
Ps	58,3	n., mutwillig tut ihr Unrecht im Lande
Jes	28,28	n., man drischt es nicht ganz und gar
	30,16	n., auf Rossen wollen wir dahinfliegen
	36,10	n., sondern der HERR sprach zu mir
Jer	42,14	n., wir wollen nach Ägyptenland ziehen
Mt	5,37	eure Rede sei: Ja, ja; n., n.
	21,29	er antwortete: N., ich will nicht
	25,9	n., sonst würde es für uns nicht genug sein
Jh	1,21	bist du der Prophet? Und er antwortete: N.
	9,9	einige sprachen: N., aber er ist ihm ähnlich
	12,27	n., darum bin ich in d. Stunde gekommen
Apg	10,14	Petrus sprach: O n., Herr 11,8
2Ko	1,17	daß das Ja Ja bei mir auch ein N. N. ist
	18	unser Wort nicht Ja und N. zugleich
	19	war nicht Ja und N., sondern es war Ja in ihm 20
Jak	5,12	es sei euer Ja ein Ja und euer N. ein N.

Nekoda

Esr	2,48	(Tempelsklaven:) die Söhne N. 60; Neh 7,50.62

Nemuël (s.a. Jemuël)

4Mo	26,9	die Söhne Eliabs waren: N.

nennen

1Mo	1,5	(Gott) n. das Licht Tag 8.10
	2,19	daß er sähe, wie er sie n.
	23	man wird sie Männin n.
	3,20	Adam n. sein Weib Eva
	4,17	baute eine Stadt, die n. er Henoch Ri 1,26; 1Kö 16,24
	25	einen Sohn, den n. sie Set 26; 5,3.29; 16,11.15; 17,19; 19,37.38; 21,3; 25,25.26; 29,32-35; 30,6.8.11.13.18.20.24; 35,18; 38,3-5.29.30; 41,51.52; 2Mo 2,22; Ri 8,31; 13,24; Rut 4,17; 1Sm 1,20; 4,21; 2Sm 12,24; 1Ch 4,9; 7,16.23; Jes 7,14; Hos 1,4.6.9
	16,13	sie n. den Namen des HERRN
	14	n. man „Brunnen des Lebendigen... " 26,18.20-23
	17,15	sollst Sarai nicht mehr Sarai n. Neh 9,7
	19,22	daher ist diese Stadt Zoar gen. 31,48; 50,11; 2Mo 15,23; Jos 7,26; 1Sm 23,28; 2Sm 2,16; 5,20; 1Ch 14,11; Est 9,26
	22,14	Abraham n. die Stätte 28,19; 31,47; 32,3.31; 33,20; 35,7.15; 2Mo 17,7.15; 4Mo 11,3; 21,3; Jos 5,9; Ri 1,17; 2,5; 6,24; 15,17; 1Sm 7,12; 2Sm 5,9; 6,8; 18,18; 1Kö 7,21; 1Ch 11,7; 13,11; 2Ch 3,17
	23,16	wog mir die Summe dar, die er gen.
	25,13	nach denen ihre Geschlechter gen. sind
	30,21	eine Tochter, die n. sie Dina Hi 42,14
	35,8	die wurde gen. die Klageeiche
	10	so n. er (Jakob) Israel
	41,45	er n. (Josef) Zafenat-Paneach
	48,6	gen. nach dem Namen ihrer Brüder
2Mo	2,10	(die) Tochter des Pharao n. ihn Mose
	16,31	das Haus Israel n. es Manna
	33,7	Mose nahm das Zelt und n. es Stiftshütte
4Mo	1,17	wie sie da mit Namen gen. sind Jos 21,9; 1Ch 28,41; 2Ch 28,15; Esr 10,16
	13,16	Hoschea, den Sohn Nuns, n. Mose Josua
	32,41	n. sie „Dörfer Jaïrs" 42; 5Mo 3,14; 2Kö 14,7

5Mo	2,11	die Moabiter n. sie Emiter
	20	die Ammoniter n. sie Samsummiter
	3,9	die Sidonier n. ihn Sirjon, die Amoriter n. ihn Senir
	28,10	daß über dir der Name des HERRN gen. ist 2Ch 7,14; Jes 43,7; Dan 9,19
Jos	19,47	n. es Dan nach s. Vaters Namen Ri 18,29
Ri	6,32	von dem Tag an n. man Gideon Jerubbaal
Rut	1,20	n. mich nicht Noomi, sondern Mara 21
1Sm	9,9	die man jetzt Propheten n., n. man vorzeiten Seher
	16,3	daß du den salbest, den ich dir n. werde
	28,8	hole mir herauf, wen ich dir n.
2Sm	6,2	gen. nach dem Namen des HERRN Zebaoth
	12,25	Nathan n. in Jedidja
	14,11	der König möge den Namen des HERRN n.
1Kö	8,43	dein Name über diesem Hause gen. 2Ch 6,33; Jer 7,10.11.14.30; 32,34; 34,15
	9,13	man n. sie das Land Kabul
2Kö	18,4	man n. (die eherne Schlange) Nehuschtan
Esr	2,61	nach dessen Namen er. wurde Neh 7,63
Neh	2,6	n. ich ihm eine bestimmte Zeit
Hi	17,14	das Grab n. ich meinen Vater
	35,2	n. du das „meine Gerechtigkeit vor Gott"
Ps	89,27	wird mich n.: Du bist mein Vater Jer 3,19
	147,4	er zählt die Sterne und n. sie mit Namen
Spr	7,4	n. die Klugheit deine Freundin
	24,8	n. man einen Erzbösewicht
Pr	6,10	was da ist, ist längst mit Namen gen.
Jes	5,20	die Böses gut und Gutes böse n.
	8,3	n. ihn Raubebald-Eilebeute
	12	ihr sollt nicht alles Verschwörung n.
	30,7	n. ich Ägypten „zum Schweigen gebracht"
	32,5	wird nicht mehr ein Betrüger edel gen.
	44,5	wird gen. „Jakob"... wird „Israel" gen.
	48,2	sie n. sich nach der heiligen Stadt
	8	daß man dich n. „Abtrünnig von Mutterleib an"
	54,5	der aller Welt Gott gen. wird
	58,5	wollt ihr das ein Fasten n.
	13	wenn du den Sabbat „Lust" n.
	60,14	werden dich n. „Stadt des HERRN" 62,12; Jer 3,17; 25,29; Dan 9,18.19
	61,3	gen. werden „Bäume der Gerechtigkeit"
	6	man wird euch Diener unsres Gottes n.
	62,2	mit einem neuen Namen gen. werden 65,15
	4	man soll dich nicht mehr n. „Verlassene"
	12	man wird sie n. „Heiliges Volk"
	63,19	Leute, über die dein Name nie gen. wurde
Jer	7,32	man's nicht mehr n. wird „Tofet" 19,6
	11,16	der HERR n. dich einen grünen Ölbaum
	15,16	bin ja nach deinem Namen gen.
	20,3	der HERR n. dich „Schrecken um und um"
	23,6	sein Name, mit dem man ihn n. wird 33,16
	38	weil ihr dies Wort „Last des HERRN" n.
	30,17	weil man dich n.: „die Verstoßene"
	44,26	mein Name nicht mehr gen. werden soll
	46,17	n. Pharao „Prahlhans"
Hes	10,13	wurden „das Räderwerk" gen.
	48,31	die Tore nach den Namen der Stämme n.
	35	soll die Stadt gen. w. „Hier ist der HERR"
Dan	1,7	der Kämmerer n. Daniel Beltschazar 2,26
Hos	2,18	alsdann wirst du mich n. „Mein Mann"
Am	6,10	man darf des HERRN Namen nicht n.
	9,12	Heiden, über die mein Name gen. Apg 15,17
Sa	11,7	den einen n. ich „Huld", den andern n. ich „Eintracht"
Mal	1,4	man wird sie n. „Land des Frevels"
Wsh	14,8	weil es Gott gen. wird, obwohl vergänglich
	22	n. sie das auch noch Frieden

nennen

Sir	22,17	wie kann man ihn anders n. als „Narr"
	23,9	den Namen des Heiligen ständig zu n. 11
Bar	4,30	der dich mit Namen gen. hat
	5,4	dein Name wird von Gott gen. werden
	6,30	woher sollen sie Götter gen. werden 40.45. 56.64
1Ma	5,64	(geachtet...) wo man sie auch n.
2Ma	6,2	sollte ihn Tempel des Zeus Olympios n.
	8,15	um s. Namens willen, nach dem sie gen.
	10,13	auch n. man ihn einen Verräter
	14,6	die Juden, die sich Asidäer n.
StE	5,8	daß wir ihn unsern Vater gen. haben
Mt	4,18	Simon, der Petrus gen. wird 10,2; Lk 6,14
	10,25	haben sie den Hausherrn Beelzebul gen.
	22,43	wie kann ihn David Herr n., wenn er sagt 45; Mk 12,37; Lk 20,44
	23,7	gern, daß sie von den Leuten Rabbi gen. werden
	8	ihr sollt euch nicht Rabbi n. lassen
	9	sollt niemanden unter euch Vater n. auf Erden
	10	ihr sollt euch nicht Lehrer n. lassen
	26,48	der Verräter hatte ihnen ein Zeichen gen. Mk 14,44
	27,8	*ist dieser Acker gen. Blutacker* Apg 1,19
Mk	3,14	setzte zwölf ein, die er Apostel n. Lk 6,13
	10,18	Jesus sprach: Was n. du mich gut Lk 18,19
	15,7	es war einer, gen. Barabbas
	12	tue mit dem, den ihr den König der Juden n.
Lk	1,32	der wird Sohn des Höchsten gen. werden
	35	wird das Heilige... Gottes Sohn gen. werden
	59	wollten es nach seinem Vater Zacharias n.
	62	sie winkten seinem Vater, wie er ihn n. lassen
	2,21	wie er gen. war von dem Engel
	6,15	Jakobus und Simon, gen. der Zelot
	46	was n. ihr mich Herr, Herr, und tut nicht, was ich euch sage
	8,2	Maria, gen. Magdalena
	19,2	*da war ein Mann, gen. Zachäus*
	20,37	wo er den Herrn n. Gott Abrahams und
	21,37	blieb an dem Berg, man den Ölberg n.
	22,3	Judas, gen. Iskariot
	25	ihre Machthaber lassen sich Wohltäter n.
Jh	10,35	wenn er die Götter n., zu denen das Wort Gottes geschah
	11,16	Thomas, der Zwilling gen. wird
	54	*ging in eine Stadt, gen. Ephraim*
	13,13	ihr n. mich Meister und Herr
Apg	1,19	daß dieser Acker gen. wird: Hakeldamach
	23	Josef, gen. Barsabbas und Matthias
	4,36	Josef, von den Aposteln Barnabas gen.
	10,1	Abteilung, die die Italische gen. wurde
	15	was Gott rein gemacht hat, das n. du nicht verboten 11,9
	28	daß ich keinen Menschen unrein n. soll
	11,26	in Antiochia wurden die Jünger zuerst Christen gen.
	13,1	Barnabas und Simeon, gen. Niger
	14,12	sie n. Barnabas Zeus und Paulus Hermes
	15,17	alle Heiden, über die mein Name gen. ist
	19,13	den Namen des Herrn zu n. über denen, die böse Geister hatten
	24,14	nach dem Weg, den sie eine Sekte n.
	27,14	ein Sturmwind los, den man Nordost n.
Rö	2,17	wenn du dich Jude n. und verläßt dich aufs Gesetz
	7,3	wird sie eine Ehebrecherin gen.
	9,7	was von Isaak stammt, soll dein Geschlecht gen. werden
Rö	9,25	das mein Volk n., das nicht mein Volk war
	26	sollen sie Kinder des lebendigen Gottes gen. werden
1Ko	5,11	der sich Bruder n. läßt
	8,5	obwohl es solche gibt, die Götter gen.
	12,3	niemand kann Jesus den Herrn n. außer
Eph	1,21	*und was sonst gen. mag werden*
	2,11	die ihr Unbeschnittene gen. wurdet
1Ti	6,20	meide das Gezänk der fälschlich so gen. Erkenntnis
2Ti	2,19	es lasse ab von Ungerechtigkeit, wer den Namen des Herrn n.
1Pt	3,6	wie Sara Abraham Herr n.
Heb	2,11	darum schämt er sich nicht, sie Brüder zu n.
	5,10	gen. von Gott ein Hoherpriester nach der Ordnung Melchisedeks
	11,18	was von Isaak stammt, soll dein Geschlecht gen. werden
Jak	2,7	den guten Namen, der über euch gen. ist
	23	er wurde „ein Freund Gottes" gen.

Ner

1Sm	14,50	Abner, ein Sohn N. 26,5.14; 2Sm 2,8.12; 3,23. 25.28.37; 1Ch 9,39
	51	Kisch und N. waren Söhne Abiëls 1Ch 8,30. 33; 9,36

Nereus

Rö	16,15	grüßt Julia, N. und seine Schwester

Nergal

2Kö	17,30	die von Kuta machten sich N. (zum Gott)

Nergal-Sarezer

Jer	39,3	N., der Fürst von Sin-Magir 13

Neri

Lk	3,27	Schealtiël war ein Sohn N.

Nerija

Jer	32,12	Baruch, Sohn N. 16; 36,4.8.14.32; 43,3.6; 45,1; 51,59; Bar 1,1

Nessel

Spr	24,31	lauter N. waren darauf
Jes	34,13	wachsen N. in seinen Schlössern Hos 9,6
	55,13	sollen wachsen Myrten statt N.

Nest

4Mo	24,21	hast dein N. in einen Fels gebaut
Hi	29,18	werde in meinem N. verscheiden
	39,27	der Adler baut sein N. in der Höhe
Ps	84,4	die Schwalbe (hat) ein N. (gefunden)
Spr	27,8	wie ein Vogel, der aus seinem N. flüchtet
Jes	16,2	wie ein Vogel, der aus dem N. vertrieben
Jer	49,16	ob du auch dein N. so hoch machtest Ob 4; Hab 2,9
Tob	2,11	ließ eine Schwalbe aus ihrem N. ihren heißen Dreck fallen
Mt	8,20	die Vögel haben N. Lk 9,58
Lk	13,34	*habe wollen d. Kinder versammeln, wie eine Henne ihr N. unter ihre Flügel*

Netaim

1Ch 4,23 waren Töpfer und wohnten in N.

Netan-Melech, *Nethan-Melech*

2Kö 23,11 N., des Kämmerers

Netanel *Nathanael*

verschiedene Träger ds. Namens
4Mo 1,8; 2,5; 7,18.23; 10,15/ 1Ch 2,14/ 15,24/ 24,6/ 26,4/ 2Ch 17,7/ 35,9/ Esr 10,22/ Neh 12,21.36

Netanja, *Nethanja*

2Kö 25,25 ¹Jischmaël, der Sohn N., des Sohnes Elischamas 23; Jer 40,8.14.15; 41,1.2.6-18
1Ch 25,2 ²von den Söhnen Asafs: N. 12
2Ch 17,8 ³die Leviten N.
Jer 36,14 ⁴N., des Sohnes Schelemjas

Netofa, Netofatiter, *Netopha, Netophathiter*

2Sm 23,28 Mahrai, der N. 29; 2Kö 25,23; 1Ch 2,54; 9,16; 11,30; 27,13.15; Neh 12,28
Esr 2,22 die Männer von N. Neh 7,26; Jer 40,8

Netz

2Mo 27,4 ein Gitterwerk wie ein N. 38,4
Jos 23,13 werden euch zum Fallstrick und N. werden
Hi 18,9 das N. wird seine Ferse festhalten
Ps 9,16 ihr Fuß ist gefangen im N.
10,9 er fängt ihn und zieht ihn in sein N.
25,15 er wird meinen Fuß aus dem N. ziehen 31,5
35,7 ohne Grund haben sie mir ihr N. gestellt 57,7
8 sein N. fange ihn selber 141,10
124,7 wie ein Vogel dem N. des Vogelfängers; das N. ist zerrissen
140,6 Hoffärtigen breiten Stricke aus zum N.
Spr 1,17 man spannt das N. vor d. Augen der Vögel
7,22 wie ein Hirsch, der ins N. rennt
29,5 wer schmeichelt, der spannt ihm ein N.
Pr 9,12 wie Fische gefangen werden mit dem N.
Jes 19,8 die N. auswerfen, werden betrübt sein
24,17 über euch kommt Grube und N. 18
51,20 verschmachtet wie ein Hirsch im N.
Klg 1,13 der HERR hat meinen Füßen ein N. gestellt
Hes 12,13 will mein N. über ihn werfen 17,20; 19,8; 32,3; Hos 7,12
Hos 5,1 seid ein ausgespanntes N. auf dem Tabor
Hab 1,15 sie fangen's mit ihrem N. 16.17
Jdt 13,9 sie nahm das N. von den Säulen herunter
19 ist das N., unter dem er lag
16,23 dazu das N., das sie mitgenommen hatte
Sir 9,3 Frau, damit du ihr nicht ins N. gehst
Mt 4,18 Simon und Andreas warfen ihre N. ins Meer Mk 1,16
20 sogleich verließen sie ihre N. Mk 1,18
21 Jakobus und Johannes, wie sie ihre N. flickten Mk 1,19
13,47 wiederum gleicht das Himmelreich einem N.
Lk 5,2 die Fischer wuschen ihre N.
4 fahre hinaus, wo es tief ist, und werft eure N. aus Jh 21,6
5 auf dein Wort will ich die N. auswerfen

Lk 5,6 ihre N. begannen zu reißen Jh 21,11
Jh 21,8 zogen das N. mit den Fischen
11 Petrus stieg hinein und zog das N. an Land

netzen

Ps 6,7 ich n. mit meinen Tränen mein Lager
Hl 7,10 Wein, der Lippen und Zähne mir n.
Lk 7,38 seine Füße zu n. mit Tränen 44

neu

2Mo 1,8 da kam ein n. König auf in Ägypten
3Mo 14,42 das Haus n. bewerfen 43.48
23,14 von der n. Ernte kein Brot essen
16 ein n. Speisopfer dem HERRN opfern 4Mo 28,26
25,22 bis wieder n. Getreide kommt 26,10
4Mo 6,11 soll sein Haupt von n. heiligen
16,30 wird der HERR etwas N. schaffen Jes 43,19; Jer 31,22
5Mo 20,5 wer ein n. Haus gebaut hat 22,8
32,17 den Göttern, den n., die erst aufgekommen
Jos 9,13 diese Weinschläuche waren n., als wir
Ri 5,8 man erwählte sich n. Götter
15,13 banden ihn mit zwei n. Stricken 16,11.12
1Sm 6,7 einen n. Wagen 2Sm 6,3; 1Ch 13,7
2Sm 15,19 bleibe bei dem n. König
21,16 dazu hatte er eine n. Rüstung
1Kö 11,29 der Prophet hatte einen n. Mantel an 30
2Kö 2,20 bringt mir her eine n. Schale
4,42 brachte n. Getreide in seinem Kleid
16,14 setzte ihn an die Seite des n. Altars
19,30 wird von n. Wurzeln schlagen Jes 37,31
2Ch 20,5 im Hause des HERRN vorn im n. Vorhof
Neh 3,38 das Volk gewann n. Mut
Hi 10,17 würdest n. Zeugen ... n. Heerhaufen senden
32,19 Most, der die n. Schläuche zerreißt
Ps 33,3 singet (dem HERRN) ein n. Lied 96,1; 98,1; 149,1; Jes 42,10
40,4 hat mir ein n. Lied in meinen Mund gegeben
51,12 gib mir einen n., beständigen Geist
104,30 du machst n. die Gestalt der Erde
144,9 ich will dir ein n. Lied singen
Pr 1,9 es geschieht nichts N. unter der Sonne 10
Jes 40,31 die auf d. HERRN harren, kriegen n. Kraft
41,1 sollen die Völker n. Kraft gewinnen
15 habe dich zum n. Dreschwagen gemacht
42,9 so verkündige ich auch N. 48,6
51,16 ich den Himmel n. ausbreite
54,3 werden verwüstete Städte n. bewohnen
62,2 sollst mit einem n. Namen genannt werden
65,17 will n. Himmel und eine n. Erde schaffen 66,22
Jer 4,3 pflüget ein N. Hos 10,12
26,10 setzten sich vor das n. Tor 36,10
31,31 will einen n. Bund schließen
36,28 nimm dir eine n. Schriftrolle
Klg 3,23 (seine Barmherzigkeit) ist alle Morgen n.
Hes 11,19 will einen n. Geist in sie geben 36,26
18,31 macht euch ein n. Herz und einen n. Geist
47,12 werden alle Monate n. Früchte bringen
Hag 2,9 die Herrlichkeit dieses n. Hauses größer
Wsh 19,11 sahen, wie eine n. Art Vögel entstand
Sir 9,15 ein n. Freund ist wie n. Wein 14
27,6 wie der Ofen die n. Töpfe erprobt
36,6 tu n. Zeichen und n. Wunder
51,30 hat mir als Lohn eine n. Zunge gegeben
1Ma 4,47 sie bauten einen n. Altar; 49.56.57.59
2Ma 2,30 ein Baumeister, der ein n. Haus baut

neu

Mt	9,16	niemand flickt ein altes Kleid mit einem Lappen von n. Tuch Mk 2,21; Lk 5,36
	17	man füllt n. Wein in n. Schläuche Mk 2,22; Lk 5,38
	13,52	der aus seinem Schatz N. und Altes hervorholt
	26,28	*ist mein Blut des n. Testaments Mk 14,24*
	29	an dem ich von n. davon trinken werde mit euch Mk 14,25
	27,60	legte ihn in sein eigenes n. Grab Jh 19,41
Mk	1,27	eine n. Lehre in Vollmacht
	16,17	werden in n. Zungen reden
Lk	5,39	niemand, der vom alten Wein trinkt, will n.
	22,20	dieser Kelch ist der n. Bund in meinem Blut 1Ko 11,25
Jh	3,3	es sei denn, daß jemand von n. geboren werde
	7	ihr müßt von n. geboren werden
	13,34	ein n. Gebot gebe ich euch
Apg	9,2	Anhänger des n. Weges 22,4
	17,19	was für eine n. Lehre, die du lehrst 20
	21	nichts anderes, als etwas N. zu sagen
	19,23	es erhob sich eine Unruhe über den n. Weg
	22,4	ich habe die n. Lehre verfolgt bis auf den Tod
Rö	6,4	damit auch wir in einem n. Leben wandeln
	19	an den Dienst der Ungerechtigkeit zu immer n. Ungerechtigkeit
	7,6	daß wir dienen im n. Wesen des Geistes
1Ko	5,7	damit ihr ein n. Teig seid
2Ko	3,6	tüchtig gemacht zu Dienern des n. Bundes
	5,17	ist jemand in Christus, so ist er eine n. Kreatur
Gal	4,9	wendet euch den Mächten zu, denen ihr von n. dienen wollt
	6,15	in Christus Jesus gilt... eine n. Kreatur
Eph	2,15	er in sich selber einen n. Menschen schaffe
	4,24	zieht den n. Menschen an Kol 3,10
2Ti	3,7	die immer auf n. Lehren aus sind
2Pt	3,13	wir warten auf einen n. Himmel und eine n. Erde
1Jh	2,7	ich schreibe euch n. ein n. Gebot 2Jh 5
	8	und doch schreibe ich euch ein n. Gebot
Heb	8,8	mit dem Haus Israel einen n. Bund schließen
	13	indem er sagt: „einen n. Bund", erklärt er
	9,15	ist er der Mittler des n. Bundes 12,24
	10,20	den er uns aufgetan hat als n. Weg
Off	2,17	auf dem Stein ist ein n. Name geschrieben
	3,12	auf ihn schreiben den Namen des n. Jerusalem
	5,9	sie sangen ein n. Lied 14,3
	21,1	ich sah einen n. Himmel und eine n. Erde
	2	ich sah die heilige Stadt, das n. Jerusalem
	5	siehe, ich mache alles n.

neugeboren

Mt	2,2	wo ist der n. König der Juden
1Pt	2,2	seid begierig nach der... Milch wie die n. Kindlein

neugeschaffen

Wsh	11,18	(kommen lassen) n., grimmige Tiere

neugestalten

Wsh	19,6	die ganze Schöpfung wurde n.

neugetauft, Neuling

1Ti	3,6	er soll kein N. sein

Neumond

4Mo	10,10	wenn ihr fröhlich seid an euren N.
	28,14	das ist das Brandopfer zum N. 29,6; 1Ch 23,31; 2Ch 2,3; 8,13; 31,3; Esr 3,5; Neh 10,34; Hes 45,17; 46,6
1Sm	20,5	morgen ist N. 18.24.27.34
2Kö	4,23	ist doch heute weder N. noch Sabbat
Ps	81,4	blaset am N. die Posaune
Jes	1,13	N. und Sabbate mag ich nicht 14
	47,13	Sterngucker, die an jedem N. kundtun
	66,23	wird einen N. nach dem andern kommen
Hes	46,1	am N. soll man's auftun 3
Hos	2,13	will ein Ende machen mit ihren N.
	5,7	darum wird sie auch der N. fressen
Am	8,5	wann will der N. ein Ende haben
Jdt	8,6	fastete täglich, außer am N.
1Ma	10,34	an allen Festen, N. (sollen die Jünger frei von Zoll sein)
Kol	2,16	von niemandem ein schlechtes Gewissen machen wegen eines N.

neun

4Mo	34,13	es den n. Stämmen und dem halben Stamm zu geben Jos 13,7; 14,2
5Mo	3,11	sein steinerner Sarg, n. Ellen lang
2Sm	24,8	kamen nach n. Monaten und 20 Tagen zurück
2Kö	17,1	Hoschea regierte n. Jahre
Neh	11,1	von zehn wohnen n. in den andern Städten
Sir	25,9	n. Dinge, die ich in meinem Herzen lobe
2Ma	7,28	mein Sohn, den ich n. Monate unter meinem Herzen getragen
Lk	17,17	wo sind aber die n.

neunhundert

Ri	4,3	Jabin hatte n. eiserne Wagen 13

neunhundertdreißig

1Mo	5,5	(Adam) sein ganzes Alter ward n. Jahre

neunhundertfünf

1Mo	5,11	(Enosch) sein ganzes Alter ward n. Jahre

neunhundertfünfzig

1Mo	9,29	(Noah) sein ganzes Alter ward n. Jahre

neunhundertneunundsechzig

1Mo	5,27	(Methuschelach) sein ganzes Alter ward n. Jahre

neunhundertzehn

1Mo	5,14	(Kenan) sein ganzes Alter ward n. Jahre

neunhundertzweiundsechzig

1Mo	5,20	(Jared) sein ganzes Alter ward n. Jahre

neunhundertzwölf

1Mo 5,8 (Set) sein ganzes Alter ward n. Jahre

neuntausend

2Ma 8,24 nachdem sie über n. erschlagen hatten
10,18 es entrannen ihnen an die n.

neunter

3Mo 23,32 am n. Tage des Monats Ruhetag halten
25,22 alt. Getreide esset bis in das n. Jahr
2Kö 17,6 im n. Jahr eroberte der König Samaria 18,10
25,1 im n. Jahr zog heran Nebukadnezar Jer 39,1; 52,4.6; Hes 24,1
3 am n. Tage wurde der Hunger stark Jer 39,2
Esr 10,9 im n. Monat Jer 36,9.22; Hag 2,10.18; Sa 7,1
Jer 36,9 im 5. Jahr Jojakims, im n. Monat 22
1Ma 4,52 am 25. Tage des n. Monats
Mt 20,5 abermals ging er aus um die n. Stunde
27,45 eine Finsternis bis zur n. Stunde Mk 15,33; Lk 23,44
46 um die n. Stunde schrie Jesus laut Mk 15,34
Apg 3,1 gingen hinauf in den Tempel um die n. Stunde
10,3 eine Erscheinung um die n. Stunde am Tage 30
Off 21,20 der n. (Grundstein war) ein Topas

neununddreißig

2Kö 15,13 im n. Jahr Usijas 17; 2Ch 16,12

neunundneunzig

1Mo 17,1 als Abram n. Jahre alt war 24
Mt 18,12 läßt er die n. auf den Bergen Lk 15,4
13 er freut sich darüber mehr als über die n. Lk 15,7

neunundvierzig

3Mo 25,8 Zeit der sieben Sabbatjahre n. Jahre
StD 3,23 die Flamme, etwa n. Ellen hoch, schlug aus dem Ofen

neunundzwanzig

1Mo 11,24 Nahor war n. Jahre alt und zeugte Terach
2Mo 38,24 alles Gold beträgt n. Zentner
2Kö 14,2 regierte n. Jahre 18,2; 2Ch 25,1; 29,1

neunzehn

2Sm 2,30 es fehlten n. Mann und Asaël
2Kö 25,8 das n. Jahr Nebukadnezars Jer 52,12

neunzig

1Mo 5,9 Enosch war n. Jahre alt und zeugte Kenan
17,17 soll Sara, n. Jahre alt, gebären
2Ma 6,24 Eleasar, der nun n. Jahre alt ist
8,11 jüdische Sklaven zu kaufen, n. Juden für einen Zentner

Neustadt

Ze 1,10 wird sich erheben ein Geheul von der N.

Neziach

Esr 2,54 (Tempelsklaven:) die Söhne N. Neh 7,56

Nezib

Jos 15,43 (Städte des Stammes Juda:) N.

Nibhas

2Kö 17,31 die von Awwa machten sich N. (zum Gott)

Nibschan

Jos 15,62 (Städte des Stammes Juda:) N.

nicht
(s.a. fürchten; nicht mehr; nichts; nicht wieder; noch nicht; nicht **wissen**; nicht **wollen**)

1Mo 2,17 von dem Baum der Erkenntnis sollst du n. essen 3,1.11.17
18 es ist n. gut, daß der Mensch allein sei
25 waren nackt und schämten sich n.
4,5 Kain und sein Opfer sah er n. gnädig an
7 bist du n. fromm, so lauert die Sünde vor der Tür
12 (der) Acker soll seinen Ertrag n. geben
6,3 mein Geist soll n. immerdar walten
8,22 solange die Erde steht, soll n. aufhören Saat und Ernte
9,4 esset das Fleisch n. mit seinem Blut 32,33
13,8 laß n. Zank sein zwischen mir und dir
15,4 er soll n. dein Erbe sein 21,10; Gal 4,30
13 deine Nachkommen werden Fremdlinge sein in einem Lande, das n. das ihre
18,3 geh n. an deinem Knecht vorüber
25 sollte der Richter n. gerecht richten
30 zürne n., Herr 32
19,7 liebe Brüder, tut n. so übel 37,21.22; 42,22
17 sieh n. hinter dich, bleib n. stehen... rette dich, damit du n. umkommst 19.21
20,6 daß du n. sündigtest, habe es n. zugelassen 31,7
9 du hast an mir gehandelt, wie man n. handeln soll
22,12 lege deine Hand n. an den Knaben 37,22
12 hast d. einzigen Sohnes n. verschont 16
24,56 haltet mich n. auf
26,2 zieh n. hinab nach Ägypten
28,1 nimm n. eine Frau Kanaans 8
29,26 es ist n. Sitte in unserm Lande
30,2 bin doch n. Gott, der dir n. geben will
32,11 hatte n. mehr als diesen Stab
27 ich lasse dich n., du segnest mich denn
34,7 solches durfte n. geschehen
39,10 Josef gehorchte ihr n.
42,37 wenn ich ihn dir n. wiederbringe 43,9; 44,32
45,8 ihr habt mich n. hergesandt, sondern Gott
24 zanket n. auf dem Wege
47,19 daß wir leben und n. sterben
2Mo 4,1 werden mir n. glauben und n. auf mich hören 8-10; 6,9.12; 7,4.13.16.22.23; 8,11.15; 16,20
11 habe ich's n. getan, der HERR
6,3 habe mich ihnen n. offenbart
9,6 von dem Vieh starb n. eins
14 damit du innewirst, daß meinesgleichen n. ist in allen Landen
10,26 n. eine Klaue darf dahintenbleiben 11,7

nicht

2Mo	12,23	wird den Verderber n. kommen lassen	1Sm	1,8 bin ich dir n. mehr wert als zehn Söhne
	16,8	euer Murren ist n. wider uns, sondern 4Mo 16,11; 1Sm 8,7		7,8 laß n. ab, für uns zu schreien
	17,7	ist der HERR unter uns oder n. 4Mo 14,42-44; 5Mo 1,42; 31,17; Jos 7,12		8,3 seine Söhne wandelten n. in seinen Wegen 5
	19,13	sie sollen n. leben bleiben		12,22 der HERR verstößt sein Volk n. Ps 78,38
	20,5	bete sie n. an und diene ihnen n. 23,24; 3Mo 19,4; 5Mo 5,9; 32,17; 1Sm 12,21; Ps 81,10; Jer 25,6		13,13 n. gehalten das Gebot des HERRN 14; Ps 78,56
	7	den Namen des HERRN n. mißbrauchen... den n. ungestraft lassen 10; 5Mo 5,11.14		14 nun wird dein Königtum n. bestehen
	13	sollst n. töten 14-17; 5Mo 5,17-21		14,6 dem HERRN n. schwer... zu helfen 2Ch 14,10
	19	laß Gott n. mit uns reden		37 Gott antwortete ihm n. 28,6.15; 2Sm 22,42; Ps 18,42; 22,3
	33,20	mein Angesicht kannst du n. sehen 23		16,7 n. sieht der HERR auf das, worauf
3Mo	11,44	sollst euch n. unrein machen 20,25; Dan 1,8		20,16 möge der Name Jonatans n. ausgelöscht
	18,3	sollt n. tun nach der Weise... n. nach ihren Satzungen wandeln 20,23; Hes 5,7	2Sm	1,20 sagt's n. an in Gat 21
	19,18	sollst dich n. rächen		23 im Leben und im Tod n. geschieden
	31	n. wenden zu den Geisterbeschwörern und Zeichendeutern		11,11 ich tue so etwas n.
	21,6	sollen n. entheiligen den Namen 22,2		22,22 bin n. gottlos 23; Ps 18,22.23
	22,20	was einen Fehler hat, n. opfern 22.24.25		32 wer ist Gott, wenn n. der HERR Ps 18,32
	26,14	mir n. gehorchen und n alle diese Gebote tun 20; 2Kö 18,12		44 Volk, das ich n. kannte, dient mir Ps 18,44
	44	verwerfe ich sie dennoch n.	1Kö	3,13 dazu gebe ich dir, worum du n. gebeten
4Mo	14,9	fallt nur n. ab vom HERRN 1Sm 12,20		8,19 n. du sollst das Haus bauen 2Ch 6,9
	41	es wird euch n. gelingen		27 aller Himmel Himmel können dich n. fassen 2Ch 2,5; 6,18
	23,8	wie soll ich fluchen, dem Gott n. flucht... verwünsche, den der HERR n. verwünscht		46 es gibt keinen Menschen, der n. sündigt 2Ch 6,36
	19	Gott ist n. ein Mensch 1Sm 15,29; Hos 11,9		57 verlasse uns n. und ziehe die Hand n. ab
	19	sollte er etwas n. tun... n. halten 1Sm 15,29		10,7 n. die Hälfte hat man mir gesagt 2Ch 9,6
	20	er hat gesegnet, und ich kann's n. wenden		11,4 ungeteilt bei dem HERRN 6.10.11.33; 13,21.33; 15,3; 2Ch 25,2
	24,17	sehe ihn, aber n. jetzt... n. von nahem		12,8 kehrte sich n. an den Rat 13.15; 2Ch 10,15.16
	31,49	es fehlt n. einer 2Sm 17,22		14,8 bist n. gewesen wie mein Knecht David
	32,5	n. über den Jordan ziehen 11; 5Mo 3,27		17,14 das Mehl soll n. verzehrt werden 16
5Mo	3,26	der HERR erhörte mich n. Hi 35,12.13		18,18 n. ich stürze Israel ins Unglück
	4,31	wird dich n. verlassen noch verderben		19,4 bin n. besser als meine Väter
	6,12	hüte dich, daß du n. den HERRN vergißt		11 der HERR war n. im Winde... war n. Erdbeben 12
	16	sollt den HERRN n. versuchen Mt 4,7; Lk 4,12		18 sich n. gebeugt vor Baal... ihn n. geküßt
	7,3	dich mit ihnen n. verschwägern 1Kö 11,2	2Kö	2,2 ich verlasse dich n. 4.6; 4,30
	7	n. hat euch der HERR angenommen		4,27 der HERR hat mir's n. kundgetan
	8,3	der Mensch n. lebt vom Brot allein Mt 4,4; Lk 4,4		9,12 das ist n. wahr Jer 37,14; 40,16
	9,4	sprich n. in deinem Herzen		14,6 um der Söhne... n. um der Väter willen sterben 2Ch 25,4
	6	n. um deiner Gerechtigk. willen Dan 9,18	1Ch	10,13 weil er das Wort des HERRN n. hielt 14
	7	denke daran und vergiß n. 25,19		29,15 unser Leben bleibet n. Ps 78,39
	23	glaubtet n. an ihn und gehorchtet n. Ps 78,22.32	2Ch	13,12 streitet n. gegen den HERRN; es wird euch n. gelingen
	26	verdirb dein Volk und dein Erbe n.		15,7 laßt eure Hände n. sinken
	12,4	sollt dem HERRN so n. dienen		20,15 n. ihr kämpft, sondern Gott 17
	13,9	soll ihn n. schonen, und du sollst dich seiner n. erbarmen		21,20 n. in den Gräbern der Könige 24,25; 28,27
	15,7	sollst dein Herz n. verhärten		35,21 vergreif dich n. an Gott, daß er dich n.
	17,20	s. Herz soll sich n. erheben über s. Brüder	Hi	1,8 ist seinesgleichen n. auf Erden 2,3; 41,25
	20	soll n. weichen von dem Gebot Jos 1,7; Ps 89,31.32		22 in diesem allen sündigte Hiob n. 2,10; 27,6
	18,19	wer meine Worte n. hören wird 27,26; 28,58		2,10 und sollten das Böse n. auch annehmen
	20,3	euer Herz verzage n.		4,16 ich erkannte seine Gestalt n. 35,14
	28,66	wirst deines Lebens n. sicher sein		5,9 Dinge tut, die n. zu erforschen... n. zu zählen sind 9,10
	29,19	einem solchen wird d. HERR n. gnädig sein		17 widersetze dich der Zucht n.
	31,21	es soll n. vergessen werden		7,1 muß n. der Mensch immer im Dienst stehen
	32,47	es ist n. ein leeres Wort an euch		9 kommt n. wieder, wer zu den Toten 10; 10,21
Jos	1,8	laß das Buch dieses Gesetzes n. von deinem Munde kommen		21 warum vergibst du mir n. 35,15
	9,14	befragten den Mund des HERRN n.		9,3 kann auf tausend n. eins antworten 15; 30,20
	16,10	vertrieben die Kanaaniter n. 17,13		10,20 ist denn mein Leben n. kurz
	24,15	gefällt es euch n., dem HERRN zu dienen		12,9 wer erkennte n. an dem allen, daß des HERRN Hand das gemacht hat
Ri	6,23	du wirst n. sterben 1Sm 20,2; 2Sm 12,13		15,6 dein Mund verdammt dich n. und ich 34,33
Rut	3,18	der Mann wird n. ruhen		32,13 Gott muß ihn schlagen und n. ein Mensch
				35,3 was habe ich davon, daß ich n. sündige
				10 man fragt n.: Wo ist Gott
				38,11 bis hierher und n. weiter

Ps	1,1	der n. wandelt im Rat der Gottlosen	Ps	103,2	vergiß n., was er dir Gutes getan hat
	3	seine Blätter verwelken n.		9	er wird n. für immer hadern
	5	bestehen die Gottlosen. Spr 14,32		10	er vergilt uns n. nach unsrer Missetat
	4,5	zürnet ihr, so sündiget n. Eph 4,26		115,1	n. uns HERRN, n. uns, sondern deinem Namen
	5,5	wer böse ist, bleibt n. vor dir 6		118,8	n. sich verlassen auf Menschen 9
	6,2	strafe mich n. in deinem Zorn 38,2		17	werde n. sterben, sondern leben 18
	6	im Tode gedenkt man deiner n.		119,16	vergesse deine Worte n. 61.83.109.141.153.176
	9,11	verlässest n., die dich suchen 13.19; 10,12		92	wenn dein Gesetz n. mein Trost gewesen
	14,4	den HERRN rufen sie. an 53,5; 79,6		121,3	wird deinen Fuß n. gleiten lassen, und der dich behütet, schläft n. 4
	16,10	wirst mich n. dem Tode überlassen Apg 2,27		124,1	wäre der HERR n. bei uns 2
	22,12	sei n. ferne von mir 20; 35,22; 38,22; 71,12		131,1	ich gehe n. um mit großen Dingen
	25,2	laß mich n. zuschanden werden 20; 31,18		139,6	ich kann sie n. begreifen
	7	gedenke n. der Sünden meiner Jugend		12	so wäre Finsternis n. finster bei dir
	27,9	verbirg dein Antlitz n. vor mir 69,18; 102,3		143,2	geh n. ins Gericht mit deinem Knecht
	32,2	dem der HERR die Schuld n. zurechnet	Spr	1,10	wenn dich die bösen Buben locken, so folge n. 15
	9	seid n. wie Rosse und Maultiere		28	werde n. antworten... werden mich n. finden 14,6
	33,16	einem König hilft n. seine große Macht 17		3,1	vergiß meine Weisung n. 4,2.5.6.13
	35,19	laß sich n. über mich freuen 25; 36,12		3	Gnade und Treue sollen dich n. verlassen
	22	HERR, du hast es gesehen, schweige n. 83,2; 109,1		5	verlaß dich n. auf deinen Verstand 7
	37,1	entrüste dich n. über die Bösen 7.8		11	verwirf die Zucht des HERRN n.
	38,10	mein Seufzen ist dir n. verborgen		15	alles... ist ihr n. zu vergleichen
	22	verlaß mich n., HERR 71,9.18		21	laß sie n. aus deinen Augen 4,21; 6,20
	39,13	schweige n. zu meinen Tränen		6,25	laß dich nach ihrer Schönheit n. gelüsten 7,25
	40,18	mein Gott, säume doch n. 70,6		10,2	unrecht Gut hilft n.
	50,3	unser Gott kommt und schweiget n.		11,4	Reichtum hilft n. am Tage des Zorns
	51,13	verwirf mich n. und nimm deinen heiligen Geist n. von mir 71,9		20,13	liebe d. Schlaf n., daß du n. arm werdest
	18	Brandopfer gefallen dir n. Jer 14,12		23,4	bemühe dich n., reich zu werden
	19	ein geängstetes Herz wirst du n. verachten		13	laß n. ab, den Knaben zu züchtigen
	53,4	ist keiner, der Gutes tut, auch n. einer		23	kaufe Wahrheit und verkaufe sie n.
	55,20	sie werden n. anders		24,1	sei n. neidisch auf böse Menschen
	23	der wird den Gerechten n. wanken lassen		21	menge dich n. unter die Aufrührer
	62,3	mein Schutz, daß ich n. fallen werde 7		25,9	verrate n. eines andern Geheimnis
	11	verlaßt euch n. auf Gewalt... Reichtum, hängt euer Herz n. daran		26,2	unverdienter Fluch: er trifft n. ein
	66,20	der mein Gebet n. verwirft		27,1	rühme dich n. des morgigen Tages
	69,6	meine Schuld ist dir n. verborgen		30,8	Armut und Reichtum gib mir n.
	7	laß an mir n. zuschanden werden	Pr	1,15	krumm kann n. gerade werden
	15	errette mich, daß ich n. versinke 16		4,12	eine dreifache Schnur reißt n. leicht
	24	daß sie n. sehen 28.29; 86,14		7,16	sei n. allzu gerecht und n. allzu weise, damit du dich n. zugrunde richtest 17
	34	der HERR verachtet seine Gefangenen n.		20	es ist kein Mensch so gerecht auf Erden, daß er n. sündige
	73,5	sind n. in Mühsal... werden n. wie andere Menschen geplagt		9,11	dazu hilft n., daß er etwas gut kann
	74,19	das Leben deiner Elenden vergiß n. 21.23		11,6	laß deine Hand bis zum Abend n. ruhen
	75,5	rühmt euch n. so 6.7		12,1	wirst sagen: Sie gefallen mir n.
	77,3	meine Seele will sich n. trösten lassen 5	Hl	1,6	seht mich n. an, daß ich so braun bin
	78,4	das wollen wir n. verschweigen ihren Kindern 7.8		3,1	ich suchte; aber ich fand ihn n. 2; 5,6
	10	sie hielten den Bund Gottes n. 37.42; 81,12; Jer 31,32	Jes	1,3	Israel kennt's n... versteht's n. 6,9; 42,25
	44	daß sie n. trinken konnten 50.64		5,12	sehen n. auf das Werk des HERRN
	67	er erwählte n. Ephraim		25	läßt sein Zorn n. ab 9,11.16.20; 10,4
	79,8	rechne uns die Schuld n. an		7,9	glaubt ihr n., so bleibt ihr n.
	80,19	wollen n. von dir weichen		8,12	laßt euch n. grauen 30,19; 43,2
	81,6	eine Sprache, die ich n. kannte		26,21	wird n. verbergen, die getötet sind
	88,9	liege gefangen und kann n. heraus		28,16	wer glaubt, der flieht n.
	89,23	sollen ihn n. überwältigen 34-36.44		29,9	seid trunken, doch n. vom Wein 51,21
	49	wo ist jemand, der den Tod n. sähe		38,17	meiner Seele... daß sie n. verdürbe
	91,5	n. erschrecken vor dem Grauen der Nacht		18	die Toten loben dich n... rümt dich n... warten n. auf deine Treue
	12	deinen Fuß n. an einen Stein stößest Mt 4,6; Lk 4,11		40,31	laufen und n. matt... müde werden
	92,7	ein Törichter glaubt das n... begreift n.		41,10	weiche n., denn ich bin dein Gott
	94,7	der HERR sieht's n... beachtet's n.		42,2	er wird n. schreien noch rufen
	10	sollte der n. Rechenschaft fordern		3	das geknickte Rohr wird er n. zerbrechen 4
	95,8	verstocket euer Herz n. Heb 3,15; 4,7		43,22	n., daß du mich gerufen hättest 23.24
	11	sollen n. zu meiner Ruhe kommen Heb 4,3		25	ich gedenke deiner Sünden n.
	100,3	er hat uns gemacht und n. wir selbst		44,21	Israel, ich vergesse dich n.
	102,25	mein Gott, nimm mich n. weg in der Hälfte meiner Tage		45,19	habe n. im Verborgenen geredet 48,16

nicht

Jes	46,13	mein Heil säumt n.
	50,5	bin n. ungehorsam und weiche n. zurück
	7	darum werde ich n. zuschanden
	53,7	tat seinen Mund n. auf wie ein Lamm
	54,10	meine Gnade soll n. von dir weichen und der Bund meines Friedens soll n. hinfallen
	55,8	meine Gedanken sind n. eure... eure Wege n. meine
	59,1	des HERRN Arm ist n. zu kurz
	8	kennen den Weg des Friedens n. Rö 3,17
	65,8	verdirb es n., es ist ein Segen darin
	66,24	ihr Wurm wird n. sterben, und ihr Feuer wird n. verlöschen
Jer	1,6	ich tauge n. zu predigen 7.17
	2,2	im Lande, da man n. sät
	8	fragten n... achteten meiner n.
	8	Götzen, die n. helfen können 37
	23	ich bin n. unrein 35
	30	lassen sich doch n. erziehen 5,3
	3,5	willst du n. vom Grimm lassen
	7,16	sollst für dies Volk n. bitten 14,11
	9,22	ein Weiser rühme sich n. s. Weisheit
	10,16	so ist der n., der Jakobs Reichtum 51,19
	23,20	des HERRN Zorn wird n. ablassen 30,24
	32,40	n. ablassen, ihnen Gutes zu tun
Klg	3,2	er hat mich gehen lassen in die Finsternis und n. ins Licht
	22	Güte des HERRN, daß wir n. aus sind
	31	der Herr verstößt n. ewig
	33	n. von Herzen plagt und betrübt er
	36	sollte das der Herr n. sehen
Hes	3,18	du warnst ihn n. 20
	6,10	umsonst habe ich geredet
	28,2	während du doch n. Gott bist 9
	33,31	hören, aber n. danach tun 32
Hos	1,9	n. mein Volk... will n. der Eure sein 2,1.6
	4,10	werden essen und n. satt werden
	6,6	ich habe Lust an der Liebe und n. am Opfer Mt 9,13
Jo	2,2	desgleichen n. gewesen und n. sein wird
	13	zerreißet eure Herzen und n. eure Kleider
Am	3,6	ist ein Unglück, das der HERR n. tut
	5,14	suchet das Gute und n. das Böse
	6,6	bekümmert euch n. um den Schaden Josefs
	8,11	n. einen Hunger nach Brot, sondern
Hab	2,5	wie der Tod, der n. zu sättigen ist
Sa	4,6	soll n. durch Heer oder Kraft geschehen
Mal	2,16	brecht n. die Treue
Jdt	8,13	Gott zürnt n. wie ein Mensch
	13,17	Gott, der die n. verläßt, die auf ihn trauen
Wsh	1,2	(Gott) läßt sich finden von denen, die ihn n. versuchen
	11	was ihr redet, wird n. unbestraft hingehen
	13	Gott hat den Tod n. gemacht
	3,10	sie beachten den Gerechten n. 5,1
	16	die Kinder der Ehebrecher geraten n.
	4,17	merken n., was der Herr beschlossen 18
	5,2	Rettung, die sie n. erwartet hatten
	7	den Weg des Herrn haben wir n. erkannt
	6,5	ihr habt n. nach dem Willen Gottes gehandelt
	10	damit ihr n. in Sünde fallt
	7,30	Bosheit kann die Weisheit n. überwältigen
	8,21	daß ich Weisheit n. erlangen könnte
	9,4	verwirf mich n. aus der Schar d. Kinder
	10,13	Weisheit ließ den Gerechten n. im Stich
	11,17	deiner Hand fehlte es n. an Macht
	12,13	daß du n. ungerecht richtest 15
	17	die an die Vollkommenheit deiner Macht n. glauben
Wsh	12,26	die sich n. warnen lassen
	13,1	die Gott n. zu erkennen vermögen
	18	was n. einmal den Fuß gebrauchen kann
	14,5	du willst, daß n. ungenutzt bleibt, was
	13	von Anfang an sind sie n. gewesen und werden auch n. ewig bleiben
	28	sie leben n. recht
	30	daß sie n. recht von Gott denken
	15,2	weil wir dir angehören, sündigen wir n.
	4	uns verführen n. die arglistigen Einfälle
	15	Götter, die n. sehen können
	16,6	doch blieb dein Zorn n. bis zum Ende 18,20
	16	die Gottlosen, die dich n. kennen wollten
	17,9	Luft, die man n. entbehren kann
	19,21	Herr, du hast dein Volk n. verachtet
Sir	5,4	denke n.: Ich habe schon oft gesündigt 6
	10,21	das ist von Gott n. geschaffen
	15,11	du darfst n. sagen: Bin ich abtrünnig geworden 12
	18,30	folge deinen bösen Leidenschaften n. 32
	19,15	glaube n. alles, was du hörst
	23,2	daß meine Sünden nicht unbestraft bleiben
	28,20	wer darauf hört, kann n. in Frieden leben
	34,22	solche Gaben sind n. wohlgefällig 23
	37,22	sich selber kann er n. helfen
	42,17	es ist selbst den Engeln des Herrn n. gegeben
Mt	3,10	jeder Baum, der n. gute Frucht Lk 3,9
	11	ich bin n. wert Mk 1,7; Lk 3,16; Jh 1,27; Apg 13,25
	4,4	der Mensch lebt n. vom Brot allein Lk 4,4
	6	damit du n. an einen Stein stößt Lk 4,11
	7	du sollst den Herrn n. versuchen Lk 4,12
	5,18	bis... vergehen, wird n. vergehen
	20	so werdet ihr n. in das Himmelreich kommen
	21	du sollst n. töten 19,18; Mk 10,19
	27	du sollst n. ehebrechen Lk 18,20; Rö 13,9; Jak 2,11
	34	daß ihr überhaupt n. schwören sollt 36
	6,7	sollt ihr n. viel plappern wie die H.
	7,1	richtet n., damit ihr n. gerichtet werdet Lk 6,37
	6	ihr sollt das Heilige n. den Hunden geben
	21	es werden n. alle in das Himmelreich kommen
	26	wer m. Rede hört und tut sie n. Lk 6,46.49
	8,20	hat n., wo er sein Haupt hinlege Lk 9,58
	9,12	die Starken bedürfen des Arztes n. Lk 5,31
	13	ich bin gekommen, zu rufen n. die Gerechten Mk 2,17; Lk 5,32
	14	warum fasten wir, und deine Jünger fasten n.
	17	man füllt n. neuen Wein in alte Schläuche
	10,5	geht n. den Weg der Heiden
	10	(ihr sollt haben) n. zwei Hemden Mk 6,9
	19	sorgt n., was ihr reden sollt 20; Mk 13,11
	24	der Jünger steht n. über dem Meister Lk 6,40; Jh 13,16; 15,20
	26	es ist nichts verborgen, was n. offenbar wird Mk 4,22; Lk 8,17; 12,2
	34	ich bin n. gekommen, Frieden zu bringen
	37	wer... der ist meiner n. wert 38
	42	es wird ihm n. unbelohnt bleiben
	11,6	selig ist, wer sich n. an mir ärgert Lk 7,23
	18	Johannes ist gekommen, n. aß und trank n.
	12,16	(Jesus) gebot ihnen, daß sie ihn n. offenbar machten Mk 3,12
	19	seine Stimme n. hören auf den Gassen
	20	das geknickte Rohr wird er n. zerbrechen
	30	wer n. mit mir ist, der ist gegen mich

Mt	12,31	die Lästerung gegen den Geist wird n. vergeben 32; Lk 12,10		Mk	9,40	wer n. gegen uns ist, der ist für uns Lk 9,50
	13,12	wer n. hat, dem wird auch das genommen, was 25,29; Mk 4,25; Lk 8,18; 19,26			50	wenn das Salz n. mehr salzt
					10,15	wer das Reich Gottes n. empfängt wie ein Kind, der wird n. hineinkommen Lk 18,17
	13	mit sehenden Augen sehen sie n. 14.15; Mk 4,12; 8,18; Lk 8,10.12; Jh 12,40; Apg 28,26.27			27	bei Menschen unmöglich, aber n. bei Gott
	17	haben begehrt, zu sehen, was ihr seht, und haben's n. gesehen Lk 10,24			12,34	du bist n. fern vom Reich Gottes
					13,31	Himmel und Erde werden vergehen; meine Worte aber werden n. vergehen
	19	wenn jemand das Wort hört und n. versteht			14,59	ihr Zeugnis stimmte auch so n. überein
	15,17	merkt ihr n., daß Mk 7,18			16,16	wer n. glaubt, der wird verdammt werden
	16,9	versteht ihr noch n. Mk 8,17.21		Lk	1,15	Wein und starkes Getränk wird er n. trinken
	17	Fleisch und Blut haben dir das n. offenbart			20	weil du meinen Worten n. geglaubt hast
	23	du meinst n., was göttlich ist Mk 8,33			22	als er herauskam, konnte er n. reden 20
	28	den Tod n. schmecken Mk 9,1; Lk 9,27			2,26	solle den Tod n. sehen, er habe denn zuvor sie verstanden das Wort n., das er zu ihnen
	18,3	wenn ihr n. umkehrt, so werdet ihr n. ins Himmelreich kommen			50	
					3,13	fordert n. mehr, als euch vorgeschrieben ist
	10	daß ihr n. einen von diesen Kleinen verachtet			6,2	warum tut ihr, was am Sabbat n. erlaubt ist
					7,6	ich bin n. wert, daß du unter mein Dach gehst 7
	35	wenn ihr einander n. von Herzen vergebt Mk 11,26			9	solchen Glauben habe ich in Israel n. gefunden
	19,6	was Gott zusammengefügt hat, soll der Mensch n. scheiden Mk 10,9			9,62	ist n. geschickt für das Reich Gottes
					10,42	das soll n. von ihr genommen werden
	8	von Anfang an ist's n. so gewesen			11,4	führe uns n. in Versuchung
	11	dies Wort fassen n. alle			35	daß n. das Licht in dir Finsternis sei
	14	wehret ihnen n., zu mir zu kommen Mk 10,14; Lk 18,16			12,22	sorgt n. um euer Leben, was ihr essen 29
	18	du sollst n. falsch Zeugnis geben Mk 10,19; Lk 18,20			13,3	wenn ihr n. Buße tut, werdet ihr auch so umkommen 5
	20,23	das Sitzen... zu geben, steht mir n. zu Mk 10,40			14,3	erlaubt ist, am Sabbat zu heilen oder n.
					26	der kann n. mein Jünger sein 27.33
	26	so soll es n. sein unter euch Mk 10,43; Lk 22,26			15,7	mehr als über 99 Gerechte, die der Buße nicht bedürfen
	28	wie der Menschensohn n. gekommen ist, daß er sich dienen lasse Mk 10,45			16,13	ihr könnt n. Gott dienen und dem Mammon
					31	hören sie Mose und die Propheten n.
	21,21	wenn ihr Glauben habt und n. zweifelt Mk 11,23			17,20	das Reich Gottes kommt n. so, daß man's beobachten kann
	32	obwohl ihr's saht, tatet ihr dennoch n. Buße			18,1	daß sie beten und n. nachlassen sollten
	22,16	du achtest n. das Ansehen der Menschen Mk 12,14; Lk 20,21			11	ich danke dir, daß ich n. bin wie die andern
					19,48	fanden n., wie sie es machen sollten
	32	Gott ist n. ein Gott der Toten, sondern der Lebenden Mk 12,27; Lk 20,38			20,16	als das hörten, sprachen sie: Nur das n.
					36	denn sie können hinfort auch n. sterben
	23,8	ihr sollt euch n. Rabbi nennen lassen 10			21,34	daß dieser Tag n. plötzlich über euch komme
	23	dies sollte man tun und jenes n. lassen Lk 11,42			22,18	n. trinken von dem Gewächs des Weinstocks
	39	ihr werdet mich von jetzt an n. sehen Jh 16,10.17.19			32	für dich gebeten, daß dein Glaube n. aufhöre
					42	doch n. mein, sondern dein Wille geschehe
	24,2	es wird hier n. ein Stein auf dem andern bleiben Mk 13,2; Lk 21,6			23,28	weint n. über mich, sondern über euch selbst
					29	selig sind die Leiber, die n. geboren haben
	34	dieses Geschlecht wird n. vergehen Mk 13,30; Lk 21,32		Jh	1,5	die Finsternis hat's n. ergriffen
					8	er war n. das Licht
	35	meine Worte werden n. vergehen Lk 21,33			10	aber die Welt erkannte ihn n. 26; 17,25
	39	sie beachteten es n., bis die Sintflut kam			11	und die Seinen nahmen ihn n. auf
	44	der Menschensohn kommt zu einer Stunde, da ihr's n. meint 50; Lk 12,40.46			13	n. aus dem Blut noch aus dem Willen des Fleisches
	25,42	hungrig, und ihr habt mir n. zu essen gegeben			20	ich bin n. der Christus 21; 3,28
					31	ich kannte ihn n. 33
	44	Herr, wann haben wir dir n. gedient 43			2,16	macht n. meines Vaters Haus zum Kaufhaus
	45	was ihr n. getan habt einem von diesen Geringsten, das habt ihr mir auch n. getan			24	Jesus vertraute sich ihnen n. an 25
					3,3	kann er das Reich Gottes n. sehen 5
	26,11	mich habt ihr n. allezeit Mk 14,7; Jh 12,8			11	ihr nehmt unser Zeugnis n. an
	41	wachet und betet, daß ihr n. in Anfechtung fallt Mk 14,38; Lk 22,40.46			16	alle, die an ihn glauben, n. verloren werden
					18	wer an ihn glaubt, der wird n. gerichtet
	72	ich kenne den Menschen n. 74; Mk 14,71; Lk 22,57.58; Jh 18,17.25			27	ein Mensch kann nichts nehmen, wenn es ihm n. vom Himmel gegeben ist
	27,14	er antwortete ihm n. auf ein einziges Wort			36	wer dem Sohn n. gehorsam ist, wird das Leben n. sehen
	42	kann sich selber n. helfen Mk 15,31				
	28,6	er ist n. hier Mk 16,6; Lk 24,6			4,14	den wird in Ewigkeit n. dürsten
Mk	4,34	ohne Gleichnisse redete er n. zu ihnen			22	ihr wißt n., was ihr anbetet
	7,24	konnte doch n. verborgen bleiben			48	wenn ihr n. Wunder seht, glaubt ihr n.
	9,32	sie verstanden das Wort n. Lk 9,45; 18,34			5,23	wer den Sohn n. ehrt, der ehrt den Vater n.

nicht

Jh	5,24	wer glaubt, hat das ewige Leben und kommt n. in das Gericht
	34	ich nehme nicht Zeugnis von einem Menschen
	38	ihr glaubt dem n., den er gesandt hat
	41	ich nehme n. Ehre von Menschen
	43	ihr nehmt mich n. an
	44	die Ehre, die von Gott ist, sucht ihr n.
	6,35	wer zu mir kommt, den wird n. hungern
	36	ihr habt mich gesehen und glaubt doch n.
	37	wer zu mir kommt, den werde ich n. hinausstoßen
	7,28	n. von mir selbst aus bin ich gekommen
	34	ihr werdet mich suchen und n. finden 35.36
	8,12	wer mir nachfolgt, der wird n. wandeln in der Finsternis 12,46
	23	ich bin n. von dieser Welt
	51	wird den Tod n. sehen in Ewigkeit 52
	9,16	dieser Mensch ist n. von Gott
	31	wir wissen, daß Gott die Sünder n. erhört
	33	wäre dieser n. von Gott, er könnte nichts
	10,35	die Schrift kann n. gebrochen werden
	12,47	ich bin n. gekommen, daß ich die Welt richte
	48	wer... und nimmt meine Worte n. an
	49	ich habe n. aus mir selbst geredet 14,10
	13,7	was ich tue, das verstehst du jetzt n.
	33	wo ich hingehe, da könnt ihr n. hinkommen 36.37
	15,6	wer n. in mir bleibt, der wird weggeworfen
	15	ich sage hinfort n., daß ihr Knechte seid
	16	n. ihr habt mich erwählt, sondern ich
	16,9	Sünde: daß sie n. an mich glauben
	32	ich bin n. allein, denn der Vater ist bei mir
	18,11	soll ich den Kelch n. trinken, den
	36	mein Reich ist n. von dieser Welt
	20,27	sei n. ungläubig, sondern gläubig
Apg	1,7	es gebührt euch n., Zeit oder Stunde zu wissen
	2,27	du wirst mich n. dem Tod überlassen 31
	3,6	Petrus sprach: Silber und Gold habe ich n.
	23	wer diesen Propheten n. hören wird
	4,20	wir können's n. lassen, von dem zu reden, was wir gehört haben
	5,4	du hast n. Menschen, sondern Gott belogen
	39	ist es von Gott, so könnt ihr sie n. vernichten
	40	sie sollten n. im Namen Jesu reden
	7,53	Gesetz empfangen, und habt's n. gehalten
	59	*Herr, behalte ihnen diese Sünde n.* 60
	10,15	was Gott rein gemacht hat, das nenne n. verboten 11,9
	34	erfahre ich, daß Gott die Person n. ansieht
	15,1	wenn ihr euch n. beschneiden laßt, könnt ihr n. selig werden
	16,7	der Geist Jesu ließ es n. zu
	19,11	Gott wirkte n. geringe Taten durch die Hände des Paulus
	22,11	als ich n. sehen konnte, wurde ich geleitet
	23,5	dem Obersten d. Volkes sollst du n. fluchen
	25,7	Klagen, die sie n. beweisen konnten
	24	schrie, er dürfe n. länger leben
	26,26	dies ist n. im Winkel geschehen
Rö	1,16	ich schäme mich des Evangeliums n.
	2,13	vor Gott sind n. gerecht, die das Gesetz
	28	n. der ist ein Jude, der es äußerlich ist
	3,10	keiner, der gerecht ist, auch n. einer 12
	4,4	wird der Lohn n. aus Gnade zugerechnet
	8	selig ist der Mann, dem der Herr die Sünde n. zurechnet
	15	wo das Gesetz n. ist, da ist auch keine Übertretung 5,13
Rö	5,5	Hoffnung läßt n. zuschanden werden
	6,6	so daß wir hinfort der Sünde n. dienen
	9	Christus, von den Toten erweckt, n. stirbt
	12	laßt die Sünde n. herrschen in eurem sterblichen Leibe
	7,18	das Wollen habe ich wohl, aber das Gute vollbringen kann ich n.
	8,8	die können Gott n. gefallen
	25	wenn wir auf das hoffen, was wir n. sehen
	9,25	ich will das mein Volk nennen, das n. mein Volk war 10,19
	32	die Gerechtigkeit n. aus dem Glauben sucht
	33	wer an ihn glaubt, der soll n. zuschanden werden 10,11; 1Pt 2,6
	10,20	mich finden von denen, die mich n. suchten
	11,29	Gottes Gaben können ihn n. gereuen
	12,2	stellt euch n. dieser Welt gleich
	14	segnet, die euch verfolgen; segnet, flucht n.
	13,14	sorgt für den Leib n. so, daß ihr den Begierden verfallt
	14,16	soll n. verlästert werden, was ihr Gutes habt
	23	was n. aus dem Glauben kommt, das ist Sünde
	15,18	ich werde n. wagen, von etwas zu reden
1Ko	1,17	damit n. das Kreuz Christi zunichte werde
	2,1	kam ich n. mit hohen Worten *2*
	12	wir haben n. empfangen den Geist der Welt
	4,5	richtet n. vor der Zeit, bis der Herr kommt
	20	das Reich Gottes steht n. in Worten
	5,6	euer Rühmen ist n. gut
	6,5	gar kein Weiser unter euch, auch n. einer
	12	alles ist erlaubt, aber n. alles dient zum Guten 10,23
	7,23	werdet n. der Menschen Knechte
	8,7	n. jeder hat die Erkenntnis
	9,9	du sollst dem Ochsen, der da drischt, n. das Maul verbinden 1Ti 5,18
	12	damit wir n. dem Evangelium von Christus ein Hindernis bereiten
	20	obwohl ich selbst n. unter dem Gesetz bin
	10,12	meint, er stehe, mag zusehen, daß er n. falle
	13,1	wenn ich mit Engelzungen redete und hätte die Liebe n. 2.3
	14,33	Gott ist n. ein Gott der Unordnung, sondern des Friedens
	15,9	ich n. wert bin, daß ich ein Apostel heiße
	33	laßt euch n. verführen
	50	daß Fleisch und Blut das Reich Gottes n. ererben können
	58	weil ihr wißt, daß eure Arbeit n. vergeblich ist
	16,22	wenn jemand den Herrn n. liebhat
2Ko	1,9	unser Vertrauen n. auf uns selbst setzten
	3,6	des neuen Bundes, n. des Buchstabens
	4,1	weil wir dieses Amt haben, werden wir n. müde
	5	wir predigen n. uns selbst, sondern Jesus
	16	darum werden wir n. müde
	5,19	Gott rechnete ihnen ihre Sünden n. zu
	6,1	daß ihr die Gnade n. vergeblich empfangt
	10,15	wir rühmen uns n. mit dem, was
	11,17	was ich jetzt rede, das rede ich n. dem Herrn
	12,21	die n. Buße getan haben für die Unreinheit
Gal	1,1	ein Apostel n. von Menschen
	2,6	Gott achtet das Ansehen der Menschen n.
	16	daß der Mensch durch Werke des Gesetzes n. gerecht wird
	20	doch nun n. ich, sondern Christus lebt in mir
	4,8	dientet ihr denen, die n. Götter sind

Gal	5,7	aufgehalten, der Wahrheit n. zu gehorchen
	17	daß ihr n. tut, was ihr wollt
	18	regiert euch der Geist, so seid ihr n. unter dem Gesetz
	21	die solches tun, werden das Reich Gottes n. erben
	6,7	irret euch n.! Gott läßt sich n. spotten
Eph	2,9	n. aus Werken, damit sich n. jemand rühme
	4,30	betrübt n. den heiligen Geist Gottes
	6,7	tut euren Dienst mit gutem Willen n. den Menschen 1Th 2,4
Phl	1,17	jene verkündigen Christus n. lauter
	2,21	sie suchen alle das Ihre, n. das, was Christi
Kol	3,2	trachtet n. nach dem, was auf Erden ist
1Th	2,3	unsre Ermahnung kam n. aus betrügerischem Sinn
	15	die gefallen Gott n. und sind allen Menschen feind
	4,7	Gott hat uns n. berufen zur Unreinheit
	5,4	ihr, liebe Brüder, seid n. in der Finsternis
	19	den Geist dämpft n.
2Th	3,2	der Glaube ist n. jedermanns Ding
	10	wer nicht arbeiten will, der soll auch n. essen
1Ti	3,7	damit er n. geschmäht werde
	4,14	laß n. außer acht die Gabe
	5,13	sie reden, was n. sein soll
2Ti	1,7	Gott hat uns n. gegeben den Geist der Furcht
Tit	2,5	damit n. das Wort Gottes verlästert
	3,5	n. um der Werke der Gerechtigkeit willen
1Pt	2,8	weil sie n. an das Wort glauben
	10	die ihr „n. ein Volk" wart, nun aber
	3,3	euer Schmuck soll n. äußerlich sein
	9	vergeltet n. Böses mit Bösem
2Pt	1,9	wer dies aber n. hat, der ist blind
	10	wenn ihr dies tut, werdet ihr n. straucheln
	2,21	besser, daß sie den Weg der Gerechtigkeit n. erkannt hätten
	3,9	der Herr verzögert n. die Verheißung
	17	hütet euch, daß ihr n. verführt werdet
1Jh	1,10	sein Wort ist n. in uns
	2,4	wer sagt: Ich kenne ihn, und hält seine Gebote n., ist ein Lügner
	7	ich schreibe euch n. ein neues Gebot
	15	habt n. lieb die Welt noch was in der Welt ist
	16	alles, was in der Welt ist, ist n. vom Vater
	23	wer den Sohn leugnet, hat auch den Vater n.
	3,6	wer in ihm bleibt, der sündigt n.
	10	wer n. recht tut, der ist n. von Gott
	4,17	Furcht ist n. in der Liebe
	5,3	seine Gebote sind n. schwer
	12	wer den Sohn Gottes n. hat, der hat das Leben n.
Heb	2,8	nichts, was ihm n. untertan wäre
	3,8	verstockt eure Herzen n., wie es geschah 15; 4,7
	11	n. zu meiner Ruhe kommen 18.19; 4,3.5.6
	6,10	Gott ist n. ungerecht
	7,21	Herr hat geschworen, es wird ihn n. gereuen
	8,9	sie sind n. geblieben in meinem Bund
	11,16	darum schämt sich Gott n., ihr Gott zu heißen
	12,5	achte n. gering die Erziehung des Herrn
	11	jede Züchtigung scheint uns n. Freude zu sein
	15	daß n. etwa eine bittere Wurzel aufwachse
	13,9	laßt euch n. durch fremde Lehren umtreiben
	16	Gutes zu tun und zu teilen, vergeßt n.
Jak	1,13	Gott kann n. versucht werden zum Bösen
Jak	1,22	seid Täter des Worts und n. Hörer 23.25
	3,14	rühmt euch n. und lügt n.
	4,11	so bist du n. ein Täter des Gesetzes
	17	wer weiß, Gutes zu tun, und tut's n.
Off	2,2	sagen, sie seien Apostel, und sind's n.
	9	sagen, sie seien Juden, und sind's n.

nicht mehr

1Mo	5,24	er ward n. m. gesehen
	8,21	will n. m. die Erde verfluchen 9,11; Jes 54,9
	17,5	sollst n. m. Abram heißen 15; 32,29; 35,10
	42,13	der eine ist n. m. vorhanden 32.36
2Mo	17,14	austilgen, daß man seiner n. m. gedenke
3Mo	26,31	will den Geruch eurer Opfer n. m. riechen
	44	daß mein Bund n. m. gelten sollte
4Mo	18,5	damit n. m. ein Zorn komme
5Mo	1,9	kann euch n. m. allein tragen
	3,26	rede mir davon n. m.
	13,12	daß man n. m. solch Böses tue 17,13; 19,20
	18,16	will n. m. hören die Stimme des HERRN
	31,2	kann n. m. aus- und eingehen
	32,28	Israel, dem man n. m. raten kann
Jos	22,33	daß sie n. m. gegen sie ziehen wollten
	23,13	der HERR n. m. diese Völker vertreiben wird
Ri	2,14	konnten n. m. ihren Feinden widerstehen
	10,13	darum will ich euch n. m. erretten
1Sm	2,5	die Hunger litten, hungert n. m.
2Sm	7,10	daß es sich n. m. ängstigen müsse 1Ch 17,9
	21,17	du sollst n. m. mit uns ausziehen
	22,39	zerschmettert, daß sie n. m. Ps 18,39
2Kö	21,8	will den Fuß Israels n. m. weichen lassen 2Ch 33,8
2Ch	32,26	kam der Zorn des HERRN n. m. über sie
Hi	7,8	so bin ich n. m. 10.21; 20,8.9; 24,24; Ps 39,14; 103,16
	9,21	ich möchte n. m. leben
	15,32	sein Zweig wird n. m. grünen
	24,20	an ihn denkt man n. m.
	34,32	ich will's n. m. tun 40,5
Ps	10,18	daß der Mensch n. m. trotze auf Erden
	36,4	verständig und gut handeln sie n. m.
	37,10	so ist der Gottlose n. m. da 59,14; 104,35; 140,11; Spr 10,25; 12,7
	83,5	daß des Namens Israel n. m. gedacht werde
	88,6	derer du n. m. gedenkst
Spr	23,5	auf Reichtum, und er ist n. m. da
	31,7	daß sie ihres Unglücks n. m. gedenken
Jes	1,13	bringt n. m. dar Speisopfer Mal 2,13
	2,4	werden n. m. lernen, Krieg zu führen Mi 4,3
	5,30	das Licht scheint n. m. über ihnen
	7,8	daß sie n. m. ein Volk seien Jer 33,24
	10,20	werden sich n. m. verlassen auf den, der
	13,20	daß man hinfort n. m. da wohne
	16,10	in den Weinbergen jauchzt man n. m. Jer 48,33
	17,14	ehe es morgen wird, sind sie n. m. da
	23,12	du sollst n. m. fröhlich sein
	29,22	Jakob soll n. m. beschämt dastehen
	30,20	dein Lehrer wird sich n. m. verbergen
	32,3	werden n. m. blind sein
	5	wird n. m. ein Narr Fürst heißen
	33,20	ein Zelt, das n. m. abgebrochen wird
	38,11	werde den HERRN n. m. schauen
	47,1	man wird n. m. zu dir sagen 5; 62,4.12; Jer 7,32; 16,14; 19,6; 23,7.36; 31,29; Hos 2,18.19
	50,2	mein Arm... daß er n. m. erlösen kann
	51,22	Taumelkelch... sollst ihn n. m. trinken
	60,18	man soll n. m. von Frevel hören 19.20

nicht mehr

Jes	62,6	Wächter, die n. m. schweigen sollen
	8	dein Getreide n. m. deinen Feinden geben
	65,17	daß man der vorigen n. m. gedenken wird
	19	soll n. m. hören die Stimme des Weinens
Jer	3,3	du willst dich n. m. schämen 4,1
	16	soll man n. m. reden von der Bundeslade
	17	werden n. m. wandeln nach ihrem Herzen
	8,19	will der HERR n. m. Gott sein in Zion
	10,20	meine Kinder sind n. m. da
	20,9	will n. m. an ihn denken… n. m. predigen
	23,4	daß sie sich n. m. fürchten 31,12
	30,8	sie werden n. m. Fremden dienen Klg 4,22
	33,20	daß n. m. Tag und Nacht sind
	42,18	sollt diese Stätte n. m. sehen 44,14
	44,22	n. m. leiden konnte euren bösen Wandel
	26	mein Name n. m. genannt werden soll
Klg	4,16	er will sie n. m. ansehen
Hes	5,9	wie ich es n. m. tun werde
	7,26	auch wird n. m. Weisung sein
	12,23	es n. m. im Munde führen soll 13,23; 16,63; 18,3
	13,21	daß ihr sie n. m. fangen könnt 34,10.22.28; 36,12.14.15
	14,11	n. m. abirrt und sich n. m. unrein macht 23,27; 37,23
	16,42	so daß ich n. m. zürnen muß
	21,37	man wird n. m. an dich denken 25,10; 29,16; 33,13.16
	24,27	so daß du n. m. stumm bist 33,22
	26,13	den Klang deiner Harfen n. m. hören
	27,36	daß du n. m. aufkommen kannst 28,19; 29,15
	34,29	n. m. Hunger leiden… Schmähungen n. m. ertragen müssen 36,15.30; Jo 2,19.26.27
	37,22	sollen n. m. zwei Völker sein… n. m. geteilt
	39,29	will mein Angesicht n. m. verbergen
	43,7	soll n. m. meinen Namen entweihen
	45,8	n. m. meinem Volk das Ihre nehmen
	47,5	daß ich n. m. hindurchgehen konnte
Hos	1,6	will mich n. m. erbarmen
	13,14	Rache kenne ich n. m.
	14,4	n. m. sagen: ihr seid unser Gott Mi 5,12
Jo	1,9	Speisopfer u. Trankopfer gibt es n. m. 13
Am	9,15	n. m. aus ihrem Land ausgerottet werden
Ob	12	sollst n. m. herabsehen auf deinen Bruder
Jon	2,5	würde deinen heiligen Tempel n. m. sehen
Mi	7,2	die Gerechten sind n. m. unter den Leuten
Nah	2,1	es wird der Arge n. m. über dich kommen
	14	man die Stimme d. Boten n. m. hören soll
Ze	3,11	wirst dich n. m. schämen… n. m. überheben
Sa	9,8	daß n. m. der Treiber über sie komme
	11,6	will n. m. schonen die Bewohner
	8	daß man (der Götzen) n. m. gedenken soll
Wsh	5,10	kann man seine Spur n. m. finden 12
	17,6	wenn sie diese Erscheinung n. m. sahen
Tob	12,21	sie konnten ihn n. m. sehen
Sir	13,5	wenn du n. m. kannst, so läßt er dich fallen
	17,26	die Toten können n. m. loben
	35,9	des Gerechten Opfer wird n. m. vergessen
2Ma	6,1	daß sie n. m. nach Gottes Gesetzen lebten
Mt	19,6	so sind sie nun n. m. zwei Mk 10,8
	26,29	n. m. von diesem Gewächs des Weinstocks trinken Mk 14,25
Mk	1,45	daß Jesus n. m. öffentlich in eine Stadt gehen
	9,25	fahre von ihm aus und n. m. in ihn hinein
Lk	7,6	als er n. m. fern von dem Haus war
	8,49	ist gestorben; bemühe den Meister n. m.
	13,35	ihr werdet mich n. m. sehen, bis die Zeit kommt Jh 16,16
	15,19	n. m. wert, daß ich dein Sohn heiße 21

Lk	20,40	sie wagten n. m., ihn etwas zu fragen
	22,16	daß ich es n. m. essen werde, bis es erfüllt wird
Jh	4,42	von nun an glauben wir n. m. um deiner Rede
	5,14	sündige n. m. 8,11
	6,66	viele gingen hinfort n. m. mit ihm
	11,54	Jesus ging n. m. frei umher unter den Juden
	14,19	dann wird mich die Welt n. m. sehen
	30	ich werde n. m. viel mit euch reden
	16,21	denkt sie n. m. an die Angst
	25	Zeit, daß ich n. m. in Bildern reden werde 29
	17,11	ich bin n. m. in der Welt
	21,6	n. m. ziehen wegen der Menge der Fische
Apg	5,40	geboten ihnen, sie sollten n. m. im Namen Jesu reden
	8,39	der Kämmerer sah ihn n. m.
	20,25	daß ihr mein Angesicht n. m. sehen werdet 38
	22,22	er darf n. m. leben
	27,15	da das Schiff n. m. gegen den Wind gerichtet werden konnte
Rö	14,13	laßt uns n. m. einer den andern richten
	15	handelst du n. m. nach der Liebe
2Ko	5,16	so kennen wir ihn doch jetzt so n. m.
Gal	3,25	sind wir n. m. unter dem Zuchtmeister
	4,7	so bist du n. m. Knecht, sondern Kind
Eph	2,19	so seid ihr nun n. m. Gäste und Fremdlinge
	4,14	damit wir n. m. unmündig seien
	17	daß ihr n. m. leben dürft wie die Heiden
	28	wer gestohlen hat, der stehle n. m.
Kol	3,11	da ist n. m. Grieche oder Jude
1Ti	1,20	damit sie n. m. lästern Off 9,20
	5,23	trinke n. m. nur Wasser
Phm	16	n. m. als einen Sklaven, sondern als einen, der mehr ist als ein Sklave
1Pt	4,4	daß ihr euch n. m. mit ihnen stürzt in dasselbe Treiben
Heb	8,9	auf sie geachtet, spricht der Herr
	12	ihrer Sünden will ich n. m. gedenken 10,17
	11,5	(Henoch) wurde n. m. gefunden, weil Gott ihn entrückt hatte
	24	wollte Mose n. m. als Sohn der Tochter des Pharao gelten
Off	3,12	(in dem Tempel,) und er soll n.m. hinausgehen
	7,16	sie werden n. m. hungern noch dürsten
	12,8	ihre Stätte wurde n. m. gefunden 18,14.21
	18,22	das Geräusch der Mühle soll n. m. in dir gehört werden 23
	20,3	damit er die Völker n. m. verführen sollte
	21,1	das Meer ist n. m.
	4	der Tod wird n. m. sein

nicht wieder

2Mo	32,1	als das Volk sah, daß Mose n. w. zurückkam
5Mo	17,16	führe das Volk n. w. nach Ägypten
	24,4	kann sie ihr erster n. w. zur Frau nehmen
1Kö	13,4	konnte (seine Hand) n. w. an sich ziehen
Hi	40,5	will's n. w. tun 32
Jes	21,11	mein Schwert soll n. w. eingesteckt werden
	55,10	gleichwie der Regen n. w. zurückkehrt
	11	es wird n. w. leer zurückkommen
Jer	51,64	so soll Babel n. w. aufkommen
Jo	2,14	wer weiß, ob es ihn n. w. gereut
Sir	19,13	damit er's n. w. tut 14
Mt	2,12	befahl, n. w. zu Herodes zurückzukehren

Nicht-Gott
5Mo 32,21 haben mich gereizt durch einen N.

Nicht-Volk
5Mo 32,21 will sie wieder reizen durch ein N.
Rö 10,19 ich will euch eifersüchtig machen auf ein N.-V.

Nichtgrieche
Rö 1,14 ich bin ein Schuldner der Griechen und N.
Kol 3,11 da ist nicht mehr Grieche oder N.

nichtig
1Sm 12,21 folgt nicht den n. Götzen nach 2Kö 17,15; Ps 31,7; Jer 2,5; 8,19; 16,19; 18,15
Hi 35,13 Gott wird n. nicht erhören
Spr 12,11 wer in. Dingen nachgeht, ist ein Tor 28,19
Jes 40,17 alle Völker gelten ihm als n.
41,29 n. sind ihre Werke
44,9 die Götzenmacher sind alle n.
59,4 man vertraut auf N.
Jer 10,8 Holz zu dienen ist ein n. Gottesdienst
14,14 predigen n. Wahrsagung Hes 13,6.7; Sa 10,2
Klg 4,17 blickten unsre Augen aus nach n. Hilfe
Hos 5,11 es gefiel ihm, dem N. nachzulaufen
Jon 2,9 die sich halten an das N., verlassen
Wsh 3,11 ihre Hoffnung ist n.
13,1 es sind von Natur alle Menschen n.
15,8 wenn er aus Ton einen n. Gott macht
Bar 6,26 können die Leute sehen, wie n. sie sind
Rö 1,21 sind dem N. verfallen in ihren Gedanken
1Ko 3,20 die Gedanken der Weisen, daß sie n. sind
15,17 so ist euer Glaube n.
Eph 5,6 *von niemand verführen mit n. Worten*
Phl 3,21 der unsern n. Leib verwandeln wird
Tit 3,9 sie sind unnütz und n.
1Pt 1,18 nicht mit Gold erlöst von eurem n. Wandel
Jak 1,26 so ist sein Gottesdienst n.

Nichtigkeit
Hi 21,34 wie tröstet ihr mich mit N.
Eph 4,17 wie die Heiden leben in der N. ihres Sinnes

nichts
(s.a. Nichts; nichts mehr; nicht **wissen**; nicht **wollen**)
1Mo 18,29 will ihnen n. tun um der 40 willen 30
19,8 aber diesen Männern tut n. 22,12
28,17 hier ist n. anderes als Gottes Haus
39,9 hat mir n. vorenthalten außer dir 6.8.23
2Mo 5,8 sollt ihnen n. ablassen 11.19
10,15 ließen n. Grünes übrig Ri 6,4
12,10 sollt n. davon übriglassen bis zum Morgen 46; 3Mo 7,15; 22,30; 4Mo 9,12; 5Mo 16,4
16,25 werdet heute n. finden auf dem Felde 26.27
22,2 hat er n., so verkaufe man ihn
3Mo 18,24 sollt euch mit n. unrein machen Jes 52,11; Klg 4,15
19,26 n. essen, in dem noch Blut ist 4Mo 3,4; 5Mo 14,3; 26,14; Ri 13,7.14
5Mo 2,7 an n. hast du Mangel gehabt 8,9; Neh 9,21
4,2 sollt n. dazutun... n. davontun 5,22; 13,1; Pr 3,14
18,22 wenn der Prophet redet, und es wird n.

5Mo 20,16 in den Städten sollst du n. leben lassen Jos 11,11.14
22,26 dem Mädchen sollst du n. tun
23,15 daß n. Schändliches unter dir gesehen
25 sollst n. in dein Gefäß tun
24,5 man soll ihm n. auferlegen
28,51 wird dir n. übriglassen vom Korn 55
54 ein Mann wird seinem Bruder n. gönnen
Jos 11,15 n. fehlte an allem, was der HERR geboten
21,45 n. dahingefallen von dem guten Wort 23,14
Ri 18,7 es fehlte ihnen n. an alledem 10; 19,19
1Sm 2,12 fragten n. nach dem HERRN Jes 31,1; Ze 1,6
3,17 verschweige mir n. 18
14,1 aber seinem Vater sagte (Jonatan) n. 20,2
26,9 tu ihm n. zuleide 21; 2Sm 13,21
2Sm 12,3 der Arme hatte n. als ein Schäflein
1Kö 5,7 die Amtleute ließen es an n. fehlen
8,9 n. in der Lade als die Tafeln 2Ch 5,10
10,3 war dem König n. verborgen 2Ch 9,2
21 Silber achtete man für n. 2Ch 9,20
17,14 dem Ölkrug soll n. mangeln 16
22,8 weissagt n. Gutes 18; 2Ch 18,7.17
16 daß du n. als die Wahrheit sagst 2Ch 18,15
2Kö 17,18 daß n. übrigblieb als der Stamm Juda
20,13 n., was Hiskia nicht gezeigt 15; Jes 39,2.4
17 wird n. übriggelassen werden 24,14; Jes 39,6
Neh 5,5 können n. dagegen tun Est 6,13
8 fanden n. zu antworten Hi 33,33; 37,19
10,40 wollen es an n. fehlen lassen Est 6,10
Hi 1,22 Hiob tat n. Törichtes wider Gott 27,4
2,13 saßen mit (Hiob) und redeten n.
5,24 wirst n. vermissen
13,15 ich habe n. zu hoffen
34,9 es nützt dem Menschen n.
42,2 n. ist dir zu schwer
Ps 5,10 in ihrem Munde ist n. Verläßliches
14,1 die Toren taugen n. 53,2
15,4 wer die Verworfenen für n. achtet
17,3 du läuterst mich und findest n.
19,7 n. bleibt vor ihrer Glut verborgen
38,4 ist n. Gesundes an meinem Leibe
39,6 mein Leben ist wie n. vor dir
6 wie gar n. sind alle Menschen 12; 62,10; 144,4; Jes 40,17.23
40,6 HERR, dir ist n. gleich
49,18 er wird n. bei seinem Sterben mitnehmen Pr 5,13.14
53,5 wollen d. Übeltäter sich n. sagen l. 82,5
6 fürchten sich da, wo n. zu fürchten ist
59,5 ich habe n. verschuldet
13 das Wort ihrer Lippen ist n. als Sünde
60,13 Menschenhilfe ist n. nütze 108,13
62,10 große Leute wiegen weniger als n.
73,8 sie achten alles für n.
25 frage ich n. nach Himmel und Erde
82,5 (die Gottlosen) sehen n. ein
119,160 dein Wort ist n. als Wahrheit
Spr 10,20 der Gottlosen Verstand ist wie n. 29,7
22 n. tut eigene Mühe hinzu
13,7 mancher stellt sich reich und hat n.
14,7 du lernst n. von (den Toren)
16,30 wer mit den Augen winkt, denkt n. Gutes
17,20 ein verkehrtes Herz findet n. Gutes
20,4 muß er betteln und kriegt n.
21,26 der Gerechte gibt und versagt n.
23,3 wünsche dir n. von seinen feinen Speisen 6
24,20 der Böse hat n. zu hoffen
28,5 böse Leute verstehen n. vom Recht
27 wer dem Armen gibt, dem wird n. mangeln
30,6 tu n. zu seinen Worten hinzu

nichts

Spr	31,30	lieblich und schön sein ist n.
Pr	1,9	es geschieht n. Neues unter der Sonne
	3,12	daß es n. Besseres gibt als fröhlich sein 22; 8,15
	19	der Mensch hat n. voraus vor dem Vieh
	4,8	gönne mir selber n. Gutes 6,6
	5,4	besser, du gelobst n., als daß du nicht
Jes	1,6	ist n. Gesundes an euch
	8,10	beschließt einen Rat, und es werde n.
	22	(werden) n. finden als Trübsal
	19,15	Ägypten wird n. gelingen 30,5-7
	41,11	sollen werden wie n. 12
	17	suchen Wasser, und es ist n. da
	24	ihr seid n., und euer Tun ist auch n. 29
	44,9	woran ihr Herz hängt, das ist n. nütze 10.18; 57,12
	45,6	damit man erfahre, daß außer mir n. ist
	46,9	ein Gott, dem n. gleicht
	52,15	denen n. davon verkündet ist 66,19
	53,3	darum haben wir ihn für n. geachtet
Jer	1,19	sie dir dennoch n. anhaben können 15,20
	2,25	da wird n. draus 18,12; Dan 11,17
	3,23	n. als Betrug mit den Hügeln 7,8; 10,3.5.15; 51,18; Sa 10,2
	5,22	wenn es auch aufwallt, vermag es doch n.
	6,6	ist doch n. als Unrecht darin
	7,22	habe euren Vätern n. gesagt noch geboten
	8,15	aber es kommt n. Gutes 14,19
	9,5	allenthalben n. als Trug unter ihnen
	10,21	darum kann ihnen n. Rechtes gelingen 32,5
	14,14	habe ihnen n. befohlen 23,32
	18,18	laßt uns n. geben auf alle seine Reden
	22,17	deine Augen sind auf n. anderes aus
	30	dem sein Leben lang n. gelingt
	26,2	predige und tu n. davon weg
	44,7	daß n. von euch übrigbleibt 50,26
Hes	7,11	n. ist mehr da... n. von ihrer Herrlichk.
	21,31	n. bleibt, wie es ist
	25,8	Juda ist n. anderes als alle Völker
	28,3	klüger als Daniel, daß dir n. verborgen
	46,18	soll der Fürst dem Volk n. nehmen 48,14
Dan	4,6	weiß, daß dir n. verborgen ist
	32	gegen den alle für n. zu rechnen sind
	11,38	Gott, von dem seine Väter n. gewußt haben
Jo	1,11	weil uns der Ernte n. werden kann
Am	3,7	Gott tut n., er offenbare denn s. Ratschluß
Ob	18	daß vom Hause Esau n. übrigbleibt
Ze	1,12	die sich durch n. aus der Ruhe bringen l.
	3,7	so würde n. von allem kommen, womit
	13	diese Übriggebliebenen werden n. Böses tun
Sa	8,10	auch der Tiere Arbeit erbrachte n.
Mal	1,7	des HERRN Tisch ist für n. zu achten 12
	2,6	wurde n. Böses auf seinen Lippen gefunden
Jdt	5,23	so richten wir n. gegen sie aus
	8,23	an deinen Worten ist n. zu tadeln
Wsh	1,14	es gibt n. darin, was Verderben wirkt
	2,11	es zeigt sich, daß Schwäche n. ausrichtet
	22	sie achten die Ehre für n.
	3,14	der n. Böses gegen den Herrn erdenkt
	17	werden sie doch n. gelten
	18	sterben sie, so haben sie n. zu hoffen
	4,3	die Menge der Gottlosen ist n. nütze 5
	6,25	Neid hat n. gemein mit der Weisheit
	7,8	Reichtum hielt ich ihr gegenüber für n.
	25	darum kann n. Unreines in sie hineinkommen
	8,7	Nützlicheres gibt es für die Menschen
	9,6	wird n. gelten, wenn ihm Weisheit fehlt
	11,24	du verabscheust n. von dem, was du gemacht
Wsh	13,13	ein Stück Abfall, das zu n. taugt
	17,9	wenn sonst n. Schreckliches sie ängstigte
	12	Furcht ist n. anderes, als daß einer nicht wagt
Sir	3,24	mit dem, was dich n. angeht, gib dich nicht ab
	5,4	doch ist mir n. Böses widerfahren
	8,21	tu n., was geheim bleiben soll
	11,34	sie haben n. Gutes im Sinn
	12,3	tu denen n. Gutes, die Böses tun 5
	14,4	wer sich selber n. Gutes gönnt 5.6
	20,18	die mein Brot essen, reden n. Gutes von mir
	21,27	die Schwätzer reden, wovon sie n. verstehen
	23,37	daß n. besser ist als Gott fürchten
	26,19	gibt n. Liebenswerteres als eine Frau 20
	30,25	Traurigkeit dient doch zu n.
	32,28	wer dem Herrn vertraut, dem wird n. fehlen 40,27
	33,1	wer den Herrn fürchtet, dem widerfährt n. Böses
	34,3	Träume sind n. anderes als Bilder 5
	16	der braucht vor n. zu erschrecken
	25	der Arme hat n. zum Leben als Brot
	38,25	nur wer sonst n. zu tun hat
	39,24	vor seinen Augen ist n. verborgen
	40,28	n. ist so schön wie (die Furcht des Herrn)
	41,4	der n. Besseres zu hoffen hat
	14	der Name... denn er taugt n.
	48,14	n. war ihm zu schwer
2Ma	7,12	daß der Jüngling die Marter für n. achtete
	28	dies alles hat Gott aus n. gemacht
	11,23	ist uns n. lieber, als daß Friede herrscht
	14,30	daß sein Wesen n. Gutes bedeutete
StE	3,8	gib nicht dein Zepter denen, die n. sind
StD	1,63	daß n. Unehrenhaftes in ihr war
Mt	5,13	(das Salz) ist zu n. mehr nütze
	8,20	aber der Menschensohn hat n., wo er
	10,26	verborgen, was nicht offenbar wird Mk 4,22; Lk 8,17; 12,2
	13,34	ohne Gleichnisse redete er n.
	14,17	wir haben hier n. als fünf Brote
	15,9	Lehren, n. als Menschengebote sind Mk 7,7
	32	sie haben n. zu essen Mk 8,1.2
	17,20	euch wird n. unmöglich sein
	21,19	ging hin und fand n. daran als Blätter Mk 11,13
	26,60	fanden sie doch n. Mk 14,55; Apg 13,28
	62	antwortest du n. auf das, was 27,12; Mk 14,60.61; 15,4; Lk 23,9
	27,19	habe du n. zu schaffen mit diesem Gerechten
	24	als Pilatus sah, daß er n. ausrichtete
Mk	4,38	fragst du n. danach, daß wir umkommen
	5,26	es hatte ihr n. geholfen
	6,8	n. mitzunehmen auf den Weg Lk 9,3
	52	sie waren um n. verständiger geworden
	7,15	es gibt n., was von außen in den Menschen hineingeht, das ihn unrein machen könnte
Lk	4,2	er aß n. in diesen Tagen
	5,5	die ganze Nacht gearbeitet und n. gefangen
	6,35	leiht, wo ihr n. dafür zu bekommen hofft
	9,58	der Menschensohn hat n., wo er sein Haupt hinlege
	10,19	n. wird euch schaden
	11,6	ich habe n., was ich ihm vorsetzen kann
	12,17	ich habe n., wohin ich meine Früchte sammle
	47	n. vorbereitet noch nach s. Willen getan
	14,14	denn sie haben n., um es dir zu vergelten
	18,34	sie aber begriffen n. davon
	23,15	n. getan, was den Tod verdient 22; 23,41
Jh	1,3	ohne (das Wort) ist n. gemacht

Jh	3,27	ein Mensch kann n. nehmen, wenn es ihm nicht vom Himmel gegeben ist
	4,11	Herr, hast du n., womit du schöpfen könntest
	44	bezeugte, daß ein Prophet daheim n. gilt
	5,19	der Sohn kann n. von sich aus tun 30; 8,28
	6,12	sammelt die übrigen Brocken, damit n. umkommt
	39	daß ich n. verliere von allem, was er mir gegeben hat
	63	das Fleisch ist n. nütze
	7,26	sie sagen n.
	8,54	so ist meine Ehre n.
	9,33	er könnte n. tun
	12,19	ihr seht, daß ihr n. ausrichtet
	13,10	bedarf n., als daß ihm die Füße gewaschen werden
	15,5	ohne mich könnt ihr n. tun
	22	nun können sie n. vorwenden, um ihre Sünde zu entschuldigen
	16,23	an dem Tag werdet ihr mich n. fragen
	24	bisher habt ihr n. gebeten in m. Namen
	18,20	habe n. im Verborgenen geredet
	21,3	in dieser Nacht fingen sie n.
	5	Kinder, habt ihr n. zu essen
Apg	4,21	weil sie n. fanden, was Strafe verdient hätte
	8,24	daß n. von dem über mich komme, was
	9,8	als er seine Augen aufschlug, sah er n.
	15,24	denen wir doch n. befohlen hatten
	16,28	tu dir n. an
	17,21	alle Athener hatten n. anderes im Sinn, als
	19,27	der Tempel der Diana wird für n. geachtet
	36	sollt ihr n. Unbedachtes tun
	20,20	ich habe euch n. vorenthalten, was nützlich ist
	21,34	da er n. Gewisses erfahren konnte wegen des Getümmels
	23,9	wir finden n. Böses an diesem Menschen 25,25; 26,31; 28,18
	14	n. zu essen, bis wir Paulus getötet haben
	25,11	ist aber n. an dem, dessentwegen sie mich
	20	da ich von diesem Streit n. verstand
	26,26	gewiß, daß ihm n. davon verborgen ist
	27,21	als man lange n. gegessen hatte
	33	daß ihr wartet und n. zu euch genommen habt
	28,5	es widerfuhr ihm n. Übles 6
	17	ich habe n. getan gegen unser Volk
Rö	1,28	wie sie es für n. geachtet haben
	4,14	dann ist der Glaube n.
	18	geglaubt auf Hoffnung, wo n. zu hoffen war
	7,18	ich weiß, daß in mir n. Gutes wohnt
	10,14	an den glauben, von dem sie n. gehört haben
	21	Volk, das sich n. sagen läßt und widerspricht
	13,10	die Liebe tut dem Nächsten n. Böses
	14,14	ich weiß, daß n. unrein ist an sich selbst
	21	tust n., woran sich dein Bruder stößt
	15,21	denen n. von ihm verkündigt worden ist, die sollen sehen
1Ko	1,28	erwählt das, was n. ist, damit er zunichte mache, was etwas ist
	2,14	der natürl. Mensch vernimmt n. vom Geist
	4,4	ich bin mir n. bewußt
	5,9	daß ihr n. zu schaffen haben sollt mit den Unzüchtigen 11
	6,4	nehmt solche, die in der Gemeinde n. gelten
	12	alles ist mir erlaubt, aber es soll mich n. gefangennehmen
	7,19	beschnitten sein ist n., und unbeschnitten sein ist n.
	8,8	*so werden wir darum n. weniger sein*

1Ko	11,22	beschämt (ihr) die, die n. haben
	13,2	hätte die Liebe nicht, so wäre ich n. 3
	14,10	n. ist ohne Sprache
2Ko	1,13	wir schreiben euch n. anderes, als
	6,3	wir geben in n. irgendeinen Anstoß
	10	(als Diener Gottes:) als die n. haben, und doch alles haben
	17	rührt n. Unreines an
	11,15	darum ist es n. Großes, wenn
	12,1	wenn es n. nützt, so will ich doch
	5	*von mir selbst will ich n. rühmen*
	11	nicht weniger als die Überapostel, obwohl ich n. bin
	13,7	wir bitten Gott, daß ihr n. Böses tut
	8	wir vermögen n. wider die Wahrheit
Gal	2,6	was sie früher gewesen sind, daran liegt mir n.
	3,15	d. Testament setzt (man) auch n. dazu
	5,2	wenn ihr euch beschneiden laßt, so wird euch Christus n. nützen
	6,3	meint, er sei etwas, obwohl er n. ist
Phl	2,3	tut n. aus Eigennutz oder um Ehre willen
	4,6	sorgt euch um n.
2Th	3,11	wir hören, daß einige unter euch n. arbeiten
	14	habt n. mit ihm zu schaffen
1Ti	4,4	n. ist verwerflich, was mit Danksagung empfangen wird
	6,7	wir haben n. in die Welt gebracht
2Ti	2,14	was zu n. nütze ist *Heb 6,8*
Tit	1,15	den Unreinen und Ungläubigen ist n. rein
	2,8	damit der Widersacher n. Böses habe
	10	(den Sklaven sage, daß sie) n. veruntreuen
	3,13	rüste gut aus, damit ihnen n. fehlt
1Pt	3,6	wenn ihr euch durch n. beirren laßt
	10	der hüte s. Zunge, daß sie n. rede
2Pt	2,12	sie lästern, wovon sie n. verstehen *Jud 10*
	18	sie reden stolze Worte, hinter denen n. ist
3Jh	7	sie nehmen von den Heiden n. an
Heb	2,8	n. ausgenommen, was ihm nicht untertan wäre
	4,2	das Wort der Predigt half jenen n.
	7,14	zu welchem Stamm Mose n. gesagt hat vom Priestertum
	19	das Gesetz konnte n. zur Vollendung bringen
	10,27	(haben wir) n. als ein schreckliches Warten
	11,3	daß alles, was man sieht, aus n. geworden ist
Jak	4,2	ihr habt n., weil ihr nicht bittet
	3	empfangt ihr n., weil ihr in übler Absicht bittet
Off	3,17	ich habe genug und brauche n.
	18,4	daß ihr n. empfangt von ihren Plagen
	21,27	n. Unreines wird hineinkommen

Nichts

Hi	6,18	gehen hin ins N. und verschwinden
	26,7	er hängt die Erde über das N.
Ps	44,13	du verkaufst dein Volk um ein N.
	78,33	ließ er ihre Tage dahinschwinden ins N.

nichts mehr

1Mo	11,6	wird ihnen n. m. verwehrt werden können
2Mo	10,5	(Heuschrecken,) daß man n. m. sehen kann
	36,6	da brachte das Volk n. m.
2Kö	25,3	das Volk n. m. zu essen hatte *Jer 52,6*
Hi	27,19	tut er seine Augen auf, ist n. m. da
Ps	10,15	daß man n. m. davon finde
Jer	13,7	daß er zu n. m. taugte 10
Hes	7,11	n. ist m. von ihnen da

nichts mehr

Am	7,8	will ihm n. m. übersehen 8,2
Sir	14,17	wenn du tot bist, hast du n. m. davon
1Ma	2,63	heute wird er erhöht, morgen ist er n. m.
Mt	5,13	es ist zu n. m. nütze, als daß man
Mk	7,12	laßt ihr ihn n. m. tun für seinen Vater
	15,5	Jesus antwortete n. m.
Lk	12,4	fürchtet euch nicht vor denen, die n. m. tun können
	20,40	*sie wagten ihn n. m. zu fragen*
Apg	19,27	unser *Gewerbe, daß es n. m. gilt*
Off	22,3	es wird n. Verfluchtes m. sein

Nichtsnutz

Mt	5,22	wer zu seinem Bruder sagt: Du N.

nichtsnutzig

Sa	11,15	das Gerät eines n. (Hirten) 17
Mt	12,36	Rechenschaft von jedem n. Wort

nichtswürdig

2Sm	23,6	die n. Leute sind wie verwehte Disteln
Spr	6,12	ein n. Mann, wer einhergeht mit
	19,28	ein n. Zeuge spottet des Rechts

Nichtweiser

Rö	1,14	ich bin ein Schuldner der Weisen und N.

Nichtzweifeln

Heb	11,1	der Glaube (ist) ein N. an dem, was man nicht sieht

nie (s.a. noch nie)

1Mo	42,11	deine Knechte sind n. Kundschafter gew. 31
2Mo	10,14	so viele, wie n. zuvor gewesen sind 11,6
3Mo	6,5	das Feuer auf dem Altar n. verlöschen 6
5Mo	8,3	Manna, das du n. gekannt
	13,17	daß sie n. wieder aufgebaut werde Jes 25,2
	23,4	die Ammoniter sollen n. hineinkommen
	7	sollst n. ihr Bestes suchen
Ri	16,17	n. ein Schermesser auf m. Haupt
2Sm	1,22	der Bogen Jonatans hat n. gefehlt
1Kö	1,6	sein Vater hatte ihm n. etwas verwehrt
	10,10	kam n. mehr soviel... ins Land 12.20; 2Ch 9,11
Hi	3,16	n. gelebt... das Licht n. gesehen 10,18.19
	21,25	der andere hat n. vom Glück gekostet
Spr	15,15	ein Betrübter hat n. einen guten Tag
	30,15	vier sagen n.: Es ist genug 16
Jes	56,11	sind gierige Hunde, die n. satt werden
	58,11	Wasserquelle, der es n. an Wasser fehlt
	63,19	über die dein Name n. genannt wurde
Jer	7,31	was ich n. geboten... mir n. in den Sinn gekommen ist 19,5; 32,35
	17,16	dich n. gedrängt, Unheil kommen zu lassen
	20,11	ihre Schande n. vergessen werden 23,40
	25,3	ihr habt n. hören wollen 4
	48,11	Moab ist n. in Gefangenschaft gezogen
	50,39	es soll n. mehr bewohnt werden
	51,57	von dem sie n. mehr aufwachen
Hes	4,14	n. ist unreines Fleisch in m. Mund gekommen
	5,9	umgehen, wie ich es n. getan habe
	16,16	triebst Hurerei, wie es n. geschehen 22
	26,21	daß man dich n. mehr findet

Dan	12,1	Trübsal, wie sie n. gewesen ist
Am	5,24	Gerechtigkeit wie ein n. versiegender Bach
Ob	16	sollen sein, als wären sie n. gewesen
Hab	1,4	die rechte Sache kann n. gewinnen
Jdt	11,1	n. einem Menschen etwas zuleide getan 2
Sir	3,16	das wird n. mehr vergessen werden
	7,40	dann wirst du n. etwas Böses tun
	14,9	ein habgieriger Mensch hat n. genug Bar 3,17
	23,19	wünschst, du wärst n. geboren
	24,38	es hat n. einen gegeben, der
	27,17	wird n. mehr einen treuen Freund finden
	45,15	man hat so Schönes n. zuvor gesehen
2Ma	6,15	Barmherzigkeit n. ganz von uns nimmt er
StE	3,11	auch hab ich n. an Hamans Tisch gegessen
StD	1,27	so etwas war bisher n. über Susanna gesagt
	2,34	ich habe die Stadt Babel n. gesehen
Mt	21,16	habt ihr n. gelesen 42; Mk 2,25
	26,24	besser, wenn er n. geboren wäre Mk 14,21
Mk	9,43	in das Feuer, das n. verlöscht
	11,2	auf dem noch n. ein Mensch gesessen Lk 19,30
Lk	15,29	du hast mir n. einen Bock gegeben
	22,35	habt ihr je Mangel gehabt? N.
Jh	7,46	es hat n. ein Mensch so geredet
Apg	11,8	es ist n. Unreines in meinen Mund gekommen
1Ko	8,13	will ich n. mehr Fleisch essen
1Th	2,5	wir sind n. mit Schmeichelworten umgegangen
2Ti	3,7	die n. zur Erkenntnis der Wahrheit kommen können
Heb	7,13	von dem n. einer am Altar gedient hat

niederbeugen

Rut	2,10	(Rut) b. sich n. zur Erde
1Sm	20,41	(David) b. sich dreimal n.

niederbrennen

Jos	8,28	Josua b. Ai n.
Jer	43,12	will die Tempel Ägyptens n.
Tob	14,7	Gottes Haus, das jetzt niederg. ist
1Ma	10,84	Jonatan b. auch den Götzentempel n.

niederbücken

Jh	8,6	*Jesus b. sich n. 8*

niederdrücken

Ps	88,8	dein Grimm d. mich n.
	119,78	die mich mit Lügen n.
Jes	25,11	wird doch der Herr seinen Hochmut n.
Klg	3,16	er d. mich n. in die Asche
Wsh	9,15	die irdische Hütte d. den Geist n.

niederer

Jer	26,23	unter dem n. Volk begraben
	39,10	n. Volk, das nichts hatte 52,15.16

niederfahren

Off	18,1	*sah einen Engel n. vom Himmel*

niederfallen

1Mo	37,10	soll ich und deine Mutter vor dir n.

1064

1Mo	42,6	f. sie vor ihm n. 43,26.28; 44,14; 50,18
4Mo	22,31	Bileam neigte sich und f. n. 1Sm 28,14
5Mo	9,18	f. n. vor dem HERRN 25; 1Ch 29,20; 2Ch 6,13; 20,18
Jos	5,14	f. Josua auf sein Angesicht zur Erde n.
Ri	5,27	krümmte sich, f. n. und lag da
	7,15	Gideon f. anbetend n.
1Sm	2,36	vor jenem n. um ein Silberstück
	24,9	David neigte sein Antlitz und f. n.
	25,23	f. vor David n. 41; 2Sm 1,2; 9,8; 14,33; 18,28; 19,19; 24,20; 1Kö 1,16.23; 1Ch 21,21; 29,20
2Sm	15,5	wenn jemand vor ihm n. wollte
1Kö	1,53	f. vor Salomo n.
2Kö	2,15	f. vor (Elisa) n. zur Erde 4,37
Est	3,2	alle Großen f. vor Haman n. 5
Ps	72,11	alle Könige sollen vor ihm n. Jes 49,7.23
	95,6	laßt uns knien und n. vor dem HERRN
Jes	9,7	das Wort ist in Israel niederg.
	44,17	sein Götze, vor dem er n.
	45,14	werden n. und zu dir flehen 60,14
Jer	25,27	speit, daß ihr n.
Hes	3,23	ich f. n. auf mein Angesicht 43,3
Dan	3,5	sollt n. und das Bild anbeten 6.7.10.11.15
Jdt	9,1	Judit f. n. vor dem Herrn
	10,21	verneigte sie sich und f. vor ihm n.
Tob	12,22	sie n. auf ihr Angesicht 1Ma 4,40.55
Mt	2,11	f. n. und beteten es an
	4,9	das alles will ich dir geben, wenn du n.
	8,2	ein Aussätziger kam heran und f. vor ihm n.
	9,18	f. vor ihm n. und sprach
	14,33	die im Boot waren, f. vor ihm n. und sprachen
	15,25	sie kam und f. vor ihm n. und sprach Mk 7,25
	18,26	da f. der Knecht n. 29
	20,20	f. vor ihm n. und wollte
	26,39	f. n. auf sein Angesicht und betete
	28,9	sie traten zu ihm und f. vor ihm n. 17
Mk	3,11	f. sie vor ihm n. und schrien
	5,6	lief er hinzu und f. vor ihm n. Lk 8,28
	33	kam und f. vor ihm n. Lk 8,47
Lk	5,12	als der Jesus sah, f. er n. auf sein Angesicht
Jh	9,38	Herr, ich glaube, und f. vor ihm n.
Apg	5,5	f. er n. und gab den Geist auf
	26,14	als wir alle zur Erde n.
	28,6	warteten, daß er würde plötzlich tot n.
1Ko	14,25	so würde er n. auf sein Angesicht
Off	3,9	daß sie kommen und zu deinen Füßen n.
	4,10	f. die 24 Ältesten n. 5,8.14; 7,11; 11,16; 19,4
	19,10	ich f. n. zu seinen Füßen, ihn anzubeten 22,8

Niedergang

Ps	50,1	vom Aufgang der Sonne bis zu ihrem N. 113,3; Mal 1,11
	75,7	kommt nicht vom Aufgang und nicht vom N.
	104,19	die Sonne weiß ihren N.
Jes	59,19	gefürchtet bei denen vom N. der Sonne Sa 8,7
Mt	24,27	der Blitz leuchtet bis zum N.

niedergehen

Jer	23,19	es wird ein Ungewitter n. 30,23

niederhalten

2Mo	1,10	wohlan, wir wollen sie mit List n.
1Ma	9,51	Kriegsvolk, das Israel n. sollte

Mt	20,25	daß die Herrscher ihre Völker n.
Rö	1,18	die die Wahrheit durch Ungerechtigkeit n.

niederkauern

1Sm	4,19	k. sie sich n. und gebar
Hi	39,3	k. sich n., werfen ihre Jungen
Ps	10,10	er duckt sich, k. n.

niederknien

4Mo	24,4	dem die Augen geöffnet w., wenn er n. 16
Ri	7,5	wer n., um zu trinken
Jes	44,15	macht einen Götzen und k. davor n.
Mk	1,40	ein Aussätziger k. n. und sprach zu ihm
	10,17	lief einer herbei, k. vor ihm n. und fragte ihn
Lk	22,41	(Jesus) k. n. und betete
Apg	7,59	(Stephanus) k. n. und schrie laut
	9,40	Petrus k. n., betete und wandte sich zu dem Leichnam
	20,36	(Paulus) k. n. und betete mit ihnen allen
	21,5	wir k. n. am Ufer und beteten

Niederlage

2Mo	32,18	es ist kein Geschrei wie bei einer N.
1Sm	4,10	die N. war sehr groß 14,30
Jer	4,20	N. auf N. wird gemeldet

niederlassen

1Mo	8,4	l. sich die Arche n. auf das Gebirge
	18,4	l. euch n. unter dem Baum
	25,18	l. sich n. seinen Brüdern zum Trotz
2Mo	10,14	(die Heuschrecken) l. sich n. überall
	24,16	die Herrlichkeit des HERRN l. sich n. 4Mo 9,17; 10,36
Ri	7,12	alle aus dem Osten hatten sich nieder.
1Ch	14,9	die Philister l. sich n. in der Ebene 13
	17,16	David l. sich vor dem HERRN n.
Esr	2,70	l. sich die... in Jerusalem n. Neh 7,72
Neh	11,30	l. sich n. von Beerscheba bis zum Tal Hinnom
Jes	7,19	daß sich alle n. in den tiefen Tälern
Hes	44,3	nur der Fürst darf sich dort n.
Jon	4,5	Jona l. sich östlich der Stadt n.
Sa	9,1	Last... auf Damaskus l. sich n.
Jdt	12,18	l. dich n., trink und sei fröhlich
Sir	43,19	Schnee fällt herab, wie Heuschrecken sich n.
Apg	10,11	ein großes Tuch, an vier Zipfeln niederg. auf die Erde 11,5
	27,30	das Beiboot n. in das Meer
2Ko	11,33	ich ward in einem Korbe niederg.

niederlegen

4Mo	17,19	l. sie in der Stiftshütte n. 22
	24,9	hat sich niederg. wie ein Löwe
5Mo	6,7	sollst davon reden, wenn du dich n. 11,19
	26,10	sollst sie n. vor dem HERRN Jos 7,23
Jos	4,3	dort in dem Lager n. 8
1Sm	10,25	l. (das Buch) vor dem HERRN n.
1Ch	10,10	l. seine Rüstung n. im Haus ihres Gottes
Hi	7,4	wenn ich mich n., sprach ich
	14,12	so ist ein Mensch, wenn er sich n. 27,19
Hes	20,28	da l. sie ihre Räucheropfer n. 42,13
Tob	2,10	daß er sich im Schutz einer Mauer n.
1Ma	6,8	Antiochus l. sich n. und wurde krank
Off	4,10	l. ihre Kronen n. vor dem Thron und sprachen

niedermachen

niedermachen
1Mo	32,9	wenn Esau über das Lager kommt und m. es n.
2Ma	12,26	Makkabäus m. 25.000 Menschen n.
Lk	19,27	meine Feinde bringt her und m. sie vor mir n.

niederreißen
Ri	6,25	und r. n. den Altar Baals 28.30-32
	8,9	so will ich diese Burg n. 17
2Kö	25,10	r. die Mauern Jerusalems n. 2Ch 26,6; Jer 39,8; 52,14
Ps	28,5	darum wird er sie n.
	137,7	sagten: R. n., r. n. bis auf den Grund
Spr	11,11	durch den Mund der Gottlosen wird sie niederg.
	14,1	ihre Torheit r.'s n. mit eigenen Händen
Jes	23,13	sie haben ihre Paläste niederg.
Hes	13,14	so will ich die Wand n.
	36,35	diese Städte waren öde und niederg. 36
	38,20	die Berge sollen niederg. werden
Sir	3,11	Häuser, der Fluch der Mutter r. sie n.
1Ma	1,33	r. die Mauern n. 5,65; 6,62; 8,10
	2,45	Mattatias r. die Altäre wieder n.

niederschlagen
Jos	11,17	ihre Könige nahm er gefangen und s. sie n.
2Sm	1,15	David sprach: S. ihn n. 4,12
	13,28	s. Amnon n. 14,6
Hi	15,24	Angst und Not s. ihn n.
	22,29	wer seine Augen n., dem hilft er
Ps	78,31	der Zorn Gottes s. die Besten in Israel n.
	106,26	daß er sie n. in der Wüste
	145,14	richtet alle auf, die niederg. sind 146,8
Jes	10,33	wird, was hoch aufgerichtet steht, n.
	14,12	der du alle Völker n.
	64,11	willst du uns so sehr n.
Sir	19,24	er s. die Augen n. und stellt sich taub
1Ma	4,33	s. sie n. mit dem Schwert
	10,22	Demetrius war sehr niederg.
2Ma	10,30	daß sie verwirrt und niederg. wurden
Lk	24,5	s. ihr Angesicht n. zur Erde
1Ko	10,5	sie wurden niederg. in der Wüste

niederschreiben
2Mo	24,4	da s. Mose alle Worte des HERRN n.
Jes	30,8	geh hin und s. es vor ihnen n.
Sir	39,38	ich bedachte es und s.'s n.
Bar	1,1	Inhalt des Buches, das Baruch niederg. hat

niedersetzen
1Mo	37,25	sie s. sich n., um zu essen
2Mo	2,15	Mose s. sich n. bei einem Brunnen
5Mo	26,4	soll den Korb vor dem Altar n.
1Sm	16,11	werden uns nicht n., bis er hierherkommt
2Sm	7,18	David s. sich vor dem HERRN n.
1Kö	17,5	(Elia) s. sich n. am Bach Krit
Neh	1,4	s. ich mich n. und weinte
Jes	46,7	sie s. ihn n. an seine Stätte
Hes	14,1	einige von den Ältesten s. sich n. 20,1
Sir	26,15	so s. sie sich vor jedem Zelt n.
Lk	22,14	als die Stunde kam, s. er sich n.
Jh	4,6	weil Jesus müde war, s. er sich am Brunnen n.
	13,12	nahm er seine Kleider und s. sich wieder n.

1Ko	10,7	das Volk s. sich n., um zu essen

niedersinken
Jes	34,7	da werden Wildstiere n.
Jer	6,24	unsere Arme sind uns niederg. 50,43

niederstoßen
1Kö	2,25	Benaja s. ihn n., daß er starb 29.31.34.46
	22,11	wirst du die Aramäer n. 2Ch 18,10

niederstürzen
Ps	20,9	sie sind niederg. und gefallen

Niedertracht
Sir	12,10	so läßt auch er nicht von seiner N.
Rö	1,29	(sie sind) voll... Hader, List, N.

niederträchtig
Est	7,6	der Feind ist dieser n. Haman

niedertreten
Ps	44,6	in deinem Namen n., die sich erheben
	60,14	er wird unsre Feinde n. 108,14
	68,31	t. n., die das Silber lieb haben
	91,13	wirst junge Löwen und Drachen n.
Hes	34,4	das Starke t. er n.
Hab	3,15	du t. n. seine Rosse im Meer
Sa	10,5	Riesen, die den Feind n. in den Dreck

niederwerfen
5Mo	28,52	bis es niederg. hat deine hohen Mauern
2Sm	20,15	wollten die Mauern n.
Jes	26,5	die hohe Stadt w. er n.
	51,23	w. dich n., daß wir darüberhin gehen
Dan	2,46	Nebukadnezar w. sich n. vor Daniel
Sa	9,15	die Schleudersteine werden fressen und n.
Jdt	4,8	die Kinder w. sich vor dem Tempel n.
Sir	36,9	w. den Widersacher n.
1Ma	3,6	daß alle Abtrünnigen niederg. wurden
2Ma	10,4	w. sich mit dem Körper auf die Erde n.
Off	18,21	so wird niederg. die große Stadt Babylon

niedrig
2Sm	6,22	will n. sein in meinen Augen
Est	1,20	in Ehren halten bei Hoch und N.
Hi	5,11	der die N. erhöht Dan 4,14; Lk 1,52
Ps	8,6	du hast ihn wenig n. gemacht Heb 2,7.9
	138,6	der HERR ist hoch und sieht auf den N.
Spr	16,19	besser n. sein mit den Demütigen
Hes	17,6	wurde ein Weinstock mit n. Stamm
	14	damit das Königtum n. bliebe
	24	ich erhöhe den n. (Baum) 21,31
	43,14	von dem n. Absatz sind es vier Ellen
Phl	4,12	ich kann n. sein und kann hoch sein
Jak	1,9	ein Bruder, der n. ist, rühme sich
	3,15	sie ist irdisch, n. und teuflisch
Jud	19	die Spaltungen hervorrufen, n. Gesinnte

Niedrigkeit
Pr	10,6	Reiche müssen in N. sitzen
Jes	32,19	die Stadt wird versinken in N.

1Ma	3,51	deine Priester leben in Trauer und N.
Lk	1,48	er hat die N. seiner Magd angesehen
Apg	8,33	in seiner N. ward ihm... Urteil versagt
1Ko	15,43	es wird gesät in N. und auferstehen in Herrlichkeit
Jak	1,10	wer reich ist, rühme sich seiner N.

niemals

2Mo	13,22	n. wich die Wolkensäule von dem Volk
	14,13	werdet sie n. wiedersehen
3Mo	2,13	Speisopfer soll n. ohne Salz d. Bundes sein
1Sm	20,15	nimm die Barmherzigkeit n. fort
1Kö	2,4	so soll dir's n. fehlen an einem Mann Jer 33,17.18; 35,19
Neh	13,1	n. in die Gemeinde Gottes kommen dürften
Hi	34,12	Gott tut n. Unrecht
Spr	20,1	wer davon taumelt, wird n. weise
	27,20	Unterwelt und Abgrund werden n. satt
Pr	1,8	sieht sich n. satt... hört sich n. satt
	5,9	wer Geld liebt, wird vom Geld n. satt
Jes	63,19	wie solche, über die du n. herrschtest
Jer	2,6	dachten sie n.: Wo ist der HERR
	5,24	sprechen sie n.: Laßt uns den HERRN fürchten
	35,6	sollt n. Wein trinken
Hes	4,14	n. Fleisch von einem gefallenen Tier
Am	8,7	n. werde ich diese ihre Taten vergessen
Wsh	12,10	daß sich ihr Sinn n. mehr ändern würde
Tob	3,17	du weißt, daß ich n. einen Mann begehrt
Sir	3,30	Hochmut tut n. gut
	12,9	trau n. deinem Feinde
	23,6	ihre Schande wird n. ausgetilgt
	39,12	seine Weisheit wird n. untergehen 13
	45,16	es durfte sie n. ein andrer anziehen
StE	3,11	deine Magd hat sich n. gefreut
Mt	21,19	nun wachse auf dir n. mehr Frucht
	26,33	so will ich doch n. Ärgernis nehmen an dir
Lk	12,33	einen Schatz, der n. abnimmt, im Himmel
	22,35	sie sprachen: N.
Jh	5,37	ihr habt n. seine Stimme gehört
	8,33	wir sind n. jemandes Knecht gewesen
1Ko	13,8	die Liebe hört n. auf
Heb	10,11	Opfer, die doch n. die Sünden wegnehmen können

niemand

1Mo	4,15	daß ihn n. erschlüge, der ihn fände
	40,8	haben n., der es uns auslege 41,15; Dan 2,11; 8,27
	41,44	ohne d. Willen soll n. seine Hand regen
2Mo	8,6	n. ist wie der HERR, unser Gott
	10,23	daß n. den andern sah
	16,19	n. lasse etwas davon übrig
	29	n. verlasse seinen Wohnplatz
	33,4	n. tat seinen Schmuck an
	34,3	laß n. mit dir hinaufsteigen
	7	ungestraft läßt er n. 4Mo 14,18
	20	n. vor mir mit leeren Händen erscheinen
	24	n. soll dein Land begehren
	36,6	n. soll hinfort noch etwas bringen
3Mo	26,6	schlafet und euch n. aufschrecke Hi 11,19
	ló	fliehen, wo sie n. jagt 37; Spr 28,1
	27,26	die Erstgeburt soll n. geloben
4Mo	5,8	ist n. da, dem man's erstatten kann
5Mo	1,17	sollt vor n. euch scheuen
	2,34	n. übrigbleiben Jos 8,22; 10,28.30.33.37. 39.40; 11,8; 1Sm 14,36
	7,14	wird n. unter dir unfruchtbar sein
	24	wird dir n. widerstehen 11,25; Jos 1,5; 10,8; 23,9; 2Ch 20,6; Est 9,2
5Mo	15,6	wirst von n. borgen 28,12
	6	über dich wird n. herrschen
	22,27	und n. war da, der ihr half
	23,1	n. soll seines Vaters Frau nehmen
	28,26	n. wird sie verscheuchen Nah 2,12
	29	n. wird dir helfen 31; Ps 107,12; Klg 1,7; Dan 11,45; Am 5,2
	29,18	laßt n. sich in seinem Herzen segnen
	32,39	n. ist da, der aus meiner Hand errettet Hi 10,7; Jes 43,13; Klg 5,8; Hos 2,12; 5,14
	34,6	n. hat sein Grab erfahren
Jos	6,1	daß n. heraus- oder hineinkommen 1Kö 15,17
	10,21	wagte n., gegen Israel s. Zunge zu regen
Ri	3,25	als n. die Tür des Gemaches auftat
	28	*Israeliten ließen n. hinüber
	4,20	fragt, ob jemand hier sei, so sprich: N.
	18,28	n., der sie errettet hätte 1Sm 11,3; Jes 5,29
	19,15	n., der sie beherbergen wollte 18
	20,8	es soll n. in sein Zelt gehen
	21,1	n. seine Tochter den Benjaminitern geben
	8	n. gekommen zu Jabesch
Rut	2,9	ich habe geboten, daß dich n. antaste
	16	n. schelte sie darum
	3,14	(Boas) dachte: Wenn nur n. erfährt
1Sm	2,2	es ist n. heilig wie der HERR
	9	viel Macht hilft doch n.
	32	wird n. alt werden in deines Vaters Hause
	9,2	war n. unter den *Israeliten so schön
	2	war n. unter den Kindern Israel so schön
	11,13	es soll an diesem Tage n. sterben
	12,4	du hast von n. etwas genommen
	14,26	nahm davon niemand etwas in den Mund
	39	n. aus dem ganzen Volk antwortete ihm
	21,3	n. darf von der Sache wissen
	22,8	da ist, der es mir zu Ohren brächte
	25,17	ein Mensch, dem n. etwas zu sagen wagt
	26,12	es war n., der es sah oder merkte
	30,2	sie hatten aber n. getötet
1Kö	3,8	daß n. zählen noch berechnen kann 2Ch 5,6; Jer 46,23
	5,20	n., der Holz zu hauen versteht
	9,22	aus Israel machte er n. zu Fronleuten
	12,20	folgte dem Hause David als Juda
	14,2	verkleide dich, damit n. merkt
	15,22	ganz Juda, n. ausgenommen
	21,25	war n., der sich so verkauft hätte
2Kö	7,5	da war n. mehr da 10; Jes 41,28; 42,22; 50,2
	9,10	n. soll sie begraben
	15	soll n. entrinnen 10,25
	10,5	wollen n. zum König machen
	19	daß man n. vermisse 21
	23,10	damit n. seinen Sohn durchs Feuer gehen l.
	18	n. rühre seine Gebeine an
1Ch	15,2	die Lade soll n. tragen außer den Leviten
	16,21	ließ n. ihnen Schaden tun
2Ch	22,9	n. mehr, der zum Königtum tüchtig war
	23,6	n. aus dem Haus des HERRN gehe 19
Est	1,8	schrieb n. vor, was er trinken sollte
	4,2	durfte n. in das Tor des Königs 5,12
	8,8	durfte n. widerrufen Dan 6,13
Hi	11,3	daß n. dich spottest und n. dich beschämt
	12,14	wenn er einschließt, kann n. aufmachen
	28,13	n. weiß, was sie wert ist
	29,22	nach meinen Worten redete n. mehr
	34,23	es wird n. gesagt, wann er vor Gott
	36,5	Gott verwirft n.
	26	die Zahl seiner Jahre kann n. erforschen
	38,26	regnet aufs Land, wo n. ist Mi 5,6
	41,2	n. ist so kühn, daß er ihn zu reizen wagt

niemand

Ps	69,21	ob jemand Mitleid habe, aber da ist n.
	26	n. wohne in ihren Zelten
	77,20	doch n. sah deine Spur
	79,3	da war n., der sie begrub Jer 14,16
	86,8	n. kann tun, was du tust
	109,12	n. soll ihm Gutes tun, n. erbarme sich
	142,5	will n. mich kennen... n. nimmt sich meiner an
Spr	1,24	wenn n. darauf achtet
	28,1	flieht, auch wenn n. ihn jagt
	17	n. helfe ihm
	30,30	der Löwe kehrt um vor n.
Pr	1,8	daß n. damit zu Ende kommt
Hl	8,1	n. dürfte mich schelten
Jes	1,31	beides wird brennen, und n. löscht Jer 4,4; 7,20; Hes 21,4; Am 5,6
	14,8	kommt n. herauf, der uns abhaut
	17,2	daß Herden weiden, die n. verscheucht
	11	wirst Schmerzen haben, die n. heilt Jer 14,19; 15,18; 30,13; Nah 3,19
	22,22	daß er auftue und n. zuschließe
	24,10	daß n. hineingehen kann 34,10; Jer 33,10; Hes 14,15; 33,28; Sa 7,14
	33,8	es geht n. mehr auf der Straße
	47,10	dachtest: N. sieht mich
	50,2	warum rief ich, und n. antwortete 66,4
	51,18	n., die sie geboren, n., die sie erzogen
	53,9	wiewohl er n. Unrecht getan hat
	57,1	n. ist da, der es zu Herzen nimmt Jer 12,11
	58,9	wenn du in deiner Mitte n. unterjochst
	59,4	n., der eine gerechte Sache vorbringt 16
	60,15	zu der n. hinging
	63,3	n. unter den Völkern war mit mir 5
	64,6	n. ruft deinen Namen an
Jer	2,6	im Lande, das n. durchwandert 9,9.11
	15	daß n. darin wohnt 4,7.29; 6,8; 9,10; 17,6; 26,9; 34,22; 44,2; 46,19; 48,9; 49,18.33; 50,3.40; 51,29.37.43.62; Hes 26,20; 35,9; Ze 2,5; 3,6
	24	eine Wildeselin, daß n. sie aufhalten kann
	6,25	gehe nicht auf den Acker, gehe über Land
	8,6	es gibt n., dem seine Bosheit leid wäre
	9,21	wie Garben, die n. sammelt
	10,6	dir, HERR, ist n. gleich 7
	20	n. richtet meine Hütte wieder auf
	23	liegt in n. Macht, wie er wandle
	13,19	verschlossen, und es ist n., der sie auftut
	16,6	wird n. sich ihretwegen wund ritzen
	22,3	tut n. Gewalt an Lk 3,14
	28	ein Gefäß, das n. haben will 48,38; Hos 8,8
	23,14	auf daß sich ja n. bekehre
	30,10	n. soll ihn schrecken 46,27; Hes 34,28; 39,26; Mi 4,4
	13	deine Sache führt n.
	17	Zion, nach der n. fragt Hes 34,6
	36,19	daß n. wisse, wo ihr seid 24; 38,24; 40,15; 41,4
	49,5	n. wird die Flüchtigen sammeln Nah 3,18
	50,32	soll fallen, und n. aufrichte
	39	soll n. darin hausen für und für
Klg	1,2	ist n., der sie tröstet 9.17; 4,4
	2	weil n. auf ein Fest kommt
	2,22	daß n. entronnen und übriggeblieben ist
Hes	7,14	wird doch n. in den Krieg ziehen
	18,7	der n. bedrückt... n. etwas nimmt 16
	44,2	n. soll dort hineingehen
Dan	1,19	wurde n. gefunden, der Daniel gleich war
	4,32	n. kann seiner Hand wehren
	8,7	n. konnte den Widder erretten
	11,16	n. wird ihm widerstehen können
Hos	4,4	soll man n. schelten noch zurechtweisen
Hos	7,8	wie ein Kuchen, den n. umwendet
Jo	2,3	n. wird ihm entgehen
Mi	5,7	wie ein Löwe, dem n. wehren kann
	7,5	n. glaube seinem Nächsten, n. verlasse sich auf einen Freund
Nah	1,3	vor dem n. unschuldig ist
	2,9	da wird sich n. umwenden
	12	Löwen... n. wagte sie zu scheuchen
Sa	2,4	daß n. sein Haupt hat erheben können
Jdt	5,15	n. konnte diesem Volk Schaden tun
	8,7	n. konnte etwas Schlechtes über sie sagen
	16,16	Gott, n. kann dir widerstehen 17; Tob 13,2
	30	wagte n., Israel anzugreifen
Wsh	2,4	n. denkt mehr an unser Wirken
	5	es steht fest, daß n. wiederkommt
	6,8	der Herr des Alls wird n. begünstigen
	7,28	n. liebt Gott außer dem, der
Sir	11,2	sollst n. rühmen um seiner Schönheit willen
	4	n. weiß, was er tun wird
	7	verdamme n., bevor du... untersucht hast
	29	darum rühme n. vor seinem Ende 27,8
	14,8	der sich über n. erbarmt
	15,21	er hat n. erlaubt zu sündigen
	18,2	n. kann seine Werke aufzählen
	20,17	ist mein Freund, n. dankt mir
	21,4	verwundet so, daß n. heilen kann
	31	n. hat (Verleumder) gern um sich
	23,26	so daß mich n. sieht
	25,14	wer Gott fürchtet, über dem ist n.
	33,20	übergib n. dein Hab und Gut
	48,13	n. hatte Gewalt über (Elia)
	49,16	n., der Henoch gleich wäre
	51,9	ich war umringt, und n. half mir
Bar	3,31	es gibt n., der die Weisheit findet
	4,12	mache sich n. lustig über mich
StD	1,20	der Garten ist zugeschlossen, n. sieht uns
Mt	6,24	n. kann zwei Herren dienen
	8,4	sieh zu, sage es n. 9,30; 16,20; 17,9; Mk 1,44; 5,43; 7,24.36; 8,30; 9,9; Lk 5,14; 8,56; 9,21
	28	gefährlich, daß n. diese Straße gehen konnte
	9,16	n. flickt ein altes Kleid mit einem Lappen von neuem Tuch Mk 2,21.22; Lk 5,36.37.39
	11,27	kennt den Sohn als nur der Vater Lk 10,22
	17,8	sahen sie n. als Jesus allein Mk 9,8
	20,7	es hat uns n. eingestellt
	22,16	daß du fragst nach n. Mk 12,14
	46	n. konnte ihm ein Wort antworten
	23,9	sollt n. unter euch Vater nennen auf Erden
	24,36	von der Stunde weiß n. Mk 13,32
Mk	2,26	die n. essen darf als die Priester Lk 6,4
	3,27	n. kann in das Haus eines Starken eindringen
	5,3	n. konnte ihn mehr binden 4
	37	er ließ n. mit sich gehen als Petrus Lk 8,51
	9,39	n., der ein Wunder tut in meinem Namen
	10,18	n. ist gut als Gott allein Lk 18,19
	19	du sollst n. berauben
	29	es ist n., der Haus oder Brüder verläßt um meinetwillen Lk 18,29
	11,14	nun esse n. mehr eine Frucht von dir
	12,34	n. wagte mehr, ihn zu fragen
	16,8	sie sagten n. etwas; denn sie fürchteten sich Lk 9,36
Lk	1,61	n. in deiner Verwandtschaft, der so heißt
	3,14	tut n. Gewalt an oder Unrecht
	8,16	n. zündet ein Licht an und bedeckt es mit einem Gefäß 11,33
	43	*konnte von n. geheilt werden*
	10,4	tragt keinen Geldbeutel bei euch und grüßt n. unterwegs

1068

Lk	12,15	n. lebt davon, daß er viele Güter hat
	15,16	und n. gab sie ihm
	16,26	daß n., der von hier zu euch hinüber will
	23,53	*Grab, darinnen n. je gelegen hatte Jh 19,41*
Jh	1,18	n. hat Gott je gesehen 1Jh 4,12
	3,2	n. kann die Zeichen tun, die du tust
	13	n. ist gen Himmel aufgefahren außer dem
	32	sein Zeugnis nimmt n. an
	4,27	doch sagte n.: Was fragst du
	5,22	denn der Vater richtet n.
	6,44	es kann n. zu mir kommen, es sei denn 65
	7,4	n. tut etwas im Verborgenen
	13	n. redete offen über ihn aus Furcht
	19	n. unter euch tut das Gesetz
	27	wenn der Christus kommen wird, so wird n. wissen, woher er ist
	30	n. legte Hand an ihn 44; 8,20
	8,10	hat dich n. verdammt 11
	15	ihr richtet nach dem Fleisch, ich richte n.
	9,4	es kommt die Nacht, da n. wirken kann
	10,18	n. nimmt es von mir, ich selber lasse es
	28	n. wird sie aus meiner Hand reißen 29
	13,28	n. am Tisch wußte, wozu er ihm das sagte
	14,6	n. kommt zum Vater denn durch mich
	15,13	n. hat größere Liebe als die, daß
	16,5	n. von euch fragt mich: Wo gehst du hin 21,12
	22	eure Freude soll n. von euch nehmen
	18,31	sprachen die Juden: Wir dürfen n. töten
Apg	1,20	soll verwüstet werden, und n. wohne darin
	5,23	als wir öffneten, fanden wir n. darin
	9,7	sie hörten zwar die Stimme, aber sahen n.
	11,19	verkündigten das Wort n. als allein den Juden
	18,10	n. soll sich unterstehen, dir zu schaden
	20,33	ich habe von n. Silber oder Gold begehrt
	23,22	n. zu sagen, daß er ihm das eröffnet hätte
	24,23	befahl, n. von den Seinen zu wehren
	25,11	so darf mich ihnen n. preisgeben
	27,42	damit n. entfliehen könne
Rö	12,3	daß n. mehr von sich halte, als sich's gebührt
	17	vergelet n. Böses mit Bösem
	13,8	seid n. etwas schuldig, außer, daß ihr euch untereinander liebt
	14,13	daß n. seinem Bruder einen Anstoß bereite
1Ko	1,14	ich danke Gott, daß ich n. getauft habe
	2,11	so weiß auch n., was in Gott ist
	15	geistl. Mensch wird selber von n. beurteilt
	3,11	einen andern Grund kann n. legen als den, der gelegt ist
	18	n. betrüge sich selbst
	21	darum rühme sich n. eines Menschen
	9,15	nein, meinen Ruhm soll n. zunichte machen
	10,24	n. suche das Seine, sondern was dem andern
	12,3	daß n. Jesus verflucht, der durch den Geist Gottes redet
	14,2	n. versteht ihn
2Ko	5,16	kennen wir n. von nun an n. mehr nach dem Fleisch
	7,2	wir haben n. Unrecht getan
	10	eine Reue, die n. reut
	11,9	als ich Mangel hatte, fiel ich n. zur Last 1Th 2,9
	16	n. halte mich für töricht
Gal	3,11	daß durchs Gesetz n. gerecht wird vor Gott
	6,17	hinfort mache mir n. weiter Mühe
Eph	5,6	laßt euch von n. verführen mit leeren Worten Kol 2,4.8; 2Th 2,3; 1Jh 3,7
	29	n. hat je sein eigenes Fleisch gehaßt
Kol	2,16	laßt euch von n. ein schl. Gewissen machen
Kol	2,18	laßt euch den Siegespreis von n. nehmen
1Th	4,6	n. gehe zu weit und übervorteile seinen Bruder
	12	damit ihr auf n. angewiesen seid
1Ti	4,12	n. verachte dich wegen deiner Jugend Tit 2,15
	5,21	daß du n. begünstigst
	22	die Hände lege n. zu bald auf
	6,16	in einem Licht, zu dem n. kommen kann
2Ti	4,16	bei meinem ersten Verhör stand mir n. bei
Tit	3,2	(daß sie) n. verleumden, nicht streiten
1Pt	4,15	n. unter euch leide als ein Mörder
1Jh	2,10	bleibt im Licht, durch ihn kommt n. zu Fall
Heb	5,4	n. nimmt sich selbst die hohepriesterl. Würde
	12,14	Heiligung, ohne die n. den Herrn sehen wird
Jak	1,5	Gott, der n. schilt
	13	n. sage, daß er von Gott versucht werde
Off	2,17	den n. kennt als der, der ihn empfängt 19,12
	3,7	der auftut, und n. schließt zu 8
	11	halte, was du hast, daß n. deine Krone nehme
	5,3	n. konnte das Buch auftun 4
	7,9	eine große Schar, die n. zählen konnte
	13,17	daß n. kaufen oder verkaufen kann 18,11
	14,3	n. konnte das Lied lernen außer
	15,8	n. konnte in den Tempel gehen

Niere

2Mo	29,13	die beiden N. mit dem Fett daran 22; 3Mo 3,4.10.15; 4,9; 7,4; 8,16.25; 9,10.19
Hi	16,13	er hat meine N. durchbohrt Klg 3,13
Ps	7,10	du prüfest Herzen und N. 26,2; Jer 11,20; 17,10; 20,12; Off 2,23
	73,21	als es mich stach in meinen N.
	139,13	du hast meine N. bereitet

Nierenfett

Jes	34,6	des HERRN Schwert trieft vom N.

niesen

2Kö	4,35	da n. der Knabe siebenmal
Hi	41,10	sein N. läßt Licht aufleuchten

Niger

Apg	13,1	Barnabas und Simeon, genannt N.

Nikanor

1Ma	3,38	¹zu Hauptleuten, N. 7,26u.ö.47; 9,1; 2Ma 8,9. 10.12.14.23.24.34; 9,3; 12,2; 14,12u.ö.39; 15,1.6. 25.30.32.33.35.38
Apg	6,5	²sie wählten Philippus und Prochorus und N.

Nikodemus

Jh	3,1	ein Mensch unter den Pharisäern mit Namen N. 4.9
	7,50	spricht zu ihnen N., der zu ihm gekommen
	19,39	N., der vormals zu Jesus gekommen war

Nikolaït

Off	2,6	hast du für dich, daß du die Werke der N. hassest
	15	Leute, die sich an die Lehre der N. halten

Nikolaus

Nikolaus
Apg 6,5 sie wählten Philippus und Parmenas und N.

Nikopolis
Tit 3,12 komm eilends zu mir nach N.

Nil
1Mo 41,1 hatte einen Traum, er stünde am N. 3.17
2Mo 1,22 alle Söhne werft in den N. 2,3.5
     4,9 nimm Wasser aus dem N. 7,15-24; 17,5; Wsh 11,6
     7,28 der N. von Fröschen wimmeln soll 8,5.7
Est 1,1 König vom Indus bis zum N. 8,9; StE 1,1; 5,1
Jes 19,5 das Wasser im N. wird vertrocknen
     23,3 was von Getreide am N. wuchs
Jer 2,18 was hilft's, daß du willst vom N. trinken
     46,7 der emporstieg wie der N. 8
Am 8,8 soll sich heben wie Wasser des N. 9,5
Nah 3,8 No-Amon, die da lag am N.
Sir 24,37 Gesetz läßt Belehrung... wie der N.

nimmer
Ps 103,16 wenn der Wind darüber geht, ist sie n. da
Hl 7,3 wie ein Becher, dem n. Getränk mangelt
Lk 2,37 *die kam n. vom Tempel*
     12,33 *einen Schatz, der n. abnimmt*
1Ko 13,8 *die Liebe höret n. auf*
2Ti 3,7 *n. zur Erkenntnis der Wahrheit kommen*
2Pt 2,14 n. satt der Sünde

nimmermehr
2Sm 12,10 soll von deinem Hause das Schwert n. lassen
Ps 10,6 ich werde n. wanken 15,5; 30,7; Spr 10,30
     11 er wird's n. sehen
     31,2 laß mich n. zuschanden werden 71,1
     49,20 und sehen das Licht n.
     112,6 der Gerechte wird n. vergessen
     119,8 verlaß mich n.
     93 ich will deine Befehle n. vergessen
Jer 11,19 daß seines Namens n. gedacht werde
     31,34 will ihrer Sünde n. gedenken
     50,5 Bunde, der n. vergessen werden soll
     51,39 von dem sie n. aufwachen sollen
Dan 2,44 ein Reich, das n. zerstört wird
Mt 21,19 *nun wachse auf dir hinfort n. Frucht*
     26,33 *so will ich's doch n. tun*
Jh 6,35 *wer an mich glaubt, den wird n. dürsten*
     10,28 *sie werden n. umkommen*
     11,26 *wer da glaubt an mich, der wird n. sterben*
     13,8 *n. sollst du mir die Füße waschen*
1Ko 8,13 *darum sollte ich n. Fleisch essen*
2Ko 3,10 *ist n. für Herrlichkeit zu achten*
Heb 10,11 *welche n. können die Sünden wegnehmen*
Off 18,14 *n. wird man es finden*

Nimra (= Bet-Nimra)
4Mo 32,3 das Land N. (ist gut zur Weide)

Nimrim
Jes 15,6 die Wasser von N. versiegen Jer 48,34

Nimrod
1Mo 10,8 Kusch zeugte den N. 1Ch 1,10
     9 ein gewaltiger Jäger vor dem HERRN wie N.
Mi 5,5 verderben das Land N. mit ihren Waffen

Nimschi
1Kö 19,16 Jehu, den Sohn N. 2Kö 9,2.14.20; 2Ch 22,7

Ninive
1Mo 10,11 (Nimrod) baute N. 12
2Kö 19,36 Sanherib blieb zu N. Jes 37,37
Jon 1,2 geh in die große Stadt. N. 3,2.3; 4,11
     3,4 noch... so wird N. untergehen 5-7; Tob 14,6
Nah 1,1 die Last für N. 2,9; 3,7; Ze 2,13; Tob 14,13
Jdt 1,6 Nebukadnezar regierte in N.
Tob 1,11 in die Gefangenschaft nach N. 7,4
     11,1 Haran, auf halbem Wege nach N.
     14,2 wurde (Tobias) begraben in N.
     12 bleibt nicht hier in N. 14
Mt 12,41 *die Leute von N. werden auftreten beim Jüngsten Gericht* Lk 11,32
Lk 11,30 *Jona ein Zeichen für die Leute von N.*

Ninivit
Lk 11,30 *wie Jona ein Zeichen war den N.*

nirgends
Ps 37,36 doch ward er n. gefunden Dan 2,35; 11,19
Jes 11,9 man wird n. Sünde tun noch freveln
Sir 6,12 er läßt sich n. mehr finden
     28,22 gefallen... n. so viele wie durch die Zunge
Mt 13,57 *ein Prophet gilt n. weniger als in seinem Vaterland* Mk 6,4

Nisan
Neh 2,1 im Monat N. Est 3,7; StE 6,1

Nische
Hes 40,7 jede N... und der Raum zwischen den N. 10. 12.13.16.21.29.33.36

Nisroch
2Kö 19,37 als er anbetete im Haus N. Jes 37,38

nisten
Ps 104,17 dort n. die Vögel
Jes 34,15 da wird auch die Natter n.
Jer 22,23 die du jetzt in Zedern n.
     48,28 Tauben, die da n. in den Löchern
Hes 31,6 alle Vögel n. auf seinen Ästen

No, No-Amon
Jer 46,25 will heimsuchen den Amon zu N.
Hes 30,14 will Gericht über N. ergehen lassen 15.16
Nah 3,8 meinst du, du seist besser als N.

Noa
4Mo 26,33 Zelofhad hatte Töchter... N. 27,1; 36,11; Jos 17,3

Noadja

Esr	8,33	¹N., dem Sohn Binnuis
Neh	6,14	²gedenke der Prophetin N.

Noah

1Mo	5,29	(Lamech zeugte) N. 32; 6,9; 7,11; 8,13; 9,18. 19.28; 10,1.32; 1Ch 1,4; Lk 3,36
	6,8	N. fand Gnade vor dem HERRN 9.22; 7,5; 8,20; 9,1; Sir 44,17
	13	sprach Gott zu N. 7,1; 8,15; 9,8.17
	7,13	ging N. in die Arche 15.23; 8,1.6.11.13.18
	9,20	N. pflanzte als erster einen Weinberg 24
Jes	54,9	wie zur Zeit N... daß die Wasser N. nicht
Hes	14,14	wenn diese drei, N., Daniel und Hiob 20
Mt	24,37	wie es in den Tagen N. war Lk 17,26
	38	bis an den Tag, an dem N. in die Arche hineinging Lk 17,27
1Pt	3,20	zur Zeit N., als man die Arche baute
2Pt	2,5	bewahrte N., den Prediger der Gerechtigkeit
Heb	11,7	durch den Glauben hat N. Gott geehrt

Nob

1Sm	21,2	als David nach N. kam 22,9.11.19
Neh	11,32	(die Söhne Benjamin wohnten) in N.
Jes	10,32	noch heute wird er haltmachen in N.

Nobach

4Mo	32,42	¹N. eroberte Kenat und nannte es N
Ri	8,11	²Gideon zog herauf... östlich von N.

noch (s.a. noch nicht; noch nie)

1Mo	8,9	n. war Wasser auf dem Erdboden 10.12
	18,12	nun ich alt bin, soll ich n. 13
	30	zürne nicht, daß ich n. mehr rede 32; Ri 6,39
	19,8	wissen n. von keinem Manne 24,16
	9	wollen dich n. übler plagen 2Mo 5,23
	29,27	Dienst, den du n. weitere 7 Jahre 30
	30,24	der HERR wolle mir n. einen Sohn geben
	37,5	wurden sie ihm n. mehr feind 8.9
	43,7	lebt euer Vater n. 27.28; 45,3
2Mo	1,10	niederhalten, daß sie nicht n. mehr werden
	11,1	eine Plage will ich n. kommen lassen 9
3Mo	26,18	will euch n. weiter strafen 21
4Mo	22,15	sandte n. mehr und n. mächtigere Fürsten
	25	Bileam schlug sie n. mehr
	32,14	damit ihr den Zorn n. vermehrt
5Mo	1,11	mache aus euch n. viel tausendmal mehr
	10,12	was fordert der HERR n. von dir
1Sm	18,29	fürchtete sich Saul n. mehr vor David
	25,22	Gott tue David dies und n. mehr
2Sm	5,13	David nahm n. mehr Frauen 1Ch 14,3
1Kö	3,7	(Salomo sprach:) bin n. jung 1Ch 22,5; 29,1
	11,23	erweckte dem Salomo n. einen Widersacher
	12,11	will's euch n. schwerer machen 14; 2Ch 10.11.14
2Kö	6,33	was soll ich n. von dem HERRN erwarten
	9,22	Abgötterei und Zauberei haben n. kein Ende
1Ch	12,30	hielten n. viele zum Hause Sauls
2Ch	12,12	auch in Juda war n. manches Gute
	17,6	in den Wegen des HERRN n. mutiger
	28,13	daß ihr unsere Sünde nur n. größer macht 22; 32,16; 33,23; 36,14; Ps 78,32; Am 4,4
Esr	9,8	daß er uns n... übriggelassen hat 10,2
Neh	13,18	ihr bringt n. mehr Zorn über Israel
Hi	2,3	hält n. fest an seiner Frömmigkeit 9
	7,16	meine Tage sind nur n. ein Hauch
	10,17	würdest deinen Zorn n. mehren
	16,19	n. ist mein Zeuge im Himmel
	23,14	er hat n. mehr derart im Sinn
	27,3	solange n. Odem in mir ist
	29,5	als der Allmächtige n. mit mir war
Ps	58,12	Gott ist n. Richter auf Erden
	90,5	wie ein Gras, das am Morgen n. sproßt
	93,4	der HERR aber ist n. größer in der Höhe
	139,18	am Ende bin ich n. immer bei dir
Jes	5,25	seine Hand ist n. ausgereckt 9,11.16.20; 10,4
	14,1	der HERR wird Israel n. einmal erwählen
	64,11	willst du bei alledem n. zögern
	65,24	wenn sie n. reden, will ich hören
Jer	2,9	darum muß ich n. weiter mit euch rechten
	16,12	ihr n. ärger tut als eure Väter
Klg	3,21	darum hoffe ich n. 29
	22	seine Barmherzigkeit hat n. kein Ende
Hes	8,6	wirst n. größere Greuel sehen 13.15
	16,29	triebst n. mehr Hurerei 33.34.47; 23,11.14
Wsh	17,20	waren sich selbst n. mehr zur Last als
Sir	4,3	einem... Herzen füge nicht n. mehr Leid zu
	39,16	ich habe mir n. mehr überlegt
1Ma	10,88	Alexander ehrte Jonatan n. mehr
	15,9	wollen dem Tempel n. größere Ehre erweisen
Mt	16,9	versteht ihr n. nicht Mk 8,17.21
	19,20	was fehlt mir n.
	20,31	doch sie schrien n. viel mehr
	27,23	sie schrien aber n. mehr: Laß ihn kreuzigen Mk 15,14
	63	dieser Verführer, als er n. lebte
Mk	4,24	man wird euch n. dazugeben
	40	habt ihr n. keinen Glauben
	5,26	es war n. schlimmer mit ihr geworden
	10,26	sie entsetzten sich aber n. viel mehr
	48	er schrie n. viel mehr Lk 18,39
	11,2	ein Füllen, auf dem n. nie ein Mensch gesessen hat Lk 19,30
Lk	13,33	muß ich heute und morgen n. wandern
	14,22	es ist aber n. Raum da
	16,28	ich habe n. fünf Brüder
	18,22	es fehlt dir n. eines
	24,6	wie er euch gesagt hat, als er n. in Galiläa war
Jh	1,50	du wirst n. Größeres als das sehen
	4,35	es sind n. vier Monate, dann kommt die Ernte
	41	n. viel mehr glaubten um seines Wortes willen
	5,18	darum trachteten die Juden n. viel mehr danach, ihn zu töten
	20	wird ihm n. größere Werke zeigen
	7,33	n. eine kleine Zeit bei euch 13,33
	9,24	da riefen sie n. einmal den Menschen, der blind
	10,16	ich habe n. andere Schafe
	11,6	als er hörte, daß er krank war, blieb er n. zwei Tage
	8	eben n. wollten die Juden dich steinigen
	12,35	es ist das Licht n. eine kleine Zeit bei euch
	14,12	er wird n. größere (Werke) als diese tun
	19	es ist n. eine kleine Zeit
	16,12	ich habe euch n. viel zu sagen
	16	n. eine kleine Weile, dann werdet ihr mich nicht mehr sehen 17.19
	19,8	als Pilatus dies hörte, fürchtete er sich n. mehr
	20,1	kommt Maria von Magdala früh, als es n. finster war, zum Grab

noch

Jh	20,30	n. viele andere Zeichen tat Jesus
	21,25	es sind n. viele andere Dinge, die Jesus getan
Apg	5,4	konntest du nicht n. tun, was du wolltest
	7,2	als er n. in Mesopotamien war, ehe er
	5	obwohl er n. kein Kind hatte
	8,16	er war n. auf keinen von ihnen gefallen
	9,39	die Tabita gemacht hatte, als sie n. bei ihnen
	10,17	als aber Petrus n. ratlos war
	48	da baten sie ihn, n. einige Tage dazubleiben
	13,42	am nächsten Sabbat. einmal von diesen Dingen redeten
	19,39	wollt ihr darüber hinaus n. etwas
	22,2	wurden sie n. stiller
	26,28	mich n. überreden und einen Christen aus mir machen
Rö	5,6	schon zu der Zeit, als wir n. schwach waren
	8	daß Christus für uns gestorben ist, als wir n. Sünder waren
	10	mit Gott versöhnt, als wir n. Feinde waren
1Ko	1,16	weiß ich nicht, ob ich n. jemand getauft habe
	3,3	weil ihr n. fleischlich seid
	14,5	n. viel mehr, daß ihr prophetisch reden könnt
2Ko	7,7	er berichtete uns... so daß ich mich n. mehr freute
	8,22	nun ist er n. viel eifriger aus großem Vertrauen
	11,28	außer all dem n. das, was
	13,2	wenn ich n. einmal komme, dann will ich
Gal	1,10	wenn ich n. Menschen gefällig wäre
	5,11	wenn ich die Beschneidung n. predige
	21	habe ich vorausgesagt und sage n. einmal voraus
	6,10	solange wir n. Zeit haben, laßt uns Gutes tun
Phl	2,12	jetzt n. viel mehr in meiner Abwesenheit
	3,8	ich erachte es n. alles für Schaden gegenüber
Kol	3,7	als ihr n. darin lebtet
1Th	3,10	ergänzen, was an eurem Glauben n. fehlt
	4,10	ermahnen, daß ihr n. vollkommener werdet
2Th	2,5	dies sagte, als ich n. bei euch war
	6	ihr wißt, was ihn n. aufhält 7
1Ti	1,10	wenn n. etwas anderes der heilsamen Lehre zuwider ist
1Pt	4,2	die n. übrige Zeit dem Willen Gottes lebe
1Jh	2,9	der ist n. in der Finsternis
Heb	4,1	solange die Verheißung n. besteht
	9	n. eine Ruhe vorhanden für das Volk Gottes
	5,11	darüber hätten wir n. viel zu sagen
	13	wem man n. Milch geben muß, ist unerfahren
	6,10	indem ihr den Heiligen dientet und n. dient
	7,10	seinem Stammvater erst n. geboren werden
	11	wozu n. nötig, einen andern als Priester
	15	klarer ist es, wenn ein anderer als Priester
	9,17	solange der n. lebt, der es gemacht hat
	10,37	nur n. eine kleine Weile
	11,32	was soll ich n. mehr sagen
	12,26	n. einmal will ich erschüttern
	27	dieses „N. einmal" zeigt an
Off	2,24	ich will nicht n. eine Last auf euch werfen

noch nicht

1Mo	2,5	Gott hatte n. n. regnen lassen
2Mo	9,30	ihr fürchtet euch n. n. vor Gott dem HERRN
3Mo	26,18	wenn ihr mir auch dann n. n. gehorcht 23.27
5Mo	12,9	seid bisher n. n. zur Ruhe gekommen
	29,3	euch n. n. ein Herz gegeben, das verständig
1Sm	3,7	des HERRN Wort war n. n. offenbart
1Kö	11,12	zu deiner Zeit will ich das n. n. tun 34
Esr	3,6	der Grund des Tempels war n. n. gelegt 5,16; Hag 1,2
Hi	11,6	daß er n. n. an alle deine Sünden denkt
Ps	139,16	sahen mich, als ich n. n. bereitet war
Spr	8,24	als die Meere n. n. waren 26
Jes	9,11	bei all dem läßt sein Zorn n. n. ab 16
Hes	16,20	war es n. n. genug mit deiner Hurerei 57
Wsh	7,12	ich wußte n. n., daß sie... ist
Mt	16,9	versteht ihr n. n. Mk 8,17.21
	24,6	aber es ist n. n. das Ende da Mk 13,7; Lk 21,9
	48	mein Herr kommt n. lange n. Lk 12,45
Lk	24,41	als sie n. n. glaubten vor Freude
Jh	2,4	meine Stunde ist n. n. gekommen 7,6.8.30; 8,20
	3,24	Johannes war n. n. ins Gefängnis geworfen
	6,17	Jesus war n. n. zu ihnen gekommen
	7,39	der Geist war n. n. da; denn Jesus war n. n. verherrlicht
	8,57	du bist n. fünfzig Jahre alt und hast Abraham gesehen
	11,30	Jesus war n. n. in das Dorf gekommen
	20,9	sie verstanden die Schrift n. n.
	17	ich bin n. n. aufgefahren zum Vater
Rö	4,11	als er n. n. beschnitten war 12
	15,20	wo Christi Name n. n. bekannt war
1Ko	3,2	ihr konntet es n. n. vertragen
	8,2	der hat n. n. erkannt, wie man erkennen soll
Gal	4,8	zu der Zeit, als ihr Gott n. n. kanntet
Phl	3,13	ich schätze mich selbst n. n. so ein
3Jh	10	er begnügt sich n. n. damit
Heb	2,8	jetzt sehen wir n. n., daß
	9,8	der Weg ins Heilige n. n. offenbart
	17	ist n. n. in Kraft, solange der noch lebt, der
	11,7	göttliches Wort über das, was man n. n. sah
	12,4	ihr habt n. n. bis aufs Blut widerstanden
Off	16,18	großes Erdbeben, wie es n. n. gewesen ist
	17,10	der andre n. n. gekommen
	12	Könige, die ihr Reich n. n. empfangen haben

noch nie

2Mo	9,18	Hagel, wie er n. n. gewesen ist 24
Ps	37,25	habe n. n. den Gerechten verlassen gesehen
Hes	4,14	bin n. n. unrein geworden Apg 10,14; 11,8
Sir	19,16	wem ist n. n. ein böses Wort entfahren
StD	2,6	dieser Bel hat n. n. etwas gegessen
Mt	7,23	ich habe euch n. n. gekannt
	9,33	so etwas ist n. n. in Israel gesehen worden Mk 2,12
Mk	11,2	auf dem n. n. ein Mensch gesessen Lk 19,30
Lk	15,29	ich habe dein Gebot n. n. übertreten
	23,53	Felsengrab, in dem n. n. jemand gelegen hatte Jh 19,41
Jh	7,46	n. n. hat ein Mensch so geredet wie dieser
Apg	14,8	er hatte n. n. gehen können
	19,2	haben n. n. gehört, daß es einen hl. Geist gibt
2Pt	1,21	n. n. eine Weissagung aus menschlichem Willen hervorgebracht

Nod

1Mo	4,16	Kain wohnte im Lande N.

Nodab

1Ch	5,19	kämpften gegen N.

Nof s. **Memfis**

Nofach, Nophach

4Mo 21,30 ist zerstört bis nach N.

Nogah

1Ch 3,7 (Söhne Davids:) N. 14,6

Noha

1Ch 8,2 (Benjamin zeugte) N.

Noomi

Rut 1,2 der hieß Elimelech und seine Frau N. 3
11 N. sprach: Kehrt um 19-22; 2,1.2.6.20.22; 3,1; 4,3.5.9.14.16.17

Nord, Norden

1Mo 13,14 hebe deine Augen auf nach N. 5Mo 3,27
28,14 sollst ausgebreitet werden gegen N.
2Mo 26,20 auf der andern Seite, nach N. 36,25; 38,11
35 der Tisch nach N. zu steht 40,22; 3Mo 1,11
4Mo 2,25 nach N. soll sein Dan 3,35; Hes 48,1
34,7 die Grenze nach N. soll sein 9; Jos 13,3; 16,6; 17,10; 18,5; 19,14; Hes 47,15
35,5 nach N. 2.000 Ellen Hes 48,17
5Mo 2,3 wendet euch nach N.
Jos 11,2 zu den Königen, die im N. wohnten
1Sm 14,5 die eine Felsklippe stand im N.
1Kö 7,25 auf 12 Rindern, drei nach N. 2Ch 4,4
2Kö 11,11 zur Seite (des Tempels) im N. 1Ch 9,24; 26,14.17; 2Ch 23,10
16,14 den kupfernen Altar setzte er gegen N.
Hi 26,7 er spannt den N. aus
37,9 kommt von N. her die Kälte
22 von N. kommt goldener Schein
Ps 48,3 der Gottesberg fern im N. Jes 14,13
89,13 N. und Süd hast du geschaffen
107,3 zusammengebracht von N. und Süden
Pr 1,6 der Wind dreht sich nach N.
11,3 er falle nach Süden oder N. zu
Jes 14,31 von N. kommt Rauch
41,25 von N. habe ich einen kommen lassen
43,6 will sagen zum N.: Gib her
49,12 jene vom N. und diese vom Meer Jer 3,18; 16,15; 23,8; 31,8
Jer 1,13 sehe einen siedenden Kessel von N. her
14 von N. her Unheil 15; 4,6; 6,1
3,12 rufe diese Worte nach N.
6,22 es kommt ein Volk von N. 13,20; 25,9; 50,3.9.41; Hes 26,7; 38,15; 39,2
10,22 es kommt Getöse aus dem Lande des N.
15,12 kann man Eisen zerbrechen aus dem N.
25,26 alle Könige des N. Hes 32,30; 38,6
46,6 im N. sind sie gefallen 10
20 es kommt von N. der Schlächter 24; 51,48
47,2 es kommen Wasser heran von N.
Hes 1,4 kam ein ungestümer Wind von N. her
8,3 des Tores, das gegen N. liegt 5.14; 9,2; 40,19. 40.44.46, 11,11; 42,1.4.13; 44,4; 46,9.19; 47,2
21,3 soll versengt werden bis zum N. 9
Dan 8,4 der Widder stieß nach N. hin
11,6 wird kommen zum König des N. 7.8.11.13.15.40
44 werden ihn Gerüchte erschrecken aus N.
Jo 2,20 will den Feind aus N. von euch wegtreiben
Am 8,12 daß sie von N. nach Osten laufen
Ze 2,13 der Herr wird s. Hand ausstrecken nach N.

Sa 2,10 flieht aus dem Lande des N.
6,6 die schwarzen Rosse ziehen nach N. 8
14,4 eine Hälfte des Berges nach N. weichen
Jdt 2,12 Gebirge Ange im N. Ciliciens
16,5 Assur kam von den Bergen im N.
Lk 13,29 es werden kommen von N. und von Süden
Off 21,13 von N. drei Tore

Nordecke

Jos 15,8 Berges an der N. der Ebene Refaim 18,16

Nordgrenze

Jos 15,5 die N. beginnt am Meer

Nordhang

Jos 15,11 (die Grenze) kommt heraus am N.

nördlich

1Mo 14,15 Hoba, n. der Stadt Damaskus Ri 21,19
Jos 8,11 lagerten sich n. von Ai 13; Ri 7,1
15,6 (Grenze) zieht sich hin n. von Bet-Araba 18,12.18.19; Hes 47,17; 48,1
24,30 man begrub ihn n. vom Gaasch Ri 2,9
Hes 8,5 da stand n. vom Tor ein Altar

Nordost

Apg 27,14 ein Sturmwind, den man N. nennt

Nordseite

2Mo 27,11 ebenso sollen an der N. Behänge sein
Jos 15,10 (die Grenze) geht an der N. 17,9; 18,12
Hes 40,20 maß das Tor, das an der N. lag 23; 42,1.2.11.17; 48,10.16.30

Nordtor

Hes 40,35 danach führte er mich zum N. 44

nordwärts

Jos 15,7 (die Grenze) wendet sich n. 18,17; 19,27
17,10 Ephraim lag südwärts, Manasse n. Ri 12,1

Nordwest

Apg 27,12 einen Hafen auf Kreta, der gegen N. offen ist

Nordwind

Hl 4,16 steh auf, N.
Sir 43,18 durch seinen Willen wehen der N. 22

not

2Kö 12,13 was n. war, um am Hause auszubessern
Mt 14,16 es ist nicht n., daß sie hingehen
Lk 10,42 eins aber ist n.
Jh 13,29 kaufe, was uns n. ist zum Fest
Apg 28,10 luden sie auf, was uns n. war
Rö 13,5 darum ist's n., untertan zu sein
2Ko 9,1 nicht n., zu schreiben 1Th 1,8; 4,9; 5,1
Heb 4,16 Zeit, wenn uns Hilfe n. sein wird
7,27 ihm ist nicht täglich n., Opfer zu tun

not 1074

Heb 10,36 *Geduld ist euch n.*
Jak 2,16 *gäbet nicht, was dem Leibe n. ist*

Not

2Mo 3,9 weil ich ihre N. gesehen habe
5Mo 26,7 der HERR sah unsere N. Ps 106,44
     28,53 in der Angst und N., mit der dich dein Feind bedrängt 55.57; Jer 19,9
1Sm 10,19 aus aller N. geholfen Ps 34,7
     22,2 Männer, die in N. und Schulden waren
     26,24 er errette mich aus aller N. Ps 34,18; 54,9
1Kö 1,29 der mich erlöst hat aus aller N. Ps 107,2
2Kö 19,3 ein Tag der N., der Strafe und d. Schmach
2Ch 15,4 als sie sich in ihrer N. bekehrten
     20,9 zu dir schreien in unserer N.
     28,22 versündigte sich Ahas in seiner N.
Neh 9,37 wir sind in großer N.
Hi 15,24 Angst und N. schrecken ihn
     30,24 wird man nicht schreien in der N.
     36,19 wird d. Geschrei dich aus der N. bringen
Ps 9,10 der HERR ist ein Schutz in Zeiten der N. 59,17; Jer 16,19
     10,1 verbirgst dich zur Zeit der N.
     6 es wird für und für keine N. haben
     20,2 der HERR erhöre dich in der N.
     25,17 führe mich aus meinen N. 143,11
     22 erlöse Israel aus aller seiner N.
     31,8 nimmst dich meiner an in N.
     37,39 er ist ihre Stärke in der N.
     46,2 Hilfe in den großen N., die uns getroffen
     50,15 rufe mich an in der N. 81,8; 86,7; 107,6.13.19. 28; 120,1
     60,13 schaff uns Beistand in der N.
     66,14 wie mein Mund geredet hat in meiner N.
     77,3 in der Zeit meiner N. suche ich den Herrn
     91,15 ich bin bei ihm in der N.
     102,3 verbirg dein Antlitz nicht in der N.
     116,3 ich kam in Jammer und N.
     119,143 Angst und N. haben mich getroffen
     142,3 ich zeige an vor ihm meine N.
Spr 1,27 wenn über euch Angst und N. kommt
     11,8 der Gerechte wird aus der N. erlöst
     12,13 der Gerechte entgeht der N.
     17,17 ein Bruder wird für die N. geboren
     21,23 der bewahrt sein Leben vor N.
     24,10 nicht stark, der in der N. nicht fest ist
     25,19 auf einen Treulosen hoffen z. Z. der N.
Jes 38,14 Herr, ich leide N.
     46,7 hilft ihm nicht aus seiner N.
     63,9 (ward er ihr Heiland) in aller ihrer N.
Jer 2,27 wenn N. kommt, sprechen sie: hilf uns
     28 ob sie dir helfen in deiner N. 11,12
     11,14 nicht hören, wenn sie schreien in ihrer N.
     15,11 will euch zu Hilfe kommen in der N.
     17,17 du, meine Zuversicht in der N.
Nah 1,7 der HERR ist eine Feste zur Zeit der N.
Hab 3,7 sah die Hütten von Kuschan in N.
Jdt 7,10 die N. bringt sie dazu... zu übergeben
     13 ihr habt uns in diese große N. gebracht
     13,24 in der N. deines Volks
Wsh 11,5 geschah ihnen Gutes, als sie N. litten
     14,4 wie du aus aller N. zu retten vermagst
     17,17 er mußte solch unvermeidliche N. tragen
Tob 4,10 einen guten Lohn für den Tag der N.
Sir 2,13 der Herr hilft in N. 51,16; 2Ma 1,11; StE 7,6
     3,17 in der N. wird an dich gedacht werden
     4,1 laß den Armen nicht N. leiden 29,12
     6,8 in der N. hält er nicht stand 10; 13,9
     22,16 so kommst du nicht in N. durch s. Torheit

Sir 29,11 habe Geduld mit deinem Nächsten in der N.
     35,26 lieblich ist s. Barmherzigkeit in der N.
     40,24 Brüder und Helfer sind gut in der N.
     51,14 daß er mich nicht verlassen sollte in der N. 2Ma 1,5
Bar 3,1 in Angst und N. schrei ich zu dir
1Ma 5,16 Brüdern helfen, die in N. waren
     8,25 Hilfe leisten, wie es die N. erfordert 27
     12,13 wir haben große N. gelitten
     13,3 habt die N. gesehen, in der Israel gewesen
2Ma 1,7 an euch geschrieben in unsrer höchsten N.
     8,20 als die Mazedonier in große N. gekommen
     3,9 Herr, zeige dich in unsrer N.
StE 11 du weißt, welche N. es mir macht
Mt 14,24 das Boot kam in N. durch die Wellen *Mk 6,48*
Mk 2,25 als er in N. war und ihn hungerte
Lk 21,23 es wird große N. auf Erden sein
Apg 2,45 *je nachdem einer in N. war 4,35*
Rö 12,13 nehmt euch der Heiligen an
1Ko 7,26 es sei gut um der kommenden N. willen
2Ko 6,4 als Diener Gottes: in N.
     8,13 nicht, daß ich N. leidet
     12,10 darum bin ich guten Mutes in N.
Phl 2,25 euer Abgesandter und Helfer in meiner N.
1Th 3,7 getröstet worden in aller unsrer N.

Notdurft

5Mo 23,13 Platz, wohin du zur N. hinausgehst

Nothelfer

Jer 14,8 du bist der Trost Israels und sein N.
Dan 6,28 er ist ein Retter und N.

nötig

1Mo 33,15 (Jakob) antwortete: Ist das denn n.
2Mo 36,5 das Volk bringt mehr als n. ist
2Ch 30,19 nicht die n. Reinheit haben
Dan 3,16 es ist nicht n., daß wir dir antworten
Sir 29,2 leihe deinem Nächsten, wenn er's n. hat
     28 Wasser und Brot braucht man n.
     32,10 auch du darfst reden, wenn's n. ist
     33,31 du hast ihn n. wie dein eignes Leben
     44,22 (Gott) hat keinen Ratgeber n.
1Ma 6,57 wir haben daheim N. zu tun
2Ma 13,20 Judas hatte alles N. geschickt
Mt 14,16 es ist nicht n., daß sie fortgehn
Jh 13,29 kaufe, was wir zum Fest n. haben
Apg 2,45 je nach dem es einer n. hatte *4,35*
     15,28 keine Last als nur diese n. Stücke
     17,25 wie einer, der etwas n. hätte
     28,10 gaben sie uns mit, was wir n. hatten
1Ko 12,22 die Glieder, die uns die schwächsten zu sein scheinen, die n.
2Ko 9,5 so habe ich es für n. angesehen Phl 2,25
Eph 4,28 schaffe mit eigenen Händen das n. Gut
     29 *was gut ist und das N. fördert*
Phl 1,24 ist n., im Fleisch zu bleiben um euretwillen
1Th 1,8 nicht n., etwas darüber zu sagen
     4,9 von... ist es nicht n., euch zu schreiben 5,1
Tit 3,14 hervorzutun mit guten Werken, wo sie n. sind
1Jh 2,27 ihr habt nicht n., daß euch jemand lehrt
Heb 4,16 Gnade finden, wenn wir Hilfe n. haben
     5,12 ihr habt es wieder n., daß man euch die Anfangsgründe
     7,11 wozu war es dann noch n., einen andern als Priester

Heb	7,27	er hat es nicht n., täglich Opfer darzubringen
	10,36	Geduld aber habt ihr n.
Jak	2,16	ihr gäbet ihnen aber nicht, was der Leib n.
Jud	3	hielt ich's für n., euch zu ermahnen

nötigen

1Mo	19,3	n. sie sehr, und sie kehrten ein Ri 19,7
	33,11	so n. (Jakob) ihn, daß er sie nahm
1Sm	28,23	da n. ihn seine Männer 2Sm 3,35; 2Kö 4,8
2Sm	13,25	obgleich er ihn n., wollte er nicht 27; 2Kö 2,17; 5,16.23
Hes	22,10	n. Frauen während ihrer Unreinheit
Sir	31,25	wenn du gen. worden bist, viel zu essen
Mt	5,41	wenn dich jemand n., eine Meile mitzugehen
Lk	14,23	n. sie hereinzukommen, daß mein Haus voll
	24,29	sie n. ihn und sprachen: Bleibe bei uns
Apg	16,15	in mein Haus. Und sie n. uns
	28,19	war ich gen., mich auf den Kaiser zu berufen

notwendig

Sir	8,12	wie du antworten sollst, wenn es n. ist
	32,2	wenn du alles getan hast, was n. war
2Ma	4,23	um n. Regierungsgeschäfte abzuschließen
Apg	15,28	keine Last als nur diese n. Dinge
Rö	13,5	darum ist es n., sich unterzuordnen
Eph	4,29	redet, was gut ist und was n. ist

Notwendigkeit

StE	5,7	nach den N. des Augenblicks... ändern

nüchtern

1Ko	15,34	werdet n. und sündigt nicht
1Th	5,6	laßt uns wachen und n. sein 8; 1Pt 5,8
1Ti	3,2	ein Bischof soll sein n.
	11	sollen ihre Frauen sein n.
2Ti	2,26	(ob ihnen Gott gebe), wieder n. zu werden
	4,5	du sei n. in allen Dingen, leide willig
Tit	2,2	den alten Männern sage, daß sie n. seien
1Pt	1,13	seid n. und setzt eure Hoffnung auf die Gnade
	4,7	seid besonnen und n. zum Gebet

Numenius

1Ma	12,16	N., Sohn des Antiochus 14,22.24; 15,15

nun

1Mo	4,11	und n.: Verflucht seist du
	11,6	n. wird ihnen nichts mehr verwehrt werden
	17,9	haltet n. meinen Bund
	21,23	schwöre mir n. bei Gott
	22,12	n. weiß ich, daß du Gott fürchtest
	26,22	n. hat uns der HERR Raum gemacht
	27,36	hat mich n. zweimal überlistet... n. nimmt er auch meinen Segen
	29,35	n. will ich dem HERRN danken
	30,30	n. geworden zu einer gr. Menge 32,11
2Mo	13,5	wenn dich n. der HERR bringen wird 11
	18,11	n. weiß ich, daß der HERR größer 2Kö 5,15
4Mo	11,6	n. aber ist unsere Seele matt
5Mo	4,1	n. höre, Israel, die Gebote 5,32; 7,9.11; Jos 23,6; 24,14.23
	26,15	sieh n. herab von deiner Wohnung Jes 63,15
Ri	17,13	n. weiß ich, daß mir der HERR wohltun wird

1Sm	12,2	n. wird euer König vor euch herziehen 13
1Kö	2,24	und n., so wahr der HERR lebt
	5,18	n. hat mir der HERR Ruhe gegeben
	8,25	n. halt deinem Knecht, was du ihm zugesagt 26; 2Ch 1,9; 6,10.16.17
	19,4	so nimm n., HERR, meine Seele
	22,19	höre n. das Wort des HERRN Jes 28,14; 33,13; 44,1; 47,8; Hes 18,25
2Kö	1,3	ist denn n. kein Gott in Israel
	2,14	wo ist n. der HERR Jes 63,11; Jo 2,17
	19,19	n. aber, HERR, errette uns Jes 37,20
1Ch	22,11	so wird n. der HERR mit dir sein
	19	richtet n. euer Herz darauf
2Ch	1,10	so gib mir n. Weisheit
	6,21	so höre n. das Flehen 40; 7,15
	41	n. mache dich auf zu deiner Ruhe
Hi	42,5	n. hat mein Auge dich gesehen
Ps	20,7	n. weiß ich, daß der HERR hilft
	39,8	n., Herr, wessen soll ich mich trösten
	89,39	aber n. hast du uns verstoßen
	90,15	erfreue uns n. wieder, nachdem du uns
	113,2	von n. an bis in Ewigkeit 115,18; 121,8; 125,2; 131,3; Jes 9,6; 59,21; Mi 4,7
	118,2	so sage n. Israel 3.4
	119,67	n. aber halte ich dein Wort
	122,2	n. stehen unsere Füße in deinen Toren
Jes	14,7	n. hat Ruhe und Frieden alle Welt
	16,14	n. aber redet der HERR
	33,10	n. will ich mich aufmachen; n. will ich mich erheben, n. will ich aufstehen 42,14
	38,10	n. muß ich zu des Totenreiches Pforten 11
	43,5	fürchte dich n. nicht
	50,2	ist mein Arm n. so kurz geworden
Jer	49,25	wie ist sie n. verlassen Klg 1,1
Hes	7,3	n. kommt das Ende 8; 24,24
	39,25	n. will ich das Geschick Jakobs wenden
Hos	10,2	n. wird sie ihre Schuld treffen
Tob	3,6	n., Herr, erweise mir Gnade
Lk	16,25	n. wird er hier getröstet, und du wirst gepeinigt
Jh	13,31	*n. ist des Menschen Sohn verherrlicht*
Apg	10,34	n. erfahre ich, daß Gott die Person nicht ansieht
2Ko	2,7	so daß ihr n. ihm desto mehr vergeben sollt
Gal	4,9	*n. ihr aber Gott erkannt habt*
2Pt	3,18	*dem sei Ehre n. und zu ewigen Zeiten*
1Jh	3,2	wir sind n. Gottes Kinder
Off	12,10	n. ist das Heil und die Kraft geworden

Nun

2Mo	33,11	Josua, der Sohn N. 4Mo 11,28; 13;8.16; 14,6. 30.38; 26,65; 27,18; 32,12.28; 34,17; 5Mo 1,38; 31,23; 32,44; 34,9; Jos 1,1; 2,1.23; 6,6; 14,1; 17,4; 19,49.51; 21,1; 24,29; Ri 2,8; 1Kö 16,34; 1Ch 7,27; Neh 8,17; Sir 46,1

nunmehr

Apg	27,9	*da n. die Schiffahrt gefährlich war*

nur

1Mo	6,5	alles Dichten und Trachten n. böse war
	18,32	zürne nicht, daß ich n. noch einmal rede
	27,38	hast du denn n. einen Segen, mein Vater
2Mo	9,26	n. im Lande Goschen hagelte es nicht
	10,17	vergebt mir n. noch diesmal
4Mo	14,24	n. Kaleb will ich in das Land bringen
	15,15	gelte n. eine Satzung

nur

5Mo	4,27	n. eine geringe Zahl übrig bleiben 28,62
	10,15	doch hat er n. deine Väter angenommen
	15,5	wenn du n. der Stimme des HERRN gehorchst 19,9
Jos	1,7	sei n. getrost und ganz unverzagt 18
	17	n., daß der HERR mit dir sei
Ri	10,15	n. errette uns heute
1Sm	20,3	ist n. ein Schritt zw. mir und dem Tode
1Kö	14,8	daß (David) n. tat, was mir wohlgefiel
2Kö	5,18	n. darin wolle der HERR gnädig sein
	18,22	n. vor diesem Altar sollt ihr Jes 36,7
2Ch	20,17	tretet n. hin und steht
Hi	1,12	n. an ihn selbst lege deine Hand nicht
	7,16	meine Tage sind n. noch ein Hauch 16,22
	12,12	bei den Großvätern n. soll Weisheit sein und Verstand n. bei den Alten
	13,20	n. zweierlei tu mir nicht
	22,2	n. sich selber nützt ein Kluger
	33,14	n. beachtet man's nicht
	35,14	harre n. seiner
	42,5	hatte von dir n. vom Hörensagen vernommen
Ps	62,6	sei n. stille zu Gott, meine Seele
	73,25	wenn ich n. dich habe, frage ich nichts
	90,10	ist doch n. vergebliche Mühe
	94,11	sie sind n. ein Hauch
	119,161	m. Herz fürchtet sich n. vor deinen Worten
Jes	2,22	von dem Menschen, der n. ein Hauch ist
	28,19	wird n. mit Entsetzen Offenbarung deuten
	45,14	werden flehen: N. bei dir ist Gott
Jer	6,14	heilen den Schaden n. obenhin 8,11
	23,23	bin ich n. ein Gott, der nahe ist
	30,5	n. Furcht ist da und kein Friede
Hag	2,6	n. noch eine kleine Weile, so werde ich
Sa	1,15	ich war n. ein wenig zornig
	13,8	n. der dritte Teil soll übrigbleiben
Jdt	5,25	das sind doch n. waffenlose Leute
	6,2	daß n. Nebukadnezar Gott ist
Sir	10,9	der Mensch, der n. Schmutz und Kot ist
	22,27	n. Schmähungen... verjagt jeden Freund
	28,5	er ist n. Fleisch und Blut
	37,25	mancher hält sich n. für sich selbst
1Ma	10,38	niemand untertan als n. dem Hohenpriester
Mt	14,36	n. den Saum s. Gewandes berühren Mk 6,56
	15,24	ich bin n. gesandt zu den verlorenen Schafen des Hauses Israel
	18,14	n. eines von diesen Kleinen verloren werde
	19,11	dies Wort fassen n. die, denen es gegeben ist
	17	gut ist n. Einer
	20,12	diese letzten haben n. eine Stunde gearbeitet
Lk	10,22	weiß, wer der Sohn ist, als n. der Vater
	13,23	meinst du, daß n. wenige selig werden
	24,12	sah n. die Leinentücher
Jh	7,49	n. das Volk tut's, das nichts vom Gesetz weiß
	10,10	ein Dieb kommt n., um zu stehlen
Apg	5,2	brachte n. einen Teil und legte ihn den Aposteln zu Füßen
	10,26	steh auf, ich bin auch n. ein Mensch
	15,28	keine Last als n. diese notwendigen Dinge
	18,25	wußte n. von der Taufe des Johannes
	19,27	droht nicht n. unser Gewerbe in Verruf zu geraten
Rö	4,12	wenn sie nicht n. beschnitten sind, sondern
	9,8	n. die Kinder der Verheißung werden als seine Nachkommenschaft anerkannt
1Ko	8,6	so haben wir doch n. einen Gott
Gal	1,23	sie hatten n. gehört
	3,21	n., wenn ein Gesetz gegeben wäre, das
	4,18	immer und nicht n. in meiner Gegenwart
Kol	2,17	das alles ist n. ein Schatten des Zukünftigen
1Ti	5,13	nicht n. faul sind sie, sondern auch
	23	trinke nicht mehr n. Wasser
Phm	9	um der Liebe willen doch n. bitten
Heb	8,5	sie dienen n. dem Abbild des Himmlischen
	9,7	ging n. einmal im Jahr allein der Hohepriester
	10	sind n. äußerliche Satzungen über Speise
	24	das n. ein Abbild des wahren Heiligtums ist
	10,1	das Gesetz hat n. einen Schatten von den zukünftigen Gütern
	3	geschieht n. eine Erinnerung an die Sünden
	37	n. noch eine kleine Weile
	11,13	haben das Verheißene n. von ferne gesehen

Nuß

1Mo	43,11	bringt Geschenke hinab, N. und Mandeln

Nußgarten

Hl	6,11	ich bin hinabgegangen in den N.

Nüster

Hi	41,12	aus seinen N. fährt Rauch

Nutz, Nutzen

Ps	104,14	lässest wachsen Saat zu N. den Menschen
Pr	5,9	wird keinen N. davon haben
Jes	30,5	weder zur Hilfe noch sonst zu N.
Wsh	6,27	so werdet ihr N. haben
Sir	7,24	bringt dir's N., so behalte es
	20,3	wer's mit Dank annimmt, dem bringt's N.
	37,8	einige raten zu ihrem eignen N. 25
	26	schafft mit seinem Rat bleibenden N.
Lk	9,25	welchen N. hätte der Mensch
1Ko	7,35	das sage ich zu eurem eigenen N.
	11,17	daß ihr nicht zu eurem N. zusammenkommt
	12,7	in einem jeden... der Geist z. N. aller
Heb	6,8	wenn sie Disteln trägt, keinen N.
	13,9	Speisegebote, von denen keinen N. haben, die
Jud	16	um ihres N. willen schmeicheln sie den Leuten

nütze

Hi	15,3	dein Reden ist nichts n.
Ps	60,13	denn Menschenhilfe ist nichts n. 108,13
Spr	19,2	da ist auch Eifer nichts n.
Jes	44,9	woran ihr Herz hängt, das ist nichts n. 10; 57,12
Jer	7,8	Lügenworte, die zu nichts n. sind
	23,32	obgleich (die Propheten) nichts n. sind
Wsh	4,3	die Menge der Gottlosen ist nichts n.
Mt	5,13	es ist zu nichts mehr n. *Lk 14,35*
Jh	6,63	das Fleisch ist nichts n.
Rö	2,25	*die Beschneidung ist wohl n.*
1Ko	13,3	so wäre mir's nichts n.
	14,6	*was wäre ich euch n.*
2Ko	12,1	*wenn's auch nichts n. ist*
1Ti	4,8	*die Frömmigkeit ist n. zu allen Dingen n.*
2Ti	2,14	*was zu nichts n. ist, als zu verwirren*
	3,16	*alle Schrift ist n. zur Lehre*
Tit	3,8	*solches ist gut und n. den Menschen*
Phm	11	*jetzt aber dir und mir wohl n. ist*
Heb	6,8	*so ist (die Erde) nichts n.*
	7,18	*darum daß es nicht n. war*

nutzen, nützen

1Sm	12,21	sie n. nicht und können nicht erretten
Hi	21,15	was n. es uns, wenn wir ihn anrufen 34,9
	22,2	kann ein Mann Gott etwas n.? Nur sich selber n. ein Kluger
	35,3	was n. (meine Gerechtigkeit) mir
Ps	30,10	was n. dir mein Blut, wenn ich zur Grube
Spr	11,17	ein barmherziger Mann n. auch sich selber
Jes	30,5	Volk, das ihnen nichts n. kann 6
Mal	3,14	was n. es, daß wir sein Gebot halten
Sir	3,23	es n. dir gar nichts, wenn du gaffst
	18,7	was kann er n. oder schaden
	20,14	das Geschenk des Narren wird dir nicht n.
	30,19	was n. einem Götzen das Opfermahl
	42,26	so geordnet, daß eins dem andern n.
2Ma	4,32	daß er diese Gelegenheit n. müßte
Rö	2,25	die Beschneidung n. etwas, wenn du
	3,1	was n. die Beschneidung
1Ko	7,21	kannst du frei werden, so n. es um so lieber
	14,6	was würde ich euch n., wenn ich nicht
2Ko	12,1	wenn es nichts n., so will ich doch
Gal	5,2	so wird euch Christus nichts n.
Tit	3,8	das ist gut und n. den Menschen

nützlich

1Sm	19,4	sein Tun ist dir sehr n.
	25,15	die Männer sind uns doch sehr n. gewesen
Pr	6,12	was dem Menschen n. ist im Leben
Wsh	8,7	nichts N. gibt es im Leben
	13,11	Gerät, das für den Gebrauch im Leben n. ist
Sir	13,5	solange du dem Reichen n. bist
Bar	6,59	besser, ein n. Hausrat zu sein
2Ma	12,12	wie sie ihm in vielem n. sein könnten
Apg	20,20	ich habe euch nichts vorenthalten, was n. ist
2Ko	8,10	das ist euch n.
2Ti	4,11	Markus ist mir n. zum Dienst
Phm	11	der dir früher unnütz war, jetzt aber n.
Heb	6,7	die Erde, die n. Frucht trägt denen, die

nutzlos

Tob	2,22	da sieht man, daß deine Hoffnung n. war
Bar	6,16	wie ein Gefäß n. ist, wenn es zerbrochen
Heb	7,18	aufgehoben – weil es zu schwach und n. war
Jak	2,20	daß der Glaube ohne Werke n. ist

Nympha

Kol	4,15	grüßt die N. und die Gemeinde

O

O

Off	1,8	ich bin das A und das O 21,6; 22,13

ob

1Mo	27,12	als ob ich ihn betrügen wollte
	21	ob du mein Sohn Esau bist
2Mo	16,4	ob es in meinem Gesetz wandle
4Mo	11,23	sollst sehen, ob sich mein Wort erfüllt
5Mo	4,32	frage, ob je so Großes geschehen 34
Hi	5,1	rufe doch, ob einer dir antworten
Ps	23,4	ob ich schon wanderte im finstern Tal
Jer	20,10	lauern, ob ich nicht falle
Jo	2,14	wer weiß, ob es ihn nicht wieder gereut
Mt	6,27	ob er gleich darum sorget Lk 12,25
	21,32	ob ihr's wohl sahet Lk 8,10
Lk	3,15	ob (Johannes) vielleicht der Christus wäre
	6,7	ob er auch am Sabbat heilen würde
	9,25	ob er die ganze Welt gewönne
	13,9	ob er doch noch wollte Frucht bringen
	18,4	ob ich mich schon vor Gott nicht fürchte
Jh	4,29	seht, ob er nicht der Christus sei
	7,17	ob diese Lehre von Gott ist oder ob ich von mir selbst aus rede
	11,25	wird leben, ob er gleich stürbe
1Ko	4,15	ob ihr gleich 10.000 Zuchtmeister hättet
2Ko	4,16	ob auch unser äußerlicher Mensch verfällt
	5,16	ob wir auch Christus früher ... erkannt
	8,8	Liebe, ob sie rechter Art sei
	9	ob er wohl reich ist, ward er doch arm
	10,3	ob wir wohl im Fleisch wandeln
	11,6	ob ich schon ungeschickt bin in der Rede
	13,4	ob er wohl gekreuzigt aus Schwachheit
Gal	4,1	ob er wohl Herr ist aller Güter
Phl	2,6	ob er wohl in göttlicher Gestalt war
	17	ob ich auch geopfert werde
	3,12	ob ich's wohl ergreifen könnte
Kol	2,5	ob ich wohl leiblich ferne bin
1Th	2,2	ob wir gleich zuvor gelitten hatten
2Ti	2,25	ob ihnen Gott vielleicht Buße gebe
1Pt	3,14	ob ihr auch leidet um Gerechtigk. willen
1Jh	2,1	ob jemand sündigt

Obadja

Ob	1	dies ist es, was O. geschaut hat
		weitere Träger ds. Namens
		1Kö 18,3-16/ 1Ch 3,21/ 7,3/ 8,38; 9,44/ Neh 12,25 (= Abda 2)/ 1Ch 12,10/ 27,19/ 2Ch 17,7/ 34,12/ Esr 8,9/ Neh 10,6

Obal

1Mo	10,28	(Joktan zeugte) O. 1Ch 1,22

Obdach

Jes	4,6	Zuflucht und O. vor dem Wetter und Regen
	58,7	die ohne O. sind, führe ins Haus

Obed

Rut	4,17	¹sie nannten ihn O. 21.22; 1Ch 2,12; Mt 1,5; Lk 3,32
1Ch	2,37	²Eflal zeugte O. 38
	11,47	³(die streitbaren Helden:) O.
	26,7	⁴Söhne Schemajas: O.
2Ch	23,1	⁵Asarja, dem Sohn O.

Obed-Edom

2Sm	6,10	¹ließ (die Lade) bringen ins Haus O. 11.12; 1Ch 13,13.14; 15,25
1Ch	15,18	²Brüder der 2. Ordnung: O. 21; 16,5
	15,24	³O. und Jehia waren Torhüter bei der Lade 16,38; 26,4.8.15; 2Ch 25,24

oben

1Mo	22,9	legte ihn auf den Altar o. auf das Holz
	27,39	ohne Tau des Himmels von o. her
	28,13	der HERR stand o. darauf

oben

1Mo	42,27	sein Geld, das o. im Sack lag 43,21; 44,1.2.8
	49,25	seist gesegnet mit Segen o. vom Himmel
2Mo	19,20	herniedergekommen, o. auf seinen Gipfel
	20,4	Bildnis, weder von dem, was o. 5Mo 5,8
	25,20	sollen ihre Flügel nach o. ausbreiten 37,9; 1Ch 28,18; Hes 1,11.22
	21	den Gnadenthron o. auf die Lade tun 40,20
	37	sollst sie o. anbringen 26,24; 28,27.32; 36,29; 39,20.23.31; 4Mo 4,6; 1Kö 7,16.17.20.22.35.41; 2Ch 3,15.16; 4,4.12.13; Hes 41,7; 43,15
	40,19	*(Mose) legte die Decke o. darauf
3Mo	1,7	die Priester sollen Holz o. darauf legen 6,5; 8,28; 9,14
4Mo	20,28	Aaron starb dort o.
5Mo	4,39	daß der HERR Gott ist o. im Himmel Jos 2,11; Ps 113,6
Jos	3,13	Wasser, das von o. herabfließt 16
Ri	6,26	baue o. auf der Höhe einen Altar
2Kö	4,10	laß uns ihm eine Kammer o. machen 11
	12,10	bohrte o. ein Loch hinein
	19,30	wird von neuem o. Frucht tragen Jes 37,31
1Ch	14,15	das Rauschen o. in den Bakabäumen
2Ch	34,4	die Rauchopfersäulen o. darauf hieb er ab
Neh	12,31	ließ die Oberen o. auf die Mauer 38
Hi	18,16	o. verwelken seine Zweige
	28,5	auf der doch o. das Brot wächst
	31,2	was gäbe sonst mir Gott als Teil von o.
Ps	72,16	stehe das Getreide bis o. auf den Bergen
	104,13	du feuchtest die Berge von o. her
Spr	9,3	zu rufen o. auf den Höhen der Stadt
	23,34	wie einer, der o. im Mastkorb liegt
Jes	38,14	meine Augen sehen verlangend nach o.
	45,8	träufelt, ihr Himmel, von o.
Jer	31,37	wenn man den Himmel o. messen könnte
	43,10	will seinen Thron o. auf d. Steine setzen
Hes	6,13	mitten unter ihren Götzen, o. auf allen Hügeln und o. auf allen Bergen Hos 4,13
	10,19	die Herrlichkeit war o. über ihnen 11,22
	17,22	will o. ein zartes Reis brechen
Am	1,2	daß der Karmel o. verdorren wird 9,3
	2,9	ich vertilgte o. seine Frucht
Sa	4,2	ein Leuchter mit einer Schale o. darauf
	5,8	warf den Deckel o. auf die Öffnung
Sir	37,18	Wächter, die o. auf der Warte sitzen
Bar	6,63	das Feuer, das von o. her gesandt ist
2Ma	2,1	sie sollten... verstecken, wie o. berichtet
	4,23	Menelaus, den Bruder des o. genannten
Mt	2,9	*der Stern stand o. über*
	27,37	o. über sein Haupt setzten sie eine Aufschrift Mk 15,26
	51	der Vorhang im Tempel zerriß von o. an bis unten aus Mk 15,38
Lk	17,24	wie der Blitz o. vom Himmel blitzt
Jh	3,31	der von o. her kommt, ist über allen
	8,23	ihr seid von unten her, ich bin von o. her
	19,11	wenn es dir nicht von o. her gegeben wäre
	23	ungenäht, von o. an gewebt in einem Stück
Apg	2,19	ich will Wunder tun o. am Himmel
Heb	9,5	o. darüber waren die Cherubim der Herrlichkeit
Jak	1,17	alle gute Gabe kommt von o. herab
	3,15	die Weisheit, die von o. herabkommt 17
Off	20,3	verschloß ihn und setzte ein Siegel o. darauf

obenan

1Mo	6,16	ein Fenster sollst du daran machen o.
1Sm	9,22	Samuel setzte sie o.
1Kö	21,9	setzt Nabot o. im Volk 12
Est	1,14	die o. saßen im Königreich

Hi	29,25	so mußte ich o. sitzen
Mt	23,6	sitzen gern o. bei Tisch Mk 12,39; Lk 20,46
	27,51	*der Vorhang zerriß von o. Mk 15,38*
Lk	11,43	ihr sitzt gern o. in den Synagogen
	14,7	wie sie suchten, o. zu sitzen
	8	wenn du geladen bist, so setze dich nicht o.
Jh	2,7	sie füllten sie bis o.

obenauf

1Mo	43,12	Geld, das ihr o. in euren Säcken... habt
Klg	1,5	ihre Widersacher sind o.

obendarauf, obendrauf

2Mo	40,19	legte die Decke des Zeltes o.
1Kö	7,25	das Meer stand o. 43

obendrüber

4Mo	4,25	Decke von Dachsfellen, die o. ist
Heb	9,5	*o. waren die Cherubim der Herrlichkeit*

obenher

1Kö	8,7	Cherubim bedeckten die Lade von o. 2Ch 5,8

obenhin

Jer	6,14	heilen den Schaden nur o. 8,11

Oberägypten

Tob	8,3	der Engel band ihn fest in der Wüste von O.

oberer

2Mo	12,7	sollen die o. Schwelle damit bestreichen
	39,16	hefteten Ringe an die o. Ecken der Tasche
5Mo	24,6	nicht zum Pfande nehmen den o. Mühlstein
Jos	15,19	gab ihr die o. und unt. Quellen Ri 1,15
	16,5	bis zum o. Bet-Horon 2Ch 8,5
2Kö	15,35	baute das o. Tor 2Ch 23,20; 27,3; Hes 9,2
	18,17	Wasserleitung des o. Teiches Jes 7,3; 36,2
2Ch	32,30	Hiskia, der o. Wasserquelle verschloß
Neh	3,25	baute gegenüber dem o. Turm
Jer	20,2	schloß ihn in den Block am o. Benjamintor
	36,10	las vor... im o. Vorhof
Hes	41,7	von dem untern zum o. 42,5.6; 43,17
1Ma	3,37	der König zog in die o. Länder 2Ma 9,23.25
Apg	19,1	*Paulus durchwanderte das o. Land*

Oberer

4Mo	25,4	nimm alle O. des Volks und hänge sie auf
Ri	8,6	die O. von Sukkot sprachen 14; 10,18
1Kö	21,8	sandte (Briefe) zu den O., die mit Nabot 11
1Ch	22,17	David gebot allen O. Israels 23,2; 28,1; Esr 8,20
	24,6	schrieb sie auf vor den O.
2Ch	17,7	sandte seine O., daß sie lehren sollten
	21,4	erschlug einige O. in Israel 22,8; 24,23
	23,13	die O. um (Joasch) 24,10.17
	28,21	obwohl Ahas die Häuser der O. plünderte
	29,20	Hiskia versammelte die O. der Stadt 30; 30,2. 6.12; 31,8
	30,24	die O. spendeten 35,8; Esr 8,25
	36,14	auch alle O. Judas versündigten sich
	18	die Schätze seiner O. nach Babel

Esr	7,28	der mir die Gunst aller O. zugewandt
	9,1	traten die O. zu mir 2; 10,8
	10,14	unsere O. sollen die Gemeinde vertreten
Neh	10,15	(sollen unterschreiben) die O.
	11,1	die O. des Volks wohnten in Jerusalem 3
	12,31	ließ die O. auf die Mauer steigen 32.38
Hi	29,9	die O. hörten auf zu reden
Jer	26,10	als das die O. von Juda hörten 11.12.16.21
	29,2	Jechonja mit den O. weggeführt Hes 17,12
	32,32	ihre O. (haben mir den Rücken zugekehrt)
	34,10	da hatten alle O. gehorcht
	21	seine O. will ich geben 19; 52,10
	35,4	die Halle, die neben der Halle der O. ist
	36,12	saßen alle O... samt andern 14.18.19.21
	37,14	ergriff Jeremia und brachte ihn zu den O. 15; 38,4.25.27
	44,17	wollen opfern, wie unsere O. getan 21
Hes	22,27	ihre O. sind wie reißende Wölfe Ze 3,3
Hos	3,4	werden die *Israeliten ohne O. bleiben
	5,10	die O. von Juda sind denen gleich, die
	7,3	sie erfreuen O. mit ihren Lügen
	5	da werden die O. toll vom Wein
	16	werden ihre O. durchs Schwert fallen
	8,4	sie setzen O. ein 10
	9,15	alle ihre O. sind abtrünnig
	13,10	gib mir einen König und O.
Am	1,15	wird ihr König samt seinen O. weggeführt
	2,3	will alle ihre O. samt ihm töten
Ze	1,8	will heimsuchen die O.
Bar	1,4	(Baruch las) vor den Ohren der O.
	16	(tragen Schande, wir) und unsre O.
	2,1	Wort, geredet gegen unsre Könige und O.
1Ma	1,27	die O. und Ältesten trauerten
	14,28	in der Versammlung des Volks und der O.
Lk	14,1	daß er in das Haus eines O. der Pharisäer kam
	18,18	es fragte ihn ein O.
	19,2	Zachäus, der war ein O. der Zöllner
	23,13	Pilatus rief die O. zusammen
	35	aber die O. spotteten und sprachen
	24,20	unsre O. zur Todesstrafe überantwortet
Jh	3,1	Nikodemus, einer von den O. der Juden
	7,26	sollten unsre O. erkannt haben, daß
	48	glaubt denn einer von den O. an ihn
	12,42	auch von den O. glaubten viele an ihn
Apg	3,17	aus Unwissenheit getan wie eure O.
	4,5	versammelten sich die O. in Jerusalem
	8	ihr O. des Volkes und ihr Ältesten
	13,27	die Einwohner von Jerusalem und ihre O.
	14,5	als sich ein Sturm erhob bei den Heiden und Juden und ihren O.
	16,19	schleppten (Paulus) vor die O. 17,6
	17,8	so brachten sie die O. der Stadt (auf)
	19,31	einige der O. der Provinz Asien sandten zu ihm

Oberfläche

Wsh	13,14	er färbt mit Schminke seine O. rot

Obergaliläa

Tob	1,1	Tobias, aus einer Stadt in O.

Obergemach

Ri	3,20	(Eglon) saß in dem kühlen O. 23.24
2Sm	19,1	ging hinauf in das O. 1Kö 17,19.23
2Kö	1,2	fiel durch das Gitter in seinem O.
	23,12	die Altäre auf dem Dach, dem O. des Ahas

1Ch	28,11	des Tempels O. 2Ch 3,9; Neh 3,31.32
Dan	6,11	hatte an seinem O. offene Fenster
Apg	1,13	stiegen sie hinauf in das O. des Hauses
	9,37	da wuschen sie sie und legten sie in das O.
	39	führten sie ihn hinauf in das O.
	20,8	es waren viele Lampen in dem O.

Obergewand

2Mo	28,4	(heilige) Kleider, die sie machen sollen: O. 31.34; 29,5; 39,22.25; 3Mo 8,7
1Ch	15,27	David hatte ein O. aus Leinen an
Sir	45,10	legte ihm das Untergewand und das O. an
Jh	13,4	da stand er vom Mahl auf, legte sein O. ab
	21,7	gürtete sich das O. um und warf sich ins Wasser

oberhalb

3Mo	11,21	was o. der Füße noch zwei Schenkel hat
1Kö	7,29	o. und unterhalb waren Kränze
Neh	3,28	o. des Roßtors bauten Priester 12,37-39
Hes	8,2	o. seiner Hüften war ein Glanz
	41,17	bis o. der Tür waren Schnitzereien 20

Oberhand

Ps	9,20	daß nicht Menschen die O. gewinnen
Spr	28,12	wenn die Gerechten O. haben, so ist
Klg	1,16	der Feind hat die O. gewonnen

Oberhaupt

Jdt	13,26	hat das O. aller Ungläubigen umgebracht

Oberhauptmann

Jh	18,12	*die Schar und der O. nahmen Jesus*
Apg	21,32	*da sie den O. sahen 33.37*
	22,24	*hieß ihn der O. in die Burg führen 26-29; 23,15-23*
	24,7	*Lysias, der O., kam dazu 22*

Oberhofmeister

Jer	39,3	Nergal-Sarezer, der O. 13

Oberkämmerer

Jer	39,3	Nebuschasban, der O. 13

Oberkleid

1Sm	2,19	machte ihm seine Mutter ein kleines O.
Hes	26,16	alle Fürsten werden ihre O. ablegen

Oberschwelle

2Mo	12,22	bestreicht damit die O. 23

Oberst

Apg	21,31	kam die Nachricht hinauf vor den O.
	32	als sie den O. sahen 33.37
	22,24	befahl der O., ihn in die Burg zu führen 26-29
	23,10	befürchtete der O., könnten Paulus zerreißen
	15	wirkt bei dem O. darauf hin
	17	führe diesen Mann zu dem O. 18.19.22.23
	24,22	wenn der O. Lysias herabkommt

oberster

oberster

1Mo	40,9	da erzählte der o. Schenk 20.21.23; 41,9
	16	als der o. Bäcker sah, daß 20.22; 41,10
	17	im o. Korbe allerlei Gebackenes
Ri	7,13	kehrte es um, das O. zu unterst
1Kö	9,23	die Zahl der o. Amtleute 2Ch 8,10
2Kö	25,18	nahm den o. Priester Seraja Jer 52,24
1Ch	9,26	die vier o. Torhüter
Esr	8,24	sonderte 12 der o. Priester aus 29; 10,5
Neh	2,8	an Asaf, den o. Aufseher
Dan	1,3	Aschpenas, seinen o. Kämmerer 7-9.11.18
1Ma	2,55	Josua wurde der o. Fürst in Israel
2Ma	10,11	Lysias, o. Befehlshaber in Cölesyrien
Apg	21,31	*kam vor den o. Hauptmann 23,10; 28,16*

Oberster

1Mo	37,36	Potifar, O. der Leibwache 39,1
	40,2	O. über die Schenken... O. über die Bäcker
	49,3	O. in der Würde und O. in der Macht
	4	sollst nicht der O. sein
2Mo	18,21	O. über tausend 25; 5Mo 1,15; 1Sm 18,13; 22,7; 1Ch 12,21; 15,25; 26,26; 27,1; 28,1; 29,6; 2Ch 1,2; 17,14.15; 25,5
	22,27	einem O. sollst du nicht fluchen Apg 23,5
	34,31	wandten sich zu ihm alle O. der Gemeinde
4Mo	25,14	Simri, der O. einer Sippe 18
Jos	9,15	die O. schworen es ihnen 14.18.19.21
	10,24	den O. des Kriegsvolks 2Kö 25,26
	17,4	traten vor die O. 22,21.30.32; 24,1
Ri	11,11	setzte (Jeftah) zum Haupt und O.
	20,2	traten zusammen die O. 1Sm 14,38
1Sm	22,2	(David) wurde ihr O.
	14	David, der O. deiner Leibwache
	29,3	da sprachen die O. der Philister 4.9
2Sm	5,8	der soll Hauptmann und O. sein 1Ch 11,6
	10,3	sprachen die O. der Ammoniter 1Ch 19,3
	19,7	daß dir nichts gelegen ist an den O.
	23,19	(Abischai) war ihr O. 1Ch 11,21
1Kö	8,1	versammelte alle O. der Sippen
	9,22	ließ sie sein 2Ch 8,9
	14,27	in die Hand der O. der Leibwache 2Ch 12,10
	15,20	Ben-Hadad sandte seine O. 2Ch 16,4
	16,9	der O. über die Kriegswagen 22,21-33; 2Kö 8,21; 2Ch 18,30-32; 21,9
2Kö	6,8	der König beriet sich mit seinen O. 11.12; 7,12.13; 2Ch 32,3
	10,1	Briefe zu den O. der Stadt
	24,12	ging zum König von Babel mit seinen O. 14
	25,8	Nebusaradan, der O. der Leibwache 10.11.15. 18.20; Jer 39,9-11.13; 40,1.2.5; 41,10; 43,6; 52,12.14-16.19.24.26.30
1Ch	15,16	O. der Leviten 5-10.22.27
	21,2	David sprach zu den O. des Volks 28,1
	24,5	O. im Heiligtum und O. vor Gott
	29,24	alle O. stellten sich unter Salomo
2Ch	12,5	kam der Prophet zu den O. Judas 6
	21,9	da zog Joram hin mit seinen O.
	26,11	unter dem Befehl Hananjas, eines der O.
	28,14	gaben die Beute frei vor den O.
	32,21	alle O. von Assur 33,11
Est	1,3	die O. in seinen Ländern 3,12; 8,9; 9,3
Jer	38,17	hinausgehen zu den O. von Babel 18.22; 39,3. 13
	41,1	einer von den O. des Königs
Hes	11,1	sah unter ihnen die O. im Volk
Dan	2,14	wandte sich Daniel an den O. der Leibwache
	48	setzte ihn zum O. über alle Weisen 4,6
Jdt	2,7	rief die O. des Heeres zusammen 5,1
	5,3	Achior, der O. aller Ammoniter
	6,10	Usija und Karmi, die O. in der Stadt
1Ma	3,55	setzte Anführer ein, O. über tausend
Mt	9,18	*da kam einer von den O. 23; Mk 5,22.35.36. 38; Lk 8,41.49*
	34	treibt die bösen Geister aus durch ihren O. 12,24; Mk 3,22; Lk 11,15
Mk	6,21	als Herodes ein Festmahl gab für die O.
Apg	23,5	dem O. deines Volkes sollst du nicht fluchen
1Pt	2,13	es sei dem König als dem O.
Off	6,15	die Großen und die O. verbargen sich

obgleich, obwohl

1Mo	48,14	o. Manasse der Erstgeborene war
5Mo	22,24	nicht geschrien, o. sie in der Stadt war
	28,47	o. du Überfluß hattest an allem
Jos	17,18	o. sie eiserne Wagen haben
	22,20	o. er nur ein einzelner Mann war
2Ch	23,21	blieb still, o. Atalja erschlagen war
	24,24	o. das Heer mit wenigen Männern kam
	28,21	o. Ahas die Häuser plünderte
	34,3	o. er noch jung war, Gott zu suchen
Neh	9,18	o. sie ein gegossenes Kalb machten
Hi	16,17	o. mein Gebet rein ist 34,6
Jes	45,4	o. du mich nicht kanntest 5
Jer	14,15	weissagen, o. ich sie nicht gesandt 23,32.38
	17,8	o. die Hitze kommt, fürchtet er sich nicht
	31,32	o. ich ihr Herr war
	32,25	o. doch die Stadt in die Hände
	33	o. ich sie stets lehren ließ
	36,25	o. Elnatan und... den König baten
Hes	24,13	o. ich dich reinigen wollte
	35,10	o. der HERR dort wohnt
Mt	21,32	o. ihr's saht, tatet ihr dennoch nicht Buße
	26,60	o. viele falsche Zeugen herzutraten
Jh	4,2	o. Jesus nicht selber taufte
	12,37	o. er solche Zeichen vor ihren Augen tat
	21,11	o. es so viele waren, zerriß das Netz nicht
Apg	7,5	o. er noch kein Kind hatte
	13,28	o. sie nichts an ihm fanden
	14,18	o. sie das sagten, konnten sie kaum
	28,4	o. er dem Meer entkommen ist
Rö	1,21	o. sie von Gott wußten, haben sie ihn nicht
	2,14	o. sie das Gesetz nicht haben
Gal	1,7	o. es kein andres (Evangelium) gibt
	6,3	meint, er sei etwas, o. er nichts ist
Phl	3,4	o. ich mich des Fleisches rühmen könnte
1Th	2	o. wir zuvor in Philippi gelitten hatten
Phm	8	o. ich in Christus volle Freiheit habe
1Pt	1,8	glaubt ihr an ihn, o. ihr ihn nicht seht
2Pt	2,19	o. sie selbst Knechte des Verderbens sind
Heb	5,8	o. er Gottes Sohn war, Gehorsam gelernt
	6,9	o. wir aber so reden, ihr Lieben
	7,5	o. auch diese von Abraham abstammen

Obhut

2Mo	22,9	wenn jemand Vieh in O. gibt
4Mo	1,50	sollen alle Geräte in ihre O. nehmen 3,8.25. 31.36; 2Ch 25,24
Hi	10,12	deine O. hat meinen Odem bewahrt
Spr	4,3	das einzige unter der O. meiner Mutter

Obil

1Ch	27,30	O., der Ismaeliter

Obot, Oboth

4Mo 21,10 lagerten sich in O. 11; 33,43.44

Obrigkeit

Jes	60,17	will zu deiner O. den Frieden machen
Mt	8,9	bin ein Mensch, der O. untertan Lk 7,8
Lk	12,11	wenn sie euch führen werden vor die O.
	58	*mit deinem Widersacher vor die O. gehst*
	20,20	damit man ihn überantworten könnte der O.
	23,7	*daß er unter des Herodes O. gehörte*
Rö	13,1	jedermann sei untertan der O. 2,3; Tit 3,1
	1	es ist keine O. außer von Gott
1Ko	15,24	*wenn er vernichtet haben wird alle O.*
1Ti	2,2	(Gebet) für die Könige und für alle O.

obsiegen

Rö 3,4 *daß du o., wenn man mit dir rechtet*

Obst

Am	8,1	da stand ein Korb mit reifem O. 2
Mi	7,1	geht mir wie einem, der O. pflücken will
1Ma	10,29	ich erlasse... die Hälfte vom O. 11,35
Off	18,14	das O., an dem deine Seele Lust hatte

Obstbaum

Neh 9,25 nahmen Häuser in Besitz, O.

Obsternte

Jes 32,10 wird auch keine O. kommen

obwohl s. obgleich

Ochran

4Mo 1,13 Pagiël, der Sohn O. 2,27; 7,72.77; 10,26

Ochse

5Mo	25,4	sollst dem O... nicht das Maul verbinden
		1Ko 9,9; 1Ti 5,18
Ps	106,20	verwandelten... in das Bild eines O.
Spr	14,4	die Kraft des O. bringt reichen Ertrag
	15,17	besser... als ein gemästeter O. mit Haß
Jes	1,3	ein O. kennt seinen Herrn
Sir	38,26	der die O. mit dem Stecken antreibt
Mt	22,4	meine O. und mein Mastvieh ist geschlachtet
Lk	13,15	bindet nicht jeder seinen O. los
	14,5	dem sein O. in den Brunnen fällt
	19	ich habe fünf Gespanne O. gekauft
Jh	2,14	die O., Schafe und Tauben feilhielten
	15	trieb sie zum Tempel hinaus samt den O.
Apg	14,13	der Priester Jupiters brachte O.
1Ko	9,9	sorgt sich Gott etwa um die O.
Heb	9,13	wenn der O. Blut sie heiligt

Ochsenstecken

Ri 3,31 erschlug 600 Philister mit einem O.

öde, Öde

Jes	34,11	wird das Bleilot werfen, daß es ö. sei
Jer	2,31	bin ich denn für Israel ö. Land
	4,23	das Land war wüst und ö. 50,12; 51,43
	9,11	verkündete, warum das Land ö. wird
	44,6	Gassen Jerusalems zur Ö. geworden Klg 1,4
Hes	6,14	will das Land ö. machen 12,20; 14,16; 29,9.10;
		32,15; 35,4.7; Mal 1,3
	36,4	so spricht Gott zu den ö. Trümmern
	35	diese Städte waren ö.
Ze	2,13	Ninive wird er ö. machen
Sir	49,8	die machten ihre Straßen ö.
1Ma	1,41	das Heiligtum wurde ö. wie die Wüste
Mt	14,15	die Gegend ist ö., und die Nacht bricht
		herein Mk 6,35
Apg	8,26	Straße, die von Jerusalem nach Gaza hinabführt und ö. ist

Oded

2Ch 15,1 ¹Asarja, den Sohn O. 8
 28,9 ²ein Prophet des HERRN, der hieß O.

Odem

1Mo	2,7	blies ihm den O. des Lebens in seine Nase
	6,17	zu verderben alles, darin O. ist 7,15.22
5Mo	20,16	sollst nichts leben lassen, was O. hat Jos 10,40; 11,11.14
2Sm	22,16	vor der O. seines Zornes Ps 18,16
1Kö	17,17	(so) krank, daß kein O. mehr in ihm blieb
Hi	4,9	durch den O. Gottes sind sie umgekommen
	10,12	deine Obhut hat meinen O. bewahrt
	19,17	mein O. ist zuwider meiner Frau
	27,3	solange noch mein O. in mir ist
	32,8	O. des Allmächtigen, der verständig macht
	33,4	der O. des Allmächtigen hat mir Leben
	34,14	wenn (Gott) seinen O. an sich zöge
	37,10	vom O. Gottes kommt Eis
	41,13	sein O. ist wie lichte Lohe Jes 30,33
Ps	104,29	nimmst du ihren weg ihren O., vergehen sie
	30	du sendest aus deinen O., so werden sie
	135,17	auch ist kein O. in ihrem Munde
	150,6	alles, was O. hat, lobe den HERRN
Pr	3,19	sie haben alle einen O.
	21	wer weiß, ob der O. der Menschen aufwärts fahre und der O. des Viehs hinab
Jes	11,4	mit dem O. seiner Lippen den Gottl. töten
	30,28	sein O. wie eine Wasserflut
	40,7	des HERRN O. bläst darein
	42,5	der dem Volk den O. gibt Sa 12,1
	59,19	Strom, den der O. des HERRN treibt
Hes	37,5	will O. in euch bringen 6.8-10.14
Dan	5,23	Gott, der deinen O. in seiner Hand hat
2Ma	7,22	O. habe ich euch nicht gegeben
	23	wird... euch den O. zurückgeben
Apg	17,25	da er doch selber jedermann O. gibt

Odomera

1Ma 9,66 (Jonatan) schlug O. und dessen Brüder

Ofel, Ophel

2Ch 27,3 an der Mauer des O. baute er viel 33,14
Neh 3,27 bauten bis an die Mauer des O. 26; 11,21

Ofen

1Mo	15,17	da war ein rauchender O. 19,28
2Mo	9,8	füllt eure Hände mit Ruß aus dem O. 10
3Mo	2,4	etwas im O. Gebackenes darbringen 7,9
	11,35	alles wird unrein, es sei O. oder Herd
	26,26	zehn Frauen sollen in einem O. backen

Ofen

5Mo	4,20	aus dem glühenden O., aus Ägypten, geführt 1Kö 8,51; Jer 11,4
Spr	17,3	wie der O. das Gold, so prüft 27,21
Klg	5,10	unsre Haut ist verbrannt wie in einem O.
Hes	22,18	sie alle sind... im O. 20.22
Dan	3,6	in den glühenden O. geworfen werden 11.15
	17	aus dem... O. kann er erretten 19-26
Mal	3,19	ein Tag, der brennen soll wie im O.
Sir	27,6	wie der O. die neuen Töpfe erprobt
	38,29	der in der Hitze des O. arbeitet 34
	43,4	ein Ofen erhitzt Werkstücke, bis sie glühen
StD	3,1	Asarja stand mitten im glühenden O. 22-27
	64	er hat uns befreit aus dem Ofen
Mt	6,30	Gras, das in den O. geworfen wird Lk 12,28
Off	1,15	seine Füße wie Golderz, das im O. glüht
	9,2	Rauch wie der Rauch eines großen O.

Ofenturm

Neh 3,11 bauten bis zum O. 12,38

offen

1Mo	13,9	steht dir alles Land o. 20,15; 34,10; 47,6
	42,9	gekommen zu sehen, wo das Land o. ist 12
4Mo	19,15	jedes o. Gefäß wird unrein
5Mo	3,5	außerdem sehr viele o. Städte
Jos	8,17	ließen die Stadt o. stehen
Ri	20,31	erschlugen auf o. Feld etwa 30 Mann
1Kö	8,29	laß deine Augen o. stehen 52; 2Ch 6,20.40; 7,15; Neh 1,6; Spr 20,13; Jer 32,19
Neh	4,7	stellte man sich auf an den o. Stellen
	6,5	sandte seinen Diener mit einem o. Brief
Ps	5,10	ihr Rachen ist ein o. Grab
	119,168	alle m. Wege liegen o. vor dir Spr 5,21
Spr	12,17	der sagt o., was recht ist
	15,11	Unterwelt u. Abgrund liegen o. vor dem HERRN
	25,28	ist wie eine o. Stadt ohne Mauern
	27,5	o. Zurechtweisung ist besser als Liebe
Jes	42,20	deine Ohren waren o., aber du
	60,11	deine Tore sollen stets o. stehen
Jer	6,16	seine Köcher sind wie o. Gräber
	17,16	was ich gepredigt habe, liegt o. vor dir
	32,11	ich nahm die o. Abschrift 14
Hes	23,18	als sie ihre Hurerei so o. trieb
	38,11	das Land überfallen, das o. daliegt
	46,2	das Tor soll o. bleiben bis zum Abend
Dan	6,11	er hatte o. Fenster nach Jerusalem
Sa	12,4	über Juda will ich meine Augen o. halten
	13,1	werden einen o. Quell haben gegen Sünde
Sir	4,36	deine Hand soll o. sein, wenn's ums Nehmen geht
	20,2	es ist besser, o. zu tadeln, als
	51,18	suchte ich o. und ehrlich die Weisheit
1Ma	12,42	fürchtete sich, o. etwas... zu unternehmen
Mk	8,32	er redete das Wort frei und o.
Jh	1,51	ihr werdet den Himmel o. sehen
	7,13	niemand redete o. über ihn aus Furcht
	26	siehe, er redet frei und o.
	18,20	ich habe frei und o. vor aller Welt geredet
Apg	7,56	ich sehe den Himmel o.
	9,27	wie er frei und o. gepredigt hätte 13,46; 14,3; 18,26; 19,8; 26,26
	27,5	wir fuhren durch das o. Meer
	12	Hafen auf Kreta, der gegen Südwest o. ist
Rö	3,13	ihr Rachen ist ein o. Grab
Phl	1,20	daß frei und o. Christus verherrlicht werde an meinem Leibe
Off	3,8	ich habe vor dir eine o. Tür

Off	10,8	nimm das o. Büchlein aus der Hand des Engels

offenbar

1Kö	8,24	erfüllt, wie es o. ist an diesem Tage
Ps	98,2	vor den Völkern macht er s. Gerechtigk. o.
	119,130	wenn dein Wort o. wird, so erfreut es
Spr	14,33	inmitten der Toren wird (Weisheit) o.
	26,26	dessen Bosheit wird o. werden
Jes	26,21	wird die Erde o. machen das Blut
Hes	21,29	weil euer Ungehorsam o. geworden
Wsh	16,21	d. Gabe machte o., wie freundlich du bist
Tob	12,8	Gottes Werke o. zu machen, bringt Ehre
Sir	17,17	alle ihre Sünden sind vor ihm o.
Bar	6,51	wird o. werden, daß sie nicht Götter sind
1Ma	14,28	ist jedem kund und o. gemacht worden
Mt	10,26	es ist nichts verborgen, was nicht o. wird Mk 4,22; Lk 8,17; 12,2
	12,16	gebot ihnen, daß sie ihn nicht o. machten Mk 3,12
Lk	2,35	damit vieler Herzen Gedanken o. werden
	17,30	Tage, wenn der Menschensohn wird o. werden
	19,11	das Reich Gottes werde sogleich o. werden
Jh	1,31	damit er Israel o. werde
	3,21	damit o. wird, daß seine Werke in Gott getan
	9,3	es sollen die Werke Gottes o. werden an ihm
Apg	4,16	*daß ein o. Zeichen geschehen ist*
	7,13	*ward dem Pharao Josefs Herkunft o.*
Rö	1,19	was man von Gott erkennen kann, ist unter ihnen o.
	8,19	wartet, daß die Kinder Gottes o. werden
1Ko	3,13	so wird das Werk eines jeden o. werden
	4,5	er wird auch das Trachten der Herzen o. machen
	11,19	die Rechtschaffenen unter euch o. werden
	14,25	was in seinem Herzen verborgen ist, würde o.
	15,27	so ist o., daß der ausgenommen ist, der
2Ko	3,3	ist o. geworden, daß ihr ein Brief Christi
	4,10	das Leben Jesu an unserm Leibe o. werde 11
	5,10	wir müssen alle o. werden vor dem Richterstuhl Christi
	11	vor Gott sind wir o.
	11	daß wir auch vor eurem Gewissen o. sind
	7,12	damit euer Mühen für uns o. werde
Gal	3,11	daß durchs Gesetz niemand gerecht wird vor Gott, ist o.
	5,19	o. sind die Werke des Fleisches
Eph	5,13	das alles wird o., wenn's vom Licht aufgedeckt wird 14
Phl	1,13	das ist im ganzen Prätorium o. geworden
Kol	4,4	damit ich es o. mache, wie ich es sagen muß
1Ti	4,15	damit dein Fortschreiten allen o. werde
	5,24	bei einigen Menschen sind die Sünden o. 25
2Ti	3,9	ihre Torheit wird jedermann o. werden
1Pt	1,5	Seligkeit, die o. werden wird zu der letzten Zeit
1Jh	2,19	o. werden, daß sie nicht alle von uns sind
	3,2	es ist noch nicht o. geworden, was wir sind
	10	daran wird o., welche die Kinder Gottes sind
Heb	7,14	o., daß unser Herr aus Juda hervorgegangen
Off	3,18	damit die Schande d. Blöße nicht o. werde
	15,4	deine gerechten Gerichte sind o. geworden

offenbaren

1Mo 35,7 weil Gott sich ihm daselbst o. hatte

öffentlich

2Mo	6,3	mit „HERR" habe ich mich ihnen nicht o.
5Mo	3,24	hast angefangen, zu o. deine Herrlichkeit
	29,28	was o. ist, gilt uns und unsern Kindern
1Sm	2,27	habe mich o. dem Hause deines Vaters
	3,7	des HERRN Wort war ihm noch nicht o. 15.21
Spr	14,29	wer ungeduldig ist, o. seine Torheit
Jes	22,14	meinen Ohren ist vom HERRN Zebaoth o.
	40,5	die Herrlichk. des HERRN soll so. werden
	52,10	der HERR hat o. seinen heiligen Arm 53,1
	56,1	meine Gerechtigkeit, daß sie o. werde
Klg	2,14	haben dir deine Schuld nicht o.
Dan	2,19	wurde Daniel dies Geheimnis o. 22.23.28-30. 47; 5,12.16; 10,1
Am	3,7	er o. denn seinen Ratschluß den Propheten
Jdt	10,14	um ihm ihre Geheimnisse zu o.
	11,13	das ist mir durch Gottes Vorsehung o.
Tob	12,11	so will ich euch die Wahrheit o.
Sir	1,37	(damit nicht) der Herr deine Gedanken o.
	4,21	(so wird sie) ihm ihre Geheimnisse o.
	17,10	hat ihnen die Ordnungen seines Rechts o.
	19,8	o. es nicht, wenn du es verschweigen kannst
	42,20	er o., was verborgen ist
Bar	3,27	noch ihnen den Weg der Erkenntnis o.
	4,4	Gott hat uns seinen Willen o.
	5,3	Gott wird deinen Glanz o.
Mt	11,25	du hast es den Unmündigen o. Lk 10,21
	27	kennt den Vater... wem es der Sohn o. will Lk 10,22
	16,17	Fleisch und Blut haben dir das nicht o.
Mk	16,12	danach o. er sich in anderer Gestalt 14; Jh 21,1.14
Jh	1,31	damit er Israel o. werde, bin ich gekommen
	2,11	er o. seine Herrlichkeit
	7,4	willst du das, so o. dich vor der Welt
	12,38	wem ist der Arm des Herrn o.
	14,21	ich werde ihn lieben und mich ihm o. 22
	17,6	ich habe deinen Namen den Menschen o. 26
Rö	1,17	wird o. die Gerechtigkeit, die vor Gott gilt
	18	Gottes Zorn wird vom Himmel her o.
	19	Gott hat es ihnen o.
	3,21	die Gerechtigkeit, die vor Gott gilt, o.
	8,18	Herrlichkeit, die an uns o. werden 1Pt 5,1
	16,26	o. ist durch die Schriften der Propheten 25
1Ko	2,10	uns hat es Gott. durch seinen Geist
	3,13	mit Feuer wird er sich o.
	12,7	in einem jeden o. sich der Geist
2Ko	2,14	Gott, der o. den Wohlgeruch seiner Erkenntnis
Gal	1,16	daß er seinen Sohn o. in mir
	3,23	Glauben, der o. werden sollte
Eph	3,5	wie es jetzt o. ist seinen Aposteln Kol 1,26
Phl	3,15	so wird euch Gott auch das o.
Kol	3,4	wenn Christus sich o. wird 2Th 1,7; 1Pt 1,7
2Th	2,3	muß der Mensch der Bosheit o. werden 6.8
1Ti	3,16	er ist o. im Fleisch
2Ti	1,10	jetzt aber o. ist durch die Erscheinung
Tit	1,3	zu seiner Zeit hat er sein Wort o.
1Pt	1,12	ihnen ist o. worden, daß sie nicht sich selbst
	20	er ist o. am Ende der Zeiten
1Jh	2,28	wenn er o. wird, Zuversicht haben
Heb	9,8	daß der Weg ins Heilige noch nicht o. sei

Offenbarung

1Mo	15,1	das Wort des HERRN kam in einer O. 46,2
4Mo	24,4	der des Allmächtigen O. sieht 16
1Sm	3,1	es gab kaum noch O.
Spr	29,18	wo keine O. ist, wird das Volk wild
Jes	1,1	dies ist die O., die Jesaja geschaut hat
Jes	8,16	ich soll verschließen die O.
	20	hin zur Weisung und hin zur O.
	21,2	mir ist eine harte O. angezeigt
	28,9	wem will er O. zu verstehen geben
	19	da wird man nur mit Entsetzen O. deuten
	29,11	sind euch alle O... versiegelt
Jer	14,14	sie predigen euch falsche O.
Hes	7,26	werden O. bei den Propheten suchen
	12,24	soll keine falsche O. mehr geben
Hos	12,11	ich bin's, der viel O. gibt
Apg	2,20	ehe der große Tag der O. des Herrn kommt
Rö	2,5	Tag der O. des gerechten Gerichtes Gottes
1Ko	1,7	wartet nur auf die O. unseres Herrn
	14,6	redete in Worten der O.
	26	wenn ihr zusammenkommt, hat jeder eine O.
	30	einem, der dabeisitzt, eine O. zuteil wird
2Ko	4,2	durch O. der Wahrheit empfehlen wir uns
	12,1	so will ich kommen auf O. des Herrn
	7	mich wegen der hohen O. nicht überhebe
Gal	1,12	ich habe es empfangen durch O. Jesu
	2,2	ich zog hinauf aufgrund einer O.
Eph	1,17	daß Gott euch gebe den Geist der O.
	3,3	durch O. ist mir das Geheimnis kundgemacht
2Th	2,2	*weder durch eine O. im Geist noch*
1Pt	1,13	Gnade, der euch angeboten wird in der O. Jesu Christi
	4,13	damit ihr auch zur Zeit der O. seiner Herrlichkeit Freude haben mögt
Off	1,1	die O. Jesu Christi, die ihm Gott gegeben hat

offenkundig

2Ma	14,15	Gott, der den Seinen immer o. hilft
Apg	4,16	daß ein o. Zeichen durch sie geschehen ist
Gal	5,19	o. sind die Werke des Fleisches

offenstehen

Apg	16,27	sah die Türen des Gefängnisses o.

öffentlich

Spr	8,2	ö. am Wege steht (die Weisheit)
Jer	2,2	predige ö. der Stadt Jerusalem
Dan	11,20	wird umgebracht, weder ö. noch im Kampf
Sir	1,37	(damit nicht) der Herr dich ö. stürzt
	23,30	dieser Mann wird ö. bestraft werden
1Ma	1,58	damit man ö. auf dem Markt räucherte
	11,12	(Ptolemäus) zeigte seinen Haß auch ö.
	37	damit man sie auf einem ö. Platz ausstellt
	14,22	in unser ö. Stadtbuch schreiben lassen
2Ma	13,26	da trat Lysias ö. auf und entschuldigte
	15,35	ö. Zeichen dafür, daß der Herr geholfen
Mk	1,45	daß Jesus nicht mehr ö. in eine Stadt gehen
Jh	7,4	niemand tut etwas im Verborgenen und will doch ö. etwas geben
	10	ging auch er hinauf, nicht ö.
	11,54	*Jesus wandelte nicht mehr ö.*
	18,20	*ich habe frei ö. geredet*
Apg	5,18	warfen (die Apostel) in das ö. Gefängnis
	13,46	*Paulus und... sprachen frei ö. 14,3*
	16,37	sie haben uns ohne Recht und Urteil ö. geschlagen
	18,26	fing an, frei ö. zu predigen 19,8
	28	er erwies ö. durch die Schrift
	19,19	die Bücher verbrannten sie ö.
	20,20	gelehrt hätte, ö. und in den Häusern
2Ko	8,24	erbringt den Beweis eurer Liebe ö.

öffentlich

Gal 2,14 sprach ich zu Kephas ö. vor allen
Kol 2,15 er hat die Gewalten ö. zur Schau gestellt

öffnen (s.a. Augen auftun)

Ri 4,19 da ö. (Jaël) den Schlauch mit Milch
2Sm 7,27 das Ohr deines Knechtes geö. 1Ch 17,25
Hi 12,22 er ö. die finstern Schluchten
33,16 da ö. er das Ohr der Menschen 36,10.15
Ps 105,41 er ö. den Felsen
Jes 35,5 dann werden die Ohren der Tauben geö.
41,18 will Wasserbäche auf den Höhen ö.
45,1 damit vor ihm Türen geö. werden
48,8 dein Ohr war damals nicht geö.
50,5 Gott der HERR hat mir das Ohr geö.
Jer 50,26 ö. seine Kornhäuser
Hes 37,13 wenn ich eure Gräber ö.
Nah 2,7 werden d. Tore an den Wassern geö. 3,13
Wsh 10,21 die Weisheit ö. den Mund der Stummen
Sir 8,22 ö. dein Herz nicht jedem
1Ma 10,76 die Einwohner ö. die Tore 11,2
2Ma 1,16 ö. sie die geheime Tür in der Decke
Lk 24,32 als er auf dem Wege uns die Schrift ö. 45
Jh 19,34 der Kriegsknechte einer ö. seine Seite
Apg 5,23 als wir ö., fanden wir niemanden darin
16,26 sogleich ö. sich alle Türen

Öffnung

2Mo 28,32 eine Ö. und eine Borte um die Ö. 39,23
Hes 40,11 er maß die Weite der Ö. 13.14
Dan 6,18 Stein, den legten sie vor die Ö. der Grube
Sa 5,8 warf den Deckel oben auf die Ö.
Mk 2,4 deckten das Dach auf und machten eine Ö.

Ofir, *Ophir*

1Mo 10,29 ¹(Joktan zeugte) O. 1Ch 1,23
1Kö 9,28 ²kamen nach O. und holten dort Gold 10,11; 22,49; 2Ch 8,18; 9,10
Hi 22,24 wirf zu den Steinen das Gold von O.
28,16 ihr gleicht nicht Gold von O.
Ps 45,10 die Braut steht in Goldschmuck aus O.
Jes 13,12 ein Mensch wertvoller als Goldstücke aus O. (= Ufas)

Ofirgold, *Ophirgold*

1Ch 29,4 dreitausend Zentner O.

Ofni, *Ophni*

Jos 18,24 (Städte des Stammes Benjamin:) O.

Ofra, *Ophra*

Jos 18,23 ¹(Städte des Stammes Benjamin:) O. 1Sm 13,17 (= Ephraim 3)
Ri 6,11 ²Engel setzte sich unter die Eiche bei O.
24 der (Altar) steht noch in O. 8,27
8,32 Gideon wurde begraben in O. 9,5
1Ch 4,14 ³Meonotai zeugte O.

oft

1Kö 22,16 wie o. soll ich dich beschwören 2Ch 18,15
Hi 16,2 habe das schon o. gehört
21,17 wie o. geschieht's denn
Ps 19,13 wer kann merken, wie o. er fehlt
78,38 (Gott) wandte o. seinen Zorn ab
78,40 wie o. trotzten sie ihm in der Wüste
129,1 haben mich o. bedrängt von m. Jugend auf 2
Jes 59,12 wir sind zu o. von dir abgefallen
Sir 5,4 denke nicht: Ich habe schon o. gesündigt
18,17 ein Wort ist o. wichtiger als eine gr. Gabe
19,16 o. entfährt einem ein Wort, das
20,1 es tadelt einer o. seinen Nächsten zur Unzeit
19 wie o. wird er verspottet
23,12 wer o. schwört, sündigt o. 11
34,13 o. bin ich in Todesgefahr gekommen
41,19 man schämt sich o... und billigt o.
1Ma 16,2 daß Israel o. errettet worden ist 2Ma 15,8
Mt 17,15 fällt o. ins Feuer und o. ins Wasser Mk 9,22
18,21 wie o. muß ich meinem Bruder vergeben
23,37 wie o. habe ich deine Kinder versammeln wollen Lk 13,34
Mk 5,4 er war o. mit Fesseln gebunden gewesen
Lk 5,33 die Jünger des Johannes fasten o. und beten
Jh 18,2 versammelte sich o. dort mit seinen Jüngern
Apg 24,26 ließ er ihn o. kommen und besprach sich
26,11 zwang ich sie o. zur Lästerung
Rö 1,13 mir o. vorgenommen, zu euch zu kommen
1Ko 16,12 daß ich ihn o. ermahnt habe, zu kommen
2Ko 8,22 dessen Eifer wir o. in vielen Stücken erprobt
11,23 ich bin o. gefangen gewesen, ich bin o. in Todesnöten gewesen
26 ich bin o. gereist
Phl 3,18 leben so, daß ich euch o. gesagt habe
1Ti 5,23 nimm Wein dazu, weil du o. krank bist
2Ti 1,16 hat mich o. erquickt und sich nicht geschämt
Heb 6,7 die den Regen trinkt, der o. auf sie fällt
9,26 o. leiden müssen vom Anfang der Welt an

oftmals

Ps 106,43 er rettete sie o.
Pr 7,22 daß du andern auch o. geflucht hast
Heb 9,25 nicht, um sich o. zu opfern
10,11 und bringt o. die gleichen Opfer dar

Og

4Mo 21,33 Og, der König von Baschan 32,33; 5Mo 1,4; 3,1.3.4.10.11.13; 4,47; 29,6; 31,4; Jos 2,10; 9,10; 12,4; 13,12.30.31; 1Kö 4,19; Neh 9,22; Ps 135,11; 136,20

Ohad

1Mo 46,10 Söhne Simeons: O. 2Mo 6,15

Oheim

3Mo 10,4 Mose rief die Söhne Usiëls, des O. Aarons
20,20 mit der Frau seines O. Umgang... hat seinen O. geschändet
25,49 (soll ihn einlösen) sein O.
4Mo 36,11 heirateten die Söhne ihrer O.
1Sm 10,14 es sprach aber Sauls O. zu ihm 15.16
14,50 Sohn Ners, der Sauls O. war
2Kö 24,17 machte Mattanja, Jojachins O., zum König
1Ch 27,32 Jonatan, Davids O., war Ratgeber
Est 2,7 Ester, einer Tochter seines O. 15
Jer 32,7 Hanamel, der Sohn deines O. 8.9

Ohel

1Ch 3,20 (Söhne Serubbabels:) O.

ohne
(s.a. Erbarmen; Fehl; Grund; Tadel; Zahl)

1Mo	15,2	ich gehe dahin o. Kinder
	27,39	o. Fettigkeit der Erde und o. Tau
	29,17	Leas Augen waren o. Glanz
2Mo	21,2	freigelassen o. Lösegeld 11
	3	o. Frau gekommen, o. Frau gehen 4
	22,9	stirbt, o. daß es jemand sieht
3Mo	2,11	Speisopfer sollt ihr o. Sauerteig machen
	13	Speisopfer soll niemals o. Salz... sein
	5,18	versehen hat, o. daß er es wußte 4Mo 15,24
	20,20	o. Kinder sollen sie sterben 21; 5Mo 25,5
	25,5	Trauben, die o. deine Arbeit wachsen 11
	26,17	sollt fliehen, o. daß euch einer jagt
4Mo	27,17	nicht sei wie die Schafe o. Hirten Jes 13,14
	32,22	werdet o. Schuld sein
	35,22	o. Feindschaft (daß jener stirbt) 5Mo 4,42; Jos 20,3.5
1Kö	2,32	o. daß mein Vater David darum wußte
2Kö	10,9	ihr seid o. Schuld
	18,25	meinst du, ich sei o. den HERRN Jes 36,10
2Ch	15,3	o. rechten Gott, o. Priester, o. Gesetz
Esr	8,21	eine Reise o. Gefahren zu erbitten
Hi	6,6	ißt man denn Fades, o. es zu salzen
	7,6	meine Tage sind vergangen o. Hoffnung
	8,11	kann Schilf wachsen o. Wasser
	9,11	o. daß ich's gewahr w., o. daß ich's merke
	10,22	ins Land... o. alle Ordnung
	11,2	muß langes Gerede o. Antwort bleiben
	12,25	daß sie tappen o. Licht
	21,9	ihr Haus hat Frieden o. Furcht
	22,5	sind deine Missetaten nicht o. Ende
	24,7	liegen nackt o. Gewand 10; 31,19
	28,4	vergessen, o. Halt für den Fuß
	30,8	Leute o. Namen, die man weggejagt
	33,9	bin rein, o. Missetat 34,6; Ps 59,4
	34,12	o. Zweifel, Gott tut niemals Unrecht
	20	werden weggenommen o. Menschenhand
	24	o. sie erst zu verhören
	38,2	verdunkelt mit Worten o. Verstand 42,3
	41,25	ist ein Geschöpf o. Furcht
Ps	7,5	die mir o. Ursache feind waren
	27,12	tun mir Unrecht o. Scheu
	56,8	stoß o. Leute o. Gnade hinunter 59,14
	9	o. Zweifel, du zählst sie
	144,14	daß sie tragen o. Schaden und Verlust
Spr	1,33	wer mir gehorcht, wird o. Sorge sein
	6,27	o. daß seine Kleider brennen 28
	10,19	da geht's o. Sünde nicht ab
	11,22	ein... Weib o. Zucht ist wie eine Sau
	17,16	wo er doch o. Verstand ist
	25,14	ist wie Wolken und Wind o. Regen
	28	ist wie eine offene Stadt o. Mauern
	28,16	wenn ein Fürst o. Verstand ist
	20	wird nicht o. Schuld bleiben
	29,1	wird plötzlich verderben o. alle Hilfe
Pr	2,25	wer kann fröhlich essen o. ihn
	6,3	wenn einer bliebe o. Grab Jes 14,19
	4	sie kommt o. Leben
Hl	6,12	o. daß ich's merkte, trieb mich
Jes	1,30	werdet sein wie ein Garten o. Wasser
	5,14	hat den Rachen aufgetan o. Maß
	6,11	die Städte wüst, o. Einwohner Jer 22,6
	14,6	schlug die Völker im Grimm o. Aufhören
	22,3	wurden o. Bogen gefangen
	30,1	o. mich Pläne fassen und o. meinen Geist
	44,24	der die Erde festmacht o. Gehilfen
	47,8	werde keine Witwe noch o. Kinder sein 9
	52,3	sollt o. Geld ausgelöst werden
Jes	55,1	kauft o. Geld und umsonst Wein und Milch
	58,7	die o. Obdach sind, führe ins Haus
	62,6	o. euch Ruhe zu gönnen
Jer	4,2	wenn du o. Heuchelei schwörst
	13,14	will sie o. Mitleid verderben
	17,8	sondern bringt o. Aufhören Früchte
	22,30	als einen, der o. Kinder ist
	32,43	eine Wüste ist's o. Menschen 33,10
	44,19	tun wir nicht o. den Willen unsrer Männer
	46,27	in Frieden sein und o. Sorge
	48,2	daß sie o. Volk sei
Klg	3,37	daß solches geschieht o. des Herrn Befehl
Hes	5,11	mein Auge soll o. Mitleid blicken 7,4.9; 8,18; 9,5.10
	10,11	o. sich im Gehen umzuwenden
	17,9	o. große Kraft und o. viel Volk
	25,9	o. Städte sei, o. den Stolz des Landes
	38,11	die alle o. Mauern dasitzen
Dan	2,34	ein Stein, o. Zutun von Menschen 45
	6,17	dein Gott, dem du o. Unterlaß dienst
	8,25	wird zerbrochen. o. Zutun von Menschenhand
Hos	3,3	bleiben, o... einem Mann anzugehören 4
	4,6	mein Volk ist dahin, weil o. Erkenntnis
	8,4	machen Könige, aber o. mich
Mi	3,6	darum soll die Nacht o. Gesichte sein
Nah	3,19	deine Bosheit o. Unterlaß
Ze	3,13	sollen weiden und lagern o. alle Furcht
Sa	2,8	Jerusalem soll o. Mauern bewohnt werden
Jdt	5,14	wohin sie auch zogen o. Bogen, Pfeil
	7,10	müssen sie o. Schwertstreich sterben
	9,13	du, Herr, bst stark auch o. Heeresmacht
	13,20	o. sündige Befleckung zurückgebracht
	14,13	sah den Leichnam des Holofernes o. Kopf
Wsh	14,4	auch o. die Kunst des Seemanns zu verstehen
	17,16	wie in einem Kerker o. Eisen
	19,7	zeigte sich ein Weg o. Hindernis
Sir	1,27	wer o. Furcht lebt, der gefällt Gott nicht
	7,38	laß die Weinenden nicht o. Beistand
	16,4	besser o. Kinder als gottlose Kinder
	19,8	wenn du es o. böses Gewissen verschweigen
	10	sei o. Sorge, du wirst nicht platzen
	21,24	ein Narr läuft einem o. weiteres ins Haus 25
	29,8	macht ihn sich zum Feind noch o. Schuld
	31,5	wer Geld liebhat, der bleibt nicht o. Sünde
	32,24	tu nichts o. Rat, so gereut's dich nicht
	34,3	Träume sind Bilder o. Wirklichkeit
	35,10	gib deine Erstlingsgaben o. zu geizen
	41,1	ein Mensch, der o. Sorgen lebt
1Ma	5,67	die die Feinde o. Rat angegriffen
	8,28	diese Abmachungen o. Betrug halten 26
2Ma	2,28	wie es auch o. Arbeit nicht zugeht
	3,16	konnte niemand o. großes Mitleid anblicken
	11,26	sich... o. Sorge annehmen können
	12,15	Mauerbrecher Jericho zum Einsturz
	15,1	könnte sie am Sabbat o. Gefahr angreifen
Mt	10,16	seid o. Falsch wie die Tauben
	29	fällt keiner auf die Erde o. euren Vater
	13,34	o. Gleichnisse redete er nichts Mk 4,34
	14,21	fünftausend Mann, o. Frauen und Kinder
	26,42	Kelch vorübergehe, o. daß ich ihn trinke
Mk	4,19	ersticken das Wort, und bleibt o. Frucht
Lk	1,75	ihm dienten o. Furcht unser Leben lang
	22,6	daß er ihn verriete o. Aufsehen
	35	als ich euch ausgesandt habe o. Geldbeutel, o. Tasche o. Schuhe
Jh	1,3	o. dasselbe ist nichts gemacht
	8,7	wer unter euch o. Sünde ist, der werfe den ersten Stein

ohne

Jh	15,5	o. mich könnt ihr nichts tun
Apg	12,5	die Gemeinde betete o. Aufhören
	16,37	sie haben uns o. Recht und Urteil öffentlich geschlagen
	18,6	o. Schuld gehe ich von nun an zu den Heiden
	22,25	einen Menschen o. Urteil zu geißeln
	24,18	im Tempel, o. Auflauf und Getümmel
	27,33	daß ihr wartet und o. Nahrung geblieben
Rö	2,12	alle, die o. Gesetz gesündigt haben, werden auch o. Gesetz verlorengehen
	3,21	o. Zutun des Gesetzes
	24	werden o. Verdienst gerecht aus seiner Gnade
	28	gerecht wird o. des Gesetzes Werke 4,6
	4,10	o. Zweifel: nicht als er beschnitten war
	11	ein Vater aller, die glauben, o. beschnitten
	7,8	o. das Gesetz war die Sünde tot
	9	ich lebte einst o. Gesetz
	10,2	Eifer für Gott, aber o. Einsicht
	14	wie sollen sie hören o. Prediger
	12,9	die Liebe sei o. Falsch 10
	13,1	es ist keine Obrigkeit o. von Gott
1Ko	4,8	ihr herrscht o. uns
	7,32	ich möchte, daß ihr o. Sorge seid
	9,18	daß ich das Evangelium predige o. Entgelt 2Ko 11,7
	21	denen, die o. Gesetz sind, bin ich wie einer o. Gesetz geworden
	11,11	ist weder die Frau etwas o. den Mann
	14,10	nichts ist o. Sprache
	16,10	seht zu, daß er o. Furcht bei euch sein kann
2Ko	11,28	o. was sich sonst zuträgt
Eph	2,12	ihr wart o. Gott in der Welt
Phl	1,14	das Wort zu reden o. Scheu
	2,14	tut alles o. Murren und o. Zweifel
	15	damit ihr o. Tadel seid
Kol	2,18	ist o. Grund aufgeblasen
1Th	5,17	betet o. Unterlaß
1Ti	2,8	heilige Hände o. Zorn und Zweifel
	5,19	nimm keine Klage an o. zwei oder drei Zeugen
	21	daß du dich daran hältst o. Vorurteil
Phm	14	o. deinen Willen wollte ich nichts tun
1Pt	1,17	der o. Ansehen der Person jeden richtet
	3,1	durch das Leben ihrer Frauen o. Worte gewonnen werden
	4,9	seid gastfrei untereinander o. Murren
2Pt	2,17	sind Brunnen o. Wasser und Wolken Jud 12
Heb	4,15	der versucht worden ist in allem wie wir, doch o. Sünde
	7,3	er ist o. Vater, o. Mutter, o. Stammbaum
	20	das geschah nicht o. Eid
	9,7	nicht o. Blut, das er opferte für die Sünden
	18	wurde der erste Bund nicht o. Blut gestiftet
	22	o. Blutvergießen geschieht keine Vergebung
	11,6	o. Glauben ist's unmöglich, Gott zu gefallen
	40	sie sollten nicht o. uns vollendet werden
	12,8	seid ihr aber o. Züchtigung
	13,5	der Wandel sei o. Geldgier
Jak	2,18	zeige mir deinen Glauben o. die Werke
	20	daß der Glaube o. Werke nutzlos ist
	26	wie der Leib o. Geist tot ist
	3,17	ist unparteiisch, o. Heuchelei

Ohnmacht

Dan	8,18	sank ich in O. zur Erde
2Ma	3,27	daß er im Nu in O. sank
StE	4,5	erblaßte die Königin und sank in O. 11

ohnmächtig

Neh	3,34	was machen die o. Juden
Dan	10,9	sank ich o. auf mein Angesicht
Hab	1,4	darum ist das Gesetz o.
Bar	6,59	besser, König sein, als o. Götzen

Ohola

Hes	23,4	die große hieß O. O. ist Samaria
	5	O. trieb Hurerei 44
	36	willst du nicht O. richten

Oholiab

2Mo	31,6	ihm beigegeben O. 35,34; 36,1.2; 38,23

Oholiba

Hes	23,4	ihre Schwester O. O. (ist) Jerusalem
	11	O. trieb Hurerei 22.44
	36	willst du nicht O. richten

Oholibama

1Mo	36,2	¹O., die Tochter des Ana 5.14.18.25
	36,41	²(Fürsten von Esau:) O. 1Ch 1,52

Ohr

1Mo	20,8	sagte alles vor ihren O. 23,10.16; Ri 9,2.3
	44,18	laß d. Knecht reden vor den O. 1Sm 25,24
2Mo	10,2	verkündigest vor den O. deiner Kinder
	21,6	durchbohre mit Pfriemen sein O. 5Mo 15,17
	24,7	las es vor den O. des Volks 2Kö 23,2; 2Ch 34,30; Neh 8,3; 13,1
	32,2	reißet ab die gold. Ohrringe an den O. 3
3Mo	14,14	auf das Läppchen des O. tun 17.25.28
4Mo	11,1	klagte vor den O. des HERRN 18
	14,28	will tun, wie ihr vor meinen O. gesagt
	23,18	nimm zu O., was ich sage
5Mo	1,45	der HERR neigte seine o. nicht zu euch
	5,1	die Gebote, die ich vor euren O. rede 31,11. 28.30; 32,44
	29,3	hat euch nicht gegeben O., die da hörten
Ri	7,3	ausrufen vor den O. des Volks 1Sm 11,4; 2Kö 18,26; Jes 36,11; Jer 36,6.13.15
	17,2	den Fluch auch vor meinen O. gesagt
Rut	4,4	gedachte ich's, vor deine O. zu bringen
1Sm	3,11	beide O. gellen werden 2Kö 21,12; Jer 19,3
	8,21	sagte vor den O. des HERRN 1Ch 28,8
	9,15	der HERR hatte Samuel das O. aufgetan
	15,14	Blöken, das zu meinen O. kommt
	18,23	sagten diese Worte vor den O. Davids
	22,8	niemand, der es mir zu O. brächte 17
2Sm	7,22	was wir mit unsern O. gehört 1Ch 17,20
	27	hast das O. deines Knechts geöffnet 1Ch 17,25; Ps 40,7
	18,12	der König gebot dir vor unsern O.
	22,7	mein Schreien kam zu seinen O. Ps 18,7
	45	gehorchen mir mit gehorsamen O. Ps 18,45
2Kö	19,16	HERR, neige deine O. Ps 17,6; 31,3; 71,2; 86,1; 88,3; 102,3; Jes 37,17; Dan 9,18
	28	dein Übermut vor meine O. gekommen Jes 37,29
2Ch	6,40	laß deine O. aufmerken 7,15; Neh 1,6.11; Ps 130,2
	24,19	aber sie nahmen's nicht zu O. Neh 9,30
Hi	4,12	hat mein O. ein Flüstern empfangen 28,22
	12,11	prüft nicht das O. die Rede 34,3

Hi	13,1	das hat alles mein O. gehört
	17	hört meine Rede mit euren O. Ps 45,11; 78,1; Spr 4,20; 5,1; 22,17; Jes 55,3
	15,21	Stimmen des Schreckens hört sein O.
	29,11	wessen O. mich hörte, der pries mich
	33,8	hast geredet vor meinen O.
	16	öffnet er das O. der Menschen 36,10.15
Ps	10,17	dein O. merkt darauf
	34,16	seine O. (merken) auf ihr Schreien 1Pt 3,12
	44,2	wir haben mit unsern O. gehört
	49,5	ich will einem Spruch mein O. neigen
	58,5	wie eine Otter, die ihr O. verschließt
	94,9	der das O. gepflanzt, sollte der n. hören
	115,6	haben O. und hören nicht 135,17; Jer 5,21; 6,10; 42,20; Hes 12,2
	116,2	er neigte sein O. zu mir
Spr	2,2	so daß dein O. auf Weisheit achtat
	5,13	daß ich mein O. nicht kehrte zu denen
	15,31	das O., das da hört auf heilsame Weisung
	18,15	das O. der Weisen sucht Erkenntnis
	20,12	ein hörendes O. und... macht der HERR
	21,13	wer seine O. verstopft vor dem Schreien
	23,9	rede nicht vor des Unverständigen O.
	12	wende deine O. zu vernünftiger Rede
	25,12	ein Weiser und ein O., das auf ihn hört
	26,17	der den Hund bei den O. zwackt
	28,9	wer sein O. abwendet, um nicht zu hören
Pr	1,8	das O. hört sich niemals satt
Jes	1,2	Erde, nimm zu O. 10; 28,23; 32,9; 42,23; Jer 9,19, IIes 3,10; Hos 5,1
	5,9	es ist in meinen O. das Wort des HERRN
	6,10	laß ihre O. taub sein
	11,3	nach dem, was seine O. hören
	22,14	meinen O. ist vom HERRN Zebaoth offenbart
	30,21	deine O. werden hinter dir das Wort hören
	32,3	die O. der Hörenden werden aufmerken
	33,15	wer seine O. zustopft
	35,5	dann werden die O. der Tauben geöffnet
	43,8	die Tauben, die doch O. haben
	48,8	dein O. war damals nicht geöffnet
	49,20	daß deine Söhne sagen vor deinen O.
	50,4	alle Morgen weckt er mir das O. 5
	59,1	seine O. sind nicht hart geworden
	64,3	hat gehört einen Gott außer dir
Jer	6,10	ihr O. ist unbeschnitten
	7,24	sie wollten nicht ihre O. mir zukehren 26; 11,8; 17,23; 25,4; 34,14; 35,15; 44,5
	26,11	wie wir mit eigenen O.gehört habt
	15	dies alles vor euren O. reden soll 28,7
	29,29	vorgelesen vor den O. des Jeremia
Klg	3,8	so stopft er sich die O. zu
	56	verbirg deine O. nicht
Hes	8,18	wenn sie auch mir in die O. schreien
	9,1	er rief vor meinen O. 10,13
	16,12	gab dir Ohrringe an
	23,25	sollen dir Nase und O. abschneiden
	44,5	höre mit deinen O. alles, was ich sagen
Mi	7,16	daß die Heiden ihre O. zuhalten
Sa	7,11	verstockten ihre O., um nicht zu hören
Wsh	1,10	das O, des eifernden Gottes hört alles 11
	15,15	die mit ihren O. nicht hören können
Sir	6,34	neigst du deine O., so wirst du weise
	17,5	er gab ihnen O. und Verstand 11
	27,15	wo Streit, muß man sich die O. zuhalten
	38,30	das Hämmern dröhnt ihm in die O.
Bar	1,3	Baruch las dies Buch vor den O. Jechonjas 4
	2,16	neige, Herr, dein O. und höre doch
	31	ich will ihnen geben O., die hören
Mt	10,27	was euch gesagt wird in das O. Lk 12,3

Mt	11,15	wer O. hat, der höre 13,9.43; Mk 4,9.23; 7,16; Lk 8,8; 14,35; Off 2,7.11.17.29; 3,6.13.22; 13,9
	13,13	mit hörenden O. hören sie nicht 14.15; Mk 4,12; 8,18; Apg 28,26.27; Rö 11,8
	16	selig sind eure O., daß sie hören
	26,51	zog sein Schwert und hieb ihm ein O. ab Mk 14,47; Lk 22,50; Jh 18,10.26
Mk	6,14	es kam dem König Herodes zu O.
	7,33	legte ihm die Finger in die O.
	35	sogleich taten sich seine O. auf
Lk	4,21	heute ist dieses Wort erfüllt vor euren O.
	9,44	diese Worte in eure O. dringen Apg 2,14
	22,51	rührte sein O. an und heilte ihn
Jh	4,1	den Pharisäern zu O. gekommen 7,32
Apg	7,51	ihr Halsstarrigen, mit tauben O.
	57	sie hielten ihre O. zu
	11,1	es kam den Aposteln in Judäa zu O. 22
	17,20	du bringst etwas Neues vor unsere O.
1Ko	2,9	was kein Auge gesehen und kein O. gehört hat
	12,16	wenn das O. spräche: Ich bin kein Auge
2Ti	4,3	nach denen ihnen die O. jucken
	4	werden die O. von der Wahrheit abwenden
1Pt	3,12	seine O. hören auf ihr Gebet
Jak	5,4	Rufen... ist gekommen vor die O. des Herrn

Ohrenblasen

2Ko	12,20	daß üble Nachrede, O. da sei

Ohrenbläser

Rö	1,29	voll Neides, Tücke; O.

Ohrenzeuge

Ri	11,10	der HERR sei O. zwischen uns

Ohrläppchen

2Mo	29,20	Blut an das O. streichen 3Mo 8,23.24
Am	3,12	wie ein Hirte... ein O. aus dem Maul reißt

Ohrring

1Mo	35,4	gaben ihm ihre O. 2Mo 32,2.3
2Mo	35,22	brachten freiwillig Spangen, O., Ringe
4Mo	31,50	was jeder gefunden hat an O.
Ri		wogen 1.700 Lot Gold ohne die O.
Jes	3,19	(wird der Herr wegnehmen) die O.
Hes	16,12	gab dir O. an deine Ohren
	28,13	von Gold war die Arbeit deiner O.

Öl

1Mo	28,18	Jakob goß Ö. oben darauf 35,14
2Mo	25,6	Ö. für die Lampen 27,20; 35,8.14.28; 39,37; 3Mo 24,2; 4Mo 4,16
	29,2	Kuchen, mit Ö. vermengt, und Fladen, mit Ö. bestrichen 3Mo 2,1.2.4-7.15.16; 5,11; 6,8.14; 7,10.12; 8,26; 9,4; 14,10.21; 23,13; 4Mo 5,15; 6,15; 7,13u.ö.79; 8,8; 15,4.6.9; 28,5u.ö.28; 29,3.9.14; Hes 45,14.24.25, 46,5.7.11.14,15
	30,31	eine heilige Salbe soll dies Ö. sein 3Mo 14,10.12.15-18.21.24.26-29; 4Mo 35,25
4Mo	18,12	alles Beste vom Ö... dir gegeben 5Mo 18,4; 2Ch 31,5; Neh 10,38.40; 13,5.12
5Mo	7,13	wird segnen Getreide, Wein und Ö. 11,14
	12,17	essen vom Zehnten deines Ö. 14,23
	28,40	wirst dich nicht salben mit Ö. 51

Öl 1088

5Mo	32,13	ließ ihn saugen Ö. aus hartem Gestein
	33,24	Asser tauche seinen Fuß in Ö.
1Sm	10,1	da nahm Samuel den Krug mit Ö.
	16,1	fülle dein Horn mit Ö. 2Kö 9,1.3.6
2Sm	1,21	als sei er nicht gesalbt mit Ö.
	14,2	salbe dich nicht mit Ö.
1Kö	5,25	Salomo gab Hiram gepreßtes Ö. 2Ch 2,9.14
	17,12	habe nichts, nur ein wenig Ö. 2Kö 4,6.7
2Kö	20,13	Hiskia zeigte ihnen das beste Ö.
1Ch	9,29	einige waren bestellt über Ö., Weihrauch
	12,41	brachten Wein, Ö.
2Ch	11,11	legte Vorrat von Ö. (in alle Städte)
	32,28	Vorratshäuser für den Ertrag an Ö.
Esr	3,7	gaben Speise und Trank und Ö.
	6,9	bedürfen Ö. (damit sie opfern) 7,22
Neh	5,11	erläßt ihnen die Schuld an Ö.
Hi	24,11	in den Gärten pressen sie Ö.
Ps	23,6	du salbest mein Haupt mit Ö. 92,11
	55,22	ihre Worte sind linder als Ö.
	89,21	habe ihn gesalbt mit meinem heiligen Ö.
	104,15	daß sein Antlitz schön werde vom Ö.
	109,18	der dringe in ihn hinein wie Ö.
Spr	5,3	ihre Kehle ist glatter als Ö.
	21,20	im Hause des Weisen ist... Ö.
	27,16	will Ö. mit der Hand fassen
Jes	1,6	Wunden, die nicht mit Ö. gelindert sind
	57,9	bist mit Ö. zum König gezogen
Jer	31,12	werden sich freuen über Wein, Ö.
	40,10	sollt Wein und Feigen und Ö. ernten
	41,8	haben Vorrat an Ö. und Honig
Hes	16,9	ich salbte dich mit Ö.
	13	aßest Honig und Ö. 19
	18	mein Ö. legtest du ihnen vor 23,41
	27,17	haben Ö. und Harz als Ware gebracht
	32,14	daß seine Ströme fließen wie Ö.
Hos	2,7	Liebhabern, die mir geben Ö. und Trank
	10	daß ich es bin, der Ö. gegeben hat 24
	12,2	sie bringen Ö. nach Ägypten
Jo	1,10	das Ö. (steht) kläglich
	2,19	will euch Ö. die Fülle schicken 24
Am	6,6	(ihr) salbt euch mit dem besten Ö.
Mi	6,7	wird der HERR Gefallen haben an... Ö.
	15	du sollst Ö. keltern
Hag	1,11	habe die Dürre gerufen über Wein, Ö.
	2,12	berührte danach Ö., würde es heilig
Sa	4,12	aus denen das goldene Ö. herabfließt
Jdt	10,6	sie gab ihrer Magd einen Krug mit Ö.
	11,11	wollen Wein und Ö. für sich
Sir	39,31	der Mensch bedarf Wein, Ö. und Kleider
StD	1,17	holt mir Ö. und Salben
Mt	25,3	aber sie nahmen kein Ö. mit
	4	die klugen Ö. mit in ihren Gefäßen
	8	gebt uns von eurem Ö.
	26,12	daß sie das Ö. auf meinen Leib gegossen hat
Mk	6,13	salbten viele Kranke mit Ö. und machten sie gesund
	14,5	man hätte dieses Ö. verkaufen können Jh 12,5
	16,1	kauften Maria und Salome wohlriechende Ö. Lk 23,56; 24,1
Lk	7,46	du hast mein Haupt nicht mit Ö. gesalbt
	10,34	goß Ö. auf seine Wunden und verband sie
	16,6	er sprach: Hundert Eimer Ö.
Jh	12,3	das Haus wurde erfüllt vom Duft des Ö.
	19,40	banden ihn in Leinentücher m. wohlriechenden Ö.
Heb	1,9	*gesalbt mit dem Ö. der Freude*
Jak	5,14	ihn salben mit Ö. in dem Namen des Herrn
Off	6,6	Ö. und Wein tu keinen Schaden
	18,13	(ihre Ware:) Wein und Ö. und Mehl

Ölbach

Hi	29,6	als die Felsen Ö. ergossen

Ölbaum

2Mo	23,11	ebenso sollst du es halten mit deinen Ö.
5Mo	6,11	Ö., die du nicht gepflanzt hast Jos 24,13
	8,8	Land, darin es Ö. gibt 28,40; 2Kö 18,32
	24,20	wenn du deine Ö. geschüttelt hast
	28,40	dein Ö. wird seine Frucht abwerfen
Ri	9,8	sprachen zum Ö.: Sei unser König 9
	15,5	zündete an Weinberge und Ö.
1Ch	27,28	über die Ö. (war gesetzt) Baal-Hanan
Hi	15,33	Ö., der seine Blüte abwirft
Ps	52,10	wie ein grünender Ö. im Hause Gottes
	128,3	deine Kinder wie junge Ö. um deinen Tisch
Jes	24,13	wie wenn ein Ö. leergeschlagen wird
	41,19	will in der Wüste wachsen lassen Ö.
Jer	11,16	der HERR nannte dich einen grünen Ö.
Hos	14,7	daß (Israel) so schön sei wie ein Ö.
Am	4,9	fraßen alles, was auf euren Ö. wuchs
Hab	3,17	der Ertrag des Ö. bleibt aus
Hag	2,19	ob Granatbaum und Ö. noch nicht tragen
Sa	4,3	(sind) zwei Ö. dabei 11.12; Off 11,4
Sir	24,19	wie ein schöner Ö. auf freiem Felde
	50,11	(leuchtete er) wie ein fruchtbarer Ö.
Rö	11,17	in den Ö. eingepfropft worden 24
	24	wenn du aus dem Ö. abgehauen worden bist

Ölbaumholz

1Kö	6,23	machte zwei Cherubim von Ö. 31.33

Ölbeere

Jak	3,12	*kann ein Feigenbaum Ö. tragen*

Ölberg

2Sm	15,30	David ging den Ö. hinan und weinte
Sa	14,4	stehen auf dem Ö... der Ö. wird s. spalten
Mt	21,1	als sie kamen nach Betfage an den Ö. Mk 11,1; Lk 19,29
	24,3	als er auf dem Ö. saß Mk 13,3
	26,30	gingen sie hinaus an den Ö. Mk 14,26; Lk 22,39; Jh 8,1
Lk	19,37	als er schon nahe am Abhang des Ö. war
	21,37	blieb an dem Berg, den man den Ö. nennt
Apg	1,12	kehrten zurück von dem Berg, der heißt Ö.

Ölblatt

1Mo	8,11	ein Ö. hatte sie abgebrochen

Ölgarten

1Sm	8,14	eure besten Äcker und Ö. wird er nehmen
2Kö	5,26	wirst dir schaffen Ö., Weinberge
Neh	5,11	gebt ihnen ihre Ö. und Häuser zurück
	9,25	nahmen Häuser in Besitz, Ö.

Ölgefäß

4Mo	4,9	Ö., die zum Dienst gehören

Ölhorn

1Sm	16,13	nahm sein Ö. und salbte ihn 1Kö 1,39

Olive

2Mo	27,20	das allerreinste Öl aus zerstoßenen O. 29,40; 3Mo 24,2
Jes	17,6	wie wenn man O. herunterschlägt
Jak	3,12	kann ein Feigenbaum O. tragen

Olivenöl

2Mo 30,24 (nimm) eine Kanne O.

Ölkrug

1Kö 17,14 dem Ö. soll nichts mangeln 16; 2Kö 4,2

Ölkuchen

2Mo	29,23	(sollst nehmen) einen Ö.
4Mo	11,8	hatte einen Geschmack wie Ö.

Ölvorrat

1Ch 27,28 über die Ö. (war gesetzt) Joasch

Olympas

Rö 16,15 grüßt Julia und O.

Ölzwoig

Neh	8,15	geht hinaus und holt Ö.
2Ma	14,4	dazu Ö., die im Tempel gebräuchlich waren
Rö	11,17	du, der du ein wilder Ö. warst

Omar

1Mo 36,11 Elifas Söhne waren: O. 15; 1Ch 1,36

Omri

1Kö	16,16	¹machte O. zum König 17.21-23.25.27-29
2Kö	8,26	Atalja, eine Tochter O. 2Ch 22,2
Mi	6,16	du hieltest dich an die Weisungen O.
1Ch	7,8	²Söhne Bechers: O.
	9,4	³O., des Sohnes Imris
	27,18	⁴O., der Sohn Michaels

On

1Mo	41,45	¹Potiferas, des Priesters zu On 50; 46,20
Hes	30,17	die junge Mannschaft von On soll fallen
4Mo	16,1	²On, der Sohn Pelets

Onam

1Mo	36,23	¹Söhne von Schobal waren: O. 1Ch 1,40
1Ch	2,26	²Atara; die ist die Mutter O. 28

Onan

1Mo	38,4	gebar einen Sohn, den nannte sie O. 46,12; 4Mo 26,19; 1Ch 2,3
	8	sprach zu O.: Geh zu d. Bruders Frau 9

Onesimus

Kol	4,9	mit ihm sende ich O., den lieben Bruder
Phm	10	bitte ich dich für meinen Sohn O.

Onesiphorus

2Ti	1,16	der Herr gebe Barmherzigkeit dem Hause des O.
	4,19	grüße Priska und Aquila und das Haus des O.

Onias

Sir	50,1	¹Simon, der Sohn des O.
1Ma	12,7	²Hohenpriester O. 8.19.20; 2Ma 3,1.5.31.33.35; 4,1.4.7.33-38; 15,12.14

Ono

1Ch 8,12 Schemed baute O. und Lod Esr 2,33; Neh 6,2; 7,37; 11,35

Onyx

2Mo	28,20	die vierte (Reihe sei) ein O. 39,13
Hi	28,16	ihr gleicht nicht kostbarer O.
Hes	28,13	geschmückt mit Türkis, O., Jaspis
Sir	24,21	(ich duftete) wie O. und Stakte

Onyxstein

2Mo	25,7	O. zum Priesterschurz 35,9.27; 1Ch 29,2
	28,9	sollst zwei O. nehmen 39,6

Opfor

1Mo	4,3	begab sich, daß Kain O. brachte 4.5
	46,1	brachte O. dar dem Gott seines Vaters
2Mo	23,18	Blut meines O. nicht mit... opfern 34,25
	28,38	damit Aaron bei ihren O. alle Sünde trage
	34,15	damit nicht du von ihrem O. essest 4Mo 25,2
	36,3	empfingen von Mose alle O.
3Mo	1,2	wer dem HERRN O. darbringen will 22,18. 24; 1Sm 2,13.15.17.29
	2,13	bei allen O. sollst du Salz darbringen
	3,1	ist sein O. ein Dankopfer 12.14
	2	s. Hand auf den Kopf seines O. legen 8
	4,23	zum O. bringen einen Ziegenbock 28; 5,11
	6,13	das O. Aarons und seiner Söhne 20
	7,16	ist es ein freiwilliges O. 5Mo 12,6.17
	38	befahl, ihre O. dem HERRN zu opfern 4Mo 5,15; 6,14.21; 7,11; 28,24
	10,18	solltet das O. im Heiligen gegessen haben
	17,4	zum O. gebracht vor der Wohnung des HERRN
	7	ihre O. nicht den Feldgeistern opfern
	24,9	ein Hochheiliges von den O. des HERRN
	26,31	will den Geruch eurer O. nicht mehr Mal 1,10; 2,13
4Mo	15,12	wie die Zahl dieser O., so soll
	16,15	wende dich nicht zu ihrem O.
5Mo	33,19	werden daselbst opfern rechte O.
Ri	16,23	Dagon ein großes O. darzubringen
1Sm	1,21	um das jährliche O. dem HERRN zu opfern 2,19
	9,13	er segnet erst das O.
	15,22	Gehorsam ist besser als O.
	16,3	du sollst Isai zum O. laden 5
2Sm	15,12	als Absalom die O. darbrachte 24
1Kö	8,62	der König und Israel opferten O.
	12,27	wenn dies Volk hinaufgeht, O. darzubringen
2Kö	10,19	habe ein O. dem Baal zu bringen
	16,4	brachte O. dar auf den Höhen Jes 66,17; Jer 48,35; Hes 20,28

Opfer

1Ch	21,26	Feuer... fiel auf den Altar mit dem O.
2Ch	29,11	euch erwählt, daß ihr ihm O. bringt
Esr	3,5	(opferten) die O. für die Neumonde
Neh	3,34	werden sie es mit O. einweihen
	10,34	(zu geben) für die O. am Sabbat
	12,43	an diesem Tage große O. dargebracht
Ps	50,5	die den Bund mit mir schlossen beim O.
	8	nicht deiner O. wegen klage ich dich an
	51,19	die O., die Gott gefallen, sind 21
	106,28	aßen von den O. für die Toten
	119,108	laß dir gefallen das O. meines Mundes
Spr	15,8	der Gottlosen O. ist ein Greuel 21,27
	21,3	Recht tun ist dem HERRN lieber als O.
Pr	4,17	besser, als wenn die Toren O. bringen
Jes	1,11	was soll mir die Menge eurer O. Hos 6,6
	30,32	daß er ihn als O. schwingt
	34,6	der HERR hält ein großes O.
	43,24	mich mit dem Fett deiner O. nicht gelabt
	60,7	sollen als O. auf meinen Altar kommen
Jer	33,18	der vor meinem Angesicht O. schlachtet
Hes	20,26	ließ sie unrein werden durch ihre O. Hos 4,19
	39	m. Namen laßt ungeschändet mit euren O.
	40	da will ich eure O. fordern 41; Mal 3,3.4
	42,13	in denen die Priester die O. essen
	44,13	sollen an die O. nicht kommen
	46,14	eine ewige Ordnung über das tägliche O.
Dan	8,11	nahm ihm das tägliche O. weg 12.13; 11,31; 12,11
Hos	3,4	werden die *Israeliten ohne O. (bleiben)
Am	4,5	ruft freiwillige O. aus
Jon	1,16	die Leute brachten dem HERRN O. dar
	2,10	will mit Dank dir O. bringen
Mal	1,11	wird m. Namen ein reines O. dargebracht
	12	sagt: sein O. ist für nichts zu achten 13
	2,12	auch wenn er noch dem HERRN O. bringt
Jdt	16,19	alles O. ist viel zu gering vor dir
Wsh	14,23	entweder töten sie ihre Kinder zum O.
Sir	6,3	deine Blätter werden ihr zum O. fallen
	14,11	gib dem Herrn die O., die ihm gebühren
	34,21	dessen O. ist eine Lästerung
	35,1	Gottes Gebote halten, das ist ein reiches O.
	8	des Gerechten O. macht den Altar reich 9
	10	ehre Gott mit deinen O. gern und reichlich
	15	verlaß dich nicht auf ein ungerechtes O.
	38,11	gib ein fettes O., als müßtest du sterben
	45,17	seine O. sollten täglich zweimal dargebracht
	26	sie sollten die O. des Herrn essen
	47,2	wie das Fett vom O. für Gott bestimmt ist
	50,15	mit dem O. für den Herrn in ihren Händen
	16	wenn er dem Allmächtigen ein O. dargebracht
Bar	6,29	Wöchnerinnen rühren ihre O. an
1Ma	7,34	Nikanor entweihte ihre O.
	10,39	Kosten, die für das O. nötig sind 2Ma 9,16
	12,11	daß wir bei unserm O. an dich denken
2Ma	1,8	brachten ihm O. dar 21.23.26.30.33; 2,10
	3,6	man bedürfe ihrer auch nicht zum O.
	4,14	daß die Priester die O. vernachlässigten
	20	das Geld als O. für Herakles gesendet
	6,5	opferte O., die in den Gesetzen verboten
	10,3	schlugen Feuer und brachten wieder O. dar
	14,31	Priestern, die die O. darbrachten
StD	2,7	sagen, wer dies Opfer verzehrt
	3,16	wollest unser O. vor dir gelten lassen
Mt	9,13	ich habe Wohlgefallen nicht am O. 12,7
	23,18	wenn einer schwört bei dem O., das darauf
	19	was ist mehr: das O. oder der Altar
Mk	9,49	*jedes O. wird mit Salz gesalzen*
Lk	2,24	das O. darzubringen, wie es gesagt ist
Lk	13,1	Galiläern, deren Blut Pilatus mit ihren O. vermischt hatte
	21,1	sah, wie die Reichen ihre O. einlegten 4
Apg	7,42	habt ihr vom Hause Israel mir je O. und Gaben dargebracht
	21,26	sobald für jeden das O. dargebracht wäre
Rö	12,1	ein O., das Gott wohlgefällig ist 15,16
1Ko	9,13	*die da opfern, vom O. essen*
	10,18	welche die O. essen, in der Gemeinschaft
Eph	2,14	durch das O. seines Leibes hat er abgetan das Gesetz
	5,2	sich selbst gegeben als Gabe und O.
Phl	2,17	geopfert bei dem O. eures Glaubens
	4,18	ein lieblicher Geruch, ein angenehmes O.
1Pt	2,5	geistliche O., die Gott wohlgefällig sind
Heb	5,1	O. darbringe für die Sünden 7,27; 8,3; 9,9
	9,14	Christi, der sich selbst als O. dargebracht hat
	23	die himml. Dinge müssen bessere O. haben
	26	durch sein O. die Sünde aufzuheben
	10,1	alle Jahre die gleichen O. bringen muß 11
	5	O. und Gaben hast du nicht gewollt 8
	10	geheiligt ein für allemal durch das O. des Leibes Jesu Christi
	12	(Jesus Christus) hat ein O. für die Sünden dargebracht
	14	mit einem O. hat er für immer die vollendet
	18	wo Vergebung der Sünden ist, da geschieht kein O. mehr 26
	11,4	hat Abel Gott ein besseres O. dargebracht als Kain
	13,16	solche O. gefallen Gott

Opferdienst

2Kö	25,14	Gefäße, die man beim O. brauchte
2Ma	3,3	Kosten, die der O. mit sich brachte

Opferduft

Hes	6,13	wo sie Götzen lieblichen O. darbrachten

Opferfest

1Sm	9,12	weil das Volk heute ein O. hat
	20,6	das jährliche O. für das ganze Geschlecht

Opferfleisch

3Mo	7,19	jeder, der rein ist, darf vom O. essen
1Sm	1,4	Elkana gab seiner Frau Stücke vom O.
Jer	11,15	meinen... hl. O. könnten Schuld nehmen
Hes	40,43	das O. gegen Regen und Hitze zu schützen
2Ma	6,21	als wäre es das vom König befohlene O.
1Ko	10,28	das ist O., so eßt nicht davon

Opfergabe

2Mo	25,2	für mich eine O. erheben 3; 35,5.21.24
	30,13	Taler als O. für den HERRN 14.15
	36,6	niemand soll noch etwas bringen als O.
3Mo	7,13	sollen solche O. darbringen nebst Kuchen 4Mo 15,19.20
	14	je ein Teil als O. für den HERRN 22,15; 4Mo 31,29.41.52
	9,7	danach bringe dar die O. des Volks 15
	22,12	soll sie nicht von der heiligen O. essen
4Mo	18,8	dies überlasse ich dir an meinem O. 19.24
	28,2	daß ihr zur rechten Zeit O. darbringt
2Ch	35,7	Josia gab als O. für das Volk 8.9
Jes	43,23	habe dir nicht Arbeit gemacht mit O.

opfern

Jes	66,20	gleichwie Israel die O. bringt
Mal	3,8	womit betrügen wir dich? Mit der O.
Sir	7,9	Gott wird dafür die Menge meiner O. ansehen
	34	(gib ihm) alle O. und Zehnten
Mt	15,5	eine O. soll sein, was Mk 7,11

Opfergemeinde

Wsh	12,6	die sich mit Blut weihten in einer O.

Opfergeruch

Sir	35,8	O. ist dem Höchsten wohlgefällig

Opferhaus

2Ch	7,12	habe diese Stätte mir zum O. erwählt

Opferherd

Hes	43,15	der O. ist vier Ellen hoch 16

Opferhöhe

3Mo	26,30	will eure O. vertilgen 4Mo 33,52; Jer 17,3; Hes 6,3.6
2Ch	14,2	entferne die O. 4; 15,17; 17,6; 20,33; 21,11; 31,1; 32,12; 33,3.19; 34,3
Hes	16,16	machtest dir bunte O. daraus
Mi	1,5	was sind aber die O. Judas

Opfermahl

Hes	44,3	nur der Fürst darf das O. essen
Wsh	12,5	zu O. von Menschenfleisch
Sir	30,19	was nützt einem Götzen das O.

Opfermut

2Ma	14,45	(Rasi) stand in glühendem O. auf

opfern

1Mo	8,20	Noah o. Brandopfer auf dem Altar
	22,2	nimm Isaak und o. ihn zum Brandopfer 13
	31,54	o. auf dem Gebirge 5Mo 33,19
2Mo	3,12	werdet o. auf diesem Berge
	18	laß uns gehen, daß wir o. dem HERRN 5,3.8. 17; 8,4.21-25
	13,15	darum ich dem HERRN alles Männliche
	20,24	einen Altar mache, auf dem du o. 5Mo 27,6; Jos 8,31; 22,23
	22,19	wer Göttern o. 32,6.8; 34,15; 2Kö 17,35.36
	23,18	Blut nicht zugleich mit dem Sauerteig o.
	24,5	sandte junge Männer hin, daß sie o.
	29,38	zwei Schafe sollst du an jedem Tage o.
	30,9	sollt kein... Trankopfer darauf o.
	40,29	(Mose) o., wie ihm der HERR geboten hatte
3Mo	1,3	o. ein Tier ohne Fehler 10; 3,1; 22,20-25; 27,9.11; 5Mo 15,21; 17,1; Mal 1,8.14
	13	der Priester soll das alles o. 6,13; 7,8.9.33; 21,6.8.17.21; 4Mo 5,25; Hes 44,27
	2,11	Speisopfer, die ihr o. wollt 7,11.15-18; 4Mo 15,4-6
	6,14	sollst es o. zum lieblichen Geruch 4Mo 15,7. 13; 28,6; 29,8.36; Esr 6,10
	7,3	all sein Fett soll man o. 12
	38	befahl, dem HERRN zu o. 4Mo 28,3.11.26
	9,4	daß wir sie vor dem HERRN o. 10,19; 12,7; 14,20; 16,9; 17,5.9; 22,27; 23,16.19
3Mo	16,1	gestorben, als sie o. 4Mo 3,4; 16,35; 17,5
	17,7	sollen nicht mehr den Feldgeistern o. 5Mo 32,17; Ps 106,37.38
	19,5	so o., daß es euch wohlgefällig macht 6
4Mo	7,2	da o. die Fürsten Israels 10.12.18
	22,40	Balak o. Rinder und Schafe 23,2.4.14.30
5Mo	12,13	daß du nicht an jeder Stätte o. 14; Ri 2,5
Ri	13,16	so kannst du (ein Brandopfer) o.
	20,26	kamen nach Bethel und o. 21,4
1Sm	1,3	dem HERRN zu o. in Silo 4.21; 2,28
	6,14	o. die Kühe dem HERRN 15; 1Kö 19,21
	7,9	Samuel o. dem HERRN ein Brandopfer 10; 10,8; 11,15; 13,12; 16,2.5
	15,15	die besten Schafe, um sie zu o. 21
	20,29	unser Geschlecht hat zu o. in der Stadt
2Sm	6,13	o. man 1 Stier 1Kö 8,5; 1Ch 15,26; 2Ch 5,6
	17	David o. 24,22.25; 1Ch 16,1; 21,26
1Kö	1,9	als Adonija Schafe und Rinder o. 19.25
	3,2	das Volk o. noch auf den Höhen 3.4; 22,44; 2Kö 12,4; 14,4; 15,4.35; 17,11; 2Ch 28,4.25; 33,17; Jer 48,35; Hes 4,13
	15	Salomo o. Brandopfer und Dankopfer 8,62. 63; 9,25; 10,5; 2Ch 1,6; 8,12.13
	11,8	ausländ. Frauen, o. ihren Göttern o.
	12,32	(Jerobeam) o. auf dem Altar. So tat er in Bethel, daß er den Kälbern o. 33; 13,1
	13,2	Priester, die auf dir o. 2Kö 17,32; 23,5.8; 2Ch 34,4
	18,36	Zeit war, Speisopfer zu o. 2Kö 3,20
2Kö	3,27	nahm seinen erstgeborenen Sohn und o. ihn
	5,17	d. Knecht will n. mehr andern Göttern o.
	12,5	Geld, das jedermann aus freiem Herzen o.
	16,13	Blut der Dankopfer, die er o.
	22,17	andern Göttern geo. 23,5; 2Ch 25,14; 28,3.23; 33,22; 34,25; Jes 57,6.7; 65,3; Jer 1,16; 7,9; 11,12.13; 18,15; 19,4.13; 44,3u.ö.25; Hes 20,28. 31; Hos 11,2; 12,12; 13,2
	23,9	durften nicht o. auf dem Altar in Jerus
1Ch	23,13	zu o. vor dem HERRN 31; 29,21; 2Ch 2,5; 11,16; 15,11; 24,14; 29,21; 35,12; Esr 8,35
2Ch	30,22	aßen das Fest über und o.
	32,12	(auf) einem Altar sollt ihr o.
	33,16	stellte den Altar wieder her und o. Esr 3,2.3; 6,3.17; 7,17
Esr	4,2	auch wir haben (Gott) geo.
Hi	1,5	Hiob o. nach ihrer aller Zahl
	42,8	geht zu Hiob und o. Brandopfer für euch
Ps	4,6	o., was recht ist
	16,4	will das Blut ihrer Trankopfer nicht o.
	27,6	will ich Lob o. in seinem Zelt
	50,14	o. Gott Dank und erfülle deine Gelübde
	23	wer Dank o., der preiset mich
	51,21	wird man Stiere o. auf deinem Altar
	66,15	ich will o. Rinder mit Böcken
	107,22	(die Toren) sollen Dank o.
	116,17	
Pr	9,2	dem, der o., wie dem, der nicht o.
Jes	57,5	die ihr die Kinder o. Hes 16,20.36
	66,3	wer ein Schaf o., gleicht dem, der
Hes	43,18	um Brandopfer auf ihm zu o. 22-25.27
	44,7	als ihr mir Brot, Fett und Blut o. 15
	45,22	soll der Fürst o. 24; 46,2.4.6.11-15
Hos	4,14	weil ihr mit Tempeldirnen o.
	8,13	wenn sie auch viel o. Am 5,22
	14,3	wollen wir o. die Frucht unserer Lippen
Jo	2,14	so daß ihr o. könnt Speisopfer
Am	5,25	habt ihr mir o. in der Wüste geo.
Hab	1,16	darum o. sie ihrem Netze
Hag	2,14	was sie dort o., ist unrein Mal 1,7
Sa	14,21	daß alle, die o. wollen, kommen werden

opfern

Mal	1,11	an allen Orten wird meinem Namen geo.
Jdt	16,22	sie o. Brandopfer und was sie gelobt
Wsh	18,9	im Verborgenen o. die Kinder der Frommen
Sir	7,9	wenn ich dem Allerhöchsten o.
	34,21	wer von unrechtem Gut o. 24
	23	vergibt nicht, selbst wenn man viel o.
	38,11	o. lieblichen Geruch und feinstes Mehl
	45,20	damit er ihm Speisopfer o. sollte
	46,19	(Samuel) o. ein Milchlamm
	50,17	(Simon) o. roten Wein
Bar	1,10	o. auf dem Altar des Herrn
	6,28	was ihnen geo., verkaufen ihre Priester
1Ma	1,45	viele aus Israel o. den Götzen 2,23; 2Ma 6,5
	50	(daß sie) Schweinefleisch o. sollten
	54	die befahlen den Städten Judas zu o.
	58	damit jeder vor seinem Haus o.
	62	am 25. Tage des Monats o. sie 4,53.56; 2Ma 1,18; 2,9
	2,15	von Gottes Gesetz abzufallen und zu o. 22
	25	gesandt, um zum O. zu zwingen
	11,35	erlassen allen, die in Jerusalem o.
	12,11	an den andern Tagen, an denen man o.
2Ma	3,32	o. er für ihn, damit er gesund würde
	35	Heliodor ließ dem Herrn o. 13,23
	4,19	um dem Herakles davon zu o.
StD	2,2	dem (Bel) mußte man täglich o.
	3,14	keine Stätte, wo wir vor dir o. könnten
Mt	5,23	wenn du deine Gabe auf dem Altar o. 24
	8,4	o. die Gabe, die Mose befohlen hat Mk 1,44; Lk 5,14
	15,5	*ich o. Gott, was dir sollte zukommen*
Mk	14,12	als man das Passalamm o. Lk 22,7
Apg	7,41	sie o. dem Götzenbild
	14,13	der Priester des Zeus wollte o. 18
	24,17	um Almosen zu überbringen und zu o.
1Ko	5,7	wir haben ein Passalamm, das ist Christus, der geo. ist
	9,13	*die da o., vom Opfer essen*
	10,20	was man da o., das o. man bösen Geistern
Phl	2,17	wenn ich auch geo. werde
2Ti	4,6	ich werde schon geo.
1Pt	2,5	zu o. geistliche Opfer
Heb	5,1	daß er o. für die Sünden 8,3; 9,9; 10,12
	3	für sich selbst o. für die Sünden 9,7
	7	*hat Gebet und Flehen geo.*
	7,27	ein für allemal getan, als er sich selbst o.
	8,3	muß etwas haben, was er o. kann
	4	Priester, die die Gaben o. 10,8
	9,25	nicht, um sich oftmals zu o.
	28	so ist auch Christus einmal geo. worden
	10,1	kann die, die o., nicht vollkommen machen
	2	hätte nicht sonst das O. aufgehört
	11,17	durch den Glauben o. Abraham den Isaak Jak 2,21

Opferrauch

Ps	66,15	Brandopfer mit dem O. von Widdern

Opferschmaus

2Ma	6,7	trieb die Juden mit Gewalt zum O. 8
	21	die zur Aufsicht beim O. bestellt waren
	7,42	dies sei genug von den heidnischen O.

Opferstück

Sir	50,13	wenn er die O. nahm

Opfertier

Hes	43,21	am Tempel, wo man die O. mustert

Opfertisch

StD	2,12	einen geheimen Gang bis unter den O.

Opferwein

StE	3,11	auch hab ich nie vom O. getrunken

ordentlich

Spr	24,4	durch o. Haushalten werden Kammern voll
Sir	42,10	daß sie sich nicht o. hält
Apg	19,39	es in einer o. Versammlung entscheiden
1Ko	14,40	laßt alles ehrbar und o. zugehen
Heb	13,18	wir wollen ein o. Leben führen

ordnen

2Mo	6,26	führt die *Israeliten in Scharen geo.
Jos	8,10	(Josua) o. das Volk 2Sm 18,1; 2Ch 25,5
2Sm	14,8	ich will die Sache für dich o.
	23,5	Bund, in allem wohl geo. und gesichert
2Ch	29,35	wurde der Dienst geo. 35,10.16; Neh 13,30
Ps	104,24	du hast sie alle weise geo.
Wsh	11,21	du hast alles geo. Sir 16,27; 33,8; 42,26
Sir	32,3	Kranz, weil du alles so gut geo. hast
Mk	3,14	er o. zwölf, daß sie bei ihm sein sollten
Apg	14,23	sie o. Älteste in jeder Gemeinde
1Ko	11,34	das andre will ich o., wenn ich komme

Ordnung

2Mo	12,14	als ewige O. 17.24; 13,10; 27,21; 28,43; 29,9; 30,21; 3Mo 3,17; 10,9; 16,29.31.34; 17,7; 23,14. 21.31.41; 24,3.8; 4Mo 10,8; 18,23; 19,10.21; Hes 46,14
	43	dies ist die O. für das Passa 4Mo 9,3.12.14
	28,10	sechs Namen nach der O. ihres Alters
3Mo	5,10	als Brandopfer darbringen der O. gemäß 9,16; 4Mo 29,6u.ö.37
	10,11	(sollt) Israel lehren alle O. 4Mo 19,2
4Mo	18,16	auslösen lassen nach der O.
5Mo	4,8	wo ist ein Volk, das so gerechte O. hat
	11,1	sollst sein Gesetz, seine O., seine Gebote halten 1Kö 2,3; 2Kö 17,19; 1Ch 29,19; 2Ch 34,31; Hes 11,20; 43,11; 44,24
1Kö	5,8	jeder nach seiner O. 1Ch 6,17
2Kö	11,12	gab ihm der O... zum König 2Ch 23,11
1Ch	15,18	ihre Brüder der zweiten O. Esr 3,10
	23,6	David teilte sie in O. ein 27; 28,13.21; 2Ch 8,14; 31,2.15-17; 35,4; Esr 6,18
	24,1	dies waren die O. der Söhne Aaron
	26,1	von den O. der Torhüter 12.19; 2Ch 8,14
	27,1	von allen O. 2.4-15; 28,1; 2Ch 17,14
2Ch	4,20	Leuchter, daß sie brennen nach der O.
	5,11	ohne daß sich an die O. hielten Neh 9,34; Hes 5,6.7; 11,12; Am 2,4
Neh	11,36	von den Leviten wohnten O. auch in Juda
Hi	10,22	ins Land... ohne alle O.
	38,33	weißt du des Himmels O.
Ps	81,5	das ist eine O. des Gottes Jakobs
	89,32	wenn sie meine O. entheiligen
	111,7	alle seine O. sind beständig
	119,7	die O. deiner Gerechtigkeit 62.106.108.160
	20	meine Seele verzehrt sich nach deinen O.
	39	deine O. sind gut

Ps	119,43	ich hoffe auf deine O.
	52	wenn ich an deine ewigen O. denke
	91	(die Erde) steht noch heute nach deinen O. 148,6; Jer 31,36; 33,25
	102	ich weiche nicht von deinen O.
	164	lobe dich um deiner gerechten O. willen
Spr	30,27	dennoch ziehen sie aus in O.
Hes	43,11	zeige ihnen seine O. und Gesetze 18; 44,5
Jdt	15,5	ihnen in geschlossener O. nachsetzten
Sir	17,31	das Heer der Himmelshöhe hält der Herr in O. 43,11
Bar	3,34	die Sterne leuchten in ihrer O.
1Ma	6,40	sie zogen in guter O. heran 2Ma 11,10
	14,45	sich unterstehen, diese O. zu brechen
2Ma	4,31	die Angelegenheit in O. zu bringen
	8,17	wie sie die ererbten O. zerstört hatten
	13,14	um ihre eigne O. zu erhalten
Lk	1,3	es für dich in guter O. aufzuschreiben
	5	Priester von der O. Abija, Zacharias 8
Apg	6,14	die O. ändern, die uns Mose gegeben hat
	15,1	wenn ihr euch nicht beschneiden laßt nach der O. des Mose
	16,21	verkünden O., die wir weder annehmen noch
	21,21	sie sollen nicht nach den O. leben
	26,3	weil du alle O. der Juden kennst
	28,17	ich habe nichts getan gegen die O. der Väter
Rö	13,2	der widerstrebt Gottes O.
1Ko	15,23	jeder in seiner O.: als Erstling Christus
Kol	2,5	freue mich, wenn ich eure O. sehe
1Pt	2,13	seid untertan aller menschlichen O.
Heb	5,6	du bist ein Priester in Ewigkeit nach der O. Melchisedeks 10; 6,20; 7,11.17
	7,11	anstatt einen nach der O. Aarons zu benennen
	9,10	bis zu der Zeit einer besseren O. auferlegt

Oreb

Ri	7,25	zwei Fürsten der Midianiter, O. und Seeb
	8,3	hat O. und Seeb in eure Hände gegeben
Ps	83,12	mache ihre Fürsten wie O. und Seeb

Oren

1Ch	2,25	Jerachmeel hatte Söhne: O.

Orion

Hi	9,9	er macht den Wagen und den O. Am 5,8
	38,31	kannst du den Gürtel des O. auflösen
Jes	13,10	die Sterne... und O. scheinen nicht hell

Ornan s. **Arauna**

Orpa

Rut	1,4	moabitische Frauen, die eine hieß O. 14

Ort

1Mo	1,9	es sammle sich das Wasser an besondere O.
	13,4	den O., wo er den Altar errichtet hatte
	18,26	will dem ganzen O. vergeben 24; 19,14
	33	kehrte wieder um an seinen O. 32,1
	19,27	Abraham machte sich auf an den O. 22,3
	20,11	ist keine Gottesfurcht an diesem O.
	26,7	wenn die Leute am O. fragten 38,21.22
	29,22	lud Laban alle Leute des O. ein
	30,25	laß mich reisen an meinen O.
	36,40	so heißen die Fürsten nach ihren O.
	47,6	am besten O. des Landes wohnen 11
	50,11	nennt man den O. „Der Ägypter Klage" 2Mo 15,23; 17,7; 4Mo 13,24; Jos 7,26; Ri 15,19; 1Sm 23,28; 2Sm 2,16; 5,20
2Mo	3,5	der O., darauf du stehst, ist hl. Land
	10,23	daß niemand weggehen konnte von dem O.
	13,7	an allen deinen O. 4Mo 18,31; 2Kö 17,9; Am 4,6; 8,3
	18,23	kann mit Frieden an seinen O. kommen
	20,24	O., wo ich meines Namens gedenken lasse
	21,13	einen O., wohin er fliehen kann
	23,20	einen Engel, der dich bringe an den O.
	29,31	sein Fleisch an einem heiligen O. kochen
3Mo	14,40	vor die Stadt an einen unreinen O. 41.45
4Mo	18,10	am hochheiligen O. sollst du es essen
	20,5	warum uns geführt an diesen bösen O.
	23,13	komm an einen andern O. 27
	32,17	bis wir sie an ihren O. gebracht
5Mo	1,31	bis ihr an diesen O. kamt 9,7; 11,5; 29,6
	21,19	sollen ihn führen zu dem Tor des O.
	23,17	er soll bei dir bleiben an dem O.
Jos	3,3	brecht auf von eurem O. 5,8
	8,14	zogen aus an einen bestimmten O.
Ri	7,7	laß gehen an seinen O. 20,33
	11	ging Gideon an den O. der Schildwache
	11,19	durch dein Land ziehen bis an unsern O.
	17,8	um einen O. zu finden, wo er bleiben 9
	18,10	einen O., an dem nichts von alledem fehlt
	19,13	damit wir an einen andern O. kommen 16.28
	20,22	um am selben O. noch weiter zu kämpfen
Rut	1,7	ging aus v. dem O., wo sie gewesen Hi 2,11
1Sm	2,20	gingen zurück an ihren O. 26,25; 2Ch 25,10
	3,2	Eli lag an seinem O. 9
	5,3	stellten (Dagon) wieder an seinen O.
	11	sendet die Lade an ihren O. 6,2; 1Kö 8,7; 1Ch 15,12; 2Ch 1,4
	7,16	Israel an allen diesen O. gerichtet
	14,9	so wollen wir an unserm O. stehenbleiben
	20,19	komm an den O., wo du dich verborgen 37
	21,3	meine Leute an den und den O. beschieden
	23,22	seht, an welchem O. sein Fuß weilt 23
	26,5	David kam an den O., wo Saul sein Lager
	29,4	er soll an den O. zurückkehren, den du
	30,31	(Segensgeschenk) allen O., wo David
1Kö	5,8	Gerste und Stroh brachten sie an den O.
	23	bis an den O., den du mir sagen wirst
	8,39	im Himmel, an dem O., wo du wohnst 43.49
	9,16	seiner Tochter den O. zum Geschenk gegeben
	13,8	will an diesem O. kein Brot essen 16.22
2Kö	6,9	daß du n. an diesem O. vorüberziehst 10
1Ch	4,32	die fünf O., dazu ihre Gehöfte 33
2Ch	20,24	an den O., wo man die Wüste sehen kann
	24,11	trugen die Lade hin an ihren O.
	34,24	will Unheil bringen über diesen O. 25.27.28
Esr	1,4	dem sollen die Leute des O. helfen
	4,10	in den andern O. angesiedelt 17
Neh	1,9	an den O., den ich erwählt habe Jes 18,7; Jer 7,3.7
	4,6	aus dem O. ziehen sie heran 12,27; Jer 40,12; Hes 34,12
	10,38	den Zehnten aus allen O. mit Ackerland
Est	2,9	brachte (Ester) an den besten O.
	4,14	wird Hilfe von einem andern O. 8,17
Hi	9,6	er bewegt die Erde von ihrem O. Ps 104,8
	27,21	wird ihn von seinem O. hinwegwehen
	28,1	es hat das Gold seinen O.
	34,26	an einem O., wo viele es sehen
	38,12	hast du der Morgenröte ihren O. gezeigt

Ort

Ps	26,8	habe lieb den O., da deine Ehre wohnt
	44,20	daß du uns zerschlägst am O. der Schakale
	94,17	läge ich bald am O. des Schweigens
	103,22	lobet den HERRN an allen O. s. Herrschaft
Spr	2,18	ihre Wege (neigen sich) zum O. der Toten
	15,3	die Augen des HERRN sind an allen O.
Pr	1,5	die Sonne läuft an ihren O. 6.7
	3,20	es fährt alles an einen O. 6,6
Jes	14,2	die Völker werden Israel an s. O. bringen
	22,23	als Nagel einschlagen an einen festen O. 25
	26,21	der HERR wird ausgehen von seinem O.
	28,8	voll Gespei und Unflat an allen O.
	32,2	wie Wasserbäche am dürren O.
	45,19	habe nicht geredet an einem finstern O.
	46,7	daß er nicht von seinem O. rücke
	60,13	zu schmücken den O. meines Heiligtums
Jer	7,6	nicht unschuldiges Blut... an diesem O.
	8,3	an allen O. lieber tot sein wollen 24,9
	13,7	nahm den Gürtel von dem O.
	14,13	will euch Frieden geben an diesem O.
	16,2	sollst keine Söhne zeugen an diesem O. 3
	9	will an diesem O. ein Ende machen dem Jubel 44,29
	19,7	den Gottesdienst an diesem O. zunichte
	22,12	muß sterben an dem O. 42,22
	27,22	zurückbringen lasse an diesen O. 28,3.4.6; 29,10.14; 32,37
	33,10	an diesem O... er ist wüst 12
	45,5	an welchen O. du auch ziehst
Hes	3,12	als die Herrlichk. sich erhob von ihrem O.
	12,3	von deinem O. sollst du an einen andern O.
	17,16	an dem O. des Königs soll er sterben
	21,35	an dem O., an dem du geschaffen bist
	34,12	will sie erretten von allen O.
	38,12	deine Hand an die zerstörten O. legst
	15	wirst kommen aus seinem O.
	39,11	will Gog einen O. geben zum Begräbnis
	43,7	das ist der O. meines Thrones
	46,20	der O., wo die Priester kochen
Hos	5,15	will wieder an meinen O. gehen
Jo	4,7	will sie kommen l. aus dem O., wohin
Sa	12,6	Jerusalem soll bleiben an seinem O.
Mal	1,11	an allen O. wird meinem Namen geopfert
Jdt	9,9	O., wo deine Ehre wohnt
Wsh	19,21	hast ihm an allen O. beigestanden
1Ma	4,43	trugen... an einen unheiligen O. 46
	5,65	eroberte Hebron und die O. ringsum
	6,57	der O. ist stark befestigt 62
	12,2	er schrieb an Sparta und an andere O.
2Ma	1,29	dein Volk wieder an deinem heiligen O. 2,18
	33	O., wo das Feuer versteckt
	9,17	an allen O. die Gewalt Gottes verkündigen
	13,18	suchte die O. in s. Gewalt zu bringen
StD	2,38	brachte Habakuk an seinen O.
Mt	2,9	bis er über dem O. stand, wo das Kindlein war
	4,16	denen, die saßen am O. des Todes
	14,35	als die Leute an diesem O. ihn erkannten
	26,52	stecke dein Schwert an seinen O.
Mk	1,45	er war draußen an einsamen O.
	6,11	*aus dem O. gehet hinaus*
	16,20	sie zogen aus und predigten an allen O.
Lk	4,14	erscholl durch alle umliegenden O. 37
	5,17	gekommen aus allen O. in Galiläa und Judäa
	10,1	sandte sie in alle O., wohin er gehen
	11,1	begab sich, daß er an einem O. war und betete
	16,28	damit sie nicht kommen an diesen O. der Qual
	19,30	*gehet in den O., der gegenüberliegt*
Lk	19,43	*werden dich an allen O. ängstigen*
	24,13	*gingen in einen O.; Emmaus 28*
Jh	5,13	da so viel Volk an dem O. war
	6,10	es war viel Gras an dem O.
	23	es kamen Boote von Tiberias nahe an den O.
	7,42	aus dem O. Bethlehem, wo David war, soll der Christus kommen
	10,40	an den O., wo Johannes zuvor getauft hatte
	11,6	blieb er noch zwei Tage an dem O. 30
	18,2	Judas, der ihn verriet, kannte den O. auch
	20,7	Schweißtuch... an einem besonderen O.
Apg	1,25	um an den O. zu gehen, wohin er gehört
	2,1	waren sie alle an einem O. beieinander
	12,17	ging er hinaus und zog an einen andern O.
	16,3	*Juden, die an jenen O. waren*
	21,12	baten wir und die aus dem O.
	27,8	kamen an einen O., der „Guthafen" heißt
1Ko	1,2	samt allen, die den Namen unsres Herrn anrufen an jedem O.
	14,23	wenn die ganze Gemeinde an einem O. zusammenkäme
2Ko	2,14	Wohlgeruch seiner Erkenntnis an allen O.
Eph	4,9	*in die untersten Ö. der Erde*
1Th	1,8	an allen O. ist euer Glaube an Gott bekanntgeworden
1Ti	2,8	so will ich, daß die Männer beten an allen O.
2Pt	1,19	Licht, das da scheint an einem dunklen O.
Off	6,14	alle Berge und Inseln wurden wegbewegt von ihrem O.
	12,6	in die Wüste, wo sie einen O. hatte 14
	16,16	er versammelte (die drei Geister) an einen O.

Ortosia, *Orthosia*

1Ma	15,37	Tryphon flüchtete nach O.

Ortschaft

4Mo	21,25	in Heschbon und seinen O. 32; 32,42; Jos 15,28.45.47; 17,11.16; Ri 1,27; 11,26; 1Ch 2,23; 5,16; 7,28.29; 8,12; 18,1; 2Ch 13,29; 28,18; Neh 11,25.27.31
2Ch	11,14	die Leviten verließen ihre O.
Jer	19,15	will über alle ihre O. Unheil kommen l.
1Ma	5,8	eroberte die Stadt Jaser mit ihren O.

Osni, Osniter (= Ezbon 1)

4Mo	26,16	O., daher das Geschlecht der O.

Ost, Osten

1Mo	2,8	einen Garten in Eden gegen O. 4,16
	10,30	bis man kommt an das Gebirge im O.
	11,2	als sie nach O. zogen 13,11
	12,8	so daß er Ai im O. hatte
	13,14	sieh nach O. 28,14; 5Mo 3,27; 1Kö 7,25; 2Ch 4,4
	25,6	schickte sie nach O. hin ins Morgenland
	29,1	Jakob ging in das Land, das im O. liegt
2Mo	27,13	nach O. fünfzig Ellen 38,13; 4Mo 35,5; Hes 48,17.18
3Mo	1,16	neben dem Altar nach O. zu... werfen
4Mo	2,3	nach O. soll sich lagern Juda 3,38; 10,5
	23,7	von dem Gebirge im O.
	32,19	unser Erbteil soll nach O. hin 34,15; Jos 13,8. 27; 18,7; 1Ch 5,9

4Mo	34,3	Grenze... im O. 10; 5Mo 3,17; Jos 12,1; 16,1; 17,10; 18,20; 19,13.27.34; 20,8; 1Ch 7,28; Hes 45,7; 47,18; 48,1-8.23-27
Jos	11,3	(sandte) zu den Kanaanitern im O.
	8	jagten ihnen nach bis an die Ebene im O.
Ri	6,3	kamen die aus dem O. herauf 33; 7,12; 8,10
1Kö	5,10	die Weisheit von allen, die im O. wohnen
	17,3	wende dich nach O. und verbirg dich
2Kö	13,17	tu das Fenster auf nach O.
1Ch	9,18	im O. Das waren die Torhüter 24; 26,14.17
	12,16	als er alle Täler gegen O. abriegelte
2Ch	29,4	versammelte sie auf dem Platz im O.
Neh	3,26	gegenüber dem Wassertor im O. 12,37
Hi	1,3	reicher als alle, die im O. wohnten
	18,20	die im O. wird Furcht ankommen
Ps	48,8	zerbrichst... durch den Sturm vom O.
	65,9	was da lebet im O. wie im Westen
	107,3	zusammengebracht von O. und Westen
Jes	2,6	sie treiben Wahrsagerei wie die im O.
	11,14	werden berauben alle, die im O. wohnen
	41,2	wer läßt den von O. her kommen
	43,5	will vom O. deine Kinder bringen
	45,6	damit man erfahre in O. und West
	46,11	ich rufe einen Adler vom O. her
Jer	31,40	bis zu der Ecke am Roßtor im O.
	49,28	vernichtet, die im O. wohnen
Hes	8,16	beteten gegen O. die Sonne an
	11,1	zum Tor, das gegen O. liegt 40,19.38; 42,9.12; 43,1.4.17; 44,1; 46,1.12; 47,2
	23	Berg, der vor der Stadt liegt
	25,4	will dich den Söhnen des O. übergeben 10
	43,2	die Herrlichkeit kam von O.
	47,1	floß ein Wasser heraus nach O. Sa 14,8
	1	die Seite des Tempels lag gegen O. 3
Dan	8,9	ein Horn, das wurde sehr groß nach O.
	11,44	werden ihn Gerüchte erschrecken aus O.
Am	8,12	daß sie von Norden nach O. laufen
Sa	14,4	Ölberg, der liegt nach O. hin. Und der Ölberg wird sich spalten vom O. bis Westen
Bar	4,36	sieh umher, Jerusalem, nach O. 5,5
	37	deine Kinder kommen vom O. 5,5
Mt	8,11	viele werden kommen von O. Lk 13,29
	24,27	wie der Blitz ausgeht vom O.
Off	21,13	von O. drei Tore

Osterfest

Mk	14,1	es waren noch zwei Tage bis zum O.
Lk	2,41	seine Eltern gingen alle Jahre auf das O.
Jh	2,23	als er zu Jerusalem war am O.
	13,1	vor dem O. erkannte Jesus
	18,39	daß ich einen Gefangenen zum O. losgebe

Osterlamm

Mt	26,17	das O. zu essen Mk 14,12.14; Lk 22,11.13.15
	19	bereiteten das O. Mk 14,16
Mk	14,12	da man das O. opferte Lk 22,7
Lk	22,8	gehet hin, bereitet uns das O.
1Ko	5,7	wir haben ein O., Christus

Ostern

Mt	26,2	daß nach zwei Tagen O. wird
	18	ich will bei dir O. halten
Lk	22,1	das Fest, das O. heißt Jh 2,13; 6,4; 11,55
Jh	12,1	vor O. kam Jesus nach Bethanien
	18,28	sondern O. essen könnten
	19,14	es war der Rüsttag auf O.
1Ko	5,8	lasset uns O. halten

Ostgrenze

Jos	15,5	die O. ist das Salzmeer
1Ch	5,10	wohnten auf der O. von Gilead

östlich

1Mo	2,14	Tigris, der fließt ö. von Assyrien
	12,8	brach auf ins Gebirge ö. der Stadt Bethel
	23,17	Machpela ö. von Mamre 19; 25,9; 49,30
	25,18	wohnten bis nach Schur ö. von Ägypten
4Mo	21,11	lagerten sich ö. von Moab 33,47
	34,11	die Grenze ö. von Ajin... ö. vom See Kinneret Jos 16,6; Hes 47,18
5Mo	4,49	(nahmen ein) das Jordantal ö. des Jordan
Jos	4,19	ö. der Stadt Jericho 13,32; 1Ch 6,63
	7,2	liegt ö. von 13,25; 17,7; Ri 21,19; 1Sm 13,5
Ri	8,11	ö. von Nobach und Jogboha
	20,43	zertraten sie nach Gibea
2Kö	23,13	Höhen, die ö. von Jerusalem waren
1Ch	4,39	zogen hin nach Gedor bis ö. des Tals
2Ch	5,12	alle Leviten standen ö. vom Altar
Hes	10,19	traten in den Eingang des ö. Tores
	39,11	das Tal der Wanderer ö. vom Meer
	47,8	fließt hinaus in das ö. Gebiet
Jo	2,20	will ihn verstoßen in das ö. Meer
Jon	4,5	Jona ließ sich ö. der Stadt nieder

Ostseite

Jos	12,3	(Sihon herrschte) bis an die O. des Sees
Hes	40,6	ging zum Tor, das an der O. lag 10.22.23.32; 41,14; 42,16; 48,10.16.21.32

Osttor

2Ch	31,14	der Torhüter am O. Neh 3,29
Hes	42,15	führte mich hinaus zum O.

ostwärts

Jos	16,5	die Grenze o. war Atrot-Addar 6
Hes	45,7	sollt einen Raum geben, im Osten o.

Ostwind

1Mo	41,6	Ähren, die waren vom O. versengt
2Mo	10,13	der HERR trieb einen O. ins Land 14,21; Ps 78,26
Hi	27,21	der O. wird ihn wegführen
	38,24	wo der O. hinfährt über die Erde
Jes	27,8	hast es verscheucht am Tage des O.
Jer	18,17	will sie wie durch einen O. zerstreuen
Hes	17,10	sobald der O. über ihn kommt 19,12
	27,26	wird dich zerschmettern
Hos	12,2	Ephraim läuft dem O. nach
	13,15	wird doch ein O. vom HERRN heraufziehen
Jon	4,8	ließ Gott einen heißen O. kommen

Otni, *Othni*

1Ch	26,7	Söhne Schemajas: O.

Otniël, *Othniël*

Jos	15,17	¹O., der Sohn des Kenas Ri 1,13; 3,9.11; 1Ch 4,13; 27,15
Jdt	6,10	²Karmi, der auch O. heißt

Otter

1Mo	49,17	Dan wird eine O. auf dem Steige
5Mo	32,33	ihr Wein ist verderbliches Gift der O.
Ps	58,5	eine taube O., die ihr Ohr verschließt
	91,13	über Löwen und O. wirst du gehen
Spr	23,32	sieh den Wein... er sticht wie eine O.
Jes	11,8	ein Säugling wird spielen am Loch der O.
	30,6	wo O. und feurige Drachen sind
Apg	28,3	kam eine O. von der Hitze hervor

Otternbrut

Mt 23,33 ihr Schlangen, ihr O.

Otterngezücht

Mt 3,7 ihr O. *12,34; 23,33; Lk 3,7*

Otterngift

| Hi | 20,14 | seine Speise wird O. in seinem Bauch 16 |
| Ps | 140,4 | O. ist unter ihren Lippen Rö 3,13 |

Ozem

| 1Ch | 2,15 | ¹(Isai zeugte) O. |
| | 2,25 | ²Jerachmeel hatte Söhne: O. |

P

Paar

1Mo	6,19	je ein P., Männchen und Weibchen 20; 7,2
Ri	19,3	hatte ein P. Esel bei sich 10; 2Sm 16,1
1Sm	11,7	(Saul) nahm ein P. Rinder und zerstückte
Am	2,6	die Armen für ein P. Schuhe verkaufen 8,6
Lk	2,24	ein P. Turteltauben oder zwei junge Tauben

Paarai (= Naarai)

2Sm 23,35 P., der Arabiter

paaren

3Mo 19,19 laß nicht zweierlei Art sich p.

paarweise

1Mo 7,9 gingen sie zu ihm in die Arche p. 15

Pacht

Mt 21,33 gab ihn in P. *Mk 12,1; Lk 20,9*

packen

Neh	13,25	ich p. sie bei den Haaren
Ps	7,3	daß sie nicht wie Löwen mich p. Jes 5,29
Jes	22,17	der HERR wird dich p.
Hes	12,3	dir Sachen wie für die Verbannung
Sa	14,13	daß einer den andern bei der Hand p. wird
Tob	6,4	p. ihn bei den Kiemen
1Ma	12,28	p. sie die Angst, so daß sie aufbrachen
2Ma	12,35	Dositheus p. Gorgias
Mt	18,28	er p. und würgte ihn und sprach

Padon

Esr 2,44 (Tempelsklaven:) die Söhne P. Neh 7,47

Pagiël

4Mo 1,13 P., der Sohn Ochrans 2,27; 7,72.77; 10,26

Pagu

1Mo 36,39 Hadar; seine Stadt hieß P. 1Ch 1,50

Pahat-Moab, *Pahath-Moab*

Esr 2,6 die Söhne P. 8,4; 10,30; Neh 3,11; 7,11; 10,15

Palal

Neh 3,25 P., der Sohn Usais

Palast

1Kö	21,1	Nabot hatte e. Weinberg bei dem P. Ahabs
2Kö	20,18	P. des Königs von Babel Dan 4,1.26; 6,19
Est	1,5	machte ein Festmahl beim P. 8.9; 5,1; 7,7.8
	2,8	wurde Ester in des Königs P. geholt 9.13.16; 4,13
	6,4	Haman war vor des Königs P.
Ps	45,16	sie ziehen ein in des Königs P.
	48,4	Gott ist in ihren P.
	14	(ziehet um Zion,) durchwandert seine P.
	122,7	es möge sein Glück in deinen P.
	144,12	wie Säulen, geschnitzt für P.
Jes	13,22	wilde Hunde werden in ihren P. heulen
	23,13	sie haben ihre P. niedergerissen
	25,2	zum Steinhaufen gemacht P. der Fremden
	32,14	die P. werden verlassen sein
	34,13	Dornen werden wachsen in seinen P.
Jer	6,5	laßt uns ihre P. zerstören
	49,27	daß (Feuer) die P. verzehren soll Hos 8,14; Am 1,4.7.10.12.14; 2,2.5
Klg	2,5	der Herr hat zerstört alle P. 7
Hos	8,14	Isr. vergißt seinen Schöpfer und baut P.
Am	3,9	in den P. von Aschdod... P. von Ägypten
	10	sammeln Schätze in ihren P.
	6,8	ich hasse seine P.
	9,6	der seinen P. über der Erde gründet
Nah	2,7	der P. vergeht in Angst
Sir	28,17	es zerstört die P. der Fürsten
1Ma	7,2	als er in den P. seiner Vorfahren kam
Mt	26,3	versammelten sich im P. des Hohenpriesters
	58	Petrus folgte ihm bis zum P. Mk 14,54; Jh 18,15
Mk	15,16	die Soldaten führten ihn hinein in den P.
Lk	11,21	wenn ein Starker seinen P. bewacht
Apg	23,35	in Gewahrsam halten im P. des Herodes
	25,23	gingen in den P. mit den Hauptleuten

Pallu, *Palluiter*

1Mo 46,9 Söhne Rubens: P. 2Mo 6,14; 4Mo 26,5.8

Palmbaum, *Palmenbaum*

2Mo	15,27	kamen nach Elim; da waren siebzig P.
1Kö	7,36	ließ eingraben Cherubim, Löwen und P.
Ps	92,13	der Gerechte wird grünen wie ein P.
Hl	7,8	dein Wuchs ist hoch wie ein P. 9
Jo	1,12	P. und Apfelbäume sind verdorrt
Sir	24,18	bin aufgewachsen wie ein P. in Engedi

Palme

4Mo	33,9	da waren siebzig P.
Ri	4,5	hatte ihren Sitz unter der P. Deboras
1Kö	6,29	Schnitzwerk von Cherubim, P. 32.35; 2Ch 3,5; Hes 41,18.19
1Ma	13,37	die P. haben wir empfangen
Off	7,9	*mit weißen Kleidern und P.*

Palmenstadt

5Mo	34,3	die Ebene von Jericho, der P. 2Ch 28,15
Ri	1,16	zogen herauf aus der P.
	3,13	(Eglon) nahm die P. ein

Palmenzweig, Palmzweig

Neh	8,15	holt Myrtenzweige, P.
Sir	50,14	wie P. umringten ihn (alle Söhne Aaron)
1Ma	13,51	zog hinein mit Lobgesang und P.
Jh	12,13	nahmen sie P. und gingen hinaus ihm entgegen
Off	7,9	angetan mit weißen Kleidern und mit P.

Palmwedel

3Mo	23,40	sollt nehmen... P. und Zweige
Hes	40,16	an den Pfeilern waren P. 22.26.31.34.37; 41,18.20.25.26
2Ma	10,7	sie trugen schöne Zweige und P.
	14,4	brachte ihm einen Kranz und einen P.

Paloniter

1Ch	11,36	Ahija, der P.

Palti, Paltiël

4Mo	13,9	¹P., der Sohn Rafus
	34,26	²P., der Sohn Asans
1Sm	25,44	³Saul hatte Michal P. gegeben 2Sm 3,15

Pamphylien

1Ma	15,23	(schrieb Luzius) nach P.
Apg	2,10	(wir in) Phrygien und P.
	13,13	Paulus und die um ihn waren, kamen nach Perge in P.
	14,24	sie zogen durch Pisidien und kamen nach P.
	15,38	jemanden, der sie in P. verlassen hatte
	27,5	wir fuhren über das Meer längs der K. von P.

Panther

Jes	11,6	da werden die P. bei den Böcken lagern
Jer	5,6	der P. wird um ihre Städte lauern
	13,23	kann ein P. seine Flecken (wandeln)
Dan	7,6	sah ein anderes Tier gleich einem P.
Hos	13,7	will wie ein P. am Wege auf sie lauern
Hab	1,8	ihre Rosse sind schneller als ein P.
Sir	28,27	es wird ihn zerfleischen wie ein P.
Off	13,2	das Tier, das ich sah, war gleich einem P.

Panzer

1Sm	17,5	das Gewicht seines P. war 5.000 Lot 38
1Kö	22,34	schoß zwischen P. und Wehrgehänge 2Ch 18,33
2Ch	26,14	beschaffte P., Bogen und Schleudersteine

Neh	4,10	die andere Hälfte hielt Bogen und P.
Hi	41,5	wer kann ihm den P. ausziehen
Jes	59,17	zieht Gerechtigkeit an wie einen P.
Jer	46,4	schärft die Spieße und ziehet P. an
Wsh	5,19	er wird Gerechtigkeit anziehen als P.
Eph	6,14	angetan mit dem P. der Gerechtigkeit
1Th	5,8	angetan mit dem P. des Glaubens
Off	9,9	sie hatten P. wie eiserne P. 17

Panzerhemd

2Mo	28,32	eine Borte wie bei einem P. 39,23

Paphos

Apg	13,6	als sie die ganze Insel bis P. durchzogen hatten
	13	Paulus und die um ihn waren, fuhren von P. ab

Pappel

1Mo	30,37	nahm frische Stäbe von P., Platanen

Para

Jos	18,23	(Städte des Stammes Benjamin:) P.

Paradies

Lk	23,43	heute wirst du mit mir im P. sein
2Ko	12,4	der wurde entrückt in das P.
Off	2,7	Baum des Lebens, der im P. Gottes ist

Paran

1Mo	21,21	¹(Ismael) wohnte in der Wüste P.
4Mo	10,12	machte Halt in der Wüste P. 12,16; 13,3.26; 5Mo 33,2
1Kö	11,18	kamen nach P. und nahmen Leute mit aus P.
5Mo	33,2	²der HERR ist erschienen vom Berge P. Hab 3,3

Parbar, Parwarhaus

2Kö	23,11	bei der Kammer, die am P. war
1Ch	26,18	am P.: vier an der Straße und zwei am P.

Parmaschta

Est	9,9	(töteten) P., Arisai (die Söhne Hamans)

Parmenas

Apg	6,5	sie wählten P. und Nikolaus

Parnach

4Mo	34,25	Elizafan, der Sohn P.

Parosch

Esr	2,3	die Söhne P. 8,3; 10,25; Neh 3,25; 7,8
Neh	10,15	die Oberen des Volks sind: P.

Parpar

2Kö	5,12	die Flüsse von Damaskus, Abana und P.

Parschandata

Parschandata, *Parschandatha*
Est 9,7 töteten P., Dalphon (die Söhne Hamans)

Partei
Hi 13,8 wollt ihr für ihn P. nehmen 10
Apg 5,17 es erhoben sich ... nämlich die P. der Sadduzäer
15,5 traten einige von der P. der Pharisäer auf
23,9

Parther
Apg 2,9 P. und Meder und Elamiter

Paruach
1Kö 4,17 Joschafat, der Sohn P.

Parwajim-Gold
2Ch 3,6 das Gold war P.

Parwarhaus s. **Parbar**

Pas-Dammim (= Efes-Dammim)
2Sm 23,9 er war mit David in P. 1Ch 11,13

Pasach
1Ch 7,33 Söhne Jaflets: P.

Paschhur
versch. Träger ds. Namens
1Ch 9,12; Neh 11,12/ Esr 2,38; Neh 7,41/ Esr 10,22/ Neh 10,4/ Jer 20,1.3.6/ 21,1; 38,1/ 38,1

Paseach
1Ch 4,12 ¹Eschton zeugte P.
Esr 2,49 ²(Tempelsklaven:) die Söhne P. Neh 7,51
Neh 3,6 ³Jojada, der Sohn P.

Passa
2Mo 12,11 es ist des HERRN P. 5Mo 16,1
21 schlachtet das P. 5Mo 16,2.5.6; 2Ch 35,6.11; Esr 6,20.21
43 dies ist die Ordnung für das P. 4Mo 9,12
48 wenn ein Fremdling das P. halten will 4Mo 9,14
3Mo 23,5 am 14. Tage des 1. Monats ist des HERRN P. 4Mo 9,5; 28,16; Jos 5,10; 2Ch 30,15; 35,1; Esr 6,19; Hes 45,21
4Mo 9,2 laß die *Israeliten P. halten 4.6.10.13
33,3 zogen aus am zweiten Tage des P.
Jos 5,11 aßen vom Getreide am Tag nach dem P.
2Kö 23,21 haltet dem HERRN P. 22,23; 2Ch 30,1.2.5.17. 18; 35,7-9.13.16-19
Mt 26,2 ihr wißt, daß in zwei Tagen P. ist
18 ich will bei dir das P. feiern
Lk 22,1 das Fest der Ungesäuerten Brote, das P.
Jh 6,4 kurz vor dem P., dem Fest der Juden
Heb 11,28 durch den Glauben hielt er das P.

Passafest
2Mo 34,25 das Opfer des P. nicht über Nacht bleiben
Mk 14,1 es waren noch zwei Tage bis zum P.
Lk 2,41 seine Eltern gingen alle Jahre zum P.
Jh 2,13 das P. der Juden war nahe 6,4; 11,55
23 als er am P. in Jerusalem war
12,1 vor dem P. kam Jesus nach Betanien
13,1 vor dem P. erkannte Jesus, daß
18,39 daß ich euch einen zum P. losgebe
19,14 es war am Rüsttag für das P.

Passalamm
Mt 26,17 wo willst du, daß wir dir das P. bereiten
19 die Jünger bereiteten das P. Mk 14,12.14.16; Lk 22,8.11.13
Mk 14,12 als man das P. opferte Lk 22,7
Lk 22,15 verlangt, dies P. mit euch zu essen
1Ko 5,7 auch wir haben ein P., das ist Christus

Passamahl
Jh 18,28 damit sie das P. essen könnten

Passaopfer
2Mo 12,27 es ist das P. des HERRN

passen
Sir 36,26 eine Gehilfin, die zu ihm p.
Lk 5,36 der Lappen vom neuen p. nicht auf das alte

Patara
Apg 21,1 kamen nach Rhodos und von da nach P.

Patmos
Off 1,9 war auf der Insel, die P. heißt, um des Wortes Gottes willen

Patrobas
Rö 16,14 grüßt Asynkritus, Phlegon, Hermes, P.

Patroklus
2Ma 8,9 Nikanor, Sohn des P.

Patros, Patrositer
1Mo 10,14 (Mizraim zeugte) die P. 1Ch 1,12
Jes 11,11 der übriggeblieben ist in P.
Jer 44,1 Judäer, die im Lande P. wohnten 15
Hes 29,14 will sie wieder ins Land P. bringen
30,14 will P. zur Wüste machen

Pauke
1Mo 31,27 daß ich dich geleitet hätte mit P.
2Mo 15,20 da nahm Mirjam eine P. in ihre Hand
Ri 11,34 geht s. Tochter heraus mit P. und Reigen
1Sm 10,5 vor ihnen her Harfe und P. und Flöte
18,6 dem König Saul entgegen mit P.
2Sm 6,5 tanzten vor dem HERRN mit P. 1Ch 13,8
Hi 21,12 jauchzen mit P. und Harfen
Ps 68,26 die Jungfrauen, die da P. schlagen
81,3 laßt hören die P.

Ps	149,3	mit P. und Harfen sollen sie ihm spielen	Apg	19,30	als P. unter das Volk gehen wollte
	150,4	lobet ihn mit P. und Reigen		20,1	rief P. die Jünger zu sich und tröstete sie
Jes	5,12	haben P., Pfeifen in ihrem Wohlleben		7	am ersten Tag der Woche predigte ihnen P.
	24,8	die Freude der P. ist vorüber		9	Schlaf, weil P. so lange redete
	30,32	daß er ihn als Opfer schwingt unter P.		10	P. ging hinab und warf sich über ihn
Jer	31,4	du sollst wieder P. schlagen		13	wir wollten dort P. zu uns nehmen
Jdt	3,8	ihm entgegenkamen mit P. 1Ma 9,39		16	P. hatte beschlossen, an Ephesus vorüberzufahren

paulisch

1Ko 1,12 daß einer spricht: Ich bin p. 3,4

Paulus

Apg 13,9 Saulus, der auch P. heißt, sah ihn an
13 P. und die um ihn waren, fuhren von Paphos ab
16 da stand P. auf und winkte mit der Hand
43 folgten viele Juden dem P. und Barnabas
45 widersprachen dem, was P. sagte
46 P. und Barnabas sprachen frei und offen
50 stifteten eine Verfolgung an gegen P.
14,9 der hörte P. reden 15,12; 16,14
11 als das Volk sah, was P. getan hatte
12 sie nannten Barnabas Zeus und P. Hermes
14 Barnabas und P. zerrissen ihre Kleider
19 steinigten P. und schleiften ihn zur Stadt hinaus
15,2 als P. und Barnabas einen Streit mit ihnen hatten
22 Männer mit P. und Barnabas nach Antiochia zu senden 25
35 P. und Barnabas blieben in Antiochia
36 nach einigen Tagen sprach P. zu Barnabas
38 P. hielt es nicht für richtig
40 P. wählte Silas und zog fort
16,3 diesen wollte P. mit sich ziehen lassen
9 P. sah eine Erscheinung bei Nacht 18,9
17 die folgte P. überall hin und schrie
18 P. war darüber so aufgebracht, daß
19 ergriffen sie P. und Silas
25 um Mitternacht beteten P. und Silas
28 P. rief laut: Tu dir nichts an
29 fiel zitternd P. und Silas zu Füßen
36 der Aufseher überbrachte P. diese Botschaft
37 P. sprach 19,4; 21,13.39.40; 22,25.28; 23,3.5; 24,10; 25,10; 26,25.29; 27,21.31
17,2 wie nun P. gewohnt war, ging er zu ihnen hinein
4 einige von ihnen schlossen sich P. an
10 schickten P. und Silas nach Beröa 14.15
13 das Wort Gottes von P. verkündigt wurde
16 als P. in Athen auf sie wartete
22 P. stand mitten auf dem Areopag und sprach
33 so ging P. von ihnen
18,1 verließ P. Athen und kam nach Korinth
2 (Aquila und Priszilla) zu denen ging P.
5 richtete sich P. ganz auf die Verkündigung
12 empörten sich die Juden einmütig gegen P.
14 als P. den Mund auftun wollte, sprach Gallio
18 P. blieb noch eine Zeitlang dort
19,1 es geschah, daß P. durch das Hochland zog
6 als P. die Hände auf sie legte
11 Gott wirkte nicht geringe Taten durch P.
13 beschwöre euch bei Jesus, den P. predigt
15 Jesus kenne ich wohl, von P. weiß ich wohl
21 nahm sich P. vor, durch Mazedonien zu ziehen
26 daß dieser P. viel Volk abspenstig macht
29 sie ergriffen die Gefährten des P.
37 sie fielen P. um den Hals und küßten ihn
21,4 die sagten P. durch den Geist
11 nahm er den Gürtel des P. und band sich
18 am nächsten Tag ging P. mit uns zu Jakobus
26 da nahm P. die Männer zu sich
29 den hätte P. in den Tempel geführt
30 sie (zogen) P. zum Tempel hinaus
32 hörten sie auf, P. zu schlagen
37 als P. in die Burg geführt werden sollte
22,30 erkunden, warum P. von den Juden verklagt
30 führte P. hinab und stellte ihn vor sie
23,1 P. sah den Hohen Rat an und sprach
6 P. erkannte, daß ein Teil Sadduzäer war
10 befürchtete, sie könnten P. zerreißen
12 bis sie P. getötet hätten 14
16 als der Sohn der Schwester des P. von dem Anschlag hörte
17 P. rief einen von den Hauptleuten 18
20 daß du P. morgen vor den Hohen Rat hinunterbringen läßt 25,3
24 haltet Tiere bereit, P. draufzusetzen
31 die Soldaten nahmen P., wie ihnen befohlen
33 sie führten ihm auch P. vor
24,1 die erschienen vor dem Statthalter gegen P. 25,2
23 er befahl, P. gefangenzuhalten
24 ließ P. kommen und hörte ihn über den Glauben 25
26 er hoffte, daß ihm von P. Geld gegeben werde
27 Felix ließ P. gefangen zurück
25,4 antwortete, P. werde weiter in Gewahrsam gehalten
6 am nächsten Tag ließ (er) P. holen 23
8 P. aber verteidigte sich 26,1
9 Festus antwortete P.
14 legte Festus dem König die Sache des P. vor
19 Jesus, von dem P. behauptete, er lebe
21 P. sich auf sein Recht berief
26,1 Agrippa sprach zu P.
24 P., du bist von Sinnen
28 Agrippa sprach zu P.
27,1 übergaben sie P. einem Hauptmann
3 Julius verhielt sich freundlich gegen P.
9 ermahnte sie P. (und sprach zu ihnen) 33
11 glaubte dem Steuermann mehr als P.
24 P., du mußt vor den Kaiser gestellt werden
43 der Hauptmann wollte P. am Leben erhalten
28,3 als P. einen Haufen Reisig zusammenraffte
8 zu dem ging P. hinein und betete
15 als P. sie sah, dankte er Gott
16 wurde dem P. erlaubt, allein zu wohnen
17 daß P. die Angesehensten der Juden zusammenrief
25 gingen weg, als P. dies eine Wort gesagt hatte
30 P. blieb zwei volle Jahre in seiner eigenen Wohnung
Rö 1,1 P., Knecht Christi Jesu, berufen zum Apostel 1Ko 1,1; 2Ko 1,1; Gal 1,1; Eph 1,1; Phl 1,1; Kol 1,1; 1Ti 1,1; 2Ti 1,1; Tit 1,1; Phm 1
1Ko 1,12 ich gehöre zu P. 3,4

Paulus

1Ko	1,13	ist P. für euch gekreuzigt? Oder seid ihr auf den Namen des P. getauft
	3,5	wer ist Apollos? Wer ist P. 22
	16,21	hier mein, des P., eigenhändiger Gruß Kol 4,18; 2Th 3,17; Phm 19
2Ko	10,1	ich selbst, P., ermahne euch
Gal	5,2	siehe, ich, P., sage euch
Eph	3,1	deshalb sage ich, P., der Gefangene Christi
Kol	1,23	sein Diener bin ich, P., geworden
1Th	1,1	P. und Silvanus an die Gemeinde in Thessalonich 2Th 1,1
	2,18	kommen, ich, P., einmal und noch einmal
Phm	9	so wie ich bin: P., ein alter Mann
2Pt	3,15	wie auch P. euch geschrieben hat

Pech

1Mo	6,14	verpiche ihn mit P. innen und außen
2Mo	2,3	verklebt es mit Erdharz und P.
Jes	34,9	werden Bäche zu P... zu brennendem P.
Sir	13,1	wer P. angreift, besudelt sich damit
StD	2,26	da nahm Daniel P., Fett und Haare
	3,22	den Ofen mit Erdharz, P. zu heizen

Pedahel

4Mo 34,28 P., der Sohn Ammihuds

Pedaja

versch. Träger ds. Namens
2Kö 23,36/ 1Ch 3,18.19/ 27,20/ Neh 3,25/ 8,4/ 11,7/ 13,13

Pedazur

4Mo 1,10 Gamliël, der Sohn P. 2,20; 7,54.59; 10,23

Pein

Mt	25,46	*sie werden in die ewige P. gehen*
Lk	16,24	*ich leide P. in diesen Flammen*
Jud	7	*leiden die P. des ewigen Feuers*

peinigen

Hi	19,2	ihr p. mich mit Worten
Hab	2,7	plötzlich werden erwachen, die dich p.
2Ma	7,13	p. sie den vierten ebenso
Lk	16,25	*nun wird er hier getröstet, und du wirst gep.*
Apg	5,16	*die von unsauberen Geistern gep. waren*
	12,1	*legte die Hände an etliche, sie zu p.*
	22,19	*daß ich die... p. in den Synagogen 26,11*

Peiniger

Spr	29,13	der Arme und sein P. begegnen einander
Jes	51,23	will (den Taumelkelch) deinen P. geben
Mt	18,34	wurde zornig und überantwortete ihn den P.

Peitsche

1Kö	12,11	mein Vater hat euch mit P. gezüchtigt 14; 2Ch 10,11.14
Spr	26,3	dem Roß eine P. und dem Esel einen Zaum
Nah	3,2	wird man hören die P. knallen

peitschen

Wsh 5,11 er p. (die Luft) mit seinen Flügeln

Pekach

2Kö 15,27 wurde P. König über Israel 25.29-32.37; 16,1. 5; 2Ch 28,6; Jes 7,1

Pekachja

2Kö 15,22 (Menahems) Sohn P. wurde König 23.26

Pekod

Jer	50,21	zieh heran gegen... P.
Hes	23,23	die von P., Schoa und Koa

Pelaja

1Ch	3,24	[1]Söhne Eljoënais: P.
Neh	8,7	[2]die Leviten... P. 10,11

Pelalja

Neh 11,12 P., des Sohnes Amzis

Pelatja

1Ch	3,21	[1]Söhne Hananjas: P.
	4,42	[2]P., die Söhne Jischis
Neh	10,23	[3](die Oberen des Volks sind:) P.
Hes	11,1	[4]P., den Sohn Benajas 13

Peleg

1Mo 10,25 Eber wurden geboren P. 11,16.18; 1Ch 1,19. 25; Lk 3,35

Pelet

4Mo	16,1	[1]On, der Sohn P.
1Ch	2,33	[2]Söhne Jonatans: P.

Pelet, *Peleth*

1Ch	2,47	[1]Söhne Jahdais: P.
	12,3	[2]P., die Söhne Asmawets

Peletiter

2Sm 23,26 Helez, der P. 1Ch 11,27; 27,10

Pelzwerk

4Mo 31,20 alles P. sollt ihr entsündigen

Peninna

1Sm 1,2 die eine hieß Hanna, die andere P. 4

Peor

4Mo	23,28	[1]den Gipfel des Berges P. Jos 15,59
	25,18	[2]List, die sie geübt haben durch den P.
	18	Plage, die um des P. willen kam Jos 22,17 (= Baal-Peor)

Perazim

Jes 28,21 wird sich aufmachen wie am Berge P.

Peres
Dan 5,28 P., das ist, dein Reich ist den Persern

Peresch
1Ch 7,16 Maacha gebar einen Sohn... P.

Perez, Pereziter
1Mo 38,29 man nannte ihn P. 46,12; 4Mo 26,20.21; Rut 4,12.18; 1Ch 2,4.5; 4,1; 9,4; 27,3; Neh 11,4.6; Mt 1,3; Lk 3,33

Perez-Usa
2Sm 6,8 man nannte die Stätte „P." 1Ch 13,11

Pergament
2Ti 4,13 bringe mit die Bücher, besonders die P.

Pergamon
Off 1,11 sende es nach Ephesus und nach P.
2,12 dem Engel der Gemeinde in P. schreibe

Perge
Apg 13,13 Paulus und die um ihn waren, kamen nach P.
14
14,25 sagten das Wort in P. und zogen hinab nach Attalia

Perisiter
1Mo 13,7 wohnten zu der Zeit die P. im Lande
15,20 (deinen Nachkommen:) die P. Neh 9,8
34,30 habt mich in Verruf gebracht bei den P.
2Mo 3,8 herausführe in das Gebiet der P. 17; 23,23
33,2 will ausstoßen die P. 34,11; 5Mo 7,1; Jos 3,10; Ri 1,4.5
5Mo 20,17 den Bann vollstrecken an den P. Jos 12,8
Jos 9,1 als das hörten die P. 11,3
17,15 rode für dich im Lande der P.
24,11 kämpften gegen euch die P.
Ri 3,5 als die *Israeliten wohnten unter den P.
1Kö 9,20 das übrig war von den P. 2Ch 8,7
Esr 9,1 haben sich nicht abgesondert von den P.
Jdt 5,18 erschlugen die Könige der P.

Perle
Hi 28,18 wer Weisheit erwirbt, hat mehr als P. Spr 3,15; 8,11
Ps 45,14 die Königstochter ist mit P. geschmückt
Spr 20,15 es gibt Gold und viel P.
31,10 eine tüchtige Frau ist edler als P.
Mt 7,6 eure P. sollt ihr nicht vor die Säue werfen
13,45 Kaufmann, der gute P. suchte 46
1Ti 2,9 sich schmücken nicht mit P.
Off 17,4 die Frau war geschmückt mit P. 18,16
18,12 (ihre Ware:) Edelsteine und P.
21,21 die zwölf Tore waren zwölf P.

Perlenschmuck
Hes 28,13 von Gold war die Arbeit des P.

Perlenschnur
Hl 1,10 dein Hals mit den P.

Persepolis (= Elymaïs)
2Ma 9,2 als (Antiochus) in P. eingerückt

Perser
2Ch 36,20 bis das Königtum der P. zur Herrschaft
Est 1,14 die sieben Fürsten der P. und Meder
19 Gesetze der P. und Meder Dan 6,9.13.16
Hes 27,10 P. waren dein Kriegsvolk 38,5
Dan 5,28 dein Reich ist den Medern und P. gegeben
Jdt 16,12 daß sich die P. entsetzten vor ihrer Tat
1Ma 1,1 Darius, König der P.
2Ma 1,33 dies ist vor den König der P. gekommen
StE 5,9 das Reich der P. an die Mazedonier
15 allen, die den P. treu sind, Heil

Perseus
1Ma 8,5 daß sie P. im Krieg überwunden hatten

Persien
2Ch 36,22 des Kyrus, des Königs von P. 23; Esr 1,1.2.8; 3,7; 4,3.5; Dan 6,29; 10,1; StD 2,1
Esr 4,7 schrieben an den König von P. 24; 6,14; 7,1; 9,9; Neh 12,22
Est 1,3 machte ein Festmahl für die von P. 18
10,2 Chronik der Könige von Medien und P.
Dan 8,20 bedeutet Könige von Medien und P. 11,2
10,13 der Engelfürst des Königreichs P. 20
1Ma 3,31 beschloß, nach P. zu ziehen 2Ma 1,13
6,1 Stadt Elymaïs in P.
5 kam ein Bote zu ihm nach P.
56 (Philippus) aus P. zurückgekommen
14,2 Arsakes, König von P. und Medien
2Ma 1,19 unsre Väter nach P. weggeführt
20 vom König von P. heimgesandt 9,21
9,1 Antiochus mit Schanden aus P. abziehen

Persis
Rö 16,12 grüßt die P., meine L.

persisch
StE 5,8 Haman... nicht p. Blutes

Person
5Mo 1,17 beim Richten die P. nicht ansehen 16,19; Spr 24,23; 28,21
10,17 der große Gott, der die P. nicht ansieht 2Ch 19,7; Hi 34,19
Hi 32,21 vor mir soll kein Ansehen der P. gelten
Jes 3,9 daß sie die P. ansehen, zeugt gegen sie
Mal 2,9 unwert gemacht, weil ihr die P. anseht
Sir 4,26 sieh nicht die P. an
35,15 vor ihm gilt kein Ansehen der P. 16; Rö 2,11; Eph 6,9; Kol 3,25
1Ma 2,38 wurden sie umgebracht, an die 1.000 P.
2Ma 12,4 ertränkte sie, nicht weniger als 200 P.
Lk 19,3 Zachäus war klein von P.
Apg 10,34 nun erfahre ich, daß Gott die P. nicht ansieht
2Ko 1,11 damit durch viele P. viel Dank dargebracht

Person

Kol 2,1 *die meine P. nicht gesehen haben*
1Pt 1,17 *der ohne Ansehen der P. einen jeden richtet*
Jak 2,1 *haltet den Glauben frei von allem Ansehen der P.*
9 *wenn ihr die P. anseht, tut ihr Sünde*
Jud 16 *achten sie das Ansehen der P.*

Peruda

Esr 2,55 Nachkommen der Sklaven: Söhne P. Neh 7,57

Pest

2Mo 5,3 daß er uns nicht schlage mit P. 9,3.15
3Mo 26,25 will die P. unter euch senden 4Mo 14,12; Jer 14,12; 24,10; 29,17.18; Hes 14,19.21; Am 4,10
5Mo 28,21 der HERR wird dir die P. anhängen
2Sm 24,13 oder daß 3 Tage P. ist 15; 1Ch 21,12.14
1Kö 8,37 wenn P. im Lande sein wird 2Ch 6,28; 7,13; 20,9
Ps 78,50 als er ihr Leben preisgab der P.
91,3 er errettet dich von der verderblichen P.
6 (du nicht erschrecken mußt) vor der P.
Jer 21,6 daß sie sterben sollen durch eine große P. 7.9; 32,24.36; 38,2; 42,17.22; Hes 33,27
27,8 will ich heimsuchen mit P. 13; 44,13
28,8 Propheten haben geweissagt von P.
34,17 so rufe ich eine Freilassung aus für P.
Hes 5,12 soll ein Drittel an der P. sterben 6,11.12
17 soll P. und Blutvergießen umgehen 7,15; 28,23; 38,22
12,16 will einige übriglassen vor der P.
Hos 13,14 Totenreich, ich will dir eine P. sein
Hab 3,5 P. ging vor ihm her
Bar 2,25 so sind sie umgekommen durch P.
Apg 24,5 *wir haben diesen Mann erfunden als P.*
Off 6,8 mit Schwert und Hunger und P.

Pestilenz

Lk 21,11 *es werden geschehen P. und teure Zeit*

Petachja, Pethachja

1Ch 24,16 ¹das neunzehnte (Los fiel) auf P.
Esr 10,23 ²unter den Leviten: P. Neh 9,5
Neh 11,24 ³P., der Sohn Meschesabels

Petor, Pethor

4Mo 22,5 zu Bileam, Sohn Beors, nach P. 5Mo 23,5

Petrus

Mt 4,18 Jesus sah Simon, der P. genannt wird
8,14 Jesus kam in das Haus des P.
10,2 die Namen der Apostel sind diese: zuerst Simon, genannt P. Mk 3,16; Lk 6,14; Apg 1,13
14,28 P. aber antwortete ihm 15,15; 16,16; 17,4; 18,21; 19,27; 26,33.35; Mk 8,29; 9,5; 10,28; 14,29; Lk 8,45; 9,20.33; 12,41; 18,28; Jh 6,68; 13,8.9.36.37; 21,3
29 P. stieg aus und ging auf dem Wasser
16,18 ich sage dir: Du bist P.
22 P. fuhr ihn an Mk 8,32
23 er wandte sich um und sprach zu P. Mk 8,33
17,1 nach sechs Tagen nahm Jesus mit sich P. 26,37; Mk 5,37; 9,2; 14,33; Lk 8,51; 9,28

Mt 17,24 traten zu P., die den Tempelgroschen einnehmen
26,40 (Jesus) sprach zu P. Mk 14,37; Jh 18,11; 21,15
58 P. folgte ihm von ferne Mk 14,54; Lk 22,54; Jh 18,15
69 P. saß draußen im Hof Mk 14,66; Lk 22,55; Jh 18,16-18.25
73 die da standen, sprachen zu P. Mk 14,67.70
75 dachte P. an das Wort Mk 14,72; Lk 22,61
Mk 11,21 P. dachte daran und sprach zu ihm
13,3 fragten ihn P. und Andreas
16,7 geht hin und sagt seinen Jüngern und P.
Lk 5,8 als das Simon P. sah, fiel er Jesus zu Füßen
9,32 P. und die bei ihm waren, waren voller Schlaf
22,8 er sandte P. und Johannes und sprach
34 er aber sprach: P., ich sage dir
58 P. aber sprach: Mensch, ich bin's nicht 60
61 der Herr wandte sich und sah P. an
62 P. ging hinaus und weinte bitterlich
24,12 P. stand auf und lief zum Grab
Jh 1,40 Andreas, der Bruder des Simon P. 6,8
44 Philippus war aus Betsaida, der Stadt des P.
13,6 da kam er zu Simon P.; der sprach zu ihm
24 dem winkte Simon P.
18,10 Simon P. hatte ein Schwert und zog es
26 ein Verwandter dessen, dem P. das Ohr abgehauen hatte
27 da leugnete P. abermals
20,2 da läuft sie und kommt zu Simon P.
3 ging P. und der andere Jünger hinaus 4.6
21,2 es waren beieinander Simon P. und Thomas
7 spricht der Jünger, den Jesus liebhatte, zu P.
11 P. stieg hinein und zog das Netz an Land
17 P. wurde traurig, weil
20 P. wandte sich um und sah 21
Apg 1,15 in den Tagen trat P. auf unter den Brüdern
2,14 da trat P. auf mit den Elf
37 sie sprachen zu P. und den andern Aposteln 38
3,1 P. und Johannes gingen in den Tempel 3.4.6
11 als er sich zu P. und Johannes hielt
12 als P. das sah, sprach er zu dem Volk
4,8 P., voll des heiligen Geistes, sprach zu ihnen 5,3.8.9.29; 8,20; 9,34; 10,34.46; 15,7
13 sie sahen den Freimut des P. und Johannes
19 P. und Johannes antworteten ihnen
5,15 wenn P. käme, wenigstens sein Schatten
8,14 die Apostel sandten zu ihnen P. und Johannes
9,32 als P. überall im Land umherzog
38 die Jünger hörten, daß P. dort war 39
40 als P. sie alle hinausgetrieben hatte
43 es geschah, daß P. lange Zeit in Joppe blieb
10,5 laß holen Simon mit dem Beinamen P. 18.32; 11,13
9 stieg P. auf das Dach, zu beten
13 steh auf, P., schlachte und iß 11,7
14 P. aber sprach: O nein, Herr
17 als P. noch ratlos war, was 19
21 da stieg P. hinab zu den Männern und sprach
25 als P. hereinkam, ging ihm Kornelius entgegen
26 P. richtete ihn auf und sprach
45 die gläubig gewordenen Juden, die mit P. gekommen waren
11,2 als P. hinaufkam nach Jerusalem, stritten
4 P. fing an und erzählte es ihnen der Reihe nach

Apg	12,3	(Herodes) nahm auch P. gefangen 5.6
	7	er stieß P. in die Seite und weckte ihn
	11	als P. zu sich gekommen war, sprach er
	14	verkündete, P. stünde vor dem Tor
	16	P. klopfte weiter an
	18	Verwirrung, was wohl mit P. geschehen sei
Gal	2,7	anvertraut P. das Evangelium an die Juden
	8	der in P. wirksam gewesen ist zum Apostelamt
1Pt	1,1	P., ein Apostel Jesu Christi 2Pt 1,1

Petuël, Pethuël

Jo	1,1	Joel, dem Sohn P.

Peülletai, Pegullethai

1Ch	26,5	(Söhne Obed-Edoms:) P.

Pfad

4Mo	22,24	trat der Engel des HERRN auf den P.
Hi	3,23	dem Gott den P. verzäunt hat
	13,27	hast acht auf alle meine P.
	24,13	bleiben nicht auf seinem P.
	30,13	haben meine P. aufgerissen
	38,20	kennen die P. zu ihrem Hause
Ps	77,20	dein P. (ging) durch große Wasser
Spr	1,15	halte deinen Fuß fern von ihrem P.
	4,14	komm nicht auf den P. der Gottlosen
	18	der Gerechten P. glänzt wie das Licht
Jes	19,11	meine P. sollen gebahnt sein
	59,8	Unrecht ist auf ihren P.
Klg	3,9	hat meinen P. zum Irrweg gemacht
Hos	2,8	daß sie ihren P. nicht finden soll
Mi	4,2	daß wir in seinen P. wandeln
Bar	3,21	erkannten die P. nicht, die zu ihr führen 23
	4,13	sind nicht auf den P. der Zucht gegangen

Pfahl

2Mo	34,13	ihre heiligen P. umhauen 5Mo 7,5; 12,3
2Ko	12,7	ist mir gegeben ein P. ins Fleisch

Pfand

1Mo	38,17	(Tamar) antwortete: gib mir ein P. 18.20
2Mo	22,25	wenn du den Mantel zum P. nimmst
5Mo	24,6	nicht zum P. den Mühlstein 10-13.17
Hi	22,6	hast ein P. abgenommen ohne Grund
	24,3	nehmen das Rind der Witwe zum P.
	9	man nimmt den Säugling zum P.
Hes	18,7	der sein P. zurückgibt 12.16; 33,15
Hab	2,6	häuft viel P. bei sich auf

pfänden

Spr	20,16	p. ihn anstelle des Fremden 27,13
Am	2,8	schlemmen auf den gep. Kleidern

Pfanne

3Mo	2,5	Speisopfer... auf der P. Gebackenes 7,9
	6,14	in der P. sollst du es mit Öl bereiten
	10,1	nahmen ein jeder seine P. 4Mo 16,6.17.18; 17,2-4.11
	16,12	soll eine P. voll Glut vom Altar nehmen
4Mo	4,9	den Leuchter mit seinen P.
1Sm	2,14	stieß in den Tiegel oder Kessel oder P.
2Sm	13,9	(Tamar) nahm die P. und schüttete sie

1Kö	7,50	Löffel und P. von Gold 2Ch 4,22
2Kö	25,15	nahm (Nebusaradan) die P. und Becken
1Ch	9,31	Mattitja waren die P. anvertraut 23,29
2Ma	7,3	man sollte P. über das Feuer setzen 5

Pfau

1Kö	10,22	(Schiffe) brachten Affen und P. 2Ch 9,21

Pfeife

Ps	150,4	lobet ihn mit Saiten und P.
Jes	5,12	haben Pauken, P. in ihrem Wohlleben
Jdt	3,8	ihm entgegenkamen mit P. 1Ma 9,39
1Ko	14,7	es sei eine P. oder eine Harfe

pfeifen

Klg	2,15	alle, die vorübergehen, p. 16; Ze 2,15
Wsh	17,19	ob etwa ein Wind p.
1Ma	9,41	da wurde aus dem P. Heulen
1Ko	14,7	was da gep. oder geharfet wird

Pfeifer

Mt	9,23	sah die P. und das Getümmel
Off	18,22	die Stimme der P. und Posauner

Pfeil

4Mo	24,8	wird Völker mit seinen P. zerschmettern
5Mo	32,23	will alle meine P. auf sie schießen
	42	will meine P. mit Blut trunken machen
1Sm	20,20	will ich nach seiner Seite drei P. schießen 21. 22.36-38
2Sm	22,15	er schoß seine P. Ps 18,15; 77,18; 144,6
2Kö	9,24	daß der P. durch sein Herz fuhr
	13,15	nimm P.! Und als er die P. nahm 17.18
	19,32	soll keinen P. hineinschießen Jes 37,33
1Ch	12,2	geschickt, P. zu schießen 2Ch 26,15
Hi	6,4	P. des Allmächt. stecken in mir Ps 38,3
	16,13	seine P. schwirren um mich her
	20,25	dringt der Blitz des P. aus seiner Galle
	34,6	mich quält der P., der mich traf
	41,20	kein P. wird ihn verjagen
Ps	7,14	sich selber eine feurige P. bereitet
	11,2	d. Gottlosen legen ihre P. auf die Sehnen
	45,6	scharf sind deine P. Jes 5,28
	57,5	ihre Zähne sind Spieße und P.
	58,8	zielen sie mit P., werden sie zerbrechen
	64,4	mit giftigen Worten zielen wie mit P.
	8	da trifft sie Gott mit dem P.
	76,4	dort zerbricht er die P. des Bogens
	91,5	vor den P., die des Tages fliegen
	120,4	scharfe P. eines Starken
	127,4	wie P. in der Hand eines Starken
Spr	7,23	bis ihm der P. die Leber spaltet
	25,18	der ist wie ein Schwert und scharfer P.
	26,18	wie ein Unsinniger, der mit P. schießt
Jes	7,24	daß man mit P. und Bogen dahin gehen muß
	49,2	er hat mich zum spitzen P. gemacht
Jer	9,7	ihre falschen Zungen sind tödliche P.
	50,9	P. wie die eines guten Kriegers
	14	schießt nach ihr, spart an P. 51,11
Klg	3,12	hat mich dem P. zum Ziel gegeben 13
Hes	5,16	wenn ich böse P. des Hungers schießen w.
	21,26	wirft mit den P.
	39,3	schlagen die P. aus deiner Hand
	9	werden verbrennen Bogen und P.
Hab	3,9	legtest die P. auf deine Sehne 11,14

Pfeil 1104

Sa	9,14	seine P. werden ausfahren wie der Blitz
Jdt	5,14	wohin sie zogen ohne Bogen, P., Schild
Wsh	5,12	wenn ein P. abgeschossen wird zum Ziel
Sir	19,12	wie wenn ein P. in der Hüfte steckt
1Ma	10,81	schossen P. auf das Kriegsvolk 2Ma 10,30
Eph	6,16	auslöschen könnt alle feurigen P. des Bösen

Pfeiler

1Kö	10,12	der König ließ P. machen aus Sandelholz
Hi	9,6	er bewegt die Erde, daß ihre P. zittern
	38,6	worauf sind ihre P. eingesenkt
Jer	50,15	ihre P. sind gefallen
Hes	40,9	(er maß) ihre P. 10u.ö.49; 41,1.3
1Ma	14,26	damit man sie an den P. anbrachte
1Ti	3,15	ein P. und eine Grundfeste der Wahrheit
Off	3,12	den will ich machen zum P. in dem Tempel meines Gottes

Pfennig

Mt	5,26	bis du auch den letzten P. bezahlt hast
	10,29	*zwei Sperlinge um einen P. Lk 12,6*
Mk	12,42	das macht zusammen einen P.

Pferd

1Mo	47,17	gab ihnen Brot als Entgeld für ihre P.
	49,17	Dan wird das P. in die Fersen beißen
2Mo	9,3	d. Hand d. HERRN kommen über die P.
2Sm	8,4	David lähmte alle P.
1Kö	5,6	12.000 Leute für die P. 8; 2Ch 9,25
	10,28	man brachte Salomo P. aus Ägypten 29; 2Ch 1,16.17
Est	8,10	reitende Boten auf den besten P. 14
Hes	26,10	von der Menge seiner P. wird Staub
Jo	2,4	sie sind gestaltet wie P.
Am	4,10	ließ eure P. gefangen wegführen
Sa	1,8	ein Mann saß auf einem roten P.
Jdt	2,7	wählte aus 12.000 Bogenschützen zu P.
	3,4	unser Besitz, Ziegen, P. gehören dir
	16,5	seine P. bedeckten das Land
Sir	30,8	ein ungebändigtes P. wird störrisch
1Ma	10,81	bis die P. der Feinde müde wurden
2Ma	3,25	es erschien ihnen ein P. 10,29
Jak	3,3	wenn wir den Zaum ins Maul legen
Off	6,2	ich sah, und siehe, ein weißes P. 4.5.8; 19,11
	14,20	das Blut ging bis an die Zäume der P.
	18,13	(ihre Ware:) P. und Wagen
	19,14	folgte das Heer des Himmels auf weißen P.
	18	eßt das Fleisch der P. und derer, die darauf
	19	Krieg zu führen mit dem, der auf dem P. saß
	21	Schwert, das aus dem Munde dessen ging, der auf dem P. saß

Pfingsten

2Ma	12,32	nach dem Fest, das auch P. genannt wird
Apg	2,1	*als der Tag der P. erfüllt war*
1Ko	16,8	ich werde in Ephesus bleiben bis P.

Pfingsttag

Apg	2,1	als der P. gekommen war
	20,16	er eilte, am P. in Jerusalem zu sein

Pflanze

1Mo	1,29	habe euch gegeben alle P. zu eurer Speise
Hi	14,9	treibt Zweige wie eine junge P.

Ps	144,12	unsere Söhne seien wie P.
Jes	17,10	setze nur P. zu deiner Lust
Wsh	7,20	(daß ich begreife) die Vielfalt der P.
Mt	15,13	alle P... werden ausgerissen

pflanzen

1Mo	2,8	Gott der HERR p. einen Garten in Eden
	9,20	Noah p. als erster einen Weinberg
	21,33	Abraham p. einen Tamariskenbaum
3Mo	19,23	wenn ihr allerlei Bäume p.
4Mo	24,6	Aloebäume, die der HERR p.
5Mo	6,11	Ölbäume, die du nicht gep. hast Jos 24,13
	20,6	wer einen Weinberg gep. hat 28,30.39
2Sm	7,10	will (mein Volk Israel) p. 1Ch 17,9
2Kö	19,29	im dritten Jahr p. Weinberge Jes 37,30
Ps	1,3	Baum, gep. an den Wasserbächen Jer 17,8
	80,16	schütze doch, was deine Rechte gep. hat
	92,14	die gep. sind im Hause des HERRN
	94,9	der das Ohr gep., sollte der nicht hören
	104,16	die Zedern des Libanon, die er gep. hat
	107,37	(daß sie) Äcker besäten und Weinberge p.
Spr	31,16	sie p. einen Weinberg vom Ertrag
Pr	2,4	ich p. mir Weinberge
	3,2	p. hat seine Zeit, ausreißen, was gep. ist
Jes	5,2	und p. darin edle Reben
	17,11	am Tag, da du sie p.
	40,24	kaum sie gep., kaum gesät
	41,19	ich will in der Steppe p.
	44,14	er hatte Fichten gep.
	65,21	sie werden Weinberge p. 22; Jer 31,5
Jer	1,10	(sollst) verderben, bauen und p.
	2,21	ich hatte dich gep. als edlen Weinstock
	11,17	der HERR Zebaoth, der dich gep. hat
	18,9	bald rede ich, daß ich ein p. will
	24,6	will p. und nicht ausreißen 31,28; 42,10
	29,5	p. Gärten und eßt ihre Früchte 28; Hes 28,26; Am 9,14
	35,7	(sollt) keinen Weinberg p.
	45,4	was ich gep. habe, das reiße ich aus
Hes	17,5	er p. es in ein gutes Land 7.8.10
	22	will's auf einen hohen Berg p. 23
	19,10	im Weingarten, am Wasser gep.
	13	nun ist er gep. in eine Wüste
	36,36	der HERR p., was verheert war 2Ma 1,29
Hos	9,13	Ephraim war herrlich gep. wie Tyrus
Am	5,11	den ihr in den Weinbergen gep. Ze 1,1
	9,15	ich will sie in ihr Land p.
Sir	39,17	wie die Rosen, an den Bächen gep.
	49,9	daß er bauen und p. sollte
1Ma	3,56	alle, die Weinberge gep. hatten
Mt	15,13	alle Pflanzen, die mein Vater nicht gep. hat
	21,33	p. Weinberg Mk 12,1; Lk 20,9
Lk	13,6	Feigenbaum, der war gep. in seinem Weinberg
	17,28	sie kauften, sie verkauften, sie p., sie bauten
1Ko	3,6	ich habe gep., Apollos hat begossen
	7	so ist weder der p. noch der begießt etwas 8
	9,7	wer p. einen Weinberg und ißt nicht
Jak	1,21	das Wort, das in euch gep. ist

Pflanzung

Jes	5,7	die Männer Judas seine P. 60,21; 61,3
Hes	34,29	will ihnen eine P. aufgehen lassen

Pflaster

2Kö	16,17	setzte (das Meer) auf ein steinernes P.
	20,7	bringt her ein P. von Feigen Jes 38,21

2Ch 7,3 fielen mit dem Antlitz zur Erde aufs P.
Hes 40,17 ein P ... Kammern lagen an dem P. 18; 41,8; 42,3
Wsh 16,12 es heilte sie weder Kraut noch P.

pflastern

Tob 13,21 mit Marmor werden seine Gassen gep.
Sir 21,11 die Gottlosen gehen auf einem gep. Weg

Pflege

Est 2,12 12 Monate - ihre P. brauchte so viel Zeit

pflegen

1Mo 18,12 nun ich alt bin, soll ich noch der Liebe p.
24,11 p. herauszugehen und Wasser zu schöpfen 29,2.3
3Mo 20,11 wenn jemand mit der Frau Umgang p. 12
Ri 14,10 wie es die jungen Leute zu tun p.
1Sm 18,10 David spielte ... wie er täglich zu tun p.
2Sm 11,1 da die Könige ins Feld zu ziehen p.
15,32 wo man Gott anzubeten p.
2Ch 1,5 Salomo p. (den Altar) aufzusuchen
Est 2,3 daß man ihre Schönheit p. 9.12
6,8 Kleider, die der König zu tragen p.
Ps 119,132 wie du p. zu tun denen, die deinen Namen
Spr 27,18 wer seinen Feigenbaum p., der ißt Früchte
Jes 7,25 die man mit der Hacke zu behacken p.
Jer 52,18 die man in Gottesdienst zu gebrauchen p.
Hes 46,12 wie er es sonst zu opfern p.
Dan 3,19 heißer machen, als man sonst zu tun p.
6,11 dankte Gott, wie er es vorher zu tun p.
Sa 14,3 wie er zu kämpfen p. am Tage der Schlacht
Wsh 19,18 was auf dem Lande zu leben p.
Sir 27,7 merkt man, wie der Baum gep. ist
Mt 17,24 p. euer Meister n. den Tempelgroschen zu geben
Mk 2,18 *die Jünger des Johannes p. zu fasten*
15,6 er p. ihnen einen Gefangenen loszugeben 8
Lk 2,27 *wie man p. nach dem Gesetz*
10,34 brachte ihn in eine Herberge und p. ihn 35
Jh 19,40 wie die Juden zu begraben p.
Apg 1,13 Obergemach, wo sie sich aufzuhalten p.
3,1 da man p. zu beten 16,13
27,3 zu s. Freunden zu gehen und sich p. zu lassen
Eph 5,29 er p. es, wie auch Christus die Gemeinde
1Th 2,7 wie eine Mutter ihre Kinder p.
Heb 10,25 wie einige zu tun p.

Pfleger

Jes 49,23 Könige sollen deine P. sein
Gal 4,2 er untersteht Vormündern und P.

Pflegevater

Est 2,7 (Mordechai) war der P. der Ester 20

Pflicht

2Mo 21,11 erfüllt er an ihr diese drei P. nicht
Rö 4,4 nicht aus Gnade, sondern aus P.

Pflock

4Mo 3,37 die Säulen um den Vorhof mit ihren P. 4,32
Ri 4,21 nahm Jaël einen P. von dem Zelt 22; 5,26

Ri 16,13 heftetest (die Locken) mit dem P. an 14
Jes 33,20 seine P. sollen nie mehr herausgezogen
54,2 stecke deine P. fest
Hes 15,3 macht man auch nur einen P. daraus
Sa 10,4 Ecksteine, P. sollen aus ihr hervorgehen

pflücken

2Kö 4,39 p. sein Kleid voll mit Gurken
Hl 5,1 ich habe meine Myrrhe gep.
6,2 daß er weide in den Gärten und Lilien p.
Mi 7,1 es geht mir wie einem, der Obst p. will
Lk 6,44 man p. ja nicht Feigen von den Dornen

Pflug

Hi 39,10 wird er hinter dir den P. ziehen
Sir 38,25 der, der den P. führt
Lk 9,62 wer seine Hand an den P. legt und sieht zurück

pflügen

1Mo 45,6 daß weder P. noch Ernten sein wird
2Mo 34,21 sollst ruhen, auch in dem Zeit des P.
Ri 14,18 wenn ihr nicht mit meinem Kalb gep.
1Sm 14,14 Hufe Acker, die ein Joch Rinder p.
1Kö 19,19 Elisa p. mit zwölf Jochen
Hi 1,14 ein Bote sprach: Die Rinder p.
4,8 die Frevel p. und Unheil säten
Ps 141,7 wie wenn einer das Land p. und zerwühlt
Spr 20,4 im Herbst will der Faule nicht p.
Jer 4,3 p. ein Neues Hos 10,12
26,18 Zion wird wie ein Acker gep. Mi 3,12
Hes 36,34 d. verwüstete Land soll wieder gep. werden
Hos 10,11 Juda soll p. und Jakob eggen
13 ihr p. Böses und erntet Übeltat
Am 6,12 wer kann auf Felsen mit Rindern p.
Lk 17,7 wer unter euch hat einen Knecht, der p.
1Ko 9,10 wer p., soll auf Hoffnung p.

Pflüger

Ps 129,3 die P. haben auf meinem Rücken geackert

Pflugschar

1Sm 13,20 wenn jemand eine P. zu schärfen hatte 21
Jes 2,4 werden ihre Schwerter zu P. machen Mi 4,3
Jo 4,10 macht aus euren P. Schwerter

Pforte

1Mo 28,17 hier ist die P. des Himmels
1Sm 21,14 (David) rannte gegen die P. des Tores
Neh 2,8 damit er mir Holz gebe für die P.
Ps 141,7 werden zerstreut bis zur P. des Todes
Spr 8,3 am Eingang der P. ruft (die Weisheit)
Jes 38,10 nun muß ich zu des Totenreiches P. fahren
Hes 26,2 die P. der Völker ist zerbrochen
Mt 7,13 geht hinein durch die enge P. 14; Lk 13,24
16,18 die P. der Hölle sollen sie nicht überwältigen

Pförtnerin

2Sm 4,6 die P. des Hauses war fest eingeschlafen

Pfosten

Pfosten

2Mo	12,7	von seinem Blut beide P. bestreichen 22.23; Heb 11,28
	21,6	stelle ihn an den P. 5Mo 15,17
5Mo	6,9	sie schreiben auf die P. d. Hauses 11,20
Ri	16,3	ergriff beide Torflügel samt den P.
1Kö	6,31	Türflügel mit fünfeckigen P. 33
Spr	8,34	daß er hüte die P. meiner Tore
Jes	57,8	hinter den P. setztest du d. Denkzeichen
Hes	43,8	haben ihre P. neben meine P. gesetzt
	45,19	die P. besprengen... samt den P. am Tor
	46,2	der Fürst soll bei den P. stehenbleiben
Am	9,1	schlage an den Knauf, daß die P. beben

Pfriem

2Mo	21,6	durchbohre mit P. sein Ohr 5Mo 15,17

pfropfen

Rö	11,17	du bist unter sie gep.
	24	wider die Natur in den guten Ölbaum gep.

Pfuhl

Off	19,20	in den feurigen P. geworfen 20,10.14.15
	21,8	deren Teil wird in dem P. sein

Pfund

Esr	2,69	zum Schatz 5.000 P. Silber Neh 7,70.71
Hes	45,12	ein P. (soll haben) fünfzig Lot
1Ma	14,24	Schild, tausend P. schwer 15,18
Mt	18,24	der war ihm 10.000 P. schuldig
Lk	19,13	gab ihnen zehn P. und sprach zu ihnen
	16	Herr, dein P. hat zehn P. eingebracht 18
	20	hier ist dein P., das ich in einem Tuch verwahrt
	24	nehmt das P. von ihm und gebt's dem, der zehn P. hat 25
Jh	12,3	da nahm Maria ein P. Salböl
	19,39	brachte Myrrhe mit Aloe, etwa hundert P.
Off	6,6	ein P. Weizen um ein Silberstück

Phanuël

Lk	2,36	eine Prophetin, Hanna, eine Tochter P.

Pharao

1Mo	12,15	die Großen des Pharao sahen... wurde (Sarai) in das Haus des P. gebracht
	17	der HERR plagte den P. 18.20
	37,36	des P. Kämmerer 39,1; 40,2.11.13.14.17.19-21
	41,1	hatte der P. einen Traum 4.7-10
	14	der P. ließ Josef rufen 15u.ö.46; 45,17.21; 46,31.33; 47,1-11; 50,4.6.7; Apg 7,13
	55	schrie das Volk zum P. um Brot. Aber der P.
	42,15	so wahr der P. lebt 16
	44,18	bist wie der P.
	45,2	daß es... das Haus des P. hörten 16
	8	hat mich dem P. zum Vater gesetzt
	46,5	Wagen, die der P. gesandt hatte
	47,14	Josef tat alles Geld in das Haus des P.
	19	daß wir leibeigen seien dem P. 20.22-26
2Mo	1,11	bauten dem P. die Städte Pitom und Ramses
	19	die Hebammen antworteten dem P.
	22	gebot der P. seinem ganzen Volk
	2,5	die Tochter des P. ging hinab 7-10; Apg 7,21
2Mo	2,15	es kam vor den P... Mose floh vor dem P.
	3,10	will dich zum P. senden 6,11.13.29; 7,2.15.26; 8,16; 9,1.13; 10,1.3
	11	wer bin ich, daß ich zum P. gehe 6,12.30
	4,21	daß du alle die Wunder tust vor dem P. 7,9. 10.20; 9,8.10; 11,10
	5,1	Mose und Aaron sprachen zum P. 21.23; 6,27; 7,7
	2	der P. antwortete 5.6.10.17.20; 7,9; 8,24; 14,3
	14	die Vögte des P. 15; 9,20; 10,7; 11,3
	6,1	sollst sehen, was ich dem P. antun werde 8,20.25.27; 11,1; 18,8
	7,1	habe dich zum Gott gesetzt für den P.
	3	will das Herz des P. verhärten 14; 8,28; 13,15
	4	der P. wird nicht auf euch hören 11,9
	11	da ließ der P. die Zauberer rufen 8,15
	13	das Herz des P. wurde verstockt 22; 8,15; 9,7.12.35; 10,20.27; 14,8; 1Sm 6,6
	23	der P. wandte sich und ging heim
	8,4	da ließ der P. Mose und Aaron rufen 21; 9,27; 10,8.16.24
	8	gingen Mose und Aaron vom P. 26; 10,6.18; 11,8
	11	der P. merkte, daß er Luft gekriegt 9,34
	10,11	man stieß sie hinaus vom P. 28
	11,5	sterben, vom ersten Sohn des P. an 12,29
	12,30	da stand der P. auf in derselben Nacht
	13,17	als der P. das Volk hatte ziehen lassen
	14,4	meine Herrlichk. erweisen an dem P. 17.18
	9	ihnen nach mit dem Heer des P. 10.23.28; 1Ma 4,9
	15,4	des P. Macht warf er ins Meer 19; Ps 136,15
	18,4	mich errettet vor dem Schwert des P. 10
5Mo	6,21	wir waren Knechte dem P. in Ägypten
	22	der HERR tat große Zeichen am P. 11,3; 34,11; Neh 9,10; Ps 135,9
	7,8	dich erlöst aus der Hand des P. 2Kö 17,7
	18	was der HERR dem P. getan 29,1
1Sm	2,27	als... noch dem Hause des P. gehörten
1Kö	3,1	Salomo verschwägerte sich mit dem P... eine Tochter des P. 7,8; 9,24; 11,1; 2Ch 8,11
	9,16	der P. war heraufgezogen
	11,18	kamen nach Ägypten zum P. 19-22
2Kö	18,21	so ist der P. für alle, die Jes 36,6
	23,29	P. Necho 33-35; Jer 46,2.17.25; 47,1
1Ch	4,18	Bitja, die Tochter des P., die Mered nahm
Hl	1,9	einer Stute an dem Wagen des P.
Jes	19,11	die Räte des P. sind zu Narren geworden
	30,2	sich zu stärken mit der Macht des P. 3
Jer	25,19	(ließ trinken) den P., den König von Äg.
	37,5	war das Heer des P. aufgebrochen 7.11
	43,9	vergrabe sie am Eingang des Hauses des P.
	44,30	will den P. Hophra übergeben
Hes	17,17	wird ihm der P. nicht beistehen
	29,2	dein Angesicht gegen den P. 31,2.18; 32,2
	3	siehe, ich will an dich, P. 30,22
	30,21	den Arm des P. zerbrochen 24.25; 32,31.32
Apg	7,10	gab ihm Gnade und Weisheit vor dem P.
Rö	9,17	die Schrift sagt zum P.
Heb	11,24	wollte Mose nicht mehr als Sohn der Tochter des P. gelten

Pharisäer

Mt	3,7	als er viele P. sah zu seiner Taufe kommen
	5,20	eure Gerechtigkeit besser als die der P.
	9,11	als die P. das sahen 12; Mk 2,16
	14	warum fasten die P. Mk 2,18; Lk 5,33
	34	aber die P. sprachen 12,24.38; Mk 2,24; Lk 5,21; 6,2; 13,31; 19,39; Jh 8,13; 12,19

Mt	12,14	da gingen die P. hinaus Mk 3,6; 8,11
	15,1	da kamen zu Jesus P. aus Jerusalem 16,1; 19,3; Mk 7,1; 10,2
	12	weißt du, daß die P. Anstoß nahmen
	16,6	hütet euch vor dem Sauerteig der P. 11.12; Mk 8,15; Lk 12,1
	21,45	als die P. seine Gleichnisse hörten
	22,15	die P. hielten Rat 34
	41	als die P. beieinander waren, fragte sie Jesus
	23,2	auf dem Stuhl des Mose sitzen die P.
	13	weh euch, Schriftgelehrte und P., ihr Heuchler 14.15.23.25.27.29; Lk 11,42.43
	26	du blinder P.
	27,62	kamen die P. zu Pilatus
Mk	7,3	die P. essen nicht, wenn sie nicht
	5	da fragten ihn die P. Lk 17,20
	12,13	sie sandten zu ihm einige von den P.
Lk	5,17	als er lehrte, daß auch P. dasaßen
	30	murrten und sprachen 15,2
	6,7	die Schriftgelehrten und P. lauerten darauf
	7,30	die P. verachteten, was Gott ihnen zugedacht
	36	es bat ihn einer der P., bei ihm zu essen 37. 39; 11,37.38; 14,1
	11,39	ihr P. haltet die Becher außen rein
	53	fingen die P. an, heftig auf ihn einzudringen
	14,3	Jesus fing an und sagte zu den P.
	16,14	das alles hörten die P.
	18,10	der eine ein P., der andere ein Zöllner 11
Jh	1,24	sie waren von den P. abgesandt 7,32
	3,1	es war ein Mensch unter den P. mit Namen Nikodemus
	4,1	Jesus erfuhr, daß den P. zu Ohren gekommen war 7,32
	7,45	die Knechte kamen zu den P. 47
	48	glaubt denn einer von den P. an ihn
	8,3	die P. brachten eine Frau zu ihm
	9,13	führten ihn, der vorher blind gewesen war, zu den P. 15.16.40
	11,46	einige von ihnen gingen zu den P. 47
	57	die P. hatten Befehl gegeben
	12,42	um der P. willen bekannten sie es nicht
	18,3	Judas (hatte) mit sich genommen Knechte von den P.
Apg	5,34	da stand im Hohen Rat ein P. auf mit Namen Gamaliel
	15,5	da traten einige von der Partei der P. auf
	23,6	Paulus erkannte, daß ein Teil P. (war) 7
	6	ich bin ein P. und Sohn von P. 26,5; Phl 3,5
	8	die P. lehren beides 9

Phaselis

1Ma	15,23	(schrieb Luzius) nach P.

Phasiron

1Ma	9,66	schlug die Kinder P.

Philadelphia

Off	1,11	sende es nach Sardes und nach P.
	3,7	dem Engel der Gemeinde in P. schreibe

Philemon

Phm	1	Paulus an P., den Lieben, unsern Mitarbeiter

Philetus

2Ti	2,17	Hymenäus und P., (die von der Wahrheit abgeirrt sind)

Philipp

1Ma	1,1	Alexander, der Sohn P., König 6,2

Philipper

Phl	4,15	ihr P. wißt, daß

Philippi

Apg	16,12	P., eine Stadt des 1. Bezirks von Mazedonien
	20,6	wir fuhren mit dem Schiff von P. ab
Phl	1,1	an alle Heiligen in P. samt den Bischöfen
	4,15	ihr aber von P. wißt
1Th	2,2	obgleich wir zuvor in P. gelitten hatten

Philippus

Mt	10,3	¹(die Namen der Apostel sind:) P. und Bartholomäus Mk 3,18; Lk 6,14; Apg 1,13
Jh	1,43	findet P. und spricht zu ihm: Folge mir nach
	44	P. war aus Betsaida, der Stadt des Andreas
	45	P. spricht zu ihm 46; 6,5.7; 12,22; 14,8
	48	bevor P. dich rief, sah ich dich
	12,21	die traten zu P. und baten ihn
	14,9	und du kennst mich nicht, P.
Apg	6,5	²sie wählten P. und Prochorus und Nikanor
	8,5	P. kam hinab in die Hauptstadt Samariens
	6	das Volk neigte dem zu, was P. sagte 12.13
	26	der Engel des Herrn redete zu P. 29
	30	da lief P. hin und hörte 31.34.35.37
	38	beide stiegen in das Wasser hinab, P. und der Kämmerer
	39	entrückte der Geist des Herrn den P. 40
	21,8	gingen in das Haus des P., des Evangelisten versch. Träger ds. Namens 1Ma 6,14.55.63/ 8,5/ 2Ma 5,22; 6,11; 8,8; 9,29; 13,23/ Mt 14,3; Mk 6,17/ Lk 3,1

Philister

1Mo	10,14	von denen sind gekommen die P. 1Ch 1,12
	21,32	zogen wieder in der P. Land
	34	(Abraham) war ein Fremdling in der P. Lande
	26,1	Isaak zog zu Abimelech, dem König der P. 8.14.18
2Mo	13,17	führte sie nicht durch das Land der P.
	15,14	Angst kam die P. an
Jos	13,2	(noch einzunehmen) alle Gebiete der P.
	3	fünf Fürsten der P. Ri 3,3; 1Sm 6,4.16-18
Ri	3,31	Schamgar erschlug 600 P.
	10,6	die *Israeliten dienten den Göttern der P.
	7	verkaufte (Israel) unter die Hand der P. 11; 13,1; 1Sm 12,9
	13,5	Israel zu erretten aus der Hand der P. 1Sm 7,3.8.14; 9,16; 2Sm 3,18
	14,1	ein Mädchen unter den Töchtern der P. 2-4
	4	die P. herrschten über Israel 15,11
	15,3	wenn ich den P. Böses tue 5.6.9.12.14.20
	16,5	(Delila) kamen die Fürsten der P. 8.18.21. 23.27.28.30
	9	P. über dir, Simson 12.14.20
1Sm	4,1	daß die P. sich sammelten zum Kampf gegen Israel 2.3.6.9.10.17

Philister

1Sm	5,1	die P. hatten die Lade weggenommen 8.11; 6,1.2.12.21
	7,7	zogen die Fürsten der P. hinauf gegen Israel 10.11.13; Sir 46,21
	10,5	wo die Wache der P. ist 13,3.4.23; 14,1.4.11
	13,3	die P. hörten, daß die Hebräer abgefallen 4. 5.11.12.16.17.19.20; 14,16.19.21.22
	14,30	die Niederlage der P. 31.36.37.46.47.52
	17,1	die P. sammelten ihre Heere zum Kampf 2.3. 19.21.46.51-53; 18,6; 23,27.28; 24,2; 28,1.4.5.15. 19; 29,1-4.7.9.11; 1Ch 12,20
	4	aus den Reihen der P. ein Riese... Goliat 8. 10.11.16.23.26.32.33.36.37.40-43.45.48-51.54.55. 57; 19,5
	18,17	sondern die Hand der P. 21.25
	25	hundert Vorhäute von P. 27.30; 2Sm 3,14
	19,8	David kämpfte gegen die P. 23,1-5; 2Sm 5,17-25; 8,1.12; 21,15-19; 1Ch 14,8-16; 18,1.11; 20,4.5; Sir 47,8
	21,10	das Schwert des P. Goliat ist hier 22,10
	31,1	die P. kämpften gegen Israel 2.7.8.11; 2Sm 21,12; 1Ch 10,1.2.7-9.11
2Sm	1,20	daß sich nicht freuen die Töchter der P.
	23,9	als die P. dort versammelt waren 10-14.16; 1Ch 11,13-16.18
1Kö	15,27	Gibbeton, das den P. gehörte 16,15
2Kö	8,2	die Frau wohnte im Land der P. 3
	18,8	(Hiskia) schlug die P. 2Ch 26,6.7
2Ch	9,26	(Salomo) war Herr bis zu dem Land der P.
	17,11	sogar einige von den P. brachten Geschenke
	21,16	erweckte gegen Joram den Geist der P.
	28,18	die P. fielen ein in die Städte
Ps	56,1	als ihn die P. in Gath ergriffen hatten
	83,8	(Bund gemacht) die P. mit denen von Tyrus
	87,4	auch die P. und Tyrer samt den Mohren
	108,10	über die P. will ich jauchzen
Jes	2,6	sind Zeichendeuter wie die P.
	9,11	Aramäer von vorn und P. von hinten
	11,14	werden sich stürzen auf das Land der P.
Jer	25,20	(ließ trinken) Könige in der P. Lande
	47,1	das Wort des HERRN wider die P. 4
Hes	16,27	gab dich preis der Willkür der P. 57
	25,15	weil die P. sich gerächt haben 16
Jo	4,4	P., was habt ihr mit mir zu tun
Am	1,8	soll umkommen, was von den P. übrig ist
	6,2	ziehet hinab nach Gat der P.
	9,7	habe ich nicht geführt die P. aus Kaftor
Sa	9,6	will die Pracht der P. ausrotten
Sir	50,28	(Völker sind mir zuwider:) die P.

Philisterland

1Sm	27,1	daß ich entrinne ins P. 7.11; 29,11
	30,16	Beute, mitgenommen aus dem P.
	31,9	seine Rüstung sandten sie im P. umher
1Kö	5,1	so war Salomo Herr bis zum P.
2Ch	26,6	(Usija) baute Festungen im P.
Ps	60,10	P., jauchze mir zu
Jes	14,29	freue dich nicht, ganz P. 31
1Ma	3,24	die übrigen flohen ins P.
	5,68	zog Judas ins P. 66

Philistermeer

2Mo	23,31	deine Grenze festsetzen bis an das P.

Philologus

Rö	16,15	grüßt P., Nereus und seine Schwester

Philometor (= Ptolemäus 1)

2Ma	4,21	Thronbesteigung des Königs P.
	10,13	Zypern, die ihm P. anvertraut hatte

Philosoph

Apg	17,18	einige P. stritten mit ihm

Philosophie

Kol	2,8	daß euch niemand einfange durch P.

Phlegon

Rö	16,14	grüßt Asynkritus, P., Hermes, Patrobas

Phöbe

Rö	16,1	ich befehle euch unsere Schwester P. an

Phönix

Apg	27,12	versuchen, ob sie bis nach P. kommen

Phönizien

Jes	23,11	(der HERR) hat Befehl gegeben über P.
2Ma	3,5	Befehlshaber in P. 8; 4,4; 8,8; 10,11
	4,22	zog (Jason) mit seinem Heer nach P.
Apg	11,19	gingen bis nach P. und Zypern und Antiochia
	15,3	sie zogen durch P. und Samarien
	21,2	als wir ein Schiff fanden, das nach P. fuhr

Phrygien

Apg	2,10	(wir in) P. und Pamphylien
	16,6	sie zogen durch P. 18,23

Phrygier

2Ma	5,22	Vögte: in Jerusalem Philippus, einen P.

Phygelus

2Ti	1,15	unter ihnen P. und Hermogenes

Pi-Beset

Hes	30,17	die Mannschaft von P. soll fallen

Pi-Hahirot, *Pihachiroth*

2Mo	14,2	sich lagern bei P. 9; 4Mo 33,7.8

Pichol

1Mo	21,22	P., (Abimelechs) Feldhauptmann 32; 26,26

Pickel

2Sm	12,31	stellte sie an die eisernen P.

Pilatus (s.a. Pontius Pilatus)

Mt	27,2	sie überantworteten ihn dem Statthalter P. Mk 15,1; Lk 23,1
	13	da sprach P. zu ihm Mk 15,2.4; Lk 23,3.6; Jh 18,35.37.38; 19,10

Mt	27,17	als sie versammelt waren, sprach P. 22.65; Mk 15,9.12.14; Lk 23,4.20; Jh 18,31; 19,5.6.15.22
	24	als P. sah, daß er nichts ausrichtete
	58	der ging zu P. und bat um den Leib Jesu Mk 15,43; Lk 23,52; Jh 19,38
	62	kamen die Hohenpriester zu P.
Mk	15,5	so daß sich P. verwunderte 44
	15	P. wollte dem Volk zu Willen sein
Lk	13,1	Galiläern, deren Blut P. mit ihren Opfern vermischt hatte
	23,11	Herodes sandte ihn zurück zu P.
	12	an dem Tag wurden Herodes und P. Freunde
	13	P. rief die Hohenpriester zusammen
	24	P. urteilte, daß ihre Bitte erfüllt werde
Jh	18,29	da kam P. zu ihnen heraus 19,4
	33	da ging P. wieder hinein ins Prätorium
	19,1	da nahm P. Jesus und ließ ihn geißeln
	8	als P. dies Wort hörte, fürchtete er sich 13
	12	trachtete P. danach, ihn freizulassen
	19	P. schrieb eine Aufschrift
	21	sprachen die Hohenpriester der Juden zu P. 31
Apg	3,13	den ihr überantwortet und verleugnet habt vor P.
	13,28	baten sie P., ihn zu töten

Pildasch

1Mo 22,22 (Milka hat geboren) Haso und P.

Pilger, Pilgrim

Mt	27,7	den Töpfersacker zum Begräbnis der P.
1Pt	2,11	ich ermahne euch als Fremdlinge und P.

Pilha

Neh 10,25 (die Oberen des Volks sind:) P.

Piltai

Neh 12,17 (unter den Priestern:) P.

Pinhas

2Mo	6,25	¹die gebar (Eleasar) den P. 1Ch 5,30; 6,35; Esr 7,5; 8,2.33
4Mo	25,7	als das P. sah 11; Ps 106,30; 1Ma 2,26.54
	31,6	Mose schickte sie mit P. in den Kampf
Jos	22,13	sandte zu ihnen den P. 30-32
	24,33	in Gibea, der Stadt seines Sohnes P.
Ri	20,28	P. versah den Dienst 1Ch 9,20; Sir 45,28
1Sm	1,3	²Hofni und P., die beiden Söhne Elis, Priester des HERRN 2,34; 4,4.11.17; 14,3
	4,19	des P. Frau war schwanger

Pinon (= Punon)

1Mo 36,41 (Fürsten von Esau:) der Fürst P. 1Ch 1,52

Piram

Jos 10,3 sandte zu P., dem König von Jarmut

Piraton, Pirathon, Pirat(h)oniter

Ri	12,13	Abdon, ein Sohn Hillels aus P. 15
2Sm	23,30	Benaja, der P. 1Ch 11,31; 27,14

1Ma 9,50 ließ hohe Mauern um P. bauen

Pischon

1Mo	2,11	(vier Hauptarme.) Der erste heißt P.
Sir	24,34	läßt Weisheit fließen wie der P.

Pisga

4Mo	21,20	P., der hinunterblickt auf das Jordantal 5Mo 3,17; 4,49; Jos 12,3; 13,20
	23,14	zum Gipfel des P. 5Mo 3,27; 34,1

Pisidien

Apg	13,14	sie kamen nach Antiochia in P.
	14,24	sie zogen durch P. und kamen

Pispa

1Ch 7,38 Söhne Jeters: P.

Pitom, Pithom

2Mo 1,11 bauten P. und Ramses als Vorratsstädte

Piton, Pithon

1Ch 8,35 Söhne Michas: P. 9,41

Pizez

1Ch 24,15 das 18. (Los fiel) auf P.

Plage

1Mo	12,17	der HERR plagte den Pharao mit großen P.
2Mo	9,14	werde alle P. über dich senden 11,1
	12,13	die P. soll euch nicht widerfahren 30,12; 4Mo 8,19
4Mo	11,33	schlug sie mit einer großen P. 14,36
	17,11	die P. hat angefangen 12-15
	25,8	hörte die P. auf 9.18; 31,16; Jos 22,17; Ps 106,29.30
5Mo	28,59	wird dich schlagen mit anhaltenden P. 61
	29,21	wenn sie die P. dieses Landes sehen
1Sm	4,8	die Ägypten schlugen mit allerlei P.
	6,4	es ist eine und dieselbe P. gewesen
2Sm	24,21	damit die P. vom Volk weiche 25; 1Ch 21,22
1Kö	8,37	wenn irgendeine P. da ist 38; 2Ch 6,28.29
2Ch	21,14	wird dich mit einer großen P. schlagen
	26,20	war seine P. vom HERRN
Ps	32,10	der Gottlose hat viel P.
	38,12	meine Freunde scheuen zurück vor meiner P.
	39,11	wende deine P. von mir
	89,33	will heimsuchen ihre Missetat mit P.
	91,10	keine P. wird sich deinem Hause nahen
Jer	10,19	ich dachte: Es ist nur eine P.
	15,3	will sie heimsuchen mit viererlei P.
	19,8	spotten über ihre P. 49,17; 50,13
	25,32	es wird eine P. kommen Sa 14,12.15.18
Mi	1,9	unheilbar ist die P. des HERRN
Jdt	5,9	der schlug ganz Ägypten mit vielen P.
Wsh	16,2	statt solcher P. tatest du Gutes
	17,13	war solche die Ursache der P.
	18,22	er überwand die P., nicht mit Körperkraft
Sir	23,12	die P. wird seinem Hause nicht fernbleiben
	40,9	P. (widerfährt allem Fleisch)
Mt	4,24	alle Kranken, mit mancherlei P. behaftet

Plage

Mt	6,34	genug, daß jeder Tag seine eigene P. hat
Mk	5,29	spürte, daß sie von ihrer P. geheilt war
	34	sei gesund von deiner P.
Lk	7,21	zu der Stunde machte Jesus viele gesund von P.
2Th	3,8	mit Mühe und P. haben wir gearbeitet
Off	9,18	von diesen drei P. wurde getötet der dritte Teil der Menschen
	20	Leute, die nicht getötet wurden von diesen P.
	11,6	die Erde zu schlagen mit P. aller Art
	15,1	sieben Engel, die hatten die letzten sieben P. 6; 21,9
	8	bis die sieben P. der sieben Engel vollendet
	16,9	lästerten den Namen Gottes, der Macht hat über diese P.
	21	die Menschen lästerten Gott wegen der P.
	18,4	daß ihr nichts empfangt von ihren P.
	8	werden ihre P. an einem Tag kommen
	22,18	so wird Gott ihm die P. zufügen, die

plagen

1Mo	12,17	der HERR p. den Pharao und sein Haus
	15,13	da wird man sie p. vierhundert Jahre
	19,9	wollen dich noch übler p. als jene
2Mo	5,23	seitdem hat er das Volk noch härter gep.
	7,27	will dein Gebiet mit Fröschen p. Jos 24,5
5Mo	28,33	wirst gep. dein Leben lang Jos 24,20
Ri	10,16	jammerte es ihn, daß Israel so gep. wurde
2Kö	15,5	der HERR p. den König 2Ch 21,18
1Ch	21,17	deine Hand nicht gegen d. Volk, es zu p.
Hi	19,2	wie lange p. ihr meine Seele
Ps	73,5	werden nicht wie andere Menschen gep.
	14	ich bin doch täglich gep.
	90,15	nachdem du uns so lange p.
	94,5	sie p. dein Erbe
	107,17	die gep. waren um ihrer Übertretung willen
	116,10	ich werde sehr gep. 142,7
Pr	3,10	die Arbeit, daß sie sich damit p.
Jes	53,4	wir hielten ihn für den, der p. wäre
	8	da er für die Missetat meines Volks gep.
Jer	31,28	gleichwie ich über sie gewacht, zu p.
Klg	3,33	nicht von Herzen p. und betrübt er
	47	wir werden gedrückt und gep.
Am	4,9	ich p. euch mit dürrer Zeit Hag 2,17
Mi	4,6	will zusammenbringen die ich gep. habe
	5,2	läßt er sie p. bis auf die Zeit
	6,13	will auch ich anfangen, dich zu p.
Sa	8,14	gleichwie ich euch zu p. gedachte
	12,4	will alle Rosse mit Blindheit p.
Jdt	16,21	er wird ihren Leib m. mit Feuer
Wsh	11,11	wurden in gleicher Weise gep.
	12,22	während du uns erziehst, p. du unsre Feinde
	16,1	wurden die Ägypter durch Tiere gep. 9
	18,19	warum sie p. wurden
	19,15	sie aber p. mit schwerer Arbeit, die
Sir	30,22	p. dich nicht mit deinen Gedanken
2Ma	7,17	Gott, der dich und dein Geschlecht p. wird
	8,17	wie sie die Stadt gep. hatten
	32	der die Juden sehr gep. hatte 9,6
Mt	15,22	m. Tochter wird von einem bösen Geist gep.
Mk	3,10	daß alle, die gep. waren
Lk	8,29	der hatte ihn lange Zeit gep.
Apg	5,16	brachten solche, die von Geistern gep. waren

Plan

Hi	5,12	er macht zunichte die P. der Klugen
	17,11	zerrissen sind meine P.
	18,7	sein eigener P. wird ihn fällen
Ps	146,4	dann sind verloren alle seine P.
Spr	15,22	P. werden zunichte, wo man n. berät 20,18
	19,21	in eines Mannes Herzen sind viele P.
Jes	29,15	die mit ihrem P. verborgen sein wollen
	30,1	weh den... die ohne mich P. fassen
	47,13	dich müde gemacht mit d. Menge deiner P.
	53,10	des HERRN P. wird durch s. Hand gelingen
Hes	43,10	beschreibe sein Aussehen und seinen P. 11
Dan	11,25	es werden P. gegen ihn geschmiedet
Wsh	1,9	die P. des Gottlosen müssen vor Gericht
Sir	19,19	die P. der Gottlosen sind nicht Klugheit
	35,24	er wird an ihnen handeln nach ihren P.
	37,11	vor denen, die... verbirg deinen P.
1Ma	9,59	zogen zu Bakchides und sagten ihm ihren P.
	60	ihr P. wurde Jonatan hinterbracht
	68	erbittert, weil sein P. vergeblich gewesen
Apg	27,12	bestanden die meisten auf dem P.

Plan (Ebene, Kampfplatz)

Jes	48,16	da es geschieht, bin ich auf dem P.
	59,16	er sieht, daß niemand auf dem P. ist

planen

2Kö	19,25	daß ich es von Anfang an gep. Jes 37,26
Ps	140,3	die Böses p. in ihrem Herzen Spr 12,20
Spr	12,5	was die Gottlosen p., ist lauter Trug
	21,5	das P. eines Emsigen bringt Überfluß
Jes	46,11	was ich gep. habe, das tue ich auch
Jer	18,18	laßt uns gegen Jeremia Böses p.
	49,30	Nebukadnezar p. etwas gegen euch
Hes	11,2	die Männer, die hier Unheil p.
Nah	1,11	der Böses wider den HERRN p.
Wsh	6,4	der wird erforschen, was ihr p.
Apg	23,30	daß ein Anschlag gegen den Mann gep. sei

Planet

2Kö	23,5	die geopfert hatten den P.

Plankenwerk

Hes	27,5	dein P. aus Zypressenholz gemacht

plappern

Mt	6,7	wenn ihr betet, sollt ihr nicht viel p.

Platane

1Mo	30,37	nahm frische Stäbe von Pappeln, P.
Hes	31,8	die P. waren nichts gegen seine Zweige
Sir	24,19	ich bin aufgewachsen wie eine P.

Platte

2Mo	30,3	sollst ihn überziehen, P. und Wände 37,26
Hes	4,3	nimm dir eine eiserne P.

Platz

4Mo	2,17	jeder an seinem P. unter seinem Banner
	22,26	wo kein P. war auszuweichen
5Mo	23,13	P., wohin du zur Notdurft hinausgehst
Ri	19,15	P. der Stadt 17,20; Est 4,6; 6,9.11
1Sm	20,18	wenn dein P. leer bleibt 25.27
2Sm	6,17	stellten (die Lade) an ihren P. 1Kö 8,6

Pöbel

2Sm	21,12	hatten (die Gebeine) vom P. weggenommen
1Kö	7,36	soviel P. auf jedem war
	22,10	saßen auf dem P. vor dem Tor 2Ch 18,9
1Ch	21,22	gib mir den P. der Tenne 25
2Ch	29,4	versammelte sie auf dem P. im Osten 32,6; Neh 8,1.3.16
	30,16	(die Priester) stellten sich an ihren P. 35,10. 15; Neh 9,4
	34,6	bis nach Naftali auf ihren P.
	31	der König trat an seinen P.
Esr	10,6	P. vor dem Hause Gottes 9; Neh 8,7; 9,3
Hi	29,7	wenn ich meinen P. einnahm
Spr	1,20	läßt ihre Stimme hören auf den P.
Jes	49,20	mach mir P., daß ich wohnen kann
Jer	6,3	(wird) ein jeder seinen P. abweiden
	9,20	würgt die jungen Männer auf den P.
	30,18	die Burg soll stehen an ihrem rechten P.
Hes	16,24	machtest dir ein Lager an allen P. 31
	17,22	will der Zeder einen P. geben
	26,5	P., an den man Fischnetze aufspannt 14
	34,13	will sie weiden an allen P. des Landes
	43,21	P., wo man die Opfertiere mustert
Dan	9,25	wird es wieder aufgebaut sein mit P.
Sa		wieder sitzen auf den P. Jerusalems 5
Jdt	13,16	(Judit) trat auf einen erhöhten P.
Sir	12,12	damit er nicht an deinen P. tritt
	33,21	überlaß deinen P. keinem andern Menschen
1Ma	4,38	daß der P. mit Unkraut bewachsen war
	11,37	auf einem öffentlichen P. ausstellt
2Ma	14,22	verteilte einige Bewaffnete auf günstige P.
	44	er fiel mitten auf den leeren P.
Apg	1,25	*daß einer träte an seinen P.*
Jak	2,3	setze du dich hierher auf den guten P.
Off	22,2	mitten auf dem P. Bäume des Lebens

platzen

Sir	19,10	du wirst ja nicht davon p.

Platzregen

Hi	37,6	spricht zum P., so ist der P. da
	38,25	wer hat dem P. seine Bahn gebrochen
Spr	28,3	wie ein P., der die Frucht verdirbt
Jes	32,2	wie ein Schutz vor dem P.
Hes	13,11	wird ein P. kommen 13; 38,22
Mt	7,25	als ein P. fiel 27

Pleter, *Plether*

2Sm	8,18	Benaja war über die Kreter und P. gesetzt 20,23; 1Kö 1,38.44; 1Ch 18,17
	15,18	alle Kreter und P. zogen vorüber 20,7

plötzlich

4Mo	6,9	wenn jemand neben ihm p. stirbt
Jos	10,9	kam Josua p. über sie 11,7
Hi	5,3	p. schwand er dahin
	9,23	wenn seine Geißel p. tötet
	22,10	Entsetzen hat dich p. erschreckt
	34,20	p. müssen die Leute sterben
Ps	6,11	sie sollen zuschanden werden p.
	64,5	p. schießen sie auf ihn ohne alle Scheu
	8	p. sind sie zu Boden geschlagen
	73,19	wie werden sie so p. zunichte
	90,7	daß wir so p. dahin müssen
Spr	3,25	fürchte dich nicht vor p. Schrecken
	6,15	wird p. sein Verderben über ihn kommen
	24,22	p. wird sie das Verderben treffen

Spr	29,1	wird p. verderben ohne alle Hilfe
Pr	9,12	zur bösen Zeit, wenn sie p. über sie fällt
Jes	29,5	p. wird's geschehen 47,9.11; 48,3; Jer 6,26
	30,13	Mauer, die p., unversehens einstürzt
Jer	4,20	sind meine Hütten zerstört
	15,8	ließ p. über sie fallen Angst 18,22
	51,8	wie p. ist Babel gefallen
Klg	4,6	die Sünde Sodoms, das p. unterging
Hes	24,16	will dir... nehmen durch einen p. Tod
	27,36	daß du so p. untergegangen bist 28,19
Hab	2,7	wie p. werden aufstehen, die dich beißen
Ze	1,18	er wird p. ein Ende machen mit allen
Wsh	17,15	es kam p. Furcht über sie 18,17
Sir	5,9	sein Zorn kommt p.
	20,20	so geht's den Bösen: p. müssen sie fallen
Mk	13,36	euch nicht schlafend finde, wenn er p. kommt Lk 21,34
Lk	9,39	ein Geist ergreift ihn, daß er p. aufschreit
Apg	2,2	es geschah p. ein Brausen vom Himmel
	9,3	umleuchtete ihn p. ein Licht 22,6
	16,26	p. geschah ein großes Erdbeben
	28,6	warteten, daß er p. tot umfallen würde
1Ko	15,52	das p., in einem Augenblick

plündern

1Mo	34,27	die Söhne Jakobs p. die Stadt 29
1Sm	17,53	und p. (der Philister) Lager
2Sm	23,10	daß das Volk p. das Lager der Aramäer
2Kö	7,16	das Volk p. das Lager der Aramäer
2Ch	14,13	sie p. alle Städte
	28,21	obwohl Ahas das Haus des HERRN p.
Est	3,13	man solle p. das Hab und Gut 8,11
Jes	13,16	sollen ihre Häuser gep. werden
	33,23	auch die Lahmen werden p.
	42,22	ist ein beraubtes und gep. Volk
Jer	30,16	die dich gep. haben, sollen gep. werden Hes 39,10
	50,11	rühmt, daß ihr mein Erbteil gep.
	37	ihre Schätze, daß sie gep. werden
Hes	26,12	werden deine Handelsgüter p.
	29,19	daß er (Ägyptenland) p. soll
	36,5	die mein Land... um es zu p.
	38,12	damit du rauben und... kannst 13
Hos	7,1	wie die Räuber auf der Straße p.
Am	3,11	man wird deine Häuser p. Sa 14,2
Nah	2,11	nun muß sie verheert und gep. werden
1Ma	1,33	p. die Stadt, verbrannte sie
	4,18	danach könnt ihr p. 17.23; 5,22; 11,61
2Ma	9,2	als er den Tempel zu p. versuchte

Plünderung

Neh	3,36	daß du sie der P. preisgibst
Jes	42,24	wer hat Jakob der P. preisgegeben

Pnuël

1Mo	32,31	¹Jakob nannte die Stätte P. 32
Ri	8,8	(Gideon) zog hinauf nach P. 9.17
1Kö	12,25	Jerobeam baute P. aus
1Ch	4,4	²(Söhne Hurs:) P.
	8,25	³P.; das sind die Söhne Schaschaks

Pöbel

Ps	73,10	darum fällt ihnen der P. zu
Apg	17,5	holten sich einige üble Männer aus dem P.

pochen

pochen
Ri	19,22	ruchlose Männer p. an die Tür
Ps	37,35	ich sah einen, der p. auf Gewalt 75,5.6
	49,7	p. auf ihren großen Reichtum
Jes	48,2	sie p. auf den Gott Israels
Jer	4,19	mein Herz p. mir im Leibe
Hes	22,6	ein jeder p. auf seine Macht
Jdt	9,8	die auf ihre Pfeile und Lanzen p.
Wsh	17,7	das P. auf ihre Kunst wurde zum Spott
Sir	7,5	p. nicht auf dein Recht vor Gott

Pocheret-Zebajim, *Pochereth*
Esr	2,57	(Nachk. der Sklaven:) Söhne P. Neh 7,59

Pocken
5Mo	28,27	der HERR wird dich schlagen mit P.

polieren
Sir	12,11	wenn du an ihm p. wie an einem Spiegel

Polster
Est	1,6	da waren P., golden und silbern
Hes	23,41	saßest auf einem herrlichen P.
Mk	14,15	einen Saal, der mit P. versehen ist Lk 22,12

poltern
Jer	47,3	vor dem P. ihrer Räder
Jdt	14,8	fingen an, vor der Tür seiner Kammer zu p.

Pontius Pilatus (s.a. Pilatus)
Mt	27,2	überantworteten ihn dem Landpfleger P. P.
Lk	3,1	als P. P. Statthalter in Judäa war
Apg	4,27	Herodes und P. P. mit den Heiden
1Ti	6,13	Jesus, der unter P. P. bezeugt hat

Pontus
Apg	2,9	die wir wohnen in P. und der Provinz Asien
	18,2	Aquila, aus P. gebürtig
1Pt	1,1	die verstreut wohnen in P.

Porata, *Poratha*
Est	9,8	(töteten) P., Adalja (die Söhne Hamans)

Porzius Festus
Apg	24,27	als zwei Jahre um waren, kam P. F.

Posaune
2Mo	19,16	der Ton einer sehr starken P. 19; 20,18
3Mo	25,9	sollst du die P. blasen lassen
Jos	6,4	laß 7 Priester P... blasen 5-9.13.16.20
Ri	3,27	blies die P. auf dem Gebirge 2Sm 20,1.22
	6,34	ließ die P. blasen 7,8.16.18-20.22; 1Sm 13,3; 2Sm 2,28; 18,16
2Sm	15,10	wenn ihr den Schall der P. hört 1Kö 1,41; Jes 18,3; Dan 3,5.7.10.15
1Kö	1,34	blast die P. 39; 2Kö 9,13; Jer 4,5; 6,1; 51,27; Hos 5,8; 8,1; Jo 2,1.15
1Ch	15,28	brachte Israel die Lade hinauf mit P.
Neh	4,12	der die P. zu blasen hatte, stand 14
Ps	47,6	der HERR (fährt auf) beim Hall der P.
	81,4	blaset am Neumond die P.
	98,6	mit Trompeten und P. jauchzet
	150,3	lobet ihn mit P.
Jes	27,13	wird man mit einer großen P. blasen
	58,1	erhebe deine Stimme wie eine P.
Jer	4,19	höre der P. Hall 21; 6,17; 42,14
Hes	7,14	laßt sie die P. nur blasen
	33,3	bläst die P. und warnt das Volk 4-6
Am	3,6	bläst man etwa die P. in einer Stadt
Ze	1,16	(dieser Tag ist) ein Tag der P.
Sa	9,14	Gott der HERR wird die P. blasen
1Ma	16,8	als Johannes die P. blasen ließ
Mt	24,31	er wird seine Engel senden mit hellen P.
1Ko	14,8	wenn die P. einen undeutlichen Ton gibt
	15,52	zur Zeit der letzten P... die P. erschallen
1Th	4,16	wenn die Stimme des Erzengels und die P. Gottes erschallen
Heb	12,19	nicht zum Schall der P.
Off	1,10	eine große Stimme wie von einer P. 4,1
	8,2	ihnen wurden sieben P. gegeben 6; 9,14
	7	(Engel) blies seine P. 8.10.12; 9,1.13; 11,15
	13	wegen der anderen P. der drei Engel
	10,7	wenn der siebente Engel seine P. blasen wird

posaunen
Mt	6,2	sollst du nicht lassen vor dir p.
Off	8,7	der erste Engel p. 8.10.12; 9,1.13; 11,15
	10,7	wenn er p. wird, dann ist vollendet

Posaunenblasen
3Mo	23,24	sollt Ruhetag halten mit P. 4Mo 29,1

Posaunenbläser
Off	18,22	die Stimme der P. nicht mehr gehört werden

Posaunenhall
Am	2,2	Moab soll sterben im Getümmel und P.

Posaunenschall
2Sm	6,15	führte die Lade des HERRN herauf mit P.
2Ch	15,14	schworen dem HERRN unter P.

Posauner
Off	18,22	*Stimme der P. nicht mehr gehört werden*

Posidonius
2Ma	14,19	sandte P., um Frieden zu schließen

Potifar, *Potiphar*
1Mo	37,36	P., des Pharao Kämmerer 39,1

Potifera, *Potiphera*
1Mo	41,45	P., des Priesters zu On 50; 46,20

Pracht
Ri	5,31	sein, wie die Sonne aufgeht in ihrer P.
1Ch	16,27	Hoheit und P. sind vor ihm Ps 96,6
Est	1,4	sehen ließe die P. seiner Majestät

predigen

Hi	40,10	schmücke dich mit P. und Hoheit
Ps	21,6	P. und Hoheit legst du auf ihn
	145,5	sollen reden von deiner herrlichen P.
	12	kundwerden die herrl. P. deines Königtums
Jes	13,19	Babel, die herrliche P. der Chaldäer 14,11
	23,9	auf daß er erniedrigte die P.
	35,2	die P. von Karmel... die P. unsres Gottes
	60,15	will dich zur P. ewiglich machen
Hes	7,11	nichts ist mehr da von ihrer P.
	31,18	wem bist du gleich, Pharao, mit deiner P.
Nah	2,3	die P. Jakobs erneuern wie die P. Israels
Sa	9,6	ich will die P. der Philister ausrotten
	10,11	da soll zu Boden sinken die P. Assyriens
	11,3	die P. des Jordan ist vernichtet
1Ma	9,37	die Braut mit großer P. abholen
	10,58	die Hochzeit wurde mit königlicher P. gefeiert
	60	kam Jonatan mit großer P. nach Ptolemais
	86	die Bürger... empfingen ihn mit großer P.
	15,36	berichtete ihm von seiner P.
Off	21,26	man wird die P. der Völker in sie bringen

Prachtgewand

Jes	3,24	statt des P. (wird sein) ein Sack
Hes	27,24	sie waren deine Händler mit P.

prächtig

2Ch	2,8	das Haus soll groß und p. sein
Hi	39,20	schrecklich ist sein p. Schnauben
Ps	37,20	wenn sie auch sind wie p. Auen
	104,1	du bist schön und p. geschmückt
	111,3	was er tut, das ist herrlich und p.
Spr	4,9	wird dich zieren mit einer p. Krone
Jes	28,1	weh der p. Krone der Trunkenen 3
Dan	11,45	er wird seine p. Zelte aufschlagen
Sir	24,22	meine Zweige waren schön und p.
	45,9	er hat ihn p. und schön gekleidet
	47,12	daß man die Jahresfeste p. feiern
1Ma	15,32	als... die p. Tafel sah
2Ma	4,22	wurde mit großem Anstand p. empfangen
	8,35	nachdem er sein p. Gewand abgelegt hatte
	14,33	dem Dionysos einen p. Tempel hinstellen
Rö	16,18	durch p. Reden verführen sie die Herzen der Arglosen
1Pt	3,3	euer Schmuck nicht wie p. Kleider

prachtvoll

Sir	45,9	er legte ihm p. Schmuck an 50,12

prahlen

Ps	94,3	wie lange sollen die Gottlosen p.
Jes	52,5	seine Tyrannen p.
Wsh	2,16	er p. damit, daß Gott sein Vater sei
	5,8	was bringt uns P. ein
	6,3	die ihr p. mit den Scharen eurer Völker
Sir	48,20	der p. lästerlich 2Ma 15,6

Prahler

Ze	3,11	ich will deine stolzen P. von dir tun
Sir	20,7	ein P. achtet nicht auf die rechte Zeit

Prahlerei

Bar	4,34	ich will ihre P. in Klage verwandeln
1Ma	10,74	als Jonatan diese P. hörte

2Ma	9,8	der in übermenschlicher P. meinte

prahlerisch

Rö	1,30	(sie sind) hochmütig, p.
2Ti	3,2	die Menschen werden sein p.

Prahlhans

Jer	46,17	nennet Pharao... „P., der die Zeit versäumt"

prangen

Ps	73,6	darum p. sie in Hoffart
Spr	25,6	p. nicht vor dem Könige
Jes	5,14	daß hinunterfährt, was da p. und lärmt
	28,1	weh der Blume, die da p. über dem Tal 4
	61,10	Braut, die in ihrem Geschmeide p.
Jer	22,15	seiest König, weil du mit Zedern p.

prasseln

Jo	2,5	wie eine Flamme p. im Stroh

prassen

2Ma	6,4	die Heiden p. im Tempel
Lk	15,13	dort brachte er sein Erbteil durch mit P.
2Pt	2,13	wenn sie mit euch p.
Jak	5,5	ihr habt geschlemmt auf Erden und gep.
Jud	12	sie p. ohne Scheu
Off	18,9	die Könige auf Erden, die mit ihr gep.

Prasser

5Mo	21,20	unser Sohn ist ein P. und Trunkenbold
Sir	18,32	sei kein P. und gewöhne dich nicht

Prätorium

Mt	27,27	nahmen Jesus mit sich in das P. Mk 15,16; Jh 18,28
Jh	18,33	da ging Pilatus wieder hinein ins P. 19,9
Phl	1,13	das ist im ganzen P. offenbar geworden

predigen

Ps	22,32	werden seine Gerechtigkeit p. dem Volk
	87,3	herrliche Dinge werden in dir gep.
Jes	40,2	p. ihr, daß ihre Knechtschaft ein Ende
	6	eine Stimme: P... Was soll ich p.
	52,7	Freudenboten, die da Gutes p.
Jer	1,6	Herr HERR, ich tauge nicht zu p.
	7	p. alles, was ich dir gebiete 17
	2,2	p. öffentlich der Stadt Jerusalem 7,2
	11,6	p. alle diese Worte 19,2; 26,2
	14,14	sie p. euch falsche Offenbarungen 15
	17,16	was ich gep. habe, liegt offen vor dir
	20,6	Freunden, denen du Lügen gep. hast
	9	will nicht mehr in seinem Namen p.
	23,22	so hätten sie meine Worte gep.
	28	wer mein Wort hat, p. mein Wort recht
	25,3	habe zu euch 23 Jahre lang gep.
	29,23	weil sie in meinem Namen Lüge p.
	35,14	habe euch immer wieder p. lassen
Hes	13,16	die Propheten p. „Friede!", wo doch kein
	23	sollt nicht mehr Trug p.
Hos	11,7	wenn man ihnen p., richtet s. keiner auf
Jon	1,2	geh in die Stadt Ninive und p. wider sie
	3,2	p. ihr, was ich dir sage 4

predigen 1114

Mi	2,6	solches soll man nicht p.
	11	wenn ich p., wie sie saufen sollen
	3,5	die da p., es werde gutgehen... dem p. sie, es werde ein Krieg kommen
Sa	1,4	Väter, denen die... Propheten p. 7,7
	14	p. und sprich: So spricht der HERR 17
	7,13	gleichwie gep. wurde und sie nicht hörten
Mt	3,1	Johannes der Täufer p. in der Wüste Mk 1,4. 7; Lk 3,3; Apg 10,37; 13,24
	4,17	seit der Zeit fing Jesus an zu p. 11,1
	23	Jesus p. das Evangelium von dem Reich 9,35; Mk 1,14; Lk 8,1; 20,1
	10,7	geht aber und p.
	27	was euch gesagt wird in das Ohr, das p. auf den Dächern
	11,5	Armen wird das Evangelium gep. Lk 7,22
	24,14	gep. werden dies Evangelium in der ganzen Welt
	26,13	wo dies Evangelium gep. wird Mk 14,9
Mk	1,38	daß ich auch dort p.
	39	er p. in ihren Synagogen Lk 4,44
	2,2	*er p. ihnen das Wort*
	3,14	daß er sie aussendete zu p. Lk 9,2
	6,12	sie zogen aus und p., man solle Buße tun
	13,10	das Evangelium muß zuvor gep. werden unter allen Völkern Lk 4,43
	16,15	p. das Evangelium aller Kreatur Lk 9,6
	20	sie zogen aus und p. an allen Orten
Lk	4,18	zu p. den Gefangenen
	32	er p. mit Vollmacht
	12,3	das wird man auf den Dächern p.
	16,16	wird das Evangelium vom Reich Gottes gep.
	24,47	daß gep. wird in seinem Namen Buße zur Vergebung der Sünden
Jh	12,38	Herr, wer glaubt unserm P. Rö 10,16
Apg	2,4	fingen an, zu p. in andern Sprachen
	5,42	sie hörten nicht auf, zu p. das Evangelium 8,25; 11,20
	8,4	die zerstreut waren, p. das Wort 15,35
	5	Philippus p. ihnen von Christus 35. 40
	9,20	alsbald p. er in den Synagogen 27. 28
	10,42	geboten, dem Volk zu p. und zu bezeugen
	14,1	so p., daß eine große Menge 7.15.21
	15,21	Mose hat in allen Städten solche, die ihn p.
	16,6	verwehrt, das Wort zu p. in Asien
	10	dahin berufen, ihnen das Evangelium zu p.
	18,26	fing an, frei und offen zu p. in der Synagoge
	19,8	er p. frei und offen drei Monate lang 20,7
	13	beschwöre euch bei dem Jesus, den Paulus p.
	20,25	ihr alle, denen ich das Reich gep. habe 28,31
	28,23	p. ihnen von Jesus aus dem Gesetz des Mose
Rö	1,1	Paulus, ausgesondert, zu p. das Evangelium
	15	auch euch in Rom das Evangelium zu p.
	2,21	du p., man solle nicht stehlen, und stiehlst
	10,8	dies ist das Wort vom Glauben, das wir p.
	15	wie sollen sie p., wenn sie nicht gesandt
	17	so kommt das P. durch das Wort Christi
	15,20	Evangelium zu p., wo Christi Name n. bekannt
1Ko	1,17	hat mich gesandt, das Evangelium zu p.
	23	wir p. den gekreuzigten Christus 24
	9,16	wehe mir, wenn ich das Evangelium nicht p. 18
	27	damit ich nicht andern p. und selbst verwerflich werde
	15,11	so p. wir, und so habt ihr geglaubt
	12	wenn Christus gep. wird, daß er auferstanden
2Ko	1,19	Jesus Christus, der unter euch gep. worden ist
2Ko	2,12	nach Troas, zu p. das Evangelium Christi
	3,9	*das Amt, das... p. 5,18*
	4,5	wir p. nicht uns selbst, sondern Jesus
	10,16	wollen auch denen p., die jenseits von euch
	11,4	einen andern Jesus p., den wir nicht gep. haben Gal 1,8.9
Gal	1,10	p. ich denn jetzt Menschen oder Gott zuliebe
	11	daß das Evangelium, das von mir gep. ist, nicht von menschlicher Art ist
	23	der p. jetzt den Glauben
	2,2	Evangelium, das ich p. unter den Heiden 9
	4,13	wißt, daß ich euch in Schwachheit des Leibes das Evangelium gep. habe
	5,11	wenn ich die Beschneidung noch p.
Phl	1,15	einige p. Christus aus Neid und Streitsucht
Kol	1,23	(Evangelium,) das gep. ist allen Geschöpfen
	25	Amt, daß ich euch sein Wort reichlich p. soll
1Th	2,9	p. unter euch das Evangelium Gottes
	16	wehren sie uns, den Heiden zu p.
1Ti	2,6	daß dies zu seiner Zeit gep. werde
	3,16	er ist gep. den Heiden
2Ti	4,2	p. das Wort, steh dazu
1Pt	3,19	er hat gep. den Geistern im Gefängnis
	4,11	wenn jemand p., daß er's rede als Gottes Wort
Heb	2,3	*Heil, zuerst gep. durch den Herrn*

Prediger

Pr	1,1	dies sind die Reden des P. 2; 7,27; 12,8
	12	ich, der P., war König über Israel
	12,9	der P. war ein Weiser
Jer	15,19	sollst mein P. bleiben
Mi	2,11	das wäre ein P. für dies Volk
Mt	3,3	eine Stimme eines P. in der Wüste Mk 1,3; Lk 3,4; Jh 1,23
Rö	10,14	wie sollen sie hören ohne P.
1Ti	2,7	dazu bin ich eingesetzt als P. und Apostel 2Ti 1,11
2Ti	4,5	tu das Werk eines P. des Evangeliums
2Pt	2,5	bewahrte allein Noah, den P. der Gerechtigkeit

Predigt

Mt	12,41	sie taten Buße nach der P. des Jona Lk 11,32
Mk	4,2	in seiner P. sprach er zu ihnen
	6,34	er fing eine lange P. an
Apg	8,12	als sie den P. des Philippus glaubten
	10,36	*ihr wisset die P., die Gott*
Rö	10,17	so kommt der Glaube aus der P.
	16,25	dem, der euch stärken kann gemäß der P.
1Ko	1,6	die P. von Christus ist in euch kräftig
	21	durch die Torheit der P. selig zu machen
	2,1	euch zu verkündigen die göttliche P.
	4	meine P. (geschah) nicht mit überredenden Worten
	15,14	so ist unsre P. vergeblich
Gal	3,2	habt ihr den Geist empfangen durch die P. vom Glauben 5
Phl	4,15	daß am Anfang meiner P. des Evangeliums
1Th	1,5	unsere P. des Evangeliums kam zu euch nicht allein im Wort
	2,13	Wort der göttl. P., das ihr von uns empfangen
Tit	1,3	zu seiner Zeit hat er sein Wort offenbart durch die P.
Heb	2,3	Heil, das seinen Anfang nahm mit der P. des Herrn

Heb	4,2	P. half jenen nichts, weil sie nicht glaubten

Preis

2Sm	24,24	will dir's abkaufen für seinen P.
1Kö	10,28	kauften (Pferde) zu ihrem P. 2Ch 1,16
Neh	9,5	erhaben über allen P. und Ruhm
Ps	71,8	laß m. Mund deines P. voll sein täglich
Jes	60,21	als ein Werk meiner Hände mir zum P. 61,3
Jer	33,9	das soll mein P. sein
Am	8,5	daß wir den P. steigern
1Ma	2,12	Heiligtum, unser Ruhm und P.
Mt	27,9	den P. für den Verkauften, der
Lk	2,32	zum P. deines Volkes Israel
Apg	5,8	habt ihr den Acker für diesen P. verkauft
Rö	2,7	trachten nach P. und Ehre 10
	3,7	die Wahrheit Gottes zu seinem P.
1Ti	1,17	Gott sei Ehre und P. in Ewigkeit! Amen
1Pt	1,7	damit euer Glaube befunden werde... zu Lob, P.
2Pt	1,17	er empfing von Gott Ehre und P.
Heb	2,7	mit P. und Ehre hast du ihn gekrönt 9
Off	4,9	wenn die Gestalten P. gaben dem, der
	11	du bist würdig, zu nehmen P. und Ehre 5,12
	5,13	dem sei P. von Ewigkeit zu Ewigkeit 7,12

preisen

1Mo	12,15	die Großen des Pharao p. sie vor ihm
	30,13	mich werden selig p. die Töchter
	49,8	dich werden deine Brüder p.
2Mo	15,2	das ist mein Gott, ich will ihn p.
5Mo	26,19	daß du gep. werdest
	32,3	ich will den Namen des HERRN p. Ps 54,8; 138,2
	43	p., ihr Heiden, sein Volk
Ri	5,24	gep. sei unter den Frauen Jaël
	9,9	die Götter und Menschen an mir p.
Rut	4,11	dein Name werde gep. zu Bethlehem
1Sm	18,30	so daß (Davids) Name hoch gep. wurde
1Ch	16,4	bestellte Leviten, daß sie p., dankten
	35	errette uns, daß wir deinen heiligen Namen p. 106,47
Hi	29,11	wessen Ohr mich hörte, der p. mich
	36,24	denk daran, daß du sein Werk p.
	40,14	so will auch ich dich p.
Ps	22,26	dich will ich p. 118,28
	27	die nach dem HERRN fragen, werden ihn p.
	30,2	ich p. dich, HERR Jes 25,1
	5	p. seinen heiligen Namen 97,12
	33,1	die Frommen sollen ihn recht p.
	34,4	p. mit mir den HERRN
	35,28	meine Zunge soll dich täglich p.
	44,9	wir p. deinen Namen ewiglich
	49,19	man p. dich, wenn es dir gutgeht
	50,15	und du sollst mich p.
	23	wer Dank opfert, der p. mich
	63,4	meine Lippen p. dich 66,17
	71,16	ich p. deine Gerechtigkeit allein
	72,17	alle Völker, sie werden ihn p.
	89,6	die Himmel werden deine Wunder p.
	99,3	p. sollen sie deinen großen Namen Jo 2,26
	107,32	(sollen) ihn in der Gemeinde p.
	117,1	p. ihn, alle Völker Rö 15,11
	122,4	wie es geboten ist, zu p. den Namen
	142,8	führe mich... daß ich p. deinen Namen
	145,4	Kindeskinder werden deine Werke p.
	7	sie sollen p. deine große Güte
	147,12	p., Jerusalem, den HERRN
	149,5	die Heiligen sollen p. und rühmen
Spr	31,28	ihre Söhne stehen auf und p. sie
Pr	4,2	da p. ich die Toten
	8,15	darum p. ich die Freude
Hl	1,4	wir p. deine Liebe mehr als den Wein
	6,9	als die Töchter sie sahen, p. sie sie
Jes	24,15	so p. nun den HERRN an den Gestaden
	43,20	das Wild des Feldes p. mich
Dan	4,31	ich p. und ehrte den, der ewig lebt 34
Mal	3,12	werden euch alle Heiden glücklich p.
	15	darum p. wir die Verächter
Jdt	3,11	damit er allein als Gott gep. werde
	6,16	Gott, dessen Macht du gep. hast
	11,6	daß deine Kriegskunst überall gep. wird
	13,24	daß dich jederzeit alle p. werden 15,11
	31	gep. seist du zur Ehre Gottes 15,12
	16,2	p. seinen Namen und ruft ihn an Tob 4,20; 12,7.18; 13,3-6.9.11; Sir 39,19; 43,32.33; StD 3,34-66
Wsh	10,20	die Gerechten p. deinen Namen Tob 11,16; 2Ma 8,27; 10,7.38; StD 1,60; 3,27
	18,2	die Ägypter p. sie selig
Tob	8,9	durch die dein heiliger Name gep. werde
	12,8	Gottes Werke zu p., bringt Ehre Sir 42,15
	14,11	preiset eure Kinder, Gott allezeit
Sir	18,4	wer kann seine Barmherzigkeit genug p.
	28	wer... p. den, der sie gefunden
	24,1	Weisheit p. sich selbst
	25,9	das zehnte will ich mit meinem Munde p.
	31,11	die Gemeinde wird seine Almosen p.
	36,10	damit man deine Wundertaten p.
	37,27	alle, die ihn sehen, p. ihn
	39,12	viele p. seine Weisheit
	43,35	wer kann ihn so hoch p., wie er ist
	45,1	Mose, dessen Name hoch gep. wird
	51,17	darum will ich deinen Namen p. 15
Bar	2,32	dann werden sie mich p. in dem Land
1Ma	3,14	damit ich im Königreich gep. werde
	4,33	daß dich p., die deinen Namen kennen
StE	2,7	damit wir deinen Namen, Herr, p.
	3,7	wollen die Macht der Götzen p.
StD	3,2	dein Name soll gep. werden ewiglich 28-33; GMn 16
Mt	5,16	damit sie euren Vater im Himmel p. 1Pt 2,12
	6,2	damit sie von den Leuten gep. werden
	9,8	das Volk p. Gott 15,31; Mk 2,12; Lk 5,26; 7,16
	11,25	ich p. dich, Vater Lk 10,21
Lk	1,42	gep. bist du unter den Frauen, und gep.
	48	werden mich selig p. alle Kindeskinder
	2,20	die Hirten kehrten um, p. und lobten Gott
	38	p. Gott und redete von ihm zu allen, die
	4,15	(Jesus) wurde von jedermann gep.
	5,25	ging heim und p. Gott 13,13; 17,15; 18,43; 23,47
	24,53	waren allezeit im Tempel und p. Gott
Jh	21,19	mit welchem Tod (Petrus) Gott p. würde
Apg	10,46	sie hörten, daß sie Gott hoch p.
	13,48	die Heiden p. das Wort des Herrn
Rö	1,21	haben ihn nicht als Gott gep.
	4,6	wie auch David den Menschen selig p., dem
	11,13	Apostel der Heiden bin, p. ich mein Amt
1Ko	6,20	darum p. Gott mit eurem Leibe
2Ko	4,15	*daß die Gnade Gott reichlich p.*
	9,13	für diesen treuen Dienst p. sie Gott
Gal	1,24	(sie) p. Gott über mir
2Th	3,1	daß das Wort des Herrn laufe und gep. werde
1Pt	4,11	damit in allen Dingen Gott gep. werde
Jak	5,11	siehe, wir p. selig, die erduldet haben
Off	15,4	wer sollte deinen Namen nicht p.

Preisgabe

Sir 22,27 P. von Geheimnissen verjagt jeden Freund

preisgeben

Neh	3,36	daß du sie der Plünderung p.
Ps	27,12	g. mich nicht p. dem Willen m. Feinde 41,3
	74,19	g. deine Taube nicht den Tieren p.
	78,48	als er ihr Vieh p. dem Hagel 50
	118,18	er g. mich dem Tode nicht p.
Jes	38,12	Tag und Nacht g. du mich p. 13
	40,23	er g. die Fürsten p.
	42,24	wer hat Jakob der Plünderung preisg.
Jer	3,2	wo du allenthalben dich preisg. hast
	18,21	g. sie dem Schwerte p.
Hes	16,27	ich g. dich p. der Willkür 21,36; 23,28.46
	26,21	tödlichem Schrecken g. ich dich p.
	35,5	weil ihr sie dem Schwert preisg. habt
Dan	3,28	seine Knechte, die ihren Leib p.
	11,6	sie wird preisg. werden samt denen
Hos	11,8	wie kann ich dich p., Ephraim
Mi	6,14	was du rettest, will ich dem Schwert p.
Tob	3,4	hast du uns unsern Feinden preisg.
Sir	27,17	wer ein Geheimnis p., verliert das Vertrauen 19.24
Mt	10,21	es wird ein Bruder den andern dem Tod p. Mk 13,12
	24,9	dann werden sie euch der Bedrängnis p.
	40	eine wird angenommen, der andere wird p. 41; Lk 17,34.35
Apg	25,11	so darf mich ihnen niemand p.
	16	der Römer Art nicht, einen Angeklagten p.

pressen

1Kö	5,25	zwanzigtausend Eimer gep. Öl
Hi	24,11	in den Gärten p. sie Öl

Priester

1Mo	14,18	Melchisedek war ein P. Gottes Heb 7,1
	41,45	Potiferas, des P. zu On 50; 46,20
	47,22	das Feld der P., das kaufte er nicht 26
2Mo	2,16	der P. in Midian hatte 7 Töchter 3,1; 18,1
	19,6	sollt mir ein Königreich von P. sein
	22	auch die P. sollen sich heiligen 24
	28,1	Aaron, daß er mein P. sei 3.4.41; 29,1.44; 30,30; 40,13.15
	29,30	wer an seiner Statt P. wird 3Mo 6,15; 16,21; 5Mo 10,6
	31,10	die hl. Kleider des P. Aaron 35,19; 39,41
3Mo	1,5	die P. sollen das Blut herzubringen 7.9.11-13. 15.17; 2,2.8.9.16; 3,2.11.16; 4,5.16.25.30.34; 4Mo 19,4; 2Ch 29,22.24; 30,16; 35,11; Hes 45,19
	4,3	wenn etwa der P. sündigte
	20	soll der P. die Sühnung vollziehen 26.31.35; 5,6.10.13.26; 12,8; 16,32.33; 19,22; 4Mo 5,8; 6,11; 15,25.28
	5,8	(er) bringe sie dem P. 12.13.16.18.25; 6,3.5.16. 19.22; 7,5-9.14.31-35; 12,6; 13,2-56; 14,2u.ö.48; 15,14.15.29.30; 17,5.6; 23,10.11.20; 4Mo 5,9.10. 15; 6,10; 18,28; 19,3.6; 31,29.41.51.54; 5Mo 18,3; Hes 43,19.24.27; 46,2
	21,1	sage den P... ein P. soll sich an keinem Toten unrein machen 8.9.21; 22,10-12.14.15
	27,8	soll jenen vor den P. stellen, und der P. soll ihn schätzen 11.12.14.18.21.23; 4Mo 27,19.21. 22
4Mo	3,3	die zu P. gesalbt waren 6.32; 4,16.28.33; 5,8u. ö.30; 6,16.19.20; 7,8; 10,8; 17,2.5; 25,7.11; 26,1. 3.63.64; 27,2; 31,6.12.13.21.26.31; 32,2.28; 33,38; 34,17; 5Mo 27,9; Jos 14,1; 17,4; 19,51; 21,1.4.13.19; 22,13.30-32; 1Ch 24,2; 2Ch 26,18; Jer 29,26
	35,32	im Lande zu wohnen, bis der P. stirbt
5Mo	17,9	zu den P. kommen und sie befragen 18; 19,17; 20,2; 21,5; 24,8; 26,3.4
	12	wenn jemand dem P. nicht gehorcht
	18,1	P. sollen weder Anteil noch Erbe haben
	31,9	Mose schrieb dies Gesetz und gab's den P.
Jos	3,3	wie die P. (die Lade) tragen 6.8.13.14.17; 4,3. 9-11.16-18; 6,12; 1Kö 8,3.4.6.10; 2Ch 5,5.7
	6,4	laß 7 P. 7 Posaunen tragen 6.8.9.13.16
	8,33	ganz Israel stand gegenüber den P.
Ri	17,5	daß er sein P. wurde 10.12.13; 18,4.6.17-20.24. 27
	18,30	Jonatan und seine Söhne waren P.
1Sm	1,3	Elis, P. des HERRN 9; 2,11-15; 14,3
	2,35	ich will mir einen treuen P. erwecken
	5,5	treten die P. Dagons nicht auf die Schwelle
	6,2	die Philister beriefen ihre P.
	14,19	als Saul noch mit dem P. redete 36
	21,2	zum P. Ahimelech 3.5-7.10; 22,11.17-21
	23,9	sprach zu dem P. Abjatar 30,7; 1Kö 1,7.19.25. 42; 2,22.26.27; 1Ch 15,11
2Sm	8,17	Zadok und Ahimelech waren P. 15,27.35; 17,15; 19,12; 20,25; 1Kö 1,8.26.32.34.38.39.44. 45; 2,35; 4,4; 1Ch 16,39; 18,16; 24,6; 29,22
	18	die Söhne Davids sind P. gewesen
	20,26	auch Ira war Davids P.
1Kö	4,2	Asarja war P. 1Ch 5,36; 2Ch 31,10
	8,11	daß die P. nicht zum Dienst konnten 2Ch 5,14; 7,2
	12,31	machte P. aus allerlei Leuten 32; 13,33; 2Kö 17,32; 23,8.9; 2Ch 11,13.15; 13,9
	13,2	Josia; der wird schlachten die P. der Höhen 2Kö 23,20; 2Ch 34,5
2Kö	10,11	erschlug vom Hause Ahab alle P. 19
	11,9	was der P. Jojada geboten 10.15.18; 12,3; 2Ch 22,11; 23,8.9.14; 24,2.20.25; Jer 29,26
	18	töteten Mattan, den P. Baals 2Ch 23,17
	12,5	Joasch sprach zu den P. 6-10.17; 2Ch 24,5
	16,10	sandte Ahas zum P. Uria 11.15.16; Jes 8,2
	17,27	bringt dorthin einen der P. 28
	19,2	samt den Ältesten der P. Jes 37,2
	22,10	der P. Hilkija gab mir ein Buch 12.14; 23,2.4. 24; 2Ch 34,14.18.30; 35,2.18
	25,18	nahm den obersten P. Seraja und Zefanja, den zweitobersten P. Jer 52,24
1Ch	9,2	die zuerst wohnten, waren P. 10. 30
	13,2	laßt uns hinschicken zu den P. 23,2; 2Ch 29,4
	15,14	heiligten sich die P. 2Ch 5,11; 30,15.24
	24	die P. bliesen mit Trompeten 16,6; 2Ch 5,12; 7,6; 13,14; 29,26; Esr 3,10; Neh 12,35.41
	24,2	Eleasar und Ithamar wurden P.
	6	vor den Sippenhäuptern der P. 31
	28,13	die Ordnungen der P. 21; 2Ch 8,14; 31,2.17; 35,10; Esr 6,18; Neh 13,30
2Ch	4,6	daß sich die P. darin waschen sollten 9
	6,41	laß deine P. mit Heil angetan werden
	8,15	Gebot des Königs über die P. und Leviten
	13,9	habt ihr n. die P. des HERRN verstoßen 10
	12	mit uns ist Gott und seine P.
	15,3	lange war Israel ohne P., der da lehrte
	17,8	(Joschafat sandte) mit ihnen die P. 19,8
	23,4	ein Drittel von euch, den P., soll Wache
	6	nur die P. sollen hineingehen 18; 29,16
	26,17	der P. Asarja und 80 P. des HERRN 19.20
	29,21	sprach zu den P., daß sie opfern sollten
	34	die P. waren zu wenig... die Leviten waren williger als die P. 30,3; 35,14; Esr 6,20

Priesteramt

2Ch	30,21	die P. lobten den HERRN alle Tage 25.27
	31,4	daß sie ihr Teil dem P. geben 9.15.19; 35,8; Neh 12,44; 13,5
	36,14	auch die P. versündigten sich noch mehr
Esr	1,5	machten sich auf die P. 2,36.61.70; 3,2.8; 7,7.13; Neh 3,1; 7,39.63.72; 8,13; 11,3.10.20; 12,1.7.12.22
	2,63	ein P. für „Licht und Recht" Neh 7,65
	3,12	viele von den betagten P. weinten laut
	6,9	was sie bedürfen nach dem Wort der P.
	16	die P. hielten Einweihung Neh 12,30
	7,11	Esra, dem P. und Schriftgelehrten 12.21; 10,10.16; Neh 8,2.9; 12,26
	16	was die P. freiwillig geben 24
	8,15	ich sah wohl Volk und P. 24.29.30.33
	9,1	die P. haben sich nicht abgesondert 10,18; Neh 9,34
	7	P. in die Hand der Könige gegeben Neh 9,32
	10,5	Esra nahm einen Eid von den P. Neh 5,12
Neh	2,16	ich hatte den P. nichts gesagt
	3,22	nach ihm bauten die P. 28
	10,1	unsere P. sollen sie versiegeln 9.29
	35	wollen das Los unter den P. werfen 37-40
	12,44	Juda hatte Freude an den P.
	13,4	der P. Eljaschib, der über die Kammern 13
Hi	12,19	er führt die P. barfuß davon
Ps	78,64	ihre P. fielen durchs Schwert
	99,6	Mose und Aaron unter seinen P.
	110,4	du bist ein P. ewiglich Heb 5,6; 7,17.21
	132,9	deine P. laß sich kleiden mit Gerechtigkeit
	16	Ihre P. will ich mit Heil kleiden
Jes	24,2	wie es geht dem Volk
	28,7	P. und Propheten sind toll
	61,6	sollt P. des HERRN heißen
	66,21	will aus ihnen P. und Leviten nehmen
Jer	1,18	zur eisernen Säule wider seine P.
	2,8	die P. fragten nicht: Wo ist der HERR
	26	zuschanden werden samt seinen P. 48,7; 49,3
	4,9	die P. werden bestürzt sein
	5,31	P. herrschen auf eigene Faust 23,11.33.34
	6,13	Propheten und P. gehen mit Lüge um 8,10
	8,1	Gebeine der P. aus ihren Gräbern werfen
	13,13	will die P. mit Trunkenheit füllen
	14,18	P. müssen in ein Land ziehen, das 34,19
	18,18	dem P. wird's nicht fehlen an Weisung
	19,1	nimm mit etliche von den Ältesten der P.
	20,1	Paschhur, der P., hörte, wie Jeremia 21,1; 26,7.8.11.16; 37,3
	27,16	zu den P. redete ich 28,1.5
	29,1	Jeremia sandte an die P. 25.29
	31,14	will der P. Herz voller Freude machen
	32,32	ihre P. (haben mir den Rücken zugekehrt)
	33,18	den levitischen P. soll's niemals fehlen
	21	würde mein Bund aufhören mit den P.
Klg	1,4	ihre P. seufzen 19; Jo 1,9
	2,6	ließ er König und P. schänden 4,16
	20	sollen Propheten und P. erschlagen werden
	4,13	geschehen wegen der Missetaten ihrer P.
Hes	1,3	geschah das Wort zu Hesekiel, dem P.
	7,26	wird nicht mehr Weisung bei den P. sein
	22,26	seine P. tun meinem Gesetz Gewalt an
	40,45	die Kammer gehört den P. 46; 42,13.14; 44,30; 45,4; 46,19.20; 48,10.11.13
	44,15	die levitischen P. sollen vor mich treten
	21	die P. sollen keinen Wein trinken, wenn
	22	sollen nehmen die Witwe eines P.
	31	das sollen die P. nicht essen
Hos	4,4	allein dich, P., habe ich zu schelten 6
	9	soll es dem P. gehen wie dem Volk
	5,1	höret nun dies, ihr P.
Hos	6,9	die Rotten der P. sind wie die Räuber
Jo	1,13	klagt, ihr P. 2,17
Am	7,10	da sandte Amazja, der P. in Bethel
Mi	3,11	seine P. lehren für Lohn
Ze	1,4	will ausrotten den Namen der P.
	3,4	ihre P. entweihen das Heiligtum
Hag	2,11	frage die P. nach dem Gesetz 12.13
Sa	6,13	ein P. wird sein zu seiner Rechten
	7,3	ließ die P. und die Propheten fragen
Mal	1,6	spricht der HERR Zebaoth zu euch P.
	2,1	ihr P., dies Wort gilt euch
	7	des P. Lippen sollen die Lehre bewahren
Jdt	4,5	der P. Jojakim schrieb an alle 6
	8	die P. zogen Bußgewänder an 14
	15,10	kam der Hohepriester mit allen seinen P.
Sir	7,31	halte seine P. in allen Ehren 32
	45,19	daß sie Gott dienen und P. sein sollten
	50,13	wenn er aus den Händen der P... nahm
Bar	1,7	sandten zu dem P. Jojakim und zu andern P.
	16	(tragen unsre Schande, wir) und unsre P.
	6,10	daß die P. das Gold von den Götzen stehlen 18.28.31.49.55
1Ma	2,1	zu dieser Zeit trat der P. Mattatias auf
	4,42	nahm P., die nicht unrein geworden
	5,67	damals sind viele P. gefallen
	7,33	einige von den P. kamen heraus
	36	die P. traten vor den Altar 2Ma 3,15; 14,34; 15,31
	10,42	Einkommen des Tempels den P.
	11,23	Jonatan wählte einige P. aus
	12,6	die P... entbieten ihren Brüdern ihren Gruß 14,20
	14,41	das Volk und ihre P. eingewilligt 44
	16,8	als Johannes die Posaune der P. blasen ließ
2Ma	1,13	wurde durch List der P. erschlagen 15
	19	haben durch die frommen P. Feuer... genommen 20
	23	die P. beteten, bis das Opfer verbrannt 30
	4,14	daß die P. den Tempel verachteten
	14,31	Nikanor befahl den P.
StD	2,9	es gab siebzig P. des Bel 7.10.13.14.20
	27	er hat die P. umgebracht
Mt	8,4	geh hin und zeige dich dem P. Mk 1,44; Lk 5,14; 17,14
	12,4	Schaubrote, die essen durften allein die P. Mk 2,26; Lk 6,4
	5	wie die P. den Sabbat brechen
Lk	1,5	zu der Zeit des Herodes ein P. Zacharias
	10,31	traf sich, daß ein P. dieselbe Straße hinabzog
Jh	1,19	als die Juden zu ihm sandten P. und Leviten
Apg	4,1	während sie redeten, traten zu ihnen die P.
	6,7	es wurden viele P. dem Glauben gehorsam
	14,13	der P. des Zeus brachte Stiere und Kränze
Heb	5,6	du bist ein P. in Ewigkeit 7,17.21
	7,3	er bleibt P. in Ewigkeit
	15	noch klarer ist es, wenn ein anderer als P. eingesetzt wird
	20	jene sind ohne Eid P. geworden 23
	8,4	wenn er auf Erden wäre, so wäre er nicht P.
	9,6	gingen die P. allezeit in den vorderen Teil der Stiftshütte
	10,11	jeder P. steht Tag für Tag da
Off	1,6	uns zu P. gemacht hat vor Gott 5,10
	20,6	sie werden P. Gottes und Christi sein

Priesteramt

4Mo	3,10	daß sie auf ihr P. achthaben 18,7
1Sm	2,36	laß mich doch Anteil haben am P.
2Ch	11,14	daß sie das P. nicht mehr ausüben konnten

Priesteramt

Lk 1,8 *da er des P. waltete vor Gott*

Priesterdienst

4Mo 3,4 Eleasar und Ithamar versahen P.
18,1 eine Verfehlung begangen bei eurem P.
Hes 44,13 sollen nicht zu mir nahen, um mir P. zu tun
Lk 1,8 als Zacharias den P. vor Gott versah

Priestergeschlecht

Jer 1,1 Worte Jeremias, aus dem P. zu Anatot

Priesterkleid

Esr 2,69 gaben 100 P. Neh 7,69.71

priesterlich

2Mo 31,10 Kleider für den p. Dienst 35,19; 39,41
3Mo 22,12 der nicht aus einer p. Sippe ist
Jes 61,10 hat mich mit p. Kopfschmuck geziert
1Ma 3,49 sie brachten dorthin die p. Kleider
10,21 so zog Jonatan das p. Gewand an
Rö 15,16 um das Evangelium Gottes p. auszurichten

Priesterrock

1Sm 28,14 ein alter Mann... bekleidet mit einem P.

Priesterschaft

Lk 1,9 daß ihn nach dem Brauch der P. das Los traf
1Pt 2,5 erbaut euch zur heiligen P.
9 ihr seid die königliche P.

Priesterschurz

2Mo 25,7 eingefaßte Steine zum P. 35,9.27
28,6 den P. aus feiner Leinwand 39,2.8.22
29,5 (sollst) Aaron anziehen den P. 3Mo 8,7
1Sm 2,18 umgürtet mit einem leinenen P. 2Sm 6,14
28 erwählt, um den P. vor mir zu tragen
14,3 trug den P. 22,18; 1Ch 15,27

Priestertum

2Mo 29,9 P. nach ewiger Ordnung 40,15; 4Mo 25,13
4Mo 3,3 denen man die Hände füllten zum P.
16,10 ihr sucht nun auch das P.
Jos 18,7 das P. des HERRN ist ihr Erbteil
1Sm 2,28 hab's mir erwählt zum P.
Esr 2,62 für das P. als untauglich erklärt Neh 7,64
Neh 13,29 P. befleckt und den Bund des P. gebrochen
Sir 45,8 er gab (Aaron) das P. im Volk 1Ma 2,54
2Ma 2,17 allen das Erbe verleihen, nämlich das P.
1Pt 2,9 *ihr seid das königliche P.*
Heb 7,5 von den Söhnen Levis, die das P. empfangen
11 Vollendung durch das levitische P.
12 wenn das P. verändert wird
14 zu welchem Stamm Mose nichts gesagt hat vom P.
24 dieser hat ein unvergängliches P.

Priesterzelle

1Ma 4,38 als sie sahen, wie die P. zerfallen waren

Priska, Priszilla, *Priscilla*

Apg 18,2 Aquila mit seiner Frau P. 18.26
Rö 16,3 grüßt die P. und den Aquila 2Ti 4,19
1Ko 16,19 es grüßen euch Aquila und P.

Probe

5Mo 29,2 die gewaltigen P. seiner Macht
Wsh 2,19 wollen wir ihn auf die P. stellen

Prochorus

Apg 6,5 sie wählten Philippus und P.

Prophet

1Mo 20,7 denn (Abraham) ist ein P.
2Mo 7,1 Aaron soll dein P. sein
4Mo 11,25 in Verzückung wie P. 1Sm 10,5.11; 19,20
29 wollte Gott, daß alle im Volk P. wären
12,6 ist jemand unter euch ein P. des HERRN
5Mo 13,2 wenn ein P. oder Träumer aufsteht 4.6
18,15 einen P. wie mich wird dir der HERR erwekken 18; Apg 3,22.23; 7,37
20 wenn ein P. redet, was ich nicht geboten 22; Jer 14,15; 23,21
34,10 stand kein P. in Israel auf wie Mose
Ri 6,8 sandte der HERR einen P. zu ihnen
1Sm 3,20 Samuel... P. des HERRN 2Ch 35,18; Apg 13,20
9,9 die man jetzt P. nennt, nannte man Seher
10,11 ist Saul auch unter den P. 12; 19,24
22,5 der P. Gad sprach zu David 2Sm 24,11
28,6 der HERR antwortete ihm nicht durch P. 15
2Sm 7,2 der P. Nathan 12,25; 1Kö 1,8.10.22.23.32. 34.38.44.45; 1Ch 17,1; 2Ch 29,25; Ps 51,2
1Kö 11,29 traf ihn der P. Ahija 14,2.18
13,11 ein alter P. in Bethel 18.20.23.25.26.29
16,7 Wort des HERRN durch den P. Jehu 12
18,4 als Isebel die P. des HERRN ausrottete 13; 2Kö 9,7
4 nahm Obadja 100 P. und versteckte sie 13
19 versammle die P. Baals, auch die P. der Aschera 20.22.25.40; 19,1; 2Kö 10,19; Jer 2,8; 23,13
22 bin allein übriggebl. als P. des HERRN 36
19,10 Israel hat deine P. getötet 14; Neh 9,26; Rö 11,3; 1Th 2,15
16 (salbe) Elisa zum P. an deiner Statt
20,13 ein P. trat zu Ahab 22
37 der P. fand einen andern Mann 38.41
22,6 versammelte der König P. 2Ch 18,5
7 ist kein P. des HERRN mehr 2Kö 3,11; 2Ch 18,6
10 alle P... weissagen 12.13; 2Ch 18,9.11.12
22 will ein Lügengeist im Munde aller seiner P. 23; 2Ch 18,21.22
2Kö 3,13 geh hin zu den P... deiner Mutter
5,3 daß mein Herr wäre bei dem P. in Samaria
8 innewerde, daß ein P. in Israel ist 13
6,12 Elisa, der P., sagt alles dem König 9,1
14,25 geredet durch Jona, den P.
17,13 hatte der HERR gewarnt durch alle P. 23; 21,10; 24,2; 2Ch 24,19; 25,15.16; 29,25; Neh 9,30
13 Gesetz, gesandt durch die P. Esr 9,11; Dan 9,10; Sa 1,6; 7,12
19,2 P. Jesaja, Sohn des Amoz 20,1.11.14; 2Ch 26,22; 32,20.32; Jes 37,2; 38,1; 39,3

Prophet

2Kö	23,2	Jerusalem mit ihm, Priester und P.
	18	blieben auch die Gebeine des P. unberührt
1Ch	16,22	tut meinen P. kein Leid Ps 105,15
	29,29	Geschichte des P. 2Ch 9,29; 12,15; 13,22
2Ch	12,5	kam der P. Schemaja zu Rehabeam
	15,8	der P. Asarja, der Sohn Odeds 28,9
	20,20	glaubet seinen P., so wird es gelingen
	21,12	kam ein Brief zu ihm von dem P. Elia
	36,12	demütigte sich nicht vor dem P. Jeremia
	16	verhöhnten seine P., bis der Grimm wuchs
Esr	5,1	weissagten die P. Haggai und Sacharja 6,14; Hag 1,1.3.12; 2,1.10; Sa 1,1.7
	2	mit ihnen die P. Gottes, die sie stärkten
Neh	6,7	das Gerücht, du habest dir P. bestellt
	14	P., die mich abschrecken wollten
	9,32	das uns getroffen hat, unsere P.
Ps	74,9	kein P. ist mehr da
Jes	3,2	(der Herr wird wegnehmen) Richter und P.
	9,14	die P. aber, die... sind der Schwanz
	28,7	Priester und P. sind toll Jer 13,13
	29,10	hat eure Augen - die P. - zugetan
Jer	1,5	ich will gesandt dich zum P. für die Völker
	2,26	wird Isr. zuschanden samt seinen P. 27,15
	30	euer Schwert frißt eure P.
	4,9	werden die P. erschrocken sein
	5,13	die P. sind Schwätzer
	31	die P. weissagen Lüge 14,14; Klg 2,14
	6,13	P. gehen mit Lüge um 8,10; 23,14
	7,25	P. gehen mit Lüge um, alle meine Knechte, die P. 25,4; 26,5; 29,19; 35,15; 44,4; Dan 9,6
	8,1	Gebeine der P. aus ihren Gräbern werfen
	14,13	die P. sagen: Ihr werdet das Schwert nicht sehen 37,19
	18	P. müssen in ein Land ziehen, das sie
	18,18	wird's nicht fehlen dem P. am Wort
	20,2	schlug er den P. Jeremia 32,2; 38,9
	23,9	wider die P. 11.15.33.34.37; Hes 13,2; Mi 3,5
	16	hört nicht auf d. Worte der P. 27,9.14.16
	25	ich höre es wohl, was die P. reden 26
	28	ein P., der Träume hat, erzähle Träume
	30	ich will an die P. 31.32
	25,2	der P. Jeremia sprach 28,5.10-12.15; 34,6; 42,2.4; 45,1
	26,7	als der P. Jeremia hörten 8.11.16
	18	war ein P., Micha von Moreschet
	27,18	sind sie P. und haben sie des HERRN Wort
	28,1	Hananja, der P. 5.10.12.15.17
	8	P., die vor mir und vor dir gewesen sind
	9	wenn ein P. von Heil weissagt
	29,1	den der P. Jeremia sandte an die 29
	8	laßt euch durch die P. nicht betrügen
	15	meint, der HERR habe auch in Babel P.
	32,32	ihre P. (haben mir den Rücken zugekehrt)
	36,8	tat, wie ihm der P. Jeremia befohlen 51,59
	26	sie sollten Jeremia, den P., ergreifen 37,13; 43,6
	37,2	den Worten, die er durch den P. Jeremia redete 3.6; 46,13; 47,1; 49,34; 50,1; Dan 9,2
	38,10	zieh den P. Jeremia aus der Zisterne 14
Klg	2,9	ihre P. haben keine Gesichte
	20	sollen denn P. erschlagen werden
	4,13	geschehen wegen der Sünden ihrer P.
Hes	2,5	daß ein P. unter ihnen ist 33,33
	7,26	werden Offenbarung bei P. suchen 14,4.7
	13,3	weh den törichten P. 4.9.16
	14,9	wenn ein P. sich betören läßt 10
	22,28	seine P. streichen mit Tünche darüber
	38,17	vorzeiten geredet habe durch die P.
Hos	4,5	der P. soll des Nachts neben dir fallen
	6,5	darum schlage ich drein durch die P.
Hos	9,7	ein Narr ist der P. 8
	12,11	rede zu den P... durch P. sich kundtut
	14	führte durch einen P. Israel aus Ägypten
Am	2,11	habe aus euren Söhnen P. erweckt
	12	gebietet den P.: Ihr sollt nicht weissagen
	3,7	er offenbare denn seinen Ratschluß den P.
	8	Gott redet, wer sollte nicht P. werden
	7,14	Amos sprach: Ich bin kein P. Sa 13,5
Mi	3,6	die Sonne soll über den P. untergehen
	11	seine P. wahrsagen für Geld
Hab	1,1	die Last, die der P. Habakuk geschaut 3,1
Ze	3,4	ihre P. sind leichtfertig
Sa	1,4	denen die früheren P. predigten 5; 7,7
	7,3	ließ die Priester und die P. fragen
	8,9	die ihr d. Worte hört durch der P. Mund
	13,2	will auch die P. aus dem Lande treiben
	3	wenn jemand weiterhin als P. auftritt 4
Mal	3,23	ich will senden euch P. Elia
Jdt	11,8	daß er durch seine P. verkündet hat
Wsh	7,27	macht sie zu Freunden Gottes und zu P.
	11,1	ließ ihre Werke gelingen durch einen P.
Tob	2,5	hat der Herr durch den P. Amos geredet
Sir	36,18	damit das Wort deiner P. bestätigt wird
	39,1	der muß in den P. studieren
	48,1	P. Elia brach hervor wie ein Feuer
	8	du hast Könige gesalbt und P.
	25	Jesaja, der ein großer P. war
	49,9	Jeremia... der zum P. auserkoren war
	12	die Gebeine der zwölf P. mögen grünen
Bar	1,16	(tragen unsre Schande, wir) und unsre P.
	21	Stimme Gottes, wie sie uns die P. sagten
	2,20	wie du geredet hast durch die P. 24
1Ma	4,46	bis ein P. kommen würde 14,41
	9,27	seitdem man keine P. mehr gehabt StD 3,14
	54	Mauer, die die P. hatten bauen lassen
2Ma	2,1	daß der P. Jeremia geboten habe
	13	die Bücher über die P. zusammengebracht
	15,9	sagte ihnen ermutigende Worte aus den P.
	14	dies ist Jeremia, der P. Gottes
StD	2,32	es war ein P., Habakuk, in Judäa
Mt	1,22	was der Herr durch den P. gesagt hat 2,5.15. 17.23; 4,14; 8,17; 12,17; 13,35; 21,4; 26,56; 27,9.35; Lk 18,31; 24,44; Jh 12,38; Apg 2,16; 7,42.48; 13,27.40 15,15; 26,22
	3,3	dieser ist's, von dem der P. gesprochen hat Mk 1,2; Lk 3,4; Jh 1,23
	5,12	ebenso haben sie verfolgt die P. Lk 6,23.26; Apg 7,52
	17	nicht gekommen, die P. aufzulösen
	7,12	ist das Gesetz und die P. 22,40
	15	seht euch vor vor den falschen P.
	10,41	wer einen P. aufnimmt, weil es ein P. ist
	11,9	wolltet ihr einen P. sehen... er ist mehr als ein P. Lk 7,26
	13	alle P. haben geweissagt bis hin zu Johannes Lk 16,16
	12,39	sei es denn das Zeichen des P. Jona
	13,17	viele P. haben begehrt, zu sehen, was Lk 10,24
	57	ein P. gilt nirgends weniger als in seinem Vaterland Mk 6,4; Lk 4,24; Jh 4,4
	14,5	sie hielten (Johannes) für einen P. 21,26; Mk 11,32; Lk 20,6
	16,14	andere (sagen), du seist einer der P. Mk 6,15; 8,28; Lk 9,8.19; Jh 9,17
	21,11	das ist Jesus, der P. aus Nazareth
	23,29	die ihr den P. Grabmäler baut Lk 11,47
	30	wären wir nicht mit ihnen schuldig geworden am Blut der P.
	31	Kinder derer, die die P. getötet

Prophet

Mt	23,34	siehe, ich sende zu euch P. Lk 11,49
	37	Jerusalem, die du tötest die P. Lk 13,34
	24,11	es werden sich viele falsche P. erheben 24; Mk 13,22
	15	wovon gesagt ist durch den P. Daniel
Lk	1,70	geredet durch den Mund seiner heiligen P. Apg 3,18.21
	76	du wirst ein P. des Höchsten heißen
	4,17	da wurde ihm das Buch des P. Jesaja gereicht
	27	viele Aussätzige waren zur Zeit des P. Elisa
	7,16	es ist ein großer P. unter uns aufgestanden
	39	wenn dieser ein P. wäre, so wüßte er
	11,50	damit gefordert werde von diesem Geschlecht das Blut aller P.
	13,28	wenn ihr sehen werdet alle P. im Reich Gottes
	33	es geht nicht an, daß ein P. umkomme außerhalb von Jerusalem
	16,29	sie haben Mose und die P. 31
	24,19	der ein P. war, mächtig in Taten und Worten
	25	all dem zu glauben, was die P. geredet
	27	er fing an bei Mose und allen P. Apg 28,23
Jh	1,21	bist du der P.? Und er antwortete: Nein 25
	4,19	Herr, ich sehe, daß du ein P. bist
	6,14	das ist wahrlich der P., der in die Welt kommen soll 7,40
	45	es steht geschrieben in den P.
	7,52	aus Galiläa steht kein P. auf
	8,52	Abraham ist gestorben und die P. 53
Apg	2,30	da er ein P. war und wußte
	3,24	alle P. von Samuel an haben diese Tage verkündigt
	25	ihr seid die Söhne der P.
	8,28	saß auf s. Wagen und las den P. Jesaja 30
	34	ich bitte dich, von wem redet der P. das
	10,43	von diesem bezeugen alle P.
	11,27	kamen P. nach Antiochien 21,10
	13,1	es waren in Antiochia in der Gemeinde P.
	6	trafen sie einen falschen P., einen Juden
	15	nach der Lesung der P. ließen (die Vorsteher) ihnen sagen
	15,32	Judas und Silas, die selbst P. waren
	24,14	glaube, was geschrieben steht in den P.
	26,27	glaubst du, König Agrippa, den P.
	28,25	mit Recht hat der P. Jesaja zu euren Vätern gesprochen
Rö	1,2	das er zuvor verheißen hat durch seine P.
	3,21	bezeugt durch das Gesetz und die P.
	11,3	Herr, sie haben deine P. getötet 1Th 2,15
	16,26	nun offenbart ist durch die Schriften der P.
1Ko	12,28	Gott hat eingesetzt P. Eph 4,11
	29	sind alle P.
	14,29	auch von den P. laßt zwei oder drei reden
	32	die Geister der P. sind den P. untertan
	37	wenn einer meint, er sei ein P.
Eph	2,20	erbaut auf den Grund der P.
	3,5	wie es jetzt offenbart ist seinen P.
Tit	1,12	es hat einer von ihnen gesagt, ihr eigener P.
1Pt	1,10	nach dieser Seligkeit haben gesucht die P.
2Pt	2,1	es waren falsche P. unter dem Volk
	16	das stumme Lasttier wehrte der Torheit des P.
	3,2	Worte, die gesagt sind von den heiligen P.
1Jh	4,1	sind viele falsche P. ausgegangen in die Welt
Heb	1,1	nachdem Gott... geredet hat durch die P.
	11,32	wenn ich erzählen sollte von den P.
Jak	5,10	P., die geredet haben in dem Namen des Herrn
Off	10,7	verkündigt seinen Knechten, den P.
	11,10	diese zwei P. hatten gequält, die auf Erden
	18	den Lohn zu geben deinen Knechten, den P.
	16,6	sie haben das Blut der P. vergossen 18,24
	13	aus dem Munde des falschen P. drei Geister
	18,20	freue dich über sie, Apostel und P.
	19,20	das Tier wurde ergriffen und mit ihm der falsche P. 20,10
	22,6	der Herr, der Gott des Geistes der P.
	9	ich bin der Mitknecht deiner Brüder, der P.

Prophetenamt

Sir	46,1	Josua, der Nachfolger des Mose im P.

Prophetenjünger

1Kö	20,35	sprach ein... P.: Schlage mich
2Kö	2,3	gingen die P. heraus zu Elisa 5.7.15; 4,1.38; 5,22; 6,1; 9,1.4
Am	7,14	ich bin kein Prophet noch ein P.

Prophetenschar

1Sm	10,10	kam ihm eine P. entgegen

Prophetenwort

Sir	24,46	schütte ich meine Lehre aus wie P.

Prophetie

1Ko	14,6	redete in Worten der P.

Prophetin

2Mo	15,20	da nahm Mirjam, die P., eine Pauke
Ri	4,4	Richterin in Israel die P. Debora
2Kö	22,14	gingen hin zu der P. Hulda 2Ch 34,22
Neh	6,14	gedenke auch der P. Noadja
Jes	8,3	ich ging zu der P.; die ward schwanger
Hes	13,17	die aus eigenem Antrieb als P. auftreten
Lk	2,36	es war eine P., Hanna, Tochter Phanuëls
Off	2,20	diese Frau, die sagt, sie sei eine P.

prophetisch

1Ch	25,1	p. Männer, die auf Harfen spielen 2.3
Sir	48,14	wirkte noch sein Leichnam p. Taten
Rö	12,6	ist jemand p. Rede gegeben 1Ko 12,10
1Ko	11,4	ein jeder Mann, der betet oder p. redet 5
	13,2	wenn ich p. reden könnte
	8	wo doch das p. Reden aufhören wird 9
	14,1	bemüht euch um die Gabe der p. Rede 5.24. 31.39
	3	wer p. redet, der redet den Menschen 4.5.22
1Th	5,20	p. Rede verachtet nicht
2Pt	1,19	um so fester haben wir das p. Wort

Prophezeiung

2Ch	9,29	geschrieben in den P. Ahijas von Silo

Provinz

Apg	2,9	P. Asien 6,9; 16,6; 19,10.22.26.27.31; 20,4.16. 18; 21,27; 24,19; 27,2; Rö 16,5; 1Ko 16,19; 2Ko 1,8; 2Ti 1,15; 1Pt 1,1; Off 1,4

prüfen

1Mo	42,15	daran will ich euch p. 16
2Mo	16,4	ich's p., ob es in meinem Gesetz wandle
Ri	2,22	damit ich Israel durch sie p. 3,1.4
1Kö	10,1	Salomo mit Rätselfragen zu p. 2Ch 9,1
1Ch	29,17	ich weiß, daß du das Herz p.
Hi	7,18	du p. ihn alle Stunden
	12,11	p. nicht das Ohr die Rede 34,3
	23,10	er p. mich, so will ich erfunden werden
	34,36	Hiob sollte bis zum Äußersten gep. werden
Ps	7,10	du p. Herzen und Nieren Jer 11,20
	11,4	seine Blicke p. die Menschenkinder
	5	der HERR p. den Gerechten Jer 20,12
	17,3	du p. mein Herz Jer 12,3
	26,2	p. mich, HERR, und erprobe mich
	66,10	du hast uns gep. und geläutert
	81,8	ich p. dich am Haderwasser
	95,9	wo mich eure Väter versuchten und p.
	139,23	p. mich und erkenne, wie ich's meine
Spr	16,2	der HERR p. die Geister
	17,3	so p. der HERR die Herzen 21,2
	24,12	der die Herzen p., merkt es
Pr	3,18	damit Gott sie p.
Jes	48,10	habe dich gep. im Glutofen des Elends
Jer	6,27	daß du seinen Wandel p. sollst
	9,6	ich will sie schmelzen und p.
	17,10	ich kann die Nieren p.
Klg	3,40	laßt uns erforschen und p. unsern Wandel
Dan	12,10	viele werden geläutert und gep. werden
Sa	13,9	will ihn p., wie man Gold p.
Mal	3,10	p. mich hiermit, spricht der HERR Zebaoth
Jdt	8,25	p., ob auch das von Gott kommt
Wsh	2,17	p., was bei seinem Ende geschehen wird
	19	damit wir p. ihn geduldig ist
	3,6	er p. sie wie Gold im Schmelzofen
	11,10	du hast sie wie ein Vater gep.
Sir	31,31	das Feuer p. den Stahl ... so p. der Wein
	37,30	p., was für deinen Leib gesund ist
Lk	12,56	*versteht ihr zu p.; wie ihr ... nicht*
Jh	6,6	das sagte er, um ihn zu p.
Rö	2,18	p. du, was das Beste zu tun sei
	12,2	damit ihr p. könnt, was Gottes Wille ist
	14,22	selig ist ... wenn er sich p.
1Ko	11,28	der Mensch p. sich selbst 2Ko 13,5; Gal 6,4
	14,24	der würde von allen gep.
2Ko	8,8	p. auch euer Liebe
Eph	5,10	p., was dem Herrn wohlgefällig ist
Phl	1,10	daß ihr p. könnt, was das Beste sei
1Th	2,4	Gott, der unsere Herzen p.
	5,21	p. alles, und das Gute behaltet
1Ti	3,10	man soll sie zuvor p.
1Jh	4,1	p. die Geister, ob sie von Gott sind
Heb	3,9	wo mich eure Väter versuchten und p.
Off	2,2	hast die gep., die sagen, sie seien Apostel

Prüfer

Jer	6,27	ich habe dich zum P. gesetzt

Prüfstein

Sir	6,22	sie ist für ihn ein schwerer P.

Prüfung

Hes	21,18	die P. ist da
Tob	2,12	diese P. ließ Gott über ihn kommen

prügeln

Spr	23,35	sie p. mich, aber ich fühlte es nicht

Psalm

2Ch	7,6	mit den P. Davids, die sie sangen
Ps	3,1	ein P. Davids 15,1 u.ö. 143,1
	4,1	ein P. Davids, vorzusingen 5,1 u.ö. 140,1
	38,1	ein P. Davids, zum Gedenkopfer
	47,1	ein P. der Söhne Korach 49,1; 84,1; 85,1
	8	lobsinget ihm mit P.
	50,1	ein P. Asafs 73,1; 77,1; 79,1; 80,1; 82,1
	81,3	hebt an mit P.
	95,2	laßt uns mit P. ihm jauchzen
	98,1	ein P. 100,1
	118,14	der HERR ist meine Macht und mein P. Jes 12,2
Sir	47,10	er ließ Sänger P. singen
	50,20	die Sänger lobten ihn mit P.
Lk	24,44	erfüllt werden, was von mir steht in den P.
Apg	13,33	wie im zweiten P. geschrieben steht
1Ko	14,15	ich will P. singen
	26	wenn ihr zusammenkommt, hat jeder einen P.
Eph	5,19	ermuntert einander mit P. und Lobgesängen Kol 3,16
Jak	5,13	ist jemand guten Mutes, der singe P.

Psalmbuch

Lk	20,42	David selbst sagt im P.
Apg	1,20	es steht geschrieben im P.

Psalmlied

Ps	48,1	ein P. der Söhne Korach 87,1; 88,1
	65,1	ein P. Davids 68,1; 108,1
	66,1	ein P., vorzusingen 67,1
	75,1	ein P. Asafs 76,1; 83,1
	92,1	ein P. für den Sabbattag

Psalter

2Sm	6,5	tanzten vor dem HERRN her mit P. 1Ch 13,8; 15,28
1Ch	15,16	ihre Brüder, die Sänger, mit P. 20; 16,5; 25,1.6; 2Ch 5,12; 29,25
2Ch	20,28	zogen in Jerusalem ein mit P., Harfen
Neh	12,27	um Einweihung zu halten mit P.
Ps	33,2	lobsinget ihm zum P. von zehn Saiten 92,4; 144,9
	57,9	wach auf, P. und Harfe 108,3
	150,3	lobet ihn mit P. und Harfen
Wsh	19,17	wie auf dem P. die Töne gleich bleiben

Ptolemaier

2Ma	13,25	sahen die P. den Vertrag nicht gern

Ptolemais (= Akko)

1Ma	5,21	Heiden, verfolgte sie bis P. 15.55
	10,1	besetzte die Stadt P. 12,48
	39	die Stadt P. dem Tempel in Jerusalem
	58	Hochzeit in P. gefeiert 56.57.60
	11,22	zog nach P. 24; 12,45; 2Ma 13,25
	13,12	zog von P. aus, um ins Land Juda
2Ma	13,24	Befehlshaber über das Land von P.
Apg	21,7	wir kamen von Tyrus nach P.

Ptolemäus

Ptolemäus
1Ma	1,19	¹P., König von Ägypten 10,51.55.57; 11,3.8. 15-18; 2Ma 9,29 (= Philometor)
	3,38	²P., Sohn des Dorymenes 2Ma 4,45.46; 6,8
	15,16	³Luzius entbietet dem P. seinen Gruß
2Ma	1,10	Lehrer des Königs P.
1Ma	16,11	⁴P., der Sohn Abubs 16.17
2Ma	8,8	⁵P., Befehlshaber in Zölesyrien
	10,12	P. Makron, der die Juden geschützt

Pua
2Mo	1,15	Hebammen, von denen hieß die andere P.

Publius
Apg	28,7	in dieser Gegend hatte P. Landgüter
	8	der Vater des P. an der Ruhr darnieder lag

Pudens
2Ti	4,21	es grüßen dich Eubulus und P.

Pul
2Kö	15,19	kam P., der König von Assyrien, ins Land
1Ch	5,26	erweckte der Gott Israels den Geist P.

Pulver
2Mo	30,36	sollst es zu P. stoßen
	32,20	nahm das Kalb und zermalmte es zu P.

Punon (= Pinon)
4Mo	33,42	lagerten sich in P. 43

Pur
Est	3,7	wurde das P. geworfen 9,24.26

Pura
Ri	7,10	laß deinen Diener P. mit hinabgehen 11

Purim, Purimfest, Purimtag
Est	9,26	nannten sie diese Tage P. 28.29.31.32

Purpur
2Mo	25,4	(Opfergabe:) blauer und roter P. 35,6.23.25
	26,1	Teppichen von blauem und rotem P. 4; 36,8
	31	einen Vorhang aus blauem und rotem P. 36,35; 2Ch 3,14
	36	eine Decke aus blauem und rotem P. 27,16; 36,37; 38,18; 4Mo 4,13
	28,5	(die heiligen Kleider) blauen und roten P. 6. 8.15.28.31.33.37; 39,1-31
	35,35	alle Arbeiten des Buntwirkers mit blauem und rotem P. 38,23; 2Ch 2,6.13
2Sm	1,24	der euch kleidete mit kostbarem P.
Spr	31,22	feine Leinwand und P. ist ihr Kleid
Hl	3,10	ihren Sitz mit P. bezogen
	7,6	das Haar auf deinem Haupt ist wie P.
Jer	4,30	wenn du dich schon mit P. kleiden würdest
	10,9	blauen und roten P. zieht man ihnen an
Klg	4,5	die früher auf P. getragen wurden
Hes	23,6	Hauptleute, die mit P. gekleidet waren
Hes	27,7	deine Decken waren blauer und roter P.
	16	haben P. auf deine Märkte gebracht 24
Dan	5,7	der soll mit P. gekleidet werden 16.29
Jon	3,6	König von Ninive legte seinen P. ab
Nah	2,4	sein Heervolk glänzt in P.
Sir	40,4	bei dem, der P. und Krone trägt
	45,12	Gewänder, mit blauem und rotem P. bestickt
1Ma	4,23	sie eroberten blauen und roten P.
	8,14	hat niemand sich in P. gekleidet
	14,43	er sollte P. und Gold tragen dürfen 44
Mk	15,17	*sie zogen ihm einen P. an* 20
Lk	16,19	ein reicher Mann kleidete sich in P.
Off	17,4	war bekleidet mit P. und Scharlach 18,16
	18,12	(ihre Ware:) P. und Scharlach

Purpurband
Sir	6,31	wird zum Stab und ihre Bande zu P.

Purpurfaden
Jdt	10,21	Mückennetz, aus P. gewirkt

Purpurgewand, Purpurkleid
Ri	8,26	P., die die Könige der Midianiter getragen
Bar	6,13	wenn man ihnen ein P. anzieht
1Ma	10,20	wir schicken dir ein P. 62.64; 11,58
2Ma	4,38	er ließ dem Andronikus das P. abnehmen
Jh	19,2	legten (Jesus) ein P. an 5

Purpurhändlerin
Apg	16,14	Lydia, eine P. aus Thyatira, hörte zu

Purpurmantel
Mt	27,28	legten ihm einen P. an Mk 15,17
Mk	15,20	zogen sie ihm den P. aus

Purpurwolle
Est	8,15	angetan mit einem Mantel aus P.

Put
1Mo	10,6	¹Söhne Hams: P. 1Ch 1,8
Jes	66,19	²will einige senden... nach P.
Jer	46,9	lasset die Helden ausziehen... aus P.
Hes	30,5	Kusch und P. und Lud sollen fallen
Nah	3,9	P. und Libyen waren ihre Hilfe

Puteoli
Apg	28,13	kamen wir in zwei Tagen nach P.

Putiël
2Mo	6,25	Eleasar nahm eine von den Töchtern P.

Putiter, *Puthiter*
1Ch	2,53	Geschlechter von Kirjat-Jearim: die P.

putzsüchtig
Bar	6,9	schmücken sie mit Gold wie ein p. Mädchen

Puwa, Puwaniter

1Mo	46,13	Söhne Issachars: P. 4Mo 26,23
Ri	10,1	Tola, ein Sohn P. 1Ch 7,1

Pyrrhus

Apg	20,4	es zogen mit ihm Sopater, der Sohn des P.

Q

Quader

Jes	9,9	wir wollen's mit Q. wieder bauen
Klg	3,9	hat meinen Weg vermauert mit Q.

Quaderstein

Am	5,11	Häusern, die ihr von Q. gebaut habt
Jdt	1,2	ihre Mauern machte er aus Q. 1Ma 10,11

Qual

Ps	73,4	für sie gibt es keine Q.
Wsh	2,19	durch Q. wollen wir ihn prüfen
	3,1	keine Q. rührt sie an
	4,20	(so daß sie) in der Q. sein werden
	19,4	Strafe, die bisher an ihren Q. gefehlt
2Ma	7,37	unter Q. bekennen mußt, daß er Gott ist
	9,18	als die Q. nicht nachlassen wollten
Mt	8,6	Herr, mein Knecht leidet große Q.
Lk	16,23	hob er seine Augen auf in seiner Q.
	28	damit sie nicht kommen an diesen Ort der Q.
Off	9,5	ihre Q. war wie eine Q. von einem Skorpion
	12,2	hatte große Q. bei der Geburt
	14,11	der Rauch von ihrer Q. wird aufsteigen
	18,7	soviel Q. und Leid schenkt ihr ein
	10	aus Furcht vor ihrer Q. 15

quälen

Hi	6,10	ob auch der Schmerz mich q.
	7,4	mich q. die Unruhe
	34,6	mich q. der Pfeil, der mich traf
Pr	1,13	daß sie sich damit q. sollen
Wsh	11,9	wie die Gottlosen geq. wurden
	12,23	daher q. du auch die Ungerechten 27
	16,1	darum wurden die Ägypter geq.
	4	gezeigt werden, wie ihre Feinde geq. wurden
Sir	13,32	dem sieht man an, wie er sich q.
2Ma	5,22	Vögte, die das Volk q. sollten
Mt	8,29	bist du hergekommen, uns zu q.
Mk	5,7	ich beschwöre dich: Q. mich nicht Lk 8,28
2Pt	2,8	seine gerechte Seele von Tag zu Tag q. lassen
Off	9,5	Macht gegeben, daß sie sie q. fünf Monate lang
	11,10	diese zwei Propheten hatten geq.
	14,10	er wird geq. werden mit Feuer und Schwefel
	20,10	sie werden geq. werden Tag und Nacht

Qualm

Sir	22,30	Rauch und Q. gehen voraus, ehe ein Feuer

Quartus

Rö	16,23	es grüßt euch Erastus und Q., der Bruder

Quaste

4Mo	15,38	daß sie sich Q. machen 39; 5Mo 22,12
Mt	23,5	sie machen die Q. an ihren Kleidern groß

Quell, Quelle

1Mo	16,7	der Engel fand (Hagar) bei der Q.
	26,19	fanden eine Q. lebendigen Wassers
	36,24	Ana, der in der Steppe die warmen Q. fand
	49,22	wird wachsen wie ein Baum an der Q.
Jos	15,7	(die Grenze) läuft aus zur Q. Rogel 18,16; 2Sm 17,17; 1Kö 1,9
	9	kommt sie zur Q. Neftoach 18,15
	19	gab ihr die oberen und unteren Q. Ri 1,15
Ri	7,1	lagerten sich an der Q. Harod
	15,19	heißt der Ort „Q. des Rufenden"
1Sm	29,1	Israel lagerte sich an der Q. bei Jesreel
2Ch	32,4	sie verdeckten alle Q. und den Bach
Hi	38,16	bist du in die Q. des Meeres gekommen
Ps	36,10	bei dir ist die Q. des Lebens
	74,15	hast Q. und Bäche hervorbrechen lassen
	87,7	alle meine Q. sind in dir
Spr	5,16	sollen deine Q. herausfließen
	8,24	als die Q. noch nicht waren 28
	13,14	Lehre des Weisen ist eine Q. des Lebens
	14,27	Furcht des HERRN ist eine Q. des Lebens
	18,4	Q. der Weisheit ist ein sprudelnder Bach
	25,26	ist wie eine verderbte Q.
Pr	12,6	ehe der Eimer zerschellt an der Q.
Hl	4,12	du bist eine verschlossene Q.
Jes	41,18	will Wasserbäche öffnen und Q.
Jer	2,13	mich, die lebendige Q., verlassen sie 17,13
Hos	13,15	ein Ostwind, daß seine Q. versiegt
Jo	4,18	eine Q. ausgehen vom Hause des HERRN
Sa	13,1	werden einen offenen Q. haben gegen Sünde
Jdt	7,6	eine Q., die in die Stadt floß
	7	hatten unweit der Mauer kleine Q. 10-12
	12,8	ging hinaus und wusch sich in einer Q.
Tob	8,7	dich sollen nicht alle Q. und Flüsse StD 3,53
Sir	1,5	das Wort Gottes ist die Q. der Weisheit
	21,16	sein Rat ist wie eine lebendige Q.
Bar	3,12	weil du die Q. der Weisheit verlassen hast
Mk	5,29	sogleich versiegte die Q. ihres Bluts
Jh	4,14	das Wasser wird in ihm eine Q. werden
Jak	3,11	läßt die Q. aus einem Loch süßes und bitteres Wasser fließen 12
Off	7,17	leiten zu den Q. des lebendigen Wassers
	21,6	ich will dem Durstigen geben von der Q. des lebendigen Wassers

quellen

Ps	104,10	du lässest Wasser in den Tälern q.
Spr	4,23	denn daraus q. das Leben
	5,15	trinke was q. aus deinem Brunnen
Jer	6,7	wie ein Brunnen q... so q. ihre Bosheit
	15,18	wie ein Born, der nicht mehr q. will
Jh	4,14	Quelle des Wassers, das in das ewige Leben q.

Quellgrund

Ps	84,7	wird es ihnen zum Q.

Quelltor

Quelltor
Neh 2,14 hinüber zu dem Q. 3,15; 12,37

Quintus Memmius
2Ma 11,34 Q. M., Botschafter der Römer

Quirinius
Lk 2,2 zur Zeit, da Q. Statthalter in Syrien war

R

Raamja (= Reelaja)
Neh 7,7 die gekommen sind mit Serubbabel, R.

Rabba, Rabbat(h)-Ammon
5Mo 3,11 in R. ist sein steinerner Sarg
Jos 13,25 Aroër, das östlich von R. liegt
    15,60 (Städte des Stammes Juda:) R.
2Sm 11,1 damit sie R. belagerten 12,26.27.29; 1Ch 20,1
    17,27 Schobi, der Sohn des Nahasch vom R.
Jer 49,2 Kriegsgeschrei erschallen lassen über R.
    3 schreit, ihr Töchter von R.
Hes 21,25 damit das Schwert nach R. kommen kann
    25,5 will R. zur Kameltrift machen
Am 1,14 will ein Feuer anzünden in den Mauern R., das soll seine Paläste verzehren

Rabbi
Mt 23,7 gern, daß sie von den Leuten R. genannt werden
    8 ihr sollt euch nicht R. nennen lassen
    26,25 bin ich's, R.
    49 trat zu Jesus und sprach: Sei gegrüßt, R. Mk 14,45
Mk 9,5 R., hier ist für uns gut sein
    11,21 R., sieh, der Feigenbaum ist verdorrt
Jh 1,38 sie sprachen: R., wo ist deine Herberge
    49 R., du bist Gottes Sohn
    4,31 inzwischen mahnten ihn die Jünger: R., iß
    6,25 R., wann bist du hergekommen

Rabbit, *Rabbith*
Jos 19,20 (Issachar... sein Gebiet war) R.

Rabbuni
Mk 10,51 R., daß ich sehend werde
Jh 20,16 R.! das heißt: Meister

Rabe
1Mo 8,7 (Noah) ließ einen R. ausfliegen
3Mo 11,15 (daß ihr nicht esset) alle R. 5Mo 14,14
1Kö 17,4 ich habe den R. geboten, daß sie dich dort versorgen sollen 6
Hi 38,41 wer bereitet dem R. die Speise
Ps 147,9 den jungen R., die zu ihm rufen
Spr 30,17 die müssen die R. am Bach aushacken
Hl 5,11 seine Locken sind schwarz wie ein R.
Jes 34,11 Nachteulen und R. werden dort wohnen
Ze 2,14 wird schreien auf der Schwelle der R.
Lk 12,24 seht die R. an: sie säen nicht, sie ernten nicht

Rabenfelsen
Jes 10,26 wie in der Schlacht Midians am R.

Rabsaris
2Kö 18,17 der König von Assyrien sandte den R.

Rabschake
2Kö 18,17 der König von Assyrien sandte den R. 19. 26-28.37; 19,4.8; Jes 36,2.4.11-13.22; 37,4.8; Sir 48,20

Rache
4Mo 31,2 übe R. für die *Israeliten 3
5Mo 32,35 die R. ist mein, ich will vergelten Rö 12,19; Heb 10,30
    43 er wird an seinen Feinden R. nehmen
    20,16 möge R. nehmen nur an den Feinden Davids
Jes 34,8 es kommt der Tag der R. des HERRN
    35,4 da ist euer Gott! Er kommt zur R.
    59,17 zieht an das Gewand der R.
Jer 51,6 dies ist für den HERRN die Zeit der R.
Klg 3,60 du siehst, wie sie R. üben wollen
Hes 25,12 sich verschuldet hat mit seiner R. 15
    17 will bittere R. an ihnen üben
Hos 13,14 R. kenne ich nicht mehr
Sir 21,6 seine R. wird eilends kommen
    30,6 Sohn, der an seinen Feinden R. übt
Apg 28,4 Mörder, den die Göttin der R. nicht leben läßt

rächen
1Mo 4,15 das soll siebenfältig ger. werden 24
    9,5 will euer eigen Blut r.
3Mo 19,18 sollst dich nicht r.
    26,25 Racheschwert, das meinen Bund r. soll
5Mo 32,41 will mich r. an meinen Feinden 43; Jes 1,24; 47,3; Jer 46,10
Jos 10,13 bis sich das Volk an seinen Feinden ger.
Ri 11,36 nachdem der HERR dich ger. hat
    15,7 bis ich mich an euch ger. habe 1Sm 14,24
    16,28 damit ich mich einmal r. an den Philistern
1Sm 24,13 der HERR wird mich an dir r. 2Sm 4,8
    25,39 der HERR, der meine Schmach ger. an Nabal
1Kö 2,5 im Krieg vergossenes Blut im Frieden ger.
2Kö 9,7 das Blut aller Knechte des HERRN r.
Est 8,13 sich zu r. an ihren Feinden
Jes 34,8 Jahr der Vergeltung, um Zion zu r.
Jer 5,9 ich sollte mich nicht r. 29; 9,8
    15,15 r. mich an meinen Verfolgern
    20,10 daß wir uns an ihm r.
    51,36 ich will deine Sache führen und dich r.
Hes 24,8 so daß (das Blut) ger. wird
    25,12 weil sich Edom am Hause Juda ger. 14.15
Jdt 1,11 er sich an diesen Ländern r. wollte 2,1
    13,26 daß (Gott) sich an seinen Feinden r. wird
Sir 28,1 wer sich r., an dem wird sich der Herr r.
    46,2 (Josua), der sie r. an den Feinden
1Ma 2,67 r. die Gewalttat, die... verübt wurde
    3,15 um sich an Israel zu r. 2Ma 9,4
    6,22 wie lange willst du unsre Brüder nicht r.
    9,26 Freunde des Judas, um sich an ihnen zu r.
    42 so r. sie den Mord an ihrem Bruder

1Ma	13,6	ich will mein Volk r.
Apg	7,24	stand er ihm bei und r. den, dem Leid geschah
Rö	12,19	r. euch nicht selbst, meine Lieben
Off	6,10	r. nicht unser Blut an denen, die auf der Erde
	19,2	hat das Blut seiner Knechte ger.

Rachen

Hi	36,16	reißt auch dich aus dem R. der Angst
	41,6	wer kann die Tore seines R. auftun
	11	aus seinem R. fahren Fackeln 13
Ps	5,10	ihr R. ist ein offenes Grab
	22,14	ihren R. sperren sie gegen mich auf
	22	hilf mir aus dem R. des Löwen
Jes	5,14	hat das Totenreich den R. aufgetan
Jer	51,44	aus s. R. gerissen, was er verschlungen
Hes	34,10	will meine Schafe erretten aus ihrem R.
Dan	6,23	Engel, der den Löwen den R. zugehalten
Jon	2,3	ich schrie aus dem R. des Todes
Hab	2,5	seinen R. aufgesperrt wie d. Reich d. Todes
Sir	51,6	(errettet) aus dem tiefen R. des Todes
Bar	3,4	die dem Tod im R. stecken
Rö	3,13	ihr R. ist ein offenes Grab
2Ti	4,17	so wurde ich erlöst aus dem R. des Löwen
Heb	11,33	diese haben Löwen den R. gestopft
Off	12,15	stieß aus ihrem R. Wasser aus 16
	13,2	sein R. wie ein Löwenrachen
	16,13	aus dem R. des Drachen drei Geister

Rächer, Rächerin

Rö	13,4	*eine R. zur Strafe über den, der Böses tut*
1Th	4,6	*der Herr ist ein R. über alles*

Racheschwert

3Mo	26,25	will ein R. über euch bringen

Rachgier

Sir	25,20	es ist keine R. so maßlos wie R. von Feinden

rachgierig

Ps	8,3	daß du vertilgest den Feind und den R.
	44,17	muß die Feinde und R. sehen

Rad

2Mo	14,25	(der HERR) hemmte die R. ihrer Wagen
1Kö	7,30	jedes Gestell hatte vier kupferne R. 32.33
Spr	20,26	ein... König läßt das R. über sie gehen
Pr	12,6	ehe das R. zerbrochen in den Brunnen fällt
Jer	47,3	vor dem Poltern ihrer R.
Hes	1,15	stand je ein R. auf der Erde 16.18-21; 3,13; 10,6.9.10.12.13.16.19; 11,22
Dan	7,9	dessen R. (waren) loderndes Feuer
Nah	3,2	da wird man hören die R. rasseln
Sir	33,5	des Narren Herz ist wie ein R. am Wagen

Raddai

1Ch	2,14	(Isai zeugte) R.

Räderwerk

Hes	10,2	geh hinein zwischen das R. 6.13

Rafa (s.a. Refaja)

1Ch	8,2	(Benjamin zeugte) R.

Rafael, *Raphael* (s.a. Asarja)

Tob	3,25	R., der Engel des Herrn 5,18; 8,3; 9,6; 11,4.7; 12,15

Rafain, *Raphaim*

Jdt	8,1	Judit. Tochter Meraris... des Sohnes R.

Räfan, *Romphan*

Apg	7,43	ihr trugt umher den Stern des Gottes R.

raffen

Hab	2,5	er r. an sich alle Heiden

Rafon, *Raphon*

1Ma	5,37	lagerte sich gegenüber von R.

Rafu, *Raphu*

4Mo	13,9	Palti, der Sohn R.

Ragan

Jdt	1,6	schlug ihn in der Ebene, R. genannt

ragen

Hes	31,3	daß sein Wipfel in die Wolken r. 10

Rages

Tob	1,16	Stadt R. in Medien 4,21; 5,9.15; 6,7; 9,3.6

Ragma

1Mo	10,7	Söhne des Kusch: R. 1Ch 1,9
Hes	27,22	Saba und R. haben mit dir gehandelt

Raguël

Tob	3,7	Sara, die Tochter R. 6,12
	7,1	kehrten bei R. ein 5-13.18; 8,11.13.17.19.22; 9,5.6.8; 10,9.11; 14,15

Rahab

Jos	2,1	¹in das Haus einer Hure, die hieß R. 3.15
	6,17	nur die Hure R. soll am Leben bleiben 23.25; Heb 11,31
Mt	1,5	Salmon zeugte Boas mit R.
Jak	2,25	die Hure R., durch Werke gerecht geworden
Hi	9,13	²mußten sich beugen die Helfer R.
	26,12	durch seine Einsicht hat er R. zerschmettert Ps 89,11; Jes 51,9
Jes	30,7	Ägypten „R., die zum Schweigen gebracht ist"

Raham

1Ch	2,44	Schema zeugte R.

Rahel

Rahel

1Mo	29,6	da kommt (Labans) Tochter R. 9-11.16.17
	18	Jakob gewann R. lieb 20.25.28-30
	31	R. war unfruchtbar 30,1.2.6-8.14.15
	30,22	Gott gedachte an R. 25; 35,16
	31,4	Jakob ließ rufen R. und Lea 14; 33,1.2.7
	19	R. stahl ihres Vaters Hausgott 32-34
	35,19	so starb R. 48,7
	20	das Grabmal R. 1Sm 10,2
	24	Söhne R.: Josef und Benjamin 46,19.22
	25	die Söhne Bilhas, R. Magd 46,25
Rut	4,11	der HERR mache die Frau wie R. und Lea
Jer	31,15	R. weint über ihre Kinder Mt 2,18

Rakkat, *Rakkath*

Jos 19,35 (Naftali) feste Städte sind: R.

Rakkon

Jos 19,46 (Dan... das Gebiet war) R.

Ram

Rut	4,19	¹Hezron zeugte R. 1Ch 2,9.10; Mt 1,3.4
1Ch	2,25	²Jerachmeel hatte Söhne: R. 27
Hi	32,2	³Elihu, aus dem Geschlecht R.

Rama

Jos	18,25	¹(Städte des Stammes Benjamin:) R. 19,8; Esr 2,26; Neh 7,30; 11,33
Ri	4,5	Debora hatte ihren Sitz zw. R. und Bethel
	19,13	über Nacht in Gibea oder in R. bleiben
1Kö	15,17	Bascha baute R. aus 21.22; 2Ch 16,1.5.6
Jes	10,29	R. erschrickt, das Gibea Sauls flieht
Jer	31,15	man hört bittres Weinen in R. Mt 2,18
	40,1	als ihn Nebusaradan losließ in R.
Hos	5,8	trompetet zu R.
Jos	19,29	²(Asser... die Grenze) wendet sich nach R.
	19,36	³(Naftali... feste Städte sind:) R.
1Sm	1,19	⁴kamen heim nach R. 2,11; 7,17; 8,4; 15,34; 16,13; 25,1; 28,3
	19,18	David kam zu Samuel nach R. 19.22.23; 20,1 (= Arimathäa; Ramatajim; Ramatajim-Zofim)
	30,27	denen zu R. im Südland
2Kö	8,29	⁵Wunden, die ihm bei R. geschlagen 2Ch 22,6 (= Mizpa 1; Ramat-Mizpe; Ramot 1)

Ramat, *Ramath, Ramat(h)iter*

1Ch 27,27 Schimi, der R.

Ramat-Lehi (= Lehi)

Ri 15,17 man nannte die Stätte R.

Ramat-Mizpe
(= Mizpa 1; Rama 5; Ramot 1)

Jos 13,26 (dem Stamm Gad gab Mose) R.

Ramatajim, *Ramathajim*
(= Arimathäa; Rama 4; Ramatajim-Zofim)

1Ma 11,34 daß... R. zu ihrem Land gehören sollen

Ramatajim-Zofim, *Ramathajim-Zophim*
(s. Rama 4)

1Sm 1,1 es war ein Mann von R.

Ramja

Esr 10,25 bei den Söhnen Parosch: R.

Ramot, *Ramoth*

5Mo	4,43	¹R. in Gilead Jos 20,8; 21,38; 1Kö 4,13; 1Ch 6,65
1Kö	22,4	Kampf gegen R. 3.6.12.15.20.29; 2Kö 8,28; 9,14; 2Ch 18,2.3.5.11.14.19.28; 22,5
2Kö	9,1	nimm Öl und geh nach R. 4 (= Mizpa 1; Rama 5; Ramat-Mizpe)
1Ch	6,58	²(Freistädte aus dem Stamm Issachar:) R. (= Jarmut 2; Remet)

Rampe

2Ma 13,5 über der Asche war eine umlaufende R.

Ramses (= Zoan)

1Mo	47,11	gab ihnen Besitz im Lande R.
2Mo	1,11	bauten Pitom und R. als Vorratsstädte
	12,37	zogen aus von R. 4Mo 33,3.5

Rand

2Mo	13,20	lagerten in Etam am R. der Wüste 4Mo 33,6
	26,4	sollst Schlaufen machen an dem R. 10; 28,26; 36,11.17; 39,19
4Mo	11,1	das Feuer fraß am R. des Lagers
1Sm	14,2	Saul saß am R. des Gebietes von Gibea
1Kö	7,23	das Meer, von einem R. zum andern zehn Ellen 24.26; 2Ch 4,2.5
Hi	22,14	er wandelt am R. des Himmels
	26,10	hat am R. des Wassers eine Grenze gezogen
Jes	8,7	daß sie über alle ihre R. fluten
	28,25	sät Spelt an den R.
Hes	43,13	die Leiste an seinem R. ist eine Spanne
Lk	4,29	*führten ihn an den R. des Berges*
Heb	11,12	*wie der Sand am R. des Meeres*

Rang

Jud 6 die Engel, die ihren himmlischen R. nicht bewahrten

Rangordnung

1Kö 10,5 die R. seiner Großen 2Ch 9,4

Ranke

Ps	80,12	hast seine R. ausgebreitet bis an d. Meer
Jes	16,8	ihre R. breiteten sich aus
	18,5	wird die R. mit Winzermessern abschneiden
Jer	48,32	deine R. reichten über das Meer
Hes	17,6	seine R. bogen sich zu ihm 7
	19,10	fruchtbar und voller R. war er 11.12.14

Ränke

Hi	21,27	ich kenne eure Gedanken und eure R.
Ps	5,11	daß sie zu Fall kommen durch ihre R.
	10,2	werden gefangen in den R., die er ersann

Ps	64,7	sind verschlagen und haben R. im Herzen
Spr	2,14	sind fröhlich über böse R.
	6,18	ein Herz, das arge R. schmiedet
Dan	11,21	wird durch R. die Herrschaft erschleichen
	32	er wird R. alle zum Abfall bringen
StE	5,15	denen, die R. schmieden, eine Mahnung

ranken
Hos 10,1 Israel ist ein üppig r. Weinstock

Rankengewächs
2Kö 4,39 fand ein R... mit wilden Gurken

Ränkeschmied
Spr 14,17 ein R. wird gehaßt

rasch
1Sm	20,38	r., eile und halte dich nicht auf
Spr	21,5	wer allzu r. handelt, dem wird's mangeln
Mt	21,20	wie ist der Feigenbaum so r. verdorrt

rascheln
3Mo 26,36 daß sie ein r. Blatt soll jagen

rasen
2Kö	9,11	warum ist dieser R. zu dir gekommen
Nah	2,4	seine Rosse r.
Apg	26,24	du r.! Das Wissen macht dich r. 25

Raserei
1Sm	18,10	Saul geriet in R. in seinem Hause
Wsh	14,28	feiern sie ein Fest, so geraten sie in R.

Rasi
2Ma 14,37 R... Vater der Juden genannt 39

rasseln
Jer	47,3	vor dem R. ihrer Wagen Jo 2,5; Nah 2,5
Hes	3,13	war ein R. der Räder naben ihnen
Nah	3,2	die Räder r. und die Rosse jagen
Off	9,9	das R. ihrer Flügel war wie das R. der Wagen vieler Rosse

Rast
Hi 3,26 ich hatte keinen Frieden, keine R.

Rat
4Mo	31,16	haben durch Bileams R. abwendig gemacht
2Sm	16,20	gebt euren R. 23; 17,7.14.21.23
1Kö	1,12	sprach Nathan... will dir einen R. geben
	12,6	Rehabeam hielt R. 8.14.28; 2Ch 10,6.8.14
	8	kehrte sich nicht an den R. 13; 2Ch 10,8.13; 25,16; Jer 38,15
2Kö	18,20	meinst du, Worte seien schon R. Jes 36,5
1Ch	12,20	hielten R. und schickten (David) weg 13,1
2Ch	22,5	(Ahasja) wandelte nach ihrem R.
Esr	10,3	hinaustun nach dem R. meines Herrn
Neh	4,9	daß Gott ihren R. zunichte gemacht
	5,7	hielt R. mit mir selbst
Neh	6,7	laß uns miteinander R. halten
Hi	5,13	er stürzt den R. der Verkehrten
	6,13	gibt es keinen R. mehr für mich
	12,13	sein ist R. und Verstand
	21,16	der R. der Gottl. ist ferne von mir 22,18
	26,3	wie gibst du R. dem, der keine Weish. hat
	29,21	sie schwiegen nach eigenem R.
Ps	2,2	die Herren halten R. miteinander 31,14
	33,10	der HERR macht zunichte der Heiden R.
	73,24	du leitest mich nach deinem R.
	81,13	sie wandeln nach eigenem R. Jer 7,24
	83,4	R. wider die, die bei dir sich bergen
	106,13	sie warteten nicht auf seinen R.
	107,27	sie wußten keinen R. mehr
Spr	1,25	wenn ihr fahren laßt all meinen R. 30
	5,2	daß du behaltest guten R.
	8,12	ich, die Weisheit, weiß guten R. 14
	11,14	wo kein R. ist, geht das Volk unter
	12,15	wer auf R. hört, der ist weise
	19,20	höre auf R. und nimm Zucht an
	21,30	kein R. besteht vor dem HERRN
	22,20	hab ich dir's nicht aufgeschrieben als R.
	27,9	süß der Freund, der wohlgemeinten R. gibt
Jes	8,10	beschließt einen R., und es werde nichts
	9,5	er heißt Wunder-R.
	11,2	auf ihm wird ruhen der Geist des R.
	16,3	gib R., schaffe Recht
	19,11	sind mit ihrem R. zu Narren geworden
	17	werden erschrecken wegen des R. des HERRN
	28,29	sein R. ist wunderbar
	40,14	wen fragt er um R.
Jer	18,18	wird's von R. und mächtig von Tat
	32,19	groß von R. und mächtig von Tat
	49,7	ist kein R. mehr bei den Klugen Hes 7,26
Hes	11,2	die Männer, die schädlichen R. geben
	21,15	hast verachtet jeden R.
Dan	4,14	dies ist im R. der Wächter beschlossen
	24	laß dir meinen R. gefallen
Mi	6,16	du folgtest ihrem R.
Jdt	7,11	dieser R. gefiel Holofernes
Tob	4,19	suche deinen R. immer bei den Weisen
	8,2	Tobias dachte an den R. des Engels
Sir	6,24	weise meinen R. nicht zurück
	9,21	wenn du R. brauchst, suche ihn bei weisen Leuten
	24,39	ihr R. (ist) tiefer als der große Abgrund
	25,6	wie schön ist's, wenn die Alten R. wissen 7
	32,22	vernünftiger Mann verachtet nicht guten R.
	24	tu nichts ohne R., so gereut's dich nicht
	37,14	alle diese Leute frag nicht um R. 12
	20	ehe du etwas tust, geh mit dir zu R.
	25	schafft mit seinem R. nur für sich Nutzen
	26	schafft mit seinem R. bleibenden Nutzen
	39,9	er kann weisen R. und Lehre geben
	40,25	mehr als R. (Gold und Silber) ein guter R.
	44,3	Männer, die durch ihre Einsicht R. erteilt
1Ma	5,67	die Feinde ohne R. und Befehl angegriffen
	9,58	die Abtrünnigen im Lande hielten R.
	10,37	die der König zu R. ziehen wird
	12,35	Jonatan hielt mit ihnen darüber R.
Mt	12,14	die Pharisäer hielten R. über ihn 22,15; 26,4; 27,1.7; 28,12; Mk 3,6; 15,1; Apg 9,23
Lk	14,31	hält R., ob er mit 10.000 dem begegnen kann
	23,51	hatte ihren R. und ihr Handeln nicht gebilligt
Apg	4,28	*was dein R. zuvor bedacht*
	5,38	*ist der R. oder das Werk aus den Menschen*
Eph	1,11	*der wirkt nach dem R. seines Willens*

Rat

Rat (Ratgeber)

1Kö	9,22	(Salomo) ließ sie seine R. sein
	15,18	gab's in die Hände seiner R.
Esr	7,14	vom König u. seinen R. gesandt 15.28; 8,25
Jes	19,11	die weisen R. sind zu Narren geworden
Dan	3,2	der König sandte nach den R. 3.24.27
	4,33	meine R. suchten mich auf
	6,8	haben die R. gedacht, es solle ein Befehl
Sir	41,21	(schämt euch) vor dem R. des Unrechts

Rat (Ratsversammlung)

1Mo	49,6	meine Seele komme nicht in ihren R.
Hi	15,8	hast du im heimlichen R. Gottes zugehört
Ps	1,1	der nicht wandelt im R. der Gottlosen
	111,1	ich danke dem HERRN im R. der Frommen
Spr	24,7	er darf seinen Mund im R. nicht auftun
Jer	23,18	wer hat im R. des HERRN gestanden 22
Sir	10,2	wie der R. ist, so sind auch die Bürger
1Ma	8,15	einen R. hatten sie eingesetzt
	19	die Abgesandten traten vor den R. 12,3
	14,9	die Ältesten saßen im R.
	20	der R. und die Bürger... ihren Gruß
2Ma	11,27	entbietet dem R. der Juden seinen Gruß
Lk	22,66	führten ihn vor ihren R.
Jh	11,47	da versammelten die Hohenpriester den R.
Apg	5,41	sie gingen fröhlich von des R. Angesicht
	6,15	alle, die im R. saßen, blickten auf ihn
	17,34	unter ihnen war Dionysius, einer aus dem R.
	23,6	als Paulus erkannte... rief er im R.

raten

2Mo	18,19	ich will dir r.
5Mo	32,28	ein Volk, dem man nicht mehr r. kann
2Sm	17,11	r. ich, daß du versammelst ganz Israel 15
1Kö	12,6	wie r. ihr, daß wir Antwort 9; 2Ch 10,6.9
1Ch	12,33	die r., was Israel tun sollte
Spr	1,5	wer verständig ist, der lasse sich r.
	12,20	die zum Frieden r., haben Freude
	13,10	Weish. ist bei denen, die sich r. lassen
	24,2	ihre Lippen r. zum Unglück
Pr	4,13	der nicht versteht, sich r. zu lassen
Sir	21,20	was (der Weise) r., nimmt man sich zu Herzen
	37,8	jeder Ratgeber will r. 22.23
	9	denkt daran, zu seinem Vorteil zu r. 8
1Ma	9,69	die Abtrünnigen, die ihm ger. hatten
2Ma	14,9	wolle unserm bedrängten Volk r.
Jh	18,14	Kaiphas, der den Juden ger. hatte
Off	3,18	ich r. dir, daß du Gold von mir kaufst

Ratgeber

2Sm	15,12	Ahitofel, Davids R. 1Ch 27,33
1Ch	26,14	Secharja, der ein kluger R. war 27,32
2Ch	22,4	waren seine R., ihm zum Verderben
	25,16	hat man dich zu des Königs R. gemacht
Esr	4,5	dingten R. gegen sie
Ps	119,24	(deine Mahnungen) sind meine R.
Spr	11,14	wo viele R. sind, findet sich 15,22; 24,6
Jes	40,13	welcher R. unterweist ihn
	41,28	sehe ich sie an, da ist kein R.
Mi	4,9	sind deine R. alle hinweg
Wsh	8,9	daß sie mir ein R. zum Guten sein würde
Sir	6,6	zum R. nimm unter tausend nur einen
	37,8	jeder R. will raten
	9	darum hüte dich vor dem R.
	42,22	er hat keinen R. nötig

StE	1,3	Haman, mein getreuester R.
Apg	25,12	da besprach sich Festus mit seinen R.
Rö	11,34	wer ist sein R. gewesen

ratlos

Apg	2,12	wurden r. und sprachen einer zu dem andern
	10,17	als Petrus noch r. war

Ratlosigkeit

Wsh	17,13	hält man die R. für schlimmer als

Ratschlag

2Sm	15,31	mache den R. Ahitofels zur Torheit 34
	16,23	soviel galten alle R. Ahitofels
Spr	1,31	sollen satt werden an ihren R.
Mi	4,12	sie kennen seinen R. nicht
Hab	2,10	dein R. wird zur Schande geraten

ratschlagen

Lk	14,31	*welcher König sitzt nicht zuvor und r.*

Ratschluß

Esr	10,8	wer nicht nach dem R. der Oberen käme
Hi	38,2	wer ist's, der den R. verdunkelt 42,3
Ps	2,7	kundtun will ich den R. des HERRN
	33,11	der R. des HERRN bleibt ewiglich
	107,11	weil sie den R. des Höchsten verachten
Spr	19,21	zustande kommt der R. des HERRN
Jes	5,19	es nahe der R. des Heiligen Israels
	14,26	der R., den er hat über alle Lande
	25,1	deine R. sind treu und wahrhaftig
	44,26	der den R. vollführt 46,11
Jer	49,20	höret den R. des HERRN 50,45
Dan	4,21	und zwar ergeht es also R. des Höchsten
Am	3,7	er offenbare denn seinen R. den Propheten
Wsh	9,13	welcher Mensch erkennt den R. Gottes 17; Tob 3,21
Apg	2,23	diesen Mann, durch Gottes R. dahingegeben
	4,28	zu tun, was dein R. zuvor bestimmt
	20,27	euch den ganzen R. Gottes zu verkündigen
Rö	8,28	alle Dinge zum Besten denen, die nach seinem R. berufen sind
	9,11	damit der R. Gottes bestehen bliebe
	19	*wer kann seinem R. widerstehen*
Eph	1,9	Gott hat uns wissen lassen... nach seinem R.
	11	der alles wirkt nach dem R. seines Willens
	3,2	*habt gehört von dem R. Gottes Kol 1,25*
	9	wie Gott seinen geheimen R. ausführt
1Ti	1,4	als die dem R. Gottes im Glauben dienen
2Ti	1,9	nicht nach unsern Werken, sondern nach seinem R.
Heb	6,17	beweisen wollte, daß sein R. nicht wankt
Off	17,17	*zu tun seinen R. und einerlei R.*

Rätsel

Ri	14,12	ich will euch ein R. aufgeben 13-19
Spr	1,6	daß er verstehe der Weisen R.
Hes	17,2	lege dem Hause Israel ein R. vor
	21,5	redet der nicht immer in R.
Wsh	8,8	die Weisheit weiß R. zu lösen

Rätselfrage
1Kö 10,1 um Salomo mit R. zu prüfen 2Ch 9,1

Rätselspruch
Sir 39,3 er muß mit R. vertraut sein

Rätselwort
Ps 49,5 will mein R. kundtun beim Klang der Harfe

Ratsherr
Esr 9,2 die R. waren die ersten bei d. Treubruch
Neh 2,16 die R. wußten nicht... hatte den R. nichts
4,8 ich sprach zu den R. 13; 5,7; 13,11
5,17 waren von den R. 150 an meinem Tisch 7,5
12,40 standen ich und die Hälfte der R.
Hi 3,14 (hätte Ruhe) mit den Königen und R.
12,17 er führt die R. gefangen
Spr 8,15 durch mich setzen die R. das Recht
Jes 1,26 will dir wieder geben R. wie im Anfang
3,3 (der Herr wird wegnehmen) R. und Weise
Mk 15,43 kam Josef von Arimathäa, ein angesehener R. Lk 23,50

Ratsleute
Mi 6,9 höret, ihr Stämme und R.

Raub
1Mo 49,9 bist hochgekommen, mein Sohn, vom R.
27 des Morgens wird er R. fressen
2Mo 15,9 gedachte: Ich will den R. austeilen
4Mo 14,3 damit unsere Frauen und Kinder ein R. werden 31; 5Mo 1,39
23,24 sich nicht legen, bis es den R. verzehrt
31,11 nahmen allen R. und alles
2Kö 21,14 daß sie R. und Beute ihrer Feinde werden
2Ch 24,23 ihren R. sandten sie dem König v. Damaskus
Esr 9,7 sind wir gegeben zum R. und zur Schmach
Hi 29,17 ich riß ihm den R. aus den Zähnen
38,39 kannst du der Löwin ihren R. geben
Ps 17,12 wie ein Löwe, der nach R. lechzt Jes 31,4
62,11 setzt auf R. nicht eitle Hoffnung
104,21 die jungen Löwen, die da brüllen nach R.
124,6 daß er uns nicht gibt ihnen in ihre Zähne
Spr 1,13 wir wollen unsre Häuser mit R. füllen
Pr 5,7 Recht und Gerechtigkeit zum R. geworden
Jes 5,29 sie werden den R. packen und davontragen
10,2 daß die Witwen ihr R. werden
49,24 kann man einem Starken den R. wegnehmen
25 der R. soll dem Gewaltigen entrissen werden
53,12 er soll die Starken zum R. haben
61,8 der HERR, der R. und Unrecht haßt
Jer 2,14 daß er jedermanns R. sein darf
15,13 will dein Gut zum R. geben 17,3
50,10 das Chaldäerland soll ein R. werden
Hes 23,46 man gebe sie als R. und Beute preis 26,5
34,8 weil meine Schafe zum R. geworden 22.28
36,4 ringsumher zum R. und Spott geworden
Dan 11,24 wird R., Beute und Güter verteilen
33 werden verfolgt werden mit Feuer und R.
Am 3,4 brüllt ein Löwe, wenn er keinen R. hat
10 sie sammeln Schätze von Frevel und R.
Nah 2,13 seine Höhlen füllte er mit R.
Hab 1,3 R. und Frevel sind vor mir

Hab 2,7 du mußt ihnen zum R. werden
Ze 1,13 ihre Güter sollen zum R. werden
Jdt 4,9 ihre Kinder nicht den Feinden zum R.
Sir 16,13 wird mit seinem R. nicht entkommen
27,11 wie der Löwe auf den R. lauert
1Ma 13,34 Tryphon hatte lauter R. verübt
Mt 23,25 innen aber sind sie voller R. und Gier
Lk 11,22 *und teilt den R. aus*
Phl 2,6 hielt es nicht für R., Gott gleich zu sein
Heb 10,34 den R. eurer Güter mit Freuden erduldet

Raubebald
Jes 8,1 schreib darauf: R.-Eilebeute 3

rauben
2Mo 21,16 wer einen Menschen r. 5Mo 24,7
4Mo 31,9 alle ihre Güter r. sie 12
5Mo 2,35 nur das Vieh r. wir für uns 3,7
32,25 draußen wird das Schwert ihre Kinder r.
Ri 21,21 r. euch jeder eine Frau 23
2Sm 17,8 Bärin, der die Jungen ger. sind Spr 17,12
1Kö 21,19 hast gemordet, dazu fremdes Erbe ger.
Hi 15,4 du selbst r. dir die Andacht
24,2 die Gottlosen r. die Herde
Ps 69,5 soll zurückgeben, was ich nicht ger. habe
109,11 Fremde sollen seine Güter r.
Jes 3,14 was ihr den Armen ger., ist in eurem Hause
10,13 ich habe ihre Schätze ger.
21,2 der Räuber r. 24,16
33,1 wenn du des r. ein Ende gemacht Nah 2,14
Jer 20,5 werden sie r. und nach Babel bringen
49,32 ihre Kamele sollen ger. werden
Hes 7,21 will es Fremden geben, daß sie es r.
22,25 wie brüllende Löwen, wenn sie r.
29 sie r. drauf los
26,12 sie werden deine Schätze r.
33,15 daß der Gottlose erstattet, was er ger.
38,12 damit du r. und plündern kannst 13
Hos 13,15 er wird r. seinen Schatz
Mi 2,8 r. ihr Rock und Mantel
Nah 2,10 r. nun Silber, r. Gold
13 der Löwe r. genug für seine Jungen
3,1 Stadt, die von ihrem R. nicht lassen will
Ze 1,9 die ihres Herrn Haus füllen mit R.
Sa 14,1 verteilen wird, was man dir ger. hat
Mal 1,13 ihr bringt herzu, was ger. ist
Jdt 2,16 r. ihren ganzen Reichtum 1Ma 9,40
Sir 6,3 deine Früchte werden r.
28,19 r. ihnen, was sie sauer erwarben
36,27 wo kein Zaun ist, wird Hab und Gut ger.
Bar 4,26 meine kleinen Kinder sind vom Lager gegangen
1Ma 1,37 was sie aus Jerusalem r. 2Ma 5,16.21
2Ma 13,10 die ihnen den heiligen Tempel r. wollten
14,7 haben mir das Hohepriesteramt ger.
Mt 12,29 wie kann jemand e. Starken seinen Hausrat r. Mk 3,27

Räuber
Ri 2,14 (der HERR) gab sie in die Hand von R. 16; 2Kö 17,20
Ps 35,10 der du rettest den Elenden vor seinen R.
Spr 6,11 wird dich Armut übereilen wie ein R. 24,34
23,28 (die Hure) lauert wie ein R.
Jes 17,14 das ist der Lohn unsrer R.
21,2 der R. raubt 24,16
33,1 weh dir, du R.
42,24 wer hat preisgegeben Israel den R.

Räuber

Hes	7,22	R. sollen darüber kommen
Hos	6,9	die Rotten der Priester sind wie die R.
	7,1	wie die R. auf der Straße plündern
Ob	5	wenn R. nachts über dich kommen
Hab	1,13	warum siehst du dann aber den R. zu
Sir	36,28	wie man einem bewaffneten R. nicht traut
Bar	6,15	er kann sich der R. nicht erwehren 57
	18	damit sie von R. nicht gestohlen werden
Mt	26,55	ihr seid ausgezogen wie gegen einen R. Mk 14,48; Lk 22,52
	27,38	zwei R. mit ihm gekreuzigt Mk 15,27
	44	desgleichen schmähten ihn auch die R.
Lk	10,30	ein Mensch fiel unter die R. 36
	18,11	daß ich nicht bin wie die andern Leute, R.
Jh	10,1	ist ein Dieb und ein R.
	8	alle, die vor mir gekommen sind, sind R.
	18,40	Barabbas war ein R.
1Ko	5,10	damit meine ich nicht allgemein die R.
	11	der sich Bruder nennen läßt und ist ein R.
	6,10	(weder Unzüchtige noch) R. werden das Reich Gottes ererben
2Ko	11,26	ich bin in Gefahr gewesen unter R.

Räuberei

Nah	3,1	weh der Stadt, die voll Lügen und R. ist

Räuberhöhle

Jer	7,11	haltet ihr denn dies Haus für eine R.
Mt	21,13	ihr macht eine R. daraus Mk 11,17; Lk 19,46

Raubgier

Lk	11,39	euer Inneres ist voll R. und Bosheit

Raubtier

Wsh	7,20	(daß ich begreife) die Kraft der R.

Raubvogel

1Mo	15,11	die R. stießen hernieder auf die Stücke
Jes	34,15	R. werden dort zusammenkommen
Hes	39,4	will dich den R. zum Fraß geben

Rauch

1Mo	19,28	ein R. wie R. von einem Ofen 2Mo 19,18
2Mo	29,13	auf dem Altar in R. aufgehen lassen 18.25; 3Mo 1.9.13.15.17; 2,2.9.11.16; 3,5.11.16; 4,10.19. 26.31.35; 5,12; 6,5.8; 7,5.31; 8,16.21.28; 9,10.13. 14.17.20; 16,25; 17,6; 4Mo 5,26; 18,17; 1Sm 2,15.16; Jer 33,18
Jos	8,20	sahen den R. der Stadt aufsteigen 21
2Sm	22,9	R. stieg auf von seiner Nase Ps 18,9
Hi	41,12	aus seinen Nüstern fährt R.
Ps	37,20	werden vergehen, wie der R. vergeht 68,3
	102,4	meine Tage sind vergangen wie ein R.
	119,83	ich bin wie ein Weinschlauch im R.
Spr	10,26	wie R. den Augen tut, so tut der Faule
Hl	3,6	was steigt da herauf wie ein gerader R.
Jes	4,5	R. und Feuerglanz in der Nacht
	6,4	das Haus ward voll R. Off 15,8
	9,17	das gibt hohen R.
	14,31	von Norden kommt R.
	34,10	immer wird R. von ihm aufgehen
	51,6	der Himmel wird wie ein R. vergehen
	65,5	sollen in R. werden in meiner Nase
Hos	13,3	werden sein wie R. aus dem Fenster
Wsh	2,2	der Atem in unsrer Nase ist nur R.
	5,15	die Hoffnung der Gottlosen ist wie R.
	11,18	Tiere, die stinkenden R. schnauben
Tob	6,9	so vertreibt der R. alle bösen Geister
Sir	22,30	R. und Qualm gehen voraus, ehe ein Feuer
Bar	6,21	in ihrem Angesicht sind sie schwarz vom R.
1Ma	4,20	sie sahen den R.
Jak	4,14	ein R. seid ihr, der eine kleine Zeit bleibt
Off	8,4	der R. des Räucherwerks stieg hinauf
	9,2	stieg auf ein R. aus dem Brunnen wie der R. eines großen Ofens
	3	aus dem R. kamen Heuschrecken auf die Erde
	17	aus ihren Mäulern kam Feuer und R. 18
	14,11	der R. von ihrer Qual wird aufsteigen 19,3
	18,9	wenn sie sehen den R. von ihrem Brand 18

Rauchdampf

Jo	3,3	Wunderzeichen geben: Blut und R. Apg 2,19

rauchen

1Mo	15,17	da war ein r. Ofen
2Mo	19,18	der ganze Berg Sinai r. 20,18
Ps	104,32	er rührt die Berge an, so r. sie 144,5
Jes	7,4	vor diesen Brandscheiten, die nur noch r.
Wsh	10,7	ist noch r. und ödes Land vorhanden

Räucheraltar

2Mo	30,1	sollst einen R. machen 27; 31,8; 35,15; 37,25
	40,5	den goldenen R. vor die Lade stellen
3Mo	4,7	von dem Blut an die Hörner des R. tun
1Ch	6,34	waren verordnet zum Dienst am R.
	28,18	für den R. vom allerlautersten Gold
2Ch	26,16	verging sich, auf dem R. zu räuchern 19
1Ma	4,49	sie brachten den R. in den Tempel
2Ma	2,5	darin versteckte er die Lade und den R.
Lk	1,11	der Engel stand an der rechten Seite des R.

Räuchergefäß

2Ch	26,19	als (Usija) ein R. in der Hand hatte
Jer	52,19	was golden und silbern war an R.
Hes	8,11	jeder hatte ein R. in der Hand
Sir	50,9	wie angezündeter Weihrauch im R.
Heb	9,4	darin waren das goldene R.
Off	8,3	ein anderer Engel hatte ein goldenes R. 5

räuchern

2Mo	40,27	(Mose) r. mit wohlriechendem Räucherwerk
4Mo	17,12	Aaron r. und schaffte Sühne
1Kö	3,3	nur daß (Salomo) auf den Höhen r. 11,8
	9,25	Salomo r. vor dem HERRN
	22,44	das Volk r. noch auf den Höhen 2Kö 12,4; 14,4; 15,4.35; 16,4; 2Ch 28,4; Jes 65,7; Hos 4,13
2Kö	18,4	(der) eherne(n) Schlange hatte Israel ger.
2Ch	26,16	(Usija) verging sich ... zu r. 18.19
	18	den Priestern, die geweiht sind zu r.
	29,7	haben kein Räucherwerk ger.
	30,14	was man zum R. braucht, taten sie weg
Jes	65,3	sie r. auf Ziegelsteinen
Hos	11,2	sie r. den Bildern
Am	4,5	r. Sauerteig zum Dankopfer
Hab	1,16	opfern ihrem Netze und r. ihrem Garn
Bar	6,43	die Jungfrauen sitzen und r. Kleie
1Ma	1,58	damit jeder vor seinem Haus r.

1Ma	2,15	sie zu drängen, zu opfern und zu r.
Lk	1,9	traf ihn das Los, zu r.
	10	die Menge betete zur Stunde des R.

Räucheropfer, Rauchopfer

2Mo	30,8	das soll das tägliche R. sein
Ps	141,2	mein Gebet möge vor dir gelten als ein R.
Jer	11,17	um mich zu erzürnen mit ihren R. 32,29
Hes	20,28	da legten sie ihre R. nieder
Dan	2,46	befahl, man sollte (Daniel) R. darbringen
Hos	2,15	Tage der Baale, an denen sie R. darbringt
Sir	45,20	damit er ihm R. opfern sollte
Lk	1,9	daß ihn das Los traf, das R. darzubringen
	10	betete zur Stunde des R.

Räucherwerk

2Mo	25,6	Spezerei zu wohlriechendem R. 30,35; 31,11; 35,8.15.28; 37,29; 39,38; 4Mo 4,16
	30,7	Aaron soll verbrennen gutes R. 8; 40,27; 2Ch 2,3; 13,11
	9	sollt kein fremdes R. darauf tun 3Mo 10,1
	37	R. sollt ihr für euch nicht machen
3Mo	16,12	beide Hände voll zerstoßenen R. 13
4Mo	7,14	ein goldener Löffel, voll R. 20 u.ö. 86
	16,7	tut R. darauf 17.18.35; 17,11
	17,5	kein Fremder soll R. zu opfern
5Mo	33,10	sie bringen R. vor dein Angesicht
1Sm	2,28	um zu opfern und R. zu verbrennen
2Ch	16,14	in seinem Grabe... mit gutem R.
	29,7	sie haben kein R. geräuchert
Spr	27,9	das Herz freut sich an Salbe und R.
Jes	1,13	das R. ist mir ein Greuel
Hes	16,18	mein R. legtest du ihnen vor 23,41
Wsh	18,21	kam herbei mit sühnendem R.
Sir	49,1	der Name des Josia ist wie ein edles R.
2Ma	10,3	brachten wieder Opfer dar, opferten R.
StD	3,14	wir haben weder Brandopfer noch R.
Off	5,8	ein jeder hatte goldene Schalen voll R.
	8,3	ihm wurde viel R. gegeben
	4	der Rauch des R. stieg hinauf vor Gott
	18,13	(ihre Ware:) R. und Myrrhe und Weihrauch

Rauchopfersäule

3Mo	26,30	will eure R. ausrotten
2Ch	14,4	er entfernte die R. 34,4.7
Jes	17,8	er wird nicht schauen auf die R.
	27,9	keine R. werden mehr bleiben Hes 6,4.6

Rauchsäule

Ri	20,38	sie sollten eine R. aufsteigen lassen 40

raufen

Esr	9,3	r. mir Haupthaar und Bart
Jes	50,6	meine Wangen denen, die mich r.

rauh

1Mo	25,25	der erste war ganz r. wie ein Fell 27,11
	27,23	seine Hände waren r. wie Esaus
Jes	27,8	hast es verscheucht mit r. Sturm
Bar	4,26	meine Kinder mußten auf r. Wege gehen

Raum

1Mo	24,23	haben wir R. in deines Vaters Hause 25.31

1Mo	26,22	„Weiter R."... hat uns der HERR R. gemacht
	30,36	machte einen R., drei Tagereisen weit
	32,17	laßt R. zw. einer Herde und der andern
2Mo	33,21	es ist ein R. bei mir, da sollst du stehen
5Mo	33,20	gelobt sei, der Gad R. schafft
Jos	17,16	das Gebirge wird nicht genug haben
	20,4	sollen ihm R. geben, bei ihnen zu wohnen
Ri	20,36	gaben ihnen die Männer Israels R.
1Sm	26,13	daß ein weiter R. zwischen ihnen war
2Sm	22,37	gibst meinen Schritten weiten R. Ps 18,37
2Kö	6,1	der R. ist uns zu eng Jes 49,20
1Ch	4,40	fanden ein Land, weit an R.
	28,11	Entwurf für den R. des Gnadenthrones
2Ch	3,8	machte den R. des Allerheiligsten 10
Neh	2,14	war kein R., daß mein Tier weiterkommen
Hi	36,16	aus dem Rachen der Angst in e. weiten R.
Ps	31,9	du stellst meine Füße auf weiten R.
	80,10	du hast vor ihm R. gemacht
Spr	18,16	das Geschenk des Menschen schafft ihm R.
Jes	5,8	bis kein R. mehr da ist
	54,2	mache den R. deines Zeltes weit
Jer	7,32	weil sonst kein R. mehr sein wird 19,11
	37,16	kam Jeremia in den überwölbten R.
Hes	40,7	der R. war 5 Ellen breit 41,2.3.9.11; 42,5
	45,1	dieser R. soll heilig sein 2-7
	46,19	dort war ein R. in der Ecke
Sa	10,10	daß man nicht R. genug für sie finden wird
Mk	2,2	so daß sie nicht R. hatten
	14,14	wo ist der R., in dem ich das Passalamm essen kann Lk 22,11
Lk	2,7	hatten sonst keinen R. in der Herberge
	14,22	es ist aber noch R. da
Jh	8,37	mein Wort findet bei euch keinen R.
Apg	12,7	Licht leuchtete auf in dem R.
Rö	12,19	gebt R. dem Zorn Gottes
	15,23	nun ich nicht mehr R. habe in d. Ländern
2Ko	6,12	eng ist nicht der R., den ihr in uns habt
	7,2	gebt uns R. in euren Herzen
Gal	5,13	daß ihr nicht dem Fleisch R. gebt
Eph		gebt nicht dem Teufel R.
Heb	8,7	würde nicht R. für einen andern gesucht
	12,17	er fand keinen R. zur Buße

räumen

Jes	57,14	r. die Anstöße aus dem Weg
Jer	9,18	wir müssen das Land r.
1Ma	10,32	ich will die Burg in Jerusalem r.
1Ko	5,10	sonst müßtet ihr ja die Welt r.

Raupe

1Kö	8,37	wenn R. im Lande sein werden 2Ch 6,28
Ps	78,46	(als er) ihr Gewächs den R. gab
Jo	1,4	was die R. übriglassen, fressen die Heuschrecken 2,25; Am 4,9

Rausch

1Mo	9,24	als Noah erwachte von seinem R.

rauschen

2Sm	5,24	wie das R... der Bakabäume 1Ch 14,15
1Kö	18,41	es r., als wollte es sehr regnen
Ps	72,16	wie am Libanon r. seine Frucht
Hes	1,24	hörte ich ihre Flügel r. 3,13; 10,5
	37,7	da r. es, als ich weissagte

Rauschtrank

Rauschtrank
Jes 5,22 wackere Männer, R. zu mischen

Raute
Lk 11,42 ihr gebt den Zehnten von Minze und R.

Reaja
1Ch 2,52 ¹Schobal hatte Söhne: R. 4,2
    5,5 ²Micha, dessen Sohn war R.
Esr 2,47 ³(Tempelsklaven:) die Söhne R. Neh 7,50

Reba
4Mo 31,8 töteten auch R. Jos 13,21

Rebe
1Mo 40,10 (ein Weinstock,) der hatte drei R. 12
    49,11 wird binden seiner Eselin Füllen an R.
4Mo 13,23 schnitten dort eine R. ab
Ps 80,11 mit seinen R. (sind bedeckt) die Zedern
Hl 2,13 die R. duften mit ihren Blüten
Jes 5,2 (mein Freund) pflanzte darin edle R.
    16,8 die Herren haben s. edlen R. zerschlagen
    17,10 darum lege R. aus der Fremde
    18,5 wird er die R. wegnehmen und abhauen
Jer 6,9 wie ein Winzer nach den R.
Nah 2,3 man hat ihre R. verderbt
Jh 15,2 jede R. an mir, die keine Frucht bringt 6
    4 wie die R. keine Frucht bringen kann aus sich
    5 ich bin der Weinstock, ihr seid die R.

Rebekka
1Mo 22,23 Bethuël zeugte R. 24,15.45; 29,12
    24,29 R. hatte einen Bruder, Laban 30; 28,5
    51 da ist R., nimm sie 53.58-61.64
    67 Isaak nahm die R. 25,20.21
    25,28 R. hatte Jakob lieb 27,5.6.11.42.46
    26,7 könnten mich töten um R. willen 8
    35 die machten Isaak und R. Herzeleid
    35,8 da starb Debora, die Amme der R.
    49,31 da haben sie auch Isaak begraben und R.
Rö 9,10 nicht allein hier ist es so, sondern auch bei R.

Rebholz
Hes 15,2 das R., das im Gehölz wächst

Rebhuhn
1Sm 26,20 wie man ein R. jagt auf den Bergen

Recha
1Ch 4,12 das sind die Männer von R.

Rechab, Rechabiter
2Sm 4,2 ¹der eine hieß Baana, der andere R. 5.6
2Kö 10,15 ²Jonadab, Sohn R. 23; Jer 35,6.8.14.16.19
1Ch 2,55 dem Vater des Hauses R. Jer 35,2.3.5.18
Neh 3,14 ³Malkija, der Sohn R.

Rechenschaft
Ps 94,10 sollte der nicht R. fordern
Spr 30,6 daß er dich nicht zur R. ziehe
Dan 6,3 ihnen sollten die Statthalter R. ablegen
Mt 12,36 R. geben müssen am Tage des Gerichts
    25,19 der Herr dieser Knechte forderte R.
Lk 16,2 gib R. über deine Verwaltung
Rö 14,12 so wird jeder für sich selbst Gott R. geben
1Pt 3,15 der von euch R. fordert über die Hoffnung
    4,5 sie werden R. geben müssen dem, der
Heb 4,13 vor den Augen Gottes, dem wir R. geben
    13,17 sie wachen über eure Seelen – und dafür müssen sie R. geben

rechnen
1Mo 15,6 das r. er ihm zur Gerechtigkeit Ps 106,31;
3Mo 25,50 soll mit seinem Käufer r.
4Mo 23,9 wird sich nicht zu den Heiden r.
2Sm 4,2 Beerot wurde auch zu Benjamin ger.
1Ch 23,14 Söhne des Mose ger. zum Stamm der Leviten
Spr 27,14 wird ihm das für einen Fluch ger.
Dan 4,32 gegen den alle für nichts zu r. sind
Sir 5,5 r. nicht so fest auf Vergebung
    8,16 r. damit, daß du zahlen mußt
    43,7 nach dem Mond r. man die Feste
Bar 3,11 zu denen der., die in die Grube fahren
Mt 18,23 *der mit seinen Knechten r. wollte* 24
Mk 15,28 er ist zu den Übeltätern ger. Lk 22,37
Rö 4,3 das ist ihm zur Gerechtigkeit ger. worden 3. 5.9.11.22; Gal 3,6; Jak 2,23
    9,8 *nur ... als sein Geschlecht ger.*
2Ko 10,12 wir wagen nicht, uns unter die zu r.
1Jh 4,18 die Furcht r. mit Strafe

Rechnung
2Kö 12,16 brauchten nicht R. zu legen 22,7
Lk 16,2 *tu R. von deinem Haushalten*

recht (richtig)
1Mo 18,19 tun, was r. und gut ist 2Mo 15,26; 5Mo 6,18; 12,25.28; 2Kö 12,3; 2Ch 14,1; 31,20; Ps 15,2; 112,5; Hes 33,14.16.19; 45,9
    24,48 der mich den r. Weg geführt hat
    31,42 Gott hat r. Urteil gesprochen
2Mo 13,21 Wolkensäule, sie auf dem r. Weg zu führen
    15,3 der HERR ist der r. Kriegsmann
    23,2 der Menge nachgibst und vom R. abweichst
3Mo 19,15 sollst deinen Nächsten r. richten 1Kö 3,11
    36 r. Waage ... r. Maß 5Mo 25,15; Hes 45,10
    26,4 will euch Regen geben zur r. Zeit 5Mo 28,12; Jer 5,24; Hes 34,26
4Mo 15,4 samt Trankopfer, wie es r. ist Ps 4,6
    23,23 zu r. Zeit wird Jakob gesagt
    27,7 haben r. geredet 36,5; 5Mo 18,17; 1Sm 9,10
    28,2 zur r. Zeit Opfergaben darbringen 2Ch 30,3
5Mo 1,16 richtet r. Sa 7,9; 8,16
    12,8 tun, jeder, was ihn r. dünkt Ri 17,6; 21,25
    13,19 was r. ist vor den Augen des HERRN 21,9
    16,20 was r. ist, dem sollst du nachjagen
    32,4 alles, was er tut, das ist r.
    33,19 werden daselbst opfern r. Opfer Ps 51,21
Jos 1,7 damit du es r. ausrichten kannst 8
    9,25 was dich r. und r. dünkt Jer 26,14
Ri 9,16 habt ihr nun r. und redlich getan 19
1Sm 18,5 David richtete alles r. aus 14

recht

1Sm	18,20	als das Saul angesagt, war es ihm r.
	20,7	wird er sagen: Es ist r. 1Kö 2,38; 18,24
	26,16	das war nicht r., was du getan
2Sm	15,3	deine Sache ist gut und r.; aber
	19,7	wenn wir tot wären, das wäre dir r.
	22,33	Gott weist mir den r. Weg Dan 4,34
2Kö	17,9	nicht r. gegen den HERRN Hi 42,7.8
2Ch	15,3	lange Zeit war Israel ohne r. Gott
	27,6	wurde Jotam mächtig; denn er wandelte r.
Neh	9,13	hast r. Gesetze ihnen gegeben 33
Est	8,5	dünkt es dem König r.
Hi	5,26	wie Garben eingebracht zur r. Zeit
	31,6	Gott möge mich wiegen auf r. Waage
	32,9	die Alten verstehen nicht, was das R. ist
	11	bis ihr die r. Worte treffen würdet
	33,23	kundzutun den Menschen, was für ihn r.
	35,2	hältst du das für r.
	38,32	die Sterne aufgehen lassen zur r. Zeit
Ps	9,5	sitzest auf dem Thron, ein r. Richter 17,2; 48,12; 67,5; 75,3; 96,10; 98,9; 145,15
	9	die Völker regieren, wie es r. ist 97,8
	23,3	er führt mich auf r. Straße
	25,9	er leitet die Elenden r.
	26,12	mein Fuß steht fest auf r. Grund
	33,1	die Frommen sollen ihn r. preisen
	37,37	bleibe fromm und halte dich r.
	52,5	redest lieber Falsches als R.
	92,16	verkündigen, wie der HERR es r. macht
	104,27	ihnen Speise gebest zur r. Zeit 145,15
	106,3	wohl denen, die tun immerdar r. Spr 2,8
	111,8	(s. Ordnungen) sind r. und verläßlich
	119,128	halte ich alle deine Befehle für r.
Spr	2,13	die da verlassen die r. Bahn
	3,6	so wird er dich r. führen
	4,11	ich will dich auf r. Bahn leiten 14,2
	8,6	meine Lippen sprechen, was r. ist 9; 23,16
	10,17	dessen Fürsten zur r. Zeit tafeln
	12,10	daß er schriebe r. die Worte der Wahrheit
	15	den Toren dünkt sein Weg r.
	16	der sagt offen, was r. ist
	13,15	r. Einsicht schafft Gunst
	14,12	manchem scheint ein Weg r. 16,25; 21,2
	15,7	der Toren Herz ist nicht r.
	21	ein verständiger Mann bleibt auf r. Wege
	23	wie wohl tut ein Wort zur r. Zeit 25,11
	16,11	Waage und r. Waagschalen sind vom HERRN
	13	r. Worte gefallen den Königen
	20,18	Pläne... zum Ziel, wenn man sich r. berät
	21,7	sie wollen nicht tun, was r. ist
	28	wer r. gehört hat, dessen Wort bleibt
	22,21	damit du r. Antwort bringen könnest
	23,19	richte dein Herz auf den r. Weg
	24,24	wer zum Schuldigen spricht: Du hast r.
	29,27	wer r. wandelt, ist dem Gottl. ein Greuel
	30,32	hast du r. überlegt hast
Pr	8,10	die r. getan hatten, mußten hinweg
Jes	28,26	sein Gott lehrte ihn, wie es r. sei
	29,2	er soll mir ein r. Ariel sein
	30,11	geht aus der r. Bahn
	33,15	wer redet, was r. ist
	41,26	geweissagt, daß wir sagen: Das ist r.
	45,19	bin der HERR, der verkündigt, was r. ist
	50,4	mit den Müden zur r. Zeit zu reden
	57,2	es ruhen, die r. gewandelt sind
Jer	1,12	du hast r. gesehen; denn ich will wachen
	2,17	sooft er dich den r. Weg leiten will
	4,2	wenn du r. und heilig schwörst
	22	aber r. tun wollen sie nicht lernen
	7,5	daß ihr r. handelt einer gegen den andern
Jer	10,21	darum kann ihnen nichts R. gelingen
	15,19	wenn du r. redest, sollst du m. Mund sein
	18,20	ist's r., daß man Gutes mit Bösem vergilt
	22,16	heißt dies nicht, mich r. erkennen
	23,28	der predige mein Wort r.
	30,18	die Burg soll stehen an ihrem r. Platz
	48,14	könnt ihr sagen: Wir sind r. Kriegsleute
	50,7	an dem HERRN, der r. Weide
Hes	18,8	der r. Urteil fällt unter den Leuten
	25	der Herr handelt nicht r. 29; 33,17.20
	34,16	ich will sie weiden, wie es r. ist
Dan	9,22	um dir zum r. Verständnis zu verhelfen
Hos	7,16	sie bekehren sich, aber nicht r.
Mi	1,15	will über dich den r. Erben bringen
Hab	1,4	die r. Sache kann nie gewinnen
Sa	3,7	wirst du meinen Dienst r. versehen
Mal	3,8	ist's r., daß ein Mensch Gott betrügt
Wsh	3,15	wer sich r. müht, empfängt herrliche Frucht
	4,9	unbeflecktes Leben (ist) das r. Greisenalter
	6,5	habt ihr nicht r. regiert
	9,9	weiß, was r. ist nach deinen Geboten 18
	14,28	sie leben nicht r.
	30	daß sie nicht r. von Gott denken
Tob	10,13	Kinder und Gesinde r. zu leiten
	13,7	tut, was r. ist vor Gott
Sir	1,17	Furcht des Herrn ist der r. Gottesdienst
	29	bis zur r. Zeit unterdrückt er seine Worte
	33	Furcht des Herrn gibt r. Weisheit
	38	weil du Gott nicht in r. Furcht gedient hast
	10,4	zur r. Zeit schickt er den r. Mann
	26	nicht r., einen Verständigen zu verachten
	14,6	das ist die r. Strafe für seinen Geiz
	15,10	zu r. Lob gehört die Weisheit
	15	kannst du r. Treue tun, was ihm gefällt
	20	weiß, was r. getan oder Heuchelei ist
	18,29	wer Weisheitslehren r. versteht
	20,22	er redet's nicht r. zur r. Zeit
	31,35	Wein, zu r. Zeit und in r. Maß getrunken
	33,4	belehren, dann kannst du r. antworten
	14	gibt einem jeden, was er r. hält
	35,2	Gottes Gebote ehren, r. Dankopfer 3-5
	37,10	du bist auf dem r. Weg
	39,29	sein Tun ist bei den Heiligen r.
	42,4	r. Maß und Gewicht zu halten
	46,9	Mose und Kaleb (handelten) r.
	48,12	da werden auch wir das r. Leben haben
	49,4	stellte den r. Gottesdienst wieder her
Bar	3,14	lerne, wo es r. Weisheit gibt
1Ma	2,51	so werdet ihr r. Ehre erlangen
	14,41	bis ihnen Gott einen r. Propheten erwecken
2Ma	1,24	bist allein der r. König und Wohltäter
	9,6	so geschah ihm r., weil er
	12	es ist r., daß man sich Gott unterwirft
	14,42	in der Hast traf er sich nicht r.
StD	1,55	da sagte Daniel: Ganz r. 59
	3,4	du tust uns r., daß du uns bestraft hast 7
Mt	14,4	es ist nicht r., daß du sie hast Mk 6,18
	15,26	ist's r., daß man den Kindern ihr Brot nehme Mk 7,27
	19,3	ist's auch r., daß sich ein Mann scheide
	20,4	ich will euch geben, was r. ist
	21,32	Johannes kam und lehrte euch den r. Weg
	41	die ihm die Früchte zur r. Zeit geben
	22,16	du lehrst den Weg Gottes r. Mk 12,14; Lk 20,21
	17	ist's r., daß man dem Kaiser Steuern zahlt Mk 12,14; Lk 20,22
	24,45	ihnen zur r. Zeit zu essen gebe Lk 12,42
	25,21	r. so, du treuer Knecht 23; Lk 19,17
	27,6	nicht r., daß wir sie in den Gotteskasten legen

recht

Mk	2,24	tun am Sabbat, das nicht r. ist
	7,35	er redete r.
	12,32	Meister, du hast wahrhaftig r. geredet
Lk	7,43	du hast r. geurteilt 10,28; Jh 4,17; *13,13*
	12,57	warum urteilt ihr nicht von euch aus, was r.
	20,39	sprachen: Meister, du hast r. geredet
Jh	1,47	ein r. Israelit, in dem kein Falsch ist
	4,18	das hast du r. gesagt
	5,30	*mein Gericht ist r. 8,16*
	6,32	*mein Vater gibt euch das r. Brot*
	55	*mein Fleisch ist die r. Speise*
	7,24	*richtet ein r. Gericht*
	8,36	*so seid ihr r. frei*
	48	*sagen wir nicht r., daß*
	15,1	*ich bin der r. Weinstock*
	18,23	habe ich r. geredet, was schlägst du mich
Apg	4,19	urteilt selbst, ob es vor Gott r. ist
	6,2	es ist nicht r., daß wir das Wort Gottes vernachlässigen
	10,33	du hast r. getan, daß du gekommen bist
	35	wer r. tut, der ist ihm angenehm
	15,29	wenn ihr euch davor bewahrt, tut ihr r.
	18,14	so würde ich euch anhören, wie es r. ist
	28,25	sehr r. hat der heilige Geist gesagt
Rö	1,28	so daß sie tun, was nicht r. ist
	2,2	wissen, daß Gottes Urteil r. ist
	26	wenn der Unbeschnittene hält, was r. ist
	3,8	*deren Verdammnis ist ganz r.*
	7,12	*das Gebot ist heilig, r. und gut*
	11,20	ganz r.! Sie wurden ausgebrochen um ihres Unglaubens willen
	15,27	ist es r. und billig, daß sie
1Ko	7,35	damit es r. zugehe, und ihr dem Herrn dienen könnt
2Ko	8,8	eure Liebe, ob sie r. Art sei
Gal	4,17	es ist nicht r., wie sie um euch werben
Eph	3,15	der er r. Vater ist über alles, was Kinder
	6,1	seid gehorsam euren Eltern; das ist r.
Phl	1,7	r. und billig ist, daß ich so von euch denke
	3,3	*wir sind die r. Beschneidung*
Kol	4,1	was r. und billig ist, gewährt den Sklaven
2Th	1,5	ein Anzeichen dafür, daß Gott r. richten wird
	6	es ist r. bei Gott, Trübsal zu vergelten
	11	vollende allen r. Willen zur Güte
1Ti	1,2	(Paulus) an Timotheus, meinen r. Sohn im Glauben Tit 1,4
	8	das Gesetz gut, wenn es jemand r. gebraucht
	5,3	ehre die Witwen, die r. Witwen sind 5.16
2Ti	2,5	er kämpfe denn r.
	15	der das Wort der Wahrheit r. austeilt
1Pt	2,23	*dem, der da r. richtet*
	3,6	deren Töchter geworden, wenn ihr r. tut
	5,12	daß das die r. Gnade Gottes ist, in der ihr
1Jh	2,29	wer r. tut, der ist von ihm geboren
	3,7	wer r. tut, der ist gerecht wie jener
	10	wer nicht r. tut, der ist nicht von Gott
Heb	2,2	jeder Ungehorsam den r. Lohn empfing
Jak	1,20	Menschen Zorn tut nicht, was vor Gott r. ist
	2,4	ist's r., daß ihr solche Unterschiede macht
	8	so tut ihr r.
	19	du tust r. daran

recht, Recht

1Mo	20,16	damit ist dir R. verschafft 30,6
	26,5	weil Abraham gehalten hat meine R.
	27,36	heißt mit R. Jakob
2Mo	9,27	der HERR ist im R.
	15,25	gab er ihnen Gesetz und R. 3Mo 26,46; 4Mo 27,11; 35,29; 36,13; 5Mo 4,1.5.14.45; 5,1.31; 6,1; 12,1; Jos 24,25; Neh 9,13; Ps 147,19; Mal 3,22
	18,13	setzte sich Mose, um R. zu sprechen
	21,9	soll nach dem R. der Töchter an ihr tun
	10	soll der an ehelichem R. nichts abbrechen
	23,6	sollst du R. deines Armen nicht beugen 5Mo 16,19; 24,17; 27,19; Jes 10,2
	7	den, der im R. ist, sollst du nicht töten; ich lasse den Schuldigen nicht R. haben
	8	Geschenke verdrehen die Sache derer im R. Spr 17,23
	28,30	die Lose „Licht und R." 3Mo 8,8; 5Mo 33,8; 1Sm 14,41; Esr 2,63; Neh 7,65
3Mo	18,4	nach meinen R. sollt ihr tun 5.26; 19,37; 20,22; 25,18; 5Mo 4,40; 6,2.17.24; 7,11.12; 8,11; 10,13; 11,1.32; 17,19; 26,16.17; 27,10; 28,15.45; 30,10.16; 1Kö 2,3; 6,12; 8,58; 9,4; 11,38; 2Kö 17,13.37; 23,3; 1Ch 22,13; 28,7; 29,19; 2Ch 7,17; 33,8; 34,31; Neh 10,30; Jes 56,1; Hes 36,27; 37,24
	24,9	gehören sie Aaron als ewiges R. 5Mo 18,3
	22	soll ein und dasselbe R. unter euch sein 4Mo 15,16
	25,48	soll das R. haben, wieder frei zu werden
	26,15	werdet ihr meine R. verwerfen 43; 1Kö 9,6; 2Ch 7,19
5Mo	6,20	was sind das für Gebote und R.
	10,18	schafft R. den Waisen und Witwen Ps 10,18; 72,4; 82,3; Spr 31,9; Jes 1,17.23; Jer 22,3
	21,17	sein ist das R. der Erstgeburt
	25,1	den, der im R. ist, gerecht sprechen 1Kö 8,32
	32,36	der HERR wird seinem Volk R. schaffen Ps 135,14
	33,10	sie lehren Jakob deine R.
Ri	11,25	meinst du, daß du ein besseres R. hättest
1Sm	8,3	(Samuels) Söhne beugten das R.
	9	verkündige das R. des Königs 11; 10,25
	24,16	daß (der HERR) mir R. schaffe 2Sm 18,19.31; Ps 7,9; 26,1; 35,23; 54,3; Mi 7,9
	30,25	er machte es zu Satzung und R. für Israel
2Sm	8,15	David schaffte R. seinem Volk 1Ch 18,14
	15,4	damit ich ihm das R. hülfe
	19,29	was hab ich weiter für R.
	22,23	alle seine R. hab ich vor Augen Ps 18,23
1Kö	8,32	wollest du R. schaffen deinem Knechten 45.49.59; 2Ch 6,23.35.39
	10,9	zum König gesetzt, daß du R. übst 2Ch 9,8
	11,34	David, der meine R. gehalten hat 33
2Kö	17,34	noch halten sie Satzungen und R. Neh 1,7
2Ch	19,6	er ist bei euch, wenn ihr R. sprecht 7.10
Esr	7,10	Gebote und R. in Israel zu lehren 25
Neh	9,29	sündigten an deinen R.
Est	1,13	die sich auf R. und Gesetz verstanden
Hi	6,29	noch habe ich r. darin 9,15; 13,18; 34,6
	8,3	meinst du, daß der Allmächtige das R. verkehrt 34,12; 37,23
	9,2	nicht r. behalten kann gegen Gott 40,8; Jes 43,26; Jer 12,1
	15	ich müßte um mein R. flehen
	19	geht es um R.: Wer will ihn vorladen
	11,2	muß denn ein Schwätzer immer r. haben
	16,21	daß er R. verschaffe dem Mann 36,6
	19,7	ich rufe, aber kein R. ist da
	23,4	würde ich ihm das R. darlegen
	27,2	der mir mein R. verweigert 34,5
	5	das sei ferne, daß ich euch r. gebe
	29,14	R. war mir Mantel
	31,13	hab ich mißachtet das R. meines Knechts
	33,12	darin hast du nicht r.
	27	ich hatte das R. verkehrt

Hi	33,32	will dir gern r. geben
	34,17	kann denn regieren, wer das R. hasset
	36,3	will meinem Schöpfer R. verschaffen
	17	halten dich Gericht und R. fest
Ps	9,5	du führst mein R. und meine Sache
	19,10	die R. des HERRN sind Wahrheit
	33,5	er liebt Gerechtigkeit und R. 37,28; Jes 61,8
	35,24	HERR, verhilf mir zum R. Klg 3,59
	27	die mir gönnen, daß ich r. behalte
	36,7	dein R. (steht) wie die große Tiefe
	37,6	wird heraufführen dein R. wie den Mittag
	30	seine Zunge lehrt das R.
	51,6	(HERR,) daß du r. behaltest in d. Worten
	58,2	sprecht ihr in Wahrheit R., ihr Mächtigen
	89,31	wenn seine Söhne in meinen R. nicht wandeln Jer 44,23
	94,15	R. muß doch R. bleiben
	99,4	des Königs, der das R. liebhat
	101,1	von Gnade und R. will ich singen
	103,6	der HERR schafft Gerechtigkeit und R. 140,13; 146,7; Jer 9,23
	105,19	bis die Rede des HERRN ihm r. gab
	111,7	die Werke s. Hände sind Wahrheit und R.
	119,121	ich übe R. und Gerechtigkeit
	149	erquicke mich nach deinem R. 156
	175	laß dein R. mir helfen
	147,20	sein R. kennen sie nicht Mi 3,1
Spr	1,3	daß man annehme R. und Redlichkeit
	2,9	wirst du verstehen Gerechtigkeit und R.
	8,15	durch mich setzen die Ratsherren das R.
	20	ich wandle auf der Straße des R.
	13,23	wo kein R. ist, da ist Verderben
	18,17	jeder hat zuerst in seiner Sache r.
	19,28	ein nichtswürdiger Zeuge spottet des R.
	21,3	R. tun ist dem HERRN lieber als Opfer
	15	ist es eine Freude, wenn R. geschieht
	28,2	gewinnt das R. Bestand
	5	böse Leute verstehen nichts vom R.
	29,4	ein König richtet das Land auf durchs R.
	26	eines jeglichen R. kommt vom HERRN
	31,5	könnten beim Trinken des R. vergessen
Pr	3,16	an der Stätte des R. war Gottlosigkeit
	5,7	wie R. und Gerechtigkeit zum Raub geworden
Jes	1,17	trachtet nach R. 16,5
	21	die Stadt war voll R.
	5,23	die das R. nehmen denen, die im R. sind
	9,6	daß er's stärke durch R. und Gerechtigkeit Jer 23,5; 33,15
	16,3	gib Rat, schaffe R.
	26,10	tut nur übel im Lande, wo das R. gilt
	28,6	ein Geist des R. für den, der zu Gericht will aus R.
	17	will das R. zur Richtschnur machen
	29,21	beugen durch Lügen das R.
	30,18	der HERR ist ein Gott des R.
	32,1	werden herrschen, die R. u. ms handhaben
	7	wenn der Arme sein R. vertritt
	16	das R. wird in der Wüste wohnen
	33,5	er hat Zion mit R. erfüllt
	40,14	lehre ihn den Weg des R.
	27	mein R. geht vor meinem Gott vorüber
	42,1	er wird das R. unter die Heiden bringen
	3	in Treue trägt er das R. hinaus
	4	bis er auf Erden das R. aufrichte
	49,4	wiewohl mein R. bei dem HERRN ist
	50,8	wer will mein R. anfechten
	51,4	mein R. zum Licht der Völker machen
	58,2	das R. seines Gottes verlassen Jer 8,7
	2	sie fordern von mir R.
	59,9	darum ist das R. ferne von uns 14.15
Jes	59,11	wir harren auf R., so ist's nicht da
Jer	5,1	ob ihr jemand findet, der R. übt
	4	sie wissen nicht um ihres Gottes R. 5
	28	sie halten kein R... helfen nicht zum R.
	22,15	dein Vater hielt dennoch auf R. 16
	32,10	wog Geld dar nach R. und Gewohnheit
Klg	3,35	(wenn man) eines Mannes R. beugt
Hes	18,5	wenn einer R. übt 19.21.27
	21,32	bis der kommt, der das R. hat
	22,29	tun... Gewalt an gegen alles R. Hab 1,3
	23,24	dich richten sollen nach ihrem R. 45
	44,24	sollen nach meinem R. Urteil sprechen
Dan	7,22	bis kam, der R. schaffte den Heiligen
	9,5	wir sind von deinen R. abgewichen
Hos	2,21	mich mit dir verloben in Gerechtigk. und R.
	5,1	euch ist das R. anvertraut
	11	zertreten ist das R.
	6,5	daß mein R. wie Licht hervorkomme Ze 3,5
	10,4	ihr R. grünt wie giftiges Kraut
	12,7	halte fest an Barmherzigkeit und R.
Am	3,10	sie achten kein R.
	5,7	die ihr das R. in Wermut verkehrt
	15	richtet das R. auf im Tor
	24	es ströme aber das R. wie Wasser
	6,12	ihr wandelt das R. in Gift
Jon	4,4	meinst du, daß du mit R. zürnst 9
Mi	3,8	ich aber bin voll R. und Stärke
	9	die ihr das R. verabscheut
Ze	2,3	die ihr seine R. haltet
Jdt	9,8	daß du mit R. „Herr" heißt
Wsh	1,8	das R... wird ihn nicht verfehlen
	14	der Tod hat auf der Erde kein R.
	2,11	alles, was wir tun, soll R. sein
	9,5	dem es an Einsicht fehlt für R. und Gesetz
	16,1	wurden die Ägypter mit R. geplagt 19,13
	19,15	denen sie an ihren R. Anteil gewährt
Sir	3,3	will das R. der Mutter geachtet wissen
	4,26	weiche nicht R. dir zum Verderben
	13,26	Reicher... so gibt man ihm noch r.
	17,10	hat ihnen die Ordnungen seines R. offenbart
	19,22	so drehen, daß er r. behält
	31,29	man spricht mit R., so von ihm
	32,20	wer den Herrn fürchtet, findet das R.
	33,30	tu nichts, ohne ein R. darauf zu haben
	38,38	sie können R. und Gerechtigkeit nicht lehren
	41,29	so schämst du dich mit R.
	42,2	den Gottlosen, wenn er r. hat
Bar	1,15	wir tragen mit R. unsre Schande
	4,13	haben um seine R. nicht gekümmert
	6,54	(Götzen) schaffen ihnen kein R.
1Ma	2,29	viele, die nach R. und Gerechtigk. verlangten
	7,12	um zu fragen, was nun R. sein sollte
	10,43	auch die zum Tempel dies R. haben
	14,14	(Simon) sprach R. im Land
2Ma	4,34	brachte er ihn um ohne Scheu vor dem R.
	7,38	Zorn, der mit R. über unser Volk ergangen
	8,16	Heiden, die ohne alles R. heranzogen
	10,12	der die Juden in ihrem R. geschützt
Mt	7,2	nach welchem R. ihr richtet, werdet ihr gerichtet werden
	12,18	er soll den Heiden das R. verkündigen
	20	bis er das R. hinausführt zum Sieg
	23,23	die ihr R. beiseite laßt
Lk	7,29	alles Volk, das ihn hörte, (gab) Gott r.
	11,42	am R. und an der Liebe Gottes geht ihr vorbei
	18,3	schaffe mir R. gegen meinen Widersacher 5
	7	sollte Gott nicht auch R. schaffen seinen Auserwählten 8
	23,41	wir sind es zwar mit R., denn wir empfangen

recht

Jh	8,48	mit R., daß du ein Samariter bist
	13,13	ihr nennt mich Meister und sagt es mit R.
Apg	16,37	sie haben uns ohne R. und Urteil öffentlich geschlagen
	25,21	als Paulus sich auf sein R. berief
	28,25	mit R. hat der heilige Geist gesprochen
Rö	1,32	daß die... nach Gottes R. den Tod verdienen
	3,4	damit du r. behältst in deinen Worten
1Ko	6,1	wie kann jemand von euch wagen, sein R. zu suchen vor den Ungerechten
	9,4	haben wir nicht das R., zu essen und zu trinken 5.6.12; 2Th 3,9
	12	haben von diesem R. nicht Gebrauch gemacht
2Ko	8,24	zeigt, daß wir euch zu R. gerühmt haben
Heb	7,5	das R., den Zehnten zu nehmen vom Volk
	13,10	Altar, von dem zu essen kein R. haben, die

rechten

Ri	11,25	hat (Balak) auch je mit Israel ger.
	21,22	wenn ihre Brüder... um mit uns zu r.
1Sm	12,7	so tretet nun her, daß ich mit euch r.
Hi	13,3	wollte r. mit Gott 23,6.7; 40,2
	19	wer ist, der mit mir r. könnte Jes 50,8
Spr	29,9	wenn ein Weiser mit einem Toren r.
Jes	1,18	laßt uns miteinander r. 41,1; 43,26
Jer	2,9	darum muß ich mit euch r. 4,12
	29	wie könnt ihr r. mit mir
	12,1	HERR, wenn ich auch mit dir r. wollte
	25,31	der HERR will mit den Völkern r. Jo 4,2
Hos	12,3	darum wird der HERR mit Juda r.
Mi	6,2	höret, wie der HERR r. will
Mt	5,40	wenn jemand mit dir r. will
Rö	9,20	wer bist du, daß du mit Gott r. willst
1Ko	6,4	wenn ihr über diese Dinge rechtet
	6	vielmehr r. ein Bruder mit dem andern
	7	schlimm genug, daß ihr miteinander r.
Jud	9	mit ihm r. um den Leichnam des Mose

rechter, rechts

1Mo	13,9	willst du zur Linken, so will ich zur R.
	24,49	daß ich mich wende zur R. oder zur Linken
	48,14	seine r. Hand auf Ephraims Haupt 13.17.18
2Mo	14,22	das Wasser war ihnen ein Mauer zur R. 29
	15,6	deine r. Hand tut große Wunder, deine r. Hand hat die Feinde zerschlagen 12; Ps 45,5
	29,20	an das r. Ohrläppchen... ihrer r. Hand... ihres r. Fußes 3Mo 8,23.24; 14,14.17.25.28
	22	sollst nehmen die r. Keule 3Mo 7,32.33; 8,25.26; 9,21; 4Mo 18,18
3Mo	14,16	mit seinem r. Finger in das Öl tauchen 27
4Mo	20,17	weder zur R. noch zur Linken weichen 22,26; 5Mo 2,27; 5,32; 17,11.20; 28,14; Jos 1,7; 23,6; 1Sm 6,12; 2Sm 2,19.21; 14,19; 2Kö 22,2; 2Ch 34,2; Spr 4,27; Jes 30,21
5Mo	33,2	in seiner R. ein feueriges Gesetz für sie
Jos	17,7	die Grenze reicht r. an das Gebiet
Ri	3,16	gürtete (einen Dolch) auf seine r. Hüfte 21
	5,26	griff mit ihrer R. den Schmiedehammer
	7,20	hielten die Posaunen in ihrer r. Hand
	16,29	umfaßte die eine mit seiner r. Hand
1Sm	11,2	daß ich euch allen das r. Auge aussteche
2Sm	16,6	Helden zu seiner R. und Linken
	20,9	Joab faßte mit seiner r. Hand Amasa
1Kö	2,19	sie setzte sich zu seiner R.
	6,8	die Tür war auf der r. Seite 7,21.39.49; 1Ch 6,24; 2Ch 3,17; 4,6-8.10; 23,10; Neh 8,4; 12,31; Sa 4,3.11
1Kö	22,19	das himml. Heer zu seiner R. 2Ch 18,18
2Kö	12,10	eine Lade zur r. Hand neben dem Altar
	23,13	Höhen zur R. am Berge des Verderbens
Neh	4,17	jeder hatte seinen Spieß zur R.
Hi	23,9	verbirgt er sich zur R., sehe ich ihn nicht
	30,12	zur R. hat sich eine Schar erhoben
	40,14	daß dir deine r. Hand helfen kann
Ps	16,8	steht er mir zur R., w. ich festbleiben
	11	Wonne zu deiner R. ewiglich
	17,7	die sich gegen deine r. Hand erheben
	18,36	deine R. stärkt mich
	20,7	seine r. Hand hilft mit Macht
	21,9	deine R. wird finden, die dich hassen
	44,4	ihr Arm half ihnen nicht, sondern deine R.
	45,10	die Braut steht zu deiner R.
	48,11	deine R. ist voll Gerechtigkeit Jes 41,10
	60,7	dazu hilf mit deiner R. 108,7; 138,7
	63,9	deine r. Hand hält mich 139,10
	73,23	hältst mich bei meiner r. Hand Jes 41,13
	74,11	nimm deine R. aus dem Gewand
	77,11	daß die r. Hand... sich so ändern kann
	78,54	zu d. Berge, den seine R. erworben hat
	80,16	schütze, was deine R. gepflanzt hat
	18	deine Hand schütze den Mann deiner R.
	89,14	stark ist deine Hand, hoch ist deine R.
	26	laß herrschen seine R. über die Ströme
	43	du erhöhst die R. seiner Widersacher
	91,7	wenn 10.000 (fallen) zu deiner R.
	98,1	er schafft Heil mit seiner R.
	109,6	ein Verkläger stehe zu seiner R.
	31	er steht dem Armen zur R.
	110,1	setze dich zu meiner R. Mt 22,44; Mk 12,36; Lk 20,42; Apg 2,34; Heb 1,13
	5	der Herr zu deiner R. wird zerschmettern
	118,15	die R. des HERRN behält den Sieg 16
	16	die R. des HERRN ist erhöht
	121,5	ist dein Schatten über deiner r. Hand
	137,5	vergesse ich dich, so verdorre meine R.
	142,5	schau zur R. und sieh
	144,8	(der Fremden,) deren r. Hand trügt 11
Spr	3,16	langes Leben ist in ihrer r. Hand
Pr	10,2	des Weisen Herz ist zu seiner R.
Hl	2,6	seine R. herzt mich 8,3
Jes	9,19	sie verschlingen zur R. und leiden Hunger
	44,20	Trug, woran meine R. sich hält
	45,1	Kyrus, den ich bei seiner r. Hand ergriff
	48,13	meine R. hat den Himmel ausgespannt
	54,3	wirst dich ausbreiten zur R.
	62,8	der HERR hat geschworen bei seiner R.
	63,12	der s. Arm zur R. des Mose gehen ließ
Jer	22,24	ein Siegelring an meiner r. Hand
Klg	2,3	seine R. zurückgezogen 4
Hes	1,10	zur r. Seite gleich einem Löwen
	4,6	sollst dich auf deine r. Seite legen
	10,3	die Cherubim standen zur R. am Hause
	16,46	zur R., du deine r. Seite R. wohnt
	21,21	hau drein zur R. und Linken Sa 12,6
	27	das Los in seiner R. wird deuten
	39,3	die Pfeile aus deiner r. Hand (schlagen)
Dan	12,7	er hob seine r. und linke Hand auf
Jon	4,11	die nicht wissen, was r. oder links ist
Hab	2,16	wird kommen d. Kelch in der R. des HERRN
Sa	3,1	der Satan stand zu seiner R.
	6,13	ein Priester wird sein zu seiner R.
	11,17	das Schwert komme über sein r. Auge
Wsh	5,17	deine R. beschirmen
Tob	7,15	die r. Hand... legte (er) Tobias in die r. Hand
Sir	21,23	hält Zucht für ein Geschmeide am r. Arm

Sir	36,7	verherrliche deinen r. Arm
1Ma	7,47	Nikanor ließ er abhauen die r. Hand
	9,1	die auf dem r. Flügel kämpfen 12.14.15
2Ma	14,32	streckte seine r. Hand aus (und schwor)
Mt	5,29	wenn dich dein r. Auge zum Abfall verführt 30
	39	wenn dich jemand auf deine r. Backe schlägt
	6,3	laß d. linke Hand nicht wissen, was die r. tut
	20,21	laß sitzen einen zu deiner R. Mk 10,37
	23	das Sitzen zu meiner R. und Linken zu geben Mk 10,40
	22,44	setze dich zu meiner R. Mk 12,36; Lk 20,42; Apg 2,34; Heb 1,13
	25,33	wird die Schafe zu seiner R. stellen 34
	26,64	werdet sehen den Menschensohn sitzen zur R. der Kraft Mk 14,62; Lk 22,69
	27,29	gaben ihm ein Rohr in seine r. Hand
	38	Räuber, einer zur R. Mk 15,27; Lk 23,33
Mk	16,5	sahen einen Jüngling zur r. Hand sitzen
	19	Jesus setzte sich zur R. Gottes
Lk	1,11	Engel stand an der r. Seite des Räucheraltars
	6,6	ein Mensch, dessen r. Hand war verdorrt
	22,50	(hieb) dem Knecht des Hohenpriesters sein r. Ohr ab Jh 18,10
Jh	21,6	werft das Netz aus zur R. des Bootes
Apg	2,25	er steht mir zur R., damit ich nicht wanke
	33	durch die r. Hand Gottes erhöht ist 5,31
	3,7	er ergriff ihn bei der r. Hand
	7,55	sah Jesus stehen zur R. Gottes 56
Rö	8,34	Jesus, der zur R. Gottes ist Kol 3,1; 1Pt 3,22
2Ko	6,7	mit den Waffen der Gerechtigkeit zur R.
Gal	2,9	gaben Jakobus und Kephas mir die r. Hand
Eph	1,20	ihn eingesetzt zu seiner R. im Himmel
Heb	1,3	sich gesetzt zur R. der Majestät in der Höhe 8,1; 10,12; 12,2
Off	1,16	hatte sieben Sterne in seiner r. Hand 20; 2,1
	17	er legte seine r. Hand auf mich und sprach
	5,1	ich sah in der r. Hand... ein Buch 7
	10,2	er erzeigte seinen r. Fuß auf das Meer
	5	der Engel hob seine r. Hand auf zum Himmel
	13,16	sich ein Zeichen machen an ihre r. Hand

rechtfertigen

1Mo	44,16	womit können wir uns r.
Mt	11,19	die Weisheit ger. aus ihren Werken Lk 7,35
	12,37	aus deinen Worten wirst du ger.
Lk	10,29	er wollte sich selbst r. und sprach zu Jesus
	16,15	ihr seid's, die ihr euch selbst r. vor den Menschen
	18,14	dieser ging ger. hinab in sein Haus
Rö	6,7	wer gestorben ist, der ist ger.
1Ko	4,4	darin bin ich nicht ger.
1Ti	3,16	er ist ger. im Geist

Rechtfertigung

Rö	4,25	welcher ist um unsrer R. willen auferweckt
	5,18	durch die Gerechtigkeit des Einen für alle Menschen die R.

Rechtsbruch

Jes	5,7	er wartete auf Rechtsspruch, da war R.

rechtschaffen

Jos	24,14	dient ihm treulich und r.

1Kö	9,4	mit r. Herzen 2Kö 20,3; 1Ch 29,19; 2Ch 15,17
Hi	1,1	Hiob war fromm und r. 8; 2,3
Ps	119,80	mein Herz bleibe r. in deinen Geboten
Spr	15,19	der Weg der R. ist wohlgebahnt
Sir	9,23	lade dir r. Leute zu Gast
	29,18	ein r. Mann und Bürge für seinen Nächsten
	38,10	laß ab von der Sünde und handle r.
Mt	3,8	bringt r. Frucht der Buße Lk 3,8
Apg	8,21	dein Herz ist nicht r. vor Gott
	26,20	sie sollten r. Werke der Buße tun
1Ko	11,19	damit die R. unter euch offenbar werden
Eph	4,24	geschaffen in r. Gerechtigkeit
2Ti	2,15	dich vor Gott zu erweisen als einen r. Arbeiter
1Pt	1,7	daß euer Glaube r. erfunden werde
	2,12	führt ein r. Leben unter den Heiden

Rechtschaffenheit

Sir	7,6	daß du trotz deiner R. Anstoß gibst

Rechtsfall

Hes	23,24	denen will ich den R. vorlegen

Rechtsgelehrter

Tit	3,13	Zenas, den R., und Apollos rüste gut aus

Rechtshandel, Rechtshändel

2Sm	15,2	wenn jemand einen R. hatte

Rechtsordnung

2Mo	21,1	R., die du ihnen vorlegen sollst 24,3
4Mo	35,24	soll die Gemeinde richten nach diesen R.
Jer	44,10	R., die ich euch gegeben habe
1Ma	1,51	damit sie seine R. abschaffen sollten

Rechtspfleger

Esr	7,25	du, Esra, setze Richter und R. ein

Rechtsprechen

Jes	28,7	Priester und Propheten wanken beim R.

Rechtssache

2Mo	24,14	hat jemand eine R., der wende sich an sie

Rechtsspruch

Jes	5,7	er wartete auf R., da war Rechtsbruch

Rechtsstreit

Hi	13,18	bin zum R. gerüstet
	35,14	der R. liegt ihm vor

recken

2Mo	10,12	r. deine Hand über Ägyptenland 21.22
	14,16	r. deine Hand über das Meer 21
Ps	138,7	r. deine Hand gegen den Zorn m. Feinde
Jes	5,25	er r. seine Hand wider sie
Hes	31,14	damit sich kein Baum bis in die Wolken r.

Rede

Rede

1Mo	4,23	höret meine R. 2Sm 20,17; Hi 13,17; 21,2; 33,1; 34,2; Jes 28,23; 32,9
	21,25	Abraham stellte Abimelech zur R.
	31,1	kamen vor ihn die R. der Söhne Labans
	34,18	die R. gefiel Hamor gut 41,37; 2Sm 17,4
	42,16	daran will ich prüfen eure R.
	44,24	sagten (meinem Vater) meines Herrn R.
	49,21	Naftali gibt schöne R.
2Mo	5,9	sich nicht um falsche R. kümmern
	33,4	als das Volk diese harte R. hörte
4Mo	24,4	es sagt der Hörer göttlicher R. 16
5Mo	32,1	die Erde höre die R. meines Mundes
	2	meine R. riesele wie Tau
1Sm	16,18	Sohn Isais... verständig in seinen R.
	17,11	als Saul... diese R. des Philisters hörten
2Sm	19,12	es kam die R. ganz Israels vor den König
1Ch	4,22	wie die alte R. lautet
2Ch	33,18	die R. der Seher, die zu ihm redeten
Hi	4,4	deine R. hat d. Strauchelnden aufgerichtet
	6,26	die R. eines Verzweifelnden verhallt
	8,2	wie lange sollen die R. daherfahren 15,13
	10	sie werden ihre R. hervorbringen
	11,4	meine R. ist rein 36,4
	12,11	prüft nicht das Ohr die R. 34,3
	15,2	seinen Bauch blähen mit leeren R.
	19,23	ach daß meine R. aufgeschrieben würden
	23,5	R., die er mir antworten würde
	12	bewahrte die R. seines Mundes bei mir
	24,25	erweisen, daß meine R. nichts sei
	29,22	meine R. troff auf sie nieder
	32,12	war keiner, der seiner R. antwortete
	14	mit euren R. will ich nicht antworten
	33,8	den Ton deiner R. höre ich noch
	34,16	merke auf die Stimme meiner R. Spr 4,20; 7,24
	35,16	Hiob hält stolze R. mit Unverstand
Ps	17,6	höre meine R.
	19,15	laß dir wohlgefallen die R. meines Mundes
	54,4	vernimm die R. meines Mundes
	78,1	neiget eure Ohren zu der R. meines Mundes
	105,19	bis die R. des HERRN ihm recht gab
Spr	1,2	zu verstehen verständige R.
	2,1	wenn du meine R. annimmst 4,10
	4,5	weiche nicht von der R. meines Mundes 5,7
	6,2	bist du gefangen in der R. deines Mundes
	7,1	mein Sohn, behalte meine R.
	8,8	alle R. meines Mundes sind gerecht
	12,6	der Gottlosen R. richten Blutvergießen an
	15,26	rein sind vor ihm freundliche R.
	16,21	liebliche R. mehrt die Erkenntnis
	24	freundliche R. sind Honigseim
	17,27	ein Vernünftiger mäßigt seine R.
	22,11	wer ein reines Herz und liebliche R. hat
	23,9	er verachtet die Klugheit deiner R.
	12	wende deine Ohren zu vernünftiger R.
	26,24	der Hasser verstellt sich mit seiner R.
Pr	1,1	dies sind die R. des Predigers
Jes	5,24	sie lästern die R. des Heiligen Israels
	29,4	mit deiner R. murmeln... deine R. wispert
	45,11	wollt ihr mich zur R. stellen
Jer	5,14	weil ihr solche R. führt
	9,19	nehmt zu Ohren die R. seines Mundes
	18,18	laßt uns nichts geben auf alle seine R.
	28,16	hast sie mit deiner R. abgewendet 29,32
Klg	3,62	(du hörst) die R. meiner Widersacher
Dan	7,11	ich merkte auf um der großen R. willen
	28	Ende der R... behielt die R. in m. Herzen
	10,6	seine R. war wie ein großes Brausen 9
Mi	2,7	meine R. sind freundlich den Frommen
Jdt	11,15	diese R. gefiel Holofernes
Wsh	1,9	seine R. sollen vor den Herrn kommen
	8,8	sie versteht sich auf gewandte R.
Sir	19,13	stell deinen Nächsten zur R. 14.15.17
	20,21	ein dummer Mensch fällt auf durch unpassende R.
	21,19	R. des Narren drückt wie eine Last 27,14
	22,6	eine R., die zur Unzeit geschieht
	23,17	gewöhne deinen Mund nicht an schmutzige R.
	25,11	wer mit seinen R. nicht entgleist
	27,8	an der R. erkennt man den Menschen 6.7
	40,21	eine freundliche R. ist besser als
1Ma	1,25	(Antiochus) führte lästerliche R. 2Ma 12,14
	14,23	ihre R. in unser Stadtbuch schreiben
Mt	5,37	eure R. sei: Ja, ja; nein, nein
	7,24	wer diese meine R. hört und tut sie 26; Lk 6,47
	28	als Jesus diese R. vollendet 19,1; 26,1; Lk 7,1
	10,14	wenn jemand eure R. nicht hören wird
	22,15	*wie sie ihn fingen in seiner R. Lk 20,20*
Lk	1,29	(Maria) aber erschrak über die R.
	2,18	*alle wunderten sich der R.*
	3,4	wie geschrieben steht im Buch der R. des Propheten Jesaja
	7,17	*diese R. erscholl in das jüdische Land*
	9,28	acht Tage nach diesen R. nahm (er) Petrus (mit)
	44	*nehmet zu Ohren diese R.*
	10,39	Maria hörte seiner R. zu
	18,34	der Sinn der R. war ihnen verborgen
	24,17	*was sind das für R. Jh 7,36.40*
Jh	4,39	glaubten um der R. der Frau willen 42
	6,60	das ist eine harte R.
	8,31	*wenn ihr bleiben werdet an meiner R.*
	21,23	da kam unter den Brüdern die R. auf
Apg	5,24	*da gaben die Hohenpriester diese R. hörten*
	6,5	die R. gefiel der ganzen Menge gut
	7,29	Mose floh wegen dieser R.
	12,21	setzte sich auf den Thron und hielt eine R.
	15,15	*dazu stimmen die R. der Propheten*
	32	ermahnten die Brüder mit vielen R.
	16,36	*verkündete diese R. dem Paulus*
	20,7	zog er die R. hin bis Mitternacht
	24	ich achte mein Leben nicht der R. wert
Rö	12,6	ist jemand prophetische R. gegeben, so 1Ko 12,10; 14,1.29
	16,18	durch prächtige R. verführen sie die Herzen der Arglosen
1Ko	1,10	*daß ihr allzumal einerlei R. führet*
	5,1	überhaupt geht die R., daß Unzucht unter euch ist Eph 5,3
	14,22	(ist) prophetische R. Zeichen für die Gläubigen
2Ko	10,10	wenn er selbst anwesend ist, ist seine R. kläglich 11,6
Eph	5,4	närrische oder lose R. stehen euch nicht an
Kol	2,4	damit euch niemand betrüge mit verführerischen R.
	4,6	eure R. sei allezeit freundlich
1Th	5,20	prophetische R. verachtet nicht

reden

1Mo	8,15	da r. Gott 17,3.22; 18,33; 35,13-15; 2Mo 20,1; 5Mo 5,22
	16,13	nannte den Namen des HERRN, der mit ihr r.
	18,27	mich unterwunden, zu r. mit dem Herrn 29.31

reden

1Mo	18,30	zürne nicht, daß ich noch mehr r. 32; Ri 6,39
	19,14	Lot r. mit den Männern
	21	die Stadt, von der du ger. hast
	21,1	der HERR tat, wie er ger. 2; 24,51
	22	zu der Zeit r. Abimelech mit Abraham
	23,3	(Abraham) r. mit den Hetitern 8.13
	27,6	habe deinen Vater mit Esau r. hören
	29,9	als er noch mit ihnen r., kam Rahel
	31,24	hüte dich, mit Jakob anders zu r. als 29
	34,3	er r. freundlich mit ihr 50,21; Ri 19,3; 2Kö 25,28; Jer 52,32
	6	ging hinaus, um mit ihm zu r. 8.20
	37,2	wenn etwas Schlechtes über sie ger. wurde
	41,9	da r. der oberste Schenk zum Pharao
	42,7	(Josef) r. hart mit ihnen 23.24.30; 44,6.7.10.16. 18; 45,12.15
	43,19	r. mit ihm vor der Haustür
	49,28	was ihr Vater ger. hat, als er sie segnete
	50,4	r. Josef mit den Leuten des Pharao
2Mo	4,10	seitdem du mit deinem Knecht r. 30
	15	du sollst zu ihm r. 16; 6,12.30; 7,2
	5,23	um mit (dem Pharao) zu r. in deinem Namen 6,11.27; 7,7
	6,2	Gott r. mit Mose 10.13.28.29; 13,1; 14,1; 19,9; 25,1; 30,11.17.22; 31,1.12.18; 33,9.11; 34,32; 40,1; 3Mo 1,1; 4,1; 5,14.20; 6,1.12.19; 7,22.28; 8,1; 12,1; 14,1; 16,1; 17,1; 18,1; 19,1; 20,1; 21,16; 22,1.17.26; 23,1.9.23.26.33; 24,1.13; 27,1; 4Mo 1,1.48; 3,1.5.11.14.44; 4,21; 5,1.4.5.11; 6,1. 22; 8,1.5.23; 9,1.9; 10,1; 12,8; 13,1; 15,1.17; 16,23; 17,1.9.16; 18,25; 20,7; 25,10.16; 26,52; 27,23; 28,1; 31,1.25; 33,50; 34,1.16; 35,1.9; 5Mo 2,17; 32,48; Jos 11,23; 14,12
	12	Mose r. vor dem HERRN 19,19; 34,34.35; 4Mo 27,15
	14,2	r. zu den *Israeliten 30,31; 34,31.33.34; 3Mo 1,2; 4,2; 7,23.29; 9,3; 11,2; 12,2; 15,2; 18,2; 19,2; 25,2; 27,2; 4Mo 9,4; 15,2.18.38; 16,26; 17,17.21; 30,2; 31,3; 33,51; 35,10; 5Mo 1,1.3; 5,1; 27,9; 31,1.28; 32,44.45; Jos 4,12; 1Kö 8,53. 56
	16,10	als Aaron noch r. zu der Gemeinde
	19,8	was der HERR ger., wollen wir tun 5Mo 5,27
	20,16	sollst nicht falsch Zeugnis r. 5Mo 5,20; Spr 25,18; Mk 10,19; Lk 18,20
	19	r. du mit uns... laß Gott nicht mit uns r.
	22	gesehen, daß ich mit euch vom Himmel ger.
	25,22	vom Gnadenthron will ich mit dir r. 29,42; 4Mo 7,89
	28,3	r. mit allen, die sich darauf verstehen
	33,11	wie ein Mann mit seinem Freunde r.
	34,29	glänzte, weil er mit Gott ger. hatte
3Mo	10,8	der HERR r. mit Aaron 4Mo 17,5
	12	Mose r. mit Aaron 4Mo 8,2
	11,1	der HERR r. mit Mose und Aaron 13,1; 14,33; 15,1; 4Mo 2,1; 4,1.17; 14,26; 16,20; 19,1; 20,23
4Mo	11,17	will herniederkommen und mit dir r. 25
	12,1	da r. Mirjam und Aaron gegen Mose 8
	2	r. der HERR allein durch Mose? R. er auch
	6	will mit ihm r. in Träumen
	18	r, wir mit ihm, und er hörte nicht 19
	13,13	r. mit dem König 14,3; 24,12, 1Kö 1,14.22; 2,17-19; 3,22; Jer 38,8.25; Dan 1,19; 6,13.22
	14,40	Land, von dem der HERR ger. hat
	20,8	du und Aaron, r. zu dem Felsen 29; 1Kö 2,4; 8,24; 1Ch 17,23; 2Ch 6,10.15
	21,5	(das Volk) r. wider Gott 7; Mal 3,13
	22,19	was der HERR weiter mit mir r. wird 23,26; 32,31
4Mo	22,35	nichts anderes sollst du r. 38; 23,12; 24,13
	23,19	sollte er etwas r. und nicht halten
	27,7	haben recht ger. 36,5; 5Mo 18,17; 1Sm 9,10
	36,1	die Häupter der Sippen r. vor Mose
5Mo	1,6	der HERR r. mit uns am Berge Horeb 4,12. 15.33; 5,4.24.26; 9,10; 10,4
	3,26	r. mir davon nicht mehr
	5,28	Worte, die ihr mit mir r... es ist alles gut, was sie ger. haben
	6,7	davon r., wenn du in deinem Hause 11,19
	18,18	einen Propheten; der soll r. 19-22
	20,2	soll der Priester mit dem Volk r. 5.8.9
	23,24	wie du mit deinem Mund ger.
	25	sollen die Ältesten mit ihm r. Jos 21,2
	31,21	soll dies Lied vor ihnen als Zeuge r.
	32,1	merkt auf, ihr Himmel, ich will r.
Jos	9,22	Josua r. mit ihnen 17,14
	10,12	damals r. Josua mit dem HERRN
	20,1	der HERR r. mit Josua
	22,15	als sie zu ihnen kamen, r. sie mit ihnen
	28	wenn sie so r. würden, könnten wir sagen
	24,27	Worte des HERRN, die er ger. hat 1Kö 2,27; 12,15; 13,17; 14,18; 15,29; 16,12.34; 17,16; 22,38; 2Kö 1,17; 9,36; 10,10.17; 14,25; 15,12; 19,21; 20,19; 22,19; 24,3; Jer 30,2.4; 33,14; 36,2.4; 37,2; 45,1; 46,13; 50,1; Dan 9,12
Ri	2,4	als der Engel diese Worte ger. hatte 1Kö 13,18; 2Kö 1,3
	6,17	Zeichen, daß du es bist, der mit mir r.
	7,11	damit du hörst, was sie r.
	8,8	(Gideon) zog nach Pnuël und r. mit ihnen
	9,1	Abimelech r. mit ihnen 2.3.37
	11,11	Jeftah r. alles vor dem HERRN
	36	tu mit mir, wie dein Mund ger. hat
	13,11	bist du der Mann, der mit der Frau ger.
	14,7	als (Simson) hinkam, r. er mit dem Mädchen
Rut	4,1	der Löser, von dem er ger. hatte
1Sm	1,13	Hanna r. in ihrem Herzen 16
	23	der HERR bestätige, was er ger. hat
	2,3	freches R. gehe nicht aus eurem Munde
	24	kein gutes Gerücht, von dem ich r. höre
	3,9	r., HERR, denn dein Knecht hört 10
	12	was ich gegen sein Haus ger. habe
	14,19	als Saul noch r. 19,1.4
	15,16	was der HERR mit mir ger. hat 28,17
	17,23	(David) r. 18,1; 20,1.23; 24,17; 2Sm 22,1; Ps 18,1
	23	kam Goliat und r. dieselben Worte
	18,22	Saul gebot: R. mit David heimlich
	22,6	daß David u. d. Männer sich r. machten
	25,9	als die Leute Davids ger. hatten 40
	24	laß deine Magd r. vor deinen Ohren
2Sm	1,16	dein Mund hat gegen dich selbst ger.
	3,27	um mit ihm r. 7
	6,22	bei den Mägden, von denen du ger.
	7,7	ger. zu einem der Richter Israels
	20	was soll David noch mehr r. mit dir
	25	das Wort, das du über sein Haus ger. hast 29; 1Kö 2,4; 8,24; 1Ch 17,23; 2Ch 6,10.15
	12,18	r. wir mit ihm, und er hörte nicht 19
	13,13	r. mit dem König 14,3; 24,12; 1Kö 1,14.22; 2,17-19; 3,22; Jer 38,8.25; Dan 1,19; 6,13.22
	21	Absalom r. nicht mit Amnon
	14,10	wer gegen dich r., den bringe zu mir 15
	18	mein Herr, der König, r. 19
	17,6	das und das hat Ahitofel ger.
	19,8	r. mit deinen Knechten freundlich
	12	r. mit den Ältesten in Juda und sprecht
	30	was r. du noch weiter
	44	haben wir nicht zuerst davon ger.

reden

2Sm	20,16	zu Joab: Komm hierher, ich will mit dir r.
	23,2	der Geist des HERRN hat durch mich ger. 3
1Kö	1,42	als (Joab) noch r. 2,30
	2,14	ich habe mit dir zu r.
	38	wie mein Herr ger. hat 20,4
	10,2	(die Königin von Saba) r. 2Ch 9,1
	12,3	r. mit Rehabeam 14; 2Ch 10,3.14
	13,3	das Zeichen, daß der HERR ger. hat
	7	der König r. mit dem Mann Gottes 11
	14,5	so r. nun mit ihr so und so 2Kö 5,4; 9,12
	11	denn der HERRN hat's ger. 1Ch 11,2; Jes 24,3; 40,5; 58,14; Jer 13,15; Hes 13,7; 21,37; 22,14; 23,34; 24,14.20; 26,5.14; 28,10; 30,12; Jo 4,8; Ob 18; Mi 4,4
	21,2	Ahab r. mit Nabot 5.6.19
	23	auch über Isebel hat der HERR ger.
	22,8	der König r. so nicht 2Ch 18,7
	13	r. Gutes 2Ch 18,12
	14	will r., was der HERR sagen wird 2Ch 18,13
	23	der HERR hat Unheil ger. 2Ch 18,22
	24	von mir gewichen, daß er mit dir r. 28; 2Ch 18,23.27
2Kö	2,11	als sie miteinander gingen und r.
	5,13	seine Diener r. mit (Naaman)
	6,12	auch was du in der Kammer r.
	33	als (Elisa) noch so mit ihnen r. 8,1.4
	17,23	wie er ger. durch die Propheten 21,10; 24,2; 1Ch 21,9.10.19; 2Ch 25,16; 33,18; 36,12.15; Dan 9,6
	18,26	r. aramäisch und r. nicht mit uns hebräisch 27; Jes 36,11.12
	22,14	sie r. mit (der Prophetin Hulda)
1Ch	11,2	der HERR, dein Gott, hat zu dir ger.
	16,9	r. von allen seinen Wundern
	17,15	als Nathan mit David ger. hatte
2Ch	1,2	Salomo r. mit ganz Israel
	18,19	und als dieser so und jener anders r.
	30,22	Hiskia r. herzlich zu allen Leviten 32,6
	32,16	r. seine Großen gegen Gott 17.19
	24	der (HERR) r. mit (Hiskia)
	33,10	wenn der HERR zu Manasse r. ließ
Esr	8,17	was sie r. sollten mit Iddo
Neh	9,13	hast mit ihnen vom Himmel her ger.
	18	obwohl sie große Lästerungen r. 26
Est	6,14	als sie noch mit ihm r. Hi 1,16-18
	7,9	der zum Wohl des Königs ger. hat 10,3
	8,3	Ester r. noch einmal mit dem König
Hi	2,10	du r., wie die törichten Weiber r. 15,2.3; 34,35
	13	saßen mit (Hiob) und r. nichts
	4,2	wenn man versucht, mit dir zu r.
	7,11	will r. in der Angst meines Herzens 8,2; 9,35; 10,1
	11,5	ach, daß Gott mit dir r.
	13,3	ich wollte gern zu dem Allmächtigen r. 22
	6	die Streitsache, von der ich r.
	7	wollt ihr Trug für ihn r.
	13	schweigt und laßt mich r. 21,3; 33,31
	16,3	was reizt dich, so zu r. 4.6
	18,2	habt Einsicht; danach wollen wir r.
	26,4	mit wessen Hilfe r. du
	27,4	meine Lippen r. nichts Unrechtes 33,3
	29,9	die Oberen hörten auf zu r. 22
	32,4	gewartet, bis sie mit Hiob ger. 7.11.16
	20	muß r., daß ich mir Luft mache
	33,2	meine Zunge r. in meinem Munde
	8	hast ger. vor meinen Ohren
	14	auf eine Weise r. Gott
	37,20	wenn jemand r., muß es ihm gesagt werden
	40,5	einmal ger... ein zweites Mal ger. 42,3
	42,4	so höre nun, laß mich r. 7; Ps 50,7
Hi	42,7	habt nicht recht von mir ger. 8
Ps	2,5	wird mit ihnen r. in seinem Zorn
	4,5	r. in eurem Herzen und seid stille
	5,2	HERR, merke auf mein R.
	12,3	einer r. mit dem andern Lug und Trug
	4	die Zunge, die hoffärtig r. 5
	15,2	wer die Wahrheit r. von Herzen
	17,10	mit ihrem Munde r. sie stolz Ob 12
	19,5	ihr R. bis an die Enden der Welt
	28,3	die freundlich r. mit ihrem Nächsten Jer 9,7; 12,6
	31,19	die da r. wider den Gerechten frech
	34,14	behüte d. Lippen, daß sie nicht Trug r.
	35,20	sie r. nicht, was zum Frieden dient
	28	m. Zunge soll r. von d. Gerechtigkeit 71,24
	37,30	der Mund des Gerechten r. Weisheit 49,4
	39,4	so r. ich denn mit meiner Zunge
	40,11	von deinem Heil r. ich
	41,6	meine Feinde r. Arges wider mich
	50,1	Gott r. und ruft der Welt zu
	16	was hast du von meinen Geboten zu r.
	19	deinen Mund lässest du Böses r.
	20	du sitzest und r. wider deinen Bruder
	52,5	du r. lieber Falsches als Rechtes 6
	60,8	Gott hat in seinem Heiligtum ger. 108,8
	62,12	eines hat Gott ger.
	64,6	r. davon, wie sie Stricke legen wollen
	66,14	wie mein Mund ger. hat in meiner Not
	69,27	r. gern von dem Schmerz dessen, den du
	71,10	meine Feinde r. über mich
	73,8	sie r. böse, sie r. und lästern 139,20
	9	was sie r., das soll vom Himmel ger. sein
	15	hätte ich gedacht: Ich will r. wie sie
	75,6	r. nicht so halsstarrig
	77,5	bin voll Unruhe, daß ich nicht r. kann
	7	ich r. mit meinem Herzen
	78,19	r. wider Gott und sprachen
	85,9	könnte ich doch hören, was Gott r.
	89,20	damals hast du ger. durch ein Gesicht
	99,7	er r. mit ihnen in der Wolkensäule
	104,34	mein R. möge ihm wohlgefallen
	105,2	r. von allen seinen Wundern 119,27
	109,20	sie r. wider mich mit falscher Zunge 3.20
	115,5	ihre (Götzen) haben Mäuler und r. nicht 135,16; Jer 10,5
	119,15	ich r. von dem, was du befohlen hast 48
	23	Fürsten r. wider mich
	46	ich r. von deinen Zeugnissen vor Königen
	120,7	wenn ich r., so fangen sie Streit an
	144,8	deren Mund unnütz r. 11
	145,5	sollen r. von deiner hohen Pracht 6.11
Spr	1,21	(die Weisheit) r. ihre Worte in der Stadt
	2,12	unter Leute, die Falsches r.
	6,19	der frech Lügen r. 14,5; 19,5.9
	8,6	ich r., was edel ist
	7	mein Mund r. die Wahrheit
	16,1	vom HERRN kommt, was die Zunge r. wird
	13	aufrichtig r., wird geliebt
	23	des Weisen Herz r. klug
	17,7	einem Toren... von hohen Dingen zu r. 26,7
	18,20	wird vergolten, was sein Mund ger. hat
	23	ein Armer r. mit Flehen
	20,15	ein Mund, der Vernünftiges r.
	23,9	r. nicht vor des Unverständigen Ohren
	16	wenn deine Lippen r., was recht ist
	33	dein Herz wird Verkehrtes r.
	25,11	ein Wort, ger. zu rechter Zeit
	29,20	siehst du einen, der schnell ist zu r.
Pr	1,8	alles R. ist so voll Mühe
	3,7	r. hat seine Zeit

Pr	5,1	laß dein Herz nicht eilen, zu r. vor Gott
Jes	1,2	höret, denn der HERR r. Jer 10,1; Am 3,1
	7,10	der HERR r. abermals zu Ahas
	8,5	der HERR r. weiter mit mir 20,2
	9,16	aller Mund r. Torheit Jer 44,25
	16,13	was der HERR gegen Moab ger. hat 14
	28,11	Gott wird mit einer fremden Zunge r. 1Ko 14,21
	29,4	dann sollst du von der Erde her r.
	30,10	r. zu uns, was angenehm ist
	32,4	wird fließend und klar r.
	6	ein Narr r. Narrheit... r. Trug 59,4
	33,15	wer r., was recht ist
	38,15	was soll ich r.
	40,2	r. mit Jerusalem freundlich Hos 2,16
	41,1	sollen herzutreten und dann r.
	45,19	habe nicht im Verborgenen ger. 48,16
	19	der HERR, der von Gerechtigkeit r. 63,1
	50,4	daß ich wisse mit den Müden zu r.
	58,9	wenn du in deiner Mitte nicht übel r.
	13	daß du kein leeres Geschwätz r.
	59,3	eure Lippen r. Falsches
	13	abfallen von Gott, Frevel r.
	65,12	ich r., ihr habt nicht gehört 66,4; Jer 7,13
	24	wenn sie noch r., will ich hören
Jer	3,5	so r. du und tust Böses
	16	soll man nicht mehr r. von der Bundeslade
	4,28	ich hab's ger., ich hab's beschlossen 34,5
	5,5	ich will mit (den Großen) r.
	15	was sie r., kannst du nicht vernehmen
	6,10	mit wem soll ich noch r.
	8,6	daß sie nicht die Wahrheit r. 9,4
	12,1	dennoch muß ich vom Recht mit dir r.
	14,14	habe nicht zu ihnen ger. 19,5; 23,21.25; Hes 13,7; 22,28; Sa 13,3
	15,19	wenn du recht r. und nicht leichtfertig
	18,7	bald r. ich über ein Volk 8.9; 26,19; 27,13
	20	um für sie zum besten zu r.
	19,15	Unheil, das ich gegen sie ger. habe 26,13; 35,17; 36,31
	20,8	sooft ich r., muß ich schreien
	10	ich höre, wie viele heimlich r.
	22,1	r. dort dies Wort 26,7.15.16; 28,7; 35,2; 38,1; 51,64
	23,35	sollt einer mit dem andern r.
	25,13	an diesem Lande, gegen das ich ger. habe
	27,12	ich r. alle diese Worte zu Zedekia 16
	32,4	von Mund zu Mund mit ihm r. 34,3
	24	wie du ger. hast, so ist's geschehen 40,3
	33,24	gemerkt, was diese Leute r.
	51,12	was er gegen Babel ger. hat 62
Hes	1,28	ich hörte einen r. 43,6; Dan 8,13
	2,1	will ich mit dir r. 2; 3,22.24.27; Dan 7,16; 8,18; 9,22; 10,11.15.19
	3,1	r. zum Hause Israel 14,4; 20,27; 21,7; 24,18; 29,3; 33,2
	5,13	daß ich es in m. Eifern ger. 17,21; 36,5.6
	6,10	nicht umsonst habe ich ger. 12,25.28; 17,24; 37,14
	10,5	wie die Stimme Gottes, wenn er r.
	11,5	so habt ihr ger.
	13,8	weil ihr Trug r. 9
	16,44	wer gern in Sprichwörtern r.
	21,5	r. der nicht immer in Rätseln
	24,27	daß du r. kannst und nicht mehr stumm bist
	33,30	dein Volk r. über dich
	35,13	habt frech gegen mich ger.
	38,17	der, von dem ich vorzeiten ger. 39,8
Dan	2,9	Lug und Trug vor mir zu r.
	7,8	ein Maul; das r. große Dinge 11.20

Dan	9,2	Zahl der Jahre, von denen der HERR ger.
	20	als ich noch so r. und betete 21; 10,16
	10,17	wie kann der Knecht meines Herrn r. 19
	11,27	werden verlogen miteinander r.
	36	gegen Gott wird er Ungeheuerliches r.
Hos	1,2	als der HERR anfing zu r.
	7,13	sie r. Lügen wider mich 10,4
	12,5	hat (zu Bethel) mit ihm ger.
	11	ich r. wieder zu den Propheten
	13,1	solange Ephraim nach meinem Gebot r.
Am	3,8	Gott r., wer sollte nicht Prophet werden
Mi	1,2	Gott der HERR hat mit euch r.
	7,3	die Gewaltigen r. nach ihrem Mutwillen
Ze	3,13	werden nichts Böses tun noch Lüge r.
Sa	1,9	der Engel, der mit mir r. 13.14; 2;2.7; 4;1.4.5; 5,5.10; 6;4.8
	8,16	r. einer mit dem andern Wahrheit Eph 4,25
	10,2	die Götzen r. Lüge
Mal	2,17	ihr macht den HERRN unwillig durch euer R.
Jdt	9,15	gib mir ein, was ich r. soll
Wsh	1,8	keiner verborgen, der Unrechtes r.
	11	was sie einander in die Ohren r.
	7,15	Gott gebe mir, nach seinem Sinn zu r.
	8,12	wenn ich r., werden sie aufmerken
	13,17	schämt sich nicht, mit Leblosem zu r.
Tob	2,5	Wort, das der Herr durch Amos ger. hatte
	7,6	als Raguël viel Gutes von Tobias r.
Sir	1,35	achte darauf, was du r.
	5,12	r. nicht bald so, bald anders
	15	R. bringt Ehre, aber R. bringt auch Schande
	16	r. nicht hinterhältig
	6,5	wer freundlich r., macht sich viele Freunde
	13,27	wenn (ein Armer) verständig r. 28.29
	14,1	wohl dem, der sich nicht mit R. vergeht
	20,5	macht sich unbeliebt, weil er viel r.
	18	macht mein Brot essen, r. nichts Gutes von mir
	20	kommt zu Fall durch sein R.
	22	er r.'s nicht zur rechten Zeit
	21,8	wer zu r. versteht, ist weithin bekannt
	19	wer ein Weiser r., hört man zu 20
	27	Schwätzer r., wovon sie nichts verstehen
	22,8	wer mit einem Narren r., der r. mit einem Schlafenden
	14	r. nicht viel mit einem Narren
	23,15	gibt eine Art zu r., die dem Tod gleicht
	27,12	ein Gottesfürchtiger r., was weise ist
	26	aber kaum ger. hat, r. er anders
	31,29	von einem Geizhals r. die Stadt schlecht
	32,4	du kannst r., weil es dir zukommt
	10	du, Jüngling, darfst r.
	38,18	damit man nicht schlecht von dir r. 42,11
	26	mit nichts anderm als mit Ochsen zu r. weiß
	44,14	die Leute r. von ihrer Weisheit
Bar	2,1	Wort, das er gegen uns ger. hat 7
	20	wie du ger. hast durch die Propheten 24.28
	6,8	(Götzen) können nicht r.
	41	einen Stummen, der nicht r. kann
1Ma	7,28	kommen, um friedlich mit euch zu r.
	9,55	so daß er nicht mehr r. konnte
2Ma	7,27	sie r. in ihrer Sprache mit ihm 30
Mt	5,11	selig seid ihr, wenn die Menschen r. allerlei Übles gegen euch
	9,18	als er dies mit ihnen r. 12,46; 17,5; 26,47; Mk 5,35; 14,43; Lk 5,4; 8,49; 9,34; 11,27.37; 22,47.60
	33	als der böse Geist ausgetrieben war, r. der Stumme 12,22; 15,31; Mk 7,35; Lk 11,14
	10,19	sorgt nicht, wie oder was ihr r. Mk 13,11
	20	nicht ihr seid es, die da r. Mk 13,11

reden   1142

Mt	10,27	was ich euch sage in der Finsternis, das r. im Licht *Lk 12,3*	Jh	9,21	laßt ihn für sich selbst r.
	11,7	von Johannes zu r. 17,13; Lk 7,24		29	wir wissen, daß Gott mit Mose ger. hat
	12,32	wer etwas r. gegen den Menschensohn *Lk 12,10*		11,13	sie meinten, er r. vom leiblichen Schlaf
	34	wie könnt ihr Gutes r., die ihr böse seid		42	*um des Volks willen habe ich ger.*
	36	Rechenschaft von jedem Wort, das sie ger.		51	*solches r. (Kaiphas) nicht von sich selbst*
	46	seine Brüder wollten mit ihm r. 47		56	da fragten sie nach Jesus und r. miteinander
	13,3	er r. vieles zu ihnen in Gleichnissen 34; 22,1; Mk 4,34; 12,1; Lk 8,4		12,29	ein Engel hat mit ihm ger.
	10	warum r. du in Gleichnissen 13; Jh 16,25		36	das r. Jesus 14,25; 16,1.4.6.25.33; 17,1; 18,1
	14,27	sogleich r. Jesus mit ihnen 23,1; Mk 6,50; 16,19; Lk 4,21		41	hat Jesaja gesagt, weil... und r. von ihm
	16,11	daß ich nicht vom Brot zu euch ger. habe		48	das Wort, das ich ger. habe
	17,3	Mose und Elia r. mit ihm Mk 9,4; Lk 9,30.31		49	habe nicht aus mir selbst ger. 14,10; 16,13
	21,45	die Pharisäer erkannten, daß er von ihnen r. *Mk 12,12*		13,18	*nicht r. ich von euch allen*
	26,44	betete und r. dieselben Worte		22	ihnen wurde bange, von wem er wohl r. 24
Mk	1,34	ließ die Geister nicht r. Lk 4,41		14,30	ich werde nicht mehr viel mit euch r.
	45	er fing an, viel davon zu r.		15,3	um des Wortes willen, das ich zu euch ger.
	2,7	wie r. der so Lk 5,21		16,18	wir wissen nicht, was er r.
	7,37	er macht die Sprachlosen r.		25	die Zeit, daß ich nicht mehr in Bildern mit euch r. 29
	8,32	er r. das Wort frei und offen		17,13	nun komme ich zu dir und r. dies in der Welt
	9,6	er wußte nicht, was er r. Lk 9,33		18,16	r. mit der Türhüterin und führte Petrus hinein
	18	ich habe mit deinen Jüngern ger.		20	ich habe nichts im Verborgenen ger.
	39	kann übel von mir r.		20	ich habe frei und offen vor aller Welt ger.
	12,32	Meister, du hast wahrhaftig recht ger.		21	die gehört haben, was ich zu ihnen ger.
	14,31	er aber r. noch weiter		22	als er so r.
	71	ich kenne den Menschen nicht, von dem ihr r.		23	habe ich übel ger... recht ger.
	16,17	werden in neuen Zungen r.		34	*r. du das von dir selbst*
Lk	1,19	gesandt, mit dir zu r.		19,10	da sprach Pilatus zu ihm: R. du nicht mit mir
	20	du wirst nicht r. können 22	Apg	1,3	r. mit ihnen vom Reich Gottes
	55	wie er ger. hat zu unsern Vätern		2,6	jeder hörte sie in seiner eigenen Sprache r. 11
	64	er r. und lobte Gott		7	sind nicht alle, die da r., aus Galiläa
	70	ger. durch den Mund seiner Propheten 24,25; Apg 3,21.24		14	Petrus erhob s. Stimme und r. zu ihnen 29
	2,33	*das von ihm ger. ward*		31	*(David) hat ger. von der Auferstehung*
	38	pries Gott und r. von ihm zu allen		4,1	während sie zum Volk r.
	50	*verstanden... nicht, das er zu ihnen r.*		17	hinfort zu keinem Menschen in diesem Namen r. 18; 5,40
	4,21	er fing an, zu ihnen zu r.		20	wir können's nicht lassen, von dem zu r., was
	36	sie r. miteinander und sprachen		29	zu r. dein Wort 31; 8,25; *14,25; 16,6*.13; Phl 1,14
	7,15	der Tote richtete sich auf und fing an zu r.		5,20	tretet im Tempel auf und r. zum Volk
	20,21	Meister, wir wissen, daß du aufrichtig r.		6,10	sie vermochten nicht zu widerstehen dem Geist, in dem er r.
	22,4	r. mit... darüber, wie er ihn an sie verraten		11	haben ihn Lästerworte r. hören gegen Gott
	24,14	sie r. miteinander von allen diesen Geschichten 15		13	hört nicht auf, zu r. gegen das Gesetz
	32	als er mit uns r. auf dem Wege 36		7,38	stand zwischen dem Engel, der mit ihm r. 44
Jh	1,37	die zwei Jünger hörten ihn r.		8,26	der Engel des Herrn r. zu Philippus
	2,21	er r. von dem Tempel seines Leibes		33	*wer wird von seinem Geschlechte r.*
	3,11	wir r., was wir wissen		34	von wem r. der Prophet das
	31	wer von der Erde ist, der r. von der Erde		9,27	wie (der Herr) mit ihm ger. 26,14
	34	der, den Gott gesandt hat, r. Gottes Worte		29	er r. und stritt mit den griech. Juden
	4,26	ich bin's, der mit dir r. 9,37		10,7	der Engel, der mit ihm r.
	27	sie wunderten sich, daß er mit einer Frau r.		27	während er mit ihm r., ging er hinein
	6,63	die Worte, die ich zu euch ger., sind Geist		44	während Petrus diese Worte r. 11,15
	71	er r. aber von Judas		46	sie hörten, daß sie in Zungen r. 19,6
	7,13	niemand r. offen über ihn aus Furcht		11,19	*r. das Wort zu den Juden 17,17*
	17	ob diese Lehre von Gott ist oder ob ich von mir selbst aus r.		20	die r. auch zu den Griechen
	18	wer von sich selbst aus r., sucht s. eigene Ehre		13,15	wollt ihr etwas r., so sagt es
	26	siehe, er r. frei und offen		42	am nächsten Sabbat noch einmal von diesen Dingen r.
	46	noch nie hat ein Mensch so ger. wie dieser		14,9	der hörte Paulus r. 16,14
	8,12	da r. Jesus abermals zu ihnen 20		17,2	Paulus r. mit ihnen 18,19; 20,11
	26	viele habe ich von euch zu r.		18,9	fürchte dich nicht, r. und schweige nicht
	26	was ich von ihm gehört habe, das r. ich 28. 38; 12,49.50; 16,13		25	dieser r. brennend im Geist
	44	wenn er Lügen r., spricht er aus dem Eigenen		19,9	wie einige übel r. von der Lehre
				33	*Alexander wollte vor dem Volke r.*
				20,9	Schlaf, weil Paulus so lange r.
				30	*Männer, die verkehrte Lehren r.*
				21,37	darf ich mit dir r.

Apg	21,39	erlaube mir, zu dem Volk zu r.	Tit	2,15	solches r. und ermahne
	40	er r. zu ihnen auf hebräisch 22,2	1Pt	2,12	die, so von euch Böses r.
	22,9	die Stimme dessen, der mit mir r.		3,10	der hüte seine Zunge, daß sie nichts Böses r.
	23,9	vielleicht hat ein Engel mit ihm ger.		4,11	daß er's r. als Gottes Wort
	24,9	*die Juden r. auch dazu 28,19*	2Pt	1,21	getrieben von dem hl. Geist, haben Menschen im Namen Gottes ger.
	10	als ihm der Statthalter winkte zu r.			
	25	als Paulus von Gerechtigkeit r.		2,16	das stumme Lasttier r. mit Menschenstimme
	26,1	es ist dir erlaubt, für dich selbst zu r.		18	sie r. stolze Worte, hinter denen nichts ist Jud 16
	25	ich r. wahre und vernünftige Worte			
	26	der König, zu dem ich frei und offen r.		3,16	davon r. er in allen Briefen
	31	als sie sich zurückzogen, r. sie miteinander	1Jh	4,5	darum r. sie, wie die Welt r., und die Welt hört
	28,25	*als Paulus das eine Wort r. 29*			
Rö	3,2	ihnen ist anvertraut, was Gott ger. hat	2Jh	12	ich hoffe, mündlich mit euch zu r. 3Jh 14
	5	ich r. nach Menschenweise 6,19; Gal 3,15	Heb	1,1	nachdem Gott vielfach ger. hat zu den Vätern
	22	ich r. von der Gerechtigkeit vor Gott 9,30			
	7,1	ich r. mit denen, die das Gesetz kennen		2	hat er zu uns ger. durch den Sohn
	11,20	*ist wohl ger.*		2,2	*das Wort, das durch die Engel ger. ist*
	15,18	ich werde nicht wagen, von etwas zu r.		5	die zukünftige Welt, von der wir r.
1Ko	1,10	daß ihr alle mit einer Stimme r.		4,8	würde Gott nicht danach von einem andern Tag ger. haben
	2,6	wovon wir aber r. 7.13			
	3,1	ich konnte nicht zu euch r. wie zu geistlichen Menschen		5,11	*davon hätten wir wohl viel zu r.*
				6,9	obwohl wir so r., ihr Lieben, sind wir doch
	4	ist das nicht nach Menschenweise ger.		7,14	*zu welchem Mose nichts ger. hat*
	4,13	man verlästert uns, so r. wir freundlich		8,1	das ist die Hauptsache, wovon wir r.
	9,8	r. ich nach menschl. Gutdünken		9,5	von diesen Dingen ist nicht im einzelnen zu r.
	10	r. er nicht überall um unsertwillen			
	10,15	ich r. zu verständigen Menschen		11,4	durch den Glauben r. er noch
	29	ich r. nicht von deinem eigenen Gewissen		22	durch den Glauben r. Josef vom Auszug
	11,4	jeder Mann, der betet oder prophetisch r. 5		12,5	der zu euch r. wie zu seinen Kindern
	12,3	daß niemand Jesus verflucht, der durch den Geist Gottes r.		24	Blut der Besprengung, das besser r. als Abels Blut
	8	dem einen gegeben, von der Weisheit zu r.		25	daß ihr den nicht abweist, der da r.
	30	r. alle in Zungen		25	die abwiesen, der auf Erden r... den abweisen, der vom Himmel r.
	13,1	wenn ich mit Menschen- und Engelzungen r.			
	2	wenn ich prophetisch r. könnte	Jak	1,19	jeder Mensch sei schnell zum Hören, langsam zum R.
	8	wo doch das prophetische R. aufhören wird			
	11	als ich ein Kind war, da r. ich wie ein Kind		2,12	r. so und handelt so wie Leute, die
	14,2	wer in Zungen r., der r. nicht für Menschen 3-6.11.13.18.23.24.27		5,10	Propheten, die ger. in dem Namen des Herrn
			Jud	15	das die Sünder gegen ihn ger. haben
	5	wollte, daß ihr alle in Zungen r. könntet 31	Off	1,12	Stimme, die mit mir r. 4,1; 10,8
	6	wenn ich nicht mit euch r. in Worten der Offenbarung		10,4	als die sieben Donner ger. hatten
				13,5	ein Maul, zu r. große Lästerungen
	9	ihr werdet in den Wind r.		11	das r. wie ein Drache
	19	ich will in der Gemeinde lieber fünf Worte r.		15	damit das Bild des Tieres r. könne
	21	ich will in andern Zungen r. zu diesem Volk		17,1	einer von den Engeln r. mit mir 21,9.15
	28	er r. für sich selber und für Gott			
	29	von den Propheten laßt zwei oder drei r.			**redlich**
	34	es ist ihnen nicht gestattet zu r. 35			
2Ko	2,17	aus Lauterkeit r. wir vor Gott in Christus 12,19	1Mo	42,11	wir sind r. 19.31.33.34
			2Mo	18,21	sieh dich um nach r. Leuten 25
	4,13	ich glaube, darum r. ich	Jos	10,13	geschrieben im Buch des R. 2Sm 1,18
	6,13	ich r. mit euch als mit meinen Kindern	Ri	9,16	habt ihr nun recht und r. getan 19
	7,4	ich r. mit großer Zuversicht zu euch	1Sm	29,6	ich halte dich für r.
	14	alles wahr ist, was wir ger. haben	1Kö	1,42	bist ein r. Mann und bringst gute Botsch.
	10,11	wer so r., der bedenke		52	wird er r. sein, so soll kein Haar
	11,17	das r. ich nicht dem Herrn gemäß	Hi	6,25	wie kräftig sind doch r. Worte
	21	wo einer kühn ist - ich r. in Torheit		23,7	würde ich r. R. mit ihm rechten
	23	sie sind Diener Christi - ich töricht	Ps	37,3	bleibe im Lande und nähre dich r.
	13,3	einen Beweis dafür, daß Christus in mir r.		101,2	ich handle r... wandle mit r. Herzen
Gal	4,20	ich wollte, daß ich jetzt mit andrer Stimme zu euch r. könnte	Spr	12,5	die Gedanken der Gerechten sind r.
				20,11	ob er lauter und r. werden will
Eph	4,25	legt die Lüge ab und r. die Wahrheit	Jes	59,4	es ist niemand, der r. richtet
	29	r., was gut ist und was notwendig ist	Mi	7,4	unter ihnen ist der R. wie eine Hecke
	5,12	davon auch nur zu r. ist schändlich	Sir	28,18	ein Schandmaul verstößt r.
	19	r. untereinander in Psalmen	2Ma	2,22	die für das Judentum r. gekämpft haben
	32	ich r. von Christus und der Gemeinde		9,19	Antiochus entbietet den r. Juden s. Gruß
	6,20	(betet,) daß ich mit Freimut davon r.	StE	5,4	diejenigen, die treu und r. dienen
1Th	2,4	darum r. wir, als wollten wir gefallen Gott	2Ko	8,21	daß es r. zugehe nicht allein vor dem Herrn
1Ti	5,13	sie r., was nicht sein soll			
Tit	2,1	r., wie sich's ziemt nach der heilsamen L.	2Ti	4,5	richte dein Amt r. aus

Redlichkeit

Redlichkeit
1Mo	30,33	so wird meine R. für mich zeugen
Ps	25,21	Unschuld und R. mögen mich behüten
Spr	1,3	daß man annehme Recht und R.
	11,16	eine Schande ist ein Weib, das R. haßt
Sir	40,12	die R. bleibt ewig

Reelaja (= Raamja)
Esr 2,2 kamen mit Serubbabel... R.

Refach, Rephach
1Ch 7,25 (Ephraims) Sohn war R.

Refaël, Raphaël
1Ch 26,7 Söhne Schemajas: R.

Refaim, Rephaim
Jos	15,8	an der Nordecke der Ebene R. 18,16
2Sm	5,18	die Philister breiteten sich aus in der Ebene R. 22; 23,13; 1Ch 11,15; 14,9
Jes	17,5	wie wenn einer Ähren liest im Tal R.

Refaiter, Rephaiter
1Mo	14,5	die Könige schlugen die R.
	15,20	(deinen Nachkommen geben:) die R.
Jos	17,15	rode für dich im Lande der R.

Refaja, Rephaja
1Ch	3,21	¹Söhne Hananjas: R.
	4,42	²R., die Söhne Jischis
	7,2	³Söhne Tolas: R.
	8,37	⁴Bina, dessen Sohn war R. 9,43
Neh	3,9	⁵R., der Sohn Hurs

Refidim, Raphidim
2Mo	17,1	lagerten sich in R. 19,2; 4Mo 33,14.15
	8	Amalek kämpfte gegen Israel in R.

Regel
Gal 6,16 *wie viele nach dieser R. einhergehen*

regelmäßig
Esr 6,8 gebe den Leuten r., was sie bedürfen

Regem
1Ch 2,47 Söhne Jahdais: R.

Regem-Melech
Sa 7,2 sandte Bethel den Sarezer und den R.

regen
1Mo	7,21	ging alles unter, das sich auf Erden r.
	8,17	daß sie sich r. auf Erden 9,7
	9,3	alles, was sich r., sei eure Speise 3Mo 11,10. 21.46
	41,44	ohne deinen Willen soll niemand s. Fuß r.
Jos	10,21	wagte niemand, seine Zunge zu r.
Ps	50,11	was sich r. auf dem Felde, ist mein
	69,35	die Meere mit allem, was sich darin r.
	104,20	da r. sich alle wilden Tiere
Spr	31,17	sie r. ihre Arme
Jes	10,14	kein Flügel r. sich
Hes	37,7	es r. sich, die Gebeine rückten zusammen
	38,20	alles, was sich r. und bewegt
Jdt	14,13	er horchte, ob sich etwas r.
Wsh	5,11	er r. sich und schlägt in die Luft
	7,24	Weisheit ist regsamer als alles, was sich r.
2Th	2,7	r. sich schon das Geheimnis der Bosheit

Regen
1Mo	7,12	ein R. kam auf Erden 40 Tage 8,2
2Mo	9,33	der R. troff nicht mehr auf die Erde 34
3Mo	26,4	will euch R. geben 5Mo 11,14; 28,12
5Mo	11,11	Auen, die der R. vom Himmel tränkt
	17	schließe den Himmel zu, daß kein R. kommt
	28,24	statt R. wird der HERR Staub geben
	32,2	m. Lehre rinne wie der... R. auf das Gras
2Sm	21,10	bis R. vom Himmel auf die Toten troff
	23,4	wie das Gras nach dem R. Mi 5,6
1Kö	17,1	soll diese Jahre weder Tau noch R. kommen 7; 2Kö 3,17
	18,44	spann a., damit dich der R. nicht aufhält
	45	ehe man sich's versah, kam ein großer R.
Esr	10,9	saß zitternd wegen des strömenden R.
Hi	5,10	der den R. aufs Land gibt
	24,8	triefen sie in den Bergen
	28,26	als er dem R. ein Gesetz gegeben
	29,23	warteten auf mich wie auf den R.
	36,27	treibt Wolken zusammen zum R. 28; Ps 147,8
	38,28	wer ist des R. Vater
Ps	65,11	mit R. machst du es weich
	68,10	du gabst gnädigen R. Hes 34,26; Jo 2,23
	72,6	er soll herabfahren wie der R. Hos 6,3
	105,32	er gab ihnen Hagel statt R.
	135,7	der die Blitze samt dem R. macht
Spr	25,14	ist wie Wolken und Wind ohne R.
	23	Wind mit dunklen Wolken bringt R. Pr 11,3
	26,1	wie R. zur Ernte, so reimt sich
Pr	12,2	ehe Wolken wiederkommen nach dem R.
Hl	2,11	der R. ist vorbei und dahin
Jes	4,6	Zuflucht und Obdach vor dem Wetter und R.
	30,23	er wird deinem Samen R. geben Sa 10,1
	44,14	Fichten... der R. ließ sie wachsen
	55,10	gleichwie der R. vom Himmel fällt
Jer	14,22	ist denn einer, der R. geben könnte
Hes	40,43	um das Opferfleisch gegen R. zu schützen
Am	4,7	habe euch den R. vorenthalten
Sir	1,2	wieviel Tropfen der R. hat
	35,26	wie der R. erquickt, wenn es trocken
	40,13	wie ein starker Donner im R. verhallt
	43,20	muß sich wundern über solch seltsamen R.
Bar	6,53	(Götzen) geben den Menschen nicht R.
StD	3,41	R. und Tau, lobt den Herrn
Lk	12,54	so sagt ihr gleich: Es gibt R.
Apg	14,17	hat euch vom Himmel R. gegeben
	28,2	nahmen uns alle auf wegen des R.
Heb	6,7	Erde, die den R. trinkt, der oft auf sie fällt
Jak	5,18	der Himmel gab R., und die Erde brachte Frucht

Regenbogen
Hes	1,28	wie der R. steht in den Wolken
Sir	43,12	sieh den R. an und lobe den, der

Sir	50,7	wie der R. glänzt mit seinen Farben
Off	4,3	ein R. war um den Thron 10,1

Regenguß

Wsh	16,16	als sie durch ungewöhnliche R. verfolgt
	22	Feuer, das in den R. aufblitzte

Regent

1Mo	42,6	Josef war der R. im Lande
Hes	21,17	es geht über alle R. in Israel
Sir	10,1	ein weiser R. schafft seinem Volk Bestand
	2	wie der R. ist, so sind auch seine Amtleute
	27	Herren und R. stehen in hohem Ansehen
Apg	7,10	der setzte ihn zum R. über Ägypten

Regenwasser

Jer	18,14	das R. verläuft sich nicht so schnell

Regenzeit

Esr	10,13	es ist R., man kann nicht draußen stehen

regieren

1Mo	1,16	Licht, das den Tag r... das die Nacht r. 18; Ps 136,8.9
	19,9	bist der einzige Fremdling und willst r.
	36,31	Könige, die im Lande Edom r. 36; 1Ch 1,43
1Sm	13,1	zwei Jahre r. er über Israel 2Sm 2,10
2Sm	5,4	David r. 40 Jahre 5; 1Ch 3,4; 18,14; 29,27
1Kö	11,37	daß du r. über alles, was dein Herz begehrt
	12,17	daß Rehabeam über die r. 2Ch 10,17; 12,13
	14,20	r. 22 Jahre 19.21; 15,2.10.25.33; 16,8.15.23.29; 22,42.52; 2Kö 3,1; 8,17.26; 10,36; 12,2; 13,1.10; 14,23; 15,2.8.13.17.23.27.33; 16,2; 17,1; 18,2; 21,1.19; 22,1; 23,31.36; 24,8.18; 2Ch 1,13; 9,30; 12,13; 13,2; 20,31; 21,5.20; 22,2; 24,1; 25,1; 26,3; 27,1.8; 28,1; 29,1; 33,1.21; 34,1; 36,2.5.9.11; Jer 52,1
2Kö	23,33	ins Gefängnis, damit er nicht mehr r.
1Ch	1,43	ehe in Israel ein König r.
	16,31	man sage unter den Heiden, daß der HERR r.
Esr	8,1	zur Zeit, als Artahsasta r.
Hi	34,17	kann r., wer das Recht hasset
	30	läßt nicht einen Gottlosen r.
	36,31	damit r. er die Völker
Ps	9,9	und die Völker r., wie es recht ist 67,5; 97,8
	55,12	Verderbnis r. darin
	147,5	unbegreiflich ist, wie er r.
Spr	8,15	durch mich r. die Könige
	28,15	ein Gottloser, der über ein armes Volk r.
Jes	32,1	es wird ein König r. Jer 23,5
Sa	3,7	so sollst du mein Haus r.
Jdt	1,6	Nebukadnezar r. in der Stadt Ninive
Wsh	1,1	die ihr Land und Leute r.
	6,5	habt ihr nicht recht r.
	8,1	sie r. das All vortrefflich
	14	ich werde Völker r.
	9,3	(damit er) die Welt in Heiligkeit r. soll
	12,15	so r. du alle Dinge gerecht
	13,2	für Götter halten, die die Welt r.
	15,1	du r. alles mit Barmherzigkeit
Tob	1,18	als sein Sohn Sanherib r.
	9,11	Gott, der in Ewigkeit r. Bar 3,3
Sir	4,16	wer ihr gehorcht, der wird Völker r.
	9,25	es ist gefährlich, wenn ein Schwätzer r.
Sir	24,15	daß ich in Jerusalem r. sollte
	37,21	darüber r. allezeit die Zunge
	44,3	es gab solche, die gut r. haben
	45,32	sein Volk zu r. mit Gerechtigkeit
	47,14	so daß er im Frieden r. konnte
Bar	2,1	Könige und Obere, die Israel r.
1Ma	1,8	gestorben, nachdem er zwölf Jahre r. hatte
	10	ihre Nachkommen r. lange Zeit 11
	5,19	befahl ihnen, sie sollten das Volk r.
	6,11	beliebt war, solange ich r. habe
	7,1	Demetrius r. dort als König
	8,15	um das Volk immer gut zu r.
StE	1,2	bedacht, meine Untertanen mild zu r.
Rö	12,8	*r. jemand, so sei er sorgfältig*
Gal	5,18	r. euch der Geist, so seid ihr nicht unter dem Gesetz
Kol	3,15	der Friede Christi r. in euren Herzen
Jak	3,4	*wo der hin will, der es r.*
Off	11,15	er wird r. von Ewigkeit zu Ewigkeit 22,5
	19,15	er wird sie r. mit eisernem Stabe
	20,4	diese wurden lebendig und r. mit Christus 6

Regierer

1Ko	12,28	*Gott hat gesetzt Helfer, R.*

Regierung

1Ch	29,30	(Davids) R. und seine tapferen Taten
Esr	7,1	unter der R. des Artahsasta
1Ma	16,24	beschrieben in einem Buch über seine R.

Regierungsgeschäft

2Ma	4,23	um notwendige R. schriftlich abzuschließen

Regium s. **Rhegion**

regnen

1Mo	2,5	Gott der HERR hatte noch nicht r. lassen
	7,4	in sieben Tagen will ich r. lassen
	19,24	ließ Schwefel und Feuer r. Lk 17,29
2Mo	16,4	will Brot v. Himmel r. lassen Ps 78,24.27
1Sm	12,17	daß er soll donnern und r. lassen 18
2Sm	1,21	es soll weder tauen noch r. auf euch
1Kö	8,35	wenn der Himmel verschlossen wird, daß es nicht r. 36; 2Ch 6,26.27; 7,13
	17,14	der HERR r. lassen wird auf Erden 18,1
	18,41	rauscht, als wollte es sehr r.
Hi	20,23	wird r. lassen seine Schrecknisse
	38,26	daß es r. aufs Land, wo niemand ist
Ps	11,6	er wird r. lassen Feuer und Schwefel
Spr	27,15	ein triefendes Dach, wenn's sehr r.
Jes	5,6	den Wolken gebieten, daß sie nicht r.
	45,8	ihr Wolken, r. Gerechtigkeit Hos 10,12
Jer	10,13	er macht die Blitze, daß es r. 51,16
	14,4	die Erde lechzt, weil es nicht r.
Hes	1,28	der Regenbogen, wenn es ger. hat
	34,26	will auf sie r. lassen zu rechter Zeit
Am	4,7	ließ r. über eine Stadt... nicht r.
Sa	10,1	bittet den HERRN, daß es r.
	14,17	über das Geschlecht wird's nicht r.
Mt	5,45	er läßt r. über Gerechte und Ungerechte
Jak	5,17	er betete, daß es nicht r. sollte
Off	11,6	es nicht r. in den Tagen ihrer Weissagung

regsam

Wsh 7,24 Weisheit ist r. als alles, was sich regt

Regu

1Mo 11,18 Peleg zeugte R. 20; 1Ch 1,25; Lk 3,35

Reguël

1Mo 36,4 ¹Basemat gebar R. 10.13.17; 1Ch 1,35.37
2Mo 2,18 ²als sie zu ihrem Vater R. kamen 4Mo 10,29 (= Jitro)
1Ch 9,8 ³R., des Sohnes Jibnejas

Reh

5Mo 12,15 wie man R. oder Hirsch ißt 22; 14,5; 15,22
2Sm 2,18 Asaël war schnellfüßig wie ein R.
1Kö 5,3 (zur Speisung) Gazellen und R.
1Ch 12,9 schnell wie R. auf den Bergen
Spr 5,19 sie ist holdselig wie ein R.
6,5 errette dich wie ein R. aus der Schlinge
Jes 13,14 sie sollen sein wie ein verscheuchtes R.
Sir 27,22 ist entsprungen wie ein R. aus der Schlinge
Apg 9,36 Tabita, das heißt übersetzt: R.

Rehabeam

1Kö 11,43 (Salomos) Sohn R. wurde König 14,21.25.29. 31; 1Ch 3,10; 2Ch 9,31; 11,18.21.22; 12,2.16; Sir 47,27; Mt 1,7
12,1 R. zog nach Sichem 2Ch 10,1
3 redeten mit R. 12.23; 2Ch 10,3.12; 11,3
6 R. hielt einen Rat 2Ch 10,6.13
17 daß R. nur über die regierte 2Ch 10,17
18 als R. den Fronvogt hinsandte... R. floh 21; 2Ch 10,18
21 Königtum an R. zurückzubringen 2Ch 11,1
27 das Herz wenden zu R. und werden R. zufallen
14,27 ließ R. kupferne Schilde machen 2Ch 12,10
30 war Krieg zwischen R. und Jerobeam ihr Leben lang 15,6; 2Ch 12,15
2Ch 11,5 R. baute Städte in Juda zu Festungen
17 stärkten R. 12,1.13
12,5 kam der Prophet Schemaja zu R.
13,7 wurden mächtiger als R.; denn R. war jung

Rehabja

1Ch 23,17 der Sohn Eliësers: R... die Söhne R. waren überaus viele 24,21; 26,25

Rehob

4Mo 13,21 ¹erkundeten das Land bis nach R. 2Sm 10,8 (= Bet-Rehob)
Jos 19,28 ²(Asser... die Grenze läuft nach) R. 30; 21,31; Ri 1,31; 1Ch 6,40
2Sm 8,3 ³David schlug Hadad-Eser, den Sohn R. 12
Neh 10,12 ⁴(die Leviten sind:) R.

Rehobot, *Rehoboth*

1Mo 36,37 wurde Schaul von R. König 1Ch 1,48

Rehobot-Ir, *Rehoboth-Ir*

1Mo 10,11 (Nimrod) baute Ninive und R.

Rehum

Esr 2,2 ¹kamen mit Serubbabel... R. Neh 7,7
4,8 ²der Kanzler R. 9.17.23
Neh 3,17 ³R., der Sohn Banis
10,26 ⁴(die Oberen des Volks:) R.
12,3 ⁵(Priester:) R.

Reï

1Kö 1,8 Schimi und R. und die Helden Davids

reiben

Hes 29,18 daß alle Schultern wund ger. waren
Lk 6,1 *seine Jünger rauften Ähren aus und r. sie*

reich

1Mo 13,2 Abram war sehr r. 14,23; 24,35
26,13 (Isaak) wurde ein r. Mann
30,20 Gott hat mich r. beschenkt
43 daher wurde der Mann über die Maßen r.
41,29 sieben r. Jahre werden kommen 34.47.53
2Mo 30,15 der R. soll nicht mehr geben
3Mo 19,25 damit ihr um so r. Ertrag einsammelt
Ri 18,7 sie waren r. an Besitz
Rut 3,10 nachgegangen, weder den r. noch den armen
1Sm 2,7 der HERR macht arm und macht r.
17,25 den will der König sehr r. machen
2Sm 12,1 der eine r., der andere arm 2.4
2Kö 4,8 dort war eine r. Frau
15,20 legte eine Steuer auf die R. in Israel
Hi 1,3 (Hiob) war r. als alle im Osten
15,29 doch wird er nicht r. bleiben 27,19
37,23 den Allmächtigen... r. an Gerechtigkeit
Ps 34,11 R. müssen darben und hungern
36,9 werden satt von den r. Gütern d. Hauses
45,13 die R. im Volk suchen deine Gunst
49,3 (merket auf) r. und arm, miteinander
17 dich nicht anfechten, wenn einer r. wird
65,5 der hat r. Trost von deinem Hause
10 suchst das Land heim und machst es sehr r.
68,16 r. an Gipfeln ist Baschans Gebirge
73,12 sind glücklich in der Welt und werden r.
Spr 10,4 der Fleißigen Hand macht r.
15 die Habe des R. ist seine feste Stadt 18,11
22 der Segen des HERRN allein macht r.
12,27 ein fleißiger Mensch wird r.
13,7 mancher stellt sich r. und hat nichts
14,4 die Kraft des Ochsen bringt r. Ertrag
20 die R. haben viele Freunde
18,23 ein R. antwortet hart
19,1 der Verkehrtes spricht und dabei r. ist
21,17 wer Wein und Salböl liebt, wird nicht r.
22,2 R. und Arme begegnen einander
7 der R. herrscht über die Armen
16 wer einem R. gibt, schafft ihm nur Mangel
23,4 bemühe dich nicht, r. zu werden
24,25 r. Segen kommt auf sie
28,6 als ein R., der auf verkehrten Wegen geht
11 ein R. meint weise zu sein
20 wer eilt, r. zu werden, wird nicht
Pr 5,11 die Fülle läßt den R. nicht schlafen
13 R. kommt um durch ein böses Geschick
10,6 R. müssen in Niedrigkeit sitzen
20 fluche dem R. auch nicht in d. Schlafkammer
Hl 5,12 seine Augen sitzen an r. Wassern
Jer 5,27 daher sind sie groß und r. geworden
9,22 ein R. rühme sich nicht seines Reichtums

Hes	26,2	ich werde jetzt r. werden 27,25
	27,33	machtest r. die Könige auf Erden
Hos	12,9	ich bin r. Sa 11,5; Off 3,17
Mi	6,12	ihre R. tun viel Unrecht
Jdt	15,9	das ganze Land wurde r. von dieser Beute 8
Wsh	8,5	was ist r. als die Weisheit Sir 24,39
	10,11	(Weisheit) stand ihm bei und machte ihn r.
Tob	7,15	Gott schenke euch seinen r. Segen
Sir	1,23	(die Furcht des Herrn) gibt r. Frieden
	7,36	damit du r. gesegnet wirst
	8,2	zanke nicht mit einem R.
	10,25	sollen sich R. und Arme dessen rühmen
	26	einen Gottlosen zu ehren, weil er r. ist
	30	besser arbeiten und dabei r. werden
	33	der R. (wird geehrt) um seiner Güter willen
	34	was einem R. übel ansteht 13,4
	11,17	mancher kargt und wird dadurch r.
	13,2	geselle dich nicht zum R. 5; 31,12
	22	der R. nicht (Frieden) mit dem Armen 23.24
	25	wenn der R. zu fallen droht 26
	28	wenn der R. redet, so schweigen alle
	14,3	zu... paßt es nicht, wenn er r. ist
	18,25	wenn man r. ist, soll man bedenken
	19,1	Arbeiter... wird nicht r.
	24,24	meine Blüte brachte r. Frucht
	25,4	wenn ein R. gern lügt
	26,4	ob er r. oder arm ist, sein Herz ist guter Dinge
	27,1	die r. werden wollen, nehmen es nicht genau
	28,12	wenn einer r. ist, wird sein Zorn heftiger
	29,24	Bürge werden hat r. Leute zugrunde gerichtet
	30,14	besser, arm und gesund als r. und nicht gesund
	31,3	der R. arbeitet und kommt dabei zu Geld
	8	wohl dem R., der untadelig geblieben ist
	35,1	Gottes Gebote halten, das ist ein r. Opfer
	37,7	denke an (den Freund), wenn du r. wirst
	44,6	Männer, r. und mächtig gewesen sind
	51,22	da lernte ich viel und hatte r. Gewinn
1Ma	16,11	Ptolemäus war sehr r. StD 1,4
2Ma	3,6	meldete, daß der Tempelschatz r. sei
Mt	19,23	ein R. wird schwer ins Himmelreich kommen 24; Mk 10,23.25; Lk 18,24.25
	27,57	am Abend kam ein r. Mann aus Arimathäa
Mk	12,41	viele r. legten viel ein
Lk	1,53	er läßt die R. leer ausgehen
	6,24	weh euch R.
	12,16	es war ein r. Mensch, dessen Feld hatte gut getragen
	21	so geht es dem, der nicht r. (ist) bei Gott
	14,12	lade weder... noch r. Nachbarn ein
	16,1	ein r. Mann hatte einen Verwalter
	19	ein r. Mann kleidete sich in Purpur
	21	sich zu sättigen mit dem, was von des R. Tisch fiel
	22	der R. starb und wurde begraben
	18,23	wurde er traurig; denn er war sehr r.
	19,2	der war ein Oberer der Zöllner und war r.
	21,1	sah, wie die R. ihre Opfer einlegten
Rö	10,12	über alle derselbe Herr, r. für alle
	15,13	daß ihr immer r. werdet an Hoffnung
1Ko	1,5	daß ihr durch ihn in allen Stücken r. gemacht seid 2Ko 8,7
	4,8	ihr seid schon r. geworden
	16,9	mir ist eine Tür aufgetan zu r. Wirken
2Ko	4,15	damit die Gnade noch r. werde
	6,10	die Armen, aber die doch viele r. machen
	8,7	wie ihr in allen Stücken r. seid
	9	obwohl er r. ist, wurde er doch arm um euretwillen, damit ihr durch seine Armut r.

2Ko	8,20	daß uns jemand übel nachredet wegen dieser r. Gabe
	9,8	damit ihr r. seid zu jedem guten Werk
	11	so werdet ihr r. sein in allen Dingen
Eph	1,18	ihr erkennt, wie r. die Herrlichkeit seines Erbes für die Heiligen ist
	2,4	Gott, der r. ist an Barmherzigkeit
Phl	1,9	daß eure Liebe immer r. werde an Erkenntnis
1Th	3,12	euch lasse der Herr immer r. werden in der Liebe
1Ti	1,14	desto r. geworden die Gnade unseres Herrn
	6,9	die r. werden wollen, fallen in Versuchung
	17	den R. gebiete, daß sie nicht stolz seien
	18	daß sie Gutes tun, r. werden an guten Werken
Jak	1,10	wer r. ist, rühme sich seiner Niedrigkeit
	11	wird auch der R. dahinwelken in dem, was
	2,5	die im Glauben r. sind und Erben des Reichs
	6	die R., die Gewalt gegen euch üben
	3,17	ist r. an Barmherzigkeit und guten Früchten
	5,1	und nun, ihr R.
Off	2,9	ich kenne deine Armut – du bist aber r.
	3,17	du sprichst: Ich bin r. und habe genug
	18	daß du Gold von mir kaufst, damit du r. werdest
	6,15	die R. und Gewaltigen verbargen sich
	13,16	daß sie allesamt, die R. und Armen, sich ein Zeichen machen
	18,3	Kaufleute auf Erden sind r. geworden 15.19

Reich (s.a. Reich Gottes)

1Mo	10,10	der Anfang seines R. war Babel
	20,9	eine so große Sünde auf mein R. bringen
4Mo	24,7	sein R. wird sich erheben
5Mo	28,25	wirst zum Entsetzen werden für alle R.
Jos	13,12	das ganze R. Ogs 21.27.30
1Kö	11,13	will nicht das ganze R. losreißen 34
1Ch	29,11	dein, HERR, ist das R. Ps 22,29
Esr	7,13	alle, die in meinem R. willig sind
	23	damit nicht der Zorn über das R. komme
Est	1,20	in seinem R., welches groß ist
Ps	45,7	das Zepter deines R. ist ein gerechtes
	103,19	sein R. herrscht über alles
	145,13	dein R. ist ein ewiges R. Dan 3,33; 4,31; 6,27; 7,27
Jes	19,2	daß ein R. wider das andre kämpfen wird
	39,2	es gab nichts... in seinem ganzen R.
Hes	29,15	sollen kleiner sein als andere R.
Dan	1,20	klüger als alle Weisen in seinem R.
	2,42	wird's zum Teil ein schwaches R. sein
	44	wird Gott ein R. aufrichten; sein R. wird auf kein anderes Volk kommen
	5,28	Peres, das ist, dein R. ist zerteilt
	6,1	Darius aus Medien übernahm das R. 9,1
	7,14	er gab ihm Macht, Ehre und R.
	14	sein R. hat kein Ende Lk 1,33
	18	d. Heiligen werden das R. empfangen 22.27
	11,4	wird sein R. zerbrechen, sein R. zerstört
Hab	2,5	s. Rachen aufsperrt wie das R. des Todes
Jdt	1,7	da wurde das R. des Nebukadnezar mächtig
	2,5	zieh aus gegen alle R., im Westen 6
Wsh	5,17	werden die R. der Herrlichkeit empfangen
	6,5	obwohl ihr Diener seines R. seid
Tob	13,2	Herr, dein R. währt immerdar
Sir	47,14	dem der Vater ein gesichertes R. hinterlassen
1Ma	1,7	teilte sein R. noch zu seinen Lebzeiten 9

Reich

1Ma	7,8	Bakchides war ein Mächtiger im R.
	10,52	ich bin wieder in mein R. gekommen
	11,1	wollte das R. Alexanders an sich bringen
	13	Kronen des R. Ägyptens und des R.
	51	die Juden wurden berühmt in seinem R.
2Ma	9,24	damit das R. nicht in Verwirrung geriete
	25	wie die Nachbarn des R. lauern
	11,23	daß Friede in unserm R. herrscht StE 5,6
	14,6	die Juden lassen dein R. nicht gedeihen
StE	1,3	Volk, das Frieden im R. verhindert 14
	5,9	das R. der Perser an die Mazedonier bringen
	10	Gottes, der uns dies R. gegeben hat
Mt	4,8	zeigte ihm alle R. der Welt Lk 4,5
	23	Jesus predigte das Evangelium von dem R. 9,35
	6,10	dein R. komme Lk 11,2
	13	denn dein ist das R. und die Kraft
	8,12	die Kinder des R. werden hinausgestoßen
	12,25	jedes R., das mit sich selbst uneins ist Mk 3,24; Lk 11,17
	26	wie kann dann sein R. bestehen Lk 11,18
	13,19	wenn jemand das Wort von dem R. hört
	38	der gute Same sind die Kinder des R.
	41	sie werden sammeln aus seinem R., was
	43	leuchten wie die Sonne in ihres Vaters R.
	16,28	bis sie den Menschensohn kommen sehen in seinem R.
	20,21	laß meine beiden Söhne sitzen in deinem R.
	24,14	es wird gepredigt dies Evangelium vom R.
	25,34	ererbt das R., das euch bereitet ist
	26,29	davon trinken in meines Vaters R.
Mk	11,10	gelobt sei das R. unseres Vaters David, das da kommt
Lk	1,33	sein R. wird kein Ende haben
	12,31	trachtet nach seinem R., so wird euch das alles zufallen
	32	es hat eurem Vater wohlgefallen, euch das R. zu geben
	21,10	wird sich erheben ein R. gegen das andere
	22,29	ich will euch das R. zueignen
	30	essen an meinem Tisch in meinem R.
	23,42	gedenke an mich, wenn du in dein R. kommst
Jh	18,36	mein R. ist nicht von dieser Welt
Apg	1,6	in dieser Zeit aufrichten das R. für Israel
	20,25	ihr alle, zu denen ich das R. gepredigt habe
1Ko	15,24	wenn er das R. Gott übergeben wird
Eph	1,21	(eingesetzt) über alle R., Gewalt, Macht,
Kol	1,13	uns versetzt in das R. seines Sohnes
1Th	2,12	(Gott), der euch berufen hat zu seinem R.
1Ti	6,16	*dem sei Ehre und ewiges R.*
2Ti	4,1	ermahne ich dich bei seinem R.
	18	wird mich retten in sein himmlisches R.
2Pt	1,11	der Eingang in das ewige R. unseres Herrn
Heb	1,8	das Zepter der Gerechtigkeit ist das Zepter deines R.
	12,28	weil wir ein unerschütterliches R. empfangen
Jak	2,5	die im Glauben reich sind und Erben des R.
Off	1,9	ich, Johannes, euer Bruder am R.
	11,15	es sind die R. der Welt unseres Herrn und seines Christus
	16,10	sein R. wurde verfinstert
	17,12	Könige, die ihr R. noch nicht empfangen
	17	ihr R. dem Tier zu geben
	19,6	der Allmächtige hat das R. eingenommen
	20,13	der Tod und sein R. gaben die Toten heraus 14

Reich Gottes

Wsh	10,10	sie zeigte ihm das R. G.
Mt	6,33	trachtet zuerst nach dem R. G.
	12,28	ist das R. G. zu euch gekommen Lk 11,20
	19,24	leichter... als daß ein Reicher ins R. G. komme Mk 10,23-25; Lk 18,24.25
	21,31	die Zöllner kommen eher ins R. G. als ihr
	43	das R. G. wird von euch genommen
Mk	1,15	das R. G. ist herbeigekommen Lk 10,9
	4,11	euch ist das Geheimnis des R. G. gegeben Lk 8,10
	26	mit dem R. G. ist es so, wie 30; Lk 13,18.20
	9,1	bis sie sehen das R. G. kommen Lk 9,27
	47	besser, daß du einäugig in das R. G. gehst
	10,14	denn solchen gehört das R. G. Lk 18,16
	15	wer das R. G. nicht empfängt wie ein Kind Lk 18,17
	12,34	du bist nicht fern vom R. G.
	14,25	Tag, an dem ich davon trinke im R. G.
	15,43	der auch auf das R. G. wartete Lk 23,51
Lk	4,43	muß das Evangelium predigen vom R. G.
	6,20	selig seid ihr Armen; denn das R. G. ist euer
	7,28	der Kleinste ist im R. G. größer als er
	8,1	predigte das Evangelium vom R. G. 9,11
	9,2	sandte sie aus, zu predigen das R. G.
	60	du aber geh hin und verkündige das R. G.
	62	der ist nicht geschickt für das R. G.
	10,11	das R. G. ist nahe herbeigekommen
	13,28	sehen werdet alle Propheten im R. G.
	29	die zu Tisch sitzen werden im R. G.
	14,15	selig ist, der das Brot ißt im R. G.
	16,16	wird das Evangelium vom R. G. gepredigt
	17,20	wann kommt das R. G.
	21	siehe, das R. G. ist mitten unter euch
	18,29	niemand, der... verläßt um das R. G. willen
	19,11	sie meinten, das R. G. werde sogleich offenbar werden
	21,31	wißt, daß das R. G. nahe ist
	22,16	bis es erfüllt wird im R. G. 18
Jh	3,3	kann er das R. G. nicht sehen
	5	kann er nicht in das R. G. kommen
Apg	1,3	redete mit ihnen vom R. G.
	8,12	als sie den Predigten des Philippus von dem R.G. glaubten
	14,22	wir müssen durch viele Bedrängnisse in das R. G. eingehen
	19,8	er überzeugte sie von dem R. G.
	28,23	da bezeugte er ihnen das R. G. 31
Rö	14,17	das R. G. ist nicht Essen und Trinken
1Ko	4,20	das R. G. steht nicht in Worten
	6,9	daß die Ungerechten das R. G. nicht ererben 10; Eph 5,5
	15,50	daß Fleisch und Blut das R. G. nicht ererben können
Gal	5,21	die solches tun, werden das R. G. nicht erben
Kol	4,11	von den Juden sind diese allein meine Mitarbeiter am R. G.
2Th	1,5	daß ihr gewürdigt werdet des R. G.
Off	12,10	nun ist das R. unseres G. geworden

reichen

1Mo	11,4	Turm, dessen Spitze bis an den Himmel r.
	40,21	daß er den Becher r. in des Pharao Hand
	49,13	Sebulon wird r. bis Sidon
2Mo	27,5	das Gitter bis zur Mitte des Altars r.
3Mo	26,5	die Dreschzeit soll r. bis zur Weinernte
4Mo	21,24	das Gebiet r. bis Jaser Jos 17,7

Jos	8,13	sein Ende r. bis westl. von der Stadt
	17,18	der Wald soll dein sein, so weit er r.
2Sm	20,15	Wall, daß er bis an die Vormauer r.
Hi	20,6	wenn auch sein Scheitel in den Himmel r.
Ps	36,6	deine Güte r., so weit der Himmel ist 57,11; 108,5
	71,19	deine Gerechtigkeit r. bis zum Himmel
	113,4	s. Herrlichkeit r., so weit d. Himmel 148,13
	119,89	dein Wort bleibt, so weit der Himmel r.
Spr	31,20	sie r. ihre Hand dem Bedürftigen
Jes	8,8	überfluten, bis sie an den Hals r. 30,28
	16,8	s. Reben, die bis nach Jaser r. Jer 48,32
Jer	32,24	die Wälle r. schon bis an die Stadt
	51,9	seine Strafe r. bis an den Himmel
	52,21	eine Schnur r. um sie herum
Klg	4,3	Schakale r. ihren Jungen die Brüste
Hes	40,14	bis zum Pfeiler r. der Vorhof
	45,1	soll heilig sein, so weit er r. 48,21
Dan	4,8	seine Höhe r. bis an den Himmel 17.19
Mi	1,9	sein Schlag r. bis an meines Volkes Tor
Tob	5,18	r. es dir nicht, daß du… gefunden hast
Sir	7,36	r. dem Armen deine Hand
	15,3	sie r. ihm die Speise der Einsicht
	35,20	sein Gebet r. bis in die Wolken
Mt	22,19	sie r. ihm einen Silbergroschen
Lk	4,17	wurde ihm das Buch des Propheten Jesaja ger.
	16,16	Gesetz und die Propheten r. bis zu Johannes
2Ko	9,10	*der Samen r. dem Säemann, wird euch r.*
Off	18,5	ihre Sünden r. bis an den Himmel

reichlich

2Sm	19,37	warum will mir der König so r. vergelten
2Ch	31,5	gaben die *Israeliten r. die Erstlinge
Ps	31,24	vergilt. dem, der Hochmut übt
	59,11	Gott erzeigt mir r. seine Güte
Spr	11,24	einer teilt r. aus und hat immer mehr
	25	wer r. gibt… wer r. tränkt
Jes	66,11	nun dürft ihr r. trinken
Dan	4,9	sein Laub war dicht und seine Frucht r. 18
Jo	2,22	die Weinstöcke sollen r. tragen
Wsh	11,7	ihnen gabst du ganz unerwartet r. Wasser
Tob	4,9	hast du viel, so gib r.
Sir	12,2	tu Gutes, so wird dir's r. vergolten
	32,19	wer… wird's r. empfangen
	35,10	ehre Gott mit deinen Opfern gern und r. 12
	39,8	gibt er ihm den Geist der Weisheit r.
	45,25	vor allem sicherte er ihm r. Nahrung
Mt	5,12	es wird euch im Himmel r. belohnt werden
Apg	9,36	die tat viele gute Werke und gab r. Almosen
1Ko	14,12	trachtet danach, daß ihr alles r. habt
2Ko	1,5	wie die Leiden Christi r. über uns kommen
	4,15	*daß die Gnade Gott r. preise*
	8,2	obwohl sie sehr arm, haben sie r. gegeben
	7	so gebt auch r. bei dieser Wohltat
	9,8	Gott kann machen, daß alle Gnade unter euch r. sei
Eph	1,8	(Gnade,) die er uns r. hat widerfahren l.
Phl	4,17	ich suche die Frucht, damit sie euch r. angerechnet wird
Kol	1,25	Amt, daß ich euch sein Wort r. predigen soll
	2,7	dankbar
	3,16	laßt das Wort Christi r. unter euch wohnen
1Ti	6,17	Gott, der uns alles r. darbietet
2Ti	4,17	*daß die Verkündigung r. geschähe*
Tit	3,6	den er über uns r. ausgegossen hat
2Pt	1,8	wenn dies alles r. bei euch ist
	11	so wird euch r. gewährt werden
Jak	4,6	(Gott) gibt um so r. Gnade

Reichtum

1Mo	31,1	v. unseres Vaters Gut hat er solchen R. 16
5Mo	8,17	m. Kräfte haben mir diesen R. gewonnen 18
	33,19	sie werden den R. des Meeres gewinnen
1Kö	3,11	bittest weder um… noch um R. 2Ch 1,11
	13	dazu gebe ich dir R. 10,23; 2Ch 1,12; 9,22
1Ch	29,12	R. und Ehre kommt von dir
	28	satt an Leben, R. und Ehre
2Ch	17,5	Joschafat hatte großen R. 18,1; 32,27
Est	1,4	sehen ließe das R. seines Königtums 5,11
Hi	21,23	der eine stirbt in allem R.
Ps	49,7	pochen auf ihren großen R.
	52,9	verließ sich auf seinen großen R.
	62,11	fällt euch R. zu, hängt euer Herz nicht
	112,3	R. und Fülle wird in ihrem Hause sein
	119,14	freue mich… wie über großen R.
Spr	3,16	in ihrer Linken ist R. und Ehre 8,18
	11,4	R. hilft nicht am Tage des Zorns
	16	die Fleißigen erlangen R.
	28	wer sich auf R. verläßt, wird untergehen
	13,8	mit R. muß mancher sein Leben erkaufen
	14,24	den Weisen ist ihr R. eine Krone
	19,4	R. macht viel Freunde
	22,1	guter Ruf ist köstlicher als großer R.
	4	der Lohn ist R., Ehre und Leben
	23,5	du richtest deine Augen auf R.
	28,22	wer habgierig ist, jagt nach R.
	30,8	Armut und R. gib mir nicht
Pr	4,8	seine Augen können nicht genug R. sehen
	5,9	wer R. liebt, wird keinen Nutzen haben
	12	R., wohl verwahrt, wird zu Schaden dem
	18	wenn Gott einem Menschen R. gibt 6,2
	9,11	zum R. hilft nicht klug sein
Jes	10,14	m. Hand hat gefunden den R. der Völker
	33,6	wirst sichere Zeiten haben: R. an Heil
	60,5	wenn der R. der Völker zu dir kommt 11
	66,11	erfreuen an dem R. ihrer Mutterbrust
	12	ich breite aus den R. der Völker
Jer	9,22	ein Reicher rühme sich nicht seines R.
	10,16	so sehe der nicht, der Jakobs R. ist 51,19
Hes	7,11	nichts ist mehr da von ihrem R. 12-14; 27,27; 30,4.10.15
Dan	11,2	der vierte wird größeren R. haben
Jdt	8,6	ihr Mann hatte großen R. hinterlassen
Wsh	5,8	was bringt uns der R. ein
	7,8	R. hielt ich ihr gegenüber für nichts
	11	unermeßlicher R. war in ihrer Hand
	13	ich will ihren R. nicht verbergen
	8,5	ist R. ein Gut, das man im Leben begehrt
	18	daß durch die Arbeit R. kommt
Tob	5,27	hätten es für großen R. halten sollen
Sir	5,1	verlaß dich nicht auf deinen R.
	11,11	mancher rennt dem R. nach
	14	es kommt alles von Gott: Armut und R.
	13,30	R. ist gut, wenn keine Sünde an ihm klebt
	30,16	kein R. ist zu vergleichen mit
	31,1	wachen um den R. hin verzehrt den Leib
	40,26	R. und Macht erhöhen den Mut
1Ma	6,1	hörte, daß dort großer R. war
Mt	13,22	und der betrügerische R. ersticken das Wort
Mk	4,19; Lk 8,15	
Mk	10,24	*so ihr Vertrauen auf R. setzen*
Rö	2,4	verachtest du den R. seiner Güte
	9,23	damit er den R. seiner Herrlichkeit kundtue
	11,12	wenn ihr Fall R. für die Welt ist
	33	welch eine Tiefe des R.
Eph	1,7	Vergebung nach dem R. seiner Gnade
	2,7	damit er erzeige den R. seiner Gnade
	3,8	den Heiden zu verkündigen den R. Christi

Reichtum

Eph	3,16	daß er euch Kraft gebe nach dem R. seiner Herrlichkeit
Phl	4,19	nach seinem R. in Herrlichkeit in Christus
Kol	1,27	was der herrliche R. dieses Geheimnisses ist
	2,2	damit ihre Herzen gestärkt werden zu allem R.
1Ti	6,17	daß sie nicht hoffen auf den unsicheren R.
Heb	11,26	hielt die Schmach Christi für größeren R.
Jak	5,2	euer R. ist verfault
Off	5,12	ist würdig, zu nehmen Kraft und R.
	18,17	in einer Stunde ist verwüstet solcher R.
	21,26	man wird den R. der Völker in sie bringen

reif

1Mo	40,10	seine Trauben wurden r.
2Kö	19,26	Gras, das verdorrt, ehe es r. Jes 37,27
Jer	24,2	wie die ersten r. Feigen
Jo	4,13	die Ernte ist r.
Am	8,1	stand ein Korb mit r. Obst 2
	2	r. zum Ende ist mein Volk Israel
Nah	3,12	sind wie Feigenbäume mit r. Feigen
Jh	4,35	seht auf die Felder, sie sind r. zur Ernte
Off	14,15	die Ernte der Erde ist r. geworden 18

Reif

1Mo	24,47	da legte ich einen R. an ihre Stirn
3Mo	8,9	befestigte an d. Kopfbund den heiligen R.
1Kö	7,17	sieben geflochtene R. wie Ketten
Jes	62,3	ein königlicher R. in der Hand Gottes

Reif (Tau)

2Mo	16,14	lag's rund und klein wie R. auf der Erde
Hi	38,29	wer hat den R. unter dem Himmel gezeugt
Ps	147,16	er streut R. wie Asche
Wsh	16,29	die Hoffnung wird wie R. vergehen
Sir	43,21	er schüttet den R. auf die Erde wie Salz
StD	3,48	R. und Schnee, lobt den Herrn

Reife

Eph	4,13	hinankommen zur R. des Mannesalters

reifen

Jes	18,5	vor der Ernte, wenn die Traube noch r.

Reigen

2Mo	15,20	folgten ihr nach mit Pauken im R. Ri 11,34; 1Sm 18,6
Ri	21,23	von den Mädchen, die im R. tanzten
1Sm	21,12	David, von dem sie im R. sangen 29,5
2Sm	6,5	tanzten vor d. HERRN mit aller Macht im R.
Ps	30,12	hast mir m. Klage verwandelt in einen R.
	87,7	sie singen beim R.: Alle meine Quellen
	149,3	sollen loben seinen Namen im R.
	150,4	lobet ihn mit Pauken und R.
Hl	7,1	was seht ihr an Sulamith beim R.
Jer	31,13	werden fröhlich beim R. sein
Klg	5,15	unser R. ist ein Wehklagen verkehrt
Lk	15,25	hörte er das Singen und den R.

Reigentanz

Ri	21,21	daß die Töchter Silos zum R. herausgehen
Ps	53,1	vorzusingen, zum R. 88,1

Jdt	3,8	ihm entgegenkamen im R. mit Pauken

Reihe

2Mo	5,14	die Aufseher aus der R. der *Israeliten
	28,17	vier R. von Steinen. Die erste R. sei ein Sarder 39,10.13
3Mo	24,6	in zwei R., je sechs in einer R.
1Sm	17,4	trat aus den R. der Philister ein Riese
1Kö	7,2	auf drei R. von Zedernsäulen 3.4.18.20.24.42; 2Ch 4,3.13
2Kö	11,8	wer hereinkommt zw. die R. 15; 2Ch 23,14
1Ch	14,11	Gott hat die R. meiner Feinde durchbrochen
Hi	41,7	stolz stehen sie wie R. von Schilden
Wsh	18,24	Ehrennamen waren in vier R. eingegraben
1Ma	9,11	in der ersten R. waren die Schleuderer
Lk	1,8	Priesterdienst, da seine Ordnung an der R. war
Apg	11,4	fing an und erzählte es ihnen der R. nach

reihen

Hi	41,8	einer r. sich an den andern

Reihenfolge

Neh	10,35	in welcher R. unsere Sippen geben sollen

Reiher

3Mo	11,19	(daß ihr nicht esset) den R. 5Mo 14,18
Ps	104,17	die R. wohnen in den Wipfeln

reimen

Spr	26,1	so r. sich Ehre zum Toren

rein

1Mo	7,2	von allen r. Tieren nimm je sieben 8; 8,20
2Mo	30,34	nimm dir r. Weihrauch 35; 3Mo 24,7
	31,8	den Leuchter von r. Gold 2Ch 13,11
	37,29	machte das heilige Salböl aus r. Spezerei
3Mo	4,12	an eine r. Stätte 6,4; 10,14; 4Mo 19,9
	7,19	jeder, der r. ist, darf essen 4Mo 18,11.13
	10,10	unterscheiden, was unrein und r. ist 11,47; 14,57; 20,25; Hes 22,26; 44,23
	11,32	unrein bis zum Abend und dann wieder r. 17,15; 4Mo 19,19; 5Mo 23,11
	36	nur Brunnen und Zisternen bleiben r. 37
	12,7	so wird sie r. von ihrem Blutfluß 15,28; 4Mo 5,28
	8	soll sie der Priester entsühnen, daß sie r. werde 14,20.53; 4Mo 8,21
	13,6	soll ihn r. sprechen... so ist er r. 7.13.17.23. 28.34-41.58.59; 14,4.8.9.48; 15,8.13
	22,4	soll nicht essen... bis er wieder r. ist 7; 4Mo 6,9; Esr 6,20
	24,2	daß sie dir bringen r. Öl
4Mo	9,13	wer r. ist und unterläßt es
	19,9	ein r. Mann soll die Asche sammeln 18
	12	wird er r... wird er nicht r. 31,24
	31,23	durchs Feuer gehen lassen, so wird es r.
5Mo	12,15	der R. wie der Unreine dürfen davon essen 22; 15,22
	14,11	alle r. Vögel esset 20
1Sm	20,26	etwas widerfahren, so daß er nicht r. ist
	21,6	werden sie heute am Leibe r. sein
	24,12	daß meine Hände r. sind von Bosheit
2Sm	22,27	gegen die R. bist du r. Ps 18,27

2Kö	5,10	im Jordan... und du wirst r. werden 12-14
2Ch	30,17	das Passa für alle, die nicht r. waren
Hi	4,17	wie kann ein Mann r. sein 15,14; 25,4
	8,6	wenn du r. und fromm bist
	11,4	meine Rede ist r.
	14,4	kann ein R. kommen von Unreinen
	15,15	selbst die Himmel sind nicht r. 25,5
	16,17	obwohl mein Gebet r. ist
	17,9	wer r. Hände hat, nimmt an Stärke zu
	28,19	das r. Gold wiegt sie nicht auf
	33,9	bin r., ohne Missetat Ps 19,14
Ps	19,10	die Furcht des HERRN ist r.
	24,4	wer r. Herzens ist 73,1; Spr 22,11
	51,4	wasche mich r. von meiner Missetat 9
	6	daß du r. dastehst, wenn du richtest
	12	schaffe in mir, Gott, ein r. Herz
	73,13	umsonst, daß ich mein Herz r. hielt
Spr	15,26	r. sind vor ihm freundliche Reden
	16,2	einen jeglichen dünken seine Wege r.
	20,9	wer kann sagen: Ich bin r. von m. Sünde
	21,8	wer r. ist, dessen Tun ist gerade
	30,12	eine Art, die sich r. dünkt
Pr	9,2	begegnet dasselbe dem R. wie dem Unreinen
Hl	5,2	tu mir auf, meine Taube, meine R. 6,9
	14	sein Leib ist wie r. Elfenbein
Jes	25,6	ein Mahl von r. Wein
	66,20	Opfergaben in r. Gefäße bringt
Jer	13,27	wann wirst du doch endlich r. werden
Klg	4,7	Zions Fürsten waren r. als der Schnee
Hes	24,13	sollst hinfort nicht wieder r. werden
	36,25	r. Wasser über euch, daß ihr r. werdet
Dan	7,9	das Haar auf seinem Haupt r. wie Wolle
	11,35	damit viele r. und lauter werden
Hab	1,13	deine Augen sind zu r., als daß du Böses
Ze	3,9	will den Völkern r. Lippen geben
Sa	3,5	einen r. Kopfbund... r. Kleider
Mal	1,11	an allen Orten wird r. Opfer dargebracht
Wsh	7,22	ein Geist, der verständig ist, r., klar
	25	sie ist ein r. Strahl der Herrlichkeit
	14,24	halten weder ihren Wandel noch ihre Ehen r.
Tob	3,17	daß ich meine Seele r. erhalten habe
	13,21	mit r. Marmor seine Gassen gepflastert
Sir	23,11	kann der nicht r. von Sünden bleiben, der
	34,4	was unrein ist, wie kann das r. sein
1Ma	14,36	Heiden, die den r. Gottesdienst störten
Mt	5,8	selig sind, die r. Herzens sind
	8,3	sei r.! Und sogleich wurde er r. Mk 1,41.42; Lk 5,13
	10,8	macht Aussätzige r., treibt böse Geister aus
	11,5	Aussätzige werden r. Lk 7,22
	23,25	die ihr... auswendig r. haltet Lk 11,39
	26	damit auch das Äußere r. wird
	27,59	wickelte ihn in ein r. Leinentuch
Mk	7,19	damit erklärte er alle Speisen für r.
Lk	4,27	keiner von ihnen wurde r.
	11,41	siehe, dann ist euch alles r.
	17,14	als sie hingingen, wurden sie r.
	17	sind nicht die zehn r. geworden
Jh	13,10	ihr seid r., aber nicht alle 11
	15,3	Ihr seid schon r. um des Wortes willen
Apg	10,15	was Gott r. gemacht hat, das nenne du nicht verboten 11,9
	18,6	r. gehe ich zu den Heiden
	20,26	daß ich r. bin vom Blut aller
Rö	14,20	es ist zwar alles r.
2Ko	7,11	daß ihr r. seid in dieser Sache
	11,2	damit ich Christus eine r. Jungfrau zuführte
Phl	4,8	was r. ist - darauf seid bedacht
1Ti	1,5	Hauptsumme aller Unterweisung ist Liebe aus r. Herzen
	3,9	das Geheimnis des Glaubens mit r. Gewissen bewahren
	5,22	halte dich selber r.
2Ti	1,3	ich danke Gott, dem ich diene mit r. Gewissen
	2,22	mit allen, die den Herrn anrufen aus r. Herzen
Tit	1,15	den R. ist alles r.; den Unreinen ist nichts r.
1Pt	1,22	habt euch untereinander lieb aus r. Herzen
2Pt	1,9	daß er r. geworden ist von s. früheren Sünden
1Jh	1,7	das Blut Jesu macht uns r. von aller Sünde
	3,3	wie auch jener r. ist
Heb	9,13	Unreinen heiligt, daß sie äußerlich r. sind
	10,2	wenn die, die den Gottesdienst ausrichten, r. geworden wären
	22	gewaschen am Leib mit r. Wasser
Jak	1,27	ein r. und unbefleckter Gottesdienst vor Gott
Off	15,6	Engel, angetan mit r., hellem Leinen 19,14
	19,8	gegeben, sich anzutun mit r. Leinen
	21,18	war die Stadt aus r. Gold
	21	der Marktplatz der Stadt war aus r. Gold

Reinheit

2Sm	22,21	er vergibt mir nach der R. meiner Hände 25; Hi 22,30; Ps 18,21.25
2Ch	30,19	auch wenn sie nicht die nötige R. haben
Sir	51,28	ich fand (Weisheit) in R.
1Ti	4,12	du aber sei ein Vorbild in der R.
1Pt	3,2	wenn sie sehen, wie ihr in R. lebt

reinigen

1Mo	35,2	r. euch und wechselt eure Kleider
3Mo	14,2	über den Aussätzigen, wenn er ger. werden soll 4.7.8.11.14.17-19.25.28.29.31
	16,19	(Aaron) soll (den Altar) r. Hes 43,26
	30	eure Entsühnung, daß ihr ger. werdet; von allen euren Sünden werdet ihr ger.
4Mo	8,6	nimm die Leviten und r. sie 7.15; Esr 6,20; Neh 12,30; 13,22; Jes 52,11
Jos	22,17	Schuld, von der wir noch nicht ger. sind
2Sm	4,6	die Pförtnerin hatte Weizen ger.
	11,4	hatte sich der. von ihrer Unreinheit
	19,25	hatte seine Füße und s. Bart nicht ger.
2Ch	29,15	um das Haus des HERRN zu r. 16.28
	30,18	eine Menge Volk hatte sich nicht ger.
	34,3	fing er an, Juda und Jerusalem zu r. 5.8
Neh	12,30	Priester und Leviten r. das Volk
	13,9	befahl, daß sie die Kammer r.
	30	r. sie von allem Ausländischen
Hi	9,30	wenn ich auch r. meine Hände mit Lauge
Ps	51,4	r. mich von meiner Sünde
Jes	1,6	frische Wunden, die nicht ger. sind
	16	wascht euch, r. euch
	66,17	die sich r. für das Opfer in den Gärten
Jer	33,8	will sie r. von aller Missetat
Hes	24,13	obwohl ich dich r. wollte 36,25.33; 37,23
	39,13	damit das Land ger. werde 14.16
Dan	12,10	viele werden ger., geläutert und geprüft
Mal	3,3	wird schmelzen und r., die Söhne Levi r.
Jdt	16,22	sie r. sich und opferten
Sir	38,10	r. dein Herz von aller Missetat
1Ma	4,36	laßt uns das Heiligtum wieder r. 41.43; 2Ma 2,19; 10,3.5.7
	13,47	Simon ließ die Häuser wieder r.

reinigen

1Ma	14,7	besetzte die Burg von Jerus. und r. sie
2Ma	12,38	r. sie sich nach dem Gesetz
Mt	8,2	wenn du willst, kannst du mich r. Mk 1,40; Lk 5,12
	3	*sei ger. Mk 1,41; Lk 5,13*
	10,8	*weckt Tote auf, r. Aussätzige*
	23,25	die ihr die Becher außen r.
	26	r. zuerst das Innere des Bechers
Lk	4,27	*keiner ward ger. als allein Naëman*
Jh	11,55	viele gingen hinauf, daß sie sich r.
	15,2	jede Rebe, die Frucht bringt, wird er r.
Apg	10,15	*was Gott ger. hat, daß 11,9*
	15,9	ihre Herzen ger. durch den Glauben
	21,24	laß dich r. mit ihnen 26; 24,18
2Ko	7,1	laßt uns von aller Befleckung r.
Eph	5,26	er hat ger. durch das Wasserbad im Wort
2Ti	2,21	wenn jemand sich r. von solchen Leuten
Tit	2,14	r. sich selbst ein Volk zum Eigentum
1Pt	1,22	habt ihr eure Seelen ger. im Gehorsam der Wahrheit
1Jh	1,9	er r. uns von aller Ungerechtigkeit
	3,3	ein jeder, der... r. sich
Heb	9,14	unser Gewissen r. von den toten Werken
	22	wird fast alles mit Blut ger. nach dem Gesetz
	23	mußten die Abbilder der himmlischen Dinge ger.
	10,2	*so sie einmal ger. wären*
Jak	4,8	r. die Hände, ihr Sünder

Reinigkeit

Heb	9,13	*sie heiligt zu der leiblichen R.*

Reinigung

3Mo	12,4	bis die Tage ihrer R. um sind 5.6
	14,23	bringe sie am 8. Tage seiner R. Hes 44,26
	32	der nicht soviel aufbringen kann zu s. R.
1Ch	23,28	zur R. alles Heiligen
Neh	12,45	daß sie den Dienst der R. versahen
2Ma	1,18	gedenken, die R. des Tempels zu begehen
	36	Neftar, auf deutsch: R.
	2,20	Geschichten von der R. des Tempels
Mk	1,44	opfere für deine R. Lk 5,14
Lk	2,22	als die Tage ihrer R. um waren
Jh	2,6	Wasserkrüge für die R. nach jüd. Sitte
	3,25	da erhob sich ein Streit über die R.
Apg	21,26	daß die Tage der R. beendet sein sollten
Heb	1,3	er hat vollbracht die R. von den Sünden

Reinigungswasser

4Mo	19,9	verwahrt werde für das R.
	12	soll sich mit dem R. entsündigen 13.20.21; 31,23

reinwaschen

1Ko	6,11	ihr seid reing. durch den Namen des Herrn

Reis

Hi	8,16	seine R. wachsen hinaus über s. Garten
Jes	11,1	ein R. aus dem Stamm Isais 10
	53,2	er schoß auf vor ihm wie ein R.
Hes	17,22	will ein zartes R. brechen
StD	3,22	ihn mit dürren R. zu heizen
Apg	28,3	*als Paulus einen Haufen R. zusammenraffte*

Reise

1Mo	24,21	zu seiner R. Gnade gegeben 40.42.56
	48,7	starb mir Rahel im Land Kanaan auf der R.
4Mo	9,10	wenn jemand auf einer weiten R. ist 13
Jos	9,11	nehmt Speise mit euch auf die R. 13
Esr	8,21	um eine R. ohne Gefahren zu erbitten
Neh	2,6	wie lange wird deine R. dauern
Spr	7,19	der Mann ist auf eine weite R. gegangen
Jer	51,59	Seraja war der Marschall für die R.
Wsh	13,18	er fleht zu... um eine glückliche R.
Tob	6,7	damit sie genug für die R. hatten
	8,20	vorzubereiten, was man auf der R. braucht
	10,5	warum haben wir dich auf die R. geschickt
Lk	10,33	ein Samariter, der auf der R. war
	11,6	mein Freund ist zu mir gekommen auf der R.
Jh	4,6	weil Jesus müde war von der R., setzte er sich
Tit	3,13	Zenas und Apollos rüste gut aus zur R.

reisen

1Mo	12,5	Abram... zogen aus, ins Land Kanaan zu r.
	28,20	mich behüten auf dem Wege, den ich r.
	30,25	laß mich r. an meinen Ort
	42,38	Unfall auf dem Wege, den ihr r. 43,8
Ri	19,18	wir r. von Bethlehem ins Gebirge Ephraim
Neh	2,5	wollest mich nach Juda r. lassen 6
	13,6	war ich zum König zu r.
Tob	5,5	stand da wie bereit zu r.
Sir	8,19	r. nicht allein durch eine... Gegend
Lk	8,1	daß er r. durch Städte und Dörfer
	10,33	ein Samariter r. und kam dahin
	17,11	da er r. nach Jerusalem
Jh	4,4	er mußte durch Samarien r.
Apg	16,7	versuchten sie, nach Bithynien zu r. 10; 20,1
	17,1	nachdem sie durch Amphipolis ger. waren
	18,27	als er nach Achaja r. wollte
	19,1	nahm sich Paulus vor, nach Jerusalem zu r.
	22,5	r. nach Damaskus 26,12
	25,20	ob er nach Jerusalem r. wolle
	26,13	mich und die mit mir r.
Rö	15,24	wenn ich nach Spanien r. werde
1Ko	16,4	daß ich auch hinreise, sollen sie mit mir r.
2Ko	1,16	von euch wollte ich nach Mazedonien r.
	8,17	weil er so sehr eifrig war, ist er zu euch ger.
	11,26	ich bin oft ger.

Reisetasche

Mt	10,10	(ihr sollt haben) keine R.

Reisig

Jes	64,1	wie Feuer R. entzündet
Apg	28,3	*als Paulus einen Haufen R. zusammenraffte*

reißen, Reißen

1Mo	27,40	daß du sein Joch von deinem Halse r. wirst
	31,31	du würdest deine Töchter von mir r.
	37,33	ein r. Tier hat Josef zerrissen
	38,29	warum hast du solchen Riß ger.
	49,27	Benjamin ist ein r. Wolf
2Mo	32,3	r. sich die gold. Ohrringe von den Ohren
1Sm	15,28	der HERR hat das Königtum Israels von dir ger. 28,17; 1Kö 11,11.12.31; 14,8
2Sm	23,21	r. dem Ägypter den Spieß aus der Hand
1Kö	11,30	faßte den Mantel und r. ihn in 12 Stücke

1152

2Ch	32,1	die festen Städte an sich zu r.
Hi	15,8	hast du die Weisheit an dich ger.
	20,19	hat Häuser an sich ger.
	24,9	man r. das Waisenkind von der Mutterbrust
	29,17	ich r. ihm den Raub aus den Zähnen
	36,16	r. er auch dich aus dem Rachen der Angst
Ps	22,14	wie ein brüllender und r. Löwe
	29,9	die Stimme des HERRN r. Wälder kahl
	52,7	darum wird dich Gott aus deinem Zelte r.
Pr	4,12	dreifache Schnur r. nicht leicht entzwei
Jes	35,9	wird kein r. Tier darauf gehen
	59,19	wenn er kommen wird wie ein r. Strom
Jer	12,14	will das Haus Juda aus ihrer Mitte r.
	47,2	Wasser, die zum r. Strom werden
	51,44	aus s. Rachen ger., was er verschlungen
Hes	13,20	will sie von euren Armen r.
	19,3	der lernte Tiere zu r. 6
	22,25	sie r. Gut und Geld an sich
	27	die Oberen in s. Mitte sind wie r. Wölfe
	26,11	wird deine Steinmale zu Boden r.
Am	3,12	gleichwie ein Hirte... aus dem Maul r.
	4,11	Brandscheit, das aus dem Feuer ger. wird
Mi	2,2	sie r. Äcker an sich
Hab	3,17	Schafe werden aus den Hürden ger.
Sa	12,3	sollen sich daran wund r.
Wsh	4,19	er wird sie aus ihrem Grund r.
2Ma	9,5	kam ihn ein solches R. im Leib an
Mt	7,15	inwendig aber sind sie r. Wölfe
	9,16	der Lappen r. wieder vom Kleid Mk 2,21
	11,12	die Gewalttätigen r. es an sich
Mk	1,26	der unreine Geist r. ihn 9,18.20.26; Lk 9,39.42
Lk	5,6	ihre Netze begannen zu r.
	36	niemand r. einen Lappen von einem Kleid
	6,48	da r. der Strom an dem Haus 49
	22,41	er r. sich von ihnen
Jh	10,28	niemand wird sie aus meiner Hand r. 29
Apg	20,29	daß r. Wölfe zu euch kommen
	23,10	hieß ihn von ihnen r. 27
Jud	23	andere r. aus dem Feuer und rettet sie

reiten

3Mo	15,9	der Sattel, auf dem er r., wird unrein
4Mo	22,22	(Bileam) r. auf seiner Eselin 30
Ri	5,10	die ihr auf weißen Eselinnen r.: Singet
	10,4	30 Söhne, die auf 30 Eseln r. 12,14
1Sm	25,20	als (Abigajil) auf dem Esel r.
2Sm	16,2	Esel... um darauf zu r. 19,27; 1Kö 13,13
	18,9	Absalom r. auf einem Maultier
2Kö	4,24	halte mich nicht auf beim R.
Neh	2,12	kein Tier außer dem, auf dem ich r.
Est	6,8	ein Roß, darauf der König r.
	8,10	sandte die Schreiben durch r. Boten 14
Jes	30,16	auf Rennern wollen wir r.
Jer	6,23	sie r. auf Rossen, gerüstet 50,42
Hes	23,6	lauter Leute, die auf Rossen r. 12.23
	27,20	hat gehandelt mit Decken zum R.
Hos	14,4	wir wollen nicht mehr auf Rossen r.
Am	2,15	wer da r., soll sein Leben nicht retten
Hab	3,8	als du auf deinen Rossen r.
Sa	9,9	dein König kommt... und r. auf einem Esel Mt 21,5; Jh 12,15
Jh	12,14	Jesus fand einen Jungen Esel und r. darauf
Off	9,16	die Zahl des r. Heeres war

Reiter

1Mo	49,17	daß sein R. zurückfalle
2Kö	9,17	einen R., den sende ihnen entgegen 18.19
	18,23	ob du R. dazu stellen kannst Jes 36,8
1Ch	18,4	David gewann ihm ab 7.000 R.
	19,6	um R. anzuwerben in Mesopotamien
2Ch	1,14	daß (Salomo) 12.000 R. hatte 8,9; 9,25
	12,3	(gegen Jerusalem) mit 60.000 R. 16,8
Esr	8,22	vom König Geleit und R. zu fordern
Neh	2,9	der König hatte R. mit mir gesandt
Hi	39,18	verlacht sie Roß und R.
Jer	4,29	werden vor dem Geschrei der R. fliehen
	46,4	laßt R. aufsitzen
	51,21	durch dich habe ich R. zerschmettert
Hes	26,7	Nebukadnezar, mit Rossen, Wagen, R. 10
	39,20	sättigt euch von Rossen und R.
Dan	11,40	wird mit Wagen, R. gegen ihn anstürmen
Nah	3,3	R. rücken herauf
Hab	1,8	ihre R. fliegen in großen Scharen daher
Hag	2,22	Roß und R. sollen fallen
Sa	10,5	daß die R. zuschanden werden
	12,4	will ich ihre R. irre machen
Jdt	2,11	zog aus mit R. 7,2; 1Ma 1,18; 3,39; 4,1.28; 6,30.35; 8,6; 9,4; 10,77.79; 15,13.38.41; 16,4; 2Ma 12,10.20.33
	4,12	die sich auf Wagen und R. verließen 9,5
Sir	33,6	wie ein Hengst, der unter jedem R. wiehert
1Ma	4,31	daß sie mit ihren R. zuschanden werden 10,82; 2Ma 10,31
	6,28	zusammenrufen die Hauptleute über die R.
	16,7	ordnete die R. zwischen dem Fußvolk an 2Ma 15,20
2Ma	3,25	Pferd, darauf saß ein... R. 5,2
	12,35	ein R. aus Thrazien sprengte auf ihn zu
Apg	23,23	rüstet 70 R. und 200 Schützen
	32	ließen sie die R. mit ihm ziehen

Reiterei

1Ma	4,7	daß das Heer von starker R. umgeben war
	6,38	die übrige R. ordnete er... an 9,11
	10,73	kannst vor einem Heer an R. (nicht) bestehen
	77	hatte viel R., auf die er sich verließ
	13,22	wollte mit seiner R. sich aufmachen
	16,7	die Feinde hatten eine viel stärkere R.
2Ma	10,24	Timotheus sammelte viel R. 11,2

Reiterstadt

2Ch	8,6	(Salomo baute) alle Wagen- und R.

Reitpferd

Hes	27,14	haben R. auf deine Märkte gebracht

Reiz

Sir	9,8	schau nicht nach R., die dich nichts angehn

reizen

5Mo	32,16	ihn zur Eifersucht ger. durch Götter 21; 1Kö 14,9.22; 15,30; 2Ch 28,25; Ps 78,58
1Sm	1,6	ihre Widersacherin kränkte und r. sie
	26,19	r. dich der HERR gegen mich
2Sm	24,1	er r. David gegen das Volk 1Ch 21,1
Hi	16,3	was r. dich, so zu reden
	41,2	niemand... ihn zu r. wagt
Spr	30,33	wer den Zorn r., ruft Streit hervor
Hes	8,17	daß sie mich immer wieder r. 16,26.43
Wsh	15,5	deren Anblick die Unverständigen r.
Sir	31,36	weil man sich gegenseitig r.
Rö	11,14	meine Stammverwandten zum Nacheifern r.

reizen

Gal	5,26	*lasset uns einander nicht r.*
Eph	6,4	ihr Väter, r. eure Kinder nicht zum Zorn
2Pt	2,18	r. durch Unzucht zur fleischlichen Lust
Jak	1,14	wird von seinen eigenen Begierden ger.

Rekem

4Mo	31,8	¹töteten auch R. Jos 13,21
Jos	18,27	²(Städte des Stammes Benjamin:) R.
1Ch	2,43	³Söhne Hebrons: R. 44
	7,16	⁴Scheresch, dessen Söhne waren R.

Remalja

2Kö	15,27	wurde Pekach, der Sohn R., König 25.30.32. 37; 16,1.5; 2Ch 28,6; Jes 7,1

Remet, *Remeth* (= Jarmut 2; Ramot 3)

Jos	19,21	(Issachar... sein Gebiet war) R.

rennen

1Sm	21,14	(David) r. gegen die Pforte des Tores
Spr	7,22	wie ein Hirsch, der ins Netz r.
Jer	46,9	r. mit den Wagen
Jo	2,4	sie r. wie die Rosse
Am	6,12	wer kann auf Felsen mit Rossen r.
2Ma	3,25	das (Pferd) r. auf Heliodor zu

Renner

Ri	5,22	ein Jagen ihrer mächtigen R.
Jes	30,16	auf R. wollen wir reiten

Rentmeister

Rö	16,23	*Erastus, der Stadt R.*

Resa

Lk	3,27	Johanan war ein Sohn R.

Reschef, *Rescheph*

1Ch	7,25	(Ephraims) Sohn war R.

Resen

1Mo	10,12	R. zwischen Ninive und Kelach

Reson

1Kö	11,23	R., den Sohn Eljadas

Rest

Esr	9,14	daß es weder einen R. noch Entronnene
Jes	1,9	hätte uns nicht einen R. übriggelassen
	10,21	ein R. wird s. bekehren, der R. Jakobs 22
	11,11	daß er den R. seines Volks loskaufe 16
	14,22	ich will von Babel ausrotten Name und R.
	17,3	dem R. von Aram wird es gehen wie
Jer	6,9	halte Nachlese am R. Israels
	29,1	Jeremia sandte an den R. der Ältesten
	31,7	hat seinem Volk geholfen, dem R. Israels
	40,11	einen R. in Juda übriggelassen
	47,4	R. derer... von der Insel 5
Hes	9,8	willst du den R. Israels verderben 11,13
Mi	5,2	wird der R. seiner Brüder wiederkommen
Ze	2,9	der R. von meinem Volk soll sie beerben
Mal	2,15	in dem noch ein R. von Geist war
Sir	47,25	(der Herr) behielt einen R. übrig aus Jakob
Rö	9,27	wird doch nur ein R. gerettet werden

retten

1Mo	19,17	r. dein Leben... r. dich 19.20.22
	32,31	und doch wurde mein Leben ger.
Jos	10,6	komm eilends zu uns, r. und hilf uns
1Sm	11,3	ist dann niemand da, der uns r.
	19,11	wirst du nicht diese Nacht dein Leben r.
	22,1	David r. sich in die Höhle Adullam
2Sm	19,6	Knechte, die dir heute das Leben ger.
	22,49	vor dem Mann der Gewalttat r. du mich
2Kö	7,7	flohen, um ihr Leben zu r.
Ps	22,9	der helfe ihm heraus und r. ihn
	33,16	ein Held kann sich nicht r. durch Kraft
	35,10	der du den Elenden r.
	72,2	daß er deine Elenden r.
	106,43	er r. sie oftmals
	119,117	stärke mich, daß ich ger. werde
Spr	14,25	ein wahrhaft. Zeuge r. manchem das Leben
Pr	8,8	d. gottlose Treiben r. den Gottlosen nicht
	9,15	hätte die Stadt r. können durch Weisheit
Jes	5,29	daß niemand r. kann
	45,22	wendet euch zu mir, so werdet ihr ger.
Jer	48,6	fliehet und r. euer Leben 51,6.45
Hes	13,22	nicht bekehren, um ihr Leben zu r.
	14,14	würden allein ihr Leben r. 16.18.20
	37,23	will sie r. von allen Abwegen
Hos	5,14	schleppe sie weg, niemand kann sie r.
Am	2,14	der Mächtige soll nicht sein Leben r. 15
Ob	17	auf dem Berge Zion werden Ger. sein 21
Mi	6,14	was du beiseite schaffst, wirst du nicht r.
Sa	3,2	Brandscheit, das aus dem Feuer ger. ist
Jdt	8,17	so wird Gott uns das Leben r.
	13,24	du hast es vor dem Untergang ger.
Wsh	10,4	r. die Weisheit (die Erde) wieder
	6	die Weisheit r. den Gerechten 15
	14,4	wie du aus aller Not zu r. vermagst
	16,6	sie erhielten ein r. Zeichen
Tob	12,4	mich hat er ger., als
Sir	4,9	r. den, dem Gewalt geschieht
	40,24	retten sie beide + Almosengeben
Bar	6,55	laufen die Priester davon und r. sich
1Ma	2,40	uns wehren, um das Gesetz zu r.
	5,12	bitten dich, uns aus ihrer Hand zu r. 17
	9,9	laßt uns diesmal unser Leben r.
	11,48	so r. sie den König
StE	2,1	niemand widerstehen, wenn du Israel r.
	4	wenn ich Israel damit r. könnte
Mt	1,21	Jesus wird sein Volk r. von ihren Sünden
Jh	3,17	daß die Welt durch ihn ger. werde
	12,47	ich bin gekommen, daß ich die Welt r.
Apg	2,21	wer den Namen des Herrn anrufen wird, soll ger. werden Rö 10,13
	47	fügte zur Gemeinde hinzu, die ger. wurden
	16,30	was muß ich tun, daß ich ger. werde
	27,31	wenn diese nicht auf dem Schiff bleiben, könnt ihr nicht ger. werden
	43	ins Meer springen und sich ans Land r.
	44	geschah es, daß sie alle ger. ans Land kamen
	28,1	als wir ger. waren, erfuhren wir
Rö	8,24	wir sind zwar ger., doch auf Hoffnung
	9,27	wird doch nur ein Rest ger. werden
	10,1	meines Herzens Wunsch ist, daß sie ger.
	9	wenn du glaubst, daß... so wirst du ger.
	10	wenn man mit dem Munde bekennt, so wird man ger.

Rö	11,14	ob ich einige von ihnen r. könnte 1Ko 9,22
	26	so wird ganz Israel ger. werden
1Ko	3,15	er selbst wird ger. werden
	5,5	damit der Geist ger. werde am Tage des Herrn
	7,16	was weißt du, Frau, ob du den Mann r. wirst
	10,33	suche, was vielen dient, damit sie ger. werden
2Ko	2,15	ein Wohlgeruch Christi unter denen, die ger.
2Th	2,10	die Liebe zur Wahrheit, daß sie ger. würden
1Ti	4,16	wenn du das tust, wirst du dich selbst r.
2Ti	4,18	der Herr wird mich r. in sein himml. Reich
Tit	3,4	r. er uns, (nicht um der Werke willen)
1Pt	3,20	Arche, in der acht Seelen ger. wurden
	21	ein Vorbild der Taufe, die jetzt euch r.
	4,18	wenn der Gerechte kaum ger. wird
Heb	6,9	überzeugt, daß ihr ger. werdet
Jud	23	andere reißt aus dem Feuer und r. sie

Retter

Ri	3,9	erweckte ihnen R. 15; 2Kö 13,5; Neh 9,27
Ps	7,3	zerreißen, weil kein R. da ist
	50,22	damit ich nicht hinraffe, und kein R. ist da
Jes	19,20	so wird er ihnen einen R. senden
	47,15	und du hast keinen R.
Dan	6,28	er ist ein R. und Nothelfer
Sir	29,23	ein Undankbarer läßt seinen R. im Stich
Apg	7,35	den sandte Gott als Anführer und R.

Rettung

Wsh	2,1	wenn ein Mensch dahin soll, gibt es keine R.
	5,2	werden außer sich sein über seine R.
Sir	46,2	der Großes tat zur R. der Auserwählten
1Ma	5,62	Männer... Israel die R. zu bringen
Apg	7,25	daß Gott ihnen R. bringe
	27,20	war all unsre Hoffnung auf R. dahin
	34	das dient zu eurer R.
2Th	2,10	die Liebe... nicht angenommen zu ihrer R.
2Pt	3,15	die Geduld unseres Herrn erachtet für eure R.
Heb	11,7	Noah hat die Arche gebaut zur R. seines Hauses

Reue

Wsh	5,3	sie werden voller R. sprechen
2Ko	7,9	darüber, daß ihr betrübt worden seid zur R.
	10	wirkt eine R., die niemanden reut

reuen

1Mo	6,6	r. es ihn, daß er die Menschen gemacht 7
1Sm	15,11	es r. mich, daß ich Saul zum König 35
2Sm	24,16	r. den HERRN das Übel 1Ch 21,15; Jer 26,3.19; Jon 3,10
Ps	106,45	es r. ihn nach seiner großen Güte
Jer	18,8	so r. mich auch das Unheil
	10	so r. mich auch das Gute
Hes	24,14	es wird mich nicht r.
Am	7,3	da r. es den HERRN 6
Sir	12,12	es dich r. wird, daß du nicht gehört
	33,20	damit es dich nicht r. und du bitten mußt
1Ma	11,10	er sagte, es hätte ihn ger.
Mt	21,29	danach r. es ihn, und er ging hin
	27,3	als Judas... r. es ihn
Lk	17,3	*wenn es ihn r., vergib ihm*
	4	und wenn er käme und spräche: Es r. mich
2Ko	7,8	euch traurig gemacht habe, r. es mich nicht
2Ko	7,10	wirkt eine Reue, die niemanden r.

Rëuma

1Mo	22,24	(Nahors) Nebenfrau, R., gebar auch

reumütig

Sir	17,20	die r. sind, läßt er zu Gnaden kommen

Rezef, *Rezeph*

2Kö	19,12	haben die Götter errettet: R. Jes 37,12

Rezin

2Kö	15,37	¹gegen Juda zu senden R., den König von Aram 16,5.6.9; Jes 7,1.4.8; 8,6; 9,10
Esr	2,48	²(Tempelsklaven:) die Söhne R. Neh 7,50

Rhegion

Apg	28,13	von da kamen (wir) nach R.

Rhode

Apg	12,13	kam eine Magd mit Namen R., um zu hören

Rhodokus, *Rodokus*

2Ma	13,21	R. verriet den Feinden alles Geheime

Rhodos

Hes	27,15	die von R. sind deine Händler gewesen
1Ma	15,23	(schrieb Luzius) nach R.
Apg	21,1	kamen am folgenden Tage nach R.

Ribai

2Sm	23,29	Ittai, der Sohn R. 1Ch 11,31

Ribla

4Mo	34,11	die Grenze gehe herab nach R. Hes 6,14
2Kö	23,33	ins Gefängnis in R. im Lande Hamat 25,6.20.21; Jer 39,5.6; 52,9.10.26.27

richten

1Mo	15,14	will das Volk r., dem sie dienen müssen
	18,25	sollte der Richter allzu gerecht r.
	31,37	daß sie zwischen uns beiden r.
2Mo	18,16	kommen zu mir, damit ich r. 22.26
3Mo	19,15	sollst deinen Nächsten recht r. 5Mo 1,16; 16,18; 25,1; Sa 7,9; 8,16
4Mo	35,24	so soll die Gemeinde r.
5Mo	1,17	beim R. die Person nicht ansehen
	21,5	sollen alle Schäden ger. werden
Ri	10,2	r. Israel 23 Jahre 3; 12,7-14; 15,20; 16,31; Rut 1,1; 1Sm 4,18; 7,6.15-17
	11,27	der HERR r. zwischen Isr. und Ammonitern
1Sm	2,10	der HERR wird r. der Welt Enden
	3,13	daß ich sein Haus für immer r. will
	8,5	setze einen König über uns, der uns r. 6.20
	24,16	der HERR r. zwischen mir und dir
1Kö	3,9	damit er dein Volk r. könne... denn wer vermag dies dein Volk zu r. 11; 2Ch 1,10.11
2Kö	15,5	Jotam r. das Volk des Landes 2Ch 26,21
	23,22	Zeit der Richter, die Israel ger. haben

richten

1Ch	16,14	er r. in aller Welt Ps 105,7
	33	er kommt, zu r. die Erde Ps 9,9; 96,13; 98,9
2Ch	20,12	unser Gott, willst du sie nicht r.
Hi	8,3	meinst du, daß Gott unrecht r.
	21,22	Gott, der auch die Hohen r.
	22,13	sollte er durchs Gewölk hindurch r.
	36,17	wenn du r. wie ein Gottloser
Ps	9,20	laß alle Heiden vor dir ger. werden
	48,12	weil du recht r. 67,5; 75,3; 96,10
	50,4	daß er sein Volk r. wolle Jes 3,13
	51,6	daß du rein dastehst, wenn du r.
	58,2	r. ihr in Gerechtigkeit Spr 31,9
	72,2	daß er dein Volk r. mit Gerechtigkeit
	76,10	wenn Gott sich aufmacht zu r. 82,8
	82,2	wie lange wollt ihr unrecht r.
	109,7	wenn er ger. wird, soll er schuldig
	110,6	er wird r. unter den Heiden Jes 2,4; 51,5; Jo 4,12; Mi 4,3
Spr	8,16	die Edlen r. auf Erden
	20,8	der auf dem Thron sitzt, um zu r.
	24,25	die gerecht r., denen geht es gut
	29,14	ein König, der die Armen treulich r.
Pr	3,17	Gott wird r. den Gerechten und Gottlosen
Jes	4,4	durch den Geist, der r. wird
	5,3	nun r. zwischen mir und meinem Weinberg
	11,3	er wird nicht r. nach dem, was s. Augen
	4	er wird mit Gerechtigkeit r. die Armen
	16,5	daß einer in Treue darauf sitze und r.
	27,8	hast es ger., es verscheucht
	59,4	es ist niemand, der redlich r.
	66,16	der HERR wird durch Feuer r.
Jer	2,35	siehe, ich will dich r. Hes 7,3.8.27; 16,38; 18,30; 24,14; 33,20; 36,19
Hes	11,10	an der Grenze Israels will ich euch r. 11; 21,35
	20,4	willst du sie r., Menschenkind 22,2; 23,36
	23,24	dich r. sollen nach ihrem Recht 45
	34,17	will r. zwischen Schaf und Schaf 20.22
	35,11	will mich kundtun, wenn ich dich r.
	38,22	will ihn r. mit Pest und Blutvergießen
Dan	9,12	Richter, die uns r. sollten
Ob	21	werden kommen, um das Gebirge Esau zu r.
Mi	3,11	seine Häupter r. für Geschenke
Wsh	3,8	sie werden die Heiden r.
	13	zu der Zeit, wenn den Menschen ger. werden
	6,2	lernt es, die ihr die ganze Erde r.
	9,12	ich werde dein Volk gerecht r.
	11,9	erkannten, wie die Gottlosen ger. wurden
	12,10	du r. sie nur nach und nach
	13	beweisen, daß du nicht ungerecht r.
	18	du aber r. mit Milde
	21	mit wieviel Sorgfalt r. du deine Söhne
	22	damit wir deine Güte bedenken, wenn wir r. ... ger. werden
Sir	16,12	Gott r. jeden, wie er's verdient
	46,17	Samuel r. nach dem Gesetz des Herrn
1Ma	7,42	r. diesen Nikanor wegen seiner Untat
Mt	7,1	r. nicht, damit ihr nicht ger. werdet Lk 6,37; Jak 5,9
	2	nach... ihr r., werdet ihr ger. werden
	19,28	ihr werdet r. die zwölf Stämme Israels
Lk	19,22	mit deinen eigenen Worten r. ich dich
	22,30	in meinem Reich r. die zwölf Stämme Israels
Jh	3,17	Gott hat seinen Sohn nicht gesandt, daß er die Welt r. 12,47
	18	wer an ihn glaubt, der wird nicht r.
	5,22	denn der Vater r. niemand
	30	wie ich höre, so r. ich, und mein Gericht ist gerecht
	7,24	r. nicht... sondern r. gerecht
Jh	7,51	r. unser Gesetz einen Menschen, ehe
	8,15	ihr r. nach dem Fleisch, ich r. niemand
	16	wenn ich aber r., so ist mein R. gerecht
	26	ich habe viel von euch zu reden und zu r.
	50	es ist aber einer... und er r.
	12,47	wer... den werde ich nicht r.
	48	das Wort, das ich geredet habe, wird ihn r.
	16,11	Gericht: daß der Fürst dieser Welt ger. ist
	18,31	nehmt ihr ihn und r. ihn nach eurem Gesetz
Apg	4,19	*r. ihr selbst, ob es vor Gott recht sei*
	7,7	das Volk, dem sie als Knechte dienen müssen, will ich r.
	17,31	Tag, an dem er den Erdkreis r. will
	23,3	sitzt du da und r. mich nach dem Gesetz
	24,6	wir wollten ihn r. nach unserm Gesetz
	25,9	willst du hinauf nach Jerusalem und dich dort r. lassen 20
	10	da muß ich ger. werden
	15	baten, ich solle ihn r. lassen
Rö	2,1	wer du auch bist, der du r. 3
	16	Tag, an dem Gott das Verborgene r. wird
	3,6	wie könnte sonst Gott die Welt r.
	7	warum sollte er als Sünder ger. werden
	14,3	wer nicht ißt, der den nicht, der ißt
	4	wer bist du, daß du einen fremden Knecht r.
	10	du aber, was r. du deinen Bruder
	13	laßt uns nicht mehr einer den andern r.
	23	wer zweifelt und dennoch ißt, der ist ger.
1Ko	4,3	auch r. ich mich selbst nicht
	4	der Herr ist's, der mich r.
	5	r. nicht vor der Zeit, bis der Herr kommt
	5,12	die draußen, daß ich sie r. sollte
	13	Gott aber wird, die draußen sind, r.
	6,2	wißt ihr nicht, daß wir über die Welt r.
	3	wißt ihr nicht, daß wir über Engel r. werden
	5	nicht einer, der zwischen Bruder und Bruder r. könnte
	11,31	wenn wir uns selber r., so würden wir nicht ger.
	32	wenn wir von dem Herrn ger. werden, so werden wir gezüchtigt
2Th	1,5	ein Anzeichen dafür, daß Gott recht r. wird
	2,12	damit ger. werden alle, die nicht glaubten
2Ti	4,1	Jesus, der da kommen wird zu r. die Lebenden und die Toten 1Pt 4,5
1Pt	1,17	der einen jeden r. nach seinem Werk
	2,23	er stellte es dem anheim, der gerecht r.
	4,6	daß sie nach Menschenweise ger. werden
Heb	10,30	der Herr wird sein Volk r.
	13,4	Unzüchtigen und Ehebrecher wird Gott r.
Jak	2,4	*daß ihr r. nach argen Gedanken*
	12	wie Leute, die durchs Gesetz der Freiheit ger. werden
	4,11	*wer seinen Bruder r., r. das Gesetz*
	12	*wer ist du, der du den andern r.*
Off	6,10	wie lange r. du nicht und rächst nicht
	11,18	ist gekommen die Zeit, die Toten zu r.
	18,8	stark ist Gott der Herr, der sie r.
	20	Gott hat euch r. um euretwillen
	19,11	er r. und kämpft mit Gerechtigkeit
	20,12	Toten wurden ger. nach ihren Werken 13

richten (Richtung geben)

1Mo	31,21	(Jakob) r. seinen Weg nach Gilead
2Mo	5,21	der HERR r. seine Augen wider euch
	25,20	ihr Antlitz zum Gnadenthron ger.
3Mo	26,17	will mein Antlitz gegen euch r. Jer 21,10; 44,11; Hes 14,8; 15,7
4Mo	24,1	Bileam r. sein Angesicht zur Wüste

1Sm	1,17	Bitte, die du an ihn ger. hast 27
	7,3	r. euer Herz zu dem HERRN 1Ch 29,18
2Sm	10,9	daß der Angriff gegen ihn ger. 1Ch 19,10
1Kö	2,15	ganz Israel hatte sich auf mich ger.
1Ch	22,19	r. euer Herz darauf, den HERRN zu suchen 2Ch 12,14; 19,3; 20,3; 30,19; Esr 7,10
Hi	6,4	Schrecknisse Gottes sind auf mich ger.
	11,13	wenn du dein Herz auf ihn r.
	15,13	daß sich dein Mut wider Gott r.
Ps	17,11	ihre Augen r. sie darauf, uns zu stürzen
	74,3	r. deine Schritte zu dem, was wüste liegt
Spr	4,25	laß deinen Blick geradeaus ger. sein
	23,5	du r. deine Augen auf Reichtum
	19	r. dein Herz auf den rechten Weg
Pr	1,13	ich r. mein Herz darauf, die Weisheit zu suchen 17; 7,25; 8,9.16
Jes	10,25	mein Zorn wird sich r. auf sein Verderben
Jer	10,23	in niemandes Macht, wie er seinen Gang r.
	31,21	r. deinen Sinn auf die Straße
	42,15	euer Angesicht nach Ägypten r. 17; 44,12
Hes	4,3	r. dein Angesicht gegen sie 7; 6,2; 13,17; 21,2.7; 25,2; 28,21; 29,2; 35,2; 38,2
	23,25	will meinen Eifer gegen dich r.
Dan	6,5	das gegen das Königreich ger. wäre
	8,25	(gegen das hl. Volk) r. sich sein Sinnen
	11,17	er wird seinen Sinn darauf r. 28
Am	7,7	Mauer, die mit einem Bleilot ger. war
	9,4	will meine Augen auf sie r. zum Bösen
Sir	8,9	r. dich nach ihren Weisheitssprüchen
	18	er r. sich nach seinem eignen Kopf
	9,22	r. all das Deine nach Gottes Wort
	34,15	ihre Hoffnung r. sich auf den, der
	49,4	er r. sein Herz auf den Herrn
	51,28	ich r. meinen Sinn auf (Weisheit)
Lk	1,79	r. unsere Füße auf den Weg des Friedens
Jh	1,23	*r. den Weg des Herrn*
Apg	17,21	waren ger. auf Neues
	18,5	r. sich Paulus auf die Verkündigung
	27,15	da das Schiff nicht mehr gegen den Wind ger. werden konnte
	40	r. das Segel nach dem Wind
Rö	8,27	der die Herzen erforscht, weiß, worauf der Sinn des Geistes ger. ist
	14,13	vielmehr darauf euren Sinn, daß
Gal	6,16	alle, die sich nach diesem Maßstab r.
1Th	3,11	er selbst r. *unsern Weg zu euch*
2Th	3,5	der Herr r. *eure Herzen zu der Liebe*

Richter

1Mo	16,5	der HERR sei R. 31,53; Ri 11,27; 1Sm 24,13.16
	18,25	sollte der R. aller Welt nicht gerecht richten Ps 7,12; 9,5; Jer 11,20
	49,16	Dan wird R. sein in seinem Volk
2Mo	2,14	wer hat dich zum R. gesetzt Apg 7,27.35
	21,22	soll's geben durch die Hand der R.
4Mo	25,5	sprach zu den R. Israels 2Ch 1,2; 19,6
5Mo	1,16	gebot euren R. zur selben Zeit
	16,18	R. und Amtleute sollst du bestellen Jos 8,33; 23,2; 24,1; 1Ch 23,4; 26,29; 2Ch 19,5; Esr 7,25
	17,9	kommen zu den R. und... befragen 19,17
	12	nicht gehorcht dem R., der soll sterben
	19,18	die R. sollen gründlich nachforschen
	21,2	deine Ältesten und R.
	25,2	man soll ihm vor dem R. Schläge geben
Ri	2,16	wenn dann der HERR R. erweckte 17-19
	3,10	(Otniël) wurde R. in Israel
Rut	1,1	zu der Zeit, als die R. richteten 2Sm 7,7.11; 2Kö 23,22; 1Ch 17,6.10
1Sm	8,1	Samuel setzte seine Söhne als R. ein 2
2Sm	15,4	wer setzt mich zum R. im Lande
Esr	4,9	wir, die R., die Befehlshaber
Hi	9,24	das Antlitz ihrer R. verhüllt er 12,17
	23,7	würde ich entrinnen meinem R.
	31,11	eine Schuld, die vor die R. gehört 28
Ps	2,10	laßt euch warnen, ihr R. auf Erden
	7,9	der HERR ist R. über die Völker
	50,6	Gott selbst ist R. 75,8; 82,1; Jes 33,22
	58,12	Gott ist noch R. auf Erden
	94,2	erhebe dich, du R. der Welt
	148,11	(lobet den HERRN) alle R. auf Erden
Jes	1,26	will dir wieder R. geben, wie sie vormals
	3,2	(d. Herr wird wegnehmen) R. und Propheten
	40,23	die R. auf Erden macht er zunichte
Hes	44,24	wenn... sollen sie R. sein
Dan	3,2	Nebukadnezar sandte nach den R. 3
	9,12	die er geredet gegen uns und unsere R.
Hos	7,7	so daß sie ihre R. fressen
	13,10	wo (sind) deine R., von denen du sagtest
Mi	4,14	man wird den R. Israels schlagen
	7,3	der Fürst und der R. fordern Geschenke
Ze	3,3	ihre R. (sind) Wölfe am Abend
Jdt	7,13	Gott sei R. zwischen euch und uns
Wsh	9,7	erhebst zum R. über deine Söhne
Sir	7,6	begehre nicht, R. zu werden
	8,17	zieh einen R. nicht vor Gericht
	35,15	der Herr ist ein R.
	38,38	auf dem Stuhl des R. sitzen sie nicht
	41,21	(schämt euch) vor dem R. des Unrechts
	46,13	die R., die nicht Abgötterei trieben
Bar	2,1	Wort, geredet gegen unsre R.
2Ma	4,1	rief zu Gott, dem gerechten R.
StD	1,5	wurden zwei Älteste als R. bestellt
	5	Bosheit ging aus von den Ältesten und R.
	41	das Volk glaubte den beiden R.
Mt	5,25	dich... nicht dem R. überantworte Lk 12,58
	12,27	darum werden sie eure R. sein Lk 11,19
Lk	12,14	wer hat mich zum R. über euch gesetzt
	18,2	es war in einer Stadt
	6	hört, was der ungerechte R. sagt
Jh	12,48	wer mich verachtet, der hat schon seinen R.
Apg	10,42	daß er von Gott bestimmt ist zum R.
	13,20	danach gab er ihnen R. bis zur Zeit
	18,15	ich gedenke, darüber nicht R. zu sein
	24,10	daß du in diesem Volk nun viele Jahre R. bist
Rö	2,27	wird der, der... dir ein R. sein
1Ko	6,4	die in der Gemeinde nichts gelten setzt zu R.
1Th	4,6	der Herr ist ein R. über das alles
2Ti	4,8	die mir der gerechte R. an jenem Tag geben wird
Heb	4,12	ist ein R. der Gedanken des Herzens
	12,23	(gekommen) zu Gott, dem R. über alle
Jak	4,11	so bist du ein R. (des Gesetzes)
	12	einer ist der Gesetzgeber und R.
	5,9	siehe, der R. steht vor der Tür

Richterin

Ri	4,4	zu der Zeit war R. die Prophetin Debora

Richterstuhl

Ps	94,20	hast nicht Gemeinsch. mit dem R. der Bösen
Mt	27,19	als er auf dem R. saß
Jh	19,13	setzte sich auf den R. an der Stätte
Apg	18,12	die Juden führten (Paulus) vor den R.
	16	er trieb sie weg von dem R.

Richterstuhl

Apg 18,17 schlugen ihn vor dem R.
     25,6 am nächsten Tag setzte er sich auf den R.
Rö 14,10 wir werden alle vor den R. Gottes gestellt
2Ko 5,10 wir müssen alle offenbar werden vor dem R. Christi

richtig

Ri 12,6 weil er's nicht r. aussprechen konnte
1Sm 12,23 euch zu lehren den guten und r. Weg
Est 2,23 wurde es als r. befunden
Ps 19,9 die Befehle des HERRN sind r.
    99,4 du hast bestimmt, was r. ist
   107,7 führte sie den r. Weg
   119,137 HERR, deine Urteile sind r.
   141,6 merken, wie r. meine Worte gewesen sind
Spr 8,9 sind r. denen, die Erkenntnis gefunden
   9,15 die r. auf ihrem Wege wandeln
   15,23 eine Freude, wenn er r. antwortet 24,26
Dan 2,45 und die Deutung ist r.
Hos 14,10 die Wege des HERRN sind r.
Sir 12,7 so lernt man keinen Freund r. kennen
   20,22 auch wenn ein Narr etwas R. sagt
Mt 3,3 *machet r. seine Steige Mk 1,3; Lk 3,4*
Mk 7,35 er redete r.
Lk *was krumm ist, soll r. werden*
Apg 15,38 Paulus hielt es nicht für r.
   18,25 (Apollos) lehrte r. von Jesus
1Ko 2,2 hielt es für r., nichts zu wissen
Gal 2,14 als ich sah, daß sie nicht r. handelten
2Pt 1,13 ich halte es für r., euch zu erinnern
   2,15 sie verlassen den r. Weg

Richtschnur

Hi 38,5 wer über sie die R. gezogen hat
Jes 28,17 will das Recht zur R. machen
Rö 2,20 weil du im Gesetz die R. der Wahrheit hast

Richtung

1Mo 10,19 von Sidon in der R. auf Gerar
4Mo 19,4 soll in R. auf die Stiftshütte sprengen
   21,4 brachen auf in R. auf das Schilfmeer
1Sm 13,17 einer wandte sich in R. auf Ofra 18
   24,3 Saul zog in R. auf die Steinbockfelsen
Jer 49,5 sollt in alle R. versprengt werden
Hes 1,9 gingen in der R. ihrer Angesichter 12; 10,22
   42,10 in der R. nach Süden lagen Kammern
Jo 2,7 ein jeder weicht von seiner R. nicht
Apg 26,5 nach der allerstrengsten R. unsres Glaubens habe ich gelebt

riechen

1Mo 8,21 der HERR r. den lieblichen Geruch
   27,27 (Isaak) r. den Geruch seiner Kleider
3Mo 26,31 will den Geruch eurer Opfer nicht mehr r.
4Mo 11,20 bis ihr's nicht mehr r. könnt
5Mo 4,28 Götzen, die weder essen noch r. können Ps 115,6; Sir 30,19
1Sm 26,19 so lasse man ihn ein Speisopfer r.
Hl 1,3 es r. deine Salben köstlich
Dan 3,27 man konnte keinen Brand an ihnen r.
Am 5,21 mag eure Versammlungen nicht r.

Riechfläschchen

Jes 3,20 (wird der Herr wegnehmen) die R.

Riegel

2Mo 26,26 sollst R. machen aus Akazienholz 29.30; 35,11; 36,31.34; 39,33; 40,18; 4Mo 3,36; 4,31
5Mo 3,5 Städte mit Mauern, Toren und R. 1Sm 23,7; 1Kö 4,13; 2Ch 8,5; 14,6
   33,25 von Eisen und Erz sei der R. deiner Tore
Ri 16,3 hob (beide Torflügel) aus mit den R.
1Kö 6,21 zog goldene R. vor dem Chorraum her
Neh 3,3 setzten ein seine Schlösser und R. 6.13-15
Hi 38,10 setzte ihm R. und Tore
Ps 107,16 daß er zerschlägt eiserne R. Jes 45,2
   147,13 er macht fest die R. deiner Tore
Spr 18,19 Streitig. sind hart wie der R. einer Burg
Hl 5,5 troffen von Myrrhe am Griff des R.
Jes 43,14 habe die R. eures Gefängn. zerbrochen
Jer 49,31 sie haben weder Tür noch R. Hes 38,11
   51,30 sind ihre R. zerbrochen Klg 2,9
Hos 11,6 das Schwert soll ihre R. zerbrechen
Am 1,5 will die R. von Damaskus zerbrechen
Jon 2,7 der Erde R. schlossen sich hinter mir
Nah 3,13 das Feuer soll deine R. verzehren
Sir 28,28 warum machst du nicht vor deinem Mund R.
   49,15 die Mauern mit Toren und R. versehen
Bar 6,18 verwahren die Tempel der Götzen mit R.

Riegelloch

Hl 5,4 mein Freund steckte seine Hand durchs R.

Riemen

Sir 33,27 Joch und R. beugen den Nacken
2Ma 7,1 wurden mit Geißeln und R. geschlagen
Mk 1,7 ich bin nicht wert, daß ich die R. seiner Schuhe löse Lk 3,16

Riese

1Mo 6,4 wurden daraus die R. auf Erden
4Mo 13,33 wir sahen dort auch R., Anaks Söhne
5Mo 2,11 man hielt sie für R.
   20 auch dies gilt als Land der R. 3,13
   3,11 allein der König Og war übrig von den R. Jos 12,4; 13,12
1Sm 17,4 trat aus den Reihen der Phil. ein R. 23
2Sm 21,18 der vom Geschlecht der R. war 20.22; 1Ch 20,4.6.8
   23,21 erschlug einen ägyptischen Mann, einen R.
Sa 9,13 will dich zum Schwert eines R. machen
   10,5 sie sollen sein wie R., die im Kampf 7
Jdt 16,8 auch kein R. hat ihn angegriffen
Wsh 14,6 als die hochmütigen R. umkamen
Sir 16,8 verschonte die R. der Vorzeit nich Bar 3,26
   47,4 in seiner Jugend schlug er den R. tot

rieseln

5Mo 32,2 meine Rede r. wie Tau
Jes 30,13 wenn es beginnt zu r.

Riesensohn

2Sm 21,16 da war einer der R.

Rifat, *Riphath*

1Mo 10,3 Söhne Gomers: R. 1Ch 1,6

Rimmon

Jos	19,7	¹(Städte des Stammes Juda:) R. 1Ch 4,32; Jes 10,27; Sa 14,10
	19,13	²(Sebulon... die Grenze) läuft nach R. 1Ch 6,62 (= Dimna)
Ri	20,45	³flohen zum Fels R. 47; 21,13
2Sm	4,2	⁴Söhne R. von Beerot 5
2Kö	5,18	⁵wenn mein König in den Tempel R. geht

Rimmon-Perez

4Mo 33,19 lagerten sich in R. 20

Rind

1Mo	12,16	Abram bekam Schafe, R., Esel 24,35
	13,5	Lot hatte auch Schafe und R.
	18,7	(Abraham) lief zu den R.
	20,14	nahm Abimelech Schafe und R. 21,27
	32,6	habe R. und Esel 8
	34,28	nahmen ihre Schafe, R., Esel
	47,17	gab ihnen Brot als Entgeld für ihre R.
	50,8	Schafe und R. ließen sie im Lande Goschen
2Mo	9,3	wird kommen über die R. und Schafe
	10,9	wollen ziehen mit Schafen u. R. 24; 12,32.38
	20,17	nicht begehren d. Nächsten R. 5Mo 5,21
	24	Altar, auf dem du deine R. opferst
	21,28	wenn ein R. einen Mann stößt 29-37; 22,3.8. 9; 23,4; 5Mo 22,1.4
	23,12	auf daß R. und Esel ruhen 5Mo 5,14
	34,3	kein R. laß weiden gegen diesen Berg hin
3Mo	1,2	Opfer darbringen von R. 3,5; 3,1; 22,19.21; 4Mo 15,3.8.9; 5Mo 18,3
	4,10	gleichwie man (das Fett) abhebt vom R.
	22,23	R., die zu lange Glieder haben 5Mo 17,1
	27	ein R... soll 7 Tage bei seiner Mutter 28
	27,32	alle Zehnten von R. und Schafen 2Ch 31,6
4Mo	7,3	brachten zur Gabe: zwölf R. 6 u. ö. 83
	11,22	kann man so viele R. schlachten
	18,17	die Erstgeburt eines R. nicht auslösen 5Mo 12,6.17; 14,23; 15,19; Neh 10,37
	22,4	wie ein R. das Gras abfrißt
	40	Balak opferte R. und Schafe
	31,28	sollst Abgabe erheben an R. 30.33.38.44
5Mo	8,13	(wenn) deine R. und alles sich mehrt
	12,21	so schlachte von deinen R. 16,2
	14,4	Tiere, die ihr essen dürft: R., Schaf, Ziege
	26	gib das Geld für R., Schafe, Wein
	15,19	nicht ackern mit dem Erstling
	22,10	nicht ackern zugleich mit R. und Esel
	28,4	gesegnet... die Jungtiere deiner R.
	18	verflucht... das Jungvieh deiner R.
	31	dein R. wird geschlachtet werden 51
Jos	6,21	vollstreckten den Bann an R., Schafen 7,24; Ri 6,4; 1Sm 15,3; 22,19
1Sm	8,16	eure R. wird er nehmen
	11,5	kam Saul vom Felde hinter den R. 7
	12,3	wessen R. oder Esel hab ich genommen
	14,14	Hufe, die ein Joch R. pflügt
	32	nahmen Schafe und R. und schlachteten
	15,9	verschonten die besten R. 14.15.21
	27,9	David nahm mit Schafe, R. 30,20
2Sm	6,6	denn die R. glitten aus 1Ch 13,9
	12,2	der Reiche hatte sehr viele R. 4
	24,22	mein Herr nehme... die R. 24; 1Ch 21,23
1Kö	1,9	als Adonija Schafe und R. opferte 8,5.63; 19,21; 2Ch 5,6; 7,5; 15,11; 29,22.32.33; 35,7-9.12
	5,3	gemästete R. und R. von der Weide
1Kö	7,25	(das Meer) stand auf 12 R. 29.44; 2Kö 16,17; 2Ch 4,3.4.15; Jer 52,20
	19,20	(Elisa) verließ die R. und lief Elia nach
	21	mit den Jochen der R. kochte er
2Kö	5,26	wirst dir schaffen Weinberge, Schafe, R.
1Ch	12,41	brachten Nahrung auf R... dazu R. in Menge
	27,29	über die R. (war gesetzt) Schafat
2Ch	18,2	Ahab ließ viele R. schlachten
	32,29	(Hiskia) hatte Vieh die Menge an R.
Hi	1,3	(Hiob) besaß 500 Joch R. 14; 42,12
	24,3	nehmen das R. der Witwe zum Pfande
	40,15	Behemot. Er frißt Gras wie ein R.
Ps	8,8	(unter seine Füße getan:) Schafe und R.
	66,15	ich will opfern R. mit Böcken
	144,14	unsere R., daß sie tragen ohne Schaden
Spr	14,4	wo keine R. sind, da ist die Krippe leer
Pr	2,7	hatte eine größere Habe an R. als alle
Jes	7,25	man wird R. darüber treiben
	11,7	Löwen w. Stroh fressen wie die R. 65,25
	22,13	aber siehe da, lauter Freude, R. töten
	30,24	R., die auf dem Felde ackern
	32,20	könnt die R. frei gehen lassen
Jer	3,24	Baal hat gefressen ihre R.
	5,17	werden deine Schafe und R. verschlingen
	31,12	werden sich freuen über... R.
Dan	4,22	man wird dich Gras fressen lassen wie die R. 29.30; 5,21
Hos	5,6	werden kommen mit ihren Schafen und R.
Jo	1,18	die R. sehen kläglich drein
Am	6,12	wer kann auf Felsen mit R. pflügen
Jon	3,7	sollen weder R. noch Schafe Nahrung nehmen
Hab	3,17	in den Ställen werden keine R. sein
Jdt	2,8	mit Herden von R. und Schafen ohne Zahl
	3,4	unser Besitz, alle R., gehören dir
Tob	8,21	er ließ auch zwei R. schlachten
StD	3,16	als brächten wir Brandopfer von R.
Jh	2,14	er fand im Tempel Händler, die R. verkauften
	15	trieb sie zum Tempel hinaus samt den R.

Rinderherde

Jdt 8,6 ausgedehnten Besitz mit R.- und Schafherden

Ring

1Mo	41,42	tat seinen R. von seiner Hand Est 3,10
2Mo	25,12	gieß vier goldene R... zwei R. auf der einen Seite 14.15.26.27; 26,29; 27,4.7; 28,23.24.26-28; 30,4; 36,34; 37,3.5.13.27; 38,5.7; 39,16.17.19-21
	35,22	brachten R. zur Gabe für den HERRN
4Mo	31,50	was jeder gefunden hat an R. Ri 8,24-26
2Kö	19,28	will meinen R. in d. Nase legen Jes 37,29
Est	1,6	hingen Tücher in silbernen R.
	3,12	mit d. Königs R. gesiegelt 8,8.10; Dan 6,18
Hi	42,11	jeder gab ihm einen goldenen R.
Spr	11,22	mit einem goldenen R. durch die Nase
	25,12	ein Ohr, das hört, ist wie ein goldener R
Hes	16,12	gab dir einen R. an deine Nase
1Ma	6,15	übergab ihm Krone, Mantel und R.
StD	2,10	die Tür mit deinem R. versiegeln 13
Lk	15,22	gebt ihm einen R. an seine Hand
Jak	2,2	wenn... ein Mann käme mit einem goldenen R.

Ringband

Ringband
2Mo 27,10 ihre R. von Silber 11.17; 36,38; 38,10-12.17.19.28

ringen
1Mo 32,25 da r. ein Mann mit ihm 26
Wsh 4,2 hat im R. um einen... Kampfpreis gesiegt
Lk 13,24 r. darum, daß ihr durch die enge Pforte
     22,44 er r. mit dem Tode und betete heftiger
Kol 1,29 r. in der Kraft dessen, der
     4,12 der allezeit in seinen Gebeten für euch r.
1Th 4,11 r. danach, daß ihr stille seid

Ringmauer
Sir 50,2 baute die hochragende R. des Heiligtums

rings, ringsherum, ringsum, ringsumher
1Mo 37,7 eure Garben stellen sich r.
     41,48 was an Getreide r. um jede Stadt wuchs
2Mo 16,13 lag Tau r. um das Lager 4Mo 11,31.32
     25,11 einen goldenen Kranz r. machen 24.25; 30,3; 37,2.11.12.26; 38,4; 1Kö 6,29; 7,18.23.24.36; 2Ch 4,3; Jer 52,22.23; Hes 43,13.17
     28,34 Granatäpfel r. am Saum 33; 39,25.26
     29,16 sein Blut r. an den Altar sprengen 20; 3Mo 1,5.11; 3.2.8.13; 7,2; 8,15.19.24; 9,12.18; 16,18; Hes 43,20
     38,20 Zeltpflöcke des Vorhofs r. 31; 40,8.33
     39,6 faßten Onyxsteine r. mit Gold ein 13
3Mo 14,41 das Haus soll man innen r. abschaben
4Mo 11,24 Mose stellte sie r. um die Stiftshütte
     16,24 weicht r. zurück von der Wohnung Korachs
     32,33 das Land samt den Städten r. 34,12; Jos 15,12; 18,20; 1Ch 6,40
5Mo 22,8 mache ein Geländer r. auf deinem Dache
     25,19 vor deinen Feinden r. Jos 23,1; Ri 2,14; 8,34; 1Sm 14,47; 1Ch 22,9; Hes 28,26
Jos 6,3 laß alle r. um die Stadt herumgehen 11
     21,44 gab ihnen Ruhe 5,18; 1Ch 22,18; 2Ch 14,6; 15,15; 20,30; 32,22
Ri 7,18 Posaunen blasen r. um das Heerlager 21
     20,29 legte einen Hinterhalt r. um Gibea her
2Sm 5,9 David baute r. 1Ch 11,8
     22,12 Finsternis r. zu seinem Zelt Ps 18,12
1Kö 5,4 Frieden mit allen Nachbarn r. 11; Sa 7,7
     6,5 an der Wand des Hauses r. 6; 7,12; Hes 40,5. 14.17.25.29.30.33.36; 41,5-7.8.10.16.17.19; 42,20; 46,23
2Kö 11,6 sollt Wache halten r. um das Haus
     8 euch r. um den König stellen 11; 2Ch 23,7
1Ch 28,12 Entwürfe für alle Gemächer r.
2Ch 34,6 so tat (Josia) r. in den Städten
Neh 12,29 hatten r. um Jerusalem Gehöfte gebaut
Hi 1,10 hast du doch sein Haus r. beschützt
     3,23 dem Gott den Pfad r. verzäunt hat
     11,18 würdest r. um dich blicken... in Sicherheit
Ps 3,7 die sich r. wider mich legen
     78,28 r. um seine Wohnung her (fielen sie ein)
     97,3 Feuer verzehrt r. seine Feinde Jer 50,32; Klg 2,3
Jes 29,3 will dich belagern r. Am 3,11
     42,25 daß er sie r. versengte
Jer 1,15 ihre Throne setzen r. um die Mauern her
     6,3 werden Zelte aufschlagen r. um sie her
     25,9 will sie bringen über alle Völker r.
     48,39 Bild des Schreckens allen, die r. wohnen

Jer 50,14 stellt euch r. gegen Babel auf 15.29; 52,4.7.14
Klg 1,17 der HERR hat seine Feinde r. aufgeboten
     3,5 er hat mich r. eingeschlossen
Hes 1,4 Glanz war r. um sie her 27.28
     18 ihre Felgen waren voller Augen r.
     4,2 stelle Sturmböcke r. um sie her 23,24
     5,2 schlag's mit dem Schwert r. 5.6.12
     8,10 Bilder, r. an den Wänden eingegraben
     16,57 dich r. verachteten 19,8; 28,24; 36,4.7
     27,11 waren r. auf deinen Mauern
     31,4 Ströme gingen r. um seinen Stamm her
     32,22 da liegt Assur, r. seine Gräber 23-26
     43,12 des Tempels Gebiet r. hochheilig 45,2
     44,20 sollen die Haare r. abschneiden
Jo 4,11 auf, alle Heiden r., versammelt euch 12
Sa 2,9 will eine feurige Mauer r. um sie her sein
     12,2 zum Taumelbecher für alle Völker r. 6
     14,14 zusammenbringen die Güter aller Heiden r.
Tob 13,20 aus Edelsteinen r. seine Mauern
Sir 46,8 als ihn seine Feinde r. bedrängten
     47,8 (David) schlug die Feinde r.
     50,14 standen seine Brüder r. um ihn her
Bar 2,4 sie zu Sklaven in allen Königreichen r.
Mt 14,35 die Leute schickten Botschaft r. in das Land
Mk 3,5 er sah sie r. an 34
     6,6 er ging r. umher in die Dörfer und lehrte
     36 damit sie in die Höfe r. gehen Lk 9,12
     11,11 Jesus ging in den Tempel und besah r. alles
Apg 5,16 kamen viele aus den Städten r. um Jerusalem
Rö 15,19 von Jerusalem aus r. bis nach Illyrien
Off 7,11 alle Engel standen r. um den Thron

Rinna
1Ch 4,20 Söhne Schimons: R.

Rinne
1Mo 30,41 legte (Jakob) die Stäbe in die R.
2Mo 2,16 füllten die R., um die Schafe zu tränken

rinnen
5Mo 32,2 meine Lehre r. wie der Regen
Jer 9,17 daß unsre Augen von Tränen r. Klg 3,48

Rinnsal
Hes 31,4 ihre R. sandte sie zu allen Bäumen

Rippe
1Mo 2,22 der HERR baute ein Weib aus der R. 21
Dan 7,5 hatte in seinem Maul drei R.

Riß
1Mo 38,29 warum hast du solchen R. gerissen
Ri 21,15 daß der HERR einen R. gemacht 1Ch 15,13
Ps 60,4 heile ihre R.; denn sie wankt
Jes 22,9 daß viele R. in der Stadt Davids waren
     30,13 soll euch diese Sünde sein wie ein R.
Hes 27,9 mußten deine R. abdichten
Am 9,11 will ich ihre R. vermauern
Mt 9,16 der R. wird ärger Mk 2,21

Rissa
4Mo 33,21 lagerten sich in R. 22

rissig

Ps	62,4	als wäre er eine r. Mauer
Jer	2,13	machen sich Zisternen, die doch r. sind

Ritma, *Rithma*

4Mo	33,18	lagerten sich in R. 19

Ritter

1Kö	9,22	ließ sie Oberste und R. sein 2Ch 8,9
2Kö	7,2	R., auf dessen Arm sich der König 17.19
	9,25	Jehu sprach zu seinem R. Bidkar 10,25
	10,25	die R. warfen die Leichname hinaus
	15,25	machte Pekach, sein R., eine Verschwörung
Hes	23,23	lauter R., die auf Rossen reiten

ritterlich

1Ma	9,10	wollen wir r. sterben für unsre Brüder

Ritterschaft

1Ti	1,18	daß du eine gute R. übest

ritzen

5Mo	14,1	um eines Toten willen nicht wund r.
1Kö	18,28	sie r. sich mit Messern
Jer	16,6	niemand wird sich ihretwegen wund r.
	41,5	achtzig Männer hatten sich wund ger.
	47,5	wie lange willst du dich wund r.
	48,37	werden alle Hände wund ger.
Hos	7,14	sie r. sich wund um Korn und Wein

Ritzwunde

Jer	49,3	lauft hin und her mit R.

Rizja

1Ch	7,39	Söhne Ullas: R.

Rizpa

2Sm	3,7	R., eine Tochter Ajas 21,8.10.11

Rock

1Mo	3,21	Gott machte Adam R. von Fellen
	37,3	Israel machte ihm einen bunten R. 23.31-33
1Sm	15,27	ergriff ihn Saul bei einem Zipfel seines R.
	18,4	zog seinen R. aus und gab ihn David
	24,5	schnitt einen Zipfel vom R. Sauls 6.12
2Sm	15,32	begegnete ihm Huschai mit zerrissenem R.
Spr	31,24	sie macht einen R. und verkauft ihn
Mi	2,8	raubt ihr R. und Mantel denen
Mt	5,40	wenn jemand dir deinen R. nehmen (will)
	10,10	auch nicht zwei R Mk 6,9; Lk 9,3
	27,35	über meinen R. das Los geworfen Jh 19,24
Lk	3,11	wer zwei R. hat, der gebe dem
	6,29	dem verweigere auch den R. nicht
Jh	19,23	auch den R. Der R. war ungenäht
	21,7	gürtete er den R. um
Apg	9,39	zeigten ihm die R. und Kleider, die
Jud	23	den R., der vom Fleische befleckt ist

Rocken

Spr	31,19	sie streckt ihre Hand nach dem R.

Rodaniter

1Mo	10,4	Söhne Jawans: die R. 1Ch 1,7

roden

Jos	17,15	geh ins Waldgebirge und r. dort 18

Rodokus s. Rhodokus

Rogel

Jos	15,7	zur Quelle R. 18,16; 2Sm 17,17; 1Kö 1,9

Roglim

2Sm	17,27	Barsillai, ein Gileaditer von R. 19,32

roh

2Mo	12,9	sollt es weder r. essen noch gekocht
	34	das Volk trug den r. Teig 39
1Sm	2,15	will nicht gekochtes Fleisch, sondern r.
	25,3	(Nabal) war r. und boshaft in seinem Tun
Hes	21,36	will dich r. Leuten preisgeben
2Ma	4,25	die Leidenschaften eines r. Tyrannen

Rohga

1Ch	7,34	Söhne Schemers: R.

Rohr

2Mo	2,3	machte sie ein Kästlein von R.
1Kö	14,15	wie das R. im Wasser bewegt wird
Hi	8,11	kann R. aufwachsen, wo es nicht feucht
	40,21	er liegt im R. verborgen
Jes	19,6	daß R. und Schilf verwelken
	35,7	wo Schakale gelegen, soll R. stehen
	42,3	das geknickte R. wird er nicht zerbrechen Mt 12,20
Mt	11,7	wolltet ihr ein R. sehen Lk 7,24
	27,29	gaben ihm ein R. in seine rechte Hand
	30	nahmen das R. und schlugen Mk 15,19
	48	steckte ihn auf ein R. Mk 15,36
Off	11,1	ein r., einem Meßstab gleich 21,15.16

Rohrdommel

3Mo	11,18	(daß ihr nicht esset:) die R. 5Mo 14,17
Jes	34,11	R. werden's in Besitz nehmen Ze 2,14

Röhre

Hi	40,18	seine Knochen sind wie eherne R.
Sa	4,12	was sind die Zweige bei den 2 goldenen R.

Rohrstab

2Kö	18,21	verläßt du dich auf diesen zerbrochenen R. Jes 36,6; Hes 29,6

Rolle

Hes	3,2	er gab mir die R. zu essen

rollen

Ri	7,13	ein Laib Gerstenbrot r. zum Lager
Hi	37,2	hört doch, wie sein Donner r. Ps 77,19
Nah	2,5	die Wagen r. auf den Gassen 3,2

Rom

1Ma	1,11	Antiochus, in R. als Geisel
	7,1	floh Demetrius aus R.
	8,3	viele Länder fern von R. gewonnen
	17	sandte sie nach R. 19; 12,1.3; 14,24; 2Ma 4,11
	14,16	als man in R. und in Sparta hörte
	15,15	kamen von R.
Apg	2,10	(wir in) Libyen und Einwanderer aus R.
	18,2	allen Juden geboten hatte, R. zu verlassen
	19,21	wenn ich dort gewesen bin, muß ich auch R.
	23,11	so mußt du auch in R. Zeuge sein
	28,14	so kamen wir nach R.
	16	als wir nun nach R. hineinkamen
Rö	1,7	an alle Geliebten Gottes und Heiligen in R.
	15	willens, auch euch in R. das Evangelium zu predigen
2Ti	1,17	als er in R. war, suchte er mich eifrig

Romamti-Eser

1Ch	25,4	Hemans Söhne: R. 31

Römer

1Ma	8,1	es hörte Judas von den R.
	6	Antiochus, der gegen die R. gezogen war
	7	Tribut, den sie den R. zahlen mußten 2Ma 8,10.36
	17	mit den R. ein Bündnis 21.23-29; 12,1.4.16; 14,17.40
	15,16	Luzius, Konsul der R.
2Ma	11,34	es schrieben die R. den Juden
Jh	11,48	dann kommen die R. und nehmen uns Land und Leute
Apg	16,21	Ordnungen, die wir weder annehmen... dürfen, weil wir R. sind
	25,16	es ist der R. Art nicht
	28,17	bin überantwortet in die Hände der R.

römisch

Apg	16,12	von da nach Philippi, eine r. Kolonie
	37	die wir doch r. Bürger sind 38; 22,26-29
	22,25	erlaubt, einen Menschen, der r. Bürger ist, zu geißeln

Romphan s. Räfan

Rosch

1Mo	46,21	¹Söhne Benjamins: R.
Jes	66,19	²will senden nach Meschech und R.
Hes	38,2	Gog, der Fürst von R. 3; 39,1

Rose

Sir	39,17	ihr werdet wachsen wie die R.

Rosenblüte

Sir	50,8	(leuchtete er) wie eine R. im Lenz

Rosenknospe

Wsh	2,8	laßt uns Kränze tragen von R.

Rosenstock

Sir	24,18	aufgewachsen wie die R. in Jericho

Rosine

1Ch	12,41	brachten Kuchen von Feigen und R.

Rosinenkuchen

1Sm	25,18	Abigajil nahm 100 R. 2Sm 16,1
	30,12	gaben ihm zwei R.
2Sm	6,19	einem jeden einen R. 1Ch 16,3

Roß

2Mo	14,9	die Ägypter jagten ihnen nach mit R. 23
	15,1	R. und Mann hat er ins Meer gestürzt 19.21; 5Mo 11,4
5Mo	17,16	nur daß er nicht viele R. halte
	20,1	wenn du siehst R. und Wagen eines Heeres
Jos	11,4	zogen aus... sehr viele R. und Wagen 6.9
Ri	5,22	da stampften die Hufe der R. 28
2Sm	15,1	daß Absalom sich Wagen anschaffte und R.
1Kö	10,25	jedermann brachte (Salomo) R. 2Ch 9,24
	18,5	ob wir die R. erhalten könnten
	20,1	seine ganze Streitmacht, R. und Wagen 21. 25; 2Kö 6,14.15; 7,6; 10,2
	20	Ben-Hadad entrann auf einem R.
	22,4	meine R. (sind) wie deine R. 2Kö 3,7
2Kö	2,11	ein feuriger Wagen mit feurigen R. 6,17
	5,9	kam Naaman mit R. und Wagen
	7,7	flohen und ließen ihre R. im Lager 10.13.14
	9,33	daß die R. mit Blut besprengt wurden
	11,16	wo die R. zum Hause des Königs gehen
	14,20	brachten ihn auf R.
	18,23	will dir 2.000 R. geben Jes 36,8
	23,11	die R., für den Dienst der Sonne bestimmt
2Ch	9,28	man führte für Salomo R. ein aus Ägypten
Esr	2,66	sie hatten 736 R. Neh 7,68
Est	6,8	ein R., darauf der König reitet 9-11
Hi	39,18	verlacht sie R. und Reiter
	19	kannst du dem R. Kräfte geben
Ps	20,8	verlassen sich auf Wagen und R. Jes 31,1
	32,9	seid nicht wie R. und Maultiere
	33,17	R. helfen auch nicht
	76,7	sinken in Schlaf R. und Wagen
	147,10	hat keine Freude an der Stärke des R.
Spr	21,31	R. werden gerüstet zum Tage der Schlacht
	26,3	dem R. eine Peitsche u. dem Esel e. Zaum
Pr	10,7	ich sah Knechte auf R.
Jes	2,7	ihr Land ist voll R.
	5,28	die Hufe ihrer R. sind hart wie Kieselst.
	21,7	sieht er einen Zug von Wagen mit R. 9
	22,6	Elam fährt daher mit Wagen, Leuten und R.
	7	deine Täler werden voll von R. sein
	30,16	auf R. wollen wir dahinfliegen
	31,3	seine R. sind Fleisch und nicht Geist
	43,17	der ausziehen läßt Wagen und R.
	63,13	wie R., die in der Wüste nicht strauchein
	66,20	eure Brüder herbringen auf R. und Wagen
Jer	4,13	seine R. sind schneller als Adler
	6,23	sie reiten auf R., gerüstet 50,42
	8,16	man hört ihre R. schnauben
	12,5	wenn du mit R. laufen sollst
	17,25	Könige, die mit R. und Wagen fahren 22,4

Rotte

Jer	46,4	spannet R. an 9; 51,27
	47,3	vor dem Stampfen ihrer R. Hes 26,10
	50,11	wiehert wie die starken R.
	37	das Schwert soll kommen über ihre R.
	51,21	durch dich habe ich R. zerschmettert
Hes	17,15	daß man ihm R. schicken sollte
	23,6	lauter Leute, die auf R. ritten 12.23.24; 38,15
	26,7	will kommen lassen... mit R., Wagen 11
	27,14	haben R. auf deine Märkte gebracht
	38,4	will dich ausziehen lassen mit R. u. Mann
	39,20	sättigt euch von R. und Reitern
Hos	1,7	will nicht helfen durch R. und Wagen
	14,4	wir wollen nicht mehr auf R. reiten
Jo	2,4	sie rennen wie die R.
Am	6,12	wer kann auf Felsen mit R. rennen
Mi	1,13	du Stadt Lachisch, spanne R. an
	5,9	will ich deine R. ausrotten
Nah	2,4	seine R. rasen 3,2
Hab	1,8	ihre R. sind schneller als die Panther
	3,8	als du auf deinen R. rittest
	15	du tratest nieder seine R. im Meer
Hag	2,22	R. und Reiter sollen fallen
Sa	6,2	am ersten Wagen waren rote R. 3.6.7
	9,10	will wegtun die R. aus Jerusalem
	10,3	wird sie zurichten wie ein R. zum Kampf
	12,4	R. scheu machen... R. mit Blindheit plagen
	14,15	so wird diese Plage auch kommen über R.
	20	auf d. Schellen der R. „Heilig dem HERRN"
Wsh	19,9	sie gingen wie die R. auf der Weide
Tob	6,18	als wären sie ohne Verstand wie R.
1Ma	16,5	zog ihnen ein großes Heer zu R. entgegen 2Ma 11,11; 13,2
2Ma	11,4	pochte auf die Tausende zu R.
	8	erschienen ihnen einer hoch zu R.
Off	9,7	die Heuschrecken sahen aus wie R.
	9	wie das Rasseln der Wagen vieler R.
	17	die Häupter der R. wie Häupter der Löwen
	19	die Kraft der R. war in ihren Schwänzen

Roßtor

2Ch	23,15	als sie zum Eingang des R. kam
Neh	3,28	oberhalb des R. bauten die Priester
Jer	31,40	bis zu der Ecke am R.

Rost

Hes	24,6	einem Topf gleicht, an dem R. sitzt 11.12
Bar	6,12	können sich nicht vor R. schützen
Mt	6,19	Schätze, die Motten und R. fressen 20
Jak	5,3	ihr R. wird gegen euch Zeugnis geben

rosten

Sir	12,10	wie das Eisen immer wieder r.

rösten

3Mo	2,14	so sollst du Ähren am Feuer r.
	23,14	ger. Körner essen Jos 5,11; Rut 2,14
1Sm	17,17	nimm diesen Scheffel ger. Körner
2Sm	17,28	(brachten) Gerste, Mehl, ger. Körner
1Kö	19,6	zu seinen Häupten lag ein ger. Brot
1Ch	23,29	für die Pfanne, fürs R. und für alles
Jer	29,22	die der König von Babel r. ließ

rostig

Sir	12,11	wenn du... bleibt er doch r.

Röstkorn

1Sm	25,18	(Abigajil nahm) fünf Maß R.

rot

1Mo	25,30	laß mich essen das r. Gericht
	38,28	nahm die Wehmutter einen r. Faden 30
2Mo	25,4	blauer und r. Purpur 26,1.31.36; 27,16; 28,5.6. 8.15.33; 35,6.23.25.35; 36,8.35.37; 38,18.23; 39,1-3.5.8.24.29; 4Mo 4,13; 2Ch 2,6.13; 3,14; Jer 10,9; Hes 27,7
Jos	2,18	dies r. Seil in das Fenster knüpfen 21
2Kö	3,22	schien das Gewässer r. zu sein wie Blut
Est	1,6	hingen weiße, r. und blaue Tücher
Spr	23,31	sieh den Wein nicht an, wie er so r. ist
Hl	5,10	mein Freund ist weiß und r.
Jes	1,18	wenn eure Sünde r. ist wie Scharlach
Jer	22,14	läßt mit Zedern täfeln und r. malen
Hes	23,14	sie sah Bilder von Männern in r. Farbe
Nah	2,4	die Schilde seiner Starken sind r.
Sa	1,8	ein Mann saß auf einem r. Pferde
	6,2	am ersten Wagen waren r. Rosse
Wsh	13,14	er bemalt es mit r. Farbe
Sir	50,17	er opferte r. Wein
1Ma	4,23	sie eroberten blauen und r. Purpur
	6,34	(ließ) den Elefanten r. Wein vorhalten
Mt	16,2	ein schöner Tag, denn der Himmel ist r.
	3	ein Unwetter, denn der Himmel ist r.
Off	12,3	siehe, ein großer, r. Drache

röten

Hi	16,16	mein Antlitz ist ger. vom Weinen

Rotes Meer

Jdt	5,12	als dies Volk aus dem R. M. kam
Wsh	10,18	führte sie durchs R. M. 19,7
1Ma	4,9	wie unsre Väter im R. M. errettet
Apg	7,36	Mose tat Wunder und Zeichen im R. M.
Heb	11,29	gingen durchs R. M. wie über trockenes Land

rotfarben

Jes	63,2	warum ist dein Gewand so r.

rotgefärbt

2Mo	25,5	r. Widderfelle 26,14; 35,7.23; 36,19; 39,34

rötlich

1Mo	25,25	der erste, der herauskam, war r.
3Mo	13,49	wenn die Stelle r. ist 14,37
4Mo	19,2	daß sie zu dir führen eine r. Kuh
Jes	63,1	wer ist der, der mit r. Kleidern (kommt)
Klg	4,7	ihr Leib war r. als Korallen

Rotte

4Mo	16,5	(Mose) sprach zu Korach und seiner R. 6.11. 16; 17,5; 26,9.10; 27,3
1Sm	14,15	die streifenden R. erschraken 2Kö 6,23
2Kö	13,20	fielen streifende R. ins Land 1Ch 12,22; 2Ch 22,1
Hi	15,34	R. der Ruchlosen wird unfruchtbar bleiben
Ps	22,17	der Bösen R. hat mich umringt
	31,21	du birgst sie vor den R. der Leute

Rotte

Ps	68,31	bedrohe die R. der Mächtigen
	86,14	eine R. von Gewalttätern trachtet mir
	106,17	die Erde deckte zu die R. Abirams 18
Hos	6,9	die R. der Priester sind wie die Räuber
Sir	45,22	waren neidisch: die wütende R. Korach
Apg	12,4	überantwortete ihn vier R.

rotten

Ps	35,15	r. sich heimlich zum Schlag wider mich

Ruben, Rubeniter

1Mo	29,32	Lea gebar R. 35,23; 46,8; 49,3; 2Mo 1,2; 4Mo 26,5; 1Ch 2,1
	30,14	R. fand Liebesäpfel 35,22
	37,21	R. wollte ihn erretten 22.29
	42,22	R. antwortete: Sagte ich's nicht 37
	46,9	die Söhne R. 2Mo 6,14; 4Mo 1,20; 26,5; 1Ch 5,1.3
	48,5	sollen mein sein gleichwie R.
4Mo	1,5	(je ein Mann) von R. 7,30; 13,4
	21	vom Stamm R. 46.500 (wehrfähig) 26,7
	2,10	nach Süden soll sein R. 16; 10,18
	16,1	die Söhne R. 32,1.25.29.31.37; 5Mo 11,6; Jos 15,6; 18,17; 22,9.10.21.25.30-34
	33	gab R. das Königreich Ogs 34,14; Jos 13,15.23; 18,7
5Mo	3,12	gab ich's den R. und Gaditern 16; 4,43; 29,7; Jos 12,6; 13,8
	27,13	auf dem Berge Ebal, um zu verfluchen: R.
	33,6	R. lebe und sterbe nicht
Jos	1,12	zu den R. sprach Josua 22,1
	4,12	die R. gingen gerüstet vor Israel her
	20,8	im Gebiet des Stammes R. 21,7.36; 1Ch 6,63
Ri	5,15	an R. Bächen überlegten sie lange 16
2Kö	10,33	(Hasaël schlug) die R.
1Ch	5,6	war ein Fürst der R. 11,42; 26,32; 27,16
	18	von den R. die streitbaren Männer 12,38
	26	Pul führte weg die R.
Hes	48,6	soll R. seinen Anteil haben 7
	31	drei Tore: das erste Tor R.
Off	7,5	aus dem Stamm R. 12.000 (versiegelt)

Rubin

2Mo	28,18	die andere (Reihe sei) ein R. 39,11
1Ch	29,2	habe herbeigeschafft R. und bunte Steine
Jes	54,12	und deine Tore von R.
Hes	27,16	haben R. auf deine Märkte gebracht
Sir	32,7	wie ein R. auf einem Goldring leuchtet

ruchlos

Ri	19,22	die Leute der Stadt, r. Männer 20,13
1Sm	2,12	Söhne Elis waren r. Männer
	10,27	aber einige r. Leute sprachen
2Sm	3,34	wie man vor R. fällt
	13,13	du wirst in Israel sein wie ein R.
	16,7	hinaus, du r. Mann
	20,1	ein r. Mann, der hieß Scheba
1Kö	21,10	stellt ihm zwei r. Männer gegenüber 13
2Ch	13,7	schlugen sich auf seine Seite r. Leute
Hi	8,13	die Hoffnung des R. wird verloren sein 27,8
	13,16	es kommt kein R. vor ihn
	15,34	die Rotte der R. wird unfruchtbar bleiben
	17,8	entrüsten sich über die R.
	20,5	währt die Freude des R. einen Augenblick
	36,13	die R. verhärten sich im Zorn
Jes	32,6	daß er R. anrichte
Jer	23,11	Propheten wie Priester sind r. 15
Wsh	1,5	der Geist weicht von den r. Gedanken
2Ma	13,11	das Volk nicht in die Hände der r. Heiden
2Pt	3,17	daß ihr nicht durch den Irrtum dieser r. Leute verführt werdet

Ruchlosigkeit

2Ma	14,5	fand eine Gelegenheit für seine R.

rücken

Jes	5,8	weh, die einen Acker an den andern r.
	46,7	daß er nicht von seinem Ort r.

Rücken

5Mo	33,11	zerschlage den R. derer, die sich auflehnen
Jos	7,8	nachdem Israel seinen Feinden den R. gekehrt 12
	23,13	Völker werden zur Geißel für euren R.
1Kö	14,9	hast mir den R. gekehrt 2Ch 29,6; Neh 9,29; Jer 2,27; 7,24; 32,33; Sa 7,11
2Ch	13,13	daß er ihnen in den R. fiele
Hi	20,25	dringt das Geschoß aus seinem R.
Ps	21,13	du wirst machen, daß sie den R. kehren
	66,11	hast auf unsern R. eine Last gelegt
	129,3	die Pflüger haben auf meinem R. geackert
Spr	10,13	auf den R. des Unverständigen eine Rute
	19,29	Schläge für den R. der Toren 26,3
Jes	30,6	führen ihre Habe auf dem R. von Eseln
	50,6	bot meinen R. dar denen, die mich schlugen
	51,23	machtest deinen R. dem Erdboden gleich
Jer	18,17	ich will ihnen den R. zeigen
	48,39	wie haben sie schimpflich den R. gewandt
Hes	8,16	ihren R. gegen den Tempel gewendet
	10,12	Leib, R. waren voller Augen
	23,5	trieb Hurerei hinter meinem R.
Dan	7,6	Tier, das hatte vier Flügel auf seinem R.
Sir	30,12	bläue ihm den R., solange es noch klein ist
Rö	11,10	ihren R. beuge allezeit

Rückgrat

3Mo	3,9	den Fettschwanz, vom R. abgelöst

rücklings

1Sm	4,18	fiel Eli r. vom Stuhl
Jes	28,13	daß sie hingehen und r. fallen

Rückseite

2Mo	26,22	für die R. der Wohnung sollst du Bretter machen 23.27; 36,27.28.32
1Kö	6,16	20 Ellen von der R. des Hauses entfernt

Rücksicht

5Mo	28,50	ein freches Volk, das nicht R. nimmt
Sir	4,32	nimm auf einen Mächtigen keine R.
	42,1	schäme dich nicht, nimm keine falsche R.
Bar	4,16	die keine R. auf die Alten nehmen
2Ma	7,23	weil ihr keinerlei R. nehmt auf euch selbst

Rückwand

Hes	40,13	maß das Tor von der R... bis zur R.

rückwärts

1Mo	9,23	nahmen ein Kleid und gingen r. hinzu
Klg	1,13	er hat mich r. fallen lassen

Rückzug

Jer	21,4	ich will euch zum R. zwingen

Ruder

Hes	27,6	deine R. haben sie aus Eichen gemacht
	29	die das R. führen, werden an Land gehen
Sir	10,1	wo ein Verständiger am R. ist
Jak	3,4	werden sie gelenkt mit einem kleinen R.

Ruderer

Hes	27,26	R. haben dich auf die See geführt

Ruderknecht

Hes	27,8	die von Sidon und Arwad waren deine R.

rudern

Jon	1,13	die Leute r., daß sie ans Land kämen
Mk	6,48	er sah, daß sie sich abplagten beim R.
Jh	6,19	als sie etwa eine Stunde ger. hatten

Ruf

2Mo	24,16	erging der R. des HERRN an Mose
Spr	22,1	guter R. ist köstlicher als gr. Reichtum
	27,21	ein Mann bewährt sich in seinem R. wie
Pr	7,1	ein guter R. ist besser als gute Salbe
Jer	25,30	wird seinen R. erschallen lassen über alle
	50,46	die Erde wird beben von dem R.
	51,14	anstimmen den R. des Keltertreters
Jdt	8,7	hatte bei allen einen guten R.
Wsh	8,18	guter R. durch Teilnahme an ihren Worten
Apg	6,3	die einen guten R. haben 10,22; 16,2; 22,12; 1Ti 3,7
Phl	4,8	was einen guten R. hat
2Ti	1,9	er hat uns berufen mit einem heiligen R.
Tit	1,6	Kinder, die nicht im R. stehen, liederlich zu sein

rufen

1Mo	3,9	Gott der HERR r. Adam
	12,18	r. der Pharao Abram zu sich 20,8; 26,9
	19,5	r. Lot und sprachen: Wo sind die Männer
	21,17	der Engel Gottes r. Hagar 22,11.15
	24,57	wollen das Mädchen r. und fragen 58
	27,1	r. (Isaak) Esau, seinen älteren Sohn
	42	Rebekka ließ Jakob r. 28,1
	31,4	Jakob ließ r. Rahel und Lea
	39,14	r. sie das Gesinde... ich r. 15.18
	41,8	ließ r. alle Weisen 2Mo 7,11; Dan 5,7.13
	14	der Pharao ließ Josef r. 46,33; 47,29
	45,1	Josef r.: Laßt jedermann hinausgehen
2Mo	1,18	da r. der König die Hebammen 2,7.8
	3,4	r. Gott ihn aus dem Busch 3Mo 1,1
	8,4	ließ der Pharao Mose und Aaron r. 21; 9,27; 10,16.24; 12,31
	32,26	trat er in das Tor des Lagers und r. 36,6
	34,31	da r. sie Mose, und er redete mit ihnen
3Mo	9,1	r. Mose Aaron und seine Söhne 10,4
	13,45	wer aussätzig ist, soll r.: Unrein
4Mo	12,5	der HERR r. Aaron und Mirjam
	16,12	Mose ließ Datan und Abiram r.
	22,20	sind die Männer gekommen, dich zu r. 37; 24,10; Jos 24,9
5Mo	4,26	r. ich Himmel und Erde zu Zeugen über euch
	15,9	wird er wider dich zu dem HERRN r.
	25,8	sollen ihn die Ältesten zu sich r.
	31,7	Mose r. Josua 14
	33,19	sie werden die Stämme auf den Berg r.
Jos	4,4	da r. Josua die Männer 6,6; 9,22; 10,24; 22,1
Ri	4,6	(Debora) ließ r. Barak 10
	7,18	sollt ihr die Posaunen blasen und r. 20
	8,1	daß du uns nicht r. gegen die 12,1
	9,7	Jotam stellte sich auf den Gipfel, r.
	15,19	heißt der Ort „Quelle des R."
	16,18	Delila ließ die Fürsten der Philister r.
	19	r. einen, der ihm die Locken abschnitt
1Sm	3,4	der HERR r. Samuel 5.6.8-10.16
	4,7	fürchteten (die Philister) sich und r.
	19,7	da r. Jonatan David und sagte ihm
	22,11	ließ der König r. 28,15; 2Sm 21,2; 1Kö 1,28. 32; 2,36.42; 18,3; 20,7; 22,9.13; 2Kö 6,11; 10,19; 12,8; 1Ch 15,11; 22,6; 2Ch 18,8.12; 24,6; Est 2,14; 4,11
	26,14	David r. zum Kriegsvolk und zu Abner
2Sm	1,7	(Saul) sah mich und r. mich 15
	9,2	den (Ziba) r. sie zu David 9
	13,17	(Amnon) r. seinen Diener
	14,33	(Joab) r. Absalom, daß er zum König kam
	15,2	r. ihn Absalom zu sich
	10	so r.: Absalom ist König geworden
	16,7	so r. Schimi, als er fluchte
	17,5	laßt doch auch Huschai, den Arkiter, r.
	18,25	r. und sagte es dem König 26.28
	19,1	im Gehen r. er: Mein Sohn Absalom
	20,11	r... der folge Joab nach
	16	da r. eine kluge Frau aus der Stadt
1Kö	1,25	sie r.: Es lebe der König 34.39; 2Kö 9,13; 11,12
	12,3	ließen (Jerobeam) r. 20; 2Ch 10,3
	13,2	er r. gegen den Altar 4.32
	18,27	r. laut! Denn er ist ja ein Gott 28
2Kö	4,12	r. die Schunemiterin. Und als Gehasi sie r. 15.22.36
	7,10	r. sie die Torhüter der Stadt
	8,1	der HERR wird eine Hungersnot r.
	9,1	Elisa r. einen der Prophetenjünger
	11,14	Atalja r.: Aufruhr, Aufruhr 2Ch 23,13
	13,17	Elisa r.: Ein Pfeil des Siegs
	18,28	der Rabschake r. auf hebräisch 18; 2Ch 32,18; Jes 36,13
Neh	5,12	ich r. die Priester und nahm einen Eid
Est	3,12	r. man die Schreiber des Königs 8,9
	4,5	da r. Ester Hatach
Hi	5,1	r. doch, ob einer dir antwortet 19,16
	13,22	dann r., ich will dir antworten 14,15
	19,7	ich r., aber kein Recht ist da
	35,9	man r. um Hilfe vor dem Arm der Großen
	38,41	wenn seine Jungen zu Gott r.
	39,25	es wittert das R. der Fürsten
Ps	3,5	ich r. mit meiner Stimme zum HERRN
	4,2	erhöre mich, wenn ich r. 17,6; 20,10; 27,7; 77,2
	18,42	sie r. - aber da ist kein Helfer
	22,3	des Tages r. ich, doch antwortest du nicht
	28,1	wenn ich r. zu dir, so schweige nicht
	29,9	in seinem Tempel r. ihm: Ehre
	30,9	zu dir, HERR, r. ich 86,3; 88,10; 141,1
	34,7	als einer im Elend r., hörte der HERR

rufen 1166

Ps	42,8	eine Tiefe r. die andere
	55,17	ich aber will zu Gott r. 57,3
	61,3	vom Ende der Erde r. ich zu dir
	66,17	zu ihm r. ich mit meinem Munde
	77,2	ich r. zu Gott und schreie um Hilfe
	107,6	die dann zum HERRN r. in ihrer Not 13.19
	119,145	ich r. von ganzem Herzen 146.147
	120,1	ich r. zu dem HERRN in meiner Not Jon 2,3
	130,1	aus der Tiefe r. ich, HERR, zu dir
	147,9	den jungen Raben, die zu ihm r.
Spr	1,20	die Weisheit r. laut auf der Straße 21; 8,1.3.4; 9,3
	24	wenn ich aber r. und ihr euch weigert
	28	dann werden sie nach mir r., aber ich
	2,3	wenn du nach Vernunft r.
	18,6	des Toren Mund r. nach Schlägen
	21,13	wird einst auch r. und nicht erhört
Hl	5,6	ich r., aber er antwortete mir nicht
Jes	6,3	einer r. zum andern und sprach 4
	8,4	ehe der Knabe r. kann: Lieber Vater
	13,3	habe meine Starken ger., die da jauchzen
	16,10	in den Weinbergen r. man nicht mehr
	21,8	da r. der Späher
	11	man r. zu mir aus Seïr
	22,12	zu der Zeit r. Gott, der HERR Zebaoth
	20	will r. meinen Knecht Eljakim
	30,19	wird dir gnädig sein, wenn du r. 58,9
	40,3	es r. eine Stimme
	26	er r. sie alle mit Namen
	41,4	wer r. die Geschlechter von Anfang her
	42,2	er wird nicht schreien noch r.
	6	habe dich ger. in Gerechtigkeit
	11	r. laut, ihr Wüsten… r. von den Höhen
	14	ich will laut r. und schreien
	43,1	habe dich bei deinem Namen ger. 45,3.4
	22	nicht, daß du mich ger. hättest
	44,7	er r. und verkünde es
	46,11	ich r. einen Adler vom Osten her 48,15
	48,13	ich r., und alles steht da
	50,2	warum r. ich, und niemand antwortete 65,12; 66,4; Jer 7,13.27; 35,17
	52,8	deine Wächter r. mit lauter Stimme
	54,6	der HERR hat dich ger.
	55,5	siehe, du wirst Heiden r.
	57,13	wenn du r., sollen dir deine Götzen helfen
	58,1	r. getrost, halte nicht an dich
	65,24	ehe sich r., will ich antworten
Jer	1,15	ich will r. alle Völker
	3,12	r. und sprich 4,5; 5,20; 31,7
	20,8	Frevel und Gewalt! muß ich r. Hab 1,2
	31,6	Wächter auf dem Gebirge Ephraim r.
	36,4	da r. Jeremia Baruch 42,8
	49,29	über sie r.: Schrecken um und um
	50,29	r. viele wider Babel 51,27
Klg	1,19	ich r. meine Freunde, aber
	2,22	hast von allen Seiten her m. Feinde ger.
	3,8	wenn ich auch schreie und r.
Hes	9,1	er r. mit lauter Stimme 3
	21,2	r. nach Süden
	25,3	weil ihr über mein Heiligtum r.
	36,29	ich will das Korn r.
Dan	3,4	der Herold r. laut
	4,11	der r. laut: Haut den Baum um
	5,12	so r. man Daniel; der wird sagen
	6,21	(der König) r. Daniel mit angstv. Stimme
	8,16	ich hörte eine Menschenstimme r.
Hos	5,8	r. laut zu Bet-Awen
	11,1	r. ihn, meinen Sohn, aus Ägypten Mt 2,15
	2	wenn man sie jetzt r., wenden sie sich
Jo	2,1	r. laut auf meinem heiligen Berge
Am	5,16	man wird den Ackermann zum Trauern r.
	7,4	Gott der HERR r. das Feuer
Jon	1,14	da r. sie zu dem HERRN
	3,8	sie sollen zu Gott r. mit Macht
Mi	6,9	des HERRN Stimme r. über die Stadt
Nah	2,9	„stehet, stehet!" r. man, aber niemand
Hag	1,11	habe die Dürre ger. über Land und Berge
Sa	4,7	daß man r. wird: Glück zu
	7,13	wollte ich auch nicht hören, als sie r.
Jdt	2,2	er r. alle seine Ältesten 4.7; 1Ma 1,7; 6,10.14; 16,2
	10,2	(Judit) r. ihre Magd
Wsh	11,25	wie könnte erhalten werden, was du nicht ger.
	18,8	eben damit hast du uns zu dir ger.
Tob	8,11	r. Raguël seine Diener und ging
	9,1	da r. Tobias den Engel zu sich 12,6
	11,10	stieß sich; darum r. er einen Knecht
	12,1	danach r. Tobias seinen Sohn zu sich 14,5
Sir	21,6	sobald der Elende r., hört's Gott
Bar	3,34	wenn er sie r., antworten sie
1Ma	4,10	laßt uns zum Himmel r.
2Ma	8,3	das unschuldige Blut, das zu ihm r.
	12,6	(Judas) r. zu Gott 15.28.36; 14,46; StE 2,8; 7,6; StD 1,60
StD	1,44	Gott erhörte ihr R.
	45	Daniel fing an, laut zu r.
	52	r. er den einen und sagte zu ihm
	2,7	der König ließ die beiden Priester r.
	17	der König r. mit lauter Stimme 40
Mt	2,7	da r. Herodes die Weisen heimlich zu sich
	15	aus Ägypten habe ich meinen Sohn ger.
	4,21	(Jesus) r. sie Mk 1,20
	9,13	ich bin gekommen, die Sünder zu r. Mk 2,17; Lk 5,32
	10,1	r. seine zwölf Jünger zu sich 15,32; 20,25; Mk 6,7; 8,1; 9,35; 10,42; 12,43 Lk 6,13; 18,16
	14,26	die Jünger erschraken und r.
	15,10	(Jesus) r. das Volk zu sich Mk 7,14; 8,34
	18,2	Jesus r. ein Kind zu sich
	20,8	r. die Arbeiter 25,14; Lk 16,2.5; 19,13.15
	32	Jesus blieb stehen, r. sie Mk 10,49
	22,3	*daß sie die Gäste zur Hochzeit r.*
	25,6	um Mitternacht erhob sich lautes R.
	27,47	der r. nach Elia Mk 15,35
Mk	3,13	r. zu sich, welche er wollte
	31	seine Brüder ließen ihn r.
	10,49	sie r. den Blinden und sprachen zu ihm Jh 9,18.24
	15,34	zu der neunten Stunde r. Jesus laut Lk 23,46
	44	Pilatus r. den Hauptmann und fragte ihn
Lk	1,42	(Elisabeth) r. laut: Gepriesen bist du
	7,18	Johannes r. zwei seiner Jünger zu sich
	8,8	als er das sagte, r.
	28	fiel vor ihm nieder und r. laut
	54	er nahm sie bei der Hand und r. 13,12
	9,38	ein Mann r.: Meister, ich bitte dich
	15,6	so er heimkommt, r. er seine Freunde 9
	26	r. zu sich einen der Knechte und fragte
	16,24	er r.: Abraham, erbarme dich meiner
	18,7	Recht, die zu ihm Tag und Nacht r.
	38	er r.: Jesus, du Sohn Davids
	23,21	sie r. aber: Kreuzige, kreuzige ihn
Jh	1,15	Johannes gibt Zeugnis von ihm und r.
	48	bevor Philippus dich ger., sah ich dich
	2,9	r. der Speisemeister den Bräutigam
	4,16	geh hin, r. deinen Mann und komm wieder her
	7,28	da r. Jesus im Tempel 37; 12,44
	10,3	er r. seine Schafe mit Namen

Jh	11,28	der Meister ist da und r. dich
	43	r. er mit lauter Stimme: Lazarus 12,17
	12,13	gingen ihm entgegen und r.: Hosianna
	18,33	Pilatus r. Jesus und fragte ihn
Apg	4,18	sie r. sie und geboten ihnen
	9,41	r. die Heiligen und die Witwen
	10,7	r. Kornelius zwei seiner Knechte
	18	r. und fragten, ob Simon hier zu Gast wäre
	13,7	dieser r. Barnabas und Saulus zu sich
	14,11	erhoben sie ihre Stimme und r. auf lykaonisch
	16,28	Paulus r. laut: Tu dir nichts an
	20,1	r. Paulus die Jünger zu sich 17
	21,34	einer r. dies, der andre das im Volk 22,22
	23,6	r. (Paulus) im Rat 24,21
	17	Paulus r. einen von den Hauptleuten zu sich
	18	Gefangene Paulus hat mich zu sich r. lassen
	23	der Oberst r. zwei Hauptleute zu sich
	24,25	zu gelegener Zeit will ich dich r. lassen
Rö	4,17	Gott, der r. das, was nicht ist, daß es sei
	8,15	kindl. Geist, durch den wir r. Gal 4,6
Gal	4,27	r., die du nicht schwanger bist
1Th	5,24	treu ist er, der euch r.
Jak	5,4	das R. der Schnitter ist... gekommen
	14	der r. zu sich die Ältesten der Gemeinde
Off	5,2	der r. mit großer Stimme 7,2.10; 18,2

Rufus

Mk	15,21	Simon, Vater des Alexander und des R.
Rö	16,13	grüßt R., den Auserwählten in dem Herrn

rügen

Hi	6,26	gedenkt ihr, Worte zu r.
Spr	9,8	r. nicht den Spötter... r. den Weisen

Ruhe

1Mo	49,15	sah die R., daß sie gut ist
2Mo	14,12	laß uns in R.
	31,15	am 7. Tag ist Sabbat, völlige R. 35,2
	33,14	will dich zur R. leiten
5Mo	3,20	bis der HERR eure Brüder auch zur R. bringt Jos 1,13.15; 22,4; Jes 63,14
	12,9	seid noch nicht zur R. gekommen 28,65
	10	R. geben vor euren Feinden 25,19; Jos 21,44; 23,1; 2Sm 7,1.11; 1Kö 5,18; 8,56; 1Ch 22,9.18; 23,25; 2Ch 14,5.6; 15,15; 20,30; 32,22
Jos	11,23	das Land war zur R. gekommen 14,15; Ri 3,11.13 5,31; 8,28; 2Ch 13,23; 14,4.5
Ri	20,43	jagten nach, ohne ihnen R. zu lassen
Rut	1,9	der HERR geber euch, daß ihr R. findet
1Sm	28,15	warum hast du meine R. gestört
1Ch	6,16	als die Lade zur R. gekommen war
	22,9	der wird ein Mann der R. sein
2Ch	6,41	mache dich auf, HERR, zu deiner R.
Neh	9,28	wenn sie zur R. kamen, taten sie wieder
Est	9,16	s. vor ihren Feinden R. zu verschaffen 22
Hi	3,13	schliefe ich und hätte R. 26
	7,19	du läßt mir keinen Atemzug R.
	12,6	R. haben, die wider Gott toben
	14,6	blicke weg, damit er R. hat
	21,13	in R. fahren sie hinab zu den Toten
	36,16	an deinem Tische wirst du R. haben
Ps	22,3	finde ich keine R. Jer 4,19; 45,3; Klg 1,3
	55,7	daß ich wegflöge und R. fände
	19	er schafft mir R.
	94,13	ihm R. zu schaffen vor bösen Tagen
Ps	95,11	sie sollen nicht zu meiner R. kommen Heb 3,11.18; 4;3.5
	132,8	mache dich auf zur Stätte deiner R. 14
Spr	29,9	aber es gibt keine R.
Pr	2,23	daß sein Herz des Nachts nicht R. findet
	4,6	besser eine Hand voll mit R. als... Mühe
	6,5	so hat sie mehr R. als jener
	8,10	die begraben wurden und zur R. kamen
	9,17	der Weisen Worte, in R. vernommen, sind
Jes	14,3	wenn dir der HERR R. geben wird
	7	nun hat R. und Frieden alle Welt
	21,4	auch am Abend habe ich keine R.
	23,12	doch wirst du auch da keine R. haben
	28,12	das ist die R.; schaffet R. den Müden
	30,11	laßt uns doch in R. mit dem Heiligen Isr.
	32,18	in sicheren Wohnungen und in stolzer R.
	62,6	ohne euch R. zu gönnen 7
Jer	6,16	R. finden für eure Seele Mt 11,29
	31,2	Israel zieht hin zu seiner R.
	49,23	erschrocken, daß sie nicht R. finden
Klg	5,5	läßt man uns doch keine R.
Hes	16,42	so daß ich R. habe 49
Dan	4,1	ich, Nebukadnezar, hatte R. in m. Haus
Hab	2,4	wer halsstarrig ist, wird keine R. haben
Ze	1,12	die sich durch nichts aus der R. bringen l.
Wsh	4,7	der Gerechte ist in der R.
Sir	20,23	kommt er zur R., hat er kein schlechtes Gewissen
	22,11	er ist zur R. gekommen 38,24
	23,23	hat keine R., bis das Feuer ausgebrannt ist
	28,20	wer darauf hört, hat keine R. mehr
	31,19	dann wirst du R. haben
	33,26	halte den Sklaven zur Arbeit an, so hast du R.
	43,25	brachte der Herr das Meer zur R.
	47,15	Gott hat ihm ringsumher R. verschafft
1Ma	9,57	da herrschte Friede und R. im Lande
	14,4	da kam das Land Juda zur R.
2Ma	10,15	ließen die Juden nicht zur R. kommen 12,2
	11,25	daß auch dies Volk in aller R. lebt
StE	1,2	damit jeder in R. leben könnte
GMn	9	ich finde keine R.
Mt	11,29	so werdet ihr R. finden für eure Seelen
	12,43	sucht R. und findet sie nicht Lk 11,24
Lk	12,19	habe nun R., iß, trink
Apg	7,49	was ist die Stätte meiner R.
1Ko	7,5	eine Zeitlang, damit ihr zum Beten R. habt
2Ko	2,13	hatte ich keine R. in meinem Geist
	7,5	als wir nach Mazedonien kamen, fanden wir keine R.
2Th	1,7	euch, die ihr Bedrängnis leidet, R. zu geben
Heb	3,11	sollen nicht zu meiner R. kommen 18; 4;3.5
	4,1	Verheißung, daß wir zu seiner R. kommen 3.6
	8	wenn Josua sie zur R. geführt hätte
	9	noch eine R. vorhanden für das Volk Gottes
	10	wer zu Gottes R. gekommen ist, der ruht
	11	nun bemüht sein, zu dieser R. zu kommen
Off	4,8	sie hatten keine R. Tag und Nacht 14,11

Ruhebett

Am	3,12	die zu Samaria sitzen in der Ecke des R.
	6,4	die ihr euch streckt auf euren R.

ruhelos

Ps	55,3	wie ich so r. klage und heule

ruhen

1Mo	2,2	Gott r. am siebenten Tage von allen seinen Werken 3; 2Mo 20,11; 31,17; Heb 4,4
	8,9	da die Taube nichts fand, wo ihr Fuß r.
2Mo	16,30	also r. das Volk am siebenten Tage 34,21
	23,11	im siebenten Jahr sollst du es r. lassen
	12	auf daß dein Rind und Esel r.
	40,35	weil die Wolke darauf r.
3Mo	26,34	ja, dann wird das Land r. 35
4Mo	10,33	ihnen zu zeigen, wo sie r. sollten
	11,25	als der Geist auf ihnen r.
5Mo	5,14	daß Knecht und Magd r. gleichwie du
Ri	15,7	will ich nicht r., bis ich mich gerächt
	16,29	Mittelsäulen, auf denen das Haus r.
Rut	3,18	der Mann wird nicht r.
2Kö	2,15	der Geist Elias r. auf Elisa
Est	7,8	lag vor dem Lager, auf dem Ester r.
	9,17	r. am 14. Tage desselben Monats 18
Hi	3,17	dort r., die viel Mühe gehabt haben
	11,19	würdest r., niemand würde dich
Spr	4,16	sie r. nicht, wenn sie nicht Schaden getan
	10,6	Segen r. auf dem Haupt des Gerechten
	14,9	auf dem Zelt der Spötter r. Schuld; auf dem Hause der Frommen r. Wohlgefallen
	33	im Herzen des Verständigen r. Weisheit
	24,33	die Hände zusammentun, daß du r.
Pr	7,9	Ärger r. im Herzen des Toren
	11,6	laß deine Hand bis zum Abend nicht r.
Hl	1,7	wo du r. am Mittag
Jes	9,5	die Herrschaft r. auf seiner Schulter
	11,2	auf ihm wird r. der Geist d. HERRN 59,21
	14,18	alle Könige der Völker r. doch in Ehren
	30	die Armen (werden) sicher r.
	25,10	die Hand des HERRN r. auf diesem Berge
	27,10	daß Kälber dort weiden und r.
	57,2	r. auf ihren Lagern, die recht gewandelt
	66,1	welches ist die Stätte, da ich r. sollte
Jer	47,6	Schwert des HERRN, r. und sei still
Hes	44,30	damit Segen auf deinem Hause r.
Dan	12,13	r., bis du aufersteht am Ende der Tage
Sa	6,8	lassen meinen Geist r. im Lande d. Norden
Wsh	8,15	so werde ich bei der Weisheit r.
	18,14	als alles still war und r.
Sir	40,5	wenn einer auf seinem Bett r. soll 6
Mt	26,45	wollt ihr weiter schlafen und r. Mk 14,41
Mk	6,31	an eine einsame Stätte und r. ein wenig
Lk	10,6	wird euer Friede auf ihm r.
	23,56	den Sabbat über r. sie nach dem Gesetz
Apg	2,26	mein Leib wird r. in Hoffnung
1Pt	4,14	der Geist Gottes r. auf euch
Heb	4,10	der r. auch von seinen Werken so wie Gott
Off	6,11	daß sie r. müßten noch eine kleine Zeit
	14,13	sie sollen r. von ihrer Mühsal

Ruheplatz

| Jer | 50,6 | daß sie ihren R. vergaßen |

Ruhestatt, Ruhestätte

5Mo	28,65	deine Füße werden keine R. finden
Rut	3,1	ich will dir eine R. suchen
1Ch	28,2	als R. für die Lade des Bundes
Hi	16,18	mein Schreien finde keine R.
Jes	34,14	das Nachtgespenst wird seine R. finden

Ruhetag

| 2Mo | 16,23 | morgen ist R., heiliger Sabbat |

| 3Mo | 23,24 | am 1. Tage des 7. Monats R. halten 32.39 |

ruhig

Ri	5,17	Asser blieb r. an seinen Buchten
	18,7	sahen das Volk wohnen, r. und sicher 27
1Sm	25,9	als die Leute Davids r. warteten
2Sm	16,11	laßt ihn r. fluchen
1Ch	4,40	fanden ein Land, still und r.
Hi	34,29	wenn er sich r. hält, wer will verdammen
Ps	83,2	Gott, bleib nicht so still und r.
	131,2	meine Seele ist still und r. geworden
Spr	13,11	wer r. sammelt, bekommt immer mehr
Jer	49,31	ein Volk, das r. und sicher wohnt
Sa	1,11	alle Lande liegen r. und still
Apg	19,36	sollt ihr euch r. verhalten
1Ti	2,2	damit wir ein r. Leben führen können

Ruhm

5Mo	10,21	er ist dein R. und dein Gott Jer 17,14
Ri	4,9	der R. wird nicht dein sein
1Sm	15,29	der, der Israels R. ist Am 8,7
2Kö	14,10	habe den R. und bleib daheim 2Ch 25,19
1Ch	22,5	daß sein Name und R. erhoben werde
Neh	9,5	der erhaben ist über allen Preis und R.
Ps	9,15	daß ich erzähle all deinen R.
	48,11	ist auch dein R. bis an der Welt Enden
	51,17	daß mein Mund deinen R. verkündige
	66,8	laßt seinen R. weit erschallen
	71,8	laß m. Mund deines R. voll sein täglich
	14	will immer mehren all deinen R.
	78,4	wir verkündigen den R. des HERRN 79,13
	89,18	du bist der R. ihrer Stärke
	109,1	Gott, mein R., schweige nicht
	135,13	dein R., HERR, währet für und für
Jes	42,8	noch meinen R. den Götzen
	10	singet seinen R. 12; 43,21
	48,9	um meines R. willen bezähme ich mich
	55,13	dem HERRN soll es zum R. geschehen
	61,11	und R. vor allen Heidenvölkern
Jer	13,11	mir zum R., zu Lob und Ehren 33,9
	15,9	ihr R. hatte ein Ende Klgl 3,18
Hes	16,14	dein R. erscholl deiner Schönheit wegen
	34,29	will eine Pflanzung aufgehen lassen zum R.
	39,13	werden R. davon haben an dem Tage
Wsh	4,1	Tugend bringt ewiger R.
	8,10	werde ihretwegen R. beim Volk haben
	10,14	(die Weisheit) gab ihm ewigen R.
Sir	1,11	die Furcht des Herrn ist Ehre und R. 9,23
	35	suche nicht R. durch Heuchelei
	44,9	haben keinen R. und sind umgekommen
	50,22	sein R. war es, den Namen des Herrn
1Ma	2,12	unser Heiligtum, unser R., ist verwüstet
	3,7	Jakob war ewiger R. und Ehre
	5,61	gemeint, sie könnten sich R. erringen
Rö	3,23	ermangeln des R., den sie bei Gott haben
	27	*wo bleibt nun der R.*
	4,2	*hat er wohl R., aber nicht vor Gott*
1Ko	5,6	*euer R. ist nicht fein*
	9,15	nein, meinen R. soll niemand zunichte machen
	13,3	m. Leib hingäbe, um R. zu gewinnen
	15,31	so wahr ihr, liebe Brüder, mein R. seid
2Ko	1,12	daß wir euer R. sind, wie auch ihr unser R. seid
	14	
	11,10	so soll mir dieser R. nicht verwehrt werden
Gal	6,4	seinen R. bei sich selbst haben
Phl	2,16	mir zum R. an dem Tage Christi

1Pt	2,20	was ist das für ein R., wenn ihr
Heb	3,6	wenn wir den R. der Hoffnung festhalten

rühmen

5Mo	26,19	daß du ger. werdest
Jos	6,27	daß man (Josua) r. im ganzen Lande
Ri	7,2	Isr. könnte sich r. wider mich Hes 35,13
Rut	4,14	dessen Name werde ger. in Israel
1Sm	2,3	laßt euer großes R. und Trotzen
1Kö	20,11	wer den Harnisch anlegt, soll sich nicht r.
1Ch	16,10	r. seinen heiligen Namen 29,13; Ps 105,3
Hi	29,11	wessen Auge mich sah, der r. mich
Ps	5,12	ewiglich laß sie r.
	10,3	der Gottlose r. sich seines Mutwillens
	13,5	daß nicht mein Feind sich r.
	22,23	will dich in der Gemeinde r. 109,30
	24	r. den HERRN, die ihr ihn fürchtet
	32,7	daß ich errettet gar fröhlich r. kann
	34,3	meine Seele soll sich r. des HERRN
	35,18	unter vielem Volk will ich dich r.
	26	die sich wider mich r. 38,17
	44,9	täglich r. wir uns Gottes
	48,2	groß ist der HERR und hoch zu r.
	51,16	daß meine Zunge deine Gerechtigkeit r.
	52,3	was r. du dich der Bosheit, du Tyrann
	56,5	ich will Gottes Wort r. 11
	59,17	ich will des Morgens r. deine Güte
	63,12	wer bei ihm schwört, der darf sich r.
	64,11	alle frommen Herzen werden sich seiner r.
	66,2	r. ihn herrlich
	71,6	dich r. ich immerdar
	74,21	laß die Armen und Elenden r. deinen Namen
	75,5	ich sprach: R. euch nicht so
	90,14	wollen wir r. und fröhlich sein 149,5; Jes 52,9
	92,5	ich r. die Taten deiner Hände
	94,4	es r. sich alle Übeltäter
	97,7	schämen sollen sich, die sich Götzen r.
	98,4	singet, r. und lobet Jer 20,13
	106,5	daß wir uns r. mit denen, die dein sind
	47	und uns r., daß wir dich loben können
	107,32	(sollen) ihn bei den Alten r.
	126,2	dann wird unsre Zunge voll R. sein
	145,2	will deinen Namen r. immer und ewiglich
	7	sie sollen deine Gerechtigkeit r. 11
Spr	16,21	ein Verständiger wird ger.
	20,6	viele Menschen r. ihre Güte
	14	wenn man weggeht, so r. man sich
	27,1	r. dich nicht des morgigen Tages
	28,4	wer die Weisungen verläßt, r. den Gottl.
Hl	6,9	die Königinnen und Nebenfrauen r. sie
Jes	3,9	ihrer Sünde r. sie sich
	10,15	vermag sich auch eine Axt zu r. wider den
	12,6	jauchze und r., du Tochter Zion
	20,5	wegen der Ägypter, deren sie sich r.
	23,7	eure fröhl. Stadt, die sich ihres Alters r.
	24,14	sie r. und jauchzen vom Meer her
	26,19	r., die ihr liegt unter der Erde
	38,18	der Tod r. dich nicht
	41,16	wirst dich r. des Heiligen Israels 45,25
	52,8	deine Wächter r. miteinander
	54,1	r... freue dich mit R.
	61,6	werdet euch ihrer Herrlichkeit r.
	62,9	sollen's essen und den HERRN r.
Jer	4,2	werden die Heiden sich rühmen
	9,22	ein Weiser r. sich nicht seiner Weisheit, ein Starker r... ein Reicher r. sich nicht
	23	wer r. will, der r. sich (des Herrn) 1Ko 1,31; 2Ko 10,17
	31,7	ruft laut, r. und sprecht
Jer	49,4	was r. du dich deines Tales 50,11
Hes	16,15	weil du so ger. wurdest
Hos	9,1	darfst dich nicht r. wie die Völker
	14,8	man soll sie r. wie den Wein vom Libanon
Am	5,14	wird der HERR bei euch sein, wie ihr r.
Sa	12,7	daß sich nicht zu hoch r. das Haus David
Jdt	1,5	r. sich seines mächtigen Heeres
Wsh	2,13	er r. sich, Gottes Kind zu sein 16
Sir	1,30	dann werden viele seine Weisheit r.
	10,25	sich dessen r., daß sie Gott fürchten
	11,2	sollst niemand r. um seiner Schönheit willen
	29	darum r. niemand vor seinem Ende
	24,1	unter dem Volk r. (die Weisheit) sich
	39,14	die Gemeinde wird ihn r.
	43,30	wenn wir auch alles hoch r. – was ist das
	44,3	die wegen ihrer Macht ger. wurden 9
	47,7	(David) r. man als Sieger über 10.000
	10	r. den, der ihn geschaffen
Bar	2,17	nicht Toten r. die Herrlichkeit des Herrn 18
1Ma	15,9	daß ihr im ganzen Königreich ger. werden
StE	3,7	wollen einen sterblichen König r.
StD	3,28	r. sich seines Namens werden ewiglich 29-33
	34	r. (den Herrn) ewiglich 35-64.66
Jh	12,17	das Volk aber r. die Tat
Rö	2,17	wenn du dich r. Gottes
	23	r. dich des Gesetzes, und schändest Gott
	3,27	wo bleibt nun das R.? Es ist ausgeschlossen
	4,2	kann er sich wohl r., aber nicht vor Gott
	5,2	r. uns der Hoffnung der zukünftigen Herrlichkeit 3
	11	wir r. uns Gottes durch Jesus Christus
	11,18	r. du dich aber, so sollst du wissen
	15,17	kann ich mich r. in Christus Jesus vor Gott
1Ko	1,29	damit sich kein Mensch vor Gott r.
	31	wer sich r., der r. sich des Herrn 2Ko 10,17
	3,21	darum r. sich niemand eines Menschen
	4,7	was r. du dich dann, als
	5,6	euer R. ist nicht gut
	9,16	dessen darf ich mich nicht r.; ich muß es tun
2Ko	5,12	wir geben euch Anlaß, euch unser zu r.
	7,4	ich r. viel von euch
	14	was ich vor ihm von euch ger. habe
	8,24	zeigt, daß wir euch zu Recht ger. haben 9,3
	9,2	auch an euch r.
	10,8	auch wenn ich mich der Vollmacht r. würde
	13	wir wollen uns nicht über alles Maß r. 15.16
	11,12	Anlaß suchen, sich zu r., sie seien wie wir
	16	damit auch ich mich ein wenig r.
	17	weil wir ins R. gekommen sind
	18	da viele sich r., will ich mich auch r.
	30	wenn ich mich r. soll, will ich mich meiner Schwachheit r. 12,1.5.6.9
Gal	6,13	damit sie sich dessen r. können
	14	fern von mir, mich zu r. als allein
Eph	2,9	nicht aus Werken, damit sich nicht jemand r.
Phl	1,26	damit euer R. größer werde
	3,3	die wir uns Christi Jesu r.
	4	obwohl ich mich auch des Fleisches r. könnte
Kol	2,18	der sich dessen r., was er geschaut hat
2Th	1,4	darum r. wir uns euer unter den Gemeinden
Jak	1,9	Bruder, der niedrig ist, r. sich seiner Höhe 10
	2,13	*Barmherzigkeit r. sich wider das Gericht*
	3,14	so r. euch nicht und lügt nicht
	4,16	all solches R. ist böse

Ruhmeskranz

1Th	2,19	wer ist unsre Freude oder unser R.

Ruhmestat

Jes	63,7	will gedenken der R. des HERRN

rühmlich

1Ma	14,5	zu dem, was er sonst R. tat

ruhmredig

Ps	5,6	die R. bestehen nicht vor deinen Augen
	73,3	ich eiferte mich über die R. 75,5
Rö	1,30	hoffärtig, r., auf Böses sinnend
2Ti	3,2	werden die Menschen geldgierig sein, r.

ruhmvoll

Wsh	18,3	den Weg wies auf jener r. Wanderung

Ruhr

Apg	28,8	der Vater des Publius an der R. darnieder lag

rühren

1Mo	28,12	Leiter, die r. mit der Spitze an den Himmel
1Sm	10,26	denen Gott das Herz ger. hatte
2Ch	3,11	daß ein Flügel an die Wand r. 12
Hi	20,6	sein Haupt an die Wolken r.
1Ma	9,55	der Schlag r. ihn

Ruma

2Kö	23,36	Sebuda, eine Tochter Pedajas aus R.

Rumpf

1Sm	5,4	so daß der R. allein dalag

rund

2Mo	16,14	da lag's r. und klein wie Reif
1Kö	7,31	eine Elle hoch und r. 2Ch 4,2
Hl	7,3	dein Schoß ist wie ein r. Becher

rundherum, rundumher

3Mo	19,27	sollt euer Haar nicht r. abschneiden
1Kö	7,23	zehn Ellen weit r. 35
1Ch	11,8	vom Millo an r.
Jer	9,25	die das Haar r. abscheren 25,23; 49,32

Rundschild

Jer	46,3	rüstet R. und Langschild

Rundung

1Kö	7,20	Gitterwerk, das um die R. des Knaufs ging
Hl	7,2	die R. deiner Hüfte ist wie

Runzel

Eph	5,27	Gemeinde, die keinen Flecken oder R. habe

runzlig

Hi	16,8	er hat mich r. gemacht

Ruß

2Mo	9,8	füllt eure Hände mit R. 10

rüsten (s.a. gerüstet)

1Mo	14,8	r. sich, zu kämpfen 1Sm 17,2.8; 1Ch 19,17; 2Ch 13,3; 14,9
4Mo	31,3	r. unter euch Leute zum Kampf 32,20
5Mo	1,41	als ihr euch nun r.
Ri	5,2	daß man sich in Israel zum Kampf r.
2Sm	22,40	du hast mich ger. mit Stärke Ps 18,33.40
1Kö	20,22	wohlan, r. dich und merke auf Hes 38,7
Hi	33,5	r. dich gegen mich und stelle dich
Ps	7,14	sich selber hat er tödliche Waffen ger.
Spr	21,31	Rosse werden ger. zum Tage der Schlacht
Jes	8,9	r. euch, ihr müßt doch fliehen
	13,4	der HERR Zebaoth r. ein Heer zum Kampf
	45,5	habe dich ger., obgleich du mich nicht
Jer	6,4	r. euch zum Krieg gegen sie
	46,3	r. Rundschild und Langschild
	50,9	sollen sich gegen die Stadt r.
Nah	2,2	r. dich aufs beste
Jdt	5,1	daß die *Israeliten sich r.
	7,3	dies Heer r. sich zum Kampf gegen Israel 1Ma 3,15
1Ma	3,58	r. euch und seid unerschrocken
Apg	23,23	r. zweihundert Soldaten
1Kö	14,8	wer wird sich zum Kampf r.
Off	8,6	die sieben Engel hatten sich ger. zu blasen
	9,7	sahen aus wie Rosse, die zum Krieg ger.

rüstig

1Sm	14,52	wo Saul einen tapferen und r. Mann sah

Rüsttag

Mt	27,62	am nächsten Tag, der auf den R. folgt
Mk	15,42	weil R. war, das ist der Tag vor dem Sabbat Lk 23,54; Jh 19,14.31
Jh	19,42	dahin legten sie Jesus wegen des R. der Juden

Rüstung

1Sm	17,38	Saul legte David seine R. an 39
	18,4	Jonatan gab David seine R., sein Schwert
	31,9	nahmen ihm seine R. ab 10; 1Ch 10,9.10
2Sm	21,16	dazu hatte er eine neue R.
2Kö	3,21	alle, die zur R. alt genug waren
	10,2	bei denen Wagen, Rosse und R. (sind)
Hi	12,21	er zieht den Gewaltigen die R. aus
Jes	22,8	ihr schauet auf die R. im Waldhaus
Hos	1,7	will ihnen nicht helfen durch R., Roß
	2,20	will Schwert und R. im Lande zerbrechen
Wsh	5,18	er wird seinen Eifer nehmen als R.
2Ma	3,25	zeigte sich in einer goldenen
	15,21	als Makkabäus ihre vielfältige R. (sah)
Lk	11,22	nimmt er ihm seine R., auf die er sich

Rüstzeug

Apg	9,15	dieser ist mir ein auserwähltes R.

Rut, Ruth

Rut	1,4	die eine hieß Orpa, die andere R.
	14	R. blieb bei ihr 16.22; 2,2.8.18.21.22; 3,9
	4,5	mußt du auch R. nehmen 10.13; Mt 1,5

Sabbat

Rute

Hi	9,34	daß er seine R. von mir nehme
	21,9	Gottes R. ist nicht über ihnen
Ps	89,33	will ihre Sünde mit der R. heimsuchen
Spr	10,13	auf den Rücken des Unverständigen gehört eine R. 26,3
	13,24	wer seine R. schont, der haßt seinen Sohn 22,15; 23,13.14
	14,3	in des Toren Mund ist die R. für s. Hochmut
	22,8	die R. seines Übermuts wird ein Ende haben
	29,15	R. und Tadel gibt Weisheit
Jes	10,5	Assur, der meines Zornes R. ist
	15	als ob die R. den schwänge, der sie hebt
	14,5	hat zerbrochen die R. der Herrscher
Klg	3,1	durch die R. des Grimmes Gottes
Hes	7,11	Gewalttat wird zur R. des Frevels
Mi	4,14	man wird den Richter mit der R. schlagen
Sir	30,1	wer s. Sohn liebhat, hält die R. bereit
Apg	16,22	hießen sie mit r. schlagen
1Ko	4,21	soll ich mit der R. zu euch kommen
2Ko	11,25	ich bin dreimal mit R. geschlagen

Rute (Maß)

Hes	40,5	war eine R. dick und eine R. hoch 6.7; 41,8; 42,16-20

rütteln

Lk	6,38	ein ger. Maß in euren Schoß geben

S

Saal

Est	5,1	saß im königlichen S. 7,8; Dan 5,5.10
Am	9,6	der seinen S. in den Himmel baut
Bar	6,59	besser eine Säule in einem königlichen S.
Mk	14,15	wird euch einen großen S. zeigen Lk 22,12

Saat

1Mo	8,22	soll nicht aufhören S. und Ernte
	47,19	gib uns Korn zur S.
3Mo	26,5	die Weinernte soll reichen bis zur S.
4Mo	24,7	seine S. hat Wassers die Fülle
5Mo	14,22	sollst den Zehnten absondern… deiner S.
Ps	78,46	gab ihre S. den Heuschrecken
	104,14	lässest wachsen S. zu Nutz den Menschen
Jes	5,10	zehn Scheffel S. nur einen Scheffel
	19,7	alle S. am Wasser wird verdorren
	28,24	pflügt seinen Acker zur S. immerfort
Hos	8,7	ihre S. soll nicht aufgehen
Sir	40,22	sieht eine grüne S. lieber als
Mt	13,26	als die S. wuchs und Frucht brachte

Saawan

1Mo	36,27	Söhne Ezers: S. 1Ch 1,42

Saba

1Mo	10,7	¹Söhne Ragmas: S. und Dedan 1Ch 1,9
	10,28	²(Joktan zeugte) S. 1Ch 1,22
	25,3	³Jokschan zeugte S. und Dedan 1Ch 1,32
1Kö	10,1	⁴als die Königin von S. von Salomo vernahm 4.10.13; 2Ch 9,1.3.9.12; Ps 72,10.15

Hi	1,15	fielen die aus S. ein
	6,19	die Karawanen von S. hofften auf sie
Jes	60,6	werden aus S. alle kommen
Jer	6,20	was frage ich nach dem Weihrauch aus S.
Hes	23,42	eine Menge herbeigebracht war aus S.
	27,22	Kaufleute aus S. haben gehandelt 38,13
Jo	4,8	die sollen sie denen in S. verkaufen

sabachtani s. **asabtani**

Sabad

versch. Träger ds. Namens
1Ch 2,36.37/ 11,41/ 1Ch 7,21/ Esr 10,27/ 10,33/ 10,43

Sabadäer

1Ma	12,31	gegen die Araber, die S. heißen

Sabbai

Esr	10,28	¹bei den Söhnen Bebai: S.
Neh	3,20	²Baruch, der Sohn S.

Sabbat

2Mo	16,23	Ruhetag, heiliger S. für den HERRN 25; 35,2; 3Mo 23,3.38
	26	der 7. Tag ist der S. 20,10; 31,15; 3Mo 23,3; 5Mo 5,14
	29	der HERR hat euch den S. gegeben
	31,13	haltet meinen S. 14.16; 3Mo 26,2
3Mo	16,31	soll euch ein hochheiliger S. sein 23,32
	23,11	am Tage nach dem S. 15.16
	24,8	an jedem S. soll er sie zurichten 4Mo 28,10; 1Ch 9,32; 23,31; 2Ch 2,3; 8,13; 31,3; Hes 45,17; 46,12
	25,2	soll das Land dem HERRN einen S. feiern 4.6; 26,34.43; 2Ch 36,21
2Kö	11,5	ist doch heute weder Neumond noch S.
	11,5	die ihr am S. antretet 7.9; 2Ch 23,4.8
Neh	9,14	hast deinen heiligen S. ihnen kundgetan
	10,32	wir wollen nicht am S. Waren nehmen
	34	(zu geben) für die Opfer am S.
	13,15	daß man am S. die Kelter trat 16.18.19.21
Jes	1,13	Neumonde und S. mag ich nicht
	56,2	Menschenkind, das den S. hält 4.6
	58,13	wenn du deinen Fuß am S. zurückhältst und den S. „Lust" nennst
	66,23	wird einen S. nach dem andern kommen
Klg	2,6	hat Feiertag und S. vergessen lassen
Hes	20,12	gab ihnen meine S. zum Zeichen
	13	entheiligten meine S. 16.21.24; 22,8.26; 23,38
	20	meine S. sollt ihr heiligen 44,24
	46,3	soll das Volk anbeten an den S.
Hos	2,13	will ein Ende machen mit ihren S.
Am	8,5	wann will ein Ende haben der S., daß wir
Jdt	8,6	sie fastete täglich, außer am S.
1Ma	1,41	wurden die S. zur Schmach
	45	viele aus Israel entheiligten den S.
	48	(gebot,) S. und Feste abzuschaffen
	2,32	sie an S. zu überfallen 38; 9,34.43; 2Ma 15,1
	34	wir wollen den S. nicht entheiligen
	41	wenn man uns am S. angreift, uns wehren
	10,34	an allen S. (sollen die Juden frei sein)
2Ma	6,6	war nicht mehr möglich, den S. zu halten
	11	um heimlich den S. zu halten
	8,26	es war der Abend vor dem S. 27.28

Sabbat 1172

2Ma	12,38	reinigten sich und hielten den S.
	15,3	den Herrscher, der den S. geboten hat
Mt	12,1	ging Jesus durch ein Kornfeld am S. Mk 2,23; Lk 6,1
	2	tun, was am S. nicht erlaubt Mk 2,24; Lk 6,2
	5	wie die Priester am S. den S. brechen
	8	der Menschensohn ist ein Herr über den S. Mk 2,28; Lk 6,5
	10	ist's erlaubt, am S. zu heilen Lk 14,3
	11	Schaf, wenn es am S. in eine Grube fällt Lk 14,5
	12	darum darf man am S. Gutes tun
	24,20	bittet, daß eure Flucht nicht geschehe am S.
	28,1	als der S. vorüber war
Mk	1,21	am S. ging er in die Synagoge 6,2; Lk 4,16. 31; 6,6; 13,10
	2,27	der S. ist um des Menschen willen gemacht und nicht der Mensch um des S. willen
	3,2	ob er am S. ihn heilen würde Lk 6,7
	4	soll man am S. Gutes oder Böses tun Lk 6,9
	15,42	Rüsttag, der Tag vor dem S. Lk 23,54
	16,1	als der S. vergangen war
Lk	13,14	war unwillig, daß Jesus am S. heilte
	15	bindet nicht jeder am S. seinen Ochsen los
	16	am S. von dieser Fessel gelöst werden
	14,1	daß er an einem S. in das Haus eines Oberen der Pharisäer kam
	23,56	den S. über ruhten sie nach dem Gesetz
Jh	5,9	es war an dem Tag S. 10; 9,14
	16	verfolgten Jesus, weil er dies am S. getan hatte
	18	weil er nicht allein den S. brach 9,16
	7,22	beschneidet den Menschen auch am S. 23
	23	am S. den ganzen Menschen gesund gemacht
	19,31	weil die Leichname nicht am Kreuz bleiben sollten den S. über
Apg	13,14	gingen am S. in die Synagoge 16,13
	27	Worte der Propheten, die an jedem S. vorgelesen werden
	42	am nächsten S. noch einmal redeten 44
	17,2	Paulus redete mit ihnen an drei S. 18,4
Kol	2,16	von niemandem ein schlechtes Gewissen machen wegen eines S.

Sabbathalle

2Kö 16,18 auch die bedeckte S. änderte er

Sabbatjahr

3Mo	25,5	ein S. des Landes soll es sein
	8	daß die Zeit der 7 S. 49 Jahre mache

Sabbattag

2Mo	20,8	gedenke des S., daß du ihn heiligest 11; 5Mo 5,12.15; Neh 13,22; Jer 17,22.27
	31,15	wer eine Arbeit tut am S., soll sterben
	35,3	sollt kein Feuer anzünden am S.
4Mo	15,32	einen Mann, der Holz auflas am S.
	28,9	am S. zwei einjährige Schafe
Neh	10,32	am S. zum Verkauf bringen 13,15
	13,17	ihr entheiligt den S.
	19	damit man keine Last hereinbringe am S. Jer 17,21.22.24.27
Ps	92,1	ein Psalmlied für den S.
Hes	46,1	am S. soll man's auftun
	4	das der Fürst opfern soll am S.
2Ma	5,25	stellte sich friedlich bis zum S.

Lk	4,16	ging in die Synagoge am S. Apg 13,14
	13,14	an denen kommt und laßt euch heilen, aber nicht am S.
	16	sollte diese nicht gelöst werden am S.
	14,5	der nicht alsbald ihn herauszieht am S.
Apg	15,21	Mose wird alle S. gelesen
	16,13	am S. gingen wir hinaus vor die Stadt

Sabbatweg

Apg 1,12 nahe bei Jerusalem, einen S. entfernt

Sabbud

Esr 8,14 Utai, der Sohn S.

Sabdi

Jos	7,1	¹der Sohn Karmis, des Sohnes S. 17.18
1Ch	8,19	²S. (Söhne Schimis)
	27,27	³S., der Schifmiter
Neh	11,17	⁴S., des Sohnes Asafs

Sabdiël

1Ch	27,2	¹Joschobam, der Sohn S.
Neh	11,14	²S., der Sohn Haggedolim
1Ma	11,17	³S., der Araber

Sabta

1Mo 10,7 Söhne des Kusch: S. 1Ch 1,9

Sabtecha

1Mo 10,7 Söhne des Kusch: S. 1Ch 1,9

Sabud

1Kö 4,5 S., der Sohn Nathans, des Königs Freund

Sachar (= Scharar)

1Ch	11,35	¹Ahiam, der Sohn S.
	26,4	²Söhne Obed-Edoms: S.

Sacharja

Esr 5,1 die Propheten Haggai und S. 6,14; Neh 12,16; Sa 1,1.7; 7,1.8

Sache

1Mo	24,33	bis ich zuvor meine S. vorgebracht habe
2Mo	18,22	eine größere S. sollen sie vor dich bringen 26; 4Mo 27,5; 5Mo 1,17; 17,8; 21,5
	22,8	soll beider S. vor Gott kommen 5Mo 19,17
	23,3	den Geringen n. begünstigen in seiner S. 6
	7	von einer S., bei der Lüge im Spiel ist
	8	Geschenke verdrehen die S. derer, die im Recht sind 5Mo 16,19
4Mo	27,5	Mose brachte ihre S. vor den HERRN
5Mo	1,14	das ist eine gute S.
	19,15	durch zweier oder dreier Zeugen Mund soll eine S. gültig sein Mt 18,16; 2Ko 13,1
Jos	2,14	sofern du unsere S. nicht verrätst 20
	20,4	soll vor den Ältesten seine S. vorbringen
Rut	4,7	wenn einer eine S. bekräftigen wollte
1Sm	20,39	wußten um die S. 2Sm 15,11
	21,3	der König hat mir eine S. befohlen 9

Sack

1Sm	24,16	der HERR führe meine S.
	28,10	soll dich in dieser S. keine Schuld
	30,24	wer sollte in dieser S. auf euch hören
2Sm	12,14	durch diese S. zum Lästern gebracht
	13,20	nimm dir die S. nicht so zu Herzen
	14,8	ich will die S. für dich ordnen 20
	15,3	deine S. ist gut und recht 4
1Kö	15,5	außer in der S. mit Uria
2Ch	19,11	in allen S. des HERRN... in S. des Königs
Esr	6,6	haltet euch fern von dieser S.
	10,9	zitternd wegen der S. und des Regens 13-16
Neh	13,17	was ist das für eine böse S.
Est	1,13	des Königs S. mußten vor alle kommen
Hi	5,8	würde meine S. vor ihn bringen
	13,8	wollt ihr Gottes S. vertreten
	19,28	wollen eine S. gegen ihn finden
	29,16	der S. des Unbekannten nahm ich mich an
	31,13	wenn sie eine S. wider mich hatten
Ps	9,5	führst mein Recht und meine S. Klg 3,58
	17,1	HERR, höre die gerechte S.
	2	sprich du in meiner S.
	35,1	führe meine S. wider meine Widersacher 23; 43,1; 119,154
	56,6	täglich fechten sie meine S. an
	57,3	der meine S. zum guten Ende führt 138,8
	74,22	führe deine S.
	101,3	ich nehme mir keine böse S. vor
	140,13	daß der HERR des Elenden S. führen wird
Spr	17,9	wer eine S. aufführt, macht... uneins
	18,5	daß man des Gerechten S. beuge Jes 10,2
	17	jeder hat zuerst in seiner S. recht
	22,23	der HERR wird ihre S. führen 23,11; Jes 19,20; 51,22; Jer 50,34; Mi 7,9
	25,2	es ist Gottes Ehre, eine S. zu verbergen... der Könige Ehre, eine S. zu erforschen
	9	trage deine S. mit deinem Nächsten aus
	26,6	wer eine S. durch... Boten ausrichtet
	29,7	der Gerechte weiß um die S. der Armen
	24	wer mit Dieben gemeinsame S. macht
	31,5	verdrehen die S. aller elenden Leute
	8	tu deinen Mund auf für die S. aller, die verlassen sind Jes 1,17
Pr	7,8	der Ausgang einer S. ist besser als
	8,3	halte dich nicht zu einer bösen S. 5
Jes	1,23	der Witwen S. kommt nicht vor sie Jer 5,28
	41,21	bringt eure S. vor
	59,4	niemand, der eine gerechte S. vorbringt
Jer	11,20	ich habe dir meine S. befohlen 20,12
	30,13	deine S. führt niemand
	51,36	ich will deine S. führen
Klg	3,36	(wenn man) eines Menschen S. verdreht
Dan	1,20	der König fand sie in allen S. klüger
	2,23	du hast uns des Königs S. offenbart
Mi	6,1	führe deine S. vor den Bergen
Hab	1,4	die rechte S. kann nicht gewinnen
Wsh	14,7	Holz, das einer gerechten S. dient
Sir	4,30	Spott, wenn du die S. nicht getroffen hast
	5,14	verstehst du etwas von der S., erkläre es
	11,7	verdamme niemand, bevor du die S. untersucht hast 8; StD 1,48
	19,22	kann eine S. so drehen, daß er recht behält
	22,19	ein Herz, das seiner S. gewiß ist
2Ma	13,13	er wollte die S. mit Gottes Hilfe enden
	14,9	wolle der König... in dieser S. raten
	20	als sie in der S. einig wurden
	15,17	zur Entscheidung zu bringen
Mt	12,10	daß sie eine S. wider ihn hätten Mk 3,2; Lk 6,7; Jh 8,6
	18,16	jede S. durch den Mund von zwei oder drei Zeugen 2Ko 13,1
Mt	19,10	steht die S. eines Mannes mit seiner Frau so
	21,24	ich will euch auch eine S. fragen Mk 11,29; Lk 20,3
Lk	23,14	*finde an dem Menschen der S. keine*
Apg	8,21	du hast weder Anteil noch Anrecht an dieser S.
	10,21	*was ist die S., darum ihr hier seid*
	15,6	kamen, über diese S. zu beraten
	19,40	*und ist doch keine S. vorhanden*
	24,10	will ich meine S. unerschrocken verteidigen
	22	Felix zog die S. hin... will ich eure S. entscheiden
	25,9	willst du dich dort in dieser S. von mir richten lassen
	14	legte Festus dem König die S. des Paulus vor
Rö	16,2	ihr beisteht in jeder S., in der sie euch braucht
1Ko	2,13	*deuten geistliche S. für geistl. Menschen*
	6,2	nicht gut genug, geringe S. zu richten
	7,32	wer ledig ist, der sorgt sich um die S. des Herrn 34
2Ko	7,11	daß ihr rein seid in dieser S.
1Th	4,6	*niemand betrüge seinen Bruder in solcher S.*
2Pt	1,20	keine Weissagung eine S. eigener Auslegung

Sacheja

1Ch	8,10	(Schaharajim zeugte) S.

Sachen

Hes	12,3	pack dir S. wie für die Verbannung 4
Lk	17,31	wer an jenem Tage seine S. im Haus hat

Sack

1Mo	42,25	gab Befehl, ihre S. zu füllen 43,11; 44,1
	25	ihr Geld wiederzugeben, einem jeden in seinen S. 27.28.35; 43,12.18.21-23; 44,1.8
	44,2	meinen Becher lege in des Jüngsten S. 11.12
3Mo	11,32	das wird unrein... Fell oder S.
	27,16	ist die Aussaat ein S. Gerste
Jos	9,4	nahmen alte S. auf ihre Esel
1Sm	9,7	das Brot in unserm S. ist verzehrt
2Sm	3,31	und gürtet euch den S. um 1Kö 20,31.32
1Kö	5,2	dreißig S. feinstes Mehl 25; Esr 7,22
2Kö	19,1	Hiskia legte einen S. an 2; Jes 37,1.2
1Ch	21,16	mit S. angetan Neh 9,1; Jes 15,3
Est	4,1	Mordechai legte den S. an 2-4
Hi	16,15	habe einen S. um meinen Leib gelegt
Ps	30,12	hast mir den S. der Trauer ausgezogen
	35,13	ich aber zog einen S. an 69,12
Jes	3,24	statt der Prachtgewandes einen S.
	22,12	daß man sich an S. anlege
	58,5	in S. und Asche sich bettet
Jer	4,8	darum zieht den S. an 6,26; 48,37; 49,3
Klg	2,10	der Ältesten haben den S. angezogen
Hes	7,18	werden S. anlegen 27,31
Dan	9,3	um zu beten und zu flehen in S. und Asche
Am	8,10	will über alle Lenden den S. bringen
Jon	3,5	(zogen alle) den S. zur Buße an 6.8
Jdt	10,6	sie gab ihrer Magd
	13,10	damit sie es in ihren S. steckte
1Ma	2,14	zogen S. an und trauerten 2Ma 3,19; 10,26
Mt	11,21	längst in S. und Asche Buße getan Lk 10,13
Lk	16,7	er sprach: Hundert S. Weizen
Off	6,12	die Sonne wurde finster wie ein schwarzer S.

Sackgewand

Sackgewand
2Sm 21,10 da nahm Rizpa ein S. und breitete es aus

Sadduzäer
Mt 3,7 als er viele S. sah zu seiner Taufe kommen
16,1 da traten die Pharisäer und S. zu ihm 22,23; Mk 12,18; Lk 20,27; Apg 4,1
6 hütet euch vor dem Sauerteig der S. 11.12
22,34 daß er den S. das Maul gestopft hatte
Apg 5,17 es erhoben sich... die Partei der S.
23,6 Paulus erkannte, daß ein Teil S. war
7 entstand Zwietracht zwischen Pharisäern und S.
8 die S. sagen, es gebe keine Auferstehung

Säemann s. **Sämann**

säen
1Mo 26,12 Isaak s. in dem Lande
2Mo 23,16 das Fest der Erstlinge, die du ges. hast
3Mo 11,37 wenn Aas auf Samen fällt, den man s.
25,11 sollt (im Erlaßjahr) nicht s.
20 wenn wir nicht s., sammeln wir kein 22
26,16 sollt umsonst euren Samen s.
4Mo 20,5 an diesen bösen Ort, wo man nicht s. kann
5Mo 11,10 Ägyptenland, wo du deinen Samen s. mußtest
22,9 der Same, den du ges. hast, und der Ertrag
28,38 wirst viel s., aber wenig einsammeln
Ri 6,3 wenn Isr. ges. hatte, kamen die Midianiter
2Kö 19,29 im dritten Jahr s. und erntet Jes 37,30
Hi 4,8 die Frevel pflügten und Unheil s.
31,8 will ich s., aber ein anderer soll
Ps 126,5 die mit Tränen s., werden mit Freuden
Spr 11,18 wer Gerechtigkeit s., hat sicheren Lohn
22,8 wer Unrecht s., der wird Unglück ernten
Pr 11,4 wer auf den Wind achtet, der s. nicht
6 am Morgen s. deinen Samen
Jes 17,11 an dem Morgen, da du sie s.
28,25 wirft Kümmel und s. und
30,23 Samen, den du auf den Acker ges.
32,20 die ihr s. könnt an allen Wasser
40,24 kaum sind sie gepflanzt, kaum ges.
55,10 daß die gibt Samen, zu s.
Jer 2,2 in der Wüste, im Lande, da man nicht s.
4,3 s. nicht unter die Dornen
12,13 haben Weizen ges., aber Dornen geerntet
35,7 (sollt) keinen Samen s.
Hos 8,7 sie s. Wind, und werden Sturm ernten
10,12 s. Gerechtigkeit und erntet nach dem Maße
Am 9,13 daß man zugleich keltern und s. wird
Mi 6,15 du sollst s. und nicht ernten
Hag 1,6 ihr s. viel und bringt wenig ein
Sa 8,12 sondern sie sollen in Frieden s.
10,9 ich s. sie unter die Völker
Sir 6,19 wie einer, der ackert und s.
7,3 s. nicht in die Furchen des Unrechts
43,25 der Herr s. Inseln darein
Mt 6,26 sie s. nicht, sie ernten nicht Lk 12,24
13,3 es ging ein Sämann aus, zu s. 4; Mk 4,3.4.14; Lk 8,4
19 das ist der, bei dem auf den Weg ges. ist 20-23; Mk 4,16.18.20
19 reißt hinweg, was in sein Herz ges. ist Mk 4,15
24 der guten Samen auf seinen Acker s. 27.37
25 Feind s. Unkraut zwischen den Weizen 39
Mt 13,31 Senfkorn, das ein Mensch auf seinen Acker s. Mk 4,31.32
25,24 du erntest, wo du nicht ges. 26; Lk 19,21.22
Lk 13,19 Senfkorn, das ein Mensch nahm und in seinen Garten s.
Jh 4,36 der da s. und der da erntet 37
1Ko 9,11 wenn wir euch zugut Geistliches s.
15,36 du Narr: Was du s., wird nicht lebendig 37
42 es wird ges. verweslich 43.44
2Ko 9,6 wer kärglich s., der wird auch kärglich ernten
Gal 6,7 was der Mensch s., das wird er ernten 8
Jak 3,18 wird ges. in Frieden für die, die Frieden stiften

Saf, *Saph*
2Sm 21,18 erschlug Sibbechai den S. 1Ch 20,4

Safed
Tob 1,1 wenn man S. zur Linken hat

Safran
Hl 4,14 (wie ein Lustgarten mit) Narde und S.

Saft
Hi 8,16 er steht voll S. im Sonnenschein
Ps 32,4 daß mein S. vertrocknete
104,16 die Bäume des HERRN stehen voll S.
Jes 65,8 wenn man noch S. in der Traube findet
Jer 11,19 laßt uns den Baum in seinem S. verderben
Nah 1,10 wie die Dornen, die im besten S. sind
Lk 8,6 darum daß er nicht S. hatte
Rö 11,17 teilbekommen hast an dem S. des Ölbaums

saftig
Mt 24,32 wenn seine Zweige s. werden Mk 13,28

Säge
2Sm 12,31 stellte sie an die S. 1Ch 20,3
1Kö 7,9 von kostbaren Steinen, mit S. geschnitten
Jes 10,15 vermag sich eine S. groß zu tun wider den

sagen (s.a. sagen lassen, wiedersagen)
1Mo 3,1 sollte Gott ges. haben: ihr sollt nicht 3
11 wer hat dir ges., daß du nackt bist
4,23 merkt auf, was ich s.
9,8 Gott s. zu Noah 17
22 Ham es seinen beiden Brüdern
12,4 wie der HERR ges. 17,23; 21,1; 2Mo 7,13.22; 8,11.15.23; 9,12.35; 12,25; 16,23; 3Mo 10,3; 4Mo 14,17; Ri 2,15; 6,27; 1Kö 12,24; Hi 42,9; Jer 32,8
13 s., du seist meine Schwester 12.18; 20,2.5.13; 26,7.9
14,23 nicht s., du habest Abram reich gemacht
18,5 tu, wie du ges. hast 1Kö 2,31; 17,13.15
20,8 Abimelech s. dieses vor ihren Ohren
21,7 wer hätte von Abraham s.
12 alles, was Sara dir ges., dem gehorche
22,2 auf einem Berge, den ich dir s. werde 3.9
14 daher man noch heute s.
24,23 wessen Tochter bist du? Das s. mir 49
25 (Rebekka) s. weiter zu ihm 28.30.44.57

sagen

1Mo 24,37	einen Eid genommen und ges. 50,5
50	darum können wir nichts dazu s.
26,2	bleibe in dem Lande, das ich dir s.
32	Isaaks Knechte s. ihm von dem Brunnen
27,5	hörte d. Worte, die Isaak zu Esau s. 19
29,12	s., daß er ihres Vaters Verwandter wäre. Da lief sie und s. es ihrem Vater
30,31	wenn du tun willst, was ich s. 34; 47,30
31,16	alles, was Gott dir ges., das tu
29	Gott hat zu mir ges. 32,10.13
32,19	sollst s.: Es gehört Jakob 20.21
30	s. doch, wie heißest du
34,11	was ihr mir s., will ich geben
37,4	konnten ihm kein freundliches Wort s.
5	Josef s. 41,28.54.55; 42,14; 43,5.7.17; 44,2; 45,17.27
14	s. mir dann, wie sich's verhält 16
17	hörte, daß sie s. 20
38,13	da wurde der Tamar ges. 22
39,17	s. zu ihm ebendieselben Worte 19
40,14	daß du dem Pharao von mir s. 41,15
41,24	habe es dem Wahrsagern ges.
42,22	s. ich's euch nicht 19; 43,6.27.29; 44,16.24; 45,9
44,28	mußte mir s.: Er ist zerrissen
46,33	der Pharao wird s. 2Mo 1,17; 7,9; 14,3
34	so sollt ihr s. 47,4; 50,17
48,1	wurde Josef ges.: Dein Vater ist krank
20	wer jemanden segnen will, der s.
2Mo 3,13	wenn sie mir s. werden... was soll ich ihnen s. 14.15; 4,1
16	der HERR hat ges. 17; 32,34; 33,12; 4Mo 14,35; 15,22; 18,8; 21,16; 26,65; Ps 68,23; Jes 21,6; Jer 48,8; Hes 13,6; 24,20
18	sollst zum König s. 4,22; 6,29; 7,26; 8,16; 9,1.13
4,12	will dich lehren, was du s. sollst
26	(Zippora) s. aber Blutbräutigam
30	Aaron s. alle Worte, die der HERR geredet
5,14	es wurde ihm ges. 19
6,6	s. den *Israeliten 9; 11,2; 12,3; 14,15; 16,9.12; 19,3.6; 20,22; 24,3; 25,2; 31,13; 33,5; 3Mo 9,2; 23,2.10.24.34; 24,15.23; 4Mo 5,6.12; 6,2.23; 9,10; 11,18.24; 14,39; 16,24; 19,2; 27,8; 30,1; 5Mo 1,42.43; 5,30; Jos 4,10; 6,8.10; 20,2; Jes 40,9; Sa 7,5
7,9	wenn der Pharao zu euch s. wird 14,3
9	sollst zu Aaron s. 19; 8,1.12; 3Mo 6,18; 16,2; 17,2.8; 21,1.17.24; 22,2.3.18; 4Mo 6,23; 17,2; 18,26; 25,12
8,6	ganz wie du ges. hast 10,29; 12,31.32
9	der HERR tat, wie Mose ges. hatte 27; 33,17
11,8	werden s.: Zieh aus
12,26	werden eure Kinder zu euch s. werden 27; 13,8.14; 5Mo 6,21; Jos 4,7.22
35	hatten getan, wie Mose ges. hatte 17,10; 32,28; 3Mo 10,5.7; 4Mo 17,12; 32,27; Ri 1,20
14,12	haben dir schon in Ägypten ges. 4Mo 11,20
17,7	ges. hatten: Ist der HERR unter uns oder
18,24	Mose tat alles, was (Jitro) s.
19,23	hast uns verwarnt und ges. 25
23,13	alles, was ich euch ges., das haltet 22; 3Mo 17,12.14; 20,24; 4Mo 18,24
24,7	was der HERR ges. hat, wollen wir tun 3
32,8	haben ges.: Das ist dein Gott, Israel
12	warum sollen die Ägypter s.
3Mo 25,20	wenn ihr s.: Was sollen wir essen
4Mo 5,19	zu ihr s.: Hat kein Mann bei dir 21.22
10,29	Land, von dem der HERR ges. Esr 9,11
11,12	daß du zu mir s. könntest: Trag es
4Mo 11,27	ein junger Mann s. es Mose
14,14	wird man es s. zu den Bewohnern 15
28	wie ihr ges. habt 31; 32,24
21,27	daher s. man im Lied 1Sm 24,14
22,7	kamen und s. (Bileam) die Worte Balaks
8	wie mir's der HERR s. wird 20.35; 23,17; 1Kö 22,14.16; 2Ch 18,13.15
17	was du mir s., will ich tun 23,2.26.30
23,3	daß ich dir s., was er mir zeigt 18; 24,12
19	sollte er etwas s. und nicht tun
23	zu rechter Zeit wird ges., welche Wunder
24,3	es s. Bileam... es s. der Mann 4.15.16
5Mo 1,22	Männer, die uns den Weg s. 28
39	eure Säugl., von denen ihr s., sie würden
2,1	wie der HERR zu mir ges. hatte 4,10; 17,16; 31,2; Jos 4,8; 11,9; 14,6.10
4,6	daß sie s. müssen: Ei, was für weise Leute
5,27	höre, was der HERR s., es uns
7,17	wirst du aber in deinem Herzen s. 8,17; 18,21; Jer 13,22
9,2	von denen du hast s. hören 13,13; Jos 22,11
28	damit das Land nicht s.: Der HERR konnte
13,3	Zeichen oder Wunder, von dem er dir ges.
7	s.: Laß uns andern Göttern dienen 14
15,11	darum gebiete ich dir
17,9	die sollen dir das Urteil s. 10.11
14	wenn du dann s.: Ich will einen König
20,5	die Amtleute sollen reden und s. 21,7
21,20	(sollen) zu den Ältesten s. 22,16; 25,7
26,3	sollst zu dem Priester s. 5
27,14	die Leviten sollen mit lauter Stimme s.
15	alles Volk soll s.: Amen 16-26; 1Ch 16,36
28,67	morgens wirst du s.... abends wirst du s.
68	führen auf dem Wege, von dem ich dir ges.
29,21	werden s. künftige Geschlechter 31,17; Jos 22,7.24.27
23	alle Völker werden s.: Warum 24; 1Kö 9,8; 2Ch 7,21.22; Jer 22,8
30,12	müßtest: Wer will für uns 13
32,7	frage deine Ältesten, die werden dir's s.
26	hätte ges... soll aus sein mit ihnen 27.37.40
Jos 2,1	Josua sandte zwei Männer und s. ihnen
21	(Rahab) sprach: Es sei, wie ihr s.
5,14	was s. mein Herr seinem Knecht
7,8	ach, Herr, was soll ich s.
19	s. mir, was du getan hast
9,21	haben die Obersten ges. 22,21.28.30.33
22	warum habt ihr uns betrogen und ges.
Ri 3,19	ich habe dir heimlich etwas zu s.
5,11	da s. man von der Gerechtigkeit des HERRN
6,29	wurde ges.: Gideon hat das getan
7,2	Israel könnte sich rühmen und s.
4	von dem ich dir s. werde, der soll mit
8,3	als er das s., ließ ihr Zorn von ihm ab
9,29	würde ich Abimelech s.: Mehre d. Heer 38
54	daß man nicht von mir s.: Ein Weib hat
11,10	wenn wir nicht tun, wie du ges. hast
11	Jeftah redete alles, was er zu s. hatte
12,4	diese hatten ges.: Ihr seid Flüchtlinge
13,6	die Frau s. ihrem Mann 10.12.13.17
14,2	(Simson) s. 6.9.15-17; 15,17
15,6	wer hat das getan? Da s. man: Simson 16,2
16,6	s. mir, worin deine Kraft liegt 10.13.15
17,2	der Fluch auch vor meinen Ohren ges.
20,3	s., wie ist die Schandtat zugegangen
21,1	die Männer hatten geschworen und ges. 18
Rut 2,19	(Rut) s. ihrer Schwiegermutter 3.4.5.11.16; 4,4
1Sm 2,30	ich hatte ges., dein Haus u. deines Vaters
3,17	Wort, das er dir ges. hat 2Ch 10,15

sagen

1Sm	8,7	gehorche in allem, was sie dir ges. 12,1
	10	Samuel s. alle Worte des HERRN dem Volk 21
	9,6	alles, was er s., das trifft ein 18.21; 10,15.16; 15,16
	15	der HERR hatte Samuel ges. 17.27
	10,18	so s. der HERR, der Gott Israels 2Kö 19,33; Jes 21,17
	14,1	seinem Vater s. (Jonatan) nichts 43
	16,4	Samuel tat, wie ihm der HERR ges.
	17,27	da s. ihm das Volk wie vorher: Das und das 30.31; 18,24-26; 19,7; 23,22; 24,2.10.11
	20,7	wird er s.: Es ist recht 9.10.21.22
	24,5	ist der Tag, von dem der HERR zu dir ges.
	25,8	die werden's dir s. 12.14.17.19.36.37.39
	29,9	die Obersten der Philister haben ges.
2Sm	1,4	s. mir, wie steht es 5.6.16
	2,26	wie lange willst du dem Volk nicht s. 27
	3,18	der HERR hat von David ges. 5,2; 7,5.8.17; 1Kö 5,19; 8,15.29; 2Kö 21,4.7; 23,27; 1Ch 17,4.25; 22,11; 2Ch 6,4.20; 7,18; 33,4.7
	7,7	habe ich je zu einem ges. 26.27; 1Ch 17,6.24.25
	11,19	wenn du dem König alles ges. 21.22.25; 12,18
	13,4	willst du mir's nicht s. 2Kö 6,11
	35	wie dein Knecht ges. hat 36; 14,12.15.22
	15,35	alles, was du hörst, sollst du s.
	16,10	wer darf s.: Warum tust du das 1Kö 1,6
	17,5	hören, was (Huschai) dazu s. 6
	19,9	man s. es allem Kriegsvolk
	20,18	vorzeiten s. man
	24,19	ging David hinauf, wie Gad ges.
1Kö	1,24	hast du ges.: Adonija soll König sein 30
	47	die Großen des Königs haben ges.
	48	(der König) hat so ges. 2,30; 12,12; 2Kö 1,9; 9,18; 19,3; 2Ch 10,12; 31,4; Jes 36,18
	3,26	da s. die Frau, deren Sohn lebte
	5,20	will dir geben, wie du es s. 2Ch 2,14
	8,12	der HERR hat ges., er wolle im Dunkel wohnen 2Ch 6,1
	10,3	nichts, was er ihr nicht hätte s. können 7; 2Ch 9,2.6
	11,2	Völkern, von denen der HERR ges.
	41	was mehr von Salomo zu s. ist 14,19.29; 15,7.23.31; 16,5.14.20.27; 22,39.46; 2Kö 1,18; 8,23; 10,34; 12,20; 13,8.12; 14,15.18.28; 15,6.11.15.21.26.31.36; 16,19; 20,20; 21,17; 23,28; 24,5; 2Ch 9,29; 13,22; 20,34; 25,26; 26,22; 27,7; 28,26; 32,32; 33,18; 35,26; 36,8
	12,9	Volk, das zu mir ges.: Mache leichter 10; 2Ch 10,9.10
	23	s. dem König 14,7; 20,9.11; 2Kö 18,19; 2Ch 11,3; Jes 36,4; 37,10; Jer 13,18; Hes 31,2; Hag 2,2.21
	13,22	Ort, von dem er dir s. 26; 2Kö 6,10
	25	kamen und s. es in der Stadt
	14,3	damit er dir s., wie es ergehen wird
	17,1	weder Tau noch Regen, ich s. es denn 18,44
	18,8	s. deinem Herrn: Elia ist da 11.14
	19,1	Ahab s. Isebel alles 21,4.6
	20,28	ges., der HERR sei ein Gott der Berge
	22,18	hab ich dir nicht ges., daß 2Kö 2,18; 4,28; 2Ch 18,17.26
	20	einer s. dies, der andere das
2Kö	1,7	von welcher Art war der Mann, der das s.
	4,2	s. mir, was hast du im Hause 13.24.31
	5,13	wenn er zu dir s.: Wasche dich, so 20
	6,12	Elisa s. alles dem König 7,17.18; 8,2.7.10.14; 9,3.5.6.12
	9,37	daß man nicht s. könne: Das ist Isebel
	10,5	wollen alles tun, was du uns s.
	11,15	der Priester hatte ges., sie sollte nicht
	14,27	der HERR hatte nicht ges., daß er
	17,12	Götzen, von denen der HERR ges. hatte
	18,22	wollt ihr s.: Wir verlassen uns Jes 36,7
	22	der ges. hat: Nur vor diesem Altar 2Ch 32,12; Jes 36,7
	30	laßt euch von Hiskia nicht vertrösten, wenn er s. Jes 36,15.18
	19,6	s. eurem Herrn: So spricht der HERR 20,5; 22,15.18; 2Ch 34,23.26; Jes 37,6; 38,5; Jer 19,11; 21,3.8.11; 27,4; 28,13; 29,24; 34,2; 36,29; 39,16; Hes 2,4; 3,27; 11,5.16.17; 12,10.19.23.28; 14,4.6; 17,9; 20,3; 21,33; 24,21; 28,2; 33,10; 36,22; 37,21; 39,17; 44,6
	23	den HERRN verhöhnt und ges. Jes 37,24
	20,14	was haben diese Leute ges. Jes 39,3
	22,10	s. der Schreiber dem König 2Ch 34,18
1Ch	16,31	s. unter den Heiden, daß der HERR regiert Ps 96,10
	17,18	was kann David noch mehr zu dir s.
2Ch	20,2	man s. zu Joschafat: Es kommt gegen dich
	8	haben dir ein Heiligtum gebaut und ges.
	34,22	zu der Prophetin Hulda und s. ihr dies
	35,21	Gott hat ges., ich soll eilen
Esr	5,4	s. sie: Wie heißen die Männer 9
	8,22	wir hatten dem König ges.
	9,10	was sollen wir nach alledem s.
	10,12	es geschehe, wie du uns ges. hast Neh 5,12; Est 5,5.8; 6,10
Neh	2,12	hatte keinem Menschen ges., was mir 16.18
	4,6	als die Juden uns wohl zehnmal s. Est 3,4
	6,6	Gerücht, und Geschem hat's ges. 7.8.12.19
Est	1,17	daß sie ihre Männer verachten und s. 18
	2,10	Ester s. nichts von ihrem Volk 20; 3,6; 8,1
	15	begehrte sie nichts, als was Hegai s.
	22	s. es Ester... s. es dem König 4,8; 5,14; 6,4
	4,7	Mordechai s. ihm alles 9.10.12
Hi	6,22	hab ich denn ges.: Schenkt mir etwas
	8,10	sie werden dich's lehren und s.
	9,12	wer will zu ihm s.: Was machst du 36,23; Pr 8,4; Dan 4,32
	22	es ist eins, darum s. ich 32,10
	10,2	(ich will) zu Gott s. Ps 16,2; 42,10; 140,7; 142,6
	12,7	die Vögel, die werden dir's s.
	15,18	was die Weisen ges. haben
	20,7	werden s.: Wo ist er 21,31
	21,14	und doch s. sie zu Gott: Weiche von uns
	23,5	vernehmen, was ich s. würde
	27,4	meine Zunge s. keinen Betrug
	31,24	hab ich zum Feingold ges.: „Mein Trost"
	31	haben nicht die Männer s. müssen
	32,13	s. nur nicht: Wir haben Weisheit 15
	33,24	so wird er s.: Erlöse ihn 27
	32	hast du etwas zu s. 36,2
	34,5	Hiob hat ges.: Ich bin gerecht 9
	18	der zum König s.: „Du heilloser Mann"
	23	wird niemand ges., wann er zum Gericht
	31	zu Gott s.: Ich hab's getragen
	34	verständige Leute werden zu mir s.
	36,10	(er) s. ihnen, daß sie sich bekehren sollen
	37,19	zeige uns, was wir ihm s. sollen 20
	20	je ges., er wolle vernichtet werden
	38,4	s. mir's, wenn du so klug bist
Ps	2,7	er hat zu mir ges.: Du bist mein Sohn
	3,3	viele s. von mir 4,7; 11,1; 12,5
	19,3	ein Tag s.'s dem andern
	35,10	alle meine Gebeine sollen s.: HERR, wer
	27	sollen immer s.: Der HERR sei hoch gelobt

Ps	40,6	will sie verkündigen und davon s.	Jes	49,9	zu s. den Gefangenen: Geht heraus

Ps 40,6 will sie verkündigen und davon s.
  42,4 weil man tägl. zu mir s.: Wo ist Gott 11
  49,4 was mein Herz s., soll verständig sein
  50,12 wollte ich dir nicht davon s.
  58,12 Leute werden s.: Der Gerechte empfängt
  64,10 Menschen werden s.: Das hat Gott getan
  73,9 was sie s., das soll gelten auf Erden
  82,6 wohl habe ich ges.: Ihr seid Götter
  83,13 die einmal s.: Wir wollen d. Land Gottes
  87,5 doch von Zion wird man s.
  89,3 ich s.: Für ewig 102,25; 116,10; 119,57
     20 hast ges.: Ich habe einen Helden erweckt
  94,7 und s.: Der HERR sieht's nicht Hes 8,12
  107,2 so sollen s., die erlöst sind
  115,2 warum sollen die Heiden s.
  118,2 es s. nun Israel 3.4; 124,1; 129,1
  119,82 meine Augen s.: Wann tröstest du mich
  122,1 ich freute mich über die, die mir s.
  126,2 dann wird man s. unter den Heiden
  137,7 was sie s. am Tage Jerus.: Reißt nieder
Spr 1,11 wenn sie s.: Geh mit uns
  12,17 wer wahrhaftig ist, der s. offen
  20,9 wer kann s.: Ich habe mein Herz geläutert
  25,7 daß man dir s.: Tritt hier herauf
  30,9 ich könnte sonst s.: Wer ist der HERR
     15 vier s. nie: Es ist genug
  31,2 was, mein Auserwählter, soll ich dir s.
Pr 1,10 geschieht etwas, von dem man s. könnte
  6,3 von den s. ich: Eine... hat es besser
     12 wer will dem Menschen s., was kommen wird 8,7; 10,14
  7,21 nimm nicht zu Herzen alles, was man s.
  12,1 da du wirst s.: Sie gefallen mir nicht
     9 es bleibt noch übrig zu s.
Hl 5,8 so s. ihm, daß ich vor Liebe krank bin
Jes 1,20 der Mund des HERRN s. es
  2,3 viele Völker werden s.: Kommt Mi 4,2
  3,7 er aber wird sie beschwören und s.
  7,5 weil die Aramäer gegen dich... s.
  8,19 wenn sie aber zu euch s. 20; 14,10.16
  9,8 die da s. in Hochmut und stolzem Sinn
  12,1 zu der Zeit wirst du s. 4; 14,4.10; 25,9
  14,8 die Zedern auf dem Libanon s.
     32 was wird man den Boten der Heiden s.
  19,11 wie könnt ihr zum Pharao s.
  20,6 die Bewohner dieser Küste werden s.
  22,4 darum s. ich: Schaut weg von mir 24,16
  28,12 der zu ihnen s. hat: Das ist die Ruhe
  30,10 s. zu den Sehern: Ihr sollt nicht sehen
     22 werdet ihr s.: Hinaus
  33,18 dein Herz wird zurückdenken und s.
     24 kein Bewohner wird s.: Ich bin schwach
  35,4 s. den verzagten Herzen: Seid getrost
  38,15 was soll ich reden und was ihm s.
  39,8 das Wort des HERRN ist gut, das du s.
  40,27 du s.: Mein Weg ist dem HERRN verborgen
  41,26 daß wir s.: Das ist recht 43,9
     27 ich bin der erste, der zu Zion s.
  42,22 niemand, der s.: Gib wieder her 43,6
  44,5 dieser wird s. „Ich bin des HERRN"
     20 nicht zu sich s. wird: Ist das nicht Trug
     28 der zu Kyrus s.: Mein Hirte! Er soll s. zu Jerusalem: Werde wieder gebaut
  45,10 der zum Vater s.: Warum zeugst du
     19 habe nicht ges.: Sucht mich vergeblich
     24 und s.: Im HERRN habe ich Gerechtigkeit
  46,10 ich s.: Was ich beschlossen habe 11; 48,15
  47,1 man wird nicht mehr s. Jer 16,14; 23,7; 31,29; 44,26
  48,5 damit du nicht s. könntest 7

Jes 49,9 zu s. den Gefangenen: Geht heraus
     20 daß deine Söhne noch s. werden
     21 wirst s. in deinem Herzen
  52,7 die da s. zu Zion: Dein Gott ist König
  56,3 der Fremde soll nicht s... der Verschnittene soll nicht s.
     11 alle sind auf Gewinn aus und s.
  58,9 wird er s.: Siehe, hier bin ich 65,1
  62,11 s. der Tochter Zion: Siehe, d. Heil kommt
Jer 1,7 s. nicht: Ich bin zu jung
  2,20 ges.: Ich will nicht unterworfen sein
     23 wie wagst du zu s. 48,14; Klg 3,37
     27 die zum Holz s.: Du bist mein Vater
  4,10 getäuscht, da du s. 6,14; 8,11; Hes 13,10
     11 wird man diesem Volk und Jerusalem s.
  5,19 wenn sie s.: Warum tut der HERR dies 32,3
  7,4 wenn sie s.: Hier ist des HERRN Tempel
     22 habe nichts ges. von Brandopfern
     27 wenn du schon ihnen dies alles s.
  8,8 wie könnt ihr s.: Wir sind weise
  10,11 so s. nun zu ihnen 11,2
  11,19 wußte nicht, daß sie gegen mich ges.
  12,4 man s.: Er weiß nicht
  13,12 s. ihnen... wenn sie zu dir s. 15,2.21; 23,33-38; Hes 21,12
  14,1 Wort, das der HERR zu Jeremia s.
     13 die Propheten s. ihnen: Ihr werdet
     17 sollst zu ihnen dies Wort s. 16,10.11; 19,2; 26,2.8; 44,16; Hes 2,7
  16,19 die Heiden werden zu dir kommen und s.
  22,21 ich habe dir's vorher ges.
  23,17 sie s. denen... allen s. sie 31; 27,9.14
     35 was s. der HERR 37
  28,6 (Jeremia) s.: Amen! Der HERR tue so
  29,22 man wird s.: Der HERR tue an dir wie
  31,23 man wird dies Wort wieder s. im... Juda
     34 wird keiner den andern lehren und s.
  32,7 Hanamel wird kommen und s.
     36 Stadt, von der ihr s. 43; 33,10; Klg 2,15
  33,11 die da s.: Danket dem HERRN
  34,6 Jeremia s. alle diese Worte 36,4.6.17.27; 38,4; 45,1
  38,15 s. ich dir etwas, so tötest du mich doch
     22 werden s.: Ach, deine guten Freunde
  40,16 es ist nicht wahr, was du von Jischmaël s.
  42,4 ich will beten, wie ihr ges. habt 20
     13 werdet ihr aber s. 14
  43,2 der HERR hat dich nicht gesandt und ges.
  44,25 habt vollbracht, was ihr s.
  48,20 s.'s am Arnon, daß Moab vernichtet 29.47
Klg 1,12 euch allen, die ihr vorübergeht, s. ich
  3,20 meine Seele s. mir's
  4,15 so s. man auch unter den Heiden
Hes 2,8 höre, was ich dir s. 3,10; 44,5; Mi 6,1
  3,18 wenn s... und du s. es ihm nicht 33,8
  5,15 das s. ich, der HERR 17; 21,22; 34,24; 36,36; 39,5
  11,15 die Leute s. von deinen Brüdern
     25 den Weggeführten alle Worte
  12,9 hat das Haus Israel nicht zu dir ges.
     22 ihr s.: Es dauert so lange, es wird nichts
  13,12 wird zu euch s.: Wo ist der Anstrich 15
  16,44 wird von dir dies Sprichwort s. 21,5; 26,17; 32,21; 36,13.20.35; Hab 2,6
  18,19 doch ihr s. 25; 20,32; 22,28; 35,12
  21,12 wenn sie zu dir s. werden: Warum
  28,9 wirst du dann vor deinen Henkern noch s.
  38,13 alle Gewaltigen werden zu dir s.
     19 ich s. in meinem Eifer
Dan 2,2 daß sie seinen Traum s. sollten 4.6-11; 4,3.4; 5,15.16

sagen

Dan	2,16	damit er die Deutung dem König s. könne 24.25.27.36; 4,6.15; 5,12
	4,20	einen hl. Wächter gesehen hat, der s. 23
	28	dir, König Nebukadnezar, wird ges.
	5,14	habe von dir s. hören
	7,16	er s. mir, was es bedeutete
Hos	2,1	anstatt daß man s... wird man s. Rö 9,26
	3	s. euren Brüdern, sie seien mein Volk
	9	wird s.: Ich will wieder zu m. Mann 14
	25	will s. zu Lo-Ammi... er wird s. Sa 13,9
	10,3	müssen sie s.: Wir haben keinen König
	8	werden s.: Ihr Berge, bedecket uns
	13,2	dann s. sie: Wer die Kälber küssen will
	10	deine Richter, von denen du s.
	14,4	nicht mehr s. zu den Werken unserer Hände
Jo	1,3	s. euren Kindern davon
	2,19	der HERR wird zu seinem Volk s.
Am	5,10	verabscheuen, der ihnen die Wahrheit s.
	16	auf allen Straßen wird man s.: Wehe
	6,10	so s. er zu dem, der drin im Hause ist
	9,10	alle Sünder sollen sterben, die da s.
Jon	1,8	s. uns, warum geht es uns so übel 10
	3,2	predige ihr, was ich dir s. 3
Mi	2,4	es ist aus – so wird man s.
	6,3	was habe ich dir getan? Das s. mir
	8	es ist dir ges., Mensch, was gut ist
	7,10	die jetzt zu mir s.: Wo ist der HERR
Nah	3,7	daß alle s. sollen: Ninive ist verwüstet
Hab	1,5	nicht glauben w., wenn man davon s. wird
	2,1	ich sehe zu, was er mir s. werde
Sa	1,6	eure Väter haben umkehren müssen und s.
	2,8	s. diesem jungen Mann
	8,21	werden s.: Laßt uns gehen, anzuflehen 23
	12,5	die Fürsten werden s. in ihrem Herzen
	13,3	sollen Vater und Mutter zu ihm s.
	5	jeder wird s. müssen: Ich bin kein Prophet
	6	wenn man zu ihm s. wird... wird er s.
Mal	1,5	werdet s.: Der HERR ist herrlich
	7	ihr s.: Des HERRN Tisch ist für nichts zu achten 12; 3,14
Jdt	5,1	wurde dem Holofernes ges., daß Israel
	2	s. mir: Was ist das für ein Volk
	4	so will ich die Wahrheit s. über dies Volk
	11	der es den Nachkommen hätte s. können
	25	wer wagt zu s., daß Israel sich wehren
	6,12	weil er ges. hatte, Gott würde ihr Schutz sein
	7,20	damit sie nicht s.: Wo ist nun ihr Gott
	8,7	niemand konnte etwas Schlechtes über sie s.
	23	es ist alles wahr, was du ges. hast
	25	daß von Gott kommt, was ich ges.
	10,10	alle, die dort waren, s.: Amen Tob 9,12
	14	ihm zu s., wie er sie überwältigen kann
Tob	5,1	was du mir ges. hast, will ich tun
	17	s. mir, aus welchem Geschlecht bist du 19
	6,15	man s., ein böser Geist habe sie getötet
	17	will ich dir's s., was das für Leute sind
	12,7	er s. zu ihnen im Vertrauen
	21	als er das ges., verschwand er 2Ma 3,34
Sir	1,2	wer kann s., wieviel Sand das Meer hat
	2,21	demütigen sich vor ihm auf s.
	11,25	s. nicht: Ich habe genug 24; 15,11.12; 16,15; 39,22.26.40
	19,7	du sollst es weder Freund noch Feind s.
	24	vielleicht hat er's nicht ges.
	31,28	die Leute s., er sei ein trefflicher Mann
	34,12	ich weiß mehr, als ich s.
	36,12	darum s.: Außer uns gibt es niemand
	39,16	ich habe überlegt und will es s.
	43,29	wenn wir viel s., reicht es nicht aus

1178

Sir	46,2	der Großes tat, wie sein Name s.
Bar	1,21	Stimme des Herrn, wie sie uns Propheten s.
2Ma	1,29	wie Mose ges. hat 2,11
	6,16	das sei ges., damit wir daran denken
	23	er s. sogleich gerade heraus
	29	sie meinten, er hätte aus Trotz ges.
	9,4	in seiner Überheblichkeit hatte er ges. 5
StD	1,5	Leute, von denen der Herr ges. hatte
	2,7	werdet ihr mir nicht s.
	8	es geschehe, wie du ges. hast
Mt	1,22	was der Herr durch den Propheten ges. 2,15. 17.23; 3,3; 4,14; 8,17; 12,17; 13,14.35; 21,4; 24,15; 27,9.35; Lk 2,24; Jh 1,23; 12,38.39.41; 19,24; Apg 2,16; 13,40; 2Pt 3,2
	2,5	(alle Hohenpriester und Schriftgelehrten) s.
	13	bleib dort, bis ich dir's s.
	3,9	(Johannes der Täufer) s. 9; 14,4; Mk 6,18; Lk 3,8; Jh 1,15.30; Apg 19,4
	9	denkt nicht, daß ihr bei euch s. könntet Lk 3,8
	4,17	*seit der Zeit fing Jesus an zu s.*
	5,18	wahrlich, ich s. euch 20.22.26.28.32.34.39.44; 6,2.5.16.25.29; 8,10.11; 10,15.23.42; 11,9.11.22. 24; 12,6.31.36; 13,17; 16,18.28; 17,12.20; 18,3. 10.18.19.22; 19,9.23.24.28; 21,21.31.43; 23,36.39; 24,2.34.47; 25,12.40.45; 26,13.21.29.34.64
	21	ihr habt gehört, daß zu den Alten ges. ist 27. 31.33.38.43; Lk 4,12
	22	wer zu seinem Bruder s.: Du Nichtsnutz 7,4; Lk 6,42
	7,21	nicht alle, die zu mir s.: Herr, Herr 22
	8,4	sieh zu, s. es niemandem 16,20; 17,9; Mk 1,44; 7,36; 8,30; 9,9; Lk 5,14; 8,56; 9,21
	9	wenn ich zu einem s.: Geh hin Lk 7,8
	20	Jesus s. 26; 13,33; Mk 2,2.11; 3,9; 5,43; 10,32; Lk 5,36; 6,39; 7,14; 8,8; 11,29; 12,1.16; 13,6; 14,3.7; 15,3; 18,1.9; 20,9; 21,29; 24,40; Jh 1,47; 7,9; 8,25.30; 9,6; 10,6; 11,11.14; 13,19; 18,6.8; 20,20
	33	*gingen hin und s. das alles Mk 1,45; Lk 8,39*
	9,5	was ist leichter, zu s. Mk 2,9; Lk 5,23
	10,27	was ich euch s. in der Finsternis, das redet im Licht Lk 12,3
	11,18	so s. sie: Er ist besessen 19; Lk 7,33.34
	13,30	um die Erntezeit will ich zu den Schnittern s.
	15,5	wer zu Vater oder Mutter s. Mk 7,11
	16,12	da verstanden sie, daß er nicht s. hatte
	13	wer s. die Leute, daß der Menschensohn sei
	14.15; Mk 8,27.28.29; Lk 9,18.19.20
	17,10	warum s. die Schriftgelehrten, Elia Mk 9,11; 12,35; Lk 20,41
	20	könnt ihr s. zu diesem Berge 21,21; Lk 17,6
	18,17	hört er auf die nicht, so s. es der Gemeinde
	19,5	(Gott) s. *22,44; Mk 12,26; Lk 20,42;* Apg 13,35
	20,13	(Herr des Weinbergs) s. zu ihnen 21,30
	21,3	wenn euch jemand etwas s. wird, so sprecht Mk 11,3.6; Lk 19,31.32
	5	s. der Tochter Zion
	15	*Kinder, die im Tempel schrien und s.*
	16	hörst du, was diese s.
	24	will ich euch s., aus welcher Vollmacht 27; Mk 11,29.33; Lk 20,2.3.8
	25	s. wir, sie war vom Himmel, so wird er zu uns s. 26; Mk 11,31.32; Lk 20,5.6
	37	sandte seinen Sohn und s. sich Mk 12,6
	22,4	s. den Gästen
	17	darum s. uns, was meinst du Jh 8,5
	24	Meister, Mose hat ges. Mk 7,10; Apg 3,22; 7,37

Mt	22,31	habt ihr nicht gelesen, was euch ges. von Gott	Lk	8,39	s., wie große Dinge Gott an dir getan
	43	David s. Mk 12,36; Lk 20,42; Apg 2,31.34		9,7	er wurde unruhig, weil von einigen ges. wurde
	23,3	alles, was sie euch s., tut		54	so wollen wir s., daß Feuer vom Himmel falle
	16	weh euch, ihr verblendeten Führer, die ihr s.		10,9	heilt die Kranken, die dort sind, und s. ihnen
	24,3	s. uns, wann wird das geschehen Mk 13,4		40	s. ihr, daß sie mir helfen soll
	5	es werden viele kommen unter meinem Namen und s. Mk 13,6; Lk 21,8		12,4	ich s. aber euch, meinen Freunden
	23	wenn jemand zu euch s. wird 26; Mk 13,21; Lk 17,21.23		10	wer ein Wort gegen den Menschensohn s.
				11	sorgt nicht, was ihr s. sollt 12
	25	*habe es zuvor ges.*		13	meinem Bruder, daß er mit mir das Erbe teile
	48	wenn jener in seinem Herzen s. Lk 12,45		19	und will s. zu meiner Seele: Liebe Seele
	25,34	da wird der König s. zu ... 41		41	so s. ihr gleich: Es gibt Regen 55; Jh 4,35
	37	dann werden die Gerechten s. 44		54	
	26,13	da wird man s., was sie getan hat Mk 14,9		13,17	als er das s., mußten sich schämen alle
	25	(Jesus) sprach zu ihm: Du s. es 64; 27,11; Mk 15,2; Lk 22,70; 23,3; Jh 10,25; 18,37		25	zu s.: Herr, tu uns auf 26.27
				35	bis die Zeit kommt, da ihr s. werdet 23,29.30
	48	der Verräter hatte ges. 48; Mk 14,44; Jh 12,6		14,9	der dich und ihn eingeladen hat, s. zu dir 10
	61	sprachen: Er hat ges. 27,43; Mk 14,58; Jh 19,21		15,18	will zu meinem Vater gehen und zu ihm s.
				27	der aber s.: Dein Bruder ist gekommen
	63	uns s., ob du der Christus bist 27,17.22; Lk 22,67; Jh 10,24; 18,8		17,7	s. ihm, wenn der vom Feld heimkommt 8
	70	ich weiß nicht, was du s. Mk 14,68; Lk 22,60		18,6	hört, was der ungerechte Richter s.
	75	das Wort, das Jesus ges. hatte Mk 14,72; Lk 22,61; Jh 2,22; 18,32; Apg 11,16; 20,35		19,28	als (Jesus) das ges. hatte 23,46; Jh 11,43; 13,21; 20,22; 21,19; Apg 1,9
				21,5	als einige von dem Tempel s.
	27,23	(Pilatus) aber s.		22,65	*viele andre Lästerungen s. sie wider ihn*
	64	damit nicht seine Jünger zum Volk s. 28,13		67	s. ich's euch, so glaubt ihr's nicht
	28,6	er ist auferstanden, wie er ges. hat Mk 16,7; Lk 24,6.44		24,23	(Engel,) die s., er lebe Apg 1,11; 11,13
				24	fanden's so, wie die Frauen s.
	7	s. seinen Jüngern, daß er auferstanden ist Mk 16,7; Lk 24,10.23		27	was in der Schrift von ihm ges. war
Mk	1,30	alsbald s. sie ihm von ihr	Jh	1,50	du glaubst, weil ich dir ges. habe
	3,28	wahrlich, ich s. euch 8,12; 9,1.13.41; 10,15.29; 11,23.24; 12,43; 13,30; 14,9.18.25.30		51	wahrlich, wahrlich, ich s. euch 3,3.5.11; 4,35; 5,19.24.25; 6,26.32.47.53; 8,34.51.58; 10,1.7; 12,24; 13,16.20.21.38; 14,12; 16,20.23; 21,18
	30	denn sie s.: Er hat einen unreinen Geist		2,5	was er euch s., das tut
	5,8	er hatte zu ihm ges.: Fahre aus		3,7	wundere dich nicht, daß ich dir ges.
	28	(eine Frau) s. sich: so würde ich gesund 33		12	wenn ich euch von himmlischen Dingen s.
	36	Jesus hörte mit an, was ges. wurde		28	ihr selbst seid meine Zeugen, daß ich ges. habe
	8,19	(seine Jünger) s. 20; 11,6; 14,31; Lk 22,11; Jh 12,22; 20,25; 21,20		4,10	wer der ist, der zu dir s. 5,12
	9,23	du s.: wenn du kannst		18	das hast du recht ges. 13,13
	26	so daß die Menge s.: Er ist tot Jh 4,51.53		20	ihr s., in Jerusalem sei die Stätte
	10,28	Petrus s. 14,29		27	doch s. niemand: Was fragst du
	11,23	glaubte, daß geschehen werde, was er s.		29	der mir alles ges. hat, was ich getan habe 39
	12,12	daß er auf sie hin dies Gleichnis ges. Lk 20,19		50	glaubte dem Wort, das Jesus zu ihm s.
	13,5	Jesus fing an und s. zu ihnen: Seht zu		5,18	weil er s., Gott sei sein Vater 6,41; 7,36; 10,36; 12,34; 16,17-19
	23	ich habe euch alles zuvor ges.		34	ich s. das, damit 6,36.65; 8,24; 12,33; 14,26.28; 15,11.15.20.22; 16,4.15.26; 21,19
	37	was ich euch s., das s. ich allen			
	14,16	fanden's, wie er ihnen ges. hatte Lk 22,13		6,52	da stritten die Juden und s.
	65	fingen an, zu ihm zu s.: Weissage uns		59	das s. er in der Synagoge in Kapernaum
	69	die Magd fing abermals an, denen zu s., die		7,26	s. sie s. nichts
	16,8	s. niemandem etwas; denn sie fürchteten sich		38	wie die Schrift s. 42; 19,37
Lk	1,36	von der man s., daß sie unfruchtbar sei		39	das s. er von dem Geist
	38	mir geschehe, wie du s. hast		8,40	mich zu töten, der die Wahrheit ges. hat
	45	vollendet, was dir ges. ist von dem Herrn		45	weil ich die Wahrheit s. 46
	2,17	das Wort, das zu ihnen von diesem Kinde ges. war 18.20.33		54	mein Vater, von dem ihr s.
				55	wenn ich s. wollte: Ich kenne ihn nicht
	29	nun läßt du deinen Diener in Frieden fahren, wie du ges. hast		9,19	von dem ihr s., er sei blind geboren
	50	sie verstanden das Wort nicht, das er zu ihnen s. 18,34; Jh 10,6		22	s. seine Eltern
				41	weil ihr s.: Wir sind sehend
	4,23	ihr werdet mir freilich dies Sprichwort s.		10,34	ich habe ges.: Ihr seid Götter
	24	wahrlich, ich s. euch 25; 6,27; 7,9.26.28.47; 9,27; 11,8.9.51; 12,5.8.22.27.37.44.51.59; 13,3.24.35; 14,24; 15,7.10; 16,9; 17,34; 18,8.14. 17.29; 19,26.40; 21,3.32; 22,16.18.34.37; 23,43		41	was Johannes von diesem ges. hat, ist wahr
				11,42	um des Volkes willen s. ich's
				46	einige gingen zu den Pharisäern und s.
				51	das s. er nicht von sich aus 18,34
	6,46	tut nicht, was ich euch s.		12,27	was soll ich s.
	7,39	(Pharisäer) s. Jh 8,6		13,18	das s. ich nicht von euch allen
	40	Simon, ich habe dir etwas zu s.		24	*s., wer ist's, von dem er redet*

sagen 1180

Jh	13,28	niemand wußte, wozu er das s.
	33	wie ich zu den Juden s., s. ich jetzt auch zu euch
	14,2	wenn's nicht so wäre, hätte ich euch ges.
	29	jetzt habe ich's euch ges., damit ihr glaubt
	16,7	ich s. euch die Wahrheit
	12	ich habe euch noch viel zu s.
	25	das habe ich euch in Bildern ges.
	18,9	sollte das Wort erfüllt werden, das er ges.
	21	sie wissen, was ich ges. habe
	19,35	er weiß, daß er die Wahrheit s.
	20,14	als (Maria v. Magdala) das s.
	18	ich habe den Herrn gesehen, und das hat er zu mir ges.
	21,23	Jesus hatte nicht zu ihm ges.
Apg	3,22	den sollt ihr hören in allem, was er zu euch s.
	4,14	sie wußten nichts dagegen zu s.
	23	berichteten, was die Ältesten zu ihnen ges.
	25	du hast durch den heiligen Geist ges.
	32	auch nicht einer s. von seinen Gütern, daß sie sein wären
	5,38	(Gamaliel) und nun s. ich euch
	6,14	wir haben ihn s. hören
	7,60	als (Stephanus) das ges. hatte, verschied er
	8,6	neigte einmütig dem zu, was Philippus s.
	24	nichts von dem über mich, was ihr ges. habt
	9,6	da wird man dir s., was du tun sollst 22,10
	10,22	hören, was du zu s. hast
	11,14	der wird dir die Botschaft s.
	13,15	nach der Lesung des Gesetzes ließen (die Vorsteher) ihnen s.
	34	daß er ihn auferweckt hat, hat er so ges.
	42	*daß sie ihnen von diesen Dingen s. sollten*
	45	widersprachen dem, was Paulus s.
	46	euch mußte das Wort zuerst ges. werden
	14,18	obwohl sie das s., konnten sie kaum
	22	(Paulus und Barnabas) s.
	25	und s. das Wort in Perge
	16,32	sie s. ihm das Wort des Herrn
	17,7	s., ein anderer sei König, nämlich Jesus
	18	was will dieser Schwätzer s.
	21	nichts anderes, als etwas Neues zu s.
	28	wie auch einige Dichter bei euch ges. haben
	20,38	betrübt über das Wort, das er ges. hatte
	21,4	die s. Paulus durch den Geist
	11	das s. der heilige Geist
	21	s., sie sollen ihre Kinder nicht beschneiden
	23	tu nun das, was wir dir s.
	22,24	der Oberst s. 28
	27	s. mir, bist du römischer Bürger
	23,7	als er das s., entstand Zwietracht
	8	die Sadduzäer s., es gebe keine Auferstehung
	17	ich habe ihm etwas zu s. 18-19
	22	niemandem zu s., daß er ihm das eröffnet hätte
	30	s., was sie gegen ihn hätten 24,20
	24,9	die Juden s.
	25,19	*Jesus, von welchem Paulus s., er lebe*
	26,22	s. nichts, als was die Propheten vorausgesagt
	27,11	glaubte… mehr als dem, was Paulus s.
	25	es wird so geschehen, wie mir ges. ist
	35	als er das ges. hatte, nahm er Brot
	28,21	der über dich etwas Schlechtes ges. hätte
	24	die einen stimmten dem zu, was er s.
	25	als Paulus dies eine Wort ges. hatte
Rö	3,5	was sollen wir s. 9; 6,1; 7,7; 8,31; 9.14.30; 1Ko 11,22; Heb 11,32
	8	wie einige behaupten, daß wir s.
	19	was das Gesetz s., s. es denen, die
Rö	4,1	was s. wir von Abraham 9
	3	was s. die Schrift 9,17; 10,8.20; 11,2.4; 1Ko 6,16; 1Ti 5,18
	18	wie zu ihm ges. ist
	7,7	wenn das Gesetz nicht ges. hätte
	9,1	ich s. die Wahrheit und lüge nicht 1Ti 2,7
	6	ich s. damit nicht, daß
	19	nun s. du zu mir: Warum beschuldigt er uns
	26	anstatt daß zu ihnen ges. wurde: Ihr seid nicht mein Volk
	10,18	*ich s. aber 19; 11,1.11*
	11,13	euch Heiden s. ich
	12,3	ich s. durch die Gnade, die mir gegeben ist
	13,9	was da ges. ist
	15,8	denn ich s.: Christus ist Gal 4,1; 5,16
1Ko	1,12	dies, daß unter euch der eine s. 3,4
	15	damit nicht jemand s. kann, ihr wäret
	4,6	dies habe ich ges. um euretwillen
	5,1	*von der die Heiden nicht zu s. wissen*
	6,5	euch zur Schande muß ich das s.
	7,6	das s. ich 8.12.29.35; 15,50
	25	ich s. meine Meinung als einer, der
	9,8	s. das nicht auch das Gesetz 14,34
	10,15	beurteilt ihr, was ich s.
	19	was will ich damit s.
	28	um dessentwillen, der es euch ges. hat
	12,21	das Auge kann nicht s. zu der Hand
	14,16	da er doch nicht weiß, was du s.
	23	würden sie nicht s., ihr seid von Sinnen
	15,12	wie s. dann einige unter euch
	27	*wenn er s., alles sei untertan*
	34	einige wissen nichts von Gott; das s. ich euch zur Schande
	35	*möchte aber jemand s.*
	51	siehe, ich s. euch ein Geheimnis
2Ko	2,5	damit ich nicht zu viel s.
	7,3	nicht s. ich das, um euch zu verurteilen
	8,8	nicht s. ich das als Befehl
	10	darin s. ich meine Meinung
	9,2	wenn ich s.: Achaja sei schon voriges Jahr vorbereitet seid, wie ich von euch ges. habe
	3	vorbereitet seid, wie ich von euch ges. habe
	4	daß nicht wir, um nicht zu s.: ihr
	10,9	das s. ich aber, damit es nicht scheint
	10	seine Briefe, s. sie, wiegen schwer
	11,16	ich s. abermals: niemand halte mich für töricht
	21	zu meiner Schande muß ich s.
	12,4	hörte Worte, die kein Mensch s. kann
	6	ich würde die Wahrheit s.
	9	und er hat zu mir ges.
	13,2	*ich s. es noch einmal zuvor Gal 5,21*
Gal	1,9	wie wir eben s. haben, so s. ich abermals
	4,21	s. mir, die ihr unter dem Gesetz sein wollt
	5,2	siehe, ich, Paulus, s. euch
Eph	3,1	deshalb s. ich, der Gefangene Christi
	4,17	so s. ich und bezeuge in dem Herrn
	5,3	*Unzucht lasset nicht von euch ges. werden*
	12	das ist schändlich auch nur zu s.
	20	s. Dank Gott, dem Vater, allezeit für alles
Phl	3,13	eins aber s. ich
	18	daß ich euch oft ges. habe, nun aber s. ich's unter Tränen
	4,4	abermals s. ich: Freuet euch
	11	ich s. das nicht, weil ich Mangel leide
Kol	1,12	mit Freuden s. Dank dem Vater
	2,4	ich s. das, damit euch niemand betrüge mit verführerischen Reden
	4,3	daß wir das Geheimnis Christi s. können
	4	wie ich es s. muß
	17	s. dem Archippus

1Th	1,8	daß wir es nicht nötig haben, etwas zu s.	
	2,2	das Evangelium zu s. unter viel Kampf	
	4,6	wie wir euch schon früher ges. haben	
	15	das s. wir euch mit einem Wort des Herrn	
	5,3	wenn sie s. werden: Es ist Friede	
2Th	2,5	daß ich euch dies s., als ich noch	
1Ti	1,7	verstehen selber nicht, was sie s.	
	4,1	der Geist s. deutlich, daß	
2Ti	2,7	bedenke, was ich s.	
	18	s., die Auferstehung sei schon geschehen	
Tit	1,12	es hat einer ges., ihr Prophet	
	16	sie s., sie kennen Gott	
	2,2	den alten Männern s. 9	
	8	nichts, daß er von uns könne Böses s.	
	15	das s. und ermahne	
Phm	21	ich weiß, du wirst mehr tun, als ich s.	
2Pt	3,4	s.: Wo bleibt die Verheißung seines Kommens	
1Jh	1,6	wenn wir s. 8.10; 2,4.6.9; Jak 2,14	
	5,16	bei der s. ich nicht, daß jemand bitten soll	
Heb	1,5	zu welchem Engel hat Gott jemals ges. 13	
	2,2	das durch die Engel ges. ist	
	3,5	Zeugnis, was später ges. werden sollte	
	4,7	spricht nach so langer Zeit, wie eben ges.	
	5,5	der, der zu ihm ges. hat	
	11	darüber hätten wir noch viel zu s.	
	6,1	was im Anfang über Christus zu s. ist	
	7,13	der, von dem das ges. wird	
	14	zu welchem Stamm Mose nichts ges. hat vom Priestertum	
	28	das erst nach dem Gesetz ges. worden ist	
	8,8	Gott tadelt sie und s.	
	11	es wird keiner lehren seinen Bruder und s.	
	13	indem er s.: „einen neuen Bund", erklärt er	
	9,19	als Mose alle Gebote ges. hatte	
	10,8	zuerst hatte er ges.	
	15	nachdem der Herr ges. hat	
	30	wir kennen den, der ges. hat	
	11,14	wenn sie solches s., geben sie zu verstehen	
	18	ihm ges. worden war	
	12,19	baten, daß ihnen keine Worte mehr ges. 20	
	13,5	der Herr hat ges.	
	6	so können auch wir getrost s.	
	7	Lehrer, die euch das Wort Gottes ges. haben	
Jak	1,13	niemand s., daß er von Gott versucht werde	
	2,11	der ges. hat: Du sollst nicht ehebrechen	
	18	es könnte jemand s.	
	3,17	friedfertig, gütig, läßt sich etwas s.	
	4,5	meint ihr, die Schrift s. umsonst	
	13	nun ihr, die ihr s.	
	15	dagegen solltet ihr s.	
Jud	17	Worte, die ges. sind von den Aposteln	
Off	2,1	das s., der hält die sieben Sterne in seiner Rechten 18; 3,1.7.14	
	2	die s., sie seien Apostel	
	7	wer Ohren hat, der höre, was der Geist den Gemeinden s. 11.17.29; 3,6.13.22	
	8	das s. der Erste und der Letzte	
	9	die s., sie seien Juden 3,9	
	12	das s., der hat das zweischneidige Schwert	
	20	diese Frau, die s., sie sei eine Prophetin	
	24	euch s. ich	
	24	wie sie s.: Ich will nicht noch eine Last auf euch werfen	
	5,13	jedes Geschöpf hörte ich s. 6,1.3.5-7; 10,4; 11,12; 14,13; 16,5.7	
	6,11	ihnen wurde ges., daß sie	
	8,13	ein Adler s. mit großer Stimme	
	9,4	es wurde ihnen ges., sie sollten	
	10,11	mir wurde ges.	
Off	11,1	mir wurde ges.: Steh auf und miß den Tempel	
	13,14	s. denen, die auf Erden wohnen	
	17,7	ich will dir s. das Geheimnis der Frau	

sagen lassen

1Mo	32,5	dein Knecht Jakob l. dir s.
	37,32	l. ihn ihrem Vater bringen und s.
	45,9	das l. dir Josef, dein Sohn, s.
	50,16	l. (die Brüder Josefs) ihm s.
2Mo	7,16	der HERR hat dir s. l.
	18,6	l. Mose s.: Ich, Jitro, bin zu dir gekommen
4Mo	20,14	so l. dir dein Bruder Israel s.
	21,21	sandte Boten und l. ihm s. 22,5.16; 5Mo 2,26; Jos 2,3; Ri 7,24; 11,12.19; 20,12; 1Sm 6,21; 11,7; 16,19.22; 2Sm 2,5; 3,12.14; 10,5; 11,5.18; 12,27; 13,7; 14,32; 15,10; 19,12; 1Kö 5,16.22; 15,18; 19,2; 20,2.5.10.32; 21,14; 2Kö 3,7; 5,8.10. 22; 6,9; 8,9; 10,5.18; 14,8.9; 16,7; 19,9.20; 1Ch 19,5; 2Ch 2,2; 16,2; 25,17.18; 32,9; 35,21; Neh 6,2.3.8; Jes 37,9.21; Jer 21,1; 29,28.31; 35,15; 36,14; 37,3; Am 7,10
5Mo	26,17	hast du heute vom HERRN s. l. 18
Jos	10,6	die von Gibeon l. (Josua) s. 3
	22,16	so l. euch s. die ganze Gemeinde des HERRN
Ri	3,19	(Ehud) l. s.: Ich habe, o König, dir
	4,6	(Debora) l. (Barak) s.
	9,31	(Sebul) l. (Abimelech) s.: Siehe, Gaal
	11,28	die Worte Jeftahs, die er ihm s. l.
	16,18	Delila l. die Fürsten rufen und s.
1Sm	11,10	die von Jabesch l. den Ammonitern s.
	15,6	Saul l. den Kenitern s.
2Sm	17,16	l. David s.: Bleibe nicht über Nacht
1Kö	5,23	bis an den Ort, den du mir s. l. wirst
2Kö	7,12	l. euch s., wie es die mit uns machen
	17,13	hatte durch Propheten ihnen s. l. Jer 4,4
	26	man l. dem König von Assyrien s. 18,14
1Ch	28,3	aber Gott l. mir s.: Nicht du sollst bauen
Neh	8,15	l. s.: Geht und holt Ölzweige
Ps	35,25	l. sie nicht s. in ihrem Herzen
	40,17	die dein Heil lieben, l. allewege s. 70,5
	53,5	wollen die Übeltäter sich nichts s. l.
	79,10	warum l. du die Heiden s. Jo 2,17
	82,5	l. sich nichts s. und sehen nichts ein
Spr	15,32	wer sich etwas s. l., der wird klug
Jes	43,12	hab's euch l. s. 48,3.5; Jer 23,38
Jer	36,14	l. Baruch s.: ... zu Baruch und l. ihm s.
Dan	5,7	er l. den Weisen von Babel s.
Jo	1,3	l.'s eure Kinder ihren Kindern s.
	2,17	l. die Priester weinen und s.
Jon	3,7	(König von Ninive) l. ausrufen und s.
Sir	21,7	wer sich nichts s. l., ist schon
1Ma	2,33	l. ihnen s.: Wollt ihr gehorsam sein
	10,69	sandte zu Jonatan und l. ihm s. 13,14
Mt	11,3	(Johannes l. ihm s. Lk 7,19.20
	26,18	der Meister l. s. Mk 14,14; Lk 22,11
	27,19	seine Frau l. (Pilatus) s.
Lk	7,6	sandte der Hauptmann zu ihm und l. ihm s.
	19,14	seine Bürger l. s.
Jh	11,3	sandten zu Jesus und l. ihm s.
Apg	13,15	die Vorsteher der Synagoge l. ihnen s.
	16,35	die Stadtrichter l. s.
	24,20	l. diese hier s., was für ein Unrecht
Rö	10,21	Volk, das sich nichts s. l.
Jak	3,17	die Weisheit von oben l. sich etwas s.

Saham 1182

Saham
2Ch 11,19 (Rehabeam nahm Mahalat.) Die gebar S.

Sahne
Ri 5,25 S. reichte sie dar in einer herrl. Schale

Saite
1Sm 18,10 David aber spielte auf den S. 19,9
2Kö 3,15 als der Spielmann auf den S. spielte
1Ch 15,21 mit Harfen von acht S. Ps 6,1; 12,1
Ps 33,2 zum Psalter von zehn S. 92,4; 144,9
 3 spielt schön auf den S.
 150,4 lobet ihn mit S. und Pfeifen

Saitenspiel
1Sm 16,17 Mann, der des S. kundig ist 18; 2Ch 34,12
1Ch 15,16 ihre Brüder bestellen sollten mit S.
 16,42 mit S. zur Ehre Gottes 2Ch 7,6; 30,21
2Ch 5,13 als sich die Stimme der S. erhob
 23,13 die Sänger mit allerlei S. standen da
 29,26 mit den S. Davids 27; Neh 12,36
Ps 4,1 Psalm Davids, vorzusingen, beim S. 6,1; 54,1; 55,1; 61,1; 67,1; 76,1; Hab 3,19
 45,9 aus Elfenbeinpalästen erfreut dich S.
 71,22 will auch ich dir danken mit S.
 98,5 lobet den HERRN mit Harfen und mit S.
Jes 23,16 mach's gut auf dem S.
Klg 5,14 sitzen die Jünglinge nicht mehr beim S.
Sir 22,6 eine Rede... ist wie ein fröhliches S.
 40,20 Wein und S. erfreuen das Herz
 49,2 er ist wie ein S. beim Wein
1Ma 13,51 zog hinein mit Lobgesang und S.

Saitenspieler
Off 18,22 die Stimme der S. soll nicht mehr in dir gehört werden

Sakkai
Esr 2,9 die Söhne S. Neh 7,14

Sakkur
versch. Träger ds. Namens
4Mo 13,4/ 1Ch 4,26/ 24,27/ 25,2.10; Neh 12,35/ Neh 3,2/ 10,13/ 13,13

Sakkut
Am 5,26 ihr truget den S., euren König

Salamis
Apg 13,5 in S. verkündigten sie das Wort Gottes

Salbe
2Mo 30,31 eine heilige S. soll mir dies Öl sein 33
1Sm 8,13 eure Töchter... daß sie S. bereiten
Hi 41,23 rührt das Meer um, wie man S. mischt
Spr 27,9 das Herz freut sich an S. und Räucherwerk
Pr 7,1 ein guter Ruf ist besser als gute S.
 9,8 laß deinem Haupte S. nicht mangeln
 10,1 tote Fliegen verderben gute S.
Hl 1,3 es riechen deine S. köstlich; dein Name ist eine ausgeschüttete S. 4,10

Jes 39,2 zeigte den Gesandten kostbare S.
 57,9 bist zum König gezogen mit köstlicher S.
Jer 8,22 ist denn keine S. in Gilead
Tob 6,10 die Galle des Fisches ist eine gute S.
StE 3,2 statt der S. tat sie Asche auf ihr Haupt
StD 1,17 holt mir Öl und S.
Lk 7,37 brachte sie ein Glas mit S. 38.46; Jh 12,3
 23,56 bereiteten wohlriechende Öle und S.
Jh 11,2 die den Herrn gesalbt hat mit S.
 12,5 warum ist diese S. nicht verkauft

salben (s.a. Gesalbter)
1Mo 31,13 zu Bethel, wo du den Stein ges. hast
 50,2 zum Begräbnis s... die Ärzte s. Israel 26
2Mo 28,41 sollst du s. und ihre Hände füllen 29,7.29; 30,30; 40,13.15; 3Mo 7,36; 8,12; 4Mo 3,3
 29,36 sollst den Altar s. 40,10; 3Mo 8,11; 4Mo 7,1. 10.84.88
 30,26 s. die Stiftshütte 40,9.11; 3Mo 8,10; 4Mo 7,1
3Mo 4,3 der Priester, der ges. ist 5.16; 6,15; 16,32; 4Mo 35,25
5Mo 28,40 wirst dich nicht s. mit Öl Mi 6,15
Ri 9,8 Bäume gingen hin, einen König zu s. 15
Rut 3,3 s. dich und lege dein Kleid an
1Sm 9,16 den sollst du zum Fürsten s. 10,1; 15,1.17
 16,3 den s., den ich dir nennen werde 12.13
 31,12 nahmen die Leichname und s. sie
2Sm 1,21 der Schild Sauls, als sei er nicht ges.
 2,4 s. David zum König über Juda 7; 3,39
 5,3 s. David zum König über Israel 17; 12,7; 1Ch 11,3; 14,8; Ps 89,21
 12,20 David s. sich und zog andere Kleider an
 14,2 s. dich nicht mit Öl, sondern stelle dich
 19,11 Absalom, den wir über uns ges.
1Kö 1,34 der Priester s. ihn zum König 39.45; 5,15; 19,15; 2Kö 9,3.6.12; 11,12; 23,30; 1Ch 29,22; 2Ch 23,11
2Ch 22,7 den der HERR ges. hatte, um
 28,15 nahmen die Gefangenen und s. sie
Ps 23,5 du s. mein Haupt mit Öl 92,11
 45,8 hat dich der Herr ges. mit Freudenöl
Jes 21,5 ihr Fürsten, s. den Schild
 61,1 weil der HERR mich ges. hat Lk 4,18
Hes 16,9 ich s. dich mit Öl
Dan 9,24 wird das Allerheiligste ges. werden
 10,3 ich s. mich nicht, bis 3 Wochen um waren
Hos 8,10 sollen's müde werden, Könige u. s.
Am 6,6 s. euch mit dem besten Öl, aber
Jdt 10,3 s. sich mit kostbarem Balsam 16,10
Wsh 2,7 wir wollen uns mit Wein füllen und uns s.
Tob 11,8 s. ihm die Augen 13
Sir 45,18 Mose s. ihn mit dem heiligen Öl
 46,16 Samuel s. Fürsten über sein Volk
 48,8 du hast Könige ges.
Mt 6,17 wenn du fastest, so s. dein Haupt
Mk 6,13 s. viele Kranke mit Öl
 14,8 sie hat meinen Leib ges. für mein Begräbnis
 16,1 kauften wohlriechende Öle, um ihn zu s.
Lk 4,18 mich ges., zu verkündigen das Evangelium
 7,38 küßte seine Füße und s. sie 46; Jh 12,3
 46 du hast mein Haupt nicht mit Öl ges.
Jh 11,2 Maria, die den Herrn mit Salböl ges.
Apg 4,27 versammelt gegen Jesus, den du ges. hast
 10,38 wie Gott Jesus ges. hat mit heiligem Geist
2Ko 1,21 der uns ges. (und versiegelt hat)
Heb 1,9 darum hat dich dein Gott ges. mit Freudenöl
Jak 5,14 daß sie ihn s. mit Öl in dem Namen des Herrn
Off 3,18 Augensalbe, deine Augen zu s.

Salbenbereiter

2Mo 30,25 Salböl nach der Kunst des S. 35; 37,29
Neh 3,8 Hananja, der zu den S. gehört

Salböl

2Mo 25,6 (die Opfergabe:) Spezerei zum S. 35,8.28
29,7 sollst das S. nehmen 21; 40,9; 3Mo 8,2.10
30,25 mache daraus ein heiliges S. 31,11; 35,15; 37,29; 39,38
3Mo 8,12 goß von dem S. auf Aarons Haupt 30
10,7 das S. des HERRN ist auf euch 21,10.12
4Mo 4,16 Eleasar ist anvertraut das S.
1Ch 9,30 einige der Söhne der Priester machten S.
Ps 133,2 wie das feine S. auf dem Haupte Aarons
Spr 21,17 wer Wein und S. liebt, wird nicht reich
Mt 26,7 hatte ein Glas mit kostbarem S. Lk 7,37.38. 46; Jh 12,3
Mk 14,4 was soll diese Vergeudung des S.
Jh 11,2 Maria, die den Herrn mit S. gesalbt

Salbung

1Mo 50,3 so lange währen die Tage der S.
2Mo 40,15 S. zum ewigen Priestertum 3Mo 6,13
1Jh 2,20 ihr habt die S. von dem, der heilig ist 27
27 wie euch seine S. alles lehrt

Salcha

5Mo 3,10 das ganze Baschan bis nach S. Jos 12,5; 13,11; 1Ch 5,11

Salem (= Jerusalem)

1Mo 14,18 Melchisedek, der König von S. Heb 7,1.2
Ps 76,3 so erstand in S. sein Zelt

Salim

Jh 3,23 Johannes taufte in Änon, nahe bei S.

Sallai

Neh 11,8 (von den Söhnen Benjamin:) S.

Sallu

1Ch 9,7 ¹von den Söhnen Benjamin: S. Neh 11,7
Neh 12,7 ²(Priester:) S. 20

Salmai

Esr 2,46 (Tempelsklaven:) die Söhne S. Neh 7,48

Salmanassar

2Kö 17,3 S., der König von Assyrien 18,9; Tob 1,2
Tob 1,13 ließ ihn der Herr bei S. Gnade finden
18 nach dem Tod S., als Sanherib regierte

Salmon, *Salma*

Rut 4,20 ¹Nachschon zeugte S. 21; 1Ch 2,11; Mt 1,4.5; Lk 3,32
1Ch 2,51 ²(Söhne Hurs:) S. 54

Salmone

Apg 27,7 wir fuhren bis auf die Höhe von S.

Salome

Mk 15,40 unter ihnen Maria von Magdala und S. 16,1

Salomo

2Sm 5,14 (David) zu Jerusalem geboren: S. 1Ch 3,5; 14,4; 2Ch 30,26; Mt 1,6
12,24 (Batseba) gebar S. 1Kö 1,11-13.17.21.30; 2,13. 22
1Kö 1,10 seinen Bruder S. lud er nicht ein 19.26
33 setzt S. auf mein Maultier 38
34 es lebe der König S. 39.43.46; 2,12; 1Ch 23,1; 29,22-24.28; Sir 47,14
37 der HERR sei mit S. 47; 2,45
50 Adonija fürchtete sich vor S. 51-53; 2,25
51 wurde S. angesagt 2,29.41
2,1 gebot seinem Sohn S. 1Ch 22,6; 28,9.11.20
17 rede mit S. 19
23 S. schwor bei dem HERRN
27 so verstieß S. den Abjatar
46 das Königtum wurde gefestigt durch S.
3,1 S. verschwägerte sich mit dem Pharao 7,8; 9,16.24; 2Ch 8,11
3 S. hatte den HERRN lieb
4 S. opferte (in Gibeon) 2Ch 1,2.3.5.6
5 der HERR erschien S. im Traum 6.15; 2Ch 1,7.8; 7,12
10 gefiel dem Herrn gut, daß S. darum bat 2Ch 1,11
4,1 so war S. König über ganz Israel 11,42; 2Ch 1,13; 9,30
7 S. hatte zwölf Amtleute 5,7; 9,23; 2Ch 8,10
11 eine Tochter S. 15
5,1 so war S. Herr über alle Königreiche
2 S. mußte täglich zur Speisung haben
5 solange S. lebte 11,25
6 S. hatte 4.000 Gespanne 10,26; 2Ch 1,14; 9,25
9 Gott gab S. sehr große Weisheit 10.14.26; 10,23; 2Ch 9,22
15 Hiram sandte zu S. 16.21.22.24-26; 9,11.12; 2Ch 2,2.10; 8,2
27 S. hob Fronarbeiter aus 9,15.21; 2Ch 8,9
29 S. hatte 70.000 Lastträger 30.32; 2Ch 2,1
6,1 im vierten Jahr der Herrschaft S. wurde das Haus dem HERRN gebaut 2.14.21; 7,13.14; 9,1.10; 1Ch 5,36; 6,17; 28,6; 2Ch 1,18; 3,1.3; 7,11; 8,1.16; 35,3; 2Ma 2,8-12; Apg 7,47
11 geschah des HERRN Wort zu S. 2Kö 21,7; 2Ch 33,7
7,1 an seinen Königshäusern baute S. 13 Jahre
40 alle Werke, die S. am Hause des HERRN machen ließ 45.47.48.51; 2Kö 24,13; 25,16; 1Ch 18,8; 2Ch 4,11.16.18.19; 5,1; 6,13; 7,7; 9,11; Jer 52,20
8,1 versammelte S. die Ältesten 2; 12,6; 2Ch 5,2; 10,6
5 S. ging vor der Lade 2Ch 5,6
12 sprach S. 22.54.63.65; 2Ch 6,1; 7,1.5.7.8.10
9,17 S. baute Geser wieder auf 2Ch 8,6
19 Städte mit Kornspeichern, die S. hatte 2Ch 8,6
25 S. opferte dreimal im Jahr 2Ch 8,12
26 S. baute Schiffe 27.28; 2Ch 8,18; 9,10
10,1 als die Königin von Saba von S. vernahm 2-4.10.13; 2Ch 9,1-3.9.12; Mt 12,42; Lk 11,31

Salomo

1Kö	10,14	Gewicht des Goldes, das für S. einkam 16. 21; 14,26; 2Ch 9,13-15.20; 12,9
	24	alle Welt begehrte S. zu sehen 2Ch 9,23
	28	man brachte S. Pferde aus Ägypten 2Ch 1,16; 9,28
	11,1	S. liebte viele ausländische Frauen 2.8; Neh 13,26
	5	so diente S. der Astarte 6.7; 2Kö 23,13
	9	der HERR wurde zornig über S. 11.14.23.26.31
	27	S. baute den Millo 28
	40	S. trachtete, Jerobeam zu töten 12,2; 2Ch 10,2; 13,6
	41	mehr von S... in der Chronik von S. 2Ch 9,29
	43	S. legte sich zu seinen Vätern 2Ch 9,31; Sir 47,26
	12,21	Königtum an Rehabeam, den Sohn S. 23; 14,21; 1Ch 3,10; 2Ch 11,3.17; 13,7; Mt 1,7
1Ch	22,5	David dachte: S. ist noch jung 17
	9	soll S. heißen; denn ich will Frieden geben
	28,5	von allen Söhnen hat er S. erwählt 29,1
	29,19	m. Sohn S. gib ein rechtschaffenes Herz
	25	der HERR machte s. immer größer 2Ch 1,1
2Ch	2,16	S. ließ alle Fremdlinge zählen
	8,3	da zog S. gegen Hamat-Zoba 17
	35,4	Ordnungen, aufgeschrieben von S. Neh 12,45
Esr	2,55	Sklaven S. 58; Neh 7,57.60; 11,3
Ps	72,1	von S. 127,1
Spr	1,1	dies sind die Sprüche S. 10,1; 25,1
Hl	1,1	das Hohelied S.
	5	ich bin lieblich wie die Teppiche S.
	3,7	siehe, es ist die Sänfte S. 9.11
	8,11	S. hat einen Weinberg in Baal-Hamon 12
Mt	6,29	auch S. nicht gekleidet Lk 12,27
	12,42	um S. Weisheit zu hören. Und siehe, hier ist mehr als S. Lk 11,31
Jh	10,23	ging umher im Tempel in der Halle S. Apg 3,11; 5,12
Apg	7,47	S. baute ihm ein Haus

Salu

4Mo	25,14	Simri, der Sohn S. 1Ma 2,26

Salz

3Mo	2,13	bei allen Opfern sollst du S. darbringen
5Mo	29,22	ihr Land mit Schwefel und S. verbrannt
Ri	9,45	zerstörte die Stadt und streute S. darauf
2Kö	2,21	ging zu der Wasserquelle und warf S. 20
Esr	4,14	weil wir das S. des Königshauses essen
	6,9	was sie bedürfen an S. 7,22
Hes	16,4	hat dich nicht mit S. abgerieben
	43,24	die Priester sollen S. auf sie streuen
	47,11	man soll daraus s. gewinnen
Sir	22,18	es ist leichter, S. zu tragen als
	39,31	der Mensch bedarf vor allem Eisen, S.
	43,21	er schüttet den Reif auf die Erde wie S.
1Ma	10,29	ich erlasse... die Steuer auf S.
Mt	5,13	ihr seid das S. der Erde
	13	wenn nun das S. nicht mehr salzt Mk 9,50; Lk 14,34
Mk	9,49	*jedes Opfer wird mit S. gesalzen*
	50	habt S. bei euch
	50	das S. ist gut Lk 14,34
Kol	4,6	eure Rede sei allezeit freundlich und mit S. gewürzt

Salzbund

4Mo	18,19	das soll ein S. sein 2Ch 13,5

salzen

2Mo	30,35	mache Räucherwerk, ges., rein
3Mo	2,13	alle deine Speisopfer sollst du s.
Hi	6,6	ißt man Fades, ohne es zu s.
Jes	30,24	werden ges. gemengtes Futter fressen
Mt	5,13	wenn das Salz nicht mehr s. Lk 14,34
Mk	9,49	jeder wird mit Feuer ges. werden

Salzgewinnung

1Ma	11,35	wir erlassen... was uns zusteht von der S.

Salzgrube

Ze	2,9	Moab soll werden eine S. und ewige Wüste

salzig

Jak	3,12	kann eine s. Quelle nicht süßes Wasser geben

Salzmeer

1Mo	14,3	Tal Siddim, wo nun das S. ist
4Mo	34,3	eure Grenze soll ausgehen vom Ende des S. 12; 5Mo 3,17; Jos 12,3; 15,2.5; 18,19; 2Kö 14,25
Jos	3,16	das Wasser, das hinunterlief zum S.
2Ch	20,2	kommt eine große Menge von jenseits des S.
Sir	39,28	als er... Land in ein S. verwandelte

Salzsäule

1Mo	19,26	Lots Weib ward zur S.
Wsh	10,7	eine S., die dasteht als Denkmal

Salzstadt

Jos	15,62	die S. und En-Gedi

Salztal

2Sm	8,13	schlug die Edomiter im S. 2Kö 14,7; 1Ch 18,12; 2Ch 25,11; Ps 60,2

Salzwüste

Hi	39,6	dem ich gegeben habe die S. zur Wohnung
Ps	107,34	daß fruchtbares Land zur S. wurde

Sämann, Säemann

Jer	50,16	rottet aus den S. und den Schnitter
Mt	13,3	es ging ein S. aus, zu säen Mk 4,3; Lk 8,5
	18	hört nun dies Gleichnis von dem S.
Mk	4,14	der S. sät das Wort
2Ko	9,10	der Samen gibt dem S. und Brot zur Speise, der wird auch euch Samen geben

Samaria, Samarien

1Kö	13,32	Heiligtümer, die in den Städten S. sind 16,32; 2Kö 13,6; 23,19
	16,24	(Omri) kaufte den Berg S. und baute S.

1Kö	16,28	begraben zu S. 22,37; 2Kö 10,35; 13,9.13; 14,16
	29	regierte über Israel zu S. 22,52; 2Kö 3,1.6; 10,36; 13,1.10; 14,14.23; 15,8.13.14.17.23.25.27; 17,1
	18,2	war eine große Hungersnot in S. 2Kö 6,25
	20,1	Ben-Hadad belagerte S. 34; 2Kö 6,24
	10	wenn der Staub S. genug sein sollte
	17	ziehen Männer aus S. heran 43
	21,1	des Königs von S. 18; 2Kö 1,3
	22,10	vor dem Tor S. 2Kö 7,1.18; 2Ch 18,9
	38	als sie den Wagen wuschen bei dem Teich S.
2Kö	1,2	Ahasja in S. 2Ch 22,9
	2,25	(Elisa) kehrte nach S. zurück 5,3; 6,19.20
	10,1	Ahab hatte 70 Söhne in S. 17
	12	Jehu zog auf S. zu 17
	17,5	(Salmanassar) zog gegen S. 6.24; 18,9.10
	24	ließ sie wohnen in den Städten von S. 26; Esr 4,10.17
	28	Priester, die von S. weggeführt waren
	18,34	wo sind die Götter S.? Haben sie S. errettet Jes 36,19
	21,13	die Meßschnur anlegen wie an S.
	23,18	des Propheten, der von S. gekommen war
2Ch	18,2	(Joschafat) zog hinab zu Ahab nach S.
	25,13	die Kriegsleute fielen ein von S. bis
	24	die Geiseln nahm (Joasch) mit sich nach S.
	28,8	Beute brachten sie nach S. 9.15
Neh	3,34	sprach vor den Kriegsleuten in S.
Jes	7,9	wie S. das Haupt ist von Ephraim 9,8
	8,4	soll die Beute aus S. weggenommen werden
	10,9	ist nicht S. wie Damaskus 10.11
Jer	23,13	zu S. sah ich Anstößiges
	31,5	Weinberge pflanzen an den Bergen S.
	41,5	kamen achtzig Männer von S.
Hes	16,46	d. große Schwester ist S. 51.53.55; 23,4.33
Hos	7,1	so zeigt sich mir die Bosheit S.
	8,5	dein Kalb, S., verwerfe ich 6; 10,5
	10,7	der König von S. ist dahin wie Schaum
	14,1	S. wird wüst werden Mi 1,6
Am	3,9	sammelt euch auf den Bergen um S.
	12	die zu S. sitzen auf dem Lager von Damast
	4,1	Kühe, die ihr auf dem Berge S. seid 6,1
	8,14	die jetzt schwören bei dem Abgott S.
Ob	19	sie werden das Gefilde S. besitzen
Mi	1,1	das (Micha) geschaut hat über S.
	5	die Übertretung Jakobs? Ist's nicht S.
Jdt	1,9	(Boten) zu allen, die in S. wohnten
	4,3	sandten Leute durch ganz S.
1Ma	3,10	Heer von Heiden und Leuten aus S.
	10,30	die drei Bezirke von S. 38; 11,28
	11,34	sollen von S. an Judäa übergeben
2Ma	15,1	hörte, daß Judas sich in S. aufhielt
Lk	17,11	daß er durch S. und Galiläa hin zog
Jh	4,4	er mußte durch S. reisen
	5	da kam er in eine Stadt S., die heißt Sychar
	7	eine Frau aus S., um Wasser zu schöpfen
Apg	1,8	ihr werdet meine Zeugen sein in S.
	8,1	da zerstreuten sich alle in die Länder Judäa und S.
	5	Philippus kam hinab in die Hauptstadt S.
	9	der das Volk von S. in seinen Bann zog
	14	daß S. das Wort Gottes angenommen hatte
	9,31	so hatte die Gemeinde Frieden in ganz S.
	15,3	sie zogen durch Phönizien und S.

Samaritaner, Samariter

2Kö	17,29	Höhen, die die S. gemacht hatten
Mt	10,5	zieht in keine Stadt der S.
Lk	9,52	kamen in ein Dorf der S., ihm Herberge
	10,33	ein S., der auf der Reise war, kam dahin
	17,16	das war ein S.
Jh	4,9	Juden haben keine Gemeinschaft mit S.
	39	es glaubten an ihn viele der S.
	40	die S. baten ihn, bei ihnen zu bleiben
	8,48	sagen wir nicht mit Recht, daß du ein S. bist
Apg	8,25	predigten das Evang. in vielen Dörfern der S.

samaritisch

Jh	4,9	da spricht die s. Frau zu ihm
	9	der du ein Jude bist und ich eine s. Frau
Apg	8,9	Simon bezauberte das s. Volk

Same

1Mo	1,11	Gras und Kraut, das S. bringe... Früchte, in denen ihr S. ist 12.29
3Mo	11,37	wenn ein Aas auf S. fällt 38
	15,16	wenn einem Mann im Schlaf der S. abgeht 17.18.32; 22,4
	19,19	besäe nicht mit zweierlei S. 5Mo 22,9
	26,16	sollt umsonst euren S. säen
5Mo	11,10	Ägyptenl., wo du deinen S. säen mußtest
	28,38	wirst viel S. säen, aber wenig einsammeln
Ps	126,6	sie gehen hin und streuen ihren S.
Pr	11,6	am Morgen säe deinen S.
Jes	6,13	ein heiliger S. wird solcher Stumpf sein
	30,23	er wird deinem S. Regen geben
	55,10	daß sie gibt S., zu säen
	61,11	gleichwie S. im Garten aufgeht
Jer	35,7	(sollt) keinen S. säen 9
Jo	1,17	der S. ist unter der Erde verdorrt
Hag	2,19	ob der S. in der Scheune dahinschwindet
Mt	13,24	der guten S. auf seinen Acker säte 27.37
	32	das kleinste unter allem S. Mk 4,31
	38	der gute S. sind die Kinder des Reichs
Mk	4,26	wie wenn ein Mensch S. aufs Land wirft 27
Lk	8,5	es ging ein Sämann aus, zu säen seinen S.
	11	S. ist das Wort Gottes
1Ko	15,38	Gott gibt einem jeden S. seinen eigenen Leib
2Ko	9,10	der aber S. gibt dem Sämann und Brot
1Pt	1,23	seid wiedergeboren aus unvergänglichem S.

Samenkorn

Mt	13,32	das kleinste unter allen S. Mk 4,31

Samla

1Mo	36,36	regierte S. von Masreka 37; 1Ch 1,47.48

sammeln (s.a. Schätze sammeln)

1Mo	1,9	es s. sich das Wasser unter dem Himmel
	6,21	Speise, sollst sie dir s.
	41,35	lasse s. den Ertrag der guten Jahre 48
2Mo	5,12	Stroh zu s., damit sie Häcksel hätten
	16,4	täglich s., was es für den Tag bedarf 5.16-18. 21.22.26.27; 4Mo 11,8.32
	32,1	das Volk s. sich gegen Aaron
	26	da s. sich zu ihm alle Söhne Levi
3Mo	11,36	in dem sich Wasser s., bleiben rein
4Mo	11,16	s. mir siebzig Männer
	19,9	ein reiner Mann soll die Asche s. 10
	21,23	Sihon s. sein Kriegsvolk
5Mo	13,17	was in ihr erbeutet wird, sollst du s.

sammeln

5Mo	17,17	(ein König) soll nicht Silber u. Gold s.
	30,3	der HERR wird dich wieder s. 4
Jos	10,5	da s. sich die fünf Könige
Ri	3,13	(Eglon) s. zu sich die Ammoniter
	11,3	es s. sich bei (Jeftah) lose Leute 12,4
Rut	2,7	laßt mich s. hinter den Garben
1Sm	4,1	daß die Philister sich s. zum Kampf gegen Israel 13,5; 17,1; 28,1; 2Sm 23,11
	14,20	Saul und das ganze Volk s. sich
	22,2	es s. sich bei (David) allerlei Männer
2Sm	2,30	Joab s. das ganze Volk
	3,21	um Israel zu dem König zu s. 10,17; 1Ch 11,1; 19,17
	6,1	David s. die ganze junge Mannschaft
	10,15	die Aramäer s. sich 1Ch 19,7
	14,14	wie Wasser, das man nicht wieder s. kann
	15,12	es s. sich immer mehr Volk um Absalom
	21,13	sie s. die Gebeine der Gehängten
1Kö	11,24	(Reson) hatte Männer um sich ges.
	12,21	Rehabeam s. das ganze Haus Juda 2Ch 11,1
2Kö	4,39	ging einer aufs Feld, um Kraut zu s.
	20,17	was deine Väter ges. haben Jes 39,6
	22,4	Geld, das die Hüter ges. haben 2Ch 24,5.6; 34,9.17
1Ch	16,35	hilf uns, Gott, und s. uns
2Ch	32,6	s. sie zu sich und redete ihnen zu Herzen
Esr	7,28	ich s. aus Israel Sippenhäupter 10,1
Neh	1,9	will euch doch von da s. Jes 49,5; 56,8; Jer 23,3; 29,14; 31,8; 32,37; Hes 11,17; 20,34.41; 28,25; 34,13; 36,24; 37,21; 38,8.12; 39,27.28; Mi 2,12; Ze 3,20; Sa 10,8.10
	4,14	dorthin s. euch zu uns
	12,44	um die Anteile von den Äckern zu s.
Hi	30,4	die da Melde s. bei den Büschen
	7	unter den Disteln s. sie sich
	39,12	trauen, daß er in deine Scheune s.
Ps	7,8	so werden die Völker sich um dich s.
	33,7	er s. in Kammern die Fluten
	39,7	s. und wissen nicht, wer es einbringen
	56,9	s. meine Tränen in deinen Krug
	104,28	wenn du ihnen gibst, so s. sie
	142,8	die Gerechten werden sich zu mir s.
Spr	6,8	und s. ihre Speise in der Ernte
	10,5	wer im Sommer s., ist ein kluger Sohn
	13,11	wer ruhig s., bekommt immer mehr
	25,1	die Männer Hiskias haben sie ges.
	27,25	ist das Futter auf den Bergen ges.
	28,8	s. es für den, der sich der Armen erbarmt
Pr	2,8	ich s. mir auch Silber und Gold
	26	daß er s. und es doch dem gegeben werde
	3,5	Steine s. hat seine Zeit
Jes	10,14	wie man Eier s.
	11,12	er wird die Zerstreuten Judas s.
	15,7	führen sie das Gut, das sie ges. haben
	22,9	ihr s. das Wasser des unteren Teiches
	24,22	daß ges. werden als Gefangene
	40,11	wird die Lämmer in seinen Arm s.
	43,5	will dich vom Westen her s.
	54,7	mit großer Barmherzigk. will ich dich s.
	56,8	der die Versprengten Israels s. Jer 31,10; Ze 3,19
Jer	3,17	werden sich dahin s. alle Heiden
	4,5	s. euch... in die festen Städte 8,14
	9,21	sollen liegen wie Garben, die niemand s.
	12,9	um den sich Vögel s... s. euch Hes 39,17
	17,11	so ist, wer unrecht Gut s.
	26,9	das ganze Volk s. sich wider Jeremia
	48,36	Gut, das sie ges., ist zugrunde gegangen
	49,5	niemand wird die Flüchtigen s.
	14	s. euch und kommt her wider Edom
Jer	51,27	s. Kriegsleute gegen sie
Hes	16,37	will s. alle deine Liebhaber
	22,21	ich will euch s. und das Feuer anfachen
	29,5	wirst nicht wieder ges. werden 13
	38,13	um wegzunehmen und Vieh und Güter zu s.
Hos	9,6	Ägypten wird sie s.
Jo	2,16	heiliget die Gemeinde, s. die Ältesten
Am	3,9	s. euch auf den Bergen um Samaria
Mi	4,6	will ich die Lahmen s.
Nah	3,18	niemand wird sie s.
Hab	1,15	sie s.'s mit ihrem Garn
	2,5	er s. zu sich alle Völker
Ze	2,1	s. euch und kommt her, du Volk
Sa	9,3	Tyrus s. Silber wie Sand
	14,2	werde alle Heiden s. zum Kampf
Tob	4,10	so wirst du dir einen guten Lohn s.
Sir	14,4	wer viel s... s.'s für andere
	21,9	der s. Steine für sein Grab
	25,5	wenn du in der Jugend nicht s.
Bar	3,17	die Silber und Gold s.
1Ma	5,53	Judas s. die Zurückbleibenden
	11,47	s. sich die Juden alle um ihn
2Ma	10,24	Timotheus s. viel Reiterei
Mt	3,12	seinen Weizen in die Scheune s. 13,30; Lk 3,17
	6,26	s. nicht in die Scheunen
	12,30	wer nicht mit mir s., der zerstreut
	13,30	s. zuerst das Unkraut und bindet es 40
	41	sie werden s. aus seinem Reich alles, was
	24,28	wo das Aas ist, da s. sich die Geier Lk 17,37
	31	sie werden seine Auserwählten s.
	25,24	*du s., wo du nicht ausgestreut hast* 26
	27,27	s. die ganze Abteilung um ihn
Lk	12,17	habe nichts, wohin ich meine Früchte s. 18
	22,66	*s. sich die Ältesten des Volkes*
Jh	4,36	wer erntet s. Frucht zum ewigen Leben
	6,12	s. die übrigen Brocken 13
	15,6	man s. sie und wirft sie ins Feuer
Rö	12,20	so wirst du feurige Kohlen auf sein Haupt s.
1Ko	16,2	*s., was ihm gut dünkt*
2Ko	8,15	wer viel s., hatte keinen Überfluß

Sammlung

1Mo	1,10	die S. der Wasser nannte er Meer
2Ma	12,43	durch eine S. 2.000 Drachmen
1Ko	16,1	was die S. für die Heiligen angeht
	2	damit die S. nicht erst geschieht, wenn
2Ko	9,12	der Dienst dieser S. hilft nicht allein... ab

Samos

1Ma	15,23	(schrieb Luzius) nach S.
Apg	20,15	am folgenden Tag gelangten wir nach S.

Samothrake

Apg	16,11	wir kamen geradewegs nach S.

Sampsame

1Ma	15,23	(schrieb Luzius) nach S.

Samsummiter (= Susiter)

5Mo	2,20	die Ammoniter nennen sie S.

samt

Ps	106,6	wir haben gesündigt s. unsern Vätern

Jh 2,15 trieb sie zum Tempel hinaus s. den Schafen
Apg 1,14 s. den Frauen und Maria, der Mutter Jesu
26,18 das Erbteil s. denen, die

Samuel

1Sm 1,20 Hanna gebar einen Sohn und nannte ihn S.
2,18 S. war ein Diener vor dem HERRN 21.26; 3,19
3,1 S. diente unter Eli 3-11.15-18
20 daß S. betraut war, Prophet zu sein 21; 2Ch 35,18; Sir 46,16; Apg 3,24; 13,20; Heb 11,32
7,3 S. sprach zum ganzen Hause Israel 5-15; 10,17.20.24.25; 12,1.6.11.20
8,1 als S. alt geworden war 4.6.7.10.19.21.22
9,14 da kam S. heraus (Saul) entgegen 15.17-19. 22-24.26.27; 10,1.9.14-16
11,7 wer nicht mit Saul und S. auszieht 12.14
12,18 als S. den HERRN anrief 19
13,8 Zeit, die von S. bestimmt war 10-15
15,1 S. sprach zu Saul 10-17.20-28.31-35
16,1 der HERR sprach zu S.: ich will dich senden zu Isai 2.4.7.8.10.11.13
19,18 David kam zu S. nach Rama 20.22.24
25,1 S. starb, Israel hielt die Totenklage 28,3
28,11 hol mir S. herauf 12.14-16.20
1Ch 6,12 Elkana, dessen Sohn war S. 13.18
9,22 David und S. hatten sie eingesetzt
11,3 nach dem Wort des HERRN durch S.
26,28 alles, was S. und Saul geheiligt hatten
29,29 geschrieben in der Geschichte S.
Ps 99,6 S. unter denen, die seinen Namen anrufen
Jer 15,1 wenn auch Mose und S. vor mir stünden

Sanballat

Neh 2,10 S., der Horoniter 19; 3,33; 4,1; 6,1.2.5.12.14; 13,28

Sand

1Mo 22,17 dein Geschlecht wie den S. am Ufer des Meeres 32,13; Jes 48,19; Jer 33,22; Hos 2,1; Heb 11,12
41,49 schüttete Getreide auf wie S. am Meer
2Mo 2,12 verscharrte (den Ägypter) im S.
5Mo 33,19 gewinnen die verborgenen Schätze im S.
Jos 11,4 ein großes Volk, soviel wie der S. am Meer Ri 7,12; 1Sm 13,5; 2Sm 17,11; 1Kö 4,20
1Kö 5,9 einen Geist, so weit, wie S. am Ufer liegt
Hi 6,3 nun ist es schwerer als S. am Meer
29,18 werde meine Tage zahlreich machen wie S.
Ps 78,27 ließ regnen Vögel wie S. am Meer
139,18 so wären sie mehr als der S.
Spr 27,3 Stein ist schwer, und S. ist Last
Jes 10,22 wäre dein Volk wie S. am Meer Rö 9,27
Jer 5,22 der ich dem Meere den S. zur Grenze setze
15,8 wurden mehr Witwen als S. am Meer
Hab 1,9 raffen Gefangene zusammen wie S.
Sa 9,3 Tyrus sammelte Silber wie S.
Wsh 7,9 alles Gold ist vor ihren Augen nur geringer S.
Sir 1,2 wer kann sagen, wieviel S. das Meer hat
18,8 wie ein Körnlein S. sind seine Jahre
22,18 es ist leichter, S. zu tragen als
GMn 9 meine Sünden sind zahlreicher als der S.
Mt 7,26 Mann, der sein Haus auf S. baute
Off 20,8 deren Zahl ist wie der S. am Meer

Sandbank

Apg 27,41 als sie auf eine S. gerieten

Sandelholz

1Kö 10,11 brachten viel S. 12; 2Ch 2,7; 9,10.11

sandig

Sir 25,26 ein schwatzhaftes Weib ist wie ein s. Weg

Sandkorn

Jes 40,15 sind geachtet wie ein S. auf der Waage
48,19 und deine Nachkommen wie S.

sanft

1Kö 19,12 nach dem Feuer kam ein stilles s. Sausen
Hi 15,11 ein Wort, das s. mit dir verfuhr
Jer 31,26 ich hatte so s. geschlafen
Mt 11,30 mein Joch ist s., und meine Last ist leicht
1Pt 3,4 im unvergänglichen Schmuck des s. Geistes

Sänfte

Hl 3,7 siehe, es ist die S. Salomos 9
Jes 66,20 werden eure Brüder herbringen in S.
2Ma 3,28 man trug ihn in einer S. davon

Sanftmut

Ps 45,5 zieh einher in S. und Gerechtigkeit
2Ko 10,1 ermahne euch bei der S. und Güte Christi
Gal 5,23 (die Frucht des Geistes ist) S.
Eph 4,2 in aller Demut und S., in Geduld
Kol 3,12 so zieht nun an Demut, S.
1Ti 6,11 jage nach der S.
2Ti 2,25 mit S. die Widerspenstigen zurechtweist
Tit 3,2 (daß sie) alle S. beweisen gegen alle Menschen
1Pt 3,16 (seid...) und das mit S. und Gottesfurcht
Jak 1,21 nehmt das Wort an mit S.
3,13 der zeige seine Werke in S. und Weisheit

sanftmütig

Mt 5,5 selig sind die S.
11,29 denn ich bin s. und von Herzen demütig
21,5 siehe, dein König kommt zu dir s.
1Ko 4,21 kommen mit Liebe und s. Geist
Gal 6,1 helft ihm wieder zurecht mit s. Geist

Sanftmütigkeit

2Ko 10,1 *ich ermahne euch bei der S. Christi*
Tit 3,2 *S. beweisen gegen alle Menschen*

Sänger, Sängerin

2Sm 19,36 hören, was die S. und S. singen
1Kö 10,12 ließ machen Harfen für die S. 2Ch 9,11
1Ch 6,18 Heman, der S. 15,19; 2Ch 5,12
9,33 S., die keinen Dienst hatten
15,16 ließ seine Brüder, die S., bestellen 27; 23,5; 2Ch 20,21; Neh 7,1; 10,29.40; 12,45-47; 13,5
2Ch 23,13 die S. gaben das Zeichen zum Jubel 35,15
35,25 alle S. und S. klagten über Josia
Esr 2,41 die Zahl der S. Neh 7,44

Sänger

Esr	2,65	dazu 200 S. und S. Neh 7,67
	70	ließen sich nieder die S. Neh 7,72; 12,29
	7,7	zogen herauf einige von den S.
	24	nicht... Zoll zu legen auf irgendeinen S.
	10,24	(die fremde Frauen genommen) unter den S.
Neh	12,28	versammelten sich die S. 42
	13,10	erfuhr, daß die S. fortgegangen waren
Ps	68,26	die S. gehen voran
Pr	2,8	ich beschaffte mir S. und S.
Sir	9,4	laß dich nicht hinreißen von der S.
	47,11	er ließ S. vor den Altar treten
	50,20	die S. lobten ihn mit Psalmen
Off	18,22	die Stimme der S. soll nicht mehr in dir gehört werden

Sanherib

2Kö	18,13	zog herauf S., der König von Assyrien 2Ch 32,1.2.9; Jes 36,1; Sir 48,20
	19,16	höre die Worte S. 2Ch 32,10; Jes 37,17
	20	was du gebetet hast um S. Jes 37,21
	36	S. zog ab 2Ch 32,22; Jes 37,37; Tob 1,21
Tob	1,18	S., dem die *Israeliten verhaßt waren
1Ma	7,41	Herr, als dich die Boten S. lästerten
2Ma	8,19	zur Zeit S. 185.000 Mann umgekommen 15,22

Sanoach

Jos	15,34	1(Städte... Juda:) S. Neh 3,13; 11,30
	15,56	2(auf dem Gebirge) S. 1Ch 4,18

Sansanna

Jos	15,31	(Städte des Stammes Juda:) S.

Saphir

2Mo	24,10	war es wie S. Hes 1,26; 10,1
	28,18	die andere (Reihe sei) ein S. 39,11
Hi	28,6	man findet S. in ihrem Gestein
	16	ihr gleicht nicht Onyx und S.
Hl	5,14	s. Leib wie Elfenbein, mit S. geschmückt
Jes	54,11	will deinen Grund mit S. legen
Klg	4,7	ihr Aussehen wie S.
Hes	28,13	geschmückt mit Onyx, Jaspis, S.
Tob	13,20	die Tore Jerusalems werden aus S. gebaut
Off	21,19	der zweite (Grundstein war) ein S.

Saphira

Apg	5,1	Hananias samt S. verkaufte einen Acker

Sara

Tob	3,7	S., die Tochter Raguëls 6,12; 7,8.10.19; 8,10; 10,11; 11,18; 12,14

Sara, Sarai

1Mo	11,29	Abrams Frau hieß S. 31; 23,1
	30	S. war unfruchtbar 16,1.2
	12,5	nahm Abram S., und zogen aus 11
	17	der HERR plagte den Pharao um S. willen
	16,2	Abram gehorchte der Stimme S. 21,12
	3	nahm S. ihre Magd Hagar 5.6.8; 21,9; 25,12
	17,15	sollst S. nicht mehr S. nennen
	17	soll S., neunzig Jahre alt, gebären 19.21; 18,11; 21,6.7
	18,6	Abraham eilte in das Zelt zu S. 9.10
1Mo	18,10	dann soll S. einen Sohn haben 14; Rö 9,9
	13	warum lacht S. 15
	20,2	sagte von S.: Sie ist meine Schwester
	14	Abimelech gab ihm S. wieder 16.18
	21,1	der HERR suchte S. heim, wie er gesagt
	2	S. gebar Abraham einen Sohn 3; 24,36
	23,19	begrub Abraham S., seine Frau 25,10; 49,31
	24,67	führte sie Isaak in das Zelt s. Mutter S.
Jes	51,2	schaut an S., von der ihr geboren seid
Rö	4,19	sah auf den erstorbenen Leib der S.
1Pt	3,6	wie S. Abraham gehorsam war
Heb	11,11	empfing auch S., die unfruchtbar war, Kraft

Saraf, Saraph

1Ch	4,22	Joasch und S., Herren über Moab

Sarder

2Mo	28,17	die erste Reihe sei ein S. 39,10
Hes	28,13	geschmückt mit S., Topas
Off	4,3	anzusehen wie der Stein Jaspis und S.
	21,20	der sechste (Grundstein war) ein S.

Sardes

Off	1,11	nach Thyatira und nach S. und Philadelphia
	3,1	dem Engel der Gemeinde in S. schreibe
	4	du hast einige in S., die ihre Kleider nicht

Sardonyx

Off	21,20	der fünfte (Grundstein war) ein S.

Sarepta

Lk	4,26	gesandt allein zu einer Witwe nach S.

Sarezer

2Kö	19,37	1(Sanherib) seine Söhne S. Jes 37,38
Sa	7,2	2damals sandte Bethel den S.

Sarg

1Mo	50,26	legten (Josef) in einen S. in Ägypten
5Mo	3,11	in Rabbat-Ammon ist sein steinerner S.
Lk	7,14	er berührte den S.

Sargon

Jes	20,1	S., der König von Assyrien

Sarid

Jos	19,10	(Sebulon) die Grenze war bis S. 12

Sasa

1Ch	2,33	Söhne Jonatans: S.

Satan

2Sm	19,23	daß ihr mir heute zum S. werden wollt
1Ch	21,1	der S. reizte David, daß er Israel zählen
Hi	1,6	kam auch der S. unter ihnen 7-9.12; 2,1-7
Sa	3,1	der S. stand zu seiner Rechten 2
Mt	4,10	weg mit dir, S. 16,23; Mk 8,33
	12,26	wenn der S. den S. austreibt Mk 3,23
Mk	1,13	er wurde versucht von dem S.

Mk	3,26	erhebt sich der S. gegen sich selbst	Lk	11,18	
	4,15	kommt der S. und nimmt das Wort weg			
Lk	10,18	ich sah den S. vom Himmel fallen			
	13,16	die der S. schon 18 Jahre gebunden hatte			
	22,3	es fuhr der S. in Judas Iskariot	Jh	13,27	
	31	der S. hat begehrt, euch zu sieben			
Apg	5,3	Hananias, warum hat der S. dein Herz erfüllt			
	26,18	sich bekehren von der Gewalt des S. zu Gott			
Rö	16,20	Gott wird den S. unter eure Füße treten			
1Ko	5,5	soll dieser Mensch dem S. übergeben werden			
	7,5	damit euch der S. nicht versucht			
2Ko	2,11	damit wir nicht übervorteilt werden vom S.			
	11,14	der S. verstellt sich als Engel des Lichts			
	12,7	des S. Engel, der mich mit Fäusten schlagen			
1Th	2,18	der S. hat uns gehindert			
2Th	2,9	Böse in der Macht des S. auftreten			
1Ti	1,20	die ich dem S. übergeben habe			
	5,15	haben sich abgewandt und folgen dem S.			
Off	2,9	sondern (sie) sind die Synagoge des S.			
	13	du wohnst: da, wo der Thron des S. ist			
	24	die nicht erkannt haben die Tiefen des S.			
	3,9	werde schicken einige aus der Synagoge des S.			
	12,9	Schlange, die da heißt: Teufel und S. 20,2			
	20,7	wird der S. losgelassen aus seinem Gefängnis			

satt

2Mo	16,12	sollt s. werden und innewerden, daß ich
3Mo	26,26	wenn ihr eßt, sollt ihr nicht s. werden Jes 9,19; Hos 4,10; Mi 6,14; Hag 1,6
5Mo	6,11	wenn du ißt und s. wirst 8,10.12; 11,15; 26,12; 31,20; Jes 23,18
	23,25	darfst Trauben essen, bis du s. bist, aber
Rut	2,14	aß und wurde s. 18; 2Ch 31,10; Neh 9,25; Ps 78,29
1Sm	2,5	die da s. waren, müssen um Brot dienen
1Ch	29,28	s. an Leben, Reichtum und Ehre
Hi	19,22	könnt nicht s. werden von meinem Fleisch
	27,14	werden an Brot nicht s.
	31,31	wo ist einer, der nicht s. geworden
Ps	17,14	deren Söhne auch noch s. werden
	15	ich will s. werden an deinem Bilde
	22,27	Elenden sollen essen, daß sie s. werden
	36,9	sie werden s. von den reichen Gütern
	59,16	sie murren, wenn sie nicht s. werden
Spr	1,31	sollen s. werden an ihren Ratschlägen
	13,25	der Gerechte kann essen, bis er s. ist
	19,23	man wird s. werden und sicher schlafen
	25,16	daß du nicht zu s. werdest
	17	er könnte dich s. bekommen
	27,7	ein S. tritt Honigseim mit Füßen
	20	Unterwelt und Abgrund werden niemals s.
	30,9	könnte, wenn ich zu s. würde, verleugnen
	16	die Erde, die des Wassers s. wird
	22	einen Toren, wenn er zu s. ist
Pr	1,8	das Auge sieht sich niemals s.
	5,9	wer Geld liebt, wird vom Geld niemals s.
Jes	1,11	ich bin s. der Brandopfer von Widdern
	55,2	Verdienst für das, was nicht s. macht
	56,11	sind gierige Hunde, die nie s. werden
	66,11	nun dürft ihr euch s. trinken
Jer	5,7	als sie s. gemacht hatte
	50,10	alle, die es berauben, sollen s. werden
Hes	16,28	nicht s. geworden... wurdest nicht s. 29
	27,33	machtest viele Länder s.
	32,4	daß alle Tiere von dir s. werden 39,19
Hos	13,6	daß sie s. wurden, erhob sich ihr Herz
Sir	1,20	ihre Früchte machen s.
	18,25	wenn man s. ist, soll man bedenken
	43,1	wer kann sich an seiner Herrlichk. s. sehen
Mt	5,6	denn sie sollen s. werden Lk 6,21
	14,20	sie aßen alle und wurden s. 15,37; Mk 6,42; 8,8; Lk 9,17
Mk	7,27	laß zuvor die Kinder s. werden
Lk	6,25	weh euch, die ihr jetzt s. seid
Jh	6,12	als sie s. waren, sprach er zu seinen Jüngern
	26	von dem Brot gegessen habt und s. geworden
Apg	27,38	nachdem sie s. geworden waren
1Ko	4,8	ihr seid schon s. geworden
Phl	4,12	s. sein und hungern, Überfluß haben und
2Pt	2,14	nimmer s. der Sünde
Off	3,17	ich bin reich und habe gar s.
	19,21	alle Vögel wurden s. von ihrem Fleisch

Sattel

3Mo	15,9	der S., auf dem er reitet, wird unrein

Sattelkorb

1Mo	49,14	Issachar wird sich lagern zwischen den S.
Ri	5,16	warum saßest du zwischen den S.

satteln

4Mo	22,21	s. seine Eselin 2Kö 4,24
2Sm	16,1	Ziba mit einem Paar ges. Esel
	17,23	s. seinen Esel 19,27; 1Kö 2,40; 13,13.23.27

sättigen

5Mo	14,29	die Waise und die Witwe sollen sich s.
Hi	9,18	er s. mich mit Bitternis 10,15; Klg 3,15
	38,27	damit Einöde und Wildnis ges. werden
	39	kannst du die jungen Löwen s.
Ps	81,17	würde es mit Honig aus den Felsen s.
	91,16	ich will ihn s. mit langem Leben
	104,28	so werden sie mit Gutem ges.
	105,40	er s. sie mit Himmelsbrot
	107,9	daß er s. die durstige Seele
	145,16	s. alles, was lebt, nach d. Wohlgefallen
	147,14	er s. dich mit dem besten Weizen
Spr	5,10	sich nicht Fremde von deinem Vermögen s.
	19	laß dich von ihrer Anmut allezeit s.
	18,20	er wird ges. mit dem, was seine Lippen
	30,15	drei sind nicht zu s.
Jes	44,16	ißt den Braten und s. sich
	49,26	will deine Schinder s. mit ihrem Fleisch
	58,10	(wenn du) den Elenden s.
	11	der HERR wird dich s. in der Dürre
Jer	31,25	will die Verschmachtenden s.
	50,19	daß sie weiden und sich s. sollen
Klg	5,6	um uns an Brot zu s.
Hes	7,19	werden sich damit nicht s.
	39,20	s. euch von Rossen und Reitern
Hab	2,5	wie der Tod, der nicht zu s. ist
	16	du hast dich ges. mit Schande
Wsh	13,12	Speise zu kochen und sich zu s.
Sir	24,26	s. euch an meinen Früchten
	32,17	der dich mit seinen Gütern ges. hat
Mt	15,33	um eine so große Menge zu s. Mk 8,4
Lk	16,21	begehrte, sich zu s. mit dem, was
Jak	2,16	geht hin in Frieden, wärmt euch und s. euch

Sattu

Sattu
Esr	2,8	die Söhne S. 8,5; 10,27; Neh 7,13
Neh	10,15	die Oberen des Volks sind: S.

Satzung
2Mo	18,16	ich tue ihnen kund die S. Gottes 20
3Mo	18,3	sollt nicht nach ihren S. wandeln 20,23
	4	meine S. sollt ihr halten 5.26.30; 19,19.37; 20,8.22; 22,9; 25,18; 1Kö 2,3; 3,14; 6,12; 8,58; 2Kö 17,37; Neh 10,30
	26,3	werdet ihr in meinen S. wandeln 1Kö 8,61
	15	werdet ihr meine S. verachten
	46	dies sind die S. 4Mo 30,17; Ps 81,5
4Mo	9,3	sollt es halten nach all seinen S. 14
	15,15	für die ganze Gemeinde gelte nur eine S. Eine ewige S. soll das sein
1Sm	30,25	(David) machte es zu S. und Recht
1Kö	3,3	Salomo wandelte nach den S. seines Vaters
2Kö	17,8	wandelten nach den S. der Heiden 19
	34	fürchten weder... noch halten sie S.
1Ch	16,17	(Eid,) den er gesetzt hat zur S. Ps 105,10
2Ch	19,10	in allen Streitfällen, es gehe um S.
Esr	7,11	der kundig war der Gebote und S.
Neh	9,13	hast gute S. ihnen gegeben 14
Ps	119,16	ich habe Freude an deinen S.
Hes	33,15	nach den S. des Lebens wandelt
Wsh	14,23	feiern Gelage nach absonderlichen S.
Sir	45,6	damit er lehren sollte seine S. 21
Mt	15,2	warum übertreten d. Jünger die S. Mk 7,5
	3	übertretet Gottes Gebot um eurer S. willen 6; Mk 7,8.9.13
Mk	7,3	halten so die S. der Ältesten
Lk	1,6	lebten in allen S. des Herrn untadelig
Apg	16,4	übergaben sie ihnen die S.
Gal	1,14	(ich) eiferte über die Maßen für die S.
Eph	2,15	hat er abgetan das Gesetz mit seinen S.
Kol	2,14	der durch die S. gegen uns zeugt
	20	was laßt ihr euch dann an S. auferlegen
Heb	9,1	es hatte auch der erste Bund seine S.
	10	dies sind nur äußerliche S.

Sau
Ps	80,14	es haben ihn zerwühlt die wilden S.
Spr	11,22	ein Weib ohne Zucht ist wie eine S.
Mt	7,6	eure Perlen sollt ihr nicht vor die S. werfen
	8,30	Herde S. 31.32; Mk 5,11.13.16; Lk 8,32.33
Lk	15,15	schickte ihn, die S. zu hüten
	16	Schoten, die die S. fraßen
2Pt	2,22	die S. wälzt sich... wieder im Dreck

sauber
Hes	16,4	dich nicht gebadet, damit du s. würdest
Wsh	15,7	Gefäße, die zu s. Zwecken dienen

sauer
2Mo	1,14	machten ihnen ihr Leben s. mit Frondienst
Hi	31,39	seinen Ackerleuten das Leben s. gemacht
Spr	4,12	daß dein Gang dir nicht s. werde
	25,23	heimliches Geschwätz schafft s. Gesichter
	26,15	wird ihm s., daß er sie in den Munde bringe
Jes	5,20	die aus s. süß und aus süß s. machen
	55,2	s. Verdienst für das, was nicht satt macht
Jer	12,13	sie ließen's sich s. werden
	31,29	die Väter haben s. Trauben 30; Hes 18,2
Sir	11,11	mancher läßt sich's s. werden

Sir	14,15	alles, was du s. erworben hast, andern lassen
	28,19	raubt ihnen, was sie s. erwarben
Mt	6,16	wenn ihr fastet, sollt ihr nicht s. dreinsehen

Sauerteig
2Mo	12,15	sollt den S. aus euren Häusern tun 19; 13,7; 5Mo 16,4
	23,18	das Blut nicht mit dem S. opfern 34,25
3Mo	2,11	alle Speisopfer... ohne S. machen 6,10
Am	4,5	räuchert S. zum Dankopfer
Mt	13,33	das Himmelreich gleicht einem S. Lk 13,21
	16,6	hütet euch vor dem S. der Pharisäer 11; Mk 8,15; Lk 12,1
	12	sollten sich hüten vor dem S. des Brotes
1Ko	5,6	daß ein wenig S. den ganzen Teig durchsäuert Gal 5,9
	7	darum schafft den alten S. weg
	8	laßt uns das Fest feiern nicht im alten S.

saufen
2Kö	18,27	daß sie ihren Harn s. Jes 36,12
Hi	15,16	der Unrecht s. wie Wasser
Jes	5,11	die früh auf sind, dem S. nachzugehen 22
Hes	39,17	freßt Fleisch und s. Blut 18.19
Am	4,1	ihr sprecht: Bringt her, laßt uns s.
Ob	16	sie sollen's s. und ausschlürfen
Mi	2,11	wenn ich predige, wie sie s. sollen
Lk	21,34	nicht beschwert werden mit Fressen und S.
Rö	13,13	leben, nicht in Fressen und S.
Gal	5,21	(Werke des Fleisches:) S., Fressen
Eph	5,18	s. euch nicht voll Wein

Säufer
Spr	23,20	sei nicht unter den S. und Schlemmern 21
1Ti	3,3	(ein Bischof soll sein) kein S. 8; Tit 1,7

Sauferei
1Pt	4,3	als ihr ein Leben führtet in S.

saugen
5Mo	32,13	ließ ihn Honig s. aus dem Felsen
Hi	20,16	er wird Otterngift s.
Hl	8,1	der meiner Mutter Brüste ges.
Jes	60,16	sollst Milch von den Völkern s.
	66,11	nun dürft ihr s.
Lk	11,27	selig die Brüste, an denen du ges. hast

säugen
1Mo	32,16	dreißig s. Kamele mit ihren Füllen
	33,13	dazu s. Schafe und Kühe
1Sm	6,7	nehmt zwei s. Kühe 10
Hi	3,12	warum bin ich an den Brüsten ges.
Ps	78,71	von den s. Schafen holte er ihn
Jes	60,16	der Könige Brust soll dich s.
Klg	4,3	reichen ihren Jungen d. Brüste und s. sie
Mt	24,19	weh den S. Mk 13,17; Lk 21,23

Säugling
5Mo	1,39	eure S. sollen hineinkommen
	32,25	wird das Schwert... den S. wie den Greis
1Sm	15,3	töte Kinder und S. 22,19
Hi	24,9	man nimmt den S. zum Pfande
	12	die Seele der S. schreit

Ps	8,3	aus dem Munde der S. hast du eine Macht zugerichtet Mt 21,16	1Ch	12,30	hielten noch viele zum Hause S.
Jes	11,8	ein S. wird spielen am Loch der Otter		26,28	alles, was Samuel und S. geheiligt hatten
Jer	44,7	ausgerottet werden Kind und S.	Ps	57,1	als er vor S. in die Höhle floh
Klg	2,11	die S. auf den Gassen verschmachten		59,1	als S. hinsandte und s. Haus bewachen ließ
	4,4	dem S. klebt seine Zunge an seinem Gaumen	Jes	10,29	das Gibea S. flieht
Jo	2,16	bringt zusammen die Kinder und die S.			

Sauhirt

Mk	5,14	die S. flohen

Saul, Sauliter

1Sm	9,2	(Kisch) hatte einen Sohn mit Namen S. 14,51; 1Ch 8,33; 9,39; Apg 13,21
	3	es hatte der Vater S. die Eselinnen verloren 5.7.8.10.15
	17	als nun Samuel S. sah 18-27; 10,9.14-16.21.26
	10,11	ist S. auch unter den Propheten 12; 19,24
	11,4	kamen die Boten nach Gibea S. 5-7.11-13
	15	sie machten S. zum König 13,1.2; 14,47.52; 2Sm 5,2; 1Ch 11,2
	13,3	S. hatte die Posaune blasen lassen 4.7.8.10.11. 13.15.16.22
	14,1	Jonatan, der Sohn S. 2.16-21.24.33-38.40-46; 19,1-7; 20,25-33; 2Sm 4,4; 9,6; 21,7; 1Ma 4,30
	49	S. Söhne waren 50; 2Sm 2,8.10.12.15; 3,14; 4,1.2.8
	15,1	Samuel sprach zu S. 4-35; 16,1.2
	16,14	der Geist des HERRN wich von S. 15.17. 19-23; 18,12; 19,9
	17,2	S. und die Männer Israels kamen zusammen 8.11-15.19.31-34.37-39.55.57.58; 28,4.5
	18,1	als David aufgehört hatte, mit S. zu reden 2. 5-15; 19,9-11.14-21; 21,11; 1Ch 12,1
	7	S. hat 1.000 erschlagen, David 21,12; 29,5
	17	S. sprach: meine Tochter Merab 18.19; 2Sm 21,8
	20	Michal, S. Tochter 21-30; 25,44; 2Sm 3,13; 6,16.20.23; 1Ch 15,29
	21,8	ein Mann von den Großen S... Doëg 22,9. 22; Ps 52,2
	22,6	es kam vor S., daß David 7.12.13.21; 23,7-17. 19.21.24-28; 24,2-10.17.23; 27,1.4
	26,1	die Leute von Sif kamen zu S. 2-7.12.17.21. 25; Ps 54,2
	28,3	S. hatte die Geisterbeschwörer vertrieben 7. 10.12-15.20.21.25
	29,3	das ist David, der Knecht S. 1Ch 12,20
	31,2	die Philister waren hinter S. her 3-8.11.12; 1Ch 10,2-8.11-13
2Sm	1,1	nach dem Tode S. 2.4-6.12; 4,4.10
	17	David sang dies Klagelied über S. 21-24
	2,4	daß die v. Jabesch S. begraben hatten 5.7
	8	Abner, S. Feldhauptmann
	3,1	Kampf zw. dem Hause S. und Davids 6.8.10
	7	S. hatte eine Nebenfrau, Rizpa 21,8.11
	4,8	der HERR hat den König gerächt an S.
	7,15	meine Gnade habe weichen lassen von S.
	9,1	übriggeblieben von dem Hause S. 2.3.7.9; 16,5.8; 19,18.25
	12,7	habe dich errettet aus der Hand S. 22,1; Ps 18,1
	21,1	auf S. liegt eine Blutschuld 2.4
	12	David nahm die Gebeine S. 14
1Ch	5,10	zur Zeit S. 13,3
	12,2	Stammesbrüdern S., die aus Benjamin 30
	24	um das Königtum S. ihm zuzuwenden

Saul, Saulus

Apg	7,58	eines jungen Mannes, der hieß S.
	8,1	S. hatte Gefallen an seinem Tode
	3	suchte die Gemeinde zu zerstören
	9,1	S. schnaubte noch mit Drohen und Morden
	4	S., S., was verfolgst du mich 22,7; 26,14
	8	S. richtete sich auf von der Erde
	11	frage nach einem Mann mit Namen S.
	17	Bruder S., der Herr hat mich gesandt 22,13
	19	S. blieb einige Tage in Damaskus
	22	S. aber gewann immer mehr an Kraft
	24	wurde S. bekannt, daß sie ihm nachstellten
	27	erzählte ihnen, wie S. auf dem Wege den Herrn gesehen
	11,25	Barnabas zog aus nach Tarsus, S. zu suchen
	30	(eine Gabe) schickten sie zu den Ältesten durch S.
	12,25	Barnabas und S. kehrten zurück
	13,1	in Antiochia Lehrer, S.
	2	sondert mir aus Barnabas und S. zu dem Werk
	7	dieser rief Barnabas und S. zu sich
	9	S., der auch Paulus heißt, sah ihn an

Säule

2Mo	26,32	sollst ihn aufhängen an vier S. 36,36
	37	fünf S. aus Akazienholz 36,38
	27,10	20 S. auf 20 Füßen von Kupfer 11.12.14-17; 35,11.17; 38,10-19.28; 39,33.40; 40,18
4Mo	3,36	in Obhut zu nehmen die S. 37; 4,31.32
Ri	16,25	sie stellten (Simson) zwischen die S. 26
2Sm	18,18	Absalom hatte sich eine S. aufgerichtet
1Kö	7,3	die Gemächer über den S... waren 45 S.
	6	baute eine Halle von S... noch eine mit S.
	15	goß zwei S. von Kupfer 16-22.41.42; 2Kö 25,13.16.17; 1Ch 18,8; 2Ch 3,15-17; 4,12.13; Jer 52,17.20.22
2Kö	11,14	da stand der König an der S. 23,3
Hi	26,11	S. des Himmels zittern
Ps	75,4	ich halte ihre S. fest
	144,12	unsere Töchter (seien) wie S.
Spr	9,1	die Weisheit hat sieben S. behauen
Hl	3,10	ihre S. machte er aus Silber
Jer	1,18	will dich zu eisernen S. machen
	27,19	so spricht der HERR von den S.
Hes	40,49	S. standen an den Pfeilern 42
Jdt	13,7	nach diesem Gebet trat sie zu der S. 9
Wsh	18,3	gabst du den Deinen eine feurige S.
Sir	26,24	sind wie goldene S. auf silbernen Füßen
	36,26	erwirbt eine S., an die er sich lehnt
Bar	6,59	besser eine S. in einem königlichen Saal
1Ma	13,29	ließ um sie herum große S. setzen
Gal	2,9	Jakobus und Kephas und Johannes, die als S. angesehen werden

Säulengang

2Ma	4,46	Ptolemäus ging mit ihm in einen S.

Säulenknauf

Ze	2,14	Eulen werden wohnen in ihren S.

Saum

2Mo	28,33	an seinem S. Granatäpfel 34; 39,24-26
Ps	133,2	das herabfließt zum S. seines Kleides
Jes	6,1	sein S. füllte den Tempel
Klg	1,9	ihr Unflat klebt an ihrem S.
Nah	3,5	will dir den S. deines Gewandes aufdecken
Mt	9,20	eine Frau berührte den S. seines Gewandes Lk 8,44
	14,36	nur den S. seines Gewandes berühren dürften Mk 6,56

säumen

1Mo	45,9	komm herab zu mir, s. nicht
5Mo	7,10	(der HERR) s. nicht, zu vergelten
Ri	5,28	warum s. die Hufe seiner Rosse
Ps	40,18	mein Gott, s. doch nicht 70,6; Dan 9,19
	119,60	ich s. nicht, zu halten deine Gebote
Jes	46,13	mein Heil s. nicht
Jer	4,6	flieht und s. nicht
Hes	24,14	ich will's tun und nicht s.
Sir	35,22	der Herr wird nicht s.
Apg	9,38	s. nicht, zu uns zu kommen

sausen

1Kö	19,12	nach dem Feuer kam ein stilles sanftes S.
Hi	41,21	er spottet der s. Lanze
Jh	3,8	du hörst sein S. wohl

Schaaf, *Schaaph*

1Ch	2,47	¹Söhne Jahdais: S.
	2,49	²(Söhne Kalebs) S.

Schaalbim, Schaalboniter

Jos	19,42	(Dan... das Gebiet war) S. Ri 1,35
2Sm	23,32	Eljachba, der S. 1Ch 11,33
1Kö	4,9	(Amtleute) der Sohn Dekers in S.

Schaalim

1Sm	9,4	sie gingen durch das Gebiet von S.

Schaarajim (= Scharuhen; Schilhim)

Jos	15,36	¹(Städte des Stammes Juda:) S. 1Sm 17,52
1Ch	4,31	²(die Söhne Simeons wohnten zu) S.

Schaaschgas

Est	2,14	S., des Hüters der Nebenfrauen

Schabbetai, *Schabthai*

Esr	10,15	S., der Levit Neh 8,7; 11,16

schaben

Hi	2,8	nahm eine Scherbe und s. sich

Schacht

2Sm	5,8	wer durch den S. hinaufsteigt
Hi	28,4	man bricht einen S.
Jes	51,1	des Brunnens S., aus dem ihr gegraben

Schädel

Ri	9,53	und zerschmetterte (Abimelech) den S.
2Kö	9,35	fanden nichts von (Isebel) als den S.
1Ch	10,10	(Sauls) S. hefteten sie ans Haus Dagons
Ps	68,22	wird zerschmettern den S. der Gottlosen

Schädelstätte

Mt	27,33	Golgatha, das heißt: S. Mk 15,22; Lk 23,33; Jh 19,17

schaden

4Mo	5,19	soll dir dies bittere Wasser nicht s. 28
Hi	35,6	sündigst du, was kannst du ihm s.
Ps	15,4	wer seinen Eid hält, auch wenn es ihm s.
	38,13	bereden, wie sie mir s.
Hes	33,12	so soll's ihm nicht s., daß er gottlos
Dan	11,27	bedacht, wie sie einander s. können
Wsh	10,8	s. nicht nur sich selbst dadurch
	16,10	konnten die Zähne der Drachen nicht s.
Tob	6,9	daß sie weder Mann noch Frau s. können
Sir	18,7	was kann er nutzen oder s.
	19,4	wer sündigt, der s. sich selbst
	6	solches Schweigen s. dir nichts
	25	wenn er zu schwach ist, um dir zu s.
Mk	16,18	wird's ihnen nicht s. Lk 10,19
Apg	18,10	niemand soll sich unterstehen, dir zu s.
1Pt	3,13	wer ist's, der euch s. könnte

Schaden

1Mo	26,29	daß du uns keinen S. tust
	31,7	Gott hat nicht gestattet, daß er S. täte
2Mo	21,22	so daß ihr sonst kein S. widerfährt 23
	22,4	wenn jemand S. anrichtet 9.13
3Mo	5,4	wenn jemand schwört, er wolle S. tun
	24,20	S. um S., Auge um Auge
4Mo	25,17	tut den Midianitern S. 18
5Mo	2,9	sollst den Moabitern keinen S. tun 19
	17,8	es gehe um S., um Gewalttat oder was sonst
	21,5	nach ihrem Urteil alle S. gerichtet werden
2Sm	20,6	wird uns Scheba mehr S. tun als Absalom
1Kö	11,25	das kam zu dem S., den Hadad tat
1Ch	16,21	ließ niemand ihnen S. tun Ps 105,14
Esr	4,13	wird den Königen S. bringen 15.22
Ps	36,5	trachten auf ihrem Lager nach S.
	52,4	deine Zunge trachtet nach S.
	9	war mächtig, S. zu tun
	141,5	daß jene mir nicht s. tun
	144,14	unsere Rinder, daß sie tragen ohne S.
Spr	4,16	ruhen nicht, wenn sie nicht S. getan
	6,16	Füße, die behende sind, S. zu tun
	11,15	wer für einen anderen bürgt, wird S. haben
	12,12	des Gottlosen Lust ist, S. zu tun
	22,3	die Unverständigen leiden S. 27,12
	26,6	der sich die Füße abhaut und S. leidet
Pr	5,12	Reichtum wird zum S. dem, der ihn hat
Jes	30,26	wenn der HERR den S. verbinden wird
	41,23	tut Gutes oder tut S.
	51,19	ist dir begegnet: Verwüstung und S.
	59,7	auf ihren Wegen wohnt S. Rö 3,16
	60,18	soll nicht hören von S. in deinen Grenzen
	65,25	werden weder Bosheit noch S. tun
Jer	6,14	heilen den S. nur obenhin 8,11
	7,6	Göttern nachlauft zu eurem eigenen S.
	10,5	können weder helfen noch S. tun
	30,12	dein S. ist verzweifelt böse
	15	was schreist du über deinen S.

Jer	43,3	Baruch beredet dich zu unserm S.
Klg	2,13	dein S. ist groß wie das Meer
Am	6,6	bekümmert euch nicht um den S. Josefs
Mi	2,1	weh denen, die S. zu tun trachten
	7,3	reden nach ihrem Mutwillen, um S. zu tun
Nah	3,19	niemand wird deinen S. lindern
Hab	1,9	kommen allesamt, um S. zu tun
Jdt	5,15	niemand konnte diesem Volk S. tun 1Ma 5,50; 14,13
Wsh	14,29	fürchten keinen S., wenn sie schwören
	18,2	daß sie ihnen jetzt keinen S. zufügten
Sir	4,26	sieh nicht die Person an zum S. deiner Seele
	7,14	eine Gewohnheit, die dir S. bringt
	8,18	du mußt mit ihm S. erleiden
	20,9	mancher Gewinn führt zum S.
	22,3	eine mißratene Tochter bringt ihm S.
	27,30	wer dem andern S. tun will
	29,27	daß du nicht selbst zu S. kommst
	38,22	du hilfst ihm nicht, und dir tust du S.
	39,33	Winde richten schweren S. an
	50,4	er bewahrte sein Volk vor S.
1Ma	6,18	trachteten danach, ihm überall S. zu tun 27; 11,41; 15,4.29.35; 16,1; 2Ma 14,40
	7,23	daß die Abtrünnigen... S. anrichteten
	15,31	gebt mir 500 Zentner Silber für den S.
StE	1,4	ein einziges Volk (tut) großen S.
StD	3,26	Feuer fügte ihnen weder Schmerz noch S. zu
Mt	16,26	nähme S. an seiner Seele Mk 8,36; Lk 9,25
Lk	4,35	der böse Geist fuhr aus und tat ihm keinen S.
Apg	27,10	daß diese Fahrt nur mit großem S. vor sich gehen wird
	21	dann wäre uns S. erspart geblieben
Rö	11,12	wenn schon ihr S. Reichtum für die Heiden (ist)
1Ko	3,15	wird jemandes Werk verbrennen, so wird er S. leiden
	11,17	daß ihr zu eurem S. zusammenkommt
2Ko	7,9	so daß ihr von uns keinen S. erlitten habt
Phl	3,7	was mir Gewinn war, für S. erachtet
	8	für S. gegenüber der Erkenntnis Christi
Phm	18	wenn er dir S. angetan hat
Off	6,6	Öl und Wein tu keinen S.
	7,2	denen solche Macht gegeben war, der Erde S. zu tun
	3	tut der Erde und dem Meer und den Bäumen keinen S. 9,4
	9,10	Kraft, S. zu tun den Menschen fünf Monate
	19	und mit denen taten sie S.
	11,5	wenn ihnen jemand S. tun will

schädigen

Rut	4,6	sonst würde ich mein Erbteil s.
Ps	7,5	habe ich ges., die mir feind waren

schädlich

Spr	17,4	ein Falscher hört gern auf s. Zungen
Hes	11,2	das sind die Männer, die s. Rat geben
Apg	24,5	wir haben erkannt, daß dieser Mann s. ist
1Ti	6,9	die fallen in törichte und s. Begierden

Schadrach

Dan	1,7	der oberste Kämmerer nannte Hananja S.
	2,49	bat, über die Bezirke S. zu setzen 3,12
	3,13	befahl, S. vor ihn zu bringen 14-30

Schaf

1Mo	12,16	Abram bekam S. 20,14; 21,27; 24,35
	13,5	Lot hatte auch S. und Rinder
	22,7	wo ist das S. zum Brandopfer 8
	29,2	Brunnen; drei Herden S. lagen dabei 3
	6	da kommt Rahel mit den S. 7-10
	30,31	will deine S. wieder weiden und hüten
	32	will aussondern alle gefleckten S.
	43	so daß (Jakob) viele S. hatte 32,6.8
	31,38	deine S. haben keine Fehlgeburt gehabt
	32,15	(Geschenk für Esau:) 200 S. 33,13
	34,28	(plünderten die Stadt) und nahmen ihre S.
	37,2	Josef war ein Hirte bei den S.
	38,12	ging hinauf, seine S. zu scheren 13
	47,17	gab ihnen Brot als Entgelt für ihre S.
	50,8	S. und Rinder ließen sie im Lande Goschen
2Mo	2,17	Mose tränkte ihre S. 16.19; 3,1
	9,3	wird kommen über dein Vieh, über die S.
	10,9	wollen ziehen mit S. und Rindern 12,32. 38
	24	nur eure S. und Rinder laßt hier
	12,5	von den S. und Ziegen sollt ihr's nehmen
	21	leset S. aus und schlachtet das Passa 5Mo 16,2
	13,13	die Erstgeburt auslösen mit einem S. 34,20
	20,24	Altar, auf dem du deine S. opferst 29,38-41
	21,37	wenn jemand ein S. stiehlt 22,3.8.9; 5Mo 22,1
	34,3	kein S. laß weiden gegen diesen Berg hin
	19	alle Erstgeburt unter dem Vieh, es sei S. 3Mo 27,26; 4Mo 18,17; 5Mo 12,6.17; 14,23; 15,19; 18,4; Neh 10,37
3Mo	1,2	wer ein Opfer darbringen will... von S. 10; 4,32; 5,6.7; 9,3; 12,6.8; 14,10; 17,3; 22,19.21; 23,12.18.19; 4Mo 6,12.14; 7,15u.ö.88; 15,3.5.11; 28,3u.ö.29; 29,2u.ö.37; 5Mo 18,3; Hes 46,13.15
	4,35	wie man das Fett vom S. abhebt 7,23
	22,23	S., die zu lange Glieder haben 5Mo 17,1
	27	ein S... soll 7 Tage bei seiner Mutter 28
	27,32	alle Zehnten von S... dem HERRN 2Ch 31,6
4Mo	11,22	kann man so viele S. schlachten
	22,40	Balak opferte Rinder und S.
	27,17	nicht sei wie die S. ohne Hirten 1Kö 22,17; 2Ch 18,16; Hes 34,5.8; Mt 9,36; Mk 6,34
	31,28	sollst Abgabe erheben an S. 30.32.36.37.43
5Mo	7,13	wird segnen das Jungvieh deiner S. 28,4
	8,13	(wenn) deine S. und alles sich mehrt
	12,21	so schlachte von deinen Rindern oder S.
	14,4	Tiere, die ihr essen dürft: S., Ziege
	26	gib das Geld für Rinder, S., Wein
	15,14	sollst ihm aufladen von deinen S.
	18,3	Schlachtopfer, es sei Rind oder S.
	28,18	verflucht wird sein d. Jungvieh deiner S.
	31	dein S. wird d. Feinden gegeben 51; Jer 5,17
	32,14	(nährte ihn mit) Milch von den S.
Jos	6,21	vollstreckten den Bann an S. und Eseln 1Sm 15,3; 22,19
	7,24	nahmen Achan, seine Rinder und S.
Ri	6,4	ließen nichts übrig in Israel, weder S.
1Sm	14,32	sie nahmen S. und Rinder 34; 1Ch 5,21; 2Ch 14,14
	15,9	verschonten Agag u. die besten S. 14.15.21
	16,11	er hütet die S. 19; 17,15.20.28.34
	25,2	der Mann besaß 3.000 S. 4.16.18
	27,9	David nahm mit S., Rinder 30,20
2Sm	12,2	der Reiche hatte sehr viele S. 4.6
	24,17	was haben diese S. getan 1Ch 21,17
1Kö	1,9	als Adonija S. opferte 19.25; 8,5.63; 2Ch 5,6; 7,5; 15,11
	5,3	(täglich zur Speisung) hundert S.

Schaf

2Kö	3,4	besaß viele S. 2Ch 32,28.29
	5,26	wirst dir schaffen Ölgärten, Weinberge, S.
1Ch	4,39	Weide zu suchen für ihre S. 41
	12,41	brachten Rinder und S. in Menge
	17,7	habe dich hinter den S. weggenommen Ps 78,71
	27,31	über die S. (war) Jasis (gesetzt)
2Ch	18,2	Ahab ließ viele S. und Rinder schlachten
	29,33	waren der geweihten Tiere 3.000 S.
	30,24	spendete 7.000 S... 10.000 S.
Neh	5,18	brauchte man täglich sechs S.
Hi	1,3	(Hiob) besaß 7.000 S. 16; 42,12
Ps	8,8	(unter seine Füße getan) S. und Rinder
	49,15	sie liegen bei den Toten wie S.
	65,14	die Anger sind voller S.
	66,15	will dir Brandopfer bringen von fetten S.
	74,1	die S. deiner Weide 79,13; 95,7; 100,3
	78,52	ließ sein Volk ausziehen wie S.
	80,2	der du Josef hütest wie S.
	114,4	die Hügel (hüpften) wie die jungen S. 6
	119,176	bin wie ein verirrtes und verlorenes S.
	144,13	unsere S., daß sie Tausende werfen
Spr	27,23	auf deine S. hab acht
Pr	2,7	hatte eine größere Habe an S. als alle
Hl	1,8	geh hinaus auf die Spuren der S.
	4,2	deine Zähne sind wie eine Herde S. 6,6
Jes	7,21	wird ein Mann zwei S. aufziehen
	25	man wird S. es zertreten lassen
	22,13	siehe da, lauter Freude, S. schlachten
	43,23	mir hast du nicht die S. gebracht
	53,6	wir gingen alle in die Irre wie S.
	7	wie ein S., das verstummt vor s. Scherer
	65,25	Wolf und S. sollen beieinander weiden
	66,3	wer ein S. opfert, gleicht dem, der
Jer	3,24	Baal hat gefressen ihre S. und Rinder
	12,3	reiß sie weg wie S. zum Schlachten
	31,12	werden sich freuen über junge S.
	49,20	fortschleifen mit den geringsten ihrer S. 50,45
Hes	27,21	haben Handel getrieben mit S.
	34,3	die S. wollt ihr nicht weiden 8
	10	will meine S. erretten 12.15
	12	wie ein Hirte seine S. sucht
	17	will richten zwischen S. und S. 20.22
	19	daß meine S. fressen müssen, was ihr
	45,15	je ein Lamm von zweihundert S.
Hos	5,6	alsdann werden sie kommen mit ihren S.
Jo	1,18	die S. verschmachten
Jon	3,7	weder Rinder noch S. Nahrung nehmen
Mi	2,12	will sie wie S. in einen festen Stall tun
	5,7	wie ein junger Löwe unter eine Herde S.
Hab	3,17	S. werden aus den Hürden gerissen
Sa	11,7	ich hütete für die Händler der S. 8.11
Jdt	2,8	mit Herden von Rindern und S. ohne Zahl
	3,4	unser Besitz, alle S. gehören dir
Tob	8,21	er ließ vier S. schlachten
Sir	13,21	wie wenn sich der Wolf zum S. gesellt
StD	2,2	dem (Bel) mußte man täglich opfern 40 S.
	31	Löwen; denen gab man täglich zwei S.
	3,16	Brandopfer von viel tausend fetten S.
Mt	9,36	wie S., die keinen Hirten haben Mk 6,34
	10,6	geht zu den verlorenen S. aus Israel
	16	ich sende euch wie S. unter die Wölfe
	12,11	wer unter euch, der sein einziges S.
	12	wieviel mehr ist ein Mensch als ein S.
	15,24	nur gesandt zu den verlorenen S. des Hauses Israel
	18,12	wenn ein Mensch hundert S. hätte Lk 15,4.6
	25,32	wie ein Hirt die S. von den Böcken scheidet
	33	wird die S. zu seiner Rechten stellen
Mt	26,31	die S. der Herde werden sich zerstreuen Mk 14,27
Jh	2,14	er fand im Tempel Händler, die S. verkauften
	15	trieb sie zum Tempel hinaus samt den S.
	10,2	zur Tür hineingeht, ist der Hirte der S.
	3	die S. hören seine Stimme 4.27
	7	ich bin die Tür zu den S.
	8	die S. haben ihnen nicht gehorcht
	11	der gute Hirte läßt sein Leben für die S. 15
	12	der Mietling, dem die S. nicht gehören 13
	16	ich habe noch andere S., die sind nicht aus diesem Stall
	26	ihr seid nicht von meinen S.
	21,16	spricht Jesus zu ihm: Weide meine S. 17
Apg	8,32	wie ein S., das zur Schlachtung geführt wird
1Pt	2,25	ihr wart wie die irrenden S.
Heb	13,20	der von großen Hirten der S. von den Toten heraufgeführt hat
Off	18,13	(ihre Ware:) Vieh und S.

Schafam, Schapham

1Ch	5,12	(Söhne Gad:) S.

Schafan, Schaphan

2Kö	22,3	Josia sandte den Schreiber S., den Sohn Azaljas 8-10.12.14; 2Ch 34,8.15.16.18.20
	12	Ahikam, dem Sohn S. 25,22; 2Ch 34,20; Jer 26,24; 29,3; 36,10-12; 39,14; 40,5.9.11; 41,2; 43,6; Hes 8,11

Schafat, Schaphat

4Mo	13,5	[1]S., der Sohn Horis
1Kö	19,16	[2]Elisa, den Sohn S. 19; 2Kö 3,11; 6,31
1Ch	3,22	[3]die Söhne Schechanjas waren: S.
	5,12	[4](Söhne Gad:) S.
	27,29	[5]S., der Sohn Adlais

Schäfer

1Mo	4,2	Abel wurde ein S.

schaffen

1Mo	1,1	am Anfang s. Gott Himmel und Erde 2,3.4; 14,19.22; Jes 42,5; 45,18; Off 10,6
	21	s. Walfische und alles Getier Hi 40,15
	27	Gott s. den Menschen zu seinem Bilde... s. sie als Mann und Weib, 5,1.2; 5Mo 4,32; Jes 45,12; Mk 10,6
	3,16	zu viel Mühsal s.
	6,7	will die Menschen, die ich ges., vertilgen
	19,32	daß wir uns Nachkommen s. 34; 38,8.9
	30,1	s. mir Kinder, wenn nicht, sterbe ich
	47,15	s. uns Brot
2Mo	4,11	wer hat dem Menschen den Mund ges.
	5,9	mit Arbeit, daß sie zu s. haben 18
3Mo	1,4	damit es für ihn geschehe 4Mo 28,22.30; 29,5; 31,50; Neh 10,34; Hes 45,15.17
	16,6	daß (Aaron) für sich Sühne s. 17
	32	es soll solche Entsühnung s. ein Priester 4Mo 15,25.28; 17,11.12; 25,13; 1Ch 6,34; 2Ch 29,24
	25,21	meinem Segen gebieten, daß er Getreide s.
4Mo	8,12	für die Leviten Sühne zu s. 19.21
	16,30	wird aber der HERR etwas Neues s.
5Mo	10,18	(der HERR) s. Recht 32,36; Ps 135,14

schaffen

5Mo	26,19	zum höchsten über alle Völker, die er ges.
	33,20	gelobt sei, der Gad Raum s.
Jos	1,11	s. euch Vorrat 1Ch 22,5
Ri	7,22	s. der HERR, daß eines jeden Schwert gegen
	11,12	was hast du mit mir zu s. 2Sm 16,10; 19,23; 1Kö 17,18; 2Kö 3,13
	18,28	hatten mit den Aramäern nichts zu s.
1Sm	24,16	daß (der HERR) mir Recht s. wider dich
2Sm	8,15	(David) s. Recht seinem Volk 1Ch 18,14
	21,3	womit soll ich Sühne s.
	22,48	Gott, der mir Vergeltung s. Ps 18,48
1Kö	8,32	wollest Recht s. deinen Knechten 45.49.59; 2Ch 6,23
	39	s., daß du jedem gibst, wie er gewandelt
	11,28	als Salomo sah, daß der Jüngling viel s.
	18,27	ist in Gedanken oder hat zu s.
	20,25	s. dir ein Heer
2Kö	5,26	wirst dir s. Ölgärten, Weinberge
1Ch	4,10	s., daß mich kein Übel bekümmere
	22,9	will ihm Ruhe s. vor seinen Feinden
Hi	25,2	der Frieden s. in seinen Höhen
	31,15	der mich im Mutterleibe s.
Ps	7,9	mir Recht, HERR 26,1; 43,1; 54,3
	10,18	daß du Recht s. den Armen 140,13; 146,7
	12,6	will Hilfe s. dem, der sich danach sehnt
	35,23	werde wach, mir Recht zu s.
	51,12	s. in mir, Gott, ein reines Herz
	55,19	er s. mir Ruhe
	60,13	s. uns Beistand in der Not 108,13
	72,4	soll den Elenden im Volk Recht s. 82,3; Spr 31,9; Jes 1,17; Jer 22,3
	89,13	Nord und Süd hast du ges. Jes 40,28
	48	wie vergänglich du alle Menschen ges.
	90,2	ehe die Erde und die Welt s. wurden
	94,13	ihm Ruhe zu s. vor bösen Tagen
	20	der Bösen, die Unheil s.
	98,1	er s. Heil mit seiner Rechten
	99,4	du s. Gericht und Gerechtigkeit 103,6
	102,19	das Volk, das er s., wird loben
	104,13	machst das Land voll Früchte, die du s.
	30	sendest aus d. Odem, so werden sie s.
	115,3	er kann s., was er will
	147,14	er s. deinen Grenzen Frieden
	148,5	er gebot, da wurden sie s.
Spr	8,22	der HERR hat mich gehabt, ehe er etwas s.
	10,10	wer mit den Augen winkt, s. Verdruß
	13,15	rechte Einsicht s. Gunst
	18,16	das Geschenk des Menschen s. ihm Raum
	22,16	wer einem Reichen gibt, s. ihm nur Mangel
	25,23	heimliches Geschwätz s. saure Gesichter
	30,25	dennoch s. sie im Sommer ihre Speise
Pr	2,2	ich sprach zur Freude: Was s. du
	19	was ich ges. habe unter der Sonne
	7,14	diesen hat Gott ges. wie jenen
Jes	1,23	den Waisen s. sie nicht Recht
	24	ich werde mir Trost s. an meinen Feinden
	4,5	wird der HERR eine Wolke s. am Tage
	16,3	gib Rat, s. Recht
	22,11	der solches s. von ferne her
	26,1	zum Schutze s. er Mauern und Wehr
	12	uns, HERR, wirst du Frieden s.
	27,11	der sie ges. hat, ist ihnen nicht gnädig
	28,12	s. Ruhe den Müden
	40,26	seht! Wer hat dies ges.
	41,20	der Heilige Israels hat es ges.
	43,1	der HERR, der dich ges. hat 15
	7	die ich zu meiner Ehre ges. habe
	19	will ein Neues s. 65,17; Jer 31,22
	44,24	der HERR, der alles s. 45,8; Jer 10,16; 33,2; 51,19
Jes	45,7	das Licht mache und s. die Finsternis, der ich Frieden gebe und s. Unheil
	18	Erde nicht ges., daß sie leer sein soll
	48,7	jetzt ist es ges. und nicht vorzeiten
	52,5	was habe ich hier zu s.
	53,11	wird den Vielen Gerechtigkeit s. Jer 33,15
	54,16	habe den Schmied... den Verderber ges.
	57,16	der Lebensodem, den ich ges. habe
	19	will Frucht der Lippen s.
	61,3	zu s. den Trauernden zu Zion
	65,18	freuet euch über das, was ich s.
Hes	21,35	an dem Ort, an dem du ges. bist 28,13. 15
	43,20	damit sollst du Sühne s. 26
Dan	7,22	bis der kam, der Recht s. den Heiligen
Am	4,13	er ist's, der den Wind s.
	8,10	ich will ein Trauern s.
Mi	6,14	was du beiseite s., wirst du nicht retten
Sa	8,16	s. Frieden in euren Toren
Mal	2,10	hat uns nicht ein Gott ges.
Jdt	13,24	der Herr, der Himmel und Erde ges. hat Wsh 1,14; 9,1; 11,17; 12,12; 13,3; 14,5; 18,1; Sir 1,9; 39,26; 2Ma 1,24; 7,23
Wsh	1,14	was in der Welt ges. ist, das ist gut
	2,23	Gott hat den Menschen ges. Sir 15,14; 17,1; 24,12; 33,10; 38,2; 39,6
	6,8	er hat die Kleinen und die Großen ges.
	7,1	Nachkomme des ersten aus Erde ges. Menschen
	8,5	die Weisheit, die alles s. 6
	9,9	die dabei war, als du die Welt s.
	10,1	als er noch als einziger ges. war
	15,13	wenn er Gefäße aus irdischem Stoff s.
Sir	7,6	wenn du Unrecht nicht aus der Welt s. kannst
	31	liebe den, der dich ges. hat 32,17
	10,21	das ist von Gott nicht ges.
	21,15	eine Klugheit, die ges. Bitterkeit
	23,29	bekannt, ehe sie ges. werden
	24,14	vor der Welt bin ich ges.
	25,30	ein böses Weib... ein betrübtes Herz
	31,34	(Wein) ist ges., daß er fröhlich machen
	37,25	s. mit seinem Rat nur für sich Nutzen 26
	39,23	durch sein Gebot s. er alles, was er will
	30	ist das Gute für die Frommen ges.
	33	Winde sind zur Strafe ges. 34-36
	45,20	um für das Volk Sühne zu s. 29
	49,16	niemand ist ges., der Henoch gleich wäre
Bar	3,35	(Sterne) leuchten für den, der sie ges.
1Ma	1,37	was sie raubten, s. sie auf die Burg
	13,33	Simon s. Nahrung in die Städte
2Ma	1,4	er gebe euer Herz auf und s. Frieden
Mt	5,29	wenn dir dein Auge Ärgernis s. 30; 18,8.9; Mk 9,43.45.47
	27,19	habe du nichts zu s. mit diesem Gerechten
Mk	13,19	Schöpfung, die Gott ges. hat
Lk	10,40	Marta machte sich viel zu s.
	11,40	der das Äußere ges. hat, auch das Innere ges.
	18,3	s. mir Recht gegen meinen Widersacher 5
	7	sollte Gott nicht auch Recht s. 8
Jh	6,10	*s., daß sich das Volk lagere*
	27	s. nicht Speise, die nicht vergänglich ist
	11,37	*konnte der nicht s., daß*
Apg	7,19	*s., daß man die Kindlein aussetzen*
Rö	1,13	damit ich auch unter euch Frucht s.
	14,16	*s., daß man euch verlästert wird*
1Ko	5,9	daß ihr nichts zu s. haben sollt mit den Unzüchtigen 11; 2Th 3,14
	11,9	der Mann ist nicht ges. um der Frau willen
2Ko	4,17	unsre Trübsal... Herrlichkeit

schaffen

2Ko	6,14	was hat die Gerechtigkeit zu s. mit der Ungerechtigkeit
	8,7	*s., daß ihr in diesem Liebeswerk reich*
Eph	2,10	ges. in Christus Jesus zu guten Werken
	15	in sich selber einen neuen Menschen s.
	3,9	der alles ges. hat Off 4,11
	4,24	den neuen Menschen, der nach Gott ges. ist Kol 3,10
	28	der s. mit eigenen Händen das nötige Gut
	6,21	*wie es um mich steht und was ich s.*
Phl	1,22	so dient mir das dazu, mehr Frucht zu s.
	2,12	s., daß ihr selig werdet
Kol	1,16	in ihm ist alles ges., was im Himmel und auf Erden ist
1Th	4,11	daß ihr ein stilles Leben führt und das Eure s.
1Ti	4,3	Speisen, die Gott ges. hat, daß
	4	alles, was Gott ges. hat, ist gut
Heb	10,5	einen Leib hast du mir ges.
	11,3	daß die Welt durch Gottes Wort ges. ist
	12,27	was erschüttert werden kann, weil es ges. ist
	13,21	s. in uns, was ihm gefällt
Off	4,11	durch deinen Willen wurden sie ges.

Schafherde

Jdt	8,6	ausgedehnten Besitz mit Rinder- und S.

Schafhürde

4Mo	32,16	wollen nur S. hier bauen 36
1Sm	24,4	(Saul) kam zu den S. am Wege
2Sm	7,8	habe dich genommen von den S. Ps 78,70
Hes	25,5	will machen das Land zu S. Ze 2,6

Schafir, *Schaphir*

Mi	1,11	ihr Einwohner von S. müßt dahin

Schafkäse

2Sm	17,29	(brachten) Butter, Kuh- und S.

Schäflein

2Sm	12,3	der Arme hatte nichts als ein S.

Schafpelz

Heb	11,37	sie sind umhergezogen in S. und Ziegenfellen

Schafschur

1Sm	25,7	habe gehört, daß du S. hast
2Sm	13,23	nach zwei Jahren hatte Absalom S. 24

Schafskleid

Mt	7,15	die in S. zu euch kommen

Schafstall

Jh	10,1	wer nicht zur Tür hineingeht in den S.

Schaft

2Mo	25,31	Fuß und S. in getriebener Arbeit 34; 37,17; 4Mo 8,4
1Sm	17,7	der S. seines Spießes 2Sm 2,23; 21,19

Schaftor

Neh	3,1	sie bauten das S. 32; 12,39
Jh	5,2	es ist in Jerusalem beim S. ein Teich

Schafzüchter

Am	1,1	Amos, der unter den S. von Thekoa war

Schage

1Ch	11,34	Jonatan, der Sohn S.

Schaharajim

1Ch	8,8	S. zeugte im Lande Moab

Schahazajim

Jos	19,22	(Issachar) die Grenze stößt an S.

Schakal

Hi	30,29	bin ein Bruder der S. geworden
Ps	44,20	daß du uns so zerschlägst am Ort der S.
	63,11	sie werden den S. zur Beute werden
Jes	13,22	S. in den Schlössern 34,13; Jer 9,10; 10,22; 49,33; 51,37
	35,7	wo S. gelegen haben, soll Gras stehen
	43,20	das Wild preist mich, die S. und Strauße
Jer	14,6	schnappen nach Luft wie die S.
Klg	4,3	S. reichen ihren Jungen die Brüste
Mi	1,8	ich muß klagen wie die S.
Mal	1,3	habe gemacht sein Erbe den S. zur Wüste

Schale

2Mo	25,29	sollst aus feinem Golde S. machen 37,16
4Mo	4,7	(sollen) darauf legen die S.
	7,13	seine Gabe war eine S. 19u.ö.85
Ri	5,25	Sahne reichte sie dar in einer herrl. S.
	6,38	Tau aus der Wolle, eine S. voll Wasser
1Kö	7,50	(ließ Salomo machen) S., Messer 2Ch 4,8.22; Jer 52,18.19
2Kö	2,20	bringt mir her eine neue S.
	12,14	doch ließ man nicht machen S. von dem Geld
Spr	25,11	wie goldene Äpfel auf silbernen S.
Pr	12,6	ehe die goldene S. zerbricht
Jer	35,5	setzte Krüge voll Wein und S. vor
Am	6,6	trinkt Wein aus S.
Sa	4,2	da steht ein Leuchter mit einer S.
1Ma	1,23	ließ wegnehmen die Kannen, die S.
Mt	14,8	gib mir auf einer S. das Haupt Johannes 11; Mk 6,25.28
Off	5,8	jeder hatte goldene S. voll Räucherwerk
	15,7	gab den sieben Engeln S. 17,1; 21,9
	16,1	gießt aus die sieben S. des Zornes Gottes 2-4.8.10.12.17

schälen

1Mo	30,38	legte Stäbe, die er ges., in die Tränkrinnen

Schalischa

1Sm	9,4	gingen durch das Gebiet von S.

Schalksknecht

Mt 18,32 *du S., alle Schuld habe ich dir erlassen*

Schall

Jos 6,5 wenn ihr den S. der Posaune hört 2Sm 15,10; Dan 3,5.7.10.15
1Sm 7,10 ließ donnern mit großem S. Hi 37,4
1Kö 1,41 als Joab den S. der Posaune hörte
Esr 3,13 daß man den S. weithin hörte
Hi 39,24 läßt s. nicht halten beim S. der Trompete
Ps 19,5 ihr S. geht aus in alle Lande
 33,3 spielt auf den Saiten mit fröhlichem S.
 47,2 jauchzet Gott mit fröhlichem S.
Jes 48,20 mit fröhlichem S. verkündigt dies
Jer 25,31 sein S. wird dringen bis an die Enden
 42,14 noch den S. der Posaune hören
Rö 10,18 es ist in alle Lande ausgegangen ihr S.
Heb 12,19 (nicht gekommen) zum S. der Posaune

Schallechet, *Schallecheth*

1Ch 26,16 beim Tor S., wo die Straße hinaufgeht

schallen

2Ch 20,19 den HERRN zu loben mit laut s. Stimme
Wsh 17,19 ob der Widerhall aus den Schluchten s.
Sir 50,18 bliesen s. mit silbernen Trompeten
1Ko 15,52 *es wird die Posaune s.*

Schallum

versch. Träger ds. Namens
2Kö 15,10.13-15/ 22,14; 2Ch 34,22/ 1Ch 2,40. 41/ 3,15; Jer 22,11 (= Joahas 2)/ 1Ch 4,25/ 5,38.39; Esr 7,2; Bar 1,7 (s.a.Meschullam)/ 1Ch 9,17.19.31; Esr 2,42; Neh 7,45; Jer 35,4/ 2Ch 28,12/ Esr 10,24/ 10,42/ Neh 3,12/ Jer 32,7

Schallun

Neh 3,15 S., der Sohn Kolhoses

Schalman

Hos 10,14 gleichwie S. zerstörte Bet-Arbeel

Scham

2Mo 4,25 berührte damit seine S.
5Mo 25,11 ergreift ihn bei seiner S.
Ps 44,16 mein Antlitz ist voller S.
 69,20 du kennst meine Schande und S.
Spr 9,13 Frau Torheit weiß nichts von S.
Jer 6,15 sie wissen nichts von S. 8,12
 51,51 weil S. unser Angesicht bedeckte
Hes 7,18 auf allen Gesichtern liegt S.
 16,36 weil du deine S. entblößtest
 63 vor S. deinen Mund nicht aufzutun wagst
Hos 2,12 will ihre S. aufdecken vor den Augen
Ze 2,1 du Volk, das keine S. kennt 3,5
Sir 20,25 mancher macht aus S. Versprechungen
 26,11 wird ihre S. nicht verdeckt lassen
Lk 14,9 *du müssest dann mit S. untenan sitzen*
1Ti 2,9 *daß die Frauen mit S. sich schmücken*

Schama

1Ch 11,44 S. und Jehiël, die Söhne Hotams

schämen

1Mo 2,25 waren nackt und s. sich nicht
4Mo 12,14 würde sie nicht sieben Tage sich s.
2Sm 19,4 Kriegsvolk, das sich s. muß, weil es
Esr 8,22 s. mich, vom König Geleit zu fordern
 9,6 mein Gott, ich s. mich
Hi 19,3 s. euch nicht, mir so zuzusetzen
Ps 35,4 es sollen sich s., die mir nach dem Leben trachten 26; 40,15; 70,3; 71,13
 83,18 s. sollen sie sich und erschrecken
 86,17 und sich s., weil du mir beistehst
 97,7 s. sollen sich, die den Bildern dienen
 119,46 ich rede vor Königen und s. mich nicht
Jes 24,23 die Sonne (wird) sich s.
 54,4 s. dich nicht
Jer 3,3 du willst dich nicht mehr s. 6,15; 8,12
Hes 16,27 sich s. über dein schamloses Treiben 52. 54.61.63
 36,32 werdet euch s. müssen 43,10.11
Dan 9,7 du bist gerecht, wir aber müssen uns s. 8
Mi 7,16 daß die Heiden ihrer Macht sich s. sollen
Ze 3,11 wirst du dich nicht mehr zu s. brauchen
Wsh 13,17 s. sich nicht, mit Leblosem zu reden
Sir 4,24 um d. Heiles willen s. dich nicht 25.31
 22,31 ich s. mich nicht, den Freund zu schützen
 30,2 braucht sich seinetwegen nicht zu s.
 41,19 man s. sich oft, wo man sich nicht zu s. brauchte
 20 s. euch vor Vater und Mutter der Unzucht 18.23-29
 29 so s. du dich mit Recht
 42,1 über folgendes s. dich nicht
 11 daß du dich vor allen Leuten s. mußt
 51,37 s. euch nicht, ihn zu loben
Bar 6,6 müssen sich die s., die ihnen dienen
StD 1,11 s. sich, ihre Begierde zu verraten
 27 s. sich die Diener ihretwegen sehr
 3,19 daß sich alle s. müssen, die... Leid antun
Mk 8,38 *wer sich meiner und meiner Worte s. Lk 9,26*
Lk 13,17 *mußten sich s. alle, die gegen ihn gewesen*
 16,3 *auch mich s. ich zu betteln*
Rö 1,16 *ich s. mich des Evangeliums nicht*
 6,21 *solche, deren ihr euch jetzt s.*
2Ti 1,8 *s. dich nicht des Zeugnisses von unserm Herrn*
 12 *ich s. mich dessen nicht; denn ich weiß*
 16 *er hat sich meiner Ketten nicht ges.*
1Pt 4,16 *leidet er als Christ, so s. er sich nicht*
Heb 2,11 *s. er sich auch nicht, sie Brüder zu nennen*
 11,16 *s. sich Gott ihrer nicht, ihr Gott zu heißen*

Schamgar

Ri 3,31 nach (Ehud) kam S., der Sohn Anats 5,6

Schamhut, *Schamuth*

1Ch 27,8 S., der Jisrachiter

Schamir

Jos 15,48 ¹(Städte des Stammes Juda:) S.
Ri 10,1 ²(Tola) wohnte in S. 2
1Ch 24,24 ³von den Söhnen Michas: S.

schamlos

Hes	16,27	sich schämten über dein s. Treiben
Hos	4,18	ihre S. haben Lust an der Schande
Sir	23,6	behüte mich vor s. Sinn
	29,19	ein S. läßt (seinen Nächsten) im Stich

Schamma, Schammot, *Schammoth*

1Mo	36,13	¹Söhne Reguëls: S. 17; 1Ch 1,37
1Sm	16,9	²da ließ Isai vorübergehen S. 17,13; 2Sm 13,3.32; 21,21; 1Ch 2,13; 20,7 (= Schima 1)
2Sm	23,11	³S., der Sohn Ages aus Harar 33
	23,25	⁴S., der Haroditer 1Ch 11,27
1Ch	7,37	⁵(Söhne Zofachs:) S.

Schammai

1Ch	2,28	¹Onam hatte Söhne: S. Die Söhne S. 32
	2,44	²Rekem zeugte S. 45
	4,17	³Jeter zeugte S.

Schammua

4Mo	13,4	¹S., der Sohn Sakkurs
2Sm	5,14	²(David) zu Jerus. geboren: S. 1Ch 3,5; 14,4
Neh	11,17	³S., des Sohnes Galals 1Ch 9,16
	12,18	⁴von Bilga: S.

schamrot

2Sm	19,6	du hast heute s. gemacht alle d. Knechte
Ps	34,6	ihr Angesicht soll nicht s. werden
	69,7	laß an mir nicht s. werden, die dich
Jes	1,29	ihr sollt s. werden wegen der Gärten
	24,23	der Mond wird s. werden
	45,16	die Götzenmacher sollen s. einhergehen
Jer	31,19	ich stehe s. da
Hes	36,32	werdet s. werden über euren Wandel
2Th	3,14	nichts mit ihm zu schaffen, damit er s. werde

Schamscherai

1Ch	8,26	S. (Söhne Jerohams)

Schandaltar

Jer	11,13	so viele S. habt ihr aufgerichtet

schandbar

Spr	12,4	eine s. (Frau) ist wie Eiter
	17,2	wird herrschen über einen s. Sohn
	19,26	der ist ein s. und verfluchter Sohn
2Ko	4,2	wir meiden s. *Heimlichkeit*
Eph	5,4	auch s. Reden stehen euch nicht an
Kol	3,8	legt ab s. Worte aus eurem Munde
2Pt	2,13	*sie sind s. Schmutzflecken*

Schande

1Mo	34,14	das wäre uns eine S.
Jos	5,9	habe die S. Ägyptens von euch abgewälzt
1Sm	17,26	der die S. von Israel abwendet
	20,30	dir und deiner Mutter zur S.
2Sm	13,13	wo soll ich mit meiner S. hin
2Ch	32,21	daß er mit S. wieder in sein Land zog
Hi	19,5	wollt ihr mir meine S. beweisen
Ps	35,26	sollen in S. sich kleiden 109,29; 132,18
	40,16	sollen in ihrer S. erschrecken
	69,8	mein Angesicht ist voller S.
	20	du kennst meine S. und Scham
	70,4	sie sollen umkehren um ihrer S. willen
	71,13	mit S. sollen überschüttet werden, die
	24	zu S. werden, die mein Unglück suchen
	78,66	hängte ihnen ewige S. an
	83,17	bedecke ihr Angesicht mit S.
	89,46	hast ihn bedeckt mit S.
Spr	3,35	die Toren werden S. davontragen
	6,33	Schläge und S. treffen ihn
	9,7	wer den Spötter belehrt, der trägt S.
	10,5	wer in der Ernte... macht seinen Eltern S.
	11,2	wo Hochmut ist, da ist auch S.
	16	eine S. ist ein Weib, das Redlichk. haßt
	13,18	wer Zucht mißachtet, hat Armut und S.
	18,3	wo S. ist, da ist Hohn
	13	dem ist's Torheit und S.
	28,7	der Schlemmer Geselle macht s. Vater S.
	29,15	ein Knabe... macht seiner Mutter S.
Jes	20,4	in schmählicher Blöße, zur S. Ägyptens
	30,3	es soll euch zur S. geraten 5; 45,16
	47,3	daß deine S. gesehen werde
	54,4	wirst die S. deiner Jugend vergessen
	61,7	daß S. ihr Teil war
Jer	3,25	müssen uns betten in unsere S.
	6,15	sie werden mit S. dastehen 8,12; Mi 7,10
	7,19	nicht mir Verdruß... zu ihrer eigenen S.
	13,22	wird dir S. angetan 26
	18,16	ihnen zu ewiger S. 20,11; 23,40
	31,19	muß büßen die S. meiner Jugend
	42,18	ihr sollt zur S. werden
	46,12	deine S. ist unter den Völkern erschollen
Hes	16,52	trag deine S... schäme dich und trag deine S. 54; 32,24.25.30; 36,7; 44,13
	23,18	als sie ihre S. so enthüllte 29; Nah 3,5
Dan	12,2	werden aufwachen zu ewiger Schmach und S.
Hos	4,18	ihre Schamlosen haben Lust an der S.
Mi	1,11	müßt dahin mit allen S.
Hab	2,10	dein Ratschlag wird zur S. deines Hauses
	16	du hast dich gesättigt mit S... du wirst S. haben statt Ehre
Sa	13,4	daß die Propheten in S. dastehen
Jdt	5,16	wurden sie in S. gebracht
	12,12	es gilt als S. bei den Assyrern
Sir	3,13	deine Mutter verachten bringt dir S.
	5,15	Reden bringt auch S.
	17	über den Dieb kommt S.
	6,1	wer einen schlechten Ruf hat, trägt S.
	11,34	daß sie dir nicht ewige S. anhängt
	20,24	setzt sein Leben aufs Spiel aus Furcht vor S.
	21,31	Verleumder bringen sich selbst in S.
	22,3	ein ungeratener Sohn ist für seinen Vater eine S. 5; 26,14
	23,36	ihre S. wird niemals ausgetilgt
	25,29	so gibt es Beschimpfung und große S.
Bar	1,15	wir tragen heute mit Recht unsre S.
1Ma	4,58	Freude, daß die S. von ihnen genommen
	9,10	wollen wir unsrer Ehre keine S. machen
2Ma	1,28	bestrafe, die uns alle S. antun
	5,7	erntete S. für seinen Anschlag
	6,19	lieber in Ehren sterben als in S. leben 25
	9,1	mußte Antiochus mit S. abziehen 2
StD	1,38	als wir in meinem Garten solche S. sahen
Mt	1,19	Josef wollte sie nicht in S. bringen
Rö	1,27	haben Mann mit Mann S. getrieben
1Ko	6,5	euch zur S. muß ich das sagen 15,34
	11,6	weil es für die Frau eine S. ist
2Ko	6,8	(als Diener Gottes:) in Ehre und S.
	11,21	zu meiner S. muß ich sagen

Phl	3,19	ihr Gott ist der Bauch, und ihre Ehre ist in ihrer S.
Heb	12,2	der die S. geringachtete
Jud	13	Wellen, die ihre eigene S. ausschäumen
Off	3,18	damit die S. deiner Blöße nicht offenbar werde

schänden

1Mo	34,5	Jakob erfuhr, daß Dina ges. war 13.27
3Mo	18,8	damit s. du deinen Vater 14.16; 20,11.19-21
	10	damit s. du dich selbst
4Mo	35,33	s. das Land nicht, darin ihr wohnt
5Mo	22,24	weil er seines Nächsten Braut ges. hat
Ri	19,24	die könnt ihr s. 20,5
2Sm	10,5	die Männer waren sehr ges. 1Ch 19,5
	13,12	mein Bruder, s. mich nicht 22.32
Ps	4,3	wie lange soll meine Ehre ges. werden
Jes	13,16	es sollen ihre Frauen ges. werden
	23,12	du ges. Jungfrau, du Tochter Sidon
	65,7	die mich auf den Hügeln ges. haben
Jer	48,1	ges. ist Kirjatajim
Klg	2,6	ließ er König und Priester s.
	5,11	haben die Frauen in Zion ges.
Hes	33,26	einer s. die Frau des andern
	39,7	will m. Namen nicht länger s. lassen
Nah	3,6	ich will dich s.
Sa	14,2	werden die Frauen ges. werden
Jdt	9,2	die seine Schwester ges. hatten
Rö	1,24	daß ihre Leiber durch sie selbst ges. werden
	2,23	du rühmst dich des Gesetzes, und s. Gott
1Ko	11,4	jeder Mann... s. sein Haupt 5

Schandfleck

5Mo	32,5	sie sind S. und nicht seine Kinder
Sir	20,26	die Lüge ist ein häßlicher S.
2Pt	2,13	sie sind S. Jud 12

schändlich

2Mo	32,7	dein Volk hat s. gehandelt
3Mo	18,23	es ist ein s. Frevel 20,12
	30	daß ihr nicht tut nach den s. Sitten
5Mo	22,14	legt ihr etwas S. zur Last 17; 24,1
	23,15	daß nichts S. unter dir geschehen werde
1Sm	3,13	wußte, wie sich seine Söhne s. verhielten
1Kö	2,8	Schimi, der mir s. fluchte
Spr	13,5	der Gottlose handelt schimpflich und s.
	14,35	einen s. (Knecht) trifft sein Zorn
Jes	33,15	wer s. Gewinn haßt
Jer	3,24	der s. Baal hat gefressen
Hos	2,7	ihre Mutter treibt es s.
	9,10	gelobten sich dem s. Abgott
Jdt	1,10	sie hatten die Boten s. zurückgeschickt
Sir	11,32	den Allerbesten sagt er das S. nach
	20,28	sein s. Verhalten hört nicht auf
	22,4	eine Tochter, die sich s. aufführt
	23,20	wer sich daran gewöhnt, s. zu reden
1Ma	16,17	so eine s. Tat verübte Ptolemäus
StD	1,28	kamen in der s. Absicht
Rö	1,26	hat sie Gott dahingegeben in s. Leidenschaften
2Ko	4,2	wir meiden s. Heimlichkeit
Eph	5,12	davon auch nur zu reden ist s.
Kol	3,5	tötet nun s. Leidenschaft, böse Begierde
1Ti	3,8	nicht s. Gewinn suchen Tit 1,7.11; 1Pt 5,2
2Pt	2,7	Lot, dem die s. Leute viel Leid antaten

Schandmaul

Sir	28,16	ein S. bringt viele Leute zu Fall 18

Schandtat

1Mo	34,7	daß er eine S. an Israel begangen 5Mo 22,21; Ri 20,6.10; Jer 29,23
3Mo	18,17	es ist eine S. 20,14
	19,29	daß nicht das Land werde voll S. 20,14
Ri	19,23	tut nicht solch eine S. 24; 20,3; 2Sm 13,12
Hi	31,11	das ist eine S. und eine Schuld
Ps	26,10	an deren Händen S. klebt
Spr	10,23	ein Tor hat Lust an S.
	21,27	wenn man's darbringt für eine S.
Hes	16,58	deine S. mußt du tragen
	22,9	treiben S. in deiner Mitte 11; Hos 6,9

Schandtäter

Jud	12	*diese S. prassen ohne Scheu*

Schändung

Wsh	14,25	überall herrschen Betrug, S., Untreue

Schar

1Mo	14,15	(Abram) teilte seine S.
2Mo	6,26	führt Israel nach S. geordnet 12,17.51
1Sm	10,5	wird dir eine S. von Propheten begegnen
	19,20	sahen die S. der Propheten in Verzückung
	30,8	soll ich dieser S. nachjagen 10.15.23
2Sm	2,25	die Benjaminiter bildeten eine S.
1Kö	11,24	(Reson) war Hauptmann einer S. geworden
2Kö	24,2	ließ S. von Kriegsleuten kommen
Esr	9,13	hast uns diese S. von Erretteten gegeben
Hi	25,3	wer will seine S. zählen
	29,25	thronte wie ein König unter der S.
	30,12	zur Rechten hat sich eine S. erhoben
Ps	42,5	wie ich einherzog in großer S... in der S.
	68,12	der Freudenbotinnen ist eine große S.
	28	die Fürsten Judas mit ihren S.
	78,49	sandte eine S. Verderben bringender Engel
Spr	21,16	wird weilen in der S. der Toten
Jes	14,31	keiner sondert sich ab von seinen S.
	34,2	der HERR ist ergrimmt über alle ihre S.
Jer	6,11	über die S. der jungen Männer
	50,9	will Völker in großen S. erwecken
Jo	2,2	es kommt eine S. über S. von Menschen sein
Hab	1,8	ihre Reiter fliegen in großen S. daher
	3,14	seine S. zerstoben wie Spreu
Sa	8,22	werden viele Völker, Heiden in S., kommen
Jdt	16,5	seiner Krieger verstopfte die Bäche
Sir	21,10	die S. der Gottlosen ist wie Werg
1Ma	3,16	zog ihm mit einer kleinen S. entgegen
2Ma	3,18	die Leute liefen in S. aus den Häusern
Mt	26,47	mit ihm eine große S. mit Schwertern Mk 14,43; Lk 22,47; Jh 18,3.12
	55	zu der Stunde sprach Jesus zu der S.
	27,27	*holten die ganze S. zu ihm her Mk 15,16*
Mk	10,1	abermals lief das Volk in S. bei ihm zusammen
Lk	6,17	um ihn war eine große S. seiner Jünger
Apg	1,15	*es war eine S. zusammen bei 120*
	10,1	ein Hauptmann von der S.
	21,31	vor den obersten Hauptmann der S.
	27,1	*einem Hauptmann von der kaiserlichen S.*
Off	7,9	eine große S., die niemand zählen konnte
	17,15	die Wasser sind Völker und S. und Nationen

Schar 1200

Off 19,1 wie eine große Stimme einer großen S. 6

Scharai

Esr 10,40 (bei den Söhnen Binnui:) S.

Scharar (= Sachar 1)

2Sm 23,33 Ahiam, der Sohn S., der Harariter

scharf

2Mo 4,25 nahm Zippora einen s. Stein und beschnitt
Hi 41,22 unter seinem Bauch sind s. Spitzen
Ps 45,6 s. sind deine Pfeile Jes 5,28
52,4 deine Zunge... wie ein s. Schermesser
57,5 ihre Zungen (sind) s. Schwerter
120,4 s. Pfeile eines Starken
140,4 haben s. Zungen wie Schlangen
149,6 sollen s. Schwerter in ihren Händen halten
Spr 5,4 ist s. wie ein zweischneidiges Schwert
25,18 der ist wie ein Schwert und s. Pfeil
Jes 41,15 habe dich zum s. Dreschwagen gemacht
49,2 hat m. Mund wie ein s. Schwert gemacht
Hes 5,1 nimm ein s. Schwert
Wsh 18,16 er trug ein s. Schwert
Sir 26,13 deine Tochter bewache s. 42,11
Apg 15,39 sie kamen s. aneinander
2Ko 13,10 damit ich nicht s. werden muß
Tit 1,13 aus diesem Grund weise sie s. zurecht
Heb 4,12 das Wort Gottes ist s. als jedes Schwert
Off 1,16 aus seinem Munde ging ein s., zweischneidiges Schwert 2,12; 19,15
14,14 hatte in seiner Hand eine s. Sichel 17.18

Schärfe

1Mo 34,26 mit der S. des Schwerts 2Mo 17,13; 4Mo 21,24; 5Mo 13,16; 20,13; Jos 6,21; 8,24; 10,28. 30.32.35.37.39; 11,11.12.14; 19,47; Ri 1,8.25; 4,15.16; 18,27; 20,37.48; 21,10; 1Sm 15,8; 22,19; 2Sm 15,14; 2Kö 10,25; Hi 1,15.17; Jer 21,7; Jdt 2,16; Sir 28,22; Lk 21,24; Heb 11,34

schärfen

5Mo 32,41 wenn ich mein Schwert s. Hes 21,14-16.20
1Sm 13,20 wenn jemand eine... Sense zu s. hatte 21
Ps 64,4 die ihre Zunge s. wie ein Schwert
Jer 46,4 s. die Spieße 51,11
Wsh 5,21 er wird seinen Zorn s. zum Schwert

Scharfsinn

Sir 44,4 die regiert haben mit Klugheit und S.

scharfsinnig

Wsh 7,22 ein Geist, der verständig ist, s.
8,11 ich werde als s. gelten
Sir 19,22 es ist mancher s., aber ein Bösewicht

Scharlach

2Mo 25,4 (die Opfergabe:) Purpur, S. 35,6.23.25
26,1 die Wohnung aus Teppichen von S. 36,8
31 einen Vorhang aus S. 36; 27,16; 36,35.37; 38,18; 2Ch 3,14
28,5 S. (für die heiligen Kleider) 6.8.15.33; 39,1-3.5. 8.24.29

2Mo 35,35 alle Arbeiten mit S. 38,23; 2Ch 2,6.13
Jes 1,18 wenn sie rot ist wie S., soll sie doch
Bar 6,72 S. und Leinwand werden zerfallen
Off 17,4 Frau war bekleidet mit Purpur und S. 18,16
18,12 (ihre Ware:) Purpur und S.

scharlachfarben

3Mo 14,4 Zedernholz und s. Wolle 6
Hl 4,3 deine Lippen sind wie eine s. Schnur
Off 17,3 sah ein Weib sitzen auf einem s. Tier

scharlachrot

4Mo 4,8 sollen darüber breiten eine s. Decke
19,6 der Priester soll Ysop und s. Wolle nehmen
Est 1,6 Tücher, mit s. Schnüren eingefaßt
Off 17,3 ich sah eine Frau auf einem s. Tier sitzen

Scharlachwolle

Heb 9,19 nahm er das Blut von Kälbern mit S.

Scharon, Scharoniter

Jos 12,18 der König von S.
1Ch 5,16 wohnten in allen Fluren S.
27,29 Schitrai, der S.
Hl 2,1 ich bin eine Blume in S.
Jes 33,9 S. ist wie eine Steppe
35,2 die Pracht von Karmel und S.
65,10 meinem Volk soll S. eine Weide werden
Apg 9,35 alle, die in S. wohnten, bekehrten sich

Scharon-Ebene

1Ch 27,29 über die Rinder in der S. (war) Schitrai

Scharuhen (= Schaarajim; Schilhim)

Jos 19,6 (Simeon ward zum Erbteil) S.

Schaschai

Esr 10,40 (bei den Söhnen Binnui:) S.

Schaschak

1Ch 8,14 S. (Söhne Berias) 25

Schatten

1Mo 19,8 sind unter den S. meines Dachs gekommen
Ri 9,15 bergt euch in meinem S.
36 du siehst die S. für Leute an
2Kö 20,9 der S. an der Sonnenuhr 10.11; Jes 38,8
1Ch 29,15 unser Leben ist wie ein S. Hi 8,9; Pr 6,12
Hi 7,2 wie ein Knecht sich sehnt nach dem S.
14,2 (der Mensch) flieht wie ein S. Ps 102,12; 109,23; 144,4
17,7 meine Glieder sind wie ein S. Ps 39,7
26,5 die S. drunten erbeben
40,22 Lotosbüsche bedecken ihn mit S.
Ps 17,8 unter dem S. deiner Flügel 36,8; 57,2; 63,8
80,11 Berge sind mit seinem S. bedeckt
91,1 wer unter dem S. des Allmächtigen bleibt
121,5 der HERR ist dein S. über d. rechten Hand
Spr 9,18 weiß nicht, daß dort nur die S. wohnen
Pr 8,13 wie ein S. werden nicht lange leben, die
Hl 2,3 unter seinem S. zu sitzen, begehre ich

Schatzkammer

Hl	2,17	bis die S. schwinden 4,6
Jes	4,6	eine Hütte zum S. am Tage vor der Hitze
	16,3	mache deinen S. des Mittags wie die Nacht
	25,4	du bist ein S. vor der Hitze 5
	26,14	S. stehen nicht auf
	30,2	sich zu bergen im S. Ägyptens 3
	32,2	wie der S. eines großen Felsens
	49,2	mit dem S. seiner Hand bedeckt 51,16
Jer	6,4	es will Abend werden, die S. werden lang
	48,45	suchen Zuflucht im S.
Klg	4,20	in seinem S. wollen wir leben
Hes	17,23	daß alles in S. bleiben kann
	31,6	unter seinem S. wohnten Völker 12.17
Dan	4,9	alle Tiere fanden S. unter ihm
Hos	4,13	denn ihr S. erquickt
	14,8	sollen wieder unter meinem S. sitzen
Jon	4,5	darunter setzte er sich in den S. 6
Wsh	2,5	unsre Zeit geht vorbei wie ein S. 5,9
Sir	34,2	wer auf Träume hält, greift nach S.
Bar	1,12	werden leben unter dem S. Nebukadnezars
	5,8	alle Bäume werden Israel S. geben
Mt	4,16	denen, die saßen im S. des Todes Lk 1,79
Mk	4,32	daß die Vögel unter seinem S. wohnen können
Apg	5,15	damit sein S. auf einige von ihnen fiele
Kol	2,17	das alles ist nur ein S. des Zukünftigen
Heb	8,5	nur dem Abbild und S. des Himmlischen
	10,1	das Gesetz hat nur einen S. von den zukünftigen Gütern

Schatz

1Mo	43,23	euer Gott hat euch einen S. gegeben
5Mo	28,12	der HERR wird dir seinen guten S. auftun
	33,19	gewinnen die verborgenen S. im Sande
Jos	6,19	daß es zum S. des HERRN komme 24; 1Kö 7,51; 1Ch 29,8; 2Ch 5,1
1Kö	14,26	nahm die S. aus dem Hause des HERRN 15,18; 2Kö 12,19; 14,14; 16,8; 18,15; 24,13; 2Ch 12,9; 16,2; 25,24; 36,18
2Kö	20,13	zeigte, was an S. vorhanden 15; Jes 39,2.4
1Ch	9,26	Leviten waren über die S. 26,20.22.24.26; 2Ch 8,15
	28,12	für die S... der geheiligten Gaben
Esr	2,69	gaben zum S. für das Werk Neh 7,69.70
	6,8	daß man aus des Königs S. nehme
Hi	3,21	die nach ihm suchen mehr als nach S.
Ps	119,56	mein S., daß ich mich an d. Befehle halte 98
Spr	2,4	wenn du nach ihr forschest wie nach S.
	15,16	besser wenig... als ein großer S.
	21,20	im Hause des Weisen ist ein kostbarer S.
Jes	2,7	ihrer S. ist kein Ende
	10,13	ich habe ihre S. geraubt
	30,6	führen ihre S. auf Kamelen
	33,6	die Furcht des HERRN wird Zions S. sein
	45,3	will dir heimliche S. geben
	60,5	wenn sich die S. zu dir kehren
Jer	15,13	S. zum Raube geben 17,3; 20,5; Hes 26,12; Hos 13,15
	48,7	weil du dich verlässest auf deine S. 49,4
	50,37	das Schwert soll kommen über ihre S.
	51,13	die du große S. hast
Dan	11,43	wird Herr werden über die S. Ägyptens
Ob	6	wie sollen sie seine S. aufspüren
Nah	2,10	hier ist der S. kein Ende
Jdt	15,15	schenkten Judit alles an S.
Wsh	7,14	(Weisheit) ist ein unerschöpflicher S.
Sir	1,21	sie erfüllt die Scheunen mit ihren S.
	31	aus dem S. der Weisheit kommen... Worte
	20,32	und ein vergrabener S., was nützen sie
Sir	29,15	lege dir einen S. von Wohltaten an
	40,18	besser hat es der, der einen S. findet
	41,15	bleibt dir gewisser als große S.
	51,29	ich erwarb (Weisheit) als einen guten S.
Bar	4,3	überlaß nicht deinen S. einem fremden Volk
1Ma	1,24	er nahm die S., die er fand 2Ma 1,14
2Ma	1,35	gab kostbare Geschenke aus seinem S.
	4,1	Simon, der den S. verraten hatte
Mt	2,11	taten ihre S. auf und schenkten ihm
	6,21	wo dein S. ist, ist dein Herz Lk 12,34
	12,35	bringt Gutes hervor aus dem S. seines Herzens Lk 6,45
	13,44	das Himmelreich gleicht einem S.
	52	der aus seinem S. Neues und Altes hervorholt
	19,21	so wirst du einen S. im Himmel haben Mk 10,21; Lk 18,22
Mk	10,21	so wirst du einen S. im Himmel haben
Lk	12,33	einen S. im Himmel, wo kein Dieb hinkommt
Apg	8,27	Kämmerer, welcher ihren S. verwaltete
2Ko	4,7	wir haben diesen S. in irdenen Gefäßen
Kol	2,3	in welchem verborgen liegen alle S. der Weisheit
Heb	11,26	für größeren Reichtum als die S. Ägyptens

Schätze sammeln

2Ch	32,27	Hiskia s. sich S. von Silber, Gold
Spr	21,6	wer S. s. mit Lügen, wird fehlgehen
Jes	23,18	man wird ihn nicht wie S. s.
Hes	28,4	habest S. von Gold und Silber ges.
Am	3,10	sie s. S. von Frevel und Raub
Tob	12,9	Beten ist besser als S.
Sir	3,5	der s. sich einen bleibenden S.
	29,14	s. dir einen S. nach dem Gebot
Mt	6,19	ihr sollt euch nicht S. s. auf Erden 20
Lk	12,21	so geht es dem, der sich S. s.
2Ko	12,14	es sollen nicht die Kinder den Eltern S. s.
1Ti	6,19	sich selbst einen S. s. als guten Grund
Jak	5,3	habt euch S. ges. in diesen letzten Tagen

schätzen

3Mo	27,3	sollst du s. auf 50 Lot Silber 5-8.12-19
2Kö	12,5	Geld, das jedermann gibt, wie er ges. wird
Hi	28,19	Topas wird ihr nicht gleich ges.
Sir	37,12	Kaufmann, wie hoch er seine Ware s.
	40,19	eine untadelige Frau wird mehr ges. als
Mt	27,9	den Preis, der ges. wurde bei den Israeliten
Lk	2,1	daß alle Welt ges. würde 3.5

Schatzhaus

2Kö	20,13	Hiskia zeigte ihnen das S. Jes 39,2
Esr	5,17	lasse er im S. des Königs suchen 6,1
	7,20	bekommst du aus den S. des Königs

Schatzkammer

5Mo	32,34	ist dies nicht versiegelt in meinen S.
Est	3,9	daß man's bringe in die S. des Königs 4,7
Spr	8,21	daß ich ihre S. fülle
Dan	1,2	tat die Geräte in die S. seines Gottes
Jdt	2,10	Gold und Silber aus der königlichen S.
1Ma	3,28	(Antiochus) öffnete seine S.
	14,49	eine Abschrift in die S. legen
2Ma	3,23	als er in der S. stand 28.40; 4,42; 5,18
Apg	8,27	*welcher war über ihre ganze S.*

Schatzmeister

Schatzmeister
Esr	1,8	Kyrus übergab (die Geräte) dem S.
	7,21	habe allen S. befohlen
Dan	3,2	Nebukadnezar sandte nach den S. 3

Schätzung
3Mo	5,15	nach deiner S. zwei Silberstücke wert 18.25; 27,3.8
	27,12	soll bei des Priesters S. bleiben 13.17.25.27
Lk	2,2	diese S. war die allererste
Apg	5,37	stand auf Judas in den Tagen der S.

Schau
Spr	12,23	trägt seine Klugheit nicht zur S.
	13,16	ein Tor aber stellt Narrheit zur S.
Kol	2,15	er hat die Gewalten öffentlich zur S. gestellt

Schaubrot
2Mo	25,30	sollst auf den Tisch allezeit S. legen 35,13; 39,36; 40,4.23; 4Mo 4,7; 2Ch 2,3
1Sm	21,7	weil kein anderes da war als die S. Mt 12,4; Mk 2,26; Lk 6,4
1Kö	7,48	goldenen Tisch, auf dem die S. liegen 1Ch 28,16; 2Ch 4,19; 29,18; 1Ma 1,23; Heb 9,2
1Ch	9,32	waren einige bestellt über die S. 23,29
Neh	10,34	(zu geben) nämlich für die S.
2Ma	1,8	wir legten die S. auf

Schaubrottisch
4Mo	4,7	über den S. eine blaue Decke breiten

schaudern
Ps	119,120	fürchte mich vor dir, daß mir die Haut s.
Hes	4,16	daß sie trinken müssen mit S. 12,19

schauen
1Mo	19,28	wandte sein Angesicht gegen Sodom und s.
2Mo	14,24	s. der HERR auf das Heer der Ägypter
	24,11	als sie Gott ges. hatten, aßen sie
4Mo	4,20	nur einen Augenblick das Heilige zu s.
	23,9	von den Hügeln s. ich ihn 24,17
5Mo	32,49	(der HERR redete mit Mose:) s. das Land
1Kö	18,43	s. zum Meer! Er ging hinauf und s.
2Kö	8,11	der Mann Gottes s. starr vor sich hin
1Ch	17,17	hast mich s. lassen... ein Gesicht
2Ch	16,9	des HERRN Augen s. alle Lande Ps 66,7
Hi	7,8	kein Auge wird mich mehr s.
	19,27	meine Augen werden ihn s.
	20,9	seine Stätte wird ihn nicht mehr s.
	23,9	ist er zur Linken, so s. ich ihn nicht
	28,24	er s. alles, was unter dem Himmel ist
	34,21	er s. auf alle ihre Schritte
	29	wer kann ihn s.
	35,5	gen Himmel und sieh
Ps	10,14	du s. das Elend und den Jammer
	11,7	die Frommen werden s. sein Angesicht
	13,4	s. doch und erhöre mich, HERR
	14,2	vom Himmel auf die Menschenkinder 33,13; 53,3; 102,20; Sa 9,1
	17,15	will s. dein Antlitz in Gerechtigkeit
	27,4	zu s. die schönen Gottesdienste des HERRN
	41,7	sie kommen, nach mir zu s.
	42,3	daß ich Gottes Angesicht s.
	46,9	kommt her und s. die Werke des HERRN
	80,15	s. vom Himmel und sieh darein Jes 63,15
	84,8	sie s. den wahren Gott in Zion
	10	Gott, unser Schild, s. doch
	85,12	daß Gerechtigkeit vom Himmel s.
	91,8	wirst s., wie den Gottlosen vergolten
	119,15	wenn ich s. allein auf deine Gebote
	15	ich s. auf deine Wege
	142,5	s. zur Rechten und sieh
Spr	15,3	die Augen des HERRN s. auf Böse und Gute
	24,32	ich s. und lernte daraus
	31,27	sie s., wie es in ihrem Hause zugeht
Pr	7,27	s., das habe ich gefunden 29
	8,16	richtete m. Herz darauf, zu s. die Mühe
Hl	6,11	hinabgegangen, zu s. die Knospen im Tal
	7,1	wende dich her, daß wir dich s.
Jes	1,1	die Offenbarung, die Jesaja ges. hat 2,1; 13,1; Ob 1; Mi 1,1; Hab 1,1
	5,12	s. nicht auf das Tun seiner Hände
	14,16	wer dich sieht, wird auf dich s.
	17,7	werden auf den Heiligen Israels s.
	8	wird nicht s., was seine Finger gemacht
	18,4	ich will s. von meiner Stätte
	21,6	was er s., soll er ansagen
	22,8	ihr s. auf die Rüstungen im Waldhaus
	11	ihr s. nicht auf den, der solches schafft
	30,10	sagen: Was wahr ist, sollt ihr uns nicht s...
		s., was das Herz begehrt
	33,20	s. auf Zion, die Stadt unsrer Feiern
	38,11	werde den HERRN nicht mehr s.
	51,6	s. unten auf die Erde
	53,11	wird er das Licht s. und die Fülle haben
	66,24	werden s. die Leichname derer
Jer	2,10	s., sendet nach Kedar und s. 5,1; 6,16; 48,19; Am 6,2
	7,12	s., was ich dort getan wegen der Bosheit
Klg	1,11	ach HERR, sieh doch und s. 12.18; 2,20; 5,1
Hes	8,9	geh hinein und s. die Greuel 10
	11,27	das Gesicht, das er hatte 12,27; 43,3
	21,34	während du trügerische Gesichte s.
	40,44	die s. nach Süden... s. nach Norden 45.46
Am	7,1	Gott der HERR ließ mich s. 4.7; 8,1
Mi	7,4	es kommt der Tag, den deine Späher ges.
	7	ich aber will auf den HERRN s.
	9	daß ich seine Gnade s.
Hab	2,1	s. und sehe zu, was er mir sagen werde
	2	schreib auf, was du ges. hast
	3,6	er s. und ließ erzittern die Heiden
Sa	10,2	die Wahrsager s. Trug
	13,4	in Schande dastehn mit dem, was sie ges.
Jdt	9,5	jetzt auf das Heer der Assyrer
Tob	11,8	wird das Licht des Himmels wieder s.
Sir	9,5	s. nicht zu viel auf den Mädchen
	23,28	auch in die verborgenen Winkel s.
	33,18	s., wie ich gearbeitet habe
Bar	4,36	s. den Trost, der von Gott kommt
	5,5	s. eure Kinder, die versammelt sind
Mt	5,8	die reinen Herzens sind werden Gott s.
	6,28	s. die Lilien auf dem Felde
Mk	12,41	s., wie das Volk Geld einlegte Lk 21,1
Lk	11,35	s. darauf, daß nicht das Licht Finsternis sei
Jh	20,11	als sie weinte, s. sie in das Grab
Apg	7,31	als er hinzuging, zu s.
Rö	1,20	*s. die Güte und den Ernst Gottes*
2Ko	3,18	nun s. wir mit aufgedecktem Angesicht
	5,7	wir wandeln im Glauben und nicht im S.
Kol	2,18	der sich dessen rühmt, was er ges. hat
1Pt	1,12	was auch die Engel begehren zu s.
Heb	3,1	s. auf den Apostel, den wir bekennen, Jesus

Heb 7,4 s., *wie groß der ist, dem Abraham*

Schauer

Jes 30,10 *sagen zu den S... sollt nicht schauen*

Schaufel

2Mo 27,3 *mache auch S.* 38,3; 4Mo 4,14; 1Kö 7,40.45; 2Ch 4,11.16
5Mo 23,14 *(zur Notdurft) eine S., sollst damit graben*
2Kö 25,14 *die S. nahmen sie weg* Jer 52,18
Jes 30,24 *Futter, das geworfelt ist mit S.*

Schaul, Schauliter

1Mo 36,37 ¹*wurde s. von Rehobot König* 38; 1Ch 1,49
46,10 ²*Söhne Simeons: S.* 2Mo 6,15; 4Mo 26,13; 1Ch 4,24
1Ch 6,9 ³*Usija, dessen Sohn war S.*

Schaum

Hos 10,7 *der König von Samaria ist dahin wie S.*
Mk 9,18 *er hat S. vor dem Mund* 20; Lk 9,39

schäumen

Spr 15,28 *der Mund der Gottlosen s. Böses*
Mk 9,18 *er s. und wird starr* 20; Lk 9,39

Schauspiel

Hes 28,17 *habe ein S. aus dir gemacht* Nah 3,6
1Ko 4,9 *wir sind ein S. geworden der Welt*
Heb 10,33 *durch Schmähungen zum S. geworden*

Schautal

Jes 22,1 *dies ist die Last für das S.* 5

Schawe

1Mo 14,17 *das Tal S., das ist das Königstal*

Schawscha

(= Scheja; Schischa; s.a. Seraja)
1Ch 18,16 *S. war Schreiber*

Scheal

Esr 10,29 *bei den Söhnen Bani: S.*

Schealtiël

1Ch 3,17 ¹*Söhne Jechonjas: S.* Mt 1,12
Esr 3,2 *Serubbabel, der Sohn S.* 8; 5,2; Neh 12,1; Hag 1,1.12.14; 2,2.23; Lk 3,27
Jdt 8,1 ²*Judit, Tochter Meraris... des Sohnes S.*

Schear-Jaschub

Jes 7,3 *du und dein Sohn S.*

Schearja

1Ch 8,38 *Azel hatte sechs Söhne: S.* 9,44

Scheba

2Sm 20,1 ¹*S., ein Sohn Bichris* 2.6.7.10.13.21.22
1Ch 5,13 ²*(Söhne Gad:) S.*

Schebanja

1Ch 15,24 ¹*S., die Priester* Neh 10,13
Neh 9,4 ²*Leviten S.* 5; 10,13
10,5 ³*(sollen unterschreiben:) S.* 12,14 (s.a. Schechanja)

Schebat, *Sebat*

Sa 1,7 *des 11. Monats – der Monat S.* 1Ma 16,14

Scheber

1Ch 2,48 *Maacha, die Nebenfrau Kalebs, gebar S.*

Schebna

2Kö 18,18 *der Schreiber S.* 26.37; 19,2; Jes 22,15; 36,3. 11.22; 37,2

Schechanja

versch. Träger ds. Namens
1Ch 3,21.22; Esr 8,2/ 1Ch 24,11/ 2Ch 31,15/ Esr 8,5/ 10,2/ Neh 3,29/ 6,18/ 10,11; 12,3 (= Schebanja 3)

scheckig

Sa 6,3 *am vierten Wagen waren s. Rosse* 6

Schedëur

4Mo 1,5 *Elizur, der Sohn S.* 2,10; 7,30.35; 10,18

scheel

1Sm 18,9 *Saul sah David s. an von dem Tage an*
Ps 68,17 *was seht ihr s., ihr Berge*
Mt 20,15 *siehst du s. drein, weil ich so gütig bin*

Scheera

1Ch 7,24 *(Ephraims) Tochter war S.*

Schefam, *Schepham*

4Mo 34,10 *die Grenze ziehen nach S.* 11

Schefatja, *Schephatja*

2Sm 3,4 *(wurden David Söhne geboren) S.* 1Ch 3,3
weitere Träger ds. Namens
1Ch 9,8/ 12,6/ 27,16/ 2Ch 21,2/ Esr 2,4; 8,8/ Neh 7,9/ Esr 2,57/ Neh 7,59/ Neh 11,4/ Jer 38,1

Schefer, *Schepher*

4Mo 33,23 *lagerten sich im Gebirge S.* 24

Scheffel

2Mo 16,33 *tu Manna hinein, den zehnten Teil eines S.*
36 *ein Krug ist der zehnte Teil eines S.*

Scheffel

3Mo	5,11	ein Zehntel S. feinstes Mehl als Sündopfer 6,13; 4Mo 5,15; 28,5; Ri 6,19; 1Sm 1,24
	19,36	rechter S. und rechtes Maß Hes 45,10.11.14
4Mo	11,32	wer am wenigsten sammelte... 100 S.
Rut	2,17	es war ungefähr ein S. Gerste
1Sm	17,17	nimm diesen S. geröstete Körner
2Ch	2,9	200.000 S. Weizen und 200.000 S. Gerste 27,5
Jes	5,10	sollen geben zehn S. Saat nur einen S.
Hes	45,13	Abgabe, den sechsten Teil eines S. 46,14
	24	zum Speisopfer je einen S. 46,5.7.11
Hos	3,2	ich kaufte sie mir für 15 S. Gerste
Mt	5,15	ein Licht setzt (man nicht) unter einen S. Mk 4,21; Lk 11,33
	13,33	*vermengte ihn unter drei S. Mehl Lk 13,21*
Lk	16,7	*er sprach: Hundert S. Weizen*

Schefi, Schephi

1Mo	36,23	Söhne von Schobal: S. 1Ch 1,40

Schefufan, Schephuphan

1Ch	8,5	(Bela hatte Söhne:) S.

Scheharja

1Ch	8,26	S. (Söhne Jerohams)

Scheibe

1Sm	2,36	um ein Silberstück oder eine S. Brot
Hl	4,3	sind wie eine S. vom Grantapfel 6,7
Jer	18,3	er arbeitete eben auf der S.

Scheide

1Sm	17,51	(David) zog (dessen Schwert) aus der S.
2Sm	20,8	Dolch; der war an seiner Hüfte in der S.
1Ch	21,27	daß er sein Schwert in seine S. stecke
Jer	47,6	du Schwert des HERRN... Fahre in deine S.
Hes	21,8	will mein Schwert aus der S. ziehen 9.10
	35	stecke es wieder in die S.
Jh	18,11	steck dein Schwert in die S.

Scheidebrief

5Mo	24,1	wenn er einen S. schreibt 3; Mt 5,31; 19,7; Mk 10,4
Jes	50,1	wo ist der S. eurer Mutter
Jer	3,8	wie ich Israel einen S. gegeben habe

scheiden

1Mo	1,4	s. das Licht von der Finsternis Hi 26,10
	6	eine Feste, die s. zwischen den Wassern 7
	14	Lichter, die da s. Tag und Nacht 18
	25,23	zweierlei Volk wird sich s. aus d. Leibe
4Mo	16,21	s. euch von dieser Gemeinde
5Mo	32,8	als der Höchste der Menschen Kinder s.
Rut	1,17	nur der Tod wird mich und dich s.
2Sm	1,23	im Leben und im Tod nicht ges.
2Kö	2,11	ein Wagen mit Rossen, die s. die beiden
Esr	10,11	s. euch von den Völkern des Landes
Ps	88,6	die von deiner Hand ges. sind
Jes	7,17	da Ephraim von Juda s.
	59,2	eure Verschuldungen s. euch von Gott
Jer	3,1	wenn sich ein Mann von seiner Frau s.
Hes	42,20	damit das Heilige von dem Unheiligen ges.
Mi	1,14	wirst dich s. müssen von Moreschet-Gat
Wsh	1,3	verkehrtes Denken s. von Gott
Tob	1,5	s. er sich von der Gemeinschaft mit ihnen
Sir	25,34	will sie dir nicht folgen, s. dich von ihr
	38,24	weil sein Geist von ihm ges. ist
2Ma	7,7	als der erste aus dem Leben ges. war
	11,23	nachdem unser Vater von hinnen ges. ist
Mt	5,31	wer sich von seiner Frau s. 32; 19,3.7-9; Mk 10,2.4.11.12; Lk 16,18
	32	wer eine Ges. heiratet Lk 16,18
	13,49	werden die Bösen von den Gerechten s.
	19,6	was Gott zusammengefügt hat, soll der Mensch nicht s. Mk 10,9
	25,32	sie voneinander s., wie ein Hirt Schafe s.
Lk	1,38	der Engel s. von ihr *Apg 12,10*
	9,33	als sie von ihm s., sprach Petrus
	24,51	s. er von ihnen und fuhr auf gen Himmel
Apg	18,1	*danach s. Paulus von Athen*
Rö	8,35	wer will uns s. von der Liebe Christi
	39	uns s. kann von der Liebe Gottes
	9,3	*ich selber möchte von Christus ges. sein*
	28	der Herr wird sein Wort, indem er vollendet und s.
	16,19	ich will, daß ihr seid ges. vom Bösen
1Ko	7,10	Frau sich nicht von ihrem Manne s. soll 11-13
	15	wenn der Ungläubige sich s. will, laß ihn sich s.
Phl	1,23	ich habe Lust, aus der Welt zu s.
1Th	2,17	nachdem wir eine Weile von euch ges. waren
Heb	4,12	dringt durch, bis es s. Seele und Geist
	7,26	Hohenpriester, der von den Sündern ges. ist

Scheidewand

2Mo	26,33	Vorhang, daß er euch eine S. sei

Schein

4Mo	9,15	über der Wohnung wie ein feuriger S. 16
Hi	37,22	von Norden kommt goldener S.
Jes	13,10	der Mond gibt keinen S.
	30,26	des Mondes S. wird sein wie der Sonne S.
	60,20	dein Mond (wird) nicht den S. verlieren
Jo	2,10	die Sterne halten ihren S. zurück 4,15
Jdt	14,2	macht einen Ausfall, aber nur zum S.
Bar	6,67	noch einen S. geben wie der Mond
Mt	23,14	zum S. lange Gebete Mk 12,40; Lk 20,47
	24,29	wird der Mond seinen S. verlieren Mk 13,24
Lk	11,33	*daß, wer hineingeht, den S. sehe*
	36	wenn dich das Licht erleuchtet mit hellem S.
	23,45	die Sonne verlor ihren S.
2Ko	4,6	der hat einen hellen S. in unsre Herzen
Kol	2,23	die einen S. von Weisheit haben
2Ti	3,5	sie haben den S. der Frömmigkeit

scheinen

1Mo	1,15	Lichter, daß sie s. auf die Erde 17
2Mo	16,21	wenn die Sonne heiß s., zerschmolz es
4Mo	8,2	daß sie alle sieben nach vorwärts s. 3
1Sm	11,9	wenn die Sonne beginnt, heiß zu s. Neh 7,3
Hi	3,4	kein Glanz soll über ihm s.
	22,28	das Licht wird auf deinen Wegen s.
	25,5	auch der Mond s. nicht hell
	29,3	da seine Leuchte über meinem Haupt s.
Ps	72,5	er soll leben, solange die Sonne s.
Jes	5,30	das Licht s. nicht mehr über ihnen
	8,20	so wird ihnen kein Morgenrot s.
	9,1	über denen... s. es hell
	13,10	die Sterne am Himmel s. nicht hell

Jes	50,10	wer ist unter euch, dem kein Licht s.
Hes	32,7	der Mond soll nicht s.
Tob	3,23	nach dem Gewitter läßt du die Sonne s.
Sir	24,45	nun lasse ich meine Lehre s.
	43,6	der Mond muß überall s. zu seiner Zeit
	50,7	wie die Sonne s. auf den Tempel
Bar	6,60	Sonne, Mond und Sterne, die hell s.
1Ma	6,39	als die Sonne auf die Schilde s.
StE	7,3	als die Sonne s. und es hell wurde
Jh	1,5	das Licht s. in der Finsternis
	5,35	er war ein brennendes und s. Licht
Apg	12,7	*ein Licht s. in dem Gemach*
	27,20	da viele Tage weder Sonne noch Sterne s.
Phl	2,15	unter dem ihr s. als Lichter in der Welt
2Pt	1,19	Licht, das da s. an einem dunklen Ort
1Jh	2,8	Finsternis vergeht, das wahre Licht s. jetzt
Off	1,16	wie die Sonne s. in ihrer Macht
	8,12	den dritten Teil des Tages das Licht nicht s.
	21,23	keiner Sonne, daß sie ihr s.

scheinen (meinen, dünken)

2Sm	13,2	es s. Amnon unmöglich, ihr etwas anzutun
2Kö	3,22	s. den Moabitern das Gewässer rot zu sein
Ps	90,10	was daran köstlich s., ist vergebl. Mühe
Spr	14,12	manchem s. ein Weg recht 16,25
Hes	21,28	ihnen wird d. Wahrsagung trügerisch s.
Tob	12,19	es s. so, als hätte ich gegessen
Mt	6,16	*daß sie vor den Leuten etwas s.* 18
	23,27	Gräber, welche auswendig hübsch s.
	28	von außen s. ihr vor den Menschen fromm
Apg	15,34	*es s. Silas gut, dort zu bleiben*
1Ko	12,22	die Glieder des Leibes, die uns die schwächsten zu sein s. 23
2Ko	10,9	das so sage ich aber, damit es nicht s.
Heb	12,11	jede Züchtigung s. uns Leid zu sein

Scheit

1Kö	17,12	hab ein S. Holz aufgelesen und gehe heim

Scheitel

1Mo	49,26	auf den S. des Geweihten 5Mo 33,16
4Mo	24,17	wird zerschmettern den S. Sets
5Mo	28,35	von den Fußsohlen bis zum S. 2Sm 14,25; Hi 2,7
	33,20	Gad zerreißt Schenkel und S.
Hi	20,6	wenn auch sein S. in den Himmel reicht
Ps	7,17	sein Frevel (wird) auf seinen S. fallen
Jes	3,17	wird der Herr den S... kahl machen
Jer	48,45	den S. der kriegerischen Leute

Scheiterhaufen

Jes	30,33	der S. darin hat Feuer und Holz die Menge

Schela, Schelaniter

1Mo	38,5	(Schua) gebar S. 11.14.26
	46,12	Söhne Judas: S. 4Mo 26,20; 1Ch 2,3; 4,21; 9,5; Neh 11,5

Schelach

1Mo	10,24	Arpachschad zeugte S., S. zeugte Eber 11,12.14; 1Ch 1,18.24; Lk 3,35

Schelef, *Schaleph*

1Mo	10,26	Joktan zeugte S. 1Ch 1,20

Schelemja

versch. Träger ds. Namens
Esr 10,39/ 10,41/ Neh 3,30/ 13,13/ Jer 36,14/ 36,26/ 37,3; 38,1/ 37,13

Schelesch

1Ch	7,35	Söhne seines Bruders Hotam: S.

Schelle

2Mo	28,33	an seinem Saum goldene S. 34; 39,25.26
2Sm	6,5	tanzten vor dem HERRN mit S.
Sa	14,20	auf den S. der Rosse „Heilig dem HERRN"
1Ko	13,1	so wäre ich eine klingende S.

Schelomi

4Mo	34,27	Ahihud, der Sohn S.

Schelomit, *Schelomith*

versch. Träger ds. Namens
3Mo 24,11/ 1Ch 3,19/ 23,18; 24,22 (= Schelomot)/ 26,25-28/ 2Ch 11,20/ Esr 8,10

schelten

1Mo	31,36	Jakob s. Laban: Was hab ich Übles getan
	37,10	s. ihn sein Vater: Was ist das für e. Traum
Rut	2,16	niemand s. sie darum
2Sm	22,16	aufgedeckt bei dem S. des HERRN Ps 18,16
Neh	5,7	ich s. die Vornehmen 13,11.17.25
Hi	26,11	entsetzen sich vor seinem S.
Ps	9,6	du s. die Heiden 119,21
	76,7	von deinem S. sinken in Schlaf Roß und
	104,7	vor deinem S. flohen sie
	106,9	er s. das Schilfmeer, da wurde es trocken
Pr	7,5	besser, das S. des Weisen zu hören als
Hl	8,1	niemand dürfte mich s.
Jes	17,13	er wird sie s., da werden sie fliehen
	50,2	mit meinem S. mache ich das Meer trocken Nah 1,4
	51,20	getroffen vom S. deines Gottes
	54,9	geschworen, daß ich nicht mehr s. will
	66,15	daß er vergelte mit S. in Feuerflammen
Hes	5,15	wenn ich Gericht ergehen lasse mit S.
Hos	4,1	der HERR hat Ursache, zu s. die im Lande
	4	niemand s... Priester habe ich zu s.
Sa	3,2	der HERR s. dich, du Satan
Wsh	2,12	er s. uns, weil wir sündigen
Tob	3,7	daß Sara von einer Magd ges. wurde
Sir	29,9	er bezahlt ihn mit Fluchen und S.
	35	er um der Bleibe willen ges. wird
	31,39	s. deinen Nächsten nicht beim Wein
Mt	11,20	da fing er an, die Städte zu s.
Mk	16,14	s. ihren Unglauben und ihres Herzens Härte
Lk	6,22	*so euch die Menschen hassen und s.*
Apg	23,4	*s. du den Hohenpriester Gottes*
1Ko	4,12	man s. uns, so segnen wir
1Ti	5,1	einen Alten s. nicht
1Pt	2,23	welcher nicht widerschalt, da er ges.
Jak	1,5	Gott, der niemanden s.

Scheltwort

Scheltwort
Spr 17,10 ein S. dringt tiefer als hundert Schläge
Sir 27,23 S. kann man sühnen
1Pt 3,9 vergeltet n. Böses mit Bösem oder S. mit S.

Schelumiël
4Mo 1,6 S., der Sohn Zurischaddais 2,12; 7,36.41; 10,19

Schema
Jos 15,26 ¹(Städte des Stammes Juda:) S. 19,2
1Ch 2,43 ²Söhne Hebrons: S. 44
  5,8 ³S., des Sohnes Joels (s.a. Schemaja)
  8,13 ⁴Beria und S. waren Sippenhäupter (s.a. Schimi)
Neh 8,4 ⁵standen neben (Esra) S.

Schemaa
1Ch 12,3 und Joasch, die Söhne S., des Gibeatiters

Schemaja
1Kö 12,22 zu S., dem Mann Gottes 2Ch 11,2; 12,5.7.12 weitere Träger ds. Namens
1Ch 3,22/ 4,37/ 5,4 (Schema 3)/ 9,14/ Neh 11,15/ 1Ch 9,16/ 15,8.11/ 24,6/ 26,4.6.7/ 2Ch 17,8/ 29,14/ 31,15/ 35,9/ Esr 8,13/ 8,16/ 10,21/ 10,31/ Neh 3,29/ 6,10/ 10,9/ 12,6.18/ 12,34/ 12,35/ 12,36/ 12,42/ Jer 26,20/ 29,24.31.32/ 36,12

Schemarja
1Ch 12,6 ¹(die aus Benjamin:) S.
2Ch 11,19 ²(Rehabeam nahm Mahalath.) Die gebar S.
Esr 10,32 ³(bei den Söhnen Harim:) S.
  10,41 ⁴(bei den Söhnen Binnui:) S.

Schemeber
1Mo 14,2 Krieg mit S., dem König von Zebojim

Schemed
1Ch 8,12 Söhne Elpaals: S.

Schemel
1Ch 28,2 Haus für den S. der Füße unseres Gottes
Ps 99,5 betet an vor dem S. seiner Füße 132,7
  110,1 bis ich deine Feinde zum S. deiner Füße mache Lk 20,43; Apg 2,35; Heb 1,13; 10,13
Jes 66,1 die Erde der S. meiner Füße Mt 5,35; Apg 7,49

Schemer
1Kö 16,24 ¹(Omri) kaufte den Berg Samaria von S.
1Ch 6,31 ²S., (des Sohnes Machlis)
  7,32 ³Heber zeugte S. 34

Schemida, Schemidaiter
4Mo 26,32 S., daher das Geschlecht der S. Jos 17,2; 1Ch 7,19

Schemiramot, *Schemiramoth*
1Ch 15,18 ¹Brüder der (Leviten): 20; 16,5; 2Ch 17,8
2Ch 17,8 ²(sandte er... lehren sollten) S.

Schemuël
4Mo 34,20 ¹S., der Sohn Ammihuds
1Ch 7,2 ²Söhne Tolas: S.

Schen
1Sm 7,12 zwischen Mizpa und S.

Schenazzar
1Ch 3,18 (Söhne Jechonjas:) S.

Schenk
1Mo 40,2 zornig gegen den Obersten über die S. 5.9. 13.20.21.23; 41,9

Schenkel
2Mo 12,9 es essen mit Kopf, S. und inneren Teilen
  28,42 Beinkleider, von den Hüften bis an die S.
  29,17 Eingeweide und S. waschen 3Mo 1,9.13; 4,11; 8,21; 9,14
3Mo 11,21 was oberhalb der Füße noch zwei S. hat
5Mo 33,20 Gad zerreißt S. und Scheitel
Hi 40,17 die Sehnen seiner S. sind dicht
Ps 147,10 hat kein Gefallen an der S. des Mannes
Jes 47,2 hebe die Schleppe, entblöße den S.
Dan 2,33 seine S. waren von Eisen 33

schenken
1Mo 23,11 ich s. dir den Acker und die Höhle darin
Est 8,1 s. der König Ester das Haus Hamans 7
Hi 6,22 hab ich denn gesagt: S. mir etwas
Spr 6,35 nimmt nichts an, wenn du viel s. wolltest
Hl 7,13 da will ich dir meine Liebe s.
Hes 46,17 wenn er einem seiner Großen etwas s.
Jdt 12,9 daß ihrem Volk die Freiheit ges. werde
Sir 1,20 Gott fürchten s. Weisheit in Fülle
  14,16 s. und laß dich beschenken
1Ma 10,60 Jonatan s. ihnen Gold
  89 dazu s. er ihm Ekron und sein Gebiet
2Ma 3,33 um seinetwillen dir der Herr das Leben ges.
  4,30 weil der König sie seiner Nebenfrau ges.
  32 gold. Geräte... er s. sie dem Andronikus
  15,16 das heilige Schwert, das dir Gott s.
Mt 2,11 s. ihm Gold, Weihrauch und Myrrhe
Lk 7,21 vielen Blinden s. er das Augenlicht
  42 nicht bezahlen konnten, s. er's beiden 43
Apg 3,14 darum gebeten, daß man euch den Mörder s.
  27,24 Gott hat dir ges. alle, die mit dir fahren
Rö 8,32 wie sollte er uns mit ihm nicht alles s.
1Ko 2,12 wissen können, was uns von Gott ges. ist
Gal 3,18 Gott hat es Abraham durch Verheißung ges.
Phm 1,3 daß ich euch ihre Gebete euch ges. werde
2Pt 1,3 alles hat uns seine göttliche Kraft ges.
  4 sind uns die teuren Verheißungen ges.

Scherbe
Hi 2,8 nahm eine S. und schabte sich
Ps 22,16 meine Kräfte sind vertrocknet wie eine S.
Jes 30,14 so daß man nicht eine S. findet

Jes 45,9 eine S. unter irdenen S.
Hes 23,34 mußt danach die S. ausschlürfen
Sir 22,7 wer einen Narren lehrt, der leimt S.

Scherbentor

Jer 19,2 Tal Ben-Hinnom, das vor dem S. liegt

Schere

2Ch 4,21 die S. waren golden

Scherebja

Esr 8,18 brachten einen klugen Mann... S. 24; Neh 8,7; 9,4.5; 10,13; 12,8.24

scheren

1Mo 31,19 war gegangen, seine Herde zu s. 38,12.13; 1Sm 25,2.4
41,14 (Josef) ließ sich s.
3Mo 13,33 soll sich s... daß er die Stelle nicht s.
21,5 sollen keine Glatze s. auf ihrem Haupt
4Mo 6,9 soll sein Haupt s. 18
5Mo 14,1 sollt euch nicht kahl s. über den Augen
15,19 sollst nicht s. die Erstlinge
Ri 16,17 wenn ich ges. würde 22
2Sm 14,26 wenn man sein Haupt s.
1Ch 19,4 nahm die Gesandten Davids und s. sie
Hi 1,20 Hiob s. sein Haupt
Hl 4,2 deine Zähne wie eine Herde ges. Schafe
Jes 7,20 zu der Zeit wird der Herr das Haupt s.
Jer 2,16 s. dir den Kopf kahl
16,6 niemand wird sich ihretwegen kahl s.
Hes 7,18 alle Köpfe werden kahl ges. 27,31
44,20 ihr Haupt sollen sie nicht kahl s.
Apg 18,18 zuvor ließ er sich sein Haupt s.
21,24 trage die Kosten, daß sie ihr Haupt s. können
1Ko 11,5 es ist gerade so, als wäre sie ges.
6 für die Frau eine Schande, daß sie ges. ist

Scherer

1Sm 25,11 Fleisch, für meine S. geschlachtet
Jes 53,7 Schaf, das verstummt vor seinem S. Apg 8,32

Scheresch

1Ch 7,16 Peresch. Und sein Bruder hieß S.

Scherflein

Mk 12,42 legte zwei S. ein Lk 21,2

Schermesser

4Mo 6,5 soll kein S. über sein Haupt fahren Ri 13,5; 1Sm 1,11
Ri 16,17 ist nie ein S. auf mein Haupt gekommen
Ps 52,4 deine Zunge wie ein scharfes S.
Jes 7,20 wird den Bart abnehmen durch das S.
Hes 5,1 nimm ein scharfes Schwert als S.

Scherz

Hab 1,10 alle Festungen werden ihnen ein S. sein
Sir 8,5 treibe nicht S. mit einem Ungebildeten

scherzen

1Mo 26,8 Isaak s. mit Rebekka, seiner Frau
Spr 26,19 spricht: Ich habe nur ges.
Sir 9,13 s. nicht mit ihr beim Wein
10,11 eine leichte Krankheit – der Arzt s.

Scheschach

Jer 25,26 der König von S. soll nach ihnen trinken
51,41 wie ist S. gefallen

Scheschai

4Mo 13,22 S., die Söhne Anaks Jos 15,14; Ri 1,10

Scheschan

1Ch 2,31 der Sohn Jischis ist S. Der Sohn S. 34.35

Scheschbazar

Esr 1,8 S., dem Fürsten Judas 11; 5,14.16

Schetar, *Schethar*

Est 1,14 Karschena, S., die sieben Fürsten

Schetar-Bosnai, *Schethar-Bosnai*

Esr 5,3 kamen Tatnai und S. 6; 6,6.13

scheu, Scheu

Hi 29,8 sahen mich und verbargen sich s.
Ps 27,12 tun mir Unrecht ohne S.
Jes 7,25 aus S. vor Dornen und Disteln
Sa 12,4 will ich alle Rosse s. machen
1Ma 1,23 (Antiochus) ging ohne S. in das Heiligtum
Phl 1,14 kühner geworden, das Wort zu reden ohne S.
Kol 3,21 eure Kinder, damit sie nicht s. werden
Heb 12,28 laßt uns Gott dienen mit S. und Furcht
Jud 12 sie sind Schandflecken, prassen ohne S.

scheuchen

Nah 2,12 niemand wagte sie zu s.

scheuen

5Mo 1,17 sollt vor niemand euch s. 18,22
32,27 wenn ich nicht den Spott der Feinde ges.
Esr 9,6 mein Gott, ich schäme mich und s. mich
Hi 24,16 s. alle das Licht
30,10 sie s. sich nicht... auszuspeien
32,6 hab mich ges., mein Wissen kundzutun
Ps 22,24 vor ihm s. euch, ihr vom Hause Israel
33,8 vor ihm s. sich alles
36,5 und s. kein Arges
38,12 meine Freunde s. zurück vor meiner Plage
119,120 wende von mir die Schmach, die ich s.
Spr 14,16 ein Weiser s. sich und meidet das Böse
Pr 8,12 wohlgehen denen, die sein Angesicht s.
9,2 so geht's auch dem, der den Eid s.
Jes 57,11 wen hast du ges.
Jer 3,8 s. sich dennoch das treulose Juda nicht
Dan 5,19 s. sich vor ihm alle Völker
6,27 daß man den Gott Daniels s. soll
Mal 2,5 daß er mich fürchtete und meinen Namen s.

scheuen

Wsh	2,10	nicht s. vor dem altersgrauen Haar
	6,8	niemand begünstigen noch... s.
	12,11	nicht darum, weil du jemand ges. hättest
Tob	7,12	s. dich nicht... deine Tochter zu geben
Sir	8,19	er s. sich nicht, Blut zu vergießen
	15,13	wer ihn fürchtet, der s. sich davor 21,24
	23,26	es ist finster; was soll ich s.
	27	der s. nur die Augen der Menschen
	26,5	vor drei Dingen s. sich mein Herz
Mt	21,37	sie werden sich vor meinem Sohn s. Mk 12,6; Lk 20,13
Lk	18,2	der s. sich vor keinem Menschen 4
Heb	12,9	so wir unsre Väter haben ges.

scheuern

3Mo	6,21	ein kupferner Topf, so soll man ihn s.

Scheune

Hi	39,12	trauen, daß er in deine S. sammelt
Spr	3,10	so werden deine S. voll werden
Jo	1,17	die S. zerfallen
Hag	2,19	ob noch d. Same in der S. dahinschwindet
Sir	1,21	(Weisheit) erfüllt die S. mit ihren Schätzen
Mt	3,12	wird seinen Weizen in die S. sammeln Lk 3,17
	6,26	sie sammeln nicht in die S. Lk 12,24
	13,30	den Weizen sammelt mir in meine S.
Lk	12,18	meine S. abbrechen und größere bauen

Scheusal

Hes	7,20	haben Bilder ihrer Götzen, ihrer S.

scheußlich

Hes	8,10	da waren Bilder von s. Getier
Wsh	16,3	wegen des s. Anblicks der Tiere

Schewa

2Sm	20,25	S. war Schreiber
1Ch	2,49	(Maacha, die Nebenfrau Kalebs) gebar S.

Schibbolet, *Schibboleth*

Ri	12,6	ließen sie ihn sprechen: S.

Schicht

1Kö	6,36	den Vorhof von drei S. Steine und einer S. Zedernbalken 7,12; Esr 6,4

schichten

Hes	24,5	s. Holzscheite darunter

schicken

1Mo	27,45	dann will ich s. und dich holen lassen
	32,4	Jakob s. Boten vor sich her
	38,25	s. (Tamar) zu ihrem Schwiegervater
3Mo	16,10	den Bock zu Asasel in die Wüste s.
4Mo	5,2	daß sie aus dem Lager s. alle Aussätzigen
	31,4	je tausend sollt ihr in das Heer s. 6
5Mo	28,48	deinem Feinde, den der HERR s. wird
	49	wird ein Volk über dich s. von ferne
	32,24	will der Tiere Zähne unter sie s.
Ri	18,21	sie s. die Frauen und Kinder vor sich her

2Sm	17,14	so s. es der HERR, daß der kluge Rat
1Kö	15,19	darum s. ich dir ein Geschenk 2Kö 12,19; 2Ch 16,3
2Kö	4,22	s. mir einen der Knechte
	5,7	bin ich denn Gott, daß er zu mir s.
	10,7	sie s. (die Köpfe) zu Jehu
Esr	8,17	s. sie zu Iddo
Est	9,22	den Armen Gaben s.
Ps	78,45	als er Ungeziefer unter sie s.
	144,6	s. deine Pfeile und jage sie dahin
Jes	16,1	s. dem Landesherrn die Lämmer von Sela
	43,14	um euretwillen habe ich nach Babel ges.
Jer	9,15	will das Schwert hinter ihnen her s. 24,10; 25,16.27; 29,17; 49,37; Hes 5,17; 14,13.19.21; 28,7.23; Am 4,10
	16	nach denen, die klagen können
	14,3	die Großen s. ihre Leute nach Wasser
	26,22	Jojakim s. Leute nach Ägypten
	27,3	s. Botschaft zum König von Edom
	29,28	hat er doch zu uns nach Babel ges.
	48,12	daß ich ihnen Küfer s. will
	51,2	will Worfler nach Babel s.
Hes	17,15	daß man ihm Kriegsvolk s. sollte
	23,16	s. Boten nach Chaldäa 40
Hos	5,13	Ephraim s. zum König Jareb
Jo	2,19	will euch Wein und Öl die Fülle s.
	25	mein großes Heer, das ich unter euch s.
Am	1,4	ich will ein Feuer s. 7.10.12; 2,2.5
	8,11	daß ich einen Hunger ins Land s. werde
Mal	2,2	werde ich den Fluch unter euch s.
Jdt	3,1	da s. die Könige ihre Boten
	6,5	ich will dich jetzt zu ihnen s.
Wsh	12,25	darum hast du ihnen eine Strafe ges.
	16,18	Tiere, gegen die Gottlosen ges. worden
Tob	10,5	warum haben wir dich auf die Reise ges.
	9	ich will einen Boten zu Tobias s.
	12,14	hat mich der Herr ges., um dich zu heilen
Sir	15,9	es s. sich nicht für den Gottlosen
Bar	4,9	Gott hat mir großes Leid ges.
1Ma	3,35	sollte ein Heer gegen sie s. 7,9; 8,10; 12,49; 15,26; 2Ma 5,24
	7,10	sie s. Boten zu Judas 27; 13,21
	41	als... lästerten, s. du einen Engel
	8,7	dazu mußte er den Römern Geiseln s. 13,19
2Ma	4,19	s... als Zuschauer... weil sich das nicht s.
	6,23	s. mich nur immer unter die Erde
	8,11	s. in die Städte, jüd. Sklaven kaufen
	10,5	Gott s. es, daß der Tempel gereinigt
	14,27	er sollte Makkabäus nach Antiochia s.
	15,8	Sieg, den der Allmächtige s. wurde
	23	s. einen guten Engel vor uns her
StE	7,1	Gott hat das alles ges.
Mt	2,8	s. (die Weisen) nach Bethlehem und sprach
	14,35	die Leute s. Botschaft in das ganze Land
	26,53	daß er mir mehr als 12 Legionen Engel s.
	27,19	seine Frau s. zu ihm
Mk	3,31	seine Brüder s. zu ihm und ließen ihn rufen
Lk	14,32	s. er eine Gesandtschaft, solange jener noch
	15,15	der s. ihn, die Säue zu hüten
	19,14	Bürger s. eine Gesandtschaft hinter ihm her
Jh	5,33	ihr habt zu Johannes ges., und er hat die Wahrheit bezeugt
Apg	11,30	sie s. (die Gabe) zu den Ältesten
	17,10	die Brüder s. Paulus und Silas nach Beröa
	25,27	erscheint mir unsinnig, einen Gefangenen zu s.
1Ko	7,11	*daß der Mann die Frau nicht von sich s.*
Off	3,9	werde s. einige aus der Synagoge des Satans

schicklich

1Ti	2,9	daß die Frauen in s. Kleidung sich schmücken

Schicksal

2Ma	5,17	dem S. der heiligen Stätte gleichgültig

Schiedsmann

Hi	9,33	daß es doch zwischen uns einen S. gäbe

Schiene

1Sm	17,6	(Goliat) hatte eherne S. an seinen Beinen

schier

Jer	20,9	wie Feuer... ich wäre s. vergangen

schießen

5Mo	32,23	will alle meine Pfeile auf sie s. Hes 5,16
1Sm	20,20	will nach seiner Seite 3 Pfeile s. 36.37
2Sm	11,20	daß von der Mauer ges. wird 24
	22,15	er s. seine Pfeile Ps 18,15
1Kö	22,34	ein Mann s. den König zwischen Panzer und Wehrgehänge 2Kö 9,24; 2Ch 18,33
2Kö	3,25	Schleuderer umringten die Stadt und s. auf sie
	9,27	sie s. auf ihn auf der Höhe von Gur
	13,17	Elisa sprach: S.! Und er s.
1Ch	12,2	geschickt, Pfeile zu s. 2Ch 14,7; 26,15
2Ch	35,23	die Schützen s. auf den König Josia
Ps	11,2	damit heimlich zu s. auf die Frommen 64,5
	64,5	plötzlich s. sie auf ihn ohne alle Scheu
Spr	26,18	wie ein Unsinniger, der mit Pfeilen s.
Jer	9,2	sie s. mit ihren Zungen lauter Lüge
	50,14	s. nach ihr, spart nicht an Pfeilen
	51,3	ihre Schützen sollen nicht s.
Klg	3,13	hat mir seine Pfeile in die Nieren ges.
1Ma	10,81	s. Pfeile auf das Kriegsvolk 2Ma 10,30
Off	12,15	die Schlange s. nach dem Weibe Wasser 16

Schiff

1Mo	49,13	wird wohnen am Gestade der S.
4Mo	24,24	S. aus Kittim Dan 11,30
5Mo	28,68	dich mit S. wieder nach Ägypten führen
Ri	5,17	warum dient Dan auf den fremden S.
1Kö	9,26	Salomo baute S. in 2Ch 20,36.37
	27	Hiram sandte auf die S. seine Leute 10,11.22; 22,50; 2Ch 8,18; 9,21
Hi	9,26	sind dahingefahren wie schnelle S.
Ps	48,8	zerbricht die großen S. durch den Sturm
	104,26	dort ziehen S. dahin
	107,23	die mit S. auf dem Meere fuhren
Spr	30,19	des S. Weg mitten im Meer
Jes	2,16	(der Tag wird kommen) über alle S.
	18,2	(weh dem Lande,) das in leichten S. fährt
	33,21	kein S., kein stolzes S. dahinziehen kann
Hes	27,29	werden von ihren S. herabsteigen
	30,9	werden Boten ausziehen in S.
Dan	11,40	wird mit vielen S. gegen ihn anstürmen
Jon	1,3	als er S. fand, das nach Tarsis 4.5
Wsh	5,10	wie ein S., das dahinfährt
	14,1	morscher als das S., auf dem er fährt
	4	damit man ein Sch. besteigen kann
Sir	33,2	ein Heuchler treibt umher wie ein S. im Sturm
1Ma	1,18	zog nach Ägypten mit vielen S.
	8,26	brauchen nicht S. zu liefern 28
	11,1	der König brachte viele S. 2Ma 14,1
	13,29	neben den Harnischen in Stein gehauene S.
	14,5	schuf eine Zufahrt für die S.
	15,37	Tryphon flüchtete auf einem S.
2Ma	5,21	daß man auf dem Land mit S. fahren könnte
	12,9	er verbrannte den Hafen und alle S.
Mt	4,21	*sah er zwei Brüder im S. 22; Mk 1,19.20; Lk 5,2*
	8,23	*(Jesus) trat in das S. 9,1; 13,2; 14,13.22.32; 15,39; Mk 4,1.36.38; 5,2.18.21; 6,32.45.47.51.54; 8,10.13.14; Lk 5,3; 8,22.37; Jh 6,17.19.21-24; 21,3*
	24	*daß das S. mit Wellen bedeckt ward 14,24; Mk 4,37; Lk 8,23*
	14,29	*Petrus trat aus dem S. 33*
Lk	5,3	*er lehrte das Volk aus dem S.*
	7	*sie füllten beide S. voll 11; Jh 21,6.8*
Apg	13,4	*kamen sie zu S. nach Zypern*
	14,26	*von da fuhren sie mit dem S. nach Antiochia 20,6.13; 21,6; 27,2; 28,11*
	20,3	*als er zu S. nach Syrien fahren wollte*
	38	*sie geleiteten ihn auf das S. 21,6*
	21,2	*ein S. fanden, das nach Phönizien fuhr 27,6*
	3	*dort sollte das S. die Ware ausladen*
	27,10	*mit Schaden für das S. 15.17.22.29.38.39.41*
	30	*die Schiffsleute vom S. zu fliehen suchten 31*
	37	*wir waren alle zusammen im Schiff 276*
	44	*einige auf dem, was noch vom S. da war*
Jak	3,4	*siehe, auch die S.*
Off	8,9	*der dritte Teil der S. wurde vernichtet*
	18,19	*reich geworden, die S. auf dem Meer hatten*

Schiffahrt

Apg	27,9	die S. bereits gefährlich wurde

Schiffbruch

2Ko	11,25	dreimal habe ich S. erlitten
1Ti	1,19	haben einige am Glauben S. erlitten

Schifflein

Mk	3,9	*daß sie ihm ein S. bereithielten*

Schiffsgerät

Apg	27,19	warfen mit eigenen Händen das S. hinaus

Schiffsherr

Jon	1,6	da trat zu ihm der S.
Apg	27,11	*der Hauptmann glaubte dem S. mehr*
Off	18,17	*alle S. und Steuerleute standen fernab*

Schiffsleute

1Kö	9,27	gute S. und auf dem Meer erfahren
Hes	27,9	ihre S. fanden sich bei dir ein
	27	daß deine S. umkommen werden 29
Jon	1,5	die S. fürchteten sich und schrien
Apg	27,27	*wähnten die S., sie kämen an ein Land*
	30	*als die S. zu fliehen suchten*

Schifi, *Schiphi*

1Ch	4,37	S., des Sohnes Allons

Schifmiter

Schifmiter, *Schiphmiter*
1Ch 27,27 Sabdi, der S.

Schifra, *Schiphra*
2Mo 1,15 Hebammen, von denen die eine S. hieß

Schiftan, *Schiphtan*
4Mo 34,24 Kemuël, der Sohn S.

Schihor
Jos 13,3 S., der vor Ägypten fließt 1Ch 13,5; Jes 23,3

Schikkaron
Jos 15,11 zieht sich nach S. (die Grenze von Juda)

Schild
1Mo 15,1 bin dein S. und dein sehr großer Lohn
5Mo 33,29 durch den HERRN, der deiner Hilfe S. ist
Ri 5,8 es war kein S. noch Speer zu sehen
2Sm 1,21 daselbst ist der Helden S. verworfen
8,7 David nahm die goldenen S. 1Ch 18,7
22,3 Gott ist mein S. und Berg Ps 18,3
31 ein S. allen, die ihm vertrauen Ps 18,31; 144,2; Spr 30,5
36 du gibst mir den S. deines Heils Ps 18,36
1Kö 10,16 200 S... 600 Lot Gold zu einem S. 17; 2Ch 9,15.16
14,26 nahm auch goldenen S. 2Ch 12,9
27 an ihrer Statt kupferne S. 2Ch 12,10
28 trug die Leibwache die S.
2Kö 11,10 der Priester gab den Hauptleuten die S. 2Ch 11,12; 23,9
19,32 soll mit keinem S. davorkommen Jes 37,33
1Ch 5,18 die S. und Schwert führen konnten 12,9.25. 35; 2Ch 14,7; 17,17; 25,5
2Ch 26,14 Usija beschaffte S., Spieße 32,5.27
Neh 4,10 die andere Hälfte hielt Spieße, S.
Hi 41,7 stolz stehen sie wie Reihen von S.
Ps 3,4 du, HERR, bist der S. für mich 119,114
5,13 deckest sie mit Gnade wie mit einem S.
7,11 Gott ist der S. über mir
28,7 der HERR ist meine Stärke und mein S.
33,20 er ist uns Hilfe und S. 115,9-11
35,2 ergreife S. und Waffen
59,12 zerstreue sie, Herr, unser S.
76,4 zerbricht er S., Schwert und Streitmacht
84,10 Gott, unser S., schaue doch
12 Gott der HERR ist Sonne und S.
89,19 dem HERRN gehört unser S.
91,4 seine Wahrheit ist Schirm und S.
Hl 4,4 an der 1.000 S. hangen, S. der Starken
Jes 21,5 ihr Fürsten, salbt den S.
22,6 Kir läßt seine S. glänzen
Jer 46,9 die aus Put, die den S. führen 51,11
Hes 23,24 werden dich belagern mit S. und Helmen
27,10 ihre S. hängten sie bei dir auf 11
32,27 ihre S. über ihre Gebeine gedeckt
38,4 die kleine und große S. tragen 5
39,9 werden verbrennen kleine und große S.
Nah 2,4 die S. seiner Starken sind rot
Jdt 4,12 die sich auf S., Wagen und Reiter verließen
5,14 wohin sie zogen ohne S. und Schwert
Wsh 5,20 er wird Heiligkeit ergreifen als S.
Sir 29,17 besser als S. oder Spieß

Sir 34,19 er ist ein gewaltiger S.
37,5 verstecken sie sich hinter dem S.
1Ma 4,57 schmückten die Vorderseite mit S.
6,2 daß im Tempel S. aufbewahrt
39 als die Sonne auf die S. schien
14,24 um einen goldenen S. zu bringen 15,18.20
2Ma 5,3 man sah eine Bewegung von S.
15,11 nicht durch Spieß oder S. sicher waren
Eph 6,16 vor allen Dingen ergreift den S. des Glaubens

Schilddach
Hes 26,8 wird ein S. gegen dich erstellen

Schildträger
1Sm 17,7 sein S. ging vor ihm her 41

Schildwache
Ri 7,11 ging Gideon bis an den Ort der S.

Schilf
2Mo 2,3 setzte das Kästlein in das S. am Ufer 5
Hi 8,11 kann S. wachsen ohne Wasser
Ps 68,31 bedrohe das Tier im S.
Jes 19,6 daß Rohr und S. verwelken
35,7 wo Schakale gelegen, soll S. stehen
58,5 seinen Kopf hängen läßt wie S.
Jon 2,6 S. bedeckte mein Haupt

Schilfmeer
2Mo 10,19 warf (die Heuschrecken) ins S.
13,18 führte (das Volk) durch die Wüste zum S. 15,22; 4Mo 14,25; 21,4; 33,10.11; 5Mo 1,40; 2,1; Ri 11,16
15,4 seine Streiter versanken im S. 5Mo 11,4
23,31 will deine Grenze festsetzen von dem S.
Jos 2,10 das Wasser im S. ausgetrocknet 4,23; 24,6; Ps 106,9
1Kö 9,26 Salomo baute Schiffe am Ufer des S.
Neh 9,9 hast ihr Schreien am S. erhört
Ps 106,7 unsre Väter waren ungehorsam am S. 22
136,13 der das S. teilte in zwei Teile 15
Jer 49,21 ihr Geschrei wird man am S. hören

Schilhi
1Kö 22,42 Asuba, eine Tochter S. 2Ch 20,31

Schilhim (= Schaarajim; Scharuhen)
Jos 15,32 (Städte des Stammes Juda:) S.

Schillem, Schillemiter
1Mo 46,24 Söhne Naftalis: S. 4Mo 26,49; 1Ch 7,13

Schilscha
1Ch 7,37 (Söhne Zofachs:) S.

Schima
1Ch 8,32 ¹Miklot zeugte S. 9,38
6,15 ²(Usa,) dessen Sohn war S.
6,24 ³S., (des Sohnes Michaels)

Schimat, *Schimath, Schimat(h)iter*

| 2Kö | 12,22 | Josachar, der Sohn S. 2Ch 24,26 |
| 1Ch | 2,55 | die Geschlechter der Schreiber sind die S. |

Schimi, Schimiter

2Mo	6,17	[1]die Söhne Gerschons: S. 4Mo 3,18.21; 1Ch 6,2; 23,7.10; Sa 12,13
1Kö	1,8	[2]S. und Reï und die Helden Davids 4,18
1Ch	4,26	[3]Söhne Mischmas: S. 27
	5,4	[4]Gog, dessen Sohn war S. weitere Träger ds. Namens 2Sm 16,5.7.13; 19,17.19.22.24; 1Kö 2,8.36. 38-42.44; 1Ch 3,19; 6,14/ 6,27/ 8,21 (= Schema 4)/ 23,9/ 25,3.17/ 27,27/ 2Ch 29,14/ 31,12.13/ Esr 10,23/ 10,33/ 10,38/ Est 2,5/ StE 6,1/ Lk 3,26

schimmern

| Ps | 68,14 | wie Flügel, die wie Silber und Gold s. |
| 2Ma | 5,3 | man sah das S. von goldenen Rüstungen |

Schimon

| 1Ch | 4,20 | die Söhne S.: Amnon und Rinna |

Schimpf

1Sm	20,34	daß ihm sein Vater solchen S. antat
Ps	71,13	mit S. und Schande überschüttet werden
2Ma	6,25	das wäre für mein Alter S. und Schande

schimpflich

Spr	13,5	der Gottlose handelt s. und schändlich
Jer	48,39	haben sie s. den Rücken gewandt
Wsh	2,20	wir wollen ihn zu s. Tod verurteilen
2Ma	11,12	Lysias floh s. und entkam

Schimrat, *Schimrath*

| 1Ch | 8,21 | S... Söhne Schimis |

Schimri

1Ch	4,37	[1]S., des Sohnes Schemajas
	11,45	[2]Jediaël, der Sohn S.
	26,10	[3]Söhne Hosas: S.
2Ch	29,13	[4]aus den Söhnen Elizafan S.

Schimron, Schimroniter

| 1Mo | 46,13 | [1]Söhne Issachars: S. 4Mo 26,24; 1Ch 7,1 |
| Jos | 11,1 | [2]Jabin sandte zum König von S. 19,15 |

Schimron-Meron

| Jos | 12,20 | der König von S. |

Schimschai

| Esr | 4,8 | der Schreiber S. 9.17.23 |

Schinab

| 1Mo | 14,2 | Krieg mit S., dem König von Adma |

Schinar

1Mo	10,10	Babel im Lande S. 11,2; Dan 1,2; Sa 5,11
	14,1	zu der Zeit des Königs Amrafel von S. 9
Jes	11,11	der übriggeblieben ist in S.

schinden

5Mo	28,33	wirst ges. werden dein Leben lang
Ri	15,16	mit eines Esels Kinnbacken hab ich sie ges.
Am	4,1	die ihr s. die Armen
2Ko	11,20	ihr ertraget's, wenn euch jemand s.

Schinder

| Jes | 49,26 | ich will deine S. sättigen |

Schion

| Jos | 19,19 | (Issachar... sein Gebiet war) S. |

Schirm

Ps	32,7	du bist mein S.
	91,1	wer unter dem S. des Höchsten sitzt
	4	seine Wahrheit ist S. und Schild

schirmen

| Hes | 28,14 | warst ein glänzender, s. Cherub 16 |
| Nah | 1,8 | er s. sie, wenn die Flut überläuft |

Schisa

| 1Ch | 11,42 | Adina, der Sohn S. |

Schischa

(= Schawscha; Scheja; s.a. Seraja)

| 1Kö | 4,3 | die Söhne S., waren Schreiber |

Schischak

| 1Kö | 11,40 | Jerobeam floh zu S., König von Ägypten |
| | 14,25 | zog S. gegen Jerusalem 2Ch 12,2.5.7.9 |

Schitrai

| 1Ch | 27,29 | S., der Scharoniter |

Schittim

4Mo	25,1	Israel lagerte in S. 33,49; Jos 2,1; 3,1
Hos	5,2	(seid geworden) eine tiefe Grube zu S.
Jo	4,18	eine Quelle wird das Tal S. bewässern
Mi	6,5	wie du hinüberzogst von S. nach Gilgal

Schlacht

4Mo	31,27	die Hälfte denen, die die S. geschlagen
Jos	10,10	daß sie eine große S. schlugen 20; 2Sm 18,7; 1Kö 20,21
1Sm	4,16	bin heute aus der S. geflohen 2Sm 1,4
2Sm	1,1	als David aus der S. zurückgekommen
1Kö	20,14	wer soll die S. beginnen? Er sprach: Du 39
Spr	21,31	Rosse werden gerüstet zum Tage der S.
Jes	10,26	wie ihn die S. Midians am Rabenfelsen
	30,25	Ströme fließen zur Zeit der großen S.
Jer	8,6	ein Hengst, der in der S. dahinstürmt
Am	1,14	Kriegsgeschrei erhebt am Tage der S.

Schlacht

Sa	14,3	wie er zu kämpfen pflegt am Tage der S.
Jdt	14,3	um den Feldherrn zur S. zu wecken
Wsh	12,9	die Gottlosen in einer S. zu unterwerfen
Sir	40,6	erschrickt, als fliehe er aus der S.
1Ma	4,17	es steht uns noch eine S. bevor
	21	sahen sie Judas, gerüstet zur S. 5,39; 12,28
	9,17	es kam zu einer blutigen S.
	44	auf, rüstet euch zur S. 12,50
	16,9	in dieser S. wurde Judas verwundet
2Ma	8,20	als nur 8.000 Juden in die S. zogen
	10,29	als die S. am heftigsten war
	11,13	als er über die S. nachdachte
	13,22	dann griff er an und verlor die S.
	15,9	S., die sie früher gewonnen
	28	als nun die S. beendet war
Heb	7,1	*da er von der Könige S. wiederkam*

Schlachtbank

Spr	7,22	wie ein Stier zur S. geführt wird
	24,11	entzieh dich n. denen, die zur S. wanken
Jes	14,21	richtet die S. zu für seine Söhne
	53,7	wie ein Lamm, das zur S. geführt wird Jer 11,19
Jer	48,15	seine Mannschaft muß zur S.
	50,27	führt sie hinab zur S. 51,40

schlachten

1Mo	22,10	faßte das Messer, daß er seinen Sohn s.
	37,31	Josefs Rock und s. einen Ziegenbock
	43,16	s. und richte zu, die sollen essen
2Mo	12,6	da soll es die ganze Gemeinde Israel s.
	21	s. das Passa 5Mo 16,2.4-6
	21,37	wenn jemand ein Schaf stiehlt und s.'s
	29,11	sollst den Stier s. vor dem HERRN 16.20.36; 3Mo 1,5.11; 4,4.15
3Mo	3,2	soll es s. vor der Tür der Stiftshütte 8.13
	4,24	ihn s. an der Stätte, wo man die Brandopfer s. 29.33; 6,18; 7,2; 14,13
	8,15	Mose s. (den Stier) 19.23
	9,8	Aaron s. als Sündopfer 15; 16,11.15
	12	danach s. er das Brandopfer 14,19
	18	danach s. er... als Dankopfer
	14,5	soll gebieten, den Vogel zu s. 6.50.51
	25	(soll) das Lamm des Schuldopfers s.
	17,3	wer einen Stier s. im Lager 5
	22,28	nicht mit seinem Jungen an einem Tage s.
4Mo	11,22	kann man so viele Schafe s.
	19,3	soll (eine rötliche Kuh) s. lassen
5Mo	12,15	doch darfst du s. und Fleisch essen 21
	28,31	dein Rind wird vor deinen Augen ges.
1Sm	14,32	nahmen Schafe und Rinder und s. sie 34
		s. den Stier und brachten ihn. Knaben
	25,11	Fleisch, das ich für meine Scherer ges.
	28,24	hatte ein gemästetes Kalb, das s. sie
1Kö	1,9	Josia wird s. die Priester 23,20
1Ch	18,2	Ahab ließ für ihn Schafe und Rinder s.
	29,22	da s. sie die Rinder... s. die Lämmer 24
	30,15	sie s. das Passa 17; 35,1.6.11; Esr 6,20
Spr	9,2	(die Weisheit) hat ihr Vieh ges.
	17,1	besser als ein Haus voll Ges. mit Streit
Jes	22,13	aber siehe da, lauter... Schafe s.
	34,6	der HERR hält ein S. in Bozra
	66,3	wer einen Stier s., gleicht dem, der
Jer	12,3	reiß sie weg wie Schafe zum S. 25,34
	33,18	niemals fehlen an einem, der Opfer s.
Klg	2,21	hast ohne Erbarmen ges.
Hes	16,21	daß du meine Kinder s. 23,39
	21,15	geschärft, daß es s. soll 20.33

Hes	34,3	ihr s. das Gemästete
	39,17	Schlachtopfer, das ich euch s. 19
	40,39	standen Tische, auf denen man s. 41.42
	44,11	(die Leviten) sollen für das Volk s.
Sa	11,5	ihre Käufer s. sie
Jdt	11,11	haben vor, ihr Vieh zu s.
Tob	7,9	danach ließ Raguël einen Widder s. 8,21
Sir	34,24	der den Sohn vor den Augen des Vaters s.
Mt	22,4	meine Ochsen und mein Mastvieh ist ges.
Lk	15,23	bringt das gemästete Kalb und s.'s 27.30
Jh	10,10	ein Dieb kommt nur, um zu stehlen, zu s.
Apg	10,13	steh auf, Petrus, s. und iß 11,7
2Pt	2,12	Tiere, dazu geboren, daß sie ges. werden
Off	5,6	ein Lamm stehen, wie ges. 9.12; 13,8

Schlächter

Jer	46,20	es kommt von Norden der S.

Schlachtopfer

2Mo	10,25	willst du uns denn S. mitgeben
	18,12	Jitro brachte Gott ein S. dar
3Mo	7,12	sollen außer dem S... Kuchen opfern
	17,8	wer ein S. darbringt 23,37; 4Mo 15,3.5
5Mo	12,6	dorthin sollt ihr bringen eure S. 11.27
	18,3	Recht an die, die ein S. darbringen
	32,38	die das Fett ihrer S. essen sollten
Jos	22,26	einen Altar bauen, nicht zum S. 27-29
1Sm	2,29	warum tretet ihr denn mit Füßen meine S.
	3,14	nicht gesühnt werden solle, weder mit S.
	6,15	opferten am selben Tage Brandopfer und S.
	15,22	daß der HERR Gefallen habe am S.
2Kö	10,24	(Baals Diener) kamen, um S. darzubringen
	16,15	das Blut der S. sollst du daran sprengen
1Ch	29,21	opferten... S. für ganz Israel 2Ch 29,31
2Ch	7,1	fiel Feuer vom Himmel und verzehrte die
Ps	40,7	S. gefallen dir nicht 51,18; Jer 6,20
Jes	19,21	die Ägypter werden ihm dienen mit S.
	43,23	noch mich geehrt mit deinen S.
	56,7	ihre S. sollen mir wohlgefällig sein
Jer	7,21	tut eure Brandopfer zu euren S.
	22	habe nichts gesagt noch geboten von S.
	17,26	sollen kommen, die da bringen S.
	46,10	sie müssen Gott ein S. werden
Hes	39,17	kommt zu meinem S., einem großen S. 19
	40,42	Geräte, mit denen man s. schlachtet
	44,11	sollen das S. für das Volk schlachten
	46,24	in denen die Tempeldiener das S. kochen
Dan	9,27	wird er S. und Speisopfer abschaffen
Hos	9,4	S. werden ihm nicht wohlgefällig sein
Am	4,4	bringt eure S. am Morgen
	5,25	habt ihr mir in der Wüste S. geopfert
Ze	1,7	der HERR hat ein S. zubereitet 8
StD	3,14	wir haben jetzt weder Brandopfer noch S.
Mk	12,33	das ist mehr als alle Brandopfer und S.

Schlachtordnung

1Ma	6,33	der König stellte es in S. auf 9,11; 16,7
2Ma	5,3	man sah... in S. aufeinandertreffen

Schlachtreihe

1Sm	17,21	hatten sich aufgestellt, S. gegen S. 48

Schlachtschaf

Ps	44,12	du gibst uns dahin wie S.
	23	um deinetwillen geachtet wie S.

schlafen

Sa	11,4	hüte die S. 7
Rö	8,36	wir sind geachtet wie S.

Schlachtschwert

Hes	21,19	wird kommen ein S., ein großes S.

Schlachttag

Jak	5,5	ihr habt eure Herzen gemästet am S.

Schlachttier

3Mo	17,5	sollen ihre s. dem HERRN bringen

Schlachtung

Jes	34,2	der HERR wird sie zur S. dahingeben
	65,12	daß ihr euch alle zur S. hinknien müßt
Apg	8,32	wie ein Schaf, das zur S. geführt wird

Schlacke

Ps	119,119	schaffst alle Gottlosen weg wie S.
Spr	25,4	man tue die S. vom Silber
Jes	1,22	dein Silber ist S. geworden
	25	will mit Lauge ausschmelzen, was S. ist
Hes	22,18	das Haus Israel ist mir zu S. geworden 19

Schlaf

1Mo	2,21	ließ einen S. fallen auf den Menschen
	15,12	fiel ein tiefer S. auf Abram
	28,16	als Jakob von seinem S. aufwachte
	31,40	kein S. kam in meine Augen
3Mo	15,16	wenn im S. der Same abgeht 32; 22,4
Ri	4,21	(Sisera) war in einen tiefen S. gesunken
	16,14	(Simson) aber wachte auf von seinem S. 20
1Sm	26,12	ein tiefer S. vom HERRN Jes 29,10
1Kö	3,19	denn sie hatte ihn im S. erdrückt
Hi	4,13	wenn tiefer S. auf die Leute fällt 33,15
	14,12	wird nicht von seinem S. erweckt werden
Ps	76,6	sind in S. gesunken 7
	90,5	sie sind wie ein S.
	127,2	seinen Freunden gibt er es im S.
Spr	6,9	wann willst du aufstehen von deinem S.
	20,13	liebe den S. nicht, daß du nicht arm
Pr	5,11	wer arbeitet, dem ist der S. süß
	8,16	daß einer weder Tag noch Nacht S. bekommt
Jes	38,15	entflohen ist all mein S.
Jer	51,39	daß sie zum ewigen S. einschlafen 57
Jo	1,13	behaltet auch im S. das Trauergewand an
Sa	4,1	wie man vom S. erweckt wird
Wsh	17,14	in dieser Nacht lagen alle im gleichen S.
Tob	8,15	fand sie beide gesund und frisch im S.
Sir	22,7	einer, der jemand aus tiefem S. weckt
	31,2	schwere Krankheit verscheucht den S.
	42,9	die Sorge um sie nimmt ihm den S.
1Ma	6,10	ich kann keinen S. mehr finden
Mt	1,24	als Josef vom S. erwachte, tat er
	26,43	ihre Augen waren voller S. Mk 14,40
Lk	9,32	Petrus und die bei ihm waren, waren voller S.
Jh	11,13	sie meinten, er rede vom leiblichen S.
Apg	16,27	als der Aufseher aus dem S. auffuhr
	20,9	vom S. überwältigt fiel er hinunter
Rö	13,11	daß die Stunde da ist, aufzustehen vom S.

Schläfe

4Mo	24,17	wird zerschmettern die S. der Moabiter
Ri	4,21	schlug ihm den Pflock durch seine S. 22; 5,26
Hl	4,3	deine S. sind wie... Granatapfel 6,7
Jes	3,17	der HERR wird ihre S. entblößen
Jer	48,45	Flamme... die S. Moabs verzehren wird

schlafen

1Mo	28,11	(Jakob) legte sich an der Stätte s.
	30,15	laß ihn diese Nacht bei dir s. 16
2Mo	22,26	Mantel; worin soll er sonst s. 5Mo 24,13
3Mo	14,47	wer darin s. oder darin ißt
	26,6	daß ihr s. und euch niemand aufschrecke
5Mo	24,12	dich nicht s. legen mit seinem Pfand
	31,16	wirst s. bei deinen Vätern
Jos	2,8	ehe die Männer sich s. legten
Rut	3,4	wenn er sich dann s. legt 13.14
1Sm	2,22	bei den Frauen s., die vor der Tür dienten
	3,5	geh wieder hin und lege dich s. 6.9
	9,26	(Saul) legte sich s.
	26,7	Saul lag und s. im innersten Lagerring 12
2Sm	4,5	er s. auf seinem Lager am Mittag
	7,12	wenn du dich zu deinen Vätern s. legst
	11,9	Uria legte sich s. vor der Tür 13
	12,3	ein Schäflein s. in seinem Schoß
1Kö	1,2	eine Jungfrau, die in seinen Armen s.
	3,20	nahm meinen Sohn, als deine Magd s.
	18,27	(Baal) ist über Land oder... vielleicht
	19,5	(Elia) s. unter dem Wacholder 6
	21,27	legte ein härenes Tuch um sich... darin
2Kö	4,11	sich in die Kammer legte und darin s.
Est	6,1	in ders. Nacht konnte der König nicht s.
Hi	3,13	dann s. ich und hätte Ruhe
	11,18	würdest dich in Sicherheit s. legen
	30,17	die Schmerzen s. nicht
	33,15	wenn sie s. auf dem Bett
Ps	3,6	ich liege und s. und erwache
	4,9	ich s. ganz mit Frieden
	22,30	werden anbeten alle, die in der Erde s.
	44,24	wache auf, Herr! Warum s. du
	78,65	da erwachte der Herr wie im S.
	121,3	der dich behütet, s. nicht 4
	132,4	will meine Augen nicht s. lassen Spr 6,4
Spr	3,24	liegst du, so wirst du süß s.
	4,16	können nicht s., wenn sie nicht übelgetan
	6,10	s. noch ein wenig... daß du s. 24,33
	10,5	wer in der Ernte s., macht... Schande
	19,23	man wird satt werden und sicher s.
	23,34	der auf hoher See sich s. legt
Pr	5,11	die Fülle läßt den Reichen nicht s.
Hl	5,2	ich s., aber mein Herz war wach
Jes	5,27	keiner schlummert noch s.
	56,10	sie liegen und jappen und s. gerne
Jer	31,26	ich sah auf und hatte so sanft ges.
Hes	23,17	kamen zu ihr, um bei ihr zu s.
	34,25	daß sie auch in den Wäldern s. können
Dan	2,28	mit d. Traum, als du s., verhielt es sich
	6,19	der König konnte auch nicht s.
	12,2	viele, die unter der Erde s. liegen
Hos	7,6	ihr Grimm s. die ganze Nacht
Am	6,4	ihr s. auf elfenbeingeschmückten Lager
Jon	1,5	Jona lag und s. 6
Mi	6,4	vor der, die in deinen Armen s.
Nah	3,18	deine Hirten werden s.
Jdt	13,3	als Holofernes betrunken war und s.
	14,12	er meinte, er s. bei Judit
Sir	22,8	wer... der redet mit einem S.
	31,1	sich darum sorgen läßt nicht s.

schlafen

Sir	31,23	Magen mäßig gehalten... so s. man gut
	24	ein unersättlicher Vielfraß s. unruhig
	40,5	wenn einer des Nachts s. soll
Bar	6,44	wenn jemand eine mitnimmt und bei ihr s.
Mt	8,24	(Jesus) aber s. Mk 4,38
	9,24	das Mädchen s. Mk 5,39; Lk 8,52
	13,25	als die Leute s., kam sein Feind
	26,40	er kam zu seinen Jüngern und fand sie s. 43; Mk 14,37.40; Lk 22,45
	45	wollt ihr weiter s. Mk 14,37.41; Lk 22,46
	27,52	viele Leiber der Heiligen, die da s.
	28,13	haben ihn gestohlen, während wir s.
Mk	4,27	s. und aufsteht, Nacht und Tag
	13,36	damit er euch nicht s. finde
Jh	11,11	Lazarus, unser Freund, s.
	12	Herr, wenn er s., wird's besser mit ihm
Apg	12,6	s. Petrus zwischen zwei Soldaten
1Ko	15,20	der Erstling unter denen, die da s.
Eph	5,14	wach auf, der du s., steh auf von den Toten
1Th	4,13	nicht im Ungewissen über die, die da s.
	5,6	laßt uns nicht s. wie die andern
	7	denn die s., die s. des Nachts
	10	damit, ob wir wachen oder s., wir leben
2Pt	2,3	ihr Verderben s. nicht

Schläfer

Spr	23,21	ein S. muß zerrissene Kleider tragen

schlaff

Ps	78,57	sie versagten wie ein s. Bogen Hos 7,16
Jes	13,7	darum werden alle Hände s.

Schlafkammer

2Mo	7,28	(Frösche) sollen kommen, in deine S.
2Sm	4,7	lag er auf seinem Bett in seiner S.
Pr	10,20	fluche dem Reichen nicht in deiner S.

schläfrig

Spr	19,15	Faulheit macht s.
Mt	25,5	wurden sie alle s. und schliefen ein

Schlag

5Mo	25,2	wenn der Schuldige S. verdient hat 3
Ri	11,33	er schlug sie mit gewaltigen S. 15,8
1Sm	14,14	so traf der erste S. ungefähr 20 Mann
2Sm	7,14	will ich ihn mit menschlichen S. strafen
Ps	35,15	rotten sich heimlich zum S. wider mich
Spr	6,33	S. und Schande treffen ihn
	17,10	dringt tiefer als hundert S. bei Toren
	18,6	des Toren Mund ruft nach S.
	19,29	S. für den Rücken der Toren
	20,30	man muß dem Bösen wehren mit ernsten S.
	27,6	die S. des Freundes meinen es gut
Jes	30,32	jedesmal, wenn ein S. daherfährt
Jer	2,30	alle meine S. sind vergeblich
Mi	1,9	sein S. reicht bis an meines Volkes Tor
Sir	33,27	ein böser Sklave verdient S.
1Ma	9,55	der S. rührte ihn
Lk	12,47	wird viel s. erleiden müssen
	48	wer getan, was S. verdient, wird wenig S. erleiden
2Ko	6,5	(als Diener Gottes:) in S.
	11,23	ich habe mehr S. erlitten

Schlag (Taubenschlag)

Jes	60,8	fliegen wie die Tauben zu ihren S.

schlagen

1Mo	8,21	will hinfort nicht mehr s. alles
	14,5	die Könige s. die Refaiter 7.10
	15	(Abram) s. sie und jagte sie bis Hoba
	19,11	s. die Leute vor der Tür mit Blindheit
	32,12	daß er komme und s. mich
	26	s. er ihn auf das Gelenk seiner Hüfte 33
	36,35	der die Midianiter s. 1Ch 1,46
2Mo	1,10	könnten sich zu unsern Feinden s.
	2,11	ein Ägypter einen seiner Brüder s. 13
	3,20	daher werde ich Ägypten s. 12,13.23.27
	5,3	daß er uns nicht s. mit Pest 9,15; 4Mo 14,12
	14	die Aufseher wurden ges. 16
	7,17	mit dem Stabe auf das Wasser s. 20.25; 17,5
	8,12	s. in den Staub der Erde 13
	12,12	will alle Erstgeburt s. in Ägyptenland 29; 4Mo 3,13; 8,17; 33,4; Ps 78,51; 105,36; 135,8; 136,10
	23	den Verderber nicht kommen l., euch zu s.
	17,6	da sollst du an den Fels s.
	21,12	wer einen Menschen s., daß er stirbt 22,1; 4Mo 35,16.18.21.24
	15	wer Vater oder Mutter s.
	18	einer s. den andern mit einem Stein 19
	20	wer seinen Sklaven oder seine Sklavin s. 26
	32,35	der HERR s. das Volk 4Mo 11,33
	39,3	sie s. Goldplatten
3Mo	26,17	sollt ges. werden vor euren Feinden 4Mo 14,42.45; 5Mo 28,25; 1Kö 8,33; 2Ch 13,15
	21	so will ich euch noch weiter s. 24
4Mo	17,3	man s. sie zu beiden Blechen 4
	20,11	Mose s. den Felsen Ps 78,20
	21,24	Israel s. (Sihon) 29.35; 5Mo 1,4; 4,46; 29,6
	22,6	verfluche... vielleicht kann ich's dann s.
	23	Bileam s. (die Eselin) 25.27.28.32
	25,17	tut den Midianitern Schaden und s. sie Ri 6,16
	31,27	die Hälfte denen, die die Schlacht ges.
	32,4	(Land) das der HERR s. hat
5Mo	1,42	nicht ges. werdet von euren Feinden 44
	2,33	der HERR gab ihn dahin, daß wir ihn s. 3,3; 7,2; Jos 11,8
	25,3	nicht weiter s., damit er n. zuviel ges.
	11	erretten von der Hand dessen, der ihn s.
	28,7	der HERR wird deine Feinde vor dir s. Ri 20,35; 2Sm 7,10; 2Sm 5,24; 1Ch 14,15
	22	der HERR wird dich s. mit Fieber 27.28.35.59
	32,39	ich kann s. und kann heilen
Jos	7,3	sollen hinaufziehen und Ai s. 8,21; 10,4.10.20. 33.40.41; Ri 8,11
	8,15	stellten sich, als würden sie ges.
	24	Israel s. es mit der Schärfe des Schwerts 10,28.30.32.35.37.39; 11,14.17; Ri 1,8.25; 18,27; 20,37.48; 21,10; 1Sm 22,19; 2Kö 10,25
	11,20	damit sie mit dem Bann ges. würden
	12,1	Könige, die die *Israeliten s. 6.7; 13,12.21
	15,16	wer Kirjat-Sefer s. und erobert Ri 1,12
Ri	1,4	sie s. bei Besek 10.000 Mann 5; 12,4
	3,13	(Eglon) s. Israel 20,21.25.32.39; 1Sm 4,2.10.17; 2Sm 2,17; 2Kö 10,32; 2Ch 13,17
	4,21	den Pflock durch seine Schläfe
	11,33	(Jeftah) s. sie mit gewaltigen Schlägen
	20,36	sahen, daß sie ges. waren 2Sm 10,15.19; 1Ch 19,16.19
1Sm	4,3	warum hat uns der HERR ges. Jer 14,19

schlagen

1Sm	4,8	das sind die Götter, die Ägypten s.
	5,6	s. sie mit bösen Beulen 9.12; 6,19
	7,11	die Männer Israels s. sie 11,11; 14,31.48; 15,3.7
	19,8	David s. sie 23,2.5; 30,17; 2Sm 5,20.25; 8,1-3.5. 9.10.13; 1Kö 11,15.24; 1Ch 14,11.16; 18,1-3.5.9. 10.12; 20,1; Ps 60,2
	21,12	Saul s. 1.000, David aber 10.000 29,5
	24,6	danach s. (David) sein Herz 2Sm 24,10
	25,38	s. der HERR Nabal 26,10; 2Sm 6,7; 12,15; 1Ch 13,10; 2Ch 13,20; 21,14
2Sm	2,22	warum willst du, daß ich dich zu Boden s.
	5,8	wer die Jebusiter s. 1Ch 11,6
	15,14	damit er nicht die Stadt s.
	17,9	das Heer, das Absalom nachfolgt, ist ges. 18,7
	18,11	warum s. du ihn nicht gleich zu Boden
	21,12	zu der Zeit, da die Philister Saul s.
	23,10	hielt stand und s. die Philister 1Ch 11,14
	24,17	als David den Engel sah, der das Volk s.
1Kö	8,33	wenn Isr. vor dem Feind ges. 2Ch 6,24
	14,15	der HERR wird Israel s. 1Ch 21,7
	15,20	Ben-Hadad s. Ijon 2Ch 16,4; 28,5.17
	20,21	der König von Israel s. Roß und Wagen 29; 2Kö 3,24; 8,21; 14,7.10; 15,16; 18,8; 2Ch 21,9; 25,19
	35	s. mich! Er weigerte sich, ihn zu s. 37
	36	wird dich ein Löwe s... fand ihn und s. ihn
	22,24	Zedekia s. Micha auf die Backe 2Ch 18,23
2Kö	2,8	Elia s. ins Wasser; das teilte sich 14
	6,18	s. dies Volk mit Blindheit! Und er s. sie
	8,29	Wunden, die ihm die Aramäer ges. 9,15; 2Ch 22,6
	9,7	sollst das Haus Ahabs s.
	13,17	die Aramäer s., bis sie aufgerieben 19
	18	s. auf die Erde! Und er s. dreimal 19.25
	14,12	Juda wurde vor Israel her ges. 2Ch 25,22; 28,5.6
	19,35	der Engel s. von Assyrien 185.000 Jes 37,36
2Ch	13,7	s. sich auf seine Seite ruchlose Leute
	14,11	der HERR s. die Kuschiter 13.14; 20,22
	28,23	den Göttern von Damaskus, die ihn ges.
	32,14	die meine Väter mit dem Bann ges.
Neh	13,25	ich s. einige Männer
Est	9,5	so s. die Juden alle ihre Feinde
Hi	2,7	der Satan s. Hiob mit bösen Geschwüren
	9,17	er s. mir viele Wunden ohne Grund 16,14
	16,10	haben mich auf meine Backen ges.
	32,13	Gott muß ihn s. und nicht ein Mensch
	41,13	aus seinem Rachen s. Flammen
Ps	3,8	du s. alle meine Feinde auf die Backe
	47,2	s. froh in die Hände, alle Völker
	64,8	plötzlich sind sie zu Boden ges.
	68,26	in der Mitte Jungfrauen, die Pauken s.
	69,27	sie verfolgen, den du s. hast
	78,47	als er ihre Weinstöcke mit Hagel s. 105,33
	66	(der Herr) s. seine Feinde hinten
	83,9	auch Assur hat sich zu ihnen ges.
	89,11	du hast Rahab zu Tode ges.
	102,5	m. Herz ist ges. und verdorrt wie Gras
	135,10	der viele Völker s. 136,17
	141,5	der Gerechte s. mich freundlich
	143,3	der Feind s. mein Leben zu Boden
Spr	6,10	s. die Hände ineinander ein wenig
	8,33	s. (die Mahnung) nicht in den Wind
	17,26	den Edlen zu s., geht über alles Maß
	19,25	man s. den Spötter, werden Unverständige
	23,13	wenn du ihn mit der Rute s. 14
	35	sie s. mich, aber es tat mir nicht weh
Hl	5,7	die Wächter s. mich wund
Jes	1,5	wohin soll man euch noch s.
	5,25	er s. sie, daß die Berge beben
	8,20	sie werden umhergehen, hart ges.
	9,12	das Volk kehrt nicht um zu dem, der es s.
	10,20	nicht mehr verlassen auf den, der sie s.
	24	vor Assur, der dich mit dem Stecken s.
	11,4	wird mit dem Stabe seines Mundes... s.
	14,6	der die Völker im Grimm ohne Aufhören
	12	wie wurdest du zu Boden ges.
	29	daß der Stock, der dich s., zerbrochen ist
	19,10	die Weber werden ges. sein
	22	der HERR wird die Ägypter s. und heilen
	21,9	alle Bilder seiner Götter zu Boden ges.
	24,12	die Tore sind in Trümmer ges.
	27,7	wird nicht ges., wie seine Feinde ges.
	30,31	der ihn s. mit dem Stock
	50,6	bot meinen Rücken dar denen, die mich s.
	53,4	der von Gott ges. und gemartert wäre
	57,17	ich war zornig und s. sie 60,10
Jer	2,19	d. Bosheit ist schuld, daß du ges. wirst
	5,3	du s. sie, aber sie fühlen's nicht
	6,7	Morden und S. treiben sie täglich
	18,18	ihn mit seinen eigenen Worten s.
	20,2	s. er den Propheten Jeremia 37,15
	21,6	will die Bürger dieser Stadt s. 7
	30,14	habe dich, wie einen Feind
	31,4	du sollst wieder Pauken s.
	19	tat ich Buße, s. ich an meine Brust
	37,10	wenn ihr auch das ganze Heer s.
	43,11	soll kommen und Ägyptenland s. 46,2.13
	47,1	ehe der Pharao Gaza s. 49,28
Klg	3,30	er biete die Backe dar dem, der ihn s.
Hes	3,13	Flügel, die aneinander s.
	5,2	s. 's mit dem Schwert ringsumher 26,6.8
	7,9	daß ich der HERR bin, der euch s.
	21,17	s. auf deine Lenden
	39,3	will dir den Bogen aus deiner Hand s.
	10	brauchen kein Holz zu s.
Hos	6,1	hat uns ges., er wird uns auch verbinden
	9,16	Ephraim ist ges.
Am	6,11	daß man die Häuser in Trümmer s. soll
	9,1	s. an den Knauf, daß die Pfosten beben
Mi	4,14	wird den Richter Israels mit der Rute s.
Nah	2,8	ihre Jungfrauen seufzen an ihre Brust s.
Sa	10,11	wird er die Wellen im Meer s.
	13,6	wurde ges. im Hause derer, die m. lieben
	7	s. den Hirten, daß sich die Herde zerstreue Mt 26,31; Mk 14,27
	14,12	mit der der HERR alle Völker s. wird 15.18
Mal	3,24	daß ich nicht das Erdreich mit Bann s.
Jdt	1,6	er s. ihn in der Ebene Ragau
	2,16	s. alle... mit der Schärfe des Schwerts
	4,12	der mit heiligem Gebet die Amalekiter s.
	5,9	der s. Ägypten mit vielen Plagen
	6,2	wenn wir sie nun s. wie einen Mann
	16	daß du siehst, wie sie ges. werden
	12,17	da s. das Herz des Holofernes schneller
Wsh	5,11	er s. in die leichte Luft
	19,16	sie wurden mit Blindheit ges.
Sir	23,10	ein Knecht, der beim Verhör oft ges. wird
	47,8	(David) s. die Feinde ringsumher
	8,24	er s. das Heer der Assyrer
1Ma	1,1	Alexander hat Darius s.
	3,14	ich will Judas und seinen Haufen s. 5,60
	4,3	um das Heer des Königs zu s. 18
	14	die Heiden wurden ges. 20; 5,7; 7,43; 9,15.66. 68; 11,55; 12,31; 14,3; 2Ma 8,6; 10,24; 13,19
	7,42	s. unsre Feinde vor unsern Augen
	8,6	die Römer hatten sein Heer ges. 4
	10,4	ehe er sich auf Alexanders Seite s.

schlagen

1Ma	10,72	von denen eure Väter ges. worden sind
2Ma	3,39	die in böser Absicht nahen, s. er
	6,30	als sie ihn ges. hatten, seufzte er
	7,1	wurden mit Geißeln und Riemen ges.
	10,3	s. Feuer und brachten wieder Opfer dar
	15,16	damit sollst du die Feinde s.
StD	3,23	die Flamme s. oben aus dem Ofen
Mt	5,39	wenn dich jemand auf deine rechte Backe s. Lk 6,29
	21,35	den einen s. sie, den zweiten töteten sie Mk 12,3-5; Lk 20,10-12
	24,49	fängt an, seine Mitknechte zu s. Lk 12,45
	26,31	ich werde den Hirten s. Mk 14,27
	51	s. nach dem Knecht des Hohenpriesters Mk 14,47; Lk 22,50; Jh 18,10
	67	sie s. ihn mit Fäusten 27,30; Mk 14,65; 15,19; Lk 22,63; Jh 18,22; 19,3
	68	wer ist's, der dich s. Lk 22,64
Mk	4,37	die Wellen s. in das Boot
	5,5	schrie und s. sich mit Steinen
	13,9	in den Synagogen werdet ihr ges. werden
Lk	10,30	die s. ihn und machten sich davon
	15,17	da s. er in sich und sprach
	18,5	damit sie nicht komme und mir ins Gesicht s.
	13	s. an seine Brust und sprach
	23,16	will ich ihn s. lassen und losgeben 22
	48	s. sich an ihre Brust und kehrten um
Jh	18,23	habe ich recht geredet, was s. du mich
Apg	2,23	habt ihr ans Kreuz ges. und umgebracht
	5,40	ließen sie s. und geboten ihnen
	12,7	der Engel s. Petrus an die Seite
	23	alsbald s. ihn der Engel des Herrn
	16,22	die Stadtrichter befahlen, sie mit Stöcken zu s. 23; 23,2.3
	37	sie haben uns ohne Recht öffentlich ges.
	18,17	s. ihn vor dem Richterstuhl
	21,32	hörten sie auf, Paulus zu s.
	23,3	Gott wird dich s., du getünchte Wand
1Ko	4,11	wir werden ges. und haben keine feste Bleibe
	9,26	nicht wie einer, der in die Luft s.
2Ko	11,20	ihr ertragt es, wenn euch jemand s.
	25	ich bin dreimal mit Stöcken ges. worden
	12,7	des Satans Engel, der mich mit Fäusten s. soll
1Pt	2,20	um schlechter Taten willen ges. werdet
Heb	11,34	haben fremde Heere in die Flucht ges.
	12,6	er s. jeden Sohn, den er annimmt
Off	2,23	ihre Kinder will ich mit dem Tode s.
	8,12	es wurde ges. der dritte Teil der Sonne
	11,6	die Erde zu s. mit Plagen aller Art
	19,15	Schwert, daß er damit die Völker s.

Schlamm

Hi	40,21	er liegt im S. verborgen 41,22
Ps	40,3	er zog mich aus lauter Schmutz und S.
	69,3	ich versinke in tiefem S. 15
Jes	57,20	dessen Wellen S. und Unrat auswerfen
Jer	38,6	in der Zisterne war S... sank in den S.
Hab	3,15	tratest nieder... im S. der Wasserfluten

Schlange

1Mo	3,1	die S. war listiger als alle Tiere 2.4
	13	die S. betrog mich 14; 2Ko 11,13
	49,17	Dan wird eine S. werden
2Mo	4,3	ward (der Stab) zur S. 7.9.10.12.15
4Mo	21,6	sandte der HERR feurige S. 7.9; 5Mo 8,15; 1Ko 10,9
	21,8	mache dir eine eherne S. 9; 2Kö 18,4
5Mo	32,24	will unter sie schicken der S. Gift
Hi	20,16	die Zunge der S. wird ihn töten
	26,13	seine Hand durchbohrte die flüchtige S.
Ps	58,5	sie sind voller Gift wie eine giftige S.
	140,4	haben scharfe Zungen wie S.
Spr	23,32	danach beißt er wie eine S.
	30,19	der S. Weg auf dem Felsen
Pr	10,8	den kann eine S. beißen 11
Jes	14,29	aus... der S. wird eine Natter kommen
	27,1	Leviatan, die flüchtige S... gewundene S.
	59,5	zertritt man sie, fährt eine S. heraus
	65,25	die S. muß Erde fressen
Jer	8,17	ich will S. unter euch senden
	46,22	heranziehen wie eine zischende S.
Am	5,19	so sticht ihn eine S.
	9,3	will der S. befehlen, sie dort zu beißen
Mi	7,17	sie sollen Staub lecken wie die S.
Jdt	8,21	durch die S. umgebracht worden Wsh 16,5
Wsh	17,9	aufgescheucht durch das Zischen von S.
Sir	21,2	fliehe vor der Sünde wie vor einer S.
	39,36	S. sind zur Strafe geschaffen
Mt	7,10	wenn er ihn bittet um einen Fisch, eine S. biete Lk 11,11
	10,16	seid klug wie die S. und ohne Falsch wie die Tauben
	23,33	ihr S., ihr Otternbrut
Mk	16,18	S. mit den Händen hochheben Lk 10,19
Jh	3,14	wie Mose in der Wüste die S. erhöht hat
Apg	28,3	fuhr wegen der Hitze eine S. heraus
Jak	3,7	jede Art von Tieren und S. wird gezähmt
Off	9,19	ihre Schwänze waren den S. gleich
	12,9	der große Drache, die alte S. 14.15; 20,2

Schlangenbeschwörer

Sir	12,13	wer hat Mitleid mit einem S.

Schlangenbrut

Mt	3,7	sprach er zu ihnen: Ihr S. 12,34; Lk 3,7

Schlangengift

Sir	25,21	es ist kein Gift so stark wie S.

Schlauch

1Mo	21,14	nahm Brot und einen S. mit Wasser 15.19
Ri	4,19	öffnete Jaël den S. mit Milch und gab ihm
1Sm	16,20	nahm Isai einen Esel und einen S. Wein
2Sm	16,1	darauf waren Früchte und ein S. Wein
Hi	32,19	wie der Most, der die neuen S. zerreißt
Ps	33,7	hält die Wasser zusammen wie in einem S.
Jdt	10,6	voll Wein
Mt	9,17	man füllt auch nicht neuen Wein in alte S. Mk 2,22; Lk 5,37.38

Schlaufe

2Mo	26,4	sollst S. machen von blauem Purpur 5.10.11; 36,11.12.17

Schlauheit

Sir	19,20	es gibt eine S., die man verabscheuen muß

schlecht

1Mo	37,2	wenn etwas S. über sie geredet wurde

3Mo	27,10	ein gutes (Tier) gegen ein s. oder ein s.
	12	ob es gut oder s. sei 14.33; 4Mo 13,19
4Mo	20,15	daß die Ägypter uns s. behandelt 5Mo 26,6
2Sm	19,36	wie kann ich unterscheiden, was gut und s.
Spr	20,14	s., s.! spricht man, wenn man kauft
Jes	3,11	wehe den Gottlosen, sie haben es s.
	5,2	aber er brachte s. (Trauben) 4
Jer	2,21	geworden zu einem s. Weinstock
	24,2	im Korbe waren s. Feigen 3.8; 29,17
Dan	1,10	daß euer Aussehen s. ist als das
Jdt	8,7	niemand konnte etwas S. über sie sagen
Sir	5,16	mache niemand heimlich s.
	6,12	geht dir's s., stellt er sich gegen dich 12,7.8
	7,22	behandle einen Sklaven nicht s.
	8,22	er könnte es dir s. danken
	10,32	dem, der sich selber s. macht
	12,6	wirst doppelt soviel S. empfangen wie
	26,9	böses Weib gleicht einem s. sitzenden Joch
	31,29	von einem Geizhals redet die Stadt s.
	38,18	damit man nicht s. von dir redet 41,24
Mt	7,17	fauler Baum bringt s. Früchte 18; Lk 6,43
	13,48	aber die s. werfen sie weg
Apg	28,21	der über dich etwas S. berichtet hätte
Rö	14,20	nicht gut für den, der es mit s. Gewissen ißt
1Ko	14,35	es steht der Frau s. an, in der Gemeinde zu reden
	15,33	s. Umgang verdirbt gute Sitten
Kol	2,16	laßt euch von niemandem ein s. Gewissen machen
1Pt	2,20	wenn ihr um s. Taten willen geschlagen werdet
3Jh	10	er macht uns s. mit bösen Worten

schlechtgehen

4Mo	11,1	das Volk klagte, daß es ihm s.
Sir	11,26	bedenke, daß dir's wieder s. kann; wenn dir's s.
	22,29	halt zu ihm, wenn's ihm s.
	27,32	die sich freuen, wenn's dem Frommen s.
	37,4	wenn's ihm s., werden sie seine Feinde

Schlechtigkeit

Jes	5,7	siehe, da war Geschrei über S.
Wsh	4,6	sind Zeugen für die S. ihrer Eltern
	11	damit nicht S. seinen Sinn verkehren
	12,2	damit sie von ihrer S. loskommen 20
	10	wußtest, daß ihre S. angeboren war
Sir	25,25	alle S. ist gering gegen die S. einer Frau
1Ma	1,10	die S. nahm immer mehr zu auf der Erde
StD	1,57	hat nicht in eure S. gewilligt
Rö	1,29	sie sind voll von S., Habgier
1Ko	5,8	nicht im alten Sauerteig der Bosheit und S.

schlechtmachen

Sir	10,32	sein Recht geben, der sich selber s.
3Jh	10	er m. uns s. mit bösen Worten

schleichen

Hi	24,14	des Nachts s. der Dieb
Ps	91,6	vor der Pest, die im Finstern s.
Sir	36,28	der von einer Stadt in die andre s.
2Ti	3,6	*die hin und her in die Häuser s.*

Schleier

1Mo	24,65	nahm sie den S. und verhüllte sich 38,14

1Mo	38,19	(Tamar) legte den S. ab
Hl	4,1	wie Taubenaugen hinter deinem S. 3; 6,7
Jes	3,19	(wird der Herr wegnehmen) die S.
	40,22	er spannt den Himmel aus wie einen S.
	47,2	decke auf deinen S.
Jer	2,32	vergißt wohl eine Braut ihren S.
Hes	16,10	hüllte dich in seidene S.
StD	1,32	ließen die Bösewichte ihr den S. wegreißen
1Ko	11,15	das Haar ist ihr als S. gegeben

schleifen

2Sm	17,13	soll die Stadt ins Tal s.
Jes	9,4	jeder Mantel, durch Blut ges.
	23,13	sie haben die Stadt ges. Jer 9,18
Jer	51,58	die Mauern des großen Babel ges.
Klg	2,2	der Herr hat die Burgen ges.
Mi	1,6	ich will seine Steine ins Tal s.
Lk	19,44	*(deine Feinde) werden dich s.*
Apg	17,6	da s. sie Jason vor die Oberen der Stadt

schlemmen

Am	2,8	bei allen Altären s. sie
	6,7	soll das S. der Übermütigen aufhören
Sir	18,32	gewöhne dich nicht ans S.
2Pt	2,13	für eine Lust, am hellen Tag zu s.
Jak	5,5	ihr habt ges. auf Erden und gepraßt

Schlemmer

Spr	23,20	sei nicht unter den Säufern und S. 21
	28,7	wer der S. Geselle ist, macht... Schande

schlenkern

Apg	28,5	er s. das Tier ins Feuer

Schleppe

Jes	47,2	hebe die S., entblöße den Schenkel

schleppen

Spr	24,11	errette, die man zum Tode s.
Apg	16,19	Paulus und Silas s. sie auf den Markt

Schleuder

Ri	20,16	die mit der S. ein Haar treffen konnten
1Sm	17,40	(David) nahm die S. in die Hand 50
	25,29	das Leben... fortschleudern mit der S.

Schleuderer

2Kö	3,25	die S. umringten die Stadt
Jdt	6,7	zogen die S. ihnen entgegen
1Ma	9,11	in der ersten Reihe waren die S.

schloudern

1Sm	17,49	David nahm einen Stein und s. ihn und traf
1Ch	12,2	geschickt, Steine zu s.

Schleuderstein

2Ch	26,14	Usija beschaffte Bogen und S.
Hi	41,20	S. sind ihm wie Spreu
Sa	9,15	die S. werden fressen und niederwerfen

schlichten

schlichten

2Sm	14,6	keiner da war, der zwischen ihnen s.
Spr	18,18	das Los s. den Streit

schließen (s.a. Bund schließen)

1Mo	2,21	Gott der HERR s. die Stelle mit Fleisch
5Mo	25,5	soll mit ihr die Schwagerehe s.
1Kö	5,26	Hiram und Salomo s. einen Vertrag
	11,27	baute den Millo und s. damit die Lücke
2Kö	18,31	s. Freundsch. mit mir und kommt Jes 36,16
1Ch	19,19	s. Frieden mit David und wurden untertan
2Ch	20,35	s. Joschafat einen Vertrag mit Ahasja
Neh	3,38	bauten die Mauer und s. sie 4,1
	7,3	soll man die Tore s. 13,19
Hi	41,7	Schilden, ges. und eng aneinandergefügt
Ps	69,16	daß das Loch des Brunnens sich nicht s.
Pr	12,4	wenn die Türen an der Gasse sich s.
Jer	20,2	(Paschhur) s. (Jeremia) in den Block
Hes	22,26	vor meinen Sabbaten s. sie die Augen
Jon	2,7	der Erde Riegel s. sich hinter mir
Sir	4,36	deine Hand soll nicht ges. (sein)
1Ma	6,60	schickte, um mit ihnen Frieden zu s.
	10,53	begehre ich, Freundschaft mit dir zu s.
	12,48	s. die Einwohner die Tore
Mt	13,15	ihre Augen sind ges. Apg 28,27

schlimm

5Mo	17,1	Schaf, das etwas S. an sich hat
2Ch	21,19	(Joram) starb unter s. Schmerzen
Hi	20,26	dem wird's s. ergehen
Ps	112,7	vor s. Kunde fürchtet er sich nicht
Pr	6,2	das ist auch eitel und ein s. Leiden
Jer	15,18	warum soll meine Wunden so s.
Hes	5,6	trieb es s. als die Heiden 7; 45,9
	6,11	weh über alle s. Greuel 8,9
	7,24	so will ich die S. herbringen
	26	s. Kunde nach der andern
	23,8	die s. Hurerei mit ihr getrieben hatten 11.19
Wsh	3,19	Ungerechten nehmen ein s. Ende Sir 3,28
	14,21	wenn den Leuten etwas S. zugestoßen war
	17,6	hielten... für s., als es war 13
	11	bedrückt, nimmt sie immer das S. an
	19,13	einen besonders s. Haß gegen Fremde
Sir	5,17	s. Tadel (kommt) über den Doppelzüngigen
	11,32	was er Gutes sieht, deutet er aufs S.
	14,6	ist nichts s., als wenn einer
	20,27	s. als ein Dieb ist ein Mensch, der lügt
	22,12	das Leben des Narren ist s. als der Tod
	29,30	ein s. Leben, von Haus zu Haus zu ziehen
	31,14	bedenke, daß ein neidisches Auge s. ist
2Ma	7,39	ließ ihn noch s. martern als die andern
	9,24	falls etwas S. gemeldet würde
Mt	23,15	ein Kind der Hölle, doppelt so s. wie ihr
Mk	5,26	sondern es war noch s. mit ihr geworden
Jh	5,14	daß dir nicht etwas S. widerfahre
Apg	25,18	brachten der s. Klagen keine vor
	28,6	sahen, daß ihm nichts S. widerfuhr
1Ko	6,7	schon s. genug, daß ihr miteinander rechtet
	11,17	daß ihr zum S. zusammenkommt
1Ti	5,8	er ist s. als ein Heide
2Ti	3,1	daß in den letzten Tagen s. Zeiten kommen
Off	16,2	ein s. Geschwür an den Menschen

Schlinge

Hi	18,9	die S. wird ihn fangen
	22,10	darum bist du von S. umgeben
Ps	119,110	die... legen mir S. 140,6; 141,9; 142,4
Spr	6,5	errette dich wie ein Reh aus der S.
	7,23	wie ein Vogel zur S. eilt
Jes	8,14	eine S. für die Bürger Jerusalems
Jer	48,43	Grube und S. über dich 44
Hos	5,1	ihr seid eine S. für Mizpa geworden
Sir	27,22	ist entsprungen wie ein Reh aus der S.
	32	die... werden mit der S. gefangen
StE	5,2	denen S. legen, denen sie alles verdanken
Rö	11,9	laß ihren Tisch werden zu einer S.
1Ti	3,7	damit er sich nicht fange in der S. des Teufels

schlingen

2Kö	6,30	ein härenes Tuch um seinen Leib ges.
Hi	8,17	über Steinhaufen s. sich seine Wurzeln

Schloß

Neh	3,3	setzten ein seine S. und Riegel 6.13-15
Est	2,3	zusammenbringen auf das S. zu Susa 5.8
Spr	30,28	die Eidechse ist doch in der Könige S.
Jes	13,22	Schakale (heulen) in den S. der Lust
	34,13	wachsen Nesseln in seinen S.
Ob	3	wohnst in deinen hohen S.
Sir	22,33	könnte doch ein S. an meinen Mund gelegt
Bar	6,18	Priester verwahren die Tempel mit S.

Schloße

Ps	78,47	als er ihre Maulbeerbäume mit S. (schlug)
	147,17	er wirft seine S. herab wie Brocken

schlottern

Nah	2,11	geplündert werden, daß die Knie s.

Schlucht

Ri	6,2	machten sich die *Israeliten S.
2Sm	17,9	er hat sich verkrochen in irgendeiner S.
Hi	12,22	er öffnet die finstern S.
Hes	7,16	wie gurrende Tauben in den S.
Wsh	17,19	ob... aus den S. der Berge schallte

schlummern

Ps	121,4	der Hüter Israels schläft und s. nicht
	132,4	noch meine Augenlider s. (lassen) Spr 6,4
Spr	6,10	ja, schlafe ein wenig, s. ein wenig 24,33
Jes	5,27	keiner s. noch schläft
Nah	3,18	o König von Assur, deine Mächtigen s.
Mt	13,15	*ihre Augen s.*

Schlund

Jes	5,14	hat das Totenreich den S. aufgesperrt
Rö	3,13	*ihr S. ist ein offenes Grab*

schlüpfrig

Ps	35,6	ihr Weg soll finster und s. werden
	73,18	du stellst sie auf s. Grund
Sir	20,20	besser, es kommt einer auf s. Boden zu Fall

Schlupfwinkel

Wsh	17,14	Nacht, die aus den S... gekommen war

schlürfen

Ps 75,9 die Gottlosen müssen sogar die Hefe s.

Schlüssel

Ri 3,25 nahmen sie den S. und schlossen auf
Jes 22,22 die S. Davids auf seine Schulter legen
Mt 16,19 ich will dir die S. des Himmelreichs geben
Lk 11,52 ihr habt den S. der Erkenntnis weggenommen
Off 1,18 ich habe die S. des Todes und der Hölle 3,7
9,1 ihm wurde der S. zum Brunnen des Abgrunds gegeben 20,1

Schlußstein

Sa 4,7 er wird hervorholen den S. 10

Schmach

1Mo 30,23 hat meine S. von mir genommen Lk 1,25
1Sm 11,2 bringe damit S. über ganz Israel
25,39 gelobt sei der HERR, der meine S. gerächt
2Kö 19,3 das ist ein Tag der S. Jes 37,3
Esr 4,14 weil wir die S. nicht länger sehen wollen
9,7 sind wir gegeben zum Raub und zur S.
Neh 1,3 die Entronnenen sind dort in S.
Hi 8,22 müssen sich in S. kleiden Ps 35,26; 109,29
10,15 gesättigt mit S. und getränkt mit Elend
Ps 44,14 zur S. bei unsern Nachbarn 79,4
16 täglich ist meine S. mir vor Augen
69,8 um deinetwillen trage ich S.
20 du kennst meine S.
21 die S. bricht mir mein Herz
71,24 zu S. werden, die mein Unglück suchen
74,22 denk an die S., die dir widerfährt
89,51 gedenke, Herr, an die S. deiner Knechte
119,22 wende von mir S. und Verachtung 39
Spr 6,33 seine S. ist nicht zu tilgen
9,7 wer den Gottl. zurechtweist, holt sich S.
Jes 4,1 daß unsre S. von uns genommen werde
8,23 hat er in S. gebracht das Land Sebulon
22,18 du S. für das Haus deines Herrn
25,8 Gott wird aufheben die S. seines Volks
45,16 sollen in S. und Schande geraten
50,6 mein Angesicht verbarg ich nicht vor S.
54,4 wirst der S. nicht mehr gedenken
61,7 dafür, daß mein Volk doppelte S. trug
Jer 3,25 unsre S. soll uns bedecken
20,18 wenn ich meine Tage in S. zubringe
23,40 will euch ewige S. zufügen
44,8 daß ihr zur S. werdet 12; 49,13
51,51 weil wir die S. hören mußten
Klg 3,30 er lasse sich viel S. antun
5,1 schau und sieh an unsre S.
Hes 5,14 will dich zur S. machen 15
36,6 weil ihr die S. tragen mußtet
39,26 sollen ihre S. vergessen
Dan 9,16 trägt Jerusalem u. dein Volk S. bei allen
12,2 werden aufwachen zu ewiger S.
Hos 12,15 ihr Herr wird ihnen vergelten die S.
Mi 6,16 ihr sollt die S. meines Volks tragen
Ze 3,18 daß du seinetwegen keine S. mehr trägst
Wsh 2,19 durch S. auf die Probe stellen
Tob 3,12 flehte, sie von ihrer S. zu befreien 16
Sir 6,9 macht dir zur S. euren Streit bekannt
21,26 für den Vernünftigen wäre es eine große S.
47,4 (David) nahm die S. von seinem Volk weg
Bar 2,4 zur S. bei allen Völkern um uns

1Ma 1,29 das Haus Jakob war mit S. bedeckt
41 wurden die Sabbate zur S.
2Ma 8,17 an die S. denken, die (sie)... angetan
9,4 die S. an den Juden zu rächen
Apg 5,41 würdig, um Seines Namens willen S. zu leiden
Heb 10,33 durch S. und Trübsal ein Schauspiel
11,26 hielt die S. Christi für größeren Reichtum
13,13 so laßt uns nun seine S. tragen

schmachvoll

Spr 6,30 ist für einen Dieb nicht so s., wenn er

schmähen

4Mo 15,30 so hat er den HERRN ges.
Hi 20,3 muß hören, wie man mich s.
Ps 15,3 wer seinen Nachbarn nicht s.
42,11 wenn mich meine Feinde s. 102,9
55,13 wenn mein Feind mich s., wollte ich es
69,10 Schmähungen derer, die dich s. Rö 15,3
74,10 wie lange soll der Widersacher noch s.
18 gedenke, HERR, wie der Feind s. 89,52
79,12 vergilt ihr S., mit dem sie dich ges.
119,42 daß ich antworten kann dem, der mich s.
Spr 11,12 wer seinen Nächsten s., ist ein Tor
27,11 kann ich antworten dem, der mich s.
Jes 37,6 mit denen mich s. hat die Knechte Assyriens
17 um den lebendigen Gott zu s. 23.24
51,7 fürchtet euch nicht, wenn euch d. Leute s.
Jer 15,15 daß ich um deinetwillen ges. werde
Klg 3,61 HERR, du hörst ihr S.
Hes 16,57 als dich die Töchter Edoms s.
21,33 so spricht Gott über ihr S.
Dan 11,18 wird ihn zwingen, mit S. aufzuhören
Ze 2,8 habe ihr S. gehört, womit sie sie. 10
Jdt 4,9 daß ihr Heiligtum nicht ges. werden sollte
Wsh 1,5 der heilige Geist wird ges., wenn
10,14 erwies sie als Lügner, die ihn ges. hatten
Tob 3,7 daß Sara von einer Magd ges. wurde
Sir 22,25 wer seinen Freund s., zerstört die Freundschaft
30 so kommt's vom S. zum Blutvergießen
2Ma 7,24 Antiochus meinte, sie s. ihn
Mt 5,11 selig seid ihr, wenn euch die Menschen s. Lk 6,22
27,44 desgleichen s. ihn auch die Räuber Mk 15,32
Mk 12,4 dem schlugen sie auf den Kopf und s. ihn
Lk 11,45 mit diesen Worten s. du uns
18,32 *er wird verspottet und ges. werden*
22,65 noch mit vielen andern Lästerungen s. sie ihn
Jh 9,28 da s. sie ihn und sprachen
Apg 14,5 *als sich ein Sturm erhob, sie zu s.*
23,4 s. du den Hohenpriester Gottes
4 s. du den Hohenpriester Gottes
1Ko 4,12 man s. uns, so segnen wir
1Th 2,2 *ob wir gleich ges. gewesen waren*
1Ti 3,7 damit er nicht ges. werde
1Pt 2,23 der nicht widerschmähte, als er ges. wurde
3,16 wenn sie euren guten Wandel in Christus s.
4,14 selig, wenn ihr ges. werdet um des Namens Christi willen
Heb 10,29 der den Geist der Gnade s.

schmählich

Hi 16,10 haben mich s. auf meine Backen geschlagen
Jes 20,4 in s. Blöße, zur Schande Ägyptens

schmählich

2Ma 14,3 zur Zeit des Widerstandes s. nachgegeben

Schmähung

Ps 57,4 er helfe mir von der S. dessen, der mir
    69,10 die S. derer, die dich schmähen Rö 15,3
Spr 12,16 wer S. überhört, der ist klug
    22,10 Hader und S. hören auf
Hes 34,29 daß sie die S. nicht mehr ertragen 36,15
Dan 11,18 ein Mächtiger wird ihm seine S. heimzahlen
Sir 22,27 S. verjagt jeden Freund
2Ma 10,34 die Besatzung stieß S. aus 35
Heb 10,33 indem ihr durch S. zum Schauspiel geworden

Schmähwort

Sir 29,9 er gibt ihm S. statt Dank 32

schmal

Jes 28,20 das Bett ist zu kurz, die Decke zu s.
Mt 7,14 wie s. (ist) der Weg, der zum Leben führt

schmecken

2Sm 19,36 wie kann ich noch s., was ich esse
Hi 12,11 wie der Mund die Speise s. 34,3
Ps 34,9 s. und sehet, wie freundlich der HERR ist
Spr 9,17 heimliches Brot s. fein 20,17
Sir 9,15 laß ihn alt werden, so wird er dir gut s.
    36,21 wie die Zunge das Wildbret s.
    40,32 Betteln s. dem unverschämten Mund gut
Mt 16,28 die werden den Tod nicht s. Mk 9,1; Lk 9,27; Jh 8,52
    27,34 als er's s., wollte er nicht trinken
Lk 14,24 daß keiner mein Abendmahl s. wird
1Pt 2,3 da ihr ges. habt, daß der Herr freundlich ist
Heb 2,9 sollte er für alle den Tod s.
    6,4 die ges. haben die himmlische Gabe 5

schmeicheln

Hi 32,21 ich will keinem s. 22
Spr 19,6 viele s. der Vornehmen
    29,5 wer seinem Nächsten s., spannt ein Netz
Wsh 14,17 damit sie dem Abwesenden s.
Jud 16 um ihres Nutzens willen s. sie den Leuten

Schmeichelwort

1Th 2,5 wir sind nie mit S. umgegangen, wie ihr wißt

schmelzen

Hi 28,2 aus dem Gestein s. man Kupfer
Ps 12,7 wie Silber, im Tiegel ges.
    147,18 er sendet sein Wort, da s. der Schnee
Jer 6,29 das S. war umsonst
    9,6 ich will sie s. und prüfen Hes 22,20
Hes 24,11 damit seine Unreinheit s.
Mi 1,4 daß die Berge unter ihm s.
Mal 3,3 er wird sitzen und s.
Wsh 16,22 Schnee und Eis s. nicht
    19,20 brachten nicht die himmlische Speise zum S., die doch wie Eis leicht s.
2Pt 3,10 die Elemente werden vor Hitze s.

Schmelzer

Sa 11,13 wirf's hin dem S... warf sie dem S. hin
Mal 3,2 er ist wie das Feuer eines S.

Schmelzofen

2Mo 19,18 der Rauch stieg auf wie von einem S.
Wsh 3,6 er prüft sie wie Gold im S.

Schmerz

1Mo 34,25 am dritten Tage, als sie S. hatten
2Ch 6,29 wenn jemand seine Plage und S. fühlt
    21,19 (Joram) starb unter schlimmen S.
Est 9,22 sich ihre S. in Freude verwandelt hatten
Hi 2,13 sahen, daß der S. sehr groß war
    6,10 ob auch der S. mich quält
    7,15 daß ich den Tod lieber hätte als meine S.
    9,28 fürchte ich alle meine S.
    14,22 sein eigenes Fleisch macht ihm S.
    16,6 würde mich mein S. nicht verschonen
    30,17 die S. schlafen nicht
    33,19 auch warnt er ihn durch S.
Ps 38,18 mein S. ist immer vor mir
    69,27 reden gern von dem S. dessen, den du
    30 ich bin elend und voller S. Pr 2,23
Jes 13,8 Angst und S. wird sie ankommen
    17,11 du wirst S. haben, die niemand heilt
    21,3 darum sind meine Lenden voll S.
    26,17 wie eine Schwangere schreit in ihren S.
    35,10 S. und Seufzen wird entfliehen
    50,11 in S. sollt ihr liegen
    53,3 er war voller S. und Krankheit
    4 fürwahr, er lud auf sich unsre S.
Jer 22,23 wenn dir S. kommen werden
    45,3 Jammer zu meinem S. hinzugefügt
    49,24 Damaskus ist in Ängsten und S.
Klg 1,12 ob irgendein S. ist wie mein S.
    18 schaut meinen S.
    3,51 mein Auge macht mir S.
Wsh 8,16 mit ihr zusammenzuleben (bringt) keinen S.
    14,15 über seinen Sohn Leid und S. trug
Sir 7,29 vergiß nicht, welche S. deine Mutter gelitten
    27,32 S. wird sie verzehren, ehe sie sterben
    38,7 damit heilt er und vertreibt die S.
1Ma 9,56 Alkimus starb mit großen S.
2Ma 6,30 die großen S., die ich ertrage
    9,11 weil die S. größer wurden 9.28
StD 3,26 Feuer fügte ihnen weder S. noch Schaden zu
Lk 2,48 dein Vater und ich haben dich mit S. gesucht
Jh 16,21 eine Frau, wenn sie gebiert, so hat sie S.
Apg 2,24 auferweckt und aufgelöst die S. des Todes
Rö 9,2 daß ich S. in meinem Herzen habe
1Th 5,3 *gleichwie der S. ein schwangeres Weib*
1Ti 6,10 einige machen sich selbst viel S.
Off 16,10 die Menschen zerbissen ihre Zungen vor S.
    11 lästerten Gott im Himmel wegen ihrer S.
    21,4 der Tod wird nicht mehr sein noch S.

schmerzen

2Ma 14,45 obwohl die Wunden ihn s.

Schmied

2Mo 38,23 Oholiab, ein S., Schnitzer, Kunstweber
1Sm 13,19 kein S. im ganzen Lande Israel zu finden
2Kö 24,14 führte weg alle S. 16; Jer 24,1; 29,2
Jes 44,12 der S. macht ein Messer

Jes	54,16	ich habe den S. geschaffen
Sa	2,3	der HERR zeigte mir vier S.
Sir	38,29	ebenso geht es dem S. bei seinem Amboß
2Ti	4,14	Alexander, der S., hat mir viel Böses angetan

Schmiedehammer

Ri	5,26	(Jaël) griff mit ihrer Rechten den S.

schmieden

Spr	6,18	ein Herz, das arge Ränke s.
Hes	21,36	Leuten, die Verderben s.
Dan	11,25	es werden Pläne gegen ihn ges.
StE	5,15	denen, die gegen uns Ränke s., eine Mahnung

Schmiedewerk

Hos	13,2	Götzen, die doch nur S. sind
Sir	38,29	Schmied, der auf das S. achtet

schmiegen

Jes	28,20	die Decke zu schmal, um sich drein zu s.

Schminke

Wsh	13,14	färbt mit S. seine Oberfläche rot

schminken

2Kö	9,30	s. ihr Angesicht und schaute hinaus
Jer	4,30	wenn du schon dein Angesicht s. würdest
Hes	23,40	badetest dich und s. dich

Schmuck

2Mo	33,5	lege deinen S. ab 4.6
1Ch	16,29	betet an in heiligem S. 2Ch 20,21; Ps 29,2; 96,9
2Ch	3,6	zierte die Halle mit edlen Steinen zum S.
Est	6,8	ein Roß, dessen Kopf königlichen S. trägt
Ps	45,10	in deinem S. gehen Töchter von Königen
	110,3	wird dir dein Volk folgen in heiligem S.
Spr	1,9	das ist ein schöner S. für dein Haupt
	3,22	das wird sein ein S. für deinen Hals
	20,29	graues Haar ist der Alten S.
Jes	3,18	wird der Herr den S. wegnehmen
	49,18	sollst wie mit einem S. angetan werden
	61,3	daß ihnen S. statt Asche gegeben werden
Jer	2,32	vergißt wohl eine Jungfrau ihren S.
Klg	1,6	ist von der Tochter Zion aller S. dahin
Hes	16,14	Schönheit, vollkommen durch den S.
	23,26	sollen dir deinen S. wegnehmen
	27,10	Schilde und Helme... waren dein S.
Mi	2,9	nehmt von ihren Kindern meinen S.
Jdt	10,4	sie legte all ihren S. an
Sir	6,30	ihr Halseisen ein herrlicher S. für dich
	21,23	ein Weiser hält Zucht für goldenen S.
	43,10	ein leuchtender S. an der Himmelshöhe
	45,9	er legte ihm prachtvollen S. an 50,12.15
Bar	5,1	zieh den herrlichen S. von Gott an
1Ma	1,23	den goldenen S. vorn am Tempel abreißen
	14,9	die jungen Männer gingen im S... einher
2Ma	2,2	wenn sie die Götzen und ihren S. sehen
	3,15	die Priester in ihrem heiligen S.
1Pt	3,3	euer S. soll nicht äußerlich sein
	4	im unvergänglichen S. des Geistes

schmücken

2Sm	1,24	Saul, der euch s. mit goldenen Kleinoden
2Kö	9,30	s. (Isebel) ihr Haupt und schaute hinaus
Hi	40,10	s. dich mit Pracht und Hoheit
Ps	45,4	du Held, und s. dich herrlich
	14	die Königstochter ist mit Perlen ges.
	93,1	der HERR ist König und herrlich ges. 104,1
	118,27	das Fest mit Maien
Spr	4,9	sie wird dein Haupt schön s.
	7,16	ich habe mein Bett schön ges.
Hl	5,14	sein Leib ist mit Saphiren ges.
Jes	52,1	s. dich herrlich, Jerusalem
	60,13	zu s. den Ort meines Heiligtums
	63,1	wer ist der, der so ges. ist
Jer	4,30	wenn du dich s... s. du dich vergeblich
	10,4	er s. es mit Silber und Gold
	31,4	du sollst dich wieder s.
Hes	16,11	(ich) s. dich mit Kleinoden 13; 28,13
	23,40	schminktest dich und s. dich
Hos	2,15	an denen sie sich mit Halsbändern s.
Sa	6,13	er wird herrlich ges. sein
	10,3	wie ein Roß, das ges. ist zum Kampf
Jdt	10,4	sie s. sich mit Armbändern 12,16
	5	sie s. sich nicht aus böser Lust
Bar	6,9	sie s. (die Götzen) mit Gold 11.24
1Ma	4,57	sie s. die Vorderseite des Tempels 2Ma 9,16
2Ma	3,25	ein Pferd, mit prächtigem Geschirr ges.
Mt	12,44	so findet er's ges. Lk 11,25
	23,29	die ihr die Gräber der Gerechten s.
Lk	21,5	daß er mit schönen Steinen ges. sei
1Ko	12,23	*die uns übel anstehen, s. man am meisten*
1Ti	2,9	daß die Frauen sich s. mit Anstand
1Pt	3,5	sich vorzeiten die heiligen Frauen ges.
Off	17,4	die Frau war ges. mit Gold 18,16
	21,2	bereitet wie eine ges. Braut für ihren Mann
	19	die Grundsteine waren ges. mit Edelsteinen

Schmutz

Ps	40,3	er zog mich aus lauter S. und Schlamm
	113,7	erhöht den Armen aus dem S.
Spr	30,12	ist von ihrem S. nicht gewaschen
Jer	2,22	so bleibt doch der S. deiner Schuld
Klg	4,5	die müssen jetzt im S. liegen
Wsh	2,16	er meidet unsre Wege wie S.
	7,9	Silber wird vor ihr für S. gehalten
Sir	10,9	der Mensch, der nur S. und Kot ist
1Pt	3,21	in (der Taufe) wird nicht der S. vom Leib abgewaschen

schmutzig

Hl	5,3	wie soll ich sie wieder s. machen
Sir	23,17	gewöhne deinen Mund nicht an s. Reden

Schnabel

1Mo	8,11	ein Ölblatt hatte sie in ihrem S.
Jes	10,14	kein S. sperrte sich auf

schnappen

Jer	14,6	die Wildesel s. nach Luft

schnauben

2Mo	15,8	durch dein S. türmten die Wasser sich auf
2Sm	22,16	vor dem S. seines Zornes Hi 4,9; Ps 18,16
Hi	39,20	schrecklich ist sein prächtiges S.

schnauben

Jer 6,29 der Blasebalg s.
8,16 man hört ihre Rosse s.
Hes 32,2 du s. in deinen Strömen
Apg 9,1 Saulus s. mit Drohen und Morden

Schnauze

Sa 4,2 sind sieben S. an jeder Lampe

Schnee

2Mo 4,6 aussätzig wie S. 4Mo 12,10; 2Kö 5,27
2Sm 23,20 erschlug Löwen, als S. gefallen 1Ch 11,22
Hi 6,16 Eis, darin der S. sich birgt
37,6 spricht zum S.: Falle zur Erde 38,22
Ps 68,15 damals fiel S. auf dem Zalmon
147,16 er gibt S. wie Wolle
18 er sendet sein Wort, da schmilzt der S.
148,8 (lobet den HERRN) Hagel, S. StD 3,48
Spr 25,13 wie die Kühle des S. zur Zeit der Ernte
26,1 wie S. zum Sommer, so reimt sich Ehre
31,21 sie fürchtet für die Ihren nicht den S.
Jes 55,10 gleichwie der S. vom Himmel fällt
Jer 18,14 bleibt doch der S. länger auf den Steinen
Klg 4,7 Zions Fürsten waren reiner als der S.
Dan 7,9 sein Kleid war weiß wie S.
Wsh 5,15 die Hoffnung... ist wie feiner S.
16,22 S. und Eis hielten das Feuer aus
Sir 43,14 auf sein Wort hin fällt viel S. 19
1Ma 13,22 in dieser Nacht fiel ein sehr tiefer S.
Mt 28,3 sein Gewand (war) weiß wie der S.
Off 1,14 sein Haupt und sein Haar war weiß wie der S.

Schneewasser

Hi 9,30 wenn ich mich auch mit S. wüsche
24,19 wie die Hitze das S. verzehrt

schneeweiß

Ps 51,9 wasche mich, daß ich s. werde
Jes 1,18 soll (eure Sünde) doch s. werden

Schneide

Ri 3,22 daß nach der S. noch der Griff hineinfuhr
Pr 10,10 wenn ein Eisen an der S. ungeschliffen
Hes 21,21 hau drein, wohin deine S. gewandt sind

schneiden

2Mo 31,5 kunstreich Steine zu s. 35,33; 1Kö 7,9
39,3 Goldplatten s. sie zu Fäden
Rut 2,9 sieh, wo sie s. im Felde
1Sm 6,13 Leute von Bet-Schemesch s. den Weizen
24,5 David s. einen Zipfel vom Rock Sauls 12
2Kö 4,39 s. er's in den Topf zum Gemüse
Hi 8,12 noch steht's in Blüte, bevor man es s.
Spr 11,17 ein herzloser s. sich ins eigene Fleisch
Jes 17,5 wie wenn der Schnitter die Ähren s.
Mt 25,24 du s., wo du nicht gesät hast 26
Jh 4,36 schon empfängt Lohn, der da s.
37 dieser sät, der andere s. 36
38 ich habe euch gesandt, zu s.
Off 14,18 s. die Trauben am Weinstock der Erde 19

schneien

Jer 18,14 wenn's vom Libanon herab s.

schnell

1Mo 49,21 Naftali ist ein s. Hirsch
2Mo 32,8 s. von dem Wege gewichen 5Mo 9,12.16
Ri 3,28 (Ehud) sprach zu ihnen: S. mir nach
19,11 als sie bei Jebus waren, dunkelte es s.
2Sm 1,23 s. waren sie als die Adler
1Ch 12,9 Kriegsleute, s. wie Rehe
2Ch 29,36 denn es war unvermutet s. gekommen
35,13 brachten (das Passa) s. allem Volk
Est 8,14 Boten ritten aus s. und eilends
Hi 7,6 meine Tage sind s. dahingeflogen 9,25.26; Ps 90,10
Ps 147,15 sein Wort läuft s.
Spr 6,15 er wird s. zerschmettert werden
10,14 der Toren Mund führt s. zum Verderben
25,8 laufe nicht zu s. vor Gericht
29,20 siehst du einen, der s. ist zu reden
Pr 5,1 sei nicht s. mit deinem Munde
7,9 sei nicht s., dich zu ärgern
9,11 zum Laufen hilft nicht s. sein
Jes 5,26 eilends und s. kommen sie daher
18,2 geht hin, ihr s. Boten, zum Volk
19,1 der HERR wird auf einer s. Wolke fahren
58,8 deine Heilung wird s. voranschreiten
59,7 sind s. dabei, Blut zu vergießen
Jer 4,13 seine Rosse sind s. als Adler Klg 4,19; Hab 1,8
18,14 Regenwasser verläuft sich nicht so s.
46,6 der S. kann nicht entfliehen Am 2,14.15
Mi 2,7 meinst du, der HERR sei s. zum Zorn
Hab 1,6 die Chaldäer, ein grimmiges und s. Volk
Mal 3,5 will ein s. Zeuge sein gegen die Zauberer
Jdt 12,17 da schlug das Herz des Holofernes s.
Wsh 14,14 darum ist ihnen ein s. Ende zugedacht
16,11 wurden s. wieder geheilt
Sir 5,13 sei s. bereit zum Hören
28,13 s. sein zum Zank... s. sein zum Streit
Lk 14,21 geh s. hinaus auf die Gassen der Stadt
15,22 bringt s. das beste Gewand her
21,34 daß dieser Tag nicht s. über euch komme
Jh 20,4 der andere Jünger lief voraus, s. als Petrus
Apg 12,7 er weckte ihn und sprach: Steh s. auf
17,15 so s. wie möglich zu ihm kommen sollten
22,18 eile und mach dich s. auf aus Jerusalem
1Th 5,3 dann wird sie das Verderben s. überfallen
2Th 2,2 daß ihr euch nicht so s. wankend machen laßt
2Pt 2,1 über sich selbst herbeiführen ein s. Verderben
Heb 13,19 daß ich um so s. euch wiedergegeben werde
Jak 1,19 sei s. zum Hören, langsam zum Reden
Off 11,14 siehe, das dritte Wehe kommt s.

schnellfüßig

2Sm 2,18 Asaël war s. wie ein Reh

schneuzen

Spr 30,33 wer die Nase hart s., zwingt Blut heraus

Schnitter

Rut 2,3 und las auf, den S. nach 4-7.14
2Kö 4,18 begab sich, daß (das Kind) zu den S. ging
Ps 129,7 mit dem der S. seine Hand nicht füllt
Jes 17,5 wie wenn der S. die Halme faßt
Jer 9,21 Leichen wie Garben hinter dem S.
50,16 rottet aus den Sämann und den S.

StD	2,32	aufs Feld, um es den S. zu bringen
Mt	13,30	um die Erntezeit will ich zu den S. sagen
	39	die S. sind die Engel
Jak	5,4	das Rufen der S. ist gekommen vor die Ohren des Herrn

Schnitzbild

| Ri | 18,30 | die Daniter richteten das S. auf 31 |

schnitzen

2Mo	31,5	kunstreich zu s. in Holz 35,33; 2Ch 2,6.13
Ri	17,3	ein ges. Bild davon machen 4; 18,14.17-20
2Ch	3,7	ließ auf die Wände Cherubim s. Hes 41,20
	34,4	die ges. Götzenbilder zerbrach er
Ps	144,12	unsere Töchter wie Säulen, ges. für Paläste
Jes	48,5	m. Abgott, der ges. wurde, hat's befohlen
Wsh	13,13	s. es mit Sorgfalt, wenn er Muße hat
	14,8	verflucht, was ges. ist, wie auch der, der es s.

Schnitzer

| 2Mo | 38,23 | Oholiab, ein Schmied, S., Kunstweber |

Schnitzerei

| Hes | 41,17 | im Inneren und draußen waren S. |

Schnitzmesser

| Jer | 10,3 | mit dem S. ein Werk von Menschenhänden |

Schnitzwerk

| 1Kö | 6,29 | an allen Wänden ließ er S. machen 32.35 |
| Ps | 74,6 | zerschlagen all sein S. mit Beilen |

Schnur

1Mo	38,18	(ein Pfand): Dein Siegel und deine S. 25
2Mo	28,14	Ketten wie gedrehte S. 22; 39,15
	28	mit einer S. von blauem Purpur 37; 39,21.31; 4Mo 15,38
1Kö	7,15	eine S. von 12 Ellen war das Maß um jede Säule herum 23; 2Ch 4,2; Jer 52,21
Est	1,6	hingen Tücher, mit S. eingefaßt
Pr	4,12	eine dreifache S. reißt nicht leicht
Hl	4,3	Lippen wie eine scharlachfarbene S.
Jes	44,13	der Zimmermann spannt die S.
Hes	40,3	ein Mann hatte eine leinene S.

Schnurlänge

| 2Sm | 8,2 | (David) maß zwei S. ab, so viele tötete er |

Schoa

| Hes | 23,23 | die von Pekod, S. und Koa |

Schobab

| 2Sm | 5,14 | ¹(Davids) Söhne: S. 1Ch 3,5; 14,4 |
| 1Ch | 2,18 | ²Kaleb(s) Söhne: S. |

Schobach

| 2Sm | 10,16 | S., der Feldhauptmann 18; 1Ch 19,16.18 |

Schobai

| Esr | 2,42 | Torhüter: die Söhne S. Neh 7,45 |

Schobal

| 1Mo | 36,20 | ¹Söhne von Seïr: S. 23.29; 1Ch 1,38.40 |
| 1Ch | 2,50 | ²Söhne Hurs: S. 52; 4,1.2 |

Schobek

| Neh | 10,25 | (die Oberen des Volks sind:) S. |

Schobi

| 2Sm | 17,27 | S., Sohn des Nahasch |

Schoham

| 1Mo | 2,12 | ¹auch findet man da den Edelstein S. |
| 1Ch | 24,27 | ²Söhne Merari: S. |

Scholle

Hi	21,33	süß sind ihm die S. des Grabes
	38,38	wenn die S. fest aneinander kleben
Ps	65,11	du feuchtest seine S.
Spr	8,26	noch nicht gemacht die S. des Erdbodens

Schomer (= Schimrit)

| 2Kö | 12,22 | Josabad, der Sohn S. 2Ch 24,26 |

schon

2Mo	5,5	sie sind s. mehr als das Volk des Landes
	8,19	morgen s. soll das Zeichen geschehen
4Mo	17,12	die Plage hatte s. angefangen
Jos	5,12	aßen s. von der Ernte des Landes Kanaan
2Kö	18,20	meinst du, bloße Worte seien s. Rat Jes 36,5
Hi	12,5	ein Stoß denen, deren Fuß s. wankt
	41,1	s. wenn einer ihn sieht, stürzt er
Ps	23,4	ob ich s. wanderte im finstern Tal
	139,4	kein Wort, das du nicht s. wüßtest
Spr	8,22	der HERR hat mich s. gehabt im Anfang
	28,21	mancher vergeht sich s. um einen Stück Brot
Pr	3,15	was geschieht, das ist s. längst gewesen
Jes	43,27	s. dein Ahnherr hat gesündigt
	44,8	habe ich's nicht s. lange hören lassen 48,3
	48,7	das wußte ich s.
	58,2	ein Volk, das die Gerechtigkeit s. getan
	66,8	kaum in Wehen, hat Zion s. Kinder
Sa	1,12	über die du zornig bist s. siebzig Jahre
Mt	3,10	es ist s. die Axt den Bäumen an die Wurzel gelegt Lk 3,9
	5,28	eine Frau ansieht, hat s. die Ehe gebrochen
	6,2	haben ihren Lohn s. gehabt 5.16; Lk 6,24
	15,32	sie harren s. drei Tage bei mir aus
	17,12	Elia ist s. gekommen
Mk	15,44	wunderte sich, daß (Jesus) s. tot Jh 19,33
Lk	1,1	viele haben es s. unternommen
	8,10	nicht verstehen, ob sie es s. hören
	11,7	die Tür ist s. zugeschlossen
	12,49	was wollte ich lieber, als daß es s. brennte
	13,16	Abrahams Tochter, die der Satan s. 18 Jahre gebunden hatte Jh 5,6
	19,25	Herr, er hat doch s. zehn Pfund
Jh	3,18	wer nicht glaubt, der ist s. gerichtet 12,48
	4,23	es kommt die Zeit und ist s. jetzt 5,25; 16,32
	36	wer erntet empfängt s. seinen Lohn

schon

Jh	9,22	die Juden hatten sich s. geeinigt
	27	ich habe es euch s. gesagt
	11,17	fand er Lazarus s. vier Tage im Grabe 39
	13,2	als s. der Teufel dem Judas ins Herz gegeben
	15,3	ihr seid s. rein um des Wortes willen
	19,28	als Jesus wußte, daß s. alles vollbracht war
Rö	5,6	s. zu der Zeit, als wir noch schwach waren
1Ko	4,8	wollte Gott, ihr würdet s. herrschen
	5,3	habe s. beschlossen über den, der solches getan
2Ko	1,14	wie ihr uns zum Teil s. verstanden habt
	9,2	Achaja ist s. voriges Jahr bereit gewesen
Phl	3,12	nicht, daß ich's s. ergriffen habe oder s. vollkommen sei
	16	was wir s. erreicht haben, darin laßt uns leben
1Th	2,16	der Zorn Gottes ist s. in vollem Maß über sie
	3,4	s. als wir bei euch waren 2Th 3,10
2Th	2,2	als sei der Tag des Herrn s. da
	7	es regt sich s. das Geheimnis der Bosheit
1Ti	5,15	s. haben sich einige abgewandt und folgen
2Ti	2,18	sagen, die Auferstehung sei s. geschehen
	4,6	ich werde s. geopfert
1Jh	2,18	sind nun s. viele Antichristen gekommen
	3,2	meine Lieben, wir sind s. Gottes Kinder
	4,3	er ist jetzt s. in der Welt

schön

1Mo	6,2	sahen, wie s. die Töchter der Menschen
	12,11	daß du ein s. Weib bist 14; 26,7
	24,16	das Mädchen war s. von Angesicht 29,17
	39,6	Josef war s. an Gestalt
	41,2	(er) sähe sieben s. fette Kühe 4.18.26
	49,21	Naftali gibt s. Rede
2Mo	28,2	heilige Kleider machen, die s. seien 40
3Mo	23,40	sollt Früchte nehmen von s. Bäumen
5Mo	6,10	große und s. Städte, die du nicht gebaut
	8,12	wenn du s. Häuser erbaust
	21,11	siehst du unter den Gefangenen ein s. Mädchen
Ri	15,2	jüngere Schwester, die ist s. als sie
1Sm	9,2	Saul war ein junger, s. Mann
	16,12	war bräunlich, mit s. Augen 18; 17,42
	25,3	sie war s. von Angesicht 2Sm 11,2
2Sm	13,1	Absalom hatte eine s. Schwester 14,27
	14,25	war kein Mann so s. wie Absalom
1Kö	1,3	suchten ein s. Mädchen 4; Est 1,11; 2,2.3.7
	6	(Adonija) war ein sehr s. Mann
Esr	8,27	(wog dar) zwei s. Gefäße aus Kupfer
Hi	26,13	am Himmel wurde es s.
	42,15	es gab keine so s. Frauen
Ps	9,1	vorzusingen, nach der Weise „S. Jugend"
	16,6	mir ist ein s. Erbteil geworden
	27,4	zu schauen die s. Gottesdienste des HERRN
	33,3	spielt s. auf den Saiten
	34,13	wer möchte gern s. Tage sehen
	45,3	du bist der S. unter den Menschenkindern
	48,3	s. ragt empor der Berg Zion
	50,2	aus Zion bricht an der s. Glanz Gottes
	104,1	du bist s. und prächtig geschmückt
	15	daß sein Antlitz s. werde vom Öl
	147,1	ihn loben ist lieblich und s.
Spr	1,9	das ist ein s. Schmuck für dein Haupt
	4,9	sie wird dein Haupt s. schmücken
	7,16	ich habe mein Bett s. geschmückt
	11,22	ein s. Weib ohne Zucht ist wie eine Sau
	23,31	wie (Wein) im Glase so s. steht
	31,30	lieblich und s. sein ist nichts
Pr	3,11	er hat alles s. gemacht zu seiner Zeit
Hl	1,8	du S. unter den Frauen 5,9; 6,1
	15	du bist s.; s. bist du 16; 4,1.7; 6,4; 7,7
	2,10	steh auf, meine Freundin, meine S. 13
	4,10	wie s. ist deine Liebe
	6,10	wer ist sie... s. wie der Mond
	7,2	wie s. ist dein Gang
Jes	4,2	die Frucht des Landes (wird) s. (sein)
	13,19	Babel, das s. unter den Königreichen
	14,12	wie bist du gefallen, du s. Morgenstern
	27,10	die s. Häuser verödet und verlassen
	44,13	macht es wie einen s. Menschen
	62,3	wirst sein eine s. Krone
	64,10	was wir S. hatten, ist zuschanden
Jer	11,16	nannte dich einen s. Ölbaum Hos 14,7
	12,10	haben meinen s. Acker zur Wüste gemacht
	25,37	ihre Auen, die so s. standen
	46,20	Ägypten ist wie eine s. junge Kuh
Hes	16,7	wurdest groß und s. 13; 27,11; 28,12.17
	12	gab dir eine s. Krone 23,42
	17	nahmst dein s. Geschmeide 39
	23,23	die s. junge Mannschaft
	26,12	werden deine s. Häuser einreißen
	28,7	ihr Schwert gegen deine s. Weisheit
	31,3	(gleich) einem Zedernbaum mit s. Ästen 7-9
	33,32	wie einer, der eine s. Stimme hat
Dan	1,4	junge Leute, die s. begabt wären
	15	nach zehn Tagen sahen sie s. aus als alle
Hos	6,3	wird hervorbrechen wie die s. Morgenröte
	10,1	da richteten sie die s. Steinmale auf
	11	habe ein Joch auf seinen s. Nacken gelegt
Jo	4,5	meine s. Kleinode in eure Tempel gebracht
Am	8,13	werden die s. Jungfrauen verschmachten
Nah	3,4	der s. Hure, die mit Zauberei umgeht
Jdt	10,3	(Judit) zog ihre s. Kleider an
	8	bewunderten sie sehr, weil sie so s. war
	20	wenn (die Hebräer) so s. Frauen haben
	12,13	s. Frau, mein Herr will dich ehren
Wsh	5,17	werden eine s. Krone empfangen
	7,10	hatte sie lieber als s. Gestalt
	13,7	weil so s. ist, was man sieht
	14,19	das Bild, daß es s. aussah
Sir	1,11	die Furcht des Herrn ist eine s. Krone 40,28
	6,32	wirst sie dir als s. Krone aufsetzen 27,9
	9,8	wende den Blick weg von s. Frauen 42,12
	9	s. Frauen haben schon viele betört
	14,19	wie mit den Blättern auf einem s. Baum
	24,19	wie ein s. Ölbaum auf freiem Felde
	22	meine Zweige waren s. und prächtig
	25,6	wie is't's, wenn... urteilen
	26,22	ein s. Antlitz ist wie 23
	32,8	wie ein Smaragd auf s. Golde
	36,24	eine s. Frau erfreut den Mann
	38,31	darauf bedacht sein, daß es s. aussieht
	40,21	Flöte und Harfe klingen s.
	43,12	Regenbogen hat sehr s. Farben 50,7
	45,9	hat ihn s. prächtig u. s. gekleidet
	14	das alles war s. und vollkommen 15
2Ma	3,26	zwei junge Männer, die stark und s. waren
	6,18	Eleasar war ein sehr s. Mann
	10,7	sie trugen s. Zweige und Palmwedel
StD	1,2	eine Tochter Hilkijas; die war sehr s. 31
	4	Jojakim hatte einen s. Garten
Mt	16,2	ein Tag werden, denn der Himmel ist rot
Lk	21,5	daß er mit s. Steinen geschmückt sei
Apg	3,2	die Tür des Tempels, die da heißt die S. 10
	7,20	er war s. vor Gott Heb 11,23
1Ko	14,17	dein Dankgebet mag s. sein
Jak	1,11	die Blume fällt ab, und ihre s. Gestalt verdirbt

Off 19,8 sich anzutun mit s. reinem Leinen

schonen

5Mo 7,16 sollst sie nicht s.
 13,9 soll dein Auge ihn nicht s. 19,13.21; 25,12
 28,50 freches Volk, das die Jungen nicht s.
2Sm 12,6 weil er sein eigenes (Schaf) ges. hat
 18,5 verfahrt mir s. mit Absalom
Hi 2,6 doch s. sein Leben
 27,22 wird er ihn nicht s.
Spr 6,34 er s. nicht am Tage der Vergeltung
 13,24 wer seine Rute s., der haßt seinen Sohn
Jes 9,18 keiner s. den andern
 13,18 (Meder, die) die Kinder nicht s.
 31,5 er wird schützen, erretten, s.
Jer 2,25 s. doch deine Füße 14,10
 13,14 will weder s. noch barmherzig sein
Hes 20,17 mein Auge blickte s. auf sie
 24,14 ich will nicht s. Am 1,3.6.9.11.13; 2,1.4.6
Jo 2,17 HERR, s. dein Volk
Sa 11,5 ihre Hirten s. sie nicht
 6 will auch nicht mehr s. die Bewohner
Jdt 13,24 du hast dein Leben nicht ges.
Wsh 11,26 du s. alles; denn es gehört dir, Herr
 12,8 s. sie, weil sie Menschen waren
 23,2 nicht ges. werde, wenn ich falsch handle
1Ma 13,5 möchte ich mein Leben gewiß nicht s.
1Ko 7,28 ich möchte euch gerne s. 2Ko 1,23
2Ko 13,2 dann will ich nicht s.
Phl 2,30 da er sein Leben nicht ges. hat
Kol 2,23 dadurch, daß sie den Leib nicht s.

Schönheit

Est 1,11 um dem Volk ihre S. zu zeigen
 2,3 daß man ihre S. pflege 9
Ps 39,12 verzehrst seine S. wie Motten ein Kleid
 45,12 den König verlangt nach deiner S.
Spr 6,25 laß dich nach ihrer S. nicht gelüsten
Jes 3,24 es wird ein Brandmal statt S.
 33,17 werden den König sehen in seiner S.
Hes 16,14 dein Ruhm erscholl deiner S. wegen 15.25
 32,19 vor wem hast du etwas voraus an S.
Jdt 11,16 hat ihn ihresgleichen nicht
 16,8 hat ihn mit ihrer S. überwunden 11
Wsh 8,2 ich hab ihre S. liebgewonnen
 13,3 wenn sie an ihrer S. sich freuten
 5 wird er die S. der Geschöpfe ihr Schöpfer erkannt 3
Sir 11,2 sollst niemand rühmen um seiner S. willen
 25,27 fall nicht auf die S. einer Frau herein
 26,21 wie die Sonne ist die S. einer Frau
 40,22 Anmut und S. sieht das Auge gern
 43,1 die S. der Höhe ist das helle Firmament
StE 4,3 sie erstrahlte in voller S.
StD 1,32 um sich an ihrer S. zu ergötzen 56

Schonung

Wsh 12,20 wenn du... mit S. bestraft hast

schonungslos

Jer 21,7 mit der Schärfe des Schwerts schlagen s.
2Ma 5,6 Jason schlachtete seine Mitbürger s. ab

Schopf

Jdt 13,8 zog es heraus, ergriff ihn beim S.

StD 2,35 da faßte ihn der Engel beim S.

schöpfen

1Mo 24,11 die Frauen pflegten Wasser zu s. 13.43.45; 2Mo 2,16; 1Sm 9,11
 19 will deinen Kamelen auch s. 20.44
2Mo 2,19 ein ägyptischer Mann s. für uns
Jos 9,23 Knechte, die Wasser s. für das Haus Gottes
Rut 2,9 trinke von dem, was meine Knechte s.
1Sm 7,6 s. Wasser und gossen es aus vor dem HERRN
2Sm 23,16 (die 3 Helden) s. Wasser aus dem Brunnen
Hi 9,18 er läßt mich nicht Atem s.
Spr 20,5 ein kluger Mann kann es s.
Jes 12,3 ihr werdet mit Freuden Wasser s.
 30,14 darin man Wasser s. aus dem Brunnen
Nah 3,14 s. dir Wasser, du wirst belagert werden
Hag 2,16 meinte, fünfzig Eimer zu s.
2Ma 1,21 das gebot er ihnen zu s.
Jh 2,8 s. und bringt's dem Speisemeister 9
 4,7 kommt eine Frau aus Samarien, Wasser zu s.
 11 hast du doch nichts, womit du s. könntest
 15 nicht herkommen muß, um zu s.

Schöpfer, Schöpferin

Hi 32,22 würde mich mein S. dahinraffen
 35,10 wo ist Gott, mein S.
 36,3 will meinem S. Recht verschaffen
Ps 149,2 Israel freue sich seines S.
Spr 14,31 wer dem Geringen... lästert dessen S. 17,5
Pr 12,1 denk an deinen S. in deiner Jugend
Jes 45,9 weh dem, der mit seinem S. hadert
 11 der HERR, der heilige Israels und sein S.
Hos 8,14 Israel vergißt seinen S. und baut Paläste
Jdt 9,14 Gott des Himmels, S. der Wasser
Wsh 7,12 wußte nicht, daß sie auch ihre S. ist
 13,5 wird ihr S. wie in einem Bild erkannt
 16,24 die Schöpfung, die dir als dem S. dient
Sir 1,7 einer ist's, der Allerhöchste, der S.
 10,14 wenn sein Herz von seinem S. weicht
 24,12 da gebot mir der S. aller Dinge
 38,15 wer vor seinem S. sündigt
2Ma 13,14 er vertraute sich dem S. der Welt an
Rö 1,25 die das Geschöpf verehrt haben statt (des) S.
1Pt 4,19 ihm ihre Seelen anbefehlen als dem treuen S.
Heb 11,10 Stadt, deren Baumeister und S. Gott ist

Schöpfung

Jdt 16,17 die ganze S. muß dir dienen
Wsh 5,18 er wird die S. bewaffnen zur Abwehr
 14,11 nach ihr forschen von Anfang der S. an
 16,17 sind in der S. Gottes zum Greuel geworden
 16,17 die S. streitet für die Gerechten
 19,6 die S., die dir als dem Schöpfer dient
 24 die ganze S. wurde wieder neugestaltet
Mk 10,6 von Beginn der S. an
 13,19 nie gewesen bis jetzt vom Anfang der S.
Rö 1,20 wird seit der S. der Welt ersehen aus seinen Werken
 8,20 die S. ist unterworfen der Vergänglichkeit
 21 die S. wird frei werden von der Knechtschaft
 22 daß die ganze S. bis zu diesem Augenblick mit uns seufzt
Kol 1,15 er ist der Erstgeborene vor aller S.
2Pt 3,4 wie es von Anfang der S. gewesen ist

Schöpfung

Heb	9,11	die nicht von dieser S. ist
Off	3,14	das sagt der Anfang der S. Gottes

Schoresch

Jos	15,59	(Städte des Stammes Juda:) S.

Schoß

1Mo	30,3	daß (Bilha) auf meinem S. gebäre
	48,12	Josef nahm sie von seinem S.
Ri	16,19	(Delila) ließ ihn einschlafen in ihrem S.
Rut	1,11	noch einmal Kinder in meinem S. haben
	4,16	(Noomi) legte (das Kind) auf ihren S.
2Sm	12,3	einziges Schäflein... schlief in seinem S.
1Kö	17,19	(Elia) nahm ihn von ihrem S.
2Kö	4,20	setzte ihn auf ihren S. bis zum Mittag
Hi	3,12	warum hat man mich auf den S. genommen
	15,35	ihr S. bringt Trug zur Welt
	38,29	aus wessen S. geht das Eis hervor
Ps	22,11	mein Gott von m. Mutter S. an Jes 49,1
Spr	30,16	der Frauen verschloßner S.
Hl	7,3	dein S. ist wie ein runder Becher
Jes	66,9	sollte ich den S. verschließen
2Ma	7,22	wie ihr in meinem S. entstanden seid
Mt	12,40	so wird der Menschensohn im S. der Erde sein
Lk	6,38	ein volles Maß wird man in euren S. geben
	16,22	Arme wurde getragen in Abrahams S. 23
Jh	1,18	der Eingeborene, der Gott ist und in des Vaters S. ist

Schößling

Hi	14,7	seine S. bleiben nicht aus
Hes	17,6	ein Weinstock, der S. hervortrieb
Wsh	4,3	aus unechten S. hervorgegangen

Schote

Lk	15,16	seinen Bauch zu füllen mit den S., die die Säue fraßen

Schranke

Hes	40,12	vorn an den Nischen war eine S.

schrecken

5Mo	28,67	Furcht deines Herzens, die dich s. wird
1Sm	7,10	der HERR s. sie, daß sie geschlagen
Est	9,24	um sie zu s. und umzubringen
Hi	13,25	willst du ein verwehendes Blatt s.
	15,24	Angst und Not s. ihn 18,11
Ps	2,5	mit seinem Grimm wird er sie s.
Jes	2,19	sich aufmachen wird, zu s. die Erde 21
Jer	30,10	niemand soll ihn s. 46,27; Hes 34,28; 39,26; Mi 4,4
Hes	30,9	werden ausziehen, um Kusch zu s.
Hab	2,17	die vernichteten Tiere werden dich s.
2Ko	10,9	als hätte ich euch mit den Briefen s. wollen

Schrecken

1Mo	9,2	S. vor euch sei über allen Tieren
	12,15	S. und Finsternis überfiel ihn
	31,42	der S. Isaaks auf meiner Seite gewesen 54
2Mo	14,24	der HERR brachte einen S. über ihr Heer
	23,27	will meinen S. vor dir her senden 28; 5Mo 2,25; 7,20; 11,25; Jos 2,9; 24,12
3Mo	26,16	will euch heimsuchen mit S. Jer 49,5
5Mo	4,34	durch seinen ausgereckten Arm und große S. 26,8; Jer 32,21
	32,25	draußen das Schwert und drinnen der S.
Ri	8,12	(Gideon) setzte das ganze Heerlager in S.
1Sm	5,9	in der Stadt ein sehr großer S. 11
	11,7	da fiel der S. des HERRN auf das Volk
	14,15	es entstand ein S. im Lager
2Ch	14,13	S. des HERRN kam über sie 17,10; 20,29
Hi	13,11	wird sein S. nicht über euch fallen
	21	dein S. erschrecke mich nicht
	15,21	Stimmen des S. hört sein Ohr
	18,14	hingetrieben zum König des S.
	20,25	S. fahren über ihn hin 27,20
	24,17	sind bekannt mit den S. der Finsternis
	25,2	Herrschaft und S. ist bei ihm
	30,15	S. hat sich gegen mich gekehrt
	41,6	um seine Zähne herum herrscht S.
	17	vor S. wissen sie nicht aus noch ein
Ps	9,21	lege, HERR, einen S. auf sie
	31,12	bin geworden ein S. meinen Bekannten
	14	S. ist um und um Jer 6,25; 20,10; 46,5; 49,29
	73,19	sie nehmen ein Ende mit S.
	78,33	ließ er dahinschwinden ihre Jahre in S.
	88,16	ich erleide deine S.
	17	deine S. vernichten mich
	116,3	des Totenreichs S. hatten mich getroffen
Spr	3,25	fürchte dich nicht vor plötzlichem S.
	21,15	den Übeltätern ist es ein S.
Hl	3,8	hat sein Schwert wegen des S. der Nacht
Jes	2,10	verbirg dich vor dem S. des HERRN 19.21
	8,13	den laßt eure Furcht und euren S. sein
	13,8	S., Angst u. Schmerzen wird sie ankommen
	17,14	um den Abend, siehe, da ist S.
	24,17	über euch, Bewohner der Erde, S. 18
	33,18	dein Herz wird an den S. zurückdenken
	42,25	hat ausgeschüttet den S. des Krieges
	54,14	du wirst ferne sein von S.
Jer	8,15	aber siehe, es ist S. da 14,19
	15,8	ließ über sie fallen Angst und S.
	20,3	der HERR nennt ihn „S. um und um" 4
	30,5	wir hören ein Geschrei des S.
	48,39	Moab ist zum Bild des S. geworden 43
	44	wer dem S. entflieht, wird... fallen
Klg	3,47	wir werden geplagt mit S.
Hes	26,21	tödlichem S. gebe ich dich preis
	30,9	wird ein S. über sie kommen 13
	32,23	von denen einst S. ausging 24-26.32
Dan	10,7	doch fiel ein großer S. auf sie
Jo	2,11	der Tag des HERRN ist groß und voller S.
Wsh	17,6	erschien im Feuer voller S.
	8	versprochen, S. vertreiben zu können
Sir	22,19	ein Herz... fürchtet sich vor keinem S.
	22	hält ein zaghaftes Herz keinem S. stand
	36,2	versetze alle Völker in S.
1Ma	7,18	kam Furcht und S. über das Volk 2Ma 12,22
2Ma	3,30	Tempel, der voll Furcht und S. gewesen
	13,16	brachten großen S. in das Lager
StE	6,3	es erhob sich ein S. auf Erden 5
Lk	5,9	ein S. hatte ihn erfaßt über diesen Fang

Schreckenstat

5Mo	34,12	mit den großen S., die Mose vollbrachte

schrecklich

2Mo	15,11	wer ist dir gleich, der so s. ist
5Mo	7,21	der HERR, der große und s. Gott 10,17
	10,21	ist dein Gott, der solche s. Dinge getan

schreiben

5Mo	28,59	wird der HERR s. mit dir umgehen
1Ch	17,21	sich einen Namen zu machen durch s. Dinge
Hi	3,5	Verfinsterung mache ihn s.
	37,22	um Gott her ist s. Glanz
	39,20	s. ist sein prächtiges Schnauben
Ps	64,2	behüte mein Leben vor dem s. Feinde
	106,22	s. Taten am Schilfmeer
Jes	18,2	Volk, das s. ist als sonst irgendeins 7
	21,1	so kommt's aus einem s. Lande
Jer	17,17	sei du mir nur nicht s.
	23,19	wird ein s. Ungewitter niedergehen 30,23
	50,38	an ihren s. Götzen sind sie toll geworden
Klg	5,10	verbrannt von dem s. Hunger
Hes	32,30	ihre s. Gewalt ist zuschanden geworden
Dan	2,31	ein großes Bild, das war s. anzusehen
	7,7	ein viertes Tier war furchtbar und s.
Jo	3,4	ehe der s. Tag des HERRN kommt Mal 3,23
Hab	1,7	grausam und s. ist es
Jdt	14,15	eine s. Angst befiel sie
Wsh	6,6	er wird s. und schnell über euch kommen
	11,18	die s. Funken aus den Augen blitzen ließen
	12,9	durch s. Tiere zu zerschmettern
	17,9	wenn nichts S. sie ängstigen
	15	wurden bedrängt durch s. Erscheinungen
Tob	3,5	ach, Herr, s. sind deine Gerichte
Sir	1,7	ein gewaltiger König und sehr s.
	10,16	hat die Hochmütigen s. heimgesucht
	16,12	er läßt sich versöhnen, aber er straft auch s.
	45,24	er tat ein s. Zeichen an ihnen
1Ma	2,6	die sahen das s. Ende in Juda
2Ma	7,18	Gott handelt s. an uns
	13,9	wollte den Juden noch S. antun
	15,21	als Makkabäus die s. Tiere (sah)
Heb	10,27	nichts als eins S. Warten auf das Gericht
	31	s. ist's, in die Hände Gottes zu fallen
	12,21	so s. war die Erscheinung, daß Mose sprach

Schrecknis

Hi	6,4	die S. Gottes sind auf mich gerichtet
	21	weil ihr S. seht, fürchtet ihr euch
	20,23	wird über ihn regnen lassen seine S.
Lk	21,11	auch werden S. und große Zeichen geschehen

Schrei

Hi	39,7	die S. des Treibers hört er nicht

Schreiben

Esr	7,11	die Abschrift des S. Est 3,14; 8,13
Est	1,22	wurden S. ausgesandt 3,13; 8,10; 9,20.25.26.29.30
	8,5	möge man die S. widerrufen 8
Dan	6,9	darum wollest du ein S. aufsetzen 10
1Ma	9,60	schickte S. an seine Anhänger
	10,7	ließ diese S. öffentlich vorlesen 46
	11,29	der König gab Jonatan S. darüber
	15,15	brachten S. an die Könige und Länder
	24	Abschriften von diesen S. sandten sie
2Ma	11,16	das S. des Lysias lautete 22.27; StE 1,1
Apg	15,23	sie gaben ein S. in ihre Hand, also lautend

schreiben (s.a. stehen)

2Mo	17,14	s. dies zum Gedächtnis in ein Buch
	24,12	Gesetz und Gebot, die ich ges. habe 34,1.28; 5Mo 4,13; 5,22; 10,2.4
	32,32	tilge mich aus deinem Buch, das du ges.
4Mo	5,23	soll diese Flüche auf einen Zettel s.
	17,17	s. eines jeden Namen auf seinen Stab 18
5Mo	6,9	sie s. auf die Pfosten deines Hauses 11,20
	17,18	Abschrift des Gesetzes in ein Buch s. 28,58. 61; 29,19.20
	24,1	wenn er einen Scheidebrief s. 3; Mk 10,4
	27,8	sollst auf die Steine alle Worte dieses Gesetzes s. 3; Jos 8,32
	31,9	Mose s. dies Gesetz und gab's den Priestern 24; Jos 8,32
Jos	10,13	ist dies nicht ges. im Buch des Redlichen
	24,26	Josua s. alles ins Buch des Gesetzes Gottes
1Sm	10,25	Samuel s. (das Recht) in ein Buch
2Sm	11,14	am andern Morgen s. David an Joab 15
1Kö	21,8	(Isebel) Briefe in Ahabs Namen 9.11
2Kö	5,5	will dem König von Israel einen Brief s.
	10,1	Jehu s. Briefe nach Samaria 6
	22,13	nicht alles taten, was darin ges. ist
2Ch	2,11	Hiram s. weiter: Gelobt sei der HERR
	30,1	Hiskia s. Briefe an Ephraim
	32,17	s. einen Brief, dem HERRN hohnzusprechen
Esr	4,6	s. man eine Anklage gegen die von Juda 7.8; Neh 6,6; Est 3,9.12; 8,5
Neh	7,5	fand darin ges. 8,14; 13,1; Est 6,2
Est	8,9	ges., wie Mordechai gebot 8.10; 9,23.29.32
	10,2	ges. in der Chronik der Könige
Hi	19,24	mit einem eisernen Griffel in Blei ges.
	31,35	die Schrift, die mein Verkläger ges.
Ps	40,8	im Buch ist von mir ges.
	102,19	das werde s. für die Nachkommen
	139,16	alle Tage waren in dein Buch ges.
	149,9	vollziehen das Gericht, wie ges. ist
Spr	3,3	s. sie auf die Tafel deines Herzens 7,3
Pr	12,10	daß s. recht die Worte der Wahrheit
Jes	8,2	s. darauf mit deutlicher Schrift
	10,1	den Schreibern, die unrechtes Urteil s.
	44,5	ein anderer wird in seine Hand s.
Jer	17,1	Sünde Judas ist ges. mit eis. Griffel
	13	müssen auf die Erde ges. werden
	25,13	in diesem Buch ges., was Jeremia geweissagt 30,2; 51,60
	31,33	mein Gesetz in ihren Sinn s. Heb 8,10; 10,16
	32,10	ich s. einen Kaufbrief
	36,2	eine Schriftrolle und s. darauf 4.6.18.27-29.32; 45,1
Hes	37,16	nimm ein Holz und s. darauf 20
Dan	5,5	Finger wie von einer Menschenhand, die s. 24.25
	6,26	ließ der König Darius allen Völkern s.
	10,21	kundtun, was ges. ist im Buch d. Wahrheit
Mal	3,16	es war vor ihm ein Gedenkbuch ges.
Jdt	4,5	der Priester Jojakim s. an alle
Tob	7,16	sie s. den Ehevertrag
Sir	50,29	Weisheit hat in dies Buch ges.
Bar	2,28	dein Gesetz vor den Israeliten zu s.
1Ma	5,10	sie s. an Judas 8,31; 10,3.16.17.24.25.59; 11,31. 57; 12,2.5.23; 13,42; 15,19.22; 2Ma 1,7; 2,16; 8,8; 9,18; 11,34; 14,27
	8,22	den ganzen Vertrag auf eherne Tafeln s. 14. 18.22.23.26.48
	10,56	will gern tun, was du ges. hast
2Ma	2,13	Schriften, zu Nehemias Zeiten ges.
Mt	27,37	ges.: Dies ist Jesus Mk 15,26; Jh 19,19.20
Mk	10,4	Mose hat zugelassen, einen Scheidebrief zu s.
	5	um eures Herzens Härte willen hat er euch dieses Gebot ges.
	12,19	Mose hat uns ges. Lk 20,28
Lk	1,3	daß ich's dir in guter Ordnung s.
	63	er forderte eine kleine Tafel und s.

schreiben 1228

Lk	10,20	daß eure Namen im Himmel ges. sind
	16,6	nimm deinen Schuldschein und s. fünfzig 7
	18,31	es wird alles vollendet, was ges. ist von dem Menschensohn 21,22; 24,44; Jh 15,25; Apg 13,29
	22,37	was von mir ges. ist, das wird vollendet
	24,46	so steht's ges., daß Christus leiden wird
Jh	1,45	wir haben den gefunden, von dem Mose ges.
	5,46	Mose hat von mir ges.
	8,6	Jesus s. mit dem Finger auf die Erde 8
	12,16	dachten daran, daß dies von ihm ges.
	19,19	Pilatus s. eine Aufschrift und setzte sie
	21	s. nicht: Der König der Juden
	22	was ich ges. habe, das habe ich ges.
	20,30	Zeichen, nicht ges. in d. Buch 31; *21,24.25*
	21,25	die Welt die Bücher nicht fassen, die zu s.
Apg	15,20	*s. ihnen, daß sie sich enthalten sollen*
	17,23	fand einen Altar, auf dem stand ges.
	18,27	s. die Brüder an die Jünger dort
	21,25	wegen der gläubig gewordenen Heiden ges.
	23,25	er s. einen Brief, der lautete
	25,26	etwas Sicheres, das ich meinem Herrn s. könnte
Rö	2,15	daß in ihr Herz ges. ist, was das Gesetz fordert
	4,23	ist nicht allein um seinetwillen ges.
	10,5	Mose s. von der Gerechtigkeit
	15,4	was zuvor ges. ist, das ist uns zur Lehre ges.
	15	ich habe euch manches ges.
	16,22	ich, Tertius, der ich diesen Brief ges.
1Ko	4,14	nicht um euch zu beschämen, s. ich dies 9,15
	5,9	ich habe euch in dem Brief ges. 11; 2Ko 2,3. 9; 7,12
	7,1	wovon ihr ges. habt, darauf antworte ich
	9,10	um unsertwillen ist es ges. 10,11
	14,37	des Herrn Gebot, was ich euch s.
2Ko	1,13	wir s. euch nichts anderes, als
	2,4	ich s. euch aus großer Trübsal und Angst
	3,2	in unser Herz ges., erkannt und gelesen 3
	9,1	von... brauche ich nicht zu s. 1Th 4,9; 5,1
	13,10	deshalb s. ich auch dies aus der Ferne
Gal	1,20	was ich euch s. – Gott weiß, ich lüge nicht
	6,11	seht, mit wie großen Buchstaben ich s.
Eph	3,3	Geheimnis, wie ich ebenaufs kürzeste ges.
Phl	3,1	daß ich euch immer dasselbe s.
2Th	3,17	das ist das Zeichen; so s. ich
1Ti	3,14	dies s. ich dir und hoffe, bald zu dir zu kommen
Phm	19	ich, Paulus, s. mit eigener Hand
	21	im Vertrauen auf deinen Gehorsam s. ich dir
1Pt	5,12	durch Silvanus habe ich euch ges.
2Pt	3,1	dies ist der zweite Brief, den ich euch s.
	15	wie auch unser Bruder Paulus euch ges. hat
1Jh	1,4	das s. wir, damit 2,1.26; 5,13
	2,7	ich s. euch nicht ein neues Gebot 2Jh 5
	8	doch s. ich euch ein neues Gebot
	12	liebe Kinder, ich s. euch, daß 13.14
	21	ich habe euch nicht ges., als wüßtet ihr
2Jh	12	ich hätte euch viel zu s. 3Jh 13
3Jh	9	ich habe der Gemeinde kurz ges.
Heb	8,10	ich will mein Gesetz in ihr Herz s. 10,16
	13,22	ich habe euch nur kurz ges.
Jud	3	vorhatte, euch zu s. von unser aller Heil
	4	Menschen, über die schon längst das Urteil ges. ist
Off	1,3	selig, die behalten, was darin ges. ist
	11	was du siehst, das s. in ein Buch 19
	2,1	dem Engel der Gemeinde in Ephesus s. 8.12. 18; 3,1.7.14
	17	auf dem Stein ist ein neuer Name ges.
Off	3,12	ich will auf ihn s. den Namen meines Gottes
	10,4	*wollte ich s... s. es nicht*
	13,8	deren Namen nicht ges. stehen 17,8; 20,15; 21,27
	14,1	seinen Namen ges. auf ihrer Stirn 17,5
	13	ich hörte eine Stimme sagen: S. 19,9; 21,5
	19,12	er trug einen Namen ges., den niemand kannte
	21,12	auf den Toren 12 Engel und Namen darauf ges.

Schreiber

2Sm	8,17	Seraja war S. 20,25; 1Kö 4,3; 1Ch 18,16
2Kö	12,11	kam der S. des Königs 18,18.37; 19,2; 22,3. 8-10.12; 1Ch 24,6; 2Ch 24,11; 26,11; 34,15.18. 20; Esr 4,8.9.17.23; Neh 13,13; Est 3,12; 8,9; Jes 36,3.22; 37,2
	25,19	den S. des Feldhauptmanns Jer 52,25
1Ch	2,55	Geschlechter der S., die in Jabez wohnt
2Ch	34,13	einige der Leviten waren S.
Ps	45,2	m. Zunge ist ein Griffel eines guten S.
Jes	10,1	weh den S., die unrechtes Urteil schreiben
	33,18	wo sind nun die S.
Jer	8,8	lauter Lüge, was die S. daraus machen
	36,10	Gemarjas, des S. 12.20.21.26.32; 37,15.20

Schreibmesser

Jer	36,23	schnitt er sie ab mit einem S.

Schreibzeug

Hes	9,2	hatte ein S. an seiner Seite 3.11

schreien

1Mo	4,10	die Stimme des Blutes s. zu mir
	27,34	als Esau diese Worte hörte, s. er laut
	41,55	s. das Volk zum Pharao um Brot
2Mo	2,23	seufzten über ihre Knechtschaft und s., und ihr S. kam vor Gott
	5,8	gehen müßig; darum s. sie
	15	die Aufseher s. zu dem Pharao
	8,8	Mose s. zu dem HERRN 14,15; 15,25; 17,4; 4Mo 12,13
	14,10	die *Israeliten s. zu dem HERRN Jos 24,7; Ri 3,9.15; 4,3; 6,6.7; 10,10.12; 1Sm 12,8.10; 1Ch 5,20; 2Ch 13,14.15; Neh 9,4
	22,22	werden sie zu mir s., so werde ich ihr S. erhören 2; 4Mo 20,16; 5Mo 26,7; 1Sm 9,16; Neh 9,9.27.28; Ps 145,19; Jes 19,20
4Mo	11,2	da s. das Volk zu Mose 14,1
5Mo	22,24	die Jungfrau, weil sie nicht ges. 27
Ri	7,21	und sie s. und flohen
	10,14	s. zu den Göttern, die ihr erwählt
1Sm	4,14	als Eli das laute S. hörte
	5,10	als die Lade... s. die Leute von Ekron
	7,8	laß nicht ab, für uns zu s. 9; 15,11
	8,18	wenn ihr dann s. werdet über euren König
	26,14	wer bist du, daß du so s.
	28,12	s. laut und sprach zu Saul
2Sm	13,19	(Tamar) ging laut s. davon
	19,5	der König s. laut: Ach, mein Sohn Absalom
	29	was hab ich... zum König um Hilfe zu s.
	22,7	rief ich und s. zu meinem Gott Ps 18,7
1Kö	22,32	aber Joschafat s. 2Ch 18,31
2Kö	2,12	Elisa s.: Mein Vater, mein Vater
	4,1	s. seine Frau: mein Mann ist gestorben
	40	s. sie und sprachen: der Tod im Topf

2Kö	6,5	er s.: O weh... dazu ist's noch entliehen	Jo	1,20	es s. auch die wilden Tiere zu dir
2Ch	20,9	werden wir zu dir s. in unserer Not	Am	3,4	s. etwa ein junger Löwe aus seiner Höhle
	28,9	daß es gen Himmel s.	Jon	1,5	die Schiffsleute fürchteten sich und s.
	32,20	Hiskia und Jesaja s. gen Himmel		2,3	ich s. aus dem Rachen des Todes
Neh	5,6	als ich ihr S. hörte	Mi	4,9	warum s. die denn jetzt so laut
Est	4,1	Mordechai s. laut klagend	Hab	2,11	die Steine in der Mauer werden s. Lk 19,40
Hi	3,24	mein S. fährt heraus wie Wasser	Ze	1,14	da werden die Starken s.
	6,5	s. denn der Wildesel, wenn er Gras hat		2,14	das Käuzchen wird im Fenster s.
	16,18	mein S. finde keine Ruhestatt	Jdt	4,7	das Volk s. zum Herrn 9; 5,9; 7,18.21; 9,1; 1Ma 3,50; 4,40; 5,33; 2Ma 15,27; StE 6,7; StD 1,42
	19,7	siehe, ich s.: Gewalt 35,9.12			
	24,12	die Seele der Säuglinge s.			
	27,9	meinst du, daß Gott sein S. hören wird		14,13	(Bagoas) s. und heulte laut
	29,12	ich errettete den Armen, der da s.	Tob	6,3	Tobias erschrak und s. mit lauter Stimme
	30,7	zwischen den Büschen s. sie	Sir	35,19	(Tränen...) s. gegen den, der
	20	s. zu dir 28; Ps 88,14; 142,2.6	Bar	3,1	in Angst und Not s. ich zu dir
	24	wird man nicht s. in der Not		4,20	ich will zu dem Ewigen s. 21; 1Ma 9,46; 2Ma 7,37
	31,38	hat mein Acker wider mich ges.			
	34,28	daß das S. der Armen vor ihn kommen mußte		6,32	heulen und s. vor ihren Götzen
			1Ma	2,27	Mattatias s. laut
Ps	5,3	vernimm mein S., mein König 39,13		11,49	das Volk s. zum König und bat um Frieden
	9,13	und vergißt nicht ihr S.		13,45	s. und baten Simon um Gnade 50
	17,1	merk auf mein S. 34,16	StE	6,7	auf Ps 38 s. hin kommen
	22,2	ich s., aber meine Hilfe ist ferne	StD	1,24	Susanna fing an, laut zu s.; aber die Ältesten s. gegen sie an
	6	zu dir s. sie und wurden errettet 107,28			
	25	ich s. zu ihm s., hörte er's	Mt	8,29	(d. Besessenen) s. Mk 1,23.26; 3,11; 5,5.7; 9,26; Lk 4,33.41
	28,2	höre, wenn ich zu dir s. 61,2			
	30,3	als ich s., machtest du mich gesund 31,23		9,27	folgten ihm zwei Blinde, die s.
	34,18	wenn die Gerechten s., so hört der HERR		12,19	er wird nicht streiten noch s.
	38,9	ich s. vor Unruhe meines Herzens		14,26	die Jünger erschraken und s. 30; Mk 6,49
	40,2	er hörte mein S.		15,22	eine kanaanäische Frau s.
	16	die über mich s.: Da, da 70,4		20,30	s. sie: Ach, Sohn Davids 31; Mk 10,47.48; Lk 18,39
	42,2	so s. meine Seele, Gott, zu dir			
	55,4	da der Feind s.		21,9	die Menge s.: Hosianna 15; Mk 11,9; *Jh 12,13*
	69,4	habe mich müde ges.		27,23	sie s. aber noch mehr: Laß ihn kreuzigen Mk 15,13.14; Lk 23,18; Jh 18,40; 19,6.12.15
	72,12	wird den Armen erretten, der um Hilfe s.			
	88,2	ich s. Tag und Nacht vor dir			
	3	neige deine Ohren zu meinem S.		46	s. Jesus laut 50; Mk 15,37
	102,2	laß mein S. zu dir kommen	Mk	9,24	sogleich s. der Vater des Kindes
Spr	21,13	wer seine Ohren verstopft vor dem S.	Lk	19,40	wenn diese schweigen werden, so werden die Steine s.
Pr	9,17	als des Herrschers s. unter Törichten			
Jes	10,30	du Tochter Gallim, s. laut	Apg	7,57	sie s. laut und hielten sich ihre Ohren zu
	14,31	heule, Tor! S., Stadt Jer 25,34.36; 47,2; 48,20; Hes 21,17		60	er s. laut: Herr, rechne ihnen... nicht an
				14,14	zerrissen sie ihre Kleider und s.
	15,4	Heschbon und Elale s. 5; 33,7; Jer 49,3		16,17	die folgte Paulus überall hin und s.
	22,5	sie s. am Berge		17,6	schleiften Jason vor die Oberen der Stadt und s. 21,28.36
	26,17	wie eine Schwangere s. in ihren Schmerzen			
	38,13	bis zum Morgen s. ich um Hilfe		19,28	wurden sie von Zorn erfüllt und s. 32.34
	42,2	er wird nicht s. noch rufen Mt 12,19		22,23	als sie s. und ihre Kleider abwarfen 25,24
	14	nun aber will ich s. wie eine Gebärende		24	aus welchem Grund sie so gegen ihn s.
	46,7	s. einer zu ihm, so antwortet er nicht	Gal	4,6	*Geist, der s.: Abba, lieber Vater*
	58,9	wenn du s., wird er sagen: Siehe, hier	Heb	5,7	Bitten und Flehen mit lautem S. dem dargebracht
	65,14	ihr aber sollt vor Herzeleid s.			
Jer	3,4	und s. jetzt zu mir	Jak	5,4	siehe, der Lohn der Arbeiter s.
	4,5	s. laut in Jerusalem und sprecht	Off	6,10	sie s. mit lauter Stimme 10,3; *18,2*
	8,19	die Tochter meines Volks s.		12,2	sie war schwanger und s. in Kindsnöten
	11,11	wenn sie s., will ich nicht hören 14; Klg 3,8; Hes 8,18; Mi 3,4; Hab 1,2		18,18	(standen fernab) und s. 19
	12	zu den Göttern s., denen sie geopfert			**Schrift**
	12,6	deine Brüder s. hinter dir her	2Mo	32,16	Gott hatte selber die S. eingegraben 5Mo 10,4
	20,8	sooft ich rede, muß ich s.			
	22,20	geh hinauf auf den Libanon und s.		39,30	gruben als S. ein: „Heilig dem HERRN"
	30,15	was s. du über deinen Schaden	1Ch	28,19	in einer S., gegeben von der Hand des H.
	31,16	laß dein S. und Weinen	Esr	4,7	der Brief war in aramäischer S.
	48,4	man hört ihre Kleinen s.	Est	1,22	in jedes Land nach seiner S. 3,12; 8,9
	31	muß ich das ganz Moab s.	Hi	31,35	hier, die, mein Verkläger geschrieben
Klg	2,18	s. laut zum Herrn 19; Jo 1,14	Jes	8,1	schreib darauf mit deutlicher S.
	3,56	verbirg deine Ohren nicht vor meinem S.	Dan	1,4	in S. und Sprache der Chaldäer
Hes	9,8	ich s.: Ach, Herr HERR 11,13		17	gab Gott Verstand für jede Art von S.
	27,30	(werden) laut über dich s.		5,7	welcher Mensch diese S. lesen 8.15.16
Hos	8,2	wohl. sie zu mir: Du bist mein Gott		17	ich will dennoch die S. lesen

Schrift

Dan	5,24	darum wurde diese S. geschrieben 25
Sa	5,3	Diebe werden nach dieser S... ausgefegt
Sir	44,4	die... Lehren gegeben haben in ihren S.
1Ma	7,16	wie die S. sagt
	12,9	wir Trost haben an den heiligen S.
	21	wir finden in unsern alten S. 2Ma 2,1.4.9.13
	14,19	diese S. las man dem Volk vor 27
Mt	21,42	nie gelesen in der S. *Mk 12,10*
	22,29	weil ihr weder die S. kennt Mk 12,24
	26,54	wie würde dann aber die S. erfüllt
	56	damit erfüllt würden die S. der Propheten Mk 14,49; *15,28;* Jh 13,18; 17,12; 19,24.28.36; Apg 1,16
Lk	4,21	heute ist dieses Wort der S. erfüllt
	24,27	legte ihnen aus, was in der S. von ihm gesagt war 32.45
Jh	2,22	glaubten der S. und dem Wort, das Jesus
	5,39	ihr sucht in der S.
	47	wenn ihr seinen S. nicht glaubt
	7,15	wie kann dieser die S. verstehen
	38	wie die S. sagt
	42	sagt nicht die S.: aus dem Geschlecht Davids
	10,35	die S. kann nicht gebrochen werden
	19,37	sagt die S. an einer andern Stelle
	20,9	sie verstanden die S. noch nicht
Apg	8,32	der Inhalt der S., die er las, war dieser
	35	Philippus fing mit diesem Wort der S. an 17,2; 18,28
	17,11	forschten in der S., ob sich's so verhielte
	18,24	Apollos, gelehrt in der S.
Rö	1,2	das er verheißen hat in der heiligen S.
	4,3	was sagt die S. 9,17; 10,11; 11,2; 1Ko 6,16; Gal 4,30; 1Ti 5,18; 1Pt 2,6
	15,4	durch den Trost der S. Hoffnung haben
	16,26	nun offenbart ist durch die S. der Propheten
1Ko	15,3	daß Christus gestorben ist für unsre Sünden nach der S. 4
Gal	3,8	die S. hat es vorausgesehen
	22	die S. hat alles eingeschlossen unter die Sünde
1Ti	1,7	wollen die S. meistern
2Ti	3,15	daß du von Kind auf die heilige S. kennst
	16	alle S. ist nütze zur Lehre
2Pt	1,20	daß keine Weissagung in der S. Sache eigener Auslegung ist
	3,16	wie auch die andern S.
Jak	2,8	wenn ihr das Gesetz erfüllt nach der S.
	23	die S. erfüllt: Abraham hat Gott geglaubt
	4,5	meint ihr, die S. sage umsonst

Schriftgelehrter

Esr	7,6	Esra war ein S. 11; Neh 8,1.4.9.13; 12,26.36
1Ma	7,12	viele S. kamen zu Alkimus
2Ma	6,18	Eleasar war einer der angesehensten S.
Mt	2,4	(Herodes) ließ zusammenkommen alle S.
	5,20	eure Gerechtigkeit besser als die der S.
	7,29	er lehrte sie nicht wie ihre S. Mk 1,22
	8,19	trat ein S. herzu und sprach 12,38; Mk 2,16; 3,22; 7,5; 9,14; Lk 5,30; 11,45; 15,2; 20,39
	9,3	einige S. sprachen bei sich Mk 2,6; Lk 5,21
	13,52	jeder S., der ein Jünger des Himmelreichs ist
	15,1	da kamen zu Jesus S. aus Jerusalem Mk 7,1; 11,27; Lk 20,1
	16,21	viel leiden von den S. 20,18; Mk 8,31; 10,33; Lk 9,22
	17,10	warum sagen die S. Mk 9,11; 12,35
	21,15	als die S. die Wunder sahen
	22,35	ein S. versuchte ihn Mk 12,28.32; Lk 10,25
	23,2	auf dem Stuhl des Mose sitzen die S.
Mt	23,13	weh euch, S. und Pharisäer 14.15.23.25.27.29; Lk 11,46.52
	34	siehe, ich sende zu euch S.
	26,57	wo die S. sich versammelt hatten Mk 14,53; 15,1; Lk 22,66; Apg 4,5
	27,41	desgleichen spotteten auch die S. Mk 15,31
Mk	11,18	es kam vor die Hohenpriester und S.
	12,38	seht euch vor vor den S. Lk 20,46
	14,1	die S. suchten Lk 6,7; 11,53; 19,47; 20,19; 22,2
	43	von den S. und Ältesten
Lk	5,17	eines Tages, als er lehrte, auch S.
	7,30	die S. verachteten, was Gott ihnen zugedacht
	14,3	Jesus sagte zu den S.
	23,10	die S. standen dabei und verklagten ihn
Jh	8,3	die S. brachten eine Frau zu ihm
Apg	5,34	ein S., vom ganzen Volk in Ehren gehalten
	6,12	sie brachten die S. auf
	23,9	einige S. stritten und sprachen
1Ko	1,20	wo sind die S.
Tit	3,13	*Zenas, den S., rüste zur Reise aus*

schriftkundig

1Ch	27,32	Jonatan war Ratgeber, ein s. Mann

schriftlich

2Ch	36,22	daß (Kyrus) s. verkünden ließ Esr 1,1
Tob	8,23	legte s. fest, daß... zufallen sollte
2Ma	4,23	Regierungsgeschäfte s. abzuschließen
	11,15	bewilligte, was Makkabäus s. vorgetragen

Schriftrolle

Esr	6,2	fand man in der Festung Achmeta eine S.
Jer	36,2	nimm eine S. 4-32; 45,1
Hes	2,9	eine Hand hielt eine S.
	3,1	iß diese S. 3
Sa	5,1	da war eine fliegende S. 2
Tob	7,16	nahmen eine S. und schrieben den Ehevertrag
1Ma	3,48	entrollten die S. des Gesetzes
Off	6,14	der Himmel wich wie eine S.

Schriftstück

2Ma	11,17	haben das... S. überbracht

Schriftwort

Mk	12,10	habt ihr nicht dieses S. gelesen

Schritt

1Mo	30,30	hat dich gesegnet auf jedem meiner S.
1Sm	20,3	es ist nur ein S. zw. mir und dem Tode
2Sm	6,13	als die Träger sechs S. gegangen waren
	22,37	du gibst meinen S. weiten Raum Ps 18,37
Hi	14,16	dann würdest du meine S. zählen 31,4; 34,21
	18,7	seine kräftigen S. werden kürzer
	31,37	wollte alle meine S. ihm ansagen
Ps	37,23	wenn eines Mannes S. fest werden
	44,19	noch unser S. gewichen von deinem Weg
	56,7	sie haben acht auf meine S.
	57,7	sie haben meinen S. ein Netz gestellt
	74,3	richte deine S. zu dem, was wüste liegt
	85,14	daß Gerechtigkeit seinen S. folge
Spr	5,5	ihre S. führen ins Totenreich
	16,9	der HERR allein lenkt seinen S. 20,24

Schuld

Heb 12,13 macht sichere S. mit euren Füßen

Schrittkettchen

Jes 3,20 (wird der Herr wegnehmen) die S.

schroff

Wsh 11,4 ihnen wurde Wasser gegeben aus s. Fels

Schua

1Mo 38,2 ¹Tochter eines Kanaaniters, der hieß S. 12
1Ch 7,32 ²Heber zeugte S.

Schuach

1Mo 25,2 ¹(Ketura) gebar ihm S. 1Ch 1,32
Hi 2,11 ²Freunde Hiobs: Bildad von S. 8,1; 18,1; 25,1; 42,9

Schual

1Sm 13,17 ¹einer wandte sich ins Gebiet von S.
1Ch 7,36 ²Söhne Zofachs: S.

Schubaël

1Ch 23,16 ¹der Sohn Gerschoms: S. 24,20; 26,24
25,4 ²Hemans Söhne: S. 20

Schufam, Schufamiter

4Mo 26,39 S., daher das Geschlecht der S.

Schuh

2Mo 3,5 zieh deine S. von deinen Füßen Jos 5,15; Jes 20,2; Apg 7,33
12,11 sollt eure S. an euren Füßen haben
5Mo 25,9 soll ihm den S. vom Fuß ziehen
29,4 deine S. (zerrissen) nicht an deinen Füßen
Jos 9,5 (nahmen) alte, geflickte. S. an ihre Füße 13
Rut 4,7 so zog er seinen S. aus und gab ihn 8
1Kö 2,5 wie er Blut an die S. seiner Füße gebracht
2Ch 28,15 bekleideten sie und zogen ihnen S. an
Ps 60,10 meinen S. werfe ich auf Edom 108,10
Hl 7,2 wie schön ist dein Gang in den S.
Jes 3,16 haben kostbare S. an ihren Füßen 18
11,15 daß man mit S. hindurchgehen kann
Hes 16,10 zog dir S. von feinem Leder an 24,17.23
Am 2,6 die Armen für ein Paar S. verkaufen 8,6
Jdt 10,3 sie tat S. an ihre Füße 16,11
Sir 46,22 daß er auch nicht einen S. genommen
Mt 3,11 ihm die S. zu tragen Mk 1,7; Lk 3,16; Apg 13,25
10,10 (ihr sollt haben) keine S. Mk 6,9; Lk 10,4
Lk 15,22 gebt ihm einen Ring an seine Hand und S. an seine Füße
22,35 als ich euch ausgesandt habe ohne S.
Apg 12,8 gürte dich und zieh deine S. an

Schuha

1Ch 4,11 Kelub, der Bruder S., zeugte Mehir

Schuham, Schuhamiter

1Mo 46,23 der Sohn Dans: S. 4Mo 26,42.43

Schuhriemen

1Mo 14,23 nicht einen Faden noch S. nehmen
Jes 5,27 keinem zerreißt ein S.
Jh 1,27 ich bin nicht wert, daß ich seine S. löse Apg 13,25

schuld

Jer 2,19 deine Bosheit ist s., daß du so geschlagen

Schuld

1Mo 26,10 du hättest so eine S. auf uns gebracht
43,9 will mein Leben lang die S. tragen 44,32
2Mo 28,43 damit sie keine S. auf sich laden
3Mo 4,3 so daß er eine S. auf das Volk brächte
5,7 so bringe er dem HERRN für seine S. 15.25; Esr 10,19
17 lädt eine S. auf sich 7,18; 22,16; 4Mo 5,6
10,17 die S. der Gemeinde wegnehmen sollt
17,16 so muß er seine S. tragen 19,8; 20,17.19.20; 24,15; 4Mo 5,31; 14,34; 15,31; 18,1.23; 30,16
18,25 ich suchte seine S. an ihm heim
19,17 damit du nicht S. auf dich ladest Hes 18,30
4Mo 5,7 sollen ihre S. voll erstatten
15 Erinnerungsopfer, das S. ans Licht bringt
31 soll frei sein von S. 32,22
5Mo 13,9 sollst du nicht verheimlichen
23,22 es wird S. auf dich fallen 23
25,2 Schläge geben nach dem Maß seiner S.
Jos 22,17 ist's nicht genug mit der S. von Peor
Ri 15,3 diesmal bin ich frei von S.
1Sm 3,13 richten will um der S. willen 14
14,38 an wem heute die S. liegt 41
20,1 was ist meine S. 8; 2Sm 14,32; Hi 9,35; 13,23; 34,6
22,2 Männer, die in Not und S. waren
25,24 auf mich allein falle die S.
28,10 soll dir in dieser Sache keine S. treffen
2Sm 3,8 du rechnest mir heute eine S. an
14,9 die S. wird man auf mich legen
19,20 rechne es mir nicht als S. an
22,24 hüte mich vor S. Ps 18,24
24,10 nimm weg die S. deines Knechts 1Ch 21,8
2Kö 7,9 wenn wir warten, wird uns S. treffen
10,9 ihr seid ohne S.
1Ch 21,3 warum soll eine S. auf Israel kommen
2Ch 24,18 kam der Zorn über Juda um dieser S. willen
28,10 ist das nicht S. gegenüber dem HERRN
13 ihr bringt S. über uns, so daß ihr unsere S. nur noch größer macht. Es ist schon genug der S.
30,15 die Priester und Leviten bekannten ihre S.
33,23 (Amon) häufte noch mehr S. auf
Esr 9,6 unsere S. ist groß 7.13.15
10,10 als ihr die S. Israels gemehrt habt
Neh 5,10 wollen ihnen diese S. erlassen 11
Hi 7,21 warum läßt (du nicht) meine S. hingehen
10,6 daß du nach meiner S. fragst 14
14,17 würdest meine S. übertünchen
15,5 lehrt deinen Mund
20,27 der Himmel wird seine S. enthüllen
31,11 das ist eine Schandtat und eine S.
33 um heimlich meine S. zu verbergen
Ps 25,11 vergib mir meine S.
32,2 dem der HERR die S. nicht zurechnet
5 meine S. verhehlte ich nicht... Da vergabst du mir die S. meiner Sünde
34,22 die den Gerechten hassen, fallen in S.

Schuld

Ps	34,23	die auf ihn trauen, werden frei von S.
	36,3	um ihre S. aufzufinden und zu hassen
	59,4	rotten sich wider mich ohne meine S.
	69,6	meine S. ist dir nicht verborgen
	28	laß sie aus einer S. in die andre fallen
	78,38	er war barmherzig und vergab die S.
	79,8	rechne uns die S. der Väter nicht an
	109,14	der S. seiner Väter soll gedacht werden Jer 32,18; Klg 5,7
Spr	14,9	auf dem Zelt der Spötter ruht S.
	21,8	wer mit S. beladen ist, geht krumme Wege
	22,26	die für S. Bürge werden
	28,20	wird nicht ohne S. bleiben
Pr	5,5	laß n. zu, daß dein Mund dich in S. bringe
Jes	1,4	wehe... dem Volk mit S. beladen
	6,7	daß deine S. von dir genommen werde
	40,2	prediget, daß ihre S. vergeben ist Jer 36,3
	64,6	vergehen unter der Gewalt unsrer S.
Jer	2,22	so bleibt doch der Schutz deiner S.
	3,13	allein erkenne deine S. Hos 5,15
	11,15	meinen, Gelübde könnten die S. nehmen
	30,14	um deiner großen S. 15; Hos 5,5; 9,7; 14,2
	31,30	jeder wird um seiner S. willen sterben 36,31; Hes 18,18
	51,6	daß ihr nicht untergeht in seiner S.
Klg	2,14	haben dir deine S. nicht offenbart
	4,22	deine S. ist abgetan, du Tochter Zion... deine S., Edom, wird er heimsuchen
Hes	4,4	sollst die S. des Hauses Israel auf dich legen 5.6; 14,10
	17	in ihrer S. verschmachten sollen 24,23
	16,49	das war die S. deiner Schwester Sodom
	18,17	n. sterben um der S. seines Vaters 19.20
	21,28	wird sie an ihre S. erinnern 29
	30	wenn die S. zum Ende geführt hat 34; 35,5
Dan	6,5	daß man keine S. bei ihm finden konnte
	9,24	dann wird die S. gesühnt
Hos	4,8	sind begierig nach seiner S.
	8,13	der HERR will ihrer S. gedenken 9,9
	10,2	nun wird sie ihre S. treffen
	12,9	wird man keine S. an mir finden
	13,12	die S. Ephraims ist zusammengebunden
Mi	7,18	der Sünde vergibt und erläßt die S.
	19	er wird unsere S. unter die Füße treten
Sir	8,6	denke daran, daß wir alle S. tragen
	29,8	macht ihn sich zum Feind nicht ohne S.
Mt	6,12	vergib uns unsere S., wie auch wir vergeben
	12,5	wie die Priester... und sind doch ohne S.
	18,27	die S. erließ er ihm auch 32
Mk	15,26	über ihm geschrieben, welche S. man ihm gab
Lk	23,4	ich finde keine S. an diesem Menschen 14; Jh 18,38; 19,4.6
Apg	18,6	ohne S. gehe ich von nun an zu den Heiden
2Ti	3,16	ist nütze zur Aufdeckung der S.

Schuldbrief

Lk	16,6	*nimm deinen S., setze dich und schreib*
Kol	2,14	er hat den S. getilgt

schulden

1Ma	15,8	erlasse, was man künftig dem König s. wird

Schuldforderung

Neh	10,32	wollen auf S. jeder Art verzichten

Schuldherr

2Kö	4,1	nun kommt der S. 7

schuldig

2Mo	9,27	ich aber und mein Volk sind s.
	22,8	wen Gott für s. erklärt
	23,1	sollst nicht einem S. Beistand leisten
	7	ich lasse den S. nicht Recht haben
3Mo	5,4	hat sich so oder so s. gemacht 5
4Mo	35,27	soll des Bluts nicht s. sein 33
	31	er ist des Todes s. 5Mo 19,6
5Mo	25,1	so soll man den S. s. sprechen 2
Ri	21,22	sonst wäret ihr jetzt s.
1Sm	22,22	bin s. am Leben aller aus d. Vaters Haus
2Sm	14,13	ist (der König) wie ein S.
Hi	9,20	würde er mich doch s. sprechen 29
	10,7	du weißt, daß ich nicht s. bin
	15	wäre ich s., dann wehe mir
	40,8	willst du mich s. sprechen
	42,6	darum spreche ich mich s.
Ps	5,11	sprich sie s., Gott
	37,33	läßt ihn vor Gericht nicht zum S. werden
	109,7	soll er s. gesprochen werden
Spr	17,15	wer den S. gerecht spricht und den Gerechten s. 24,24; Jes 5,23; 29,21
	18,5	es ist nicht gut, den S. vorzuziehen
	28,17	wer s. ist am Blut eines Menschen
Jes	54,17	jede Zunge... sollst du s. sprechen
Jer	2,3	wer davon essen wollte, machte sich s.
	25,31	die S. wird er dem Schwert übergeben
	26,11	dieser Mann ist des Todes s. 16
Hes	14,3	was sie s. werden läßt 4.7; 22,4
Sir	49,5	alle Könige sind s. geworden
1Ma	10,41	was... mir s. geblieben 13,15
	15,8	erlassen, was man dem König s. ist
Mt	5,21	wer... soll des Gerichts s. sein 22
	6,12	wie auch wir vergeben unsern S. Lk 11,4
	18,24	einer, der ihm 10.000 Zentner Silber s. 28; Lk 7,41
	28	bezahle, was du mir s. bist 30.34
	23,30	nicht s. geworden am Blut der Propheten
	26,66	er ist des Todes s. Mk 14,64
Mk	3,29	wer... ist ewiger Sünde s.
Lk	13,4	s. gewesen als alle andern Menschen
	16,5	wieviel bist du meinem Herrn s. 7
	17,10	wir haben getan, was wir zu tun s. waren
	23,22	*ich finde nichts, das des Todes s. wäre*
Rö	3,19	damit alle Welt vor Gott s. sei
	8,12	sind wir, liebe Brüder, nicht dem Fleisch s.
	13,7	gebt jedem, was ihr s. seid
	8	seid niemand etwas s., außer daß ihr euch untereinander liebt
1Ko	7,3	der Mann leiste der Frau, was er ihr s. ist
	11,27	der wird s. am Leib und Blut des Herrn
Gal	5,3	daß er das ganze Gesetz zu tun s. ist
Phm	18	wenn er dir etwas s. ist, das rechne mir an
	19	daß du dich selbst mir s. bist
Jak	2,10	der ist am ganzen Gesetz s.

schuldlos

Hi	10,15	wäre ich s., so dürfte ich doch nicht
Sir	29,10	fürchtet, s. um das Seine zu kommen

Schuldner

Jes	24,2	es geht dem Gläubiger wie dem S.
Hes	18,7	der dem S. sein Pfand zurückgibt

Lk 7,41 ein Gläubiger hatte zwei S.
16,5 er rief zu sich die S. seines Herrn
Rö 1,14 ich bin ein S. der Griechen und
8,12 so sind wir nun S. nicht dem Fleisch
15,27 sie haben's willig getan und sind auch ihre S.

Schuldopfer

3Mo 5,15 einen Widder als S. 16.18.19.24.25; 19,21.22; Esr 10,19
6,10 es ist ein Hochheiliges gleichwie das S.
7,1 dies ist das Gesetz des S. 2.5.7.37
14,12 soll das eine Lamm zum S. darbringen 13.14. 17.21.24.25.28; 4Mo 6,12
4Mo 18,9 sollst du haben von ihren S. Hes 44,29
2Kö 12,17 das Geld von S. gehörte den Priestern
Jes 53,10 wenn er sein Leben zum S. gegeben hat
Hes 40,39 Tische, auf denen man die S. schlachtet 42,13; 46,20
Sir 7,34 (gib ihm seinen Anteil:) Erstlinge und S.

Schuldschein

Tob 1,17 lieh Geld und nahm einen S. 4,21; 5,3; 9,3.6
Lk 16,6 nimm deinen S., setz dich hin und schreibe 7

Schule

Sir 51,31 geht bei mir in die S.
Apg 19,9 redete täglich in der S. des Tyrannus

Schüler

1Ch 25,8 für den Meister wie für den S.

Schulgezänk

1Ti 6,5 (daraus entspringen Neid und) S.

Schulter

1Mo 9,23 legten es auf ihrer beider S.
21,14 Abraham legte es Hagar auf ihre S.
24,15 trug einen Krug auf ihrer S. 45.46
49,15 hat seine S. geneigt, zu tragen
2Mo 12,34 trug den rohen Teig auf ihrer S.
28,12 daß Aaron ihre Namen auf seinen S. trage
4Mo 7,9 es auf ihren S. tragen mußten
18,18 soll die rechte S. dir gehören
Jos 4,5 ein jeder hebe einen Stein auf seine S.
Ri 9,48 (Abimelech) legte (den Ast) auf seine S.
16,3 Simson legte (die Torflügel) auf seine S.
1Sm 17,6 einen ehernen Wurfspieß auf seiner S.
1Ch 15,15 trugen die Lade auf ihren S. 2Ch 35,3
Hi 31,22 so falle meine S. vom Nacken
36 wollte auf meine S. heben
Ps 81,7 ich habe ihre S. von der Last befreit
Jes 9,3 hast die Jochstange auf ihrer S. zerbr.
5 die Herrschaft ruht auf seiner S.
10,27 wird seine Last von deiner S. weichen
22,22 die Schlüssel Davids auf seine S. legen
46,7 heben ihn auf die S.
49,22 werden deine Töchter auf der S. hertragen
Hes 12,6 deine S. beladen und hinausziehen 7.12
24,4 tu Fleisch hinein, Lenden und S.
29,18 daß alle S. wund gerieben waren
34,21 weil ihr mit Seite und S. drängtet
Sir 6,26 beuge deine S., nimm sie auf dich
Bar 2,21 beugt eure S. und seid untertan
6,4 daß man auf den S. Götzen tragen wird 26

2Ma 15,30 sollte... die Hand samt der S. abhauen
Mt 23,4 schwere Bürden legen sie den Menschen auf die S.
Lk 15,5 legt er sich's auf die S. voller Freude

Schulterteil

2Mo 28,7 zwei S. soll er haben 12.25.27; 39,4.7.18.20

Schumatiter, *Schumathiter*

1Ch 2,53 Geschlechter von Kirjat-Jearim: die S.

Schunem

Jos 19,18 (Issachar) sein Gebiet war S.
1Sm 28,4 als die Philister sich lagerten bei S.
1Kö 1,3 fanden Abischag von S. 15; 2,17.21.22
2Kö 4,8 daß Elisa nach S. ging

Schunemiterin

2Kö 4,12 ruf die S. 25.36

Schuni, *Schuniter*

1Mo 46,16 Söhne Gads: S. 4Mo 26,15

Schuppe

3Mo 11,9 was S., dürft ihr essen 10.12; 5Mo 14,9.10
Hes 29,4 will die Fische an deine S. hängen
Apg 9,18 sogleich fiel es von seinen Augen wie S.

Schuppenpanzer

1Sm 17,5 (Goliat) hatte einen S. an

Schuppim

1Ch 7,12 ¹S. und Huppim waren Söhne Irs 15
26,16 ²für S. beim Tor Schallechet

Schur

5Mo 18,4 die Erstlinge von der S. deiner Schafe

Schur, *Aschuriter* (= Assur 2; Etam)

1Mo 16,7 in der Wüste, am Wege nach S. 2Mo 15,22
20,1 Abr. wohnte zwischen Kadesch und S. 25,18
25,3 Söhne Dedans waren: die A.
1Sm 15,7 S., das vor Ägypten liegt 27,8

schüren

Dan 3,22 s. man das Feuer im Ofen so sehr

Schurz

1Mo 3,7 flochten Feigenblätter u. machten sich S.
2Mo 28,4 (heilige) Kleider: Brusttasche, S. 12.26-28.31; 29,5; 39,4.7.18-21; 3Mo 8,7
Jes 20,2 tu den härenen S. von deinen Lenden
Jh 13,4 er nahm einen S. und umgürtete sich 5

schürzen

Lk 12,37 er wird sich s. und wird sie zu Tisch bitten
17,8 s. dich und diene mir

Schüssel

Schüssel

2Mo 25,29 aus feinem Golde S. machen 37,16; 4Mo 4,7
4Mo 7,13 seine Gabe war eine S. 19 u. ö. 85
2Kö 21,13 Jerusalem auswischen, wie man S.
2Ch 35,13 was geheiligt war, kochten sie in S.
Spr 19,24 der Faule steckt s. Hand in die S. 26,15
Sir 31,17 nicht mit ihm in der S. zusammenstößt
StD 2,32 hatte Brot eingebrockt in eine S.
Mt 23,25 die ihr die S. außen reinigt Lk 11,39
    26,23 der die Hand mit mir in die S. taucht Mk 14,20

Schutelach, Schuthelach

4Mo 26,35 ¹Söhne Ephraims: S. 36; 1Ch 7,20
1Ch 7,21 ²Sabad, dessen Sohn war S.

Schutt

Neh 4,4 der S. ist zu viel
Hes 26,12 werden den S. ins Meer werfen
2Pt 2,6 hat Sodom und Gomorra zu S. und Asche gemacht

schütteln

5Mo 24,20 wenn du deine Ölbäume ges. hast
2Kö 19,21 Tochter Jerusalem s. ihr Haupt Jes 37,22
Neh 5,13 so s. Gott jeden aus seinem Hause
Hi 16,4 auch ich könnte mein Haupt s.
Ps 22,8 die mich sehen, s. den Kopf 109,25
   44,15 läßt die Völker das Haupt über uns s.
Jer 18,16 wer vorübergeht, den Kopf s. Klg 2,15
Am 9,9 will Israel unter allen Heiden s. lassen, gleichwie man mit einem Sieb s.
Nah 3,12 Feigen: wenn man sie s., so fallen sie
Wsh 4,4 so wird sie doch vom Wind ges.
Mt 10,14 s. den Staub von euren Füßen Mk 6,11; Lk 9,5; Apg 13,51
   27,39 die vorübergingen, s. ihre Köpfe Mk 15,29

schütten

2Mo 29,12 alles Blut an den Fuß des Altars s.
3Mo 6,3 soll (die Asche) neben ... s. 4Mo 19,9
Hi 12,21 er s. Verachtung auf die Fürsten
   16,13 hat meine Galle auf die Erde ges.
Ps 79,6 s. deinen Grimm auf die Völker Hes 7,8
   140,11 er möge feurige Kohlen über sie s.
Jes 46,6 sie s. das Gold aus dem Beutel
   63,6 habe ihr Blut auf die Erde ges.
Hes 24,8 ließ sie das Blut auf den Felsen s.
Am 5,8 der das Wasser s. auf den Erdboden 9,6
Sir 43,21 er s. den Reif auf die Erde wie Salz
Off 8,5 füllte es mit Feuer und s. es auf die Erde

Schutthaufen

Jos 8,28 Josua machte (Ai) zu einem S.
Esr 6,11 sein Haus soll zum S. gemacht werden Dan 2,5; 3,29
Neh 3,34 aus den S. die Steine lebendig machen

Schutthügel

Jer 49,2 soll zu einem wüsten S. werden

Schutz

4Mo 14,9 es ist ihr S. von ihnen gewichen
1Sm 25,20 als (Abigajil) hinabzog im S. des Berges
2Sm 22,3 Gott ist S. und Zuflucht Ps 18,3; 59,17
Neh 4,3 stellten Wachen auf zum S. vor ihnen
Ps 9,10 der HERR ist des Armen S., ein S. in Zeiten der Not Jes 25,4
   27,5 er birgt mich im S. seines Zeltes
   31,21 du birgst sie in deinem S.
   46,8 der Gott Jakobs ist unser S. 12
   48,4 Gott ist bekannt als S.
   59,10 Gott ist mein S. 18; 62,3.7; 94,22; 144,2
   60,9 Ephraim ist der S. meines Hauptes 108,9
   119,114 du bist mein S. und mein Schild
Jes 4,5 es wird ein S. sein über allem
   22,8 da wird der S. Judas weggenommen werden
   26,1 zum S. schafft er Mauern und Wehr
   28,15 haben Trug zu unserm S. gemacht
   17 Wasser sollen den S. wegschwemmen
   30,3 soll euch geraten der S. zum Hohn
   32,2 sein wird wie ein S. vor dem Platzregen
   33,16 Felsen werden seine Feste und S. sein
Jdt 6,12 der Gott des Himmels würde ihr S. sein
Wsh 10,17 sie war ihnen am Tage ein S.
Tob 2,10 im S. einer Mauer niederlegte
Sir 6,14 ein treuer Freund ist ein starker S.
   30 ihre Fesseln werden zum starken S.
   34,19 er ist ein S. gegen die Hitze
   51,2 daß du mein S. bist
1Ma 8,1 daß sie fremde Völker in S. nahmen
   12,54 sie haben kein Haupt und keinen S. mehr
Apg 27,4 wir fuhren im S. von Zypern hin 7
   17 umspannten zum S. das Schiff mit Seilen

Schutzdach

Nah 2,6 aufgerichtet wird das S.

Schütze

1Mo 21,20 (Ismael) wurde ein guter S.
   49,23 wiewohl ihn die S. erzürnen
1Sm 31,3 Saul wurde verwundet von den S. 1Ch 10,3
2Sm 11,24 die S. schossen von der Mauer
2Ch 35,23 die S. schossen auf den König Josia
Spr 26,10 wie ein S., der jeden verwundet
Jer 4,29 werden vor dem Geschrei der S. fliehen
   46,9 lasset ausziehen die S. aus Lud
   51,3 ihre S. sollen nicht schießen
Apg 23,23 rüstet 70 Reiter und 200 S.

schützen

5Mo 2,36 keine Stadt, die sich vor uns s. konnte
   32,38 laßt sie aufstehen und euch s.
Ps 20,2 der Name des Gottes Jakobs s. dich
   59,2 s. mich vor meinen Widersachern
   69,30 Gott, deine Hilfe s. mich
   80,16 s. doch, was deine Rechte gepflanzt hat
   18 deine Hand s. den Mann deiner Rechten
   91,14 er kennt m. Namen, darum will ich ihn s.
   107,41 die Armen s. er vor Elend
Spr 15,25 den Grenzstein der Witwe wird er s.
Pr 5,7 ein Hoher s. den andern
Jes 31,5 der HERR Zebaoth wird s. Sa 9,15
   37,35 ich will diese Stadt s.
Hes 40,43 waren Dächer, um das Opferfleisch zu s.
Sir 22,31 ich schäme mich nicht, den Freund zu s.
   34,19 er ist ein s. Dach am Mittag

Bar	6,12	die Götzen können sich nicht s. 50.57
1Ma	3,3	er s. sein Heerlager mit seinem Schwert
	4,61	Kriegsvolk, um das Heiligtum zu s. 12,34.38; 13,10; 14,37
	8,13	wem sie helfen wollen, der wird ges.
	32	wenn sie klagen, müssen wir sie s.
	9,21	der Israel ges. und errettet hat
	29	niemand mehr, der uns s. kann
	11,47	forderte… die Juden auf, ihn zu s.
	14,14	er s. alle Armen unter seinem Volk
2Ma	10,12	der die Juden gern ges. hätte

schwach

1Mo	27,1	als seine Augen zu s. wurden 48,10; 1Sm 3,2; 4,15
4Mo	13,18	das Volk, ob's stark oder s. ist
5Mo	25,18	wie sie d. Nachzügler erschlugen, alle S.
	34,7	Mose(s) Augen waren nicht s. geworden
Ri	6,6	wurde Israel sehr s. vor den Midianitern
	16,7	so würde ich s. wie ein anderer 11.13.17
1Sm	2,4	die S. sind umgürtet mit Stärke
2Sm	3,39	heute noch s., obwohl zum König gesalbt
2Ch	14,10	dem S. gegen den Starken zu helfen
	28,15	die s. waren, führten sie auf Eseln
Neh	4,4	die Kraft der Träger ist zu s.
Ps	6,3	sei mir gnädig, denn ich bin s.
	41,2	wohl dem, der sich des S. annimmt
	71,9	verlaß mich nicht, wenn ich s. werde
	109,24	meine Knie sind s. vom Fasten
	116,6	wenn ich s. bin, so hilft er mir
Spr	30,25	die Ameisen – ein s. Volk, dennoch 26
Jes	5,27	keiner unter ihnen ist müde oder s.
	14,10	auch du bist s. geworden wie wir
	33,24	kein Bewohner sagen: Ich bin s.
Hes	34,4	das S. stärkt ihr nicht 21
	16	ich will das S. stärken
Dan	2,42	wird's zum Teil ein s. Reich sein
Jo	4,10	der S. spreche: Ich bin stark
Am	7,2	wer soll Jakob aufhelfen? Er ist so s. 5
Sa	12,8	der S. unter ihnen sein wird wie David
Wsh	4,5	die zu s. gebliebenen Äste werden zerbrochen
	9,5	ich bin nur ein s. Mensch
	16,18	zuweilen brannte die Flamme s.
	17,13	wenn die Hoffnung im Herzen zu s. ist
Sir	11,12	mancher wird immer s.
	19,25	wenn er zu s. ist, um dir zu schaden
	41,4	(Armen,) der s. und alt ist
Bar	2,18	die s. sind, rühmen
	6,36	noch einen S. dem Starken entreißen
1Ma	6,9	der Kummer machte ihn s.
	16,3	weil ich nun alt und s. bin
Mt	26,41	der Geist ist willig; aber das Fleisch ist s. Mk 14,38
Apg	14,8	ein Mann in Lystra, der hatte s. Füße
	20,35	daß man sich der S. annehmen muß Rö 14,1; 1Th 5,14
Rö	4,19	wurde nicht s. im Glauben, als er sah
	5,6	schon zu der Zeit, als wir noch s. waren
	14,2	wer s. ist, ißt kein Fleisch
	15,1	wir sollen das Unvermögen der S. tragen
1Ko	1,27	was s. ist vor der Welt, hat Gott erwählt
	4,10	wir s., ihr stark
	8,7	ihr Gewissen, weil es s. ist, befleckt 10
	9	daß eure Freiheit für die S. nicht zum Anstoß
	11	so wird der S. zugrunde gehen
	12	wenn ihr verletzt ihr s. Gewissen
	9,22	den S. bin ich ein S. geworden, damit ich die S. gewinne

1Ko	11,30	darum sind auch viele S. unter euch
	12,22	die Glieder des Leibes, die uns die s. scheinen
2Ko	10,10	wenn er selbst anwesend ist, ist er s.
	11,21	dazu waren wir zu s.
	29	wer ist s., und ich werde nicht s.
	12,9	meine Kraft ist in den S. mächtig
	10	wenn ich s. bin, so bin ich stark
	13,3	der euch gegenüber nicht s. ist, sondern mächtig
	4	wenn wir auch s. sind in ihm
	9	freuen uns, wenn wir s. sind und ihr mächtig
Gal	4,9	wendet ihr euch wieder den s. Mächten zu
1Pt	3,7	gebt dem weiblichen Geschlecht als dem s. seine Ehre
Heb	7,18	aufgehoben – weil es zu s. und nutzlos war
Jak	5,17	Elia war ein s. Mensch wie wir

Schwäche

Wsh	2,11	es zeigt sich, daß S. nichts ausrichtet
Gal	4,14	obwohl meine leibliche S. euch ein Anstoß war

schwächen

Ps	107,39	wurden ges. von der Last des Unglücks
Sir	38,19	Traurigkeit des Herzens s. die Kräfte
Rö	8,3	weil es durch das Fleisch ges. war

Schwachheit

Mt	8,17	er hat unsre S. auf sich genommen
Rö	6,19	um der S. eures Fleisches willen
	8,26	desgleichen hilft auch der Geist unsrer S. auf
1Ko	1,25	die S. Gottes ist stärker als Menschen
	2,3	ich war bei euch in S.
2Ko	11,30	will ich mich meiner S. rühmen 12,5.9
	12,10	darum bin ich guten Mutes in S.
	13,4	wenn er auch gekreuzigt worden ist in S.
Gal	4,13	in S. des Leibes das Evangelium gepredigt
Heb	4,15	nicht könnte mit leiden mit unserer S.
	5,2	weil er selber S. an sich trägt
	7,28	Menschen, die S. haben
	11,34	aus der S. zu Kräften gekommen

schwächlich

1Mo	30,42	so wurden die s. Tiere dem Laban zuteil

Schwager

4Mo	10,29	Mose sprach zu seinem S. Hobab
5Mo	25,5	ihr S. soll zu ihr gehen 7

Schwagerehe

1Mo	38,8	Juda zu Onan: Geh… nimm (Tamar) zur S.
5Mo	25,5	soll mit ihr die S. schließen

Schwägerin

5Mo	25,7	gefällt es… nicht, seine S. zu nehmen 9
Rut	1,15	deine S. ist umgekehrt zu ihrem Volk

Schwalbe

3Mo	11,19	(daß ihr nicht esset:) die S. 5Mo 14,18
Ps	84,4	die S. ein Nest für ihre Jungen
Spr	26,2	wie eine S. enteilt, so ist ein Fluch

Schwalbe

Jes	38,14	ich zwitschere wie eine S.
Jer	8,7	Kranich und S. halten die Zeit ein
Tob	2,11	ließ eine S. ihren Dreck... fallen
Bar	6,22	S. setzen sich auf ihre Leiber

Schwamm

Mt	27,48	nahm einen S. und füllte ihn mit Essig Mk 15,36; Jh 19,29

Schwan

3Mo	11,17	(daß ihr nicht esset:) den S. 5Mo 14,17

schwanger

1Mo	3,16	will Mühsal schaffen, wenn du s. wirst
	4,1	ward s. und gebar 17; 16,4.5.11; 21,2; 25,21; 29,32-35; 30,5.7.17.19.23; 38,3.4.18; 2Mo 2,2; 1Sm 1,20; 2,21; 2Kö 4,17; 1Ch 7,23
	19,36	wurden die Töchter Lots s. von ihrem Vater
	25,22	warum bin ich s. geworden
	38,24	Hurerei getrieben; sie ist davon s. gew. 25
2Mo	21,22	und stoßen dabei eine s. Frau
4Mo	5,28	sie kann s. werden
Ri	13,3	wirst s. werden u. einen Sohn gebären 5.7
Rut	4,13	gab ihr der HERR, daß sie s. ward
1Sm	4,19	des Pinhas Frau war s... bald gebären
2Sm	11,5	die Frau ward s. und ließ David sagen
2Kö	8,12	s. Frauen aufschlitzen 15,16; Hos 14,1; Am 1,13
Hi	15,35	sie gehen s. mit Mühsal Ps 7,15; Jes 59,4
Jes	7,14	siehe, eine Jungfrau ist s. Mt 1,23
	8,3	ich ging zu der Prophetin, die ward s.
	26,17	wie eine S., wenn sie bald gebären soll
	18	wir sind auch s., und uns ist bange
	33,11	mit Stroh geht ihr s.
	54,1	jauchze, die du nicht s. warst
Jer	20,17	ihr Leib ewig s. geblieben wäre
	31,8	ich will sie sammeln, S. und junge Mütter
Hos	1,3	er nahm Gomer; die ward s. 6.8
	9,11	daß weder gebären noch s. werden sollen
Sir	42,10	im Haus ihres Vaters s. werden könnte
Mt	1,18	daß sie s. war von dem heiligen Geist
	23	eine Jungfrau wird s. sein
	24,19	weh den S. zu jener Zeit Mk 13,17; Lk 21,23
Lk	1,24	nach diesen Tagen wurde seine Frau s. 36
	31	du wirst s. werden und einen Sohn gebären 2,5
Rö	9,10	Rebekka, die von Isaak s. wurde
Gal	4,27	jauchze, die du nicht s. bist
1Th	5,3	überfallen wie die Wehen eine s. Frau
Heb	11,11	s. über die Zeit ihres Alters hinaus
Off	12,2	sie war s. und schrie in Kindsnöten

schwanken

1Kö	14,15	der HERR wird Israel schlagen, daß es s.
Jes	24,20	hin- und hergeworfen wie eine s. Hütte
Am	2,13	will's unter euch u. machen, wie... s.

Schwanz

2Mo	4,4	erhasche (die Schlange) beim S.
5Mo	28,13	wird dich zum Kopf machen u. nicht zum S.
	44	er wird der Kopf sein, und du wirst der S.
Ri	15,4	Simson kehrte je einen S. zum andern
Hi	40,17	sein S. streckt sich wie eine Zeder
Jes	9,13	haut der HERR von Isr. Kopf und S. ab 14
	19,15	was Kopf oder S. ausrichten wollen
Tob	11,9	der Hund wedelte mit dem S.
Off	9,10	hatten S. wie Skorpione und Stacheln 19
	19	die Kraft der Rosse war in ihren S.
	12,4	sein S. fegte den 3. Teil der Sterne hinweg

Schwären

Lk	16,20	*Lazarus, der lag voller S.* 21
Off	16,11	*lästerten Gott um ihrer S. willen*

schwarz

1Mo	30,32	will aussondern alle s. Schafe 33.35
3Mo	13,31	daß das Haar dort nicht s. ist 37
2Sm	1,9	töte mich; denn mir wird s. vor Augen
	22,12	machte zu seinem Zelt s. Wolken Ps 18,12
1Kö	18,45	wurde der Himmel s. von Wolken
Est	1,6	da waren Polster auf s. Marmor
Hi	30,28	ich gehe s. einher 30
Hl	5,11	seine Locken sind s. wie ein Rabe
Sa	6,2	am zweiten Wagen waren s. Rosse 6
Bar	6,21	in ihrem Angesicht sind sie s. vom Rauch
Mt	5,36	du vermagst nicht ein einziges Haar s. zu machen
Off	6,5	ich sah, und siehe, ein s. Pferd
	12	die Sonne wurde finster wie ein s. Sack

Schwärze

Klg	4,8	ist ihre Gestalt dunkel vor S.

schwatzen

Ps	69,13	die im Tor sitzen, s. von mir
Sir	32,13	wo Alte sind, s. nicht viel

schwätzen

3Jh	10	*(Diotrephes) s. mit bösen Worten wider uns*

Schwätzer

Hi	11,2	muß ein S. immer recht haben
Jer	5,13	die Propheten sind S.
Sir	8,4	streite nicht mit einem großmäuligen S.
	9,25	es ist gefährlich, wenn ein S. regiert
	21,27	die S. reden, wovon sie nichts verstehen
Apg	17,18	sprachen: Was will dieser S. sagen
Tit	1,10	es gibt viele unnütze S.

schwatzhaft

Sir	7,15	sei nicht s. im Kreis der Alten
	25,26	ein s. Weib ist für einen stillen Mann

schweben

1Mo	1,2	der Geist Gottes s. auf dem Wasser
5Mo	28,66	dein Leben wird immerdar in Gefahr s.
	32,11	wie ein Adler über (seinen Jungen) s.
Ri	9,9	hingehen, über den Bäumen zu s. 11.13
2Sm	18,9	(Absalom) s. zwischen Himmel und Erde
	22,11	er s. auf Fittichen des Windes Ps 18,11
Hi	28,4	vergessen hängen und s. sie
	37,16	weißt du, wie die Wolken s.
2Ma	9,4	das Gericht vom Himmel s. über ihm

Schwefel

1Mo	19,24	ließ der HERR S. und Feuer regnen Lk 17,29

Schwelle

5Mo	29,22	all ihr Land hat er mit S. verbrannt
Hi	18,15	über seine Stätte wird S. gestreut
Ps	11,6	wird regnen lassen Feuer und S. Hes 38,22
Jes	34,9	Edoms Bäche zu Pech und seine Erde zu S.
Off	9,17	aus ihren Mäulern kam Rauch und S. 18
	14,10	er wird gequält werden mit Feuer und S.
	19,20	Pfuhl, der mit S. brannte 20,10; 21,8

schwefelgelb

Off	9,17	sie hatten s. Panzer

Schwefelstrom

Jes	30,33	wird ihn anzünden wie ein S.

schweigen (s.a. stillschweigen)

1Mo	34,5	Jakob s., bis sie kamen
3Mo	10,3	und Aaron s.
4Mo	30,5	er s. dazu, so gelten ihre Gelübde 8.12.15
Ri	18,19	s. und halt den Mund
Neh	5,8	da s. sie und fanden nichts zu antworten
Est	4,14	wenn du zu dieser Zeit s. wirst
	7,4	so wollte ich s. Hi 6,24; 13,19
Hi	11,3	müssen Männer zu deinem Gerede s.
	13,5	wollte Gott, daß ihr ges. hättet
	20,2	deswegen kann ich s. nicht 23,17
	29,21	sie s. und warteten auf meinen Rat
	33,31	s., damit ich reden kann 33
	41,4	will nicht s. von seinen Gliedern
Ps	28,1	wenn ich rufe, so s. doch nicht... wenn du s. 35,22; 83,2; 109,1
	31,18	die Gottlosen sollen s.
	39,3	ich s. fern der Freude
	10	ich will s. und meinen Mund nicht auftun
	13	s. nicht zu meinen Tränen
	50,3	unser Gott kommt und s. nicht
	21	das tust du, und ich s.
	94,17	läge ich bald am Orte des S.
	101,5	wer... verleumdet, den bring ich zum S. 8
Spr	17,28	ein Tor, wenn er s., für weise gehalten
Pr	3,7	s. hat seine Zeit, reden hat seine Zeit
Jes	30,7	Rahab, die zum S. gebracht ist
	41,1	die Inseln sollen vor mir s.
	42,14	ich s. wohl eine lange Zeit
	57,11	weil ich s. und mich verbarg
	62,1	um Zions willen will ich nicht s.
	6	Wächter, die nicht mehr s. sollen
	64,11	HERR, willst du bei alledem s.
	65,6	will nicht s., sondern heimzahlen
Klg	3,28	er sitze einsam und s.
Am	5,13	darum muß der Kluge zu dieser Zeit s.
Hab	1,13	warum siehst du den Räubern zu und s.
Jdt	13,16	(Judit) forderte sie auf zu s.
Wsh	8,12	wenn ich s., werden sie auf mich warten
Sir	13,22	wenn der Reiche redet, s. alle
	19,6	solches S. schadet dir nichts
	20,1	doch wäre es klüger, wenn er s. 5-7
	26,17	Frau, die s. kann, ist eine Gabe Gottes
	32,12	einer, der Bescheid weiß, aber doch s.
Mt	20,31	fuhr sie an, daß sie s. sollten Lk 18,39
Mk	4,39	sprach zu dem Meer: S. und verstumme
	9,34	(seine Jünger) s. Lk 9,36
Lk	19,40	wenn diese s. werden, so werden die Steine schreien
Apg	12,17	winkte ihnen mit der Hand, daß sie s. sollten
	15,13	danach, als sie s., antwortete Jakobus
	18,9	fürchte dich nicht, sondern rede und s. nicht
	21,14	da er sich nicht überreden ließ, s. wir

1Ko	14,28	ist kein Ausleger da, so s. er in der Gemeinde
	30	wenn einem eine Offenbarung zuteil wird, so s. der erste
	34	(wie in allen Gemeinden) sollen Frauen s.
Phm	19	ich s. davon, daß du mir schuldig bist
1Jh	3,19	unser Herz vor (Gott) damit zum S. bringen

Schwein

3Mo	11,7	(dürft ihr nicht essen:) das S. 5Mo 14,8

Schweineblut

Jes	66,3	gleicht dem, der S. spendet

Schweinefleisch

Jes	65,4	sie essen S. 66,17
1Ma	1,50	(daß sie) S. opfern sollten
2Ma	6,18	weil er s. essen sollte 7,1

Schweiß

1Mo	3,19	im S. deines Angesichts dein Brot essen
Hes	44,18	nicht mit Zeug gürten, das S. wirkt
Lk	22,44	sein S. wurde wie Blutstropfen

Schweißtuch, Schweißtüchlein

Lk	19,20	*Pfund, welches ich habe im S. behalten*
Jh	11,44	sein Gesicht verhüllt mit einem S.
	20,7	das S. daneben, zusammengewickelt
Apg	19,12	so hielten sie die S. über die Kranken

schwelgen

Mi	2,11	wenn ich predigte, wie sie s. sollen
Sir	27,14	sie lachen, wenn sie in Sünden s.
2Ma	6,4	die Heiden s. im Tempel
2Pt	2,13	sie s. in ihren Betrügereien

Schwelger

Tit	1,6	*nicht, daß sie S. sind*

Schwelgerei

Hos	4,18	sie haben sich der S. ergeben
Mk	7,22	*(aus dem Herzen kommen) S.,* Mißgunst
1Pt	4,3	*als ihr ein Leben in S. führtet*

Schwelle

2Mo	12,7	sollen die obere S. damit bestreichen
Ri	19,27	lag seine Nebenfrau, die Hände auf der S.
1Sm	5,4	Dagon, sein Haupt abgeschlagen auf der S.
	5	treten nicht auf die S. Dagons
1Kö	14,17	als sie auf die S. kam, starb der Knabe
2Kö	12,10	Priester, die an der S. wachten 22,4; 23,4; 25,18; 1Ch 9,19.22; 2Ch 34,9; Jer 52,24
2Ch	3,7	überzog die S. mit Gold
Est	6,2	die an der Wache hielten
Jes	6,4	die S. bebten von der Stimme ihres Rufens
Hes	9,3	erhob sich zu der S. des Tempels 10,4.18
	40,6	maß die S. des Tores 7
	43,8	haben sie an meine S. gesetzt
	46,2	soll auf der S. des Tores anbeten
	47,1	floß ein Wasser heraus unter der S.
Ze	1,9	will heimsuchen, die über die S. springen

Schwelle

Ze 2,14 wird schreien auf der S. der Rabe

schwellen

4Mo 5,21 daß der HERR deinen Bauch s. läßt 22.27
5Mo 8,4 deine Füße sind nicht ges. diese 40 Jahre

Schwemme

Hl 4,2 wie Schafe, die aus der S. kommen 6,6
2Pt 2,22 die Sau wälzt sich nach der S. im Dreck

schwemmen

Ps 6,7 ich s. mein Bett die ganze Nacht

schwer

1Mo 4,13 meine Strafe ist zu s., als daß ich
　　 18,20 daß ihre Sünden sehr s. sind
　　 24,22 nahm einen Stirnreif, sechs Gramm s.
　　 35,17 da ihr die Geburt so s. wurde
　　 41,31 Hungersnot; sie wird sehr s. sein 47,13.20
2Mo 1,14 machten ihr Leben sauer mit s. Arbeit
　　 4,10 hab eine s. Sprache und eine s. Zunge
　　 9,3 wird kommen mit sehr s. Pest 24
　　 14,25 machte, daß sie nur s. vorwärtskamen
　　 17,12 Mose wurden die Hände s.
　　 18,18 das Geschäft ist dir zu s. 26
4Mo 7,13 eine Schüssel, 130 Lot s. 14u. ö. 85
　　 11,14 das Volk... ist mir zu s.
5Mo 1,17 wird euch eine Sache zu s. sein 17,8
Jos 7,21 eine Stange von Gold, fünfzig Lot s.
Ri 1,35 ihnen die Hand des Hauses Josef zu s.
1Sm 4,18 Eli war alt und ein s. Mann
　　 5,6 die Hand des HERRN lag s. auf 11; 7,13; Ps 32,4; Hes 3,14
　　 14,6 dem HERRN nicht s... zu helfen 2Ch 14,10
　　 52 es war der Krieg gegen die Philister s.
　　 31,3 wurde s. verwundet 2Ch 35,23
2Sm 12,30 die Krone war einen Zentner Gold s.
　　 14,26 denn (sein Haupthaar) war ihm zu s.
　　 24,10 habe s. gesündigt 1Ch 21,8
1Kö 12,4 mache das s. Joch leichter 10.11.14; 2Ch 10,4.10.11.14
　　 17,17 seine Krankheit wurde so s.
2Kö 2,10 du hast S. erbeten
　　 17,21 Jerobeam machte, daß sie s. sündigten
Neh 5,18 der Dienst lag schon s. genug
Hi 6,3 nun ist es s. als Sand am Meer
　　 23,2 seine Hand drückt s.
　　 42,2 nichts ist dir zu s.
Ps 38,5 wie eine s. Last sind sie mir zu s. geworden
　　 73,16 aber es war mir zu s.
　　 116,15 der Tod seiner Heiligen wiegt s.
　　 118,18 der HERR züchtigt mich s.
　　 139,17 wie s. sind für mich deine Gedanken
Spr 25,27 wer nach s. Dingen forscht, dem bringt's
　　 27,3 Stein ist s... Ärger über e. Toren ist s.
Pr 6,1 es liegt s. auf den Menschen
　　 8,6 des Menschen Bosheit liegt s. auf ihm
　　 10,1 ein wenig Torheit wiegt s. als Weisheit
Jes 47,6 machtest dein Joch allzu s.
Klg 1,3 Juda ist gefangen in s. Dienst
　　 14 s. ist das Joch meiner Sünden
Hes 14,21 meine vier s. Strafen schicken werde
　　 25,12 weil Edom sich s. verschuldet hat
Dan 9,27 er wird vielen den Bund s. machen
Wsh 9,16 begreifen nur s., was wir in Händen
　　 10,12 sie entschied einen s. Kampf für ihn
Wsh 19,15 sie aber plagten mit s. Arbeit, die
Tob 3,16 daß du mich erlöst aus dieser s. Schmach
Sir 3,29 ein... Mensch macht es sich selber s.
　　 6,22 sie ist für ihn ein s. Prüfstein
　　 13,2 du lädst sonst eine s. Last auf dich
　　 22,17 was ist s. als Blei
　　 26,28 kann sich s. hüten vor Unrecht
　　 29,6 klagt sehr, es sei s. Zeit
　　 35 das ist s. für einen vernünftigen Menschen
　　 39,33 durch ihr Stürmen richten sie s. Schaden an
　　 48,14 nichts war ihm zu s.
1Ma 2,49 es ist s. Strafe über uns gekommen
　　 12,13 wir haben uns s. Kriege gehabt 13,3; 14,28
　　 13,32 (Tryphon) bedrückte das Land s.
　　 14,24 einen großen Schild, tausend Pfund s.
2Ma 2,25 wie s. es wegen der Fülle des Stoffs sein wird
　　 12,30 ihnen in s. Zeiten Freundschaft bewiesen
GMn 9 ich gehe gekrümmt in s., eisernen Banden
Mt 13,15 ihre Ohren hören s. Apg 28,27
　　 17,15 er ist mondsüchtig und hat s. zu leiden
　　 19,23 ein Reicher wird s. ins Himmelreich kommen Mk 10,23.24; Lk 18,24
　　 23,4 sie binden s. Bürden
　　 14 ein desto s. Urteil empfangen Mk 12,40; Lk 20,47
Apg 25,7 brachten viele und s. Klagen gegen ihn vor
　　 26,14 dir s. sein, wider den Stachel zu löcken
2Ko 10,10 seine Briefe wiegen s. und sind stark
2Pt 3,16 einige Dinge s. zu verstehen sind
1Jh 5,3 seine Gebote sind nicht s.
Heb 5,11 es ist s., weil ihr so harthörig geworden seid

Schwere

Jes 22,24 wenn sich an ihn hängt die ganze S.

schwerfallen

5Mo 15,18 laß dir's nicht s., daß du ihn freiläßt

Schwert (s.a. Schärfe)

1Mo 3,24 Cherubim mit dem flammenden S.
　　 27,40 von deinem S. wirst du dich nähren
　　 34,25 nahmen ein jeder sein S. 2Mo 32,27
　　 48,22 Land, das ich mit meinem S. genommen
　　 49,5 ihre S. sind mörderische Waffen
2Mo 5,3 uns nicht schlage mit Pest oder S.
　　 21 habt ihnen das S. in ihre Hände gegeben
　　 15,9 will mein S. ausziehen
　　 18,4 hat mich errettet vor dem S. des Pharao
　　 22,23 daß ich euch mit dem S. töte Am 9,1; Ze 2,12
3Mo 26,6 kein S. soll durch euer Land gehen
　　 7 eure Feinde sollen durch s. verfallen 8
　　 33 will mit gezücktem S. hinter euch her Hes 5,2.12; 12,14
　　 36 sollen fliehen, als jagte sie ein S. 37
4Mo 14,3 damit wir durchs S. fallen 43
　　 19,16 einen berührt, der mit dem S. erschlagen
　　 20,18 werde dir mit dem S. entgegentreten
　　 22,23 sah den Engel mit einem S. in der Hand 31; Jos 5,13; 1Ch 21,16.27.30
　　 29 ach daß ich jetzt ein S. hätte
　　 31,8 Bileam töteten sie mit dem S. Jos 13,22
5Mo 32,25 draußen wird das S. ihre Kinder rauben Klg 1,20
　　 41 wenn ich mein blitzendes S. schärfe Hes 21,14.16

Schwert

5Mo	32,42	mein S. soll Fleisch fressen		
	33,29	den HERRN, der das S. deines Sieges ist		
Jos	10,11	starben mehr, als die *Israeliten mit dem S. töteten 2Sm 18,8		
	11,10	(Josua) erschlug seinen König mit dem S.		
	24,12	und nicht dein S. noch dein Bogen Hos 1,7		
Ri	7,14	nichts anderes als das S. Gideons		
	20	hier S. des HERRN und Gideons		
	22	daß eines jeden S. gegen den andern war 1Sm 14,20; Hes 38,21; Hag 2,22		
	8,10	gefallen, die das S. ziehen konnten 20,2.15.17. 25.35.46; 2Sm 24,9; 2Kö 3,26; 1Ch 5,18; 21,5		
	20	der Knabe zog sein S. nicht		
	9,54	zieh dein S. und töte mich 1Sm 31,4; 1Ch 10,4		
1Sm	13,19	die Hebräer könnten sich S. machen 22		
	15,33	wie dein S. Frauen ihrer Kinder beraubt		
	17,39	David gürtete Sauls S.		
	45	kommst zu mir mit S., Lanze und Spieß 47		
	50	David hatte kein S. in seiner Hand 51		
	18,4	(Jonatan) gab David sein S.		
	21,9	ist nicht hier bei dir ein Spieß oder S.		
	10	das S. des Philisters Goliat 22,10.13		
	25,13	jeder gürtete sich sein S. um		
	31,5	stürzte auch er sich in sein S. 1Ch 10,5		
2Sm	1,12	weil sie durchs S. gefallen waren		
	22	das S. Sauls ist nie leer zurückgekommen		
	2,16	ein jeder stieß ihm sein S. in die Seite		
	26	soll denn das S. ohne Ende fressen		
	3,29	am Stabe gehe oder durchs S. falle		
	11,25	das S. frißt bald diesen, bald jenen		
	12,9	Uria hast du erschlagen mit dem S.		
	10	von deinem Hause das S. nimmermehr lassen		
	23,10	bis seine Hand am S. erstarrte		
1Kö	1,51	s. Knecht nicht töten wird mit dem S. 2,8		
	2,32	weil er sie getötet hat mit dem S.		
	3,24	holt mir ein S.! Und als das S. gebracht		
	19,1	alle Propheten Baals mit dem S. umgebracht		
	10	deine Propheten mit dem S. getötet 14		
	17	wer dem S. Hasaëls... dem S. Jehus entrinnt		
2Kö	3,23	Könige haben sich mit dem S. umgebracht		
	6,22	die du mit S. und Bogen gefangen		
	8,12	wirst ihre junge Mannschaft mit dem S. erschlagen 2Ch 36,17; Jer 11,22; 18,21; Klg 2,21; Hes 30,17; Am 4,10		
	11,15	wer ihr folgt, sterbe durchs S. 2Ch 23,14		
	20	Atalja töteten sie mit dem S. 2Ch 23,21		
	19,7	durchs S. fällen in seinem Lande Jes 37,7		
	17	haben die Völker mit dem S. umgebracht		
	37	erschlugen ihn mit dem S. seine Söhne 2Ch 32,21; Jes 37,38		
1Ch	21,12	drei Monate Flucht vor dem S. deiner Feinde oder drei Tage das S. des HERRN		
2Ch	20,9	wenn Unglück, S., Strafe über uns kommen		
	21,4	Joram erschlug seine Brüder mit dem S.		
	29,9	unsere Väter durchs S. gefallen Esr 9,7		
	36,20	führte weg, die das S. übriggelassen hatte		
Neh	4,7	ich ließ das Volk antreten mit S. 12		
Est	9,5	schlugen alle ihre Feinde mit dem S.		
Hi	5,15	hilft dem Armen vom S. 20		
	15,22	er fürchtet immer das S. 19,29		
	27,14	werden eine Beute des S.		
	39,22	(das Roß) flieht nicht vor dem S.		
	40,19	der ihn gemacht hat, gab ihm sein S.		
	41,18	trifft man ihn mit dem S.		
Ps	7,13	wieder hat einer sein S. gewetzt		
	17,13	errette mich vor dem Gottl. mit deinem S.		
	22,21	errette meine Seele vom S.		
	37,14	die Gottlosen ziehen das S. 15		

Ps	44,4	das Land nicht eingenommen durch ihr S.
	7	mein S. kann mir nicht helfen
	45,4	gürte dein S. an die Seite, du Held
	55,22	ihre Worte sind doch gezückte S.
	57,5	ihre Zungen (sind) scharfe S. 64,4
	59,8	S. sind auf ihren Lippen
	63,11	sie werden dem S. dahingegeben
	76,4	dort zerbricht er S. und Streitmacht
	78,62	er übergab sein Volk dem S. Jes 65,12; Jer 15,9; 25,31
	64	ihre Priester fielen durchs S.
	89,44	hast die Kraft seines S. weggenommen
	144,10	erlösest David vom mörderischen S.
	149,6	sollen scharfe S. in ihren Händen halten
Spr	5,4	ist sie scharf wie ein zweischneidiges S.
	12,18	wer... mit Worten, sticht wie ein S.
	25,18	der ist wie ein S. und scharfer Pfeil
	30,14	eine Art, die S. als Zähne hat
Hl	3,8	alle halten sie S... jeder hat sein S.
Jes	1,20	so sollt ihr vom S. gefressen werden
	2,4	ihre S. zu Pflugscharen machen... kein Volk wider das andere das S. erheben Mi 4,3
	3,25	deine Männer werden durchs S. fallen 13,15; Jer 19,7; 20,4; 44,12; Hes 5,12; 11,10; 17,21; 24,21; 25,13; 33,27; 39,23; Hos 7,16; 14,1; Am 7,17
	14,19	die mit dem S. erstochen sind
	21,14	sie fliehen vor dem S., dem bloßen S. 31,8
	22,2	sind nicht mit dem S. erschlagen
	27,1	wird heimsuchen mit seinem S. den Leviatan
	34,5	mein S. ist trunken im Himmel 6
	41,2	sein S. macht sie wie Staub
	45,1	daß ich Königen das S. abgürte
	49,2	hat meinen Mund wie ein S. gemacht
	51,19	beides ist dir begegnet: Hunger und S.
	66,16	der HERR wird richten durch sein S.
Jer	2,30	euer S. frißt eure Propheten
	4,10	wo doch das S. uns ans Leben geht
	5,12	S. und Hunger nicht sehen 14,13
	17	deine Städte mit dem S. einnehmen 32,24.36; Hos 11,6
	6,25	Schrecken vor dem S. des Feindes
	9,15	will das S. hinter ihnen her schicken 24,10; 29,17.18; 48,2; 49,37
	12,12	ein S. der HERR, das frißt 46,10.14
	14,12	will sie durch S., Hunger und Pest aufreiben 15.16.18; 16,4; 21,9; 27,8.13; 38,2; Hes 5,17; 6,3.11.12; 7,15; 14,21
	15,2	wen das S. trifft, den treffe es
	3	sie heimsuchen mit dem S. 44,13
	18,21	gib sie dem S. preis
	25,16	daß sie toll werden vor dem S. 27
	29	ich rufe das S. über alle herbei 34,17
	38	verheert von seinem gewaltigen S.
	26,23	Jojakim ließ ihn mit dem S. töten
	31,2	Volk, das dem S. entronnen ist 51,50
	34,4	sollst nicht durchs S. sterben 39,18
	41,2	erschlugen Gedalja mit dem S.
	42,16	soll euch das S. in Ägyptenl. treffen 17,22
	43,11	soll dem S. erschlagen, wen es trifft
	44,18	sind durch S... umgekommen 27.28
	46,16	laßt uns... vor dem mörderischen S. 50,16
	47,6	o du S. des HERRN
	48,10	verflucht sei, wer sein S. aufhält
	50,35	das S. soll kommen 36.37; Hes 11,8; 14,17
Klg	4,9	durchs S. Erschlagenen ging es besser
	5,9	bedroht vom S. in der Wüste
Hes	5,1	nimm ein scharfes S. 2
	6,8	einige, die dem S. entgehen 12,16; 38,8
	7,15	draußen das S., drinnen Pest 28,23

Schwert

Hes	16,40	sollen dich mit ihren S. zerhauen	Apg	12,2	er tötete Jakobus mit dem S.

Hes 16,40 sollen dich mit ihren S. zerhauen
 21,8 will mein S. aus der Scheide ziehen 9.10
 17 die dem S. verfallen sind
 19 das S. wird zweifach kommen 20.24.25
 33 das S., das S. ist gezückt 34; 28,7; 32,20
 23,10 (Ohola) töteten sie mit dem S. 25.47
 26,6 (Tyrus) mit dem S. geschlagen 8.11
 15 wenn das S. morden wird
 29,8 S. über (Ägypten) 30,4-6.11.21-25; 32,11.12
 31,17 zu den mit dem S. Erschlagenen 18; 32,20-32; 35,8
 32,10 wenn ich mein S. blinken lasse 33,2-4.6
 33,26 ihr verlaßt euch auf euer S.
 35,5 weil ihr sie dem S. preisgegeben habt
 38,4 die alle Schilde und S. tragen
 21 über (Gog) das S. herbeirufen
Dan 11,33 darüber werden sie verfolgt mit S.
Hos 2,20 will Bogen, S. und Rüstung zerbrechen
Jo 4,10 macht aus euren Pflugscharen S.
Am 1,11 sie ihren Bruder mit dem S. verfolgt
 7,9 will mich mit dem S. über das Haus Jerobeam hermachen 11
 9,4 dem S. befehlen, sie zu töten 10; Nah 3,15
Mi 5,5 die das Land Assur verderben mit dem S.
 6,14 was du rettest, will ich dem S. preisgeben
Nah 2,14 das S. soll deine jungen Löwen fressen
 3,3 Reiter rücken herauf mit glänzenden S.
Sa 9,13 will dich zum S. eines Riesen machen
 11,17 das S. komme über seinen Arm
 13,7 S., mach dich auf über meinen Hirten
Jdt 4,12 der nicht mit dem S. die Amalekiter schlug
 5,14 wohin sie auch zogen ohne Schild und S.
 6,2 sollst auch du durch das S. sterben 3.5
 7,17 daß wir lieber rasch durchs S. umkommen
 9,2 Herr, du hast ihm das S. gegeben
 10 bestrafe ihn durch sein eignes S. 9
 13,7 griff nach seinem S., das dort hing
 16,6 drohte... mit dem S. zu töten
Wsh 5,21 er wird seinen Zorn schärfen zum S.
 18,16 ein scharfes S., nämlich dein Gebot
Sir 21,4 jede Sünde ist wie ein zweischneidiges S.
 22,26 selbst wenn du ein S. gezückt hast gegen
 26,27 den hat Gott zum S. verurteilt
 39,36 das S... zur Strafe geschaffen
 40,9 (widerfährt allem Fleisch:) S.
 46,3 als er das S. zückte gegen die Städte
Bar 2,25 umgekommen durch Hunger, S. und Pest
 6,15 er hat niemals ein S. in der Hand
1Ma 3,3 schützte sein Heerlager mit seinem S.
 12 Judas nahm sich das S. des Apollonius
 4,6 doch hatten sie keine Harnische und S.
 33 schlage sie nieder mit dem S.
2Ma 15,15 gab Jeremia dem Judas ein goldenes S.
 16 nimm hin das heilige S.
StE 1,4 durchs S. der Feinde umgebracht werden
 5,16 sollen die S. und Feuer vertilgt werden
StD 1,59 der Engel wartet schon mit seinem S.
 2,25 will diesen Drachen umbringen ohne S.
Mt 10,34 ich bin gekommen, zu bringen das S.
 26,47 mit ihm eine große Schar mit S. Mk 14,43
 51 zog sein S. und schlug nach dem Knecht Mk 14,47; Jh 18,10
 52 stecke dein S. an seinen Ort Jh 18,11
 52 wer das S. nimmt, soll durchs S. umkommen
 55 ihr seid ausgezogen mit S. und Stangen Mk 14,48; Lk 22,52
Lk 2,35 durch deine Seele wird ein S. dringen
 22,36 verkaufe seinen Mantel und kaufe ein S.
 38 Herr, siehe, hier sind zwei S.
 49 Herr, sollen wir mit dem S. dreinschlagen
Apg 12,2 er tötete Jakobus mit dem S.
 16,27 zog er das S. und wollte sich töten
Rö 8,35 Blöße oder Gefahr oder S.
 13,4 sie trägt das S. nicht umsonst
Eph 6,17 nehmt das S. des Geistes
Heb 4,12 das Wort Gottes ist schärfer als jedes S.
 11,34 sind der Schärfe des S. entronnen
 37 sie sind durchs S. getötet worden
Off 1,16 aus seinem Munde ging ein scharfes, zweischneidiges S. 2,12; 19,15
 2,16 gegen sie streiten mit dem S. meines Mundes
 6,4 ihm wurde ein großes S. gegeben
 8 mit S. und Hunger und Pest
 13,10 wenn jemand mit dem S. getötet werden soll, dann wird er mit dem S. getötet werden
 14 Tier, das die Wunde vom S. hatte
 19,21 die andern wurden erschlagen mit dem S.

Schwertstreich

Jdt 7,10 dann müssen sie ohne S. sterben

Schwester

1Mo 4,22 die S. des Tubal-Kain war Naëma
 12,13 sage, du seist meine S. 19; 20,2.5.12; 26,7.9
 24,59 ließen Rebekka, ihre S., ziehen 30.60; 25,20
 28,9 nahm die S... zur Frau 36,3; 2Mo 6,20.23
 29,13 Laban hörte von Jakob, seiner S. Sohn
 30,1 beneidete (Rahel) ihre S. 8
 34,13 ihre S. Dina geschändet 14.17.26.27.31
 36,22 Lotans S. hieß Timna 1Ch 1,39; 3,19; 4,3.19; 7,15.18.30.32
 46,17 Söhne Assers... dazu Serach, ihre S.
2Mo 2,4 seine S. stand von ferne 7
 15,20 Mirjam, die Prophetin, Aarons S. 4Mo 26,59
3Mo 18,9 sollst mit deiner S. nicht Umgang haben 11-13.18; 20,17.19; 5Mo 27,22
 21,3 (an keinem Toten unrein machen außer) an seiner S. 4Mo 6,7; Hes 44,25
4Mo 25,18 ihre S. Kosbi, die Tochter eines Obersten
Jos 2,13 daß ihr leben laßt meine S. und alles
Ri 15,2 sie hat eine jüngere, die ist schöner
2Sm 13,1 Absalom hatte eine schöne S., Tamar 2.4-6. 11.20.22.32; 1Ch 3,9
 17,25 (Abigal) war eine S. der Zeruja 1Ch 2,16
1Kö 11,19 die S. der Königin zur Frau 20
2Kö 11,2 Joscheba, Ahasjas S. 2Ch 22,11
Hi 1,4 luden ihre drei S. ein
 17,14 nenne ich die Würmer... meine S.
 42,11 kamen zu (Hiob) alle seine S.
Spr 7,4 sprich zur Weisheit: Du bist meine S.
Hl 4,9 meine S., liebe Braut 10.12; 5,1.2
 8,8 unsre S. ist klein... was sollen wir mit unsrer S. tun
Jer 3,7 ihre S. Juda, die Treulose 8.10
 22,18 man wird nicht beklagen: Ach, S.
Hes 16,45 bist die S. deiner 46-52.55.56.61
 23,4 ihre S. Oholiba ist Jerusalem 11.18.31-33
Hos 2,3 sagt zu euren S., sie seien in Gnaden
Tob 8,9 nicht aus böser Lust meine S. zur Frau
Mt 12,50 wer... ist mir S. Mk 3,35
 13,56 seine S. sind alle bei uns Mk 6,3
 19,29 wer Brüder oder S. verläßt um meines Namens willen Mk 10,29.30
Mk 3,32 deine S. draußen fragen nach dir
Lk 10,39 sie hatte eine S., die hieß Maria Jh 11,1.5.28
 40 daß mich meine S. läßt allein dienen
 14,26 wenn jemand zu mir kommt und haßt nicht Brüder, S. und dazu sich selbst

Jh	11,3	da sandten die S. zu Jesus 39
	19,25	seiner Mutter S., Maria, Frau des Klopas
Apg	23,16	als der Sohn der S. des Paulus von dem Anschlag hörte
Rö	16,1	ich befehle euch unsere S. Phöbe an
	15	grüßt Julia, Nereus und seine S.
1Ko	7,15	die S. ist nicht gebunden in solchen Fällen
	9,5	eine S. als Ehefrau mit uns zu führen
1Ti	5,2	(ermahne) die jüngeren (Frauen) wie S.
Phm	2	(Paulus) an Aphia, die S.
2Jh	13	es grüßen dich die Kinder deiner S.
Jak	2,15	wenn eine S. Mangel hätte

Schwestersohn

Apg 23,16 da des Paulus S. von dem Anschlag hörte

Schwiegereltern

Tob 14,14 Tobias kehrte zurück zu seinen S.

Schwiegermutter

5Mo	27,23	verflucht sei, wer bei seiner S. liegt
Rut	1,14	Orpa küßte ihre S. 2,11.18.19.23; 3,1.6.16.17
Mi	7,6	die Schwiegertochter ist wider die S.
Mt	8,14	daß dessen S. zu Bett lag Mk 1,30; Lk 4,38
	10,35	zu entzweien die Schwiegertochter mit ihrer S. Lk 12,53

Schwiegersohn

1Mo	19,12	hast du hier noch einen S.
Ri	15,6	Simson, du S. des Timnaïters Neh 6,18; 13,28
	19,5	da sprach der Vater zu seinem S.
1Sm	18,18	des Königs S. werden 21-23.26.27; 22,14

Schwiegertochter

1Mo	11,31	nahm Terach seine S. Sarai
	38,11	sprach Juda zu seiner S. 16.24; 1Ch 2,4
3Mo	18,15	mit deiner S. nicht Umgang haben 20,12
Rut	1,6	machte sich auf mit ihren beiden S. 7.8. 22; 2,20.22; 4,15
1Sm	4,19	seine S., des Pinhas Frau, war schwanger
Hes	22,11	sie entehren ihre eigene S.
Mi	7,6	die S. ist wider die Schwiegermutter
Tob	12,14	deine S. von... befreien
Mt	10,35	zu entzweien die S. mit ihrer Schwiegermutter Lk 12,53

Schwiegervater

1Mo	38,13	dein S. geht hinauf nach Timna 25
2Mo	3,1	Mose hütete die Schafe Jitros, seines S. 4,18; 18,1.5.6.8.12.14.17.24.27
Ri	19,4	sein S. hielt ihn fest drei Tage 7.9
1Sm	4,19	ihr S. und ihr Mann tot waren 21
1Ma	11,2	weil er sein S. war
Jh	18,13	Hannas war der S. des Kaiphas

schwimmen, Schwimmer

2Kö	6,6	wo ist's hingefallen? Da s. das Eisen
Jes	25,11	Hände, wie sie ein S. ausbreitet, um zu s.
Hes	47,5	das Wasser war so hoch, daß man s. mußte
Apg	27,43	die s. konnten, als erste ins Meer springen

schwinden

4Mo	5,21	daß der HERR deine Hüfte s. läßt 22.27
	12,12	von dem die Hälfte seines Fleisches ges.
Ps	109,23	ich fahre dahin wie ein Schatten, der s.
Hl	2,17	bis die Schatten s. 4,6

Schwinge

Jes	30,28	die Völker in der S. des Verderbens
Hes	17,3	ein Adler mit vollen S. kam 7

schwingen

2Mo	29,24	s. es als Schwingopfer vor dem HERRN 26; 3Mo 7,30; 8,27.29; 9,21; 10,15; 14,12.24; 23,11. 12.20; 4Mo 5,25; 6,20
2Sm	23,8	s. seinen Spieß über 800 18; 1Ch 11,11.20
Jes	10,15	als ob die Rute den s., der sie hebt
	26	wird der HERR eine Geißel über ihn s.
	19,16	wenn der HERR d. Hand über sie s. Sa 2,13
	30,28	zu s. die Völker in der Schwinge 32
Hes	10,16	wenn die Cherubim ihre Flügel s. 19; 11,22

Schwingopfer

2Mo	29,24	schwinge es als S. vor dem HERRN 27; 3Mo 7,30; 8,27.29; 9,21; 10,15; 14,12.21; 23,11. 20
3Mo	7,34	die Brust des S. gebe (ich) Aaron 10,14; 23,20; 4Mo 6,20; 18,11.18
	23,15	da ihr die Garbe als S. darbrachtet 17
4Mo	8,11	soll die Leviten darbringen als S. 13.15.21
Sir	7,35	(seinen Anteil:) S. und Opfergaben

schwirren

Hi	16,13	seine Pfeile s. um mich her
Jes	18,1	weh dem Lande voll s. Flügel

schwören

1Mo	21,23	so s. mir nun bei Gott 24; 1Sm 30,15
	31	weil beide miteinander ges. haben 26,31; 1Sm 20,42; 2Sm 21,7
	22,16	habe bei mir selbst ges. 2Mo 32,13; Jes 45,23; Jer 22,5; 49,13; 51,14; Am 6,8; 8,7; Heb 6,13
	24,3	s. mir bei dem HERRN 9; Jos 2,12; 1Sm 24,22
	7	der HERR, der mir ges. hat 26,3; 5Mo 7,8; 9,5; 13,18; 28,9; 29,12; Jos 21,44; 1Ch 16,16; Ps 105,9; Hes 16,8; Mi 7,20
	25,33	s. mir zuvor. Und er s. ihm 47,31; 50,6
	31,54	Jakob s. ihm bei dem Schrecken Isaaks
	50,24	das Land, das er ges. zu geben ges. hat 2Mo 13,5. 11; 33,1; 4Mo 14,16.23; 32,11; 5Mo 1,8.35; 6,10.18.23; 7,13; 10,11; 11,9.21; 19,8; 26,3.15; 28,11; 30,20; 31,7.20.21.23; 34,4; Jos 1,6; 5,6; 21,43; Ri 2,1; Jer 11,5; 32,22; Hes 20,5
3Mo	5,4	wenn jemand s., er wolle 4Mo 30,3
	22	wenn er einen falschen Eid s. 24
	19,12	nicht falsch s. bei meinem Namen Sa 5,4
4Mo	32,10	des HERRN Zorn entbrannte und er s. 5Mo 1,34; 2,14; 4,21; Jos 5,6; Ri 2,15; Ps 95,11; Hes 20,15.23; Dan 9,11; Heb 3,11.18; 4,3
5Mo	4,31	Bund, den er deinen Vätern ges. 7,12; 8,18
	6,13	sollst bei seinem Namen s. 10,20
Jos	2,17	Eid, den du uns hast s. lassen 20; 9,20
	6,22	führt die Frau von da heraus, wie ihr ges.
	26	zu dieser Zeit ließ Josua s.: Verflucht

schwören 1242

Jos	9,15	die Obersten der Gemeinde s. ihnen 18.19
	14,9	da s. Mose an jenem Tage
	23,7	nicht s. bei dem Namen ihrer Götter
Ri	15,12	s. mir, daß ihr mir nichts antun wollt
	21,1	die Männer Israels aber hatten ges. 18; 2Ch 15,15; Esr 10,5
	7	wir haben ges. bei dem HERRN 1Sm 28,10; 2Sm 19,8; 1Kö 1,17.30; 2,8.23.42; 2Ch 15,14; Jes 19,18; 48,1
1Sm	3,14	habe ich dem Hause Eli ges.
	14,24	Saul s. 28; 19,6
	20,3	da antwortete David und s. 17; 24,23; 2Sm 3,35; 19,24; Ps 132,2
2Sm	3,9	wie der HERR dem David ges. hat Ps 89,4. 50; 132,11
1Kö	1,13	hast du nicht deiner Magd ges. 29.51
2Kö	25,24	Gedalja s. ihnen und sprach Jer 40,9
Ps	24,4	wer nicht falsche Eide s.
	63,12	wer bei ihm s., der darf sich rühmen
	89,36	habe einmal ges. bei m. Heiligkeit Am 4,2
	110,4	der HERR hat ges. Jes 14,24; 62,8; Heb 7,21
	119,106	ich s. und will's halten
Pr	9,2	wie es dem geht, der s., so geht's auch
Jes	45,23	mir sollen alle Zungen s.
	54,9	zur Zeit Noahs, als ich s.
	65,16	wer s. wird, wird bei dem... Gott s.
Jer	4,2	wenn du recht und heilig s.
	5,2	so s. sie doch falsch 7; Hos 10,4; Ze 1,5
	12,16	bei meinem Namen zu s... beim Baal zu s.
	38,16	s. der König dem Jeremia heimlich
	44,26	ich s. bei meinem großen Namen
Dan	12,7	er s. bei dem, der ewiglich lebt
Hos	4,15	s. nicht: So wahr der HERR lebt Am 8,14
Wsh	14,28	sie s. leichtfertig falsche Eide 29-31
Sir	23,9	gewöhne deinen Mund nicht ans S.
	12	wer oft s., sündigt oft 11.13.14; 27,15
1Ma	7,15	Alkimus s. einen Eid 35; 9,71; 2Ma 13,23; 14,33
Mt	5,33	du sollst keinen falschen Eid s.
	34	daß ihr überhaupt nicht s. sollt 36
	23,16	wenn einer s. bei dem Tempel 18.20-22
	26,72	er leugnete abermals und s. 74; Mk 14,71
Mk	6,23	er s. ihr einen Eid
Lk	1,73	Eid, den er ges. hat unserm Vater Abraham
Heb	3,11	daß ich s. in meinem Zorn 18; 4,3
	6,16	die Menschen s. bei einem Größeren, als sie
	7,21	der Herr hat ges., und es wird ihn nicht gereuen
Jak	5,12	vor allen Dingen, meine Brüder, s. nicht
Off	10,6	s. bei dem, der lebt von Ewigkeit zu Ewigkeit

Schwur

1Mo	26,33	(Isaak) nannte (den Brunnen) „S."
2Mo	6,8	Land, um dessentwillen ich meine Hand zum S. erhoben 4Mo 14,30; Neh 9,15; Hes 20,5.6.28.42
3Mo	5,4	wie einem Menschen ein S. entfahren mag
Ri	21,5	es war ein großer S. getan worden
1Sm	14,26	das Volk fürchtete den S. 27
1Kö	2,43	warum hast du nicht gehalten den S.
2Ch	15,15	ganz Juda war fröhlich über den S.
Hes	36,7	ich hebe meine Hand auf zum S. 47,14

Sealthiël s. **Schealtiël**

Seba

1Mo	10,7	Söhne des Kusch sind: S. 1Ch 1,9
Ps	72,10	die Könige aus S. sollen Gaben senden
Jes	43,3	Kusch und S. an deiner Statt
	45,14	die hochgewachsenen Leute von S.

Sebach

Ri	8,5	nachjagen den Königen der Midianiter, S. und Zalmunna 6.7.10.12.15.18.21; Ps 83,12

Sebadja

versch. Träger ds. Namens
1Ch 8,15/ 8,17/ 12,8/ 26,2/ 27,7/ 2Ch 17,8/ 19,11/ Esr 8,8/ 10,20

Sebina

Esr	10,43	bei den Söhnen Nebo: S.

Sebuda

2Kö	23,36	Jojakim... seine Mutter hieß S.

Sebul

Ri	9,28	hat S., seinen Vogt, hergesetzt 30.36.38.41

Sebulon, Sebuloniter

1Mo	30,20	(Lea) nannte ihn S. 35,23; 2Mo 1,3; 1Ch 2,1
	46,14	die Söhne S. 4Mo 1,30.31; 26,26.27
	49,13	S. wird am Gestade wohnen 5Mo 33,18
4Mo	1,9	(je ein Mann) von S. 2,7; 7,24; 10,16; 13,10; 34,25; 1Ch 27,19
5Mo	27,13	auf dem Berge Ebal, zu verfluchen: S.
Jos	19,10	S. (die Grenze seines Erbteils) 16.27.34; 21,7.34; 1Ch 6,48.62
Ri	1,30	S. vertrieb nicht die Einw. von Kitron
	4,6	nimm 10.000 Mann von S. 10; 1Ch 12,34
	5,14	von S., die den Führerstab halten 18
	6,35	(Gideon) sandte auch Botschaft zu S.
	12,11	richtete Israel Elon, ein S. 12
1Ch	12,41	bis nach S. und Naftali 2Ch 30,10
2Ch	30,11	einige von S. demütigten sich 18
Ps	68,28	ihnen voran die Fürsten S.
Jes	8,23	hat er in Schmach gebracht das Land S.
Hes	48,26	soll S. seinen Anteil haben 27.33
Mt	4,13	Kapernaum, das im Gebiet von S. liegt
	15	das Land S. und das Land Naftali
Off	7,8	aus dem Stamm S. 12.000 versiegelt

Sechacha

Jos	15,61	(Städte des Stammes Juda:) S.

Secharja

verschiedene Träger ds. Namens
2Kö 14,29; 15,8.11/ 18,2; 2Ch 29,1/ 1Ch 5,7/ 9,21; 26,2.14/ 15,18.20; 16,5/ 15,24/ 24,25/ 26,11/ 27,21/ 2Ch 17,7/ 20,14/ 21,2/ 24,20.22; Mt 23,35; Lk 11,51 (= Zacharias 2)/ 26,5/ 29,13/ 34,12/ 35,8/ Esr 8,3/ 8,11/ 8,16; Neh 8,4/
Esr 10,26/ Neh 11,4/ 11,5.12/ 12,35/ 12,41/ Jes 8,2/ 1Ma 5,18

Secher (s.a. Secharja)
1Ch 8,31 (Jeïels Sohn) S. 9,37

sechs

1Mo	30,20	denn ich habe ihm s. Söhne geboren
	31,41	habe 20 Jahre gedient, s. um deine Herde
2Mo	16,26	s. Tage sollt ihr sammeln
	20,9	s. Tage sollst du arbeiten 23,12; 31,15; 34,21; 35,2; 3Mo 23,3; 5Mo 5,13; Lk 13,14
	11	in s. Tagen Himmel und Erde gemacht 31,17
	21,2	so soll er dir s. Jahre dienen 5Mo 15,12.18; Jer 34,14
	23,10	s. Jahre dein Land besäen 3Mo 25,3
	24,16	die Wolke bedeckte ihn s. Tage
	28,10	(sollst eingraben) auf jeden s. Namen
4Mo	35,6	sollt s. zu Freistädten bestimmen 13.15
5Mo	16,8	s. Tage sollst du Ungesäuertes essen
Jos	6,3	tu so s. Tage lang 14
Ri	12,7	Jeftah richtete Israel s. Jahre
Rut	3,15	er maß s. Maß Gerste hinein 17
1Sm	17,4	Goliat, s. Ellen groß
2Sm	2,11	David König zu Hebron 7 Jahre und s. Monate 5,5; 1Ch 3,4
	6,13	als die Träger s. Schritte gegangen waren
	21,20	der hatte s. Finger und s. Zehen 1Ch 20,6
1Kö	11,16	s. Monate blieb Joab (in Edom)
	16,23	Omri regierte zu Tirza s. Jahre
2Kö	11,3	(Joasch) war vesteckt s. Jahre 2Ch 22,12
	15,8	Secharja regierte s. Monate
Est	2,12	s. Monate mit Balsam... s. mit Spezerei
Hi	5,19	in s. Trübsalen wird er dich erretten
Spr	6,16	diese s. Dinge haßt der HERR
Jes	6,2	ein jeder hatte s. Flügel
Hes	9,2	da kamen s. Männer vom oberen Tor her
	46,1	soll an den s. Werktagen zugeschlossen
StD	2,30	(im Löwengraben) lag er s. Tage lang
Mt	17,1	nach s. Tagen nahm Jesus mit sich Petrus Mk 9,2
Lk	4,25	als der Himmel verschlossen war drei Jahre und s. Monate Jak 5,17
	13,14	es sind s. Tage, an denen man arbeiten soll
Jh	2,6	es standen dort s. steinerne Wasserkrüge
	12,1	s. Tage vor dem Passafest kam Jesus
Apg	11,12	es kamen mit mir auch diese s. Brüder
	18,11	er blieb dort ein Jahr und s. Monate
Off	4,8	jede der vier Gestalten hatte s. Flügel

sechshundert

1Mo	7,6	(Noah) war s. Jahre alt 11; 8,13
2Mo	14,7	(der Pharao) nahm s. auserlesene Wagen
Ri	3,31	Schamgar erschlug s. Philister
	18,11	zogen von dort s. Mann zum Kampf 16.17
	20,47	nur s. Mann wandten sich um und flohen
1Sm	13,15	Saul musterte etwa s. Mann 14,2
	17,7	die Spitze seines Spießes wog s. Lot
	23,13	David samt seinen Männern, etwa s. 27,2; 30,9; 2Sm 15,18
1Kö	10,29	Wagen für s. Silberstücke 2Ch 1,17
1Ch	21,25	gab David Gold im Gewicht von s. Lot
2Ch	29,33	waren der geweihten Tiere s. Rinder
1Ma	6,42	es fielen s. Mann vom königlichen Heer 2Ma 10,31
2Ma	12,29	das s. Stadien von Jerusalem entfernt liegt

sechshundertdreitausendfünfhundertfünfzig

2Mo	38,26	gezählt wurden von zwanzig Jahren an s. Mann 4Mo 1,46; 2,32

sechshundertsechsundsechzig

1Kö	10,14	in einem Jahr s. Zentner Gold 2Ch 9,13
Off	13,18	seine Zahl ist s.

sechshunderttausend

2Mo	12,37	zogen aus, s. Mann zu Fuß 4Mo 11,21
Sir	16,11	so hat er die S. hinweggerafft
	46,10	allein sie am Leben geblieben unter s. Mann

sechsmal

2Kö	13,19	hättest du fünf- oder s. geschlagen

sechstausend

1Sm	13,5	sammelten sich die Philister, s. Gespanne
2Kö	5,5	nahm mit sich s. Goldgulden
1Ch	23,4	s. zu Amtleuten und Richtern
Hi	42,12	Hiob kriegte s. Kamele
2Ma	8,1	brachten an s. Mann zusammen 16

sechster

1Mo	1,31	da ward aus Abend und Morgen der s. Tag
	30,19	Lea gebar Jakob ihren s. Sohn
2Mo	16,5	am s. Tage doppelt soviel 22.29
3Mo	25,21	will meinem Segen im s. Jahr gebieten
2Kö	18,10	im s. Jahr Esr 6,15; Hes 8,1
Hes	4,11	den s. Teil von einer Kanne 45,13; 46,14
Hag	1,1	im s. Monat geschah des HERRN Wort 15
Mt	20,5	abermals ging er aus um die s. Stunde
	27,45	von der s. Stunde an kam eine Finsternis über das Land Mk 15,33; Lk 23,44; Jh 19,14
Lk	1,26	im s. Monat wurde der Engel Gabriel gesandt
	36	Elisabeth ist im s. Monat
Jh	4,6	es war um die s. Stunde
Apg	10,9	stieg Petrus auf das Dach um die s. Stunde
Off	6,12	als es das s. Siegel auftat
	9,13	der s. Engel blies seine Posaune 14; 16,12
	21,20	der s. (Grundstein war) ein Sarder

sechsundachtzig

1Mo	16,16	Abram s. Jahre, als Hagar Ismael gebar

sechsunddreißig

Jos	7,5	die von Ai erschlugen etwa s. Mann
2Ch	16,1	im s. Jahr Asas

sechsundfünfzig

Tob	14,3	mit s. Jahren war er blind geworden

sechsundsechzig

1Mo	46,26	Jakob(s) Nachkommen sind alle zusammen s.
3Mo	12,5	soll s. Tage daheim bleiben

sechsundvierzig

sechsundvierzig
Jh 2,20 dieser Tempel ist in s. Jahren erbaut worden

sechsundzwanzig
1Kö 16,8 im s. Jahr Asas

Sechu
1Sm 19,22 als er zum Brunnen kam, der in S. ist

sechzehn
1Mo 46,18 Silpa gebar Jakob diese s. Seelen
2Kö 13,10 regierte s. Jahre 15,33; 16,2; 2Ch 27,1.8; 28,1
14,21 in seinem s. Jahr König 15,2; 2Ch 26,1.3
2Ch 29,17 am s. Tage des ersten Monats

sechzig
1Mo 25,26 s. Jahre alt war Isaak, als sie geboren
3Mo 27,3 einen Mann bis s. Jahren... auf 50 Lot 7
5Mo 3,4 nahmen ein s. Städte Jos 13,30; 1Kö 4,13; 1Ch 2,23
1Kö 5,2 täglich zur Speisung s. Sack Mehl
2Kö 25,19 s. Mann vom Volk des Landes Jer 52,25
2Ch 11,21 hatte s. Nebenfrauen und zeugte s. Töchter
Hl 3,7 s. Starke sind um (die Sänfte) her
6,8 s. Königinnen sind es
Tob 14,3 im s. Jahr wieder sehend geworden
1Ma 7,16 er ließ s. Mann von ihnen gefangennehmen
1Ti 5,9 keine Witwe auserwählt unter s. Jahren

sechzigfach, sechzigfältig
Mt 13,8 trug Frucht, einiges s. 23; Mk 4,8.20

sechzigtausend
2Ch 12,3 (zog herauf Schischak) mit s. Reitern
1Ma 4,28 brachte zusammen s. Mann zu Fuß

See
Spr 23,34 der auf hoher S. sich schlafen legt
Hes 27,26 haben dich auf die hohe S. geführt
2Ma 12,4 führte man sie auf die hohe S.

See, der
4Mo 34,11 ziehe sich hin östlich vom S. Kinneret Jos 12,3; 13,27
5Mo 8,7 in ein Land, darin Bäche und S. sind
Hi 14,11 wie Wasser ausläuft aus dem S.
Ps 114,8 der den Felsen wandelte in einen S.
Jes 42,15 will die S. austrocknen
1Ma 11,67 schlug sein Lager am S. Genezareth auf
Mt 4,13 Kapernaum, das am S. liegt
8,24 da erhob sich ein Sturm auf dem S. Lk 8,23
32 die ganze Herde stürmte hinunter in den S. Mk 5,13; Lk 8,33
13,1 Jesus setzte sich an den S. Mk 3,7; 4,1; 5,21; Lk 5,1
14,25 Jesus ging auf dem S. 26; Mk 6,47-49; Jh 6,16-19
17,27 geh hin an den S.
Mk 2,13 (Jesus) ging wieder hinaus an den S.
5,1 sie kamen ans andre Ufer des S. Lk 8,22
Jh 6,1 Galiläische Meer, das auch S. von Tiberias heißt
6,18 der S. wurde aufgewühlt von einem Wind
21,1 offenbarte sich Jesus am S. Tiberias

Seeb
Ri 7,25 Fürsten der Midianiter, Oreb und S. 8,3
Ps 83,12 mache ihre Fürsten wie Oreb und S.

Seefahrer
Hes 27,29 alle S. werden an Land gehen
Off 18,17 die S. standen fernab

Seefahrt
Apg 21,7 wir beendeten die S. und kamen

Seele
1Mo 27,4 auf daß dich meine S. segne 19.25.31
42,21 denn wir sahen die Angst seiner S.
44,30 an dem er mit ganzer S. hängt
46,15 die machen zusammen 33 S. 18.22.25-27; 5Mo 10,22
49,6 meine S. komme nicht in ihren Rat
4Mo 11,6 nun aber ist unsere S. matt Ps 31,10
23,10 meine S. möge sterben
5Mo 4,9 hüte dich nur und bewahre deine S.
29 wenn du ihn von ganzer S. suchen wirst 2Ch 15,12
6,5 sollst den HERRN liebhaben von ganzer S. 13,4; 30,6; Mt 22,37; Mk 12,30; Lk 10,27
10,12 daß du dem HERRN dienst von ganzer S. 11,13; 26,16; Jos 22,5; 1Ch 28,9
11,18 nehmt diese Worte in euer S.
28,65 der HERR wird dir geben e. verzagende S.
30,2 dich bekehrst von ganzer S. 10; 1Kö 8,48; 2Kö 23,25; 2Ch 6,38
Jos 23,14 sollt wissen von ganzer S.
Ri 5,21 tritt einher, meine S., mit Kraft
16,16 ihm zusetzte, wurde seine S. sterbensmatt
1Sm 2,33 daß nicht deine S. sich gräme
35 der wird tun, wie es meiner S. gefällt
30,6 die S. des ganzen Volks war erbittert
1Kö 2,4 daß sie vor mir von ganzer S. wandeln 2Kö 23,3; 2Ch 34,31
19,4 nimm nun, HERR, meine S. Jon 4,3
2Kö 4,27 laß sie, denn ihre S. ist betrübt
Hi 6,7 meine S. sträubt sich
7,11 in der Betrübnis meiner S. 10,1; Jes 38,15
11,20 ihre Hoffnung bleibt, die S. auszuhauchen
12,10 in seiner Hand ist die S. von allem
14,22 um ihn selbst trauert seine S.
19,2 wie lange plagt ihr meine S.
21,25 stirbt mit verbitterter S.
24,12 die S. der Säuglinge schreit
27,2 der Allmächtige, der meine S. betrübt
8 wenn Gott seine S. von ihm fordert
30,16 jetzt zerfließt meine S.
25 grämte mich selbst nicht seine S.
31,30 verwünschte mit einem Fluch seine S.
33,18 bewahre seine S. vor dem Verderben
20 richtet ihm zu sein.
36,14 wird ihre S. in der Jugend sterben
Ps 6,4 meine S. ist sehr erschrocken
11,5 wer Unrecht liebt, den haßt seine S.
13,3 wie lange soll ich sorgen in meiner S.
16,9 meine S. ist fröhlich 71,23; Jes 61,10
19,8 das Gesetz des HERRN erquicke die S.
22,21 errette meine S. vom Schwert 35,17

Seele

Ps	23,3	er erquicket meine S. 94,19
	25,20	bewahre meine S. 86,2
	26,9	raffe meine S. nicht hin mit den Sündern
	33,20	unsre S. harrt auf den HERRN 130,5.6
	34,3	meine S. soll sich rühmen des HERRN
	35,9	meine S. soll sich freuen des HERRN 84,3
	42,2	so schreit meine S., Gott, zu dir
	3	meine S. dürstet nach Gott 63,2; 143,6
	6	was betrübst du dich, meine S. 12; 43,5
	7	betrübt ist meine S. in mir
	44,26	unsre S. gebeugt zum Staube 57,7; 119,25
	57,2	auf dich traut meine S.
	9	wach auf, meine S. 108,2
	62,2	meine S. ist stille zu Gott 6; 131,2
	63,9	meine S. hängt an dir
	66,9	der unsre S. am Leben erhält
	69,19	nahe dich zu meiner S. und erlöse sie
	71,13	die meiner S. feind sind
	73,26	wenn mir gleich Leib und S. verschmachtet
	77,3	meine S. will sich nicht trösten lassen
	78,50	als er ihre S. vor dem Tode nicht bewahrte
	84,3	meine S. verlangt nach den Vorhöfen
	86,4	erfreue die S. deines Knechts
	88,4	meine S. ist übervoll an Leiden
	15	warum verstößt du, HERR, meine S.
	89,49	der seine S. errette aus des Todes Hand
	97,10	der Herr bewahrt die S. seiner Heiligen
	103,1	lobe den HERRN, meine S. 2.22; 104,1.35; 146,1
	107,5	deren S. verschmachtete 119,28
	9	daß er sättigt die durstige S.
	26	daß ihre S. vor Angst verzagte
	116,7	sei nun wieder zufrieden, meine S.
	8	du hast meine S. vom Tode errettet
	119,20	meine S. verzehrt sich vor Verlangen 81
	129	darum hält sie meine S. 167
	175	laß meine S. leben
	120,6	es wird meiner S. lang, zu wohnen bei
	121,7	er behüte meine S.
	123,4	allzusehr litt unsre S. den Spott
	124,4	Ströme gingen über unsre S.
	7	unsre S. ist entronnen wie ein Vogel
	138,3	gibst meiner S. große Kraft
	139,14	das erkennt meine S.
	143,3	der Feind verfolgt meine S.
Spr	2,10	Erkenntnis wird deiner S. lieblich sein
	16,24	freundliche Reden trösten die S.
	21,10	die S. des Gottlosen gelüstet nach Bösem
	23,16	meine S. ist froh, wenn deine Lippen reden
	24,12	der auf deine S. acht hat, weiß es
	14	ist Weisheit gut für deine S.
	25,13	ein getreuer Bote erquickt s. Herrn S.
	29,17	so wird er deine S. erquicken
	31,6	gebt Wein den betrübten S.
Pr	2,24	daß seine S. guter Dinge sei
Hl	1,7	du, den meine S. liebt 3,1-4
	5,6	meine S. war außer sich, als er sich
Jes	1,14	meine S. ist feind euren Neumonden
	15,4	es verzagt ihre S.
	16,11	darum klagt meine S. über Kir-Heres
	32,6	läßt er hungrig die hungrigen S.
	38,17	du hast dich meiner S. herzl. angenommen
	42,1	an dem meine S. Wohlgefallen hat Mt 12,18
	53,11	weil seine S. sich abgemüht hat
	66,3	ihre S. Gefallen hat an ihren Greueln
Jer	6,16	werdet Ruhe finden für eure S. Mt 11,29
	12,7	was meine S. liebt, in der Feinde Hand
	15,9	ihre S. verschmachtete in ihr
	31,12	daß ihre S. sein wird wie ein Garten
	32,41	ich will sie einpflanzen von ganzer S.
Klg	1,16	der meine S. erquicken sollte
	3,17	meine S. ist aus dem Frieden vertrieben
	20	meine S. sagt mir's 24
Hes	13,18	um S. damit zu fangen 20
	19	daß ihr S. tötet... S. am Leben erhaltet
Jon	2,8	als meine S. in mir verzagte
Wsh	1,4	Weisheit kommt nicht in eine arglistige S.
	2,22	Ehre, die untadeligen S. gegeben wird
	3,1	die S. der Gerechten sind in Gottes Hand
	4,11	damit nicht Trug seine S. verführen könnte
	14	seine S. gefiel dem Herrn
	7,27	geht sie in heilige S. ein 10,16
	8,19	ich hatte eine edle S. empfangen
	9,15	der vergängliche Leib beschwert die S.
	10,7	Salzsäule als Denkmal einer ungläubigen S.
	14,11	zum Ärgernis für die S. der Menschen
	26	(herrschen) Undank, Befleckung der S.
	15,8	wenn die Gabe der S. zurückgefordert wird
	11	der ihm die wirkende S. eingehaucht
	16,14	kann die hingeraffte S. nicht befreien
	17,8	Furcht vor den kranken S. vertreiben
Tob	3,17	daß ich meine S. rein erhalten habe
	4,3	wenn Gott meine S. zu sich nehmen wird
	11	lassen die S. nicht in Finsternis geraten
	13,18	lobe den Herrn, meine S.
Sir	4,26	sieh n. die Person an zum Schaden deiner S.
	7,31	fürchte den Herrn von ganzer S.
	31,35	der Wein erfreut Herz und S.
Bar	2,18	die mit hungriger S. rühmen
2Ma	4,37	Antiochus war in tiefster S. betrübt
	6,30	daß ich sie aber der S. nach gern erleide
StD	3,62	ihr S. der Gerechten, lobt den Herrn
Mt	10,28	die die S. nicht töten können
	11,29	so werdet ihr Ruhe finden für eure S.
	12,18	das ist mein Geliebter, an dem meine S. Wohlgefallen hat
	16,26	nähme Schaden an seiner S. Mk 8,36.37
	22,37	du sollst den Herrn lieben von ganzer S. Mk 12,30; Lk 10,27
	26,38	meine S. ist betrübt bis an den Tod Mk 14,34; Jh 12,27
Lk	1,46	meine S. erhebt den Herrn
	2,35	durch deine S. wird ein Schwert dringen
	9,56	nicht, der Menschen S. zu verderben
	12,19	will sagen zu meiner S.: Liebe S.
	20	diese Nacht wird man deine S. fordern
	17,33	wer da sucht, seine S. zu erhalten
Jh	10,24	hältst unsre S. im Ungewissen
Apg	2,27	wirst meine S. nicht bei den Toten lassen
	41	wurden hinzugetan bei dreitausend S.
	43	es kam Furcht über alle S.
	4,32	die Menge war ein Herz und eine S.
	7,14	ließ holen seine ganze Verwandtschaft, 75 S.
	14,2	die Juden hetzten die S. der Heiden auf
	22	stärkten die S. der Jünger
	15,24	daß einige eure S. verwirrt haben
	20,10	seine S. ist in ihm
	27,37	unser waren im Schiff 276 S.
Rö	2,9	Angst über alle S. der Menschen
1Ko	15,45	Adam ward zu einer lebendigen S.
2Ko	1,23	ich rufe Gott zum Zeugen an bei meiner S.
	12,15	ich will gern hingeben für eure S.
1Th	5,23	bewahre euren Geist samt S. und Leib
1Pt	1,9	das Ziel eures Glaubens, S. Seligkeit
	22	habt ihr eure S. gereinigt im Gehorsam
	2,11	Begierden, die gegen die S. streiten
	25	ihr seid nun bekehrt zu dem Hirten und Bischof eurer S.
	3,20	acht S. gerettet durchs Wasser hindurch
	4,19	sollen ihm ihre S. anbefehlen

Seele

2Pt	2,8	seine S. von Tag zu Tag quälen lassen
	14	*locken an sich die ungefestigten S.*
3Jh	2	gesund, so wie es deiner S. gutgeht
Heb	4,12	dringt durch, bis es scheidet S. und Geist
	6,19	diese haben wir als einen Anker unsrer S.
	10,38	wenn er zurückweicht, hat meine S. kein Gefallen an ihm
	39	die glauben und die S. erretten
	13,17	sie wachen über eure S.
Jak	1,21	Wort, das Kraft hat, eure S. selig zu machen
	5,20	der wird seine S. vom Tode erretten
Off	6,9	unten am Altar die S. derer, die
	18,13	(ihre Ware:) Leiber und S. von Menschen
	14	das Obst, an dem deine S. Lust hatte

Seemann, Seeleute

Wsh	14,4	auch ohne die Kunst des S. zu verstehen

Seeschiff

Hes	27,9	alle S. fanden sich bei dir ein

Seetier

Jak	3,7	jede Art von S. wird gezähmt

Sefar, *Sephar*

1Mo	10,30	bis man kommt nach S.

Sefarad, *Sepharad*

Ob	20	Weggeführten von Jerusalem, die in S. sind

Sefarwajim (= Sibrajim; Sifron)

2Kö	17,24	ließ Leute von Babel kommen, von S.
	31	den Göttern von S. 18,34; 19,13; Jes 36,19; 37,13

Segel

Jes	33,23	die S. spannen sich nicht
Hes	27,7	dein S. war beste Leinwand
Apg	27,40	richteten das S. nach dem Wind

Segen

1Mo	12,2	sollst ein S. sein
	27,12	brächte über mich... nicht einen S.
	30	als Isaak den S. vollendet 35.36.38.41
	28,4	gebe dir den S. Abrahams
	39,5	war lauter S. des HERRN in allem
	49,25	gesegnet mit S. vom Himmel... S. der Brüste
	28	segnete jeden mit einem besonderen S.
2Mo	12,32	bittet auch um S. für mich
	32,29	damit euch heute S. gegeben werde
3Mo	25,21	will meinem S. über euch gebieten 5Mo 28,8
5Mo	11,26	lege euch vor S. und Fluch 27; 30,1.19
	29	den S. sprechen auf dem Garizim Jos 8,34
	12,15	Fleisch essen nach dem S. des HERRN 16,17
	23,6	wandelte dir den Fluch in S. um Neh 13,2
	33,1	dies ist der S., mit dem Mose segnete 7
	23	Naftali ist voll S. des HERRN
2Sm	7,29	mit deinem S. wird... gesegnet
	8,10	David Frieden und S. zu wünschen 1Ch 18,10
	13,25	sondern entließ ihn mit seinem S.
Hi	29,13	der S. des Verlassenen kam über mich
	37,13	zum S. läßt er sie kommen
Ps	3,9	dein S. komme über dein Volk
	21,4	du überschüttest ihn mit gutem S.
	7	du setzest ihn zum S. ewiglich
	24,5	der wird den S. vom HERRN empfangen
	37,26	sein Geschlecht wird zum S. sein
	65,12	deine Fußtapfen triefen von S.
	84,7	Frühregen hüllt es in S.
	109,17	er wollte den S. nicht
	129,8	sprechen: Der S. des HERRN sei über euch
	133,3	dort verheißt der HERR den S.
Spr	10,6	S. ruht auf dem Haupt des Gerechten
	7	das Andenken des Gerechten bleibt im S.
	22	der S. des HERRN allein macht reich
	11,11	durch den S. der Frommen kommt eine Stadt
	26	S. kommt über den, der (Korn) verkauft
	24,25	reicher S. kommt auf sie
Jes	19,24	Israel... ein S. mitten auf Erden
	44,3	und meinen S. deine Nachkommen
	65,8	verdirb es nicht, denn es ist ein S. darin
Hes	44,30	damit S. auf deinem Hause ruhe
Jo	2,14	wer weiß, ob er einen S. zurückläßt
Hag	2,19	von diesem Tage an will ich S. geben
Sa	8,13	daß ihr ein S. sein sollt
Mal	2,2	verfluchen werde ich euren S.
	3,10	ob ich werde S. herabschütten die Fülle
Wsh	15,19	ist ihnen der S. Gottes verlorengegangen
Tob	6,22	durch... wirst du den S. erlangen
	7,15	er schenke euch seinen reichen S.
Sir	1,13	am Tage seines Todes S. empfangen
	3,10	damit ihr S. über dich kommt
	11	der S. des Vaters baut den Kindern Häuser
	11,23	der S. Gottes ist der Lohn des Frommen
	33,17	Gott hat mir den S. dazu gegeben
	34,20	er gibt Gesundheit, Leben und S.
	36,19	nach dem S. Aarons über dein Volk erhöre
	39,27	sein S. fließt daher wie ein Strom
	44,24	diesen S. für alle Menschen bestätigt
	50,22	rief über sie den S. des Herrn aus
	23	nahmen den S. vom Höchsten an
Rö	15,29	mit dem vollen S. Christi kommen werde
2Ko	9,5	so daß sie bereitgelegt als eine Gabe des S.
	6	wer da sät im S., der wird auch ernten im S.
Gal	3,14	damit der S. Abrahams unter die Heiden komme
Eph	1,3	der uns gesegnet hat mit allem geistlichen S.
	4,29	damit es S. bringe denen, die es hören
1Pt	3,9	dazu berufen seid, daß ihr den S. ererbt
Heb	6,7	die Erde empfängt S. von Gott
	12,17	hernach, als er den S. ererben wollte

Segensgabe

1Mo	33,11	nimm doch diese S. von mir an 2Kö 5,15
Jos	15,19	gib mir... auch Wasserquellen Ri 1,15
1Sm	25,27	*S., die deine Magd meinem Herrn gebracht
	30,26	*S. aus der Beute der Feinde des HERRN
2Ko	9,5	um die S. vorher fertigzumachen

Segensgeschenk

1Sm	25,27	hier ist das S., das deine Magd gebracht
	30,26	da habt ihr ein S. aus der Beute

Segensgruß

1Sm	13,10	um (Samuel) den S. zu entbieten
2Sm	6,20	seinem Haus den S. zu bringen

segnen

1Mo	1,22	Gott s. sie 28; 5,2; 9,1; 25,11; 26,12; 35,9; Ri 13,24; Hi 42,12
	2,3	Gott s. den siebenten Tag 2Mo 20,11
	12,2	will dich s. 17,16; 26,3.24; Hes 34,26; Heb 6,14
	3	will s., die dich s. 27,29; 4Mo 24,9
	3	in dir sollen ges. werden alle Geschlechter 18,18; 22,18; 26,4; 28,14; Ps 72,17; Jer 4,2; Apg 3,25; Gal 3,8
	14,19	s. ihn: Ges. seist du, Abram Heb 7,1
	17,20	habe ihn ges. und will ihn mehren 22,17; 5Mo 7,13; Ps 107,38; Jes 51,2
	24,1	der HERR hatte ihn ges. allenthalben 35
	31	komm herein, du Ges. des HERRN 26,29
	60	sie s. Rebekka
	27,4	auf daß dich meine Seele s. 7.10.19.25.31
	23	(Isaak) s. ihn 27.33.41; 28,1.6
	27	Geruch des Feldes, das der HERR ges. hat
	34	s. mich auch, mein Vater 38
	28,3	der allmächtige Gott s. dich 48,3; 49,25
	30,27	spüre, daß mich der HERR s. 30
	32,1	küßte seine Enkel und Töchter und s. sie
	27	lasse dich nicht, du s. mich denn 30
	39,5	s. der HERR des Ägypters Haus 2Mo 1,21
	47,7	Jakob s. den Pharao 10
	48,9	bringe sie zu mir, daß ich sie s. 15.20
	16	der Engel s. die Knaben
	20	wer in Israel jemanden s. will
	49,28	er s. jeden mit einem besonderen Segen
2Mo	20,24	einen Altar mache... da will ich dich s.
	23,25	so wird er dein Brot und dein Wasser s.
	39,43	Mose s. sie
3Mo	9,22	Aaron hob seine Hände auf und s. sie 23
4Mo	6,23	so sollt ihr sagen, wenn ihr sie s.
	24	der HERR s. dich und behüte dich 27
	22,6	wen du s., der ist ges. 12; 1Ch 17,27
	23,11	siehe, du s. 20.25; 24,1.10; Jos 24,10
5Mo	1,11	der HERR s. euch, wie er euch zugesagt 15,4.6; 28,8; 30,16
	2,7	der HERR hat dich ges. in allen Werken 14,29; 15,10.18; 16,15; 23,21; 24,19; 28,12; 2Ch 31,10; Hi 1,10
	7,13	wird s. die Frucht deines Leibes 28,4
	14	ges. wirst du sein vor allen Völkern
	10,8	sonderte Levi aus, in seinem Namen zu s. 21,5; 27,12; Jos 8,33; 1Ch 23,13; 2Ch 30,27
	12,7	womit euch der HERR ges. 14,24; 15,14; 16,10
	24,13	daß er in seinem Mantel schlafe u. dich s.
	26,15	s. dein Volk Israel und das Land 33,13
	28,3	ges. in der Stadt, ges. auf dem Acker 5
	6	ges. bei d. Eingang... ges. bei d. Ausgang
	29,18	laßt niemand sich in seinem Herzen s.
	33,1	der Segen, mit dem Mose die *Israeliten s.
	11	HERR, s. seine Macht
	24	Asser ist ges. unter den Söhnen
Jos	14,13	da s. ihn Josua 22,6.7
	17,14	da mich der HERR so ges. hat
Ri	17,2	ges. bist du vom HERRN Rut 2,20; 3,10; 1Sm 15,13; 23,21; 2Sm 2,5; Jes 61,9
Rut	2,4	der HERR s. dich Jer 31,23
	19	ges. sei, der dir freundlich gewesen
1Sm	2,20	Eli s. Elkana und seine Frau
	9,13	er s. erst das Opfer
	25,33	ges. sei deine Klugheit, ges. seist du 26,25
2Sm	6,11	der HERR s. (Obed-Edom) 12; 1Ch 13,14; 26,5
	18	s. (David) das Volk 1Ch 16,2.43
	7,29	zu s. das Haus deines Knechts 1Ch 17,27
	19,40	küßte der König den Barsillai und s. ihn
	21,3	daß ihr das Erbteil des HERRN s.
1Kö	1,47	sind hineingegangen, zu s. unsern Herrn
	2,45	der König Salomo ist ges.
	8,14	der König s. die Gemeinde 55; 2Ch 6,3
	66	sie s. den König Neh 11,2
1Ch	4,10	ach daß du mich s.
Hi	31,20	hat er mich nicht ges.
Ps	5,13	du, HERR, s. die Gerechten
	28,9	hilf deinem Volk und s. dein Erbe
	29,11	der HERR wird sein Volk s. mit Frieden
	37,22	die Ges. des HERRN erben das Land
	45,3	Gott hat dich ges. für ewig
	62,5	mit dem Munde s. sie, aber im Herzen
	65,11	du s. sein Gewächs 132,15
	67,2	Gott sei uns gnädig und s. uns 7.8
	72,15	man soll ihn täglich s.
	107,38	er s. sie, daß sie sich sehr mehrten
	109,28	fluchen sie, so s. du
	112,2	die Kinder der Frommen werden ges. sein Spr 3,33
	115,12	der HERR denkt an uns und s. uns; er s. das Haus Isr., er s. das Haus Aaron
	13	er s., die den HERRN fürchten 128,4
	14	der HERR s. euch je mehr und mehr
	15	ihr seid die Ges. des HERRN Jes 65,23
	118,26	wir s. euch... vom Hause des HERRN 129,8
	128,5	der HERR wird dich s. aus Zion 134,3
	147,13	er s. deine Kinder in deiner Mitte
Spr	5,18	dein Born sei ges.
	20,21	das Erbe... wird zuletzt nicht ges. sein
	22,9	wer ein gütiges Auge hat, wird ges.
	27,14	wenn einer seinen Nächsten s.
	28,20	ein treuer Mann wird von vielen ges.
	30,11	es gibt eine Art, die ihre Mutter nicht s.
Jes	19,25	der HERR wird sie s.: Ges. bist du, Ägypten
	65,16	wer sich s. wird... im Namen Gottes s.
Jer	17,7	ges... der sich auf den HERRN verläßt
Mal	2,2	werde verfluchen, womit ihr ges. seid
Jdt	13,23	ges. bist du, Tochter, vom Herrn
Wsh	14,7	ein solches Holz soll ges.
Tob	7,7	mein lieber Sohn, ges. seist du
	9,9	es s. dich der Gott Israels 10.11
Sir	1,19	ges. werden alle sein, die dich bauen 16
	7,36	am Ende seines Lebens wird er ges. sein
	33,12	einige hat er ges., erhöht und geheiligt
	40,17	Wohltun ist wie ein ges. Garten
	44,22	daß die Völker ges. werden sollten
	26	ihn hat er gnädig ges.
Bar	6,66	sie können Könige weder verfluchen noch s.
1Ma	2,69	danach s. er sie (und starb)
2Ma	1,2	Gott s. euch und denke an seinen Bund
Mt	5,44	s., die euch fluchen Lk 6,28; Rö 12,14
	25,34	kommt her, ihr Ges. meines Vaters
Mk	10,16	er legte die Hände auf sie und s. sie
Lk	2,34	Simeon s. sie und sprach zu Maria
	24,50	hob die Hände auf und s. sie 51
Apg	3,25	durch dein Geschlecht sollen ges. werden alle Völker auf Erden Gal 3,8
	26	zu euch gesandt, euch zu s.
1Ko	4,12	man schmäht uns, so s. wir
	10,16	Kelch, den wir s.
Gal	3,9	die aus dem Glauben sind, ges. mit Abraham
Eph	1,3	Gott, der uns ges. hat durch Christus
1Pt	3,9	s. vielmehr, weil ihr dazu berufen seid
Heb	6,14	wahrlich, ich will dich s. und mehren
	7,1	er ging Abraham entgegen und s. ihn
	6	s. den, der die Verheißungen hatte

segnen 1248

Heb	7,7	unwidersprochen, daß das Geringere vom Höheren ges. wird
	11,20	durch den Glauben s. Isaak den Jakob 21

Segnung

1Mo	49,26	die S. deines Vaters waren stärker als die S. der ewigen Berge
5Mo	28,2	werden über dich kommen alle diese S.

Segub

1Kö	16,34	¹es kostete (Hiël) seinen jüngsten Sohn S.
1Ch	2,21	²Hezron (zeugte) S. 22

sehen (s.a. sehen lassen; sehet; siehe)

1Mo	1,4	Gott s., daß das Licht gut war 10.12.18.21.25
	9	daß man das Trockene s.
	2,19	daß er s., wie er sie nennte
	3,6	s., daß von dem Baum gut zu essen wäre
	5,24	(Henoch) ward nicht mehr ges.
	6,2	s. die Gottessöhne, wie schön die Töchter
	5	s., daß der Menschen Bosheit groß war 12
	8,13	Noah s., daß der Erdboden trocken war
	9,14	soll man meinen Bogen s. in den Wolken
	22	als Ham seines Vaters Blöße s. 23
	11,5	fuhr hernieder, daß er s. die Stadt 18,21
	12,12	wenn dich die Ägypter s. 14.15; 26,8
	13,14	s. von der Stätte aus nach Norden
	15	all das Land, das du s., will ich dir
	15,5	gen Himmel und zähle die Sterne
	16,4	als sie s., daß sie schwanger war 5
	13	bist ein Gott, der mich s. 14; 24,62; 25,11
	18,2	s. drei Männer. Und als er sie s. 19,1
	19,17	s. nicht hinter dich 26
	21,9	Sara s., wie er Mutwillen trieb
	19	Gott tat ihr die Augen auf, daß sie... s.
	22,4	Abraham s. die Stätte von ferne 13
	14	Abraham nannte die Stätte „Der HERR s."
	24,30	den Armreifen an seiner Schwester ges.
	63	(Isaak) s., daß Kamele daherkamen 64
	26,28	wir s. mit s. Augen, daß der HERR mit dir ist 39,3
	27,1	als seine Augen zu schwach zum S. wurden 48,10; 1Sm 3,2; 4,15; 1Kö 14,4
	28,6	s. Esau, daß Isaak Jakob gesegnet 7
	8	Isaak die Töchter Kanaans nicht gerne s.
	29,10	als Jakob Rahel s., die Tochter Labans
	31	der HERR s., daß Lea ungeliebt war 30,1.9
	31,5	ich s. an eures Vaters Angesicht
	10	hob meine Augen auf und s. 12; 33,1.5; 37,25
	12	habe alles ges., was Laban dir antut
	43	alles, was du s., ist mein
	32,3	als (Jakob die Engel Gottes) s., sprach er
	21	danach will ich (Esau) s.
	26	als er s., daß er ihn nicht übermochte
	31	habe Gott von Angesicht ges. 33,10
	34,1	Dina ging, die Töchter des Landes zu s. 2
	37,4	seine Brüder s., daß ihn ihr Vater lieber
	14	s. ob's gut steht um deine Brüder 32
	18	als sie ihn nun s. von ferne 42,21; 45,12.13
	20	wird man s., was seine Träume sind
	38,2	Juda s. die Tochter eines Kanaaniters 14.15
	39,13	als sie s., daß (Josef) entfloh
	40,6	Josef s., daß sie traurig waren 43,16.29
	16	als der s., daß die Deutung gut war
	41,2	s. sieben fette Kühe 3.5.6.18.19.22
	33	nun s. der Pharao nach einem weisen Mann
	42,1	Jakob s., daß Getreide in Ägypten war
1Mo	42,9	seid gekommen zu s., wo das Land offen 12
	27	s. er sein Geld oben im Sack 35
	43,3	sollt mein Angesicht nicht s. 5; 44,23.26
	44,31	wenn er s., daß der Knabe nicht da ist 28
	34	könnte den Jammer nicht s.
	45,28	ihn s., ehe ich sterbe 27; 46,30; 48,8.11
	46,29	als (Josef) ihn s. 48,17; 50,23
	49,15	(Issachar) s. die Ruhe, daß sie gut ist
	50,11	als die Leute im Lande die Klage s.
2Mo	1,16	wenn ihr s., daß es ein Sohn ist
	2,2	s., daß es ein feines Kind 5.6; Heb 11,23
	11	Mose s. ihren Frondienst 12.13
	25	Gott s. auf die *Israeliten 3,7.9.16; 5Mo 26,7; Apg 7,34
	3,2	s., daß der Busch brannte 4; Apg 7,31
	4,11	wer hat den S. oder Blinden gemacht
	14	wenn er dich s., wird er sich freuen
	18	daß ich s., ob sie noch leben
	5,19	da s. die Aufseher, daß es übel stand
	6,1	sollst s., was ich dem Pharao antun werde
	9,34	der Pharao s., daß der Regen... aufhörten
	10,5	daß man von ihm nichts mehr s. kann
	6	wie es nicht ges. haben deine Väter
	10	ihr s. doch selbst, daß ihr Böses vorhabt
	23	(Finsternis,) daß niemand den andern s.
	12,13	wo ich Blut s., will ich vorübergehen 23
	13,7	noch gesäuertes Brot ges. werde 5Mo 16,4
	17	gereuen, wenn sie Kämpfe vor sich s.
	14,13	wie ihr die Ägypter heute s. 30.31
	16,7	werdet des HERRN Herrlichkeit s. 33,18; 34,10; 4Mo 14,22; 5Mo 5,24; 11,2
	32	s. das Brot, mit dem ich euch gespeist 15
	18,14	als sein Schwiegervater s., was er tat
	19,4	habt ges., was ich mit den Ägyptern getan 5Mo 4,35; 7,19; 29,1.2; Jos 24,7
	21	daß sie nicht durchbrechen zum HERRN, ihn zu s. 24,10; 34,3
	20,18	als sie aber solches s., flohen sie 22; 5Mo 5,23; 18,16
	22,9	weggetrieben, ohne daß es jemand s. 23,5; 4Mo 35,23; 5Mo 22,1.4
	23,8	Geschenke machen die S. blind
	26,30	in der Weise, wie du sie s. Apg 7,44
	32,1	als das Volk s., daß Mose ausblieb 5
	9	s., daß es ein halsstarriges Volk ist 19.25; 5Mo 9,13.16
	33,5	lege deinen Schmuck ab, dann will ich s.
	10	alles Volk s. die Wolkensäule 5Mo 4,12.15
	13	s. doch, daß dies Volk dein Volk ist
	20	mein Angesicht kannst du nicht s. 23
	20	kein Mensch wird leben, der mich s. 23; Ri 13,22
	34,30	ganz Israel s., daß die Haut glänzte 35
	37,9	die Cherubim s. auf den Gnadenthron
3Mo	5,1	Zeuge ist, weil er es ges. hat
	9,24	da alles Volk das s., frohlockten sie
	10,19	es ist mir so ergangen, willst du s.
	13,3	wenn der Priester die Stelle an der Haut s. 5u.ö.56; 14,39.44.48
	20,4	wenn das Volk durch die Finger s. würde
4Mo	11,6	unsere Augen s. nichts als das Manna
	15	damit ich nicht mein Unglück s. muß
	23	sollst s., ob sich mein Wort erfüllt
	12,8	(Mose) s. den HERRN in seiner Gestalt 14,14
	13,28	wir s. dort Anaks Söhne 32.33; 32,9; 5Mo 1,28
	14,23	soll nicht keiner das Land s. 32,11; 5Mo 1,35.36; Jos 5,6
	17,24	trug die Stäbe heraus, daß sie es s.

sehen

4Mo	20,29	die Gemeinde s., daß Aaron tot war
	22,2	Balak s. alles 23,9.13; 24,1.2.14.17.20.21
	23	die Eselin s. den Engel des HERRN 25.27.31.33
	23,21	man s. kein Unheil in Jakob
	24,4	der des Allmächtigen Offenbarung s. 16
	25,7	als das Pinhas s., stand er auf
	27,12	sprach zu Mose: s. auf das Land 13; 5Mo 3,27.28; 32,52; 34,4
	33,3	daß es alle Ägypter s.
5Mo	1,19	Wüste, die groß ist, wie ihr ges. habt
	31	hast ges., daß dich der HERR getragen
	3,21	deine Augen haben ges., was der HERR 4,3; 10,21; 11,7; Jos 23,3; Ri 2,7
	4,9	nicht vergißt, was deine Augen ges.
	19	daß du die Sonne s. und den Mond
	28	Götzen, die weder s. noch hören können Ps 115,5; 135,16; Dan 5,23
	11,12	auf das die Augen des HERRN immerdar s.
	12,13	nicht an jeder Stätte opferst, die du s.
	20,1	wenn du s. Rosse... fürchte dich nicht
	21,7	unsere Augen haben's nicht ges. 29,3
	11	s. ein Mädchen und gewinnst sie lieb
	23,15	nichts Schändliches unter dir ges. werde
	28,10	alle Völker auf Erden werden s.
	34	wahnsinnig bei dem, was deine Augen s. 67
	68	sollst ihn nicht mehr s.
	29,16	ihr s. ihre Greuel und ihre Götzen
	21	wenn sie die Plagen dieses Landes s.
	32,10	in der dürren Einöde s. er ihn
	19	als es der HERR s., ward er zornig
	20	s., was ihnen zuletzt widerfahren wird 36
	33,9	von seinem Vater: Ich s. ihn nicht
Jos	3,3	wenn ihr die Lade des Bundes s.
	7,21	ich s. unter der Beute einen Mantel
	8,14	als der König von Ai das s. 20.21
Ri	1,24	die Späher s. einen Mann gehen
	3,24	s., daß die Tür verschlossen war
	5,8	es war kein Schild noch Speer zu s.
	6,22	s., daß er der Engel des HERRN war 13,20
	7,17	s. auf mich und tut ebenso 9,48
	9,43	als er s., daß das Volk ging 55
	11,35	als (Jeftah) sie s. 12,3
	14,1	Simson s. ein Mädchen in Timna 2; 16,1
	8	um nach dem Aas des Löwen zu s.
	11	als sie (Simson) s. 16,24
	16,5	wodurch er so große Kraft hat 18
	18,7	die 5 Männer s. das Volk sicher wohnen
	26	als Micha s., daß sie ihm zu stark waren
	19,3	als ihn der Vater der jungen Frau s. 17
	30	wer das s., der sprach
	20,36	die Benjaminiter s. 41; 21,21
Rut	1,18	(Noomi) s., daß (Rut) 2,18
	2,9	s., wo sie schneiden im Felde
1Sm	2,32	deinen Widersacher im Heiligtum s.
	5,3	s. sie Dagon auf seinem Antlitz liegen 7
	6,13	s. sie die Lade und freuten sich 19
	16	als die fünf Fürsten das ges. hatten
	9,17	als Samuel Saul s. 15,35
	10,11	als sie s., daß (Saul) in Verzückung war
	14	als wir s., daß da waren
	24	da s. ihr, wen der HERR erwählt hat
	12,12	als ihr s., daß Nahasch gegen euch zog
	16	s., was der HERR Großes tun wird 17.24
	13,6	da s. das Volk in Gefahr 11; 14,16.17
	14,38	forschet und s., an wem die Schuld liegt
	16,7	ein Mensch s., was vor Augen ist
	18	ich habe ges. einen Sohn Isais 22,9
	17,18	s. nach deinen Brüdern 20,29
	24	wer von Israel den Mann s., floh 25
1Sm	17,51	die Philister s., daß ihr Stärkster tot
	55	als Saul David s. 18,15.28; 19,5; 24,11.12
	19,15	Saul sandte Boten, nach David zu s. 20; 23,22
	21,15	ihr s. ja, daß der Mann wahnsinnig ist
	23,15	als David s. 30,3; 2Sm 11,2; 12,19
	24,16	der HERR s. darein 1Ch 12,18; 21,15
	25,25	habe die Leute meines Herrn nicht ges.
	26,5	David s. die Stätte, wo Saul lag 12
	28,5	als Saul das Heer der Philister s.
	13	was s. du? Das Weib sprach zu Saul 21
	31,5	s., daß Saul tot war 7; 1Ch 10,5.7
2Sm	1,7	(Saul) s. mich und rief mich
	3,13	sollst mein Angesicht nicht s. 14,24.28
	6,16	Michal s. David tanzen 1Ch 15,29
	10,6	die Ammoniter s., daß sie bei David in Verruf 14.15.19; 1Ch 19,6.15.16.19
	9	Joab s., daß d. Angriff gegen ihn 1Ch 19,10
	11,20	s., daß der König zornig wird
	14,30	s. das Stück Acker Joabs neben meinem
	17,18	es s. sie ein Knabe und sagte es Absalom
	23	Ahitofel s., daß sein Rat nicht
	18,10	ich s. Absalom hängen 11.21.29
	24	der Wächter s. einen Mann laufen 26.27
	20,12	der Mann s., daß das Volk stehenblieb
	22,16	da s. man das Bett des Meeres Ps 18,16
	24,17	als David den Engel s. 1Ch 21,16.20.28
	20	als Arauna aufschaute, s. er den König
1Kö	1,20	die Augen von ganz Israel s. auf dich
	48	daß es meine Augen s. haben 10,7; 2Kö 7,2.19; 2Ch 9,6; 29,8; 30,7
	3,28	s., daß Weish. in ihm war 10,4; 2Ch 9,3
	6,18	so daß man keinen Stein s. 8,8; 2Ch 5,9
	10,12	nicht ges. bis auf diesen Tag 2Ch 9,11
	24	alle Welt begehrte Salomo zu s. 2Ch 9,23
	11,28	Salomo s., daß der Jüngling viel schaffte
	12,16	als Israel s., daß der König 2Ch 10,16
	13,25	s. sie den Leichnam auf dem Wege liegen
	16,18	als Simri s., daß die Stadt eingenommen
	18,17	als Ahab Elia s. 21,29
	20,7	s., wie böse er's meint 2Kö 5,7
	13	s. du diese große Menge
	22,17	ich s. Israel zerstreut 2Ch 18,16
	19	s. den HERRN auf seinem Thron 2Ch 18,18
	25	an dem Tage wirst du's s. 2Ch 18,24
	32	als die Obersten Joschafat s. 2Ch 18,31
2Kö	2,10	wenn du s., wie von mir genommen 12
	15	als das die Prophetenjünger s.
	19	gut wohnen, wie mein Herr s.
	24	als (Elisa) sie s. 4,25
	3,17	werdet weder Wind noch Regen s.
	26	s., daß ihm der Kampf zu stark war
	5,21	als Naaman s., daß er ihm nachlief
	6,13	geht hin und s., wo er ist
	17	öffne ihm die Augen, daß er s... er s. 20
	21	als der König sie s.
	30	da s. alles Volk, daß er ein härenes Tuch
	32	habt ihr ges., wie dieser Mörder
	9,2	wirst dort Jehu s. 22
	17	der s. und sprach: Ich s. eine Staubwolke
	26	das Blut Nabots, das ich ges. habe
	27	als das Ahasja s., floh er
	34	s. nach der Verfluchten und begrabt sie
	10,3	s., welcher der beste sei
	16	komm und s. meinen Eifer für den HERRN
	11,1	Atalja s. 14; 2Ch 22,10; 23,13
	12,11	s., daß Geld in der Lade war 2Ch 24,11
	13,21	als man aber einige Leute von ihnen s.
	16,10	er s. den Altar s., der in Damaskus 12
	19,16	s. und höre die Worte Sanheribs Jes 37,17

sehen

2Kö	20,5	habe deine Tränen ges. Jes 38,5
	15	was haben sie ges. in deinem Hause... haben alles ges. Jes 39,4
	22,20	deine Augen nicht s. das Unheil 2Ch 34,28
	23,16	Josia s. die Gräber 17
	24	alle Greuel, die zu s. waren Jer 13,27; 23,13. 14; Klg 1,8; Hes 16,37; Hos 6,10
	29	Necho tötete (Josia), als er ihn s.
1Ch	29,17	habe mit Freuden ges., wie dein Volk alle s. das Feuer herabfallen
2Ch	7,3	
	12,7	als der HERR s., daß sie sich demütigten
	15,9	als sie s., daß der HERR mit ihm war
	20,12	unsere Augen s. nach dir Ps 141,8
	17	s. die Hilfe des HERRN
	24	an den Ort, wo man in die Wüste s. kann
	24,22	der HERR wird es s. und strafen
	31,8	als sie die Haufen s., lobten sie den H.
	32,2	als Hiskia s., daß Sanherib kam
Esr	3,12	die das frühere Haus noch ges. Hag 2,3
	4,14	die Schmach nicht länger s. wollen
	8,15	ich s. wohl Volk und Priester
Neh	2,17	ihr s. das Unglück 4,8; Est 7,7; 9,26
	4,5	sollen's nicht erfahren noch s.
	13,15	s., daß man am Sabbat die Kelter trat 23
Est	1,14	die das Angesicht des Königs s. durften
	2,15	fand Gunst bei allen, die sie s. 5,2
	3,4	damit sie s., ob solch ein Tun 5
	5,9	als er s., wie er nicht aufstand 15
Hi	2,13	sie s., daß der Schmerz sehr groß war
	3,9	sie s. nicht die Wimpern der Morgenröte 16
	4,8	habe ges.: Die da Frevel pflügten
	5,3	ich s. einen Toren Wurzel schlagen
	6,21	weil ihr Schrecknisse s., fürchtet ihr euch
	28	s. auf mich, ob ich lüge
	7,7	meine Augen nicht wieder Gutes s.
	8	deine Augen nach mir
	10,4	s. du, wie ein Sterblicher s.
	18	daß mich nie ein Auge ges. hätte
	11,11	er s. den Frevel 22,14
	13,1	das hat alles mein Auge ges.
	27	du s. auf die Fußtapfen meiner Füße
	15,17	will dir erzählen, was ich ges. habe
	17,15	wer s. noch Hoffnung für mich
	19,26	so werde ich doch Gott s. 27; 42,5
	20,7	die ihn ges. haben, werden sagen: Wo 9
	17	er wird s. die Ströme 22,11
	21,20	seine Augen mögen sein Verderben s.
	22,19	die Gerechten werden's. Ps 52,8; 107,42
	23,9	verbirgt er sich, so s. ich ihn nicht
	24,1	warum s., die ihn kennen, seine Tage nicht
	15	denkt: Mich s. kein Auge Jes 29,15; 47,10
	27,12	habt es selber ges.
	28,7	den Steig hat kein Falkenauge ges.
	10	alles, was kostbar ist, s. das Auge
	24	er s. die Enden der Erde 27
	29,8	dann s. mich die Jungen
	11	wessen Auge mich s., der rühmte mich
	31,4	s. er nicht meine Wege 34,21; Ps 139,3
	21	weil ich s., daß ich Helfer hatte
	32,5	Elihu s., daß keine Antwort war
	33,28	daß mein Leben das Licht s.
	34,26	urteilt sie ab, wo viele es s.
	32	was ich nicht s., das lehre du mich
	35,5	schau gen Himmel und s.
	14	sprichst, du könntest ihn nicht s.
	36,25	sie's. nur von ferne 39,29
	37,21	eben s. man das Licht nicht
	38,17	hast du ges. die Tore der Finsternis
	22	hast du ges., wo der Hagel herkommt
	41,1	schon wenn einer ihn s., stürzt er
Hi	41,26	er s. allem ins Auge
	42,16	Hiob s. Kinder und Kindeskinder Ps 128,6
Ps	8,4	wenn ich s. die Himmel
	10,11	Gott wird's nimmermehr s. 94,7; Hes 8,12; 9,9
	14	du s. es doch
	14,2	daß er s., ob jemand klug sei 53,3
	16,10	daß dein Heiliger die Grube s.
	17,2	deine Augen s., was recht ist
	18,16	da s. man die Tiefen der Wasser
	22,8	alle, die mich s., verspotten mich 109,25
	25,15	meine Augen s. stets auf den HERRN 123,2
	19	s., wie meiner Feinde so viel sind
	27,13	ich s. werde die Güte des HERRN
	31,12	die mich s. auf der Gasse, fliehen
	33,13	der HERR s. alle Menschenkinder 14; 102,20
	34,6	die auf ihn s., werden strahlen
	9	schmecket und s., wie freundlich der HERR
	13	wer möchte gern schöne Tage s.
	35,21	da, da, wir haben es ges.
	22	HERR, du hast es s., schweige nicht
	36,10	in deinem Lichte s. wir das Licht
	37,10	wenn du nach seiner Stätte s., ist er 34
	13	der Herr s., daß sein Tag kommt
	25	habe noch nie d. Gerechten verlassen ges.
	35	s. einen Gottlosen, der pochte auf Gewalt
	39,2	solange ich den Gottlosen vor mir s. muß
	40,4	das werden viele s. und sich fürchten
	44,17	muß die Feinde und Rachgierigen s.
	45,11	höre, Tochter, s. und neige dein Ohr
	48,6	haben sich verwundert, als sie solches s.
	9	so s. wir es an der Stadt des HERRN
	49,10	damit er weiterlebe und die Grube nicht s. 89,49
	11	er wird s.: auch die Weisen sterben
	20	und s. das Licht nimmermehr
	50,18	wenn du einen Dieb s., so läufst du mit
	55,10	ich s. Frevel und Hader in der Stadt
	58,9	Fehlgeburt, die die Sonne nie s. Pr 6,5
	11	sich freuen, wenn er solche Vergeltung s.
	63,3	wollte gerne s. deine Macht und Herrlichk.
	64,6	sie sprechen: Wer kann sie s.
	9	daß ihrer spotten wird, wer sie s.
	68,25	man s. Gott, wie du einherziehst
	69,24	sollen finster werden, daß sie nicht s.
	33	die Elenden s. es und freuen sich
	73,3	als ich s., daß es den Gottlosen gut ging
	74,5	hoch s. man Äxte sich heben
	9	unsere Zeichen s. wir nicht
	77,17	die Wasser s. dich, Gott 20
	80,15	schaue vom Himmel und s. darein Klg 3,50
	86,17	daß es s., die mich hassen
	91,8	du wirst es mit eigenen Augen s.
	94,9	der das Auge gemacht, sollte der nicht s.
	95,9	und hatten doch mein Werk ges.
	97,4	das Erdreich s. es und erschrickt
	6	seine Herrlichkeit s. alle Völker Jes 35,2; 66,18
	98,3	aller Welt Enden s. das Heil unsres Gottes Jes 52,10
	101,6	meine Augen s. nach den Treuen im Lande
	106,5	daß wir s. das Heil deiner Auserwählten
	112,10	der Gottlose wird's s.
	114,3	das Meer s. es und floh
	119,18	öffne mir die Augen, daß ich s. die Wunder
	37	daß sie nicht s. nach unnützer Lehre
	74	die dich fürchten, s. mich
	96	ich habe ges., daß alles ein Ende hat
	153	s. doch mein Elend und errette mich
	158	ich s. die Verächter, und es tut mir wehe

Ps	128,5	daß du s. das Glück Jerusalems
	138,6	der HERR ist hoch und s. auf den Niedrigen
	139,16	deine Augen s. mich, als ich noch nicht
	24	s., ob ich auf bösem Wege bin
	142,5	schau zur Rechten und s.
	146,8	der HERR macht die Blinden s. Jes 29,18
Spr	4,25	laß deine Augen stracks vor sich s.
	7,7	s. einen unter den Unverständigen
	20,12	und ein s. Auge, die macht beide der HERR
	22,3	der Kluge s. das Unglück kommen 27,12
	29	s. einen Mann, behende in seinem Geschäft
	23,33	werden deine Augen seltsame Dinge s.
	24,18	der HERR könnte es s.
	32	als ich das s., nahm ich's zu Herzen
	25,7	den deine Augen ges. haben
	26,12	wenn du einen s., der sich weise dünkt
	29,20	s. du einen, der schnell ist zu reden
Pr	1,8	das Auge s. sich niemals satt
	2,3	bis ich s., was zu tun gut wäre
	13	s., daß die Weish. die Torheit übertrifft
	24	s. ich, das es von Gottes Hand kommt
	3,10	ich s. die Arbeit, die Gott gegeben
	16	weiter s. ich unter der Sonne 22; 4,7.15; 8,10; 9,11.13
	18	sie s., daß sie selber sind wie das Vieh
	22	daß er s., was nach ihm geschehen wird
	4,8	seine Augen können nicht genug Reicht. s.
	5,7	s. du, wie der Arme Unrecht leidet
	12	Übel, die s. unter der Sonne 6,1; 10,5
	17	so habe ich nun das ges., daß es gut sei
	7,11	Weisheit hilft denen, die die Sonne s.
	15	dies alles hab ich ges. 8,9
	10,7	s. Knechte auf Rossen
	11,4	wer auf die Wolken s., der erntet nicht
	7	es ist den Augen liebl., die Sonne zu s.
	12,3	wenn finster w., die durch die Fenster s.
Hl	2,9	er s. durchs Fenster
	3,3	habt ihr nicht ges., den m. Seele liebt
	11	s., ihr Töchter Zions, den König Salomo
	6,9	als die Töchter sie s., priesen sie sie
	7,1	was s. ihr an Sulamith beim Reigen
	5	wie der Turm, der nach Damaskus s.
	13	daß wir s., ob der Weinstock sproßt
Jes	5,12	aber s. nicht auf das Werk des HERRN 19
	6,1	s. den HERRN sitzen auf einem hohen Thron
	5	ich habe den HERRN ges. mit meinen Augen
	9	s. und merket's nicht Mt 13,14; Mk 4,12; Apg 28,26
	10	daß sie nicht s. mit ihren Augen Jer 5,21; Hes 12,2; Mt 13,13.15; Mk 8,18; Lk 8,10; Jh 9,39; 12,40; Apg 28,27; Rö 11,8.10
	9,1	Volk, das im Finstern wandelt, s. ein großes Licht Mt 4,16
	11,3	nicht richten nach dem, was seine Augen s.
	14,16	wer dich s., wird auf dich schauen
	18,3	wenn man das Banner aufrichtet, so s.
	21,3	ich erschrecke, wenn ich's s.
	7	s. er einen Zug von Wagen mit Rossen
	22,9	ihr s., daß viele Risse in der Stadt waren
	11	ihr s. nicht auf den, der solches tut
	26,10	und s. des HERRN Herrlichkeit nicht 11
	11	sie sollen s. den Eifer um dein Volk
	29,23	sie s. werden die Werke meiner Hände
	30,10	sagen zu den Sehern: Ihr sollt nicht s.
	20	deine Augen werden deinen Lehrer s.
	30	man wird s., wie sein Arm herniederfährt
	32,3	die Augen der S. nicht mehr blind
	33,15	daß er nichts Arges s.
Jes	33,17	werden den König s... weites Land s. 20
	19	wirst das freche Volk nicht mehr s.
	38,11	werde die Menschen nicht mehr s.
	14	meine Augen s. verlangend nach oben
	40,5	alles Fleisch wird es s. 41,20; 52,8; 66,14; Hes 21,4; 39,21; Mi 7,16
	26	hebet eure Augen und s. Jer 13,20
	41,5	als d. Inseln das s., fürchteten sie sich
	42,18	schaut her, ihr Blinden, daß ihr s.
	20	du s. viel, aber du hast's nicht beachtet
	44,9	ihre Zeugen s. nichts 18
	47,3	daß deine Schande ges. werde
	48,6	s. es und verkündigst es doch nicht
	49,7	Könige sollen s. und aufstehen
	52,15	die werden es nun s. Rö 15,21
	53,2	wir s. ihn, aber da war keine Gestalt
	6	ein jeder s. auf seinen Weg 56,11
	57,18	ihre Wege habe ich ges.
	58,7	wenn du einen nackt s., so kleide ihn
	59,15	das alles s. der HERR 16
	60,5	dann wirst du deine Lust s. und vor Freude
	61,9	daß, wer sie s. wird, erkennen soll
	62,2	daß die Heiden s. deine Gerechtigkeit
	64,3	kein Auge hat ges. einen Gott außer dir
	66,2	ich s. aber auf den Elenden
	8	wer hat solches s.
	19	die meine Herrlichkeit nicht ges. haben
Jer	1,11	was s. du? Ich s. 12.13; 4,25.26; 24,3; Hes 1,4. 15.18.27.28; 2,9; 8,2.7; 10,9; 37,8; 44,4; Am 7,8; 8,2; Sa 2,1.5; 4,2; 5,1.2.5.9; 6,1
	2,23	s. doch, wie du es treibst 3,2
	3,6	hast du ges., was Israel tat 7; Hes 16,50
	4,21	wie lange soll ich das Fluchzeichen s.
	5,3	deine Augen s. auf Wahrhaftigkeit
	12	Schwert u. Hunger werden wir nicht s. 14,13
	7,11	siehe, ich s. es wohl 32,24
	17	s. du nicht, was sie tun Hes 8,6.12.15
	8,6	ich s., daß sie nicht die Wahrheit reden
	12,3	mich aber, HERR, s. du
	16,17	meine Augen s. auf alle ihre Wege
	17,6	wird nicht s. das Gute, das kommt
	20,4	sollst es mit eigenen Augen s. 32,4; 34,3; 39,16; 42,2
	18	warum... wenn ich nur Jammer s. muß
	22,12	wird dies Land nicht mehr s.
	23,2	ihr habt nicht nach ihr ges.
	18	daß er sein Wort gen. und gehört hätte
	24	verbergen könne, daß ich ihn nicht s.
	27,22	Tag, an dem ich nach ihnen s.
	29,32	soll sie das Gute s., das ich tun will
	30,6	forschet und s., ob dort Männer gebären
	39,4	als seine Kriegsleute das s., flohen sie
	42,14	wollen nach Äg., daß wir weder Krieg s.
	18	sollt diese Stätte nicht mehr s.
	43,9	daß die Männer aus Juda es s.
	44,2	habt ges. all das Unheil
	17	es ging uns gut, und wir s. kein Unglück
	46,5	s., daß sie verzagt sind
Klg	1,11	HERR, s. doch und schau 12.20; 2,20; 3,63
	3,1	bin der Mann, der Elend s. muß
	36	sollte das der Herr nicht s.
	59	du s., HERR, wie mir Unrecht geschieht 60
Hes	3,23	die Herrlichkeit des HERRN, wie ich sie ges. 8,4; 10,15.20.22; 43,3
	6,9	nach ihren Götzen s. 20,24.28
	8,2	oberhalb war ein Glanz zu s. 10,1
	6	wirst noch größere Greuel s. 13.15.17; 18,14; 21,29
	11,1	ich s. unter ihnen die Obersten
	12,6	damit du das Land nicht s. 12.13

sehen

Hes	13,14	daß man ihren Grund s. soll
	14,22	werdet ihren Wandel s. 23; 23,11.13
	16,5	niemand s. mitleidig auf dich
	6	ich s. dich in deinem Blut liegen
	18,28	weil er es ges. und sich bekehrt hat
	19,5	s., daß ihre Hoffnung verloren war
	11	man s., daß er so hoch war
	21,11	sollst seufzen, daß sie es s.
	23,14	sie s. Bilder von Männern an der Wand 16
	32,31	diese wird der Pharao s. und sich trösten
	33,3	er s. das Schwert kommen 6
	39,15	wenn sie Menschengebeine s.
	40,4	damit du alles, was du s., verkündige 41,8; 44,5; 47,6
Dan	1,13	danach magst du tun, was du s. wirst
	2,8	weil ihr s., daß mein Wort deutlich ist
	26	den Traum, den ich ges. habe 4,2.6.7.10
	34	das s. du, bis ein Stein herunterkam 45
	41	daß du die Füße und Zehen ges. hast 43
	3,25	ich s. vier Männer frei im Feuer 27
	4,8	er war zu s. bis ans Ende der Erde 17.20
	7,2	ich s. ein Gesicht in der Nacht 4-13.21; 8,3.6. 7.15.20; 9,21; 10,5-8; 12,5; Sa 1,8
Hos	7,2	ich s. aber ihr böses Tun wohl
	9,10	ich s. eure Väter wie die ersten Feigen
	13	als ich Ephraim s., war es herrlich
Jo	3,1	eure Jünglinge sollen Gesichte s. Apg 2,17
Am	1,1	dies ist's, was Amos ges. hat
	3,9	s., welch ein Unrecht darin ist
	9,1	ich s. den Herrn über dem Altar stehen
	8	die Augen Gottes s. auf das Königreich
Ob	11	du s., wie Fremde sein Heer wegführten
Jon	2,5	ich würde deinen hl. Tempel nicht mehr s.
	3,10	als Gott ihr Tun s., reute ihn das Übel
	4,5	bis er s., was der Stadt wiederfahren
Mi	7,10	meine Feindin wird's ... Augen werden's s.
Nah	3,7	daß alle, die dich s., vor dir fliehen
Hab	1,5	s. und verwundert euch
	2,15	ihn trunken macht, daß er seine Blöße s.
	3,2	ich habe dein Werk ges., HERR
	7	ich s. die Hütten von Kuschan in Not
	10	die Berge s. dich, und ihnen ward bange
Sa	2,6	Jerusalem auszumessen und zu s., wie lang
	4,10	wird doch mit Freuden s. den Schlußstein
	9,5	wenn Aschkelon das s. wird
	8	ich s. nun darauf mit meinen Augen
	10,7	ihre Söhne sollen's s. und sich freuen
	11,16	der nach dem Verlorenen nicht s. wird
Mal	1,2	woran s. wir, daß du uns lieb hast 5.9
	3,18	ihr werdet s., was für ein Unterschied
Jdt	6,16	daß du s., wie sie geschlagen werden
	7,16	daß wir s. müssen, wie ... sterben
	14,6	als Achior sah, wie mächtig Gott geholfen
Wsh	4,15	Leute, die es s., beachteten es nicht 17.18
	5,2	wenn sie ihn s., werden sie
	7,23	(die Weisheit) s. alles
	13,7	weil so schön ist, was man s.
	16,18	sie sollten s. und erkennen, daß
	17,6	hielten, was sie ges. hatten, für schlimmer
	18,1	die Feinde s. ihre Gestalt nicht
	19,8	dabei s. sie wunderbare Wunder Sir 1,15
	17	wie man deutlich s. kann
Tob	2,22	da s. man, daß deine Hoffnung nutzlos war
	5,13	wenn ich das Licht nicht s. kann
	9,11	Gott gebe, daß ihr eure Kinder s. 10,12; 14,1. 15
	10,8	um ihn schon von ferne zu s. 11,6
	11,15	Tobias wurde wieder s. 17; 14,1
	12,19	einen Trank, den kein Mensch s. kann
	21	sie konnten ihn nicht mehr s.
Tob	13,19	m. Nachkommen die Herrlichkeit ... s.
	14,13	ich s., daß Ninive zugrunde gehen wird
Sir	6,36	wo du einen verständigen Mann s.
	11,32	was er Gutes s., deutet er auf's Schlimmste
	13,9	wenn er dann deine Not s.
	15,19	(er) s. alles 17,16; 18,10; 23,28; 39,25; 2Ma 7,6. 35; 9,5; StE 4,2; StD 3,31
	20	seine Augen s. auf die, die ihn fürchten 34,19
	16,6	das hab ich mit eignen Augen oft ges.
	15	sage nicht: Der Herr s. nach mir nicht 19; 23,25.26
	17,11	sie haben seine hohe Majestät ges.
	19,25	wenn er seine Zeit gekommen s. 20,7
	24,47	ihr, daß ich mich ... gemüht habe
	25,10	erlebt, daß er seine Feinde untergehen s.
	26,14	wenn du merkst, daß sie frech um sich s.
	30,21	er s. es zwar mit den Augen
	31,16	greif nicht nach dem, wohin der andre s.
	36,3	fremde Völker, daß sie deine Macht s.
	37,27	alle, die ihn s., preisen ihn
	38,30	er s. darauf, wie er das Werk richtig macht
	40,6	ist ihm, er s. die Feinde kommen
	22	Anmut und Schönheit s. das Auge gern
	41,25	schäme dich, nach den Huren zu s.
	43,1	wer kann sich an seiner Herrlichkeit satt s.
	35	wer hat ihn ges., daß er erzählen könnte
	36	wir s. von seinen Werken nur das wenigste
	45,15	man hat so Schönes nie zuvor ges.
	23	der Herr sah es, und es gefiel ihm nicht
	46,12	damit alle *Israeliten s. konnten
	48,11	wohl denen, die dich ges. haben
Bar	2,17	tu deine Augen auf, Herr, und s. doch
	3,20	die Nachkommen s. zwar das Licht
	22	in Teman s. man sie nicht
	4,9	es hat den Zorn Gottes s.
	24	werden auch die Hilfe eures Gottes s.
	25	du wirst in kurzem sein Verderben s.
	6,4	nun werdet ihr in Babel s. 6
	15	daran s. man, daß nicht Götter sind 26
	19	Lampen, von denen sie keine s. können
	37	(Götzen) können keinen Blinden s. machen
	41	wenn sie einen Stummen s.
1Ma	3,59	als das Unglück unsres Volks zu s.
	4,38	als sie s., wie das Heiligtum verwüstet 2Ma 3,18; 6,9
	10,56	damit wir uns selbst s.
	15,12	er s., daß es mit ihm zu Ende war
2Ma	5,26	um zu s., was da werden würde
	7,20	sie sah, wie ihre Söhne ... gemartert wurden
	12,22	als die Feinde ... s. 15,21
	42	weil sie mit eignen Augen s. könnten
	13,25	s. die Ptolemaier den Vertrag nicht gern
StE	4,2	war mir, als s. ich einen Engel Gottes
StD	1,8	als die beiden Ältesten sie s. 12.18.20.26.38.54
	2,5	s. du nicht, wieviel er ißt 17-19
Mt	2,2	wir haben seinen Stern ges. 9.10
	16	Herodes s., daß er von den Weisen betrogen
	3,7	als er viele Pharisäer s. kommen
	16	(Jesus) s. den Geist Gottes herabfahren Jh 1,32.33
	4,16	das Volk ... hat ein großes Licht ges.
	18	Jesus s. zwei Brüder, Simon und Andreas 21; Mk 1,16.19
	5,1	(Jesus) das Volk s. 8,18; 9,36; 14,14; Mk 6,34; Lk 7,13
	16	damit sie eure guten Werke s. 1Pt 2,12
	6,1	vor den Leuten, um von ihnen ges. zu werden s. 23,5
	4	dein Vater, der in das Verborgene s. 6.18
	16	*wenn ihr fastet, sollt ihr nicht sauer s.*

sehen

Mt	7,3	was s. du den Splitter in deines Bruders Auge Lk 6,41.42	Mk	5,6	als er Jesus s. von ferne, lief er hinzu 22; Lk 5,12; 8,28
	8,14	s., daß dessen Schwiegermutter zu Bett lag		14	zu s., was geschehen war 15.16; Lk 8,35.36
	34	als sie ihn s., baten sie ihn		31	du s., daß dich die Menge umdrängt
	9,2	als Jesus ihren Glauben s. Mk 2,5; Lk 5,20		6,38	geht hin und s.
	4	als Jesus ihre Gedanken s., sprach er		48	er s., daß sie sich abplagten beim Rudern
	8	als das Volk das s., fürchtete es sich		7,2	sie s. einige seiner Jünger mit unreinen Händen das Brot essen
	9	Jesus s. einen Menschen am Zoll sitzen Mk 2,14; Lk 5,27		8,23	fragte ihn: S. du etwas 24.25
	11	als das die Pharisäer s. 12,2; Mk 2,16		9,9	niemandem sagen, was sie ges. hatten Lk 9,36
	22	Jesus s. sie und sprach 23; Mk 5,38		14	s. eine große Menge um sie herum 15.25
	33	so etwas ist noch nie in Israel ges. worden		20	als ihn der Geist s., riß er ihn
	11,4	sagt Johannes, was ihr hört und s. Lk 7,22		38	wir s. einen, der Lk 9,49
	5	Blinde s. und Lahme gehen Lk 7,22		10,14	als es Jesus s., wurde er unwillig
	7	was hinausgegangen zu s. 8.9; Lk 7,24-26		51	Rabbuni, daß ich s. werde Lk 18,41
	12,22	heilte ihn, daß der Stumme redete und s. 20,34; Mk 8,25; 10,52; Lk 18,42.43		11,21	Rabbi, s., der Feigenbaum ist verdorrt
	38	wir möchten gern ein Zeichen s.		12,15	bringt einen Silbergroschen, daß ich ihn s.
	13,13	mit s. Augen s. sie nicht 14.15; Mk 4,12; 8,18; Lk 8,10; Jh 9,39; 12,40; Apg 28,26.27; Rö 11,8. 10		28	als er s., daß er ihnen gut geantwortet
				34	als Jesus s., daß er verständig antwortete
	16	selig sind eure Augen, daß sie s. Lk 10,23		13,2	Jesus sprach zu ihm: S. du diese großen Bauten
	17	haben begehrt, zu s., was ihr s., und haben's nicht ges. Lk 10,24		29	wenn ihr s., daß dies geschieht
	14,26	als ihn die Jünger s. auf dem See gehen Mk 6,49.50; Jh 6,19		15,32	steige vom Kreuz, damit wir s. und glauben
				16,5	s. einen Jüngling zur rechten Hand sitzen
	30	als er den Wind s., erschrak er		14	die ihn ges. hatten als Auferstandenen
	15,31	s., daß die Blinden s.	Lk	1,2	die es von Anfang an selbst ges. haben
	16,28	bis sie den Menschensohn kommen s. 24,30; Mk 9,1; 13,26; Lk 9,27; 21,27		12	als Zacharias (d. Engel) s., erschrak er
				2,15	laßt uns gehen und die Geschichte s., die da geschehen ist
	17,8	ihre Augen aufhoben, s. sie niemand Mk 9,8		17	als sie es ges., breiteten sie das Wort aus
	18,10	ihre Engel s. allezeit das Angesicht m. Vaters		20	lobten Gott für alles, was sie gehört und ges.
	31	als seine Mitknechte das s.		26	den Tod nicht s., er habe denn zuvor den Christus ges.
	20,3	er s. andere auf dem Markt stehen		30	meine Augen haben deinen Heiland ges.
	15	*s. du darum scheel, daß ich so gütig bin*		48	als sie ihn s., entsetzten sie sich
	21,15	als die Hohenpriester die Wunder s.		3,6	alle Menschen werden den Heiland Gottes s.
	19	er s. einen Feigenbaum an dem Wege Mk 11,13.20		4,18	zu predigen den Blinden, daß sie s. sollen
	20	als das die Jünger s., verwunderten sie sich 26,8; Lk 9,54; 18,15		20	aller Augen in der Synagoge s. auf ihn
				5,2	s. zwei Boote am Ufer liegen
	32	obwohl ihr's s., tatet ihr dennoch nicht Buße		8	als das Simon Petrus s., fiel er Jesus zu Füßen
	38	als die Weingärtner den Sohn s. Lk 20,14		7,39	als das der Pharisäer s., sprach er 11,38
	22,11	s. einen Menschen, der hatte kein hochzeitliches Gewand an		44	s. du diese Frau
	23,39	mich von jetzt an nicht s. Lk 13,35		8,16	damit, wer hineingeht, das Licht s. 11,33
	24,2	s. ihr nicht das alles Lk 21,6		18	s. nun darauf wie Heb 12,15
	15	wenn ihr s. werdet das Greuelbild der Verwüstung Mk 13,14		20	deine Mutter und deine Brüder wollen dich s.
	33	wenn ihr das alles s., so wißt Lk 21,30.31		34	als die Hirten s., was da geschah, flohen sie
	46	den sein Herr das tun s. Lk 12,43		47	s., daß es nicht verborgen blieb
	25,37	wann haben wir dich hungrig ges. 38.39.44		9,9	(Herodes) begehrte ihn zu s. 23,8
	26,58	um zu s., worauf es hinaus wollte		32	als sie aufwachten, s. sie, wie er verklärt war
	64	werdet ihr s. den Menschensohn sitzen zur Rechten der Kraft Mk 14,62		38	Meister, ich bitte dich, s. nach meinem Sohn
				10,18	ich s. den Satan vom Himmel fallen
	71	s. ihn eine andere (Magd) Mk 14,67.69; Lk 22,56.61		31	als er ihn s., ging er vorüber 32.33
	27,3	als Judas s., daß er zum Tode verurteilt		12,54	wenn ihr eine Wolke aufsteigen s. vom Westen
	24	als Pilatus s., daß er nichts ausrichtete		13,12	als Jesus sie s., rief er sie zu sich
	54	als der Hauptmann das Erdbeben s. Mk 15,39; Lk 23,47-49		28	wenn ihr s. werdet... im Reich Gottes
				14,29	alle, die es s., über ihn spotten
	28,1	kamen, um nach dem Grab zu s.		15,20	s. ihn sein Vater, und es jammerte ihn
	6	s. die Stätte, wo er gelegen hat Mk 15,47		16,23	s. Abraham von ferne und Lazarus
	7	dort werdet ihr ihn s. 10		17,14	als er sie s., sprach er zu ihnen
	17	als sie ihn s., fielen sie vor ihm nieder		15	als er s. ist gesund, kehrte er um
Mk	1,10	s. er, daß sich der Himmel auftat		20	*daß man's mit Augen s. kann*
	2,12	wir haben so etwas noch nie ges. Lk 5,26		22	begehren werdet, zu s. einen der Tage des Menschensohns
	24	die Pharisäer sprachen zu ihm: S. doch		18,24	als Jesus s., daß er traurig geworden war
	3,11	wenn ihn die unreinen Geister s.		31	s., wir gehen hinauf nach Jerusalem
	34	er s. ringsum auf die, die 10,23		43	alles Volk, das es s., lobte Gott

sehen

Lk	19,3	begehrte, Jesus zu s., wer er wäre 4	
	7	als sie das s., murrten sie alle und sprachen	
	37	Gott zu loben über alle Taten, die sie ges.	
	41	s. er die Stadt und weinte über sie	
	21,2	er s. eine arme Witwe, die legte 1	
	20	wenn ihr s., daß Jerusalem von einem Heer belagert wird	
	22,49	als aber, die um ihn waren, s., was geschehen	
	23,8	als Herodes Jesus s., freute er sich sehr	
	24,12	s. nur die Leinentücher	
	23	sagen, sie haben eine Erscheinung ges.	
	24	ihn s. sie nicht	
	37	fürchteten sich und meinten, sie s. einen Geist	
	39	s. meine Hände und meine Füße, ich bin's	
Jh	1,14	wir s. seine Herrlichkeit	
	18	niemand hat Gott je ges. 5,37; 6,46; 1Ti 6,16; 1Jh 4,12	
	29	s. Johannes, daß Jesus zu ihm kommt 36	
	34	und bezeugt: Dieser ist Gottes Sohn	
	38	Jesus s. sie nachfolgen	
	39	kommt und s. 46; 11,34	
	42	als Jesus ihn s., sprach er 47; 5,6	
	48	bevor Philippus ihn rief, s. ich dich 50	
	50	du wirst noch Größeres als das s.	
	51	ihr werdet den Himmel offen s.	
	2,23	da sie die Zeichen s., die er tat 6,2.14.26	
	3,3	kann er das Reich Gottes nicht s.	
	11	bezeugen, was wir ges. haben 32	
	36	wer dem Sohn nicht gehorsam ist, wird das Leben nicht s.	
	4,19	Herr, ich s., daß du ein Prophet bist	
	29	s., ob er nicht der Christus ist	
	35	hebt eure Augen auf und s. auf die Felder	
	45	alles ges. hatten, was er in Jerusalem getan	
	48	wenn ihr nicht Zeichen s., glaubt ihr nicht	
	5,19	sondern nur, was er den Vater tun s.	
	6,5	Jesus s., daß viel Volk zu ihm kommt	
	22	am nächsten Tag s. das Volk 24	
	30	Zeichen, damit wir s. und glauben	
	36	ihr habt mich ges. und glaubt doch nicht	
	40	wer den Sohn s. und glaubt an ihn	
	46	der hat den Vater ges.	
	62	wenn ihr s. werdet den Menschensohn auffahren	
	7,3	damit deine Jünger die Werke s., die du tust	
	52	s.: Aus Galiläa steht kein Prophet auf	
	8,38	ich rede, was ich von meinem Vater ges.	
	51	wird den Tod nicht s. in Ewigkeit	
	56	Abraham wurde froh, daß er meinen Tag s. sollte	
	57	du hast Abraham ges.	
	9,1	Jesus s. einen Menschen, der blind geboren	
	7	da ging er hin und kam s. wieder 11.15.19	
	8	die, die ihn früher als Bettler ges. hatten	
	15	fragten die Pharisäer, wie er s. geworden	
	18	daß er blind gewesen und s. geworden war	
	25	daß ich blind war und bin nun s.	
	37	du hast ihn ges.	
	41	weil ihr sagt: Wir sind s., bleibt eure Sünde	
	10,12	s. den Wolf kommen und verläßt die Schafe	
	11,9	denn er s. das Licht dieser Welt	
	31	die Juden, die bei ihr im Hause waren, s.	
	32	als Maria dahin kam, wo Jesus war, und s. ihn	
	33	Jesus s., wie sie weinte und auch die Juden	
	40	wenn du glaubst, wirst du die Herrlichkeit Gottes s.	
	45	viele, die s., was Jesus tat, glaubten	
	12,9	um Lazarus zu s.	
Jh	12,19	ihr s., daß ihr nichts ausrichtet	
	21	Herr, wir wollten Jesus gerne s.	
	41	das hat Jesaja gesagt, weil er seine Herrlichkeit s.	
	45	wer mich s., s. den, der mich gesandt 14,9	
	14,7	von nun an kennt ihr ihn und habt ihn ges.	
	17	sie s. ihn nicht und kennt ihn nicht	
	19	dann wird mich die Welt nicht mehr s.	
	15,24	haben es ges., und doch hassen sie mich	
	16,10	daß ihr mich hinfort nicht s.	
	16	noch eine kleine Weile, dann werdet ihr mich nicht mehr s. 17.19	
	17,24	damit sie meine Herrlichkeit s.	
	18,26	s. ich dich nicht im Garten bei ihm	
	19,6	als ihn die Hohenpriester s., schrien sie	
	26	als Jesus seine Mutter s. und bei ihr den Jünger	
	33	s., daß er schon gestorben war	
	35	der das ges. hat, der hat es bezeugt	
	37	sie werden den s., den sie durchbohrt haben	
	20,1	s., daß der Stein vom Grab weg war	
	5	schaut hinein und s. die Leinentücher 6	
	8	ging hinein, s. und glaubte	
	12	s. zwei Engel in weißen Gewändern sitzen	
	14	sie wandte sich um und s. Jesus stehen	
	18	ich habe den Herrn ges. 25	
	20	wurden die Jünger froh, daß sie den Herrn s.	
	25	wenn ich nicht die Nägelmale s.	
	27	spricht er zu Thomas: s. meine Hände	
	29	selig sind, die nicht s. und doch glauben	
	21,9	als sie ans Land stiegen, s. sie ein Kohlenfeuer	
	20	s. den Jünger folgen, den Jesus lieb hatte 21	
Apg	1,11	was steht ihr da und s. zum Himmel	
	2,17	eure Jünglinge sollen Gesichte s.	
	27	nicht, daß dein Heiliger die Verwesung s. 31; 13,35-37	
	33	diesen ausgegossen, wie ihr hier s. und hört	
	3,3	als er Petrus und Johannes s., wie sie	
	9	es s. ihn alles Volk umhergehen 12; 4,14	
	12	was s. ihr auf uns 16	
	4,13	zu reden, was wir ges. und gehört haben	
	5,28	s., ihr habt Jerusalem erfüllt mit eurer Lehre	
	6,15	s. sein Angesicht wie eines Engels Angesicht	
	7,23	gedachte er, nach seinen Brüdern zu s.	
	24	s. einen Unrecht leiden	
	55	er s. die Herrlichkeit Gottes	
	56	ich s. den Himmel offen 10,11	
	8,6	als sie die Zeichen s., die er tat 13	
	18	als Simon s., daß der Geist gegeben wurde	
	23	ich s., daß du voll bitterer Galle bist	
	39	der Kämmerer s. ihn nicht mehr	
	9,7	sie hörten die Stimme, aber s. niemanden 8	
	9	er konnte drei Tage nicht s. 22,11	
	12	(er) hat in einer Erscheinung ges. 10,3.17; 11,5.6.13	
	17	daß du wieder s. werdest 18; 22,13	
	27	wie Saulus auf dem Wege den Herrn ges.	
	35	da s. ihn alle, die in Lydda wohnten	
	40	als sie Petrus s., setzte sie sich auf	
	11,23	als dieser die Gnade Gottes s., wurde er froh	
	12,3	als er s., daß den Juden gefiel	
	9	er meinte, eine Erscheinung zu s.	
	16	als sie aufmachten, s. sie ihn	
	13,11	du sollst die Sonne eine Zeitlang nicht s.	
	12	als der Statthalter s., was geschehen war	
	41	s., ihr Verächter, und wundert euch	
	45	als die Juden die Menge s.	
	14,11	als das Volk s., was Paulus getan hatte	

Apg	15,36	nach unsern Brüdern s. in allen Städten	1Pt	3,12	die Augen des Herrn s. auf die Gerechten
	16,10	als er die Erscheinung ges. hatte	2Pt	1,16	wir haben seine Herrlichkeit selber ges.
	19	als ihre Herren s., daß ihre Hoffnung auf Gewinn ausgefahren war	1Jh	1,1	was wir ges. mit unsern Augen 2.3; 4,14
	27	s. die Türen des Gefängnisses offenstehen		3,2	wir werden ihn s., wie er ist
	40	als sie die Brüder ges. hatten		6	der hat ihn nicht ges. und nicht erkannt
	17,16	als er die Stadt voller Götzenbilder s.		17	s. seinen Bruder darben und schließt sein Herz vor ihm
	22	ich s., daß ihr die Götter in allen Stücken sehr verehrt 23		4,20	wer seinen Bruder nicht liebt, den er s., wie kann er Gott lieben, den er nicht s.
	19,21	wenn ich dort gewesen, muß ich auch Rom s.		5,16	wenn jemand seinen Bruder sündigen s.
	26	ihr s. und hört, daß nicht allein in Ephesus	3Jh	11	wer Böses tut, der hat Gott nicht ges.
	20,25	daß ihr mein Angesicht nicht mehr s. werdet 38	Heb	2,8	jetzt s. wir noch nicht, daß
	21,20	du s., wieviel Juden gläubig geworden		9	Jesus s. wir durch das Leiden gekrönt
	27	s. ihn Juden aus Asien im Tempel 29		3,9	hatten meine Werke ges. 40 Jahre lang
	32	als sie den Oberst und die Soldaten s.		19	wir s., daß sie nicht dahin kommen konnten
	22,9	die mit mir waren, s. zwar das Licht 26,13		10,25	mehr, als ihr s., daß sich der Tag naht
	14	den Gerechten s. und die Stimme hören		11,1	ist der Glaube ein Nichtzweifeln an dem, was man nicht s.
	15	Zeuge von dem, was du ges. und gehört hast 26,16		3	daß alles, was man s., aus nichts geworden ist
	18	(daß ich in Verzückung geriet) und ihn s.		5	entrückt, damit er den Tod nicht s.
	25,24	da s. ihr den, um dessentwillen		7	ein göttliches Wort über das, was man noch nicht s.
	27,10	ich s., daß diese Fahrt nur mit Leid		13	haben von ferne ges. und gegrüßt
	28,4	als die Leute das Tier s.		26	er s. auf die Belohnung
	6	sie s., daß ihm nichts Schlimmes widerfuhr		27	er hielt sich an den, den er nicht s., als s. er
	15	als Paulus sie s., dankte er Gott		12,14	Heiligung, ohne die niemand den Herrn s. wird
	20	gebeten, daß ich euch s. könnte		15	s. darauf, daß nicht jemand Gottes Gnade versäume
Rö	1,11	mich verlangt danach, euch zu s. 15,24; 1Th 2,17; 3,6.10; 2Ti 1,4; 3Jh 14; Heb 13,23	Jak	2,3	s. auf den, der herrlich gekleidet ist
	4,19	als er auf seinen eigenen Leib s.		22	da s. du, daß der Glaube
	7,23	ich s. ein anderes Gesetz in meinen Gliedern		24	s., daß der Mensch durch Werke gerecht
	8,24	die Hoffnung, die man s., ist nicht Hoffnung		3,4	s. auch die Schiffe
	25	wenn wir auf das hoffen, was wir nicht s.		5,11	habt ges., zu welchem Ende es der Herr geführt
	11,22	darum s. die Güte und den Ernst Gottes	Off	1,2	alles, was er ges. hat 22,8
	15,21	denen nichts von ihm verkündigt worden ist, sollen s.		7	es werden ihn s. alle Augen
1Ko	1,26	s., liebe Brüder, auf eure Berufung		11	was du s., das schreibe in ein Buch 19
	2,9	was kein Auge ges. und kein Ohr gehört hat		12	zu s. nach der Stimme, die mit mir redete
	8,10	wenn jemand dich im Götzentempel s.		17	als ich ihn s., fiel ich zu seinen Füßen
	9,1	habe ich nicht unsern Herrn Jesus ges.		20	sieben Sterne, die du ges. hast in meiner rechten Hand
	13,12	wir s. jetzt durch einen Spiegel ein dunkles Bild		3,18	Augensalbe, deine Augen zu salben, damit du s. mögest
	15,5	daß er ges. worden ist von Kephas 6-8		4,1	danach s. ich, und siehe 5,1.2.6.11; 6,1.2.5.8.9. 12; 7,1.2.9; 8,2.13; 9,1.17; 10,1.5; 13,1-3.11; 14,1. 6.14; 15,1.2.5; 16,13; 17,3.6; 18,1; 19,11.17.19; 20,1.4.11.12; 21,1.2.22
	16,7	will euch nicht nur s., wenn ich durchreise			
2Ko	3,13	damit die Israeliten nicht s. konnten das Ende der Herrlichkeit		9,20	Götzen, die weder s. noch hören können
	4,4	daß sie nicht s. das helle Licht des Evangeliums		11,9	s. ihre Leichname drei Tage 11.12
	18	uns, die wir nicht s. auf das Sichtbare		19	*die Lade ward in seinem Tempel ges.*
	7,8	ich s., daß jener Brief euch betrübt hat		12,13	der Drache, daß er auf die Erde geworfen
	8,21	wir s. darauf, daß es redlich zugehe		16,15	damit man (nicht) seine Blöße s.
	10,7	s., was vor Augen liegt		17,8	das Tier, das du ges. hast 12.15.16.18
	12,6	mich höher achte, als er an mir s.		18,7	Leid werde ich nicht s.
Gal	1,19	von den andern Aposteln s. ich keinen		9	wenn sie s. werden den Rauch 18
	2,7	da sie s., daß mir anvertraut war das Evangelium an die Heiden		22,4	(seine Knechte werden) sein Angesicht s.
	14	als ich s., daß sie nicht richtig handelten			
	6,1	s. auf dich selbst			**sehen lassen**
Eph	5,15	s. sorgfältig darauf, wie ihr euer Leben führt	1Mo	48,11	Gott hat mich auch deine Söhne s. l.
Phl	1,27	ob ich komme und euch s.	2Mo	33,18	l. mich deine Herrlichkeit s. 5Mo 5,24
	30	Kampf, den ihr an mir ges. habt 4,9	4Mo	13,26	l. sie die Früchte des Landes s.
	2,4	ein jeder s. nicht auf das Seine	5Mo	3,25	l. mich s. das gute Land
	28	damit ihr ihn s. und wieder fröhlich werdet	Ri	13,23	das alles weder s. noch hören l.
	3,17	s. auf die, die so leben	2Sm	14,32	l. mich sein Angesicht des Königs s.
Kol	2,1	alle, die mich nicht von Angesicht ges. haben		17,17	sie durften sich in der Stadt nicht s. l.
	5	freue mich, wenn ich euren festen Glauben s.	Est	1,4	damit er s. l. den Reichtum seines Königt.
	4,17	s. auf das Amt, das du empfangen hast	Hi	33,26	Gott wird ihn sein Antlitz s. l.
1Pt	1,8	ihn habt ihr nicht ges. und habt ihn doch lieb			
	3,2	wenn sie s., wie ihr in Reinheit lebt			

sehen lassen

Ps	4,7	viele sagen: Wer wird uns Gutes s. l.
Jes	36,8	l. s., ob du die Reiter stellen kannst
Jer	2,28	l. s., ob sie dir helfen können
	11,20	l. mich s., wie du ihnen vergiltst 20,12
Dan	3,15	l. s., wer der Gott ist, der euch erretten
Mi	7,15	l. uns Wunder s. wie zur Zeit
Hab	1,3	warum l. du mich Bosheit s.
Sa	3,1	er l. mich s. den Hohenpriester Jeschua
Wsh	2,15	er ist unleidlich, wenn er sich nur s. l.
	17	l. doch s., ob sein Wort wahr ist
Mt	16,1	sie ein Zeichen vom Himmel s. zu l.
	27,49	halt, l. s., ob Elia komme Mk 15,36
Apg	1,3	l. sich s. unter ihnen 40 Tage lang

Seher

1Sm	9,9	laßt uns zu dem S. gehen 11.18.19
2Sm	24,11	Gad, Davids S. 1Ch 21,9; 29,29; 2Ch 29,25
2Kö	17,13	hatte der HERR gewarnt durch alle S.
1Ch	9,22	Samuel, der S. 26,28; 29,29
	25,5	Hemans, des S. des Königs 2Ch 35,15
2Ch	9,29	in den Gesichten des S. Jedo 12,15; 33,19
	16,7	kam der S. zu dem König 10; 19,2; 29,30; 33,18
Jes	29,10	eure Häupter – die S. – hat er verhüllt
	30,10	sagen den S.: Ihr sollt nicht sehen
Am	7,12	sprach zu Amos: Du S., geh weg
Mi	3,7	die S. sollen zuschanden werden

sehet, seht

1Mo	1,29	s. da, ich habe euch gegeben
	37,19	s., der Träumer kommt daher
	39,14	s., er hat uns den Mann hergebracht
2Mo	16,29	s., der HERR hat euch den Sabbat gegeben
	24,8	s., das ist das Blut des Bundes
	35,30	s., der HERR hat berufen Bezalel
5Mo	32,39	s. nun, daß ich's allein bin
Jos	22,28	s., wie der Altar des HERRN gebaut ist
	23,4	s., ich hab euch diese Völker zugeteilt
1Sm	14,29	s., wie strahlend sind meine Augen
Jes		s., da ist hier euer Gott
Jdt	13,19	s., dies ist das Haupt des Holofernes
Lk	7,25	s., die herrliche Kleider tragen, sind an den königlichen Höfen
	10,19	s., ich habe euch Macht gegeben
	13,35	s., euer Haus soll euch wüst gelassen werden
	18,31	s., wir gehen hinauf nach Jerusalem
Jh	19,4	s., ich führe ihn heraus zu euch
	5	Pilatus spricht: S., welch ein Mensch 14
Apg	5,28	s., ihr habt Jerusalem erfüllt mit eurer Lehre
Gal	6,11	s., mit wie großen Buchstaben ich schreibe
1Jh	3,1	s., welch eine Liebe uns der Vater erwiesen
Heb	7,4	s., wie groß der ist, dem Abraham

Sehne

Hi	10,11	mit S. hast du mich zusammengefügt
	40,17	die S. sind dicht geflochten
Ps	11,2	die Gottlosen legen ihre Pfeile auf die S.
Jes	48,4	daß dein Nacken eine eiserne S. ist
Hes	37,5	ich will euch S. geben 8
Hab	3,9	legtest die Pfeile auf deine S.

sehnen

1Mo	31,30	s. dich so sehr nach deines Vaters Hause
	34,8	das Herz meines Sohnes s. sich nach eurer
Hi	7,2	wie ein Knecht sich s. nach dem Schatten
	19,27	danach s. sich mein Herz
Hi	36,20	s. dich nicht nach der Nacht
Ps	12,6	Hilfe schaffen dem, der sich danach s.
	84,3	meine Seele s. sich nach den Vorhöfen
	88,10	mein Auge s. sich aus dem Elend
	119,82	meine Augen s. sich nach deinem Wort 123
Hes	23,21	s. dich nach der Unzucht deiner Jugend
Wsh	4,2	ist sie nicht da, so s. man sich nach ihr
Rö	8,22	*alle Kreatur s. sich mit uns*
	23	wir seufzen und s. uns nach der Kindschaft
2Ko	5,2	darum seufzen wir auch und s. uns danach
	9,14	in ihrem Gebet für euch s. sie sich nach euch
1Th	3,6	daß ihr euch danach s., uns zu sehen
Heb	11,16	nun s. sie sich nach einem besseren Vaterland

sehnlich

Phl	1,20	wie ich s. warte und hoffe

sehr

1Mo	1,31	siehe, es war s. gut
	13,2	s. reich an Vieh 26,13; 2Mo 12,38; 4Mo 32,1; Jos 22,8
	15,1	bin dein Schild und dein s. großer Lohn
	17,6	will dich s. fruchtbar machen 47,27; 2Mo 1,20; Ps 105,24; 107,38
2Mo	4,14	da wurde der HERR s. zornig 4Mo 11,10.33; 5Mo 9,20; 2Kö 17,18
2Sm	8,8	nahm s. viel Kupfer 1Kö 7,47; 1Ch 18,8; 2Ch 4,18
1Kö	5,9	Gott gab Salomo s. große Weisheit
1Ch	21,13	denn seine Barmherzigkeit ist s. groß
Ps	65,10	du machst (das Land) s. reich
	79,5	wie lange willst du so s. zürnen 90,11; Jes 64,8
	92,6	deine Gedanken sind s. tief
	104,1	HERR, mein Gott, du bist s. herrlich
	145,3	der HERR ist groß und s. zu loben
Jes	38,17	um Trost war mir s. bange
Sa	9,9	du, Tochter Zion, freue dich s.
Mt	17,6	die Jünger erschraken s.
	27,14	daß sich der Statthalter s. verwunderte
	54	erschraken sie s. und sprachen
Mk	6,26	der König wurde s. betrübt
	9,3	seine Kleider wurden hell und s. weiß
	16,4	denn er ist s. groß
Lk	7,4	als sie zu Jesus kamen, baten sie ihn s.
	18,23	wurde er traurig; denn er war s. reich
Jh	11,33	als Jesus… wurde (er) s. betrübt
Apg	6,7	die Zahl der Jünger wurde s. groß in Jerusalem
	26,2	es ist mir s. lieb, König Agrippa
2Th	1,3	euer Glaube wächst s.
2Ti	4,15	er hat sich unsern Worten s. widersetzt
Off	16,21	diese Plage ist s. groß

seicht

Jes	19,6	die Flüsse Ägyptens werden s. werden

Seide

Hes	16,13	warst gekleidet mit kostbarer S.
Off	18,12	(ihre Ware:) Purpur und S. und Scharlach

seiden

Hes	16,10	ich hüllte dich in s. Schleier

Seife

Jer 2,22 wenn du auch nähmest viel S. dazu

seihen

Mt 23,24 die ihr Mücken s. und Kamele verschluckt

Seil

2Mo	35,18	die Zeltpflöcke mit ihren S. 39,40; 4Mo 3,26. 37; 4,26.32
Jos	2,15	ließ Rahab sie an einem S. hernieder 18.21
Ri	16,7	wenn man mich bände mit sieben S. 8.9
Hi	30,11	er hat mein s. gelöst
	39,10	kannst du ihm das S. anknüpfen
Jes	33,20	keines seiner S. zerrissen werden 54,2
Jer	5,5	sie haben die S. zerrissen 10,20
	38,6	ließen ihn an S. hinab 11.12
Hos	11,4	ich ließ sie in S. der Liebe gehen
Apg	27,17	umspannten zum Schutz das Schiff mit S.

sein

1Mo	31,21	floh mit allem, was s. war
3Mo	25,13	wieder zu dem S. kommen 27,19
	27,28	Gebanntes... von allem, was s. ist
5Mo	5,21	sollst nicht begehren, was s. ist
	6,13	Gott... bei s. Namen schwören
	21,17	s. ist das Recht der Erstgeburt
Hi	12,13	s. ist Rat und Verstand
	16	s. ist, der da irrt und der irreführt
	23,2	s. Hand drückt schwer 27,22
Ps	95,4	die Höhen der Berge sind auch s. 5
	100,3	gemacht zu s. Volk
	112,5	wohl dem, der das S. tut
	148,13	denn s. Name allein ist hoch
Hl	2,16	mein Freund ist mein, und ich bin s. 6,3
Jer	29,32	daß keiner von den S. bleiben soll 36,30
Hes	45,8	nicht mehr meinem Volk das S. nehmen
Mt	6,34	der morgige Tag wird für das S. sorgen
Mk	3,21	als es die S. hörten
Lk	15,14	als er all das S. verbraucht hatte
Jh	1,11	die S. nahmen ihn nicht auf
	13,1	wie er die S. geliebt hatte
	16,32	zerstreut, ein jeder in das S.
Apg	4,32	nicht einer sagte von seinen Gütern, daß sie s. wären
	16,33	er ließ sich und alle die S. sogleich taufen
	24,23	niemandem von den S. zu wehren, ihm zu dienen
Rö	4,17	Gott, der ruft das, was nicht ist, daß es sei
	8,9	wer Christi Geist nicht hat, ist nicht s.
1Ko	10,24	niemand suche das S.
	12,11	d. Geist teilt einem jeden das S. zu
Phl	2,4	ein jeder sehe nicht auf das S.
1Ti	5,8	wenn jemand die S. nicht versorgt
2Ti	2,19	der HERR kennt die S.
1Pt	4,11	s. ist die Ehre und Gewalt von Ewigkeit zu Ewigkeit 5,11
Heb	2,6	was ist der Mensch, daß du s. gedenkst

sein

(Verb, s.a. auf sein; aus sein; aus sein auf; dahin sein)

1Mo	2,18	eine Gehilfin, die um ihn sei 20
	3,5	ihr werdet s. wie Gott
	15,7	ich bin der HERR 2Mo 6,2.6.7.29; 7,5.17; 8,18; 10,2; 12,12; 14,4.18; 15,26; 16,12; 20,2.5; 29,46; 31,13; 3Mo 11,44.45; 18,2.4-6.21.30; 19,3u.ö.37; 20,7.8.24; 21,12.15.23; 22,2.3.8.9.16. 30-33; 23,22.43; 24,22; 25,17.38.55; 26,1.2.13.44. 45; 4Mo 3,13.41.45; 10,10; 15,41; 35,34; 5Mo 5,6; 29,5.12; Jos 22,34; 24,18; Ri 6,10; 1Kö 20,13.28; 1Ch 16,14; Ps 81,11; Jes 41,10.13; 43,3.11.13.15; 44,24; 45,3.5.7.18.19; 46,9; 48,17; 49,23; 51,15; 60,16; 61,8; Jer 3,22; 9,23; 14,22; 24,7; 31,18; Hes 6,7.u.ö.39.28; Hos 12,10; 13,4; Jo 2,27; Sa 10,6
1Mo	17,1	ich bin der allmächtige Gott 35,11
	22,1	hier bin ich 7.11; 27,1.18; 31,11; 37,13; 46,2; 2Mo 3,4; 1Sm 3,4-8.16; 2Sm 1,7.8.13; 15,2; Jes 6,8; Jon 1,8
	26,3	will mit dir s. 24.28; 28,15; 31,3; 2Mo 3,12; Ri 6,16; Jes 43,2.5; 45,14; Jer 1,8.19; 14,9; 15,20; 42,11; 46,28; Hag 1,13; Sa 10,5
	24	ich bin der Gott deines Vaters 46,3; 2Mo 3,6
	31,13	ich bin der Gott... zu Bethel erschienen
2Mo	3,11	wer bin ich 1Sm 18,18; 2Sm 7,18; 9,8; 2Ch 2,5
	14	ich werde s., der ich s. werde
3Mo	26,12	ich will euer Gott s. 5Mo 26,17
4Mo	14,9	der HERR ist mit uns 14; 16,3; 23,21; 5Mo 7,21; 20,1; 31,8.23; Jos 1,5.9.17; 3,7.10; 6,27; 14,12; 22,31; Ri 1,22; 2Ch 15,2
	42	der HERR ist nicht unter euch 43; 5Mo 1,42; 31,17; Jos 7,12; 1Ch 28,20
	23,19	Gott ist nicht ein Mensch Hi 33,12
5Mo	1,17	das Gericht ist Gottes 32,35
	2,7	40 Jahre ist der HERR bei dir gewesen
	3,24	wo ist ein Gott, der es... gleichtun könnte Jer 10,6.7; 49,19; 50,44
	4,24	der HERR ist ein eifernder Gott 5,9; 6,15;
	35	daß der HERR allein Gott ist 39; 6,4; 7,9; 10,17; 32,39; Jos 2,11; 1Kö 8,60; 18,36-39; 20,13; 2Kö 5,15; 19,15.19; 1Ch 17,20.24.26; 2Ch 13,10; 14,10; 20,6; 33,13; Neh 9,6.7; Hi 23,13; Jes 37,16.20; 43,11; 44,6.8; 45,5.6.14.21. 22; 49,26
	5,15	daran denken, daß auch du Knecht warst 6,21; 10,19; 15,15; 16,12; 23,8; 24,18.22; 26,5
	21	sollst nicht begehren, was sein ist
	7,6	du bist ein heiliges Volk 14,2.21; 26,19
	10,14	alles das ist des HERRN 29,28
	26,5	mein Vater war ein Aramäer
	33,27	Zuflucht ist bei dem alten Gott
1Sm	20,13	der HERR sei mit dir
1Kö	5,21	gelobt sei der HERR 8.15.56; 10,9; 1Ch 29,10; 2Ch 2,11; 6,4; 9,8
	8,51	sie sind dein Volk 2Kö 11,17; 2Ch 23,16
	17,24	des HERRN Wort ist Wahrheit
	18,21	ist der HERR Gott, so
2Kö	1,3	ist denn kein Gott in Israel 6.16
	18,34	wo sind die Götter 35; 2Ch 32,14; Jes 36,19
1Ch	16,26	aller Heiden Götter sind Götzen
	17,13	ich will sein Vater s., und er soll mein Sohn s. 22,10; 28,6
	21,24	will nicht, was dein ist, für den HERRN
Esr	1,3	der Gott, der zu Jerusalem ist 6,22; 7,15
Hi	7,17	was ist der Mensch 15,14
	34,19	sie sind seiner Hände Werk Jes 64,7
Ps	23,4	du bist bei mir 91,15; 139,3
	89,27	du bist mein Vater, m. Gott Jes 63,16; 64,7
	90,2	bist du, Gott, von Ewigkeit zu Ewigkeit
	139,18	am Ende bin ich noch immer bei dir
Jes	41,24	ihr seid nichts und euer Tun ist auch nichts
	42,8	der HERR, das ist mein Name
	43,1	du bist mein 51,16
	13	ich bin, ehe denn ein Tag war

sein

Jes	44,6	ich bin der Erste und der Letzte 48,12; Off 1,17; 22,13
	49,5	mein Gott ist meine Stärke Jer 16,19; 17,13
	60,19	der HERR wird dein ewiges Licht s. 20
	66,1	der Himmel ist mein Thron
Jer	1,6	ich bin zu jung 7
	10,16	er ist's, der alles geschaffen 51,19
Hes	11,20	sollen mein Volk s., und ich will ihr Gott s. 14,11; 34,24.30.31; 36,20.28; 37,23.27
Sir	16,16	was ist ich gegen die ganz große Welt
Mt	2,6	du, Bethlehem, bist keineswegs die kleinste
	3,11	ich bin nicht wert Mk 1,7; Lk 3,16; Apg 13,25
	17	dies ist mein lieber Sohn 17,5; Mk 1,11; 9,7; Lk 3,22; 9,35; Apg 13,33; Heb 1,5; 5,5
	4,3	bist du Gottes Sohn, so sprich 6; Lk 4,3.9
	5,13	ihr s. das Salz der Erde
	14	ihr s. das Licht der Welt
	6,26	seid ihr denn nicht viel mehr als (die Vögel) Lk 12,24
	11,3	bist du es, der kommen soll Lk 7,19.20
	12,30	wer nicht mit mir ist, der ist gegen mich Mk 9,40; Lk 9,50; 11,23
	14,27	seid getrost, ich bin's 28; Mk 6,50; Jh 6,20
	33	du bist wahrhaftig Gottes Sohn 16,16.20; Mk 1,24; 3,11; 8,29; Lk 4,34.41; 9,20; Jh 1,49; 6,69; 11,27
	16,18	ich sage dir: Du bist Petrus
	17,17	wie lange soll ich bei euch s. Mk 9,19; Lk 9,41
	19,30	viele, die die Ersten sind, werden die Letzten und die Letzten werden die Ersten s. 20,16; Mk 9,35; 10,31.44; Lk 13,30
	20,26	so soll es euch s. unter euch Mk 10,43; Lk 22,26; Jak 3,10
	22,32	ich bin der Gott Abrahams Mk 12,26; Apg 7,32
	24,5	werden sagen: Ich bin der Christus Mk 13,6. 21; Lk 21,8
	26,22	Herr, bin ich's Mk 14,19; Jh 13,24-26; 21,20
	26	das ist mein Leibe 28; Mk 14,22.24; Lk 22,19. 20; 1Ko 11,24.25
	63	sagst, ob du der Christus bist 27,11; Mk 14,61.62; Lk 22,70.71; Jh 10,24; 18,5.6.8.33.37
	69	du warst auch mit dem Jesus 71.73; Mk 14,67.69.70; Lk 22,58; Jh 18,17.25
	27,43	er hat gesagt: Ich bin Gottes Sohn Lk 23,2.3; Jh 10,36
	54	wahrlich, dieser ist Gottes Sohn gewesen Mk 15,39; Lk 23,47
	28,20	ich bin bei euch alle Tage bis an der Welt Ende
Lk	1,15	er wird groß s. vor dem Herrn
	4,18	der Geist des Herrn ist auf mir
	14,26	der kann nicht mein Jünger s. 27.33
	15,31	alles, was mein ist, das ist dein Jh 17,10
	19,19	du sollst über fünf Städte s.
	23,37	bist du der Juden König, so hilf dir selber 35. 39
Jh	1,19	daß sie ihn fragten: Wer bist du 20-23.25; 3,28; Apg 13,25
	3,31	wer von der Erde i., der i. von der Erde
	4,12	bist du mehr als unser Vater Jakob
	26	ich bin's, der mit dir redet
	8,12	ich bin das Licht der Welt 9,5
	58	ehe Abraham wurde, bin ich
	10,7	ich bin die Tür zu den Schafen 9
	11	ich bin der gute Hirte 14
	33	du bist ein Mensch und machst dich selbst zu Gott
Jh	11,25	ich bin die Auferstehung und das Leben
	12,26	wo ich bin, da soll mein Diener auch s.
	13,19	damit ihr glaubt, daß ich es bin
	14,2	wenn's nicht so wäre, hätte ich zu euch gesagt
	3	damit ihr seid, wo ich bin 17,24
	6	ich bin der Weg und die Wahrheit und das Leben
	15,1	ich bin der wahre Weinstock 5
	16,32	ich bin nicht allein, denn der Vater ist bei mir
	17,14	sie sind nicht von der Welt, wie auch ich nicht von der Welt bin 16
	20,19	Friede sei mit euch 21.26
Apg	5,36	gab vor, er wäre etwas 8,9
	9,5	er sprach: Herr, wer bist du 22,8; 26,15
	10	er sprach: Hier bin ich, Herr
	20	predigte, daß dieser Gottes Sohn sei 22; 17,3; 18,5.28
	10,36	Jesus Christus, welcher ist Herr über alle
	38	Gott war mit ihm
	11,17	wer war ich, daß ich Gott wehren konnte
	13,47	damit du das Heil seist bis an die Enden
	18,10	ich bin mit dir
	26,29	daß alle das würden, was ich bin 1Ko 7,7
Rö	2,1	nicht entschuldigen, wer du auch bist
	3,26	gerecht macht den, der da ist aus dem Glauben
	7,14	ich bin fleischlich, unter die Sünde verkauft
	8,7	fleischlich gesinnt sein ist Feindschaft gegen Gott
	31	ist Gott für uns, wer kann wider uns s.
	9,20	wer bist du, daß du mit Gott rechten willst
1Ko	3,23	ihr seid Christi, Christus ist Gottes
	9,21	obwohl ich nicht ohne Gesetz bin vor Gott, sondern bin in dem Gesetz Christi
	12,27	ihr seid der Leib Christi
	15,10	durch Gottes Gnade bin ich, was ich bin
	28	damit Gott sei alles in allem
Phl	2,11	bekennen sollen, daß Jesus der Herr ist
1Ti	1,17	Gott, der allein Gott ist, sei Ehre und Preis
	2,5	es ist ein Gott und ein Mittler
1Jh	1,5	Gott ist Licht, in ihm ist keine Finsternis
	3,5	in ihm ist keine Sünde
	4,8	Gott ist die Liebe 16
	5,1	wer glaubt, daß Jesus der Christus ist 5
Heb	1,12	du aber bist derselbe
	2,6	was ist der Mensch, daß du seiner gedenkst
	5,6	du bist ein Priester in Ewigkeit 7,17.21
Jak	1,22	seid Täter des Worts und nicht Hörer allein
	4,4	daß Freundschaft mit der Welt Feindschaft mit Gott ist
Off	1,8	ich bin das A und das O 21,6; 22,13
	17	ich bin der Erste und der Letzte 22,13

seinesgleichen

1Mo	8,19	ging aus der Arche, ein jedes mit s.
1Sm	21,10	David sprach: S. gibt es nicht; gib mir's
2Kö	18,5	daß s. nach ihm nicht war 23,25
Hi	1,8	es ist s. nicht auf Erden 2,3; 41,25
Jer	30,7	ist ein gewaltiger Tag, s. nicht gewesen
Sir	13,19	jedes Tier liebt s.
	20	soll auch der Mensch sich gesellen zu s.
	28,4	er ist unbarmherzig gegen s.

seinetwegen, seinetwillen

3Mo	19,17	damit du nicht s. Schuld auf dich ladest
Ri	9,3	redeten die Brüder s. alle diese Worte

1Sm	17,32	s. lasse keiner den Mut sinken
Ze	3,18	daß du s. keine Schmach mehr trägst
Sa	8,2	ich eifere um s. in großem Zorn
Sir	41,10	um s. sind sie verachtet
2Ma	3,33	um s. hat dir der Herr das Leben geschenkt
Mt	27,19	ich habe heute viel erlitten im Traum um s.
Jh	7,43	so entstand s. Zwietracht im Volk
	12,11	s. gingen viele Juden hin
Rö	4,23	ist nicht allein um s. geschrieben
2Ko	12,8	s. habe ich dreimal zum Herrn gefleht
Phl	1,29	sondern auch um s. zu leiden
	3,8	um s. ist mir das alles ein Schaden geworden
Kol	4,10	s. habt ihr schon Weisungen empfangen
Off	1,7	werden wehklagen um s. alle Geschlechter

Seïr

1Mo	14,6	¹die Horiter auf ihrem Gebirge S. 36,30; 5Mo 2,12
	32,4	zu Esau ins Land S. 33,14.16; 36,6.8.9; 5Mo 2,4.5.8.22.29
4Mo	24,18	S. wird unterworfen sein
5Mo	1,2	auf dem Wege zum Gebirge S. 44; 2,1; 1Ch 4,42
	33,2	der HERR... aufgeleuchtet von S. her Ri 5,4
Jos	11,17	Gebirge, das aufsteigt nach S. 12,7
2Ch	20,10	die vom Gebirge S. (kommen) 22.23
Jes	21,11	man ruft zu mir aus S.
Hes	25,8	weil Moab und S. sprechen
	35,2	richte dein Angesicht gegen S. 3.7.15
Sir	50,28	(kein Volk:) das auf dem Gebirge S.
1Mo	36,20	²Söhne von S., dem Horiter 21; 1Ch 1,38
1Ch	25,11	erschlug 10.000 Männer von S. 14
Jos	15,10	³(Juda... die Grenze) biegt zum Gebirge S.

Seïra

Ri	3,26	Ehud entkam bis nach S.

seit, seitdem

Hi	20,4	S. Menschen auf Erden sind Off 16,18

Seite

1Mo	6,16	die Tür mitten in seine S. setzen
	31,42	wenn nicht Gott auf meiner S. gewesen wäre
2Mo	2,12	schaute er sich nach allen S. um
	17,12	stützten ihm die Hände, auf jeder S. einer
	25,12	zwei Ringe auf der einen S. 14.32; 26,13.20; 27,7.9.14.15; 30,4; 36,25; 37,3.5.18.27; 38,7.14.15; 40,22.24
	32,15	die waren beschrieben auf beiden S.
3Mo	1,11	an der S. des Altars 5,9; 2Kö 16,14
4Mo	3,29	sollen sich lagern an der S. der Wohnung 35
	22,24	Mauern waren zu beiden S.
	33,55	werden zu Stacheln in euren S.
	35,5	(Weideland) abmessen auf der S. nach Osten
Jos	3,16	Stadt Adam, die zur S. von Zaretan liegt 12,9; 15,46; 18,14.15.20
	8,14	Hinterhalt auf der andern S. der Stadt
	33	ganz Israel stand zu beiden S. der Lade
Ri	18,10	das Land ist weit nach allen S.
Rut	2,14	sie setzte sich zur S. der Schnitter
1Sm	14,40	tretet auf die eine S... auf die andere S.
	20,20	will ich nach seiner S. 3 Pfeile schießen
	25	Abner stand auf der einen S. Sauls
	23,26	Saul ging auf der einen S. eines Berges, David auf der andern S. 26,13
2Sm	2,13	lagerten sich auf dieser S. des Teiches
	15	gingen hin zwölf auf der S. Isch-Boschets
	16	stieß ihm sein Schwert in die S.
	15,18	seine Großen an seiner S. 1Ch 18,17
	18,30	tritt zur S... und er trat zur S.
1Kö	3,20	nahm meinen Sohn von meiner S.
	6,8	die Tür war auf der rechten S. 7,39
	7,9	von Steinen, geschnitten auf allen S.
	28	war so gemacht, daß es s. hatte 29.32
	10,19	waren Lehnen auf beiden S. 20; 2Ch 9,18.19
	18,21	wie lange hinket ihr auf beiden S.
2Kö	2,8	Wasser; das teilte sich nach beiden S. 14
	11,11	von der S. im Süden bis zur S. 2Ch 23,10
1Ch	7,29	S. der Söhne Manasses
	23,28	stehen zur S. der Söhne Aaron 2Ch 31,15
2Ch	13,7	schlugen sich auf seine S. ruchlose Leute
Neh	11,24	Petachja stand dem König zur S.
Ps	17,9	vor mir von allen S. nach dem Leben
	45,4	gürte dein Schwert an die S., du Held
	91,7	wenn auch tausend fallen zu deiner S.
	118,11	sie umgeben mich von allen S.
	139,5	von allen S. umgibst du mich
Jer	49,32	von allen S. her Unglück 51,2; Klg 2,22
Hes	1,8	hatten Menschenhände an ihren S. 10
	17	nach den vier S. konnten sie gehen 10,11.16
	4,4	sollst dich auf d. linke S. legen 6.8.9
	9,2	hatte ein Schreibzeug an seiner S. 3.11
	29,7	stachst sie in die S.
	34,21	weil ihr mit S. und Schulter drängtet
	40,10	Nischen waren auf jeder S. 12u.ö.49; 41,1-3. 11.12.15.16.26; 45,7; 46,19; 48,21
	47,1	die vordere S. lag gegen Osten 7.12.20
Dan	7,5	Tier war auf der einen S. aufgerichtet
Jdt	5,10	daß das Wasser auf beiden S. stand
1Ma	6,38	Reiterei auf beiden S. des Heeres
	45	tötete viele von ihnen auf beiden S.
	9,15	schlugen das Heer auf der rechten S.
	45	auf der einen S. wie auf der andern S.
	13,20	Simon war ihm mit seinem Heer an der S.
2Ma	3,26	traten auf beiden S. neben ihn hin
Lk	1,11	der Engel stand auf der rechten S. des Räucheraltars
	19,43	eine Zeit, da werden deine Feinde dich von allen S. bedrängen
Jh	19,18	zwei andere zu beiden S., Jesus in der Mitte
	34	stieß mit dem Speer in seine S.
	20,20	als er das gesagt, zeigte er ihnen seine S.
	25	nicht meine Hand in seine S. lege 27
Apg	12,7	er stieß Petrus in die S. und weckte ihn
2Ko	4,8	wir sind von allen S. bedrängt 7,5
Off	22,2	auf beiden S. des Stromes Bäume des Lebens

Seitenarm

Sir	24,40	ging hervor wie ein S. aus dem Strom

Seitengemach

1Kö	6,5	machte S. ringsumher 8

Seitenraum

Hes	41,6	S. gab es... S. ringsherum 7-9

Seitenwand

Hes	40,18	lief die S. der Tore entlang
	47,1	das Wasser lief an der S. hinab 2

Sekte

Sekte

Apg	5,17	nämlich die S. der Sadduzäer
	15,5	etliche von der Pharisäer S.
	24,5	daß er ein Anführer der S. der Nazarener ist
	14	nach dem Weg, den sie eine S. nennen
	26,5	nach der allerstrengsten S. unsers Glaubens
	28,22	von dieser S. ist uns bekannt, daß
2Pt	2,1	die nebeneinführen verderbliche S.

Sekundus

Apg	20,4	es zogen mit ihm aus Thessalonich S.

Sela

Ps	3,3	S. 5.9; 4,3.5; 7,6; 9,17.21; 20,4; 21,3; 24,6.10; 32,4.5.7; 39,6.12; 44,9; 46,4.8.12; 47,5; 48,9; 49,14.16; 50,6; 52,5.7; 54,5; 55,8.20; 57,4.7; 59,6.14; 60,6; 61,5; 62,5.9; 66,4.7.15; 67,2.5; 68,8.20.33; 75,4; 76,4.10; 77,4.10.16; 81,8; 82,2; 83,9; 84,5.9; 85,3; 87,3.6; 88,8.11; 89,5.38.46.49; 140,4.6.9; 143,6; Hab 3,3.9.13

Sela (Name)

2Kö	14,7	¹(Amazja) eroberte die Stadt S.
Jes	16,1	²schickt dem Landesherrn die Lämmer von S. (= Jokteel 2)

Sela-Machlekot, *Sela-Machlekoth*

1Sm	23,28	daher nennt man den Ort S.

selber

1Mo	26,32	am s. Tage kamen Isaaks Knechte
2Mo	5,6	befahl der Pharao am s. Tage den Vögten
	18,22	alle geringeren Sachen s. richten 26
	32,16	Gott hatte s. die Schrift eingegraben
3Mo	25,5	was von s. nach deiner Ernte wächst 11; 2Kö 19,29; Jes 37,30
	27,23	soll diese Summe am s. Tage geben
4Mo	31,53	hatte jeder nur für sich s. Beute gemacht
	32,10	des HERRN Zorn entbrannte zur s. Zeit 5Mo 31,17
5Mo	1,9	sprach ich zur s. Zeit zu euch 16; 3,21.23; 4,14; 9,20; 31,22; 32,48
	10,8	zur s. Zeit sonderte der HERR Levi aus
	21,23	sollst ihn am s. Tage begraben
	24,15	sollst ihm seinen Lohn am s. Tage geben
	31,3	der HERR wird s. vor dir hergehen. Er s. wird diese Völker vertilgen 6.8; Jos 23,3
	32,31	so müssen sie s. urteilen
Jos	14,12	denn du hast's gehört am s. Tage
Ri	15,12	daß ihr s. mir nichts antun wollt
	20,22	um am s. Ort noch weiter zu kämpfen
1Sm	25,31	daß du dir s. geholfen habest
1Kö	16,16	machte ein s. Tag Omri zum König
	34	zur s. Zeit baute Hiël Jericho wieder auf
2Kö	8,22	auch fiel zur s. Zeit Libna ab 2Ch 21,10
	10,32	zur s. Zeit fing der HERR an
	18,16	zur s. Zeit zerbrach Hiskia die Türen
1Ch	29,22	aßen am s. Tage vor dem HERRN
2Ch	15,11	opferten am s. Tage von der Beute
	30,7	wie ihr s. seht Hi 27,12
Neh	13,15	zur s. Zeit sah ich in Juda
Hi	22,2	nur sich s. nützt ein Kluger
	32,2	weil er sich s. für gerechter hielt
Ps	35,8	sein Netz fange ihn s., zum eigenen Unheil
Ps	140,10	das Unglück komme über sie s.
Spr	11,17	ein barmherziger Mann nützt auch sich s.
	21,7	der Gottlosen Gewalt rafft sie s. weg
Pr	3,18	sie sehen, daß sie s. sind wie das Vieh
	4,8	gönne mir s. nichts Gutes? Das ist eitel
	10,12	des Toren Lippen verschlingen ihn s.
Jes	20,6	wie könnten wir s. entrinnen
Jer	28,17	der Prophet Hananja starb im s. Jahr
	39,10	ließ zur s. Zeit etliche zurück 16.17; 49,26; 50,4.20
Hes	20,6	erhob zur s. Zeit meine Hand 29,21; 30,9
Dan	4,3	zur s. Zeit kehrte mein Verstand zurück
Hos	2,20	ich will zur s. Zeit einen Bund schließen 23; Jo 3,2; 4,1.18; Am 9,11; Mi 4,6; 5,3; Ze 3,11. 16.19.20; Hag 2,23; Sa 12,3
Am	8,3	Lieder sollen in Heulen verkehrt werden zur s. Zeit 9; Ob 8; Mi 2,4; 3,4; 5,9; Ze 1,9.10.12
Sa	6,10	geh an diesem s. Tage ins Haus Josias
	8,21	wir s. wollen hingehen
	11,11	er wurde aufgehoben am s. Tage
Wsh	13,16	er weiß, daß er sich s. nicht helfen kann
Tob	12,10	wer Sünde tut, bringt sich s. um sein Leben
Sir	2,23	Barmherzigkeit ist so groß, wie er s. ist
	3,13	den Vater ehren bringt dir s. Ehre
	29	ein… Mensch macht es sich s. schwer
	14,4	wer sich s. nichts Gutes gönnt
	18,33	weil er s. kein Geld mehr im Beutel hat
	21,30	seinem Widersacher flucht, so flucht er sich s.
Bar	6,58	so können sie sich s. nicht helfen 50
Mt	27,40	hilf dir s., wenn du Gottes Sohn bist 42; Mk 15,30.31; Lk 23,35.37
Lk	4,23	Arzt, hilf dir s.
	12,57	warum urteilet ihr nicht von euch s.
	13,31	zur s. Stunde kamen etliche Pharisäer
	24,39	seht meine Hände und Füße, ich bin's s.
Jh	4,2	obwohl Jesus nicht s. taufte
	42	wir haben s. gehört und erkannt
	44	denn er s., Jesus, bezeugte, daß ein Prophet daheim nichts gilt
	8,28	daß ich nichts von mir s. tue
	42	*ich bin nicht von mir s. gekommen*
	54	wenn ich mich s. ehre, so ist meine Ehre nichts
	10,18	(mein Leben) ich s. lasse es
	15,4	*kann keine Frucht bringen von sich s.*
	16,13	er wird nicht aus sich s. reden
Apg	8,34	redet der Prophet das von sich s.
	9,34	steh auf und mach dir s. das Bett
	12,10	das tat sich ihnen von s. auf
	17,25	da er doch s. jedermann Leben gibt
	18,15	weil… so seht ihr s. zu
	20,34	ihr wißt s., daß meine Hände
	21,24	daß du s. nach dem Gesetz lebst und es hältst
	22,13	zur s. Stunde konnte ich ihn sehen
	25,4	er s. werde in Kürze wieder dahin ziehen
	25	daß er s. sich auf den Kaiser berief
Rö	2,21	du lehrst andere, und lehrst dich s. nicht
	9,3	ich s. wünschte, verflucht zu sein
	12,19	*rächet euch s. nicht*
	14,7	unser keiner lebt sich s., und keiner stirbt sich s.
	15,1	wir sollen nicht Gefallen an uns s. haben
	14	ich weiß, daß ihr s. voll Güte seid
1Ko	2,15	wird doch s. von niemandem beurteilt
	11,29	der ißt und trinkt sich s. zum Gericht
	31	wenn wir uns s. richteten, so würden wir nicht gerichtet
	14,28	er rede für sich s. und für Gott

2Ko	1,4	Trost, mit dem wir s. getröstet werden
	3,5	nicht daß wir tüchtig sind von uns s.
	5,18	Gott, der uns mit sich s. versöhnt hat 19
	8,17	ist er von s. zu euch gereist
Gal	2,17	sollten wir s. als Sünder erfunden werden
Eph	2,15	in sich s. einen neuen Menschen schaffe
1Ti	1,7	verstehen s. nicht, was sie sagen
	5,22	halte dich s. rein
2Pt	1,16	wir haben seine Herrlichkeit s. gesehen
Heb	2,18	worin er s. gelitten hat und versucht worden ist
	5,2	weil er s. Schwachheit an sich trägt
Jak	2,17	so ist auch der Glaube... tot in sich s.
Off	13,10	der wird s. in das Gefängnis gehen

selbst

1Mo	18,12	darum lachte sie bei sich s.
	22,16	habe bei mir s. geschworen 2Mo 32,13; Jes 45,23; Jer 22,5; 49,13
2Mo	7,29	Frösche sollen auf dich s. kriechen 9,14
	10,10	ihr seht doch s., daß ihr Böses vorhabt
	32,16	Gott hatte (die zwei Tafeln) s. gemacht
	33,3	ich s. will nicht mit dir hinaufziehen
3Mo	11,43	macht euch s. nicht zum Greuel 18,10
	19,18	sollst deinen Nächsten lieben wie dich s. Mt 19,19; 22,39; Mk 12,31.33; Lk 10,27; Rö 13,9; Gal 5,14; Jak 2,8
	34	(Fremdling) sollst ihn lieben wie dich s.
4Mo	4,15	sollen das Heilige s. nicht anrühren 20
Jos	13,14	Gott s. ist (der Leviten) Erbteil 33
	24,22	ihr seid Zeugen gegen euch s.
1Kö	8,31	ihm auferlegt, sich s. zu verfluchen 2Ch 6,22
1Ch	17,21	sich s. einen Namen zu machen
Hi	1,12	an ihn s. lege deine Hand nicht
	5,7	der Mensch erzeugt sich s. das Unheil 15,4
	7,20	daß ich mir s. eine Last bin
	15,15	s. die Himmel sind nicht rein vor ihm
	17,3	sei du s. mein Bürge bei dir
	19,18	s. die Kinder geben nichts auf mich
	23,6	er s. würde achthaben auf mich
Ps	50,6	denn Gott s. ist Richter
	57,7	Grube gegraben – und fallen doch s. hinein Spr 28,10; Pr 10,8
	87,5	er, der Höchste, erhält (Zion)
	100,3	er hat uns gemacht und nicht wir s.
Spr	1,18	stehen sich s. nach dem Leben
	16,32	sich s. beherrscht, (ist) besser als
	22,25	könntest dich s. zu Fall bringen
	26,6	wie einer, der sich s. die Füße abhaut
	29,15	ein Knabe, sich s. überlassen, macht
Hl	2,7	bis es ihr s. gefällt 3,5; 8,4
Jes	3,9	bringen sie sich s. in alles Unglück Jer 2,17; 7,19; 42,20; 44,7
	5,21	weh denen... und halten sich s. für klug
	7,14	wird euch der HERR s. ein Zeichen geben
	13,5	sie kommen ja, der HERR s.
	33,11	Feuer, das euch s. verzehren wird
	49,25	deinen Gegnern entgegentreten
	59,16	sieht, daß niemand... Da hilft er s.
Jer	21,5	ich s. will wider euch streiten
Klg	4,10	haben ihre Kinder s. kochen müssen
Hes	14,7	dem will ich, der HERR s. antworten
	20,43	werdet vor euch s. Abscheu haben 36,31
	34,2	wehe den Hirten, die sich s. weiden 8.10; Jud 12
	11	will mich meiner Herde s. annehmen 15.20
Dan	1,5	von dem Wein, den er s. trank
	2,44	sein Reich... aber es s. wird ewig bleiben
Hos	9,8	Anfeindung s. im Hause seines Gottes

Am	5,26	Bilder, welche ihr euch s. gemacht habt
Sa	6,7	eßt und trinkt ihr da nicht für euch s.
	9,8	will mich s. als Wache um mein Haus lagern
Jdt	7,20	sei uns gnädig oder bestrafe du s. uns
Wsh	7,16	in seiner Hand sind wir s. und unsre Worte
	15,8	wo er doch s. nicht lange zuvor geschaffen
	17,6	erschien ihnen ein von s. brennendes Feuer
Sir	10,31	in aller Demut achte dich doch s.
	13,13	dränge dich nicht s. zu ihm hin
	14,5	wer sich s. nichts Gutes gönnt 6
	11	tu dir s. soviel Gutes an, wie du kannst
	17,15	über Israel ist er s. Herr geworden
	18,21	prüfe dich s., bevor das Gericht kommt
	31	wirst dich s. zum Spott machen
	19,4	wer sündigt, der schadet sich s.
	20,29	ein weiser Mann bringt sich s. zu Ehren
	21,31	die Verleumder bringen sich s. in Schande
	23,22	hört nicht auf, bis er sich s. verzehrt hat
	27,29	wer eine Grube gräbt, fällt s. hinein
	30	dem kommt's s. über den Hals 28
	29,27	daß du nicht s. darüber zu Schaden kommst
	30,22	plage dich nicht s. mit deinen Gedanken
	33,31	halt's mit ihm wie mit dir s.
	34,1	unweise Leute betrügen sich s.
	37,22	aber sich s. kann er nicht helfen
	25	mancher ist weise nur für sich s.
	46,8	daß der Herr s. gegenwärtig war im Kampf
Bar	6,27	können sich nicht von s. bewegen
1Ma	12,43	Jonatan gehorsam zu sein wie ihm s.
	13,32	darauf wurde er s. König an seiner Statt
2Ma	14,41	da wollte (er) sich s. erstechen
	15,2	den heiligen Tag achten, den Gott s. geehrt
StD	1,55	mit deiner Lüge bringst du dich s. um dein Leben 59
Mt	12,25	jedes Reich, das mit sich s. uneins ist 26; Mk 3,24-26; Lk 11,17.18
	45	andre Geister, böser als er s. Lk 11,26
	16,24	will mir jemand nachfolgen, der verleugne sich s. Mk 8,34; Lk 9,23; 14,26
	18,4	wer sich s. erniedrigt 23,12; Lk 14,11; 18,14
	19,12	andere haben sich s. zur Ehe unfähig gemacht
	19	du sollst deinen Nächsten lieben wie dich s. 22,39; Mk 12,31.33; Lk 10,27; Rö 13,9; Gal 5,14; Jak 2,8
	23,4	sie s. wollen keinen Finger dafür krümmen Lk 11,46
	31	damit bezeugt ihr von euch s.
	25,9	geht zum Kaufmann und kauft für euch s.
Mk	4,28	von s. bringt die Erde Frucht
	5,30	Jesus spürte an sich s., daß
	12,36	David s. hat durch den heiligen Geist gesagt 37; Lk 20,42; Apg 2,34
Lk	1,2	die es von Anfang an s. gesehen haben
	6,42	siehst s. nicht den Balken in deinem Auge
	7,7	habe mich s. nicht für würdig geachtet
	9,25	verlöre sich s. oder nähme Schaden an sich s.
	10,29	er wollte sich s. rechtfertigen 16,15
	11,52	ihr s. seid nicht hineingegangen
	22,71	wir haben's s. gehört aus seinem Munde
	23,28	weint über euch s. und über eure Kinder
	39	hilf dir s. und uns
	24,15	als sie so redeten, nahte sich Jesus s. 36
Jh	1,22	was sagst du von dir s.
	3,28	ihr s. seid meine Zeugen, daß ich gesagt
	5,18	machte sich s. Gott gleich 10,33
	31	wenn ich von mir s. zeuge 8,13.14
	7,17	ob diese Lehre von Gott ist oder ob ich von mir s. aus rede

selbst

Jh	7,18	wer von sich s. aus redet, sucht seine Ehre
	28	nicht von mir s. aus bin ich gekommen 8,42
	8,22	will er sich denn s. töten
	53	was machst du aus dir s.
	9,9	er s. aber sprach: Ich bin's
	21	laßt ihn für sich s. reden 23
	12,49	ich habe nicht aus mir s. geredet 14,10
	15,4	Rebe keine Frucht bringen kann aus sich s.
	16,27	er s., der Vater, hat euch lieb
	17,19	ich heilige mich s. für sie
	19,7	denn er hat sich s. zu Gottes Sohn gemacht
	21,18	als du jünger warst, gürtetest du dich s.
Apg	2,22	die Gott getan hat, wie ihr s. wißt
	4,19	urteilt s., ob es vor Gott recht ist
	13,46	da ihr euch s. nicht für würdig (haltet)
	14,17	doch hat er sich s. nicht unbezeugt gelassen
	15,32	Judas und Silas, die s. Propheten waren
	16,37	sie sollen s. kommen und uns hinausführen
	20,13	weil er s. zu Fuß gehen wollte
	28	habt acht auf euch s. und auf die ganze Herde
	30	*aus euch s. werden aufstehen Männer*
	35	Wort des Herrn Jesus, der s. gesagt hat
	24,8	kannst du s. das alles von ihm erkunden
	15	die Hoffnung, die auch sie s. haben
	26,1	es ist dir erlaubt, für dich s. zu reden
	9	zwar meinte auch ich s., ich müßte
Rö	1,24	so daß ihre Leiber durch sie s. geschändet
	27	den Lohn ihrer Verirrung an sich s. empfangen
	2,1	worin du den andern richtest, verdammst du dich s.
	5	du mit deinem verstockten Herzen häufst dir s. Zorn an
	14	so sind sie sich s. Gesetz
	3,26	daß er s. gerecht ist und gerecht macht den, der
	6,13	gebt euch s. Gott hin
	8,16	der Geist s. gibt Zeugnis unserm Geist
	23	sondern auch wir s. seufzen in uns s.
	26	der Geist s. vertritt uns mit Seufzen
	11,25	damit ihr euch nicht s. für klug haltet 12,16
	12,19	rächt euch nicht s., meine Lieben
	13,2	die widerstreben, ziehen sich s. das Urteil zu
	14,12	jeder für sich s. Gott Rechenschaft geben
	22	den Glauben, den du hast, behalte bei dir s.
	15,3	Christus hatte nicht an sich s. Gefallen
	14	ich weiß s. sehr wohl von euch, daß
	16,2	sie hat vielen beigestanden, auch mir s.
1Ko	3,15	er s. wird gerettet werden durchs Feuer
	18	niemand betrüge sich s.
	4,3	auch richte ich mich s. nicht
	6	dies habe ich im Blick auf mich s. gesagt
	6,19	daß ihr nicht euch s. gehört
	9,7	wer... und zahlt sich s. den Sold
	19	habe ich mich s. jedermann zum Knecht gemacht
	20	obwohl ich s. nicht unter dem Gesetz bin
	27	damit ich nicht... s. verwerflich werde
	11,13	urteilt bei euch s., ob es sich ziemt
	28	der Mensch prüfe sich s. 2Ko 13,5
	14,4	wer in Zungen redet, der erbaut sich s.
	15,28	dann wird auch der Sohn s. untertan sein
	16,15	haben sich s. bereitgestellt zum Dienst für die Heiligen
2Ko	1,9	unser Vertrauen nicht auf uns s. setzten
	3,1	fangen wir abermals an, uns s. zu empfehlen
	4,5	wir predigen nicht uns s., sondern Jesus
	5,15	damit, die da leben, nicht sich s. leben
	8,5	gaben sich s., zuerst dem Herrn

2Ko	10,1	ich s., Paulus, der ich in eurer Gegenwart
	10	wenn er s. anwesend ist, ist er schwach
	12	weil sie sich nur an sich s. messen und mit sich s. vergleichen
	18	nicht der ist tüchtig, der sich s. empfiehlt
	11,14	er s., der Satan, verstellt sich als Engel des Lichts
	12,5	für mich s. will ich mich nicht rühmen
Gal	1,4	der sich s. für unsre Sünden dahingegeben hat Eph 5,2.25; 1Ti 2,6; Tit 2,14
	2,17	sollten wir s. als Sünder befunden werden
	18	mache ich mich s. zu einem Übertreter
	20	der sich s. für mich dahingegeben
	6,1	sieh auf dich s. 1Ti 4,16
	3	meint, er sei etwas, betrügt sich s.
	4	seinen Ruhm bei sich s. haben
	13	auch sie s. halten das Gesetz nicht
Eph	4,16	daß der Leib sich s. aufbaut in Liebe
	5,28	wer seine Frau liebt, der liebt sich s.
Phl	2,3	achte einer den andern höher als sich s.
	7	entäußerte sich s. und nahm Knechtsgestalt an
	24	daß auch ich s. bald kommen werde
	3,13	ich schätze mich s. noch nicht so ein
1Th	1,9	sie s. berichten von uns, welchen Eingang
	2,1	ihr wißt s., liebe Brüder 3,3; 5,2
	3,11	er s., Gott, lenke unsern Weg zu euch
	4,9	ihr s. seid von Gott gelehrt, zu lieben
	16	er s., der Herr, wird herabkommen
2Th	3,9	wir wollten uns. euch zum Vorbild geben
1Ti	3,13	erwerben sich s. ein gutes Ansehen
	4,7	übe dich s. in der Frömmigkeit
	16	wenn du das tust, wirst du dich s. retten
	6,10	einige machen sich s. viele Schmerzen
2Ti	2,13	er kann sich s. nicht verleugnen
	4,3	werden sie sich s. Lehrer aufladen
Tit	2,7	dich s. mache zum Vorbild guter Werke
	3,11	daß (er) sich s. das Urteil spricht
Phm	17	nimm ihn auf wie mich s.
	19	daß du dich s. mir schuldig bist
1Pt	1,12	nicht sich s., sondern euch dienen sollten
	2,24	der unsre Sünden s. hinaufgetragen
2Pt	2,1	sich s. herbeiführen schnelles Verderben
	4	Gott hat s. die Engel nicht verschont
	19	obwohl sie s. Knechte des Verderbens sind
1Jh	1,8	wenn wir sagen, wir haben keine Sünde, betrügen wir uns s.
3Jh	10	er s. nimmt die Brüder nicht auf
Heb	3,13	ermahnt euch s. alle Tage
	5,3	auch für sich s. opfern für die Sünden
	4	niemand nimmt sich s. die hohepriesterliche Würde 5
	6,13	schwor er bei sich s., da er
	16	die Menschen schwören bei einem Größeren, als sie s. sind
	7,9	Levi, der doch s. den Zehnten nimmt
	27	als er sich s. opferte 9,14
	9,23	himml. Dinge s. müssen bessere Opfer haben
	10,1	Gesetz hat nicht das Wesen der Güter s.
	11,4	da Gott es s. über seinen Gaben bezeugte
Jak	1,13	Gott s. versucht niemand
	22	sonst betrügt ihr euch s.
	27	sich s. von der Welt unbefleckt halten
	3,6	sie ist s. von der Hölle entzündet
Jud	12	sie weiden sich s.
Off	19,12	Namen, den niemand kannte als er s.
	21,3	er s., Gott mit ihnen

selbsterwählt
Kol 2,23 Schein von Weisheit durch s. Frömmigkeit

Seled
1Ch 2,30 Söhne Nadabs: S... S. starb ohne Söhne

Seleucia, Seleuzia
1Ma 11,8 Ptolemäus brachte... an sich bis S.
Apg 13,4 kamen sie nach S. und von da nach Zypern

Seleukus
1Ma 7,1 Demetrius, Sohn des S. 2Ma 14,1
2Ma 3,3 S., König in Vorderasien 4,7; 5,18

selig
1Mo 30,13 mich werden s. preisen die Töchter Lk 1,48
Hi 5,17 s. ist der Mensch, den Gott zurechtweist
Wsh 3,13 s. ist die Unfruchtbare, wenn sie 14
     18,2 die Ägypter priesen sie s.
Bar 4,4 s. sind wir, Israel
Mt 5,3 s. sind, die 4-10; Lk 6,20-22
   11 s. seid ihr, wenn euch die Menschen schmähen
  10,22 wer bis an das Ende beharrt, der wird s. 24,13; Mk 13,13
  11,6 s. ist, wer sich nicht an mir ärgert Lk 7,23
  13,16 s. sind eure Augen, daß sie sehen Lk 10,23
  16,17 s. bist du, Simon, Jonas Sohn
  18,11 s. zu machen, was verloren ist Lk 19,10; 1Ti 1,15
  19,25 wer kann dann s. werden Mk 10,26; Lk 18,26
  24,22 so würde kein Mensch s. Mk 13,20
  46 s. ist der Knecht, den Lk 12,37.38.43
Mk 16,16 wer da glaubt, der wird s. werden
Lk 1,45 s. bist du, die du geglaubt hast
  48 werden mich s. preisen alle Kindeskinder
  8,12 damit sie nicht s. werden
  11,27 s. ist der Leib, der dich getragen hat
  28 s. sind, die das Wort hören und bewahren
  13,23 meinst du, daß nur wenige s. werden
  14,14 dann wirst du s. sein, denn sie haben nichts, um es dir zu vergelten
  15 s. ist, der das Brot ißt im Reich Gottes
  23,29 s. sind die Unfruchtbaren und die Leiber, die
Jh 5,34 ich sage das, damit ihr s. werdet
  10,9 wenn jemand durch mich hineingeht, wird er s. werden
  13,17 wenn ihr dies wißt – s. seid ihr, wenn ihr's tut
  20,29 s. sind, die nicht sehen und doch glauben
Apg 4,12 Name, durch den wir sollen s. werden
  11,14 die Botschaft, durch die du s. wirst
  15,1 könnt ihr nicht s. werden
  11 glauben, durch die Gnade s. zu werden
  16,31 so wirst du und dein Haus s.
  20,35 Geben ist s. als nehmen
Rö 1,16 eine Kraft Gottes, die s. macht alle, die
  4,6 wie auch David den Menschen s. preist
  7 s. sind, denen die Ungerechtigkeiten vergeben sind
  8 s. ist der Mann, dem der Herr die Sünde nicht zurechnet
  5,10 werden wir s. werden durch sein Leben
  14,22 s. ist, der sich selbst nicht zu verurteilen
1Ko 1,18 uns, die wir s. werden, ist's
     1,21 gefiel es Gott, s. zu machen, die glauben
     7,40 s. ist sie, wenn sie ledig bleibt
    15,2 durch das ihr auch s. werdet
Gal 4,15 *wie waret ihr dazumal so s.*
Eph 2,5 aus Gnade seid ihr s. geworden 8
Phl 2,12 schaffet, daß ihr s. werdet
1Ti 1,11 Evangelium von der Herrlichkeit des s. Gottes
    2,15 sie wird s. werden dadurch
    6,15 welche uns zeigen wird zu seiner Zeit der S.
2Ti 1,9 er hat uns s. gemacht und berufen
Tit 2,13 warten auf die s. Hoffnung
    3,5 machte er uns s. durch das Bad der Wiedergeburt
1Pt 3,14 wenn ihr auch leidet, so seid ihr doch s.
    4,14 s. seid ihr, wenn ihr geschmäht werdet
Heb 7,25 daher kann er auch für immer s. machen
Jak 1,12 s. ist der Mann, der die Anfechtung erduldet
    21 das Kraft hat, eure Seelen s. zu machen
    25 der wird s. sein in seiner Tat
    2,14 kann der Glaube ihn s. machen
    4,12 einer ist der Richter, der s. machen kann
    5,11 siehe, wir preisen s., die erduldet haben
Off 1,3 s. ist, der 14,13; 16,15; 19,9; 20,6; 22,7.14

Seligkeit
Rö 4,6 *die S. sei allein des Menschen*
2Ko 7,10 die Traurigkeit wirkt zur S. eine Reue
Eph 1,13 das Evangelium von eurer S.
Phl 1,28 ein Anzeichen, euch der S.
2Th 2,13 daß Gott euch zur S. erwählt hat
2Ti 2,10 damit sie die S. erlangen in Christus
    3,15 die dich unterweisen kann zur S.
1Pt 1,5 die ihr bewahrt werdet zur S.
    9 das Ziel eures Glaubens, der Seelen S.
    10 nach dieser S. haben gesucht Propheten
Heb 2,10 *als den Herzog ihrer S.*

seligmachend
Tit 1,1 *in gleicher Erkenntnis der s. Wahrheit*

Seligpreisung
Rö 4,9 diese S. nun, gilt sie den Beschnittenen oder
Gal 4,15 wo sind nun eure S. geblieben

selten
1Sm 3,1 zu der Zeit war des HERRN Wort s.

seltsam
Spr 23,33 werden deine Augen s. Dinge sehen
Jes 28,21 aber s. ist seine Tat 29,14
Sir 43,20 muß sich wundern über solch s. Regen
Lk 5,26 wir haben heute s. Dinge gesehen
1Pt 4,12 als widerführe euch etwas S.

Sem
1Mo 5,32 Noah zeugte S. 6,10; 10,1; 1Ch 1,4
    7,13 ging Noah in die Arche mit S. 9,18
    9,23 nahmen S. und Jafet ein Kleid 26.27
  10,21 S. Söhne 31; 11,10; 1Ch 1,17.24; Lk 3,36
Sir 49,19 S. bei den Menschen in Ehren

Semachja

Semachja
1Ch 26,7 Söhne Schemajas: S.

Semira
1Ch 7,8 Söhne Bechers: S.

Semmel
2Mo 16,31 hatte einen Geschmack wie S. mit Honig

Semmelmehl
Off 18,13 (ihre Ware) Öl und S. und Weizen

Senaa
Esr 2,35 die Söhne S. Neh 3,3; 7,38

senden (s.a. Bote; Botschaft; Gesandter)
1Mo 19,13 der HERR hat uns ges., sie zu verderben
24,7 der wird seinen Engel vor dir her s. 40; 2Mo 23,20; 33,2; 4Mo 20,16
32,19 s. es als Geschenk seinem Herrn Esau
37,13 komm, ich will dich zu ihnen s. 14
38,17 will dir einen Ziegenbock s. 20.23
43,4 willst du unsern Bruder mit uns s. 5
45,23 seinem Vater s. er zehn Esel 27; 46,5
46,28 Jakob s. Juda vor sich her zu Josef
2Mo 3,10 will dich zum Pharao s. 12; 5Mo 34,11
13 der Gott eurer Väter hat mich zu euch ges. 14.15; 4,28; 7,16; Jos 24,5; 1Sm 12,8; Ps 105,26; Mi 6,4; Apg 7,34.35
4,13 mein Herr, s., wen du s. willst
9,14 werde meine Plagen über dich selbst s.
23,27 will Schrecken vor her s. 28; 5Mo 7,20; Jos 24,12
33,12 läßt mich nicht wissen, wen du mit mir s.
3Mo 26,22 will wilde Tiere unter euch s. 25; Jer 8,17
4Mo 11,31 ein Wind, vom HERRN ges.
13,27 in das Land, in das ihr uns s. 5Mo 9,23
16,28 merken, daß mich der HERR ges. 29
21,6 da s. der HERR feurige Schlangen
22,10 Balak hat zu mir ges. 15.37.40; 24,12
5Mo 1,22 laßt uns Männer vor uns her s.
28,20 wird unter dich s. Unfrieden, Unruhe
Jos 2,3 da s. der König 10,3; 11,1; 1Sm 21,3; 2Sm 13,7; 19,12; 1Kö 15,18; 2Kö 1.2.6.9.11.13; 6,32; 9,19; 10,1.21; 14,8.9; 16,7.8.10.11; 18,14; 19,2; 20,12; 22,3.15.18; 1Ch 19,15; 2Ch 10,18; 16,2; 17,7; 25,18; 28,16; 34,8.22.23.26; Neh 2,9; Jes 20,1; 37,2; 39,1; Jer 21,1; 36,14.21; 37,3.7; 40,14; Dan 3,2
6,25 ges., um Jericho auszukundschaften
10,6 die von Gibeon s. zu Josua
18,4 aus jedem Stamm Männer, damit ich sie s.
22,13 Israel s. zu ihnen Ri 20,12; 21,10; 1Sm 4,4
Ri 3,15 als die *Israeliten Tribut s. an Eglon
6,8 s. der HERR einen Propheten 13,8; 1Sm 12,11; 2Sm 12,1; 24,13; 2Kö 2,2.4.6; 2Ch 24,19; 25,15; Mal 3,23
14 siehe, ich habe dich ges.
9,23 s. Gott einen bösen Geist
19,29 s. (die 12 Stücke) in das ganze Gebiet 20,6
1Sm 5,10 s. sie die Lade nach Ekron 6,2.3
9,16 morgen will ich einen Mann zu dir s.
15,1 Samuel sprach: Der HERR hat mich ges.
18 der HERR s. dich auf den Weg 20

1Sm 16,1 ich will dich s. zu Isai 20.22
18,5 David zog... wohin Saul ihn auch s.
25,25 die Leute nicht gesehen, die du ges. 40
30,26 David s. von der Beute den Ältesten
31,9 s. sie im Philisterland umher 1Ch 10,9
2Sm 8,10 s. (Toï) seinen Sohn zu David 1Ch 18,10
10,3 wenn er Tröster zu dir ges. hat 1Ch 19,3
7 David s. Joab mit dem ganzen Heer 11,1
11,6 David s. zu Joab: S. zu mir Uria 14.22
14,29 Absalom s. zu Joab 32; 15,12; 18,29
22,15 er s. Blitze Ps 18,15; 144,6
1Kö 1,44 hat mit ihm ges. den Priester Zadok
5,15 Hiram s. zu Salomo 16.22; 9,14; 2Ch 2,2.6.7. 10.12.14; 8,18
28 (Salomo) s. sie auf den Libanon 9,27
8,44 Weg, den du sie s. wirst 2Ch 6,34
15,20 Ben-Hadad s. seine Obersten gegen die Städte Israels 20,5-7.10; 2Ch 16,4
18,10 kein Volk, wohin mein Herr nicht ges.
21,8 (Isebel) s. (Briefe) zu den Ältesten 11.14
2Kö 5,6 habe Naaman zu dir ges. 8.22
6,9 der Mann Gottes s. zum König
7,13 die laßt uns s., um nachzusehen
8,9 Ben-Hadad hat mich zu dir ges.
14,9 der Dornstrauch s. zur Zeder 2Ch 25,18
15,37 begann der HERR, gegen Juda zu s. Rezin
17,13 nach dem Gesetz, das ich euch ges. habe
25 s. der HERR unter sie Löwen 26
18,17 der s. den Rabschake nach Jerusalem 27; 19,4; 2Ch 32,9.31; Jes 36,2.12; 37,4.9.17
19,20 da s. Jesaja zu Hiskia Jes 37,21
24,2 der HERR s. (Kriegsleute) gegen Juda
1Ch 19,6 s. Silber, um Reiter anzuwerben
21,15 Gott s. den Engel nach Jerusalem 2Ch 32,21
2Ch 24,23 ihren Raub s. sie dem König von Damaskus
25,27 s. hinter ihm her und töteten ihn
Esr 4,11 Briefes, das sie an ihn s. 17; Neh 6,17.19; Est 3,13; 9,20.30; Jer 29,1.3.25
5,17 man s. uns des Königs Meinung
7,14 weil du vom König ges. bist
Neh 6,2 s. Sanballat zu mir 3-5.8
12 merkte, daß nicht Gott ihn ges. hatte
8,10 eßt und trinkt und s. auch denen
Est 4,4 die Königin s. Kleider
9,19 s. einer dem andern Geschenke
Hi 10,17 würdest immer neue Heerhaufen s.
20,23 wird Gott den Grimm seines Zorns s.
36,28 daß die Wolken Regen s.
Ps 20,3 er s. dir Hilfe vom Heiligtum
42,9 am Tage s. der HERR seine Güte
43,3 s. dein Licht und deine Wahrheit
57,4 er s. vom Himmel und helfe mir. Gott s. seine Güte und Treue
72,10 die Könige aus Saba sollen Gaben s.
78,25 er s. ihnen Speise in Fülle 106,15
49 als er d. Glut seines Zornes unter sie s.
105,17 er s. einen Mann vor ihnen hin
107,20 er s. sein Wort 147,15.18; Jes 9,7; Sa 7,12
111,9 er s. eine Erlösung seinem Volk
Spr 10,26 so tut der Faule denen, die ihn s.
22,21 rechte Antwort dem, der dich ges.
Jes 6,8 wen soll ich s.? Hier bin ich, s. mich
10,6 ich ihn wider ein gottloses Volk
16 darum wird der Herr die Auszehrung s.
19,20 so wird er ihnen einen Retter s.
48,16 nun s. mich Gott der HERR 61,1; Jer 26,12. 15; Sa 2,12.13.15; 4,9; 6,15
55,11 ihm wird gelingen, wozu ich es s.
57,9 hast deine Boten in die Ferne ges.
66,19 will einige von ihnen zu den Völkern s.

senden

Jer	1,7	du sollst gehen, wohin ich dich s. 19,14; 25,15.17; Hes 2,3.4; 3,5.6
	2,10	s. nach Kedar und gebt acht
	7,25	habe immer wieder zu euch ges. 25,4; 26,5; 29,19; 35,15; 44,4
	14,14	habe (diese Propheten) nicht ges. 15; 23,21. 32.38; 27,15; 28,15; 29,9.31; 43,2; Hes 13,6
	28,9	ob ihn der HERR wahrhaftig ges. hat
	42,6	unseres Gottes, zu dem wir dich s. 9.20
Klg	1,13	hat ein Feuer in meine Gebeine ges.
Hes	7,3	will meinen Zorn über dich s.
	31,4	Rinnsale s. sie zu allen Bäumen
Dan	3,28	Gott, der seinen Engel ges. 6,23
	5,24	darum wurde von ihm diese Hand ges.
	10,11	ich bin jetzt zu dir ges.
Hos	8,14	ich will Feuer in seine Städte s.
Am	7,10	da s. Amazja zu Jerobeam
Hag	1,12	Haggai, wie ihn der HERR ges. hatte
Sa	7,2	s. Bethel Sarezer, den HERRN anzuflehen
Jdt	4,3	darum s. sie Leute durch ganz Samarien
	11,12	so hat mich der Herr zu dir ges. 14
Wsh	9,10	s. sie von dem Thron deiner Herrlichkeit
	17	du hast deinen heiligen Geist ges.
	11,15	s. du unter sie eine Menge unvernünftiger Tiere 16,3
Tob	3,25	der heilige Rafael wurde ges.
	12,20	daß ich dem hingeeh, der mich ges.
Bar	1,10	wir s. euch Geld 14
	21	die Propheten, die er uns s.
	3,33	der den Blitz s., und er fährt dahin
	6,1	Abschrift des Briefes, den Jeremia ges. hat
1Ma	1,30	s. der König den obersten Steuereinnehmer 2Ma 6,1
	46	Antiochus s. auch Briefe nach Jerusalem
	5,49	Judas s. zu ihnen, sagte ihnen Frieden zu
	7,26	darum s. der König Nikanor 9,1; 10,69
	8,17	Judas s … nach Rom 12,1.3.10.16; 2Ma 11,34
	11,31	wir s. euch eine Abschrift des Briefs 12,19
	58	s. ihm goldenes Tafelgeschirr
2Ma	4,21	Antiochus s. Apollonius nach Ägypten
	11,6	baten, einen guten Engel zu s. 10
	15,22	zur Zeit Hiskias hast du deinen Engel ges.
StD	2,36	nimm das Essen, das dir Gott ges. hat
Mt	9,38	daß er Arbeiter in seine Ernte s.
	10,16	ich s. euch wie Schafe unter die Wölfe Lk 10,3
	40	nimmt den auf, der mich ges. hat Mk 9,37; Lk 9,48; Jh 13,20
	11,2	Johannes s. seine Jünger Lk 7,19.20
	10	siehe, ich s. meinen Boten vor dir her Mk 1,2; Lk 7,27
	13,41	der Menschensohn wird seine Engel s. 24,31; Mk 13,27
	15,24	ich bin nur ges. zu den verlorenen Schafen des Hauses Israel
	20,2	er s. sie in seinen Weinberg
	21,1	s. Jesus zwei Jünger voraus Mk 11,1; 14,13; Lk 19,29; 22,8
	34	er s. seine Knechte zu den Weingärtnern 36.37; Mk 12,2.4-6; Lk 20,10-13
	22,16	(Pharisäer) s. zu ihm ihre Jünger Mk 12,13
	23,34	siehe, ich s. zu euch Propheten Lk 11,49
	37	Jerusalem, die du steinigst, die zu dir ges. sind Lk 13,34
Mk	6,7	*s. sie je zwei und zwei* Lk 10,1
Lk	1,19	ges., mit dir zu reden
	26	wurde Gabriel von Gott ges. in eine Stadt
	4,18	mich ges., zu predigen den Gefangenen 43
	26	zu keiner von ihnen wurde Elia ges.
	7,3	von Jesus hörte, s. er die Ältesten zu ihm 6

Lk	10,1	*s. sie je zwei und zwei vor sich her*
	16	wer mich verachtet, der verachtet den, der mich ges. hat Jh 5,23
	16,24	erbarme dich meiner und s. Lazarus 27
	19,32	die er ges. hatte, gingen hin und fanden's
	23,7	s. er ihn zu Herodes 11; Jh 18,24
	24,49	*ich will auf euch s. die Verheißung*
Jh	1,6	ein Mensch, von Gott ges., Johannes
	19	als die Juden zu ihm s. Priester 22.24
	33	der mich s., zu taufen mit Wasser
	3,17	Gott hat seinen Sohn nicht ges., daß er die Welt richte
	28	ich bin nicht der Christus, sondern vor ihm her ges.
	34	der, den Gott ges. hat, redet Gottes Worte
	4,34	daß ich tue den Willen dessen, der mich ges. hat 6,38.39
	38	ich habe euch ges., zu ernten
	5,24	der mich ges. hat 30.36-38; 6,29.44.57; 7,16.18. 28.29.33; 8,16.18.26.29.42; 9,4; 10,36; 11,42; 12,44.45.49; 14,24; 15,21; 16,5; 17,3.8.18.21.23. 25
	9,7	Siloah – das heißt übersetzt: ges.
	11,3	da s. die Schwestern zu Jesus
	13,16	Apostel nicht größer als der, der ihn ges.
	20	wer jemanden aufnimmt, den ich s. werde, der nimmt mich auf
	14,26	der Tröster, den mein Vater s. wird 15,26; 16,7
	20,21	wie mich der Vater ges. hat, so s. ich euch
Apg	3,20	damit er den sende, der … Jesus
	26	für euch zuerst hat Gott Jesus zu euch ges.
	5,21	s. ins Gefängnis, sie zu holen
	7,12	unsre Väter aus zum ersten Mal
	8,14	die Apostel s. zu ihnen Petrus und Johannes
	9,17	Bruder Saul, der Herr hat mich ges.
	38	die Jünger zwei Männer zu ihm
	10,5	s. Männer nach Joppe 8.17.20.32.33; 11,11.13
	11,22	sie s. Barnabas nach Antiochia
	29	den Brüdern in Judäa eine Gabe s.
	12,11	daß der Herr seinen Engel ges. hat
	13,15	*s. die Vorsteher der Synagoge zu ihnen*
	15,22	Männer nach Antiochia zu s. 25.27
	33	ließen sie von denen, die sie ges.
	16,35	s. die Stadtrichter die Amtsdiener
	19,22	er s. Timotheus 1Ko 4,17; 2Ko 8,18.22; 9,3; 12,17.18; Eph 6,22; Phl 2,19.23.25.28; Kol 4,8. 9; 1Th 3,2.5; 2Ti 4,12; Tit 3,12
	31	einige d. Oberen der Provinz Asien s. zu ihm
	20,17	von Milet s. er nach Ephesus und ließ
	22,21	ich will dich zu den Heiden s. 26,17
	23,30	s. ich ihn sogleich zu dir
	25,21	bis ich ihn zum Kaiser s. könnte 25
	28,28	den Heiden dies Heil Gottes ges. ist
Rö	8,3	er s. seinen Sohn in der Gestalt des Fleisches
	10,15	wie sollen sie predigen, wenn sie nicht ges. werden
1Ko	1,17	Christus hat mich nicht ges. zu taufen
	16,3	will ich die, die … mit Briefen s.
Gal	4,4	als die Zeit erfüllt war, s. Gott seinen Sohn
	6	hat Gott den Geist seines Sohnes ges.
Phl	4,16	auch nach Thessalonich habt ihr etwas ges.
2Th	2,2	*noch durch einen Brief, wie von uns ges.*
	11	s. ihnen Gott die Macht der Verführung
1Pt	1,12	heiligen Geist, der vom Himmel ges. ist
	2,14	den Statthaltern als denen, die von ihm ges.
1Jh	4,9	daß Gott seinen eingeborenen Sohn ges. hat in die Welt 10.14
Off	1,1	er hat sie durch seinen Engel ges. 22,6.16

senden

Off	1,11	das schreibe in ein Buch und s. es an die sieben Gemeinden
	5,6	die sieben Geister Gottes, ges. in alle Lande
	11,10	die werden einander Geschenke s.

Senfkorn

Mt	13,31	das Himmelreich gleicht einem S. Mk 4,31; Lk 13,19
	17,20	wenn ihr Glauben habt wie ein S. Lk 17,6

Senir

5Mo	3,9	die Amoriter nennen (den Hermon) S.
1Ch	5,23	der Stamm Manasse wohnte bis zum S.
Hl	4,8	steig herab von der Höhe des S.
Hes	27,5	aus Zypressenholz vom S. gemacht

Senkblei

Apg	27,28	sie warfen das S. aus

senken

1Mo	4,5	Kain s. finster seinen Blick 6
Klg	2,10	die Jungfrauen von Jerus. s. ihre Köpfe
Am	8,8	soll sich s. wie der Strom Ägyptens 9,5
Apg	27,28	*ein wenig davon s. sie abermals*

Senne

1Sm	14,4	zwei Felsklippen... die andere hieß S.

Sense

1Sm	13,20	wenn jemand eine S. zu schärfen hatte

Senua

1Ch	9,7	¹Hodawjas, des Sohnes S.
Neh	11,9	²Juda, der Sohn S.

Seorim

1Ch	24,8	das vierte (Los fiel) auf S.

Serach, Serachiter

1Mo	46,12	Söhne Judas: S. 38,30; 4Mo 26,20; Jos 7,1.17. 18.24; 22,10; 1Ch 2,4.6; 9,6; 27,11.13; Neh 11,24; Mt 1,3 (= Esrachiter) weitere Träger ds. Namens 1Mo 36,13.17.33; 1Ch 1,37.44/ 1Mo 46,17; 4Mo 26,46; 1Ch 7,30/ 4Mo 26,13; 1Ch 4,24 (= Zohar 2)/ 1Ch 6,6.26/ 2Ch 14,8

Serachja

1Ch	5,32	¹Usi zeugte S. S. zeugte 6,36; Esr 7,4
Esr	8,4	²von den Söhnen Pahat-Moab... S.

Seraf, Serafim, *Seraph, Seraphim*

Jes	6,2	S. standen über ihm 6

Seraja

versch. Träger ds. Namens
2Sm 8,17 (= Schawscha; Scheja; Schischa)/ 2Kö 25,18; 1Ch 5,40; Esr 7,1; Jer 52,24/ 2Kö 25,23; Jer 40,8/ 1Ch 4,13.14/ 4,35/ Esr 2,2 (s.a. Asarja)/ Neh 10,3; 12,1.12/ 11,11 (s.a.Asarja)/ Jer 36,26/ 51,59

Sered, Serediter

1Mo	46,14	¹Söhne Sebulons: S. 4Mo 26,26
4Mo	21,12	²lagerten sich am Bach S. 5Mo 2,13.14

Seresch

Est	5,10	(Haman) ließ holen seine Frau S. 14; 6,13

Sergius Paulus

Apg	13,7	der war bei dem Statthalter S. P.

Seron

1Ma	3,13	S., Befehlshaber des syrischen Heeres 23

Serubbabel

1Ch	3,19	die Söhne Pedajas: S. Die Söhne S.
Esr	2,2	kamen mit S. Neh 7,7; 12,1
	3,2	S., der Sohn Schealtiëls 8; 5,2; Mt 1,12.13; Lk 3,27
	4,2	(die Widersacher Judas) kamen zu S. 3
Neh	12,47	zur Zeit S. gab ganz Israel den Sängern
Hag	1,1	geschah des HERRN Wort zu S. 12.14; 2,2. 21; Sa 4,7; Sir 49,13
	2,4	S., sei getrost 23; Sa 4,7; Sir 49,13
Sa	4,9	die Hände S. haben dies Haus gegründet 10

Serug

1Mo	11,20	Regu zeugte S. 22; 1Ch 1,26; Lk 3,35

Set, *Seth*

1Mo	4,25	(Eva) gebar S. 26; 5,3.6; 1Ch 1,1; Lk 3,38
4Mo	24,17	zerschmettern den Scheitel aller Söhne S.
Sir	49,19	S. bei den Menschen in Ehren

Setam, *Setham*

1Ch	23,8	Söhne Ladans: S. 26,22

Setan, *Sethan*

1Ch	7,10	Bilhans Söhne: S.

Setar, *Sethar*

Est	1,10	befahl er S. und Karkas, den Kämmerern

Setur, *Sethur*

4Mo	13,13	S., der Sohn Michaels, vom Stamme Asser

setzen (s.a. Tisch)

1Mo	1,17	Gott s. sie an die Feste des Himmels
	2,15	Gott s. ihn in den Garten Eden
	3,15	ich will Feindschaft s. zwischen dir und
	6,16	die Tür mitten in seine Seite s.
	9,13	meinen Bogen habe ich in die Wolken ges.
	21,16	(Hagar) s. sich gegenüber und weinte
	24,61	Rebekka mit... s. sich auf die Kamele
	27,19	s. dich und iß von meinem Wildbret
	37	habe ihn zum Herrn über dich ges.

1Mo	31,34	Rahel hatte sich darauf ges.	1Kö	1,48 der einen meiner Söhne auf meinen Thron ges. hat 2,24; 5,19; 2Kö 10,3; 13,13; 1Ch 29,23; 2Ch 9,8; Ps 132,11

1Mo 31,34 Rahel hatte sich darauf ges.
 38,14 (Tamar) s. sich vor das Tor
 39,4 der s. ihn über sein Haus 5; Ps 105,21
 40,3 ließ s. ihn ins Gefängnis, wo Josef 15
 13 wird dich wieder in dein Amt s. 21; 41,13
 41,33 den er über Ägyptenland s. 41.43; 45,9; Apg 7,10
 43,33 man s. sie ihm gegenüber
 45,8 Gott hat mich dem Pharao zum Vater ges.
 47,6 tüchtig sind, so s. sie über mein Vieh
 48,20 so s. er Ephraim vor Manasse
2Mo 1,11 man s. Fronvögte über sie 5,14
 2,3 s. das Kästlein in das Schilf
 14 wer hat dich zum Aufseher über uns ges. Apg 7,27.35
 4,20 Mose s. sie auf einen Esel
 7,1 habe dich zum Gott ges. für den Pharao
 8,13 Mücken s. sich an die Menschen
 18,13 s. sich Mose, um Recht zu sprechen
 21 die s. über sie als Oberste über tausend 5Mo 1,13.15
 26,17 eins an das andere ges. werden könne 36,22
 33 die Lade hinter den Vorhang s. 35; 30,6.18; 40,4.6.20.22.29.30; 4Mo 8,2; 2Sm 6,3; 1Ch 16,1
 29,6 den Kopfbund auf sein Haupt s. 3Mo 8,9
 32,6 s. sich das Volk, um zu essen und zu
3Mo 26,1 sollt keinen Stein mit Bildwerk s.
4Mo 14,4 einen Hauptmann über uns s. 27,16
5Mo 17,14 will einen König über mich s. 15; 28,36; 1Sm 8,5; 10,19; 12,1.13; 1Kö 10,9
 23,14 wenn du dich draußen s. willst
 28,56 versucht, ihre Fußsohle auf die Erde zu s.
 32,8 s. die Grenzen nach der Zahl... Israel
 33,3 werden sich. zu deinen Füßen
Jos 6,26 wenn er ihre Tore s., das koste ihn
 10,24 s. eure Füße auf den Nacken dieser Könige
 22,25 der HERR hat den Jordan zur Grenze ges.
 24,7 s. Finsternis zw. euch und die Ägypter
Ri 6,11 der Engel d. HERRN s. sich unter die Eiche
 8,12 (Gideon) s. das Heerlager in Schrecken
 9,49 über ihnen das Gewölbe in Brand
 11,11 das Volk s. (Jeftah) zum Haupt
 19,6 sie s. sich und aßen beide miteinander
Rut 2,14 sie s. zur Seite der Schnitter
 4,1 (Boas) s. sich daselbst 2
1Sm 2,8 daß er ihn s. unter die Fürsten Ps 113,8
 8 er hat die Erde darauf ges. Hi 38,5; Ps 104,9
 9,22 Samuel s. (Saul) obenan
 17,38 Saul s. (David) einen Helm auf
 18,5 Saul s. (David) über die Kriegsleute 13; 1Ch 12,19
 20,19 dich dort neben den Steinhaufen
 25 Abner s. sich an die Seite Sauls
 21,8 Doëg, der über die Hirten Sauls ges. war
 25,42 Abigajil s. sich auf einen Esel
 28,2 will ich dich zu meinem Leibwächter s.
 21 ich habe mein Leben aufs Spiel ges.
 23 (Saul) s. sich aufs Bett
2Sm 8,16 war das über das Heer ges. 18; 17,25; 20,23.24; 23,23; 1Kö 2,35; 2Kö 25,19; 1Ch 11,25; 18,15. 17; Jer 52,25
 12,30 sie wurde David aufs Haupt ges. 1Ch 20,2
 13,29 jeder s. sich auf sein Maultier... flohen
 15,4 wer s. mich zum Richter im Lande
 18,1 s. über sie Hauptleute 2Kö 11,15; 2Ch 11,11; 23,14; 32,6
 19,9 der König s. sich ins Tor
 29 ges. unter die, die an deinem Tisch essen
 23,5 hat mir einen ewigen Bund ges. 1Ch 16,17
1Kö 1,33 s. Salomo auf mein Maultier 38.44

1Kö 1,48 der einen meiner Söhne auf meinen Thron ges. hat 2,24; 5,19; 2Kö 10,3; 13,13; 1Ch 29,23; 2Ch 9,8; Ps 132,11
 2,19 der König s. sich auf seinen Thron... (Batseba) s. sich zu seiner Rechten 2Kö 11,19; 2Ch 23,20
 5,30 Vögte, die über die Arbeiten ges. waren 9,23; 11,28; 2Ch 34,12.13
 7,16 oben auf die Säulen zu s. 21; 2Ch 4,10
 14,7 habe dich zum Fürsten über Israel ges. Neh 13,26
 19,4 (Elia) s. sich unter einen Wacholder
 20,24 s. Statthalter an ihre Stelle
 21,9 s. Nabot obenan im Volk
2Kö 4,20 sie s. ihn auf ihren Schoß... da starb er
 8,20 die Edomiter s. einen König 2Ch 21,8
 10,22 die über die Kleiderkammer ges. waren
 16,14 er s. (den Altar) an die Seite 17
 25,22 über das Volk, das übrig war, s. er Gedalja Jer 40,5.7.11; 41,2.10.18
 28 s. seinen Sitz über die Sitze der Könige Jer 52,32
1Ch 9,26 über die Schätze ges. 28; 26,20.22.26; 27,25. 26; 2Ch 31,14
 16,17 (Eid,) den er Jakob ges. hat zur Satzung
 27,2 über die erste Ordnung war ges. 4.16
Neh 7,2 ich s. über Jerusalem meinen Bruder 11,9.21
 9,37 Königen, über uns ges. um unserer Sünden
Est 2,17 er s. die Krone auf ihr Haupt
 3,1 s. seinen Stuhl über alle Fürsten 8,2
Hi 13,14 was soll ich mein Leben aufs Spiel s.
 14,5 hast ein Ziel ges. 13
 28,25 als er dem Wasser sein Maß ges. 38,10; Ps 74,17; Spr 8,29; Jer 5,22
Ps 21,4 du s. eine goldene Krone auf sein Haupt
 7 du s. ihn zum Segen ewiglich
 40,5 wohl dem, der seine Hoffnung s. auf den HERRN 78,7; 146,5
 45,17 die wirst du zu Fürsten s. in aller Welt
 52,9 der nicht auf Gott sein Vertrauen s.
 62,11 s. auf Raub nicht eitle Hoffnung
 73,28 meine Zuversicht s. auf Gott den HERRN
 81,6 das hat er zum Zeugnis ges. für Josef
 110,1 s. dich zu meiner Rechten Mt 22,44; Mk 12,36; Lk 20,42; Apg 2,34; Heb 1,13
Spr 8,15 durch mich s. die Ratsherrn das Recht
 23,2 s. ein Messer an deine Kehle
Hl 1,6 haben mich zur Hüterin der Weinberge ges.
Jes 9,9 wir wollen Zedern an ihre Stelle s.
 10,13 ich habe d. Grenzen d. Länder anders ges.
 14,1 d. HERR wird sie in ihr Land s. 37,14
 13 will mich s. auf den Berg der Versammlung
 17,10 darum s. nur Pflanzen zu deiner Lust
 47,1 s. dich in den Staub! S. dich auf die Erde
 57,8 hinter die Tür s. du dein Denkzeichen
 59,17 s. den Helm des Heils auf sein Haupt
 62,7 bis er Jerusalem s. zum Lobpreis
Jer 1,10 ich s. dich heute über Völker und
 15 ihre Throne s. vor die Tore Jerusalems
 2,37 verworfen, auf die du deine Hoffnung s.
 6,17 habe Wächter über euch ges. Hes 3,17; 33,7
 27 habe ich dich zum Prüfer ges. für mein Volk
 7,30 ihre Greuelbilder ges. in das Haus 32,34
 13,18 sage dem König: S. euch ganz nach unten
 17,11 wie ein Vogel, der sich über Eier s.
 23,4 will Hirten über sie s., die sie weiden
 26,10 die Oberen von Juda s. sich zum Gericht
 28,13 ein eisernes Joch an seine Stelle ges.
 31,21 richte Wegzeichen auf, s. dir Steinmale
 36,15 s. dich und lies! Und Baruch las

setzen

Jer	43,10	will seinen Thron auf diese Steine s.
	46,9	s. euch auf die Rosse
	14	s. dich zur Wehr! Denn das Schwert
	48,18	s. dich in den Staub
	49,19	will den, der erwählt ist, darüber s. 50,44
Hes	3,15	s. mich zu denen, die dort wohnten
	5,5	das ich mitten unter die Heiden ges.
	12,6	habe dich zum Wahrzeichen ges.
	17,4	(ein Adler) s. sie in die Händlerstadt
	21,34	das Schwert soll an den Hals ges. werden
	28,14	auf den heiligen Berg hatte ich dich ges.
	32,4	daß sich alle Vögel auf dich s. sollen
	32	ich s. ihn zum Schrecken
	43,8	haben ihre Schwelle an meine ges.
Dan	1,11	den der Kämmerer über Daniel ges. hatte
	2,48	der König s. ihn zum Obersten 49; 3,12; 6,2-4
	4,14	und kann einen Niedrigen darüber s.
	5,11	Nebukadnezar s. ihn über die Zeichendeuter
	7,9	einer, der uralt war, s. sich
Ob	7	die Leute, auf die du deinen Trost s.
Jon	3,6	(König von Ninive) s. sich in die Asche
	4,5	darunter s. er sich in den Schatten
Sa	3,5	s. ihm einen reinen Kopfbund auf
Wsh	13,10	die s. ihre Hoffnung auf tote Dinge
Sir	10,17	Gott hat Demütige darauf ges. 18
	11,1	s. ihn mitten unter die Fürsten
	12,12	damit er sich nicht auf deinen Stuhl s.
	24,15	so hat er mich in die geliebte Stadt ges.
	32,1	sorge erst für sie, dann magst du dich s. 2
Bar	3,17	worauf die Menschen ihr Vertrauen s.
	5,2	s. die Krone der Herrlichkeit auf dein Haupt
	6,9	sie s. (den Götzen) Kronen aufs Haupt
	17	wenn man sie in ihre Tempel s.
	22	Vögel s. sich auf ihre Leiber
	71	Hecke, auf die sich mancherlei Vögel s.
1Ma	1,57	ließ... auf Gottes Altar s. 6,7
	10,63	da s. ihn der König neben sich
	13,28	darauf ließ er sieben Pyramiden s. 29
2Ma	7,3	man sollte Pfannen über das Feuer s.
StD	1,50	s. dich her zu mir und berichte uns
Mt	5,1	(Jesus) ging auf einen Berg und s. sich 13,1.2; 15,29; Mk 4,1; 9,35; 12,41; Lk 4,20; 5,3; Jh 6,3; 8,2
	15	ein Licht s. (man nicht) unter einen Scheffel Mk 4,21; Lk 8,16; 11,33
	12,33	s. *einen guten Baum... s. einen faulen*
	13,48	s. sich und lesen die guten zusammen
	21,7	brachten die Eselin, und er s. sich darauf Mk 11,7; Lk 19,35
	22,44	s. dich zu meiner Rechten Mk 12,36; Lk 20,42; Apg 2,34; Heb 1,13
	24,45	den der Herr über seine Leute ges. hat Lk 12,42
	47	ihn über alle seine Güter s. Lk 12,44
	25,21	ich will dich über viel s. 23
	26,36	s. euch hier Mk 14,32
	58	s. sich zu den Knechten Lk 22,55
	27,29	Dornenkrone s. sie ihm aufs Haupt Jh 19,2
	37	s. sie eine Aufschrift Jh 19,19
	61	*die s. sich dem Grab gegenüber*
	28,2	wälzte den Stein weg und s. sich darauf
Mk	6,40	sie s. sich in Gruppen zu hundert Lk 9,14.15
	10,24	*für die, so ihr Vertrauen auf Reichtum s.*
	16,19	Jesus s. sich zur Rechten Gottes
Lk	2,34	dieser ist ges. zum Fall und Aufstehen
	10,39	s. sich dem Herrn zu Füßen
	12,14	wer hat mich zum Richter über euch ges.
	14,8	wenn du geladen, s. dich nicht obenan 10
	16,4	*wenn ich von dem Amt ges. werde*
	6	s. dich und schreib flugs fünfzig

Jh	2,6	ges. nach der Sitte der jüd. Reinigung
	15,16	*habe euch ges., daß ihr Frucht bringet*
	19,13	s. sich auf den Richterstuhl an der Stätte
Apg	2,3	er s. sich auf einen jeden von ihnen
	3,2	den s. man täglich vor die Tür des Tempels
	4,3	*s. sie bis auf den Morgen ins Gefängnis*
	7,10	der s. ihn zum Regenten über Ägypten
	8,31	er bat Philippus, sich zu ihm s.
	9,40	*als sie Petrus sah, s. sie sich aufrecht*
	12,21	s. sich auf den Thron und hielt eine Rede
	13,14	gingen am Sabbat in die Synagoge und s. sich 16,13
	47	ich habe dich den Heiden zum Licht ges.
	17,31	*er hat einen Tag ges.*
	20,28	*der heilige Geist ges. hat zu Bischöfen*
	25,6	am nächsten Tag s. er sich auf den Richterstuhl
Rö	4,17	ich habe dich ges. zum Vater vieler Völker
	15,20	dabei habe ich meine Ehre darein ges.
1Ko	6,4	s. sie zu Richtern
	12,18	*nun hat Gott die Glieder ges.*
	28	*Gott hat ges. aufs erste Apostel Eph 4,11*
2Ko	1,9	unser Vertrauen nicht auf uns selbst s.
	5,9	darum s. wir auch unsre Ehre darein, daß
Eph	1,20	*ges. zu seiner Rechten im Himmel*
	22	hat ihn ges. der Gemeinde zum Haupt
	2,6	*hat uns ges. in das himmlische Wesen s.*
1Th	3,3	*ihr wisset, daß wir dazu ges. sind*
	4,11	s. eure Ehre darein, daß ihr ein stilles Leben
	5,9	*Gott hat uns nicht ges. zum Zorn*
2Th	2,4	daß er sich in den Tempel Gottes s.
1Ti	1,12	*Christus, der mich ges. in das Amt*
	2,7	*dazu bin ich ges. als Prediger 2Ti 1,11*
	4,10	weil wir unsre Hoffnung auf Gott s. 1Pt 3,5
	5,5	die ihre Hoffnung auf Gott s. 1Pt 3,5
1Pt	1,13	s. eure Hoffnung ganz auf die Gnade
2Pt	2,6	ein Beispiel ges. den Gottlosen Jud 7
Heb	1,2	ihn hat Gott ges. zum Erben über alles
	3	sich ges. zur Rechten der Majestät in der Höhe 8,1; 10,12; 12,2
	2,7	hast ihn ges. über die Werke deiner Hände
	13	ich will mein Vertrauen auf ihn s.
	5,1	*der wird ges. für die Menschen*
	9,27	*wie den Menschen ges. ist*
Jak	2,3	s. du dich hierher auf den guten Platz
Off	3,21	mich ges. mit meinem Vater auf seinen Thron
	4,2	*ein Thron war ges. im Himmel*
	10,2	er s. seinen rechten Fuß auf das Meer
	14,16	s. seine Sichel an die Erde 19
	20,4	sie s. sich darauf

Seuche

5Mo	7,15	wird dir keine von den bösen S. auflegen
	28,60	wird alle S. Ägyptens über dich bringen
Ps	91,6	vor der S., die Verderben bringt
Hab	3,5	S. folgte, wo er hintrat
Lk	21,11	es werden geschehen große Erdbeben und S.
1Ti	6,4	der hat die S. der Fragen

seufzen

2Mo	2,23	die *Israeliten s. über ihre Knechtschaft
Hi	3,24	denn wenn ich essen soll, muß ich s.
	23,2	eine Hand drückt schwer, daß ich s. muß
	24,12	fern der Stadt s. Sterbende
Ps	6,7	ich bin so müde vom S. Jer 45,3
	12,6	weil die Armen s., will ich aufstehen
	31,11	hingeschwunden meine Jahre in S.

```
Ps    38,10   mein S. ist dir nicht verborgen
      79,11   laß vor dich kommen das S. der Gefangenen
     102,6    mein Gebein klebt an meiner Haut vor S.
         21   daß er das S. der Gefangenen höre
Spr    5,11   s., wenn dir Leib und Leben vergehen
      29,2    wenn der Gottlose herrscht, das Volk
Jes   16,7    über die Traubenkuchen werden sie s.
      21,2    ich will allem S. ein Ende machen
      24,7    die von Herzen fröhlich waren, s.
      35,10   Schmerz und S. wird entfliehen 51,11
Klg    1,4    ihre Priester s. 8.11.21
       3,56   verbirg deine Ohren nicht vor meinem S.
Hes    9,4    zeichne die Leute, die da s. und jammern
      21,11   sollst s., bitterlich sollst du s. 12; 24,17.23
Jo     1,18   wie s. das Vieh... sie haben keine Weide
Nah    2,8    ihre Jungfrauen werden s.
Mal    2,13   ihr bedeckt den Altar mit Tränen und S.
Wsh    5,3    sie werden in Herzensangst s.
      11,12   kam über sie S., wenn sie... dachten
Sir   30,21   der eine Jungfrau in den Armen hält und s.
2Ma    6,30   als sie ihn geschlagen hatten, s. er
StD    1,22   da s. Susanna und sagte
Mk     7,34   sah auf zum Himmel und s.
       8,12   er s. in seinem Geist und sprach
Apg    7,34   ich habe meines Volkes S. gehört
Rö     8,22   daß die ganze Schöpfung mit uns s.
         23   sondern auch wir s. in uns selbst
         26   der Geist selbst vertritt mit S.
2Ko    5,2    darum s. wir auch und sehnen uns danach
         4    solange wir in dieser Hütte sind, s. wir
Heb   13,17   damit sie das mit Freuden tun und nicht mit
              S.
Jak    5,9    s. nicht widereinander

              Seufzer
Klg    1,22   meiner S. sind viel

              Sia
1Ch    5,13   ¹(Söhne Gad:) S.
Esr    2,44   ²(Tempelsklaven:) die Söhne S. Neh 7,47

              Sibbechai
2Sm   21,18   S., der Huschatiter 23,27; 1Ch 11,29; 20,4;
              27,11

              Sibbolet, Sibboleth
Ri    12,6    Schibbolet. Sprach er aber: S.

              Sibma
4Mo   32,3    das Land S. 38; Jos 13,19
Jes   16,8    Weinstock von S. ist verderbt 9; Jer 48,32

              Sibrajim (= Sefarwajim; Sifron)
Hes   47,16   (Grenze gegen Norden:) S.

              Sichel
5Mo   16,9    wenn man zuerst die S. an die Halme legt
      23,26   mit der S. sollst du nicht dreinfahren
Jes    2,4    werden ihre Spieße zu S. machen Mi 4,3
Jo     4,10   macht aus euren S. Spieße
         13   greift zur S.; denn die Ernte ist reif
Mk     4,29   schickt er alsbald die S. hin
Off   14,14   der hatte in seiner Hand eine scharfe S.
```

```
Off   14,15   setze deine S. an und ernte 16

              Sichelwagen
2Ma   13,2    mit einem Heer von dreihundert S.

              Sichem, Sichemiter
1Mo   12,6    ¹bei S., bis zur Eiche More 35,4; Ri 9,6
      33,18   kam Jakob zu der Stadt S.
      37,12   um das Vieh in S. zu weiden 13.14
Jos   17,7    Michmetat, östlich von S. Ri 21,19
      20,7    weihten S. auf dem Gebirge Ephraim 21,21;
              1Ch 6,52
      24,1    Josua versammelte alle Stämme nach S. 25
Ri     8,31   Nebenfrau, die (Gideon) in S. hatte
       9,1    Abimelech ging hin nach S. u.ö. 57
1Kö   12,1    Rehabeam zog nach S. 2Ch 10,1
        25    Jerobeam baute S. aus und wohnte darin
1Ch    7,28   ihr Besitz war S. und seine Ortschaften
Ps    60,8    ich will S. verteilen 108,8
Jer   41,5    kamen achtzig Männer von S., von Silo
Hos    6,9    sie morden auf dem Wege, der nach S. geht
Sir   50,28   (zuwider:) die törichten Leute von S.
1Mo   33,19   ²kaufte das Land von den Söhnen Hamors,
              des Vaters S. Jos 24,32; Apg 7,16
      34,2    als S. (Dina) sah 4.6.8.11.13.20.24.26
4Mo   26,31   ³S., daher das Geschlecht der S. Jos 17,2
1Ch    7,19   ⁴Schemida hatte Söhne: S.

              sicher
3Mo   25,18   daß ihr im Lande s. wohnen könnt 19; 26,5;
              5Mo 12,10; 33,12.28; 1Sm 12,11; 1Kö 5,5
5Mo   28,66   wirst deines Lebens nicht s. sein
Jos    2,12   gebt mir ein s. Zeichen
Ri    18,7    sahen das Volk s. wohnen 10.27
2Kö    4,13   ich wohne s. unter meinen Leuten
2Ch   20,20   glaubet an den HERRN, so werdet ihr s.
              sein
Hi    12,5    gebührt Verachtung, so meint der S.
         6    die Hütten stehen ganz s.
      21,8    ihr Geschlecht ist s. um sich her
      24,23   er gibt ihnen, daß sie s. sind
      40,23   er dünkt sich s., auch wenn
Ps     4,9    allein du hilfst mir, daß ich s. wohne
      16,9    auch mein Leib wird s. liegen
      39,6    alle Menschen, die doch so s. leben
      40,3    auf einen Fels, daß ich s. treten kann
      78,53   er leitete sie
      89,3    du gibst deiner Treue s. Grund im Himmel
Spr    1,33   wer aber mir gehorcht, wird s. wohnen
       3,23   wirst du s. wandeln auf deinem Wege
      10,9    wer in Unschuld lebt, der lebt s.
      11,15   wer sich hütet, Bürge zu sein, geht s.
         18   wer Gerechtigkeit sät, hat s. Lohn
      14,26   wer der HERRN fürchtet, hat eine s. Festung
      19,23   man wird satt werden und s. schlafen
Jes   12,2    ich bin s. und fürchte mich nicht
      14,30   die Armen (werden) s. ruhen
      32,9    ihr Töchter, die so s. seid
         10   da werdet ihr s. zittern 11
         18   in s. Wohnungen und in stolzer Ruhe
      33,6    du wirst s.
         20   Jerusalem, eine s. Wohnung Jer 33,16
      47,8    die du so s. sitzest Ze 2,15
Jer   23,6    zu seiner Zeit soll Israel s. wohnen 32,37;
              Hes 28,26; 34,25.27.28; 38,8.14; 39,26; Hos
              2,20; Mi 5,3; Sa 14,11
      49,31   wider ein Volk, das ruhig und s. wohnt Hes
              30,9; 38,11; 39,6
```

sicher

Hes	16,49	s. Ruhe hatte sie mit ihren Töchtern
Hos	13,12	Ephraims Sünde ist s. verwahrt
Mi	2,8	raubt ihr denen, die s. dahergehen
Wsh	14,3	du gibst mitten in den Wellen s. Fahrt
Sir	4,16	wer sich zu ihr hält, wird s. wohnen
	36,11	soll die verzehren, die sich so s. fühlen
Bar	5,7	damit Israel s. heimziehen kann
1Ma	6,49	Geleit, damit sie s. herauskommen konnten
	10,43	der soll dort s. sein
	11,16	floh nach Arabien, um dort s. zu sein
	52	als Demetrius s. auf seinem Königsthron saß
Mt	28,14	wollen dafür sorgen, daß ihr s. seid
Mk	14,44	den ergreift und führt ihn s. ab
Lk	1,4	damit du den s. Grund der Lehre erfahrest
Apg	25,26	etwas S. über ihn habe ich nicht
1Ko	4,11	*wir haben keine s. Stätte*
Heb	6,19	diese haben wir als einen s. Anker
	12,13	macht s. Schritte mit euren Füßen

Sicherheit

1Sm	22,23	du bist bei mir in S.
2Kö	20,19	wird S. sein zu meinen Zeiten Jes 39,8
2Ch	15,5	keine S. für den, der aus- und einging
Hi	11,18	würdest dich in s. schlafen legen
Jes	32,17	wird ewige Stille und S. sein
Jer	12,5	wenn du schon im Lande S. suchst
	30,10	daß Jakob zurückkehren und in S. leben
Sir	10,1	wo ein Verständiger am Ruder ist, herrscht S.
2Ma	5,9	wo er S. zu finden gehofft hatte
	9,21	für die gemeinsame S. aller zu sorgen

sichern

2Sm	23,5	Bund... in allem wohl geordnet und ges.
1Ch	11,14	trat aufs Feld, s. es und schlug die Phil.
Hl	8,9	ist sie eine Tür, so wollen wir sie s.
Sir	45,25	vor allem s. er ihm reichlich Nahrung
	47,14	dem der Vater ein ges. Reich hinterlassen
Mt	27,66	s. das Grab mit der Wache

Sichri

versch. Träger ds. Namens
2Mo 6,21/ 1Ch 8,19/ 8,23/ 8,27/ 9,15/ 26,25/ 27,16/ 2Ch 17,16; 23,1/ 28,7/ Neh 11,9/ 12,17

Sicht

Apg	21,3	als Zypern in S. kam, ließen wir es liegen

sichtbar

Jer	13,26	daß deine Schande s. werde
Wsh	7,21	so erkannte ich alles, was s. ist
	13,1	an den Gütern den... nicht erkennen
	14,17	fertigten ein s. Bild des Königs an
1Ma	14,48	diese (Tafeln) s. im Vorhof anbringen
Rö	7,13	damit sie als Sünde s. werde
2Ko	4,18	was s. ist, das ist zeitlich
Kol	1,16	in ihm ist alles geschaffen, das S. und
Off	11,19	die Lade seines Bundes wurde s.

sichten

Ri	7,3	so s. sie Gideon 4
Jer	4,11	nicht zum Worfeln noch zum S.
Lk	22,31	*Satan euch möchte s. wie den Weizen*

Siddim

1Mo	14,3	das Tal S., wo nun das Salzmeer ist 8.10

Side

1Ma	15,23	(schrieb Luzius) nach S.

Sidon

1Mo	10,15	¹Kanaan zeugte S. 1Ch 1,13
	10,19	²ihre Grenzen waren von S. bis Gaza
	49,13	Sebulon wird reichen bis S.
Jos	11,8	jagten ihnen nach bis S. 19,28
Ri	1,31	Asser vertrieb nicht die Einwohner von S.
	10,6	die *Israeliten dienten den Göttern von S. 1Kö 11,5; 2Kö 23,13
	18,28	die Stadt lag fern von S. 2Sm 24,6
1Kö	17,9	geh nach Zarpat, das bei S. liegt
1Ch	22,4	die von S. brachten Zedernholz Esr 3,7
Jes	23,2	die Bewohner, die Kaufleute von S. 3
	4	erschrick, S. 12; Jer 25,22; 27,3; 47,4; Hes 28,21.22; Jo 4,4; Sa 9,2
Hes	27,8	die Edlen von S. waren deine Ruderknechte
1Ma	5,15	die Heiden aus Tyrus und S.
Mt	11,21	wären solche Taten in S. Lk 10,13
	22	es wird S. erträglicher ergehen Lk 10,14
	15,21	Jesus zog sich zurück in die Gegend von S. Mk 7,31
Mk	3,8	aus S. kam eine große Menge Lk 6,17
Lk	4,26	gesandt allein zu einer Witwe nach Sarepta im Gebiet von S.
Apg	12,20	er war zornig auf die Einwohner von S.
	27,3	am nächsten Tag kamen wir in S. an

Sidonier

5Mo	3,9	die S. nennen (den Hermon) Sirjon
Jos	13,4	(noch einzunehmen) das Land, das den S. gehört 6; Ri 3,3
Ri	10,12	(haben euch nicht unterdrückt) die S.
	18,7	sicher wohnen in der Weise der S.
1Kö	5,20	der Holz zu hauen versteht wie die S.
	11,33	angebetet die Astarte, die Göttin der S.
	16,31	Isebel, die Tochter des Königs der S.
Hes	32,30	da sind alle S. (begraben)
Lk	4,26	*nach Sarepta im Lande der S.*

sidonitisch

1Kö	11,1	Salomo liebte ausländische Frauen: s.

sie, ihnen

4Mo	33,56	euch tun wie i.
5Mo	21,5	der HERR hat s. erwählt
Ps	102,47	s. werden vergehen Heb 1,11
Jer	32,39	will i. einerlei Sinn geben
Mi	4,12	s. wissen des HERRN Gedanken nicht
Mal	1,4	werden s. bauen, will ich abbrechen
Mt	18,20	da bin ich mitten unter i.

Sieb

Am	9,9	gleichwie man mit einem S. schüttelt

sieben

1Mo	7,2	nimm zu dir je s. 3
	4	in s. Tagen will ich regnen lassen 10

1Mo	8,10	da harrte (Noah) noch weitere s. Tage 12
	21,28	Abraham stellte s. Lämmer besonders 29.30
	29,18	will s. Jahre um Rahel dienen 20.27.30
	31,23	jagte ihm nach, s. Tagereisen weit
	41,2	s. schöne, fette Kühe 3-54
	46,25	Bilha gebar Jakob diese s. Seelen
	50,10	hielt Totenklage über seinen Vater s. Tage
2Mo	2,16	der Priester in Midian hatte s. Töchter
	7,25	währte s. Tage lang, nachdem der HERR
	12,15	s. Tage ungesäuertes Brot essen 19; 13,6.7; 23,15; 34,18; 3Mo 23,6; 4Mo 28,17; 5Mo 16,3.4; 2Ch 35,17; Esr 6,22; Hes 45,21.23.25
	22,29	s. Tage laß es bei seiner Mutter sein 3Mo 22,27
	25,37	s. Lampen machen 37,23; 4Mo 8,2; Sa 4,2
	29,30	soll sie s. Tage anziehen 35; 3Mo 8,33.35
	37	s. Tage die Sühnung vollziehen Hes 43,26
3Mo	12,2	soll s. Tage unrein sein 15,13.19.24.28; 4Mo 19,11.14.16; 31,19; Hes 44,26
	13,4	soll der Priester ihn einschließen s. Tage 5.6. 21.26.31.33.50.54; 14,8.38; 4Mo 12,14.15
	23,8	s. Tage Feueropfer darbringen 36; 4Mo 28,24; Hes 43,25
	15	danach sollt ihr zählen s. Wochen 5Mo 16,9
	34	Laubhüttenfest, s. Tage lang 39-42; 4Mo 29,12; 5Mo 16,13.15; Neh 8,18
	25,8	zählen s. Sabbatjahre, siebenmal s. Jahre
4Mo	13,22	Hebron war erbaut worden s. Jahre vor Zoan
	23,1	baue mir s. Altäre 4.14.29
5Mo	7,1	s. Völker, die stärker sind als du Apg 13,19
	15,1	alle s. Jahre ein Erlaßjahr halten 31,10
	28,7	sollen auf s. Wegen fliehen 25
Jos	6,4	laß s. Priester s. Posaunen tragen 6.8.13
	18,5	teilt das Land in s. Teile 2.6.9
Ri	6,1	in der Hand der Midianiter s. Jahre
	12,9	(Ibzan) richtete Israel s. Jahre
	14,12	wenn ihr das erratet in diesen s. Tagen 17
	16,7	mich bände mit s. Seilen 8.13.14.19
Rut	4,15	die dir mehr wert ist als s. Söhne
1Sm	2,5	die Unfruchtbare hat s. geboren
	6,1	die Lade s. Monate im Lande der Philister
	10,8	s. Tage sollst du warten 11,3; 13,8
	16,10	ließ Isai seine s. Söhne vorübergehen
	31,13	und fasteten s. Tage 1Ch 10,12
2Sm	2,11	die Zeit, die David König war zu Hebron, war s. Jahre 5,5; 1Kö 2,11; 1Ch 3,4; 29,27
	21,6	aus seinem Hause gebt uns s. Männer 9
1Kö	6,38	daß sie s. Jahre daran bauten
	8,65	beging das Fest s. Tage und noch s. Tage 2Ch 7,8.9; 30,21-23
	16,15	Simri regierte s. Tage zu Tirza
	20,29	lagen einander gegenüber s. Tage
2Kö	3,9	als sie s. Tagereisen weit gezogen waren 8,1
	12,1	war s. Jahre alt, als er König 2Ch 24,1
1Ch	9,25	für s. Tage, um Dienst zu tun
2Ch	13,9	wer da kam mit s. Widdern, wurde Priester
Esr	7,14	vom König und seinen s. Räten gesandt
Est	1,5	machte ein Festmahl s. Tage lang
	2,9	dazu s. auserlesene Dienerinnen
Hi	1,2	(Hiob) zeugte s. Söhne 42,13
	2,13	saßen auf der Erde s. Tage s. Nächte
	5,19	in s. wird dich kein Übel anrühren
Spr	6,16	diese s. sind ihm ein Greuel
	9,1	die Weisheit hat ihre s. Säulen behauen
	26,16	dünkt sich ein Fauler s. weiser als s.
	25	es sind s. Greuel in seinem Herzen
Pr	11,2	verteil es unter s. oder unter acht
Jes	4,1	s. Frauen werden einen Mann ergreifen
	11,15	wird den Euphrat in s. Bäche zerschlagen
Jer	15,9	die s. Kinder hatte, welkte dahin
	52,25	s. Männer... um den König sein mußten
Hes	3,15	blieb unter ihnen s. Tage ganz verstört 16
	39,9	werden s. Jahre lang Feuer damit machen
	12	wird sie s. Monate lang begraben 14
Dan	4,13	s. Zeiten sollen über ihn hingehen 20.22.29
	9,25	bis ein Fürst kommt, sind es s. Wochen
Mi	5,4	werden wir s. Hirten dagegen aufstellen
Sa	3,9	auf den einen Stein sind s. Augen 4,10
Jdt	16,29	das Volk trauerte um sie s. Tage lang
Tob	3,8	man hatte sie s. Männern gegeben 6,15
	11	wie du schon s. Männer getötet hast 7,11; 8,12
	11,18	nach s. Tagen kam auch Sara
	20	s. Tage lang feierten sie miteinander
	12,15	Rafael, einer von den s. Engeln
	14,5	rief Tobias zu sich und dessen s. Söhne
Sir	20,14	mit s. Augen wartet er, was er bekommt
	22,13	s. Tage trauert man über einen Toten
	37,18	kann oft mehr erkennen als s. Wächter
1Ma	13,28	darauf ließ er s. Pyramiden setzen
2Ma	7,1	s. Brüder samt ihrer Mutter gefangen 20
StD	2,31	es waren s. Löwen im Graben
Mt	12,45	nimmt mit sich s. andre Geister Lk 11,26
	15,34	s. (Brote) und ein paar Fische Mk 8,5
	36	nahm die s. Brote und die Fische 16,10; Mk 8,6.20
	37	was übrigblieb, s. Körbe voll Mk 8,8.20
	22,25	nun waren bei uns s. Brüder 28; Mk 12,20.22.23; Lk 20,29.31.33
Mk	16,9	von der er s. böse Geister ausgetrieben hatte Lk 8,2
Lk	2,36	hatte s. Jahre mit ihrem Mann gelebt
Apg	6,3	seht euch um nach s. Männern in eurer Mitte
	19,14	Söhne eines jüdischen Hohenpriesters
	20,6	blieben dort s. Tage 21,4; 28,14
	21,8	Philippus, der einer von den S. war
	27	als die s. Tage zu Ende gingen
2Pt	2,5	bewahrte allein Noah mit s. andern
Heb	11,30	als Israel s. Tage um sie herumgezogen war
Off	1,4	Johannes an die s. Gemeinden in der Provinz Asien 11.20
	12	sah ich s. goldene Leuchter 20; 2,1
	16	er hatte s. Sterne in seiner Hand 20; 2,1; 3,1
	4,5	das sind die s. Geister Gottes
	5,1	ein Buch, versiegelt mit s. Siegeln 5; 6,1
	6	das sind die s. Geister Gottes
	8,2	s. Engel wurden s. Posaunen gegeben 6
	10,3	erhoben die s. Donner ihre Stimme 4
	12,3	der hatte s. Häupter 13,1; 17,3.7.9.11
	15,1	s. Engel, die hatten die letzten s. Plagen 6-8; 16,1; 17,1; 21,9

sieben (seihen)

Sir	27,5	wenn man s., so bleibt Unrat zurück
Lk	22,31	der Satan hat begehrt, euch zu s.

siebenfach, siebenfältig

1Mo	4,15	das soll s. gerächt werden
3Mo	26,18	s., um eurer Sünden willen 21.24.28
Ps	79,12	vergilt unsern Nachbarn s. ihr Schmähen
Spr	6,31	wenn er ergriffen wird, ersetzt er's s.
Sir	7,3	brauchst du es nicht s. zu ernten
	20,12	nachher muß er's s. bezahlen
	35,13	der Herr wird dir's s. vergelten

Siebengestirn

Siebengestirn
Hi 9,9 er macht den Orion und das S. Am 5,8
38,31 kannst du die Bande des S. zusammenbinden

siebenhundert
Ri 20,15 s. auserlesene Männer 16
2Sm 10,18 David vernichtete v. d. Aramäern s. Wagen
1Kö 11,3 (Salomo) hatte s. Hauptfrauen
2Kö 3,26 nahm s. Mann mit sich, um durchzubrechen
2Ch 15,11 opferten s. Rinder

siebenhundertfünfundvierzig
Jer 52,30 (weggeführt) s. Leute aus Juda

siebenhundertsiebenundsiebzig
1Mo 5,31 (Lamech) sein ganzes Alter ward s. Jahre

siebenhundertzweiundachtzig
1Mo 5,26 (Methuschelach) lebte danach s. Jahre

siebenjährig
Ri 6,25 nimm einen zweiten Stier, der s. ist

siebenmal
1Mo 4,24 Kain soll s. gerächt werden
33,3 (Jakob) neigte sich s. zur Erde
3Mo 4,6 in das Blut tauchen und s. sprengen 17; 14,7.51; 16,14.19; 4Mo 19,4
8,11 sprengte damit s. an den Altar 14,16.27
25,8 sollst zählen s. sieben Jahre
Jos 6,4 am 7. Tage zieht s. um die Stadt 15
1Kö 18,43 der Diener ging wieder hin, s.
2Kö 4,35 da nieste der Knabe s.
5,10 wasche dich s. im Jordan 14
Ps 12,7 die Worte des HERRN sind geläutert s.
119,164 ich lobe dich des Tages s.
Spr 24,16 ein Gerechter fällt s. und steht auf
Jes 30,26 der Sonne Schein wird s. heller sein
Dan 3,19 man sollte den Ofen s. heißer machen
Sir 40,8 dies widerfährt den Gottlosen s. mehr
Mt 18,21 genügt es s.
22 nicht s., sondern siebzigmal s.
Lk 17,4 wenn er s. am Tag an dir sündigen würde

siebentausend
1Kö 19,18 will übriglassen s. in Israel Rö 11,4
20,15 Ahab zählte das ganze Israel, s. Mann
2Kö 24,16 von den besten Leuten s. nach Babel
1Ch 18,4 David gewann ihm ab s. Reiter 19,18
29,4 gebe s. Zentner lauteres Silber
2Ch 15,11 opferten s. Schafe 30,24
Hi 1,3 (Hiob) besaß s. Schafe
1Ma 3,39 gab ihnen s. Reiter
Off 11,13 getötet in dem Erdbeben s. Menschen

siebentausendsiebenhundert
2Ch 17,11 die Araber brachten s. Widder und s. Böcke

siebenunddreißig
2Kö 13,10 im s. Jahr des Joasch

2Kö 25,27 im s. Jahr, nachdem weggeführt Jer 52,31

siebenundsiebzig
Ri 8,14 die Oberen von Sukkot, s. Mann

siebenundsiebzigmal
1Mo 4,24 Kain soll 7mal gerächt werden, Lamech s.

siebenundzwanzig
1Mo 8,14 am s. Tage war die Erde trocken
1Kö 16,10 im s. Jahr 15; 2Kö 15,1; Hes 29,17
2Kö 25,27 am s. Tage des zwölften Monats

siebenundzwanzigtausend
1Kö 20,30 die Mauer fiel auf s. Mann

siebter, siebenter
1Mo 2,2 so vollendete Gott am s. Tage seine Werke
2 ruhte am s. Tage von allen seinen Werken 2Mo 20,11; 31,17; Heb 4,4
3 Gott segnete den s. Tag und heiligte ihn
8,4 des s. Monats ließ sich die Arche nieder
2Mo 12,15 wer gesäuertes Brot ißt... bis zum s.
16 am s. soll heilige Versammlung sein 3Mo 23,8; 4Mo 28,25; 5Mo 16,8
13,6 am s. Tage ist des HERRN Fest
16,26 der s. Tag ist der Sabbat 20,10; 23,12; 31,15; 34,21; 35,2; 3Mo 23,3; 5Mo 5,14
27 am s. Tage gingen etliche hinaus 29.30
21,2 im s. Jahr soll er freigelassen werden 5Mo 15,12; Jer 34,14
23,11 im s. Jahr sollst du es ruhen lassen
24,16 am s. Tage erging der Ruf an Mose
3Mo 13,5 (soll der Priester ihn) am s. Tage besehen 27.32.34.51; 14,9.39; 4Mo 6,9; 19,12.19; 31,19.24
16,29 am zehnten Tage des s. Monats fasten 4Mo 29,7
23,16 bis zu dem Tag an dem s. Sabbat zählen
24 am 1. Tage des s. Monats 4Mo 29,1; Hes 45,20
27 in diesem Monat ist der Versöhnungstag
34 am 15. Tage dieses s. Monats ist das Laubhüttenfest 39.41; 4Mo 29,12; Neh 8,14; Hes 45,25
25,4 im s. Jahr einen feierlichen Sabbat
9 Posaune blasen am 10. Tage des s. Monats
20 was sollen wir essen im s. Jahr
5Mo 15,9 es naht das s. Jahr, das Erlaßjahr
Jos 6,4 am s. Tage zieht siebenmal um 15.16
Ri 14,17 am s. Tage 2Sm 12,18; 1Kö 20,29; 2Kö 25,8; Est 1,10; Hes 30,20
1Kö 8,2 der s. Monat 2Kö 25,25; 2Ch 5,3; 7,10; 31,7; Esr 3,1.6; Neh 7,72; 8,2; Jer 28,17; 41,1; Hag 2,1; Sa 7,5; 8,19
2Kö 11,4 im s. Jahr 12,2; 18,9; 2Ch 23,1; Esr 7,7.8; Est 2,16; Jer 52,28; Hes 20,1
Neh 10,32 auf Abgaben im s. Jahr verzichten
Bar 1,2 am s. Tage des Monats, in dem
6,3 eine lange Zeit bis zum s. Geschlecht
1Ma 10,21 zog das... Gewand an im s. Monat
StD 2,39 der König kam am s. Tage
Mt 22,26 desgleichen der zweite bis zum s.
Jh 4,52 gestern um die s. Stunde verließ ihn das Fieber
Heb 4,4 so hat er gesprochen vom s. Tag

Jud	14	Henoch, der s. von Adam an
Off	8,1	als das Lamm das s. Siegel auftat
	10,7	in den Tagen, wenn der s. Engel blasen wird
	11,15	der s. Engel blies seine Posaune 16,17
	21,20	der s. (Grundstein war) ein Chrysolith

siebzehn

1Mo	7,11	am s. Tag brachen alle Brunnen auf 8,4
	37,2	Josef war s. Jahre alt
	47,28	Jakob lebte s. Jahre in Ägyptenland
1Kö	14,21	regierte s. Jahr 2Kö 13,1; 2Ch 12,13
	22,52	im s. Jahr 2Kö 16,1
Jer	32,9	wog ihm das Geld dar, s. Lot Silber

siebzig

1Mo	5,12	war s. Jahre alt 11,26
	46,27	alle Seelen des Hauses Jakobs waren s. 2Mo 1,5; 5Mo 10,22
	50,3	die Ägypter beweinten ihn s. Tage
2Mo	15,27	Elim; da waren s. Palmbäume 4Mo 33,9
	24,1	du und s. von den Ältesten 9; 4Mo 11,16; Hes 8,11
Ri	1,7	s. Könige mit abgehauenen Daumen
	8,30	Gideon hatte s. leibl. Söhne 9,2.5.18.24.56
	9,4	gaben ihm s. Silberstücke
	12,14	die auf s. Eseln ritten
1Sm	6,19	der HERR schlug unter ihnen s. Mann
2Kö	10,1	Ahab hatte s. Söhne 6.7
2Ch	36,21	Sabbat, auf daß s. Jahre voll wurden
Ps	90,10	unser Leben währet s. Jahre
Jes	23,15	wird Tyrus vergessen werden s. Jahre 17
Jer	25,11	dem König von Babel dienen s. Jahre 12
	29,10	wenn für Babel s. Jahre voll sind
Dan	9,2	daß Jerusalem s. Jahre wüst liegen Sa 1,12
	24	s. Wochen sind verhängt über dein Volk
Sa	7,5	als ihr fastetet diese s. Jahre
Jdt	1,2	ihre Mauern machte er s. Ellen hoch
StD	2,9	es gab aber s. Priester des Bel
Lk	10,1	*sonderte der Herr andere s. aus* 17
Apg	23,23	rüstet s. Reiter und 200 Schützen

siebzigmal

Mt	18,22	nicht siebenmal, sondern s. siebenmal

siebzigtausend

2Sm	24,15	von dem Volk starben s. Mann 1Ch 21,14
1Kö	5,29	Salomo hatte s. Lastträger 2Ch 2,1.17

siech

Klg	1,13	daß ich für immer s. bin

Siechtum

Hi	16,8	mein S. steht wider mich auf

sieden

Hi	41,12	Rauch wie von einem s. Kessel
Jes	64,1	wie Feuer Wasser s. macht
Jer	1,13	ich sehe einen s. Kessel überkochen
Hes	24,5	laß die Stücke tüchtig s.

Sieg

1Mo	14,17	als (Abram) zurückkam von dem S.
2Mo	32,18	es ist kein Geschrei wie bei einem S.
4Mo	24,18	Israel wird S. haben
5Mo	33,29	der das Schwert deines S. ist
1Sm	14,47	da gewann (Saul) den S.
	17,57	als David zurückkam vom S. 18,6; 2Sm 8,13
2Sm	19,3	so wurde aus dem S. eine Trauer
2Kö	5,1	durch ihn gab der HERR den Aramäern S.
	13,17	ein Pfeil des S… des S. gegen Aram
1Ch	29,11	dein, HERR, ist S. und Hoheit
2Ch	25,14	als Amazja vom S. wiederkam
Hi	17,4	wirst ihnen den S. nicht geben
Ps	118,15	man singt mit Freuden vom S.
	15	die Rechte des HERRN behält den S. 16
	144,10	der du den Königen S. gibst
Spr	21,31	aber der S. kommt vom HERRN
	24,6	wo viele Ratgeber sind, da ist der S.
Dan	7,21	das Horn behielt den S. über sie
Hab	3,8	als deine Wagen den S. behielten
Jdt	16,2	nach diesem S. zog das Volk nach Jerusalem
	24	das Volk feierte mit Judit den S. 31
1Ma	3,6	er hatte Glück und S.
	18	Gott kann durch wenige den S. verleihen 19; 2Ma 15,21
	4,55	lobte den Herrn, der ihnen S. gegeben 2Ma 10,38
	5,56	hörten von ihren S. und großen Taten
2Ma	10,28	hatten als Bürgschaft für S. die Zuflucht
	12,11	Judas behielt durch Gottes Hilfe den S.
	13,15	gab ihnen zur Losung: Gott gibt S.
	15,8	sie sollten auf den S. hoffen
StE	7,6	Gott gab seinem Erbteil den S.
Mt	12,20	bis er das Recht hinausführt zum S.
1Ko	15,54	der Tod ist verschlungen vom S. 55
	55	Tod, wo ist dein S.
	57	uns den S. gibt durch Jesus 2Ko 2,14
1Jh	5,4	unser Glaube ist der S., der die Welt überwunden hat
Heb	7,1	als der vom S. über die Könige zurückkam
Off	15,2	die den S. behalten hatten über das Tier

Siegel

1Mo	38,18	(gib mir) dein S. und deine Schnur 25
2Mo	28,36	eingraben, wie man S. eingräbt: „Heilig"
1Kö	21,8	(Isebel) versiegelte sie mit (Ahabs) S.
Hi	37,7	legt er alle Menschen unter S.
	38,14	wandelt sich wie Ton unter dem S.
Hl	8,6	lege mich wie ein S. auf dein Herz
Sir	22,33	ein S. auf meine Lippen gedrückt
StD	2,16	der König fragte: Ist das S. unversehrt
Jh	6,27	auf dem ist das S. Gottes des Vaters
Rö	4,11	als S. der Gerechtigkeit des Glaubens
1Ko	9,2	S. meines Apostelamts seid ihr in dem Herrn
2Ti	2,19	der feste Grund Gottes hat dieses S.
Off	5,1	ein Buch, versiegelt mit sieben S.
	2	wer ist würdig, das Buch aufzutun und seine S. zu brechen 5,9
	6,1	daß das Lamm das erste der sieben S. auftat 3.5.7.9.12; 8,1
	7,2	das S. des lebendigen Gottes
	9,4	die nicht das S. Gottes haben an ihren Stirnen
	20,3	verschloß ihn und setzte ein S. oben darauf

siegeln

Est	3,12	mit des Königs Ring ges. 8,8.10

Siegelring

Siegelring
Jer 22,24 wenn Konja ein S. wäre
Hag 2,23 will dich, Serubbabel, wie einen S. halten
Sir 17,18 hält die Wohltaten... wert wie einen S.
49,13 Serubbabel, der wie ein S. war

Siegelstecher
2Mo 28,11 nach der Weise der S. 39,6

Siegelstecherarbeit
2Mo 28,21 zwölf sollen es sein in S. 39,14

siegen
1Mo 30,8 gekämpft mit meiner Schwester, und ges.
2Mo 17,11 wenn Mose seine Hand emporhielt, s. Israel
1Sm 17,9 vermag ich aber über ihn zu s.
Ps 89,44 lässest ihn nicht s. im Streit
Hos 12,5 er kämpfte mit dem Engel und s.
Mi 5,8 deine Hand wird s. gegen alle
Jdt 5,14 stritt Gott für sie und s.
13,20 mit großer Freude, daß er ges. hat
Wsh 4,2 im Ringen um einen herrl. Kampfpreis ges.
1Ma 1,21 als Antiochus in Ägypten ges. hatte
5,21 Simon bestand viele Kämpfe, s.
2Ma 5,6 er meinte, er s. gegen Feinde
Rö 3,4 damit du s., wenn man mit dir rechtet
Off 6,2 er zog aus sieghaft und um zu s.
12,8 (der Drache und seine Engel) s. nicht

Sieger
Sir 47,7 deshalb rühmte man ihn als S. über 10.000

Siegesgesang
Jes 25,5 du dämpfest der Tyrannen S.

Siegespreis
1Ko 9,24 einer empfängt den S.
Phl 3,14 dem S. der Berufung Gottes in Christus
Kol 2,18 laßt euch den S. von niemandem nehmen

Siegeszeichen
1Sm 15,12 daß Saul sich ein S. aufgerichtet habe

sieghaft
Off 6,2 er zog aus s. und um zu s.

siehe
1Mo 1,31 s., es war sehr gut
3,22 s., der Mensch ist gew. wie unsereiner
4,14 s., du treibst mich vom Acker
6,13 s., ich will sie verderben 12.17
9,9 s., ich richte mit euch einen Bund auf 17,4; 2Mo 34,10; Jer 31,31; Heb 8,8
16,11 s., du bist schwanger 18,10; 38,24; Ri 13,3.7
17,20 s., ich habe ihn gesegnet 48,4
18,27 s., ich habe mich unterwunden, zu reden 31
28,15 s., ich bin mit dir
48,21 s., ich sterbe 50,5; Jos 23,14
2Mo 16,4 s., ich will Brot regnen lassen 14
10 s., die Herrlichkeit des HERRN erschien Hes 3,23; 8,4; 43,2.5
2Mo 17,6 s., ich will dort vor dir stehen 19,9
23,20 s., ich sende einen Engel vor dir her 32,34; Jos 3,11
4Mo 17,27 s., wir verderben
5Mo 1,8 s., ich habe das Land dahingegeben 2,24.31; Jos 6,2; 8,1; Ri 1,2
10,14 s., der Himmel ist des HERRN
11,26 s., ich lege euch heute vor den Segen und den Fluch 30,15; Jer 21,8
31,14 s., deine Zeit ist herbeigekommen 16; 2Ch 34,28
Ri 6,14 s., ich habe dich gesandt 1Sm 9,17; 10,1
18,9 und s., (das Land) ist sehr gut
1Sm 3,4 s., hier bin ich 5.6.8.16; 2Sm 15,26; Jes 8,18; 58,9; Heb 2,13
11 s., ich werde etwas tun in Israel
15,22 s., Gehorsam ist besser als Opfer
2Sm 12,11 s., ich will Unheil über dich kommen lassen 1Kö 14,10; 21,21; 2Kö 21,12; 22,16; 2Ch 34,24; Jer 6,19; 11,11; 18,11; 19,3.15; 35,17; 44,11.27; 45,5
24,17 s., ich habe gesündigt Esr 9,15
1Kö 3,12 s., ich gebe dir ein weises Herz
8,27 s., aller Himmel können dich nicht fassen 2Ch 6,18
22,23 s., der HERR hat einen Lügengeist gegeben 2Kö 19,7; 2Ch 18,22; Jes 37,7
2Kö 5,15 s., nun weiß ich, daß kein Gott ist, außer
20,5 s., ich will dich gesund machen Jes 38,5
17 s., es kommt die Zeit Jes 39,6; Jer 7,32; 9,24; 16,14; 19,6; 23,5.7; 30,3; 31,27.31.38; 33,14; 48,12; 49,2; 51,47.52; Am 8,11; 9,13; Sa 14,1
Hi 1,12 s., alles sei in deiner Hand 2,6
40,4 s., ich bin zu gering
Ps 33,18 s., des HERRN Auge achtet auf alle
39,6 s., m. Tage sind eine Handbreit bei dir
40,8 s., ich komme; im Buch ist von mir geschr.
54,6 s., Gott steht mir bei Jes 50,9
119,40 s., ich begehre deine Befehle
121,4 s., der Hüter Israels schläft nicht
127,3 s., Kinder sind eine Gabe des HERRN
128,4 s., so wird gesegnet der Mann, der
133,1 s., wie fein und lieblich ist's
139,4 s., es ist kein Wort auf meiner Zunge
8 s., so bist du auch da
Pr 1,10 s., von dem man sagen könnte: S., das ist neu
14 s., es war alles eitel 2,1.11
Hl 1,15 s., meine Freundin, du bist schön 16; 4,1
Jes 3,1 s., der Herr wird wegnehmen Stütze und Stab 8,7; 10,33
6,7 s., hiermit sind deine Lippen berührt Jer 1,9
7,14 s., eine Jungfrau ist schwanger Mt 1,23; Lk 1,31
12,2 s., Gott ist mein Heil 25,9; 62,11
13,9 s., des HERRN Tag kommt Hes 7,10; 39,8
17 s., ich will 38,8; 49,22; 54,11; 65,18; Jer 2,35; 5,14.15; 6,21; 8,17; 9,6.14; 10,18; 11,22; 12,14; 13,13; 16,9.16; 20,4; 21,4.13; 23,2.15.30-32.39; 25,9; 28,16; 29,17.21.32; 30,10.18; 31,8; 32,37; 33,6; 34,2.22; 39,16; 42,4; 43,10; 44,30; 46,25. 27; 49,5.15.35; 50,9.18.31; 51,1.25.36; Hes 4,8. 15.16; 5,8; 6,3; 13,8.20; 16,37; 21,3.8; 22,19; 23,22.28; 24,16.21; 25,4.7.9.16; 26,3.7; 28,7.22; 29,3.8.10.19; 30,22; 34,10.11.17.20; 35,3; 36,9; 37,5.12.19.21; 38,3.4; 39,1.2; Hos 2,8.16; Jo 2,19; 4,1.7; Am 2,13; 6,14; 7,8; 9,9; Nah 2,14; 3,5; Hab 1,6; Ze 3,19; Sa 2,13.14; 3,8; 11,6; 12,2; Mal 2,3; 3,1.23
28,16 s., ich lege in Zion einen Grundstein Rö 9,33; 1Pt 2,6

siehe

Jes	32,1	s., es wird ein König regieren
	38,17	s., um Trost war mir sehr bange
	40,9	s., da ist euer Gott 10
	42,1	s., das ist mein Knecht 52,13; Mt 12,18
	43,19	s., ich will ein Neues schaffen 65,17
	49,16	s., in die Hände habe ich dich gezeichnet
	59,1	s., des HERRN Arm ist nicht zu kurz
	60,2	s., Finsternis bedeckt das Erdreich
	66,12	s., ich breite aus bei ihr den Frieden
	15	s., der HERR wird kommen
Jer	4,13	s., er fährt daher 48,40; 49,19.22
	7,20	s., mein Zorn wird ausgeschüttet
Hes	7,5	s., es kommt ein Unglück 6; 21,12; 30,9; 33,33; Mal 3,19
Nah	2,1	s. auf den Bergen die Füße eines Boten
Sa	9,9	s., dein König kommt zu dir Mt 21,5; Jh 12,15
Sir	16,17	s., Himmel und Erde erbeben
Bar	1,10	s., wir senden euch Geld
Mt	1,23	s., eine Jungfrau wird schwanger sein Lk 1,31.36
	3,16	s., da tat sich der Himmel auf 17; 17,3.5; Lk 9,30
	7,4	s., ein Balken ist in deinem Auge
	10,16	s., ich sende euch wie Schafe Lk 10,3
	11,10	s., ich sende meinen Boten vor dir her Mk 1,2; Lk 7,27
	12,18	s., das ist mein Knecht
	41	und s., hier ist mehr als Jona 42; Lk 11,31.32
	49	s. da, das ist meine Mutter Mk 3,32.34
	13,3	s., es ging ein Sämann aus, zu säen Mk 4,3
	19,27	s., wir haben alles verlassen Mk 10,28; Lk 18,28
	20,18	s., wir ziehen hinauf nach Jerusalem Mk 10,33
	21,5	s., dein König kommt zu dir Jh 12,15
	23,34	s., ich sende euch Propheten
	38	s., euer Haus soll euch wüst gelassen
	24,23	s., hier ist der Christus 26; Mk 13,21; Lk 17,21.23
	25	s., ich habe es euch vorausgesagt 28,7
	26	s., er ist in der Wüste
	25,6	s., der Bräutigam kommt
	26,45	s., die Stunde ist da 46.51; Mk 14,41.42; Lk 22,21; 23,14.15
	65	s., jetzt habt ihr die Gotteslästerung gehört
	27,51	s., der Vorhang im Tempel zerriß 28,2
	28,7	s., er wird vor euch hingehen nach Galiläa 9
	20	s., ich bin bei euch alle Tage
Mk	11,21	s., der Feigenbaum ist verdorrt Lk 13,7
	13,1	Meister, s., was für Steine und was für Bauten
	15,4	s., wie hart sie dich verklagen
	35	s., er ruft den Elia
Lk	1,20	s., du wirst stumm werden
	38	Maria sprach: S., ich bin des Herrn Magd
	44	s., als ich die Stimme deines Grußes hörte
	2,10	s., ich verkündige euch große Freude
	34	s., dieser ist gesetzt zum Fall für viele in Israel
	48	s., dein Vater und ich haben dich mit Schmerzen gesucht
	6,23	s., euer Lohn ist groß
	7,34	s., dieser Mensch ist ein Fresser
	9,39	s., ein Geist ergreift ihn 13,11
	11,41	s., dann ist euch alles rein
	13,30	s., es sind Letzte, die werden die Ersten sein
	32	s., ich treibe Geister aus heute und morgen
	15,29	s., so viele Jahre diene ich dir
	19,8	s., Herr, die Hälfte von meinem Besitz gebe ich den Armen
Lk	19,20	Herr, s., hier ist dein Pfund
	22,10	s., wenn ihr hineinkommt in die Stadt
	31	s., der Satan hat begehrt
	38	Herr, s., hier sind zwei Schwerter
	23,29	s., es wird die Zeit kommen Jh 16,32
	50	s., da war ein Mann mit Namen Josef, ein Ratsherr
	24,49	s., ich will auf euch herabsenden, was
Jh	1,29	s., das ist Gottes Lamm 36
	47	s., ein rechter Israelit, in dem kein Falsch
	3,26	s., der tauft, und jedermann kommt zu ihm
	4,35	s., ich sage euch
	5,14	s., du bist gesund geworden
	7,26	s., er redet frei und offen 16,29
	11,3	s., der, den du liebhast, liegt krank
	36	s., wie hat er ihn liebgehabt
	12,19	s., alle Welt läuft ihm nach
	18,21	s., sie wissen, was ich gesagt habe
	19,26	Frau, s., das ist dein Sohn 27
Apg	5,25	s., die Männer stehen im Tempel und lehren
	7,56	s., ich sehe den Himmel offen
	8,27	s., ein Mann aus Äthiopien 36
	9,11	s., er betet
	10,17	s., da fragten die Männer 19.21.30; 11,11
	12,7	s., der Engel des Herrn kam herein
	13,11	s., die Hand des Herrn kommt über dich
	25	s., er kommt nach mir
	46	s., so wenden wir uns zu den Heiden
	20,22	s., durch den Geist gebunden 25
	27,24	s., Gott hat dir geschenkt alle, die mit dir
Rö	9,33	s., ich lege in Zion einen Stein des Anstoßes
1Ko	15,51	s., ich sage euch ein Geheimnis
2Ko	5,17	das Alte ist vergangen, s., Neues ist geworden
	6,2	s., jetzt ist die Zeit der Gnade
	9	als die Sterbenden und s., wir leben
	7,11	s.: eben dies, daß ihr betrübt worden seid
	12,14	s., ich bin jetzt bereit, zum dritten Mal zu euch
Gal	1,20	s., Gott weiß, ich lüge nicht
	5,2	s., ich, Paulus, sage euch
Heb	8,8	s., es kommen Tage, spricht der Herr
	10,7	da sprach ich: S., ich komme 9
Jak	3,5	s., ein kleines Feuer, welch einen Wald zündet's an 4
	5,4	s., der Lohn der Arbeiter schreit
	7	s., der Bauer wartet auf Frucht der Erde
	9	s., der Richter steht vor der Tür
	11	s., wir preisen selig, die erduldet haben
Jud	14	s., der Herr kommt mit vielen Heiligen
Off	1,7	s., er kommt mit den Wolken
	18	ich war tot, und s., ich bin lebendig
	2,10	s., der Teufel wird einige von euch ins Gefängnis werfen
	3,8	s., ich habe vor dir eine Tür aufgetan
	9	s., ich werde schicken einige aus der Synagoge des Satans
	11	s., ich komme bald 22,7.12
	20	s., ich stehe vor der Tür und klopfe an
	4,1	s., eine Tür war aufgetan im Himmel
	2	s., ein Thron stand im Himmel
	5,5	s., es hat überwunden der Löwe aus dem Stamm Juda
	6,2	s. sah, und s., ein weißes Pferd 5.8; 7,9; 9,12; 11,14; 12,3; 14,1.14; 19,11
	16,15	s., ich komme wie ein Dieb
	21,3	s. da, die Hütte Gottes bei den Menschen
	5	s., ich mache alles neu

Sif, Sifiter, *Siph, Siphiter*

Jos 15,24 ¹(Städte des Stammes Juda:) S.
15,55 ²(Städte des Stammes Juda:) S. 1Sm 23,19.24; 26,1; 1Ch 2,42; 2Ch 11,8; Ps 54,2
1Sm 23,14 in der Wüste S. 15; 26,2
1Ch 4,16 ³Söhne Jehallelels: S.

Sifa, *Sipha*

1Ch 4,16 Söhne Jehallelels: S.

Sifmot, *Siphamoth*

1Sm 30,28 (ein Segensgeschenk) denen zu S.

Sifron, *Siphron* (= Sefarwajim; Sibrajim)

4Mo 34,9 (daß die Grenze) auslaufe nach S.

Sihon

4Mo 21,21 Israel sandte Boten zu S. 23.26.27.29; 5Mo 2,26.30; Ri 11,19.20
28 eine Flamme von der Stadt S. Jer 48,45
34 wie du mit S. getan hast 5Mo 3,2.6; 31,4; Jos 2,10; 9,10
32,33 gab Mose... das Königreich S. Jos 12,2.5; 13,10.21.27; 1Kö 4,19
5Mo 1,4 nachdem er S. geschlagen hatte 29,6; Neh 9,22; Ps 135,11; 136,19
2,24 S. in deine Hände gegeben 31.32; Ri 11,21
4,46 jenseits des Jordan, im Lande S.

Sikkut s. Sakkut

Sikyon

1Ma 15,23 (schrieb Luzius) nach S.

Silas

Apg 15,22 Judas und S. 27.32
34 es gefiel S., dort zu bleiben
40 Paulus wählte S. und zog fort
16,19 ergriffen sie Paulus und S. 25.29
17,4 einige von ihnen schlossen sich S. an
10 die Brüder schickten Paulus und S. nach Beröa
14 S. und Timotheus blieben zurück
15 S. und Timotheus zu ihm kommen 18,5

Silber

1Mo 13,2 Abram war sehr reich an Vieh, S. 24,35
23,15 vierhundert Lot S. wert 16; 2Mo 21,32; 3Mo 27,3-7.16; 4Mo 3,47.48.50; 7,85; Jos 7,21; 1Sm 13,21; 2Sm 24,24; Jer 32,9
44,8 sollten wir S. oder Gold gestohlen haben
2Mo 25,3 die Opfergabe: Gold, S. 35,5.24; 38,25.27
27,10 Ringbänder von S. 11; 38,10-12.17.19
31,4 kunstreich zu arbeiten in Gold, S. 35,32; 1Ch 22,16; 2Ch 2,6.13
4Mo 10,2 mache zwei Trompeten von S.
22,18 wenn mir Balak s. Haus voll S. gäbe 24,13
31,22 S. (sollt ihr durchs Feuer gehen lassen)
5Mo 7,25 sollst nicht begehren das S. oder Gold
8,13 (wenn) dein S. und Gold sich mehrt
17,17 (ein König) soll nicht viel S. sammeln
29,16 saht ihre Götzen, S. und Gold

Jos 6,19 alles S. soll dem HERRN geheiligt sein 24
7,21 ist verscharrt und das S. darunter 22.24
22,8 ihr kommt heim mit sehr viel S., Gold
Ri 5,19 aber S. gewannen sie dabei nicht
2Sm 8,11 heiligte David dem HERRN S. 1Kö 7,51; 15,15; 1Ch 18,11; 22,14; 28,16; 29,2-4.7; 2Ch 5,1; 15,18
21,4 es ist uns nicht um Gold noch S. zu tun
1Kö 10,21 das S. achtete man für nichts 2Ch 9,14.20
22 Tarsisschiffe brachten S. 2Ch 9,21
27 soviel S. wie Steine 2Ch 1,15; 9,27
15,19 schicke dir ein Geschenk, S. 18; 2Kö 15,19; 16,8; 2Ch 16,2.3
16,24 kaufte für zwei Zentner S. 20,39; 21,2; 2Kö 5,5.22.23
20,3 dein S. und dein Gold ist mein 5.7
2Kö 5,26 hast nun das S. genommen 7,8; 14,14; 2Ch 25,24
18,14 legte Juda 300 Zentner S. auf 15; 23,33.35; 2Ch 36,3
20,13 Hiskia zeigte ihnen S. 2Ch 32,27; Jes 39,2
1Ch 19,6 S., um Reiter anzuwerben 2Ch 25,6
2Ch 17,11 brachten S. als Abgabe 27,5
21,3 ihr Vater gab ihnen S., Gold
Esr 1,4 S. und Gold für das Haus Gottes 6; 2,69; 7,15.16.22; 8,25.26.28.30.33; Neh 7,70.71
Est 3,9 will 10.000 Zentner S. darwägen 11; 4,7
Hi 3,15 Fürsten, deren Häuser voll S. waren
22,25 wie S., das dir zugehäuft wird
28,1 es hat das S. seine Gänge
15 man kann nicht für sie S. darwägen
Ps 12,7 die Worte des HERRN sind lauter wie S.
66,10 hast uns geläutert, wie S. geläutert wird Spr 17,3; Sa 13,9; Mal 3,3
68,14 Flügel, die wie S. und Gold schimmern
31 tritt nieder, die das S. lieb haben
105,37 er führte sie heraus mit S. und Gold
115,4 ihre Götzen sind S. und Gold 135,15; Jer 10,4; Hos 8,4; 13,2; Hab 2,19
119,72 das Gesetz ist mir lieber als Gold und S.
Spr 2,4 wenn du (Einsicht) suchst wie S. 3,14; 16,16
8,19 nehmt an lieber Zucht als S.
19 mein Ertrag (ist) besser als erlesenes S.
10,20 des Gerechten Zunge ist kostbares S.
22,1 anziehendes Wesen besser als S. und Gold
25,4 man tue die Schlacken vom S.
27,21 bewährt sich in seinem Ruf wie das S.
Pr 2,8 ich sammelte mir auch S. und Gold
Hl 3,10 ihre Säulen macht er aus S.
Jes 1,22 dein S. ist Schlacke geworden
2,7 ihr Land ist voll S. und Gold
13,17 die Meder, die nicht S. suchen
46,6 wiegen das S. mit der Waage dar
48,10 habe dich geläutert, aber nicht wie S.
60,9 deine Söhne herbringen samt ihrem S.
17 ich will S. anstatt des Eisens bringen
Jer 6,30 darum heißen sie „Verworfenes S."
Hes 7,19 werden ihr S. auf die Gassen werfen; denn ihr S. kann sie nicht erretten Ze 1,18
16,13 warst geschmückt mit Gold und S. 17
22,20 wie man S., Kupfer... zusammenbringt 22
27,12 hat S. auf deine Märkte gebracht
28,4 habest Schätze von Gold und S. gesammelt
38,13 um S. und Gold wegzunehmen
Dan 2,32 seine Brust und seine Arme waren von S.
35 wurden zermalmt S. und Gold 45
11,8 samt den Geräten aus S. wegführen
38 den Gott wird er ehren mit Gold, S.
Hos 2,10 daß ich es bin, der ihr gegeben hat S.
9,6 Nesseln, wo jetzt ihr kostbares S. ist

Silberstück

Jo	4,5	mein S. und Gold habt ihr genommen
Nah	2,10	raubet nun S., raubet Gold
Hag	2,8	mein ist das S., und mein ist das Gold
Sa	6,11	nimm S. und Gold und mache Kronen
	9,3	Tyrus sammelte S. wie Sand
	14,14	man wird zusammenbringen: Gold, S.
Mal	3,3	er wird schmelzen und das S. reinigen
Jdt	2,10	Gold und S. nahm er Sir 47,20; 1Ma 1,24; 3,41; 4,23
	15,15	schenkten sie Judit alles an Gold, S.
Wsh	7,9	S. wird vor ihr für Schmutz gehalten
	13,10	Gold und S., kunstvoll verarbeitet
Tob	1,16	er hatte zehn Talente S. bei sich 4,21
Sir	28,29	du wägst dein S. und Gold
	40,25	Gold und S. lassen einen Mann sicher stehen
	51,36	auch wenn sie euch viel S. kostet
Bar	3,18	die das S. bearbeiten
	6,8	(Götzen) sind mit Gold und S. überzogen 39
1Ma	2,18	werden Gold und S. bekommen
	6,1	daß dort viel S. war 2Ma 3,11
	10,40	ich will jährlich 15.000 Lot S. geben
	42	die 5.000 Lot S. sollen nicht mehr
	60	Jonatan schenkte ihnen S. und Gold
	11,24	er nahm Gold, S. und andere Geschenke
	13,16	willst du mir nun die 100 Zentner S. schicken
	15,26	Simon schickte viel Gold und S.
2Ma	4,8	er versprach dem König 360 Zentner S.
	8,10	zahlen mußte, nämlich 2.000 Zentner S.
	12,43	durch eine Sammlung 2.000 Drachmen in S.
Mt	10,9	ihr sollt weder Gold noch S. haben
	18,24	einer, der war ihm 10.000 Zentner S. schuldig
	25,15	dem einen gab er fünf Zentner S.
Apg	3,6	Petrus sprach: S. und Gold habe ich nicht
	20,33	ich habe von niemandem S. begehrt
1Ko	3,12	wenn jemand auf den Grund baut S.
1Pt	1,18	daß ihr nicht mit vergänglichem S. erlöst seid
Jak	5,3	euer Gold und S. ist verrostet
Off	18,12	(ihre Ware:) Gold und S.

Silberblech

Jer	10,9	S. bringt man aus Tarsis

Silbergewicht

1Ch	28,14	setzte fest alles S. für alle Geräte

Silbergroschen

Mt	18,28	einen, der war ihm 100 S. schuldig Lk 7,41
	20,2	einig über einen S. als Tagelohn 9.10.13
	22,19	sie reichten ihm einen S. Mk 12,15; Lk 20,24
Mk	6,37	für zweihundert S. Brot kaufen Jh 6,7
	14,5	man hätte dieses Öl für mehr als 300 S. verkaufen können Jh 12,5
Lk	10,35	am nächsten Tag zog er zwei S. heraus
	15,8	welche Frau, die zehn S. hat und einen davon verliert 9
Apg	19,19	berechneten und kamen auf 50.000 S.
Off	6,6	ein Maß Weizen für einen S.

Silberhaar

Hi	41,24	man denkt, die Flut sei S.

Silberling

Mt	26,15	verraten. Und sie boten ihm 30 S. 27,3.5.6.9

silbern

1Mo	24,53	zog er hervor s. und goldene Kleinode 2Sm 8,10; 1Ch 18,10
	44,2	meinen s. Becher in des Jüngsten Sack 5
2Mo	3,22	sich s. Geschmeide geben lassen 11,2; 12,35
	20,23	keine Götter machen, weder s. noch goldene
	26,19	sollen s. Füße haben 21.25.32; 27,17; 36,24.26.30.36; 38,17
4Mo	7,13	seine Gabe war eine s. Schüssel 19u.ö.84
1Kö	10,25	jedermann brachte s. Geräte 2Ch 9,24
2Kö	12,14	ließ nicht machen s. Schalen, s. Gerät
	25,15	nahm, was golden war Esr 1,9-11; 5,14; 6,5; Jer 52,19; Dan 5,2.3
1Ch	28,15	das Gewicht für die s. Leuchter 16.17
	29,2	Silber zu s. Gerät 5; 2Ch 24,14; Esr 8,26
Est	1,6	in s. Ringen... Polster, golden und s.
Spr	25,11	wie goldene Äpfel auf s. Schalen
Pr	12,6	ehe der s. Strick zerreißt
Hl	1,11	goldene Kettchen mit kleinen s. Kugeln
	8,9	wollen wir ein s. Bollwerk darauf bauen
Jes	2,20	wird wegwerfen seine s. Götzen 31,7
	40,19	der Goldschmied macht s. Ketten daran
Dan	5,4	lobten sie die goldenen, s. Götter 23
	11,43	wird Herr werden über die s. Schätze
Sir	26,24	wie goldene Säulen auf s. Füßen
Bar	1,8	s. Gefäße, die Zedekia hatte machen lassen
	6,4	daß man die s. Götzen tragen wird
	11	sie schmücken die s. Götzen mit Kleidern
	30	setzen den s. Götzen Speisen vor
1Ma	6,12	als ich alle s. Geräte wegführe
2Ma	2,2	wenn sie die s. Götzen sehen würden
Apg	17,29	die Gottheit sei gleich den s. Bildern
	19,24	Demetrius machte s. Tempel der Diana
2Ti	2,20	in einem großen Haus nicht allein s. Gefäße
Off	9,20	daß sie nicht mehr anbeteten die s. Götzen

Silberschaum

Spr	26,23	ist wie Tongeschirr, mit S. überzogen

Silberschlacke

Hes	22,18	zu S. sind sie geworden

Silberschmied

Wsh	15,9	er wetteifert mit den Gold- und S.

Silberstück

1Mo	20,16	habe deinem Bruder 1.000 S. gegeben
	37,28	verkauften (Josef) um zwanzig S.
	45,22	Benjamin gab er dreihundert S.
3Mo	5,15	nach deiner Schätzung 2 S. als Schuldopfer
4Mo	18,16	um fünf S., das S. zu 20 Gramm
5Mo	22,19	ihm eine Buße von 100 S. auferlegen 29
Ri	9,4	sie gaben (Abimelech) 70 S.
	16,5	so wollen wir dir ein jeder 1.100 S. geben
	17,2	die 1.100 S., die dir genommen 3.4.10
2Sm	18,11	so hätte ich dir zehn S. gegeben 12
1Kö	10,29	den Wagen für 600 S. 2Ch 1,17
2Kö	6,25	bis ein Eselskopf 80 S. galt 7,1.16.18
	15,20	legte eine Steuer auf die Reichsten, 50 S.
Neh	5,15	für Brot und Wein täglich 40 S. genommen
	10,33	jährl. den dritten Teil eines S. zu geben

Silberstück

Hl	8,11	daß jeder für s. Früchte brächte 1.000 S.
Jes	7,23	wo 1.000 Weinstöcke stehen, 1.000 S. wert
Hos	3,2	ich kaufte sie mir für 15 S.
Sa	11,12	sie wogen mir den Lohn dar, 30 S. 13
Off	6,6	*ein Pfund Weizen um ein S.*

Silbertaler

1Sm 9,8 siehe, ich hab einen Viertel-S.

Silla

2Kö 12,21 Haus des Millo, wo man hinabgeht nach S.

Silo

Jos	18,1	versammelte sich die Gemeinde in S. 22,12
	8	damit ich das Los werfe in S. 9.10; 19,51
	21,2	redeten mit (Eleasar und Josua) in S.
	22,9	gingen von den *Israeliten weg aus S.
Ri	18,31	solange das Haus Gottes zu S. stand Ps 78,60; Jer 7,12
	21,12	die brachten sie ins Lager nach S.
	19	ein Fest des HERRN zu S. 21
1Sm	1,3	(Elkana) ging... zu opfern in S. 9.24
	2,14	so taten sie allen, die kamen nach S.
	3,21	der HERR erschien weiter zu S.
	4,3	laßt uns die Lade holen von S. 4
	12	einer kam nach S. Jer 41,5
	14,3	Ahija... zu S. 1Kö 2,27; 11,29; 12,15; 14,2.4; 15,29; 2Ch 9,29; 10,15
Jer	7,14	ebenso tun, wie ich mit S. getan 26,6.9

Siloah

Jes	8,6	weil dies Volk verachtet d. Wasser von S.
Lk	13,4	die achtzehn, auf die der Turm in S. fiel
Jh	9,7	geh zum Teich S. und wasche dich 11

Silpa

1Mo	29,24	Laban gab Lea seine Magd S. 30,9
	30,10	S. gebar 12; 35,26; 37,2; 46,18

Silvanus

2Ko	1,19	Jesus Christus, gepredigt worden durch S.
1Th	1,1	Paulus und S. an die Gemeinde in Thessalonich 2Th 1,1
1Pt	5,12	durch S. habe ich euch geschrieben

Simeon, Simeoniter

1Mo	29,33	¹(Lea) nannte ihn S. 35,23; 2Mo 1,2; 1Ch 2,1
	34,25	nahmen S. und Levi ein jeder sein Schwert 30; 49,5
	42,24	nahm (Josef) S. und ließ ihn binden 36; 43,23
	46,10	die Söhne S. 2Mo 6,15; 4Mo 1,22.23; 26,12.14; 1Ch 4,24.42
	48,5	sollen mein sein gleichwie Ruben und S.
4Mo	1,6	(je ein Mann) von S. 2,12; 7,36; 10,19; 13,5; 25,14; 34,20; 1Ch 27,16
5Mo	27,12	auf dem Berge Garizim... zu segnen: S.
Jos	19,1	fiel das Los auf den Stamm S. 8.9; 21,4.9
Ri	1,3	Juda sprach zu seinem Bruder S. 17
1Ch	12,26	der Männer von S. waren 7.100
2Ch	15,9	versammelte ganz Juda und alle aus S.
	34,6	so tat (Josia) auch in den Städten S.
Hes	48,24	soll S. seinen Anteil haben 25.33
Off	7,7	aus dem Stamm S. 12.000 (versiegelt)

Esr	10,31	²bei den Söhnen Harim: S.
1Ma	2,1	³Mattatias... des Sohns S.
Lk	2,25	⁴ein Mann war in Jerusalem, mit Namen S.
	34	S. segnete sie und sprach zu Maria
	3,30	⁵(Levi) war ein Sohn S.
Apg	13,1	⁶Propheten und Lehrer, Barnabas und S.

Simma

1Ch 6,5 Jahat, dessen Sohn war S. 27; 2Ch 29,12

Simon

1Ma	2,3	¹(Mattatias hatte fünf Söhne:) S. Tassi 65; 5,17.20-22.55; 9,19.33.37.38.40.62.65.67; 10,74. 82; 11,59.64.66; 12,33.38; 13,1u.ö.54; 14,4u.ö. 49; 15,1u.ö.36; 16,1.2.12-16; 2Ma 8,22; 10,19. 20; 14,17
Mt	4,18	²Jesus sah zwei Brüder, S. und Andreas Mk 1,16; Jh 1,40.41; 6,8
	10,2	Apostel: S., gen. Petrus Mk 3,16; Lk 6,14
	16,16	da antwortete S. Petrus Lk 5,5.8; Jh 6,68; 13,6.9.24.36; 21,3.7
	17	selig bist du, S., Jonas Sohn
	17,25	was meinst du, S.
Mk	1,29	kamen in das Haus des S. 36; Lk 4,38
	30	die Schwiegermutter S. lag darnieder Lk 4,38
	14,37	sprach zu Petrus: S., schläfst du
Lk	5,3	da stieg er in eins der Boote, das S. gehörte
	4	sprach er zu S. 10; Jh 21,15
	10	Jakobus und Johannes, S. Gefährten
	22,31	S., siehe, der Satan hat begehrt
	24,34	der Herr ist wahrhaftig auferstanden und S. erschienen
Jh	1,42	du bist S., der Sohn des Johannes
	18,10	S. Petrus hatte ein Schwert und zog es
	15	S. Petrus aber folgte Jesus nach 25
	20,2	da läuft sie und kommt zu S. Petrus
	6	S. Petrus ging in das Grab hinein
	21,2	es waren beieinander S. Petrus und Thomas
	11	S. stieg hinein und zog das Netz an Land
	15	S., Sohn des Johannes, hast du mich lieber, als mich diese haben 16.17
Apg	10,5	sende Männer nach Joppe und laß holen S. 32; 11,13
	18	fragten, ob S. hier zu Gast wäre
	15,14	S. hat erzählt, wie Gott die Heiden
2Pt	1,1	S. Petrus, Knecht und Apostel Jesu Christi, an alle, die
Mt	10,4	³(Apostel:) S. Kananäus und Judas Mk 3,18; Lk 6,15; Apg 1,13
	13,55	⁴(heißen nicht) seine Brüder S. und Mk 6,3
	27,32	⁵einen Menschen aus Kyrene mit Namen S. Mk 15,21; Lk 23,26
		weitere Träger ds. Namens Mt 26,6; Mk 14,3/ Lk 7,40.43.44/ Jh 6,71; 13,2. 26/ Apg 8,9.13.18.24/ 9,43/ 10,6.17.32

Simran

1Mo 25,2 (Ketura) gebar ihm S. 1Ch 1,32

Simri

4Mo	25,14	¹S., der Sohn Salus 1Ma 2,26
1Kö	16,9	²S., der Oberste über die Kriegswagen
	10	S. schlug (Ela) tot 12; 2Kö 9,31
	15	S. regierte sieben Tage 16.18.20
1Ch	2,6	³Söhne Serachs: S.

1Ch 8,36 ⁴Joadda zeugte S. S. zeugte Moza 9,42
Jer 25,25 ⁵(ließ trinken) alle Könige in S.

Simson

Ri 13,24 und nannte ihn S. Kap.14,15 und 16 ganz
Heb 11,32 wenn ich erzählen sollte von S.

Sin

2Mo 16,1 ¹kam in die Wüste S. 17,1; 4Mo 33,11.12
Hes 30,15 ²will meinen Grimm ausschütten über S. 16

Sin-Magir

Jer 39,3 Nergal-Sarezer, der Fürst von S.

Sinai

2Mo 16,1 Wüste Sin, die zwischen Elim und S. liegt
19,1 kamen sie in die Wüste S. 2; 4Mo 1,19; 9,5; 10,12; 26,64; 33,15.16; Jdt 5,12
11 wird der HERR herabfahren auf den Berg S. 18.20.23; 24,16; 5Mo 33,2; Ri 5,5; Neh 9,13; Ps 68,9
31,18 als der HERR zu Ende geredet auf dem S.
34,2 daß du auf den Berg S. steigest 4.29
32 was der HERR mit ihm geredet auf dem S. 3Mo 7,38; 25,1; 26,46; 27,34; 4Mo 3,1
3Mo 7,38 zu opfern in der Wüste S. 4Mo 3,4; 28,6
4Mo 1,1 redete mit Mose in der Wüste S. 3,14; 9,1
Ps 68,9 die Himmel troffen vor Gott – am S.
17 der Herr zieht ein... vom S. her
Sir 48,7 hast auf dem S. die künftige Strafe gehört
Apg 7,30 in der Wüste am Berge S. ein Engel
38 Engel, der mit ihm redete auf dem Berge S.
Gal 4,24 vom Berg S., der zur Knechtschaft gebiert
25 Hagar bedeutet den Berg S. in Arabien

singen

2Mo 15,1 s. Mose und Israel dies Lied 4Mo 21,17
1 ich will dem HERRN s. 21; Ri 5,3; Ps 13,6; 27,6; 104,33; 108,2
Ri 5,1 da s. Debora und Barak 12
10 die ihr auf dem Wege gehet: S.
1Sm 18,7 die Frauen s. im Reigen 21,12; 29,5
2Sm 1,17 s. dies Klagelied 2Ch 35,25; Ps 7,1
19,36 wie kann ich hören, was die Sänger s.
1Ch 6,16 bestellte, um im Hause des HERRN zu s. 17; 15,16; 25,6; 2Ch 20,21; Neh 11,22.23
15,22 Kenanja unterwies sie im S.
16,9 s. und spielet ihm Ps 96,1; 105,2; Jer 20,13
23 s. dem HERRN, alle Lande Ps 96,1
2Ch 5,13 als wäre einer, der trompetete und s.
7,6 mit den Psalmen Davids, die sie s.
Neh 12,27 um Einweihung zu halten mit S. 42
Hi 36,24 sein Werk, von dem die Menschen s.
Ps 21,14 wollen s. und loben deine Macht 59,17
33,3 s. ihm ein neues Lied 96,1; 98,1; 149,1; Jes 42,10
42,9 des Nachts s. ich ihm und bete
45,2 einem König will ich es s.
57,8 mein Herz ist bereit, daß ich s. und lobe
65,14 daß man jauchzet und s.
68,5 s. Gott, lobsinget seinem Namen 33; 81,2
69,13 beim Zechen s. man von mir
87,7 sie s. beim Reigen
89,2 will s. von der Gnade des HERRN ewiglich
92,5 lässest mich fröhlich s. von deinen Werken
Ps 98,4 s., rühmet und lobet
101,1 von Gnade und Recht will ich s.
104,12 die Vögel s. unter den Zweigen
106,12 glaubten an seine Worte und s. sein Lob
118,15 man s. mit Freuden vom Sieg
119,172 meine Zunge soll s. von deinem Wort
137,3 die uns gefangenhielten, hießen uns dort s. : S. uns ein Lied von Zion
4 wie könnten wir s. in fremdem Lande
138,5 sie s. von den Wegen des HERRN
144,9 ich will dir ein neues Lied s.
147,7 s. dem HERRN ein Danklied
Spr 25,20 wer einem mißmutigen Herzen Lieder s.
Pr 12,4 wie wenn ein Vogel s.
Jes 5,1 ich will meinem lieben Freunde s.
23,16 mach's gut und s. viel Lieder
24,9 man s. nicht beim Weintrinken
26,1 zu der Zeit wird man dies Lied s.
30,29 werdet s. wie in der Nacht des hl. Festes
38,20 wollen s., solange wir leben
Jer 48,33 der Winzer wird nicht mehr sein Lied s.
Klg 3,63 s. sie über mich Spottlieder
Hes 7,7 Tag, an dem kein S. mehr sein wird
32,16 ein Klagelied, man soll es s.
33,32 wie einer, der Liebeslieder s.
Jdt 15,16 alle waren fröhlich, s. und sprangen
16,1 da s. Judit dem Herrn dies Lied
2 s. ihm ein neues Lied 15
Wsh 17,19 ob die Vögel süß s. in den Zweigen
Tob 13,21 auf seinen Straßen wird man Halleluja s.
Sir 39,20 lobt ihn mit S. und Klingen 19
47,11 er ließ Sänger Psalmen s.
2Ma 1,30 die Priester s. die Lobgesänge dazu
StD 3,27 da fingen die drei an zu s.
Mt 11,17 wir haben Klagelieder ges. Lk 7,32
26,30 als sie den Lobgesang hatten Mk 14,26
Lk 15,25 hörte er S. und Tanzen
Rö 15,9 darum will ich deinem Namen s.
1Ko 14,15 ich will Psalmen s.
Eph 5,19 s. und spielt dem Herrn in eurem Herzen Kol 3,16
Jak 5,13 ist jemand guten Mutes, der s. Psalmen
Off 5,9 sie s. ein neues Lied 14,3; 15,3

Singmeister

1Ch 15,22 Kenanja, der S., unterwies sie im Singen

Sinim

Jes 49,12 diese vom Meer und jene vom Lande S.

Siniter

1Mo 10,17 (Kanaan zeugte) den S. 1Ch 1,15

sinken

2Mo 15,5 sie s. auf den Grund wie die Steine
17,11 wenn er seine Hand s. ließ, siegte Amalek
Ri 4,21 (Sisera) war in einen tiefen Schlaf ges.
1Sm 17,32 seinetwegen lasse keiner den Mut s.
2Ch 15,7 laßt eure Hände nicht s. Ze 3,16
Ps 46,3 wenngleich die Berge mitten ins Meer s.
76,6 beraubt sind... und in Schlaf ges. 7
107,26 in den Abgrund s., daß ihre Seele verzagte
Spr 10,18 durch Faulheit s. die Balken
Jer 38,6 Jeremia s. in den Schlamm
Klg 2,9 ihre Tore sind tief in die Erde ges.
Hes 21,12 werden alle Hände s. 30,25

sinken

Dan	8,18	s. ich in Ohnmacht zur Erde 10,9
Sa	10,11	soll zu Boden s. die Pracht Assyriens
Sir	51,8	mein Leben war fast ins Grab ges.
2Ma	3,27	daß er in Ohnmacht s. StE 4,5.11
StE	4,5	ließ das Haupt auf die Dienerin s.
Mt	14,30	erschrak er und begann zu s. und schrie
Lk	5,7	füllten beide Boote voll, so daß sie fast s.
Apg	20,9	s. in einen tiefen Schlaf
Heb	12,3	damit ihr den Mut nicht s. laßt

Sinn (s.a. im Sinn haben)

5Mo	2,30	der HERR verhärtete (Sihons) S.
Rut	1,18	als (Noomi) sah, daß sie festen S. war
1Ch	22,19	richtet euren S., den HERRN zu suchen
	29,18	bewahre solchen S. im Herzen deines Volks
2Ch	30,12	daß er ihnen einerlei S. gab Jer 32,39
Hi	34,33	soll er dann nach deinem S. vergelten
Spr	6,32	wer die Ehe bricht, der ist von S.
	12,8	wer verschrobenen S. ist, wird verachtet
	21,4	hoffärtig Augen und stolzer S. ist Sünde
	22,18	wenn du (meine Lehre) im S. behältst
Pr	7,25	ich richtete meinen S. darauf, zu erfahren
Jes	9,8	die da sagen in Hochmut und stolzem S.
	10,7	sein S. steht danach, zu vertilgen
	37,7	ich will ihn andern S. machen
Jer	31,21	richte deinen S. auf die Straße
	33	mein Gesetz in ihren S. schreiben Heb 8,10; 10,16
Dan	11,17	er wird seinen S. darauf richten 28
Hos	11,8	mein Herz ist andern S.
Nah	3,11	auch du mußt von S. kommen
Wsh	1,1	denkt über den Herrn nach in lauterem S.
	4,11	damit nicht... seinen S. verkehren
	12	lockende Begierde verkehrt den arglosen S.
	7,15	Gott gebe mir, nach seinem S. zu reden
	12,10	daß sich ihr S. niemals mehr ändern würde
Sir	24,39	ihr S. ist reicher als das Meer
	51,28	ich richtete meinen S. auf (Weisheit)
Mk	3,21	denn sie sprachen: Er ist von S.
Lk	1,51	die hoffärtig sind in ihres Herzens S.
	6,11	sie aber wurden ganz von S.
	18,34	der S. der Rede war ihnen verborgen
Jh	10,20	viele unter ihnen sprachen: Er ist von S.
Apg	12,15	sie sprachen zu ihr: Du bist von S.
	26,24	Paulus, du bist von S. 25
	28,6	wurden sie andren S.
Rö	1,28	dahingegeben in verkehrten S.
	8,27	der die Herzen erforscht, weiß, worauf der S. des Geistes gerichtet ist
	11,34	wer hat des Herrn S. erkannt 1Ko 2,16
	12,2	ändert euch durch Erneuerung eures S.
	8	gibt jemand, so gebe er mit lauterem S.
	16	seid eines S. untereinander 1Ko 1,10; 2Ko 13,11; Phl 2,2
	14,13	richtet vielmehr darauf euren S., daß
	15,14	weiß, daß ihr voll guten S. seid
1Ko	2,16	wir aber haben Christi S.
	14,19	lieber fünf Worte mit verständlichem S.
	23	würden sie nicht sagen, ihr seid von S.
2Ko	3,14	ihre S. wurden verstockt
	7,9	seid betrübt worden nach Gottes S. 11
Eph	2,3	wir taten den Willen der S.
	4,17	die Heiden leben in der Nichtigkeit ihres S.
	23	erneuert euch in eurem Geist und S.
Phl	2,20	ich habe keinen, der meines S. ist
	4,2	Evodia ermahne ich, daß sie eines S. seien
	7	Friede Gottes bewahre eure Herzen und S.
Kol	2,18	und ist ohne Grund aufgeblasen in seinem fleischlichen S.

1Th	2,3	unsre Ermahnung kam nicht aus unlauterem S.
2Th	2,2	daß ihr euch nicht in eurem S. nicht wankend machen laßt
1Ti	6,5	Menschen, die zerrüttete S. haben 2Ti 3,8
Tit	1,15	unrein ist ihr S. und ihr Gewissen
1Pt	4,1	wappnet euch mit demselben S.
2Pt	3,1	in welchem ich euren lauteren S. erwecke
1Jh	5,20	der Sohn Gottes uns den S. dafür gegeben hat
Heb	4,12	ist ein Richter der S. des Herzens
	5,14	die durch den Gebrauch geübte S. haben
	8,10	ich will mein Gesetz geben in ihren S. 10,16
Off	17,9	hier ist S., dem Weisheit gehört
	13	diese sind eines S.
	17	Gott hat's ihnen in ihr Herz gegeben, nach seinem S. zu handeln

im Sinn haben, in den Sinn kommen

1Sm	10,2	dein Vater h. die Esel nicht mehr im S.
	23,9	daß Saul Böses gegen ihn im S. h.
2Sm	13,32	das h. Absalom im S. von dem Tage an
1Kö	8,17	David h. es im S. 18; 1Ch 22,7; 2Ch 6,7.8
1Ch	28,12	Entwürfe für alles, was ihm in d. S. gek.
2Ch	1,11	weil du dies im S. h. und nicht Reichtum
	7,11	gelang ihm alles, was ihm in d. S. gek.
	29,10	nun h. ich im S., einen Bund zu schließen
Est	7,5	wer ist... der sich hat in d. S. k. lassen
Hi	10,13	ich weiß, du h. das im S. 23,14
Ps	7,15	siehe, er h. Böses im S. 64,7
	55,22	und h. doch Krieg im S.
Jes	14,24	soll zustande kommen, wie ich's im S. h.
Jer	7,31	was mir nie in d. S. gek. 19,5; 32,35
	18,11	ich h. gegen euch etwas im S. 49,30
	23,20	bis er tue, was er ihm in S. h. 30,24
Hes	20,32	soll fehlschlagen, was euch in d. S. k.
Am	4,13	er zeigt dem Menschen, was er im S. h.
Sir	11,34	sie h. nichts Gutes im S.
	13,31	was einer im S. h., sieht man ihm an
	32	h. er Gutes im S., blickt er fröhlich auf
	25,9	neun Dinge k. mir in d. S.
Mt	5,23	dort k. dir in d. S., daß dein Bruder
Apg	17,21	alle Athener h. nichts anderes im S., als
1Ko	14,14	was ich im S. h., bleibt ohne Frucht
2Ko	2,11	uns ist wohl bewußt, was er im S. h.

sinnen

1Sm	20,13	wenn aber mein Vater Böses gegen dich s.
Ps	1,2	und s. über seinem Gesetz Tag und Nacht
	36,2	es s. die Übertreter auf gottloses Treiben
	38,13	sie s. auf Trug den ganzen Tag
	77,7	ich denke und s. des Nachts 13
	140,9	was er s., laß nicht gelingen
Jes	32,7	er s. auf Tücke
Jer	48,2	man s. Böses gegen die Stadt
Hes	38,10	wirst auf Böses s.
Dan	8,25	(gegen das hl. Volk) richtet sich sein S.
Hos	7,15	sie s. Böses gegen mich
Rö	1,30	*ruhmredig, auf Böses s.*
	8,27	*der weiß, was des Geistes S. sei*
	15,5	*daß ihr einträchtig ges. seid untereinander*

Sintflut

1Mo	6,17	ich will eine S. kommen lassen
	7,6	als die S. auf Erden kam 7.10.17
	9,11	daß hinfort keine S. mehr kommen soll 15
	28	Noah lebte nach der S. 350 Jahre 10,1.32; 11,10

Wsh	10,4	als die Erde von der S. überschwemmt wurde
Sir	40,10	auch die S. mußte um ihretwillen kommen
	44,18	ein Rest übriggeblieben, als die S. kam
	19	nicht mehr alles Leben durch eine S. vertilgt
Mt	24,38	wie sie waren in den Tagen vor der S. 39; Lk 17,27
2Pt	2,5	die S. über die Welt der Gottlosen
	3,6	wurde die Welt in der S. vernichtet

Sion

5Mo 4,48 bis an den Berg S., das ist der Hermon

Sippe

2Mo	6,14	dies sind die Häupter ihrer S. 4Mo 1,4.44; 7,2; 17.17.18.21; 25,14; 31,26; 32,28; 36,1; Jos 14,1; 19,51; 21,1; 22,14; 1Kö 8,1; 1Ch 5,24; 15,12; 23,9.24; 26,6.21.26.32; 27,1; 29,6; 2Ch 1,2; 5,2; 23,2; 26,12; Esr 1,5; 2,68; 4,3; 8,1; 10,16; Neh 7,69.70; 8,13; 11,13; 12,12.22.23
3Mo	22,12	der nicht aus einer priesterlichen S. ist
	25,10	soll jeder wieder zu seiner S. kommen 41
	47	sich jemandem von dessen S. verkauft
4Mo	1,2	nach ihren Geschlechtern und 18u.ö.45; 2,2.32.34; 3,15.20; 4,2u.ö.46; 26,2.50; 34,14; 1Ch 5,13; 6,4; 7,4; 9,19; 12,29.31; 23,11.24; 24,6.30; 26,13.31; 2Ch 17,14; 25,5; 31,17; 35,4. 5.12; Neh 10,35
	16,32	verschlang sie mit ihren S.
	18,1	du und deine S. sollt die Schuld tragen
5Mo	25,5	nicht eines Mannes aus einer andern S.
1Sm	18,18	wer bin ich? Und was ist meine S.
2Sm	14,7	nun steht die ganze S. auf gegen deine Magd
1Ch	4,38	ihre S. breiteten sich sehr aus
Esr	2,59	ob ihre S. aus Israel stammten Neh 7,61
Hi	31,34	die Verachtung der S. mich abgeschreckt

Sippenhaupt

1Ch	5,15	war eins ihrer S. 24; 7,2.3.7.9.11.40; 8,6.10.13. 28; 9,9.13.33.34; 24,4.6.31
2Ch	19,8	einige aus den S. Israels für das Gericht
	28,12	*da traten auf einige S. von Ephraim
Esr	3,12	viele von den S. weinten 4,2
	7,28	sammelte aus Israel S. 8,16.29

Sirach

Sir 50,29 Jesus, Sohn Eleasars, des Sohnes S.

Sirjon

5Mo	3,9	die Sidonier nennen (den Hermon) S.
Ps	29,6	läßt hüpfen den S. wie einen Wildstier

Sisa

1Ch	4,37	¹S., der Sohn Schifis
	23,10	²Schimis Söhne: S. 11
2Ch	11,20	³(Rehabeam nahm) Maacha; die gebar S.

Sisera

Ri	4,2	¹Jabins Feldhauptmann war S. 7; 1Sm 12,9
	9	der HERR wird S. in eines Weibes Hand geben 12.14-18.22; 5,20.26.28.30; Ps 83,10
Esr	2,53	²(Tempelsklaven:) die Söhne S. Neh 7,55

Sismai

1Ch 2,40 Elasa zeugte S. S. zeugte Schallum

Sitri, *Sithri*

2Mo 6,22 Söhne Usiëls: S.

Sitte

1Mo	29,26	es ist nicht S. in unserm Lande
3Mo	18,30	daß ihr nicht tut nach den schändlichen S.
2Kö	16,3	nach den greulichen S. der Heiden 21,2; 2Ch 28,3; 33,2; 36,14
Bar	6,32	wie es bei einem Begräbnis S. ist
2Ma	4,11	führte S. ein, die dem Gesetz widersprachen
	11,24	in... griechischen S. nicht einwilligen
Jh	2,6	für die Reinigung nach jüdischer S.
Apg	6,14	ändern die S., die uns Mose gegeben hat
	26,3	weil du kundig bist aller S. der Juden
1Ko	11,16	so soll er wissen, daß wir diese S. nicht haben
	15,33	schlechter Umgang verdirbt gute S.

sittenlos

Sir 23,24 einem s. Menschen scheint alle Speise süß

sittig

1Ti	3,2	soll ein Bischof sein *mäßig, s.*
Tit	2,5	*(die jungen Frauen lehren) s. sein, keusch*

Sitz

Ri	4,5	(Debora) hatte ihren S. unter der Palme
1Kö	10,19	waren Lehnen am S. 2Ch 9,18
2Kö	25,28	seinen S. über die S. der Könige Jer 52,32
2Ch	6,2	S., da du ewiglich wohnest 30.33.39
Hl	3,10	ihren S. mit Purpur bezogen

sitzen (s.a. Tisch)

1Mo	18,1	während er an der Tür seines Zeltes s.
	19,1	Lot s. zu Sodom unter dem Tor
	23,10	Ephron s. unter den Hetitern
	38,21	die Hure, die zu Enajim am Wege s.
	40,4	sie s. etliche Zeit im Gefängnis
2Mo	11,5	Pharao s. auf seinem Thron s. 12,29
	16,3	als wir bei den Fleischtöpfen s.
	18,14	warum mußt du ganz allein da s.
3Mo	15,4	worauf er s., wird unrein 6.20.22.23.26
5Mo	6,7	wenn du in deinem Hause s. 11,19
	17,18	wenn er s. auf dem Thron seines Königr.
	22,6	wenn die Mutter s. auf den Eiern
	23,14	wenn du ges. hast, sollst du scharren
Ri	1,32	die von Asser s. unter den Kanaanitern 33
	3,20	(Eglon) s. in dem kühlen Obergemach
	5,10	die ihr auf Teppichen s.: Singet
	16	warum s. du zwischen den Sattelkörben
	17	Asser s. am Ufer des Meeres
	13,9	sie s. auf dem Felde, und ihr Mann war
	21,2	das Volk s. da bis zum Abend vor Gott
1Sm	1,9	Eli s. auf einem Stuhl 4,13
	14,2	Saul s. unter dem Baum 19,9; 20,25; 22,6
	24,4	David s. in der Höhle 2Sm 7,1; 18,24; 19,9
1Kö	1,13	Salomo soll auf meinem Thron s. 17.20.24.27. 30.35.46; 2,12; 3,6; 8,20; 1Ch 28,5; 2Ch 6,10
	8,25	soll dir nicht fehlen an einem, der da s. auf dem Thron Israels 2Kö 10,30; 15,12; 2Ch 6,16; Ps 132,12; Jer 33,17

sitzen

1Kö	13,14	fand ihn unter einer Eiche s.
	16,11	als er auf seinem Thron s. Est 1,2; 5,1
	21,12	ließen Nabot obenan s.
	22,3	und wir s. still
	10	s. jeder auf seinem Thron 2Ch 18,9
	19	sah den HERRN s. auf seinem Thron 2Ch 18,18; Jes 6,1
2Kö	1,9	da s. (Elia) oben auf dem Berge
	4,38	als Prophetenjünger vor (Elisa) s. 6,32
	18,27	Männern, die auf der Mauer s. Jes 36,12
	19,27	weiß von deinem Aufstehen und S. Jes 37,28
Esr	10,9	alles Volk s. auf dem Platz
Neh	2,6	während die Königin neben ihm s.
Est	1,14	die obenan s. im Königreich
	2,19	s. Mordechai im Tor 21; 5,13; 6,10
	3,15	der König und Haman s. und tranken
Hi	2,8	(Hiob) s. in der Asche 13
	29,25	mußte ich obenan s.
	36,7	mit Königen auf den Thron läßt er sie s.
Ps	1,1	noch s., wo die Spötter s.
	9,5	du s. auf dem Thron, ein rechter Richter
	10,8	er s. und lauert in den Höfen
	17,12	wie ein junger Löwe, der im Versteck s.
	26,4	ich s. nicht bei heillosen Leuten 5
	47,9	Gott s. auf seinem heiligen Throne
	50,20	du s. und redest wider deinen Bruder
	69,13	die im Tor s., schwatzen von mir
	91,1	wer unter dem Schirm des Höchsten s.
	99,1	er s. über den Cherubim
	104,10	darüber s. die Vögel des Himmels
	107,10	die da s. mußten in Finsternis Jes 42,7
	127,2	daß ihr früh aufsteht und hernach lange s.
	137,1	an den Wassern zu Babel s. wir und weinten
	139,2	ich s. oder stehe auf, so weißt du es
Spr	9,14	sie s. vor der Tür ihres Hauses
	20,8	ein König, der auf dem Thron s.
	23,30	wo man lange beim Wein s. Jes 5,11
	25,24	besser im Winkel auf dem Dache s. als
	31,23	wenn er s. bei den Ältesten des Landes
Pr	5,16	sein Leben lang hat er im Finstern ges.
	10,6	ein Tor s. in Würde, und Reiche... s.
Hl	2,3	unter seinem Schatten zu s., begehre ich
	5,12	seine Augen s. an reichen Wassern
Jes	3,26	Zion wird einsam auf der Erde s.
	16,5	daß einer in Treue darauf s.
	18,6	daß im Sommer die Geier darauf s.
	28,6	für den, der zu Gericht s.
	47,8	die du so sicher s.
	14	Feuer, um das man s. könnte
	65,4	sie s. in Gräbern
Jer	3,2	an den Wegen s. du und lauerst auf sie
	8,14	wozu wollen wir noch da s.
	10,17	die du s. in Bedrängnis
	13,13	die Könige, die auf dem Thron Davids s. 17,25; 22,4.30; 29,16; 36,30
	14,2	sie s. trauernd auf der Erde Klg 2,10
	15,17	ich s. einsam, gebeugt von deiner Hand
	16,8	bei ihnen s. zum Essen
	36,12	dort s. alle Oberen
	22	der König s. im Winterhause
	38,7	als der König gerade im Benjamintor s.
Klg	3,28	er s. einsam und schweige
	63	ob sie s. oder aufstehen, singen sie
	5,14	es s. die Ältesten nicht mehr im Tor
Hes	1,26	auf dem Thron s. einer
	8,1	ich s. in m. Hause, die Ältesten s. vor mir
	14	s. Frauen, die den Tammus beweinten
	23,41	(du) s. auf einem herrlichen Polster
	24,6	die einem Topf gleicht, an dem Rost s.
	26,16	werden auf der Erde s. und erzittern
Hes	28,2	ich s. auf einem Göttersitz
	31,13	alle Vögel s. auf seinem gefällten Stamm
	33,31	werden vor dir s. als mein Volk
Dan	4,9	die Vögel s. auf seinen Ästen 18
Hos	14,8	sollen wieder unter meinem Schatten s.
Jo	4,12	dort will ich s. und richten
Am	3,12	Kinder Israel, die zu Samaria s.
Mi	7,8	wenn ich auch im Finstern s., ist doch
Sa	1,8	ein Mann s. auf einem roten Pferde
	3,8	du und deine Brüder, die vor dir s.
	5,7	da war eine Frau, die s. in der Tonne
	6,13	wird s. und herrschen auf seinem Thron
	8,4	wieder s. auf den Plätzen Jerusalems
Mal	3,3	er wird s. und schmelzen
Jdt	10,21	Holofernes unter seinem Mückennetz s. sah
Wsh	6,15	er findet sie vor seiner Tür s.
Tob	5,13	wenn ich im Finstern s. muß
	11,6	Hanna s. täglich am Wege
Sir	1,8	der auf seinem Thron s. als Herrscher
	9,11	s. nicht bei der Frau einer andern
	23,18	wenn du unter vornehmen Leuten s. 31,12.21
	37,18	sieben Wächter, die oben auf der Warte s.
	40,3	sowohl bei dem, der in hohen Ehren s.
Bar	6,31	die Priester s. in ihren Tempeln
	43	die Jungfrauen aber s. an den Wegen
1Ma	10,52	ich s. auf dem Thron meiner Väter
	14,9	die Ältesten s. im Rat
	12	jeder s. unter seinem Weinstock
2Ma	3,25	darauf s. ein furchterregender Reiter
StE	4,4	der auf seinem königlichen Thron s.
StD	2,39	da s. Daniel mitten unter den Löwen
	3,31	der du s. über den Cherubim
Mt	4,16	das Volk, das in Finsternis s. Lk 1,79
	9,9	Jesus sah einen Menschen am Zoll s. Mk 2,14; Lk 5,27
	11,16	die auf dem Markt s. Lk 7,32
	13,48	s. und lasen die guten zusammen
	19,28	wenn der Menschensohn s. wird auf dem Thron seiner Herrlichkeit 25,31; Lk 22,30
	20,21	laß meine beiden Söhne s. in deinem Reich Mk 10,37
	23	das S. zu meiner Rechten zu geben, steht mir nicht zu Mk 10,40
	30	zwei Blinde s. am Wege Mk 10,46; Lk 18,35
	23,2	auf dem Stuhl des Mose s. die Pharisäer
	6	sie s. gern obenan in den Synagogen Mk 12,39; Lk 11,43
	22	schwört bei dem Thron Gottes und bei dem, der darauf s.
	24,3	als er auf dem Ölberg s. Mk 13,3
	26,55	habe ich doch täglich im Tempel ges.
	64	werdet sehen den Menschensohn s. zur Rechten der Kraft Mk 14,62; Lk 22,69
	69	Petrus s. draußen im Hof Mk 14,54
	27,19	als er auf dem Richterstuhl s.
	61	die s. dem Grab gegenüber
Mk	3,32	das Volk s. um ihn 34
	4,1	*daß er mußte auf dem Wasser s.*
	11,2	Füllen, auf dem noch nie ein Mensch ges. Lk 19,30
	16,5	sahen einen Jüngling s.
Lk	2,46	da fanden sie ihn im Tempel s.
	8,35	fanden den Menschen, s. zu den Füßen Jesu
	10,13	sie hätten längst in Sack und Asche ges.
	14,7	wie sie suchten, obenan zu s.
	9	du mußt dann mit Schanden untenan s.
	28	*s. nicht und überschlägt die Kosten 31*
	22,56	da sah ihn eine Magd am Feuer s.
Jh	2,14	er fand im Tempel die Wechsler, die da s.
	20,12	sieht zwei Engel in weißen Gewändern s.

Apg	2,2	erfüllte das ganze Haus, in dem sie s.
	30	Eid, daß ein Nachkomme von ihm auf seinem Thron s. sollte
	3,10	der vor der Schönen Tür des Tempels ges.
	6,15	alle, die im Rat s., blickten auf ihn
	8,28	s. auf seinem Wagen und las Jesaja
	14,8	der hatte schwache Füße und konnte nur s.
	20,9	es s. ein junger Mann mit Namen Eutychus in einem Fenster
	23,3	s. du da und richtest mich nach dem Gesetz
	26,30	der König und die bei ihnen s.
1Ko	14,30	eine Offenbarung einem andern, der da s.
Kol	3,1	wo Christus ist, s. zur Rechten Gottes
Off	3,21	geben, mit mir auf meinem Thron zu s.
	4,2	siehe, ein Thron stand im Himmel, und auf dem Thron s. einer 3.4.9.10; 5;1.7.13; 6,16; 7,10.15; 11,16; 19,4; 20,11; 21,5
	6,2	der darauf s., hatte einen Bogen 4.5.8; 9,17; 19,11.18.19.21
	14,14	auf der Wolke s. einer 15.16
	17,1	Hure, die an vielen Wassern s. 15
	3	ich sah eine Frau s. 9

sitzenbleiben

Sir	22,4	Tochter, die sich schändlich aufführt, b. s.
Jh	11,20	Maria aber b. daheim s.

Siw

1Kö	6,1	S., das ist der zweite Monat 37

Siwan

Est	8,9	im dritten Monat, S. Bar 1,8

Skevas

Apg 19,14		Söhne eines Hohenpriesters mit Namen S.

Sklave

1Mo 43,18		man will uns zu S. machen
	44,9	wollen meines Herrn S. sein 10.16.17.33
2Mo 12,44		ist er ein gekaufter S., so beschneide ihn
	21,2	wenn du einen hebräischen S. kaufst 5-7
	20	wer seinen S. schlägt 26.27.32
3Mo 22,11		wenn der Priester einen S. kauft
	25,39	sollst ihn nicht als S. dienen lassen 42
	44	willst du S. und Sklavinnen haben 46
2Ch 28,10		zu unterwerfen, daß sie eure S. seien
Esr	2,55	Nachkommen der S. Salomos 58; Neh 7,57. 60; 11,3
Neh	5,5	müssen Söhne und Töchter als S. dienen
	7,67	ihre S. und Sklavinnen waren
Jer	2,14	ist denn Israel ein S. oder unfrei geboren
	34,9	daß jeder seinen S. freilassen 10.11.16
Hes 27,13		haben S. als Ware gebracht
Tob	9,2	selbst wenn ich den S. würde
Sir	7,22	behandle einen S. nicht schlecht 33,31
	23	einen umsichtigen S. habe lieb
	33,25	braucht der S. Brot, Strafe und Arbeit
	26	halte den S. zur Arbeit an
	27	ein böser S. verdient Schläge 42,5
	30	lege ihm Arbeiten auf, die einem S. gebühren
Bar	2,4	machte sie zu S. in allen Königreichen
1Ma	3,41	um die *Israeliten als S. zu kaufen
1Ko 12,13		wir seien S. oder Freie Eph 6,8
Gal	3,28	hier ist nicht S. noch Freier Kol 3,11
Eph	6,5	ihr S., seid gehorsam euren irdischen Herren Kol 3,22; Tit 2,9; 1Pt 2,18
Kol	4,1	was recht und billig ist, das gewährt den S.
1Ti	6,1	alle, die als S. unter dem Joch sind
Phm	16	nicht mehr als S., sondern als einen, der mehr ist als ein S.
Off	6,15	alle S. und alle Freien verbargen sich
	13,16	allesamt, die Freien und S., sich ein Zeichen
	18,13	*(ihre Ware)* S. und Menschenseelen
	19,18	eßt das Fleisch aller Freien und S.

Sklavendienst

Wsh 19,13		diese zwangen die Gäste zum S.

Sklavin

2Mo 21,7		verkauft jemand seine Tochter als S.
	20	wer seine S. schlägt 26.27.32
	23,12	auf daß deiner S. Sohn... sich erquicken
3Mo 25,44		willst du Sklaven und S. haben
5Mo 21,14		sollst sie nicht als S. behandeln
2Ch 28,10		zu unterwerfen, daß sie eure S. seien
Neh	7,67	ihre Sklaven und S. waren
Jer	34,9	daß jeder seine S. freilassen 10.11.16

Skorpion

5Mo	8,15	die Wüste, wo feurige Schlangen und S.
1Kö 12,11		will euch mit S. züchtigen 14; 2Ch 10,11.14
Hes	2,6	du, Menschenkind, wohnst unter S.
Sir	26,10	wer sie nimmt, der faßt einen S. an
	39,36	S. sind zur Strafe geschaffen
Lk	10,19	ich habe euch Macht gegeben, zu treten auf S.
	11,12	der ihm, wenn er um ein Ei bittet, einen S. biete
Off	9,3	wie die S. auf Erden Macht haben
	5	ihre Qual war wie eine Qual von einem S.
	10	sie hatten Schwänze wie S.

Skorpionensteig

4Mo 34,4		(Grenze) südlich vom S. Jos 15,3; Ri 1,36

Skythe

2Ma	4,47	sogar bei den S. als unschuldig
Kol	3,11	da ist nicht mehr Grieche oder S.

Skythopolis (= Bet-Schean)

2Ma 12,29		zogen gegen S. 30

Smaragd

2Mo 28,17		die erste Reihe sei ein S. 39,10
Hes 28,13		geschmückt mit Saphir, Malachit, S.
Jdt	10,21	Mückennetz, das mit S. verziert war
Tob	13,20	die Tore Jerusalems werden aus S. gebaut
Sir	32,8	wie ein S. auf schönem Golde
Off	4,3	ein Regenbogen, anzusehen wie ein S.
	21,19	der vierte (Grundstein war) ein S.

Smyrna

Off	1,11	nach Ephesus und nach S. und nach Pergamon
	2,8	dem Engel der Gemeinde in S. schreibe

So 1284

So
2Kö 17,4 So, dem König von Ägypten

Socho
Jos 15,35 ¹(Städte des Stammes Juda:) S. 1Sm 17,1; 1Ch 4,18; 2Ch 11,7; 28,18
15,48 ²auf dem Gebirge waren S.
1Kö 4,10 ³hatte dazu S. und das ganze Land Hefer

Sockel
Hes 43,13 sein S. ist eine Elle hoch 14.17

Sodi
4Mo 13,10 Gaddiël, der Sohn S.

Sodom
1Mo 10,19 in der Richtung auf S., Gomorra
13,10 ehe der HERR S. und Gomorra vernichtete
12 Lot zog bis nach S. 14,12; 19,1
13 die Leute zu S. waren böse 18,20; Jes 3,9; Wsh 19,13
14,2 Bera, dem König von S. 8.10.11.17.21.22
18,16 die Männer wandten sich nach S. 22; 19,1
26 finde ich fünfzig Gerechte zu S.
19,4 kamen die Männer der Stadt S.
24 ließ Schwefel und Feuer regnen auf S. 28
5Mo 29,22 gleichwie S. und Gomorra zerstört sind Jes 1,7.9; 13,19; Jer 49,18; 50,40; Am 4,11
32,32 ihr Weinstock stammt von S. Weinstock
Jes 1,10 höret des HERRN Wort, ihr Herren von S.
Jer 23,14 sie sind alle vor mir gleichwie S.
Klg 4,6 ist größer als die Sünde S.
Hes 16,46 deine kleine Schwester ist S. 48.49.53-56
Ze 2,9 Moab soll wie S. werden
Mt 11,23 wenn in S. die Taten geschehen wären
Lk 10,12 es wird S. erträglicher ergehen an jenem Tage
17,29 als Lot aus S. ging, regnete es Feuer
Rö 9,29 so wären wir wie S. geworden
2Pt 2,6 S. und Gomorra zu Schutt und Asche gemacht Jud 7
Off 11,8 Stadt, die heißt geistl.: S. und Ägypten

Sodomer
Mt 10,15 dem Land der S. erträglicher ergehen 11,24

Soferet, *Sophereth*
Esr 2,55 Nachkommen der Sklaven: die Söhne S. Neh 7,57

sogar
5Mo 12,31 haben ihren Göttern s. ihre Söhne verbrannt
32,30 daß zwei s. 10.000 flüchtig machen
1Kö 11,19 so daß er ihm s... zur Frau gab 16,31
17,20 tust du s. der Witwe so Böses an
2Ch 17,11 s. einige von den Philistern brachten Silber
29,7 haben s. die Türen zugeschlossen
Ps 75,9 die Gottlosen müssen s. die Hefe schlürfen
102,5 daß ich s. vergesse, mein Brot zu essen
Jer 14,18 s. Propheten müssen in ein Land ziehen
Hes 23,40 sie haben s. Boten geschickt
26,4 ich will s. seine Erde wegfegen

sogleich
4Mo 12,4 s. sprach der HERR zu Mose
Ri 2,23 ohne (diese Völker) s. zu vertreiben
1Sm 25,19 ich will s. hinter euch her kommen
Pr 8,11 weil das Urteil nicht s. ergeht
Mt 4,20 s. folgten (sie) ihm nach 22
5,25 vertrage dich mit deinem Gegner s.
14,27 s. redete Jesus mit ihnen und sprach
20,34 s. wurden sie wieder sehend
21,3 s. wird er sie euch überlassen
19 der Feigenbaum verdorrte s.
24,29 s. nach der Bedrängnis jener Zeit
25,16 s. ging der hin, der
Mk 4,16 nehmen sie (das Wort) s. mit Freuden auf
Lk 17,7 komm s. und setze dich zu Tische

Sohar
1Ch 4,7 Söhne Helas: S.

Sohelet, *Soheleth*
1Kö 1,9 Adonija opferte bei dem Stein S.

Sohet, *Soheth*
1Ch 4,20 Söhne Jischis: S. und Ben-Sohet

Sohn
(von Jesus Christus; s.a. Menschensohn; Sohn Davids; Sohn Gottes)
Ps 2,7 du bist mein S., heute habe ich dich gezeugt Apg 13,33; Heb 1,5; 5,5
Spr 30,4 und wie heißt sein S.
Jes 7,14 Jungfrau wird einen S. gebären Mt 1,23
9,5 ein S. ist uns gegeben
Hos 11,1 rief meinen S. aus Ägypten Mt 2,15
Mt 1,21 wird einen S. gebären, Jesus 25; Lk 1,13.31
3,17 mein S., an dem ich Wohlgefallen habe 17,5; Mk 1,11; 9,7; Lk 3,22; 9,35; 2Pt 1,17
11,27 niemand kennt den S. als nur der Vater Lk 10,22
13,55 ist er nicht der S. des Zimmermanns Mk 6,3; Lk 4,22; Jh 6,42
22,42 wessen S. ist er
45 wie ist er dann sein S. Mk 12,37; Lk 20,44
24,36 von dem Tage weiß niemand, auch der S. nicht Mk 13,32
28,19 taufet sie auf den Namen des Vaters und des S. und des Heiligen Geistes
Mk 14,61 bist du der Christus, der S. des Hochgelobten
Lk 1,32 der wird S. des Höchsten genannt werden
2,7 sie gebar ihren ersten S.
48 mein S., warum hast du uns das getan
3,23 wurde gehalten für einen S. Josefs 24-38
Jh 1,14 eine Herrlichkeit als die eingeborenen S. vom Vater
45 wir haben gefunden Jesus, Josefs S.
3,16 also hat Gott die Welt geliebt, daß er seinen eingeborenen S. gab
17 hat seinen S. nicht in die Welt gesandt
35 der Vater hat den S. lieb 5,20
36 wer an den S. glaubt, hat das Leben 6,40
5,19 der S. kann nichts von sich aus tun
22 der Vater hat alles Gericht dem S. übergeben
23 damit alle den S. ehren, wie sie den Vater

Jh	5,26	der Vater hat dem S. gegeben, das Leben zu haben in sich selber
	8,35	der S. bleibt ewig
	36	wenn euch der S. frei macht, seid ihr frei
	14,13	damit der Vater verherrlicht werde im S.
	17,1	verherrliche deinen S., damit der S. dich verherrliche
Apg	13,33	du bist mein S., heute habe ich dich gezeugt Heb 1,5; 5,5
Rö	1,3	(Evangelium) von seinem S. Jesus Christus
	9	Gott, dem ich diene am Evangelium von seinem S.
	5,10	mit Gott versöhnt durch den Tod seines S.
	8,3	er sandte seinen S. um der Sünde willen
	29	daß sie gleich sein sollten dem Bild seines S.
	32	der seinen eigenen S. nicht verschont hat
1Ko	1,9	berufen zur Gemeinschaft seines S. Jesus
	15,28	dann wird auch der S. selbst untertan sein
Gal	1,16	daß er seinen S. offenbarte in mir
	4,4	als die Zeit erfüllt war, sandte Gott seinen S.
	6	den Geist seines S. gesandt in unsre Herzen
Kol	1,13	er hat uns versetzt in das Reich seines lieben S.
1Th	1,10	zu warten auf seinen S. vom Himmel
1Jh	1,3	unsere Gemeinschaft ist mit dem Vater und mit seinem S.
	7	das Blut Jesu, seines S., macht uns rein
	2,22	der Antichrist, der Vater und S. leugnet
	23	wer den S. leugnet, hat auch den Vater nicht
	24	werdet ihr auch im S. und im Vater bleiben
	3,23	daß wir glauben an den Namen seines S.
	4,9	daß Gott seinen eingebornen S. gesandt hat in die Welt 10.14
	5,9	daß er Zeugnis gegeben hat von seinem S. 10.11
	12	wer den S. hat, der hat das Leben
	20	wir sind in seinem S. Jesus Christus
2Jh	3	von Jesus Christus, dem S. des Vaters
	9	der hat den Vater und den S.
Heb	1,2	hat er zu uns geredet durch den S.
	5	ich werde sein Vater sein, und er wird mein S. sein Off 21,7
	8	von dem S. (spricht er)
	3,6	Christus war treu als S. über Gottes Haus
	7,28	dies Wort des Eides setzt den S. ein
	11,17	gab den einzigen S. dahin

Sohn
(von Menschen, s.a. Aarons Söhne; Söhne Israel; Söhne Juda; Söhne Levi)

1Mo	4,17	Stadt, die nannte er nach seines S. Namen
	25	gebar einen S... mir einen andern S.
	26	Set zeugte auch einen S. 5,3u.ö.30; 6,10; 9,18.19; 10,1u.ö.32; 11,11u.ö.25; 22,20; 25,4; 29,32-35; 30,5-7.10.12.17.19.20.23; 36,5.10-39; 38,3-6; 41,50; 50,23; 2Mo 6,14-24
	6,18	in die Arche gehen mit deinen S. und mit den Frauen deiner S. 7,7.13; 8,16.18; 9,1.8
	9,24	erfuhr, was ihm sein jüngster S. angetan
	11,31	nahm seinen S. und... die Frau seines S. 12,5; 14,14.16; 17,23.25.26; 28,9; 32,23; 36,6; 2Mo 18,3.5.6; Rut 1,1-5
	16,2	ob ich vielleicht durch (Hagar) zu einem S. komme 15; 21,9-11.13; 25,12
	11	wirst einen S. gebären Ri 13,3.5.7
	17,17	von (Sara) will ich dir einen S. geben 19; 18,10.14; 21,2.3.5.7; 24,36; Rö 9,9
	19,12	hast du hier noch S. und Töchter 37.38
	21,23	meinen S. keine Untreue erweisen wollest
	22,2	nimm Isaak, deinen einzigen S. 3.6-10.12.13. 16; 25,6.11.19; Jak 2,21
	23,11	vor den Augen der S. meines Volks
	24,3	meinem S. keine Frau von den Töchtern der Kanaaniter 4-8.37.38.40.44.48.51; 2Mo 34,16; 5Mo 7,3.4; Esr 9,2.12; Neh 10,31; 13,25
	25,6	den S. von den Nebenfrauen gab er Geschenke
	9	begruben ihn seine S. 35,29; 50,12
	13	dies sind die S. Ismaels 16
	27,1	rief Esau, seinen älteren S.: Mein S. 5u.ö.43; 28,1
	29,12	sagte, daß er wäre Rebekkas S. 13
	30,14	gib mir von Liebesäpfeln deines S. 15.16
	24	der HERR wolle mir noch einen S. geben
	35	tat's unter die Hand seiner S.
	31,1	kamen vor ihn die Reden der S. Labans
	33,19	kaufte das Land von den S. Hamors 34,2.8. 18.20.24.26; Jos 24,32
	35,17	auch diesmal wirst du einen S. haben
	22	es hatte aber Jakob zwölf S. 23-26; 42,11.13. 32; 46,7; 49,1-3.8-9.33; Jos 24,4
	37,3	Israel hatte Josef lieber als alle seine S., weil er der S. seines Alters war 2.32-35; 45,9.28; 47,29; 48,2.19
	38,11	bleibe Witwe, bis mein S. groß wird 26
	42,37	so töte meine zwei S. 38
	38	mein S. soll nicht mit euch hinabziehen 43,29; 44,27
	48,1	nahm mit sich seine beiden S. 5.8.9.11
2Mo	1,16	seht, daß es ein S. ist, so tötet ihn 22
	2,2	gebar einen S. 22; Ri 11,2; 13,24; Rut 4,13.17; 1Sm 4,20; Hos 1,3.8
	10	und es ward ihr S. Apg 7,21; Heb 11,24
	3,22	die sollt ihr euren S. anlegen 32,2
	4,22	Israel ist mein erstgeborener S. 23; Ps 80,16. 18; Jer 31,9.20
	23	will deinen erstgeborenen S. töten 11,5; 12,29
	25	Zippora beschnitt ihrem S. die Vorhaut
	10,9	wollen ziehen mit S. und Töchtern
	13,8	sollt ihr S. sagen an demselben Tage
	13	sollst alle Erstgeburt unter deinen S. auslösen 15; 22,28; 34,20; Neh 10,37
	14	wenn dich dein S. fragen wird 5Mo 6,20.21
	20,10	sollst keine Arbeit tun, auch nicht dein S. 23,12; 5Mo 5,14
	21,4	hat sie ihm S. oder Töchter geboren 9
	31	wenn das Rind einen S. stößt
	27,21	sollen Aaron und seine S... zurichten
	28,1	sollst Aaron und seine S. zu dir herantreten lassen 4.41.43; 29,4u.ö.44; 30,19.30; 31,10; 35,19; 39,27.41; 40,12.14.31; 8,2.6.14. 18.22.27.30.36; 4Mo 20,25.28; 1Ch 23,13
	32,29	jeder ist wider seinen S. und Bruder
3Mo	2,3	das übrige soll Aaron und seinen S. gehören 10; 6,9; 7,31.34.35; 8,31; 10,13-15; 24,9; 4Mo 18,8.9.11.19
	6,2	gebiete Aaron und seinen S. 18; 9,1; 10,6.9. 12; 17,2; 21,24; 22,2.18; 4Mo 6,23
	9,9	seine S. brachten das Blut zu ihm 18
	12,6	wenn die Tage... für den S. um sind
	13,2	zu einem unter seinen S., den Priestern
	18,10	sollst mit der Tochter deines S. nicht Umgang haben 15.17
	21,2	(unrein machen) außer an seinem S. Hes 44,25
	24,10	es ging der S. einer israelitischen Frau
	26,29	sollt eurer S. Fleisch essen 5Mo 28,53.55; Jer 19,9

Sohn

4Mo	3,4	hatten keine S. 26,33; 27,3.4.8; 36,11; Jos 17,3. 6; Ri 11,34; 2Kö 1,17; 1Ch 2,30.32.34; 23,22; 24,2.28
	9	die Leviten dem Aaron und seinen S. übergeben 8,13.19.22
	10	Aaron und seine S., daß sie achthaben 38.48. 51; 4,5.15.19.27; 18,1.2.7; 1Ch 6,34
	7,24	*der Fürst der S. Sebulon 30.36.42.48.54.60. 66.72.78
	13,22	da lebten die S. Anaks 28.33; Jos 15,14; Ri 1,20
	16,27	traten an die Tür mit ihren S.
	21,29	hat seine S. in die Flucht geschlagen 35
	22,5	ins Land der S. seines Volks
5Mo	1,31	getragen, wie ein Mann seinen S. trägt 8,5
	2,4	durch das Land der S. Esau 5.8.12.22.29
	9	habe Ar den S. Lot zum Besitz gegeben 19
	33	daß wir ihn schlugen mit seinen S.
	12,12	sollt fröhlich sein vor dem HERRN, ihr und eure S. 18; 16,11.14
	31	haben ihre S. und Töchter verbrannt 18,10; 2Kö 16,3; 17,17.31; 21,6; 23,10; 2Ch 28,3; 33,6; Jer 7,31; 32,35; Hes 20,31
	13,7	wenn dich dein S. überreden würde
	17,20	er und seine S., in Israel 18,5
	21,16	daß er seinen S. das Erbe austeile 17
	18	wenn jemand einen ungehorsamen S. hat 20
	25,5	wenn einer stirbt ohne S. 6
	28,32	deine S. werden einem andern Volk gegeben 41.54.56
	32,19	der HERR ward zornig über seine S.
	33,9	von seinem S.: Ich weiß nicht von ihm
	24	Asser sei gesegnet unter den S.
Jos	5,7	ihre S. beschnitt Josua
	6,26	das koste ihn seinen erstgeb. S. 1Kö 16,34
	7,19	mein S., gib dem HERRN die Ehre 24
	14,4	die S. Josef bestanden aus zwei Stämmen
	15,8	zum Tal des S. Hinnoms 18,16
	22,24	könnten eure S. zu unsern S. sagen 27
	24,32	das das Erbteil der S. Josef ward
Ri	3,6	gaben ihre Töchter deren S.
	6,30	gib deinen S. heraus: er muß sterben
	8,19	es sind meiner Mutter S. gewesen 20.22.23
	30	Gideon hatte 70 S. 31; 9,2.5.18.24
	10,4	(Jaïr) hatte 30 S. 12,9.14; 2Ch 11,21; 13,21
	11,1	Jeftah war der S. einer Hure 2
	14,16	der S. meines Volks ein Rätsel 17
	17,3	es kommt aus meiner Hand für meinen S. 2
	5	Micha füllte einem seiner S. die Hand 11
	18,30	Jonatan und seine S. waren Priester
Rut	1,12	wenn ich S. gebären würde
	4,15	dir mehr wert ist als sieben S. 1Sm 1,8
1Sm	1,3	die beiden S. Elis, Priester 2,12.22.24.29.34; 3,13; 4,4.11.17
	4	gab er allen ihren S. Opferfleisch
	11	deiner Magd einen S. geben 20.23; 2,21
	3,6	ich habe nicht gerufen, mein S. 16; 4,16
	6,19	aber die S. Jechonjas freuten sich nicht
	7,1	Abinadabs S. Eleasar weihten sie
	8,1	Samuel setzte seine S... ein 2.3.5; 12,2
	11	eure S. wird er nehmen für seinen Wagen
	10,2	was soll ich wegen meines S. tun 11.21
	13,22	Saul und sein S. (Jonatan) 14,39.41.42; 19,1; 20,27; 2Sm 1,4.5.12; 21,12.14
	14,49	Sauls S. waren 31,2.6-8.12; 2Sm 2,8.10.12.15; 3,14; 4,1.2.8; 1Ch 10,2.6-8.12
	16,1	unter seinen S. hab ich mir einen zum König ersehen 5.10.19.20; 17,12.13.17; 1Ch 28,4.5
	18	S. Isais 20,27.30.31; 22,7-9.13; 25,10; 2Sm 20,1; 23,1; 1Kö 12,16; 1Ch 12,19; 2Ch 10,16; Ps 72,20
1Sm	17,55	wessen S. ist der Junge 56.58
	20,30	du S. einer ehrlosen Mutter
	22,20	es entrann ein S. Ahimelechs, Abjatar
	24,17	ist das nicht mein S. David 26,17.21.25
	25,8	gib deinem S. David, was du zur Hand hast
	28,19	morgen wirst du mit deinen S. bei mir sein
	30,3	daß ihre S. und Töchter gefangen 6.19
2Sm	1,13	ich bin der S. eines Amalekiters
	3,2	wurden David S. geboren 3.4; 5,13.14; 1Kö 1,6; 1Ch 3,1.2.9; 14,3.4; 28,5
	4,4	auch hatte Jonatan einen S. 9,3.9.10; 16,3
	7,14	er soll mein S. sein 1Ch 17,13; 22,10; 28,6; Ps 89,28
	8,10	sandte (Toï) seinen S. Joram 1Ch 18,10
	18	die S. Davids sind Priester 1Ch 18,17
	9,10	(Ziba) du und deine S. 19,18
	12	Mefi-Boschet hatte einen kleinen S.
	11,27	(Batseba) gebar (David) einen S. 12,14.24
	13,1	Absalom, der S. Davids 25; 14,21; 16,8.11.19; 18,5.12.20.29.32; 19,1.3.5; Ps 3,1
	23	lud alle S. des Königs ein 29-36; 1Kö 1,9.19. 25
	14,6	deine Magd hatte zwei S. 11.16
	27	Absalom wurden drei S. geboren 18,18
	15,27	eure beiden S., Ahimaaz, dein S. 36
	19,6	dir das Leben gerettet und deinen S.
	22,45	S. der Fremde huldigen mir 46; Ps 18,45.46
1Kö	1,12	daß du das Leben deines S. errettest 21
	13	dein S. Salomo soll König sein 17.30.33.48; 2Kö 10,30; 15,12; 1Ch 23,1; 28,5; 29,1.22.24. 28; 2Ch 13,5.8; 23,3; Ps 132,12
	2,1	David gebot seinem S. 1Ch 22,5-7.9.11.17; 28,9.20
	4	werden deine S. auf ihre Wege achten 8,25; 2Ch 6,16
	3,6	hast David einen S. gegeben 5,21; 1Ch 29,19; 2Ch 2,11
	19	S. dieser Frau starb in der Nacht 20-23.26
	5,19	dein S. soll das Haus bauen 8,19; 1Ch 28,6. 11; 2Ch 6,9
	11,12	aus der Hand deines S. reißen 13.35.36
	13,2	es wird ein S. dem Hause David geboren
	11	zu dem kamen seine S. 12.13.27.31
	14,5	dich wegen ihres S. zu befragen
	15,4	daß er seinen S. nach ihm erweckte 1Ch 17,11
	17,12	will mir und meinem S. zurichten 13-20.23
	20,3	deine besten S. sind auch mein 5.7
	21,29	zu seines S. Lebzeiten will ich Unheil
2Kö	3,27	nahm seinen S. und opferte ihn
	4,4	schließ die Tür hinter dir und deinen S. 5-7
	14	sie hat keinen S. 16.17.26.28.36.37; 8,1.5
	6,28	gib meinen S. her, daß wir ihn essen 29
	8,9	dein S. Ben-Hadad hat mich gesandt 16,7
	19	eine Leuchte zu geben seinen S. 2Ch 21,7
	10,1	Ahab hatte siebzig S. 2.3.6-8.13
	11,1	als Atalja sah, daß ihr S. tot war 2.4.12; 2Ch 22,10.11; 23,3.11
	4	zeigte ihnen den S. des Königs 12
	14,6	S. töte er nicht... Väter sollen nicht um der S., die S. nicht um der Väter willen sterben 2Ch 25,4; Hes 18,19.20
	9	gib deine Tochter meinem S. 2Ch 25,18
	15,5	S. des Königs stand dem Hause vor 2Ch 26,21
	19,37	erschlugen ihn seine S. 2Ch 32,21; Jes 37,38
	20,18	von den S. genommen 39,7
	21,7	zu David und seinen S. gesagt 2Ch 33,7
	25,7	erschlugen die S. Zedekias Jer 39,6; 52,10
1Ch	21,20	versteckte sich und seine S. mit ihm

1Ch	27,10	*Helez, der Peletiter, von den S. Efraim 12
2Ch	11,14	seine S. hatten sie verstoßen
	23	verteilte seine S. in die Gebiete
	21,17	führten weg seine S. 28,8; 29,9
	17	kein S. übrigblieb außer seinem jüngsten S. 22,1.8.9; 24,22.25
	23,11	Jojada und seine S. salbten ihn
	24,7	ihre S. haben das Haus verfallen lassen
	29,11	meine S., seid nicht lässig
	31,18	man zeichnete sie auf mit allen S.
	32,33	über den Gräbern der S. Davids
	35,4	aufgeschrieben von David und seinem S. Neh 12,45
	36,20	wurden seine und seiner S. Knechte
Esr	6,10	bitten für d. Leben seiner S. 7,23; Neh 4,8
Neh	5,2	unsere S. müssen wir verpfänden 5
Est	5,11	Haman zählte ihnen auf die Menge seiner S. 9,10.12-14.25
Hi	1,2	(Hiob) zeugte sieben S. 42,13
	4	seine S. machten ein Festmahl 13.18
	5	meine S. könnten gesündigt haben 8,4
	19,17	den S. meiner Mutter ekelt's vor mir
	20,10	seine S. werden betteln gehen
	27,14	werden seine S. groß
Ps	17,14	deren S. auch nicht satt werden
	42,1	Unterweisung der S. Korach 44,1; 45,1; 46,1; 47,1; 48,1; 49,1; 84,1; 85,1; 87,1; 88,1
	45,17	an d. Väter Statt werden deine S. sein
	50,20	deiner Mutter S. verleumdest du
	72,9	sollen sich neigen die S. der Wüste
	78,9	wie die S. Ephraim abfielen zur Zeit
	82,6	ihr seid allzumal S. des Höchsten
	83,9	sie helfen den S. Lot
	86,16	hilf dem S. deiner Magd 116,16
	89,31	wenn seine S. mein Gesetz verlassen
	102,29	die S. deiner Knechte bleiben wohnen
	106,37	opferten ihre S. den bösen Geistern 38
	110,3	deine S. werden dir geboren wie der Tau
	127,4	so sind die S. der Jugendzeit
	132,12	werden deine S. meinen Bund halten
	137,7	vergiß den S. Edom nicht, was sie sagten
	144,12	unsere S. seien wie Pflanzen
Spr	1,8	mein S., gehorche der Zucht deines Vaters 10.15; 2,1; 3,1.11.21; 4,10.20; 5,1.7.20; 6,1.3.20; 7,1.24; 19,27; 24,21
	3,12	hat Wohlgef. an ihm wie ein Vater am S.
	4,1	höret, meine S., die Mahnungen 8,32
	10,1	ein weiser S. ist seines Vaters Freude 15,20; 23,15.19; 24,13; 27,11
	1	ein törichter S. ist seiner Mutter Grämen 17,25; 19,13
	5	wer im Sommer sammelt, ist ein kluger S.
	13,1	ein weiser S. liebt Zucht
	24	wer seine Rute schont, der haßt seinen S.
	17,2	wird herrschen über einen schandbaren S.
	19,18	züchtige deinen S., solange Hoffnung 29,17
	26	ist ein schandbarer und verfluchter S.
	23,26	gib mir, mein S., dein Herz
	28,7	wer... bewahrt, ist ein verständiger S.
	31,2	du S. meines Leibes, mein erbetener S.
	28	ihre S. stehen auf und preisen sie
Pr	5,13	wenn (der Reiche) einen S. gezeugt hat
	12,12	über dem allen, mein S., laß dich warnen
Hl	1,6	meiner Mutter S. zürnten mit mir
Jes	7,3	geh hinaus, du und dein S. Schear-Jaschub
	8,3	ging zu der Prophetin; die gebar einen S.
	14,21	richtet die Schlachtbank zu für seine S.
	19,11	ich bin d. S. von Weisen
	30,1	weh den abtrünnigen S. 9
	43,6	bring her meine S. von ferne 49,22; 60,4.9

Jes	45,11	mich zur Rede stellen wegen meiner S.
	49,15	daß sie sich nicht erbarme über den S.
	20	daß deine S. noch sagen werden
	25	ich selbst will deinem S. helfen
	51,18	es war niemand von allen S.
	20	deine S. lagen verschmachtet
	54,13	deine S. sind Jünger des HERRN, und großen Frieden haben deine S.
	56,5	das ist besser als S. und Töchter
	57,3	tretet herzu, ihr S. der Zauberin
	63,8	S., die nicht falsch sind
Jer	2,30	meine Schläge sind vergebl. an euren S.
	3,19	will dich halten, als wärst du mein S.
	24	Baal hat gefressen ihre S. 5,17; Hes 16,20
	5,7	deine S. haben mich verlassen
	6,21	daran sich Väter und S. stoßen
	26	trage Leid wie um einen S. Am 8,10
	11,22	ihre S. sollen vor Hunger sterben
	13,14	will die Väter samt den S. zerschmettern
	14,16	niemand wird begraben ihre S.
	16,2	sollt weder S. noch Töchter zeugen 3
	17,2	ihre S. denken an ihre Ascherabilder
	20,15	verflucht, der sprach: Du hast einen S.
	27,7	dienen sollen ihm und seines S. S.
	29,6	zeugt S... für eure S. Frauen, daß sie
	30,20	ihre S. sollen sein wie früher 31,17
	33,21	daß er keinen S. mehr hat zum König
	35,8	keinen Wein, weder wir noch unsere S.
	48,46	man hat deine S. genommen 49,10; Hes 23,10.25.47; 24,25
Hes	2,4	*die S., zu denen ich dich sende
	14,16	weder S. noch Töchter retten 18.20.22
	18,4	die Väter gehören mir wie die S.
	10	wenn er einen gewalttätigen S. zeugt 14
	20,18	sprach zu ihren S. in der Wüste
	21	auch die S. waren mir ungehorsam
	21,15	mein S., du hast den Stock verachtet
	23,4	gebaren mir S. und Töchter
	7	buhlte mit auserlesenen S. 9.12.15.17.23
	24,21	eure S. werden fallen Am 7,17
	25,4	will dich den S. des Ostens übergeben 10
	33,2	rede zu den S. deines Volks
	40,46	dies sind die S. Zadok 44,15; 48,11
	46,16	wenn der Fürst einem seiner S. gibt 17.18
Dan	3,25	sieht aus, als wäre er ein S. der Götter
	5,22	du, Belsazer, sein S.
	11,10	seine S. werden Krieg führen
Hos	11,1	rief meinen S. aus Ägypten Mt 2,15
	10	so werden zitternd herbeikommen seine S.
Jo	3,1	eure S. sollen weissagen APG 2,17
	4,8	will eure S. und eure Töchter verkaufen
Am	2,7	S. und Vater gehen zu demselben Mädchen
	11	habe aus euren S. Propheten erweckt
Mi	7,6	der S. verachtet den Vater
Ze	1,8	will heimsuchen die S. des Königs
Sa	9,13	deine S., Zion, gegen deine S., Griechenl.
	10,7	ihre S. sollen's sehen und sich freuen
Mal	1,6	ein S. soll seinen Vater ehren
	3,17	wie ein Mann sich seines S. erbarmt
	24	soll das Herz der Väter bekehren zu den S. und das Herz der S. zu ihren Vätern
Jdt	3,5	wir mit unsern S. sind deine Knechte
Wsh	9,7	erwählt zum Richter über deine S.
	10,5	festbleiben gegenüber seines S.
	12,19	deine S. läßt du voll Zuversicht sein
	21	mit Sorgfalt richtest du deine S.
	14,15	als ein Vater über seinen S. Leid trug
Tob	1,9	dann er Tobias nannte 11.23; 2,1; 4,1; 11,10.18; 12,1.6; 14,5.14
	18	als sein S. Sanherib regierte

Sohn

Tob	1,24	wurde der König von seinen S. erschlagen
	3,10	von dir nicht einen S. sehen müssen
	4,2	lieber S., höre meine Worte 13.21.22; 14,10; Sir 1,32; 39,17
	5,15	kannst du meinen S. hinführen 18.22.28
	19	ich bin Asarja, der S. des großen Ananja
	6,16	weil ich ihr einziger S. bin
	7,7	du bist der S. eines frommen Mannes 9,9
	10,1	warum bleibt mein S. so lange aus 3.5; 11,6
	7	unserm S. geht's, so Gott will, gut
	11,17	jetzt kann ich meinen S. wieder sehen
Sir	4,11	dann wird der Höchste dich S. nennen
	7,25	hast du S., erziehe sie streng 30,1-3.6-8.13
	22,3	ein ungeratener S. ist ... eine Schande
	33,20	laß den S. nicht über dich verfügen
	34,24	der den S. vor den Augen des Vaters schlachtet
	45,16	niemals ein andrer außer seine S.
	19	wurde ein Bund mit seinen S. geschlossen
Bar	1,4	vor den Ohren der S. der Könige
	2,3	daß jeder das Fleisch seines S. essen
	3,4	höre das Gebet der S., die
	4,10	die Gefangenschaft meiner S. gesehen 14
	16	haben die geliebten S. der Witwe weggeführt
1Ma	1,63	Frauen, die ihre S. hatten beschneiden lassen 2Ma 6,10
	2,16	Mattatias und seine S. 17.18.20.28.49.50.70
	13,16	willst du zwei seiner S. als Geiseln geben
	16,16	schlugen (Simon) samt beiden S. tot
2Ma	7,20	wie ihre S. gemartert wurden 21-28
	41	nach den S. wurde die Mutter hingerichtet
Mt	1,1	Geschichte Jesu Christi ... des S. Abrahams
	4,21	Jakobus, S. des Zebedäus 10,2; Mk 1,19; 3,17; 10,35; Lk 5,10; Jh 21,2
	7,9	seinen S., wenn er ihn bittet um Brot Lk 11,11
	9,2	sei getrost, mein S. Mk 2,5
	10,3	(Apostel:) Jakobus, der S. des Alphäus Mk 3,18; Lk 6,15; Apg 1,13
	21	es wird dem Tod preisgeben der Vater den S. Mk 13,12; Lk 12,53
	37	wer S. oder Tochter mehr liebt als mich
	12,27	durch wen treiben eure S. sie aus Lk 11,19
	16,17	selig bist du, Simon, Jonas S. Jh 1,42
	17,15	Herr, erbarme dich über meinen S. Mk 9,17; Lk 9,38.41; Jh 4,47.50.53
	20,20	die Mutter der S. des Zebedäus mit ihren S. 27,56
	21	laß meine beiden S. sitzen in deinem Reich
	21,28	es hatte ein Mann zwei S. 30; Lk 15,11.13.19.21.25.30.31
	37	sie werden sich vor meinem S. scheuen 38; Mk 12,6; Lk 20,13.14
	22,2	der seinem S. die Hochzeit ausrichtete
	23,35	Blut des Secharja, des S. Berechjas
	26,37	er nahm mit sich die zwei S. des Zebedäus
Mk	2,14	sah er Levi, den S. des Alphäus
	10,46	ein Bettler, Bartimäus, der S. des Timäus
Lk	1,36	Elisabeth ist schwanger mit einem S. 57
	3,2	geschah das Wort Gottes zu Johannes, dem S. des Zacharias
	6,16	Judas, den S. des Jakobus, und Judas Iskariot Apg 1,13
	7,12	Toten, der der einzige S. seiner Mutter
	14,5	wer, dem sein S. in den Brunnen fällt
	15,24	dieser mein S. war tot und ist wieder lebendig geworden
	16,25	Abraham sprach: Gedenke, S., daß du
	19,9	auch er ist Abrahams S.
Jh	4,5	Feld, das Jakob seinem S. Josef gab
	46	dessen S. lag krank in Kapernaum 47
	6,71	er redete von Judas, dem S. des Simon Iskariot 13,2.26
	9,19	ist das euer S., von dem ihr sagt, er sei blind geboren 20
	17,12	außer dem S. des Verderbens 2Th 2,3
	19,26	siehe, das ist dein S.
	21,15	Simon, S. des Johannes, hast du mich lieber, als mich diese haben 16.17
Apg	2,17	eure S. und eure Töchter sollen weissagen
	3,25	ihr seid die S. der Propheten
	4,36	Barnabas - das heißt S. des Trostes
	7,16	Grab, das Abraham gekauft hatte von den S. Hamors
	29	dort zeugte er zwei S.
	13,10	du S. des Teufels, voll aller List
	21	Gott gab ihnen Saul, den S. des Kisch
	22	ich habe David gefunden, den S. Isais
	26	ihr S. aus dem Geschlecht Abrahams
	16,1	S. einer jüd. Frau und eines griech. Vaters
	19,14	sieben S. eines jüdischen Hohenpriesters
	20,4	Sopater, der S. des Pyrrhus
	23,6	ich bin ein Pharisäer und ein S. von Pharisäern
	16	als der S. der Schwester des Paulus hörte
1Ko	4,17	Timotheus, mein lieber und getreuer S. 1Ti 1,2.18; 2Ti 1,2; Tit 1,4
2Ko	6,18	ihr sollt meine S. und Töchter sein
Gal	4,22	daß Abraham zwei S. hatte 23.30
2Ti	2,1	sei stark, mein S., durch die Gnade
Phm	10	bitte ich dich für meinen S. Onesimus
1Pt	5,13	es grüßt euch aus Babylon mein S. Markus
2Pt	2,15	folgen dem Weg Bileams, des S. Beors
Heb	2,10	(Gott,) der viele S. zur Herrlichkeit geführt
	11,21	segnete Jakob die beiden S. Josefs
	12,5	mein S., achte nicht gering die Erziehung 6.7
Off	12,5	sie gebar einen S., einen Knaben

Sohn Davids

Mt	1,1	Geschichte Jesu Christi, des S. D.
	20	Josef, du S. D., fürchte dich nicht
	9,27	du S. D., erbarme dich unser 15,22; 20,30.31; Mk 10,47.48; Lk 18,38.39
	12,23	ist dieser nicht D. S.
	21,9	Hosianna dem S. D. 15
Mk	12,35	wieso sagen die Schriftgelehrten, der Christus sei D. S. Lk 20,41

Sohn Gottes

Wsh	2,18	ist der Gerechte G. S.
	5,5	wie konnte er zu den S. G. gezählt werden
	18,13	bekennen, daß dies Volk G. S. ist
Mt	4,3	bist du G. S., so sprich, daß 6; Lk 4,3.9
	8,29	was willst du, du G. S. Mk 5,7; Lk 8,28
	14,33	du bist wahrhaftig G. S. 16,16; 27,54; Mk 3,11; 15,39; Lk 4,41; Jh 1,34.49; 11,27; Apg 8,37
	26,63	daß du uns sagst, ob du bist der S.G. Lk 22,70
	27,40	hilf dir selber, wenn du G. S. bist
	43	er hat gesagt: Ich bin S. G. Jh 10,36
Mk	1,1	Evangeliums von Jesus Christus, dem G. S.
Lk	1,35	darum wird das Heilige G. S. genannt werden
Jh	3,18	er glaubt nicht an den Namen des S. G.
	5,25	Toten hören werden die Stimme des S. G.
	11,4	damit der S. G. dadurch verherrlicht werde

Jh	19,7	denn er hat sich selbst zu G. S. gemacht
	20,31	damit ihr glaubt, daß Jesus ist der S. G.
Apg	9,20	predigte von Jesus, daß dieser G.S. sei
Rö	1,4	eingesetzt als S. G. in Kraft
2Ko	1,19	der S. G., durch uns gepredigt
Gal	2,20	lebe ich im Glauben an den S. G.
Eph	4,13	bis wir alle hingelangen zur Erkenntnis des S.G.
1Jh	3,8	dazu ist erschienen der S. G.
	4,15	wer bekennt, daß Jesus G. S. ist 5,5
	5,10	wer an den S. G. glaubt 13
	12	wer den S. G. nicht hat, der hat das Leben nicht
	20	wir wissen, daß der S. G. gekommen ist
Heb	4,14	Jesus, S. G., der die Himmel durchschritten
	5,8	obwohl er G. S. war, Gehorsam gelernt
	6,6	für sich selbst den S.G. abermals kreuzigten
	7,3	so gleicht er dem S. G.
	10,29	den den S. G. mit Füßen tritt
Off	2,18	das sagt der S. G.

Söhne Israel(s), Jakob

1Mo	34,7	kamen die S. J. vom Felde 5.13.25.27
	35,5	kamen die S. J., Getreide zu kaufen
	42,5	kamen die S. J., Getreide zu kaufen
	45,21	die S. I. taten so 46,5
	46,8	die Namen der S. I. 9-27; 2Mo 1,1; 1Ch 2,1
	50,25	nahm einen Eid von den S. I.
2Mo	13,19	*den S. I. einen Eid abgenommen
	28,9	darauf eingraben die Namen der S. I. 21.29; 39,6.14
5Mo	23,18	kein Tempelhurer unter den S. I.
	32,8	*nach der Zahl der S. I.
1Kö	18,31	nach der Zahl der Stämme der S. J.
2Kö	17,34	Gesetz, das der HERR geboten den S. J.
1Ch	16,13	ihr S. J., seine Auserwählten Ps 105,6
	27,1	dies sind die S. I. nach ihrer Zahl
Jes	45,19	habe nicht zu den S. J. gesagt
Mi	5,2	*wird der Rest wiederkommen zu den S. I.
Mal	3,6	habt nicht aufgehört, J. S. zu sein

Söhne Juda(s)

1Mo	46,12	die S. J.: Ger... und Serach 4Mo 26,19.20; 1Ch 2,3.4; 4,1
4Mo	1,26	die S. J. nach ihren Geschlechtern 26,19.20
	10,14	das Banner der S. J. brach zuerst auf
Jos	18,14	Kirjat-Jearim, der Stadt der S. J.
1Ch	4,27	mehrte sich nicht so wie die S. J.
Ob	12	*nicht freuen über die S. J.

Söhne Levi(s)

1Mo	46,11	die S. L.: Gerschon, Kehat und Merari 2Mo 6,16; 4Mo 3,17; 1Ch 5,27; 6,1; 23,6.24; 24,20
2Mo	32,26	sammelten sich zu ihm alle S. L. 28
4Mo	3,15	zähle die S. L.
	4,2	Söhne Kehat aus den S. L.
	16,7	ihr geht zu weit, ihr S. L. 8
	10	hat die S. L. sich nahen lassen Hes 40,46
	18,21	*den S. L. alle Zehnten gegeben
5Mo	31,9	Mose gab's den Priestern, den S. L.
1Kö	12,31	Priester, die nicht von den S. L. waren
1Ch	23,26	brauchten die S. L. nicht mehr zu tragen
Mal	3,3	er wird die S. L. reinigen
Heb	7,5	zwar haben auch die von den S. L. das Recht

Solam

3Mo	11,22	Heuschrecken, als da sind: den S.

solange

1Mo	8,22	s. die Erde steht, soll nicht aufhören
2Mo	40,36	s. ihre Wanderung währte 38
3Mo	13,46	s. die Stelle an ihm ist, unrein 14,46
	15,20	s. sie ihre Zeit hat 25; 18,19
	18,18	nicht zur Nebenfrau, s. deine Frau lebt
	26,34	das Land... s. es wüst liegt 35.43
4Mo	6,4	s. sein Gelübde währt 5
	9,18	s. die Wolke auf der Wohnung blieb
	30,4	s. sie im Hause ihres Vaters... ledig ist 17
5Mo	9,24	ungehorsam gewesen, s. ich euch gekannt
	11,21	s. die Tage des Himmels währen Ps 89,30
	12,1	s. du im Lande lebst 19; 1Kö 8,40
Jos	24,31	s. Josua lebte Ri 2,7.18; 8,28; 1Sm 7,13; 14,52; 20,14.31; 1Kö 5,5; 11,25; 2Kö 13,22; 1Ch 22,9; 2Ch 13,20; 24,2; 26,5; 32,26; 34,33; Esr 4,5; Jes 39,8
Ri	18,31	s. das Haus Gottes zu Silo stand
1Sm	22,4	s. David auf der Bergfeste war 25,7.15.16; 27,11; 2Sm 3,6; 17,2; 1Ch 17,6
2Kö	12,3	s. ihn der Priester Jojada lehrte 2Ch 24,14
2Ch	14,6	s. das Land noch unser ist
	26,5	s. er den HERRN suchte, ließ es ihm Gott
Est	5,13	s. ich den Juden Mordechai sitzen sehe
Hi	14,12	nicht aufwachen, s. der Himmel bleibt
	27,3	s. noch Odem in mir ist
Ps	39,2	s. den Gottlosen vor mir sehen muß
	72,5	er soll leben, s. die Sonne scheint 17
	104,33	will Gott loben, s. ich bin 146,2
Spr	19,18	züchtige deinen Sohn, s. Hoffnung da ist
Pr	2,3	s. (Menschen) unter dem Himmel leben
	9,3	Torheit ist in ihrem Herzen, s. sie leben
	9	genieße... s. das eitle Leben hast
Jes	23,15	siebzig Jahre, s. etwa ein König lebt
	38,20	wollen singen und spielen, s. wir leben
	55,6	s. er zu finden ist... s. er nahe ist
Jer	6,4	hinaufziehen, es ist noch heller Tag ist
Hes	44,17	s. sie im Hause Dienst tun
Jdt	5,19	s. sie sich nicht versündigten
Wsh	2,6	laßt uns der Güter genießen, s. sie da sind
Sir	3,14	betrübe (d. Vater) nicht, s. er lebt
	13,5	s. du dem Reichen nützlich bist 6
	33,21	s. du lebst und atmen kannst
	40,14	sie sind fröhlich, s. sie Geschenke nehmen
	50,26	daß seine Gnade uns erlöse, s. wir leben
1Ma	14,4	es blieb Friede, s. Simon lebte
Mt	5,25	s. du noch mit (d. Gegner) auf dem Weg bist
	9,15	s. der Bräutigam bei ihnen ist
Lk	14,32	eine Gesandtschaft, s. jener noch fern ist
Jh	12,35	wandelt, s. ihr das Licht habt
	17,12	ich bei ihnen war, erhielt ich sie
Rö	7,1	daß das Gesetz nur herrscht über den Menschen, s. er lebt
1Ko	7,39	eine Frau ist gebunden, s. ihr Mann lebt
2Ko	5,4	s. wir in dieser Hütte sind, seufzen wir 6

solch, solcher

1Mo	22,16	weil du s. getan hast
	39,9	wie sollte ich ein s. großes Übel tun
	41,32	bedeutet, daß Gott s. gewiß tun wird
2Mo	9,5	morgen wird der HERR s. an dem Lande tun
	10,21	s. Finsternis, daß man sie greifen kann
	20,18	als sie s. sahen, flohen sie

solch

3Mo	18,27	s. Greuel haben die Leute getan 29; Jer 6,15; 7,10.13; 8,12; 32,35; 44,4
5Mo	5,29	ach daß sie ein s. Herz hätten
	10,21	Gott, der s. großen Dinge getan
	24,4	denn s. ist ein Greuel vor dem HERRN
	18	gebiete ich dir, daß du s. tust 22
	29,19	einem s. wird der HERR nicht gnädig sein
Ri	15,18	du hast s. großes Heil gegeben
	19,23	tut nicht s. eine Schandtat 24; 2Sm 13,12
1Sm	2,23	warum tut ihr s. bösen Dingen
2Kö	18,27	gesandt, daß ich s. Worte rede Jes 36,12
	19,31	der Eifer des HERRN wird s. tun Jes 9,6; 37,32
1Ch	29,18	bewahre für immer s. Sinn und s. Gedanken
2Ch	24,5	eilet, s. zu tun
	28,9	mit s. Wut, daß es gen Himmel schreit
	30,26	denn seit… war s. nicht geschehen
Esr	7,27	Gott, der s. dem König eingegeben hat
Hi	14,3	du tust deine Augen über einen s. auf
Ps	7,4	HERR, mein Gott, habe ich s. getan
	37,37	einem s. wird es zuletzt gutgehen
	48,6	haben sich verwundert, als sie s. sahen
	58,11	sich freuen, wenn er s. Vergeltung sieht
	115,8	die s. Götzen machen, sind 135,18
	149,9	s. Ehre werden alle seine Heiligen haben
Jes	6,13	ein heiliger Same wird s. Stumpf sein
	12,5	s. sei kund in allen Landen
	22,11	ihr saht nicht auf den, der s. tut
	23,8	wer hat s. beschlossen
	24,3	der HERR hat s. geredet
	63,19	wie s., über die du niemals herrschtest
	66,8	wer hat s. je gehört… s. je gesehen
Jer	9,23	denn s. gefällt mir, spricht der HERR
	12,17	so will ich s. ein Volk ausreißen
	13,17	muß ich weinen über s. Hochmut
	19,3	ich will ein s. Unheil bringen, daß
	20,1	hörte, wie Jeremia s. Worte weissagte 26,7; 38,4
	29,23	s. weiß ich und bezeuge es
	30,15	habe s. getan um… willen
	40,3	darum ist euch s. widerfahren 44,23
Klg	3,37	s. geschieht ohne des Herrn Befehl
Hes	36,6	weil ihr s. Schmach tragen mußtet
	27	will s. Leute aus euch machen
Dan	2,10	keinen König, der s. fordern würde
	6,9	wollest ein s. Gebot ausgehen lassen 11
Jo	2,1	ob s. geschehen sei zu euren Zeiten
Am	8,8	sollte nicht um s. Taten… erbeben
	9,12	spricht der HERR, der s. tut
Mi	2,6	s. soll man nicht predigen
	7	sollte er s. tun wollen
	7,18	wo ist s. ein Gott, wie du bist
Mal	1,13	sollte mir s. gefallen? spricht der HERR
	2,12	der HERR wird den, der s. tut, ausrotten
Wsh	7,15	so zu denken, wie es s. Gaben würdig ist
	12,19	dein Volk lehrst du durch s. Werke 20
	14,7	ein s. Holz soll gesegnet sein
	16	festigte sich s. gottloser Brauch
	15,13	s. einer weiß, daß er sündigt
	19,4	damit sie zu einem s. Ende kämen 2Ma 13,7
Tob	1,6	gab alle Erstlinge mit s. Treue
	12,7	daß er euch s. Gnade erwiesen hat
Sir	6,16	wer Gott fürchtet, der bekommt s. Freund
	11,34	hüte dich vor s. Buben
	34,22	s. Gaben sind nicht wohlgefällig
	44,3	es gab s., die gut regiert haben 8
GMn	10	daß ich s. greulichen Götzenbilder aufgestellt
Mt	6,32	nach s. allen trachten die Heiden Lk 12,30
	33	so wird euch s. alles zufallen
Mt	8,10	s. Glauben bei keinem gefunden Lk 7,9
	9,8	Gott, der s. Macht den Menschen gegeben hat
	33	*s. ist noch nie in Israel gesehen worden*
	10,15	*erträglicher gehen als s. Stadt Lk 10,12*
	11,21	wären s. Taten in Tyrus geschehen wie bei euch Lk 10,13
	25	*daß du s. den Weisen verborgen Lk 10,21*
	13,54	woher hat dieser s. Weisheit
	14,2	darum tut er s. Taten Mk 6,14
	15,9	weil sie lehren s. Lehren, die Mk 7,7
	18,5	wer ein s. Kind aufnimmt, nimmt mich auf Mk 9,37
	19,14	s. gehört das Himmelreich Mk 10,14; Lk 18,16
Mk	4,33	durch viele s. Gleichnisse sagte er ihnen das Wort
	11,28	*Vollmacht, daß du s. tust 33; Lk 20,2*
	13,19	in diesen Tagen wird eine s. Bedrängnis sein
Lk	4,22	daß s. Worte aus seinem Munde kamen
	9,9	wer ist dieser, über den ich s. höre
	21,9	*s. muß zuvor geschehen*
	24,26	*mußte nicht Christus s. leiden*
	38	warum kommen s. Gedanken in euer Herz
Jh	3,9	wie kann s. zugehen
	4,15	Herr, gib mir s. Wasser 6,34
	5,34	*s. sage ich, damit ihr selig werdet*
	8,5	im Gesetz geboten, s. Frauen zu steinigen
	9,16	wie kann ein sündiger Mensch s. Zeichen tun
	10,18	*s. Gebot habe ich empfangen von m. Vater*
	12,37	obwohl er s. Zeichen tat, glaubten sie nicht
	13,17	*wenn ihr s. wisset, selig seid ihr*
	14,25	*s. habe ich zu euch geredet 15,11; 16,1.4.6.25. 33; 1Ko 4,6*
Apg	5,39	als s., die gegen Gott streiten wollen
	26,26	*s. ist nicht im Winkel geschehen*
Rö	1,32	die s. tun, den Tod verdienen 2,2.3
	2,29	das Lob eines s. ist nicht von Menschen
	6,13	gebt euch selbst Gott hin, als s., die
	21	s. (Frucht), deren ihr euch jetzt schämt
	7,1	*ich rede mit s., die das Gesetz wissen*
	16,18	s. dienen nicht unserm Herrn Christus
1Ko	5,1	eine s. Unzucht, wie es s. nicht einmal unter den Heiden gibt
	3	beschlossen über den, der s. getan hat
	6,11	s. sind einige von euch gewesen
	7,6	*s. sage ich nicht als Gebot*
	15	der Bruder ist nicht gebunden in s. Fällen
	9,8	*sagt nicht s. das Gesetz*
	10,11	s. widerfuhr jenen als Vorbild
	11,16	*daß wir s. Brauch nicht haben*
	24	*s. tut zu meinem Gedächtnis 25*
	16,16	ordnet auch ihr euch s. unter 18; Phl 2,29
2Ko	3,4	s. Vertrauen haben wir durch Christus zu Gott
	12	weil wir s. Hoffnung haben 7,1
Gal	3,5	der tut s. Taten unter euch
	5,21	die s. tun, werden das Reich Gottes nicht erben
	23	*wider s. ist das Gesetz nicht*
Phl	1,25	*in s. Zuversicht weiß ich, daß*
Kol	3,6	um s. Dinge willen kommt der Zorn Gottes
2Th	3,12	s. aber gebieten wir 1Ti 4,11; 5,7; 6,2; Tit 2,15; 3,8; Heb 13,19
1Ti	2,3	*s. ist gut und angenehm vor Gott*
	4,6	*wenn du den Brüdern s. vorhältst*
	6,11	*du, Gottesmensch, fliehe s.*
2Ti	2,21	wenn jemand sich reinigt von s. Leuten
	3,5	s. Menschen meide
2Pt	1,8	*wenn s. reichlich bei euch ist 9.10.15*

1Jh	2,4	in s. ist die Wahrheit nicht
	3,3	ein jeder, der s. Hoffnung hat
	5,10	der hat s. Zeugnis in ihm
	11	s. Leben ist in seinem Sohn
2Jh	4	unter deinen Kindern s. gefunden habe
3Jh	8	s. sollen wir aufnehmen
Heb	7,26	s. Hohenpriester mußten wir haben 8,1
	12,1	eine s. Wolke von Zeugen um uns haben
	13,3	als s., die noch im Leibe leben
Jak	1,7	ein s. Mensch denke nicht, daß
Off	2,24	den andern, die s. Lehre nicht haben
	18,17	in einer Stunde ist verwüstet s. Reichtum
	22,8	ich, Johannes, der s. gehört hat 16.20

Sold

Jer	46,21	auch die darin um S. dienen
Hes	29,19	damit er seinem Heer den S. gebe
Lk	3,14	laßt euch genügen an eurem S.
Rö	6,23	der Sünde S. ist Tod
1Ko	9,7	wer zieht in den Krieg u. zahlt sich selbst den S.

Soldat

Mt	8,9	ich habe S. unter mir Lk 7,8
	27,27	nahmen die S. Jesus 27; Mk 15,16; Lk 23,11. 36; Jh 18,3; 19,2.23.24.32.34
	28,12	sie gaben den S. viel Geld
Lk	3,14	da fragten ihn auch die S.
Apg	10,7	rief Kornelius einen frommen S.
	12,4	überantwortete ihn 4 Wachen von je vier S. 6
	18	entstand Verwirrung unter den S.
	21,32	der nahm sogleich S. und Hauptleute 32.35; 23,10.27.31
	23,23	rüstet 200 S.
	27,31	sprach Paulus zu den S. 32.42
	28,16	allein zu wohnen mit dem S., der

Söldner

1Ma	6,29	nahm fremde S. an aus andern Königreichen

sollen

1Mo	3,1	s. Gott gesagt haben: ihr s. nicht essen 11.17
	14	auf deinem Bauche s. du kriechen
	15	der s. dir den Kopf zertreten
	16	unter Mühen s. du 17-19; 4,12
	16	er s. dein Herr sein
	4,9	s. ich meines Bruders Hüter sein
	8,22	s. nicht aufhören Saat und Ernte 9,11; Jes 54,9
	9,13	s. das Zeichen sein des Bundes 16; 17,11; 2Mo 12,13; 13,9.16
	12,2	du s. ein Segen sein 3; 18,18; 22,18; 26,4; 28,14; Apg 3,25; Gal 3,8
	15,5	so zahlreich s. deine Nachkommen sein 18,18; 22,17; 28,14; Sa 10,8
	17,4	s. ein Vater vieler Völker werden 6.16; 35,11
	18,14	s. dem HERRN etwas unmöglich sein
	25,32	was s. mir da die Erstgeburt
	27,29	s. dir dienen... s. dir zu Füßen fallen 40
	32,29	s. nicht mehr Jakob heißen, sondern Israel 35,10; 1Kö 18,31
	39,9	wie s. ich ein solch großes Übel tun
2Mo	3,14	so s. du zu den *Israeliten sagen 15 12,27; 13,8.14; 19,3.6; 20,22; 4Mo 15; 5Mo 6,21; Jos 4,7.22
2Mo	6,7	erfahren s., daß ich der HERR bin 7,5.17; 14,4.18; Hes 5,13u.ö.39,22; Jo 2,27
	12,6	s. Israel schlachten 3Mo 3,2; 6,18; 7,2; 14,13. 19; 16,11.15; 22,28; 4Mo 19,3; Hes 44,11
	19,5	s. ihr mein Eigentum sein 6; 3Mo 26,12; 2Kö 11,17; 2Ch 23,16; Jer 7,23; 11,4; 13,11; 24,7; 30,22; 31,1.33; 32,38; Hes 11,20; 14,11; 16,8; 34,30.31; 36,28; 37,23.27
	12	der s. des Todes sterben 31,14; 3Mo 20,2. 9-16.27; 24,16.17.21; 27,29; 4Mo 15,35; 35,16-21.30.31; 5Mo 13,6; 17,6.12; 18,20; 22,22. 25; 24,7; 2Ch 15,13; Hes 18,4.13.18.24; 33,13. 14.27
	20,3	s. keine anderen Götter haben neben mir 23; 5Mo 5,7.9; 6,14; 7,16; Ri 6,10; 2Kö 17,12; Ps 81,10; Hos 13,4
	4	s. dir kein Bildnis machen 23; 3Mo 19,4; 26,1; 5Mo 5,8; 16,21.22
	7	du s. 9.10.12-17; 5Mo 5,11-21; Mt 5,21; 19,18; Mk 10,19; Lk 18,20; Jak 2,11
	22,27	Gott s. du nicht lästern, und einem Obersten s. du nicht fluchen Apg 23,5
	32,13	sie s. es besitzen für ewig 5Mo 1,39; Jos 14,9
3Mo	11,4	darum s. es euch unrein sein 5-7.26-29.35; 13,3u.ö.44; 5Mo 14,7.8.19
	18,3	s. nicht nach ihren Satzungen wandeln 2Kö 17,15; Hes 20,18
	4	meine Satzungen s. ihr halten 5; 19,19; 5Mo 4,40; 6,17; 8,1; 11,8; 12,1; Hes 20,19.20
	19,2	ihr s. heilig sein 20,26; 21,6.8
	4	s. nicht 9-18.26-29.31.33.35; 5Mo 18,9; 24,17-21
	14	s. dich vor deinem Gott fürchten 32; 25,43; 5Mo 6,13; 10,20; 13,5; 2Kö 17,28; Pr 3,14; Ze 3,7
	18	s. deinen Nächsten lieben wie dich selbst 34; 5Mo 10,19; Mt 5,43; 19,19; 22,39; Mk 12,31; Rö 13,9
	32	vor einem grauen Haupt s. du aufstehen
	23,2	Feste des HERRN, die ihr ausrufen s. 4.21. 37; 25,10
	26,29	ihr s. eurer Söhne Fleisch essen
	33	euer Land s. wüst sein 38; Jer 49,2.13.17.33; Hes 6,6; 12,19.20; 29,9; 35,4.15
4Mo	14,23	s. keiner das Land sehen 30; 20,12.24; 26,65; 32,11; 5Mo 1,35.37; 4,21; 31,2; 32,52; 34,4; Jos 5,6
	15,16	einerlei Recht s. gelten 29; 5Mo 1,17; 16,19
	23,8	wie s. ich fluchen, dem Gott nicht flucht
	19	s. (Gott) etwas sagen und nicht tun
5Mo	4,39	so s. du nun heute wissen 7,9; 9,3; 15,15; 29,5; Jos 3,10; 23,14
	6,5	du s. den HERRN, deinen Gott, liebhaben 11,1; Mt 22,37; Mk 12,30; Lk 10,27
	6	diese Worte s. du zu Herzen nehmen 1.3.7-9
	16	s. den HERRN nicht versuchen Mt 4,7; Lk 4,12
	7,3	ihre Töchter s. ihr nicht nehmen Esr 9,12; Neh 13,25
	16,20	was recht ist, dem s. du nachjagen
	17,6	auf zweier Zeugen Mund s. 19,15; 2Ko 13,1
	21,23	s. sein Leichnam nicht über Nacht an dem Holz bleiben Jos 8,29; 10,27
	24,16	die Väter s. nicht für die Kinder sterben Hes 18,17.19
	25,4	s. dem Ochsen... nicht das Maul verbinden 1Ko 9,9; 1Ti 5,18
Ri	2,2	ihr s. keinen Bund schließen
1Sm	8,19	ein König s. über uns sein 12,12
2Sm	2,26	s. denn das Schwert ohne Ende fressen

sollen

2Sm	5,2	du s. mein Volk weiden und s. Fürst sein über Israel 7,8; 1Kö 8,16; 1Ch 11,2; 17,7; 28,4; 2Ch 6,5
	7,13	der s. meinem Namen ein Haus bauen 1Kö 5,19; 8,19; 1Ch 17,12; 22,10; 28,6; 2Ch 6,9
	14	er s. mein Sohn sein 1Ch 17,13; 22,10
	15	meine Gnade s. nicht von ihm weichen 16
	12,10	s. von... das Schwert nimmermehr lassen
1Kö	2,4	s. dir's niemals fehlen an einem Mann auf dem Thron Israels 3,6; 8,25; 9,5; 2Kö 10,30; 15,12; 1Ch 28,5; 2Ch 6,16; 7,18; 23,3; Ps 89,37; 132,12; Jer 33,17.18
	3,5	bitte, was ich dir geben s. 2Ch 1,7
	8,19	nicht du s. das Haus bauen 1Ch 17,4; 22,8; 28,3; 2Ch 6,9
	29	da s. mein Name sein 9,3; 2Kö 23,27; 2Ch 6,5; 7,15.16; 33,4
	17,14	das Mehl s. nicht verzehrt werden, und dem Ölkrug s. nichts mangeln
2Kö	18,22	nur vor diesem Altar s. ihr anbeten 2Ch 32,12; Jes 36,7
2Ch	34,25	mein Grimm s. über diesen Ort entbrennen
Hi	2,10	und s. das Böse nicht auch annehmen
	17,15	worauf s. ich denn hoffen Ps 39,8
	34,10	es sei ferne, daß Gott s. gottlos handeln
Ps	6,11	es s. alle meine Feinde zuschanden werden 31,18; 35,4.26; 40,15; 70,3; 71,13; 83,18; 109,28; Jes 66,5
	13,3	wie lange s. ich sorgen in meiner Seele
	22,27	die Elenden s. essen, daß sie satt werden
	27,1	vor wem s. ich mich fürchten 49,6
	33,1	die Frommen s. ihn preisen 99,3; 145,7
	34,2	sein Lob s. immerdar in meinem Munde sein
	3	meine Seele s. sich rühmen des HERRN 35,9
	35,28	meine Zunge s. reden von deiner Gerechtigkeit 71,15
	46,5	s. die Stadt Gottes fein lustig bleiben
	50,15	und du s. mich preisen
	72,19	alle Lande s. seiner Ehre voll werden
	89,29	mein Bund s. ihm festbleiben 111,9
	94,9	der das Ohr... s. der nicht hören 10
	95,11	sie s. nicht zu meiner Ruhe kommen Heb 3,11.18; 4,3.5.6
	107,8	die s. dem HERRN danken 15.21.22.31
	119,171	meine Lippen s. dich loben 172; 145,21
	139,7	wohin s. ich gehen vor deinem Geist, und wohin s. ich fliehen
	145,10	s. dir danken alle deine Werke 148,5.13
	148,14	alle seine Heiligen s. loben 149,1.3.5.6
Spr	16,18	wer zugrunde gehen s., wird stolz 18,12
	20,18	Krieg s. man mit Vernunft führen 24,6
Pr	7,14	der Mensch nicht wissen s., was künftig
Jes	1,11	was s. mir die Menge eurer Opfer
	18	s. sie doch schneeweiß werden
	6,8	wen s. ich senden
	10,22	so s. doch nur ein Rest bekehrt werden
	40,4	s. erhöht... s. erniedrigt... s. gerade... s. eben werden 5; Hes 21,31; Lk 3,5
	6	was s. ich predigen
	41,9	du s. mein Knecht sein
	11	zuschanden s. werden alle, die dich hassen 12; 42,17; 44,11; 45,16; 66,17
	42,12	sie s. dem HERRN die Ehre geben
	43,2	daß dich die Ströme nicht ersäufen s.
	21	das Volk s. meinen Ruhm verkündigen
	44,28	er s. meinen Willen vollenden 45,13; 48,15
	45,23	ein Wort, bei dem es bleiben s.: Mir s. sich alle Knie beugen Rö 14,11
	49,26	alles Fleisch s. erfahren 52,6; 61,9
	53,12	er s. die Starken zum Raube haben
Jes	54,10	es s. wohl Berge weichen... meine Gnade s. nicht weichen, der Bund s. nicht hinfallen
	55,11	so s. das Wort... auch sein
	56,5	einen Namen, der nicht vergehen s.
	60,20	die Tage deines Leidens s. ein Ende haben
	61,1	daß sie frei und ledig sein s.
	62,2	du s. mit einem neuen Namen genannt w.
	6	Wächter, die nicht mehr schweigen s.
	65,19	s. nicht mehr hören die Stimme des Weinens
	24	es s. geschehen: ehe sie rufen
	25	Wolf und Schaf s. beieinander weiden
Jer	1,7	s. gehen, wohin ich dich sende
	7,16	du s. für dies Volk nicht bitten 14,11
	17,25	s. diese Stadt immerdar bewohnt werden 30,18-21
	23,4	Hirten, die sie weiden s. 5; 33,15; Hes 34,23. 24
	6	s. Juda geholfen werden 30,7; 33,16
	31,16	(ihre Kinder) s. wiederkommen 17; 46,26.27
	34	sie s. mich alle erkennen
Hes	3,17	du s. sie in meinem Namen warnen 33,7
	5,11	mein Auge s. ohne Mitleid blicken 7,4.9; 8,18; 9,5.10
	28,25	sie s. wohnen in ihrem Lande 26; 29,11; 34,27; 36,28.33; 37,25
	37,26	der s. ein ewiger Bund sein
	43,12	s. Gesetz... s. hochheilig sein 18 u.ö.48,35
Dan	2,28	was in künftigen Zeiten geschehen s.
	9,2	daß Jerusalem 70 Jahre wüst liegen s.
Hos	2,12	niemand s. sie aus meiner Hand erretten
	23	der Himmel s. die Erde erhören 24
Jo	3,1	eure Söhne und Töchter s. weissagen Apg 2,17.18
	5	wer des HERRN Namen anrufen wird, der s. errettet werden Rö 10,13
Am	5,18	des HERRN Tag... was s. er euch
Jon	4,11	mich s. nicht jammern Ninive
Mi	5,1	aus dir s. mir der kommen, der Mt 2,6
	6,6	womit s. ich mich dem HERRN nahen 7
	14	du s. essen und nicht satt werden 15
Hab	1,2	HERR, wie lange s. ich schreien
Ze	3,9	daß sie alle des HERRN Namen anrufen s.
Sa	2,15	s. viele Völker sich zum HERRN wenden
	4,6	s. nicht durch Heer oder Kraft geschehen
	10,7	ihr Herz s. fröhlich sein
Mal	1,6	ein Sohn s. seinen Vater ehren
	2,7	des Priesters Lippen s. die Lehre bewahren
	3,1	Boten, der den Weg bereiten s. Mt 11,10; Mk 1,2; Lk 7,27
	20	euch s. aufgehen die Sonne d. Gerechtigk.
	24	s. das Herz d. Väter bekehren zu d. Söhnen
Jdt	4,11	das s. ihr wissen, daß der Herr
	9,15	gib mir ein, was ich reden s. StE 3,9
Wsh	1,9	seine Reden s. vor den Herrn kommen
	16,18	sie s. sehen und erkennen
Tob	8,7	dich s. loben Himmel, Erde, Meer Sir 39,41; Bar 6,6; StD 3,28-33; GMn 16
	12,8	Geheimnisse e. Königs s. man verschweigen
Sir	22,10	über einen Toten s. man trauern 11
	34,11	wer s. sein Gebet erhören
	36,11	die deinem Volk Leid antun, s. umkommen Bar 4,31
	38,15	wer sündigt, der s. fallen
	39,22	man darf nicht sagen: Was s. das 26
	26	alles geschaffen, damit es zu etwas dienen s.
	34	wenn die Strafe kommen s., so toben sie
	44,19	nicht mehr alles Leben vertilgt werden s.
	22	zahlreich werden s. wie der Staub 23
	45,6	damit er Jakob den Bund lehren s.
	19	daß sie Priester sein s. 20.21.26.30.32

sollen

Sir	45,31	daß aus seinen Söhnen einer König sein s. 47,13
	48,8	Könige, die die Strafe vollziehen s. 27
		schaute, was zuletzt geschehen s. 28
	49,12	Erlösung, auf die er hoffen s.
	51,14	daß er mich nicht verlassen s. in der Not
Bar	6,30	woher s. sie Götter genannt werden
1Ma	4,17	ihr s. nicht plündern
	9,46	darum s. ihr zum Himmel schreien 2Ma 13,10
2Ma	2,7	diese Stätte s. kein Mensch kennen
	13,14	sie s. tapfer bis in den Tod kämpfen
Mt	1,21	einen Sohn, dem s. du den Namen Jesus geben Lk 1,13.31.60
	4,7	du s. den Herrn nicht versuchen Lk 4,12
	10	du s. anbeten den Herrn Lk 4,8
	5,4	denn sie s. getröstet werden
	6	denn sie s. satt werden Lk 6,21
	17	ihr s. nicht meinen, daß 10,34
	21	der s. des Gerichts schuldig sein Mk 7,10
	21	du s. nicht töten 19,18; Mk 10,19; Lk 18,20; Rö 13,9; Jak 2,11
	27	du s. nicht ehebrechen 31; 19,18; Mk 10,19; Lk 18,20; Rö 13,9; Jak 2,11
	33	du s. keinen falschen Eid schwören 34.36
	43	du s. deinen Nächsten lieben 19,19; 22,39; Mk 12,31; Rö 13,9
	48	darum s. ihr vollkommen sein
	6,9	darum s. ihr so beten Lk 18,1
	31	ihr s. nicht sorgen Lk 12,22.29
	7,6	ihr s. das Heilige nicht den Hunden geben
	12	was ihr wollt, daß euch die Leute tun s., das tut ihnen auch Lk 6,31
	16	an ihren Früchten s. ihr sie erkennen 20
	10,9	ihr s. weder Gold noch Silber haben Lk 9,3
	19	sorgt nicht, wie oder was ihr reden s. Mk 13,11; Lk 12,11; 21,14
	11,3	bist du es, der kommen s. Lk 7,19.20; Jh 1,19
	10	meinen Boten, der deinen Weg bereiten s. Mk 1,3; Lk 7,27
	14	er ist Elia, der kommen s. 17,11
	12,16	*daß sie die Kunde nicht ausbreiten s. 16,20; 17,9; Mk 7,36; 8,30; 9,9.30; Lk 5,14; 9,21; Apg 4,20*
	18	er s. den Heiden das Recht verkündigen
	15,4	du s. Vater und Mutter ehren Mk 7,10
	33	woher s. wir soviel Brot nehmen Mk 6,37
	16,4	doch s. ihm kein Zeichen gegeben werden
	18	die Pforten der Hölle s. sie nicht überwältigen
	19	was du auf Erden binden wirst, s. auch im Himmel gebunden sein 18,18
	17,5	den s. ihr hören Mk 9,7; Lk 9,35; Apg 3,22.23
	17	wie lange s. ich bei euch sein Mk 9,19; Lk 9,41
	19,6	was Gott zusammengefügt hat, s. der Mensch nicht scheiden Mk 10,9
	16	was s. ich Gutes tun Mk 10,17; Lk 3,10.12.14; Jh 6,28; Apg 16,30
	20,23	*meinen Kelch s. ihr zwar trinken*
	31	das Volk fuhr sie an, daß sie schweigen s. Mk 10,48; Lk 18,39
	32	daß ihr uns tun s. Mk 10,51; Lk 18,41
	21,13	mein Haus s. ein Bethaus heißen Mk 11,17; Lk 19,46
	22,24	s. sein Bruder die Frau heiraten Mk 12,19; Lk 20,28
	37	du s. den Herrn lieben von ganzem Herzen Mk 12,30; Lk 10,27
	23,3	nach ihren Werken s. ihr nicht handeln

Mt	23,8	ihr s. euch nicht Rabbi nennen lassen 10
	9	ihr s. niemanden Vater nennen auf Erden
	11	der größte unter euch s. euer Diener sein Mk 9,35; 10,43 Lk 22,24.26
	23	dies s. man tun und jenes nicht lassen Lk 11,42
	24,23	so s. ihr's nicht glauben
	43	das s. ihr aber wissen Lk 10,11; 12,39
	26,52	wer das Schwert nimmt, s. durchs Schwert umkommen
	27,17	wen s. ich euch losgeben, Barabbas oder 21
	20	Jesus aber umbringen s. 22; Mk 15,15; Jh 19,15
	58	befahl, man s. ihm ihn geben
Mk	3,4	s. man am Sabbat Gutes oder Böses tun
	5,43	sagte, s. ihr zu essen geben Lk 8,55
	7,11	Opfergabe s. sein, was dir von mir zusteht
	9,12	daß er viel leiden und verachtet werden s.
	18	ich habe mit deinen Jüngern geredet, daß sie ihn austreiben s.
	39	ihr s.'s ihm nicht verbieten
	11,32	s. wir sagen, sie war von Menschen
	12,14	s. wir zahlen oder nicht zahlen
	13,14	das Greuelbild stehen, wo es nicht s.
	34	gebot dem Türhüter, er s. wachen
	15,24	warfen das Los, wer was bekommen s. Jh 19,24
Lk	1,18	woran s. ich das erkennen 34
	20	Worten, die erfüllt werden s. zu ihrer Zeit
	57	für Elisabeth kam die Zeit, daß sie gebären s.
	80	in der Wüste, bis er vor das Volk treten s.
	2,6	kam die Zeit, daß sie gebären s.
	23	Männliche... s. dem Herrn geheiligt heißen
	26	er s. den Tod nicht sehen, er habe denn
	3,5	alle Täler s. erhöht werden
	4,7	wenn du mich anbetest, s. sie ganz dein sein
	18	predigen den Gefangenen, daß sie frei sein s.
	5,7	sie winkten ihren Gefährten, sie s. kommen
	38	neuen Wein s. man in neue Schläuche
	7,31	mit wem s. ich ... vergleichen 13,18.20
	9,31	Ende, das er in Jerusalem erfüllen s. 51
	10,7	ihr s. nicht von einem Haus zum andern gehen
	40	sage ihr, daß sie mir helfen s.
	42	das s. nicht von ihr genommen werden
	12,5	euch zeigen, vor wem ihr euch fürchten s.
	10	dem s. es vergeben werden
	12	der Geist wird euch lehren, was ihr sagen s.
	17	dachte bei sich: Was s. ich tun 16,3; 20,13
	13,14	es sind sechs Tage, an denen man arbeiten s.
	35	euer Haus s. euch wüst gelassen werden Apg 1,20
	14,11	wer sich selbst erhöht, s. erniedrigt werden
	34	wenn das Salz nicht mehr salzt, womit s. man würzen
	15,32	du s. fröhlich und guten Mutes sein
	16,28	die s. er warnen, damit sie
	29	die s. hören
	17,4	spräche: Es reut mich!, so s. du ihm vergeben
	8	danach s. du auch essen und trinken
	18,7	s. Gott nicht auch Recht schaffen
	15	Kinder, damit er sie anrühren s.
	19,4	dort s. er durchkommen
	17	sie Macht haben über zehn Städte 19
	48	fanden nicht, wie sie es machen s.
	20,20	die sich stellen s., als wären sie fromm
	21,18	kein Haar s. verlorengehen
	26	Dinge, die kommen s. über die Erde 36

sollen

Lk	22,30	daß ihr essen s. an meinem Tisch in meinem Reich
	49	Herr, s. wir mit dem Schwert dreinschlagen
	24,49	ihr s. in der Stadt bleiben, bis
Jh	1,8	er s. zeugen von dem Licht
	42	du s. Kephas heißen
	4,20	Jerusalem sei die Stätte, wo man anbeten s.
	6,14	der Prophet, der in die Welt kommen s.
	68	Herr, wohin s. wir gehen
	7,26	s. unsere Oberen wahrhaftig erkannt haben, daß
	32	Knechte, die ihn ergreifen s.
	39	Geist, den die empfangen s., die glaubten
	41	s. der Christus aus Galiläa kommen 42
	8,33	wie sprichst du dann: Ihr s. frei werden
	56	wurde froh, daß er meinen Tag sehen s.
	9,3	es s. die Werke Gottes offenbar werden an ihm
	22	wenn jemand ihn als den Christus bekenne, der s. ausgestoßen werden
	10,10	gekommen, damit sie das Leben haben s.
	11,51	Jesus s. sterben für das Volk
	57	wenn jemand wißt, wo er ist, s. er's anzeigen
	12,7	s. gelten für den Tag meines Begräbnisses
	26	wo ich bin, da s. mein Diener auch sein
	27	was s. ich sagen
	49	hat mir ein Gebot gegeben, was ich reden s.
	13,6	s. du mir die Füße waschen 8.14
	24	daß er fragen s., wer es wäre, von dem er redete
	29	daß er den Armen etwas geben s.
	38	*s. du dein Leben für mich lassen*
	14,19	ihr s. mich sehen, denn ich lebe, und ihr s. auch leben
	31	die Welt s. erkennen, daß ich den Vater liebe
	16,20	eure Traurigkeit s. in Freude verwandelt werden
	22	euer Herz s. sich freuen, und eure Freude s. niemand von euch nehmen
	17,4	*vollendet das Werk, daß ich tun s.*
	21	wie du in mir bist, so s. sie auch in uns sein
	18,11	s. ich den Kelch nicht trinken, den
	22	s. du dem Hohenpriester so antworten
	32	so das Wort Jesu erfüllt werden
	37	daß ich die Wahrheit bezeugen s.
	19,24	so s. die Schrift erfüllt werden, die sagt
	31	nicht am Kreuz bleiben s. den Sabbat über
	36	ihr s. ihm kein Bein zerbrechen
	21,25	wenn eins nach dem andern aufgeschrieben werden s.
Apg	1,5	ihr s. mit dem hl. Geist getauft werden 11,16
	2,17	es s. geschehen in den letzten Tagen, spricht Gott 20.21; 26,22; Off 1,1.19; 4,1
	37	ihr Männer, liebe Brüder, was s. wir tun
	3,18	daß sein Christus leiden s. *26,23*
	4,12	kein andrer Name, durch den wir s. selig
	5,24	wußten nicht, was daraus werden s.
	40	sie s. nicht mehr im Namen Jesu reden
	7,44	daß er (die Stiftshütte) machen s. nach dem Vorbild
	9,6	da wird man dir sagen, was du tun s.
	10,28	daß er keinen Menschen unrein nennen s.
	43	Vergebung der Sünden empfangen s.
	11,12	ich s. mit ihnen gehen und nicht zweifeln
	28	Hungersnot, die über den ganzen Erdkreis kommen s.
	12,17	er winkte, daß sie schweigen s.
	13,11	du s. blind sein
	22	David, der s. meinen Willen tun
	43	daß sie bleiben s. in der Gnade Gottes

Apg	14,15	daß ihr euch bekehren s. von diesen falschen Göttern
	15,2	daß Paulus und Barnabas nach Jerusalem hinaufziehen s.
	20	sich enthalten s. von Unzucht 21,25
	16,36	daß ihr frei sein s. 37
	17,15	Silas und Timotheus zu ihm kommen s.
	26	er hat festgesetzt, wie lange sie bestehen s.
	27	damit sie Gott suchen s.
	29	s. wir nicht meinen, die Gottheit sei gleich
	18,10	niemand s. sich unterstehen, dir zu schaden
	19,4	sie s. an den glauben, der nach ihm kommen
	36	s. ihr euch ruhig verhalten
	21,3	dort s. das Schiff die Ware ausladen 27,2
	4	er s. nicht nach Jerusalem hinaufziehen
	16	Mnason, bei dem wir zu Gast sein s.
	21	sagst, sie s. ihre Kinder nicht beschneiden
	26	daß die Tage der Reinigung beendet sein s.
	37	als Paulus in die Burg geführt werden s.
	22,14	daß du seinen Willen erkennen s.
	24	befahl, daß man ihn geißeln s. 29
	23,5	dem Obersten deines Volkes s. du nicht fluchen
	24,19	die s. jetzt hier sein vor dir
	25,12	zum Kaiser s. du ziehen
	22	morgen s. du ihn hören
	26,2	daß ich mich heute vor dir verantworten s.
	10	wenn sie getötet werden s.
	20	sie s. Buße tun und sich zu Gott bekehren
	27,1	beschlossen, daß wir nach Italien fahren s.
	21	liebe Männer, man hätte auf mich hören s.
Rö	2,21	du predigst, man s. nicht stehlen, und stiehlst 22
	3,3	s. ihre Untreue Gottes Treue aufheben
	5	was s. wir sagen 6,1; 7,7; 9,14.30; 1Ko 11,22; Heb 11,32
	7	warum s. ich als Sünder gerichtet werden
	23	des Ruhmes, den sie bei Gott haben s.
	4,11	so s. er ein Vater werden aller, die glauben
	18	zahlreich s. deine Nachkommen sein
	24	denen es zugerechnet werden s.
	5,14	welcher ist ein Bild dessen, der kommen s.
	6,1	s. wir in der Sünde beharren 2.15
	7,7	*s. in einem neuen Leben wandeln*
	du s. nicht begehren
	8,18	Herrlichkeit, die an uns offenbart werden s.
	26	wir wissen nicht, was wir beten s.
	29	daß sie gleich sein s. dem Bild seines Sohnes
	32	wie s. er uns mit ihm nicht alles schenken
	9,7	was von Isaak stammt, s. dein Geschlecht genannt werden Heb 11,18
	9	Sara s. einen Sohn haben
	12	der Ältere s. dienstbar werden dem Jüngeren
	26	s. sie Kinder Gottes genannt werden
	33	wer an ihn glaubt, der s. nicht zuschanden werden 1Pt 2,6
	10,13	wer den Namen des Herrn anrufen wird, s. gerettet werden 14.15
	11,10	ihre Augen s. finster werden
	11	das Heil, damit Israel ihnen nacheifern s.
	18	rühmst du dich, so s. du wissen 1Ko 11,16; Eph 5,5; 1Ti 3,15; 2Ti 3,1; 2Pt 1,20; 3,3; Jak 1,19; 5,20
	12,11	seid nicht träge in dem, was ihr tun s.
	14,11	mir s. sich alle Knie beugen
	16	s. doch nicht verlästert werden, was
	15,1	wir s. das Unvermögen der Schwachen tragen
	9	die Heiden s. Gott loben um der Barmherzigkeit willen

Rö	15,21	denen nichts verkündigt worden ist, s. sehen	Phl	2,10	daß in dem Namen Jesu sich beugen s. aller derer Knie
1Ko	4,21	s. ich mit dem Stock zu euch kommen		11	bekennen s., daß Jesus Christus der Herr ist
	5,5	s. dieser Mensch dem Satan übergeben		18	darüber s. ihr euch auch freuen und s. euch mit mir freuen
	9	daß ihr nichts zu schaffen haben s. mit den Unzüchtigen 11		3,15	s. ihr in einem Stück anders denken
	6,2	wenn die Welt von euch gerichtet werden s.	Kol	1,19	daß in ihm alle Fülle wohnen s.
	12	es s. mich nichts gefangennehmen		2,21	du s. das nicht anfassen
	15	s. ich die Glieder Christi nehmen und Hurenglieder daraus machen		22	das alles s. verzehrt werden
	7,2	s. jeder seine eigene Frau haben 29		4,6	daß ihr wißt, wie ihr einem jeden antworten s.
	9	wenn sie sich nicht enthalten können, s. sie heiraten 36	1Th	2,12	daß ihr wandeln s. würdig
	10	daß die Frau sich nicht von ihrem Mann scheiden s. 11-13		4,1	von uns empfangen, wie ihr leben s. 1Ti 3,15
	11	s. sie ohne Ehe bleiben		5,10	daß wir zugleich mit ihm leben s.
	17	nur s. jeder so leben, wie der Herr es	2Th	3,7	ihr wißt, wie ihr uns nachfolgen s.
	8,2	noch nicht erkannt, wie man erkennen s.		10	wer nicht arbeiten will, der s. auch nicht essen
	9,9	du s. dem Ochsen, der da drischt, nicht das Maul verbinden 1Ti 5,18	1Ti	1,16	zum Vorbild denen, die an ihn glauben s.
	10	wer pflügt, s. auf Hoffnung pflügen		3,2	ein Bischof s. untadelig sein Tit 1,7
	14	daß die sich vom Evangelium nähren s.		5	wie s. er für die Gemeinde Gottes sorgen
	15	damit es nun mit mir so gehalten werden s.		6	er s. kein Neugetaufter sein
	10,29	warum s. ich das Gewissen eines andern		8	desgleichen s. die Diakone ehrbar sein 9-12
	30	was s. ich mich wegen etwas verlästern lassen		10	man s. sie zuvor prüfen
	11,6	die Frau s. das Haupt bedecken 7.10		15	s. du wissen, wie man sich verhalten s. im Hause Gottes
	14,15	wie s. es denn nun sein		5,4	s. diese lernen, zuerst im eigenen Hause
	34	s. die Frauen schweigen in der Gemeindeversammlung 35		9	s. s. keine Witwe auserwählt werden
	15,29	was s. sonst, daß sich einige		13	sie reden, was nicht sein s.
	37	was du säst, ist nicht der Leib, der werden s.		16	die Gemeinde s. nicht beschwert werden
	16,1	wie ich in Galatien angeordnet habe, so s. auch ihr tun		6,1	ihre Herren aller Ehre werthalten
	4	daß ich auch hinreise, s. sie mit mir reisen		2	s. diese nicht weniger ehren
	12	von Apollos, dem Bruder, s. ihr wissen	2Ti	2,6	es s. der Bauer die Früchte genießen
2Ko	2,2	wenn ich euch traurig mache, wer s.		24	Knecht des Herrn s. nicht streitsüchtig sein
	3	über die traurig sein müßte, über die ich mich freuen s.	Tit	1,5	überall in den Städten Älteste einsetzen
	7	so daß ihr ihm desto mehr vergeben s.		2,3	sie s. Gutes lehren
	3,8	wie s. nicht viel mehr das Amt, das		12	*daß wir s. verleugnen das ungöttl. Wesen*
	4,6	Licht s. aus der Finsternis hervorleuchten		15	niemand s. dich verachten
	6,16	ich will ihr Gott sein, und sie s. mein Volk sein Heb 8,10	1Pt	1,11	die Leiden, die über Christus kommen s.
	18	ihr s. meine Söhne und Töchter sein		12	nicht sich selbst, sondern euch dienen s.
	8,13	nicht, daß die andern gute Tage haben s.		15	s. auch ihr heilig sein in eurem Wandel 16
	10,1	in eurer Gegenwart unterwürfig sein s.		2,9	daß ihr verkündigen s. die Wohltaten dessen
	13	daß wir auch bis zu euch gelangen s.		21	ihr s. nachfolgen seinen Fußtapfen
	11,10	so s. mir d. Ruhm nicht verwehret werden		3,3	euer Schmuck s. nicht äußerlich sein
	30	so wenn ich mich rühmen s., will ich		4,19	Herrlichkeit, die offenbart werden s.
	12,7	des Satans Engel, der mich mit Fäusten schlagen s.		5,1	Herrlichkeit, die offenbart werden s.
	11	s. von euch gelobt werden	2Pt	3,11	*wenn das alles s. so zergehen*
	14	es s. nicht die Kinder den Eltern Schätze sammeln	1Jh	2,6	der s. auch leben, wie er
	15	wenn ich euch mehr liebe, s. ich darum weniger geliebt werden		19	es s. offenbar werden, daß nicht alle von uns
Gal	1,16	ihn verkündigen s. unter den Heiden 2,9		3,1	daß wir Gottes Kinder heißen s.
	3,19	was s. dann das Gesetz		11	daß wir uns untereinander lieben s. 4,11
	23	Glauben, der dann offenbart werden s.		16	wir s. das Leben für die Brüder lassen
	4,17	damit ihr um sie werben s.		4,2	daran s. ihr den Geist Gottes erkennen
	30	der Sohn der Magd s. nicht erben mit		9	gesandt in die Welt, damit wir leben s.
	5,12	s. sie sich doch gleich verschneiden lassen		5,16	bei der sage ich nicht, daß jemand bitten s.
Eph	1,4	s. s. heilig und untadelig vor ihm sein s.		19	solche s. wir nicht aufnehmen
	2,10	zu guten Werken, daß wir darin wandeln s.	3Jh		
	4,12	dadurch s. der Leib Christi erbaut werden	Heb	1,6	es s. ihn alle Engel Gottes anbeten
	5,3	von Unzucht s. bei euch nicht die Rede sein		14	zum Dienst derer, die das Heil ererben s.
	24	s. sich auch die Frauen unterordnen 1Pt 3,1		2,1	s. wir desto mehr achten auf das Wort
	28	so s. auch die Männer ihre Frauen lieben		9	er s. für alle den Tod schmecken
Phl	1,22	so weiß ich nicht, was ich wählen s.		3,5	zum Zeugnis, was später gesagt werden s.
				11	s. nicht zu meiner Ruhe kommen 18; 4,3.5.6
				5,12	die ihr längst Lehrer sein s.
				6,18	so s. wir durch zwei Zusagen
				7,10	er s. seinem Stammvater erst noch geboren werden
				8,5	Mose, als er die Stiftshütte errichten s.
				10,37	so wird der kommen, der kommen s.
				11,8	in ein Land zu ziehen, das er erben s.
				22	was mit seinen Gebeinen geschehen s.
				32	wenn ich erzählen s. von Gideon

sollen

Heb	11,40	sie s. nicht ohne uns vollendet werden
	12,9	s. wir uns unterordnen dem geistl. Vater
	20	auch wenn ein Tier den Berg anrührt, s. es gesteinigt werden
	27	daß das, was... verwandelt werden s.
	13,4	die Ehe s. in Ehren gehalten werden bei allen
	6	was s. mir ein Mensch tun
Jak	1,4	die Geduld s. ihr Werk tun bis ans Ende
	3,1	nicht jeder von euch s. ein Lehrer werden
	10	das s. nicht so sein, liebe Brüder
	4,15	dagegen s. ihr sagen
	5,17	er betete, daß es nicht regnen s.
Off	1,1	zeigen, was in Kürze geschehen s. 4,1
	2,11	wer überwindet, s. 3,5
	21	daß sie s. Buße tun
	23	alle Gemeinden s. erkennen, daß ich es bin
	27	er s. sie weiden mit eisernem Stabe 12,5
	6,11	die auch noch getötet werden s. wie sie
	8,13	wegen der drei Engel, die noch blasen s.
	9,4	sie s. nicht Schaden tun dem Gras auf Erden
	10,6	es s. hinfort keine Zeit mehr sein
	11,3	sie s. weissagen 1.260 Tage lang
	12,4	der Drache trat vor die Frau, die gebären s.
	13,10	wenn jemand ins Gefängnis s., dann wird er ins Gefängnis kommen
	14,13	sie s. ruhen von ihrer Mühsal
	15,4	wer s. dich, Herr, nicht fürchten
	18,22	die Stimme der Saitenspieler s. nicht mehr in dir gehört werden 23
	20,3	damit er die Völker nicht mehr verführen s.
	21,15	daß er die Stadt messen s.

Sommer

1Mo	8,22	soll nicht aufhören S. und Winter
Ps	32,4	wie es im S. dürre wird
	74,17	S. und Winter hast du gemacht
Spr	6,8	bereitet sie doch ihr Brot im S. 30,25
	10,5	wer im S. sammelt, ist ein kluger Sohn
	26,1	wie Schnee zum S., so reimt sich Ehre
Jes	18,6	daß im S. die Geier darauf sitzen
	28,4	wird sein wie eine Frühfeige vor dem S.
Jer	8,20	der S. ist dahin, und uns ist keine Hilfe
Sa	14,8	so wird es sein im S. und im Winter
Sir	50,8	wie das Grün des Libanon im S.
Mt	24,32	so wißt ihr, daß der S. nahe ist Mk 13,28; Lk 21,30

Sommerfrucht

Jer	40,12	ernteten sehr viel Wein und S.

Sommerhaus

Am	3,15	will Winterhaus und S. zerschlagen

Sommertenne

Dan	2,35	wurden wie Spreu auf der S.

Sonne

1Mo	15,12	als die S. am Untergehen war 17; 28,11; 2Mo 17,12; Jos 8,29; 10,27; Ri 14,18; 19,14; 2Sm 2,24; 3,35; 1Kö 22,36; 2Ch 18,34; Dan 6,15
	19,23	die S. war aufgegangen 32,32; 2Mo 22,2; Ri 9,33; 2Kö 3,22; Jon 4,8
	37,9	S. und Mond neigten sich vor mir
2Mo	16,21	wenn die S. heiß schien 1Sm 11,9; Neh 7,3
	22,25	ehe die S. untergeht 3Mo 22,7; 5Mo 16,6; 23,12; 24,13.15
4Mo	25,4	hänge sie auf im Angesicht der S.
5Mo	4,19	S. und Mond... betest sie an 17,3; Hes 8,16
	49	gegen Aufgang der S. bis an das Meer Jos 1,15; 23,4; 2Kö 10,33; Jes 41,25; 59,19; Sa 8,7
	33,14	mit dem Köstlichsten, was die S. hervorbringt
Jos	10,12	S., steh still zu Gibeon 13; Hab 3,10
Ri	5,31	sein, wie die S. aufgeht in ihrer Pracht
2Sm	12,11	bei ihnen liegen soll an der lichten S. 12
	23,4	der ist wie das Licht, wenn die S. aufgeht
1Kö	8,12	die S. hat der HERR an den Himmel gestellt
2Kö	23,5	die dem Baal geopfert hatten, der S. 11
Hi	9,7	er spricht zur S., so geht sie nicht auf
	30,28	gehe schwarz einher, doch nicht von der S.
Ps	19,5	er hat der S. ein Zelt am Himmel gemacht
	50,1	vom Aufgang der S. bis zu ihrem Niedergang 113,3; Mal 1,11
	58,9	eine Fehlgeburt, die die S. nicht sieht Pr 6,5
	72,5	soll leben, solange die S. scheint 17
	74,16	hast Gestirn und S. die Bahn gegeben
	84,12	Gott der HERR ist S. und Schild
	89,37	sein Thron vor mir wie die S. (bestehen)
	104,19	die S. weiß ihren Niedergang
	22	wenn aber die S. aufgeht Nah 3,17
	121,6	daß dich des Tages die S. nicht steche
	136,8	die S., den Tag zu regieren
	148,3	lobet ihn, S. und Mond
Pr	1,3	Mühe, die er hat unter der S. 14
	5	die S. geht auf und geht unter
	9	geschieht nichts Neues unter der S.
	2,11	da war kein Gewinn unter der S. 17-20.22
	3,16	weiter sah ich unter der S. 4,1.3.7.15; 5,12.17; 6,1.12; 8,9.15.17; 9,3.6.9.11.13; 10,5
	7,11	Weisheit hilft denen, die die S. sehen
	11,7	es ist den Augen lieblich, die S. zu sehen
	12,2	ehe die S. und das Licht finster werden
Hl	1,6	die S. hat mich so verbrannt
	6,10	die hervorbricht, klar wie die S.
Jes	13,10	die S. geht finster auf Jo 2,10; 3,4; 4,15; Apg 2,20
	24,23	die S. (wird) sich schämen
	30,26	des Mondes Schein wie der S. Schein, und der S. Schein wird siebenmal heller sein
	38,8	die S. lief 10 Striche zurück
	49,10	sie wird weder Hitze noch S. stechen
	60,19	die S. soll nicht mehr dein Licht sein
	20	deine S. wird nicht mehr untergehen
Jer	8,2	man wird (die Gebeine) hinstreuen der S.
	15,9	ihre S. ging unter am hellen Tag Am 8,9
	31,35	dem Tage zum Licht gibt
Hes	32,7	will die S. mit Wolken überziehen
Mi	3,6	die S. soll über den Propheten untergehen
Mal	3,20	soll aufgehen die S. der Gerechtigkeit
Wsh	2,4	Nebel, der von der S. verjagt wird
	5,6	die S. ist uns nicht aufgegangen
	7,29	(Weisheit) ist herrlicher als die S.
	16,27	sobald es von einem Strahl der S. erwärmt
	28	daß man, ehe die S. aufgeht, dir danken soll
	18,3	die ihnen eine unschädliche S. war
Tob	3,23	nach dem Gewitter läßt du die S. wieder scheinen
Sir	3,17	Sünden werden vergehen wie Eis vor der S.
	17,16	Werke sind ihm so wenig verborgen wie S.
	30	was ist heller als die S.
	23,28	die Augen des Herrn (sind) heller als die S.
	26,21	wie die S., wenn sie aufgeht
	33,7	obwohl alle Tage von der S. herkommen
	42,16	die S. blickt auf alle Welt herab

Sir	43,2	wenn die S. aufgeht, verkündet sie den Tag 1Ma 6,39; 2Ma 1,22; 10,28; StE 6,8; 7,3
	4	dreimal mehr erhitzt die S. die Berge
	46,5	auf seinen Befehl hin stand die S. still
	48,26	zu dessen Zeit ging die S. zurück
	50,7	wie die S. scheint auf den Tempel
Bar	2,25	daß sie am Tag in der S. gelegen haben
	6,60	S., Mond und Sterne sind gehorsam
	67	sie können es nicht hell machen wie die S.
Mt	5,45	er läßt seine S. aufgehen über Böse und Gute
	13,6	als die S. aufging, verwelkte es Mk 4,6
	43	werden leuchten wie die S.
	17,2	sein Angesicht leuchtete wie die S. Off 1,16; 10,1
	24,29	wird die S. sich verfinstern Mk 13,24
Mk	1,32	am Abend, als die S. untergegangen war
	16,2	früh, als die S. aufging
Lk	4,40	als die S. untergegangen war, brachten alle
	21,25	werden Zeichen geschehen an S. und Mond
	23,45	die S. verlor ihren Schein
Apg	2,20	die S. soll in Finsternis verwandelt werden
	13,11	du sollst die S. eine Zeitlang nicht sehen
	26,13	ein Licht, heller als der Glanz der S.
	27,20	da viele Tage weder S. noch Sterne schienen
1Ko	15,41	einen andern Glanz hat die S.
Eph	4,26	laßt die S. nicht über eurem Zorn untergehen
Jak	1,11	die S. geht auf mit ihrer Hitze
Off	6,12	die S. wurde finster wie ein schwarzer Sack
	7,2	ich sah einen Engel vom Aufgang der S. her
	16	es wird nicht auf ihnen lasten die S.
	8,12	es wurde geschlagen der dritte Teil der S.
	9,2	es wurden verfinstert die S. und die Luft
	12,1	eine Frau, mit der S. bekleidet
	16,8	der 4. Engel goß aus seine Schale über die S.
	12	damit der Weg bereitet würde den Königen vom Aufgang der S.
	19,17	ich sah einen Engel in der S. stehen
	21,23	die Stadt bedarf keiner S. noch des Mondes
	22,5	sie bedürfen nicht des Lichts der S.

Sonnenaufgang

5Mo	4,41	Städte gegen S. 47; Jos 12,1; 13,5; 19,12; Ri 20,43
Ri	11,18	kamen von S. her an das Land der Moabiter

Sonnenschein

Hi	8,16	er steht voll Saft im S.

Sonnenuhr

2Kö	20,9	der Schatten an der S. 11; Jes 38,8

Sonnenuntergang

5Mo	11,30	liegen an der Straße gegen S. Jos 1,4

sonst

1Mo	11,4	wir werden s. zerstreut in alle Länder
	19,19	könnte mich s. das Unheil ereilen
2Mo	9,14	s. werde ich meine Plagen senden
	14,7	was s. an Wagen in Ägypten war
	16,5	doppelt soviel, wie sie s. täglich sammeln
	20,19	wir könnten s. sterben 21,22
	22,26	worin soll er s. schlafen
	30,32	sollst es auch s. nicht herstellen
3Mo	10,7	ihr würdet s. sterben
4Mo	3,26	was s. zu ihrem Amt gehört 31.36
5Mo	4,35	der HERR allein Gott und s. keiner 39; 1Kö 8,60; Jes 45,5.6.14.18.21.22; 46,9; Jo 2,27
	15,9	s. wird er wider dich zu dem HERRN rufen
Ri	21,22	s. wäret ihr jetzt schuldig
1Sm	9,7	haben keine Gabe... was haben wir s.
2Sm	17,9	verkrochen in... oder s. einem Versteck
2Ch	13,9	eigene Priester wie s. die Völker
Esr	3,5	was s... dem HERRN darbrachte 7,16.20
Hi	15,31	s. wird er betrogen sein
	17,3	wer will mich s. vertreten
	24,8	weil sie s. keine Zuflucht haben
	31,2	was gäbe s. mir Gott
	32,22	würde mich s. mein Schöpfer dahinraffen
Ps	32,9	sie werden s. nicht zu dir kommen
	51,18	ich wollte sie dir s. geben
	73,5	sind nicht in Mühsal wie s. die Leute
	84,11	ein Tag... ist besser als s. tausend
	140,9	sie könnten sich s. überheben
Spr	30,9	ich könnte s. verleugnen
Jes	18,2	das schrecklich s. irgendeins 7
	30,5	weder zur Hilfe noch s. zu Nutz
	47,8	ich bin's, und s. keine 10; Ze 2,15
	57,16	s. würde ihr Geist verschmachten
Jer	7,32	weil s. kein Raum mehr sein wird 19,11
	9,6	was soll ich s. tun
	30,21	wer dürfte s. mir nahen
	38,26	ich müßte s. dort sterben
	51,46	euer Herz könnte s. weich werden
Hes	16,31	warst nicht wie s. eine Hure
	46,12	wie er s. zu opfern pflegt
Dan	2,11	auch s. niemand, der sagen könnte
	3,19	heißer als man s. zu tun pflegte
Sir	1,6	wem s. wäre die Weisheit aufgedeckt
	13,2	du lädst s. eine schwere Last auf dich
	38,25	nur wer s. nichts zu tun hat
1Ma	15,33	das Land gehört s. niemand
2Ma	8,1	was s. noch bei ihrem Glauben geblieben war
	10,17	wer ihnen s. in die Hände fiel
Mt	25,9	nein, s. würde es für uns nicht genug sein
Lk	2,7	sie hatten s. keinen Raum in der Herberge
	17,18	hat sich s. keiner gefunden, der
Rö	13,9	was da s. an Geboten ist
1Ko	15,29	was soll es s., daß
2Ko	11,28	*ohne was sich s. zuträgt*
Eph	1,21	alles, was s. einen Namen hat
Heb	9,26	s. hätte er oft leiden müssen
	10,2	hätte nicht s. das Opfern aufgehört

sooft

4Mo	9,17	s. sich die Wolke von dem Zelt erhob
	15,39	s. ihr sie anseht, sollt ihr denken
5Mo	4,7	s. wir ihn anrufen 1Kö 8,52
Ri	2,15	sondern s. (die *Israeliten) auszogen
1Kö	14,28	s. der König in das Haus des HERRN ging 2Ch 12,11
2Kö	4,8	s. (Elisa) dort durchkam, kehrte er ein
Hi	39,25	s. die Trompete erklingt, wiehert es
Jes	28,19	s. sie daherfährt, wird sie euch erfassen
Jer	2,17	s. or dich den rechten Weg leiten will
	15,16	dein Wort... deine Speise, s. ich's empfing
	20,8	s. ich rede, muß ich schreien
	31,20	s. ich (Ephraim) drohe, muß ich doch
	48,27	s. du von ihm sprachst, hast du verhöhnt
Jdt	5,16	s. sie auch ihrem Gott einen andern anbeteten 17
Lk	22,35	*s. ich euch ausgesandt habe ohne Beutel*
1Ko	11,25	das tut, s. ihr daraus trinkt, zu meinem Gedächtnis 26

sooft

Phl	1,3	ich danke meinem Gott, s. ich euer gedenke
Off	11,6	die Erde zu schlagen, s. sie wollen

Sopater

Apg	20,4	es zogen mit ihm S. aus Beröa

Sorek

Ri	16,4	gewann er ein Mädchen lieb im Tal S.

Sorge

Jos	22,24	haben wir es nicht aus S. darum getan
Ri	8,11	während es ohne S. lagerte
Ps	127,2	esset euer Brot mit S.
Spr	1,33	wer mir gehorcht, wird ohne S. sein
	12,25	S. im Herzen bedrückt den Menschen
Jer	38,19	ich habe die S., daß ich den Judäern
	46,27	Jakob soll in Frieden sein und ohne S.
	49,23	ihr Herz bebt vor S.; sie sind erschrocken
Hes	12,18	sollst dein Wasser trinken mit S. 19
Wsh	6,16	wer... wird bald ohne S. sein
	8,9	ein Trost in S. und Traurigkeit
	15,9	das macht ihm keine S.
Tob	5,19	um die S. zu nehmen
	10,10	ich weiß, daß... in großer S. um mich sind
Sir	22,27	sei ohne S.
	30,26	S. macht alt vor der Zeit
	40,2	da sind immer S., Furcht, Hoffnung
	41,1	ein Mensch, der ohne S. lebt
	4	(dem Armen,) der in allen S. steckt
	42,9	die S. um sie nimmt ihm den Schlaf
2Ma	3,32	weil der Hohepriester die S. hatte
	11,26	sich ihrer Angelegenheiten ohne S. annehmen
	15,19	waren in großer S. um ihr Kriegsvolk
StE	4,3	ihr Herz war wie abgeschnürt vor S.
Mt	13,22	die S. der Welt... ersticken das Wort Mk 4,19; Lk 8,14
Lk	10,41	Marta, Marta, du hast viel S. und Mühe
	21,34	nicht beschwert werden mit täglichen S.
1Ko	7,32	ich möchte, daß ihr ohne S. seid
2Ko	11,28	außer all dem noch die S. für alle Gemeinden
1Ti	4,15	dies laß deine S. sein, damit gehe um
2Ti	2,4	verstrickt sich in S. des alltägl. Lebens
1Pt	5,7	alle eure S. werft auf ihn; denn er sorgt für euch

sorgen

1Mo	30,30	wann soll ich für mein Haus s.
	41,34	s. dafür, daß er Amtleute verordne
	36	damit für Nahrung ges. sei
1Sm	9,5	mein Vater könnte sich um uns s. 20; 10,2
1Kö	12,16	s. du für dein Haus, David 2Ch 10,16
1Ch	12,40	ihre Brüder hatten so ges.
2Ch	24,13	die Werkmeister s. dafür
Ps	13,3	wie lange soll ich s. in meiner Seele
	38,19	ich s. mich wegen meiner Sünde
	40,18	der Herr aber s. für mich
Pr	5,8	der dafür s., daß das Feld bebaut wird
Jer	17,8	s. sich nicht, wenn ein dürres Jahr kommt
	42,16	Hunger, vor dem ihr euch s.
Hos	10,5	die Einw. von Samaria s. sich um das Kalb
Hag	1,9	ein jeder nur eilt, für sein Haus zu s.
Wsh	5,16	der Höchste s. für sie 6,8
	12,13	es gibt keinen Gott, der für alle s.
	13,16	er s. dafür, daß es nicht umfällt
Tob	4,22	s. dich nicht, mein Sohn
	10,1	fing sein Vater Tobias an, sich zu s.
Sir	18,20	s. für deine Gesundheit, bevor du krank wirst
	30,5	als er starb, brauchte er sich nicht zu s.
	27	ein Herz... s. für gutes Essen
	31,1	sich darum s. läßt nicht schlafen 2
	32,1	s. erst für sie, dann magst du dich setzen
	38,14	gesund wird und wieder für sich s. kann
1Ma	13,10	s. dafür, daß man die Mauern ausbaute
2Ma	15,18	sie s. sich um den heiligen Tempel
Mt	6,25	s. nicht um euer Leben 28.31; Lk 12,22
	27	wie sehr er sich auch darum s. Lk 12,25
	34	darum s. nicht für morgen, denn der morgige Tag wird für das Seine s.
	10,19	s. nicht, wie oder was ihr reden sollt Mk 13,11; Lk 12,11; 21,14
	28,14	wollen dafür s., daß ihr sicher seid
Lk	12,26	warum s. ihr euch um das andre
Apg	6,2	ist nicht recht, daß wir für die Mahlzeiten s.
Rö	13,14	s. für den Leib nicht so, daß ihr den Begierden
1Ko	7,21	bist du als Knecht berufen, so s. dich nicht
	32	wer ledig ist, der s. sich um die Sache des Herrn 33.34
	9,9	s. sich Gott etwa um die Ochsen
	12,25	damit die Glieder füreinander s.
Phl	2,20	keinen, der so herzlich für euch s. wird
	4,6	s. euch um nichts
	10	wieder eifrig geworden, für mich zu s.
Kol	4,16	s. dafür, daß er auch in der Gemeinde von Laodizea gelesen wird
1Ti	3,5	wie soll er für die Gemeinde Gottes s.
	5,16	damit sie für die rechten Witwen s. kann
1Pt	5,7	alle Sorge werft auf ihn; denn er s. für euch

Sorgfalt

Esr	6,8	daß man mit S. nehme und gebe den Leuten
	7,17	kaufe mit S. von diesem Geld 21
Wsh	13,13	Abfall nimmt er und schnitzt es mit S.
Sir	16,24	ich will dich mit S. unterrichten
StE	5,7	dabei müssen wir mit größter S. urteilen
Apg	22,3	mit aller S. unterwiesen im väterlichen Gesetz

sorgfältig

Esr	6,12	damit er s. befolgt werde 13; 7,26
Lk	1,3	alles von Anfang an s. erkundet
Rö	12,8	steht jemand der Gemeinde vor, so sei er s.
Eph	5,15	seht s. darauf, wie ihr euer Leben führt

sorglos

Am	6,1	weh den S. zu Zion

Sorglosigkeit

Spr	1,32	die Toren bringt ihre S. um

sorgsam

Hi	39,13	ist's ein Gefieder, das s. birgt
Sir	18,27	ein weiser Mensch ist in allem s.

Sosipater

2Ma	12,19	¹Hauptleute... und S. 24
Rö	16,21	²es grüßen euch m. Mitarbeiter Jason und S.

Sosthenes

Apg	18,17	ergriffen sie S., den Vorsteher der Synagoge
1Ko	1,1	Paulus und S., unser Bruder

Sostratus

2Ma	4,27	S., der Burghauptmann 29

Sotai

Esr	2,55	Nachkommen der Sklaven: die Söhne S. Neh 7,57

soviel s. viel

soweit

4Mo	18,9	Gaben, s. sie nicht verbrannt werden
2Ch	31,1	zog Israel, s. es sich versammelt hatte
Neh	5,18	losgekauft, s. es möglich war

spähen

Ps	10,8	seine Augen s. nach den Armen
Sir	11,31	der nach einer schwachen Stelle s.

Späher

1Mo	31,49	der HERR wache als S. über mir und dir
Ri	1,24	die S. sahen einen Mann aus der Stadt
Jes	21,8	da rief der S.: Herr, ich stehe... immerdar
Mi	7,4	es kommt der Tag, den deine S. geschaut
Sir	14,23	der ihr wie ein S. nachschleicht

Späherfeld

4Mo	23,14	(Balak) führte ihn zum S. auf dem Pisga

Spalte

Jer	36,23	wenn Judi drei oder vier S. gelesen hatte

spalten

1Mo	22,3	Abraham s. Holz zum Brandopfer
3Mo	11,3	alles, was gespaltene Klauen hat, dürft ihr essen 4. 26; 5Mo 14,6.7
Ri	15,19	da s. Gott die Höhlung im Kinnbacken
1Sm	6,14	da s. sie das Holz des Wagens und opferten
Ps	74,13	das Meer ges. durch deine Kraft Jes 63,12
	78,15	er s. die Felsen in der Wüste Jes 48,21
Spr	7,23	bis ihm der Pfeil die Leber s.
Pr	10,9	wer Holz s., kann dabei verletzt werden
Mi	1,4	daß die Täler sich s., gleichwie Wachs
Hab	3,9	du s. das Land, daß Ströme flossen
Sa	14,4	der Ölberg wird sich in der Mitte s.
StD	1,55	der Engel des Herrn wird dich s.
Apg	14,4	die Menge in der Stadt s. sich 23,7

Spaltung

1Ko	1,10	laßt keine S. unter euch sein
	11,18	wenn ihr in der Gemeinde zusammenkommt, sind S. unter euch 19
	12,25	damit im Leib keine S. sei
Gal	5,20	(Werke des Fleisches:) S.
Jud	19	diese sind es, die S. hervorrufen

Spange

2Mo	35,22	brachten S., Ohrringe 4Mo 31,50
Ri	8,26	wogen 1.700 Lot... ohne die S. ihrer Kamele
Jes	3,18	wird der Herr wegnehmen die S.
Hes	16,11	legte dir S. an deine Arme
Jdt	10,4	schmückte sich mit Armbändern und S.
1Ma	10,89	sandte (Jonatan) eine goldene S.
	11,58	erlaubte ihm, eine goldene S. zu tragen
	14,44	ohne seinen Willen eine goldene S. tragen

Spanien

1Ma	8,3	welche schweren Kriege sie in S. geführt
Rö	15,24	wenn ich nach S. reisen werde 28

Spanne

2Mo	28,16	eine S... Länge 39,9; Hes 43,13
Jes	40,12	wer bestimmt des Himmels Weite mit der S.
Mt	6,27	der seines Lebens Länge eine S. zusetzen könnte Lk 12,25

spannen

1Sm	6,7	s. (die Kühe) an den Wagen 10
2Sm	22,35	lehrt den ehernen Bogen s. Ps 18,35
1Kö	22,34	ein Mann s. den Bogen 2Ch 18,33
2Kö	13,16	s. mit deiner Hand den Bogen! Und er s. ihn
1Ch	5,18	Männer, die Bogen s. konnten
Ps	7,13	hat einer seinen Bogen ges. Klg 2,4; 3,12
	11,2	die Gottlosen s. den Bogen 37,14
Spr	1,17	man s. das Netz vor den Augen der Vögel
	29,5	wer... schmeichelt, der s. ihm ein Netz
Jes	5,28	alle ihre Bogen (sind) ges.
	21,15	sie fliehen vor dem ges. Bogen
	33,23	die Segel s. sich nicht
	34,11	er wird die Meßschnur s.
	44,13	der Zimmermann s. die Schnur
	54,2	s. deine Seile lang
Sa	1,16	die Meßschnur über Jerusalem ges. werden
	9,13	habe mir Juda zum Bogen ges.
Wsh	5,22	wie von einem straff ges. Bogen
Sir	43,13	die Hand des Höchsten hat ihn ges.

sparen

Spr	13,22	des Sünders Habe... ges. für den Gerechten
	23,4	da s. deine Klugheit
Jes	54,2	breite aus die Decken, s. nicht
Jer	50,14	schießt, s. nicht an Pfeilen
Sir	11,17	mancher kargt und s. und wird reich
	32,6	s. dir deine Weisheit für andere Zeiten

Sparren

Hab	2,11	die S. am Gebälk werden ihnen antworten

Sparta (= Lazedämon)

1Ma	12,2	schrieb auch nach S.
	19	Aräus, König von S. 20
	14,16	als man in Rom und in S. hörte
	20	der Rat und die Bürger von S.

Spartaner

1Ma	12,5	des Briefs an die S. 6; 14,20; 15,23
	21	daß die S. und die Juden Brüder sind
	14,23	dem Volk der S. zum Gedächtnis

Spaß

Ri 16,25 daß (Simson) vor uns seine S. treibe 27

spät, später

1Mo	6,4	zu der Zeit und auch s. noch, als
4Mo	30,16	hebt es erst s. auf
Jos	4,6	wenn eure Kinder s. einmal fragen
1Ch	23,27	nach den s. Ordnungen Davids
	29,29	die Geschichte des Königs, die frühere und die s. 2Ch 9,29; 12,15; 16,11; 20,34; 25,26; 26,22; 28,26; 35,27
Pr	1,11	bei denen, die noch s. sein werden
	4,16	wurden seiner nicht froh, die s. kamen
Dan	8,3	das höhere war s. hervorgewachsen
Sir	13,8	um dich s. auszunehmen
	30,1	damit er s. Freude an ihm erlebt
	38,28	früh und s. darauf bedacht sein 27.31.34
Mt	25,11	s. kamen auch die andern Jungfrauen
Mk	11,11	s. am Abend ging er hinaus nach Betanien
Jh	13,36	du wirst mir s. folgen
Gal	1,18	drei Jahre s. kam ich hinauf nach Jerusalem
	2,1	14 Jahre s. zog ich abermals nach Jerusalem
1Ti	3,15	wenn ich erst s. komme
Heb	3,5	Zeugnis für das, was s. gesagt werden sollte

Spätgetreide

2Mo 9,32 der Weizen und das Korn, es ist S.

Spätregen

5Mo	11,14	geben Frühregen und S. Jer 5,24; Jo 2,23
Hi	29,23	sperrten ihren Mund auf wie nach S.
Spr	16,15	des Königs Gnade ist wie ein S.
Jer	3,3	Frühregen... und kein S. kommt
Hos	6,3	wird zu uns kommen wie ein S.
Sa	10,1	bittet, daß es regne zur Zeit des S.
Jak	5,7	ist geduldig, bis sie empfange den S.

Speer

Ri	5,8	es war kein Schild noch S. zu sehen
1Sm	26,8	ihn mit seinem S. an den Boden spießen
2Sm	21,16	das Gewicht seines S. war 300 Lot Kupfer
Hi	41,18	richtet nichts aus... Spieß, Geschoß und S.
Ps	35,3	zücke S. und Streitaxt wider m. Verfolger
Jer	6,23	sie führen Bogen und S. 50,42
Hab	3,11	beim Leuchten deines blitzenden S.
Jh	19,34	einer stieß mit dem S. in seine Seite

Speiche

1Kö 7,33 ihre S. und Felgen waren alle gegossen

Speichel

3Mo	15,8	seinen S. auswirft auf den, der rein ist
1Sm	21,14	(David) ließ seinen S. fließen
Jes	50,6	mein Angesicht verbarg ich nicht vor S.
Mk	7,33	berührte seine Zunge mit S.
	8,23	tat S. auf seine Augen und fragte ihn Jh 9,6

speien

4Mo	12,14	wenn ihr Vater ihr ins Angesicht ges.
5Mo	25,9	soll seine Schwägerin ihm ins Gesicht s.
Hi	17,6	ich muß mir ins Angesicht s. lassen
Spr	15,2	der Toren Mund s. nur Torheit

Spr	26,11	wieder frißt, was er ges. hat 2Pt 2,22
Jes	19,14	wie ein Trunkenbold taumelt, wenn er s.
Jer	25,27	s., daß ihr niederfallt 48,26
Wsh	11,18	unbekannte Tiere, die Feuer s.
Sir	28,14	s. du aber darauf, so verlöscht er
Mt	26,67	da s. sie ihm ins Angesicht
Jh	9,6	s. er auf die Erde und machte einen Brei
2Pt	2,22	der Hund frißt wieder, was er ges. hat

Speise

1Mo	1,29	habe euch gegeben zu eurer S. 9,3
	6,21	sollst dir von jeder S. nehmen
	43,31	legt die S. auf
	47,24	das Feld zu besäen und zu eurer S.
	49,20	er wird leckere S. wie für Könige geben
2Mo	12,16	nur was jeder zur S. braucht, das allein
3Mo	11,34	alle S. wird unrein, wenn... darankommt 39
	21,6	opfern die S. ihres Gottes 8.17.21.22; 22,25
	22,11	darf auch von seiner S. essen 13
	25,37	noch S. geben gegen Aufschlag 5Mo 23,20
4Mo	21,5	uns ekelt vor dieser mageren S.
5Mo	2,6	S. sollt ihr für Geld von ihnen kaufen 28
	10,18	Fremdlinge, daß er ihnen S. gibt
Jos	9,4	versahen sich mit S. 11.12.14
Ri	13,16	so esse ich doch von deiner S. nicht
	14,14	S. ging aus vom Fresser
	20,10	damit sie S. holen für das Volk
2Sm	12,20	ließ (David) sich S. auftragen und aß
1Kö	5,23	sollst sorgen für meinen Hof 2Ch 2,9
	10,5	S. für (Salomos) Tisch 2Ch 9,4
	19,8	(Elia) ging durch die Kraft der S. 40 Tage
2Ch	11,11	Vorrat von S., Öl und Wein
Esr	3,7	gaben S. und Trank und Öl
Neh	8,10	geht hin und eßt fette S.
Est	2,9	beeilte sich, ihr genügend S. zu geben
Hi	12,11	wie der Mund die S. schmeckt 34,3
	20,14	seine S. wird Otterngift
	24,5	suchen S. für ihre Kinder
	30,4	Ginsterwurzel ist ihre S.
	33,20	daß ihm vor der S. ekelt Ps 107,18
	36,31	er gibt S. die Fülle
	38,41	wer bereitet dem Raben die S.
Ps	42,4	meine Tränen sind meine S. Tag und Nacht
	59,16	sie laufen hin und her nach S.
	78,18	als sie S. forderten für ihre Gelüste
	24	ließ Manna auf sie regnen zur S. 25.30
	104,21	die Löwen, die ihre S. suchen von Gott
	27	daß du S. gebest zur rechten Zeit 145,15
	111,5	er gibt S. denen, die ihn fürchten
	132,15	ich will ihre S. segnen
	136,25	der S. gibt allem Fleisch
	141,4	ich mag nicht essen von ihren leckeren S.
Spr	6,8	sie sammelt ihre S. in der Ernte 30,25
	13,23	es ist viel S. in den Furchen der Armen
	23,3	wünsche dir nichts von seinen feinen S. 6
	27,27	genug zu deiner S., zur S. deines Hauses
	30,8	laß mich aber mein Teil S. dahinnehmen
	31,15	sie gibt S. ihrem Hause
Jer	15,16	dein Wort ward meine S.
Klg	1,11	es gibt seine Kleinode um S.
	4,5	die früher leckere S. aßen
Hes	4,10	S., die du täglich essen sollst
	16,19	meine S. legtest du ihnen vor
	47,12	ihre Früchte werden zur S. dienen
Dan	1,5	was man ihnen geben sollte von seiner S. 8. 10.13.15.16
	10,3	ich aß keine leckere S.
Jo	1,16	ist S. vor unsern Augen weggen.
Hab	1,16	weil ihre S. so üppig geworden ist

Hag	2,12	was es für S. wäre, würde es auch heilig
Mal	1,7	dadurch daß ihr opfert unreine S.
	3,10	auf daß in meinem Hause S. sei
Jdt	12,2	ich darf nichts von der S. essen
Wsh	13,12	verbraucht er, um S. zu kochen
	16,2	bereitetest ihm eine wunderbare S. 3
	19,11	als sie um leckere S. baten
	20	brachten nicht die... S. zum Schmelzen
Tob	1,12	(als) alle von den S. der Heiden aßen, machte (er) sich nicht unrein mit solcher S.
	12,19	ich genieße eine unsichtbare S.
Sir	15,3	sie reicht ihm die S. der Einsicht
	23,24	einem... Menschen scheint alle S. süß
	30,18	wie die S., die man aufs Grab stellt
	36,20	der Bauch nimmt verschiedene S. zu sich; doch ist die eine S. besser als die andre
	37,32	sei nicht gierig bei leckeren S.
	40,30	er macht sich unrein mit fremden S.
1Ma	1,66	lieber... als durch S. unrein
StD	2,10	du sollst die S. selbst hinstellen 13
Mt	3,4	seine S. Heuschrecken und wilder Honig
	6,25	*ist nicht das Leben mehr als S.* Lk 12,23
	10,10	ein Arbeiter ist seiner S. wert
	14,15	*daß sie sich S. kaufen* Lk 9,12.13
	15,32	*ich will sie nicht ohne S. lassen* Mk 8,3
	24,45	*daß er ihnen zu rechter Zeit S. gebe*
Mk	7,19	damit erklärte er alle S. für rein
Lk	3,11	wer S. hat, tue auch also
Jh	4,8	waren gegangen, daß sie S. kauften
	32	eine S. zu essen, von der ihr nicht wißt
	34	meine S. ist, daß ich tue den Willen dessen, der
	6,27	schafft euch S., die nicht vergänglich ist
	55	mein Fleisch ist die wahre S.
Apg	2,47	nahmen die S. mit Freuden
	9,19	(er) nahm S. zu sich und stärkte sich
	14,17	hat eure Herzen erfüllt mit S. und Freude
	27,33	ermahnte sie, daß sie S. nähmen 34.36
Rö	14,15	bringe nicht durch deine S. den ins Verderben 1Ko 8,13
	20	zerstöre nicht um der S. willen Gottes Werk
1Ko	3,2	Milch habe ich gegeben und nicht feste S.
	6,13	die S. dem Bauch und der Bauch der Speise
	8,8	S. wird uns nicht vor Gottes Gericht bringen
	10,3	haben alle dieselbe geistliche S. gegessen
2Ko	9,10	der S. gibt dem Sämann und Brot zur S.
Kol	2,16	laßt euch von niemandem ein schl. Gewissen machen wegen S. und Trank
1Ti	4,3	gebieten, S. zu meiden, die Gott geschaffen
Heb	5,12	daß man euch Milch gebe und nicht feste S.
	14	feste S. ist für die Vollkommenen
	9,10	dies sind nur äußerliche Satzungen über S.
	12,16	Esau, der um der einen S. willen

Speisegebot

Heb	13,9	welches geschieht durch Gnade, nicht durch S.

Speisemeister

Jh	2,8	bringt's dem S.
	9	als der S. den Wein kostete, ruft der S.

speisen

2Mo	16,32	Brot, mit dem ich euch ges. 5Mo 8,3.16
1Kö	22,27	s. ihn nur kärglich 2Ch 18,26
Ps	80,6	du s. sie mit Tränenbrot
	81,17	ich würde es mit dem besten Weizen s.
	146,7	(Gott,) der die Hungrigen s.

Spr	25,21	hungert deinen Feind, so s. ihn *Rö 12,20*
Jes	58,14	will dich s. mit dem Erbe deines Vaters
Jer	9,14	will dies Volk mit Wermut s. 23,15
Tob	1,20	die Hungrigen s. er
Mt	25,35	*und ihr habt mich ges. 37.42*
Jh	6,13	die denen übriggeblieben, die ges. worden

Speisopfer

2Mo	29,41	mit dem sollst du tun wie mit dem S.
	30,9	sollt kein S. darauf opfern
	40,29	opferte darauf Brandopfer und S.
3Mo	2,1	wenn jemand dem HERRN ein S. darbringen will 4-15; 6,7.8.13.16; 7,37; 14,10. 20.21.31; 23,13-18.37; 4Mo 5,25.26; 6,15.17; 8,8; 15,4-12.24; 28,5u.ö.31; 29,3u.ö.39; 1Ch 23,29; Hes 45,15.17.24.25; 46,5.7.11-15
	3	das übrige vom S. soll Aaron gehören 5,13; 7,9.10; 10,12; 4Mo 18,9; Hes 44,29
	9,4	(nehmt) ein S., mit Öl vermengt 17; 4Mo 7,13u.ö.87; 1Ch 21,23
4Mo	4,16	Eleasar ist anvertraut das S.
Jos	22,23	S. zu opfern... suche es der HERR heim 29
Ri	13,19	nahm Manoach ein Ziegenböcklein und S. 23
1Sm	2,29	warum tretet ihr mit Füßen meine S.
	3,14	nicht gesühnt werden solle... mit S.
	26,19	lasse man ihn ein S. riechen
1Kö	8,64	daß er S. dort darbrachte... Altar war zu klein für die S. 2Kö 16,13.15; 2Ch 7,7
	18,29	Zeit, zu der man S. darbringt 36; 2Kö 3,20
Esr	7,17	kaufe S. und Trankopfer dazu
Neh	10,34	(zu geben) für das tägliche S.
	13,5	Kammer, in die man S. gelegt hatte 9
Ps	20,4	er gedenke all deiner S.
	40,7	Schlachtopfer und S. gefallen dir nicht
Jes	1,13	bringt nicht mehr dar so vergebliche S.
	19,21	die Ägypter werden ihm dienen mit S.
	57,6	ihnen hast du S. geopfert
	66,3	wer ein S. bringt, gleicht dem, der
Jer	14,12	wenn sie auch S. bringen Am 5,22.25
	17,26	sollen kommen, die da bringen S.
	33,18	der S. in Rauch aufgehen läßt
	41,5	achtzig Männer trugen S. und Weihrauch
Hes	42,13	dort legen sie die Opfer nieder, die S.
	46,20	wo die Priester das S. backen
Dan	2,46	befahl, man sollte (Daniel) S. darbringen
	9,27	wird er Schlachtopfer und S. abschaffen
Jo	1,9	S. nicht mehr im Hause des HERRN 13
	2,14	daß ihr opfern könnt S. dem HERRN
Sir	35,3	Gott danken, das ist das rechte S.
	45,20	damit er ihm S. opfern sollte
1Ma	1,47	(daß sie) die S. im Heiligtum einstellen
StD	3,14	wir haben weder Brandopfer noch S.

Speisung

1Kö	5,2	Salomo mußte zur S. haben 30 Sack Mehl

Spelt

Jes	28,25	sät Weizen und Gerste und S.
Hes	4,9	nimm dir Linsen, Hirse und S.

spenden

2Mo	38,24	alles Gold, das als Gabe ges. war 29
2Ch	30,24	Hiskia s. für die Gemeinde... die Oberen s.
Jes	66,3	gleicht dem, der Schweineblut s.
Jer	7,18	fremden Göttern s. sie Trankopfer 32,29

Sperber
3Mo 11,16 (daß ihr nicht esset:) den S. 5Mo 14,15

Sperling
Mt 10,29 kauft man nicht zwei S. für einen Groschen Lk 12,6
      31 ihr seid besser als viele S. Lk 12,7

sperren
Jdt 5,1 daß... die Wege im Gebirge ges. hätten
Sir 6,26 s. dich nicht gegen (d. Weisheit)

Spezerei
2Mo 25,6 S. zum Salböl 30,23.34; 31,11; 35,8.28; 37,29
4Mo 4,16 Eleasar ist anvertraut die S. 1Ch 9,29.30
1Kö 10,2 mit Kamelen, die S. trugen 10; 2Ch 9,1.9
      25 jedermann brachte (Salomo) S. 2Ch 9,24
2Kö 20,13 Hiskia zeigte ihnen Gold, S. Jes 39,2
2Ch 16,14 begrub ihn... mit kunstvoll zubereiteter S.
    32,27 Hiskia sammelte sich Schätze von S.
Est 2,12 sechs Monate mit kostbarer S.
Mk 16,1 kauften Maria und Salome S. Lk 23,56; 24,1; Jh 19,40

spicken
Hi 40,31 kannst du mit Spießen s. seine Haut

Spiegel
2Mo 38,8 aus Kupfer von den S. der Frauen
Hi 37,18 fest wie ein gegossener S.
Jes 3,23 (wird der Herr wegnehmen) die S.
Wsh 7,26 sie ist ein S. des göttlichen Wirkens
Sir 12,11 wenn du an ihm polierst wie an einem S.
1Ko 13,12 wir sehen durch einen S. ein dunkles Bild
2Ko 3,18 schauen wir die Herrlichkeit wie in einem S.
Jak 1,23 einem Mann, der sein Angesicht im S. beschaut

spiegeln
Spr 27,19 wie sich im Wasser das Angesicht s., so

Spiel
2Mo 23,7 einer Sache, bei der Lüge im S. ist
1Sm 28,21 habe mein Leben aufs S. gesetzt
Hi 13,14 was soll ich mein Leben aufs S. setzen
Wsh 15,12 hält unser menschliches Leben für ein S.
Sir 20,24 setzt sein Leben aufs S. aus Furcht vor
2Ma 4,14 daß Priester an den gesetzwidrigen S. teilnahmen 16
Eph 4,14 uns umhertreiben lassen durch trügerisches S. der Menschen

spielen
Ri 5,3 dem HERRN, dem Gott Israels, will ich s.
1Sm 16,16 auf der Harfe gut s. kann 23; 18,10; 19,9
2Kö 3,15 als der Spielmann auf den Saiten s.
1Ch 15,20 (bestellt,) mit Psaltern zu s. 21; 25,1-3
      29 als sie David s. sah, verachtete sie ihn
    16,9 s. ihm, redet von seinen Wundern Ps 105,2
Hi 40,20 alle wilden Tiere s. dort
      29 kannst du mit ihm s. wie mit einem Vogel
Ps 33,3 s. schön auf den Saiten
    92,4 mit S. auf der Harfe 108,2; 144,9
    104,26 große Fische, damit zu s.
    149,3 mit Pauken und Harfen sollen sie ihm s.
Spr 8,30 ich s. vor ihm allezeit 31
Jes 11,8 ein Säugling wird s. am Loch der Otter
    38,20 wollen s., solange wir leben
Hes 33,32 wie einer, der gut s. kann
Am 6,5 s. auf der Harfe und erdichtet Lieder
Sa 8,5 voll von Knaben und Mädchen, die dort s.
Jdt 16,2 s. dem Herrn mit Pauken
Sir 7,8 s. nicht mit dem Gedanken, Sünde zu tun
    10,29 s. nicht den Klugen
    30,9 s. du mit ihm, so wird es dich betrüben
    47,3 er s. mit Löwen wie mit jungen Böcken
Bar 3,17 die mit den Vögeln unter dem Himmel s.
1Ko 10,7 das Volk stand auf, zu s.
    14,7 wie erkennen, was auf der Harfe ges.
Eph 5,19 singt und s. dem Herrn in eurem Herzen
Off 14,2 wie von Harfenspielern, die auf Harfen s.

Spielmann, Spielleute
2Kö 3,15 bringt mir einen S.! Und als der S. spielte
Ps 68,26 die Sänger gehen voran, am Ende die S.
Sir 32,5 hindere die S. nicht

Spieß
4Mo 25,7 Pinhas nahm einen S.
1Sm 13,19 könnten sich Schwert und S. machen 22
    17,7 der Schaft seines S. war wie ein Weberbaum 45; 2Sm 21,19
      47 daß der HERR nicht durch S. hilft
    18,10 Saul hatte einen S. in der Hand 11; 19,9.10; 20,33; 22,6; 26,7.11.12.16.22; 2Sm 1,6
    21,9 ist nicht hier ein S. oder Schwert
2Sm 2,23 stieß ihn Abner mit dem Schaft des S.
    23,7 muß Eisen und S. in der Hand haben
      8 der schwang seinen S. 18; 1Ch 11,11.20
      21 durchbohrte ihn mit dessen S. 1Ch 11,23
1Kö 18,28 ritzten sich mit Messern und S.
2Kö 11,10 (Jojada) gab die S. 2Ch 11,12; 23,9; 26,14
1Ch 12,9 die S. führten 25.35; 2Ch 14,7; 25,5
Neh 4,7 ließ das Volk antreten mit S. 10.15.17
Hi 39,23 auf ihm glänzen S. und Lanze
    40,31 kannst du mit S. spicken seine Haut 41,18
Ps 46,10 der Bogen zerbricht, S. zerschlägt
    57,5 ihre Zähne sind S. und Pfeile
Jes 2,4 werden ihre S. zu Sicheln machen Mi 4,3
Jer 46,4 schärft die S. und ziehet Panzer an
Hes 39,9 werden verbrennen Keulen und S.
Jo 4,10 macht aus euren Sicheln S.
Nah 3,3 Reiter rücken herauf mit blitzenden S.
Jdt 9,8 die auf ihre S. pochen
    11,2 hätte ich nie meinen S. gegen sie erhoben
Sir 29,17 besser als ein schwerer S.
2Ma 15,11 nicht durch S. oder Schild sicher

spießen
1Sm 18,11 ich will David an die Wand s. 19,10
    26,8 ihn mit seinem Speer an den Boden s.

Spießschaft
1Ch 20,5 Lachmi, dessen S. wie ein Weberbaum war

Spindel

Spr 31,19 ihre Finger fassen die S.

Spinne

Hi 27,18 er baut sein Haus wie eine S.

spinnen

2Mo 35,25 alle Frauen s. mit ihren Händen 26
Mt 6,28 sie arbeiten nicht, auch s. sie nicht Lk 12,27

Spinnweb, Spinnwebe

Hi 8,14 seine Hoffnung ist ein S.
Jes 59,5 brüten Natterneier und weben S.

spitz

Jes 49,2 er hat mich zum s. Pfeil gemacht
Sir 43,21 wenn es friert, so wird er s. wie Dornen

Spitze

1Mo 8,5 sahen die S. der Berge hervor
11,4 Turm, dessen S. bis an den Himmel reiche
28,12 Leiter rührte mit der S. an den Himmel
5Mo 20,9 sollen sie Heerführer an die S. stellen
Jos 15,2 v. Ende des Salzmeeres, v. seiner südl. S.
Ri 6,21 der Engel berührte mit der S. das Fleisch
1Sm 14,27 tauchte die S. in den Honigseim 43
17,7 die S. seines Spießes wog 600 Lot
19,20 und Samuel an ihrer S. 2Sm 10,16; 1Ch 4,42; 2Ch 20,27
2Ch 13,12 mit uns ist an der S. Gott Mi 2,13
25,12 stürzten sie von der S. des Felsens
Esr 5,10 Männer, die an ihrer S. stehen
Est 5,2 Ester rührte die S. des Zepters an
Hi 24,24 wie die S. der Ähren abgeschnitten
41,22 unter seinem Bauch sind scharfe S.
Jer 17,1 mit diamantener S. gegraben
Hes 17,4 (ein Adler) brach die S. ab 22
Jo 2,20 will ihn verstoßen, seine S. in das Meer
1Ma 9,11 die besten Krieger standen an der S.
2Ma 8,22 stellte seine Brüder an ihre S.
Lk 16,24 die S. seines Fingers ins Wasser tauche
Heb 11,21 Jakob neigte sich anbetend über die S. seines Stabes

Splitter

Mt 7,3 was siehst du den S. in deines Bruders Auge 4.5; Lk 6,41.42

Spott

5Mo 28,37 wirst zum S. werden unter allen Völkern 1Kö 9,7; 2Ch 7,20; Ps 44,14; 79,4; 89,42; Jer 24,9; 25,9; 29,10, Hes 22,4; 23,32; 36,4
32,27 wenn ich nicht den S. der Feinde gescheut
1Sm 31,4 und treiben ihren S. mit mir 1Ch 10,4
Hi 34,37 er treibt S. unter uns
Ps 22,7 ich bin ein S. der Leute 31,12; 109,25
35,4 es sollen zum S. werden, die mir 70,3
39,9 laß mich nicht den Narren zum S. werden
69,12 aber sie treiben ihren S. mit mir 119,51
123,4 litt unsere Seele den S. der Stolzen
Jes 30,5 sondern nur zu Schande und S.
41,11 zu S. sollen werden alle, die dich hassen

Jes 45,17 Israel wird nicht zu S. 54,4; Hes 36,15
57,4 mit wem wollt ihr euren S. treiben
Jer 6,10 sie halten des HERRN Wort für S.
17,11 muß zuletzt noch S. dazu haben
19,8 will diese Stadt zum S. machen 25,18; 51,37
20,7 bin darüber zum S. geworden täglich 8
22,22 nun bist du zu S. geworden 48,39
50,12 wird, die euch geboren hat, zum S.
Hos 7,16 das soll ihnen in Ägyptenl. zum S. werden
Mi 3,7 sollen die Wahrsager zu S. werden
Jdt 14,14 hat das Haus des Königs zu S. gemacht
Wsh 12,26 die sich durch S. nicht warnen lassen
17,7 das Pochen auf ihre Kunst wurde zum S.
Tob 3,4 du hast uns zu S. und Hohn gemacht
Sir 4,30 dulde den S., wenn du ... nicht getroffen
18,31 wirst dich deinen Feinden zum S. machen
23,3 damit ich nicht ihnen zum S. werde
33,6 so ist ein Freund, der Lust zum S. hat
42,11 damit sie dich nicht zum S. macht 14
Bar 6,73 der wird nicht zu S.
StD 3,9 alle, die dich fürchten, zu S. geworden
Apg 2,13 andere hatten ihren S. und sprachen 17,32
2Pt 3,3 die S. treiben, ihren eigenen Begierden nachgehen
Heb 6,6 da sie den Sohn Gottes zum S. machen
11,36 andere haben S. und Geißelung erlitten

spotten

2Kö 19,21 die Tochter Zion s. deiner Jes 37,22
Neh 3,33 Sanballat s. über die Juden
Hi 9,23 so s. (Gott) über die Verzweiflung
11,3 daß du s. und niemand dich beschämt
21,3 ertragt mich, danach s. über mich
39,22 (das Roß) s. der Furcht
41,21 er s. der sausenden Lanze
Ps 2,4 der Herr s. ihrer
35,16 sie lästern und s. immerfort
19 laß nicht mit den Augen s., die mich
59,9 du, HERR, wirst aller Völker s.
64,9 daß sich s. wird, wer sie siehet
69,11 man s. meiner dazu
Spr 1,26 will euer s., wenn kommt, was ihr fürchtet
3,34 er wird der Spötter s.
19,28 ein nichtswürdiger Zeuge s. des Rechts
Jes 28,22 so laßt nun euer S.
Jer 19,8 daß alle s. über alle ihre Plagen 49,17; 50,13; Klg 1,7; Hes 22,5
Jo 2,17 daß Heiden über sie s.
Hab 1,10 sie s. der Könige
Wsh 5,3 das ist der, über den wir ges. haben
Sir 27,31 die Hoffärtigen höhnen und s.
30,10 s. nicht gemeinsam mit ihm
Bar 6,72 so daß alle über sie s.
2Ma 7,27 sie s. über die rohen Tyrannen
StE 3,8 laß sie nicht s. über unsern Untergang
Mt 27,41 desgleichen s. auch die Hohenpriester Lk 23,35
Lk 14,29 alle, die es sehen, anfangen, über ihn zu s.
16,14 die waren geldgierig und s. über ihn
Apg 17,32 begannen die einen zu s.
Gal 6,7 Gott läßt sich nicht s.

Spötter

Ps 1,1 noch sitzt, wo die S. sitzen
Spr 1,22 wollt ihr S. Lust zu Spötterei haben
3,34 er wird der S. spotten
9,7 wer den S. belehrt, der trägt Schande davon 8; 13,1; 15,12

Spötter

Spr	9,12	bist du ein S., mußt du's allein tragen
	14,6	der S. sucht Weisheit und findet sie nicht
	9	auf dem Zelt der S. ruht Schuld
	19,25	schlägt man den S., so werden Unverständige vernünftig 21,11
	29	den S. sind Strafen bereitet
	20,1	der Wein macht S.
	21,24	wer stolz und vermessen ist, heißt ein S.
	22,10	treibe den S. hinaus, geht der Zank weg
	24,9	der S. ist den Leuten ein Greuel
	29,8	die S. bringen eine Stadt in Aufruhr
Jes	28,14	höret des HERRN Wort, ihr S.
	29,20	es wird mit den S. aus sein
Hos	7,5	er zieht die S. zu sich
2Pt	3,3	in den letzten Tagen S. kommen Jud 18

Spötterei

Spr	1,22	wollt ihr Spötter Lust zu S. haben

Spottgebilde

Jer	10,15	(ihre Götzen) sind nichts, ein S. 51,18

Spottlied

Hi	30,9	bin ich ihr S. geworden Klg 3,14.63

Sprache

1Mo	10,5	die Söhne Jafets nach ihren S. 20.31
	11,1	hatte alle Welt einerlei Zunge und S. 6
	7	laßt uns ihre S. verwirren 9
2Mo	4,10	denn ich hab eine schwere S.
5Mo	28,49	Volk, dessen S. du nicht verstehst Jer 5,15
Neh	13,24	sprach in der S. eines der andern Völker Est 1,22; 3,12; 8,9
Hi	12,20	(Gott) entzieht die S. den Verläßlichen
Ps	19,4	eine Nacht tut's kund der andern, ohne S.
	81,6	eine S. höre ich, die ich nicht kannte
Jes	19,18	werden 5 Städte die S. Kanaans sprechen
	28,11	Gott wird mit unverständlicher S. reden
	33,19	das Volk von dunkler S.
Hes	3,5	Volk, das eine fremde S. hat 6
Dan	1,4	in S. der Chaldäer unterrichten lassen
	3,4	Leute aus so vielen verschiedenen S. 7.29.31; 5,19; 6,26; 7,14
Sa	8,23	werden 10 Männer aus allen S. einen ergreifen
Wsh	10,21	Weisheit machte die S... verständlich
Sir	17,5	er gab ihnen Vernunft, S., Augen
Bar	4,15	ein freches Volk mit einer unbekannten S.
2Ma	7,8	er antwortete in seiner S. 21.24.27
	15,29	sie lobten Gott in ihrer S.
Mt	26,73	deine S. verrät dich
Jh	8,43	warum versteht ihr meine S. nicht
	19,20	es war geschrieben in... S.
Apg	1,19	in ihrer S. genannt wird: Hakeldamach
	2,4	fingen an, zu predigen in andern S.
	6	jeder hörte sie in seiner S. reden 8.11
1Ko	14,10	es gibt so viele Arten von S. in der Welt, und nichts ist ohne S.
	11	wenn ich nun die Bedeutung der S. nicht kenne
Off	5,9	hast Menschen für Gott erkauft aus allen S.
	7,9	eine große Schar aus allen S. 11,9
	10,11	du mußt weissagen von Völkern und S.
	13,7	ihm wurde Macht gegeben über alle S.
	14,6	ein Evangelium zu verkündigen allen S.
	17,15	die Wasser sind Nationen und S.

sprachlos

Mk	7,37	die Tauben macht er hörend und die S. redend
	9,17	der hat einen s. Geist 25
Apg	9,7	Männer, die seine Gefährten waren, standen s. da

sprechen (s.a. recht; Urteil)

1Mo	1,3	Gott s. 6u.ö.29; 6,13; 8,15; 9,1.12; 17,3.9.15.19; 20,3.6; 21,12; 22,1.2; 35,1.10.11; 46,2.3; 48,4
	2,16	Gott der HERR s. 18; 3,9u.ö.22
	23	da s. der Mensch 3,2.10.12.13; 4,1.8.9.13.23.25; 5,29; 9,25.26
	3,1	die Schlange s. zu dem Weibe 4
	4,6	da s. der HERR 9.10.15; 6,3.7; 7,1; 8,21; 11,6; 12,1.7; 13,14; 15,4-13.18; 17,1; 18,13u.ö.32; 22,16; 25,23; 26,2.24; 28,13; 31,3
	10,9	daher s. man
	11,9	sie s. untereinander: Wohlauf 4
	12,11	(Abram) s. 19; 13,8; 14,22; 15,2.3.8; 16,6; 17,17.18; 18,3.6.23.29-32; 20,11.13; 21,24; 22,5; 23,3-14; 24,2.6.40
	18	der Pharao s. 41,15.17.38-44.55; 45,17; 47,3.5; 50,6
	14,19	(Melchisedek) segnete ihn und s. 21
	16,2	Sarai s. 5; 18,12.13.15; 21,6.7.10
	8	(der Engel des HERRN) s. zu ihr: Hagar. Sie s. 9-11.13; 21,17.18; 22,11.12.16; 31,11.12; 32,27-30; Jos 5,14.15; Ri 5,23; 13,3.7; 2Kö 1,15; 1Ch 21,18
	18,5	(die drei Männer) s. 9.10; 19,2.12.15.17.21
	19,5	zu Lot 7.9.18.31.34
	20,4	Abimelech s. 9.10.15.16; 21,22.29; 26,9-11.16.28
	22,7	da s. Isaak 25,22; 26,7.20.22.27.32
	24,5	(Abrahams) Knecht s. 12.14u.ö.65
	25,30	und s. zu Jakob 31.33; 27,1u.ö.46; 28,1.16.17.20; 29,4u.ö.35; 30,1u.ö.34; 31,1u.ö.51; 32,3u.ö. 31; 33,5-15; 34,4u.ö.30; 35,2.17; 46,2; 49,1.29
	37,6	(Josef) s. zu ihnen 8u.ö.35; 38,8u.ö.29 39,7u.ö. 19; 40,7-9.12.16.18; 41,9.16.51.52; 42,1u.ö.38; 43,2u.ö.31; 44,1u.ö.32; 45,3.4.24.26.28; 46,30.31; 47,1u.ö.25; 48,3u.ö.21; 50,4u.ö.25; 24u.ö.26
2Mo	1,9	(der König von Ägypten) s. 15.18.22; 2,6-10; 5,4-6.10.17; 8,4.6.21.24; 9,27; 10,7u.ö.28; 12,31. 33; 14,5.25
	2,13	(Mose) s. 14.22; 3,3; 4,18; 8,5.22.25; 9,29; 10,9. 25; 11,4; 12,21; 13,3; 14,13; 15,1; 16,8u.ö.33; 17,2.9.16; 18,3.4; 19,15; 20,20; 24,8.14; 32,21.27. 29.30; 34,5.4.30
	14	er s.: Wer hat dich zum Aufseher 18-20; 4,18. 25; 5,10.13; 8,15; 18,10.14.17
	3,4	Gott s.: Mose 5-7.12.14.15; 4,2-8.11.14.19.21. 27; 6,1.2.10.26.29; 7,1.8.14.19.26; 8,1.12.16; 9,1. 5.8.13.22; 10,1.12.21; 11,1.9; 12,1.43; 13,1; 14,1. 15.26; 16,4.11.28; 17,5.14; 19,3.9.10.21.24; 20,22; 24,1.12; 25,1; 30,11.17.22.34; 31,1.12; 32,7.9.33; 33,1.5.12.14.17.19-21; 34,1.10.27; 40,1
	11	Mose s. zu Gott 13; 4,1.2.10.13; 5,22; 6,12; 17,4; 19,23; 32,11.31; 33,12.15.18; 34,9
	16	geh hin und s. 7,16; 14,2; 19,12; 30,31
	4,22	so s. der HERR 5,1; 7,17.26; 8,16; 9,1.13; 10,3; 11,4; 32,27; Jos 7,13; 24,2; Ri 6,8; 1Sm 2,27; 2Sm 7,8; 12,7; 24,12
	5,1	Mose und Aaron s. 3; 10,3; 16,6
	8	(die *Israeliten) s. 17,21; 14,11; 15,1.24; 16,3. 15; 17,2.3; 19,8; 20,19; 24,7; 32,1.4.23; 36,5
	21,5	s. der Sklave: Ich habe meinen Herrn lieb

sprechen

2Mo	32,2	Aaron s. 5.22.24; 3Mo 10,19; 4Mo 9,7; 12,11
	17	Josua s. 4Mo 11,28; Jos 1,10.12; 3,5.6.9; 4,5.21; 5,13.14; 6,6.7.10.16.22; 7,2.7.19.25; 10,12.18.22. 24.25; 17,15.17; 18,3.8; 22,2.8; 23,2; 24,2.19.22. 27
3Mo	1,1	der HERR rief Mose und s. 4,1; 5,14.20; 6,1. 12.17; 7,22.28; 8,1; 12,1; 14,1; 16,2; 17,1; 18,1; 19,1; 20,1; 21,1.16; 22,1.17.26; 23,1.9.23.26.33; 24,1.13; 25,1; 27,1
	2	rede mit den *Israeliten und s. 4,2; 7,23.29; 9,3; 11,2; 12,2; 15,2; 17,2; 18,2; 19,2; 23,2.10; 25,2; 27,2
	6,2	gebiete Aaron und seinen Söhnen und s. 18; 17,2; 21,1; 4Mo 6,23; 8,2
	8,5	(Mose) s. zu ihnen 31; 9,2.6.7; 10,3.4.6.16
	10,8	der HERR redete mit Aaron und s. 4Mo 12,6; 18,1.20
	11,1	der HERR redete mit Mose und Aaron und s. 13,1; 14,33; 15,1
	13,3	der Priester soll ihn unrein s. 8.11.15.20.22.25. 27.30.44.59; 14,35
	6	so soll er ihn rein s. 13.17.23.28.34.35.37.59; 14,48
4Mo	1,1	der HERR redete mit Mose und s. 48; 3,5.11. 14.40.44; 4,21; 5,1.5.11; 6,1.22; 7,4.11; 8,1.5.23; 9,1.9; 10,1; 11,16.23; 12,4.14; 13,1; 14,11.20; 15,1.17.35.37; 16,23; 17,1.9.16.25; 18,25; 20,7; 21,8.34; 25,4.10.16; 26,52; 27,6.12.18; 28,1; 31,1. 25; 33,50; 34,1.16; 35,1.9
	2,1	der HERR redete mit Mose und Aaron und s. 4,1.17; 14,26; 16,20; 19,1; 20,12.23; 26,1
	5,12	sage den *Israeliten und s. 6,2; 14,28; 15,2.18. 38; 18,26.30; 28,2.3; 33,51; 34,2; 35,10
	9,8	Mose s. zu ihnen 10,29.31; 11,29; 13,17; 14,41; 16,5.8.16.26.28; 17,11; 20,10; 25,5; 30,2; 31,3.15; 32,6.20.29; 36,5
	10,35	so s. Mose: HERR, steh auf 36; 11,11.21; 14,13; 16,15.22; 27,15
	11,4	die *Israeliten s. 13.18.27; 12,2; 13,27.30-32; 14,2.4.7.10.40; 16,3.12; 17,6.27; 20,3.18-20; 21,2. 7; 27,2; 31,49; 32,2.5.16.25.31; 36,2
	14,28	s. der HERR 22,9.12.20.32.35; 23,5.16
	22,4	(die Moabiter) s. 8-18.37; 23,1u.ö.29; 24,10
	28	die Eselin s. zu Bileam 29.30.34
	24,3	hob an mit seinem Spruch und s. 15.20.21.23
	31,21	Eleasar s. Jos 22,15.26.31
5Mo	1,5	Mose s. 9.16.20.29; 3,21.23; 5,1; 9,26; 27,1.9.11; 29,1; 31,2.7.10.25; 32,46; 33,2 u.ö.24; Jos 14,9
	6	der HERR s. 34.37.42; 2,2.9.17.31; 3,2.26; 5,5. 28; 9,12.13.23.25; 10,1.11; 18,17; 31,14.16.23. 32,20.48; 34,4; Jos 1,1; 3,7; 4,1.15; 5,2.9; 6,2; 7,10; 8,1.18; 10,8; 11,6; 13,1; 20,1
	14	ihr s. 22.27.41; 5,24; 18,16
	25	gaben Bericht und s.
	2,4	gebiete und s. 20,3.8; 25,9; 26,13; Jos 1,11; 3,8; 7,13; 9,11
	9,4	s. nicht in deinem Herzen 12,20.30; 15,9; 29,18
	11,29	sollst den Segen s. lassen auf dem Garizim
	13,3	(wenn) er s. 7,4; 13,14; 22,14.17; 25,8
	25,1	gerecht s. und den Schuldigen schuldig s.
	33,9	der von seinem Vater und seiner Mutter s.
Jos	1,16	antworteten Josua und s. 2,24; 7,3.20; 17,4.14. 16; 21,2; 24,16.21.22.24
	2,4	(Rahab) s. 9.14.16.17.21
	9,6	(die von Gibeon) s. 7-9.11.19.21.22
	14,6	Kaleb s. 15,16.18.19
Ri	9,8	die Bäume s. zum Ölbaum 10-15
	12,6	ließen sie ihn s.: Schibbolet 5
	19,30	denkt darüber nach, beratet und s. 20,7
Rut	1,21	da doch der HERR gegen mich ges.
1Sm	3,10	Samuel s. 7,3.5.12; 8,10; 9,23-27; 10,1.18.24; 12,1.5.6.20; 13,11.13; 15,1.17.22.26.28.32.33; 16,2.5.8-11; 28,15.16
	11	der HERR s. zu Samuel 8,7.22; 16,1.2.7.12
	9,5	s. 6-11.18; 11,13; 13,9; 14,17-19.33-45; 15,13-16.24.30; 16,17; 17,33.55-58; 18,8.17.21. 25; 19,15.17; 20,27.30; 22,7.12-18; 23,21; 24,17. 18; 26,17.21.25; 28,7-15.23; 31,4; 1Ch 10,4
	17,26	da s. David 32u.ö.58; 18,23; 20,5.10.29; 21,3.9. 10; 22,22; 23,2.9.10; 24,7.9.10; 25,4.13.32.35.39; 26,6-18; 27,5.10; 28,2; 29,8; 30,7.8.13.15.23; 2Sm 1,3u.ö.24,24; 1Kö 1,16.28-33; 2,1; 1Ch 11,6.17.19; 12,18; 13,2.12; 15,2.12; 17,1.16; 21,2. 13.22.24; 22,1.7; 23,25; 28,2.20; 29,1.20
	23,11	der HERR s. (zu David) 2Sm 21,1; 23,3; 24,1; 1Kö 8,18; 1Ch 14,10; 2Ch 6,8
2Sm	7,3	Nathan s. zu dem König 12,1.7.13; 1Kö 1,11. 24; 1Ch 17,2
1Kö	1,13	geh zum König und s. 12,23; 21,19; 22,27; 2Kö 1,3.6; 9,3; 19,10; 1Ch 16,35; 17,7; 21,10
	52	Salomo s. 53; 2,20u.ö.44; 3,6.23-27; 8,12.15.23. 55; 2Ch 6,4; 8,11
	3,5	Gott s. zu (Salomo) 11; 9,3; 11,11; 2Ch 1,7.11; 7,12
	11,31	so s. der HERR 12,24; 13,2.21; 14,7; 17,14; 20,13.14.28.42; 21,19; 22,11; 2Kö 1,4.6.16; 2,21; 3,16.17; 4,43; 7,1; 9,6.12; 19,6.20.32; 20,1.5.17; 21,12; 22,15-19; 1Ch 17,3.7; 21,10.11; 2Ch 11,4; 12,5; 18,10; 20,15; 21,12; 24,20; 34,23.24. 26.27
	12,5	(der König) s. 6.9.14.28; 13,4.6; 14,2; 18,5.17; 20,4u.ö.40; 21,2.6.20; 22,3u.ö.50; 2Kö 1,2.5.7.8; 3,7.8.13; 5,5.7; 6,8u.ö.33; 7,12.14; 8,4-14; 9,5u.ö.36; 10,8-25; 12,5.8; 13,14; 22,3.12; 23,17. 18; 2Ch 10,5.6.9.14; 13,4; 14,6; 18,3u.ö.33; 19,6. 9; 20,20; 23,3; 24,5.6; 25,9.16; 28,23; 29,5.21.31; 32,6; 34,20; 35,3.23; Esr 1,2; 5,15
	16	das Volk s. 18,10.24.26.39; 20,8; 2Kö 2,19; 3,23; 7,6; 9,11.12; 10,4; 23,17; 1Ch 11,1.5; 13,4; 2Ch 10,10.16; 22,9; 26,23; 32,4
	14,5	der HERR s. 19,11.13.15; 21,23; 22,17.20-22; 2Kö 9,36; 10,30; 21,10; 23,27; 1Ch 16,18; 17,6; 21,9.15; 2Ch 18,16.19-21; 25,22; 36,12; Esr 1,1
	17,1	es s. Elia 10u.ö.23; 18,8u.ö.44; 19,4.10.14.20; 21,20; 2Kö 1,6.16; 2,2-10
	18,19	der Rabschake s ... so s. der große König 26-29.31; 19,3.10; Jes 36,4.11-14.16; 37,3.10
	19,3	ein Engel s. 7; 22,21.22; 2Ch 18,20.21; Jes 6,3. 7
	20,3	so s. Ben-Hadad 5; 22,27; 2Kö 1,11; 9,19; 18,19.29.31; 2Ch 18,26; 32,10; 36,23
	21,10	die da zeugen und s. 13
	22,6	(die Propheten) s. 11-28; 2Ch 18,5-27
2Kö	2,14	Elisa s. 15-22; 3,13-16; 4,2u.ö.5; 5,16.19.25.26; 6,2u.ö.32; 7,1.2.18.19; 8,1.10-13; 9,1; 13,15-19
	11,15	der Priester s. 19,3; 22,8; 2Ch 23,11; 26,18; 31; 31,10; 34,15
	18,32	Hiskia verführt euch, wenn er s. 19,10; 2Ch 32,11
	19,6	s. Jesaja zu ihnen 20,1.7.9.14-16; Jes 37,6; 38,1.21; 39,3-5
	15	betete und s. 20,2; 1Ch 4,10; 14,10.11.14; 21,8. 17; 29,10; 2Ch 1,8; 6,14; 14,10; 20,6; 30,18; Jes 37,15; 38,3
	20,8	Hiskia s. zu Jesaja 10.14.15.19; Jes 38,22; 39,3. 4.8
1Ch	12,20	die Fürsten der Philister s.
2Ch	20,21	bestellte Sänger, daß sie sängen und s.
Esr	9,6	(ich) s. 10,10; Neh 1,5; 2,17; 4,8.13.16; 5,7-9.13; 6,11; 7,3; 8,9-11; 13,11.17.21

sprechen

Neh	1,8	gedenke des Wortes, das du s.
	2,2	s. der König zu mir 3-7; Est 1,13; 3,11; 7,2
	13,24	die Hälfte ihrer Kinder s. aschdodisch... jüdisch konnten sie nicht s.
Est	1,16	s. vor dem König 2,2; 3,3.8; 6,3-7.10.13; 7,8.9
	4,10	s. Ester 5,3-6.12.14; 7,5.6; 8,5.7; 9,12.13
Hi	1,7	der HERR s. zu dem Satan... der Satan antwortete und s. 8.9.12; 2,2-6
	14	kam ein Bote zu Hiob und s. 16-18
	21	(Hiob) s. 2,10; 3,2; 6,1; 7,4; 9,1; 11,4; 12,1; 16,1; 19,1; 21,1; 23,1; 26,1; 27,1; 29,1; 35,3.14; 40,3; 42,1
	2,9	seine Frau s. zu ihm
	3,3	da man s.: Ein Knabe kam zur Welt
	4,1	Elifas von Teman s. 15,1; 22,1
	8,1	Bildad von Schuach s. 18,1; 25,1
	9,7	(Gott) s. 28,28; 37,6; 38,11
	20	würde er mich doch schuldig s. 28; 40,8
	11,1	Zofar von Naama s. 20,1
	22,13	du s. zwar: Was weiß Gott 17
	28,14	die Tiefe s... das Meer s. 22; 38,35
	32,6	Elihu hob an und s. 34,1; 35,1; 36,1
	33,3	mein Herz s. aufrichtige Worte
	38,1	der HERR antwortete und s. 40,1.6; 42,7
	42,6	darum s. ich mich schuldig
Ps	5,11	s. sie schuldig, Gott
	10,6	er s. in seinem Herzen 11.13; 14,1; 53,2; 74,8; Pr 1,16; 2,1.15; 3,17.18; Jes 47,8.10; Jer 21,13; 49,4; Ob 3; Ze 1,12; 2,15
	12,6	s. der HERR 87,6; 95,10; 107,25; 110,1
	17,2	s. du in meiner Sache
	30,7	ich aber s., als es mir gutging
	31,15	ich s.: Du bist mein Gott 32,5; 41,5; 55,7
	23	ich s. wohl in meinem Zagen 116,11
	33,9	wenn er s., so geschieht's
	35,3	s. zu mir: Ich bin deine Hilfe Jes 41,13
	21	sperren das Maul auf wider mich und s.
	40,8	da s. ich: Siehe, ich komme Heb 10,7.9
	50,16	aber zum Gottlosen s. Gott
	58,2	s. ihr in Wahrheit Recht, ihr Mächtigen
	64,6	(Übeltäter) s. 71,11; 73,11; 78,19; 83,5
	66,3	s. zu Gott: Wie wunderbar sind deine Werke
	75,5	s. zu den Ruhmredigen: Rühmt euch nicht
	77,11	ich s.: Darunter leide ich
	90,3	Kommt wieder, Menschenkinder
	91,2	der s. zu dem HERRN: Meine Zuversicht
	94,18	wenn ich s.: Mein Fuß ist gestrauchelt
	106,48	alles Volk s.: Amen! Halleluja
	109,7	soll er schuldig ges. werden
	129,8	keiner, der vorübergeht, soll s.
	139,11	s. ich: Finsternis möge mich decken
	143,5	s. von den Werken deiner Hände
Spr	3,28	s. nicht zu deinem Nächsten: Geh hin
	4,4	da lehrte er mich und s. 6,22
	5,12	(müssest hernach) s.: Ach wie konnte ich
	7,4	s. zur Weisheit: Du bist meine Schwester
	13	sie wird dreist und s.
	8,6	meine Lippen s., was recht ist
	9,4	zu Toren s. sie 16
	17,15	wer den Schuldigen gerecht s. 24,24; Jes 5,23
	19,1	ist besser als einer, der Verkehrtes s.
	7	wer viel s., der tut Frevel
	20,14	schlecht! s. man, wenn man kauft
	22	s. nicht! Ich will Böses vergelten 24,29
	22,13	Faule s.: Es ist ein Löwe draußen 26,13
	23,7	(iß nicht bei einem Neidischen) er s.
	24,12	du s.: Siehe, wir haben's nicht gewußt
	25,10	damit von dir nicht übel s., wer es hört
	26,19	der betrügt und s.: Ich habe nur gescherzt
	28,24	und s., es sei nicht Sünde

Spr	30,1	es s. der Mann: Ich habe mich gemüht
	16	das Feuer, das nie s.: Es ist genug
	20	sie s.: Ich habe nichts Böses getan
Pr	1,2	es ist alles eitel, s. der Prediger 7,27; 8,14; 9,16; 12,8
	2,2	ich s. zum Lachen: Du bist toll
	5,5	s. vor dem Boten Gottes nicht: Es war
	7,10	s. nicht: Wie kommt's
Hl	2,10	mein Freund antwortete und s. 7,9
Jes	1,11	s. der HERR 18; 6,8.9.11; 7,3.10; 14,22; 16,14; 20,3; 29,13.22; 30,1; 31,9; 33,10; 37,6.22.33.34; 38,1.5; 39,6; 41,14.21; 43,1.10.12.14.16; 44,2.6. 24; 45,1.11.14.18; 48,17.22; 49,5-8.18.25; 50,1; 52,3.5; 54,1.8.10.17; 55,8; 56,1.4; 57,14.19; 59,20.21; 63,8; 65,7.8.25; 66,1.2.9.12.17.20-23
	24	s. der HERR Zebaoth 14,22.23; 17,3; 19,4.25; 22,25; 45,13
	3,15	s. Gott, der HERR Zebaoth 10,24; 22,14.15
	16	so hat der HERR ges. 21,16; 31,4
	4,1	sieben Frauen werden s.
	6,5	da s. ich: Weh mir, ich vergehe 8.11; 7,13; 38,10.11; 40,6
	9	geh hin und s. zu diesem Volk 7,4; 22,15
	7,7	so s. Gott der HERR 28,16; 30,15; 42,5; 49,22; 52,4; 56,8; 65,13
	8,1	der HERR s. zu mir 3.5.11; 18,4; 36,10; 49,3; Jer 1,7.9.12.14; 3,1.6.11; 11,6.9; 13,1.6; 14,11.14; 15,1; 17,19; 24,3; 27,2
	19	wenn sie aber zu euch sagen... so s.
	17,6	s. der HERR, der Gott Israels 37,21
	19,18	werden 5 Städte die Sprache Kanaans s.
	21,9	kommen Männer; die heben an und s.
	12	der Wächter aber s.
	23,4	das Meer, ja, die Feste am Meer s.
	28,15	ihr s. 29,15; 30,16; 40,27; 48,20; 65,5; Jer 2,25. 27.31.35; 5,2.12; 6,16.17; 7,10; 11,21; 18,12; 22,21; 45,3; 46,16; 51,35; Klg 2,16
	29,16	daß das Werk s. von seinem Meister 45,9; Rö 9,20
	21	welche der Leute schuldig s. vor Gericht
	30,12	s. der Heilige Israels 40,25
	40,1	s. euer Gott 41,13; 54,6; 57,21; 66,9
	6	es s. eine Stimme: Predige
	41,6	einer will dem andern helfen und s. 7
	9	ich s.: Du sollst mein Knecht sein 51,16
	42,17	die s. zum gegossenen Bilde 44,16.17
	43,14	s. der HERR, euer Erlöser 44,6.24; 47,4; 48,17; 49,7; 54,8
	44,26	der zu Jerusalem s. 27
	49,14	Zion s.: der HERR hat mich verlassen
	50,8	er ist nahe, der mich gerecht s.
	51,22	so s. dein Herrscher, der HERR
	23	deinen Peinigern geben, die zu dir s.
	52,6	erkennen, daß ich es bin, der da s.
	54,10	s. der HERR, dein Erbarmer
	17	jede Zunge... sollst du schuldig s.
	57,10	du s. nicht: Das lasse ich
	15	s. der Hohe und Erhabene
	59,3	eure Zunge s. Bosheit
	65,8	wie wenn man s.: Verdirb es nicht
	66,5	es s. eure Brüder, die euch hassen
Jer	1,6	ich aber s.: Ach, Herr HERR 4,10; 14,13; 32,16; Hes 4,14; 9,8; 11,13; 21,5; Dan 9,4; Am 7,2.5
	8	s. der HERR 15.19; 2,3.9.12.29; 3,1.10.12-16. 20; 4,1.9.17; 5,9.11.15.18.22; 6,12.15; 7,11.13.19. 30.32; 8,1.12.13.17; 9,3.6.9.24.25; 12,17; 13,11. 14.25; 15,3.6.9.20; 16,5.11.14.16; 17,24; 18,6; 19,6.12; 21,7.10-14; 22,5.16.24; 23,1.4.5.33; 24,8; 25,7.9.12.31; 27,8.11.15.22; 28,4; 29,9.u.ö.32; 30,3.10.11.17.21; 31,1u.ö.38; 32,5.30.44;

sprechen

		33,11-14; 34,5.17.22; 35,13; 39,17.18; 42,11; 44,26.29; 46,5.23; 48,12u.ö.47; 49,2u.ö.39; 50,4u.ö.40; 51,24u.ö.57
Jer	1,11	ich s.: Ich sehe 13; 11,5; 24,3; 27,12.16; 34,2; 35,5; 37,17.18; 38,15.17.20; Klg 3,18.54
	2,2	so s. der HERR 5; 4,3; 6,16; 9,21.22; 10,2.18; 11,21; 12,14; 13,9; 14,10; 15,2; 16,3.5; 17,5.21; 19,1; 20,4; 21,8.12; 22,1.3.6.11.18.30; 23,38; 26,2; 27,16; 28,13.16; 29,10.16.31.32; 30,5.12.18; 31,2.7.15.16.35.37; 32,28.42; 33,2.10.17.20.25; 34,2.4.17; 35,17; 36,29.30; 37,9; 38,2.3.17; 44,30; 45,4; 47,2; 48,40; 49,1.12.28; 51,1.36
	19	s. Gott, der HERR Zebaoth 49,5
	22	s. Gott der HERR 7,20
	3,12	rufe und s. 4,5; 5,20; 7,2.28; 11,6; 19,3; 22,2; 31,7.10; 35,13.18; 46,14; 48,19; 50,2; Hes 3,11; Sa 1,14
	5,24	s. niemals: Laßt uns den HERRN 8,6
	6,6	so s. der HERR Zebaoth 9; 7,3.21; 8,3; 9,6.14.16; 11,22; 16,9; 19,3.11.15; 23,15.16; 25,8.27-29.32; 26,18; 27,4.19.21; 28,2.14; 29,4.8.17.21.25; 31,23; 32,14.15; 33,12; 35,13.18.19; 39,16; 44,11; 45,2; 46,18.25; 48,1.15; 49,7.26.35; 50,33; 51,33.57.58
	8,4	s. zu ihnen: So s. der HERR 11,3; 13,12.13; 17,20; 18,11; 25,27.28.30; 26,4; 32,3; 43,10
	9,11	zu wem s. des HERRN Mund
	11,4	ich s.: Gehorcht m. Stimme 7; 25,5; 34,13
	16,10	wenn sie zu dir s. werden 17,15
	19,14	Jeremia s. 20,3; 21,3; 25,2; 26,12.18; 28,5.15; 32,6; 36,5; 37,14; 42,4.9; 44,20.24; 51,61.62.64
	21,4	das s. der HERR, der Gott Israels 23,2; 24,5; 25,15; 30,2; 32,36; 33,4; 34,2.13; 37,7; 42,9.15.18; 44,2.7.25; 50,18
	23,25	die Propheten s.: Mir hat geträumt 31; 27,16; 37,19
Klg	2,12	zu ihren Müttern s. sie: Wo ist Brot
	3,24	der HERR ist mein Teil, s. meine Seele
	57	du s.: Fürchte dich nicht
Hes	2,1	er s. zu mir: Du Menschenkind 3; 3,1.3.4.10.22.24; 4,15.16; 8,5-17; 9,9; 11,2.5; 23,36; 37,3.4.9.11; 40,4.45; 41,4.22; 42,13; 43,7.18; 46,20.24; 47,6.8
	4	so s. Gott der HERR 3,11.27; 5,5.7.8.11; 6,3.11; 7,2.5; 11,7.8.16.17.21; 12,10.19.23.25.28; 13,3.8.13.16.18.20; 14,4-23; 15,6.8; 16,3u.ö.63; 17,3.9.16.19.22; 18,3.9.23.30.32; 20,3u.ö.44; 21,3.12.18.29-33; 22,3.12.19.28.21; 23,22.28.32-35.46; 24,3.6.9.14.21; 25,3-16; 26,3u.ö.21; 27,3; 28,2.6.10.12.22.25; 29,3.8.13.19.20; 30,2.6.10.13.22; 31,10.15.18; 32,3u.ö.32; 33,11.25.27; 34,2u.ö.31; 35,3.6.11.14; 36,2-37; 37,5.9.12.19.21; 38,3.10.14.17.18.21; 39,1.5.8.10.13.17.20.25.29; 43,18.19.27; 44,6.9.12.15.27; 45,9.15.18; 46,1.16; 47,13.23; 48,29
	4,13	der HERR s. 9,4.5.7; 10,2; 11,5; 16,58; 21,8.14; 30,6; 37,14; 44,2.5
	6,3	(weissage) und s. 11; 12,11; 13,2.11.18; 16,3; 17,3.12; 19,2; 20,3.5.27.30; 21,3.8.14.33; 22,3.24; 24,3; 25,3; 27,3; 28,12.22; 29,3; 30,2; 32,2; 33,2. 11.12.25.27; 34,2; 35,3; 36,1.3.6; 37,4.9.12.19; 38,3.14; 39,1
	9,1	er rief und s. mit lauter Stimme Dan 4,11
	9	sie s. 11; 11,3; 12,27; 13,6.7; 18,29; 24,19; 25,8; 26,2; 27,3; 28,2; 29,3.9; 33,10.17.20.24.30; 35,10; 37,11.18; Hos 12,9; Am 2,12; 3,9; 4,1; 6,13; 8,5.14; Mi 3,11; Ze 3,16; Hag 1,2; Sa 11,5; Mal 1,2.4.7.13; 2,14.17; 3,7.8.13
	14,17	ich s. 16,6; 20,7.18.29; 24,20; 33,13.14; 37,3; Hos 3,3

Dan	2,3	der König s. 5.8.26.47; 3,14.24-26.28; 4,16.27; 5,13; 6,13.17.21
	15	(Daniel) s. 20.24.27; 4,16; 5,17
	7,5	man s. zu ihm: Steh auf und friß 23
	8,13	ein anderer s. zu dem, der redete 16
	17	er s. zu mir 19; 9,22; 10,11.12.16.18-20; 12,6.8.9
Hos	1,2	der HERR 4.6.9; 2,15.18.23; 3,1; 11,11; Jo 2,12; Am 1,5.15; 2,3.11.16; 3,10.15; 4,3.6.8-11; 5,4.17; 7,8.15.17; 9,1.7.8.12.13.15; Ob 4,8; Jon 4,4; Mi 2,3; 4,6; 5,9; Hab 2,2; Ze 1,2.3.10; 3,8. 20; Hag 1,8.13; 2,4.11.14.17; Sa 1,4.16; 2,9.10. 14; 4,6; 8,17; 10,12; 11,4.6.13.15; 12,1.4; 13,8; Mal 1,2; 2,16; 3,13
	2,7	ihre Mutter treibt es schändlich und s.
	14,3	bekehrt euch zum HERRN und s. zu ihm
Jo	4,10	der Schwache s.: Ich bin stark
Am	1,2	und (Amos) s. 7,11.14; Hag 1,13; 2,13.14
	3	s. der HERR 6.9.11.13; 2,1.4.6; 3,12; Mi 3,5; Nah 1,12; Hag 1,2.5.7; Sa 1,3.4.17; 2,12; 3,7; 6,12; 8,1.3.4.6.7.14.19.20.23; Mal 1,4
	8	s. Gott der HERR 3,11.13; 4,5; 5,2; 7,6; 8,2.3.9.11
	5,16	s. der HERR, der Gott Zebaoth 27; 6,8.14; Nah 2,14; 3,5; Ze 2,9; Hag 1,9; 2,6-9.11.23; Sa 1,3.16; 3,10; 4,6; 5,4; 7,9.13; 8,11; 13,2.7; Mal 1,6-14; 2,2.4.8.16; 3,1-21
Jon	1,9	(Jona) s. 12; 3,4; 4,2.8.9
	2,11	der HERR s. zu dem Fisch
	4,9	da s. Gott zu Jona
Mi	3,1	ich s.: Höret doch, ihr Häupter Ze 3,7
	4,11	nun werden viele Heiden s.
Hab	2,19	weh dem, der zum Holz s.
Hag	2,2	sage zu Serubbabel und s. 11; Sa 1,3.14.17; 6,12; 7,5
Sa	1,4	die früheren Propheten predigten und s.
	9	der Engel s. 12u.ö.6,8
	11,9	ich s.: Ich will euch nicht hüten 12
Jdt	4,11	(Jojakim) s.: Das sollt ihr wissen
	13,16	als sie still waren, s. Judit
	21	dankten sie alle dem Herrn und s.
	25	alles Volk s.: Amen, Amen 15,13
	15,11	priesen sie mit reiner Stimme und s.
	16,17	was du s., das muß geschehen
Wsh	5,3	sie werden voller Reue untereinander s.
	8,21	betete und s. von ganzem Herzen
Tob	2,8	seine Freunde schalten ihn und s.
	3,1	Tobias fing an zu weinen und zu beten und s. 8,7; 11,17; 13,1
	13	(Sara) lobte Gott und s. 8,10
	8,17	Raguël und Hanna dankten Gott und s.
Sir	24,3	sie tut ihren Mund auf und s.
	42,2	den Gottlosen... gerecht zu s.
Bar	1,15	s.: Der Herr, unser Gott, ist gerecht
	6,6	so s. in eurem Herzen
1Ma	3,26	in allen Ländern s. man von Judas 2Ma 8,7
	11,22	da wollte er mit ihm reden und s.
StD	3,27	lobten Gott in dem Ofen und s.
Mt	1,20	ein Engel s. 2,13.20; 28,5; Mk 16,6; Lk 1,13.19. 28.30.35; 2,10; 24,5; Apg 5,19; 8,26; 10,3.4.31; 12,7.8; 27,24; Jud 9; Off 7,12; 10,9; 14,7-9; 17,1.7.15; 18,21; 21,9
	22	durch den Propheten, der da s. 2,15.17; 3,3; 4,14; 8,17; 12,17; 13,35; 21,4; 27,9; Apg 2,25; 7,48; Rö 10,16.21; 15,12
	2,1	kamen Weise nach Jerusalem und s.
	8	(Herodes) s. 14,2; Mk 6,16.22; Lk 9,9
	3,2	(Johannes der Täufer) s. 7.14; Lk 3,7.11.13.14. 16; Jh 1,21.23.29.32.36; Apg 13,25
	15	Jesus s. 4,4.7.10.19; 5,2; 8,3.4.7.10.13.22.32; 9,2. 4.6.9.12.22.24.28.29.30.37; 11,4.25; 12,3.11.13.25.

sprechen 1308

39.48.49; 13,3.11.24.31.52.57; 14,16.18.27.29.31;
15,3.10.13.16.24.26.28.32.34; 16,2.6.8.17.23.24;
17,7.11.17.20.22.25.26; 18,3.22; 19,4.8.11.14.17.
18.23.26.28; 20,17.21.22.23.25.32; 21,2.13.19.21.
24.27.31.42; 22,1.18.20.21.29; 23,2; 24,2.4; 26,1.
10.18.21.23.26.27.31.34.36.38.39.40.42.45.50.52.
55.64; 27,11; 28,9.10.18; Mk 1,15.17.25.38.41.
44; 2,5.8.10.14.17.19.25.27; 3,3.4.5.23.34; 4,2.9.
11.13.21.24.26.30.35.39.40; 5,19.34.36.39.41; 6,4.
10.31.37.38.50; 7,6.9.14.18.20.27.29.34; 8,1.12.17.
21.26.27.34; 9,1.12.19.23.25.29.31.35.36.39; 10,3.
5.11.14.18.20.21.23.24.27.29.36.38.39.42.49.51.52;
11,2.14.17.22.29.33; 12,15.16.17.24.34.35.38.43;
13,2; 14,6.13.18.20.22.24.27.30.32.34.36.37.39.41.
48.62; 15,2; 16,15; Lk 2,49; 4,8.12.23.24.35.43;
5,4.10.13.20.22.24.27.30.31.34; 6,3.5.8.9.10.20;
7,9.13.14.22.40.43.44.48.50; 8,10.21.22.25.38.46.
48.52; 9,3.11.13.14.20.22.23.41.43.48.50.58-60.62;
10,2.18.21.23.24.26.28.30.37.41; 11,2.5.17.28.39.
46; 12,14.15.22.42.54; 13,2.12.15.18.20.23.32;
14,5.7.12.16.25; 15,3.11; 16,1.15; 17,1.6.14.17.19.
20.22.37; 18,2.6.16.19.22.24.27.29.31.42; 19,5.9.
12.30.40.42.46; 20,3.8.17.23.25.34.41.45; 21,3.5.8.
10; 22,8.10.15.17.19.20.25.34-36.38.40.46.48.51.
52.67.70; 23,2.3.28.34.43; 24,17.19.25.36.38.41.
44.46; Jh 1,38.39.42.43.48.50.51; 2,4.7.8.16.19;
3,3.10; 4,7.10.13.16.17.21.26.32.34.48.50; 5,6.8.
14.19; 6,5.10.12.20.26.29.32.35.43.53.61.65; 7,16.
21.33; 8,7.11.12.14.21.23.25.28.31.34.42.52.58;
9,7.11.17.39.41; 10,7.32; 11,4.7.11.13.23.25.34.39.
40.41.44; 12,7.30.35; 13,10.11.12.21.27.31; 14,6.
9.23; 16,19; 17,1; 18,4.5.11; 19,26-28.30;
20,15.17.19.21.26.27.29; 21,5.6.10.12.15-17.19.
22; Apg 1,4.7; 9,5.10.11.15; 18,9; 22,8.10; 26,15;
1Ko 11,24.25; Off 1,17; 21,5.6; 22,17.20

Mt 3,17 eine Stimme s. 17,5; Lk 3,22; 9,35; Apg 9,4;
10,15; 11,7; 22,7; 26,14; Off 1,11; 4,1; 6,6; 9,14;
11,15; 12,10; 16,1.17; 18,4; 19,1.3.6; 21,3
4,3 bist du Gottes Sohn, so s. 6.9; Lk 4,3.6.9
8,2 ein Aussätziger kam herein und s. Mk 8,24;
9,21; 10,51; Lk 7,4; 11,27; Jh 4,49; 9,38
8 s. nur ein Wort, so wird... gesund Lk 7,7
19 (Hohenpriester und Schriftgelehrte) s. 12,38;
21,16; 26,5.61-63.65; 27,4.7.6.41; 28,13; Mk 2,16;
3,22; 12,32; 14,63; 15,31; Lk 10,29; 15,2; 20,2.
39; 22,67.70.71; 23,2.5; Jh 11,47; 19,21; Apg
5,28
21 (seine Jünger) s. 25; 13,10.36; 14,15.17.33;
15,33; 16,7.14; 19,10.25; 24,3; 26,8.35; Mk 1,37;
4,38.41; 5,31; 6,35.37.38; 8,5; 9,38; 10,26.35.37.
39; 13,1; 14,12.19; Lk 8,24.25; 9,12.13.49.54.57.
61; 10,17; 11,1; 19,38; 22,35.38; 24,19.29.32.34;
Jh 1,38.41.45.46; 4,33 6,8.30.34.60; 11,8.12.16;
13,6.8.9.37; 14,5.8; 16,17.29; 21,3.7; Apg 19,2
27 die Menschen verwunderten sich 9,33;
Mk 2,12; 6,2; 7,37; Lk 4,36; 5,26; 7,16; Jh 6,14
9,3 s. bei sich selbst 21; Lk 7,39.49; 16,3
11 (die Pharisäer) s. 34; 12,2.24; 15,1; 19,3; 22,16.
21; 23,30; Mk 2,24; 10,4; 12,14; 14,2; Lk 5,21.
30.33; 6,2; 7,39; 11,15; 13,31; 15,2; 19,39; 20,24
Jh 8,4.13; 9,16; 12,19
11 die Pharisäer s. zu seinen Jüngern
14 die Jünger des Johannes
12,44 (der unreine Geist) s. Lk 11,24
13,28 da s. die Knechte
14,8 von ihrer Mutter angestiftet, s. sie Mk 6,24
28 Petrus s. 15,15; 16,16; 17,4; 19,27; 26,35.70;
Mk 9,5; 11,21; 14,68; Lk 5,8; 8,45; 9,20.33;
12,41; 18,28; 22,33.57.60; Jh 13,36; 18,17.25;
21,3.17.21; Apg 1,15; 2,38; 3,4.6.12; 4,8.19; 5,3.

8.9.29; 8,20; 9,34.40; 10,14.21.26.28.34; 11,4.8;
12,11.17; 15,7
Mt 15,5 wer zu Vater oder Mutter s.
25 sie kam und fiel vor ihm nieder und s.
16,2 des Abends s. ihr 3
17,15 s.: Herr, erbarme dich über meinen Sohn
24 traten zu Petrus, die den Tempelgroschen einnehmen, und s.
18,28 er packte und würgte ihn und s.
32 sein Herr s. zu ihm: Du böser Knecht
19,20 da s. der Jüngling zu ihm Lk 18,21
20,4 s. zu ihnen: Geht ihr auch hin
6 (Herr des Weinbergs) s. zu ihnen 7.8; 21,28.
30; Lk 20,13
21,3 wenn euch jemand etwas sagen wird, so s.
Mk 11,3
11 die Menge s. 27,25; Apg 2,7.12
38 die Weingärtner s. Mk 12,7; Lk 20,14
22,4 sandte andere Knechte aus und s. 8.12; Lk
14,17-23
13 da s. der König zu seinen Dienern
44 der Herr s. zu meinem Herrn Mk 12,36; Lk
20,42
23,39 bis ihr s.
25,8 die törichten (Jungfrauen) s. 9.11
20 s.: Herr, du hast mir 5 Zentner anvertraut 22.
24; Lk 19,16.18.20.25
21 s. sein Herr zu ihm 23; Lk 19,13.17.19.22.24
26,15 (Judas Iskariot) s. 49; 27,4; Mk 14,45; Jh 12,4
25 da antwortete Judas und s.
30 *da sie den Lobgesang ges. hatten*
61 (falsche Zeugen) s. Apg 6,11.13
68 (einige) s.: Weissage uns, Christus Jh 9,15.19
69 trat eine Magd zu ihm und s. 71.73; Mk
14,67.70; Lk 22,56.58.59; Jh 18,17
27,13 da s. Pilatus zu ihm 11.17.21.22.24.65; Mk
15,12.14; Lk 23,4.14.22; Jh 18,31.38; 19,4-6.9.
10.14.15
29 sie verspotteten ihn und s. Lk 23,35.37
46 *schrie Jesus laut und s.: Eli, Eli*
47 einige, die da standen s. 49; Mk 15,35.36; Lk
14,15; 18,26; 19,7; 20,16; Jh 12,29
54 erschraken sie sehr und s. Mk 15,39; Lk
23,47
63 daß dieser Verführer s., als er noch lebte
28,13 s.: Sagt, seine Jünger sind gekommen
Mk 3,21 sie s.: Er ist von Sinnen Jh 10,20.21
5,35 s.: Deine Tochter ist gestorben Lk 8,49
6,15 einige s.: Er ist Elia 14
11,23 wer zu diesem Berge s.
14,4 da wurden einige unwillig und s. untereinander
16,3 s.: Wer wälzt uns den Stein Jh 20,2.15.16
Lk 1,18 Zacharias s. zu dem Engel
24 Elisabeth s.: (So hat der Herr an mir getan)
34 da s. Maria 38.46; 2,38
61 (die Nachbarn) s. zu ihr
66 alle, die es hörten, nahmen's zu Herzen und s.
2,13 die lobten Gott und s. 28; Apg 11,18
15 die Hirten untereinander
3,12 es kamen auch die Zöllner und s. zu ihm
7,20 als die Männer zu ihm kamen, s. sie Jh 3,26
9,49 da fing Johannes an und s. Apg 4,19
10,5 wenn ihr in ein Haus kommt, so s. zuerst 10
25 Schriftgelehrter s.: Meister, was muß ich tun
35 gab (zwei Silberlinge) dem Wirt und s.
11,2 wenn ihr betet, so s.
5 ginge zu ihm um Mitternacht und s. zu ihm
45 da antwortete einer von den Schriftgelehrten und s.

Lk	11,49	darum s. die Weisheit Gottes	Apg	8,31	(der Kämmerer) s.

Lk 11,49 darum s. die Weisheit Gottes
12,13 es s. einer aus dem Volk zu ihm
20 Gott s. Apg 2,17; 7,6.7.33.49; 15,17; Rö 9,9,15; 12,19; 14,11; 1Ko 14,21; 2Ko 4,6; 6,2.16-18; Heb 1,6; 2,12; 3,10; 4,3.4.7; 5,6; 6,14; 7,21; 8,8-10; 10,5.7.16; 12,26; Off 1,8
13,23 es s. aber einer zu ihm: Herr, meinst du
15,6 ruft Freunde und Nachbarn und s. zu ihnen
12 der jüngere von ihnen s. zu dem Vater
17 da ging er in sich und s.
22 der Vater s. zu seinen Knechten 31
16,2 er s. zu ihm: Was höre ich da von dir
25 Abraham s. 29.31
27 da s. er: So bitte ich dich, Vater 30
17,4 wenn er siebenmal wieder zu dir käme und s.
5 die Apostel s.: Stärke uns den Glauben
10 wenn ihr alles getan habt, so s.
19,8 Zachäus trat vor den Herrn und s.
33 s. seine Herren: Warum bindet ihr das Füllen los
22,49 die um ihn waren, s.: Herr, sollen wir mit dem Schwert dreinschlagen
23,40 wies ihn der (Übeltäter) zurecht und s. 42
24,36 s. zu ihnen: Friede sei mit euch
Jh 1,22 da s. sie zu ihm: Wer bist du dann?
48 Nathanael s. zu ihm: Woher kennst du mich
2,3 s. die Mutter Jesu zu ihm 5
18 die Juden 6,42; 7,15; 8,22; 10,24
20 da s. die Juden 5,10; 7,35; 8,33.39.41.48.52.57; 9,24.28.34; 10,24.33; 11,36.37; 18,7; 19,3
3,2 der kam zu Jesus bei Nacht und s. 4
9 Nikodemus antwortete und s. zu ihm 7,50
4,9 da s. die samaritische Frau zu ihm 11.15.19. 25.28.42
5,11 der mich gesund gemacht hat, s.
6,42 wieso s. er: Ich bin vom Himmel 8,33; 14,9
7,3 s. seine Brüder zu ihm
12 einige s.: Er ist gut 25; 9,9.17.28
31 viele glaubten an ihn und s. 40.41
8,27 daß er zu ihnen vom Vater s.
44 wenn er Lügen redet, so s. er aus dem Eigenen
9,23 darum s. seine Eltern
11,21 da s. Marta zu Jesus 24.28.32
49 Kaiphas
12,29 die andern s.: Ein Engel hat mit ihm geredet
13,29 meinten, weil Judas den Beutel hatte, s. Jesus
16,18 da s.: Was bedeutet das, was er sagt
18,25 da s. sie zu (Simon Petrus): Bist du nicht einer 26
19,24 da s. sie: Laßt uns das nicht zerteilen
20,13 die s. zu ihr: Frau, was weinst du
28 Thomas s. zu ihm: Mein Herr und mein Gott
Apg 1,24 (die Apostel) s. 5,29
2,25 David s.
34 der Herr s. 3,25; 7,3.33
37 sie s. zu Petrus und den andern Aposteln 8,10
4,15 sie verhandelten miteinander und s.
24 erhoben ihre Stimme einmütig zu Gott und s.
5,35 (Gamaliel) s. zu ihnen
6,2 die Zwölf s.
7,2 (Stephanus) s. 56.59
26 am nächsten Tag kam (Mose) zu ihnen und s.
35 Mose, den sie verleugnet hatten, als sie s.
8,18 (Simon bot ihnen Geld an) und s.
29 der Geist s. 10,19; 11,12; 13,2; 28,26; Heb 3,7; Off 14,13; 22,17

Apg 8,31 (der Kämmerer) s.
34 antwortete der Kämmerer dem Philippus und s. 36
9,5 (Paulus) aber s.: Herr, wer bist du 26,15
10 (Paulus) s. 13,10.16.43.46; 14,10; 15,36; 16,18. 31.37; 17,3.22; 18,6.21; 19,2.3.4.21.26; 20,10.18. 36; 21,39; 22,2.19.25.27.28; 23,1.3.5.17; 25,10; 26.25.29; 27,10.21.31.33; 28,17.20; Gal 2,14
11 der Herr s. zu ihm 15
17 Hananias legte die Hände auf ihn und s. 22,13
21 alle, die es hörten, entsetzten sich und s.
10,3 der (Engel) s. zu ihm: Kornelius
30 Kornelius
11,3 (die gläubig gewordenen Juden) s.
12,15 sie s. zu ihr: Du bist von Sinnen
15,5 einige von der Partei der Pharisäer s.
13 Jakobus s.: Ihr Männer, liebe Brüder
16,20 führten sie den Stadtrichtern vor und s. 18,13
30 (der Aufseher) führte sie heraus und s.
17,18 einige Philosophen s.: Was will dieser Schwätzer
19 führten ihn auf den Areopag und s.
32 die andern s.: Wir wollen dich... hören
19,13 einige von den Juden, die... s.
25 diese versammelte (Demetrius) und s.
35 als der Kanzler das Volk beruhigt, s. er
21,11 er band sich die Füße und Hände und s.
14 da er sich nicht überreden ließ, schwiegen wir und s. 20
37 er aber s.: Kannst du Griechisch
22,8 er s. zu mir: Ich bin Jesus 10.18.21
26 der Hauptmann s. 23,18
23,9 einige Schriftgelehrte stritten und s.
24,2 fing Tertullus an und s.
22 Felix wußte um diese Lehre und s.
25,5 (Festus) s. 14.24; 26,24.31
22 Agrippa s. 26,1.28.31
28,25 mit Recht hat der heilige Geist zu euren Vätern ges. Heb 3,7
26 geh hin zu diesem Volk und s.
Rö 1,8 daß man von eurem Glauben in aller Welt s.
2,22 du s., man solle nicht ehebrechen
9,20 s. auch ein Werk zu seinem Meister
25 wie er durch Hosea s. 10,11.16.21; 11,9; 15,12; Gal 4,30; Heb 2,6; Jak 2,23
10,6 die Gerechtigkeit aus dem Glauben s. so
6 s. nicht in deinem Herzen
11,2 Elia, wie er vor Gott tritt gegen Israel und s.
19 nun s. du: Die Zweige sind ausgebrochen worden
1Ko 12,15 wenn aber der Fuß s. 16
2Ko 1,20 darum s. wir das Amen, Gott zum Lobe
Tit 3,11 daß ein solcher sich das Urteil s.
1Jh 4,20 wenn jemand s.: Ich liebe Gott Jak 2,16
Heb 1,7 von den Engeln s. er zwar
7,21 durch den Eid dessen, der s.
9,20 (Mose) s. 12,21
10,5 darum s. er, wenn er in die Welt kommt
9 s.: Siehe, ich komme
11,7 durch den Glauben s. er der Welt das Urteil
12,21 so schrecklich die Erscheinung, daß Mose s.
Jak 2,3 ihr sähet auf den, der herrlich gekleidet ist, und s. zu ihm
Jud 14 auch von diesen geweissagt Henoch und ges.
Off 3,17 du s.: Ich bin reich 18,7
4,8 hatten keine Ruhe Tag und Nacht und s. 10; 5,5.12.14; 7,12.13; 11,17; 14,7-9; 19,4
6,16 s. zu den Bergen und Felsen
7,13 einer der Ältesten fing an und s. zu mir

sprechen 1310

Off 7,14 und er s. zu mir: Diese sind's, die gekommen
10,9 er s. zu mir 17,7.15; 19,9.10; 21,5.9; 22,6.9
13,4 beteten das Tier an und s.
18,10 sie werden fernab stehen und s.
19,9 er s. zu mir: Schreibe 10; 22,6.9.10

spreizen

Hes 16,25 du s. deine Beine für alle

sprengen

2Mo 24,6 die andere Hälfte s. er an den Altar 29,16.20; 3Mo 1,5.11; 3.2.8.13; 5,9; 7,2; 8,19.24; 9,12.18; 17,6; 2Kö 16,13.15; 2Ch 29,22; Hes 43,18
3Mo 4,6 Blut... siebenmal s. vor dem HERRN 17; 8,11; 16,14.15.19; 4Mo 19,4
7,14 Priester, der das Blut des Dankopfers s.
8,30 Mose s. es auf Aaron... auf seine Söhne
14,16 etwas Öl siebenmal s. vor dem HERRN 27
4Mo 8,7 sollst Wasser zur Entsündigung auf sie s. 19,13.21
2Ch 30,16 die Priester nahmen das Blut und s. 35,11
Hes 36,25 will reines Wasser über euch s.
Heb 9,13 *die Asche der Kuh, ges. auf die Unreinen*

sprenklig

1Mo 30,35 sonderte aus die s. und bunten Böcke 39; 31,8.10.12

Spreu

Hi 21,18 wie S., die der Sturmwind wegführt Ps 1,4; 35,5; Hos 13,3
41,20 Schleudersteine sind ihm wie S.
Ps 83,14 mache sie wie S. vor dem Winde
Jes 17,13 werden gejagt wie S. auf den Bergen
29,5 die Menge der Tyrannen wie wehende S.
40,24 ein Wirbelsturm führt sie weg wie S.
41,2 macht sie sein Bogen wie verwehte S.
15 sollst Hügel wie S. machen
Jer 13,24 will ich sie zerstreuen wie S.
Dan 2,35 wurden wie S. auf der Sommertenne
Am 8,6 damit wir S. für Korn verkaufen
Hab 3,14 seine Scharen zerstoben wie S.
Ze 2,2 ehe denn ihr werdet wie S.
Mt 3,12 die S. wird er verbrennen mit Feuer Lk 3,17

Sprichwort

5Mo 28,37 wirst zum Entsetzen, zum S. und Spott Ps 44,15; Jer 24,9
1Sm 10,12 daher ist das S. gekommen: Ist Saul auch
24,14 nach dem alten S.: Von Bösen kommt Böses
Hi 17,6 er hat mich zum S. gemacht
Hes 14,8 will ihn zum S. machen
16,44 wer in S. redet, wird dies S. sagen
18,2 was habt ihr unter euch für ein S.
3 dies S. soll nicht mehr umgehen
Hab 2,6 diese alle werden ein S. sagen
Lk 4,23 ihr werdet mir freilich dies S. sagen
2Pt 2,22 an ihnen hat sich erwiesen die Wahrheit des S.

sprießen

Spr 10,31 aus dem Munde des Gerechten s. Weisheit
Jes 4,2 wird, was der HERR s. läßt, lieb und wert
17,11 wenn du sie zum S. bringst an dem Morgen

springen

1Mo 31,10 die Böcke, die auf die Herde s. 12
Ri 4,15 daß Sisera von seinem Wagen s. und floh
2Sm 6,16 Michal sah den König David s. und tanzen
22,30 mit meinem Gott über Mauern s. Ps 18,30
Hi 6,10 ich wollte fröhlich s.
39,20 kannst du (d. Roß) s. lassen
Hl 2,8 er s. über die Hügel
Jes 35,6 dann werden die Lahmen s.
Ze 1,9 will heimsuchen, die über die Schwelle s.
Mal 3,20 ihr sollt s. wie die Mastkälber
Jdt 15,16 alle waren fröhlich, sangen und s.
1Ma 9,48 da s. Jonatan... in den Jordan
13,44 die auf den Turm kamen, s. in die Stadt
Lk 6,23 freut euch an jenem Tage und s. vor Freude
Apg 3,8 *wandelte und s. und lobte Gott*
14,14 die Apostel s. unter das Volk und schrien
19,16 *der Mensch s. auf sie*
27,43 ins Meer s. und sich ans Land retten

spritzen

Jes 63,3 ist ihr Blut auf meine Kleider ges.

Sproß

Ps 132,17 soll dem David aufgehen ein mächtiger S. Jer 23,5; 33,15
Jes 41,8 du S. Abrahams, meines Geliebten
60,21 Land besitzen als der S. meiner Pflanzung
Sa 3,8 m. Knecht, „den S.", kommen lassen 6,12
Rö 15,12 es wird kommen der S. aus der Wurzel Isais

sprossen

2Mo 10,5 alle Bäume kahlfressen, die wieder s.
Ps 90,5 wie ein Gras, das am Morgen noch s. 6
Hl 6,11 zu schauen, ob der Weinstock s. 7,13
Sa 6,12 heißt „Sproß"; denn unter ihm wird's s.
9,17 Korn und Wein läßt er s.
Sir 24,23 ich s. lieblich wie der Weinstock

Spruch

4Mo 23,7 hob Bileam an mit seinem S. 18; 24,3.15.20. 21.23
1Kö 5,12 (Salomo) dichtete dreitausend S.
Hi 13,12 sind S. aus Asche
27,1 Hiob fuhr fort mit seinem S. 29,1
Ps 49,5 ich will einem S. mein Ohr neigen
78,2 will meinen Mund auftun zu einem S.
Spr 1,1 dies sind die S. Salomos 10,1; 25,1
6 daß er verstehe S. und Gleichnisse
16,10 Gottes S. ist in dem Munde des Königs
26,9 ein S. in eines Toren Mund ist wie
Pr 12,9 der Prediger dichtete viele S.
11 wie eingeschlagene Nägel sind die S.
Dan 5,12 dazu Klugheit, dunkle S. zu erraten
Mi 2,4 einen S. von euch machen Hab 2,6
Sir 38,35 weise S. werden bei ihnen nicht gefunden
47,18 alle Lande bewunderten deine Lieder, S.
Jh 4,37 hier ist der S. wahr
10,6 *diesen S. sagte Jesus zu ihnen*
12,38 erfüllt werde der S. des Propheten *15,25*
16,25 solches habe ich zu euch in S. geredet

sprudeln

Spr 18,4 die Quelle der Weisheit ist ein s. Bach

sprühen

Ps 29,7 die Stimme des HERRN s. Feuerflammen

Sprung

Sir 21,17 ist wie ein Topf mit einem S.

spucken

Jh 9,6 als er das gesagt hatte, s. er auf die Erde

spülen

3Mo 6,21 kupferner Topf... mit Wasser s. 15,12

Spur

Ps 77,20 doch niemand sah deine S.
Hl 1,8 geh hinaus auf die S. der Schafe
Wsh 5,10 kann man seine S. nicht mehr finden 11

spüren

1Mo 30,27 ich s., daß mich der HERR segnet
1Sm 29,6 ich habe nichts Arges an dir ges. 8
1Kö 8,38 die da ihre Plage s.
Hi 21,19 vergelte es ihm, daß er's s.
  23,8 gehe ich zurück, so s. ich ihn nicht
Ps 58,10 ehe eure Töpfe das Dornfeuer s.
Jes 44,16 bin warm geworden, ich s. das Feuer
Wsh 11,13 s. sie das Walten des Herrn
Mk 5,29 sie s. es am Leibe, daß sie geheilt war
  30 Jesus s. an sich selbst, daß Lk 8,46

Staatsgeschäft

1Ma 10,37 die der König in seinen S. zu Rate ziehen wird

Stab

1Mo 30,37 Jakob nahm frische S. von Pappeln 38.39.41
  32,11 ich hatte nicht mehr als diesen S.
  38,18 (gib mir ein Pfand) deinen S. 25
  49,10 wird nicht weichen der S. des Herrschers
2Mo 4,2 was hast du da? Er sprach: Einen S. 4
  17 diesen S. nimm in deine Hand 20; 7,9-20; 8,1. 12.13; 9,23; 10,13; 14,16; 17,5.9
  12,11 sollt haben den S. in der Hand
4Mo 17,17 nimm von ihnen 12 S... eines jeden Namen auf seinen S. 18.21.22.24.25
  20 dessen S. wird grünen 23; 20,8.9
  20,11 Mose schlug den Felsen mit dem S. zweimal
  21,18 haben ihn gegraben mit ihren S.
Ri 6,21 streckte der Engel des HERRN den S. aus
1Sm 14,27 Jonatan streckte seinen S. aus 43
  17,40 (David) nahm seinen S. in die Hand
2Sm 3,29 am S. gehe oder durchs Schwert falle
  18,14 da nahm Joab drei S. in seine Hand
1Kö 6,4 Fenster mit S. davor Hes 40,16; 41,16.26
2Kö 4,29 lege meinen S. auf des Knaben Antlitz 31
Hi 40,18 seine Gebeine wie eiserne S.
Ps 23,4 dein Stecken und S. trösten mich
Hl 5,14 seine Finger sind wie goldene S.
Jes 3,1 der Herr wird wegnehmen Stütze und S.
  10,24 der seinen S. gegen dich aufhebt 26
  11,4 er wird mit dem S. seines Mundes schlagen
  28,27 Dill schlägt man aus mit einem S.
Jer 48,17 wie ist der herrliche S. so zerbrochen

Hes 20,37 euch unter dem S. hindurchgehen lassen
Hos 4,12 sein S. soll ihm antworten
Mi 7,14 weide dein Volk mit deinem S.
Sa 11,7 nahm mir zwei S. 10.14
Sir 6,31 ihr Joch wird zum goldenen S.
Mk 6,8 nichts mitzunehmen als einen S. Lk 9,3
Heb 9,4 in ihr (war) der S. Aarons, der gegrünt hatte
  11,21 Jakob neigte sich anbetend über die Spitze seines S.
Off 2,27 er soll sie weiden mit eisernem S. 12,5; 19,15

Stachel

4Mo 33,55 werden zu S. in euren Seiten Jos 23,13
Ri 8,7 will euer Fleisch mit S. zerdreschen 16
1Sm 13,21 um die S. gerade zu machen
Spr 22,5 s. sind auf dem Wege des Verkehrten
Pr 12,11 die Worte der Weisen sind wie S.
Apg 26,14 es wird dir schwer sein, wider den S. zu löcken
1Ko 15,55 Tod, wo ist dein S.
  56 der S. des Todes ist die Sünde
Off 9,10 hatten Schwänze wie Skorpione und S.

stachlig

Hes 2,6 es sind wohl s. Dornen um dich

Stachys

Rö 16,9 grüßt Urbanus und S., meinen Lieben

Stadien

2Ma 12,9 Jerusalem, das 240 S. entfernt lag
  10 als Judas neun S. weitergegangen war 17
  16 der Teich, der zwei S. breit war
  29 Skythopolis, 600 S. von Jerusalem entfernt
Off 14,20 das Blut ging von der Kelter 1.600 S. weit
  21,16 er maß die Stadt mit dem Rohr: 12.000 S.

Stadt (s.a. fest)

1Mo 4,17 Kain baute eine S.
  10,12 das ist die große S.
  11,4 laßt uns eine S. und einen Turm bauen 5
  8 daß sie aufhören mußten, die S. zu bauen
  13,12 Lot (wohnte) in den S. am Jordan
  18,24 könnten 50 Gerechte in der S. sein 26.28
  19,4 kamen die Männer der S. Ri 19,22
  14 der HERR wird diese S. verderben 15.25.29
  20 eine S., in die ich fliehen kann 21.22
  23,10 die beim Tor seiner S. versammelt waren 18; 34,20.24; 5Mo 16,18; 2Ch 32,6
  24,10 der Knecht zog zu der S. Nahors 11.13
  26,33 daher heißt die S. Beerscheba
  28,19 Bethel; vorher hieß die S. Lus Ri 1,23
  33,18 kam zu der S. Sichem... lagerte vor der S.
  34,25 überfielen die friedliche S. 27.28
  35,5 kam ein Gottesschrecken über die S. 1Sm 5,9.11
  36,32 König von Edom, seine S. hieß 35.39; 1Ch 1,43.46.50
  41,35 Getreide zum Vorrat in den S. 48
  44,4 als sie zur S. hinaus waren 13; 2Mo 9,29.33
2Mo 1,11 bauten dem Pharao die S. Pitom und Ramses
  20,10 Fremdling, der in deiner S. lebt 5Mo 5,14; 14,21.29; 23,17; 24,14; 26,12; 31,12
3Mo 14,40 hinaus vor die S. werfen 41.45.53

Stadt

3Mo 25,29	wer ein Wohnhaus verkauft in einer S.	Ri 5,23	fluchet der S. Meros
32	die S. der Leviten 33.34; 4Mo 35,2-8; Jos 14,4; 21,2u.ö.48; 1Ch 6,41-51; 2Ch 31,15.19	6,24	in Ofra, der S. der Abiësriter 8,27.32
26,25	wenn ihr euch auch in eure S. flüchtet	27	fürchtete sich vor den Leuten der S. 28.30
31	will eure S. wüst machen 33; Jer 9,10; 10,22; 49,13; Hes 35,4.9; Mi 5,10.13	8,16	(Gideon) nahm die Ältesten der S. 17
4Mo 13,19	was es für S. sind 28; 5Mo 1,22	9,31	machen dir die S. aufrührerisch 33.43.45
20,16	in Kadesch, einer S. an der Grenze	51	es war eine starke Burg mitten in der S.
21,2	an ihren S. den Bann vollstrecken 3; 5Mo 2,34; 3,6; Jos 6,17.21; 10,28-39; 11,12.21	10,4	30 S., die heißen „Dörfer Jaïrs" 1Kö 4,13; 1Ch 2,22.23
25	nahm alle S. ein und wohnte in allen S. 5Mo 2,35; 3,4.5.7.10; 19,1	12,7	begraben in seiner S. 1Sm 28,3
26	Heschbon war die S. Sihons 27.28; Jos 13,17.21	14,18	da sprachen die Männer der S. zu (Simson)
24,19	umbringen, was übrig ist von den S. 5Mo 20,16	18,29	vorzeiten aber hieß die S. Lajisch 28
31,10	verbrannten alle ihre S. Jos 6,24; Ri 18,27; 20,48	20,14	versammelten sich aus den S. nach Gibea 15
32,16	wollen S. für unsere Kinder 24.26.33.38	Rut 1,19	erregte sich die ganze S. über sie 2,18; 3,11.15; 4,2.10
35,11	S., daß sie Freistädte seien 12.13; 5Mo 4,41.42; 19,2.5.7.9.11.12; Jos 20,4.6.9	1Sm 1,3	ging jährlich hinauf von seiner S.
5Mo 1,28	die S. seien groß und bis an den Himmel ummauert 9,1; Jos 10,2; 11,8; 19,28	4,13	die ganze S. schrie auf 5,12
2,36	von der S. im Bachtal bis... war keine S. Jos 13,9.16; Ri 11,33; 2Sm 24,5	6,18	nach der Zahl aller S. der Philister
37	kamst nicht zu den S. auf dem Gebirge 3,12; Jos 9,17; 11,13; 13,10.25; 15,9	7,14	eroberte Israel die S. zurück
3,19	euer Vieh laßt in euren S. bleiben	8,22	geht hin, ein jeder in seine S. 1Kö 22,36; 2Ch 31,1
6,10	schöne S., die du nicht gebaut Jos 24,13	9,6	ein Mann Gottes in dieser S. 10-14.25.27
12,12	Leviten, die in euren S. wohnen 18; 14,27; 16,11.14; 18,6	15,5	als Saul zu der S. der Amalekiter kam
15	darfst in allen deinen S. Fleisch essen 17.21; 15,22; 16,5	16,4	entsetzten sich die Ältesten der S.
13,13	wenn du von irgendeiner S. sagen hörst 14.16.17; 15,7; 17,2	18,6	daß die Frauen aus allen S. herausgingen
14,28	den Zehnten hinterlegen in deiner S.	20,6	nach Bethlehem, in seine S., denen 29
20,10	vor eine S. ziehst, gegen sie zu kämpfen 19.20	22,19	Nob, die S. der Priester, schlug er
14	alles, was in der S. ist, sollst du austeilen 15; Jos 8,27; 11,14	23,7	in eine S. mit Toren und Riegeln 10
21,3	welche S. am nächsten liegt 2.6	27,5	Wohnort geben in einer der S.
19	ihn zu den Ältesten der S. führen 20; 22,15.17.18; 25,8; Jos 20,4	30,2	alles, was in der S., gefangengenommen 3
21	sollen ihn steinigen alle Leute seiner S. 22,21	29	(Segensgeschenk) denen in den S. der Keniter
22,23	ein Mann trifft sie innerhalb der S. 24	31,7	verließen sie die S. und flohen 1Ch 10,7
28,3	gesegnet wirst du sein in der S.	2Sm 2,1	hinauf in eine der S. Judas ziehen 3
16	verflucht wirst du sein in der S. 52.55.57	5,7	die Burg Zion; das ist Davids S. 9; 1Kö 3,1; 9,24; 11,27; 1Ch 11,5.7.8; 2Ch 8,11; 32,5; 33,14; Neh 3,15; 12,37; Jes 22,9
Jos 6,3	laß alle Kriegsmänner um die S. herumgehen 4.7.11.14.15.20.26	6,10	wollte (die Lade) nicht zu sich bringen lassen in die S. Davids 12.16; 15,25; 1Kö 8,1; 1Ch 13,13; 15,1.29; 2Ch 5,2
16	der HERR hat euch die S. gegeben 8,1; 19,50	8,8	von der S. Hadad-Esers nahm David sehr viel Kupfer 1Ch 18,8
8,2	lege einen Hinterhalt hinter die S. 4-22; Ri 20,31.32.37-42.48	10,3	damit er die S. erforsche 14; 1Ch 19,9.15
10,5	Amoriter kämpfen gegen die S.	12	für die S. unseres Gottes 1Ch 19,13
19	laßt sie nicht in ihre S. entrinnen	11,16	als Joab die S. belagerte 17.20.25; 12,26.28.30.31; 1Ch 19,7; 20,2.3
11,19	war keine S., die Frieden machte	12,1	es waren zwei Männer in einer S.
13,23	die S. mit ihren Gehöften 28.30; 15,32u.ö.62; 16,9; 18,24.28; 19,6u.ö.48	15,2	aus welcher S. bist du
14,28	Hebron hieß vorzeiten S. des Arba 15,13; 21,11	14	die S. (Jerusalem) 24.27.34.37; 17,17; 1Kö 1,41.45; 2,42; 11,32.36; 2Kö 11,20; 16,5; 20,20; 22,14; 2Ch 23,21; 32,3.30; 34,22
15,21	die S. des Stammes Juda 17,9; 18,14.21	17,13	zieht er sich in eine S. zurück
17,12	Manasse konnte diese S. nicht erobern	23	Ahitofel zog heim in seine S.
18,9	schrieben (das Land) auf, S. für S.	18,3	daß du uns von der S. aus helfen kannst
28	S. der Jebusiter – das ist Jerusalem Ri 1,8; 19,11.12	19,4	das Kriegsvolk stahl sich weg in die S.
19,50	baute die S. auf und wohnte darin Ri 18,28; 21,23	38	daß ich sterbe in meiner S.
24,33	Gibea, der S. seines Sohnes Pinhas Ri 19,15; 20,9.11; 1Sm 10,5; 20,40; 21,1	20,15	einen Wall gegen die S. 16.19.21.22
Ri 1,17	nannten die S. Horma 26; 2Kö 14,7	24,7	kamen in allen S. der Hiwiter, Jes 17,9
24	zeige uns, wo wir in die S. kommen 25	1Kö 2,10	wurde begraben in der S. Davids 11,43; 14,31; 15,8.24; 22,51; 2Kö 8,24; 9,28; 12,22; 14,20; 15,7.38; 16,20; 2Ch 9,31; 12,16; 13,23; 16,14; 21,1.20; 24,16.25; 25,28; 27,9; 28,27
		8,16	hab ich keine S. erwählt 2Ch 6,5
		37	wenn sein Feind seine S. belagert 2Ch 6,28
		44	nach der S., die du erwählt 48; 14,21; 2Kö 23,27; 2Ch 6,34.38; 12,13
		9,11	gab Salomo Hiram 20 S. 12.13; 2Ch 8,2
		16	Kanaaniter, die in der S. (Geser) wohnten
		19	S. mit Kornspeichern, S. der Wagen und S. der Gespanne 2Ch 8,4.6; 16,4; 17,12
		12,17	die in den S. Judas wohnten 2Ch 10,17

Stadt

1Kö	13,25	kamen und sagten es in der S. 29; 2Kö 2,23	Ps	48,9	so sehen wir es an der S. des HERRN Zebaoth
	32	Heiligtümer, die in den S. Samariens sind 2Kö 23,19		55,10	ich sehe Frevel und Hader in der S.
	14,11	wer von Jerobeam stirbt in der S. 12; 16,4; 21,24		59,7	laufen in der S. umher 15
				69,36	Gott wird die S. Judas bauen
	15,20	Ben-Hadad sandte gegen die S. Israels 20,30. 34; 2Kö 13,25; 2Ch 16,4		72,16	in den S. sollen sie grünen wie das Gras
				87,3	werden in dir gepredigt, du S. Gottes
	23	und die S., die er ausgebaut 22,39		101,8	Übeltäter ausrotte aus der S. des HERRN
	16,18	daß die S. eingenommen werden würde		107,4	keine S., in der sie wohnen konnten 7. 36
	24	baute eine S. und nannte sie Samaria 20,1.2. 12.19; 2Kö 6,25; 7,4.10.12.13; 10,1.6		122,3	Jerusalem ist gebaut als eine S., in der
				127,1	wenn der HERR nicht die S. behütet
	17,10	als (Elia) an das Tor der S. kam	Spr	1,21	(die Weisheit) redet ihre Worte in der S. 8,3
	21,8	die mit Nabot in seiner S. wohnten 11.13		9,3	zu rufen oben auf den Höhen der S. 14
2Kö	2,19	die Männer der S. sprachen zu Elisa: Siehe, es ist gut wohnen in dieser S.		11,10	eine S. freut sich, wenn's den Gerechten
				11	durch den Segen... kommt eine S. hoch
	3,19	wüste machen alle auserwählten S. 25		16,32	besser als einer, der S. gewinnt
	25	die Schleuderer umringten die S. 6,14.15.19		21,22	ein Weiser ersteigt die S. der Starken
	9,15	soll niemand aus der S. entrinnen		25,28	ist wie eine offene S. ohne Mauern
	15,16	damals schlug Menahem die S. Tifsach		29,8	Spötter bringen eine S. in Aufruhr
	17,6	der König von Assyrien ließ sie wohnen in den S. 24.26.29; 18,11; Esr 4,10	Pr	7,19	als 10 Gewaltige, die in der S. sind 9,15
				8,10	die recht getan, wurden vergessen in der S.
	18,30	diese S. wird nicht... gegeben werden 19,32. 33; Jes 36,15; 37,33.34		9,14	war eine kleine S. und wenig Männer darin
				10,15	der nicht einmal weiß, in die S. zu gehen
	19,34	will diese S. beschirmen 20,6; Jes 37,35; 38,6	Hl	3,2	in der S. umhergehen auf den Gassen 3; 5,7
	23,5	zu opfern in den S. Judas 8; 2Ch 31,1.6	Jes	1,7	eure S. sind mit Feuer verbrannt Jer 2,15; 4,7; 37,10; 38,23
	24,10	Kriegsleute von Babel belagerten die S. 11; 25,1-4; 2Ch 32,18; Jer 34,1.7.22; 37,8; 39,2; 52,5-7		8	übriggeblieben... wie eine belagerte S.
				21	daß die treue S. zur Hure geworden ist
	25,11	das Volk, das übrig war in der S. 19; Jer 38,4; 39,9; 52,7.15.25		26	alsdann wirst du eine S. der Gerechtigkeit und eine treue S. heißen Sa 8,3
1Ch	4,31	das waren ihre S. bis auf den König David		6,11	bis die S. wüst werden, ohne Einwohner
	9,2	die zuerst in ihren S. wohnten		14,17	(ist das der Mann,) der S. zerstörte
	27,25	über die Vorräte in den S. 2Ch 17,13		31	heule, Tor! Schreie, S.
2Ch	11,5	baute S. in Juda zu Festungen aus 12; 14,6		17,1	Damaskus wird keine S. mehr sein 2.9
	13,19	Abija gewann (Jerobeam) S. ab		19,18	werden 5 S. die Sprache Kanaans sprechen
	14,4	entfernte aus allen S. die Opferhöhen 15,8; 33,15; 34,6		22,2	du S. voller Lärmen und Toben 32,14
				23,7	ist das eure fröhliche S. 32,13; Jer 49,25; Klg 2,15; Ze 2,15
	13	schlugen alle S. um Gerar... plünderten S.		9	daß er verächtlich machte die stolze S.
	15,6	eine S. (zerschlug) die andere Jes 19,2		13	haben die S. zur Wüste gemacht Sa 9,4
	17,2	(Joschafat) setzte Amtleute in		16	geh in der S. umher, du vergessene Hure
	7	daß sie in den S. Judas lehren sollten 9		24,10	die S. ist zerstört und wüst 12; 25,2
	19,5	bestellte Richter, S. für S. 10		25,3	die S. gewalttätiger Völker fürchten dich
	20,4	aus allen S. Judas kamen sie, den HERRN zu suchen Jer 17,26; 36,6.9		26,5	wirft sie nieder
				29,1	weh Ariel, du S. Jer 48,1.2.8.9.15.24.41; 50,9. 32; 51,27.31.43
	21,11	machte Opferhöhen in den S. Judas 28,25			
	23,2	brachten die Leviten aus allen S. zusammen		32,19	die S. wird versinken
	24,5	zieht hin in alle S. und sammelt Geld		33,20	schaue auf Zion, die S. unsrer Feiern
	25,13	fielen in die S. Judas ein 28,18		40,9	sage den S. Judas 44,26; Jer 2,2; 11,6; 26,2
	27,4	baute S. auf dem Gebirge 32,29		42,11	rufet laut, ihr Wüsten und die S. darin
	29,20	Hiskia versammelte die Oberen der S.		45,13	meine S. wieder aufbauen Jer 30,18; 31,38
	30,10	Läufer gingen von einer S. zur andern		48,2	sie nennen sich nach der heiligen S.
Esr	2,1	zurückkehrten, ein jeder in seine S. 70; 3,1; Neh 7,6.72; 11,1.3.9.18.20; Est 9,2		52,1	schmücke dich herrlich, du heilige S.
				54,3	werden verwüstete S. neu bewohnen 61,4; Hes 36,10.33.35.38; Am 9,14
	4,12	die böse S. wieder aufbauen 13.15.16.19.21		60,14	werden dich nennen „S. des HERRN"
	10,14	in unsern S. fremde Frauen genommen... mit ihnen die Ältesten einer jeden S.		62,12	wird nennen „Nicht mehr verlassene S."
				64,9	deine heilige S. sind zur Wüste geworden
Neh	2,3	die S. liegt wüst 5; 13,18		66,6	horch, Lärm aus der S.
	7,4	die S. war weit und groß		10	seid fröhlich über die S.
	8,15	kundtun in allen S. Est 8,11.17; 9,28	Jer	1,15	ihre Throne setzen vor alle S. Judas
	12,44	Anteile von den Äckern um die S. her		2,28	soviel S., so viel Götter 11,12.13
Est	3,15	die S. Susa 4,1.6; 6,9.11; 8,15		3,14	will euch holen, einen aus einer S.
Hi	15,28	er wohnt in zerstörten S.		4,16	erheben Kriegsgeschrei gegen die S. Judas
	24,12	fern der S. seufzen Sterbende		26	alle seine S. waren zerstört 33,10
	29,7	wenn ich ausging zum Tor der S.		29	alle S. werden sie fliehen. Alle S. werden verlassen stehen
	39,7	er verlacht das Lärmen der S.			
Ps	9,7	die S. hast du zerstört		5,1	sucht auf den Straßen der S.
	46,5	soll die S. Gottes fein lustig bleiben		6	der Panther wird um ihre S. lauern
	48,2	hoch zu rühmen in der S. unsres Gottes		6,6	Jerusalem ist eine S., die heimgesucht
	3	daran sich freut die S. des großen Königs			

Stadt 1314

Jer	7,17	was sie tun in den S. Judas 44,17.21
	34	will in den S. Judas wegnehmen den Jubel
	8,16	werden auffressen die S. samt allen
	13,19	die S. im Südland sind verschlossen
	14,2	seine S. sind verschmachtet
	15,7	ich würfelte sie in den S. des Landes
	17,24	durch die Tore dieser S. 25
	25	soll diese S. immerdar bewohnt werden
	19,8	will diese S. zum Spott machen 11.12; 25,18
	15	über diese S. Unheil kommen lassen 25,29; 26,9; 44,2.6
	20,5	will alle Güter dieser S... geben
	16	wie die S., die der HERR vernichtet hat
	21,4	will euch versammeln mitten in dieser S.
	6	will die Bürger dieser S. schlagen 7
	9	wer in dieser S. bleibt, wird sterben 38,2; Hes 7,15
	10	mein Angesicht gegen diese S. gerichtet 33,5
	13	ich will an dich, du S.
	22,6	will dich zur S. ohne Einwohner machen
	8	viele an dieser S. vorüberziehen und sagen: Warum hat der HERR an dieser S. so
	23,39	will euch samt der S. wegwerfen
	26,6	will diese S. zum Fluchwort machen
	11	geweissagt gegen diese S. 12.15.20; Hes 4,7; 16,2; 28,21
	27,17	warum soll diese S. zur Wüstenei werden
	19	von den Geräten... in dieser S.
	29,7	suchet der S. Bestes
	16	über das Volk, das in dieser S. wohnt 33,4.9
	31,21	kehr zurück zu diesen deinen S.
	23	wird dies Wort sagen in seinen S. 24; 32,44
	40	die S. wird niemals mehr eingerissen
	32,3	gebe diese S. in die Hände des Königs von Babel 25.28.36; 34,2; 38,3.18
	24	die Wälle reichen schon bis an die S.
	31	seit diese S. gebaut ist, hat sie mich
	33,12	in ihren S. werden wieder Auen sein 13
	37,21	alles Brot in der S. aufgezehrt 38,9
	38,17	die S. soll nicht verbrannt werden
	39,4	flohen bei Nacht zur S. hinaus
	16	will m. Worte kommen lassen über diese S.
	40,5	Gedalja... über die S. in Juda gesetzt
	10	ihr aber sollt in euren S. wohnen
	41,7	als sie mitten in die S. kamen
	46,8	Äg. sprach: Ich will die S. verderben
	47,2	Wasser überfluten die S.
	48,28	verläßt die S. und wohnt in den Felsen
	49,1	warum wohnt sein Volk in dessen S.
Klg	1,1	wie liegt die S. so verlassen 4.5
	19	in den S. verschmachtet 2,11.12
	3,51	Schmerz wegen all der Töchter meiner S.
	5,11	haben Frauen geschändet in den S. Judas
Hes	4,1	entwirf darauf die S. Jerusalem 3
	5,2	sollst du verbrennen mitten in der S.
	6,6	sollen die S. verwüstet werden 12,20; 19,7; 26,19; 29,12; 30,7.18; 43,3
	7,23	die S. (ist) voll Frevel 9,9; 11,2.6.7; 22,2.3; 24,6.9; Hab 2,8.17
	9,1	gekommen ist die Heimsuchung der S. 14,22; 28,22
	4	geh durch die S. und zeichne die Leute 5
	7	erschlugen die Leute in der S.
	10,2	streue sie über die S.
	11,3	die S. ist der Topf 11
	9	will euch aus der S. hinaustreiben
	23	die Herrlichkeit erhob sich aus der S.
	21,24	der zu einer S. weisen soll 25
	23,42	erhob sich in der S. Freudengeschrei
	25,9	daß es ohne S. sei
Hes	26,10	wie man eindringt in eine S.
	17	du berühmte S., die du am Meer lagst
	33,21	die S. ist genommen 40,1
	36,4	spricht Gott zu den verlassenen S.
	39,9	die in den S. werden herausgehen
	16	soll eine S. „S. der Heerhaufen" heißen
	40,2	darauf war etwas wie der Bau einer S.
	45,6	sollt ihr zuweisen einen Raum 7; 48,15-22.30.31.35
Dan	9,16	wende deinen Zorn von deiner S. Jerusalem
	18	die S., die nach deinem Namen genannt 19
	24	70 Wochen sind verhängt über d. heilige S.
	26	wird die S. und das Heiligtum zerstören
	11,24	wird in die besten S. des Landes kommen
Hos	6,8	Gilead ist eine S. voller Übeltäter
	8,14	aber ich will Feuer in seine S. senden
	11,6	soll das Schwert über ihre S. kommen
	13,10	König, der dir helfen kann in deinen S.
Jo	2,9	sie werden sich stürzen auf die S.
Am	3,6	ist ein Unglück in der S., das der HERR
	4,6	habe euch in euren S. müßige Zähne gegeben
	7	ließ regnen über eine S., auf die andere S. 8
	5,3	die S., aus der Tausend ausziehen
	6,2	gehet hin nach Hamat, der großen S.
	8	will die S. übergeben mit allem, was
	7,17	deine Frau wird in der S. zur Hure werden
Ob	20	die Weggeführten werden die S. der Kanaaniter... die S. im Südland besitzen
Jon	1,2	geh in die große S. Ninive 3,2-4; 4,5.11
Mi	4,10	du mußt zwar zur S. hinaus
	5,1	die du klein bist unter den S. in Juda Mt 2,6
	6,9	des HERRN Stimme ruft über die S.
	7,12	werden von den S. Ägyptens zu dir kommen
Nah	3,1	weh der mörderischen S.
Hab	2,12	weh dem, der die S. mit Blut baut
Ze	3,1	weh der widerspenstigen S.
	6	ihre S. sind zerstört
Sa	1,12	dich nicht erbarmen über die S. Judas
	17	sollen meine S. wieder Überfluß haben
	7,7	als Jerusalem Frieden hatte samt seinen S.
	8,5	die Plätze der S. voll von Knaben
	20	werden kommen Bürger vieler S. 21
	14,2	S. erobert... nicht aus der S. ausgerottet
Jdt	1,1	Arphaxad baute eine gewaltige S.
	6	Nebukadnezar regierte in der S. Ninive
	2,6	sollst du unterwerfen 12-14; 3,6.10.12; 1Ma 1,20
	3,1	schickten die Könige von allen S. Boten
	7	aus allen S. wählte er die Tapfersten aus 7,2
	4,2	was er den andern S. angetan hatte 9
	5,2	wieviel S. haben sie
	9	Ziegel zu streichen, um seine S. zu bauen
	18	nahmen ihr Land und ihre S. ein
	6,10	waren Usija und Karmi die Obersten in der S.
	7,6	als Holofernes um die S. herumzog
	10	die Not bringt sie dazu, ihre S. zu übergeben 17; 8,8.9
	15	ruft die ganze S. zusammen 317535-17536
	8,3	er starb in seiner S. Bethulia
	13,6	damit du deine S. Jerusalem erhöhst Tob 13,18
	11	kamen ans Tor der S.
	13	riefen die Ältesten der S.
	15,6	Usija sandte Boten in alle S. Israels
	23,30	wird öffentlich in der S. bestraft werden
Wsh	9,8	in der S., in der du wohnst, einen Altar
	10,6	Feuer, das auf die fünf S. herabfiel
Tob	1,1	Tobias, aus einer S. in Obergaliläa

Tob	1,16	er kam in die S. Rages in Medien 3,7; 4,21; 5,9.15; 6,7; 9,6	Mt	8,33	die Hirten gingen hin in die S. Mk 5,14; Lk 8,34.39

Tob 1,16 er kam in die S. Rages in Medien 3,7; 4,21; 5,9.15; 6,7; 9,6
Sir 9,7 gaffe nicht umher in den Straßen der S.
 10,3 wenn... klug sind, gedeiht die S. 16,5
 23,30 wird öffentlich in der S. bestraft werden
 24,15 so hat er mich in die geliebte S. gesetzt
 31,29 von einem Geizhals redet die ganze S. schlecht
 36,15 erbarme dich über die S. Jerusalem 2Ma 8,3
 28 der von einer S. in die andre schleicht
 38,36 kann sie beim Bau der S. nicht entbehren
 40,19 S. gründen machen einen bleibenden Namen
 42,11 daß nicht die ganze S. von dir redet
 46,3 als er das Schwert zückte gegen die S.
 48,19 Hiskia befestigte seine S. 50,4; 1Ma 1,35
 49,8 die verbrannten die S. des Heiligtums
Bar 2,23 will von den S. Judas den Jubel wegnehmen
 4,32 unglücklich sollen sie S. werden
1Ma 1,32 überfiel die S. 30.33.37; 5,28.35.36.44.59.68; 6,46-51.63; 11,8.45-50.61.66; 13,11.43-48; 15,14; 2Ma 5,5.26; 8,6; 9,2; 10,1.27; 12,7.13.16.27.28; 13,13
 46 Antiochus sandte Briefe in alle S.
 54 befahlen den S. Judas zu opfern 57
 2,7 daß ich die Zerstörung der hl. S. ansehen
 15 als... in die S. Modeïn kamen 17.27.28
 3,8 er zog durch die S. und erschlug
 5,26 eingeschlossen in... alles große S. 27
 31 daß in der S. Trompeten schallten
 6,1 Antiochus hörte von einer berühmten S. 3
 7 sie hätten seine S. befestigt
 7,1 Demetrius kam in eine S. am Meer
 9,65 übergab der Befehl über die S. 67; 12,45
 10,10 begann, die S. wieder aufzubauen 12,35.36; 14,33.37
 63 befahl, ihn durch die S. zu führen
 71 mit dir ist die Heeresmacht der S.
 11,3 Ptolemäus ließ Kriegsleute in der S. zurück
 34 daß die S... zu ihrem Land gehören
 60 als Jonatan durch die S... kam
 13,25 in Modeïn, der S. seiner Väter
 14,10 Simon beschaffte für die S. Vorrat an Korn
 17 hörten, daß Simon seine S. beherrsche 16,14
 15,4 Aufrührer, die viele S. verwüstet haben
 19 daß sie nicht gegen ihre S. kämpfen
 30 darum fordere ich die S. zurück 31; 16,18
2Ma 1,12 hat unsere Feinde aus der S. weggetrieben
 3,8 er müßte die S... bereisen
 9 als die S. ihn freundlich empfangen 4,22
 14 da erhob sich großer Jammer in der S.
 4,2 obwohl er der S. alles Gute tat
 32 Geräte... in die umliegenden S. verkaufen
 36 wandten sich die Juden in allen S. an ihn
 5,8 mußte von einer S. in die andere fliehen
 6,8 an die benachbarten S. ein Gebot
 8,11 schickte alsbald in die S. am Meer
 11,2 Griechen in der S. Jerusalem anzusiedeln
 12,38 Judas zog in die S. Adullam
 13,14 kämpfen, um die S. zu erhalten 15,17
 23 Antiochus behandelte die S. freundlich
StD 3,4 Jerusalem, die heilige S. unsrer Väter
Mt 2,6 die kleinste unter den S.
 23 wohnte in einer S. mit Namen Nazareth
 3,5 da ging zu ihm hinaus die S. Jerusalem
 4,5 da führte ihn der Teufel in die heilige S.
 13 (Jesus) verließ die S. Nazareth
 25 folgte ihm eine große Menge aus den Zehn S.
 5,14 es kann die S... nicht verborgen sein
 35 Jerusalem ist die S. des großen Königs

Mt 8,33 die Hirten gingen hin in die S. Mk 5,14; Lk 8,34.39
 34 da ging die ganze S. hinaus Jesus entgegen
 9,1 da fuhr (Jesus) hinüber und kam in seine S.
 35 Jesus ging ringsum in alle S. und Dörfer 11,1; Lk 8,1; 13,22
 10,5 zieht in keine S. der Samariter
 11 wenn ihr in eine S. geht 14.23; Lk 9,5; 10,8.10.11
 15 wird es erträglicher ergehen als dieser S. Lk 10,12
 23 mit den S. Israels nicht zu Ende kommen
 11,20 da fing er an, die S. zu schelten
 12,25 jede S... kann nicht bestehen
 14,13 das Volk folgte ihm zu Fuß aus den S. Mk 6,33; Lk 8,4
 21,10 erregte sich die ganze S.
 18 als er in die S. ging, hungerte ihn
 22,7 der König zündete ihre S. an
 23,34 werdet sie verfolgen von einer S. zur andern
 26,18 geht hin in die S. zu einem und sprecht zu ihm Mk 14,13.16; Lk 22,10
 27,53 kamen in die heilige S. und erschienen vielen
 28,11 da kamen einige von der Wache in die S.
Mk 1,33 die ganze S. war versammelt vor der Tür
 38 laßt uns gehen in die nächsten S.
 45 daß Jesus nicht mehr in eine S. gehen konnte
 5,20 fing an, in den Zehn S. auszurufen 7,31
 6,56 wo er in Dörfer, S. und Höfe hineinging
 11,19 abends gingen sie hinaus vor die S.
Lk 1,26 wurde Gabriel von Gott gesandt in eine S. in Galiläa
 39 Maria ging eilends zu einer S. in Juda
 2,3 jedermann ging, ein jeder in seine S.
 4 machte sich auf Josef aus der S. Nazareth
 11 der Heiland geboren, in der S. Davids
 39 kehrten sie zurück in ihre S. Nazareth
 4,29 standen auf und stießen ihn zur S. hinaus
 31 ging nach Kapernaum, einer S. in Galiläa
 43 ich muß auch in die andern S. das Evangelium predigen
 5,12 als er in einer S. war 7,11.12.37; 8,27
 9,10 zog sich in die S. zurück, die heißt Betsaida
 10,1 sandte sie vor sich her in alle S. und Orte
 14,21 geh schnell hinaus auf die Straßen der S.
 18,2 es war in einer S. ein Richter in 3
 19,17 sollst du Macht haben über zehn S. 19
 41 sah er die S. und weinte über sie
 21,21 wer in der S. ist, gehe hinaus
 23,19 wegen eines Aufruhrs in der S. ins Gefängnis
 51 er war aus Arimathäa, einer S. der Juden
 24,49 ihr sollt in der S. bleiben, bis
Jh 1,44 Philippus war aus Betsaida, der S. des Andreas
 4,5 da kam er in eine S. Samariens, Sychar
 8 seine Jünger waren in die S. gegangen
 28 ging in die S. und spricht zu den Leuten 30
 39 es glaubten viele Samariter aus dieser S.
 6,1 daran die S. Tiberias liegt
 11,54 ging in eine S. mit Namen Ephraim
 19,20 die Stätte, wo Jesus gekreuzigt wurde, war nahe der S.
Apg 4,27 sie haben sich versammelt in dieser S.
 5,16 es kamen viele aus den S. rings um Jerusalem
 7,58 stießen (Stephanus) zur S. hinaus
 8,8 es entstand große Freude in dieser S.
 9 ein Mann mit Namen Simon in der S.

Stadt

Apg	8,40	predigte in allen S. das Evangelium 13,5.6; 14,21; 16,4.12-14
	9,6	steh auf und geh in die S.
	10,9	als diese in die Nähe der S. kamen
	11,5	ich war in der S. Joppe im Gebet
	12,10	kamen zu dem eisernen Tor, das zur S. führt
	13,44	kam fast die ganze S. zusammen
	50	die Juden hetzten die angesehensten Männer der S. auf
	14,4	die Menge in der S. spaltete sich
	6	entflohen in die S. Lystra und Derbe
	13	der Priester aus dem Tempel vor ihrer S.
	19	steinigten Paulus und schleiften ihn zur S. hinaus 20.21
	15,21	Mose hat in allen S. solche, die ihn predigen
	36	nach unsern Brüdern sehen in allen S.
	16,12	Philippi, eine S. des... von Mazedonien
	20	diese Menschen bringen unsre S. in Aufruhr
	39	baten sie, die S. zu verlassen
	17,5	richteten einen Aufruhr in der S. an
	6	schleiften Jason vor die Oberen der S.
	8	so brachten sie die Oberen der S. (auf)
	16	Paulus ergrimmte, als er die S. voller Götzenbilder sah
	18,10	ich habe ein großes Volk in dieser S.
	19,29	die ganze S. wurde voll Getümmel 21,30
	35	der nicht weiß, daß die S. Ephesus
	20,23	daß der heilige Geist in allen S. mir bezeugt
	21,5	sie geleiteten uns bis hinaus vor die S.
	29	sie hatten Trophimus in der S. gesehen
	39	ich bin ein Bürger einer namhaften S. 22,3
	24,12	haben mich weder im Tempel noch in der S. dabei gefunden
	25,23	gingen in den Palast mit den vornehmsten Männern der S.
	26,11	verfolgte sie bis in die fremden S.
	27,8	nahe dabei lag die S. Lasäa
Rö	16,23	*Erastus, der S. Rentmeister*
2Ko	11,26	ich bin in Gefahr gewesen in S.
	32	bewachte der Statthalter die S.
Tit	1,5	daß du s. überall in den S. Älteste einsetzen
2Pt	2,6	hat die S. Sodom und Gomorra Jud 7
Heb	11,10	wartete auf die S., die einen festen Grund hat
	16	er hat ihnen eine S. gebaut
	12,22	gekommen zu der S. des lebendigen Gottes
	13,14	wir haben hier keine bleibende S.
Jak	4,13	heute oder morgen wollen wir in die oder die S. gehen
Off	3,12	Jerusalem, S. meines Gottes 21,2.10.14-16.18. 21-24
	11,2	die heilige S. werden sie zertreten
	8	S., die heißt geistlich: Sodom und Ägypten
	13	der zehnte Teil der S. stürzte ein
	14,8	sie ist gefallen, Babylon, die große S. 16,19; 18,10.16.19.21
	20	S. sollen dir ist die große draußen vor der S. getreten
	16,19	die S. der Heiden stürzten ein
	17,18	die Frau ist die große S., gleich
	18,18	wer ist der großen S. gleich
	20,9	sie umringten die geliebte S.
	22,3	der Thron Gottes wird in der S. sein
	14	daß sie zu den Toren hineingehen in die S.
	19	seinen Anteil wegnehmen an der heiligen S.

Stadtbuch

1Ma	14,22	haben in unser S. schreiben lassen 23

Stadthauptmann

Ri	9,30	Sebul, der S. 1Kö 22,26; 2Ch 18,25; 34,8

Stadtkämmerer

Rö	16,23	es grüßt euch Erastus, der S.

Stadtmauer

4Mo	35,4	soll sich um die S. herum erstrecken
Jos	2,15	ihr Haus war an der S.
	6,5	dann wird die S. einfallen
Neh	2,8	damit er mir Holz gebe für die S.

Stadtrichter

Apg	16,20	führten sie den S. vor und sprachen 22
	35	sandten die S. die Amtsdiener 36.38

Stadttor

5Mo	22,24	sollt sie alle beide zum S. hinausführen
Jos	2,5	als man die S. zuschließen wollte
	8,29	warfen (seinen Leichnam) unter das S.
	20,4	soll daraußen vor dem S. stehenbleiben
Ri	9,35	Gaal trat vor das S. 44
	16,3	(Simson) ergriff beide Torflügel am S. 2
Jdt	1,5	die S. machte er so hoch wie die Türme
Lk	7,12	als er nahe an das S. kam

Stadtvogt

2Kö	10,5	der S. und die Ältesten sandten zu Jehu
	23,8	vor dem Tore Josuas, des S.

Stahl

Sir	31,31	das Feuer prüft den S.

Stakte

2Mo	30,34	nimm dir Spezerei: Balsam, S.
Sir	24,21	(Geruch) wie Galbanum und Onyx und S.

Stall

2Ch	32,28	(Hiskia) baute S. für Vieh
Ps	50,9	will nicht nehmen Böcke aus deinen S.
Mi	2,12	sie wie Schafe in einen festen S. tun
Hab	3,17	in den S. werden keine Rinder sein
2Ma	13,15	den Leitelefanten, der mit ihm im S. war
Jh	10,16	noch andere Schafe, nicht aus diesem S.

Stamm (s.a. Stämme Israels)

1Mo	25,16	das sind die Fürsten nach ihren S. 36,30
	27,29	S. sollen dir zu Füßen fallen
	49,16	wird Richter sein wie nur irgend ein S.
2Mo	28,21	auf jeden ein Name nach den 12 S. 39,14
4Mo	1,4	je ein Mann von jedem S. 7,12; 13,2.4-15; 31,4.5; 34,18-28; 5Mo 1,23; Jos 3,12; 4,2.4; 18,4; 22,14
	16	die Fürsten unter den S. 7,2; 10,15 u.ö. 27; 30,2; 32,28; 5Mo 1,13.15; 29,9; 31,28; 1Kö 8,1; 1Ch 28,1; 2Ch 5,2
	21	vom S. Ruben gezählt 23 u.ö. 49; 2,5 u.ö. 29
	3,6	bringe den S. Levi herzu 4,18; 18,2; 5Mo 10,8; 18,1.5; Jos 3,3; 8,33; 13,14.33; 1Ch 23,14
	24,2	wie sie lagerten nach ihren S.

stammen

4Mo	26,55	austeilen nach den Namen der S. 33,54; 34,13-15; 36,3-9; Jos 11,23; 13,7.15.24; 14,2.3; 15,1.20.21; 16,1.5.8.9; 17,1; 18,10.11.21.28; 19,1u.ö.48; 21,4u.ö.38; 23,4; 1Ch 6,45-65
	32,33	dem halben S. Manasses 34,13-15; 5Mo 3,13; 29,7; Jos 1,12; 4,12; 12,6; 13,8.29; 18,7; 20,8; 21,6.27; 22,1.7.9-11.21; 1Ch 5,18.23.26; 6,47.56; 12,32.38; 26,32; 27,20.21
	36,12	blieb ihr Erbteil bei dem S. ihres Vaters
5Mo	12,5	Stätte, die der HERR erwählen aus euren S. 14
	16,18	Richter bestellen in jedem deiner S.
	29,17	laßt nicht einen S. unter euch sein
	20	wird ihn zum Unheil absondern aus allen S.
	33,19	sie werden die S. auf den Berg rufen
Jos	7,14	herzutreten, ein S. nach dem andern 16
	14,4	die Söhne Josef bestanden aus zwei S.
	17,12	der S. Manasse konnte diese nicht erobern
	22,11	der S. Ruben, der S. Gad haben einen Altar
	24,1	Josua versammelte alle S. nach Sichem
Ri	18,19	Priester... unter einem ganzen S. 30
	21,3	Israel um einen S. weniger 6.17.24
1Sm	10,19	tretet vor den HERRN nach euren S. 21
1Kö	5,23	die S. in Flöße zusammenlegen lassen
	11,13	einen S. will ich deinem Sohn lassen 32.36; 12,20; 2Kö 17,18; 1Ch 5,2; 28,4; Ps 78,68
	31	will dir zehn S. geben 35
	12,21	Rehabeam sammelte den S. Benjamin
2Kö	6,5	als einer einen S. fällte, fiel ihm 2
Ps	78,67	er erwählte nicht den S. Ephraim
	105,37	war kein Gebrechlicher unter ihren S.
	122,4	die S. hinaufziehen, die S. des HERRN
Jes	11,1	ein Reis hervorgehen aus dem S. Isais
	40,24	kaum hat ihr S. eine Wurzel
	49,6	die S. Jakobs aufzurichten
	63,17	kehr zurück um der S. willen
Jer	41,1	kam Jischmaël, aus königlichem S.
Hes	17,6	wurde ein Weinstock mit niedrigem S.
	31,4	ihre Ströme gingen rings um seinen S. 13
	45,8	das Land für seine S. lassen 47,23; 48,21.23
Dan	1,3	sollte einige auswählen, von königlichem S.
	11,7	wird einer aus ihrem S. emporkommen
Mi	6,9	höret, die S. und Ratsleute
Sa	9,7	daß auch sie wie ein S. in Juda werden
Tob	1,1	Tobias aus dem S. Naftali 4
	9	eine Frau, auch aus dem S. Naftali 7,14
	11	als er mit seinem S. nach Ninive kam
	17	als er einen Armen aus seinem S. sah
	2,1	lade einige Männer aus unserm S. ein
	5,17	sage mir, aus welchem S. bist du
	6,12	er ist ein Verwandter aus deinem S. 7,4
Sir	36,13	versamle alle S. Jakobs
	44,26	hat... in zwölf S. aufgeteilt
	45,31	David, Sohn Isais aus dem S. Juda
	48,10	die S. Jakobs wieder aufzurichten
1Ma	3,32	ließ einen Fürsten aus königlichem S. zurück
	36	sollte Leute aus fremdem S. ansiedeln
2Ma	1,10	Aristobulus, von hohenpriesterlichem S.
Lk	2,36	Hanna, eine Tochter Phanuëls, aus dem S. Asser
Apg	13,21	Gott gab ihnen Saul, einen Mann aus dem S. Benjamin
	26,7	auf ihre Erfüllung hoffen die zwölf S. unsres Volkes
Rö	11,1	ich bin auch ein Israelit, aus dem S. Benjamin Phl 3,5
Heb	7,6	der, der nicht von ihrem S. war 14
Jak	1,1	Jakobus an die zwölf S.
Off	5,5	hat überwunden der Löwe aus dem S. Juda
	9	hast Menschen für Gott erkauft aus allen S.
Off	7,5	aus dem S. Juda 12.000 versiegelt 6-8
	9	eine große Schar aus allen S.
	11,9	Menschen aus allen S. sehen ihre Leichname
	13,7	ihm wurde Macht gegeben über alle S.
	14,6	ein Evangelium zu verkündigen allen S.

Stammbaum

Heb	7,3	er ist ohne Vater, ohne Mutter, ohne S.

Stämme Israels

1Mo	49,28	das sind die zwölf S. I. Hes 48,1.31
2Mo	24,4	zwölf Steinmale nach den zwölf S. I. Jos 4,5. 8; 1Kö 18,31
4Mo	30,2	*Mose redete mit den Häuptern der S.I. 32,28
	36,3	*aus den S. I. zur Frau nimmt
	8	*die Erbteile erlangen unter den S. I.
	9	*festhalten an seinem Erbe unter den S. I.
5Mo	33,5	Häupter des Volks samt den S. I. Jos 14,1; 19,51; 21,1; Ri 20,2
Jos	12,7	gab das Land den S. I. zum Besitz
	18,2	sieben S. von I., die ihr Erbteil nicht erhalten
Ri	18,1	Daniter noch kein Erbe unter den S. I.
	20,10	zehn Mann von 100 aus allen S. I. 12
	21,5	wer von allen S. I. nicht heraufgekommen 8. 15
1Sm	2,28	hab's mir erwählt aus allen S. I.
	9,21	bin ein Benjaminiter und aus einem der kleinsten S. I. 10,20; 15,17
2Sm	5,1	kamen alle S. I. zu David nach Hebron
	15,10	Absalom hatte ausgesandt in alle S. I. 2
	19,10	stritt sich alles Volk in allen S. I.
	20,14	(Scheba) zog durch alle S. I.
	24,2	geht umher in allen S. I. und zählt
1Kö	8,16	keine Stadt erwählt unter... S. I. 2Ch 6,5
	11,32	Jerusalem erwählt aus allen S. I. 14,21; 2Kö 21,7; 2Ch 12,13; 33,7
1Ch	27,22	das sind die Fürsten der S. I. 16; 29,6
2Ch	11,16	folgten den Leviten aus allen S. I.
Esr	6,17	nach der Zahl der S. I.
Ps	78,55	ließ in ihren Zelten die S. I. wohnen
Hes	37,19	S. I., die sich zu ihm halten
	47,13	Land für die S. I. austeilen 21.22; 48,29
	48,19	Arbeiter aus allen S. I.
Hos	5,9	davor habe ich die S. I. treulich gewarnt
Sa	9,1	der HERR schaut auf die S. I.
Sir	45,13	die Namen der zwölf S. I. Off 21,12
Mt	19,28	ihr werdet richten die zwölf S. I. Lk 22,30
Apg	4,27	Pontius Pilatus mit den S.I.
Off	7,4	144.000 aus allen S. I.

stammeln

Jes	32,4	die Zunge der S. wird klar reden
	33,19	das Volk von s. Zunge

Stammeltern

Wsh	14,6	die S. für ein neues Geschlecht

stammen

5Mo	32,32	ihr Weinstock s. von Sodoms Weinstock
2Sm	21,22	diese s. vom Geschl. der Riesen 1Ch 20,8
Esr	2,59	ob ihre Nachkommen aus Israel s. Neh 7,61
Apg	17,26	*von Einem aller Menschen Geschlechter s.*
Rö	9,6	nicht alle sind Israeliten, die von Israel s.
	7	was von Isaak s., soll dein Geschlecht genannt werden Heb 11,18

stammen

1Jh	3,12	nicht wie Kain, der von dem Bösen s.

Stammesbruder

1Ch	12,2	von den S. Sauls, die aus Benjamin waren

Stammesfürst

1Mo	36,15	dies sind die S. der Söhne Esaus 21.29
2Mo	35,27	die S. brachten Onyxsteine
4Mo	4,22	wenn aber ein S. sündigt
	27,2	(die Töchter Zelophhads) traten vor die S.

Stammesgebiet

Hes	45,7	soll die Länge einem der S. entsprechen

Stammeshaupt

5Mo	5,23	tratet ihr zu mir, alle eure S.

Stammesverzeichnis

2Mo	6,16	die Söhne Levis nach ihrem S. 19

Stammvater

1Mo	36,43	das ist Esau, der S. der Edomiter
Rö	4,1	was sagen wir von Abraham, unserm S.
Heb	7,10	er sollte seinem S. erst noch geboren werden

stammverwandt

Rö	9,3	meine Brüder, die meine S. sind nach dem Fleisch
	11,14	ob ich meine S. zum Nacheifern reizen
	16,7	grüßt Andronikus und Junias, meine S. 11
	21	es grüßen euch meine S.

stampfen

Ri	5,22	da s. die Hufe der Rosse
Hi	39,21	es s. auf den Boden und freut sich
Jer	47,3	vor dem S. ihrer starken Rosse
Hes	6,11	s. mit deinem Fuße 25,6

Stampfer

Spr	27,22	wenn du den Toren zerstießest mit dem S.

Stand

Mt	21,12	Jesus stieß die S. der Taubenhändler (um) Mk 11,15
Tit	3,8	in einem S. guter Werke befunden 14
2Pt	3,17	daß ihr nicht fallt aus eurem festen S.
Jud	6	Engel, die ihren S. nicht bewahrten

standhaft

Jdt	8,20	ebenso sind Isaak, Jakob... s. geblieben
1Ma	1,65	viele vom Volk Israel blieben s. 2,16
Lk	21,19	seid s., und ihr werdet euer Leben gewinnen

standhalten

2Sm	23,10	er h. s. und schlug die Philister
Hi	8,15	sein Haus, es h. nicht s.
Ps	20,9	wir aber stehen und h. s.

Jer	46,15	deine Gewaltigen können nicht s. 21
Hes	22,14	meinst du, dein Herz kann s.
Am	2,15	die Bogenschützen sollen nicht s.
Sir	6,8	in der Not h. er nicht s. 10
	22,22	h. ein zaghaftes Herz keinem Schrecken s.
	46,4	wer konnte (Josua) s.
1Ma	3,53	wie können wir... s., wenn du nicht hilfst

ständig

2Mo	27,20	daß man s. Lampen aufsetzen könne 3Mo 6,6; 2Ch 2,3
2Kö	25,30	wurde ihm sein s. Unterhalt bestimmt
Spr	19,13	zänk. Weib wie ein s. triefendes Dach
Jes	51,13	hast dich s. gefürchtet den ganzen Tag
Hes	39,14	Leute, die s. im Lande umhergehen
Sir	20,27	schlimmer ist ein Mensch, der s. lügt
Heb	12,1	ablegen die Sünde, die uns s. umstrickt

Stange

2Mo	25,13	mache S. von Akazienholz 27.28; 27,6.7; 30,4.5; 37,4.14.15.27.28; 38,5
	35,12	die Lade mit ihren S. 13.15.16; 39,35.39; 40,20; 4Mo 4,6.8.11.14; 1Kö 8,7.8; 1Ch 15,15; 2Ch 5,8.9
4Mo	13,23	trugen (eine Rebe) zu zweien auf einer S.
	21,8	richte sie an einer S. hoch auf
Jos	7,21	sah unter der Beute eine S. von Gold 24
Mt	26,47	mit ihm eine große Schar mit S. Mk 14,43
	55	ihr seid ausgezogen mit Schwertern und S. Mk 14,48; Lk 22,52

Star

Tob	6,10	für die Augen, um sie von S. zu heilen
	11,14	da löste sich der S. von seinen Augen

stark (s.a. Starker)

1Mo	48,2	Israel machte sich s.
	49,24	bleibt sein Bogen fest, und seine Arme s.
	26	die Segnungen deines Vaters waren s. als
2Mo	1,7	die *Nachkommen Israels wurden überaus s. 9.12.20; 5Mo 26,5
	3,19	er werde gezwungen durch eine s. Hand 6,1
	10,19	Wind, so daß er s. aus Westen kam 14,21
	14,8	waren unter einer s. Hand ausgezogen 32,11; 4Mo 33,3; Ps 136,12; Dan 3,17
	19,16	erhob sich der Ton einer s. Posaune 19
3Mo	10,9	sollt weder Wein noch s. Getränke trinken 4Mo 6,3; 5Mo 29,5; Ri 13,4.7.14; 1Sm 1,15
4Mo	13,18	das Volk, ob's s. oder schwach ist 28.31
	20,20	die Edomiter zogen aus mit s. Hand
5Mo	2,10	war ein s. und hochgewachsenes Volk 21
	3,24	deinem Knecht zu offenbaren deine s. Hand
	4,38	Völker. s. als du 7,1; 9,1; 11,23
	9,14	aus dir will ich ein s. Volk machen
	11,8	Gebote halten, auf daß ihr s. werdet
	14,26	gib das Geld, es sei für Wein, s. Getränke
Jos	14,11	bin noch heute so s. wie an dem Tage
	17,17	weil du s. bist, nicht nur ein Los haben
	22,22	der s. Gott, der HERR Jer 32,18
Ri	3,10	seine Hand über ihn s. wurde 12; 6,2; 7,11
	29	alles s. und streitbare Männer 2Kö 24,16; 1Ch 12,9; 2Ch 14,7
	9,51	war ein s. Burg mitten in der Stadt
	14,18	was ist s. als der Löwe
	18,26	sah, daß (die Daniter) ihm zu s. waren
Rut	4,11	sei s. in Ephrata

Stärke

1Sm	4,9	so seid nun s. und seid Männer
2Sm	1,23	Saul und Jonatan, s. als die Löwen
	15,12	die Verschwörung wurde s.
	17,8	daß sie s. sind und zornigen Gemüts
	22,18	errettete von meinen s. Feinden Ps 18,18
1Kö	16,22	das Volk, das Omri anhing, wurde s.
	19,11	ein großer, s. Wind, der die Berge zerriß
2Kö	2,16	fünfzig s. Männer, die laß gehen
	3,26	daß ihm der Kampf zu s. war
	25,3	wurde der Hunger s. in der Stadt
1Ch	19,12	wenn mir die Aramäer zu s. werden
	29,12	in deiner Hand, jedermann s. zu machen
2Ch	11,11	machte die Festungen s. 12
	25,8	wenn du denkst, s. zu sein zum Kampf
Hi	29,20	mein Bogen sei immer s.
	39,4	ihre Jungen werden s. im Freien 11
Ps	24,8	es ist der HERR, s. und mächtig
	31,3	sei mir ein s. Fels 71,3
	35,10	rettest vor dem, der ihm zu s. ist
	61,4	bist ein s. Turm vor meinen Feinden
	71,7	du bist meine s. Zuversicht
	74,15	du ließest s. Ströme versiegen
	75,9	Becher, mit s. Wein voll eingeschenkt
	79,11	durch deinen s. Arm erhalte die Kinder
	89,11	deine Feinde zerstreut mit deinem s. Arm
	14	s. ist deine Hand, und hoch ist d. Rechte
	92,11	mich machst du s. wie den Wildstier
	103,20	lobet den HERRN, ihr s. Helden
	140,8	HERR, meine s. Hilfe, du beschirmst
Spr	8,28	als er s. machte die Quellen der Tiefe
	20,1	s. Getränk macht wild Jes 28,7
	24,5	ein weiser Mann ist s. Pr 7,19
	10	der ist nicht s., der... nicht fest ist
	31,4	noch (ziemt) den Fürsten s. Getränk 6
Pr	9,11	zum Kampf hilft nicht s. sein
Hl	8,6	Liebe ist s. wie der Tod
Jes	8,7	wird über sie kommen lassen die s. Wasser
	9,10	der HERR macht s. ihre Bedränger
	11,15	den Euphrat mit seinem s. Wind in 7 Bäche
	27,1	wird heimsuchen mit seinem s. Schwert
	29,9	taumelt, doch nicht von s. Getränk
	30,15	durch Stillesein und Hoffen würdet ihr s.
	31,1	die hoffen auf Gespanne, weil sie s. sind
	40,26	seine s. Kraft ist so groß
	43,16	der in s. Wassern Bahn macht
	62,8	hat geschworen bei seinem s. Arm
Jer	4,12	ein Wind kommt, der ihnen zu s. sein wird
	20,7	du bist mir zu s. gewesen
	11	der HERR ist bei mir wie ein s. Held
	21,5	will wider euch streiten mit s. Arm
	47,3	vor dem Stampfen ihrer s. Rosse
	48,17	wie ist das s. Zepter so zerbrochen
	49,35	den Bogen Elams, seine s. Waffe
	50,11	wiehert wie die s. Rosse
	34	ihr Erlöser ist s., der heißt HERR Zebaoth
	51,12	macht s. die Wachen
Hes	17,7	da kam ein Adler mit s. Schwingen
	19,11	seine Ranken wurden s. 12.14
	20,33	will über euch herrschen mit s. Hand 34
	23,33	mußt dich mit s. Trank voll trinken
	24,12	will der Rost nicht abgehen
	30,21	umwickelt, daß er wieder s. würde
	32,18	mit den Töchtern der s. Völker
	21	von ihm werden sagen die s. Helden
	34,4	das S. aber tretet ihr nieder
	16	will, was fett und s. ist, behüten
Dan	2,42	zum Teil wird's ein s. Reich sein
	7,7	ein viertes Tier war sehr s. 8,8
	11,39	wird die s. Festungen... unterstellen
Jo	4,10	der Schwache spreche: Ich bin s.
Am	2,9	der so s. (war) wie die Eichen
Ze	3,17	der HERR ist bei dir, ein s. Heiland
Sa	6,3	waren scheckige Rosse, allesamt s. 7
Jdt	9,13	du, Herr, bist s. auch ohne Heeresmacht
Wsh	16,17	daß das Feuer noch s. im Wasser brannte 19
Sir	6,14	ein treuer Freund ist ein s. Schutz
	30	ihre Fesseln werden zum s. Schutz
	12,5	damit er nicht s. wird als du
	34,19	er ist eine s. Stütze
1Ma	1,35	befestigten die Stadt Davids mit s. Mauern
	2,66	Judas Makkabäus ist ein s. Held
	3,17	wie sollen wir gegen ein so s. Heer kämpfen
	4,7	daß das Heer von s. Reiterei umgeben war 16,7
	6,27	werden sie s. werden und Schaden tun
	7,25	daß Judas und sein Volk wieder s. waren
	9,66	noch mehr Leute, so daß er s. wurde
2Ma	1,24	Herr, der du s. und gerecht bist
StD	1,39	er war uns zu s. und stieß die Tür auf
Mt	3,11	der nach mir kommt, ist s. als ich Mk 1,7; Lk 3,16
	14,30	als er den s. Wind sah Jh 6,18
Lk	1,15	Wein und s. Getränk wird er nicht trinken
	80	das Kindlein wurde s. im Geist 2,40
	21,36	betet, daß ihr s. werdet
Apg	3,16	hat sein Name diesen, den ihr kennt, s. gemacht
Rö	4,20	wurde s. im Glauben und gab Gott die Ehre
	15,1	wir, die wir s. sind, sollen... tragen
1Ko	1,25	die Schwachheit Gottes ist s. als Menschen
	27	hat Gott erwählt, damit zuschanden mache, was s. ist
	4,10	wir (sind) schwach, ihr aber s.
	10,22	sind wir s. als er
	16,13	steht im Glauben, seid s. Eph 6,10; 2Ti 2,1
2Ko	10,10	seine Briefe wiegen schwer und sind s.
	12,10	wenn ich schwach bin, so bin ich s.
Eph	3,16	s. zu werden an dem inwendigen Menschen
1Ti	1,12	Christus Jesus, der mich s. gemacht hat
1Jh	2,14	ihr seid s., und das Wort Gottes bleibt in euch
Heb	5,7	hat mit s. Geschrei geopfert dem, der
	6,18	so sollten wir einen s. Trost haben
	11,34	(diese) sind s. geworden im Kampf
Jak	3,4	obwohl sie von s. Winden getrieben werden
Off	5,2	ich sah einen s. Engel 10,1; 18,21
	6,13	wenn er von s. Wind bewegt wird
	18,8	s. ist Gott der Herr, der sie richtet
	10	weh, weh, du große Stadt Babylon, du s. Stadt
	19,6	ich hörte etwas wie eine Stimme s. Donner

Stärke

1Mo	49,3	mein erster Sohn, der Erstling meiner S.
2Mo	15,2	der HERR ist meine S. Ps 28,7; Jes 12,2; 49,5
	13	hast sie geführt durch deine S.
5Mo	8,17	meiner Hände S. haben mir diesen Reichtum
1Sm	2,4	die Schwachen sind umgürtet mit S.
2Sm	22,40	du hast mich gerüstet mit S. Ps 18,40
2Ch	4,5	die S. seiner Wand war eine Hand breit
Esr	8,22	seine S. gegen alle, die ihn verlassen
Neh	8,10	die Freude am HERRN ist eure S.
Hi	17,9	wer reine Hände hat, nimmt an S. zu
	26,2	der keine S. in den Armen hat
	30,2	deren S. ich für nichts hielt
	21	streitest gegen mich mit aller deiner S.
	40,16	welch eine S. in den Muskeln 41,14
Ps	18,2	herzl. lieb habe ich dich, HERR, meine S.
	22,20	meine S., eile, mir zu helfen

Stärke

Ps	28,8	der HERR ist seines Volkes S... S. für seinen Gesalbten 37,39
	29,1	bringet dar dem HERRN Ehre und S.
	31,5	(HERR,) du bist meine S. Jer 16,19
	33,17	ihre große S. errettet nicht
	43,2	du bist der Gott meiner S.
	46,2	Gott ist unsre Zuversicht und S. 81,2
	59,10	meine S., zu dir will ich mich halten 18
	62,8	bei Gott ist der Fels meiner S. Jes 17,10
	78,26	erregte durch seine S. den Südwind
	84,6	wohl den... die dich für ihre S. halten
	89,18	du bist der Ruhm ihrer S.
	147,10	hat keine Freude an der S. des Rosses
Spr	20,29	der Jünglinge Ehre ist ihre S.
Pr	9,16	Weisheit ist zwar besser als S., doch
Jes	11,2	auf ihm wird ruhen der Geist der S.
	30,3	soll die S. des Pharao zur Schande geraten
	33,13	erkennet meine S.
	40,29	er gibt S. genug dem Unvermögenden
	45,24	im HERRN habe ich Gerechtigkeit und S.
	52,1	Zion, zieh an deine S.! Schmücke dich
Jer	9,22	ein Starker rühme sich nicht seiner S.
	23,10	ihre S. ist Unrecht
	51,30	mit ihrer S. ist's aus
Dan	2,20	ihm gehören Weisheit und S.
	23	ich danke dir, daß du mir S. verliehen
	37	dem der Gott des Himmels S. gegeben hat
Mi	3,8	ich aber bin voll Recht und S.
Jdt	9,13	du hast keine Freude an der S. der Rosse
Wsh	12,16	deine S. ist der Ursprung der Gerechtigkeit
	17	an denen, die... beweist du deine S.
	18	der du Herr bist über die S.
Sir	16,8	Riesen, die auf ihre S. pochten
2Ma	12,28	der mit Gewalt die S. der Feinde zerbricht
Eph	1,19	weil die Macht seiner S. wirksam wurde
	6,10	stark in dem Herrn und in der Macht seiner S.
2Pt	2,11	die Engel, die größere S. haben
Off	5,12	ist würdig, zu nehmen Weisheit und S.
	7,12	Preis und Kraft und S. sei unserm Gott von Ewigkeit zu Ewigkeit

stärken

5Mo	1,38	dem s. den Mut; denn er soll Israel
Ri	9,24	die ihm seine Hand dazu ges. hatten
1Sm	23,16	Jonatan s. (Davids) Vertrauen auf Gott
	30,6	David aber s. sich in dem HERRN
2Sm	3,6	s. Abner das Haus Sauls
	17,29	um David und das Volk zu s.
	22,33	Gott s. mich mit Kraft
2Ch	11,17	sie s. Rehabeam für drei Jahre
	16,9	daß er s., die mit ganzem Herzen bei ihm
	17,5	der HERR das Königtum (Joschafats)
Esr	5,2	Propheten Gottes, die sie s.
	6,22	damit sie ges. würden zur Arbeit Neh 6,9
Hi	4,3	hast matte Hände ges.
	16,5	ich würde euch s. mit dem Munde
Ps	18,36	deine Rechte s. mich
	20,3	er s. dich aus Zion
	86,16	s. deinen Knecht mit deiner Kraft
	89,22	mein Arm soll ihn s.
	104,15	daß das Brot des Menschen Herz s.
	119,28	s. mich nach deinem Wort 117
Jes	9,6	daß er's s. und stütze durch Recht
	30,2	sich zu s. mit der Macht des Pharao
	35,3	s. die müden Hände und macht fest
	41,10	s. dich, ich helfe dir auch
	58,11	der HERR wird dein Gebein s.
Jer	23,14	wie (Propheten) die Boshaften s.

Hes	13,22	die Hände der Gottlosen ges. habt
	30,24	Arme des Königs von Babel will ich s. 25
	34,4	das Schwache s. ihr nicht
	16	will das Schwache s.
Dan	10,18	rührte mich an und s. mich 19
	11,1	ich stand bei ihm, um ihn zu s.
Hos	7,15	ich lehre sie Zucht und s. ihren Arm
Nah	2,2	s. dich aufs gewaltigste
Sa	8,9	s. eure Hände, die ihr diese Worte hört 13
	10,6	will das Haus Juda s. 12
Jdt	13,6	Herr, Gott Israels, s. mich 9; Sir 47,6
Sir	18,29	kann andere mit trefflichen Sprüchen s.
2Ma	11,9	sie wurden in ihrer Zuversicht so ges., daß
Lk	17,5	sprachen zu dem Herrn: S. uns den Glauben
	22,32	wenn du dich bekehrst, s. deine Brüder
	43	ein Engel vom Himmel und s. ihn
Apg	9,19	er nahm Speise zu sich und s. sich
	14,22	s. die Seelen der Jünger und ermahnten sie 15,32.41; 18,23
Rö	1,11	euch etwas mitteile, um euch zu s.
	16,25	der euch s. kann gemäß m. Evangelium
Kol	1,11	ges. werdet mit aller Kraft
	2,2	damit ihre Herzen ges. werden 1Th 3,13
1Th	3,2	sandten Timotheus, euch zu s.
2Th	2,17	der tröste eure Herzen und s. euch
	3,3	der Herr wird euch s. 1Pt 5,10
2Ti	4,17	der Herr stand mir bei und s. mich
2Pt	1,12	ges. seid in der Wahrheit
Heb	12,12	s. die müden Hände und die wankenden Knie
Jak	5,8	seid auch ihr geduldig und s. eure Herzen
Off	3,2	werde wach und s. das andre, das sterben will

Starker

Ri	14,14	Süßigkeit (ging aus) vom S.
1Sm	2,4	der Bogen der S. ist zerbrochen
	17,51	sahen, daß ihr S. tot war
2Sm	10,12	damit wir die S. bleiben für unser Volk
2Ch	14,10	dem Schwachen gegen den S. zu helfen
Hi	41,17	so entsetzen sich die S.
Ps	47,10	Gott gehören die S. auf Erden
	59,4	S. rotten sich wider mich zusammen
	78,65	wie ein S., der beim Wein fröhlich war
	120,4	scharfe Pfeile eines S. 127,4
Spr	16,32	ein Geduldiger ist besser als ein S.
	21,22	ein Weiser ersteigt die Stadt der S.
Pr	12,3	zur Zeit, wenn die S. sich krümmen
Hl	3,7	sechzig von den S. in Israel
	4,4	lauter Schilde der S.
Jes	1,31	der S. wird sein wie Werg
	10,21	ein Rest wird sich bekehren zu Gott, dem S.
	13,3	habe ich gerufen, die da jauchzen
	22,17	wie ein S. einen wegwirft
	28,2	einen S. hält der Herr bereit
	49,24	kann man einem S. den Raub wegnehmen 25
	53,12	er soll die S. zum Raube haben
Jer	9,22	ein S. rühme sich nicht seiner Stärke
	46,6	nicht entfliehen noch der S. entrinnen
	50,36	das Schwert soll kommen über ihre S.
Klg	1,15	der Herr hat zertreten alle meine S.
Hes	39,18	Fleisch der S. sollt ihr fressen 20
Dan	8,24	er wird die S. vernichten Am 5,9
Jo	4,9	bietet die S. auf 11
Am	2,14	noch der S. etwas vermögen soll 16
Ob	9	auch die S., Teman, sollen verzagen
Nah	2,4	die Schilde seiner S. sind rot
Ze	1,14	da werden die S. schreien
Bar	6,36	noch einen Schwächeren dem S. entreißen

Stätte

1Ma 4,30 der du den Angriff des S. zunichte gemacht
Mt 9,12 die S. bedürfen des Arztes nicht Mk 2,17
 12,29 wie kann jemand in das Haus eines S. eindringen Mk 3,27; Lk 11,22
Lk 3,16 *es kommt ein S. als ich*
 11,21 wenn ein S. gewappnet seinen Palast bewacht

starr

1Kö 14,4 seine Augen standen s. vor Alter
2Kö 8,11 der Mann Gottes schaute s. vor sich hin
Mk 9,18 knirscht mit den Zähnen und wird s.

starrköpfig

Sir 3,28 ein s. Mensch nimmt ein schlimmes Ende
 29 ein s. Mensch macht es sich selber schwer

statt, Statt, anstatt

1Mo 22,13 Abraham opferte ihn an seines Sohnes S.
 36,33 wurde König an seines S. 34-39; 2Sm 10,1; 1Kö 11,43u.ö.2Ch 36,8; Mt 2,22
 44,33 laß deinen Knecht hier an des Knaben S.
 50,19 stehe ich denn an Gottes S.
2Mo 29,30 wer an seiner S. Priester wird 3Mo 6,15; 16,32
3Mo 14,42 (soll) andere Steine s. jener einsetzen
4Mo 3,12 genommen s. aller Erstgeburt 41.45; 8,16.18
 32,14 seid aufgetreten an eurer Väter S.
5Mo 2,12 wohnten an ihrer S. 21-23; 2Kö 17,24; 1Ch 4,41; 5,22
 10,6 wurde Priester an seiner S. Jer 29,26
 28,24 des Regens wird der HERR Asche geben
Jos 5,7 die er an ihrer S. hatte aufwachsen lassen
Ri 15,2 die (jüngere Schwester) nimm s. ihrer
2Sm 16,8 Sauls, an dessen S. du König geworden
 17,25 Amasa an Joabs S. gesetzt 19,14; 1Kö 2,35
1Kö 3,7 zum König an meines Vaters David S. 5,15.19; 8,20; 1Ch 29,23.28; 2Ch 1,8; 6,10
 14,27 an ihrer S. kupferne Schilde 2Ch 12,10
 19,16 (salbe) Elisa zum Propheten an deiner S.
Est 2,4 werde Königin an Wastis S. 17
Hi 31,40 Disteln wachsen s. Weizen... s. Gerste
Ps 45,17 an deiner Väter S. werden deine Söhne
 105,32 er gab ihnen Hagel s. Regen
 139,11 möge Nacht s. Licht um mich sein
Spr 11,8 der Gottlose kommt an seine S.
Jes 3,24 es wird Gestank s. Wohlgeruch sein
 43,3 Kusch und Seba an deiner S.
 4 ich gebe Menschen an deiner S.
 55,13 Zypressen s. Dornen und Myrten s. Nesseln
 60,17 will Gold a. des Erzes bringen und Eisen a. der Steine
 61,3 Schmuck s. Asche, Freudenöl s. Trauerkleid, Lobgesang s. eines betrübten Geistes
Hes 4,15 will Kuhmist s. Menschenkot zulassen
Dan 11,20 an seiner S. wird einer emporkommen 21
Hos 2,1 a. daß man zu ihnen sagt Rö 9,26
Wsh 16,2 s. solcher Plage tatest du... Gutes
 19,10 wie a. der Tiere die Erde... hervorbrachte
1Ma 9,30 darum wählen wir dich heute an seiner S.
 13,32 wurde selbst König an seiner S.
Apg 24,27 *kam Porcius Festus an des Felix S.*
Rö 1,25 das Geschöpf verehrt s. dem Schöpfer
1Ko 6,8 *s. dessen tut ihr Unrecht*
2Ko 5,20 so sind wir Botschafter an Christi S.
Phl 2,30 um mir zu dienen an eurer S.
Phm 13 damit er mir an deiner S. diene

Heb 7,11 a. einen nach der Ordnung Aarons zu benennen

Stätte

1Mo 12,6 Abram durchzog das Land bis an die S.
 13,3 die S., wo zuerst sein Zelt war 14
 19,12 den führe weg von dieser S. 13
 21,31 daher heißt die S. 22,14; 28,19; 32,3.31; 33,17; 35,7.15; 4Mo 11,3.34; Jos 5,9; Ri 2,5; 15,17; 18,12; 2Sm 6,8; 1Ch 13,11; 14,11; 2Ch 20,26
 22,4 Abraham sah die S. von ferne 9
 28,11 kam an eine S... an der S. schlafen
 16 der HERR ist an dieser S. 17
 35,13 an der S., da (Gott) mit ihm geredet 14
3Mo 4,12 hinaustragen an eine reine S. 6,4; 4Mo 19,9
 24 an der S., wo man das Brandopfer schlachtet 29.33; 6,18; 7,2; 14,13
 6,9 sollen es essen an heiliger S. 19; 7,6; 10,13.14.17; 24,9
 20 das Stück waschen an heiliger S. 16,24
5Mo 1,33 die S. zu weisen, wo ihr lagern solltet
 12,2 zerstört alle heiligen S., wo die Heiden
 3 vertilgt ihren Namen von jener S.
 5 die S., die der HERR erwählen wird 11.13.14.18.26; 14,23.25; 15,20; 16,2.6.7.11.15.16; 17,8.10; 18,6; 26,2; 31,11; Jos 9,27; 1Kö 14,21
 21 ist die S. fern von dir 14,24
 26,9 (der HERR) brachte uns an diese S.
Jos 1,3 jede S. habe ich euch gegeben
 4,18 kam d. Wasser d. Jordan wieder an seine S.
 5,15 die S. ist heilig Hes 42,13
1Sm 26,5 David sah die S., wo Saul lag
2Sm 7,10 will meinem Volk eine S. geben 1Ch 17,9
 15,25 daß ich sie und ihre S. wiedersehe
 23,7 werden mit Feuer verbrannt an ihrer S.
1Kö 8,13 eine S., daß du ewiglich da wohnest 29; 2Ch 6,20; Ps 132,14; Hes 43,7
 21 habe eine S. zugerichtet der Lade 1Ch 15,1.3; 2Ch 5,7.8; Ps 132,5.8
 29 Gebet, das dein Knecht an dieser S. betet 30.35; 2Ch 6,20.21.26.40; 7,15
 21,19 an der S., wo Hunde das Blut Nabots
2Kö 6,2 damit wir uns eine S. bauen
 10,27 machten S. des Unrats daraus 23,14
 18,25 heraufgezogen, daß ich diese S. verderben
 22,16 will Unheil über diese S. bringen 17.19.20; Jer 19,3; 40,2
2Ch 3,1 an der S., die David zubereitet hatte
 23,13 der König stand an seiner S.
 33,19 S., wo er die Opferhöhen baute
Esr 2,68 an seiner früheren S. aufzubauen 3,3; 5,15; 6,5.7
 6,3 eine S., an der man opfert
 9,8 einen Halt an seiner heiligen S. gegeben
Hi 5,3 plötzlich schwand er von seiner S. dahin 6,17; 7,10; 20,9
 24 wirst deine S. überschauen
 8,18 wenn man ihn vertilgt von seiner S.
 14,18 kann ein Fels von seiner S. weichen 18,4
 18,15 über seine S. wird Schwefel gestreut
 21 geht's der S. dessen, der Gott nicht achtet
 28,12 wo ist die S. der Einsicht 20
 23 Gott allein kennt ihre S.
 36,20 Nacht, die Völker wegnimmt von ihrer S.
 38,19 welches ist die S. der Finsternis
Ps 24,3 wer darf stehen an seiner heiligen S.
 26,8 ich habe lieb die S. deines Hauses
 37,10 wenn du nach seiner S. siehst, ist er weg
 79,7 sie haben seine S. verwüstet
 103,16 ihre S. kennet sie nicht mehr

Stätte

Pr	3,16	an der S. des Rechts war Gottlosigkeit
	8,10	mußten hinweg von heiliger S.
	10,4	so verlaß deine S. nicht
Jer	4,5	über der ganzen S. des Berges Zion
	7	der Verderber ist ausgezogen aus seiner S.
	7,12	geht hin an meine S. zu Silo
	14	S., die ich euren Vätern gegeben
	20	m. Zorn wird ausgeschüttet über diese S.
	11,10	die S., da er wohnt, wird herrlich sein
	13,13	die Erde soll von ihrer S. weichen
	17,12	die S. unseres Heiligtums ist erhaben
	18,4	ich will schauen von meiner S.
	19,4	diese S. einem fremden Gott gegeben
	4	die S. voll unschuldigen Blutes 22,3
	6	man diese S. Würgetal nennen wird 12.13
	22,11	der von dieser S. forgezogen ist 24,5
	34,13	wird eine S. für die Strauße
	42,18	ihr sollt diese S. nicht mehr sehen
	46,7	setzen ihn nieder an seine S.
	51,62	HERR, du hast geredet gegen diese S.
	60,13	will die S. meiner Füße herrlich machen
	66,1	die S., da ich ruhen sollte *Apg 7,49*
Hes	26,20	daß du keine S. mehr hast im Lande
Mi	2,10	ihr sollt an dieser S. nicht bleiben
Ze	1,4	will ausrotten von dieser S., was übrig
	2,11	sollen ihn anbeten, jeder an seiner S.
Hag	2,9	ich will Frieden geben an dieser S.
Sa	2,17	hat sich aufgemacht von seiner heiligen S.
	14,10	Jerusalem wird an seiner S. bleiben
Sir	16,14	jede Wohltat findet ihre S. bei Gott
	24,15	habe auf dem Zion eine feste S. gefunden
Bar	3,24	wie weit ist die S., die er besitzt
2Ma	2,7	diese S. soll kein Mensch kennen
	8	Salomo bat, diese S. geheiligt würde
	19	wie er die heilige S. gereinigt hat 10,7
	3,39	es wirkt eine Kraft Gottes an jener S.
	5,15	wagte, in die heiligste S. einzudringen 8,17
	16	was andere Könige zu der S. gegeben
	17	der Grund, daß Gott dem Schicksal der heiligen S. gleichgültig blieb 20
	19	hat das Volk nicht auserwählt um der S. willen, sondern die S. um des Volkes willen
StD	3,14	haben keine S., wo wir opfern könnten
Mt	12,43	der unreine Geist durchstreift dürre S. Lk 11,24
	24,15	das Greuelbild der Verwüstung an der heiligen S.
	27,33	als sie an die S. kamen mit Namen Golgatha Mk 15,22; Lk 23,33; Jh 19,17
	28,6	seht die S., wo er gelegen hat Mk 16,6
Mk	1,35	er ging an eine einsame S. 6,31.32; Lk 4,42
Lk	10,32	*da er kam zur S. und sah ihn*
	19,5	*als Jesus kam an die S.*
Jh	4,20	in Jerusalem sei die S., wo man anbeten soll
	6,23	*nahe zu der S., wo sie das Brot gegessen*
	14,2	euch die S. zu bereiten 3
	19,13	an der S., die da heißt Steinpflaster
	20	die S., wo Jesus gekreuzigt wurde, war nahe der Stadt
	41	es war an der S. ein Garten
Apg	4,31	als sie gebetet hatten, erbebte die S.
	6,13	hört nicht auf, zu reden gegen diese heilige S. 21,28
	14	Jesus von Nazareth wird diese S. zerstören
	7,7	danach werden sie ausziehen und mir dienen an dieser S.
	33	die S., auf der du stehst, ist heiliges Land
	46	eine S. finden für das Haus Jakob
	21,28	dazu hat er diese heilige S. entweiht
	27,8	*gelangten an eine S., die heißt Gutfurt*

1Ko	4,11	*wir haben keine sichere S.*
Heb	9,5	*die überschatteten die S. der Versöhnung*
Off	2,5	werde... wegstoßen von seiner S.
	6,14	*alle Berge wurden bewegt von ihrer S.*
	12,8	ihre S. wurde nicht mehr gefunden 20,11

stattfinden

Ri	21,19	jedes Jahr f. ein Fest des HERRN s.

Statthalter

2Sm	8,6	(David) setzte S. ein 14; 1Ch 18,6.13
1Kö	10,15	außer, was von den S. kam 2Ch 9,14
	20,24	setze Könige ab... setze S. an ihre Stelle
	22,48	ein S. war im Lande
Esr	2,63	der S. gebot, sie sollten nicht essen vom Hochheiligen Neh 7,65
	5,3	Tattenai, der S. jenseits des Euphrat 6,6.13; 8,36; Neh 2,7.9; 3,7
	14	Scheschbazar, den er zum S. einsetzte
	6,7	damit der S... das Haus Gottes aufbauen
Neh	5,14	als mir befohlen wurde, S. zu sein 8,9; 10,2; 12,26
	14	verzichtete auf meine Einkünfte als S. 18
	15	die früheren S. hatten das Volk belastet
	7,69	der S. gab zum Schatz 1.000 Gulden
Est	3,12	wurde geschrieben an die S. 8,9
	9,3	auch die S. halfen den Juden
Hes	23,6	(entbrannte) für die S. und Hauptleute 12.23
Dan	3,2	der König sandte nach den S. 3.27
	6,2	über das Königreich 120 S. 3.4.5.7.8
Hag	1,1	geschah zu Serubbabel, dem S. 14; 2,2.21
2Ma	4,31	ließ den Andronikus als S. zurück 13,23
StE	1,1	Artaxerxes entbietet den S. seinen Gruß 5,1
Mt	10,18	man wird euch vor S. und Könige führen um meinetwillen Mk 13,9; Lk 21,12
	27,2	sie überantworteten ihn dem S. Pilatus
	11	Jesus stand vor dem S. und der S. fragte ihn
	14	daß sich der S. sehr verwunderte
	15	zum Fest hatte der S. die Gewohnheit
	21	da fing der S. an und sprach
	27	da nahmen die Soldaten des S. Jesus mit sich
	28,14	wenn es dem S. zu Ohren kommt
Lk	2,2	zur Zeit, da Quirinius S. in Syrien war
	3,1	als Pontius Pilatus S. in Judäa war
	20,20	damit sie ihn überantworten könnte der Gewalt des S.
Apg	13,7	bei dem S., einem verständigen Mann
	8	versuchte, vom Glauben abzuhalten
	12	als der S. sah, was geschehen war
	18,12	als Gallio S. in Achaja war
	19,38	so gibt es Gerichte und S.
	23,24	wohlverwahrt zu bringen zum S. Felix
	26	dem S. Felix: Gruß zuvor
	33	übergaben sie den Brief dem S. 34
	24,1	erschienen vor dem S. gegen Paulus
	10	als ihm der S. winkte
	26,30	da stand der König auf und der S.
2Ko	11,32	in Damaskus bewachte der S. die Stadt
1Pt	2,14	(seid untertan) den S.

stattlich

Spr	30,29	drei haben einen s. Gang
Tob	5,5	Tobias fand einen s. jungen Mann

Staub

1Mo	13,16	deine Nachkommen wie S. Kann ein Mensch den S. zählen 28,14; 4Mo 23,10; 2Ch 1,9

1323 stecken

2Mo	8,12	schlag in den S. der Erde 13
4Mo	5,17	S. vom Boden der Stiftshütte ins Wasser
5Mo	9,21	zermalmte (das Kalb), bis es S. ward
	28,24	statt des Regens S. und Asche geben
Jos	7,6	warfen S. auf ihr Haupt Hi 2,12; Klg 2,10; Hes 27,30
1Sm	2,8	hebt auf den Dürftigen aus dem S. Ps 113,7
2Sm	22,43	ich will sie zerstoßen zu S. Ps 18,43
1Kö	16,2	weil ich dich aus dem S. erhoben
	20,10	wenn der S. Samarias genug sein sollte
2Kö	13,7	gemacht wie S. beim Dreschen
	23,6	zu S. mahlen und den S. auf die Gräber werfen 15; 2Ch 34,4
	12	warf ihren S. in den Bach Kidron
Hi	4,19	die auf S. gegründet sind
	8,19	aus dem S. werden andre wachsen
	10,9	läßt mich wieder zum S. zurückkehren 34,15; Ps 104,29
	16,15	habe mein Haupt in den S. gebeugt
	17,16	wenn wir alle miteinander im S. liegen
	19,25	wird er über dem S. sich erheben
	20,11	Jugendkraft muß sich in den S. legen
	22,24	wirf in den S. dein Gold
	27,16	wenn er Geld zusammenbringt wie S.
	30,19	daß ich gleich bin dem S.
	42,6	ich tue Buße in S. und Asche
Ps	7,6	lege meine Ehre in den S.
	22,16	du legst mich in des Todes S.
	30	alle, die zum S. hinabfuhren
	30,10	wird dir auch der S. danken
	44,26	unsre Seele ist gebeugt zum S. 119,25
	72,9	seine Feinde sollen S. lecken Jes 49,23; Mi 7,17
	78,27	ließ Fleisch auf sie regnen wie S.
	89,40	hast seine Krone entweiht in den S.
	103,14	er gedenkt daran, daß wir S. sind
Pr	3,20	es ist alles aus S. geworden und wird S.
	12,7	der S. muß wieder zur Erde kommen
Jes	5,24	wird ihre Blüte aufliegen wie S.
	25,12	deine Mauern wird er in den S. werfen
	26,5	stößt sie zur Erde, daß sie im S. liegt
	29,4	sollst aus dem S. mit deiner Rede murmeln
	5	die Menge deiner Feinde soll werden wie S.
	40,12	wer faßt den S. der Erde mit dem Maß
	41,2	sein Schwert macht sie wie S.
	47,1	herunter, Babel, setze dich in den S.
	52,2	schüttle den S. ab, steh auf
Jer	6,26	o Tochter meines Volks, wälze dich im S.
	48,18; Mi 1,10	
Klg	3,29	(er) stecke seinen Mund in den S.
Hes	26,10	von der Menge... wird S. dich bedecken
Am	2,7	sie treten den Kopf der Armen in den S.
Nah	1,3	Wolken sind der S. unter seinen Füßen
Ze	1,17	Blut soll vergossen werden, als wäre es S.
Mal	3,21	sie sollen S. unter euren Füßen werden
Wsh	5,15	die Hoffnung des Gottlosen ist wie S.
Sir	17,31	alle Menschen sind Erde und S. 33,10
	40,3	wie bei dem, der im S. liegt
Bar	6,13	muß man ihnen den S. abwischen
	17	ihre Augen werden voll S.
StE	3,2	tat sie Asche und S. auf ihr Haupt
Mt	10,14	schüttelt den S. von euren Füßen Mk 6,11; Lk 9,5; 10,11
Apg	13,51	sie schüttelten den S. von ihren Füßen
	22,23	als sie schrien und S. in die Luft wirbelten
Off	18,19	sie warfen S. auf ihre Häupter

stauben

2Mo	9,9	daß er über ganz Ägyptenland s.

Stäublein

Jes	40,15	die Inseln sind wie ein S. Wsh 11,22

Staubwolke

2Kö	9,17	der Wächter sah die S., als Jehu herankam

Staude

Jon	4,6	Gott der HERR ließ eine S. wachsen 7.9.10

staunen

1Kö	10,5	geriet sie vor S. außer sich 2Ch 9,4
Wsh	11,14	über den mußten sie s., als es so ausging
	13,4	wenn sie über ihre Macht und Kraft s.
Apg	8,13	geriet er außer sich vor S.

stechen

1Mo	3,15	und du wirst ihn in die Ferse s.
2Sm	3,12	Joab s. ihn in den Leib 4,7; 20,10
Ps	73,21	als es mich s. in meinen Nieren
	121,6	daß dich des Tages die Sonne nicht s.
Spr	12,18	wer... mit Worten, s. wie ein Schwert
	23,32	danach s. (er) wie eine Otter
Jes	49,10	sie wird weder Hitze noch Sonne s.
Jer	8,17	Schlangen und Nattern sollen euch s.
Hes	28,24	kein Dorn übrigbleiben, (Israel) zu s.
	29,7	du s. sie in die Seite
Am	5,19	so s. ihn eine Schlange
Jon	4,7	der s. die Staude, daß sie verdorrte
	8	die Sonne s. Jona an den Kopf
Jdt	13,9	darauf s. sie ihn zweimal in den Hals
Sir	21,2	wenn du ihr zu nahe kommst, s. sie dich
	27,28	wer hinterrück s., verwundet sich selbst
Jh	19,37	*sehen auf den, in welchen sie ges.*
Off	9,5	Skorpion, wenn er einen Menschen s.

Stechfliege

2Mo	8,17	will S. kommen lassen 18.20.25.27

Stechmücke

2Mo	8,12	den Staub, daß er zu S. werde Ps 105,31

stecken

1Mo	43,22	wer uns unser Geld in unsere Säcke ges.
2Mo	4,6	s. deine Hände in den Bausch d. Gewandes
	25,14	s. sie in die Lade, daß man sie damit trage
Ri	4,22	der Pflock s. in seiner Schläfe
1Sm	26,7	Saul schlief, sein Spieß s. in der Erde
2Sm	14,30	Stück Acker; geht hin... s.'s in Brand 31
	16,8	nun s. du in deinem Unglück
1Ch	21,27	daß er sein Schwert in seine Scheide s.
Hi	6,4	Pfeile des Allmächtigen s. in mir Ps 38,3
Spr	15,6	in des Gottlosen Gewinn s. Verderben
	18,2	will kundtun, was in seinem Herzen s.
	19,24	der Faule s. seine Hand in die Schüssel 26,15
	22,15	Torheit s. dem Knaben im Herzen
Hl	5,4	m. Freund s. seine Hand durchs Riegelloch
Jes	11,8	wird seine Hand s. in die Höhle d. Natter
	22,25	der Nagel, der am festen Ort s.
	42,18	daß er ist in Brand s.
Jer	32,29	die Chaldäer werden sie in Brand s.
	38,22	deine Freunde lassen dich nun s.
	43,12	ich will die Tempel Ägyptens in Brand s.

stecken

Jer	49,2	Tochterstädte sollen in Brand ges. werden
	51,30	ihre Wohnungen sind in Brand ges.
Klg	3,29	(er) s. seinen Mund in den Staub
Hes	21,35	s. es wieder in die Scheide
Jdt	13,10	damit sie es in ihren Sack s.
Sir	19,12	wenn ein Wort im Narren s., ist's so, wie wenn ein Pfeil in der Hüfte s.
	27,2	wie ein Nagel in der Mauer s.
	3	so s. auch Sünde zwischen Kauf und Verkauf
	41,4	(dem Armen,) der in allen Sorgen s.
Bar	3,4	die dem Tod im Rachen s.
Mt	26,52	s. dein Schwert an seinen Ort Jh 18,11
	27,48	s. ihn auf ein Rohr Mk 15,36; Jh 19,29

Stecken

4Mo	22,27	Bileam schlug die Eselin mit dem S.
1Sm	17,43	bin ich ein Hund, daß du mit S. kommst
2Sm	23,21	ging zu ihm hinab mit einem S. 1Ch 11,23
Ps	23,4	dein S. und Stab trösten mich
Jes	9,3	du hast den S. ihres Treibers zerbrochen
	10,5	der meines Grimmes S. ist
	24	Assur, der dich mit dem S. schlägt
	28,27	schlägt aus den Kümmel mit einem S.
Mt	10,10	ihr sollt haben keinen S.

stehen (s.a. gut; stehenbleiben)

1Mo	8,22	solange die Erde s., soll nicht aufhören
	13,9	s. dir nicht alles Land offen 20,15; 47,6
	18,2	da s. drei Männer vor ihm
	19,27	wo er vor dem HERRN ges. hatte 5Mo 4,10; 10,10
	24,13	s. hier bei dem Wasserbrunnen 30.31.43
	28,12	eine Leiter s. auf Erden 13
	35,4	Eiche, die bei Sichem s. 1Sm 14,2
	37,7	meine Garbe richtete sich auf und s.
	41,1	hatte einen Traum, er s. am Nil 17
	16	das s. nicht bei mir
	46	als (Josef) vor dem Pharao s.
	45,1	vor allen, die um ihn her s. 2Mo 18,14; Ri 3,19; 6,31; 1Sm 4,20; 17,26; 22,6.7.9.17; 2Sm 13,31; Jer 36,21
	50,19	s. ich denn an Gottes Statt
2Mo	2,4	seine Schwester s. von ferne
	3,5	der Ort, darauf du s. ist heiliges Land Jos 5,15; Apg 7,33
	4,19	sind tot, die dir nach dem Leben s.
	5,19	sahen, daß es mit ihnen übel s.
	9,31	die Gerste s. in Ähren
	15,8	die Fluten s. wie ein Wall Jos 3,16
	17,6	will dort vor dir s. am Horeb 9; 33,21
	20,21	so s. das Volk von ferne 5Mo 4,11; 5,5
	22,5	Feuer verbrennt das Getreide, das noch s.
	25,20	Antlitz gegen das des andern s. 37,9; 2Ch 3,13
	26,18	sollen nach Süden s. 20.35; 36,23; 1Kö 7,25; 2Ch 4,4; Jer 52,22
	34	die Lade, die im Allerheiligsten s. 1Kö 8,7
	28,21	daß auf jedem ein Name s. 39,14
	29,23	Körbe mit dem Brot, der vor dem HERRN s. 3Mo 8,26
	33,9	die Wolkensäule s. in der Tür der Stiftshütte 10; 4Mo 9,15; 14,14; 5Mo 31,15
	34,1	die Worte, die auf den ersten Tafeln s.
3Mo	4,7	Räucheraltars, der in der Stiftshütte s. 18; 16,12.18; Jos 22,29; 1Kö 8,64; 2Kö 16,14; 2Ch 1,6; 15,8
4Mo	7,2	s. über denen, die gezählt waren 31,49
	12,7	aber so s. es nicht mit meinem Knecht
4Mo	13,26	brachten Kunde, wie es s. Esr 7,14
	17,13	(Aaron) s. zwischen Toten und Lebenden
	22,23	sah den Engel auf dem Wege s. 31
	23,6	da s. (Balak) bei seinem Brandopfer 17
	35,12	bis er vor Gericht ges. hat Jos 20,6.9
5Mo	4,11	der Berg s. in Flammen bis in den Himmel
	7,26	es s. unter dem Bann
	10,8	Stamm Levi, zu s. vor dem HERRN 17,12; 18,5.7; 1Ch 6,24.29; 23,28.30; 2Ch 5,12; 13,10; 29,11.26; 31,15; 35,10.15; Neh 12,40.44; Jer 28,5; Hes 44,11.15
	24,11	sollst draußen s., und er, dem du borgst
	27,12	diese sollen s. auf dem Berge Garizim 13
	29,9	ihr s. heute alle vor dem HERRN 14
	26	die in diesem Buch geschrieben s. 30,10; Jos 1,8; 8,31.34; 23,6; 1Kö 2,3; 2Kö 14,6; 23,3.21.24; 1Ch 16,40; 2Ch 23,18; 25,4; 30,5.18; 31,3; 34,21.24.31; 35,12; Esr 3,2.4; 6,18; Neh 8,15; 10,35.37; Dan 9,11.13
Jos	4,9	wo die Füße der Priester ges. hatten 10
	8,17	ließen die Stadt offen s.
	33	ganz Israel s. zu beiden Seiten der Lade 1Kö 8,14; 1Ch 29,17; 2Ch 6,3; 7,6; 20,9.13
	11,13	die Städte, die auf ihren Hügeln s.
	22,19	ins Land, wo die Wohnung des HERRN s.
Ri	6,24	der s. bis auf den heutigen Tag 2Sm 18,18
	25	das Bild der Aschera, das dabei s.
	15,5	zündete die Garben samt dem s. Korn an
	16,26	Säulen, auf denen das Haus s.
	18,8	wie s.'s mit euch Rut 3,16; 2Sm 1,4
	16	während die Männer vor dem Tor s. 17
	31	solange das Haus Gottes zu Silo s.
1Sm	1,26	bin die Frau, die hier bei dir s.
	6,15	Kästlein, das daneben s.
	12,3	(sprach Samuel:) Hier s. ich
	14,5	die eine Felsklippe s. im Norden
	16,6	da s. vor dem HERRN sein Gesalbter
	16	Knechten, die vor ihm s. 1Kö 1,2
	17,3	die Philister s. auf einem Berge jenseits
	20,3	dafür s. der HERR zwischen mir und dir 42
2Sm	1,18	es s. geschrieben im Buch 2Ch 32,32; 33,18.19; 35,25; Jer 25,13
	10,8	die Aramäer s. für sich 1Ch 19,9
	11,16	wo er wußte, daß streitbare Männer s.
	16,21	werden alle, die zu dir s., desto kühner
	17,17	Jonatan... s. bei der Quelle Rogel
	18,30	trat zur Seite und blieb s.
	19,43	der König s. uns doch näher
	20,4	du sollst dann auch hier s.
	20	Joab antwortete: So s. es nicht
1Kö	1,28	als (Batseba) vor dem König s.
	2,29	Joab ist geflohen, siehe, er s. am Altar
	3,8	dein Knecht s. mitten in deinem Volk
	8,25	einem Mann, der vor mir s. 2Ch 6,16; Jer 35,19
	29	laß deine Augen offen s.
	10,8	glücklich, die allezeit vor dir s. 2Ch 9,7
	19	2 Löwen s. an den Lehnen 20; 2Ch 9,18.19
	11,41	das s. geschrieben in der Chronik 14,19.29; 15,7.23.31; 16,5.14.20.27; 22,39.46; 2Kö 1,18; 8,23; 10,34; 12,20; 13,8.12; 14,15.18.28; 15,6.11. 15.21.26.31.36; 16,19; 20,20; 21,17.25; 23,28; 24,5; 1Ch 29,29; 2Ch 9,29; 12,15; 13,22; 16,11; 20,34; 24,27; 25,26; 27,7; 28,26; 35,27; 36,8
	12,6	mit den Ältesten, die vor seinem Vater Salomo ges. 8; 2Ch 10,6.8
	13,1	während Jerobeam noch auf dem Altar s.
	24	der Löwe s. neben dem Leichnam 25.28
	14,4	seine Augen s. starr vor Alter
	17,1	so wahr der HERR lebt, vor dem ich s. 18,15; 2Kö 3,14; 5,16

stehen

1Kö	22,19	das himml. Heer neben ihm s. 2Ch 18,18
2Kö	2,7	(Elia und Elisa) s. am Jordan
	4,6	da s. das Öl
	7,7	ließen ihre Zelte im Lager, wie es s.
	9,17	der Wächter, der auf dem Turm s.
	10,19	die in (Baals) Dienst s.
	11,11	die Leibwache s. rings um den König
	14	da s. der König an der Säule 2Ch 23,13
1Ch	9,18	(Schallum) s. am Tor des Königs 26
	21,15	der Engel s. bei der Tenne Araunas 16
	28,19	das alles s. in einer Schrift
	29,12	in deiner Hand s. Kraft und Macht, in deiner Hand s. es, jedermann 2Ch 25,8
2Ch	20,17	s. und seht die Hilfe des HERRN
	25,9	es s. beim HERRN, dir mehr zu geben
	26,13	unter ihrem Befehl s. eine Heeresmacht 15
Esr	5,10	Männer, die an ihrer Spitze s.
	11	das vor vielen Jahren hier ges. hat
	6,2	Schriftrolle, auf der geschrieben s. Jer 36,28. 32; Hes 2,10
	10,13	Regenzeit, man kann nicht draußen s.
Neh	2,1	als Wein vor ihm s... ich s. traurig
	3,35	Tobija s. neben (Sanballat)
	4,10	s. hinter dem ganzen Hause Juda 12
	7,3	während sie noch am Himmel s.
	8,4	Esra s. auf einer hölzernen Kanzel 7; 9,4
	11,24	Pethachja s. dem König zur Seite
Est	5,2	als der König die Königin sah
	6,5	Haman s. im Vorhof 7,9
Hi	4,15	s. mir die Haare zu Berge
	16	da s. ein Gebilde vor meinen Augen
	7,1	muß nicht der Mensch immer im Dienst s.
	8,12	noch s.'s in Blüte 16
	12,6	die Hütten der Verwüster s. sicher
	14,5	s. die Zahl seiner Monde bei dir
	21,16	ihr Glück s. nicht in ihren Händen
	36,4	vor dir s. einer, der es weiß
	41,7	stolz s. sie wie Reihen von Schilden
Ps	10,1	HERR, warum s. du so ferne
	14	es s. in deinen Händen
	16,8	er s. mir zur Rechten, werde ich festbleiben
	20,9	wir aber s. und halten stand
	24,3	wer darf s. an seiner heiligen Stätte
	31,16	meine Zeit s. in deinen Händen
	34,17	das Angesicht des HERRN s.wider alle, die 1Pt 3,12
	36,7	deine Gerechtigk. s. wie die Berge Gottes
	40,15	die mir nach dem Leben s., mich umzubringen
	45,10	die Braut s. zu deiner Rechten
	65,14	die Auen s. dick mit Korn Jer 25,37
	69,29	nicht geschrieben s. bei den Gerechten
	72,16	voll s. das Getreide im Land
	82,1	Gott s. in der Gottesgemeinde
	104,6	die Wasser s. über den Bergen
	16	die Bäume des HERRN s. voll Saft
	109,6	ein Verkläger s. zu seiner Rechten
	31	er s. dem Armen zur Rechten
	112,9	seine Kraft wird hoch in Ehren s.
	119,91	sie s. noch heute nach deinen Ordnungen
	122,2	nun s. unsere Füße in deinen Toren
	5	dort s. die Throne zum Gericht
	124,8	unsre Hilfe s. im Namen des HERRN
	134,1	die ihr s. im Hause des HERRN 135,2
Spr	1,18	und s. sich selbst nach dem Leben
	8,2	öffentlich am Wege s. (die Weisheit)
	18,21	Tod und Leben s. in der Zunge Gewalt
	23,31	wie (der Wein) im Glase so schön s.
	24,31	er s. voll Disteln
Pr	4,8	da ist einer, der s. allein
Pr	12,3	zur Zeit, wenn müßig s. die Müllerinnen
Hl	2,9	er s. hinter unsrer Wand
	7,11	nach mir s. sein Verlangen
Jes	5,9	die großen (Häuser sollen) leer s.
	6,2	Serafim s. über ihm
	7,23	wo jetzt Weinstöcke s., werden Dornen sein
	10,7	sein Sinn s. danach, zu vertilgen
	33	wird, was aufgerichtet s., niederschlagen
	21,8	Herr, ich s. auf der Warte Hab 2,1
	26,8	des Herzens Begehren s. nach deinem Namen
	33,9	Baschan und Karmel s. kahl
	35,7	sollen Teiche s., Rohr und Schilf s.
	41,7	sprechen: Das wird fein s. 46,7
	59,12	unsre Abtrünnigkeit s. uns vor Augen
	60,11	deine Tore sollen stets offen s.
	65,6	es s. vor mir geschrieben
Jer	4,18	daß es so bitter um dich s.
	29	alle Städte werden verlassen s.
	5,30	es s. greulich und gräßlich im Lande
	10,23	des Menschen Tun nicht in seiner Gewalt s.
	12,4	wie lange soll das Land so trocken s. 14,6; Hos 4,3; Jo 1,10.17
	15,1	wenn auch Mose und Samuel vor mir s.
	18,20	gedenke doch, wie ich vor dir ges. bin
	23,18	wer hat im Rat des HERRN ges. 22
	25,18	wie es heutigentages s.
	30,18	die Burg soll s. an ihrem Platz 20
	32,12	die unter dem Kaufbrief geschrieben s.
	19	deine Augen s. offen über allen Wegen
	51,11	seine Gedanken s. wider Babel
Klg	1,4	alle Tore der Stadt s. öde
Hes	1,7	ihre Beine s. gerade 15.21; 8,11.16; 10,3.9.17; 40,3; 43,6
	28	wie der Regenbogen s.; so glänzte es
	3,23	dort s. die Herrlichkeit des HERRN
	8,3	wo ein Bild s. zum Ärgernis 5; Dan 9,27; Mt 24,15; Mk 13,14
	21,26	der von Babel wird an der Wegscheide s.
	31,16	alle, die am Wasser ges. hatten
	36,35	diese Städte s. nun fest gebaut
	40,39	in der Vorhalle s. Tische 40.41.47.49; 41,21. 22; 43,15
	45,3	darin soll das Heiligtum s. 48,8.10.15
	47,7	s. viele Bäume am Ufer
	10	werden an ihm die Fischer s.
Dan	2,31	ein hell glänzendes Bild s. vor dir
	4,7	s. ein Baum in der Mitte der Erde 7,10; 8,3.6.15.18; 10,5.16; 12,5-7
	5,25	so lautet die Schrift, die geschrieben s.
	11,1	ich s. auch bei ihm, um ihm zu helfen
	12,1	errettet werden, die im Buch geschrieben s.
Hos	13,9	dein Heil s. allein bei mir
Am	7,7	der Herr s. auf der Mauer 9,1
	8,1	da s. ein Korb mit reifem Obst
Ob	14	du sollst nicht s. an den Fluchtwegen
Mi	2,8	ihr s. wider mein Volk wie ein Feind
Nah	2,9	„s., s.!" ruft man, aber... niemand
Hag	1,4	und dies Haus muß wüst s.
Sa	3,1	Jeschua, wie er vor dem Engel s. 3.4.7
	4,2	da s. ein Leuchter
	14	die vor dem Herrscher aller Lande s. 6,5
	14,4	seine Füße werden s. auf dem Ölberg
	12	wird verwesen, während sie noch s.
	20	wird auf den Schellen der Rosse s. „Heilig dem HERRN"
Wsh	4,4	weil sie auf lockerem Grund s. Sir 40,15.16
	7,19	(daß ich begreife,) wie die Sterne s.
	18,16	obwohl er auf der Erde s., berührte er
	19,7	wo vorher Wasser s., sah man Land

stehen

Tob	12,15	einer von den Engeln, die vor dem Herrn s.
Sir	37,10	er selbst aber beiseite s. und achtgibt
	39,22	als durch sein Gebot das Wasser s.
	40,25	Gold und Silber lassen einen Mann sicher s.
	45,29	s. er treu und entschlossen
	49,20	über allem, was lebt, s. Adam
	50,13	wenn er bei dem Feuer s.
	14	s. seine Brüder rings um ihn her
Bar	2,2	wie geschrieben s. im Gesetz des Mose
1Ma	9,11	die besten Krieger s. an der Spitze
	13,30	dies Grab in Modeïn s. noch
2Ma	2,4	auch s. in derselben Schrift
	14,5	fragen ließ, wie es bei den Juden s.
StE	2,1	es s. alles in deiner Macht
StD	3,1	Asarja s. mitten im glühenden Ofen
Mt	2,5	so s. geschrieben 4,4.6.7.10; 21,13; 26,31; Mk 11,17; 14,27; Lk 4,4.8.10; 19,46; 24,46; Apg 23,5
	9	bis er über dem Ort s., wo das Kindlein war
	20	*die dem Kinde nach dem Leben s.*
	6,5	die gern an den Straßenecken s.
	30	Gras, das heute s. und morgen Lk 12,28
	10,24	der Jünger s. nicht über dem Meister Lk 6,40
	11,10	von dem geschrieben s. 26,24; Mk 9.12.13; 14,21; Lk 7,27; 22,37; 24,44; Jh 12,14; 15,25; Apg 13,29
	23	(Sodom) s. noch heutigen Tages
	12,46	da s. seine Mutter und seine Brüder draußen 47; Mk 3,31; Lk 8,20
	13,2	alles Volk s. am Ufer Mk 4,1
	16,28	es s. einige hier Mk 9,1; Lk 9,27
	18,16	*jegliche Sache s. auf... Zeugen* 2Ko 13,1
	19,10	s. die Sache eines Mannes mit seiner Frau so
	20,3	sah andere müßig auf dem Markt s. 6
	24,15	das Greuelbild der Verwüstung s. an der heiligen Stätte Mk 13,14
	26,73	traten hinzu, die da s., und sprachen 27,47; Lk 23,35.49
	27,11	Jesus s. vor dem Statthalter
Mk	1,2	wie geschrieben s. 7,6; Lk 2,23; 3,4; 10,26; 20,17; Jh 2,17; 6,31.45; 8,17; 10,34; 12,16; Apg 1,20; 7,42; 13,33; 15,15; 24,14
	11,5	einige, die dort s., sprachen zu ihnen
	25	wenn ihr s. und betet, so vergebt
Lk	1,10	die ganze Menge s. draußen und betete
	11	der Engel s. an der rechten Seite des Räucheraltars
	19	ich ben Gabriel, der vor Gott s.
	4,17	fand er die Stelle, wo geschrieben s.
	5,1	da... s. er am See Genezareth
	7,14	rührte den Sarg an und die Träger s.
	8,23	*sie s. in großer Gefahr* Apg 19,40
	44	*alsbald s. ihr Blutfluß*
	9,32	sahen sie die Männer, die bei ihm s.
	13,25	anfangt, draußen zu s. und zu klopfen
	17,12	die s. von ferne 18,13
	18,11	der Pharisäer s. für sich und betete
	21,36	zu s. vor dem Menschensohn
Jh	1,35	nächsten Tag s. Johannes abermals da
	2,6	es s. dort sechs steinerne Wasserkrüge
	3,29	*der Freund des Bräutigams s.*
	6,22	das Volk, das am Ufer s.
	8,9	Frau, die in der Mitte s.
	44	der s. nicht in der Wahrheit
	11,56	fragten nach Jesus, als sie im Tempel s.
	18,5	Judas, der ihn verriet, s. auch bei ihnen
	16	Petrus s. draußen vor der Tür
	18	s. die Knechte und hatten ein Kohlenfeuer
	19,25	es s. bei dem Kreuz Jesu seine Mutter 20,11
	29	da s. ein Gefäß voll Essig
Jh	20,14	wandte sie sich um und sieht Jesus s. 21,4
Apg	1,10	da s. bei ihnen zwei Männer
	11	was s. ihr da und seht zum Himmel
	2,25	er s. mir zur Rechten, damit ich nicht wanke
	3,8	konnte gehen und s. und ging mit ihnen
	4,10	durch ihn s. dieser hier gesund vor euch 14
	5,23	fanden wir die Wächter vor den Türen s.
	25	die Männer s. im Tempel und lehren das Volk
	7,38	d. ist's, der in der Gemeinde in der Wüste s.
	55	sah Jesus s. zur Rechten Gottes 56
	9,7	*die Männer s. und waren erstarrt*
	10,17	die Männer s. an der Tür 11,11
	30	da s. ein Mann vor mir in einem leuchtenden Gewand
	12,14	verkündete, Petrus s. vor dem Tor
	15,36	nach unsern Brüdern sehen, wie es um sie s.
	17,22	Paulus s. mitten auf dem Areopag und sprach
	19,40	wir s. in Gefahr, verklagt zu werden
	23,2	Hananias befahl denen, die um ihn s.
	11	s. der Herr bei ihm *27,23*
	29	keine Anklage, auf die Tod oder Gefängnis s.
	24,20	als ich vor dem Hohen Rat s. 21
	25,10	ich s. vor des Kaisers Gericht 26,6.22
Rö	1,17	wie geschrieben s. 2,24; 3,4.10; 4,17; 8,36; 9,13.33; 10,15; 11,8.26; 12,19; 14,11; 15,3.9.21; 1Ko 1,19.31; 2,9; 3,19; 9,9; 10,7; 14,21; 15,45. 54; 2Ko 4,13; 8,15; 9,9; Gal 3,10.13; 4,22.27; 1Pt 1,16; 2,6; Heb 10,7
	2,27	der du unter dem Buchstaben s.
	5,2	Gnade, in der wir s. 1Pt 5,12
	11,3	*sie s. mir nach meinem Leben*
	14,4	er s. oder fällt seinem Herrn
1Ko	2,5	damit euer Glaube nicht s. auf Menschenweisheit
	4,6	nicht über das hinaus, was geschrieben s.
	20	das Reich Gottes s. nicht in Worten
	10,12	wer meint, er s., mag zusehen, daß er nicht
	18	s. die nicht in der Gemeinschaft des Altars
	11,6	nun es einer Frau übel s.
	15,1	Evangelium, in dem ihr s.
	30	was s. wir dann jede Stunde in Gefahr
	16,13	wachet, s. im Glauben 2Ko 1,24; Eph 6,14; Phl 1,27; 4,1; 2Th 2,15
2Ko	13,5	erforscht euch selbst, ob ihr im Glauben s.
Eph	6,21	damit ihr wißt, wie es mit mir s. 22; Phl 1,12; 2,23; Kol 4,7.9
Phl	2,19	wenn ich erfahre, wie es um euch s. 1Th 3,5
	4,3	Mitarbeitern, deren Namen im Buch des Lebens s.
1Ti	5,5	das ist eine rechte Witwe, die allein s.
	12	(jüngere Witwen) s. dann unter dem Urteil
2Ti		predige das Wort, s. dazu
Tit	1,6	Kinder, die nicht im Ruf s., liederlich zu sein
1Pt	3,12	das Angesicht des Herrn s. wider die, die Böses tun
1Jh	3,4	*wer Sünde tut, s. wider das Gesetz*
	4,10	darin s. die Liebe
Heb	6,9	überzeugt, daß es besser mit euch s.
	8,6	*Bundes, der auf besseren Verheißungen s.*
Jak	2,3	*sprächet zu dem Armen: S. du dort*
	5,9	siehe, der Richter s. vor der Tür
Off	3,20	siehe, ich s. vor der Tür und klopfe an
	4,2	ein Thron s. im Himmel 7,9.11; 8,2; 11,4; 15,2; 20,12
	5,6	ein Lamm s., wie geschlachtet 14,1
	7,1	danach sah ich vier Engel s. an den vier Ecken der Erde 10,5.8; 19,17

Off	17,8	deren Namen nicht geschrieben s. im Buch des Lebens
	18,10	sie werden fernab s. aus Furcht 15.17
	20,12	gerichtet nach dem, was in den Büchern geschrieben s.
	21,27	hineinkommen allein, die geschrieben s. in dem Lebensbuch des Lammes
	22,18	Plagen, die in diesem Buch geschrieben s. 19

stehenbleiben, stehen bleiben

1Mo	18,8	(Abraham) b. s. vor ihnen 22
	19,17	b. nicht s. in dieser Gegend
2Mo	20,18	flohen sie und b. in der Ferne s.
3Mo	13,23	b. der weiße Flecken so s. 28.37
4Mo	9,19	wenn die Wolke viele Tage s.
5Mo	5,31	du sollst hier vor mir s.
Jos	3,8	so b. im Jordan s. 13
	10,13	der Mond b. s. So b. die Sonne s.
	19	b. nicht s., sondern jagt nach
	20,4	soll draußen vor dem Stadttor s.
Ri	7,21	und sie b. s., jeder an seiner Stelle
1Sm	14,9	so wollen wir an unserm Ort s.
2Sm	2,23	wer an die Stelle kam, der b. s.
	15,17	b. sie s. beim letzten Hause
	20,12	sah, daß alles Volk da s.
1Kö	22,35	der König b. im Wagen s. 2Ch 18,34
2Kö	13,6	auch b. das Bild der Aschera s.
Neh	12,39	sie b. am Wachttor s.
Hi	8,15	sein Haus b. nicht s.
Ps	119,90	die Erde b. s.
Spr	12,7	das Haus der Gerechten b. s.
Hes	46,2	der Fürst soll bei den Pfosten b.
Sir	21,25	ein Gutcrzogener b. draußen s.
Mt	20,32	Jesus b. s. Mk 10,49; Lk 18,40
Lk	7,14	berührte den Sarg, und die Träger b. s.
	24,17	da b. sie traurig s.
Rö	14,4	er wird s. b.

stehenlassen

3Mo	19,23	l. ihre ersten Früchte s., als wären sie
Mt	16,4	er l. sie s. und ging davon 21,17
Jh	4,28	da l. die Frau ihren Krug s.

stehlen

1Mo	31,19	Rahel s. ihres Vaters Hausgott 30.32
	39	es mochte mir ges. sein
	40,15	bin aus dem Lande der Hebräer ges. worden
	44,5	warum habt ihr den silbernen Becher ges. 8
2Mo	20,15	sollst nicht s. 3Mo 19,11; 5Mo 5,19; Mt 19,18; Mk 10,19; Lk 18,20; Rö 13,9
	21,37	wenn jemand s. 22,2.3.6.11
Jos	7,11	haben von dem Gebannten ges.
2Sm	15,6	so s. Absalom das Herz der Männer
	19,42	warum habt ihr unsere Brüder ges.
2Kö	11,2	Joscheba nahm Joasch und s. ihn 2Ch 22,11
Spr	6,30	nicht so schmachvoll, wenn er s.
	9,17	ges. Wasser ist süß
	20,17	das ges. Brot schmeckt dem Manne gut
	30,9	wenn ich zu arm würde, könnte ich s.
Jer	23,30	will an die Propheten, die mein Wort s.
Hos	4,2	S. und Ehebrechen haben überhandgenommen
Ob	5	sie sollen s., bis sie genug haben
Tob	2,21	es ist nicht erlaubt, von ges. Gut zu essen
Sir	41,22	(schämt euch) vor dem Nachbarn, zu s.
Bar	6,10	daß die Priester das Gold s. 33
	18	damit sie von den Räubern nicht ges. werden

2Ma	4,32	Menelaus s. einige goldene Geräte
Mt	6,19	Schätze, die Diebe s. 20
	19,18	sollst nicht s. Mk 10,19; Lk 18,20; Rö 13,9
	27,64	damit nicht seine Jünger ihn s. 28,13
Jh	10,10	ein Dieb kommt nur, um zu s.
Rö	2,21	du predigst, man solle nicht s., und du s.
Eph	4,28	wer ges. hat, der s. nicht mehr, sondern

Steig, Steige

1Mo	49,17	Dan wird werden eine Otter auf dem S.
Jos	15,7	gegenüber der S. von Adummim 18,17
Ri	8,13	als Gideon zurückkam, auf der S. von Heres
Hi	19,8	hat Finsternis auf meinen S. gelegt
	28,7	den S. hat kein Geier erkannt
Ps	25,4	lehre mich deine S.
	119,35	führe mich auf dem S. deiner Gebote
Spr	3,17	alle ihre S. sind Frieden
Jes	2,3	daß wir wandeln auf seinen S.
	15,5	gehen sie von Luhit hinauf Jer 48,5
	26,7	den S. des Gerechten machst du gerade
	42,16	will sie führen auf den S.
Mt	3,3	macht eben seine S. Mk 1,3; Lk 3,4

steigen

1Mo	24,64	Rebekka s. eilends vom Kamel
	41,2	sähe aus dem Wasser s. sieben Kühe 18
	49,4	bist auf deines Vaters Lager ges.
2Mo	19,12	hütet euch, auf den Berg zu s. 13.23
	24,13	Mose s. auf den Berg Gottes 18; 34,2.4
	32,15	Mose wandte sich und s. vom Berge
4Mo	20,27	sie s. auf den Berg Hor 27,12
5Mo	3,27	s. auf den Gipfel des Gebirges Pisga 34,1
	28,13	du wirst immer aufwärts s.
Jos	2,6	sie hatte sie auf das Dach s. lassen
	15,18	sie s. vom Esel Ri 1,14; 1Sm 25,23
Ri	9,51	alle Bürger s. auf das Dach der Burg
1Sm	30,17	die s. auf die Kamele und flohen
2Sm	17,18	Brunnen. Dahinein s. sie 21
1Kö	12,18	s. auf einen Wagen 20,33; 2Kö 9,16; 10,15; 2Ch 10,18
	33	Jerobeam s. auf dem Altar, um zu opfern
2Kö	4,34	s. aufs Bett und legte sich auf das Kind 35
	5,21	s. (Naaman) vom Wagen
	19,23	bin auf die Höhen der Berge ges.
Neh	12,31	ließ die Oberen von Juda auf die Mauer s.
Hl	7,9	ich will auf den Palmbaum s.
Jes	14,13	gedachtest: Ich will in den Himmel s.
	22,1	daß ihr alle auf die Dächer s.
	40,9	Zion, s. auf einen hohen Berg
Am	4,10	ließ den Gestank in eure Nasen s.
2Ma	12,3	beredeten die Juden, in Boote zu s.
StD	3,25	der Engel des Herrn war in dem Ofen mit s.
Mt	3,16	Jesus s. alsbald herauf aus dem Wasser Mk 1,10
	8,23	(Jesus) s. in das Boot 9,1; 13,2; 14,22; 15,39; Mk 4,1; 6,45.54; 8,10.13; Lk 5,3; 8,22.37; Jh 6,17.22.24; 21,3.9
	14,23	s. er auf einen Berg, um zu beten
	29	Petrus s. aus dem Boot und ging auf dem Wasser
	27,42	so s. er nun vom Kreuz herab Mk 15,32
Lk	5,19	keinen Zugang fanden, s. sie auf das Dach
	19,4	lief voraus und s. auf einen Maulbeerbaum
Apg	4,4	die Zahl der Männer s. auf etwa 5.000
	10,9	s. Petrus auf das Dach, zu beten
	21,6	als wir Abschied genommen, s. wir ins Schiff
Off	13,1	ich sah ein Tier aus dem Meer s.

steigern

steigern

3Mo	25,16	so darfst du den Kaufpreis s.
Am	8,5	daß wir den Preis s... die Waage fälschen
Wsh	16,24	die Schöpfung s. ihre Kräfte

steil

Hi	39,28	(der Adler) nächtigt auf s. Klippen
Jes	25,12	deine hohen, s. Mauern wird er beugen

Steilhang

Jdt	7,9	Hügel, an deren S. sie sitzen

Stein

1Mo	11,3	sie nahmen Ziegel als S.
	28,11	nahm einen S. und legte ihn zu Häupten
	18	nahm den S. und richtete ihn auf 22; 31,13. 45; 35,20; Jos 24,26; 1Sm 7,12
	29,2	ein großer S. lag vor dem Loch 3.8.10
	31,46	leset S. auf! Und sie nahmen
2Mo	4,25	nahm einen scharfen S. und beschnitt
	15,5	sanken auf den Grund wie die S. Neh 9,11
	16	vor deinem Arm erstarrten sie wie die S.
	17,12	nahmen einen S., daß er sich daraufsetzte
	20,25	sollst ihn nicht von behauenen S. bauen 5Mo 27,5.6; Jos 8,31
	21,18	einer schlägt den andern mit einem S. 4Mo 35,17.23
	25,7	eingefaßte S. zum Priesterschurz 28,12.17; 35,9.27; 39,7.10.14
	31,5	kunstreich S. zu schneiden und einzusetzen
	18	Tafeln; die waren aus S. und beschrieben
3Mo	14,40	soll die S. ausbrechen lassen 42.43.45
	26,1	sollt keinen S. mit Bildwerk setzen
5Mo	4,28	Götzen, die Holz und S. (sind) 28,36.64; 29,16; 2Kö 19,18; Jes 37,19; Jer 3,9; Hes 20,32; Hab 2,19
	8,9	ein Land, in dessen S. Eisen ist
	27,2	sollst große S. aufrichten 4
	8	auf die S. alle Worte schreiben Jos 8,32
Jos	4,3	hebt aus dem Jordan 12 S. auf 5-9.20.21
	10,11	ließ der HERR große S. auf sie fallen
	18	wälzt große S. vor d. Eingang d. Höhle 27
	15,6	(Grenze) kommt herauf zum S. Bohans 18,17
	24,27	dieser S. soll Zeuge sein unter uns
Ri	9,5	tötete siebzig Mann auf einem S. 18
1Sm	6,14	dort lag ein großer S. 15.18
	14,33	wälzt her zu mir einen großen S.
	17,40	(David) wählte fünf glatte S. 49.50
	25,37	Nabal ward wie ein S.
2Sm	16,6	(Schimi) warf mit S. nach David 13
	17,13	daß man nicht einen S. mehr dort finde
	18,17	legten einen Haufen S. auf (Absalom)
	20,8	bei dem großen S. bei Gibeon
1Kö	1,9	Vieh opferte bei dem S. Sohelet
	5,31	gebot, S. auszubrechen, behauene S. zum Grund des Hauses 32; 6,7; 2Ch 2,1
	6,18	innen Zedernholz, so daß man keinen S. sah
	36	drei Schichten behauener S. 7,9-12; 2Ch 3,6
	10,27	soviel Silber wie S. 2Ch 1,15; 9,27
	12,18	warf ihn ganz Israel mit S. zu Tode
	15,22	nahmen die S. von Rama weg 2Ch 16,6
	18,31	zwölf S. nach der Zahl der Stämme 32
	38	das Feuer fraß Holz, S. und Erde
2Kö	3,19	alle guten Äcker mit S. verderben 25
	12,13	gehauene S. kaufen 22,6; 2Ch 34,11
	23,15	(Josia) zerschlug seine S... zu Staub
1Ch	12,2	geschickt, S. zu schleudern 2Ch 26,15
	22,2	Steinmetzen, S. zu hauen 15; 2Ch 2,13
	14	auch S. habe ich herbeigeschafft 29,2.8
Esr	5,8	dies baute man mit behauenen S. 6,4
Neh	3,34	werden sie die S. lebendig machen
Hi	5,23	dein Bund wird sein mit den S.
	6,12	ist doch meine Kraft nicht aus S.
	8,17	Wurzeln halten sich zwischen S. fest
	14,19	Wasser wäscht S. weg
	22,24	wirf zu den S. der Bäche das Gold
	38,30	daß Wasser sich zusammenzieht wie S.
	41,16	sein Herz ist so hart wie ein S.
Ps	91,12	daß du deinen Fuß nicht an einen S. stoßest Mt 4,6; Lk 4,11
	114,8	wandelte die S. in Wasserquellen
	118,22	der S., den die Bauleute verworfen Mt 21,42; Mk 12,10; Lk 20,17; Apg 4,11; 1Pt 2,7
Spr	26,8	wenn einer einen edlen S... wirft
	27	wer einen S. wälzt, auf den wird er
	27,3	S. ist schwer und Sand ist Last
Pr	3,5	S. wegwerfen, S. sammeln hat seine Zeit
	10,9	wer S. bricht, der kann sich wehe tun
Jes	8,14	ein S. des Anstoßes Rö 9,32.33; 1Pt 2,8
	28,16	ich lege in Zion einen bewährten S.
	54,12	alle deine Grenzen von erlesenen S.
	57,6	bei den S. im Tal ist dein Teil
	60,17	will bringen Eisen anstatt der S.
	62,10	machet Bahn, räumt die S. hinweg
Jer	2,27	die sagen zum S.: Du hast mich geborgen
	18,14	bleibt doch der Schnee länger auf den S.
	43,9	nimm große S. und vergrabe sie 10
	51,63	Buch ausgelesen... einen großen S. daran
Klg	3,53	sie haben S. auf mich geworfen
Hes	13,11	wird Hagel wie S. fallen 13
	26,12	werden deine S. ins Meer werfen
	28,14	wandeltest inmitten der feurigen S. 16
	40,42	vier Tische waren aus gehauenen S.
Dan	2,34	bis ein S. herunterkam 35.45
	6,18	sie brachten einen S., den legten sie
Am	9,9	Sieb schüttelt und kein S. zur Erde fällt
Mi	1,6	will seine S. ins Tal schleifen
Hab	2,11	die S. in der Mauer... schreien Lk 19,40
Hag	2,15	bevor ein S. auf den andern gelegt war
Sa	3,9	auf dem einen S. sind sieben Augen
	5,4	soll's verzehren samt seinem Holz und S.
	9,16	wie edle S. werden sie glänzen
Wsh	11,4	sie löschten den Durst aus hartem S.
	13,10	unnütze S., behauen in alter Zeit
	14,21	gaben den S. und dem Holz den Namen, der
Sir	21,9	der sammelt S. für sein Grab
	22,1	ein fauler Mensch ist wie ein... S.
	25	wer einen S. unter die Vögel wirft
	27,2	wie ein Nagel zwischen zwei S. steckt
	28	wer einen S. in die Höhe wirft
	29,13	vergrabe es nicht unter einen S.
	32,25	oder dich an S. stoßen könntest
Bar	6,39	den S. gleich, den man aus dem Berg haut
1Ma	4,43	die trugen die unreinen S. weg 46
	47	sie nahmen unbehauene S., wie das Gesetz
	13,27	ein Denkmal aus gehauenen S.
	29	neben den Harnischen in S. gehauene Schiffe
2Ma	1,16	warfen den Fürsten mit S. zu Tode
	31	ließ das Wasser auf große S. gießen
	4,41	nahmen die einen S., die andern
Mt	3,9	Gott vermag aus diesen S. Kinder zu erwecken Lk 3,8
	4,3	sprich, daß diese S. Brot werden Lk 4,3
	6	damit du nicht an einen S. stößt Lk 4,11
	7,9	wenn er ihn bittet um Brot, einen S. biete Lk 11,11

Mt	21,42	der S., den die Bauleute verworfen haben Mk 12,10; Lk 20,17; Apg 4,11; 1Pt 2,7	Off	9,20	daß sie nicht mehr anbeteten die s. Götzen
	44	wer auf diesen S. fällt, wird zerschellen Lk 20,18			**Steinhauer**
	24,2	es wird hier nicht ein S. auf dem andern bleiben Mk 13,2; Lk 19,44; 21,6	1Kö	5,29	Salomo hatte 80.000 S. 2Ch 2,17
	27,60	wälzte einen großen S. vor die Tür 66; Mk 15,46			**Steinhaufe, Steinhaufen**
	28,2	wälzte den S. weg und setzte sich darauf	1Mo	31,46	sie aßen daselbst auf dem S.
Mk	5,5	schrie und schlug sich mit S.		48	der S. sei heute Zeuge 52
	13,1	Meister, siehe, was für S. und was für Bauten	Jos	7,26	machten über ihm einen großen S. 8,29
	16,3	wer wälzt uns den S. von des Grabes Tür	1Sm	20,19	setze dich dort neben den S. 41
	4	daß der S. weggewälzt war Lk 24,2; Jh 20,1	2Kö	19,25	Städte zu wüsten S. Jes 37,26
Lk	19,40	wenn diese schweigen werden, so werden die S. schreien	Hi	8,17	über es schlingen sich seine Wurzeln
	21,5	daß er mit schönen S. geschmückt sei		15,28	in Häusern, die zu S. bestimmt sind
Jh	8,7	wer unter euch ohne Sünde ist, der werfe den ersten S.	Ps	79,1	aus Jerusalem einen S. gemacht Jes 25,2; Jer 9,10; 26,18; Mi 3,12
	59	da hoben sie S. auf, um auf ihn zu werfen 10,31	Spr	26,8	einen edlen Stein auf einen S. wirft
	11,38	war eine Höhle, und ein S. lag davor 39.41	Jes	17,1	Damaskus wird sein ein zerfallener S.
Rö	9,32	sich gestoßen an dem S. des Anstoßes	Jer	51,37	Babel soll zu S. werden, zum Spott
	33	ich lege in Zion einen S. des Anstoßes 1Pt 2,8	Hos	12,12	sollen ihre Altäre werden wie S.
2Ko	3,7	das Amt, mit Buchstaben in S. gehauen	Mi	1,6	will Samaria zu S. im Felde machen
1Pt	2,4	zu ihm kommt als zu dem lebendigen S.			**steinigen**
	5	als lebendige S. erbaut euch zum geistl. Hause	2Mo	8,22	werden sie uns dann nicht s.
Off	2,17	auf dem S. ist ein neuer Name geschrieben		17,4	nicht viel, so werden sie mich noch s.
	4,3	war anzusehen wie der S. Jaspis		19,13	(wer... anrührt,) soll ges. werden Heb 12,20
	17,4	*das Weib war übergoldet mit edlen S.*		21,28	so soll man das Rind s. 29.32
	18,21	ein starker Engel hob einen S. auf	3Mo	20,2	das Volk des Landes soll ihn s. 27; 5Mo 13,11; 17,5; 21,21; 22,21.24
	21,11	ihr Licht war gleich dem alleredelsten S.		24,14	laß die ganze Gemeinde ihn s. 16; 4Mo 15,35.36; Jos 7,25
		Steinbild		23	führten den Flucher hinaus und s. ihn
Ri	3,19	(Ehud) kehrte um bei den S. zu Gilgal 26	4Mo	14,10	das Volk sprach, man sollte sie s.
		Steinbock	1Sm	30,6	weil die Leute (David) s. wollten
5Mo	14,5	(Tiere, die ihr essen dürft:) S.	1Kö	21,10	s. (Nabot), daß er stirbt 13-15
Ps	104,18	die hohen Berge geben dem S. Zuflucht	2Ch	10,18	s. ihn die von Israel zu Tode
		Steinbockfelsen		24,21	s. ihn auf Befehl des Königs
1Sm	24,3	Saul zog... auf die S.	Hes	16,40	sie sollen dich s. 23,47
		Steinbruch	Mt	21,35	den zweiten töteten sie, den dritten s. sie
Jos	7,5	hatten sie bis zu dem S. gejagt		23,37	Jerusalem, die du s., die zu dir gesandt sind Lk 13,34
		steinern	Lk	20,6	sagen wir... so wird uns alles Volk s.
1Mo	35,14	Jakob richtete ein s. Mal auf	Jh	8,5	im Gesetz geboten, solche Frauen zu s.
2Mo	7,19	sei Blut, selbst in den s. Gefäßen		10,31	da huben die Juden Steine auf, um ihn zu s.
	20,25	wenn du mir einen s. Altar machen willst		32	um welches dieser Werke willen mich s. 33
	24,12	daß ich dir gebe die s. Tafeln 34,1.4; 5Mo 4,13; 5,22; 9,9-11; 10,1.3		11,8	Meister, eben noch wollten die Juden dich s.
5Mo	3,11	in Rabbat-Ammon ist sein s. Sarg	Apg	5,26	sie fürchteten, daß sie ges. würden
Jos	5,2	mache dir s. Messer 3		7,58	s. (Stephanus) 59
1Kö	8,9	nichts in der Lade als die zwei s. Tafeln		14,5	als sie sie mißhandeln und s. wollten 19
2Kö	16,17	setzte (das Meer) auf ein s. Pflaster	2Ko	11,25	einmal (bin ich) ges. worden
Neh	3,35	wenn ein Fuchs auf ihre s. Mauer	Heb	11,37	sie sind ges., zersägt... worden
Jes	14,20	die hinabfahren in eine s. Gruft			**Steinkluft**
Hes	11,19	will das s. Herz wegnehmen 36,26	Hi	30,6	an den Hängen wohnen sie, in S.
Dan	5,4	lobten sie die s. Götter 23	Jes	2,21	damit er sich verkriechen kann in die S.
Jh	2,6	es standen dort sechs s. Wasserkrüge		7,19	daß sich alle niederlassen in den S.
Apg	17,29	nicht meinen, die Gottheit sei gleich den s. Bildern			**Steinkreis**
			Jos	22,10	als sie zu den S. des Jordan kamen 11
2Ko	3,3	geschrieben nicht auf s. Tafeln			**Steinmal**
			1Mo	28,18	Jakob richtete (den Stein) auf zu einem S. 22; 31,45.51.52
			2Mo	23,24	sollst ihre S. umreißen 34,13; 5Mo 7,5; 12,3
				24,4	baute zwölf S. nach den zwölf Stämmen

Steinmal

3Mo	26,1	sollt euch weder Bild noch S. aufrichten
	5Mo 16,22	
Ri	9,6	bei der Eiche am S. von Sichem
1Kö	14,23	machten S. und Ascherabilder 2Kö 17,10
2Kö	3,2	(Joram) entfernte das S. Baals 10,27; 18,4; 23,14; 2Ch 14,2; 31,1
Jes	19,19	ein S. für den HERRN an seiner Grenze
Jer	31,21	richte dir Wegzeichen auf, setze dir S.
	43,13	er soll die S. in Ägyptenland zerbrechen
Hes	26,11	deine stolzen S. zu Boden reißen
Hos	3,4	werden die *Israeliten bleiben ohne S.
	10,1	da richteten sie die schönsten S. auf
	2	sollen ihre S. zerstört werden Mi 5,12

Steinmetz

2Sm	5,11	Hiram sandte zu David S. 1Ch 14,1
2Kö	12,13	(man übergab das Geld) an die S. Esr 3,7
1Ch	22,2	David bestellte S. 15; 2Ch 24,12

Steinpflaster

Jh	19,13	Stätte, die da heißt S., auf hebräisch Gabbata

Steinschleuder

Wsh	5,23	wie aus einer S. werden... herabstürzen
Sir	47,5	(David) hob seine Hand mit der S.

Steinschneiderarbeit

2Mo	28,11	das sollst du tun in S.

Steinwurf

Lk	22,41	er riß sich von ihnen los, etwa einen S. weit

Stelle

1Mo	2,21	Gott der HERR schloß die S. mit Fleisch
	29,3	taten den Stein wieder an seine S.
3Mo	13,2	zu einer aussätzigen S. wird 3u.ö.59; 14,3.34.36.37
4Mo	22,26	der Engel trat an eine enge S.
Jos	4,3	von der S., wo die Füße der Priester stehen
Ri	7,21	sie bleiben stehen, einer an seiner S.
Rut	3,4	schlafen legt, so merke dir die S.
2Sm	2,23	wer an die S. kam, wo Asaël tot lag
1Kö	2,35	Zadok setzte der König an die S. Abjatars
	20,24	setze Statthalter an ihre S.
2Kö	6,6	als er ihm die S. zeigte
Neh	4,7	stellte man sich auf an den offenen S.
Hi	16,4	wärt ihr an meiner S.
	34,24	stellt andere an ihre S.
Pr	4,15	der an jenes S. treten sollte
Jes	9,9	wir wollen Zedern an ihre S. setzen
Jer	28,13	ein eisernes Joch an seine S. gesetzt
Hes	16,52	an die S. deiner Schwester getreten
Dan	8,8	wuchsen an seiner S. vier andere Hörner 22
Sa	14,10	Jerusalem... bis an die S. des ersten Tors
Sir	10,18	Gott hat Demütige an ihre S. gesetzt
	12,17	so ist er als erster zur S.
Lk	4,17	als er das Buch auftat, fand er die S., wo
	10,32	ein Levit: als er zu der S. kam, ging er
	19,5	als Jesus an die S. kam
Jh	19,37	wiederum sagt die Schrift an einer andern S. Apg 13,35; Heb 2,6; 4,4; 5,6
Apg	13,11	auf der S. fiel Dunkelheit auf ihn
Heb	2,6	es bezeugt einer an einer S. und spricht 4,4
	4,5	doch an dieser S. wiederum

stellen

1Mo	21,25	Abraham s. Abimelech zur Rede
	28	Abraham s. sieben Lämmer besonders 29
	33,2	s. die Mägde mit ihren Kindern vornean
	37,7	eure Garben s. sich ringsumher
	42,7	(Josef) s. sich fremd gegen sie
	43,9	wenn ich ihn dir nicht vor deine Augen s.
	47,2	(Josef) s. sie vor den Pharao 7
2Mo	9,17	dich noch immer wider mein Volk
	14,19	der Engel Gottes s. sich hinter sie
	16,34	s. Aaron das Gefäß vor die Lade
	21,6	s. ihn an die Tür oder den Pfosten
	33,22	will ich dich in die Felskluft s.
	40,5	den goldenen Räucheraltar vor die Lade s.
	18	Mose s. die Bretter darauf
3Mo	4,14	sollen einen Stier vor die Stiftshütte s.
	16,7	(soll) zwei Böcke vor den HERRN s. 10
	27,8	soll jenen Menschen vor den Priester s. 11; 4Mo 3,6; 8,13
4Mo	5,16	soll (die Frau) vor den HERRN s. 18.30
	11,16	siebzig Männer s. dort vor dich 24
5Mo	20,9	Heerführer an die Spitze des Volks s.
Jos	8,15	s. sich, als würden sie geschlagen
Ri	7,5	wer Wasser leckt, den s. besonders
	9,7	s. sich auf den Gipfel 1Sm 26,13
	16,25	sie s. (Simson) zwischen die Säulen
Rut	2,5	Knecht, der über die Schnitter ges. war 6
1Sm	5,2	sie s. (die Lade) neben Dagon 3; 6,8.11.15.18; 2Sm 6,17; 1Kö 6,19
	8,16	eure Knechte wird er in seinen Dienst s.
	19,3	ich will mich neben meinen Vater s.
	21,14	(David) s. sich wahnsinnig Ps 34,1
	28,9	warum willst du mir eine Falle s.
2Sm	11,15	s. Uria vornehin 16
	12,31	sie als Fronarbeiter an die Sägen
	13,5	s. dich krank... laß Tamar kommen 6
	14,2	s. dich wie eine Trauernde
	18,2	ein Drittel des Volks unter Joab
	13	würdest du selbst dich gegen mich s.
	22,34	er s. mich auf meine Höhen Ps 18,34
1Kö	6,27	er s. die Cherubim ins Allerheiligste 7,39; 2Ch 4,6:7; 6,13; 24,8
	8,12	die Sonne hat der HERR an den Himmel ges.
	14,5	s. sie sich fremd 6; Jer 14,8.9
	22,21	ein Geist s. sich vor den HERRN 2Ch 18,20
2Kö	4,4	wenn du sie gefüllt hast, so s. sie beiseite
	11,8	sollt euch rings um den König s.
	18,23	ob du Reiter dazu s. kannst Jes 36,8
	21,7	er s. das Bild der Aschera 2Ch 33,7
1Ch	19,10	s. sich gegen die Aramäer 11.17
	21,1	der Satan s. sich gegen Israel
	29,24	alle s. sich unter den König Salomo
2Ch	17,16	der sich in den Dienst des HERRN ges.
	20,23	s. sich die Ammoniter gegen die vom Seïr
	23,19	er s. Wachen an die Tore am Hause
	30,16	(die Priester) s. sich an ihren Platz
Neh	13,11	s. sie wieder in ihren Dienst
	19	ich s. einige an die Tore
Hi	9,4	wem ist's gelungen, sich gegen ihn ges.
	10,17	würdest immer neue Zeugen gegen mich s.
	19,18	s. ich mich gegen sie... böse Worte
	30,1	sie zu meinen Hunden zu s.
	33,5	rüste dich gegen mich und s. dich
	34,24	er s. andere an ihre Stelle
Ps	9,16	im Netz, das sie ges. 31,5; 35,7.8; 57,7
	30,8	hattest mich auf einen hohen Fels ges. 40,3
	31,9	du s. meine Füße auf weiten Raum
	41,13	du s. mich vor dein Angesicht für ewig

Ps	50,21	will es dir vor Augen s.
	73,18	du s. sie auf schlüpfrigen Grund
	78,13	er s. das Wasser fest wie eine Mauer
	90,8	unsre Missetaten s. du vor dich
	119,30	deine Weisungen hab ich vor mich ges.
	140,6	s. mir Fallen auf den Weg Jer 18,22
Spr	13,7	mancher s. sich reich und hat nichts
	16	ein Tor s. Narrheit zur Schau
	25,6	s. dich nicht zu den Großen
Jes	21,8	ich s. mich auf meine Wacht
	45,11	wollt ihr mich zur Rede s.
	54,11	will deine Mauern auf Edelsteine s.
Jer	6,21	siehe, ich will Anstöße in den Weg s.
	50,24	ich habe dir Fallen ges., Babel
Klg	1,13	er hat meinen Füßen ein Netz ges.
Hes	2,2	Leben s. mich auf meine Füße 3,24; 37,10
	4,2	s. Sturmböcke rings um sie her
	10,18	die Herrlichkeit des HERRN s. sich 11,23
	21,24	s. einen Wegweiser an den Anfang
	24,11	s. den Topf leer auf die Glut
	37,1	er s. mich auf ein weites Feld 40,2
Dan	7,4	wurde auf zwei Füße ges. wie ein Mensch
Hos	9,8	s. dem Propheten Fallen auf seinen Wegen
Hab	2,1	s. mich auf meinen Turm
Jdt	6,9	dort s. sie ihn mitten unter das Volk
Wsh	2,19	durch Qual wollen wir ihn auf die Probe s.
Sir	6,12	geht dir's schlecht, s. er sich gegen dich
	12,12	s. ihn nicht neben dich
	15	der Feind s. sich freundlich
	15,16	er hat dich vor Feuer und Wasser ges.
	19,13	s. deinen Nächsten zur Rede 14-17
	27,29	wer eine Falle s., fängt sich selbst
	30,18	Speise, die man vor Toten aufs Grab s.
1Ma	5,42	Judas s. die Amtleute an das Wasser
	13,16	sich gegen uns s., wenn er frei geworden
2Ma	5,25	s. er sich friedlich bis
	8,22	s. er seine Brüder an die Spitze
StE	1,4	daß sich ein einziges Volk gegen alle Welt s.
Mt	4,5	s. ihn auf die Zinne des Tempels Lk 4,9
	18,2	rief ein Kind zu sich und s. es mitten unter sie Mk 9,36; Lk 9,47
	25,33	wird die Schafe zu seiner Rechten s.
Lk	20,20	die sich s. sollten, als wollte sie fromm
	24,28	s. sich, als wollte er weitergehen
Jh	8,3	s. sie in die Mitte (und sprachen zu ihm)
Apg	4,7	sie s. sie vor sich und fragten sie 5,27
	6,6	diese Männer s. vor die Apostel
	9,41	s. sie lebendig vor sie
	12,4	ihn nach dem Fest vor das Volk zu s.
	14,10	s. dich aufrecht auf deine Füße
	22,30	er führte Paulus hinab s. ihn vor sie
	26,16	steh auf und s. dich auf deine Füße
	27,24	du mußt vor den Kaiser ges. werden
Rö	3,5	daß unsre Ungerechtigkeit Gottes Gerechtigkeit ins Licht s.
	14,10	wir werden alle vor den Richterstuhl Gottes ges. werden
1Ko	13,5	(die Liebe) s. sich nicht ungebärdig
2Ko	1,9	unser Vertrauen nicht auf uns selbst s.
	4,14	und wird uns vor sich s. samt euch
	6,13	s. euch doch zu mir auch so
Eph	5,27	(damit er) sie vor sich s. als eine Gemeinde Kol 1,22
Kol	2,15	die Gewalten öffentlich zur Schau ges.
Tit	2,7	dich zum Vorbilde guter Werke
	15	s. ans Licht mit ganzem Ernst
Jak	2,3	sprächet zu dem Armen: S. du dich dorthin
Jud	24	der euch untadelig s. kann vor das Angesicht seiner Herrlichkeit
Off	11,11	sie s. sich auf ihre Füße

Stellung

Jes	22,19	ich will dich aus deiner S. stürzen
Sir	33,12	andere hat er aus ihrer S. gestürzt

stemmen

Ri	16,29	und er s. sich gegen (die Mittelsäulen)

Stephanas

1Ko	1,16	ich habe auch S. und sein Haus getauft
	16,15	ihr kennt das Haus des S.
	17	ich freue mich über die Ankunft des S.

Stephanus

Apg	6,5	sie wählten S., einen Mann voll Glaubens
	8	S. tat Wunder und Zeichen unter dem Volk
	9	stritten mit S.
	7,59	und sie steinigten S.
	8,2	es bestatteten den S. gottesfürchtige Männer
	11,19	Verfolgung, die sich wegen S. erhob
	22,20	als das Blut des S. vergossen wurde

Steppe

1Mo	36,24	Ana, der in der S. die warmen Quellen fand
2Mo	3,1	trieb die Schafe über die S. hinaus
5Mo	2,8	weggezogen, weg von dem Weg durch die S.
Ri	20,42	auf den Weg zur S. 45.47; 2Sm 2,24
1Sm	23,24	David... in der S. südlich von Jeschimon
Hi	39,6	dem ich die S. zum Hause gegeben habe
Ps	65,13	es triefen auch die Auen in der S.
Jes	21,13	ihr müßt in der S. über Nacht bleiben
	27,10	die schönen Häuser verlassen wie die S.
	33,9	Scharon ist wie eine S.
	35,1	S. wird jubeln und blühen wie Lilien
	40,3	macht in der S. eine ebene Bahn
	41,19	ich will in der S. pflanzen Zypressen
Jer	5,6	der Wolf aus der S. wird sie verderben
	9,9	muß über die Weidegründe in der S. klagen
	12,12	kommen daher über alle Höhen der S.
	23,10	die Weideplätze in der S. verdorren
Hes	34,25	daß sie sicher in der S. wohnen
Jo	1,19	hat die Auen in der S. verbrannt 20
	2,22	die Auen in der S. sollen grünen
Sir	13,23	wie der Löwe das Wild in der S. frißt

sterben (s.a. Tod)

1Mo	3,3	esset nicht davon, daß ihr nicht s.
	5,5	sein ganzes Alter ward... und s. 8.11.14.17.20.27.31; 9,29; 11,32; 23,2; 25,17; 35,29; 50,26; 2Ch 16,13; 24,15
	7,22	alles, was Odem des Lebens hatte, das s.
	11,28	Haran s. vor seinem Vater Terach
	19,19	könnte mich das Unheil ereilen, so daß ich s. 26,9; 38,11
	21,16	nicht ansehen des Knaben S.
	25,8	s. in einem guten Alter 1Ch 29,28
	32	muß doch s.; was soll mir die Erstgeburt
	27,2	weiß nicht, wann ich s. werde
	4	daß dich meine Seele segne, ehe ich s. 7
	30,1	schaffe mir Kinder, wenn nicht, s. ich
	31,32	bei wem du deinen Gott findest, der s.
	33,13	würde mir die ganze Herde s.
	35,8	da s. Debora, die Amme der Rebekka
	18	als (Rahel) s. mußte 19; 48,7

sterben

1Mo	36,33	als Bela s., wurde König Jobab 34-39; 2Sm 10,1; 2Kö 13,24; 1Ch 1,44-51; 19,1
	38,7	darum ließ ihn der HERR s. 10.12; 46,12; 4Mo 26,19
	42,2	daß wir leben und nicht s. 20; 43,8; 47,19
	44,22	wenn er ihn verließe, würde der s. 31
	45,28	will ihn sehen, ehe ich s. 46,30
	47,15	warum läßt du uns vor dir s. 19
	29	Zeit herbeikam, daß... s. sollte 1Kö 2,1
	48,21	ich s.; aber Gott wird mit euch sein 50,24
	50,5	ich s.; begrabe mich in meinem Grabe 15
2Mo	1,6	als Josef ges. war 2,23
	7,18	daß die Fische im Strom s. 21
	8,9	die Frösche s. in den Häusern
	9,4	nichts s., was die *Israeliten haben 6.7
	6	da s. alles Vieh der Ägypter 19
	10,28	da du mir vor Augen kommst, sollst du s.
	11,5	alle Erstgeburt soll s.
	14,11	damit wir in der Wüste s. 12; 16,3; 17,3; 4Mo 14,2; 20,4; 21,5
	16,3	wollte Gott, wir wären in Ägypten ges. 4Mo 14,2
	20,19	rede du mit uns... wir könnten sonst s. 5Mo 5,25; 18,16
	21,12	wer einen Menschen schlägt, daß er s. 18.20. 28; 22,1; 3Mo 24,21; 4Mo 35,16-23; 5Mo 19,5
	29	sein Besitzer soll s.
	35	Rind stößt, daß es s. 22,9.13
	28,35	Aaron soll... so wird er nicht s. 43; 30,21; 3Mo 8,35; 10,6.7.9; 16,2.13; 22,9
	35,2	wer an diesem Tag arbeitet, soll s.
3Mo	10,2	ein Feuer verzehrte sie, daß sie s. 16,1; 4Mo 3,4; 17,14; 26,61
	11,39	wenn eins von den Tieren s.
	15,31	damit sie nicht s. in ihrer Unreinheit
	19,20	bestraft werden. Aber sie sollen nicht s.
	20,20	ohne Kinder sollen sie s.
	24,16	wer den Namen lästert, soll s.
4Mo	1,51	wenn ein Fremder sich naht, soll er s. 3,10. 38; 4,15; 17,28; 18,7
	4,19	damit sie leben und nicht s. 20; 17,25; 18,3.22. 32; 2Kö 18,32
	6,9	wenn jemand plötzlich s. 19,14
	14,36	s. durch eine Plage 35; 17,14; 27,3
	15,36	steinigte ihn, so daß er s. 5Mo 21,21; 1Kö 21,10.13
	16,29	werden sie s., wie alle Menschen s.
	19,16	wer einen Ges. anrührt 18
	20,1	in Kadesch... Mirjam s. dort
	26	Aaron soll dort s. 28; 33,38; 5Mo 10,6; 32,50
	21,6	Schlangen... daß viele aus Israel s.
	26,10	mit Korach, während die Rotte s. 11
	27,8	wenn jemand s. und keinen Sohn 5Mo 25,5
	35,12	daß der (Totschläger) nicht s. muß Jos 20,9
	25	bleiben, bis der Hohepriester s. 32; Jos 20,6
5Mo	2,14	bis alle Kriegsleute ges. 16; Jos 5,4
	4,22	(Mose) muß in diesem Lande s. 31,14; 32,50; 34,5.7; Jos 1,1.2
	13,6	der Prophet oder der Träumer soll s. 18,20
	17,6	auf zweier oder dreier Zeugen Mund soll s.
	12	dem Priester nicht gehorcht, der soll s.
	19,12	in die Hände des Bluträchers, daß er s.
	20,5	daß er nicht s. im Krieg 6.7
	22,22	sollen beide s., Mann und Frau 24.25
	24,3	wenn dieser andere Mann s.
	7	solch ein Dieb soll s.
	16	die Väter sollen nicht für die Kinder s., ein jeder soll für seine Sünde s. 2Kö 14,6; 2Ch 25,4; Jer 31,30; Hes 18,17
	33,6	Ruben lebe und s. nicht
Jos	1,18	wer nicht gehorcht deinen Worten, soll s.
	10,11	ließ Steine auf sie fallen, daß sie s.
	24,29	Josua, der Knecht des HERRN, s. Ri 2,8.21
	33	auch Eleasar, der Sohn Aarons, s.
Ri	1,7	dort s. er 4,21; 9,54; 2Sm 1,15; 2,23; 10,18; 11,21; 2Kö 9,27; 2Ch 24,25; 35,24
	2,19	wenn aber der Richter ges. war 3,11; 4,1; 8,32.33; 10,2.5; 12,7.10.12.15
	6,23	fürchte dich nicht, du wirst nicht s.
	30	zu Joasch: Gib deinen Sohn heraus: er muß s.
	31	wer für (Baal) streitet, der soll s.
	9,49	daß alle in der Burg von Sichem s.
	15,18	nun aber muß ich s. vor Durst s.
	16,30	ich will s. mit den Philistern
	20,5	haben sie geschändet, so daß sie ges. ist
Rut	1,3	Elimelech, Noomis Mann, s. 5
	17	wo du s., da s. ich auch
1Sm	2,33	der größte Teil deines Hauses soll s.
	34	an einem Tag werden sie beide s.
	4,18	Eli brach seinen Hals und s.
	20	als sie im S. lag, sprachen die Frauen
	5,12	die nicht s., wurden geschlagen mit Beulen
	11,13	es soll an diesem Tage niemand s.
	12,19	bitte für deine Knechte, daß wir nicht s.
	14,39	so soll (Jonatan) s. 43-45
	19,6	Saul schwor: (David) soll nicht s. 11; 20,2.32
	20,14	solange ich lebe, und wenn ich s.
	22,18	an diesem Tag mußten s. 85 (Priester)
	25,1	Samuel s. 28,3
	38	schlug der HERR... daß er s. 2Sm 6,7; 1Ch 13,10; 2Ch 13,20
	26,10	daß (Saul) s. 31,5.6; 1Ch 10,5.6.13.14
2Sm	3,27	Joab stach ihn, daß er s. 20,10
	33	mußte Abner s., wie ein Gottloser s.
	11,15	daß (Uria) erschlagen werde und s. 17
	12,13	Nathan sprach: du wirst nicht s. 18.21
	14,5	mein Mann ist ges. 2Kö 4,1
	17,23	Ahitofel erhängte sich und s.
	18,3	wenn wir fliehen oder die Hälfte von uns s.
	19,1	wollte Gott, ich wäre für dich ges.
	22	sollte Schimi nicht s.
	23	sollte heute nicht s. in Israel
	38	umkehren, daß ich s. in meiner Stadt
	21,9	kamen diese sieben auf einmal um und s.
	24,15	so s. von dem Volk s. 70.000 Mann
1Kö	1,52	wird Böses an ihm gefunden, soll er s.
	2,24	heute noch soll Adonija s. 25
	30	Joab sprach: Nein, hier will ich s.
	3,19	der Sohn dieser Frau s. in der Nacht
	11,40	Jerobeam blieb in Ägypten, bis Salomo s.
	13,31	wenn ich s., so begrabt mich in dem Grabe
	14,11	wer s. in der Stadt... wer aber auf dem Felde s. 16,4; 21,24
	12	die Stadt betritt, wird das Kind s. 17
	16,18	Simri verbrannte sich und s. 22
	17,12	will zurichten, daß wir essen - und s.
	19,4	(Elia) wünschte sich zu s.
	22,35	(Ahab) s. am Abend 2Ch 18,34
2Kö	1,17	so s. Ahasja nach dem Wort des HERRN
	4,20	setzte ihn auf ihren Schoß... da s. er
	7,3	was sollen wir hierbleiben, bis wir s.. 4
	17	das Volk zertrat ihn, so daß er s. 20
	8,15	über des Königs Angesicht. Da s. er
	11,8	wer hereinkommt, der soll s. 15
	13,14	an der Krankheit, an der s. sollte 20
	20,1	bestelle dein Haus, denn du wirst s. Jes 38,1
	23,34	brachte ihn nach Ägypten; dort s. er
1Ch	2,19	als Asuba s., nahm Kaleb Efrata
	30	s. ohne Söhne 32; 23,22

sterben

2Ch	15,13	wer den HERRN nicht suchen würde, sollte s.
	21,19	(Joram) s. unter schlimmen Schmerzen
	24,22	sprach, als er s.: Der HERR wird strafen
Est	2,7	als ihr Vater und ihre Mutter s.
	4,11	daß jeder, Mann oder Weib, s. muß
Hi	1,19	fiel auf die jungen Leute, daß sie s.
	2,9	seine Frau sprach: Sage Gott ab und s.
	3,11	warum bin ich nicht ges. bei meiner Geburt
	4,21	sie s. unversehens 34,20
	12,2	mit euch wird die Weisheit s.
	14,10	s. aber ein Mann, so ist er dahin
	21,23	der eine s. frisch und gesund
	25	der andere s. mit verbitterter Seele
	24,12	fern der Stadt seufzen S.
	36,14	wird ihre Seele in der Jugend s.
	42,17	Hiob s. alt und lebenssatt
Ps	41,6	reden wider mich: Wann wird er s.
	49,11	er wird sehen: auch die Weisen s.
	18	er wird nichts bei seinem S. mitnehmen
	82,7	aber ihr werdet s. wie Menschen
	90,3	der du die Menschen lässest s.
	12	lehre uns bedenken, daß wir s. müssen
	107,20	er errettete sie, daß sie nicht s.
	118,17	ich werde nicht s., sondern leben
Spr	5,23	er wird s., weil er Zucht nicht wollte
	10,21	die Toren werden an ihrer Torheit s.
	11,7	wenn der gottlose Mensch s.
	15,10	wer Zurechtweisung haßt, der muß s.
	19,16	wer auf seinen Weg nicht achtet, wird s.
	21,25	der Faule s. über seinem Wünschen
	30,7	zweierlei bitte ich, ehe denn ich s.
Pr	2,16	wie s. doch der Weise samt dem Toren
	3,2	geboren werden... s. hat seine Zeit
	19	wie (das Vieh) s., so auch er
	4,2	pries die Toten, die schon ges. waren
	7,17	damit du nicht s. vor deiner Zeit
	9,3	danach müssen sie s.
	5	die Lebenden wissen, daß sie s. werden
Jes	6,1	in dem Jahr, als der König Usija s. 14,28
	22,13	essen und trinken; wir s. doch morgen
	14	soll mir vergeben werden, bis ihr s.
	18	dort wirst du s. Jer 20,6; 22,12.26; 42,16.17.22; Hes 12,13; 17,16
	50,2	zur Wüste, daß ihre Fische vor Durst s.
	51,12	vor Menschen gefürchtet hast, die doch s.
	14	wird losgegeben, daß er nicht s.
	53,9	Grab bei Übeltätern, als er ges. war
	59,5	ißt man von ihren Eiern, so muß man s.
	65,20	als Knabe gilt, wer 100 Jahre alt s.
	66,24	ihr Wurm wird nicht s.
Jer	11,21	wenn du nicht von unsern Händen s. willst
	22	ihre Söhne sollen vor Hunger s.
	14,15	solche Propheten sollen s.
	16,4	sie sollen an bösen Krankheiten s. 21,6.9; 38,2; Hes 5,12; 6,12; 33,27
	6	Große und Kleine sollen s. 44,12
	26,8	ergriffen (Jeremia): Du mußt s.
	27,13	warum wollt ihr s. Hes 18,31; 33,11
	28,16	siehe, dies Jahr sollst du s. 17
	34,4	sollst nicht durchs Schwert. 5
	37,20	daß ich dort nicht s. 38,9.10.24.26
	52,11	legte (Zedekia) ins Gefängnis, bis er s.
Klg	4,9	besser als denen, die vor Hunger s.
Hes	3,18	wird um seiner Sünde willen s. 19.20; 18,4.18. 20.24.26; 33,8.9.13.18
	7,15	wird vom Schwert s. Am 7,11; 9,10
	11,13	als ich noch weissagte, s. Pelatja 24,18
	13,19	Seelen tötet, die nicht s. sollten
	18,21	wenn sich der Gottlose bekehrt, soll er nicht s. 28; 33,14.15

Hes	18,32	habe kein Gefallen am Tod des S.
	43,7	durch die Leichen ihrer Könige, wenn sie s.
Hos	2,5	damit ich sie nicht vor Durst s. lasse
Am	2,2	Moab soll s. im Getümmel
	6,9	wenn auch 10 übrgbl., sollen sie doch s.
	7,17	sollst in einem unreinen Lande s.
Hab	1,12	HERR, mein Gott, laß uns nicht s.
Sa	11,9	ich sprach: was da s., das s.
Jdt	6,2	sollst durch das Schwert... s. 3
	7,10	dann müssen sie ohne Schwertstreich s.
	16	sehen müssen, wie unsre Frauen s.
	14,5	der Herr wird sie unter euren Füßen s. lassen
	16,28	danach s. (Judit) in Bethulia
Wsh	3,18	s. sie bald, haben sie nichts zu hoffen
	4,7	wenn der Gerechte zu frühzeitig s.
	18	der Herr wird sie verlachen, sie werden s.
	18,18	zeigten, aus welchem Grund sie s. mußten
Tob	4,1	als Tobias dachte, er würde s.
	5	wenn sie ges. ist, so begrabe sie neben mir
	6,16	würden meine Eltern vor Leid s.
	10,12	eure Kinder sehen, ehe ich s.
	14,4	bis er in Frieden s.
	15	als sie s., drückte er ihnen die Augen zu
Sir	8,8	freue dich nicht, wenn dein Feind s.; denke daran, daß wir alle s. müssen
	11,19	daß er alles andern lassen und s. muß
	28	wenn der Mensch s., tritt es hervor
	14,18	es ist das uralte Gesetz: Du mußt s.
	19	die einen s., die andern werden geboren
	16,4	besser ohne Kinder s. als gottlose Kinder haben
	19,10	hast du etwas gehört, so laß es mit dir s.
	25,32	um ihretwillen müssen wir alle s.
	27,32	Schmerz wird sie verzehren, sie werden s.
	30,4	wenn sein Vater s., ist's, als wäre er nicht ges.
	5	als er s., brauchte er sich nicht zu sorgen
	38,11	gib ein fettes Opfer, als müßtest du s.
	16	wenn einer s., so beweine ihn
	23	wie ges., so mußt du auch s.
	40,5	es ist besser, so zu s. als zu betteln
	41,12	ihr, so fallt ihr dem Fluch zum Opfer
	46,22	ehe er s., bezeugte er vor dem Herrn
Bar	4,1	die (d. Weisheit) verlassen, werden s.
1Ma	1,6	als er merkte, daß er s. würde 8
	2,37	wir alle wollen lieber schuldlos s. 2Ma 7,2
	70	(Mattatias) s. im 146. Jahr
	4,35	bereit, in Ehren zu s. 2Ma 6,19.27
	6,13	muß ich in großer Traurigkeit s.
	9,56	Alkimus s. mit großen Schmerzen
	13,49	daß viele vor Hunger s. mußten
2Ma	4,48	sogleich mußten sie s.
	5,9	so mußte er selbst in der Fremde s.
	7,5	ermahnten sich, unverzagt zu s.
	9	uns, die wir um seiner Gesetze willen s.
	14	als es mit ihm zum S. ging
	16	du bist ein Mensch und mußt s.
	40	ist, ohne unrein geworden zu sein, ges.
	10,9	so ging es zu, als Antiochus s.
StE	4,6	fürchte dich nicht! Du sollst nicht s.
StD	1,43	ich muß s., obwohl ich nicht
	2,7	so mußte ihr s. 8.11
Mt	2,19	als Herodes ges. war, erschien dem Josef
	20	sind ges., die dem Kindlein nach dem Leben
	9,18	meine Tochter ist ges. Mk 5,35; Lk 8,49
	22,24	wenn einer s. und hat keine Kinder 25.27; Mk 12,19-22; Lk 20,28-32
	26,35	wenn ich mit dir s. müßte Mk 14,31
Mk	5,39	das Kind ist nicht ges., sondern es schläft Lk 8,52.53

sterben

Mk	9,48	wo ihr Wurm nicht s.
	15,44	fragte, ob er schon lange gest. sei Jh 19,33
Lk	16,22	es begab sich aber, daß der Arme s.
	20,36	sie können hinfort auch nicht s.
Jh	4,49	Herr, komm herab, ehe mein Kind s.
	6,49	eure Väter haben das Manna gegessen und sind ges. 58
	50	damit, wer davon ißt, nicht s.
	8,21	ihr werdet in eurer Sünde s. 24
	52	Abraham ist ges. und die Propheten 53
	11,14	da sagte ihnen Jesus: Lazarus ist ges.
	16	laßt uns mit ihm gehen, daß wir mit ihm s.
	21	Herr, wärst du hier gewesen, mein Bruder wäre nicht ges. 32
	25	wer an mich glaubt, der wird leben, auch wenn er s. 26
	37	konnte er nicht auch machen, daß dieser nicht s. mußte
	50	ein Mensch s. für das Volk 51; 18,14
	12,33	das sagte er, um anzuzeigen, welchen Todes er s. würde 18,32
	19,7	und nach dem Gesetz muß er s.
	21,23	dieser Jünger s. nicht
Apg	2,29	er ist ges. und begraben
	7,4	als sein Vater ges. war, brachte Gott ihn
	15	Jakob zog hinab nach Ägypten und s.
	9,37	begab sich aber, daß sie krank wurde und s.
	14,19	sie meinten, er wäre ges.
	21,13	zu s. in Jerusalem für den Namen des Herrn
	25,11	habe ich Unrecht getan, so weigere ich mich nicht zu s.
Rö	5,6	Christus ist für uns Gottlose ges. 8; 8,34; 14,9; 1Ko 15,3; *1Pt 3,18*
	7	nun s. kaum jemand um eines Gerechten willen
	15	wenn durch die Sünde des Einen die Vielen ges. sind
	6,2	wie sollten wir in der Sünde leben wollen, der wir doch ges. sind
	7	wer ges. ist, ist frei geworden von der Sünde
	8	sind wir mit Christus ges.
	9	wissen, daß Christus, von d. Toten erweckt, hinfort nicht s.
	10	was er ges. ist, das ist er der Sünde ges.
	11	daß ihr der Sünde ges. seid und lebt Gott
	7,2	wenn der Mann s., so ist sie frei 3
	10	(wurde die Sünde lebendig,) ich aber s.
	8,13	werdet ihr s. müssen
	14,7	keiner lebt sich selber, keiner s. sich selber
	8	s. wir, so s. wir dem Herrn. Darum: wir leben oder s., so sind wir des Herrn
	15	den, für den Christus ges. ist
1Ko	8,11	zugrunde gehen der Bruder, für den Christus ges. ist
	9,15	lieber würde ich s.
	15,22	wie sie in Adam alle s., so werden sie
	31	ich s. täglich
	36	du Narr: was du säst, wird n. lebendig, wenn es nicht s.
2Ko	1,9	für beschlossen, wir müßten s.
	4,10	wir tragen das S. Jesu an unserm Leibe
	5,14	wenn einer für alle ges., so sind sie alle ges. 15
	6,9	(Diener Gottes:) als die S. und siehe, wir leben
Gal	2,19	ich bin durchs Gesetz dem Gesetz ges.
	21	so ist Christus vergeblich ges.
Phl	1,21	Christus ist mein Leben, und S. ist mein Gewinn
Kol	2,20	mit Christus den Mächten der Welt ges.
	3,3	ihr seid ges.
1Th	4,14	wenn wir glauben, daß Jesus ges. und auferstanden ist
	16	die Toten, die in Christus ges. sind
	5,10	(Jesus Christus,) der für uns ges. ist
2Ti	2,11	s. wir mit, so werden wir mit leben
Heb	9,27	den Menschen bestimmt, einmal zu s.
	10,28	muß er s. ohne Erbarmen
	11,4	redet er noch, obwohl er ges. ist
	13	diese alle sind ges. im Glauben
	21	segnete Jakob, als er s., die beiden Söhne Josefs 22
Off	3,2	stärke das andre, das s. will
	8,9	der dritte Teil der lebendigen Geschöpfe im Meer s. 16,3
	11	viele Menschen s. von den Wassern
	9,6	sie werden begehren zu s., und der Tod wird von ihnen fliehen
	14,13	selig die Toten, die in dem Herrn s.

sterbensmatt

Ri	16,16	ihm zusetzte, wurde seine Seele s.

sterblich

Hi	10,4	siehst du, wie ein S. sieht
Wsh	7,1	auch ich bin ein s. Mensch wie alle andern
	9,14	die Gedanken des s. Menschen sind armselig
	15,17	weil er s. ist, schafft er nur
	19,20	verzehrten nicht das Fleisch der s. Tiere
2Ma	9,12	daß ein s. Mensch nicht so vermessen ist
StE	3,7	wollen einen s. König rühmen
Apg	14,15	wir sind auch s. Menschen wie ihr
Rö	6,12	laßt nun die Sünde nicht herrschen in eurem s. Leibe
	8,11	auch eure s. Leiber lebendig machen
1Ko	15,53	dies S. muß anziehen die Unsterblichkeit 54
2Ko	4,11	damit das Leben Jesu offenbar werde an unserm s. Fleisch
	5,4	das S. verschlungen werde von dem Leben
Kol	1,22	versöhnt durch den Tod seines s. Leibes
Heb	7,8	hier nehmen den Zehnten s. Menschen

Stern

1Mo	1,16	Gott machte... dazu auch die S. Ps 8,4; 136,9
	15,5	zähle die S. So zahlreich sollen deine Nachkommen sein 22,17; 26,4; 2Mo 32,13; 1Ch 27,23
	37,9	elf S. neigten sich vor mir
4Mo	24,17	wird ein S. aus Jakob aufgehen
5Mo	1,10	daß ihr heute seid wie die Menge der S. 10,22; 28,62; Neh 9,23; Heb 11,12
	4,19	daß du die Sonne sehest und die S.
Ri	5,20	vom Himmel her kämpften die S.
Neh	4,15	arbeiteten, bis die S. hervorkamen
Hi	3,9	ihre S. sollen finster sein
	9,7	(Gott) versiegelt die S.
	9	er macht die S. des Südens 38,32
	22,12	sieh die S. an, wie hoch sie sind
	25,5	die S. sind nicht rein vor seinen Augen
Ps	147,4	er zählt die S. und nennt sie mit Namen
	148,3	lobet ihn, alle leuchtenden S.
Pr	12,2	ehe Mond und S. finster werden
Jes	13,10	die S. am Himmel scheinen nicht hell
	14,13	will m. Thron über die S. Gottes erhöhn
Jer	31,35	der die S. der Nacht zum Licht bestellt
Hes	32,7	so will ich seine S. verfinstern

Stier

Dan	8,10	es warf einige von den S. zur Erde
	12,3	werden leuchten wie die S. ewiglich
Jo	2,10	die S. halten ihren Schein zurück 4,15
Am	5,26	ihr truget Kewan, den S. eures Gottes
Ob	4	machtest dein Nest zwischen den S.
Nah	3,16	hast mehr Händler, als S. am Himmel sind
Wsh	7,19	(daß ich begreife,) wie die S. stehen
	13,2	(die) die S. für Götter halten
	17,5	noch konnten die S. jene Nacht licht machen
Sir	43,9	die hellen S. zieren den Himmel
Bar	3,34	die S. leuchten in ihrer Ordnung
	6,60	Sonne, Mond und S. sind gehorsam
2Ma	9,10	gemeint, er könnte nach den S. greifen
Mt	2,2	wir haben seinen S. gesehen 7.9.10
	24,29	die S. werden vom Himmel fallen Mk 13,25
Lk	21,25	es werden Zeichen geschehen an S.
Apg	7,43	ihr trugt umher den S. des Gottes Räfan
	27,20	viele Tage weder Sonne noch S. schienen
1Ko	15,41	einen andern Glanz haben die S.
Jud	13	umherirrende S.
Off	1,16	hatte sieben S. in seiner Hand 2,1; 3,1
	20	das Geheimnis der sieben S. ist dies
	6,13	die S. des Himmels fielen auf die Erde
	8,10	es fiel ein großer S. vom Himmel 11; 9,1
	12	es wurde geschlagen der dritte Teil der S. 12,4
	12,1	auf ihrem Haupt eine Krone von zwölf S.

Sternbild

Wsh	7,29	(d. Weisheit) übertrifft alle S.

Sternenlicht

Wsh	10,17	sie war ihnen bei Nacht ein S.

Sterngucker

Jes	47,13	es sollen dir helfen die S.

stet, stetig

Sir	30,17	ewige Ruhe (ist) besser als s. Krankheit
1Ma	13,38	das soll treu, s. und fest gehalten werden
Heb	5,14	sie haben durch s. Gebrauch geübte Sinne

stets

2Kö	25,19	die s. vor dem König waren Jer 52,12.25
Ps	25,15	meine Augen sehen s. auf den HERRN
	73,23	dennoch bleibe ich s. an dir
	141,5	bete s., daß jene mir nicht Schaden tun
Spr	17,11	ein böser... trachtet, s. zu widersprechen
Jes	60,11	deine Tore sollen s. offen stehen
Jer	32,33	obwohl ich sie s. lehren ließ
	42,16	der Hunger soll s. hinter euch her sein
	52,34	ihm wurde s. sein Unterhalt gegeben
Apg	1,14	diese alle waren s. beieinander 2,46
1Ko	7,35	s. und ungehindert dem Herrn dienen

Steuer

2Kö	15,20	legte eine S. auf die Reichsten
	23,35	legte eine S. auf das Land Est 10,1
2Ch	24,6	die S. einbringen, die Mose geboten 9
	27	die Menge der S., die er veranlaßte
Esr	4,13	werden sie S. nicht mehr geben 20; 7,24
Neh	5,4	um dem König S. zahlen zu können
Spr	29,4	wer viel S. erhebt, richtet es zugrunde
1Ma	10,29	ich erlasse allen Juden die S. 11,28
Mt	17,25	von wem nehmen die Könige auf Erden S.
	22,17	ist's recht, daß man dem Kaiser S. zahlt Mk 12,14; Lk 20,22
Lk	23,2	verbietet, dem Kaiser S. zu geben
Rö	13,6	deshalb zahlt ihr ja auch S.
	7	S., dem S. gebührt; Zoll, dem Zoll gebührt

Steuererlaß

Est	2,18	gewährte den Ländern S.

Steuermann, Steuerleute

Hes	27,8	die kundigsten Männer hattest du als S.
	27	daß deine S. umkommen werden 28
Apg	27,11	der Hauptmann glaubte dem S. mehr als
Off	18,17	alle S. standen fernab

Steuermünze

Mt	22,19	zeigt mir die S.

steuern

Ps	46,10	der den Kriegen s. in aller Welt
Spr	19,19	willst du ihm s., so wird er noch größer

Steuerruder

Apg	27,40	sie banden die S. los

Stich

2Mo	23,5	liegen siehst, so laß ihn nicht im S.
2Sm	20,10	gab ihm keinen S. mehr
Klg	1,19	meine Freunde ließen mich im S.
Jdt	15,2	sie ließen alles im S.
Wsh	10,13	die Weisheit ließ den Gerechten nicht im S.
Sir	29,19	ein Schamloser läßt ihn im S.
2Ma	5,20	wie die Stätte im S. gelassen wurde
	6,15	läßt er doch sein Volk nie im S. 7,16

sticken

Ri	5,30	bunte ges. Kleider zur Beute
Ps	45,15	man führt sie in ges. Kleidern zum König

Stiefel

Jes	9,4	jeder S. wird verbrannt

Stiel

5Mo	19,5	das Eisen führe vom S.
Jes	10,18	soll zunichte werden mit Stumpf und S.

Stier

1Mo	32,16	(Geschenk für Esau:) zehn junge S.
	49,6	in ihrem Mutwillen haben sie S. gelähmt
2Mo	22,29	so sollst du auch tun mit deinem S.
	24,5	Brandopfer und Dankopfer von jungen S.
	29,1	nimm einen jungen S. (zum Sündopfer) 3.10. 11.14.36; 3Mo 4,3u.ö.21; 8,2.14.17; 9,2.4.8.18. 19; 16,3u.ö.27; 4Mo 8,8.12; 15,24; 28,11u.ö.27; 29,2u.ö.37; Ri 6,25.26.28; Hes 43,19.21-23.25; 45,18.22-24; 46,6.7.11
	34,19	alle Erstgeburt ist mein, es sei S. oder Schaf 3Mo 27,26
3Mo	7,23	sollt kein Fett essen von S.

Stier

3Mo	17,3	wer einen S. schlachtet im Lager
4Mo	7,3	brachten ihre Gabe: je einen S. 15u.ö.88
	15,11	so sollst du tun mit einem S.
	23,1	Bileam sprach: schaffe her 7 S. 2u.ö.30
5Mo	33,17	sein erstgeborener S. ist voll Herrlichk.
1Sm	1,24	dazu einen dreijährigen S. 25
	14,34	daß jeder seinen S. zu mir bringen soll
2Sm	6,13	opferte man einen S. 1Ch 15,26
1Kö	1,19	(Adonija) hat S. geopfert 25
	18,23	(sprach Elia:) gebt uns zwei S. 25.26.33
1Ch	29,21	opferten 1.000 junge S. 2Ch 30,24
2Ch	13,9	wer da kam mit einem S., wurde Priester
	29,21	brachten sieben S. zum Sündopfer Hi 42,8
Esr	6,9	was sie bedürfen an S.
	17	opferten zur Einweihung 100 S. 7,17; 8,35
Neh	5,18	brauchte man täglich einen S.
Hi	6,5	brüllt der S., wenn er Futter hat
	21,10	ihr S. bespringt, und es mißrät nicht
Ps	22,13	gewaltige S. haben mich umgeben 22
	50,9	will von deinem Hause S. nicht nehmen 13
	51,21	wird man S. auf deinem Altar opfern
	69,32	wird dem HERRN besser gefallen als ein S.
Spr	7,22	wie ein S. zur Schlachtbank geführt wird
Jes	1,11	ich habe kein Gefallen am Blut der S.
	10,13	wie ein S. die Bewohner zu Boden gestoßen
	34,7	werden niedersinken junge S.
	66,3	wer einen S. schlachtet, gleicht dem, der
Jer	31,18	ließ mich erziehen wie ein junger S.
	50,27	tötet alle seine S., führt sie hinab
Hes	1,10	zur linken Seite gleich einem S.
	39,18	Blut sollt ihr saufen, der Böcke und S.
Hos	12,12	zu Gilgal opferten sie S.
Apg	14,13	der Priester des Zeus brachte S. und Kränze
Heb	9,13	wenn das Blut von S. die Unreinen heiligt
	10,4	unmöglich, durch das Blut von S. Sünden wegzunehmen
Off	4,7	die zweite Gestalt war gleich einem S.

Stierfuß

Hes	1,7	ihre Füße waren wie S.

Stierkopf

1Kö	10,19	hinten am Thron waren S.

Stift

Jes	44,13	der Zimmermann zeichnet mit dem S.

stiften

Ps	111,4	er hat ein Gedächtnis ges. seiner Wunder
Spr	17,9	wer Verfehlung zudeckt, s. Freundschaft
Wsh	14,15	s. für die Seinen geheime Gottesdienste
Sir	7,16	den Ackerbau, den der Höchste ges. hat
Apg	14,2	die Juden s. Unruhe
Heb	9,18	ward der erste Bund nicht ohne Blut ges.
Jak	3,18	wird gesät in Frieden für die, die Frieden s.

Stiftshütte

2Mo	27,21	in der S. den Leuchter zurichten
	28,43	wenn sie in die S. gehen 29,30; 30,20; 33,8.9; 40,32
	29,4	vor die Tür der S. 10.11.32.42; 40,12; 3Mo 1,3.5; 3,2.8.13; 4,4.7.14.18; 6,9.19; 8,3.4.31.33.35; 9,5; 12,6; 14,11.23; 15,14.29; 16,7; 17,4-6.9; 19,21; 4Mo 6,10.13.18; 8,9; 10,3; 11,16.24.26; 12,4; 16,18.19; 17,7.8.15; 25,6; 27,2; 5Mo 31,14
2Mo	29,44	will die S. heiligen 30,26.36
	30,16	Sühnegeld zum Dienst an der S. 35,21
	18	Becken zwischen der S. und Altar 40,7.30
	31,7	(daß sie alles machen:) die S. 38,30; 39,32.40; 40,2.6.22.29
	33,7	nannte es S. Und wer den HERRN befragen wollte, mußte zur S. 8
	9	die Wolkensäule stand in der Tür der S. 10; 40,34.35; 4Mo 12,5.10; 14,10
	11	Josua wich nicht aus der S.
	38,8	Frauen, die vor der S. Dienst taten 1Sm 2,22
3Mo	1,1	der HERR redete mit (Mose) aus der S. 4Mo 1,1
	4,5	es in die S. bringen 16; 6,23; 4Mo 31,54
	9,23	Mose und Aaron gingen in die S. 10,7.9; 24,3; 4Mo 7,89; 20,6
	16,16	so soll er tun der S. 17.20.23.33; 4Mo 19,4
4Mo	2,2	sollen um die S. her sich lagern 17; 3,38
	3,7	den Dienst versehen vor der S. 8.25; 4,3u.ö. 47; 7,5; 8,15.19.22.24.26; 18,3.4.6.21-23.31; 1Ch 6,17; 9,19.21.23; 23,32
	5,17	Staub vom Boden der S. ins Wasser tun
	17,19	lege (zwölf Stäbe) in der S. nieder
Jos	18,1	richtete (in Silo) die S. auf 19,51
1Kö	8,4	brachten hinauf die S. 2Ch 5,5
2Ch	1,3	bei Gibeon; denn dort war die S. 6.13
	24,6	die Steuer für die S.
2Ma	2,4	geboten, S... sollten mit ihm kommen 5
Apg	7,44	es hatten unsere Väter die S. in der Wüste
Heb	8,2	ist ein Diener an der wahren S.
	5	Mose, als er die S. errichten wollte
	9,2	es war da aufgerichtet die S.
	3	der Teil der S., der das Allerheiligste heißt
	6	gingen die Priester allezeit in den vorderen Teil der S.
	8	solange der vordere Teil der S. noch bestehe
	11	Christus ist gekommen durch die größere S.
	21	die S. besprengte er desgleichen mit Blut
	13,10	von dem zu essen kein Recht haben, die der S. dienen
Off	15,5	wurde aufgetan der Tempel, die S. im Himmel

still, stille

2Mo	14,14	für euch streiten, und ihr werdet s. sein
Ri	5,7	s. war's bei den Bauern
	16,2	die ganze Nacht verhielten sie sich s.
2Sm	19,11	warum seid ihr so s. und holt... nicht
1Kö	19,12	nach dem Feuer kam ein s. sanftes Sausen
1Ch	4,40	fanden ein Land, s. und ruhig
Neh	8,11	seid s., denn der Tag ist heilig
Hi	3,13	läge ich da und wäre s.
Ps	4,5	redet in eurem Herzen und seid s.
	30,13	daß ich dir lobsinge und nicht s. werde
	35,20	ersinnen Anklagen wider die S. im Lande
	37,7	sei s. dem HERRN und warte auf ihn
	39,3	ich bin verstummt und s. und schweige
	46,11	seid s. und erkennt, daß ich Gott bin
	62,2	meine Seele ist s. zu Gott 6
	76,9	erschrickt das Erdreich und wird s.
	107,30	sie froh wurden, daß es s. geworden war
	131,2	meine Seele ist s. und ruhig geworden
Jes	8,6	Wasser von Siloah, die s. dahinfließen
	18,4	ich will s. warten wie drückende Hitze
	23,2	die Bewohner der Küste sind s. geworden
	42,14	war s. und hielt an mich
	57,20	das Meer, das nicht s. sein kann
Jer	47,6	Schwert des HERRN... ruhe und sei s.
	48,11	Moab ist auf seinen Hefen s. gelegen

Stimme

Klg	2,10	sitzen auf der Erde und sind s.
Hes	27,32	wer ist je so s. geworden wie Tyrus
	38,11	will über die kommen, die s. leben
Am	6,10	er wird sagen: S.
Jon	1,11	was tun, daß das Meer s. werde 12.15
Hab	2,20	es sei vor ihm s. alle Welt
Ze	1,7	seid s. vor Gott dem HERRN Sa 2,17
Sa	1,11	alle Lande liegen ruhig und s.
Jdt	7,21	als es s. geworden war 13,16
	13,5	Judit betete im s. unter Tränen
Wsh	18,14	als alles s. war und ruhte
Tob	10,7	sei s. und sorge dich nicht
Sir	25,26	schwatzhaftes Weib ist für einen s. Mann
Mt	8,26	da wurde es ganz s.
Apg	8,32	*wie ein Lamm s. ist vor seinem Scherer*
	19,36	*so sollt ihr s. sein*
	22,2	wurden sie noch s.
1Th	4,11	daß ihr ein s. Leben führt 1Ti 2,2
2Th	3,12	daß sie s. ihrer Arbeit nachgehen
1Ti	2,12	sie sei s.
1Pt	3,4	im unvergänglichen Schmuck des s. Geistes

stillbleiben

2Kö	11,20	aber die Stadt b. s. 2Ch 23,21
Hi	31,34	so daß ich s. und nicht hinausging
Ps	83,2	Gott, b. nicht so s. und ruhig
Jes	7,4	hüte dich und b. s.
	30,15	wenn ihr umkehret und s.

Stille

Hi	4,16	es war eine S., und ich hörte eine Stimme
Ps	65,2	Gott, man lobt dich in der S. zu Zion
	115,17	keiner, der hinunterfährt in die S.
Jes	32,17	der Ertrag wird ewige S. sein
Mk	4,39	es entstand eine große S. Lk 8,24
Apg	21,40	da entstand eine große S.
1Ti	2,11	eine Frau lerne in der S.
Off	8,1	entstand eine S. im Himmel eine halbe Stunde

stillen

1Mo	21,7	wer hätte gesagt, daß Sara Kinder s.
2Mo	2,7	die a., daß sie dir das Kindlein s. 9
4Mo	17,20	will das Murren der *Israeliten s.
1Sm	1,23	so blieb die Frau und s. ihren Sohn
1Kö	3,21	als ich aufstand, um meinen Sohn zu s.
Ps	65,8	der du s. das Brausen des Meeres 89,10
	78,30	sie hatten ihr Verlangen noch nicht ges.
	107,29	(er) s. das Ungewitter
Spr	6,30	wenn er stiehlt, um seine Gier zu s.
	15,1	eine linde Antwort s. den Zorn
	18	ein Geduldiger s. den Streit
	21,14	eine heimliche Gabe s. den Zorn
	29,8	die Weisen s. den Zorn
Jes	29,8	so ist sein Verlangen nicht ges.
Hes	21,22	dann will auch ich meinen Zorn s.
Jdt	7,7	nicht genug, um den Durst damit zu s.
Sir	48,10	den Zorn zu s., ehe der Grimm kommt
2Ma	7,28	mein Sohn, den ich drei Jahre ges. habe
Mt	24,19	weh den S. zu jener Zeit Mk 13,17; Lk 21,23
1Jh	3,19	*können unser Herz vor ihm damit s.*

Stillesein

Jes	30,15	durch S. und Hoffen würdet ihr stark sein

stillhalten

Lk	6,42	h. s., Bruder, ich will den Splitter aus deinem Auge ziehen

stilliegen

Hi	37,17	wenn das Land s. unterm Südwind

stillschweigen

1Mo	24,21	der Mann betrachtete sie und s. s.
2Sm	13,20	nun, meine Schwester, s. s.
2Kö	2,3	auch ich weiß es wohl; s. nur s. 5
	18,36	das Volk s. s. Jes 36,21
Hi	13,13	s. s. und laßt mich reden
Spr	11,12	ein verständiger Mann s. s.
Dan	10,15	neigte mein Angesicht zur Erde und s. s.
1Ma	11,5	aber der König s. dazu s.
Mt	26,63	aber Jesus s. s. Mk 14,61
Mk	3,4	sie aber s. s. Lk 14,4; 20,26
	10,48	viele fuhren ihn an, er solle s.
Apg	11,18	als sie das hörten, s. sie s. 15,12

stillsitzen

1Kö	22,3	wir s. s. und nehmen es nicht dem König ab
1Ma	2,7	ich muß s. und die Feinde lassen

stillstehen

Jos	3,13	wenn die Fußsohlen der Priester s. 17; 4,3
	10,12	Sonne, s. s. zu Gibeon 13; Hab 3,11; Sir 46,5
1Sm	6,14	der Wagen s. dort s.
	9,27	sprach Samuel zu Saul: s. jetzt s.
	14,9	s. s., bis wir zu euch herankommen
2Sm	2,28	das Volk s. s. und jagte Israel nicht nach
Hi	37,14	s. s. und merke auf die Wunder Gottes
Hes	1,24	wenn sie s., ließen sie die Flügel 25
Mt	20,32	*Jesus aber s. s. Mk 10,49; Lk 18,40*

Stimme

1Mo	3,17	gehorcht hast der S. deines Weibes 16,2
	4,10	die S. des Blutes deines Bruders schreit
	21,17	erhörte Gott die S. 1Kö 17,22; 2Ch 30,27
	22,18	weil du meiner S. gehorcht hast 26,5
	27,22	die S. ist Jakobs S.
	39,14	rief mit lauter S. 2Kö 18,28; 2Ch 32,18; Hes 11,13
2Mo	18,19	(Jitro sprach:) gehorche meiner S.
	19,5	werdet ihr meiner S. gehorchen 23,21.22; 5Mo 4,30; 13,5; 26,17; 30,2.20; Jos 24,24; 1Sm 12,14; Jer 11,4.7
4Mo	7,89	Mose hörte die S. zu sich reden
	14,22	meiner S. nicht gehorcht 5Mo 9,23; Ri 2,2.20; 6,10; 1Sm 12,15; 2Ch 30,8; Ps 81,12; Jer 3,13; 18,10; 22,21; 32,23; 40,3; Dan 9,10.11.14
	20,16	dem HERRN; der hat unsere S. gehört 21,3
5Mo	1,45	wollte der HERR eure S. nicht hören
	4,12	keine Gestalt, nur eine S. war da
	36	vom Himmel hat er seine S. hören lassen
	5,22	der HERR redete mit großer S. 23.24
	21,18	Sohn, der s... nicht gehorcht 20
	27,14	die Leviten mit lauter S. 2Ch 5,13; 20,19
	33,7	HERR, erhöre die S. Judas
Jos	6,10	kein Kriegsgeschrei noch eure S. hören l.
	10,14	also ... auf die S. eines Menschen hörte
	22,2	habt gehorcht meiner S. in allem
Ri	18,3	fiel ihnen die S. des jungen Leviten auf

Stimme

Ri	18,25	laß deine S. nicht weiter bei uns hören
	20,13	wollten nicht hören auf die S. ihrer Brüder
1Sm	1,13	ihre S. aber hörte man nicht
	2,25	sie gehorchten der S. ihres Vaters nicht
	8,7	gehorche der S. des Volks 9.22; 12,1; 15,24; 1Kö 20,25
	19	weigerte sich, auf die S. Samuels zu hören
	19,6	da hörte Saul auf die S. Jonatans
	24,17	ist das nicht deine S., David 26,17
	25,35	ich habe auf deine S. gehört 28,21.22
2Sm	15,23	das ganze Land weinte mit lauter S.
	22,7	da erhörte er meine S. Ps 18,7; Klg 3,56
	14	der Höchste ließ seine S. erschallen Ps 18,14; 68,34; Jes 30,30
1Kö	8,55	(Salomo) segnete Israel mit lauter S.
	18,26	war da keine S. noch Antwort 29; 2Kö 4,31
	19,13	kam die S. zu (Elia) und sprach
2Kö	10,6	schrieb: Wenn ihr meiner S. gehorcht
2Ch	15,14	schworen mit lauter S. Esr 10,12
Hi	3,18	hören nicht die S. des Treibers
	4,10	die S. der Leuen (ist) dahin
	16	ich hörte eine S. Hes 9,1
	9,16	glaube ich nicht, daß er meine S. hört
	15,21	S. des Schreckens hört sein Ohr
	29,10	Fürsten hielten ihre S. zurück
	34,16	merke auf die S. meiner Reden
	40,9	kannst du mit gleicher S. donnern
Ps	3,5	ich rufe mit meiner S. zum HERRN 142,2
	5,4	frühe wollest du meine S. hören 55,18
	19,4	unhörbar ist ihre S.
	26,7	dir zu danken mit lauter S.
	27,7	höre meine S. 64,2; 119,149; 130,2; 141,1
	28,2	höre die S. meines Flehens 6; 31,23; 86,6; 116,1; 140,7
	58,6	daß sie nicht höre die S. des Zauberers
	95,7	wenn ihr doch heute auf seine S. hören wolltet Heb 3,7.15; 4,7
	103,20	daß man höre auf die S. seines Wortes
Spr	1,20	läßt ihre S. hören auf den Plätzen
	5,13	nicht gehorchte der S. meiner Lehrer
	26,25	wenn er seine S. holdselig macht
	27,14	wenn einer mit lauter S. segnet
Pr	10,20	die Vögel tragen die S. fort
	12,4	daß die S. der Mühle leiser wird
Hl	2,8	da ist die S. meines Freundes 5,2
	14	laß mich hören deine S.; deine S. ist süß 8,13
Jes	6,4	bebten von der S. ihres Rufens
	28,23	höret meine S. 32,9
	29,4	sei wie die eines Totengeistes
	40,3	es ruft eine S.: In der Wüste bereitet den Weg Mt 3,3; Mk 1,3; Lk 3,4; Jh 1,23
	6	es spricht eine S.: Predige
	42,2	seine S. wird man nicht hören
	50,10	der der S. seines Knechts gehorcht
	52,8	deine Wächter rufen mit lauter S.
	58,4	wenn eure S. gehört werden soll
	65,19	nicht mehr hören die S. des ... Klagens
Jer	4,5	ruft mit voller S. und sprecht
	7,34	will wegnehmen die S. des Bräutigams 16,9; 25,10; 33,11
	18,19	höre die S. meiner Widersacher
	35,8	gehorchen wir der S. unseres Vaters
Hes	1,24	wie die S. des Allmächtigen
	8,18	wenn sie auch mit lauter S. schreien
	19,9	damit seine S. nicht mehr gehört würde
	33,32	wie einer, der eine schöne S. hat
Dan	4,28	kam eine S. vom Himmel
	6,21	rief er Daniel mit angstvoller S.
Jo	4,16	der HERR wird seine S. hören l. Am 1,2
Jon	2,3	du hörtest meine S.
Mi	6,1	laß die Hügel deine S. hören
Nah	2,14	die S. deiner Boten nicht mehr hören soll
Jdt	13,13	als die Wächter ihre S. hörten
Wsh	18,1	die Feinde hörten zwar ihre S.
Tob	6,3	Tobias erschrak und schrie mit lauter S.
Sir	17,11	sie haben seine herrliche S. gehört
	34,29	wessen S. soll der Herr erhören
	45,5	er ließ ihn seine S. hören
Bar	1,19	haben es verachtet, seiner S. zu gehorchen
StE	3,12	erhöre die S. derer, die
StD	1,42	(Susanna) schrie mit lauter S.
	60	fing ... an, mit lauter S. zu rufen 2,17
Mt	3,3	eines Predigers in der Wüste Mk 1,3; Lk 3,4; Jh 1,23
	17	siehe, eine S. vom Himmel sprach 17,5; Mk 1,11; 9,7; Lk 3,22; 9,35; Jh 12,28
	12,19	man wird seine S. nicht hören auf den Gassen
Lk	1,44	als ich die S. deines Grußes hörte, hüpfte
	9,36	als die S. geschah, fanden sie Jesus allein
	17,15	pries Gott mit lauter S. 19,37
Jh	3,29	freut sich sehr über die S. des Bräutigams
	5,25	daß die Toten hören werden die S. des Sohnes Gottes 28
	37	ihr habt niemals seine S. gehört
	10,3	die Schafe hören seine S. 4.5.16.27
	11,43	als er das gesagt hatte, rief er mit lauter S.
	12,30	diese S. ist nicht um meinetwillen geschehen
	18,37	wer aus der Wahrheit ist, der hört meine S.
Apg	2,6	da nun diese S. geschah
	7,31	geschah die S. des Herrn zu ihm
	9,4	er fiel auf die Erde und hörte eine S. 22,7; 26,14
	7	sie hörten die S., aber sahen niemanden 22,9
	10,13	es geschah eine S. zu ihm 15; 11,7.9
	12,14	als sie die S. des Petrus erkannte
	14,10	sprach er mit lauter S.
	22,14	erwählt, daß du sollst die Stimme aus seinem Munde hören
	26,10	gab ich meine S. dazu
	24	sprach Festus mit lauter S.
1Ko	1,10	daß ihr alle mit einer S. redet
Gal	4,20	wollte, daß ich mit andrer S. zu euch reden
1Th	4,16	wenn die S. des Erzengels und ... erschallen
2Pt	1,17	er empfing von Gott Ehre durch eine S.
	18	diese S. haben wir gehört vom Himmel
Heb	3,7	wenn ihr seine S. hören werdet 15; 4,7
	12,26	hat die Erde erschüttert
Off	1,10	hörte eine große S. 4,1; 6,6.7; 9,13; 10,4.8; 11,12; 12,10; 14,2.13; 16,1.17; 18,4; 19,1.5.6; 21,3
	12	zu sehen nach der S., die mit mir redete
	15	seine S. wie großes Wasserrauschen
	3,20	wenn jemand meine S. hören wird
	4,5	vom Thron gingen aus Blitze, S. und Donner 8,5; 11,19; 16,18
	5,2	Engel, der rief mit großer S. 12; 6,10; 7,10; 8,13; 14,7.9; 18,2
	11	ich sah, und ich hörte eine S. vieler Engel
	7,2	rief mit großer S. zu den vier Engeln 14,15. 18; 19,17
	18,22	S. der Sänger nicht mehr in dir gehört
	23	die S. des Bräutigams soll nicht mehr in dir gehört werden

Stimme erheben

1Mo	21,16	e. ihre S. und weinte 27,38; Rut 1,9.14; 1Sm 24,17; 30,4; 2Sm 3,32; 13,36; Hi 2,12
Ri	2,4	e. das Volk seine S. und weinte 21,2; 1Sm 11,4

Ri	9,7	Jotam e. seine S., rief und sprach
2Kö	19,22	über wen hast du deine S. e. Jes 37,23
2Ch	5,13	als sich die S. der Trompeten e.
Hi	38,34	kannst du deine S. zu der Wolke e.
Spr	2,3	wenn du deine S. nach Einsicht e.
	8,4	ich e. meine S. zu den Menschenkindern
Jes	24,14	sie e. ihre S.
	40,9	e. deine S. und rühmen
		e. deine S. mit Macht 58,1
Hes	21,27	soll die S. e. mit Kriegsgeschrei
Lk	11,27	als er redete, e. eine Frau im Volk ihre S.
	17,13	e. ihre S. und sprachen
Apg	2,14	Petrus e. seine S. und redete zu ihnen
	4,24	e. sie ihre S. einmütig zu Gott und sprachen
	14,11	e. sie ihre S. und riefen auf lykaonisch
	19,34	*da e. sich eine S. von allen*
	22,22	dann e. sie ihre S. und riefen: Hinweg mit
Off	8,13	*Engel, die ihre S. e. sollen*
	10,3	e. die sieben Donner ihre S.
	11,15	es e. sich große S. im Himmel

Stimme Gottes, Stimme des HERRN (Herrn)

2Mo	15,26	wirst du der S. d. H., deines G., gehorchen 5Mo 13,19; 15,5; 27,10; 28,1.2; 30,10; Jer 26,13; 38,20; Sa 6,15
5Mo	4,33	daß ein Volk die S. G. hat reden hören
	5,25	wenn wir d. H. S. weiter hören 26; 18,16
	8,20	weil ihr nicht gehorsam seid der S. d. H. 28,45.62; Jos 5,6; 1Sm 15,19.20.22; 28,18; 1Kö 20,36; 2Kö 18,12; Ps 106,25; Jer 3,25; 7,28; 42,21; 43,4.7; 44,23; Dan 9,10
	26,14	bin der S. d. H. gehorsam Jer 42,6; Hag 1,12; Sa 6,15
	28,15	wenn du nicht gehorchen wirst der S. d. H. 1Sm 12,15; Jer 42,13
	30,8	wirst umkehren und der S. d. H. gehorchen
Ps	29,3	die S. d. H. erschallt 4.5.7-9
Jes	6,8	ich hörte die S. d. H. sprach
	30,31	wird Assur erschrecken vor der S. d. H.
Hes	10,5	wie die S. G., wenn er redet
Mi	6,9	d. H. S. ruft über die Stadt
Bar	1,18	(haben) nicht gehorcht der S. d. H. 21; 3,4
	2,22	wenn ihr der S. d. H. nicht gehorchen werdet
Apg	7,31	geschah die S. d. H. zu (Mose)
	12,22	das ist G. S. und nicht die eines Menschen
Heb	8,5	*wie G. S. zu Mose sprach*

stimmen

Jdt	3,9	konnten ihn dennoch nicht milde s.
Sir	31,28	sagen, er sei ein trefflicher Mann; das s.
Apg	15,15	dazu s. die Worte der Propheten
2Ko	6,15	*wie s. Christus mit Belial*

stinken

2Mo	7,18	daß die Fische sterben und der Strom s. 21
	8,10	das Land s. davon
	16,20	wurde es voller Würmer und s. 24
Ps	38,6	meine Wunden s. und eitern
Jes	19,6	die Wasser werden s. werden
	50,2	die Fische vor Mangel an Wasser s.
Jo	2,20	er soll verfaulen und s.
2Ma	9,9	es kam soweit, daß er so scheußlich s.
Jh	11,39	Herr, er s. schon

Stirn

1Mo	24,47	da legte ich einen Reif an ihre S.
2Mo	28,38	auf der S. Aarons... allezeit an seiner S.
1Sm	17,49	David traf den Philister an die S.
2Ch	26,19	brach der Aussatz aus an seiner S. 20
Jes	48,4	daß deine S. ehern (ist) Hes 3,7-9
Hes	9,4	zeichne an der S. die Leute
Wsh	12,14	es kann dir weder... die S. bieten
Off	7,3	bis wir versiegeln die Knechte unseres Gottes an ihren S.
	9,4	die nicht das Siegel haben an ihren S. 20,4
	13,16	sich ein Zeichen machen an ihre S. 14,9
	14,1	die hatten seinen Namen geschrieben auf ihrer S. 17,5; 22,4

Stirnband

Jes	3,18	wird der Herr wegnehmen die S.
Wsh	18,24	die Herrlichkeit auf dem S. seines Haupts

Stirnblatt

2Mo	28,36	ein S. aus feinem Golde 39,30; 3Mo 8,9
Sir	45,14	das goldne S. an dem Kopfbund

Stirnreif

1Mo	24,22	nahm er einen goldenen S. 30
Hos	2,15	Tage, an denen sie sich mit S. schmückt

Stock

2Mo	21,19	(daß er) ausgehen kann an seinem S.
	20	wer seinen Sklaven schlägt mit einem S.
2Kö	6,6	schnitt einen S. ab und stieß dahin
Jes	10,15	als ob der S. den höbe, der kein Holz ist
	14,5	hat den S. der Gottlosen zerbrochen
	29	freue dich nicht, daß der S. zerbrochen
	30,31	der ihn schlägt mit dem S. 32
Hes	21,15	hast den S. verachtet 18
Dan	4,11	laßt den S. mit seinen Wurzeln 20.23
Sa	8,4	sitzen, jeder mit seinem S. in der Hand
Apg	16,22	Stadtrichter befahlen, sie mit S. zu schlagen
	24	*legte ihre Füße in den S.*
	20,9	fiel er hinunter vom dritten S.
1Ko	4,21	soll ich mit dem S. zu euch kommen
2Ko	11,25	ich bin dreimal mit S. geschlagen worden

stockfinster

Hi	10,22	ins Land, wo es s. ist

Stockwerk

1Mo	6,16	er soll drei S. haben
Hes	41,6	Seitenräume gab es, S. auf S. 7; 42,6

Stoff

Hes	27,16	haben bunte S. auf d. Märkte gebracht 24
Wsh	11,17	die Welt aus... S. geschaffen
	15,13	wenn er Gefäße aus irdischem S. schafft

stöhnen

Jer	22,23	wie wirst du s., wenn dir Wehen kommen
	51,52	sollen die tödl. Verwundeten s. Hes 26,15
Hes	30,24	daß er vor ihm s. soll
Mi	4,10	leide doch solche Wehen und s.

stöhnen

Sir 31,22 braucht er in seinem Bett nicht so zu s.

Stoiker
Apg 17,18 einige Philosophen, S., stritten mit ihm

Stollen
Hi 28,10 man bricht S. durch die Felsen

stolz
2Sm 22,28 die Augen aller S. erniedrigest du Ps 18,28
Neh 9,16 unsere Väter wurden s. und halsstarrig 29
Hi 28,8 das s. Wild hat ihn nicht betreten
 34,24 er bringt die S. um
 35,16 Hiob hält s. Reden
 38,11 hier sollen sich legen deine s. Wellen
 41,7 s. stehen sie wie Reihen von Schilden
 26 ist König über alle s. Tiere
Ps 17,10 mit ihrem Munde reden sie s. 31,19
 19,14 bewahre deinen Knecht vor den S.
 36,12 laß mich nicht kommen unter den Fuß der S.
 54,5 S. erheben sich gegen mich
 76,6 beraubt sind die S. und in Schlaf gesunken
 101,5 ich mag den nicht, der s. Gebärde hat
 119,21 du schiltst die S.
 51 die S. treiben ihren Spott mit mir
 69 die S. erdichten Lügen über mich
 78 ach, daß die S. zuschanden würden
 85 die S. graben mir Gruben
 122 daß mir die S. nicht Gewalt antun
 123,4 litt unsere Seele den Spott der S.
 131,1 meine Augen sind nicht s.
 138,6 der HERR kennt den S. von ferne
Spr 6,17 (sind ihm ein Greuel:) s. Augen 16,5
 16,18 wer zugrunde gehen soll, wird s. 18,12
 21,4 hoffärtige Augen und s. Sinn ist Sünde
 24 wer s. und vermessen, heißt Spötter
 30,29 und vier gehen s. einher 31
Jes 2,11 die s. Männer sind, werden sich beugen 17
 3,16 weil die Töchter Zions s. sind
 9,8 die da sagen in Hochmut und s. Sinn
 13,11 will dem Hochmut der S. ein Ende machen
 23,9 daß er verächtlich machte die s. Stadt
 32,9 ihr s. Frauen, höret meine Stimme 11
 18 daß mein Volk wohnen wird in s. Ruhe
 33,21 auf denen kein s. Schiff dahinziehen kann
Jer 48,29 gesagt von dem s. Moab, daß es sehr s. sei
 50,29 hat s. gehandelt wider den HERRN
 31 du S., ich will an dich
 32 da soll der S. stürzen
Hes 16,50 waren s. und taten Greuel
 26,11 wird deine s. Steinmale zu Boden reißen
 28,5 nun bist du so s. geworden
 30,6 seine s. Macht muß herunter 18
 31,10 sage zu seinem Volk 18; 32,12.16.18.20.24-26.31.32
Dan 4,34 wer s. ist, den kann er demütigen
 5,20 als er s. und hochmütig wurde
Ob 12 sollst mit deinem Mund nicht so s. reden
Mi 2,3 unter den ihr nicht s. dahergehen sollt
Hab 2,5 so wird auch der s. Mann nicht bleiben
Ze 3,11 ich will deine s. Prahler von dir tun
Sa 1,15 ich bin sehr zornig über die s. Völker
Jdt 1,7 wurde mächtig und sein Herz s.
Sir 23,8 wie der Lästerer und S. zu Fall kommen
 38,26 der s. die Ochsen antreibt
1Ma 16,13 darum war er s. und trachtete danach
Rö 11,20 sei nicht s., sondern fürchte dich

1Ti 6,17 Reichen gebiete, daß sie nicht s. seien
2Pt 2,18 sie reden s. Worte Jud 16

Stolz
3Mo 26,19 daß ich euren S. breche
Ps 10,4 der Gottlose meint in seinem S.
Jes 10,12 ich will heimsuchen den S. seiner Augen
 16,6 wir haben gehört von seinem S.
 37,29 weil dein S. vor meine Ohren gekommen
Jer 48,2 der S. Moabs ist dahin
Hes 25,9 ohne Städte, ohne den S. des Landes
StE 2,4 daß er weder aus S. noch aus Ehrgeiz

stopfen
Ps 40,10 will mir meinen Mund nicht s. lassen
 107,42 aller Bosheit wird das Maul ges. werden
StE 3,7 wollen denen den Mund s., die dich loben
Mt 22,34 daß er den Sadduzäern das Maul ges. hatte
Rö 3,19 damit allen der Mund ges. werde
Tit 1,11 denen man das Maul s. muß
1Pt 2,15 den unwissenden Menschen das Maul s.
Heb 11,33 diese haben Löwen den Rachen ges.

Stoppel
2Mo 15,7 verzehrte er sie wie S.
Jes 5,24 wie S. vergehen in der Flamme 47,14
 33,11 S. gebärt ihr

Stoppelfeld
Wsh 3,7 werden aufsteigen wie Funken überm S.

Storch
3Mo 11,19 (daß ihr nicht esset:) den S. 5Mo 14,17
Jer 8,7 der S. unter dem Himmel weiß seine Zeit

Storchenflügel
Sa 5,9 es waren aber Flügel wie S.

stören
1Sm 28,15 warum hast du meine Ruhe ges.
Hl 2,7 daß ihr die Liebe nicht s. 3,5; 8,4
1Ma 14,36 die den reinen Gottesdienst s.

Stoß
Hi 12,5 ein S. denen, deren Fuß schon wankt

stoßen
1Mo 14,6 El-Paran, das an die Wüste s.
 25,22 die Kinder s. sich in ihrem Leib
2Mo 21,22 und s. dabei eine schwangere Frau
 28 wenn ein Rind s. 31.32.35
 30,36 sollst es zu Pulver s.
4Mo 28,5 mit Öl vermengt, das ges. ist
 35,20 s. er jemand aus Haß 22
5Mo 29,27 der HERR hat aus ihrem Lande ges.
 33,17 der Völker s. bis an die Enden der Erde
Jos 16,7 (die Grenze) s. an Jericho 17,10; 19,11.22.26.27.34
Ri 3,21 Ehud s. (Eglon) den (Dolch) in den Bauch
1Sm 2,14 und s. in den Tiegel oder Kessel
2Sm 2,16 s. ihm sein Schwert in die Seite 23

2Sm	13,16	daß du mich von dir s.
	18,14	Joab s. (drei Stäbe) Absalom ins Herz
2Kö	6,6	schnitt einen Stock ab und s. dahin
	32	seht zu, daß ihr ihn gegen die Tür s.
Hi	1,19	s. an die vier Ecken des Hauses
	24,4	sie s. die Armen vom Wege
Ps	44,6	wollen wir unsre Feinde zu Boden s.
	89,24	will, die ihn hassen, zu Boden s. 147,6
	91,12	daß du deinen Fuß nicht an einen Stein s. Mt 4,6; Lk 4,11
	118,13	man s. mich, daß ich fallen soll
	136,15	der den Pharao ins Schilfmeer s.
Spr	3,23	daß dein Fuß sich nicht s. wird
	30,33	wenn man Milch s., wird Butter daraus
Jes	8,15	daß viele von ihnen sich daran s.
	10,13	wie ein Stier die Bewohner zu Boden ges.
	22,19	ich will dich aus deinem Amt s.
	26,5	er s. (die hohe Stadt) zur Erde
	59,10	wir s. uns am Mittag wie in der Dämmerung
Jer	6,21	daran sich Väter und Söhne s. sollen
	13,16	ehe eure Füße sich an den Bergen s.
Hes	13,14	will (die Wand) zu Boden s.
	16,45	die Mann und Kinder von sich s.
	19,9	s. ihn gefesselt in einen Käfig
	34,21	weil ihr die Schwachen von euch s.
Dan	5,20	da wurde er vom königlichen Thron ges.
	8,4	sah, daß der Widder mit den Hörnern s. 7
Hos	8,1	s. laut in die Posaune
	9,15	will sie aus meinem Hause s.
Am	5,2	die Jungfrau Israel ist zu Boden ges.
	7	die ihr die Gerechtigkeit zu Boden s.
Ob	3	wer will mich zu Boden s.
Sa	5,8	er s. sie in die Tonne
	14,5	das Tal wird an die Flanke des Berges s.
Tob	11,10	sein Vater s. sich vor lauter Eile
Sir	13,25	s. ihn selbst seine Freunde zu Boden
	32,25	Weg, auf dem du dich s. könntest
	39,29	die Gottlosen s. sich daran
1Ma	3,41	aus Syrien s. viel Kriegsvolk zu ihnen
	6,21	zu ihnen s. Abtrünnige aus Israel
2Ma	14,16	sie s. auf die Feinde beim Dorf Dessau
Mt	4,6	damit du nicht an einen Stein s. Lk 4,11
	7,25	die Winde s. an das Haus 27
Lk	1,52	er s. die Gewaltigen vom Thron
Jh	11,9	wer bei Tag umhergeht, s. sich nicht 10
	19,34	einer s. mit dem Speer in seine Seite
Apg	7,27	s. ihn von sich und sprach 39
	12,7	er s. Petrus in die Seite und weckte ihn
	13,46	da ihr es aber von euch s.
	27,29	*fürchteten, wir würden an Klippen s.*
Rö	9,32	sie haben sich ges. an dem Stein des Anstoßes
	14,21	tust nichts, woran sich dein Bruder s.
1Ti	1,19	das haben einige von sich ges.
1Pt	2,8	sie s. sich an ihm, weil sie nicht glauben
2Pt	2,4	Gott hat selbst die Engel in die Hölle ges.
3Jh	10	(Diotrephes) s. sie aus der Gemeinde

stößig

2Mo	21,29	ist aber das Rind zuvor s. gewesen 36

stracks

Jos	6,5	hinaufsteigen, jeder s. vor sich hin 20
Spr	4,25	laß deine Augen s. vor sich sehen
Lk	9,51	s. nach Jerusalem zu wandern

Strafe

1Mo	4,13	meine S. ist zu schwer, als daß
3Mo	26,41	die S. für ihre Missetat abtragen 43
5Mo	32,41	wenn meine Hand zur S. greift
2Kö	19,3	das ist ein Tag der S. und der Schmach
2Ch	20,9	wenn Unglück… S. über uns kommen
	22,8	als Jehu die S. am Hause Ahab vollzog
	24,24	damit vollzogen sie an Joasch die S.
Hi	31,23	ich müßte Gottes S. fürchten
Ps	149,7	daß sie S. (üben) unter den Völkern
Spr	16,22	die S. der Toren ist ihre Torheit
	17,26	daß man Unschuldige S. zahlen läßt
	19,19	großer Grimm muß S. leiden
	29	den Spöttern sind S. bereitet
	20,30	man muß dem Bösen wehren mit harter S.
Jes	40,2	Jerusalem hat doppelte S. empfangen
	53,5	die S. liegt auf ihm
Jer	48,21	die S. ist über das ebene Land ergangen
	47	das sei gesagt von der S. über Moab
	51,9	seine S. reicht bis an den Himmel
Hes	14,21	meine vier schweren S. schicken werde
	23,49	man wird die S. auf euch legen
Jo	2,13	es gereut ihn bald die S.
Hab	1,12	laß sie uns, o HERR, nur eine S. sein
Ze	3,15	der HERR hat deine S. weggenommen
Jdt	6,5	damit du die verdiente S. empfängst
	8,22	erkennen, daß es eine viel geringere S. ist
	11,11	offenbaren, wann er die S. vollziehen will
Wsh	3,2	ihr Abscheiden wird für S. gehalten
	10	die Gottlosen werden die S. empfangen, die
	11,15	zur S. für die törichten Gedanken
	12,15	verdammen, der die S. nicht verdient hat
	25	darum hast du ihnen eine S. geschickt 27
	26	die sich durch S. nicht warnen lassen
	14,30	wird für beides gerechte S. über sie kommen
	31	die S., die sie verdienen
	18,5	nahmst ihnen zur S. die Kinder weg
	11	es erging gleiche S. über Herr und Knecht
	19,4	die S., die bisher gefehlt
	13	auch kamen die S. nicht ohne Zeichen
Sir	7,19	sind die S. für die Gottlosen
	13,16	schwerlich entgeht er der S. 29,26
	14,6	das ist die rechte S. für seinen Geiz
	16,12	so groß ist auch seine S.
	18,24	denk an die Stunde der S.
	23,21	die dritte bringt S. über sich
	27,31	die S. lauert auf sie wie ein Löwe
	33,25	braucht der Sklave Brot, S. und Arbeit
	39,29	Winde zur S. erschaffen 34-36
	47,31	bis die S. über sie kam
	48,7	hast auf dem Sinai die künftige S. gehört
	8	Könige, die die S. vollziehen sollten 10
Bar	1,20	über uns S. und Fluch gekommen 1Ma 2,49
	2,2	er hat eine so große S. über uns ergehen lassen StD 3,4
	3,4	ist die S. stets hinter uns her gewesen
	4,29	der diese S. hat über euch kommen lassen
1Ma	6,22	wie lange willst du sie ohne S. lassen
	10,43	wer beim König eine S. verwirkt hat
2Ma	6,12	S. nicht zum Verderben widerfahren
	13	wenn Gott die Sünder der S. anheimgibt
	26	wenn ich der S. der Menschen entgehen
	8,11	daß die S. des Allmächtigen so nahe wäre
GMn	14	laß die S. nicht auf mir bleiben
Mt	25,46	sie werden hingehen: diese zur ewigen S.
Apg	4,21	weil sie nichts fanden, was S. verdient hätte
	26,11	zwang ich sie oft durch S. zur Lästerung
Rö	13,5	unterzuordnen, nicht allein um der S. willen
2Th	1,9	die werden S. erleiden, das ewige Verderben

Strafe

1Pt	2,14	*gesandt zur S. für die Übeltäter*
2Pt	2,16	(Bileam) empfing eine S. für seine Übertretung
1Jh	4,18	die Furcht rechnet mit S.
Heb	10,29	eine wieviel härtere S. wird der verdienen

strafen

2Mo	5,21	der HERR s. es, daß ihr uns in Verruf
	21,22	so soll man ihn um Geld s.
3Mo	26,18	so will ich euch noch weiter s. 28
Ri	11,10	der HERR s. uns, wenn wir nicht tun
2Sm	7,14	will ich ihn mit menschlichen Schlägen s.
2Kö	19,4	s. die Worte, die der HERR gehört Jes 37,4
1Ch	12,18	so sehe Gott drein und s. es 2Ch 24,22
Hi	19,29	Missetaten, die das Schwert s.
	24,25	wer will mich Lügen s.
Ps	6,2	s. mich nicht in deinem Zorn 38,2
	7,12	ein Gott, der täglich s. kann
	99,8	du, Gott, vergabst ihnen und s. ihr Tun
Spr	21,11	wenn der Spötter ges. wird, so werden
Jer	2,19	dein Ungehorsam, daß du so ges. wirst
	3,8	wie ich Israel wegen Ehebruchs ges.
	18,21	s. ihre Kinder mit Hunger
	29,27	warum s. du nicht Jeremia
Hes	25,17	will sie mit Grimm s.
Hos	5,2	muß ich sie allesamt s. 9; 7,12; 10,10
Am	7,4	Gott rief das Feuer, um damit zu s.
Mal	2,17	ihr sprecht: Wo ist der Gott, der da s.
Wsh	11,20	verfolgt von der s. Gerechtigkeit
Tob	3,3	Herr, s. meine Sünden nicht
Sir	5,3	der Herr wird's zu s. wissen
	16,12	läßt sich versöhnen, aber er s. auch
Bar	6,64	Götter können weder s. noch helfen
Lk	23,40	da antwortete der andere, s. ihn
2Ko	2,6	genug, daß derselbe von den meisten ges. ist
	10,6	sind bereit, zu s. allen Ungehorsam
Eph	5,11	*s. sie vielmehr*
	13	wird offenbar, wenn's vom Licht ges. wird
2Pt	2,9	die Ungerechten festzuhalten... um sie zu s. Jud 9.15
Heb	12,5	verzage nicht, wenn du von ihm ges. wirst
	6	*s. einen jeglichen Sohn, den er aufnimmt*
Off	3,19	welche ich lieb habe, die s. ich

straff

Wsh	5,22	wie von einem s. gespannten Bogen

Strafgericht

2Mo	12,12	will S. halten über alle Götter
Rö	13,4	sie vollzieht das S. an dem, der Böses tut

Straflosigkeit

2Ma	11,31	unter dem Schutz der S... halten dürfen

Strahl

Dan	7,10	von ihm ging aus ein langer feuriger S.
Hab	3,4	S. gingen aus von seinen Händen
Wsh	2,4	Nebel, der von den S. der Sonne verjagt wird
	7,25	sie ist ein reiner S. der Herrlichkeit
	16,27	sobald es von einem S. der Sonne erwärmt

strahlen

1Sm	14,27	da s. seine Augen 29

Ps	34,6	die auf ihn sehen, werden s. vor Freude
Jes	60,5	dann wirst du vor Freude s.
Wsh	6,13	die Weisheit ist s. und unvergänglich
2Ma	10,29	erschienen den Feinden fünf s. Gestalten

Strand

Off	12,18	er trat an den S. des Meeres

Straße

1Mo	19,2	zieht eure S. Jos 2,16
3Mo	26,22	eure S. sollen verlassen sein
4Mo	20,19	wollen auf der gebahnten S. ziehen 5Mo 1,19; 2;1.27
5Mo	11,30	(Berge,) die jenseits liegen an der S.
Jos	2,22	hatten sie gesucht auf allen S.
Ri	5,6	die da auf S. gehen sollten
	8,11	auf der S. derer, die in Zelten wohnen
	9,25	beraubten, die auf der S. vorüberkamen
	20,31	auf den S... nach Bethel und nach Gibeon 32.45; 21,19
1Sm	4,13	Eli gab acht nach der S. hin
	6,12	die Kühe gingen immer auf derselben S.
	26,25	David zog seine S. 28,22
2Sm	20,12	Amasa lag mitten auf der S. 13
2Kö	18,17	an der S. bei dem Acker des Walkers 1Ch 26,16.18; Jes 36,2
Ps	23,3	er führt mich auf rechter S.
Spr	1,20	die Weisheit ruft laut auf der S. 8,2
	5,16	sollen d. Quellen herausfließen auf die S.
	8,20	ich wandle auf der S. des Rechts
Pr	10,3	wenn der Tor auf der S. geht
Hl	3,2	will umhergehen auf den Gassen und S.
Jes	11,16	es wird eine S. dasein für den Rest 19,23
	15,3	auf ihren Dächern und S. heulen sie alle
	33,8	geht niemand mehr auf der S.
Jer	5,1	sucht auf den S., ob ihr jemand findet
	18,15	lassen sie gehen auf ungebahnten S.
	31,21	richte deinen Sinn auf die S. Nah 2,2
	48,19	tritt an die S. und schaue
Klg	1,4	die S. nach Zion liegen wüst
Hos	7,1	wie die Räuber auf der S. plündern
Am	5,16	auf allen S. wird man sagen: Wehe, wehe
Nah	2,5	die Wagen rasseln auf den S.
Tob	10,8	sie suchte auf allen S.
	13,21	auf seinen S. wird man Halleluja singen
1Ma	5,4	auf den S. zu einer Gefahr geworden
	46	Stadt Ephron, die an der S. lag
	6,33	führte das Heer an die S.
	11,46	da besetzte das Volk die S.
	13,20	auf der S., die nach Adora führt
	15,41	damit sie auf den S. Judäas umherstreifen
Mt	4,15	*das Land Sebulon, die S. am See*
	8,28	gefährlich, daß niemand diese S. gehen konnte
	10,5	*gehet nicht auf der Heiden S.*
	22,9	geht hinaus auf die S. 10; Lk 14,21
Lk	10,10	geht hinaus auf ihre S. und sprecht
	31	traf sich, daß ein Priester dieselbe S. hinabzog
	13,26	auf unsern S. hast du gelehrt
Apg	5,15	so daß sie die Kranken auf die S. hinaustrugen
	8,26	geh nach Süden auf die S., die 9,11
	36	als sie auf der S. dahinfuhren, kamen sie
	39	er zog seine S. fröhlich

Straßenecke

Klg	2,19	verschmachten an allen S. 4,1
Hes	16,25	an jeder S. bautest du dein Hurenlager 31
Mt	6,5	die gern an den S. stehen und beten

sträuben

Hi	6,7	meine Seele s. sich

Strauch

1Mo	2,5	die S. auf dem Felde waren noch nicht
	21,15	warf (Hagar) den Knaben unter einen S.
Hi	12,8	die S., die werden dich's lehren
Jer	48,6	werdet sein wie ein S. in der Wüste
Mt	13,32	so ist es größer als alle S. Mk 4,32

straucheln

Hi	4,4	deine Rede hat die S. aufgerichtet
Ps	27,2	s. und fallen Jes 40,30; Dan 11,19
	73,2	ich wäre fast ges. mit meinen Füßen
	94,18	wenn ich sprach: Mein Fuß ist ges.
	119,165	die dein Gesetz lieben, werden nicht s.
Spr	4,12	wenn du läufst, du nicht s.
Jes	3,8	Jerusalem ist ges.
	31,3	so daß der Helfer s.
	63,13	wie Rosse, die nicht s.
Klg	5,13	mußten Knaben beim Holztragen s.
Sir	12,14	wenn du s., so hält er dich nicht fest
	31,38	bis er s. und kraftlos hinfällt
	34,19	er bewahrt vor dem S.
	37,16	die Mitleid mit dir haben, wenn du s.
Rö	11,11	sind sie ges., damit sie fallen
2Pt	1,10	wenn ihr... tut, werdet ihr nicht s.
Heb	12,13	damit nicht jemand s. wie ein Lahmer
Jud	24	dem, der euch vor dem S. behüten kann

Strauß, Straußin

3Mo	11,16	(daß ihr nicht esset:) den S. 5Mo 14,15
Hi	30,29	bin ein Geselle der S.
	39,13	der Fittich der S. hebt sich fröhlich
Jes	13,21	werden da wohnen 34,13; Jer 50,39
	43,20	das Wild preist mich, Schakale und S.
Klg	4,3	unbarmherzig wie ein S. in der Wüste
Mi	1,8	ich muß jammern wie die S.

streben

Spr	11,27	wer nach Gutem s., trachtet nach Gottes
	17,19	wer... zu hoch macht, s. nach Einsturz
Pr	2,22	was kriegt der Mensch von dem S.
Jer	23,10	böse ist, wonach sie s.
Sir	3,22	nicht nach dem, was zu hoch ist
Bar	3,23	die Kaufleute... s. nach Einsicht
1Ko	12,31	s. nach den größeren Gaben
	14,1	s. nach der Liebe
2Ti	3,10	du bist mir gefolgt im S.

strecken

2Mo	9,23	da s. Mose seinen Stab gen Himmel 10,13
Hi	40,17	sein Schwanz s. sich wie eine Zeder
Spr	31,19	sie s. ihre Hand nach dem Rocken
Jer	17,8	der seine Wurzeln zum Bach hin s.
Am	6,4	die ihr euch s. auf euren Ruhebetten
Phl	3,13	s. mich nach dem, das da vorne ist

Streich

Mt	5,39	wenn dir jemand einen S. gibt
Lk	12,47	der wird viel S. leiden müssen 48
2Ko	11,24	von den Juden habe ich empfangen S.

streichen

1Mo	11,3	laßt uns Ziegel s. und brennen
2Mo	29,12	Blut an die Hörner des Altars s. 20; 3Mo 16,18
Hes	22,28	seine Propheten s. mit Tünche darüber
1Ma	8,30	wenn einer etwas s. will
Jh	9,6	s. den Brei auf die Augen des Blinden 11

streifen

1Sm	14,15	die s. Rotten 2Kö 6,23; 13,20; 1Ch 12,22; 2Ch 22,1

Streifen

1Mo	30,37	Jakob schälte weiße S. daran aus

Streifschar

2Sm	4,2	zwei Männer als Hauptleute der S.
1Ch	12,19	setzte sie zu Hauptleuten über die S.

Streifzug

2Sm	3,22	kamen von einem S. zurück

Streit

1Mo	26,21	darum nannte er (den Brunnen) „S."
5Mo	1,12	wie kann ich allein tragen euren S.
2Sm	1,25	wie sind die Helden gefallen im S.
	22,40	du hast mich gerüstet zum S. Ps 18,40
2Kö	5,7	seht, wie er s. mit mir sucht
2Ch	32,8	mit uns ist der HERR, daß er führe unsern S.
Hi	38,23	verwahrt habe für den Tag des S.
Ps	18,40	du hilfst mir aus dem S. des Volkes
	24,8	der HERR, mächtig im S.
	78,9	die Söhne Ephr. abfielen zur Zeit des S.
	89,44	lässest ihn nicht siegen im S.
	120,7	wenn ich rede, so fangen sie S. an
	140,3	die täglich S. erregen
	8	beschirmst mein Haupt zur Zeit des S.
Spr	13,10	unter den Übermütigen ist immer S.
	15,18	ein Geduldiger stillt den S.
	17,1	besser... mit Frieden als ein Haus... mit S.
	14	wer S. anfängt, gleicht dem, der den Damm aufreißt. Laß ab vom S., ehe er losbricht
	18,18	das Los schlichtet den S.
	20,3	eine Ehre ist es, dem S. fern zu bleiben
	26,17	wer sich mengt in fremden S.
	20	so hört der S. auf
	21	so facht ein zänkischer Mann den S. an
	30,33	wer den Zorn reizt, ruft S. hervor
Pr	3,8	S. hat seine Zeit
Jer	46,3	rüstet und zieht in den S.
Wsh	14,25	überall herrschen Untreue, S. Sir 40,4.9
Sir	6,9	mancher Freund macht euren S. bekannt
	8,19	fang nicht mit einem Zornigen S. an
	25,29	so gibt es lauter S.
	27,15	wo es S. gibt, muß man
	28,10	halte dich fern vom S.
	11	ein zorniger Mensch entfacht S.
	12	wenn der S. hart ist, entbrennt

Streit

Sir	28,13	schnell sein zum S. führt zu Blutvergießen
	31,31	wenn sie in S. geraten
Lk	14,31	will sich begeben in einen S. *1Ko 14,8*
	22,24	es erhob sich ein S. unter ihnen, wer
Jh	3,25	S. zwischen den Jüngern des Johannes und
Apg	15,2	als Paulus und Barnabas S. mit ihnen hatten
	25,19	S. mit ihm über Fragen ihres Glaubens *20*
1Ko	1,11	ist mir bekannt geworden, daß S. unter euch
	6,1	wenn er einen S. hat
2Ko	7,5	bedrängt, von außen mit S., von innen mit Furcht
2Ti	2,23	du weißt, daß sie nur S. erzeugen
Tit	3,9	von S. über das Gesetz halte dich fern
Heb	11,34	sind stark geworden im S.
Jak	3,14	habt ihr bittern Neid und S. in eurem Herzen
	16	wo Neid und S. ist, da sind böse Dinge
	4,1	woher kommt der S.
Off	12,7	es erhob sich ein S. im Himmel
	16,14	sie zu versammeln zum S. *20,8*

Streitaxt

Ps	35,3	zücke Speer und S. wider meine Verfolger

streitbar

5Mo	32,42	mit Blut von den Köpfen s. Feinde
Jos	1,14	so viele von euch s. Männer sind
	8,3	erwählte 30.000 s. Männer *10,7; Ri 20,17.44. 46; 21,10; 2Sm 24,9; 1Kö 12,21; 1Ch 5,18; 11,26; 12,22.26.29.31; 2Ch 11,1; 13,3; 17,13.14. 16.17; 28,6*
	10,2	alle seine Bürger s. Männer *Ri 3,29*
Ri	6,12	der HERR mit dir, du s. Held
	11,1	war ein s. Mann *2Sm 23,20; 1Ch 11,22*
1Sm	31,12	machten sich alle s. Männer auf *1Ch 10,12*
2Sm	1,27	wie sind die S. umgekommen
	11,16	wo er wußte, daß s. Männer standen

streiten

1Mo	26,21	darüber s. sie auch
2Mo	2,13	sah zwei hebräische Männer miteinander s.
	14,14	der HERR wird für euch s. *25; 5Mo 1,30; 3,22; 20,4; Jos 10,14.42; 23,3.10; 2Ch 20,29; Neh 4,14*
	21,18	wenn Männer miteinander s. *22*
5Mo	33,8	Getreuen, für den du ges. am Haderwasser
Ri	5,19	Könige kamen und s.
	20	die Sterne s. wider Sisera
	6,31	wollt ihr für Baal s. *32*
2Sm	19,10	s. sich alles Volk in allen Stämmen Isr.
	22,35	o lehrt meine Hände s. *Ps 18,35*
2Ch	13,2	ihr *Israeliten, s. nicht gegen den HERRN
Neh	4,2	um gegen Jerusalem zu s.
	8	s. für eure Brüder, Söhne, Töchter
Hi	9,3	hat er Lust, mit ihm zu s.
	30,21	du s. gegen mich
Ps	80,7	lässest unsre Nachbarn sich um uns s.
	109,3	s. wider mich ohne Grund
Spr	20,3	die gerne s., sind allzumal Toren
Jes	41,12	die wider dich s., sollen ein Ende haben *54,15*
	63,10	ward ihr Feind und s. wider sie *Jer 21,5*
Jer	1,19	wenn sie auch wider dich s. *15,20*
	15,10	mich, gegen den jedermann s.
Ob	1	wohlauf, laßt uns wider Edom s.
Wsh	10,20	lobten deine Hand, für die sie s.
	16,17	die Schöpfung s. für die Gerechten
Wsh	18,21	kam der untadelige Mann, der für sie s.
Sir	8,1	s. nicht mit einem Mächtigen *4*
	27,16	wenn die Hoffärtigen miteinander s.
	29,16	(der wird) für dich s. gegen deinen Feind
	31,36	weil man sich reizt und miteinander s.
Mt	12,19	er wird nicht s. noch schreien
Mk	8,11	fingen an, mit ihm zu s. *9,14*
	9,16	er fragte sie: Was s. ihr mit ihnen
	12,28	der zugehört hatte, wie sie miteinander s.
Jh	6,52	da s. die Juden untereinander und sagten
Apg	5,39	als solche, die gegen Gott s. wollen
	6,9	s. mit Stephanus
	7,26	kam er zu ihnen, als sie miteinander s.
	9,29	er s. mit den griechischen Juden *11,2*
	15,7	als man sich lange ges. hatte
	17,18	einige Philosophen s. mit ihm
	23,9	einige Schriftgelehrte s. und sprachen
	24,12	wie ich mit jemandem ges. hätte
Rö	14,1	s. nicht über Meinungen
1Ko	11,16	ist jemand unter euch, der Lust hat zu s.
2Ko	10,3	*so s. wir doch nicht fleischlicherweise*
Gal	5,17	*das Fleisch s. wider den Geist*
2Ti	2,14	nicht mit Worte s., was zu nichts nütze ist
Tit	3,2	niemanden verleumden, nicht s.
1Pt	2,11	Begierden, die gegen die Seele s.
Jak	4,1	daß in euren Gliedern die Gelüste gegeneinander s.
	2	ihr s. und kämpft
Jud	9	als Michael, der Erzengel, mit dem Teufel s.
Off	2,16	gegen sie s. mit dem Schwert m. Mundes
	12,7	*Michael s. Und der Drache s.*
	17	*der Drache ging hin, zu s. 13,7*
	13,4	*wer kann wider (das Tier) s.*
	17,14	*sie werden s. wider das Lamm*
	19,11	*der darauf saß, s. mit Gerechtigkeit*

Streiter

2Mo	15,4	seine S. versanken im Schilfmeer
2Ti	2,3	leide mit als ein guter S. Christi Jesu

Streitfall

2Mo	18,16	wenn sie einen S. haben, kommen sie zu mir
2Ch	19,10	in allen S. sollt ihr sie unterrichten *8*

Streitfrage

Apg	25,19	*sie hatten etliche S. wider ihn*
	26,3	weil du alle S. der Juden kennst

Streitgenosse

Phm	2	*(Paulus an) Archippus, unsern S.*

Streithammer

Spr	25,18	wer falsch Zeugnis redet, ist wie ein S.

Streitigkeit

Spr	18,19	S. sind hart wie der Riegel einer Burg

Streitmacht

2Sm	8,9	daß David die S. geschlagen hatte *1Ch 18,9*
1Kö	20,1	Ben-Hadad versammelte seine ganze S.
Ps	76,4	dort zerbricht er Schild, Schwert und S.
Hes	17,21	alle von seiner S. sollen fallen

Streitsache

5Mo	17,8	oder was sonst S. sind in deinen Toren
	25,1	wenn eine S. zwischen Männern ist
Hi	13,6	merkt auf die S.
Hes	44,24	wenn eine S. vor sie kommt
StD	1,6	wer eine S. hatte, mußte vor sie kommen

Streitsucht

Phl	1,15	einige predigen Christus aus Neid und S. 17

streitsüchtig

Sir	8,14	setze dich nicht mit einem s. auseinander
Rö	2,8	Zorn denen, die s. sind
1Ti	3,3	(ein Bischof soll sein) nicht s. 2Ti 2,24
Tit	1,7	(ein Bischof soll sein) nicht s.

Streitwagen

1Ch	19,6	um Männer mit S. anzuwerben 7

streng

Dan	2,15	warum ist ein so s. Urteil ergangen
	3,22	weil das Gebot des Königs so s. war 6,8
Wsh	5,21	er wird seinen s. Zorn schärfen zum Schwert
	6,6	es ergeht ein s. Gericht über die Machthaber
	11,10	hast jene wie ein s. König verhört
Sir	22,6	s. Erziehung ist zu jeder Zeit weise
	42,5	die Kinder s. zu erziehen
Mk	3,12	er gebot ihnen s., daß sie 5,43
Apg	5,28	haben wir euch nicht s. geboten
Jak	3,1	wißt, daß wir ein desto s. Urteil empfangen

Strenge

Sir	4,19	(wenn sie) ihn mit S. erzieht
2Ko	13,10	damit ich nicht, wenn ich anwesend bin, S. gebrauchen muß

streuen

2Mo	32,20	zermalmte (das Kalb) zu Pulver und s. es aufs Wasser 2Ch 34,4
Ri	9,45	zerstörte die Stadt und s. Salz darauf
1Sm	4,12	hatte Erde auf sein Haupt ges.
Hi	18,15	über seine Stätte wird Schwefel ges.
Ps	126,6	sie gehen hin und s. ihren Samen
	147,16	er s. Reif wie Asche
Jes	28,25	dann s. er Dill und wirft Kümmel
Hes	5,2	das letzte Drittel s. in den Wind
	10,2	s. sie über die Stadt
	43,24	die Priester sollen Salz auf sie s.
Jdt	7,4	die *Israeliten s. sich Asche aufs Haupt
Sir	43,19	wie die Vögel fliegen, so s. er den Schnee
Mt	21,8	Zweige von den Bäumen s. sie auf den Weg

Strich

2Kö	20,9	soll der Schatten zehn S. vorwärts gehen oder zehn S. zurückgehen 10.11; Jes 38,8

Strick

Ri	15,13	banden ihn mit zwei neuen S. 14; 16,11.12
2Sm	17,13	soll ganz Israel S. an die Stadt legen
	22,6	des Todes S. überwältigten mich Ps 18,6; 116,3
1Kö	20,31	laßt uns S. um unsere Köpfe (tun) 32
Hi	18,10	sein S. ist versteckt in der Erde
	36,8	wenn sie gefangenliegen, gebunden mit S.
	40,24	kann man einen S. durch seine Nase ziehen
Ps	2,3	lasset uns von uns werfen ihre S.
	64,6	reden davon, wie sie S. legen wollen
	69,23	ihr Tisch werde ihnen zum S.
	91,3	er errettet dich vom S. des Jägers
	119,61	der Gottlosen S. umschlingen mich
	129,4	der HERR hat der Gottlosen S. zerhauen
	140,6	die Hoffärtigen breiten S. aus zum Netz
Spr	5,22	er wird mit den S. seiner Sünde gebunden
	13,14	zu meiden die S. des Todes 14,27
	22,5	S. sind auf dem Wege des Verkehrten
Pr	7,26	ihr Herz und Fesseln ihre Hände
	12,6	ehe der silberne S. zerreißt
Jes	3,24	es wird sein ein S. statt eines Gürtels
	5,18	die Unrecht herbeiziehen mit S. der Lüge
Jer	38,13	zogen Jeremia herauf an den S.
Hes	3,25	man wird dir S. anlegen 4,8
Sir	8,14	damit er dir nicht einen S. dreht
	51,3	vom S. der falschen Zunge erlöst
Bar	6,43	Jungfrauen sitzen, mit S. umgürtet
Jh	2,15	er machte eine Geißel aus S.
Apg	27,32	*da hieben die Kriegsknechte die S. ab*
1Ko	7,35	nicht um euch einen S. um den Hals zu werfen
1Ti	3,7	*daß er nicht falle in des Teufels S.*
	6,9	*die fallen in Versuchung und S.*
2Ti	2,26	*nüchtern würden aus des Teufels S.*

Strieme

Jes	1,6	nichts Gesundes an euch, sondern S.
Sir	23,10	der geschlagen wird, nicht ohne S. ist
	28,21	die Geißel macht S.
Apg	16,33	er wusch ihnen die S.

Stroh

1Mo	24,25	es ist auch viel S. und Futter bei uns 32
2Mo	5,7	laßt sie selbst S. dafür zusammenlesen 12
Ri	19,19	haben S. und Futter für unsre Esel
1Kö	5,8	auch S. für die Pferde brachten sie
Hi	21,18	werden wie S. vor dem Winde
	41,19	er achtet Eisen wie S.
Jes	5,24	wie des Feuers Flamme S. verzehrt
	11,7	Löwen werden S. fressen 65,25
	25,10	wie S. in die Mistlache getreten wird
	33,11	mit S. geht ihr schwanger
Jer	23,28	wie reimen sich S. und Weizen
Jo	2,5	wie eine Flamme prasselt im S.
Ob	18	das Haus Esau (soll) S. (werden)
Nah	1,10	sollen verbrannt werden wie dürres S.
Sa	12,6	will die Fürsten machen zur Fackel im S.
Mal	3,19	da werden alle Verächter S. sein
1Ko	3,12	wenn jemand auf den Grund baut Heu, S.

Strohhalm

Hi	41,21	die Keule achtet er wie einen S.

Strom

1Mo	2,10	es ging aus von Eden ein S. 13.14
	15,18	von dem S. Ägyptens an bis an den großen S. Euphrat 5Mo 1,7; 11,24; Jos 1,4; 2Kö 24,7; Jes 27,12
	36,37	Schaul von Rehobot am S. 1Ch 1,48
2Mo	4,9	das Wasser, das du aus dem S. genommen

Strom

2Mo	7,18	daß die Fische im S. sterben und der S. stinkt 19-21.24.25; 8,1; Ps 78,44
Jos	24,3	nahm ich Abraham von jenseits des S. 15
2Sm	10,16	die Aramäer jenseits des S. 1Ch 19,16
2Kö	23,29	zog der Pharao Necho an den S. Euphrat
Hi	14,11	wie ein S. versiegt und vertrocknet
	20,17	er wird nicht sehen die S.
	40,23	der S. schwillt gewaltig an
Ps	36,9	tränkst sie mit Wonne wie mit einem S.
	66,6	konnten zu Fuß durch den S. gehen
	72,8	von dem S. bis zu den Enden der Erde
	74,15	du ließest starke S. versiegen
	80,12	ausgebreitet seine Zweige bis an den S.
	89,26	laß herrschen seine Rechte über die S.
	90,5	lässest sie dahinfahren wie einen S.
	98,8	die S. sollen frohlocken
	124,4	S. gingen über unsre Seele
Hl	8,7	daß auch S. sie nicht ertränken können
Jes	7,18	die Fliege am Ende der S. Ägyptens
	20	das gedungen ist jenseits des S.
	8,7	über sie kommen lassen die Wasser des S.
	18,1	jenseits der S. von Kusch Ze 3,10
	19,5	der S. wird versiegen 8
	30,25	S. fließen zur Zeit der großen Schlacht
	35,6	und S. im dürren Lande 43,20; 44,3
	43,2	daß dich die S. nicht ersäufen sollen
	59,19	wenn er kommen wird wie ein reißender S.
	66,12	ich breite aus den Frieden wie einen S.
Jer	46,7	wälzten sich dahin wie S. 8
	47,2	Wasser, die zum reißenden S. werden
Hes	29,3	in deinem S. liegst... der S. ist mein 4.5.9; 32,2
	30,12	will die S. austrocknen 31,15
	31,4	ihre S. gingen rings um seinen Stamm
	32,14	daß seine S. fließen wie Öl
	47,5	da war es ein S.
	9	wohin der S. kommt, das soll leben 12
Dan	10,4	war ich an dem großen S. Tigris 12,5-7
Am	8,8	soll sich senken wie der S. Ägyptens 9,5
Mi	6,7	wird der HERR Gefallen haben an S. von Öl
Hab	3,9	du spaltetest das Land, daß S. flossen
Sa	9,10	vom S. bis an die Enden der Erde
Wsh	5,23	die S. werden sie wild überfluten
Sir	4,31	vergeblich, den Lauf eines S. zu hemmen
	24,43	da wurde mein Wasserarm zum S. 44
	39,27	sein Segen fließt daher wie ein S.
	47,16	wie der S. das Land bewässert
Lk	6,48	da riß der S. an dem Haus 49
Jh	7,38	von dessen Leib werden S. lebendigen Wassers fließen
Off	9,14	Engel, gebunden an dem großen S. Euphrat
	12,15	Wasser wie einen S. hinter der Frau her 16
	16,12	goß aus seine Schale auf den großen S.
	22,1	er zeigte mir einen S. lebendigen Wassers 2

strömen

Esr	10,9	Volk saß zitternd wegen des s. Regens
Ps	78,20	daß Wasser s. und Bäche sich ergossen
Spr	1,23	will über euch s. lassen meinen Geist
Hl	4,16	daß der Duft seiner Gewürze s.
Am	5,24	es s. aber das Recht wie Wasser
Sir	50,29	hat aus seinem Herzen Weisheit s. lassen

Stück

1Mo	15,11	Raubvögel stießen hernieder auf die S. 17
	48,22	gebe dir ein S. Land vor deinen Brüdern
2Mo	22,9	irgendein S. Vieh 3Mo 24,18.21
2Mo	25,36	sollen aus einem S. sein 28,8; 37,22; 39,5
	26,3	je fünf zu einem S. zusammengefügt 4.5.10. 11; 36,10-12.16.17
	29,17	den Widder in S. zerlegen 3Mo 1,6.8.12; 2,6; 6,14.20; 8,20; 9,13
	33	die S. essen, mit denen Sühnung vollzogen
3Mo	27,16	wenn jemand ein S. Acker gelobt
Jos	24,32	begruben sie zu Sichem auf dem S. Feld
Ri	1,14	beredete er sie, ein S. Land zu fordern
	19,29	zerstückelte (seine Nebenfrau) in 12 S. 20,6
1Sm	1,4	gab er Peninna S. vom Opferfleisch 5
	9,23	gib das S. her, das ich dir gab
	15,33	Samuel hieb den Agag in S.
	30,12	gaben ihm ein S. Feigenkuchen
2Sm	6,19	einem jeden ein S. Fleisch 1Ch 16,3
	14,30	seht das S. Acker Joabs neben meinem
	19,37	ein kleines S. mit dem König gehen
	43	daß wir etwa ein S. vom König aufgegessen
	23,11	es war dort ein S. Acker 12; 1Ch 11,13
1Kö	11,30	Ahija riß (den Mantel) in zwölf S. 31
2Kö	2,12	Elisa zerriß (seine Kleider) in zwei S.
	10,32	fing der HERR an, S. von Israel abzutrennen
Esr	8,34	nach Zahl und Gewicht eines jeden S.
Neh	3,11	bauten ein weiteres S. 19-21.24.27.30
Ps	119,72	das Gesetz ist mir lieber als 1.000 S. Gold
Spr	28,21	mancher vergeht sich um ein S. Brot
Jes	30,14	von seinen S. nicht eine Scherbe findet
Jer	34,18	in zwei S... zwischen den S. hindurch 19
Hes	24,4	tu Fleisch hinein, gute S. 5.6
Dan	2,5	so sollt ihr in S. gehauen werden 3,29
Am	6,11	daß man schlagen soll die kl. Häuser in S.
Tob	6,7	einige S. vom Fisch briet er für unterwegs
	8	welche Heilkraft die S. des Fisches liegt
1Ma	12,37	bauten das S. wieder auf
2Ma	1,16	danach hieben sie alle in S.
	9,9	daß ganze S. seines Fleisches abfielen
	10,27	zogen ein gutes S. vor die Stadt hinaus
	15,33	ließ sie in S. den Vögeln vorwerfen
Mt	15,20	*die S., die den Menschen unrein machen*
	24,51	er wird ihn in S. hauen lassen Lk 12,46
	27,51	der Vorhang im Tempel zerriß in zwei S. Mk 15,38
Lk	11,36	*daß er kein S. von Finsternis hat*
	24,42	sie legten ihm ein S. gebratenen Fisch vor
Jh	19,23	ungenäht, von oben an gewebt in einem S.
Apg	15,29	*keine Last als nur diese nötigen S.*
	17,22	daß ihr die Götter in allen S. sehr verehrt
	20,35	*ich habe euch in allen S. gezeigt*
1Ko	1,5	durch ihn in allen S. reich gemacht
	11,2	weil ihr in allen S. an mich gedacht
2Ko	2,9	zu erkennen, ob ihr gehorsam seid in allen S.
	7,11	ihr habt in allen S. bewiesen, daß
	8,7	wie ihr in allen S. reich seid
	22	dessen Eifer wir oft in vielen S. erprobt
	9,3	unser Rühmen zunichte werde in diesem S.
	11,9	*mich in allen S. unbeschwerlich gehalten*
Eph	4,15	laßt uns wachsen in allen S.
Phl	1,20	daß ich in keinem S. zuschanden werde
	28	euch in keinen S. erschrecken laßt von den Widersachern
	3,15	solltet ihr in einem S. anders denken
Kol	1,10	ihm in allen S. gefallt und Frucht bringt
1Ti	4,16	beharre in diesen S.
Tit	2,10	der Lehre Gottes Ehre machen in allen S.
3Jh	2	*daß dir's in allen S. wohlgehe*
Heb	6,18	sollten wir durch zwei S. Trost haben
	13,18	*guten Wandel zu führen in allen S.*

Stücklein
Tob 6,9 wenn du ein S... legst

stückweise
1Ko 13,12 jetzt erkenne ich s.

Stückwerk
1Ko 13,9 unser Wissen ist S., unser prophetisches Reden ist S.
10 so wird das S. aufhören

studieren
Pr 12,12 viel S. macht den Leib müde
Sir 39,1 der muß in den Propheten s.

Stufe
2Mo 20,26 nicht auf S. zu meinem Altar hinaufsteigen
1Kö 10,19 der Thron hatte sechs S. 20; 2Ch 9,18.19
2Kö 9,13 legte (sein Kleid) vor ihn hin auf die S.
Neh 3,15 S... der Stadt Davids 12,37
Hes 40,6 ging seine S. hinauf 22.26.31.34.37.49; 43,17
Apg 21,35 als (Paulus) an die S. kam 40

Stuhl
1Sm 1,9 Eli saß auf einem S. 4,13.18
2Kö 4,10 Bett, Tisch, S. und Leuchter hineinstellen
Est 3,1 setzte seinen S. über alle Fürsten
Sir 12,12 damit er sich nicht auf deinen S. setzt
38,38 auf dem S. des Richters sitzen sie nicht
2Ma 14,21 stellte man für jeden einen S. auf
Mt 21,12 stieß um die S. der Taubenkrämer Mk 11,15
23,2 auf dem S. des Mose sitzen die Pharisäer

stumm
2Mo 4,11 wer hat den S. oder Tauben gemacht
Ps 38,14 wie ein S., der seinen Mund nicht auftut
56,1 die s. Taube unter den Fremden
Spr 31,8 tu deinen Mund auf für die S.
Jes 35,6 die Zunge der S. wird frohlocken
47,5 setze dich s. hin, Tochter der Chaldäer
56,10 s. Hunde sind sie
Hes 3,26 ich will... daß du s. wirst
24,27 so daß du nicht mehr s. bist 33,22
Hab 2,18 obgleich er nur s. Götzen macht 19
Wsh 10,21 die Weisheit öffnete den Mund der S.
Bar 6,41 wenn sie einen S. sehen, der nicht reden kann
2Ma 3,29 so lag er durch Gottes Wirken s. da
Mt 9,32 einen Menschen, der war s. 12,22; Mk 7,32
33 als der böse Geist ausgetrieben war, redete der S. 12,22; 15,31; Lk 11,14
15,30 die hatten bei sich S. und viele andere Kranke
Lk 1,20 du wirst s. werden und nicht reden können
22 er winkte ihnen und blieb s.
11,14 er trieb einen bösen Geist aus, der war s.
1Ko 12,2 zog es euch mit Macht zu den s. Götzen
2Pt 2,16 das s. Lasttier redete mit Menschenstimme

stumpf
Pr 10,10 wenn ein Eisen s. wird
Jer 31,29 den Kindern sind die Zähne s. 30; Hes 18,2

Eph 4,19 in ihrem Gewissen sind sie s. geworden

Stumpf
Hi 14,8 ob sein S. im Boden erstirbt
Jes 6,13 von denen beim Fällen noch ein S. bleibt. Ein heiliger Same wird solcher S. sein
9,13 darum haut der HERR ab Ast und S. 19,15
10,18 soll zunichte werden mit S. und Stiel

Stunde
1Sm 9,24 ist es aufbewahrt worden für diese S.
2Kö 13,23 der HERR verwarf sie nicht bis auf diese S.
Neh 9,3 man las vor 3 S. lang, 3 S. bekannten sie
Hi 7,18 du prüfst ihn alle S.
Ps 102,14 die S. ist gekommen
Pr 3,1 alles Vorhaben hat seine S.
Dan 2,21 er ändert Zeit und S.
7,12 es war ihnen Zeit und S. bestimmt
Jdt 7,18 darauf weinte das ganze Volk viele S. lang
13,9 Herr, stärke mich in dieser S.
Wsh 8,8 erkennt, was S. und Zeiten bringen werden
Tob 3,24 in derselben S. wurden die Gebete... erhört
11,13 es dauerte fast eine halbe S.
12,22 sie dankten Gott drei S. lang
Sir 11,28 eine böse S. läßt alle Freude vergessen
18,21 wirst in der S. der Heimsuchung Gnade finden
24 denk an die S. der Strafe
38,13 es kann die S. kommen, in der geholfen wird
2Ma 11,5 etwa fünf S. von Jerusalem entfernt
StE 7,6 kamen vor Gott, zur S. des Gerichts
Mt 8,13 sein Knecht wurde gesund zu derselben S. 9,22; 15,28; 17,18; Jh 4,52.53; Apg 16,18
10,19 es soll euch zu der S. gegeben werden Mk 13,11; Lk 22,14
18,1 zu derselben S. traten die Jünger zu Jesus
20,3 er ging aus um die dritte S. 5.6
9 die um die elfte S. eingestellt waren
12 diese letzten haben nur eine S. gearbeitet
24,36 von dem Tage und von der S. weiß niemand Mk 13,32
43 wenn ein Hausvater wüßte, zu welcher S. der Dieb kommt Lk 12,39
44 der Menschensohn kommt zu einer S., da ihr's nicht meint 50; Lk 12,40.46
25,13 denn ihr wißt weder Tag noch S.
26,40 könnt ihr nicht eine S. mit mir wachen Mk 14,37
45 die S. ist da Mk 14,41; Jh 5,25.28; 13,1; 16,4.32; 17,1
55 zu der S. sprach Jesus zu der Schar
27,45 von der sechsten S. an kam eine Finsternis über das ganze Land bis zur neunten S. Mk 15,33; Lk 23,44
46 um die neunte S. schrie Jesus laut Mk 15,34
Mk 6,25 daß du mir gebest jetzt zur S.
14,35 betete, daß S. an ihm vorüberginge
15,25 es war die dritte S. Jh 1,39; 4,6; 19,14; Apg 2,15; 10,3.9.30
Lk 1,10 betete zur S. des Räucheropfers
2,38 die trat auch hinzu zu derselben S.
7,21 zu der S. machte Jesus viele gesund
10,21 zu der S. freute sich Jesus
13,31 zu derselben S. kamen einige Pharisäer
14,17 er sandte seinen Knecht aus zur S. des Abendmahls
20,19 Hand an ihn zu legen noch in derselben S.
22,14 als die S. kam, setzte er sich nieder

Stunde

Lk	22,53	dies ist eure S. und die Macht der Finsternis
	59	nach einer S. bekräftigte es ein anderer
	24,13	*von Jerusalem bei zwei S. Wegs* Jh 11,18
	33	sie standen auf zu derselben S.
Jh	2,4	meine S. ist noch nicht gekommen 7,30; 8,20
	4,52	da erforschte er von ihnen die S.
	6,19	als sie etwa eine S. gerudert hatten
	11,9	hat nicht der Tag zwölf S.
	12,27	darum bin ich in diese S. gekommen
	16,21	eine Frau... denn ihre S. ist gekommen
	19,27	von der S. an nahm sie der Jünger zu sich Apg 16,33
Apg	1,7	es gebührt euch nicht, Zeit oder S. zu wissen
	5,7	nach drei S. kam seine Frau herein
	13,11	*von S. an fiel auf ihn Dunkelheit*
	16,33	nahm sie zu sich in derselben S. der Nacht
	19,34	schrie alles wie aus einem Munde zwei S. lang
	22,13	zur selben S. konnte ich ihn sehen
	23,23	rüstet 200 Schützen für die dritte S. der Nacht
Rö	13,11	die S. da ist, aufzustehen vom Schlaf
1Ko	4,11	bis auf diese S. leiden wir Hunger und Durst
	15,30	was stehen wir dann jede S. in Gefahr
Gal	2,5	denen wichen wir auch nicht eine S.
1Th	5,1	von S. ist es nicht nötig, euch zu schreiben
1Jh	2,18	Kinder, es ist die letzte S.
Jak	1,24	vergißt von S. an, wie er aussah
Off	3,3	nicht wissen, zu welcher S. ich kommen
	10	dich bewahren vor der S. der Versuchung
	8,1	entstand eine Stille im Himmel eine halbe S.
	9,15	die bereit waren für die S. und den Tag
	11,13	zu derselben S. geschah ein großes Erdbeben
	14,7	die S. seines Gerichts ist gekommen
	17,12	wie Könige werden sie für eine S. Macht empfangen
	18,10	in einer S. ist dein Gericht gekommen 17.19

Stündlein

Sir	11,19	er weiß nicht, daß sein S. so nahe ist

Sturm

Hi	30,22	du läßt mich vergehen im S.
	37,9	aus seinen Kammern kommt der S.
Ps	48,8	zerbricht die gr. Schiffe durch den S.
	83,16	so verfolge sie mit deinem S.
Spr	1,27	wenn über euch kommt wie S.
Jes	27,8	hast es verscheucht mit rauhem S.
Hes	17,17	wenn man zum S. den Wall aufwerfen wird
Hos	8,7	sie säen Wind und werden S. ernten
Am	1,14	wenn das Wetter kommt am Tage des S.
Nah	1,3	der HERR, dessen Weg in Wetter und S. ist
Hab	1,11	brausen sie dahin wie ein S.
Sa	9,14	wird einherfahren in den S. vom Südland
Sir	33,2	ein Heuchler treibt umher wie ein Schiff im S.
Mt	8,24	da erhob sich ein gewaltiger S. auf dem See
Apg	14,5	als sich ein S. erhob bei den Heiden
Off	18,21	so wird in einem S. niedergeworfen die Stadt

Sturmbock

Hes	4,2	stelle S. rings um sie her 21,27; 26,9
1Ma	5,30	sahen sie Leitern und S. tragen
	6,20	stellten Geschütze und S. auf 31; 9,64; 13,43
	31	die Juden verbrannten die S.

stürmen

2Sm	20,15	die Leute Joabs kamen und s.
Sir	39,33	durch ihr S. richten sie Schaden an
1Ma	5,11	sie wollen unsre Burg s. 27.35.51; 11,46
2Ma	12,16	sie s. nach Gottes Willen die Stadt
Apg	19,29	sie s. einmütig zum Theater

Sturmwetter

Hes	38,9	wirst heraufziehen wie ein S.

Sturmwind

Hi	21,18	wie Spreu, die der S. wegführt
	27,20	des Nachts nimmt ihn der S. fort
Ps	55,9	daß ich entrinne vor dem S. und Wetter
	107,25	wenn er sprach und einen S. erregte
	148,8	S., die sein Wort ausrichten
Jes	5,28	ihre Wagenräder sind wie ein S. Jer 4,13
Jer	22,22	alle deine Hirten weidet der S.
Sir	22,19	wie ein Haus, das im S. nicht zerfällt
Apg	27,14	nicht lange danach brach ein S. los

Sturz

Hi	18,12	Unglück steht bereit zu seinem S.
Jer	49,21	vom Krachen ihres S. erbebt die Erde
Lk	6,49	*das Haus tat einen großen S.*

stürzen

1Mo	34,30	habt mich ins Unglück ges.
2Mo	14,27	s. der HERR sie mitten ins Meer 15,1.21
	15,7	hast deine Widersacher ges.
1Sm	28,20	da s. Saul zur Erde
	31,5	s. auch er sich in sein Schwert 1Ch 10,5
1Kö	18,17	du, der Israel ins Unglück s. 18
2Kö	25,12	sie s. sie von der Spitze des Felsens
Hi	5,13	er s. den Rat der Verkehrten
	34,25	er s. sie des Nachts
	41,1	schon wenn einer ihn sieht, s. er
Ps	9,4	sie sind ges. und umgekommen vor dir
	17,11	daß sie uns zu Boden s.
	36,13	sind ges. und können nicht aufstehen
	37,24	fällt er, so s. er doch nicht
	62,5	sie denken nur, wie sie ihn s.
	73,18	du s. sie zu Boden
	140,11	er möge sie s. in Gruben
	12	ein böser Mensch wird ges. werden
Spr	12,7	die Gottlosen werden ges. 21,12
	21,22	ein Weiser... s. ihre Macht
	29,23	die Hoffart des Menschen wird ihn s.
Jes	11,14	werden sich s. auf das Land der Philister
	22,19	ich will dich aus deiner Stellung s.
	33,4	wie Käfer, so s. man sich darauf
Jer	6,15	wenn ich sie heimsuchen w., sollen sie s. 8,12
	46,15	der HERR hat sie so ges.
	50,32	da soll der Stolze s. und fallen
Hes	28,17	habe dich zu Boden ges.
Dan	7,24	der wird drei Könige s.
Jo	2,9	sie s. sich auch auf die Stadt
Mi	1,4	wie die Wasser, die talwärts s.
Sa	9,4	der Herr wird seine Macht ins Meer s.
Jdt	6,14	daß du die s., die auf sich vertrauen
	9,11	gib mir die Kraft, ihn zu s.
Sir	1,27	wenn sein Zorn aufwallt, muß er s.
	37	der Herr dich vor den Leuten s.
	3,26	gefährliche Vorstellungen haben sie ges.
	10,16	hat der Herr die Hochmütigen ges.

Sir	11,6	viele große Herren sind ges. worden	1Sm 9,3	geh hin und s. die Eselinnen 10,2.14
	31,7	die danach trachten, s. darüber	10,21	sie s. (Saul), aber sie fanden ihn nicht
	33,12	andere hat er aus ihrer Stellung ges.	13,12	habe die Gnade des HERRN noch nicht ges.
	48,6	du hast Könige von ihrem Lager ges.	14	der HERR hat sich einen Mann ges.
2Ma	3,38	einen, der dich zu s. gedenkt	14,4	wo Jonatan hinüberzugehen s. zu d. Wache
	14,8	wird unser ganzes Volk ins Unglück s.	16,16	einen Mann s., der auf der Harfe spielen
Jh	10,12	der Wolf s. sich auf die Schafe	20,21	geh, s. die Pfeile 36
Apg	1,18	er ist ges. und mitten entzwei geborsten	23,14	Saul s. (David) die ganze Zeit 25; 24,3; 26,2; 27,1.4
	19,16	der Mensch s. sich auf sie	24,10	David s. dein Unglück
	26,14	als wir alle zu Boden s.	26,20	der König... zu s. einen einzelnen Floh
1Pt	4,4	daß ihr euch nicht mehr s. in dasselbe Treiben	28,7	s. mir ein Weib, das Tote beschwören kann
Off	8,8	es s. ein großer Berg ins Meer	2Sm 12,16	David s. Gott 21,1
	12,9	*es ward ges. der große Drache*	17,20	als die Leute Absaloms sie s.
			21,2	s. Saul (die Gibeoniter) auszurotten
		Stute	1Kö 1,2	man s. dem König eine Jungfrau 3; Est 2,2
Hl	1,9	vergleiche dich einer S... des Pharao	2,40	Schimi zog hin, um seine Knechte zu s.
			18,10	wohin mein Herr gesandt hat, zu s.
		Stütze	2Kö 2,16	die laß gehen und deinen Herrn s. 17
			5,7	wie er Streit mit mir s.
Hi	24,23	gibt ihnen, daß sie eine S. haben	6,19	will euch führen zu dem Mann, den ihr s.
Ps	89,15	sind deines Thrones S. 97,2	14,10	warum s. du dein Unglück 2Ch 25,19
Jes	3,1	der Herr wird wegnehmen S. und Stab	1Ch 4,39	Weide zu s. für ihre Schafe
Sir	3,34	wenn er fällt, wird er eine S. finden	16,10	freue sich das Herz derer, die den HERRN s. Ps 105,3
	34,19	er ist eine starke S.	11	s. sein Angesicht allezeit 2Ch 7,14; Ps 24,6; 27,8; 105,4; Hos 5,15
		stutzen	22,19	richtet euer Herz darauf, den HERRN zu s. 2Ch 12,14; 14,3.6; 15,12; 19,3; 20,3.4; 30,19; 31,21; Ps 119,2.10.58
3Mo	19,27	noch euren Bart s. 21,5	26,31	wurden angesehene Männer ges.
			28,8	haltet u. s. alle Gebote des HERRN
		stützen	2Ch 11,16	die den HERRN s., folgten den Leviten
2Mo	17,12	Aaron und Hur s. ihm die Hände	15,13	wer den HERRN nicht s. würde, sollte sterben 22,9
2Kö	18,21	jedem, der sich darauf s. Jes 36,6	16,12	Asa s. nicht dem HERRN, sondern die Ärzte
Jes	9,6	daß er's stärke und s. durch Recht	17,3	Joschafat s. nicht die Baale
Jer	5,10	zerstört die s. Mauern	22,9	(Jehu) s. Ahasja
Hes	30,6	die Ägypten s., müssen fallen	25,15	warum s. du die Götter des Volks 20
Sir	13,25	zu fallen droht, so s. ihn seine Freunde	19	und du s. noch mehr Ruhm
	38,39	s. den Bestand der Welt	26,5	solange er den HERRN s., ließ es ihm Gott
Kol	2,19	von dem her der ganze Leib ges. wird	34,3	fing an, den Gott seines Vaters zu s.
			Esr 2,62	die s. ihre Geschlechtsregister Neh 7,64
		Suach	4,2	auch wir s. euren Gott 6,21
1Ch	7,36	Söhne Zofachs: S.	15	man lasse in den Chroniken s.
			5,17	so lasse er in Babel im Schatzhaus s.
		Suchatiter, *Suchathiter*	8,22	zum Besten über allen, die ihn s.
1Ch	2,55	die Geschlechter der Schreiber sind die S.	Neh 2,10	für die *Israeliten Gutes s. Est 10,3
			Hi 3,21	die auf den Tod warten und nach ihm s.
		suchen	7,21	wenn du mich s., werde ich nicht dasein
1Mo	31,32	hier vor unsern Brüdern s. das Deine 35	10,6	daß du nach meiner Sünde s.
	37,16	ich s. meine Brüder 15	24,5	sie s. Nahrung in der Einöde
	43,30	Josef s., wo er weinen könnte	34,9	nützt nichts, wenn er Gottes Wohlgef. s.
	44,12	er s. und fing an beim Ältesten	39,8	er s. alles, was grün ist
3Mo	10,16	Mose s. den Bock des Sündopfers	Ps 9,11	du verlässest nicht, die dich, HERR, s.
4Mo	16,10	ihr s. nun auch das Priestertum	34,5	als ich den HERRN s., antwortete er mir
5Mo	4,29	wenn du den HERRN s. wirst, wirst du ihn finden 1Ch 28,9; 2Ch 15,2.4.15; Jer 29,13	11	die den HERRN s., haben keinen Mangel
	13,15	sollst gründlich s., forschen und fragen	15	s. Frieden und jage ihm nach 1Pt 3,11
	22,2	bei dir bleiben, bis sie dein Bruder s.	38,13	die mein Unglück s., bereden 71,13.24
	23,7	sollst nie ihr Bestes s.	41,7	sie s. etwas, daß sie lästern können
Jos	2,22	sie hatten sie ges. auf allen Straßen	45,13	die Reichen im Volk s. deine Gunst
Ri	4,22	will dir den Mann zeigen, den du s.	56,6	alle ihre Gedanken s. mir Böses zu tun
	6,29	als sie s. und nachfragten	63,2	du bist mein Gott, den ich s.
	14,4	er s. einen Anlaß gegen die Philister	69,7	laß... nicht schamrot werden, die dich s.
	18,1	Stamm der Daniter s. sich ein Erbteil	33	die Gott s., denen wird das Herz aufleben
Rut	3,1	ich will dir eine Ruhestatt s.	77,3	in der Zeit meiner Not s. ich den Herrn
1Sm	8,3	s. ihren Vorteil und nahmen Geschenke	78,34	wenn er den Tod brachte, s. sie Gott
			104,21	Löwen, die ihre Speise s. von Gott
			119,45	ich s. deine Befehle 94
			176	s. deinen Knecht

suchen

Ps	122,9	will ich dein Bestes s.
Spr	1,28	sie werden mich s. und nicht finden 14,6; Pr 7,28; 8,17
	2,4	wenn du (Einsicht) s. wie Silber
	7,15	bin ich ausgegangen, um nach dir zu s.
	8,17	die mich s., finden mich
	11,27	wer das Böse s., dem wird es begegnen
	15,14	des Klugen Herz s. Erkenntnis 18,15
	18,1	der s., was ihn gelüstet
	21,6	ist unter denen, die den Tod s.
	29,26	viele s. das Angesicht eines Fürsten
Pr	1,13	richtete m. Herz, die Weisheit zu s. 7,25
	3,6	s. hat seine Zeit
	7,29	aber sie s. viele Künste
	12,10	er s., daß er fände angenehme Worte
Hl	3,1	ich s., aber ich fand ihn nicht 2; 5,6
	6,1	so wollen wir ihn mit dir s.
Jes	13,17	die Meder, die nicht Silber s.
	26,9	mit meinem Geist s. ich dich am Morgen
	16	wenn Trübsal da ist, so s. wir dich Hos 5,15
	27,5	es sei denn, sie s. Zuflucht bei mir
	34,16	s. in dem Buch des HERRN und lest
	40,20	der s. einen klugen Meister dazu
	41,17	die Elenden und Armen s. Wasser
	45,19	habe nicht gesagt: S. mich vergeblich
	51,1	hört mir zu, die ihr den HERRN s.
	55,6	s. den HERRN, solange er zu finden ist Hos 10,12
	58,2	sie s. mich täglich
	62,12	dich wird man nennen „Ges."
	65,1	finden, die mich nicht s. Rö 10,20
Jer	2,33	findest Wege, dir Liebhaber zu s.
	5,1	s. auf den Straßen, ob ihr jemand findet
	12,5	wenn du schon im Lande Sicherheit s.
	29,7	s. der Stadt Bestes 38,4
	48,45	erschöpft s. die Entronnenen Zuflucht
	50,4	werden den HERRN, ihren Gott, s. Hos 3,5; 5,6
	20	wird man die Missetat Israels s.
Hes	7,25	Angst kommt; da werden sie Heil s.
	26	werden Offenbarung bei den Propheten s.
	22,12	du s. unrechten Gewinn
	30	ich s., ob jemand eine Mauer ziehen würde
	26,21	wenn man nach dir s.
	34,4	das Verlorene s. ihr nicht 16
	11	mich meiner Herde annehmen und sie s. 12
	12	wie ein Hirte seine Schafe s.
Dan	2,13	auch Daniel und seine Gefährten s. man
Hos	2,9	wenn sie nach (ihren Liebhabern) s.
Am	5,4	s. mich, so werdet ihr leben 6
	5	s. nicht Bethel
	14	s. das Gute und nicht das Böse
	8,12	des HERRN Wort s. und nicht finden
	9,3	will ich sie doch s. und herabholen
Nah	3,7	wo soll ich dir Tröster s.
	11	mußt Zuflucht s. vor dem Feinde
Ze	2,3	s. den HERRN, s. Gerechtigk., s. Demut
Sa	8,21	laßt uns gehen, zu s. den HERRN 22
	11,16	Hirten, der das Verlaufene nicht s. wird
Mal	2,7	daß man aus seinem Munde Weisung s.
	15	er s. Nachkommen, die Gott geheiligt sind
	3,1	bald wird kommen der Herr, den ihr s.
Jdt	8,12	wollen wir seine Gnade s. mit Tränen
Wsh	1,1	s. ihn mit aufrichtigem Herzen
	6,13	läßt sich von denen finden, die s. Sir 6,28
	17	sie s., wer ihrer wert ist
	8,2	Weisheit hab ich ges. von Jugend an 18; Sir 51,18.19
	13,6	sie irren vielleicht und s. doch Gott
	15,12	gibt vor, man müsse überall Gewinn s.
Wsh	19,16	als jeder den Zugang... s. mußte
Tob	4,19	s. deinen Rat immer bei den Weisen Sir 9,21
	5,4	s. dir einen zuverlässigen Begleiter
Sir	1,35	s. nicht Ruhm bei den Leuten
	3,12	s. nicht Ehre auf Kosten deines Vaters
	4,12	die Weisheit nimmt die auf, die sie s. 13
	14,25	(der) s. Herberge nahe bei ihrem Hause
	24,11	bei diesen allen s. ich Wohnung
	28,3	und will bei dem Herrn Gnade s.
	31,5	wer Gewinn s., wird zugrunde gehen
	8	wohl dem Reichen, der nicht das Geld s.
	33,32	wo willst du ihn dann s.
	39,5	er s. zu erfahren, was gut und böse ist
	6	er denkt daran, in der Frühe den Herrn zu s.
	51,10	ich s. Hilfe bei Menschen, und fand keine
Bar	4,28	trachtet danach, (Gott) zu s.
1Ma	8,1	fremde Völker, die Hilfe bei ihnen s.
	9,26	er ließ die Freunde des Judas s. 32
	10,47	Alexander, der ihre Freundschaft ges.
2Ma	1,20	Feuer... damit sie es s.
	13,18	s. die Orte in seine Gewalt zu bringen
	21	man s. nach (Rhodokus)
StD	3,17	wir s. dein Angesicht mit Furcht
Mt	2,13	Herodes hat vor, das Kindlein zu s.
	7,7	s., so werdet ihr finden 11,9.10
	12,39	*das Geschlecht s. ein Zeichen Mk 8,12*
	43	der unreine Geist s. Ruhe und findet sie nicht Lk 11,24
	13,45	Kaufmann, der gute Perlen s.
	18,12	geht hin und s. das verirrte
	26,16	s. er eine Gelegenheit, daß er ihn verriete Mk 14,11; Lk 22,6
	59	s. falsches Zeugnis gegen Jesus Mk 14,55
	28,5	ich weiß, daß ihr Jesus, den Gekreuzigten, s. Mk 16,6; Jh 20,15
Mk	1,37	sprachen zu ihm: Jedermann s. dich Lk 4,42
	14,1	s., wie sie ihn töten könnten Jh 7,19.20.25; 8,37.40
Lk	2,44	s. ihn unter den Verwandten 45.48.49
	5,18	*sie s., daß sie ihn hineinbrächten*
	6,19	alles Volk s., ihn anzurühren
	12,48	bei dem wird man viel s.
	13,6	er kam und s. Frucht darauf und fand keine 7
	14,7	wie sie s., obenan zu sitzen
	15,8	s. mit Fleiß, bis sie ihn findet
	17,33	wer sein Leben zu erhalten s., der wird es verlieren
	19,10	ist gekommen, zu s., was verloren ist
	24,5	was s. ihr den Lebenden bei den Toten
Jh	1,38	Jesus sprach zu ihnen: Was s. ihr
	5,30	ich s. nicht meinen Willen
	39	ihr s. in der Schrift
	44	die Ehre, die von Gott ist, s. ihr nicht
	6,24	fuhren nach Kapernaum und s. Jesus 7,11
	26	ihr s. mich nicht, weil ihr Zeichen gesehen
	7,18	wer von sich selbst redet, s. seine Ehre
	30	da s. sie ihn zu ergreifen 10,39
	34	ihr werdet mich s. und nicht finden 36; 8,21; 13,33
	8,50	ich s. nicht Ehre; es ist aber einer, der sie s.
	18,4	Jesus sprach zu ihnen: Wen s. ihr 7.8
Apg	8,3	Saulus s. die Gemeinde zu zerstören Gal 1,13.23
	10,19	siehe, drei Männer s. dich
	21	siehe, ich bin's, den ihr s.
	11,25	Barnabas zog nach Tarsus, Saulus zu s.
	13,11	jemanden, der ihn bei der Hand führte
	16,10	s. wir sogleich nach Mazedonien zu reisen
	17,5	s. sie, um sie vor das Volk zu führen

Apg	17,27	damit sie Gott s. sollen
	27,30	als die Schiffsleute zu fliehen s.
Rö	9,32	weil es die Gerechtigkeit nicht aus dem Glauben s.
	10,3	sie s. ihre eigene Gerechtigkeit aufzurichten
	11,7	was Israel s., das hat es nicht erlangt
1Ko	4,2	nun s. *man nicht mehr an den Haushaltern*
	6,1	wie kann jemand sein Recht s. vor den Ungerechten
	7,27	bist du an eine Frau gebunden, so s. nicht
	10,24	niemand s. das Seine, sondern was dem andern dient
	33	ich s. nicht, was mir dient
	13,5	(die Liebe) s. nicht das Ihre
2Ko	5,11	s. wir Menschen zu gewinnen
	11,12	denen den Anlaß nehmen, die einen Anlaß s.
	12,14	ich s. nicht das Eure, sondern euch
Gal	1,10	s. ich Menschen gefällig zu sein
	2,17	die wir durch Christus gerecht zu werden s.
Phl	2,21	sie s. alle das Ihre, nicht das, was Jesu
	4,17	nicht, daß ich das Geschenk s., sondern ich s. die Frucht
Kol	3,1	s., was droben ist, wo Christus ist
1Th	2,6	wir haben nicht Ehre ges. bei den Leuten
	4,4	daß ein jeder seine eigene Frau zu gewinnen s.
1Ti	3,8	nicht schändlichen Gewinn s. Tit 1,7
2Ti	1,17	in Rom s. er mich eifrig und fand mich
1Pt	1,10	nach dieser Seligkeit haben ges. die Propheten
	3,11	er s. Frieden und jage ihm nach
	5,8	der Teufel s., wen er verschlinge
2Pt	2,3	aus Habsucht werden sie euch zu gewinnen s.
Heb	8,7	würde nicht Raum für einen andern ges.
	11,6	daß er denen, die ihn s., ihren Lohn gibt
	14	geben zu verstehen, daß sie ein Vaterland s.
	12,17	Buße, obwohl er sie mit Tränen s.
	13,14	die zukünftige (Stadt) s. wir
Off	9,6	werden den Tod s. und nicht finden

Sud

Bar	1,4	Volk, das am Fluß S. wohnte

Süd, Süden

1Mo	13,14	hebe deine Augen auf nach S. 5Mo 3,27
	28,14	sollst ausgebreitet werden gegen S.
2Mo	26,18	zwanzig (Bretter) sollen nach S. stehen 36,23; 38,9; 40,24
4Mo	2,10	nach S. soll sein Ruben 3,29; 10,6
	33,40	der König der Kanaaniter wohnte im S.
	34,3	eine Grenze ist S. Jos 15,1.4; 18,14.15; 19,34
	35,5	sollt abmessen nach S. 2.000 Ellen
5Mo	33,23	gegen Westen und S. hat er Besitz
Jos	10,40	schlug Josua das ganze Land im S. 11,16; 12,3.8; 13,4
	18,5	Juda soll bleiben auf seinem Gebiet im S.
Ri	1,16	Wüste Juda, die im S. von Arad liegt
1Sm	14,5	die andere (Felsklippe) im S.
1Kö	7,25	(das Meer) stand auf zwölf Rindern, drei nach S. 39; 2Ch 4,4.10
2Kö	11,11	Seite des Tempels im S. 2Ch 23,10
1Ch	9,24	Torhüter aufgestellt: nach S. 26,15.17
Hi	9,9	er macht die Sterne des S.
	39,26	breitet seine Flügel aus dem S. zu
Ps	89,13	Nord und S. hast du geschaffen
	107,3	zusammengebracht von Norden und S.
Pr	1,6	der Wind geht nach S. und dreht sich
Pr	11,3	er falle nach S. oder Norden zu
Jes	21,1	wie ein Wetter vom S. herfährt
	43,6	will sagen zum S.: Halte nicht zurück
Hes	21,2	du Menschenkind, rufe nach S.
	40,2	war etwas wie der Bau einer Stadt gegen S. 24.44.45; 41,11; 42,10.12.13; 46,9
	47,19	die Grenze gegen S. 48,17.28
Dan	8,4	der Widder stieß nach S. hin 9
	11,5	der König des S. 6.9.11.14.15.25.29.40
Sa	6,6	die scheckigen (Rosse) ziehen nach S.
	14,4	die andere (Hälfte) nach S. weichen wird
	10	in eine Ebene, bis nach Rimma im S.
Jdt	2,13	die im S. des Landes wohnten 15
1Ma	3,57	schlugen ihr Lager im S. von Emmaus auf
Mt	12,42	die Königin vom S. wird auftreten mit diesem Geschlecht Lk 11,31
Lk	13,29	es werden kommen von Norden und von S.
Apg	8,26	steh auf und geh nach S.
Off	21,13	von S. drei Tore

Südgrenze

Jos	15,2	seine S. vom Ende des Salzmeeres 18,19

Südhang

Jos	18,16	(die Grenze) geht am S. der Jebusiterstadt

Südland

1Mo	12,9	zog Abram weiter ins S. 13,1; 20,1
	13,3	zog vom S. nach Bethel
	24,62	Isaak wohnte im S.
4Mo	13,17	zieht hinauf ins S. 22.29; 21,1; Ri 1,9
5Mo	1,7	daß ihr kommt zu ihren Nachbarn im S.
	34,3	(der HERR zeigte Mose) das S.
Jos	15,19	mich nach dem dürren S. gegeben Ri 1,15
	21	die Städte des Stammes Juda, im S. 19,8
1Sm	27,10	in das S. Judas 30,1.14; 2Sm 24,7; 2Ch 28,18
	30,27	(ein Segensgeschenk) denen zu Rama im S.
Ps	126,4	wie du die Bäche wiederbringst im S.
Jes	30,6	dies ist die Last für die Tiere des S.
Jer	13,19	die Städte im S. 17,26; 32,44; 33,13
Hes	21,2	weissage gegen den Wald im S. 3.9
Ob	19	sie werden das S. besitzen 20
Sa	7,7	als Leute im S. und im Hügelland wohnten
	9,14	wird einherfahren in den Stürmen vom S.
1Ma	5,65	Judas zog aus gegen Esau im S.

südlich

4Mo	21,13	lagerten sich s. des Arnon
	34,4	(eure Grenze) soll s. sich hinaufziehen Jos 15,2.3.7.8; 18,14
Jos	11,2	die s. von Kinneret wohnten
Ri	21,19	Silo, s. von Lebona 1Sm 23,19.24
Hes	47,1	an der s. Seitenwand, s. am Altar 2
Jdt	7,6	entdeckte er s. davon eine Quelle

Südseite

2Mo	26,35	setze den Leuchter an die S. 27,9
Jos	17,9	(die Grenze) an der S. des Baches (Kana)
Hes	40,24	war ein Tor an der S. 27; 42,18; 48,10.16.33

Südtor

Hes	40,27	maß 100 Ellen von dem einen S. 28.44

südwärts 1352

südwärts
Jos 15,3 (seine Südgrenze) geht dann s. 17,10; 18,13

Südwest
Apg 27,12 einem Hafen auf Kreta, der gegen S. offen ist

Südwind
Hi 37,17 wenn das Land stilliegt unterm S.
Ps 78,26 erregte durch seine Stärke den S.
Hl 4,16 komm, S., und wehe durch meinen Garten
Sir 43,18 durch seinen Willen wehen der S.
Lk 12,55 wenn der S. weht, so sagt ihr: Es wird heiß
Apg 27,13 als der S. wehte, meinten sie 28,13

Südzipfel
4Mo 34,3 der S. eures Gebietes soll sich erstrecken

Suf, *Suph*
5Mo 1,1 Mose redete im Jordantal gegenüber S.

Sufa, *Supha*
4Mo 21,14 das Waheb in S.

Sühne
3Mo 1,4 damit es für ihn S. schaffe 4Mo 15,28; 28,22. 30; 29,5; 31,50
16,6 (Aaron) für sich S. schaffe 17; 4Mo 8,12.21
10 daß er über ihm S. vollziehe
4Mo 8,19 für die *Israeliten S. schaffen 15,25; 17,11.12; 25,13; 1Ch 6,34; 2Ch 29,24; Neh 10,34; Hes 45,15.17
2Sm 21,3 womit soll ich S. schaffen
Jes 47,11 das du nicht durch S. abwenden kannst
Hes 43,20 sollst S. für (den Altar) schaffen 26
Sir 45,20 um für das Volk S. zu schaffen 29
Rö 3,25 den hat Gott hingestellt als S.

Sühnegabe
1Sm 6,3 gebt ihm eine S. 4.8.17

Sühnegeld
2Mo 30,12 soll ein jeder dem HERRN S. geben 16
4Mo 35,31 sollt kein S. nehmen 32
Ps 49,8 kann keiner für ihn an Gott ein S. geben
Spr 6,35 achtet kein S. und nimmt nichts an

sühnen
5Mo 21,8 so wird für sie die Blutschuld ges. sein
1Sm 3,14 die Schuld des Hauses Eli nicht ges.
Spr 16,6 durch Güte und Treue wird Missetat ges.
Jes 6,7 daß deine Sünde sei
27,9 wird die Sünde Jakobs ges. werden
Dan 9,24 wird die Sünde abgetan und die Schuld ges.
Wsh 18,21 kam mit Gebet und s. Räucherwerk
Sir 27,23 Scheltworte können man s.
Heb 2,17 damit er barmherzig würde, zu s. die Sünden des Volkes

Sühnopfer
Sir 35,5 aufhören, Unrecht zu tun, ist ein rechtes S.

Sühnung
2Mo 29,33 mit denen die S. vollzogen 3Mo 4,20; 6,23
36 die S. an (dem Altar) vollziehen 37; 30,10
30,15 als Opfergabe zur S. 16; 4Mo 29,11
3Mo 4,26 so soll der Priester die S. für ihn vollziehen 31.35; 5,6.10.13.16.18.26; 7,7; 4Mo 5,8

Sukkijiter
2Ch 12,3 Volk, das mit ihm aus Ägypten kam, S.

Sukkot, *Sukkoth*
1Mo 33,17 ¹Jakob zog nach S... heißt die Stätte S.
Jos 13,27 S. und was übrig war von dem Reich Sihons
Ri 8,5 Gideon bat die Leute von S. 6.8.14-16
1Kö 7,46 Adama zwischen S. und Zaretan 2Ch 4,17
Ps 60,8 ich will das Tal S. ausmessen 108,8
2Mo 12,37 ²zogen aus nach S. 13,20; 4Mo 33,5.6

Sukkot-Benot, *Sukkoth-Benoth*
2Kö 17,30 die von Babel machten sich S. (zum Gott)

Sulamith
Hl 7,1 wende dich her, o S... Was seht ihr an S.

Summe
1Mo 23,16 Abraham wog ihm die S. dar
2Mo 38,21 dies ist die S. der Aufwendungen
3Mo 27,23 soll diese S. am selben Tage geben
4Mo 1,2 nehmt die S. der Gemeinde auf 45.49; 2,32; 4,2u.ö.46; 26,2.51.57.62.63; 31,49; 2Sm 24,9
7,85 die S. des Silbers betrug 86-88; Est 4,7
Ps 139,17 wie ist ihre S. so groß
Sa 11,13 ei, eine treffliche S., deren ich wert
Apg 22,28 *Bürgerrecht um eine große S. erworben*

Sumpf
2Mo 7,19 recke deine Hand aus über ihre S. 8,1
Jer 38,22 deine Freunde haben dich in den S. geführt
1Ma 9,45 auf der andern (Seite) sind S. und Wald

Sünde (s.a. Sünde tun; Sünde vergeben)
1Mo 4,7 so lauert die S. vor der Tür
18,20 daß ihre S. sehr schwer sind
20,9 daß du S. wolltest auf mich bringen 2Mo 32,21
41,9 muß heute an meine S. denken
2Mo 23,33 daß sie dich nicht verführen zur S.
28,38 damit Aaron bei ihren Opfern alle S. trage
32,30 ob ich Vergebung erwirken kann für eure S.
34 werde ihre S. heimsuchen, wenn meine Zeit
3Mo 5,6 die Sühnung vollziehe wegen seiner S. 11
16,30 von allen S. vor dem HERRN ihr gereinigt 34
22,9 daß sie nicht S. auf sich laden 4Mo 18,22.32
26,18 siebenfältig, um eurer S. willen 21.24.28
4Mo 9,13 er soll seine S. tragen
12,11 laß die S. nicht auf uns bleiben
16,26 nicht umkommt durch ihre S. 27,3
32,23 werdet eure S. erkennen

Sünde

5Mo	9,18	aß kein Brot um all eurer S. willen	Spr	28,13	wer seine S. leugnet, dem wird's nicht gelingen

5Mo 9,18 aß kein Brot um all eurer S. willen
21 eure S., das Kalb, das ihr gemacht
27 sieh nicht an die S. dieses Volks
15,9 und bei dir wird S. sein 24,15
19,15 kein einzelner Zeuge wegen irgendeiner S.
24,4 damit du nicht S. über das Land bringst
16 ein jeder soll für seine S. sterben 2Kö 14,6; 2Ch 25,4
1Sm 2,17 war die S. der Männer sehr groß
12,19 zu allen unsern S. noch das Unrecht
15,23 Ungehorsam ist S. wie Zauberei
2Sm 12,13 so hat der HERR deine S. weggenommen
1Kö 8,35 bekehren sich von ihren S. 2Ch 6,26
12,30 das geriet zur S. 13,34
14,16 dahingeben um der S. Jerobeams willen
15,26 wandelte in (Jerobeams) S. 34; 16,26.31; 2Kö 3,3; 10,29.31; 13,2.6.11; 14,24; 15,9.18.24.28
16,2 mich erzürnen durch ihre S.
17,18 bist gekommen, daß meiner S. gedacht würde
2Kö 21,16 S., durch die er Juda sündigen machte
2Ch 28,13 daß ihr unsere S. nur noch größer macht
33,19 alle seine S. steht geschrieben
Neh 3,37 ihre S. tilge nicht vor dir
9,2 die Nachkommen Israels bekannten ihre S.
37 über uns gesetzt um unserer S. willen
13,26 verleiteten ihn die Frauen zur S.
Hi 8,4 hat sie verstoßen um ihrer S. willen
10,6 daß du nach meiner S. suchst
11,6 daß er nicht an alle S. denkt 14,16
13,23 wie groß ist m. S.? Laß mich wissen m. S.
26 die S. meiner Jugend Ps 25,7
33,9 bin rein, habe keine S.
34,37 zu seiner S. fügt er Frevel hinzu
36,9 hält ihnen vor ihre S.
Ps 19,13 verzeihe mir die verborgenen S.
32,1 wohl dem, dem die S. bedeckt ist Rö 4,7
5 darum bekannte ich dir meine S.
38,4 nichts Heiles an m. Gebeinen wegen m. S.
5 meine S. gehen über mein Haupt
19 ich sorge mich wegen meiner S.
39,9 errette mich aus aller meiner S.
12 wenn du ... züchtigst um der S. willen
40,13 meine S. haben mich ereilt
51,3 tilge meine S. nach deiner Barmherzigkeit
4 reinige mich von meiner S.
5 meine S. ist immer vor mir
7 meine Mutter hat mich in S. empfangen
11 verbirg dein Antlitz vor meinen S.
59,13 das Wort ihrer Lippen ist nichts als S.
68,22 die da fortfahren in ihrer S.
85,3 der du alle seine S. bedeckt hast
89,33 will ich heimsuchen Jer 14,10; Hos 8,13; 9,9; Am 3,2.14
90,8 stellst unsre unerkannte S. ins Licht
103,10 er handelt nicht mit uns nach unsern S.
107,17 die geplagt waren um ihrer S. willen
109,7 sein Gebet werde zur S.
14 seiner Mutter S. soll nicht getilgt werden
130,3 wenn du, HERR, anrechnen willst
8 er wird Israel erlösen aus allen seinen S.
Spr 5,22 wird mit den Stricken seiner S. gebunden
10,16 gereicht des Gottl. sein Einkommen zur S.
19 da geht's ohne S. nicht ab
14,34 die S. ist der Leute Verderben
17,19 wer Zank liebt, der liebt die S.
20,9 wer kann sagen: Ich bin rein v. meiner S.
21,4 hoffärtige Augen und stolzer Sinn ist S.
24,9 das Vorhaben des Toren ist S.
28,2 um d. Landes S. willen wechseln seine Herren

Spr 28,13 wer seine S. leugnet, dem wird's nicht gelingen
24 wer spricht, es sei nicht S., der ist
29,16 wo viele Gottlose sind, da ist viel S.
Jes 1,18 wenn eure S. auch blutrot ist
3,9 ihrer S. rühmen sie sich wie die in Sodom
5,18 die herbeiziehen die S. mit Wagenseilen
6,7 daß deine S. gesühnt sei
27,9 wird die S. Jakobs gesühnt werden
30,1 um eine S. auf die andere zu häufen
13 so soll euch diese S. sein wie ein Riß
31,7 Götzen, gemacht euch zur S.
33,24 das Volk wird Vergebung der S. haben
38,17 wirfst alle meine S. hinter dich zurück
40,2 hat Strafe empfangen für alle S.
43,24 mir hast du Arbeit gemacht mit deinen S.
25 ich gedenke deiner S. nicht Jer 31,34; Heb 8,12; 10,17
44,22 ich tilge deine S. wie den Nebel
50,1 ihr seid um eurer S. willen verkauft
53,5 er ist um unsrer S. willen zerschlagen
6 der HERR warf unser aller S. auf ihn 11.12
57,17 ich war zornig über die S. ihrer Habgier
58,1 verkündige dem Hause Jakob seine S.
59,2 eure S. verbergen sein Angesicht vor euch
12 unsre S. zeugen gegen uns ... wir kennen unsre S.
20 für die, die sich von der S. abwenden
64,5 unsre S. tragen uns davon wie der Wind
8 gedenke nicht ewig der S.
Jer 5,6 ihrer S. sind zu viele 13,22; 30,14.15; Klg 1,5
25 eure S. halten das Gute von euch fern
11,10 kehren zurück zu den S. ihrer Väter 44,9
14,7 wenn unsre S. uns verklagen
15,13 Lohn für alle deine S. 17,3; Klg 4,13
16,10 was ist die Missetat und S., womit wir
18 will ich zwiefach vergelten
17,1 die S. Judas ist geschrieben
18,23 tilge ihre S. nicht aus vor dir
22,13 weh dem, der sein Haus mit S. baut
32,35 um Juda in S. zu bringen
50,20 man wird suchen die S. Judas
Klg 1,14 schwer ist das Joch meiner S.
3,39 jeder murre wider seine S.
4,6 ist größer als die S. Sodoms
22 der Herr wird deine S. aufdecken
Hes 3,18 um seiner S. willen sterben 19.20; 33,6.8.9
16,52 deine S., mit denen du größere Greuel
18,14 der alle diese S. sieht 21,29
33,10 unsere S. liegen auf uns
14 und bekehrt sich von seiner S.
36,31 euch selbst zuwider um eurer S. willen
33 wenn ich euch reinigen werde von allen S.
37,23 sich nicht unrein machen mit ihren S.
39,26 sollen ihre Schmach vergessen
44,10 die Leviten sollen ihre S. tragen 12
Dan 4,24 mache dich los von S. durch Gerechtigkeit
9,13 daß wir uns von unsern S. bekehrt hätten
16 wegen unserer S. trägt Jerusalem Schmach
20 als ich meine und m. Volkes S. bekannte
24 dann wird die S. abgetan
Hos 7,1 so zeigt sich erst die S. Ephraims 13,12
8,11 viele Altäre sind ihm zur S. geworden
10,10 sie strafen wegen ihrer zwiefachen S.
12,9 wird man sollen Schuld finden, die S. ist
Am 4,4 kommt her nach Babel und treibt S.
5,12 ich kenne eure S., die so groß sind
Mi 1,5 alles um der S. willen des Hauses Israel
13 für die Tochter Zion der Anfang zur S.
3,8 daß ich Israel seine S. anzeigen kann

Sünde

Mi	6,7	soll geben m. Leibes Frucht für meine S.
	13	dich um deiner S. willen wüst zu machen
	7,19	unsere S. in die Tiefen des Meeres werfen
Sa	3,4	ich nehme deine S. von dir
	9	will die S. des Landes wegnehmen
	5,6	das ist die S. im ganzen Lande
	11,5	ihre Käufer halten's für keine S.
	13,1	w. einen offenen Quell haben gegen S.
	14,19	darin besteht die S. der Ägypter
Mal	2,6	hielt sich von S. zurück
Jdt	7,17	Gott, der uns um unsrer S. willen bestraft
		Tob 13,4
	8,15	weil wir nicht der S. unsrer Väter gefolgt
	22	geringere Strafe, als wir mit unsern S. verdienen
	11,8	Gott ist erzürnt über unsre S.
	13	wann er die Strafe für ihre S. vollziehen will
Wsh	1,4	nicht in einem Leibe, der der S. verfallen
	4,20	wenn ihre S. zusammengerechnet werden
	6,10	damit ihr nicht in S. fallt
	10,13	die Weisheit behütete ihn vor der S.
	11,23	du übersiehst die S. der Menschen
	12,2	indem du sie an ihre S. erinnerst
	11	nicht darum ihre S. unbestraft gelassen
	19	für die S. Gelegenheit zur Buße GMn 7
	17,3	meinten, verborgen sich bei ihren verborgenen S. verstecken
Tob	1,10	er lehrte ihn die S. meiden
	3,3	Herr, strafe meine S. nicht
	4,6	hüte dich, in eine S. einzuwilligen
	11	Almosen erlösen von allen S. 12,9; Sir 3,33
	22	Gutes empfangen, wenn wir die S. meiden
Sir	1,26	die Furcht des Herrn vertreibt die S.
	3,4	wer seinen Vater ehrt, macht S. gut 16
	17	deine S. werden vergehen wie Eis
	29	der Sünder häuft S. auf S.
	4,25	kann sich so schämen, daß man in S. gerät
	5,5	daß du darum auf S. häufst
	8,6	halte dem nicht seine S. vor, der sich bessert
	10,15	Hochmut treibt zu allen S.
	12,13	so geht's dem, der S.
	13,30	Reichtum ist gut, wenn keine S. an ihm
	16,10	trieb sie aus ihrem Land um ihrer S. willen
	17,17	alle ihre S. sind vor ihm offenbar
	21,2	fliehe vor der S. wie vor einer Schlange
	4	jede S. ist wie ein zweischneidiges Schwert
	23,3	damit meine S. nicht zunehmen
	11	so kann der nicht rein von S. bleiben
	16	die Gottesfürchtigen besudeln sich nicht mit dieser S.
	17	schmutzige Reden; dabei kommt es zur S.
	21	zwei Arten von Menschen begehen viele S.
	26	der Allerhöchste achtet auf meine S. nicht
	25,32	die S. nahm ihren Anfang bei einer Frau
	26,27	wenn sich einer S. wendet
	28	kann schwer ein Händler frei bleiben von S.
	27,3	so steckt auch S. zwischen Kauf und Verkauf
	11	lauert die S. auf die, die Unrecht tun
	14	sie lachen, wenn sie in S. schwelgen
	28,1	der Herr wird ihm seine S. anrechnen
	4	will für seine S. bitten
	31,5	wer Geld liebhat, der bleibt nicht ohne S.
	34,31	so ist der Mensch, der für seine S. fastet
	35,5	von S. lassen, das ist ein Gottesdienst
	38,10	laß ab von der S. und handle rechtschaffen
	39,7	er betet für seine S.
	46,9	um das Volk von der S. abzuhalten
	47,29	der Ephraim auf den Weg zur S. führte
	30	ihre S. wurden so zahlreich
Sir	48,16	das Volk ließ von seinen S. nicht ab
Bar	2,33	(werden sie) sich von ihren S. abkehren
	4,12	einsam geworden wegen der S. meiner Kinder
2Ma	5,17	um der S. derer... erzürnt
	6,14	bis sie das Maß ihrer S. erfüllt haben
	7,32	wir leiden ja um unsrer S. willen
	12,42	daß diese um ihrer S. willen gefallen
	46	damit sie von ihrer S. erlöst würden 42
StD	1,52	jetzt treffen dich deine S.
	3,4	du tust recht um unsrer S. willen
	13	sind die Verachtetsten um unsrer S. willen
GMn	9	meine S. sind zahlreicher als der Sand am Meer
	14	laß mich nicht in meinen S. verderben
Mt	1,21	Jesus wird sein Volk retten von ihren S.
	3,6	sich taufen und bekannten ihre S. Mk 1,5
	26,28	vergossen für viele zur Vergebung der S.
Mk	1,4	die Taufe der Buße zur Vergebung der S. Lk 3,3; Apg 2,38
	3,29	wer... ist ewiger S. schuldig
Lk	1,77	(daß du) Erkenntnis des Heils gebest in der Vergebung ihrer S.
	24,47	daß gepredigt wird in seinem Namen Buße zur Vergebung der S.
Jh	1,29	das ist Gottes Lamm, das der Welt S. trägt
	8,7	wer unter euch ohne S. ist, der werfe den ersten Stein
	21	ihr werdet in eurer S. sterben 24
	34	wer Sünde tut, der ist der S. Knecht
	46	wer von euch kann mich einer S. zeihen
	9,34	du bist in S. geboren und lehrst uns
	41	wärt ihr blind, so hättet ihr keine S.
	15,22	nichts vorwenden, um ihre S. zu entschuldigen
	24	so hätten sie keine S. 22
	16,8	wenn er kommt, wird er der Welt die Augen auftun über die S. 9
	19,11	der mich überantwortet hat, hat größere S.
	20,23	welchen ihr die S. erlaßt, denen sind sie
Apg	3,19	bekehrt euch, daß eure S. getilgt werden
	5,31	um Israel Buße und Vergebung der S. zu geben
	7,60	Herr, rechne ihnen diese S. nicht an
	10,43	daß alle, die an ihn glauben, Vergebung der S. empfangen werden
	13,38	durch ihn Vergebung der S. verkündigt wird
	22,16	laß dich taufen und deine S. abwaschen
	26,18	werden sie Vergebung der S. empfangen
Rö	3,9	daß Juden wie Griechen unter der S. sind
	20	durch das Gesetz kommt Erkenntnis der S. 5,13; 7,7-9
	4,7	selig sind die, denen die S. bedeckt sind
	8	selig ist der Mann, dem der Herr die S. nicht zurechnet
	25	welcher ist um unsrer S. willen dahingegeben
	5,12	durch einen Menschen die S. in die Welt gekommen 15-18
	13	die S. war in der Welt, ehe das Gesetz kam
	15	nicht verhält sich's mit der Gabe wie mit der S.
	16	die Gnade hilft aus vielen S. zur Gerechtigkeit
	20	damit die S. mächtiger würde
	21	wie die S. geherrscht hat zum Tode
	6,1	in der S. beharren, damit 2.6.12.13
	6	damit der Leib der Sünde vernichtet werde
	7	wer gestorben ist, der ist frei geworden von der S. 11.18.22; 1Pt 2,24

Sünde vergeben

Rö	6,10	ist er der S. gestorben ein für allemal 8,3; 1Ko 15,3; Gal 1,4; 1Pt 2,24; 3,18; 1Jh 3,5; 4,10; Heb 9,26.28; 10,12; Off 1,5
	14	die S. wird nicht herrschen können über euch
	16	Knechte der S. zum Tode oder
	17	Gott sei gedankt, daß ihr Knechte der S. gewesen seid 20
	23	der S. Sold ist der Tod
	7,7	ist das Gesetz S.? Das sei ferne
	8	die S. nahm das Gebot zum Anlaß 11
	13	die Sünde, damit sie als S. sichtbar werde
	14	ich bin fleischlich, unter die S. verkauft
	17	so tue nicht ich es, sondern die S. in mir 20
	23	hält mich gefangen im Gesetz der S.
	25	diene ich mit dem Fleisch dem Gesetz der S.
	8,2	hat dich frei gemacht von dem Gesetz der S.
	3	verdammte die S. im Fleisch
	10	ist der Leib zwar tot um der S. willen
	11,27	wenn ich ihre S. wegnehmen werde
	14,23	was nicht aus dem Glauben kommt, das ist S.
1Ko	8,13	wenn die Speise... zur S. verführt
	15,17	so seid ihr noch in euren S.
	56	der Stachel des Todes ist die S., die Kraft der S. ist das Gesetz
2Ko	5,19	Gott rechnete ihnen ihre S. nicht zu
	21	den, der von keiner S. wußte, für uns zur S. gemacht
Gal	2,17	ist dann Christus ein Diener der S.
	3,19	es ist hinzugekommen um der S. willen
	22	Schrift hat alles eingeschlossen unter die S.
Eph	1,7	in ihm haben wir die Vergebung der S.
	2,1	auch ihr wart tot durch eure S. 5; Kol 2,13
Kol	1,14	die Erlösung, nämlich die Vergebung der S.
1Th	2,16	um das Maß ihrer S. allewege vollzumachen
2Th	2,3	offenbart werde der Mensch der S.
1Ti	5,22	habe nicht teil an fremden S.
	24	bei einigen Menschen sind die S. offenbar
2Ti	3,6	Frauen, die mit S. beladen sind
1Pt	4,1	der hat aufgehört mit der S.
	8	die Liebe deckt auch der S. Menge
2Pt	1,9	daß er rein geworden ist von seinen früheren S.
	2,14	haben Augen, nimmer satt der S.
1Jh	1,7	das Blut Jesu macht uns rein von aller S.
	8	wenn wir sagen, wir haben keine S., betrügen wir uns selbst
	9	wenn wir unsre S. bekennen, ist er gerecht
	2,2	er ist die Versöhnung für unsre S.
	3,4	wer S. tut, der tut auch Unrecht, und die S. ist das Unrecht
	5	in ihm ist keine S. Heb 4,15
	5,16	eine S. nicht zum Tode 17
	17	jede Ungerechtigkeit ist S.
Heb	1,3	er hat vollbracht die Reinigung von den S.
	2,17	damit er barmherzig würde, zu sühnen die S. des Volkes
	3,13	verstockt werde durch den Betrug der S.
	5,1	damit er Gaben und Opfer darbringe für die S. 3; 7,27; 9,7; *13,11*
	9,28	zum zweitenmal wird er nicht der S. wegen erscheinen
	10,2	kein Gewissen gemacht hätten über ihre S.
	3	alle Jahre eine Erinnerung an ihre S.
	4	unmöglich, durch das Blut von Stieren und Böcken S. wegzunehmen 11
	18	wo Vergebung der S. ist, da geschieht kein Opfer mehr für die S.
	26	hinfort kein andres Opfer mehr für die S.
Heb	11,25	eine Zeitlang den Genuß der S. haben
	12,1	ablegen die S., die uns ständig umstrickt
	4	ihr habt noch nicht im Kampf gegen die S.
Jak	1,15	wenn die Begierde empfangen hat, gebiert sie die S.
	2,9	wenn ihr die Person ansieht, tut ihr S.
	4,17	wer weiß, Gutes zu tun, und tut's nicht, dem ist's S.
	5,16	bekennt einander eure S.
	20	der wird bedecken die Menge der S.
Off	18,4	daß ihr nicht teilhabt an ihren S.
	5	ihre S. reichen bis an den Himmel

Sünde tun

2Mo	32,30	habt eine große S. get. 31
3Mo	4,3	für seine S., die er get. hat 14.23.28.35; 5,6.10. 13; 19,22
	5,22	worin ein Mensch gegen seinen Nächsten S.t. 4Mo 5,6.7; 5Mo 19,15
5Mo	9,18	um all eurer S. willen, die ihr get.
	21,22	wenn jem. eine S. get., die des Todes 22,26
1Kö	14,22	was ihre Väter getan mit ihren S., die sie t.
	15,3	wandelte in allen S. seines Vaters, die dieser vor ihm get. hatte 2Kö 17,22
	30	um der S., der ist der Sünde Knecht willen, die er t. 16,13. 19; 2Kö 21,17; 24,3
Neh	1,6	ich bekenne die S., die wir an dir get.
Spr	29,22	ein Grimmiger t. viel S.
Jes	11,9	man wird nirgends S. t. noch freveln
Jer	2,13	mein Volk t. eine zwiefache S.
Hes	16,51	hat nicht die Hälfte deiner S. get.
	18,10	der da eine dieser S. t. 14.21.24
	33,16	all seiner S., die er get., nicht gedacht
Tob	12,10	wer S. t., bringt sich selber um sein Leben
Sir	7,8	Gedanken, eine S. ein zweitesmal zu t.
Jh	8,34	wer S. t., der ist der Sünde Knecht
1Ko	6,18	alle S., die der Mensch t., bleiben außerhalb des Leibes
1Pt	2,22	er, der keine S. get. hat
1Jh	3,4	wer S. t., der tut auch Unrecht
	8	wer S. t., der ist vom Teufel
	9	wer aus Gott geboren ist, der t. keine S.
Jak	2,9	wenn ihr die Person ansieht, t. ihr S.
	5,15	wenn er S. get. hat, wird ihm vergeben

Sünde vergeben

1Mo	50,17	v. doch deinen Brüdern ihre S.
2Mo	10,17	(der Pharao sprach:) V. mir meine S.
	32,32	v. ihnen ihre S. 1Kö 8,34.36; 2Ch 6,25.27
	34,7	der da Tausenden v. Übertretung und S.
	9	v. uns unsere S. Ps 65,4; 79,9; Hos 14,3
Jos	24,19	ein eifernder Gott, der eure S. nicht v.
1Sm	15,25	(sprach Saul zu Samuel:) v. mir die S.
2Ch	7,14	so will ich ihre S. v.
Hi	7,21	warum v. du mir meine S. nicht
Ps	25,18	sieh an mein Elend und v. mir meine S.
	32,5	da v. du mir die Schuld meiner S.
	103,3	der dir alle deine S. v.
Jer	36,3	damit ich ihnen ihre S. v. kann
Mi	7,18	wo ist solch ein Gott, der die S. v.
Tob	3,14	in der Zeit der Trübsal v. du S. Sir 2,13
Sir	21,1	bitte, daß dir die bisherigen S. v. werden
	28,2	so werden auch dir deine S. v.
	5	wer will denn ihm seine S. v.
	34,23	auch v. er S. nicht, selbst wenn man opfert
	47,13	der Herr v. (David) seine S.
Mt	9,2	deine S. sind dir v. 5; Mk 2,5.9; Lk 5,20.23; 7,48

Sünde vergeben

Mt	9,6	Vollmacht, auf Erden die S. zu v. Mk 2,10; Lk 5,24
	12,31	alle S. wird den Menschen v. Mk 3,28
Mk	2,7	wer kann S. v. als Gott allein Lk 5,21
Lk	5,24	Vollmacht, auf Erden die S. zu v.
	7,47	ihre vielen S. sind v., denn sie hat viel Liebe gezeigt
	49	wer ist dieser, der auch die S. v.
	11,4	v. uns unsre S.
Rö	3,25	indem er die S. v., die früher (begangen)
Kol	2,13	er hat uns v. alle S.
1Jh	1,9	daß er uns die S. v. und reinigt uns
	2,12	daß euch die S. v. sind um seines Namens

Sünder

4Mo	17,3	Pfannen dieser S. gehören dem Heiligtum
	32,14	damit die S. immer mehr werden
Hi	34,36	Antworten gibt wie freche S.
Ps	1,1	noch tritt auf den Weg der S. 5
	25,8	darum weist er S. den Weg
	26,9	raffe meine Seele nicht hin mit den S.
	51,7	ich bin als S. geboren
	15	daß sich die S. zu dir bekehren
	104,35	die S. sollen ein Ende nehmen auf Erden
Spr	11,31	wieviel mehr dem Gottlosen und S.
	13,6	die Gottlosigkeit bringt den S. zu Fall
	21	Unheil verfolgt die S.
	22	des S. Habe gespart für den Gerechten
	23,17	dein Herz sei nicht neidisch auf den S.
Pr	2,26	dem S. gibt er Mühe
	7,26	der S. wird durch sie gefangen
	8,12	wenn ein S. auch hundertmal Böses tut
	9,2	wie dem Guten, so geht's auch dem S.
Jes	1,28	die S. werden allesamt vernichtet werden
	13,9	des HERRN Tag kommt, die S. zu vertilgen
	33,14	in Zion sind die S. erschrocken
Am	9,10	alle S. in meinem Volk sollen sterben
Wsh	4,10	weil er unter S. lebte, wurde er
	19,13	die Strafen über die S. nicht ohne Zeichen
Tob	4,18	iß und trink nicht mit den S.
	13,7	darum bekehrt euch, ihr S.
Sir	3,29	der S. häuft Sünde auf Sünde
	12,6	auch der Allerhöchte ist den S. feind
2Ma	6,13	Gnade, wenn Gott die S. nicht gewähren läßt
GMn		dein Zorn, mit dem du die S. bedrohst
Mt	9,10	kamen Zöllner und S. Mk 2,15.16; Lk 15,1.2
	11	warum ißt euer Meister mit den S. Mk 2,16; Lk 5,30; 19,7
	13	bin ich gekommen, die S. zu rufen Mk 2,17; Lk 5,32
	11,19	ein Freund der Zöllner und S. Lk 7,34
	26,45	der Menschensohn in die Hände der S. überantwortet Mk 14,41; Lk 24,7
Lk	6,32	auch die S. lieben ihre Freunde 33. 34
	13,2	daß diese Galiläer mehr S. gewesen sind
	15,7	Freude sein über einen S., der Buße tut 10
	18,13	Gott, sei mir S. gnädig
Jh	9,24	wir wissen, daß dieser Mensch ein S. ist 25
	31	wir wissen, daß Gott die S. nicht erhört
Rö	3,7	warum werde ich als S. gerichtet werden
	23	sie sind allesamt S.
	5,8	daß Christus für uns gestorben ist, als wir noch S. waren
	16	wie mit dem, was durch den einen S. geschehen
	19	wie die Vielen zu S. geworden sind
Gal	2,15	wir sind nicht S. aus den Heiden
	17	sollten wir selbst als S. befunden werden
1Ti	1,9	Gesetz gegeben den Gottlosen und S.
	15	in die Welt gekommen, die S. selig zu machen
1Pt	4,18	wo wird dann der S. bleiben
Heb	7,26	Hohenpriester, der von den S. geschieden
	12,3	gedenkt an den, der soviel Widerspruch von den S. erduldet hat
Jak	4,8	reinigt die Hände, ihr S.
	5,20	wer den S. bekehrt hat von seinem Irrweg
Jud	15	das Freche, das die gottlosen S. geredet

Sünderin

Lk	7,37	eine Frau war in der Stadt, die war eine S. 39

sündig

Jes	1,4	wehe dem s. Volk, mit Schuld beladen
Am	9,8	die Augen Gottes sehen auf das s. Königr.
Jdt	13,20	hat mich ohne s. Befleckung zurückgebracht
Tob	13,6	er hat seine Macht erwiesen an einem s. Volk
Sir	17,21	bekehre dich und laß dein s. Leben
Mk	8,38	wer sich meiner schämt unter diesem s. Geschlecht
Lk	5,8	ich bin ein s. Mensch
Jh	9,16	wie kann ein s. Mensch solche Zeichen tun
Rö	7,5	da waren die s. Leidenschaften kräftig in unsern Gliedern
	13	damit die Sünde überaus s. werde
	8,3	seinen Sohn in der Gestalt des s. Fleisches

sündigen

1Mo	13,13	die Leute zu Sodom s. wider den HERRN
	20,6	daß du nicht wider mich s.
	9	was habe ich an dir ges., daß du 31,36
	39,9	wie sollte ich gegen Gott s.
2Mo	20,20	wie er zu fürchten sei, und ihr nicht s.
	32,33	will den aus... tilgen, der an mir s.
3Mo	4,2	wenn jemand aus Versehen s. 3.22.27; 5,1.17. 21.23; 4Mo 15,27.28
	5,5	so soll er sich bekennen, womit er ges. hat 16
4Mo	14,40	wir haben ges. 21,7; Ri 10,15; 1Sm 12,10; 1Kö 8,47; 2Ch 6,37; Esr 10,13; Neh 1,6; Ps 106,6; Klg 3,42; 5,7.16; Dan 9,5.15
	16,22	wenn ein einziger Mann ges. hat
	22,34	ich habe ges. 1Sm 15,24.30; 26,21; 2Sm 24,10. 17; 1Ch 21,8.17
5Mo	1,41	wir haben an dem HERRN ges. Ri 10,10; 1Sm 7,6; Jes 42,24; 64,4; Jer 3,25; 8,14; 14,7. 20; 16,10; Dan 9,11
	32,5	das böse Geschlecht hat ges. wider ihn
1Sm	2,25	wenn jemand gegen einen Menschen s. 1Kö 8,31; 2Ch 6,22
	25	wenn jemand gegen den HERRN s. 1Kö 8,46; 2Ch 6,36
	20,1	was hab ich ges. vor deinem Vater
2Sm	7,14	wenn er s., will ich ihn strafen
	12,13	ich habe ges. gegen den HERRN Ps 41,5; 51,6; Mi 7,9
	19,21	dein Knecht erkennt, daß ich ges.
1Kö	8,33	weil sie an dir ges. 35.50; 2Ch 6,24.26.39; Jer 33,8; 50,14; Hes 2,3; Ze 1,17
	46	keinen, der nicht s. 2Ch 6,36; Pr 7,20
	14,16	der ges. hat und Israel s. gemacht hat 15,26. 30.34; 16,2.13.19.26; 21,22; 22,53; 2Kö 3,3; 10,29.31; 13,2.6.11; 14,24; 15,9.18.24.28; 17,21; 21,11.16; 23,15

1Kö	18,9	was hab ich ges. Jer 37,18
2Kö	17,7	gegen den ges., der sie aus Ägyptenland
Neh	9,29	sie. an deinen Rechten
	13,26	darauf nicht Salomo gerade damit ges.
Hi	1,5	meine Söhne könnten ges. haben 8,4
	22	in diesem allen s. Hiob nicht
	7,20	hab ich ges., was tue ich dir damit an 35,6
	10,14	darauf achten wolltest, wenn ich s.
	24,19	der Tod nimmt weg, die da s.
	31,30	ich ließ meinen Mund nicht s.
	33,27	ich hatte ges. und das Recht verkehrt
	35,3	was habe ich davon, daß ich nicht s.
Ps	4,5	zürnet ihr, so s. nicht Eph 4,26
	39,2	daß ich nicht s. mit meiner Zunge
	78,17	dennoch s. sie weiter wider ihn 32; Hos 13,2
	119,11	damit ich nicht wider dich s.
Spr	20,2	der s. wider das eigene Leben
	29,6	wenn ein Böser s., verstrickt er sich
Jes	43,27	schon dein Ahnherr hat ges.
Jer	2,35	du sprichst: Ich habe nicht ges.
	3,13	daß du wider den HERRN ges. 40,3; 44,23
Hes	3,21	daß er nicht s. soll, und er s. nicht
	14,13	wenn ein Land an mir s.
	18,4	jeder, der s., soll sterben 20; 33,12
	23,49	was ihr mit euren Götzen ges. habt
	37,23	Abwegen, auf denen sie ges. haben
Hos	4,7	je mehr ihrer werden, desto mehr s. sie
	10,9	hast seit den Tagen von Gibea ges.
Am		kommt her nach Gilgal, um mehr zu s.
Hab	2,10	du hast damit gegen dein Leben ges.
Wsh	2,12	schilt uns, weil wir gegen das Gesetz s.
	11,16	womit jemand s., damit wird er auch bestraft
	14,31	Strafe, die sie mit ihren s. verdienen
	15,2	wenn wir auch s., gehören wir doch dir. Weil wir wissen, daß wir dir angehören, s. wir nicht
	13	weiß besser als alle andern, daß er s.
Sir	4,31	zu bekennen, wenn du ges. hast
	5,4	denke nicht: Ich habe schon oft ges.
	6	wenn ich auch noch so viel s.
	15,21	er hat niemand erlaubt zu s.
	16,19	wenn ich s., sieht mich kein Auge
	18,22	kehre um, sobald du ges. hast
	19,4	wer s., der schadet sich selbst
	21,1	hast du ges., so höre damit auf
	23,12	wer oft schwört, der s. oft 13
	28,10	halte dich fern... so wirst du weniger s.
	32,16	s. nicht im Übermut
	34,31	für seine Sünden fastet und s. immer wieder
	38,15	wer vor seinem Schöpfer s., der soll
	48,18	die andern aber s. schwer
Bar	1,17	weil wir vor dem Herrn ges. haben
	3,2	(Herr,) wir haben vor dir ges. StE 3,6
StD	1,23	lieber... als gegen den Herrn s.
GMn	8	Isaak und Jakob, die nicht an dir ges. haben
Mt	18,15	s. dein Bruder an dir, geh hin und Lk 17,3.4
	21	wie oft muß ich meinem Bruder, der an mir s., vergeben
Lk	13,2	mehr ges. haben als alle andern Galiläer
	15,18	Vater, ich habe ges. 21
Jh	5,14	s. nicht mehr 8,11
	9,2	wer hat ges., dieser oder seine Eltern 3
Rö	2,12	alle, die ohne Gesetz ges. haben
	5,12	zu allen Menschen, weil sie alle ges. haben
	14	auch über die, die nicht ges. hatten
	6,15	sollen wir s., weil wir nicht unter dem Gesetz sind
1Ko	6,18	wer Hurerei treibt, der s. am eigenen Leibe
	7,28	wenn du doch heiratest, s. du nicht 36
	8,12	wenn ihr s., s. ihr an Christus
	15,34	werdet nüchtern und s. nicht
2Ko	11,7	habe ich ges., als ich mich erniedrigt
	12,21	viele, die zuvor ges. 13,2
Eph	4,26	zürnt ihr, so s. nicht
1Ti	5,20	die da s., die weise zurecht vor allen
Tit	3,11	wisse, daß ein solcher s.
2Pt	2,4	die Engel, die ges. haben, nicht verschont
1Jh	1,10	wenn wir sagen, wir haben nicht ges.
	2,1	wenn jemand s., haben wir einen Fürsprecher
	3,6	wer in ihm bleibt, der s. nicht; wer s., der
	8	der Teufel s. von Anfang an
	9	können nicht s.; denn sie sind von Gott geboren 5,18
	5,16	s. sieht, eine Sünde nicht zum Tode
Heb	3,17	war's nicht über die, die s.
	10,26	wenn wir mutwillig s., nachdem wir
Jak	2,10	wenn jemand... hält und s. gegen ein einziges Gebot

Sündopfer

2Mo	29,14	es ist ein S. 3Mo 4,21.24; 5,9.11.12; 4Mo 19,9
	36	einen jungen Stier zum S. 3Mo 4,3.14.20; 8,2. 14; 9,2.8; 16,3.6.11; 4Mo 8,8.12; Hes 43,19.21
	30,10	Sühnung vollziehen mit dem Blut des S. 3Mo 4,25; 5,9; Hes 45,19
3Mo	4,8	alles Fett des S. soll er abheben 9,10; 16,25
	29	seine Hand auf den Kopf des S. legen 33
	32	ein Schaf zum S. bringen 5,6; 4Mo 6,14
	5,7	zwei Turteltauben, die eine zum S. 8; 12,6.8; 14,22.31; 15,15.30; 4Mo 6,11
	6,10	ein Hochheiliges gleichwie das S. 18; 7,7; 14,13
	18	dies ist das Gesetz des S. 7,37
	19	S. essen an heiliger Stätte 23; 10,16.17.19
	9,3	nehmt einen Ziegenbock zum S. 15; 16,5.9.15. 27; 23,19; 4Mo 7,16u.ö.87; 15,24.27; 28,15.22; 29,5u.ö.38; Hes 43,22.25
	7	bringe dar dein S. 22; 14,19; 4Mo 6,16; 15,25; Hes 44,27; 45,17.22.23.25
4Mo	18,9	sollst du haben von ihren S. 2Kö 12,17; Hes 44,29
	19,17	soll man Asche nehmen von dem S.
2Ch	29,24	S. darzubringen für ganz Israel 21.23; Esr 6,17; 8,35
Neh	10,34	(zu geben) für das S.
Ps	40,7	willst weder Brandopfer noch S. Heb 10,6.8
Hes	40,39	Tische, auf denen man die S. schlachtet
	42,13	dort legen sie nieder die S. 46,20
Hos	4,8	nähren sich von den S. meines Volks
Bar	1,10	dafür kauft Brandopfer, S. und Weihrauch
1Ma	1,47	die Speisopfer und S. im Heiligtum einstellen
2Ma	2,11	das S. sei vom Feuer verzehrt worden
	12,43	2.000 Drachmen schickte er... zum S.
Heb	13,11	Tiere, deren Blut als S. in das Heilige getragen wird

Sur

2Kö	11,6	ein Drittel soll Wache halten am Tor S.

Susa

Esr	4,9	wir, die Männer von S.
Neh	1,1	als ich in S. war Est 1,2.5; 2,3.5.8; 3,15; 4,8.16; 8,14.15; 9,6.11-15.18; Dan 8,2; StE 6,1
StE	5,12	vor den Toren von S. an den Galgen

Susanna

StD	1,2	¹S., eine Tochter Hilkijas 7u.ö.63
Lk	8,3	²S. und viele andere, die ihnen dienten

Susi

4Mo	13,11	Gaddi, der Sohn S.

Susiter (= Samsummiter)

1Mo	14,5	die Könige schlugen die S. zu Ham

süß

2Mo	15,25	das warf er ins Wasser, da wurde es s.
Ri	14,18	was ist s. als Honig
Neh	8,10	geht hin und trinkt s. Getränke
Hi	21,33	s. sind ihm die Schollen des Grabes
	40,27	meinst du, er wird dir s. Worte geben
Ps	19,11	sie sind s. als Honig 119,103
Spr	3,24	liegst du, so wirst du s. schlafen
	5,3	die Lippen der fremden Frau sind s.
	9,17	gestohlenes Wasser ist s.
	24,13	Honigseim ist s. deinem Gaumen
	27,7	einem Hungrigen ist alles Bittre s.
	9	s. ist der Freund, der wohlgem. Rat gibt
Pr	5,11	wer arbeitet, dem ist der Schlaf s.
	11,7	es ist das Licht s.
Hl	2,3	seine Frucht ist meinem Gaumen s. 5,16
	14	deine Stimme ist s.
Jes	5,20	die aus sauer s. und aus s. sauer machen
	49,26	von ihrem Blut wie von s. Wein trunken
Hes	3,3	war in meinem Munde s. wie Honig
Jo	1,5	heult, alle Weinsäufer, um den s. Wein
	4,18	werden Berge von s. Wein triefen Am 9,13
Wsh	17,19	ob die Vögel s. sangen in den Zweigen
Sir	23,24	einem... Menschen scheint die Speise s.
	37	nichts s. als auf Gottes Gebote zu achten
	24,27	an mich zu denken ist s. als Honig
	27,26	vor dir versteht er, s. zu reden
	49,2	er ist s. wie Honig im Munde
Apg	2,13	andere sprachen: Sie sind voll von s. Wein
Rö	16,18	durch s. Worte verführen sie die Herzen der Arglosen
Jak	3,11	aus einem Loch s. und bitteres Wasser 12
Off	10,9	in deinem Mund wird's s. sein wie Honig 10

Süßigkeit

Ri	9,11	soll ich meine S. lassen
	14,14	uns S. (ging aus) vom Starken

Süßteig

1Ko	5,8	Ostern halten in dem S. der Wahrheit

Sychar

Jh	4,5	da kam er in eine Stadt Samariens, die heißt S.

Syene

Hes	29,10	Öde machen von Migdol bis nach S. 30,6

Synagoge

Mt	4,23	Jesus lehrte in ihren S. 9,35; 12,9; 13,54; Mk 1,21.39; 3,1; 6,2; Lk 4,15.16.44; 6,6; 13,10; Jh 6,59
	6,2	wie es die Heuchler tun in den S. 5
	10,17	sie werden euch geißeln in ihren S. 23,34; Mk 13,9; Lk 12,11; 21,12
	23,6	sie sitzen gern obenan in den S. Mk 12,39; Lk 11,43; 20,46
Mk	1,23	in ihrer S. war ein Mensch, besessen Lk 4,33
	29	alsbald gingen sie aus der S. Lk 4,38
	5,22	da kam einer von den Vorstehern der S. 35; Lk 8,41.49
Lk	4,20	aller Augen in der S. sahen auf ihn 28
	7,5	die S. hat er uns erbaut
	13,14	da antwortete der Vorsteher der S.
Jh	9,22	der solle aus der S. ausgestoßen werden 12,42
	16,2	sie werden euch aus der S. ausstoßen
	18,20	ich habe allezeit gelehrt in der S.
Apg	6,9	standen einige auf von der S. der Libertiner
	9,2	bat ihn um Briefe nach Damaskus an die S.
	20	alsbald predigte er in den S. 13,5.14.42; 14,1; 17,1.10.17; 18,4.19.26; 19,8
	13,15	die Vorsteher der S. ließen ihnen sagen
	42	als sie aus der S. hinausgingen
	15,21	Mose wird alle Sabbattage in den S. gelesen
	18,7	dessen Haus war neben der S.
	8	der Vorsteher der S. kam zum Glauben
	17	da ergriffen sie den Vorsteher der S.
	22,19	die an dich glaubten, in den S. geißeln ließ
	24,12	mich weder im Tempel noch in den S. dabei gefunden, ist
	26,11	in allen S. zwang ich sie zur Lästerung
Off	2,9	sie seien Juden, und sind's nicht, sondern sind die S. des Satans
	3,9	ich werde schicken einige aus der S. des Satans

Syntyche

Phl	4,2	Evodia ermahne ich und S. ermahne ich

Syrakus

Apg	28,12	als wir nach S. kamen, blieben wir drei Tage

Syrien

Jdt	2,9	aus S. ließ er Korn herbeifahren
1Ma	3,41	aus S. stieß Kriegsvolk zu ihnen 7,39; 11,60
	11,2	darum zog er nach S.
	14,13	die Könige von S.
Mt	4,24	die Kunde von ihm erscholl durch ganz S.
Lk	2,2	zur Zeit, da Quirinius Statthalter in S. war
	4,27	keiner wurde rein als allein Naaman aus S.
Apg	15,23	wir wünschen Heil den Brüdern in S.
	41	er zog durch S. und stärkte die Gemeinden
	18,18	er wollte nach S. fahren 20,3; 21,3; Gal 1,21

Syrien-Mesopotamien

Jdt	3,1	die Könige von S.

Syrien-Zoba

Jdt	3,1	die Könige von S.
	12	als er S. durchzogen hatte

Syrienland s. Syrien

syrisch

1Ma 3,13 Seron, der Befehlshaber des s. Heeres
2Ma 15,37 des 12. Monats, der auf s. Adar heißt

Syrophönizien

Mk 7,26 die Frau war eine Griechin aus S.

Syrte

Apg 27,17 da sie fürchteten, in die S. zu geraten

T

Taanach

Jos 12,21 der König von T.
17,11 hatte Manasse: die Einwohner von T. 21,25; Ri 1,27; 1Ch 6,55
Ri 5,19 stritten die Könige Kanaans zu T.
1Kö 4,12 (Amtleute) Baana in T.

Taanat-Silo, *Taanath-Silo*

Jos 16,6 (Ephraim: Die Grenze) biegt um nach T.

Tabbaot, *Tabbaoth*

Esr 2,43 Tempelsklaven: die Söhne T. Neh 7,46

Tabbat, *Tabbath*

Ri 7,22 bis an die Grenze von Abel-Mehola bei T.

Tabeal

Jes 7,6 wir wollen zum König machen den Sohn T.

Tabeel

Esr 4,7 schrieben... T. an Artahsasta

Tabera

4Mo 11,3 man nannte die Stätte T.
5Mo 9,22 erzürnten den HERRN auch in T.

Tabita, *Tabea*

Apg 9,36 in Joppe war eine Jüngerin mit Namen T. 39. 40

Tabor

Jos 19,22 1(Issachar) die Grenze stößt an T.
Ri 4,6 geh hin und zieh auf den Berg T. 12.14
8,18 die Männer, die ihr am T. erschlagen
Ps 89,13 T. und Hermon jauchzen über deinen Namen
Jer 46,18 daherziehen so hoch, wie der Berg T. ist
Hos 5,1 seid ein ausgespanntes Netz auf dem T.
1Sm 10,3 2wirst du zur Eiche T. kommen
1Ch 6,62 3aus dem Stamm Sebulon: Rimmon und T.

Tabrimmon

1Kö 15,18 Ben-Hadad, dem Sohn T., des Sohnes Hesjons

Tachpanhes

Jer 2,16 scheren die von T. dir den Kopf kahl
43,7 kamen nach T. 8.9; 44,1; 46,14
Hes 30,18 in T. wird sich der Tag verfinstern

Tachpenes

1Kö 11,19 die Schwester der Königin T. zur Frau 20

Tachrea

1Ch 8,35 Söhne Michas: T. 9,41

Tadel

1Mo 6,9 Noah war ein frommer Mann und ohne T.
2Sm 22,24 ich bin ohne T. vor ihm Ps 18,24.33
Hi 11,15 könntest dein Antlitz aufheben ohne T.
22,3 selbst wenn deine Wege ohne T. sind
Ps 19,14 werde ich ohne T. sein und rein bleiben
119,1 wohl denen, die ohne T. leben
Spr 28,18 wer ohne T. einhergeht, dem wird geholfen
29,15 Rute und T. gibt Weisheit
Hes 28,15 du warst ohne T. in deinem Tun
Wsh 3,15 aus Einsicht wächst hervor, was ohne T. ist
Sir 5,17 kommt... T. über den Doppelzüngigen
Phl 2,15 damit ihr ohne T. und lauter seid

tadeln

Hi 6,25 aber euer T., was beweist das
20,3 muß hören, wie man mich t.
Jdt 8,23 an deinen Worten ist nichts zu t.
Wsh 13,6 sind sie nicht zu sehr zu t.
Sir 18,15 tu's nicht mit t. Worten
20,2 es ist besser, offen zu t.
Heb 8,8 Gott t. sie und sagt

Tadmor

2Ch 8,4 (Salomo) baute T. in der Wüste aus

Tafat, *Taphath*

1Kö 4,11 hatte T., eine Tochter Salomos, zur Frau

Tafel

2Mo 24,12 daß ich dir gebe die steinernen T. 31,18; 32,15; 5Mo 9,9-11.15
32,19 warf die T. aus der Hand 5Mo 9,17
34,1 haue dir zwei steinerne T. zu 4; 5Mo 10,1.3
28 schrieb auf die T. die Worte des Bundes 29; 5Mo 4,13; 5,22; 10,2.4
5Mo 10,5 ich legte die T. in die Lade 1Kö 8,9.21; 2Ch 5,10; 6,11
Spr 3,3 schreibe... auf die T. deines Herzens 7,3
Jes 8,1 nimm dir eine große T. und schreib
30,8 schreib es nieder auf die T. Hab 2,2
Jer 17,1 Sünde... gegraben auf die T. ihres Herzens
1Ma 8,22 ließen den Vertrag auf eherne T. schreiben
Lk 1,63 er forderte eine kleine T. und schrieb
2Ko 3,3 geschrieben nicht auf steinerne T., sondern auf fleischerne T.

Tafel

Heb 9,4 in ihr waren die T. des Bundes

Tafelgeschirr

1Ma 11,58 sandte ihm goldenes T.

tafeln

Pr 10,16 dessen Fürsten schon in der Frühe t. 17

täfeln

1Kö 6,15 vom Boden bis an die Decke t. er es... und den Boden t. er 7,7; 2Ch 3,5
Jer 22,14 läßt mit Zedern t. und rot malen
Hes 27,6 deine Wände mit Elfenbein get. 41,16
Hag 1,4 daß ihr in get. Häusern wohnt

Täfelung

Hl 1,17 unsere T. (sind) Zypressen

Tafelwerk

1Kö 6,9 deckte das Haus mit T. von Zedern
Hes 41,16 es war T. an allen Seiten ringsherum

Tag (s.a. heutig; Tag und Nacht)

1Mo 1,5 (Gott) nannte das Licht T.
5 da ward aus Abend und Morgen der erste T. 8.13.19.23.31
14 geben Zeichen, Zeiten, T. und Jahre
16 ein großes Licht, das den T. regiere 18; Ps 136,8; Jer 31,35
2,2 vollendete Gott am siebenten T. seine Werke und ruhte am siebenten T. 2Mo 20,11; 31,17; Heb 4,4
3 segnete den siebenten T. und heiligte ihn Jes 58,13
17 an dem T., da du von ihm issest 3,5
3,8 als der T. kühl geworden war
7,4 in sieben T. will ich regnen lassen 10.11.17. 24; 8,3-6.10.12-14
17,12 jedes Knäblein, acht T. alt, beschneiden 3Mo 12,3; Apg 7,8
18,1 als der T. am heißesten 1Sm 11,11; 2Sm 4,5
21,8 am T., da Isaak entwöhnt wurde
24,55 laß das Mädchen noch einige T. bei uns
27,45 beider beraubt auf einen T.
29,7 ist noch hoher T.
20 kam ihm vor, als wären's einzelne T.
33,13 wenn sie einen T. übertrieben würden
40,12 drei Reben sind drei T. 13.18.19
50,3 vierzig T... die T. der Salbung
3 beweinten ihn 70 T. 10; 5Mo 34,8
20 was jetzt am T. ist 1Sm 22,8.13
2Mo 8,18 will an dem T. etwas Besonderes tun
10,28 an dem T., da du mir vor die Augen kommst
12,14 sollt diesen T. als Gedenktag haben 17
15 sieben T. sollt ihr ungesäuertes Brot essen 18.19; 13,6.7; 23,15; 34,18; 3Mo 23,5.6; 4Mo 28,17; 5Mo 16,3.4.8; 2Ch 30,21-23
13,3 T., an dem ihr aus Ägypten 5Mo 9,7; 16,3; 1Sm 7,6; 8,8; 1Kö 8,16; 2Kö 21,15; 1Ch 17,5; Jer 7,22.25; 11,4.7
21 am T. in einer Wolkensäule 22; 40,37.38; 4Mo 9,19-22; 10,34; 14,14; 5Mo 1,33; Neh 9,12.19; Ps 78,14
16,4 täglich sammeln, was es für den T. bedarf 5. 22.27.29

2Mo 16,26 der siebente T. ist der Sabbat 20,10; 23,12; 31,15; 34,21; 35,2; 3Mo 23,3; 5Mo 5,14
30 also ruhte das Volk am siebenten T.
20,9 sechs T. sollst du arbeiten 23,12; 31,15; 34,21; 35,2; 3Mo 23,3; 5Mo 5,13; Jer 17,24
21,21 bleiben sie aber einen T. am Leben
22,29 sieben T. laß es bei seiner Mutter sein, am achten T. sollst du es mir geben 3Mo 22,27
24,16 die Wolke bedeckte (den Berg) sechs T.
29,38 zwei Schafe an jedem T. darauf opfern
3Mo 5,24 an dem T., wenn er s. Schuldopfer darbringt
6,13 Opfer... am T. ihrer Salbung 7,36
7,15 soll an demselben T. gegessen werden 16; 19,6; 22,30
35 T., da der HERR sie sich nahen ließ 38
8,33 bis die T. eures Einsetzungsopfers um sind
12,2 soll sieben T. unrein sein 4-6; 14,8.38.39; 15,13.19.24.28; 4Mo 6,9; 12,14.15; 19,11.12.14. 16.19; 31,19.24; Hes 44,26
2 wie wenn sie ihre T. hat 5; 18,19; 20,18; Hes 36,17
13,4 soll der Priester ihn einschließen sieben T. 5. 6.21.26.27.31-34.50.51.54
22,28 nicht mit s. Jungen an einem T. schlachten
4Mo 3,13 an dem T., da ich alle Erstgeburt 8,17
13,25 nach vierzig T. kehrten sie um 14,34
14,34 je ein T. soll ein Jahr gelten
25,18 die erschlagen wurde am T. der Plage
5Mo 4,10 den T., da du vor dem HERRN standest 15; 9,10; 18,16
10 daß sie mich fürchten lernen alle T. 31,13
32 von dem T. an, da Gott den Menschen geschaffen
11,21 solange die T. des Himmels währen
17,20 daß er verlängere die T. seiner Herrschaft
21,23 Leichnam am selben T. begraben
24,15 ihm seinen Lohn am selben T. geben
31,29 wird euch am Ende der T. Unheil treffen
Jos 5,11 an diesem T. (hörte das Manna auf)
6,3 um d. Stadt herumgehen 6 T. 4.10.14.15
10,13 so blieb die Sonne stehen fast einen T.
14 war kein T. diesem gleich
14,11 bin noch so stark, wie am dem T., da
Ri 4,14 Debora sprach: Das ist der T.
6,27 er fürchtete sich, das am T. zu tun
9,45 kämpfte gegen die Stadt den ganzen T.
11,40 zu klagen um Jephtas Tochter vier T. im Jahr
13,7 von Mutterleibe an bis zum T. seines Todes
16,16 als sie mit Worten alle T. in ihn drang
19,8 warten, bis sich der T. neigt 9
1Sm 1,4 wenn nun der T. kam, daß Elkana opferte
20 als die T. um waren, gebar sie
2,34 an einem T. werden sie beide sterben
15,35 sah Saul nicht bis an den T. seines Todes
21,6 Frauen waren uns etliche T. verwehrt
24,5 das ist der T., von dem der HERR gesagt
27,1 werde eines T. Saul in die Hände fallen
29,3 David, der bei mir gewesen ist Jahr und T.
10 zieht weg, sobald es T. ist
2Sm 3,38 an diesem T. ein Fürst und Großer gefallen
6,23 hatte kein Kind bis an den T. ihres Todes
13,4 warum wirst du so mager von T. zu T.
37 David trug Leid um seinen Sohn alle T.
18,20 an einem andern T. Botschaft bringen
21,10 ließ am T. die Vögel nicht an sie kommen
1Kö 8,59 daß er Recht schaffe Israel alle T.
17,14 den T., an dem der HERR regnen lassen wird 15
2Kö 7,9 dieser T. ist ein T. guter Botschaft
19,3 das ist ein T. der Not Jes 37,3

2Kö	25,29	Jojachin aß alle T. bei dem König 30
1Ch	12,23	kamen alle T. einige zu David 40
	16,37	Dienst, wie es jeder T. erforderte 26,17; 2Ch 8,14; 31,16; Neh 11,23; 12,47
	17,11	wenn deine T. um sind
2Ch	6,31	damit sie wandeln in deinen Wegen alle T.
	8,13	zu opfern an jedem T. 24,11; Esr 3,4
	16	T., da des HERRN Haus gegründet Sa 8,9
Esr	10,13	ist nicht in ein oder zwei T. getan
Neh	4,16	Leute... am T. für die Arbeit
	8,9	dieser T. ist heilig dem HERRN 10.11; 10,32
Est	3,13	man solle töten alle auf einen T. 8,12
Hi	1,4	ein Festmahl, jeder an seinem T. 5.13
	3,1	Hiob verfluchte seinen T. 3-6.8; Jer 20,14
	5,14	daß sie am T. in Finsternis laufen 24,16
	7,1	sind seine T. nicht wie eines Tagelöhners
	6	meine T. sind dahingeflogen 9,25; 17,1.11
	16	meine T. sind nur noch ein Hauch 8,9
	14,5	sind seine T. bestimmt 6
	14	alle T. wollte ich harren
	15,23	ihm der T. der Finsternis bereitet 21,30
	17,12	Nacht will man mir zum T. machen
	20,28	zerstreut am T. seines Zorns
	21,13	werden alt bei guten T. 36,11
	24,1	sehen, die ihn kennen, seine T. nicht
	27,6	beißt mich nicht wegen eines meiner T.
	29,2	in den T., da Gott mich behütete
	18	ich werde meine T. zahlreich machen
	30,16	T. des Elends haben mich ergriffen 27
	38,21	deine T. sind sehr viel
	23	verwahrt für den T. des Streites
Ps	19,3	ein T. sagt's dem andern
	22,3	mein Gott, des T. rufe ich
	34,13	wer möchte gern schöne T. sehen
	37,13	(der Herr) sieht, daß sein T. kommt
	18	der HERR kennt die T. der Frommen
	38,7	den ganzen T. gehe ich traurig einher
	13	sie sinnen auf Trug den ganzen T.
	39,6	meine T. sind eine Handbreit bei dir
	42,9	am T. sendet der HERR seine Güte
	44,2	zu ihren Zeiten, in alten T.
	49,6	sollte ich mich fürchten in bösen T.
	56,9	zähle die T. meiner Flucht
	74,16	dein ist der T.
	78,33	ließ ihre T. dahinschwinden ins Nichts
	42	dachten n. an den T., als er sie erlöste
	81,4	am Vollmond, am T. unsres Festes
	84,11	ein T. in deinen Vorhöfen ist besser
	89,46	hast die T. seiner Jugend verkürzt
	90,4	1.000 Jahre sind vor dir wie der T., der
	9	fahren alle unsre T. dahin durch d. Zorn
	91,5	vor den Pfeilen, die des T. fliegen
	94,13	ihm Ruhe zu schaffen vor bösen T.
	96,2	verkündet von T. zu T. sein Heil
	102,4	m. T. sind vergangen wie ein Rauch 12.24
	25	nimm mich nicht weg in der Hälfte m. T.
	109,8	seiner T. sollen wenige werden
	110,5	zerschmettern am T. seines Zorns Spr 11,23; Jes 13,13
	118,24	dies ist der T., den der HERR macht
	119,164	ich lobe dich des T. siebenmal
	121,6	daß dich am T. die Sonne nicht steche
	137,7	was sie sagten am T. Jerusalems
	139,12	und die Nacht leuchtete wie der T.
	16	alle T. waren in dein Buch geschrieben
Spr	4,18	das immer heller leuchtet bis z. vollen T.
	6,34	er schont nicht am T. der Vergeltung
	7,9	in der Dämmerung, am Abend des T.
	9,11	durch mich werden deine T. viel werden
	10,27	die Furcht des HERRN mehrt die T.
Spr	11,4	Reichtum hilft nicht am T. des Zorns Hes 7,19; Ze 1,18
	15,15	ein Betrübter hat nie einen guten T.
	16,4	macht auch den Gottlosen für den bösen T.
	19,10	dem Toren steht nicht an, gute T. zu haben
	21,26	den ganzen T. begehrt die Gier
	31	Rosse werden gerüstet zum T. der Schlacht
	25,20	das Kleid ablegt an einem kalten T.
	27,1	rühme dich nicht des morgigen T.; du weißt nicht, was der T. bringt
	31,15	sie steht vor T. auf und gibt Speise
	25	sie lacht des kommenden T.
Pr	2,1	ich will Wohlleben und gute T. haben
	16	in künftigen T. ist alles vergessen
	23	alle seine T. sind voller Schmerzen
	6,12	in seinen kurzen T., die er verbringt
	7,1	T. des Todes besser als der T. der Geburt
	10	daß d. früheren T. besser waren als diese
	14	am guten T. sei guter Dinge, am bösen T.
	15	hab ich gesehen in den T. meines Lebens
	8,8	hat keine Macht über den T. des Todes
	11,8	denke an die finstern T. 12,1
	9	freue dich... in deinen jungen T.
Hl	2,17	bis der T. kühl wird 4,6
	3,11	am T. seiner Hochzeit, am T. der Freude
Jes	2,11	der HERR wird allein hoch sein an jenem T. 17.20
	12	der T. des HERRN wird kommen über
	4,5	wird der HERR eine Wolke schaffen am T.
	6	und eine Hütte zum Schatten am T.
	7,17	wird T. kommen lassen, wie sie nicht gek.
	9,3	du hast... zerbrochen wie am T. Midians
	13	haut Kopf und Schwanz ab auf einen T.
	10,3	was wollt ihr tun am T. der Heimsuchung
	17	wird seine Dornen verzehren auf einen T.
	13,6	heulet, denn der HERRN T. ist nahe 9; Hes 30,3; Jo 1,15; 2,1; 4,14; Ob 15; Ze 1,7.14
	22	ihre T. lassen nicht auf sich warten
	17,11	am T., da du sie pflanzest
	21,8	ich stehe auf der Warte bei T. immerdar
	22,5	es kommt ein T. der Verwirrung von Gott
	27,8	hast es verscheucht am T. des Ostwinds
	32,10	über Jahr und T., da werdet ihr zittern
	34,8	es kommt der T. der Rache des HERRN
	38,5	will deinen T. noch 15 Jahre zulegen
	43,13	ich bin, ehe denn ein T. war
	47,9	wird beides T. kommen auf einen T.
	49,8	habe dir am T. des Heils geholfen 2Ko 6,2
	51,13	hast dich gefürchtet den ganzen T.
	52,5	mein Name wird den ganzen T. gelästert
	6	soll an jenem T. meinen Namen erkennen
	58,3	an dem T., da ihr fastet 5
	60,19	soll nicht mehr dein Licht sein am T.
	20	T. deines Leidens sollen ein Ende haben
	61,2	einen T. der Vergeltung 63,4; Jer 46,10
	65,2	streckte meine Hände aus den ganzen T. Rö 10,21
	5	ein Feuer, das den ganzen T. brennt
	20	keine Kinder, die nur einige T. leben
	22	die T. m. Volks wie die T. eines Baumes
	66,8	ward ein Land an einem T. geboren
Jer	3,16	an jenen T. 18; 33,15; 48,41; 50,4.20; Jo 4,1
	6,4	solange es noch heller T. ist
	15,9	ihre Sonne ging unter am hellen T. Am 8,9
	17,16	hab den bösen T. nicht herbeigewünscht
	18	laß den T. des Unheils über sie kommen 46,21; 51,2; Klg 1,21
	18,17	am T. ihres Verderbens 47,4
	20,14	der T. soll ungesegnet sein 16
	18	wenn ich meine T. in Schmach zubringe

Tag

Jer	27,22	T., an dem ich nach ihnen sehe		Jdt	16,20	sucht sie heim am T. des Gerichts
	30,7	wehe, es ist ein gewaltiger T. Hes 30,2; Jo 1,15			29	das Volk trauerte um sie sieben Tage lang
	32,20	wie es heute am T. ist			31	der T. dieses Sieges wurde unter die heiligen T. aufgenommen
	36,30	liegen, am T. in der Hitze		Wsh	3,18	haben keinen Trost am T. des Gerichts
	38,28	T., da Jerusalem eingenommen			5,15	der nur einen T. lang Gast gewesen ist
	50,27	ihr T. ist gekommen 30.31			7,18	wie die T. zu- und abnehmen
Klg	1,12	am T. seines grimmigen Zorns 2,1.21.22			10,17	sie war ihnen am T. ein Schutz
	2,16	das ist der T., den wir begehrt haben		Tob	1,3	teilte alles T. für T. mit seinen Brüdern
	3,3	erhebt (seine Hand) gegen mich T. für T.			2,10	eines T., als er Tote begraben hatte
	62	Geschwätz über mich den ganzen T.			19	Hanna ging alle T. zum Weben
	4,18	unsere T. sind aus, unser Ende gekommen			3,7	es begab sich an demselben T.
	5,21	erneue unsre T. wie vor alters			13	als sie am dritten T. ihr Gebet vollendete
Hes	4,4	so viele T. du so daliegst 5.6.9-11			8,14	ihn begraben, bevor es T. wird 19
	8	bis du die T. der Belagerung vollendet 5,2			9,4	du weißt, mein Vater zählt die T. 10,10
	7,7	der T. des Jammers ist nahe 10.12			10,8	sie lief alle T. hinaus und suchte
	12,3	zieh am hellen T. fort 4.7			11,20	sieben T. lang feierten sie miteinander
	13,5	damit es fest steht am T. des HERRN			14,12	macht euch noch am gleichen Tag auf
	16,4	am T., als du geboren wurdest 28,13.15		Sir	1,2	wer kann sagen, wieviel T. die Welt hat
	21,30	du, dessen T. kommen wird 34; 22,4; 24,2. 25-27; 26,18; 27,3; 30,9.18; 32,10			13	am T. seines Todes den Segen empfangen
	31,15	an dem er hinunterfuhr			5,8	verschieb es nicht von einem T. auf den andern
	39,8	der T., von dem ich geredet habe 13			14,14	versäume keinen fröhlichen T.
	22	von dem T. an und fernerhin Hag 2,15.18			22,13	sieben T. trauert man über einen Toten 38,18
Dan	1,12	versuch's mit d. Knechten zehn T.			33,7	warum muß ein T. heiliger sein als der andre
	6,8	der in 30 T. etwas bitten wird 13			9	andere hat er in die Reihe der übrigen T. gestellt
	11	er fiel dreimal am T. auf seine Knie 14			37,28	Israels T. sind nicht zu zählen
	20	früh am Morgen, als der T. anbrach			41,1	ein Mensch, der gute T. und genug hat
	8,27	ich, Daniel, lag einige T. krank			43,2	wenn die Sonne aufgeht, verkündet sie den T.
	10,12	von dem ersten T. an, als du begehrtest			46,5	ein T. wurde so lange wie zwei
	13	der Engelfürst hat mir 21 T. widerstanden		Bar	1,11	daß ihre T. seien wie die T. des Himmels
	12,11	von der Zeit an sind 1.290 T. 12			2,25	daß sie am T. in der Sonne gelegen haben
	13	bis du auferstehst am Ende der T.			4,35	Feuer wird über sie kommen viele T. lang
Hos	2,2	der T. Jesreels wird ein großer T. sein		1Ma	4,25	an diesem T. ist Israel gr. Heil widerfahren
	15	will heimsuchen an ihr die T. der Baale			54	am gleichen T. wurde es wieder geweiht
	4,5	darum sollst du bei T. fallen			56	hielten das Fest der Weihe acht T. lang 59
	6,2	er macht uns lebendig nach zwei T.			5,27	am andern T. die Befestigungen zu überfallen
	9,9	wie in den T. von Gibea 10,9			34	daß an diesem T. gegen 8.000 fielen 60
Jo	2,2	ein finsterer T., dunkler T., wolkiger T., nebliger T. Am 5,18.20; Ze 1,15			6,33	brach der König morgens früh vor T. auf
	11	der T. des HERRN ist groß und voller Schrecken 3,4; Mal 3,23			52	das Volk Israel wehrte sich viele T.
Am	1,14	am T. der Schlacht 2,16; Sa 14,3		2Ma	15,2	baten, er möchte den heiligen T. achten
	5,8	der aus dem T. die Nacht (macht)		StE	5,14	am T. ihrer Not, am 13. T. des Monats Adar
	18	weh, die des HERRN T. herbeiwünschen			14	diesen T. hat ihnen Gott zur Freude gemacht
	6,3	meint, vom bösen T. weit ab zu sein			7,7	diese T. soll man halten im Monat Adar
Jon	3,4	noch vierzig T., so wird Ninive untergehen		StD	1,15	als sie auf einen günstigen T. lauerten
Mi	3,6	soll der T. über ihnen finster werden			62	wurde an diesem T. unschuldiges Blut errettet
	4,1	in den letzten T. wird d. Berg fest stehen			64	Daniel wurde groß von dem T. an
	7,4	kommt der T., den d. Späher geschaut 11			2,30	darin lag er sechs T. lang 31
Nah	3,17	Käfer, die sich lagern in den kalten T.		Mt	6,34	der morgige T. wird für das Seine sorgen. Es ist genug, daß jeder T. seine eigene Plage hat
Hab	2,3	Weissagung wird frei an den T. kommen			7,22	es werden viele zu mir sagen an jenem T.
Ze	1,8	am T. des Schlachtopfers heimsuchen			10,15	erträglicher ergehen am T. des Gerichts 11,22.24; Lk 10,12
	14	horch, der bittere T. des HERRN 16			11,12	von Johannes des Täufers leidet das Himmelreich Gewalt
	2,2	ehe der T. des Zorns über euch kommt 3			12,36	daß die Menschen Rechenschaft geben müssen am T. des Gerichts
	3,8	wartet bis auf den T., an dem ich			13,1	an demselben T. ging Jesus aus dem Hause
	18	wie an einem festl. T. nehme ich von dir			15,32	sie harren schon drei T. bei mir aus Mk 8,2
Hag	2,19	von diesem T. an will ich Segen geben			16,2	es wird ein schöner T. werden, denn
Sa	3,9	will die Sünde wegnehmen an einem T.			21	am dritten T. auferstehen 17,23; 20,19; 27,63; Mk 8,31; 9,31; 10,34; Lk 9,22; 13,32; 18,33; 24,7.46; 1Ko 15,4
	4,10	wer den T. des Anfangs verachtet hat			17,1	nach sechs T. nahm Jesus mit sich Petrus Mk 9,2; Lk 9,28
	8,10	vor diesen T. 11.15				
	14,7	es wird ein einziger T. sein				
Mal	3,2	wer wird den T. seines Kommens ertragen 17.19.21				
Jdt	6,15	so weinten und beteten sie den ganzen T.				
	7,12	um auch nur einen T. den Durst zu stillen				
	22	laßt uns noch fünf T. auf Hilfe warten 24; 8.8.9.26				
	8,11	wollt ihr... Zeit und T. bestimmen				
	14,2	nehmt, sobald der T. anbricht, eure Waffen				

Mt	20,6	was steht ihr den ganzen T. müßig da
	12	die wir des T. Last und Hitze getragen haben
	22,23	an demselben T. traten die Sadduzäer zu ihm
	46	wagte niemand von dem T. an, ihn zu fragen
	24,22	wenn diese T. nicht verkürzt würden Mk 13,19.20
	36	von dem T. und von der Stunde weiß niemand 42; 25,13; Mk 13,32
	37	wie es in den T. Noahs war 38; Lk 17,27.29
	50	wird der Herr dieses Knechts kommen an einem T. Lk 12,46
	26,2	daß in zwei T. Passa ist Mk 14,1; Jh 12,1
	17	am ersten T. der Ungesäuerten Brote Mk 14,12; Lk 22,7
	29	bis an den T., an dem Mk 14,25; Lk 1,20
	61	ich kann den Tempel Gottes in drei T. aufbauen 27,40; Mk 14,58; 15,29; Jh 2,19.20
	27,62	am nächsten T. kamen die Hohenpriester
	64	daß man das Grab bewache bis zum dritten T.
	28,1	als der erste T. der Woche anbrach Mk 16,2. 9; Lk 24,1; Jh 20,1
	20	ich bin bei euch alle T. bis an der Welt Ende
Mk	1,13	er war in der Wüste vierzig T. Lk 4,2
	35	am Morgen, noch vor T.
	2,1	nach einigen T. ging er nach Kapernaum
	20	dann werden sie fasten, an jenem T. Lk 5,35
	4,22	es ist nichts geheim, was nicht an den T. kommen soll Lk 8,17
	27	schläft und aufsteht, Nacht und T.
	35	am Abend desselben T. sprach er 6,35
	6,21	es kam ein gelegener T.
	35	als nun der T. fast vorüber war Lk 9,12
	11,12	am nächsten T. hungerte ihn
	15,42	weil Rüsttag war, der T. vor dem Sabbat
Lk	1,24	nach diesen T. wurde seine Frau schwanger
	39	Maria machte sich auf in diesen T.
	59	am 8. T., das Kindlein zu beschneiden 2,21
	2,22	als die T. ihrer Reinigung um waren 43
	46	nach drei T., da fanden sie ihn im Tempel
	4,2	er aß nichts in diesen T.
	42	als es T. wurde, ging er hinaus an eine einsame Stätte
	5,17	eines T., als er lehrte 20,1
	6,13	als es T. wurde, rief er seine Jünger
	23	freut euch an jenem T.
	8,22	begab sich an einem der T., daß er in ein Boot
	9,36	verkündeten in jenen T. niemandem, was sie gesehen hatten
	37	als sie am nächsten T. von dem Berg kamen
	10,35	am nächsten T. zog er zwei Silbergroschen heraus
	11,3	unser tägliches Brot gib uns T. für T.
	13,14	es sind sechs T., an denen man arbeiten soll
	33	doch muß ich morgen und am folgenden T. noch wandern
	16,19	lebte alle T. herrlich und in Freuden
	17,4	wenn er siebenmal am T. an dir sündigen
	22	zu sehen, einen der T. des Menschensohns
	24	so wird der Menschensohn an seinem T. sein
	26	so wird's auch geschehen in den T. des Menschensohns 30
	31	wer an jenem T. auf dem Dach ist
	19,43	*es werden über dich die T. kommen*
	21,22	das sind die T. der Vergeltung
	23	weh den Schwangeren und den Stillenden in jenen T.
Lk	21,34	daß dieser T. nicht plötzlich über euch komme
	37	er lehrte des T. im Tempel
	22,66	als es T. wurde, versammelten sich die Ältesten des Volkes
	23,7	Herodes, der in diesen T. auch in Jerusalem
	12	an dem T. wurden Herodes und Pilatus Freunde
	24,13	gingen an demselben T. in ein Dorf
	18	der nicht weiß, was in diesen T. dort geschehen ist
	21	über das alles ist heute der dritte T.
	29	denn es will Abend werden, und der T. hat sich geneigt
Jh	1,29	am nächsten T. sieht Johannes, daß Jesus zu ihm kommt 35
	39	sie kamen und blieben diesen T. bei ihm
	43	am nächsten T. wollte Jesus nach Galiläa
	2,1	am dritten T. war eine Hochzeit in Kana
	3,20	*daß seine Werke nicht an den T. kommen*
	4,40	er blieb zwei T. da 43; 11,6
	5,9	es war an dem T. Sabbat 9,14
	17	mein Vater wirkt bis auf diesen T.
	6,22	am nächsten T. sah das Volk 12,12
	39	daß ich's auferwecke am Jüngsten T. 40.44.54
	7,37	am letzten T. des Festes trat Jesus auf und rief
	8,56	Abraham wurde froh, daß er meinen T. sehen sollte
	9,4	die Werke dessen, der mich gesandt hat, solange es T. ist
	11,9	hat nicht der T. zwölf Stunden? Wer bei T. umhergeht, der stößt sich nicht
	17	Lazarus schon 4 T. im Grabe liegen 39
	24	daß er auferstehen wird – bei der Auferstehung am Jüngsten T.
	53	von dem T. an war es für sie beschlossen, daß sie ihn töteten
	12,7	es soll gelten für den T. meines Begräbnisses
	48	das Wort wird ihn richten am Jüngsten T.
	14,20	an jenem T. werdet ihr 16,23.26
	20,19	am Abend dieses ersten T. der Woche, als die Jünger versammelt waren
	26	nach acht T. waren seine Jünger abermals drinnen versammelt
Apg	1,2	bis zu dem T., an dem er aufgenommen wurde
	3	ließ sich sehen unter ihnen vierzig T. lang
	5	mit dem heiligen Geist getauft werden nicht lange nach diesen T.
	15	in den T. trat Petrus auf
	22	von der Taufe des Johannes an bis zu dem T.
	2,1	*als der T. der Pfingsten erfüllt war*
	15	ist es doch erst die dritte Stunde am T.
	17	es soll geschehen in den letzten T. 18
	20	ehe der T. der Offenbarung des Herrn kommt
	29	sein Grab ist bei uns bis auf diesen T.
	41	an diesem T. wurden hinzugefügt etwa 3.000 Menschen 6,1
	3,24	alle Propheten haben diese T. verkündigt
	5,36	*vor diesen T. stand auf Theudas*
	37	stand Judas auf in den T. der Volkszählung
	42	sie hörten nicht auf, alle T. zu lehren
	7,26	am nächsten T. kam er zu ihnen
	8,1	erhob sich an diesem T. eine große Verfolgung
	9,9	er konnte drei T. nicht sehen und aß nicht
	19	Saulus blieb einige T. bei den Jüngern

Tag

Apg	9,23	nach mehreren T. hielten die Juden Rat	1Ko	1,8	daß ihr untadelig seid am T. unseres Herrn Jesus Christus Phl 1,10

Apg 9,23 nach mehreren T. hielten die Juden Rat
10,3 der hatte eine Erscheinung um die neunte Stunde am T.
23 am nächsten T. machte er sich auf und zog mit ihnen 24
30 vor vier T. um diese Zeit betete ich
40 den hat Gott auferweckt am dritten T.
48 da baten sie ihn, noch einige T. dazubleiben 16,12; 20,6; 21,4.7.10; 28,7.14
11,27 in diesen T. kamen Propheten nach Antiochia
12,3 es waren die T. der Ungesäuerten Brote
18 als es T. wurde, entstand Verwirrung unter den Soldaten
21 an festgesetzten T. legte Herodes... an
13,31 er ist an vielen T. erschienen
14,20 am nächsten T. zog (Paulus) weiter 16,11; 20,6.7.15; 21,1.8.15; 27,3.7.18-20; 28,13
15,36 nach einigen T. sprach Paulus zu Barnabas
16,13 *am T. des Sabbats gingen wir hinaus*
18 das tat sie viele T. lang
35 als es T. geworden war
17,17 er redete zu den Juden alle T.
31 T., an dem er den Erdkreis richten will
19,40 um des heutigen T. willen verklagt
20,7 am ersten T. der Woche predigte ihnen Paulus
11 redete mit ihnen, bis der T. anbrach
18 vom ersten T. an, als ich in die Provinz Asien gekommen bin
26 darum bezeuge ich euch am heutigen T.
21,5 als wir die T. zugebracht hatten
18 am nächsten T. ging Paulus mit uns zu Jakobus
26 die T. der Reinigung beendet sein sollten 27
38 Ägypten, der vor diesen T. einen Aufruhr gemacht
22,30 am nächsten T. wollte er genau erkunden
23,1 ich habe mein Leben mit gutem Gewissen vor Gott geführt, bis auf diesen T.
12 als es T. wurde, rotteten sich einige Juden zusammen
32 nächsten T. ließen sie die Reiter... ziehen
24,1 nach fünf T. kam der Hohepriester Hananias 24; 25,1.6.13.23
11 daß es nicht mehr als zwölf T. sind
25,6 Festus bei ihnen acht oder zehn T. gewesen 14
14 als sie mehrere T. dort waren
17 hielt am nächsten T. Gericht und ließ den Mann vorführen
26,13 sah ich mitten am T. auf dem Weg ein Licht
22 Gottes Hilfe erfahren bis zum heutigen T.
27,29 wünschten, daß es T. würde
33 ist heute der vierzehnte T., daß ihr wartet
39 als es T. wurde, kannten sie das Land nicht
28,12 als wir nach Syrakus kamen, blieben wir 3 T.
17 nach drei T., daß Paulus... zusammenrief
23 als sie ihm einen T. bestimmt hatten
Rö 2,5 häufst dir selbst Zorn an auf den T. des Zorns
16 T., an dem Gott das Verborgene richten wird
8,36 um deinetwillen getötet den ganzen T.
10,21 den ganzen T. meine Hände ausgestreckt
13,12 die Nacht ist vorgerückt, der T. nahe herbeigekommen
13 laßt uns ehrbar leben wie am T.
14,5 der eine hält einen T. für höher als den andern 6; Gal 4,10

1Ko 1,8 daß ihr untadelig seid am T. unseres Herrn Jesus Christus Phl 1,10
3,13 der T. des Gerichts wird's klar machen
4,3 *gerichtet von einem menschlichen T.*
5,5 damit der Geist gerettet werde am T. des Herrn
10,8 an einem einzigen T. kamen 23.000 um
16,2 an jedem ersten T. der Woche lege ein jeder etwas zurück
2Ko 1,14 unser Ruhm am T. unseres Herrn Jesus
3,14 bis auf den heutigen T. bleibt diese Decke unaufgedeckt 15
4,16 der innere (Mensch) von T. zu T. erneuert
6,2 siehe, jetzt ist der T. des Heils
8,13 nicht, daß die andern T. haben sollen
Gal 1,18 ich blieb fünfzehn T. bei (Kephas)
Eph 4,30 versiegelt für den T. der Erlösung
6,13 damit ihr an dem bösen T. Widerstand leisten
Phl 1,5 Gemeinschaft am Evangelium vom 1. T. an
6 (das gute Werk) vollenden bis an den T. Christi
2,16 mir zum Ruhm an dem T. Christi
3,5 am achten T. beschnitten
Kol 1,6 wächst von dem T. an, da ihr's gehört 9
1Th 5,2 daß der T. des Herrn kommen wird wie ein Dieb 2Pt 3,10
4 nicht, daß der T. wie ein Dieb über euch
5 ihr alle seid Kinder des T. 8
2Th 1,10 wenn er kommen wird, daß er... an jenem T.
2,2 als sei der T. des Herrn schon da
2Ti 1,12 er kann mir bewahren, was mir anvertraut ist, bis an jenen T.
18 der Herr gebe ihm, daß er Barmherzigkeit finde an jenem T.
3,1 daß in den letzten T. schlimme Zeiten kommen werden
4,8 Krone, die mir der Herr an jenem T. geben wird
1Pt 2,12 Gott preisen am T. der Heimsuchung
3,10 wer das Leben lieben und gute T. sehen will
2Pt 1,19 bis der T. anbreche und der Morgenstern aufgehe in euren Herzen
2,8 s. gerechte Seele von T. zu T. quälen lassen
9 die Ungerechten festzuhalten für den T. des Gerichts 3,7; Jud 6
13 für eine Lust, am hellen T. zu schlemmen
3,3 daß in den letzten T. Spötter kommen werden
8 daß ein T. vor dem Herrn wie 1.000 Jahre ist
12 die ihr das Kommen des T. Gottes erwartet
1Jh 4,17 daß wir Zuversicht haben am T. des Gerichts
Heb 1,2 hat er in diesen letzten T. zu uns geredet
3,8 wie es geschah am T. der Versuchung in der Wüste
13 ermahnt euch selbst alle T., solange es „heute" heißt
4,4 so hat er gesprochen vom siebenten T.
7 bestimmt er abermals einen T., ein „Heute"
8 würde Gott nicht danach von einem andern T. geredet haben
5,7 hat in den T. seines irdischen Lebens
7,3 hat weder Anfang der T. noch Ende
8,8 siehe, es kommen T., spricht der Herr
9 an dem T., als ich sie bei der Hand nahm
10 das ist der Bund, den ich schließen will nach diesen T. 10,16
10,11 jeder Priester steht T. für T. da

Heb	10,25	um so mehr, als ihr seht, daß sich der T. naht
	32	gedenkt der früheren T.
	11,30	als Israel sieben T. um sie herumgezogen war
	12,10	jene haben uns gezüchtigt für wenige T.
Jak	5,3	ihr habt euch Schätze gesammelt in diesen letzten T.
	7	*bis auf den T., da der Herr kommt*
Off	1,10	ich wurde vom Geist ergriffen am T. des Herrn
	2,10	ihr werdet in Bedrängnis sein zehn T.
	13	auch nicht in den T., als Antipas getötet wurde
	6,17	es ist gekommen der große T. ihres Zorns
	8,12	den dritten Teil des T. das Licht nicht schien
	9,6	in jenen T. werden die Menschen den Tod suchen und nicht finden
	15	sie bereit waren für die Stunde und den T.
	10,7	in den T., wenn der siebente Engel
	11,3	sollen weissagen 1.260 T. lang
	6	es nicht regne in den T. ihrer Weissagung
	9	sehen ihre Leichname drei T. 11
	12,6	daß sie dort ernährt werde 1.260 T.
	16,14	sie zu versammeln zum Kampf am großen T. Gottes
	18,8	werden ihre Plagen an einem T. kommen
	21,25	ihre Tore werden nicht verschlossen am T.

Tag und Nacht

1Mo	1,14	Lichter, die da scheiden T. u. N.
	7,4	will regnen lassen 40 T. u. 40 N. 12
	8,22	soll nicht aufhören T. u. N.
	31,39	des T. oder des N. gestohlen sein 40
2Mo	10,13	den ganzen T. u. die ganze N. 4Mo 11,32; 1Sm 19,24; 28,20; Jes 62,6
	13,21	damit sie T. u. N. wandern konnten
	24,18	blieb auf dem Berge 40 T. u. 40 N. 34,28; 5Mo 9,9.11.18.25; 10,10; 1Kö 19,8
3Mo	8,35	vor der Stiftshütte T. u. N. bleiben
5Mo	28,26	N. u. T. wirst du dich fürchten
Jos	1,8	betrachte (das Buch d. Gesetzes) T. u. N.
1Sm	25,16	sind wie Mauern um uns gewesen T. u. N.
	30,12	hatte in drei T. u. drei N. nichts gegessen
1Kö	8,29	laß d. Augen offen stehen N. u. T. 2Ch 6,20
	59	mögen diese Worte nahe sein T. u. N.
1Ch	9,33	T. u. N. waren sie in ihrem Amt
Neh	1,6	Gebet, das ich vor dir bete T. u. N.
	4,3	stellten T. u. N. Wachen auf
Est	4,16	daß ihr nicht eßt, weder T. noch N.
Hi	2,13	saßen auf der Erde sieben T. u. sieben N.
Ps	1,2	sinnt über seinem Gesetz T. u. N.
	32,4	deine Hand lag T. u. N. schwer auf mir
	42,4	meine Tränen sind meine Speise T. u. N.
	55,11	das geht T. u. N. um auf ihren Mauern
	88,2	ich schreie T. u. N. vor dir
Pr	8,16	daß einer weder T. noch N. Schlaf bekommt
Jes	27,3	will ihn T. u. N. behüten
	28,19	wird (Flut) kommen, des T. u. des N.
	34,10	das weder T. noch N. verlöschen wird
	38,12	T. u. N. gibst du mich preis 13
	60,11	weder T. noch N. zugeschlossen
Jer	8,23	ach daß ich T. u. N. beweinen könnte
	14,17	meine Augen fließen über T. u. N. Klg 2,18
	16,13	sollt andern Göttern dienen T. u. N.
	33,20	wenn T. u. N... nicht mehr T. u. N. sind 25
Jon	2,1	im Leibe des Fisches drei T. u. N. Mt 12,40
Sa	14,7	es wird nicht T. u. N. sein
Jdt	7,5	die Engpässe bewachten sie T. u. N.
Tob	3,12	aß und trank nicht drei T. u. N. lang
Sir	38,28	Baumeistern, die T. u. N. arbeiten
1Ma	5,51	stürmten T. u. N. gegen die Stadt
2Ma	9,4	gebot er dem Wagenlenker, T. u. N. zu fahren
	13,10	sie sollten T. u. N. den Herrn anrufen
StD	3,45	T. u. N., lobt den Herrn
Mt	4,2	da er vierzig T. u. N. gefastet hatte
Mk	4,27	schläft und aufsteht, wir T. u. N.
	5,5	er war allezeit, T. u. N., in den Grabhöhlen
Lk	2,37	(Hanna) diente Gott T. u. N.
	18,7	Recht schaffen, die zu ihm T. u. N. rufen
Apg	9,24	sie bewachten T. u. N. die Tore
	20,31	drei Jahre lang T. u. N. nicht abgelassen
	26,7	wenn sie Gott bei T. u. N. beharrlich dienen
2Ko	11,25	einen T. u. eine N. trieb ich auf dem Meer
1Th	2,9	T. u. N. arbeiteten wir 2Th 3,8
	3,10	bitten T. u. N., daß wir euch... sehen
1Ti	5,5	die beharrlich fleht und betet T. u. N.
2Ti	1,3	wenn ich deiner gedenke, T. u. N.
Off	4,8	sie hatten keine Ruhe T. u. N.
	7,15	sie dienen ihm T. u. N. in seinem Tempel
	12,10	der sie verklagte T. u. N. vor unserm Gott
	14,11	sie haben keine Ruhe T. u. N.
	20,10	sie werden gequält werden T. u. N.

tagelang

Neh	1,4	ich trug Leid t. und fastete

Tagelohn

Mt	20,2	einig über einen Silbergroschen als T.

Tagelöhner

2Mo	12,45	ist er T., so darf er nicht davon essen 3Mo 22,10
3Mo	19,13	des T. Lohn nicht bei dir bleiben 5Mo 24,14
	25,6	davon sollt ihr essen... dein T.
	40	wie ihr T. soll er bei dir sein 50.53
5Mo	15,18	hat dir wie zwei T. gedient
Hi	7,1	seine Tage wie die eines T. 2; 14,6
Jes	16,14	wie eines T. Jahre sind 21,16
Mal	3,5	gegen die, die Unrecht tun den T.
Sir	7,22	behandle nicht schlecht einen T.
	37,14	einen für ein Jahr angeworbenen T.
Mk	1,20	ließen ihren Vater im Boot mit den T.
Lk	15,17	wie viele T. hat mein Vater
	19	mache mich zu einem deiner T.

Tagereise

1Mo	30,36	machte einen Raum, drei T. weit
	31,23	jagte ihm nach, sieben T. weit
2Mo	3,18	laß uns gehen drei T. weit 5,3; 8,23; 4Mo 10,33; 33,8
	17,1	die Gemeinde zog weiter ihre T.
4Mo	11,31	ließ Wachteln fallen, eine T. weit
5Mo	1,2	elf T. weit ist es vom Horeb
1Kö	19,4	(Elia) ging hin in die Wüste eine T. weit
2Kö	3,9	als sie sieben T. gezogen waren
Jon	3,3	Ninive war drei T. groß 4
Tob	6,1	nach der ersten T. blieb er über Nacht
1Ma	5,24	zogen in die Wüste drei T. weit
	7,45	Judas jagte ihnen eine T. nach
Lk	2,44	kamen eine T. weit und suchten ihn

Tageslicht

2Sm 2,32 bis ihnen das T. anbrach in Hebron

Tagewerk

2Mo 5,13 erfüllt euer T. wie damals 14.19

täglich

1Mo 39,10 bedrängte Josef mit solchen Worten t.
2Mo 16,4 t. sammeln, was es für den Tag bedarf 5
29,36 t. einen Stier zum Sündopfer Hes 43,25
42 das soll das t. Brandopfer sein 4Mo 28,3.6.10. 15.23.24.31; 29,6u.ö.38; 1Ch 16,40; 23,31; Esr 3,5; 6,9; Neh 10,34; Hes 45,23; 46,13-15
30,8 das soll das t. Räucheropfer sein
3Mo 6,13 das t. Speisopfer 4Mo 4,16; Neh 10,34
5Mo 28,32 daß deine Augen t. vor Verlangen vergehen
1Sm 18,10 David spielte, wie er t. zu tun pflegte
2Sm 9,7 sollst t. an meinem Tisch essen 10.13
1Kö 5,2 Salomo mußte t. zur Speisung haben
1Ch 16,23 verkündiget t. sein Heil Ps 71,15
Neh 5,15 für Brot und Wein t. vierzig Silberstücke
18 brauchte man t. einen Stier
Est 2,23 im Buch der t. Meldungen 6,1
3,4 als sie das t. zu ihm sagten
Ps 7,12 ein Gott, der t. strafen kann
13,3 wie lange soll ich mich ängsten t.
25,5 t. harre ich auf dich
32,3 verschmachteten... durch mein t. Klagen
35,28 meine Zunge soll dich t. preisen 71,8.15.24; 145,2
42,4 weil man t. zu mir sagt: Wo ist Gott 11
44,9 t. rühmen wir uns Gottes
16 t. ist meine Schmach mir vor Augen
23 um deinetwillen werden wir t. getötet
50,8 sind doch deine Brandopfer t. vor mir
52,3 da doch Gottes Güte noch t. währt
56,2 t. bekämpfen und bedrängen sie mich 3.6
61,9 daß ich meine Gelübde erfülle t.
68,20 gelobt sei der Herr t.
72,15 man soll ihn t. segnen
73,14 ich bin doch t. geplagt
74,22 Schmach, die dir t. von d. Toren widerfährt
86,3 ich rufe t. zu dir 88,10
88,18 (deine Schrecken) umgeben mich t.
89,17 werden über deinen Namen t. fröhlich sein
102,9 t. schmähen mich meine Feinde
119,97 dein Gesetz... t. sinne ich ihm nach
140,3 die t. Streit erregen
Spr 8,30 ich war seine Lust t. 34
15,15 guter Mut ist ein t. Fest
23,17 trachte t. nach der Furcht des HERRN
Jes 58,2 sie suchen mich t.
Jer 6,7 Morden und Schlagen treiben sie t.
20,7 bin zum Spott geworden t. 8; Klg 3,14
33,18 einem, der t. Brandopfer darbringt
37,21 Zedekia ließ (Jeremia) t. Brot geben
Hes 4,10 Speise, die du t. essen sollst
30,16 soll Noph t. geängstigt werden
Dan 1,5 bestimmte, was man ihnen t. geben sollte
8,11 nahm ihm das t. Opfer weg 12.13; 11,31; 12,11
Hos 12,2 t. mehrt (Ephraim) die Lüge und Gewalttat
Ob 16 sollen alle Heiden t. trinken
Jdt 7,12 man hatte t. das Wasser zugemessen
8,6 sie fastete t., außer am Sabbat
Tob 11,6 Hanna aber saß t. am Wege
Sir 45,17 seine Opfer t. zweimal dargebracht werden
StE 5,5 Beispiele in dem, was sich t. ereignet
StD 1,6 die kamen t. zu Jojakim 8.12
2,2 dem (Bel) mußte man t. opfern 3.5
31 Löwen; denen gab man t. zwei Menschen
Mt 6,11 unser t. Brot gib uns heute Lk 11,3
26,55 habe ich doch t. im Tempel gesessen Mk 14,49; Lk 19,47; 22,53
Lk 9,23 der nehme sein Kreuz auf sich t.
21,34 nicht beschwert werden mit t. Sorgen
Apg 2,46 sie waren t. einmütig beieinander im Tempel
47 der Herr aber fügte t. zur Gemeinde hinzu 16,5
3,2 den setzte man t. vor die Tür des Tempels
6,1 weil ihre Witwen übersehen wurden bei der t. Versorgung
17,11 forschten t. in der Schrift, ob sich's so verhielte
17 er redete t. auf dem Markt 19,9
1Ko 6,3 wieviel mehr über Dinge des t. Lebens
15,31 ich sterbe t.
2Ko 11,28 das, was t. auf mich einstürmt
2Ti 2,4 wer in den Krieg zieht, verwickelt sich nicht in Geschäfte des t. Lebens
Heb 7,27 er hat es nicht nötig, t. Opfer darzubringen
Jak 2,15 Mangel hätte an der t. Nahrung

Tahan, Tahaniter

4Mo 26,35 T., daher das Geschlecht der T. 1Ch 7,25

Tahasch

1Mo 22,24 Reuma gebar den T.

Tahat, *Tahath*

4Mo 33,26 ¹lagerten sich in T. 27
1Ch 6,9 ²(Assir,) dessen Sohn war T. 22
7,20 ³Bered, dessen Sohn war T.
7,20 ⁴Elada, dessen Sohn war T.

Tal

1Mo 14,3 das T. Siddim, wo nun das Salzmeer ist 8.10
17 das T. Schawe, das ist das Königstal
37,14 sandte (Josef) aus dem T. von Hebron
4Mo 21,20 T., das im Feld von Moab liegt
24,6 wie die T., die sich ausbreiten
5Mo 3,29 blieben wir im T. gegenüber Bet-Peor 4,46
34,6 begrub (Mose) im T., im Lande Moab
Jos 7,24 führten sie ins T. Achor 26; 15,7; Jes 65,10
8,11 daß nur ein T. war zwischen ihnen 13; 1Sm 17,3
10,12 steh still, Mond, im T. Ajalon
12,2 von der Mitte des T. 7; 13,9.16.27; 19,14.27
15,8 T. des Sohnes Hinnoms... T. Hinnom 18,16; 2Kö 23,10; 2Ch 28,3; 33,6; Neh 11,30; Jer 7,31.32; 19,2.6; 32,35; Sa 14,5
Ri 5,14 aus Ephraim zogen sie herab ins T. 15
7,1 das Heerlager der Midianiter... im T.
16,4 ein Mädchen im T. Sorek... hieß Delila
1Sm 13,18 Gebiet, das nach dem T. Zeboim gelegen
15,5 legte (Saul) einen Hinterhalt im T.
2Sm 17,13 soll die Stadt ins T. schleifen
1Kö 20,28 sei ein Gott der Berge und nicht der T.
2Kö 2,16 hat ihn der Geist in irgendein T. geworfen
3,16 macht hier und da Gruben in diesem T.
17 dennoch soll das T. voll Wasser werden
23,4 ließ sie verbrennen im T. Kidron
1Ch 4,14 Vater des T. der Zimmerleute Neh 11,35

1Ch 4,39 zogen hin bis östlich des T. 2Ch 33,14
    12,16 Jordan... als er alle T. abriegelte
    27,29 (war gesetzt) über die Rinder in den T.
2Ch 14,9   rüsteten sich zum Kampf im T. Zefata
    20,16 wo das T. endet, vor der Wüste Jeruël
Neh 6,2   laß uns im T. Ono zusammenkommen
Hi 30,6   an den Hängen der T. wohnen sie
    39,10 wird er in den T. den Pflug ziehen
Ps 23,4   ob ich schon wanderte im finstern T.
    60,8   ich will das T. Sukkot ausmessen 108,8
    84,7   wenn sie durchs dürre T. ziehen
   104,8   die T. senkten sich herunter zum Ort
       10 lässest Wasser in den T. quellen
Hl   2,1   ich bin eine Lilie im T.
     6,11 zu schauen die Knospen im T.
Jes 7,19 sich alle niederlassen in den tiefen T.
    17,5   wenn einer Ähren liest im T. Refaim
    22,7   deine auserlesenen T... voll von Wagen
    28,1   Blume, die prangt über dem fetten T. 4
       21 wird toben wie im T. Gibeon
    40,4   alle T. sollen erhöht werden Lk 3,5
    57,5   die ihr Kinder opfert in den T. 6; Jer 2,23
    63,14 wie Vieh, das ins T. hinabsteigt
Jer 21,13 die du wohnst auf dem Felsen im T.
    31,40 das ganze T. der Leichen und der Asche
    48,8   sollen die T. verwüstet werden
    49,4   rühmst dich deines... wasserreichen T.
Hes 6,3   so spricht Gott der HERR zu den T. 36,4.6
    31,12 seine Äste fielen in alle T.
    32,5   will mit deinem Aas die T. füllen
    34,13 will sie weiden in den T.
    35,8   seine T. - überall sollen Erschl. liegen
    39,11 das T. der Wanderer östlich vom Meer...
           soll heißen „T. der Heerhaufen des Gog" 15
Hos 2,17 das T. Achor zum Tor der Hoffnung machen
Jo   4,2   will sie ins T. Joschafat hinabführen 12
        14 des HERRN Tag... im T. der Entscheidung
        18 Quelle... wird das T. Schittim bewässern
Mi   1,4   daß die T. sich spalten
         6 will seine Steine ins T. schleifen
Jdt 12,8   ging nachts hinaus in das T. von Bethulia
    13,11 bogen dann aber ab durchs T.
Lk   3,5   alle T. sollen erhöht werden

Talebene

Jos 13,19 Zeret-Schahar auf dem Berge in der T.

Talent

Tob 1,16 er hatte zehn T. Silber bei sich

Taler

2Mo 30,13 einen halben T.; ein T. wiegt 20 Gramm 15

Talgrund

5Mo 21,6   Kuh, der im T. das Genick gebrochen ist 4
Sa   1,8   er hielt zwischen den Myrten im T.

talita

Mk   5,41 t. kum! - das heißt

Talmai

4Mo 13,22 ¹T., die Söhne Anaks Jos 15,14; Ri 1,10
2Sm 3,3   ²Tochter T., Königs von Geschur 1Ch 3,2
    13,37 Absalom floh und ging zu T.

Talmon

1Ch 9,17 Torhüter; T. Esr 2,42; Neh 7,45; 11,19; 12,25

Taltor

2Ch 26,9   Usija baute Türme in Jerusalem am T.
Neh 2,13 ich ritt zum T. hinaus bei Nacht 15
     3,13 das T. bauten Hanun... Bürger von Sanoach

talwärts

Mi   1,4   wie die Wasser, die t. stürzen

Tamar, *Thamar*

1Mo 38,6   ¹Juda gab Er eine Frau, T. 11.13.24
Rut 4,12 Perez, den T. dem Juda gebar Mt 1,3
2Sm 13,1   ²Absalom hatte eine schöne Schwester, T. 2.
           4-8.10.11.19.20.22.32; 1Ch 3,9
    14,27 ³Absalom(s) Tochter, die hieß T.
1Kö 9,18 ⁴(Salomo baute auf) T. Hes 47,18.19; 48,28
           (= Hazezon-Tamar)

Tamariskenbaum

1Mo 21,33 Abraham pflanzte einen T. in Beerscheba
1Sm 22,6   Saul saß zu Gibea unter dem T.
    31,13 begruben sie unter dem T. bei Jabesch

Tammus

Hes 8,14 Frauen, die den T. beweinten

Tanhumet, *Tanhumeth*

2Kö 25,23 Seraja, der Sohn T. Jer 40,8

Tanne

Hos 14,9   ich will sein wie eine grünende T.

Tannenholz

1Mo 6,14 mache dir einen Kasten von T.

Tanz

2Mo 32,18 ich höre Geschrei wie beim T.
Jer 31,4   sollst wieder herausgehen zum T.

tänzeln

Jes 3,16 die Töchter Zions trippeln daher und t.

tanzen

2Mo 32,19 als Mose das Kalb und das T. sah
Ri 21,23 von den Mädchen, die im Reigen t.
2Sm 6,5   t. David und ganz Israel vor dem HERRN
           14.16.21; 1Ch 13,8; 15,29
Hi 41,14 vor ihm her t. die Angst
Spr 26,7   wie einem Gelähmten das T., so steht
Pr   3,4   t. hat seine Zeit
Mt 11,17 und ihr wolltet nicht t. Lk 7,32
    14,6   da t. die Tochter der Herodias vor ihnen
Mk   6,22 trat herein die Tochter der Herodias und t.
Lk 15,25 als er nahe zum Hause kam, hörte er T.
1Ko 10,7   das Volk stand auf, um zu tanzen

tapfer

1Sm	14,48	(Saul) vollbrachte t. Taten 52
	16,18	ein T. Mann und tüchtig zum Kampf 18,17
2Sm	13,28	seid nur getrost und geht t. dran
	17,10	weiß, daß seine Leute t. Krieger sind
1Kö	15,23	seine t. Taten, geschrieben in der Chronik 16,5.27; 22,46; 2Kö 10,34; 13,8.12; 14,15.28; 20,20; 1Ch 29,30
Jdt	3,7	aus allen Städten wählte er die T. aus
Wsh	8,15	zeige ich mich im Krieg t.
1Ma	2,42	schlossen sich ihnen t. Männer aus Israel an
	8,2	welch t. Taten sie bei den Galatern getan
	14,26	er und seine Brüder haben sich t. gehalten
2Ma	6,27	darum will ich jetzt t. sterben 28
	7,20	durchlitt es t. um der Hoffnung willen
	8,17	sondern sich t. wehren 12,27
	13,14	sie sollten t. bis in den Tod kämpfen

Tapferkeit

Wsh	8,7	sie lehrt Gerechtigkeit und T.
2Ma	6,31	Beispiel, das alle zur T. mahnen soll
	10,28	neben ihrer T. als Bürgschaft die Zuflucht

tappen

5Mo	28,29	wirst t., wie ein Blinder t. Hi 5,14; 12,25; Jes 59,10
2Pt	1,9	wer dies n. hat, der ist blind und t. im Dunkeln

Tappuach

Jos	12,17	¹der König von T.
	16,8	T... Erbteil des Stammes Ephraim 17,8
	15,34	²(Städte des Stammes Juda:) T. (= Tefon)
1Ch	2,43	³Söhne Hebrons: T.

Tarach

4Mo	33,27	zogen sie aus und lagerten sich in T. 28

Tarala

Jos	18,27	(Städte des Stammes Benjamin:) T.

Tarsis

1Mo	10,4	¹Söhne Jawans: T. 1Ch 1,7
2Ch	9,21	Schiffe, die nach T. fuhren 20,36.37
Ps	72,10	Könige von T. sollen Geschenke bringen
Jes	23,6	fahret hin nach T., heulet, ihr Bewohner
	10	bebaue dein Land, du Tochter T.
	66,19	will einige senden, nach T., nach Put
Jer	10,9	Silberblech bringt man aus T.
Hes	27,12	T. hat für dich Handel getrieben
	38,13	die Kaufleute von T. werden sagen
Jon	1,3	Jona wollte nach T. fliehen 4,2
Jdt	2,13	beraubte alle Leute von T.
1Ch	7,10	²Bilhans Söhne: T.
Est	1,14	³waren T... die sieben Fürsten der Perser

Tarsisschiff

1Kö	10,22	der König hatte T. 22,49
Jes	23,1	heulet, ihr T. 14
	60,9	die Inseln harren auf mich und die T.
Hes	27,25	T. waren die Käufer deiner Ware

Tarsus

2Ma	4,30	machten die Leute von T. einen Aufruhr
Apg	9,11	frage nach e. Mann mit Namen Saulus von T.
	30	die Brüder schickten ihn weiter nach T.
	11,25	Barnabas zog aus nach T., Saulus zu suchen
	21,39	ich bin ein jüdischer Mann aus T. 22,3

Tartak

2Kö	17,31	die von Awwa machten sich T. (zum Gott)

Tartan

2Kö	18,17	der König von Assyrien sandte den T.
Jes	20,1	im Jahr, da der T. nach Aschdod kam

Täschchen

Jes	3,22	(wird der Herr wegnehmen) die T.

Tasche

2Mo	28,22	sollst Ketten zu der T. machen 23.24.26.28; 39,15-17.19.21
3Mo	8,8	(Mose) legte in die T. die Lose
Tob	8,2	nahm aus seiner T. ein Stück von der Leber
Mt	10,10	auch keine T. Mk 6,8; Lk 9,3
Lk	22,35	als ich euch ausgesandt habe ohne T.
	36	der nehme... desgleichen auch die T.

Tassi, *Thassi*

1Ma	2,3	Simon mit dem Zunamen T.

tasten

Ri	16,26	laß mich los, daß ich nach den Säulen t.

Tat

2Mo	15,1	denn er hat eine herrliche T. getan 21
3Mo	4,13	wenn die T. vor ihren Augen verborgen
	20,21	so ist das eine abscheuliche T.
Jos	22,31	euch nicht versündigt habt mit dieser T.
Ri	8,2	was hab ich getan, das eurer T. gleich
	9,57	alle bösen T. der Männer von Sichem
Rut	2,12	der HERR vergelte dir deine T.
1Sm	2,3	von ihm werden T. gewogen
	14,48	(Saul) vollbrachte tapfere T.
	20,19	dich verborgen hattest am Tage jener T.
	25,39	abgehalten hat von einer bösen T.
2Sm	11,27	dem HERRN mißfiel die T., die David getan
	23,20	Benaja, ein Mann von großen T. 1Ch 11,22
1Kö	8,32	seine T. auf sein Haupt 2Ch 6,23
	10,6	was ich von deinen T. gehört 2Ch 9,5
	15,23	seine tapferen T... geschrieben in der Chronik 16,5.27; 22,46; 2Kö 10,34; 13,8.12; 14,15.28; 20,20; 1Ch 29,30; Est 10,2
2Kö	8,4	erzähle mir alle großen T., die Elisa
2Ch	32,32	Hiskia und seine barmherzigen T. 35,26
Esr	6,11	um seiner T. willen zum Schutthaufen
Est	1,17	es wird diese T. bekannt werden 18
Ps	28,4	gib ihnen nach ihren bösen T.
	60,14	mit Gott wollen wir T. tun 108,14
	77,12	darum denke ich an die T. des HERRN 13
	78,7	daß sie nicht vergäßen die T. Gottes 11
	42	sie dachten nicht an die T. seiner Hand
	92,5	ich rühme die T. deiner Hände

Ps	106,2	wer kann die großen T. des HERRN erzählen
	22	schreckliche T. am Schilfmeer
	111,6	er läßt verkündigen seine gewaltigen T.
	143,5	ich sinne nach über all deine T.
	145,4	werden deine gewaltigen T. verkündigen 6
	12	daß deine gewaltigen T. kundwerden
	150,2	lobet ihn für seine T.
Spr	8,14	mein ist beides, Rat und T.
	12,14	wird vergolten nach den T. 14,14; Jes 59,18
Jes	1,16	tut eure bösen T. aus meinen Augen
	28,21	daß er seine T. tue, aber seltsam ist seine T.
Jer	10,6	wie du es mit der T. beweist
	21,12	um eurer bösen T. willen 26,3
	32,19	groß von Rat und mächtig von T.
	51,6	um ihm seine T. zu vergelten
Hes	14,22	werdet ihre T. sehen 23; 20,43; 21,29
	20,44	handle nicht nach euren verderblichen T.
Hos	5,4	ihre bösen T. lassen es nicht zu
Am	8,7	niemals werde ich ihre T. vergessen 8
Ze	3,11	wirst dich deiner T. nicht mehr schämen
Sa	1,6	vorhatte, uns zu tun nach unsern T.
Jdt	11,6	deine mutigen T. sind hoch berühmt
	16,12	daß sich... entsetzten vor ihrer kühnen T.
	16	der mächtige Gott, der große T. tut
Sir	3,9	ehre Vater und Mutter mit der T.
	4,34	wie die, die lässig sind in ihren T.
	6,35	laß dir gern von Gottes T. erzählen
	16,20	was an gerechten T. geschiehet
	17,8	damit sie seine großen T. erzählen sollten
	18,2	wer kann seine großen T. erforschen
	32,24	so gereut's dich nach der T.
	35,24	er wird den Menschen nach ihren T. vergelten
	47,9	bei jeder T. dankte er dem Heiligen
1Ma	2,51	welche T. unsre Väter getan haben
	3,26	sprach man von Judas und seiner T. 5,56
	14,35	wählten sie ihn... wegen all dieser T.
	16,17	so eine schändliche T. verübte Ptolemäus
2Ma	3,36	wie er die T. des höchsten Gottes gesehen
	12,3	Leute von Joppe verübten eine... T.
Mt	7,22	*haben wir nicht viele T. getan*
	11,20	die Städte, in denen die meisten seiner T. geschehen
	21	wären solche T. in Tyrus geschehen wie bei euch 23; Lk 10,13
	13,54	woher hat dieser solche T. Mk 6,2
	14,2	darum tut er solche T. Mk 6,14
	21,21	so werdet ihr nicht allein T. tun
Mk	3,8	große Menge, die von seinen T. gehört hatte
	6,5	er konnte dort nicht eine einzige T. tun
	14	darum tut er solche T.
Lk	11,48	so bezeugt ihr und billigt die T. eurer Väter
	13,17	freute sich alles Volk über alle T.
	19,37	Gott zu loben über alle T., die sie gesehen
	23,41	wir empfangen, was unsre T. verdienen
	24,19	ein Prophet, mächtig in T. und Worten
Jh	8,4	diese Frau ist auf frischer T. beim Ehebruch ergriffen worden
	12,17	das Volk aber rühmte die T.
Apg	2,11	wir hören sie in unsern Sprachen von den großen T. Gottes reden
	22	von Gott unter euch ausgewiesen durch T.
	8,13	als er die großen T. sah, die geschahen
	19,11	wirkte T. durch die Hände des Paulus
Rö	8,13	durch den Geist die T. des Fleisches tötet
1Ko	5,2	den verstoßen, der diese T. begangen
2Ko	10,11	so werden wir auch mit der T. sein
	12,12	Zeichen eines Apostels mit Wundern und T.
Gal	3,5	der tut solche T. unter euch
1Pt	2,15	daß ihr mit guten T. den unwissenden Menschen das Maul stopft
	20	wenn ihr um guter T. willen leidet
	3,17	besser, daß ihr um guter T. willen leidet als
1Jh	3,18	laßt uns lieben mit der T. und mit der Wahrheit
Heb	2,4	Gott hat dazu Zeugnis gegeben durch mächtige T.
Jak	1,25	der wird selig sein in seiner T.

Tatam

Jos	15,59	(Städte des Stammes Juda:) T.

Täter

Jak	1,22	seid T. des Worts und nicht Hörer allein 23. 25
	4,11	so bist du nicht ein T. des Gesetzes

tätig

Wsh	9,10	damit sie mir t. zur Seite stehe
Gal	5,6	der Glaube, der durch die Liebe t. ist

Tattenai

Esr	5,3	T., der Statthalter 6; 6,6.13

Tatze

3Mo	11,27	was auf T. geht unter den Tieren

Tau

1Mo	27,28	Gott gebe dir vom T. des Himmels 39
2Mo	16,13	am Morgen lag T. rings um das Lager 14; 4Mo 11,9
5Mo	32,2	meine Rede riesele wie T.
	33,13	mit dem Köstlichsten vom Himmel, dem T.
	28	in dem Lande, dessen Himmel von T. trieft
Ri	6,37	wird T. allein auf der Wolle sein 38-40
2Sm	17,12	über ihn kommen, wie T. auf die Erde fällt
1Kö	17,1	soll diese Jahre weder T. noch Regen
Hi	29,19	der T. bleibe auf meinen Zweigen
	38,28	wer hat die Tropfen des T. gezeugt
Ps	110,3	geboren wie der T. aus der Morgenröte
	133,3	wie der T., der vom Hermon herabfällt
Spr	3,20	triefen die Wolken von T.
	19,12	(Königs) Gnade ist wie T. auf dem Grase
Hl	5,2	mein Haupt ist voll T.
Jes	26,19	ein T. der Lichter ist dein T.
Dan	4,12	soll unter dem T. des Himmels liegen 20.22. 30; 5,21
Hos	6,4	eure Liebe ist wie der T. 13,3
	14,6	will für Israel wie ein T. sein
Mi	5,6	werden die Übriggebliebenen sein wie T.
Hag	1,10	hat der Himmel den T. zurückgehalten
Sa	8,12	der Himmel soll seinen T. geben
Sir	18,16	wie der T. die Hitze kühlt, so ist
	43,22	der T. nach der Hitze erquickt alles
Bar	2,25	daß sie des Nachts im T. gelegen haben
StD	3,26	ein Wind, der kühlen T. bringt
	41	Regen und T., lobt den Herrn

Tau, das

Jes	33,23	seine T. hängen lose
Hes	27,24	mit geflochtenen und gedrehten T.
Apg	27,32	da hieben die Soldaten die T. ab

taub

2Mo	4,11	wer hat den Stummen oder T. gemacht
3Mo	19,14	sollst dem T. nicht fluchen
Ps	38,14	ich bin wie t. und höre nicht
	58,5	wie eine t. Otter, die ihr Ohr verschließt
Jes	6,10	laß ihre Ohren t. sein
	29,18	zu der Zeit werden die T. hören 35,5; Mt 11,5; Lk 7,22
	42,18	hört, ihr T., und ihr Blinden, seht
	19	wer ist so t. wie mein Bote
	43,8	die T., die doch Ohren haben
Sir	19,24	schlägt die Augen nieder und stellt sich t.
Mk	7,32	sie brachten einen, der t. und stumm war
	37	die T. macht er hörend
	9,25	du sprachloser und t. Geist, ich gebiete dir
Apg	7,51	ihr Halsstarrigen, mit t. Ohren

Taube

1Mo	8,8	danach ließ er eine T. ausfliegen 9.10.12
	15,9	bringe eine Turteltaube und eine andere T.
3Mo	1,14	Brandopfer... von Turteltauben oder andern T. 5,7.10.11; 12,6.8; 14,22.30; 15,14.29; 4Mo 6,10; Lk 2,24
Ps	55,7	ich sprach: O hätte ich Flügel wie T.
	56,1	die stumme T. unter den Fremden
	68,14	glänzt es wie Flügel der T.
	74,19	gib deine T. nicht den Tieren preis
Hl	2,14	meine T., zeige mir deine Gestalt 5,2; 6,9
	5,12	seine Augen sind wie T. an Wasserbächen
Jes	38,14	ich gurre wie eine T. 59,11
	60,8	fliegen wie die T. zu ihren Schlägen
Jer	48,28	Bewohner von Moab, tut wie die T.
Hes	7,16	die entrinnen, werden sein wie gurrende T.
Hos	7,11	Ephraim ist wie eine törichte T.
	11,11	kommen aus dem Lande Assur wie T.
Nah	2,8	ihre Jungfrauen weren seufzen wie T.
Mt	3,16	sah den Geist Gottes wie eine T. Mk 1,10; Lk 3,22; Jh 1,32
	10,16	seid klug wie die Schlangen und ohne Falsch wie die T.
Jh	2,14	fand im Tempel Händler, die T. verkauften 16

Taubenauge

Hl	1,15	deine Augen sind wie T. 4,1

Taubenhändler

Mt	21,12	Jesus stieß die Stände der T. (um) Mk 11,15

Taubenmist

2Kö	6,25	eine Handvoll T. fünf Silberstücke

tauchen

1Mo	37,31	t. (Josefs) Rock ins Blut
2Mo	12,22	t. (Ysop) in das Blut 3Mo 14,6.51
3Mo	4,6	soll seinen Finger in das Blut t. 9,9
	14,16	mit seinem rechten Finger in das Öl t.
4Mo	19,18	soll Ysop ins Wasser t. und... besprengen
5Mo	33,24	Asser t. seinen Fuß in Öl
Jos	3,15	(als) ihre Füße vorn ins Wasser t.
Rut	2,14	t. deinen Bissen in den Essigtrank
1Sm	14,27	(Jonatan) t. die Spitze in den Honigseim
2Kö	8,15	nahm die Decke und t. sie in Wasser
Sir	31,31	prüft den Stahl, wenn er in Wasser get. ist

Mt	26,23	der die Hand mit mir in die Schüssel t. Mk 14,20
Lk	16,24	damit er die Spitze s. Fingers ins Wasser t.

Taucher

5Mo	14,13	(die ihr nicht essen sollt:) der T.

tauen

2Sm	1,21	es soll weder t. noch regnen auf euch
Ps	147,18	er läßt seinen Wind wehen, da t. es

Taufe

Mt	3,7	als er viele... sah zu seiner T. kommen
	20,22	euch taufen lassen mit der T. Mk 10,38.39
	21,25	woher war die T. des Johannes Mk 11,30; Lk 20,4
Mk	1,4	Johannes predigte die T. der Buße Lk 3,3; Apg 10,37; 13,24; 19,4
Lk	7,29	ließen sich taufen mit der T. des Johannes
	12,50	ich muß mich zuvor taufen lassen mit einer T.
Apg	1,22	von der T. des Johannes an bis zu dem Tag
	10,47	kann jemand das Wasser zur T. verwehren
	18,25	wußte nur von der T. des Johannes 19,3
Rö	6,4	mit ihm begraben durch die T. Kol 2,12
Eph	4,5	ein Herr, ein Glaube, eine T.
1Pt	3,21	ein Vorbild der T., die jetzt auch euch rettet

taufen

Mt	3,6	(alle) ließen sich t. von ihm im Jordan Mk 1,5; Lk 3,7.12.21; Jh 3,23
	11	t. euch mit Wasser zur Buße... der wird euch mit Feuer t. Mk 1,8; Lk 3,16; Jh 1,26.31. 33; Apg 19,4
	13	kam Jesus, daß er sich von ihm t. ließe 16; Mk 1,9; Lk 3,21
	14	ich bedarf dessen, daß ich von dir get. werde
	20,22	t. lassen... mit der ich get. Mk 10,38.39
	28,19	sie auf den Namen des Vaters und des Sohnes und des heiligen Geistes
Mk	16,16	wer glaubt und get. wird, wird selig werden
Lk	7,29	ließen sich t. mit der Taufe des Johannes 30
Jh	1,25	warum t. du, wenn du nicht der Christus 28
	28	jenseits des Jordans, wo Johannes t. 3,23; 10,40
	3,22	blieb dort eine Weile und t. 26; 4,1
	4,2	obwohl Jesus nicht selber t.
Apg	1,5	Johannes hat mit Wasser get., ihr aber sollt mit dem heiligen Geist get. werden 11,16
	2,38	jeder lasse sich t. auf den Namen Jesu Christi
	41	die sein Wort annahmen, ließen sich t. 8,12. 13; 9,18; 16,33; 18,8; 19,5
	8,16	sie waren allein get. auf den Namen des Herrn Jesus 19,3
	36	was hindert's, daß ich mich t. lasse 38
	10,47	*daß diese nicht get. werden*
	48	er befahl, sie zu t. in dem Namen Jesu
	16,15	als sie get. war, bat sie uns
	22,16	laß dich t. und deine Sünden abwaschen
Rö	6,3	daß alle auf Christus get. sind Gal 3,27
1Ko	1,13	seid ihr auf den Namen des Paulus get. 15
	14	ich danke Gott, daß ich niemand get. 16
	16	ich habe auch Stephanas und sein Haus get.
	17	Christus hat mich nicht gesandt zu t.
	10,2	alle sind auf Mose get. worden

tausend

1Ko	12,13	wir sind durch einen Geist zu einem Leib get.
	15,29	daß sich einige für die Toten t. lassen
Heb	6,2	(mit der Lehre) vom T.

Täufer

Mt	3,1	zu der Zeit kam Johannes der T.
	11,11	keiner, der größer ist als Johannes der T.
	12	von den Tagen Johannes des T. leidet das Himmelreich Gewalt
	14,2	Johannes der T.; er ist von den Toten auferstanden Mk 6,14
	8	gib mir das Haupt Johannes des T. Mk 6,24.25
	16,14	du seist Johannes der T. Mk 8,28; Lk 9,19
	17,13	daß er von Johannes dem T. geredet hatte
Mk	1,4	Johannes der T. war in der Wüste
Lk	7,20	Johannes der T. hat uns zu dir gesandt
	33	Johannes der T. ist gekommen und aß kein Brot

taugen

3Mo	22,25	sie t. nicht und haben einen Fehler
1Sm	15,9	was nichts t., daran... sie den Bann
Hi	15,3	mit Worten, die nichts t.
Ps	14,1	die Toren t. nichts 53,2
Jes	59,6	ihre Gewebe t. nicht zu Kleidern
Jer	1,6	ich t. nicht zu predigen
	13,7	Gürtel... so daß er zu nichts mehr t. 10
Hes	15,4	wozu sollte es dann noch t.
	18,18	getan hat, was nicht t., soll sterben
	19,11	seine Ranken... daß sie zu Zeptern t.
Wsh	4,5	ihre Frucht t. zu nichts
	13,13	ein Stück Abfall, das zu nichts t.
Sir	18,7	was ist der Mensch? Wozu t. er
	41,14	der Name t. nichts
Mt	27,6	es t. nicht, daß wir sie in... legen
Apg	6,2	es t. nicht, daß wir das Wort versäumen
Rö	1,28	zu tun, was nicht t.
Tit	1,11	die da lehren, was nicht t.

Taugewölk

Jes	18,4	wie T. in der Hitze der Ernte

Taumelbecher

Sa	12,2	will Jerusalem zum T. zurichten

Taumelgeist

Jes	19,14	hat einen T. über sie ausgegossen

Taumelkelch

Jes	51,17	den T. hast du ausgetrunken 22

taumeln

Ps	60,5	gabst uns einen Wein, daß wir t.
	107,27	daß sie t. und wankten wie ein Trunkener
Spr	20,1	wer davon t., wird niemals weise
Jes	19,14	daß daß so Ägypten t. machen... wie ein Trunkenbold t.
	24,20	die Erde wird t. wie ein Trunkener
	28,1	derer, die vom Wein t. 7
	29,9	t., doch nicht von starkem Getränk
Jer	23,9	mir ist wie einem, der vom Wein t.

Jer	25,16	daß sie trinken, t. und toll werden
Hab	2,16	trinke du nun auch, daß du t.

Tausch

Rut	4,7	die eine Lösung oder einen T. betraf

tauschen

3Mo	27,10	man soll es nicht auswechseln noch t.

täuschen

1Mo	31,7	(Laban) hat mich get. 20.26
2Mo	8,25	Mose sprach: T. uns nicht abermals
Ri	16,10	zu Simson: Siehe, du hast mich get. 13.15
2Kö	4,16	t. deine Magd nicht 28
Hi	13,9	ihn t., wie man einen Menschen t.
Ps	62,10	große Leute t. auch
Jes	44,20	wer Asche hütet, den hat sein Herz get.
Jer	4,10	HERR, du hast dies Volk sehr get.
	9,4	ein Freund t. den andern
Sir	13,7	wenn er dich braucht, so t. er dich geschickt
	10	sieh zu, daß du dich nicht t. läßt
StD	2,6	mein König, laß dich nicht t.

Täuscherei

Eph	4,14	*durch Bosheit der Menschen und T.*

tausend

1Mo	20,16	t. Silberstücke 2Sm 18,12; Hl 8,11; Jes 7,23
2Mo	18,21	Oberste über t. 25; 5Mo 1,15; Jos 22,14.21.30; 1Sm 22,7; 1Ch 15,25; 26,26; 27,1; 28,1; 29,6; 2Ch 1,2; 17,14; 25,5
	20,6	Barmherzigkeit erweist an vielen T. 34,7; 5Mo 5,10; Jer 32,18
4Mo	1,16	Häupter über die T. in Israel 10,4. 36
	31,4	aus jedem Stamm je t. Mann 5
	14	Hauptleute über t. 48.52.54; 1Sm 8,12; 18,13; 2Sm 18,1.4; 1Ch 12,15.21; 13,1
	35,4	t. Ellen weit Neh 3,13; Hes 47,3-5
5Mo	7,9	der den Bund bis ins t. Glied hält
	32,30	daß einer t. verjagt Jos 23,10
	33,17	das sind die T. Manasses
Ri	9,49	alle starben, etwa t. Männer und Frauen
	15,15	(Simson) erschlug t. Mann 16
	20,10	laßt uns nehmen 100 von t... t. von 10.000
1Sm	18,7	Saul hat t. erschlagen, aber David 10.000 8; 21,11; 29,5
	25,2	der Mann besaß t. Ziegen
2Sm	10,6	warben von dem König von Maacha t. Mann
	19,18	mit (Schimi) t. Mann von Benjamin
1Kö	3,4	opferte t. Brandopfer 1Ch 29,21; 2Ch 1,6; 30,24
2Kö	15,19	t. Zentner Silber 1Ch 19,6; 22,14
	24,16	von den Schmieden t... nach Babel
1Ch	12,35	von Naftali (kamen) t. Hauptleute
	16,15	verheißen für t. Geschlechter Ps 105,8
	18,4	David gewann ihm ab t. Wagen
2Ch	14,8	mit einer Heeresmacht von tausendmal t.
Esr	1,10	(Kyrus gab heraus)... andere Geräte
	8,27	t. Gulden wert Neh 7,69
Hi	9,3	kann ihm auf t. nicht eins antworten
	33,23	kommt dann ein Engel, einer aus t.
	42,12	Hiob kriegte t. Joch Rinder und t. Eselinnen
Ps	3,7	ich fürchte mich nicht vor vielen T.
	50,10	die Tiere auf den Bergen zu T.

tausend

Ps	68,18	Gottes Wagen sind vieltausendmal t.
	84,11	ein Tag... ist besser als sonst t.
	90,4	t. Jahre sind vor dir wie der Tag, der
	91,7	wenn auch t. fallen zu deiner Seite
	119,72	ist mir lieber als viel t. Stück Gold
	144,13	unsere Schafe, daß sie T. werfen
Pr	7,28	unter t. habe ich einen Mann gefunden
Hl	4,4	Brustwehr, an der t. Schilde hangen
	5,10	mein Freund, auserkoren unter vielen T.
	8,12	die T. lasse ich dir, Salomo
Jes	30,17	euer t. werden fliehen vor... Drohen
	60,22	aus dem Kleinsten sollen t. werden
Dan	5,1	machte ein Mahl für seine t. Mächtigen
	7,10	tausendmal T. dienten ihm
	11,12	er wird viele T. erschlagen
Am	5,3	d. Stadt, aus der T. zum Kampf ausziehen
Mi	6,7	wird der HERR Gefallen haben an viel t. Widdern
Sir	39,15	hat er einen größern Namen als t. andre
	41,6	ob du 10 oder 100 oder t. Jahre lebst
	15	bleibt dir gewisser als t. Schätze Gold
1Ma	2,38	wurden umgebracht, an die t. Personen 5,13
	4,1	Gorgias nahm t. auserlesene Reiter
StD	3,16	Brandopfer von viel t. Schafen
Lk	12,1	kamen einige t. Menschen zusammen
Apg	21,20	du siehst, wieviel t. Juden gläubig geworden
2Pt	3,8	daß ein Tag vor dem Herrn wie t. Jahre ist
Heb	12,22	gekommen zu den vielen t. Engeln
Jud	14	siehe, der Herr kommt mit vielen t. Heiligen
Off	5,11	ihre Zahl war vieltausendmal t. 9,16
	20,2	fesselte ihn für t. Jahre
	3	bis vollendet würden die t. Jahre 5.7
	4	diese regierten mit Christus t. Jahre 6

tausenddreihundertfünfunddreißig

Dan 12,12 wohl dem, der da erreicht t. Tage

tausendeinhundert

Ri	16,5	wollen wir dir jeder t. Silberst. geben
	17,2	die t. Silberstücke, die dir genommen 3

tausendfach

Wsh 12,22 plagst du unsre Feinde t.

tausendfünf

1Kö 5,12 (Salomo) dichtete t. Lieder

tausendfünfhundert

2Ma 8,22 unterstellte einem jeden t. Mann

tausendmal

5Mo	1,11	der HERR mache aus euch noch viel t. mehr
1Ch	22,14	herbeigeschafft t. tausend Zentner Silber
2Ch	14,8	mit einer Heeresmacht von t. tausend
Dan	7,10	t. Tausende dienten ihm

Tausendschaft

4Mo	31,5	nahmen aus den T. je tausend 48
1Sm	10,19	tretet vor den HERRN nach T.
	23,23	aufspüren unter allen T. Judas
	29,2	zogen daher mit Hundertschaften und T.

tausendsechshundert

Off 14,20 das Blut ging von der Kelter t. Stadien weit

tausendsiebenhundert

| Ri | 8,26 | die goldenen Ringe wogen t. Lot Gold |
| 2Sm | 8,4 | David nahm gefangen t. Gespanne |

tausendvierhundert

1Kö 10,26 so daß er t. Wagen hatte 2Ch 1,14

tausendzweihundert

2Ch 12,3 (zog herauf Schischak) mit t. Wagen

tausendzweihundertneunzig

Dan 12,11 von der Zeit an sind t. Tage

tausendzweihundertsechzig

| Off | 11,3 | sollen weissagen t. Tage lang |
| | 12,6 | daß sie dort ernährt werde t. Tage |

Tebach

| 1Mo | 22,24 | Rëuma gebar den T. |
| 2Sm | 8,8 | von T. nahm der König David viel Kupfer |

Tebalja

1Ch 26,11 (Söhne Hosas:) T.

Tebet, *Tebeth*

Est 2,16 im zehnten Monat, der da heißt T.

Tebez

Ri 9,50 Abimelech zog nach T. 2Sm 11,21

Tefon, *Tephon* (= Tappuach 2)

1Ma 9,50 ließ Mauern um T. bauen

Tehinna

1Ch 4,12 Eschton zeugte T.

Teich

2Sm	2,13	sie stießen aufeinander am T. von Gibeon
	4,12	hängten sie auf am T. bei Hebron
1Kö	22,38	den Wagen wuschen bei dem T. Samarias
2Kö	18,17	hielten an der Wasserleitung des oberen T. 20,20; Jes 17,3; 36,2
Neh	2,14	ritt hinüber zu des Königs T.
	3,15	baute die Mauer am T. 16
Pr	2,6	ich machte mir T., daraus zu bewässern
Hl	7,5	deine Augen sind wie die T. von Hesbhon
Jes	22,9	sammeltet das Wasser des unteren T. 11
	35,7	wo es trocken gewesen, sollen T. stehen
Hes	47,11	die T. werden nicht gesund werden
Nah	2,9	Ninive ist wie ein voller T.
Sir	50,3	wurde für das Wasser ein T. ausgehauen
2Ma	12,16	daß der T. aussah wie lauter Blut
Jh	5,2	es ist in Jerusalem beim Schaftor ein T.
	4	der Engel des Herrn fuhr herab in den T.

Jh	5,7	keinen, der mich in den T. bringt, wenn
	9,7	geh zum T. Siloah und wasche dich 11

Teig

2Mo	12,34	das Volk trug den rohen T. 39
4Mo	15,20	als Erstling eures T. einen Kuchen 21
2Sm	13,8	Tamar nahm den T. und knetete ihn
Jer	7,18	die Frauen kneten den T.
Hes	44,30	sollt die Erstlinge eures T. geben
Hos	7,4	wenn er den T. ausgeknetet hat
Rö	11,16	ist die Erstlingsgabe vom T. heilig, so ist auch der ganze T. heilig
1Ko	5,6	daß ein wenig Sauerteig den ganzen T. durchsäuert Gal 5,9
	7	damit ihr ein neuer T. seid
	8	im ungesäuerten T. der Lauterkeit

Teil, zuteil

1Mo	14,24	laß die Männer ihr T. nehmen
	15,10	legte je einen T. dem andern gegenüber
	30,42	wurden die schwächlichen Tiere Laban z.
	31,14	haben kein T. in unseres Vaters Hause
	47,24	vier T. sollen euer sein, zu besäen
2Mo	12,9	essen mit Kopf, Schenkeln und inneren T.
	16,36	ein Krug ist der 10. T. eines Scheffels 33
3Mo	5,16	soll den fünften T. hinzufügen 24; 22,14; 27,13.15.19.27.31; 4Mo 5,7
	7,14	je ein T. als Opfergabe für den HERRN
4Mo	23,10	wer kann zählen den vierten T. Israels
5Mo	21,17	soll ihm zwei T. geben von allem
	28,2	werden dir z. alle diese Segnungen
	32,9	des HERRN T. ist sein Volk
	33,21	daselbst war für ihn eines Anführers T.
Jos	11,23	Josua gab einem jeden Stamm sein T. 12,7; 15,13; 17,1.6.8; 18,7.10
	18,5	teilt das Land in sieben T. 6.9
	14	biegt in ihrem westlichen T. nach Süden
	21,10	das erste Los war ihnen z. geworden
	22,25	habt kein T. am HERRN 27
Ri	18,1	war ihm noch kein Erbe z. geworden
1Sm	2,33	der größte T. deines Hauses soll sterben
2Sm	10,9	wählte er aus der Mannschaft einen T. 1Ch 19,10
	20,1	wir haben kein T. an David 1Kö 12,16; 2Ch 10,16
1Kö	2,15	das Königtum ist m. Bruder z. geworden - von dem HERRN ist's ihm z. geworden
	3,25	teilt das lebendige Kind in zwei T.
	16,21	teilte sich das Volk Israel in zwei T.
2Ch	31,4	ihr T. den Priestern geben Neh 10,38
Neh	10,33	jährlich den dritten T. zu geben
Hi	5,16	dem Armen wird Hoffnung z.
	27,17	dem Unschuldigen wird das Geld z.
	31,2	was gäbe sonst mir Gott als T. von oben
Ps	16,5	der HERR ist mein Gut und mein T. Klg 3,24
	17,14	die ihr T. haben schon im Leben
	73,26	bist allezeit m. Herzens Trost und mein T.
	136,13	der das Schilfmeer teilte in zwei T.
	142,6	du bist mein T. im Lande der Lebendigen
Spr	30,8	laß mich mein T. Speise dahinnehmen
Pr	2,10	das war mein T. von aller meiner Mühe
	3,22	daß ein Mensch fröhlich sei... das ist sein T.
	5,17; 9,9	
	5,18	läßt ihn davon... sein T. nehmen
	9,6	haben kein T. mehr auf der Welt
Jes	6,13	wenn nur der zehnte T. darin bleibt
	57,6	bei den Steinen im Tal ist dein T.
Jes	61,7	daß Schande ihr T. war
Jer	6,12	sollen den Fremden z. werden Klg 5,2
	13,25	das soll dein Lohn sein und dein T.
Hes	4,11	den sechsten T. von einer Kanne 45,11.13.14; 46,14
	16,27	entzog dir einen T. meiner Gaben
	47,13	zwei T. gehören dem Stamm Josef
	48,8	sollt einen T. als Abgabe absondern 14
Dan	1,2	gab in seine Hand einen T. der Geräte
	2,42	zum T. wird's ein starkes und zum T. ein schwaches Reich sein
	4,12	er soll sein T. haben mit den Tieren
	11,4	sein Reich wird Fremden z. werden
	34	wird ihnen eine kleine Hilfe z. werden
Ze	2,7	den Übriggebl. vom Hause Juda z. werden
Sa	13,8	zwei T. darin ausgerottet werden sollen 9
Wsh	2,9	das ist unser T., und das ist unser Los
Mt	20,23	das wird denen z., für die es bestimmt Mk 10,40
	24,51	er wird ihm sein T. geben bei den Heuchlern Lk 12,46
Lk	2,26	ihm war ein Wort z. geworden
	10,42	Maria hat das gute T. erwählt
	15,12	*gib mir das T. der Güter, das mir gehört*
Jh	13,8	so hast du kein T. an mir
	19,23	machten vier T., für jeden Soldaten einen T.
Apg	5,2	brachte nur einen T. und legte ihn den Aposteln zu Füßen
	8,21	*du hast weder T. noch Anrecht an d. Wort*
	16,12	Philippi, die Hauptstadt dieses T.
	23,6	Paulus erkannte, daß ein T. Sadduzäer war
Rö	4,13	die Verheißung ist Abraham nicht z. geworden durchs Gesetz
	5,15	um wieviel mehr ist Gottes Gnade den vielen überreich z. geworden
	11,25	Verstockung ist einem T. Israels widerfahren
1Ko	4,5	dann wird einem jeden von Gott sein Lob z. werden
	9,10	daß er seinen T. empfangen wird
	11,18	zum T. glaube ich's
	30	*ein gut T. sind entschlafen*
	12,27	*Glieder, ein jeglicher nach seinem T.*
	14,30	wenn einem andern, der dabeisitzt, eine Offenbarung z. wird
2Ko	1,14	wie ihr uns zum T. schon verstanden habt
	2,5	sondern zum T. euch alle
	6,15	was für ein T. hat der Gläubige mit
2Pt	2,17	*ihr T. ist die dunkelste Finsternis*
Heb	9,2	der vordere T., worin der Leuchter war
	3	T. der Stiftshütte, der Allerheiligste heißt
	6	gingen die Priester allezeit in den vorderen T. der Stiftshütte
	7	in den andern T. ging allein der Hohepriester
	8	solange der vordere T. der Stiftshütte bestehe
	10,33	zum T. Gemeinschaft hattet mit denen
	12,10	*daß wir an seiner Heiligkeit T. erlangen*
Off	6,8	Macht über den vierten T. der Erde
	8,7	der dritte T. der Erde verbrannte
	8	der dritte T. des Meeres wurde zu Blut 9
	10	der fiel auf den dritten T. der Wasserströme
	11	der dritte T. der Wasser wurde zu Wermut
	12	es wurde geschlagen der dritte T. der Sonne
	9,15	bereit, zu töten den dritten T. der Menschen 18
	11,13	der zehnte T. der Stadt stürzte ein
	12,4	sein Schwanz fegte den dritten T. der Sterne hinweg
	16,19	aus der großen Stadt wurden drei T.

Teil

Off	21,8	deren T. wird in dem Pfuhl sein

teilbekommen

Rö	11,17	(du hast) t. an der Wurzel und dem Saft des Ölbaums

teilen

1Mo	2,10	ein Strom... t. sich in vier Hauptarme
	14,15	(Abram) t. seine Schar 32,8
2Mo	14,21	die Wasser t. sich Ps 136,13
	21,35	das Geld t. und das tote Tier auch t.
4Mo	34,13	Land, das ihr unter euch t. sollt Jos 13,7; 14,2
5Mo	19,3	sollst du das Gebiet in drei Kreise t.
Jos	8,2	die Beute unter euch t. 27; 11,14; 28,8
	18,5	t. das Land in sieben Teile
Ri	7,16	er t. die 300 Mann in drei Heerhaufen 9,43; 2Sm 11,11
2Sm	19,30	du und Ziba, t. den Besitz miteinander
1Kö	3,25	t. das lebendige Kind in zwei Teile 26
	16,21	t. sich das Volk Israel in zwei Teile
	18,6	sie t. sich ins Land
2Kö	2,8	das (Wasser) t. sich nach beiden Seiten 14
1Ch	24,5	t. sie beide durchs Los
Hi	17,5	zum T. lädt einer Freunde ein
	38,24	Weg dahin, wo das Licht sich t.
Ps	22,19	t. meine Kleider unter sich Mt 27,35; Jh 19,24
	104,19	den Mond gemacht, das Jahr danach zu t.
Spr	17,2	wird mit den Brüdern das Erbe t.
Jer	34,18	Kalb, das sie in zwei Stücke get. haben
	37,12	um mit seinen Verwandten ein Erbe zu t.
Hes	5,1	nimm eine Waage und t. das Haar
	18,7	der mit dem Hungrigen sein Brot t. 16
	37,22	nicht mehr get. in zwei Königreiche
	47,22	das Los werft, um das Land zu t.
Jo	4,2	weil sie sich in mein Land get. haben
Tob	1,3	t. alles mit seinen gefangenen Brüdern
	4,17	t. dein Brot mit dem Hungrigen
Sir	22,29	damit du sein Glück mit ihm t. kannst
	47,23	als das Königreich get. wurde
1Ma	9,11	die Reiterei war in zwei Abteilungen get.
2Ma	8,30	sie t. die Beute gleichmäßig
Mt	27,35	haben meine Kleider get. Mk 15,24; Lk 23,34
Mk	6,41	die zwei Fische t. er unter sie alle
Lk	12,13	sage m. Bruder, daß er mit mir das Erbe t.
	15,12	er t. Hab und Gut unter sie
	22,17	nehmt ihn und t. ihn unter euch
1Ko	7,33	so ist er get. Herzens
Heb	13,16	Gutes zu tun und zu t., vergeßt nicht

teilgeben

Ps	61,6	g. mir t. am Erbe derer, die deinen Namen
1Th	2,8	euch nicht allein am Evangelium Gottes t.

teilhaben

4Mo	15,26	das ganze Volk an solchem Versehen t.
1Sm	26,19	nicht an dem Erbteil des HERRN t. lassen
2Ma	7,36	die h. jetzt t. am ewigen Leben
1Ko	9,23	um des Evangeliums willen, um an ihm t.
	10,17	weil wir alle an einem Brot t. 21
2Ko	1,7	wie ihr an den Leiden t., so werdet ihr auch am Trost t.
Phl	1,7	die ihr alle mit mir an der Gnade t.
Kol	2,10	an dieser Fülle h. ihr t. in ihm
1Ti	5,22	h. nicht t. an fremden Sünden Off 18,4
1Pt	5,1	der ich t. an der Herrlichkeit
2Jh	11	wer ihn grüßt, der h. t. an seinen bösen Werken
Heb	3,1	die ihr t. an der himmlischen Berufung
Off	20,6	selig ist, der t. an der ersten Auferstehung
	22,14	daß sie t. an dem Baum des Lebens

teilhaftig

Rö	11,17	t. geworden der Wurzel
	15,27	die Heiden sind ihrer geistl. Güter t.
1Ko	9,12	wenn andere dieses Rechtes t. sind
	23	daß ich seiner t. werde
	10,17	weil wir alle eines Brotes t. sind
2Ko	1,7	des Leidens t., des Trostes t.
Phl	1,7	die ihr alle der Gnade t. seid
1Ti	5,22	nicht t. fremder Sünden Off 18,4
2Pt	1,4	daß ihr t. werdet der göttlichen Natur
2Jh	11	der macht sich t. seiner bösen Werke
Heb	2,14	ist auch er der gleichen Art t. geworden
	3,14	wir sind Christi t. geworden
	6,4	die t. geworden sind des heiligen Geistes

Teilnahme

Wsh	8,18	guter Ruf durch T. an ihren Worten

teilnehmen

2Ma	4,14	daß die Priester an den... Spielen t.

teils

Dan	2,33	Füße t. von Eisen und t. von Ton 41.42

tekel

Dan	5,25	so lautet die Schrift: Mene mene t. 27

Tekoa, Thekoa

Jos	15,59	(Städte des Stammes Juda:) T.
2Sm	14,2	Joab sandte hin nach T. 4.9
	23,26	Ira, Sohn d. Ikkesch, aus T. 1Ch 11,28; 27,9
1Ch	2,24	Aschhur, der Vater T. 4,5
2Ch	11,6	(Rehabeam baute zu Festungen aus:) T.
	20,20	zogen aus zur Wüste T.
Neh	3,5	bauten die Leute von T. 27
Jer	6,1	blast die Posaune in T.
Am	1,1	Amos, unter den Schafzüchtern von T.
1Ma	9,33	flohen in die Wüste T.

Tel-Abib

Hes	3,15	kam zu den Weggeführten nach T.

Tel-Harscha

Esr	2,59	die heraufzogen aus T. Neh 7,61

Tel-Melach

Esr	2,59	die heraufzogen aus T. Neh 7,61

Telach

1Ch	7,25	Reschef, dessen Sohn war T.

Telassar

2Kö	19,12	Leute von Eden, die zu T. waren Jes 37,12

Telem

Jos	15,24	¹(Städte des Stammes Juda:) T. 1Sm 15,4
Esr	10,24	²unter den Torhütern: T.

Tema

1Mo	25,15	(Söhne Ismaels:) T. 1Ch 1,30; Hi 6,19; Jes 21,14; Jer 25,23

Temach

Esr	2,53	(Tempelsklaven:) die Söhne T. Neh 7,55

Teman, Temaniter

1Mo	36,11	Elifas Söhne: T. 15.34.42; 1Ch 1,45
Hi	2,11	Elifas von T. 4,1; 15,1; 22,1; 42,7.9
Jer	49,7	ist keine Weisheit mehr in T. 20; Hes 21,2; 25,13; Am 1,12; Ob 9; Hab 3,3; Bar 3,22.23

Temni

1Ch	4,6	Naara gebar T.

Tempel (s.a. Tempel Gottes)

Ri	9,4	T. des Baal-Berit 46
2Sm	22,7	erhörte m. Stimme von seinem T. Ps 18,7
1Kö	7,21	Säulen vor der Vorhalle des T. 2Ch 3,17
	16,32	(Ahab) richtete e. Altar auf im T. Baals
2Kö	5,18	wenn mein König in den T. Rimmons geht
	11,11	von der Seite des T. bis... vor dem T.
	16,18	Sabbathalle, die am T. gebaut war
1Ch	5,36	der Priester im T., den Salomo gebaut
	28,11	einen Entwurf für die Vorhalle des T.
2Ch	36,7	tat sie in seinen T. in Babel Esr 5,14; Dan 1,2; 5,2.3
Esr	4,1	hörten, daß die... den T. bauten
	5,15	diese Geräte bringe in dem T. 6,5
Neh	2,8	Holz zu Balken... der Burg beim T.
	6,10	uns zusammenkommen im Innern des T. 11
Hi	36,14	ihr Leben unter den Hurern im T.
Ps	5,8	darf anbeten vor deinem heiligen T. 138,2
	11,4	d. HERR ist in seinem heiligen T. Hab 2,20
	27,4	und seinen T. zu betrachten
	28,2	wenn ich meine Hände aufhebe zu deinem T.
	29,9	in seinem T. ruft alles: Ehre
	30,1	Lied zur Einweihung des T.
	48,10	wir gedenken der Güte in deinem T.
	65,5	hat reichen Trost von deinem heiligen T.
	68,30	(Macht, die du bewiesen) von deinem T. her
	79,1	die haben deinen heiligen T. entweiht
Jes	6,1	sein Saum füllte den T.
	44,28	soll sagen zum T.: Werde gegründet
	66,6	horch, (Lärm) vom T. her
Jer	26,18	wird der Berg des T. zu einer Höhe wilden Gestrüpps Mi 3,12
	43,12	will die T. Ägyptens in Brand stecken
	50,28	Vergeltung des HERRN für seinen T. 51,11
Hes	9,3	erhob sich zur Schwelle des T. 10,18
	6	den Ältesten, die vor dem T. waren 7
	40,7	gegen den T. hin maß eine Rute 9.47.48; 41,13.14.21; 42,8.15
	43,10	beschreibe den T. 11; 47,1; 48,21
	12	das soll das Gesetz des T. sein 21; 45,5.19.20
Jo	4,5	habt meine Kleinode in eure T. gebracht
Am	7,13	(Bethel) ist der T. des Königreichs
	8,3	Lieder im T. in Heulen verkehrt werden
Jon	2,5	würde deinen heiligen T. nicht mehr sehen
	8	mein Gebet kam zu dir in deinen hl. T.
Mi	1,2	der HERR hat zu reden aus seinem hl. T.
Sa	5,11	ihr ein T. gebaut im Lande Schinar
	8,9	auf daß der T. gebaut würde
Mal	3,1	bald wird kommen zu seinem T. der Herr
Jdt	16,23	Judit hängte alle Waffen im T. auf
Wsh	9,8	du gebotest mir, einen T. zu bauen
Sir	24,21	(ich duftete) wie der Weihrauch im T.
	49,14	die zu ihrer Zeit den T. bauten
	50,1	Simon befestigte den T.
	7	wie die Sonne scheint auf den T. des Höchsten
	51,19	in meinem Gebet am T. bat ich darum
Bar	6,18	die Priester verwahren die T. der Götzen
	31	die Priester sitzen in ihren T.
1Ma	1,23	wegnehmen den goldenen Schmuck am T.
	50	(gebot,) Altäre, T. und Götzenbilder errichten
	4,46	verwahrten die Steine auf d. Berge bei dem T.
	51	richteten den T. vollständig wieder her 49.50. 57; 2Ma 10,3.5
	5,43	flohen in einen T. in der Stadt Karnajim 10,83; 11,4
	44	aber Judas verbrannte den T.
	6,2	daß im T. reiche Schätze aufbewahrt wurden
	7,36	die Priester traten vor den T.
	9,54	die Mauer... am T. einzureißen
	10,39	Ptolemais schenke ich dem T. in Jerusalem
	41	für Bauarbeiten am T. verwendet werden 44
	42	die aus dem Einkommen des T. abgegeben
	43	auch soll der T. das Recht haben
	13,53	auch befestigte er den Berg des T.
	14,48	eherne Tafeln im T. anbringen
	15,9	wollen dem T. Ehre erweisen
2Ma	1,13	wurde er im T. der Nanäa erschlagen
	18	gedenken, die Reinigung des T. zu begehen
	2,9	wie er zur Einweihung des T. geopfert hat
	23	wie sie den T. wieder gewonnen haben
	3,2	herrliche Geschenke in den T. zu schicken
	4	ein Vorsteher des T., der hieß Simon
	12	die vertraut haben auf die Würde des T.
	30	den T. erfüllte Freude und Wonne
	4,14	daß die Priester den T. verachteten
	32	er stahl einige Geräte aus dem T. 39
	5,15	als Antiochus Silber aus dem T. geraubt
	6,2	sollte den T. zu Jerusalem entweihen
	4	die Heiden praßten im T.
	8,2	er wolle sich erbarmen über den T. 13,10
	9,16	den heiligen T. wollte er schmücken 13,23
	10,1	den T. wieder einzunehmen 13,14
	11,3	den T. abgabepflichtig zu machen
	25	daß man ihnen ihren T. wiedergibt
	14,4	Ölzweige, die im T. gebräuchlich waren
	31	Nikanor ging hinauf zu dem hl. T. 32.33
	35	der Gott. unter uns ist
	15,17	die Stadt und der T. waren in Gefahr 18
	33	ließ die Hand... gegenüber dem T. aufhängen
StE	3,7	die deinen herrlichen T. zerstören
StD	2,9	der König ging in den T. des Bel 13.21
	3,30	gelobt seist du in deinem herrlichen T.
Mt	4,5	Teufel stellte ihn auf die Zinne des T. Lk 4,9
	12,5	wie die Priester im T. den Sabbat brechen
	6	hier ist Größeres als der T.
	21,12	Jesus ging in den T. 23; Mk 11,11.15.27; Lk 19,45; Jh 7,14; 8,2; 10,23
	14	es gingen zu ihm Blinde und Lahme im T.

Tempel

Mt	21,15	die Kinder, die im T. schrien
	23,16	schwört bei dem T., das gilt nicht 21
	17	was ist mehr: das Gold oder der T.
	35	getötet zwischen T. und Altar Lk 11,51
	24,1	zeigten ihm die Gebäude des T. Lk 21,5
	1	Jesus ging aus dem T. fort Mk 13,1; Jh 8,59
	26,55	habe ich doch täglich im T. gesessen Mk 12,35; 14,49; Lk 19,47; 20,1; 21,37; 22,53; Jh 7,28; 8,20; 18,20
	27,5	er warf die Silberlinge in den T.
	40	der du den T. abbrichst Mk 15,29
	51	der Vorhang im T. zerriß in zwei Stücke Mk 15,38; Lk 23,45
Mk	11,15	auszutreiben die Verkäufer und Käufer im T. Jh 2,14.15
	16	daß jemand etwas durch den T. trage
	13,3	als er auf dem Ölberg saß gegenüber dem T.
	14,58	ich will diesen T. abbrechen Jh 2,19.20
Lk	1,21	wunderte sich, daß er so lange im T. blieb
	22	daß er eine Erscheinung gehabt hatte im T.
	2,27	er kam auf Anregen des Geistes in den T.
	37	(Hanna) wich nicht vom T.
	46	nach drei Tagen fanden sie ihn im T.
	18,10	es gingen zwei Menschen hinauf in den T.
	21,38	Volk machte sich früh auf, ihn im T. zu hören
	22,52	Jesus sprach zu den Hauptleuten des T.
	24,53	waren im T. und priesen Gott Apg 2,46
Jh	2,21	er redete von dem T. seines Leibes
	5,14	danach fand ihn Jesus im T. und sprach zu ihm
	11,56	da fragten sie nach Jesus und redeten miteinander, als sie im T. standen
Apg	3,1	Petrus und Johannes gingen hinauf in den T. 3; 5,21
	2	den setzte man täglich vor die Tür des T. 10
	8	konnte gehen und ging mit ihnen in den T.
	4,1	traten zu ihnen die Priester und der Hauptmann des T. 5,24
	5,20	geht hin und tretet im T. auf
	25	die Männer stehen im T. und lehren 42
	7,48	wohnt nicht in T., die mit Händen gemacht 17,24
	14,13	der Priester des Zeus aus dem T.
	19,24	Demetrius machte silberne T. der Diana
	27	der T. der großen Göttin Diana wird für nichts geachtet werden
	21,26	am nächsten Tag ging (Paulus) in den T. 27
	28	hat er Griechen in den T. geführt 29
	30	sie zogen (Paulus) zum T. hinaus
	22,17	ich im T. betete, daß ich in Verzückung kam
	24,6	er hat versucht, den T. zu entweihen
	12	sie haben mich weder im T. noch in den Synagogen dabei gefunden
	18	als ich mich im T. reinigte
	25,8	ich habe mich weder... noch am T. versündigt
	26,21	deswegen haben mich die Juden im T. ergriffen
Rö	2,22	verabscheust die Götzen, und beraubst ihre T.
1Ko	6,19	daß euer Leib ein T. des heiligen Geistes ist
	9,13	daß, die im T. dienen, vom T. leben
Eph	2,21	der ganze Bau wächst zu einem heiligen T.
Off	7,15	sie dienen ihm Tag und Nacht in seinem T.
	11,2	den äußeren Vorhof des T. miß nicht
	19	die Lade wurde in seinem T. sichtbar
	14,15	ein andrer Engel kam aus dem T. 17; 15,6
	15,5	es wurde aufgetan der T., die Stiftshütte im Himmel
Off	15,8	der T. wurde voll Rauch von der Herrlichkeit
	16,1	ich hörte eine Stimme aus dem T. 17
	21,22	ich sah keinen T. (in der Stadt)

Tempel Gottes; Tempel des HERRN (Herrn)

1Sm	1,9	Eli saß am Türpfosten des T. d. H.
2Kö	18,16	zerbrach Hiskia die Türen am T. d. H.
	23,4	aus dem T. d. H. alle Geräte, die dem Baal
	24,13	Gefäße, die Salomo gemacht hatte in T. d. H.
2Ch	27,2	(Jotam) drang nicht in den T. d. H. ein
	29,16	alles Unreine, das im T. d. H. gefunden
Esr	3,6	der Grund des T. d. H. war noch nicht gelegt 10; Hag 2,15.18
Jer	7,4	hier ist d. H. T.,... d. H. T.,... d. H. T.
	24,1	Feigenkörbe, aufgestellt vor dem T. d. H.
Hes	8,16	vor dem T. d. H. standen etwa 25 Männer
Sa	6,12	er wird bauen d. H. T. 13-15
Jdt	4,2	daß er dem T. d. H... antun könnte
	8	die Kinder warfen sich vor dem T. d. H. nieder
Wsh	3,14	dem wird ein besseres Los im T. d. H. gegeben
Tob	1,6	hielt sich als einziger zum T. d. H.
1Ma	2,8	der T. G. ist wie ein Mensch, dem
Mt	26,61	ich kann den T. G. abbrechen
Lk	1,9	er ging in den T. G.
1Ko	3,16	wißt ihr nicht, daß ihr G. T. seid 2Ko 6,16
	17	wenn jemand den T. G. verdirbt, den wird Gott verderben
2Ko	6,16	was hat der T. G. gemein mit den Götzen
2Th	2,4	so daß er sich in den T. G. setzt
Off	3,12	wer überwindet, den will ich machen zum Pfeiler in dem T. meines G.
	11,1	steh auf und miß den T. G. und den Altar
	19	der T. G. im Himmel wurde aufgetan

Tempeldiener

Hes	46,24	Küchen, in denen die T. kochen

Tempeldirne

5Mo	23,18	soll keine T. sein unter den Töchtern Israel
Hos	4,14	weil ihr mit den T. opfert

Tempelgroschen

Mt	17,24	pflegt euer Meister nicht den T. zu geben
	24	traten zu Petrus, die den T. einnehmen

Tempelhalle

1Kö	6,3	(Salomo) baute eine Vorhalle vor der T. 5.17. 33; 7,50; 2Ch 4,22
	8,8	in dem Heiligen, das ist die T. 2Ch 5,9
2Ch	4,7	stellte (10 goldene Leuchter) in die T. 8
Hes	41,1	führte mich hinein in die T. 2.4.15.23.25

Tempelhaus

Hes	41,5	er maß die Wand des T.
	43,4	die Herrlichkeit kam hinein ins T.

Tempelhurer

5Mo	23,18	soll kein T. (sein) unter den Söhnen Israel

1Kö 14,24 es waren auch T. im Lande
15,12 (Asa) tat die T. aus dem Lande 22,47
2Kö 23,7 brach ab die Häuser der T.

Tempelraub

2Ma 13,6 jeden, der des T. schuldig war

Tempelräuber

2Ma 4,42 den T. selbst erschlugen sie
Apg 19,37 diese Menschen, die weder T. noch ... sind

Tempelreinigung

2Ma 2,16 weil wir die T. begehen wollen

Tempelschatz

2Ma 3,6 daß der T. in Jerusalem reich sei

Tempelsklave

1Ch 9,2 Priester, Leviten und T. Esr 2,43.58.70; 7,7.24; 8,20; Neh 3,26.31; 7,46.60.72; 10,29; 11,3.21

Tempelweihfest, Tempelweihe

2Ma 1,9 daß ihr das T. haltet wie wir
Jh 10,22 es war damals das Fest der T. in Jerusalem

Tenne

4Mo 15,20 wie die Opfergabe von der T. 18,27. 30
5Mo 15,14 von deiner T., deiner Kelter 2Kö 6,27
16,13 wenn du eingesammelt hast von deiner T.
Ri 6,37 abgeschorene Wolle auf die T. legen
Rut 3,2 Boas worfelt Gerste auf seiner T. 3.6.14
1Sm 23,1 die Philister berauben die T.
2Sm 6,6 als sie zur T. Nachons kamen 1Ch 13,9
24,16 bei der T. Araunas 18.21.24; 1Ch 21,15.18.21. 22.28; 2Ch 3,1
Jer 51,33 die Tochter Babel ist wie eine T.
Hos 9,1 nimmst Hurenlohn auf allen T. 2
13,3 wie Spreu, die von der T. verweht wird
Jo 2,24 daß die T. voll Korn werden
Mi 4,12 zusammengebracht wie Garben auf der T.
Mt 3,12 er wird seine T. fegen Lk 3,17

Teppich

2Mo 26,1 die Wohnung aus zehn T. 2.6-9.12; 36,8-10.13. 14; 4Mo 4,25
Ri 5,10 die ihr auf T. sitzet: Singet
Ps 104,2 breitest den Himmel aus wie einen T.
Hl 1,5 ich bin lieblich wie die T. Salomos
Jes 21,5 breitet den T. aus, eßt und trinkt
Hes 27,24 waren Händler mit T. von Purpur

Terach, *Tharah*

1Mo 11,24 Nahor zeugte T. 26-28.31.32; Jos 24,2; 1Ch 1,26; Lk 3,34

Terebinthe

Sir 24,22 ich breitete meine Zweige aus wie eine T.

Teresch

Est 2,21 Kämmerer des Königs, T. 6,2

Tertius

Rö 16,22 ich, T., grüße euch in dem Herrn

Tertullus

Apg 24,1 kam mit dem Anwalt T. herab
2 fing T. an, ihn anzuklagen, und sprach

Testament

Mt 26,28 *das ist mein Blut des neuen T. Mk 14,24*
Lk 22,20 *dieser Kelch ist das neue T. 1Ko 11,25*
2Ko 3,14 diese Decke unaufgedeckt über dem alten T.
Gal 3,15 man hebt das T. eines Menschen nicht auf
17 das T., das von Gott zuvor bestätigt worden
4,24 *das sind die zwei T.*
Eph 2,12 *fremd den T. der Verheißung*
Heb 9,16 wo ein T. ist, da muß der Tod dessen geschehen sein, der das T. gemacht 17

teuer

1Sm 26,21 weil mein Leben in d. Augen t. gewesen ist
Jer 31,20 ist nicht Ephraim mein t. Sohn
Sir 9,5 es könnte dich t. zu stehen kommen
37,12 wie t. du etwas verkaufen sollst
Bar 6,25 für t. Geld hat man sie gekauft
Mt 24,7 *es werden sein t. Zeit Mk 13,8; Lk 21,11*
26,9 es hätte t. verkauft werden können
Apg 5,8 *den Acker so t. verkauft? Ja, so t.*
7,11 *es was eine t. Zeit über das ganze Land*
1Ko 6,20 ihr seid t. erkauft 7,23
1Ti 1,15 *das ist ein t. wertes Wort 4,9*
1Pt 1,19 (erlöst) mit dem t. Blut Christi
2Pt 1,1 die denselben t. Glauben haben
4 sind uns die t. Verheißungen geschenkt

Teuerung

Lk 4,25 *eine große T. war im ganzen Lande 15,14*
Apg 11,28 *Agabus weissagte eine große T.*

Teufel

Wsh 2,24 durch des T. Neid ist der Tod gekommen
Bar 4,35 T. werden ihre Wohnung in ihr haben
Mt 4,1 damit er von dem T. versucht würde Lk 4,2.3
5 da führte ihn der T. in die heilige Stadt
8 darauf führte ihn der T. auf einen Berg Lk 4,5
11 da verließ ihn der T. Lk 4,13
13,39 der Feind, der es sät, ist der T.
25,41 ewige Feuer, das bereitet ist dem T.
Lk 8,12 danach kommt der T. und nimmt das Wort
Jh 6,70 einer von euch ist ein T.
8,44 ihr habt den T. zum Vater
13,2 als schon der T. dem Judas ins Herz gegeben hatte, ihn zu verraten
Apg 10,38 alle gesund gemacht, die in der Gewalt des T.
13,10 du Sohn des T., voll aller List
1Ko 10,20 daß ihr in der T. Gemeinschaft sein sollt
21 nicht der T. Kelch ... des Tisches der T.
Eph 4,27 gebt nicht Raum dem T.
6,11 damit ihr bestehen könnt gegen die listigen Anschläge des T.

Teufel

1Ti	3,6	damit er nicht dem Urteil des T. verfalle
	7	damit er sich nicht fange in der Schlinge des T.
2Ti	2,26	nüchtern werden aus der Verstrickung des T.
1Pt	5,8	der T. geht umher wie ein brüllender Löwe
1Jh	3,8	wer Sünde tut, der ist vom T. 10
Heb	2,14	damit er die Macht nähme... dem T.
Jak	2,19	die T. glauben's auch und zittern
	4,7	widersteht dem T., so flieht er von euch
Jud	9	als Michael, der Erzengel, mit dem T. stritt
Off	2,10	der T. wird einige ins Gefängnis werfen
	12,9	Schlange, die da heißt: T. und Satan 20,2
	12	der T. kommt zu euch hinab
	16,14	es sind Geister von T., die tun Zeichen
	18,2	ist eine Behausung der T. geworden
	20,10	der T. wurde geworfen in den Pfuhl

teuflisch

1Ti	4,1	daß einige t. Lehren anhängen (werden)
Jak	3,15	sie ist irdisch, niedrig und t.

Thaddäus

Mt	10,3	(Apostel:) Jakobus und T. Mk 3,18

Tharseas, *Thrasäus*

2Ma	3,5	Apollonius, Sohn des T.

Thassi s. Tassi

Theater

Apg	19,29	sie stürmten einmütig zum T.
	31	ermahnten ihn, sich nicht zum T. zu begeben

Thekoa s. Tekoa

Theodotus

2Ma	14,19	sandte T., um Frieden zu schließen

Theophilus

Lk	1,3	es für dich, T., aufzuschreiben Apg 1,1

Thessalonich

Apg	17,1	sie kamen nach T.
	11	diese waren freundlicher als die in T. 13
	20,4	es zogen mit ihm aus T. Aristarch 27,2
Phl	4,16	auch nach T. habt ihr mich gesandt
1Th	1,1	an die Gemeinde in T. 2Th 1,1
2Ti	4,10	Demas ist nach T. gezogen

Theudas

Apg	5,36	vor einiger Zeit stand T. auf und gab vor

Thisbe s. Tisbe

Thomas

Mt	10,3	(Apostel:) T. und Matthäus Mk 3,18; Lk 6,15; Apg 1,13
Jh	11,16	T., der Zwilling genannt wird 14,5
	20,24	T. war nicht bei ihnen, als Jesus kam
	26	T. war bei ihnen

Jh	20,27	spricht er zu T.: Reiche deinen Finger her
	28	T. sprach zu ihm: Mein Herr und mein Gott
	29	weil du mich gesehen, T., darum glaubst du
	21,2	es waren beieinander Simon Petrus und T.

Thrasäus s. Tharseas

Thrazien

2Ma	12,35	ein Reiter aus T.

Thron

1Mo	41,40	allein um den T. will ich höher sein
2Mo	11,5	Pharao, der auf seinem T. sitzt 12,29
	17,16	sprach: Die Hand an den T. des HERRN
5Mo	17,18	sitzen wird auf dem T. seines Königreichs
Ri	3,20	stand auf von seinem T. Jon 3,6
1Sm	2,8	ihn den T. der Ehre erben lasse
2Sm	3,10	daß der T. Davids aufgerichtet werde
	7,16	dein T. soll ewiglich bestehen 1Kö 2,45; 9,5; 1Ch 17,12.14; 22,10; Ps 89,5.30.37
	14,9	seinen T. ohne Schuld sein lassen
1Kö	1,13	Salomo soll auf meinem T. sitzen 17.20.24.27. 30.35.46.48; 2,12.24; 3,6; 5,19; 8,20; 10,9; 1Ch 28,5; 29,23; 2Ch 6,10; 9,8
	37	sein T. größer werde als der T. m. Herrn 47
	2,4	so soll dir's niemals fehlen an einem Mann auf dem T. Israels 8,25; 9,5; 2Ch 6,16; 7,18; Ps 132,11.12; Jer 33,17.21
	19	der König setzte sich auf seinen T. 2Kö 11,19; 13,13; 2Ch 23,20
	33	sein T. sollen Frieden haben ewiglich
	10,18	machte T. von Elfenbein 19; 2Ch 9,17.18
	16,11	als er auf seinem T. saß Est 1,2; 5,1
	22,10	saßen jeder auf seinem T. 2Ch 18,9
	19	sah den HERRN sitzen auf seinem T. 2Ch 18,18
2Kö	10,3	setzt ihn auf seines Vaters T.
	30	auf dem T. Israels sitzen deine Söhne 15,12
Hi	23,3	wie ich zu seinem T. kommen könnte
	26,9	er verhüllt seinen T.
	36,7	mit Königen auf dem T. läßt er sie sitzen
Ps	9,5	sitzest auf dem T., ein rechter Richter
	8	er hat seinen T. bereitet zum Gericht
	11,4	des HERRN ist sein T. im Himmel
	29,10	der HERR hat seinen T. über der Flut
	33,14	von seinem festen T. sieht er auf alle
	45,7	Gott, dein T. bleibt ewig Klg 5,19
	47,9	Gott sitzt auf seinem heiligen T.
	89,15	Gerechtigkeit und Gericht sind deines T. Stütze 97,2
	45	hast seinen T. zu Boden geworfen
	93,2	von Anbeginn steht dein T. fest
	103,19	hat seinen T. im Himmel errichtet
	122,5	dort stehen die T. zum Gericht, die T. des Hauses David
Spr	9,14	(Frau Torheit) sitzt auf einem T.
	16,12	durch Gerechtigk. wird der T. befestigt 25,5
	20,8	ein König, der auf dem T. sitzt
	28	sein T. besteht durch Güte
	29,14	dessen T. wird für immer bestehen
Pr	4,14	aus dem Gefängnis auf den T. gekommen
Jes	6,1	sah den Herrn sitzen auf einem hohen T.
	14,9	läßt alle Könige von ihren T. aufstehen
	13	will meinen T. über die Sterne erhöhen
	16,5	wird ein T. bereitet werden aus Gnaden
	22,23	er soll werden zum T. der Ehre
	47,1	setze dich auf die Erde, wo kein T. ist

Jes	66,1	der Himmel ist mein T. Apg 7,49
Jer	1,15	daß sie ihre T. setzen vor die Tore Jerus.
	3,17	wird Jerusalem nennen „Des HERRN T."
	13,13	die Könige, die auf dem T. Davids sitzen 17,25; 22,2.4.30; 29,16; 36,30
	14,21	den T. der Herrlichkeit 17,12
	43,10	will seinen T. auf diese Steine setzen
	49,38	meinen T. will ich in Elam aufstellen
Hes	1,26	einem T. gleich, auf dem T. saß einer 10,1
	26,16	werden von ihren T. herabsteigen
	43,7	das ist der Ort meines T.
Dan	5,20	da wurde er vom königlichen T. gestoßen
	7,9	ich sah, wie T. aufgestellt wurden ... Feuerflammen waren sein T.
	11,21	dem die Ehre des T. nicht zugedacht war
Hag	2,22	will die T. der Königreiche umstürzen
Sa	6,13	wird sitzen und herrschen auf seinem T.
Jdt	1,11	er hatte bei seinem T. geschworen
Wsh	6,1	Freveltat stürzt die T. der Herrscher
	22	habt ihr Gefallen an T. und Zepter
	7,8	ich achtete sie höher als Zepter und T.
	9,4	Weisheit, die bei dir auf deinem T. sitzt
	10	sende sie von dem T. deiner Herrlichkeit
	12	werde des T. meines Vaters würdig sein
	18,15	vom Himmel, vom königlichen T.
Sir	1,8	der auf seinem T. sitzt als Herrscher
	10,17	Gott hat die ... Fürsten vom T. geworfen
	24,6	mein T. (war) auf den Wolken
	47,13	daß der königliche T. in Israel bleiben
1Ma	7,4	als Demetrius auf den T. gelangt war
	10,52	ich sitze auf dem T. meiner Väter
	11,40	damit er ihn auf den T. seines Vaters setzen
StD	3,32	gelobt seist du auf deinem königlichen T.
Mt	5,34	(der) Himmel ist Gottes T.
	19,28	wenn der Menschensohn sitzen wird auf dem T., auch sitzen auf zwölf T. Lk 22,30
	23,22	schwört bei dem T. Gottes und bei dem
	25,31	dann wird er sitzen auf dem T.
Lk	1,32	wird ihm den T. seines Vaters David geben
	52	er stößt die Gewaltigen vom T.
Apg	2,30	Eid, daß ein Nachkomme von ihm auf seinem T. sitzen sollte
	12,21	setzte sich auf den T. und hielt eine Rede
Kol	1,16	es seien T. oder Herrschaften
Heb	1,8	Gott, dein T. währt von Ewigkeit zu Ewigkeit
	4,16	hinzutreten mit Zuversicht zu dem T. der Gnade
	8,1	Hohenpriester, der da sitzt zur Rechten des T. 12,2
Off	1,4	sieben Geistern, die vor seinem T. sind
	2,13	wo du wohnst: da, wo der T. des Satans ist
	3,21	geben, mit mir auf meinem T. zu sitzen
	4,2	siehe, ein T. stand im Himmel 3-6.10; 5,1.7.11; 6,16; 7,9.11.15; 11,16; 20,4.11.12
	9	Preis dem, der auf dem T. saß 5,13; 19,4
	7,10	das Heil ist bei dem, der auf dem T. sitzt
	17	das Lamm mitten auf dem T. wird sie weiden
	8,3	ihm wurde viel Räucherwerk gegeben, daß er es darbringe vor dem T.
	12,5	ihr Kind wurde entrückt zu Gott und seinem T.
	13,2	der Drache gab ihm seine Kraft und seinen T.
	14,3	sie sangen ein neues Lied vor dem T.
	16,10	der fünfte Engel goß aus seine Schale auf den T. des Tieres
	17	kam eine Stimme vom T. 19,5; 21,3.5
	22,1	der ausgeht von dem T. Gottes
Off	22,3	der T. Gottes wird in der Stadt sein

Thronbesteigung

2Ma	4,21	Antiochus sandte Apollonius wegen der T.

thronen

1Sm	4,4	der über den Cherubim t. 2Sm 6,2; 2Kö 19,15; 1Ch 13,6; Ps 80,2; Jes 37,16
Hi	29,25	ich t. wie ein König
Ps	7,8	du aber t. über ihnen in der Höhe 113,6
	22,4	der du t. über den Lobgesängen Israels
	61,8	daß er immer t. vor Gott
Jes	40,22	er t. über dem Kreis der Erde
	44,13	in einem Hause soll es t.
Off	18,7	ich t. hier und bin eine Königin

Thronfolger

2Ch	11,22	Rehabeam setzte Abija als T. ein

Thronhalle

1Kö	7,7	baute die T., in der er Gericht hielt

Thronhimmel

Jer	43,10	soll seinen T. darüber ausspannen

Thronwagen

1Ch	28,18	Entwurf des T. mit den goldenen Cherubim

Thyatira

Apg	16,14	Lydia, eine Purpurhändlerin aus T., hörte zu
Off	1,11	nach T. und nach Sardes und Philadelphia
	2,18	dem Engel der Gemeinde in T. schreibe
	24	den andern in T., die solche Lehre nicht haben

Tiberias

Jh	6,1	Galiläische Meer, das auch See von T. heißt
	23	kamen Boote von T. nahe an den Ort
	21,1	offenbarte sich Jesus den Jüngern am See T.

Tiberius

Lk	3,1	im 15. Jahr der Herrschaft des Kaisers T.

Tibhat, *Tibhath*

1Ch	18,8	nahm David aus T. sehr viel Kupfer

Tibni

1Kö	16,21	eine Hälfte hing T. an, Sohn Ginats 22

Tidal

1Mo	14,1	zu der Zeit T., des Königs von Völkern 9

tief

1Mo	2,21	ließ Gott einen t. Schlaf fallen auf den Menschen 15,12; 1Sm 26,12
3Mo	13,3	wenn die Stelle t. ist als die übrige Haut 4. 20.21.25.26.30-32.34.55; 14,37

tief

5Mo	28,43	wirst immer t. heruntersinken
Ri	4,21	(Sisera) war in einen t. Schlaf gesunken
Hi	1,20	Hiob neigte sich t.
	4,13	wenn t. Schlaf auf die Leute fällt
	11,8	die Weisheit ist t. als die Hölle
	28,3	Gestein, das t. verborgen liegt
Ps	55,24	wirst sie hinunterstoßen in die t. Grube
	69,3	ich versinke in t. Schlamm
	15	daß ich errettet werde aus den t. Wassern
	92,6	deine Gedanken sind sehr t.
Spr	17,10	ein Scheltwort dringt t. als 100 Schläge
	18,4	die Worte... sind wie t. Wasser 20,5
	22,14	der Mund unzüchtiger Weiber ist eine t. Grube 23,27
	25,3	der Himmel ist hoch und die Erde t.
Pr	7,24	was da ist, das ist fern und ist sehr t.
Jes	7,19	sich niederlassen in den t. Tälern
	14,15	zur t. Grube (fuhrest du)
	29,10	hat einen Geist t. Schlafs ausgegossen
	30,33	die Feuergrube ist t. und weit genug
	57,9	t. hinab bis zum Totenreich
Jer	49,8	verkriecht euch t., ihr Bürger 30
Klg	2,9	ihre Tore sind t. in die Erde gesunken
Hes	23,32	mußt den Kelch trinken, so t. er ist
	27,34	bist in die t. Wasser gestürzt
	32,18	stoß es hinab, t. unter die Erde
	40,6	maß: eine Rute t. 49; 41,2.4.12
	47,5	da war es ein Strom, so t.
Dan	2,22	er offenbart, was t. und verborgen ist
Hos	5,2	(seid geworden) eine t. Grube zu Schittim
	9,9	t. verdorben ist ihr Tun
Wsh	4,3	kann nicht t. wurzeln
	15,18	Tiere, die noch t. stehen als die andern
	16,11	damit sie nicht in t. Vergessen versinken
	17,20	über die Ägypter hatte sich t. Nacht ausgebreitet
Tob	3,1	da seufzte Tobias t. auf
Sir	1,3	wer kann erforschen, wie t. das Meer ist
	22,7	wie einer, der jemand aus t. Schlaf weckt
	24,39	ihr Rat (ist) t. als der Abgrund
1Ma	1,29	das ganze Land war t. bewegt
	13,22	in dieser Nacht fiel ein sehr t. Schnee
2Ma	12,21	einem Ort, der t. im Gebirge lag
StD	2,32	hatte Brot eingebrockt in eine t. Schüssel
Mt	13,5	ging bald auf, weil es keine t. Erde Mk 4,5
	18,6	ersäuft im Meer, wo es am t. ist
Lk	5,4	hinaus, wo es t. ist, und werft eure Netze aus
	6,48	Menschen, der ein Haus baute und grub t.
Jh	4,11	der Brunnen ist t.
Apg	20,9	sank in einen t. Schlaf
	27,28	und fanden es zwanzig Faden t.
Rö	8,39	weder Hohes noch T. noch eine andere Kreatur
2Ko	11,25	eine Nacht trieb ich auf dem t. Meer
Gal	4,24	diese Worte haben t. Bedeutung
Phl	2,26	er war t. bekümmert, weil ihr gehört hattet

Tiefe

1Mo	1,2	es war finster auf der T.
	7,11	brachen alle Brunnen der großen T. auf 8,2
2Mo	15,5	die T. hat sie bedeckt 8; Neh 9,11
5Mo	32,22	wird brennen bis in die unterste T.
Hi	11,6	zeigte dir die T. der Weisheit
	28,14	die T. spricht: In mir ist sie nicht
	36,30	er bedeckt alle T. des Meeres
	38,16	bist du auf dem Grund der T. gewandelt
	41,23	macht, daß die T. brodelt
Ps	18,16	sah man die T. der Wasser 77,17; Hab 3,10
	30,2	du hast mich aus der T. gezogen
Ps	36,7	dein Recht (steht) wie die große T.
	42,8	eine T. ruft die andere
	63,10	werden in die T. der Erde hinunterfahren
	68,23	aus der T. des Meeres will ich sie holen
	69,16	daß mich die T. nicht verschlinge
	71,20	holst mich wieder aus den T. der Erde
	86,13	hast mich errettet aus der T. des Todes
	88,7	hast mich in die Grube gelegt, in die T.
	95,4	in seiner Hand sind die T. der Erde
	106,9	er führte sie durch die T. Jes 51,10
	113,6	der herniederschaut in die T.
	130,1	aus der T. rufe ich, HERR, zu dir
	135,6	das tut er im Meer und in allen T.
	148,7	lobet den HERRN, alle T. des Meeres
Spr	3,20	quellen die Wasser der T. hervor
	8,28	als er stark machte die Quellen der T. 27
	9,18	daß ihre Gäste in der T. des Todes hausen
	15,24	daß er meide die T. des Todes
Jes	7,11	ein Zeichen... es sei drunten in der T.
	44,23	jubelt, ihr T. der Erde
	27	der zu der T. spricht: Versiege
Hes	26,20	will dich wohnen lassen in den T.
	31,4	ließ ihn die Flut der T. wachsen 15
	41,5	die T. des Anbaus betrug vier Ellen
Am	7,4	das Feuer verzehrte die große T.
Jon	2,4	warfest mich in die T. 6
Mi	7,19	unsere Sünden in die T. des Meeres werfen
Sa	10,11	daß alle T. des Wassers vertrocknen werden
Jdt	9,7	die T. des Meeres hielt sie fest
Wsh	10,19	warf sie herauf aus der T. des Abgrunds
Sir	24,8	(ich) durchzog die T. des Abgrundes
StD	3,31	du siehst in die T.
GMn	3	hast die T. verschlossen und versiegelt
Rö	10,7	wer will hinab in die T. fahren
	11,33	welch eine T. des Reichtums
1Ko	2,10	der Geist erforscht auch die T. der Gottheit
Eph	3,18	so könnt ihr begreifen, welches die T. ist
	4,9	daß er auch hinabgefahren ist in die T. der Erde
Off	2,24	die nicht erkannt haben die T. des Satans

Tiegel

3Mo	2,7	etwas im T. Bereitetes 7,9
1Sm	2,14	stieß in den T. oder Kessel
Ps	12,7	Worte... wie Silber, im T. geschmolzen
Spr	17,3	wie der T. das Silber... prüft 27,21

Tier (s.a. **wildes Tier**)

1Mo	1,24	die Erde bringe hervor T. 25; 2,19
	26	die da herrschen über alle T. 9,2
	30	T. habe ich alles grüne Kraut gegeben
	2,19	wie der Mensch sie T. nennen würde 20
	3,1	die Schlange war listiger als alle T. 14
	6,19	in die Arche bringen von allen T. 7,2.8
	9,5	will euer Blut von allen T. fordern
	10	Bund mit allen T. des Feldes Hos 2,20
	30,41	wenn die Brunstzeit der T. war 42
	37,20	sagen, ein böses T. habe ihn gefressen 33
	45,17	beladet eure T., ziehet hin
2Mo	12,5	sollt nehmen ein männliches T.
	19,13	sei T. oder Mensch, sie sollen nicht leben
	21,34	das tote T. aber soll ihm gehören 35.36
	22,30	kein Fleisch essen, das von T. zerrissen 3Mo 7,24.25; 17,15; 22,8; Hes 4,14; 44,31
	23,5	hilf mit ihm zusammen dem T. auf
3Mo	1,3	so opfere er ein T. ohne Fehler 10; 3,1.6; 14,10; 22,19.24.25; 27,9-11
	11,2	T., die ihr essen dürft unter allen T. 3.8.27.29. 39.46.47; 17,13; 5Mo 14,4.6.7

Tier

3Mo	14,4	daß man zwei Vögel nehme, reine T.
	18,23	bei keinem T. liegen 20,15.16; 5Mo 27,21
4Mo	7,87	Summe der T. zum Brandopfer 88
	35,3	daß sie alle ihre T. haben
5Mo	4,17	(Bildnis, das gleich sei) einem T.
	7,14	auch nicht eins deiner T. (unfruchtbar)
	28,26	deine Leichname werden zum Fraß werden allen T. Ps 79,2; Jer 7,33; 16,4; 19,7; 34,20
	32,24	will der T. Zähne unter sie schicken
1Sm	17,44	will dein Fleisch geben den T. auf d. Felde
2Sm	21,10	ließ nicht an sie kommen die T. des Feldes
1Kö	5,13	(Salomo) dichtete von den T. des Landes
2Ch	29,33	waren der geweihten T. 600 Rinder
Neh	2,12	es war kein T. bei mir außer dem 14
Hi	35,11	der uns klüger macht als die T.
	41,26	ist König über alle stolzen T.
Ps	36,7	du hilfst Menschen und T.
	50,10	die T. auf den Bergen zu Tausenden
	68,31	bedrohe das T. im Schilf
	73,22	ich war wie ein T. vor dir
	74,19	gib deine Taube nicht den T. preis
	80,14	haben die T. des Feldes ihn abgeweidet
	104,11	daß alle T. des Feldes trinken
	25	wimmelt's ohne Zahl, große und kleine T.
	148,10	(lobet den HERRN,) ihr T. und alles Vieh
Spr	30,30	der Löwe, mächtig unter den T.
Jes	18,6	daß man's liegenläßt für die T. im Lande
	30,6	ist die Last für die T. des Südlandes
	35,9	es wird kein reißendes T. darauf sein
	40,16	und seine T. zu wenig zum Brandopfer
	46,1	ihre Götzenbilder sind den T. aufgeladen
	56,9	ihr T. alle, kommt und freßt Jer 12,9
Jer	15,3	will sie heimsuchen mit den T. des Feldes
	21,6	Menschen und T., daß sie sterben sollen
	27,5	ich habe gemacht Menschen und T.
	6	habe Babel gegeben auch die T. 28,14
Hes	19,3	der lernte T. zu reißen 6
	29,5	gebe dich T. zum Fraß 32,4; 33,27; 39,4.17
	11	weder Mensch noch T. darin wohnen soll
	31,6	alle T. des Feldes hatten Junge 13
	32,13	will alle seine T. umbringen 34,25; Hos 4,3
	13	daß keines T. Klaue sie trübe
	38,20	daß erbeben sollen die T.
Dan	2,38	auch (Gott) die T. auf dem Felde gegeben
	4,9	alle T. fanden Schatten unter ihm 11.18
	12	soll sein Teil haben mit den T. 20.22.29
	5,21	sein Herz wurde gleich dem der T.
	7,3	vier T. stiegen herauf 5-7.11.12.17.19.23
	8,4	kein T. konnte vor ihm bestehen
Hos	2,14	daß die T. des Feldes sie fressen sollen
Jo	2,22	fürchtet euch nicht, ihr T. auf dem Felde
Jon	4,11	in der Menschen sind, dazu auch viele T.
Mi	5,7	werden sein wie ein Löwe unter den T.
Hab	2,17	die vernichteten T. werden dich schrecken
Ze	2,14	sich darin lagern werden allerlei T. 15
Sa	8,10	auch der T. Arbeit erbrachte nichts
	14,15	wird deine Plage kommen über alle T.
Mal	1,14	wer ein blindes T. opfert 14
Jdt	11,5	alle T. auf dem Felde werden ihm gehorchen
Wsh	7,20	(daß ich begreife) die Natur der T.
	11,15	sandtest eine Menge T. 18; 12,9; 16,3.5.9.18; 19,20
	12,24	daß sie die T. für Götter hielten 13,10; 15,18.19
	13,13	macht's einem gewöhnlichen T. gleich
	17,19	ob T., die man nicht sehen konnte, vorbeisprangen
	19,10	anstatt der gewöhnlichen T. Mücken
Sir	13,19	jedes T. liebt seinesgleichen
	43,27	dort gibt es mancherlei T. und Fische
Bar	3,16	die über die T. auf Erden herrschen
	6,68	die unvernünftigen T. sind besser daran
1Ma	1,50	(daß sie) unreine Tiere opfern sollten
	6,37	der Inder, der das T. leitete
2Ma	15,21	als Makkabäus die schrecklichen T. (sah)
StE	5,16	daß weder Mensch noch T. darin wohnen
Mk	1,13	*war bei den T., und die Engel dienten ihm*
Lk	10,34	hob ihn auf sein T. und brachte ihn in eine Herberge
Apg	10,12	darin waren allerlei T. der Erde
	23,24	haltet T. bereit, Paulus draufzusetzen
	28,4	als die Leute das T. sahen 5
Rö	1,23	vertauscht mit einem Bild gleich dem der T.
Tit	1,12	die Kreter sind immer Lügner, böse T.
2Pt	2,12	sie wie die unvernünftigen T.
	16	*das stumme lastbare T. redete*
Heb	12,20	auch wenn ein T. den Berg anrührt, soll es
	13,11	die Leiber der T. werden außerhalb verbrannt
Jak	3,7	jede Art von T. wird gezähmt von Menschen
Jud	10	was sie von Natur aus kennen wie die T.
Off	11,7	wird das T. mit ihnen kämpfen
	13,1	ich sah ein T. aus dem Meer steigen 2.11
	3	die ganze Erde wunderte sich über das T. 4
	4	weil er dem T. die Macht gab 12.14.15
	12	macht, daß die Erde das erste T. anbeten 14
	17	den Namen des T. oder die Zahl s. Namens
	18	wer Verstand hat, der überlege die Zahl des T.
	14,9	wenn jemand das T. anbetet und sein Bild 11; 16,2; 19,20
	15,2	den Sieg behalten hatten über das T.
	16,10	goß aus seine Schale auf den Thron des T.
	13	sah aus dem Rachen des T. drei unreine Geister kommen
	17,3	ich sah eine Frau auf einem scharlachroten T. sitzen 7
	8	das T. ist gewesen und ist jetzt nicht 11
	12	für eine Stunde Macht empfangen mit dem T.
	13	diese geben ihre Kraft und Macht dem T. 17
	16	und das T., die werden die Hure hassen
	18,2	ist geworden ein Gefängnis aller unreinen T.
	19,19	ich sah das T. und die Könige
	20	das T. wurde ergriffen 20,10
	20,4	die nicht angebetet hatten das T. und sein Bild

wildes Tier

1Mo	8,19	w. T., alles Vieh... ging aus der Arche
	31,39	was die w. T. zerrissen... mußte es ersetzen
2Mo	23,29	daß sich nicht die w. T. mehren 5Mo 7,22
3Mo	26,6	will die w. T. aus eurem Lande wegschaffen
	22	will w. T. unter euch senden Hes 5,17
Hi	5,22	dich vor den w. T. nicht fürchten 23
	37,8	w. T. gehen in ihr Höhle
	39,15	daß ein w. T. sie zerbrechen kann
	40,20	alle w. T. spielen dort
Ps	8,8	(unter seine Füße getan) auch die w. T.
	104,20	da regen sich alle w. T.
Hes	14,15	wenn ich w. T. ins Land bringen würde 21
	34,5	sind w. T. zum Fraß geworden 8
	28	kein w. T. soll sie mehr fressen
Hos	13,8	die w. T. sollen sie zerreißen
Jo	1,20	es schreien auch die w. T. zu dir
Wsh	17,9	aufgescheucht durch das Vorbeilaufen w. T.
	19	ob die grausamen w. T. heulten
Sir	39,36	w. T. sind auch zur Strafe geschaffen

Tier

2Ma	4,25	hatte an sich die Wut eines w. T.
	9,15	die er den w. T. zu fressen geben wollte
	10,6	ihr Laubhüttenfest wie w. T. gehalten
	11,9	auch gegen die w. T. anzugehen
StD	3,57	alle zahmen und w. T., lobt den Herrn
Mk	1,13	er war bei den w. T., und Engel dienten ihm
Apg	11,6	als ich hineinsah, erblickte ich w. T.
1Ko	15,32	nur im Blick auf dieses Leben mit w. T. gekämpft
Off	6,8	zu töten durch die w. T. auf Erden

Tierbändiger

Sir 12,13 wer hat Mitleid mit einem T.

tierisch

Dan 4,13 soll ein t. Herz ihm gegeben werden

Tierkreis

Hi 38,32 kannst du die Sterne des T. aufgehen l.

Tifsach, *Tiphsach*

1Kö 5,4 ¹(Salomo) herrschte von T. bis nach Gaza
2Kö 15,16 ²damals schlug Menahem die Stadt T.

Tiglat-Pileser, *Tiglath-Pileser*

2Kö	15,29	kam T., der König von Assyrien 2Ch 28,20
	16,7	Ahas sandte Boten zu T. 10
1Ch	5,6	Beera, den T. gefangen wegführte 26

Tigris

1Mo	2,14	der dritte Strom heißt T.
Dan	10,4	war ich an dem großen Strom T.
Jdt	1,6	Völker, die am T. wohnten
Tob	6,1	blieb über Nacht am Ufer des T.
Sir	24,35	wie der T. im Frühling

Tikwa

2Kö 22,14 ¹T., des Sohnes des Harhas (= Tokhat)
Esr 10,15 ²Jachseja, der Sohn T.

tilgen

2Mo	32,32	t. mich aus deinem Buch 33; Ps 69,29
5Mo	32,26	will ihren Namen t. unter den Menschen
Jos	7,12	das Gebannte aus eurer Mitte t.
Neh	3,37	ihre Sünde t. nicht vor dir
Hi	33,17	damit er von ihm die Hoffart t.
Ps	21,11	ihre Nachkommen wirst du t. vom Erdboden
	51,3	t. meine Sünden nach deiner Barmherzigkeit
	11	t. alle meine Missetat
	109,13	ihr Name soll im zweiten Glied get. werden
	14	seiner Mutter Sünde soll nicht get. werden
Spr	6,33	seine Schmach ist nicht zu t.
Jes	43,25	ich t. deine Übertretungen 44,22
Tob	12,9	Almosen t. die Sünden 3,33
Sir	10,20	er hat ihren Namen von der Erde get.
Bar	3,7	Missetaten... aus unserm Herzen get.
2Ma	12,42	daß diese Sünde gänzlich get. werden möchte
Apg	3,19	tut Buße, daß eure Sünden get. werden
Kol	2,14	er hat den Schuldbrief get.

Tilon

1Ch 4,20 Söhne Schimons: T.

Timäus

Mk 10,46 ein Bettler, Bartimäus, der Sohn des T.

Timna, Timnaïter

versch. Träger ds. Namens
1Mo 36,12; 1Ch 1,36/ 1Mo 36,22; 1Ch 1,39/
1Mo 36,40; 1Ch 1,51/ 1Mo 38,12-14; Jos 15,57/ Jos 15,10; 19,43/ Ri 14,1.2.5; 15,6; 2Ch 28,18/ 1Ma 9,50

Timnat(h)-Heres; Timnat(h)-Serach

Jos 19,50 gaben (Josua) T. 24,30; Ri 2,9

Timon

Apg 6,5 sie wählten Stephanus und T.

Timotheus

1Ma	5,6	¹Ammoniter; Hauptmann T. 11.34.37.40; 2Ma 8,30.32; 9,3; 10,24.32.37; 12,2.10.18-21.24
Apg	16,1	²dort war ein Jünger mit Namen T.
	17,14	Silas und T. blieben zurück
	15	Silas und T. zu ihm kommen sollten 18,5
	19,22	er sandte T. nach Mazedonien 1Th 3,2
	20,4	es zogen mit ihm Gajus und T.
Rö	16,21	es grüßen euch T. und Luzius
1Ko	4,17	aus demselben Grund habe ich T. gesandt
	16,10	wenn T. kommt, so seht zu, daß
2Ko	1,1	Paulus und T., unser Bruder Phl 1,1; Kol 1,1; 1Th 1,1; 2Th 1,1; Phm 1
	19	Jesus Christus, gepredigt worden durch T.
Phl	2,19	daß ich T. bald zu euch senden werde
1Th	3,6	nun ist T. von euch wieder zu uns gekommen
1Ti	1,2	(Paulus) an T., meinen rechten Sohn im Glauben 2Ti 1,2
	18	diese Botschaft vertraue ich dir an, T.
	6,20	O T.! Bewahre, was dir anvertraut ist
Heb	13,23	wißt, daß unser Bruder T. wieder frei ist

Tinte

Jer 36,18 schrieb sie mit T. auf die Schriftrolle
2Ko 3,3 geschrieben nicht mit T., sondern
2Jh 12 wollte es nicht mit Brief und T. tun 3Jh 13

Tiras

1Mo 10,2 Söhne Jafets: T.

Tiratiter, *Tirathiter*

1Ch 2,55 die Geschlechter der Schreiber sind die T.

Tirhaka

2Kö 19,9 T., dem König von Kusch Jes 37,9

Tirhana

1Ch 2,48 Maacha, die Nebenfrau Kalebs, gebar T.

Tirja

1Ch 4,16 Söhne Jehallelels: T.

Tirza

4Mo 26,33 ¹Zelofhad hatte Töchter... T. 27,1; 36,11; Jos 17,3
Jos 12,24 ²der König von T. 1Kö 14,17; 15,21.33; 16,6.8. 9.15.17.23; 2Kö 15,14.16
Hl 6,4 du bist schön, meine Freundin, wie T.

Tisch

1Mo 43,34 man trug ihnen Essen auf von seinem T.
2Mo 25,23 sollst einen T. machen aus Akazienholz 27. 28; 26,35; 30,27; 31,8; 35,13; 37,10.14-16; 39,36; 40,4.22.24
30 auf den T. allezeit Schaubrote legen 3Mo 24,6; 1Kö 7,48; 1Ch 28,16; 2Ch 4,19; 13,11; 29,18
40,4 sollst den T. hineinbringen 22.24
4Mo 3,31 sollen in Obhut nehmen den T.
Ri 1,7 siebzig Könige lasen auf unter meinem T.
1Sm 20,5 mit dem König zu T. sitzen 24.27.29.34
2Sm 9,7 sollst täglich an meinem T. essen 10.11.13; 19,29; 1Kö 2,7
1Kö 5,7 versorgten, was zum T. des Königs gehörte
10,5 die Speisen für seinen T. 2Ch 9,4
13,20 als sie zu T. saßen, kam das Wort d. HERRN
18,19 Propheten, die vom T. Isebels essen
2Kö 4,10 T., Stuhl und Leuchter hineinstellen
1Ch 28,16 Gewicht des Silbers für die silbernen T.
2Ch 4,8 zehn T. und tat sie in die Tempelhalle
Neh 5,17 waren von den Juden 150 an meinem T.
Hi 36,16 an deinem T. wirst du Ruhe haben
Ps 23,5 bereitest vor mir einen T. im Angesicht
69,23 ihr T. werde ihnen zur Falle
78,19 kann Gott einen T. bereiten in der Wüste
128,3 Kinder wie junge Ölbäume um deinen T.
Spr 9,2 (die Weisheit) hat ihren T. bereitet
23,1 wenn du zu T. sitzt mit einem hohen Herrn
Jes 21,5 deckt den T., breitet den Teppich aus
28,8 alle T. sind voll Gespei
65,11 die ihr dem Gad einen T. zurichtet
Hes 23,41 ein T. war davor hergerichtet
39,20 sättigt euch an meinem T.
40,39 T., auf denen man schlachtet 40-43
41,22 der T., der vor dem HERRN steht 44,16
Dan 11,27 werden an einem T. verlogen reden
Mal 1,7 des HERRN T. ist für nichts zu achten 12
Jdt 12,1 was man ihr von seinem T. auftragen sollte
Tob 2,3 da stand Tobias sogleich vom T. auf
7,10 als er sich bat, sich zu T. zu setzen
9,8 fand er Tobias bei T.
Sir 29,29 ein köstlich gedeckter T. in fremden Häusern
33 du Fremder, geh hin und bereite den T.
31,12 wenn du am T. eines reichen Mannes sitzt
21 wenn du mit vielen zu T. sitzt
40,30 wer sich nach fremdem T. umsieht
1Ma 1,23 den T., auf dem die Schaubrote lagen
4,49 brachten den T. in den Tempel 51
StE 3,11 auch hab ich nie an Hamans T. gegessen
StD 2,17 sah der König auf den T. und rief
20 die verzehrt hatten, was auf dem T. lag
Mt 8,11 viele werden im Himmelreich zu T. sitzen Lk 13,29
9,10 als er zu T. saß im Hause 26,7; Mk 2,15; 14,3. 18; Lk 7,36.37; 11,37; 24,30

Mt 14,9 wegen derer, die mit ihm zu T. saßen, befahl er Mk 6,22.26
15,27 Brosamen, die vom T. ihrer Herren fallen Mk 7,28
21,12 Jesus stieß die T. der Geldwechsler um Mk 11,15; Jh 2,15
22,10 die T. wurden alle voll
23,6 sie sitzen gern obenan bei T. Mk 12,39; Lk 20,46
26,20 setzte er sich zu T. mit den Zwölfen
Mk 16,14 als die Elf zu T. saßen, offenbarte er sich ihnen
Lk 5,29 viele Zöllner und andre saßen mit ihm zu T.
7,49 da fingen die an, die mit ihm zu T. saßen 14,15
12,37 er wird sich schürzen und wird sie zu T. bitten
14,7 wie sie suchten, obenan zu s.
10 Ehre vor allen, die mit dir zu T. sitzen
16,21 begehrte, sich zu sättigen mit dem, was von des Reichen T. fiel
17,7 komm her und setz dich zu T.
22,21 die Hand m. Verräters ist mit mir am T.
27 wer ist größer: der zu T. sitzt oder der dient
30 daß ihr essen und trinken sollt an meinem T.
Jh 12,2 Lazarus war einer von denen, die mit ihm zu T. saßen
13,23 der lag bei T. an der Brust Jesu
28 niemand am T. wußte, wozu er ihm das sagte
Apg 6,2 *es taugt nicht, daß wir zu T. dienen*
16,34 führte sie in sein Haus und deckte ihnen den T.
Rö 11,9 laß ihren T. zur Falle werden
1Ko 8,10 wenn jemand dich im Götzentempel zu T. sitzen sieht
10,21 nicht zugleich am T. des Herrn teilhaben und am T. der bösen Geister
Heb 9,2 der vordere Teil, worin der T. (war)

Tischältester

Sir 32,1 hat man dich zum T. eingesetzt

Tischbe, Tischbiter, *Thisbe, Thisbiter*

1Kö 17,1 Elia aus T. in Gilead 21,17.28; 2Kö 1,3.8; 9,36

tischweise

Mk 6,39 gebot ihnen, daß sie sich alle lagerten, t.

Titius Justus

Apg 18,7 in das Haus eines Mannes mit Namen T. J.

Titus

2Ko 2,13 weil ich T., meinen Bruder, nicht fand
7,6 tröstete uns durch die Ankunft des T. 13
14 so hat sich auch unser Rühmen vor T. als wahr erwiesen
8,6 so haben wir T. zugeredet, daß er diese Wohltat vollends ausrichte 12,18
16 dem T. solchen Eifer ins Herz gegeben
23 T., der mein Gefährte ist
12,18 hat euch etwa T. übervorteilt
Gal 2,1 zog ich nach Jerusalem und nahm T. mit 3
2Ti 4,10 Demas ist nach Thessalonich gezogen, T. nach Dalmatien
Tit 1,4 (Paulus) an T., meinen rechten Sohn

Titus Manius
2Ma 11,34 T. M., Botschafter der Römer

Tiziter
1Ch 11,45 Joha, der T.

Tob
Ri 11,3 (Jeftah) wohnte im Lande T. 5
2Sm 10,6 von T. 12.000 Mann 8
1Ma 5,13 im Lande T. sind unsre Brüder getötet

Tob-Adonija
2Ch 17,8 mit ihnen die Leviten T.

toben
1Sm 21,14 (David) t. unter ihren Händen 16
    31,3 der Kampf t. heftig um Saul 1Ch 10,3
2Kö 19,27 du t. gegen mich 28; Jes 37,28.29
Hi 3,17 haben die Gottlosen aufgehört mit T.
    12,6 Ruhe haben, die wider Gott t.
Ps 2,1 warum t. die Heiden Apg 4,25
    64,3 verbirg mich vor dem T. der Übeltäter
    65,8 der du stillst das T. der Völker
    74,23 das T. deiner Widersacher wird größer
    77,17 ja, die Tiefen t.
    83,3 siehe, deine Feinde t.
Spr 19,3 und doch t. sein Herz wider den HERRN
    29,9 so t. der oder lacht
Jes 8,9 t., ihr Völker, ihr müßt doch fliehen
    14,4 das T. hat ein Ende
    22,2 du Stadt voller Lärmen und T.
    28,21 der HERR wird t. wie im Tal Gibeon
Jer 5,22 wenn seine Wellen auch t.
Wsh 5,23 die Wasser des Meeres werden t.
Sir 39,34 wenn die Strafe kommen soll, so t. sie
2Ma 7,19 gewagt hast, so gegen Gott zu t.

Tobias
Tob 1,1 ¹T. aus dem Stamme Naftali 19.21.23.25; 2,1. 3.9.14.16.21; 3,1; 4,1; 5,13.15.17.20.23.28; 7,5.6; 10,3.7; 11,17; 12,1; 13,1; 14,1
    1,9 ²Sohn, den er auch T. nannte 4,1; 5,1.5.8.10. 11.24; 6,1.3.7.8.11.15; 7,2.10.15; 8,1.2.4.7.12.22. 23; 9,1.7.8; 10,1.10.11; 11,2.4.5.7.13.15.17-19; 12,2; 14,5.14
2Ma 3,11 ³Hyrkanus, Sohn des T.

Tobija
2Ch 17,8 ¹mit ihnen die Leviten T.
Esr 2,60 ²(ob aus Israel:) die Söhne T. Neh 7,62
Neh 2,10 ³T., der ammonitische Knecht 19; 3,35; 4,1; 6,1.12.14.17.19; 13,4.7.8
Sa 6,10 ⁴nimm von den Weggeführten... von T. 14

Tochen
1Ch 4,32 (Söhne Mischmas wohnten zu) T.

Tochter (s.a. Tochter Zion)
1Mo 5,4 zeugte Söhne und T. 7u.ö.30; 11,11u.ö.25
    6,2 wie schön die T. der Menschen waren 1.4
    19,8 T., die wissen von keinem Manne Ri 19,24
1Mo 19,12 hast du hier noch Söhne und T. 14-16
    30 Lot mit seinen beiden T. 36
    20,12 sie ist m. Vaters T., nicht m. Mutter T.
    24,3 keine Frau von den T. der Kanaaniter 37; 27,46; 28,1.6.8; 38,2.12; 2Mo 34,16; 5Mo 7,3; Esr 9,2.12; Neh 10,31; 13,25
    13 T. der Leute werden herauskommen
    15 Rebekka, die T. Bethuëls 23.24.47.48; 25,20
    28,2 nimm eine Frau von den T. Labans 29,6. 10. 16.18.23.24.28.29; 31,26.28.31.41.43.50; 32,1; 46,18.25
    30,13 mich werden selig preisen die T.
    21 danach gebar (Lea) eine T., Dina 34,1.5.7.8. 19; 46,15
    34,1 Dina ging aus, die T. des Landes zu sehen
    9 gebt uns eure T. und nehmt unsere T. 16.21; Ri 3,6
    36,6 nahm seine Söhne und T. und zog 46,7. 15
    37,35 alle T. kamen zu ihm, ihn zu trösten
2Mo 1,16 ist's aber eine T., so laßt sie leben 22
    2,5 die T. des Pharao wollte baden 7-10; Apg 7,21
    16 der Priester in Midian hatte 7 T. 20.21
    3,22 die sollt ihr euren Söhnen und T. anlegen
    10,9 wollen ziehen mit unsern T.
    20,10 k. Arbeit... auch nicht deine T. 5Mo 5,14
    21,4 Söhne oder T... sollen seinem Herrn gehören
    7 verkauft jemand seine T. als Sklavin
    9 soll nach dem Recht der T. an ihr tun
    31 wenn das Rind Sohn oder T. stößt
    32,2 reißt euch... sein Ohrringe eurer T.
3Mo 10,14 sollst du mit deinen Söhnen und T. essen 4Mo 18,11.19; 5Mo 12,18
    12,6 wenn die Tage... für die T. um sind
    18,9 sollst mit deiner Mutter T. nicht Umgang haben 10.11.17; 20,17; 5Mo 27,22
    19,29 deine T. nicht zur Hurerei anhalten 21,9
    21,2 (an keinem Toten unrein machen) außer an seiner T. Hes 44,25
    22,12 wenn des Priesters T... eines Mannes
    26,29 sollt eurer Söhne und T. Fleisch essen 28,53; Jer 19,9
4Mo 21,29 hat seine T. gefangen geführt Jer 48,46
    25,1 zu huren mit den T. der Moabiter
    26,33 Zelophhad hatte T. 46; 27,1.7; 36,2.6.10; Jos 17,3.6; 1Ch 7,15
    27,8 sollt sein Erbe seiner T. zuwenden 9; 36,8
    30,17 sind die Satzungen zwischen Vater und T.
5Mo 12,12 sollt fröhlich sein, ihr und eure T. 16,11.14
    31 haben ihren Göttern ihre T. verbrannt 18,10; 2Kö 17,17; 23,10; Ps 106,37.38; Jer 7,31; 32,35; Hes 16,20; 20,31
    13,7 wenn dich deine T. überreden würde
    22,16 habe diesem Mann meine T. gegeben 17
    23,18 keine Tempeldirne unter den T. Israel
    28,32 deine T. werden einem andern Volk gegeben
    41 T. wirst du zeugen und doch nicht behalten
    56 ihrer T. nicht gönnen (die Nachgeburt)
    32,19 ward (der HERR) zornig über seine T.
Jos 7,24 nahmen Achan, seine Söhne und T.
    15,16 wer Kirjat-Sefer erobert, dem will ich meine T. geben 17; Ri 1,12.13
Ri 11,34 Jeftah hatte sonst keine T. 35.40
    12,9 dreißig T. gab (Ibzan) nach auswärts
    14,1 ein Mädchen unter den T. der Philister 2.3
    21,1 niemand soll seine T. den Benjaminitern geben 7.18.21
Rut 1,11 kehrt um, meine T. 12.13; 2,2.8.22; 3,1.10.11. 16.18

Tochter

1Sm	1,4	gab er Peninna und allen T. Opferfleisch
	2,21	Hanna gebar noch drei Söhne und zwei T.
	8,13	eure T. wird er nehmen, daß sie kochen
	17,25	will der König ihm seine T. geben 18,17.19. 27.28; 25,44
	30,3	daß ihre Söhne und T. gefangen 6.19
2Sm	1,20	daß sich nicht freuen die T. der Philister
	24	ihr T. Israel, weinet über Saul
	5,13	wurden (David) Söhne und T. geboren 1Ch 14,3
	12,3	und er hielt's wie eine T.
	13,18	solche Kleider trugen des Königs T.
	14,27	Absalom wurden 3 Söhne geboren und 1 T.
	19,6	die heute das Leben gerettet deinen T.
1Kö	3,1	Salomo nahm eine T. des Pharao zur Frau 7,8; 9,16.24; 11,1; 2Ch 8,11
2Kö	9,34	begrabt sie; sie ist eines Königs T.
	14,9	gib deine T. meinem Sohn 2Ch 25,18
	19,21	die T. Jerusalem schüttelt ihr Haupt Jes 37,22
2Ch	28,8	führten Söhne und T. weg 29,9
	31,18	man zeichnete sie auf mit allen T.
Neh	3,12	baute Schallum, er und seine T.
	4,8	streitet für eure Söhne, T. 10,29
	5,2	unsere T. müssen wir verpfänden 5
Est	2,7	nahm sie Mordechai als T. an 15
Hi	1,2	(Hiob) zeugte drei T. 42,13.15
	13	da seine Söhne und T. aßen 18
Ps	45,10	in deinem Schmuck gehen T. von Königen
	11	höre, sieh und neige dein Ohr
	13	die T. Tyrus kommt mit Geschenken
	48,12	die T. Juda seien fröhlich 97,8
	137,8	T. Babel, du Verwüsterin Jes 47,1.5; Jer 50,42; 51,33; Sa 2,11
	144,12	unsere T. (seien) wie Säulen
Spr	30,15	der Blutegel hat zwei T.
Pr	12,4	wenn alle T. des Gesanges sich neigen
Hl	1,5	ihr T. Jerusalems 2,7; 3,5.10; 5,8.16; 8,4
	6,9	als die T. sie sahen, priesen sie sie
	12	trieb mich... zu der T. eines Fürsten
Jes	10,30	du T. Gallim, schreie laut
	15,2	geht hinauf die T. Dibon zu den Altären
	22,4	über die Zerstörung der T. meines Volks
	23,10	bebaue dein Land, du T. Tarsis
	12	sollst nicht fröhlich sein, du T. Sidon
	32,9	ihr T., die ihr so sicher seid
	43,6	bring her meine Söhne und T. 49,22; 60,4
	56,5	ist sie besser als Söhne und T.
Jer	3,24	Baal hat gefressen ihre Söhne und T.
	4,11	kommt ein Wind zu der T. meines Volks
	5,17	werden deine Söhne und T. fressen
	6,26	o T. meines Volks, zieh den Sack an 8,19.22; 9,6; 14,17; Klg 2,11; 3,48; 4,10
	9,19	lehrt eure T. klagen
	11,22	ihre T. sollen vor Hunger sterben 14,16
	16,2	sollst weder Söhne noch T. zeugen 3
	29,6	zeugt T... gebt eure T. Männern
	31,22	wie lang... du abtrünnige T. 49,4
	35,8	keinen Wein, weder wir noch unsere T.
	46,11	hole Balsam, T. Ägypten 19.24
	48,18	herunter von der Herrlichk., du T. Dibon
	49,3	schreit, ihr T. von Rabba
Klg	1,15	Kelter getreten die T. Juda 2,2.5
	2,15	über die T. Jerusalem: Ist das die (aller-)schönste) Stadt 13
	3,51	Schmerz wegen all der T. meiner Stadt
	4,3	T. meines Volks ist unbarmherzig 6
	21	sei fröhlich, du T. Edom 22
Hes	13,17	gegen die T., die als Prophetinnen
	14,16	weder Söhne noch T. retten 18.20.22
	16,27	deiner Feinde, der T. der Philister 57
	44	wie die Mutter, so die T. 45
	46	deine Schwester ist Samaria mit ihren T. 48. 49.53.55
	61	wenn ich sie dir zu T. geben werde
	22,11	tun Gewalt an den T. ihres Vaters
	23,2	es waren zwei Frauen, T. einer Mutter
	4	gebaren mir Söhne und T.
	10	nahmen ihre Söhne und T. weg 25.47; 24,21. 25; 30,18; Am 7,17
	32,16	die T. der Völker sollen es singen 18
Dan	11,6	die T. des Königs des Südens wird kommen
	17	wird ihm seine T. zur Frau geben
Hos	1,6	gebar eine T... nenne sie Lo-Ruhama
	4,13	darum werden eure T. auch zu Huren 14
Jo	3,1	eure Söhne und T. sollen weissagen Apg 2,17
	4,8	will eure Söhne und eure T. verkaufen
Mi	4,8	das Königtum der T. Jerusalem
	7,6	die T. widersetzt sich der Mutter
Ze	3,14	sei fröhlich, du T. Jerusalem Sa 9,9
Mal	2,11	Juda freit eines fremden Gottes T.
Jdt	9,2	ihre Frauen und T. gefangennehmen lassen
	13,23	gesegnet bist du, T. vom Herrn
Wsh	9,7	erwählt zum Richter über d. Söhne und T.
Tob	3,7	daß Sara, die T. Raguëls, gescholten wurde
	10	von dir nicht auch eine T. sehen müssen
	6,12	Raguël hat nur eine T.
	13	verpflichtet, die T. zur Frau zu nehmen 7,14
	7,10	zusagst, mir Sara, deine T., zu geben 12.15
	19	sie führte ihre T. Sara hinein 20
	10,13	die Eltern umarmten ihre T. und küßten sie
Sir	7,16	hast du T., so gib gut auf sie acht 27; 26,13; 42,11
	22,3	eine mißratene T. bringt Schaden 4
	4	eine vernünftige T. kriegt einen Mann
	36,23	unter den T. nimmt man die eine lieber
	42,9	eine T. bereitet dem Vater unruhige Nächte
Bar	2,3	daß jeder das Fleisch seiner T. essen soll
	4,10	die Gefangenschaft meiner T. gesehen 14
	16	haben die Einsame ihrer T. beraubt
1Ma	9,37	sie war die T. eines Fürsten aus Kanaan
	10,53	du wollest mir deine T. zur Ehe geben 11,9. 10.12
StD	1,48	daß ihr eine T. Israels verdammt 57
	63	lobten Gott um Susannas, ihrer T., willen
Mt	9,18	meine T. ist gestorben Mk 5,23.35; Lk 8,49
	22	sei getrost, meine T. Mk 5,34; Lk 8,48
	10,35	entzweien die T. mit ihrer Mutter Lk 12,53
	37	wer Sohn oder T. mehr liebt als mich
	14,6	da tanzte die T. der Herodias Mk 6,22
	15,22	meine T. wird von einem bösen Geist geplagt Mk 7,26
	28	die T. wurde gesund zu derselben Stunde Mk 7,29
Lk	1,5	sein Weib war von den T. Aarons
	2,36	eine Prophetin, Hanna, eine T. Phanuëls
	8,42	er hatte eine einzige T. von etwa zwölf Jahren
	13,16	diese, die doch Abrahams T. ist, von dieser Fessel gelöst werden
	23,28	ihr T. von Jerusalem, weint nicht über mich
Apg	2,17	eure Söhne und eure T. sollen weissagen
	21,9	der hatte vier T., die waren Jungfrauen
2Ko	6,18	ihr sollt meine Söhne und T. sein
1Pt	3,6	deren T. seid ihr geworden, wenn ihr recht tut
Heb	11,24	wollte Mose nicht mehr als Sohn der T. des Pharao gelten

Tochter Zion

Tochter Zion

2Kö	19,21	die T. Z. verachtet dich Jes 37,22
Ps	9,15	in den Toren der T. Z. fröhlich sei
Hl	3,11	sehet, ihr T. Z., den König Salomo
Jes	1,8	übriggeblieben ist allein die T. Z.
	3,16	weil die T. Z. stolz sind 17
	4,4	den Unflat der T. Z. abwaschen
	10,32	Hand ausstrecken gegen den Berg der T. Z.
	12,6	jauchze und rühme, du T. Z. Ze 3,14
	16,1	schickt die Lämmer zum Berge der T. Z.
	52,2	mach dich los, du gefangene T. Z.
	62,11	saget der T. Z.: dein Heil kommt Mt 21,5
Jer	4,31	ich höre ein Geschrei der T. Z.
	6,2	die T. Z. ist wie eine liebliche Aue
	23	sie reiten gegen dich, du T. Z.
Klg	1,6	es ist von der T. Z. aller Schmuck dahin
	2,1	der Herr die T. Z. mit Zorn 4.8.10.13.18
	4,22	deine Schuld ist abgetan, du T. Z.
Mi	1,13	bist für die T. Z. der Anfang zur Sünde
	4,8	du Feste der T. Z., zu dir wird kommen
	10	stöhne, du T. Z. 13
Sa	2,14	sei fröhlich, du T. Z. 9,9
Jh	12,15	fürchte dich nicht, du T. Z.

Töchterlein

Mk	7,25	deren T. einen unreinen Geist hatte

Tochterstadt

Jer	49,2	seine T. sollen in Brand gesteckt werden Hes 26,6.8

Tod

1Mo	2,17	an dem Tage mußt du des T. sterben 3,4
	20,3	bist des T. um des Weibes willen
	25,11	nach dem T. Abrahams 26,18; Ri 1,1; 2Sm 1,1; 2Kö 14,17; 1Ch 2,24; 2Ch 24,17; 25,25
	26,11	wer... soll des T. sterben 20,7; 2Mo 19,12; 21,12.15-17; 22,18; 31,14.15; 3Mo 20,2.9-16.27; 24,16.17; 4Mo 35,16-18.21; 2Ch 23,7; Hes 18,13
	27,10	vor seinem T. 50,16; 5Mo 33,1; 1Ch 22,5
	44,9	bei wem er gefunden wird, der sei des T.
2Mo	10,17	daß er doch diesen T. von mir wegnehme
	12,33	wir sind alle des T.
3Mo	27,29	er soll des T. sterben 4Mo 15,35; 26,65; 35,31; Ri 21,5; 1Sm 14,44; 22,16; 2Sm 12,14; 1Kö 2,26; 2Kö 1,4.6.16; 8,10
4Mo	6,7	soll sich nicht unrein machen beim T.
	23,10	möge sterben den T. der Gerechten
	35,19	soll den Mörder zum T. bringen 21.30.31
	28	bleiben bis zum T. des Hohenpriesters
5Mo	13,11	man soll ihn zu T. steinigen 10; 17,5; 22,21
	17,6	soll sterben, wer des T. wert ist 21,22; 22,26
	19,6	wo er doch nicht des T. schuldig ist
	30,15	habe dir vorgelegt Leben, T. 19; Jer 21,8
	31,27	ungehorsam... nach meinem T. 29
	32,24	sollen verzehrt werden von jähem T.
Jos	2,13	daß ihr uns vom T. errettet 1,6
Ri	5,18	Sebulons Volk wagte sein Leben in den T.
	13,7	bis zum Tag seines T. 1Sm 15,35; 2Sm 6,23; 20,3; 2Kö 15,5; 2Ch 26,21
	22	müssen des T. sterben weil wir Gott gesehen
	16,30	mehr Tote, die er durch seinen T. tötete
Rut	1,17	nur der T. wird mich und dich scheiden
	2,11	was du getan nach deines Mannes T.
1Sm	15,32	fürwahr, bitter ist der T.
	20,3	nur ein Schritt zwischen mir und dem T.
	31	er ist ein Kind des T. 26,16; 2Sm 12,5
2Sm	1,23	im Leben und im T. nicht geschieden
	14,14	wir sterben des T. und sind wie Wasser
	15,21	es gerate zum T. oder zum Leben
	19,29	hätte den T. erleiden müssen
	22,5	hatten mich umfangen die Wogen des T.
	6	des T. Stricke überwältigten mich Ps 18,5.6; 116,3
1Kö	2,26	du bist des T.
	3,11	noch (bittest) um d. Feinde T. 2Ch 1,11
	12,18	warf ihn Israel zu T. 2Ch 10,18
2Kö	2,21	soll weder T. noch Unfruchtbarkeit kommen
	4,40	der T. im Topf
2Ch	22,4	seine Ratgeber nach seines Vaters T.
	32,11	Hiskia gibt euch in den T.
	33	gaben (Hiskia) Ehre bei seinem T.
Esr	7,26	Urteil empfangen, es sei T. oder Acht
Hi	3,21	die auf den T. warten
	5,20	wird er dich vom T. erlösen Ps 49,16
	7,15	den T. lieber hätte als meine Schmerzen
	18,13	wird verzehren der Erstgeborne des T.
	21,21	was liegt ihm an... nach seinem T.
	24,19	der T. nimmt weg 27,15
	28,22	der Abgrund und der T. sprechen
	30,23	wirst mich zum T. gehen lassen
	33,18	des T. Geschoß 36,12
	38,17	haben sich dir des T. Tore je aufgetan
Ps	6,6	im T. gedenkt man deiner nicht
	9,14	der du mich erhebst aus den Toren des T.
	13,4	daß ich nicht im T. entschlafe
	16,10	wirst mich nicht dem T. überlassen 141,8
	22,16	du legst mich in des T. Staub
	33,19	daß er sie errette vom T.
	49,15	der T. weidet sie
	55,16	der T. übereile sie
	56,14	du hast mich vom T. errettet 86,13; 116,8
	68,21	wir haben den HERRN, der vom T. errettet
	78,34	wenn er den T. unter sie brachte
	50	ihre Seele vor dem T. nicht bewahrte
	79,11	erhalte die Kinder des T. 102,21
	88,4	mein Leben ist nahe dem T. 16
	89,11	du hast Rahab zu T. geschlagen
	49	wo ist jemand, der den T. nicht sähe, der seine Seele errette aus des T. Hand
	116,15	der T. seiner Heiligen wiegt schwer
	118,18	er gibt mich dem T. nicht preis
	119,139	ich habe mich fast zu T. geeifert
	141,7	werden zerstreut bis zur Pforte des T.
Spr	1,32	den Unverstand. bringt ihre Abkehr den T.
	2,18	ihr Haus neigt sich zum T.
	5,5	ihre Füße laufen zum T. hinab
	7,27	da man hinunterfährt in des T. Kammern
	8,36	die mich hassen, lieben den T.
	9,18	daß ihre Gäste in der Tiefe des T. hausen
	10,2	Gerechtigkeit errettet vom T. 11,4
	11,19	dem Bösen nachjagen führt zum T. 12,28
	13,14	zu meiden die Stricke des T. 14,27; 15,24
	14,12	zuletzt bringt er ihn zum T. 16,25
	32	der Gerechte ist auch in seinem T. getrost
	16,14	des Königs Grimm ist ein Bote des T.
	18,21	T. und Leben stehen in der Zunge Gewalt
	21,6	ist unter denen, die den T. suchen
	23,14	aber du errettest ihn vom T.
	24,11	errette, die man zum T. schleppt
Pr	7,1	Tag des T. besser als der Tag der Geburt
	26	bitterer als der T. sei ein Weib das
	8,8	hat keine Macht über den Tag des T.
Hl	8,6	Liebe ist stark wie der T.
Jes	25,8	er wird den T. verschlingen auf ewig

Tod

Jes	28,15	mit dem T. einen Bund geschlossen 18
	38,18	der T. rühmt dich nicht
	53,12	dafür daß er sein Leben in den T. gegeben
	65,23	sollen nicht für einen frühen T. zeugen
Jer	9,20	der T. ist zu unsern Fenstern hereingestiegen
	15,2	wen der T. trifft, den treffe er
	18,21	daß ihre Männer vom T. getroffen werden
	26,11	sprachen vor allem Volk: Dieser Mann ist des T. schuldig 16; Mt 26,66; Mk 14,64
Klg	1,20	hat mich der T. meiner Kinder beraubt
Hes	3,18	mußt des T. sterben 28,8.10; 33,8
	18,23	daß ich Gefallen habe am T. 32; 33,11
	24,16	will nehmen durch einen plötzlichen T.
	31,14	müssen alle dem T. übergeben werden
Hos	13,14	ich will sie vom T. erretten. T., ich will dir ein Gift sein
Jon	2,3	ich schrie aus dem Rachen des T.
	4,8	da wünschte er sich den T.
	9	mit Recht zürne ich bis an den T.
Hab	2,5	wie der T., der nicht zu sättigen ist
Jdt	13,27	Holofernes, der dir den T. angedroht hatte
	16,27	keinen Mann nach dem T. ihres ersten Mannes
	29	vor ihrem T. hatte sie ihr Hab und Gut verteilt
Wsh	1,11	der Mund, der lügt, bringt sich den T.
	12	strebt nicht nach dem T. durch euer Leben
	13	Gott hat den T. nicht gemacht
	14	der T. hat auf der Erde kein Recht
	15	die Gerechtigkeit kennt keinen T.
	2,20	wir wollen ihn zu... T. verurteilen
	24	durch Neid ist der T. gekommen
	12,20	die des T. schuldig waren, mit Schonung
	16,9	über den Ägypter kam T. und Verderben
	13	du hast Gewalt über Leben und T.
	18,12	Tote, die den gleichen T. gestorben waren
	20	mußten die Anfechtung des T. erfahren
	19,5	damit jene einen ungewöhnlichen T. fänden
Tob	4,11	Almosen erlösen auch vom T.
	8,23	nach seinem T. und dem T. seiner Frau
	14,5	vor seinem T. rief er Tobias, seinen Sohn
	14	sogleich nach dem T. seiner Mutter
Sir	1,13	am Tage seines T. wird er Segen empfangen
	4,33	verteidige die Wahrheit bis in den T.
	9,17	nach dem T. unbestraft bleiben
	11,14	es kommt alles von Gott: Leben und T.
	27	der Herr kann jedem im T. leicht vergelten
	14,12	bedenke, daß der T. nicht auf sich warten läßt und daß du keinen Vertrag mit dem T. hast
	15,17	der Mensch hat vor sich Leben und T.
	18,22	warte nicht bis an den T., um es einzulösen
	22,12	das Leben des Narren ist schlimmer als der T.
	23,15	es gibt eine Art zu reden, die dem T. gleicht
	26,7	alles ärger als der T.
	28,7	denk an das Verderben und an den T.
	25	der T. durch sie ist ein bitterer T.
	30,17	der T. ist besser als ein bitteres Leben
	33,15	wie das Leben dem T. gegenübergestellt ist
	37,2	bleibt der Gram darüber bis in den T.
	21	treten vier Dinge auf: Leben und T.
	34	viele haben sich zu T. gefressen
	38,19	vom Trauern kommt der T.
	39,13	noch nach seinem T. bleibt ihm d. Name 15
	35	Hunger, T., alles ist zur Strafe geschaffen
	40,2	da sind immer... und zuletzt der T.
	41,1	o T., wie bitter bist du
	3	o T., wie wohl tust du den Armen
	5	fürchte den T. nicht
Sir	41,7	im T. fragt man nicht, wie lange einer gelebt
	51,6	(errettet) aus dem tiefen Rachen des T.
	8	ich war dem T. nahe
	13	ich bat um Erlösung vom T.
Bar	3,4	Kinder Israel, die dem T. im Rachen stecken
	6,18	der zum T. verurteilt ist
	36	können einen Menschen vom T. nicht erretten
1Ma	2,49	Mattatias sagte vor seinem T.
	9,23	nach dem T. des Judas wurden... wieder mächtig 29
2Ma	1,16	warfen dem Fürsten mit Steinen zu T.
	4,47	daß er die armen Leute zum T. verurteilte
	6,31	mit seinem T. ein Beispiel hinterlassen 28
	7,29	nimm den T. auf dich wie deine Brüder
	9,28	der Mörder starb eines jämmerlichen T. 13,7. 8
	13,14	sie sollten tapfer bis in den T. kämpfen
StD	1,22	wenn ich das tue, so bin ich des T.
	28	in der Absicht, Susanna dem T. zu überliefern 41.45
	2,41	die seinen T. gewollt hatten, ließ er
	3,64	er hat uns errettet vom T.
Mt	2,15	blieb dort bis nach dem T. des Herodes
	4,16	denen, die saßen am Ort des T. Lk 1,79
	10,21	ein Bruder den andern dem T. preisgeben Mk 13,12
	15,4	wer Vater und Mutter flucht, soll des T. sterben Mk 7,10
	16,28	die werden den T. nicht schmecken Mk 9,1; Lk 9,27
	20,18	sie werden ihn zum T. verurteilen Mk 10,33
	26,38	meine Seele ist betrübt bis an den T. Mk 14,34
	66	sie antworteten: Er ist des T. schuldig Mk 14,64
	27,3	als Judas sah, daß er zum T. verurteilt
	37	eine Aufschrift mit der Ursache seines T.
Mk	14,55	daß sie ihn zu T. brächten
Lk	2,26	er solle den T. nicht sehen, er habe denn
	22,33	Herr, ich bin bereit, mit dir in den T. zu gehen
	44	er rang mit dem T. und betete heftiger
	23,15	er hat nichts getan, was den T. verdient 22; Apg 13,28
	24,20	*überantwortet zur Verdammnis des T.*
Jh	5,24	er ist vom T. zum Leben hindurchgedrungen
	8,51	wird den T. nicht sehen in Ewigkeit 52
	11,4	diese Krankheit ist nicht zum T.
	13	Jesus aber sprach von seinem T.
	12,33	um anzuzeigen, welchen T. er sterben würde 18,32
	21,19	mit welchem T. (Petrus) Gott preisen würde
Apg	2,24	den hat Gott auferweckt und hat aufgelöst die Schmerzen des T.
	8,1	Saulus hatte Gefallen an seinem T.
	22,4	ich habe die neue Lehre verfolgt bis auf den T.
	23,29	keine Anklage, auf die T. oder Gefängnis steht 26,31; 28,18
	25,11	*habe ich des T. wert gehandelt 25*
Rö	1,32	sie wissen, daß die... den T. verdienen
	5,10	mit Gott versöhnt durch den T. seines Sohnes
	12	in die Welt gekommen der T. durch die Sünde 17.21; 1Ko 15,21
	14	dennoch herrschte der T. von Adam bis Mose
	6,3	daß alle in seinen T. getauft (sind) 4
	5	wir ihm gleichgeworden sind in seinem T.

Tod

Rö	6,9	der T. kann hinfort über ihn nicht herrschen
	16	es sei der Sünde zum T. oder
	21	das Ende derselben ist der T.
	23	der Sünde Sold ist der T.
	7,5	so daß wir dem T. Frucht brachten
	10	daß das Gebot mir den T. brachte 13
	13	ist dann, was gut ist, mir zum T. geworden
	24	*erlösen von dem Leibe dieses T.*
	8,2	hat dich frei gemacht von dem Gesetz des T.
	6	fleischlich gesinnt sein ist der T.
	38	weder T. noch Leben, weder Engel noch Mächte
1Ko	3,22	es sei Welt oder Leben oder T.
	4,9	Gott hat uns hingestellt wie zum T. Verurteilte
	11,26	verkündigt ihr den T. des Herrn, bis er kommt
	15,26	letzte Feind, der vernichtet wird, ist der T.
	54	der T. ist verschlungen vom Sieg 55
	55	T., wo ist dein Sieg
	56	der Stachel des T. ist die Sünde
2Ko	1,10	*welcher uns von solchem T. erlöst hat*
	2,16	diesen ein Geruch des T. zum T.
	3,7	wenn schon das Amt, das den T. bringt, Herrlichkeit hatte
	4,11	wir, die wir leben, werden immerdar in den T. gegeben um Jesu willen
	12	so ist nun der T. mächtig in uns
	7,10	die Traurigkeit der Welt wirkt den T.
Phl	1,20	es sei durch Leben oder durch T.
	2,8	ward gehorsam bis zum T., ja zum T. am Kreuz
	30	um des Werkes Christi willen ist er dem T. so nahe gekommen
	3,10	möchte seinem T. gleichgestaltet werden
Kol	1,22	hat er versöhnt durch den T. seines Leibes
2Ti	1,10	der dem T. die Macht genommen hat
1Jh	3,14	wer nicht liebt, der bleibt im T.
	5,16	eine Sünde nicht zum T. 17
Heb	2,9	sollte er für alle den T. schmecken
	14	damit er durch seinen T. die Macht nähme dem, der Gewalt über den T. hatte
	15	durch Furcht vor dem T. Knechte
	5,7	dem, der ihn vom T. erretten konnte
	7,23	weil der T. keinen bleiben ließ
	9,15	damit durch seinen T. die Berufenen das Erbe empfangen
	16	der T. dessen geschehen sein, der 17
	11,5	entrückt, damit er den T. nicht sehe
Jak	1,15	Sünde, wenn sie vollendet ist, gebiert den T.
	5,20	der wird seine Seele vom T. erretten
Off	1,18	ich habe die Schlüssel des T. und der Hölle
	2,10	sei getreu bis an den T.
	11	wer überwindet, dem soll kein Leid geschehen von dem zweiten T. 20,6
	23	ihre Kinder will ich mit dem T. schlagen
	6,8	der darauf saß, dessen Name war: Der T.
	9,6	sie werden begehren zu sterben, und der T. wird von ihnen fliehen
	12,11	haben ihr Leben nicht geliebt, bis hin zum T.
	18,8	ihre Plagen, T., Leid und Hunger
	20,13	der T. und sein Reich gaben die Toten heraus
	14	der T. und sein Reich wurden geworfen in den feurigen Pfuhl
	21,4	der T. wird nicht mehr sein
	8	das ist der zweite T.

Todesangst

StE	3,1	Ester nahm in T. zum Herrn ihre Zuflucht

Todesfurcht

Ps	55,5	T. ist auf mich gefallen
Sir	40,4	da sind immer Unfriede und T.

Todesgefahr

Sir	34,13	oft bin ich in T. gekommen

Todesnot

2Ko	1,10	der uns aus solcher T. errettet hat
	11,23	ich bin oft in T. gewesen

Todesstrafe

Lk	24,20	wie ihn unsre Hohenpriester zur T. überantwortet haben

Todesstunde

Sir	11,29	das zeigt sich in seiner T.

todeswürdig

Apg	25,11	habe ich t. gehandelt, so weigere ich mich nicht zu sterben

todkrank

2Sm	12,15	schlug das Kind, daß es t. wurde
2Kö	20,1	wurde Hiskia 2Ch 32,24; Jes 38,1
Ps	107,18	daß ihnen ekelte und sie t. wurden
Lk	7,2	der lag t. Jh 4,47
Phl	2,27	war t., aber Gott hat sich über ihn erbarmt

tödlich

1Sm	5,11	es kam ein t. Schrecken über die Stadt
Ps	7,14	sich selber hat er t. Waffen gerüstet
Jer	9,7	ihre falschen Zungen sind t. Pfeile
	51,52	sollen die t. Verwundeten stöhnen Klg 2,12
Hes	26,21	t. Schrecken gebe ich dich preis
	30,24	stöhnen soll wie ein t. Verwundeter
Mk	16,18	wenn sie etwas t. trinken
Jak	3,8	die Zunge, voll t. Giftes
Off	13,3	seine t. Wunde wurde heil 12

todverfallen

Rö	7,24	wer wird mich erlösen von diesem t. Leibe

Tofel, *Tophel*

5Mo	1,1	die Mose redete zwischen Paran und T.

Tofet, *Topheth*

2Kö	23,10	(Josia) machte unrein das T.
Jer	7,31	die Höhen des T. gebaut 32; 19,6.11-14

Togarma

1Mo	10,3	Söhne Gomers: T. 1Ch 1,6
Hes	27,14	Leute von T. haben Rosse gebracht
	38,6	die vom Hause T., die im Norden wohnen

Tohu (= Toach)

1Sm 1,1 Elkana, ein Sohn... des Sohnes T. 1Ch 6,19

Toï

2Sm 8,9 T., der König von Hamat 10; 1Ch 18,9.10

Tokhat, Tokhath (= Tikwa 1)

2Ch 34,22 T., des Sohnes Hasras

Tola, Tolaiter

1Mo 46,13 ¹Söhne Issachars: T. 4Mo 26,23; 1Ch 7,1.2
Ri 10,1 ²stand auf, Israel zu erretten, T.

toll

5Mo 32,6 dankst du so, du t. und törichtes Volk
Pr 2,2 ich sprach zum Lachen: Du bist t.
Jes 28,7 vom Wein t. geworden... t. beim Weissagen
Jer 4,22 mein Volk ist t. und glaubt mir nicht
 5,21 hört zu, ihr t. Volk
 25,16 daß sie trinken und t. werden 51,7
 50,38 an ihren Götzen sind sie t. geworden
Hos 4,11 Hurerei, Wein und Trunk machen t.
 16 Israel läuft dahin wie eine t. Kuh
 7,5 werden die Oberen t. vom Wein
Sir 31,37 Trunkenheit macht einen Narren noch t.
2Ma 7,39 als dies der König hörte, wurde er t.

Tollheit

Pr 1,17 daß ich erkennte T. und Torheit 2,12
 7,25 zu erkennen, daß Narrheit T. (ist)

Ton

2Mo 1,14 mit schwerer Arbeit in T. und Ziegeln
Hi 38,14 wandelt sich wie T. unter dem Siegel
Jes 29,16 als ob der T. dem Töpfer gleich wäre 45,9
 41,25 wie der Töpfer, der den T. tritt
 64,7 wir sind T., du bist unser Töpfer Jer 18,6
Jer 18,4 der Topf, den er aus dem T. machte
Dan 2,33 seine Füße waren teils von T. 34.41-43
 35 da wurden zermalmt Eisen, T. 45
Nah 3,14 knete den T. und tritt den Lehm
Jdt 5,9 Zwangsarbeit, aus T. Ziegel zu streichen
Wsh 15,7 Töpfer, der den weichen T. knetet 8; Sir 38,33
 10 sein Leben (ist) verächtlicher als T.
StD 2,6 dieser Bel ist innen nur T.
Rö 9,21 hat nicht ein Töpfer Macht über den T.

Ton (Laut)

2Mo 19,16 der T. einer sehr starken Posaune 19; 20,18
Hi 33,8 den T. deiner Reden höre ich noch
1Ko 14,7 wenn sie nicht unterschiedliche T. von sich geben 8

tönen

2Mo 19,13 wenn das Widderhorn lange t. wird
Jos 6,5 wenn es lange t., Kriegsgeschrei erheben
Neh 4,14 woher ihr die Posaune t. hört
1Ko 13,1 so wäre ich ein t. Erz
 14,7 mit den Dingen, die da t.

Tongeschirr

Spr 26,23 wie T., mit Silberschaum überzogen

Tonne

Sa 5,6 das ist eine T., die da hervorkommt 7-10
Lk 16,6 *er sprach: Hundert T. Öl*

Topas

2Mo 28,17 die erste Reihe sei ein T. 39,10
Hi 28,19 T. wird ihr nicht gleich geschätzt
Hes 28,13 geschmückt mit Sarder, T.
Off 21,20 der neunte (Grundstein war) ein T.

Topf

2Mo 27,3 mache auch T. für die Asche 38,3
3Mo 6,21 irdenen T. zerbrechen... kupf. T. scheuern
4Mo 11,8 das Volk kochte es in T.
Ri 6,19 Gideon tat die Brühe in einen T.
1Sm 2,14 stieß in den Tiegel oder T.
1Kö 7,40 Hiram machte auch T. 45; 2Ch 4,11.16
 17,12 habe nur eine Handvoll Mehl im T. 14.16
2Kö 4,38 setze einen großen T. auf 39.41
 40 der Tod im T.
 25,14 die T. nahmen sie weg Jer 52,18.19
2Ch 35,13 was geheiligt war, kochten sie in T.
Hi 41,23 daß die Tiefe brodelt wie ein T.
Ps 2,9 wie T. sollst du sie zerschmeißen
 58,10 ehe eure T. das Dornfeuer spüren
Pr 7,6 wie das Krachen der Dornen unter den T.
Jes 30,14 wie wenn ein T. zerschmettert wird
 65,4 haben Greuelsuppen in ihren T.
Jer 18,4 der T. mißriet... machte einen andern T.
Klg 4,2 wie sind sie nun den irdenen T. gleich
Hes 11,3 die Stadt ist der T. 7.11; 24,6
 24,3 setze einen T. auf 11.12
Mi 3,13 ihr zerlegt es wie in einen T.
Sa 14,20 die T. dem Becken gleichgestellt
 21 es werden alle T. in Jerusalem heilig sein
Sir 13,3 was soll der irdene T. beim ehernen Kessel
 21,17 ist wie ein T. mit einem Sprung
 27,6 wie der Ofen die neuen T. erprobt

Töpfer

1Ch 4,23 waren T. und wohnten bei dem König
Jes 29,16 als ob der Ton dem T. gleich wäre 45,9
 41,25 wie der T., der den Ton tritt
 64,7 wir sind Ton, du bist unser T. Jer 18,6
Jer 18,2 geh hinab in des T. Haus 3
 19,1 kaufe dir einen irdenen Krug vom T.
 11 wie man eines T. Gefäß zerbricht Off 2,27
Klg 4,2 den Töpfen gleich, die ein T. macht
Wsh 15,7 ein T., der den Ton knetet Sir 38,32
Rö 9,21 hat nicht ein T. Macht über den Ton

Töpferacker

Mt 27,7 sie beschlossen, den T. zu kaufen
 10 sie haben das Geld für den T. gegeben

Tor

1Sm 25,25 (Nabal) heißt „T.", Torheit ist bei ihm
Hi 5,2 einen T. tötet der Unmut
 3 ich sah einen T. Wurzel schlagen
 12,17 er macht die Richter zu T.

Ps	14,1	die T. sprechen in ihrem Herzen 53,2	Pr	5,2	wo viel Worte sind, hört man den T. 10,14
	49,11	wie die T. und Narren umkommen		3	er hat kein Gefallen an den T.
	74,22	Schmach, die dir von den T. widerfährt		6,8	was hat ein Weiser dem T. voraus
	94,8	ihr T., wann wollt ihr klug werden		7,4	das Herz der T. dort, wo man sich freut
	107,17	die T., die geplagt waren		5	besser... als den Gesang der T.
Spr	1,7	die T. verachten Weisheit und Zucht 22		6	so ist das Lachen der T.
	32	die T. bringt ihre Sorglosigkeit um		7	unrechter Gewinn macht den Weisen zum T.
	3,35	die T. werden Schande davontragen		9	Ärger ruht im Herzen des T.
	8,5	ihr T., nehmet Verstand an		17	sei nicht allzu gottlos und sei kein T.
	9,4	zum T. spricht sie 16		10,2	des T. Herz ist zu seiner Linken
	10,14	der T. Mund führt schnell zum Verderben		3	der T. hält jeden andern für einen T.
	18	wer verleumdet, ist ein T.		6	ein T. sitzt in großer Würde
	21	die T. werden an ihrer Torheit sterben		12	des T. Lippen verschlingen ihn selber
	23	ein T. hat Lust an Schandtat		15	die Arbeit ermüdet den T.
	11,12	wer seinen Nächsten schmäht, ist ein T.	Jes	19,11	die Fürsten von Zoan sind T. 13
	29	ein T. muß des Weisen Knecht werden		35,8	auch T. dürfen nicht darauf umherirren
	12,11	wer nichtigen Dingen nachgeht, ist ein T.	Jer	10,8	sie sind alle Narren und T. 14; 51,17
	15	den T. dünkt sein Weg recht		21	die Hirten sind zu T. geworden
	16	ein T. zeigt seinen Zorn alsbald	Wsh	5,21	wird die Welt kämpfen gegen die T.
	23	das Herz des T. schreit seine Torheit hinaus	Sir	19,20	ein T. ist, dem es an Weisheit fehlt
		13,16; 14,3; 15,2.14		42,8	die Unverständigen und T. zurechtzuweisen
	13,19	das Böse meiden ist den T. ein Greuel	Lk	24,25	ihr T., zu trägen Herzens, all dem zu
	20	wer der T. Geselle ist, wird Unglück haben			glauben
	14,7	geh weg von dem T.			
	8	der T. Torheit ist lauter Trug			**Tor, das**
	16	das Böse; ein T. fährt trotzig hindurch			
	24	die Narrheit der T. bleibt Narrheit	1Mo	19,1	Lot saß zu Sodom unter dem T.
	33	inmitten der T. wird (Weisheit) offenbar		22,17	sollen die T. ihrer Feinde besitzen 24,60
	15,5	der T. verschmäht die Zucht seines Vaters		23,10	die beim T. versammelt waren 18; 34,20.24
	7	der T. Herz ist nicht recht		38,14	setzte sich vor das T. von Enajim
	21	dem T. ist die Torheit eine Freude	2Mo	27,16	in dem T. des Vorhofes soll eine Decke sein
	16,22	die Strafe der T. ist ihre Torheit			35,17; 38,15.18.31; 39,40; 40,33; 4Mo 4,26
	17,7	es steht nicht. ein T. in 19,10; 26,7		32,26	trat (Mose) in das T. des Lagers 27
	10	dringt tiefer als 100 Schläge bei dem T.	5Mo	3,5	Städte mit Mauern, T. und Riegeln 1Sm 23,7;
	12	besser... als einem T. in seiner Torheit			2Ch 8,5; 14,6
	16	was soll dem T. Geld in der Hand		6,9	sollst sie schreiben an die T. 11,20
	18	ein T. ist, wer in die Hand gelobt		16,18	Richter sollst du bestellen in allen T.
	21	wer einen T. zeugt, muß sich grämen, und		17,5	sollst den Mann hinausführen zu deinem T.
		eines T. Vater hat keine Freude		8	was sonst Streitsachen sind in deinen T.
	24	ein T. wirft die Augen hin und her		20,11	tut (eine Stadt) dir ihre T. auf
	28	ein T., wenn er schwiege, würde für weise		21,19	sollen ihn führen zu dem T. des Ortes 22,15;
	18,2	ein T. hat nicht Gefallen an Einsicht			25,7; Rut 4,1.11
	6	die Lippen des T. bringen Zank		33,25	von Eisen und Erz sei der Riegel deiner T.
	7	der T. Mund bringt ihn ins Verderben	Jos	2,7	man schloß die T. zu
	19,29	Schläge für den Rücken der T. 26,3		6,26	wenn er ihre T. setzt, das koste ihn seinen
	20,3	die gerne streiten, sind allzumal T.			Sohn 1Kö 16,34
	21,11	ein T. vergeudet ihn		7,5	von dem T. bis zu den Steinbrüchen
	24,7	Weisheit ist dem T. zu hoch	Ri	5,8	es gab kein Brot in den T.
	9	das Vorhaben des T. ist Sünde		11	als des HERRN Volk herabzog zu den T.
	30	ich ging entlang am Weinberg des T.		9,40	blieben erschlagen liegen bis an das T.
	26,1	so reimt sich Ehre für T.		18,16	600 Männer vor dem T. standen 17; 2Sm
	4	antworte dem T. nicht nach seiner Torheit			10,8; 11,23; 1Ch 19,9
	5	antworte dem T. nach seiner Torheit	Rut	4,10	Name nicht ausgerottet werde aus dem T.
	8	einem T. Ehre antun, das ist	1Sm	9,18	da trat Saul auf Samuel zu im T.
	9	ein Spruch in eines T. Mund ist wie		17,52	jagten den... nach bis an die T. Ekrons
	10	so ist, wer einen T. dingt		21,14	(David) rannte gegen die Pforte des T.
	11	so ist der T., der seine Torheit treibt	2Sm	3,27	führte ihn Joab im T. beiseite und stach
	12	ist für einen T. mehr Hoffnung 29,20		15,2	Absalom trat an den Weg bei dem T.
	27,3	Ärger über einen T. ist schwerer als		18,4	der König trat ans T. 19,9
	22	wenn du den T. im Mörser zerstießest		24	David saß zwischen beiden T. 26; 19,1
	28,26	wer sich auf s. Verstand verläßt, ist ein T.		21,12	(die Gebeine) vom Platz am T. wegge-
	29,9	wenn ein Weiser mit einem T. rechtet			nommen
	11	ein T. schüttet all seinen Unmut aus		23,15	aus dem Brunnen am T. in Bethlehem 16;
	30,22	einen T., wenn er zu satt ist			1Ch 11,17.18
Pr	2,14	daß die T. in der Finsternis gehen	1Kö	14,27	Leibwache, die das T. hüteten 2Kö 11,6.19;
	15	wenn es denn mir geht wie dem T.			1Ch 9,18; 2Ch 12,10
	16	gedenkt des Weisen ebensowenig wie des T.		17,10	als er an das T. der Stadt kam 2Kö 9,31
		Wie stirbt doch der Weise samt dem T.		22,10	vor dem T. Samarias 2Kö 7,1.3.17.18.20; 2Ch
	4,5	ein T. legt die Hände ineinander			18,9
	17	besser, als wenn die T. Opfer bringen	2Kö	10,8	legt (die Köpfe der Söhne) vor das T.

2Kö	14,13	T. Ephraim 2Ch 25,23; Neh 8,16; 12,39
	15,35	das obere T. 2Ch 23,20; 27,3; Hes 9,2
	23,8	vor dem T. Joschuas, des Stadtvogts
	25,4	flohen durch das T. Jer 39,4; 52,7
1Ch	9,21	Hüter am T. 23; 26,13.16; 2Ch 8,14; 23,4.19; 35,15; Neh 11,19; 12,25
	22,3	zu Nägeln für die Türen der T.
2Ch	24,8	ins T. am Hause des HERRN Jer 7,2
	31,2	daß sie lobten in den T. des Lagers
	32,6	sammelte sie zu sich auf dem Platz am T.
Neh	1,3	Jerusalems T. sind verbrannt 2,3.13.17
	3,6	das alte T. bauten Jojada 12,39
	6,1	die Türen noch nicht in die T. gehängt
	7,3	die T. nicht auftun... die T. schließen 13,19
	12,30	reinigten das Volk, die T. und die Mauer
	13,19	als es in den T. Jerusalems dunkel wurde 22
Est	2,19	saß im T. des Königs 21; 3,2.3; 4,2.6; 5,1.9.13; 6,10.12
Hi	5,4	sie werden zerschlagen im T.
	29,7	wenn ich ausging zum T. der Stadt
	31,21	sah, daß ich im T. Helfer hatte
	38,8	wer hat das Meer mit T. verschlossen 10
	17	haben sich dir des Todes T. je aufgetan
	41,6	wer kann die T. seines Rachens auftun
Ps	9,14	der du mich erhebst aus den T. des Todes
	15	in den T. der Tochter Zion fröhlich sei
	24,7	machet die T. weit 9
	69,13	die im T. sitzen, schwatzen von mir
	87,2	der HERR liebt die T. Zions
	100,4	gehet zu seinen T. ein mit Danken
	118,19	tut mir auf die T. der Gerechtigkeit 20
	122,2	stehen unsere Füße in deinen T., Jerusalem
	127,5	mit ihren Feinden verhandeln im T.
	147,13	er macht fest die Riegel deiner T.
Spr	1,21	(die Weisheit) ruft am Eingang der T. 8,3
	8,34	daß er hüte die Pfosten meiner T.
	14,19	die Gottlosen an den T. der Gerechten
	31,23	ihr Mann ist bekannt in den T.
	31	ihre Werke sollen sie loben in den T.
Hl	7,5	die Teiche von Heschbon am T. Bat-Rabbim
Jes	3,26	Zions T. werden trauern und klagen
	13,2	daß sie einziehen durch die T. der Fürsten
	14,31	heule, T.! Schreie, Stadt
	22,7	(Wagen) stellen sich auf gegen das T.
	24,12	die T. sind in Trümmer geschlagen Klg 1,4
	26,2	tut auf die T., daß hineingehe
	28,6	die den Kampf zurücktreiben zum T.
	29,21	der sie zurechtweist im T. Am 5,10
	45,1	damit T. nicht verschlossen bleiben
	54,12	(will) deine T. von Rubinen (machen)
	60,11	deine T. sollen stets offen stehen 18
	62,10	gehet ein durch die T.
Jer	1,15	ihre Throne setzen vor die T. Jerusalems
	7,2	die ihr zu diesen T. eingeht 17,20; 22,2
	17,19	tritt ins T... in alle T. Jerusalems
	21	tragt keine Last durch die T. 24.27
	25	sollen durch die T. aus- und eingehen 22,4
	22,19	hinausgeworfen vor die T.
	26,10	setzten sich an das neue T. 36,10
	51,58	seine hohen T. mit Feuer verbrannt
Klg	2,9	ihre T. sind in die Erde gesunken
	4,12	daß der Feind zum T. einziehen könnte
	5,14	sitzen die Ältesten nicht mehr im T.
Hes	8,3	zu dem Eingang des inneren T. 14; 10,19; 11,1; 46,19
	5	nördlich vom T. ein Altar
	11,1	zum T... gegen Osten 43,1.4; 44,1.4; 47,2
	21,20	an allen T. lasse ich das Schwert wüten 27; 26,10; Mi 1,12
	38,11	haben weder Riegel noch T.

Hes	40,3	ein Mann stand unter dem T. 6u.ö.48
	44,2	dies T. soll zugeschlossen bleiben 3.17; 46,1-3.8.9.12
	45,19	besprengen samt den Pfosten am T. 46,2
	48,31	die T. nach den Namen der Stämme 32-34
Hos	2,17	das Tal Achor zum T. der Hoffnung machen
Am	5,12	wie ihr die Armen im T. unterdrückt
	15	richtet das Recht auf im T.
Ob	11	wie Ausländer zu seinen T. einzogen
	13	zum T. meines Volks Mi 1,9
Mi	2,13	sie werden durchs T. hinausziehen
Nah	2,7	werden die T. an den Wassern geöffnet
	3,13	die T. deines Landes sollen geöffnet w.
Sa	8,16	schafft Frieden in euren T.
	14,10	Jerusalem vom T. Benjamin bis... ersten T.
Jdt	8,26	in dieser Nacht wartet am T. 13,11
	10,7	am T. trafen die beiden Usija
	13,12	macht die T. auf, denn Gott ist mit uns
Tob	13,20	die T. Jerusalems werden aus Saphir gebaut
Sir	49,15	die Mauern mit T. und Riegeln versehen
1Ma	4,38	sahen, wie die T. verbrannt waren 2Ma 1,8
	57	sie machten neue T. und Zellen
	5,21	verfolgte sie bis zum T. von Ptolemais
	48	verschlossen die T. 12,48
	9,50	er ließ hohe Mauern mit T. bauen 12,38; 13,33; 15,39
	10,76	die Einwohner öffneten die T.
2Ma	3,19	Jungfrauen liefen unter die T.
	8,33	Männer, die die heiligen T. angezündet hatten
	10,37	wieder andere hieben die T. auf
	14,41	ließen Feuer bringen und das T. anzünden
StE	5,12	ist vor den T. von Susa gehängt worden
Apg	9,24	sie bewachten die T., um ihn zu töten
	12,10	kamen zu dem eisernen T., das zur Stadt führt
	13	als er an die Tür des T. klopfte 14
	14	verkündete, Petrus stünde vor dem T.
	14,13	der Priester des Zeus brachte Stiere vor das T.
	21,30	sogleich wurden die T. zugeschlossen
Heb	13,12	darum hat auch Jesus gelitten draußen vor dem T.
Off	21,12	eine Mauer hatte zwölf T. 13.21
	15	um die Stadt zu messen und ihre T.
	21	jedes T. war aus einer einzigen Perle
	25	ihre T. werden nicht verschlossen am Tage
	22,14	daß sie zu den T. hineingehen in die Stadt

Torflügel

Ri	16,3	Simson ergriff beide T.

Torhalle

Mt	26,71	als er hinausging in die T.

Torheit

1Sm	25,25	T. ist bei (Nabal)
2Sm	15,31	mache den Ratschlag Ahitophels zur T.
Hi	4,18	seinen Boten wirft er T. vor
Ps	38,6	meine Wunden stinken um meiner T. willen
	49,14	ist der Weg derer, die so voll T. sind
	69,6	du kennst meine T.
	85,9	damit sie nicht in T. geraten
Spr	5,23	um seiner T. willen wird er hingerafft
	9,6	verlasset die T., so werdet ihr leben
	13	Frau T. ist ein unbändiges Weib
	10,21	die Toren werden an ihrer T. sterben

Torheit

Spr	12,23	Herz des Toren schreit seine T. hinaus
	14,1	ihre T. reißt's nieder mit eigenen Händen
	8	der Toren T. ist lauter Trug
	18	die Unverständigen erben T.
	29	wer ungeduldig ist, offenbart seine T.
	15,2	der Toren Mund speit nur T. 14
	21	dem Toren ist die T. eine Freude
	16,22	die Strafe der Toren ist ihre T.
	17,12	besser... als einem Toren in seiner T.
	18,13	wer antwortet, ehe er hört, dem ist's T.
	19,3	des Menschen T. führt ihn in die Irre
	22,15	T. steckt dem Knaben im Herzen
	26,4	antworte dem Toren nicht nach s. T. 5
	11	der Tor, der seine T. immer wieder treibt
	27,22	so ließe doch seine T. nicht von ihm
Pr	1,17	daß ich erkannte Tollheit und T. 2,12
	2,3	dachte ich, mich an T. zu halten
	13	sah, daß die Weisheit die T. übertrifft
	7,25	zu erkennen, daß Gottlosigkeit T. ist
	9,3	T. ist in ihrem Herzen, solange sie leben
	10,1	ein wenig T. wiegt schwerer als Weisheit
	13	das Ende (seiner Worte) verderbliche T.
Jes	9,16	aller Mund redet T.
	44,25	der ihre Kunst zur T. macht
Sir	8,18	um seiner T. willen Schaden erleiden
	20,33	es ist besser, daß einer seine T. verbirgt
	22,16	kommst nicht in Angst durch seine T.
	23,3	damit meine T. nicht noch mehr werden
	47,22	daß sie klagen mußten wegen deiner T.
Bar	3,28	sind sie untergegangen in ihrer T.
2Ma	4,6	n. möglich, Simon von seiner T. abzubringen
1Ko	1,18	das Wort vom Kreuz ist T. denen, die
	20	die Weisheit der Welt zur T. gemacht 3,19
	21	durch die T. der Predigt selig zu machen, die glauben
	23	Juden ein Ärgernis und Griechen eine T.
	25	die T. Gottes ist weiser, als Menschen sind
	2,14	ist ihm eine T., und er kann es nicht erkennen
2Ko	11,1	ihr hieltet mir ein wenig T. zugut
	17	was ich jetzt rede, das rede ich wie in T. 21
2Ti	3,9	ihre T. wird jedermann offenbar werden
2Pt	2,16	wehrte der T. des Propheten

Torhüter

2Kö	7,10	riefen sie die T. der Stadt 11
1Ch	9,17	die T. waren 18.24.26; 15,18.23.24; 16,38.42; 23,5; 26,1.12.19; 2Ch 8,14; 31,14; 34,13; 35,15; Esr 2,42; 10,24; Neh 3,29; 7,45; 11,19; 12,25; Jer 35,4
Esr	2,70	ließen sich nieder die T. Neh 7,72
	7,7	zogen herauf einige von den T.
	24	nicht... Zoll zu legen auf irgendeinen T.
Neh	7,1	es wurden die T. eingesetzt 10,29.40; 12,45. 47; 13,5

töricht

1Mo	31,28	hast t. getan 1Sm 13,13; 2Ch 16,9
4Mo	12,11	Sünde, mit der wir t. getan
5Mo	32,6	dankst du so, du tolles und t. Volk
1Sm	26,21	ich habe t. und sehr unrecht getan 2Sm 24,10; 1Ch 21,8
Hi	1,22	Hiob tat nichts T. wider Gott
	2,10	redest, wie die t. Weiber reden
	18,3	und sind so t. in euren Augen
	42,8	daß ich nicht t. an euch handle
Ps	74,18	wie ein t. Volk deinen Namen lästert
	92,7	ein T. glaubt das nicht

Spr	7,7	erblickte einen t. Jüngling
	10,1	ein t. Sohn ist seiner Mutter Grämen 17,25; 19,13
	14,17	ein Jähzorniger handelt t.
	15,20	ein t. Mensch verachtet seine Mutter
	26,6	wer... durch einen t. Boten ausrichtet
	30,32	t. gehandelt oder recht: lege die Hand
Pr	2,19	wer weiß, ob er weise oder t. sein wird
	4,13	besser als ein König, der alt, aber t. ist
	9,17	als des Herrschers Schreien unter den T.
Jer	4,22	t. sind sie und achten's nicht
Klg	2,14	Propheten haben dir t. Gesichte verkündet
Hes	13,3	weh den t. Propheten
Hos	4,14	so das t. Volk zu Fall kommt
	7,11	Ephraim ist wie eine t. Taube
Wsh	3,12	ihre Frauen sind t. und ihre Kinder böse
	11,15	zur Strafe für die t. Gedanken
	15,14	alle sind t. als ein kleines Kind
	19,3	verfielen sie auf ein anderes t. Vorhaben
Sir	22,22	ein zaghaftes Herz, das T. vorhat
	34,1	betrügen sich selbst mit t. Hoffnungen
	50,28	(sind mir zuwider:) die t. Leute von Sichem
2Ma	7,39	der König wurde toll und t.
	12,44	wäre es t. gewesen, für Tote zu bitten
Mt	7,26	wer... gleicht einem t. Mann
	25,2	fünf von ihnen waren t. 3.8
Rö	2,20	ein Erzieher der T.
1Ko	1,21	*gefiel es Gott, durch t. Predigt zu retten*
	27	was t. ist vor der Welt, hat Gott erwählt
2Ko	11,16	abermals bitte ich: niemand halte mich für t.
	16	nehmt mich an als einen t.
	23	sie sind Diener Christi - ich rede t.
	12,6	wenn ich mich rühmen wollte, wäre ich nicht t.
1Ti	6,9	die fallen in viele t. Begierden
2Ti	2,23	die t. und unnützen Fragen weise zurück Tit 3,9
1Pt	2,15	daß ihr mit guten Taten den t. Menschen das Maul stopft
Jak	2,20	willst du nun einsehen, du t. Mensch, daß

Torweg

Hes	40,11	Länge des T.: dreizehn Ellen

tosen

Hi	39,24	mit Donnern und T. fliegt es dahin
Jes	17,12	wie große Wasser t. sie 13; Jer 51,55
	33,3	fliehen die Völker vor dem gewaltigen T.

tot (s.a. Toter)

1Mo	42,38	sein Bruder ist t. 44,20
2Mo	4,19	die Leute sind t., die dir nach dem Leben
	14,30	sahen die Ägypter t. am Ufer liegen
	21,34	das t. Tier aber soll ihm gehören 35.36
4Mo	9,6	unrein an einem t. Menschen 7; 19,11.13
	20,29	daß Aaron t. war, beweinten sie ihn
Ri	3,25	da lag ihr Herr auf der Erde t. 4,22
	9,55	sahen, daß Abimelech t. war
1Sm	17,51	sahen, daß ihr Stärkster t. war
	24,15	jagst du nach? Einem t. Hund 2Sm 9,8; 16,9
	25,39	als David hörte, daß Nabal t. war
	31,5	sah, daß Saul t. war 7; 2Sm 1,4.5; 2,7; 4,10; 1Ch 10,5.7
2Sm	2,23	an die Stelle, wo Asaël t. lag
	4,7	sie stachen (Isch-Boschet) t.
	11,21	auch dein Knecht Uria ist t. 24.26

2Sm	12,18	zu sagen, daß das Kind t. sei 19.23
	13,32	daß die Söhne des Königs t. sind 33.39
	18,20	denn des Königs Sohn ist t.
	19,7	wenn wir t. wären, das wäre dir recht
1Kö	3,20	ihren t. Sohn legte sie in meinen Arm 21-23
	11,21	als Hadad hörte, daß Joab t. war
	21,14	Nabot ist gesteinigt und t. 15.16
	22,37	der König ist t. 2Kö 1,1; 3,5
2Kö	4,32	lag der Knabe t. auf seinem Bett
	7,4	töten sie uns, so sind wir t.
	11,1	Atalja sah, daß ihr Sohn t. war 2Ch 22,10
Hi	14,14	meinst du, ein t. Mensch wird wieder leben
Ps	143,3	wie die, die lange schon t. sind Klg 3,6
Pr	9,4	ein lebender Hund besser als ein t. Löwe
	10,1	t. Fliegen verderben gute Salben
Jer	8,3	lieber t. als lebendig Jon 4,3.8
	16,18	mein Land mit t. Götzen unrein gemacht
Wsh	3,2	in den Augen... gelten sie als t.
	13,10	die setzen ihre Hoffnung auf t. Dinge
	18	er bittet das T. um Leben
	14,15	verehrte den, der längst t. war, als Gott
	15,5	daß sie Verlangen haben nach dem t. Bild
Tob	3,6	ich will viel lieber t. sein als leben
	6,15	sieben Männern... die sind alle t.
	8,14	nachsehen, ob auch er t. ist
Sir	10,12	doch heißt's: Heute König, morgen t.
	13	wenn der Mensch t. ist, fressen ihn
	14,17	wenn du t. bist, hast du nichts mehr davon
	48,14	als er t. war, wirkte noch sein Leichnam 15
1Ma	5,52	Judas zog über die t. Körper hinweg
	6,17	als Lysias hörte, daß der König t. war
2Ma	6,26	ich sei lebendig oder t.
Mt	9,24	das Mädchen ist nicht t.
	28,4	die Wachen wurden, als wären sie t.
Mk	9,26	der Knabe lag da wie t.
	15,44	Pilatus wunderte sich, daß er schon t. sei
Lk	15,24	war t. und ist wieder lebendig geworden 32
Apg	5,10	kamen die jungen Männer und fanden sie t.
	20,9	fiel er hinunter und wurde t. aufgehoben
	28,6	warteten, daß er plötzlich t. umfallen würde
Rö	6,13	als solche, die t. waren und nun lebendig sind
	7,8	ohne das Gesetz war die Sünde t.
	8,10	wenn Christus in euch ist, ist der Leib zwar t. um der Sünde willen
1Ko	15,32	laßt uns essen und trinken; morgen sind wir t.
Eph	2,1	auch ihr wart t. durch eure Sünden 5; Kol 2,13
1Ti	5,6	die ausschweifend lebt, ist lebendig t.
Heb	6,1	den Grund legen mit der Umkehr von den t. Werken
	9,14	unser Gewissen reinigen von den t. Werken
Jak	2,17	der Glaube, wenn er nicht Werke hat, t. 20
	26	wie der Leib ohne Geist t. ist
Off	1,17	als ich ihn sah, fiel ich zu seinen Füßen wie t.
	18	ich war t., und siehe, ich bin lebendig 2,8
	3,1	du hast den Namen, daß du lebst, und bist t.

töten

1Mo	18,25	daß du t. den Gerechten mit dem Gottlosen
	26,7	könnten mich t. um Rebekkas willen
	37,18	einen Anschlag, ihn zu t. 20.21.26
	42,37	so t. meine zwei Söhne
2Mo	1,16	seht, daß es ein Sohn ist, so t. ihn
	2,15	trachtete danach, Mose zu t. 4,24
	4,23	will deinen erstgeborenen Sohn t.
	5,21	habt ihnen das Schwert gegeben, uns zu t.
2Mo	20,13	sollst nicht t. 5Mo 5,17; Mt 5,21; 19,18; Mk 10,19; Lk 18,20; Rö 13,9; Jak 2,11
	21,14	von meinem Altar wegreißen, daß man ihn t.
	29	ist das Rind stößig und t. einen Mann
	22,23	daß ich euch mit dem Schwert t. Am 9,1.4
	23,7	den Unschuldigen sollst du nicht t.
3Mo	20,4	wenn das Volk... ihn nicht t.
	15	auch das Tier soll man t. 16
4Mo	11,15	t. mich lieber
	14,15	würdest du nun dies Volk t.
	16,13	daß du uns t. in der Wüste 5Mo 9,28
	17,6	habt des HERRN Volk get.
	22,29	ich wollte dich t. 33
	25,5	ein jeder seine Leute
	9	waren durch die Plage get. worden 24.000
	31,7	sie t. alles, was männlich war 8.17.19
	8	auch Bileam t. sie Jos 13,22
	35,17	Stein, mit dem jemand get. werden kann
	19	wo er ihm begegnet, soll er ihn t. 30
5Mo	13,10	deine Hand die erste, ihn zu t. 17,7
	21,22	wird get. und man hängt ihn an ein Holz
	32,39	ich kann t. und lebendig machen 1Sm 2,6; 2Kö 5,7
Jos	8,24	als Israel alle Einwohner get. hatte 10,11; 11,17
	9,26	errettete sie, daß sie sie nicht t.
Ri	8,19	würde ich euch nicht t.
	9,5	(Abimelech) t. seine Brüder 18.24.45.56
	54	zieh dein Schwert und t. mich 2Sm 1,9.10
	13,23	wenn es dem HERRN gefallen, uns zu t.
	15,13	wir wollen dich nicht t.
	16,30	mehr Tote, die er durch seinen Tod t.
	20,4	Mann der Frau, die get. worden war 5
	13	gebt heraus... daß wir sie t. 1Sm 11,12
1Sm	2,25	der HERR war willens, sie zu t.
	5,10	damit (die Lade) mich t. und mein Volk 11
	14,13	sein Waffenträger hinter ihm t. sie
	15,3	t. Mann und Frau, Kinder und Säuglinge
	16,2	Saul wird's erfahren und mich t.
	17,50	überwand David den Philister und t. ihn 51
	19,1	daß (Saul) David t. wolle 2.5.11.15; 20,33; Ps 59,1
	17	laß mich gehen, oder ich t. dich
	20,8	eine Schuld auf mir, so t. mich 2Sm 14,32
	22,17	tretet heran und t. die Priester 21
	24,11	gesagt, daß ich dich t. sollte 12.19
	28,9	eine Falle stellen, daß ich get. werde
	30,2	sie hatten aber niemand get.
	15	schwöre, daß du mich t. wirst
2Sm	1,16	den Gesalbten des HERRN zu t. 16; 4,10
	3,30	weil (Abner) Asaël get. hatte 37
	4,11	haben einen gerechten Mann get.
	8,2	so viele t. (David) 1Ch 19,18
	11,24	t. einige von den Männern des Königs
	13,28	so sollt ihr (Amnon) t.
	14,6	schlug seinen Bruder nieder und t. ihn 7
	21,1	weil (Saul) die Gibeoniter get. hat 4
1Kö	1,51	daß er seinen Knecht nicht t. wird 2,8.26
	2,32	sie get. hat, ohne daß David darum wußte
	34	Benaja stieß ihn nieder und t. ihn
	3,26	gebt ihr das Kind t. es nicht 27
	11,40	Salomo trachtete danach, Jerobeam zu t.
	13,24	fand ihn ein Löwe und t. ihn 26; 2Kö 17,25.26
	15,28	so t. ihn Bascha und wurde König
	17,18	gekommen, daß mein Sohn get. würde 20
	18,9	was hab ich gesündigt, daß... mich t. 12.14
	13	als Isebel die Propheten t. 9,10.14
	40	Elia t. (die Propheten Baals)
	19,17	wer entrinnt, den soll Jehu t... Elisa t.

töten

2Kö	6,21	mein Vater, soll ich sie t. 22
	7,4	t. sie uns, so sind wir tot
	8,12	wirst ihre jungen Kinder t.
	9,27	Jehu ließ ihn t. auf dem Wagen
	10,7	t. die (Söhne des Königs) 14; 11,2; 2Ch 22,8. 9.11
	9	habe meinen Herrn get.
	11,15	sollte nicht im Hause des HERRN get. werden 16.18.20; 2Ch 23,14.15.17
	14,6	Söhne der Totschläger t. er nicht 2Ch 25,4
	19	sie t. (Amazja) dort 2Ch 25,27
	16,9	der König von Assyrien t. Rezin
	21,23	seine Großen t. den König 2Ch 24,25; 25,3; 33,24
	23,29	Necho t. (Josia) in Megiddo
1Ch	7,21	t. sie... ihnen das Vieh wegzunehmen
	11,23	er t. ihn mit dessen eigenem Spieß
2Ch	24,22	gedachte nicht an... sondern t. seinen Sohn
	25,16	warum willst du get. werden
Neh	4,5	bis wir sie t. 6,10
	9,26	sie t. deine Propheten
Est	3,13	man solle t. alle Juden 7,4
	8,11	die sie angreifen würden, zu t.
	9,5	Juden t. und brachten um 6.7.11.12.15.16
Hi	5,2	einen Toren t. der Unmut
	9,23	wenn seine Geißel plötzlich t.
	20,16	die Zunge der Schlange wird ihn t.
Ps	34,22	den Gottlosen wird das Unglück t.
	37,32	der Gottlose gedenkt, ihn zu t.
	44,23	um deinetwillen werden wir täglich get.
	94,6	sie t. die Waisen
	105,29	er t. ihre Fische
	109,16	verfolgte den Elenden, ihn zu t.
	135,10	und t. mächtige Könige
	139,19	wolltest du doch die Gottlosen t.
Spr	7,26	viele sind, die sie get. hat
	19,18	laß dich nicht hinreißen, ihn zu t.
	22,13	ich könnte get. werden auf der Gasse
	26,18	der mit Pfeilen schießt und t.
Pr	3,3	t. hat seine Zeit, heilen hat seine Zeit
Jes	11,4	er wird mit dem Odem den Gottlosen t.
	14,30	die Wurzel will ich durch Hunger t.
	22,13	lauter Freude und Wonne, Rinder t.
	26,21	wird nicht verbergen, die get. sind
	27,1	wird den Drachen im Meer t.
	7	wird nicht get., wie seine Feinde get.
	65,15	„Daß dich Gott der HERR t."
	66,16	der vom HERRN Get. werden viele sein
Jer	11,22	ihre junge Mannschaft soll get. werden 18,21; Am 4,10
	12,3	sondere sie aus, daß sie get. werden
	15,3	sie heimsuchen, daß sie get. werden 20,4
	18,23	du, HERR, kennst... daß sie mich t. wollen
	20,17	mich nicht get. hat im Mutterleibe
	26,15	wenn ihr mich t., so werdet ihr
	19	doch ließ ihn Hiskia nicht t.
	21	wollte ihn der König t. lassen 23
	24	nicht dem Volk gab, das ihn get. hätte
	38,4	laß doch diesen Mann t. 15.16.25
	39,6	ließ der König die Söhne Zedekias t. und t. alle Vornehmen Judas 52,10
	41,8	sprachen zu Jischmaël: T. uns nicht
	43,3	damit sie uns t. oder nach Babel wegführen
	11	er soll t., wen es trifft
	50,27	t. alle seine Stiere
Klg	2,4	hat alles get., was lieblich anzusehen
	21	hast get. am Tage deines Zorns 3,43
Hes	11,7	die ihr in der Stadt get. habt
	13,19	dadurch daß ihr Seelen t.
	21,33	das Schwert ist gefegt, daß es t. soll 23,10
Hes	37,9	spricht Gott: blase diese Get. an
Dan	2,13	daß man die Weisen t. sollte 14
	3,22	die Männer von den Feuerflammen get.
	5,19	(Nebukadnezar) t., wen er wollte
	30	in derselben Nacht wurde Belsazer get.
	7,11	ich sah, wie das Tier get. wurde
Hos	6,5	t. sie durch die Worte meines Mundes
	9,16	will die Frucht ihres Leibes t.
Am	2,3	will alle ihre Oberen samt ihm t.
Nah	3,15	wird dich das Schwert t.
Jdt	5,28	dachten daran, (Achior) zu t. 6,11
	16,6	drohte, meine Mannschaft zu t.
Wsh	11,6	bestraftest du für den Befehl, die Kinder zu t.
	12,6	die ihre Kinder mit eigner Hand t.
	14,23	entweder t. sie ihre Kinder zum Opfer
	24	einer t. den andern mit List
	16,14	wenn ein Mensch jemanden t.
	18,5	die Kinder der Heiligen zu t.
Tob	1,21	ließ viele *Israeliten t. 22; 1Ma 1,25.63.64; 5,2.13; 7,4.16.19; 9,2; 2Ma 5,14; 10,17
	2,8	wollte dich der König t. lassen
	3,4	die uns gefangen halten und t.
	8	ein böser Geist hatte sie alle get. 6,15
	11	mich t., wie du sieben Männer get.
Sir	9,18	halt dich fern von dem, der Gewalt hat zu t.
	21,3	ihre Zähne t. den Menschen
	30,25	die Traurigkeit t. viele Leute
	34,26	wer s. Nächsten die Nahrung nimmt, t. ihn
	47,6	daß er den erfahrenen Kriegsmann t.
1Ma	1,52	wer... nicht gehorsam sein, den sollte man t.
	66	ließen es lieber t., als sich
	2,25	er t. am Altar den Juden
	5,35	Judas ließ alles, was männlich war, t. 6,45; 9,61; 2Ma 12,6.16
	6,24	wenn sie einen... fanden, t. sie ihn
	7,41	(der) Engel t. von ihnen 185.000 Mann
	9,38	daß diese ihren Bruder Johannes get. hatten
	11,50	daß die Juden aufhörten, das Volk zu t.
	13,23	ließ er Jonatan mit seinen Söhnen t.
	31	Tryphon t. (den König) hinterlistig
	47	das jammerte Simon, so daß er sie nicht t.
2Ma	10,22	er ließ sie als Verräter t.
	12,24	diese müßten sterben, wenn er get. würde
	13,4	ließ ihn, wie es dort der Brauch ist, t.
StE	5,10	Juden, die dieser Erzfrevler t. wollte
StD	1,53	du sollst die Unschuldigen nicht t.
	62	man t. sie (nach dem Gesetz)
	2,11	sonst muß Daniel get. werden
	21	der König ließ sie t.
	27	unser König hat den Drachen get.
Mt	2,16	Herodes ließ alle Kinder t.
	5,21	du sollst nicht t. 19,18; Mk 10,19; Lk 18,20; Rö 13,9; Jak 2,11
	21	wer t., der soll des Gerichts schuldig sein
	10,21	die Kinder werden ihre Eltern t. helfen Mk 13,12
	28	die den Leib t., doch die Seele nicht t. können Lk 12,4.5
	14,5	er hätte ihn gern get., fürchtete sich aber Mk 6,19
	16,21	wie er müsse get. werden 17,23; Mk 8,31; 9,31; 10,34; Lk 9,22; 18,33
	21,35	den einen schlugen sie, den zweiten t. sie Mk 12,5
	38	das ist der Erbe; kommt, laßt uns ihn t. 39; Mk 12,7.8; Lk 20,14.15
	22,6	ergriffen seine Knechte und t. sie
	23,31	die die Propheten get. 34; Lk 11,47-49; Apg 7,52; Rö 11,3

Mt	23,35	Secharja, den ihr get. habt
	37	Jerusalem, die du t. die Propheten Lk 13,34
	24,9	dann werden sie euch t. Lk 21,16
	26,4	hielten Rat, wie sie Jesus t. könnten Mk 14,1; Lk 22,2; Jh 5,18; 8,37.40; 11,53
	59	falsches Zeugnis gegen Jesus, daß sie ihn t.
	27,1	
Mk	3,4	soll man am Sabbat Leben erhalten oder t.
Lk	13,31	Herodes will dich t.
Jh	7,25	ist das nicht der, den sie zu t. suchen
	8,22	will er sich denn selbst t.
	12,10	die Hohenpriester beschlossen, Lazarus zu t.
	16,2	daß, wer euch t., meinen wird, er tue Gott einen Dienst damit
	18,31	wir dürfen niemand t.
Apg	2,23	ihn habt ihr get. 3,15; 5,30; 10,39
	5,33	ging's ihnen durchs Herz u. sie wollten sie t.
	7,28	willst du mich auch t., wie du gestern den Ägypter get. hast
	9,23	die Juden beschlossen, ihn zu t. 24.29
	12,2	er t. Jakobus, den Bruder des Johannes
	13,28	baten sie Pilatus, ihn zu t.
	16,27	zog er das Schwert und wollte sich t.
	21,31	als sie ihn t. wollten, kam die Nachricht
	22,20	bewachte denen die Kleider, die ihn t.
	23,12	bis sie Paulus get. hätten 14.15.21
	27	diesen Mann hatten die Juden ergriffen und wollten ihn t. 26,21
	26,10	wenn sie get. werden sollten, gab ich
	27,42	die Soldaten hatten vor, die Gefangenen zu t.
Rö	7,4	also seid auch ihr dem Gesetz get.
	11	die Sünde t. mich durch das Gebot
	8,13	wenn ihr durch den Geist die Taten des Fleisches t.
	36	um deinetwillen werden wir get. den ganzen Tag
2Ko	3,6	der Buchstabe t., der Geist macht lebendig
	6,9	(als Diener Gottes:) als die Gezüchtigten, und doch nicht t.
Eph	2,16	indem er die Feindschaft t. durch sich selbst
Kol	3,5	t. die Glieder, die auf Erden sind
1Th	2,15	die haben den Herrn Jesus get.
1Pt	3,18	get. nach dem Fleisch, aber lebendig gemacht nach dem Geist
Heb	11,37	sie sind durchs Schwert get. worden
Jak	2,11	wenn du t., bist du ein Übertreter des Gesetzes
	5,6	ihr habt den Gerechten verurteilt und get.
Off	2,13	auch nicht in den Tagen, als Antipas get.
	6,8	den vierten Teil der Erde zu t.
	11	die auch noch get. werden sollten wie sie
	9,5	nicht daß sie t., sondern sie quälten
	15	zu t. den dritten Teil der Menschen 18
	20	die nicht get. wurden von diesen Plagen
	11,5	wenn ihnen jemand Schaden tun will, muß er get. werden
	7	so wird das Tier sie t.
	13	wurden get. in dem Erdbeben 7.000 Menschen
	13,10	wenn jemand mit dem Schwert get. werden soll
	15	daß alle, die... nicht anbeteten, get. würden

Totenacker

2Ma	9,4	mache ich aus der Stadt einen T. 14

Totengebein

Hes	37,1	ein weites Feld; das lag voller T.
Mt	23,27	innen sind sie voller T. und lauter Unrat

Totengeist

Jes	8,19	ihr müßt die T. und Beschwörer befragen
	29,4	deine Stimme sei wie die eines T.

Totengräber

Hes	39,15	bis die T. sie auch begraben

Totenklage

1Mo	50,10	Josef hielt T. über seinen Vater
1Sm	25,1	ganz Israel hielt ihm T. 28,3; 1Kö 14,13.18
2Sm	1,12	sie hielten T. und weinten um Saul
	3,31	so haltet die T. um Abner
	11,26	hielt (Urias Frau) T. um ihren Eheherrn
1Kö	13,29	um die T. zu halten 30
Hes	24,17	darfst keine T. halten
Am	5,16	wer die T. erheben kann
1Ma	2,39	hielten sie die T. über sie
	12,52	das Kriegsvolk hielt T. um Jonatan

Totenreich

2Sm	22,6	des T. Bande umfingen mich Ps 18,6
Hi	14,13	daß du mich im T. verwahren wolltest
	26,6	das T. ist aufgedeckt vor ihm
Ps	116,3	des T. Schrecken hatten mich getroffen
Spr	1,12	verschlingen wie das T. die Lebendigen
	5,5	ihre Schritte führen ins T. 7,27
	30,16	(vier sagen nie: Es ist genug:) das T.
Hl	8,6	Leidenschaft unwiderstehlich wie das T.
Jes	5,14	hat das T. den Schlund weit aufgesperrt
	14,9	das T. drunten erzittert vor dir
	28,15	mit dem T. einen Vertrag gemacht 18
	38,10	nun muß ich zu des T. Pforten
	57,9	tief hinab bis ins T.
Hos	13,14	ich will sie aus dem T. erlösen. T., ich will dir eine Pest sein
Wsh	2,1	weiß man von keinem, der aus dem T. befreit
	16,13	du führst hinunter zu den Pforten des T.
	17,14	aus den Schlupfwinkeln des T. gekommen
Sir	48,5	auferweckt und aus dem T. zurückgebracht
StD	3,64	er hat uns erlöst aus dem T.

Toter

1Mo	23,4	daß ich meine T. begrabe 3.6.8.11.13.15
	37,35	werde mit Leid hinunterfahren zu den T. 42,38; 44,29.31; 1Kö 2,6.9
2Mo	12,30	kein Haus, in dem nicht ein T. war
3Mo	19,28	um eines T. willen an eurem Leibe keine Einschnitte machen 5Mo 14,1
	21,1	ein Priester soll sich an keinem T. unrein machen 11; 22,4; Hes 44,25
4Mo	5,2	die an T. unrein geworden 6,6.11; 9,10; 19,18
	16,30	daß sie lebendig zu den T. fahren 33; Ps 55,16
	17,13	(Aaron) stand zwischen den T. und Lebenden
5Mo	18,11	(daß nicht jemand) die T. befragt Jes 8,19
	26,14	nichts davon gegeben als Gabe für die T.
Ri	16,30	daß es mehr T. waren durch seinen Tod
Rut	1,8	wie ihr an den T. getan habt

Toter

Rut	2,20	Barmherzigkeit nicht abgewendet von den Lebendigen und von den T.
1Sm	2,6	der HERR führt hinab zu den T.
	28,7	ein Weib, das T. beschwören kann
2Sm	14,2	ein Weib, das Leid getragen um einen T.
	21,10	bis Regen vom Himmel auf die T. troff
2Kö	8,5	daß (Elisa) einen T. lebendig gemacht
	23,30	seine Männer brachten den T. von Megiddo
Hi	7,9	nicht wieder, wer zu den T. hinunterfährt
	17,13	so ist bei den T. mein Haus
	16	zu den T. wird (meine Hoffnung) fahren
	21,13	in Ruhe fahren sie hinab zu den T.
	33,22	so nähert sich sein Leben den T.
	24	daß er nicht hinunterfahre zu den T. 28
	30	daß er sein Leben zurückhole von den T.
Ps	6,6	wer wird dir bei den T. danken
	9,18	die Gottlosen sollen zu den T. fahren 31,18
	30,4	du hast mich von den T. heraufgeholt
	31,13	bin vergessen in ihrem Herzen wie ein T.
	49,15	sie liegen bei den T. wie Schafe... bei den T. müssen sie bleiben
	78,64	die Witwen konnten die T. nicht beweinen
	88,6	ich liege unter den T. verlassen
	11	wirst du an den T. Wunder tun 12
	106,28	aßen von den Opfern für die T.
	115,17	die T. werden dich nicht loben Jes 38,18
	139,8	bettete ich mich bei den T., bist du da
Spr	2,18	ihre Wege zum Ort der T.
	21,16	wird weilen in der Schar der T.
Pr	4,2	pries ich die T. mehr als die Lebendigen
	9,5	die T. aber wissen nichts
	10	bei den T. gibt es weder Tun noch Denken
Jes	14,9	es schreckt auf vor dir die T.
	11	deine Pracht ist zu den T. gefahren 15
	26,14	T. werden nicht lebendig
	19	aber deine T. werden leben... die Erde wird die T. herausgeben
	59,10	wir sind im Düstern wie die T.
Jer	16,7	ihn zu trösten wegen eines T.
	22,10	weinet nicht über den T.
Hes	11,6	ihre Gassen liegen voll T.
	31,15	an dem er hinunter zu den T. fuhr 16. 17
	32,27	mit ihrer Kriegswehr zu den T. gefahren
Am	9,2	wenn sie sich auch bei den T. vergrüben
Wsh	4,18	werden unter den T. ewig zum Gespött
	18,12	so hatten sie alle zusammen unzählige T. 23
	19,3	als sie an den Gräbern der T. klagten
Tob	1,20	die T. und Erschlagenen begrub er 2,3.7.8.10. 15; 12,12
	13,2	du führst hinab zu den T. und wieder herauf
Sir	7,37	erweise auch den T. deine Freundlichkeit
	22,10	über einen T. soll man trauern 11.13
	30,18	Speise, die man T. aufs Grab stellt
	34,30	sich wäscht, wenn er einen T. angerührt hat
	38,24	weil der T. nun seine Ruhe hat
	48,5	durch... hast du einen T. auferweckt
Bar	3,11	daß du dich unrein machst unter den T.
	19	sie sind zu den T. gefahren
	6,27	wie T. setzt man ihnen die Gaben vor
	71	wie ein T., so sind ihre Götzen
2Ma	12,39	höchste Zeit, um die T. zu holen
	44	wäre es töricht gewesen, für T. zu bitten
	46	hat für diese T. ein Sühnopfer dargebracht
Mt	8,22	laß die T. ihre T. begraben Lk 9,60
	10,8	macht Kranke gesund, weckt T. auf
	11,5	Taube hören, T. stehen auf Lk 7,22
	14,2	Johannes ist von den T. auferstanden Mk 6,14; Lk 9,7
	17,9	bis der Menschensohn von den T. auferstanden ist Mk 9,9.10
Mt	22,31	habt ihr nicht gelesen von der Auferstehung der T. Mk 12,25.26; Lk 20,37
	32	Gott ist nicht ein Gott der T., sondern der Lebenden Mk 12,27; Lk 20,38
	27,64	er ist auferstanden von den T. 28,7; Lk 24,46; Jh 20,9
Lk	7,12	da trug man einen T. heraus 15
	16,23	*als er nun bei den T. war*
	30	wenn einer von den T. zu ihnen ginge 31
	20,35	gewürdigt werden, die Auferstehung von den T. (zu erlangen)
	24,5	was sucht ihr den Lebenden bei den T.
Jh	2,22	als er auferstanden war von den T. 21,14
	5,21	wie der Vater die T. auferweckt
	25	die T. hören die Stimme des Sohnes Gottes
	12,1	Lazarus, den Jesus auferweckt hatte von den T. 9.17
Apg	2,27	du wirst mich nicht dem T. überlassen 31
	3,15	den hat Gott auferweckt von den T. 4,10; 10,41; 13,30.34; 17,31; Rö 4,24; 6,4.9; 7,4; 8,11; 10,9; 1Ko 15,12.13.15.16.20; Gal 1,1; Eph 1,20; Kol 2,12; 1Th 1,10; 1Pt 1,21; Heb 13,20
	4,2	verkündigten an Jesus die Auferstehung von den T. 17,3
	10,42	bestimmt zum Richter der Lebenden und T.
	17,32	als sie von der Auferstehung der T. hörten
	23,6	ich werde angeklagt um der Auferstehung der T. willen 24,21
	26,8	unglaublich, daß Gott T. auferweckt
	23	Christus müsse als 1. auferstehen von den T.
Rö	1,4	eingesetzt durch die Auferstehung von den T.
	4,17	der die T. lebendig macht 2Ko 1,9
	6,13	*die aus den T. lebendig sind*
	10,7	um Christus aus den T. heraufzuholen
	11,15	wird ihre Annahme sein Leben aus den T.
	14,9	Christus, daß er über T. und Lebende Herr sei
1Ko	15,12	es gibt keine Auferstehung der T. 13-17.32
	21	so kommt auch durch einen Menschen die Auferstehung der T.
	29	daß sich einige für die T. taufen lassen
	35	fragen: Wie werden die T. auferstehen 42.52
Eph	5,14	wach auf, der du schläfst, steh auf von den T.
Phl	3,11	damit ich gelange zur Auferstehung von den T.
Kol	1,18	er ist der Erstgeborene von den T. Off 1,5
1Th	4,16	zuerst werden die T. auferstehen
2Ti	2,8	halt im Gedächtnis Jesus Christus, der auferstanden ist von den T.
	4,1	Jesus, der da kommen wird zu richten die Lebenden und die T. 1Pt 4,5
1Pt	1,3	Hoffnung durch die Auferstehung Jesu Christi von den T.
	4,6	dazu ist den T. das Evangelium verkündigt
Heb	6,2	mit der Lehre von der Auferstehung der T.
	11,19	Gott kann auch von den T. erwecken
	35	Frauen haben ihre T. durch Auferstehung wiederbekommen
Off	1,17	*fiel ich zu seinen Füßen wie ein T.*
	11,18	ist gekommen die Zeit, die T. zu richten 20,12
	14,13	selig sind die T., die in dem Herrn sterben
	16,3	es wurde zu Blut wie von einem T.
	20,5	die andern T. wurden nicht wieder lebendig
	12	ich sah die T. stehen vor dem Thron
	13	das Meer gab die T. heraus, die darin waren

Totes Meer

Hes 47,8 dies Wasser mündet ins T. M.

totgeboren

4Mo 12,12 laß Mirjam nicht sein wie ein T.

Totschlag

4Mo 35,6 wer einen T. getan hat 11.12.15; 5Mo 19,3

totschlagen

1Mo 4,8 erhob sich Kain wider Abel und s. ihn t.
14 daß mich t., wer mich findet 15
4Mo 35,18 Holz, mit dem jemand totg. werden kann
27 der Bluträcher findet ihn und s. ihn t.
5Mo 4,42 wer seinen Nächsten t. ohne Vorsatz
19,6 daß nicht der Bluträcher ihn t. 11; 22,26
Jos 10,26 Josua s. danach t.
1Sm 17,35 ergriff ich ihn und s. ihn t.
2Sm 18,15 zehn Knappen s. (Absalom) t.
21,17 Abischai s. den Philister t.
1Kö 16,10 s. ihn t. und wurde König 2Kö 15,10.14.25.30
2Kö 12,22 Josachar und Josabad, seine Großen, s. ihn t.
25,21 der König von Babel s. sie t. 25; Jer 52,27
Jer 29,21 der soll sie t. lassen vor euren Augen
Hes 9,6 erschlagt Alte, Jünglinge... s. alle t.
Sir 46,7 (Josua) s. die Widersacher t.
47,4 in seiner Jugend s. er den Riesen t.
1Ma 1,60 (ließ) alle, die Gottes Gesetz hielten, t.
5,3 Judas s. viele Idumäer t.
6,46 daß der Elefant auch ihn t.
11,45 man wollte den König t.
16,16 s. (Simon) samt beiden Söhnen t.

Totschläger

4Mo 35,25 Gemeinde soll den T. erretten 5Mo 19,4.6
26 geht aber der T. über die Grenze
Jos 20,3 dahin kann ein T. fliehen 5.6
21,13 die Freistadt für die T. 21.27.32.36.38
2Kö 14,6 die Söhne der T. tötete er nicht
Hos 9,13 muß seine Kinder herausgeben dem T.
1Ti 1,9 (Gesetz gegeben) den T.
1Jh 3,15 seinen Bruder haßt, der ist ein T.
Off 21,8 der T. Teil wird sein in dem Pfuhl
22,15 *draußen sind die T.*

Trachonitis

Lk 3,1 Philippus Landesfürst von der Landschaft T.

trachten (s.a. Leben)

1Mo 6,5 daß alles Dichten und T. böse war 8,21
2Mo 2,15 der (Pharao) t. danach, Mose zu töten
1Sm 18,25 Saul t. danach, David umzubringen 19,2.10
23,10 Saul danach t., die Stadt zu verderben
1Kö 11,40 Salomo t. danach, Jerobeam zu töten
19,10 t. danach, mir mein Leben zu nehmen 14
1Ch 28,9 der HERR versteht alles T. der Gedanken
Est 2,21 t. danach, Hand an Ahasveros zu legen 6,2
3,6 (Haman) t., alle Juden zu vertilgen
Ps 36,5 t. auf ihrem Lager nach Schaden
52,4 deine Zunge t. nach Schaden
Spr 1,19 allen, die nach unrechtem Gewinn t.
3,29 t. nicht nach Bösem gegen deinen Nächsten
6,14 t. nach Bösem und Verkehrtem in s. Herzen

Spr 11,27 wer... strebt, t. nach Gottes Wohlgefallen
14,22 die nach Bösem t., werden in die Irre
17,11 böser Mensch t., stets zu widersprechen
23,17 t. täglich nach der Furcht des HERRN
24,2 ihr Herz t. nach Gewalt
31,16 sie t. nach einem Acker und kauft ihn
Pr 2,15 warum hab ich nach Weisheit get.
Jes 1,17 t. nach Recht 16,5
23 deine Fürsten t. nach Gaben
Hes 22,9 Verleumder t. danach, Blut zu vergießen
Dan 6,5 t. danach, an Daniel etwas zu finden
11,24 wird nach den allerfestesten Städten t.
Hos 6,3 laßt uns t., den HERRN zu erkennen
Am 6,3 immer nach Frevelregiment
Mi 2,1 weh denen, die Schaden zu tun t.
Wsh 6,18 wer nach Unterweisung t. Sir 32,18
8,2 hab danach get., sie mir zu nehmen
Sir 3,19 besser als alles, wonach die Welt t.
31,7 die danach t., stürzen darüber
Bar 4,28 t. danach, (Gott) zu suchen
1Ma 6,56 daß er nach der Herrschaft t. 16,13
12,40 t. danach, Jonatan gefangenzunehmen
Mt 6,32 nach dem allen t. die Heiden Lk 12,30
33 t. zuerst nach dem Reich Gottes Lk 12,31
21,46 t. danach, ihn zu ergreifen Mk 11,18; 12,12; Lk 19,47; 20,19; 22,2
Lk 13,24 viele werden danach t., wie sie hineinkommen
Jh 19,12 von da an t. Pilatus danach, ihn freizulassen
Apg 8,22 ob dir das T. deines Herzens vergeben werden könne
13,8 t., daß er... vom Glauben abwendete
16,10 t. wir, zu reisen nach Mazedonien
Rö 2,7 die t. nach Herrlichkeit, Ehre
9,30 die nicht nach der Gerechtigkeit t. 31
10,3 sie t., ihre Gerechtigkeit aufzurichten
12,16 t. nicht nach hohen Dingen Gal 5,26
1Ko 4,5 und wird das T. der Herzen offenbar machen
14,12 danach, daß ihr die Gemeinde erbaut
Kol 3,2 t. nach dem, was droben ist

träge

Sir 4,34 die t. und lässig sind in ihren Taten
Lk 24,25 zu t. Herzens, all dem zu glauben, was
Rö 12,11 seid nicht t. in dem, was ihr tun sollt
Heb 6,12 damit ihr nicht t. werdet

tragen (s.a. Leid; Sünde)

1Mo 1,11 die jeder nach seiner Art Früchte t. 12
3,18 Dornen und Disteln soll er dir t.
4,13 Strafe ist schwer, als daß ich sie t. könnte
8,11 ein Ölblatt und t.'s in ihrem Schnabel
24,15 Rebekka t. einen Krug auf ihrer Schulter
31,8 so t. die Herde Bunte... t. Sprenklinge
37,25 mit ihren Kamelen; die t. kostbares Harz
38,14 Witwenkleider, die sie t.
40,16 mir hat geträumt, ich t. drei Körbe
41,47 das Land in 7 reichen Jahren die Fülle
43,9 will mein Leben lang die Schuld t. 44,32
49,15 da hat er seine Schultern geneigt, zu t.
2Mo 12,34 das Volk t. den rohen Teig
18,22 laß sie mit dir t. 4Mo 11,17
19,4 euch get. auf Adlerflügeln 5Mo 32,11
25,14 daß man (die Lade) damit t. 27.28; 27,7; 30,4; 37,5.14.15.27; 38,7
28,12 Aaron ihre Namen auf s. Schultern t. 29.30
39,14 die Steine t. die 12 Namen der Söhne Isr.

tragen

3Mo	4,21	soll den Stier hinaus vor das Lager t.
	11,25	wer ihr Aas t., soll seine Kleider waschen 28.40; 15,10
	13,45	soll zerrissene Kleider t.
	17,16	muß seine Schuld t. 19,8; 20,17.19.20; 24,15; 4Mo 5,31; 14,34; 18,1.23; 30,16
	25,6	was das Land während seines Sabbats t. 12
4Mo	1,50	sollen die Wohnung (des Gesetzes) t. 4,15.24. 25.27.31.32.47; 7,9; 10,17.21; 1Ch 23,26
	11,12	t. es, wie eine Amme ein Kind t.
	14	vermag d. Volk nicht allein zu t. 5Mo 1,9.12
	13,23	t. sie zu zweien auf einer Stange
	14,33	eure Kinder sollen eure Untreue t.
	17,23	fand den Stab Aarons Mandeln t.
	25	t. den Stab Aarons vor die Lade
5Mo	1,31	dich get., wie ein Mann seinen Sohn t.
	10,8	t. die Lade des Bundes zu t. 31,9.25; Jos 3,3.8.13.14.17; 4,9.10.16.18; 6,12; 8,33; 2Sm 15,24; 1Ch 15,2; 2Ch 35,3
	19,11	wenn jemand Haß t. gegen seinen Nächsten
	22,5	eine Frau soll nicht Männersachen t.
Jos	4,8	t. zwölf Steine mitten aus dem Jordan
	6,4	laß 7 Priester 7 Posaunen t. 6.8.13
Ri	3,18	Leute, die den Tribut get.
	8,26	Purpurkleider, die die Könige get.
1Sm	2,28	den Priesterschurz zu t. 14,3.18; 22,18; 1Ch 15,27
	5,8	laßt die Lade Gottes nach Gat t. 9
	10,3	drei Männer... einer t. drei Böcklein
	17,22	ließ David sein Gepäck, das er t., bei
	20,40	geh und t. (Waffen) in die Stadt
2Sm	13,18	solche Kleider t. des Königs Töchter
	20,8	Joab t. einen Waffenrock
	23,16	schöpften Wasser und t.'s 1Ch 11,18
	24,9	streitbare Männer, die das Schwert t. 1Ch 12,25; 21,5; 2Ch 14,7
1Kö	2,26	hast die Lade Gottes vor David get.
	10,2	mit Kamelen, die Spezerei t. 2Ch 9,1
	14,28	t. die Leibwache die Schilde 2Ch 12,11
2Kö	5,17	eine Last, soviel zwei Maultiere t. 23
	13,21	begab sich, daß man einen Mann zu Grabe t.
	18,14	was du mir auferlegst, will ich t.
	19,30	wird von neuem Frucht t. Jes 37,31
2Ch	2,1	siebzigtausend, die Lasten t. Neh 4,11
	20,25	nahmen so viel, daß es kaum zu t. war
Est	6,8	Kleider, die der König zu t. pflegt
Hi	19,4	so t. ich meinen Irrtum selbst
	24,10	hungrig t. sie Garben
	31,36	wollte ich sie wie eine Krone t.
	34,31	wenn einer zu Gott sagt: Ich hab's get.
	40,20	die Berge t. Futter für ihn
Ps	28,9	weide und t. sie ewiglich
	69,8	um deinetwillen t. ich Schmach
	89,51	Schmach, die ich t. in meinem Herzen
	91,12	daß sie dich auf den Händen t.
	107,37	Weinberge, die jährlich Früchte t.
	144,14	unsre Rinder, daß sie t. ohne Schaden
Spr	6,27	kann jemand ein Feuer unterm Gewand t.
	9,12	so mußt du's allein t.
	12,23	ein Mann t. Klugheit nicht zur Schau
	18,14	wenn der Mut daniederliegt, wer kann's t.
	23,21	ein Schäfer muß zerrissene Kleider t.
	30,13	eine Art, die ihre Augen hoch t.
Jes	1,14	ich bin's müde, sie zu t.
	40,11	wird die Lämmer, im Bausch s. Gewandes t.
	46,1	daß sie sich müde t. an dem
	3	die ihr von mir get. werdet
	4	t., bis ihr grau werdet... heben und t.
	7	heben ihn auf die Schultern und t. ihn
	52,11	reinigt euch, die ihr des HERRN Geräte t.
Jes	53,4	fürwahr, er t. unsre Krankheit
	61,7	daß mein Volk doppelte Schmach t.
	63,9	er t. sie allezeit von alters her
	66,12	ihre Kinder sollen auf dem Arme get. werden
Jer	10,5	auch muß man (ihre Götter) t.
	17,21	t. keine Last am Sabbattag 22.24.27
	41,5	achtzig Männer von Sichem t. Speisopfer
Klg	2,20	Kindlein, die man auf Händen t. 22
	3,27	daß er das Joch in seiner Jugend t.
	4,5	die früher auf Purpur get. wurden
	5,7	wir aber müssen ihre Schuld t. Hes 18,19.20
	13	Jünglinge mußten Mühlsteine t.
Hes	4,4	so lange sollst du ihre Schuld t. 5.6; 14,10
	16,52	t. deine Schande... schäme dich t. 54.58; 23,35.49; 32,24.25.30; 36,6.7; 44,13
	17,8	hätte können Früchte t... ein Weinstock
	28,13	Gold des Perlenschmucks, den du t.
	36,15	sollst Spott der Heiden nicht mehr t.
	38,4	die alle Schilde und Schwerter t. 5
Dan	5,7	soll eine goldene Kette um den Hals t. 16
	9,16	wegen unserer Sünden t. Jerusalem Schmach
Hos	2,7	die sie get. hat, treibt es schändlich
	9,11	daß sie weder gebären noch t. sollen
	10,1	Israel ein Weinstock, der Frucht t.
	11,4	half ihnen das Joch auf ihrem Nacken t.
Jo	2,22	die Weinstöcke sollen reichlich t.
Am	5,26	ihr t. den Sakkut, euren König
	6,10	der seine Gebeine aus dem Hause t. will
Mi	6,16	ihr sollt die Schmach meines Volks t.
	7,9	ich will des HERRN Zorn t.
Nah	1,13	will sein Joch, das du t., zerbrechen
Ze	1,8	alle, die ein fremdländisches Gewand t.
	3,18	daß du seinetwegen keine Schmach mehr t.
Hag	2,12	wenn jemand heiliges Fleisch t.
	19	ob Weinstock, Feigenbaum noch nicht t.
Sa	5,10	wo t. diese die Tonne hin
Jdt	4,14	auch die Priester t. Bußgewänder
Wsh	2,8	laßt uns Kränze t. von Rosenknospen
	7,3	die Erde, die alle in gleicher Weise t.
	17,17	er mußte solch unvermeidliche Not t.
Tob	2,3	Tobias t. ihn unbemerkt in sein Haus
	4,4	als sie dich unter dem Herzen t. 2Ma 7,27
Sir	8,4	damit du nicht noch Holz zu seinem Feuer t.
	20,2	besser, offen tadeln, als heimlich Haß t.
	22,18	es ist leichter, Eisen zu t. als
	28,23	wer ihr Joch nicht t. muß
	40,4	bei dem, der Purpur und Krone t.
Bar	1,15	wir t. heute mit Recht unsre Schande 2,6
	5,6	Gott bringt sie zu dir, in Ehren get.
	6,4	auf den Schultern Götzen t. wird 26
	14	der Götze t. ein Zepter in der Hand
	31	die Priester t. Glatzen
1Ma	5,30	sahen sie Kriegsvolk Sturmböcke t.
	6,37	jeder Elefant t. einen starken Turm
	11,58	erlaubte ihm, eine goldene Spange zu t. 14,43.44
2Ma	9,8	mußte sich auf einer Sänfte t. lassen 10
	10,7	sie t. laubumwundene Stäbe und Zweige
StE	3,11	das stolze Zeichen auf meinem Haupte t.
	4,2	die andere t. ihr die Schleppe
StD	2,33	bring das Essen, das du t., zu Daniel
	35	der Engel t. ihn nach Babel
Mt	3,11	nicht wert, ihm die Schuhe zu t.
	4,6	sie werden dich auf den Händen t. Lk 4,11
	8,17	unsre Krankheit hat er get.
	11,8	die weiche Kleider t., sind in den Häusern der Könige Lk 7,25
	13,8	einiges fiel auf gutes Land und t. Frucht 23; Mk 4,8; Lk 8,8

Mt	20,12	die wir des Tages Last und Hitze get. haben
	27,32	den zwangen sie, daß er ihm sein Kreuz t. Mk 15,21
Mk	1,6	Johannes t. ein Gewand aus Kamelhaaren
	2,3	einen Gelähmten, von vieren get.
	6,55	die Kranken überall dorthin zu t., wo
	10,13	*die Jünger fuhren die an, die sie t.*
	11,16	ließ nicht zu, daß jemand etwas durch den Tempel t. Jh 2,16
	14,13	der t. einen Krug mit Wasser Lk 22,10
Lk	6,43	es gibt keinen guten Baum, der faule Frucht t.
	8,27	er t. seit langer Zeit keine Kleider mehr
	10,4	t. keinen Geldbeutel bei euch
	11,27	selig sei der Leib, der dich get. hat
	12,16	ein reicher Mensch, dessen Feld hatte gut get.
	14,27	wer nicht sein Kreuz t. und mir nachfolgt
	16,22	der Arme wurde get. in Abrahams Schoß
	19,18	*dein Pfund hat fünf Pfund get.*
	24,1	t. bei sich die wohlriechenden Öle
Jh	5,10	du darfst dein Bett nicht t.
	16,12	*ihr könnt es jetzt nicht t.*
	19,5	Jesus kam heraus und t. die Dornenkrone
	17	er t. sein Kreuz und ging hinaus zur Stätte
Apg	9,15	daß er m. Namen t. vor Heiden und Könige
	15,10	Joch, das weder unsre Väter noch wir haben t. können
	19,12	Tücher, die er auf seiner Haut get. hatte
	21,24	laß dich reinigen mit ihnen und t. die Kosten
	35	mußten ihn die Soldaten t.
	28,20	der Hoffnung Israels willen t. ich d. Ketten
Rö	9,22	*hat mit Geduld get. die Gefäße des Zorns*
	11,18	daß nicht du die Wurzel t., sondern die Wurzel t. dich
	13,4	sie t. das Schwert nicht umsonst
	15,1	das Unvermögen der Schwachen t. 1Th 5,14
1Ko	11,14	für einen Mann eine Unehre, wenn er langes Haar t.
	15,49	wie wir get. haben das Bild des irdischen
2Ko	4,10	wir t. allezeit das Sterben Jesu an unserm Leibe Gal 6,17
	11,28	*t. Sorge für alle Gemeinden*
Gal	5,10	wer euch irremacht, der wird sein Urteil t.
	6,2	einer t. des andern Last, so werdet ihr das Gesetz Christi erfüllen
	5	ein jeder wird seine eigene Last t.
Phl	1,13	daß ich meine Fesseln für Christus t.
Heb	1,3	alle Dinge mit seinem kräftigen Wort
	5,2	weil er selber Schwachheit an sich t.
	6,7	die Erde, die nützliche Frucht t.
	8	wenn sie Dornen t., bringt sie keinen Nutzen
	13,11	Tiere, deren Blut in das Heilige get. wird
	13	so laßt uns nun seine Schmach t.
Jak	2,3	*der das herrliche Kleid t.*
	3,12	kann ein Weinstock Feigen t.
Off	2,3	hast um meines Namens willen Last get.
	17,7	Geheimnis des Tieres, das sie t.
	19,12	t. einen Namen geschrieben, den niemand kannte 16
	22,2	die t. zwölfmal Früchte

Träger

2Sm	6,13	als die T. sechs Schritte gegangen waren
1Kö	7,30	auf den vier Ecken waren T. 34
2Ch	2,17	(Salomo) machte 70.000 zu T.
Neh	4,4	die Kraft der T. ist zu schwach
Lk	7,14	berührte den Sarg, und die T. blieben stehen

Tragkorb

Ps	81,7	habe ihre Hände vom T. erlöset

Traglast

4Mo	4,19	sollen jeden anstellen zu seiner T. 49

Tragstange

4Mo	4,10	sollen (das alles) auf T. legen 12

Träne

2Kö	20,5	habe deine T. gesehen Jes 38,5
Hi	16,20	unter T. blickt mein Auge
Ps	6,7	netze mit meinen T. mein Lager
	39,13	schweige nicht zu meinen T.
	42,4	meine T. sind meine Speise Tag und Nacht
	56,9	sammle meine T. in deinen Krug
	80,6	tränkest sie mit einem großen Krug voll T.
	102,10	ich mische meinen Trank mit T.
	116,8	hast errettet mein Auge von den T.
	119,136	meine Augen fließen von T. Jer 9,17; 13,17; 14,17; Klg 1,16
	126,5	die mit T. säen, werden mit Freuden ernten
Pr	4,1	waren T. derer, die Unrecht litten
Jes	16,9	ich vergieße viel T. über dich, Heschbon
	25,8	Gott der HERR wird die T. abwischen Off 7,17; 21,4
Jer	31,16	laß dein Schreien und die T. deiner Augen
Klg	1,2	daß ihr die T. über die Backen laufen
	2,18	laß Tag und Nacht T. herabfließen
Hes	24,16	du sollst keine T. vergießen
Mal	2,13	ihr bedeckt den Altar des HERRN mit T.
Jdt	8,12	wollen seine Gnade suchen mit T. 14; 13,5; Tob 3,12; 12,12; 2Ma 11,6
Tob	7,7	Raguël küßte ihn unter T.
	13	ich zweifle nicht, daß Gott meine T. erhört
Sir	18,18	eine unfreundliche Gabe führt zu T.
	22,23	wenn man ... ruft man T. hervor
Lk	7,38	fing an, seine Füße mit T. zu benetzen 44
Apg	20,19	wie ich dem Herrn gedient habe mit T.
	31	nicht abgelassen habe, einen jeden unter T. zu ermahnen
2Ko	2,4	ich schrieb euch unter vielen T.
Phl	3,18	nun sage ich's unter T.
2Ti	1,4	wenn ich an deine T. denke
Heb	5,7	Bitten und Flehen mit T. dem dargebracht
	12,17	Buße, obwohl er sie mit T. suchte

Tränenbrot

Ps	80,6	du speisest sie mit T.

Tränenquelle

Jer	8,23	ach daß meine Augen T. wären

Trank

Esr	3,7	gaben Speise und T. und Öl den Leuten
Ps	102,10	ich mische meinen T. mit Tränen
Jer	8,14	wird uns tränken mit einem giftigen T.
Hes	23,33	mußt dich mit starkem T. volltrinken
Dan	1,10	der euch Speise und T. bestimmt hat 16
Hos	2,7	Liebhaber, die mir geben Öl und T.
Tob	12,19	einen T., den kein Mensch sehen kann
Sir	15,3	sie reicht ihm den T. der Weisheit
StD	2,10	du sollst den T. selbst mischen

Trank

Jh	6,55	mein Blut ist der wahre T.
1Ko	10,4	haben alle denselben geistlichen T. getrunken
Kol	2,16	laßt euch von niemandem ein schlechtes Gewissen machen wegen T.
Heb	9,10	dies sind nur Satzungen über Speise und T.

Tränke

1Mo	24,20	(Rebekka) goß den Krug aus in die T.
Jes	7,19	daß sich alle niederlassen an jeder T.
Lk	13,15	am Sabbat... und führt ihn zur T.

tränken

1Mo	21,19	(Hagar) t. den Knaben
	24,14	will deine Kamele auch t. 46
	29,2	pflegten sie die Herden zu t. 3.7.8
	10	Jakob t. die Schafe Labans
2Mo	2,16	um die Schafe ihres Vaters zu t. 17.19
4Mo	20,8	so sollst du die Gemeinde t.
5Mo	11,10	wo du deinen Samen selbst t. mußtest
	11	Auen, die der Regen vom Himmel t.
	32,14	t. ihn mit edlem Traubenblut
Hi	10,15	gesättigt mit Schmach und get. mit Elend
	22,7	du hast die Durstigen nicht get.
Ps	36,9	du t. sie mit Wonne wie mit einem Strom
	65,11	du t. seine Furchen
	78,15	er t. sie mit Wasser in Fülle
	80,6	du t. sie mit einem gr. Krug voll Tränen
Spr	11,25	wer reichlich t., wird auch get. werden
	25,21	dürstet ihn, so t. ihn Rö 12,20
Hl	8,2	da wollte ich dich t. mit gewürztem Wein
Jes	43,20	ich will Wasser geben, zu t. mein Volk
Jer	8,14	der HERR wird uns t. mit einem giftigen Trank 9,14; 23,15; Klg 3,15.19
Hes	32,6	das Land will ich mit deinem Blut t.
Sir	24,42	(ich will) meine Beete t.
	39,27	sein Segen t. die Erde wie eine Flut
Mt	10,42	wer... mit Wasser t. Mk 9,41
	25,35	und ihr habt mich get. 37. 42
	27,48	alsbald lief einer und t. Mk 15,36
1Ko	12,13	wir sind alle mit einem Geist get.
Off	14,8	Babylon hat get. alle Völker
	19,13	angetan mit einem Gewand, das mit Blut get.

Trankopfer

1Mo	35,14	Jakob goß T. darauf
2Mo	25,29	in denen man das T. darbringe 37,16; 3Mo 23,18; 4Mo 4,7
	29,40	ein viertel Kanne Wein zum T. 41; 3Mo 23,13; 4Mo 15,5.7.10; 28,7.14
	30,9	ihr sollt kein T. darauf opfern
3Mo	23,37	darzubringen... T., jedes an seinem Tage
4Mo	6,15	was dazugehört an T. 17; 15,12.24; 28,8-10.15. 24.31; 29,6.u.ö.39
5Mo	32,38	(ihre Götter)... trinken den Wein ihrer T.
2Kö	16,13	goß darauf sein T. 15; 1Ch 29,21; 2Ch 29,35
1Ch	11,18	es nicht trinken, sondern goß es als T.
Esr	7,17	kaufe Speisopfer und T. dazu
Ps	16,4	ich will das Blut ihrer T. nicht opfern
Jes	57,6	ihnen hast du dein T. ausgeschüttet Jer 7,18; 19,13; 32,29; Hes 20,28
	65,11	die ihr dem Meni vom T. einschenkt
Jer	44,17	wir wollen ihr T. darbringen 18.19.25
Hes	45,17	der Fürst soll die T. ausrichten
Hos	9,4	dem HERRN kein T. vom Wein bringen
Jo	1,9	T. nicht mehr im Hause des HERRN 13

Jo	2,14	so daß ihr opfern könnt T. dem HERRN
Sir	50,17	streckte er seine Hand aus nach dem T.

Tränkrinne

1Mo	30,38	legte die Stäbe in die T.
Ri	5,11	wie sie jubeln zwischen den T.

Traube

1Mo	40,10	seine T. wurden reif
3Mo	25,5	T., die ohne deine Arbeit wachsen
4Mo	6,4	von den unreifen bis zu den überreifen T.
	13,24	der Ort heißt Bach Eschkol nach der T.
5Mo	23,25	darfst T. essen nach deinem Wunsch
	28,39	wirst weder Wein trinken noch t. lesen
	32,32	ihre T. sind Gift
Neh	13,15	daß man am Sabbat T. brachte
Hi	15,33	Weinstock, der die T. unreif abstößt
Hl	1,14	mein Freund ist eine T. von Zyperblumen
	7,9	laß die Brüste sein wie T. am Weinstock
Jes	5,2	wartete darauf, daß er gute T. brächte 4
	18,5	vor der Ernte, wenn die T. noch reift
	65,8	wenn man noch Saft in der T. findet
Jer	8,13	daß keine T. am Weinstock übrigbleiben
	31,29	Väter haben saure T. gegessen 30; Hes 18,2
Hos	9,10	ich fand Israel wie T. in der Wüste
Mi	7,1	da man keine T. findet zu essen
Mt	7,16	kann man T. lesen von den Dornen Lk 6,44
Off	14,18	schneide die T. am Weinstock der Erde 19

Traubenbach

5Mo	1,24	als diese weggingen und an den T. kamen

Traubenblut

1Mo	49,11	wird waschen seinen Mantel in T.
5Mo	32,14	tränkte ihn mit edlem T.

Traubenkuchen

Hl	2,5	er erquickt mich mit T.
Jes	16,7	über die T. werden sie seufzen
Hos	3,1	zu fremden Göttern kehren und T. lieben

trauen

5Mo	32,37	wo ihr Fels, auf den sie t.
Ri	11,20	Sihon t. Israel nicht
2Sm	22,3	Gott ist mein Hort, auf den ich t. Ps 18,3
Hi	4,18	seinen Dienern t. er nicht 15,15
	15,31	er t. nicht auf Trug
	39,12	kannst du ihm t., daß er dein Korn
Ps	2,12	wohl allen, die auf ihn t. 34,9
	5,12	laß sich freuen alle, die auf dich t.
	7,2	auf dich, HERR, t. ich 11,1; 16,1; 25,20; 31,2; 71,1; 141,8
	13,6	ich t. darauf, daß du so gnädig bist
	31,20	deine Güte... denen, die auf dich t.
	33,21	wir t. auf seinen heiligen Namen
	34,23	die auf ihn t., werden frei von Schuld
	37,40	denn sie t. auf ihn
	57,2	auf dich t. meine Seele
	64,11	die Gerechten werden auf ihn t.
	144,2	mein Schild, auf den ich t. Spr 30,5
Jes	57,13	wer auf mich t., wird das Land erben
Jer	9,3	ein jeder t. auch seinem Bruder nicht
	12,6	darum t. du ihnen nicht
Nah	1,7	der HERR kennt die, die auf ihn t.

Ze	3,2	sie will auf den HERRN nicht t.
	12	die werden auf des HERRN Namen t.
Jdt	6,14	daß du nicht verläßt, die auf dich t. 13,17
Wsh	12,22	damit wir auf deine Barmherzigkeit t.
Sir	12,9	t. niemals deinem Feinde 13,14
	36,28	wie man einem Räuber nicht t., so t. man
		auch nicht einem Mann, der kein Heim hat
1Ma	10,46	wollten sie ihm nicht t.
Apg	23,21	du aber t. ihnen nicht

Trauer

5Mo	26,14	nichts davon gegessen, als ich in T. war
2Sm	19,3	so wurde aus dem Sieg eine T.
Ps	30,12	hast mir den Sack der T. ausgezogen
	35,14	so beugte ich mich in T.
Pr	5,16	sein Leben lang hat er in T. gesessen
Jes	50,3	ich hülle (den Himmel) in T.
Jer	47,5	über Gaza wird T. kommen
Jo	1,8	heule wie eine Jungfrau, die T. anlegt
Am	8,10	will eure Feiertage in T. verwandeln
Tob	2,4	aß er sein Brot voll T. und Entsetzen
1Ma	3,51	deine Priester leben in T. und Niedrigkeit
Jh	16,6	weil ich das geredet, ist euer Herz voll T.

Trauerbrot

Jer	16,7	wird man keinem das T. brechen
Hes	24,17	sollst nicht das T. essen 22

Trauergewand, Trauerkleid

2Sm	14,2	(Joab) sprach zu ihr: Zieh T. an
Jes	61,3	daß ihnen Freudenöl statt T. gegeben
Hes	26,16	alle Fürsten werden in T. gehen
Jo	1,13	behaltet auch im Schlaf die T. an
Jdt	8,6	sie war bekleidet mit einem T.
Bar	4,20	ich habe das T. angezogen
	5,1	zieh dein T. aus, Jerusalem
1Ma	3,47	fasteten sie und zogen T. an
StE	3,2	(Ester) zog T. an
Off	11,3	sie sollen weissagen, angetan mit T.

Trauerhaus

Jer	16,5	du sollst in kein T. gehen

Trauerlied

Hi	30,31	mein Flötenspiel zum T. (geworden)

trauern

4Mo	14,39	da t. das Volk sehr
2Sm	14,2	(Joab) sprach: Stelle dich wie eine T.
Hi	14,22	um ihn selbst t. seine Seele
	17,7	mein Auge ist dunkel geworden vor T.
	29,24	das Licht tröstete mich
Spr	14,13	auch beim Lachen kann das Herz t.
Pr	7,2	besser in ein Haus zu gehen, wo man t.
	3	T. ist besser als Lachen; durch T. wird
	4	das Herz der Weisen ist dort, wo man t.
Jes	3,26	Zions Tore werden t. und klagen
	19,8	die Fischer werden t.
	51,11	Not und Seufzen wird von ihnen fliehen
	61,2	zu trösten alle T. 3
Jer	14,2	sie sitzen t. auf der Erde
	31,13	will ihr T. in Freude verwandeln
Klg	2,8	er ließ Mauer und Wall t.
Hes	7,12	der Verkäufer t. nicht

Hes	7,27	der König wird t.
	27,31	werden von Herzen um dich t. 31,15
Dan	10,2	zu der Zeit t. ich drei Wochen lang
Hos	9,4	ihr Brot soll sein wie das Brot der T.
	10,5	sein Volk t. darum
Jo	1,9	die Priester, des HERRN Diener, t.
Am	5,16	man wird den Ackermann zum T. rufen
	8,8	sollte nicht... alle Bewohner t. 9,5
	10	will ein T. schaffen, wie man t. über
Jdt	8,15	wie wir t. müssen wegen des Hochmuts
	16,29	das Volk t. um (Judit)
Sir	7,38	t. mit den T.
	22,10	über einen Toten soll man t. 11.13
	30,10	damit du nicht mit ihm t. mußt
	38,19	vom T. kommt der Tod
	41,14	die Menschen t. zwar um ihren Leib
Bar	4,23	ich habe euch ziehen lassen mit T.
1Ma	1,26	die Oberen und Ältesten t. 28
	2,14	Mattatias und s. Söhne t. sehr
	9,20	das Volk t. um ihn 12,52; 13,26
StE	9,22	verwandle unser T. in Freude
Mt	11,17	ihr wolltet nicht t.
	26,37	fing an zu t. und zu zagen

Trauertag

1Mo	50,4	als nun die T. vorüber waren
Tob	2,6	eure Feiertage sollen zu T. werden
1Ma	1,41	die Feiertage wurden zu T.

träufeln

Hl	4,11	von deinen Lippen t. Honigseim
Jes	45,8	t., ihr Himmel, von oben

Traum

1Mo	20,3	Gott kam des Nachts im T. 6; 31,24
	31,10	sah im T. die Böcke
	11	der Engel Gottes sprach zu mir im T.
	37,5	hatte Josef einen T. 8-10.20; 42,9
	40,5	einem jeden ein eigener T. 9; 41,11.12
	41,1	hatte der Pharao einen T. 7.8.15.22
	12	(Josef) deutete uns unsere T. 15.25.26
4Mo	12,6	will mit ihm reden in T.
Ri	7,13	erzählte einer dem andern einen T. 15
1Sm	28,6	der HERR antwortete nicht durch T. 15
1Kö	3,5	der HERR erschien Salomo im T. 15
Hi	7,14	erschrecktest du mich mit T.
	20,8	im T. wird er verfliegen
	33,15	im T. (öffnet er das Ohr)
Ps	73,20	wie ein T. verschmäht wird, wenn man
Pr	5,2	wo viel Mühe ist, da kommen T.
	6	wo viel T. sind, da ist Eitelkeit
Jes	29,7	wie ein T. soll die Menge aller Völker sein
Jer	23,27	meinen Namen vergesse über ihren T.
	28	ein Prophet, der T. hat, erzähle ihn
	32	ich will an die, die falsche T. erzählen
	29,8	hört nicht auf die T., die sie träumen
Dan	1,17	Daniel verstand sich auf T. 5,12
	2,1	hatte Nebukadnezar einen T. 2-9.26.28.31.36.
		45; 4,2-6.15.16
	7,1	hatte Daniel einen T. und Gesichte
Jo	3,1	eure Alten sollen T. haben Apg 2,17
Sa	10,2	die Wahrsager erzählen nichtige T.
Wsh	18,17	da erschreckten sie grauenhafte T. 19
Sir	34,1	Narren verlassen sich auf T. 2.3.5.7
	40,6	er erschrickt im T.
StE	6,1	hatte Mordechai einen T. 2.9; 7,2
Mt	1,20	da erschien (Josef) der Engel im T. 2,13.19

Traum

Mt	2,12	Gott befahl ihnen im T. 22
	27,19	habe heute viel erlitten im T. um seinetwillen

Traumdeuter

Jer	27,9	hört nicht auf eure T.

träumen

1Mo	28,12	ihm t., eine Leiter stand auf Erden
	37,6	höret doch, was mir get. hat 10; 42,9
	40,5	t. ihnen beiden 8.9.16; 41,11
	41,5	(der Pharao) t. abermals 17.32
Ri	7,13	siehe, ich habe get.: ein Gerstenbrot
Ps	126,1	so werden wir sein wie die T.
Jes	29,8	wie ein Hungriger t., daß er esse
Jer	23,25	sprechen: Mir hat get., mir hat get.
	29,8	hört nicht auf die Träume, die sie t.

Träumer

1Mo	37,19	seht, der T. kommt daher
5Mo	13,2	wenn ein Prophet oder T. aufsteht 4.6
Jud	8	ebenso sind auch diese T.

traurig

1Mo	40,6	als Josef sah, daß sie t. waren 7
1Sm	1,5	aber Hanna gab er ein Stück t.
	8	warum ist dein Herz so t. 18
Neh	2,1	ich stand t. vor ihm 2.3
	8,9	seid nicht t. und weinet nicht
Est	6,12	Haman eilte nach Hause, t.
Ps	38,7	den ganzen Tag gehe ich t. einher
	42,10	warum muß ich so t. gehen 43,2
Jes	29,2	daß er t. und voll Jammer sei
	33,9	das Land sieht t. und jämmerlich aus
	66,10	freuet euch, die ihr über sie t. gewesen
Jer	4,28	wird der Himmel t. sein
	14,3	sie sind t. und betrübt 4
Jo	1,11	die Ackerleute sehen t. drein
Tob	10,3	Tobias und Hanna wurden sehr t.
Sir	22,6	wie fröhliches Saitenspiel, wenn einer t. ist
	25,30	ein böses Weib schafft ein t. Angesicht
	38,18	tröste dich, damit du nicht allzu t. wirst
Mt	14,9	der König wurde t.
Mk	10,22	er ging t. davon Lk 18,23.24
	14,19	sie wurden t. und fragten ihn: Bin ich's
Lk	24,17	da blieben sie t. stehen
Jh	16,20	ihr werdet t. sein
	21,17	Petrus wurde t., weil er sagte
1Ko	5,2	ihr seid nicht vielmehr t. geworden
2Ko	2,2	wenn ich euch t. mache, wer soll mich dann
	3	damit ich nicht über die t. sein müßte
	6,10	als die T., aber allezeit fröhlich
	7,8	wenn ich euch durch den Brief t. gemacht
1Th	4,13	damit ihr nicht t. seid wie die andern
1Pt	1,6	die ihr jetzt eine kleine Zeit t. seid

Traurigkeit

Wsh	8,9	daß sie mir sein würde ein Trost in T.
Sir	30,22	gib dich nicht der T. hin 24; 38,21
	25	die T. tötet viele Leute 38,19
	38,20	in der Anfechtung bleibt die T.
1Ma	6,13	darum muß ich in großer T. sterben
Lk	22,45	kam zu s. Jüngern und fand sie schlafend vor T.
Jh	16,20	eure T. soll in Freude verwandelt werden 22

Jh	16,21	*ein Weib, wenn sie gebiert, hat sie T.*
Rö	9,2	*daß ich große T. in meinem Herzen habe*
2Ko	2,1	*daß ich nicht in T. zu euch käme*
	7	*damit er nicht in allzu große T. versinkt*
	7,10	*die T. nach Gottes Willen wirkt eine Reue, die niemanden reut*
Phl	2,27	*damit ich nicht eine T. zu der anderen hätte* 28
Heb	12,11	*alle Züchtigung dünkt uns T. zu sein*
Jak	4,9	*verkehre sich eure Freude in T.*

Treber

Lk	15,16	*begehrte, seinen Bauch zu füllen mit T.*

treffen

4Mo	32,23	eure Sünde erkennen, wenn sie euch t. wird
5Mo	4,30	wenn dich das alles t. wird 31,17.21.29
	19,5	das Eisen t. seinen Nächsten
	22,28	wenn jemand eine Jungfrau t. 23.25
	28,15	werden alle diese Flüche dich t. 45
Jos	7,14	welchen Stamm der HERR t. wird 16-18
Ri	14,12	wenn ihr das erratet und t. 18
	20,16	mit der Schleuder ein Haar t. konnten
	34	daß sie das Unglück t. würde 41
Rut	2,3	es t. sich, daß dies Feld Boas gehörte
1Sm	6,9	sie nicht seine Hand uns get. hat
	9,11	t. sie Mädchen, die herausgingen
	13	jetzt werdet ihr (Samuel) t. 10,3
	14,14	so t. der erste Schlag 20 Mann
	17,49	David t. den Philister an die Stirn 50
	28,10	soll dich in dieser Sache keine Schuld t.
2Sm	20,1	es t. sich, daß ein ruchloser Mann war
1Kö	11,29	es t. (Jerobeam) der Prophet Ahija
2Kö	7,9	so wird uns Schuld t. Hos 10,2
	9,21	sie t. (Jehu) auf dem Acker Nabots
	10,13	t. Jehu die Brüder Ahasjas 15; 2Ch 22,8
2Ch	20,16	werdet auf sie t., wo das Tal endet
Neh	9,32	das Elend, das uns get. hat Est 8,6; 9,26
	10,1	wollen eine feste Abmachung t.
Hi	1,16	Feuer Gottes t. Schafe und Knechte
	3,25	wovor mir graute, hat mich get.
	4,5	nun es dich t., erschrickst du
	11,7	kannst du alles so vollkommen t.
	19,21	die Hand Gottes hat mich t.
	31,29	mich erhoben, weil ihn Unglück get.
	32,11	bis ihr die rechten Worte t. würdet
	14	mich haben seine Worte nicht get.
	34,6	mich quält der Pfeil, der mich t.
	11	er t. einen jeden nach seinem Tun
	41,18	t. man ihn mit dem Schwert
Ps	46,2	eine Hilfe in den Nöten, die uns get.
	64,8	da t. sie Gott mit dem Pfeil
	69,27	Schmerz dessen, den du hart get. hast
	91,7	wird es doch dich nicht t.
	116,3	des Totenreichs Schrecken hatten mich get.
	119,143	Angst und Not haben mich get.
Spr	6,33	Schläge und Schande t. ihn
	14,35	einen schändlichen (Knecht) t. sein Zorn
	24,22	plötzlich wird sie das Verderben t.
Jes	28,15	die brausende Flut wird uns nicht t.
	34,14	werden wilde Hunde einander t.
	51,20	deine Söhne, voll vom Zorn des HERRN
Jer	2,24	er t. sie bald in dieser Zeit
	15,2	wen der Tod t., den t. er 43,11
	18,21	daß ihre Männer vom Tode get. werden
	41,12	sie t. ihn an dem Wasser bei Gibeon
	42,16	soll euch das Schwert in Ägyptenland t.
	50,24	du bist get. und ergriffen

treiben

Klg	1,12	wie mein Schmerz, der mich get. hat
Hes	12,10	diese Last t. das ganze Haus Israel
	32,11	das Schwert des Königs soll dich t.
Dan	2,9	daß ihr auch die Deutung t.
	34	(ein Stein) t. das Bild an seinen Füßen
	9,11	darum t. uns auch der Fluch
Jon	1,7	als sie losten, t.'s Jona
Sa	1,6	haben nicht meine Worte eure Väter get.
Wsh	5,22	die Geschosse der Blitze werden ins Ziel t.
Sir	4,30	wenn du die Sache nicht get. hast
	7,2	fern vom Unrecht, so t. dich kein Unglück
	22,23	wenn man ... t., ruft man Tränen hervor 24
	39,28	ebenso t. sein Zorn die Heiden
2Ma	14,42	in der Hast t. er sich nicht recht
StD	1,52	jetzt t. dich deine Sünden
Mt	18,28	t. einen seiner Mitknechte, der
Lk	1,9	daß ihn nach dem Brauch das Los t.
	10,31	es t. sich, daß ein Priester dieselbe Straße hinabzog
Apg	13,6	t. sie einen falschen Propheten, einen Juden
	20,14	als er uns nun t. in Assos
1Ko	10,13	bisher hat euch nur menschl. Versuchung get.
Heb	11,28	*daß der Würger ihre Erstgeburten nicht t.*

Treffen

2Ma	15,20	als es nun zum T. kommen sollte

trefflich

2Kö	5,1	Naaman war ein t. Mann
Sa	11,13	eine t. Summe, deren ich wert geachtet
Sir	31,28	die Leute sagen, er sei ein t. Mann
2Ma	15,12	Onias, ein t., gütiger, beredter Mann

Treibanker

Apg	27,17	ließen sie den T. herunter und trieben so dahin

treiben (s.a. Hurerei; Mutwille)

1Mo	4,14	du t. mich heute vom Acker
	26,27	ihr habt mich von euch get.
	33,14	will gemächlich hintennach t.
	34,10	t. Handel und werdet ansässig 21; 42,34
2Mo	6,1	ja, er muß sie aus seinem Lande t. 12,33
	10,13	der HERR t. einen Ostwind ins Land
	25,18	sollst Cherubim machen aus get. Golde 37,7
	31	einen Leuchter, Fuß und Schaft in get. Arbeit 36; 37,17.22; 4Mo 8,4
	32,6	sie standen auf, um ihre Lust zu t.
	35,29	Männer und Frauen, die ihr Herz dazu t.
3Mo	17,7	Feldgeistern, mit denen sie Abgötterei t.
	19,26	sollt nicht Wahrsagerei noch Zauberei t.
	20,5	die mit dem Moloch Abgötterei get.
	26,41	habe sie in das Land ihrer Feinde get.
4Mo	10,2	mache dir zwei Trompeten von get. Silber
	22,30	war es je meine Art, es so mit dir zu t.
5Mo	9,4	um ihres gottlosen T. willen 5.27; 28,20
	20,18	Greuel, die sie im Dienst ihrer Götter t. Jer 6,15; 7,13; 8,12; 44,21; Hes 8,9.17; 22,11
	28,36	unter ein Volk t., das du nicht kennst 37
Ri	2,19	ärger als ihre Väter 1Kö 16,25; Jer 7,26; Hes 16,47.48
	8,27	ganz Israel t. Abgötterei 2Kö 17,11.15; Hes 20,30; 22,9
	16,25	daß (Simson) vor uns seine Späße t. 27
1Sm	30,20	sie t. das Vieh vor David her

1Sm	31,4	und t. ihren Spott mit mir 1Ch 10,4
2Kö	21,9	ärger t. als die Heiden 2Ch 33,6.9; Hes 5,6.7
Neh	5,7	wollt einer gegen den andern Wucher t.
Hi	14,9	t. Zweige wie eine junge Pflanze
	34,37	er t. Spott unter uns
Ps	10,2	weil der Gottlose Übermut t. Spr 21,24
	14,1	ihr T. ist ein Greuel
	17,4	im T. der Menschen bewahre ich mich
	18,41	du t. meine Feinde in die Flucht
	34,1	dieser ihn von sich t. und er wegging
	36,2	sinnen die Übertreter auf gottloses T.
	45,8	du hassest gottloses T.
	50,19	deine Zunge t. Falschheit
	58,3	ihre Hände t. Frevel
	69,12	sie t. ihren Spott mit mir 119,51
	107,23	und t. ihren Handel auf großen Wassern
Spr	23,35	dann will ich's wieder so t.
	26,11	Tor, der seine Torheit immer wieder t.
Pr	8,8	das gottlose T. rettet den Gottlosen nicht
Hl	6,12	t. mich mein Verlangen zu der Tochter
Jes	2,6	sie t. Wahrsagerei wie die im Osten
	7,25	man wird Rinder darüber t.
	11,6	wird Löwen und Mastvieh miteinander t.
	47,15	die mit dir Handel t. Hes 27,3.9.12.15.21.33
	57,4	mit wem wollt ihr euren Spott t.
	58,13	daß du nicht deine Geschäfte t.
	59,19	Strom, den der Odem des HERRN t.
Jer	2,23	sieh doch, wie du es t. im Tal
	3,9	sie t. Ehebruch mit Stein 5,7; 29,23; Hes 23,37
	6,7	Morden und Schlagen t. sie täglich
	9,2	sie t.'s mit Gewalt im Lande
	11,15	sie t. lauter Bosheit 17
	22,26	will dich in ein anderes Land t.
Klg	5,7	mit dem Joch an unserm Hals t. man uns
Hes	1,12	wohin der Geist sie t. 20
	16,27	sich schämten über dein schamloses T. 43
	22,31	ließ ihr T. auf ihren Kopf kommen
	23,39	so haben sie es in meinem Hause get.
	31,5	er t. viele Äste und lange Zweige
	45,9	habt's lange genug schlimm get.
Hos	2,7	ihre Mutter t. es schändlich
	7,1	wie sie Lug und Trug t. 2
Mi	2,2	so t. sie Gewalt mit eines jeden Hause
	9	ihr t. die Frauen aus ihren Häusern
Sa	5,9	Frauen hatten Flügel, der Wind t.
	13,2	will ich die Propheten aus dem Lande t.
Wsh	2,9	keine Wiese bleibe von unserm übermütigen T. verschont
	5,15	wie feiner Schnee, vom Sturm get.
	12,4	weil sie die widerwärtigsten Dinge t.
	15,12	hält unser T. für einen Jahrmarkt
Sir	5,11	laß dich nicht von jedem Wind
	10,15	Hochmut t. zu allen Sünden
	16,10	t. sie aus ihrem Land um ihrer Sünde willen
	46,13	die Richter, die nicht Abgötterei t.
	50,10	ein wie aus einem Kelch voll Gold
2Ma	4,50	Menelaus t. es je länger desto ärger
	6,3	das wüste T. nahm so überhand
	7	man die Juden zum Opferschmaus
	11,12	t. die andern alle in die Flucht
Mt	14,22	alsbald t. Jesus seine Jünger Mk 6,45
	24,32	wenn seine Zweige Blätter t.
Mk	1,12	*der Geist t. ihn alsbald in die Wüste*
	43	Jesus t. ihn alsbald von sich
	4,32	t. große Zweige
	5,10	*daß er sie nicht aus der Gegend t.*
	13,28	wenn s. Zweige saftig werden und Blätter t.
Lk	8,29	er wurde von dem Geist in die Wüste get.
Apg	7,19	*t. Hinterlist mit unserm Geschlecht*

treiben

Apg	8,9	der Zauberei t.
	9,22	Saulus t. die Juden in die Enge
	18,16	(Gallio) t. sie von dem Richterstuhl
	19,18	bekannten, was sie get. hatten
	19	viele, die Zauberei get. hatten
	27,15	gaben wir auf und ließen uns t. 27.39
Rö	1,27	haben Mann mit Mann Schande get.
	8,14	welche der Geist Gottes t., die sind Gottes Kinder
1Ko	16,10	er t. auch das Werk des Herrn wie ich
2Ko	11,25	einen Tag und eine Nacht t. ich auf dem Meer
	12,21	Unreinheit, die sie get. haben
Eph	4,19	um allerlei unreine Dinge zu t.
	6,15	zu t. das Evangelium des Friedens
2Th	3,11	daß einige unter euch unnütze Dinge t.
2Ti	2,16	hilft denen, die es t., zu... Wesen
	3,6	von mancherlei Begierden get. werden
	9	sie werden's in die Länge nicht t.
1Pt	4,4	daß ihr euch nicht mehr stürzt in dasselbe T.
2Pt	1,21	get. von den hl. Geist haben Menschen im Namen Gottes geredet
	2,14	haben ein Herz get. von Habsucht
	3,3	die ihren Spott t., Begierden nachgehen
Jak	1,6	Meereswoge, von dem Winde get. wird
	3,4	obwohl sie von starken Winden get. werden
	4,13	wollen ein Jahr dort zubringen und Handel t.
Jud	7	die gleicherweise wie sie Unzucht get.
Off	18,7	wie viel sie ihren Übermut get. hat
	9	die mit ihr Unzucht get. haben

Treiber

Hi	3,18	hören nicht die Stimme des T. 39,7
Jes	9,3	du hast den Stecken ihres T. zerbrochen
	14,4	wie ist's mit dem T. so gar aus
Sa	9,8	daß nicht mehr der T. über sie komme

trennen

1Mo	13,9	t. dich doch von mir 11.14
Hi	41,9	(seine Zähne) lassen sich nicht t.
Jes	56,3	nicht sagen: Der HERR w. mich get. halten
Sir	7,21	t. dich nicht von einer verständigen Frau
1Ma	12,36	Mauer, die die Burg von der Stadt t. sollte
StD	1,52	als nun der eine vom andern get. war
Apg	13,13	Johannes t. sich von ihnen 15,39
	19,9	t. er sich von ihnen und sonderte die Jünger ab
Rö	9,3	ich selber wünschte von Christus get. zu sein
Phm	15	darum eine Zeitlang von dir get.

Treppe

2Ch	9,11	Salomo ließ aus dem Sandelholz T. machen

Tres Tabernae

Apg	28,15	die Brüder kamen uns entgegen bis T. T.

treten

1Mo	18,23	(Abraham) t. zu (dem HERRN)
	27,22	so t. Jakob zu seinem Vater Isaak
	41,3	sah andere Kühe; die t. neben die am Ufer
	43,15	sie t. vor Josef 19; 44,18
	26	als Josef ins Haus t.
2Mo	8,16	t. vor den Pharao 9,10.13
	9,11	daß die Zauberer nicht vor Mose t. konnten
2Mo	14,19	die Wolkensäule t. hinter sie
	19,17	das Volk t. unten an den Berg
	22,7	soll der Herr des Hauses vor Gott t.
	29,4	Aaron vor die Stiftshütte t. lassen 40,12; 4Mo 16,18
	32,26	t. (Mose) in das Tor des Lagers und rief
	33,8	jeder t. in seines Zeltes Tür 4Mo 16,27
	34,2	sei bereit, daß du dort zu mir t.
3Mo	2,8	der soll damit zu dem Altar t. 9,7.8
	14,38	soll an die Tür t. und... verschließen
4Mo	9,16	einige Männer t. vor Mose und Aaron
	12,5	der HERR t. in die Tür der Stiftshütte
	16,9	damit ihr vor die Gemeinde t.
	22,22	der Engel des HERRN t. in den Weg 24.26
	23,3	Bileam sprach: T. zu deinem Brandopfer 15
	27,2	t. vor Eleasar 19.21.22; Jos 17,4
5Mo	5,23	t. ihr zu mir, alle Stammeshäupter
	11,24	Land, darauf eure Fußsohle t. Jos 1,3
	19,17	sollen vor den HERRN t. Jos 24,1; 1Sm 10,19; 14,36
	25,9	soll seine Schwägerin zu ihm t.
	29,11	t. in den Bund des HERRN 2Kö 23,3; 2Ch 15,12
Jos	3,15	der Jordan war über alle seine Ufer get.
	4,18	als die Priester aufs Trockene t.
Ri	4,20	(Sisera) sprach zu (Jaël): T. in die Tür
	9,35	Gaal t. vor das Stadttor
1Sm	2,29	warum t. ihr mit Füßen meine (Opfer)
	5,5	t. nicht auf die Schwelle Dagons
	9,18	da t. Saul auf Samuel zu
	10,23	als (Saul) unter das Volk t., war er
	14,40	t. auf die eine Seite, ich auf die andere
	17,51	(David) t. zu dem Philister
	28,21	und das Weib t. zu Saul
	30,21	David t. zu ihnen und grüßte sie
2Sm	1,10	t. ich zu ihm und tötete ihn
	2,25	die Benjaminiter t. oben auf den Hügel
	15,2	Absalom t. an den Weg bei dem Tor
	18,4	der König t. ans Tor
	30	t. zur Seite und stell dich dahin
	20,11	es t. ein Mann von... Joabs neben ihn
	23,12	da t. er mitten auf das Stück 1Ch 11,14
1Kö	3,15	Salomo t. vor die Lade des Bundes
	16	kamen zwei Huren und t. vor ihn
	8,22	Salomo t. vor den Altar 2Ch 6,12.13
	18,21	da t. Elia zu allem Volk 30
	19,13	Elia t. in den Eingang der Höhle
	20,13	ein Prophet t. zu Ahab 22.38.39
2Kö	2,5	t. die Prophetenjünger zu Elisa 5,15.25; 8,9
	13	(Elisa) t. wieder an das Ufer des Jordan
	4,12	als Gehasi sie rief, t. sie vor ihn 15
	13,21	wurde er lebendig und t. auf seine Füße
	23,3	der König t. an die Säule 2Ch 34,31
1Ch	21,30	David konnte nicht vor (Gott) t.
2Ch	24,20	Secharja t. vor das Volk
Esr	9,1	t. die Oberen zu mir
Neh	13,15	daß man am Sabbat die Kelter t.
Est	5,1	Ester t. in den inneren Hof 8,4
Hi	1,6	die Gottessöhne vor den HERRN t. 2,1
	2,1	daß auch der Satan vor den HERRN t.
	24,11	die Kelter und leiden doch Durst
Ps	1,1	noch t. auf den Weg der Sünder Spr 4,14
	7,6	der Feind t. mein Leben zu Boden
	40,3	daß ich sicher t. kann
	41,10	der mein Brot aß, t. mich Jh 13,18
	94,16	wer t. zu mir wider die Übeltäter
	106,23	Mose t. vor ihm in die Bresche
Spr	27,7	ein Satter t. Honigseim mit Füßen
Pr	4,15	der an jenes Stelle t. sollte
Jes	25,10	wie Stroh in die Mistlache get. wird

Jes	41,25	wie der Töpfer, der den Ton t.	Mt	26,69 da t. eine Magd zu ihm und sprach
	59,16	verwundert, daß niemand ins Mittel t.	Mk	1,31 da t. (Jesus) zu ihr Lk 4,39
	63,3	ich t. die Kelter allein		5,2 als er aus dem Boot t.
Jer	7,2	t. ins Tor am Hause des HERRN 17,19; 19,14; 26,2; Hes 10,19		14,60 der Hohepriester stand auf, t. in die Mitte
	10	ihr t. vor mich in diesem Hause	Lk	1,80 er war in der Wüste, bis er vor das Volk t. sollte
	25,30	wie einer, der die Kelter t. Klg 1,15		2,9 der Engel des Herrn t. zu ihnen
	48,19	t. an die Straße und schaue		6,17 er t. auf ein ebenes Feld
Klg	3,34	wenn man alle... unter die Füße t.		8,27 als er ans Land t., begegnete ihm ein Mann
Hes	2,1	du Menschenkind, t. auf deine Füße		10,19 ich habe euch Macht gegeben, zu t. auf Schlangen
	9,2	sie kamen heran und t. neben den Altar		12,1 so daß sie sich untereinander t.
	10,6	t. neben das Rad		37 *er wird zu ihnen t. und ihnen dienen*
	13,5	sind nicht in die Bresche get. 22,30		19,8 Zachäus aber t. vor den Herrn
	16,52	an die Stelle deiner Schwester get.		23,36 *die Kriegsknechte t. zu ihm*
	34,18	daß ihr die übrige Weide mit Füßen t.		24,4 siehe, da t. zu ihnen zwei Männer mit glänzenden Kleidern
	40,46	die vor den HERRN t. dürfen 43,19; 44,15.16; 45,4		36 als sie miteinander redeten, t. er selbst mitten unter sie Jh 1,26; 20,19.26
	46,2	der Fürst soll unter die Vorhalle t.	Jh	12,21 die t. zu Philippus
Dan	2,2	(alle Weisen) t. vor den König		13,18 der mein Brot ißt, t. mich mit Füßen
	3,26	Nebukadnezar t. vor die Tür des Ofens		19,3 (die Soldaten) t. zu ihm und sprachen
	4,5	bis zuletzt Daniel vor mich t.	Apg	1,25 *daß einer t. an seinen Platz*
	6,13	t. sie vor den König und redeten		4,1 während sie redeten, t. zu ihnen die Priester
	8,17	Gabriel t. nahe zu mir		9,39 es t. alle Witwen zu ihm
Jo	4,13	kommt und t.; denn die Kelter ist voll		21,40 Paulus auf die Stufen und winkte dem Volk 27,21
Am	2,7	sie t. den Kopf der Armen in den Staub		23,14 *die t. zu den Ältesten*
Jon	1,6	da t. der Schiffsherr		25,7 t. um ihn her die Juden
Mi	1,3	der HERR wird t. auf die Höhen der Erde		27,23 diese Nacht t. zu mir der Engel Gottes
	7,19	er wird unsere Schuld unter die Füße t.	Rö	11,2 Elia, wie er vor Gott t. gegen Israel
Nah	3,14	t. den Lehm und mache harte Ziegel		16,20 Gott wird den Satan unter eure Füße t.
Jdt	13,5	Judit t. vor das Bett und betete 7	Heb	9,17 ein Testament t. erst in Kraft mit dem Tode
	16	sie aber t. auf einen erhöhten Platz		10,29 der den Sohn Gottes mit Füßen t.
	14,12	Bagoas t. vor den Vorhang	Off	8,3 ein anderer Engel kam und t. an den Altar
Wsh	16,28	soll vor dich t., wenn es hell wird		12,4 der Drache t. vor die Frau 18
Sir	12,12	damit er nicht an deinen Platz t.		14,20 die Kelter wurde draußen vor der Stadt get. 19,15
Bar	3,19	andere sind an ihre Stelle get.		
	4,25	auf seinen Nacken wirst du t.		**treu**
	5,5	Jerusalem, t. auf die Höhe	3Mo	5,21 was ihm zu t. Hand gegeben ist
1Ma	3,1	Judas t. an die Stelle seines Vaters	4Mo	14,24 weil (Kaleb) mir t. nachgefolgt ist 32,11.12; 5Mo 1,36
	7,36	die Priester t. vor den Altar		
	16,3	sollt ihr an meine Stelle t.	5Mo	7,9 der HERR, dein Gott, der t. Gott
2Ma	14,45	t. auf einen hohen Felsen		32,4 t. ist Gott und kein Böses an ihm
StD	1,48	er aber t. unter sie und sprach	1Sm	2,35 ich will mir einen t. Priester erwecken
Mt	4,3	der Versucher t. zu ihm und sprach		12,24 fürchtet den HERRN und dienet ihm t.
	11	da t. Engel zu (Jesus) und dienten ihm		22,14 wer ist unter allen so t. wie David
	5,1	seine Jünger t. zu ihm 8,25; 13,10.36; 14,15; 15,12.23; 17,19; 18,1; 24,1.3; 26,17; 28,9; Mk 6,35; Lk 8,24; 9,12	2Sm	20,19 ich bin eine von den t. Städten in Israel
				22,26 gegen die T. bist du t. Ps 18,26
	8,5	ein Hauptmann zu ihm; der bat ihn	1Ch	11,10 Helden Davids, die sich t. zu ihm hielten
	19	t. zu ihm ein Schriftgelehrter 19,3; Mk 10,2; 12,28	2Ch	32,1 nach solch t. Verhalten kam Sanherib
	23	er t. in das Schiff 9,1; 13,2; 14,22.; 15,39; Mk 6,45; 8,13; Lk 5,3; 8,22.37; Jh 6,17.22.24; 21,3	Neh	7,2 Burgvogt Hananja, der ein t. Mann war
				9,8 hast sein Herz t. erfunden
	9,28	als er heimkam, t. die Blinden zu ihm	Ps	31,6 du hast mich erlöst, HERR, du t. Gott
	13,27	da t. die Knechte zu dem Hausvater		69,14 erhöre mich mit deiner t. Hilfe
	14,29	*Petrus t. aus dem Schiff Mk 6,54*		78,8 dessen Geist sich nicht t. an Gott hielt
	32	sie t. in das Boot Mk 5,18; 6,51		37 hielten nicht t. an seinem Bunde
	16,1	da t. die Pharisäer und Sadduzäer zu ihm 22,23; Mk 12,18; Lk 20,27		89,38 wie der t. Zeuge in den Wolken
				101,6 meine Augen sehen nach den T. im Lande
	17,7	Jesus t. zu (den Jüngern) *28,18*	Spr	14,5 t. Zeuge lügt nicht
	14	t. ein Mensch zu ihm, fiel ihm zu Füßen 19,16		20,28 gütig und t. sein behüten den König
	24	t. Petrus, die die Tempelgroschen einnehmen		27,18 wer seinem Herrn t. dient, wird geehrt
	18,21	da t. Petrus zu ihm und fragte		28,20 ein t. Mann wird von vielen gesegnet
	20,20	da t. zu ihm die Mutter der Söhne des Zebedäus	Jes	1,21 daß die t. Stadt zur Hure geworden ist
				26 alsdann wirst du eine t. Stadt heißen
	21,23	t. die Hohenpriester zu ihm und fragten Lk 20,1		8,2 ich nahm mir zwei t. Zeugen
	26,7	t. zu ihm eine Frau *9,20;* Lk 7,38		25,1 deine Ratschlüsse sind t. und wahrhaftig
	49	alsbald t. (Judas) zu Jesus Mk 14,45		49,7 um des HERRN willen, der t. ist

treu

Dan	6,5	Daniel war t., daß man keine Schuld
Hos	12,1	an dem Heiligen, der t. ist
Wsh	3,9	die t. sind in der Liebe, werden bleiben
	15,1	du, unser Gott, bist freundlich und t.
Tob	1,15	ermahnte sie, Gottes Wort t. zu bleiben
	2,18	die ihm Glauben t. und fest an ihm bleiben
Sir	6,14	ein t. Freund ist ein starker Schutz 15.16; 25,12
	7,22	einen Sklaven, der t. arbeitet
	22,28	bleib deinem Freund in seiner Armut t.
	27,17	der wird nie mehr einen t. Freund finden
	37,17	du wirst keinen t. Ratgeber finden
	45,29	als das Volk abfiel, stand er t. und entschlossen
	46,8	weil er dem Allmächtigen t. nachgefolgt war
1Ma	8,25	sollen die Juden den Römern t. Hilfe leisten 27
	10,20	du sollst dich darum t. zu uns halten
	11,33	unsern Freunden und t. Bundesgenossen
	13,38	das soll t. und fest gehalten werden 14,44
2Ma	1,2	Bund, den er seinen t. Knechten zugesagt
	3,10	Geld, hinterlegt zu t. Hand
	4,2	obwohl er mit seinem Volk t. meinte
	9,26	mir wie bisher freundlich und t. zu sein
StE	5,4	diejenigen, die t. und redlich dienen
	15	allen, die den Persern t. sind
Mt	24,45	wer ist nun der t. und kluge Knecht 25,21.23; Lk 12,42
	25,21	du bist über wenigem t. gewesen 23; Lk 19,17
Lk	16,10	wer im Geringsten t. ist, der ist auch im Großen t.
	11	wenn ihr mit dem ungerechten Mammon nicht t. seid 12
Apg	13,34	ich will euch die Gnade t. bewahren
Rö	3,3	daß einige nicht t. waren, was liegt daran
1Ko	1,9	Gott ist t. 10,13; 1Th 5,24; 2Th 3,3; Heb 10,23; 11,11
	4,2	als daß sie für t. befunden werden
2Ko	9,13	für diesen t. Dienst preisen sie Gott
Eph	6,21	Tychikus, mein Bruder und t. Diener Kol 4,7
Phl	4,3	ich bitte dich, mein t. Gefährte, steh ihnen bei
Kol	1,7	der ein t. Diener Christi für euch ist
	4,9	mit ihm sende ich Onesimus, den t. und lieben Bruder
1Ti	1,12	Christus Jesus, der mich für t. erachtet hat
	3,11	sollen ihre Frauen sein t. in allen Dingen
2Ti	2,2	das befiehl t. Menschen an
	13	sind wir untreu, so bleibt er doch t.
Tit	2,10	sich in allem als gut und t. erweisen
1Pt	4,19	ihre Seelen anbefohlen als dem t. Schöpfer
	5,12	Silvanus, den t. Bruder, wie ich meine
1Jh	1,9	wenn wir unsre Sünden bekennen, so ist er t. und gerecht
3Jh	5	handelst t. in dem, was du an den Brüdern tust
Heb	2,17	damit er würde ein t. Hoherpriester vor Gott
	3,2	der da t. ist dem, der ihn gemacht hat
	5	Mose war t. in Gottes ganzem Hause
	6	Christus war t. als Sohn über Gottes Haus
Off	1,5	Christus, welcher ist der t. Zeuge 3,14
	2,13	als Antipas, mein t. Zeuge, getötet wurde
	19,11	der darauf saß, hieß: T. und Wahrhaftig

Treubruch

1Ch	9,1	Juda wurde weggeführt um seines T. willen
	10,13	so starb Saul um seines T. willen
Esr	9,2	waren die ersten bei diesem T. 4; 10,6
Hes	14,13	wenn ein Land an mir T. begeht

Treue

1Mo	24,27	der seine T. nicht hat weichen lassen
	49	die an meinem Herrn T. beweisen wollen
	32,11	bin zu gering aller Barmherzigkeit und T.
	47,29	daß du die Liebe und T. an mir tust
2Mo	34,6	von großer Gnade und T. Ps 86,15
Jos	2,14	tun wir nicht Barmherzigk. und T. an dir
1Sm	26,23	wird einem jeden seine T. vergelten
2Sm	2,6	so tue der HERR an euch T. 15,20
1Kö	2,4	daß sie vor mir in T. wandeln
2Kö	12,16	handelten auf T. und Glauben 22,7; 2Ch 34,12
	20,3	gedenke, daß ich vor dir in T. Jes 38,3
2Ch	19,9	tut also in der Furcht des HERRN, in T.
	31,18	in ihrer T. heiligten sie sich
Esr	10,2	haben Gott die T. gebrochen 10; Neh 13,27
Neh	1,5	Gott, der da hält die T. 9,32
	8	wenn ihr mir die T. brecht
	13,14	lösche nicht aus, was ich in T. getan
Est	9,30	mit Grußworten der T.
Ps	25,10	die Wege des HERRN sind lauter Güte und T.
	30,10	wird auch der Staub deine T. verkündigen
	40,11	ich verhehle deine Güte und T. nicht
	12	laß d. Güte und T. allewege mich behüten
	54,7	um deiner T. willen 115,1; 143,1
	57,4	Gott sende seine Güte und T.
	61,8	laß Güte und T. ihn behüten
	71,22	will ich dir danken für deine T.
	73,7	bringst um alle, die dir die T. brechen
	78,72	er weidete sie mit aller T.
	85,11	daß Güte und T. einander begegnen
	12	daß T. auf der Erde wachse
	88,12	wird man erzählen deine T. bei den Toten
	89,2	will seine T. verkünden mit meinem Munde
	3	du gibst deiner T. sicheren Grund
	6	werden preisen deine T. in der Gemeinde
	9	deine T. ist um dich her 15
	25	meine T. und Gnade soll bei ihm sein
	34	will meine T. nicht brechen
	50	die du David geschworen hast in deiner T.
	98,3	er gedenkt an seine Gnade und T. für Isr.
	108,5	deine T., so weit die Wolken gehen
	119,75	in deiner T. hast du mich gedemütigt
	138	hast deine Mahnungen geboten in gr. T.
	138,2	will deinen Namen preisen für deine T.
	146,6	der T. hält ewiglich
Spr	3,3	Gnade und T. sollen dich nicht verlassen
	14,22	werden Güte und T. erfahren
	16,6	durch Güte und T. wird Missetat gesühnt
Jes	10,20	werden sich verlassen auf den HERRN in T.
	11,5	und die T. der Gurt seiner Hüften
	16,5	Thron... daß einer in T. darauf sitze
	33,8	man hält nicht T. und Glauben
	38,18	warten nicht auf deine T.
	19	der Vater macht den Kindern deine T. kund
	42,3	in T. trägt er das Recht hinaus
	61,8	will ihnen den Lohn in T. geben
Jer	2,2	ich gedenke der T. deiner Jugend
	3,20	nicht die T. gehalten, gleichwie ein Weib nicht die T. hält
Klg	3,23	deine T. ist groß
Hes	15,8	weil sie die T. gebrochen haben 17,20; 20,27
Hos	2,22	in T. will ich mich mit dir verloben
	4,1	es ist keine T., keine Liebe im Lande
Mi	7,20	du wirst Jakob die T. halten

trinken

Sa	8,3	Jerusalem eine Stadt der T. heißen soll
	8	will ihr Gott sein in T. und Gerechtigkeit
Mal	2,16	darum brecht nicht die T.
Wsh	3,14	dem wird für seine T... gegeben
Tob	1,6	er gab auch alle Erstlinge mit solcher T.
	3,2	deine Gerichte sind lauter Güte und T.
Sir	1,33	T. und Demut gefallen Gott gut
	6,7	einen Freund, erprobe zuerst seine T.
	15,15	kannst in rechter T. tun, was ihm gefällt
	27,18	liebe deinen Freund und halt ihm die T.
	45,4	er hat ihn auserkoren um seiner T. willen
1Ma	8,1	daß sie T. und Glauben hielten
	10,28	diese eure T. wollen wir vergelten
	11,33	den Juden Gutes zu tun wegen ihrer T.
	14,35	weil das Volk Simons T. erfahren hatte
2Ma	11,19	werdet ihr der Regierung t. halten
StE	5,9	Mordechai, der durch seine T... errettet hat
Rö	3,3	sollte ihre Untreue Gottes T. aufheben
Gal	5,22	die Frucht des Geistes ist T.
1Ti	5,12	Urteil, daß sie die erste T. gebrochen
Tit	2,10	*sondern alle gute T. erzeigen*

treulich

Jos	14,8	folgte dem HERRN, meinem Gott, t. 9.14
	24,14	dient ihm t. und rechtschaffen
Spr	12,22	die t. handeln, gefallen ihm
	29,14	ein König, der die Armen t. richtet
Jer	5,24	der uns die Ernte t. gewährt
Hos	5,9	habe ich den Stämme Israels t. gewarnt
Apg	13,34	*ich will euch die Gnade t. halten*
Rö	15,28	*wenn ich diesen Ertrag t. überantwortet*
3Jh	5	*du tust t., was du tust an den Brüdern*

treulos

Ps	78,57	sie waren t. wie ihre Väter
Spr	2,22	die T. (werden) daraus vertilgt
	23,28	(die Hure) mehrt die T. unter Menschen
	25,19	auf einen T. hoffen zur Zeit der Not
Jes	48,8	wußte sehr wohl, daß du t. bist
	57,11	wen hast du gescheut, daß du t. wurdest
	17	gingen t. die Wege ihres Herzens
Jer	3,7	deine Schwester Juda, die T. 8.10.11
	9,1	es sind Ehebrecher und ein t. Haufe
	12,6	auch deine Brüder sind t.
Hab	2,5	wird der t. Tyrann keinen Erfolg haben
Mal	2,11	Juda ist t. geworden
	14	Weib deiner Jugend, dem du t. geworden 15
Sir	41,22	(schämt euch) vor dem Freund, t. zu sein
Rö	1,31	(sie sind) unvernünftig, t., lieblos

Tribut

Ri	3,15	die *Israeliten T. sandten an Eglon 17.18
1Ch	18,6	wurden David untertan und gaben ihm T.
1Ma	1,5	alle Länder mußten ihm T. zahlen
	8,7	hatten ihm einen großen T. auferlegt
	10,29	ich erlasse jetzt allen Juden den T.
	15,30	darum fordere ich den T. der Orte 31
2Ma	8,36	werde von dem Erlös... den T. zahlen

Trieb

Sir	5,2	gehorche deinen T. nicht

triefen

2Mo	9,33	der Regen t. nicht mehr auf die Erde
5Mo	33,28	in dem Lande, dessen Himmel von Tau t.

Ri	5,4	der Himmel t., die Wolken t. von Wasser
2Sm	21,10	bis Regen vom Himmel auf die Toten t.
Hi	24,8	sie t. vom Regen in den Bergen
Ps	65,12	deine Fußtapfen t. von Segen 13
	68,9	die Himmel t. vor Gott
Spr	3,20	kraft s. Erkenntnis t. die Wolken von Tau
	19,13	ein zänk. Weib wie ein t. Dach 27,15
Hl	5,5	meine Hände t. von Myrrhe 13
Jes	34,6	des HERRN Schwert t. von Fett
	7	die Erde wird t. von Fett
Jo	4,18	werden Berge von süßem Wein t. Am 9,13

Trift

Ps	144,13	unsere Schafe... auf unsern T.
Jes	5,17	da werden Lämmer weiden wie auf ihrer T.

trinken

1Mo	9,21	da (Noah) von dem Wein t., ward er trunken
	19,32	laß uns unserm Vater Wein zu t. geben 33-35
	24,17	laß mich aus deinem Kruge t. 14.18.19.43-46
	19	deinen Kamelen, bis sie alle get. 22
	54	aß und t. samt den Männern 25,34; 26,30; 27,25; 2Mo 24,11; Ri 9,27; 19,4.6.21; 1Kö 18,41.42; 19,6.8; 2Kö 6,22.23; 7,8; 9,34
	30,38	wo die Herden hinkommen mußten zu t.
	39,6	kümmerte sich um das, was er aß und t.
	43,34	t. und wurden fröhlich mit ihm
	44,5	ist das nicht der, aus dem mein Herr t.
2Mo	7,18	ekeln, aus dem Nil zu t. 21.24; Ps 78,44
	15,23	konnten das Wasser von Mara nicht t.
	24	was sollen wir t. 17,1.2.6
	32,6	setzte sich das Volk, um zu t. 1Ko 10,7
	20	gab's den *Israeliten zu t.
	34,28	(Mose) aß kein Brot und t. kein Wasser 5Mo 9,9.18
3Mo	10,9	sollt weder Wein noch starke Getränke t. 4Mo 6,3; Ri 13,4.7.14; Hes 44,21
	11,34	Getränk, das man t. könnte, wird unrein
4Mo	5,24	von dem bitteren Wasser zu t. geben 26.27
	6,20	danach darf der Geweihte Wein t.
	20,5	wo kein Wasser zum T. ist 33,14
	11	daß die Gemeinde t. konnte
	17	wollen auch nicht Wasser t. 19; 21,22
	23,24	bis es das Blut der Erschlagenen t.
5Mo	2,6	Wasser kaufen, damit ihr t. habt 28
	28,39	Weinberge bauen, aber weder Wein t. Am 5,11; Mi 6,15; Ze 1,13
	29,5	(vierzig Jahre) keinen Wein get.
	32,38	(Götter) t. den Wein ihrer Trankopfer
Ri	4,19	gib mir doch ein wenig Wasser zu t.
	7,5	wer niederkniet, um zu t. 6
	15,19	als (Simson) t., kehrte sein Geist zurück
Rut	2,9	t. von dem, was meine Knechte schöpfen
	3,3	bis (Boas) gegessen und get. hat 7
1Sm	1,9	nachdem sie in Silo gegessen und get.
	14	gib den Wein von dir, den du get. 15
	30,11	gaben ihm zu essen und zu t. 12
	16	aßen und t. und feierten 1Kö 4,20; 1Ch 12,40; 29,22
2Sm	11,11	sollte in mein Haus gehen, um zu t. 13
	12,3	und t. aus seinem Becher
	16,2	der Wein zum T., wenn sie müde werden
	19,36	schmecken, was ich esse und t.
	23,15	wer will mir Wasser zu t. holen 16.17; 1Ch 11,18.19
1Kö	1,25	t. vor ihm und rufen: Es lebe der König
	13,8	will an diesem Ort kein Wasser t. 9.16-23

trinken

1Kö	16,9	t. und wurde trunken 20,12.16
	17,4	sollst aus dem Bach t. 6.10
2Kö	3,17	daß ihr und euer Vieh t. könnt
	18,31	soll jedermann von s. Brunnen t. Jes 36,16
	19,24	habe get. die fremden Wasser Jes 37,25
2Ch	28,15	nahmen d. Gefangenen und gaben ihnen zu t.
Esr	10,6	Esra aß kein Brot und t. kein Wasser
Neh	8,10	geht hin und t. süße Getränke 12
Est	1,8	schrieb niemand vor, was er t. sollte
	3,15	der König und Haman saßen und t. 5,6; 7,2
	4,16	daß ihr nicht eßt und t. drei Tage lang
Hi	1,4	mit ihnen zu t. 13.18
	6,4	mein Geist muß ihr Gift t.
	21,20	vom Grimm des Allmächtigen möge er t.
	34,7	Hiob, der Hohn t. wie Wasser
Ps	50,13	daß ich Blut von Böcken t. (wolle)
	60,5	gabst uns Wein zu t., daß wir taumelten
	69,22	sie geben mir Essig zu t. für meinen Durst
	75,9	die Gottlosen auf Erden müssen alle t.
	104,11	daß alle Tiere des Feldes t.
	110,7	er wird t. vom Bach auf dem Wege
Spr	4,17	sie t. vom Wein der Gewalttat
	5,15	t. Wasser aus deiner Zisterne
	9,5	t. von dem Wein, den ich gemischt habe
	23,7	er spricht zu dir: Iß und t.
	31,4	nicht den Königen ziemt es, Wein zu t.
	5	könnten beim T. des Rechts vergessen
	7	daß sie t. und ihres Elends vergessen
Pr	2,24	besser, daß er esse und t. 8,15
	3,13	ißt und t. und hat guten Mut 5,17.18
	9,7	t. deinen Wein mit gutem Mut
Hl	5,1	habe meinen Wein samt meiner Milch get... t. und werdet trunken von Liebe
Jes	21,5	deckt den Tisch, eßt und t.
	22,13	lauter Freude und Wonne... Wein t.
	13	laßt uns essen und t. 1Ko 15,32
	24,9	das Getränk ist bitter denen, die es t.
	29,8	wie ein Durstiger träumt, daß er t.
	32,6	wehrt den Durstigen das T.
	44,12	t. kein Wasser, so daß er matt wird
	51,17	get. hast den Kelch seines Grimmes 22
	62,8	noch deinen Wein die Fremden t. lassen
	9	die ihn einbringen, sollen ihn t.
	65,13	meine Knechte sollen t.
	66,11	dürft euch satt t... reichlich t.
Jer	2,18	willst vom Nil t. vom Euphrat t.
	16,7	wird nicht den Trostbecher zu t. geben
	8	um bei ihnen zu sitzen zum T.
	22,15	hat dein Vater nicht auch get.
	25,15	laß daraus t. alle Völker 16.17.26-28; 51,7
	35,5	sprach zu ihnen: T. Wein 6.8.14
	49,12	nicht verdient hatten, den Kelch zu t., müssen t., du mußt auch t.
Klg	5,4	unser Wasser müssen wir um Geld t.
Hes	4,11	das Wasser sollst du abgemessen t. 16
	12,18	sollst dein Wasser t. mit Zittern 19
	23,32	mußt den Kelch deiner Schwester t.
	25,4	sie sollen deine Milch t.
	34,18	nicht genug, klares Wasser zu t. 19
Dan	1,5	von dem Wein, den (der König) selbst t.
	12	laß uns Wasser zu t. geben
	5,2	damit der König daraus t. 3.4.23
Am	2,8	t. Wein im Hause ihres Gottes
	12	ihr gebt den Gottgeweihten Wein zu t.
	4,8	zogen zu einer Stadt, um Wasser zu t.
	6,6	t. Wein aus Schalen
	9,14	daß sie Weinberge pflanzen und davon t.
Ob	16	wie ihr get. habt, sollen alle Heiden t.
Jon	3,7	man soll sie nicht Wasser t. lassen
Hab	2,15	weh dem, der seinen Nächsten t. läßt
	16	t. du nun auch, daß du taumelst
Hag	1,6	ihr t. und bleibt doch durstig
Sa	7,6	wenn ihr t., t. ihr da nicht für euch
	9,15	die Schleudersteine werden Blut t.
Jdt	11,11	ihr Vieh zu schlachten und sein Blut zu t.
	12,13	komm, um mit ihm zu t. 18.20
	21	Holofernes t., wie er noch nie get. hatte
Tob	3,12	Sara t. nicht drei Tage lang
	4,18	iß und t. nicht davon mit den Sündern
	7,10	ich will heute weder essen noch t.
	12,19	schien, als hätte ich mit euch get.
Sir	11,19	will essen und t. von dem, was ich habe
	24,29	wer von mir t., den dürstet immer nach mir
	26,15	wie ein Wanderer Wasser t.
	31,32	Wein erquickt, wenn man ihn mäßig t. 35.36
1Ma	11,58	erlaubte ihm, aus goldenen Gefäßen zu t.
	16,16	als Simon und s. Söhne viel get. hatten
2Ma	15,40	immer nur Wein oder Wasser t.
StE	3,11	auch hab ich nie vom Opferwein get.
StD	2,5	wieviel er täglich ißt und t. 23
	14	die Priester t. alles, was da war
Mt	6,25	sorgt nicht, was ihr t. werdet 31; Lk 12,29
	10,42	wer einem dieser Geringen zu t. gibt
	11,18	Johannes ist gekommen, aß nicht und t. nicht 19; Lk 7,33.34
	20,22	Kelch t., den ich t. werde 23; Mk 10,38.39
	24,38	sie aßen, sie t. Lk 17,27.28
	49	ißt und t. mit den Betrunkenen Lk 12,45
	25,35	ihr habt mir zu t. gegeben 37.42
	26,27	t. alle daraus Mk 14,23
	29	nicht mehr von diesem Gewächs des Weinstocks t. Mk 14,25; Lk 22,18
	42	daß dieser Kelch vorübergehe, ohne daß ich ihn t.
	27,34	gaben ihm Wein zu t. mit Galle 48; Mk 15,23.36
Mk	9,41	wer euch einen Becher Wasser zu t. gibt
	16,18	wenn sie etwas Tödliches t.
Lk	1,15	Wein und starkes Getränk wird er nicht t.
	5,30	warum eßt und t. ihr mit den Zöllnern und Sündern
	10,7	eßt und t., was man euch gibt
	12,19	habe Ruhe, iß, t. und habe guten Mut
	13,26	wir haben vor dir gegessen und get.
	17,8	diene mir, bis ich get. habe; danach sollst du auch t.
	22,30	ihr t. sollt an meinem Tisch in meinem Reich
Jh	4,7	Jesus spricht zu ihr: Gib mir zu t. 9.10
	12	er hat daraus get. und seine Kinder
	13	wer von diesem Wasser t., den wird wieder dürsten 14
	6,53	wenn ihr nicht sein Blut t.
	54	wer mein Blut t., hat das ewige Leben 56
	7,37	wen da dürstet, der komme zu mir und t.
	18,11	soll ich den Kelch nicht t., den mir mein Vater
Apg	9,9	drei Tage nicht sehen und aß und t. nicht
	10,41	die wir mit ihm gegessen und get. haben
	23,12	verschworen, weder zu essen noch zu t. 21
Rö	14,17	das Reich Gottes ist nicht Essen und T.
	21	besser, du ißt kein Fleisch und t. keinen Wein
1Ko	3,2	Milch habe ich euch zu t. gegeben
	9,4	das Recht, zu essen und zu t.
	10,4	haben alle denselben geistlichen Trank get.
	7	das Volk setzte sich nieder, um zu t.
	21	nicht zugleich den Kelch des Herrn t. und
	31	ob ihr eßt oder t., das tut alles zu Gottes Ehre

1Ko 11,22 Häuser, wo ihr essen und t. könnt
    25 das tut, sooft ihr daraus t., zu meinem
       Gedächtnis 26-29
    15,32 laßt uns essen und t.; denn morgen sind wir
       tot
1Ti 5,23 t. nicht mehr nur Wasser
Heb 6,7 die den Regen t., der oft auf sie fällt
Off 14,10 der wird von dem Wein des Zornes Gottes
       t.
    16,6 Blut hast du ihnen zu t. gegeben, sie sind's
       wert
    18,3 von dem Zorneswein haben alle Völker get.

Trinkgefäß

1Kö 10,21 alle T. waren aus Gold 2Ch 9,20
Jes 22,24 T. und allerlei Krüge
Mk   7,4 T. und Krüge und Kessel zu waschen

Tripolis

2Ma 14,1 im Hafen von T. angekommen

Tritt

1Kö 14,6 als Ahija das Geräusch ihrer T. hörte 2Kö
       6,32
Hi 29,6 als ich meine T. wusch in Milch
Ps 17,5 daß meine T. nicht gleiten 37,31
    73,2 mein T. wäre beinahe geglitten
Spr 5,6 haltlos sind ihre T.
Jes 26,6 wird zertreten mit den T. der Geringen
Heb 12,13 *tut gewisse T. mit euren Füßen*

Triumph

2Ma 4,22 er wurde in großem T. hineingeleitet
Kol 2,15 hat einen T. gemacht in Christus

triumphieren

Klg 1,9 sieh an mein Elend; denn der Feind t.
Jak 2,13 Barmherzigkeit t. über das Gericht

Troas

Apg 16,8 sie kamen hinab nach T. 20,6
    11 da fuhren wir von T. ab
    20,5 diese reisten voraus und warteten auf uns in
       T.
2Ko 2,12 als ich nach T. kam, zu predigen das Evangelium
2Ti 4,13 den Mantel, den ich in T. ließ

trocken

1Mo 1,10 Gott nannte das T. Erde 9; Ps 95,5; Jon 1,9
    8,13 sah, daß der Erdboden t. war 14
2Mo 4,9 gieß es auf das t. Land... wird Blut werden
       auf dem t. Land
    14,16 auf dem T. mitten durch das Meer 22.29;
       15,19; Neh 9,11; Heb 11,29
    21 der HERR machte das Meer t. Ps 66,6;
       106,9; Jes 50,2; Nah 1,4
3Mo 7,10 Speisopfer, mit Öl vermengt oder t.
Jos 3,17 standen im T. mitten in Jordan 4,18.22
Ri   6,37 der ganze Boden umher t. 39.40
2Kö 2,8 daß die beiden auf t. Boden hinübergingen
Ps 63,2 verlangt nach dir aus t., dürrem Land

Ps 107,33 er machte Bäche t.
    35 er machte das T. wieder wasserreich
Spr 17,1 besser ein t. Bissen mit Frieden als
Jes 19,6 die Flüsse Ägyptens werden t. werden
    32,2 wie der Schatten eines Felsens im t. Lande
    35,7 wo es zuvor t. gewesen ist
Jer 12,4 wie lange soll das Land so t. stehen
Hag 2,6 werde das Meer und das T. erschüttern
Sir 35,26 Regen erquickt, wenn es lange t. gewesen ist

trocknen

Ri 16,7 mit sieben Seilen, die noch nicht get. 8
Lk   7,38 fing an, seine Füße mit den Haaren ihres
       Hauptes zu t. 44; Jh 11,2
Jh 12,3 t. mit ihrem Haar seine Füße
    13,5 t. sie mit dem Schurz

Trompete

4Mo 10,2 mache dir zwei T. 8-10
2Kö 11,14 alles Volk blies die T. 2Ch 23,13
    12,14 doch ließ man nicht machen silberne T.
1Ch 13,8 tanzten vor Gott mit T. 15,24.28; 16,6.42
2Ch 5,12 Priester, die mit T. bliesen 13; 7,6; 13,14;
       29,26-28; Esr 3,10; Neh 12,35.41
    20,28 zogen in Jerusalem ein mit Harfen und T.
Hi 39,24 läßt sich nicht halten beim Schall der T. 25
Ps 98,6 mit T. jauchzet vor dem HERRN
Dan 3,5 hören werdet den Schall der T. 7.10.15
Jdt 15,4 bliesen die T. und erhoben ein großes
       Geschrei 1Ma 3,54; 4,13.40; 5,31; 6,33
Sir 50,18 bliesen schallend mit silbernen T., damit
1Ma 9,12 rückte mit Kriegsgeschrei und T. vor 2Ma
       15,25

trompeten

4Mo 10,5 wenn ihr aber laut t. 6.7.9
2Ch 5,13 als wäre es einer, der t. und sänge
Hos 5,8 t. zu Rama

Trompetenschall

2Ch 15,14 schworen dem HERRN unter T.

Trompeter

2Kö 11,14 die T. bei dem König 2Ch 23,13

tröpfeln

Hi 28,11 man wehrt dem T. des Wassers

tropfen

Pr 10,18 durch lässige Hände t. es im Haus

Tropfen

5Mo 32,2 meine Rede riesele wie T. auf das Kraut
Hi 38,28 wer hat die T. des Taus gezeugt
Ps 72,6 wie die T., die das Land feuchten
Jes 40,15 die Völker sind geachtet wie ein T.
Wsh 11,22 die Welt ist vor dir wie ein T. des Morgentaus
Sir 1,2 wer kann sagen, wieviel T. der Regen hat
StD 3,44 T. und Flocken, lobt den Herrn

Tröpflein

Tröpflein
Sir 18,8 wie ein T. Wasser im Meer

Trophimus
Apg 20,4 es zogen mit ihm aus der Provinz Asien T.
21,29 sie hatten T. in der Stadt gesehen
2Ti 4,20 T. ließ ich krank in Milet

Troß
1Sm 10,22 siehe, er hat sich bei dem T. versteckt
17,22 ließ David s. Gepäck bei der Wache des T.
25,13 zweihundert blieben bei dem T. 30,24
Jes 10,28 er läßt seinen T. zu Michmas
Dan 11,13 wird er ausziehen mit vielem T.
2Ma 12,21 schickte er den übrigen T. fort

Trost
2Sm 14,17 des Königs Wort soll mir ein T. sein
Hi 4,6 ist nicht deine Gottesfurcht dein T.
6,10 so hätte ich noch diesen T.
31,24 hab ich zum Feingold gesagt: „Mein T."
Ps 65,5 der der reichen T. von deinem Hause
73,1 Gott ist dennoch Israels T. für alle
26 bist du doch allezeit meines Herzens T.
109,21 deine Gnade ist mein T. 119,76
119,50 das ist mein T. in meinem Elend
92 wenn dein Gesetz nicht mein T. gewesen
Jes 1,24 ich werde mir T. schaffen an m. Feinden
38,17 um T. war mir sehr bange
54,11 du Elende, die keinen T. fand
57,18 will ihnen wieder T. geben
66,11 dürft trinken an den Brüsten ihres T.
Jer 14,8 du bist der T. Israels und sein Nothelfer
15,16 dein Wort ist meines Herzens T.
Hes 14,23 sie werden euer T. sein
16,54 daß du dich schämst, ihnen zum T.
Ob 7 die Leute, auf die du deinen T. setzt
Jdt 8,16 wollen von ihm Hilfe und T. erwarten
Wsh 3,18 haben sie keinen T. am Tage des Gerichts
8,9 ein T. in Sorgen und Traurigkeit
Tob 5,25 den T. unsres Alters hast du uns genommen
10,5 mein Sohn, du T. unsres Lebens
Sir 3,7 an dem hat seine Mutter einen T.
6,16 ein treuer Freund ist ein T. im Leben
29 am Ende wirst du T. an ihm haben
48,27 er gab den Betrübten in Zion T.
51,35 ich habe großen T. gefunden
Bar 4,36 schaue den T., der dir von Gott kommt
1Ma 12,9 obwohl wir T. haben an den hl. Schriften
2Ma 7,14 das ist für uns ein großer T.
Lk 2,25 Simeon wartete auf den T. Israels
6,24 ihr habt euren T. schon gehabt
Apg 4,36 Barnabas, das heißt übersetzt: Sohn des T.
Rö 15,4 damit wir durch den T. der Schrift Hoffnung haben
5 der Gott der Geduld und des T. 2Ko 1,3
2Ko 1,4 mit dem T., mit dem wir getröstet werden
6 haben wir Trübsal, geschieht es euch zu T.
7 so werdet ihr auch am T. teilhaben
7,4 ich bin erfüllt mit T.
7 T., mit dem er bei euch getröstet worden war
13 außer diesem unserm T. haben wir
Phl 2,1 ist nun bei euch T. der Liebe
Kol 4,11 sie sind mir ein T. geworden
1Th 3,7 *dadurch haben wir an euch T. gewonnen*
2Th 2,16 der uns einen ewigen T. gegeben hat
Phm 7 ich hatte Freude und T. durch deine Liebe
Heb 6,18 so sollten wir einen starken T. haben
12,5 und habt bereits den T. vergessen, der
13,18 unser T. ist, daß wir ein gutes Gewissen haben

Trostbecher
Jer 16,7 nicht den T. zu trinken geben

trösten
1Mo 5,29 wird uns t. in unserer Mühe und Arbeit
24,67 also wurde Isaak get. über seine Mutter
37,35 kamen um ihn, ihn zu t.; aber er wollte sich nicht t. lassen
50,21 t. sie und redete freundlich mit ihnen
Rut 2,13 du hast mich get.
2Sm 10,2 ließ ihn... über seinen Vater t. 1Ch 19,2
12,24 als David seine Frau Batseba get. hatte
13,39 David hatte sich get. über Amnon
1Ch 7,22 seine Brüder kamen, ihn zu t.
Neh 8,11 die Leviten t. alles Volk
Hi 2,11 um (Hiob) zu beklagen und zu t. 42,11
7,13 wenn ich dachte, mein Bett soll mich t.
11,18 dürftest dich t., voll Hoffnung da ist
16,5 würde euch mit meinen Lippen t.
21,34 wie t. ihr mich mit Nichtigkeiten
29,24 das Licht meines Angesichts t.
Ps 4,2 der du mich t. in Angst
23,4 dein Stecken und Stab t. mich
39,8 wessen soll ich mich t.
60,3 Gott, t. uns wieder 80,4.8.20
71,21 du t. mich wieder
77,3 meine Seele will sich nicht t. lassen
86,17 weil du mir beistehst und mich t.
118,5 der HERR erhörte mich und t. mich
119,32 du t. mein Herz
52 wenn ich... denke, so werde ich get.
82 wann t. du mich
122 tritt ein für deinen Knecht und t. ihn
Spr 16,24 freundliche Reden t. die Seele
Jes 12,1 ich danke dir, HERR, daß du mich t.
22,4 müht euch nicht, mich zu t.
40,1 t., t. mein Volk
49,13 der HERR hat sein Volk get. 51,3; 52,9; Sa 1,17
51,19 wer hat dich get.
61,2 zu t. alle Trauernden
66,13 will euch t., wie einen seine Mutter t.; ihr sollt an Jerusalem get. werden
Jer 16,5 weder um zu klagen noch um zu t.
7 zu t. wegen eines Toten
31,9 will sie t. und leiten 13
15 Rahel will sich nicht t. lassen Mt 2,18
Klg 1,2 es ist niemand, der sie t. 9.17
2,13 wem dich vergleichen, damit ich dich t.
Hes 14,22 werdet euch t., wenn ihr das Unheil 31,16
32,31 wird der Pharao sich t. über sein Volk
Mi 1,12 die Einwohner vermögen sich nicht zu t.
Sa 10,2 ihr T. ist nichts
Mal 3,16 die Gottesfürchtigen t. sich untereinander
Jdt 6,15 sie t. Achior und sagten
8,18 t. das Volk mit eurem Wort
Tob 10,4 seine Mutter wollte sich nicht t. lassen 8
Sir 17,20 die müde werden, t. er, daß sie nicht verzagen
30,24 ermuntere dich und t. dein Herz 38,18
49,12 sie haben Jakob get. und Erlösung verheißen

Trübsal

Bar	4,30	der wird dich t., der dich mit Namen genannt
1Ma	13,3	(Simon) t. sie und sagte
2Ma	7,21	daß sie einen Sohn nach dem andern t.
Mt	5,4	denn sie sollen get. werden
Lk	16,25	nun wird er hier get., und du wirst gepeinigt
Jh	11,19	sie zu t. wegen ihres Bruders 31
Apg	16,40	als sie die Brüder get. hatten
	20,1	rief Paulus die Jünger zu sich und t. sie
	12	sie wurden nicht wenig get.
Rö	1,12	damit ich zusammen mit euch get. werde
2Ko	1,4	damit wir auch t. können, die
	5	werden wir reichlich get. durch Christus
	2,7	so daß ihr ihm vergeben und ihn t. sollt
	7,6	Gott, der die Geringen t., der t. uns
	7	Trost, mit dem er bei euch get. worden war
	13	dadurch sind wir get. worden 1Th 3,7
Eph	6,22	daß er eure Herzen t. Kol 4,8
1Th	2,12	(ihr wißt, daß wir einen jeden von euch) get. haben
	4,18	t. euch mit diesen Worten untereinander
	5,14	t. die Kleinmütigen
2Th	2,17	der t. eure Herzen und stärke euch

Tröster

2Sm	10,3	wenn er T. zu dir gesandt hat 1Ch 19,3
Hi	16,2	ihr seid allzumal leidige T.
Ps	69,21	ich warte auf T., aber ich finde keine
Pr	4,1	Tränen derer, die keinen T. hatten
Jes	51,12	ich, ich bin euer T.
Klg	1,16	der T. ist ferne von mir 21
Nah	3,7	wo soll ich dir T. suchen
Jh	14,16	er wird euch einen andern T. geben
	26	der T., der heilige Geist
	15,26	wenn der T. kommen wird
	16,7	kommt der T. nicht zu euch

tröstlich

Ps	54,8	will deinen Namen preisen, daß er so t.
	69,17	deine Güte ist t.
Sa	1,13	der HERR antwortete dem Engel t. Worte
1Ma	13,7	als das Volk diese t. Worte hörte

Tröstung

Hi	15,11	gelten Gottes T. so gering bei dir
	21,2	laßt mir das eure T. sein
Ps	94,19	deine T. erquickten meine Seele
1Ko	14,3	der redet den Menschen zur T.

Trotz

1Mo	16,12	all seinen Brüdern zum T. 25,18
Ps	49,15	ihr T. muß vergehen
2Ma	6,29	meinten, er hätte sie aus T. gesagt
	9,7	dennoch ließ er von seinem T. nicht ab

trotzen

1Sm	2,3	laßt euer großes Rühmen und T.
Hi	15,25	denn er hat dem Allmächtigen get.
Ps	10,18	daß der Mensch nicht mehr t. auf Erden
	78,40	wie oft t. sie ihm in der Wüste 56
Jes	30,12	verlaßt euch auf Frevel und t. darauf
1Ko	10,22	wollen wir dem Herrn t.
2Ko	11,20	ihr ertraget's, wenn jemand euch t.
1Pt	3,14	fürchtet euch vor ihrem t. nicht

trotzig

Ps	94,4	reden so t. daher alle Übeltäter
Spr	14,16	ein Tor fährt t. hindurch
Jes	46,12	hört mir zu, ihr t. Herzen
Jer	17,9	es ist das Herz ein t. und verzagt Ding
	48,29	gesagt von Moab, es sei t.
Jdt	13,27	der den Gott Israels in t. Hochmut verachtet

trüb, trübe

Hi	6,16	(Bäche,) die t. sind vom Eis
Ps	6,8	mein Auge ist t. geworden 31,10; 69,4; Klg 5,17
Spr	23,29	wo sind t. Augen
Hes	32,2	machtest seine Ströme t. 13; 34,18.19
	34,12	zur Zeit, als es t. und finster war
Mt	16,3	ein Unwetter, denn der Himmel ist rot und t.

trüben

Spr	25,26	ist wie ein get. Brunnen

Trübsal

1Mo	35,3	der mich erhört hat zur Zeit meiner T.
	42,21	darum kommt nun diese T. über uns
Hi	5,19	in sechs T. wird er dich erretten
	36,15	wird ihm das Ohr öffnen durch T.
	38,23	verwahrt habe für die Zeit der T.
Jes	8,22	(werden) nichts finden als T.
	25,4	du bist der Armen Schutz in der T.
	26,16	wenn T. da ist, so suchen wir dich
	30,6	im Lande der T., wo Drachen sind
	20	der Herr wird euch in T. Brot geben
	33,2	sei unser Heil zur Zeit der T.
	37,3	das ist ein Tag der T. Ze 1,15
Dan	12,1	es wird eine Zeit so großer T. sein
Hab	3,16	will harren auf die Zeit der T.
Jdt	8,20	haben viel T. überwinden müssen
	21	andere wollten die T. nicht annehmen
	13,24	hast dein Leben nicht geschont in der T. 1Ma 13,5
Tob	3,14	in der Zeit der T. vergibst du Sünde
	22	der dient, wird aus der T. erlöst
Sir	2,5	werden... durchs Feuer der T. erprobt
Mt	13,21	*wenn sich T. erhebt Mk 4,17*
	24,9	*werden sie euch überantworten in T.*
	21	*es wird eine große T. sein Mk 13,19*
	29	*bald nach der T. jener Zeit Mk 13,24*
Apg	7,10	*(Gott) errettete ihn aus seiner T.*
	11	*es wird eine große T. über Ägypten*
	14,22	*durch viel T. in das Reich Gottes gehen*
	20,23	*Gefängnis und T. warten mein 1Th 3,4*
Rö	2,9	*T. und Angst über alle Seelen*
	5,3	*rühmen uns der T., weil T. Geduld bringt*
	8,35	*T. oder Angst oder Verfolgung*
	12,12	*seid geduldig in T.*
1Ko	7,28	*doch werden sie leibliche T. haben*
2Ko	1,4	*der uns tröstet in unserer T.*
	6	*haben wir aber T., so euch zu Trost*
	8	*wollen nicht verschweigen unsere T.*
	2,4	*ich schrieb euch aus großer T.*
	4,8	*wir haben allenthalben T. 7,5*
	17	*unsre T., die zeitlich ist*
	6,4	*als Diener Gottes: in T.*
	7,4	*ich habe Freude in aller T. 8,2*
	8,13	*die andern gute Tage und ihr T.*
Eph	3,13	*daß ihr nicht verzagt um meiner T. willen*
Phl	1,17	*sie möchten mir T. bereiten*

Trübsal

Kol	1,24	was noch mangelt an den T. Christi
1Th	1,6	habt das Wort aufgenommen unter vielen T.
	3,3	daß nicht jemand weich würde in diesen T.
	7	Trost gewonnen in aller T.
2Th	1,4	wegen eurer Geduld in allen T.
	6	T. zu vergelten denen, die euch T. antun
	7	euch, die ihr T. leidet, Ruhe zu geben
1Ti	5,10	wenn sie in T. Handreichung getan hat
Heb	10,33	durch Schmach und T. ein Schauspiel
	13,3	gedenket derer, die T. leiden
Jak	1,27	Waisen und Witwen in ihrer T. besuchen
Off	1,9	euer Bruder und Mitgenosse an der T.
	2,9	ich weiß deine T. und deine Armut
	10	werdet T. haben zehn Tage
	22	werfe die mit ihr die Ehe gebrochen in T.
	7,14	die gekommen sind aus der großen T.

Trug (s.a. Lug und Trug)

Hi	13,7	wollt ihr T. für ihn reden
	15,31	er traue nicht auf T... T. wird sein Lohn
	35	ihr Schoß bringt T. zur Welt
	21,34	von euren Antworten bleibt nichts als T.
Ps	32,2	in dessen Geist kein T. ist
	34,14	behüte d. Lippen, daß sie nicht T. reden
	38,13	sinnen auf T. den ganzen Tag
Spr	12,5	was die Gottlosen planen, ist lauter T.
	20	die Böses planen, haben T. im Herzen
	14,8	der Toren Torheit ist lauter T.
Jes	28,15	haben T. zu unserm Schutz gemacht
	32,6	daß er rede über den HERRN lauter T.
	44,20	nicht T., woran meine Rechte sich hält
	59,4	man redet T.
Jer	9,5	unter ihnen, vor T. wollen sie nicht
	10,14	ihre Götzen sind T. 51,17
	14,14	predigen T. 23,26; Klg 2,14; Hes 13,8.9.23
Mi	1,14	die Häuser von Achsib werden zum T.
Ze	3,4	ihre Propheten leichtfertig und voll T.
Sa	10,2	die Wahrsager schauen T.
Wsh	4,11	damit nicht T. seine Seele verführen könnte
Kol	2,8	daß euch niemand einfange durch leeren T.

Trugbild

Wsh	15,9	hält es für eine Ehre, T. zu machen

trügen

Hi	6,15	meine Brüder t. wie ein Bach
Ps	17,1	mein Gebet von Lippen, die nicht t.
	55,12	Lügen und T. weicht nicht aus ihren Gassen
	144,8	deren rechte Hand t. 11
Hes	12,24	soll keine t. Gesichte mehr geben
Hab	2,3	die Weissagung wird nicht t.
Ze	1,9	die ihres Herrn Haus füllen mit T.
Sir	34,8	das Gesetz t. nicht und erfüllt sich
1Pt	3,10	der hüte seine Lippen, daß sie nicht t.

trügerisch

2Sm	1,21	ihr Berge von Gilboa, ihr t. Gefilde
Spr	6,12	wer einhergeht mit t. Munde
	11,18	der Gottlosen Arbeit bringt t. Gewinn
	23,3	es ist t. Brot
	26,26	wer den Haß verbirgt 27,6
Jer	15,18	bist mir geworden wie ein t. Born
Klg	2,14	haben dir t. Gesichte verkündet Hes 21,34
Hes	21,28	ihnen wird diese Wahrsagung t. scheinen
Eph	4,14	uns umhertreiben lassen durch t. Spiel der Menschen

Eph	4,22	der sich durch t. Begierden zugrunde richtet
1Th	2,3	unsre Predigt kam nicht aus t. Sinn

Truggebilde

Bar	6,8	sie sind T. und können nicht reden
	51	wird man erkennen, daß es T. sind

Truggesicht

Hes	22,28	seine Propheten haben T.

trüglich

Rö	3,13	mit ihren Zungen handeln sie t.

Trümmer

5Mo	13,17	daß sie in T. liege für immer
Esr	9,9	es aus seinen T. wieder aufzurichten
Hi	30,14	wälzen sich unter den T. heran 24
Ps	102,7	ich bin wie das Käuzchen in den T.
	15	jammert sie, daß es in T. liegt Jes 25,2
	109,10	sollen vertrieben werden aus ihren T.
Jes	14,21	daß sie nicht den Erdkreis voll T. machen
	24,12	die Tore sind in T. geschlagen
	44,26	ihre T. richte ich auf 61,4; Hes 36,10.33; Apg 15,16
	51,3	der HERR tröstet alle ihre T.
	52,9	seid fröhlich, ihr T. Jerusalems
Hes	13,4	sind wie die Füchse in den T.
	21,32	zu T., zu T., zu T. will ich sie machen
	26,20	will dich wohnen lassen zwischen T. 29,12; 30,7; 33,24.27
	36,4	so spricht Gott zu den öden T.
Dan	9,18	sieh an unsre T. und die Stadt
Am	6,11	die großen Häuser in T. schlagen
	9,1	daß die T. ihnen auf den Kopf fallen
Apg	15,16	ihre T. will ich aufbauen und sie aufrichten
	27,44	etliche auf den T. des Schiffes

Trümmerhaufe

Jes	3,6	dieser T. sei unter deiner Hand

Trümmerstätte

Jes	5,17	Ziegen (werden) sich nähren in den T.

Trunk

Hos	4,11	Wein und T. machen toll
Tit	2,3	wie es sich ziemt, nicht dem T. ergeben

trunken

1Mo	9,21	da er trank, ward er t. 1Kö 16,9; 20,16
5Mo	32,42	will meine Pfeile mit Blut t. machen
Hi	12,25	(Gott) macht sie irre wie die T.
Ps	107,27	daß sie taumelten wie ein T.
Spr	26,9	wie ein Dornzweig in der Hand eines T.
Hl	5,1	trinkt und werdet t. von Liebe
Jes	24,20	die Erde wird taumeln wie ein T.
	28,1	weh der prächtigen Krone der T. 3
	29,9	seid t., doch nicht vom Wein 51,21
	34,5	mein Schwert ist t. im Himmel Jer 46,10
	7	ihr Land wird t. werden von Blut 49,26
	63,6	habe sie t. gemacht in meinem Grimm
Jer	23,9	mir ist wie einem t. Mann
	25,27	trinkt, daß ihr t. werdet

Jer 48,26 macht es t. 51,39.57
51,7 Kelch, der alle Welt t. gemacht hat
Klg 4,21 daß du t. wirst und dich entblößest
Hes 39,19 sollt Blut saufen, bis ihr t. seid
Jo 1,5 wacht auf, ihr T.
Nah 3,11 auch du mußt t. werden
Hab 2,15 weh dem, der seinen Nächsten t. macht

Trunkenbold

5Mo 21,20 dieser unser Sohn ist ein T.
Jes 19,14 wie ein T. taumelt, wenn er speit
1Ko 5,11 der sich Bruder nennen läßt und ist ein T.
6,10 (noch) T. werden das Reich Gottes ererben

Trunkenheit

Jer 13,13 will alle Einwohner mit T. füllen
Sir 31,37 die T. macht einen Narren noch toller
1Pt 4,3 als ihr ein Leben führtet in T.

Tryphäna

Rö 16,12 grüßt die T. und die Tryphosa

Tryphon

1Ma 11,39 T., früher Alexanders Freund 54.56; 12,39.42.
49; 13,1.12.14.19-22.24.31.34; 14,1; 15,10.25.37.
39

Tryphosa

Rö 16,12 grüßt die Tryphäna und die T.

Tubal

1Mo 10,2 Söhne Jafets: T. 1Ch 1,5
Jes 66,19 will einige senden nach T.
Hes 27,13 Jawan, T. und Meschech 32,26
38,2 Gog, der Fürst von T. 3; 39,1

Tubal-Kain

1Mo 4,22 Zilla gebar T... die Schwester des T. war

Tubianer

2Ma 12,17 zu den Juden, die man T. nennt

Tuch

1Mo 37,34 legte ein härenes T. um seine Lenden 1Kö 21,27; 2Kö 6,30
Ri 5,30 gewirkte bunte T. als Beute
Rut 3,15 nimm das T., das du umhast
Est 1,6 hingen weiße, rote und blaue T.
Jes 3,22 (wird der Herr wegnehmen) die T.
51,8 Würmer werden sie fressen wie ein T.
Mt 9,16 niemand flickt ein altes Kleid mit einem Lappen von neuem T. Mk 2,21
Mk 15,46 nahm ihn ab und wickelte ihn in das T. *Jh 19,40*
Lk 19,20 dein Pfund, das ich in einem T. verwahrt habe
24,12 Petrus sah nur die leinenen T.
Apg 10,11 sah ein großes T. herabkommen 11,5
16 alsbald wurde das T. wieder hinaufgenommen gen Himmel
19,12 hielten die T., die er auf s. Haut getragen

tüchtig

1Mo 47,6 Leute, die t. sind, setze über mein Vieh
Ri 18,2 die Daniter sandten fünf t. Männer aus
1Sm 16,18 einen Sohn Isais, der ist t. zum Kampf
1Kö 11,28 Jerobeam war ein t. Mann
1Ch 9,13 t. Leute im Dienst des Amtes
2Ch 2,6 sende mir einen t. Mann 12
22,9 war niemand mehr, der zum Königtum t. war
Neh 11,14 und ihre Brüder, t. Männer
Spr 12,4 eine t. Frau ist ihres Mannes Krone 31,10
31,29 es sind wohl viele t. Frauen, du aber
Hes 24,5 laß die Stücke t. sieden
Wsh 8,15 in der Volksversammlung zeige ich mich t.
Tob 7,7 bist der Sohn eines t. und frommen Mannes
Sir 7,21 trenne dich nicht von einer t. Frau
26,26 wenn man einen t. Mann Armut leiden läßt
50,31 so wird er zu allen Dingen t. sein
1Ma 10,19 hören von dir, daß du ein t. Mann bist
13,54 Simon sah, daß sein Sohn ein t. Mann war
Mt 25,21 recht so, du t. Knecht 23; Lk 19,17
2Ko 2,16 wer ist dazu t.
3,5 daß wir t. sind, ist von Gott
6 der uns auch t. gemacht hat Kol 1,12
10,18 nicht der ist t., der sich selbst empfiehlt
13,7 nicht damit wir als t. angesehen werden
2Ti 2,2 Menschen, die t. sind, andere zu lehren
Heb 13,21 der mache euch t. in allem Guten

Tüchtigkeit

Mt 25,15 jedem nach seiner T.

Tücke

Jes 32,7 er sinnt auf T.
Jer 5,27 ihre Häuser sind voller T.
Apg 8,22 *ob dir vergeben die T. des Herzens*
Rö 1,29 *voll Neides, List, T.*

tückisch

Sir 36,22 ein t. Mensch kann ins Unglück bringen
2Ko 12,16 *oder bin ich t. gewesen*

Tugend

Wsh 4,1 besser keine Kinder, wenn man in T. lebt
5,14 (haben) kein Zeichen der T. vorzuweisen
8,7 die Weisheit, die die T. wirkt
Phl 4,8 sei es eine T., sei es... darauf seid bedacht
2Pt 1,5 erweist in eurem Glauben T. und in der T. Erkenntnis

tugendsam

Rut 3,11 weiß, daß du ein t. Weib bist

tun

(s.a. Barmherzigkeit; böse; Buße; Gelübde;
Gewalt; gut; Hand; Leid; recht; Schaden;
Sünde tun, töricht; übeltun; unrecht antun;
weh tun; Wunder; Zeichen; zuleide tun)

1Mo 3,13 warum hast du das get. 20,10; Jon 1,10
14 weil du das get. hast 22,16
4,10 was hast du get. 31,26; Jos 7,19.20; 1Sm 13,11; 14,43; 20,32; 2Sm 3,24
6,22 Noah t. alles, was ihm Gott gebot 7,5

tun

1Mo 8,13 da t. Noah das Dach von der Arche
21 will nicht mehr schlagen... wie ich get.
11,6 was sie sich vorgenommen haben zu t.
16,6 t. mit ihr, wie dir's gefällt 19,8; Ri 19,24
18,5 t., wie du gesagt hast 27,19; 47,30
17 Abraham verbergen, was ich t. will
21 ob sie alles get. haben nach dem Geschrei
25 das sei ferne, daß du das t. 44,7.17
29 will ihnen nichts t. um der 40 willen 30
19,8 diesen Männer t. nichts 22,12
22 kann nichts t., bis du hineinkommst
20,5 hab das get. mit einfältigem Herzen 6
21,1 der HERR t. an ihr, wie er geredet
22 Gott ist mit dir in allem , was du t. 39,3.23; Jos 1,9
26 habe nicht gewußt, wer das get. hat
27,8 t., was ich dich heiße
37 was soll ich nun dir noch t. 31,43
45 bis er vergißt, was du ihm get. hast
28,15 bis ich alles t., was ich zugesagt
29,3 t. den Stein wieder vor das Loch
28 das t. Jakob und hielt die Hochzeitswoche
30,31 wenn du mir t. willst , was ich sage
40 die t. er nicht zu den Herden Labans
31,16 was Gott dir gesagt hat, das t.
34,14 wir können das nicht t.
19 der Jüngling zögerte nicht, dies zu t.
35,2 t. von euch die fremden Götter Jos 24,23; Ri 10,16; 1Sm 7,3.4
38,10 dem HERRN mißfiel, was er t.
39,11 ging, seine Arbeit zu t.
19 so hat dein Knecht an mir get.
40,15 auch hier hab ich nichts get., weswegen sie
41,32 daß Gott solches gewiß und eilends t.
48 Josef t. (die Ernte) in die Städte 47,14
55 was der euch sagt, das t. 43,17; 44,2
42,18 wollt ihr leben, so t. nun dies
25 so t. man ihnen
43,11 wenn es denn so ist, wohlan so t.'s
44,15 wie habt ihr das t. können
45,21 die Söhne Israels t. so 50,12
47,29 daß du die Liebe und Treue an mir t.
50,15 alle Bosheit, die wir an ihm get.
20 zu t., was jetzt am Tage ist
2Mo 1,17 die Hebammen t. nicht, wie der König gesagt
18 warum t. ihr das Ri 2,2; 1Sm 2,23
4,7 t. sie wieder in den Bausch
11 habe ich's nicht get., der HERR
15 will euch lehren, was ihr t. sollt 5Mo 4,5
5,14 warum habt ihr nicht euer Tagewerk get. 18
7,6 Mose und Aaron t., wie ihnen der HERR geboten 10.20; 8,13; 17,6; 40,16; 3Mo 8.4.36; 4Mo 17,26; 20,27; 27,22; 31,31
11 die Zauberer t. ebenso 22; 8,3.14
8,9 der HERR t., wie Mose gesagt 27; 33,17
18 an dem Tage etwas Besonderes t. 20; 9,5.6
12,15 sollt das Sauerteig aus euren Häusern t.
16 keine Arbeit sollt ihr dann t. 20,10; 31,14.15; 3Mo 16,29; 23,3.7.8.21.25.28.30.31.35.36; 4Mo 28,18.25.26; 29,1.7.12.35; 5Mo 5,14; 16,8; Jer 17,22.24
28 die *Israeliten t., wie der HERR es Mose und Aaron geboten 50; 39,32; 3Mo 9,16; 16,34; 24,23; 4Mo 1,54; 2,34; 5,4; 8,3.20; 9,5; 36,10; 5Mo 34,9; Jos 14,5
35 die *Israeliten hatten get., wie Mose gesagt 14,4; 16,17; 32,28; 3Mo 10,7; 4Mo 17,12; 32,25; Jos 4,8
47 die ganze Gemeinde Israel soll das t.

2Mo 13,8 was uns der HERR get. 18,1.9; Jes 63,7
14,5 warum haben wir das get.
13 was für ein Heil der HERR heute t. wird
15,1 hat eine herrliche Tat get. 21
17,4 was soll ich mit dem Volk t. 18,14
10 Josua t., wie Mose ihm sagte Jos 11,15
18,17 ist nicht gut, wie du das t. 23.24
20 sie lehrest die Werke, die sie t. sollen
19,4 gesehen, was ich mit den Ägyptern get. habe 5Mo 7,18; 11,3.4; 29,1; Jos 9,9; 24,5
8 alles, was der HERR geredet hat, wollen wir t. 24,3.7; 4Mo 32,31; 5Mo 5,27; Jos 1,16
20,9 sechs Tage sollst du deine Werke t. 23,12; 5Mo 5,13
21,9 sollst dem Recht der Töchter an ihr t.
22,29 so sollst du auch t. mit deinem Kleinvieh
23,22 wirst du t., was ich dir sage 5Mo 13,19
24 sollst nicht t., wie sie t. 3Mo 18,3
25,12 t. (goldene Ringe) an ihre vier Ecken 27,7; 37,5; 38,7; 40,20
21 den Gnadenthron auf die Lade t. 26,34
26,11 Haken in die Schlaufen t.
28,11 das sollst du t. in Steinschneiderarbeit
14 Ketten an diese Goldgeflechte t. 24; 39,17.18. 20.25
30 sollst in die Brusttasche t. die Lose
29,1 was du mit ihnen t. sollst 35; 4Mo 4,19; 5,30; 8,7.22.26
38 dies sollst du auf dem Altar t. 41; 30,9
32,21 was hat dir das Volk get., daß ich
33,5 dann will ich sehen, was ich dir t.
6 t. ihren Schmuck von sich
23 dann will ich meine Hand von dir t.
34,10 wunderbar, was ich an dir t. werde
35 dann t. er die Decke auf sein Angesicht
35,1 was der HERR geboten, daß ihr es t. sollt 3Mo 8,5.34; 9,6
38,8 vor der Stiftshütte Dienst t. 4Mo 4,3.12.14.24. 27
3Mo 2,15 sollst Öl darauf t. 5,11; 16,13; 4Mo 5,15
4,2 wenn jemand t., was er nicht t. sollte 13.22. 27; 5,17; 4Mo 15,22
7 soll von dem Blut an die Hörner des Räucheraltars t. 18.25.30.34; 8,15; 9,9; 2Ch 29,24
20 soll mit dem Stier t., wie er... get. hat 16,15; 4Mo 15,11
5,7 für seine Schuld, die er get. hat
26 ihm wird alles vergeben, was er get. hat
6,15 der Priester soll solches t. 23,11
8,23 t. (das Blut) Aaron auf sein rechtes Ohrläppchen 24; 14,14.17.18.25.28.29
35 sollt nach dem Gebot des HERRN t. 18,4; 19,37; 20,8.22; 22,31; 25,18; 4Mo 15,39.40; 5Mo 4,1.6.14; 5,1.31.32; 6,1.3.24.25; 7,11.12; 8,1; 11,22.32; 12,1; 15,5; 17,19; 19,9; 26,16; 27,10; 28,1.13; 29,8.28; 30,8; 31,12; 32,46; Jos 1,7.8; 22,5; 23,6; 2Kö 17,37; 2Ch 23,6; Neh 10,30; Ps 103,18; Hes 11,20; 18,9.19; 20,19.21; 36,27; 37,24; 43,11
11,32 alles Gerät... soll man ins Wasser t. 4Mo 5,17; 19,17
16,16 so soll er t. der Stiftshütte
18,5 der sie t., wird durch sie leben Neh 9,29; Rö 10,5; Gal 3,12
26 keine dieser Greuel 27.29.30; 20,13.19.23; 5Mo 12,30.31; 18,9.12; 20,18; 2Kö 17,12.15; 21,11
22,24 so etwas sollt ihr an Tieren nicht t.
24,19 dem soll man t., wie er get. 20; 5Mo 19,19
26,3 werdet ihr meine Gebote t. 14.15

3Mo	26,16	will auch ich euch dieses t. 4Mo 14,28.35	Ri	7,17	wie ich t., so t. ihr auch 9,48
4Mo	4,10	sollen um das alles eine Decke t. 12; 15,38		8,2	(Gideon) sprach: Was hab ich jetzt get. 3
	6,21	wie er gelobt hat, soll er t. 30,3; 32,24; 5Mo 23,24		35	für alles Gute, das er an Israel get.
	10,32	was der HERR an uns t., wollen wir dir t.		9,16	ihm get., wie er's um euch verdient hat
	11,15	willst du doch so mit mir t., so töte		33	so t. mit ihm, wie du es vermagst
	15,34	war nicht klar, was man mit ihm t. sollte		11,10	wenn wir nicht t., wie du gesagt 2Kö 10,5
	16,6	dies t. morgen: Nehmt Pfannen		36	t. mit mir, wie dein Mund geredet 39
	28	gesandt, diese Werke zu t., und daß ich sie nicht t. aus meinem eigenen Herzen		13,8	was wir mit dem Knaben t. sollen 12
				19	dem HERRN, der geheimnisvolle Dinge t.
	21,34	mit ihm t., wie du mit Sihon get. 5Mo 3,2.6; 31,4; Jos 2,10; 9,10		14,6	(Simson) sagte nicht, was er get. hatte
				10	wie es die jungen Leute zu t. pflegen
	22,17	was du sagst, will ich t. 20; 23,2.26.30		15,4	t. eine Fackel je zwischen zwei Schwänze
	28	die Eselin sprach: Was hab ich dir get.		7	wenn ihr das t., so will ich nicht ruhen
	23,19	sollte er etwas sagen und nicht t.		10	ihm t., wie er uns get. 11; 1Kö 19,2
	24,14	was dies Volk deinem Volk t. wird		16,11	Stricken, mit denen noch nie Arbeit get.
	23	wer wird... bleiben, wenn Gott das t. wird		20	will frei ausgehen, wie ich früher get.
	32,20	Mose sprach: Wenn ihr das t. wollt 23		17,6	jeder t., was ihn recht dünkte 21,25
	33,56	mit ihm t., wie ich gedachte, ihnen zu t.		18,4	so und so hat Micha an mir get.
	35,6	wer einen Totschlag get. 11.12.15; 5Mo 19,3		7	hatten mit Aramäern nichts zu t.
5Mo	1,14	ist eine gute Sache, die du t. willst		14	bedenkt nun, was ihr zu t. habt 1Sm 25,17; 1Kö 20,22
	18	gebot ich euch alles, was ihr t. sollt 12,14; 13,1; 17,10; 24,8.18.22; 26,14		19,23	t. nicht solch... Schandtat 24; 20,6.10
	30	wie er's mit euch get. in Ägypten 4,34; 10,21; 11,5.7; Jos 4,23; 24,7.31; Ri 2,7.10; 1Sm 12,7; Ps 106,21		20,9	das wollen wir jetzt mit Gibea t.
				21,5	es war ein großer Schwur get. worden
				11	doch so sollt ihr t. 16.23
	44	jagten euch, wie's die Bienen t.	Rut	1,8	wie ihr an mir get. habt 2,11
	2,12	gleichwie Israel mit dem Lande t. 7,5; 20,15; 31,5; Jos 8,2; 9,3; 10,1.28.30.32.35.37.39; Neh 9,24		17	der HERR t. mir dies und das 1Sm 3,17; 14,44; 20,13; 25,22; 2Sm 3,9.35; 19,14; 1Kö 2,23; 2Kö 6,31
	3,21	was der HERR mit diesen get. hat 2,22; 4,3; 11,6; 24,9; Jos 23,3		3,4	dir sagen, was du t. sollst 5.6.11.16
				13	so mag er's t.
	21	so wird der HERR mit allen Königreichen t. 7,19; Jos 10,25	1Sm	1,23	so t., wie dir's gefällt 11,10; 14,36.40; 24,5; 2Sm 18,28.38.39; 2Kö 10,5; Est 3,11
	12,8	es nicht so halten, wie wir es heute t.		2,14	so t. sie allen in Israel
	14,29	dich segne in allen Werken, die du t. 15,18		35	der wird t., wie es meinem Herzen gefällt
	15,17	mit deiner Magd sollst du ebenso t.		3,11	ich werde etwas t. in Israel
	17,2	der t., was dem HERRN mißfällt 22,5; 25,16		18	der HERR t., was ihm wohlgefällt 2Sm 10,12; 1Ch 19,13
	19,20	hinfort nicht mehr solche bösen Dinge t. 31,29		6,8	die Dinge aus Gold t. in ein Kästlein 10
				8,8	sie t. dir, wie sie immer get.
	22,3	so sollst du t. mit seinem Esel		10,2	was soll ich wegen meines Sohnes t.
	26	dem Mädchen sollst du nichts t.		7	t., was dir vor die Hände kommt 8
	23,25	sollst nichts in dein Gefäß t.		27	(Saul) t., als hörte er's nicht
	25,9	so soll man t. mit einem jeden Mann		11,7	mit dessen Rindern man ebenso t.
	17	denke daran, was dir die Amalekiter t.		12,16	was der HERR Großes t. 24; 2Sm 7,21.23; 1Ch 17,19; Ps 126,2.3
	27,3	das sollst du t., wenn du hinübergehst		14,6	vielleicht wird der HERR etwas für uns t.
	26	verflucht, wer nicht... danach t. 28,15.58; Gal 3,10		7	alles, was in deinem Herzen ist 2Sm 7,3; 1Ch 17,2; Pr 11,9
	30,12	daß wir's hören und t. 13.14		14	der erste Schlag, den Jonatan t.
	32,4	alles, was er t., das ist recht		16,3	wissen lassen, was du t. sollst 4; 28,15
	27	nicht der HERR hat dies alles get.		17,29	was hab ich denn get. 20,1; 26,18; 29,8
Jos	5,15	und so t. Josua 10,23; 11,9		40	t. (Steine) in die Hirtentasche 49
	6,3	t. so sechs Tage 14		18,10	wie (David) täglich zu t. pflegte
	24	das Silber und Gold t. sie zum Schatz		20,2	mein Vater t. nichts, ohne es mir kundzutun
	7,9	was willst du für deinen großen Namen t.		4	will für dich t., was dein Herz begehrt
	13	bis ihr das Gebannte von euch t.		22,3	bis ich erfahre, was Gott mit mir t. wird
	8,8	t. nach dem Wort des HERRN		24,7	ferne von mir sein, daß ich das t. sollte 2Sm 23,17; 1Ch 11,19
	9,20	das wollen wir t.: Laßt sie leben 25.26		19	wie du Gutes an mir get. hast 20
	22,24	haben wir es nicht vielmehr aus Sorge get.		26,19	t.'s aber Menschen, so seien sie verflucht
	27	daß wir dem HERRN Dienst t. wollen		27,11	so t. David, und das war seine Art 28,2; 29,4.7
	23,8	wie ihr bis auf diesen Tag get.		28,9	du weißt doch selbst, was Saul get. hat
Ri	1,7	wie ich get., so hat mir Gott vergolten		17	der HERR hat get., wie er geredet 18; 2Sm 7,25; 2Kö 10,10; Hes 12,25; 17,24; 22,14; 24,14; 36,36.37; Sa 1,6
	2,11	t. die ªIsraeliten, was dem HERRN mißfiel 3,7.12; 4,1; 6,1; 10,6; 12,17; 13,1; 15,19			
	17	sie jedoch t. nicht wie (ihre Väter)			
	6,19	Gideon t. die Brühe in einen Topf 20		30,23	da sprach David: Ihr sollt nicht so t.
	27	wie, der HERR gesagt hatte 2Sm 5,25; 1Ch 14,16	2Sm	1,11	ebenso t. alle Männer, die bei ihm waren
	27	fürchtete sich, das am Tage zu t.		3,18	so t.'s nun, denn der HERR hat gesagt
	29	wer hat das get. 15,6			

tun 1416

2Sm	3,25	daß er alles erfahre, was du t. 36	1Kö	19,13	was hast du hier zu t., Elia
	11,11	Uria sprach: ich t. so etwas nicht		20	bedenke, was ich dir get. habe
	27	die Tat, die David get. hatte 12,9		20,9	will ich t.; aber dies kann ich nicht t.
	12,5	der Mann ein Kind des Todes, der das get. 6		24	t. das: Setze die Könige alle ab 25
	12	hast's heimlich get... t. vor ganz Israel		31	laßt uns Säcke um unsere Lenden t.
	21	was soll das, was du t.		34	wie mein Vater get. hat 22,54; 2Kö 14,3; 15,9.
	31	so t. er mit allen Städten der Ammoniter			34; 21,20; 23,32.37; 24,9.19; 2Ch 26,4; 27,2;
	13,12	so t. man nicht in Israel 16			33,22
	29	so t. die Leute Absaloms mit Amnon		40	als dein Knecht hier und da zu t. hatte
	14,15	vielleicht wird er t., was s. Magd sagt 21.22		41	t. die Binde von seinem Angesicht
	15,6	auf diese Weise t. Absalom mit ganz Israel		21,11	die Oberen t., wie ihnen Isebel entboten
	8	dein Knecht hat ein Gelübde get.		26	ganz wie die Amoriter get. hatten 2Kö 17,15.
	16,10	warum t. du das 1Kö 1,6			17.29.34.40; 21,11; Esr 9,14; Jer 3,6.7
	20	was sollen wir t. 17,6; 21,3.4; 2Kö 6,15; 2Ch		22,22	geh aus und t. das 2Ch 18,21
		25,9	2Kö	2,9	bitte, was ich dir t. soll 4,2.13.14
	18,4	was euch gefällt, das will ich t. 19,19		4,13	hast uns all diesen Dienst get.
	13	wenn ich etwas Falsches get. hätte		41	bringt Mehl her! Und er t.'s in den Topf
	20,3	David t. sie in ein besonderes Haus		5,13	lieber Vater, hättest du es nicht get.
	21,4	es ist uns nicht um Gold noch Silber zu t.		6,10	er t. das nicht nur einmal oder zweimal
	11	David angesagt, was Rizpa get. hatte		7,9	laßt uns so nicht t.
	14	t. alles, wie der König geboten Esr 6,13		8,4	erzähle mir alle Taten, die Elisa get.
	23,22	das t. Benaja		13	was ist dem Knecht, daß er so t. sollte
	24,3	warum verlangt es den König, solches zu t.		18	wie das Haus Ahab t. 21,3; 2Ch 21,6
		10.17		10,19	Jehu t. dies mit Hinterlist
	12	erwähle dir, daß ich es dir t. 1Ch 21,10		11,5	das ist's, was ihr t. sollt 9; 2Ch 23,4; Sa 8,16
	17	was haben diese Schafe get. 1Ch 21,17		16,16	der Priester Uria t., wie ihm Ahas geboten
1Kö	1,30	will heute t., wie ich dir geschworen		17,8	t. wie die Könige von Israel
	2,3	damit dir alles gelinge, was du t.		18,12	nicht danach get. 22,13; 2Ch 34,21; Neh 9,34;
	5	was mir get. hat Joab, was er t. den zwei			Ps 119,85
	6	t. nach deiner Weisheit 9		19,11	was die Könige allen Ländern get. 2Ch
	31	t., wie er gesagt hat 38; 3,12			32,13; Jes 37,11
	31	damit du das Blut von mir t.		31	der Eifer des HERRN Zebaoth wird solches
	6,12	wirst du nach meinen Rechten t. 9,4; 11,38;			t. Jes 9,6; 37,32
		2Kö 21,8; 1Ch 28,7; 2Ch 7,17; 14,3; 33,8; 35,6;		20,9	daß der HERR t. wird, was er zugesagt Jes
		Neh 2,9			38,7; Jer 40,3
	8,4	das t. die Priester und Leviten 2Ch 23,8; 24,5.		23,17	was du get. an dem Altar in Bethel 19
		11		27	will Juda von meinem Angesicht t. 24,3
	27	wie sollte es dies Haus t. 2Ch 6,18	1Ch	6,17	sie t. ihren Dienst 9,25; 16,37; 25,1; 2Ch 23,6;
	43	wollest t., worum der Fremde 2Ch 6,33			Esr 7,24; Neh 11,12; 12,45; Hes 40,45; 42,14;
	9,23	über die Leute, die die Arbeiten t.			44,8.11.13-17.19.27; 45,5.20; 48,11
	11,6	Salomo t., was dem HERRN mißfiel 33;		12,33	was Israel zu jeder Zeit t. sollte 13,4
		14,22; 15,26.34; 16,19.25.30.33; 22,53; 2Kö 3,2;		28,21	hast Volk zu allem, was du t. wirst
		8,18.27; 13,2.11; 14,24; 15,9.18.24.28; 16,2; 17,2;	2Ch	2,2	wie du mit meinem Vater t. 21,19
		21,2.6.15.16.20; 23,32.37; 24,9.19; 2Ch 21,6;		3,16	machte Ketten und t. sie an die Säulen
		22,4; 28,1; 29,6; 33,2.6.22; 36,5.9.12; Jer 52,2		4,8	zehn Tische und t. sie in die Tempelhalle
	8	ebenso t. Salomo für seine ausländ. Frauen		11	die Arbeit, die er für Salomo t. 5,1
	12	zu einer Zeit will ich das noch nicht t.		19,9	t. also in der Furcht des HERRN 10
	38	wie mein Knecht David get. hat 14,8; 15,5		20,12	wissen nicht, was wir t. sollen
	41	alles, was er get. hat, steht geschrieben in		25,16	dich zu verderben, weil du solches get.
		der Chronik 14,29; 15,7.23.31; 16,5.14.27;		29,16	t. alles Unreine auf den Vorhof
		22,39.46; 2Kö 1,18; 8,23; 10,34; 12,20; 13,8.12;		30,12	ihnen einerlei Sinn gab zu t., wie geboten
		14,15.28; 15,6.21.26.31.36; 16,19; 21,17.25;		31,20	so t. Hiskia in ganz Juda 21; 34,6
		23,28; 24,5; 2Ch 36,8		34,16	was deinen Knechten befohlen ist, t. sie
	12,7	wirst du diesem Volk einen Dienst t.		31	zu t. nach allen Worten des Bundes 32
	29	das andere (Kalb) t. er nach Dan 32		35,12	so t. sie auch mit den Rindern 14
	13,11	alles, was der Mann Gottes get.		21	was hab ich mit dir zu t., König von Juda
	14,4	Jerobeams Frau t. das und ging nach Silo		36,7	t. (einige Geräte) in seinen Tempel in Babel
	22	mehr, als alles, was ihre Väter get. 24; 2Kö			Dan 1,2
		17,41; Jer 16,12	Esr	7,10	erforschen und danach t. 18; 10,3.11.16
	15,11	Asa t., was dem HERRN wohlgefiel 22,43;		21	was Esra fordert, das t.
		2Kö 10,30; 14,3; 15,3.34; 18,3; 20,3; 22,2; 2Ch		10,4	sei getrost und t. es 5
		20,32; 24,2; 25,2; 26,4; 27,2; 29,2; 34,2; Jes 38,3		13	ist nicht in ein oder zwei Tagen get.
	12	er t. die Tempelhurer aus dem Lande 22,47	Neh	2,12	eingegeben, für Jerusalem zu t. 5,19; 13,14
	17,5	(Elia) t. nach dem Wort des HERRN 18,36;		4,11	mit der einen Hand t. sie die Arbeit
		19,1		5,5	wir können nichts dagegen t.
	15	ging hin und t., wie Elia gesagt 2Kö 4,5; 8,2;		9	ist nicht gut, was ihr t. 13,7.17.18.21
		Jer 36,8		12	wollen t., wie du gesagt hast 13.15; Est 5,8
	18,13	ist's m. Herrn nicht angesagt, was ich get.		8,17	dies hatten die *Israeliten nicht mehr get.
	34	t.'s noch einmal! Und sie t.'s noch einmal	Est	1,8	t. sollte, wie es ihm wohlgefiele 15; 2,4
	19,2	die Götter sollen mir dies und das t. 20,10		15	was soll man mit der Königin t. 21; 2,1

tun

Est	2,20	Ester t. nach dem Wort Mordechais 4,17	Pr	3,11 nicht ergründen das Werk, das Gott t.
	3,8	t. nicht nach des Königs Gesetzen		14 was Gott t., das besteht für ewig... alles t.
	4,1	Mordechai t. Asche aufs Haupt 5		Gott, daß man sich fürchten soll
	8	daß sie Fürbitte t. Hi 42,8.10		8,3 er t. alles, was er will
	6,6	was soll man dem t., den der König 9.10		14 als hätten sie Werke der Gottlosen get.
	7,5	wo ist der... solches zu t.		9,10 was dir vor d. Hände kommt, zu t., t.
	9,5	t. nach ihrem Gefallen an denen 12-14.23	Hl	8,8 was sollen wir mit unsrer Schwester t.
Hi	1,5	so t. Hiob allezeit	Jes	1,16 t. eure bösen Taten aus meinen Augen
	5,9	(Gott,) der große Dinge t. 9,10.24; 37,5; Ps 71,19		5,4 was sollte man mehr t. an m. Weinberg 5
				10,3 was wollt ihr t. am Tage der Heimsuchung
	10,12	Leben und Wohltat hast du an mir get.		11 Jerusalem t., wie ich Samaria get. habe Jer 44,13; Hes 35,15
	11,8	was willst du t.		
	13,20	nur zweierlei t. mir nicht		20,2 t. den härenen Schurz von deinen Lenden
	21,31	wer vergilt ihm, was er get. hat		22,11 ihr saht nicht auf den, der solches t.
	27,19	wird's nicht noch einmal t. können 40,32		23,15 dies Volk hat's get., nicht Assur
	31,14	was wollte ich t., wenn Gott sich erhebt		26,12 was wir ausrichten, hast du für uns get.
	33	hab ich... wie Menschen t., zugedeckt		28,21 wird toben, daß er seine Tat t.
	33,29	das alles t. Gott		31,5 wie Vögel es t. mit ihren Flügeln
	34,32	ich will's nicht mehr t. 40,5		33,11 höret, was ich t. habe
	35,6	was kannst du ihm t. 8		36,6 so t. der Pharao allen, die sich auf ihn
	36,9	hält ihnen vor, was sie get. haben		37,4 t. Fürbitte für die Übriggebliebenen
	37,7	daß die Leute erkennen, was er t. kann 12; Ps 109,27		38,15 was soll ich reden? Er hat's get.
				41,4 wer t. und macht das
	42,9	t., wie der HERR ihnen gesagt hatte		20 des HERRN Hand hat dies get. 42,24; 44,23; 45,7.21
Ps	7,4	HERR, mein Gott, hab ich solches get.		
	8,7	alles hast du unter seine Füße get. 1Ko 15,27; Eph 1,22; Heb 2,8		42,16 das alles will ich t. 46,4.10.11; 65,8
				48,3 ich t. es plötzlich, und es kam
	15,3	wer seinem Nächsten nichts Arges t.		5 nicht sagen: Mein Götze t. es
	5	wer das t., wird nimmermehr wanken		11 um meinetwillen will ich's t.
	22,32	denn er hat's get. 39,10; 52,11		49,18 wie eine Braut t.
	40,9	deinen Willen t. ich gern		55,11 das Wort wird t., was mir gefällt
	44,2	was du get. hast zu ihren Zeiten		56,2 wohl dem Menschen, der dies t... und seine Hand hütet, nichts Arges zu t.
	50,21	das t. du, und ich schweige		
	56,5	was können mir Menschen t. 12; 118,6		58,2 ein Volk, das die Gerechtigk. schon get.
	60,12	wirst du es nicht t., Gott 108,12		4 sollt nicht so fasten, wie ihr jetzt t.
	14	mit Gott wollen wir Taten t. 108,14		64,2 wenn du Furchtbares t.
	64,10	werden sagen: Das hat Gott get.		3 einen Gott außer dir, der so wohl t.
	66,16	will erzählen, was er an mir get. hat		65,12 sondern t., was mir nicht gefiel 66,4; Jer 7,30; 18,10; 32,30
	73,7	sie t., was ihnen einfällt		
	74,12	Gott ist mein König, der alle Hilfe t.	Jer	1,12 wachen über meinem Wort, daß ich's t.
	86,8	niemand kann t., was du t.		2,23 bedenke, was du get. hast
	103,21	seine Diener, die ihr seinen Willen t.		4,30 was willst du dann t., du Überwältigte 12,5
	111,3	was er t., das ist herrlich und prächtig		5,12 sie sprechen: Das t. er nicht
	10	klug sind alle, die danach t.		19 warum t. uns der HERR dies alles
	116,12	all seine Wohltat, die er an mir t.		26 sie zu fangen wie's die Vogelfänger t.
	119,112	zu t. deine Gebote immer und ewiglich 166		31 was werdet ihr t., wenn's ein Ende hat
	132	wie du pflegst zu t. denen, die		6,16 sprechen: Wir wollen's nicht t. 17
	135,6	alles, was er will, das t. er		7,10 und t. weiter solche Greuel
	143,10	lehre mich t. nach deinem Wohlgefallen		12 was ich dort get. wegen der Bosheit 14
	145,19	er t., was die Gottesfürchtigen begehren		17 siehst du nicht, was sie t.
	147,20	so hat er an keinem Volk get.		21 t. eure Brandopfer... und freßt Fleisch
Spr	4,24	t. von dir die Falschheit des Mundes		8,6 niemand, der spräche: Was hab ich get.
	6,3	so t. doch dies, mein Sohn		9,6 was soll ich sonst t.
	32	wer s. Leben ins Verderben... der t. das		11,4 t., wie ich euch geboten 6; 50,21
	10,26	wie Rauch den Augen t., so t. der Faule		18,8 Unheil, das ich ihm gedachte zu t. 10; 36,3
	13,16	ein Kluger t. alles mit Vernunft		12 jeder soll t. nach seinem bösen Herzen
	19,7	wer viel spricht, der t. Frevel		13 greuliche Dinge t. die Jungfrau Israel
	21,3	Gerechtigkeit t. ist dem HERRN lieber		22,4 werdet ihr t. sollen, so sollen
	25	der Faule... seine Hände wollen nichts t.		21 so hast du es dein Lebtag get.
	24,29	wie einer mir t., will ich ihm auch t.		23,20 bis er t. und ausrichte 30,24; 51,12; Klg 2,17
	25,4	man t. die Schlacken vom Silber		28,6 Amen! Der HERR t. so
	26,28	falsche Zunge haßt, dem sie Arges get.		29,22 der HERR t. an dir wie an Zedekia
	28,23	mehr als der da freundlich t.		30,15 solches get. um deiner Schuld willen
	31,12	sie t. ihm Liebes und kein Leid		31,37 für all das, was sie get. haben 32,32.35; 44,3.4. 9.17.22; 48,30; Hes 20,43
Pr	1,9	was man get. hat, eben das t. man wieder		
	13	bei allem, was man unter dem Himmel t.		32,23 sie t. sollten, t. sie nicht
	2,3	den Menschen zu t. gut wäre		34,15 hattet get., was mir wohlgefiel
	4	ich t. große Dinge: ich baute 11		35,10 wir t., wie es unser Vater geboten 18
	12	was wird der Mensch t., der nach dem König kommen wird? Was man schon längst get.		38,12 und Jeremia t. es
				40,10 sollt Öl ernten und in eure Gefäße t.

tun

Jer	40,16	sprach zu Johanan: Du sollst das nicht t.	Jdt	15,12 mit eigner Hand hast du alles get.
	42,3	der HERR kundtun wolle, was wir t. sollen		16,16 der mächtige Gott, der große Taten t.
	5	wenn wir nicht alles t. werden 20	Wsh	2,11 alles, was wir t., das soll Recht sein
	44,19	t. wir nicht ohne den Willen unserer Männer		6,25 ich will mit Neid nichts zu t. haben
	48,10	verflucht, wer des HERRN Werke lässig t.		12,12 wer darf zu dir sagen: Was t. du
	28	wohnt in Felsen und t. wie die Tauben		14,1 ebenso t. der, der sich einschiffen will
	50,15	t. ihr, wie sie get. 29; Hes 16,59; Ob 15		19,2 Gott wußte im voraus, was sie t. würden
Hes	3,20	seine Gerechtigkeit, die er get. hat 18,22.24; 33,14.16.19	Tob	1,14 ihm erlaubte, zu t., was ihm gut schien
	4,9	nimm und t. alles in ein Gefäß		4,16 was du nicht willst, daß man dir t.
	5,9	wie ich es nie get. und nicht mehr t.		5,1 was du mir gesagt hast, will ich t.
	6,10	solches Unglück ihnen zu t.		13,5 bedenkt, was er an uns get. hat
	8,6	siehst du auch, was diese t. 12.13		14,10 t., was (dem Herrn) gefällt Sir 2,19
	6	große Greuel, die das Haus Israel t. 16,47. 50-52; 18,24; 43,8; 44,13	Sir	4,23 liebes Kind, t. nichts zur Unzeit
	9,11	habe get., wie du mir geboten 12,7; 24,18		7,40 was du auch t., so bedenke dein Ende
	12,11	wie ich get., so wird ihnen geschehen		8,21 vor einem Fremden t. nichts, was geheim
	14,23	nicht ohne Grund get., was ich get. habe		11,4 niemand weiß, was (der Herr) t. wird
	16,5	daß er etwas an dir get. hätte		15,1 das alles t. nur, wer den Herrn fürchtet
	30	daß du alle Werke einer Erzhure t.		11 bin ich abtrünnig geworden, so hat's Gott get. –; denn was er haßt, das solltest du nicht t.
	54	daß du dich schämst, was du get. 43,11		
	63	wenn ich vergeben werde, was du get.		15 kannst in rechter Treue t., was ihm gefällt
	17,15	sollte er davonkommen, wenn er das t. 18; 18,11.13.18.27		16,27 hat für immer geordnet, was sie t.
				18,6 wenn ein Mensch sein Bestes get. hat
	23,48	nicht nach solcher Unzucht t.		15 t.'s nicht mit tadelnden Worten
	24,14	dich richten, wie du get. hast 22.24		19,13 vielleicht hat er's nicht get.
	19	was das für uns bedeutet, was du t.		23,28 die Augen des Herrn sehen, was die Menschen t.
	29,20	zum Lohn für die Arbeit, die er get.		
	32,29	die zu den Erschlagenen get. wurden		27,10 hält sich die Wahrheit zu denen, die sie t.
	33,31	werden nicht danach t... danach t. sie 32		29,20 vergiß nicht, was dein Bürge für dich get. hat
	36,22	ich t. es nicht um euretwillen 32		
	37,19	will sie zu dem Holz Judas t.		31,9 er t. große Dinge unter seinem Volk
	39,24	habe ihnen get., wie sie verdient haben		18 bedenke alles, was du t.
Dan	1,13	danach magst du mit deinen Knechten t.		27 bei allem, was du t., sei eifrig
	3,18	wenn er's nicht t. will, sollst du		32,24 t. nichts ohne Rat, so gereut's dich nicht
	6,11	wie (Daniel) es auch vorher zu t. pflegte		27 bei allem, was du t., hab acht auf dich
	8,4	der Widder t., was er wollte 11,36		35,7 das alles muß man t. um des Gebotes willen
	12	was es t., gelang ihm 24		37,20 ehe du etwas t., geh mit dir zu Rate
	9,14	Gott ist gerecht in s. Werken, die er t.		38,25 nur wer sonst nichts zu t. hat
	19	Herr, merk auf! T. es und säume nicht		32 muß sein bestimmtes Maß an Arbeit t.
	11,16	der wird t., was ihm gut dünkt		44,2 Herrliches hat der Herr an ihnen get.
	24	t., was weder seine Väter... get. haben		48,18 t. die einen. was Gott gefiel 25
Hos	6,4	was soll ich dir t., Ephraim		50,24 nun danket alle Gott, der große Dinge t.
	9,5	was wollt ihr an den Feiertagen t.		31 wenn er das t., so wird er tüchtig sein
	11,9	will nicht t. nach meinem grimmigen Zorn		51,24 ich nahm mir vor, danach zu t.
Jo	2,20	denn er hat Gewaltiges get.		38 t., was euch geboten ist
	21	der HERR kann auch Gewaltiges t.	1Ma	2,18 t., was der König befohlen hat, wie alle Völker get. haben 33
	4,4	Philister, was habt ihr mit mir zu t.		
Am	1,11	weil sie alles Erbarmen von sich get.		40 wenn wir alle wie unsre Brüder t.
	3,6	ist ein Unglück, das der HERR nicht t.		6,57 wir haben daheim Nötigeres zu t.
	7	der HERR t. nichts, er offenbare denn		7,10 t. so, als wollten sie Frieden halten 27
	9,12	spricht der HERR, der solches t.		8,2 welch tapfere Taten sie bei den Galatern get.
Jon	1,11	was sollen wir denn mit dir t.		
	14	du, HERR, t., wie dir's gefällt 3,10		13,39 was ihr mit Absicht gegen uns get. habt
Mi	2,7	sollte er solches t. wollen		15,31 wenn ihr aber auch das nicht t. wollt
	12	will sie in einen festen Stall t.	2Ma	7,8 er antwortete: Ich will's nicht t.
	6,3	was habe ich dir get., mein Volk 5		8,15 so möge er es t. um des Bundes willen
Hab	1,5	will etwas t. zu euren Zeiten Apg 13,41		13,12 als sie das einhellig miteinander t.
Ze	3,5	der HERR t. kein Arges		15,39 habe ich get., soviel ich vermochte
	11	will deine stolzen Prahler von dir t.	StE	2,4 ich habe es aus Furcht get.
Sa	3,4	t. die unreinen Kleider von ihm	StD	1,62 man t. mit ihnen nach dem Gesetz
	7,3	Fasten halten, wie ich es viele Jahre get.		3,3 bist gerecht in allem, was du uns get. hast
Mal	2,12	wird den, der solches t., ausrotten		6 wir haben nicht get., wie du uns befohlen
	13	weiter t. ihr auch das		18 t. mit uns, Herr, nach deiner Gnade
	15	nicht einer hat das get.	Mt	1,24 Josef t., wie ihm der Engel befohlen
Jdt	11,4	wirst du t., was deine Magd dir vorschlägt		3,8 t. rechtschaffene Frucht der Buße Lk 3,8
	11	weil sie das t., müssen sie umkommen		4,6 er wird s. Engeln über dir Befehl t.
	17	wenn dein Gott t., was du versprichst		5,19 wer (d. Gesetz) t. und lehrt
	12,15	was ihm lieb ist, das will ich t.		33 du sollst keinen falschen Eid t.
	15,1	konnten sich nicht entscheiden, was sie t.		46 t. nicht dasselbe auch die Zöllner 47; Lk 6,33
				6,2 wie es die Heuchler t.

tun

Mt	6,3	laß deine linke Hand nicht wissen, was die rechte t.
	30	sollte er das nicht viel mehr für euch t.
	7,12	was ihr wollt, daß euch die Leute t. sollen, das t. ihnen auch Lk 6,31
	21	die den Willen t. meines Vaters im Himmel 12,50; Mk 3,35
	24	wer diese meine Rede hört und t. sie 26; Lk 6,47.49
	27	*t. einen großen Fall Lk 6,49*
	8,3	ich will's t.; sei rein Mk 1,41; Lk 5,13
	9	zu meinem Knecht: T. das!, so t. er's Lk 7,8
	9,28	glaubt ihr, daß ich das t. kann
	12,2	deine Jünger t., was nicht erlaubt ist Mk 2,24; Lk 6,2
	3	habt ihr nicht gelesen, was David t. Mk 2,25; Lk 6,3
	13,28	das hat ein Feind get.
	14,2	darum t. er solche Taten Mk 6,14
	17,12	sie haben mit ihm get., was sie wollten *Mk 9,13*
	18,35	so wird mein Vater an euch t.
	20,5	er t. dasselbe 21,36; Lk 3,11; 9,15; 10,37; Eph 6,9
	15	habe ich nicht Macht zu t., was ich will
	32	was wollt ihr, daß ich für euch t. soll Mk 10,36.51; Lk 18,41
	21,6	die Jünger gingen hin und t., wie 26,19
	21	so werdet ihr nicht allein Taten t.
	23	aus welcher Vollmacht t. du das 24.27; Mk 11,28.29.33; Lk 20,2.8
	31	wer von beiden hat des Vaters Willen get.
	40	was wird er mit diesen Weingärtnern t. Mk 12,9; Lk 20,15
	23,3	alles, was sie euch sagen, t.
	5	alle ihre Werke t. sie, damit
	23	dies sollte man t. und jenes nicht lassen Lk 11,42
	24,46	den sein Herr, wenn er kommt, das t. sieht Lk 12,43
	25,27	*mein Geld zu den Wechslern get. haben*
	40	was ihr get. habt einem von diesen meinen geringsten Brüdern, das habt ihr mir get. 45
	26,10	sie hat ein gutes Werk an mir get. 12; Mk 14,6.8
	13	da wird man sagen, was sie get. hat Mk 14,9
	33	so will ich's doch nimmermehr t.
	27,23	was hat er Böses get. Mk 15,14; Lk 23,15.22
	28,15	t., wie sie angewiesen waren
Mk	5,19	welch große Wohltat dir der Herr get. 20; Lk 8,39
	32	er sah sich um nach der, die das get. hatte
	6,5	er konnte dort nicht eine einzige Tat t.
	14	darum t. er solche Taten
	26	wollte er sie keine Fehlbitte t. lassen
	30	alles, was sie get. und gelehrt Lk 9,10
	7,12	laßt ihr ihn nichts mehr t. für seinen Vater
	13	dergleichen t. ihr viel
	8,23	t. Speichel auf seine Augen und fragte ihn
	10,17	was soll ich t., damit ich das ewige Leben ererbe Lk 10,25; 18,18
	35	das tu für uns, um was wir dich bitten
	11,3	warum t. ihr das
	28	daß du das t.
	15,8	er t., wie er pflegte
	12	was wollt ihr, daß ich t. mit dem
Lk	1,25	so hat der Herr an mir get. 49.58
	2,27	um mit ihm zu t., wie nach dem Gesetz
	48	warum hast du uns das get.
	3,10	was sollen wir denn t. 12.14
	Lk	3,11	wer zu essen hat, t. ebenso
	4,23	t. so auch hier in deiner Vaterstadt
	5,4	*daß ihr einen Zug t. 6.9*
	6,10	er t.'s; da wurde seine Hand wieder zurechtgebracht
	11	beredeten sich, was sie Jesus t. wollten
	23	haben ihre Väter den Propheten get. 26
	46	t. nicht, was ich euch sage
	8,3	*die ihnen Handreichung t. Eph 4,16; 1Ti 5,10*
	21	meine Brüder sind diese, die Gottes Wort hören und t.
	9,43	als sie sich verwunderten über alles, was er t.
	54	*wie auch Elia t.*
	10,28	t. das, so wirst du leben
	12,4	fürchtet euch nicht vor denen, die nichts mehr t. können
	17	dachte: Was soll ich t. 18; 16,3.4; 20,13
	47	der hat nichts nach seinem Willen get. 48
	16,2	*t. Rechnung von deinem Haushalten*
	17,9	daß er get. hat, was ihm befohlen war 10
	10	get., was wir zu t. schuldig waren
	22,19	das t. zu meinem Gedächtnis 1Ko 11,24.25
	23	zu fragen, wer unter ihnen das t. würde
	23,31	wenn man das am grünen Holz
	34	denn sie wissen nicht, was sie t.
Jh	2,4	was geht's dich an, was ich t.
	5	was er euch sagt, das t.
	3,21	offenbar, daß seine Werke in Gott get. sind
	4,29	der mir alles gesagt hat, was ich get. 39
	34	daß ich t. den Willen dessen, der 6,38
	45	die alles gesehen hatten, was er get.
	5,16	verfolgten Jesus, weil er dies am Sabbat get.
	19	der Sohn kann nichts von sich aus t. 20.30; 8,28
	29	die Böses get., zur... des Gerichts
	36	diese Werke, die ich t., bezeugen, daß 7,3.21; 10,25.37.38
	6,6	er wußte, was er t. wollte
	28	was t., daß wir Gottes Werke wirken
	7,4	niemand t. etwas im Verborgenen und will öffentlich gelten
	17	wenn jemand dessen Willen t. will
	19	niemand unter euch t. das Gesetz
	49	nur das Volk t.'s, das nichts vom Gesetz weiß
	51	ehe man erkannt hat, was er t.
	8,29	ich t. allezeit, was ihm gefällt
	38	ihr t., was ihr von eurem Vater gehört 41.44
	39	so t. ihr Abrahams Werke 40
	9,22	*sollte in den Bann get. 12,42; 16,2*
	26	was hat er mit dir get.
	31	der, der seinen Willen t., den erhört er
	33	er könnte nichts t.
	11,45	viele von den Juden, die sahen, was Jesus t., glaubten an ihn
	46	gingen hin zu den Pharisäern und sagten, was Jesus get. hatte
	47	was t. wir? Dieser Mensch t. viele Zeichen
	12,16	daß man so mit ihm get. habe
	13,7	was ich t., das verstehst du jetzt nicht
	12	wißt ihr, was ich euch get. habe
	15	damit ihr t., was ich euch get. habe
	17	wenn ihr dies wißt - selig, wenn ihr's t.
	27	was du t., das t. bald
	14,10	der Vater, der in mir wohnt, der t. seine Werke
	12	wer an mich glaubt, der wird die Werke auch t., die ich t.
	13	was ihr bitten werdet in meinem Namen, das will ich t. 14

tun 1420

Jh	14,31	daß ich t., wie mir der Vater geboten hat
	15,5	ohne mich könnt ihr nichts t.
	14	ihr seid meine Freunde, wenn ihr t., was
	15	ein Knecht weiß nicht, was sein Herr t.
	21	das alles werden sie euch t. um meines Namens willen
	24	hätte ich nicht die Werke get. unter ihnen, die kein anderer get. hat
	16,2	daß, wer euch tötet, meinen wird, er t. Gott einen Dienst damit
	3	das werden sie t., weil sie
	17,4	das Werk, das du mir gegeben, damit ich es t.
	18,35	was hast du get.
	19,24	das t. die Soldaten
	21,25	sind noch viele andere Dinge, die Jesus get.
Apg	1,1	den ersten Bericht von all dem, was Jesus t.
	2,22	Zeichen, die Gott durch ihn in eurer Mitte get.
	37	ihr Männer, liebe Brüder, was sollen wir t.
	3,17	ich weiß, daß ihr's aus Unwissenheit get. habt
	4,7	in welchem Namen habt ihr das get.
	16	was wollen wir mit diesen Menschen t. 5,35
	28	zu t., was deine Hand bestimmt
	5,4	konntest du nicht t., was du wolltest
	13	*wagte keiner, sich zu ihnen zu t.*
	9,6	da wird man dir sagen, was du t. sollst 22,10
	13	*wieviel Übles er get. hat*
	36	die t. viele gute Werke und gab Almosen
	10,35	wer recht t., der ist ihm angenehm
	39	wir sind Zeugen für alles, was er get. hat
	11,30	das t. sie auch
	12,8	er t. es
	13,22	der soll meinen ganzen Willen t.
	41	ich t. ein Werk zu euren Zeiten
	14,11	als das Volk sah, was Paulus get. hatte
	27	verkündeten, wieviel Gott durch sie get. hätte 15,4; 21,19
	15,18	der t., was von alters her bekannt ist
	16,18	das t. sie viele Tage lang
	21	*eine Weise, welche uns nicht ziemt zu t.*
	28	*t. dir nichts Übles*
	30	was muß ich t., daß ich gerettet werde
	18,18	er hatte ein Gelübde get.
	19,14	sieben Söhne eines Hohenpriesters, die dies t.
	18	viele bekannten, was sie get. hatten
	36	sollt ihr nichts Unbedachtes t.
	21,23	so t. nun das, was wir dir sagen
	33	fragte, wer er wäre und was er get. hätte
	22,26	was willst du t.
	25,11	habe ich Unrecht get.
	25	daß er get., das des Todes 26,31
	26,9	ich müßte viel gegen den Namen Jesu t.
	10	das habe ich in Jerusalem auch get.
	20	sie sollten rechtschaffene Werke der Buße t.
	28,10	*sie t. uns große Ehre*
	17	ich habe nichts get. gegen unser Volk
Rö	1,28	so daß sie t., was nicht recht ist
	32	daß, die solches t., den Tod verdienen 2,2.3
	2,1	weil du ebendasselbe t., was du richtest 3
	13	die das Gesetz t., werden gerecht sein
	14	wenn Heiden t., was das Gesetz fordert
	18	prüfst, was das Beste ist, t. sei
	3,8	laßt uns Böses t., damit Gutes daraus
	4,21	was Gott verheißt, das kann er auch t.
	7,15	ich t. nicht, was ich will; was ich hasse, das t. ich 16.17.19.20
	8,3	was dem Gesetz unmöglich war, das t. Gott

Rö	10,5	der Mensch, der das t., wird dadurch leben Gal 3,12
	12,8	übt jemand Barmherzigkeit, so t. er's gern
	11	seid nicht träge in dem, was ihr t. sollt
	20	wenn du das t., so wirst du feurige Kohlen auf sein Haupt sammeln
	13,11	das t., weil ihr die Zeit erkennt
	14,6	wer auf den Tag achtet, t.'s im Blick auf den Herrn
	21	t. nichts, woran sich dein Bruder stößt
	15,21	ich habe get., wie geschrieben steht
	27	sie haben's willig get.
	31	mein Dienst, den ich für Jerusalem t.
	16,2	*t. Beistand in allem Geschäfte*
1Ko	5,3	beschlossen über den, der solches get. hat
	7,36	so t. er, was er will
	38	*der t. wohl*
	9,16	dessen darf ich mich nicht rühmen; denn ich muß es t.
	17	t. ich's aus eigenem Willen, erhielte ich Lohn
	23	alles t. ich um des Evangeliums willen
	10,31	was ihr t., das t. alles zu Gottes Ehre
	15,27	alles unter seine Füße get. Eph 1,22; Heb 2,8
	16,1	wie ich in Galatien angeordnet habe, so sollt auch ihr t.
2Ko	3,13	t. nicht wie Mose
	5,10	was er get. hat bei Lebzeiten, es sei gut oder
	11,12	was ich t., das will ich auch weiterhin t.
	12,6	*t. ich darum nicht töricht*
	13,7	wir bitten Gott, daß ihr nichts Böses t.
Gal	2,10	was ich mich bemüht habe zu t.
	3,5	t. er's durch des Gesetzes Werke
	10	was geschrieben steht in dem Buch des Gesetzes, daß er's t.
	4,4	seinen Sohn unter das Gesetz get.
	5,3	das ganze Gesetz zu t. schuldig
	17	daß ihr nicht t., was ihr wollt
	21	die solches t., werden das Reich Gottes nicht erben
Eph	2,3	t. den Willen des Fleisches
	3,20	der überschwenglich t. kann alles, was
	5,12	was von ihnen heimlich get. wird
	6,6	die den Willen Gottes t. von Herzen
	7	euren Dienst mit gutem Willen
	9	t. ihr Herren, t. ihnen gegenüber das gleiche
	13	*daß ihr Widerstand t. möget*
Phl	1,4	ich t. das Gebet mit Freuden
	18	was t.'s? Wenn nur Christus verkündigt wird
	29	*um Christi willen beides zu t.*
	2,3	t. nichts aus Eigennutz oder Ehre
	14	alles ohne Murren und ohne Zweifel
	4,9	was ihr gelernt habt, das t.
	14	ihr habt wohl daran get., daß
Kol	2,14	hat (den Schuldbrief) aus der Mitte get.
	3,17	alles, was ihr t. 23
	25	wer unrecht t., wird empfangen, was er get.
1Th	4,1	wie ihr leben sollt, was ihr ja auch t.
	10	das t. ihr auch an den Brüdern
	5,11	einer erbaue den andern, wie ihr auch t.
	24	treu ist er, der euch ruft, er wird's auch t.
2Th	3,4	daß ihr t. und t. werdet, was wir gebieten
1Ti	1,13	ich habe es unwissend get., im Unglauben
	2,1	daß man vor allen Dingen t. Bitte, Gebet
	4,16	wenn du das t., wirst du dich selbst retten
	5,21	*daß du nichts t. nach Gunst*
2Ti	2,26	(Teufel) von dem sie gefangen sind, zu t. seinen Willen
	4,5	t. das Werk eines Predigers des Evangeliums
Tit	3,5	nicht um der Werke willen, die wir get. hatten

Phm	14	ohne deinen Willen wollte ich nichts t.
	18	*wenn er dir Schaden get. hat*
	21	ich weiß, du wirst mehr t., als ich sage
1Pt	1,14	*solches t. als gehorsame Kinder*
	2,14	gesandt zum Lob derer, die Gutes t.
	17	*t. Ehre jedermann*
	4,11	daß er's t. aus der Kraft, die Gott gewährt
1Jh	1,6	so lügen wir und t. nicht die Wahrheit
	2,17	wer den Willen Gottes t., der bleibt in Ewigkeit
	3,22	wir halten seine Gebote und t., was
2Jh	12	ich wollte es nicht mit Brief und Tinte t.
3Jh	5	handelst treu in dem, was du an den Brüdern t.
	10	hindert auch die, die es t. wollen
Heb	6,3	das wollen wir t., wenn Gott es zuläßt
	7,27	das hat er ein für allemal get., als er sich selbst opferte
	9,9	*nicht vollkommen, der Gottesdienst t.*
	10,7	daß ich t., Gott, deinen Willen 9
	11	*daß er alle Tage seinen Dienst t.*
	36	Geduld habt ihr nötig, damit ihr den Willen Gottes t.
	11,22	*Josef t. Befehl über seine Gebeine*
	12,10	dieser t. es zu unserem Besten, damit wir
	13	*t. gewisse Tritte mit euren Füßen*
	13,6	was kann mir ein Mensch t.
	17	damit sie das mit Freuden t.
	19	ermahne ich euch, dies zu t.
	21	zu t. seinen Willen
Jak	1,4	die Geduld soll ihr Werk t. bis ans Ende
	2,6	ihr habt dem Armen Unehre get.
	13	über den, der nicht Barmherzigkeit get.
	4,15	wenn der Herr will, werden wir leben und dies oder das t.
Off	2,5	t. Buße und die ersten Werke
	19	daß du je länger je mehr t.
	13,5	Macht gegeben, es zu t. 42 Monate lang
	17,17	*zu t. seinen Ratschluß*
	19,10	er sprach zu mir: T. es nicht
	20,3	*t. ein Siegel oben darauf*
	21,27	(hineinkommen) keiner, der t. Lüge 22,15

Tun

1Mo	11,6	dies ist der Anfang ihres T.
5Mo	4,21	der HERR war erzürnt um eures T. willen
	29,8	daß ihr ausrichten könnt all euer T.
Ri	2,19	sie ließen nicht von ihrem T.
1Sm	18,14	(David) richtete sein T. recht aus 19,4
	25,3	(Nabal) war roh und boshaft in seinem T.
1Ch	16,8	tut kund unter den Völkern sein T. Ps 105,1; Jes 12,4
2Ch	20,35	Ahasja, der gottlos war in seinem T.
Neh	6,14	gedenke… nach diesem ihrem T.
	9,35	haben sich von ihrem T. nicht bekehrt
Est	3,4	ob solch ein T. bestehen würde
Hi	27,11	will euch über Gottes T. belehren
	34,11	trifft einen jeden nach seinem T.
Ps	10,5	er fährt fort in seinem T. immerdar
	28,4	gib ihnen nach ihrem T. Jer 17,10
	5	wollen nicht achten auf das T. des HERRN Jes 5,12
	66,5	der so wunderbar ist in seinem T.
	73,28	daß ich verkündige all dein T.
	99,8	du straftest ihr T.
	103,7	wissen lassen die Kinder Israel sein T.
	106,29	erzürnten den Herrn mit ihrem T.
	39	wurden abtrünnig durch ihr T.
	119,118	ihr T. ist Lug und Trug

Spr	6,6	geh hin zur Ameise, sieh an ihr T.
	20,11	einen Knaben erkennt man an seinem T.
	21,8	wer rein ist, dessen T. ist gerade
	24,12	vergilt dem Menschen nach seinem T.
	29	sprich nicht: will… sein T. vergelten
Pr	1,14	ich sah an alles T. unter der Sonne 4,4; 8,9.17
	3,17	alles T. hat seine Zeit
	8,11	das Urteil über böses T.
	17	ich sah alles T. Gottes 11,5
	9,1	Gerechte und ihr T. sind in Gottes Hand
	7	dein T. hat Gott schon längst gefallen
	10	bei Toten gibt es weder T. noch Denken
Jes	1,31	sein T. (wird sein) wie ein Funke
	3,8	weil… ihr T. wider den HERRN sind
	19,14	Ägypten taumeln machen in all seinem T.
	29,15	mit ihrem T. im Finstern bleiben
	41,24	euer T. ist auch nichts
	65,7	will ihnen heimzahlen ihr früheres T.
Jer	4,18	das hast du zum Lohn für dein T.
	7,3	bessert euer Leben und euer T. 5; 18,11; 26,13; 35,15
	10,23	des Menschen T. nicht in seiner Gewalt
	21,14	heimsuchen nach der Frucht eures T. 32,19
	23,2	um eures bösen T. willen Hes 36,31; Hos 7,2; 9,15
	22	es von seinem bösen T. zu bekehren Sa 1,4
Hes	9,10	will ihr T. auf ihren Kopf 11,21; 16,43
	16,47	hast es noch ärger getrieben in deinem T.
	28,15	warst ohne Tadel in deinem T.
	31,11	wie er verdient hat mit seinem T.
	36,17	es unrein machte mit seinem T.
	19	nach ihrem T. richtete ich über ihm
Dan	4,34	all sein T. ist Wahrheit
Hos	4,9	ich will sein T. heimsuchen 12,3
	9,9	tief verdorben ist ihr T.
Jon	3,10	als Gott ihr T. sah, reute ihn
Jdt	13,6	blick gnädig auf das T. meiner Hände
Wsh	2,12	er widersetzt sich unserm T.
	3,11	ihr T. ist unnütz
Sir	19,18	zu aller Weisheit gehört das T. des Gesetzes
	37,19	daß er dein T. gelingen läßt
	39,29	sein T. ist bei den Heiligen recht
Mt	16,27	wird er einem jeden vergelten nach seinem T.
2Ko	8,10	angefangen habt nicht allein mit dem T. 11
	10,11	*so werden wir auch sein mit unserm T.*
2Pt	3,11	*geschickt in gottesfürchtigem T.*

Tünche

Hes	22,28	seine Propheten streichen mit T. darüber
Sir	22,20	wie eine gute T. an glatter Wand

tünchen

5Mo	27,2	Steine aufrichten und sie mit Kalk t. 4
Hes	13,11	die (die Wand) mit Kalk t. 12
Dan	5,5	Finger, die schrieben auf die get. Wand
Apg	23,3	Gott wird dich schlagen, du get. Wand

Tüncher

Hes	13,11	so sprich zu den T. 15

Tüpfelchen

Mt	5,18	nicht vergehen… ein T. vom Gesetz
Lk	16,17	leichter… als daß ein T. vom Gesetz fällt

Tür

Tür

1Mo	4,7	so lauert die Sünde vor der T.
	6,16	die T. mitten in seine Seite setzen
	18,1	während er an der T. seines Zeltes saß 2
	10	das hörte Sara hinter der T.
	19,6	Lot ging heraus zu ihnen vor die T. 9-11
2Mo	12,7	beide Pfosten an der T. damit bestreichen
	23	wird er an der T. vorübergehen
	21,6	stelle ihn an T. oder Pfosten 5Mo 15,17
	29,4	vor die T. der Stiftshütte treten 40,12; 3Mo 8,33; 10,7
	11	vor der T. der Stiftshütte 32; 38,8; 40,6.29; 3Mo 1,3.5; 3,2; 4,4.7.14.18; 8,3.4.31.35; 9,5; 12,6; 14,11.23; 15,14.29; 16,7; 17,4-6.9; 19,21; 4Mo 6,10.13.18; 10,3; 16,18.19; 17,15; 20,6; 25,6; 27,2; Jos 19,51; 1Sm 2,22
	33,8	jeder trat in seines Zeltes T. 10
	9	die Wolkensäule stand in der T. der Stiftshütte 10; 4Mo 12,5; 5Mo 31,15
	35,15	die Decke vor der T. der Wohnung 40,5.8.28; 4Mo 3,25.26; 4,25.26
	38,30	Füße an der T. der Stiftshütte
3Mo	14,38	an die T. treten und das Haus verschließen
4Mo	11,10	weinen hörte in der T. seines Zeltes 16,27
5Mo	22,21	soll man sie heraus vor die T. führen
Jos	2,19	wer zur T. herausgeht, dessen Blut
Ri	3,23	Ehud machte die T. des Obergem. zu 24,25
	4,20	tritt in die T. des Zeltes
	19,22	ruchlose Männer pochten an die T. 26.27
1Sm	3,15	tat die T. auf am Hause des HERRN 1Ch 9,27
	4,18	fiel Eli rücklings vom Stuhl an der T.
2Sm	11,9	Uria legte sich schlafen vor der T.
	13,17	schließ die T. zu 18; 2Kö 4,4.5.33; 6,32; Jes 26,20
1Kö	6,8	die T. war auf der rechten Seite 31.33.34; 7,5.50; 1Ch 22,3; 2Ch 3,7; 4,9.22
	14,6	hörte, wie sie zur T. hereinkam
2Kö	4,15	als er sie rief, trat sie in die T.
	5,9	Naaman hielt vor der T. am Hause Elisas
	9,3	sollst du die T. auftun und fliehen 10
	18,16	zerbrach Hiskia die T. am Tempel
2Ch	28,24	schloß die T. zu am Hause des HERRN 29,3.7; Neh 6,10
Neh	3,1	setzten seine T. ein 3.6.13-15; 6,1; 7,1
Est	2,21	zwei Kämmerer, die die T. hüteten
Hi	31,9	hab ich an meines Nächsten T. gelauert
	32	meine T. tat ich dem Wanderer auf
	34	so daß ich nicht zur T. hinausging
Ps	24,7	machet die T. in der Welt hoch 9
	78,23	er tat auf die T. des Himmels
	84,11	will lieber die T. hüten in Gottes Hause
	107,16	daß er zerbricht eherne T. Jes 45,2
Spr	5,8	nahe nicht zur T. ihres Hauses
	8,34	daß er wache an meiner T. täglich
	9,14	(Torheit) sitzt vor ihres Hauses
	17,19	wer seine T. zu hoch macht, strebt nach
	26,14	wendet sich im Bett wie die T. in d. Angel
Pr	12,4	wenn die T. an der Gasse sich schließen
Hl	7,14	an unsrer T. sind lauter süße Früchte
	8,9	ist sie eine T., so wollen wir sie sichern
Jes	45,1	damit vor ihm T. geöffnet werden
	57,8	hinter die T. setztest du dein Denkzeichen
Jer	49,31	sie haben weder T. noch Riegel
Hes	8,7	führte mich zur T. des Vorhofes 8; 47,1
	40,48	maß die Wände an der T. 41,2.3.11.17.20.24; 42,4.11.12
	44,11	sollen Dienst tun an den T.
	46,3	soll an der T. dieses Tores anbeten
Dan	3,26	Nebukadnezar trat vor die T. des Ofens
Mi	7,5	bewahre die T. deines Mundes vor der
Sa	11,1	tu deine T. auf, Libanon
Mal	1,10	daß doch einer die T. zuschlösse
Wsh	6,15	findet (Weisheit) vor seiner T. sitzen
Sir	14,24	(wohl dem, der) horcht an ihrer T.
	21,26	der ist unerzogen, der an der T. horcht
Bar	6,18	verwahren die Tempel der Götzen mit T.
	59	besser, eine T., die das Haus verwahrt, als
2Ma	1,16	öffneten die geheime T. in der Decke
StE	4,4	als sie alle T. durchschritten hatten
StD	1,25	der eine lief hin zu der T. des Gartens
	39	er stieß die T. auf und sprang davon
	2,10	sollst du die T. hinter dir zuschließen 13
	17	sobald die T. aufgetan war
Mt	6,6	schließ die T. zu und bete
	24,33	wißt, daß er nahe vor der T. ist Mk 13,29
	25,10	die T. wurde verschlossen
	26,71	*als (Petrus) zur T. hinausging*
	27,60	wälzte einen Stein vor die T. Mk 15,46
Mk	1,33	die ganze Stadt war versammelt vor der T.
	2,2	daß sie nicht Raum hatten vor der T.
	11,4	fanden das Füllen angebunden an einer T.
	16,3	wer wälzt uns den Stein von des Grabes T.
Lk	11,7	die T. ist unerzogen zugeschlossen
	13,25	wenn der Hausherr die T. verschlossen hat
	16,20	der lag vor seiner T. voll von Geschwüren
Jh	10,1	wer nicht zur T. hineingeht in den Schafstall 2
	7	ich bin die T. zu den Schafen 9
	18,16	Petrus stand draußen vor der T.
	20,19	als die T. verschlossen waren 26
Apg	3,2	setzte man täglich vor die T. des Tempels 10
	5,9	die Füße... sind vor der T.
	19	der Engel tat die T. des Gefängnisses auf
	23	fanden die Wächter vor der T.
	10,17	die Männer... standen an der T.
	12,6	die Wachen vor der T. bewachten das Gefängnis
	10	kamen zu der eisernen T.
	13	*als er an die T. des Tores klopfte*
	14,27	verkündeten, wie (Gott) den Heiden die T. des Glaubens aufgetan hätte
	16,26	sogleich öffneten sich alle T. 27
	21,30	*alsbald wurden die T. zugeschlossen*
1Ko	16,9	mir ist eine T. aufgetan zu reichem Wirken 2Ko 2,12
Kol	4,3	daß Gott uns eine T. für das Wort auftue
Jak	5,9	siehe, der Richter steht vor der T.
Off	3,8	siehe, ich habe vor dir eine T. aufgetan
	20	siehe, ich stehe vor der T. und klopfe an
	4,1	siehe, eine Tür war aufgetan im Himmel

Turban

Hes	23,15	bunte T. auf ihren Köpfen

Türflügel

1Kö	6,31	an der Tür des Chorraums 2 T. Hes 41,23-25

Türhüter, Türhüterin

Mk	13,34	gebot dem T., er solle wachen
Jh	10,3	dem macht der T. auf
	18,16	redete mit der T. und führte Petrus 17

Türkis

2Mo	28,20	die vierte (Reihe sei) ein T. 39,13

Hl	5,14	seine Finger sind voller T.
Hes	1,16	die Räder waren wie ein T. 10,9
	28,13	geschmückt mit T., Onyx, Jaspis
Dan	10,6	sein Leib war wie ein T.

Turm

1Mo	11,4	laßt uns eine Stadt und einen T. bauen 5
2Kö	9,17	Wächter, der auf dem T. in Jesreel stand
1Ch	27,25	über die Vorräte in den T. war gesetzt
2Ch	14,6	laßt uns Mauern herumführen mit T.
	26,9	Usija baute T. 10.15
	27,4	in den Wäldern baute er Burgen und T.
	32,5	Hiskia besserte aus und führte T. auf
Neh	3,1	bis an den T. Mea und bis an den T. Hananel 12,39; Jer 31,38; Sa 14,10
	25	baute gegenüber dem oberen T. 26.27
Ps	48,13	ziehet um Zion, zählt seine T.
	61,4	bist ein starker T. vor meinen Feinden
	66,11	hast uns in den T. werfen lassen
Hl	4,4	dein Hals ist wie der T. Davids 7,5; 8,10
Jes	2,15	(der Tag wird kommen) über alle hohen T.
	5,2	(einen Weinberg) er baute auch einen T. darin Mt 21,33; Mk 12,1
	30,25	wenn die T. fallen werden
	32,14	daß Burg und T. zu Höhlen werden
	33,18	wo sind, die die T. zählten
Hes	26,4	sollen seine T. abbrechen 9
	27,11	waren Wächter auf deinen T.
Mi	4,8	du, T. der Herde, zu dir wird kommen
Hab	2,1	ich stelle mich auf meinen T.
Jdt	1,3	ihre T. machte er hundert Ellen hoch
	5	die Stadttore machte er so hoch wie die T.
1Ma	1,35	befestigten die Stadt Davids mit T. 4,60
	5,65	Judas verbrannte ihre T. 16,10; 2Ma 10,36
	6,37	jeder Elefant trug einen hölzernen T.
	10,44	zur Ausbesserung der T. in Jerusalem
	13,33	befestigte viele Städte mit hohen T.
	43	Simon eroberte einen T. 44
	16,10	die Feinde flohen in die T.
2Ma	13,5	es war ein T. da, voll... Asche
	14,41	als sie den T. erobern wollten
Mt	21,33	baute einen T. und verpachtete ihn Mk 12,1
Lk	13,4	die achtzehn, auf die der T. in Siloah fiel
	14,28	wer ist unter euch, der einen T. bauen will

türmen

Hi	36,29	wer versteht, wie er die Wolken t.

Türpfosten

1Sm	1,9	Eli saß auf einem Stuhl am T.
Hes	41,21	die T. im Tempel waren viereckig

Turteltaube

1Mo	15,9	bringe mir eine T. und eine andere Taube
3Mo	1,14	Brandopfer von T. 5,7.11; 12,6.8; 14,22.30; 15,14.29; 4Mo 6,10; Lk 2,24
Hl	2,12	die T. läßt sich hören in unserm Lande
Jer	8,7	T., Kranich halten die Zeit ein

Tychikus

Apg	20,4	es zogen mit ihm aus der Provinz Asien T.
Eph	6,21	wird euch T. alles berichten Kol 4,7
2Ti	4,12	T. habe ich nach Ephesus gesandt Tit 3,12

Tyrann

Hi	15,20	dem T. ist die Zahl seiner Jahre verborgen
	27,13	das ist das Erbe der T.
Ps	52,3	was rühmst du dich der Bosheit, du T.
	71,4	hilf mir aus der Hand des T.
	82,7	werdet wie ein T. zugrunde gehen
Jes	25,4	wenn die T. wüten wie ein Unwetter
	5	du dämpfest der T. Siegesgesang
	29,5	die Menge der T. wie wehende Spreu
	20	wird ein Ende haben mit den T.
	49,7	zu dem Knecht, der unter T. ist
	52,5	seine T. prahlen
Jer	15,21	will ich dich erlösen aus der Hand der T.
Hab	2,5	wird der treulose T. keinen Erfolg haben
Wsh	8,15	grausame T. werden sich fürchten
	12,14	kann dir... noch ein T. die Stirn bieten
	14,16	Bilder verehren auf das Gebot der T. hin
	21	wenn sie den T. dienen mußten
Sir	11,5	viele T. haben sich heruntersetzen müssen
2Ma	4,25	die Leidenschaften eines rohen T. 7,27

tyrannisch

Ze	3,1	weh der t. Stadt
Wsh	16,4	über die, die t. handelten... kommen

Tyrannus

Apg	19,9	er redete täglich in der Schule des T.

Tyrer

2Ch	2,13	(Hiram) sein Vater ist ein T. gewesen
Neh	13,16	es wohnten auch T. dort
Ps	87,4	die mich kennen, auch Philister und T.

tyrisch

1Ma	11,59	von der t. Leiter bis Ägypten

Tyrus

Jos	19,29	bis zu der festen Stadt T. 2Sm 24,7
2Sm	5,11	Hiram, der König von T. 1Kö 5,15; 7,13.14; 9,11.12; 1Ch 14,1; 2Ch 2,2.10
1Ch	22,4	die von T. brachten viel Zedernholz
Esr	3,7	gaben Speise den Leuten von T.
Ps	45,13	die Tochter T. kommt mit Geschenken
	83,8	die Philister mit denen von T.
Jes	23,1	dies ist die Last für T. 5.8.15.17; Sa 9,2.3
Jer	25,22	(ließ trinken) alle Könige von T. 27,3
	47,4	ausrotten die letzten Helfer für T.
Hes	26,2	T. spricht über Jerusalem
	3	ich will an dich, T. 4.7.15; 29,18.20
	27,2	stimm ein Klagelied an über T. 3.32; 28,12
	8	die kundigsten Männer von T. hattest du
	28,2	sage dem Fürsten zu T.
Hos	9,13	Ephraim war herrlich gepflanzt wie T.
Jo	4,4	ihr aus T., was habt ihr mit mir zu tun
Am	1,9	um vier Frevel willen derer von T. 10
1Ma	5,15	die Heiden aus T. und Sidon
2Ma	4,18	als man in T. das Kampfspiel hielt
	32	Geräte aus dem Tempel; nach T. verkaufen
	44	sobald der König nach T. gekommen war
	49	darüber waren die Leute von T. empört
Mt	11,21	wären solche Taten in T. geschehen wie bei euch Lk 10,13
	22	es wird T. und Sidon erträglicher ergehen als euch Lk 10,14

Tyrus

Mt	15,21	Jesus zog sich zurück in die Gegend von T. Mk 7,24
Mk	3,8	aus T. kam eine große Menge Lk 6,17
	7,31	als er wieder fortging aus dem Gebiet von T.
Apg	12,20	er war zornig auf die Einwohner von T.
	21,3	fuhren nach Syrien und kamen in T. an 7

U

u-parsin

Dan	5,25	lautet die Schrift: Mene mene tekel u.

übel

1Mo	19,9	wollen dich noch ü. plagen als jene
	31,36	Jakob sprach: Was hab ich Ü. getan
2Mo	5,19	sahen, daß es mit ihnen ü. stand
Hi	31,29	gefreut, wenn's meinem Feinde ü. ging
Ps	21,12	sie gedachten dir Ü. zu tun
	70,3	zum Spott werden, die mir Ü. wünschen
	106,32	Mose ging es ü. um ihretwillen
Spr	25,10	damit von dir nicht ü. spricht, wer
	27,10	geh nicht… wenn dir's ü. geht
Jes	58,9	wenn du in deiner Mitte nicht ü. redest
Jer	4,22	weise sind sie genug, Ü. zu tun
	5,12	so ü. wird es uns nicht gehen
	38,9	handeln ü. an Jeremia 19
Hes	35,5	*Israeliten… als es ihnen ü. ging
	36,3	weil ihr ü. ins Gerede gekommen seid
Hos	5,15	wenn's ihnen ü. ergeht… mich suchen
Jon	1,7	um wessentwillen es uns so ü. geht 8
Mt	5,11	reden allerlei Ü. gegen euch
	13,15	ihre Ohren hören ü.
	15,22	meine Tochter wird ü. geplagt
	21,41	er wird die Bösewichte ü. umbringen
	27,23	was hat er Ü. getan Mk 15,14; Lk 23,22
Mk	9,39	niemand kann so bald ü. von mir reden
Lk	3,19	um alles Ü. willen, das Herodes tat
Jh	5,29	die Ü. getan, zur… des Gerichts
	18,23	habe ich ü. geredet, so beweise
Apg	7,6	sie werden es ü. behandeln 400 Jahre 19
	9,13	wieviel Ü. er deinen Heiligen getan hat
	16,28	tu dir nichts Ü.
	17,5	holten sich einige ü. Männer aus dem Pöbel
	19,9	als einige vor der Menge ü. redeten von der Lehre
	28,5	es widerfuhr ihm nichts Ü.
Rö	3,8	lasset uns Ü. tun, auf daß Gutes komme
1Ko	7,36	es wolle ü. geraten mit seiner Jungfrau
	11,6	nun es einer Frau ü. steht 14,35
	12,23	die uns ü. anstehen, schmücket man
2Ko	8,20	so verhüten wir, daß uns jemand ü. nachredet
	12,20	es gibt Zorn, Zank, ü. Nachrede
	13,7	wir bitten Gott, daß ihr nichts Ü. tut
1Pt	2,1	legt ab alle ü. Nachrede
Jak	4,3	weil ihr in ü. Absicht bittet

Übel

1Mo	39,9	wie sollte ich ein solch großes Ü. tun
	48,16	Engel, der mich erlöst hat von allem Ü.
5Mo	31,17	hat mich nicht dies Ü. alles getroffen
1Sm	6,9	so hat Er uns dies große Ü. angetan
2Sm	19,8	das wird für dich ärger sein als alles Ü.
2Sm	24,16	reute den HERRN das Ü. 1Ch 21,15; Jer 26,3.13.19; Jon 3,10; 4,2
2Kö	6,33	siehe, dies Ü. kommt von dem HERRN
1Ch	4,10	daß mich kein Ü. bekümmere
	21,17	ich bin's doch, der das Ü. getan hat
Hi	5,19	wird dich kein Ü. anrühren Ps 91,10
Ps	121,7	der HERR behüte dich vor allem Ü.
Spr	19,23	schlafen, von keinem Ü. heimgesucht
Pr	5,12	ein böses Ü., das ich sah: Reichtum 15
	11,10	halte fern das Ü. von deinem Leibe
Sir	37,3	wo kommt das Ü. her, daß
2Ma	1,25	der du Israel erlöst aus allem Ü.
Mt	5,37	was darüber ist, das ist vom Ü.
	39	daß ihr nicht widerstreben sollt dem Ü.
	6,13	*sondern erlöse uns von dem Ü. Lk 11,4*
1Ti	6,10	Geldgier ist eine Wurzel alles Ü.
2Ti	4,18	der Herr wird mich erlösen von allem Ü.
1Pt	2,19	wenn jemand das Ü. erträgt
Jak	3,8	die Zunge, das unruhige Ü.

Übeltat

5Mo	17,5	Mann oder Frau, die eine solche Ü. begangen
Hes	16,23	nach all diesen deinen Ü.
Hos	10,13	pflügt Böses und erntet Ü.
1Pt	3,17	daß ihr leidet als um einer Ü. willen

Übeltäter

Hi	31,3	wäre es nicht Unglück für den Ü.
	34,8	(Hiob) geht mit den Ü.
	22	wo sich verbergen könnten die Ü.
Ps	5,6	du bist feind allen Ü.
	6,9	weichet von mir, alle Ü. 119,115
	14,4	will das kennen die Ü. begreifen
	27,2	wenn die Ü. an mich wollen
	28,3	raffe mich nicht hin mit den Ü.
	36,13	sie sind gefallen, die Ü.
	37,1	sei nicht neidisch auf die Ü.
	53,5	wollen die Ü. sich nichts sagen lassen
	59,3	errette mich von den Ü.
	6	die so verwegene Ü. sind
	64,3	verbirg mich vor dem Toben der Ü.
	92,8	die Ü. blühen alle – um vertilgt zu werden
	10	alle Ü. sollen zerstreut werden
	94,4	rühmen sich alle Ü.
	16	wer tritt zu mir wider die Ü.
	101,8	daß ich alle Ü. ausrotte
	125,5	wird dahinfahren lassen mit den Ü.
	141,4	gottlos zu leben mit den Ü.
	9	bewahre mich vor der Falle der Ü.
Spr	10,29	für den Ü. ist es Verderben
	21,15	den Ü. ist (Recht) ein Schrecken
Jes	31,2	wird sich aufmachen wider die Hilfe der Ü.
	53,9	man gab ihm sein Grab bei Ü.
	12	daß er den Ü. gleichgerechnet ist Mk 15,28; Lk 22,37
	12	hat für die Ü. gebeten
	55,7	lasse der Ü. von seinen Gedanken
Hos	6,8	Gilead ist eine Stadt voller Ü.
Mt	7,23	weicht von mir, ihr Ü. Lk 13,27
Lk	23,32	es wurden hingeführt zwei Ü. 33
	39	einer der Ü. lästerte ihn
Jh	18,30	wäre dieser nicht ein Ü.
2Ti	2,9	leide bis dahin, daß ich gebunden bin wie ein Ü.
1Pt	2,12	die, die euch verleumden als Ü.
	14	gesandt zur Bestrafung der Ü.
	4,15	niemand unter euch leide als ein Ü.

übeltun

1Mo	19,7	liebe Brüder, t. nicht so ü.
	43,6	warum habt ihr so ü. an mir get. 50,17
	44,5	ihr habt übelg.
2Mo	5,22	Herr, warum t. du so ü. an diesem Volk
4Mo	32,13	Geschlecht, das übelg. hatte
5Mo	4,25	daß ihr ü. vor dem HERRN 25,16
1Sm	25,34	mich davor bewahrt hat, ü. an dir zu t.
1Kö	8,47	(wenn) sie sprechen: Wir haben übelg. 2Ch 6,37; Neh 1,7; 9,28
2Ch	12,14	aber er t. ü.
Ps	51,6	habe ich gesündigt und ü. vor dir get.
Spr	4,16	können nicht schlafen, wenn sie nicht ü.
Jes	26,10	t. nur ü. im Lande, wo das Recht gilt
Jer	3,21	Heulen und Weinen, weil sie übelg.
	11,15	wenn sie ü., sind sie guter Dinge

übelwollen

1Sm	25,26	alle, die meinem Herrn ü.
Est	9,2	Hand anzulegen an die, die ihnen ü.

üben

4Mo	25,18	List, die sie gegen euch geü. haben
	31,2	ü. Rache für die *Israeliten
	33,4	hatte an ihren Göttern Gericht geü.
5Mo	7,2	sollst keine Gnade gegen sie ü.
1Sm	18,25	an Feinden des Königs Vergeltung zu ü.
1Kö	10,9	zum König gesetzt, daß du Recht ü. 2Ch 9,8; Jer 23,5
1Ch	25,7	die im Gesang des HERRN geü. waren
Ps	31,24	vergilt reichlich dem, der Hochmut ü.
	105,25	daß sie Arglist ü. an seinen Knechten
	109,16	weil er zu gar keine Barmherzigkeit ü.
	119,121	ich ü. Recht und Gerechtigkeit
	149,7	daß sie Vergeltung ü. unter den Heiden
Spr	14,25	wer Lügen ausspricht, ü. Verrat
Hl	3,8	alle sind geü. im Kampf
Jes	10,2	um Gewalt zu ü. am Recht der Elenden
	56,1	wahret das Recht und ü. Gerechtigkeit
	64,4	begegnetest denen, die Gerechtigkeit ü.
Jer	5,1	ob ihr jemand findet, der Recht ü.
	7,6	keine Gewalt ü. gegen Fremdlinge
	9,23	der HERR, der Recht und Gerechtigkeit ü.
	50,15	ü. Vergeltung an Babel
Klg	2,9	wo sie das Gesetz nicht ü. können
	3,60	du siehst, wie sie Rache ü. wollen
	4,16	an den Alten ü. man keine Barmherzigkeit
Hes	18,5	wenn einer Gerechtigkeit ü. 19.21.27
	18	der Gewalt und Unrecht geü. 22,29; 33,26
	25,15	weil die Philister Rache geü. haben
	17	will Rache ü... Vergeltung ü. Mi 5,14
Mi	6,8	was der HERR fordert, nämlich Liebe ü.
Sir	11,20	bleibe bei... und ü. dich darin
	35,4	Barmherzigkeit ü., ist das rechte Lobopfer
1Ma	2,57	David ü. Barmherzigkeit, darum
Mt	6,1	daß ihr die nicht ü. vor den Leuten
Lk	1,51	er ü. Gewalt mit seinem Arm
Apg	24,16	ü. mich, in unverletzt Gewissen zu haben
Rö	12,6	so ü. er sie dem Glauben gemäß
	8	ü. jemand Barmherzigkeit, so tue er's gern
	13	ü. Gastfreundschaft
2Th	1,8	Vergeltung ü. an denen, die Gott nicht kennen
1Ti	1,18	*daß du eine gute Ritterschaft ü.*
	4,7	ü. dich selbst in der Frömmigkeit
Heb	5,14	die durch den Gebrauch geü. Sinne haben
	12,11	denen, die dadurch geü. sind
Jak	2,6	die Reichen, die Gewalt gegen euch ü.
Off	13,12	es ü. alle Macht des ersten Tieres

überall

2Mo	10,14	(die Heuschrecken) ließen sich nieder ü.
3Mo	3,17	ü., wo ihr wohnt 7,26; 23,3.14.21.31; 4Mo 35,29; Hes 6,6.14
	6,40	Tau ü. auf dem Boden
Jer	12,4	wie lange soll das Gras ü. verdorren
	48,38	ü. in Moab wird man klagen
Hes	6,13	ü., wo sie Opferduft darbrachten
	16,33	damit sie von ü. her zu dir kommen 37.57; 23,22; 37,21; 39,17
	28,23	ü. sollen liegen Erschlagene 30,11; 35,8
	37,2	führte mich ü. hindurch
Jdt	11,6	daß deine Kriegskunst ü. gepriesen wird
Wsh	15,12	er gibt vor, man müsse ü. Gewinn suchen
	18,10	man hörte ü. klägliches Weinen
Sir	43,6	der Mond muß ü. scheinen zu seiner Zeit
1Ma	11,4	Leichname, die ü. verstreut umherlagen
Apg	9,32	als Petrus ü. in Land umherzog
	16,17	die folgte Paulus ü. hin und schrie
	24,3	das erkennen wir ü. mit Dankbarkeit an
1Ko	4,17	wie er ü. in allen Gemeinden lehre
	9,10	redet er nicht ü. um unsertwillen
Tit	1,5	ü. in den Städten Älteste einsetzen

überallhin

Tob	1,14	daß er ihm erlaubte, ü. zu gehen

überantworten

Mt	5,25	damit dich der Gegner nicht ü. Lk 12,58
	10,17	sie werden euch den Gerichten ü. 19; Mk 13,9.11; Lk 21,12
	21	*es wird ein Bruder den andern zum Tod ü. Mk 13,12; Lk 21,16*
	17,22	der Menschensohn wird ü. 20,18.19; 26,2.45; Mk 9,31; 10,33; 14,41; Lk 9,44; 18,32; 24,7
	18,34	sein Herr ü. ihn den Peinigern
	24,9	*werden sie euch ü. in Trübsal*
	27,2	ü. ihn dem Statthalter Mk 15,1; Lk 24,20; Jh 18,35; Apg 3,13
	18	daß sie ihn aus Neid ü. hatten Mk 15,10
	26	ihn, daß er gekreuzigt werde Mk 15,15; Jh 19,16
Lk	20,20	damit man ihn ü. könnte der Obrigkeit
	21,12	werden euch ü. in die Synagogen
	22,4	*wie er ihn wollte ihnen ü. 6*
Jh	18,30	wir hätten ihn dir nicht ü.
	36	daß ich den Juden nicht ü. würde
	19,11	der mich ü. hat, hat größere Sünde
Apg	8,3	*Saulus ü. sie ins Gefängnis 22,4*
	12,4	(Herodes) ü. (Petrus) vier Wachen
	21,11	den Mann werden die Juden ü. 23,33; 28,16
	28,17	bin doch ü. in die Hände der Römer
Rö	15,28	*wenn ich diesen Ertrag treulich ü. habe*
1Ko	15,24	wenn er das Reich Gottes ü. wird

Überapostel

2Ko	11,5	ich sei nicht weniger als die Ü. 12,11

überaus

2Mo	1,7	die *Israeliten wurden ü. stark
1Ch	23,17	die Söhne Rehabjas waren ü. viele
Hes	16,13	wurdest ü. schön

überaus

Hes	37,10	wurden lebendig, ein ü. großes Heer
Apg	26,11	*ich war ü. unsinnig auf sie*
Rö	7,13	damit die Sünde ü. sündig werde

überblicken

4Mo	22,41	daß er von dort das Volk Israel ü. konnte
Ps	40,13	ich kann (meine Sünden) nicht ü.

überbringen

2Ma	4,23	um dem König das Geld zu ü.
Apg	12,25	nachdem sie die Gabe ü. hatten
	16,36	der Aufseher ü. Paulus diese Botschaft
	24,17	um Almosen für mein Volk zu ü. und zu opfern
2Ko	8,19	begleiten, wenn wir diese Gabe ü. 20

überdies

Hes	23,38	ü. haben sie mir das angetan
1Ko	5,1	*ü. geht die Rede*

überdrüssig

5Mo	22,13	zur Frau nimmt und wird ihrer ü. 16; 24,3
Ri	14,16	meiner ü. und hast mich nicht lieb 15,2
2Sm	13,15	Amnon wurde ihrer ü.
Hes	23,18	da wurde ich auch ihrer ü.
Sir	42,9	einen Mann, daß er ihrer ü. wird

übereilen

Ps	55,16	der Tod ü. sie
Spr	6,11	wird dich die Armut ü. wie ein Räuber
Pr	8,3	so ü. dich nicht
Gal	6,1	*wenn ein Mensch von einem Fehl ü. würde*

übereinanderliegen

Wsh	18,23	als die Toten haufenweise ü.

übereinkommen

2Ch	20,36	er k. mit ihm ü., Schiffe zu bauen 37
Apg	23,20	die Juden sind übereing., dich zu bitten

übereinstimmen

Mk	14,56	ihr Zeugnis s. nicht ü. 59
2Ko	6,15	wie s. Christus ü. mit Beliar
1Jh	5,8	Geist und Wasser und Blut; die drei s. ü.

Übereinstimmung

2Ma	14,22	doch kamen sie zu voller Ü.

überfallen

1Mo	15,12	Schrecken und Finsternis ü. ihn
	34,25	die Söhne Jakobs ü. die friedliche Stadt
Jos	11,7	Josua und das Kriegsvolk ü. sie
Ri	9,33	mache dich auf und ü. die Stadt 44
1Sm	4,19	und gebar; denn ihre Wehen ü. sie
2Sm	17,2	will (David) ü., solange er matt 12
Hi	27,20	es wird ihn Schrecken ü. wie Wasserfluten
	30,27	mich haben ü. Tage des Elends
Ps	35,8	unversehens soll ihn Unheil ü.
	55,6	Grauen hat mich ü.
Jer	21,13	du sprichst: Wer will uns ü.
Hes	38,11	ich will das Land ü., das offen daliegt
Wsh	19,1	die Gottlosen ü. der Zorn
	16	als sie von dichter Finsternis ü. wurden
Sir	28,27	es wird ihn ü. wie ein Löwe
1Ma	1,32	ü. er die Stadt unversehens
	2,32	schickten sich an, sie am Sabbat zu ü. 38
	3,39	damit sie das Land Juda ü. sollten
	5,27	beschlossen, die Befestigungen zu ü. 2Ma 13,15
	9,36	die Männer von Jambri ü. den Johannes
	12,26	beschlossen, ihn diese Nacht zu ü.
2Ma	8,6	Judas ü. Städte und Dörfer
	12,9	darum ü. er auch sie bei Nacht
	22	ü. sie Furcht und Schrecken
Mk	3,10	*so daß ihn ü. alle, die geplagt waren*
Lk	8,23	kam ein Windwirbel, und die Wellen ü. sie
Jh	12,35	damit euch die Finsternis nicht ü.
1Th	5,3	dann wird sie das Verderben schnell ü.

überfließen

4Mo	24,7	sein Eimer f. von Wasser ü.
Hi	36,28	daß die Wolken ü. und Regen senden
Jer	13,17	meine Augen müssen von Tränen ü. 14,17
Lk	6,38	ein ü. Maß wird man in euren Schoß geben

Überfluß

1Mo	41,48	die Ernte der sieben Jahre, da Ü. war
2Mo	22,28	den Ü. sollst du nicht zurückhalten
5Mo	28,11	daß du Ü. an Gutem haben wirst 47
Ps	37,16	ist besser als der Ü. vieler Gottloser
Spr	21,5	das Planen eines Emsigen bringt Ü.
Jo	2,24	daß die Keltern Ü. haben sollen
Sa	1,17	es sollen meine Städte wieder Ü. haben
Mk	12,44	haben alle von ihrem Ü. eingelegt Lk 21,4
2Ko	8,14	jetzt helfe euer Ü. ihrem Mangel ab
	15	wer viel sammelte, hatte keinen Ü.
Phl	4,12	satt sein und hungern, Ü. haben und
	18	ich habe alles erhalten und habe Ü.
Off	18,19	Stadt, von deren Ü. reich geworden sind alle

überflüssig

2Ma	12,44	wäre es ü. gewesen, für Tote zu bitten
Phl	4,18	*ich habe alles und habe ü.*

überfluten

Jes	8,8	sie werden einbrechen in Juda und ü.
Jer	47,2	Wasser werden das Land ü.
Dan	11,40	wird in die Länder einfallen und sie ü.
Wsh	5,23	die Ströme werden sie wild ü.

überfressen

Sir	37,32	ü. dich nicht, wenn es dir schmeckt

überführen

Wsh	4,20	ihre Missetaten werden sie ü.
1Ko	14,24	der würde von allen ü.
Tit	1,9	*zu ü., die da widersprechen*
Jak	2,9	werdet ü. vom Gesetz als Übertreter

Übergang

2Ma	11,24	in den Ü. zu griech. Sitten nicht einwilligen

übergeben

1Mo	23,11	ich ü. dir's vor den Augen meines Volks
4Mo	3,9	sollst die Leviten dem Aaron ü. 8,16
Jos	20,5	den Totschläger nicht in seine Hände ü.
Ri	3,18	als (Ehud) den Tribut ü. hatte
1Sm	23,11	werden mich die Bürger von Keïla ü. 12.20
	30,15	nicht töten noch in meines Herrn Hand ü.
2Kö	12,12	man ü. das Geld den Werkmeistern 16
2Ch	12,10	Rehabeam ü. (die Schilde) den Obersten
Esr	1,8	Kyrus ü. (die Geräte) 7,19
	8,36	ü. die Befehle des Königs den Amtleuten
Hi	16,11	Gott hat mich ü. dem Ungerechten
Ps	31,9	ü. mich nicht in die Hände des Feindes
	78,62	er ü. sein Volk dem Schwert Jes 65,12
	119,121	ü. mich nicht denen, die mir Gewalt antun
Jes	19,4	ich will die Ägypter ü. in die Hand
	43,28	darum habe ich Jakob dem Bann ü.
Jer	21,10	dem König von Babel ü. werden 38,3; 43,3
	25,31	die Schuldigen wird er dem Schwert ü.
	38,19	daß ich den Judäern ü. werden könnte 20
	39,14	ließen Jeremia holen und ü. ihn Gedalja
	44,30	will Hophra ü... wie ich Zedekia ü. habe
Hes	23,9	ü. ich sie in die Hand ihrer Liebhaber
	25,4	will dich den Söhnen des Ostens ü.
	31,14	müssen alle dem Tod ü. werden
	39,23	habe sie ü. in d. Hände ihrer Widersacher
Am	6,8	will die Stadt ü. mit allem, was darin
Jdt	6,11	man sollte (Achior) den *Israeliten ü.
	7,10	die Not bringt sie dazu, ihre Stadt zu ü.
	20	ü. uns nicht den Heiden
	8,15	darum wurden sie ihren Feinden ü. Bar 4,6
Sir	33,20	ü. niemand dein Hab und Gut
1Ma	7,2	nahm... gefangen, um sie Demetrius zu ü.
	35	werdet ihr mir Judas nicht ü. 2Ma 14,33
	10,32	die Burg... dem Hohenpriester ü. 11,41
	12,17	daß sie euch diesen Brief ü. sollen
2Ma	12,25	daß er sie wohlbehalten ihnen ü. wollte
Mt	11,27	alles ist mir ü. von meinem Vater Lk 10,22
Lk	4,6	sie ist mir ü., und ich gebe sie, wem ich will
	23,25	Jesus ü. er ihrem Willen
Jh	5,22	der Vater hat alles Gericht dem Sohn ü.
Apg	15,30	versammelten die Gemeinde und ü. den Brief 16,4
	23,33	ü. sie den Brief dem Statthalter
	27,1	ü. sie Paulus einem Hauptmann Julius
Rö	15,28	wenn ich diesen Ertrag zuverlässig ü. habe
1Ko	4,9	*Gott habe uns wie dem Tode ü.*
	5,5	soll dieser Mensch dem Satan ü. werden
	15,24	wenn er das Reich Gott, dem Vater, ü. wird
1Ti	1,20	die ich dem Satan ü. habe
2Pt	2,4	hat die Engel ü., damit sie für das Gericht
Jud	3	*Glauben, der den Heiligen ü. ist*
Off	20,4	ihnen wurde das Gericht ü.

übergehen

1Sm	14,21	die Hebräer... g. ü. zu denen von Israel
1Ch	12,9	von den Gaditern g. ü. zu David 20
	20	wenn er wieder zu Saul, seinem Herrn, ü.
Est	9,28	Purimtage, die nicht ü. werden sollen
Jer	41,14	das ganze Volk g. zu Johanan ü.
Sir	10,8	g. die Königsherrschaft von einem Volk... ü.
2Ma	10,13	weil er zu Antiochus überg. war
Mt	12,34	wes... voll ist, des g. der Mund ü. Lk 6,45
Jh	11,35	Jesus g. die Augen ü.

übergolden

Off	17,4	*das Weib war ü. mit Gold 18,16*

überhandnehmen

1Mo	7,18	die Wasser n. ü. 19
Jer	52,6	n. der Hunger ü. in der Stadt
Dan	8,23	wenn die Frevler ü., wird aufkommen
Hos	4,2	Lügen, Morden haben überhandg.
2Ma	4,13	das griechische Wesen n. ü.
Mt	24,12	weil die Ungerechtigkeit ü. wird
Lk	23,23	ihr Geschrei n. ü.

Überhang

2Mo	26,12	vom Ü. der Teppiche des Zeltes 13

überhängen

2Mo	26,12	sollst einen halben Teppich ü. lassen

überhaupt

5Mo	15,4	es sollte ü. kein Armer unter euch sein
1Sm	10,22	ist denn der Mann ü. hergekommen
2Ma	5,10	er hat ü. kein ehrliches Grab gefunden
Mt	5,34	daß ihr ü. nicht schwören sollt
1Ko	5,1	ü. geht die Rede

überheben

5Mo	8,14	hüte dich, daß dein Herz sich nicht ü.
2Ch	26,16	ü. sich sein Herz 32,25.26; Dan 5,20
Hi	36,9	hält ihnen vor, daß sie sich ü. haben
Ps	140,9	sie könnten sich sonst ü.
Spr	30,32	ob du dich ü. hast
Hes	28,2	weil sich dein Herz ü. 6
	31,14	damit sich fortan kein Baum ü.
Dan	11,12	daraufhin wird sich dessen Herz ü. 36
Ze	3,11	du wirst dich nicht mehr ü.
Sir	1,36	ü. dich nicht 11,4; 32,1
	10,9	was ü. sich der Mensch, der nur
2Ma	5,17	ü. sich sehr und sah nicht, daß
	7,34	ü. dich nicht in eitlen Hoffnungen
Apg	27,21	*uns dieses Leides ü. haben*
2Ko	12,7	mich wegen der Offenbarungen nicht ü.
2Th	2,4	*der sich ü. über alles, was Gott heißt*

überheblich

Dan	8,25	er wird ü. werden
Sir	10,18	Gott hat die ü. Heiden ausgerottet
	51,14	wenn ich den Ü. gegenüber hilflos bin
2Ma	9,7	(Antiochus) wurde noch ü.
StE	1,2	wollte ich doch nicht ü. werden

Überheblichkeit

2Ma	5,21	aus Hoffart und Ü. dachte er
	9,4	in seiner Ü. hatte er gesagt
	11	da begann er, von seiner Ü. abzulassen

überhören

Spr	12,16	wer Schmähung ü., der ist klug

überkleiden

2Ko	5,2	daß wir mit unserer Behausung ü. werden
	4	weil wir lieber ü. werden wollen

überkochen

überkochen
Jer 1,13 ich sehe einen siedenden Kessel ü.

überkommen
2Pt 1,1 *die mit uns denselben Glauben ü. haben*

überlassen
4Mo 18,8 ü. ich dir an meinen Opfergaben
1Sm 17,20 David ü. die Schafe einem Hüter 28
Hi 39,11 ü. du ihm, was du erarbeitet hast
Ps 16,10 du wirst mich nicht dem Tode ü.
Spr 29,15 ein Knabe, sich selbst ü., macht Schande
Pr 2,21 muß es einem andern zum Erbteil ü.
Jes 65,15 sollt euren Namen zum Fluch ü.
Dan 10,13 ihm ü. ich den Kampf mit dem Engelfürsten
Sir 15,14 er hat ihm die Entscheidung ü.
33,21 ü. deinen Platz keinem andern Bar 4,3
49,7 sie mußten ihr Königreich andern ü.
Mt 21,3 sogleich wird er sie euch ü.
Apg 2,27 du wirst mich nicht dem Tod ü. 31
13,34 daß er ihn nicht der Verwesung ü. wollte

überlaufen
Spr 3,10 werden deine Kelter von Wein ü.
Jer 21,9 wer ü. zu den Chaldäern, soll am Leben
37,13 willst zu den Chaldäern ü. 14; 38,19; 39,9
Jo 4,13 die Kufen l. ü.
Nah 1,8 er schirmt sie, wenn die Flut ü.

überlaut
Sir 21,29 ein Narr lacht ü.; ein Weiser lächelt

überleben
Rut 1,5 daß die Frau beide Söhne ü.
1Ma 3,35 um die Ü. in Jerusalem auszurotten
Heb 8,13 was ü. ist, das ist seinem Ende nahe

überlegen
Ri 5,15 an Rubens Bächen ü. sie lange 16
Spr 20,25 Fallstrick, erst nach dem Geloben zu ü.
30,32 ob du recht ü. hast
Wsh 9,15 die... Hütte drückt den ü. Geist nieder
Tob 4,21 ü. dir, wie du zu ihm gelangen kannst
Sir 18,23 bevor du ein Gelübde tust, ü. dir's gut
31,18 ü. dir, was dein Nächster gern hat 37,9
33,4 ü. zuvor, was du sagen willst
37,20 ehe du etwas anfängst, ü. dir's zuvor
39,16 ich habe mir noch mehr ü.
1Ma 4,44 ü. sie, was sie machen sollten
5,16 hielten eine Versammlung, um zu ü.
StE 1,3 daher ü. ich mit meinen Ratgebern
Lk 5,21 die Pharisäer fingen an zu ü. und sprachen
Off 13,18 wer Verstand hat, ü. die Zahl des Tieres

überlegen (mächtig)
1Mo 25,23 ein Volk wird dem andern ü. sein
2Sm 10,11 werden mir die Aramäer ü. sein

Überlegung
Spr 24,6 mit Ü. soll man Krieg führen
Sir 25,7 wie schön ist bei Angesehenen Ü. und Rat

überliefern
StD 1,28 in der Absicht, Susanna dem Tod zu ü.
Mk 7,13 eure Satzungen, die ihr ü. habt
Lk 1,2 wie uns das ü. haben, die
Jud 3 Glauben, der den Heiligen ü. ist

Überlieferung
StE 5,5 findet Beispiele in den alten Ü.
1Ko 11,2 weil ihr an den Ü. festhaltet

überlisten
1Mo 27,36 hat mich nun zweimal ü.
2Sm 3,25 Abner ist gekommen, dich zu ü.
Jer 9,3 ein Bruder ü. den andern
20,10 vielleicht läßt er sich ü.
2Ma 14,31 sah, daß ihn Makkabäus geschickt ü.

übermächtig
2Sm 11,23 die Männer waren uns ü.

übermalen
Wsh 13,14 wo ein Flecken ist, ü. er ihn

übermenschlich
2Ma 9,8 der in ü. Prahlerei meinte

übermögen
1Mo 32,26 als er sah, daß er ihn nicht ü.

Übermut
2Kö 19,28 weil dein Ü. vor meine Ohren gekommen ist
Ps 10,2 weil der Gottlose Ü. treibt
Spr 21,24 ein Spötter treibt frechen Ü.
22,8 die Rute seines Ü. wird ein Ende haben
Jer 48,30 ich kenne seinen Ü. wohl
Wsh 5,8 was hilft uns nun der Ü.
12,17 an denen... bestrafst du ihren Ü.
Sir 16,9 verdammte sie um ihres Ü. willen
32,16 doch sündige nicht im Ü.
2Ma 1,28 die mit großem Ü. uns Schande antun
Jak 4,16 nun rühmt ihr euch in eurem Ü.
Off 18,7 *wie viel sie ihren Ü. getrieben hat*

übermütig
5Mo 32,15 als Jeschurun fett ward, wurde er ü.
Spr 13,10 unter den Ü. ist immer Streit
Jes 5,14 daß hinunterfährt... alle Ü.
Jer 48,29 man hat gesagt von Moab, es sei ü.
Am 6,7 soll das Schlemmen der Ü. aufhören
Sir 32,23 ein ü. (Mann) fürchtet sich vor nichts

übernehmen
2Ch 21,4 als Joram das Königtum ü. hatte
Dan 6,1 Darius aus Medien ü. das Reich
1Ma 1,9 dann ü. die Fürsten das Reich
Apg 7,45 diese ü. unsre Väter und brachten sie in das Land

überragen

Neh 8,5 Esra ü. alles Volk
Dan 5,12 weil ein ü. Geist bei ihm gefunden wurde 6,4

überrechnen

Apg 19,19 ü., was sie wert waren

überreden

5Mo 13,7 wenn dich dein Bruder heimlich ü. würde
Ri 14,15 ü. deinen Mann 16,5
Spr 7,21 sie ü. ihn mit vielen Worten
25,15 durch Geduld wird ein Fürst ü.
Jer 20,7 du hast mich ü... habe mich ü. lassen
38,22 ach, deine guten Freunde haben dich ü.
Jdt 12,11 ü. die Hebräerin, zu mir zu kommen
1Ma 1,12 gottlose Leute ü. viele
2Ma 4,34 ü. Andronikus ihn, herauszukommen
7,26 nahm es auf sich, ihren Sohn zu ü.
Mt 27,20 die Hohenpriester ü. das Volk
Apg 12,20 sie kamen einmütig zu ihm und ü. Blastus
14,19 es kamen Juden dorthin und ü. das Volk
18,13 dieser Mensch ü. die Leute 19,26
21,14 da er sich nicht ü. ließ, schwiegen wir
26,28 mich ü. und einen Christen aus mir machen
1Ko 2,4 nicht mit ü. Worten menschlicher Weisheit
Gal 5,8 solches Ü. nicht von dem, der euch berufen

überreich

Rö 5,15 Gottes Gnade den vielen ü. zuteil geworden

überreif

4Mo 6,4 von den unreifen bis zu den ü. Trauben

überrennen

Jes 30,16 werden euch eure Verfolger ü.

überschatten

Wsh 19,7 die Wolke ü. das Lager
Mt 17,5 da ü. sie eine lichte Wolke Mk 9,7; Lk 9,34
Lk 1,35 die Kraft des Höchsten wird dich ü.
Apg 5,15 damit sein Schatten einige von ihnen ü.
Heb 9,5 die Cherubim, die ü. den Gnadenthron

überschauen

Hi 5,24 wirst deine Stätte ü.

überschlagen

Lk 14,28 setzt sich nicht zuvor hin und ü. die Kosten

überschreiben

2Ma 4,9 versprach, ihm noch 150 Zentner zu ü.

überschreiten

5Mo 31,2 den Jordan sollst du nicht ü.
Hi 14,5 ein Ziel, das er nicht ü. kann Spr 8,29
Ps 148,6 gab eine Ordnung, die dürfen sie nicht ü.
Spr 8,29 daß sie nicht ü. seinen Befehl

Überschrift

Lk 23,38 *es war über ihm die Ü. Jh 19,19*
Jh 19,20 *diese Ü. lasen viele Juden*

überschütten

Ps 21,4 du ü. ihn mit gutem Segen
71,13 mit Schimpf und Schande sollen ü. werden
Klg 2,1 wie hat der Herr Zion mit seinem Zorn ü.
Hes 7,18 sie werden mit Furcht ü. sein
Tob 3,23 nach Klagen ü. du uns mit Freuden

überschwemmen

Klg 3,54 Wasser hat mein Haupt ü.
Dan 11,40 wird in die Länder einfallen und sie ü.
Wsh 10,4 als die Erde von der Sintflut ü. wurde

überschwenglich

Rö 5,15 *Gottes Gnade vielen ü. widerfahren*
2Ko 3,9 hat das Amt... ü. Herrlichkeit 10
4,7 damit die ü. Kraft von Gott sei
15 damit die Gnade noch reicher werde
7,4 ich habe ü. Freude 13; 8,2
9,12 wirkt auch ü. darin, daß viele Gott danken
14 wegen der ü. Gnade Gottes bei euch
10,15 nach dem Maß... zu Ehren kommen
Eph 1,19 wie ü. groß seine Kraft an uns
2,7 erzeige den ü. Reichtum seiner Gnade
3,20 dem, der ü. tun kann über alles hinaus
Phl 3,8 für Schaden gegenüber der ü. Erkenntnis Christi Jesu
Heb 6,17 *da er wollte ü. beweisen*

übersehen

Spr 19,11 seine Ehre, daß er Verfehlung ü. kann
Am 7,8 ich will ihm nichts mehr ü. 8,2
Wsh 11,23 du ü. die Sünden der Menschen
Sir 2,12 wer ist jemals von ihm ü. worden
Apg 6,1 weil ihre Witwen ü. wurden bei der täglichen Versorgung
17,30 *die Zeit der Unwissenheit hat Gott ü.*

übersetzen

Jos 2,23 s. ü. und kamen zu Josua
Apg 13,8 Elymas – so wird sein Name ü.
Heb 7,2 erstens heißt er ü.

übersilbern

Jes 30,22 werdet entweihen eure ü. Götzen

übersteigen

4Mo 3,46 Erstgeburten, die die... Leviten ü. 49
Sir 3,22 frage nicht nach dem, was deine Kraft ü.
Apg 27,6 der Hauptmann ließ uns darauf ü.

überstrahlen

2Ma 1,32 sie wurde ü. vom Leuchten des Feuers

überströmen

Hi 38,34 damit dich die Menge des Wassers ü.
Jes 66,12 Reichtum der Völker wie einen ü. Bach

überströmen 1430

Sir 24,36 es läßt Verstand ü. wie der Euphrat

übertragen
Esr 4,7 der Brief war ins Aramäische ü.
Sir 45,21 er ü. ihm das Amt des Gesetzes

übertreffen
Spr 31,29 viele tüchtige Frauen, du ü. sie alle
Pr 2,13 sah, daß die Weisheit die Torheit ü.
Hl 4,10 der Geruch deiner Salben ü. alle Gewürze
Dan 6,4 Daniel ü. alle Fürsten und Statthalter
Jdt 16,19 den Herrn fürchten, das ü. alles
Wsh 7,29 (die Weisheit) ü. alle Sternbilder
1Ko 15,41 *ein Stern ü. den andern an Glanz*
Gal 1,14 ü. im Judentum viele meiner Altersgenossen
Eph 3,19 die Liebe Christi, die alle Erkenntnis ü.

übertreiben
1Mo 33,13 wenn sie auch nur einen Tag ü. würden

übertreten
2Mo 23,21 er wird euer Ü. nicht vergeben
4Mo 14,41 warum wollt ihr das Wort des HERRN ü. 22,18; 2Ch 24,20
5Mo 17,2 daß er seinen Bund ü. Jos 7,11.15; 23,16; Ri 2,20; 2Kö 18,12; Jer 34,18; Dan 11,32; Hos 6,7; 8,1
26,13 habe deine Gebote nicht ü.
1Sm 15,24 daß ich das HERRN Befehl und... ü. habe
Esr 6,11 wenn jemand diesen Erlaß ü. 12
9,14 sollten wir wiederum deine Gebote ü.
Est 3,3 warum ü. du des Königs Gebot
Hi 23,12 (ich) ü. nicht das Gebot seiner Lippen
Jes 24,5 sie ü. das Gesetz Dan 9,11
Sir 10,23 wer Gottes Gebote ü., verliert seine Ehre
41,21 (schämt euch,) das Gesetz zu ü.
Mt 15,2 warum ü. deine Jünger die Satzungen
3 warum ü. ihr Gottes Gebot
Lk 15,29 ich habe dein Gebot noch nie ü.
Rö 2,27 der du das Gesetz ü.

Übertreter
Ps 36,2 es sinnen die Ü. auf gottloses Treiben
37,38 die Ü. werden vertilgt Jes 1,28
51,15 ich will die Ü. deine Wege lehren
101,3 ich hasse den Ü.
Hos 14,10 die Ü. kommen auf ihnen zu Fall
Gal 2,18 mache ich mich selbst zu einem Ü.
Jak 2,9 werdet überführt vom Gesetz als Ü.
11 wenn du tötest, bist du ein Ü. des Gesetzes

Übertretung
2Mo 34,7 vergibt Missetat, Ü. und Sünde 4Mo 14,18
3Mo 16,16 entsühnen wegen ihrer Ü. 21
5Mo 19,16 um ihn einer Ü. zu beschuldigen
Jos 24,19 der eure Ü. nicht vergeben wird
1Kö 8,50 wollest vergeben alle ihre Ü.
Hi 13,23 laß mich wissen meine Ü.
14,17 würdest meine Ü. in ein Bündlein versiegeln
31,33 hab ich meine Ü. zugedeckt
Ps 5,11 stoße sie aus um ihrer vielen Ü. willen
25,7 gedenke nicht meiner Ü.
32,1 dem die Ü. vergeben sind
5 ich will dem HERRN meine Ü. bekennen
Ps 103,12 läßt er unsre Ü. von uns sein
107,17 die geplagt waren um ihrer Ü. willen
Spr 10,12 Liebe deckt alle Ü. zu
Jes 43,25 ich tilge deine Ü.
Hes 14,11 sich... unrein macht durch alle seine Ü.
18,22 soll an seine Ü. nicht gedacht werden
24 in seiner Ü. soll er sterben
28 sich bekehrt hat von seinen Ü. 30.31
39,24 was sie mit ihren Ü. verdient haben
Mi 1,5 das alles um Jakobs Ü. willen 13; 3,8
6,7 meinen Erstgeborenen für meine Ü. geben
Wsh 1,9 damit seine Ü. bestraft werden
Sir 19,21 als große Klugheit mit Ü. des Gesetzes
Mt 6,14 *wenn ihr Ü. vergebet 15; Mk 11,25.26*
23,28 *inwendig seid ihr voller Ü.*
Rö 2,23 du schändest Gott durch Ü. des Gesetzes
4,15 wo das Gesetz nicht ist, da ist auch keine Ü.
5,14 die nicht gesündigt hatten durch die gleiche Ü. wie Adam
Eph 2,1 auch ihr wart tot durch eure Ü. und Sünden
1Ti 2,14 die Frau hat sich zur Ü. verführen lassen
2Pt 2,16 (Bileam) empfing eine Strafe für seine Ü.
1Jh 3,4 *die Sünde ist Ü. des Gesetzes*
Heb 2,2 jede Ü. den rechten Lohn empfing
9,15 Tod, geschehen zur Erlösung von den Ü.

übertünchen
Hi 14,17 würdest meine Schuld ü.
Hes 13,10 weil sie sie mit Kalk ü. 14.15
Mt 23,27 die ihr seid wie die ü. Gräber

übervoll
Ps 88,4 meine Seele ist ü. an Leiden

übervorteilen
3Mo 25,14 soll keiner seinen Bruder ü. 17
Hab 1,4 der Gottlose ü. den Gerechten
Wsh 10,11 gegenüber denen, die ihn ü.
Sir 19,24 wenn du nicht achtgibst, wird er dich ü.
1Ko 6,7 warum laßt ihr euch nicht lieber ü.
8 vielmehr tut ihr Unrecht und ü.
2Ko 2,11 damit wir nicht ü. werden vom Satan
7,2 wir haben niemand ü. 12,17.18
1Th 4,6 niemand ü. seinen Bruder im Handel

überwältigen
2Mo 17,13 Josua ü. Amalek und sein Volk
4Mo 13,30 das Land einnehmen, wir können es ü.
Ri 16,5 womit wir (Simson) ü. können
2Sm 13,14 (Amnon) ü. sie
22,6 des Todes Stricke ü. mich Ps 18,6
19 sie ü. mich zur Zeit m. Unglücks Ps 18,19
Est 9,1 die Feinde der Juden hofften, sie zu ü.
Hi 3,5 Finsternis und Dunkel sollen ihn ü.
14,20 du ü. ihn für immer
Ps 89,23 die Feinde sollen ihn nicht ü.
129,2 aber sie haben mich nicht ü.
Pr 4,12 einer mag ü. werden, aber zwei
Jer 4,30 was willst du dann tun, du Ü.
Ob 7 die Leute werden dich betrügen und ü.
Jdt 10,14 zu sagen, wie er sie leicht ü. kann
Wsh 7,30 die Bosheit kann die Weisheit nicht ü.
Sir 6,2 laß dich nicht ü. von deiner Leidenschaft
Mt 16,18 die Pforten der Hölle sollen sie nicht ü.
Apg 10,38 *gesund gemacht, die vom Teufel ü. waren*
19,16 d. Mensch stürzte sich auf sie und ü. sie alle

1431　　　　　　　　　　　　　　　　　　　　　　　　　　　　　　　　　übrig

Apg 20,9 vom Schlaf ü. fiel er hinunter

überwinden

1Sm 17,50 so ü. David den Philister
1Kö 20,23 haben uns ü... wir wollten sie ü. 25
Jdt   8,20 Mose... haben viel Trübsal ü. müssen
      16,8 Judit hat ihn mit ihrer Schönheit ü.
Wsh 18,22 er ü. die Plage mit dem Wort
1Ma 3,18 geschehen, daß wenige ein großes Heer ü.
      8,5 daß sie Philippus im Krieg ü. hatten
    14,21 daß ihr eure Feinde ehrenvoll ü. habt
Lk 11,22 wenn ein Stärkerer kommt und ü. ihn
Jh 16,33 seid getrost, ich habe die Welt ü.
Apg 18,28 (Apollos) ü. die Juden mit Kraft
Rö   8,37 in dem allen ü. wir weit durch den, der
    12,21 laß dich nicht vom Bösen ü., sondern ü. das Böse mit Gutem
Eph 6,13 damit ihr an dem bösen Tag alles ü. könnt
2Pt 2,19 von wem jemand ü. ist, dessen Knecht ist er
      20 werden wiederum von ihm ü.
1Jh 2,13 ihr habt den Bösen ü. 14; 4,4
     5,4 unser Glaube ist der Sieg, der die Welt ü. hat
       5 wer ist es, der die Welt ü., wenn nicht der
Off   2,7 wer ü., dem will ich 11.17.26; 3,5.12.21; 21,7
     3,21 wie auch ich ü. habe
     5,5 es hat ü. der Löwe aus dem Stamm Juda
    11,7 so wird das Tier sie ü.
    12,11 sie haben ihn ü. durch des Lammes Blut
    13,7 zu kämpfen mit den Heiligen und sie zu ü.
    17,14 das Lamm wird sie ü.

überwintern

Apg 27,12 da der Hafen zum Ü. ungeeignet war
    28,11 das bei der Insel ü. hatte

überwölben

Jer 37,16 kam Jeremia in den ü. Raum einer Zisterne

Überwurf

Hl   5,7 die Wächter nahmen mir meinen Ü.
Jes 3,23 (wird der Herr wegnehmen) die Ü.

überzählig

4Mo 3,48 Silber für die, welche ü. sind

überzeugen

Lk 16,31 werden sie sich auch nicht ü. lassen, wenn
    20,6 sie sind ü., daß Johannes ein Prophet war
Apg 17,4 einige von ihnen ließen sich ü.
    18,4 er ü. Juden und Griechen 19,8
Rö 8,18 ich bin ü., daß 2Ko 5,14; Heb 6,9

überziehen

2Mo 25,11 sollst sie mit feinem Gold ü. 13.24.28; 26,29. 30.32.37; 30,3.5; 36,34.36.38; 37,2.4.11.15.26.28; Heb 9,4
    27,2 mit Kupfer ü. 6; 38,2.6; 4Mo 17,3.4; 2Ch 4,9
    38,17 ihre Köpfe waren ü. mit Silber 19.28
1Kö 6,20 zwanzig Ellen hoch und ü. mit Gold 21.22.28. 30.32.35; 10,18; 1Ch 29,4; 2Ch 3,4.5.7-10; 9,17
Spr 26,23 wie Tongeschirr, mit Silberschaum ü.
Hes 32,7 will die Sonne mit Wolken ü.

Hes 37,6 ich ü. euch mit Haut 8
Hab 2,19 er ist mit Gold und Silber ü.
Bar   6,8 sie sind mit Gold und Silber ü. 39
Lk   9,34 *sie erschraken, da sie die Wolke ü.*

übrig

1Mo 30,36 Jakob weidete die ü. Herden Labans
    47,18 ist nichts mehr ü. als nur unser Feld
2Mo 10,5 sollen fressen, was euch noch ü. ist
    16,23 was aber ü. ist, das legt beiseite
3Mo 2,3 das ü. vom Speisopfer soll Aaron gehören 10; 5,13; 6,9
    5,9 er lasse das ü. Blut ausbluten
    7,17 was ü. ist, soll verbrannt werden
    13,3 die Stelle tiefer als die ü. Haut 4.20-34
    14,17 von dem ü. Öl in seiner Hand 18.28.29
    25,27 was ü. ist, dem Käufer zurückzahlen
      52 sind aber nur wenige Jahre ü. 27,18
4Mo 24,19 wird umbringen, was ü. ist 5Mo 7,20
5Mo 3,11 allein Og war noch ü. von den Riesen
     13 das ü. Gilead gab ich Manasse
    28,54 der noch ü. ist von seinen Söhnen
Jos   6,9 das ü. Volk folgte der Lade nach 13
    13,27 was ü. war vom Reich Sihons
    21,5 den Söhnen Kehat wurden zugeteilt 20.26. 34.40
    23,4 die Völker, die noch ü. waren 7.12
Ri   5,13 da zog herab ü. war von den Herrlichen
    7,6 alles ü. Volk hatte kniend getrunken 7.8
1Sm 2,36 wer ü. ist von deinem Hause
    13,2 das ü. Volk aber entließ (Saul) 15
    16,11 es ist noch ü. der jüngste
2Sm 10,10 das ü. Kriegsvolk 12,28; 1Ch 19,11
1Kö 9,20 alles Volk, das noch ü. war 2Kö 25,11.22; 2Ch 8,7; Jer 38,4; 52,15
    12,23 sage dem ü. Volk
    15,18 nahm alles Silber und Gold, das ü. war
    20,30 die ü. flohen nach Afek
    22,47 was noch ü. war an Tempelhurern
2Kö 4,7 nährt euch von dem ü.
    10,17 erschlug alles, was ü. war von Ahab
     21 niemand ü. war, der nicht gekommen wäre
1Ch 11,8 Joab stellte die ü. Stadt wieder her
    12,39 war das ü. Israel eines Herzens
2Ch 24,14 brachten das ü. Geld vor den König
Esr 2,70 ließen sich nieder alle ü. aus Israel
    3,8 Serubbabel, Jeschua und die ü. ihrer Brüder
    7,18 was dir mit dem ü. Gelde zu tun gefällt
    10,25 unter den ü. Israeliten Neh 10,29; 11,20
Neh 4,8 sprach zu den Vornehmen und dem ü. Volk 13; 7,71; 11,1; Hag 1,12.14; 2,2
Est 2,19 als man die ü. Jungfrauen brachte
Ps 17,14 ihren Kindern ein Ü. hinterlassen
Jes   4,3 wer da wird ü. sein in Zion
    46,3 die ihr noch ü. seid vom Hause Israel
Jer 15,9 was von ihnen ü. ist, will ich dem Schwert
    43,6 (nahmen sich) alle ü.
Hes 9,8 als sie die erschlagen, war ich noch ü.
    34,18 daß ihr die ü. Weide mit Füßen tretet
    48,15 die 5.000 Ellen von Wohnen 18.21.23
Am   1,8 was von den Philistern noch ü. ist
    9,12 in Besitz nehmen, was ü. ist von Edom
Mi   2,12 will, was ü. ist von Isr., zusammenbringen
Hab 2,8 werden dich berauben alle ü. Völker
Ze   1,4 will ausrotten, was vom Baal noch ü. ist
Hag 2,3 wer ist noch ü., der dies Haus gesehen
Sa 14,2 das ü. Volk wird nicht ausgerottet werden
1Ma 1,44 die ü. flohen zu den Heiden 3,11.24; 9,18
    5,18 zu Hauptleuten über das ü. Kriegsvolk

übrig 1432

1Ma	6,38	die ü. Reiterei auf beiden Seiten des Heeres
	12,45	das ü. Kriegsvolk will ich dir übergeben
	14,20	den Priestern und dem ü. jüdischen Volk
2Ma	1,31	ließ Nehemia das ü. Wasser... gießen
	7,24	dem jüngsten Sohn, der noch ü. war
	8,28	das ü. behielten sie für sich
	12,21	schickte er den ü. Troß fort
Mk	8,8	sammelten die ü. Brocken auf Jh 6,12
Apg	15,17	was *ü. ist von Menschen*
Phl	4,12	*kann beides: ü. haben und Mangel leiden*
1Pt	4,2	die noch ü. Zeit im Fleisch
Off	9,20	die ü. Leute, die nicht getötet wurden
	12,17	gegen die ü. von ihrem Geschlecht

übrigbehalten

3Mo	22,30	sollt nichts ü. bis zum Morgen
Rut	2,18	gab ihr, was sie ü. hatte
2Sm	8,4	David b. 100 (Pferde) ü. 1Ch 18,4
Am	5,3	die Stadt soll nur 100 ü... 10 ü.
Sir	47,25	der Herr b. einen Rest ü. aus Jakob
1Ma	3,30	daß er... nichts mehr ü. könnte

übrigbleiben

1Mo	7,23	allein Noah b. ü. 42,38; 44,20; 4Mo 26,65; Ri 9,5; 2Ch 21,17
	14,10	was ü., floh auf das Gebirge
2Mo	8,7	die Frösche sollen allein im Nil ü.
	27	daß auch nicht eine ü. 10,19
	12,10	wenn etwas ü. bis zum Morgen 29,34; 3Mo 7,16; 8,32; 10,12; 19,6
	14,28	daß nicht einer von ihnen ü. 4Mo 21,35; 5Mo 33,3; Jos 8,22; 10,33; 11,8; Ri 4,16; 2Sm 13,30; Ps 106,11; Klg 2,22
	23,11	mag das Wild fressen
	36,7	genug gebracht, und es war noch übrigg.
3Mo	26,36	denen, die von euch ü. 39
5Mo	2,34	wir ließen niemand ü. 3,3
	4,27	wird von euch nur eine geringe Zahl ü. 28,62
	28,55	weil ihm nichts übrigg. ist von allem Gut
Jos	10,20	was ü., entkam in die Städte 11,22
	11,11	vollstreckten den Bann, und nichts b. ü.
	12,4	Og, der von den Riesen übrigg. war 13,12
Ri	7,3	kehrten um, so daß nur 10.000 ü.
	8,10	etwa 15.000, alle, die übrigg. waren
	21,7	die übrigg. Benj. zu Frauen kommen 16
Rut	1,3	Noomi b. ü. mit ihren beiden Söhnen
1Sm	9,24	siehe, hier ist das Übrigg., iß
	11,11	die aber ü., wurden zerstreut
	25,34	wäre dem Nabal nicht einer übrigg.
2Sm	9,1	noch jemand übrigg. von dem Hause Sauls
	14,7	Funken auslöschen, der mir noch übrigg.
	21,2	waren übrigg. von den Amoritern
1Kö	9,21	deren Nachkommen, die ü. 2Ch 8,8
	18,22	bin übrigg. als Prophet 19,10.14; Rö 11,3
	20,30	die Mauer fiel auf die Übrigg., 27.000
	22,47	Tempelhurern, die übrigg. waren
2Kö	3,25	zerstörten sie, bis nur Kir-Heres ü.
	4,43	man wird essen, und es wird noch ü. 44; 2Ch 31,10
	7,13	Rosse, die noch übrigg. sind 13,7
	13	wie der Menge, die hier noch übrigg. ist
	10,11	erschlug Jehu alle Übrigg. vom Hause Ahab, bis nicht einer ü. 1Ch 4,43
	17,18	daß nichts ü. als der Stamm Juda
	19,4	dein Gebet für die Übrigg. Jes 37,4
	30	was vom Hause Juda übrigg. ist, wird von neuem Wurzeln schlagen 31; Jes 37,31.32
	21,14	wer ü. wird, den will ich verstoßen

2Ch	34,9	Geld... von allen in Israel Übrigg.
	21	befragt den HERRN für die Übrigg. von Isr.
Esr	1,4	wo einer übrigg. ist, dem sollen helfen
	9,15	wir sind übrigg. als Errettete
Hi	18,19	es wird ihm keiner ü. in s. Wohnungen
	20,26	wer übrigg. ist in seiner Hütte
	27,15	die ü., wird der Tod ins Grab bringen
Pr	12,9	es b. noch ü. zu sagen
Jes	1,8	übrigg. ist allein die Tochter Zion
	4,3	wer da wird ü. in Jerusalem 7,22
	10,19	die Bäume seiner Wälder, die ü.
	20	zu der Zeit werden die Übrigg. von Isr.
	11,11	Rest, der übrigg. ist in Assur 16
	14,30	deine Übrigg. werde ich morden
	15,9	Löwen über die Übrigg. im Lande
	16,14	daß wenig ü. 24,6
	21,17	von d. Bogenschützen sollen nur wenige ü.
	28,5	ein Kranz für die Übrigg. seines Volks
	30,17	bis ihr ü. wie ein Mast und ein Banner
Jer	8,3	alle, die übrigg. von diesem Volk 24,8; 40,6. 15; 41,10.16; 42,2; 44,12; 52,15; Hes 5,10; 6,12; 14,22; 17,21; 23,25; 25,16; Sa 8,6.11.12
	13	daß keine Feigen am Feigenbaum ü.
	11,23	daß keiner von ihnen ü. 42,17; 44,7.14.28; 50,26
	23,3	will die Übrigg. meiner Herde sammeln
	25,20	(ließ trinken,) die übrigg. sind in Aschdod
	27,18	Geräte, die übrigg. sind 19.21
	34,7	belagerte alle Städte, die übrigg.
	37,10	b. nur etliche Verwundete ü.
	42,15	höret des HERRN Wort, ihr Übrigg. 19; 43,5
	50,20	will vergeben denen, die ich ü. lasse
Hes	28,24	soll ringsum kein Dorn ü.
	36,3	zum Besitz der übrigg. Heiden geworden 4.5. 36; Sa 14,16
Dan	7,7	was ü., zertrat es mit seinen Füßen 19
Am	4,2	was von euch ü., mit Fischhaken
	5,15	gnädig sein denen, die von Josef ü.
	6,9	wenn auch zehn Männer in einem Hause ü.
	9,1	was noch ü. von ihnen, will ich töten
Ob	14	sollst seine Übrigg. nicht verraten
	18	daß vom Hause Esau nichts ü.
Mi	5,6	die Übrigg. von Jakob wie Tau 7
	7,18	erläßt die Schuld denen, die übrigg. sind
Ze	2,7	den Übrigg. vom Hause Juda zuteil werden
	9	die Übrigg. meines Volks sollen sie berauben
	3,13	diese Übrigg. in Isr. nichts Böses tun
Sa	9,7	daß auch sie unserm Gott ü.
	11,9	von der Übrigg. fresse jeder des andern Fleisch
	12,14	(klagen) alle andern übrigg. Geschlechter
	13,8	nur der dritte Teil soll darin ü.
Sir	44,18	seinetwegen ist ein Rest übrigg. auf Erden
	48,17	(bis) nur ein kleines Häuflein ü.
Mt	14,20	sammelten auf, was an Brocken ü. 15,37; *Lk 9,17;* Jh 6,13
Apg	15,17	die Menschen, die übrigg. sind
Rö	9,29	*hätte lassen Nachkommen ü. 11,4*
	11,3	Herr, ich bin allein übrigg.
	5	einige übrigg. nach der Wahl der Gnade
1Th	4,15	die wir ü. bis zur Ankunft des Herrn 17

übriglassen

1Mo	45,7	daß er euch ü. auf Erden
2Mo	10,12	was der Hagel übrigg. hat 15
	15	(die Heuschrecken) l. nichts Grünes ü.
	12,10	sollt nichts davon ü. bis zum Morgen 16,19. 20; 3Mo 7,15; 4Mo 9,12

4Mo	33,55	werden, die ihr ü., zu Dornen werden	Tob	6,1	blieb er über Nacht am U. des Tigris
5Mo	28,51	wird dir nichts ü. vom Korn, Wein und Öl	Mt	8,18	befahl er, hinüber ans andre U. zu fahren
Jos	10,28	Josua l. niemand ü. 30.37.39.40; 11,14.22		28	(Jesus) kam ans andre U. Mk 5,1
Ri	2,21	Völker, die Josua übrigg. hat 23; 3,1		13,2	und alles Volk stand an U. Mk 4,1
	6,4	(die Midianiter) l. nichts ü. an Nahrung		48	wenn es voll, ziehen sie es heraus an das U.
Rut	2,14	wurde satt und l. noch ü.		16,5	als die Jünger ans andre U. gekommen
1Sm	14,36	l. niemand von ihnen ü. 2Sm 17,12; 1Kö 15,29; 16,11; 2Kö 10,14	Lk	5,2	sah zwei Boote am U. liegen
			Jh	6,22	das Volk, das am andern U. des Sees stand
	25,22	wenn ich bis zum lichten Morgen einen ü.		25	als sie ihn fanden am andern U., fragten sie
1Kö	19,18	ich will ü. 7.000 in Israel		21,4	als es schon Morgen war, stand Jesus am U.
2Kö	20,17	was deine Väter gesammelt... nichts übrigg.	Apg	21,5	wir knieten nieder am U. und beteten
	24,14	er l. nichts ü. als geringes Volk 25,22; Jer 21,7; Ze 3,12		27,39	eine Bucht, die hatte ein flaches U. 40
2Ch	30,6	die die Könige von Assur von euch übrigg.			**Uferland**
	36,20	nach Babel, die das Schwert übrigg. hatte	5Mo	3,16	bis zur Mitte des Flusses mit seinem U. 17
Esr	9,8	daß er uns noch Errettete übrigg. hat			**Uhu**
Jes	1,9	hätte uns der HERR n. einen Rest übrigg.	3Mo	11,17	(daß ihr nicht esset) den U. 5Mo 14,16
Jer	15,11	ich will etliche von euch ü.			
	49,9	Winzer, die keine Nachlese ü. Ob 5			**Ulai**
Hes	6,8	will einige von euch ü. 12,16	Dan	8,2	war ich im Lande Elam, am Fluß U. 16
Dan	4,23	man solle dennoch den Stock d. Baumes ü.			**Ulam**
Jo	1,4	was Raupen ü., fressen Heuschrecken	1Ch	7,16	¹Scheresch, dessen Söhne waren U. 17
Ze	3,3	die nichts bis zum Morgen ü.		8,39	²Eschek: U. 40
Lk	9,17	aufgesammelt, was sie an Brocken ü.			
Rö	9,29	wenn uns nicht der Herr Zebaoth Nachkommen übrigg. hätte			**Ulla**
			1Ch	7,39	die Söhne U.
	11,4	ich habe mir übrigg. 7.000 Mann			**um sein**
		Übung	Lk	1,23	als die Zeit seines Dienstes um war
1Ti	4,8	die leibliche Ü. ist wenig nütze		2,21	als acht Tage um waren
		Uël		22	als die Tage ihrer Reinigung um waren
Esr	10,34	bei den Söhnen Bani: U.	Apg	24,27	als zwei Jahre um waren, kam Porzius Festus
		Ufas, Uphas (= Ofir 2)			**um und um**
Jer	10,9	bringt man Gold aus U.	Hi	7,5	mein Fleisch ist um u. um eine Beute
		Ufer		18,11	um u. um schreckt ihn jähe Angst
1Mo	22,17	wie den Sand am U. des Meeres Ri 7,12; 1Sm 13,5; Heb 11,12		19,10	er hat mich zerbrochen um u. um
			Ps	31,14	Schrecken ist um u. um Jer 6,25; 20,3.10; 46,5; 49,29
	41,3	traten neben die Kühe am U. des Nils 17	Hes	10,12	waren voller Augen um u. um
2Mo	2,3	setzte das Kästlein in das Schilf am U. 5			
	7,15	tritt ihm entgegen an dem U. des Nils			**um - willen**
	14,30	sahen die Ägypter tot am U. liegen	1Mo	8,21	nicht die Erde verfluchen um der Menschen w.
5Mo	1,7	kommt zu ihren Nachbarn am U. des Meeres		12,17	plagte den Pharao um Sarais w. 20,3.18
	2,36	Aroër, das am U. des Arnon liegt 4,48; Jos 12,2; 13,9.16		18,24	vergeben um 50 Gerechter w. 28.29.31.32
				20,11	mich um meiner Frau w. umbringen 26,7
	37	kamst nicht zum U. des Jabbok		26,24	um meines Knechtes Abraham w. 39,5; 2Kö 13,23; Jes 45,4
Jos	3,15	der Jordan war über seine U. getreten 4,18; 1Ch 12,16		27,41	Esau war Jakob gram um des Segens w.
	9,1	jenseits des Jordan am U. des gr. Meeres	3Mo	26,18	siebenfältig, um eurer Sünden w. 21.24.28
	18,19	ihr Ende ist am nördl. U. des Salzmeers		39	auch um der Missetat ihrer Väter w.
Ri	5,17	Asser saß am U. des Meeres	5Mo	4,21	der HERR war erzürnt um eures Tuns w.
1Kö	5,9	einen Geist, so weit, wie Sand am U. liegt	1Sm	12,22	verstößt s. Volk nicht um seines Namens w.
	9,26	Ezjon-Geber, am U. des Schilfmeers 2Ch 8,17	1Kö	8,41	wenn ein Fremder kommt um deines Namens w. 2Ch 6,32
2Kö	2,13	(Elisa) trat an das U. des Jordan		11,12	um deines Vaters David w. 13.32.34; 15,4; 2Kö 8,19; 19,34; 20,6; 1Ch 17,19; 2Ch 21,7; Ps 132,10; Jes 37,35
Jes	8,7	daß sie über alle ihre U. gehen			
	27,12	vom U. des Stromes bis an den Bach			
Jer	47,7	wider das U. des Meeres bestellt			
Hes	17,5	pflanzte es am U. ein			
	25,16	die übriggeblieben sind am U. des Meeres			
	47,6	führte mich am U. des Flusses entlang 7.12			
Dan	12,5	standen einer an diesem U., der andere an jenem U.			

um

1Kö	11,13	um Jerusalems w. 32; Ps 68,30; Jes 62,1
Neh	9,37	um unserer Sünden w.
Ps	6,5	hilf mir um deiner Güte w. 25,7; 44,27; 143,12
	7,18	um seiner Gerechtigkeit w. 143,11; Jes 42,21
	23,3	auf rechter Straße um seines Namens w.
	25,11	um deines Namens w. 31,4; 79,9; 106,8; 109,21; 143,11; Jer 3,17; 14,7.21
	54,7	vertilge sie um deiner Treue w. 115,1; 143,1
	119,164	ich lobe dich um deiner Ordnungen w.
	122,9	um des Hauses des HERRN w.
Jes	13,11	will heimsuchen um seiner Bosheit w.
	48,9	um meines Namens w... Ruhmes w.
	49,7	um des HERRN w... um des Heiligen w. 55,5
	53,5	um unsrer Missetat w. verwundet und um unsrer Sünde w. zerschlagen
	65,8	will ich um meiner Knechte w. tun
	66,5	um meines Namens w. Hes 20,9.14.22; 36,22
Am	1,3	um drei, ja um vier Frevel w. will ich nicht schonen 6.9.11.13; 2,1.4.6
Mt	5,10	selig sind, die um der Gerechtigkeit w. verfolgt werden
	10,22	ihr werdet gehaßt werden um meines Namens w. 24,9; Mk 13,13; Lk 21,17; Jh 15,21
	13,21	Verfolgung um des Wortes w. Mk 4,17
	14,9	*um des Eides w. befahl er*
	15,3	übertretet Gottes Gebot um eurer Satzungen w. 6
	19,12	sich selbst unfähig gemacht um des Himmelreichs w.
	29	wer... verläßt um meines Namens w.
	24,22	um der Auserwählten w. werden diese Tage verkürzt Mk 13,20
Mk	2,27	der Sabbat um des Menschen w. gemacht
	6,17	um der Herodias w., der Frau seines Bruders
	7,29	um dieses Wortes w.
	8,35	wer sein Leben um des Evangeliums w. (verliert)
	10,5	um eures Herzens Härte w. Rö 11,20
	29	niemand, der Haus oder Brüder verläßt um des Evangeliums w. Lk 18,29
Lk	6,22	wenn euch die Menschen hassen um des Menschensohnes w.
	21,12	werden euch vor Könige führen um meines Namens w.
Jh	4,41	um seines Wortes w. 15,3; Off 6,9
	6,57	wie ich lebe um des Vaters w.
	10,32	um welches dieser Werke w. mich steinigen
	11,42	um des Volkes w., das umhersteht Apg 4,21
	12,9	um Jesu w. Phl 1,29
	42	um der Pharisäer w.
	14,11	wenn nicht, so glaubt mir um der Werke w.
	19,42	*um des Rüsttags w. der Juden*
Apg	5,41	um Seines Namens w. 9,16; *21,13*; Phl 3,7
	23,6	um der Hoffnung w. 24,21; 28,20; Kol 1,5
Rö	4,25	um unsrer Sünden w. dahingegeben
	5,7	um eines Gerechten w.; um des Guten w.
	17	*um Sünde w.*
	6,19	um der Schwachheit eures Fleisches w.
	8,3	sandte seinen Sohn um der Sünde w. 10
	10	Geist ist Leben um der Gerechtigkeit w.
	11,28	sind sie Geliebte um der Väter w.
	13,5	sich unterzuordnen, nicht allein um der Strafe w.
	14,20	zerstöre nicht um der Speise w. Gottes Werk
	15,8	ein Diener der Juden geworden um der Wahrhaftigkeit Gottes w.
	9	die Heiden sollen Gott loben um der Barmherzigkeit w.
1Ko	4,10	wir sind Narren um Christi w.
	7,26	es sei gut um der kommenden Not w.
	9,23	alles tue ich um des Evangeliums w.
	11,9	der Mann ist nicht geschaffen um der Frau w.
	10	Macht auf dem Haupt um der Engel w.
2Ko	3,7	*um der Herrlichkeit w.*
	4,5	er der Herr, wir aber eure Knechte um Jesu w.
	11	werden in den Tod gegeben um Jesu w.
	9,14	*um der Gnade Gottes w. Eph 2,4*
	12,10	darum bin ich guten Mutes um Christi w.
Gal	3,19	es ist hinzugekommen um der Sünden w.
	6,12	damit sie nicht um des Kreuzes Christi w. verfolgt werden
Phl	1,15	*predigen Christus um Neides und Haders w.*
	2,3	tut nichts um eitler Ehre w.
	30	um des Werkes Christi w. ist er dem Tode so nahe gekommen
Kol	1,5	um der Hoffnung w., die für euch bereit ist
	3,6	um solcher Dinge w. kommt der Zorn Gottes
1Th	5,13	habt sie um so lieber um ihres Werkes w.
2Ti	2,10	dulde ich alles um der Auserwählten w.
Tit	1,11	um schändlichen Gewinns w. 1Pt 5,2; Jud 11
	3,5	nicht um der Werke der Gerechtigkeit w.
Phm	9	(darum) will ich um der Liebe w. bitten
	13	damit er mir diene um des Evangeliums w.
1Pt	2,13	seid untertan aller menschl. Ordnung um des Herrn w.
	19	um des Gewissens w. das Übel erträgt
	20	wenn ihr um schlechter Taten w. 3,14.17
	4,14	wenn ihr geschmäht werdet um des Namens Christi w.
1Jh	2,12	die Sünden vergeben um seines Namens w.
2Jh	2	um der Wahrheit w., die in uns bleibt
3Jh	7	um seines Namens w. sind sie ausgezogen
Heb	1,14	Dienst um derer w., die das Heil ererben sollen
Jud	16	um ihres Nutzens w. schmeicheln sie
Off	1,9	war auf der Insel Patmos um des Wortes w.
	2,3	um meines Namens w. die Last getragen
	20,4	enthauptet um des Zeugnisses von Jesus w.

umbiegen

Jos	15,3	(die Grenze) b. um 10; 16,6; 18,14; 19,14

umbinden

3Mo	16,4	(Aaron) soll den leinenen Kopfbund u.

umbrechen

Jes	28,24	b. seinen Acker zur Saat immerfort um

umbringen

1Mo	12,12	werden mich u. 20,11
	18,23	willst du den Gerechten u. 24; 20,4
	27,41	dann will ich meinen Bruder Jakob u. 42
2Mo	2,14	willst du mich auch u., wie du... umg.
	21,14	wenn jemand ihn mit Hinterlist u.
	32,12	sollen die Ägypter sagen... daß er sie u.
4Mo	24,19	wird der Herrscher u., was übrig ist
5Mo	7,10	(der HERR) b. sie um 20; 8,20; 28,63
	28,51	bis es dich umg. hat
Jos	7,7	gibst uns in die Hände... um uns u.
Ri	16,2	morgen wollen wir ihn u.
	20,35	daß die *Israeliten u. 25.100 Mann

Umgang

1Sm	18,25	Saul trachtete danach, David u.
	26,15	einer hineingekommen, den König u.
2Sm	12,9	Uria hast du umg.
	14,7	für das Leben seines Bruders, den er umg.
	22,38	bis ich sie umg. habe 39; Ps 18,38
1Kö	12,27	werden mich u. und Rehabeam zufallen
	19,1	wie (Elia) alle Propheten Baals umg. hatte 2Kö 10,19
2Kö	3,23	Könige haben sich mit dem Schwert umg.
	11,1	Atalja b. alle um 2Ch 22,10
	13,7	der König von Aram hatte sie umg. 19,17
	14,5	b. die um, die seinen Vater erschlagen
2Ch	24,23	sie b. alle Oberen im Volk um
Esr	6,12	Gott b. jeden König um
Est	3,9	daß man (alle Juden) u. 13; 7,4; 8,5; 9,24
	8,11	die sie angreifen würden, u. 9,5.6.12
Hi	5,2	den Unverständigen b. der Eifer um
	9,22	er b. den Frommen um wie den Gottlosen
	12,23	er macht Völker groß und b. sie um
	13,15	er wird mich doch u.
	34,24	er b. die Stolzen um
Ps	5,7	du b. die Lügner um
	9,6	du b. die Gottlosen um
	40,15	die mir nach dem Leben stehen, mich u.
	59,12	b. sie nicht um
	73,27	du b. um alle, die dir die Treue brechen
	78,31	der Zorn Gottes b. ihre Vornehmsten um
	94,6	Witwen und Fremdlinge b. sie um
	119,87	sie haben mich fast umg. auf Erden
	95	lauern mir auf, daß sie mich u.
	136,18	und b. mächtige Könige um
	143,12	b. alle um, die mich bedrängen
Spr	1,32	die Toren b. ihre Sorglosigkeit um
Jer	15,7	machte ich kinderlos und b. es um
	27,8	bis ich sie durch seine Hand u.
	49,38	will den König und seine Fürsten u.
	51,34	Nebukadnezar hat mich umg.
Klg	2,22	die ich großgezogen, hat der Feind umg.
Hes	20,13	gedachte, sie ganz und gar u.
	22,27	die Oberen sind wie Wölfe, Menschen u.
	23,47	daß die Leute ihre Söhne und Töchter u.
	25,16	will u., die übriggeblieben sind
	32,13	will alle ihre Tiere u.
Dan	2,12	befahl, alle Weisen von Babel u. 24
	11,20	nach einigen Jahren wird er umg. werden
Hab	1,17	sollen sie Völker u. ohne Erbarmen
Ze	2,5	will dich u., daß niemand mehr wohnen soll
	13	der Herr wird Assur u.
Jdt	8,21	andere sind durch Schlangen umg. worden
	13,17	hat den Feind seines Volks umg. 19.26
	16,8	kein Mann, kein Krieger hat ihn u.
Sir	8,19	wenn du keine Hilfe hast, b. er dich um
	31,30	der Wein b. viele Leute um
	48,6	du b. Könige und Hochangesehene umg.
1Ma	1,2	(Alexander) hat die andern Könige umg.
	32	b. viele aus Israel um 5,12
	67	darum wurden sie umg.
	2,37	Zeugen, daß ihr uns mit Gewalt u.
	38	so wurden sie am Sabbat umg.
	5,11	haben sich versammelt, um uns u.
	7,6	alle, die ihr gehorsam sein wollten, umg.
	9,32	ließ er ihn suchen, um ihn u. 12,40.49; 16,22
2Ma	4,34	dann b. er ihn um ohne Scheu
	12,23	Judas b. an die 30.000 von ihnen um
	15,2	baten, er möchte sie nicht so grausam u.
StE	1,4	sollen ohne Erbarmen umg. werden
	5,9	verklagt, damit sie umg. würden
	6,8	die Geringen b. die Angesehenen um
StD	2,25	dann will ich diesen Drachen u.
	27	unser König hat die Priester umg.

StD	2,28	sonst werden wir dich und dein Haus u.
Mt	2,13	Herodes hat vor, das Kind u.
	12,14	hielten Rat, wie sie ihn u. 27,20; Mk 3,6; 11,18; Lk 19,47
	21,41	*er wird die Bösewichte u.*
	22,7	der König b. diese Mörder u.
Mk	9,22	oft hat er ihn ins Feuer geworfen, daß er ihn u.
	12,9	er wird kommen und die Weingärtner u. Lk 20,16
Lk	15,13	*daselbst b. er sein Gut um mit Prassen*
	17,27	Tag, an dem die Sintflut kam und b. sie u. 29
Jh	10,10	ein Dieb kommt nur, um zu stehlen und u.
Apg	2,23	habt ihr ans Kreuz geschlagen und umg.
	25,3	einen Hinterhalt, um ihn unterwegs u.
1Ko	10,9	einige wurden von den Schlangen umg. 10
2Th	2,8	ihn wird der Herr Jesus u. mit dem Hauch seines Mundes
1Jh	3,12	nicht wie Kain, der seinen Bruder u.
Jud	5	das andere Mal die u., die nicht glaubten
Off	6,4	daß (die Menschen) sich untereinander u.
	9	umg. worden um des Wortes Gottes willen
	18,24	das Blut aller, die auf Erden umg. worden sind

umdrängen

Mk	5,24	eine große Menge u. ihn
	31	du siehst, daß dich die Menge u.
Lk	8,42	als er hinging, u. ihn das Volk

umdrehen

Klg	1,20	mir d. sich das Herz im Leibe um

umfallen

Jos	6,20	da f. die Mauer um
Jer	10,4	er befestigt es, daß es nicht u.
Wsh	13,16	er sorgt dafür, daß es nicht u.
Apg	28,6	sie warteten, daß er plötzlich tot u. würde

Umfang

Hes	42,15	maß den ganzen U. des Tempels 48,35

umfangen

5Mo	32,10	er u. ihn und hatte acht auf ihn
2Sm	22,5	mich u. die Wogen des Todes Ps 18,5
	6	des Totenreichs Bande u. mich Ps 18,6; 116,3
2Kö	4,27	zu dem Mann Gottes kam, u. sie seine Füße
Ps	32,10	auf den HERRN hofft, den wird die Güte u.
StE	4,6	er u. sie mit seinen Armen
Apg	20,10	Paulus warf sich über ihn, u. ihn und sprach

umfassen

Ri	16,29	und (Simson) u. die zwei Mittelsäulen
1Ch	26,16	jede Wache u.
Mt	28,9	sie traten zu ihm und u. seine Füße

Umgang

3Mo	18,6	um mit ihnen geschlechtlichen U. zu haben 7-13.15-19.23; 20,11.12.16-20
1Kö	6,5	einen U. an der Wand des Hauses Hes 41,7
Wsh	8,16	mit ihr U. zu haben, bringt keinen Verdruß
	18	kommt Klugheit durch steten U. mit ihr
Rö	1,26	*haben verwandelt den natürlichen U.* 27

Umgang 1436

1Ko 15,33 schlechter U. verdirbt gute Sitten

umgarnen
2Ti 3,6 zu diesen, die u. die losen Weiber

umgeben
1Mo 19,4 die Männer der Stadt Sodom u. das Haus
4Mo 3,26 Vorhofs, der die Wohnung u. 4,26
2Ch 4,3 u. (das Meer) ringsum Gestalten
Hi 17,2 fürwahr, Gespött u. mich
19,6 daß Gott mich mit seinem Jagdnetz u. hat
22,10 darum bist du von Schlingen u.
40,22 die Bachweiden u. ihn
Ps 17,11 wo wir auch gehen, da u. sie uns
22,13 gewaltige Stiere haben mich u. 17
49,6 wenn mich die Missetat m. Widersacher u.
88,18 (deine Schrecken) u. mich täglich
118,10 alle Heiden u. mich 11.12
139,5 von allen Seiten u. du mich
Jer 31,22 das Weib wird den Mann u.
Klg 3,5 hat mich mit Bitternis und Mühsal u.
Jon 2,4 daß die Fluten mich u. 6
Nah 3,8 No-Amon, die vom Wasser u. war
Sir 51,6 (errettet) aus der Hitze, die mich u.
1Ko 1,21 die Welt, u. von der Weisheit Gottes

Umgebung
Mk 3,8 aus der U. kam eine große Menge
Apg 14,6 entflohen in die Städte Lystra und Derbe und in deren U.

umgehen
1Mo 42,16 will prüfen, ob ihr mit Wahrheit u.
4Mo 21,4 um das Land der Edomiter zu u. Ri 11,18
5Mo 28,59 wird der HERR schrecklich mit dir u.
31,21 Gedanken, mit denen sie schon jetzt u.
2Kö 17,17 (sie) g. mit Wahrsagen und Zauberei um
1Ch 14,14 u. die, daß du an sie herankommst
Neh 5,15 waren gewalttätig mit dem Volk umg.
Ps 40,5 zu denen, die mit Lügen u. Jer 6,13; 8,10; 23,14; Mi 6,12
55,11 das g. Tag und Nacht um auf ihren Mauern
131,1 ich g. nicht um mit großen Dingen
Spr 13,20 wer mit den Weisen u., der wird weise
14,23 wo man nur mit Worten u., da ist Mangel
15,14 der Toren Mund g. mit Torheit um
17,7 einem Edlen, daß er mit Lügen u.
29,3 wer mit Huren u., kommt um sein Gut
31,13 sie g. mit Wolle und Flachs um
Jes 15,8 Geschrei g. um in den Grenzen Moabs
29,14 will mit diesem Volk wunderlich u.
32,6 sein Herz g. mit Unheil um
Jer 5,28 sie g. mit bösen Dingen um
18,6 kann ich nicht ebenso mit euch u.
51,46 wird in diesem Jahr ein Gerücht u.
Hes 5,9 mit dir u., wie ich es nie getan habe
17 soll Pest und Blutvergießen u.
7,27 will mit ihnen u., wie sie gelebt haben 31,11
18,3 dies Sprichwort soll nicht mehr u.
23,29 sollen wie Feinde mit dir u.
25,14 sollen mit Edom u. nach meinem Zorn
Hos 8,8 die Heiden g. mit ihnen um wie mit
Mi 2,1 g. mit bösen Gedanken um auf ihrem Lager
Nah 3,4 Hure, die mit Zauberei u.
Wsh 13,7 sie g. zwar mit seinen Werken um
Sir 25,2 wenn Mann und Frau gut miteinander u. 26,16

Sir 38,26 der nur mit solchen Arbeiten u.
Bar 2,27 du bist sehr gnädig mit uns umg.
Mt 2,13 *Herodes g. damit um*
Apg 10,28 nicht erlaubt, mit einem Fremden u.
Rö 4,4 dem, der mit Werken u. 5; Gal 3,10
2Ko 4,2 wir g. nicht mit List um
1Th 2,5 wir sind nie mit Schmeichelworten umg.
1Ti 4,15 dies laß deine Sorge sein, damit g. um
Heb 12,7 wie mit seinen Kindern g. Gott mit euch um
13,9 von denen keinen Nutzen haben, die damit u.

umgekehrt
Hes 16,34 ist mit deiner Hurerei u. wie bei andern

umgraben
Hi 28,9 man g. die Berge von Grund aus um
Jes 5,2 er g. ihn um und entsteinte ihn
28,24 g. ein Ackermann immerfort um

umgürten
2Mo 29,5 sollst (Aaron) den Schurz u. 9
1Sm 2,4 die Schwachen sind u. mit Stärke
18 war u. mit einem Priesterschurz 2Sm 6,14
25,13 g. sich ein jeder sein Schwert um
2Sm 3,31 und g. euch den Sack um
Hi 12,18 er u. Lenden mit einem Gurt
Ps 93,1 der HERR ist u. mit Kraft
Jes 15,3 gehen sie mit dem Sack u.
32,11 entblößt euch und u. eure Lenden
Jo 1,13 u. euch und klagt, ihr Priester
Bar 6,43 sitzen an den Wegen, mit Stricken umg.
Lk 12,35 laßt eure Lenden umg. sein
Jh 13,4 (Jesus) nahm einen Schurz und u. sich 5
21,7 g. sich das Obergewand u., denn er war nackt
Eph 6,14 steht fest, u. mit Wahrheit
1Pt 1,13 u. die Lenden eures Gemüts, seid nüchtern
Off 15,6 *u. die Brust mit goldenen Gürteln*

umhaben
Bar 6,72 die kostbare Leinwand, die sie u.

Umhang
4Mo 3,26 (in Obhut nehmen) die U. 4,26

umhauen
2Mo 34,13 ihre heiligen Pfähle (sollst du) u.
5Mo 20,19 so sollst du ihre Bäume nicht u.
Ri 6,25 um h. um das Bild der Aschera 26.28.30; 2Kö 18,4; 23,14; 2Ch 14,2; 31,1; 34,7
2Kö 6,4 als sie an den Jordan kamen, h. sie ... um
Jes 10,34 der dichte Wald wird umg. werden
Jer 22,7 die sollen deine Zedern u. 46,23
Hes 31,12 Fremde h. ihn um Dan 4,11.20
Nah 1,12 sollen doch umg. werden und dahinfahren
Jdt 2,17 ließ alle Bäume und Weinstöcke u. 3,10

umher, um – her, um – herum
1Mo 23,17 zum Eigentum bestätigt, mit allen Bäumen u.
45,1 vor allen, die um ihn h. standen 2Mo 18,13. 14; 2Sm 13,31
2Mo 27,19 alle Säulen um den Vorhof h. 1Kö 6,10; 7,15. 20; 2Kö 25,17; 2Ch 4,3; Jer 52,21

2Mo	28,32	eine Borte um die Öffnung h. 39,23
3Mo	25,44	Völkern, die um euch h. sind 5Mo 6,14; 13,8; 17,14; 2Kö 17,15; 2Ch 17,10; Esr 1,6; Neh 5,17; 6,16; Ps 44,14; 79,4; Hes 5,7.14.15; 11,12; 36,36
4Mo	1,50	sollen um die Wohnung h. sich lagern 53; 2,2
	16,34	ganz Israel, das um sie h. war, floh
	22,4	auffressen, was um uns h. ist
	35,2	Weideland um die Städte h. 4; Jos 21,11.42; Neh 12,44
5Mo	12,10	Ruhe vor euren Feinden um euch h.
1Kö	18,32	machte um den Altar h. einen Graben 35
2Kö	6,17	Rosse und Wagen um Elisa h.
	11,7	Wache halten um den König h. 11; 2Ch 23,10
	23,5	um Jerusalem h. 25,1; Ps 79,3; Jer 32,44; 33,13; Hes 34,26
Hi	16,13	seine Pfeile schwirren um mich h.
	19,12	haben sich um meine Hütte h. gelagert
	21,8	ihr Geschlecht ist sicher um sie h.
	29,5	als noch meine Kleider um mich h.
	37,22	um Gott h. ist schrecklicher Glanz
	41,6	um seine Zähne h. herrscht Schrecken
Ps	27,6	meine Feinde, die um mich h. sind
	34,8	der Engel des HERRN lagert sich um die h.
	50,3	um ihn h. ein mächtiges Wetter 97,2
	76,12	die ihr um ihn h. seid, bringt Geschenke
	89,9	deine Treue ist um dich h.
	125,2	so ist der HERR um sein Volk h.
Jer	21,14	Feuer, das soll alles u. verzehren
	46,14	wird fressen, was um dich h. ist
	48,17	alle, die ihr um sie h. wohnt 49,5; Hes 12,14
Sa	2,9	ich will eine feurige Mauer um sie h. sein
Wsh	17,4	Getöse war um sie h., das sie erschreckte

umherführen

|2Ma|4,38|ließ ihn so in der ganzen Stadt u.|

umhergaffen

|Sir|9,7|g. nicht u. in den Straßen der Stadt|

umhergehen

2Mo	12,23	der HERR wird u. und die Ägypter schlagen
3Mo	19,16	sollst nicht als Verleumder u.
2Sm	24,2	g. u. in allen Stämmen Israels
Pr	12,5	die Klageleute g. u. auf der Gasse
Hl	3,2	in der Stadt u. auf den Gassen 3; 5,7
Jes	8,21	sie werden im Lande u., hart geschlagen
	23,16	g. in der Stadt u., du vergessene Hure
Hes	39,14	Leute, die ständig im Lande u. 15
Dan	3,25	ich sehe vier Männer frei im Feuer u.
Ze	1,17	daß sie u. sollen wie die Blinden
Jdt	4,10	Jojakim, der Hohepriester des Herrn, g. u.
Wsh	6,17	sie g. u. und sucht, wer ihrer wert ist
	8,18	darum g. ich u. und suchte
Tob	1,19	g. Tobias bei allen Israeliten u.
StD	1,8	als die beiden Ältesten sie u. sahen
Mt	4,23	*Jesus g. u. im ganzen galiläischen Lande*
	9,5	steh auf und g.u. Mk 2,9; Lk 5,23
Mk	5,42	sogleich stand das Mädchen auf und g. u. Apg 14,10
	6,6	er g. rings u. in die Dörfer *Mt 9,35*
	8,24	ich sehe die Menschen, als sähe ich Bäume u.
	11,27	als er im Tempel u. Jh 10,23
Jh	11,9	wer bei Tag u., der stößt sich nicht 10
	54	Jesus g. nicht mehr frei u. unter den Juden
Apg	3,6	im Namen Jesu Christi steh auf und g. u.
	11,19	*die zerstreut waren, g. u. bis Phönizien*
	13,11	er g. u. und suchte jemanden
	17,23	ich bin umher. und habe eure Heiligtümer angesehen
1Pt	5,8	euer Widersacher g. u. wie ein Löwe

umherirren

1Mo	21,14	Hagar i. in der Wüste u.
	37,15	da fand ihn ein Mann, wie er u.
Ps	109,10	seine Kinder sollen u. und betteln
Jes	35,8	auch die Toren dürfen nicht darauf u.
Klg	4,15	wenn sie flohen und u.
Hes	34,6	sie i. u. auf allen Bergen
Hos	9,17	sie sollen unter den Heiden u.
Sir	29,25	daß sie in fremden Ländern u. mußten
	36,27	wo keine Frau ist, da i. der Mann u.
Heb	11,38	sie sind umher. in Wüsten, auf Bergen
Jud	13	wilde Wellen des Meeres, u. Sterne

umherlaufen

Ps	59,7	sie l. in der Stadt u. 15
Jer	2,23	du l. u. wie eine Kamelstute
Wsh	19,20	der sterblichen Tiere, die darin u.
Mk	6,55	l. im ganzen Land u.
Apg	3,9	es sah ihn alles Volk u. und Gott loben

umherschweifen

|Jer|4,1|so brauchst du nicht mehr u.|

umhersehen

|Jes|49,18|hebe deine Augen auf und s. u. 60,4|
|Bar|4,36|s. u., Jerusalem, nach Osten 5,5|

umherspringen

|Hi|21,11|ihre Knaben s. u.|
|Apg|3,8|lief und s. u. und lobte Gott|

umherstehen

|Jh|11,42|um des Volkes willen, das u.|
|Apg|23,4|*die u., sprachen*|

umherstreifen

|1Mo|25,27|wurde Esau ein Jäger und s. u.|
|1Sm|23,13|zogen fort von Keïla und s. da und dort u.|

umhertragen

|Mk|6,55|*hoben an, die Kranken u. auf Betten*|
|Apg|7,43|ihr t. die Hütte Molochs u.|

umhertreiben

Sir	33,2	ein Heuchler t. u. wie ein Schiff im Sturm
Eph	4,14	uns von jedem Wind einer Lehre u. lassen
2Pt	2,17	Wolken, vom Wirbelwind umher. Jud 12

umherziehen

Jos	14,10	als Israel in der Wüste u. Ri 11,18
	24,3	ließ (Abraham) u. im ganzen Land Kanaan
1Sm	7,16	(Samuel) z. Jahr für Jahr u.
	25,15	nichts vermißt, solange wir mit ihnen u.

umherziehen 1438

2Sm	7,6	ich bin u. in einem Zelt 7; 1Ch 17,5.6
2Ch	17,9	sie z. in allen Städten Judas u. 19,4; 23,2
Hi	15,19	so daß kein Fremder unter ihnen u.
Jer	31,24	darin wohnen, die mit Herden u.
	35,7	lange lebet in dem Lande, in dem ihr u.
	50,4	werden weinend u. und den HERRN suchen
Sir	38,37	sind weder Beisassen noch brauchen sie u.
1Ma	2,45	z. Mattatias und seine Freunde u.
	16,14	als Simon im Lande Juda u.
Mt	4,23	Jesus z. u. in ganz Galiläa Jh 7,1
Apg	8,4	die z. u. und predigten das Wort
	40	Philippus fand sich in Aschdod wieder und z.u.
	9,32	als Petrus überall im Land u.
	10,38	der ist umherg. und hat Gutes getan
	19,13	Juden, die als Beschwörer u.
Heb	11,37	sie sind umherg. in Schafpelzen

umhüllen

4Mo 4,5 sollen die Lade mit dem Gesetz damit u. 9

umjubeln

2Ch 23,12 das Geschrei des Volks, das den König u.

Umkehr

Apg	11,18	so hat Gott auch den Heiden die U. gegeben
	20,21	habe Juden und Griechen bezeugt die U. zu Gott
Heb	6,1	U. von den toten Werken

umkehren

1Mo	16,9	k. wieder um zu deiner Herrin
	18,33	Abraham k. wieder um an seinen Ort
2Mo	13,17	könnten wieder nach Ägypten u.
	14,2	sprich, daß sie u. und sich lagern
4Mo	13,25	als sie das Land erkundet, k. sie um
	22,34	will ich wieder u.
	32,22	danach dürft ihr u.
5Mo	16,7	sollst am Morgen u. und heimgehen
	24,19	sollst nicht u., (eine Garbe) zu holen
	30,8	du aber wirst u. und gehorchen
Jos	2,23	da k. die beiden Männer um und gingen
	8,20	das Volk, das zur Wüste floh, k. um
	21	Josua und ganz Israel k. um 10,38; 11,10
Ri	3,19	(Ehud) k. um bei den Steinbildern
	7,3	wer ängstlich ist, der k. um
	13	ein Gerstenbrot k. (das Zelt) um
	20,48	die Männer Israels k. um 1Sm 17,53; 1Kö 12,24; 2Ch 11,4; 20,27
Rut	1,8	geht hin und k. um 11.12.15.16
1Sm	1,19	als sie angebetet, k. sie wieder um
	15,25	vergib mir und k. mit mir um 26.30.31
	29,7	so k. nun um und zieh hin mit Frieden
2Sm	3,16	k. um und geh heim! Und er k. um
	15,19	k. um und bleibe bei dem neuen König 20
	19,38	laß deinen Knecht u.
	22,38	k. nicht um, bis ich sie umgebracht Ps 18,38
1Kö	13,16	ich kann nicht mit dir u.
	33	k. Jerobeam nicht um von s. bösen Wege
	19,20	k. um! Bedenke, was ich dir getan habe
2Kö	2,13	(Elisa) k. um und trat an das Ufer
	17,13	k. um von euren bösen Wegen Hes 33,11; Sa 1,4
	19,36	Sanherib k. um und blieb zu Ninive
	20,5	k. um und sage Hiskia: Ich habe dein Gebet
2Ch	22,6	so daß er u., um sich heilen zu lassen

2Ch	30,6	ihr *Israeliten, k. um zu dem HERRN Jes 31,6; Jer 3,14; Hes 14,6; 18,30
Neh	2,15	ich k. um und kam wieder heim
Hi	6,29	k. um, damit nicht Unrecht geschehe! K. um
	9,5	er k. sie um in seinem Zorn
Ps	6,11	sie sollen u. und zuschanden werden 70,4
	60,2	als Joab u. und die Edomiter schlug
Spr	30,30	der Löwe k. um vor niemandem
Jes	9,12	das Volk k. nicht um zu dem, der es
	29,16	wie k. ihr alles um
	30,15	wenn ihr u. und stille bliebet
Jer	8,5	daß sie nicht u. wollen
	9,4	sie freveln, und es ist ihnen leid u.
	35,15	habe immer wieder sagen lassen: K. um
	40,5	magst du u. zu Gedalja
Hes	33,9	daß er u., und er will nicht u.
	11	daß der Gottlose u. und lebe 12
Dan	11,30	so daß er verzagen wird und u. muß
Hos	5,4	daß sie u. zu ihrem Gott
Sa	1,6	eure Väter haben u. müssen und sagen
Sir	18,22	k. um, sobald du gesündigt hast
Bar	4,2	k. um, Jakob, nimm (Weisheit) an
1Ma	5,28	da k. Judas mit seinem Heer um 9,42; 11,73
	12,52	(die Feinde) k. um und zogen weg
2Ma	8,26	mußten sie u.; denn es war Abend
StD	1,14	danach k. jeder wieder um
Mt	12,44	*will wieder u. in mein Haus Lk 11,24*
	18,3	wenn ihr nicht u., werdet ihr
	24,18	*wer auf dem Felde ist, der k. nicht um*
Lk	2,20	die Hirten k. wieder um
	17,15	einer k. um und pries Gott mit lauter Stimme
	18	keiner, der u., um Gott die Ehre zu geben
	23,48	schlugen sich an ihre Brust und k. um
	56	sie k. um und bereiteten wohlriechende Öle
Apg	8,25	k. sie wieder um nach Jerusalem und predigten
2Pt	2,6	*hat Sodom und Gomorra umg.*
Heb	11,15	hätten sie Zeit gehabt, wieder u.

umkleiden

1Ko 12,23 die u. wir mit besonderer Ehre

umkommen

1Mo	19,15	damit du nicht auch u. 17
	31,40	des Tages k. ich um vor Hitze
3Mo	26,38	ihr sollt u. unter den Völkern 5Mo 8,19.20; 28,22; 30,18
4Mo	16,26	rührt nichts an, damit ihr nicht u. 33; 17,3
	17,27	wir k. um; wir werden vertilgt u.
	20,3	daß wir umg. wären, als unsere Brüder u.
	24,20	zuletzt wird es u. 24
5Mo	11,4	als sie der HERR u. ließ
	26,5	mein Vater war dem U. nahe
Jos	8,24	als Israel alle getötet und alle umg.
Ri	5,31	sollen u., HERR, alle deine Feinde Ps 83,18; 92,10
1Sm	4,11	die beiden Söhne Elis k. um
	26,10	oder er wird in den Krieg ziehen und u.
2Sm	1,27	wie sind die Streitbaren um.
	4,1	daß Abner in Hebron umg. war
	21,9	so k. diese sieben auf einmal um
1Kö	18,5	damit nicht alles Vieh u.
2Kö	9,8	daß das ganze Haus Ahab u.
Est	4,14	du und deines Vaters Haus werdet u.
	16	k. ich um, so k. ich um
	8,6	zusehen, daß mein Geschlecht u.
Hi	3,11	warum bin ich nicht umg. 10,18

umrühren

Hi	4,7	wo ist ein Unschuldiger umg.
	9	durch den Odem Gottes sind sie umg.
	11	der Löwe k. um, wenn er keine Beute
	14,10	k. ein Mensch um – wo ist er
Ps	2,12	daß ihr (nicht) u. auf dem Wege
	9,4	sie sind gestürzt und umg. vor dir
	37,20	die Gottlosen werden u. 68,3
	49,11	so wie die Toren und Narren u.
	71,13	sollen u., die meiner Seele feind sind
	73,27	die von dir weichen, werden u.
	80,17	vor dem Drohen deines Angesichts u.
Spr	11,10	wenn die Gottlosen u., wird man froh
	19,9	wer frech Lügen redet, wird u. 21,28
	28,28	wenn sie u., werden der Gerechten viel
	31,6	starkes Getränk denen, die am U. sind
Pr	5,13	der Reiche k. um durch ein böses Geschick
Jes	1,28	die den HERRN verlassen, werden u.
	31,3	daß alle miteinander u.
	41,11	die mit dir hadern, sollen u.
	57,1	der Gerechte ist umg.
	60,12	welche dir nicht dienen wollen, sollen u.
Jer	6,21	ein Nachbar mit dem andern u. soll
	8,14	daß ... der HERR wird uns u. lassen
	16,4	durch Schwert und Hunger sollen sie u. 44,12.18.27
	23,1	weh euch, die ihr die Herde u. laßt
	27,10	daß ich euch verstoße und ihr u. 15
	40,15	warum soll er ... daß alle Judäer u.
	49,26	alle ihre Kriegsleute werden u. 50,30
Klg	4,9	ging es besser als denen, die u.
Hes	13,14	wenn sie fällt, sollt ihr darin u.
	17,17	so daß viele u. 27,27.34; Dan 11,41
Dan	2,18	damit Daniel und s. Gefährten nicht u.
	7,11	wie das Tier getötet wurde und s. Leib u.
Am	1,8	soll u., was von den Philistern übrig
Jdt	3,3	besser ... als u. 7,16
	6,2	ganz Israel soll mit dir u.
	7,14	müssen vor ihren Augen jämmerlich u.
	17	lieber rasch u., als langsam
	9,9	laß sie u. durch deinen Zorn
	11,11	weil sie das tun, müssen sie gewiß u.
	16,14	sie k. um im Kampf vor meinem Herrn
Wsh	14,6	als die hochmütigen Riesen u.
	18,5	ließest sie alle u. in mächtigem Wasser
Sir	3,27	wer sich in Gefahr begibt, k. darin um
	36,11	die deinem Volk Leid antun, sollen u.
	44,9	sind umg., als wären sie nie gewesen
	46,23	weissagte, daß die gottl. Leute u. würden
1Ma	1,19	viele Ägypter sind umg.
	2,41	uns wehren, damit wir nicht alle u.
	7,38	du wollest sie durchs Schwert u. lassen
	9,18	so kam Judas zuletzt u. 21
	49	an diesem Tag sind 1.000 Mann umg. 16,10
2Ma	4,37	daß ein Mann von so edler Gesinnung umg.
	8,19	zur Zeit Sanheribs 185.000 Mann u.
StE	3,9	damit der samt all seinen Anhängern u.
Mt	8,25	Herr, hilf, wir k. um Lk 8,24
	9,17	die Schläuche k. um Mk 2,22; Lk 5,37
	26,52	wer das Schwert nimmt, durchs Schwert u.
Mk	4,38	fragst du nichts danach, daß wir u.
Lk	11,51	der u. zwischen Altar und Tempel
	13,3	wenn ihr nicht Buße tut, werdet ihr u. 5
	33	es geht nicht an, daß ein Prophet u. außerhalb von Jerusalem
Jh	6,12	sammelt die übrigen Brocken, damit nichts u.
	10,28	ich gebe ihnen das ewige Leben, und sie werden nimmermehr u.
Apg	5,37	der ist auch umg., und alle, die
	27,22	keiner wird u., nur das Schiff
1Ko	10,8	an einem einzigen Tag k. 23.000 u.
2Ko	4,9	wir werden unterdrückt, aber wir k. nicht um
2Pt	2,12	werden in ihrem verdorbenen Wesen u.
Heb	11,31	durch den Glauben k. die Hure Rahab nicht um
Jud	11	k. um in dem Aufruhr Korachs

umkreisen

| Hes | 21,19 | ein Schlachtschwert, das sie u. wird |

umlaufen

Ps	19,7	(d. Sonne) l. um bis wieder an sein Ende
Wsh	7,19	wie das Jahr u. und wie die Sterne stehen
2Ma	13,5	über der Asche war eine u. Rampe

umleuchten

| Apg | 9,3 | u. ihn ein Licht vom Himmel 22,6; 26,13 |

umliegend

5Mo	21,2	den Weg abmessen bis zu den u. Städten
1Ma	5,8	eroberte Jaser mit ihren u. Ortschaften
2Ma	4,32	konnte er in die u. Städte verkaufen
Lk	4,14	erscholl durch alle u. Orte 37; 7,17
	8,37	die Menge aus dem u. Land bat ihn
Jud	7	Sodom und Gomorra und die u. Städte

Umma

| Jos | 19,30 | (Asser ... sein Gebiet war) U. |

ummauern

5Mo	1,28	die Städte seien bis an den Himmel u. 9,1
1Kö	4,13	große Städte, u. und mit ehernen Riegeln
Klg	3,7	er hat mich u.

umpflügen

| Jes | 28,24 | p. ein Ackermann immerfort um |

umreißen

| 2Mo | 23,24 | sollst ihre Steinmale u. 5Mo 12,3 |
| Ps | 11,3 | die r. die Grundfesten um |

umringen

Jos	7,9	werden (die Kanaaniter) uns u.
Ri	20,43	sie u. (die Benjaminiter)
2Sm	18,15	zehn Knappen Joabs u. (Absalom)
2Kö	3,25	die Schleuderer u. die Stadt
	8,21	Edomiter, die (Joram) u. hatten 2Ch 21,9
2Ch	18,31	dachten, es sei der König, und u. ihn
Ps	22,13	Büffel haben mich u. 17
	88,18	(deine Schrecken) u. mich allzumal
Jon	2,6	die Tiefe u. mich
Jdt	13,15	zündeten Fackeln an, und alle u. sie
Sir	50,14	wie Palmzweige u. ihn (alle Söhne)
	51,9	ich war u. und niemand half mir
Jh	10,24	da u. ihn die Juden und sprachen zu ihm
Apg	14,20	als ihn die Jünger u., stand er auf
	25,7	als der vor ihn kam, u. ihn die Juden
Off	20,9	sie u. das Heerlager der Heiligen

umrühren

| Hi | 41,23 | er r. das Meer um, wie man Salbe mischt |

umschauen

2Mo 2,12 da s. er sich nach allen Seiten um
Jes 41,28 s. ich mich um, da ist niemand

umschließen

2Ma 12,13 Stadt, die mit einer Mauer u. war

umschlingen

Ps 119,61 der Gottlosen Stricke u. mich

umschreiten

Ps 48,13 ziehet um Zion herum und u. es

umsehen

1Mo 29,2 s. sich um, und siehe 1Kö 19,6
2Mo 18,21 s. dich um nach redlichen Leuten
1Sm 16,17 s. euch um nach einem Mann
24,9 Saul s. sich um
2Sm 22,42 s. sich um – aber keine Helfer Jes 63,5
Jer 47,3 werden sich die Väter nicht u.
Sir 40,30 wer sich nach fremden Tischen u.
42,12 s. dich nicht um nach schönen Menschen
Mk 5,32 er s. sich um nach der, die das getan hatte
Apg 6,3 s. euch um nach sieben Männern

Umsicht

Spr 3,21 bewahre U. und Klugheit

umsichtig

Ps 101,2 ich handle u. und redlich
Sir 7,23 einen u. Sklaven habe lieb

umsonst

1Mo 29,15 solltest du mir u. dienen
2Mo 21,11 soll u. freigelassen werden, ohne Lösegeld
3Mo 26,16 sollt u. euren Samen säen
4Mo 6,12 die vorigen Tage sollen u. gewesen sein
11,5 Fische, die wir in Ägypten u. aßen
1Sm 25,21 hab ich alles u. behütet
2Sm 24,24 nicht Brandopfer darbr., die ich u. habe
Hi 1,9 meinst du, daß Hiob Gott u. fürchtet
39,16 kümmert sie nicht, daß ihre Mühe u. war
Ps 73,13 soll es u. sein, daß ich m. Herz rein hielt
127,1 so arbeiten u., die daran bauen ... so wacht der Wächter u.
2 es ist u., daß ihr früh aufsteht
Spr 24,14 deine Hoffnung wird nicht u. sein
Jes 49,4 dachte, ich verzehrte meine Kraft u.
52,3 ihr seid u. verkauft 5
55,1 kauft u. Wein und Milch
65,23 sie sollen nicht u. arbeiten
Jer 6,29 das Schmelzen war u.
22,13 der seinen Nächsten u. arbeiten läßt
46,11 es ist u... du wirst doch nicht heil
51,58 daß die Arbeit der Heiden u. sei
Hes 6,10 nicht u. habe ich geredet
Mal 1,10 ihr nicht u. auf m. Altar Feuer anzündet
3,14 ihr sagt: Es ist u., daß man Gott dient
Wsh 3,11 ihre Mühe ist u., und ihr Tun ist unnütz
Sir 40,7 ist heilfroh, daß seine Furcht u. war
Mt 10,8 u. habt ihr's empfangen, u. gebt es auch
Apg 4,25 die Völker nehmen sich vor, was u. ist

Rö 13,5 (Obrigkeit) trägt das Schwert nicht u.
1Ko 9,18 *daß ich predige... u. 2Ko 11,7*
15,2 *daß ihr u. gläubig geworden wärt*
Gal 3,4 *habt ihr so viel u. erlitten*
4,11 *daß ich u. an euch gearbeitet habe*
2Th 3,8 haben nicht u. Brot von jemandem genommen
Jak 4,5 meint ihr, die Schrift sage u.
Off 21,6 ich will dem Durstigen geben... u.
22,17 wer will, der nehme das Wasser des Lebens u.

umsorgen

1Kö 1,2 die vor dem König stehe und ihn u. 4

umspannen

2Ch 4,2 eine Schnur von 30 Ellen konnte es u.
Apg 27,17 u. zum Schutz das Schiff mit Seilen

Umstand

StE 5,7 müssen je nach den U... ändern

umstecken

Hl 7,3 wie ein Weizenhaufen, u. mit Lilien

umstellen

Ri 16,2 und (die Gazatiter) u. (Simson)
19,22 ruchlose Männer u. das Haus 20,5
1Sm 23,26 während Saul David und seine Männer u.
2Kö 6,14 bei Nacht hinkamen, u. sie die Stadt

umstimmen

2Ma 4,46 Ptolemäus s. (den König) um

umstoßen

Ri 7,13 kam an das Zelt, s. es um
Hes 26,9 wird mit Sturmböcken deine Mauern u.
Mt 21,12 Jesus s. die Tische der Geldwechsler um Mk 11,15; Jh 2,15

umstricken

Heb 12,1 laßt uns ablegen die Sünde, die uns ständig u.

umstürzen

2Mo 34,13 ihre Altäre sollst du u.
2Kö 21,13 will Jerusalem auswischen und will's u.
Hag 2,22 will die Throne der Königreiche u.

umtreiben

Ri 13,25 der Geist des HERRN fing an, ihn u.
Lk 6,18 die von Geistern umg. waren, gesund
2Ti 3,6 *von mancherlei Lüsten umg.*
2Pt 2,17 *Wolken, vom Windwirbel umg. Jud 12*
Heb 13,9 laßt euch nicht durch fremde Lehren u.

umwandeln

5Mo 23,6 der HERR w. dir den Fluch in Segen um
1Sm 10,6 da wirst du umg. und ein anderer Mensch

2Kö 23,34 w. seinen Namen um 24,17; 2Ch 36,4

Umweg

2Mo 13,18 darum ließ er das Volk einen U. machen

umwenden

1Mo 14,7 danach w. sie um und kamen
Jos 8,20 die Männer von Ai w. sich um
Ri 18,23 w. sich um und sprachen zu Micha 26
20,40 die Benjaminiter w. sich um 45.47
1Sm 15,27 als Samuel u., um wegzugehen
25,12 w. sich die Leute Davids um und gingen
2Sm 1,7 (Saul) w. sich um und sah mich
2,20 da w. sich Abner um und sprach
23,10 so daß das Volk sich wieder u.
1Kö 22,34 w. um und führe mich 2Ch 18,33
2Kö 2,24 (Elisa) w. sich um und verfluchte sie
5,26 als der Mann sich u. von seinem Wagen
9,18 w. um, folge mir 19
23 da w. Joram um und floh
23,16 Josia w. sich um und sah die Gräber
1Ch 21,20 Arauna w. sich um und sah den Engel
2Ch 13,14 als sich Juda u., wurden sie angegriffen
Jer 41,14 das ganze Volk w. sich um
Hes 1,9 brauchten sich nicht u. 12.17; 10,11
Hos 7,8 Ephraim wie ein Kuchen, den niemand u.
Nah 2,9 aber da wird sich niemand u.
Mt 7,6 damit die sich nicht u. und euch zerreißen
9,22 da w. sich Jesus um 16,23; Mk 5,30; 8,33; Lk 7,9; *8,37;* 9,55; 14,25; 23,28; Jh 1,38
Mk 13,16 der w. sich nicht um Lk 17,31
Lk 9,55 Jesus w. sich um und wies sie zurecht
14,25 er w. sich um und sprach zu ihnen
Jh 20,14 als sie das sagtes, w. sie sich um 16
21,20 Petrus w. sich um und sah
Apg 1,12 *da w. sie sich um nach Jerusalem*
7,39 w. sich um mit ihren Herzen nach Ägypten
16,18 daß er sich u. und zu dem Geist sprach
Off 1,12 ich w. mich um, zu sehen nach der Stimme

umwerben

Gal 4,18 u. zu werden ist gut, wenn's im Guten

umwerfen

Jes 24,1 der HERR w. um, was auf ihr ist
Hag 2,22 will u. die Wagen und die darauf fahren
1Ma 2,25 (Mattatias) w. den Altar um
Apg 12,8 w. deinen Mantel um und folge mir

umwickeln

Hes 30,21 er ist nicht mit Binden u.

umwühlen

Hi 12,15 wenn er's losläßt, so w. es das Land um

umzäunen

Sir 28,28 du u. dein Hab und Gut mit Dornen

umziehen

5Mo 2,1 wir u. das Gebirge Seïr 3

unablässig

Tob 3,12 Sara betete u. und flehte
2Ma 3,26 geißelten ihn u. mit vielen Schlägen
15,7 Makkabäus hatte u. die Zuversicht
Apg 26,7 *mit u. Gottesdienst Tag und Nacht*

unabwendbar

Wsh 16,4 es sollte ein u. Mangel kommen

unachtsam

Sir 13,15 unbarmherzig ist, wer u. redet

unanständig

1Ko 12,23 bei den u. achten wir besonders auf Anstand

unanstößig

Phl 1,10 damit ihr lauter und u. seid für den Tag Christi

unaufgedeckt

2Ko 3,14 bleibt diese Decke u.

unaufhebbar

Dan 6,9 Gesetz der Meder und Perser, das u. ist

unaufhörlich

Jer 14,17 meine Augen fließen über, u. Tag und Nacht

unausforschlich

Ps 145,3 seine Größe ist u. Jes 40,28
GMn 6 die Barmherzigkeit... ist unermeßlich und u.
Eph 3,8 den Heiden zu verkündigen den u. Reichtum Christi

unauslöschlich

Mt 3,12 die Spreu verbrennen mit u. Feuer Lk 3,17

unaussprechbar

Wsh 17,1 groß und u. sind deine Gerichte, Herr

unaussprechlich

Sir 43,31 der Herr ist zu fürchten und u. groß
Rö 8,26 der Geist selbst vertritt uns mit u. Seufzen
2Ko 9,15 Gott sei Dank für seine u. Gabe
12,4 der hörte u. Worte
1Pt 1,8 ihr werdet euch freuen mit u. Freude

unbändig

Spr 7,11 (begegnete ihm eine Frau) wild und u.
9,13 Frau Torheit ist ein u. Weib

unbarmherzig

2Mo 1,13 zwangen die *Israeliten u. zum Dienst
Spr 5,9 daß du nicht gebest deine Jahre einem U.
12,10 das Herz der Gottlosen ist u.
Jer 30,14 habe dich geschlagen mit u. Züchtigung

unbarmherzig

Jer	50,42	sie sind grausam und u.
Klg	4,3	die Tochter meines Volks ist u.
Hes	23,25	daß sie u. an dir handeln sollen
Wsh	12,5	vertilgen, die u. Mörder ihrer Kinder waren
Sir	13,15	u. ist, wer unachtsam redet
	28,4	er ist u. gegen seinesgleichen
	35,22	bis er den U. die Lenden zerschmettert
	37,13	(fragt nicht) einen U., wie man barmherzig
Rö	1,31	(sie sind) unvernünftig, treulos, lieblos, u.
Jak	2,13	es wird ein u. Gericht über den ergehen, der

unbedacht

4Mo	30,7	hat sie u. etwas versprochen 9
Hi	6,3	darum sind meine Worte noch u.
Ps	106,33	daß ihm u. Worte entfuhren
Spr	20,25	ein Fallstrick, u. Gelübde zu tun
Sir	23,13	schwört er u., so sündigt er dennoch
Apg	19,36	sollt ihr nichts U. tun
2Ti	3,4	(die Menschen werden sein) u.

unbedauert

2Ch	21,20	(Joram) ging dahin u.

unbedeckt

1Ko	11,5	eine Frau, die betet mit u. Haupt, die 13

unbefleckt

Wsh	3,13	selig ist die Unfruchtbare, wenn sie u. ist
	4,9	ein u. Leben (ist) das wahre graue Haar
	8,20	da ich edel war, kam ich in einem u. Leib
1Ti	6,14	daß du das Gebot u., untadelig haltest
1Pt	1,4	(wiedergeboren) zu einem u. Erbe
	19	Blut Christi als eines u. Lammes
2Pt	3,14	daß ihr vor ihm u. befunden werdet
Heb	7,26	einen solchen Hohenpriester, der u. ist
	13,4	soll gehalten werden das Ehebett u.
Jak	1,27	ein reiner und u. Gottesdienst vor Gott

unbegraben

2Ma	5,10	wie er viele u. hatte liegen lassen

unbegreiflich

Hi	36,26	Gott ist groß und u.
Ps	147,5	u. ist, wie er regiert
Rö	11,33	wie u. sind seine Gerichte

unbehauen

5Mo	27,6	von u. Steinen diesen Altar bauen
1Ma	4,47	nahmen u. Steine, wie das Gesetz lehrt

unbehelligt

5Mo	33,28	wohnt der Brunnquell Jakobs u.

unbekannt

Hi	19,15	bin ein U. in ihren Augen
	29,16	der Sache des U. nahm ich mich an
Ps	69,9	bin den Kindern meiner Mutter
Jer	22,28	ist in ein u. Land geworden
Hes	3,5	Volk, das u. Worte hat 6
Wsh	11,18	(über sie kommen zu lassen) u. Tiere
	18,3	feurige Säule, die ihnen den u. Weg wies

Wsh	19,13	hatten nur die U. nicht aufgenommen
Apg	17,23	Altar, auf dem stand geschrieben: Dem u. Gott
2Ko	6,9	(als Diener Gottes:) als die U., und doch bekannt
Gal	1,22	ich war u. den christl. Gemeinden in Judäa

unbelehrbar

Wsh	17,1	darum gingen auch die U. in die Irre

unbeliebt

Sir	4,7	mach dich nicht u. in der Gemeinde
	20,5	macht sich u., weil er viel redet

unbelohnt

Mt	10,42	es wird ihm nicht u. bleiben

unbemerkt

Tob	2,3	trug ihn u. in sein Haus

unberufen

2Mo	30,33	wer solche Salbe einem U. gibt

unberührt

4Mo	31,18	Mädchen, die u. sind, laßt leben
2Kö	23,18	so blieben die Gebeine u.
Jdt	12,12	wenn eine solche Frau uns u. entgegen
Sir	42,10	solange sie u. ist, daß sie
1Ko	7,37	er beschließt, seine Jungfrau u. zu lassen

unbeschnitten

1Mo	34,14	unsere Schwester einem u. Mann geben
2Mo	12,48	ein U. darf nicht davon essen
3Mo	19,23	als wären sie unrein wie U.
	26,41	da wird sich ihr u. Herz demütigen
Jos	5,7	beschnitt Josua; denn sie waren noch u.
Ri	14,3	von den Philistern, die u. sind 1Sm 14,6; 17,26.36
	15,18	in die Hände der U. fallen 1Sm 31,4; 1Ch 10,4
2Sm	1,20	daß nicht frohlocken die Töchter der U.
Jes	52,1	wird hinfort kein U. hineingehen
Jer	6,10	ihr Ohr ist u.
	9,25	Heiden sind u., aber Isr. hat ein u. Herz
Hes	28,10	den Tod von U. sterben 31,18; 32,19-32
	44,7	habt Leute mit u. Herzen hineingelassen 9
1Ma	2,46	beschnitten die Kinder, die noch u.
StE	3,11	daß ich die Ehe mit dem U. verabscheue
Apg	7,51	ihr U. an Herzen und Ohren
Rö	2,25	aus einem Beschnittenen ein U. geworden
	26	wenn der U. hält, was recht ist 27
	4,9	diese Seligpreisung, gilt sie auch den U.
	10	als er beschnitten oder als er u. war
1Ko	7,18	ist jemand als U. berufen
	19	beschnitten sein ist nichts, u. sein ist nichts
Eph	2,11	die ihr einst U. genannt wurdet
Kol	2,13	*die ihr tot waret in eurem u. Fleisch*
	3,11	da ist nicht mehr Beschnittener oder U.

Unbeschnittenheit

Kol	2,13	die ihr tot wart in der U.

Unbeschnittensein

Gal 5,6 in Christus gilt weder Beschneidung noch U. etwas 6,15

unbeschwerlich

2Ko 11,9 so habe ich mich euch u. gehalten

unbeständig

Jak 1,8 ein Zweifler ist u. auf allen seinen Wegen

unbestechlich

Wsh 5,19 wird u. Gericht sich aufsetzen als Helm

unbestraft

Wsh 1,6 läßt den Lästerer nicht u.
     11 was ihr redet, wird nicht u. hingehen
Sir 5,4 der Herr wird dich nicht u. lassen
     7,8 schon für das erstemal bleibst du nicht u.
     9,17 daß sie nicht bis in den Tod u. bleiben
     16,11 wie sollte ein Ungehorsamer u. bleiben
     23,2 daß meine Sünden nicht u. bleiben

unbewohnt

Jer 50,13 vor dem Zorn des HERRN wird sie u.
Wsh 11,2 die *Israeliten zogen durch eine u. Wüste

unbewußt

2Ko 2,11 uns ist nicht u., was er im Sinn hat

unbezahlt

Hi 31,39 hab ich seine Früchte u. gegessen

unbezeugt

Apg 14,17 doch hat er sich selbst nicht u. gelassen

unbrauchbar

Wsh 4,5 so wird ihre Frucht u. und taugt nichts

unbußfertig

Rö 2,5 mit deinem u. Herzen häufst dir selbst Zorn an

Undank

Wsh 14,26 (überall herrschen) U., Befleckung der Seelen

undankbar

Wsh 16,29 die Hoffnung der U. wird vergehen
Sir 29,23 ein U. läßt seinen Retter im Stich
1Ma 11,53 war u. für seine Wohltaten StE 5,3
Lk 6,35 er ist gütig gegen die U. und Bösen
2Ti 3,2 die Menschen werden sein u.

undeutlich

1Ko 14,8 wenn die Posaune einen u. Ton gibt

uneben

Jes 40,4 was u. ist, soll gerade werden Lk 3,5

unecht

Wsh 4,3 weil sie aus u. Schößlingen hervorgegangen

unedel

1Ko 1,28 das U. vor der Welt hat Gott erwählt

unehelich

Jh 8,41 wir sind nicht u. geboren

Unehre

Rö 9,21 ein Gefäß zu Ehren... zu U. 2Ti 2,20
1Ko 11,14 für e. Mann eine U., wenn er langes Haar trägt
Jak 2,6 ihr habt dem Armen U. angetan

unehrenhaft

StD 1,63 daß nichts U. an ihr gefunden worden

Uneinigkeit

2Ma 4,4 daß viel Unheil aus solcher U. kommen würde

uneins

Ps 55,10 mache ihre Zunge u., Herr
Spr 16,28 ein Verleumder macht Freunde u. 17,9
Mt 12,25 jedes Reich, das mit sich selbst u. ist 26; Mk 3,24-26; Lk 11,17.18
Lk 12,52 werden fünf in einem Hause u. sein
Apg 28,25 sie waren aber untereinander u.

uneinsichtig

2Ma 11,13 Lysias aber war kein u. Mann

unendlich

Heb 7,16 nach der Kraft des u. Lebens

unentrinnbar

Wsh 17,14 u. Nacht, aus den Schlupfwinkeln des u. Totenreichs

unentwegt

Jo 2,7 ein jeder zieht u. voran

unerbittlich

Jes 47,3 will mich rächen, u.
Wsh 18,16 ein Schwert, nämlich dein u. Gebot

unerfahren

Sir 51,31 kommt her zu mir, ihr U.
Heb 5,13 der ist u. in dem Wort der Gerechtigkeit

unerforschlich

unerforschlich
Spr 25,3 der Könige Herz ist u.
Rö 11,33 wie u. (sind) seine Wege

unerfüllt
Tob 14,6 das Wort des Herrn wird nicht u. bleiben
StE 7,2 nichts davon ist u. geblieben

unerhört
2Ma 9,6 andere Leute mit u. Martern geplagt

unerkannt
Ps 90,8 stellst unsre u. Sünde ins Licht

unerlaubt
Apg 10,28 *ein u. Ding einem jüdischen Mann*

unermeßlich
Jer 52,20 das Kupfer dieser Geräte war u. viel
Nah 3,9 Kusch und Ägypten waren ihre u. Macht
Jdt 2,10 Gold und Silber nahm er u. viel
Wsh 7,11 u. Reichtum war in ihrer Hand
Tob 12,4 so hat er uns u. viel Gutes getan
Bar 3,25 sie ist groß und u. hoch
2Ma 3,6 daß der Tempelschatz u. reich sei
GMn 6 die Barmherzigkeit, die du verheißt, ist u.

unermüdlich
Wsh 16,20 u. gewährtest du ihnen Brot vom Himmel

unersättlich
Spr 27,20 der Menschen Augen sind auch u.
Sir 31,20 sei kein u. Vielfraß 24; 37,33

unerschöpflich
Jer 5,15 ein Volk von u. Kraft
Wsh 7,14 sie ist für die Menschen ein u. Schatz
8,18 daß durch Arbeit u. Reichtum kommt

unerschrocken
Sir 4,9 sei u., wenn du ein Urteil sprechen sollst
1Ma 2,64 darum, liebe Kinder, seid u. 3,58
4,35 daß die Juden dagegen u. waren
Apg 24,10 will ich meine Sache u. verteidigen

unerschütterlich
1Ko 15,58 darum, meine lieben Brüder, seid fest, u.
Heb 12,28 weil wir ein u. Reich empfangen

unersteigbar
Jer 51,53 wenn Babel seine Mauern u. hoch machte

unerträglich
Hes 23,32 zu Spott werden, daß es u. sein wird
Sir 27,14 die Rede der Narren ist u.
Mt 23,4 sie binden schwere und u. Bürden Lk 11,46

unerwartet
Dan 8,25 u. wird er viele verderben
11,21 der wird u. kommen 24
Wsh 11,7 ihnen gabst du ganz u. reichlich Wasser
2Ma 9,24 falls sich etwas U. ereignete
12,37 stürmte auf die Leute des Gorgias u. los
14,22 falls die Feinde doch u. eine Falle stellen

unerzogen
Sir 20,21 im Munde u. Leute gang und gäbe 26
21,26 der ist u., der an der Tür horcht

unfähig
Wsh 13,18 er fleht zu dem U. um Hilfe
Mt 19,12 andere sind von Menschen zur Ehe u. gemacht

Unfall
1Mo 42,4 es könnte ihm ein U. begegnen 38; 44,29

unfaßbar
Jer 33,3 will dir kundtun große und u. Dinge

Unflat
Jes 4,4 wenn der Herr den U. Zions abwaschen wird
28,8 alle Tische sind voll Gespei und U.
Klg 1,9 ihr U. klebt an ihrem Saum
Off 17,4 *hatte einen Becher, voll Greuel und U.*

unfrei
Jer 2,14 ist denn Israel Sklave oder u. geboren
1Ko 12,13 *wir seien U. oder Freie*

unfreundlich
5Mo 15,9 deinen armen Bruder nicht u. ansiehst
Sir 18,18 eine u. Gabe führt zu Tränen
2Ma 14,30 merkte, daß er sich u. verhielt

Unfriede
5Mo 28,20 der HERR wird unter dich senden U.
Sir 40,4 da sind Kummer, U. und Todesfurcht
Heb 12,15 daß nicht eine bittere Wurzel U. anrichte

unfruchtbar
1Mo 11,30 Sarai war u. 25,21; 29,31; Ri 13,2.3; Heb 11,11
2Mo 23,26 keine Frau in deinem Lande u. 5Mo 7,14
1Sm 2,5 die U. hat sieben geboren
2Kö 2,19 böses Wasser, und es macht u.
Hi 3,7 jene Nacht sei u.
15,34 die Rotte der Ruchlosen wird u. bleiben
24,21 er hat bedrückt die U.
Ps 113,9 der die U. im Hause zu Ehren bringt
Hl 4,2 keines unter ihnen ist u. 6,6
Jes 49,21 ich war u., einsam, vertrieben
54,1 rühme, du U. Gal 4,27
Jer 17,6 im u. Lande, wo niemand wohnt
Hos 9,14 gib ihnen u. Leiber
Mal 3,11 daß der Weinstock euch nicht u. sei

Wsh	3,13	selig ist die U., wenn sie unbefleckt ist
Lk	1,7	Elisabeth war u. 36
	23,29	selig sind die U. und die Leiber, die
Eph	5,11	habt nicht Gemeinschaft mit den u. Werken
2Pt	1,8	wird's euch nicht faul und u. sein lassen
Jud	12	(sie sind) kahle, u. Bäume

Unfruchtbarkeit

2Kö	2,21	soll weder Tod noch U. von ihm kommen

ungebahnt

Ri	5,6	die wanderten auf u. Wegen
Ps	107,4	die irregingen auf u. Wege
Jer	2,6	der HERR leitete uns im u. Lande
	18,15	lassen sie nun gehen auf u. Straßen

ungebändigt

Sir	30,8	ein u. Pferd wird störrisch

ungebärdig

Sir	30,8	ein zügelloser Sohn wird u.
1Ko	13,5	*(die Liebe) stellet sich nicht u.*

ungebildet

Sir	8,5	treibe nicht deinen Scherz mit einem U.

ungeduldig

Hi	21,4	warum sollte ich nicht u. sein
Spr	3,11	sei nicht u., wenn er dich zurechtweist
	14,29	wer u. ist, offenbart seine Torheit
Jdt	8,22	laßt uns nicht u. werden in diesem Leiden

ungeeignet

Apg	27,12	da der Hafen zum Überwintern u. war

ungefärbt

2Ko	6,6	(als Diener Gottes:) in u. Liebe
1Ti	1,5	die Hauptsumme ist Liebe aus u. Glauben
2Ti	1,5	ich erinnere mich an den u. Glauben in dir
1Pt	1,22	habt ihr eure Seelen gereinigt zu u. Bruderliebe

ungefreit

Ps	78,63	ihre Jungfrauen mußten u. bleiben

ungeheuer

Dan	8,24	(ein König) wird u. Unheil anrichten

ungeheuerlich

Dan	11,36	gegen Gott wird er U. reden

ungehindert

Wsh	7,22	wohnt in ihr ein Geist, u., wohltätig
	17,20	die Welt ging u. ihren Geschäften nach
Apg	28,31	lehrte von dem Herrn mit allem Freimut u.
1Ko	7,35	damit ihr u. dem Herrn dienen könnt

ungehörig

1Ko	13,5	(die Liebe) verhält sich nicht u.

ungehorsam

4Mo	17,25	damit er verwahrt werde für die U.
	20,10	höret, ihr U.
	24	weil ihr meinem Munde u. gewesen 27,14; 5Mo 1,26.43; 9,23; 1Kö 13,21.26
5Mo	9,7	seid u. gewesen dem HERRN 24; 31,27
	21,18	wenn jemand einen u. Sohn hat 20
Jos	1,18	wer deinem Mund u. ist
1Sm	12,14	dem Munde des HERRN nicht u. sein 15
Neh	9,26	wurden u. und widerstrebten dir
Ps	78,8	nicht würden ein u. Geschlecht
	105,28	blieben u. seinen Worten
	106,7	unsre Väter waren u. am Meer
	107,11	weil sie Gottes Geboten u. waren
Jes	1,20	weigert ihr euch aber und seid u.
	30,9	sie sind u. Volk
	50,5	bin nicht u. und weiche nicht zurück
	65,2	streckte m. Hände aus nach einem u. Volk
Jer	5,23	dies Volk hat ein u. Herz
	49,4	was rühmst du dich, du u. Tochter
Klg	1,18	bin seinem Worte u. gewesen 20
	3,42	wir haben gesündigt und sind u. gewesen
Hes	5,6	war u. als die Länder... ringsumher
	20,8	waren mir u. 13.21; Hos 7,14
Hos	14,1	Samaria ist seinem Gott u.
Jdt	11,5	Macht gegeben, die U. zu bestrafen
Sir	1,34	sei nicht u. dem Gebot der Gottesfurcht
	16,7	Gottes Zorn entbrannte über das u. Volk
	11	hinweggerafft, weil sie allesamt u. waren
	23,33	erstens ist sie dem Gebot des Höchsten u.
	30,12	damit er nicht dir u. wird
StE	1,4	ein einziges Volk unsern Geboten u. ist
Lk	1,17	zu bekehren die U. zu der Klugheit der Gerechten
Apg	26,19	war ich der himml. Erscheinung nicht u.
Rö	1,30	(sie sind) hochmütig, den Eltern u. 2Ti 3,2
	11,30	wie ihr zuvor Gott u. gewesen seid 1Pt 3,20
	31	so sind auch jene jetzt u. geworden
1Ti	1,9	(Gesetz gegeben) den U.
Tit	1,6	Kinder, die nicht im Ruf stehen, u. zu sein
	3,3	auch wir waren früher unverständig, u.
Heb	3,18	wem aber schwor er, wenn nicht den U.
	11,31	kam die Hure Rahab nicht mit den U. um

Ungehorsam

5Mo	31,27	ich kenne deinen U.
1Sm	15,23	denn U. ist Sünde wie Zauberei
Jes	59,13	Frevel reden und U.
Jer	2,19	dein U. (ist schuld), daß du so gestraft
	3,22	so will ich euch heilen von eurem U.
	5,6	sie bleiben in ihrem U.
	14,7	unser U. ist groß, womit wir gesündigt
Hes	21,29	weil euer U. offenbar geworden ist
Rö	5,19	wie durch den U. des einen Menschen
	11,30	Barmherzigkeit erlangt wegen ihres U.
	32	Gott hat alle eingeschlossen in den U.
2Ko	10,6	so sind wir bereit, zu strafen allen U.
Eph	2,2	Geist, der am Werk ist in den Kindern des U.
	5,6	der Zorn Gottes über die Kinder des U. Kol 3,6
Heb	2,2	jeder U. den rechten Lohn empfing
	4,6	nicht dahin gekommen wegen des U.
	11	damit nicht jemand zu Fall komme durch den gleichen U.

ungeistlich

1Ti	1,9	Gesetz gegeben den Unheiligen und U.
	4,7	die u. Altweiberfabeln weise zurück
	6,20	meide das u. Geschwätz 2Ti 2,16

ungelehrt

Apg	4,13	merkten, daß sie u. und einfache Leute waren

ungeliebt

1Mo	29,31	als der HERR sah, daß Lea u. war 33
5Mo	21,15	beide, die er liebhat, und die u. 16.17
Jes	60,15	dafür, daß du die U. gewesen bist
Sir	7,28	einer u. (Frau) vertrau dich nicht an

Ungemach

Hi	3,26	da kam schon wieder ein U.
Heb	11,25	*Mose wollte viel lieber U. leiden*
	37	*sie sind umhergezogen mit U.*

ungenäht

Jh	19,23	das war u., von oben an gewebt in einem Stück

ungenutzt

Wsh	14,5	willst, daß nichts u. bleibt, was

ungeordnet

Jdt	15,5	weil die Assyrer in u. Flucht davonjagten

ungeraten

Sir	22,3	ein u. Sohn ist für s. Vater eine Schande

ungerecht

2Mo	18,21	wahrhaftig und dem u. Gewinn feind
Hi	16,11	Gott hat mich übergeben dem U.
	18,21	so geht's der Wohnung des U.
	22,15	Weg der Vorzeit, auf dem die U. gegangen
	27,7	meinem Feind soll es gehen wie dem U.
	29,17	ich zerbrach die Kinnbacken des U.
	31,3	wäre es nicht Verderben für den U.
	34,10	sollte handeln der Allmächtige u.
Ps	71,4	hilf mir aus der Hand des U.
Spr	11,7	das Harren der U. wird zunichte
	29,27	ein u. Mensch ist dem Gerechten ein Greuel
Hes	18,20	die Ungerechtigkeit des U. soll auf ihm
	27	wenn sich der U. abkehrt
	21,8	will ausrotten Gerechte und U. 9
Wsh	3,19	die U. nehmen ein schlimmes Ende
	4,16	es verurteilt der Frühvollendete den U.
	10,3	als ein U. von ihm abfiel
	12,12	hintreten als Verteidiger für u. Menschen
	13	beweisen müßtest, daß du nicht u. richtest
	23	daher quältest du auch die U.
	14,31	über die Bosheit der U. kommt nicht
	16,19	um die Früchte des u. Landes zu verderben
	24	um die U. zu bestrafen
	17,2	als die U. meinten... unterdrücken zu können
Sir	35,15	verlaß dich nicht auf ein u. Opfer
	23	(bis er) die Macht der U. zerschlägt

Sir	40,15	Wurzel der U. steht auf einem... Felsen
StD	1,53	als du u. Urteile gesprochen hast
	3,8	uns übergeben dem u., grausamsten König
Mt	5,45	er läßt regnen über Gerechte und U.
Lk	16,8	*der Herr lobte den u. Haushalter*
	9	macht euch Freunde mit dem u. Mammon
	10	wer im Geringsten u. ist, auch im Großen
	11	wenn ihr mit dem u. Mammon nicht treu seid
	18,6	hört, was der u. Richter sagt
	11	*daß ich nicht bin wie... Räuber, U.*
Apg	24,15	daß es eine Auferstehung der U. geben wird
Rö	3,5	ist Gott dann nicht u., wenn er zürnt
	9,14	ist denn Gott u.
1Ko	6,1	wagen, sein Recht zu suchen vor den U.
	9	daß die U. das Reich Gottes nicht ererben
1Ti	1,9	(Gesetz gegeben) den U.
1Pt	3,18	hat gelitten der Gerechte für die U.
2Pt	2,9	die U. festzuhalten für den Tag des Gerichts
Heb	6,10	Gott ist nicht u.

Ungerechtigkeit

Ps	125,3	ihre Hand nicht ausstrecken zur U.
Hes	18,20	die U. soll auf ihm allein liegen
	27	sich abkehrt von seiner U.
Wsh	1,5	wird geschmäht, wenn U. ihm naht
	11,15	Gedanken, die aus ihrer U. kamen
Sir	17,17	alle ihre U. sind ihm nicht verborgen
Mt	24,12	weil die U. überhandnehmen wird, wird die Liebe erkalten
Jh	7,18	keine U. ist in ihm
Apg	1,18	Acker erworben mit dem Lohn für seine U.
	8,23	sehe, daß du bist verstrickt in U.
Rö	1,29	voll von aller U.
	2,8	Zorn denen, die gehorchen der U.
	3,5	daß unsre U. Gottes Gerechtigkeit ins Licht stellt
	4,7	selig, denen die U. vergeben sind
	6,13	der Sünde eure Glieder als Waffen der U.
		an den Dienst der U. zu immer neuer U.
1Ko	13,6	(die Liebe) freut sich nicht über die U.
2Ko	6,14	was hat Gerechtigkeit zu schaffen mit U.
2Th	2,10	mit jeglicher Verführung zur U.
	12	gerichtet, die Lust hatten an der U.
2Ti	2,19	es lasse ab von U.
Tit	2,14	damit er uns erlöste von aller U. 1Jh 1,9
2Pt	2,13	(sie werden) den Lohn der U. davontragen
	15	der den Lohn der U. liebte
1Jh	5,17	jede U. ist Sünde
Heb	1,9	du hast... gehaßt die U.
	8,12	ich will gnädig sein ihrer U. 10,17
Jak	3,6	die Zunge ist ein Feuer, eine Welt voll U.

ungern

Sir	29,10	mancher leiht u., nicht aus Bosheit
	31,18	überlege dir, was dein Nächster u. hat

ungerufen

Est	4,11	jeder, der u. zum König hineingeht

ungesäuert (s.a. ungesäuertes **Brot**)

1Mo	19,3	backte u. Kuchen, und sie aßen
2Mo	29,2	nimm u. Kuchen, mit Öl vermengt 3Mo 2,4.5; 7,12; 8,26; 4Mo 6,15.19
3Mo	2,4	u. Fladen, mit Öl bestrichen 7,12; 4Mo 6,15. 19; 1Ch 23,29

3Mo 6,9 sollen es u. essen an heiliger Stätte 10,12
5Mo 16,3 sieben Tage sollst du U. essen 8
1Ko 5,7 wie ihr ja u. seid
    8 im u. Teig der Lauterkeit und Wahrheit

ungeschändet

Hes 20,39 meinen heiligen Namen laßt u.

ungeschickt

2Mo 6,12 dazu bin ich u. zum Reden 30
2Ko 11,6 wenn ich u. bin in der Rede

ungeschliffen

Pr 10,10 wenn ein Eisen an der Schneide u. bleibt

ungesegnet

Jer 20,14 der Tag soll u. sein

Ungesetzlichkeit

2Ma 11,31 daß niemand für U. belangt werden soll

ungestaltet

Wsh 11,17 die die Welt aus u. Stoff geschaffen hat

ungestillt

Pr 6,7 sein Verlangen bleibt u.

ungestört

Jer 48,11 Moab ist von seiner Jugend an u. gewesen

ungestraft

2Mo 20,7 der HERR wird den nicht u. lassen, der 5Mo 5,11
    34,7 vergibt Sünde, aber u. läßt er niemand
4Mo 14,18 der HERR läßt niemand u.
1Sm 26,9 wer könnte... und u. bleiben
Spr 6,29 es bleibt keiner u., der sie berührt
    11,21 der Böse bleibt nicht u.
    16,5 stolzes Herz wird nicht u. bleiben 17,5
    19,5 ein falscher Zeuge bleibt nicht u. 9
Jer 25,29 solltet u. bleiben? Ihr sollt nicht u. 49,12
    30,11 u. kann ich dich nicht lassen 46,28
Hos 8,5 sie können doch nicht u. bleiben

ungestüm, Ungestüm

Hi 8,2 sollen die Reden so u. daherfahren
Ps 46,4 wenngleich von seinem U. Berge einfielen
    89,10 du herrschest über das u. Meer
Spr 27,4 Grimm ist u.
Jes 25,5 du demütigst der Fremden U.
    57,20 die Gottlosen sind wie das u. Meer
Jer 6,23 sie brausen daher wie ein u. Meer
Hes 1,4 siehe, es kam ein u. Wind
Jon 1,11 das Meer ging immer u. 13
Ze 1,15 dieser Tag ist ein Tag des U.
Mt 8,24 *da erhob sich ein großes U. im Meer*
Lk 23,5 sie aber wurden noch u.
Apg 21,35 wegen des U. des Volkes

ungesühnt

Jo 4,21 will ihr Blut nicht u. lassen

ungesund

Sir 37,30 was für ihn u. ist, das gib ihm nicht

ungeteilt

1Kö 8,61 euer Herz sei u. bei dem HERRN 15,14
    11,4 sein Herz nicht u. bei dem HERRN 15,3
Jes 38,3 wie ich vor dir u. Herzens gewandelt bin

ungetreu

StE 5,5 wieviel Unrecht solche u... anrichten
Lk 16,8 der Herr lobte den u. Verwalter

ungewaschen

Mt 15,20 mit u. Händen essen, macht den Menschen nicht unrein Mk 7,2

ungewiß

Jh 10,24 wie lange hältst du uns im U.
1Ko 9,26 ich laufe nicht wie aufs U.
1Th 4,13 wir wollen euch nicht im U. lassen
1Ti 6,17 *nicht hoffen auf den u. Reichtum*

Ungewitter

Ps 83,16 erschrecke sie mit deinem U.
    107,29 stillte das U.
Jes 17,14 gejagt wie wirbelnde Blätter vom U.
    25,4 du bist eine Zuflucht vor dem U.
    29,6 Heimsuchung kommt mit U.
Jer 23,19 wird ein schreckl. U. niedergehen 30,23
Jon 1,4 es erhob sich ein großes U. 12
Mt 16,3 *es wird heute U. sein*
Apg 27,18 da wir großes U. erlitten 20
Heb 12,18 nicht in Dunkelheit und Finsternis und U.

ungewogen

1Kö 7,47 Salomo ließ alle Geräte u.

ungewöhnlich

3Mo 15,25 wenn eine Frau den Blutfluß... zu u. Zeit
Wsh 16,16 durch u. Regengüsse verfolgt
    19,5 damit jene einen u. Tod fänden

Ungeziefer

5Mo 28,42 alle Bäume d. Landes wird das U. fressen
Ps 78,45 als er U. unter sie schickte 105,31
Wsh 11,15 verführt, unvernünftiges U. anzubeten
    16,1 wurden durch eine Menge U. gequält

Unglaube

Mt 13,58 nicht viele Zeichen wegen ihres U.
    24,12 *weil der U. wird überhandnehmen*
Mk 6,6 er wunderte sich über ihren U.
    9,24 ich glaube; hilf meinem U.
    16,14 schalt ihren U. und ihres Herzens Härte
Rö 4,20 er zweifelte nicht durch U.
    11,20 sie wurden ausgebrochen um ihres U. willen

Unglaube

Rö	11,23	sofern sie nicht im U. bleiben
	30	Barmherzigkeit erlangt durch ihren U.
	32	Gott hat alle beschlossen unter den U.
Eph	2,2	der sein Werk hat in den Kindern des U.
1Ti	1,13	ich habe es unwissend getan, im U.
Heb	3,19	nicht dahin kommen konnten wegen des U.

ungläubig

Wsh	10,7	die dasteht als Denkmal einer u. Seele
	18,13	während sie vorher ganz u. waren
Mt	17,17	du u. und verkehrtes Geschlecht Mk 9,19; Lk 9,41
Lk	12,46	wird ihm sein Teil geben bei den U.
Jh	20,27	sei nicht u., sondern gläubig
Apg	14,2	die Juden, die u. blieben
Rö	15,31	damit ich errettet werde von den U. in Judäa
1Ko	6,6	vielmehr rechtet ein Bruder mit dem andern, und das vor U.
	7,12	wenn ein Bruder eine u. Frau hat 13.14
	15	wenn der U. sich scheiden will
	10,27	wenn euch einer von den U. einlädt
	14,22	ist die Zungenrede ein Zeichen für die U.
	23	es kämen Unkundige oder U. hinein 24
2Ko	4,4	den U., denen der Gott dieser Welt
	6,14	zieht nicht am fremden Joch mit den U.
	15	was für ein Teil hat der Gläubige mit dem U.
Tit	1,15	den Unreinen und U. ist nichts rein
1Pt	2,7	für die U. ist der Stein, den die Bauleute
Heb	3,12	daß keiner unter euch ein u. Herz habe
Off	21,8	die Feigen und U. und Frevler

unglaublich

Apg	26,8	warum wird das bei euch für u. gehalten

Unglück

1Mo	34,30	habt mich ins U. gestürzt
	41,51	Gott hat mich vergessen lassen mein U.
2Mo	32,12	er hat sie zu ihrem U. herausgeführt
4Mo	11,15	damit ich nicht mein U. sehen muß
5Mo	28,20	wird unter dich senden Unruhe und U.
	31,17	wenn sie dann viel U. treffen wird 21
	32,23	will alles U. über sie häufen
	35	die Zeit ihres U. ist nahe
Jos	6,18	das Lager Isr. in Bann und U. zu bringen
Ri	20,34	daß sie das U. treffen würde 41
1Sm	14,29	mein Vater bringt das Land ins U.
	24,10	die da sagen: David sucht dein U.
2Sm	16,8	nun steckst du in deinem U.
	22,19	überwältigten mich z. Z. meines U. Ps 18,19
1Kö	18,17	du, der Israel ins U. stürzt 18
2Kö	14,10	warum suchst du dein U. 2Ch 25,19
1Ch	2,7	Achan, der Israel ins U. brachte
	7,23	weil in seinem Hause U. war
2Ch	20,9	wenn U. oder Hungersnot über uns kommen
Neh	1,3	die Entronnenen sind in großem U. 2,17
Est	7,7	sah, daß sein U. beschlossen war
Hi	2,11	als die Freunde Hiobs das U. hörten
	3,10	hat nicht verborgen das U.
	12,5	dem U. gebührt Verachtung
	15,35	sie gebären U.
	18,12	U. steht bereit 21,17
	21,19	Gott spart das U. auf
	31,3	wäre es nicht U. für den Übeltäter
	29	mich erheben, weil ihn U. getroffen
	42,11	trösteten ihn über alles U.
Ps	23,4	fürchte ich kein U.
	34,22	den Gottlosen wird das U. töten Spr 14,32
	35,4	zuschanden werden, die mein U. wollen 26; 40,15; 71,13.24
	38,13	die mein U. suchen, bereden, wie sie
	57,2	habe ich Zuflucht, bis das U. vorübergehe
	90,15	nachdem wir so lange U. leiden
	107,12	daß er ihr Herz durch U. beugte 39
	140,10	das U. komme über sie selber
Spr	1,26	will ich auch lachen bei eurem U.
	27	wenn kommt euer U. wie ein Wetter
	33	wer mir gehorcht, wird kein U. fürchten
	5,14	ich wäre fast ganz ins U. gekommen
	12,21	die Gottlosen werden voll U. sein 24,16
	13,17	ein gottloser Bote bringt ins U.
	20	wer der Toren Geselle ist, wird U. haben
	17,5	wer sich über eines andern U. freut
	20	wer falscher Zunge ist, wird in U. fallen
	22,3	der Kluge sieht das U. kommen 27,12
	8	wer Unrecht sät, der wird U. ernten
	24,2	ihre Lippen raten zum U.
	17	dein Herz sei nicht froh über sein U.
	28,14	wer s. Herz verhärtet, wird in U. fallen
	31,7	daß sie ihres U. nicht mehr gedenken
Pr	2,21	das ist eitel und ein großes U.
	6,1	ein U., das ich sah unter der Sonne 9,3; 10,5
	8,9	ein Mensch herrscht über... zu seinem U.
	11,2	du weißt nicht, was für U. kommen wird
Jes	3,9	damit bringen sie sich selbst in U.
	47,11	nun wird über dich U. kommen
Jer	24,9	will sie zum Bild des U. machen
	40,2	der HERR hat dies U. vorhergesagt
	44,17	es ging uns gut, und wir sahen kein U.
	48,16	sein U. eilt herbei
	49,32	von allen Seiten her will ich ihr U.
Klg	1,21	alle meine Feinde hören mein U.
Hes	6,10	solches U. ihnen zu tun
	7,5	es kommt ein U. über das andere 26
Dan	9,12	ein so großes U. hat kommen lassen 13.14
Hos	13,9	Israel, du bringst dich ins U.
Am	3,6	ist etwa ein U., das der HERR nicht tut
	9,10	sagen: Es wird das U. nicht so nahe sein
Ob	13	sollst nicht herabsehen auf sein U.
Mi	1,12	es wird das U. vom Herrn kommen
	3,11	sprecht: Es kann kein U. über uns kommen
Nah	1,9	es wird das U. nicht zweimal kommen
Hab	2,9	unrecht Gewinn macht zum U. seines Hauses
Sir	7,2	fern vom Unrecht, so trifft dich kein U.
	8,18	damit er dich nicht ins U. bringt 13,11
	11,14	es kommt alles von Gott: Glück und U.
	20,9	manches U. führt einen zum Guten
	29,15	der wird dich erretten aus allem U.
	36,22	ein... Mensch kann einen ins U. bringen
	40,9	(widerfährt allem Fleisch:) U., Hunger
Bar	2,7	alles U... ist über uns gekommen
	9	der Herr hat dies U. gewollt
	4,18	nur der dies U. über euch gebracht hat, wird
	6,49	wenn ein U. kommt, beraten sich die Priester
	50	wenn sie... noch vor U. schützen können
1Ma	3,59	besser... als das U. unsres Volks zu sehen
	6,13	jetzt weiß ich, woher dies U. kommt
2Ma	2,19	wie er uns aus großem U. errettet hat
	4,1	Onias habe sein U. angestiftet
	47	Menelaus, der doch alles U. angerichtet hatte
	5,6	daß Kriegsglück das größte U. ist
	6,15	wenn er uns durch ein U. erzieht
	14,8	durch ihre Unvernunft wird unser Volk ins U. stürzen

2Ma	14,14	hofften, das U. der Juden sollte ihr Glück sein
StE	5,4	um... in U. bringen zu können

unglücklich

Ps	10,10	durch seine Gewalt fallen die U.
Bar	4,31	u. sollen werden, die dir Leid angetan 32

unglückselig

Wsh	3,11	wer Zucht verachtet, ist ein u. Mensch
	13,10	die sind u. und setzen ihre Hoffnung

Ungnade

Ps	69,25	gieß deine U. über sie aus
	85,5	laß ab von deiner U. über uns
Spr	19,12	U. des Königs wie das Brüllen eines Löwen
Jes	10,25	so wird meine U. ein Ende haben
Jdt	8,10	das dient dazu, zu finden Zorn und U.
Rö	2,8	U. und Zorn denen, die

ungnädig

2Ma	10,26	daß Gott ihren Feinden u. sein wolle

ungöttlich

2Ti	2,16	es führt mehr und mehr zu u. Wesen
Tit	2,12	daß wir absagen dem u. Wesen

ungütig

2Ti	3,3	*(werden die Menschen sein) lieblos, u.*

Unheil

1Mo	19,19	könnte mich sonst das U. ereilen
2Mo	32,12	laß dich des U. gereuen
	14	gereute den HERRN das U. Jer 18,8; 42,10
4Mo	23,21	man sieht kein U. in Jakob
5Mo	29,20	(der HERR) wird ihn zum U. absondern
	31,29	wird euch am Ende der Tage das U. treffen
Ri	2,15	war des HERRN Hand wider sie zum U.
1Sm	25,17	es ist gewiß ein U. beschlossen
2Sm	12,11	ich will U. kommen lassen 1Kö 14,10; 21,21.29; 2Kö 21,12; 22,16.20; 2Ch 34,24.28; Jes 15,9; Jer 6,19; 11,11.23; 18,11; 19,3.15; 23,12; 35,17; 36,31; 39,16; 45,5; 49,8.37
	18	könnte ein U. anrichten
	15,14	damit (Absalom) nicht U. über uns bringt
	17,14	damit der HERR U. über Absalom brächte
	22,5	die Fluten des U. erschreckten mich
1Kö	9,9	darum hat der HERR dies U. gebracht 2Ch 7,22; Neh 13,18; Jer 32,23.42
	21,29	U. nicht kommen l. zu seinen Lebzeiten
	22,23	hat U. gegen dich geredet 2Ch 18,22
Est	8,6	wie kann ich dem U. zusehen
Hi	4,8	die Frevel pflügten und U. säten 5,6
	5,7	der Mensch erzeugt sich selbst das U.
	18,12	U. hungert nach ihm
Ps	10,7	seine Zunge richtet Mühsal und U. an
	35,8	unversehens soll ihn U. überfallen
	17	errette doch meine Seele vor ihrem U.
	41,9	U. ist über ihn ausgegossen
	55,4	wollen U. über mich bringen
	11	Mühsal und U. ist drinnen
	94,20	der Bösen, die U. schaffen
Spr	13,21	U. verfolgt die Sünder

Spr	16,27	ein heilloser Mensch gräbt nach U.
	24,22	wird von beiden her das U. kommen
Pr	10,4	Gelassenheit wendet großes U. ab
Jes	10,3	was wollt ihr tun am Tage des U.
	29,20	darauf aus, U. anzurichten 32,6
	31,2	er bringt U. herbei
	45,7	der ich Frieden gebe und schaffe U.
	47,11	U. wird auf dich fallen
	59,4	mit u. sind sie schwanger
Jer	1,14	von Norden her U. 4,6; 6,1
	2,3	U. mußte über ihn kommen
	11,17	der HERR Zebaoth hat dir U. angedroht
	16,10	warum kündigt der HERR dies große U. an
	17,16	dich nie gedrängt, U. kommen zu lassen
	18	laß den Tag des U. über sie kommen 46,21
	21,10	habe mein Angesicht... zum U. 44,11
	23,17	sagen: Es wird kein U. über euch kommen
	25,6	damit ich euch nicht U. zufügen muß 7
	29	bei der Stadt fange ich an mit dem U.
	26,19	wir würden U. über uns bringen
	28,8	Propheten haben geweissagt von U.
	36,3	vielleicht, wenn sie hören von all dem U.
	38,4	der Mann sucht, was zum U. dient
	42,17	es soll keiner dem U. entrinnen
	44,2	habt gesehen all das U.
	7	warum tut ihr euch selbst U. an 23
	27	will über sie wachen zum U. 29
	51,2	Babel... am Tage des U. 60.64
Hes	11,2	das sind die Männer, die U. planen
	14,22	werdet euch trösten über das U.
Dan	8,24	wird ein ungeheures U. anrichten
Hab	2,9	in der Höhe baue, um dem U. zu entrinnen
Ze	3,15	daß du dich vor keinem U. fürchten mußt
	18	nehme ich dir ihn hinweg das U.
Wsh	16,8	daß du es bist, der aus allem U. erlösen kann
	18,21	der... Mann machte dem U. ein Ende
Sir	3,30	nichts als U. kann daraus erwachsen
	12,17	wenn dir U. widerfährt, ist er
2Ma	4,4	daß viel U. aus solcher Uneinigkeit kommen
StE	6,6	sie befürchteten U. für sich

unheilbar

Jer	14,17	die Tochter meines Volks ist u. verwundet
	30,12	deine Wunden sind u. Nah 3,19
Mi	1,9	u. ist die Plage des HERRN

unheilig

3Mo	10,10	unterscheiden, was heilig und u. ist Hes 22,26; 44,23
Ps	43,1	führe meine Sache wider das u. Volk
Hes	21,30	Fürst in Israel, du u. Frevler 34
	42,20	damit das Heilige von dem U. geschieden
Mal	1,12	ihr sagt: Des Herrn Tisch ist u.
1Ma	4,43	trugen die Steine weg an einen u. Ort
1Ti	1,9	(Gesetz gegeben) den U. und Ungeistlichen

Unheilsgedanke

Jes	59,7	ihre Gedanken sind U.

Unheilswerk

Jes	59,6	ihre Werke sind U.

unheimlich

Hes	1,22	wie ein Kristall, u. anzusehen

unhörbar

Ps 19,4 u. ist ihre Stimme

unkenntlich

1Sm 28,8 Saul machte sich u. und ging hin

Unkenntnis

2Ma 11,31 Ungesetzlichkeiten, aus U. begangen

Unkeuschheit

Sir 23,6 laß mich nicht in Wollust und U. geraten
1Ko 7,2 um der U. willen

Unkraut

Hi 31,40 sollen wachsen... U. statt Gerste
1Ma 4,38 daß der Platz umher mit U. bewachsen war
Mt 13,25 Feind säte U. zwischen den Weizen 26.27
29 den Weizen ausrauft, wenn ihr das U. ausjätet
30 sammelt zuerst das U. und bindet es in Bündel
36 deute uns das Gleichnis vom U. 38.40

Unkrautfeld

Ze 2,9 Moab soll werden ein U.

unkundig

1Ko 14,16 wie soll der, der als U. dabeisteht, das Amen sagen auf dein Dankgebet
23 es kämen aber U. hinein 24

unlauter

1Th 2,3 unsre Ermahnung kam nicht aus u. Sinn

unleidlich

Wsh 2,15 er ist uns u., wenn er sich nur sehen läßt

unmenschlich

2Ma 15,2 baten, er möchte sie nicht so u. umbringen

unmöglich

1Mo 18,14 sollte dem HERRN etwas u. sein Jer 32,27; Sa 8,6
2Sm 13,2 es schien Ammon u., ihr etwas anzutun
Jer 32,17 ist kein Ding vor dir u. Lk 1,37
Wsh 12,9 es war dir zwar nicht u., die Gottlosen
16,15 u. ist's, deiner Hand zu entfliehen
Mt 17,20 euch wird nichts u. sein
19,26 bei Menschen ist's u. Mk 10,27; Lk 18,27
Lk 17,1 es ist u., daß keine Verführungen kommen
Apg 2,24 u., daß er vom Tode festgehalten werden konnte
Rö 8,3 was dem Gesetz u. war, das tat Gott
Heb 6,4 u., die, die einmal erleuchtet worden (... wieder zu erneuern zur Buße)
18 es ist u., daß Gott lügt
10,4 es ist u., durch das Blut Sünden wegzunehmen
11,6 ohne Glauben ist's u., Gott zu gefallen

unmündig

Ps 116,6 der HERR behütet die U.
Klg 2,11 die U. auf den Gassen verschmachten
Wsh 10,21 machte die Sprache der U. verständlich
Mt 11,25 weil du dies den U. offenbart (hast) Lk 10,21
21,16 aus dem Munde der U. hast du... bereitet
Rö 2,20 (zu sein) ein Lehrer der U.
1Ko 3,1 reden wie zu u. Kindern in Christus
Gal 4,1 solange der Erbe u. ist
3 als wir u. waren, waren wir
Eph 4,14 damit wir nicht mehr u. seien

Unmut

1Kö 20,43 der König zog heim, voller U. 21,4.5
2Kö 6,11 da wurde das Herz des Königs voller U.
Hi 5,2 einen Toren tötet der U.
Spr 29,11 ein Tor schüttet all seinen U. aus
Pr 11,10 laß den U. fern sein von deinem Herzen
Jer 32,37 wohin ich sie verstoße in großem U.
Jon 4,6 daß sie ihm hülfe von seinem U.
1Ma 6,4 Antiochus zog mit großem U. wieder ab

unmutig

Mk 10,22 er aber wurde u. über das Wort

unnatürlich

Rö 1,26 *verwandelt den natürlichen Umgang in u.*

Unni

1Ch 15,18 Brüder der zweiten Ordnung: U. Neh 12,9

unnütz

Hi 13,4 ihr seid alle u. Ärzte
27,12 warum bringt ihr so u. Dinge vor
Ps 119,37 daß sie nicht sehen nach u. Lehre
144,8 deren Mund u. redet
Jes 49,4 dachte, ich verzehre meine Kraft u.
Wsh 3,11 ihre Mühe ist umsonst, und ihr Tun ist u.
13,10 u. Steine, behauen in alter Zeit
15,4 uns verführen nicht die u. Arbeit der Maler
16,29 Hoffnung wird wie u. Wasser wegfließen
Mt 13,48 *die u. warfen sie weg*
25,30 den u. Knecht werft in die Finsternis hinaus
Lk 17,10 wir sind u. Knechte
2Th 3,11 einige unter euch u. Dinge treiben
1Ti 1,6 einige haben sich hingewandt zu u. Geschwätz
2Ti 2,23 die törichten und u. Fragen weise zurück
Tit 1,10 es gibt viele Freche, u. Schwätzer
3,9 sie sind u. und nichtig
Phm 11 der dir früher u. war, jetzt aber nützlich

unordentlich

Eph 5,18 woraus ein u. Wesen folgt
1Th 5,14 weist die U. zurecht
2Th 3,6 zurückzieht von jedem Bruder, der u. lebt
7 wir haben nicht u. bei euch gelebt
11 wir hören, daß einige unter euch u. leben
1Pt 4,4 euch nicht mehr stürzt in dasselbe u. Treiben

Unordnung

1Ko 14,33 Gott ist nicht ein Gott der U., sondern

2Ko	12,20	es gibt Hader, Neid, U.
Jak	3,16	da sind U. und lauter böse Dinge

unparteiisch

Jak	3,17	die Weisheit von oben ist u., ohne Heuchelei

unpassend

Sir	20,21	ein dummer Mensch fällt auf durch u. Reden

Unrat

1Kö	14,10	will die Nachkommen ausfegen, wie man U.
2Kö	10,27	machten Stätten des U. daraus
2Ch	29,5	tut heraus den U. aus dem Heiligtum
Ps	18,43	ich werfe sie weg wie U. Jes 30,22
Jes	57,20	dessen Wellen Schlamm und U. auswerfen
Klg	3,45	hast uns zu Kehricht und U. gemacht
Hes	7,19	werden ihr Gold wie U. achten 20
Nah	3,6	ich will U. auf dich werfen
Mal	2,3	will den U. eurer Festopfer... werfen
Sir	27,5	wenn man siebt, so bleibt U. zurück
Mt	23,27	innen sind sie voller Totengebeine und U.
2Pt	2,20	wenn sie entflohen sind dem U. der Welt

unrecht

Hi	27,4	meine Lippen reden nichts U.
Ps	66,18	wenn ich U. vorgehabt hätte
Spr	1,19	so geht es allen, die nach u. Gewinn trachten 15,27; Pr 7,7; Hab 2,9
	10,2	u. Gut hilft nicht Jer 17,11
	28,16	wer u. Gewinn haßt, wird lange leben
Jes	10,1	weh denen, die u. Gesetze machen
Jer	2,5	was haben eure Väter U. an mir gefunden
	6,13	gieren alle nach u. Gewinn 8,10; 22,17; Hes 22,12.13
Hes	28,18	durch u. Handel dein Heiligtum entweiht
Mi	6,10	noch bleibt u. Gut in des Gottlosen Hause
	11	sollte ich u. Waage billigen
Wsh	1,8	kann keiner verborgen bleiben, der U. redet
	5,7	wir sind u. und verderbliche Wege gegangen
	14,30	dafür, daß sie u. und falsch schwören
Sir	5,10	auf u. Gut verlaß dich nicht
	34,21	wer von u. Gut opfert
	40,12	alle u. Zuwendungen werden untergehen
Lk	16,10	wer im Geringsten u. ist, ist im Großen u.
Apg	25,5	wenn etwas U. an ihm ist
Rö	1,29	(zu tun, was nicht taugt,) voll alles U.
1Ko	7,36	meint, er handle u. an seiner Jungfrau

Unrecht

1Mo	16,5	das U., das mir geschieht, komme über dich
2Mo	2,13	(Mose) sprach zu dem, der im U. war
3Mo	5,21	was er mit U. an sich gebracht 23
2Sm	19,7	dies U. ist größer als das andere
2Ch	19,7	bei dem HERRN ist kein U.
Neh	13,7	merkte ich, daß es U. war
Hi	6,29	kehrt um, damit nicht U. geschehe
	30	ist denn auf meiner Zunge U.
	11,14	daß in deiner Hütte kein U. bliebe 22,23
	13,7	wollt ihr Gott verteidigen mit U.
	15,16	der U. säuft wie Wasser
	36,10	daß sie sich von dem U. bekehren 21
	21	U. wählst du lieber als Elend
Ps	7,4	ist U. an meinen Händen
	15	mit U. ist er schwanger
	17	sein U. wird auf seinen Kopf kommen
Ps	11,5	wer U. liebt, den haßt seine Seele
	25,19	wie Feinde zu U. mich hassen
	35,19	freuen, die mir zu U. feind sind
	38,20	die mich zu U. hassen, derer sind viele
	69,5	die mir zu U. feind sind, sind mächtig
	92,16	kein U. ist an ihm
	94,23	er wird ihnen ihr U. vergelten
	119,133	laß kein U. über mich herrschen
Spr	16,8	besser... als viel Einkommen mit U.
	19,28	den Gottlosen mundet das U.
	22,8	wer U. sät, der wird Unglück ernten
	28,16	Fürst ohne Verstand... geschieht viel U.
Pr	4,1	alles U., das unter der Sonne geschieht
Jes	5,18	weh denen, die das U. herbeiziehen
	58,6	laß los, die du mit U. gebunden
	59,8	U. ist auf ihren Pfaden
	61,8	ich bin der HERR, der Raub und U. haßt
Jer	6,6	ist doch nichts als U. darin Hes 7,10; 8,17; 9,9; Am 3,9
	22,13	weh dem, der baut mit U. Hab 2,12
	23,10	ihre Stärke ist U.
Klg	3,59	du siehst, wie mir U. geschieht
Hes	18,8	der seine Hand von U. zurückhält 17
	18	sein Vater, der U. geübt hat
Mi	3,10	die ihr baut Jerusalem mit U.
Sir	4,23	liebes Kind, hüte dich vor U. 17,12
	7,3	säe nicht in die Furchen des U.
	6	wenn du das U. nicht aus der Welt schaffen kannst
	7	setz dich nicht ins U. vor d. Mitbürger
	10,7	das U. ist allen beiden verhaßt
	8	durch U. geht die Königsherrschaft... über
	17,23	wende dich vom U. ab
	20,30	wer dem Mächtigen gefällt, kann U. gutmachen
	26,28	ein Kaufmann kann sich schwer hüten vor U.
	41,21	(schämt euch) vor dem Richter des U.
1Ma	2,37	daß ihr uns mit Gewalt und U. umbringt
	14,14	(Simon) bestrafte alles U.
	15,33	unsre Feinde haben es mit U. besetzt
2Ma	10,12	weil sie bisher so viel U. erlitten hatten
StE	5,5	wieviel U. solche Würdenträger anrichten
StD	1,43	daß diese mich zu U. beschuldigt haben 49
Mt	23,28	innen seid ihr voller Heuchelei und U.
Apg	24,20	was für ein U. sie gefunden haben
	25,5	den Mann verklagen, wenn etwas U. an ihm ist
2Ko	12,13	vergebt mir dieses U.

unrecht, Unrecht (an)tun, handeln, leiden, richten

3Mo	19,15	sollst nicht u. h. im Gericht 35
5Mo	9,18	ich habe u. solches t. vor dem HERRN
	28,29	wirst U. l. müssen dein Leben lang
Ri	19,23	t. doch nicht solch ein U.
1Sm	12,3	wem hab ich Gewalt oder U. get. 4
	19	U. get... einen König erbeten 20.25
	26,21	ich habe töricht und sehr u. get.
1Kö	16,7	wegen all des U., das er t.
	21,20	weil du dich verkauft hast, U. zu t. 25
2Kö	18,14	hab U. get., zieh weg von mir
Neh	13,27	daß ihr ein so großes U. t.
Hi	8,3	meinst du, daß Gott u. r.
	19,6	merkt doch, daß Gott mir u. get. hat
	21,27	Ränke, mit denen ihr mir U. a.
	34,12	Gott t. niemals U. 36,23
	31	ich will kein U. mehr t. 32
Ps	27,12	t. mir U. ohne Scheu

unrecht

Ps	37,8	entrüste dich nicht, damit du nicht U. t.
	58,3	mutwillig t. ihr U. im Lande
	82,2	wie lange wollt ihr u. r.
	103,6	schafft Recht allen, die U. l.
	106,6	wir haben u. get. und sind gottlos gewesen
	119,3	die auf s. Wegen wandeln und kein U. t.
Spr	16,12	den Königen ist U. t. ein Greuel
	22,16	wer dem Armen U. t., mehrt ihm seine Habe
Pr	4,1	da waren Tränen derer, die U. l.
	5,7	wie im Lande der Arme U. l.
Jes	53,9	wiewohl er niemand U. get. hat
Jer	50,7	ihre Feinde sprachen: Wir t. nicht u.
	33	die *Leute von Juda müssen U. l.
Hes	3,20	wenn ein Gerechter U. t. 18,24.26; 33,18
	18,25	h. ich u.? Ist's nicht... daß ihr u. h. 29
	22,7	den Fremdlingen t. sie U. an
Dan	9,5	wir haben gesündigt, U. get.
Mi	6,12	ihre Reichen t. viel U.
Sa	7,10	t. nicht U. den Witwen, Waisen
Mal	3,5	will Zeuge sein gegen die, die U. t.
Jdt	7,19	wir haben u. get. und sind gottlos gewesen
Wsh	3,14	selig ein Entmannter, der nichts U. t.
Tob	12,10	wer U. t., bringt sich um sein Leben
Sir	4,9	rette... vor dem, der ihm U. a.
	13,4	der Reiche t. U. und brüstet sich damit
	21,5	wer U. t., muß zum Bettler werden
	27,1	wegen eines Vorteils t. viele U.
	11	lauert die Sünde auf die, die U. t.
	35,5	aufhören, U. zu t., ist ein rechtes Sühnopfer
2Ma	4,50	Menelaus t. den Bürgern alles U. an
Mt	13,41	(seine Engel) werden sammeln, die da U. t.
	20,13	mein Freund, ich t. dir nicht U.
	27,4	ich habe U. get., daß ich
Lk	3,14	t. niemandem Gewalt oder U.
	23,41	dieser aber hat nichts U. get.
Apg	7,24	und sah einen U. l.; da stand er ihm bei
	26	warum t. einer dem andern U. 27
	25,10	den Juden habe ich kein U. get. 11
1Ko	6,7	warum laßt ihr euch nicht lieber U. t.
	8	vielmehr t. ihr U. und übervorteilt
2Ko	7,2	wir haben niemand U. get.
Kol	3,25	wer u. t., wird empfangen, was er u. get. hat
1Pt	2,19	Gnade, wenn jemand das Übel erträgt und l. U.
1Jh	3,4	wer Sünde tut, der t. auch U.

unreif

4Mo	6,4	von den u. bis zu den überreifen Trauben
Hi	15,33	Weinstock, der die Trauben u. abstößt
Wsh	4,5	wird ihre Frucht zu u. zum Essen

unrein

1Mo	7,2	von den u. Tieren je ein Paar 8
3Mo	5,2	wenn jemand etwas U. anrührt 3; 7,19.21; 22,5.8
	10,10	sollt unterscheiden, was u. und rein ist 14,57; Hes 22,26; 44,23
	11,4	darum soll es euch u. sein 5-8.26-47; 20,25 5Mo 14,7.8.10.19
	24	der wird u. sein bis zum Abend 25; 14,46; 15,2u.ö.33; 17,15; 22,6; 4Mo 19,7-22
	12,2	soll sie sieben Tage u. sein 5; 15,19.24
	13,3	der Priester soll ihn u. sprechen 8u.ö.59
	45	wer aussätzig ist, soll rufen: U., u.
	14,36	damit nicht alles u. werde
	40	hinaus vor die Stadt an einen u. Ort werfen 41.44.45
	15,31	wenn sie meine Wohnung u. machen 20,3; 4Mo 19,20
3Mo	18,20	daß du an ihr nicht u. werdest 23.24.30; 19,31; 20,25
	25	das Land wurde dadurch u. 27.28; 4Mo 35,34; 5Mo 21,23; Jer 2,7; 3,1.2.9; 16,18; Hes 36,17.18
	19,23	als wären sie u. wie Unbeschnittene. Drei Jahre lang die Früchte als u. ansehen
	21,1	soll sich an keinem Toten u. machen 3.4.11; 22,4; 4Mo 5,2.3; 6,7.9.12; 9,6.7.10; Hes 44,25; Hag 2,13
	27,11	u., daß man es nicht opfern darf 27; 4Mo 18,15
4Mo	5,13	würde nicht entdeckt, daß sie u. geworden 14.19.20.27-29; 5Mo 24,4
5Mo	12,15	der Reine wie der U. dürfen davon essen 22; 15,22
	26,14	nichts davon weggebracht, als ich u. war
Jos	22,19	haltet ihr das Land eures Erbes für u.
Ri	13,4	hüte dich, U. zu essen 7. 14
1Sm	21,6	war der Leib der Leute nicht u.
2Kö	23,8	(Josia) machte u. die Höhen 10.13.16
2Ch	23,19	daß niemand hineinkäme, der sich u. gemacht
	29,16	taten alles U. auf den Vorhof
	36,14	machten u. das Haus des HERRN Jer 7,30; 32,34; Hes 5,11; 9,7; 23,38
Esr	9,11	das Land ist ein u. Land
Hi	6,7	als wäre mein Brot u.
	14	kann wohl ein Reiner kommen von U.
Ps	106,39	machten sich u. mit ihren Werken Hes 20,43
Pr	9,2	begegnet dasselbe dem Reinen wie dem U.
Jes	6,5	ich bin u. Lippen und wohne unter einem Volk von u. Lippen
	35,8	kein U. darf ihn betreten 52,1
	52,11	rührt nichts U. an 2Ko 6,17
	64,5	nun sind wir alle wie die U.
Jer	2,23	sprichst: Ich bin nicht u.
	19,13	die Häuser sollen ebenso u. werden
Klg	1,8	Jerusalem muß sein wie ein u. Weib 17
	4,15	weicht, ihr U.
Hes	4,13	sollen die *Israeliten u. Brot essen
	14	bin noch nie u. geworden... nie u. Fleisch
	14,11	sich Israel nicht mehr u. macht 20,7.18. 30; 24,13; 37,23
	20,26	(ich) ließ sie u. werden
	31	macht euch u. mit Götzen 22,3.4; 23,7.13.17. 30; 24,13
Dan	1,8	daß er sich nicht u. machen wollte
Hos	5,3	Israel (ist) u. 6,10
	9,3	Ephraim muß in Assyrien U. essen 4
Am	7,17	sollst in einem u. Lande sterben
Hag	2,13	würde es auch u.? Es würde u.
	14	was sie dort opfern, ist u. Mal 1,7
Sa	3,3	Jeschua aber hatte u. Kleider an 4
Mal	1,7	ihr sprecht: Womit opfern wir dir U.
Jdt	12,10	sie vermied, sich u. zu machen
	13,20	nicht zugelassen, daß seine Magd u. wurde
Wsh	7,25	darum kann nichts u. in sie hineinkommen
Sir	27,5	haftet dem Nachdenken des Menschen U. an
	34,4	was u. ist, wie kann das rein sein
	40,30	er macht u. mit fremden Speisen
Bar	3,11	daß du dich u. machst unter den Toten
	6,29	u. Frauen rühren ihre Opfer an
1Ma	1,50	(daß sie) u. Tiere opfern sollten
	65	viele vom Volk wollten nichts U. essen 66
	4,42	Priester, die nicht u. geworden waren
	43	die trugen die u. Steine weg
	13,48	ließ alles ausrotten, was u. macht 50
	14,36	Heiden, die alles u. machten
2Ma	5,16	raubte mit seinen u. Händen die hl. Geräte

2Ma	5,27	um nicht unter U. leben zu müssen
	7,40	ist, ohne u. geworden zu sein, gestorben
	10,5	an dem die Fremden den Tempel u. gemacht
	14,36	Haus, damit es nicht wieder u. wird 15,34
Mt	10,1	gab ihnen Macht über die u. Geister Mk 6,7
	12,43	wenn der u. Geist ausgefahren ist Lk 11,24
	15,11	was aus dem Mund herauskommt, macht den Menschen u. 18.20; Mk 7,15.18.20.23
	20	mit ungewaschenen Händen essen, macht den Menschen nicht u.
Mk	1,23	ein Mensch, besessen von einem u. Geist 5,2. 15; 7,25; Lk 4,33
	26	der u. Geist riß ihn
	27	er gebietet den u. Geistern 5,8; 9,25; Lk 4,36; 8,29; 9,42
	3,11	wenn ihn die u. Geister sahen
	30	er hat einen u. Geist
	5,12	die u. Geister baten ihn
	13	da fuhren die u. Geister aus
	7,2	sie sahen einige seiner Jünger mit u. Händen das Brot essen 5
Lk	6,18	die von u. Geistern umgetrieben waren, wurden gesund
Jh	18,28	damit sie nicht u. würden
Apg	5,16	brachten solche, die von u. Geistern geplagt waren
	8,7	die u. Geister fuhren aus mit großem Geschrei
	10,14	ich habe nicht noch nie etwas U. gegessen 11,8
	28	daß ich keinen Menschen u. nennen soll
Rö	14,14	für den, der es für u. hält, ist es u.
1Ko	7,14	wären eure Kinder u.; nun aber sind sie heilig
Eph	4,19	um allerlei u. Dinge zu treiben in Habgier
	5,5	daß kein U. ein Erbteil hat im Reich Gottes
Tit	1,15	den U. und Ungläubigen ist nichts rein
2Pt	2,10	die nach dem Fleisch leben in u. Begierde
Heb	9,13	wenn schon das Blut von Böcken die U. heiligt
	10,29	das Blut des Bundes für u. hält
	12,15	daß nicht viele durch sie u. werden
Off	16,13	aus dem Rachen des Drachen drei u. Geister kommen
	18,2	ist geworden ein Gefängnis aller u. Geister
	21,27	nichts U. wird hineinkommen
	22,11	wer u. ist, der sei weiterhin u.

Unreinheit

3Mo	5,3	in dessen U. anrührt, in irgendeiner U.
	7,20	wer essen wird und hat eine U. an sich
	14,19	soll den von seiner U. entsühnen
	15,26	wie bei der U. ihrer gewöhnlichen Zeit
	31	wegen ihrer U. absondern, damit sie nicht sterben in ihrer U.
	16,16	so tun der Stiftshütte... inmitten ihrer U.
	18,19	um in ihrer U. mit ihr Umgang zu haben Hes 18,6; 22,10
	22,3	wer herzutritt und hat eine U. an sich
4Mo	19,13	seine U. bleibt an ihm
2Sm	11,4	hatte sich gerade gereinigt von ihrer U.
Esr	6,21	abgesondert von der U. der Heiden 9,11
Hes	22,15	will mit deiner U. ein Ende machen 36,25.29; Sa 13,2
	24,11	damit seine U. schmilzt
	13	weil du nicht rein wurdest von deiner U.
	36,17	ihr Wandel war wie die U. einer Frau
	39,24	was sie mit ihrer U. verdient haben
Mi	2,10	um der U. willen muß sie zerstört werden
1Ma	1,51	gebot, die Leute an alle U. zu gewöhnen

Rö	1,24	darum hat Gott sie dahingegeben in die U.
	6,19	wie ihr eure Glieder hingegeben hattet an den Dienst der U.
2Ko	12,21	viele, die nicht Buße getan haben für die U.
Gal	5,19	Werke des Fleisches: U. Kol 3,5
Eph	4,19	*sie treiben jegliche U. voll Habgier*
	5,3	von U. soll bei euch nicht die Rede sein
1Th	4,7	Gott hat uns nicht berufen zur U.
1Pt	3,21	*in der Taufe wird nicht die U. abgetan*
Off	17,4	voll von Greuel und U. ihrer Hurerei

Unruhe

5Mo	28,20	wird unter dich senden U. und Unglück
Hi	7,4	mich quälte die U.
	14,1	der Mensch lebt kurze Zeit und ist voll U.
Ps	38,9	ich schreie vor U. meines Herzens
	39,7	machen sich viel vergebliche U.
	77,5	bin so voll U., daß ich nicht reden kann
Spr	15,16	als ein großer Schatz, bei dem U. ist
Sir	11,35	so wird er dir U. bringen
2Ma	13,4	daß Menelaus die Ursache dieser U. wäre
Lk	11,7	antworten: Mach mir keine U.
	12,29	macht euch keine U.
Apg	14,2	die Juden stifteten U.
	15,19	daß man denen nicht U. mache
	17,13	kamen sie und erregten U.
	19,23	es erhob sich eine nicht geringe U.
Gal	5,12	*die euch in U. bringen*

unruhig

Ps	42,6	und bist so u. in mir 12; 43,5
Spr	30,21	ein Land wird durch dreierlei u.
Sir	31,24	ein unersättlicher Vielfraß schläft u.
	42,9	eine Tochter bereitet... viele u. Nächte
Mk	6,20	wenn er ihn hörte, wurde er sehr u.
Lk	9,7	Herodes wurde u.
Apg	10,17	*als Petrus noch in sich selbst u. war*
Jak	3,8	die Zunge, das u. Übel

uns s. **wir**

unsagbar

2Ma	12,16	sie töteten u. viele Menschen

unsanft

Mi	2,10	muß sie u. zerstört werden

unsauber

Jak	2,2	es käme auch ein Armer in u. Kleidung

Unsauberkeit

Jak	1,21	legt ab alle U. und alle Bosheit

unschädlich

Wsh	18,3	eine u. Sonne auf jener Wanderung
2Ma	14,13	mit dem Auftrag, Judas u. zu machen

Unschuld

Hi	27,5	will nicht weichen von meiner U.
	31,6	wird er erkennen meine U.
Ps	7,9	schaffe mir Recht, HERR, nach meiner U.

Unschuld

Ps	25,21	U. und Redlichkeit mögen mich behüten
	26,6	ich wasche meine Hände in U.
	11	ich gehe meinen Weg in U.
Spr	10,9	wer in U. lebt, der lebt sicher
	11,3	ihre U. wird die Frommen leiten
	19,1	ein Armer, der in U. wandelt, ist besser

unschuldig

1Mo	20,5	hab ich das doch getan mit u. Händen
2Mo	23,7	den U. sollst du nicht töten
5Mo	19,10	daß nicht u. Blut vergossen werde 27,25; Jer 7,6; 22,3
	13	u. vergossene Blut aus Israel wegtun 21,9
	21,8	nicht das vergossene Blut auf dein Volk
Jos	2,19	komme über ihn, aber wir seien u.
1Sm	19,5	warum willst du dich an u. Blut versündigen
	25,31	daß du u. Blut vergossen habest
2Sm	3,28	ich und m. Königtum sind u. vor dem HERRN
1Kö	2,5	u. Blut an die Schuhe seiner Füße gebracht
2Kö	21,16	vergoß u. Blut, bis Jerusalem voll 24,4
Hi	4,7	wo ist ein U. umgekommen
	9,20	wäre ich u., so würde er mich doch
	21	ich bin u. 33,9
	23	spottet über die Verzweiflung der U.
	28	weiß, daß du mich nicht u. sprechen wirst
	17,8	die U. entrüsten sich
	22,19	der U. wird sie verspotten
	30	auch wer nicht u. ist, wird errettet werden
	27,17	dem U. wird das Geld zuteil
Ps	10,8	er mordet die U. heimlich
	15,5	nimmt nicht Geschenke wider den U.
	24,4	wer u. Hände hat
	26,1	schaffe mir Recht, denn ich bin u.
	94,21	sie verurteilen u. Blut
	106,38	vergossen u. Blut
Spr	1,11	wir wollen den U. nachstellen
	6,17	Hände, die u. Blut vergießen
	13,6	die Gerechtigkeit behütet den U.
	17,26	daß man U. Strafe zahlen läßt
Jes	29,21	beugen durch Lügen das Recht des U.
	59,7	schnell dabei, u. Blut zu vergießen
Jer	2,34	an deinen Kleidern das Blut von U.
	35	und doch sprichst du: Ich bin u.
	19,4	die Stätte voll u. Blutes gemacht
	22,17	auf nichts anderes aus als u. Blut vergießen
	26,15	wenn ihr mich tötet, werdet ihr u. Blut
Dan	6,23	denn vor (Gott) bin ich u.
Jo	4,19	weil sie u. Blut vergossen haben
Am	2,6	weil sie die U. für Geld verkaufen
Jon	1,14	rechne uns nicht u. Blut zu
Nah	1,3	vor dem niemand u. ist
Sir	24,31	wer mir dient, der wird u. bleiben
1Ma	1,39	sie vergossen viel u. Blut 2Ma 1,8
2Ma	4,47	die verurteilte, die als u. erkannt StD 1,53
	48	mußten die... u. sterben
	8,3	auch wolle er das u. Blut hören 4
StE	5,4	sie betrügen, um u. Blut zu vergießen
	10	wir befinden, daß die Juden u. sind
StD	1,23	will lieber u. in eure Hände fallen als
	46	ich will u. sein an diesem Blut
	53	du sollst den U. nicht töten
	62	so wurde an diesem Tage u. Blut errettet
Mt	12,7	dann hättet ihr die U. nicht verdammt
	27,4	Unrecht getan, daß ich u. Blut verraten
	24	ich bin u. an seinem Blut
1Pt	1,19	Blut Christi als eines u. Lammes
Heb	7,26	einen solchen Hohenpriester, der u. ist

unselig

Pr	1,13	u. Mühe hat Gott den Menschenk. gegeben

unser

1Mo	26,20	zankten und sprachen: Das Wasser ist u.
	34,23	alles, was sie haben, wird es nicht u. sein
Ri	16,24	u. Gott hat uns u. Feind Simson... gegeben
1Kö	22,3	daß Ramot in Gilead u. ist 2Ch 14,6
2Kö	6,11	wer von den U. es mit unserm König hält
2Ch	13,10	der HERR ist u. Gott
Jes	17,14	das Los derer, die uns das U. nehmen
Sa	9,7	daß auch sie u. Gott übrigbleiben
Mt	6,9	u. Vater im Himmel *Lk 11,2*
Rö	4,16	(Abraham) ist u. aller Vater
	16,24	die Gnade u. Herrn Jesus Christus
Tit	3,14	laßt die U. lernen
Heb	13,18	u. Trost ist... ein gutes Gewissen

unsereiner

1Mo	3,22	der Mensch ist geworden wie u.

unsertwillen, unsertwegen

Rö	4,24	auch um u., denen es zugerechnet werden soll
1Ko	9,10	redet er nicht überall um u.
2Ko	1,11	damit u. viel Dank dargebracht werde

unsicher

1Ti	6,17	nicht hoffen auf u. Reichtum

unsichtbar

Tob	12,19	ich genieße eine u. Speise
Rö	1,20	Gottes u. Wesen wird ersehen aus seinen Werken
2Ko	4,18	was u. ist, das ist ewig
Kol	1,15	er ist das Ebenbild des u. Gottes
	16	in ihm ist alles geschaffen, Sichtbare und U.
1Ti	1,17	Gott, dem U., sei Ehre und Preis

unsinnig

2Kö	9,20	denn er jagt, wie wenn er u. wäre
Spr	26,18	wie ein U., der mit Pfeilen schießt
Wsh	5,4	wir hielten sein Leben für u.
2Ma	15,33	die Hand, mit der er so u. gehandelt hatte
Lk	6,11	sie wurden ganz u.
Jh	10,20	*er hat einen bösen Geist und ist u.*
Apg	25,27	es erscheint mir u.
	26,11	*ich war überaus u. auf sie*

unsterblich

Sir	17,29	nicht vollkommen, da er ja nicht u. ist

Unsterblichkeit

Wsh	3,4	sind sie doch erfüllt von Hoffnung auf U.
	8,13	ich werde ihretwegen U. empfangen
	17	die Verwandten der Weisheit U. (haben)
	15,3	von deiner Macht wissen ist die Wurzel der U.
1Ko	15,53	dies Sterbliche muß anziehen die U. 54
1Ti	6,16	der allein U. hat

unstet

1Mo	4,12	u. und flüchtig sein auf Erden 14
Jud	13	(sie sind) u. Sterne

unsträflich

Ps	119,9	wie wird ein Mann seinen Weg u. gehen
Spr	20,7	ein Gerechter, der u. wandelt
1Ko	1,8	u. auf den Tag unsers Herrn 1Th 3,13; 5,23
Eph	1,4	daß wir sollten u. sein 5,27; Kol 1,22; 2Pt 3,14; Jud 24
Phl	2,15	u. unter einem verderbten Geschlecht
	3,6	(ich bin) im Gesetz gewesen u.
1Th	2,10	wie u. wir bei euch gewesen sind
1Ti	3,2	darum soll ein Bischof u. sein 10
2Ti	2,15	dich zu erzeigen als einen u. Arbeiter
Off	14,5	sie sind u.

Unsträflichkeit

Hi	4,6	ist nicht die U. deine Hoffnung
Spr	28,6	ein Armer, der in seiner U. wandelt

untadelig

5Mo	18,13	sollst u. sein vor dem HERRN
Ps	15,2	wer u. lebt und tut, was recht ist
Wsh	2,22	Ehre, die u. Seelen gegeben wird
	10,5	bewahrte ihn, so daß er vor Gott u. blieb
	15	die Weisheit rettete die u. Nachkommenschaft
	18,21	eilends kam der u. Mann herbei
Tob	10,13	ermahnten sie, sich selbst u. zu halten
Sir	31,8	wohl dem Reichen, der u. geblieben ist
	40,19	eine u. Frau wird mehr geschätzt als
2Ma	4,37	ein Mann von so u. Haltung
StE	5,9	er hat unsere u. Gemahlin verklagt
Lk	1,6	lebten in allen Geboten des Herrn u.
1Ko	1,8	daß ihr u. seid am Tag unseres Herrn Jesus Christus 1Th 3,13; 5,23
Eph	1,4	daß wir u. sein 5,27; 2Pt 3,14; Jud 24
Phl	3,6	nach der Gerechtigkeit ... u.
Kol	1,22	damit er euch u. vor sein Angesicht stelle
1Th	2,10	wie u. wir bei euch Gläubigen gewesen sind
1Ti	3,2	ein Bischof soll u. sein
	10	wenn sie u. sind, sollen sie den Dienst
	5,7	dies gebiete, damit sie u. seien
	6,14	daß du das Gebot unbefleckt, u. haltest
2Ti	2,15	dich vor Gott zu erweisen als einen u. Arbeiter
Tit	1,6	wenn einer u. ist 7
	2,8	(dich selbst mache zum Vorbild) mit u. Wort
Heb	8,7	wenn der erste Bund u. gewesen wäre
Off	14,5	sie sind u.

Untat

Ri	20,12	was ist das für eine U., die bei euch
1Ma	7,42	richte diesen Nikanor wegen seiner U.
StE	5,12	um solcher U. willen ist er gehängt worden

untätig

Ri	18,9	und ihr sitzt noch u. da

untauglich

Esr	2,62	für das Priestertum u. Neh 7,64
Mt	19,12	von Menschen zur Ehe u. gemacht

unten

2Mo	19,17	trat u. an den Berg 24,4; 32,19; 5Mo 4,11
	20,4	noch von dem, was u. auf Erden 5Mo 5,8
	26,19	sollen 40 silberne Füße u. haben 24; 28,27.33; 36,29; 39,20; 1Kö 7,20.30.32
5Mo	4,39	daß der HERR Gott ist u. auf Erden Jos 2,11; 1Kö 8,23
Jos	12,3	(Sihon herrschte) bis u. an die Abhänge
2Kö	19,30	von neuem nach u. Wurzeln Jes 37,31
Neh	4,7	stellte man sich auf u. hinter der Mauer
Hi	18,16	u. verdorren seine Wurzeln
	28,5	man zerwühlt wie Feuer u. die Erde
Ps	139,15	als ich u. gebildet wurde u. in der Erde
Jes	51,6	schaut u. auf die Erde
Jer	13,18	setzt euch ganz nach u.
	31,37	den Grund der Erde u. erforschen
Klg	3,55	ich rief deinen Namen an u. aus der Grube
Hes	42,9	u. war der Zugang von Osten 46,23
	47,1	das Wasser lief u. hinab
Am	2,9	ich vertilgte u. seine Wurzel
	9,2	wenn sie sich u. bei den Toten vergrüben
Mt	27,51	der Vorhang im Tempel zerriß von oben bis u. Mk 15,38
Mk	14,66	Petrus war u. im Hof
Jh	8,23	ihr seid von u., ich bin von oben
Apg	2,19	Zeichen u. auf Erden, Blut und Feuer
Jak	2,3	setze dich u. zu meinen Füßen
Off	6,9	sah ich u. am Altar die Seelen derer, die

untenan

Lk	14,9	du mußt dann beschämt u. sitzen
	10	wenn du eingeladen bist, setz dich u.

untenaus

Mt	27,51	der Vorhang zerriß bis u. Mk 15,38

untenher

2Mo	27,5	sollst es von u. um den Altar legen 38,4

Unterbau

Hes	41,8	sah den U. für die Seitenräume 11

unterbringen

Jos	6,23	b. (Rahab) außerhalb des Lagers u.

unterdrücken

2Mo	23,9	die Fremdlinge sollt ihr nicht u.
Ri	2,18	wehklagen über die, die sie u.
	4,3	Jabin u. die *Israeliten 20 Jahre
	10,11	haben euch nicht auch u. die Ägypter
Hi	20,19	hat u. verlassen die Armen
Ps	74,8	sprechen: Laßt uns sie ganz u.
	136,23	der an uns dachte, als wir u. waren
Spr	22,22	u. den Geringen nicht im Gericht
Jes	1,17	helft den U.
	60,14	werden gebückt kommen, die dich u. haben
Jer	22,17	auf nichts anderes aus als... zu u.
Am	5,11	weil ihr die Armen u. 12; 8,4
Wsh	2,10	laßt uns den armen Gerechten u.
	15,14	die Feinde deines Volks, die es u.
	17,2	meinten, das heilige Volk u. zu können
Sir	1,29	bis zur rechten Zeit u. er seine Worte
	28,26	den Gottesfürchtigen wird sie nicht u.

unterdrücken

Sir	35,16	er erhört das Gebet des U.
	46,9	um das böse Murren zu u.
Bar	2,5	sie werden immer u.
1Ma	3,9	so daß alle U. ihm zuliefen
	7,22	sie u. das Volk Israel schwer
	8,18	daß Israel nicht u. würde
	31	warum u. du unsre Freunde
	11,53	war ihm undankbar und u. ihn sehr
	12,15	Gott hat die Feinde u.
	14,6	er befreite, die vorher u. waren
2Ma	1,28	bestrafe, die uns u.
2Ko	4,9	wir werden u., aber wir kommen nicht um

Unterdrückung

1Ma	1,29	war bewegt über die U. seiner Bewohner
	2,30	die U. war ihnen allzu schwer geworden
	43	zu ihnen kamen, die vor der U. flohen
	49	es ist eine große U. über uns gekommen

untereinander

1Mo	11,3	sprachen u. 37,19; 42,21; 2Mo 16,15; Ri 10,18; 1Sm 10,11; 2Kö 7,6
	43,33	verwunderten sie sich u. Jer 36,16
2Mo	18,7	als sie sich u. gegrüßt hatten
Hes	24,23	werdet vergehen und u. seufzen
Am	3,3	sie seien denn einig u.
Mal	3,16	die Gottesfürchtigen trösten sich u.
Wsh	5,3	sie werden voller Reue u. sprechen
Mt	24,10	werden sich u. verraten und u. hassen
Mk	1,27	daß sie sich u. befragten
	4,41	sprachen u. *8,16;* 10,26; 16,3; *Lk 8,25;* 24,32; Jh 4,33; 7,35; 12,19; 16,17; 19,24; Apg 28,4
	9,10	sie behielten das Wort und befragten sich u.
	50	habt Frieden u. 1Th 5,13
	12,7	die Weingärtner sprachen u.
	15,31	verspotteten ihn die Hohenpriester u.
Lk	2,15	sprachen die Hirten u.
	12,1	sie fingen an, u. zu traten
	22,23	sie fingen an, u. zu fragen
Jh	6,43	murrt nicht u.
	52	da stritten die Juden u. und sagten
	13,14	sollt euch u. die Füße waschen
	22	da sahen sich die Jünger u. an
	34	daß ihr euch u. liebet 35; 15,12.17; Rö 13,8; 1Jh 3,11.23; 2Jh 5
	16,19	danach fragt ihr euch u.
	19,39	*Myrrhe und Aloe u. gemengt*
Apg	19,38	da laßt sie sich u. verklagen
	28,25	sie waren u. uneins
Rö	2,15	*Gedanken, die sie u. verklagen*
	12,5	u. ist einer des andern Glied
	10	die brüderliche Liebe u. sei herzlich
	16	seid eines Sinnes u. 15,5
	14,19	zur Erbauung u.
	15,14	so daß ihr euch u. ermahnen könnt 1Th 5,11
	16,16	grüßt euch u. mit dem heiligen Kuß 1Ko 16,20; 2Ko 13,12; 1Pt 5,14
Gal	5,15	wenn ihr euch u. beißt und freßt
Eph	4,25	redet die Wahrheit, weil wir u. Glieder sind
	32	seid u. freundlich und herzlich
	5,19	*redet u. in Psalmen*
Kol	3,13	vergebt euch u.
1Th	3,12	reicher werden in der Liebe u.
	4,9	von Gott gelehrt, euch u. zu lieben
	18	tröstet euch mit diesen Worten u.
	5,15	jagt allezeit dem Guten nach u.
Tit	3,3	wir waren verhaßt und haßten uns u.
1Pt	1,22	habt euch u. lieb 4,8
1Pt	4,9	seid gastfrei u. ohne Murren
1Jh	1,7	so haben wir Gemeinschaft u.
	4,11	sollen wir uns auch u. lieben 12
Off	6,4	daß sie sich u. umbrächten

unterer

1Mo	13,12	Lot (wohnte) in den Städten am u. Jordan
5Mo	24,6	nicht zum Pfande nehmen den u. Mühlstein
Jos	15,19	gab ihr die oberen und u. Quellen Ri 1,15
	16,3	das Gebiet des u. Bet-Horon 18,13; 1Kö 9,17; 1Ch 7,24; 2Ch 8,5
1Kö	6,6	der u. Gang war fünf Ellen weit 8
	7,46	in der Gegend des u. Jordan 2Ch 4,17
Hi	41,16	sein Herz ist so fest wie der u. Mühlstein
Jes	22,9	sammeltet das Wasser des u. Teiches
Hes	40,18	das war das u. Pflaster 19; 41,7; 42,5.6; 43,14

Untergang

Jes	1,7	alles ist verwüstet wie beim U. Sodoms
Jer	48,16	der U. Moabs wird bald kommen
Klg	1,7	ihre Feinde spotten über ihren U.
Hes	26,18	die Inseln erschrecken über deinen U.
Wsh	1,13	Gott hat keinen Gefallen am U. der Lebenden
	10,6	als er beim U. der Gottlosen floh
	12,12	dich beschuldigen wegen des U. von Völkern
	18,13	mußten beim U. ihrer Erstgeborenen bekennen
Sir	16,10	das Volk, das er dem U. geweiht hatte
StE	3,8	laß sie nicht spotten über unsern U.
2Pt	2,6	die Städte Sodom und Gomorra zum U. verurteilt

untergehen

1Mo	6,17	alles, was auf Erden ist, soll u. 7,21
	15,12	als die Sonne u. war 17; 28,11; Jos 8,29; 10,27; Ri 19,14; 1Kö 22,36; 2Ch 18,34; Mk 1,32; Lk 4,40
2Mo	10,7	erst erfahren, daß Ägypten unterg. ist
	17,12	bis die Sonne u. 2Sm 2,24; Dan 6,15
	22,25	ehe die Sonne u. 5Mo 24,13.15; Ri 14,18; 2Sm 3,35
3Mo	22,7	wenn die Sonne unterg. ist 5Mo 16,6; 23,12
4Mo	17,28	sollen wir denn ganz und gar u.
	27,4	warum soll unseres Vaters Name u.
5Mo	28,20	unterg. um deines bösen Treibens willen
Jos	10,13	die Sonne beeilte sich u.
	23,4	bis zum großen Meer, wo die Sonne u.
Est	9,28	ihr Andenken soll nicht u.
Ps	46,3	wenngleich die Welt u.
	73,19	g. und nehmen ein Ende mit Schrecken
Spr	11,14	wo nicht weiser Rat ist, g. das Volk u.
	28	wer sich auf Reichtum verläßt, wird u.
Pr	1,5	die Sonne geht auf und geht u.
Jes	21,16	dann soll alle Herrlichkeit Kedars u.
	60,20	deine Sonne wird nicht mehr u.
Jer	15,9	ihre Sonne g. u. am hellen Tag Am 8,9
	51,6	daß ihr nicht u. in seiner Schuld
Klg	4,6	die Sünde Sodoms, das plötzlich u.
Hes	27,36	daß du so plötzlich unterg. bist 28,19
Hos	10,15	am Morgen wird der König von Israel u.
Jon	3,4	noch vierzig Tage, so wird Ninive u.
Mi	3,6	die Sonne soll über den Propheten u.
Sa	13,8	zwei Teile sollen u.
Sir	25,10	wer erlebt, daß er seine Feinde u. sieht
	39,12	seine Weisheit wird niemals u.

Sir 40,12 alle unrechten Zuwendungen werden u.
  44,12 ihr Lob wird nicht u.
  45,32 damit euer Glück nicht u.
Bar 3,28 sind sie unterg. in ihrer Torheit
Apg 5,38 ist dies Vorhaben von Menschen, so wird's u.
  19,27 wird ihre göttliche Majestät u.
Eph 4,26 laßt die Sonne nicht über eurem Zorn u.

Untergewand

2Mo 28,4 (heilige) Kleider, die sie machen sollen: U. 39.40; 29,5.8; 39,27; 40,14
Sir 45,10 legte ihm an das U. und das Obergewand

unterhalb

1Mo 35,8 wurde begraben u. von Bethel
2Mo 27,5 um den Altar legen u. der Einfassung
1Sm 7,11 schlugen sie bis u. von Bet-Kar
1Kö 4,12 Bet-Schean, das liegt u. von Jesreel
  7,29 u. der Löwen waren herabhängende Kränze

Unterhalt

1Kö 5,25 Salomo gab Hiram Weizen zum U.
2Kö 25,30 wurde ihm sein ständiger U. bestimmt Jer 52,34
Spr 31,14 ihren U. bringt sie von ferne
Hes 48,18 das übrige Gebiet soll dem U. dienen
Apg 20,34 daß mir diese Hände zum U. gedient haben

unterhalten

1Ma 10,6 zugestehen wollte, ein Heer zu u. 8

unterhandeln

2Ma 13,23 er u. und schwor einen Eid

Unterhauptmann

Apg 28,16 *überantwortete der U. die Gefangenen*

unterjochen

Jes 58,9 wenn du in deiner Mitte niemand u.

Unterlaß

Dan 6,17 dein Gott, dem du ohne U. dienst 21
Nah 3,19 ist nicht deine Bosheit ohne U. ergangen
Sir 17,16 seine Augen sahen ohne U. all ihre Wege
  51,15 ich lobe deinen Namen ohne U.
Rö 1,9 daß ich ohne U. euer gedenke 1Th 1,3; 2,13; 2Ti 1,3
  9,2 daß ich mit Schmerzen ohne U. habe
1Th 5,17 betet ohne U.

unterlassen

4Mo 9,13 u. es, das Passa zu halten
5Mo 23,23 wenn du das Geloben u.
Est 9,27 nicht u. wollten, diese Tage zu halten
Jer 44,18 u. haben, der Himmelskönigin zu opfern
Hes 20,9 ich u. es um meines Namens willen 14.22
Mt 15,2 *sie u. die Waschung der Hände*
Apg 20,27 nicht u., euch den ganzen Ratschluß Gottes zu verkündigen

unterlegen

2Ma 4,45 als Menelaus u. war, versprach er
  12,11 da die Araber u. waren, baten sie

unternehmen

5Mo 15,10 segnen in allem, was du u. 23,21; 28,8
  28,20 wird senden Unglück in allem, was du u.
Ri 4,9 auf diesem Kriegszug, den du u.
1Ma 15,19 daß sie nichts gegen die Juden u. sollen
2Ma 14,23 Nikanor u. nichts Unrechtes
Lk 1,1 viele haben es u., Bericht zu geben
Jak 1,11 der Reiche dahinwelken in dem, was er u.

unterordnen

Rö 13,5 darum ist es notwendig, sich u.
1Ko 14,34 sie sollen sich u., wie das Gesetz sagt
  16,16 o. euch solchen u.
Eph 5,21 o. euch einander u. in der Furcht Christi
  22 Frauen, o. euch euren Männern u. 24; Kol 3,18; Tit 2,5; 1Pt 3,1.5
  24 wie die Gemeinde sich Christus u.
Tit 2,9 daß sie sich ihren Herren u.
1Pt 5,5 ihr Jüngeren, o. euch den Ältesten u.
Heb 12,9 uns viel mehr u. dem geistlichen Vater

Unterordnung

1Ti 2,11 eine Frau lerne in der Stille mit U.

Unterpfand

1Sm 17,18 bringe auch ein U. von ihnen mit
2Ko 1,22 in unsre Herzen als U. den Geist gegeben 5,5
Eph 1,14 welcher ist das U. unsres Erbes

unterrichten

2Ch 19,10 in allen Streitfällen sollt ihr sie u.
Neh 8,13 damit er sie in den Worten des Gesetzes u.
Dan 1,4 in Schrift und Sprache der Chaldäer u.
Sir 16,24 ich will dich mit Sorgfalt u.
  18,19 u. dich, bevor du das Wort nimmst
Lk 1,4 Grund der Lehre, in der du u. bist
Apg 19,33 einige aus der Menge u. den Alexander
Rö 2,18 weil du aus dem Gesetz u. bist
Gal 6,6 wer u. wird im Wort, der gebe dem, der ihn u.

unterscheiden

3Mo 10,10 sollt u., was heilig und unheilig 11,47; Hes 44,23
2Sm 14,17 daß er Gutes und Böses u. kann
  19,36 wie noch u., was gut und schlecht
Esr 3,13 konnte das Jauchzen und Weinen nicht u.
Wsh 2,15 sein Leben u. sich von dem der andern
Sir 33,8 die Weisheit des Herrn hat sie so u. 11
1Ko 11,29 *daß er nicht u. den Leib des Herrn*
  12,10 (wird gegeben) die Gabe, die Geister zu u.
  15,41 ein Stern u. sich vom andern durch Glanz
Heb 5,14 die Gutes und Böses u. können

Unterschied

2Mo 8,19 will einen U. machen 9,4; 11,7
Hes 22,26 machen zw. heilig und unheilig keinen U.

Unterschied

Mal	3,18	ein U. zwischen Gerechten und Gottlosen
Wsh	14,25	überall herrschen ohne U. Blutvergießen
Apg	15,9	keinen U. gemacht zwischen uns und ihnen
Rö	3,22	es ist hier kein U. 10,12; Gal 4,1
Jak	2,4	ist's recht, daß ihr solche U. bei euch macht

unterschiedlich

1Ko	14,7	wenn sie nicht u. Töne von sich geben

unterschreiben

Neh	10,1	unsere Fürsten sollen sie u.

Unterschrift

Hi	31,35	hier meine U.! Der Allmächtige antworte

untersinken

2Mo	15,10	sie s. u. wie Blei im mächtigen Wasser

unterstehen

2Kö	25,10	die Heeresmacht, die dem Obersten u.
Dan	7,25	wird sich u., Festzeiten zu ändern
1Ma	14,45	wer sich u. würde, d. Ordnung zu brechen
Apg	18,10	niemand soll sich u., dir zu schaden
	19,13	es u. sich einige Juden
Gal	4,2	er u. Vormündern und Pflegern

unterstellen

Dan	11,39	wird die Festungen dem fremden Gott u.

unterster

5Mo	32,22	Feuer wird brennen bis in die u. Tiefe
Ri	7,13	kehrte es um, das Oberste zu u.
Eph	4,9	hinuntergefahren in die u. Örter der Erde

unterstützen

1Ma	11,43	wenn du Kriegsleute schickst, die mich u.
Eph	4,16	wodurch jedes Glied das andere u.

untersuchen

Esr	10,16	traten zusammen, um diese Sache zu u.

untertan

1Mo	1,28	füllet die Erde und machet sie euch u.
	14,4	waren dem König Kedor-Laomer u. gewesen
4Mo	32,22	(bis) das Land u. werde vor dem HERRN 29
1Sm	11,1	so wollen wir dir u. sein 1Kö 12,4.7; 2Ch 10,4.7
2Sm	8,2	wurden David u. 6.14; 10,19; 1Ch 18,2.6.13; 19,19
2Kö	17,3	Hoschea wurde (Salmanassar) u.
	18,7	wurde abtrünnig und war ihm nicht mehr u.
	24,1	war (Nebukadnezar) u. 25,24; Jer 27,6-17; 28,14; 40,9
1Ch	21,3	sind sie nicht alle meinem Herrn u.
2Ch	11,12	Juda und Benjamin waren ihm u.
	12,8	sollen ihm u. sein, damit sie innewerden
Wsh	8,14	Nationen werden mir u. sein
Bar	2,21	seid u. dem König von Babel 22.24
1Ma	6,23	haben beschlossen, deinem Vater u. zu sein
1Ma	10,38	niemand u. als nur dem Hohenpriester
StE	1,1	den Fürsten, die seiner Herrschaft u. sind
Mt	8,9	ein Mensch, der Obrigkeit u. Lk 7,8
Lk	2,51	kam nach Nazareth und war ihnen u.
	10,17	Herr, auch die bösen Geister sind uns u. 20
Rö	8,7	dem Gesetz Gottes nicht u. 10,3
	13,1	jedermann sei u. der Obrigkeit 5; 1Pt 2,13
1Ko	14,32	Geister der Propheten sind den Propheten u.
	15,27	*wenn er sagt, alles sei u.*
	28	wird auch der Sohn u. sein
	16,16	*seid auch ihr solchen Männern u.*
Gal	2,5	*wir waren ihnen nicht u.*
Eph	5,21	*seid einander u. in der Furcht Christi*
	22	*die Frauen seien u. ihren Männern Kol 3,18; 1Pt 3,1.5*
	24	*wie die Gemeinde ist Christus u.*
Phl	3,21	Kraft, mit der er alle Dinge u. machen kann
Tit	3,1	daß sie der Obrigkeit u. seien
1Pt	2,18	*ihr Knechte, seid u. den Herren*
	3,22	sind ihm u. die Engel
	5,5	*ihr Jüngeren, seid u. den Ältesten*
Heb	2,5	nicht den Engeln hat er u. gemacht
	8	sehen noch nicht, daß ihm alles u. ist
	12,9	*viel mehr u. sein dem Vater der Geister*
Jak	4,7	so seid nun Gott u.

Untertan

1Kö	20,6	daß sie die Häuser deiner U. durchsuchen
2Kö	18,24	wie zurücktreiben auch nur einen U.
StE	5,2	die U. ihrer Könige zu bedrücken
Lk	23,7	als er vernahm, daß er U. des Herodes war

untertänig

Phl	3,21	*er kann alle Dinge sich u. machen*
Jak	4,7	*so seid nun Gott u.*

untertauchen

2Kö	5,14	(Naaman) t. u. im Jordan siebenmal

unterwegs

2Mo	4,24	als Mose u. in der Herberge war
	33,3	ich würde dich u. vertilgen
5Mo	6,7	sollst davon reden, wenn du u. bist 11,19
	22,4	deines Bruders Esel u. fallen siehst 6
	25,18	wie (die Amalekiter) dich u. angriffen
Jos	5,4	waren u. in der Wüste gestorben 5.7
Ri	14,9	(Simson) nahm davon und aß u.
Rut	1,7	als sie u. waren ins Land Juda
2Kö	10,12	als (Jehu) u. nach Bet-Eked kam
Mk	16,12	offenbarte sich zweien von ihnen u.
Lk	10,4	grüßt niemanden u.
	24,17	was für Dinge, die ihr verhandelt u.
Apg	25,3	einen Hinterhalt, um ihn u. umzubringen
Tit	3,13	damit ihnen u. nichts gebreche

unterweisen

2Mo	24,12	die ich geschrieben habe, um sie zu u.
	35,34	hat ihm die Gabe zu u. ins Herz gegeben
1Ch	15,22	Kenanja u. sie im Singen
	28,19	der mich u. über alle Werke des Entwurfes
2Ch	26,5	Secharja, der ihn u. in der Furcht Gottes
Neh	8,7	die Leviten u. das Volk 9
	9,20	gabst deinen guten Geist, um sie zu u.
Hi	4,3	hast viele u. und matte Hände gestärkt
	6,24	worin ich geirrt habe, darin u. mich

Ps	32,8	ich will dich u. und dir den Weg zeigen
	105,22	daß er seine Fürsten u. nach seinem Willen
	119,34	u. mich, daß ich bewahre d. Gesetz 73.125
	144	u. mich, so lebe ich
	169	u. mich nach deinem Wort
Jes	28,26	so u. ihn sein Gott
	40,13	welcher Ratgeber u. ihn
Dan	9,22	er u. mich und redete mit mir
Wsh	6,11	wer u. ist, wird im Gericht bestehen
	9,18	wurden in dem u., was dir gefällt
StD	1,3	nach dem Gesetz des Mose u.
Apg	18,25	dieser war u. im Weg des Herrn
	22,3	mit aller Sorgfalt u. im väterlichen Gesetz
1Ko	2,16	wer hat des Herrn Sinn erkannt, wer will ihn u.
	14,19	lieber fünf Worte mit m. Verstand, damit ich auch andere u.
Eph	4,21	ihr habt von ihm gehört und seid in ihm u.
2Th	2,15	haltet euch an die Lehre, in der ihr u. seid
2Ti	3,15	die dich u. kann zur Seligkeit

Unterweisung

Ps	32,1	eine U. Davids 52,1; 53,1; 54,1; 55,1; 142,1
	42,1	eine U. der Söhne Korach 44,1; 45,1
	74,1	eine U. Asafs 78,1
	78,1	höre, mein Volk, meine U.
	88,1	eine U. Hemans, des Esrachiters
	89,1	eine U. Etans, des Esrachiters
Spr	4,13	bleibe in der U., laß nicht ab davon
Wsh	6,18	wo einer aufrichtig nach U. verlangt
	7,14	die Gaben, die die U. verleiht
Sir	8,11	sag dich nicht los von der U. der Alten
1Ti	1,5	die Hauptsumme aller U. ist Liebe

Unterwelt

Spr	15,11	U. und Abgrund offen vor dem HERRN
	27,20	U. und Abgrund werden niemals satt

unterwerfen

4Mo	24,18	Seïr wird u. sein
Jos	10,42	und u. alle Könige mit ihrem Lande 18,1
2Sm	8,1	daß David die Philister u. 11
	22,40	du kannst mir u., die sich erheben 48
1Ch	22,18	das Land ist u. dem HERRN
2Ch	27,5	kämpfte mit d. Ammoniter(n) und u. sie
	28,10	nun gedenkt ihr, die Leute von Juda zu u.
Jes	45,1	daß ich Völker vor ihm u.
Jer	2,20	ich will nicht u. sein
Jdt	2,6	alle Städte sollst du mir u. 3,6
	11,5	nicht nur die Menschen werden ihm u.
Wsh	12,9	nicht unmöglich, die Gottlosen... zu u.
	18,22	mit dem Wort u. er den Züchtiger
1Ma	5,44	so wurde Karnajim u.
	7,22	sie u. sich das Land Juda
	8,10	der u. sie bis auf den heutigen Tag
	9,24	daß sich das Volk dem Bakchides u.
2Ma	9,12	es ist recht, daß man sich Gott u.
Rö	8,20	die Schöpfung ist u. der Vergänglichkeit durch den, der sie u. hat
1Ko	15,27	wenn es heißt, alles sei ihm u. 28
Gal	2,5	wir u. uns ihnen nicht

unterwinden

1Mo	18,27	habe mich u., zu reden mit dem Herrn 31

unterwürfig

Sir	29,5	er redet u., weil der Nächste Geld hat
2Ko	10,1	der ich in eurer Gegenwart u. sein soll

unterziehen

2Ma	2,27	uns der Mühe dieser Kürzung zu u.

untreu

3Mo	26,40	bekennen, daß sie mir u. gewesen sind
4Mo	5,12	wenn irgendeines Mannes Frau u. 19.20.29
5Mo	32,20	es sind u. Kinder
Ri	9,23	die Männer von Sichem wurden Abimelech u.
Ps	44,18	haben an deinem Bund nicht u. gehandelt
Jer	2,8	die Hirten des Volks wurden mir u.
Klg	1,2	ihre Freunde sind ihr u. geworden
Hos	5,7	sie sind dem HERRN u.
	6,7	dort wurden sie mir u.
2Ma	14,26	verklagte den Nikanor, er wäre u. geworden
2Ti	2,13	sind wir u., so bleibt er doch treu

Untreue

1Mo	21,23	daß du mir keine U. erweisen wollest
4Mo	14,33	eure Kinder sollen eure U. tragen
Wsh	14,25	überall herrschen Schändung, U., Streit
1Ma	7,19	wegen seiner U. sich abgewendet
Rö	3,3	sollte ihre U. Gottes Treue aufheben

untüchtig

Rö	3,12	*sie sind allesamt u. geworden*
2Ko	13,5	wenn nicht, dann wärt ihr ja u.
	6	daß wir nicht u. sind 7
2Ti	3,8	Menschen, u. zum Glauben
Tit	1,16	sie sind zu allem guten Werk u.

Untugend

1Jh	1,9	*er reinigt uns von aller U.*

unüberwindlich

Wsh	5,20	er wird u. Heiligkeit ergreifen als Schild
2Ma	1,13	mit seinem scheinbar u. Heer gekommen
	11,13	sah er ein, daß die Hebräer u. waren

unverändert

3Mo	13,55	daß die Stelle u. ist vor seinen Augen
Dan	6,16	daß alle Befehle u. bleiben sollen

unverbrüchlich

Wsh	2,5	es steht u. fest, daß niemand wiederkommt

unverdient

Spr	26,2	ein u. Fluch trifft nicht ein

unverfälscht

Mk	14,3	ein Glas mit u. Nardenöl Jh 12,3
Tit	2,7	zum Vorbild, mit u. Lehre

unvergänglich

unvergänglich

Dan	6,27	sein Reich ist u.
Wsh	6,13	die Weisheit ist strahlend und u.
	19	wo man... ist u. Leben gewiß
	20	u. Leben bewirkt, daß man Gott nahe ist
	12,1	dein u. Geist ist in allem
	18,4	das u. Licht des Gesetzes
Rö	1,23	die Herrlichkeit des u. Gottes vertauscht
	2,7	die in Geduld trachten nach u. Leben
1Ko	9,25	wir (empfangen) einen u. (Kranz)
1Ti	1,17	Gott, dem U., sei Ehre und Preis
2Ti	1,10	der ein u. Wesen ans Licht gebracht hat
1Pt	1,4	(wiedergeboren) zu einem u. Erbe
	23	ihr seid wiedergeboren aus u. Samen
	3,4	im u. Schmuck des sanften und stillen Geistes
	5,4	die u. Krone der Herrlichkeit empfangen
Heb	7,24	dieser hat ein u. Priestertum

Unvergänglichkeit

Wsh	2,23	Gott hat den Menschen zur U. geschaffen
Eph	6,24	die Gnade sei mit allen in U.

unvergolten

Mk	9,41	es wird ihm nicht u. bleiben

unverhindert

1Ko	7,35	daß ihr u. dem Herrn dienen könnt

unverletzt

Apg	24,16	allezeit ein u. Gewissen zu haben vor Gott

unvermeidlich

Wsh	17,17	er mußte solch u. Not tragen

unvermengt

Rö	16,19	*weise zum Guten und u. mit dem Bösen*

unvermischt

Off	14,10	u. eingeschenkt in den Kelch s. Zorns

Unvermögen

Rö	15,1	wir sollen das U. der Schwachen tragen

unvermögend

Jes	40,29	er gibt Stärke genug dem U.

unvermutet

2Ch	29,36	denn es war u. schnell gekommen

Unvernunft

2Ma	14,8	ihre U. wird... ins Unglück stürzen
Mk	7,22	Lästerung, Hochmut, U.

unvernünftig

Wsh	11,15	verführt, u. Gewürm anzubeten
	12,25	ihnen wie u. Kindern eine Strafe geschickt

Bar	6,68	die u. Tiere sind besser daran als sie
Rö	1,31	(sie sind) u., treulos, lieblos, unbarmherzig
2Pt	2,12	sie sind wie die u. Tiere Jud 10

unverschämt

Sir	40,32	betteln schmeckt dem u. Maul gut
Lk	11,8	wegen seines u. Drängens

unversehens

Hi	4,21	sie sterben u.
Ps	35,8	u. soll ihn Unheil überfallen
Spr	24,22	wird u. von beiden her das Unheil kommen
Jes	5,13	wird mein Volk weggeführt werden u.
	30,13	wie an einer Mauer, die u. einstürzt
Wsh	18,17	u. kam Furcht über sie
1Ma	1,32	überfiel er die Stadt u. 2Ma 5,5
	4,2	um sie u. zu vernichten
Lk	21,35	*er wird u. hereinbrechen über alle*

unversehrt

Jos	8,31	einen Altar von u. Steinen
Hi	41,3	mir entgegengetreten und ich lasse ihn u.
Jes	41,3	er zieht u. hindurch
Hes	15,5	als (das Holz) noch u. war
Dan	3,25	ich sehe aber vier Männer, sie sind u.
Wsh	7,22	es wohnt in ihr ein Geist, u., freundlich
	19,6	damit deine Kinder u. bewahrt blieben
2Ma	3,15	den Leuten das Ihre u. zu erhalten
StD	2,16	der König fragte: Ist das Siegel u., David
1Th	5,23	bewahre euren Geist samt Seele und Leib u.
Jak	1,4	damit ihr vollkommen und u. seid

unversöhnlich

Sir	17,24	hasse u., was ihm ein Greuel ist
2Ti	3,3	(die Menschen werden sein) u.

Unverstand

Hi	34,35	Hiob redet mit U. 35,16
	36,12	so werden sie vergehen in U.
Rö	10,2	*sie eifern um Gott, aber mit U.*

unverständig

Hi	5,2	den U. bringt der Eifer um
Ps	19,8	das Zeugnis des HERRN macht die U. weise
	119,130	dein Wort macht klug die U.
Spr	1,4	daß die U. klug werden
	22	wie lange wollt ihr U. u. sein
	32	den U. bringt ihre Abkehr den Tod
	7,7	sah unter ihnen U.
	8,5	merkt, ihr U., auf Klugheit
	9,4	wer noch u. ist, der kehre hier ein 16
	10,13	auf den Rücken des U. gehört eine Rute
	14,15	ein U. glaubt noch alles
	18	die U. erben Torheit
	19,25	so werden U. vernünftig 21,11
	22,3	die U. laufen weiter und leiden 27,12
	23,9	rede nicht vor des U. Ohren
Jes	27,11	es ist ein u. Volk Jer 5,4
Hos	13,13	er ist ein u. Kind
Wsh	3,2	in den Augen der U. gelten sie als tot
	12,23	die Ungerechten, die ein u. Leben führten
	24	betrogen wie u. Kinder
	14,11	zum Fallstrick für die Füße der U.
	15,5	deren Anblick die U. reizt

Sir	6,21	ein U. hält es bei ihr nicht aus
	21,21	Erkenntnis des U. hüllt sich in... Worte
	22,14	geh nicht zu einem U.
	18	leichter... als einen u. Menschen zu ertragen
	27,13	wenn du unter U. bist, geize mit d. Zeit
	31,7	die U. verfangen sich darin
	42,8	die U. und Toren zurechtweisen
Mt	15,16	seid denn auch ihr noch immer u. Mk 7,18
Rö	1,21	ihr u. Herz ist verfinstert
	2,20	(zu sein) ein Erzieher der U.
	10,19	über ein u. Volk will ich euch zornig machen
Gal	3,1	o ihr u. Galater
	3	seid ihr so u.
Eph	5,17	werdet nicht u., sondern versteht
Tit	3,3	auch wir waren früher u., ungehorsam

unverständlich

Jes	28,11	Gott wird einmal mit u. Sprache reden
	33,19	von stammelnder Zunge, die u. bleibt

unverwelklich

1Pt	1,4	(wiedergeboren) zu einem u. Erbe
	5,4	*die u. Krone der Ehren empfangen*

unverweslich

1Ko	15,42	es wird gesät verweslich und auferstehen u.
	52	die Toten werden auferstehen u.

Unverweslichkeit

1Ko	15,50	auch wird das Verwesliche nicht erben die U.
	53	dies Verwesliche muß anziehen die U. 54

unverwundbar

2Ma	8,36	verkünden, daß die Juden u. seien

unverzagt

5Mo	3,28	gebiete dem Josua, daß er getrost und u. sei 31,6.7.23; Jos 1,6.7.9.18
Jos	10,25	seid getrost und u. 1Ch 22,13; 28,20; 2Ch 32,7; Ps 27,14; 31,25
2Ch	13,18	die *Männer von Juda blieben u.
	19,11	geht u. ans Werk
Ps	112,7	sein Herz hofft u. auf den HERRN
Jes	7,4	dein Herz sei u. vor diesen beiden
2Ma	7,5	ermahnten sich untereinander, u. zu sterben
Apg	27,22	doch nun ermahne ich euch: Seid u. 25

unvorsichtig

Spr	12,18	wer u. herausfährt mit Worten
Jes	32,4	die U. werden Klugheit lernen

unwegsam

Wsh	5,7	wir haben u. Wüsten durchwandert

unweise

Hi	42,3	darum hab ich u. geredet
Sir	34,1	u. Leute betrügen sich selbst
Eph	5,15	nicht als U., sondern als Weise
Tit	3,3	*auch wir waren vormals u., ungehorsam*

unwert

Jes	53,3	er war der Allerverachtetste und U.
Mal	2,9	darum habe auch ich euch u. gemacht

Unwetter

Jes	25,4	wenn die Tyrannen wüten wie ein U.
Wsh	16,16	als sie durch U. verfolgt wurden
Mt	16,3	es wird heute ein U. kommen

unwidersprechlich

Apg	19,36	weil das u. ist, sollt ihr euch ruhig verhalten

unwidersprochen

Heb	7,7	nun ist u., daß das Geringere vom Höheren gesegnet wird

unwiderstehlich

Hl	8,6	Leidenschaft (ist) u. wie das Totenreich

Unwille

2Ko	7,11	dazu Verteidigung, U., Furcht
	9,7	ein jeder, wie er's sich vorgenommen, nicht mit U.

unwillig

Mal	2,17	ihr macht den HERRN u. durch euer Reden
Jdt	6,1	nun wurde auch Holofernes sehr u.
2Ma	14,28	Nikanor wurde bestürzt und u.
Mt	20,24	die Zehn wurden u. über die zwei Brüder 26,8; Mk 10,41
Mk	10,14	als es Jesus sah, wurde er u.
	14,4	da wurden einige u. und sprachen
Lk	13,14	war u., daß Jesus am Sabbat heilte

unwissend

Apg	17,23	nun verkündige ich euch, was ihr u. verehrt
1Ti	1,13	ich habe es u. getan, im Unglauben
1Pt	2,15	daß ihr mit guten Taten den u. Menschen das Maul stopft
2Pt	3,16	Dinge, welche die U. verdrehen
Heb	5,2	er kann mitfühlen mit denen, die u. sind

Unwissenheit

Hes	45,20	die sich verfehlt haben aus U.
Wsh	14,22	obwohl sie in ihrer U... lebten
Apg	3,17	ich weiß, daß ihr's aus U. getan habt
	17,30	über die Zeit der U. hinweggesehen
1Ko	10,1	ich will euch nicht in U. darüber lassen
	12,1	will ich euch nicht in U. lassen
Eph	4,18	entfremdet dem Leben durch die U.
1Pt	1,14	Begierden, denen ihr früher in der Zeit eurer U. dientet

unwissentlich

Heb	9,7	das er opferte für die u. begangenen Sünden

unwürdig

GMn	15	du wollest mir U. helfen
1Ko	11,27	wer u. von dem Brot ißt

Unzahl

Unzahl
Nah 3,3 da liegen eine U. von Leichen

unzählbar
Heb 11,12 wie der Sand am Ufer des Meeres, der u. ist

unzählig
Mi 6,7 wird Gefallen haben an u. Strömen von Öl
Jdt 2,8 ließ sein Heer aufbrechen mit u. Kamelen
Wsh 18,12 so hatten sie alle zusammen u. Tote

Unzeit
Wsh 10,7 Gewächse, die zur U. Frucht bringen
Sir 4,23 liebes Kind, tu nichts zur U.
    20,1 es tadelt einer oft seinen Nächsten zur U.
    22,6 eine Rede, die zur U. geschieht
2Ti 4,2 predige, es sei zur Zeit oder zur U.

unzeitig
1Ko 15,8 von mir als einer u. Geburt gesehen worden

unzerstörbar
Heb 7,16 nach der Kraft u. Lebens

Unzucht
Hes 16,43 hast du nicht U. getrieben
    23,21 sehntest dich nach der U.
    27 will deiner U. ein Ende machen 48
    29 soll deine U. aufgedeckt werden
    35 so trage nun deine U. 49
    24,13 weil du durch U. dich unrein gemacht
Wsh 14,26 (überall herrschen) widernatürliche U.
Sir 23,23 ein Mann, der an sich selbst U. treibt
    41,20 schämt euch vor Vater und Mutter der U.
Mt 15,19 aus dem Herzen kommen Mord, U. Mk 7,21
Apg 15,20 ihnen vorschreibe, daß sie sich enthalten sollen von U. 29; 21,25
Rö 13,13 leben, nicht in U. und Ausschweifung
1Ko 5,1 geht die Rede, daß U. unter euch ist
    6,18 *fliehet die U.! Wer U. treibt, sündigt*
    7,2 um U. zu vermeiden, soll jeder
    10,8 *lasset uns nicht U. treiben*
2Ko 12,21 viele, die nicht Buße getan haben für die U.
Gal 5,19 Werke des Fleisches: U.
Eph 4,19 *sie ergeben sich der U.*
    5,3 von U. soll bei euch nicht die Rede sein
Kol 3,5 tötet die U., Unreinheit 1Th 4,3
2Pt 2,18 reizen durch U. zur fleischlichen Lust
Jud 7 die gleicherweise wie U. getrieben
Off 2,14 zu verführen, daß sie U. trieben 20
    21 sie will nicht von ihrer U. lassen
    9,21 sie verhärteten sich nicht von ihrer U.
    14,8 *mit dem Zorneswein ihrer U. 17,2*
    17,2 *mit welcher U. getrieben haben 18,3.9*
    19,2 *welche die Erde mit ihrer U. verderbte*

unzüchtig
Spr 22,14 der Mund u. Weiber ist eine tiefe Grube
1Ko 5,9 nichts zu schaffen haben sollt mit den U.
    10 damit meine ich nicht allgemein die U.
    11 der sich Bruder nennen läßt und ist ein U.
    6,9 weder U. noch Götzendiener (werden das Reich Gottes ererben) Eph 5,5

1Ti 1,10 (Gesetz gegeben) den U.
2Pt 2,7 *die Leute mit ihrem u. Wandel*
Heb 13,4 die U. und die Ehebrecher wird Gott richten
Off 21,8 Mörder und U., deren Teil wird in dem Pfuhl
    22,15 draußen sind die Zauberer und die U.

unzugänglich
Sir 6,21 u. für alle, die sich nicht erziehen lassen

üppig
Hos 10,1 Israel ist ein ü. rankender Weinstock
Hab 1,16 weil ihre Speise so ü. geworden ist
Sir 21,18 hört sie einer, der ü. lebt
Lk 7,25 die ü. leben, sind an den königlichen Höfen

Üppigkeit
5Mo 28,54 ein Mann, der zuvor in Ü. gelebt hat 56
1Pt 4,3 *da ihr gewandelt seid in Ü.*
Off 18,3 sind reich geworden von ihrer Ü. *19*
    7 wieviel Ü. sie gehabt hat, soviel Qual

Ur
1Mo 11,28 ¹Haran starb zu Ur in Chaldäa
    31 führte sie aus Ur 15,7; Neh 9,7
1Ch 11,35 ²Elifal, der Sohn Ur

Urahn
Esr 2,61 deren U... zur Frau genommen Neh 7,63

uralt
5Mo 33,15 (gesegnet) mit dem Besten u. Berge
Ri 5,21 der u. Bach, der Bach Kischon
Spr 22,28 verrücke nicht die u. Grenzen 23,10
Jer 5,15 ein u. Volk, dessen Sprache du nicht
Dan 7,9 einer, der u. war, setzte sich 13.22
Hab 3,6 zerschmettert die u. Berge... u. Hügel
Sir 14,18 es ist das u. Gesetz: Du mußt sterben

Urbanus
Rö 16,9 grüßt U., unsern Mitarbeiter in Christus

Urheber
Heb 5,9 für alle der U. des ewigen Heils geworden

Uri
2Mo 31,2 ¹Bezalel, den Sohn U. 35,30; 38,22; 1Ch 2,20; 2Ch 1,5
1Kö 4,19 ²Geber, der Sohn U.
Esr 10,24 ³unter den Torhütern: U.

Uria
2Sm 11,3 ¹Batseba, die Frau U. 26; 12,10.15; Mt 1,6
    6 U., den Hetiter 7-17.21.24; 12,9; 23,39; 1Kö 15,5; 1Ch 11,41
2Kö 16,10 ²sandte zum Priester U. 11.15.16; Jes 8,2
Esr 8,33 ³Meremot, dem Sohn U. Neh 3,4.21; 8,4
Jer 26,20 ⁴U., der Sohn Schemajas 21

Uriël

1Ch	6,9	¹Tahat, dessen Sohn war U. 15,5.11
2Ch	13,2	²Michaja, eine Tochter U., aus Gibea

Ursache

Ps	7,5	die mir ohne U. feind waren
Hos	4,1	der HERR hat U., zu schelten
Wsh	14,27	den Götzen dienen, ist U. alles Bösen
	17,13	schlimmer als die eigentliche U.
Bar	3,12	das ist die U.
2Ma	13,4	daß Menelaus die U. dieser Unruhen wäre
Mt	27,37	oben eine Aufschrift mit der U. seines Todes

Ursprung

Wsh	12,10	obgleich du wußtest, daß ihr U. böse war
	16	deine Stärke ist der U. der Gerechtigkeit
Sir	16,26	von ihrem U. an ihnen ihre Bestimmung gab

Urteil

1Mo	31,42	Gott hat diese Nacht rechtes U. gesprochen
5Mo	17,9	die sollen dir das U. sagen 11; 21,5
2Sm	14,13	da der König ein solches U. gefällt
1Kö	3,28	ganz Israel hörte von dem U.
	20,40	das ist dein U.; du hast's selbst gefällt
2Kö	25,6	sprachen das U. über ihn Jer 39,5; 52,9
1Ch	16,12	gedenket der U. seines Mundes Ps 105,5
Esr	7,26	jeder soll sein U. empfangen
Hi	34,4	laßt uns ein U. finden
	40,8	willst du mein U. zunichte machen
Ps	76,9	wenn du das U. lässest hören vom Himmel
	119,75	ich weiß, daß deine U. gerecht sind 137
Pr	8,11	weil das U. nicht sogleich ergeht
Jes	10,1	weh... die unrechtes U. schreiben
	11,3	noch U. sprechen nach dem, was s. Ohren
	4	wird rechtes U. sprechen den Elenden
	57,6	deshalb kann ich mein U. nicht ändern
Hes	18,8	der rechtes U. fällt unter den Leuten
	44,24	sollen nach m. Recht das U. sprechen
Dan	2,9	so ergeht ein U. über euch alle 13.15
Hab	1,4	darum ergehen verkehrte U.
Sir	4,9	sei unerschrocken, wenn du ein U. sprechen sollst
	8,17	man spricht das U., wie er will
	20,4	wer mit Gewalt ein U. erzwingen möchte
2Ma	7,36	sollst nach dem U. Gottes bestraft werden
StE	5,3	sie könnten dem U. Gottes entgehen
StD	1,9	daß sie nicht mehr an gerechte U. dachten
	53	das ungerechte U. gesprochen haben
Mt	23,14	werdet ein... U. empfangen Mk 12,40; Lk 20,47
	26,66	was ist euer U. Mk 14,64
Apg	8,33	wurde sein U. aufgehoben
	16,37	sie haben uns ohne Recht und U. öffentlich geschlagen
	22,25	ist es erlaubt bei euch... ohne U. zu geißeln
	26,10	half ich das U. sprechen
Rö	2,2	wir wissen, daß Gottes U. recht ist 3
	5,16	das U. hat von dem Einen her zur Verdammnis geführt
	13,2	die ihr widerstreben, ziehen sich selbst das U. zu
Gal	5,10	wer euch irremacht, der wird sein U. tragen
1Ti	3,6	damit er nicht dem U. des Teufels verfalle
	5,12	stehen dann unter dem U., daß
Tit	3,11	daß ein solcher sich selbst das U. spricht
2Pt	2,3	ihnen ist das U. seit langem bereitet
	2,11	wo doch die Engel kein U. fällen Jud 9
	3,10	die Erde und die Werke, die darauf sind, werden ihr U. finden
Heb	11,7	durch den Glauben sprach er der Welt das U.
Jak	3,1	daß wir ein desto strengeres U. empfangen
Jud	4	Menschen, über die längst das U. geschrieben
Off	16,5	daß du dieses U. gesprochen hast

urteilen

5Mo	32,31	so müssen sie selber u.
Sir	11,8	nicht u., ehe du die Sache gehört hast
	25,6	wenn die grauen Häupter u. können
StE	5,7	müssen mit größer Sorgfalt u.
Mt	16,3	über das Aussehen des Himmels könnt ihr u. Lk 12,56
Lk	7,43	du hast recht geu.
	12,57	warum u. ihr nicht von euch aus darüber
	23,24	Pilatus u., daß ihre Bitte erfüllt werde
Apg	4,19	u. selbst, ob es vor Gott recht ist
	15,19	darum u. ich, daß man nicht Unruhe mache
1Ko	10,15	u. ihr, was ich sage
	29	das Gewissen eines andern über meine Freiheit u. lassen
	11,13	u. selbst, ob es sich ziemt, daß
	14,29	die andern laßt darüber u.
Jak	2,4	ist's recht, daß ihr u. mit bösen Gedanken

Urteilsspruch

Apg	13,27	haben die Worte der Propheten mit ihrem U. erfüllt

Usa

2Sm	6,3	¹U. und Achjo führten den Wagen 6-8; 1Ch 13,7.9-11
2Kö	21,18	²Manasse wurde begraben im Garten U. 26
1Ch	6,14	³Schimi, dessen Sohn war U.
	8,7	⁴(Ehud) zeugte U.
Esr	2,49	⁵(Tempelsklaven:) die Söhne U. Neh 7,51

Usai

Neh	3,25	Palal, der Sohn U.

Usal

1Mo	10,27	¹(Joktan zeugte) U. 1Ch 1,21
Hes	27,19	²haben von U. Kalmus gebracht

Usen-Scheera

1Ch	7,24	Scheera baute U.

Usi

versch. Träger ds. Namens
1Ch 5,31.32; 6,36; Esr 7,4/ 1Ch 7,2.3/ 7,7/ 9,8/ Neh 11,22/ 12,19/ 12,42

Usiël, Usiëliter

2Mo	6,18	Söhne Kehats: U. 22; 3Mo 10,4; 4Mo 3,19.27.30; 1Ch 15,10; 26,23

weitere Träger ds. Namens
1Ch 4,42/ 7,7/ 25,4 (s.a.Asarel)/ 2Ch 29,14/ Neh 3,8

Usija

2Kö 15,13 U., des Königs von Juda 2Ch 26,1.3.8-23; Jes 1,1; 6,1; Hos 1,1; Am 1,1; Sa 14,5
32 wurde Jotam König, der Sohn U. 30.34; 2Ch 27,2; Jes 7,1; Mt 1,8.9 (= Asarja)
weitere Träger ds. Namens
1Ch 6,9/ 11,44/ 27,25/ Esr 10,21/ Neh 11,4/ Jdt 6,10.18; 7,13; 8,8.9.23.28; 10,7; 13,23; 15,6/ 8,1

Utai, *Uthai*

1Ch 9,4 ¹U., der Sohn Ammihuds
Esr 8,14 ²U., der Sohn Sabbuds

Uz

1Mo 10,23 ¹Söhne Arams: Uz 1Ch 1,17
22,21 ²(Milka hat geboren,) Uz
36,28 ³Söhne Dischans: Uz 1Ch 1,42
Hi 1,1 ³es war ein Mann im Lande Uz
Jer 25,20 (ließ trinken) alle Könige im Lande Uz
Klg 4,21 Tochter Edom, die du wohnest im Lande Uz
Jdt 8,1 ⁵Judit. Tochter Meraris... des Sohnes Uz

V

Vater (von Menschen)

1Mo 2,24 wird ein Mann V. und Mutter verlassen Mt 19,5; Mk 10,7; Eph 5,31
9,18 Ham ist der V. Kanaans 22
22 als H. seines V. Blöße sah 23
10,21 Sem, dem V. aller Söhne Ebers
11,28 Haran starb vor seinem V. Terach 29
12,1 geh aus deines V. Hause 20,13; 24,7
15,15 sollst fahren zu deinen V. mit Frieden
17,4 sollst ein V. vieler Völker werden 5; Rö 4,17.18
19,31 unser V. ist alt 32-36
20,12 (Sara) ist meines V. Tochter
22,7 sprach zu seinem V.: Mein V. 27,18.31
24,23 haben wir auch Raum in deines V. Hause
38 zu meines V. Hause; dort nimm eine Frau 40
25,8 wurde zu seinen V. versammelt 17; 35,29; 49,33; 4Mo 20,24.26; 27,13; 31,2; Ri 2,10
26,3 Eid, den ich deinem V. Abraham geschworen
15 Brunnen, die seines V. Knechte gegraben hatten zur Zeit Abrahams, seines V. 18
24 bin der Gott deines V. Abraham 28,13; 46,3; 2Mo 3,6
27,6 habe deinen V. mit Esau reden hören 9-41
28,2 zum Hause Bethuëls, des V. deiner Mutter
7 sah, daß Jakob seinem V. gehorchte 8
21 (wird Gott) mich heim zu meinem V. bringen
29,9 kam mit den Schafen ihres V. 12; 36,24; 37,12; 2Mo 2,16.18
31,1 Jakob hat alles Gut unseres V. an sich gebracht 5.6.9.16
3 zieh wieder in deiner V. Land
5 der Gott meines V. ist mit mir gewesen 42; 32,10
14 haben kein Teil an unseres V. Hause
18 daß er käme zu Isaak, seinem V. 35,27
19 Rahel stahl ihres V. Hausgott 35

1Mo 31,29 eures V. Gott 53.54; 43,23; 46,1; 48,15; 49,25; 2Mo 15,2; 18,4
30 sehntest dich nach deines V. Hause
33,19 Hamors, des V. Sichems 34,4.6.13.19; Ri 9,28
34,11 Sichem sprach zu ihrem V.
35,18 sein V. nannte ihn Ben-Jamin
22 zu Bilha, seines V. Nebenfrau 37,2; 49,4
37,1 im Lande, in dem sein V. Fremdling gewesen
2 Josef brachte es vor ihren V.
4 sahen, daß ihn ihr V. lieber hatte 35; 44,20
11 aber sein V. behielt diese Worte 10
22 Ruben wollte ihn seinem V. wiederbringen
32 ließen (den Rock) ihrem V. bringen
38,11 bleibe eine Witwe in deines V. Hause
41,43 der ist des Landes V. 45,8
42,13 der jüngste ist noch bei unserm V. 32; 44,22. 30-32.34
29 als sie heimkamen zu ihrem V. Jakob 44,17.24; 45,9.13.25.27; 46,5
32 (wir sind) zwölf Brüder, unseres V. Söhne
35 erschraken sie samt ihrem V. 36.37
43,2 sprach ihr V. zu ihnen 8.11; 44,25.27
7 lebt euer V. noch 27.28; 44,19.20; 45,3
45,13 kommt mit meinem V. hierher 18.19.23; 46,31; 47,1.5.7.11.12; 50,22
46,29 Josef zog seinem V. Israel entgegen
31 Josef sprach zu seines V. Hause
34 die Vieh haben, wir und unsere V. 47,3
47,9 reicht nicht heran an die Zeit meiner V.
30 will liegen bei meinen V. 49,29
48,1 siehe, dein V. ist krank 9.17-19
16 daß durch sie meiner V. Name fortlebe
21 zurückbringen in das Land eurer V.
49,2 höret euren V. Israel 8
8 vor dir werden d. V. Söhne sich verneigen
26 die Segnungen deines V. waren stärker
50,1 warf sich Josef über seines V. Angesicht 2.5-8.10.14-17
2Mo 3,13 der Gott eurer V. 15.16; 4,5; 5Mo 1,11.21; 4,1; 6,3; 12,1; 26,7; 27,3; 29,24; Jos 18,3; 2Kö 28,9; 1Ch 29,10.18.20; 2Ch 11,16; 13,12.18; 14,3; 15,12; 17,4; 19,4; 20,6.33; 28,25; 29,5; 30,7.19.22; 33,12; 34,3.33; 36,15; Esr 7,27; 8,28; 10,11; Dan 2,23
6,20 nahm die Schwester seines V. zur Frau
10,6 nicht gesehen deine V. und deiner V. V.
13,5 das Land, wie er deinen V. geschworen hat 11; 4Mo 11,12; 14,23; 5Mo 1,8.35; 6,10.18.23; 7,13; 8,1; 10,11; 11,9.21; 19,8; 26,3.15; 28,11; 30,20; 31,7.20; Jos 1,6; 5,6; 21,43.44; Ri 2,1; Jer 11,5; 32,22
20,5 der die Missetat der V. heimsucht an den Kindern 34,7; 4Mo 14,18; 5Mo 5,9; Jer 32,18
12 du sollst deinen V. ehren 5Mo 5,16; Mal 1,6; Mt 15,4; 19,19; Mk 7,10; 10,19; Lk 18,20; Eph 6,2
21,17 wer V. oder Mutter flucht 15; 3Mo 20,9; Mt 15,4; Mk 7,10
22,16 weigert sich ihr V., sie ihm zu geben
40,15 sie salben, wie du ihren V. gesalbt hast
3Mo 16,32 daß er Priester sei an seines V. Statt
18,7 sollst mit deines V. nicht Umgang haben 8-14; 20,11.17.19; 21,9; 5Mo 27,22
19,3 jeder fürchte seine Mutter und seinen V.
21,2 (unrein machen) außer an seinem V. 11; 4Mo 6,7; Hes 44,25
22,13 kehrt zurück in ihres V. Haus
25,41 soll wieder zu seiner V. Habe kommen
26,39 wegen der Missetat ihrer V. 40; Jes 14,21; Dan 9,16

4Mo	1,16	unter den Stämmen ihrer V. 47; 13,2; 18,2; 26,55; 33,54	Ri	11,36	mein V., hast du d. Mund aufgetan 37.39
	3,4	versahen Priesterdienst unter ihrem V.		14,2	sagte er's seinem V. und seiner Mutter 3-6.9. 10.16.19; 16,31
	12,14	wenn ihr V. ihr ins Angesicht gespien		15	wir werden deines V. Haus verbrennen 15,1
	20,15	daß unsere V. nach Ägypten hinabgezogen 5Mo 10,22		17,10	du sollst mir V. und Priester sein 18,19
	27,4	Erbgut unter den Brüdern unseres V. 3.7.10. 11		19,2	lief von ihm fort zu ihres V. Hause 3-9
				21,22	wenn ihre V. oder ihre Brüder kommen
	30,4	solange sie im Hause ihres V. ist 5.6.17	Rut	2,11	daß du verlassen hast deinen V.
	32,8	so machten es auch eure V. 14		4,17	Obed ist der V. Isais, welcher Davids V.
	36,3	wird das Erbteil unserer V. weniger 4.6-8.12	1Sm	2,25	sie gehorchten der Stimme ihres V. nicht
5Mo	4,31	Bund, den er deinen V. geschworen 5,3; 7,8. 12; 8,18; 9,5; 13,18; 29,12; Jer 11,4.7.10; 31,32; 34,13; Mi 7,20		27	habe mich offenbart dem Hause deines V. 28.30.32
				9,3	Kisch, der V. Sauls 5.20; 10,2; 14,51
	37	weil er deine V. geliebt hat		10,12	wer ist denn schon ihr V.
	8,3	Manna, das deine V. nie gekannt 16		12,7	Wohltaten des HERRN an euren V. 8
	10,15	und doch hat er nur deine V. angenommen		15	Hand des HERRN gegen euch wie eure V.
	13,7	Göttern, die du kennst noch deine V. 28,64; 32,17; Jer 19,4; 44,3		14,1	seinem V. sagte (Jonatan) nichts 27-29; 19,2-4; 20,1-13.32-34; 23,17
	18,8	was einer hat von dem Gut seiner V.		17,15	um die Schafe seines V. zu hüten 34
	21,14	laß sie ihren V. und ihre Mutter beweinen		25	will ihm seines V. Haus frei machen
	18	der der Stimme seines V. nicht gehorcht		18,2	ließ (David) nicht wieder in seines V. Haus 18; 22,1.3; 2Sm 24,17; 1Ch 21,17; 28,4
	19	sollen ihn V. und Mutter zu den Ältesten führen 22,15.16.19.21.29		22,11	Ahimelech und das Haus seines V. 15.16.22
	22,21	in ihres V. Hause Hurerei getrieben 23,1; 27,16.20		24,12	mein V., sieh hier den Zipfel deines Rocks
				22	nicht austilgen wirst aus meines V. Hause
	24,16	die V. sollen nicht für die Kinder noch die Kinder für die V. sterben 2Kö 14,6; 2Ch 25,4; Hes 18,17.19.20	2Sm	3,7	zu meines V. Nebenfrau eingegangen 8
				29	es falle auf das ganze Haus seines V.
	26,5	mein V. war ein Aramäer		6,21	der mich erwählt hat vor deinen V. 1Ch 28,4
	28,36	Volk, das du nicht kennst noch deine V. Jer 9,15; 16,13		9,7	Barmherzigkeit um deines V. Jonatan willen 19,29
	30,5	das Land, das deine V. besessen haben, und dich zahlreicher machen, als deine V. waren		10,2	sein V. mir Freundschaft erwiesen 3; 1Ch 19,2.3
	9	wie sich über deine V. gefreut		13,5	wenn dein V. kommt, dich zu besuchen
	31,16	wirst schlafen bei deinen V. 2Sm 7,12; 1Ch 17,11		14,9	die Schuld auf meines V. Haus legen
				15,34	wie ich zuvor deines V. Knecht war 16,19
	32,7	frage deinen V., der wird dir's verkünden		16,3	wird mir meines V. Königtum zurückgeben
	33,9	der von s. V. spricht: Ich sehe ihn nicht		21	geh ein zu den Nebenfrauen deines V. 22; 17,8.10
Jos	2,12	daß ihr an meines V. Hause Barmherzigkeit tut 13.18; 6,23.25		19,38	bei meines V. und meiner Mutter Grab
			1Kö	1,6	sein V. hatte (Adonija) nie etwas verwehrt
	4,21	wenn eure Kinder später ihre V. fragen		21	wenn mein König sich zu seinen V. gelegt hat 2,10; 11,21.43; 14,20.31; 15,8.24; 16,6.28; 22,40.51; 2Kö 8,24; 9,28; 10,35; 12,22; 13,9.13; 14,16.20.22.29; 15,7.22.38; 16,20; 20,21; 21,18; 22,20; 24,6; 2Ch 9,31; 12,16; 13,23; 16,13; 21,1; 25,28; 26,2.23; 27,9; 28,27; 32,33; 33,20; 34,28; 35,24
	15,13	Stadt des Arba, des V. Anaks 17,1; 21,11; 24,2.32			
	18	Acker zu fordern von ihrem V. Ri 1,14			
	17,4	gab ... Erbteil unter den Brüdern ihres V.			
	19,47	nannte es Dan nach seines V. Namen Ri 18,29			
	22,28	Altar des HERRN, den unsere V. gemacht		2,12	saß auf dem Thron seines V. 24; 3,7; 5,15; 8,20; 2Kö 10,3; 14,21; 23,30.34; 1Ch 29,23; 2Ch 6,10; 21,4; 26,1; 36,1; Jer 22,11
	24,2	eure V. wohnten jenseits des Euphrat 3			
	6	führte ich eure V. aus Ägypten 17; 1Sm 12,6. 8; 2Kö 21,15		26	vor meinem V. David 31.32.44; 3,3; 1Ch 28,9; 2Ch 2,2.6.13.16; 3,1; 8,14
	6	als die Ägypter euren V. nachjagten			
	14	laßt die Götter, denen eure V. gedient 15		3,6	hast an meinem V. Barmherzigkeit getan 2Ch 1,8
Ri	2,12	verließen den HERRN, den Gott ihrer V. 2Kö 21,22; 1Ch 5,25; 2Ch 7,22; 21,10; 24,18. 24; 28,6		14	seines V. gewandelt ist 9,4; 11,6.33; 15,11; 22,54; 2Kö 14,3; 15,3.9.34; 18,3; 21,20; 23,32. 37; 24,9; 2Ch 7,17; 17,3; 20,32; 26,4; 27,2; 29,2; 33,22.23
	17	Wege, auf der ihre V. gegangen 22			
	19	trieben es ärger als ihre V. 1Kö 14,22; Jer 7,26; 16,12		5,17	weißt, daß mein V. nicht bauen konnte 8,17. 18; 2Ch 6,7.8
	20	Bund, den ich ihren V. geboten habe 3,4			
	6,13	Wunder, die uns unsere V. erzählten		19	wie der HERR zu meinem V. David gesagt hat 6,12; 8,15.24-26; 9,5; 2Ch 1,9; 6,4.15.16; 7,18
	15	Ich bin der Jüngste in meines V. Hause			
	25	nimm von den Stieren deines V. 27			
	25	den Altar Baals, der deinem V. gehört		7,14	sein V. war aus Tyrus 2Ch 2,13
	8,32	wurde begraben im Grab seines V. 16,31; 2Sm 2,32; 17,23; 21,14		51	was sein V. David geheiligt hatte 15,15; 2Kö 12,19; 2Ch 5,1; 15,18
	9,5	(Abimelech) kam in das Haus seines V.		8,21	des Bundes ... mit unsern V., als er sie aus Ägyptenland 53.57.58; 9,9; 2Kö 17,13.15; 2Ch 34,32
	17	mein V. hat für euch gekämpft 18			
	56	das Böse, das er seinem V. angetan hatte		34	in das Land, das du ihren V. gegeben hast 40.48; 14,15; 2Kö 21,8; 2Ch 6,25.31.38; 33,8;

Vater

	Neh 9,23.36; Jer 3,18; 7,7; 16,15; 24,10; 25,5; 30,3; 35,15; Hes 20,42; 36,28
1Kö 11,4	wie das Herz seines V. David 15,3
12	um deines V. David willen
17	einige vom Gefolge seines V.
27	in der Stadt Davids, seines V. 43; 15,24; 22,51; 2Kö 15,38; 2Ch 9,31
12,4	dein V. hat unser Joch zu hart gemacht 9-11. 14; 2Ch 10,4.9-11.14
6	die vor seinem V. gestanden 2Ch 10,6
10	dicker als meines V. Lenden 2Ch 10,10
13,12	ihr V. sprach: Wo ist der Weg
22	soll dein Leichnam nicht in deiner V. Grab
15,3	wandelte in allen Sünden seines V.
12	Götzenbilder, die seine V. gemacht hatten 2Kö 3,2; 21,21; 2Ch 33,22
19	ein Bund zwischen meinem V. und deinem V. 2Ch 16,3
26	wandelte in dem Wege seines V. 22,43.53; 2Kö 21,21; 22,2; 2Ch 21,12; 34,2
18,18	nicht ich, sondern du und deines V. Haus
19,4	bin nicht besser als meine V.
20	laß mich meinen V. und m. Mutter küssen
20,34	Städte, die mein V. deinem V. genommen 2Kö 13,25; 2Ch 17,2
34	mache dir Märkte, wie mein V. in Samaria
21,3	daß ich dir meiner V. Erbe geben sollte 4
22,47	Tempelhurern, die z. Z. seines V. übriggeblieben
2Kö 2,12	Elisa schrie: Mein V., mein V. 6,21; 13,14
3,2	tat... doch nicht wie sein V. 14,3; 16,2; 2Ch 28,1
13	geh hin zu den Propheten deines V.
4,18	daß (das Kind) zu seinem V. ging 19
5,13	lieber V., wenn dir der Prophet geboten
9,25	wie du seinem V. Ahab nachfuhrst
14,5	die seinen V. erschlagen hatten 2Ch 25,3
17,14	versteiften ihren Nacken wie ihre V. 41
19,12	die Götter der Völker, von meinen V. vernichtet sind 2Ch 32,13-15; Jes 37,12
20,5	so spricht der HERR, der Gott deines V. David 2Ch 21,12; Jes 38,5
17	was deine V. gesammelt haben Jes 39,6
21,3	die Höhen, die sein V. zerstört 2Ch 33,3
22,13	groß ist der Grimm des HERRN, weil unsere V. 2Ch 34,21
1Ch 2,17	der V. Amasas war Jeter 21-24.42-45.49-52. 55; 4,3u.ö.21; 7,14.31; 8,29; 9,35
24	zu der Frau seines V., und sie gebar ihm
5,1	weil er seines V. Bett entweihte
7,22	ihr V. Ephraim trug Leid lange Zeit
9,19	wie auch ihre V. den Eingang gehütet
12,18	so sehe dir Gott unserer V. drein
24,2	Nadab und Abihu starben vor ihrem V.
19	Vorschrift, die ihnen ihr V. Aaron gegeben
25,3	unter der Leitung ihres V. Jedutun 6
26,10	daher machte ihn sein V. zum Ersten
29,15	sind Gäste vor dir wie unsere V. alle
2Ch 21,3	ihr V. gab ihnen viele Gaben
13	weil du erschlagen hast deines V. Haus
19	zu Ehren, wie man seinen V. getan hatte
22,4	waren seine Ratgeber nach seines V. Tod
24,22	Barmherzigkeit, die der V. Secharjas an ihm
29,6	unsere V. haben sich versündigt
9	sind unsere V. durchs Schwert gefallen
30,7	seid nicht wie eure V. 8; Sa 1,4.5
Esr 4,15	lasse in den Chroniken deiner V. suchen
5,12	als unsere V. den Gott des Himmels erzürnten Sa 8,14
9,7	von der Zeit unserer V. an in Schuld

Neh 1,6	ich und meines V. Haus haben gesündigt 9,2. 34
2,3	Stadt, in der meine V. begraben sind 5
9,9	hast das Elend unserer V. angesehen 32
16	unsere V. wurden stolz und halsstarrig
13,18	taten das nicht auch eure V.
Est 2,7	Ester hatte weder V. noch Mutter
4,14	du und deines V. Haus werdet umkommen
Hi 8,8	merke auf das, was ihre V. erforscht 15,18
15,10	die länger gelebt haben als dein V.
17,14	das Grab nenne ich meinen V.
29,16	ich war ein V. der Armen
30,1	deren V. ich nicht wert geachtet hätte
31,18	habe sie gehalten wie ein V.
38,28	wer ist des Regens V.
42,15	ihr V. gab ihnen Erbteil
Ps 22,5	unsere V. hofften auf dich
27,10	mein V. und meine Mutter verlassen mich
39,13	ich bin ein Fremdling wie alle meine V.
44,2	unsre V. haben's uns erzählt 78,3
45,17	an der V. Statt werden d. Söhne sein
78,5	gebot unsern V., es ihre Kinder zu lehren
8	(daß sie) nicht würden wie ihre V.
12	vor ihren V. tat er Wunder in Ägyptenl.
57	waren treulos wie ihre V. Jer 12,6
79,8	rechne uns die Schuld der V. nicht an
95,9	wo mich eure V. versuchten und prüften
103,13	wie sich ein V. über Kinder erbarmt
106,6	haben gesündigt samt unsern V. 7; Jer 3,25; 44,17.21; Hes 2,3
109,14	der Schuld seiner V. soll gedacht werden
Spr 1,8	gehorche der Zucht deines V. 23,22
3,12	hat Wohlgefallen an ihm wie ein V. am Sohn
4,1	höret, meine Söhne, die Mahnung eures V.
3	als ich noch Kind in meines V. Hause war
6,20	bewahre das Gebot deines V.
10,1	ein weiser Sohn ist seines V. Freude 15,20; 29,3
15,5	der Tor verschmäht die Zucht seines V.
17,6	der Kinder Ehre sind ihre V.
21	törichter Sohn ist seines V. Verdruß 19,13
25	laß deinen V. und d. Mutter sich freuen
19,26	wer den V. mißhandelt, ist verflucht
20,20	wer seinem V. flucht, dessen Leuchte
22,28	Grenzen, die deine V. gemacht haben
23,24	der V. eines Gerechten freut sich
25	laß deinen V. und d. Mutter sich freuen
27,10	von deines V. Freund laß nicht ab
28,7	der Schlemmer Geselle macht seinem V. Schande
24	wer seinem V. etwas nimmt
30,11	es gibt eine Art, die ihrem V. flucht
17	ein Auge, das den V. verspottet
Jes 3,6	seinen Nächsten, der in seines V. Hause ist
7,17	wird über deines V. Haus Tage kommen lassen
8,4	ehe der Knabe rufen kann: Lieber V.
22,21	daß er V. sei für die, die in Jerusalem
23	zum Thron der Ehre für seines V. Haus
38,19	der V. macht den Kindern deine Treue kund
45,10	der zum V. sagt: Warum zeugst du
51,2	schaut Abraham an, euren V.
58,14	speisen mit dem Erbe deines V. Jakob
64,10	Haus, in dem dich unsre V. gelobt haben
65,7	ihre und ihrer V. Missetaten Jer 14,20
Jer 2,5	was haben eure V. Unrechtes an mir gefunden
27	die zum Holz sagen: Du bist mein V.
3,24	gefressen, was unsere V. erworben

Vater

Jer	6,21	Anstöße, daran sich V. und Söhne stoßen
	7,14	der Stätte, die ich euren V. gegeben 23,39
	18	die V. zünden das Feuer an
	22	habe euren V. nichts gesagt von 25
	9,13	wie ihre V. sie gelehrt haben
	11,10	kehren zurück zu den Sünden ihrer V.
	13,14	will die V. samt den Söhnen zerschmettern
	16,3	spricht der HERR von ihren V.
	7	den Trostbecher trinken wegen seines V.
	11	weil eure V. mich verlassen haben
	19	nur Lüge haben unsre V. gehabt
	17,22	Sabbattag, wie ich euren V. geboten
	20,15	verflucht, der meinem V. Botschaft brachte
	22,15	hat dein V. nicht auch gegessen
	23,27	wie ihre V. meinen Namen vergaßen
	31,29	die V. haben saure Trauben gegessen Hes 18,2
	34,5	wie deinen V., den früheren Königen
	14	eure V. gehorchten mir nicht
	35,6	unser V. hat uns geboten 8.10.14.16.18
	44,9	habt ihr vergessen die Sünden eurer V.
	10	Rechtsordnungen, die ich euren V. gegeben
	47,3	werden sich die V. nicht umsehen
	50,7	HERRN, der ihrer V. Hoffnung war
Klg	5,3	wir haben keinen V.
	7	unsre V. haben gesündigt, wir aber
Hes	5,10	sollen V. ihre Kinder und Kinder ihre V. fressen
	16,3	dein V. war ein Amoriter 45
	18,4	die V. gehören mir so gut wie die Söhne
	11	während der V. das nicht getan hat 14.18
	20,4	zeige ihnen die Greueltaten ihrer V. 24.27.30
	18	sollt nicht nach den Geboten eurer V. leben
	36	mit euren V. ins Gericht gegangen bin
	22,7	V. und Mutter verachten 10.11
	37,25	in dem Lande, in dem eure V. gewohnt
	47,14	dies Land euren V. zu geben
Dan	5,2	Gefäße, die sein V. aus dem Tempel
	11	dein V., der König Nebukadnezar 13.18
	9,6	die in deinem Namen zu unsern V. redeten
	8	wir und unsre V. müssen uns schämen
	11,24	was weder seine V. noch Vorväter getan
	37	die Götter seiner V. wird er nicht achten
	38	Gott, von dem seine V. nichts gewußt
Hos	9,10	ich sah eure V. wie die ersten Feigen
Jo	1,2	ob solches geschehen zu eurer V. Zeiten
Am	2,4	Lügengötzen, denen ihre V. nachgefolgt
	7	Sohn und V. gehen zu demselben Mädchen
Mi	7,6	der Sohn verachtet den V.
Sa	1,2	der HERR ist zornig gewesen über eure V.
	6	haben nicht meine Worte eure V. getroffen
	13,3	sollen V. und Mutter... ihn durchbohren
Mal	2,10	entheiligen (wir) den Bund unsrer V.
	3,7	seid von eurer V. Zeit an abgewichen
	24	soll das Herz der V. bekehren Lk 1,17
	24	bekehren das Herz der Söhne zu ihren V.
Jdt	5,6	weil sie nicht den Göttern ihrer V. folgen wollten
	7	verließen sie die Bräuche ihrer V.
	6,16	der Gott unsrer V. wird dir's vergelten
	7,17	wir bezeugen heute vor dem Gott unsrer V.
	19	wir haben gesündigt samt unsern V.
	8,15	weil wir nicht der Sünde unsrer V. gefolgt
	18	bedenken, wie unsre V. versucht wurden 19
	9,2	Herr, du Gott meines V. Simeon
	10,9	der Gott unsrer V. gebe dir Gnade
Wsh	9,1	Gott meiner V. und Herr des Erbarmens GMn 1
	12	werde des Thrones meines V. würdig sein
	10,1	die Weisheit behütete den V. der Welt
Wsh	12,5	durch die Hände unsrer V. die vertilgen
	21	deren V. du Eid und Bund gegeben 18,22
	14,15	als ein V. über seinen Sohn Leid trug
	18,6	war unsern V. vorher angekündigt worden
	9	nachdem sie die Lobgesänge der V.
	24	die Ehrennamen der V. waren eingegraben
Tob	3,3	denke nicht daran, was meine V. getan
	14	gelobt sei dein Name, Herr, du Gott unsrer V. 8,7; StD 3,2.28
	5,10	damit ich das meinem V. sagen kann 11
	24	Tobias nahm Abschied von V. und Mutter
	6,14	wirb um sie bei ihrem V.
	9,4	du weißt, mein V. zählt die Tage
	10,1	fing V. an, sich zu sorgen 10
	9	ich will einen Boten zu deinem V. schicken
	11,2	du weißt, wie es deinem V. ging
	7	geh zu deinem V. und küsse ihn 13
	8	dein V. wird das Licht des Himmels wieder schauen
	10	da stand sein blinder V. auf
	12,2	V., welchen Lohn können wir ihm geben 5.6
	14,10	so hört nun, meine Söhne, euren V.
Sir	3,1	gehorcht der Weisung eures V. 3.4.6.9.13.14. 16; 7,29; 23,18
	11	der Segen des V. baut den Kindern Häuser
	12	suche nicht Ehre auf Kosten deines V. 18
	4,10	sei zu den Waisen wie ein V.
	8,11	auch sie haben von unsern V. gelernt
	22,3	ein ungeratener Sohn ist für seinen V. eine Schande 4.5; 42,9.10
	30,4	wenn sein V. stirbt, so ist's, als wäre er
	34,24	der den Sohn vor den Augen des V. schlachtet
	41,10	die Kinder werden den gottlosen V. anklagen
	20	schämt euch vor V. und Mutter der Unzucht
	44,1	laßt uns loben unsre V.
	20	Abraham war der V. vieler Völker
	48,10	das Herz der V. den Kindern zuzuwenden
Bar	1,19	da der Herr unsre V. aus Ägyptenland geführt 1Ma 4,9.10; 2Ma 8,15
	2,6	unsre V. tragen mit Recht unsre Schande
	19	nicht wegen der Gerechtigkeit unsrer V.
	21	im Lande, das ich euren V. gegeben habe 34
	24	daß man die Gebeine unsrer V. zerstreut hat
	33	daran denken, wie es ihren V. ergangen ist
	3,7	alle Missetaten unsrer V. getilgt 8
1Ma	1,11	als Geisel für seinen V. Antiochus
	2,19	wenn alle Völker von dem Glauben ihrer V. abfielen 20
	50	wagt euer Leben für den Bund unsrer V. 2Ma 7,2.24.30.37
	51	welche Taten unsre V. getan haben
	65	Simon gehorcht allezeit als eurem V.
	69	danach wurde (er) zu seinen V. versammelt
	70	begruben ihn im Grab seiner V. 9,19; 13,25-28
	3,1	Judas trat an die Stelle seines V. 2
	6,23	beschlossen, deinem V. untertan zu sein
	10,55	an dem du in das Land deiner V. gekommen
	72	von denen eure V. geschlagen worden
	13,3	ich und das ganze Haus meines V. 16,2
2Ma	1,19	als unsre V. nach Persien weggeführt wurden
	25	der du unsre V. erwählt hast
	4,15	was den V. eine Ehre war, galt ihnen nichts
	5,10	nicht bei seinen V. begraben zu werden
	6,1	daß sie von den Gesetzen ihrer V. abfielen
	8,19	wie Gott so oft ihren V. geholfen hätte
	14,37	Rasi, ein V. der Juden genannt

Vater

StE	1,4	Haman, den wir wie einen V. ehren 5,8
	3,5	ich habe von meinem V. gehört
StD	3,4	über Jerusalem, die heilige Stadt unsrer V.
Mt	2,22	daß Archelaus König war anstatt seines V. Herodes
	3,9	wir haben Abraham zum V. Lk 3,8; Jh 8,39; Rö 4,16
	4,21	(Jesus) sah... im Boot mit ihrem V.
	22	sogleich verließen sie ihren V. Mk 1,20
	8,21	daß ich zuvor hingehe und meinen V. begrabe Lk 9,59
	10,21	es wird dem Tod preisgeben der V. den Sohn Mk 13,12; Lk 12,53
	35	den Menschen zu entzweien mit seinem V.
	37	wer V. oder Mutter mehr liebt als mich
	15,4	du sollst V. und Mutter ehren 19,19; Mk 7,10; 10,19; Lk 18,20; Eph 6,2
	5	wer zu V. oder Mutter sagt 6; Mk 7,11.12
	19,5	darum wird ein Mann V. und Mutter verlassen Mk 10,7; Eph 5,31
	29	wer V. oder Mutter verläßt Mk 10,29
	21,30	der V. ging zum zweiten Sohn und sagte
	31	wer von beiden hat des V. Willen getan
	23,9	ihr sollt niemanden auf Erden
	30	hätten wir zu Zeiten unserer V. gelebt
	32	macht auch ihr das Maß eurer V. voll
Mk	5,40	er nahm mit sich den V. des Kindes Lk 8,51
	9,21	Jesus fragte seinen V.
	24	sogleich schrie der V. des Kindes
	11,10	gelobt sei das Reich unseres V. David, das da kommt
	15,21	Simon, V. des Alexander und des Rufus
Lk	1,17	zu bekehren die Herzen der V. zu den Kindern
	32	wird ihm den Thron seines V. David geben
	55	wie er geredet hat zu unsern V.
	59	wollten es nach seinem V. Zacharias nennen
	62	sie winkten seinem V., wie er ihn nennen lassen wollte
	67	sein V. Zacharias wurde vom hl. Geist erfüllt
	72	Barmherzigkeit erzeigte unsern V.
	73	Eid, der geschworen unserm V. Abraham
	2,33	sein V. und seine Mutter wunderten sich
	48	dein V. und ich haben dich mit Schmerzen gesucht
	6,23	das gleiche haben ihre V. den Propheten getan 26; 11,47
	9,42	machte den Knaben gesund und gab ihn seinem V. wieder
	11,11	wo ist unter euch ein V., der seinem Sohn
	48	bezeugt ihr und billigt die Taten eurer V.
	14,26	wenn jemand zu mir kommt und haßt nicht seinen V., Mutter
	15,12	der jüngere von ihnen sprach zu dem V.
	17	wie viele Tagelöhner hat mein V., die
	18	ich will zu meinem V. gehen 20
	18	V., ich habe gesündigt gegen den Himmel und vor dir 21
	20	sah ihn sein V., und es jammerte ihn
	22	er sprach zu seinen Knechten
	27	dein V. hat das gemästete Kalb geschlachtet
	28	da ging sein V. heraus und bat ihn 29
	16,24	V. Abraham, erbarme dich meiner 27.30
	27	daß du ihn sendest in meines V. Haus
Jh	4,12	bist du mehr als unser V. Jakob 8,53
	20	unsere V. haben auf diesem Berge angebetet
	53	da merkte der V., daß es die Stunde war
	6,31	unsre V. haben in der Wüste das Manna gegessen 49.58
	42	dessen V. und Mutter wir kennen

Jh	7,22	Beschneidung... kommt von den V.
	8,38	ihr tut, was ihr von eurem V. gehört 41.44
	44	ihr habt den Teufel zum V.
	56	Abraham, euer V., wurde froh, daß er meinen Tag sehen sollte
Apg	3,13	der Gott unsrer V. hat seinen Knecht Jesus verherrlicht 5,30
	25	Bundes, den Gott geschlossen mit euren V.
	4,25	durch den Mund unseres V. David gesagt
	7,2	liebe Brüder und V., hört zu 22,1
	4	als sein V. gestorben war, brachte Gott ihn
	11	unsre V. fanden keine Nahrung 12.14.15.19.20
	32	ich bin der Gott deiner V.
	38	(Mose) stand zw. dem Engel und unsern V.
	39	ihm wollten unsre V. nicht gehorsam werden 44.45
	45	Heiden, die Gott vertrieb vor dem Angesicht unsrer V.
	51	wie eure V., so auch ihr
	52	welchen Propheten haben eure V. nicht verfolgt
	13,17	der Gott dieses Volkes Israel hat unsre V. erwählt
	32	die Verheißung, die an die V. ergangen ist 26,6; Rö 15,8
	36	ist er entschlafen und zu seinen V. versammelt worden
	15,10	Joch, das weder unsre V. noch wir haben tragen können
	16,1	der Sohn einer jüdischen Frau und eines griechischen V. 3
	22,14	der Gott unserer V. hat dich erwählt
	24,14	daß ich dem Gott meiner V. so diene
	28,8	daß der V. des Publius darnieder lag
	17	habe nichts getan gegen unser Volk und die Ordnungen der V.
	25	mit Recht hat der heilige Geist zu euren V. gesprochen
Rö	4,1	*von Abraham, unserm V. nach dem Fleisch*
	11	sollte ein V. werden aller, die glauben 12
	17	habe dich gesetzt zum V. vieler Völker 18
	9,5	denen auch die V. gehören
	10	Rebekka, die von unserm V. Isaak schwanger wurde
	11,28	Geliebte um der V. willen
1Ko	4,15	so habt ihr doch nicht viele V.
	5,1	daß einer die Frau seines V. hat
	10,1	daß unsre V. alle unter der Wolke gewesen
Gal	1,14	und eiferte für die Satzungen der V.
Eph	6,4	ihr V., reizt eure Kinder nicht zum Zorn Kol 3,21
Phl	2,22	wie ein Kind dem V. hat er mit mir dem Evangelium gedient
1Th	2,11	wie ein V. seine Kinder (ermahnt)
1Ti	5,1	einen Älteren ermahne wie einen V.
1Pt	1,18	eurem nichtigen Wandel nach der V. Weise
2Pt	3,4	nachdem die V. entschlafen sind, bleibt es
1Jh	2,13	ich schreibe euch V.; denn ihr kennt den 14
Heb	1,1	nachdem Gott vielfach geredet hat zu den V.
	3,9	wo mich eure V. versuchten und prüften
	7,3	ist ohne V., ohne Mutter, ohne Stammbaum
	10	*sollte seinem V. erst noch geboren werden*
	8,9	nicht wie der Bund gewesen ist, den ich mit ihren V. schloß
	12,7	wo ist ein Sohn, den der V. nicht züchtigt
	9	wenn unsre leiblichen V. uns gezüchtigt haben
Jak	2,21	ist nicht Abraham, unser V., durch Werke gerecht geworden

Vater (von Gott)

5Mo	32,6	ist er nicht dein V. und dein Herr
2Sm	7,14	ich will sein V. sein 1Ch 17,13; 22,10; 28,6; Heb 1,5
Ps	68,6	ein V. der Waisen ist Gott
	89,27	du bist mein V., mein Gott und Hort
Jes	9,5	er heißt Ewig-V., Friede-Fürst
	63,16	du, HERR, bist unser V. 64,7
Jer	3,4	schreist jetzt zu mir: Lieber V. 19
	31,9	denn ich bin Israels V.
Mal	1,6	bin ich nun V., wo ist meine Ehre
	2,10	haben wir nicht alle einen V.
Wsh	2,16	prahlt damit, daß Gott sein V. sei
	11,10	du hast sie wie ein V. zurechtgewiesen
	14,3	deine Vorsehung, V., steuert es hindurch
Sir	23,1	Herr, V. und Herrscher 4; 51,14
Mt	5,16	damit sie eueren V. im Himmel preisen
	45	damit ihr Kinder seid eures V. im Himmel
	48	wie euer V. im Himmel vollkommen ist
	6,1	ihr habt sonst keinen Lohn bei eurem V.
	4	dein V., der in das Verborgene sieht 6.18
	8	euer V. weiß, was ihr bedürft 32; Lk 12,30
	9	unser V. im Himmel Lk 11,2
	14	wird euch euer himmlischer V. auch vergeben 15; Mk 11,25.26
	26	euer himmlischer V. ernährt sie doch
	7,11	euer V. Gutes geben denen, die ihn bitten
	21	die den Willen tun meines V. im Himmel
	10,20	eures V. Geist ist es, der durch euch redet
	29	fällt keiner von ihnen ohne euren V.
	32	will ich auch bekennen vor meinem V. 33
	11,25	ich preise dich, V. 26; Lk 10,21
	27	alles ist mir übergeben von meinem V. Lk 10,22
	12,50	wer den Willen tut meines V. im Himmel
	13,43	leuchten wie die Sonne in ihres V. Reich
	15,13	alle Pflanzen, die mein V. nicht gepflanzt hat
	16,17	dir das offenbart mein V. im Himmel
	27	kommt in der Herrlichkeit seines V. Mk 8,38; Lk 9,26
	18,10	Engel sehen allezeit das Angesicht meines V.
	14	nicht der Wille bei eurem V. im Himmel
	19	soll es ihnen widerfahren von meinem V.
	35	so wird auch mein V. an euch tun
	20,23	zuteil, für die es bestimmt ist von meinem V.
	23,9	denn einer ist euer V.
	24,36	von dem Tage weiß allein der V. Mk 13,32
	25,34	kommt her, ihr Gesegneten meines V.
	26,29	davon trinken in meines V. Reich
	39	mein V., ist's möglich, so gehe dieser Kelch an mir vorüber 42; Lk 22,42
	53	meinst du ich könnte meinen V. nicht bitten
	28,19	taufet sie auf den Namen des V. und des Sohnes und des heiligen Geistes
Mk	14,36	Abba, mein V., alles ist dir möglich
Lk	2,49	wißt ihr nicht, daß ich sein muß in dem, was meines V. ist
	6,36	seid barmherzig, wie euer V. barmherzig ist
	11,13	wird der V. im Himmel den hl. Geist geben
	12,32	eurem V. wohlgefallen, das Reich zu geben
	22,29	zueignen, wie mir's mein Vater zugeeignet hat
	23,34	V., vergib ihnen
	46	V., ich befehle meinen Geist in deine Hände
	24,49	ich will auf euch herabsenden, was mein V. verheißen hat
Jh	1,14	Herrlichkeit als des eingeborenen Sohnes vom V.
	18	der Eingeborene, der Gott ist und in des V. Schoß ist
Jh	2,16	macht nicht meines V. Haus zum Kaufhaus
	3,35	der V. hat den Sohn lieb 5,20; 10,17; 15,9
	4,21	weder auf diesem Berge noch in Jerusalem den V. anbeten werdet
	23	auch der V. will solche Anbeter haben
	5,17	mein V. wirkt bis auf diesen Tag
	18	sondern auch sagte, Gott sei sein V.
	19	sondern nur, was er den V. tun sieht
	21	wie der V. die Toten auferweckt
	22	denn der V. richtet niemand
	23	damit alle den Sohn ehren wie den V.
	26	wie der V. das Leben hat in sich selber
	36	daß mich der V. gesandt hat 37; 6,57; 8,16.18; 10,36; 12,49; 14,24; 20,21
	43	ich bin gekommen in meines V. Namen
	45	nicht meinen, daß ich euch vor dem V. verklagen werde
	6,27	denn auf den hat das Siegel Gottes des V.
	32	mein V. gibt euch das wahre Brot
	37	alles, was mir mein V. gibt, das kommt zu mir
	40	das ist der Wille meines V.
	44	niemand zu mir kommen, es sei denn, ihn ziehe der V. 65
	45	wer es vom V. hört und lernt, der
	46	nicht als ob jemand den V. gesehen hätte
	57	wie ich lebe um des V. willen
	8,19	ihr kennt weder mich noch meinen V. 16,3
	27	sie verstanden nicht, daß er zu ihnen vom V. sprach
	28	wie mich der V. gelehrt hat, so rede ich 38; 12,50
	29	*der V. läßt mich nicht allein*
	41	wir haben einen V.: Gott
	42	wäre Gott euer V., so liebtet ihr mich
	49	ich ehre meinen V., aber ihr nehmt mir die Ehre
	54	es ist mein V., der mich ehrt, von dem ihr sagt
	10,15	wie mich mein V. kennt, und ich kenne den V.
	18	dies Gebot... empfangen von meinem V.
	25	die Werke, die ich tue in meines V. Namen
	29	mein V., der mir sie gegeben hat, ist größer
	30	ich und der V. sind eins
	32	viele gute Werke habe ich euch erzeigt vom V.
	37	tue ich nicht die Werke meines V.
	38	damit ihr erkennt, daß der V. in mir ist und ich in ihm 14,10.11.20; 17,21
	11,41	V., ich danke dir, daß du mich erhört hast
	12,26	wer mir dienen wird, den wird mein V. ehren
	27	V., hilf mir aus dieser Stunde
	28	V., verherrliche deinen Namen
	13,1	daß er aus dieser Welt ginge zum V.
	3	daß ihm der V. alles in seine Hände gegeben
	14,2	in meines V. Hause sind viele Wohnungen
	6	niemand kommt zum V. denn durch mich
	7	wenn ihr mich erkannt habt, so werdet ihr auch meinen V. erkennen
	8	Herr, zeige uns den V., und es genügt uns 9
	9	wer mich sieht, der sieht den V.
	10	der V., der in mir wohnt, der tut seine Werke
	12	ich gehe zum V. 28; 16,10.17.28
	13	damit der V. verherrlicht werde im Sohn
	16	ich will den V. bitten 16,26
	21	wer mich liebt, der wird von meinem V. geliebt werden 23

Vater

Jh	14,26	der Tröster, den mein V. senden wird in meinem Namen 15,26
	28	der V. ist größer als ich
	31	die Welt soll erkennen, daß ich den V. liebe 15,10
	15,1	ich bin der wahre Weinstock, und mein V. der Weingärtner
	8	darin wird mein V. verherrlicht, daß
	15	alles, was ich von meinem V. gehört habe
	16	wenn ihr den V. bittet in meinem Namen 16,23
	23	wer mich haßt, der haßt auch meinen V. 24
	26	der Geist der Wahrheit, der vom V. ausgeht
	16,15	alles, was der V. hat, das ist mein
	25	euch frei heraus verkünden von meinem V.
	27	er selbst, der V., hat euch lieb
	28	ich bin vom V. ausgegangen und in die Welt gekommen
	32	ich bin nicht allein, denn der V. ist bei mir
	17,1	V., die Stunde ist da
	5	nun, V., verherrliche du mich bei dir
	11	heiliger V., erhalte sie in deinem Namen
	24	V., ich will, daß
	25	gerechter V., die Welt kennt dich nicht
	18,11	soll ich den Kelch nicht trinken, den mir mein V. gegeben hat
	20,17	ich fahre auf zu meinem V. und zu eurem V.
Apg	1,4	zu warten auf die Verheißung des V. 2,33
	7	Stunde, die der V. in s. Macht bestimmt hat
Rö	1,7	Gnade sei mit euch und Friede von Gott, unserm V. 1Ko 1,3; 2Ko 1,2; Gal 1,3; Eph 1,2; Phl 1,2; Kol 1,2; 1Th 1,1; 2Th 1,2; 1Ti 1,2; 2Ti 1,2; Tit 1,4; Phm 3; 2Jh 3
	6,4	auferweckt durch die Herrlichkeit des V.
	8,15	durch den wir rufen: Abba, lieber V. Gal 4,6
	15,6	Gott, V. unseres Herrn Jesus Christus 2Ko 1,3; 11,31; Eph 1,3; Kol 1,3; 1Pt 1,3
1Ko	8,6	den V., von dem alle Dinge sind und wir zu ihm
	15,24	wenn er das Reich dem V. übergeben wird
2Ko	1,3	der V. der Barmherzigkeit und Gott allen Trostes
	6,18	(so will ich euch annehmen) und euer V. sein
Gal	1,1	Apostel durch Jesus Christus und Gott, den V.
	4	uns errette nach dem Willen unseres V.
	4,2	bis zu der Zeit, die der V. bestimmt hat
Eph	1,17	daß der V. der Herrlichkeit euch gebe den Geist der Weisheit
	2,18	durch ihn haben wir den Zugang zum V.
	3,14	deshalb beuge ich meine Knie vor dem V.
	15	der der rechte V. ist über alles, was Kinder
	4,6	Gott und V. aller, der
	5,20	sagt Dank Gott, dem V., allezeit für alles
	6,23	Friede sei mit den Brüdern von Gott, dem V.
Phl	2,11	zur Ehre Gottes, des V.
	4,20	Gott, unserm V., sei Ehre von Ewigkeit zu Ewigkeit! Amen
Kol	1,12	mit Freuden sagt Dank dem V.
	3,17	dankt Gott, dem V., durch ihn
1Th	1,3	denken ohne Unterlaß vor Gott, unserm V., an euer Werk
	3,11	Gott, unser V., lenke unsern Weg zu euch
	13	damit eure Herzen untadelig seien vor Gott, unserm V.
2Th	1,1	Paulus an die Gemeinde in Thessalonich in Gott, unserm V.
	2,16	unser Herr Jesus und Gott, unser V.
1Pt	1,2	die Gott, der V., ausersehen hat
	17	da ihr den als V. anruft, der
2Pt	1,17	er empfing von Gott, dem V., Ehre
1Jh	1,2	das beim V. war und uns erschienen ist
	3	unsere Gemeinschaft ist mit dem V.
	2,1	einen Fürsprecher bei dem V., Jesus Christus
	14	ich habe euch Kindern geschrieben; denn ihr kennt den V.
	15	in dem ist nicht die Liebe des V.
	16	alles, was in der Welt ist, ist nicht vom V.
	22	Antichrist, der den V. und den Sohn leugnet
	23	wer den Sohn leugnet, der hat auch den V. nicht
	24	werdet ihr auch im Sohn und im V. bleiben
	3,1	seht, welch eine Liebe hat uns der V. erwiesen
	4,14	daß der V. den Sohn gesandt hat
2Jh	3	von Jesus Christus, dem Sohn des V.
	4	nach dem Gebot, das wir vom V. empfangen
	9	wer in dieser Lehre bleibt, der hat den V. und den Sohn
Heb	12,9	sollten wir uns dann nicht viel mehr unterordnen dem geistl. Vater
Jak	1,17	V. des Lichts, bei dem keine Veränderung
	27	ein reiner und unbefleckter Gottesdienst vor Gott, dem V., ist der
	3,9	mit ihr loben wir den Herrn und V.
Jud	1	Berufenen, die geliebt sind in Gott, dem V.
Off	1,6	uns zu Priestern gemacht vor Gott, seinem V.
	2,28	wie auch ich Macht empfangen habe von meinem V.
	3,5	will seinen Namen bekennen vor meinem V.
	21	wie auch ich mich gesetzt habe mit meinem V. auf seinen Thron
	14,1	den Namen seines V. auf ihrer Stirn

Vaterhaus

1Mo	41,51	Gott hat mich vergessen lassen mein V.
Ps	45,11	vergiß dein Volk und dein V.
Jes	22,24	an ihn hängt die ganze Schwere seines V.

Vaterland

1Mo	11,28	Haran starb in seinem V. zu Ur
	12,1	geh aus deinem V.
	24,4	daß du ziehest in mein V.
Rut	2,11	daß du verlassen hast dein V.
Jer	22,10	wird sein V. nicht wiedersehen
	26	anderes Land, das nicht euer V. ist
	46,16	laßt uns wieder ziehen in unser V.
Hes	23,15	deren V. Chaldäa ist
	29,14	will sie wieder bringen in ihr V.
2Ma	4,1	Simon, der sein V. verraten hatte 5,8
	5,9	wie er viele Leute aus ihrem V. vertrieben
	8,21	bereit, für ... und des V. zu sterben 13,14; 14,18
	13,3	redete zum Verderben seines V.
	10	die ihnen das V. rauben wollten
Mt	13,57	ein Prophet gilt nirgends weniger als in seinem V. Mk 6,4; Lk 4,24
Heb	11,14	geben sie zu verstehen, daß sie ein V. suchen
	16	nun sehnen sie sich nach einem besseren V.

väterlich

1Ma	15,33	das Land ist unser v. Erbe
Apg	22,3	mit aller Sorgfalt unterwiesen im v. Gesetz
	28,17	*ich habe nichts getan wider v. Sitten*
Gal	1,14	*eiferte für die v. Satzungen*

Vatermörder

1Ti 1,9 (Gesetz gegeben) den V.

Vaterstadt

Mt 13,54 (Jesus) kam in seine V. Mk 6,1
Lk 4,23 tu so auch hier in deiner V.

verabreden

Ri 20,32 die *Israeliten hatten v. 38

verabscheuen

3Mo 11,11 ihr Aas sollt ihr v. 12.13
5Mo 23,8 den Edomiter sollst du nicht v.
Hi 19,19 alle meine Getreuen v. mich 30,10
Ps 139,21 sollte ich nicht v., die sich gegen dich
Jes 49,7 der v. (ist) von den Heiden
Am 5,10 v. den, der ihnen die Wahrheit sagt
Mi 3,9 ihr Herren, die ihr das Recht v.
Wsh 11,24 du v. nichts von dem, was du gemacht hast
12,24 unter den v. Tieren die verächtlichsten
Sir 19,20 eine Schlauheit, die man v. muß
20,8 wer viele Worte macht, wird v.
2Ma 5,8 wurde v. als Verräter seines Vaterlandes
Rö 2,22 du v. die Götzen, und beraubst ihre Tempel

verachten

1Mo 25,34 so v. Esau seine Erstgeburt
3Mo 26,15 werdet ihr meine Satzungen v. 43
4Mo 15,31 er hat des HERRN Wort v. 2Sm 12,9.10
Ri 9,38 das Kriegsvolk, das du v. hast
1Sm 2,17 sie v. das Opfer des HERRN
30 wer aber mich v., der soll wieder v. werden
10,27 einige ruchlose Leute v. (Saul)
17,42 als der Philister David anschaute, v. er ihn
2Sm 6,16 Michal v. (David) in ihrem Herzen 1Ch 15,29
2Kö 17,15 dazu v. sie seine Gebote Hes 20,13.16.24
19,21 die Tochter Zion v. dich Jes 37,22
2Ch 36,16 aber sie v. seine Worte Jer 23,17
Est 1,17 so daß sie ihre Männer v.
Hi 9,21 ich v. mein Leben
Ps 22,25 er hat nicht v. das Elend des Armen
51,19 ein zerschlagenes Herz wirst du nicht v.
69,34 der HERR v. seine Gefangenen nicht
107,11 weil sie den Ratschluß des Höchsten v.
Spr 1,7 die Toren v. Weisheit und Zucht
12,8 wer verschrobenen Sinnes ist, wird v.
13,13 wer das Wort v., muß dafür büßen
14,2 wer ihn v., der geht auf Abwegen
21 wer seinen Nächsten v.
15,20 ein törichter Mensch v. seine Mutter
23,9 er v. die Klugheit deiner Rede
22 v. deine Mutter nicht, wenn sie alt wird
30,17 in Auge, das v., der Mutter zu gehorchen
Pr 9,16 des Armen Weisheit wird v.
Jes 5,24 sie v. die Weisung des HERRN Zebaoth
8,6 weil dies Volk v. die Wasser von Siloah
Jer 4,30 die dir den Hof machen, werden dich v.
5,11 sic v. mich, das Haus Israel und Juda
33,24 sie v. mein Volk
Hes 16,57 als dich die Töchter Edoms v.
59 als du den Eid v. hast 17,16.18.19
21,15 hast den Stock v. 18
22,7 Vater und Mutter v. sie
8 du v., was mir heilig ist
Dan 3,12 jüdische Männer; die v. dein Gebot

Am 5,21 bin euren Feiertagen gram und v. sie
Mi 7,6 der Sohn v. den Vater
Ze 3,19 in allen Landen, wo man sie v.
Sa 4,10 wer den Tag des geringen Anfangs v. hat
Mal 1,6 Priestern, die meinen Namen v. Ihr aber sprecht: Wodurch v. wir denn deinen Namen
2,10 warum v. wir denn einer den andern
Jdt 2,5 zieh aus gegen die, die mein Gebot v.
5,2 die einzigen im Morgenland, die uns v.
10,13 weil sie euch v. haben
20 die Hebräer sind gewiß nicht zu v.
11,2 hätte mich dein Volk nicht v.
13,27 der den Gott Israels v. hatte
Wsh 3,11 wer Zucht v., ist ein unglückseliger Mensch
14,30 dafür, daß sie Frömmigkeit v.
19,21 Herr, du hast dein Volk nicht v.
Tob 13,15 verflucht werden alle sein, die dich v.
Sir 3,13 deine Mutter v. bringt dir selber Schande 15
4,2 v. den Hungrigen nicht
7,16 v. die beschwerliche Arbeit nicht
8,7 v. einen Menschen nicht, weil er alt ist
9 v. nicht die Weisen vortragen
10,26 nicht recht, einen Verständigen zu v. 26,26
32 wer wird dem Ehre geben, der sich selbst v.
11,2 sollst niemand v., weil er häßlich aussieht
13,24 wie der Hochmütige v., was gering ist, so v. der Reiche
19,5 wer ... den wird man v.
22,5 die wird von beiden v.
31,26 gehorche mir und v. mich nicht
39 v. ihn nicht, wenn er lustig wird
32,22 ein vernünftiger Mann v. nicht guten Rat
35,17 er v. das Gebet der Waisen nicht
38,4 Arznei ... ein Vernünftiger v. sie nicht
Bar 1,19 haben es v., seiner Stimme zu gehorchen
1Ma 3,14 Judas, der den Befehl des Königs v.
2Ma 4,14 daß die Priester den Tempel v.
7,24 meinte, sie v. ihn in ihrer Sprache
StE 2,6 v. dein Eigentum nicht
Mt 6,24 er wird den einen hängen und den andern v. Lk 16,13
18,10 daß ihr nicht einen von diesen Kleinen v.
22,5 sie v. das und gingen weg
Mk 9,12 daß er viel leiden und v. werden soll
Lk 7,30 v., was Gott ihnen zugedacht hatte
10,16 wer euch v., der v. mich
18,9 die sich anmaßten, fromm zu sein, und v. die andern
23,11 Herodes mit seinen Soldaten v. ihn
Jh 12,48 wer mich v., der hat schon seinen Richter
Rö 2,4 v. du den Reichtum seiner Güte
14,3 wer ißt, v. den nicht, der nicht ißt
10 du, was v. du deinen Bruder
1Ko 11,22 v. ihr die Gemeinde Gottes
16,11 daß ihn nur nicht jemand v.
Gal 4,14 obwohl ... habt ihr mich nicht v.
1Th 4,8 wer das v., der v. nicht Menschen, sondern Gott
5,20 prophetische Rede v. nicht
1Ti 4,12 niemand v. dich wegen deiner Jugend Tit 2,15
2Pt 2,10 am meisten die, die jede Herrschaft v. Jud 8

Verächter

Ps 25,3 zuschanden werden die leichtfertigen V.
119,158 ich sehe die V.
Spr 11,3 ihre Falschheit wird die V. verderben 6
13,2 die V. sind gierig nach Frevel
15 der V. Weg bringt Verderben

Verächter

Spr 21,18 der V. (als Lösegeld) für die Frommen
22,12 die Worte des V. bringt er zu Fall
Mal 3,15 darum preisen wir die V.
19 da werden alle V. Stroh sein
Apg 13,41 seht, ihr V., wundert euch und werdet zunichte

verachtet

Neh 3,36 höre, unser Gott, wie v. sind wir Klg 1,11
Hi 14,21 ob sie v. sind, das wird er nicht gewahr
Ps 22,7 ich bin v. vom Volke Jes 49,7
119,141 ich bin gering und v. Jer 49,15; Ob 2
Jes 3,5 der V. (geht los) auf den Geehrten
14,19 du bist hingeworfen wie ein v. Zweig
53,3 er war so v., daß man das Angesicht
Jer 22,28 ist denn Konja ein v. Mann
Hes 16,5 so v. war dein Leben
Sir 41,9 ihre Nachkommen werden immer v. sein 10
1Ma 1,42 so v. und elend mußte es jetzt sein
2Ma 1,27 sieh die V. an, vor denen alle ein Grausen
StD 3,13 wir sind heute die V. auf Erden
1Ko 1,28 das V. hat Gott erwählt
4,10 ihr (seid) herrlich, wir (sind) v.

verächtlich

Jes 23,9 daß er v. machte die stolze Stadt
Dan 11,21 wird emporkommen ein v. Mensch
Mal 2,9 habe auch ich euch v. und unwert gemacht
Wsh 12,24 die unter den Tieren die v. sind
15,10 sein Leben (ist) v. als Ton
2Ma 7,39 es verdroß ihn, daß er so v. behandelt wurde

Verachtung

Est 1,18 wird V. und Zorn genug geben
Hi 12,5 dem Unglück gebührt V.
21 schüttet V. auf die Fürsten Ps 107,40
31,34 weil die V. der Sippen mich abgeschreckt
Ps 119,22 wende von mir Schmach und V.
123,3 allzusehr litten wir V. 4
Spr 18,3 wohin ein Frevler kommt, kommt auch V.

veralten

Ps 102,27 sie werden v. wie ein Gewand Heb 1,11
Sir 14,18 alles Lebendige v. wie ein Kleid
Lk 12,33 macht euch Geldbeutel, die nicht v.
Heb 8,13 was v. ist, das ist seinem Ende nahe

verändern

1Mo 31,7 (Laban) hat zehnmal meinen Lohn v. 41
3Mo 13,16 v. sich das wilde Fleisch und wird weiß
Jer 48,11 darum ist sein Geruch nicht v. worden
Dan 3,19 der Ausdruck seines Angesichts v. sich
Sir 43,8 er wächst und v. sich wunderbar
Rö 12,2 *v. euch durch Erneuerung eures Sinnes*
Heb 7,12 wenn das Priestertum v. wird, muß auch das Gesetz v. werden

Veränderung

Jak 1,17 von dem Vater des Lichts, bei dem keine V. ist

veranlassen

2Ch 24,27 die Menge der Steuern, die (Joasch) v.

verantworten

Hi 13,6 hört doch, wie ich mich v. 15
15,3 v. dich mit Worten, die nichts taugen
Lk 12,11 wie oder womit ihr euch v. sollt 21,14
Apg 19,33 Alexander wollte sich vor dem Volk v.
22,1 wenn ich mich jetzt vor euch v. *24,10; 2Ko 12,19*
25,8 *da Paulus sich v. 16*
26,1 streckte Paulus die Hand aus und v. sich 2
Phl 1,7 *wenn ich das Evangelium v.*

Verantwortung

Jer 40,10 ich bleibe hier und habe die V.
Apg 26,24 *da er solches zur V. vorbrachte*
2Ko 7,11 hat in euch gewirkt, dazu V.
Phl 1,16 *daß ich zur V. des Evangeliums hier liege*
1Pt 3,15 seid allezeit bereit zur V. vor jedermann

verarbeiten

2Mo 38,24 alles Gold, das v. ist zu diesem Werk
Jes 19,9 es werden zuschanden, die da Flachs v.

verarmen

1Mo 45,11 damit du nicht v. mit deinem Hause
3Mo 25,25 wenn dein Bruder v. 35.39.47
Spr 23,21 die Säufer und Schlemmer v.

verbannen

Jes 20,4 wird wegtreiben die V. von Kusch

Verbannung

Hes 12,3 pack dir Sachen wie für die V. 4.7

verbergen (s.a. verborgen)

1Mo 4,14 muß mich vor deinem Angesicht v.
18,17 wie könnte ich Abraham v., was ich tun
37,26 was hilft's uns, daß wir sein Blut v.
47,18 wir wollen unserm Herrn nicht v.
2Mo 2,2 v. sie ihn drei Monate 3; *Heb 11,23*
5Mo 7,20 umgebracht sein wird, sich v. vor dir
31,17 werde mein Antlitz vor ihnen v. 32,20
Jos 2,4 die Frau v. die beiden Männer 16; 6,17.25
1Sm 20,2 warum sollte mein Vater dies vor mir v.
5 daß ich mich auf dem Felde v. 19.24
1Kö 17,3 v. dich am Bach Krit
2Kö 4,27 der HERR hat mir's v.
7,8 gingen und v.'s und kamen wieder und v.'s
12 um sich im Felde zu v.
11,2 Joscheba v. (Joasch) vor Atalja 2Ch 22,11
Hi 3,10 hat nicht v. das Unglück
5,21 wird dich v. vor der Geißel der Zunge
10,13 du v. in deinem Herzen
13,20 will mich vor dir nicht v.
24 warum v. du dein Antlitz 34,29; Ps 10,11; 13,2; 44,25; 88,15
14,13 daß du mich im Totenreich v. wolltest
15,18 was ihre Väter ihnen nicht v. haben
17,4 hast ihren Herzen den Verstand v.
23,9 v. er sich zur Rechten, sehe ich ihn nicht
24,16 am Tage v. sie sich
29,8 sahen mich und v. sich scheu
31,33 um heimlich meine Schuld zu v.
34,22 wo sich v. könnten die Übeltäter

verblenden

Ps	10,1	v. dich zur Zeit der Not
	22,25	er hat sein Antlitz vor ihm nicht v.
	27,9	v. dein Antlitz nicht vor mir 69,18; 102,3; 143,7
	30,8	als du dein Antlitz v., erschrak ich 104,29
	40,11	deine Gerechtigkeit v. ich nicht
	51,11	v. dein Antlitz vor meinen Sünden
	55,2	v. dich nicht vor meinem Flehen
	13	wollte ich mich vor ihm v.
	64,3	v. mich vor den Anschlägen der Bösen
	89,47	wie lange willst du dich so v.
	119,19	v. deine Gebote nicht vor mir
Spr	11,13	wer getreuen Herzens ist, v. es
	22,3	Kluge sieht das Unglück und v. sich 27,12
	25,2	es ist Gottes Ehre, eine Sache zu v.
	26,26	wer den Haß trügerisch v.
	28,12	wenn die Gottlosen... v. sich die Leute 28
Jes	1,15	v. ich doch meine Augen vor euch
	2,10	v. dich in der Erde vor dem Schrecken
	3,9	Sünde v. sie nicht
	8,17	sein Antlitz v. vor dem Hause Jakob
	16,3	v. die Verjagten
	26,20	v. dich einen kleinen Augenblick
	21	wird die Erde nicht v., die getötet sind
	29,14	daß der Verstand s. Klugen sich v. müsse
	30,20	dein Lehrer wird sich nicht mehr v. müssen
	50,6	mein Angesicht v. ich nicht vor Schmach
	53,3	daß man das Angesicht vor ihm v.
	54,8	mein Angesicht ein wenig vor dir v.
	57,11	weil ich schwieg und mich v.
	17	ich v. mich und zürnte
	59,2	eure Sünden v. sein Angesicht vor euch
	64,6	du hast dein Angesicht vor uns v.
Jer	23,24	daß sich jemand so heimlich v. könne
	33,5	als ich mein Angesicht v. Hes 39,23.24
	36,19	v. dich mit Jeremia 26
	38,14	will dich etwas fragen; v. mir nichts 25; 50,2
	49,10	aufgedeckt, daß er sich nicht v. kann
Klg	3,56	v. deine Ohren nicht vor meinem Seufzen
Hes	39,29	will mein Angesicht nicht mehr v.
Dan	12,4	du, Daniel, v. diese Worte
Am	9,3	wenn sie sich vor meinen Augen v.
Mi	3,4	wird sein Angesicht vor euch v.
Wsh	6,24	will euch ihre Geheimnisse nicht v. 7,13
Tob	2,9	Tobias v. sie in seinem Hause
Sir	12,7	so wird sich der Feind nicht v.
	20,33	besser, daß einer seine Torheit v.
	23,26	die Wände v. mich, so daß mich niemand sieht
Bar	6,49	die Priester, wo sie sich v. könnten
2Ma	1,20	Priester, die das Feuer v.
	14,30	Makkabäus v. sich vor Nikanor
Mt	11,25	weil du dies den Weisen und Klugen v. hast Lk 10,21
	13,44	Schatz, den ein Mensch fand und v.
	25,18	v. das Geld seines Herrn
	25	ich v. deinen Zentner in der Erde
Lk	1,24	*Elisabeth v. sich fünf Monate*
Jh	8,59	Jesus v. sich 12,36
1Ko	2,7	Weisheit Gottes, die im Geheimnis v. ist
	4,5	ans Licht bringen wird, was im Finstern v ist
	14,25	was in seinem Herzen v. ist, würde offenbar
Eph	3,9	der von Ewigkeit her v. war in ihm
Kol	1,26	das Geheimnis, das v. war seit ewigen Zeiten
	3,3	euer Leben ist v. mit Christus in Gott
Off	6,15	alle Sklaven und alle Freien v. sich
	16	fallt über uns und v. uns

verbeugen

Sir	12,11	wenn er sich auch verneigt und v.

verbieten (s.a. verboten)

1Ma	1,51	auch die Beschneidung v. er
Mk	7,36	je mehr er's v., desto mehr
	9,38	wir v.'s ihm, weil er uns nicht nachfolgt
	39	ihr sollt's ihm nicht v.
Lk	23,2	v., dem Kaiser Steuern zu geben

verbinden

2Mo	26,24	beide mit ihren Eckbrettern v. 36,29
	27,2	Hörner, die sollen mit ihm v. sein 38,2
5Mo	25,4	sollst dem Ochsen... nicht das Maul v. 1Ko 9,9; 1Ti 5,18
1Sm	18,1	v. sich das Herz Jonatans mit dem Herzen Davids 22,8
1Kö	6,10	er v. (Gänge) mit dem Hause durch Balken
Hi	5,18	denn er verletzt und v. Hos 6,1
Ps	147,3	er v. ihre Wunden
Jes	1,6	Wunden, die nicht gereinigt noch v. sind
	30,26	den Schaden seines Volks v. wird
	57,8	du hast dich mit ihnen v.
	61,1	die zerbrochenen Herzen zu v.
Jer	30,13	da ist keiner, der dich v.
Hes	30,21	er ist nicht v. worden
	34,4	das Verwundete v. ihr nicht
	16	ich will das Verwundete v.
Sir	27,23	Wunden kann man v.
	30,7	der v. ihm die Wunden und erschrickt
Lk	10,34	goß Öl und Wein auf seine Wunden und v. sie
Rö	6,5	wenn wir mit ihm v. und ihm gleichgeworden sind in seinem Tod
1Ko	9,9	du sollst dem Ochsen, der da drischt, nicht das Maul v. 1Ti 5,18

verbittern

1Sm	22,2	Männer, die v. Herzens waren
Hi	21,25	der andere stirbt mit v. Seele
Heb	3,16	wer hat sie denn gehört und sich v.

Verbitterung

Heb	3,8	wie es geschah bei der V. 15
	16	*wer hat eine V. angerichtet*

verblassen

3Mo	13,56	sieht, daß die Stelle v. ist
Hab	3,11	beim Glänzen deiner Pfeile v. sie

verbleiben

Hes	46,16	soll (s. Erbe) seinen Söhnen v. 17

verblenden

Jes	29,9	seid v. und werdet blind
	44,18	verstehen nichts; denn sie sind v.
Wsh	2,21	Bosheit hat sie v.
Sir	20,31	Geschenke und Gaben v. die Weisen
Mt	23,16	weh euch, ihr verblendeten Führer 24
Jh	12,40	er hat ihre Augen v.
Rö	11,10	*v. ihre Augen, daß sie nicht sehen*
2Ko	4,4	denen der Gott dieser Welt den Sinn v. hat

verblenden

1Jh 2,11 die Finsternis hat seine Augen v.

verblühen

Sir 42,9 solange sie jung ist, daß sie v. könnte

verborgen (s.a. verbergen)

3Mo 4,13 wenn die Tat vor ihren Augen v. wäre 4Mo 5,13
5Mo 29,28 was v. ist, ist des HERRN, unseres Gottes
31,18 werde mein Antlitz v. halten Ps 10,11
33,19 werden gewinnen die v. Schätze
Jos 10,17 die fünf Könige gefunden, v. in der Höhle
1Sm 19,2 verstecke dich und bleibe v.
23,19 David hält sich bei uns v. 26,1; Ps 54,2
2Sm 18,13 weil dem König ja nichts v. bleibt
1Kö 10,3 war (Salomo) nichts v. 2Ch 9,2
Hi 3,23 dem Mann, dessen Weg v. ist
15,20 dem Tyrannen ist die Zahl seiner Jahre v.
28,3 Gestein, das im Dunkel tief v. liegt
11 man bringt, was v. ist, ans Licht
21 sie ist auch v. den Vögeln
38,36 wer gibt die Weisheit in das V.
40,13 versenke sie ins V.
21 er liegt im Schlamm v.
Ps 10,9 er lauert im V. wie ein Löwe Klg 3,10
18,12 in schwarzen, dicken Wolken war er v.
19,7 nichts bleibt vor ihrer Glut v.
13 verzeihe mir die v. Sünden
38,10 mein Seufzen ist dir nicht v.
51,8 dir gefällt Wahrheit, die im V. liegt
69,6 meine Schuld ist dir nicht v.
139,15 es war dir mein Gebein nicht v., als ich im V. gemacht wurde
Spr 21,14 ein Geschenk im V. (stillt) den Grimm
27,5 besser als Liebe, die v. bleibt
Pr 12,14 vor Gericht bringen alles, was v. ist
Jes 29,15 die v. sein wollen vor dem HERRN
40,27 mein Weg ist dem HERRN v.
45,3 will dir geben v. Kleinode
15 du bist ein v. Gott
19 habe nicht im V. geredet 48,16
48,6 lasse dich Neues hören und V.
Jer 16,17 Missetat ist vor meinen Augen nicht v.
41,8 wir haben Vorrat im Acker v. liegen
Hes 28,3 klüger als Daniel, daß dir nichts v. sei
Dan 2,22 er offenbart, was tief und v. ist
4,6 weiß, daß dir nichts v. ist
12,9 es ist v. bis auf die letzte Zeit
Hos 5,3 Israel ist vor mir nicht v.
Hab 3,4 darin war v. seine Macht
14 zu fressen den Elenden im V.
Wsh 1,8 kann keiner v. bleiben, der Unrechtes redet
10 das Gerede der Murrenden bleibt nicht v.
7,21 so erkannte ich alles, was v. ist
10,8 nicht v. bleiben in ihrem Irrtum 17,3
18,9 im V. opferten die Kinder der Frommen
Tob 1,23 Tobias aber konnte sich v. halten
12,11 will das v. Geschehen nicht verheimlichen Sir 48,28
Sir 17,13 nichts ist vor ihm v. 16.17; 23,28; 39,24; 42,20
42,20 er offenbart, was v. ist
43,36 viele (von seinen Werken) sind uns v.
1Ma 1,24 er nahm die v. Schätze, die er fand
56 sich an v. Fluchtorten verstecken mußte
2Ma 12,41 den Herrn, der das V. an den Tag bringt
Mt 5,14 es kann die Stadt... nicht v. sein
6,4 dein Vater, der in das V. sieht 6.18
10,26 es ist nichts v., was nicht offenbar wird Mk 4,22; Lk 8,17; 12,2

Mt 13,35 ich will aussprechen, was v. war
44 Schatz, v. im Acker
Mk 7,24 konnte doch nicht v. bleiben
Lk 1,24 Elisabeth hielt sich fünf Monate v.
8,47 sah, daß es nicht v. blieb
9,45 es war vor ihnen v. 18,34
19,42 nun ist's vor deinen Augen v.
Jh 7,4 niemand tut etwas im V. und will doch öffentlich etwas gelten
18,20 ich habe nichts im V. geredet
Apg 26,26 gewiß, daß ihm nichts davon v. ist
Rö 2,16 Tag, an dem Gott das V. richten wird
29 der ist ein Jude, der es inwendig v. ist
1Ko 2,7 Weisheit Gottes, die im Geheimnis v. ist
Kol 2,3 in welchem v. liegen alle Schätze der Weisheit
1Ti 5,25 wenn es anders ist... doch nicht v. bleiben
1Pt 3,4 (euer Schmuck) der v. Mensch des Herzens
2Pt 3,8 eins aber sei euch nicht v.
Heb 4,13 kein Geschöpf ist vor ihm v.
11,23 Mose, als er geboren war, drei Monate v.
Off 2,17 wer überwindet, dem will ich geben von dem v. Manna

Verbot

StE 4,6 dies V. betrifft alle andern

verboten (s.a. verbieten)

Wsh 3,13 wenn sie keine v. Ehe kennengelernt hat
2Ma 6,5 Opfer, die in den Gesetzen v. sind 7,1
20 aus Liebe zum zeitlichen Leben V. zu essen
12,40 Götzen, die den Juden im Gesetz v. sind
Apg 10,14 ich habe noch nie etwas V. gegessen 15; 11,8.9

verbrauchen

Bar 6,28 was geopfert wird, v. ihre Priester
Lk 15,14 als er das Seine v. hatte, kam eine Hungersnot
Kol 2,22 das alles soll v. und verzehrt werden

Verbrechen

Ri 20,6 sie haben ein V. getan in Israel

verbreiten

2Mo 23,1 du sollst kein falsches Gerücht v.
Mt 9,31 sie v. die Kunde in diesem Lande

verbrennen

1Mo 38,24 führt sie heraus, daß sie v. werde
2Mo 3,3 besehen, warum der Busch nicht v.
12,10 wenn etwas übrigbleibt, sollt ihr's v. 29,34; 3Mo 7,17; 8,32; 19,6
22,5 wenn Feuer v. einen Garbenhaufen
29,14 Fleisch, Fell und Mist des Stieres sollst du v. 3Mo 4,12.21; 8,17; 9,11; 16,27; Hes 43,21
30,7 Aaron soll darauf v. gutes Räucherwerk 8; 1Sm 2,28
20 Feueropfer zu v. für den HERRN
3Mo 6,15 als Ganzopfer soll es v. werden 16.23; 7,19; 8,20
10,16 Mose suchte den Bock und fand ihn v.
13,24 wenn sich jemand an der Haut v.
52 man soll das Kleid... mit Feuer v. 55.57

verdammen

3Mo	16,28	der sie v., soll seine Kleider waschen	Bar	6,55	die Götzen aber v. wie Balken

3Mo 16,28 der sie v., soll seine Kleider waschen
     20,14 man soll ihn mit Feuer v. 21,9; Jos 7,15
4Mo 17,4 Pfannen, die die V. herangebracht hatten
     18,9 Gaben, soweit sie nicht v. werden
     19,5 soll die (rötliche) Kuh v. 8.17
     31,10 v. mit Feuer ihre Städte 5Mo 13,17; Jos 6,24; 11,11.13; Ri 18,27; 20,48; 1Sm 30,1.3.14
5Mo 7,5 sollt ihre Götzenbilder mit Feuer v. 25; 12,3
     9,21 das Kalb nahm ich und v. es mit Feuer
     12,31 haben ihren Göttern Söhne und Töchter v. 2Kö 17,31; 2Ch 28,3; Jer 7,31; 19,5; Hes 16,21
     29,22 ihr Land hat er mit Schwefel und Salz v.
Jos 7,25 ganz Israel steinigte (Achan) und v. sie
     11,6 sollst ihre Wagen v. 9
Ri 9,52 dem Burgtor, um es mit Feuer zu v.
     12,1 wollen dein Haus samt dir v. 14,15; 15,6
2Sm 23,7 sie werden mit Feuer v. an ihrer Stätte
1Kö 9,16 der Pharao hatte Geser v.
     13,2 der wird Menschengebein auf dir v. 2Kö 23,16.20; 2Ch 34,5
     15,13 zerschlug ihr Greuelbild und v. es 2Kö 10,26; 23,4.6.11.15; 1Ch 14,12; 2Ch 15,16
     16,18 Simri v. sich mit dem Hause des Königs
2Kö 8,12 wirst ihre festen Städte v. Jes 1,7; Jer 2,15
     16,13 (der König) v. darauf sein Brandopfer
     25,9 (Nebusaradan) v. das Haus des HERRN ... alle Häuser v. er 2Ch 36,19; Ps 74,7.8; Jes 64,10; Jer 52,13
Neh 1,3 Jerusalems Tore sind v. 2,17; 3,34
     10,35 damit man es auf dem Altar des HERRN v.
Ps 46,10 der Wagen mit Feuer v.
     80,17 haben ihn mit Feuer v. wie Kehricht
     83,15 wie ein Feuer den Wald v.
     102,4 meine Gebeine sind v. wie von Feuer
     106,18 die Flamme v. die Gottlosen
Spr 6,28 ohne daß seine Füße v. würden
Hl 1,6 die Sonne hat mich so v.
Jes 9,4 jeder Stiefel ... wird v.
     33,12 die Völker werden zu Kalk v. werden
     44,16 die eine Hälfte v. er 19
     47,14 wie Stoppeln, die das Feuer v.
Jer 4,7 ausgezogen, deine Städte zu v.
     21,10 daß er (diese Stadt) mit Feuer v. 32,29; 34,2. 22; 37,8.10; 38,18.23; 39,8; Hes 16,41; 23,47
     36,23 bis die Schriftrolle ganz v. war 25.27-29.32
     38,17 diese Stadt soll nicht v. werden
     43,13 soll die Götzentempel in Ägypten v.
     46,19 Memfis wird wüst und v. werden
     51,25 will einen v. Berg aus dir machen
     32 die Bollwerke (von Babel) v. 58
Klg 5,10 unsre Haut ist v. wie in einem Ofen
Hes 5,2 ein Drittel sollst du v. 4
     19,12 seine Ranken zerbrochen, daß sie v.
     23,25 sollen, was von dir übrigbleibt, v.
     39,9 die Bürger werden die Waffen v.
Jo 1,19 Feuer hat die Auen in der Steppe v. 20
Am 2,1 weil sie die Gebeine des Königs v. haben
Mi 1,7 sein Hurenlohn soll mit Feuer v. werden
Nah 1,10 sollen ganz v. werden wie dürres Stroh
Hab 2,13 woran Völker sich abgearbeitet, muß v.
Sa 9,4 die Stadt wird mit Feuer v. werden
Jdt 2,17 er v all ihr Getreide
     16,6 er drohte mir an, mein Land zu v.
Wsh 16,18 brannte schwächer, um die Tiere nicht zu v.
Sir 8,13 Feuer, damit du nicht darin v.
     28,26 er wird in ihrem Feuer v.
     27 der wird hineinfallen und darin v.
     43,23 was auf den Bergen steht, v. er wie Gluthauch
     49,8 die v. die auserwählte Stadt 1Ma 1,33
Bar 6,55 die Götzen aber v. wie Balken
1Ma 1,59 ließ er die Bücher des Gesetzes Gottes v.
     4,38 als sie sahen, wie die Tore v. waren
     5,5 Judas v. ihre Burgen 28.35.44.65
     68 Judas v. ihre Götzen
     6,31 die Juden v. die Sturmböcke 9,67
     7,35 so will ich dieses Haus v.
     10,85 die Zahl der V. betrug gegen 8.000 Mann
2Ma 1,23 beteten, bis das Opfer v. war
     6,11 als das ... angezeigt wurde, v. man sie
     8,33 dabei v. sie die Männer, die
     10,36 v. die Gotteslästerer
     12,6 zündete den Hafen an und v. die Boote
StD 3,24 (die Flamme) v. die Chaldäer
Mt 3,12 die Spreu wird er v. mit Feuer Lk 3,17
     13,30 sammelt zuerst das Unkraut, damit man es v.
     40 wie man das Unkraut mit Feuer v.
Apg 19,19 brachten die Bücher zusammen und v. sie
1Ko 3,15 wird jemandes Werk v., so wird er Schaden leiden
     13,3 wenn ich ... und ließe meinen Leib v.
2Pt 3,10 *die Erde und die darauf sind, werden v.*
Heb 13,11 die Leiber der Tiere werden außerhalb des Lagers v.
Off 8,7 der dritte Teil der Erde v.
     17,16 werden sie mit Feuer v.
     18,8 mit Feuer wird sie v. werden 9

verbriefen

Jer 32,44 man wird Äcker kaufen und v.

verbringen

Pr 6,12 in seinen kurzen, eitlen Tagen, die er v.
Hl 7,12 laß uns unter Zyperblumen die Nacht v.
Sir 26,2 er v. seine Jahre in Frieden

verbünden

2Kö 7,6 der König von Israel hat sich gegen uns v.
Hes 30,5 Kub und ihre V. sollen fallen

verbürgen

Sir 8,16 v. dich nicht höher, als du kannst
2Ma 12,25 nachdem er sich feierlich v. hatte
Heb 6,17 darum hat Gott sich mit einem Eid v.

Verdacht

2Ma 4,34 obwohl Onias V. hegte, überredete ... ihn
     12,4 weil sie keinerlei V. hegten

verdammen

Hi 9,20 müßte mich doch mein Mund v. 15,6
     10,2 (ich will) zu Gott sagen: V. mich nicht
     32,3 weil sie doch Hiob v.
     34,17 willst du den v., der gerecht ist 29
Spr 12,2 den Heimtückischen v. er
Jes 50,9 wer will mich v.
Wsh 11,10 du hast jene v.
     12,15 siehst es als nicht würdig an, jemand zu v.
     17,10 die Bosheit bezeugt selbst, daß sie v. ist
Tob 13,15 v. werden alle sein, die dich lästern
Sir 11,7 v. niemand, bevor du ... untersucht hast StD 1,48
     16,9 er v. sie um ihres Übermuts willen
StD 1,53 als du die Unschuldigen v. hast

verdammen

Mt	12,7	dann hättet ihr die Unschuldigen nicht v.
	37	aus deinen Worten wirst du v. werden
	41	die Leute von Ninive werden (dieses Geschlecht) v. 42; Lk 11,31.32
	20,18	*sie werden ihn v. zum Tode 27,3; Mk 10,33*
Mk	16,16	wer nicht glaubt, wird v. werden
Lk	6,37	v. nicht, so werdet ihr nicht v.
Jh	8,10	hat dich niemand v. 11
Apg	8,20	daß du v. werdest mitsamt deinem Geld
Rö	2,1	worin du den andern richtest, v. du dich
	8,3	Gott v. die Sünde im Fleisch
	34	wer will v.
1Ko	11,32	damit wir nicht samt der Welt v. werden
1Jh	3,20	wenn uns unser Herz v. 21
Heb	10,39	wir sind nicht von denen, die v. werden
Jak	4,12	einer, der selig machen und v. kann

Verdammnis

Sir	41,13	kommen die Gottlosen aus dem Fluch zur V.
Mt	7,13	der Weg ist breit, der zur V. führt
	23,33	wie wollt ihr der V. entrinnen
Lk	23,40	der du doch in gleicher V. bist
	24,20	überantwortet haben zur V. des Todes
Rö	3,8	deren V. ist gerecht
	5,16	das Urteil hat von dem Einen her zur V. geführt 18
	8,1	so gibt es keine V. für die, die
	9,22	*die zugerichtet sind zur V.*
2Ko	3,9	das Amt, das zur V. führt
Phl	1,28	was ihnen ein Anzeichen der V. ist
	3,19	ihr Ende ist V.
1Ti	6,9	welche die Menschen versinken lassen in V.
2Pt	2,1	werden herbeiführen eine schnelle V.
	3	ihre V. schläft nicht
	3,7	bewahrt für den Tag der V.
	16	zu ihrer eigenen V.
Off	17,8	wird in die V. fahren 11

Verdammungsurteil

2Pt	2,11	kein V. gegen sie vor den Herrn bringen Jud 9

verdanken

2Ma	3,33	dem Hohenpriester Onias hast du viel zu v.

verdecken

1Mo	38,15	denn sie hatte ihr Angesicht v.
2Ch	32,3	ob man die Wasserquellen v. sollte 4
Hi	24,15	er v. sein Antlitz
Klg	3,44	du hast dich mit einer Wolke v.
Sir	26,11	sie wird ihre Scham nicht v. lassen
Mk	14,65	fingen an, sein Angesicht zu v. Lk 22,64
Lk	11,44	denn ihr seid wie die v. Gräber
2Ko	4,3	ist unser Evangelium v., so ist's denen v., die

verderben

1Mo	6,11	die Erde war v. vor Gottes Augen 12
	13	will sie v. mit der Erde 17
	9,11	keine Sintflut mehr, die die Erde v. 15
	18,28	wolltest du die ganze Stadt v. 19,13.14
	28	so will ich sie nicht v. 31.32
	38,9	ließ er's auf die Erde fallen und v.
	41,36	damit das Land nicht vor Hunger v.
2Mo	15,9	meine Hand soll sie v.
3Mo	26,26	will euch den Vorrat an Brot v.
4Mo	17,27	siehe, wir v. und kommen um
	24,24	Schiffe aus Kittim werden v.
5Mo	4,31	der HERR wird dich nicht verlassen noch v.
	9,26	Herr HERR, v. dein Volk und Erbe nicht
	10,10	der HERR wollte dich nicht v.
	20,19	sollst ihre Bäume nicht v. 20
Jos	22,33	nicht mehr zu Felde ziehen, das Land zu v.
Ri	6,5	fielen ins Land, um es zu v.
1Sm	23,10	die Stadt zu v. um meinetwillen
2Sm	20,19	willst du das Erbteil des HERRN v. 20
	24,16	als der Engel... um es zu v. 1Ch 21,15
2Kö	3,19	werdet alle guten Äcker mit Steinen v.
	8,19	der HERR wollte Juda nicht v. 13,23; 2Ch 12,7; 21,7
	18,25	der HERR hat geboten... v. es Jes 36,10
2Ch	12,12	daß er ihn nicht ganz v.
	25,16	daß Gott beschlossen hat, dich zu v.
	35,21	daß (Gott) dich nicht v. Ps 106,23
Hi	2,3	mich bewogen, ihn ohne Grund zu v.
	10,8	abgewandt und willst mich v.
	15,16	der Mensch, der greulich und v. ist
	30,12	haben Wege angelegt, mich zu v.
Ps	14,3	aber sie sind allesamt v. 53,4
	63,10	trachten mir nach dem Leben, mich zu v.
	69,5	die mich v. wollen, sind mächtig
Spr	11,3	die Falschheit wird die Verächter v.
	9	durch den Mund... wird sein Nächster v.
	25,26	ist wie eine v. Quelle
	28,3	wie ein Platzregen, der die Frucht v.
	29,1	wird plötzlich v. ohne alle Hilfe
	31,3	Wege, auf denen sich die Könige v.
Pr	5,5	Gott könnte v. das Werk deiner Hände
	7,7	Bestechung v. das Herz
	9,18	ein einziger Bösewicht v. viel Gutes
	10,1	tote Fliegen v. gute Salben
Hl	2,15	fangt die Füchse, die die Weinberge v.
Jes	1,4	wehe den v. Kindern, die den HERRN
	13,5	sie kommen, um zu v. die ganze Erde
	14,20	du hast dein Land v.
	16,8	der Weinstock von Sibma ist v.
	27,3	damit man ihn nicht v., will ich
	32,7	sinnt auf Tücke, um die Elenden zu v.
	38,17	meiner Seele angenommen, daß sie nicht v.
	51,13	als er sich vornahm, dich zu v.
	65,8	v. es nicht, denn es ist ein Segen darin... daß ich nicht alles v.
Jer	1,10	daß du zerstören und v. sollst
	5,6	der Wolf wird sie v.
	9,11	verkündete, warum das Land v.
	11,16	so daß seine Äste v. müssen
	19	laßt uns den Baum in seinem Saft v.
	13,7	siehe, der Gürtel war v.
	9	will ich v. den großen Hochmut Judas
	14	will sie ohne Mitleid v.
	15,6	meine Hand ausgestreckt, um dich zu v.
	24,6	will sie bauen und nicht v. 31,28
	36,29	daß der König von Babel d. Land v. werde
	46,8	will die Städte v. samt denen
	47,4	zu v. alle Philister
	51,11	Gedanken wider Babel, daß er es v.
Klg	1,15	um meine junge Mannschaft zu v.
	2,20	sieh doch, wen du so v. hast
Hes	5,16	böse Pfeile des Hungers, euch zu v.
	9,8	willst du den ganzen Rest Israels v.
	17,9	ausreißen, daß seine Früchte v.
	28,17	weil du deine Weisheit v. hast
	30,11	herangebracht, das Land zu v.
Dan	8,25	unerwartet wird er viele v.
	11,17	wird ihm s. Tochter geben, um ihn zu v.
	26	werden helfen, ihn zu v.

Dan	11,44	wird ausziehen, um viele zu v.	Spr	13,15 der Verächter Weg bringt V.
Hos	9,9	tief v. ist ihr Tun		23 wo kein Recht ist, da ist V.
	11,9	ich will nicht Ephraim wieder v.		14,28 das bringt einen Fürsten ins V.
Jo	1,10	das Getreide ist v. 17		34 die Sünde ist der Leute V.
Jon	1,6	daß wir nicht v. 3,9		15,6 in des Gottlosen Gewinn steckt V.
	14	HERR, laß uns nicht v.		18,24 es gibt Allernächste, die bringen ins V.
	4,10	Staude, die in einer Nacht v.		21,12 wer stürzt die Gottlosen ins V.
Mi	5,5	die das Land Assur v. mit dem Schwert		24,22 plötzlich wird sie das V. treffen
Nah	2,3	man hat ihre Reben v.		26,28 glatte Lippen richten V. an
Mal	2,8	habt den Bund mit Levi v.	Jes	10,22 V. ist beschlossen 23
	3,11	daß er euch die Frucht nicht v. soll		25 mein Zorn wird sich richten auf sein V.
Jdt	6,3	du mußt sterben und v.		14,23 will es mit dem Besen des V. wegfegen
Wsh	4,12	böse Beispiel v. das Gute		28,22 habe von einem V. gehört
	16,19	um die Früchte des Landes zu v.		30,28 zu schwingen in der Schwinge des V.
Sir	22,33	damit meine Zunge mich nicht v.		47,11 wird plötzlich ein V. über dich kommen
GMn	14	laß mich nicht in meinen Sünden v.		59,4 sie gebären V.
Mt	5,29	es ist besser, daß eins deiner Glieder v. 30		7 auf ihren Wegen wohnt V.
	9,17	die Schläuche v. Lk 5,37		60,18 soll nicht hören von V. in deinen Grenzen
	10,28	fürchtet euch vor dem, der Leib und Seele v.	Jer	6,28 alle bringen sie V.
Mk	1,24	du bist gekommen, uns zu v. Lk 4,34		18,17 ihnen den Rücken zeigen am Tage ihres V.
Lk	6,9	Leben zu erhalten oder zu v.		51,1 will einen v. bringenden Wind erwecken
	9,56	nicht, der Menschen Seelen zu v.		25 will an dich, du Berg des V., der du V.
	15,17	ich v. hier im Hunger	Hes	5,16 böse Pfeile des Hungers, die V. bringen
Jh	11,50	als daß das ganze Volk v.		21,36 dich Leuten preisgeben, die V. schmieden
Rö	3,12	sie sind alle abgewichen und allesamt v.		25,15 Rache geübt zum V. meines Volks
1Ko	3,17	wenn jemand den Tempel Gottes v., den wird Gott v.	Dan	9,27 bis das V. sich ergießen wird
				11,16 V. ist in seiner Hand
	15,33	schlechter Umgang v. gute Sitten	Jo	1,15 der Tag des HERRN kommt wie ein V.
Eph	4,22	*der durch trügerische Lüste sich v.*	Am	5,9 der V. kommen läßt und bringt V.
Phl	2,15	Gottes Kinder mitten unter einem v. Geschlecht	Jon	2,7 hast mein Leben aus dem V. geführt
			Sa	1,15 sie aber halfen zum V.
2Pt	2,12	werden in ihrem v. Wesen umkommen	Jdt	8,22 gezüchtigt nicht zum V. Bar 4,6; 2Ma 6,12
	3,6	*ward damals die Welt durch die Sintflut v.*	Wsh	1,12 zieht nicht das V. herbei
Jak	1,11	ihre schöne Gestalt v.		14 es gibt nichts darin, was V. wirkt
Jud	10	was sie kennen, daran v. sie		3,3 ihr Weggehen (wird) von uns für V. gehalten
Off	19,2	die die Erde mit ihrer Hurerei v. hat		
				11,19 (Tiere,) die ihnen V. bringen
		Verderben		14,12 sie zu erfinden ist des Lebens V.
				18,7 wartete ihr Volk auf das V. der Feinde
2Mo	10,7	wie lange soll dieser Mann uns V. bringen	Tob	3,23 du hast nicht Gefallen an unserm V.
	12,13	die Plage, das das V. bringt		4,14 mit ihr hat alles V. seinen Anfang genommen
4Mo	5,27	wird das Wasser ihr zum V. werden		
	23,21	man sieht kein V. in Israel	Sir	4,26 weiche nicht vom Recht dir zum V.
1Sm	5,6	die Hand des HERRN brachte V. über sie		28,7 denk an das V. und an den Tod
2Sm	14,11	damit der Bluträcher nicht V. anrichte		31,6 ihr V. steht ihnen vor Augen
	24,16	Engel, der das V. anrichtete 1Ch 21,15		40,9 (widerfährt allem Fleisch:) Hunger, V.
2Kö	23,13	östlich von Jerusalem, am Berge des V.		51,3 meinen Leib aus dem V. erlöst 16
1Ch	21,15	während des V. sah der HERR darein	Bar	4,25 du wirst in kurzem sein V. sehen
2Ch	20,23	wurden einander zum V.		33 wie sie über dein V. sich gefreut hat
	22,4	waren seine Ratgeber, ihm zum V.	2Ma	13,3 Menelaus redete vom V. seines Vaterlands
	7	war von Gott zu seinem V. beschlossen	Jh	17,12 keiner verloren außer dem Sohn des V.
	26,16	überhob sich sein Herz zu seinem V.	Rö	5,16 *wie durch den einen Sünder das V.*
Hi	5,21	nicht fürchten mußt, wenn V. kommt 22		9,22 Gefäße des Zorns, zum V. bestimmt
	21,20	seine Augen mögen sein V. sehen		14,15 bringe nicht durch deine Speise den ins V.
	30	erhalten wird am Tage des V.	1Ko	5,5 dem Satan übergeben zum V. des Fleisches
	31,3	wäre es nicht V. für den Ungerechten		8,11 *so wird der Schwache ins V. kommen*
	33,18	bewahre seine Seele vor dem V.	Gal	6,8 wer auf sein Fleisch sät, wird V.
Ps	18,5	Fluten des V. erschreckten mich	1Th	5,3 dann wird sie das V. schnell überfallen
	52,6	redest gern alles, was zum V. dient	2Th	1,9 die werden Strafe erleiden, das ewige V.
	78,45	Frösche, die ihnen V. brachten		2,3 offenbart werden der Sohn des V.
	49	eine Schar V. bringender Engel	1Ti	6,9 welche die Menschen versinken lassen in V.
	91,6	vor der Seuche, die am Mittag V. bringt	2Pt	2,1 werden über sich herbeiführen ein schnelles V.
	103,4	der dein Leben vom V. erlöst		
Spr	3,25	fürchte dich nicht vor dem V. der Gottl.		3 ihr V. schläft nicht
	6,15	wird plötzlich sein V. über ihn kommen		19 obwohl sie selbst Knechte des V. sind
	32	wer sein Leben ins V. bringen will		
	10,14	der Toren Mund führt schnell zum V. 18,7		**Verderber**
	15	das V. der Geringen ist ihre Armut	2Mo	12,23 wird den V. nicht in eure Häuser lassen
	29	für die Übeltäter ist es V.	Hi	15,21 mitten im Frieden kommt der V.
	13,3	wer mit s. Maul... über den kommt V.		

Verderber

Spr	18,9	der ist ein Bruder des V.
	28,24	der ist des V. Geselle
Jes	49,19	deine V. werden vor dir weichen
	54,16	ich habe auch den V. geschaffen
Jer	4,7	der V. der Völker hat sich aufgemacht
	6,26	der V. kommt über uns plötzlich
	15,8	ich ließ kommen über die Mütter den V.
	22,7	ich habe V. wider dich bestellt
Jdt	8,21	andere sind vom V. umgebracht worden
Wsh	18,25	davor mußte der V. weichen
1Ko	10,10	wie einige wurden umgebracht durch den V.
Heb	11,28	der V. ihre Erstgeburten nicht anrühre

verderblich

5Mo	32,33	ihr Wein ist v. Gift der Ottern
Ps	91,3	er errettet dich von der v. Pest
Pr	9,12	wie Fische gefangen werden mit v. Netz
	10,13	das Ende (seiner Worte ist) v. Torheit
Jes	28,2	wie v. Wetter wirft er zu Boden
Hes	20,44	handle nicht nach euren v. Taten
Wsh	5,7	wir sind unrechte und v. Wege gegangen
2Pt	1,4	die ihr entronnen seid der v. Begierde
	2,1	die v. Irrlehren einführen und

Verderbnis

Ps	55,12	V. regiert darin

verdeutscht

Mt	27,33	*Golgatha, das ist v.: Schädelstätte*

verdienen

5Mo	25,2	wenn der Schuldige Schläge v. hat
Ri	9,16	habt ihr ihm getan, wie er's um euch v. hat
Esr	9,13	nicht bestraft, wie wir's v. hätten
Hi	21,31	wer sagt ihm ins Angesicht, was er v.
	34,11	er vergilt dem Menschen, wie er v. hat Ps 62,13
Ps	28,4	vergilt ihnen, wie sie es v. Klg 3,64
	94,2	vergilt den Hoffärtigen, was sie v.
Jes	3,11	wird ihnen vergolten, wie sie es v.
Jer	6,19	will über dies Volk bringen ihren v. Lohn
	49,12	siehe, die es nicht v. hatten
	50,29	vergeltet Babel, wie es v. hat
Hes	7,3	will ich richten, wie du v. hast 4.8.9.27; 31,11; 39,24
	14,4	dem will ich antworten, wie er's v. hat
Hos	4,9	will ihm vergelten, wie er's v.
Ob	15	wie du v. hast, so soll es kommen
Mi	3,4	wie ihr mit eurem bösen Treiben v. habt
Hag	1,6	wer Geld v., legt's in e. löchrigen Beutel
Wsh	12,15	verdammen, der die Strafe nicht v. hat
	26	werden das v. Gericht Gottes erfahren
	14,31	Strafe, die sie mit ihrem Sündigen v.
	16,9	sie hatten's v., geplagt zu werden
	19,4	wie sie es v. hatten Sir 16,14; 17,19; 1Ma 2,68; 2Ma 8,33; StE 5,12
Sir	12,1	willst du Gutes tun... dann v. du Dank damit
2Ma	7,18	wir haben unser Leiden sehr wohl v.
	36	wie du es mit deinem Hochmut v. hast
Lk	12,48	wer getan hat, was Schläge v.
	23,15	er hat nichts getan, was den Tod v. 22; Apg 13,28
	41	wir empfangen, was unsre Taten v.
Apg	4,21	weil sie nichts fanden, was Strafe v. hätte
	26,31	nichts, was Tod oder Gefängnis v. hätte 28,18

Rö	1,32	sie wissen, daß die... den Tod v.
1Ko	7,25	der durch die Barmherzigkeit des Herrn Vertrauen v.
Heb	10,29	eine wieviel härtere Strafe wird der v., der

Verdienst

Jes	55,2	sauren V. für das, was nicht satt macht
Jer	25,14	will ihnen vergelten nach ihrem V.
2Ma	4,38	so hat Gott ihn nach seinem V. bestraft
StE	5,9	durch sein V. unser Leben errettet
Rö	3,24	werden ohne V. gerecht aus seiner Gnade
	9,12	nicht aus V. der Werke, sondern durch Gnade
	11,6	ist's aus Gnade, so ist's nicht aus V. der Werke

verdolmetschen

Mt	1,23	*Immanuel, das ist v.: Gott mit uns*
Mk	5,41	*Talitha kumi! das ist v.*
	15,22	*Golgatha, das ist v.: Schädelstätte*
	34	*Eli, Eli... das ist v.: Mein Gott*
Jh	1,38	*Rabbi – das ist v.: Meister*
	41	*Messias, das ist v.: der Gesalbte*
	42	*Kephas, das wird v.: Fels*
	9,7	*Siloah, das ist v.: gesandt*
Apg	9,36	*Tabea, welches v. heißt: Reh*
Heb	7,2	*(Melchisedek) v.: König der Gerechtigkeit*

verdorren

1Kö	13,4	seine Hand v., die er gegen ihn
2Kö	19,26	wie Gras auf den Dächern, das v. Ps 129,6; Jes 37,27
Hi	8,12	da v. es schon vor allem Gras
	15,30	die Flamme wird seine Zweige v.
	18,16	unten v. seine Wurzeln
	30,30	meine Gebeine sind v.
Ps	37,2	wie das Gras werden sie bald v.
	38,8	meine Lenden sind ganz v.
	90,6	(Gras,) das des Abends welkt und v.
	102,5	mein Herz ist v. wie Gras 12
	137,5	vergesse ich dich, Jerus., v. meine Rechte
Spr	17,22	ein betrübtes Gemüt läßt das Gebein v.
Jes	15,6	das Gras v. 40,7.8; 42,15
	19,7	alle Saat am Wasser wird v.
	24,4	das Land v. und verwelkt 33,9
	40,24	läßt einen Wind wehen, daß sie v.
	41,17	ihre Zunge v. vor Durst
Jer	12,4	wie lange soll v. das Gras überall v.
	23,10	die Weideplätze in der Steppe v.
Hes	17,9	(der Weinstock) wird v. 10.24
	19,12	daß die Ranken zerbrochen, daß sie v.
	31,15	daß alle Bäume um seinetwillen v.
	37,2	lagen viele Gebeine, sie waren ganz v. 4.11
Hos	9,16	Ephraim geschlagen, seine Wurzel ist v.
Jo	1,12	weil der Weinstock v. ist, ja, alle Bäume auf dem Felde sind v. 17
Am	1,2	daß der Karmel oben v. wird 4,7
Jon	4,7	der (Wurm) stach die Staude, daß sie v.
Sa	11,17	sein Arm soll v.
Sir	6,3	wird dich zurücklassen wie einen v. Baum
Mt	12,10	ein Mensch hatte eine v. Hand Mk 3,1.3; Lk 6,6.8
	13,6	weil es keine Wurzel hatte, v. es Mk 4,6; Lk 8,6
	21,19	der Feigenbaum v. sogleich 20; Mk 11,20.21
Jh	15,6	der wird weggeworfen wie eine Rebe und v.
1Pt	1,24	das Gras ist v. und die Blume abgefallen

verdrängen

Hes 46,18 um sie aus ihrem Eigentum zu v.

verdrehen

2Mo 23,8 Geschenke v. die Sache derer, die im Recht sind 5Mo 16,19
Spr 31,5 v. die Sache aller elenden Leute
Jer 23,36 die Worte des lebendigen Gottes v.
Klg 3,36 (wenn man) eines Menschen Sache v.
Sir 27,26 er v. dir deine Worte
2Pt 3,16 welche die Unwissenden und Leichtfertigen v.

verdrießen

1Mo 27,46 mich v. zu leben Pr 2,17
     34,7 als sie es hörten, v. es die Männer Neh 2,10
4Mo 11,10 auch Mose v. es
     21,4 das Volk wurde v. auf dem Wege
5Mo 15,10 dein Herz soll sich's nicht v. lassen
Neh 13,8 es v. mich sehr, und ich warf hinaus
Ps 112,10 der Gottlose wird's sehen, es wird ihn v.
Pr 2,18 mich v. alles, um das ich mich gemüht
Am 6,8 mich v. die Hoffart Jakobs
Jon 4,1 das v. Jona sehr, und er ward zornig
Sir 12,8 so macht das den Feind v.
     26,25 zwei Dinge sind's, die mich v.
1Ma 3,7 das v. viele Könige
2Ma 7,39 es v. ihn, daß er so behandelt
StD 2,27 als... das hörten, v. es sie
Apg 4,2 die v., daß sie das Volk lehrten
Phl 3,1 v. mich nicht und macht euch um so gewisser
2Th 3,13 laßt's euch nicht v., Gutes zu tun

Verdruß

Spr 10,10 wer mit den Augen winkt, schafft V.
     17,25 ein törichter Sohn ist seines Vaters V.
Pr 5,16 hat gesessen in großem Grämen und V.
Jer 7,18 spenden sie Trankopfer mir zum V. 19
Wsh 8,16 mit ihr Umgang zu haben, bringt keinen V.

verdunkeln

Hi 38,2 wer ist's, der den Ratschluß v.

verehren

Jes 66,3 gleicht dem, der Götzen v.
Dan 3,17 wenn unser Gott, den wir v., will
     5,23 den Gott hast du nicht v.
     11,38 wird den Gott der Festungen v.
Wsh 14,15 v. den, der tot war, als Gott 18
     16 mußte man Bilder v. auf das Gebot... hin
     15,6 die es v., lieben das Böse
     17 er selbst ist besser als das, was er v.
     18 sie v. sogar die feindseligsten Tiere
Apg 17,22 sehe, daß ihr die Götter sehr v.
     23 verkündige ich euch, was ihr unwissend v.
Rö 1,25 die das Geschöpf v. haben statt dem Schöpfer

Verehrung

2Kö 17,26 wissen nichts von der V. des Gottes 27
Sir 38,1 ehre den Arzt mit gebührender V.
Apg 19,27 der die ganze Provinz Asien V. erweist

Kol 2,18 der sich gefällt in V. der Engel

vereinen

Hi 19,12 v. kommen seine Kriegsscharen

Vereinigung

2Th 2,1 was angeht unsre V. mit (Jesus Christus)

verenden

3Mo 22,8 ein v. Tier soll er nicht essen Hes 44,31

vererben

3Mo 25,46 sollt (Sklaven) v. euren Kindern
1Ch 28,8 das Land auf eure Kinder v. Esr 9,12
Spr 13,22 der Gute wird v. auf Kindeskind
     19,14 Haus und Habe v. die Eltern
Hes 46,18 soll sein Eigentum auf seine Söhne v.
Sir 46,15 ihr Name, auf ihre Kinder v., werde gepriesen

verfahren

2Mo 5,15 warum v. du so mit deinen Knechten
     10,2 wie ich mit den Ägyptern v. bin
     21,31 ebenso soll man v., wenn das Rind stößt
2Sm 18,5 v. mir schonend mit meinem Sohn Absalom
2Ch 7,21 warum ist der HERR mit diesem Lande so v.
Hi 15,11 ein Wort, das sanft mit dir v.
Sa 8,11 will nicht wie in den vorigen Tagen v.
StD 1,57 so seid ihr mit den Töchtern Israels v.

verfallen

2Mo 22,19 soll dem Bann v. 5Mo 7,26; 13,18; Jos 6,17; 7,12; Esr 10,8
     29,37 der ist dem Heiligtum v. 30,29; 5Mo 22,9
3Mo 26,7 eure Feinde sollen dem Schwert v. 8
4Mo 14,29 eure Leiber sollen in dieser Wüste v. 32
5Mo 34,7 Mose... seine Kraft war nicht v.
2Ch 24,7 haben das Haus Gottes v. lassen 34,11
Ps 31,11 meine Kraft ist v. durch meine Missetat
Jer 51,58 dem Feuer v., was die Völker erbaut
Hes 21,17 alle in Israel, die dem Schwert v. sind
     44,29 alles dem Bann V. soll ihnen gehören
Wsh 1,4 in einem Leibe, der der Sünde v. ist
     19,3 v. sie auf ein anderes Vorhaben
1Ma 12,37 weil die Mauer am Bach v. war
Rö 1,21 sind den Nichtigen v. in ihren Gedanken
     7,5 solange wir dem Fleisch v. waren
     13,14 sorgt nicht so, daß ihr den Begierden v.
2Ko 4,16 wenn auch unser äußerer Mensch v.
1Ti 2,14 *das Weib ist der Übertretung v.*
     3,6 damit er nicht dem Urteil des Teufels v.
Heb 3,17 *deren Leiber in der Wüste v.*
Jak 5,12 damit ihr nicht dem Gericht v.

verfälschen

Jes 1,22 dein Wein (ist) mit Wasser v.

verfangen

Sir 23,7 wer (den Mund) hält, wird sich nicht v.
     8 wie der Gottlose sich v.
     31,7 die Unverständigen v. sich darin

verfaulen

Jes	5,24	so wird ihre Wurzel v.
Jo	2,20	er soll v. und stinken
Jak	5,2	euer Reichtum ist v.

verfehlen

Neh	6,13	damit ich mich v. sollte
Est	1,16	hat sich nicht allein an dem König v.
Spr	8,36	wer mich v., zerstört sein Leben
Klg	3,11	er läßt mich den Weg v.
Hes	45,20	wegen derer, die sich v. haben
Wsh	1,8	das Recht wird ihn nicht v.
Jak	3,2	wir v. uns alle mannigfaltig

Verfehlung

4Mo	18,1	wenn eine V. begangen wird 23
Spr	17,9	wer V. zudeckt, stiftet Freundschaft
	19,11	ist seine Ehre, daß er V. übersehen kann
Sir	18,27	ein weiser Mensch hütet sich vor V.
	30,11	entschuldige seine V. nicht
Mt	6,14	wenn ihr den Menschen ihre V. vergebt 15
Gal	6,1	wenn ein Mensch von einer V. ereilt wird

verfeindet

2Ma	3,4	Simon war mit dem Hohenpriester v.

verfinstern

Hes	30,18	in Tachpanhes wird sich der Tag v.
	32,7	so will ich seine Sterne v.
Jo	4,15	Sonne und Mond werden sich v.
Sir	17,30	doch v. sich (die Sonne)
	25,23	sie v. ihr Gesicht wie ein Bär
Mt	24,29	wird die Sonne sich v. Mk 13,24
Rö	1,21	ihr unverständiges Herz ist v.
Eph	4,18	ihr Verstand ist v.
Off	8,12	daß ihr dritter Teil v. wurde
	9,2	v. die Sonne von dem Rauch
	16,10	sein Reich wurde v.

Verfinsterung

Hi	3,5	V. am Tage mache ihn schrecklich

verfliegen

Hi	20,8	wie ein Traum wird er v.

verfluchen

1Mo	3,14	weil du das getan hast, seist du v. 4,11
	17	v. sei der Acker um deinetwillen 5,29
	8,21	will hinfort nicht mehr die Erde v.
	9,25	v. sei Kanaan
	12,3	will v., die dich v. 27,29; 4Mo 24,9
	49,7	v. sei ihr Zorn
4Mo	22,6	v. mir das Volk 11.12.17; 23,7.13.27; 24,10; 5Mo 23,5; Jos 24,9; Neh 13,2
	6	wen du v., der ist v.
	23,25	sollst es weder v. noch segnen
5Mo	21,23	ein Aufgehängter ist v. bei Gott Gal 3,13
	27,13	auf dem Berge Ebal, um zu v.
	15	v. sei, wer 16-26; Jer 48,10
	28,16	v. in der Stadt, v. auf dem Acker 17-19
Jos	6,26	v. sei, der Jericho wieder aufbaut
	9,23	darum sollt ihr v. sein Mal 3,9

Ri	21,18	v. sei, wer den Benjaminitern Frauen gibt
1Sm	14,24	v. sei jedermann, der etwas ißt 28
	26,19	tun's Menschen, so seien sie v.
1Kö	8,31	wird ihm auferlegt, sich selbst zu v., und er v. sich 2Ch 6,22
2Kö	2,24	als (Elisa... Knaben) sah, v. er sie
	9,34	seht doch nach der V. und begrabt sie
Hi	3,1	Hiob v. seinen Tag Jer 20,14
	8	sollen sie v., die v. können
	24,18	v. wird sein Acker im Lande
Ps	37,22	die er v., werden ausgerottet
	119,21	v. sind, die von deinen Geboten abirren
Spr	19,26	der ist ein schandbarer und v. Sohn
	28,27	wer s. Augen abwendet, wird von vielen v.
Jes	65,20	wer 100 Jahre nicht erreicht, gilt als v.
Jer	11,3	v., wer nicht gehorcht den Worten
	17,5	v. der Mann, der sich auf Menschen verläßt
	20,15	v. sei, der meinem Vater Botschaft brachte
Hes	22,16	wirst bei den Heiden als v. gelten
Hos	4,2	V., Lügen haben überhandgenommen
Mi	2,7	ist denn das Haus Jakob v.
	6,10	noch immer bleibt das v. falsche Maß
Mal	1,14	v. sei der Betrüger
	2,2	werde v., womit ihr gesegnet seid
Wsh	3,12	v. ist, was von ihnen geboren wird
	12,11	sie waren ein v. Geschlecht von Anfang an
	14,8	v. soll sein, was mit Hände geschnitzt
Tob	13,15	v. werden alle sein, die dich verachten
Sir	3,18	wer seine Mutter betrübt, der ist v.
	4,6	wenn er mit bitterem Herzen dich v.
	28,15	den Verleumder soll man v.
	33,12	andere aber hat er v.
Bar	6,66	(Götzen) können weder v. noch segnen
Mt	25,41	geht weg von mir, ihr V.
	26,74	sich zu v. und zu schwören Mk 14,71
Mk	11,21	der Feigenbaum, den du v. hast, ist verdorrt
Lk	6,28	segnet, die euch v.
Jh	7,49	v. ist es
Rö	9,3	ich selber wünschte v. zu sein
1Ko	12,3	daß niemand Jesus v., der durch den Geist Gottes redet
	16,22	wenn jemand den Herrn nicht liebhat, sei v.
Gal	1,8	ein Evangelium predigen würden, das anders ist, der sei v. 9
	3,10	v. sei jeder, der nicht bleibt bei alledem, was
	13	v. ist jeder, der am Holz hängt
2Pt	2,14	ein Herz getrieben von Habsucht – v. Leute
Off	22,3	es wird nichts V. mehr sein

verfolgen

1Mo	49,23	wiewohl die Schützen ihn v.
5Mo	28,22	die werden dich v., bis du umkommst
	45	alle diese Flüche werden dich v.
	30,7	alle diese Flüche auf die, die dich v.
Ri	20,45	und v. sie weiter bis Gidom
1Sm	25,29	wenn s. ein Mensch erheben wird, dich zu v.
	26,18	warum v. mein Herr seinen Knecht
2Sm	24,13	deinen Widersachern... und sie dich v.
Hi	13,25	willst du einen dürren Halm v.
	19,22	warum v. er mich wie Gott
	28	wie wollen wir ihn v.
Ps	7,6	so v. mich der Feind 143,3
	31,16	errette mich von denen, die mich v.
	35,6	der Engel des HERRN v. sie
	69,27	sie v., den du geschlagen hast
	83,16	so v. sie mit deinem Sturm
	109,16	v. die Elenden und Armen
	119,86	sie aber v. mich mit Lügen
	161	Fürsten v. mich ohne Grund

Spr	13,21	Unheil v. die Sünder
Jes	14,6	der (Stock) v. ohne Erbarmen
Jer	17,18	laß die zuschanden werden, die mich v.
Klg	3,43	du hast uns v. und getötet
	66	v. sie mit Grimm und vertilge sie
	4,19	auf den Bergen haben sie uns v.
Dan	11,33	werden v. werden mit Schwert, Feuer 34
Hos	8,3	darum soll der Feind sie v.
Am	1,11	weil sie ihren Bruder v. haben
Nah	1,8	seine Feinde v. er mit Finsternis
Jdt	15,7	sie v. sie bis 1Ma 5,21; 2Ma 2,22
	16,20	weh den Heiden, die mein Volk v.
Wsh	11,20	v. von der strafenden Gerechtigkeit
	16,16	als sie durch Unwetter v. wurden
	19,3	sie v. jetzt die als Flüchtlinge
Bar	4,25	dein Feind hat dich v.
1Ma	10,49	v. ihn und gewann die Oberhand
2Ma	5,8	(Jason) mußte fliehen, von allen v.
Mt	5,10	selig, die um der Gerechtigkeit v. werden
	11	selig seid ihr, wenn euch die Menschen v.
	12	ebenso haben sie v. die Propheten
	44	bittet für die, die euch v. Rö 12,14
	10,23	wenn sie euch in einer Stadt v.
	23,34	werdet sie v. von einer Stadt zur andern
Lk	11,49	einige von ihnen werden sie töten und v.
	21,12	vor diesem allen werden sie euch v.
Jh	5,16	darum v. die Juden Jesus
	15,20	haben sie mich v., so werden sie euch auch v.
Apg	7,52	welchen Propheten haben eure Väter nicht v.
	9,4	Saul, Saul, was v. du mich 22,7; 26,14
	5	der sprach: Ich bin Jesus, den du v. 22,8; 26,15
	22,4	ich habe die neue Lehre v. bis auf den Tod 26,11; 1Ko 15,9; Gal 1,13
1Ko	4,12	man v. uns, so dulden wir's
Gal	1,23	der uns früher v., predigt jetzt den Glauben
	4,29	den v., der nach dem Geist gezeugt war
	6,12	damit sie nicht um des Kreuzes Christi willen v. werden
1Th	2,15	die haben Jesus getötet und uns v.
Off	12,13	v. er die Frau, die den Knaben geboren hatte

Verfolger

4Mo	24,8	Gott wird seine V. auffressen
Neh	9,11	hast ihre V. in die Tiefe geworfen
Ps	7,2	hilf mir von allen meinen V. 142,7
	35,3	zücke Speer und Streitaxt wider meine V.
	119,84	willst du Gericht halten über meine V.
	150	meine arglistigen V. nahen
	157	meiner V. und Widersacher sind viele
Jes	30,16	werden euch eure V. überrennen
Jer	15,15	räche mich an meinem V.
	20,11	darum werden meine V. fallen
Klg	1,3	alle seine V. kommen heran 6
	4,19	unsre V. waren schneller als die Adler
Phl	3,6	ein V. der Gemeinde 1Ti 1,13

Verfolgung

1Sm	17,53	die *Israeliten kehrten um von der V.
	24,2	als Saul zurückkam von der V. der Philister
1Ma	2,49	es ist Strafe und V. über uns gekommen
	3,42	sahen, daß die V. immer schlimmer wurde
Mt	13,21	wenn sich V. erhebt, fällt er ab Mk 4,17
Mk	10,30	jetzt in dieser Zeit mitten unter V.
Apg	8,1	V. über die Gemeinde in Jerusalem
Apg	11,19	die zerstreut waren wegen der V.
	13,50	eine V. gegen Paulus und Barnabas
Rö	8,35	Trübsal oder Angst oder V.
2Ko	4,9	wir leiden V., aber wir werden nicht verlassen
	6,5	(als Diener Gottes:) in V.
	12,10	darum bin ich guten Mutes in V.
Gal	5,11	warum leide ich dann V.
2Th	1,4	wegen eures Glaubens in allen V.
2Ti	3,11	(du bist mir gefolgt) in den V.
	12	alle müssen V. leiden

verfügen

Jdt	3,4	v. darüber, wie du willst
1Ko	7,4	die Frau v. nicht über ihren Leib

verführen

2Mo	23,33	daß sie dich nicht v. zur Sünde 5Mo 12,30; 30,17
4Mo	15,39	damit ihr euch nicht v. laßt
5Mo	13,14	haben die Bürger ihrer Stadt v.
1Kö	21,25	Ahab, den seine Frau Isebel v.
2Kö	18,32	Hiskia v. euch, wenn er 2Ch 32,11.15
	21,9	Manasse v. sie 2Ch 21,11; 33,9
Spr	28,10	wer die Frommen v. auf einen bösen Weg
Jes	3,12	deine Führer v. dich und verwirren
	19,13	die Häupter seiner Geschlechter v. Ägypten
Jer	23,13	daß sie mein Volk Israel v. Mi 3,5
	32	v. mein Volk mit ihren Lügen Klg 2,14; Hes 13,10
	49,16	daß du die andern dich fürchten, hat dich v.
	50,6	ihre Hirten haben sie v.
Hos	4,12	der Geist der Hurerei v. sie
Am	2,4	sich von ihren Lügengötzen v. lassen
Wsh	4,11	damit nicht Trug seine Seele v. könnte
	11,15	Gedanken, duch die sie v. wurden
	15,4	uns v. nicht die Einfälle des Menschen
Sir	9,3	meide die Frau, die dich v. will
	15,11	darfst nicht sagen: Er selbst hat mich v.
	23,1	verlaß mich nicht, wenn sie mich v. wollen
	42,10	daß sie v. und schwanger werden könnte
1Ma	3,5	die das Volk v., bestrafte er
2Ma	2,2	sie sollten sich nicht v. lassen
	6,25	(daß) sie durch mich v. werden
Mt	5,29	wenn dich dein rechtes Auge zum Abfall v. 30; 18,8.9; Mk 9,43.45.47
	13,41	sammeln alles, was zum Abfall v.
	18,6	wer aber einen dieser Kleinen zum Abfall v. Mk 9,42; Lk 17,2
	24,4	daß euch nicht jemand v. Mk 13,5; Lk 21,8
	5	werden viele v. 11.24; Mk 13,6.22; Off 19,20
Jh	7,12	andere sprachen: Nein, er v. das Volk
	47	habt ihr euch auch v. lassen
Rö	16,18	durch süße Worte v. sie die Herzen der Arglosen
1Ko	15,33	laßt euch nicht v. Eph 5,6; 2Th 2,3; 2Pt 3,17; 1Jh 3,7
2Ko	11,3	wie die Schlange Eva v. mit ihrer List
Gal	2,13	so daß selbst Barnabas v. wurde, mit ihnen zu heucheln
Eph	4,14	Spiel der Menschen, mit dem sie uns v.
1Ti	2,14	Adam wurde nicht v., die Frau aber
2Ti	3,13	sie v. und werden v.
1Jh	1,8	so v. wir uns selbst
	2,26	dies habe ich euch geschrieben von denen, die euch v.
Off	2,14	der den Balak lehrte, die Israeliten zu v.

verführen

Off	2,20	lehrt und v. meine Knechte, Hurerei zu treiben
	12,9	Teufel und Satan, der die ganze Welt v.
	13,14	es v., die auf Erden wohnen, durch die Zeichen
	18,23	durch d. Zauberei sind v. worden alle Völker
	20,3	damit er die Völker nicht mehr v. sollte
	8	wird ausziehen, zu v. die Völker
	10	der Teufel, der sie v.

Verführer

Jes	9,15	die Leiter dieses Volks sind V.
Mt	27,63	daß dieser V. sprach
2Ko	6,8	(Diener Gottes:) als V. und doch wahrhaftig
Tit	1,10	es gibt viele V. 2Jh 7
2Jh	7	das ist der V. und der Antichrist

verführerisch

Spr	9,13	Frau Torheit ist ein unbändiges Weib, v.
Kol	2,4	damit euch niemand betrüge mit v. Reden
1Ti	4,1	werden v. Geistern und teufl. Lehren anhängen

Verführung

Mt	18,7	weh der Welt der V. wegen! Es müssen ja V. kommen Lk 17,1
2Th	2,10	mit jeglicher V. zur Ungerechtigkeit
	11	darum sendet ihnen Gott die Macht der V.

vergangen

Apg	14,16	hat in den v. Zeiten alle Heiden
1Pt	4,3	daß ihr die v. Zeit zugebracht habt nach heidnischem Willen

vergänglich

Ps	89,48	wie v. du alle Menschen geschaffen hast
Wsh	9,15	der v. Leib beschwert die Seele
	14,8	weil es Gott genannt wird, obwohl v.
Sir	14,20	alles v. Werk muß ein Ende nehmen
Jh	6,27	schafft euch Speise, die nicht v. ist
Rö	1,23	vertauscht mit einem Bild gleich dem eines v. Menschen
	8,21	frei von der Knechtschaft des v. Wesens
1Ko	9,25	jene, damit sie einen v. Kranz empfangen
1Pt	1,7	als das v. Gold, das durchs Feuer geläutert
	18	daß ihr nicht mit v. Silber erlöst seid 23
Heb	11,25	als den v. Genuß der Sünde

Vergänglichkeit

Rö	8,20	die Schöpfung ist unterworfen der V.
	21	frei werden von der Knechtschaft der V.

vergeben (s.a. Sünde vergeben)

1Mo	18,26	will um ihretwillen dem ganzen Ort v. 24
	50,17	v. doch deinen Brüdern... v. uns
2Mo	10,17	v. mir meine Sünde nur noch diesmal
	23,21	er wird euer Übertreten nicht v.
	32,32	v. ihnen doch ihre Sünde 34,9; 4Mo 14,19
	34,7	da der Tausenden v. Missetat 4Mo 14,18; Ps 85,3
3Mo	4,20	ihnen wird v. 26.31.35; 5,10.13.16.18.26; 19,22; 4Mo 14,20; 15,25.26.28
Jos	24,19	Gott, der eure Sünden nicht v. wird Jes 2,9
1Sm	15,25	v. mir die Sünde und kehre mit mir um
	25,28	v. deiner Magd die Anmaßung
1Kö	8,34	wollest die Sünde deines Volkes v. 36.50; 2Ch 6,25.27.39; Ps 65,4; 79,9; Hos 14,3
2Kö	5,18	dann möge der HERR deinem Knecht v.
	24,4	das wollte der HERR nicht v.
2Ch	7,14	will ihre Sünde v. 30,20; Jer 31,34; 33,8
	36,16	bis es kein V. mehr gab
Neh	9,17	v. und warst gnädig Ps 78,38; 99,8
Hi	7,21	warum v. du mir meine Sünde nicht
Ps	25,11	v. mir meine Schuld 18
	32,1	wohl dem, dem die Übertretungen v. sind
	5	da v. du mir die Schuld meiner Sünde
	103,3	der dir alle deine Sünde v.
Jes	22,14	diese Missetat soll euch nicht v. werden
	40,2	daß ihre Schuld v. ist
Jer	18,23	v. ihnen ihre Missetat nicht
	36,3	damit ich ihnen ihre Schuld v. kann
	50,20	will v. denen, die ich übrigbleiben lasse
Klg	3,42	darum hast du nicht v.
Hes	16,63	wenn ich dir alles v. werde
Mi	7,18	wo ist solch ein Gott, der die Sünde v.
Ze	3,17	er wird dir v. in seiner Liebe
Sir	28,2	v. deinem Nächsten, was er dir getan hat 9
2Ma	11,3	das Hohepriesteramt für Geld zu v.
GMn	13	ich bitte: V. mir, Herr, v. mir
Mt	6,12	v. uns unsere Schuld, wie auch wir v. Lk 11,4
	14	wenn ihr den Menschen v., wird euch euer himmlischer Vater auch v. 15; Mk 11,25.26; Lk 6,37; 2Ko 2,10; Eph 4,32; Kol 3,13
	12,31	die Lästerung gegen den Geist wird nicht v. 32; Lk 12,10
	18,21	wie oft muß ich meinem Bruder v.
	35	wenn ihr einander nicht von Herzen v.
	21,41	*wird seinen Weinberg an andere v.*
Mk	4,12	damit ihnen (nicht) v. werde
Lk	7,47	wem wenig v. wird, der liebt wenig
	17,3	wenn er es bereut, v. ihm 4
	23,34	Vater, v. ihnen
Apg	8,22	ob dir das Trachten deines Herzens v. werden könne
Rö	4,7	selig, denen die Ungerechtigkeiten v.
2Ko	2,7	so daß ihr ihm desto mehr v. sollt
	12,13	v. mir dieses Unrecht
Eph	4,32	v. einer dem andern Kol 3,13
Jak	5,15	wenn er Sünden getan hat, wird ihm v. werden

vergebens, vergeblich

1Sm	17,39	David mühte sich v., damit zu gehen
Hi	7,3	hab ganze Monate v. gearbeitet
	9,29	warum mühe ich mich denn so v.
Ps	2,1	warum murren die Völker so v.
	39,7	machen sich viel v. Unruhe
	90,10	was daran köstlich scheint, ist v. Mühe
Jes	1,13	bringt nicht mehr dar so v. Speisopfer
	30,7	sein Helfen ist v.
	45,19	habe nicht gesagt: Sucht mich v.
	49,4	ich aber dachte, ich arbeitete v.
Jer	2,30	alle meine Schläge sind v.
	4,30	so schmückst du dich doch v.
Sa	8,10	vor d. Tagen war der Menschen Arbeit v.
Sir	4,31	v., den Lauf eines Stromes zu hemmen
	27,19	so wirst du ihm v. nachlaufen
1Ma	9,68	erbittert, weil sein Plan v. gewesen
Mt	15,9	v. dienen sie mir Mk 7,7
1Ko	15,10	seine Gnade an mir ist nicht v. gewesen
	14	ist Christus nicht auferstanden, so ist unsre Predigt v., so ist auch euer Glaube v.

1Ko	15,58	weil ihr wißt, daß eure Arbeit nicht v. ist
2Ko	6,1	daß ihr die Gnade Gottes nicht v. empfangt
Gal	2,2	damit ich nicht etwa v. liefe Phl 2,16
	21	so ist Christus v. gestorben
	3,4	habt ihr so vieles v. erfahren
	4,11	daß ich v. an euch gearbeitet habe 1Th 3,5
1Th	2,1	es war nicht v.

Vergebung

2Mo	32,30	ob ich vielleicht V. erwirken kann
Ps	130,4	bei dir ist die V. Jes 55,7; Dan 9,9
Jes	33,24	das Volk wird V. der Sünde haben
Sir	5,5	rechne nicht so fest auf V., daß
GMn	7	hast Buße zur V. der Sünden verheißen
Mt	26,28	vergossen für viele zur V. der Sünden
Mk	1,4	Taufe der Buße zur V. der Sünden Lk 3,3
	3,29	wer... hat keine V. in Ewigkeit
Lk	1,77	Erkenntnis des Heils in der V. ihrer Sünden
	24,47	daß gepredigt wird in seinem Namen Buße zur V. der Sünden
Apg	2,38	jeder lasse sich taufen zur V. eurer Sünden
	5,31	um Israel V. der Sünden zu geben
	10,43	alle, die an ihn glauben, V. der Sünden empfangen 26,18
	13,38	durch ihn V. der Sünden verkündigt wird
Eph	1,7	in ihm haben wir die V. der Sünden
Kol	1,14	die Erlösung, nämlich die V. der Sünden
Heb	9,22	ohne Blutvergießen geschieht keine V.
	10,18	wo V. der Sünden ist

vergehen, Vergehen

1Mo	7,10	als die sieben Tage v. waren
5Mo	28,32	daß deine Augen vor Verlangen nach ihnen v.
1Sm	7,2	von dem Tage an v. eine lange Zeit
2Sm	19,20	daß dein Knecht sich an dir v. hat
1Kö	18,29	als der Mittag v. war
	22,1	es v. drei Jahre, daß kein Krieg war
2Ch	26,16	(Usija) v. sich gegen den HERRN 18
Hi	6,17	wenn es heiß wird, v. sie
	7,6	meine Tage sind v. 17,11; Ps 102,4
	9	eine Wolke v. und fährt dahin
	16	in v... meine Tage sind ein Hauch
	8,14	seine Zuversicht v.
	13,28	der ich doch wie Moder v.
	14,18	ein Berg kann zerfallen und v.
	18,17	sein Andenken wird v. 20,7
	30,22	du läßt mich v. im Sturm
	34,15	so würde alles Fleisch v. 20
	36,12	so werden sie v. in Unverstand
Ps	1,6	aber der Gottlosen Weg v.
	9,7	jedes Gedenken an sie ist v.
	17,3	daß mein Mund sich nicht v.
	37,20	werden sie doch v., wie der Rauch v.
	39,11	ich v., weil deine Hand nach mir greift
	41,6	wann wird er sterben und sein Name v.
	46,7	das Erdreich muß v., wenn er sich hören l.
	49,15	ihr Trotz muß v.
	58,8	sie werden v. wie Wasser
	77,6	ich gedenke der alten Zeit, der v. Jahre
	90,4	wie der Tag, der gestern v. ist
	7	das macht dein Zorn, daß wir so v.
	102,27	sie werden v., du aber bleibst Heb 1,11
	104,29	nimmst du ihren Odem, so v. sie
	112,10	mit den Zähnen wird er knirschen und v.
	119,92	so wäre ich v. in meinem Elend
	143,7	HERR, erhöre mich bald, mein Geist v.
Spr	5,11	wenn dir Leib und Leben v.

Spr	28,21	mancher v. sich schon um ein Stück Brot
Pr	1,4	ein Geschlecht v., das andere kommt
	3,15	Gott holt wieder hervor, was v. ist
Hl	2,11	der Winter ist v., der Regen ist vorbei
Jes	5,24	wie Stoppeln v. in der Flamme
	6,5	weh mir, ich v. Jer 4,31
	10,18	die Herrlichkeit seiner Wälder wird v.
	19,3	der Mut soll den Ägyptern v.
	7	das Gras an den Wassern wird v.
	29,14	daß die Weisheit seiner Weisen v.
	51,6	der Himmel wird wie ein Rauch v.
	12	vor Menschenkindern, die wie Gras v.
	55,13	zum ewigen Zeichen, das nicht v. wird
	56,5	einen ewigen Namen, der nicht v. soll
	64,6	läßt uns v. unter der Gewalt unsrer Schuld
Jer	8,20	die Ernte ist vorüber, der Sommer ist dahin
	20,9	wie Feuer... ich wäre schier v.
	51,64	so soll Babel v.
Klg	1,14	so daß mir alle meine Kraft v.
Hes	24,23	werdet in eurer Schuld v. 33,10
Dan	6,5	konnten kein V. finden
	7,14	seine Macht ist ewig und v. nicht
	8,14	bis 2.300 Abende und Morgen v. sind
Hos	6,4	wie der Tau, der frühmorgens v. 13,3
Nah	2,7	der Palast v. in Angst
Wsh	8,8	so ist es die Weisheit, die das V. kennt
	11,12	Seufzen, wenn sie an das V. dachten
	16,3	sollte... die natürliche Lust am Essen v.
	29	die Hoffnung... wird wie Reif v.
Sir	3,17	deine Sünden werden v. wie Eis
	42,20	er verkündet, was v. ist
Bar	3,3	wir aber v. für immer
2Ma	1,22	als die Wolken v. waren
	6,11	damit sie nicht gegen... v.
Mt	5,18	bis Himmel und Erde v., wird nicht v. der kleinste Buchstabe vom Gesetz
	24,34	dieses Geschlecht wird nicht v. Mk 13,30; Lk 21,32
	35	Himmel und Erde werden v.; meine Worte werden nicht v. Mk 13,31; Lk 21,33
Mk	16,1	als der Sabbat v.
Lk	16,17	es ist leichter, daß Himmel und Erde v., als
	21,26	die Menschen werden v. vor Furcht
Apg	18,14	wenn es um einen Frevel oder ein V. ginge
	25,18	brachten keine Anklage vor wegen V.
	27,9	da nun viel Zeit v. war
Rö	3,25	er hat die Sünden v. Zeiten getragen
1Ko	2,6	Weisheit der Herrscher dieser Welt, die v.
	7,31	das Wesen dieser Welt v.
2Ko	5,17	das Alte ist v., Neues ist geworden Off 21,4
1Jh	2,8	die Finsternis v., und das wahre Licht scheint jetzt
	17	die Welt v. mit ihrer Lust
Heb	1,11	sie werden v., du aber bleibst
Jak	1,10	wie eine Blume des Grases wird er v.
Off	21,1	der erste Himmel und die erste Erde sind v.

vergelten

1Mo	44,4	warum habt ihr Gutes mit Bösem v. 1Sm 25,21; Ps 35,12; 38,21; Spr 17,13; Jer 18,20
	50,15	Josef könnte uns alle Bosheit v.
5Mo	7,10	v. denen, die ihn hassen 32,41
	32,35	die Rache ist mein, ich will v. Rö 12,19; Heb 10,30
Ri	1,7	wie ich getan habe, so hat mir Gott v.
	9,56	so v. Gott dem Abimelech das Böse 57; 1Sm 25,39
	20,10	um Gibea seine große Schandtat zu v.
Rut	2,12	der HERR v. dir deine Tat

vergelten 1484

1Sm	24,20	der HERR v. dir Gutes für das, was du
	26,23	der HERR wird einem jeden seine Treue v.
2Sm	3,39	der HERR v. dem, der Böses tut
	16,12	vielleicht wird der HERR mir mit Gutem v.
	19,37	warum will mir der König so reichlich v.
	22,21	er v. mir nach der Reinheit meiner Hände 25; Ps 18,21.25
2Kö	9,26	ich will dir das Blut Nabots v.
2Ch	32,25	Hiskia v. nicht nach dem, was ihm geschehen
Hi	21,19	er v. es ihm selbst, daß er's spüre
	31	wer v. ihm, was er getan hat
	33,27	hatte gesündigt, aber es ist mir nicht v.
	34,11	er v. dem Menschen, wie er verdient hat Ps 62,13
	33	soll er nach deinem Sinn v.
Ps	7,5	hab ich Böses v. denen, die friedlich
	28,4	v. ihnen, wie sie es verdienen Klg 3,64
	31,24	v. reichlich dem, der Hochmut übt 94,2
	41,11	so will ich ihnen v.
	54,7	wird die Bosheit meinen Feinden v.
	79,12	v. unsern Nachbarn siebenfach
	91,8	wirst schauen, wie den Gottlosen v. wird
	94,23	er wird ihnen ihr Unrecht v.
	103,10	er v. uns nicht nach unsrer Missetat
	116,12	wie soll ich dem HERRN v. seine Wohltat
	137,8	wohl dem, der dir v., was du uns angetan
Spr	11,31	dem Gerechten wird v. auf Erden 13,21
	12,14	dem Menschen wird v. nach den Taten
	18,20	einem Mann wird v., was s. Mund geredet
	19,17	der wird ihm v., was er Gutes getan hat
	20,22	sprich nicht: Ich will Böses v. 24,29
	24,12	v. dem Menschen nach seinem Tun
	25,22	der HERR wird dir's v.
Jes	3,11	wird ihnen v. werden, wie sie verdienen
	35,4	der da v., kommt und wird euch helfen
	59,18	nach den Taten wird er v.
	66,6	horch, der HERR v. seinen Feinden
	15	daß er v. im Grimm seines Zorns
Jer	11,20	laß mich sehen, wie du ihnen v.
	16,18	zuvor will ich ihre Sünde zwiefach v.
	25,14	will ihnen v. nach ihrem Verdienst 51,6
	50,15	denn so v. der HERR Nah 1,2
	29	v. Babel, wie es verdient hat 51,24
Hos	4,9	will sein Tun heimsuchen und ihm v. 12,3
	12,15	ihr Herr wird ihnen v. die Schmach
Jdt	6,16	der Gott unsrer Väter wird dir's v.
Tob	12,5	wie könnten wir ihm das alles v. Sir 7,30
Sir	3,34	wer Wohltaten erweist, dem wird's Gott v. 12,2
	5,9	dann wird er v. und dich zugrunde richten
	11,27	der Herr kann jedem im Tod leicht v.
	17,19	wird er jedem v., wie er's verdient 35,24; StE 5,12
	20,10	andere (Gaben) werden doppelt v.
	35,13	der Herr, der v., wird dir's siebenfach v.
	36,22	ein erfahrner (Mensch) weiß es ihm zu v.
Bar	6,34	sie können es doch nicht v.
1Ma	10,28	diese eure Treue wollen wir v.
Mt	6,4	dein Vater wird dir's v. 6.18
	16,27	dann wird er einem jeden v. nach seinem Tun 2Ti 4,14
Lk	14,12	dich nicht wieder einladen und dir v. wird
	14	denn sie haben nichts, um es dir zu v.
Rö	11,35	wer hat ihm etwas gegeben, daß Gott es ihm v. müßte
	12,17	v. niemand Böses mit Bösem 1Th 5,15; 1Pt 3,9
	19	die Rache ist mein; ich will v. Heb 10,30
1Th	3,9	was für einen Dank können wir Gott v.
2Th	1,6	zu v. denen, die euch bedrängen

Vergelter

Nah	1,2	ein V. ist der HERR und zornig
Heb	11,6	denen, die ihn suchen, ein V. sein werde

Vergeltung

1Sm	18,25	um den Feinden des Königs V. zu üben
2Sm	22,48	der Gott, der mir V. schafft Ps 18,48
Ps	58,11	wird sich freuen, wenn er solche V. sieht
	69,23	ihr Tisch werde ihnen zur V.
	79,10	laß kundwerden die V. für das Blut
	94,1	HERR, du Gott der V., erscheine Jer 51,56
	149,7	daß sie V. üben unter den Heiden
Spr	6,34	Grimm... schont nicht am Tage der V.
Jes	34,8	es kommt das Jahr der V.
	59,18	wird vergelten mit V. seinen Feinden
	61,2	einen Tag der V. 63,4; Jer 46,10
Jer	20,12	laß mich deine V. an ihnen sehen
	50,15	übt V. an Babel, tut ihr, wie sie getan
	28	verkünden die V. des HERRN, die V. für seinen Tempel 51,11
Hes	25,14	daß sie meine V. erfahren sollen 17
Hos	9,7	die Zeit der V. (ist gekommen)
Mi	5,14	will mit Grimm und Zorn V. üben
Sir	35,23	(bis er) an solchen Leuten V. übt
Lk	21,22	das sind die Tage der V.
Rö	11,9	laß ihren Tisch werden ihnen zum Anstoß und zur V.
2Th	1,8	V. üben an denen, die Gott nicht kennen

vergessen

1Mo	27,45	bis er v., was du ihm getan hast
	40,23	der oberste Schenk v. (Josef)
	41,30	daß man v. wird alle Fülle
	51	Gott hat mich v. lassen all mein Unglück
5Mo	4,9	bewahre deine Seele, daß du nicht v., was
	23	daß ihr den Bund des HERRN nicht v. 2Kö 17,38
	31	der HERR wird den Bund nicht v.
	6,12	daß du nicht den HERRN v. 8.11.14.19
	9,7	v. nicht, wie du den HERRN erzürntest
	24,19	wenn du eine Garbe v. hast auf dem Acker
	25,19	die Amalekiter austilgen. Das v. nicht
	26,13	ich habe deine Gebote nicht v.
	31,21	soll nicht v. werden im Mund ihrer Nachk.
	32,18	hast v. den Gott, der dich gemacht Jes 51,13; Hos 8,14
Ri	3,7	die *Israeliten v. den HERRN 1Sm 12,9; Jer 3,21
1Sm	1,11	HERR, wirst du deiner Magd nicht v.
Est	9,28	daß diese Tage nicht zu v. seien
Hi	8,13	so geht es jedem, der Gott v.
	9,27	ich will meine Klage v.
	11,16	dann würdest du alle Mühsal v.
	19,14	meine Freunde haben mich v.
	24,20	der Mutterschoß v. ihn
	28,4	v. hängen und schweben sie
	39,15	v., daß ein Fuß sie zertreten kann
Ps	9,13	v. nicht ihr Schreien 19
	18	zu den Toten... alle Heiden, die Gott v.
	10,11	er spricht: Gott hat's v.
	12	er v. der Elenden nicht
	13,2	wie lange willst du mich so ganz v.
	31,13	ich bin v. in ihrem Herzen wie ein Toter
	42,10	warum hast du mich v. Klg 5,20
	44,18	wir haben doch dich nicht v.

Ps	44,21	den Namen unsres Gottes v. Jer 23,27
	25	v. unser Elend und unsre Drangsal
	45,11	v. dein Volk und dein Vaterhaus
	50,22	begreift es doch, die ihr Gott v.
	59,12	daß es mein Volk nicht v.
	74,19	das Leben d. Elenden v. nicht für immer
	23	v. nicht das Geschrei deiner Feinde
	77,10	hat Gott v., gnädig zu sein
	78,7	daß sie nicht v. die Taten Gottes 11
	88,13	deine Gerechtigkeit im Lande des V.
	102,5	daß ich sogar v., mein Brot zu essen
	103,2	v. nicht, was er dir Gutes getan
	106,13	sie v. bald seine Werke
	21	sie v. Gott, ihren Heiland Jes 17,10
	112,6	der Gerechte wird nimmermehr v.
	119,16	ich v. deine Worte nicht 61.83.93.109.141.153. 176
	139	weil meine Widersacher deine Worte v.
	137,5	v. ich dich, Jerus., verdorre meine Rechte
	7	v. den Söhnen Edom nicht, was sie sagten
Spr	2,17	(eine Fremde) v. den Bund ihres Gottes
	3,1	v. meine Weisung nicht 4,5
	31,5	sie könnten beim Trinken des Rechts v.
	7	daß sie trinken und ihres Elends v.
Pr	2,16	in künftigen Tagen ist alles v.
	8,10	die recht taten, wurden v. in der Stadt
	9,5	die Toten... ihr Andenken ist v.
Jes	23,15	zu der Zeit wird Tyrus v. werden 70 Jahre
	16	geh in der Stadt umher, du v. Hure
	44,21	Israel, ich v. dich nicht 49,15
	49,14	Zion sprach: Der Herr hat meiner v.
	15	kann ein Weib ihres Kindleins v.
	54,4	wirst die Schande deiner Jugend v.
	65,11	die ihr meines heiligen Berges v.
	16	die früheren Ängste sind v.
Jer	2,32	v. wohl eine Jungfrau ihren Schmuck
	32	mein Volk aber v. mich 13,25; 18,15; Hes 22,12; 23,35; Hos 2,15; 13,6
	20,11	wird ihre Schande nie v. werden 23,40
	30,14	alle deine Liebhaber v. dich
	44,9	habt ihr v. die Sünden eurer Väter
	50,5	Bunde, der nimmermehr v. werden soll
	6	daß sie ihren Ruheplatz v.
Klg	2,6	der HERR hat Feiertag und Sabbat v. lassen
	3,17	ich habe das Gute v.
Hes	39,26	sollen ihre Schmach und ihre Sünde v.
Hos	4,6	du v. das Gesetz deines Gottes; darum will auch ich deine Kinder v.
Am	8,7	niemals werde ich diese ihre Taten v.
Nah	1,2	er wird es seinen Feinden nicht v.
Hab	3,10	ihren Aufgang v. die Sonne
Wsh	2,4	unser Name wird mit der Zeit v.
	5,15	wie man einen v., der Gast gewesen ist
	16,11	damit sie nicht in tiefes V. versinken
	23	wie dasselbe Feuer seine Kraft v. mußte
	19,4	sie mußten v., was ihnen widerfahren war
Sir	3,16	Gutes wird nie mehr v. werden
	7,29	v. nicht, welche Schmerzen d. Mutter gelitten
	31	v. seine Diener nicht
	11,28	eine böse Stunde läßt alle Freude v.
	13,13	damit man dich nicht v.
	23,19	damit du dich nicht vor ihnen v.
	29,20	v. nicht, was dein Bürge für dich getan
	35,9	des Gerechten Opfer wird nicht mehr v.
	37,6	v. den Freund nicht in deinem Herzen
	38,21	denk ans Ende und v. es nicht
	39,13	er wird niemals mehr v. werden
	44,10	Leute, deren Gerechtigkeit nicht v. wird
Bar	4,8	ihr habt den ewigen Gott v.
	4,27	der... wird euch nicht v.
1Ma	1,51	damit sie Gottes Gesetz v. sollten
	12,10	bestätigen, um sie nicht zu v.
2Ma	2,2	sie sollten die Gebote des Herrn nicht v.
	15,36	beschlossen, man sollte diesen Tag niemals v.
Mt	16,5	die Jünger hatten v., Brot mitzunehmen Mk 8,14
Lk	12,6	dennoch ist vor Gott nicht einer von ihnen v.
Phl	3,13	ich v., was dahinten ist
2Pt	1,9	hat v., daß er rein geworden ist
Heb	6,10	Gott ist nicht ungerecht, daß er v. euer Werk
	12,5	ihr habt bereits den Trost v.
	13,2	gastfrei zu sein, v. nicht
	16	Gutes zu tun und mit andern zu teilen, v. nicht
Jak	1,24	und v. von Stund an, wie er aussah

Vergessenheit

Wsh	17,3	verstecken unter der dunklen Decke der V.

vergeßlich

Jak	1,25	und ist nicht ein v. Hörer, sondern ein Täter

vergeuden

Spr	21,20	ein Schatz; ein Tor v. ihn
Lk	16,1	*beschuldigt, er v. ihm seine Güter*
Jak	4,3	damit ihr's für eure Gelüste v. könnt

Vergeudung

Mt	26,8	wozu diese V. Mk 14,4

vergießen

1Mo	9,6	wer Menschenblut v., dessen Blut soll auch v. werden 3Mo 17,4; 4Mo 35,33
	37,22	sprach Ruben: V. nicht Blut
5Mo	19,10	daß nicht unschuldiges Blut v. werde 13; 21,7-9; 27,25; Jer 7,6; 22,3
1Sm	25,31	daß du unschuldiges Blut v. habest
1Kö	2,5	im Krieg v. Blut im Frieden gerächt
2Kö	21,16	v. viel unschuldiges Blut 24,4; 1Ch 22,8; 28,3; Ps 106,38; Jer 22,17; Hes 22,3.4.6.9.12.13.27; 23,37; 24,7; 33,25; 36,18; Jo 4,19
Ps	79,3	haben ihr Blut v. um Jerusalem her
Spr	1,16	ihre Füße eilen, Blut zu v. Jes 59,7; Rö 3,15
	6,17	Hände, die unschuldiges Blut v.
Jes	16,9	ich v. viel Tränen über dich, Heschbon
	26,21	offenbar machen das Blut, das v. ist
Jer	48,10	Schwert aufhält, daß es nicht Blut v.
Klg	4,13	Priester, die der Gerechten Blut v.
Hes	18,10	wer einen Sohn zeugt, der Blut v.
	21,37	dein Blut soll v. werden Ze 1,17
	24,16	du sollst keine Träne v.
Sir	8,19	er scheut sich nicht, Blut zu v. 11,33
1Ma	1,39	viel unschuldiges Blut 2Ma 1,8
	7,17	sie haben Blut v. um Jerusalem her
Mt	23,35	das gerechte Blut, das v. ist auf Erden
	26,28	mein Blut, das v. wird für viele Mk 14,24; Lk 22,20
Lk	11,50	Blut aller Propheten, das v. ist
Apg	22,20	als das Blut des Stephanus v. wurde
Rö	3,15	ihre Füße eilen, Blut zu v.
Off	16,6	sie haben das Blut der Propheten v.

Vergleich

Vergleich
Wsh 7,9 im V. zu ihr jeden Edelstein für wertlos

vergleichbar
2Ch 4,3 ringsum Gestalten, Rindern v.

vergleichen
Spr 3,15 was du wünschen magst, ist ihr nicht zu v.
27,15 lassen sich miteinander v.
Hl 1,9 ich v. dich, meine Freundin, einer Stute
Jes 40,18 mit wem wollt ihr Gott v. 25; 46,5
Klg 2,13 Tochter Jerusalem, wem soll ich dich v.
Hes 31,8 die Zypressen waren nicht zu v.
Wsh 7,29 v. mit dem Licht hat sie den Vorrang
Sir 25,16 wer sie festhält, mit wem kann man den v.
30,16 kein Reichtum ist zu v. mit einem gesunden Körper
36,25 ist ihr Mann nicht zu v. mit andern
Bar 3,36 Gott, keiner ist ihm zu v.
6,64 weder an Gestalt noch an Kräften zu v.
Mt 11,16 mit wem soll ich dieses Geschlecht v. Lk 7,31
Mk 4,30 womit wollen wir das Reich Gottes v. Lk 13,18.20
2Ko 10,12 uns mit denen zu v., die sich selbst empfehlen

vergolden
Jes 40,19 der Goldschmied v.'s
Bar 6,57 die v. und versilberten Götzen 55.70.71

vergraben
1Mo 35,4 er v. sie unter der Eiche bei Sichem
Jer 43,9 nimm große Steine und v. sie
Am 9,2 wenn sie sich auch unten bei den Toten v.
Sir 20,32 ein v. Schatz, was nützen sie
29,13 v. es nicht unter einen Stein

vergreifen
1Mo 37,27 damit sich unsere Hände nicht an ihm v.
3Mo 5,15 sich v. an dem, was dem HERRN 21
Jos 7,1 v. sich an dem Gebannten 1Ch 2,7
1Sm 24,8 ließ sie sich nicht an Saul v.
2Ch 35,21 v. dich nicht an Gott, der mit mir ist
Spr 23,10 v. dich nicht an dem Acker der Waisen
30,9 könnte mich an dem Namen meines Gottes v.
Sir 13,26 wenn er sich mit Worten v. hat
Bar 6,18 wie einen, der sich am König v. hat

verhallen
Hi 6,26 die Rede eines Verzweifelnden v.
Sir 40,13 wie ein starker Donner im Regen v.

verhalten, Verhalten
1Mo 37,14 sage mir dann, wie sich's v.
Ri 16,2 die ganze Nacht v. sie sich still
1Sm 3,13 wußte, wie sich seine Söhne schändlich v.
1Kö 9,15 so v. sich's mit den Fronleuten
2Ch 32,1 nach solch treuem V. kam Sanherib
Dan 2,28 mit deinem Traum v. es sich so
Sir 8,10 wie du dich gegenüber gr. Leuten v. sollst

Sir 20,28 sein schändliches V. hört nicht auf
1Ma 10,54 will mich als dein Schwiegersohn v.
2Ma 3,11 es v. sich nicht so, wie Simon gesagt
Apg 17,11 forschten täglich in der Schrift, ob sich's so v.
19,36 sollt ihr euch ruhig v.
20,18 ihr wißt, wie ich mich bei euch v. 1Th 1,5
24,9 die Juden sagten, es v. sich so
27,3 Julius v. sich freundlich gegen Paulus
Rö 5,15 nicht v. sich's mit der Gabe wie mit der Sünde 16
1Ko 13,5 (die Liebe) v. sich nicht ungehörig
14,7 v. sich's doch auch so mit leblosen Dingen
Kol 4,5 v. euch weise gegenüber denen, die draußen
8 daß ihr erfahret, wie es sich mit uns v.
1Ti 3,15 wissen, wie man sich v. soll im Hause Gottes
Tit 2,3 den alten Frauen, daß sie sich v., wie

verhandeln
Ri 21,13 die Gemeinde v. mit den Benjaminitern
Ps 127,5 wenn sie mit ihren Feinden v. im Tor
1Ma 15,28 um mit ihm zu v.
Mk 9,33 was habt ihr auf dem Weg v. 34; Lk 24,17
Apg 4,15 sie v. miteinander und sprachen

verhängen
Hi 13,26 daß du so Bitteres über mich v.
Hes 41,16 die Fenster waren v.
Dan 9,24 siebzig Wochen sind v. über dein Volk

verharren
Jes 1,5 die ihr doch weiter im Abfall v.

verhärten
2Mo 7,3 will das Herz des Pharao v. 8.11.28; 9,34; 10,1
5Mo 2,30 der HERR v. seinen Sinn
15,7 so sollst du dein Herz nicht v.
Hi 36,13 die Ruchlosen v. sich im Zorn
Spr 28,14 wer sein Herz v., wird in Unglück fallen
Mk 6,52 ihr Herz war v.
8,17 habt ihr noch ein v. Herz in euch

verhaßt
2Sm 5,8 wer die erschlägt, die David v. sind
Spr 14,9 der Arme ist v. auch seinem Nächsten
Wsh 14,9 Gott sind beide gleich v.
Sir 10,7 das Unrecht ist allen beiden v.
20,8 wer sich zu viel anmaßt, macht sich v.
1Ma 11,5 um ihn beim König v. zu machen
Tit 3,3 waren v. und haßten uns untereinander
Off 18,2 ein Gefängnis aller unreinen und v. Tiere

verhätscheln
Sir 30,9 v. du dein Kind, so mußt du dich fürchten

verheeren
2Mo 8,20 das Land wurde v. von den Stechfliegen
3Mo 26,31 will eure Heiligtümer v.
1Sm 13,17 zogen drei Heerhaufen, das Land zu v.
2Sm 11,1 damit sie das Land der Ammoniter v.
Ps 74,3 der Feind hat alles v. im Heiligtum
Jes 6,13 so wird es abermals v. werden

Verheißung

Jes	49,19	dein v. Land wird dir zu eng werden
Jer	4,20	das ganze Land wird v. 25,38
	48,8	sollen die Ebenen v. werden
	20	ach, Moab ist verwüstet und v.
Hes	32,12	werden die Herrlichkeit Ägyptens v.
	36,5	mein Land... um es zu v. 34.35
	36	der HERR pflanzt, was v. war
Hos	11,9	ich will nicht kommen, zu v.
Nah	2,3	man hat sie völlig v. 11
Sir	10,19	Gott hat das Land der Heiden v.
1Ma	3,39	damit sie das Land Juda v. sollten
	15,29	(ihr) habt das Land ringsum v.
	40	Kendebäus v. ihr Land

Verheerung

Jes	15,1	des Nachts kommt V. über Ar in Moab

verhehlen

Jos	7,19	sage mir und v. mir nichts 2Sm 14,18
Hi	27,11	Gottes Tun... will ich nicht v.
Ps	32,5	meine Schuld v. ich nicht
	40,11	ich v. deine Güte und Treue nicht
Rö	11,25	ich will euch dieses Geheimnis nicht v.

verheimlichen

5Mo	13,9	sollst seine Schuld nicht v.
Jos	7,11	haben gestohlen und haben's v.
Tob	12,11	will euch das... Geschehen nicht v.
Sir	20,32	v. Weisheit... was nützen sie
	33	als daß einer seiner Weisheit v.

verheiraten

Jos	23,12	wenn ihr euch mit ihnen v.
Spr	6,32	wer mit einer V. die Ehe bricht
Sir	7,27	v. deine Tochter, dann hast du
	41,26	schäme dich, nach einer v. Frau zu blicken
1Ko	7,10	den V. gebiete nicht ich, sondern der Herr
	33	wer v. ist, sorgt sich um die Dinge der Welt 34
	38	*welcher... v., tut wohl; welcher nicht v.*

verheißen

1Mo	18,19	daß der HERR kommen lasse, was er ihm v.
2Mo	32,13	denen du v. hast... dies Land, das ich v.
1Ch	16,15	gedenket des Wortes, das er v. hat Ps 105,8
2Ch	6,42	Gnaden, die du d. Knechte David v. hast
Ps	44,5	der du dem Jakob Hilfe v.
	106,4	gedenke meiner nach der Gnade, die du v.
	111,9	er v., daß sein Bund ewig bleiben soll
	133,3	dort v. der HERR den Segen und Leben
Jer	18,10	reut mich das Gute, das ich ihm v. hatte
Jo	3,5	wird Errettung sein, wie der HERR v. hat
Jdt	13,17	wie er dem Hause Israel v. hatte
Sir	13,7	er lächelt dich an, v. dir viel
	44,22	darum v. ihm Gott mit einem Eid StD 3,12
	49,12	denn sie haben Erlösung v.
2Ma	2,18	wie er's im Gesetz v. hat
	7,24	v. ihm sogar mit einem Eide
GMn	6	die Barmherzigkeit, die du v.
	7	hast Buße zur Vergebung der Sünden v.
Mt	14,7	*darum v. er ihr mit einem Eide*
Mk	14,11	*sie v., ihm Geld zu geben*
Lk	24,49	auf euch herabsenden, was mein Vater v. hat
Apg	2,30	wußte, daß ihm Gott v. hatte mit einem Eid
	33	empfangen hat den v. Geist vom Vater

Apg	7,5	v. ihm, er wolle es ihm geben
	13,23	Gott, wie er v. hat
	34	die Gnade, die David v. ist
Rö	1,2	(das Evangelium Gottes,) das er zuvor v. hat
	4,21	was Gott v., das kann er auch tun
2Ko	9,5	*fertig zu machen den v. Segen*
Gal	3,14	wir den v. Geist empfangen durch den Glauben
Eph	1,13	versiegelt worden mit dem hl. Geist, der v. ist
Tit	1,2	ewiges Leben, das Gott, der nicht lügt, v. hat
1Jh	2,25	das ist die Verheißung, die er uns v. hat
Heb	9,15	die Berufenen das v. ewige Erbe empfangen
	10,23	er ist treu, der sie v. hat 11,11
	36	damit ihr das V. empfangt
	11,9	ein Fremdling gewesen in dem v. Lande
	13	diese alle haben das V. nicht erlangt
	39	doch nicht erlangt, was v. war
	12,26	jetzt v. er : Noch einmal will ich erschüttern
Jak	1,12	die Gott v. hat denen, die ihn liebhaben 2,5

Verheißung

Ps	77,9	hat die V. für immer ein Ende
Wsh	12,21	Eid und Bund voll V. gegeben
	18,6	damit ihnen die V. gewiß würden
Sir	36,17	erfülle die V., die verkündigt worden sind
	47,24	der Herr hob seine V. nicht auf
2Ma	7,36	teil am ewigen Leben nach der V. Gottes
StE	3,7	sie wollen deine V. zunichte machen
Lk	24,49	*ich will senden die V. meines Vaters*
Apg	1,4	zu warten auf die V. des Vaters
	2,39	euch und euren Kindern gilt diese V.
	7,17	als der die Zeit der V. sich nahte
	13,32	wir verkündigen euch die V.
	26,6	angeklagt wegen der Hoffnung auf die V.
Rö	4,13	die V. ist Abraham nicht zuteil durchs Gesetz
	14	ist der Glaube nichts, und die V. ist dahin
	16	damit die V. festbleibe für alle
	20	nicht zweifelte an der V. Gottes
	9,4	Israeliten, denen gehört der Bund und die V.
	8	nur die Kinder der V. werden als seine Nachkommen anerkannt
	9	dies ist ein Wort der V., da er spricht
	15,8	die V. zu bestätigen, die den Vätern gegeben
2Ko	7,1	weil wir solche V. haben, meine Lieben
Gal	3,16	nun ist die V. Abraham zugesagt
	17	so daß die V. zunichte würde
	18	so würde es nicht durch V. gegeben
	19	bis der Nachkomme da sei, dem die V. gilt
	21	ist dann das Gesetz gegen Gottes V.
	22	die V. gegeben würde denen, die glauben
	29	gehört ihr Christus, seid ihr nach der V. Erben
	4,23	der von der Freien kraft der V.
	28	ihr, liebe Brüder, seid wie Isaak Kinder der V.
Eph	2,12	Fremde außerhalb des Bundes der V.
	3,6	daß die Heiden Mitgenossen der V. sind
	6,2	das ist das erste Gebot, das eine V. hat
1Ti	4,8	hat V. dieses und des zukünftigen Lebens
2Ti	1,1	Paulus, Apostel nach der V. in Christus
2Pt	1,4	durch sie sind uns die teuren V. geschenkt
	3,4	wo bleibt die V. seines Kommens
	9	der Herr verzögert nicht die V.
	13	auf einen neuen Himmel nach seiner V.
1Jh	2,25	das ist die V., die er uns verheißen hat
Heb	4,1	solange die V. noch besteht, daß
	6,12	Nachfolger derer, die die V. ererben

Verheißung

Heb	6,13	als Gott dem Abraham die V. gab
	15	so wartete Abraham und erlangte die V.
	17	Gott, als er den Erben der V. beweisen wollte
	7,6	segnete den, der die V. hatte
	8,6	der Mittler eines besseren Bundes, der auf bessere V. gegründet ist
	11,9	Isaak und Jakob, den Miterben derselben V.
	17	als er schon die V. empfangen hatte
	33	diese haben V. erlangt

verhelfen

Ps	35,24	v. mir zum Recht nach deiner Gerechtigkeit
Dan	9,22	um dir zum rechten Verständnis zu v.
	11,33	werden vielen zur Einsicht v.
Tob	12,3	er hat mir zu dieser Frau v.
Sir	16,5	kann einer Stadt zur Blüte v.

verherrlichen

Jes	49,3	mein Knecht, durch den ich mich v. will
	66,5	laßt doch den HERRN sich v.
Sir	36,7	v. deine Hand und deinen rechten Arm
StD	3,2	dein Name soll v. werden ewiglich
Jh	7,39	denn Jesus war noch nicht v.
	12,16	als Jesus v. war
	23	die Zeit ist gekommen, daß der Menschensohn v. werde
	28	Vater, v. deinen Namen 17,1.4.5
	13,31	jetzt ist der Menschensohn v., und Gott ist v. in ihm 32
	14,13	damit der Vater v. werde im Sohn 15,8; 16,14
	17,10	ich bin ihnen v.
Apg	3,13	Gott hat seinen Knecht Jesus v.
Rö	8,30	die er gerecht gemacht hat, hat er auch v.
Phl	1,20	daß Christus v. werde an meinem Leibe
	3,21	daß er gleich werde seinem v. Leibe
2Th	1,10	daß er v. werde bei seinen Heiligen
	12	damit in euch v. werde der Name unseres Herrn

Verherrlichung

Jh	11,4	diese Krankheit ist zur V. Gottes

verhindern

2Sm	17,14	daß der kluge Rat Ahitofels v. wurde
Jer	5,25	eure Verschuldungen v. das
Dan	11,15	die Heere des Südens können's nicht v.
Wsh	18,13	durch ihre Zauberer v., ungläubig waren
1Ma	12,40	er befürchtete, Jonatan würde es v.
StE	1,3	ein Volk, das Frieden und Einigkeit v.
Rö	1,13	*bin aber v. bisher*

verhöhnen

1Sm	17,26	der das Heer des leb. Gottes v. 36.45
2Kö	19,23	hast den HERRN durch deine Boten v.
2Ch	36,16	sie v. seine Propheten
Neh	2,19	verspotteten und v. sie uns 6,13
Hi	19,3	habt mich nun zehnmal v.
Spr	17,5	wer... verspottet, v. dessen Schöpfer
Jes	51,7	entsetzt euch nicht, wenn sie euch v.
Jer	48,27	sooft du von ihm sprachst, hast du es v.
Tob	2,14	wie die Könige den heiligen Hiob v.
2Ma	8,17	wie sie die Stadt v. hatten
	14,42	lieber sterben als von ihnen v. werden

Mt	22,6	ergriffen seine Knechte, v. sie

Verhör

Apg	25,26	damit ich nach geschehenem V. etwas hätte
2Ti	4,16	bei meinem ersten V. stand mir niemand bei

verhören

Hi	13,9	wird's euch wohlgehen, wenn er euch v.
	34,24	bringt um, ohne sie erst zu v.
Wsh	6,9	die Mächtigen werden streng v. werden
Lk	23,14	ich habe ihn v. und keine... gefunden
Jh	7,51	ehe man ihn v. und erkannt hat, was er tut
Apg	4,9	wenn wir v. werden wegen dieser Wohltat
	12,19	v. er die Wachen und ließ sie abführen
	22,24	befahl, daß man ihn geißeln und v. sollte 29
	23,15	als wolltet ihr ihn genauer v. 20
	35	ich will dich v., wenn deine Ankläger da sind
	24,8	wenn du ihn v., kannst du erkunden
	28,18	wollten mich losgeben, nachdem sie mich v.

verhüllen

1Mo	24,65	nahm sie den Schleier und v. sich 38,14
2Mo	3,6	Mose v. sein Angesicht; denn er fürchtete
	40,21	(Mose) v. die Lade des Gesetzes
3Mo	13,45	wer aussätzig, soll den Bart v. (tragen)
2Sm	15,30	und sein Haupt war v. 19,5
1Kö	19,13	v. (Elia) sein Antlitz 20,38
Est	6,12	Haman eilte mit v. Haupt
	7,8	v. sie Haman das Antlitz
Hi	9,24	das Antlitz ihrer Richter v. er
	26,9	er v. seinen Thron
	28,21	sie ist v. vor den Augen aller Lebendigen
	42,3	der den Ratschluß v. mit Worten
Jes	25,7	die Hülle, mit der alle Völker v. sind
	29,10	eure Häupter – die Seher – hat er v.
Jer	14,3	sind betrübt und v. ihre Häupter 4
Hes	12,6	dein Angesicht sollst du v. 12
	24,17	sollst deinen Bart nicht v. 22
	32,7	so will ich den Himmel v.
Mi	3,7	sie müssen alle ihren Bart v.
Jdt	4,8	den Altar v. man mit einer Bußdecke
Sir	38,16	wenn einer stirbt, v. seinen Leib
StD	1,32	Schleier, mit dem sie v. war
Jh	11,44	sein Gesicht war v. mit einem Schweißtuch

verhüten

Mt	16,22	*Herr, das v. Gott*
2Ko	8,20	so v. wir, daß uns jemand übel nachredet

verirren

2Mo	14,3	der Pharao wird sagen: Sie haben sich v.
	23,4	Rind oder Esel begegnest, die sich v. haben
Ps	119,176	ich bin wie ein v. und verlorenes Schaf
Hes	34,4	das V. holt ihr nicht zurück
	12	wenn sie von seiner Herde v. sind
	16	will das V. zurückbringen
Mt	18,12	wenn eins unter ihnen sich v... geht hin und sucht das v.
	13	mehr als über die, die sich nicht v. haben
Tit	3,3	*auch wir waren vormals unweise, v.*

Verirrung

Rö	1,27	den Lohn ihrer V. an sich selbst empfangen

verjagen

5Mo	6,19	daß er v. wolle alle deine Feinde vor dir
	32,30	wie geht's zu, daß einer tausend v.
Ri	9,41	Sebul v. den Gaal und seine Brüder
1Ch	8,13	sie v. die Einwohner von Gat
Hi	18,14	er wird aus seiner Hütte v.
	30,15	Schrecken hat v. meine Herrlichkeit
	41,20	kein Pfeil wird ihn v.
Ps	140,12	ein frecher, böser Mensch wird v. werden
Spr	19,26	wer die Mutter v., ist ein verfluchter Sohn
Jes	11,12	er wird zusammenbringen die V. Israels
	16,3	verbirg die V. 4
Jer	8,10	ihre Äcker denen, durch die sie v. werden
Hes	29,12	in die Länder will ich sie v. 30,23. 26
Dan	11,26	werden helfen, sein Heer zu v.
Wsh	2,4	der von den Strahlen der Sonne v. wird
Sir	22,27	hinterlistige Nachrede v. jeden Freund
1Ma	1,56	sie v. das Volk Israel 7,6; 2Ma 10,15
	4,36	weil unsre Feinde v. sind 7,38
	8,13	wird er von Land und Leuten v.
	11,15	Ptolemäus v. ihn 55
	14,17	daß Simon die Feinde v. hatte

Verkauf

Neh	10,32	am Sabbattag zum V. bringen
Sir	27,3	so steckt auch Sünde zwischen Kauf und V.

verkaufen

1Mo	25,31	v. mir deine Erstgeburt 33; Heb 12,16
	31,15	(Laban) hat uns v.
	37,27	laßt uns (Josef) den Ismaeliten v. 28
	36	die Midianiter v. ihn in Ägypten 45,4.5; Ps 105,17
	41,56	Josef v. den Ägyptern 42,6
	47,20	die Ägypter v. ein jeder seinen Acker
	22	durften (die Priester) ihr Feld nicht v.
2Mo	21,7	v. jemand seine Tochter als Sklavin 8
	16	Menschen raubt, daß er ihn v. 5Mo 24,7
	35	sollen das lebendige Rind v. 37
	22,2	hat er nichts, so v. man ihn
3Mo	25,14	wenn du deinem Nächsten etwas v. 15u.ö.50; 27,20.27.28
5Mo	2,28	Speise sollst du mir für Geld v.
	14,21	daß er's v. einem Ausländer
	15,12	wenn sich dein Bruder dir v. Jer 34,14
	18,8	was einer hat von dem v. Gut seiner Väter
	21,14	sollst (Gefangene) nicht um Geld v.
	28,68	werdet dort euren Feinden v. werden
	32,30	daher, daß ihr Fels sie v. hat
Ri	2,14	(der HERR) v. sie in die Hände ihrer Feinde 3,8; 4,2; 10,7
1Sm	12,9	v. er sie in die Hand Siseras
1Kö	21,20	weil du dich v. hast, Unrecht zu tun 25
2Kö	4,7	v. das Öl und bezahle deinen Schuldherrn
	17,17	v. sich, zu tun, was dem HERRN mißfiel
Neh	5,8	die den Heiden v. waren; wollt ihr nun eure Brüder
	13,15	als sie die Nahrung v. 16
Est	7,4	wir sind v. ... wären wir nur zu Knechten v.
Ps	44,13	dein Volk um ein Nichts
Spr	11,26	Segen kommt über den, der (Korn) v.
	23,23	kaufe Wahrheit und v. sie nicht
	31,24	sie macht einen Rock und v. ihn
Jes	50,1	seid um eurer Sünden willen v.
	52,3	ihr seid umsonst v.
Hes	7,13	wird zum V. nicht zurückkehren
	30,12	will das Land an böse Leute v.
Hes	48,14	dürfen nichts davon v.
Jo	4,3	haben Mädchen für Wein v.
	6	die *Leute von Jerus. den Griechen v. 7
	8	will eure Söhne und eure Töchter v.
Am	2,6	weil sie die Unschuldigen für Geld v.
	8,5	daß wir Getreide v.
	6	damit wir Spreu für Korn v.
Wsh	10,13	den Gerechten, als er v. wurde
Bar	4,6	ihr seid an die Heiden v.
	6,28	was geopfert wird, v. ihre Priester
1Ma	12,36	daß die Leute auf der Burg nichts kaufen und v. können 13,49
2Ma	4,32	andere (Geräte) konnte er nach Tyrus v.
	5,24	er sollte die jungen Leute v. 14; 8,14
	8,14	v. alles, was sie hatten
	10,21	hätten ihre Brüder für schnödes Geld v.
Mt	13,44	v. alles, was er hatte 46; Mk 10,21
	18,25	befahl der Herr, ihn zu v.
	19,21	v., was du hast, und gib's den Armen Lk 12,33; 18,22
	26,9	teuer v. werden können Mk 14,5; Jh 12,5
	27,9	30 Silberlinge, den Preis für den V.
Lk	12,6	man nicht fünf Sperlinge für zwei Groschen
	17,28	sie kauften, sie v., sie pflanzten, sie bauten
	19,45	fing an auszutreiben, die da v. 16
	22,36	der v. seinen Mantel und kaufe ein Schwert
Jh	2,14	Händler, die Rinder, Schafe und Tauben v. 16
Apg	2,45	sie v. Güter und Habe und teilten sie aus
	4,34	wer von ihnen Äcker oder Häuser besaß, v. sie 37; 5,1.4.8
	7,9	die Erzväter v. (Josef) nach Ägypten
Rö	7,14	ich aber bin fleischlich, unter die Sünde v.
1Ko	10,25	alles, was auf dem Fleischmarkt v. wird
Heb	12,16	Esau, der seine Erstgeburt v.
Off	13,17	daß niemand kaufen oder v. kann

Verkäufer

Neh	13,20	blieben die V. über Nacht draußen
Jes	24,2	es geht dem V. wie dem Käufer
Hes	7,12	der V. traure nicht
	13	V. zum Verkaufen nicht zurückkehren
Sa	11,5	ihre V. sprechen: Gelobt sei der HERR
Mt	21,12	trieb heraus alle V. im Tempel Mk 11,15

Verkehr

Rö	1,26	ihre Frauen haben den natürlichen V. vertauscht mit dem widernatürlichen 27

verkehren

Hi	8,3	meinst du, daß der Allmächtige d. Recht v.
	33,27	ich hatte gesündigt und das Recht v.
Klg	5,15	unser Reigen ist in Wehklagen v. Am 8,3
Am	5,7	die ihr das Recht in Wermut v.
Wsh	4,11	damit nicht Schlechtigkeit seinen Sinn v.
	12	die lockende Begierde v. den arglosen Sinn
StD	1,56	die Begierde hat dein Herz v.
Jh	16,20	eure Traurigkeit soll in Freude v. werden
Apg	2,20	die Sonne soll sich v. in Finsternis
Rö	1,25	sie, die Gottes Wahrheit in Lüge v. haben
2Ko	11,3	ich fürchte, daß eure Gedanken v. werden
Gal	1,7	die wollen das Evangelium Christi v.
2Ti	2,18	haben etlicher Glauben v.
Tit	1,11	die da ganze Häuser v.
	3,11	wisse, daß ein solcher ganz v. ist
Jak	4,9	euer Lachen v. sich in Weinen

verkehrt

verkehrt

4Mo	22,32	dein Weg ist v. in meinen Augen
5Mo	32,5	das v. Geschlecht hat gesündigt 20; Jes 57,4
2Sm	22,27	gegen die V. bist du v. Ps 18,27
Hi	5,13	er stürzt den Rat der V.
Spr	6,14	trachtet nach Bösem und V. in s. Herzen
	8,8	ist nichts V. noch Falsches darin
	10,9	wer v. Wege geht, wird ertappt 28,18
	17,20	ein v. Herz findet nichts Gutes
	19,1	ist besser als einer, der V. spricht
	22,5	Stacheln sind auf dem Wege des V.
	23,33	dein Herz wird v. reden
	28,6	ein Reicher, der auf v. Wegen geht
Hab	1,4	darum ergehen v. Urteile
Wsh	1,3	v. Denken scheidet von Gott
	12	strebt nicht durch euer v. Leben
	2,1	diese Leute, die so v. denken, sagen
Mt	17,17	du ungläubiges und v. Geschlecht Lk 9,41
Apg	2,40	laßt euch erretten aus diesem v. Geschlecht
	20,30	auch aus eurer Mitte Männer, die V. lehren
Phl	2,15	Gottes Kinder unter einem v. Geschlecht

verklagen

1Kö	21,13	die zwei ruchlosen Männer v. Nabot
Hi	16,8	mein Siechtum v. mich ins Angesicht
Jer	14,7	wenn unsre Sünden uns v., so hilf doch
	20,10	reden: V. ihn! Wir wollen ihn v.
Dan	3,8	chaldäische Männer v. die Juden 6,25
Sa	3,1	Satan stand zu s. Rechten, um ihn zu v.
1Ma	7,6	diese v. Judas beim König 10,61; 11,21.25
	10,63	daß niemand ihn v. sollte
2Ma	4,5	nicht, um seine Mitbürger zu v.
	10,13	deshalb v. ihn die Freunde des Königs 14,26
	14,38	wegen seines jüdischen Glaubens v. worden
StE	5,9	er hat Mordechai... v.
Mt	12,10	damit sie ihn v. könnten Mk 3,2
	27,12	als er v. wurde Lk 23,2.10
	13	hörst du nicht, wie sie dich v. Mk 15,4
Lk	6,7	damit sie etwas fänden, ihn zu v. Jh 8,6
	23,2	fingen an, ihn zu verklagen, und sprachen Jh 18,29
Jh	5,45	ihr sollt nicht meinen, daß ich euch v. werde
Apg	19,38	laßt sie sich untereinander v.
	40	wegen der heutigen Empörung v. zu werden
	22,30	warum Paulus von den Juden v. wurde
	24,8	dessentwegen wir ihn v. 13.19; 25,5.11
	28,19	als hätte ich mein Volk wegen etwas zu v.
Rö	2,15	*die Gedanken, die sich untereinander v.*
Off	12,10	der sie v. Tag und Nacht vor unserm Gott

Verkläger

Hi	31,35	die Schrift, die mein V. geschrieben
Ps	109,6	ein V. stehe zu seiner Rechten
Jh	8,10	wo sind sie, deine V.
Apg	23,35	wenn deine V. da sind 25,18
Off	12,10	der V. unserer Brüder ist verworfen

Verklagter

Apg	25,16	*ehe der V. seinen Klägern gegenüberstand*

verklären

Mt	17,2	er wurde v. vor ihnen Mk 9,2; Lk 9,32
Lk	9,31	(Mose und Elia) erschienen v.
2Ko	3,18	wir werden v. in sein Bild
Phl	3,21	unsern Leib v., gleich seinem v. Leibe

verkleben

2Mo	2,3	sie v. es mit Erdharz und Pech

verkleiden

1Kö	14,2	Jerobeam sprach zu seiner Frau: v. dich
	22,30	der König von Israel v. sich 2Ch 18,29

verkommen

Hi	31,19	hab ich zugesehen, wie jemand v. ist

verkriechen

Jos	10,27	Höhle, in die sie sich v. hatten
1Sm	13,6	v. sie sich in die Höhlen 14,11.22
	23,23	erkundet jeden Ort, wo er sich v.
2Sm	17,9	er hat sich jetzt vielleicht v.
1Kö	20,30	v. sich von e. Kammer in die andere 22,25
Hi	24,4	die Elenden müssen sich v.
Jes	2,21	damit er sich v. kann in die Felsspalten
Jer	49,8	v. euch tief, ihr Bürger 30
Dan	10,7	so daß sie flohen und sich v.

verkrümmt

Lk	13,11	sie war v. und konnte sich nicht aufrichten

verkrüppelt

Mt	15,30	die hatten bei sich V. und viele andere Kranke
	31	sahen, daß die V. gesund waren
	18,8	besser, daß du v. zum Leben Mk 9,43
Lk	14,13	lade Arme, V., Lahme und Blinde ein 21
Apg	8,7	viele V. wurden gesund gemacht

verkümmern

3Mo	21,20	(keiner soll herzutreten, wer) v. ist

verkünden, verkündigen

1Mo	41,16	Gott wird jedoch dem Pharao Gutes v. 25
	45,13	v. meinem Vater alle meine Herrlichkeit 26
	49,1	daß ich euch v., was euch begegnen wird
2Mo	9,16	mein Name v. werde in allen Landen Rö 9,17
	10,2	auf daß du v. vor den Ohren deiner Kinder
	16,22	alle Vorsteher v.'s Mose
	19,3	so sollst du den *Israeliten v. 5Mo 5,5; Hes 3,4.11; 40,4
	9	Mose v. dem HERRN die Worte des Volks
3Mo	10,11	Ordnungen, die der HERR durch Mose v. hat
5Mo	4,13	er v. euch seinen Bund Jos 21,45; 23,14.15
	5,31	damit ich dir v. das ganze Gesetz
	30,18	so v. ich euch heute, daß ihr umkommen w.
	32,7	frage deinen Vater, der wird dir's v.
1Sm	8,9	v. ihnen das Recht des Königs
	11,9	als die... den Männern von Jabesch v.
	22,21	(Abjatar) v. (David), daß Saul
	23,11	das v., HERR, deinem Knecht
	31,9	um es zu v. im Hause ihrer Götzen 1Ch 10,9
2Sm	1,20	v.'s nicht auf den Gassen Mi 1,10
	4,10	den, der mir v.: Saul ist tot
	7,11	der HERR v. dir... ein Haus 1Ch 17,10
2Kö	9,18	der Wächter v. 20
	23,16	das (er) ausgerufen hatte, als er es v.

verkünden

1Ch	16,23	v. täglich sein Heil Ps 96,2	Sir	43,2	wenn die Sonne aufgeht, v. sie den Tag
2Ch	36,22	daß er in s. Königreich v. ließ Esr 1,1		44,3	Männer, die Weissagungen v. haben
Hi	28,27	damals schon sah er sie und v. sie		15	die Gemeinde v. ihr Lob
Ps	9,12	v. unter den Völkern sein Tun 73,28; 105,1; Jer 50,2		46,23	er v. dem König sein Ende
			Bar	6,1	v., wie Gott befohlen hatte
	19,2	die Feste v. seiner Hände Werk	1Ma	4,46	bis ein Prophet kommen und v. würde
	22,31	vom HERRN wird man v. Kind und Kindeskind 71,18; 78,6; 145,4	2Ma	3,34	v. allen, wie groß die Gewalt Gottes ist 8,36; 9,17
	26,7	zu v. alle deine Wunder 40,6		7,6	wie Mose bezeugt hat, wenn er v.
	30,10	wird dir auch der Staub deine Treue v.		10,26	wie es im Gesetz v. ist
	40,10	ich v. Gerechtigk. in der großen Gemeinde	StE	5,13	dies Gebot sollt ihr in allen Städten v.
	50,6	die Himmel werden s. Gerechtigkeit v. 97,6	Mt	12,18	er soll den Heiden das Recht v.
	51,17	daß mein Mund deinen Ruhm v. 71,15; 79,13; 145,21		14,12	sie kamen und v. das Jesus
				28,8	liefen, um es seinen Jüngern zu v. Mk 16,10. 13; Lk 24,9; Jh 20,18
	71,17	noch jetzt v. ich deine Wunder 75,2; 78,4		10	v. es meinen Brüdern, daß
	75,10	ich will v. ewiglich		11	v. alles, was geschehen war Lk 8,36
	78,2	will Geschichten v. aus alter Zeit	Mk	5,14	v. das in der Stadt 19; Lk 8,34.39
	89,2	will seine Treue v. für und für		6,30	die Apostel v., was sie getan Apg 19,18
	92,3	des Nachts deine Wahrheit v.	Lk	1,19	gesandt, dir dies zu v.
	16	daß sie v., wie der HERR es recht macht		2,10	siehe, ich v. euch große Freude
	102,22	daß sie in Zion v. den Namen des HERRN		3,18	ermahnte das Volk und v. ihm das Heil
	106,2	wer kann sein Lob genug v.		4,18	zu v. das Evangelium den Armen 19
	111,6	läßt v. seine gewaltigen Taten seinem Volk		7,22	geht und v. Johannes 18
	118,17	werde des HERRN Werke v.		8,1	v. das Evangelium vom Reich Gottes
	147,19	er v. Jakob sein Wort		47	v. vor allem Volk, warum sie ihn angerührt
Jes	12,4	v., wie sein Name so hoch ist		9,36	v. in jenen Tagen niemandem, was sie gesehen
	19,12	daß sie dir's v. und anzeigen		60	du aber geh hin und v. das Reich Gottes
	21,10	was ich gehört habe, das v. ich euch		13,1	die v. ihm von den Galiläern
	40,21	ist's euch nicht von Anfang an v. 44,8; 45,21; 46,10		18,37	da v. sie ihm, Jesus ginge vorüber
	41,22	sollen uns v., was kommen wird. V. es doch 23.26; 44,7	Jh	1,18	der Eingeborene, der Gott ist, hat ihn uns v.
				4,25	wenn dieser kommt, wird er uns alles v.
	42,9	was ich v. habe, ist gekommen. So v. ich Neues 48,3.5		5,15	*v. den Juden, es sei Jesus*
				16,14	von dem Meinen wird er's nehmen und euch v. 15
	12	sollen seinen Ruhm auf den Inseln v. 43,21; Jer 31,10		25	daß ich euch werde v. von meinem Vater
	43,9	wer ist, der dies v. kann 48,14	Apg	3,18	durch Propheten zuvor v. 24
	12	ich hab's v. und habe auch geholfen		4,2	sie v. an Jesus die Auferstehung von den Toten
	44,26	Ratschluß, den seine Boten v. haben			
	45,19	bin der HERR, der v., was recht ist		7,52	getötet, die v. das Kommen des Gerechten
	48,6	siehst es und v. es doch nicht		10,36	er hat Frieden v. durch Jesus Christus
	20	mit fröhlichem Schall v. dies		11,13	*er v. uns, wie er gesehen hätte*
	52,7	die da Frieden v., Heil v. Nah 2,1; Rö 10,15		19	v. das Wort niemandem als allein den Juden
	15	denen nichts davon v. ist Rö 15,21		12,14	v., Petrus stünde vor dem Tor
	53,1	wer glaubt dem, was uns v. wurde		17	v. dies dem Jakobus
	58,1	v. meinem Volk seine Abtrünnigkeit		13,5	als sie in die Stadt kamen, v. sie das Wort
	60,6	werden des HERRN Lob v.		32	wir v. euch die Verheißung 17,18
	61,1	zu v. den Gefangenen die Freiheit 2		38	durch ihn v. euch Vergebung der Sünden v. wird
	66,19	sollen meine Herrlichkeit v.		14,27	v., wieviel Gott getan hätte 15,4
Jer	4,5	v. in Juda und Jerusalem 16; 5,20		15,27	*welche euch dasselbe v. werden*
	9,11	v. er v., warum ein Land verdirbt		36	in allen Städten, in denen wir das Wort des Herrn v. haben
	23,16	sie v. euch Gesichte Klg 2,14			
	38,20	Stimme des HERRN, die ich dir v.		16,17	die euch den Weg des Heils v.
	46,14	v.'s in Ägypten		21	v. Ordnungen, die wir weder annehmen noch
	50,28	v. zu Zion die Vergeltung des HERRN		36	*v. diese Rede dem Paulus 38*
Klg	1,21	laß den Tag kommen, den du v. hast		17,3	daß Jesus, den ich euch v., der Christus ist
Hes	14,9	sich betören läßt, etwas zu v.		13	daß auch in Beröa das Wort Gottes v. wurde
Dan	3,32	gefällt mir, Zeichen und Wunder zu v.			
	5,29	ließ v., daß er der Dritte im Königreich		18	als wolle er fremde Götter v.
Hos	7,12	strafen, wie es ihrer Gemeinde v. ist		23	nun v. ich euch, was ihr unwissend verehrt
Am	3,9	v. in den Palästen von Aschdod		20,20	nichts, daß ich's euch nicht v. hätte
	4,5	ruft freiwillige Opfer aus und v. sie		27	unterlassen, euch den ganzen Ratschluß Gottes zu v.
Sa	9,12	heute v. ich, daß ich dir erstatten will			
Jdt	11,8	daß er durch seine Propheten v. hat		26,20	v. zuerst denen in Damaskus
Wsh	6,24	was da die Weisheit ist, will ich v.		23	daß Christus müsse v. das Licht seinem Volk und den Heiden Gal 1,16; Eph 3,8
Tob	12,20	v. alle seine Wunder 22; 13,3; Sir 42,15			
Sir	36,17	Verheißungen, die in d. Namen v. worden	Rö	9,17	damit mein Name auf der ganzen Erde v. werde
	39,14	was er gelehrt hat, wird man v.			
	42,17	nicht gegeben, alle seine Wunderwerke zu v.		10,15	wie lieblich sind die Füße der Freudenboten, die das Gute v.
	20	er v., was zukünftig ist 48,28			

verkünden

Rö	15,21	denen nichts von ihm v. worden ist, sollen
1Ko	2,1	euch das Geheimnis Gottes zu v.
	9,14	daß, die das Evangelium v.
	11,26	v. ihr den Tod des Herrn, bis er kommt
	15,1	Evangelium, das ich euch v. habe 2
2Ko	7,7	er v. uns euer Verlangen
	11,7	euch das Evangelium Gottes ohne Entgelt v.
Gal	3,8	darum v. sie dem Abraham
Eph	2,17	er hat im Evangelium Frieden v.
	6,19	das Geheimnis des Evangeliums zu v.
Phl	1,17	jene aber v. Christus aus Eigennutz
	18	wenn nur Christus v. wird auf jede Weise
Kol	1,28	den v. wir und ermahnen alle Menschen
1Pt	1,12	v. durch den heiligen Geist, der vom Himmel
	25	das ist das Wort, welches unter euch v. ist
	2,9	daß ihr v. sollt die Wohltaten dessen, der
	4,6	dazu uch auch den Toten das Evangelium v.
2Pt	3,2	Gebot, das v. ist durch eure Apostel
1Jh	1,2	wir haben gesehen und v. euch das Leben 3
	5	das ist die Botschaft, die wir euch v.
Heb	2,12	ich will deinen Namen v. meinen Brüdern
	4,2	es ist auch uns v. wie jenen
	6	denen es zuerst v. ist, nicht dahin gekommen
Off	10,7	wie er es v. hat s. Knechten, den Propheten
	14,6	der hatte ein ewiges Evangelium zu v.

Verkündigung

Apg	18,5	richtete sich Paulus ganz auf die V. des Wortes
2Ti	4,17	daß durch mich die V. reichlich geschähe

verkürzen

Ps	89,46	hast die Tage seiner Jugend v.
	102,24	er v. meine Tage
Spr	10,27	die Jahre der Gottlosen werden v.
Hes	42,6	waren die Kammern v. vom Boden an
Sir	30,26	Eifer und Zorn v. das Leben
Mt	24,22	wenn diese Tage nicht v. würden Mk 13,20

verlachen

2Ch	30,10	aber die v. und verspotteten sie
Hi	12,4	der Gerechte und Fromme muß v. sein
	30,1	jetzt aber v. mich, die jünger sind
	39,7	er v. das Lärmen der Stadt
	18	v. (die Straußin) Roß und Reiter
Jer	20,7	jedermann v. mich
Wsh	4,18	der Herr wird sie v.
Tob	2,14	so v. den Tobias seine Verwandten
Sir	7,12	einen bekümmerten Menschen v. nicht
1Ma	10,70	daß man mich deinetwegen v. und schmäht
Mt	9,24	und sie v. ihn Mk 5,40; Lk 8,53

verlangen

1Mo	34,12	ich will's geben, wie ihr's v.
5Mo	24,15	er ist bedürftig und v. danach
2Sm	3,17	habt schon längst v., daß David König
	24,3	warum v. es meinem Herrn, solches zu tun
Hi	14,15	es würde dich v. nach dem Werk
Ps	25,1	nach dir, HERR, v. mich 86,4; 143,8
	45,12	den König v. nach deiner Schönheit
	63,2	mein ganzer Mensch v. nach dir
	78,29	was sie v., gewährte er ihnen
	84,3	meine Seele v. nach den Vorhöfen des HERRN
	119,81	meine Seele v. nach deinem Heil 174
Ps	119,131	mich v. nach deinen Geboten
Pr	6,9	besser... als nach anderm zu v.
Jes	26,9	von Herzen v. mich nach dir des Nachts
	38,14	meine Augen sehen v. nach oben
Klg	4,4	die kleinen Kinder v. nach Brot
Jdt	3,5	v. von uns alle Dienste, wie dir's gefällt
Wsh	6,12	v. nach meinen Worten
	15,6	die es anfertigen und die danach v.
	16,3	den Ägyptern, wenn sie nach Nahrung v.
Sir	24,25	kommt her zu mir alle, die ihr nach mir v.
	51,29	mein Herz v. nach (Weisheit)
Lk	22,15	mich hat v., dies Passalamm mit euch zu essen
Rö	1,11	mich v., euch zu sehen Phl 1,8; 2Ti 1,4
2Ko	9,14	in ihrem Gebet v. sie nach euch
	13,3	ihr v. einen Beweis, daß Christus in mir redet
1Th	3,6	daß euch v., uns zu sehen

Verlangen

1Mo	3,16	dein V. soll nach deinem Manne sein
	4,7	nach dir hat (die Sünde) V.
5Mo	28,32	daß deine Augen täglich vor V. vergehen
1Sm	23,20	ist's nun, König, deines Herzens V.
Ps	10,17	das V. der Elenden hörst du, HERR
	78,30	sie hatten ihr V. noch nicht gestillt
	119,20	verzehrt sich vor V. nach d. Ordnungen
Pr	6,7	sein V. bleibt ungestillt Jes 29,8
Hl	6,12	trieb mich mein V. zu der Tochter
	7,11	nach mir steht sein V.
Jes	65,12	erwählet, wonach ich kein V. hatte
Hes	24,21	mein Heiligtum, das V. eures Herzens 25
Wsh	6,21	so führt das V. nach Weisheit zu
	16,2	weil es V. trug, eine Speise
	21	verwandelte sie sich nach seinem V.
Sir	10,29	wenn du nur deinem V. nachgibst
	18,30	zügle dein V.
Rö	15,23	habe das V., zu euch zu kommen
2Ko	7,7	er berichtete uns von eurem V.
	11	Mühen, dazu Furcht, V., Eifer
Phl	2,26	er hatte nach euch allen V.
1Th	2,17	haben uns bemüht mit großem V.

verlängern

5Mo	17,20	daß er v. die Tage seiner Herrschaft
Sir	30,23	seine Freude v. sein Leben
	48,26	so v. er dem König sein Leben

verlassen

1Mo	2,24	wird ein Mann Vater und Mutter v. Mt 19,5; Mk 10,7; Eph 5,31
	28,15	will dich nicht v., bis ich alles tue
	44,22	der Knabe kann seinen Vater nicht v.; wenn er ihn v., würde der sterben
2Mo	16,29	niemand v. seinen Wohnplatz am 7. Tage
3Mo	26,22	eure Straßen sollen v. sein 43
4Mo	10,31	v. uns doch nicht 1Kö 8,57; Ps 27,9; 38,22; 71,9.18; 119,8; Jer 14,9
5Mo	4,31	der HERR wird dich nicht v. noch verderben 31,6.8; Jos 1,5; 1Ch 28,20
	28,20	untergegangen, weil du mich v. hast Ri 10,13; 1Sm 8,8; 1Kö 11,33; 2Kö 22,17; 2Ch 34,25; Jer 16,11
	29,24	weil sie den Bund des HERRN v. 31,16; 1Kö 19,10.14; Jer 22,9
	31,17	ich werde sie v. Jer 9,1
Jos	22,3	eure Brüder bis zum heutigen Tag nicht v.

verlassen

Jos	24,16	das sei ferne, daß wir den HERRN v.
	20	wenn ihr den HERRN v., wird er sich abwenden 2Ch 12,5; 15,2; 24,20
Ri	2,12	(die *Israeliten) v. den HERRN 13; 10,6.10; 1Sm 12,10; 1Kö 9,9; 2Kö 21,22; 2Ch 7,22; 21,10; 24,24; 28,6; 29,6
	5,6	zu den Zeiten Jaëls waren v. die Wege
Rut	1,16	rede mir nicht ein, daß ich dich v. sollte 2,11
1Sm	31,7	v. sie die Städte und flohen auch 1Ch 10,7
1Kö	2,42	an dem Tag, an dem du die Stadt v.
	6,13	will mein Volk Israel nicht v. Jes 41,17
	18,18	daß ihr des HERRN Gebote v. habt 2Kö 17,16; Esr 9,10
	19,20	(Elisa) v. die Rinder und lief Elia nach
2Kö	2,2	Elisa sprach: ich v. dich nicht 4.6
	8,6	seit der Zeit, da sie das Land v. hat
1Ch	28,9	wirst du ihn v., so wird er dich verwerfen
2Ch	7,19	werdet ihr meine Rechte und Gebote v.
	11,14	denn die Leviten v. ihre Ortschaften
	12,1	er das Gesetz des HERRN und Israel mit
	13,10	ihn haben wir nicht v. 11
	24,18	sie v. das Haus... des Gottes ihrer Väter
	32,31	v. ihn Gott, um ihn zu versuchen
Esr	8,22	sein Zorn gegen alle, die ihn v.
	9,9	unser Gott hat uns nicht v. Neh 9,17.19.31
Hi	20,19	hat unterdrückt und v. den Armen
	29,13	der Segen des V. kam über mich
Ps	9,11	du v. nicht, die dich, HERR, suchen
	22,2	mein Gott, warum hast du mich v. Mt 27,46; Mk 15,34
	27,10	mein Vater und meine Mutter v. mich
	37,25	habe noch nie den Gerechten v. gesehen
	28	der HERR v. seine Heiligen nicht
	38,11	meine Kraft hat mich v.
	71,11	sprechen: Gott hat ihn v.
	88,6	ich liege unter den Toten v.
	89,31	wenn seine Söhne mein Gesetz v.
	94,14	der HERR wird sein Erbe (nicht) v.
	102,18	er wendet sich zum Gebet der V.
	119,53	über die Gottlosen, die dein Gesetz v.
	87	ich v. deine Befehle nicht
Spr	1,8	v. nicht das Gebot deiner Mutter
	2,13	die da v. die rechte Bahn
	17	v. den Gefährten ihrer Jugend
	3,3	Gnade und Treue sollen dich nicht v.
	4,2	v. meine Weisung nicht
	6	v. sie nicht, so wird sie dich bewahren
	9,6	v. die Torheit, so werdet ihr leben
	15,10	den Weg v., bringt böse Züchtigung
	19,4	der Arme wird von seinem Freunde v.
	28,4	wer Weisungen v., rühmt den Gottlosen
	31,8	für die Sache aller, die v. sind
Pr	10,4	so v. deine Stätte nicht
Jes	1,4	wehe den Kindern, die den HERRN v. 28
	6,12	daß das Land v. sein wird
	10,14	wie man Eier sammelt, die v. sind
	17,2	seine Städte werden v. sein für immer 9; Jer 4,29; 49,25; Klg 1,1.7
	27,10	die schönen Häuser v.
	31,9	seine Fürsten werden das Banner v.
	49,14	Zion sprach: Der HERR hat mich v.
	54,6	wie ein v. und betrübtes Weib
	7	einen kleinen Augenblick v.
	58,2	das Recht seines Gottes nicht v. hätte
	60,15	dafür, daß du die V. und Ungeliebte gewesen
	62,4	man soll dich nicht mehr nennen „V." 12
	65,11	ihr, die ihr den HERRN v.
Jer	1,16	um ihrer Bosheit, daß sie mich v. 19,4
	2,13	mich, die lebendige Quelle, v. sie 17,13
	17	weil du deinen Gott v. 19; Hos 4,10
Jer	5,7	deine Söhne haben mich v. 19
	9,12	weil sie mein Gesetz v.
	12,7	ich habe mein Haus v.
	14,5	auch die Hirschkühe v. die Jungen
	15,6	du hast mich v., spricht der HERR
	17,13	die dich v., müssen zuschanden werden
	25,38	hat sein Versteck v. wie ein junger Löwe
	48,28	Bewohner von Moab, v. die Städte
	49,11	v. nur deine Waisen
	51,5	v. von ihrem Gott, dem HERRN
Klg	3,19	gedenke doch, wie ich so v. bin
	5,20	warum willst du uns so ganz v.
Hes	8,12	der HERR hat das Land v. 9,9
	20,8	sie v. die Götzen Ägyptens nicht
	36,4	so spricht Gott zu den v. Städten
Dan	11,30	denen zuwenden, die den heiligen Bund v.
Jon	2,9	halten an das Nichtige, v. ihre Gnade
Ze	2,4	Gaza wird v. werden
Sa	11,17	weh über meinen Hirten, der die Herde v.
Jdt	6,8	so gefesselt v. die Stadt
Wsh	10,14	(die Weisheit) v. ihn nicht
Tob	14,8	auch die Heiden werden ihre Götzen v.
Sir	2,12	wer ist jemals v. worden, der
	3,18	wer seinen Vater v., ist wie
	4,22	wenn er abirrt, wird sie ihn v.
	23,1	v. mich nicht, wenn sie mich verführen
	27,21	so hast du deinen Freund v.
	28,27	wer den Herrn v., wird
	41,11	weh euch, die ihr des Höchsten Gesetz v.
	49,6	sie v. das Gesetz des Höchsten 1Ma 1,55
	51,14	mich nicht v. sollte in der Not 2Ma 1,5
Bar	3,12	weil du die Quelle der Weisheit v. hat
	4,1	die sie v., werden sterben
	12	weil ich eine Witwe und v. bin 19
	6,42	vermögen sie nicht, die Götzen zu v.
1Ma	2,28	v. alles, was sie in der Stadt besaßen
2Ma	10,13	weil er die Insel Zypern v.
	12,18	Timotheus hatte die Gegend v.
StD	2,37	du v. die nicht, die dich lieben
Mt	1,19	Josef gedachte, sie heimlich zu v.
	4,11	ihn der Teufel
	13	(Jesus) v. Nazareth
	20	sogleich v. sie ihre Netze 22; Mk 1,18; Lk 5,11.28
	8,15	und das Fieber v. sie Mk 1,31; Lk 4,39
	34	baten ihn, daß er ihr Gebiet v.
	19,5	darum wird ein Mann Vater und Mutter v. Mk 10,7; Eph 5,31
	27	wir haben alles v. und sind dir nachgefolgt Mk 10,29; Lk 18,28
	29	wer... v. um meines Namens willen Mk 10,29; Lk 18,29
	26,56	da v. ihn alle Jünger und flohen Mk 14,50
	27,46	mein Gott, warum hast du mich v. Mk 15,34
Mk	7,8	ihr v. Gottes Gebot
	8,13	(Jesus) v. sie und stieg wieder in das Boot
	13,34	wie bei einem Menschen, der v. sein Haus
Jh	4,3	v. er Judäa und ging wieder nach Galiläa
	52	um die siebente Stunde v. ihn das Fieber
	10,12	sieht den Wolf kommen v. die Schafe
	16,28	ich v. die Welt wieder und gehe zum Vater
Apg	1,4	befahl er ihnen, Jerusalem nicht zu v.
	25	Apostelamt, das Judas v. hat
	12,10	und alsbald v. ihn der Engel
	15,38	jemanden mitzunehmen, der sie v. hatte
	16,39	baten sie, die Stadt zu v.
	18,1	danach v. Paulus Athen und kam nach Korinth
	2	weil Kaiser Klaudius allen Juden geboten hatte, Rom zu v.

verlassen

Rö	1,27	den natürlichen Verkehr mit der Frau v.
2Ko	4,9	wir leiden Verfolgung, aber werden nicht v.
	5,8	wir haben vielmehr Lust, den Leib zu v.
2Ti	4,10	Demas hat mich v. und d. Welt liebgewonnen
	16	sie v. mich alle
2Pt	1,14	ich weiß, daß ich meine Hütte bald v. muß
	2,15	sie v. den richtigen Weg und gehen in die Irre
Heb	10,25	nicht v. unsre Versammlungen, wie einige
	11,27	durch den Glauben v. er Ägypten
	13,5	ich will dich nicht v. und nicht von dir weichen
Jud	6	die Engel, die ihre Behausung v.
Off	2,4	ich habe gegen dich, daß du die erste Liebe v.

verlassen, sich

5Mo	28,52	Mauern, auf die du dich v.
Ri	9,26	die Männer von Sichem v. s. auf (Gaal)
	20,36	denn sie v. s. auf den Hinterhalt
2Kö	18,20	auf wen v. du dich denn 21.22.24; 19,10; 2Ch 32,10; Jes 36,5-7.9; 37,10
2Ch	13,18	sie v. s. auf den HERRN 14,10; 16,8
	16,7	weil du dich auf den König von Aram v.
	32,8	das Volk v. s. auf die Worte Hiskias
Hi	8,15	er v. s. auf sein Haus
	39,11	kannst du dich auf ihn v.
Ps	20,8	jene v. s. auf Wagen und Rosse Jes 31,1
	27,3	so v. ich mich auf ihn
	44,7	ich v. mich nicht auf meinen Bogen
	49,7	die s. auf Hab und Gut
	52,9	v. s. auf seinen Reichtum Spr 11,28
	10	ich v. mich auf Gottes Güte immer und ewig
	62,11	v. euch nicht auf Gewalt
	71,6	auf Dich habe ich mich v. vom Mutterleib
	84,13	wohl dem Menschen, der s. auf dich v. Spr 16,20
	86,2	hilf deinem Knechte, der s. v. auf dich
	118,8	es ist gut, nicht s. v. auf Menschen
	9	nicht s. v. auf Fürsten 146,3
	119,42	ich v. mich auf dein Wort
Spr	3,5	v. dich auf den HERRN von ganzem Herzen und nicht auf deinen Verstand
	21,22	stürzt ihre Macht, auf die sie s. v.
	28,25	wer s. auf den HERRN v., wird gelabt 29,25
	26	wer s. auf seinen Verstand v., ist ein Tor
	31,11	ihres Mannes Herz darf s. auf sie v.
Jes	10,20	s. nicht v. auf den, der sie schlägt, sondern werden s. v. auf den HERRN
	20,5	wegen der Kuschiter, auf die sie s. v.
	26,3	denn er v. s. auf dich
	4	v. euch auf den HERRN immerdar
	30,12	v. euch auf Frevel und Mutwillen
	42,17	die s. auf Götzen v.
	47,10	hast dich auf deine Bosheit v.
	50,10	der v. s. auf seinen Gott
Jer	5,17	deine Städte, auf die du dich v. 48,13
	7,4	v. euch nicht auf Lügenworte 8; 13,25; 28,15
	14	mit dem Hause, auf das ihr euch v.
	17,5	verflucht, der s. auf Menschen v.
	7	gesegnet, der s. auf den HERRN v.
	46,25	Pharao mit allen, die s. auf ihn v.
	48,7	weil du dich auf deine Bauwerke v. 49,4
Hes	16,15	du v. dich auf deine Schönheit
	29,16	damit s. Israel nicht auf sie v.
	33,13	v. s. auf seine Gerechtigkeit
	26	ihr v. euch auf euer Schwert
Hos	10,13	weil du dich v. auf deinen Weg
Mi	3,11	die ihr euch dennoch auf den HERRN v.
	7,5	niemand v. s. auf einen Freund
Hab	2,18	dennoch v. s. sein Meister darauf
Jdt	4,12	die s. auf Wagen und Reiter v.
Sir	5,10	auf unrechtes Gut v. dich nicht
	16,2	v. dich nicht darauf, daß sie
	32,26	v. dich nicht darauf, daß der Weg eben ist
	34,1	Narren v. s. auf Träume
	18	worauf v. er s.? Wer ist sein Halt
	35,15	v. dich nicht auf ein ungerechtes Opfer
2Ma	8,18	sie v. s. auf ihre Waffen; aber wir v. uns auf den allmächtigen Gott
	10,34	die Besatzung s. auf die Stärke 12,14
StD	2,12	sie v. s. darauf, daß sie
Lk	11,22	seine Rüstung, auf die er s. v.
Rö	2,17	wenn du dich Jude nennst und v. d. aufs Gesetz
	11,25	*daß ihr euch nicht auf eigene Klugheit v.*
2Ko	7,16	daß ich mich in allem auf euch v. kann
	10,7	v. s. jemand darauf, daß er Christus angehört
Phl	3,3	die wir uns nicht v. auf Fleisch
	4	meint, er könne s. auf Fleisch v.

verläßlich

Hi	12,20	er entzieht die Sprache den V.
Ps	5,10	in ihrem Munde ist nichts V.
	111,8	(seine Ordnungen) sind recht und v.
Mal	2,6	v. Weisung war in seinem Munde

verlästern

Rö	3,8	wie wir v. werden
	14,16	es soll nicht v. werden, was ihr Gutes habt
1Ko	4,13	man v. uns, so reden wir freundlich
	10,30	was soll ich mich dann wegen etwas v. lassen
2Ko	6,3	damit unser Amt nicht v. werde
1Ti	6,1	damit nicht der Name Gottes v. werde
Tit	2,5	damit nicht das Wort Gottes v. werde
2Pt	2,2	wird der Weg der Wahrheit v. werden
Jak	2,7	v. sie nicht den guten Namen
	4,11	*v. einander nicht. Wer v., v. das Gesetz*

verlaufen

1Mo	8,3	da v. sich die Wasser von der Erde 8.11
	38,12	als nun viele Tage v. waren
Neh	12,37	wo die Mauer oberhalb des Hauses Davids
Hi	6,18	ihr Weg windet sich dahin und v.
Jer	18,14	das Regenwasser v. sich nicht so schnell
Sa	11,16	Hirten, der das V. nicht suchen wird

verlegen

1Sm	15,2	wie (Amalek Israel) den Weg v. hat
Sir	40,29	mein Kind, v. dich nicht auf Betteln

verleiden

Sir	33,2	ein Weiser läßt sich das Gesetz nicht v.

verleihen

2Mo	22,24	wenn du Geld v. an einen aus meinem Volk
Dan	2,23	daß du mir Weisheit und Stärke
	38	dem (Gott) über alles Gewalt v. hat
Wsh	7,14	Gaben, die die Unterweisung v.
Sir	11,16	was er v., das gedeiht immer und ewig

Sir	17,3	v. ihnen Kraft, wie er selber sie hat
	45,25	Aaron v. er noch mehr Herrlichkeit
	50,12	so v. er dem Heiligtum herrlichen Glanz
	25	er v. immerdar Frieden zu unsrer Zeit
1Ma	5,62	denen Gott v. hatte, Israel die Rettung
2Ma	2,17	Gott, der allen das Erbe v. hat
Off	13,15	Macht, Geist zu v. dem Bild des Tieres

Verleiher

Jes 24,2 es geht dem V. wie dem Borger

verleiten

4Mo	14,36	die die Gemeinde zum Murren v. hatten
1Kö	11,3	seine Frauen v. sein Herz Neh 13,26
2Ch	21,11	er v. die von Jerusalem zur Abgötterei 13
Hi	36,18	die Menge des Lösegeldes dich v.
Jes	47,10	deine Weisheit und Kunst hat dich v.
Sir	47,29	Jerobeam, der Israel zur Abgötterei v.
1Ko	8,10	sein Gewissen v., das Götzenopfer zu essen
1Ti	4,2	v. durch Heuchelei der Lügenredner

verletzen

3Mo	24,19	wer seinen Nächsten v. 20
Hi	5,18	denn er v. und verbindet
Pr	10,9	wer Holz spaltet, kann dabei v. werden
Sir	31,38	bis er kraftlos hinfällt und sich v.
1Ko	8,12	wenn ihr v. ihr schwaches Gewissen
2Ko	7,2	wir haben niemand v.

Verletzung

Dan	6,24	man fand keine V. an (Daniel)
Wsh	11,19	ihnen nicht nur durch V. Verderben bringen

verleugnen

Jos	24,27	daß ihr euren Gott nicht v.
Hi	6,10	nicht v. habe die Worte des Heiligen
	8,18	seiner Stätte... so wird sie ihn v.
	31,28	damit hätte ich v. Gott in der Höhe
Ps	73,15	hätte ich das Geschlecht deiner Kinder v.
Spr	30,9	könnte sonst, wenn ich zu satt würde, v.
Jes	59,13	abtrünnig sein und den HERRN v.
Jer	5,12	sie v. den HERRN
Mt	10,33	wer mich v., der will ich auch v. Lk 12,9
	16,24	will mir jemand nachfolgen, der v. sich selbst Mk 8,34; Lk 9,23
	26,34	in dieser Nacht wirst du mich dreimal v. 75; Mk 14,30.72; Lk 22,61; Jh 13,38
	35	will ich dich nicht v. Mk 14,31
Apg	3,13	den ihr v. habt vor Pilatus 14
	7,35	diesen Mose, den sie v. hatten, als sie sprachen
1Ti	5,8	hat er den Glauben v.
2Ti	2,12	v. wir, so wird er uns auch v.
	13	er kann sich selbst nicht v.
	3,5	aber deren Kraft v. sie
Tit	1,16	mit den Werken v. sie ihn
	2,12	*sollen v. das ungöttliche Wesen*
2Pt	2,1	die v. den Herrn, der sie erkauft hat
Jud	4	v. unsern alleinigen Herrscher und Herrn
Off	2,13	du hast den Glauben an mich nicht v.
	3,8	du hast meinen Namen nicht v.

Verleugner

Off 21,8 *der feigen V. Teil wird sein in dem Pfuhl*

verleumden

2Sm	19,28	hat er deinen Knecht v. vor meinem Herrn
Ps	15,3	wer mit seiner Zunge nicht v.
	50,20	deiner Mutter Sohn v. du
	101,5	wer seinen Nächsten heimlich v.
Spr	10,18	wer v., ist ein Tor
	30,10	v. nicht den Knecht bei seinem Herrn
Jer	9,3	ein Freund v. den andern
Sir	19,15	man v. die Leute gerne
2Ma	4,1	Simon v. den Onias, er habe
StD	2,11	Daniel, der uns v. hat
Tit	3,2	daß sie niemanden v., nicht streiten
1Pt	2,12	die, die euch v. als Übeltäter
	3,16	damit die, die euch v., zuschanden werden
Jak	4,11	wer seinen Bruder v., der v. das Gesetz

Verleumder

3Mo	19,16	sollst nicht als V. umhergehen
Spr	11,13	ein V. verrät, was er heimlich weiß
	16,28	ein V. macht Freunde uneins
	18,8	Worte des V. sind wie Leckerbissen 26,22
	20,19	wer Geheimnisse verrät, ist ein V.
	26,20	wenn der V. weg ist, hört der Streit auf
Hes	22,9	V. trachten, Blut zu vergießen
Sir	21,31	die V. bringen sich selbst in Schande
	28,15	den V. soll man verfluchen
	51,7	(mich errettet) von den V. und Lügnern
Rö	1,30	(sie sind) V., Gottesverächter, Frevler
2Ti	3,3	*(es werden die Menschen sein) V.*

verleumderisch

Jer	6,28	sie wandeln v.
1Ti	3,11	sollen ihre Frauen sein nicht v.
2Ti	3,3	*(die Menschen werden sein) v.*
Tit	2,3	sich verhalten, wie es sich ziemt, nicht v.

Verleumdung

Sir	26,6	Volksauflauf, V. (– alles ärger als der Tod)
2Ko	12,20	es gibt Hader, Neid, V.

verlieren

5Mo	22,3	mit allem Verlorenen, das dein Bruder v.
1Sm	9,3	hatte Kisch die Eselinnen v. 20
1Kö	20,25	wie das Heer war, das du v. hast
Pr	3,6	v. hat seine Zeit
Jes	60,20	und den Mond nicht den Schein v.
Dan	5,9	Belsazer v. seine Farbe ganz
	20	vom Thron gestoßen und v. seine Ehre
Jdt	10,14	so daß er nicht einen einzigen Mann v.
Sir	2,16	weh denen, die die Geduld v. haben
	10,23	wer ... übertritt, v. seine Ehre
	11,10	v. dich nicht in viele Geschäfte
	14,2	wohl dem, der seine Zuversicht nicht v. hat
	20,24	ein törichter Leute willen v. er es
	27,17	wer ... v. das Vertrauen
	29,13	v. lieber dein Geld um deines Bruders willen
1Ma	5,60	Israel v. an diesem Tag gegen 2.000 Mann
	6,51	wir v. täglich viele Leute
	7,32	da v. Nikanor an die 500 Mann
2Ma	11,13	Schlacht, die er v. hatte
	13,22	er v. die Schlacht
Mt	10,39	wer sein Leben findet, der wird's v. 16,25; Mk 8,35; Lk 9,24; 17,33; Jh 12,25
	24,29	wird der Mond seinen Schein v. Mk 13,24; Lk 23,45

verlieren

Lk	9,25	wenn er die Welt gewönne und v. sich selbst
	15,4	100 Schafe hat und, wenn er eins v. 8.9
Jh	6,39	daß ich nichts v. von allem, was er mir gegeben hat 18,9
Apg	20,16	um in der Provinz Asien keine Zeit zu v.
Gal	5,4	ihr habt Christus v., die ihr
2Pt	2,13	*(werden) den Lohn der Ungerechtigkeit v.*
2Jh	8	daß ihr nicht v., was wir erarbeitet haben

verloben

2Mo	22,15	eine Jungfrau, die noch nicht v. ist
5Mo	20,7	wer v. ist 22,23.25.27.28
	28,30	wirst dich v.; aber ein anderer wird
Hos	2,21	will mich mit dir v. für alle Ewigkeit 22
2Ko	11,2	ich habe euch v. mit einem einzigen Mann

verlocken

1Mo	2,9	allerei Bäume, v. anzusehen 3,6
Hi	36,18	daß nicht dein Zorn dich v.
Spr	16,29	ein Frevler v. seinen Nächsten

verlogen

Jes	30,9	sie sind v. Söhne
Dan	11,27	sie werden v. miteinander reden
Sir	20,28	ein v. Mensch ist ehrlos

verloren

3Mo	5,22	wenn er etwas V. gefunden hat
	26,20	eure Mühe und Arbeit soll v. sein
4Mo	21,29	du Volk des Kemosch bist v. Jer 48,46
5Mo	22,3	so sollst du tun mit allem V.
1Sm	12,25	werdet ihr und euer König v. sein
Hi	8,13	die Hoffnung des Ruchlosen wird v. sein
Ps	9,19	die Hoffnung der Elenden wird nicht v.
	119,176	ich bin wie ein verirrtes und v. Schaf
	146,4	dann sind v. alle seine Pläne
Spr	10,28	der Gottlosen Hoffnung wird v. sein 11,7
	23,8	deine freundlichen Worte sind v.
Jes	9,15	die sich leiten lassen, sind v.
	27,13	werden kommen die V. im Lande Assur
Jer	4,13	weh uns! Wir sind v. Klg 3,54
	50,6	mein Volk ist wie eine v. Herde
Hes	19,5	sah, daß ihre Hoffnung v. war 37,11
	34,4	das V. sucht ihr nicht
	16	ich will das V. wieder suchen
Hab	2,13	sich müde gemacht haben, das muß v. sein
Sa	11,16	Hirten, der nach dem V. nicht sehen wird
Mt	10,6	geht zu den v. Schafen aus dem Hause Israel
	15,24	ich bin nur gesandt zu den v. Schafen des Hauses Israel
	18,11	selig zu machen, was v. ist Lk 19,10
	14	daß eines von diesen Kleinen v. werde
Mk	2,22	der Wein ist v.
Lk	15,4	geht dem v. nach, bis er's findet 6
	24	er war v. und ist gefunden worden 32
Jh	3,16	alle, die an ihn glauben, nicht v. werden
	17,12	keiner von ihnen ist v.
1Ko	1,18	das Wort vom Kreuz ist eine Torheit denen, die v. werden
	15,18	so sind die, die in Christus entschlafen sind, v.
2Ko	2,15	Wohlgeruch Christi unter denen, die v. werden
	4,3	so ist's denen verdeckt, die v. werden
2Th	2,10	Ungerechtigkeit bei denen, die v. werden
2Pt	3,9	der Herr will nicht, daß jemand v. werde

Off	18,14	alles, was herrlich war, ist für dich v.

verlorengehen

2Mo	22,8	was sonst noch v. ist
Jos	19,47	dem Stamm Dan g. sein Gebiet v.
Wsh	4,20	die Erinnerung an sie wird v.
	15,19	ist ihnen der Segen Gottes v.
Sir	2,7	euer Lohn wird nicht v.
	41,9	das Erbteil der Kinder von Gottlosen g. v.
2Ma	2,14	die Bücher, die verloreng. sind
Lk	21,18	kein Haar von eurem Haupt soll v.
Rö	2,12	werden auch ohne Gesetz v.

verlöschen

3Mo	6,5	das Feuer auf dem Altar soll nie v. 6
1Sm	3,3	die Lampe Gottes war noch nicht v.
2Sm	21,17	damit nicht die Leuchte in Israel v.
Hi	18,5	wird das Licht der Gottlosen v. 6; 21;17; Spr 13,9 24,20
Spr	20,20	wer ... flucht, dessen Leuchte wird v.
	26,20	wenn kein Holz mehr da ist, v. das Feuer
	31,18	ihr Licht v. des Nachts nicht
Jes	34,10	das weder Tag noch Nacht v. wird
	42,4	er selbst wird nicht v.
	43,17	daß sie v., wie ein Docht v.
	66,24	ihr Feuer wird nicht v.
Wsh	2,3	wenn er v. ist, so geht der Leib dahin
Sir	28,14	speist du darauf, so v. er
Mt	25,8	gebt uns Öl, denn unsre Lampen v.
Mk	9,43	in das Feuer, das nie v. 48

Verlust

Ps	144,14	daß sie tragen ohne Schaden und V.

vermählen

Tob	8,12	wie den andern, die mit ihr v. waren
1Ma	10,58	Kleopatra wurde mit Alexander v.

vermahnen

Neh	9,26	töteten deine Propheten, die sie v. 29
Apg	20,31	einen jeglichen mit Tränen zu v.
	27,9	darum v. sie Paulus und sprach
1Ko	4,14	ich v. euch als meine lieben Kinder
2Ko	5,20	Gott v. durch uns
Kol	1,28	wir v. und lehren alle Menschen
	3,16	*lehret und v. euch selbst in Weisheit*
1Th	5,12	*erkennet an, die euch v.*
	14	*v. die Unordentlichen*
2Th	3,15	*v. ihn als einen Bruder*
Phm	9	so will ich doch nur v.

Vermahnung

5Mo	6,17	sollt halten seine V. 20
Spr	6,23	die V. ist der Weg des Lebens
Eph	6,4	*ziehet sie auf in der V. zum Herrn*

vermauern

Hi	19,8	er hat meinen Weg v. Klg 3,9
Am	9,11	will ihre Risse v.

vermehren

4Mo	32,14	damit ihr den Zorn des HERRN noch v.

5Mo	7,22	damit sich nicht die Tiere wider dich v.
Sir	18,5	man kann sie weder vermindern noch v.

vermeiden

Jdt	12,10	sie v., sich unrein zu machen
1Ko	7,2	um Unzucht zu v., soll jeder

vermengen

2Mo	29,2	ungesäuerte Kuchen, mit Öl v. 40; 3Mo 2,4.5; 7,10.12; 9,4; 14,10.21; 23,13; 4Mo 6,15; 7,13u.ö. 79; 8,8; 15,4.6.9; 28,5.9.12.13.20.28; 29,3.9.14
Dan	2,41	wie du gesehen hast Eisen mit Ton v. 43
Mt	13,33	*v. ihn unter drei Scheffel Mehl Lk 13,21*
Off	8,7	es kam Hagel und Feuer, mit Blut v.
	15,2	es war wie ein gläsernes Meer, mit Feuer v.

vermessen

2Mo	18,11	weil sie v. an Israel gehandelt haben
4Mo	14,44	waren so v. und zogen hinauf 5Mo 1,43
5Mo	17,12	wenn jemand v. handeln würde
	13	daß alles Volk nicht mehr v. sei
	18,20	wenn ein Prophet so v. ist, daß er
Neh	9,10	erkanntest, daß sie v. waren
Spr	21,24	wer stolz und v. ist, heißt ein Spötter
2Ma	9,12	daß ein sterblicher Mensch nicht so v. ist
Lk	18,9	*die sich selbst v., daß sie fromm wären*
Rö	2,19	*willst dich v., ein Leiter zu sein*

Vermessenheit

5Mo	18,22	der Prophet hat's aus V. geredet
1Sm	17,28	ich kenne deine V. wohl
Hes	7,10	Unrecht blüht, und V. grünt

vermindern

3Mo	26,22	wilde Tiere sollen euch v.
Sir	18,5	man kann sie weder v. noch vermehren

vermischen

Esr	9,2	das heilige Volk hat sich v. 14
Dan	2,43	sie werden sich durch Heiraten v.
Wsh	11,6	daß du das Wasser des Nils mit Blut v.
2Ma	15,40	wenn Wein mit Wasser v. Freude macht
Mt	27,34	Wein mit Galle v.
Lk	13,1	Galiläern, deren Blut Pilatus mit ihren Opfern v. hatte

vermissen

1Sm	20,18	wird man dich v., wenn dein Platz leer 19
	25,7	deine Hirten haben nichts v. 15.21
1Kö	20,39	wenn man ihn v. wird, soll dein Leben
2Kö	10,19	daß man niemand v... Wen man v. wird
Hi	5,24	wirst nichts v.
Jes	24,15	keines v. das andere
Jer	3,16	soll man (die) Bundeslade nicht mehr v.

vermögen

1Mo	36,7	das Land v. sie nicht zu ernähren
3Mo	5,7	v. er nicht ein Schaf zu geben, so bringe er 11; 12,8; 14,21; 27,8
4Mo	6,21	was er sonst noch v.
	11,14	ich v. das Volk nicht allein zu tragen
	13,31	wir v. nicht hinaufzuziehen
4Mo	14,16	der HERR v. es nicht
5Mo	16,17	ein jeder mit dem, was er zu geben v.
Jos	8,20	sahen den Rauch und v. nicht zu fliehen
	17,12	die Kanaaniter v. im Lande zu bleiben
Ri	8,3	was hab ich zu tun v.
	9,33	so tu mit (Gaal), wie du es v.
Rut	4,6	ich v. es nicht zu lösen
1Sm	17,9	v. er gegen mich zu kämpfen... v. ich aber
1Kö	3,9	wer v. dein mächtiges Volk zu richten
2Kö	18,29	Hiskia v. euch nicht zu erretten
1Ch	29,14	daß wir v. soviel zu geben v.
2Ch	2,5	wer v. es, ihm ein Haus zu bauen
	14,10	gegen dich v. kein Mensch etwas 20,6
Est	6,13	so v. du nichts gegen ihn
Hi	42,2	ich erkenne, daß du alles v.
Spr	3,27	Gutes zu tun, wenn deine Hand es v.
Jes	10,15	v. sich auch eine Axt zu rühmen wider den
Jer	5,22	wenn es auch aufwallt, v. es doch nichts
	38,5	der König v. nichts wider euch
Dan	2,27	d. Geheimnis v. die Weisen nicht zu sagen
	5,16	daß du Geheimnisse zu offenbaren v.
Am	2,14	noch der Starke etwas v. soll
Mi	1,12	die Einwohner v. sich nicht zu trösten
Wsh	7,23	sie v. alles, sieht alles
	12,18	du v. alles, wenn du willst
	13,9	wenn sie so viel zu erkennen v.
	14,4	wie du aus aller Not zu retten v.
	17,5	die Macht des Feuers v. nicht
Bar	1,6	Geld, soviel wie jeder v.
	6,42	v. sie nicht, die Götzen zu verlassen
2Ma	15,39	habe ich doch getan, soviel ich v.
Mt	3,9	Gott v. aus d. Steinen Kinder zu erwecken
	5,36	du v. nicht ein einziges Haar weiß zu machen
Mk	3,20	*daß sie nicht v. zu essen*
	4,33	das Wort so, wie sie es zu hören v.
	14,37	v. du nicht, eine Stunde zu wachen
Lk	12,26	wenn ihr auch das Geringste nicht v.
Apg	6,10	sie v. nicht zu widerstehen der Weisheit
Rö	8,7	das Fleisch v.'s auch nicht
2Ko	13,8	wir v. nichts wider die Wahrheit
Phl	4,13	ich v. alles durch den, der mich mächtig macht
Heb	12,20	*sie v.'s nicht zu ertragen*
Jak	5,16	des Gerechten Gebet v. viel, wenn

Vermögen

1Sm	25,2	der Mann hatte sehr großes V. 2Sm 19,33
2Kö	23,35	von jedem trieb er ein, je nach seinem V.
Esr	2,69	gaben nach ihrem V. zum Schatz
Hi	6,13	bezahlt für mich von eurem V.
Spr	5,10	daß sich nicht Fremde von deinem V. sättigen
Tob	1,19	gab ihnen von seinem V., soviel er konnte
	25	ein ganzes V. wurde ihm wiedergegeben
Sir	9,6	damit du nicht um dein V. kommst
	35,12	gib gern und reichlich nach deinem V.
Mt	25,14	vertraute ihnen sein V. an
Apg	11,29	jeder nach seinem V. den Brüdern eine Gabe

vernachlässigen

Neh	13,11	warum wird das Haus Gottes v.
Apg	6,2	es ist nicht recht, daß wir das Wort Gottes v.

vernehmen

1Kö	10,1	als die Königin von Saba v. 7; 2Ch 9,1.6
Hi	23,5	(würde) v., was er mir sagen würde
	26,14	nur ein leises Wörtlein haben wir v.
	37,14	das v., Hiob, steh still
	42,5	hatte von dir nur vom Hörensagen v.
Ps	5,3	v. mein Schreien, mein Gott 39,13
	17,1	v. mein Gebet 86,6
	54,4	v. die Rede meines Mundes
	84,9	v. es, Gott Jakobs
	140,7	v. die Stimme meines Flehens 141,1; 143,1
Pr	9,17	der Weisen Worte, in Ruhe v., sind besser
Jes	41,26	wer hat es verkündigt, daß wir's v.
	64,3	das man von alters her nicht v. hat
Jer	5,15	was sie reden, kannst du nicht v.
	23,18	wer hat sein Wort v.
	49,14	hab eine Kunde v. vom HERRN
Jdt	14,13	als er nichts v., trat er heraus
Sir	50,18	dann ließen sich die Söhne Aaron v.
Bar	6,41	schreien, als ob Bel das v. könnte
Lk	7,37	als die v., daß er zu Tisch saß
	23,7	er v., daß er ein Untertan des Herodes war
Jh	5,6	als Jesus v., daß er schon so lange gelegen
	12,40	daß sie nicht mit dem Herzen v.
Apg	22,29	als er v., daß es ein römischer Bürger war
1Ko	2,14	der Mensch v. nichts vom Geist Gottes

verneigen

1Mo	23,7	Abraham v. sich vor dem Volk 12
	43,28	v. sich und fielen vor ihm nieder
	48,12	Josef v. sich vor ihm zur Erde
	49,8	vor dir werden deines Vaters Söhne sich v.
1Kö	1,47	der König hat sich v. auf seinem Lager
Jdt	10,21	v. sie sich und fiel vor ihm nieder
Sir	12,11	wenn er sich auch v. und verbeugt

vernichten

1Mo	13,10	ehe der HERR Sodom v. 19,25.29
5Mo	9,3	wirst sie v., wie dir der HERR zugesagt
Ri	4,24	bis (die *Israeliten Jabin) v.
	6,4	(Midianiter und Amalekiter) v. die Ernte
	20,42	v. in ihrer Mitte die Benjaminiter
2Sm	10,18	v. von den Aramäern 700 Wagen 1Ch 19,18
	17,16	damit der König nicht v. werde
	20,20	das sei ferne von mir, daß ich v. will
	22,41	daß ich v., die mich hassen Ps 18,41
1Kö	22,11	die Aramäer niederstoßen, bis du sie v.
2Kö	19,12	die von meinen Vätern v. sind Jes 37,12
	24,2	Scharen von Kriegsleuten, daß sie ihn v.
2Ch	13,1	bis sie (Opferhöhen) und Altäre v. hatten
Hi	31,12	ein Feuer, das all meine Habe v.
	37,20	gesagt, er wolle v. werden
Ps	9,7	der Feind ist v.
	88,17	deine Schrecken v. mich
	143,12	v. meine Feinde um deiner Güte willen
Jes	1,28	die Sünder werden allesamt v. werden
	54,16	habe den Verderber geschaffen, um zu v.
Jer	10,25	die Heiden haben Jakob v.
	12,17	will ich solch ein Volk v.
	20,16	Städte, die der HERR v. hat Mi 5,10
	25,37	(daß) ihre Auen v. sind
	47,5	Aschkelon wird v. 48,2.20
	49,10	seine Söhne, Brüder und Nachbarn sind v.
	28	ziehet herauf nach v., die im Osten wohnen
Klg	2,5	der Herr hat die Burgen v. 6.8
Hes	5,12	ein Drittel durch Hunger v. werden
	13,13	in meinem Grimm... in v. Grimm
Hes	22,30	für das Land, damit ich's nicht v.
	25,7	will dich austilgen und v.
	30,15	will den Reichtum von No v.
	32,12	werden sein stolzes Volk v.
Dan	7,25	er wird die Heiligen des Höchsten v.
	26	wird seine Macht ganz und gar v. werden
	8,24	er wird die Starken v.
	11,12	(das Heer wird) v. werden 22
Am	3,15	sollen viele Häuser v. werden
Mi	2,4	es ist aus, wir sind v.
Hab	2,17	die v. Tiere werden dich schrecken
Sa	11,2	sind gefallen und die Herrlichen v. 3
Jdt	6,16	daß du siehst, wie sie v. werden
Wsh	11,19	mit ihrem Anblick völlig v. können
	16,5	die Israeliten wurden gebissen und v.
	22	wie die Früchte der Feinde v. wurden
Sir	10,20	er wird viele von ihnen v.
	27,20	wie einer seinen Feind v.
	35,23	(bis er) alle Gewalttätigen v.
	47,8	(David) v. die Philister
	48,24	sein Engel v. sie
1Ma	3,22	wird sie Gott vor unsern Augen v. 4,10
	58	um unser Heiligtum zu v.
	4,2	sie zu v. 8,9; 13,6
	5,34	flohen und wurden v. geschlagen
	6,19	nahm Judas sich vor, sie zu v.
	9,73	Jonatan v. die Abtrünnigen 14,14
	10,52	ich habe Demetrius v.
	14,29	damit das Heiligtum... nicht v. würden
2Ma	3,39	die in böser Absicht nahen, v. er
	8,35	da doch sein Heer v. war
Mk	1,24	du bist gekommen, uns zu v. Lk 4,34
Lk	6,9	am Sabbat Leben zu erhalten oder zu v.
Apg	5,36	alle, die ihm folgten, wurden zerstreut und v.
	39	ist es von Gott, so könnt ihr sie nicht v.
	9,21	ist das nicht der, der alle v. wollte, die
	13,19	v. sieben Völker in dem Land Kanaan
Rö	6,6	damit der Leib der Sünde v. werde
1Ko	15,24	nachdem er alle Herrschaft v. hat
	26	der letzte Feind, der v. wird, ist der Tod
2Pt	3,6	wurde damals die Welt in der Sintflut v.
Off	8,9	der dritte Teil der Schiffe wurde v.
	11,18	zu v., die die Erde v.

Vernunft

Spr	2,3	wenn du nach V. rufst
	13,16	ein Kluger tut alles mit V.
	19,2	wo man nicht mit V. handelt
	20,18	Krieg soll man mit V. führen
Jes	44,19	keine V. ist da
Sir	17,5	er gab ihnen V., Sprache, Augen
Phl	4,7	der Friede Gottes, der höher ist als alle V.
1Pt	3,7	ihr Männer, wohnet bei ihnen mit V.

vernünftig

Spr	1,4	daß die Jünglinge v. (werden)
	17,27	ein V. mäßigt seine Rede
	19,25	so werden Unverständige v.
	27	so irrst du ab von v. Lehre
	20,15	ein Mund, der v. redet, ist ein Kleinod
	23,12	wende deine Ohren zu v. Rede
	24,5	ein v. Mann (ist) voller Kraft
	28,2	durch einen v. Mann gewinnt das Recht
Sir	3,31	ein v. Mensch lernt die Weisheit
	10,28	wer v. ist, murrt er nicht darüber
	19,26	einen V. erkennt man an seinem Auftreten
	21,18	wenn ein V. eine gute Lehre hört 32,22
	26	für den V. wäre es eine große Schmach

Sir	22,4	eine v. Tochter kriegt einen Mann
	29,35	das ist schwer für einen v. Menschen
	38,4	ein V. verachtet sie nicht
	40,31	gerade davor hütet sich ein v. Mensch
2Ma	4,40	älterer Mann, aber keineswegs schon v.
Mk	5,15	sahen den Besessenen, wie er dasaß, bekleidet und v. Lk 8,35
Apg	26,25	ich rede wahre und v. Worte
Rö	12,1	das sei euer v. Gottesdienst
1Pt	2,2	seid begierig nach der v. Milch
	3,7	wohnt v. mit ihnen zusammen

veröden

Hi	18,4	soll um deinetwillen die Erde v.
Jes	5,9	die vielen Häuser sollen v.
	7,16	wird das Land v. sein
	27,10	die schönen Häuser v. und verlassen
	33,8	die Wege sind v.
Jer	9,9	sie sind v., daß niemand hindurchzieht
	12,11	v. liegt er vor mir
	49,20	werden ihretwegen ihre Auen v. 50,45
Hes	26,19	will dich zu einer v. Stadt machen
Sir	16,5	so wird ihre Stadt doch v.

verordnen

1Mo	41,34	sorge dafür, daß er Amtleute v. im Lande
	47,22	war vom Pharao für die Priester v.
1Ch	6,34	waren v. zum Dienst am Brandopferaltar
	9,25	mußten zur v. Zeit für 7 Tage hereinkommen
	17,10	zu den Zeiten, als ich Richter über Isr. v.
	23,4	von diesen wurden 24.000 für die Arbeit v.
2Ch	23,18	Jojada bestellte die Ämter, die David v.
Ps	7,7	der du Gericht v. hast
Jer	52,34	Unterhalt gegeben, wie es für ihn v. war
Sir	41,5	so ist es vom Herrn v. über alle Menschen
Gal	3,19	und zwar ist es von Engeln v.

verpachten

Mt	21,33	v. ihn an Weingärtner Mk 12,1; Lk 20,9
	41	wird s. Weinberg andern Weingärtnern v.

verpfänden

Neh	5,2	unsere Söhne und Töchter müssen wir v.

Verpflegung

Ri	7,8	sie nahmen die V. des Volks an sich

verpflichten

4Mo	30,3	daß er sich zu etwas v. will 4.12-14
Neh	10,30	sollen sich v., zu wandeln im Gesetz

Verpflichtung

4Mo	30,5	ihr Vater hört von ihrer V. 6.8.15

verpichen

1Mo	6,14	mache einen Kasten und v. ihn mit Pech

verprassen

Sir	14,4	sammelt's für andere, und andere werden's v.
Lk	15,30	der dein Hab und Gut mit Huren v. hat

Verrat

Spr	14,25	wer Lügen ausspricht, übt V.

verraten

Jos	2,14	sofern du unsere Sache nicht v. 20
1Sm	22,22	daß (Doëg) es Saul v. werde
	27,11	sie könnten uns v.
Spr	11,13	ein Verleumder v., was er heimlich weiß
	20,19	wer Geheimnisse v., ist ein Verleumder
	25,9	v. nicht eines andern Geheimnis
Jes	16,3	v. die Flüchtigen nicht
Ob	7	die dein Brot essen, werden dich v.
	14	sollst seine Übriggebliebenen nicht v.
2Ma	4,1	Simon, der sein Vaterland v. hatte
	13,21	Rhodokus v. den Feinden alles Geheime
StD	1,11	schämten sich, einander ihre Begierde zu v.
Mt	10,4	Judas Iskariot, der ihn v. 26,25; 27,3; Mk 3,19; *Lk 6,16;* Jh 6,71; 12,4; 18,2.5
	24,10	werden sich untereinander v. 26,21.23; Mk 14,18; Jh 13,21; 21,20
	26,15	will ihn euch v. 16; Mk 14,10.11; Lk 22,4.6
	24	durch den Menschensohn v. wird Mk 14,21; Lk 22,22
	46	siehe, er ist da, der mich v. Mk 14,42
	73	deine Sprache v. dich
	27,4	Unrecht getan, daß ich unschuldiges Blut v.
Lk	21,16	ihr werdet v. werden von Eltern und Freunden
	22,48	v. du den Menschensohn mit einem Kuß
Jh	6,64	Jesus wußte von Anfang an, wer ihn v. würde
	13,2	als schon der Teufel dem Judas ins Herz gegeben hatte, ihn zu v.
1Ko	11,23	in der Nacht, da er v. ward, nahm er das Brot

Verräter

2Ma	3,11	nicht so, wie der V. Simon gesagt
	5,8	verabscheut als V. seines Vaterlandes 15
	10,13	nannte ihn bei jeder Gelegenheit einen V.
	22	er ließ sie als V. töten
Mt	26,48	der V. hatte ihnen ein Zeichen genannt Mk 14,44
Lk	6,16	Judas Iskariot, der zum V. wurde
	22,21	die Hand meines V. ist mit mir am Tisch
Jh	13,11	er kannte seinen V.; darum sprach er
Apg	7,52	dessen V. und Mörder ihr nun geworden seid
2Ti	3,4	(die Menschen werden sein) V.

Verräterei

2Kö	9,23	Joram floh und sprach zu Ahasja: V., Ahasja

verrenken

1Mo	32,26	das Gelenk der Hüfte Jakobs wurde v.
2Ma	9,7	daß ihm alle Glieder s. Leibes v. wurden

verrichten

1Ch	23,24	die das Amt v., von zwanzig Jahren an
2Ch	29,29	als das Brandopfer v. war 34
Dan	8,27	stand auf und v. meinen Dienst
Sir	38,39	denken, wie sie ihre Arbeit v. können
	50,16	wenn er seinen Dienst am Altar v. hatte
Mt	23,14	zum Schein Gebete v. Mk 12,40; Lk 20,47

verrichten

Lk 5,33 *des Johannes Jünger v. ihre Gebete*

Verrichtung
4Mo 18,7 daß ihr dienet in allen V. am Altar

verriegeln
Neh 7,3 soll man die Tore schließen und v.

verringern
3Mo 25,16 sollst du den Kaufpreis v.
4Mo 36,3 wird das Los unseres Erbteils v. 4
Am 8,5 daß wir das Maß v.
Sir 48,2 er v. ihre Anzahl durch seinen Eifer

verrinnen
Hi 11,16 denken wie an Wasser, das v.
Ps 58,8 sie werden vergehen wie Wasser, das v.
Nah 2,9 Ninive... seine Wasser müssen v.

verrosten
Sir 29,13 vergrabe es nicht unter einem Stein, wo es v.
Jak 5,3 euer Gold und Silber ist v.

verrucht
2Ma 7,9 *du v. Mensch 34*

verrücken
5Mo 19,14 sollst d. Nächsten Grenze nicht v. 27,17
Hi 24,2 die Gottlosen v. die Grenzen
Spr 22,28 v. nicht die uralten Grenzen 23,10
Hos 5,10 sind denen gleich, die die Grenze v.
Kol 2,18 *lasset euch niemand das Ziel v.*

Verruf
1Mo 34,30 habt mich in V. gebracht
 38,23 damit wir nur nicht in V. geraten
2Mo 5,21 daß ihr uns in V. gebracht habt
1Sm 13,4 Israel hat sich in V. gebracht
 27,12 David hat sich in V. gebracht
2Sm 10,6 sich bei David in V. gebr. 16,21; 1Ch 19,6
Spr 11,29 wer sein eigenes Haus in V. bringt
Apg 19,27 es droht unser Gewerbe in V. zu geraten

versagen
Rut 4,14 dir zu dieser Zeit einen Löser nicht v.
2Sm 13,13 der wird mich dir nicht v.
Neh 9,20 dein Manna v. du nicht ihrem Munde
Hi 22,7 hast dem Hungrigen dein Brot v.
 31,16 hab ich den Bedürftigen ihr Begehren v.
 39,17 Gott hat ihr die Weisheit v.
Ps 76,6 allen Kriegern v. die Hände
 78,57 sie v. wie ein schlaffer Bogen
Spr 21,26 der Gerechte gibt und v. nichts
Apg 8,33 *ward ihm gerechtes Urteil v.*

versammeln
1Mo 23,10 vor allen, die beim Tor v. waren 18
 25,8 wurde zu seinen Vätern v. 17; 35,29; 49,29. 33; Ri 2,10
 29,3 pflegten die Herden alle dort zu v.

1Mo 34,30 wenn sie sich gegen mich v.
 49,1 v. euch, daß ich euch verkünde
2Mo 3,16 v. die Ältesten von Israel 4,29
 35,1 Mose v. die ganze Gemeinde 3Mo 8,3.4; 4Mo 1,18; 8,9; 10,3; 20,8.10
4Mo 10,4 sollen sich bei dir v. die Fürsten 7
 11,24 Mose v. 70 Männer aus den Ältesten 5Mo 31,28
 16,3 v. sich gegen Mose und Aaron 19; 17,7; 20,2
 20,24 Aaron soll v. werden zu seinen Vätern 26; 27,13; 31,2; 5Mo 32,50
 21,16 der HERR sagte: V. das Volk 5Mo 4,10
5Mo 31,12 v. das Volk, damit sie es hören Jo 2,16
 33,5 als sich v. die Häupter des Volks 21; 1Sm 8,4
Jos 2,18 zu dir ins Haus v. deinen Vater, Mutter
 10,6 haben sich gegen uns v. alle Könige 11,5
 18,1 es v. sich die Gemeinde der *Israeliten 22,12; 24,1; 1Sm 7,5; 25,1; 2Sm 17,11; 1Kö 8,2.5; 2Kö 10,18; 1Ch 13,5; 15,3; 2Ch 5,3.6; 15,9.10; 30,21; 31,1; 35,7.17.18
Ri 6,33 als alle Midianiter sich v. hatten
 9,6 v. sich alle Männer von Sichem 47
 10,17 Israel v. sich und lagerte 20,1.11.14; 1Sm 28,4
 11,20 Sihon v. sein ganzes Kriegsvolk
 16,23 als die Fürsten der Philister sich v. 1Sm 5,8. 11; 13,11; 28,4; 29,1; 2Sm 23,9; 1Ch 11,13
2Sm 2,25 v. sich die Benjaminiter um Abner
 20,14 es v. sich alle Bichriter
1Kö 8,1 da v. der König die Ältesten 2Kö 23,1; 1Ch 23,2; 28,1; 2Ch 5,2; 29,20
 18,19 v. zu mir die Propheten 20; 22,6; 2Ch 18,5
 20,1 Ben-Hadad v. seine Streitmacht 2Kö 6,24
2Kö 22,20 will dich zu deinen Vätern v. 2Ch 34,28
1Ch 13,2 zu den Priestern und Leviten, daß sie sich bei uns v. 2Ch 24,5; 29,4.15
 22,2 David ließ die Fremdlinge v.
2Ch 12,5 die sich aus Furcht vor Schischak v.
 32,4 v. sich und verdeckten alle Quellen
Esr 3,1 v. sich das ganze Volk in Jerusalem 10,7.9; Neh 8,1
 8,15 ich v. sie am Fluß
 9,4 v. sich bei mir alle Neh 5,16; 7,5; 8,13
Neh 12,28 es v. sich die Sänger
Est 4,16 geh hin und v. alle Juden 8,11; 9,2.15
Ps 47,10 die Fürsten der Völker sind v.
 48,5 Könige waren v.
 50,5 v. mir meine Heiligen
Jes 13,4 es ist Getümmel von den v. Königreichen
 43,9 sollen die Völker sich v. Hos 10,10
 45,20 v. euch und kommt herzu 48,14
 49,18 sind v. und kommen zu dir 60,4
 56,8 noch mehr zu der Zahl derer, die v. sind
 66,18 ich komme, um alle zu v.
Jer 21,4 will euch v. mitten in dieser Stadt
 26,17 Ältesten sprachen zu dem v. Volk
 40,15 Judäer, die sich zu dir v. sind
Hes 16,37 will sie gegen dich v.
 38,13 hast du deine Heerhaufen v.
Jo 1,14 v. die Ältesten und alle Bewohner
 4,11 alle Heiden ringsum, kommt und v. euch
Ze 3,8 mein Beschluß ist es, die Völker zu v.
Sa 12,3 werden sich alle Völker gegen Jerus. v.
Jdt 6,20 die ganze Nacht waren sie v. und beteten
Sir 36,13 v. alle Stämme Jakobs
1Ma 3,52 die Heiden haben sich gegen uns v. 5,9.11
 13,2 kam er und v. das Volk
2Ma 4,39 v. sich die Gemeinde gegen
Mt 2,4 *(Herodes) ließ v. alle Hohenpriester*
 13,2 *es v. sich eine Menge bei ihm Mk 4,1; 5,21*
 17,22 *da sie v. waren in Galiläa*

Mt	18,20	wo zwei oder drei v. sind in meinem Namen
	22,34	die Pharisäer v. sich Mk 7,1
	23,37	wie eine Henne ihre Küken v. Lk 13,34
	25,32	alle Völker werden vor ihm v. werden
	26,3	da v. sich die Hohenpriester Mk 14,53
	57	wo die Schriftgelehrten sich v. hatten
	27,17	als sie v. waren, sprach Pilatus
Mk	1,33	die ganze Stadt war v. vor der Tür
	2,2	es v. sich viele, so daß
	13,27	wird seine Auserwählten v.
Lk	22,66	als es Tag wurde, v. sich die Ältesten
	24,33	kehrten zurück und fanden die Elf v.
Jh	11,47	da v. die Hohenpriester den Hohen Rat
	18,2	Jesus v. sich oft dort mit seinen Jüngern
	20,19	als die Jünger v. und die Türen verschlossen waren 26
Apg	1,4	als er sie v. hatte, befahl er
	4,5	v. sich ihre Oberen in Jerusalem
	26	die Fürsten v. sich wider den Herrn
	27	wahrhaftig, sie haben sich v. in dieser Stadt
	31	erbebte die Stätte, wo sie v. waren
	13,36	entschlafen und zu seinen Vätern v. worden
	14,27	v. sie die Gemeinde
	15,25	so haben wir, einmütig v., beschlossen
	30	v. die Gemeinde und übergaben den Brief
	19,25	diese und die Zuarbeiter v. er und sprach
	20,7	v. waren, das Brot zu brechen
	8	Obergemach, wo wir v. waren
1Ko	5,4	wenn ihr in dem Namen unseres Herrn v. seid
Off	16,14	sie zu v. zum Kampf am großen Tag Gottes
	16	er v. sie an einen Ort... Harmagedon
	19,17	kommt, v. euch zu dem großen Mahl Gottes
	19	v., Krieg zu führen mit dem, der
	20,8	Gog und Magog, und sie zum Kampf zu v.

Versammlung

1Mo	49,6	mein Herz sei nicht in ihrer V.
2Mo	12,16	am 1. Tag soll heilige V. sein, und am 7. soll heilige V. sein 3Mo 23,7.8; 4Mo 28,18.25
3Mo	23,2	Feste, die ihr ausrufen sollt als heilige V. 3.4. 21.24.27.35-37; 4Mo 28,26; 29,1.7.12
4Mo	14,5	fielen auf ihr Angesicht vor der V.
	16,2	empörten sich 250, von der V. berufen 26,9
5Mo	9,10	Worte, geredet am Tage der V. 10,4; 18,16
Ri	20,2	traten zusammen in der V. des Volkes
1Kö	8,65	und ganz Israel mit ihm - eine große V.
2Ch	7,9	am 8. Tage hielten sie V. Neh 8,18
Neh	5,7	brachte eine V. gegen sie zusammen
Ps	26,5	ich hasse die V. der Boshaften
	12	ich will den HERRN loben in den V.
	68,27	lobet Gott in den V.
	89,8	Gott ist gefürchtet in der V. der Heiligen
Jes	4,5	wird über ihren V. eine Wolke schaffen
	14,13	ich will mich setzen auf den Berg der V.
Hes	16,40	V. gegen dich einberufen 23,46
Am	5,21	mag eure V. nicht riechen
1Ma	5,16	hielten eine große V. ab, um zu überlegen
	14,28	in der großen V. der Priester und des Volks
Lk	23,1	die ganze V. stand auf
Apg	19,32	die V. war in Verwirrung 23,7
	39	kann man es in einer ordentlichen V. entscheiden
	40	ließ er die V. gehen
Heb	10,25	nicht verlassen unsre V.
	12,22	gekommen zu der V. (der Erstgeborenen)
Jak	2,2	wenn in eure V. ein Mann käme mit einem goldenen Ring

versäuern

1Ko	5,6	daß ein wenig Sauerteig den ganzen Teig v.

versäumen

2Mo	21,19	soll ihm bezahlen, was er v. hat
Jer	46,17	Prahlhans, der die Zeit v. hat
Sir	14,14	v. keinen fröhlichen Tag
	16,27	nicht müde werden noch ihren Dienst v.
Apg	6,2	taugt nicht, daß wir das Wort Gottes v.
Heb	12,15	daß nicht jemand Gottes Gnade v.

verschachern

Hi	6,27	könntet euren Nächsten v.

verschaffen

1Mo	20,16	damit ist dir bei allen Recht v.
	30,6	Gott hat mir Recht v.
2Mo	3,21	will diesem Volk Gunst v. 11,3; 12,36
2Sm	18,19	daß der HERR ihm Recht v. 31
1Kö	21,7	werde dir den Weinberg Nabots v.
2Kö	8,6	v. ihr alles wieder, was ihr gehört
2Ch	11,23	(Rehabeam) v. (seinen Söhnen) viele Frauen
Est	9,16	sich vor ihren Feinden Ruhe zu v.
Hi	16,21	daß er Recht v. dem Mann bei Gott
	36,3	will meinem Schöpfer Recht v.
Ps	78,20	kann er seinem Volk Fleisch v.
Sir	47,15	Gott hatte ihm ringsumher Ruhe v.
1Ma	8,26	brauchen... nicht Nahrung zu v.
	14,32	v. den Kriegsleuten seines Volks Waffen
	35	wußte, welchen Ruhm er... v. wollte
Apg	19,24	v. denen vom Handwerk Gewinn

verschanzen

1Ma	2,36	sie v. auch die Höhlen nicht

verscharren

2Mo	2,12	erschlug den Ägypter und v. ihn im Sande
Jos	7,21	siehe, es ist v. in meinem Zelt 22
Hi	3,16	wie eine Fehlgeburt, die man v. hat
	40,13	v. sie miteinander in der Erde

verscheiden

1Mo	25,8	v. und wurde zu seinen Vätern versammelt 17; 35,29; 49,33
Hi	29,18	ich werde in meinem Nest v.
2Ma	6,31	so ist er v. und hat... hinterlassen
Mt	27,50	Jesus schrie abermals laut und v. Mk 15,37; Lk 23,46; Jh 19,30
Mk	15,39	der Hauptmann, der sah, daß er so v., sprach
Apg	7,60	als er das gesagt hatte, v. er

verscheuchen

5Mo	28,26	niemand wird sie v. Jer 7,33
Jes	13,14	sie sollen sein wie ein v. Reh
	17,2	daß Herden dort weiden, die niemand v.
	27,8	hast es v. mit rauhem Sturm
Jer	50,17	Israel eine Herde, die die Löwen v. haben

verschieben

Sir	5,8	v. es nicht von einem Tag auf den andern

verschieden

2Ch	32,28	Ställe für die v. Arten von Vieh
Dan	3,4	Leute aus so vielen v. Sprachen 7.29.31; 5,19; 6,26; 7,14
Wsh	16,26	daß nicht die v. Früchte den Menschen ernähren
	19,17	wie die Töne v. Melodien hervorbringen
Sir	33,11	hat der Herr ihre Wege v. bestimmt
Rö	12,6	v. Gaben nach der Gnade, die uns gegeben
1Ko	12,4	v. Gaben; aber es ist ein Geist 5.6
Heb	9,10	äußerliche Satzungen über v. Waschungen

verschlagen

Ps	64,7	sind v. und haben Ränke im Herzen
Dan	8,23	wird aufkommen ein frecher und v. König

verschleudern

Lk	16,1	beschuldigt, er v. ihm seinen Besitz

verschließen

1Mo	16,2	der HERR hat mich v. 20,18; 1Sm 1,5.6
3Mo	14,38	soll das Haus für sieben Tage v. 46
Ri	3,23	Ehud machte die Tür zu und v. sie 24
1Kö	8,35	wenn der Himmel v. wird 2Ch 6,26; 7,13
2Ch	32,30	Hiskia, der die Wasserquelle des Gihon v.
Hi	3,10	nicht v. hat den Leib meiner Mutter
	38,8	wer hat das Meer mit Toren v.
Ps	17,10	ihr Herz haben sie v.
	58,5	wie eine taube Otter, die ihr Ohr v.
	77,10	hat Gott sein Erbarmen im Zorn v.
Jes	8,16	ich soll v. die Offenbarung
	24,22	daß sie v. werden im Kerker
	66,9	sollte ich den Schoß v.
Sir	42,6	alles gut zu v., wo viele zugreifen können
1Ma	5,48	v. die Tore und wälzten Steine davor
2Ma	2,5	Jeremia v. den Eingang
GMn	3	hast die Tiefe v. und versiegelt
Mt	25,10	die Tür wurde v.
Lk	13,25	wenn der Hausherr die Tür v. hat
Apg	28,27	ihre Augen haben sie v.
Off	11,6	diese haben Macht, den Himmel zu v.
	20,3	warf ihn in den Abgrund und v. ihn
	21,25	ihre Tore werden nicht v. am Tage

verschlingen

1Mo	41,7	die mageren Ähren v. die dicken 24
2Mo	7,12	Aarons Stab v. ihre Stäbe
	15,12	v. sie die Erde
4Mo	16,30	daß die Erde sie v. 32.34; 26,10; 5Mo 11,6; Ps 106,17
Hi	20,15	die Güter, die er v. hat
Ps	21,10	der HERR wird sie v. in seinem Zorn
	27,2	wenn die Übeltäter... um mich v.
	35,25	laß sie nicht sagen: Wir haben ihn v.
	69,16	daß mich die Tiefe nicht v.
	124,3	so v. sie uns lebendig
Spr	1,12	wir wollen sie v. wie das Totenreich
	30,20	so ist der Weg der Ehebrecherin: sie v.
Pr	10,12	des Toren Lippen v. ihn selber
Jes	9,19	v. zur Rechten und leiden Hunger
	25,8	er wird den Tod v. auf ewig
	28,4	wie eine Frühfeige, die einer v.
Jer	5,17	sie werden deine Schafe und Rinder v.
	10,25	die Heiden haben Jakob v.
	51,34	hat mich v. wie ein Drache 44

Hos	8,7	sollen Fremde es v. 8
Jon	2,1	ließ einen Fisch kommen, Jona zu v.
Hab	1,13	der Gottlose den v., der gerechter ist
Tob	6,2	ein großer Fisch wollte ihn v.
StD	2,41	sie wurden sofort von den Löwen v.
1Ko	15,54	der Tod ist v. vom Sieg
2Ko	5,4	damit das Sterbliche v. werde von dem Leben
1Pt	5,8	der Teufel sucht, wen er v.
Off	10,9	er sprach zu mir: Nimm und v.'s 10
	12,16	tat ihren Mund auf und v. den Strom

verschlossen

Jos	6,1	Jericho war v. und verwahrt vor Israel
Spr	30,16	der Frauen v. Schoß
Hl	4,12	du bist ein v. Garten, eine v. Quelle
Jes	24,10	alle Häuser sind v.
	42,22	sind alle v. in Kerkern
	45,1	damit Tore nicht v. bleiben
Jer	13,19	die Städte im Südland sind v.
	20,9	Feuer, in meinen Gebeinen v.
2Ma	12,7	weil die Stadt v. war, zog er ab
Lk	4,25	als der Himmel v. war drei Jahre und sechs Monate
Jh	20,19	als die Türen v. waren aus Furcht 26
Apg	5,23	das Gefängnis fanden wir fest v.
Gal	3,23	verwahrt und v. auf den Glauben hin

verschlucken

Mt	23,24	die ihr Mücken aussiebt, aber Kamele v.

verschmachten

1Mo	47,13	Ägypten und Kanaan v. vor Hunger
5Mo	32,24	vor Hunger sollen sie v. Jer 14,18
1Sm	2,33	daß nicht deine Augen v.
2Sm	22,46	die Söhne der Fremde v. Ps 18,46
Hi	11,20	die Augen der Gottlosen werden v.
	17,5	die Augen seiner Kinder müssen v.
	31,16	hab ich die Augen der Witwe v. lassen
Ps	31,11	meine Gebeine sind v. 32,3
	73,26	wenn mir gleich Leib und Seele v.
	107,5	deren Seele v.
	119,28	ich gräme mich, daß mir die Seele v.
Jes	24,4	der Erdkreis v... die Höchsten v.
	7	der Wein ist dahin, der Weinstock v.
	51,20	deine Söhne lagen v.
	57,16	sonst würde ihr Geist vor mir v.
Jer	14,2	seine Städte sind v.
	15,9	ihre Seele v. in ihr
	31,25	ich will die V. sättigen
Klg	1,19	meine Priester und Ältesten sind v.
	2,11	die Säuglinge v. 12.19
	4,5	die leckere Speisen aßen, v. jetzt 9
Hes	4,17	damit sie in ihrer Schuld v. sollen
Jo	1,18	die Schafe v.
Am	8,13	werden die Jünglinge v. vor Durst
Nah	1,4	Baschan und Karmel v.
Sa	10,2	das Volk ist v., weil kein Hirte da ist
	11,9	was v., das v.
Jdt	7,14	müssen vor Durst v. 17; 11,10; 16,13
Mt	9,36	sie waren v. und zerstreut
	15,32	damit sie nicht v. auf dem Wege Mk 8,3
Lk	21,26	*die Menschen werden v. vor Furcht*

verschmähen

2Mo	21,8	nicht verkaufen, nachdem er sie v. hat

Ps	22,25	er hat nicht v. das Elend der Armen
	73,20	wie ein Traum v. wird, so v. du, Herr
	102,18	er v. ihr Gebet nicht
Spr	1,30	(weil sie) all meine Zurechtweisung v.
	5,12	wie konnte mein Herz die Warnung v.
	15,5	der Tor v. die Zucht seines Vaters
	30,23	eine V., wenn sie geehelicht wird
Klg	1,8	die sie ehrten, v. sie jetzt
Hes	16,31	hast ja Geld dafür v.
Gal	4,14	*das habt ihr nicht verachtet noch v.*

verschneiden

5Mo	23,2	kein V. soll in die Gemeinde des HERRN
Jes	56,3	der V. soll nicht sagen 4
Sir	30,21	er ist wie ein V., der seufzt
Gal	5,12	sollen sie sich doch gleich v. lassen

verschonen

1Mo	19,16	weil der HERR ihn v. wollte
	22,12	hast deines einzigen Sohnes nicht v. 16
2Mo	10,5	was noch v. geblieben ist von dem Hagel
1Sm	15,3	v. sie nicht, sondern töte Mann und Frau
	9	v. die besten Schafe und Rinder 15
	24,11	ich habe dich v.
2Sm	21,7	der König v. Mefi-Boschet
2Kö	5,20	mein Herr hat diesen Aramäer Naaman v.
2Ch	36,17	er v. weder Jünglinge noch Jungfrauen
Hi	16,6	würde mich mein Schmerz nicht v.
	13	er hat meine Nieren nicht v.
Pr	8,8	keiner bleibt v. im Krieg
Jes	9,16	kann ihre junge Mannschaft nicht v.
Jer	51,3	v. nicht ihre junge Mannschaft
Hes	9,5	eure Augen sollen keinen v.
Jo	2,18	dann wird der HERR sein Volk v.
Jdt	2,6	du sollst kein Reich v.
Wsh	2,9	keine Wiese bleibe von unserm Treiben v.
	12,16	weil du Herr bist, v. du auch alle
	18	du regierst uns mit viel V.
Sir	16,8	der Herr v. die Riesen der Vorzeit nicht
	28,23	wohl dem, der von ihrem Zorn v. wird
StE	1,4	sollen umgebracht und niemand v. werden
Apg	20,29	Wölfe, die die Herde nicht v. werden
Rö	8,32	der seinen eigenen Sohn nicht v. hat
	11,21	hat Gott... nicht v., wird er dich nicht v.
2Pt	2,4	Gott hat selbst die Engel nicht v.
	5	und hat die frühere Welt nicht v.

verschroben

Spr	12,8	wer v. Sinnes ist, wird verachtet

verschrumpfen

Hi	7,5	meine Haut ist v.

verschulden

1Mo	42,21	das haben wir an unserm Bruder v.
3Mo	4,13	wenn sie so sich v. hätten 22.27; 5,1-3.19.23. 26; 4Mo 5,7
2Ch	19,10	daß sie sich nicht am HERRN v.
Ps	59,5	ich habe nichts v.
Jer	51,5	das Land hat sich v. am Heiligen Israels
Hes	25,12	weil sich Edom schwer v. hat
	35,6	weil du dich mit Blut v. hast
Hos	4,15	soll Juda sich nicht auch v.
2Ma	14,28	obwohl doch Judas nichts v. hatte

Verschuldung

Jes	59,2	eure V. scheiden euch von Gott
	3	eure Finger (sind) mit V. (befleckt)
Jer	5,25	eure V. verhindern das

verschütten

1Kö	13,5	der Altar barst, und die Asche wurde v. 3
Hes	24,7	auf den nackten Felsen hat sie es v.
Mt	9,17	sonst zerreißen die Schläuche, und der Wein wird v. Lk 5,37
Jh	2,15	*v. den Wechslern das Geld*

verschwägern

1Mo	34,9	v. euch mit uns
5Mo	7,3	sollst dich mit ihnen nicht v.
Ri	1,16	Hobab, mit dem Mose v. war 4,11
1Kö	3,1	Salomo v. sich mit dem Pharao
2Ch	18,1	Joschafat v. sich mit Ahab

verschweigen

1Sm	3,17	v. mir nichts... wenn du mir etwas v. 18
2Kö	7,9	wenn wir das v., wird uns Schuld treffen
Ps	32,3	als ich es wollte v., verschmachteten
	78,4	das wollen wir nicht v. ihren Kindern
Tob	12,8	Geheimnisse eines Königs soll man v.
Sir	19,8	wenn du es ohne böses Gewissen v. kannst
Lk	9,36	*sie v. es und verkündigten niemand*
Rö	1,13	ich will euch nicht v., liebe Brüder 2Ko 1,8
	16,25	das Geheimnis, das seit ewigen Zeiten v. war

verschwinden

4Mo	11,2	da v. das Feuer
Hi	6,18	sie gehen hin ins Nichts und v.
	20,8	wird wie ein Nachtgesicht v.
Ps	10,16	die Heiden sollen aus seinem Lande v.
Jes	19,5	der Strom wird versiegen und v.
Hes	11,24	das Gesicht v. vor mir
Tob	12,21	als er das gesagt hatte, v. er
Bar	3,19	sie sind v. und zu den Toten gefahren
Lk	24,31	er v. vor ihnen
Jak	4,14	ein Rauch seid ihr, der v.
Off	16,20	alle Inseln v., und die Berge wurden nicht mehr gefunden

verschwören

1Sm	22,8	daß ihr euch alle v. habt gegen mich 13
Neh	4,2	v. sich alle miteinander gegen Jerusalem
	6,18	viele in Juda, die sich ihm v. hatten
Jes	8,13	v. euch mit dem HERRN Zebaoth
Jer	11,9	ich weiß, wie sie in Juda sich v. haben
Apg	23,12	v. sich, weder zu essen noch zu trinken 21

Verschwörung

2Sm	15,12	die V. wurde stark
1Kö	15,27	machte eine V. gegen ihn 16,9.16.20; 2Kö 9,14; 10,9; 12,21; 14,19; 15,10.15.25.30; 17,4; 21,23.24; 2Ch 24,21.25.26; 25,27; 33,24.25
Jes	8,12	ihr sollt nicht alles V. nennen, was dies Volk V. nennt
Apg	23,13	mehr als 40, die diese V. machten

versehen

versehen

1Mo	27,37	mit Korn und Wein hab ich ihn v.
3Mo	5,18	Sühnung vollziehen für das, was er v. hat
4Mo	1,53	sollen die Leviten ihren Dienst v. 3,4.7.8.28. 32; 8,11.26; 18,3-5; 31,30.47; Ri 20,28; 1Ch 23,32; Neh 12,45
Jos	9,4	gingen hin und v. sich mit Speise
1Kö	18,45	ehe man sich's v., wurde der Himmel schwarz
Jes	47,11	ein Verderben, dessen du dich nicht v.
Jer	50,24	gefangen, ehe du dich's v.
Sa	3,7	wirst du meinen Dienst recht v.
Sir	9,19	das Leben nimmt, ehe du dich's v.
	23,31	ergriffen, wenn er sich's am wenigsten v.
	49,15	der die Mauern mit Toren v. hat
1Ma	3,23	griff die Feinde an, ehe sie sich's v.
	13,21	ehe sich's Simon v., zu ihnen ziehen
Mt	24,50	Tage, da er sich's nicht v. Lk 12,46
Mk	14,15	einen Saal, der mit Polstern v. ist Lk 22,12
Lk	1,8	als Zacharias den Priesterdienst vor Gott v.
2Ko	7,16	ich mich zu euch alles Guten v.
1Ti	3,10	wenn sie untadelig, sollen sie den Dienst v.
Heb	10,11	jeder Priester steht Tag für Tag da und v. seinen Dienst

Versehen

3Mo	4,2	wenn jemand aus V. sündigte 13.22.27; 5,15; 4Mo 15,22.24-29; Hes 45,20
	22,14	wer aus V. von dem Heiligen ißt
4Mo	35,11	wer einen Totschlag aus V. tut 15.22; Jos 20,3.9
Pr	5,5	sprich nicht: Es war ein V.
	10,5	gleich einem V., das vom Gewaltigen ausgeht
Sir	14,7	tut er Gutes, so tut er's nur aus V.

versehrt

Dan	3,27	sahen, daß ihre Mäntel nicht v. waren

versengen

1Mo	41,6	Ähren, die waren vom Ostwind v. 23.27
Ri	15,14	wie Fäden, die das Feuer v.
Ps	83,15	wie eine Flamme die Berge v.
Jes	42,25	daß er sie ringsumher v.
	43,2	die Flamme soll dich nicht v.
Hes	15,4	wenn die Mitte v. ist 5
	21,3	soll jedes Angesicht v. werden
Dan	3,27	daß das Feuer... ihr Haupthaar nicht v.
Sir	43,23	was grün ist, v. er wie Feuer
Off	16,8	Macht, die Menschen zu v. mit Feuer 9

versenken

Hi	40,13	v. sie ins Verborgene

versetzen

Neh	5,3	unsere Äcker müssen wir v.
Hi	9,5	er v. Berge
Klg	3,6	er hat mich in Finsternis v.
Sir	36,2	v. alle Völker in Schrecken
Lk	17,6	v. dich ins Meer!, und er würde gehorchen
1Ko	13,2	hätte Glauben, so daß ich Berge v. könnte
Kol	1,13	er hat uns v. in das Reich seines lieben Sohnes

versickern

Hi	6,15	trügen wie das Bett der Bäche, die v.

versiegeln

5Mo	32,34	ist dies nicht v. in meinen Schatzkammern
1Kö	21,8	(Isebel) v. (die Briefe) mit (Ahabs) Siegel
Neh	10,1	unsere Fürsten sollen sie v.
Hi	9,7	(Gott) v. die Sterne
	14,17	würdest m. Übertretung in ein Bündlein v.
Hl	4,12	du bist ein v. Born
Jes	8,16	ich will v. die Weisung in meinen Jüngern
	29,11	sind wie die Worte eines v. Buches
Jer	32,10	schrieb einen Kaufbrief und v. ihn 11.14
	44	man wird kaufen und verbriefen, v.
Dan	6,18	einen Stein; den v. der König
	12,4	v. dies Buch bis auf die letzte Zeit 9
StD	2,10	sollst die Tür mit deinem Ring v. 13
GMn	3	hast die Tiefe verschlossen und v.
Mt	27,66	v. den Stein
2Ko	1,22	(der uns gesalbt) und v. hat
Eph	1,13	seid v. worden mit dem heiligen Geist 4,30
Off	5,1	beschrieben innen und außen, v.
	7,3	bis wir v. die Knechte Gottes 4.5.8
	10,4	v., was die sieben Donner geredet haben
	22,10	v. nicht die Worte der Weissagung

versiegen

Hi	6,17	wenn die Hitze kommt, v. sie
	14,11	wie ein Strom v. und vertrocknet
Ps	74,15	du ließest starke Ströme v.
	107,33	er ließ v. Wasserquellen v.
Jes	15,6	die Wasser von Nimrim v. Jer 48,34
	19,5	der Strom wird v.
	44,27	der zu der Tiefe spricht: V.
Jer	50,38	ihre Wasser, daß sie v. 51,36; Nah 1,4
Hos	9,14	gib ihnen v. Brüste
	13,15	daß seine Quelle v.
Am	5,24	es ströme Gerechtigk. wie ein nie v. Bach
Sir	40,13	die Güter der Gottlosen v. wie ein Bach
Mk	5,29	sogleich v. die Quelle ihres Blutes

versinken

2Mo	15,4	seine Streiter v. im Schilfmeer
Ps	9,16	die Heiden sind v. in der Grube
	69,3	ich v. in tiefem Schlamm
	15	errette mich, daß ich nicht v.
Spr	24,16	die Gottlosen v. im Unglück
Jes	32,19	die Stadt wird v. in Niedrigkeit
Jer	51,64	so soll Babel v.
Wsh	16,11	damit sie nicht in tiefes Vergessen v.
2Ko	2,7	damit er nicht in allzu große Traurigkeit v.
1Ti	6,9	Begierden, welche die Menschen v. lassen

versöhnen

1Mo	32,21	will ihn v. mit dem Geschenk
Spr	16,14	ein weiser Mann wird ihn v.
Jdt	8,13	ein Mensch, der sich nicht v. läßt
Sir	5,6	er wird sich v. lassen, wenn ich auch
	16,12	er läßt sich v., aber er straft auch
	22,27	ihr könnt euch wieder v.
Mt	5,24	v. dich mit deinem Bruder
Rö	5,10	wenn wir mit Gott v. worden sind
1Ko	7,11	soll sie sich mit ihrem Mann v.
2Ko	5,18	Gott, der uns mit sich selber v. hat
	19	Gott v. die Welt mit sich selber Eph 2,16; Kol 1,20.22

Verstand

2Ko 5,20 laßt euch v. mit Gott

Versöhnung

4Mo 5,8 mit dem Widder der V.
Rö 5,11 durch den wir jetzt die V. empfangen haben
11,15 wenn ihre Verwerfung die V. der Welt ist
2Ko 5,18 das Amt, das die V. predigt
19 hat aufgerichtet das Wort von der V.
1Jh 2,2 er ist die V. für unsre Sünden 4,10
Heb 9,5 die überschatteten die Stätte der V.

Versöhnungstag

3Mo 23,27 am 10. Tage ist der V. 28; 25,9

versorgen

1Mo 45,11 will dich dort v. 47,12; 50,21
Rut 4,15 der wird dein Alter v.
2Sm 19,33 Barsillai hatte den König v. 34
20,3 David v. (die zehn Nebenfrauen)
1Kö 4,7 Amtleute, die den König v. 5,7
17,4 habe den Raben geboten, daß sie dich v.
9 habe einer Witwe geboten, dich zu v.
18,4 Obadja v. (die Propheten) mit Brot 13
20,27 Israel v. sich und zog ihnen entgegen
Neh 9,21 vierzig Jahre v. du sie in der Wüste
Ps 55,23 auf den HERRN; der wird dich v.
Spr 8,21 daß ich v. mit Besitz, die mich lieben
Sa 11,16 Hirten, der das Gesunde nicht v. wird
1Ma 9,52 legte Kriegsvolk hinein und v. sie
2Ma 8,31 als sie sich mit Waffen v. hatten
1Ti 3,5 wie wird er die Gemeinde Gottes v.
5,8 wenn jemand die Seinen nicht v.
16 Witwen anbefohlen, so v. sie diese

Versorgung

Apg 6,1 weil ihre Witwen übersehen wurden bei der täglichen V.

verspeien

Mk 10,34 werden ihn verspotten und v. Lk 18,32

versperren

Hes 39,11 das wird den Wanderern den Weg v.
Hos 2,8 ich will ihr den Weg mit Dornen v.

verspotten

Ri 8,15 um derentwillen ihr mich v. habt
1Kö 18,27 als es Mittag wurde, v. sie Elia
2Kö 2,23 kamen kleine Knaben und v. (Elisa)
2Ch 29,8 hat sie dahingegeben, daß man sie v.
30,10 die v. sie Neh 2,19
36,16 sie v. die Boten Gottes
Hi 16,20 meine Freunde v. mich
22,19 der Unschuldige wird sie v.
Ps 22,8 alle, die mich sehen, v. mich
80,7 unsre Feinde v. uns
102,9 die mich v., fluchen mit meinem Namen
Spr 17,5 wer den Armen v., verhöhnt dessen Schöpfer
30,17 ein Auge, das den Vater v.
Jer 14,21 laß den Thron... nicht v. werden
Hes 36,30 daß euch die Heiden nicht mehr v.
Wsh 11,14 den sie einst v. hatten

Sir 13,8 und v. dich noch zuletzt
20,19 von wie vielen wird er v.
Bar 6,44 v. sie die andere, weil
1Ma 7,34 Nikanor v. sie mit ihrem Gottesdienst
Mt 20,19 den Heiden überantworten, damit sie ihn v. Mk 10,34; Lk 18,32
27,29 v. ihn und sprachen 31; Mk 15,20.31; Lk 22,63; 23,11.36

versprechen

4Mo 30,7 hat sie unbedacht etwas v. 9
Esr 10,16 taten, wie sie v. hatten
Est 4,7 Summe des Silbers, das Haman v. hatte
Spr 25,14 wer Geschenke v. und hält's nicht
1Ma 10,15 was Demetrius dem Jonatan v. hatte
24 ich will ihnen Geschenke v.
11,53 hielt nichts von dem, was er v.
13,38 was wir v. haben, soll gehalten werden
2Ma 4,8 er v. dem König Silber 9.24.45
9,14 v., daß die heilige Stadt frei
11,14 v. ihnen, den König dahin zu bringen
12,11 v., sie wollten ihm Vieh liefern
Mt 14,7 darum v. er ihr mit einem Eid
Mk 14,11 sie v., ihm Geld zu geben Lk 22,5
2Pt 2,19 und v. ihnen Freiheit, obwohl sie

Versprechung

Sir 20,25 mancher macht aus Scham seinem Freund V.

versprengen

1Mo 49,7 will sie v. in Jakob
Neh 1,9 v. wäret bis an des Himmels Ende
Jes 56,8 der die V. Israels sammelt
Jer 49,5 sollt in alle Richtungen v. werden
Hes 20,23 ich schwor, sie in die Länder zu v. 36,19

verspüren

2Ma 3,17 daß alle, die ihn sahen, v. mußten
13,18 als der König v. hatte, daß die Juden

Verstand

2Mo 31,3 habe ihn erfüllt mit Weisheit und V. 36,1
5Mo 32,28 kein V. wohnt in ihnen
1Sm 25,3 Abigajil war eine Frau von V. und schön
1Kö 3,11 bittest um V., recht zu richten
5,9 Gott gab Salomo Weisheit und V. 1Ch 22,12
7,14 ein Kupferschmied, voll V. und Kunst
Hi 12,3 ich hab ebenso V. wie ihr
12 soll Weisheit sein und V. nur bei Alten
13 sein ist Rat und V.
20 er nimmt weg den V. der Alten
17,4 hast ihrem Herzen den V. verborgen
34,16 hast du, so höre das
38,2 verdunkelt mit Worten ohne V. 42,3
39,17 Gott hat ihr keinen V. zugeteilt
Ps 32,9 wie Rosse und Maultiere, die ohne V. sind
Spr 3,5 verlaß dich nicht auf deinen V.
8,5 ihr Toren, nehmet V an
14 ich habe V. und Macht
9,10 den Heiligen erkennen, das ist V.
10,20 der Gottlosen V. ist wie nichts
17,16 wo er doch ohne V. ist
21,30 kein V. besteht vor dem HERRN
24,3 durch V. (wird ein Haus) erhalten
28,16 wenn ein Fürst ohne V. ist

Verstand 1506

Spr	28,26	wer s. auf seinen V. verläßt, ist ein Tor
Pr	2,21	Mensch, der seine Arbeit mit V. getan hat
	26	dem Menschen, der ihm gefällt, gibt er V.
	10,3	auch wenn der Tor... fehlt es ihm an V.
Jes	11,2	auf ihm wird ruhen der Geist des V.
	29,14	daß der V. sich verbergen müsse
	24	welche irren, werden V. annehmen
	40,14	und weise ihm den Weg des V.
	28	sein V. ist unausforschlich
	44,19	kein V. ist da
	56,11	Hirten, die keinen V. haben
Jer	5,21	tolles Volk, das keinen V. hat
	10,12	den Himmel ausgebreitet durch V. 51,15
Hes	28,4	durch V. habest du dir Macht erworben
Dan	1,17	diesen vier gab Gott V. 5,12.14
	2,21	er gibt den Verständigen ihren V.
	4,31	mein V. kam mir wieder 33
Sir	16,22	das meinen nur Leute, denen es an V. fehlt
	17,5	er gab ihnen V. zum Denken
	19,5	wer etwas nachschwatzt, dem fehlt es an V.
	22,10	Narren... denn der V. ist ihm erloschen
	24,36	er läßt V. überströmen wie der Euphrat
	47,28	(einen Mann ohne Weisheit) und V.
Bar	3,32	hat (Weisheit) durch seinen V. gefunden
Lk	2,47	alle verwunderten sich über seinen V.
1Ko	1,19	den V. der Verständigen will ich verwerfen
	14,15	will beten mit dem Geist und mit dem V.
	19	will lieber fünf Worte reden mit meinem V.
Eph	4,18	ihr V. ist verfinstert
2Ti	2,7	der Herr wird dir V. geben
Off	13,18	wer V. hat, der überlege die Zahl des Tieres

Spr	28,2	durch einen v. Mann gewinnt das Recht
	7	wer die Lehre bewahrt, ist ein v. Sohn
	11	ein v. Armer durchschaut ihn
Dan	1,4	junge Leute, die klug und v. wären 20
	2,14	da wandte sich Daniel v. an Arjoch
	21	er gibt den V. ihren Verstand
	11,33	die V. werden zur Einsicht verhelfen 35
	12,10	die V. werden's verstehen
Wsh	7,22	es wohnt in ihr ein Geist, der v. ist 23
Sir	1,24	diese Weisheit macht die Leute v.
	6,36	wo du einen v. Mann siehst
	37	der wird dein Herz v. machen
	7,21	trenne dich nicht von einer v. Frau
	27	gib sie einem v. Mann
	9,22	besprich dich mit den V.
	10,1	wo ein V. ist, herrscht Sicherheit
	26	es ist nicht recht, einen V. zu verachten
	13,27	wenn er v. redet, läßt man's nicht gelten
	18,28	wer v. ist, ehrt die Weisheit
	22,20	ein Herz, das festhält an v. Erkenntnis
	25,11	wohl dem, der eine v. Frau hat 26,16
	33,3	ein v. Mensch vertraut dem Gesetz
	36,21	so merkt ein v. Herz die falschen Worte
Bar	2,31	ich will ihnen ein v. Herz geben
Mk	6,52	sie waren um nichts v. geworden
	12,34	als Jesus sah, daß er v. antwortete
Apg	13,7	bei dem Statthalter, einem v. Mann
	28,27	*daß sie nicht v. werden und sich bekehren*
Rö	3,11	da ist keiner, der v. ist
1Ko	1,19	den Verstand der V. will ich verwerfen
	10,15	ich rede zu v. Menschen

verständig

1Mo	41,33	sehe der Pharao nach einem v. Mann 39
2Mo	35,31	daß er v. und geschickt sei zu jedem Werk
5Mo	1,13	schafft herbei weise, v. Leute 4,6
	29,3	noch nicht ein Herz gegeben, das v. wäre
1Sm	16,18	Sohn Isais, v. in seinen Reden und schön
1Kö	3,12	ich gebe dir ein weises und v. Herz
1Ch	27,32	Jonatan, ein v. und schriftkundiger Mann
2Ch	2,11	daß er David einen v. Sohn gegeben hat
	12	sende einen v. Mann, Hiram, meinen Berater
Esr	8,16	sandte ich ihn v. Sippenhäupter
Hi	11,12	kann ein Hohlkopf v. werden
	32,8	der Odem des Allmächtigen, der v. macht
	34,2	ihr V., merkt auf mich
	34	v. Leute werden zu mir sagen
	38,36	wer gibt v. Gedanken
Ps	2,10	so seid nun v., ihr Könige
	36,4	v. und gut handeln sie nicht mehr
	49,4	was mein Herz sagt, soll v. sein
Spr	1,2	zu verstehen v. Rede
	5	wer v. ist, der lasse sich raten
	8,9	sie sind alle recht für die V.
	10,13	auf den Lippen des V. findet man Weisheit
	11,12	ein v. Mann schweigt stille 12,23
	14,6	dem V. ist die Erkenntnis leicht
	33	im Herzen des V. ruht Weisheit
	15,21	ein v. Mann bleibt auf dem rechten Wege
	16,21	ein v. wird gerühmt als ein weiser Mann
	17,10	ein Scheltwort dringt tiefer bei dem V.
	24	ein V. hat die Weisheit vor Augen
	27	ein v. Mann wird nicht hitzig
	28	ein Tor würde gehalten für v., wenn er
	18,15	ein v. Herz erwirbt Einsicht
	19,8	der V. findet Gutes
	14	eine v. Ehefrau kommt vom HERRN
	25	weist man den V. zurecht, so gewinnt er
	26,16	die da wissen, v. zu antworten

verständlich

Neh	8,8	legten das Buch des Gesetzes v. aus
Wsh	10,21	machte die Sprache der Unmündigen v.
1Ko	14,15	*will auch v. beten; v. singen*
	19	*lieber fünf Worte mit v. Sinn*

Verständnis

Dan	9,22	um dir zum rechten V. zu verhelfen
Lk	24,45	da öffnete er ihnen das V.
Eph	3,4	*mein V. des Geheimnisses Christi*
Kol	2,2	zu allem Reichtum an V.

verstärken

Nah	3,14	v. deine Bollwerke
1Ma	2,43	zu ihnen kamen... und v. sie

Versteck

Jos	8,19	brach der Hinterhalt auf aus seinem V. Ri 20,33
2Sm	17,9	hat sich verkrochen in... sonst einem V.
Hi	38,40	wenn (Löwen) lauern in ihrem V. Ps 17,12
Hl	2,14	meine Taube im V. der Felswand
Jer	25,38	hat sein V. verlassen wie ein junger Löwe
	49,10	habe seine V. aufgedeckt

verstecken

1Mo	3,8	Adam v. sich vor dem Angesicht Gottes 10
Jos	2,6	sie hatte sie unter die Flachsstengeln v.
	10,16	die fünf Könige hatten sich v.
Ri	9,5	Jotam hatte sich v.
1Sm	10,22	er hat sich bei dem Troß v.
	19,2	hüte dich morgen früh und v. dich
	23,23	erkundet jeden v. Ort

1Kö	18,4	nahm Obadja 100 Propheten und v. sie 13	Jes	29,16	ein Bildwerk spräche: Er v. nichts
2Kö	6,29	aber sie hat ihren Sohn v.		41,20	damit man merke und v.
	11,3	(Joasch) war v. im Hause des HERRN 2Ch 22,12		44,18	sie wissen nichts und v. nichts
			Hes	3,6	deren Worte du nicht v. könntest
1Ch	21,20	Arauna sah den Engel und v. sich	Dan	1,17	Daniel v. sich auf Gesichte jeder Art
2Ch	18,24	von e. Kammer in die andere, um dich zu v.		8,15	als ich dies Gesicht gerne v. hätte 16; 9,23; 10,1.12
	22,9	fing (Ahasja) in Samaria, wo er sich v.		12,8	ich hörte es, aber ich v.'s nicht
Hi	18,10	sein Strick ist v. in der Erde		10	alle Gottlosen werden's nicht v., aber die Verständigen werden's v.
Jer	13,4	v. (den Gürtel) in einer Felsspalte 5-7			
	16,17	daß sie sich nicht vor mir v. können	Hos	14,10	wer ist weise, daß er dies v.
Am	9,3	wenn sie sich auch v. oben auf dem Karmel	Wsh	6,2	hört nun, ihr Könige, und v.
Tob	2,4	nachdem er die Leiche v. hatte		8,8	die Weisheit v. sich auf gewandte Rede
Sir	37,5	wenn es Kampf gibt, v. sie sich		9,11	sie weiß und v. alles
1Ma	1,56	das Volk Israel sich v. mußte		14,4	auch ohne die Kunst des Seemanns zu v.
	2,31	um sich heimlich in der Wüste zu v.	Sir	5,14	v. du etwas von der Sache, so erkläre es
	9,38	sie v. sich hinter dem Berg		18,29	wer Weisheitslehren recht v.
	10,80	merkte, daß Leute hinter ihm v. waren		21,8	wer zu reden v., ist weithin bekannt
	16,15	heimlich v. er dort Kriegsvolk		27	die Schwätzer reden, wovon sie nichts v.
2Ma	1,19	Feuer in der Höhlung e. Brunnens v. 33; 2,1		34,9	ein Mann, der herumgekommen ist, v. viel
	2,5	eine Höhle; darin v. er die Stiftshütte		10	wer nicht erfahren ist, der v. wenig
	10,37	Timotheus, der sich in einer Zisterne v.		38,35	jeder v. sich auf sein Handwerk
StD	1,16	Ältesten, die sich v. hatten 18	Mt	13,11	gegeben, die Geheimnisse zu v. Lk 8,10
	37	ein junger Mann, der sich v. hatte		13	sie v. es nicht 14.15; Mk 4,12; Lk 8,10; Jh 12,40; Apg 28,26.27
1Th	2,5	nie umgegangen mit v. Habsucht		19	wenn jemand das Wort hört und nicht v. 23
		verstehen		51	habt ihr das alles v.
1Mo	11,7	daß keiner des andern Sprache v.		16,9	v. ihr noch nicht 11; Mk 8,17
	42,23	wußten nicht, daß es Josef v.		12	da v. sie, daß 17,13; 21,45; Mk 12,12; Lk 20,19
2Mo	28,3	sollst reden mit allen, die ich solch darauf v.	Mk	4,13	v. ihr dies Gleichnis nicht, wie wollt ihr dann die andern v.
	35,25	alle Frauen, die diese Kunst v. 26			
5Mo	1,39	Kinder, die weder Gutes noch Böses v.		9,32	sie v. das Wort nicht 14,68; Lk 2,50; 9,45; 18,34; Jh 8,27; 10,6; 12,16; 20,9
	28,49	ein Volk, dessen Sprache du nicht v. Jes 33,19; Jer 5,15			
	32,29	daß sie weise wären und dies v. Jer 9,11	Lk	12,56	*das Aussehen der Erde v. ihr zu prüfen*
1Kö	3,9	damit er v. (könne), was gut und böse ist		24,45	Verständnis, so daß sie die Schrift v.
	5,20	der Holz zu hauen v. 2Ch 2,7	Jh	7,15	wie kann dieser die Schrift v.
2Kö	18,26	rede aramäisch, denn wir v.'s Jes 36,11		8,43	warum v. ihr meine Sprache nicht
1Ch	15,22	unterwies sie im Singen; er v. sich darauf		13,7	was ich tue, das v. du jetzt nicht
	28,9	der HERR v. alle Dichten und Trachten	Apg	7,25	seine Brüder sollten's v.; aber sie v.'s nicht
2Ch	2,6	der Bildwerk zu schnitzen v. 13		8,30	v. du auch, was du liest
	30,22	die sich gut auf den Dienst des HERRN v.		25,20	da ich von diesem Streit nichts v.
Neh	8,2	vor alle, die es v. konnten 3.8.12; 10,29		26,26	der König v. sich auf diese Dinge
Est	1,13	den Weisen, die sich auf die Gesetze v.	Rö	10,19	ich frage: Hat es Israel nicht v.
Hi	13,1	ich hab's v.		15,21	die nichts gehört haben, sollen v.
	15,9	was v. du, das uns nicht bekannt ist	1Ko	2,14	*es muß geistlich v. sein*
	26,14	wer will den Donner seiner Macht v.		14,2	niemand v. ihn
	32,9	die Alten v. nicht, was das Rechte ist		11	werde ich den nicht v., der redet
	34,27	sie v. keinen seiner Wege		20	seid nicht Kinder, wenn es ums V. geht
	36,29	wer v., wie er die Wolken türmt	2Ko	1,13	ich hoffe, ihr werdet es noch völlig v. 14
	42,3	was mir zu hoch ist und ich nicht v.		10,12	*weil sie ... v. sie nichts*
Ps	64,6	sie v. sich auf ihre bösen Anschläge	Eph	3,20	der tun kann über alles hinaus, was wir v.
	106,7	unsre Väter wollten deine Wunder nicht v.		5,17	v., was der Wille des Herrn ist
	119,27	laß mich v. den Weg deiner Befehle	1Ti	1,7	v. selber nicht, was sie sagen
	125	daß ich v. deine Mahnungen	2Pt	2,12	sie lästern, wovon sie nichts v. Jud 10
	139,2	du v. meine Gedanken von ferne		3,16	Briefe, in denen einige Dinge schwer zu v. sind
Spr	1,2	zu v. verständige Rede 6	Heb	3,10	sie v. meine Wege nicht
	2,5	dann wirst du die Furcht des HERRN v. 9		11,14	geben sie zu v., daß sie ein Vaterland suchen
	20,24	welcher Mensch v. seinen Weg			
	28,5	böse Leute v. nichts vom Recht; die aber nach dem HERRN fragen, v. alles			**versteifen**
			2Kö	17,14	sie v. ihren Nacken wie ihre Väter
	29,19	wenn sie sich auch v., nimmt er sie nicht			
	30,18	vier v. ich nicht			**verstellen**
Pr	4,13	ein König, der nicht v., sich raten zu l.	Spr	26,24	der Hasser v. sich mit seiner Rede
	6,8	daß er v., unter den Lebenden zu wandeln	Sir	4,18	wenn sie sich auf anfangs v.
	8,1	wer v. etwas zu deuten		20	wird sie sich nicht mehr v.
Jes	1,3	Volk v.'s nicht	Mt	6,16	sie v. ihr Gesicht, um sich zu zeigen
	6,9	höret und v.'s nicht 10; Mt 13,14.15; Mk 4,12; Lk 8,10; Jh 12,40; Apg 28,26.27			
	28,9	wem will er Offenbarung zu v. geben			

verstellen

2Ko 11,13 solche v. sich als Apostel Christi
      14 er selbst, der Satan, v. sich 15

verstocken

2Mo 4,21 will (des Pharao) Herz v. 7,13.22; 8,15; 9,7.12. 35; 10,20.27; 11,10; 14,4.8
     14,17 will das Herz der Ägypter v.
5Mo 2,30 der HERR v. ihm sein Herz Jos 11,20
     29,18 wenn ich wandle nach meinem v. Herzen
1Sm 6,6 warum v. ihr euer Herz, wie die Ägypter v.
2Ch 36,13 (Zedekia) v. sein Herz
Ps 95,8 v. euer Herz nicht Heb 3,8.15; 4,7
   119,70 ihr Herz ist völlig v.
Jes 6,10 v. das Herz dieses Volks
   63,17 warum läßt du uns unser Herz v.
Jer 3,17 wandeln nach ihrem v. Herzen 7,24; 11,8; 16,12; 18,12
   9,13 folgen ihrem v. Herzen 13,10; 23,17
Klg 3,65 laß ihnen das Herz v. werden
Hes 2,4 haben harte Köpfe und v. Herzen 3,7
Hos 13,8 ich will ihr v. Herz zerreißen
Sa 7,11 v. ihre Ohren, um nicht zu hören
Mt 13,15 das Herz dieses Volkes ist v.
Mk 3,5 war betrübt über ihr v. Herz
Jh 12,40 hat ihre Augen verblendet und ihr Herz v.
Apg 7,51 ihr Halsstarrigen, mit v. Herzen
   19,9 als einige v. waren und nicht glaubten
   28,27 das Herz dieses Volkes ist v.
Rö 2,5 du mit deinem v. Herzen häufst dir Zorn an
   9,18 er v., wen er will
   11,7 die andern sind v., (wie geschrieben steht)
2Ko 3,14 ihre Sinne wurden v.
Heb 3,13 daß nicht jemand unter euch v. werde

Verstocktheit

Ps 81,13 dahingegeben in die V. ihres Herzens

Verstockung

Rö 11,25 V. ist einem Teil Israels widerfahren
Eph 4,18 entfremdet dem Leben durch die V.

verstopfen

1Mo 8,2 die Brunnen der Tiefe wurden v.
   26,15 hatten (die Philister) alle Brunnen v. 18
2Kö 3,19 werdet v. alle Wasserbrunnen 25
Ps 63,12 die Lügenmäuler sollen v. werden
Spr 21,13 wer s. Ohren v. vor dem Schreien des Armen
Sa 14,5 das Tal Hinnom wird v. werden
Jdt 16,5 die Schar seiner Krieger v. die Bäche

verstorben

5Mo 25,6 soll gelten als Sohn seines v. Bruders
Rut 4,5 um den Namen des V. zu erhalten 10
Ps 88,11 werden die V. aufstehen und dir danken
Wsh 4,16 es verurteilt der v. Gerechte
Jh 11,39 spricht zu ihm Marta, die Schwester des V.
   44 der V. kam heraus
Apg 25,19 sie hatten Streit mit ihm über einen v. Jesus

verstören

Hi 16,7 nun hat Er alles v., was um mich ist
Hes 3,15 blieb dort sieben Tage ganz v.
Mk 9,6 sie waren ganz v.

verstoßen

1Mo 3,14 seist du v. aus allen Tieren
3Mo 21,7 sollen keine zur Frau nehmen, die v. ist 14; Hes 44,22
   22,13 wird sie v. und kehrt zurück
4Mo 30,10 das Gelübde einer V. gilt
5Mo 30,1 Heiden, unter die dich der HERR v. hat
   4 wenn du bis ans Ende des Himmes v. wärst
Ri 6,13 nun hat uns der HERR v.
1Sm 12,22 der HERR v. sein Volk nicht Ps 94,14
   26,19 verflucht, weil sie mich heute v.
2Sm 14,13 nicht zurückholen läßt, den er v. hat 14
1Kö 2,27 so v. Salomo den Abjatar
2Kö 21,14 wer übrigbleiben wird, den will ich v.
2Ch 11,14 Jerobeam (hatte die Leviten) v. 13,9
   26,21 Usija war v. vom Hause des HERRN
Hi 8,4 hat sie v. um ihrer Sünde willen
   18,18 wird vom Erdboden v. werden
Ps 27,9 v. nicht im Zorn deinen Knecht
   31,23 ich bin von deinen Augen v.
   43,2 warum hast du mich v. 44,10; 74,1; 88,15
   44,24 v. uns nicht für immer
   60,3 der du uns v. hast 12; 108,12
   77,8 wird denn der Herr auf ewig v.
   89,39 nun hast du v. Jes 2,6; Jer 7,29
Jes 27,13 es werden kommen die V. im Lande Ägypten
   49,21 ich war vertrieben und v.
   54,6 wie könnte es v. bleiben
   66,5 eure Brüder, die euch hassen und v.
Jer 7,15 euch von m. Angesicht v., wie ich v. habe
   8,3 Orten, wohin ich sie v. 24,9; 29,14.18
   12,7 ich habe mein Erbe v.
   16,13 will euch aus diesem Lande v. 27,10.15
   15 aus allen Ländern, wohin er sie v. hatte 23,3. 8; 32,37; 46,28; Dan 9,7
   17,4 sollst aus deinem Erbe v. werden
   22,28 ist denn Konja ein v. Mann
   23,2 ihr habt meine Herde v.
   30,17 weil man dich nennt: „die V."
Klg 3,31 der Herr v. nicht ewig
Hes 4,13 Heiden, zu denen ich sie v. 12,15; 22,15
   28,16 da v. dich vom Berge Gottes
Dan 4,22 man wird dich aus der Gemeinschaft der Menschen v. 29.30; 5,21
Jo 2,20 will den Feind in ein wüstes Land v.
Jon 2,5 ich dachte, ich wäre von deinen Augen v.
Mi 4,6 will die V. zusammenbringen 7
Sa 10,6 wie sie waren, als ich sie nicht v. hatte
Mal 2,16 wer ihr aber gram ist und sie v.
Wsh 2,12 hält uns vor, daß wir gegen die Zucht v.
Sir 7,28 hast du eine Frau, v. sie nicht
   13,13 damit du nicht v. wirst
   28,18 ein Schandmaul v. redliche Frauen
Bar 3,8 Gefangenschaft, in die du uns v. hast
Apg 13,22 als er diesen v. hatte, erhob er David
Rö 11,1 hat Gott sein Volk v. 2
1Ko 5,2 so daß ihr den aus eurer Mitte v. hättet 13
   7,11 daß der Mann seine Frau nicht v. soll

verstreuen

5Mo 30,3 unter die dich der HERR v. hat
Neh 4,13 sind und von der Mauer weit v.
Ps 1,4 wie Spreu, die der Wind v.
   147,2 der HERR bringt zusammen die V. Israels
Jer 40,7 Hauptleute, die im Lande v. waren 12.13
Hes 6,5 will eure Gebeine v.
1Ma 11,4 Leichname, die überall v. umherlagen

Jh	11,52	die v. Kinder Gottes zusammenzubringen
1Pt	1,1	die v. wohnen in Pontus

verstricken

5Mo	7,25	damit du dich nicht darin v.
Ps	9,17	der Gottlose ist v. in dem Werk s. Hände
Spr	29,6	wenn ein Böser sündigt, v. er sich selbst
Pr	9,12	werden auch die Menschen v. zur bösen Zeit
Jes	8,15	daß viele v. und gefangen werden 28,13
Apg	8,23	ich sehe, du bist v. in Ungerechtigkeit
2Ti	2,4	*kein Kriegsmann v. sich in ... des Lebens*
2Pt	2,20	entflohen dem Unrat der Welt ... aber wiederum in diesen v.

Verstrickung

1Ti	6,9	die reich werden wollen, die fallen in V.
2Ti	2,26	nüchtern zu werden aus der V. des Teufels

verstümmeln

2Ma	7,5	als er nun so v. war
	8,24	nachdem sie den größeren Teil v. hatten

verstummen

Ps	31,19	v. sollen die Lügenmäuler
	39,3	ich bin v. und still und schweige
Jes	53,7	wie ein Schaf, das v. vor seinem Scherer
Mt	22,12	er aber v.
Mk	1,25	v. und fahre aus von ihm Lk 4,35
	4,39	sprach zu dem Meer: Schweig und v.
Lk	1,20	*du wirst v. und nicht reden können*
Apg	8,32	wie ein Lamm, das vor seinem Scherer v.

versuchen

1Mo	22,1	nach diesen Geschichten v. Gott Abraham
2Mo	15,25	gab ihnen Gesetz und Recht und v. sie
	17,2	warum v. ihr den HERRN 7; 5Mo 6,16; 33,8; Ps 95,9
	20,20	Gott ist gekommen, euch zu v.
4Mo	14,22	die mich nun zehnmal v. haben
5Mo	4,34	oder ob je ein Gott v. hat, hinzugehen
	6,16	sollt ihr nicht v. Mt 4,7; Lk 4,12
	8,2	daß er dich demütigte und v. 16; 13,4
	28,56	v., ihre Fußsohle auf die Erde zu setzen
Ri	6,39	will's nur noch einmal v. mit der Wolle
1Sm	17,39	denn er hatte es noch nie v.
2Ch	32,31	verließ ihn Gott, um ihn zu v.
Hi	4,2	wenn man v., mit dir zu reden
Ps	78,18	sie v. Gott in ihrem Herzen 41.56; 106,14
Pr	7,23	das alles hab ich v. mit der Weisheit
Jes	7,12	damit ich den HERRN nicht v.
Dan	1,12	v.'s mit deinen Knechten zehn Tage 14
Mal	3,15	die Gottes v., bleiben bewahrt
Jdt	8,10	wer seid ihr, daß ihr den Herrn v.
	18	bedenken, wie unsre Väter v. wurden
Wsh	1,2	läßt sich finden von denen, die ihn nicht v.
	3,5	Gott v. sie und findet sie seiner wert
	11,9	als sie zwar v. worden waren
Sir	4,19	(wenn sie) ihn mit ihren Forderungen v.
	13,14	traue s. Worten nicht; er v. dich damit
	18,23	überlege gut, damit du Gott nicht v.
	44,21	für treu befunden, als er v. wurde 1Ma 2,52
	47,31	so es mit jeder Art von Abgötterei
1Ma	9,8	laßt uns v., ob wir die Feinde angreifen
2Ma	9,2	die Stadt in die Hand zu bekommen v.
Mt	4,1	von dem Teufel v. würde Mk 1,13; Lk 4,2

Mt	4,7	du sollst den Herrn nicht v. Lk 4,12
	16,1	die Pharisäer v. ihn 19,3; 22,18.35; Mk 8,11; 10,2; 12,15; Lk 10,25; Jh 8,6
Lk	5,18	sie v., ihn hineinzubringen und vor ihn
	11,16	andere v. ihn und forderten ein Zeichen
Apg	5,9	einig geworden, den Geist des Herrn zu v.
	9,26	als er nach Jerusalem kam, v. er
	13,8	v., den Statthalter vom Glauben abzuhalten
	15,10	warum v. ihr Gott dadurch, daß
	16,7	v. sie, nach Bithynien zu reisen
	24,6	er hat v., den Tempel zu entweihen
	26,21	deswegen haben die Juden v., mich zu töten
	27,12	zu v., ob sie bis nach Phönix kommen könnten
1Ko	7,5	damit euch der Satan nicht v.
	10,9	laßt uns nicht Christus v., wie einige ihn v.
	13	der euch nicht v. läßt über eure Kraft
2Ko	13,5	*v. euch selbst, ob ihr im Glauben seid*
Gal	6,1	sieh auf dich selbst, daß du nicht v. werdest
1Th	3,5	ob der Versucher euch etwa v. hätte
1Pt	4,12	*daß ihr v. werdet*
Heb	2,18	worin er selber v. worden ist, kann er helfen denen, die v. werden
	3,9	wo mich eure Väter v. und prüften
	4,15	v. worden wie wir, doch ohne Sünde
	11,17	opferte Abraham den Isaak, als er v. wurde
	29	das v. die Ägypter auch und ertranken
Jak	1,13	niemand sage, wenn er v. wird, daß er von Gott v. werde 14
Off	2,10	ins Gefängnis werfen, damit ihr v. werdet
	3,10	zu v., die auf Erden wohnen

Versucher

Mt	4,3	der V. trat zu ihm und sprach
1Th	3,5	ob der V. euch etwa versucht hätte

Versuchung

Mt	6,13	führe uns nicht in V. Lk 11,4
Mk	14,38	wachet und betet, daß ihr nicht in V. fallt
Lk	4,13	als der Teufel alle V. vollendet hatte
1Ko	10,13	bisher hat euch nur menschliche V. getroffen
1Ti	6,9	die reich werden wollen, fallen in V.
1Pt	4,12	Hitze, die euch widerfährt zu eurer V.
2Pt	2,9	weiß die Frommen aus der V. zu erretten
Heb	3,8	wie es geschah am Tage der V. in der Wüste
Off	3,10	will dich bewahren vor der Stunde der V.

versündigen

1Mo	40,1	daß sich der Mundschenk und der Bäcker v.
	42,22	v. euch nicht an dem Knaben
2Mo	5,16	du v. dich an deinem Volke
	9,27	diesmal hab ich mich v. 10,16; Jos 7,20
	34	v. sich weiter und verhärtete sein Herz
3Mo	4,13	wenn die Gemeinde aus Versehen sich v. 5,15.17; 4Mo 5,6
	16,16	Übertretungen, mit denen sie sich v. 21
4Mo	5,12	sich an (ihrem Mann) v. 27
	6,11	weil er sich an einem Toten ... v. hat
	12,11	mit der wir uns v. haben
	31,16	daß sie sich v. am HERRN 32,23
5Mo	9,16	daß ihr euch v. hattet v. 25; 20,18; 1Sm 14,34
	9,12	dein Volk hat sich v. 16; 32,51; Jos 7,11; 1Sm 14,33; 2Ch 12,2; 28,19; Jer 50,7; Klg 1,8; Hes 39,26
	31,29	weiß, daß ihr euch nach m. Tode v. werdet
Jos	22,16	wie v. ihr euch an dem Gott Israels
	20	v. sich nicht Achan am Gebannten

versündigen 1510

Jos	22,31	weil ihr euch nicht an dem HERRN v. habt
Ri	11,27	ich habe mich nicht an dir v. 1Sm 24,12
1Sm	12,23	ferne von mir, mich an dem HERRN zu v.
	19,4	es v. sich der König nicht an David 5
1Kö	21,26	(Ahab) v. sich dadurch über die Maßen
1Ch	5,25	da sie sich aber an dem Gott ihrer Väter v.
	10,13	um s. Treubruchs willen, mit dem er sich v.
2Ch	28,22	v. sich in seiner Not noch mehr 36,14
	29,6	unsere Väter haben sich v. 19; 30,7
Hi	2,10	in diesem allen v. sich Hiob nicht
Spr	14,21	wer seinen Nächsten verachtet, v. sich
Hes	28,16	wurdest voll Frevels und hast dich v.
	29,16	sich auf sie verläßt und sich damit v.
Dan	9,8	schämen, daß wir uns an dir v. haben
Hos	10,8	Höhen, auf denen sich Israel v.
	13,1	danach v. (Ephraim) sich durch Baal
Jdt	5,19	solange sie sich nicht an Gott v. 22.23
	12,2	nichts essen, damit mich nicht v.
Sir	23,33	zum andern v. sie sich an ihrem Mann
2Ma	10,4	wenn sie sich auch einmal v. würden
	13,8	weil er sich an dem Altar v. hatte
Apg	25,8	weder am Tempel noch am Kaiser v.

vertauschen

Hes	48,14	dürfen nichts davon v.
Rö	1,23	haben die Herrlichkeit Gottes v. mit einem Bild
	26	ihre Frauen haben den natürlichen Verkehr v. mit dem widernatürlichen

verteidigen

Est	8,11	ihr Leben zu v. 9,16
Hi	13,7	wollt ihr Gott v. mit Unrecht
Jes	41,21	sagt an, womit ihr euch v. wollt
Jdt	7,9	die Kinder Israel v. das Gebirge
Wsh	5,17	er wird sich mit seinem Arm v.
Sir	4,33	v. die Wahrheit bis in den Tod
1Ma	4,61	Festung, in der sie sich v. konnten
Apg	24,10	will ich meine Sache unerschrocken v.
	25,8	Paulus aber v. sich
	16	bevor er Gelegenheit hatte, sich zu v.
2Ko	12,19	daß wir uns vor euch v.
Phl	1,7	wenn ich das Evangelium v. und bekräftige

Verteidiger

Wsh	12,12	hintreten als V. für ungerechte Menschen

Verteidigung

Apg	26,24	als er dies zu seiner V. sagte
2Ko	7,11	welches Mühen hat das in euch gewirkt, dazu V., Unwillen
Phl	1,16	daß ich zur V. des Evangeliums hier liege

verteilen

1Mo	33,1	v. seine Kinder auf Lea und Rahel
Jos	14,5	die *Israeliten v. das Land 18,10
Ri	5,30	sie werden wohl Beute finden und v.
2Ch	11,23	er v. seine Söhne in die Gebiete von Juda
Hi	40,30	meinst du, die Händler (werden) ihn v.
Ps	60,8	ich will Sichem v. 108,8
	78,55	und v. ihr Land als Erbe
Pr	11,2	v. (dein Brot) unter sieben oder acht
Dan	11,24	wird Raub an seine Leute v.
Sa	14,1	unter sich v. wird, was man dir geraubt
Jdt	16,29	hatte sie ihr Hab und Gut v.

Sir	42,3	das Erbteil der Freunde gerecht zu v.
1Ma	3,36	sollte das Land durchs Los an sie v.
	6,24	unsere Landsleute v. unser Erbe
	35	sie v. die Elefanten 2Ma 15,20
	54	hatten sich auf andere Städte v. müssen
	11,47	die Juden v. sich über die Stadt
Mt	27,35	v. sie seine Kleider Mk 15,24; Lk 23,34
Lk	11,22	nimmt ihm s. Rüstung und v. die Beute

Verteilung

Jos	19,51	sie vollendeten so die V. des Landes

vertilgen

1Mo	6,7	will die Menschen v. von der Erde 7,4.23
	34,30	so werde ich v. samt meinem Hause
2Mo	8,5	bitten, daß die Frösche v. werden
	9,15	daß du von der Erde v. würdest
	23,23	ich will sie v. 32,10
	32,12	sollen die Ägypter sagen: Er hat sie v.
	33,3	ich würde dich unterwegs v. 5
3Mo	23,30	den will ich v. aus seinem Volk
	26,30	will eure Opferhöhen v. 4Mo 33,52
4Mo	14,12	will sie mit der Pest schlagen und v. Jer 24,10
	16,21	damit ich sie im Nu v. 17,10
	17,27	wir werden alle v. und kommen um
	25,11	daß ich nicht die *Israeliten v. 5Mo 4,3; Hes 20,17
5Mo	1,27	in die Hände der Amoriter v., um uns zu v.
	2,12	die Söhne Esau v. sie 23
	15	um sie aus dem Lager zu v.
	21	der HERR v. sie vor ihnen 22; 9,3; 31,3.4; Jos 9,24; 24,8; 2Kö 21,9; 1Ch 5,25; 2Ch 33,9; Am 2,9
	4,26	werdet v. werden 28,20.21.24.45.48.51.61.63; Jos 23,15; Hos 7,13
	6,15	daß nicht der Zorn des HERRN dich v. 7,4; 9,8.19.20
	7,16	du wirst alle Völker v. 22-24
	9,14	laß ab von mir, damit ich sie v. 25
	12,3	v. ihren Namen von jener Stätte
	30	es ihnen nachzutun, nachdem sie v. sind
	33,27	er hat geboten: V. Jos 11,20
Jos	11,14	erschlugen sie, bis sie v. waren 1Sm 15,18
2Sm	4,11	sollte ich nicht euch von der Erde v.
	14,7	so wollen sie auch den Erben v. 11.16
	21,5	von dem Mann, der uns v. wollte
	22,38	meinen Feinden jagte ich nach und v. sie
1Kö	13,34	dem Hause Jerobeams, so daß es v. wurde 15,29; 16,12; 2Kö 10,17
	21,21	will dich v. samt deinen Nachkommen
2Kö	10,28	so v. Jehu den Baal aus Israel
	19,18	Götter; darum haben sie sie v. Jes 37,19
2Ch	8,8	ihre Nachkommen, die Israel nicht v.
	20,23	gegen die vom Gebirge Seïr, um sie zu v.
	32,21	Engel; der v. alle Kriegsleute von Assur
Est	3,6	trachtete, alle Juden zu v. 13; 4,7.8; 7,4
	8,11	die sie angreifen würden, zu v.
Hi	4,7	wo wurden die Gerechten je v.
	9	sind vom Schnauben seines Zorns v.
	8,18	wenn man ihn v. von seiner Stätte
	22,20	unser Widersacher ist v.
Ps	8,3	daß du v. den Feind und den Rachgierigen
	9,6	ihren Namen v. du auf immer und ewig
	37,38	die Übertreter werden miteinander v.
	54,7	v. sie um deiner Treue willen
	57,1	nach der Weise: „V. nicht" 58,1; 59,1; 75,1
	59,14	v. sie ohne alle Gnade, v. sie

Vertrauter

Ps	78,38	v. sie nicht und wandte oft seinen Zorn ab
	83,11	die v. wurden bei En-Dor
	92,8	die Übeltäter blühen – nur um v. zu werden
	94,23	wird sie um ihrer Bosheit willen v.
	106,23	er gedachte, sie zu v.
	34	auch v. sie die Völker nicht
	145,20	der HERR wird v. alle Gottlosen
Spr	2,22	die Treulosen (werden) daraus v.
	14,11	das Haus der Gottlosen wird v.
Jes	10,7	sein Sinn steht danach, zu v.
	13,9	des HERRN Tag kommt, die Sünder zu v.
	26,14	darum hast du sie heimgesucht und v.
	29,20	v. werden alle, die darauf aus sind
	48,19	dein Name würde nicht v. werden
Jer	10,11	die Götter müssen v. werden von der Erde
	15,3	daß sie gefressen und v. werden sollen
	48,42	Moab muß v. werden
	50,21	v. sie und vollziehe den Bann
	51,55	der HERR v. das große Getümmel
Klg	2,2	hat alle Wohnungen Jakobs v. 5.8
	16	sprechen: Ha! wir haben sie v.
	3,66	v. sie unter dem Himmel des HERRN
Hes	6,6	man wird eure Machwerke v. 30,13
	36,3	weil man euch allenthalben v.
	43,8	habe sie in meinem Zorn v.
Dan	11,44	wird ausziehen, um viele zu v.
Am	2,9	v. oben seine Frucht und seine s. Wurzel
	9,8	das sündige Königreich, daß ich's v. ... das Haus Jakob nicht ganz v. will
Mi	5,13	will deine Städte v.
Ze	2,11	er wird alle Götter auf Erden v.
Hag	2,22	will die Königreiche der Heiden v. Sa 12,9
Sa	11,8	ich v. die drei Hirten in einem Monat
Wsh	3,16	Nachkommen aus gesetzwidriger Ehe v.
	12,5	die v., die Mörder ihrer Kinder waren
	8	damit sie sie nur nach und nach v. sollten
Sir	41,14	bei den Gottlosen wird auch der Name v.
	44,19	nicht mehr alles Leben v. werden sollte
1Ma	2,40	so haben uns bald von der Erde v.
	3,42	befohlen hatte, ganz Juda zu v. 52
	12,54	wollen wir ihren Namen auf Erden v.
StE	2,5	unsere Feinde wollen uns v.
	5,16	die sollen mit Schwert und Feuer v. werden
Apg	3,23	der soll v. werden aus dem Volk
	9,21	*der die v. hat, die diesen Namen anrufen*
	13,19	*v. sieben Völker in dem Lande Kanaan*

Vertrag

1Kö	5,26	schlossen miteinander einen V. 2Ch 20,35
Jes	28,15	haben mit dem Totenreich einen V. 18
Sir	14,12	bedenke, daß du keinen V. mit dem Tod hast
1Ma	8,22	ließen den V. auf eherne Tafeln schreiben
	10,26	daß ihr den V. mit uns haltet
	13,42	das Volk schrieb in Briefen und V.
2Ma	12,1	nachdem diese V. abgeschlossen waren
	13,25	sahen die Ptolemaier den V. nicht gern
	14,20	willigten sie in den V.

vertragen

4Mo	31,23	was Feuer v. ... was Feuer nicht v.
Hi	22,21	v. dich mit Gott und mache Frieden
Dan	11,17	er wird sich mit ihm v.
Mt	5,25	v. dich mit deinem Gegner sogleich
1Ko	3,2	ihr konntet sie noch nicht v.
	13,7	*(die Liebe) v. alles*
Eph	4,2	*v. einer den andern in Liebe Kol 3,13*

vertrauen

2Sm	22,31	ein Schild allen, die ihm v. Ps 18,31
2Kö	18,5	(Hiskia) v. dem HERRN, dem Gott Israels
1Ch	5,20	ließ sich erbitten; denn sie v. ihm
Hi	18,14	aus seiner Hütte verjagt, auf die er v.
Ps	17,7	du Heiland derer, die dir v.
	41,10	mein Freund, dem ich v., tritt mich
	118,8	es ist gut, auf den HERRN v. 9
Jes	59,4	man v. auf Nichtiges und redet Trug
Jer	29,31	macht, daß ihr auf Lügen v.
	39,18	weil du mir v. hast
Dan	3,28	seine Knechte errettet, die ihm v.
	6,24	denn er hatte seinem Gott v.
	9,18	wir v. nicht auf unsre Gerechtigkeit
Jdt	9,14	Frau, die auf dich v. Barmherzigkeit v.
Wsh	3,9	die auf ihn v., werden ... erfahren
	16,24	um denen wohlzutun, die dir v.
Sir	2,6	v. Gott, so wird er sich deiner annehmen 32,28; StD 1,60
	7	die ihr den Herrn fürchtet, v. ihm
	4,17	wenn er ihr v., wird er sie verlangen 19
	6,7	v. ihm nicht allzu rasch
	11,21	v. du Gott und bleibe in deinem Beruf
	32,28	dem Gesetz v., achtet auf die Gebote 33,3
	38,35	diese alle v. auf ihre Hände
1Ma	2,61	daß alle, die auf Gott v., erhalten werden
	7,7	sende jemand, dem du v., dorthin
	10,71	wenn du auf dein Kriegsvolk v.
2Ma	3,12	die auf die Heiligkeit der Stätte v. haben
	8,13	die nicht darauf v., daß Gott
StD	1,35	ihr Herz v. auf den Herrn
Mt	27,43	er hat Gott v.
Phl	2,24	ich v. in dem Herrn darauf, daß

Vertrauen

1Sm	23,16	und stärkte (Davids) V. auf Gott
2Kö	18,19	was für ein V., das du hast Jes 36,4
Hi	29,24	wenn ich ihnen zulachte, faßten sie V.
Ps	52,9	Mann, der nicht auf Gott sein V. setzte
Jdt	13,6	was ich ihm V. auf dich vorgenommen
Sir	27,17	wer ein Geheimnis preisgibt, verliert das V.
Bar	3,17	worauf die Menschen ihr V. setzen
1Ma	10,37	als Männer seines V. zu Rate ziehen
2Ma	9,27	ich habe das V. zu euch
	15,11	daß sie durch Gottes Wort V. gewannen
Mk	10,24	*die ihr V. auf Reichtum setzen*
Apg	14,3	lehrten frei und offen im V. auf den Herrn
1Ko	7,25	der durch die Barmherzigkeit des Herrn V. verdient
2Ko	1,9	damit wir unser V. nicht auf uns selbst
	15	in solchem V. wollte ich zu euch kommen
	2,3	habe zu euch das V. Gal 5,10; 2Th 3,4
	3,4	solches V. haben wir durch Christus zu Gott
	8,22	ist er noch eifriger aus großem V. zu euch
Phm	21	im V. auf deinen Gehorsam schreibe ich dir
Heb	2,13	ich will mein V. auf ihn setzen
	3,6	wenn wir das V. festhalten
	10,35	werft euer V. nicht weg

vertraut

Sir	39,3	er muß mit Rätselsprüchen v. sein
Mt	1,18	als Maria dem Josef v. war Lk 1,27; 2,5
Phl	4,12	mir ist alles und jedes v.

Vertrauter

Ps	55,14	bist du es, mein Freund und mein V.

Vertrauter 1512

Jes 42,19 wer ist so blind wie der V.
Jer 3,4 lieber Vater, du V. wie der meiner Jugend
2Ma 4,3 daß einer von Simons V. Morde verübte

vertreiben

2Mo 11,1 (der Pharao) wird euch von hier sogar v.
     23,28 Schrecken, die vor dir her v. die Hiwiter
3Mo 18,24 die ich vor euch her v. will 20,23; 5Mo 4,38; 11,23; 33,27; Jos 3,10; 13,6; 14,12; 23,5.9; Ri 11,23.24; 2Sm 7,23; 1Kö 14,24; 21,26; 2Kö 16,3; 17,8; 21,2; 2Ch 20,7; 28,3; 33,2; Ps 78,55
4Mo 21,32 sie v. die Amoriter 32,21.39; Jos 13,12
     22,6 verfluche... vielleicht kann ich's v. 11
     33,52 sollt alle Bewohner v. 55
5Mo 2,12 die Söhne Esau v. sie
     7,17 wie kann ich sie v.
     9,3 du wirst sie v. 12,2; Jos 17,18
     4 v. um ihres gottlosen Treibens 5; 18,12
Jos 13,13 v. die von... nicht 15,63; 16,10; 17,13; 23,13; Ri 1,19.21.27-33; 2,3.21.23
     15,14 Kaleb v. die drei Söhne Anaks Ri 1,20
Ri 9,29 würde ich den Abimelech v.
     11,24 die dein Gott Kemosch v.
1Sm 28,3 hatte die Zeichendeuter aus dem Lande v.
2Kö 16,6 Rezin v. die Judäer aus Elat
Hi 18,18 wird vom Licht in die Finsternis v.
Ps 36,12 die Hand der Gottlosen v. mich nicht
     44,3 hast mit deiner Hand die Heiden v. 80,9
     109,10 seine Kinder sollen v. werden
Jes 16,2 wie ein Vogel, der aus dem Nest v. wird
     49,21 ich war v. und verstoßen
     63,18 haben sie dein heiliges Volk v.
Jer 22,28 ist samt seinem Geschlecht v.
     49,36 wohin nicht V. aus Elam kommen
     51,34 Nebukadnezar hat mich v.
Klg 3,17 meine Seele ist aus dem Frieden v.
Hes 8,6 um mich von meinem Heiligtum zu v.
     11,16 habe sie unter die Heiden v. 31,11
     45,9 Leute von Haus und Hof zu v. 46,18
Am 7,17 Israel soll aus seinem Lande v. werden
Nah 3,10 dennoch wurde sie v.
Ze 2,4 Aschdod soll am Mittag v. werden
Wsh 17,8 Schrecken von den Seelen v. zu können
Tob 6,9 so v. der Rauch alle bösen Geister
     8,17 hast den Feind, der uns verfolgte, v. 12,3
     14,6 Brüder, die aus dem Land Israel v. sind
Sir 1,26 die Furcht des Herrn v. die Sünde
     28,16 ein Schandmaul v. (viele Leute) 29,25
     30,24 v. die Traurigkeit von dir
     38,7 damit heilt er und v. die Schmerzen
     47,30 daß sie aus ihrem Lande v. wurden 48,16
Bar 2,35 will mein Volk Israel nicht mehr v.
1Ma 11,8 Ptolemäus plante, Alexander zu v.
     66 v. die Bewohner aus der Stadt 13,11
     14,26 haben Israels Feinde v. 36
2Ma 5,9 wie er viele Leute v. hatte
Mk 5,10 er bat Jesus sehr, daß er sie nicht v.
     16,18 *(in meinem Namen werden sie) Schlangen v.*
Apg 7,45 die Gott v. vor dem Angesicht unsrer Väter
     13,50 v. sie aus ihrem Gebiet

vertreten

2Mo 18,19 v. du das Volk vor Gott
Esr 10,14 sollen die ganze Gemeinde v.
Hi 13,8 wollt ihr Gottes Sache v.
     17,3 wer will mich sonst v.
Jes 32,7 auch wenn der Arme sein Recht v.
Jer 7,16 sollst sie nicht v. vor mir

Rö 8,26 der Geist v. uns mit Seufzen
     27 er v. die Heiligen, wie es Gott gefällt
     34 Christus Jesus, der uns v.

vertrinken

Jo 4,3 haben Mädchen für Wein verkauft und v.

vertrocknen

1Mo 8,7 bis die Wasser v. auf Erden 13
1Kö 17,7 geschah, daß der Bach v.
Hi 14,11 ein Strom versiegt und v.
Ps 22,16 meine Kräfte sind v. wie eine Scherbe
     32,4 daß mein Saft v.
Jes 19,5 das Wasser im Nil wird v.
Jer 23,10 wegen des Fluches v. das Land
Hos 13,15 Ostwind heraufahren, daß seine Brunnen v.
Am 1,2 daß die Auen der Hirten v. werden
Sa 10,11 daß alle Tiefen des Wassers v. werden

vertrösten

2Kö 18,30 laßt euch von Hiskia nicht v. Jes 36,15

verüben

Hes 33,29 um aller Greuel willen, die sie v. haben
Dan 8,12 es wurde Frevel an dem täglichen Opfer v.
Hos 12,12 in Gilead v. sie Greuel
1Ma 2,67 Gewalttat, die an eurem Volk v. wurde
     10,46 wieviel böse Taten Demetrius v. hatte
     13,34 Tryphon hatte lauter Raub und Mord v.
     16,17 so eine schändliche Tat v. Ptolemäus
2Ma 4,3 daß einer von Simons Vertrauten Morde v.
     12,3 Leute von Joppe v. eine... Tat

verunehren

5Mo 27,16 verflucht, wer Vater oder Mutter v.
Jh 8,49 *ich ehre meinen Vater, und ihr v. mich*

verunreinigen

3Mo 11,24 an diesen werdet ihr euch v.
4Mo 6,11 weil er sich an einem Toten v. hat

Verunreinigung

3Mo 16,16 das Heiligtum entsühnen wegen der V. 19

veruntreuen

Tit 2,10 (den Sklaven sage, daß sie) nichts v.

Veruntreuung

2Mo 22,8 wenn einer den andern einer V. beschuldigt

verurteilen

Ps 94,21 sie v. unschuldig Blut
     109,31 daß er ihm helfe von denen, die ihn v.
Wsh 2,20 wir wollen ihn zu schimpflichem Tod v.
     4,16 es v. der... Gerechte die... Gottlosen
Sir 26,27 den hat Gott zum Schwert v.
Bar 6,18 wie man... verwahrt, der zum Tode v. ist
2Ma 4,47 daß er die armen Leute zum Tode v.
StD 1,41 man v. Susanna zum Tode
Mt 20,18 sie werden ihn zum Tode v. Mk 10,33

Verwandtschaft

Mt	27,3	als Judas sah, daß er zum Tode v. war
Mk	14,64	sie v. ihn alle, daß er des Todes schuldig
Rö	2,12	werden durchs Gesetz v. werden
	14,22	selig, der sich selbst nicht zu v. braucht
1Ko	4,9	Gott hat uns hingestellt wie zum Tode V.
	9,3	denen, die mich v., antworte ich so
2Ko	7,3	nicht sage ich das, um euch zu v.
2Pt	2,6	die Städte Sodom und Gomorra zum Untergang v.
Jak	4,11	wer seinen Bruder v., der v. das Gesetz
	12	wer bist du, daß du den Nächsten v.
	5,6	ihr habt den Gerechten v. und getötet
Off	19,2	daß er die große Hure v. hat, die

verwahren

1Mo	41,35	daß sie Getreide aufschütten und es v.
2Mo	9,19	v. dein Vieh und alles, was du hast
	12,6	sollt (das Lamm) v. bis zum 14. Tag
	21,29	er hat das Rind nicht v. 36
	22,6	wenn jemand Geld zu v. gibt
4Mo	17,25	damit er v. werde zum Zeichen
	19,9	damit (die Asche) dort v. werde
5Mo	32,34	ist dies nicht bei mir v.
Jos	6,1	Jericho war verschlossen und v.
Hi	14,13	daß du mich im Totenreich v. wolltest
	38,23	v. habe für die Zeit der Trübsal
Spr	7,1	v. meine Gebote bei dir
Pr	5,12	Reichtum, wohl v., wird zum Schaden
Jes	15,7	alles, was sie v. haben
	49,2	hat mich in seinem Köcher v.
Jer	36,20	ließen die Schriftrolle v. in der Halle
Hos	13,12	(Ephraims) Sünde ist sicher v.
Bar	6,18	die Priester v. die Tempel der Götzen
	59	besser eine Tür, die das Haus v., als
1Ma	4,46	sie v. die Steine auf dem Berge
Lk	19,20	dein Pfund, das ich in einem Tuch v. habe
Gal	3,23	v. und verschlossen auf den Glauben hin

verwaisen

Hos	14,4	bei dir finden die V. Gnade

verwalten

Apg	8,27	Kämmerer, welcher ihren ganzen Schatz v.

Verwalter

Jes	22,15	geh hinein zu dem V. da
Mt	20,8	sprach der Herr des Weinbergs zu seinem V.
Lk	8,3	die Frau des Chuzas, eines V. des Herodes
	12,42	wer ist der treue und kluge V. 16,8
	16,1	ein reicher Mann hatte einen V.
	2	du kannst hinfort nicht V. sein 3

Verwaltung

1Ch	26,30	zur V. Israels westlich des Jordan
2Ch	24,11	wenn man die Lade zur V. des Königs brachte
Lk	16,2	gib Rechenschaft über deine V.

verwandeln

2Mo	7,17	das Wasser soll in Blut v. werden 20; Ps 105,29
	14,5	wurde sein Herz v.
Est	9,22	sich ihre Schmerzen in Freude v. hatten
Hi	20,14	so wird sich doch seine Speise v.
	30,21	hast dich v. in einen Grausamen
Ps	30,12	hast mir meine Klage v. in einen Reigen
	66,6	er v. das Meer in trockenes Land
	78,44	als er ihre Ströme in Blut v.
	102,27	sie werden v. werden
	105,25	diesen v. er ihr Herz
	106,20	v. die Herrlichkeit ihres Gottes
Jer	31,13	will ihr Trauern in Freude v.
Jo	3,4	die Sonne soll in Finsternis v. werden
Am	8,10	will eure Feiertage in Trauer v.
Sa	14,10	das ganze Land wird v. werden
Wsh	16,21	jedem v. sie sich nach s. Verlangen 25
Sir	6,29	dein Leid wird in Freude v. werden
	39,28	als er ... Land in ein Salzmeer v.
Bar	4,34	ich will ihre Prahlerei in Klage v.
StE	2,7	v. unser Trauern in Freude
	3,9	v. sein Herz, daß er ... feind wird
Jh	16,20	eure Traurigkeit soll in Freude v. werden
Apg	2,20	die Sonne soll in Finsternis v. werden
Rö	1,23	haben v. die Herrlichkeit Gottes
	25	*die Gottes Wahrheit v. haben in Lüge*
	26	*ihre Weiber haben v. den natürl. Umgang*
1Ko	15,51	wir werden alle v. werden 52
Phl	3,21	der unsern nichtigen Leib v. wird
Heb	12,27	daß das, was erschüttert werden kann, v. werden soll
Off	11,6	haben Macht über die Wasser, sie in Blut zu v.

verwandt, Verwandter

1Mo	29,12	daß er ihres Vaters V. wäre 15
3Mo	18,14	denn sie ist deine V.
	25,25	so soll sein nächster V. kommen 4Mo 27,11
Rut	2,1	ein Mann, ein V. des Mannes der Noomi 3,2
	3,12	ist noch ein Löser da, näher v. als ich
1Kö	16,11	erschlug d. ganze Haus, seine V. 2Kö 10,11
2Kö	8,27	(Ahasja) war v. mit dem Hause Ahab
Neh	13,4	Eljaschib, ein V. des Tobija
Est	8,1	wie er mit ihr v. sei
Hi	19,13	meine V. sind mir fremd geworden
Ps	88,9	meine V. hältst du fern von mir
Jer	37,12	um mit seinen V. ein Erbe zu teilen
Hes	11,15	die Leute sagen von deinen V.
Am	6,10	nimmt dann einer seinen V.
Jdt	16,29	unter ihres Mannes V. verteilt
Wsh	8,17	die V. der Weisheit Unsterblichkeit haben
Tob	1,3	teilte alles, was er hatte, mit seinen V.
	2,14	so verlachten den Tobias seine V.
	6,12	er ist ein V. aus deinem Stamm
1Ma	10,89	wie man sie nur den V. des Königs gibt
	11,31	an „unsern V." geschrieben 32
Mk	6,4	ein Prophet gilt nirgends weniger als bei seinen V.
Lk	1,36	Elisabeth, deine V., ist schwanger
	58	die Nachbarn und V. hörten, daß
	2,44	suchten ihn unter den V. und Bekannten
	14,12	lade weder deine V. noch reiche Nachbarn ein
	21,16	werdet verraten werden von V. und Freunden
Jh	18,26	ein V. dessen, dem Petrus das Ohr
Apg	10,24	Kornelius hatte seine V. zusammengerufen

Verwandtschaft

1Mo	12,1	geh von deiner V. Apg 7,3
	24,4	daß zu ziehest zu meiner V.
	40	eine Frau nehmest von meiner V. 41
	31,3	zieh wieder zu deiner V. 13; 32,10

Verwandtschaft

1Mo	43,7	der Mann forschte nach unserer V.
4Mo	10,30	will in mein Land zu meiner V. ziehen
Tob	14,16	begrub ihn seine ganze V.
1Ma	2,17	du hast eine große V.
2Ma	5,9	um der V. willen Sicherheit zu finden gehofft
StD	1,30	sie kam mit ihrer ganzen V.
	63	lobten Gott mit der ganzen V.
Lk	1,61	ist doch niemand in deiner V., der so heißt
Apg	7,14	Josef ließ holen seine ganze V.

verwarnen

2Mo	19,21	steig hinab und v. das Volk 23
Neh	13,15	ich v. sie an dem Tage 21

verwegen

Ri	9,4	Abimelech warb damit lose, v. Männer an
Ps	59,6	die so v. Übeltäter sind
Sir	19,3	wer so v. lebt, der wird hinweggerafft

verwehen

2Sm	23,6	sind allesamt wie v. Disteln
Hi	13,25	willst du ein v. Blatt schrecken
Ps	68,3	wie Rauch v., so v. sie
	83,14	mache sie wie v. Blätter
Jes	41,2	macht sie wie v. Spreu Jer 13,24; Hos 13,3
	16	daß der Wirbelsturm sie v.
Dan	2,35	wurden wie Spreu, und der Wind v. sie
Wsh	5,15	ist wie Rauch, vom Winde v.

verwehren

1Mo	11,6	wird ihnen nichts mehr v. werden können
4Mo	24,11	der HERR hat dir die Ehre v.
	30,6	wenn ihr Vater ihr's v. 9.12
5Mo	18,14	dir hat der HERR so etwas v.
1Sm	21,6	Frauen waren uns schon etliche Tage v.
1Kö	1,6	sein Vater hatte ihm nie etwas v.
Ps	119,101	ich v. meinem Fuß alle bösen Wege
Pr	2,10	ich v. meinem Herzen keine Freude
Jer	36,5	Jeremia sprach: Mir ist's v.
Sir	5,3	denke nicht: Wer will mir's v.
Apg	10,47	kann jemand das Wasser zur Taufe v.
	16,6	vom heiligen Geist v., das Wort zu predigen
2Ko	11,10	soll mir dieser Ruhm nicht v. werden

verweigern

1Kö	20,7	ich hab ihm nichts v.
Hi	6,14	wer Barmherzigkeit seinem Nächsten v.
	27,2	der mir mein Recht v. 34,5
Ps	21,3	du v. nicht, was sein Mund bittet
Spr	30,7	das wollest du mir nicht v.
Jdt	12,13	v. es ihm nicht und komm
Sir	12,5	v. ihm dein Brot und gib ihm nichts
Lk	6,29	dem v. auch den Rock nicht

verweilen

2Sm	18,14	ich kann nicht so lange bei dir v.
Lk	1,21	*daß er so lange im Tempel v.*
Apg	15,33	als sie eine Zeitlang dort v. hatten *18,23*
	20,2	er v. allda drei Monate

verwelken

Hi	18,16	oben v. seine Zweige
Ps	1,3	seine Blätter v. nicht

Ps	37,2	wie das grüne Kraut werden sie v.
Jes	15,6	daß das Kraut v. und kein Grünes wächst
	19,6	daß Rohr und Schilf v.
	24,4	das Land verdorrt und v., der Erdkreis v.
	34,4	wie ein Blatt v. am Weinstock
	40,7	die Blume v. 8
	64,5	wir sind alle v. wie die Blätter
Hes	17,9	alle Blätter werden v.
	47,12	ihre Blätter werden nicht v.
Jo	1,12	weil der Feigenbaum v.
Nah	1,4	was auf dem Berge Libanon blüht, v.
Mt	13,6	als die Sonne aufging, v. es Mk 4,6
Jak	1,11	Sonne geht auf mit ihrer Hitze, und das Gras v.

verwenden

Hes	7,20	haben ihre Kleinode zur Hoffart v.
Jdt	11,11	wollen sogar Wein und Öl für sich v.
Bar	6,10	daß die Priester das Gold für sich v.
1Ma	10,41	soll für die Bauarbeiten v. werden
2Ma	4,19	baten, es nicht zum Opfer zu v.
Mk	5,26	*hatte all ihr Gut darauf v.*

Verwendung

2Mo	35,24	brachte es zu allerlei V. für den Dienst

verwerfen

3Mo	26,11	will euch nicht v. 44
	15	werdet ihr meine Rechte v.
4Mo	11,20	weil ihr den HERRN v. habt Hes 23,35
	14,31	daß sie das Land kennenlernen, das ihr v.
5Mo	32,15	hat den Gott v., der ihn gemacht hat
1Sm	8,7	sie haben nicht dich, sondern mich v.
	10,19	ihr habt heute euren Gott v.
	15,23	weil du des HERRN Wort v. hast 26
	23	hat er dich auch v. 26; 16,1.7; Hos 4,6
2Sm	1,21	daselbst ist der Helden Schild v.
1Kö	9,7	das Haus will ich v. 2Ch 7,20
2Kö	13,23	v. sie nicht von seinem Angesicht
	17,20	darum v. der HERR das ganze Geschlecht Israel Jes 7,29; 31,37; 33,24.26
	23,27	will diese Stadt v.
1Ch	28,9	ihn verlassen, wird er dich v. ewiglich
Hi	8,20	Gott v. die Frommen nicht 36,5
	10,3	v. mich, den deine Hände gemacht
Ps	15,4	wer die V. für nichts achtet
	51,13	v. mich nicht von deinem Angesicht
	53,6	Gott hat sie v.
	66,20	der mein Gebet nicht v.
	71,9	v. mich nicht in meinem Alter
	78,59	er v. Israel so sehr
	67	er v. das Zelt Josefs
	89,39	nun hast du verstoßen und v.
	118,22	der Stein, den die Bauleute v. haben Mt 21,42; Mk 12,10; Lk 20,17; Apg 4,11; 1Pt 2,7
	119,118	v. alle, die von deinen Geboten abirren
Spr	3,11	mein Sohn, v. die Zucht des HERRN nicht
	15,32	wer Zucht v., macht sich selbst zunichte
Jes	7,15	bis er weiß, Böses zu v. 16
	30,12	weil ihr dies Wort v. Jer 8,9
	31,7	wird ein jeder seine Götzen v.
	33,8	man v. die Zeugen
	41,9	ich erwähle dich und v. dich nicht
Jer	2,37	der HERR hat sie v., auf die du... setztest
	6,19	weil sie mein Gesetz v. Hes 5,6
	30	heißen „V. Silber"; der HERR hat sie v.
	14,19	hast du denn Juda v. Klg 5,22

verwundern

Jer	14,21	um deines Namens willen v. uns nicht
Klg	2,7	der Herr hat seinen Altar v.
Hos	4,6	du hast die Erkenntnis v.
	8,3	Israel v. das Gute
	5	dein Kalb, Samaria, v. ich
	9,17	mein Gott wird sie v.
Wsh	9,4	v. mich nicht aus der Schar deiner Kinder
Sir	41,8	die sich zu Gottlosen gesellen, werden v.
	51,28	darum werde ich nicht v. werden
StD	3,10	v. deinen Bund nicht
Mt	21,42	der Stein, den die Bauleute v. haben Mk 12,10; Lk 20,17; Apg 4,11; 1Pt 2,4.7
	24,40	*der andere wird v. werden 41; Lk 17,34-36*
Mk	8,31	der Menschensohn muß v. werden Lk 9,22
Lk	6,22	v. euren Namen als böse
	17,25	muß er v. werden von diesem Geschlecht
Rö	1,28	*hat sie Gott dahingegeben in v. Sinn*
1Ko	1,19	den Verstand der Verständigen will ich v.
Heb	12,17	ihr wißt, daß er hernach v. wurde
Off	12,10	denn der Verkläger unserer Brüder ist v.
	18,21	*so wird v. die große Stadt Babylon*

verwerflich

1Ko	9,27	damit ich nicht selbst v. werde
1Ti	4,4	nichts ist v., was mit Danksagung empfangen

Verwerfung

Rö	11,15	wenn ihre V. die Versöhnung der Welt ist

verwesen

Spr	10,7	der Name der Gottlosen wird v.
Sa	14,12	ihr Fleisch wird v... ihre Augen werden v.

verweslich

1Ko	15,42	wird gesät v. und auferstehen unverweslich
	50	wird das V. nicht erben Unverweslichkeit
	53	dies V. muß anziehen Unverweslichkeit 54

Verwesung

Apg	2,27	nicht, daß dein Heiliger die V. sehe 13,35
	31	sein Leib hat die V. nicht gesehen 13,37
	13,34	auferweckt und ihn nicht der V. überlassen
	36	ist er entschlafen und hat die V. gesehen

verwickeln

Sir	12,13	so geht's dem, der sich in Sünden v.
2Ti	2,4	wer in den Krieg zieht, v. sich nicht in Geschäfte des täglichen Lebens

verwildern

Hos	2,14	will ihre Weinstöcke v. lassen

verwirken

1Ma	10,13	wer beim König eine Strafe v. hat

verwirren

1Mo	11,7	laßt uns ihre Sprache v. 9
Ps	55,10	mache ihre Zunge uneins, Herr, und v. sie
Hl	6,5	(deine Augen) v. mich
Jes	3,12	Führer v. den Weg, den du gehen sollst
	28,7	Priester und Propheten sind vom Wein v.

Jdt	15,1	erschraken sie und wurden ganz v.
Wsh	10,5	als die Völker ihrer Bosheit wegen v. worden
Apg	15,24	daß einige eure Seelen v. haben
	17,13	erregten Unruhe und v. auch dort das Volk
Rö	14,1	*v. die Gewissen nicht*
Gal	1,7	daß einige da sind, die euch v.
2Ti	2,14	zu nichts nütze, als die zu v., die zuhören
Tit	1,11	weil sie ganze Häuser v. und lehren, was

Verwirrung

5Mo	7,23	wird eine große V. über sie bringen
	28,28	wird dich schlagen mit V. des Geistes
2Ch	15,5	war große V. bei allen
Neh	4,2	um bei uns V. anzurichten
Jes	22,5	es kommt ein Tag der V. von Gott Sa 14,13
Hes	22,5	befleckt ist dein Name und groß die V.
2Ma	9,24	damit das Reich nicht in V. geriete
Apg	12,18	entstand eine V. unter den Soldaten
	19,32	die Versammlung war in V.

verwöhnen

5Mo	28,54	ein Mann, der zuvor v. gelebt 56
Spr	29,21	wenn ein Knecht von Jugend auf v. wird
Jes	47,1	wird nicht mehr sagen: „Du Zarte und V."

Verwöhnung

5Mo	28,56	vor V. und Wohlleben

verwunden

1Sm	31,3	Saul wurde schwer v. 1Ch 10,3
1Kö	22,34	denn ich bin v. 2Ch 18,33; 35,23
2Kö	8,28	die Aramäer v. Joram 2Ch 22,5
Spr	26,10	wie ein Schütze, der jeden v.
Jes	53,5	er ist um unsrer Missetat willen v.
Jer	14,17	die Tochter meines Volks ist unheilbar v.
	37,10	blieben nur etliche v. übrig
	51,52	sollen die v. stöhnen Klg 2,12; Hes 26,15
Hes	30,24	daß er stöhnen soll wie ein tödlich V.
	34,4	das V. verbindet ihr nicht
	16	will das V. verbinden
Jdt	6,3	du wirst unter den V. Israels liegen
Sir	21,4	Sünde v. so, daß niemand heilen kann
	27,28	wer hinterhältig sticht, der v. sich selbst
1Ma	9,17	daß viele v. wurden 16,8.9; 2Ma 4,42; 11,12
2Ma	8,24	nachdem sie den größeren Teil v. hatten
	10,30	so daß ihn niemand v. konnte
	12,22	daß sie sich oft untereinander v.
Apg	19,16	daß sie nackt und v. aus dem Haus flohen
Off	13,3	eines s. Häupter, als wäre es tödlich v.

verwunderlich

Wsh	16,17	das war das V.
Jh	9,30	das ist v., daß ihr nicht wißt, woher

verwundern

1Mo	43,33	darüber v. sie sich untereinander
Ps	48,6	sie haben sich v., als sie solches sahen
Jes	41,23	damit wir uns v. und erschrecken
	59,16	v. sich, daß niemand ins Mittel tritt 63,5
Jer	33,9	sie werden sich v. und entsetzen
Hab	1,5	sehet und v. euch
Sir	43,26	wir, die es hören, v. uns
2Ma	1,22	darüber v. sich alle

verwundern 1516

Mt	8,10	*Jesus v. sich Mk 6,6; Lk 7,9*
	27	die Menschen v. sich 9,33; 15,31; Mk 5,20; 6,2; 11,18; Lk 2,47; 4,32; 9,43; 11,14; Jh 7,15
	21,20	die Jünger v. sich Lk 8,25; 24,41
	27,14	daß sich der Statthalter v. Mk 15,5; Apg 13,12
Lk	11,38	*der Pharisäer v. sich*
Jh	5,20	Werke, so daß ihr euch v. werdet
	28	*v. euch des nicht*
Apg	2,7	sie entsetzten sich, v. sich und sprachen
	8,13	als er sah die Zeichen, v. er sich
	13,41	*v. euch und werdet zunichte*
1Jh	3,13	*v. euch nicht, wenn die Welt euch hasset*
Off	13,3	*die ganze Erde v. sich des Tieres 17,8*
	17,6	*ich v. mich sehr, da ich das Weib sah 7*

Verwunderung

Apg	3,10	V. und Entsetzen erfüllte sie

verwünschen

4Mo	23,7	komm, v. Israel 8
Hi	31,30	daß ich v. mit einem Fluch seine Seele
Spr	24,24	die Leute v. ihn

Verwünschung

4Mo	5,21	der HERR mache deinen Namen zur V.
Jer	42,18	ihr sollt zur V. werden 44,12

Verwünschungsschwur

4Mo	5,21	soll mit einem V. die Frau beschwören

verwurzeln

Kol	2,7	seid in ihm v. und gegründet

verwüsten

Ri	16,24	unsern Feind, der unser Land v.
2Kö	19,17	haben ihre Länder v. 1Ch 20,1; Jes 37,18
Ps	69,26	ihre Wohnstatt soll v. werden
	79,7	haben edle Stätte v.
Jes	1,7	euer Land ist v ... alles ist v. Jer 12,11
	5,5	daß (m. Weinberg) v. werde Jer 12,10
	13,9	des HERRN Tag kommt, die Erde zu v.
	21,2	der Räuber raubt, und der Verwüster v.
	33,1	Verwüster, der du selbst nicht v. bist ... wenn du das V. vollendet, wirst du v.
	34,10	wird v. sein von Geschlecht zu Geschlecht
	11	die Meßschnur spannen, daß es v. werde
	49,8	daß du das v. Erbe zuteilst
	54,3	werden v. Städte neu bewohnen 61,4; Hes 36,38; Am 9,14
	60,12	Völker sollen v. werden
Jer	2,15	Löwen v. sein Land 4,7
	5,10	zerstört die Mauern; aber v. sie nicht
	10,22	Städte Judas v. werden 34,22; Hes 12,20
	25	die Heiden haben seine Wohnung v.
	25,36	daß der HERR ihre Weide so v. hat
	33,10	Gassen Jerusalems, die so v. sind
	48,8	es sollen die Täler v. werden
	15	Moab wird v. 20; 49,3
	49,9	Diebe sollen nach Herzenslust v.
	51,55	der HERR v. Babel
Hes	6,4	daß eure Altäre v. werden
	6	sollen die Städte v. werden 19,7; 29,12; 30,7; Ze 1,13
Hes	25,3	ruft: Es ist v. 35,12.15
	30,12	will das Land v. lassen 33,28.29
	32,15	wenn ich Ägypten v.
	36,3	weil man euch allenthalben v.
	34	v. Land soll wieder gepflügt werden 38,8
Dan	8,11	v. die Wohnung seines Heiligtums
	13	wie lange gilt dies Gesicht vom v. Frevel
Hos	10,8	die Höhen zu Awen sind v. Am 7,9
Jo	1,7	es v. meinen Weinstock 10
Nah	3,7	sagen sollen: Ninive ist v.
Ze	2,4	wird Aschkelon v. werden
	3,6	ich habe ihre Burgen v.
Sa	7,14	das Land blieb v. hinter ihm liegen
Wsh	6,1	Gesetzlosigkeit v. das ganze Land
Bar	4,33	betrübt sein, wenn sie selbst v. wird
1Ma	2,12	unser Heiligtum ist v. 4,38; 14,31
	11,4	die Orte, die (Jonatan) v. hatte
	15,4	Aufrührer, die viele Städte v. haben
Mt	12,25	jedes Reich ... wird v. Lk 11,17
Apg	1,20	seine Behausung soll v. werden
Off	18,17	in einer Stunde ist v. solcher Reichtum 19

Verwüster, Verwüsterin

Hi	12,6	die Hütten der V. stehen sicher
Ps	137,8	Tochter Babel, du V.
Jes	16,4	sei du für Moab eine Zuflucht vor dem V ... der V. (wird) aufhören
	21,2	der Räuber raubt und der V. verwüstet
	33,1	weh dir, du V.
Jer	12,12	die V. kommen daher 48,8.18
	48,32	der V. ist über deine Ernte hergefallen
	51,48	weil seine V. gekommen sind 53.56

Verwüstung

2Ch	30,7	so daß er sie in die V. dahingab
Jes	13,6	des HERRN Tag kommt wie eine V.
	24,12	nur V. ist in der Stadt geblieben
	51,19	beides ist dir begegnet: V. und Schaden
Jer	48,3	man hört es im Geschrei von V.
Dan	9,26	wird es Krieg geben und V.
	27	wird stehen ein Greuelbild, das V. anrichtet 11,31; 12,11; 1Ma 1,57; Mt 24,15; Mk 13,14
Hos	9,6	sie müssen fort wegen der V.
Lk	21,20	erkennt, daß seine V. herbeigekommen

verzagen

2Mo	23,27	will alle Völker v. machen
5Mo	1,28	haben unser Herz v. gemacht Jos 14,8
	20,3	euer Herz v. nicht Jos 8,1; 2Ch 20,15.17; 32,7
	8	wer ein v. Herz hat, kehre heim Ri 7,3
	28,65	der HERR wird dir geben eine v. Seele
Jos	2,11	seitdem ist unser Herz v. 5,1
	7,5	v. das Herz des Volks und ward zu Wasser
1Sm	28,5	Saul fürchtete sich und sein Herz v. sehr
2Sm	17,2	solange (David) matt und v. ist
	10	würde jedermann v. werden
Ps	40,13	mein Herz ist v.
	46,7	die Heiden müssen v.
	88,16	erleide deine Schrecken, daß ich fast v.
	102,1	Gebet für den Elenden, wenn er v. ist
	107,26	daß ihre Seele vor Angst v.
Jes	15,4	es v. ihre Seele
	35,4	saget den v. Herzen: Seid getrost
Jer	14,9	stellst dich wie einer, der v. ist
	17,9	es ist das Herz ein trotzig und v. Ding
	46,5	wie kommt's, daß sie v. sind
	27	Israel, v. nicht

Jer	47,3	so v. werden sie sein
	49,23	Hamat und Arpad sind v. 24.37
	50,36	ihre Starken, daß sie v. 51,32; Ob 9
	51,46	euer Herz könnte sonst v. Nah 2,11
Hes	21,12	Botschaft; vor ihr werden alle Herzen v. 20
Dan	11,30	so daß er v. wird und umkehren muß
Jon	2,8	als meine Seele in mir v.
Jdt	9,6	wurde es finster um sie, und sie wurden v.
Wsh	4,20	dann werden sie v. daherkommen
	17,19	es erschreckte sie und machte sie v.
Sir	2,14	weh denen, die an Gott v.
	15	weh den V.! denn sie glauben nicht
	17,20	die... tröstet er, daß sie nicht v.
1Ma	4,32	gib ihnen ein v. Herz
	11,49	v. es und bat um Frieden 13,44
2Ma	8,13	liefen alle auseinander, die v. waren
2Ko	1,8	so daß wir auch am Leben v.
	4,8	uns ist bange, aber wir v. nicht
Heb	12,5	v. nicht, wenn du von ihm gestraft wirst

Verzagtheit

2Ma	3,24	daß alle in V. fielen

verzärteln

Mi	1,16	geh kahl um deiner v. Kinder willen

verzäunen

Hi	3,23	dem Gott den Pfad ringsum v. hat

verzehnten

Mt	23,23	*ihr Heuchler, die ihr v. Minze Lk 11,42*

verzehren

1Mo	14,24	ausgenommen, was die Knechte v. haben
	31,15	hat uns verkauft und unsern Kaufpreis v.
	41,30	der Hunger wird das Land v.
	43,2	als v. war, was sie an Getreide gebracht
2Mo	3,2	sah, daß der Busch... doch nicht v. wurde
	12,46	in einem Hause soll man es v.
	15,7	als du deinen Grimm ausließest, v. er sie
3Mo	6,9	das Übrige sollen Aaron und s. Söhne v.
	9,24	ein Feuer v. das Brandopfer 2Ch 7,1
	10,2	Feuer v. sie, daß sie starben 4Mo 21,28
4Mo	23,24	wird sich nicht legen, bis es den Raub v.
5Mo	5,25	dies große Feuer wird uns noch v.
	28,33	den Ertrag deines Ackers wird ein Volk v.
	39	der Würmer werden's v.
	51	wird v. die Jungtiere deines Viehs
	31,17	m. Antlitz verbergen, so daß sie v. werden
	32,22	ein Feuer wird v. bis in...
	24	sollen v. werden vom Fieber und jähem Tod
Ri	6,21	Feuer v. das Fleisch und die Brote
	9,15	Feuer v. die Zedern Libanons 20
1Sm	9,7	das Brot in unserm Sack ist v.
1Kö	17,14	das Mehl im Topf soll nicht v. werden 16
Neh	2,3	ihre Tore sind vom Feuer v. 13
Hi	1,16	Feuer Gottes v. sie
	5,5	seine Ernte v. der Hungrige
	18,13	die Glieder seines Leibes werden v.
	20,26	es wird ihn ein Feuer v.
	22,20	was er hinterließ, hat das Feuer v.
	24,19	wie die Hitze das Schneewasser v.
Ps	39,12	v. seine Schönheit wie Motten ein Kleid
	97,3	Feuer v. ringsum seine Feinde
	119,20	meine Seele v. sich vor Verlangen

Spr	30,14	eine Art, die v. die Elenden im Lande
Pr	4,5	ein Tor v. sein eigenes Fleisch
	6,2	sondern ein Fremder v. es
Jes	1,7	Fremde v. eure Äcker Jer 5,17
	5,24	wie des Feuers Flamme Stroh v.
	9,4	jeder Mantel... wird vom Feuer v.
	17	Feuer; das v. Dornen und Disteln 10,17
	26,11	mit dem Feuer, mit dem du deine Feinde v., wirst du sie v.
	31,8	Assur soll v. werden
	33,11	ein Feuer, das euch selbst v. wird 12
	49,4	dachte, ich v. meine Kraft umsonst
Jer	5,14	dies Volk... daß es v. werde
	17,27	Feuer, das die Häuser v. Hos 8,14; Am 2,5
	21,14	Feuer soll alles umher v. 50,32; Klg 2,3
	48,45	ein Feuer... die Schläfe Moabs v. wird
	49,27	Feuer, daß es die Paläste Ben-Hadads v. soll Am 1,4.7.10.12.14; 2,2
Klg	4,11	Feuer, das auch ihre Grundfesten v. hat
Hes	15,4	daß es v. wird. Wenn das Feuer v. hat 5.6
	19,14	ein Feuer; das v. seine Frucht
	21,3	Feuer soll grüne und dürre Bäume v.
	28,18	Feuer, das dich v.
Am	7,4	das (Feuer) v. die große Tiefe
Ob	18	(Haus Esau) werden sie anzünden und v.
Nah	3,13	das Feuer soll deine Riegel v.
Ze	1,18	durch das Feuer s. Grimms v. werden 3,8
Sa	5,4	soll's v. samt seinem Holz und Steinen
	11,1	daß das Feuer seine Zedern v.
	12,6	daß sie v. alle Völker ringsumher
Jdt	12,4	bevor deine Magd alles v. wird
Wsh	5,14	wir haben uns in unsrer Bosheit v.
	16,22	als sie vom Feuer v. wurden
	27	was vom Feuer nicht v. wurde, zerschmolz
	19,20	v. nicht das Fleisch der Tiere
Sir	9,10	Leidenschaft hat sie wie Feuer v.
	21,10	wie Werg, das vom Feuer v. wird
	23,22	hört nicht auf, bis er sich selbst v. hat
	27,32	Schmerz wird sie v., ehe sie sterben
	31,1	wachen um des Reichtums willen v. den Leib
	36,11	der Zorn des Feuers soll die v., die
2Ma	1,30	als das Opfer v. war
StD	2,8	daß der Bel (dies Opfer) v. 7.11.12.20
Lk	9,54	daß Feuer vom Himmel falle und sie v.
	15,14	*als er all das Seine v. hatte*
1Ko	7,9	besser, zu heiraten als sich in Begierde zu v.
Kol	2,22	das alles soll doch verbraucht und v. werden
Heb	10,27	das gierige Feuer, das die Widersacher v.
Off	11,5	kommt Feuer und v. ihre Feinde 20,9

verzehrend

2Mo	24,17	die Herrlichkeit des HERRN wie v. Feuer
5Mo	4,24	der HERR, dein Gott, ist ein v. Feuer 9,3
2Sm	22,9	v. Feuer aus seinem Munde Ps 18,9
Ps	57,5	v. Flammen sind die Menschen
Jes	29,6	mit Flammen eines v. Feuers 30,30
	30,27	seine Zunge wie ein v. Feuer
	33,14	wer, der bei v. Feuer wohnen kann
Jo	2,3	vor ihm her geht ein v. Feuer
Am	5,6	daß er nicht daherfahre wie ein v. Feuer
Heb	12,29	unser Gott ist ein v. Feuer

verzeichnen

Esr	8,3	mit ihm v. 150 Männer

verzeihen

Ps	19,13	v. mir die verborgenen Sünden

Verzeihung

Verzeihung
Wsh 18,2 baten sie um V., weil sie

verzerren
Sir 25,23 wenn sie böse wird, so v. sich ihre Züge

verzichten
Neh 5,14 v. auf meine Einkünfte als Statthalter
10,32 wollen auf Schuldforderungen jeder Art v.
Mt 19,12 *weil sie auf Ehe v.*

verziehen
Lk 12,45 *mein Herr v. zu kommen*

verzieren
Jdt 10,21 Mückennetz, mit Smaragden v.
Sir 50,10 wie ein Kelch, mit Edelsteinen v.

verzögern
Spr 13,12 Hoffnung, die sich v., ängstet das Herz
Sir 29,6 wenn er's zurückgeben soll, so v. er's
1Ti 3,15 *wenn es sich aber v.*
2Pt 3,9 der Herr v. nicht die Verheißung

Verzögerung
2Pt 3,9 wie es einige für eine V. halten

verzückt
Apg 10,10 *ward (Petrus) v. 11,5*
22,17 *daß ich v. ward und ihn sah*

Verzückung
4Mo 11,25 gerieten in V. wie Propheten 26.27
1Sm 10,5 sie werden in V. sein 6.10.11.13
19,20 sahen die Schar der Propheten in V. 21-24
1Kö 18,29 waren (die Propheten Baals) in V.
Apg 10,10 geriet (Petrus) in V. 11,5; 22,17

verzweifeln
Hi 6,26 die Rede eines V. verhallt
24,22 so müssen sie am Leben v.
Pr 2,20 daß ich mein Herz v. ließ an allem
Jer 30,12 dein Schaden ist v. böse 15
2Ma 9,18 v. er an seinem Leben

Verzweiflung
Hi 9,23 spottet über die V. der Unschuldigen

Vetter
3Mo 25,49 (soll ihn einlösen) sein V.
1Ch 23,22 Eleasar(s) Töchter... Söhne des Kisch, ihre V.
Jer 32,12 in Gegenwart Hanamels, meines V.
Tob 7,2 wie gleicht der junge Mann meinem V.
11,19 Achior und Nabat, die V. des Tobias
2Ma 11,1 Lysias, der Vormund und V. des Königs 35
Kol 4,10 es grüßt euch Markus, der V. des Barnabas

Vieh
1Mo 1,24 die Erde bringe hervor V., Gewürm 25
26 die da herrschen über das V. 28; 2,20
3,14 seist du verstoßen aus allem V.
4,20 von dem sind hergekommen, die V. halten
6,7 will vertilgen... bis hin zum V. 7,21.23
20 von dem V. je ein Paar 7,14; 8,17.19.20
8,1 gedachte Gott an Noah und an alles V. 9,10
13,2 war sehr reich an V. 26,14; 36,7
7 Hirten von Abrams V. und von Lots V.
29,7 ist noch nicht Zeit, das V. einzutreiben
30,29 was aus deinem V. geworden ist unter mir
31,18 führte weg all sein V. 36,6
33,14 gemächlich treiben, wie das V. gehen
17 Jakob machte seinem V. Hütten
34,5 seine Söhne waren mit dem V. 37,12-14
23 ihr V.... wird es nicht unser sein
46,6 nahmen ihr V. und kamen nach Ägypten
32 es sind Leute, die V. haben 34; 47,4.6
47,16 schafft euer V. her... Entgelt für das V. 17.18
2Mo 8,13 Mücken setzten sich an das V. 14
9,3 die Hand des HERRN über dein V.
4 einen Unterschied zw. dem V. 6.7; 11,7
9 böse Blattern an Menschen und V. 10
19 verwahre dein V... Menschen und V. 20.21
22 hagelt über V. und Gewächs 25; Ps 78,48
10,26 auch unser V. soll mit uns gehen 12,38
11,5 soll sterben alle Erstgeburt unter dem V. 12,12.29; 13,15; Ps 135,8
13,2 heilige mir alle Erstgeburt bei Mensch und V. 12; 34,19; 3Mo 27,26; 4Mo 3,13.41.45; 8,17; 18,15; Neh 10,37
17,3 daß du unser V. vor Durst sterben läßt 4Mo 20,4.8.11.19
20,10 keine Arbeit tun, auch n. dein V. 5Mo 5,14
22,4 V. das Feld eines andern abweiden läßt
9 wenn jemand V. in Obhut gibt
18 wer einem V. beiwohnt
3Mo 1,2 Opfer, der bringe es von dem V.
5,2 ein Aas von unreinem V. 7,21; 20,25
7,26 kein Blut essen, weder vom V. noch von
19,19 laß nicht zweierlei V. sich paaren
20,25 absondern das reine V. vom unreinen 27,27
24,18 wer ein Stück V. erschlägt 21
25,7 (davon essen, du und) dein V.
26,22 wilde Tiere sollen euer V. zerreißen
27,28 Gebanntes, es seien Menschen, V.
4Mo 31,9 all ihr V. raubten sie 11.12.26.30.47; 5Mo 2,35; 3,7; 20,14; Jos 8,2.27; 11,14; 1Ch 5,21; 7,21; 2Ch 20,25
32,1 hatten viel V... Weide für ihr V. 4.16.24.26; 35,3; Jos 3,19; 14,4; 21,2; 22,8; 1Ch 5,9; 2Ch 26,10; 32,28.29
5Mo 3,19 euer V. laßt in euren Städten Jos 1,14
11,15 will deinem V. Gras geben
13,16 den Bann vollstr. an ihrem V. Ri 20,48
28,4 gesegnet die Jungtiere deines V. 11; 30,9
51 wird verzehren die Jungtiere deines V.
Ri 6,5 (die Midianiter) kamen herauf mit V.
18,21 schickten Frauen und das V. vor sich her
1Sm 23,5 David trieb ihnen ihr V. weg 30,20
1Kö 1,9 als Adonija gemästetes V. opferte 19
18,5 damit nicht alles V. umkommt
2Kö 3,9 hatte das Heer und das V. kein Wasser 17
Esr 1,4 sollen helfen mit Gut und V. 6
Neh 9,37 herrschen über unsere Leiber und unser V.
Hi 12,7 frage das V., das wird dich's lehren
18,3 warum werden wir geachtet wie V.

Ps	49,13	ein Mensch muß davon wie V. 21; Pr 3,19	2Mo 12,38	zog mit ihnen v. fremdes Volk, dazu v. Vieh
	104,14	du lässest Gras wachsen für das V.	16,5	daß es doppelt s. sein wird, wie sonst 22
	107,38	er segnete sie und gab ihnen viel V.	16	jeder sammle, s. er braucht 18.21
	147,9	der dem V. sein Futter gibt	17	sammelten, einer v., der andere wenig
	148,10	(lobet den HERRN) ihr Tiere und alles V.	17,4	fehlt nicht v., so werden sie mich steinigen
Spr	9,2	sie hat ihr V. geschlachtet	19,21	daß nicht v. von ihnen fallen
	12,10	der Gerechte erbarmt sich seines V.	20,6	Barmherzigkeit erweist an v. Tausenden
Pr	3,18	daß sie selber sind wie das V.		5Mo 5,10; Jer 32,18
	21	ob der Odem des V. unter die Erde fahre	22,16	s. einer Jungfrau als Brautpreis gebührt
Jes	30,23	dein V. wird weiden auf weiter Aue	30,34	nimm vom einen s. wie vom andern
	46,1	ihre Götzenbilder sind dem V. aufgeladen	36,5	das Volk bringt zu v.
	63,14	wie V., das ins Tal hinabsteigt	3Mo 14,21	vermag nicht s. aufzubringen 32; 25,26.28.49;
	65,10	das Tal Achor ein Lagerplatz für das V.		Hes 46,5.7.11
Jer	7,20	ausgeschüttet über Menschen und über V.	25,16	sind es noch v. Jahre, so darfst du 51
	9,9	kein V. blöken hört... das V. geflohen	4Mo 1,21	so v. ihrer gezählt wurden 23u.ö.43; 26,56;
	12,4	schwinden V. und Vögel dahin		31,32
	31,27	besäen will mit V.	9,19	wenn die Wolke v. Tage stehenblieb
	32,43	eine Wüste ist's ohne V. 33,10.12; 36,29; 51,62	11,22	kann man so v. Schafe schlachten
	49,32	die Menge ihres V. genommen werden	13,18	das Volk, ob's wenig oder v. ist
	50,3	daß Menschen und V. fliehen werden	20,11	kam v. Wasser heraus
Hes	14,13	um Menschen und V. auszurotten 17.19.21;	21,6	daß v. aus Israel starben
		25,13; 29,8; Ze 1,3	26,54	sollst du v. zum Erbe geben 35,8
	36,11	lasse Menschen und V. zahlreich werden	36,3	s. sie haben, wird zu d. Erbteil kommen
	38,12	Volk, das sich V. und Güter erworben 13	5Mo 3,5	sehr v. offene Städte
Jo	1,18	o wie seufzt das V.	7,1	wenn der HERR ausrottet v. Völker
Jon	3,7	weder Mensch noch V. Nahrung nehmen 8	15,6	wirst v. Völkern leihen 28,12
Hag	1,11	habe die Dürre gerufen über Mensch und V.	6	wirst über v. Völker herrschen
Sa	2,8	wegen der Menge der Menschen und des V.	8	sollst ihm leihen, s. er Mangel hat
Jdt	11,11	haben jetzt vor, ihr V. zu schlachten	17,16	nur daß er nicht v. Rosse halte 17
	15,9	brachten mit sich zahlloses V.	28,38	wirst säen, und wenig einsammeln Hag 1,6
Tob	10,11	Knechte und Mägde, V., Kamele und Geld	31,17	wenn ihn v. Unglück treffen wird 21
	11,3	deine Frau mit dem V. nachkommen 18	33,23	Naftali hat v. Gnade
Sir	7,24	hast du V., so kümmere dich darum	Jos 1,14	so v. von euch streitbare Männer sind
	40,8	allem Fleisch, sowohl Menschen wie V.		10,11 starben v. mehr durch Hagelsteine 2Sm 18,8
1Ma	1,34	führten Frauen und Kinder und V. weg 2,30.	11,4	Volk, s. wie der Sand am Meer, und sehr v.
		38		Rosse 1Sm 13,5; 2Sm 17,11; 2Ch 1,9
	10,33	Abgaben für sich und ihr V. erlassen	13,1	vom Lande bleibt noch sehr v. einzunehmen
	12,23	unser V. und unser Hab und Gut soll sein	Ri 8,30	Gideon hatte v. Frauen
2Ma	12,11	versprachen, sie wollten ihm V. liefern	9,40	und v. blieben erschlagen liegen 16,24; 2Sm
Lk	17,7	wer hat einen Knecht, der das V. weidet		1,4; 1Ch 5,22
Jh	4,12	er hat daraus getrunken und seine Kinder	Rut	1,20 der Allmächtige hat mir v... angetan
		und sein V.	1Sm	2,5 die v. Kinder hatte, welkt dahin
1Ko	15,39	ein anderes Fleisch (hat) das V.		9 v. Macht hilft doch niemand
Off	18,13	(ihre Ware) Weizen und V.		14,6 durch v. oder wenig zu helfen
				25,10 v. Knechte, die ihren Herren davongelaufen
		Viehhirt		36 sie sagte weder wenig noch v.
1Mo	46,32	(meine Brüder) sind V. 47,3	2Sm	8,2 so v. tötete er... so v. ließ er am Leben
	34	alle V. sind den Ägyptern ein Greuel		8 nahm David v. Kupfer 1Ch 18,8 22,3-5.14
				12,2 der Reiche hatte sehr v. Schafe
		viel, soviel, zuviel (s.a. viel weniger)		30 führte v. Beute weg 1Ch 20,2; 2Ch 14,12.13;
1Mo	3,16	will dir v. Mühsal schaffen		20,25; 25,13
	9,7	daß euer v. darauf werden 48,16		16,23 s. galten alle Ratschläge Ahitofels
	14,10	das Tal Siddim hatte v. Erdharzgruben		24,3 tue zu diesem Volk hundertmal s. hinzu
	17,4	sollst ein Vater v. Völker werden 5; Rö 4,17.	1Kö	1,19 hat v. Schafe geopfert 25; 8,5; 2Ch 5,6; 18,2
		18		7,36 s. Platz auf jedem war
	16	aus ihr werden Könige über v. Völker		10,2 mit Kamelen, die trugen v. Gold 10-12; 2Ch
	23,9	um Geld, s. sie wert ist		9,1.9
	24,25	ist auch v. Stroh und Futter bei uns		27 s. Silber wie Steine, und Zedernholz s. wie
	26,14	so daß er v. Gut hatte an Vieh 30,43; 4Mo		2Ch 1,15; 9,27
		32,1; 5Mo 3,19; Jos 22,8; 2Kö 3,4; 1Ch 5,9;		11,1 Salomo liebte v. ausländische Frauen
		2Ch 26,10; Ps 107,38		28 Salomo sah, daß der Jüngling v. schaffte
	31,29	hätte wohl so v. Macht		12,28 s. für euch
	38,12	als v. Tage verlaufen waren		18,25 richtet zuerst zu, denn ihr seid v.
	41,49	schüttete Getreide auf, über die Maßen v.		20,25 ebensov. Rosse und Wagen wie zuvor
	44,1	Getreide, s. sie fortbringen		21,2 will dir dafür geben, s. er wert ist
2Mo	7,3	will v. Zeichen und Wunder tun	2Kö	5,17 s. zwei Maultiere tragen
	8,20	kamen v. Stechfliegen 10,14		9,22 Isebel(s) v. Zauberei noch kein Ende
	12,4	so v., daß sie das Lamm aufessen können		12,11 daß v. Geld in der Lade 2Ch 24,11
				21,6 tat v., was dem HERRN mißfiel 2Ch 33,6
				16 vergoß v. unschuldiges Blut 1Ch 22,8

viel 1520

1Ch	4,27	hatten nicht v. Kinder 23,11		Ps	89,51	Schmach, die ich trage von den v. Völkern
	5,23	Manasse... ihrer waren v. 23,17			94,19	ich hatte v. Kummer in meinem Herzen
	7,4	hatten v. Frauen und Kinder 8,40; 28,5; 2Ch 11,23			97,1	seien fröhlich die Inseln, s. ihrer sind
	12,30	hielten noch v. zum Hause Sauls			104,24	wie sind deine Werke so groß und v.
	22,15	auch hast du v. Arbeiter			110,6	er wird v. erschlagen 135,10
	29,14	daß wir s. zu geben vermochten			119,72	ist mir lieber als v. 1.000 Stück Gold
	16	all dies V. ist von deiner Hand gekommen			130,7	ist v. Erlösung bei ihm
2Ch	2,15	Holz, s. du bedarfst 8		Spr	4,10	werden deine Jahre v. werden 9,11
	4,18	Salomo machte sehr v. von diesen Geräten			6,35	wenn du auch v. schenken wolltest
	16,8	die Kuschiter mit sehr v. Wagen			7,21	sie überredet ihn mit v. Worten
	17,5	Joschafat hatte v. Ehre 13; 18,1			26	v. sind, die sie getötet hat
	21,3	ihr Vater gab ihnen v. Gaben			10,19	wo v. Worte sind, geht's ohne Sünde nicht ab 19,7; Pr 5,2.6; 10,14
	15	wirst v. Krankheit haben			21	des Gerechten Lippen erquicken v.
	27,3	an der Mauer des Ofel baute er v.			11,14	wo v. Ratgeber sind, Hilfe 15,22; 24,6
	5	s. auch im zweiten und dritten Jahr			12,14	v. Gutes bekommt ein Mann
	29,35	auch waren es v. Brandopfer			13,23	es ist v. Speise in d. Furchen der Armen
	30,13	kam v. Volk zusammen 32,4			14,20	die Reichen haben v. Freunde 19,4; Pr 5,10
	17	waren v., die sich nicht geheiligt 24			28	wenn ein König v. Volk hat
	31,10	ist noch v. übriggeblieben... darum s.			16,8	besser... als v. Einkommen mit Unrecht
	32,5	Hiskia machte v. Waffen und Schilde			19,6	v. schmeicheln dem Vornehmen
	23	daß v. dem HERRN Geschenke brachten			21	in eines Mannes Herzen sind v. Pläne
Esr	3,12	v. weinten... v. aber jauchzten Est 4,3			20,6	v. Menschen rühmen ihre Güte
	5,11	das vor v. Jahren hier gestanden			15	es gibt Gold und v. Perlen
	8,25	ganz Israel, s. ihrer waren			25,16	iß davon nur, s. du bedarfst
	10,13	ist v. Volk hier... haben v. gesündigt			27	z. Honig essen ist nicht gut
Neh	4,4	der Schutt ist zu v.			28,16	so geschieht v. Unrecht
	6,17	sandten v. Vornehme Briefe 18			20	ein treuer Mann wird von v. gesegnet
	7,2	war gottesfürchtig vor v. andern 13,26			27	wer s. Augen abwendet, wird von v. verflucht
	9,28	errettetest sie v. Male 30			28	wenn sie umkommen, werden d. Gerechten v.
Est	1,4	sehen ließe die Pracht v. Tage lang 2,12			29,2	wenn der Gerechten v. sind, freut sich
	2,8	als v. Jungfrauen zusammengebracht wurden			4	wer v. Steuern erhebt, richtet es zugrunde
	8,17	v. wurden Juden			16	wo v. Gottlose sind, da ist v. Sünde
Hi	1,3	(Hiob) besaß sehr v. Gesinde			22	ein Grimmiger tut v. Sünde
	3,17	dort ruhen, die v. Mühe gehabt			26	v. suchen das Angesicht eines Fürsten
	4,3	hast v. unterwiesen			31,10	ist v. edler als die köstlichsten Perlen
	7,3	v. elende Nächte sind mir geworden			29	sind wohl v. tüchtige Frauen, du aber
	9,17	er schlägt mir v. Wunden ohne Grund		Pr	1,16	mein Herz hat v. gelernt
	11,19	v. würden deine Gunst erbitten			18	wer v. Weisheit ist, da ist v. Grämen, und wer v. lernt, der muß v. leiden 12,12
	22,21	daraus wird dir v. Gutes kommen			5,2	wo v. Mühe ist, da kommen Träume
	31,25	daß meine Hand s. erworben			6	wo v. Träume sind, da ist Eitelkeit
	34,26	an einem Ort, wo v. es sehen			11	er habe wenig oder v. gegessen
	37	(Hiob) macht v. Worte wider Gott			19	er denkt nicht v. an die Kürze s. Lebens
	35,6	wenn deine Missetaten v. sind			7,29	sie suchen v. Künste
	9	man schreit, daß v. Gewalt geschieht			9,18	ein einziger Bösewicht verdirbt v. Gutes
	15	da er sich um Frevel nicht v. kümmert			11,8	wenn ein Mensch v. Jahre lebt... die finstern Tage, daß es v. sein werden
	38,21	deine Tage sind sehr v.			12,9	der Prediger dichtete v. Sprüche
	42,10	der HERR gab Hiob doppelt s.			12	des v. Büchermachens ist kein Ende
Ps	3,2	wie sind meiner Feinde so v. 6,8; 25,19; 55,19; 119,157		Hl	5,10	m. Freund, auserkoren unter v. Tausenden
	2	erheben sich so v. gegen mich			8,7	daß v. Wasser die Liebe nicht auslöschen
	3	v. sagen von mir 4,7		Jes	1,15	wenn ihr auch v. betet, höre ich nicht
	7	ich fürchte mich nicht vor v. Tausenden			2,3	v. Völker werden hingehen und sagen Mi 4,2
	4,8	ob jene auch v. Wein und Korn haben			4	er wird zurechtweisen v. Völker Mi 4,3
	5,11	stoße sie aus um ihrer v. Übertretungen			5,9	die v. Häuser sollen veröden
	16,4	werden v. Herzeleid haben			7,22	wird so v. melken haben, daß er
	19,11	sind köstlicher als v. feines Gold			8,7	wird über sie kommen lassen die v. Wasser
	31,14	ich höre, wie v. über mich lästern			15	daß v. von ihnen sich daran stoßen
	32,10	der Gottlose hat v. Plage			16,9	ich vergieße v. Tränen über dich
	34,20	der Gerechte muß v. erleiden			14	daß wenig übrigbleibt, gar nicht v.
	35,18	unter v. Volk will ich dich rühmen			17,12	ha, ein Brausen v. Völker
	37,16	besser als der Überfluß v. Gottloser			22,9	daß v. Risse in der Stadt Davids waren
	38,20	die mich zu Unrecht hassen, derer sind v.			23,16	mach's und singe v. Lieder
	39,7	machen sich v. vergebliche Unruhe			31,1	hoffen auf Wagen, weil ihrer v. sind
	40,4	das werden v. sehen und sich fürchten			33,23	dann wird v. Beute ausgeteilt
	49,9	kostet z., ihr Leben auszulösen			41,15	Dreschwagen, der v. Zacken hat
	56,3	v. kämpfen gegen mich voll Hochmut			42,20	du sahst wohl v., aber du
	62,10	wiegen weniger als nichts, s. ihrer sind				
	71,7	ich bin für v. wie ein Zeichen				
	20	lässest mich erfahren v. und große Angst				

Jes	52,14	wie sich v. über ihn entsetzten	Dan	12,2	v., die unter der Erde schlafen

Jes 52,14 wie sich v. über ihn entsetzten
 15 so wird er v. Heiden besprengen
 53,11 wird den V. Gerechtigkeit schaffen
 12 will ihm die V. zur Beute geben... daß er die Sünde der V. getragen hat
 55,7 bei ihm ist v. Vergebung
 9 s. der Himmel höher ist
 56,12 und morgen noch v. herrlicher
 57,9 bist zum König gezogen mit v. Salbe
 13 sollen dir deine v. Götzen helfen
 62,8 Wein, mit dem du s. Arbeit hattest
 66,16 der vom HERRN Getöteten werden v. sein
Jer 2,22 wenn du auch nähmest v. Seife dazu
 28 s. Städte, s. Götter 11,13
 3,1 du hast v. gehurt Hes 16,25.26.51; 23,11
 5,6 ihrer Sünden sind zu v. 30,14.15
 12,10 v. Hirten haben m. Weinberg verwüstet
 16,16 ich will v. Fischer... v. Jäger aussenden
 20,10 ich höre, wie v. heimlich reden
 22,8 werden v. Völker vorüberziehen
 23,3 daß sie sollen wachsen und v. werden
 25,26 (ließ trinken,) s. ihrer auf Erden sind
 27,7 daß es v. Völkern untertan sein muß
 28,8 Proph. haben gegen v. Länder geweissagt
 31,17 haben v. Gutes zu erwarten
 36,32 wurden noch v. ähnliche hinzugetan
 40,12 ernteten sehr v. Wein
 42,2 sind wir von v. nur wenige übriggeblieben
 46,11 umsonst, daß du v. Heilmittel gebrauchst
 16 er macht, daß ihrer v. fallen
 50,29 rufet v. wider Babel 41
 52,20 das Kupfer war unermeßlich v.
Klg 1,22 meiner Seufzer sind v. 2,5
 3,30 er lasse sich v. Schmach antun
Hes 3,6 (sende dich) nicht zu v. Völkern
 4,4 so v. Tage du so daliegst 10.11
 11,6 habt v. erschlagen 17,17; 21,20
 14,4 wie er's verdient hat mit seinen v. Götzen
 16,41 vollstrecken vor den Augen v. Frauen
 17,5 in gutes Land, wo v. Wasser war 8; 19,10; 31,7
 9 ohne v. Volk wird man ihn ausreißen
 15 v. Kriegsvolk 17; 23,24; 38,6.9.22; Dan 11,13. 40
 19,11 man sah, daß er v. Ranken hatte 31,5.9
 22,25 machen v. zu Witwen im Lande
 24,10 trage nur v. Holz her
 26,3 will v. heraufführen 32,9; 36,10; 38,15
 27,3 mit v. Inseln Handel treibst 15.33
 16 haben von dem V. gekauft 18
 32,9 will die Herzen v. Völker erschrecken 10
 33,24 wir aber sind v.
 37,2 lagen v. Gebeine über das Feld hin
 38,8 Volk, das aus v. Völkern gesammelt ist
 23 mich zu erkennen gebe v. Heiden 39,27
 47,7 standen v. Bäume am Ufer
 9 es soll sehr v. Fische dort geben 10
Dan 2,48 der König gab (Daniel) v. Geschenke
 3,4 ihr Leute aus v. verschiedenen Sprachen 7.29.31; 5,19; 6,21; 7,14
 31 v. Friede zuvor 6,26
 7,5 steh auf und friß v. Fleisch
 8,25 unerwartet wird er v. verderben
 9,27 er wird v. den Bund schwer machen
 11,12 er wird v. Tausende erschlagen 26.41.44
 14 aufstehen gegen den König
 18 wird v. von ihnen gewinnen
 33 werden v. zur Einsicht verhelfen 34
 35 damit v. bewährt, rein werden 12,10
 39 wird sie zu Herren machen über v.

Dan 12,2 v., die unter der Erde schlafen
 3 die v. zur Gerechtigkeit weisen
 4 v. werden (dies Buch) durchforschen
Hos 2,10 der ihr gegeben hat v. Silber und Gold
 8,11 Ephraim hat sich v. Altäre gemacht
 12 wenn ich noch so v. Gebote aufschreibe
 13 wenn sie auch v. opfern
 14 Juda macht v. feste Städte
 12,11 ich bin's, der v. Offenbarung gibt
Am 3,15 sollen v. Häuser vernichtet werden
 4,4 kommt, um noch v. mehr zu sündigen
 5,12 eure Freveltaten, die so v. sind
 8,3 es werden v. Leichname liegen Nah 3,3
Jon 4,11 in der Menschen sind, dazu auch v. Tiere
Mi 4,7 den Lahmen geben, daß sie v. Erben haben
 13 du sollst v. Völker zermalmen 11
 5,6 werden unter v. Völkern sein wie Tau 7
 6,7 Gefallen haben an v. tausend Widdern
 12 ihre Reichen tun v. Unrecht
Nah 3,17 deine Wachleute sind so v... Werber so v.
Hab 2,6 häuft v. Pfänder bei sich auf
 8 hast v. Völker beraubt
 10 hast zu v. Völker zerschlagen
Hag 1,9 ihr erwartet v., aber es wird wenig
Sa 2,15 sollen v. Völker sich zum HERRN wenden
 7,3 Fasten, wie ich es so v. Jahre getan
 8,20 v. Völker kommen und Bürger v. Städte 22
 14,14 wird zusammenbringen über die Maßen v.
Mal 2,6 hielt v. von Sünden zurück
 8 habt v. zu Fall gebracht
Jdt 5,7 Väter, die v. Götter verehrten
 8 dort sind sie so v. geworden, daß
 9 Gott schlug ganz Ägypten mit v. Plagen
 20 wurden sie von v. Völkern im Kampf besiegt
 8,19 er sich durch v. Anfechtungen bewährt
 20 haben v. Trübsal überwinden müssen
 22 eine v. geringere Strafe, als wir verdienen
 16,19 alles Opfer ist v. zu gering vor dir
Wsh 3,5 v. Gutes wird ihnen widerfahren
 4,13 hat er doch v. Jahre erfüllt
 12,18 du regierst uns mit v. Verschonen
Tob 1,21 ließ v. *Israeliten töten
 4,9 hast du v., so gib reichlich
 22 v. Gutes empfangen, wenn wir Gott fürchten
 9,9 der den Armen v. Gutes getan hat
Sir 3,26 schon v. hat ihr Denken irregeleitet
 5,6 sich versöhnen lassen, wenn ich v. sündige
 6,5 wer... macht sich v. Freunde
 6 lebe in Frieden mit v.
 7,15 wenn du betest, so mache nicht v. Worte
 8,3 v. lassen sich mit Geld bestechen
 10,15 wer... festhält, der richtet v. Greuel an
 11,10 verliere dich nicht in v. Geschäfte
 13 so daß sich v. über ihn wundern
 13,7 er lächelt dich an, verheißt dir v.
 14,4 wer v. sammelt und sich nichts Gutes gönnt
 20,8 wer v. Worte macht, wird verabscheut; wer sich zu v. anmaßt, macht sich verhaßt
 22,14 rede nicht v. mit einem Narren
 23,21 zwei Arten von Menschen begehen v. Sünden
 25,8 Krone der Alten, wenn sie v. erfahren haben
 27,1 wegen eines Vorteils tun v. Unrecht
 28,16 ein Schandmaul bringt v. Leute zu Fall
 22 v. sind gefallen durch die Schärfe des Schwerts, aber nirgends so v. wie durch die Zunge
 31,6 v. kommen zu Fall um Geldes willen
 13 denke nicht: Hier gibt's v. zu fressen 25
 21 wenn du mit v. zu Tisch sitzt

viel

Sir	31,30	der Wein bringt v. Leute um
	33,29	Müßiggang lehrt v. Böses
	34,23	vergibt nicht, wenn man v. opfert
	37,33	v. Fressen macht krank 34
	42,4	zufrieden, ob du v. oder wenig gewinnst
	13	so kommt von Frauen v. Schlechtigkeit
	43,29	wenn wir v. sagen, so reicht es nicht
	30	er ist noch v. höher als seine Werke 36
	44,2	v. Herrliches hat der Herr an ihnen getan
	51,5	(errettet) aus v. Trübsalen
Bar	4,35	Feuer wird über sie kommen v. Tage lang
1Ma	1,12	wir haben v. leiden müssen
	39	sie vergossen v. unschuldiges Blut
	55	v. aus dem Volk schlossen sich... an 65; 2,16.29
	2,44	erschlugen v. Gottlose und Abtrünnige
	3,7	das verdroß v. König
GMn	10	weil ich v. Böses getan habe
Mt	2,18	in Rama hat man gehört v. Weinen
	3,7	als er v. Pharisäer sah zu seiner Taufe kommen
	6,7	erhört, wenn sie v. Worte machen
	26	seid ihr denn nicht v. mehr als (die Vögel)
	30	sollte er das nicht v. mehr für euch tun
	7,13	v. sind's, die auf ihm hineingehen
	22	es werden v. zu mir sagen an jenem Tage
	8,11	v. werden kommen von Osten
	16	am Abend brachten sie v. Besessene
	9,10	da kamen v. Sünder Mk 2,15; Lk 5,29
	10,31	ihr seid besser als v. Sperlinge Lk 12,7
	13,3	er redete v. zu ihnen in Gleichnissen
	5	wo nicht v. Erde hatte Mk 4,5
	17	v. Propheten haben begehrt, zu sehen Lk 10,24
	58	er tat dort nicht v. Zeichen
	15,30	hatten bei sich v. andere Kranke Jh 5,3
	33	woher sollen wir s. Brot nehmen Jh 6,9
	16,21	wie er v. leiden müsse Mk 8,31; 9,12; Lk 9,22; 17,25
	19,22	denn er hatte v. Güter Mk 10,22
	30	aber v., die die Ersten sind Mk 10,31
	20,28	sein Leben zu einer Erlösung für v. Mk 10,45
	31	doch sie schrien noch v. mehr Mk 10,48
	22,14	v. sind berufen, aber wenige sind auserwählt
	24,5	es werden v. kommen unter meinem Namen, und sie werden v. verführen 11; Mk 13,6; Lk 21,8
	10	dann werden v. abfallen
	12	wird die Liebe in v. erkalten
	25,21	ich will dich über v. setzen 23
	26,28	mein Blut, das vergossen wird für v. Mk 14,24
	60	obwohl v. falsche Zeugen herzutraten Mk 14,56
	27,19	ich habe heute v. erlitten im Traum
	52	v. Leiber der entschlafenen Heiligen standen auf 53
	55	es waren v. Frauen da Mk 15,41
	28,12	sie gaben den Soldaten v. Geld
Mk	1,34	er half v. Kranken 3,10; Lk 4,41; 7,21
	45	er fing an, v. davon zu reden
	2,2	es versammelten sich v., so daß
	18	die Jünger des Johannes fasteten v.
	4,2	er lehrte sie v. in Gleichnissen 33
	5,9	Legion heiße sie; denn wir sind v. Lk 8,30
	26	hatte v. erlitten von v. Ärzten
	6,2	v., die zuhörten, verwunderten sich
	13	trieben v. böse Geister aus
	31	es waren v., die kamen und gingen 33
	7,4	es gibt v. andre Dinge, die 13
Mk	10,26	sie entsetzten sich aber noch v. mehr
	48	v. fuhren ihn an, er solle stillschweigen
	11,8	v. breiteten ihre Kleider auf den Weg
	12,41	v. Reiche legten v. ein
	15,14	sie schrien noch v. mehr: Kreuzige ihn
Lk	1,1	v. haben es unternommen, Bericht zu geben
	14	v. werden sich über seine Geburt freuen
	16	vom Volk Israel v. zu dem Herrn bekehren
	2,34	zum Fall und zum Aufstehen für v. in Israel
	35	damit v. Herzen Gedanken offenbar werden
	3,18	mit v. andern ermahnte er das Volk
	4,25	v. Witwen in Israel zur Zeit des Elia 27
	7,21	v. Blinden schenkte er das Augenlicht
	47	ihre v. Sünden sind vergeben, denn sie hat v. Liebe gezeigt
	8,3	v. andere, die ihnen dienten mit ihrer Habe
	10,40	Marta machte sich v. zu schaffen
	41	Marta, Marta, du hast v. Sorge und Mühe
	11,53	fingen an, ihn mit v. Fragen auszuhorchen
	12,15	niemand lebt davon, daß er v. Güter hat
	19	du hast einen großen Vorrat für v. Jahre
	47	wird v. Schläge erleiden müssen
	48	wem v. gegeben ist, bei dem wird man v. suchen
	13,24	v. werden danach trachten
	14,16	machte ein großes Abendmahl und lud v. dazu ein
	15,17	wie v. Tagelöhner hat mein Vater
	29	so v. Jahre diene ich dir
	18,39	er aber schrie noch v. mehr
	22,65	mit v. andern Lästerungen schmähten sie ihn
	23,9	er fragte ihn v.
Jh	1,12	wie v. ihn aber aufnahmen
	2,23	glaubten v. an seinen Namen 4,39.41; 7,31; 8,30; 10,42; 11,45; 12,11.42
	3,23	es war da v. Wasser
	5,18	darum trachteten die Juden noch v. mehr danach, ihn zu töten
	6,2	es zog ihm v. Volk nach, weil 5
	10	es war aber v. Gras an dem Ort
	11	desgleichen von den Fischen, s. sie wollten
	60	v. seiner Jünger, die das hörten, sprachen
	8,26	ich habe v. von euch zu reden 16,12
	10,20	v. unter ihnen sprachen: Er hat einen bösen Geist
	32	v. gute Werke habe ich euch erzeigt
	41	v. kamen zu ihm und sprachen
	11,19	v. Juden waren zu Marta und Maria gekommen
	47	dieser Mensch tut v. Zeichen 20,30
	55	v. aus der Gegend gingen hinauf n. Jerusalem
	12,24	wenn es erstirbt, bringt es v. Frucht
	14,2	in meines Vaters Hause sind v. Wohnungen
	30	ich werde nicht mehr v. mit euch reden
	15,5	wer in mir bleibt, der bringt v. Frucht 8
	19,20	diese Aufschrift lasen v. Juden
	21,11	obwohl es v. waren, zerriß das Netz nicht
	25	noch v. andere Dinge, die Jesus getan hat
Apg	1,3	ihnen zeigte er sich durch v. Beweise als der Lebendige
	2,39	so v. der Herr, unser Gott, herzurufen wird
	40	mit v. Worten bezeugte er das
	43	es geschahen v. Wunder und Zeichen durch die Apostel 5,12
	4,4	v. wurden gläubig 6,7; 9,42; 17,12; 18,8
	5,13	das Volk hielt v. von ihnen
	16	es kamen v. aus den Städten rings um Jerus.
	6,1	*in den Tagen, da der Jünger v. wurden*
	8,7	v. Gelähmte wurden gesund gemacht

viel

Apg	8,25	sie predigten das Evangelium in v. Dörfern	1Ko	16,2 sammle an, s. ihm möglich ist
	9,13	Herr, ich habe von v. gehört, wieviel Böses		9 auch v. Widersacher sind da
	23	nach v. Tagen hielten die Juden einen Rat	2Ko	1,5 gleichwie wir des Leidens Christi v. haben
	36	die tat v. gute Werke und gab Almosen		11 damit durch v. Personen v. Dank dargebracht werde 4,15; 9,12
	10,2	gab dem Volk v. Almosen und betete		2,4 ich schrieb euch unter v. Tränen
	27	fand v., die zusammengekommen waren		5 damit ich nicht z. sage
	11,24	v. Volk wurde für den Herrn gewonnen		17 wir sind nicht so wie v., die
	26	sie blieben und lehrten		6,10 (als Diener Gottes:) als die Armen, aber die doch v. reich machen
	12,12	wo v. beieinander waren und beteten		7,4 ich rühme v. von euch
	13,31	er ist an v. Tagen denen erschienen, die		8,2 als sie durch v. Bedrängnis bewährt wurden
	43	folgten v. Juden dem Paulus und Barnabas		4 haben uns mit v. Zureden gebeten
	48	wie v. zum ewigen Leben verordnet waren		15 wer v. sammelte, hatte keinen Überfluß
	14,17	hat v. Gutes getan		22 dessen Eifer wir oft in v. Stücken erprobt
	21	sie machten v. zu Jüngern		10,14 nicht so, daß wir uns z. anmaßen
	22	wir müssen durch v. Bedrängnisse in das Reich Gottes eingehen		11,18 da v. sich rühmen nach dem Fleisch
	15,32	ermahnten die Brüder mit v. Reden		27 (ich bin gewesen) in v. Wachen, in v. Fasten
	35	lehrten und predigten mit v. andern		12,21 muß Leid tragen über v., die zuvor gesündigt
	16,16	die brachte ihren Herren v. Gewinn ein	Gal	1,14 übertraf v. meiner Altersgenossen
	18	das tat sie v. Tage lang		3,4 habt ihr so v. vergeblich erfahren
	19,18	v. bekannten, was sie getan hatten 19		16 als gälte es v. euch
	26	daß dieser Paulus v. absprengig macht		27 wie v. von euch getauft sind
	20,2	die Gemeinden mit v. Worten ermahnt hatte		4,27 die Einsame hat v. mehr Kinder, als die den Mann hat
	8	es waren v. Lampen in dem Obergemach		6,16 wie v. nach dieser Regel einhergehen
	11	redete v. mit ihnen	Phl	1,23 bei Christus sein, was auch v. besser wäre
	37	es ward v. Weinen unter ihnen allen		2,12 jetzt noch v. mehr in meiner Abwesenheit
	22,28	Bürgerrecht für v. Geld erworben		3,4 so könnte ich es v. mehr
	24,2	diesem Volk v. Wohltaten widerfahren		15 wie v. von uns vollkommen sind
	10	ich weiß, daß du in diesem Volk nun v. Jahre Richter bist		18 v. leben so, daß ich euch oft gesagt habe
	25,7	brachten v. und schwere Klagen vor	Kol	4,13 ich bezeuge ihm, daß er v. Mühe hat um euch
	26,9	ich müßte v. gegen den Namen Jesu tun	1Th	1,6 das Wort aufgenommen unter v. Trübsalen
	10	dort brachte ich v. Heilige ins Gefängnis		2,2 bei euch das Evangelium Gottes zu sagen unter v. Kampf
	28	es fehlt nicht v., so wirst du mich noch überreden	1Ti	6,9 fallen in v. schädliche Begierden
	27,7	wir kamen v. Tage nur langsam vorwärts		10 sie machen sich selbst v. Schmerzen
	9	da nun v. Zeit vergangen war		12 bekannt das gute Bekenntnis vor v. Zeugen
	20	v. Tage weder Sonne noch Sterne schienen	2Ti	2,2 was du von mir gehört hast vor v. Zeugen
	28,23	kamen v. zu ihm in die Herberge		3,2 die Menschen werden v. von sich halten
	29	die Juden hatten v. Fragen untereinander		4,14 hat mir v. Böses angetan
Rö	3,2	v. in jeder Weise	Tit	1,10 es gibt v. Freche, unnütze Schwätzer
	4,17	habe dich gesetzt zum Vater v. Völker 18	1Pt	1,2 Gott gebe euch v. Gnade und Frieden 2Pt 1,2; Jud 2
	5,15	durch die Sünde des Einen die V. gestorben	2Pt	2,2 v. werden ihnen folgen in ihren Ausschweifungen
	16	Gnade hilft aus v. Sünden zur Gerechtigkeit		7 dem die schändlichen Leute v. Leid antaten
	19	werden durch den Gehorsam des Einen die V. zu Gerechten	1Jh	2,18 so sind nun schon v. Antichristen gekommen 4,1; 2Jh 7
	20	da ist die Gnade noch v. mächtiger geworden	2Jh	12 ich hätte euch v. zu schreiben 3Jh 13
	8,29	damit dieser der Erstgeborene sei unter v. Brüdern	Heb	1,4 ist so v. höher geworden als die Engel
	12,4	wie wir an einem Leib v. Glieder haben 5; 1Ko 12,12.14.20		2,10 (Gott,) der v. Söhne zur Herrlichkeit geführt
	18	ist's möglich, s. an euch liegt		5,11 darüber hätten wir noch v. zu sagen
	15,22	Grund, warum ich so v. Male gehindert worden bin		7,22 so ist Jesus Bürge eines v. besseren Bundes geworden
	23	seit v. Jahren das Verlangen, zu euch zu kommen		23 auch sind es v., die Priester wurden
	16,2	hat v. beigestanden, auch mir selbst		9,28 die Sünden v. wegzunehmen
	6	die v. Mühe um euch gehabt hat 12		11,12 von dem einen... so v. gezeugt worden wie
1Ko	1,26	nicht v. Weise sind berufen		25 wollte v. lieber mit dem Volk Gottes zusammen mißhandelt werden
	4,15	so habt ihr doch nicht v. Väter		12,3 der s. Widerspruch von Sündern erduldet
	8,5	wie es ja v. Götter und Herren gibt		9 sollten wir uns dann nicht v. mehr unterordnen
	9,11	ist es dann z., wenn wir 12		15 daß nicht v. durch sie unrein werden
	19	damit ich möglichst v. gewinne		22 gekommen zu den v. tausend Engeln
	10,17	so sind wir v. ein Leib, weil wir		Jak 5,16 des Gerechten Gebet vermag v.
	33	suche nicht, was mir, sondern was v. dient		Jud 14 siehe, der Herr kommt mit v. tausend Heiligen
	11,30	darum sind auch v. Schwache unter euch		Off 5,11 ich hörte eine Stimme v. Engel 19,1
	14,5	v. mehr, daß ihr prophetisch reden könntet		
	10	es gibt so v. Arten von Sprache in der Welt		
	15,10	ich habe v. mehr gearbeitet als sie alle		

viel 1524

Off	8,3	ihm wurde v. Räucherwerk gegeben
	11	v. Menschen starben von den Wassern
	9,9	das Rasseln ihrer Flügel war wie das Rasseln der Wagen u. Rosse
	10,11	abermals weissagen von v. Königen
	17,1	Hure, die an v. Wassern sitzt
	19,12	auf seinem Haupt sind v. Kronen

viel weniger

Spr	17,7	v. w. einem Edlen, daß er mit Lügen
	19,10	v. w. einem Knecht, zu herrschen

vielerlei

Heb	1,1	nachdem Gott auf v. Weise geredet hat

vielfach

Lk	18,30	der es nicht v. wieder empfange in dieser Zeit
Heb	1,1	nachdem Gott v. und auf vielerlei Weise geredet hat

Vielfalt

Wsh	7,20	(daß ich begreife) die V. der Pflanzen

vielfältig

Wsh	7,22	ein Geist, einzigartig, v.
Mt	19,29	der wird's v. empfangen Lk 18,30

Vielfraß

Sir	31,20	sei kein unersättlicher V. 24; 37,33

vielleicht

1Mo	16,2	ob ich v. durch sie zu einem Sohn komme
	18,24	könnten v. fünfzig Gerechte sein 28-32
	26,9	würde v. sterben müssen 38,11
	27,12	so könnte v. mein Vater mich betasten
	32,21	v. wird er mich annehmen
	43,12	v. ist ein Irrtum da geschehen
2Mo	32,30	ob ich v. Vergebung erwirken kann
4Mo	22,6	v. kann ich's dann schlagen 11
	23,3	ob mir v. der HERR begegnet 27
Jos	9,7	v. wohnt ihr mitten unter uns
	14,12	v. wird der HERR mit mir sein 1Sm 14,6
Ri	3,24	(Eglon) ist v. austreten gegangen
1Sm	6,5	v. wird seine Hand leichter über euch
	9,6	v. sagt er uns unsern Weg
2Sm	14,15	v. wird er tun, was seine Magd sagt
	16,12	v. wird der HERR mein Elend ansehen
	17,9	er hat sich jetzt v. verkrochen
1Kö	18,27	(Baal) schläft v.
	20,31	v. läßt er dich am Leben
2Kö	2,16	v. hat ihn der Geist des HERRN genommen
	19,4	v. hört der HERR alle Worte Jes 37,4
Hi	4,2	du hast's v. nicht gern
Jer	20,10	reden: V. läßt er sich überlisten
	21,2	v. wird der HERR doch an uns Wunder tun
	26,3	ob sie v. hören wollen und sich bekehren 36,3.7
	51,8	ob es v. geheilt werden könnte
Klg	3,29	v. ist noch Hoffnung
Hes	12,3	v. merken sie es
Am	5,15	v. wird der HERR gnädig sein Jon 3,9
Jon	1,6	ob v. dieser Gott an uns gedenken will
Ze	2,3	v. könnt ihr euch bergen am Tage d. Zorns
Wsh	13,6	als irren v. und suchen doch Gott
Sir	19,13	v. hat er's nicht getan 14
Rö	5,7	um des Guten willen wagt er v. sein Leben
1Ko	16,6	bei euch werde ich v. bleiben
1Th	3,5	ob euch nicht v. versucht der Versucher
2Ti	2,25	ob ihnen Gott v. Buße gebe

vielmal

Rö	15,22	warum ich so v. bin verhindert worden

vielmehr

5Mo	23,5	weil sie v. gegen euch den Bileam dingten
Jos	22,24	haben wir es nicht v. aus Sorge getan
2Kö	18,27	mich gesandt v. zu den Männern Jes 36,12
1Ch	19,3	sind seine Gesandten nicht v. gekommen, um
Hi	9,17	v. greift er nach mir
Jer	23,35	v. sollt ihr zueinander sagen
	26,19	v. fürchteten sie den HERRN
Hes	12,23	sage v. zu ihnen... alles kommt
	13,7	ist's nicht v. so 18,25.29
	18,23	v., daß er sich bekehrt
Mt	27,24	sondern v. ein Getümmel entstand
Rö	3,4	es bleibe v. so
	8	sollten wir's nicht v. so halten
	8,34	ja v., der auch auferweckt ist
1Ko	7,17	v. wie der Herr hat zugeteilt
2Ko	5,8	haben v. Lust, den Leib zu verlassen
Heb	10,3	v. geschieht dadurch eine Erinnerung

vieltausendmal

1Mo	24,60	du, unsere Schwester, wachse zu v. tausend
5Mo	1,11	der HERR mache aus euch noch v. mehr
Ps	68,18	Gottes Wagen sind v. tausend
Sir	23,28	die Augen des Herrn (sind) v. heller
Off	5,11	ihre Zahl war v. tausend 9,16

vier

1Mo	2,10	teilte sich von da in v. Hauptarme
	14,9	(kämpfen) v. Könige gegen fünf
	15,16	erst nach v. Menschenaltern wieder kommen
	47,24	v. Teile sollen euer sein
2Mo	21,37	soll wiedergeben v. Schafe für ein Schaf
	25,12	goldene Ringe und tu sie an ihre v. Ecken 26; 27,2.4; 37,3.13; 38,2.5
	26	an seinen v. Füßen 26,32; 37,13
	34	der Schaft soll v. Kelche haben 37,20
	26,32	v. Säulen 27,16; 36,36; 38,19
	28,17	besetzen mit v. Reihen von Steinen 39,10
3Mo	11,20	Getier, das auf v. Füßen geht 21.23.27.42
4Mo	7,7	v. Rinder gab er den Söhnen Gerschon 8
5Mo	22,12	Quasten an den v. Zipfeln deines Mantels
Ri	9,34	legten einen Hinterhalt mit v. Heerhaufen
	11,40	zu klagen um die Tochter Jeftahs v. Tage
	19,2	war dort v. Monate lang 20,47
2Sm	15,7	nach v. Jahren sprach Absalom
	21,22	diese v. fielen durch die Hand Davids
2Kö	7,3	waren v. aussätzige Männer vor dem Tor
1Ch	9,24	Torhüter nach den v. Himmelsrichtungen 26
Hi	1,19	stieß an die v. Ecken des Hauses
Spr	30,15	v. sagen nie: Es ist genug 18.24.29
Jes	11,12	von den v. Enden der Erde Jer 49,36
	17,6	v. oder fünf Früchte an den Zweigen
Jer	36,23	wenn Judi v. Spalten gelesen hatte
Hes	1,5	darin war etwas wie v. Gestalten 6.8.10. 15-18; 10,9-12.14.21

Hes	7,2	kommt über alle v. Enden des Landes
	14,21	meine v. schweren Strafen schicken werde
	37,9	komm herzu von den v. Winden
	40,41	standen auf jeder Seite v. Tische 42
	42,20	nach v. Windrichtungen maß er
	43,15	stehen nach oben v. Hörner 20; 45,19
	46,21	die v. Ecken des Vorhofs
Dan	1,17	diesen v. Leuten gab Gott Einsicht 3,25
	7,2	die v. Winde wühlten das große Meer auf
	3	v. große Tiere stiegen herauf 6.17; 8,8.22; 11,4
Am	1,3	um v. Frevel will ich 6.9.11.13; 2,1.4.6
Sa	2,1	siehe, da waren v. Hörner 3; 6,1.5
	10	ich habe euch in die v. Winde zerstreut
Wsh	18,24	Ehrennamen... in v. Reihen eingegraben
Tob	8,21	er ließ v. Schafe schlachten
	9,6	da nahm Rafael v. Knechte Raguëls
Sir	37,21	so treten v. Dinge auf
1Ma	11,57	bewilligte, daß er die v. Bezirke behalten
	13,28	Pyramiden: den v. Brüdern
2Ma	8,21	teilte das Heer in v. Abteilungen ein
Mt	24,31	seine Auserwählten sammeln von den v. Winden Mk 13,27
Mk	2,3	einen Gelähmten, von v. getragen
Jh	4,35	noch v. Monate, dann kommt die Ernte
	11,17	fand er Lazarus schon v. Tage im Grabe 39
	19,23	v. Teile, für jeden Soldaten einen Teil
Apg	10,11	an v. Zipfeln niedergelassen auf die Erde 11,5
	30	vor v. Tagen betete ich in meinem Hause
	12,4	überantwortete ihn v. Wachen von je v. Soldaten
	21,9	der hatte v. Töchter, die waren Jungfrauen
	23	v. Männer, die haben ein Gelübde
	27,29	warfen hinten vom Schiff v. Anker aus
Off	4,6	um den Thron (waren) v. himmlische Gestalten 8; 5,6.8.14; 6,1.6; 7,11; 14,3; 15,7; 19,4
	7,1	danach sah ich v. Engel 2; 9,14.15
	9,13	ich hörte eine Stimme aus den v. Ecken
	20,8	zu verführen die Völker an den v. Enden der Erde

Viereck

Hes 48,20 ein V. soll die Abgabe sein

viereckig

2Mo	27,1	Altar, daß er v. sei 30,2; 37,25; 38,1
	28,16	v. soll (die Brusttasche) sein 39,9
1Kö	6,33	machte v. Pfosten Hes 41,21
	7,5	alle Türen und Fenster waren v.
	31	in Feldern, die v. waren und nicht rund
Off	21,16	die Stadt ist v. angelegt

viererlei

Spr	30,21	v. kann (ein Land) nicht ertragen
Jer	15,3	ich will sie heimsuchen mit v. Plagen

vierfach, *vierfältig*

2Sm	12,6	soll er das Schaf v. bezahlen
Lk	19,8	jemanden betrogen, so gebe ich es v. zurück

Vierfürst

1Ma	10,65	machte ihn zum Feldherrn und zum V.
Mt	14,1	*die Kunde vor den V. Herodes Lk 3,19; 9,7*

Lk	3,1	*da Herodes V. in Galiläa (war)*
Apg	13,1	*der mit Herodes, dem V., erzogen war*

vierfüßig

3Mo	11,46	das ist das Gesetz von den v. Tieren
Apg	10,12	v. und kriechende Tiere der Erde 11,6
Rö	1,23	vertauscht mit e. Bild gleich dem der v. Tiere

vierhundert

1Mo	15,13	da wird man sie plagen v. Jahre Apg 7,6
	23,15	das Feld ist v. Lot Silber wert 16
	32,7	Esau zieht dir entgegen mit v. Mann 33,1
Ri	21,12	sie fanden v. Mädchen, die Jungfrauen
1Sm	22,2	bei (David) etwa v. Mann 25,13; 30,10
	30,17	außer v. jungen Männer, die flohen
1Kö	7,42	die v. Granatäpfel 2Ch 4,13
	18,19	v. Propheten der Aschera 22,6; 2Ch 18,5
Esr	6,17	opferten zur Einweihung v. Lämmer
Jdt	5,8	dort sind sie in v. Jahren so viele geworden
2Ma	3,11	es sind nicht mehr als v. Zentner Silber
	12,33	begegneten ihnen mit v. Reitern
Apg	5,36	(Theudas) hing eine Anzahl Männer an, etwa v.

vierhundertachtzig

1Kö 6,1 im v. Jahr nach dem Auszug aus Ägyptenland

vierhundertdrei

1Mo 11,13 (Arpachschad) lebte danach v. Jahre 15

vierhundertdreißig

1Mo	11,17	(Eber) lebte danach v. Jahre
2Mo	12,40	die Kinder Israel in Ägypten... v. Jahre
Gal	3,17	das Gesetz, das v. Jahre danach gegeben

vierhundertfünfzig

1Kö	18,19	v. Propheten Baals 22
2Ch	8,18	holten v. Zentner Gold
Apg	13,20	das geschah in etwa v. Jahren

vierhundertsiebzigtausend

1Ch 21,5 von Juda v. Mann

vierhunderttausend

Ri	20,2	traten zusammen v. Mann zu Fuß 17
2Ch	13,3	Abija rüstete sich mit v. Mann

vierhundertzwanzig

1Kö 9,28 holten v. Zentner Gold

viermal

Neh 6,4 sandten v. zu mir

viertausend

1Sm	4,2	sie erschlugen etwa v. Mann
1Kö	5,6	Salomo hatte v. Gespanne 2Ch 9,25
1Ch	23,5	v. zu Torhütern und v. zu Sängern

viertausend

2Ma 8,20 als v. Mazedonier in die Schlacht zogen
Mt 15,38 die gegessen hatten, waren v. Mann Mk 8,9
16,10 (denkt) an die 7 Brote für die v. Mk 8,20
Apg 21,38 der v. von den Aufrührern in die Wüste

viertel

2Mo 29,40 mit einer v. Kanne Oliven, und eine v. Kanne Wein 3Mo 23,13; 4Mo 15,4.5; 28,5.7.14
1Sm 9,8 siehe, ich hab einen V.-Silbertaler

vierter

1Mo 1,19 da ward aus Abend und Morgen der v. Tag
2,14 der v. Strom ist der Euphrat
2Mo 20,5 heimsucht bis ins dritte und v. Glied 34,7; 4Mo 14,18; 5Mo 5,9
28,20 die v. (Reihe sei) ein Türkis 39,13
3Mo 19,24 im v. Jahr sollen ihre Früchte geweiht
4Mo 23,10 wer kann zählen den v. Teil Israels
Ri 14,15 am v. Tag 19,5; 2Ch 20,26; Esr 8,33; Sa 7,1
1Kö 6,1 im v. Jahr 37; 22,41; 2Kö 18,9; 2Ch 3,2; Jer 25,1; 28,1; 36,1; 45,1; 46,2; 51,59; Sa 7,1
2Kö 10,30 auf dem Thron bis ins v. Glied 15,12
25,3 am 9. Tage des v. Monats Jer 39,2; 52,6; Hes 1,1; Sa 8,19
Hi 42,16 Hiob sah Kindeskinder bis in das v. Glied
Hes 10,14 das v. das eines Adlers Off 4,7
Dan 2,40 das v. wird hart sein wie Eisen
3,25 der v. sieht aus, als wäre er ein Sohn
7,7 ein v. Tier war furchtbar 19.23
11,2 der v. wird größeren Reichtum haben
Sa 6,3 am v. Wagen waren scheckige Rosse
Tob 9,11 eure Kinder seht bis ins v. Glied
Sir 26,5 vor dem v. (Ding) graut mir
Mt 14,25 in der v. Nachtwache kam Jesus Mk 6,48
1Ko 1,12 daß der v. sagt: Ich (gehöre) zu Christus
Off 4,7 die v. Gestalt war gleich einem Adler
6,7 als es das v. Siegel auftat
8 Macht gegeben über den v. Teil der Erde
8,12 der v. Engel blies seine Posaune 16,8
21,19 der v. (Grundstein war) ein Smaragd

viertesmal

1Mo 29,35 zum v. ward (Lea) schwanger

vierundachtzig

Lk 2,37 war nun eine Witwe an die v. Jahre

vierunddreißig

1Mo 11,16 Eber war v. Jahre alt und zeugte Peleg

vierundzwanzig

1Kö 15,33 Bascha regierte zu Tirza v. Jahre
Neh 9,1 am v. Tage Dan 10,4; Hag 1,15; 2,10.18.20; Sa 1,7
Off 4,4 auf den Thronen saßen v. Älteste 10; 5,8; 11,16; 19,4

vierundzwanzigtausend

4Mo 25,9 waren durch die Plage getötet worden v.
1Ch 23,4 v. (Leviten) für die Arbeit am Hause
27,1 von allen Ordnungen hatte jede v. 2-15

vierzehn

1Mo 14,5 im v. Jahr 2Kö 18,13; Jes 36,1; Hes 40,1
31,41 habe 20 Jahre gedient, v. um deine Töchter
46,22 Söhne der Rahel, zusammen v. Seelen
2Mo 12,6 bis zum v. Tag 18; Est 9,15.17-19.21
3Mo 23,5 am v. Tage des 1. Monats ist des HERRN Passa 4Mo 9,3.5.11; 28,16; Jos 5,10; 2Ch 30,15; 35,1; Esr 6,19; Hes 45,21
1Kö 8,65 Salomo beging das Fest v. Tage
1Ch 25,5 Gott hatte Heman v. Söhne gegeben
2Ch 13,21 Abija nahm v. Frauen
StE 1,4 am v. Tag im Adar, dem 12. Monat 7,7
Mt 1,17 alle Glieder... sind v. Glieder
Apg 27,27 die v. Nacht, seit wir in der Adria trieben
33 es ist heute der v. Tag, daß ihr wartet
2Ko 12,2 vor v. Jahren... da wurde derselbe entrückt
Gal 2,1 v. Jahre später zog ich abermals hinauf

vierzehntausend

Hi 42,12 so daß er v. Schafe kriegte

vierzig

1Mo 7,4 will regnen lassen v. Tage und v. Nächte 12.17; 8,6
18,29 vielleicht v. darin... nichts tun um der v.
25,20 Isaak war v., als er Rebekka nahm 26,34
32,16 (Geschenk für Esau:) v. Kühe
50,3 v. Tage währen die Tage der Salbung
2Mo 16,35 aßen Manna v. Jahre lang
24,18 Mose blieb auf dem Berge v. Tage und v. Nächte 34,28; 5Mo 9,9.11.18.25; 10,10
26,19 sollen v. silberne Füße haben 21; 36,24.26
4Mo 13,25 nach v. Tagen kehrten sie um
14,33 in der Wüste v. Jahre 34; 32,13; 5Mo 2,7; 8,2.4; 29,4; Jos 5,6; Neh 9,21; Ps 95,10; Am 2,10; 5,25; Apg 7,36.42; 13,18; Heb 3,9.17
33,38 im v. Jahr des Auszugs 5Mo 1,3
5Mo 25,3 wenn man ihm v. Schläge gegeben
Jos 14,7 war v. Jahre alt 2Sm 2,10
Ri 3,11 hatte das Land Ruhe v. Jahre 5,31; 8,28
12,14 (Abdon) hatte v. Söhne
13,1 gab sie in die Hände der Philister v. Jahre
1Sm 4,18 Eli richtete Israel v. Jahre
17,16 der Philister stellte sich hin, v. Tage
2Sm 5,4 regierte v. Jahre 1Kö 2,11; 11,42; 2Kö 12,2; 1Ch 26,31; 29,27; 2Ch 9,30; 24,1
1Kö 7,38 daß v. Eimer in einen Kessel gingen
19,8 (Elia) ging v. Tage und v. Nächte
2Kö 8,9 Geschenke, eine Last für v. Kamele
Neh 5,15 für Brot und Wein täglich v. Silberstücke
Hes 4,6 sollst tragen die Schuld v. Tage lang
29,11 daß v. Jahre weder Mensch noch 12.13
Jon 3,4 noch v. Tage, so wird Ninive untergehen
Jdt 5,13 bekamen Brot vom Himmel v. Jahre lang
2Ma 5,2 man sah fast v. Tage lang Reiter
StD 2,2 dem (Bel) mußte man opfern v. Schafe
Mt 4,2 da er v. Tage und v. Nächte gefastet Mk 1,13; Lk 4,2
Apg 1,3 ließ sich sehen unter ihnen v. Tage lang
4,22 der Mensch war über v. Jahre alt
7,23 als er v. Jahre alt wurde
30 nach v. Jahren erschien ihm ein Engel
13,21 Gott gab ihnen Saul für v. Jahre
23,13 mehr als v., die d. Verschwörung machten 21
2Ko 11,24 habe ich fünfmal erhalten v. Geißelhiebe

vierzigtausend

Jos	4,13	v. zum Krieg gerüstete Männer 1Ch 12,37
Ri	5,8	es war kein Schild noch Speer unter v.
2Sm	10,18	David vernichtete v. Mann 1Ch 19,18
1Ma	3,39	gab ihnen v. Mann zu Fuß 12,41
2Ma	5,14	von denen v. getötet wurden

Vogel

1Mo	1,20	V. sollen fliegen auf Erden 21.22.30; 2,19
	26	die da herrschen über die V. 28; 2,20; 9,2; Ps 8,9
	6,7	will vertilgen... bis zu den V. 7,21.23
	20	von den V. je ein Paar 7,3.8.14; 8,17.19
	8,20	nahm von allen reinen V. und opferte
	9,10	(einen Bund) mit allem Getier, V. Hos 2,20
	15,10	die V. zerteilte er nicht
	40,17	die V. fraßen aus dem Korbe 19
3Mo	1,14	will er von V. ein Brandopfer darbringen
	7,26	sollt kein Blut essen... von V.
	11,13	sollt ihr verabscheuen unter den V. 46; 20,25
	14,4	daß man zwei lebendige V. nehme 5-7.49-53
	17,13	wer auf der Jagd einen V. fängt
5Mo	4,17	(Bildnis, das gleich sei) einem V.
	14,11	alle reinen V. esset 20
	28,26	deine Leichname werden zum Fraß allen V. Ps 79,2; Jer 7,33; 15,3; 16,4; 19,7; 34,20
1Sm	17,44	will dein Fleisch den V. geben 46
2Sm	21,10	ließ die V. nicht an sie kommen
1Kö	5,13	(Salomo) dichtete von Tieren, von V.
	14,11	den sollen die V. fressen 16,4; 21,24
Hi	12,7	die V., die werden dir's sagen
	28,21	sie ist auch verborgen den V.
	35,11	der uns klüger macht als die V.
	40,29	kannst du mit ihm spielen wie mit einem V.
Ps	11,1	flieh wie ein V. auf die Berge
	78,27	ließ regnen V. wie Sand am Meer
	84,4	der V. hat ein Haus gefunden
	102,8	ich wache und klage wie ein einsamer V.
	104,12	darüber sitzen die V. des Himmels 17
	124,7	unsre Seele ist entronnen wie ein V.
	148,10	(lobet den HERRN) Gewürm und V.
Spr	1,17	man spannt das Netz vor den Augen der V.
	6,5	wie ein V. aus der Hand des Fängers
	7,23	wie ein V. zur Schlinge eilt
	26,2	wie ein V. dahinfliegt, so ist ein Fluch
	27,8	wie ein V., der aus seinem Nest flüchtet
Pr	9,12	wie die V. mit dem Garn gefangen werden
	10,20	die V. des Himmels tragen die Stimme fort
	12,4	wenn sie sich hebt, wie ein V. singt
Jes	16,2	wie ein V. dahinfliegt, so werden die
	31,5	wie V. es tun mit ihren Flügeln
Jer	4,25	alle V. waren weggeflogen 9,9; 12,4
	12,9	wie der bunte V.
	17,11	wie ein V., der sich über Eier setzt
Klg	3,52	haben mich gejagt wie einen V.
Hes	17,23	daß V. aller Art in ihm wohnen 31,6.13; Dan 4,9.11.18
	29,5	gebe (den Pharao) den V. zum Fraß 32,4
	38,20	daß erbeben sollen die V.
	39,17	sage dem V.: Sammelt euch
	44,31	was verendet ist, es seien V. oder andere
Dan	2,38	dem er die V. in die Hände gegeben
	7,6	ein Tier, das hatte 4 Flügel wie ein V.
Hos	4,3	die V. werden weggerafft Ze 1,3
	7,12	will sie herunterholen wie ein V.
	9,11	muß wie ein V. wegfliegen
	11,11	aus Ägypten kommen sie erschrocken wie V.
Am	3,5	fällt etwa ein V. zur Erde, wenn kein
Wsh	5,11	wie man bei einem V. keine Spur finden kann
	17,19	ob die V. süß sangen in den Zweigen
	19,11	sahen, wie eine neue Art V. entstand
Sir	17,4	herrschen sollten über Tiere und V.
	22,25	wer einen Stein unter die V. wirft
	27,10	die V. gesellen sich zu ihresgleichen
	21	wie wenn du einen V. aus der Hand läßt
	43,15	die Wolken ziehen, wie die V. fliegen
	19	wie die V. fliegen, streut er den Schnee
Bar	3,17	die mit den V. unter dem Himmel spielen
	6,22	andere V. setzen sich auf ihre Leiber
	71	eine Hecke, auf die sich V. setzen
2Ma	9,15	den V. zu fressen geben 15,33
StE	5,16	daß weder Tier noch V. darin wohnen
StD	3,56	alle V. unter dem Himmel, lobt den Herrn
Mt	6,26	seht die V. unter dem Himmel an
	8,20	die V. haben Nester Lk 9,58
	13,4	kamen V. und fraßen's auf Mk 4,4; Lk 8,5
	32	daß die V. unter dem Himmel kommen Mk 4,32; Lk 13,19
Lk	12,24	wieviel besser seid ihr als die V.
Apg	10,12	Tiere der Erde und V. des Himmels 11,6
Rö	1,23	vertauscht mit einem Bild gleich der V.
1Ko	15,39	ein anderes Fleisch (haben) die V.
Jak	3,7	jede Art von Tieren und V. wird gezähmt
Off	18,2	ist geworden ein Gefängnis aller unreinen V.
	19,17	er rief mit großer Stimme allen V. zu
	21	alle V. wurden satt von ihrem Fleisch

Vogelbauer

Jer	5,27	wie ein V. voller Lockvögel ist

Vogelfänger

Ps	124,7	entronnen wie ein Vogel dem Netze des V.
Jer	5,26	sie zu fangen, wie's die V. tun

Vogelgeschrei

2Kö	21,6	(Manasse) achtete auf V. 2Ch 33,6

Vogelklaue

Dan	4,30	bis seine Nägel wie V. wurden

Vogelnest

5Mo	22,6	wenn du unterwegs ein V. findest
Jes	10,14	hat gefunden den Reichtum wie ein V.

Vogelscheuche

Jer	10,5	sie sind ja nichts als V. im Gurkenfeld
Bar	6,70	wie eine V. sind ihre Götzen

Vogt

2Mo	5,6	darum befahl der Pharao den V. 10.13.14
Ri	9,28	Abimelech hat Sebul, seinen V., hergesetzt
1Kö	5,30	ohne die V. Salomos 11,26
Jes	33,18	wo sind die V
	60,17	will machen zu deinen V. die Gerechtigkeit
2Ma	5,22	ließ V. zurück, die das Volk quälen sollten

Volk (s.a. Volk Israel)

1Mo	10,5	die Söhne Jafets nach ihren V. 20.31.32
	11,6	es ist einerlei V. und einerlei Sprache

Volk

1Mo 12,2 will dich zum großen V. machen 17,20; 18,18; 21,13.18; 46,3; 48,19; 2Mo 32,10; 4Mo 14,12; 5Mo 9,14; 26,5; 1Kö 3,8; 2Ch 1,9; Ps 105,24
- 14,1 zu der Zeit Tidals, des Königs von V. 9
- 16 brachte wieder auch die Frauen und das V.
- 15,14 will das V. richten, dem sie dienen müssen
- 17,4 sollst Vater vieler V. werden 5; Rö 4,17.18
- 6 will aus dir V. machen 16; 28,3; 35,11; 48,4
- 14 wird er ausgerottet werden aus seinem V. 2Mo 30,33.38; 31,14; 3Mo 7,20.21.25.27; 17,4. 9.10; 18,29; 19,8; 20,3.5.6.17.18; 23,29.30; 4Mo 9,13; 15,30
- 18,18 alle V. in ihm gesegnet werden sollen 22,18; 26,4; Apg 3,25
- 19,4 das ganze V. aus allen Enden (der Stadt)
- 20,4 willst du ein gerechtes V. umbringen
- 23,7 verneigte sich vor der V. des Landes 12
- 11 übergebe dir's vor den Augen meines V. 13
- 25,23 zwei V. sind in deinem Leibe, zweierlei V.
- 26,10 leicht geschehen, daß jemand vom V. 11
- 27,29 V. sollen dir dienen
- 32,8 Jakob teilte das V., das bei ihm war 35,6
- 34,16 wollen bei euch wohnen und ein V. sein 22
- 41,40 deinem Wort soll mein V. gehorsam sein
- 55 schrie das V. zum Pharao um Brot 42,6
- 47,21 (Josef) machte das V. leibeigen 23
- 49,10 ihm werden die V. anhangen
- 16 Dan wird Richter sein in seinem V.
- 29 ich werde versammelt zu meinem V. 5Mo 32,50
- 50,20 am Leben zu erhalten ein großes V.
2Mo 1,9 (ein neuer König) sprach zu seinem V. 22
- 12 je mehr sie das V. bedrückten 20; 5,5
- 3,7 habe das Elend meines V. gesehen Apg 7,34
- 10 damit du mein V. aus Ägypten führst 12
- 21 will diesem V. Gunst verschaffen 11,3; 12,36
- 4,16 er soll für dich zum V. reden
- 21 daß er das V. nicht ziehen lassen wird 7,14; 8,25.28; 9,7.17
- 30 Mose tat Zeichen vor dem V. 31
- 5,1 laß mein V. ziehen 4; 7,16.26; 8,16; 9,1.13; 10,3.4
- 6 befahl den Vögten des V. 7.10.12.16.23
- 22 Herr, warum tust du so übel an diesem V.
- 6,7 euch annehmen zu meinem V. 15,16; 19,5; 33,13; 5Mo 4,20; 7,6; 9,29; 26,18; 27,9; 29,12; 32,9; 2Sm 7,23.24; 1Kö 3,8; 2Kö 9,6; 11,17; 1Ch 17,21.22; 2Ch 7,14; 23,16; Ps 33,12; Jes 43,21; 51,16; 63,8; 64,8; Jer 13,11; Hes 34,30; 36,20; Hos 2,1; Sa 13,9; 1Pt 2,9.10
- 7,28 sollen kommen in die Häuser deines V. 29; 8,4.7.17.25.27; 9,14.15; Neh 9,10
- 8,4 so will ich das V. ziehen lassen 11,8; 12,31.33. 38; 13,17
- 5 wann ich für dein V. bitten soll 11,3
- 18 Goschen, wo sich mein V. aufhält
- 19 Unterschied zwischen meinem und deinem V.
- 9,27 ich aber und mein V. sind schuldig
- 11,2 sage nun zu dem V. 4Mo 11,18; 5Mo 2,4
- 12,27 neigte sich das V. und betete an
- 34 das V. trug den rohen Teig
- 13,3 sprach Mose zum V. 14,13; 20,20; 24,3; 32,30; 4Mo 11,24; 31,3; 5Mo 27,1.11
- 17 Gott dachte, es könnte das V. gereuen 18
- 22 niemals wich die Wolkensäule von dem V. 33,10; 4Mo 14,14; Ps 68,8
- 14,5 daß das V. geflohen 2Sm 1,4; 23,11; 2Kö 8,21
- 6 (der Pharao) nahm sein V. mit sich

2Mo 14,31 das V. fürchtete den HERRN
- 15,13 geleitet durch Barmherzigkeit dein V.
- 14 als das die V. hörten, erbebten sie
- 16 erstarrten sie, bis dein V. hindurchzog
- 24 da murrte das V. wider Mose 4Mo 13,30; 14,10.11; 17,6; 20,3; 21,4
- 16,4 das V. soll täglich sammeln 27
- 30 also ruhte das V. am siebenten Tage
- 17,1 hatte das V. kein Wasser 3; 4Mo 33,14
- 4 was soll ich mit dem V. tun 5.6
- 13 Josua überwältigte Amalek und sein V.
- 18,11 hat das V. aus der Ägypter Hand errettet 4Mo 14,13; 5Mo 4,34; 2Sm 7,23; 1Kö 8,51; 1Ch 17,21; 2Ch 6,5; Neh 1,10; Ps 136,16
- 13 um dem V. Recht zu sprechen 14-26
- 19,6 sollt mir ein heiliges V. sein 5Mo 7,6 14,2.21; 26,19; 28,9; Jes 62,12; 1Pt 2,9.10
- 7 Mose berief die Ältesten des V.
- 8 alles V. antwortete einmütig 24,3
- 8 Mose sagte die Worte des V. dem HERRN 9
- 9 daß dies V. es höre, wenn ich mit dir rede 11.16; 20,18; 5 Mo 4,33
- 10 geh hin zum V. und heilige sie 14; Jos 7,13
- 12 ziehe eine Grenze um das V. 17.21.23-25; 20,21; 24,2
- 21,8 sie unter ein fremdes V. zu verkaufen
- 22,24 Geld verleihst an einen aus meinem V.
- 27 einem Obersten in deinem V. sollst du nicht fluchen Apg 23,5
- 23,11 daß die Armen unter deinem V. davon essen
- 27 will alle V. verzagt machen 4Mo 22,3; 5Mo 2,25; 1Ch 14,17
- 24,7 laß es vor den Ohren des V. 5Mo 32,44; 2Kö 23,2; 2Ch 34,30; Neh 8,3; 13,1
- 8 nahm Mose das Blut und besprengte das V.
- 32,1 als das V. sah, daß Mose ausblieb 3.17.21
- 6 setzte sich das V., um zu essen 1Ko 10,7
- 7 dein V. hat schändlich gehandelt 22.25.31; 5Mo 9,12
- 9 sehe, daß es ein halsstarriges V. ist 33,3.5; 34,9; 5Mo 9,6.13
- 11 warum will dein Zorn entbrennen über dein V. 12.14; 4Mo 21,7; 5Mo 9,26.27
- 28 fielen an dem Tage vom V. 3.000 Mann 35
- 34 führe das V., wohin ich dir gesagt 33,1.12
- 33,4 als das V. diese harte Rede hörte
- 8 stand alles V. auf
- 16 daß dein V. Gnade gefunden Ps 106,4
- 16 ich und dein V. erhoben worden vor allen V. 5Mo 7,6; 10,15; 14,2; 1Kö 8,53
- 34,10 vor deinem V. will ich Wunder tun, wie sie nicht geschehen sind unter allen V., und das V. soll des HERRN Werk sehen
- 36,5 das V. bringt zu viel 6
3Mo 4,3 daß er eine Schuld auf das V. brächte
- 27 wenn jemand aus dem V. aus Versehen sündigt 4Mo 15,26
- 9,7 bringe dar die Opfergabe des V. 15.18; 16,15. 24.33
- 22 Aaron hob seine Hände auf zum V. 23
- 23 die Herrlichkeit des HERRN allem V. 24
- 10,3 vor allem V. erweise ich mich herrlich
- 18,24 mit alledem haben sich die V. unrein gem.
- 28 wie es die V. ausgespien, die vor euch
- 19,16 nicht als Verleumder unter deinem V.
- 18 noch Zorn gegen die Kinder deines V.
- 20,2 das V. des Landes soll ihn steinigen 4; 5Mo 13,10; 17,7
- 23 wandelt nicht in den Satzungen der V. 5Mo 18,9.14

3Mo 20,24	von den V. abgesondert 26; Jos 23,7.12; 1Kö 11,2; Esr 9,1.2.11.14; 10,2.11; Neh 9,2; 10,29. 31.32; 13,3; Est 3,8	5Mo	7,16	wirst alle V. vertilgen
			19	so wird der HERR allen V. tun Jos 23,3
			15,6	wirst vielen V. leihen 28,12
21,1	an keinem Toten seines V. unrein machen 4		6	wirst über viele V. herrschen
14	eine Jungfr. seines V. zur Frau nehmen 15		16,18	daß sie das V. richten mit gerechtem Gericht Esr 7,25; Ps 72,2.4
25,44	Sklaven kaufen von den V. um euch her		17,13	daß alles V. aufhorche und sich fürchte
26,12	will euer Gott sein, und ihr sollt mein V. sein Jer 7,23; 11,4; 24,7; 30,22; 31,1.33; 32,38; Hes 11,20; 14,11; 36,28; 37,23.27; Hos 2,25; Sa 2,15; 8,8; 2Ko 6,16; Heb 8,10; Off 21,3		14	will einen König, wie ihn alle V. haben
			16	er führe das V. nicht wieder nach Ägypten
			18,3	das Recht der Priester an das V. 1Sm 2,13
			20,2	soll der Priester mit dem V. reden 5.8.9
33	auch will ich unter die V. zerstreuen 5Mo 4,27; 28,64; Neh 1,8; Jer 9,15		9	Heerführer an die Spitze des V. stellen
			11	soll das ganze V. dir fronpflichtig sein
38	sollt umkommen unter den V.		15	zu den Städten dieser V. hier 16
45	aus Ägypten führte vor den Augen der V.		27,12	diese sollen stehen... das V. zu segnen
4Mo 5,21	deinen Namen zum Fluch unter deinem V. 27		15	alles V. soll sagen: Amen 16-26; 1Ch 16,36; Neh 8,6; Ps 106,48
11,1	das V. klagte 2.8.10; 17,12		28,10	alle V. werden sehen, daß über dir Jos 4,24
4	das fremde V. war lüstern geworden 34		32	deine Söhne einem andern V. gegeben
11	die Last dieses V. auf mich legst 12-14.17		33	ein V., das du nicht kennst 36.49.50; 2Sm 22,44; Ps 18,44; Jes 33,19; Jer 5,15
16	daß sie Älteste im V. sind 24			
29	daß alle im V. Propheten wären		37	wirst zum Spott werden unter allen V. 1Kö 9,7; 2Ch 7,20
32	machte sich das V. auf 35; 12,15.16; 20,1			
33	entbrannte der Zorn des HERRN gegen das V. 2Ch 36,16; Ps 106,40; Jes 5,25		65	wirst unter jenen V. keine Ruhe haben
			29,15	wie wir mitten durch die V. gezogen Jos 24,17
13,18	seht euch das Land an und das V. 28.31.32; 5Mo 1,28		30,3	wird dich wieder sammeln aus allen V. Jer 29,14; Hes 11,17; 20,34.41; 28,25; 34,13; 39,27
14,1	das V. weinte Ri 2,4; 21,2; 1Sm 11,4.5; Esr 10,1; Neh 8,9			
9	fürchtet euch vor dem V. dieses Landes nicht Esr 3,3		31,7	wirst dies V. in das Land bringen
			16	dies V. wird nachlaufen fremden Göttern 1Ch 5,25
15	würdest du dies V. töten, so würden die V. sagen 16; 5Mo 29,23; Jo 2,17		32,6	ein tolles und törichtes V. 28; Jer 4,22; 5,21
			8	als der Höchste den V. Land zuteilte
19	vergib die Missetat dieses V., wie du diesem V. vergeben hast 1Kö 8,50; 2Ch 6,39; 30,20; Ps 85,3		21	durch ein gottloses V. sie erzürnen
			36	wird seinem V. Recht schaffen Ps 135,14
39	da trauerte das V. sehr		43	preiset, ihr Heiden, sein V. Rö 15,10
17,12	schaffte Sühne für das V.		43	wird entsühnen das Land seines V.
21,2	wenn du dies V. in meine Hand gibst		33,3	wie hat er sein V. so lieb 2Ch 2,10
6	sandte Schlangen unter das V.		5	versammelten (sich) die Häupter des V. 21; Ri 20,2; 1Sm 14,38
16	versammle das V. 5Mo 4,10; 31,12			
18	die Edlen im V. haben ihn gegraben		7	bringe (Juda) zu seinem V.
29	du V. des Kemosch bist verloren Jer 48,46		17	wird die V. stoßen an die Enden der Erde
22,5	Balak sandte ins Land seines V. 24,14		29	V., das s. Heil empfängt durch den HERRN
5	ist ein V. aus Ägypten gezogen 11	Jos	1,6	sollst diesem V. das Land austeilen
6	verfluche mir das V. 12.17; 23,9.24		10	gebot Josua den Amtleuten des V. 11; 3,3.5; 4,10
24,8	Gott wird die V. auffressen			
14	was dies V. deinem V. tun wird		3,16	so ging das V. hindurch 14.17; 4,1.10.11.19
20	Amalek ist das erste unter den V.		4,2	nehmt euch aus dem V. zwölf Männer
25,1	fing das V. an zu huren		5,8	als das ganze V. beschnitten war 4-6
2	luden das V. zu den Opfern... das V. aß		6,7	zum V. sprach (Josua): ziehet um die Stadt 8.9.13.16.20
4	alle Oberen des V... hänge sie auf			
32,15	wird er das V. länger in der Wüste lassen		7,3	damit nicht das ganze V. sich bemühe 4
5Mo 2,10	ein starkes und hochgewachsenes V. 21; 7,1. 17; 9,1.2; 11,23		5	da verzagte das Herz v. 14,8
			7	warum hast du dies V. über den Jordan
16	als alle Kriegsleute aus dem V. gestorben		8,1	den König samt seinem V. in deine Hände 16.20
3,28	über den Jordan ziehen vor dem V. her 10,11; Jos 1,2; 3,6.14; 4,11; 8,10			
			9	Josua blieb die Nacht unter dem V. 10.13
4,6	werdet als weise gelten bei allen V... ein herrliches V. 7.8		10,13	bis sich das V. an s. Feinden gerächt 21
			11,4	ein großes V., soviel wie Sand am Meer
19	Gott hat sie zugewiesen allen andern V.		12,23	der König von V. in Galiläa
38	wird die V. vertreibe 7,1; 9,4.5; 11,23; 12,29; 18,12; 19,1; 31,3; Jos 23,4.9; 24,18; 2Sm 7,23; 1Ch 17,21; Ps 78,55; 80,9; 135,10		17,14	bin doch ein großes V. 15.17
			23,13	nicht mehr diese V. vertreiben Ri 2,21.23; 3,1; Ps 106,34
5,28	habe gehört die Worte dieses V.		24,2	sprach (Josua) zum ganzen V. 19.22.27
6,14	nicht nachfolgen den Göttern der V. 12,30; 13,8; 29,17; Ri 2,12		16	da antwortete das V. 21.24
			25	schloß einen Bund für das V. 2Kö 11,17; 23,3; 2Ch 23,16
7,7	weil ihr größer wäret als alle V. - denn du bist das kleinste unter allen V.		28	so entließ Josua das V. Ri 2,6; 1Sm 10,25; 13,2; 2Sm 6,19; 1Kö 8,66; 1Ch 16,43; 2Ch 7,10
14	gesegnet wirst du vor allen V. 26,19; 28,1			

Volk

Ri	1,16	wohnten mitten unter dem V.
	2,7	diente das V. dem HERRN
	20	weil dies V. meinen Bund übertreten
	4,13	(Sisera) rief zusammen das ganze V. 5,2.9
	5,11	als des HERRN V. herabzog 13.14.18
	7,2	zu zahlreich ist das V., das bei dir 3-8
	8,5	gebt doch dem V. Brote
	9,29	das V. wäre unter meiner Hand 33.42.43.45
	32	mach dich auf, du und dein V. 34-36.48.49
	10,18	die Oberen des V. von Gilead sprachen
	11,11	das V. setzte (Jeftah) zum Haupt 12,2
	14,3	ist kein Mädchen in deinem ganzen V.
	16	den Söhnen meines V. ein Rätsel 17
	16,24	als das V. (Simson) sah 30
	18,7	sahen das V. sicher wohnen 10.27
	20	nahm den Ephod und schloß sich dem V. an
	20,8	da erhob sich alles V. 10; 21,4.9.15
	16	unter diesem V. waren 700 Männer
Rut	1,6	daß der HERR sich seines V. angenommen
	10	wollen mit dir zu deinem V. gehen 15; 2,11
	16	dein V. ist mein V.
	3,11	das ganze V. in meiner Stadt 4,4.9.11
1Sm	2,23	Dinge, von denen ich höre im ganzen V. 24
	4,3	als das V. ins Lager kam 4.17
	5,10	damit (die Lade) mich töte und mein V. 11
	6,19	trug das V. Leid, daß er das V. so hart
	8,7	gehorche der Stimme des V. 10.19.21
	9,2	eines Hauptes länger als alles V. 10,23
	12	weil das V. heute ein Opferfest hat 13.24
	16	daß er mein V. errette 17
	10,17	Samuel rief das V. zusammen 23-25
	11,4	sagten diese Worte vor den Ohren des V. 7. 11.12.14.15; 12,6.20
	12,18	fürchtete das V. den HERRN und Samuel
	22	der HERR verstößt sein V. nicht
	13,4	alles V. wurde zusammengerufen 6-8.11.15. 16.22
	14	bestellt zum Fürsten über sein V. 2Sm 6,21
	14,3	das V. wußte nicht, daß Jonatan weggegangen 17.20.24.26-28.30-34.39-41.45
	15,4	da bot Saul das V. auf 9.15.21.24.30
	8	an allem V. vollstreckte er den Bann
	17,27	da sagte ihm das V. wie vorher 30
	18,5	es gefiel allem V. gut 2Sm 3,36; 1Ch 13,4
	26,7	Abner und das V. lagen um (Saul) her 15
	30,6	die Seele des ganzen V. war erbittert
	31,9	es zu verkünden unter dem V. 1Ch 10,9
2Sm	1,12	weinten um das V. des HERRN 3,32.34
	2,26	willst du dem V. nicht sagen 27.28.30
	3,31	David sprach zu allem V., das bei ihm war 35.37; 15,17.30; 16,14; 17,16.22.29; 18,2; 19,3.9. 10.40.41; 1Ch 21,2
	6,2	zog mit dem V., die Lade heraufzuholen 18. 19; 1Ch 16,2
	7,23	wo ist ein V. wie Israel 1Ch 17,21
	8,15	David schaffte Recht seinem ganzen V. 1Ch 18,14
	10,12	für unser V. 13; 1Ch 19,13.14
	11,17	fielen einige vom V.
	12,31	das V. führte (David) heraus 1Ch 20,3
	13,34	war viel V. auf den Wege
	14,13	warum bist du so gesinnt gegen Gottes V.
	15	das V. macht mir angst
	15,12	sammelte sich mehr V. um Absalom 16,15.18
	17,3	das V. soll in Frieden bleiben
	18,8	der Wald fraß viel mehr V. 16
	20,12	daß alles V. da stehenblieb
	22	die Frau beredete das ganze V.
	22,28	du hilfst dem elenden V. Ps 18,28
	44	aus dem Aufruhr meines V. geholfen Ps 18,44
2Sm	22,48	der Gott, der mir die V. unterwirft Ps 18,48
	23,10	daß das V. umwandte, um zu plündern 2Kö 7,16
	24,1	er reizte David gegen das V. 3.9.10.15-17
	21	damit die Plage vom V. weiche 1Ch 21,22
1Kö	1,39	alles V. rief: Es lebe der König 40
	3,2	das V. opferte noch auf den Höhen 22,44; 2Kö 12,4; 14,4; 15,4.35; 2Ch 33,17
	9	dein V. richten... dein mächtiges V. 2Kö 15,5; 2Ch 1,10.11; 26,21
	5,11	(Salomo) war berühmt unter allen V. 14; Neh 13,26
	21	weisen Sohn gegeben über dies große V.
	8,36	Land, zum Erbe 2Ch 6,27
	43	alle V. deinen Namen erkennen 60; 2Ch 6,33
	44	wenn dein V. ausz. in den Krieg 2Ch 6,34
	9,20	alles V., das noch übrig war 2Ch 8,7
	12,5	das V. ging hin 12; 2Ch 10,5.12
	6	wie... diesem V. Antwort geben 9.10; 2Ch 10,6.9.10
	7	wirst du diesem V. einen Dienst tun 13.15.16; 2Ch 10,7.15.16
	23	sage dem übrigen V. 28
	27	wird sich das Herz dieses V. wenden 30
	13,33	bestellte Priester für die Höhen aus allem V. 2Kö 17,32; 2Ch 13,9
	14,2	daß ich König sein sollte über dies V. 7
	16,15	das V. lag vor Gibbethon 16
	22	das V... wurde stärker als das V.
	18,10	kein V., wohin mein Herr nicht gesandt... nahm einen Eid von dem V.
	21	trat Elia zu allem V. 22.24.30
	21	das V. antwortete ihm nichts 2Kö 18,36
	37	erhöre mich, damit dies V. erkennt 39
	20,8	sprachen zu ihm alle Ältesten u. alles V.
	42	soll einstehen dein V. für sein V. 22,4; 2Kö 3,7; 2Ch 18,3
	21,9	setzt Nabot obenan im V. 12.13
	22,28	höret, alle V. 1Ch 28,2; 2Ch 18,27; Ps 49,2; Jes 34,1; 49,1; 51,4; Jer 6,18; 31,10; Klg 1,18; Mi 1,2
2Kö	6,18	schlage dies V. mit Blindheit 30
	7,17	das V. zertrat ihn im Tor 20
	10,9	sprach zu allem V.: Ihr seid ohne Schuld 18
	11,13	als Atalja das Geschrei des V. hörte, kam sie zum V. 2Ch 23,12
	14	alles V. war fröhlich 19.20; 1Ch 29,9; 2Ch 23,13.21; 24,10; 29,36
	18	alles V. brach (Baals) Altäre ab
	12,9	von V. kein Geld mehr nehmen 22,4
	14,21	das V. von Juda nahm Asarja... zum König 21,24; 23,30; 2Ch 26,1; 33,25; 36,1
	16,15	die Brandopfer des ganzen V.
	17,26	die V. wissen nichts von der Verehrung Gottes 29.33.41
	18,26	rede nicht hebräisch vor den Ohren des V. 2Ch 32,18; Jes 36,11
	33	haben die Götter der andern V. errettet 19,12; 2Ch 25,15; 32,13-15.17; Jes 36,18; 37,12
	19,17	die Könige von Assyrien haben die V. umgebracht 2Ch 32,13
	20,5	sage Hiskia, dem Fürsten meines V.
	21,24	das V. erschlug alle, die die Verschwörung gemacht hatten 2Ch 33,25
	22,13	befragt den HERRN für mich, für das V.
	23,6	den Staub auf die Gräber des einfachen V.
	21	der König gebot dem V.
	35	von jedem dem V. trieb er Gold ein
	24,14	nichts übrig als geringes V. 25,11.22.26; Jer 39,9.10; 52,15.16.25

2Kö	25,3	daß das V. nichts mehr zu essen hatte Jer 52,6	Est	2,10	Ester sagte nichts von ihrem V. 20; 3,6.8.11; 4,8; 7,3.4; 8,6; 10,3

2Kö 25,3 daß das V. nichts mehr zu essen hatte Jer 52,6
  19 der das V. aufbot, und 60 Mann vom V.
1Ch 10,9 ließen's verkünden vor dem V.
  16,8 tut kund unter den V. sein Tun 24; Ps 9,12; 105,1; Jes 12,4
  20 zogen von einem V. zum andern Ps 105,13
  28 bringet dar, ihr V., Ehre Ps 96,7
  17,6 Richter, denen ich gebot zu weiden mein V.
  19,7 warben den König von Maacha mit seinem V.
  22,18 das Land ist unterworfen seinem V.
  23,25 der HERR hat seinem V. Ruhe gegeben
  28,21 hast V. zu allem, was du tun wirst
  29,14 was bin ich? Was ist mein V.
  17 habe mit Freuden gesehen, wie dein V. 18
2Ch 7,4 der König und das ganze V. opferten 5
  13 eine Pest unter mein V. kommen lasse 21,14
  12,3 das V. war nicht zu zählen, das mit ihm
  13,17 so daß Abija mit seinem V. sie schlug 14,12; 25,11.13
  15,6 ein V. zerschlug das andere
  16,10 Asa bedrängte einige vom V.
  17,9 zogen umher und lehrten das V. 19,4
  18,2 Ahab ließ für ihn und das V. schlachten
  20,21 (Joschafat) beriet sich mit dem V. 25.33
  23,5 alles V. soll in den Vorhöfen sein 6.10.20
  24,20 Secharja trat vor das V.
  23 brachten alle Oberen im V. um
  27,2 das V. handelte noch immer böse 36,14
  30,13 kam viel V. in Jerusalem zusammen 3.18; 31,4; 32,4
  27 die Priester und Leviten segneten das V. Neh 12,30
  31,10 der HERR hat sein V. gesegnet
  32,8 das V. verließ sich auf die Worte Hiskias
  17 so wird auch Gott sein V. nicht erretten
  19 gegen Gott wie gegen die Götter der V.
  33,10 wenn der HERR zu seinem V. reden ließ
  35,5 aus dem V. je eine Abteilung 12
  7 Josia gab als Opfergabe für das V. 8
  13 brachten (das Passa) schnell allem V.
  36,15 der HERR hatte Mitleid mit seinem V.
  23 wer unter euch von seinem V. ist Esr 1,3
Esr 3,1 versammelte sich das ganze V. 10,9; Neh 7,5; 8,1.5.7.9.11-13; 10,15
  11 das ganze V. jauchzte laut 13
  4,4 machte V. die Juden mutlos
  10 V., die Osnappar hergebracht hat
  5,12 führte das V. weg nach Babel Jes 5,13; Jer 52,28
  6,12 Gott bringe um jedes V. Est 8,11
  7,16 was das V. und die Priester geben Neh 7,71
  8,15 ich sah wohl V. und Priester 10,13
  36 halfen dem V. und dem Hause Gottes
Neh 3,38 das V. gewann neuen Mut
  4,4 das V. von Juda sprach 7.8.13.16; 5,1.13.17-19
  5,15 V. belastet... gewalttätig mit uns
  6,16 fürchteten sich alle V. Est 9,2
  7,4 aber wenig V. darinnen 11,1.2
  8,16 das V. machte sich Laubhütten
  9,22 gabst ihnen Königreiche und V. 24
  30 hast sie gegeben in die Hand der V. 32; Jer 21,7
  10,35 wollen das Los unter dem V. werfen 11,1
  11,24 in allem, was das V. betraf
  12,38 ging die Hälfte der Oberen des V.
  13,24 sprach in der Sprache eines des andern V.
Est 1,5 machte ein Festmahl für alles V. 11
  16 allen V. des Ahasveros 22; 3,12.14; 4,11; 8,9.13

Est 2,10 Ester sagte nichts von ihrem V. 20; 3,6.8.11; 4,8; 7,3.4; 8,6; 10,3
  8,17 viele aus den V. wurden Juden
Hi 12,23 er macht V. groß... breitet ein V. aus
  24 nimmt den Häuptern des V. den Mut
  18,19 wird keine Kinder haben unter seinem V.
  30,8 gottloses V. und Leute ohne Namen
  34,29 wer kann ihn schauen unter allen V.
  30 der ein Fallstrick ist für das V.
  36,20 nach der Nacht, die V. wegnimmt
  31 damit regiert er die V.
Ps 2,1 warum murren die V. so vergeblich
  8 will ich dir V. zum Erbe geben
  3,9 dein Segen komme über dein V.
  7,8 so werden die V. sich um dich sammeln
  9 der HERR ist Richter über die V.
  9,9 wird die V. regieren, wie es recht ist
  14,4 Übeltäter, die mein V. fressen 53,5
  7 daß der HERR s. gefangenes V. erlöste 53,7
  18,48 Gott zwingt die V. unter mich 144,2
  22,7 ich bin verachtet vom V.
  32 werden s. Gerechtigkeit predigen dem V.
  28,8 der HERR ist seines V. Stärke 29,11
  9 hilf deinem V.
  29,11 der HERR wird sein V. segnen mit Frieden
  33,10 der HERR wehrt den Gedanken der V.
  12 wohl dem V., dessen Gott der HERR 144,15
  35,18 unter vielem V. will ich dich rühmen
  43,1 führe meine Sache wider das unheilige V.
  44,3 du hast die V. zerschlagen
  13 du verkaufst dein V. um ein Nichts
  15 läßt die V. das Haupt über uns schütteln
  45,6 daß V. vor dir fallen
  11 vergiß dein V. und dein Vaterhaus
  13 die Reichen im V. suchen deine Gunst
  18 werden dir danken die V. immer und ewig
  47,2 schlagt froh in die Hände, alle V.
  4 er beugt der V. unter uns
  9 Gott ist König über die V.
  10 die Fürsten der V. sind versammelt als V. des Gottes Abrahams
  50,4 daß er sein V. richten wolle Jes 3,13
  7 höre, mein V., laß mich reden 78,1; 81,9
  57,10 ich will dir danken unter den V. 108,4
  59,6 suche heim alle V.
  9 du, HERR, wirst aller V. spotten
  12 daß es mein V. nicht vergesse
  60,5 du ließest deinem V. Hartes widerfahren
  65,8 der du stillst die V. des Tobens
  66,7 seine Augen schauen auf die V.
  8 lobet, ihr V., unsern Gott 117,1; 148,11; Rö 15,11
  67,4 es danken dir, Gott, die V... alle V. 6
  5 die V. freuen sich und jauchzen, daß du regierst die V. auf Erden
  68,31 bedrohe die Gebieter der V.; zerstreue die V., die gerne Krieg führen
  36 er wird dem V. Macht und Kraft geben
  72,3 laß die Berge Frieden bringen für das V.
  11 alle V. (sollen) ihm dienen
  17 durch ihn sollen gesegnet sein alle V.
  74,18 wie ein törichtes V. deinen Namen lästert
  77,15 hast deine Macht erwiesen unter den V.
  16 du hast dein V. erlöst mit Macht
  21 du führtest dein V. wie eine Herde 78,52; Jes 63,14
  78,20 kann er seinem V. Fleisch verschaffen
  62 er übergab sein V. dem Schwert
  71 daß er sein V. Jakob weide
  79,6 schütte deinen Grimm auf die V.

Volk

Ps	79,13	wir, dein V., die Schafe deiner Weide 95,7; 100,3
	80,5	zürnen, während dein V. zu dir betet
	81,12	mein V. gehorcht nicht meiner Stimme 14
	83,4	machen listige Anschläge wider dein V.
	5	daß sie kein V. mehr seien
	85,7	daß dein V. sich über dich freuen kann
	9	daß er Frieden zusagte seinem V.
	86,9	alle V. werden kommen und vor dir anbeten
	87,6	spricht, wenn er aufschreibt die V.
	89,16	wohl dem V., das jauchzen kann
	20	habe erhöht einen Auserwählten aus dem V.
	51	die ich trage von all den vielen V.
	94,5	sie zerschlagen dein V.
	8	merkt doch auf, ihr Narren im V.
	10	der die V. in Zucht hält
	14	der HERR wird sein V. nicht verstoßen
	95,10	vierzig Jahre war dies V. mir zuwider
	96,3	erzählet unter allen V. von s. Wundern
	5	alle Götter der V. sind Götzen
	10	er richtet die V. recht 13; 98,9
	97,6	seine Herrlichkeit sehen alle V. 98,2
	99,1	darum zittern die V.
	2	der HERR ist erhaben über alle V. 113,4
	102,19	das V., das er schafft, wird den HERRN loben
	23	wenn die V. zusammenkommen
	105,20	der Herr über V., er gab ihn frei
	25	daß sie seinem V. gram wurden
	43	führte er sein V. in Freuden heraus
	44	daß sie die Güter der V. gewannen
	106,5	daß es deinem V. so gut geht
	110,3	wird dir dein V. willig folgen
	111,6	verkündigen s. gewaltigen Taten seinem V.
	9	er sendet eine Erlösung seinem V.
	113,8	er ihn setze neben die Fürsten seines V.
	114,1	als Jakob aus dem fremden V. (zog)
	116,14	Gelübde erfüllen vor allem V. 18
	125,2	so ist der HERR um sein V. her
	147,20	so hat er an keinem V. getan
	148,14	er erhöht die Macht seines V... die Kinder Israel, das V., das ihm dient
	149,4	der HERR hat Wohlgefallen an seinem V.
Spr	7	daß sie Strafe (üben) unter den V.
	5,14	wäre ins Unglück gekommen vor allem V.
	11,14	wo nicht weiser Rat ist, geht das V. unter
	14,28	wenn ein König viel V. hat... wenn aber wenig V. da ist
	34	Gerechtigkeit erhöht ein V.
	24,24	dem fluchen die V.
	28,15	ein Gottl., der über ein V. regiert 29,2
	29,2	wenn der Gerechten viel, freut sich das V.
	18	wo keine Offenb. ist, wird das V. wild
	30,25	die Ameisen – ein schwaches V.
Pr	4,16	war kein Ende des V., vor dem er herzog
	12,9	der Prediger lehrte das V. gute Lehre
Jes	1,3	mein V. versteht's nicht
	4	wehe dem sündigen V., dem V. mit Schuld
	10	nimm zu Ohren, du V. von Gomorra
	2,3	viele V. werden hingehen und sagen Mi 4,1
	4	er wird zurechtweisen viele V.
	4	wird kein V. das Schwert erheben Mi 4,3
	6	du hast dein V., das Haus Jakob, verstoßen
	3,5	im V. wird einer den anderen bedrängen
	7	macht mich nicht zum Herrn über das V.
	12	Kinder sind Gebieter meines V.
	12	mein V., deine Führer verführen dich 9,15
	14	geht ins Gericht mit d. Ältesten seines V.
	15	warum zertretet ihr mein V.
	5,26	ein Feldzeichen für das V. in der Ferne
Jes	6,5	wohne unter einem V. von unreinen Lippen
	9	sprich zu diesem V. Jer 4,11; 16,10; 17,19; 19,14; 21,8; Hag 2,2; Sa 1,3; 7,5
	10	verstocke das Herz dieses V.
	7,2	da bebte das Herz seines V.
	8	Ephraim, daß sie nicht mehr ein V. seien
	17	der HERR wird über dein V. Tage kommen lassen
	8,6	dies V. verachtet die Wasser von Siloah
	9	tobet, ihr V., ihr müßt doch fliehen
	11	nicht wandeln auf dem Wege dieses V.
	12	was dies V. Verschwörung nennt
	19	soll nicht ein V. seinen Gott befragen
	9,1	das V., das im Finstern wandelt Mt 4,16
	8	daß alles V. es innewerde
	12	das V. kehrt nicht um zu dem
	18	daß das V. wird sein ein Fraß des Feuers
	10,2	Gewalt zu üben am Recht in meinem V.
	6	ich sende ihn wider ein gottloses V.
	7	auszurotten nicht wenige V.
	14	m. Hand hat gefunden den Reichtum der V.
	22	wäre auch dein V. wie Sand am Meer
	24	fürchte dich nicht, mein V.
	11,10	das Reis Isais als Zeichen für die V. 12; 49,22; 62,10
	11	daß er den Rest seines V. loskaufe 16
	13,4	es ist Geschrei wie von einem großen V.
	14	daß sich jeder zu seinem V. kehren wird
	14,2	die V. werden Israel nehmen
	6	der schlug die V. im Grimm ohne Aufhören
	9	läßt alle Könige der V. aufstehen
	12	der du alle V. niederschlugst
	18	alle Könige der V. ruhen doch in Ehren
	20	du hast dein V. erschlagen
	26	Hand, die ausgereckt ist über alle V.
	32	hier w. die Elenden seines V. Zuflucht haben
	16,8	die Herren unter den V. haben zerschlagen
	17,12	ha, ein Brausen vieler V.
	18,2	geht hin zum V., das hochgewachsen 7
	19,25	gesegnet bist du, Ägypten, mein V.
	21,10	mein zerdroschenes und zertretenes V.
	22,4	über die Tochter meines V. Jer 4,11
	23,3	du warst der V. Markt geworden
	13	die Chaldäer – dies V. hat's getan
	24,2	es geht dem Priester wie dem V. 4.13
	25,3	darum ehrt dich ein mächtiges V., die Städte gewalttätiger V. fürchten dich
	6	wird allen V. ein fettes Mahl machen
	7	die Hülle, mit der alle V. verhüllt sind
	8	wird aufheben die Schmach seines V.
	26,2	daß hineingehe das gerechte V.
	11	sie sollen sehen den Eifer um dein V.
	15	du, HERR, mehrst das V.
	20	geh hin, mein V., in deine Kammer
	27,11	es ist ein unverständiges V.
	28,5	ein Kranz für die Übriggebl. seines V.
	11	Gott wird reden zu diesem V. 1Ko 14,21
	14	Spötter, die ihr herrschet über dies V.
	29,7	so soll die Menge aller V. sein 8
	13	weil dies V. mir naht Mt 15,8; Mk 7,6
	14	will mit diesem V. wunderlich umgehen
	30,5	V., das ihnen nichts nützen kann 6
	9	sie sind ein ungehorsames V. 65,2; Jer 5,23
	19	V. Zions, du wirst nicht weinen
	26	den Schaden seines V. verbinden wird
	28	zu schwingen die V. in der Schwinge... er wird die V. hin- und hertreiben
	32,13	(klagen) um den Acker meines V.
	18	daß mein V. in friedl. Auen wohnen wird
	33,3	es fliehen die V.

Volk

Jes 33,12 die V. werden zu Kalk verbrannt
24 das V. wird Vergebung der Sünde haben
34,5 es wird herniederfahren über das V.
40,1 tröstet, tröstet mein V.
7 ja, Gras ist das V.
15 die V. sind geachtet wie ein Tropfen
17 alle V. sind vor ihm wie nichts
41,1 sollen die V. neue Kraft gewinnen
2 vor dem er V. dahingibt 45,1
42,5 der dem V. den Odem gibt
6 mache dich zum Bund für das V. 49,8
22 ist ein beraubtes und geplündertes V.
43,4 gebe V. für dein Leben
8 soll hervortreten das blinde V.
9 sollen die V. sich versammeln 66,18
20 will Wasser geben, zu tränken mein V.
47,6 als ich über mein V. zornig war
49,13 der HERR hat sein V. getröstet 52,9
51,4 Recht will ich zum Licht der V. machen
5 meine Arme werden die V. richten
7 du V., in dessen Herzen mein Gesetz ist
22 Gott, der die Sache seines V. führt
52,4 mein V. zog hinab nach Ägypten
5 mein V. ist umsonst weggeführt
6 soll mein V. meinen Namen erkennen
10 offenbart s. Arm vor den Augen aller V.
53,8 für die Missetat meines V. Klg 4,6
54,3 deine Nachkommen werden V. beerben
55,4 habe ihn den V. zum Zeugen bestellt
56,3 wird mich getrennt halten von seinem V.
7 wird ein Bethaus heißen für alle V.
57,14 die Anstöße aus dem Weg meines V. 62,10
58,1 verkündige meinem V.
2 als wären sie ein V., das... schon getan
60,2 bedeckt Dunkel die V.
5 wenn der Reichtum der V. zu dir kommt 11
12 welche V. dir nicht dienen wollen... die V. (sollen) verwüstet werden
16 sollst Milch von den V. saugen
21 dein V. sollen lauter Gerechte sein
22 aus dem Geringsten ein mächtiges V.
61,6 werdet der V. Güter essen
7 daß mein V. doppelte Schmach trug
9 soll kennen ihre Nachkommen unter den V.
63,3 niemand unter den V. war mit mir
6 die V. zertreten in meinem Zorn Ze 3,6
11 da gedachte sein V. an Mose
18 haben dein heiliges V. vertrieben
64,1 daß die V. vor dir zittern müßten
65,1 V., das meinen Namen nicht anrief
3 V., das mich beständig kränkt
10 meinem V. soll Scharon eine Weide werden
18 will sein V. zur Freude (machen)
19 will mich freuen über mein V.
22 die Tage meines V. wie eines Baumes
66,8 ist ein V. auf einmal zur Welt gekommen
12 ich breite aus den Reichtum der V.
19 will einige zu den V. senden; sie sollen m. Herrlichkeit unter den V. verkündigen
20 werden eure Brüder aus allen V. herbringen
Jer 1,5 bestellte dich z. Propheten für die V. 10
15 will rufen alle V. des Nordens 6,22; 25,9; 50,3.41
18 zur Mauer wider das V. des Landes 15,20
2,8 die Hirten des V. wurden mir untreu
11 hat seine Herrlichk. eingetauscht
13 mein V. tut eine zwiefache Sünde
31 spricht mein V.: Wir sind freie Herren
32 mein V. vergißt mich 18,15; 23,27
3,19 den allerschönsten Besitz unter den V.

Jer 4,7 der Verderber der V. hat sich aufgemacht
10 du hast dies V. sehr getäuscht
16 saget an den V., verkündet 50,2
5,9 sollte mich nicht rächen an einem V. 29; 9,8
14 will ich machen dies V. zu Brennholz
26 man findet unter meinem V. Gottlose
31 mein V. hat's gern so
6,14 heilen den Schaden meines V. obenhin 8,11
19 will Unheil über dies V. bringen 21; 32,42
26 o Tochter meines V., zieh den Sack an
27 zum Prüfer gesetzt für mein V.
7,16 du sollst für dies V. nicht bitten 11,14; 14,11
28 dies ist das V., das nicht hören will
33 die Leichname dieses V. sollen den Vögeln
8,3 alle... von diesem bösen V. 13,10
5 warum will dies V. irregehen
7 mein V. will das Recht nicht wissen
19 die Tochter meines V. schreit 22; 9,6; 14,17; Klg 1,11; 2,11; 3,48; 4,10
21 mich jammert, daß mein V. so zerschlagen
23 beweinen könnte die Erschlagenen meines V.
9,1 so wollte ich mein V. verlassen
14 ich will dies V. mit Wermut speisen
10,7 König der V... unter allen Weisen der V.
10 die V. können sein Drohen nicht ertragen
11,15 was macht mein geliebtes V.
12,16 von meinem V. lernen... wie sie mein V. gelehrt... sollen inmitten meines V. wohnen
17 will ich solch ein V. ausreißen
14,10 so spricht der HERR von diesem V.
15,1 habe ich doch kein Herz für dies V.
7 mein V. machte ich kinderlos
16,5 meinen Frieden von diesem V. weggenommen
18,7 bald rede ich über ein V. 9; 25,13
19,1 will mit etliche von den Ältesten des V.
11 so will ich dies V. zerbrechen
22,2 du und deine Großen und dein V. 4
8 werden viele V. vorüberziehen
23,2 von den Hirten, die mein V. weiden 22.32
33 wenn dich dies V. fragen wird
25,1 Wort über das ganze V. von Juda 2; 29,1.16; 38,1; 43,1; 44,20.21.24
9 will sie bringen über alle diese V. 11.14; 27,7.8.11
12 will heimsuchen Babel und jenes V.
15 laß daraus trinken alle V. 17.19; 51,7
31 der HERR will mit den V. rechten
32 eine Plage von einem V. zum andern
26,6 Fluchwort für die V. auf Erden 29,18; 50,23
9 das ganze V. wider Jeremia 7.8.11.12.16-18.24; 37,4.18; 38,4
23 unter dem niederen V. begraben
27,12 seid ihm und seinem V. untertan 13.16
28,1 in Gegenwart des ganzen V. 5.7.11
11 will es vom Nacken aller V. nehmen 14
15 daß dies V. sich auf Lügen verläßt
29,25 weil du Briefe gesandt hast an alles V. 32
30,11 will mit allen V. ein Ende machen 46,28
31,2 das V. hat Gnade gefunden 7
7 jauchzet über das Haupt unter den V. Klg 1,1
14 mein V. soll meiner Gaben die Fülle haben
36 aufhören, ein V. zu sein 48,2.42
33,9 mein Ruhm unter allen V.
24 sie verachten mein V.
34,1 als Nebukadnezar mit allen V... belagerte
8 Zedekia einen Bund... mit dem V. 10.19
35,16 dies V. gehorcht mir nicht 37,2; 43,4

Volk

Jer	36,2	Worte, geredet über alle V. 6.7.9.10.13.14	Hes	33,2	das V. nimmt einen Mann... zum Wächter 3.6
	39,14	blieb er unter dem V. 40,5.6; 41,10.13.14.16; 42,1.8; 43,5		17	dein V... nicht recht handeln
	44,15	samt allem V., das in Ägypten wohnte		30	dein V. redet über dich
	46,1	Wort des HERRN wider alle V. 12; 48,43; Ze 2,5		31	wie das V. so zusammenkommt... als mein V.
	16	laßt uns wieder zu unserm V. ziehen		34,28	sollen nicht mehr den V. zum Raub werden
	24	sie ist dem V. aus dem Norden gegeben		35,10	diese beiden V. müssen mein werden
	49,1	wohnt sein V. in dessen Städten 31; 50,37		36,13	hast deinem V. die Kinder genommen 14.15
	14	ein Bote ist unter die V. gesandt		37,12	hole euch, mein V., aus euren Gräbern 13
	15	gering unter den V. 50,12; Ob 2		18	wenn dein V. zu dir sprechen wird
	36	kein V., wohin nicht Vertriebene kommen		22	ein einziges V... nicht mehr zwei V.
	50,6	mein V. ist wie eine verlorne Herde		39,13	alles V. wird zu begraben haben
	9	V. in großen Scharen erwecken 51,27.28		42,14	sollen hinausgehen unter das V. 44,19
	16	wird sich jeder zu seinem V. wenden		44,11	sollen für das V. schlachten 45,22; 46,24
	46	Wehgeschrei unter den V.		19	das V. nicht in Berührung bringen 46,20
	51,20	durch dich habe ich V. zerschmettert		23	sollen mein V. lehren
	45	zieh aus von dort, mein V.		45,8	nicht meinem V. das Seine nehmen 9; 46,18
	58	dem Feuer verfalle, was die V. erbaut		16	alles V. soll diese Abgaben bringen
Klg	1,1	so verlassen, die voll V. war 7		46,3	ebenso soll das V. anbeten 9
	3,14	bin ein Hohn für mein ganzes V.	Dan	2,44	s. Reich wird auf kein anderes V. kommen
	45	hast uns zu Kehricht gemacht unter den V.		3,4	V. aus so vielen Sprachen 7.29.31; 5,19; 6,26; 7,14
	4,3	die Tochter meines V. ist unbarmherzig		7,27	dem V. der Heiligen 8,24; 12,7
	17	V., das uns doch nicht helfen konnte		8,22	daß vier Königr. aus seinem V. entstehen
	20	in seinem Schatten leben unter den V.		9,6	Propheten, die zu allem V. redeten
Hes	2,3	sende dich zu dem abtrünnigen V. 3,5.6.11		16	trägt dein V. Schmach Mi 6,16
	5,14	dich zur Schmach machen unter den V. 15		19	dein V. ist nach deinem Namen genannt
	6,8	die dem Schwert entgehen unter den V. 9		24	70 Wochen sind verhängt über dein V.
	7,24	will die Schlimmsten unter den V. herbringen 28,7; 30,11; 31,11.12; 32,12.18; Jo 1,6; 2,2.5		26	das V. eines Fürsten wird kommen
				10,14	wie es deinem V. gehen wird am Ende 11,14. 32.33
	27	die Hände des V. werden kraftlos sein		12,1	Michael, der für dein V. eintritt... wird dein V. errettet w.
	11,1	sah unter ihnen die Obersten im V.	Hos	1,9	ihr seid nicht mein V. 2,1
	12,19	sage zum V. des Landes 24,18.19; 31,2.18; 33,2.12		4,6	mein V. ist dahin, weil ohne Erkenntnis
	13,9	sollen in der Gemeinschaft meines V. nicht bleiben 14,8		8	nähren sich von den Sündopfern meines V.
	10	weil sie mein V. verführen 18.19; Mi 3,5		9	soll es dem Priester gehen wie dem V.
	17	Töchter deines V., die als Prophetinnen		12	mein V. befragt sein Holz 14
	21	will V. aus eurer Hand erretten 23		7,1	wenn ich meines V. Geschick wenden will
	16,14	dein Ruhm erscholl unter den V.		8	Ephraim mengt sich unter die V.
	17,9	ohne viel V. wird man ihn ausreißen 17		9,1	darfst dich nicht rühmen wie die V.
	18,18	unter seinem V. getan, was nicht taugt		10,5	sein V. trauert darum
	19,4	boten V. gegen ihn auf 8; 26,3; 38,6.9.15.22		10	V. sollen gegen sie versammelt werden
	20,32	wir wollen sein wie die V.		14	soll s. ein Getümmel erheben in deinem V.
	35	will euch in die Wüste der V. bringen		11,7	mein V. ist müde, sich zu mir zu kehren
	21,17	es geht über mein V.	Jo	2,6	V. werden sich vor ihm entsetzen
	22,29	das V. des Landes übt Gewalt		16	versammelt das V., heiligt die Gemeinde
	25,7	will dich den V. zur Beute geben 26,5		17	HERR, schone dein V. 18.19
	8	Juda ist nichts anderes als alle V.		26	mein V. soll nicht mehr zuschanden w. 27
	10	an sie nicht mehr denken w. unter den V.		4,2	sie haben das Los um mein V. geworfen
	15	Rache geübt zum Verderben meines V.		8	sie einem V. in fernen Landen verkaufen
	26,2	die Pforte der V. ist zerbrochen		16	seinem V. wird der HERR eine Zuflucht sein
	11	dein V. wird er erschlagen 27,27.34; 30,5; 32,12	Am	1,5	das V. aus Aram soll weggeführt werden
	20	hinunterstoßen zu dem V. der Vorzeit		3,6	Posaune und das V. entsetzt sich nicht
	27,3	für die V. Handel treibst 36		6,1	den Vornehmen des Erstlings unter den V.
	28,19	die dich kannten unter den V.		14	will gegen euch ein V. aufstehen lassen
	29,12	will die Ägypter zerstreuen unter die V. 15; 30,23.26; 32,9		9,10	alle Sünder in meinem V. sollen sterben
	13	will wieder sammeln aus den V. 38,8.12	Ob	13	nicht zum Tor meines V. einziehen Mi 1,9
	31,6	unter seinem Schatten wohnten V.	Jon	1,8	von welchem V. bist du
	12	daß alle V. auf Erden wegziehen mußten	Mi	2,4	meines V. Land kriegt einen fremden Herrn
	16	ich erschreckte die V. 32,9.10; 39,4		8	ihr steht wider mein V. 9
	17	gewohnt hatten inmitten der V.		11	das wäre ein Prediger für dies V.
	32,2	du Löwe unter den V.		3,3	(ihr) fresset das Fleisch meines V.
	3	Netz auswerfen durch eine Menge V.		4,3	er wird unter großen V. richten
	16	die Töchter der V. sollen es singen, über sein stolzes V. sollen sie klagen 18.20		5	jedes V. wandelt im Namen seines Gottes
				7	will die Verstoßenen zum großen V. machen
	22	da liegt Assur mit seinem V. 23-26.31.32		13	du sollst viele V. zermalmen
				5,6	werden unter vielen V. sein wie Tau 7

Volk

Mi	5,14	will Vergeltung üben an allen V.
	6,2	der HERR will mit seinem V. rechten
	3	was habe ich dir getan, mein V.
	5	mein V., denke doch daran, was Balak
	7,14	weide dein V. mit deinem Stabe
Nah	3,4	die mit Hurerei die V. an sich gebracht
	5	will den V. deine Blöße zeigen
	18	dein V. wird zerstreut sein Ze 3,10
Hab	1,6	Chaldäer, ein grimmiges u. schnelles V.
	17	sollen sie V. umbringen ohne Erbarmen
	2,5	er sammelt zu sich alle V. 8
	10	hast zu viele V. zerschlagen
	13	woran die V. sich abgearbeitet haben
	3,13	du zogest aus, deinem V. zu helfen
	16	(Trübsal) heraufgekommen über das V.
Ze	2,1	kommt her, du V., das keine Scham kennt
	8	womit sie mein V. geschmäht 10
	9	die Übriggebl. meines V. sollen berauben
	3,8	mein Beschluß ist, die V. zu versammeln Sa 12,3
	9	will den V. reine Lippen geben
	12	will in dir übriggelassen ein armes V.
	20	will euch zu Lob bringen unter allen V.
Hag	1,2	dies V. spricht: Die Zeit ist noch nicht da
	12	gehorchten alle vom V. der Stimme 13.14
	2,4	sei getrost, alles V. im Lande
	7	sollen kommen aller V. Kostbarkeiten
	14	ebenso ist es mit diesem V.
Sa	1,15	ich bin sehr zornig über die stolzen V.
	2,4	gekommen, die Hörner der V. abzuschlagen
	12	so spricht der HERR Zebaoth über die V.
	15	sollen viele V. sich zum HERRN wenden
	8,6	die übriggebliebenen von diesem V. 11.12
	7	will mein V. erlösen aus dem Lande
	20	es werden noch viele V. kommen 22
	9,10	er wird Frieden gebieten den V.
	16	der HERR wird helfen der Herde seines V.
	10,2	darum geht das V. in die Irre
	9	ich säte sie unter die V.
	11,10	Bund, den ich mit allen V. geschlossen
	12,2	will Jerusalem zurichten für alle V. 3
	4	alle Rosse der V. mit Blindheit plagen
	6	daß sie verzehren alle V. ringsumher
	14,2	die übrige V. wird nicht ausgerottet w.
	12	mit der der HERR alle V. schlagen wird
Mal	1,4	ein V., über das der HERR ewigl. zürnt
	2,9	habe euch unwert gem. vor dem ganzen V.
Jdt	1,1	hatte viele V. unter s. Herrschaft gebracht
	6	die V., die am Euphrat wohnten, halfen
	3,8	daß... samt dem V. ihm entgegenkamen
	11	als Gott gepriesen werde von den V. 5,26
	4,7	die ganze V. schrie zum Herrn 6,13.20; 7,18; Sir 50,21; 1Ma 4,55; 2Ma 1,23
	5,2	was ist das für ein V. 4.5.12
	15	niemand konnte diesem V. Schaden tun
	20	wurden sie von vielen V. im Kampf besiegt
	6,9	stellten ihn mitten unter das V. 11
	18	als das V. wieder auseinanderging
	7,4	seine Barmherzigkeit beweisen an seinem V.
	8,18	weil ihr die Ältesten des V. Gottes seid, tröstet das V. mit eurem Wort
	11,2	hätte mich dein V. nicht verachtet
	8	wolle das V. um s. Sünden willen dahin geben
	17	um durch dich das V. in meine Hand zu geben
	12,9	daß ihrem V. die Freiheit geschenkt werde
	13,17	hat den Feind seines V. umgebracht
	24	d. Leben nicht geschont in der Not deines V.
	25	alles V. sprach: Amen, Amen 15,13
Jdt	13,31	Gott wird verherrlicht werden bei allen V.
	14,1	danach sagte Judit zum ganzen V.
	15,12	du bist die Ehre unsres V.
	16,4	er schlug sein Lager auf in seinem V.
	20	weh den Heiden, die mein V. verfolgen Sir 36,11
	22	zog das ganze V. nach Jerusalem 23.24
	29	das ganze V. trauerte um (Judit)
Wsh	3,8	sie werden über die V. herrschen
	6,3	die ihr prahlt mit den Scharen eures V.
	26	ein kluger König ist das Glück seines V. 22; Sir 10,1
	8,10	ich werde Ruhm beim V. haben
	14	ich werde V. regieren Sir 4,16
	9,12	ich werde dein V. gerecht richten
	10,5	als die V. verwirrt worden waren
	15	die Weisheit rettete das heilige V. vor dem V., das sie bedrückte
	12,12	dich beschuldigen wegen Untergangs von V.
	19	dein V. lehrst du durch solche Werke
	15,14	die Feinde deines V., die es unterdrücken
	16,2	statt... tatest du deinem V. Gutes 20
	17,2	meinten, das hl. V. unterdrücken zu können
	18,7	so wartete dein V. auf das Heil
	13	bekennen, daß dies V. Gottes Sohn ist
	19,5	damit dein V. seine Wanderung erlebte 8
	21	du hast dein V. groß und herrlich gemacht
Tob	3,4	uns zu Spott all der V. gemacht Bar 2,4
	8,18	damit alle V. erkennen, daß du allein Gott bist
	13,6	hast s. Macht erwiesen an einem sündigen V.
Sir	10,8	die Königsherrschaft von einem V. auf andre
	16,10	er erbarmte sich nicht über das V.
	17,14	jedem V. hat er einen Herrscher gegeben
	24,1	unter dem V. rühmt sie sich
	10	unter allen V. gewann ich Besitz
	16	ich bin eingewurzelt bei einem geehrten V.
	31,9	er tut große Dinge unter seinem V.
	33,19	gehorcht mir, ihr Vornehmen im V.
	35,25	er wird seinem V. Recht schaffen
	36,2	versetze alle V. in Schrecken 3
	14	Herr, erbarme dich über dein V. 16; StE 2,5
	19	nach dem Segen Aarons über dein V.
	37,26	ein weiser Mann wird Ehre in seinem V.
	29	ein Weiser hat in seinem V. großes Ansehen
	41,21	(schämt euch) vor Gemeinden und V.
	44,20	Abraham war der Vater vieler V. 22
	45,3	er gab ihm Befehle an sein V. 8.19.30
	11	damit seines V. vor Gott gedacht würde
	50,18	opfern, um für das V. Sühne zu schaffen
	27	noch ein Erbe gemeinsam mit dem V.
	29	als das V. abfiel
	32	sein V. zu regieren mit Gerechtigkeit
	46,9	sein V. von der Sünde abzuhalten 10; 49,3.17; 50,4
	16	Samuel salbte Fürsten über sein V.
	47,4	(David) nahm die Schmach von seinem V. 6
	28	der das V. zum Abfall brachte
	48,16	trotzdem besserte sich das V. nicht
	49,7	mußten überlassen ihre Hoheit einem fremden V.
	50,27	zwei V. sind mir zuwider, das dritte ist für mich überhaupt kein V. 28
Bar	1,3	las vor den Ohren des ganzen V. 4.7; 1Ma 10,7
	9	das V. des Landes aus Jerusalem weggeführt
	2,11	der du dein V. aus Ägyptenland geführt hast
	35	daß ich ihr Gott sein will und sie mein V.
	3,16	wo sind die Fürsten der V.

Volk

Bar	4,3	überlaß nicht d. Schatz einem fremden V.	Mt	17,14	als sie zu dem V. kamen
	5	sei getrost, mein V.		20,25	ihr wißt, daß die Herrscher ihre V. niederhalten Mk 10,42; Lk 22,25
	15	hat ein V. über sie gebracht, ein freches V.		31	das V. fuhr sie an, daß sie schweigen sollten
	34	ich will die Menge ihres V. wegnehmen		21,8	viel V. breitete die Kleider auf den Weg
	6,6	wie das V. vor und hinter den Götzen herget		11	das V. sprach: Das ist Jesus 9
1Ma	1,16	paßten sich den andern V. an		23	traten die Ältesten des V. zu ihm und fragten
	43	daß nur noch ein einziges V. sein sollte		43	das Reich Gottes einem V. gegeben, das
	44	gaben alle V. ihre Gesetze auf 55; 2,18.19		24,7	es wird sich ein V. gegen das andere erheben Mk 13,8; Lk 21,10
	53	das ganze V. zwingen, dies (Gebot) zu halten		9	ihr werdet gehaßt werden von allen V.
	2,7	die Zerstörung meines V. mit ansehen		14	es wird gepredigt dies Evangelium zum Zeugnis für alle V. Mk 13,10; Lk 24,47
	10	welches V. hat uns nicht unterjocht		25,32	alle V. werden vor ihm versammelt werden
	67	Gewalttat, die an eurem V. verübt wurde		26,3	da versammelten sich die Ältesten des V. 47; 27,1; Lk 22,66
	3,3	Judas gewann seinem V. Ansehen 5.25		5	damit es nicht einen Aufruhr gebe im V. Mk 14,2
	43	wir wollen für unser V. kämpfen 2Ma 15,30		27,15	dem V. einen Gefangenen loszugeben Mk 15,8.15
	6,58	Frieden mit ihrem ganzen V. schließen		20	die Hohenpriester überredeten das V. Mk 15,11
	7,18	kam Furcht über das V. 19		24	wusch sich die Hände vor dem V. und sprach
	22	alle, die ihr V. verwirrten 25		25	da antwortete das ganze V.
	48	da wurde das V. sehr fröhlich		64	damit nicht seine Jünger zum V. sagen
	11,42	Ehre will ich deinem V. erweisen		28,19	gehet hin und machet zu Jüngern alle V.
	13,7	als dies. V. diese tröstlichen Worte hörte	Mk	2,4	nicht konnten zu ihm vor dem V. Lk 5,19; 8,19; 19,3
	14,28	(Simon,) des Fürsten des V. Gottes		13	alles V. kam zu ihm, und er lehrte sie Lk 5,3; 7,9; 12,54; 20,1
2Ma	1,29	pflanze dein V. wieder ein		3,9	um des V., damit sie ihn nicht drängten
	2,17	Gott, der seinem V. geholfen hat 14,15		20	da kam das V. zusammen 32; 10,1; Lk 6,17; Jh 6,2.5; 8,2
	4,5	auf das Wohl des ganzen V. bedacht		5,27	kam sie im V. von hinten herzu
	5,19	hat das V. nicht auserwählt um der Stätte willen, sondern die Stätte um des V. willen		6,33	das V. sah sie wegfahren Lk 9,11
	20	leiden, als das V. im Unglück war		7,17	als er von dem V. ins Haus kam
	6,15	läßt er doch sein V. nie im Stich		33	er nahm ihn von dem V. besonders
	7,37	daß er bald seinem V. gnädig werde 38; 8,2		9,17	einer aus dem V. antwortete Lk 9,38; 19,39
	11,25	daß auch dies V. in Ruhe lebt		11,17	mein Haus soll ein Bethaus heißen für alle V.
	34	entbieten dem Juden ihren Gruß		12,37	alles V. hörte ihn gern Lk 19,48
	15,14	Jeremia, der stets für das V. betet		41	sah zu, wie das V. Geld einlegte
	24	die gegen dein heiliges V. ziehen	Lk	1,10	die ganze Menge des V. stand draußen 21
	34	das ganze V. lobte den Herrn StD 1,60		17	zuzurichten dem Herrn ein V., das
StE	1,3	ein V., das seine besonderen Gesetze 4		68	er hat besucht und erlöst sein V. 7,16
	5,9	hat ... samt ihrem ganzen V. verklagt 14		77	(daß du) Erkenntnis des Heils gebest seinem V.
	6,4	alle V., um gegen ein V ... zu kämpfen 7,5		2,10	große Freude, die allem V. widerfahren wird
	6	die V. der Gerechten war sehr bestürzt		31	(Heiland,) den du bereitet hast vor allen V.
	7,6	zwei Lose, eins für das V. Gottes		3,15	als das V. voll Erwartung war 7.10.18; Apg 19,4
StD	1,5	zwei Älteste aus dem V. als Richter 41		21	als alles V. sich taufen ließ 7,29
	64	Daniel wurde groß vor dem V.		4,42	das V. suchte ihn, und sie kamen zu ihm
Mt	1,21	Jesus wird sein V. retten von ihren Sünden		6,19	alles V. suchte, ihn anzurühren
	2,4	Hohenpriester und Schriftgelehrten des V.		7,1	nachdem Jesus seine Rede vor dem V. vollendet
	4,16	das V., das in der Finsternis saß		5	er hat unser V. lieb
	23	Jesus heilte alle Krankheiten im V.		8,40	als Jesus zurückkam, nahm ihn das V. auf
	5,1	als (Jesus) das V. sah 8,18; 9,36; Mk 6,34; 9,14.25		42	als er hinging, umdrängte ihn das V. 45
	7,28	sich das V. entsetzte über seine Lehre 12,23; Mk 11,18		47	die Frau verkündete vor allem V., warum sie
	9,8	als das V. das sah 14,13; 22,33; Mk 9,15; Jh 6,22.24		9,12	die Zwölf sprachen: Laß das V. gehen
	23	als er sah das Getümmel des V.		11,27	da erhob eine Frau im V. ihre Stimme 12,13; Jh 7,40
	25	als aber das V. hinausgetrieben war		13,14	der Vorsteher sprach zu dem V.
	33	das V. verwunderte sich 15,31; Lk 11,14		17	alles V. freute sich
	11,7	fing Jesus an, zu dem V. zu reden 12,46; 13,34; 23,1; Lk 7,24; 20,9		18,36	da er hörte das V., das vorbeiging
	13,2	alles V. stand am Ufer Mk 4,1		43	alles V., das es sah, lobte Gott
	15	das Herz dieses V. ist verstockt Apg 28,27		19,47	die Angesehensten des V. trachteten danach
	36	da ließ Jesus das V. gehen 14,15.22.23; 15,39; Mk 6,45; 8,6; Lk 9,16; Jh 6,10			
	14,5	er fürchtete sich vor dem V. 21,26.46; Mk 11,32; 12,12; Lk 20,6.19; 22,2; Apg 5,26			
	19	er ließ das V. sich auf das Gras lagern 15,35. 36; Mk 6,45; 8,6; Lk 9,16; Jh 6,10			
	15,8	dies V. ehrt mich mit seinen Lippen Mk 7,6			
	10	er rief das V. zu sich Mk 7,14; 8,34			
	32	das V. jammert mich Mk 8,2			
	33	daß wir so viel V. sättigen Lk 9,13			

Volk

Lk	20,26	in seinen Worten nicht fangen vor dem V.
	45	als alles V. zuhörte, sprach er
	21,23	es wird Zorn über dies V. kommen
	24	werden gefangen weggeführt unter alle V.
	25	auf Erden wird den V. bange sein
	38	alles V. machte sich früh auf zu ihm
	23,2	daß dieser unser V. aufhetzt 5.14
	4	Pilatus sprach zum V. 13
	35	das V. stand da und sah zu 48
	24,19	mächtig in Taten und Worten vor Gott und allem V.
Jh	5,13	da viel V. an dem Ort war *12,9.12*
	7,12	andere sprachen: Nein, er verführt das V.
	12	war ein großes Gemurmel über ihn im V. 32
	20	das V. antwortete: Du bist besessen
	31	viele aus dem V. glaubten an ihn und sprachen
	43	so entstand seinetwegen Zwietracht im V.
	49	nur das V. tut's, das nichts vom Gesetz weiß
	11,42	um des V. willen sage ich's
	50	besser, ein Mensch sterbe für das V., als daß das ganze V. verderbe 51.52; 18,14
	12,17	das V., das bei ihm war, als er Lazarus
	29	da sprach das V., das dabeistand 34
	18,35	dein V. und die Hohenpriester haben dich mir überantwortet
Apg	2,5	in Jerusalem Juden, die waren aus allen V.
	47	fanden Wohlwollen beim ganzen V. 5,13
	3,9	es sah ihn alles V. umhergehen
	11	lief alles V. zu ihnen in die Halle
	12	als Petrus das sah, sprach er zu dem V.
	23	der soll vertilgt werden aus dem V.
	25	durch dein Geschlecht sollen gesegnet werden alle V. auf Erden
	4,1	während sie zum V. redeten
	2	daß sie das V. lehrten 5,25
	8	ihr Oberen des V. und ihr Ältesten
	17	damit es nicht weiter einreiße unter dem V.
	21	ließen sie gehen um des V. willen
	25	die V. nehmen sich vor, was umsonst ist
	5,12	geschahen Zeichen und Wunder im V. 6,8
	20	redet zum V. alle Worte des Lebens
	34	ein Schriftgelehrter, vom ganzen V. in Ehren gehalten
	37	brachte eine Menge V. hinter sich 19,26
	6,12	sie brachten das V. auf
	7,7	das V., dem sie als Knechte dienen müssen, will ich richten
	17	wuchs das V. und mehrte sich in Ägypten
	19	dieser ging mit Hinterlist vor gegen unser V.
	8,6	das V. neigte einmütig dem zu, was Philippus
	9	der das V. von Samaria in seinen Bann zog
	10,2	gab dem V. viele Almosen und betete
	22	mit gutem Ruf bei dem ganzen V.
	35	in jedem V., wer ihn fürchtet und recht tut
	41	nicht dem ganzen V., sondern uns
	42	er hat uns geboten, dem V. zu predigen
	11,24	viel V. wurde für den Herrn gewonnen 26
	12,4	ihn nach dem Fest vor das V. zu stellen 22
	11	weiß von allem, was das jüdische V. erwartete
	13,15	wollt ihr das V. ermahnen, so sagt es
	17	das V. groß gemacht, als sie Fremdlinge
	19	vernichtete sieben V. in dem Land Kanaan
	31	die sind jetzt seine Zeugen vor dem V.
	45	*da Juden das V. sahen*
	14,11	als das V. sah, was Paulus getan hatte 13.14
	18	konnten sie kaum das V. davon abbringen
	19	es kamen Juden dorthin, überredeten das V. 16,22; 17,5.8.13; 21,27
Apg	15,14	um aus ihnen ein V. für seinen Namen zu gewinnen
	18,10	ich habe ein großes V. in dieser Stadt
	19,30	als Paulus unter das V. gehen wollte 33.35
	21,28	dies ist der Mensch, der an allen Enden lehrt gegen unser V. 34.35
	30	es entstand ein Auflauf des V.
	39	erlaube mir, zu dem V. zu reden 40
	23,5	dem Obersten deines V. sollst du nicht fluchen
	24,2	daß diesem V. viele Wohltaten widerfahren sind durch deine Fürsorge 10
	12	wie ich einen Aufruhr im V. gemacht hätte
	17	um Almosen für mein V. zu überbringen
	26,4	mein Leben, wie ich es unter meinem V. zugebracht habe
	7	auf ihre Erfüllung hoffen die zwölf Stämme unsres V.
	17	ich will dich erretten von deinem V.
	23	müsse verkündigen das Licht seinem V.
	28,17	ich habe nichts getan gegen unser V. 19.26
Rö	4,17	ich habe dich gesetzt zum Vater vieler V. 17
	9,25	ich will das mein V. nennen, das nicht mein V. war 26
	10,19	über ein unverständiges V. will ich euch zornig machen 21
	11,1	hat Gott sein V. verstoßen 2
	15,10	freut euch, ihr Heiden, mit seinem V.
	11	lobet den Herrn, alle Heiden, und preist ihn, alle V.
1Ko	10,7	das V. setzte sich nieder, um zu essen
	14,21	ich will in andern Zungen reden zu diesem V.
2Ko	6,16	will ihr Gott sein, und sie sollen mein V. sein Heb 8,10; Off 21,3
Gal	1,14	übertraf viele m. Altersgenossen in meinem
Tit	2,14	reinigte sich selbst ein V. zum Eigentum
1Pt	2,9	ihr seid das heilige V., das V. des Eigentums 10
2Pt	2,1	es waren falsche Propheten unter dem V.
Heb	2,17	zu sühnen die Sünden des V. 5,3; 7,27; 9,7
	4,9	es ist also noch eine Ruhe vorhanden für das V. Gottes
	7,5	nach dem Gesetz das Recht, den Zehnten zu nehmen vom V.
	11	unter diesem hat das V. das Gesetz empfangen 9,19
	9,19	besprengte das Buch und alles V.
	10,30	der Herr wird sein V. richten
	11,25	wollte viel lieber mit dem V. Gottes zusammen mißhandelt werden
	13,12	Jesus, damit er das V. heilige
Jud	5	daß der Herr, nachdem er dem V. geholfen hatte
Off	5,9	hast Menschen für Gott erkauft aus allen V.
	7,9	eine große Schar aus allen V.
	9,16	*die Zahl des reitenden V. war*
	10,11	du mußt abermals weissagen von V.
	11,9	Menschen aus allen V. sehen ihre Leichname
	18	die V. sind zornig geworden
	12,5	einen Knaben, der alle V. weiden sollte
	13,7	ihm wurde Macht gegeben über alle V.
	14,6	ein Evangelium zu verkündigen allen V.
	8	sie hat … getränkt alle V.
	15,3	gerecht und wahrhaftig sind deine Wege, du König der V.
	4	alle V. werden kommen und anbeten vor dir
	17,15	die Wasser sind V. und Scharen
	18,3	von dem Zorneswein ihrer Hurerei haben alle V. getrunken

Volk

Off	18,4	geht hinaus aus ihr, mein V.
	23	durch deine Zauberei sind verführt worden alle V. 20,8
	19,15	Schwert, daß er damit die V. schlage
	20,3	damit er die V. nicht mehr verführen sollte
	21,24	die V. werden wandeln in ihrem Licht
	26	man wird den Reichtum der V. in sie bringen
	22,2	die Blätter dienen zur Heilung der V.

Volk Israel

2Mo	1,9	das V. I. ist mehr und stärker als wir
	7,4	werde meine Heerscharen, mein V. I., führen
	18,1	was Gott an seinem V. I. getan hatte
4Mo	22,41	daß er das V. I. überblicken konnte
5Mo	21,8	entsühne dein V. I.
	26,15	segne dein V. I. Jos 8,33
Ri	11,23	die Amoriter vertrieben vor seinem V. I. 2Ch 20,7
1Sm	2,29	von dem Besten aller Opfer meines V. I.
	9,16	zum Fürsten salben über mein V. I. 15,1
	14,41	liegt die Schuld an deinem V. I.
	27,12	sich in Verruf gebracht bei seinem V. I.
2Sm	3,18	durch David will ich mein V. I. erretten
	5,2	du sollst mein V. I. weiden 1Kö 8,16; 1Ch 11,2; 2Ch 6,6
	12	erhöht um seines V. I. willen 1Ch 14,2
	7,7	mein V. I. zu weiden 8.10.11; 1Kö 14,7; 16,2; 1Ch 17,7.9.10; 2Ch 6,5
	23	wo ist ein Volk auf Erden wie dein V. I. 1Ch 17,21
	24	du hast dir dein V. I. zubereitet 1Ch 17,22
	19,41	hinübergeführt auch die Hälfte des V. I.
	24,4	um das V. I. zu zählen 1Kö 20,15
	25	die Plage wich von dem V. I.
1Kö	6,13	will mein V. I. nicht verlassen
	8,16	als ich mein V. I. aus Ägypten führte Jer 32,21
	30	wollest erhören das Flehen deines V. I. 38,52; 2Ch 6,21.29
	33	wenn dein V. I. geschlagen wird 2Ch 6,24
	34	wollest die Sünde deines V. I. vergeben 36; 2Ch 6,25.27
	41	Fremder, der nicht von deinem V. I. 2Ch 6,32
	43	dich fürchten wie dein V. I. 2Ch 6,33
	56	der seinem V. I. Ruhe gegeben
	59	daß er Recht schaffe seinem V. I.
	66	Gute, daß ... an seinem V. I. getan 2Ch 7,10
	16,2	weil du mein V. I. sündigen machst
	21	damals teilte sich das V. I. in zwei Teile
2Ch	31,8	lobten den HERRN und sein V. I.
	35,3	dient dem HERRN und seinem V. I.
Esr	2,2	Zahl der Männer des V. I. Neh 7,7
	7,13	alle, die von dem V. I. willig sind
	9,1	das V. I ... haben sich nicht abgesondert
Ps	122,4	wie es geboten ist dem V. I.
	135,12	gab Land zum Erbe seinem V. I. Jer 12,14
Jer	7,12	wegen der Bosheit meines V. I.
	23,13	daß sie mein V. I. verführten
	30,3	das Geschick meines V. I. wenden will
Hes	14,9	will ihn aus meinem V. I. ausrotten
	25,14	will mich rächen durch mein V. I.
	36,8	sollt eure Frucht bringen meinem V. I. 12
	38,14	wenn mein V. I. sicher wohnen wird
	16	wirst heraufziehen gegen mein V. I.
	39,7	m. Namen kundmachen unter meinem V. I.
Dan	9,20	als ich meines V. I. Sünde bekannte
Am	7,8	will das Bleilot legen an mein V. I.
	15	weissage meinem V. I.
Am	8,2	reif zum Ende ist mein V. I.
	9,14	will die Gefangenschaft meines V. I. wenden
Jdt	4,14	er möge sein V. I. gnädig heimsuchen 8,26
	6,2	daß das V. I. von Gott beschützt wird
	11,9	V. I. weiß, daß sie Gott erzürnt 13; 13,28
	13,23	Usija, der Fürst des V. I.
	14,6	er wurde in das V. I. aufgenommen
Bar	2,35	will mein V. I. nicht mehr vertreiben
1Ma	1,49	das heilige V. I. entheiligen
	56	sie verjagten das V. I. 6,18
	65	viele vom V. I. blieben standhaft 2,16
	4,31	d. Feinde in die Hände deines V. I. 16,2
	6,44	um das V. I. zu erretten 52
	7,9	befahl, das V. I. zu bestrafen 22.26
	9,20	das ganze V. I. weinte und klagte
2Ma	1,26	Opfer für dein ganzes V. I.
StE	7,7	fortan so von Geschlecht zu G. im V. I.
Mt	2,6	der Fürst, der mein V. I. weiden soll
Lk	1,16	er wird vom V. I. viele zu dem Herrn bekehren
	80	bis er vor das V. I. treten sollte
	2,32	ein Licht, zum Preis deines V. I.
Apg	4,10	so sei dem ganzen V. I. kundgetan
	27	versammelt mit den V. von I.
	9,15	daß er meinen Namen trage vor das V. I.
	10,36	er hat das Wort dem V. I. gesandt
	13,17	der Gott dieses V. I. hat unsre Väter erwählt
	23	Jesus kommen lassen als Heiland für das V. I.
	24	nachdem Johannes dem ganzen V. I ... gepredigt hatte
Phl	3,5	aus dem V. I., vom Stamm Benjamin

Völkerschaft

Ps	47,4	er beugt V. unter unsere Füße

Volksauflauf

Sir	26,6	böse Gerüchte in der Stadt, V., Verleumdung

Volksmenge

Lk	23,27	es folgte ihm eine große V.

Volksversammlung

Wsh	8,15	in der V. zeige ich mich tüchtig

Volkszählung

Apg	5,37	danach stand Judas auf in den Tagen der V.

voll, voller

1Mo	6,11	die Erde war v. Frevel 13
	15,16	die Missetat d. Amoriter ist noch nicht v.
	41,5	sieben Ähren, v. und dick 7.22
	43,21	eines jeden Geld mit v. Gewicht
2Mo	1,7	daß von ihnen das Land v. ward
	8,17	das Land v. Stechfliegen
	16,16	jeder sammle meinen Krug v. 22
	20	da wurde es v. Würmer und stinkend
	40,38	bei Nacht ward sie v. Feuers
3Mo	16,12	soll eine Pfanne v. Glut vom Altar nehmen
	12	v. Räucherwerks 4Mo 7,13u.ö.86
	19,29	daß nicht das Land werde v. Schandtat
4Mo	5,7	sollen ihre Schuld v. erstatten
	14,21	alle Welt der Herrlichkeit v. werden soll
	22,18	wenn mir Balak s. Haus v. Gold gäbe 24,13

5Mo	6,11	Häuser v. Güter Neh 9,25	Spr	24,31	(Acker des Faulen) er stand v. Disteln
	25,15	v. Gewicht und v. Maß haben Spr 11,1	Pr	1,7	doch wird das Meer nicht v.
	33,17	sein erstgeb. Stier ist v. Herrlichkeit 23		8	alles Reden ist so v. Mühe
Ri	6,38	Tau aus der Wolle, eine Schale v. Wasser		2,23	alle seine Tage sind v. Schmerzen, und v.
	16,27	das Haus aber war v. Männer und Frauen			Kummer ist sein Mühen
Rut	1,21	v. zog ich aus, aber leer... heimgebracht		4,6	besser eine Hand v. mit Ruhe als beide
1Sm	13,7	alles Volk, das ihm folgte, war v. Angst			Fäuste v. mit Mühe
	18,27	David brachte ihre Vorhäute in v. Zahl		8,11	wird das Herz der Menschen v. Begier
2Sm	8,2	er maß eine v. Schnurlänge		9,3	ist das Herz der Menschen v. Bosheit
1Kö	1,45	so daß die Stadt v. Getümmel wurde		11,3	wenn die Wolken v. sind, geben sie Regen
	7,14	ein Kupferschmied, v. Verstand und Kunst	Hl	5,2	mein Haupt ist v. Tau... v. Nachttropfen
	18,34	Elia sprach: Holt vier Eimer v. Wasser 35		14	seine Finger sind v. Türkise
	20,27	von den Aramäern war das Land v.		7,7	du Liebe v. Wonne
	43	zog heim, v. Unmut 21,4.5; 2Kö 6,11	Jes	1,15	eure Hände sind v. Blut Hes 23,45
2Kö	3,17	dennoch soll das Tal v. Wasser werden		21	die treue Stadt war v. Recht
	25	machten (alle) Äcker v. (Steine)		2,7	ihr Land ist v. Silber und Gold, v. Rosse
	4,6	als die Gefäße v. waren, sprach sie		8	auch ist ihr Land v. Götzen
	39	pflückte sein Kleid v. mit wilden Gurken		6,3	alle Lande sind seiner Ehre v.
	6,17	war der Berg v. feuriger Rosse		4	das Haus ward v. Rauch
	7,15	lag der Weg v. von Kleidern und Geräten		9,11	daß sie Israel fressen mit v. Maul
	10,21	daß das Haus Baals v. wurde		11,9	Land v. Erkenntnis des HERRN Hab 2,14
	19,35	lag alles v. Leichen Jes 37,36		13,21	ihre Häuser werden v. Eulen sein
	21,16	bis Jerusalem v. (Blut) war		14,21	nicht den Erdkreis v. Trümmer machen
1Ch	12,16	als er v. war bis zu beiden Ufern		15,9	die Wasser von Dimon sind v. Blut
	21,22	für den v. Preis sollst du ihn geben 24		18,1	weh dem Lande v. schwirrender Flügel
2Ch	24,10	warfen's in die Lade, bis sie v. wurde		21,3	darum sind meine Lenden v. Schmerzen
	36,21	auf daß siebzig Jahre v. wurden Jer 29,10		22,2	Stadt v. Lärmen und Toben 32,13.14; Klg 1,1
Est	3,5	wurde v. Grimm 5,9; Dan 3,19		7	deine Täler werden v. von Wagen sein
Hi	3,15	Fürsten, deren Häuser v. Silber waren		28,8	alle Tische sind v. Gespei
	7,5	meine Haut ist v. Eiter		29,2	daß er traurig und v. Jammer sei
	8,16	er steht v. Saft im Sonnenschein		30,23	wird dir Brot geben in v. Genüge
	21	bis er deinen Mund v. Lachens mache		27	seine Lippen sind v. Grimm
	14,1	der Mensch ist v. Unruhe		34,6	des HERRN Schwert ist v. Blut
	15,32	er wird ihm v. ausgezahlt werden		47,9	es wird in v. Maße über dich kommen
	20,11	sind seine Gebeine v. Jugendkraft		53,3	er war v. Schmerzen und Krankheit
	20	sein Wanst konnte nicht v. genug werden		65,11	die ihr vom Trankopfer v. einschenkt
	21,23	der eine stirbt v. Genüge	Jer	4,5	ruft mit v. Stimme und spricht
	24	sein Melkfaß ist v. Milch		5,8	wie die v., müßigen Hengste
	32,18	bin v. von Worten		27	Häuser v. Tücke, wie... v. Lockvögel
	36,16	an deinem Tische, v. von allem Guten		6,11	bin von des HERRN Zorn so v.
Ps	10,7	s. Mund ist v. Fluchens, v. Lug und Trug		12,6	schreien hinter ihr aus v. Halse
	23,5	du schenkest mir v. ein		19,4	die Stätte v. unschuldigen Blutes gemacht
	33,5	d. Erde ist v. der Güte des HERRN 119,64		23,10	das Land ist v. Ehebrecher
	44,16	mein Antlitz ist v. Scham		19	Wetter des HERRN kommen v. Grimm
	45,3	v. Huld sind deine Lippen		30,23	
	48,11	deine Rechte ist v. Gerechtigkeit		31,14	will der Priester Herz v. Freude machen
	49,14	der Weg derer, die v. Torheit sind		35,5	ich setzte... Krüge v. Wein vor
	56,3	kämpfen gegen mich v. Hochmut		46,10	von ihrem Blut v. und trunken
	58,5	sind v. Gift wie eine giftige Schlange		12	deines Heulens ist das Land v.
	65,14	die Anger sind v. Schafe	Hes	1,18	ihre Felgen waren v. Augen 10,12
	69,8	mein Angesicht ist v. Schande		7,23	das Land ist v. Blutschuld... v. Frevel 24,6.9;
	30	ich bin elend und v. Schmerzen			28,16
	71,8	laß meinen Mund deines Ruhmes v. sein		11,6	ihre Gassen liegen v. Toter 30,11
	72,16	v. stehe das Getreide im Land		16,26	triebst... mit deinen Nachbarn v. Geilheit
	19	alle Lande sollen seiner Ehre v. werden		17,3	ein Adler mit v. Schwingen kam
	74,20	die dunklen Winkel sind v. Frevel		19,10	fruchtbar und v. Ranken war er
	75,9	mit starkem Wein v. eingeschenkt		28,12	warst v. Weisheit
	77,5	bin v. Unruhe, daß ich nicht reden kann		32,6	die Bäche sollen davon v. werden
	80,6	mit einem v. Krug v. Tränen		33,31	ihr Mund ist v. Liebesweisen
	104,13	machst das Land v. Früchte		36,38	sollen v. Menschenherden werden
	16	die Bäume des HERRN stehen v. Saft		37,1	Feld; das lag v. Totengebeine
	74	die Erde ist v. deiner Güter		38,4	die alle v. gerüstet sind
	126,2	unser Mund v. Lachens... v. Rühmens		41,8	eine v. Rute, sechs Ellen
Spr	3,10	werden deine Scheunen v. werden	Dan	8,7	v. Grimm stieß er den Widder
	4,18	das immer heller leuchtet bis zum v. Tag	Hos	6,8	Gilead ist eine Stadt v. Übeltäter
	12,21	die Gottlosen werden v. Unglücks sein	Jo	2,11	der Tag des HERRN v. Schrecken
	17,1	besser... als ein Haus v. Geschlachtetem		24	daß die Tennen v. Korn werden
	20,17	am Ende hat er den Mund v. Kieselsteine		4,13	die Kelter ist v.
	24,4	werden die Kammern v. kostbarer Habe		18	alle Bäche in Juda werden v. Wasser sein
	5	ein vernünftiger Mann (ist) v. Kraft	Am	2,13	wie ein Wagen v. Garben schwankt

voll

Am	6,1	weh denen, die v. Zuversicht sind
Mi	3,8	v. Kraft, v. Geist des HERRN, v. Recht
Nah	2,9	Ninive ist wie ein v. Teich
	3,1	weh der Stadt, v. Lügen und Räuberei
Hab	3,3	seines Lobes war der Himmel v., und seiner Ehre war die Erde v.
Ze	3,3	ihre Propheten sind v. Trug
Hag	2,7	will dies Haus v. Herrlichkeit machen
Sa	8,5	sollen v. sein von Knaben und Mädchen
	9,15	die Schleudersteine werden v. (Blut) w.
Mal	3,10	bringt aber die Zehnten in v. Höhe
Jdt	10,6	gab ihrer Magd einen Schlauch v. Wein
Wsh	17,6	erschien ein... Feuer v. Schrecken
Sir	11,30	die Welt ist v. Leid und Verleumdung
	39,16	wie der Vollmond bin ich v. von Gedanken
	42,16	des Herrn Werk ist seiner Herrlichkeit v.
	47,16	wie weise warst du und v. Einsicht
	49,4	als das Land v. Abgötterei war
	50,6	leuchtete wie der v. Mond
Bar	6,17	ihre Augen werden v. Staub von den Füßen
1Ma	3,56	alle, die v. Furcht waren, heimziehen
2Ma	3,30	der kurz zuvor v. Furcht gewesen
	13,5	ein Turm, v. glühender Asche
	14,22	doch kamen sie zu v. Übereinstimmung
StE	4,3	sie erstrahlte in v. Schönheit
Mt	12,34	wes das Herz v. ist, des geht der Mund über Lk 6,45
	13,48	wenn es v. ist, ziehen sie (das Netz) heraus
	14,20	was übrigblieb, zwölf Körbe v. 15,37; 16,9.10; Mk 6,43; 8.19.20; Lk 9,17
	22,10	die Tische wurden alle v.
	23,25	innen aber sind sie v. Raub und Gier 27.28; Lk 11,39
	32	macht auch ihr das Maß eurer Väter v.
	26,43	ihre Augen waren v. Schlaf Mk 14,40; Lk 9,32
Mk	4,28	danach den v. Weizen in der Ähre
	37	so daß das Boot schon v. wurde
Lk	1,41	*Elisabeth ward des heiligen Geistes v.* 67
	2,40	das Kind wuchs und wurde stark, v. Weisheit
	3,15	als das Volk v. Erwartung war
	4,1	Jesus, v. heiligen Geistes
	28	*sie wurden v. Zorn* Apg 19,28
	5,12	in einer Stadt war ein Mann v. Aussatz
	26	*priesen Gott und wurden v. Furcht*
	6,38	ein v. Maß wird man in euren Schoß geben
	10,17	kamen zurück v. Freude und sprachen
	14,23	hereinzukommen, daß mein Haus v. werde
	15,5	legt er sich's auf die Schultern v. Freude
	16,20	der lag vor seiner Tür v. von Geschwüren
Jh	1,14	eine Herrlichkeit, v. Gnade und Wahrheit
	10,10	damit sie v. Genüge haben sollen 2Ko 9,8
	12,3	*das Haus ward v. vom Geruch der Salbe*
	16,6	ist euer Herz v. Trauer
	19,29	da stand ein Gefäß v. Essig
	21,11	das Netz v. großer Fische
Apg	2,13	andere sprachen: Sie sind v. von süßem Wein
	3,10	*sie wurden v. Wunderns und Entsetzens*
	4,8	v. des heiligen Geistes 4,31; 6,3.5; 7,55; 11,24; 13,9
	6,8	Stephanus, v. Gnade und Kraft, tat Wunder
	8,23	ich sehe, daß du v. bitterer Galle bist
	9,36	*Tabea war v. guter Werke*
	13,10	du Sohn des Teufels, v. aller List
	17,16	Paulus ergrimmte, als er die Stadt v. Götzenbilder sah
	19,29	die ganze Stadt wurde v. Getümmel
	28,30	Paulus blieb zwei v. Jahre in seiner eigenen Wohnung

Rö	1,29	v. von aller Ungerechtigkeit
	3,14	ihr Mund ist v. Fluch
	11,12	Reichtum, wenn ihre Zahl v. wird
	15,14	ich weiß, daß ihr v. Güte seid
	19	das Evangelium von Christus v. ausgerichtet
	29	mit dem v. Segen Christi kommen werde
2Ko	3,12	weil wir solche Hoffnung haben, sind wir v. Zuversicht
Eph	4,13	zum v. Maß der Fülle Christi
	19	*treiben jegliche Unreinigkeit v. Habgier*
	5,18	sauft euch nicht v. Wein
1Th	2,16	der Zorn Gottes ist schon in v. Maß über sie
Phm	8	obwohl ich in Christus v. Freiheit habe
2Pt	2,14	haben Augen v. Ehebruch
	3,3	*daß kommen werden Spötter, des Spottes v.*
2Jh	8	daß ihr v. Lohn empfangt
Jak	3,6	die Zunge ist eine Welt v. Ungerechtigkeit 8
	17	*Weisheit von oben ist v. Barmherzigkeit*
Off	4,6	vier Gestalten, v. Augen vorn und hinten
	8	sechs Flügel, außen und innen v. Augen
	5,8	hatte goldene Schalen v. Räucherwerk
	15,7	v. vom Zorn Gottes, der da lebt von Ewigkeit zu Ewigkeit
	8	der Tempel wurde v. Rauch von der Herrlichk.
	17,3	Tier, das war v. lästerlicher Namen
	4	v. von Greuel und Unreinheit ihrer Hurerei
	19,15	Kelter v. vom Wein des Zornes Gottes
	21,9	*Schalen v. der letzten sieben Plagen*

vollbereiten

1Pt	5,10	*der wird euch v., stärken*

vollbringen

2Mo	31,5	um jede Arbeit zu v. 35,33; 2Ch 5,1
3Mo	16,20	wenn er die Entsühnung v. hat
5Mo	34,12	Schreckenstaten, die Mose v.
1Sm	14,45	dies große Heil in Israel v. 48; 19,5
Ps		wird deine rechte Hand Wunder v.
Spr	16,30	wer mit den Lippen andeutet, v. Böses
Jes	28,21	der HERR wird toben, daß er sein Werk v.
Jer	44,25	habt mit euren Händen v.
Hes	4,6	wenn du dies v. hast
Hos	6,9	ja, Schandtaten v. sie
Mi	2,1	daß sie es v., weil sie die Macht haben
Sir	50,21	bis sie... v. hat
2Ma	10,38	als sie das alles v. hatten
	15,6	konnte sein ruchloses Vorhaben nicht v.
Lk	12,50	wie ist mir so bange, bis sie v. ist
Jh	19,28	als Jesus wußte, daß schon alles v. war
	30	es ist v.
Rö	2,27	*so wird, der das Gesetz v., Richter sein*
	7,18	Wollen habe ich wohl, aber das Gute v. kann ich nicht
2Ko	8,11	nun aber v. auch das Tun
	11	zu v. nach dem Maß dessen, was ihr habt
	10,16	was andere noch in anderm Maß v. haben
Gal	5,16	so werdet ihr die Begierden nicht v.
Phl	2,13	Gott ist's, der in euch wirkt das V.
Heb	1,3	er hat v. die Reinigung von den Sünden

vollenden

1Mo	2,1	so wurden v. Himmel und Erde 2
	27,30	den Segen über Jakob v. hatte 49,33
2Mo	39,32	wurde v. das Werk der Wohnung 40,33; 1Kö 6,9.14.38; 7,1.22.40.51; 1Ch 28,20; 2Ch 4,11; 7,11; 8,16; 24,14; 29,17; Esr 5,11

5Mo	34,8	bis die Zeit des Klagens über Mose v. war
Jos	19,51	v. so die Verteilung des Landes
1Sm	3,12	ich will es anfangen und v. 26,25
	13,10	als er das Brandopfer v. hatte 2Kö 10,25; 2Ch 29,28
1Kö	8,54	als Salomo dies Gebet v. hatte 2Ch 7,1
1Ch	27,24	Joab v. es nicht
2Ch	31,1	als dies alles v. war 7
Esr	5,16	es ist noch nicht v. 6,14.15; Neh 3,34
Hi	23,14	er wird v., was mir bestimmt ist
Jes	33,1	wenn du das Verwüsten v. hast
	44,28	soll all meinen Willen v.
Hes	4,8	bis du die Tage d. Belagerung v. hast
	5,13	soll mein Zorn v. werden 6,12; 7,8
Sa	4,9	seine Hände sollen's auch v.
Wsh	4,13	obwohl früh vollendet, hat er... erfüllt
Tob	3,13	als sie ihr Gebet v.
Sir	38,28	bedacht sein, daß sie es v.
Mt	7,28	als Jesus diese Rede v. hatte 13,53; 19,1; 26,1; Lk 7,1
Mk	13,4	das Zeichen, wenn das alles v. werden soll
Lk	1,45	es wird v. werden, was 18,31; 22,37
	2,22	da die Tage ihrer Reinigung v. waren 43; Apg 21,26
	39	als sie alles v. hatten nach dem Gesetz
	4,13	als der Teufel alle Versuchungen v. hatte
	12,50	wie ist mir so bange, bis sie v. ist
	13,32	am dritten Tage werde ich v. sein
Jh	4,34	daß ich v. sein Werk 5,36; 17,4
Apg	13,25	als Johannes seinen Lauf v.
	29	als sie alles v. hatten, was von ihm geschrieben
	20,24	wenn ich nur meinen Lauf v.
Rö	9,28	der Herr wird sein Wort, indem er v., ausrichten auf Erden
2Ko	7,1	laßt uns die Heiligung v. in der Furcht Gottes
Gal	3,3	wollt ihr's nun im Fleisch v.
Eph	4,13	bis wir alle hingelangen zum v. Mann
Phl	1,6	das gute Werk v. bis an den Tag Christi Jesu
2Th	1,11	daß Gott v. alles Wohlgefallen am Guten
2Ti	4,7	habe den Lauf v., ich habe Glauben gehalten
Heb	2,10	den Anfänger ihres Heils durch Leiden v.
	5,9	als er v. war, ist er... geworden
	8,5	Mose, als er die Stiftshütte v. sollte
	10,14	mit einem Opfer hat er für immer die v., die
	11,40	sie sollten nicht ohne uns v. werden
	12,23	(gekommen) zu den Geistern der v. Gerechten
Jak	1,15	die Sünde, wenn sie v. ist, gebiert den Tod
Off	10,7	dann ist v. das Geheimnis Gottes
	11,7	wenn sie ihr Zeugnis v. haben
	15,1	mit ihnen ist v. der Zorn Gottes
	8	bis die sieben Plagen v. waren
	17,17	bis v. werden die Worte Gottes
	20,3	bis v. würden die 1.000 Jahre 5.7

Vollender

Heb	12,2	aufsehen zu Jesus, dem Anfänger und V. des Glaubens

vollends

1Sm	17,51	und tötete (Goliat) v.
Est	6,13	wirst v. zu Fall kommen
2Ko	8,6	daß er v. diese Wohltat unter euch v. ausrichte
Tit	1,5	daß du v. ausrichten solltest, was noch fehlt
Off	6,11	bis daß v. dazu kämen ihre Mitknechte

Vollendung

2Ma	2,9	wie er zur V. des Tempels geopfert hat
Heb	7,11	V. durch das levitische Priestertum
	19	das Gesetz konnte nichts zur V. bringen

vollführen

Jes	44,26	der den Ratschluß v.
Phl	1,6	*der wird's auch v. bis an den Tag Jesu*

vollfüllen

Lk	5,7	sie f. beide Boote v., so daß sie fast sanken

völlig

2Mo	31,15	am 7. Tag ist Sabbat, v. Ruhe 35,2
5Mo	31,17	Antlitz verbergen, daß sie v. verzehrt w.
Jos	17,13	aber sie vertrieben sie nicht v.
1Kö	11,6	Salomo folgte nicht v. dem HERRN
Ps	119,70	ihr Herz ist v. verstockt
Jer	14,17	unheilbar verwundet und v. zerschlagen
Nah	2,3	man hat sie v. verheert
Rö	15,13	*daß ihr v. Hoffnung habet*
2Ko	1,13	ihr werdet es noch v. verstehen
Phl	2,2	*so machet meine Freude v.*
1Th	3,12	*v. in der Liebe 4,1.10*
1Jh	4,12	*seine Liebe ist v. in uns 17*
	18	*die v. Liebe treibt die Furcht aus*
Heb	10,22	lasset uns hinzugehen in v. Glauben

vollkommen

5Mo	32,4	seine Werke sind v.
Rut	2,12	dein Lohn möge v. sein bei dem HERRN
2Sm	22,31	Gottes Wege sind v. Ps 18,31
Hi	11,7	kannst du alles so v. treffen
Ps	19,8	das Gesetz des HERRN ist v.
Hes	16,14	Schönheit, v. durch den Schmuck
Wsh	6,16	über sie nachdenken, das ist v. Klugheit
	9,6	wenn einer unter v. den Menschenk. v. wäre
	15,3	dich kennen ist v. Gerechtigkeit
Sir	17,29	der Mensch ist nicht v.
	44,17	Noah wurde als v. gerecht befunden
Mt	5,48	v., wie euer Vater im Himmel v. ist
	19,21	willst du v. sein, so geh hin
Lk	6,40	wenn (der Jünger) v. ist
Jh	15,11	damit eure Freude v. werde 16,24
	17,13	damit meine Freude in ihnen v. sei
	23	damit sie v. eins seien
Rö	12,2	Gottes Wille, das Gute und V.
1Ko	2,6	wovon wir reden, das ist Weisheit bei den V.
	13,10	wenn kommen wird das V.
	14,20	im Verstehen aber seid v.
2Ko	10,6	sobald euer Gehorsam v. geworden ist
Phl	2,2	meine Freude v., daß ihr e. Sinnes seid
	3,12	nicht, daß ich schon v. sei
	15	wie viele nun von uns v. sind, die laßt
Kol	1,28	wir wir einen jeden Menschen in Christus v. machen
	4,12	damit ihr feststeht, v. und erfüllt Jak 1,4
1Th	4,1	bitten wir euch, daß ihr immer v. werdet 10
2Ti	3,17	daß der Mensch Gottes v. sei
1Jh	1,4	damit unsere Freude v. sei 2Jh 12
	2,5	in dem ist die Liebe Gottes v. 4,12.17
	4,18	die v. Liebe treibt die Furcht aus
Heb	5,14	feste Speise ist für die V.
	6,1	darum wollen wir uns zum V. wenden

vollkommen

Heb	7,28	setzt den Sohn ein, der ewig und v. ist
	9,9	die nicht im Gewissen v. machen können
	11	Christus ist gekommen durch die v. Stiftshütte
	10,1	deshalb kann es nicht für immer v. machen
	22	laßt uns hinzutreten in v. Glauben
Jak	1,25	wer durchschaut in das v. Gesetz der Freiheit
	2,22	durch die Werke ist der Glaube v. geworden
	3,2	wer sich im Wort nicht verfehlt, ist ein v. Mann
Off	3,2	habe deine Werke nicht als v. befunden vor Gott

Vollkommenheit

Hes 28,12 warst das Abbild der V.
2Ko 13,9 um dies beten wir, um eure V.
Kol 3,14 die Liebe, die da ist das Band der V.

vollmachen

1Th 2,16 um das Maß ihrer Sünden allewege v.

Vollmacht

Dan 2,15 Arjoch, dem der König V. gegeben hatte
Mt 7,29 er lehrte sie mit V. Mk 1,22
  9,6 damit ihr wißt, daß der Menschensohn V. hat Mk 2,10; Lk 5,24
  10,1 gab ihnen V. über Geister Mk 6,7; Lk 9,1; 10,19
  21,23 aus welcher V. tust du das 24.27; Mk 11,28. 29.33; Lk 20,2.8
Mk 1,27 eine neue Lehre in V. Lk 4,32
  3,15 daß sie V. hätten, Geister auszutreiben Lk 4,36
  13,34 verließ sein Haus und gab seinen Knechten V.
Jh 5,27 er hat ihm V. gegeben, das Gericht zu halten
Apg 9,14 V., alle gefangenzunehmen, die deinen Namen anrufen 26,10.12
2Ko 10,8 auch wenn ich mich der V. rühmen würde
  13,10 nach der V., die mir der Herr gegeben hat

Vollmond

Ps 81,4 blaset am Neumond die Posaune, am V.
Spr 7,20 er wird erst zum V. wieder heimkommen
Sir 39,16 wie der V. bin ich voll von Gedanken

vollsaufen

Jes 56,12 kommt her, wir wollen uns v.
Dan 5,1 Belsazer s. sich v. mit ihnen
Sir 19,1 der sich gern v., wird nicht reich
Lk 12,45 fängt an, zu trinken und sich v.

vollständig

5Mo 31,24 die Worte v. in ein Buch zu schreiben
1Ma 4,51 richteten den Tempel v. wieder her

vollstrecken

4Mo 21,2 so will ich den Bann v. 5Mo 7,2; 13,16; 20,17; Ri 21,11; 1Sm 15,3.18; Jer 51,3
  3 v. den Bann an ihren Städten 5Mo 2,34; 3,6; Jos 2,10; 6,21; 8,26; 10,1.28.35.37.39.40; 11,11. 12.21; Ri 1,17; 1Sm 15,8.15.20; 1Ch 4,41

4Mo 31,3 die die Rache des HERRN v.
5Mo 33,21 (Gad) v. die Gerechtigkeit des HERRN
1Sm 15,9 wollten den Bann nicht v. 28,18
1Kö 9,21 den Bann nicht hatte v. können
2Kö 19,11 Assyrien den Bann an ihnen v. Jes 37,11
Jes 34,2 der HERR wird an ihnen den Bann v. 5; Jer 25,9
Hes 16,41 (sollen) an dir das Gericht v.

volltrinken

Hes 23,33 mußt dich mit Jammer v.

vollzählig

Jes 40,26 er führt ihr Heer v. heraus
Off 6,11 bis v. dazukämen ihre Mitknechte

vollziehen

2Mo 29,33 mit denen die Sühnung v. wird 36.37
  30,10 einmal im Jahr die Sühnung v.
3Mo 4,20 so soll der Priester die Sühnung für sie v. 26. 31.35; 5,6.10.13.16.18.26; 6,23; 7,7; 16,10; 4Mo 5,8
2Ch 22,8 als Jehu die Strafe am Hause Ahab v. 24,24
Ps 106,30 Pinhas v. das Gericht
  149,9 daß sie an ihnen v. das Gericht
Jer 50,21 vertilge sie und v. den Bann 26
Hes 23,10 so v. sie das Gericht an ihr
Jdt 11,13 offenbaren, wann er die Strafe v. will
Rö 13,4 sie v. das Strafgericht an dem, der Böses tut

von - an

2Kö 19,25 v. Anfang an geplant Jes 37,26
Esr 9,7 v. der Zeit unserer Väter an
Hi 31,18 v. Mutterleib an Jes 44,2; 46,3; 49,1.5; Lk 1,15
Ps 113,2 v. nun an bis in Ewigkeit 115,18; 121,8; 125,2; 131,3; Jes 9,6; 59,21; Mi 4,7
Jes 40,21 v. Anfang an verkündigt 41,26; 46,10; 48,16
Mt 13,35 was verborgen war v. Anfang der Welt an
  19,8 v. Anfang an ist nicht so gewesen
  12 v. Geburt an zur Ehe unfähig
  22,46 wagte niemand v. dem Tage an, ihn zu fragen
Lk 16,16 v. da an wird das Evangelium gepredigt
Jh 9,32 v. Anbeginn der Welt an hat man nicht gehört

von - auf

1Mo 8,21 v. Jugend a. 1Kö 18,12; Jes 47,12

von - her

1Mo 21,17 v. Himmel h. 22,15; 2Ch 6,21u.ö.39; 7,14; Neh 9,13.28
Ps 25,6 Güte, v. Ewigkeit h. gewesen
Rö 5,16 das Urteil hat v. dem Einen h. zur Verdammnis geführt
2Th 1,9 Strafe, v. Angesicht des Herrn h. und von seiner Macht

von da, dannen, dort

5Mo 30,4 v. d. sammeln Neh 1,9; Am 9,2.3; Mi 4,10
Jer 43,12 soll mit Frieden v. d. ziehen
Mt 5,26 du wirst nicht v. d. herauskommen
  9,9 als Jesus v. d. wegging 27; 11,1; 12,15; *13,53*; 15,21.29; 19,15; Mk *1,19*; 6,1; 7,24; 9,30; Lk 11,53

Mt	10,11	*bleibet, bis ihr v.d. zieht* Mk 6,10; *Lk 9,4*
Mk	10,1	kam v. d. in das Gebiet von Judäa
Lk	12,59	du wirst v. d. nicht herauskommen, bis
	15,20	*da er noch ferne v. d. war*
Jh	2,15	*traget das v. d.*
	7,3	*mache dich auf v. d.*
Apg	7,4	brachte Gott ihn v. d. herüber in dies Land
	16,12	v. d. nach Philippi 20,15; 21,1
	18,7	(Paulus) machte sich auf v. d.

von hinnen

2Ma	11,23	nachdem unser Vater v. h. geschieden ist
Mt	17,20	hebe dich v. h. dorthin
Lk	9,51	*daß er sollte v. h. genommen werden*
	13,31	*gehe fort und ziehe v. h.*
Jh	14,31	*lasset uns v. h. gehen*

voneinander

Mt	25,32	er wird sie v. scheiden wie ein Hirt
Jh	5,44	die ihr Ehre v. annehmt
Apg	13,43	als die Gemeinde v. ging
	21,6	als wir v. Abschied genommen hatten

vonstatten gehen

2Ch	14,6	also bauten sie, und es g. glücklich v.
Esr	5,8	die Arbeit g. frisch v. 6,14

vor (räumlich)

1Mo	3,8	v. dem Angesicht Gottes 4,14; 6,11; 1Ch 28,8
	4,7	lauert die Sünde v. der Tür
	6,8	v. dem HERRN 10,9; 18,23; 19,13.27; 24,52; 27,7; 38,7; 2Mo 6,12.30; 16,9.33; 23,17; 27,21; 28,12.29.30.35.38; 29,11.23-26.42; 30,8.16; 32,11; 34,23.24.34; 39,7; 40,23.25
	17,1	wandle v. mir 1Kö 2,4; 3,6; 8,23.25; 9,4; 2Kö 20,3; 2Ch 6,14.16; 7,17; 27,6
	18,3	Gnade v. deinen Augen 19,19; 30,27; 32,6; 2Mo 33,12.13.16.17; 34,9
2Mo	18,1	v. Gott Jos 24,1; 1Ch 13,10; 16,1; 24,5; 2Ch 33,12; 34,27; Esr 7,19
	32,1	einen Gott, der v. uns hergehe 23
3Mo	1,3	v. dem HERRN 5.11; 3,1.7.12; 4,4-7.15-18.24; 5,26; 6,7.18; 7,30; 8,26-29; 9,2-5.21; 10,1.2.15. 19; 12,7; 14,11u.ö.31; 15,14.15.30; 16,1.7.10-13. 18.30; 19,22; 23,11.20.28.40; 24,3-8; 4Mo 3,4; 5,16.18.25.30; 6,16.20; 7,3; 8,10.11.21; 11,1.18; 14,36; 15,15.25.29; 16,7.16.17; 17,3.5.22; 18,19; 20,3.9; 25,4; 26,61; 27,5; 31,50; 32,13.20-22.27. 29.32
5Mo	1,30	der HERR zieht v. euch hin 33; 9,3; 23,15; 31,3.8
	45	v. dem HERRN 4,10.25; 6,18.25; 9,18.25; 10,8; 12,7.12.18.25.28; 13,19; 14,23.26; 15,20; 16,11. 16; 18,7.13; 19,17; 21,9; 24,4.13; 26,5.10.13; 27,7; 29,9.14; 31,11; Jos 6,26; 7,23; 18,6.8.10; 19,51
	7,14	gesegnet wirst du sein v. allen Völkern
1Kö	2,43	v. dem HERRN 45; 8,54.59.62-65; 9,25; 16,7; 19,11; 21,20.25; 22,21; 2Kö 3,18; 16,14; 19,14. 15; 22,19; 23,3; 1Ch 2,3; 11,3; 16,33; 17,16; 18,20; 20,13.18; 26,18; 28,13; 31,20; 33,23; 34,31; Hi 1,6; 2,1
2Ch	33,7	erwählt v. allen Stämmen Israels
Hi	33,6	v. Gott bin ich wie du
	41,2	wer v. mir bestehen könnte
Jes	29,15	v. dem HERRN 37,14; Hes 40,46; 41,22; 43,24; 44,3; 45,4; 46,3.9
	40,17	alle Völker sind v. ihm wie nichts
	45,2	ich will v. dir hergehen 52,12
	49,5	bin v. dem HERRN wert geachtet
	54,8	mein Angesicht v. dir verborgen 64,6; Hes 39,23.24.29

vor (zeitlich)

5Mo	4,32	frage nach den Zeiten, die v. dir gewesen
Jes	43,10	v. mir ist kein Gott gemacht
Lk	21,12	v. diesem allen werden sie euch verfolgen
Jh	1,15	nach mir wird kommen, der v. mir gewesen 30

vor – her

1Mo	24,7	wird seinen Engel v. dir h. senden 2Mo 23,20; 33,2
2Mo	23,30	will sie v. dir h. ausstoßen 31; 34,11; 3Mo 18,24; 20,23; 4Mo 32,21; 33,52.55; 5Mo 4,38; 7,1; 9,4; 11,23; 12,29; 31,3; 33,27; Jos 9,24; 24,8.18; Ri 6,9; 1Ch 17,21; Ps 78,55; Am 2,9
Ri	4,14	der HERR ist ausgezogen v. dir h. 2Sm 5,24
Ps	85,14	daß Gerechtigkeit v. ihm h. gehe
Mal	3,1	Boten, der v. mir h. den Weg bereiten soll

vorangehen

2Mo	33,14	mein Angesicht soll v. 15
1Sm	9,27	daß er uns v. – und er g. v.
Hi	21,33	die ihm v., sind nicht zu zählen
Ps	68,26	die Sänger g. v., am Ende der Spielleute
	28	Benjamin, der Jüngste, g. ihnen v.
Am	6,7	sollen v. unter denen, die weggeführt
Mt	21,9	die Menge, die ihm v., schrie Mk 11,9
Mk	10,32	Jesus g. ihnen v. Lk 19,28
Lk	1,76	dem Herrn v., daß du seinen Weg bereitest
Apg	20,5	*diese g. v. und harrten unser zu Troas*
1Ti	5,24	die Sünden g. ihnen zum Gericht v.

voranschreiten

Jes	58,8	deine Heilung wird schnell v.

voranziehen

Jo	2,7	ein jeder z. unentwegt v.
2Ma	8,23	z. selbst der ersten Schar v.
2Ko	9,5	daß sie v. zu euch

voraus

2Pt	3,17	ihr, meine Lieben, weil ihr das im v. wißt

vorausgehen

Sir	22,30	Rauch und Qualm g. v., ehe ein Feuer brennt
	32,14	dem Bescheidenen g. große Gunst v.

voraushaben

Pr	3,19	der Mensch h. nichts v. vor dem Vieh
	6,8	was h. ein Weiser dem Toren v.
Hl	5,9	was h. dein Freund vor andern Freunden v.
Hes	15,2	was h. das Holz des Weinstocks v.
	32,19	vor wem h. du etwas v. an Schönheit

vorauslaufen

vorauslaufen
Tob	11,9	der Hund l. v. und kam als Bote
Lk	19,4	er l. v. und stieg auf einen Maulbeerbaum
Jh	20,4	der andere Jünger l. v., schneller als Petrus

vorausreisen
Apg 20,5 diese r. v. und warteten auf uns in Troas

voraussagen
Mt	24,25	siehe, ich habe es euch vorausg.
Apg	1,16	das der hl. Geist vorausg. hat
	11,28	s. durch den Geist eine große Hungersnot v.
	26,22	nichts, als was die Propheten vorausg.
Rö	9,29	wie Jesaja vorausg. hat
2Ko	13,2	ich habe es vorausg. und s. es abermals v. Gal 5,21
1Th	3,4	s. wir's euch v., daß Bedrängnisse über uns

voraussehen
Sir	42,19	der Höchste s. v., was geschehen wird
Apg	2,31	hat er's vorausg. und gesagt
Gal	3,8	die Schrift hat es vorausg.

voraussenden
Jdt	11,17	gefügt, daß er dich vorausg. hat
Wsh	12,8	du s. deinem Heer Hornissen v.
Mt	21,1	s. Jesus zwei Jünger v. Mk 11,1; Lk 19,29

vorausziehen
Tob	11,3	so wollen wir beide v. 5
Apg	20,13	wir z. v. zum Schiff

vorbehalten
1Mo	27,36	hast du mir keinen Segen v.
Hi	24,1	warum sind nicht Zeiten v.
Tob	3,20	du hast mich einem andern Mann v.

vorbeifahren
Apg 27,16 wir f. aber v. an einer Insel, die Kauda heißt

vorbeigehen
Wsh	2,5	unsre Zeit g. v. wie ein Schatten
	6,24	ich will an der Wahrheit nicht v.
	10,8	die, die an der Weisheit v.
Mk	11,20	als sie am Morgen an dem Feigenbaum v.
Lk	11,42	am Recht und an der Liebe Gottes g. ihr v.
	18,36	als er die Menge hörte, die v.
	37	berichteten sie ihm, Jesus von Nazareth g.v.

vorbeigelangen
Apg 27,8 g. kaum daran v. und kamen an einen Ort

vorbeikommen
2Sm	20,12	daß jeder stehen blieb, der an ihm v.
Est	2,11	Mordechai k. alle Tage v.
Ps	37,36	dann k. ich wieder v.

vorbeispringen
Wsh 17,19 ob Tiere, die man nicht sehen konnte, v.

vorbeitreiben
Heb 2,1 damit wir nicht am Ziel v.

vorbeiwandeln
Hi 9,11 er w. v., ohne daß ich's merke

vorbeiziehen
Hi 30,15 wie eine Wolke z. mein Glück v.

vorbereiten
1Ch	29,19	daß er diese Wohnung baue, die ich v. habe
Tob	8,20	alles v., was man auf der Reise braucht
Sir	2,1	so b. dich auf die Anfechtung v.
Mk	14,15	einen Saal zeigen, der v. ist
Lk	1,17	zuzurichten dem Herrn ein Volk, das wohl v. ist
	12,47	der Knecht, der... kennt, hat aber nichts v.
2Ko	9,3	damit ihr v. seid, wie ich von euch gesagt habe
	4	wenn die aus Mazedonien euch nicht v. finden
2Pt	2,3	das Gericht über sie b. sich seit langem v.

Vorbild
Wsh	4,2	ist sie da, nimmt man sie zum V.
Apg	7,44	sie machen sollte nach dem V., das er gesehen
1Ko	10,6	das ist geschehen uns zum V. 11
Phl	3,17	wie ihr uns zum V. habt
1Th	1,7	so daß ihr ein V. geworden für alle Gläubigen
2Th	3,9	wir wollten uns selbst euch zum V. geben
1Ti	1,16	zum V. denen, die an ihn glauben sollten
	4,12	sei ein V. im Wort, im Wandel Tit 2,7
2Ti	1,13	halte dich an das V. der heilsamen Worte
1Pt	2,21	da auch Christus euch ein V. hinterlassen
	3,21	das ist ein V. der Taufe, die euch rettet
	5,3	nicht als Herren, sondern als V. der Herde
Jak	5,10	nehmt zum V. des Leidens und der Geduld die Propheten

vorbringen
1Mo	24,33	nicht essen, bis ich meine Sache vorg.
Jos	20,4	soll vor den Ältesten seine Sache v.
Hi	27,12	warum b. ihr so unnütze Dinge v.
	37,19	können nichts v. vor Finsternis
Jes	41,21	b. eure Sache v. 45,21
	59,4	niemand, der eine gerechte Sache v.
Jer	7,16	sollst weder Klage noch Gebet v.
Tob	3,25	weil ihr Gebet dem Herrn vorg. worden war
Mt	18,31	b. bei ihrem Herrn alles v., was sich begeben
Jh	18,29	was für eine Klage b. ihr v.
Apg	25,7	b. viele und schwere Klagen gegen ihn v.
	18	seine Ankläger b. keine Anklage vor wegen Vergehen

Vorderasien
1Ma	8,6	Antiochus, König in V.
	11,13	Ptolemäus... Kronen: die des Reichs V.

Vorhaben

1Ma 12,39 das Königreich V. an sich zu bringen 13,32
2Ma 3,3 Seleukus, König in V.

vorderer

Hes 47,1 die v. Seite des Tempels lag gegen Osten
Heb 9,2 v. Teil, worin der Leuchter war und der Tisch
    6 gingen allezeit in den v. Teil der Stiftshütte
    8 solange der v. Teil der Stiftshütte bestehe

Vorderfuß

2Ma 3,25 das (Pferd) drang mit den V. auf ihn ein

Vorderkeule

4Mo 6,19 der Priester soll eine V. nehmen 5Mo 18,3

Vorderschiff

Apg 27,41 das V. bohrte sich ein und saß fest

Vorderseite

Hes 41,14 die Breite der V. hundert Ellen
1Ma 4,57 schmückten die V. des Tempels mit Kränzen

Voreltern

2Ti 1,3 *Gott, dem ich diene von meinen V. her*

vorenthalten

1Mo 39,9 hat mir nichts v. außer dir
5Mo 24,14 dem Tagelöhner seinen Lohn nicht v.
Jer 42,4 will euch nichts v.
Am 4,7 auch habe ich euch den Regen v.
Tob 4,15 e. dem Tagelöhner den Lohn nicht v.
Apg 20,20 ich habe euch nichts v., was nützlich ist
Jak 5,4 der Lohn der Arbeiter, den ihr ihnen v. habt

vorerwählt

Apg 10,41 *uns, den von Gott v. Zeugen*

Vorfahr

3Mo 26,45 will an meinen Bund mit den V. gedenken
5Mo 19,14 Grenze, die die V. festgesetzt haben
2Ma 11,25 wie es ihre V. gehalten haben
StE 3,5 abgesondert unsere Väter von all ihren V.
2Ti 1,3 Gott, dem ich diene von meinen V. her
Heb 11,2 durch diesen Glauben haben die V. Gottes Zeugnis empfangen

vorfinden

2Kö 12,11 Geld, das sich in dem Hause des HERRN v.

vorführen

Sir 23,34 eine solche Frau wird man der Gemeinde v.
1Ma 9,26 er ließ die Anhänger des Judas sich v.
2Ma 6,10 zwei Frauen wurden vorg., weil sie
Apg 12,6 als ihn Herodes v. lassen wollte
  16,20 f. sie den Stadtrichtern v. und sprachen
  23,33 sie f. ihm Paulus v. 25,7.17

vorgeben

Apg 5,36 Theudas g. v., er wäre etwas 8,9
  27,30 v., sie wollten die Anker herunterlassen
Rö 3,8 *wie etliche v., daß wir sagen*
2Th 2,4 so daß er v., er sei Gott

vorgehen

Apg 7,19 dieser g. mit Hinterlist v. gegen unser Volk
2Ko 10,2 mit der ich gegen einige v. gedenke

Vorgehen

2Ma 5,18 daß er von seinem... V. ablassen mußte

vorgesteckt

Phl 3,14 jage nach dem v. Ziel

vorgestern

1Ma 9,44 heute ist es nicht wie gestern und v.

vorhaben

1Mo 41,25 Gott verkündet dem Pharao, was er v. 28
2Mo 10,10 ihr seht doch selbst, daß ihr Böses v.
Ri 18,3 was machst du hier? Und was h. du hier v.
Ps 20,5 er erfülle alles, was du v.
  66,18 wenn ich Unrechtes vorg. in m. Herzen
Klg 2,17 der HERR hat getan, was er v.
Mi 6,5 denke doch daran, was Balak v.
Sa 1,6 wie der HERR Zebaoth v., uns zu tun
Jdt 8,25 daß von Gott kommt, was ich v. 27; 10,9
  11,4 so wird gelingen, was der Herr v. 12,4
  11 h. jetzt v., ihr Vieh zu schlachten
Sir 22,22 ein zaghaftes Herz, das Törichtes v.
  37,21 wenn man etwas Neues v.
  42,18 er allein durchschaut, was sie v.
1Ma 12,39 h. Tryphon v... an sich zu bringen
2Ma 12,8 daß... das gleiche mit den Juden v.
  14,5 fragen, was (d. Juden) v.
Mt 2,13 Herodes h. v., das Kindlein umzubringen
Apg 27,42 die Soldaten h. v., die Gefangenen zu töten
Jud 3 nachdem ich ernstlich v., euch zu schreiben

Vorhaben

1Sm 21,6 obgleich es nur um ein gewöhnl. V. ging
Esr 4,5 sie hinderten ihr V.
Hi 10,3 bringst der Gottlosen V. zu Ehren
  33,17 den Menschen von seinem V. abwende
Ps 106,43 sie erzürnten ihn mit ihrem V.
Spr 16,3 so wird dein V. gelingen
  20,5 das V. im Herzen... wie ein tiefes Wasser
  24,9 das V. des Toren ist Sünde
Pr 3,1 alles V. hat seine Stunde 17; 8,6
Jer 11,18 der HERR tat mir kund ihr V.
Hos 11,6 soll sie fressen um ihres V. willen
Wsh 19,3 verfielen sie auf ein anderes törichtes V.
1Ma 2,63 sein V. ist zunichte geworden
  6,08 weil sein V. nicht gelungen war
  7,31 merkte, daß sein V. bekannt geworden
  11,63 um ihn an seinem V. zu hindern
2Ma 3,23 suchte Heliodor sein V. auszuführen
  15,6 konnte sein V. nicht vollbringen
StE 3,8 laß ihr V. auf sie zurückschlagen
Apg 5,38 ist dies V. von Menschen
  27,13 meinten sie, ihr V. ausführen zu können 43

Vorhaben

2Ko 1,17 oder ist mein V. fleischlich

Vorhalle

1Kö 6,3 baute eine V. vor der Tempelhalle 7,21; 1Ch 28,11; 2Ch 3,4
2Ch 8,12 auf dem Altar vor der V. 15,8
     29,7 haben die Türen an der V. zugeschlossen
     17 gingen in die V. und weihten das Haus
Hes 8,16 zwischen der V. und dem Altar Jo 2,17
     40,7 die Schwelle an der V. maß eine Rute 8-49; 41,15.25.26
     44,3 durch die V. soll er hineingehen 46,2.8

vorhalten

Hi 36,9 h. er ihnen v., was sie getan haben
Ps 27,8 mein Herz h. dir v. dein Wort
Hab 2,1 antworten auf das, was ich ihm vorg. habe
Wsh 2,12 h. uns v., daß wir gegen... verstoßen
Sir 8,6 h. dem nicht seine Sünde v., der sich bessert
    20,15 er gibt wenig und h. es einem vielfach v.
1Ma 6,34 (ließ) den Elefanten roten Wein v.
Mt 18,15 *sündigt dein Bruder, so h. es ihm v. Lk 17,3*
Gal 4,16 *daß ich euch die Wahrheit v.*
1Ti 4,6 *wenn du den Brüdern solches v.*

vorhanden

1Mo 42,13 der eine ist nicht mehr v. 32
5Mo 21,17 soll ihm geben von allem, was v. ist
1Sm 21,4 fünf Brote, oder was sonst v. ist, das gib
2Kö 19,4 für die Übriggebl., die noch v. Jes 37,4
    20,13 Hiskia zeigte ihnen alles, was v. war
2Ch 21,17 führten alle Habe weg, die v. war 25,24
Jer 37,17 ist wohl ein Wort vom HERRN v.
    38,22 alle Frauen, die noch v. sind
Wsh 10,7 ist noch rauchendes und ödes Land v.
Apg 19,40 ohne daß ein Grund v. ist
Heb 4,9 ist noch eine Ruhe v. für das Volk Gottes

Vorhang

2Mo 26,31 sollst einen V. machen 33.35; 27,21; 30,6; 35,12; 36,35; 38,27; 39,34; 40,3.21.22.26; 3Mo 24,3; 2Ch 3,14
3Mo 4,6 7mal sprengen an den V. im Heiligen 17
    16,2 nicht zu jeder Zeit gehe hinter den V.
    12 soll es hinein hinter den V. bringen 15
    21,23 aber nicht zum V. soll er nicht kommen
4Mo 3,25 in Obhut nehmen den V. 26.31; 4,5.25.26
    18,7 daß ihr dienet hinter dem V.
Jdt 14,12 Bagoas trat vor den V. 13
Sir 50,6 wenn er hinter dem V. hervortrat
1Ma 1,23 ließ wegnehmen den V., die Kronen
    4,51 sie hängten die V. auf
Mt 27,51 der V. im Tempel zerriß in zwei Stücke Mk 15,38; Lk 23,45
Heb 6,19 der hineinreicht bis in das Innere hinter dem V.
    9,3 hinter dem zweiten V. war der Teil, der
    10,20 den er uns aufgetan hat als neuen Weg durch den V.

Vorhaut

1Mo 17,11 eure V. sollt ihr beschneiden 14
    23 beschnitt ihre V. 24.25; 2Mo 4,25
Jos 5,3 beschnitt... auf dem Hügel der V.
1Sm 18,25 der König begehrt 100 V. von Philistern 27; 2Sm 3,14

Jer 4,4 tut weg die V. eures Herzens
    9,24 heimsuchen alle, die an der V. beschnitten

vorher

1Mo 28,19 v. hieß die Stadt Lus
2Mo 1,5 Josef war schon v. in Ägypten
5Mo 19,4 hat v. keinen Haß gegen ihn 6; Jos 20,5
    24,5 wenn jemand kurz v. eine Frau genommen
Jos 4,18 das Wasser des Jordan floß wie v.
    10,14 kein Tag diesem gleich, weder v. noch
    11,10 Hazor war v. die Hauptstadt
Ri 20,30 gegen Gibea wie schon zweimal v. 31.32
Rut 2,11 zu einem Volk, das du v. nicht kanntest
    3,10 d. Liebe jetzt noch besser erzeigt als v.
1Sm 3,10 da kam der HERR und rief wie v.
    17,27 da sagte ihm das Volk wie v. 30
2Sm 13,15 sein Widerwille größer als v. seine Liebe
1Kö 13,6 seine Hand wurde, wie sie v. war
Pr 1,10 es ist längst v. auch geschehen
Jes 41,26 wer hat es v. geweissagt
    48,7 v. hast du nicht davon gehört
Jer 22,21 ich habe dir's v. gesagt
Dan 6,11 betete, wie er es auch v. zu tun pflegte
Jdt 5,12 Wüste, wo v. kein Mensch wohnen konnte
Wsh 12,27 Gott, den sie v. nicht erkennen wollten
    18,2 sie, die v. Unrecht erlitten hatten
    6 jene Nacht war v. angekündigt worden
    13 während sie v. ganz ungläubig waren
    19,7 wo v. Wasser stand, sah man Land
1Ma 7,19 ließ gefangennehmen, die ihn v. anerkannt
    16,21 ein Bote kam v. nach Geser
2Ma 6,29 die ihm kurz v. freundlich gewesen
Mt 12,45 wird mit diesem Menschen ärger, als es v. war
Apg 10,41 uns, den von Gott v. erwählten Zeugen
2Ko 9,5 um die Segensgabe v. fertigzumachen
2Pt 2,20 mit ihnen ärger geworden als v.

vorherbestimmen

Rö 8,29 die er ausersehen hat, hat er auch v. 30
1Ko 2,7 die Gott v. hat zu unserer Herrlichkeit
Eph 1,5 (in seiner Liebe) hat er uns dazu v.
    11 wir, die wir dazu v. sind nach dem Vorsatz

vorhersagen

Jer 40,2 der HERR hat dies Unglück vorherg.

Vorhof

2Mo 27,9 sollst einen V. für die Wohnung machen 12. 13.16-19; 35,17.18; 38,9.15-18.20.31; 39,40; 40,8.33; 4Mo 3,26.37; 4,26.32
3Mo 6,9 sollen es essen im V. der Stiftshütte 19
1Kö 6,36 baute auch den inneren V. 7,12; 1Ch 28,6.12; 2Ch 4,9
    8,64 weihte die Mitte des V. 2Ch 6,13; 7,7
2Kö 21,5 Altäre in beiden V. 23,12; 2Ch 33,5
1Ch 23,28 zum Dienst in den V. und Kammern
2Ch 20,5 Joschafat trat hin vorn im neuen V.
    24,21 steinigten ihn im V. am Hause des HERRN
    29,16 taten alles Unreine auf den V. Neh 13,7
Neh 8,16 machte Laubhütten in den V.
Est 6,4 wer ist im V.? Haman war in den V. 5
Ps 65,5 daß er in deinen V. wohne
    84,3 m. Seele sehnt sich nach den V. des HERRN
    11 ein Tag in deinen V. ist besser als

Ps	92,14	werden in den V. unsres Gottes grünen
	96,8	kommt in seine V.
	100,4	gehet ein zu seinen V. mit Loben 116,19
	135,2	die ihr steht in den V. am Hause Gottes
Jes	1,12	wer fordert, daß ihr meinen V. zertretet
	62,9	sollen ihn trinken in den V.
Jer	19,14	trat er in den V. am Hause des HERRN 26,2
	36,10	Baruch las die Worte vor im oberen V.
	20	gingen hinein zum König in den V.
Hes	8,7	führte mich zur Tür des V. 16; 40,17; 42,1; 43,5; 46,21
	9,7	füllt die V. mit Erschlagenen
	10,3	die Wolke erfüllte den V. 4.5
	40,14	bis zum Pfeiler reichte der V. 17.19.20.23.27. 28.31.32.34.37.44.47; 42,3.6-9.14
	44,17	wenn der Priester durch die Tore des V. gehen 19.21.27; 45,19; 46,1.20
	46,21	war in jeder Ecke des V. ein V. 22.23
Sa	3,7	so sollst du meine V. bewahren
1Ma	4,48	sie weihten den Bau und die V.
	9,54	die Mauer des inneren V. einzureißen
	14,48	sichtbar im V. des Tempels anbringen
Mk	14,68	er ging hinaus in den V., und der Hahn krähte
Off	11,2	den äußeren V. des Tempels miß nicht

vorig

1Mo	43,18	das wir das v. Mal wiedergefunden 20
3Mo	4,21	wie er den v. Stier verbrannt hat 9,15
4Mo	6,12	die v. Tage sollen umsonst gewesen sein
5Mo	32,7	gedenke der v. Zeiten Jes 46,9; 63,11
Ri	20,22	an dem sie sich am v. Tag aufgestellt 39
Jes	43,18	achtet nicht auf das V.
	65,17	daß man der v. nicht mehr gedenken wird
Jer	36,28	schreibe auf sie alle v. Worte
Dan	7,7	es war ganz anders als die v. Tiere 8.24
	11,13	ein Heer, größer als das v. war
Sa	8,11	will nicht wie in den v. Tagen verfahren
2Ko	8,10	seit v. Jahr angefangen habt mit dem Tun
	9,2	Achaja ist schon v. Jahr bereit gewesen
Eph	3,5	in den v. Zeiten nicht kundgetan

vorjährig

3Mo	26,10	werdet von dem V. essen... das V. wegtun
Hl	7,14	edle Früchte, heurige und auch v.

vorklagen

Mt	11,17	wir haben euch vorg. Lk 7,32

vorkommen

1Mo	29,20	es k. ihm v., als wären's einzelne Tage

vorladen

Hi	9,19	geht es um Recht: Wer will ihn v.

Vorläufer

Heb	6,20	dahinein ist der V. für uns gegangen, Jesus

vorlegen

2Mo	19,7	Mose l. ihnen alle diese Worte v. 21,1; 5Mo 4,8.44; 11,32
5Mo	11,26	l. euch heute v. Segen und Fluch 30,1.15.19
Jos	24,25	Josua l. ihnen Gesetze und Rechte v.
Rut	2,14	er l. ihr geröstete Körner v.
1Sm	9,24	l. (eine Keule) Saul v. und sprach
2Sm	24,12	dreierlei l. ich dir v. 1Ch 21,10
1Kö	9,6	Gebote, die ich euch vorg. 2Ch 7,19; Jer 9,12; 26,4; Dan 9,10
2Kö	4,40	l. es den Männern zum Essen v. 41.44
Jer	21,8	ich l. euch v. den Weg zum Leben
Hes	16,18	mein Räucherwerk l. du ihnen v. 19
	17,2	l. dem Hause Israel ein Rätsel v.
	23,24	denen will ich den Rechtsfall v.
Tob	5,3	wenn du ihm den (Schuldschein) v.
Mt	13,24	er l. ihnen ein Gleichnis v. 31
Mk	6,41	daß sie ihnen v. 8,6.7; Lk 9,16
Lk	11,6	*ich habe nicht, was ich ihm v.*
	24,42	sie l. ihm ein Stück gebratenen Fisch v.
Apg	25,14	l. Festus dem König die Sache des Paulus v.
Heb	9,19	*als Mose alle Gebote vorg. hatte*

vorlesen

2Ch	34,18	Schafan l. vor dem König daraus v.
Esr	4,18	ist ihr Wort für Wort vorg. worden Est 6,1
Neh	8,18	wurde jeden Tag aus dem Buch vorg. 9,3
Jer	29,29	hatte der Priester den Brief vorg.
	36,6	l. die Schriftrolle dem Volk v. 8-14.21
Bar	1,14	l. dies Buch v. ... im Hause des Herrn v.
1Ma	10,7	Jonatan ließ diese Schreiben v. 46; 14,19
2Ma	8,23	danach l. er das heilige Buch v.
Apg	13,27	Worte der Propheten, die an jedem Sabbat vorg. werden
1Ti	4,13	fahre fort mit V., mit Ermahnung, bis ich komme

vorliegen

2Mo	22,1	so l. keine Blutschuld v. 2
5Mo	17,18	dieses Gesetzes, wie es den Priestern v.
Hi	35,14	der Rechtsstreit l. ihm v.
Apg	28,18	weil nichts gegen mich v., das den Tod

vormachen

2Ma	7,18	m. dir nichts v.

vormals

1Mo	40,13	wie v., als du sein Schenk warst
Jos	8,33	wie Mose v. geboten, das Volk zu segnen
2Sm	7,10	wie v. (will ich dir Ruhe geben) 1Ch 17,9
2Ch	17,3	Joschafat wandelte wie v. sein Vater David
Ps	85,2	der du bist v. gnädig gewesen
	3	der du die Missetat v. vergeben hast 4
Jes	1,26	will dir Richter geben, wie sie v. waren
Jo	2,2	Volk, desgleichen v. nicht gewesen ist
Sa	10,8	mehren, wie sie sich v. gemehrt haben
Mal	3,4	wird dem HERRN wohlgef. das Opfer wie v.
Jh	7,50	Nikodemus, der v. zu ihm gekommen 19,39

Vormauer

2Sm	20,15	Wall, daß er bis an die V. reichte

Vormund

2Kö	10,1	Jehu sandte zu den V. der Söhne Ahabs 5
2Ma	11,1	Lysias, der V. des Königs 13,2; 14,2
Gal	4,2	er untersteht V. und Pflegern bis zu der Zeit

vorn, vorne, vornean, vornehin

1Mo	33,2	stellte die Mägde mit ihren Kindern v.
2Mo	25,37	Lampen, daß sie nach v. leuchten
	26,9	damit du den 6. Teppich v. doppelt legst
	28,25	die Schulterteile v. anheften 27.37; 39,18.20; 3Mo 8,9
3Mo	13,41	fallen sie ihm v. am Kopf aus
4Mo	2,9	Juda... sollen v. ziehen
Jos	3,15	(als) ihre Füße v. ins Wasser tauchten
2Sm	10,9	der Angriff von v. und hinten 2Ch 13,14
	11,15	stellt Uria v.
2Kö	7,5	als sie v. an das Lager kamen 8
2Ch	20,5	Joschafat trat hin v. im neuen Vorhof
Jes	9,11	die Aramäer von v. und die Philister
Hes	1,10	waren v. gleich einem Menschen
	40,12	v. an den Nischen war eine Schranke
Lk	18,39	die v. gingen, fuhren ihn an
Apg	19,33	*etliche zogen den Alexander nach v.*
	27,30	wollten auch v. die Anker herunterlassen
Phl	3,13	strecke mich aus nach dem, das da v. ist
Off	4,6	vier Gestalten, voller Augen v. und hinten

vornehm

1Mo	23,6	begrabe in einem unserer v. Gräber
Neh	2,16	hatte den V. nichts gesagt 4,8.13; 7,5
	3,5	ihre V. beugten ihren Nacken nicht
	5,7	ich schalt die V. 13,17
	6,17	sandten viele V. Briefe
Hi	34,19	achtet den V. nicht mehr als den Armen
Ps	78,31	der Zorn Gottes brachte ihre V. um
Spr	19,6	viele schmeicheln dem V.
Jes	3,3	(wird wegnehmen) Hauptleute und V.
	5,13	seine V. müssen Hunger leiden
	9,14	die Ältesten und die V. sind der Kopf
Jer	27,20	wegführte nach Babel samt allen V. 39,6
Am	6,1	weh den V. des Erstlings unter d. Völkern
Jdt	3,8	daß die V. ihm entgegenkamen
Sir	32,13	stell dich nicht den V. gleich
	33,19	gehorcht mir, ihr V. im Volk
1Ma	2,17	du bist der V. in dieser Stadt
	9,53	die Kinder der v. Männer als Geiseln 11,62
StE	4,2	sich lehnte sich v. auf die eine (Dienerin)
	6,1	Mordechai war ein v. Mann
Mt	22,36	*welches ist das v. Gebot 38; Mk 12,28.29*
Mk	6,21	als Herodes ein Festmahl gab für die V.
Lk	14,8	könnte einer eingeladen sein, der v. ist als du
	22,26	soll sein der V. wie ein Diener
Apg	13,50	die Juden hetzten die v. Frauen auf
	17,12	darunter nicht wenige von den v. Frauen
	25,2	*erschienen die V. der Juden wider Paulus*
	23	Agrippa mit den v. Männern der Stadt
	28,17	daß Paulus zusammenrief die V. der Juden
1Ti	1,15	Sünder, unter welchen ich der v. bin

vornehmen

1Mo	11,6	was sie sich vorg. haben zu tun
5Mo	18,11	(nicht gefunden werde, der) Bannungen v.
1Kö	8,18	hast wohlgetan, daß du dir das v.
	10,2	redete, was sie sich vorg. 2Ch 9,1
2Kö	18,7	alles, was er sich v., gelang ihm
1Ch	28,2	hatte mir vorg., ein Haus zu bauen
2Ch	24,4	n. sich Joasch v., das Haus zu erneuern
Neh	9,17	wurden halsstarrig und n. sich v.
Hi	22,28	was du dir v., läßt er dir gelingen
	42,2	nichts, das du dir vorg., ist dir zu
Ps	17,3	habe mir vorg., daß mein Mund sich nicht vergehe 39,2
Ps	101,3	ich n. mir keine böse Sache v.
Spr	24,8	wer sich v., Böses zu tun
Jes	46,10	was ich mir vorg., das tue ich Jer 51,12
	51,13	als er sich v., dich zu verderben
	63,4	hatte einen Tag der Vergeltung mir vorg.
Dan	1,8	Daniel n. sich in seinem Herzen v.
	2,9	euch vorg., Lug und Trug zu reden
Jdt	10,9	lasse dir gelingen, was du dir vorg. hast 13,6
	14	hab mir vorg., zum Fürsten zu gehen
Tob	4,20	daß alles, was du dir v., gelingt
Sir	11,10	wenn du dir zuviel v.
	39,1	vorg. hat, über das Gesetz nachzusinnen
	51,24	ich n. mir v., danach zu tun
1Ma	5,2	n. sich v., das Geschlecht... auszurotten
	6,19	n. Judas sich v., sie zu vernichten
	7,21	Alkimus n. sich v., Hoherpriester zu werden
Lk	3,8	n. euch nicht v. zu sagen
Apg	4,25	die Völker n. sich v., was umsonst ist
	5,4	warum hast du dir dies in deinem Herzen v.
	19,21	n. sich Paulus v., durch Mazedonien zu ziehen
Rö	1,13	daß ich mir oft vorg. habe, zu euch zu kommen
2Ko	2,1	*vorg., daß ich nicht... käme*
	9,7	ein jeder, wie er's sich im Herzen vorg. hat

vornehmlich

Rö	1,16	*die Juden v. und die Griechen 2,9.10*
1Ti	1,16	*daß an mir v. Jesus erzeigte alle Geduld*

Vorrang

Wsh	7,29	verglichen mit dem Licht hat sie den V.
1Ko	4,7	wer gibt dir einen V.

Vorrat

1Mo	14,11	nahmen von Sodom alle V. und zogen davon
	41,35	daß sie Getreide aufschütten zum V.
3Mo	26,26	will euch den V. an Brot verderben Ps 105,16; Jes 3,1; Hes 4,16; 5,16; 14,13
Jos	1,11	schafft euch V. 1Ch 22,5
1Ch	27,25	über die V. war... gesetzt 27; Neh 12,44; 13,13
2Ch	11,11	legte V. von Speise (in alle Städte) 17,13
Ps	144,13	unsere Kammern gefüllt, daß sie V. geben
Spr	27,24	V. währen nicht ewig
Jer	41,8	wir haben V. im Acker liegen
Jdt	4,4	legten V. für den Krieg an
1Ma	6,53	hatten den gesamten V. ausgezehrt
	14,10	Simon beschaffte V. an Korn
2Ma	12,14	verließen sich auf den V. an Nahrung
Lk	12,18	ich will darin sammeln all meine V.
	19	liebe Seele, du hast einen großen V. für viele Jahre

Vorratshaus

1Ch	26,15	(das Los) für seine Söhne auf das V. 17
2Ch	32,28	baute V. für den Ertrag an Getreide
Neh	10,39	Zehnten in die Kammern im V. Mal 3,10

Vorratskammer

Neh	12,25	hatten die Wache an den V.
	13,12	brachte den Zehnten in die V.
Jer	10,13	läßt den Wind kommen aus seinen V. 51,16

Vorratsstadt

2Mo 1,11 bauten dem Pharao V.

vorrücken

1Ch 19,14 Joab r. v. mit dem Volk
1Ma 9,12 die Schlachtreihe r. von beiden Seiten v.
Rö 13,12 die Nacht ist vorg., der Tag nahe

vorsagen

Jer 36,18 Jeremia hat mir alle Worte vorg. 32

Vorsatz

4Mo 15,30 wenn ein Einzelner aus V. frevelt
5Mo 4,42 s. Nächsten totschlägt ohne V. Jos 20,3.5
Wsh 9,14 sind armselig und unsre V. hinfällig
Rö 8,28 denen, die nach dem V. berufen sind
     9,11 daß der V. Gottes bestehen bliebe
Eph 1,11 nach dem V. dessen, der alles wirkt
     3,11 diesen V. hat Gott ausgeführt in Christus
2Ti 1,9 er hat uns berufen nach seinem eigenen V.

vorsätzlich

5Mo 19,4 seinen Nächsten erschlägt, nicht v.

Vorschein

Sir 14,7 zuletzt kommt seine Habgier zum V.

vorschicken

Apg 19,33 Alexander, den die Juden v.

Vorschlag

2Ma 11,17 haben um Antwort auf die V. gebeten

vorschreiben

1Ch 23,31 Brandopfer nach der vorg. Zahl 2Ch 8,13
Est 1,8 man s. niemand v., was er trinken sollte
     9,27 zu halten, wie sie vorg. waren
Hi 40,2 kann der ihm etwas v.
Mk 12,19 Meister, Mose hat uns vorg. Lk 20,28
Lk 3,13 fordert nicht mehr, als euch vorg. ist
Apg 15,20 v., daß sie sich enthalten von Befleckung

Vorschrift

1Ch 24,19 in das Haus d. HERRN gehen nach der V.
Est 2,12 nachdem sie nach der V. gepflegt worden

vorsehen

Esr 4,22 s. euch v., daß ihr nicht lässig seid
Mal 2,15 s. euch v. in eurem Geist 16
Sir 13,17 gib gut acht und s. dich v. 29,27
Bar 6,5 s. euch v., daß ihr ihnen das nicht nachtut
Mt 7,15 s. euch v. vor den falschen Propheten
Mk 8,15 s. euch v. vor dem Sauerteig der Pharisäer
     12,38 s. euch v. vor den Schriftgelehrten
     13,9 ihr aber s. euch v. 23.33
Apg 5,35 s. euch v. mit diesen Menschen
2Jh 8 s. euch v., daß ihr nicht verliert, was
Heb 11,40 weil Gott etwas Besseres für uns vorg. hat

Vorsehung

Wsh 14,3 deine V., Vater, steuert es hindurch
     17,2 auf der Flucht vor der ewigen V.
Apg 2,23 diesen Mann, durch Gottes V. dahingegeben
1Pt 1,2 die erwählt sind nach der V. Gottes

vorsetzen

1Mo 18,8 trug auf und s. es ihnen v.
     24,33 man s. ihm Essen v.
1Sm 28,22 will dir einen Bissen Brot v. 25
2Kö 6,22 s. ihnen Brot und Wasser v. und laß sie
Spr 16,1 der Mensch s. sich's wohl v. im Herzen
Jer 35,5 ich s. den Männern Wein v.
Sir 31,19 iß, was dir vorg. wird, wie ein Mensch
Bar 6,27 wie Toten s. man ihnen die Gaben v.
     30 Frauen s. den Götzen Speisen v.
StD 2,13 ließ der König dem Bel die Speise v.
Lk 10,8 eßt, was euch vorg. wird 1Ko 10,27
     11,6 ich habe nichts, was ich ihm v. kann

vorsichtig

1Ma 6,40 zogen v. und in guter Ordnung heran

vorsingen

2Mo 15,21 Mirjam s. ihnen v.
Ps 4,1 ein Psalm, v. 5,1u.ö.140,1; Hab 3,19

vorstehen

1Mo 24,2 Knecht, der allen seinen Gütern v.
4Mo 1,44 von denen jeder seinen Sippen v.
1Kö 4,5 Asarja s. den Amtleuten v.
2Kö 15,5 s. dem Hause des Königs v. 2Ch 26,21
Neh 12,42 die Sänger... Jisrachja s. ihnen v.
Sir 45,30 ihm gegeben, dem Heiligtum v.
Rö 12,8 s. jemand der Gemeinde v., so sei er sorgfältig
1Th 5,12 erkennt an, die euch v. in dem Herrn
1Ti 3,4 einer, der seinem eigenen Haus gut v. 5
     12 sollen ihren Kindern gut v.
     5,17 die Ältesten, die der Gemeinde gut v.

Vorsteher

2Mo 16,22 alle V. der Gemeinde kamen hin
4Mo 16,2 empörten sich 250 V. der Gemeinde
1Ch 9,11 der V. im Hause Gottes 16,5; 2Ch 31,13; Neh 11,11; 12,46; Jer 20,1
     17 Torhüter... Schallum war der V. 20
     12,28 Jojada, der V. über das Haus Aaron
     26,24 Schubaël, V. der Schätze 2Ch 31,12
     27,4 (die den König dienten.) Miklot war der V. 31; 28,1; 29,6; 2Ch 19,11; 28,7
2Ch 35,9 die V. der Leviten Neh 11,22
Esr 8,17 schickte sie zu Iddo, dem V.
Neh 3,9 der V. des halben Bezirkes 12.14-19
     11,9 Joel war ihr V. 14
Est 1,8 der König hatte allen V. befohlen
2Ma 3,4 nun lebte damals ein V. des Tempels
StD 3,14 wir haben jetzt keinen V. mehr
Mt 9,18 da kam einer von den V. der Gemeinde Mk 5,22; Lk 8,41
     23 als er in das Haus des V. kam Mk 5,38
Mk 5,35 einige aus dem Hause des V. der Synagoge
     36 Jesus sprach zu dem V.
Lk 8,49 kam einer von den Leuten des V. der Synagoge

Vorsteher

Lk	13,14	der V. der Synagoge war unwillig, daß
Apg	13,15	nach der Lesung des Gesetzes schickten die V. zu ihnen
	18,8	der V. der Synagoge kam zum Glauben
	17	da ergriffen sie den V. der Synagoge

Vorstellung

Sir	3,26	gefährliche V. haben sie gestürzt

Vorteil

1Sm	8,3	(Samuels Söhne) suchten ihren V.
Hi	22,3	der Allmächtige habe V. davon
Pr	10,10	Weisheit bringt V. und Gewinn
	11	so hat der Beschwörer keinen V.
Sir	27,1	wegen eines V. tun viele Unrecht
	37,9	er denkt daran, zu seinem V. zu raten
2Pt	2,3	*werden an euch ihren V. suchen*

vortragen

5Mo	31,30	Mose t. dies Lied v.
Sir	8,9	verachte nicht, was die Weisen v.
2Ma	11,15	bewilligte, was Makkabäus vorg. hatte
	14,20	als der Anführer die Sache vorg. hatte

vortreten

1Kö	22,21	(ich sah) da t. ein Geist v. 2Ch 18,20
Est	7,7	Haman t. v. und bat um sein Leben
Jes	50,8	laßt uns zusammen v.
Lk	6,8	und er stand auf und t. v.

vorüber

1Mo	50,4	als die Trauertage v. waren
4Mo	24,13	könnte an des HERRN Wort nicht v.
2Sm	14,19	man kann nicht v. an dem, was mein Herr
Hl	3,4	als ich ein wenig an ihnen v. war
Jes	18,5	wenn die Blüte v. ist
	24,8	die Freude der Pauken ist v.
Wsh	5,10	ein Schiff, wenn es v. ist
1Ma	3,49	bei denen die Zeit ihres Gelübdes v. war
Mt	28,1	als der Sabbat v. war
Mk	6,35	es ist öde hier, und der Tag ist fast v.
Lk	2,43	als die Tage v. waren und sie nach Hause
Apg	27,9	weil die Fastenzeit schon v. war
Off	9,12	das erste Wehe ist v. 11,14

vorüberfahren

Hi	4,15	ein Hauch f. an mir v.
Apg	20,16	Paulus hatte beschlossen, an Ephesus v.

vorübergehen

1Mo	18,3	so g. nicht an deinem Knecht v.
2Mo	12,13	Blut sehe, will ich an euch v. 23.27
	33,19	will all meine Güte v. lassen 22; 34,6
Ri	3,26	Ehud g. an den Steinbildern v.
Rut	4,1	als der Löser v.
1Sm	16,8	(Isai) ließ ihn an Samuel v. 9.10
1Kö	9,8	daß alle, die v., sich entsetzen werden 2Ch 7,21; Jer 18,16; 19,8; 49,17; Klg 2,15; Hes 5,14; Ze 2,15
	13,25	als Leute v., sahen sie den Leichnam
	19,11	der HERR wird v.
Hi	9,11	siehe, er g. an mir v.
Ps	57,2	habe ich Zuflucht, bis das Unglück v.
Ps	80,13	daß jeder seine Früchte abreißt, der v.
	89,42	es berauben ihn alle, die v.
	129,8	keiner, der v., soll sprechen
Spr	4,15	weiche von ihm und g. v.
	9,15	einzuladen alle, die v.
	26,10	so ist, wer einen V. dingt
	17	wer v. und sich mengt in fremden Streit
Jes	26,20	verbirg dich, bis der Zorn v.
	40,27	mein Recht g. vor meinem Gott v.
Klg	1,12	euch allen, die ihr v., sage ich
Hes	16,6	ich g. an dir v. 8
	15	botest du jedem an, der v. 25
Wsh	5,9	es ist alles wie ein Gerücht, das v.
Bar	6,44	wenn jemand v. und eine von ihnen mitnimmt
Mt	20,30	als sie hörten, daß Jesus v. *Lk 18,37*
	26,39	ist's möglich, so g. dieser Kelch an mir v. 42
	27,39	die v., lästerten ihn Mk 15,29
Mk	2,14	als er v., sah er Levi
	6,48	wollte an ihnen v.
	11,20	*als sie an dem Feigenbaum v.*
	14,35	betete, daß die Stunde an ihm v.
	15,21	zwangen einen, der v.
Lk	10,31	als er ihn sah, g. er v. 32
Jh	1,36	als er Jesus v. sah, sprach er
	9,1	Jesus g. v. und sah einen Menschen, der blind geboren war

vorüberkommen

1Mo	18,5	seid bei eurem Knecht vorüber.
	32,32	als er an Pniel v., ging die Sonne auf
	37,28	als die midianitischen Kaufleute v.
Ri	9,25	beraubten alle, die auf der Straße v.
Apg	27,8	k. kaum daran v.

vorüberlaufen

Hab	2,2	daß es lesen könne, wer v.

vorüberziehen

1Mo	31,52	daß ich nicht v. zu dir oder du v. zu mir
2Sm	15,18	alle z. an dem König v. 22-24
1Kö	20,39	als der König v., rief (der Prophet)
2Kö	6,9	hüte dich, daß du nicht an diesem Ort v.
Jer	22,8	werden viele Völker v. 50,13
Hes	36,34	vor den Augen aller, die v.
Apg	16,8	*da z. sie an Mysien v.*
1Ko	16,7	*ich will euch jetzt nicht sehen nur im V.*

Vorurteil

1Ti	5,21	daß du dich daran hältst ohne V.

Vorvater

Dan	11,24	was weder seine Väter noch V. getan haben

Vorwand

Phl	1,18	es geschehe zum V. oder in Wahrheit

vorwärts

4Mo	8,2	daß sie alle sieben nach v. scheinen 3
2Kö	20,9	soll der Schatten 10 Striche v. gehen 10.11
Hi	23,8	gehe ich v., so ist er nicht da

vorwärtskommen

2Mo 14,25 (der HERR) machte, daß sie nur schwer v.
Apg 27,7 wir k. viele Tage nur langsam v.

vorwärtsstürmen

Hab 1,9 wo sie hinwollen, s. sie v.

vorwegnehmen

1Ko 11,21 ein jeder n. beim Essen sein eigenes Mahl v.

vorweisen

Wsh 5,14 (haben) kein Zeichen der Tugend v.
Tob 5,2 was für ein Zeichen soll ich ihm v.

vorwenden

Jh 15,22 nun können sie nichts v.

vorwerfen

Hi 4,18 seinen Boten w. er Torheit v.
Tob 2,23 w. sie ihm sein Elend v.
Sir 41,28 so w. es ihm nicht v.
2Ma 15,33 er ließ sie in Stücken den Vögeln v.

vorwitzig

1Ti 5,13 sind sie auch geschwätzig und v.

Vorwurf

Hi 33,10 Gott erfindet V. wider mich
Sir 18,18 ein Narr macht lieblose V.

vorzählen

Esr 1,8 dem Schatzmeister; der z. sie v.

Vorzeit

1Mo 6,4 das sind die Helden der V. Hes 32,27
Hi 22,15 hältst du den Weg der V. ein
Jes 19,11 ich komme von Königen der V. her
Jer 6,16 fragt nach den Wegen der V.
Hes 26,20 hinunterstoßen zu dem Volk der V.

vorzeiten

5Mo 2,10 die Emiter haben v. darin gewohnt 12.20
Jos 14,15 Hebron hieß v. Stadt des Arba 15,15; Ri 1,10. 11.23; 18,29
24,2 eure Väter wohnten v. jenseits des Euphr.
1Sm 9,9 v. sagte man 2Sm 20,18
1Ch 9,20 Pinhas war v. Vorsteher über sie
Ps 74,2 deine Gemeinde, die du v. erworben
102,26 du hast v. die Erde gegründet
Jes 44,7 wer hat v. kundgetan das Künftige 45,21; 46,10; 48,3.5
48,7 jetzt ist es geschaffen und nicht v.
58,12 aufrichten, was v. gegründet ward
61,4 was v. zerstört worden ist
Hes 38,17 der, von dem ich v. geredet habe
Am 9,11 will sie bauen, wie sie v. gewesen ist
Mi 7,20 wie du unsern Vätern v. geschworen hast
Sa 14,5 werdet fliehen, wie ihr v. geflohen seid
Jdt 9,3 alle Hilfe, v. und immer wieder 5

Jdt 9,9 strecke deinen Arm aus wie v.
Bar 3,26 da waren v. Riesen, große Leute
Lk 1,70 wie er v. geredet hat durch d. Propheten
1Pt 3,5 so haben sich v. auch die hl. Frauen geschmückt
20 *(Geistern,) die v. nicht glaubten*
2Pt 3,5 daß der Himmel v. auch war
Heb 1,1 nachdem Gott v. vielfach geredet hat

vorziehen

3Mo 19,15 sollst den Geringen nicht v.
Ps 82,2 wie lange wollt ihr die Gottlosen v.
Spr 18,5 es ist nicht gut, den Schuldigen v.
Wsh 7,10 ich z. sie sogar dem Licht v.

Vorzug

Rö 3,1 was haben die Juden für einen V. 9
1Ko 4,7 *wer gibt dir einen V.*

W

Waage

3Mo 19,36 rechte W., rechtes Maß sollen bei euch
Hi 6,2 wenn man mein Leiden auf die W. legen
31,6 Gott möge mich wiegen auf rechter W.
Spr 11,1 falsche W. ist dem HERRN ein Greuel 20,23; Mi 6,11
16,11 W. und Waagschalen sind vom HERRN
Jes 28,17 will die Gerechtigkeit zur W. machen
40,12 wer wiegt die Hügel mit einer W.
15 sind geachtet wie ein Sandkorn auf der W.
46,6 sie wiegen das Silber mit der W. dar
Jer 32,10 ich wog das Geld dar auf der W.
Hes 5,1 nimm eine W. und teile das Haar
Dan 5,27 man hat dich auf der W. gewogen
Hos 12,8 hat Ephraim eine falsche W. in seiner Hand
Am 8,5 daß wir die W. fälschen
Wsh 11,22 die Welt ist wie ein Stäublein an der W.
Off 6,5 der darauf saß, hatte eine W. in seiner Hand

Waagschale

Spr 16,11 Waage und rechte W. sind vom HERRN
2Ma 9,8 könnte die hohen Berge auf die W. legen

Wabe

1Sm 14,26 als das Volk hinkam zu den W.
Hl 5,1 ich habe meine W. gegessen

wach

Ps 35,23 werde w., mir Recht zu schaffen
44,24 werde w. und verstoß uns nicht für immer
63,7 wenn ich w. liege, sinne ich über dich
Hl 5,2 ich schlief, aber mein Herz war w.
Jes 51,17 werde w., werde w., Jerusalem
Sir 31,2 wenn einer w. liegt und sich sorgt
Lk 21,36 seid allezeit w.
Off 3,2 werde w. und stärke das andre

Wache

Ri 7,19 als sie eben die W. aufgestellt hatten

Wache

1Sm	10,5	wo die W. der Philister ist 13,3.4.23; 14,1.4.6. 11.12.15; 2Sm 23,14
	17,22	ließ David s. Gepäck bei der W. des Trosses
2Kö	11,5	ein Drittel soll W. halten 6.7; 2Ch 23,4
	18	Jojada bestellte die W. am Hause des HERRN 1Ch 9,27; 26,16; 2Ch 23,19; 34,9
Neh	4,3	wir stellten W. auf 16.17; 7,3; 11,19; 12,25
Est	6,2	die an der Schwelle die W. hielten
Hi	7,12	daß du eine W. gegen mich aufstellst
	21,32	man hält W. über seinem Hügel
Jer	51,12	macht stark die W.
Sa	9,8	will mich selbst als W. um m. Haus lagern
Jdt	14,3	dann werden ihre W. fliehen
Sir	43,11	werden nicht müde, wenn sie W. halten
1Ma	12,27	Jonatan stellte W. rings um das Lager
Mt	27,65	Pilatus sprach: Da habt ihr die W. 66
	28,4	die W. erschraken aus Furcht vor ihm 11
Lk	12,38	*wenn er kommt in der zweiten W.*
Apg	12,4	überantwortete ihn vier W. von je vier Soldaten 6
	10	sie gingen durch die erste und zweite W.
	19	verhörte er die W. und ließ sie abführen

wachen

1Mo	31,49	der HERR w. als Späher über mir und dir
2Mo	12,42	eine Nacht des W. war dies für den HERRN... sollen dem HERRN zu Ehren w.
1Sm	7,1	daß er über die Lade des HERRN w.
2Kö	12,10	Priester, die an der Schwelle w.
Hi	24,23	seine Augen w. über ihren Wegen
Ps	77,5	meine Augen hältst du, daß sie w. müssen
	102,8	ich w. und klage wie ein einsamer Vogel
	127,1	so w. der Wächter umsonst
Spr	8,34	daß er w. an meiner Tür täglich
Jer	1,12	ich will w. über meinem Wort
	31,28	gleichwie ich gew. habe... so will ich w.
	44,27	will über sie w. zum Unheil
Sir	9,1	w. nicht zu eifersüchtig über die Frau
	31,1	um des Reichtums willen verzehrt
1Ma	12,27	befahl s. Heer, daß sie w. sollten
2Ma	3,39	der seine Wohnung im Himmel hat, w. darüber
Mt	24,42	darum w.; denn ihr wißt nicht 25,13; Mk 13,33.35.37
	43	würde er w. und nicht
	26,38	bleibt hier und w. mit mir Mk 14,34
	40	könnt ihr nicht... mit mir w. Mk 14,37
	41	w. und betet, daß ihr nicht in Anfechtung fallt Mk 14,38
Mk	13,34	gebot dem Türhüter, er solle w.
Lk	12,37	selig die Knechte, die der Herr w. findet
1Ko	16,13	w., steht im Glauben, seid stark
2Ko	6,5	(als Diener Gottes:) im W. 11,27
Eph	6,18	betet und w. dazu mit aller Beharrlichkeit
Kol	4,2	seid beharrlich im Gebet und w. in ihm
1Th	5,6	laßt uns w. und nüchtern sein 1Pt 5,8
	10	damit, ob wir w. oder schlafen, wir leben
Heb	13,17	gehorcht euren Lehrern und folgt ihnen, denn sie w. über eure Seelen
Jak	4,5	mit Eifer w. Gott über den Geist
Off	3,3	wenn du nicht w. wirst, werde ich kommen wie ein Dieb
	16,15	selig ist, der da w.

Wachhabender

Jer	37,13	als er zum... kam, war dort ein W.

wachhalten

Wsh	6,16	wer ihretwegen sich w., wird ohne Sorge sein

Wachleute

Nah	3,17	deine W. sind so viele wie Heuschrecken

Wachmannschaft

Neh	7,3	Wachen aufstellen, die einen bei ihrer W.

Wacholder

1Kö	19,4	(Elia) setzte sich unter einen W. 5

Wachs

Ps	22,15	mein Herz ist wie zerschmolzenes W.
	58,9	sie gehen dahin, wie W. zerfließt 68,3
	97,5	Berge zerschmelzen wie W. vor dem HERRN Jdt 16,18

wachsam

Esr	8,29	seid nun w.
Apg	20,31	darum seid w.

wachsen

1Mo	2,5	all das Kraut war noch nicht gew.
	7,17	die Wasser w. 18.19.24
	19,25	was auf dem Lande gew. war
	24,60	w. zu vieltausendmal tausend
	26,22	wir können w. im Lande
	40,10	er grünte, w. und blühte
	41,5	daß sieben Ähren aus einem Halm w. 22
	48	sammelte... was an Getreide w.
	52	Gott hat mich w. lassen in dem Lande 48,4
	47,27	w. und mehrten sich sehr 2Mo 1,7; Ps 105,24; Apg 7,17
	48,16	segne diese Knaben, daß sie w.
	49,22	Josef wird w., er wird w. wie ein Baum
2Mo	10,12	daß Heuschrecken auffressen, was w. 15
3Mo	25,5	was von selber w... ohne Arbeit w. 11
4Mo	6,5	soll das Haar frei w. lassen
5Mo	1,28	das Volk sei höher gew. als wir
	8,8	Land, darin Feigenbäume und Granatäpfel w.
	29,22	ihr Land verbrannt, daß weder etwas w.
Ri	16,22	das Haar s. Hauptes fing wieder an zu w.
2Sm	10,5	bleibt in... bis euer Bart gew. 1Ch 19,5
1Kö	5,13	Ysop, der aus der Wand w.
2Kö	19,29	iß, was dann noch w. Jes 37,30
2Ch	36,16	bis der Grimm des HERRN über sein Volk w.
Esr	9,9	unsere Missetat ist über unser Haupt gew.
Hi	5,6	Unheil w. nicht aus dem Acker
	8,11	kann Schilf w. ohne Wasser
	19	aus dem Staube werden andre w.
	28,5	Erde, aus der doch des Brot w.
	31,8	was mir gew. ist, soll entwurzelt werden
	40	so sollen mir Disteln w.
	38,27	damit das Gras w. Ps 104,14; 147,8
Ps	85,12	daß Treue auf der Erde w.
	92,13	der Gerechte wird w. wie eine Zeder
	105,24	der Herr ließ sein Volk sehr w.
	35	fraßen alles, was da w. in ihrem Lande
Spr	1,5	der höre zu und w. an Weisheit

Hl	4,13	du bist gew. wie ein Lustgarten		
	5,13	Balsambeete, in denen Gewürzkräuter w.		
Jes	5,6	Disteln und Dornen darauf w. 32,13; 34,13		
	15,6	versiegen, daß kein Grünes w.		
	23,3	was von Getreide am Nil w.		
	41,19	will in der Wüste w. lassen Zedern		
	44,4	daß sie w. sollen wie Gras		
	14	der Regen ließ sie w. 55,10		
	55,13	sollen Zypressen statt Dornen w.		
	61,11	gleichwie Gewächs aus der Erde w.		
	65,9	will aus Jakob Nachkommen w. lassen		
Jer	12,2	du pflanzest sie ein, sie w.		
	14,5	verlassen die Jungen, weil kein Gras w. 6		
	23,3	daß sie sollen w. und viel werden		
Hes	15,2	Rebholz, das im Gehölz w. 6		
	16,7	deine Brüste w.		
	17,6	es w. und wurde ein Weinstock 9. 10		
	31,4	ließ ihn die Flut der Tiefe w.		
	37,6	lasse Fleisch über euch w. 8		
	44,20	sollen nicht die Haare frei w. lassen		
	47,12	werden allerlei fruchtbare Bäume w.		
Dan	4,30	sein Haar w. so groß wie Adlerfedern		
	8,8	w. an seiner Stelle vier Hörner 9-11.22		
Hos	9,6	Nesseln werden w., wo jetzt Silber ist		
	10,8	Disteln und Dornen w. auf ihren Altären		
Am	4,9	fraßen die Raupen alles, was... w.		
	7,1	das Grummet war gew.		
Jon	4,6	Gott ließ eine Staude w... w. über Jona		
Wsh	19,19	das Feuer w. im Wasser		
Sir	14,19	die einen fallen ab, die andern w. wieder		
	21,16	die Erkenntnis eines weisen Mannes w.		
	38,4	der Herr läßt die Arznei aus der Erde w.		
	39,17	gehorcht mir, und ihr werdet w.		
	43,8	er w. und verändert sich wunderbar		
StD	3,52	was auf der Erde w., lobe den Herrn		
Mt	6,28	schaut die Lilien an, wie sie w.		
	13,26	als die Saat w., fand sich das Unkraut		
	30	laßt beides miteinander w. bis zur Ernte		
	32	wenn es gew. ist, ist es größer als alle Kräuter Lk 13,19		
	21,19	nun w. auf dir niemals mehr Frucht		
Mk	4,8	einiges ging auf und w.		
	27	der Same geht auf und w.		
Lk	1,80	das Kindlein w. und wurde stark im Geist 2,40		
Jh	3,30	er muß w., ich aber muß abnehmen		
Apg	5,14	desto mehr w. die Zahl derer, die glaubten		
	12,24	das Wort Gottes w.		
2Ko	9,10	wird w. lassen die Früchte eurer Gerechtigkeit		
	10,15	daß wir, wenn euer Glaube in euch w., zu Ehren kommen		
Eph	2,21	der ganze Bau w. zu einem heiligen Tempel		
	4,15	laßt uns w. in allen Stücken hin, der		
	16	macht, daß der Leib w. und sich selbst aufbaut in der Liebe		
Kol	1,6	w. von dem Tag an, da ihr's gehört habt		
	10	w. in der Erkenntnis Gottes		
	2,19	und w. durch Gottes Wirken		
1Th	3,12	euch lasse der Herr w.		
2Th	1,3	euer Glaube w. sehr		
2Pt	3,18	w. in der Gnade und Erkenntnis unseres Herrn		

Wachstube

1Kö 14,28 brachte (die Schilde) wieder in die W.

Wacht

Jes 21,8 ich stelle mich auf meine W. jede Nacht

Wachtel

2Mo 16,13 am Abend kamen W. herauf 4Mo 11,31.32; Ps 105,40; Wsh 19,12
Wsh 16,2 eine wunderbare Speise, nämlich W.

Wächter

1Sm	14,16	die W. Sauls zu Gibea sahen
2Sm	18,24	der W. ging aufs Dach des Tores 26.27
2Kö	9,17	der W. sah die Staubwolke 18.20
1Ch	9,23	daß sie als W. hüten sollten die Tore
Hi	27,18	wie ein W. eine Hütte macht
Ps	127,1	so wacht der W. umsonst
	130,6	wartet mehr als die W. auf den Morgen
Hl	3,3	es fanden mich die W. 5,7
	8,11	er gab den Weinberg den W. 12
Jes	21,6	geh hin, stelle den W. auf
	11	W., ist die Nacht bald hin 12
	52,8	deine W. rufen mit lauter Stimme
	56,10	alle ihre W. sind blind
	62,6	habe W. über deine Mauern bestellt
Jer	4,17	werden sich lagern wie W. auf dem Felde
	6,17	habe W. über euch gesetzt Hes 3,17; 33,7
	31,6	W. auf dem Gebirge rufen
	51,12	bestellt W.
Hes	27,11	waren W. auf deinen Türmen
	33,2	das Volk macht ihn zu seinem W.
	6	wenn der W. sein Volk nicht warnt... sein Blut will ich von der Hand des W.
Dan	4,10	ein heiliger W. fuhr vom Himmel herab 20
	14	dies ist im Rat der W. beschlossen
Jdt	10,12	begegneten ihr die W. der Assyrer
	13,12	Judit rief den W. auf der Mauer zu 13
Sir	37,18	kann ein Mann mehr erkennen als sieben W.
Apg	5,23	fanden die W. vor den Türen

Wachthof

Neh 3,25 Turm, der hervortritt bei dem W.
Jer 32,2 Jeremia lag gefangen im W. 8.12; 33,1; 37,21; 38,6.13.28; 39,14.15

Wachttor

Neh 3,31 baute gegenüber dem W. 12,39

Wachtturm

2Kö 17,9 von den W. bis zu den festen Städten 18,8

wackeln

Jes 40,20 ein Bild zu fertigen, das nicht w. 41,7

wacker

2Sm 2,7 seid nun w. Männer
Jes 5,22 w. Männer, Rauschtrank zu mischen

Wade

5Mo 28,35 wird dich schlagen... an den Knien und W.

Waffe

Waffe

1Mo	49,5	ihre Schwerter sind mörderische W.
5Mo	1,41	jeder mit seinen W. 2Kö 11,8.11; 2Ch 23,7.10; Jer 22,7
Ri	18,11	600 Mann, gerüstet mit ihren W. 1Ch 12,34
1Sm	13,22	nur Saul und sein Sohn hatten W.
	17,54	seine W. aber legte (David) in sein Zelt
	20,40	da gab Jonatan seine W. dem Knaben
	21,9	habe meine W. nicht mit mir genommen
2Sm	2,21	nimm ihm seine W.
1Kö	10,25	jedermann brachte W. 2Ch 9,24
2Ch	23,9	gab den Hauptleuten die W. des Königs
	32,5	Hiskia machte viele W. und Schilde
Neh	4,11	mit der andern hielten sie die W.
Ps	7,14	sich selber hat er tödliche W. gerüstet
	35,2	ergreife Schild und W.
Jes	32,7	des Betrügers W. sind böse
	54,16	den Schmied, der W. macht
	17	keiner W. soll es gelingen
Jer	21,4	zum Rückzug zwingen samt euren W.
	49,35	den Bogen Elams, seine stärkste W.
	50,25	der HERR hat die W. hervorgeholt
Hes	39,9	die Bürger werden die W. verbrennen 10
Jo	2,8	sie durchbrechen die feindlichen W.
Mi	5,5	verderben das Land Nimrods mit ihren W.
Jdt	7,5	dann nahmen sie ihre W. 14,2.7
	16,23	Judit hängte alle W. des Holofernes auf
Wsh	10,20	nahmen die Gerechten den Gottlosen ihre W.
	18,21	kam mit der W. seines Amts herbei
Sir	46,7	die Heiden erkannten, was für W. er hatte
1Ma	1,37	sie brachten W. und Nahrung hinein
	5,43	die Feinde warfen ihre W. weg 7,44; 2Ma 11,12
	6,6	daß die Juden viele W. erobert 2Ma 8,27
	41	geriet in Angst vor dem Klirren der W.
	8,26	brauchen die Juden nicht W. zu liefern 28
	11,51	da legte man die W. nieder
	12,27	unter W. zum Kampf bereit sein sollten
2Ma	8,18	sie verlassen sich auf ihre W.
	10,30	beschützten (Makkabäus) mit ihren W.
	11,7	war der erste, der die W. aufnahm 8
	15,21	daß der Sieg nicht durch W. kommt
Jh	18,3	kommt er dahin mit... und mit W.
Rö	6,13	eure Glieder Gott als W. der Gerechtigkeit
	13,12	laßt uns anlegen die W. des Lichts
2Ko	6,7	mit der W. der Gerechtigkeit
	10,4	die W. unsres Kampfes sind nicht fleischlich

Waffengewalt

Wsh 18,22 er überwand die Plage, nicht mit W.

waffenlos

Jdt 5,25 das sind doch nur w. Leute ohne Macht

Waffenrock

2Sm 20,8 Joab trug einen W.

Waffenrüstung

Eph 6,11 zieht an die W. Gottes 13

Waffenträger

Ri 9,54 da rief Abimelech eilends seinen W.
1Sm 14,1 Jonatan (sprach) zu seinem W. 6.7.12-14.17

1Sm	16,21	David wurde sein W.
	31,4	sprach Saul zu seinem W. 5.6; 1Ch 10,4.5
2Sm	18,15	Joabs W. schlugen (Absalom) tot
	23,37	Nachrai, ein W. Joabs 1Ch 11,39

wagemutig

2Ma 13,18 daß die Juden so w. waren

wagen

Jos	2,11	w. keiner mehr vor euch zu atmen 5,1; 10,21
Ri	5,18	Sebulons Volk w. sein Leben
	9,17	hat für euch gekämpft und sein Leben gew.
	12,3	w. ich mein Leben daran
1Sm	13,12	da w. ich's und opferte Brandopfer
	19,5	(David) hat sein Leben gew.
	25,17	(Nabal), dem niemand etwas zu sagen w.
2Sm	23,17	Blut der Männer, die ihr Leben gew.
Hi	41,2	niemand... ihn zu reizen w. 5
Spr	1,14	(wenn sie sagen:) w. es mit uns
Jer	2,23	wie w. du zu sagen: Ich bin nicht unrein
	30,21	wer dürfte sonst sein Leben w.
Hes	16,63	damit du deinen Mund nicht aufzutun w.
Nah	2,12	niemand w. sie zu scheuchen
Jdt	5,25	wer w. zu sagen, daß Israel sich wehren
	7,9	Israel w. nicht, zum Kampf anzutreten
	14,9	niemand w. es, anzuklopfen
	11	w., uns zum Kampf herauszufordern
	16,30	w. niemand, Israel anzugreifen 1Ma 14,12
Wsh	17,12	nicht w., sich helfen zu lassen
Sir	19,3	wer sich an Huren hängt, w. zuviel
1Ma	2,50	wer sein Leben für den Bund unsrer Väter 9,14; 11,23; 14,29; 2Ma 11,7; 14,18.38
2Ma	14,29	weil er nicht gegen den König zu handeln w.
Mt	22,46	w. niemand von dem Tage an, ihn zu fragen Mk 12,34; Lk 20,40; Jh 21,12
Mk	15,43	w. es und ging hinein zu Pilatus
Apg	5,13	von den andern w. keiner, ihnen zu nahe zu kommen
	7,32	Mose w. nicht hinzuschauen
Rö	5,7	um des Guten willen w. er vielleicht sein Leben
	10,20	Jesaja w. zu sagen
	15,15	ich habe es dennoch gew.
	18	ich werde nicht w., von etwas zu reden
2Ko	10,12	wir w. nicht, uns unter die zu rechnen, die
Jud	9	w. nicht, über ihn ein Verdammungsurteil zu fällen

Wagen

1Mo	41,43	ließ ihn auf seinem zweiten W. fahren
	45,19	W. für eure Kinder und Frauen 21.27; 46,5
	46,29	spannte seinen W. an 2Mo 14,6
	50,9	zogen auch mit ihm hinauf W. und Gespanne
2Mo	14,7	(der Pharao) nahm 600 W. 9.17.18.23.25.26.28; 15,4.19; 5Mo 11,4; Jos 24,6
4Mo	7,3	brachten ihre Gabe: sechs bedeckte W. 6-8
5Mo	20,1	wenn du siehst Rosse und W. eines Heeres
Jos	11,4	diese zogen aus... viele Rosse und W. 6.9
	17,16	gibt es eiserne W. bei allen 18; Ri 1,19; 4,3.13
Ri	4,7	Sisera mit seinen W. 15.16; 5,28
1Sm	6,7	laßt nun einen neuen W. machen 8.10.11.14; 2Sm 6,3; 1Ch 13,7
	8,11	eure Söhne wird er nehmen für seine W. 12
	13,5	sammelten sich die Philister, 3.000 W.
2Sm	1,6	die W. waren hart an ihm
	10,18	David vernichtete 700 W. 1Ch 19,18

wahnsinnig

2Sm	15,1	Absalom sich einen W. anschaffte 1Kö 1,5
1Kö	9,19	(Salomo baute) alle Städte der W.
	22	ließ sie Oberste über seine W. sein 2Ch 8,9
	10,26	daß (Salomo) 1.400 W. hatte 2Ch 1,14; 9,25
	29	den W. für 600 Silberstücke 2Ch 1,17
	12,18	stieg auf einen W. 20,33; 2Kö 10,15.16; 2Ch 10,18
	20,1	Ben-Hadad mit Roß und W. 21.25
	22,31	gebot den Obersten über seine W. 32.33; 2Ch 18,30-32
	35	d. König blieb im W. stehen 38; 2Ch 18,34
2Kö	2,11	da kam ein feuriger W. 6,17
	12	du W. Israels und sein Gespann 13,14
	5,9	kam Naaman mit Rossen und W. 21.26
	6,14	er sandte hin Rosse und W. 15
	7,6	ein Getümmel von Rossen, W.
	14	da nahmen sie zwei W. mit Rossen
	8,21	Joram und alle W. mit ihm, und er schlug die Obersten über die W. 9,24.27; 2Ch 21,9
	9,16	(Jehu) stieg auf seinen W. 21.25
	10,2	bei denen eures Herrn Söhne sind und W.
	13,7	waren vom Kriegsvolk übriggeblieben 10 W.
	18,24	verläßt dich auf Ägypten um der W. Jes 36,9
	19,23	mit der Menge meiner W. Jes 37,24
	23,11	die W. der Sonne verbrannte er
1Ch	18,4	David gewann ihm ab 1.000 W.
2Ch	12,3	(Schischak) mit 1.200 W. 14,8; 16,8
	35,24	seine Männer hoben ihn von dem W.
Hi	9,9	er macht den W. am Himmel
Ps	20,8	verlassen sich auf W. und Rosse Jes 31,1
	46,10	der W. mit Feuer verbrennt
	68,18	Gottes W. sind vieltausendmal tausend
	76,7	sinken in Schlaf Roß und W.
	104,3	fährst auf den Wolken wie auf einem W.
Hl	1,9	Stute an den W. des Pharao
Jes	2,7	ihrer W. ist kein Ende
	21,7	sieht er einen Zug von W. mit Rossen 9
	22,6	Elam fährt daher mit W. 7
	18	dort werden deine kostbaren W. bleiben
	43,17	der ausziehen läßt W. und Rosse
	66,15	kommen seine W. wie ein Wetter Jer 4,13
	20	werden herbringen auf Rossen und W.
Jer	17,25	Könige, die mit Roß und W. fahren 22,4
	46,9	rennet mit W.
	47,3	vor dem Rasseln ihrer W.
	50,37	das Schwert soll kommen über ihre W.
	51,21	habe zerschmettert W. und Fahrer
Hes	23,24	gerüstet mit Rossen und W. 26,7.10
Dan	11,40	wird mit W. gegen ihn anstürmen
Hos	1,7	will ihnen nicht helfen durch Roß und W.
Jo	2,5	sprengen daher, wie die W. rasseln
Am	2,13	wie ein W. voll Garben schwankt
Mi	5,9	will deine W. zunichte machen Nah 2,14
Nah	2,4	seine W. stellt er auf wie Fackeln
	5	die W. rollen auf den Gassen 3,2
Hab	3,8	als deine W. den Sieg behielten
Hag	2,22	will umwerfen die W. und die darauf fahren
Sa	6,1	da waren vier W., die kamen 2.3
	9,10	ich will die W. wegtun aus Ephraim
Jdt	2,11	so zog er aus mit W., Reitern 1Ma 1,18; 8,6
	4,12	die sich auf W. und Reiter verließen 9,5.8
Sir	33,5	des Narren Herz ist wie ein Rad am W.
	49,10	die Herrlichkeit auf dem W. der Cherubim
2Ma	9,7	da stürzte er von dem W.
Apg	8,28	saß auf seinem W. und las den Propheten Jesaja 38
	29	geh hin und halte dich zu diesem W.
Off	9,9	wie das Rasseln der W. vieler Rosse
	18,13	(ihre Ware:) Pferde und W.

wägen s. **wiegen**

Wagenlenker

| 1Kö | 22,34 | sprach zu seinem W.: Wende um 2Ch 18,33 |

Wagenpferd

| 1Ch | 18,4 | David ließ alle W. lähmen |

Wagenrad

| 1Kö | 7,33 | waren Räder wie W. |
| Jes | 5,28 | ihre W. sind wie ein Sturmwind |

Wagenseil

| Jes | 5,18 | die herbeiziehen die Sünde mit W. |

Wagenstadt

| 1Kö | 10,26 | Salomo legte sie in die W. 2Ch 1,14; 8,6; 9,25 |

Waghals

| Sir | 8,18 | mach dich nicht mit einem W. auf den Weg |

Waheb

| 4Mo | 21,14 | das W. in Sufa |

Wahl

Rö	9,11	damit bestehen bliebe (Gottes) freie W.
	11,5	übriggeblieben sind nach der W. der Gnade
	28	*nach Gottes W. sind sie Geliebte*

wählen

Jos	24,15	w. euch heute, wem ihr dienen wollt
1Sm	17,40	(David) w. fünf glatte Steine
1Kö	18,23	laßt sie w. einen Stier 25
Hi	34,33	du hast zu w. du lieber als ich
	36,21	Unrecht. du lieber als Elend
Ps	25,12	wird ihm den Weg weisen, den er w. soll
Jes	40,20	der w. ein Holz, das nicht fault 44,14
Apg	6,5	sie w. Stephanus, einen Mann voll Glaubens
	15,40	Paulus w. Silas und zog fort
Phl	1,22	so weiß ich nicht, was ich w. soll

Wahn

| Wsh | 14,14 | durch eitlen W. in die Welt gekommen |

Wahnbild

| Sir | 34,5 | man sieht W. wie eine Gebärende |

wähnen

| Mt | 5,17 | *nicht w., daß ich gekommen bin 10,34* |
| Apg | 27,27 | w. die Schiffsleute, sie kämen an ein Land |

Wahnsinn

| 5Mo | 28,28 | der HERR wird dich schlagen mit W. |

wahnsinnig

| 5Mo | 28,34 | w. werden bei dem, was deine Augen sehen |

wahnsinnig

1Sm	21,14	(David) stellte sich w. 15.16; Ps 34,1
Jer	29,26	Aufseher sein sollst über alle W.
Hos	9,7	und w. (ist) der Mann des Geistes
Apg	26,24	das große Wissen macht dich w.

wahr

1Mo	26,3	will meinen Eid w. machen
	42,15	so w. der Pharao lebt 16
4Mo	14,21	so w. ich lebe 28; 5Mo 32,40; Jes 49,18; Jer 22,24; Hes 5,11; 14,16.18.20; 16,48; 17,16.19; 18,3; 20,3.31.33; 33,11.27; 34,8; 35,6.11; Ze 2,9; Rö 14,11
Ri	8,19	so w. der HERR lebt Rut 3,13; 1Sm 14,39.45; 19,6; 20,3.21; 25,26.34; 26,10.16; 28,10; 29,6; 2Sm 2,27; 4,9; 11,11; 12,5; 14,11; 15,21; 1Kö 1,29; 2,24; 17,1.12; 18,10.15; 22,14; 2Kö 2,2.4.6; 3,14; 4,30; 5,16.20; 2Ch 18,13; Hi 27,2; Jer 4,2; 12,16; 16,14.15; 23,7.8; 38,16; 44,26; Hos 4,15; Am 8,14
1Sm	1,26	mein Herr, so w. du lebst 20,3; 25,26; 2Sm 11,11; 14,19; 15,21; Jer 46,18
1Kö	6,12	will mein Wort an dir w. machen 8,20; 12,15; 2Ch 6,10; 10,15
Ps	84,8	schauen den w. Gott in Zion
Jes	44,26	der das Wort seiner Knechte w. macht
Jer	9,4	sie reden kein w. Wort
Jdt	13,20	so w. der Herr lebt
Wsh	8,18	(daß) ihre Freunde w. Freude haben
	12,27	erkannten den als den w. Gott, den
Sir	7,20	gib deinen w. Bruder nicht (auf)
Lk	16,11	wer wird euch das w. Gut anvertrauen
Jh	1,9	das w. Licht, das alle Menschen erleuchtet
	4,23	die w. Anbeter den Vater anbeten werden
	6,32	mein Vater gibt euch das w. Brot vom Himmel
	55	mein Fleisch ist die w. Speise
	15,1	ich bin der w. Weinstock
	17,3	der du allein w. Gott bist
Apg	26,25	ich rede w. und vernünftige Worte
1Ko	15,31	so w. ihr, liebe Brüder, mein Ruhm seid
2Ko	7,14	so hat sich auch unser Rühmen als w. erwiesen
Eph	4,24	nach Gott geschaffen in w. Gerechtigkeit
1Th	1,9	zu dienen dem lebendigen und w. Gott
1Ti	6,19	damit sie das w. Leben ergreifen
2Pt	2,22	ist ihnen widerfahren das w. Sprichwort
1Jh	2,8	die Finsternis vergeht, und das w. Licht scheint jetzt
Heb	8,2	ist ein Diener an der w. Stiftshütte
	9,24	das nur ein Abbild des w. Heiligtums ist

wahr sein, werden

1Mo	18,13	meinst du, daß es w. sei
5Mo	17,4	wenn du findest, daß es gewiß w. ist
Ri	9,15	ist's w., daß ihr mich zum König
Rut	3,12	es ist w., daß ich ein Löser bin
1Kö	8,26	laß dein Wort w. w. 1Ch 17,23; 2Ch 1,9; 6,17
	10,6	es ist w., was ich gehört habe 2Ch 9,5
2Kö	9,12	das ist nicht w. Jer 37,14; 40,16
	19,17	es ist w., HERR Jes 37,18
1Ch	17,24	dein Name w. w. und groß ewiglich
Jes	30,10	was w. ist, sollt ihr uns nicht schauen
Jer	44,28	erkennen, wessen Wort w. gew. ist 29
Dan	6,13	der König sprach: Das ist w.
	8,26	dies Gesicht, das ist w.
Mi	2,7	es ist w., meine Reden sind freundlich
Jdt	8,23	es ist alles w., was du gesagt hast
Wsh	2,17	laßt doch sehen, ob sein Wort w. ist

Sir	34,4	was falsch ist, wie kann das w. s.
	46,18	erkannte, daß seine Weissagungen w. w.
Jh	4,37	hier ist der Spruch w.
	5,31	so ist mein Zeugnis nicht w. 32; 8,13.14
	8,17	daß zweier Menschen Zeugnis w. sei
	10,41	alles, was Johannes von diesem gesagt, ist w.
	19,35	der hat es bezeugt, und sein Zeugnis ist w. 21,24
Rö	2,20	hast im Gesetz vor Augen, was w. ist
2Ko	7,14	wie alles w. ist, was wir mit euch geredet
1Ti	1,15	das ist gewißlich w. und ein Wort, des Glaubens wert 3,1; 4,9; 2Ti 2,11; Tit 1,13; 3,8
1Jh	2,8	ein neues Gebot, das w. ist in ihm
	27	so ist's w. und ist keine Lüge
3Jh	12	du weißt, daß unser Zeugnis w. ist

wahren

Jes	56,1	w. das Recht und übt Gerechtigkeit
Sir	8,20	er kann dein Geheimnis nicht w.
Eph	4,3	darauf bedacht, zu w. die Einigkeit im Geist

währen

1Mo	50,3	so lange w. die Tage der Salbung
2Mo	7,25	das w. sieben Tage lang
	40,36	solange ihre Wanderung w. 38
4Mo	6,4	solange sein Gelübde w. 5
5Mo	4,40	so wird dein Leben lange w. 25,15
	11,21	solange die Tage des Himmels w. Ps 89,30
2Sm	3,6	sol. der Kampf w. zwischen dem Hause Sauls
1Ch	16,34	seine Güte w. ewiglich 41; Ps 106,1; 107,1; 118,1-4.29; 136,1-26; Jer 33,11
2Ch	5,13	seine Barmherzigkeit w. ewig 7,3.6; 20,21; Esr 3,11
	21,19	als das über Jahr und Tag w.
	29,28	das w. so lange, bis das Brandopfer
Hi	4,20	es w. vom Morgen bis zum Abend
	20,5	daß das Frohlocken nicht lange w.
Ps	30,6	sein Zorn w. einen Augenblick... den Abend lang w. das Weinen
	52,3	da doch Gottes Güte noch täglich w.
	61,7	daß seine Jahre w. für und für 102,25
	72,5	er soll leben, solange der Mond w. 17
	81,16	Israels Zeit würde ewiglich w.
	90,10	unser Leben w. siebzig Jahre
	100,5	seine Gnade w. ewig 103,17
	119,90	deine Wahrheit w. für und für 160
	135,13	dein Name w. ewiglich, dein Ruhm w.
	145,13	deine Herrschaft w. für und für Dan 3,33; 4,31
Spr	27,24	Vorräte w. nicht ewig, auch eine Krone w. nicht für und für
Jer	15,18	warum w. doch mein Leiden so lange
	29,28	es wird noch lange w.
Dan	12,7	daß es eine Zeit u. zwei Zeiten w. soll
Hab	2,6	wie lange wird's w.
Wsh	4,8	ein ehrenvolles Alter muß nicht lange w.
	18,20	der Zorn w. nicht lange
Tob	13,2	Herr, dein Reich w. immerdar
Sir	41,16	ein Leben... w. nur eine kurze Zeit
1Ma	4,24	seine Güte w. ewiglich StD 3,65.66
Lk	1,50	seine Barmherzigkeit w. von Geschlecht zu Geschlecht
Heb	1,8	Gott, dein Thron w. von Ewigkeit zu Ewigkeit
Jak	4,14	ein Dampf, der eine kleine Zeit w.
Off	13,5	daß es mit ihm w. 42 Monate lang

während

1Mo	18,1	w. er an der Tür seines Zeltes saß
2Mo	34,24	w. du dreimal im Jahr hinaufgehst
3Mo	25,6	was das Land w. seines Sabbats trägt
	26,35	nicht ruhen konnte... w. ihr darin wohntet
5Mo	31,27	jetzt schon, w. ich noch bei euch lebe
1Kö	1,14	w. du mit dem König redest 22; 2Kö 8,5
	13,1	w. Jerobeam noch auf dem Altar stand
2Kö	6,30	w. (der König) auf der Mauer ging
1Ch	21,15	w. des Verderbens sah der HERR darein
2Ch	6,3	segnete die Gemeinde, w. sie stand
Neh	4,15	w. die Hälfte Spieße bereit hielt
	7,3	w. (die Sonne) noch am Himmel steht
Hes	21,34	w. du dir Lügen wahrsagen läßt
	28,2	w. du doch ein Mensch bist 9
	33,17	w. doch sie nicht recht handeln 20

wahrhaftig

1Mo	20,12	auch ist sie w. meine Schwester
2Mo	18,21	sieh dich nun nach Leuten, die w. sind
5Mo	32,4	treu ist Gott, gerecht und w.
1Kö	18,24	welcher nun antworten wird, der ist w. Gott
2Ch	31,20	Hiskia tat, was recht und w. war
Neh	9,13	hast ein w. Recht ihnen gegeben
Ps	33,4	des HERRN Wort ist w. 93,5
Spr	12,17	wer w. ist, der sagt offen, was recht ist
	19	w. Mund besteht immerdar
	14,25	ein w. Zeuge rettet manchem das Leben
Jes	25,1	deine Ratschlüsse sind treu und w.
	65,16	wird bei dem w. Gott schwören
Jer	10,10	der HERR ist w. Gott
	28,9	ob ihn der HERR w. gesandt hat
	42,5	der HERR sei ein w. Zeuge
Sir	34,8	was da die Weisheit spricht mit w. Mund
	48,25	Jesaja war in seiner Botschaft w.
2Ma	3,39	es wirkt w. eine Kraft Gottes an jener Stätte
Mt	14,33	du bist w. Gottes Sohn
	22,16	wir wissen, daß du w. bist Mk 12,14
	26,73	w., du bist auch einer von denen Mk 14,70; Lk 22,59
Mk	12,32	Meister, du hast w. recht geredet
Lk	4,25	w., ich sage euch
	24,34	der Herr ist w. auferstanden
Jh	1,9	*das war das w. Licht*
	3,33	wer es annimmt, besiegelt, daß Gott w. ist
	4,23	*daß die w. Anbeter werden... anbeten*
	7,18	wer die Ehre dessen sucht... ist w.
	26	sollten unsere Oberen w. erkannt haben
	28	ein W., der mich gesandt hat 8,26
	40	dieser ist w. der Prophet
	8,31	so seid ihr w. meine Jünger
	17,8	sie haben w. erkannt, daß ich von dir
	21,24	*wir wissen, daß sein Zeugnis w. ist*
Apg	4,27	w., sie haben sich versammelt in dieser Stadt
	12,9	wußte doch nicht, daß ihm das w. geschehe
	11	weiß ich w., daß der Herr mich errettet hat
Rö	3,4	Gott ist w. und alle Menschen sind Lügner
1Ko	14,25	bekennen, daß Gott w. unter euch ist
2Ko	6,8	(als Diener Gottes:) als Verführer und doch w.
Gal	3,21	käme die Gerechtigkeit w. aus dem Gesetz
Eph	4,15	laßt uns w. sein in der Liebe
Phl	4,8	was w. ist – darauf seid bedacht
1Jh	5,20	dieser ist der w. Gott und das ewige Leben
Heb	9,24	*ein Gegenbild des w. Heiligtums*
	10,22	laßt uns hinzutreten mit w. Herzen
Off	3,7	das sagt der Heilige, der W. 14; 6,10
	15,3	gerecht und w. sind deine Wege, du König der Völker
Off	16,7	deine Gerichte sind w. und gerecht 19,2
	19,9	dies sind w. Worte Gottes 21,5; 22,6
	11	der darauf saß, hieß: Treu und W.

Wahrhaftigkeit

Jer	5,3	HERR, deine Augen sehen auf W.
Rö	15,8	ein Diener der Juden um der W. Gottes willen

Wahrheit

1Mo	42,16	will prüfen, ob ihr mit W. umgeht
5Mo	22,20	ist's aber die W., daß
2Sm	7,28	Gott, deine Worte sind W. Ps 119,160
1Kö	3,6	wie er vor dir gewandelt ist in W.
	17,24	des HERRN Wort in deinem Munde ist W.
	22,16	mir nichts als die W. sagst 2Ch 18,15
Ps	15,2	wer W. redet von Herzen
	19,10	die Rechte des HERRN sind W. 119,142
	25,5	leite mich in deiner W.
	26,3	ich wandle in deiner W. 86,11
	36,6	deine W., so weit die Wolken gehen 57,11
	40,11	von deiner W. rede ich
	43,3	sende dein Licht und deine W.
	45,5	zieh einher für die W. in Sanftmut
	51,8	dir gefällt W., die im Verborgenen liegt
	58,2	sprecht ihr in W. Recht, ihr Mächtigen
	91,4	seine W. ist Schirm und Schild
	92,3	des Nachts deine W. verkündigen
	96,13	wird richten die Völker mit seiner W.
	100,5	seine W. (währet) für und für 119,90
	111,7	die Werke seiner Hände sind W. und Recht
	117,2	seine Gnade und W. waltet über uns
	119,30	ich habe erwählt den Weg der W.
	43	nimm nicht von m. Munde das Wort der W.
	86	all deine Gebote sind W. 151
Spr	8,7	mein Mund redet die W.
	22,21	kundzutun zuverlässige Worte der W.
	23,23	kaufe W. und verkaufe sie nicht
Pr	12,10	daß er schriebe recht die Worte der W.
Jes	43,9	wird man sagen: Es ist die W.
	48,1	die ihr bekennt, aber nicht in W.
	59,14	die W. ist zu Fall gekommen 15
Jer	5,1	ob ihr jemand findet, der auf W. hält
	7,28	die W. ist dahin
	8,6	ich höre, daß sie nicht die W. reden 9,2
Dan	4,34	all sein Tun ist W.
	8,12	das Horn warf die W. zu Boden
	9,13	daß wir auf deine W. geachtet hätten
	10,21	was geschrieben ist im Buch der W.
Am	5,10	verabscheuen den, der ihnen die W. sagt
Sa	8,16	rede einer mit dem andern W.
	19	liebet W. und Frieden
Jdt	5,4	will ich dir die W. sagen über dies Volk
Wsh	1,6	Gott erkennt in W. sein Herz
	6,24	will an der W. nicht vorbeigehen
Tob	12,11	so will ich euch die W. offenbaren
	14,10	dient dem Herrn in der W.
Sir	4,24	schäme dich nicht, die W. zu sagen
	30	widersprich nicht der W.
	33	verteidige die W. bis in den Tod
	27,10	hält sich die W. zu denen, die sie tun
Mk	5,33	sagte ihm die ganze W.
Lk	4,25	*in W. sage ich euch*
Jh	1,14	eine Herrlichkeit als des eingeborenen Sohnes, voller Gnade und W.
	17	die W. ist durch Jesus geworden
	3,21	wer die W. tut, der kommt zu dem Licht
	4,23	Vater anbeten im Geist und in der W. 24

Wahrheit

Jh	5,33	Johannes hat die W. bezeugt
	8,31	*so seid ihr in W. meine Jünger*
	32	werdet die W. erkennen, und die W. wird euch frei machen
	40	der euch die W. gesagt hat 16,7; 18,37
	44	der steht nicht in der W.
	45	weil ich die W. sage, glaubt ihr mir nicht 46
	14,6	ich bin der Weg und die W. und das Leben
	17	Geist der W., den die Welt nicht empfangen
	15,26	Geist der W. wird Zeugnis geben von mir
	16,13	der Geist der W. wird euch in alle W. leiten
	17,17	heilige sie in der W.; dein Wort ist W. 19
	18,37	wer aus der W. ist, der hört meine Stimme
	38	spricht Pilatus zu ihm: Was ist W.
	19,35	weiß, daß er die W. sagt, damit ihr glaubt
Apg	10,34	nun erfahre ich in W.
	12,9	*wußte nicht, daß es W. war*
Rö	1,18	die die W. durch Ungerechtigkeit niederhalten
	25	sie, die Gottes W. in Lüge verkehrt haben
	2,8	Zorn denen, die der W. nicht gehorchen
	20	im Gesetz die Richtschnur der W.
	3,7	wenn die W. Gottes herrlicher wird zu seiner Ehre
	9,1	ich sage die W. und lüge nicht 1Ti 2,7
1Ko	5,8	im ungesäuerten Teig der Lauterkeit und W.
	13,6	(die Liebe) freut sich an der W.
2Ko	4,2	durch Offenbarung der W. empfehlen wir uns
	6,7	(als Diener Gottes:) in dem Wort der W.
	11,10	so gewiß die W. Christi in mir ist
	12,6	ich würde die W. sagen
	13,8	wir vermögen nichts wider die W., sondern nur etwas für die W.
Gal	2,5	damit die W. des Evangeliums bei euch bestehen bliebe
	14	nicht richtig nach der W. des Evangeliums
	4,8	dientet ihr denen, die in W. nicht Götter sind
	16	daß ich euch die W. vorhalte
	5,7	aufgehalten, der W. nicht zu gehorchen
Eph	1,13	ihr, die ihr das Wort der W. gehört habt
	4,21	seid in ihm unterwiesen, wie es W. in Jesus ist
	25	legt die Lüge ab und redet die W.
	5,9	die Frucht des Lichts ist W.
	6,14	steht fest, umgürtet mit W.
Phl	1,18	es geschehe zum Vorwand oder in W.
Kol	1,5	von ihr habt ihr gehört durch das Wort der W.
	6	die Gnade Gottes erkannt habt in der W.
1Th	2,13	daß ihr das Wort aufgenommen habt als das, was es ist
2Th	2,10	weil sie die Liebe zur W. nicht angenommen
	12	damit gerichtet werden alle, die der W. nicht glaubten
	13	zur Seligkeit erwählt, im Glauben an die W.
1Ti	2,4	will, daß alle Menschen zur Erkenntnis der W. kommen
	7	als Lehrer der Heiden im Glauben und in W.
	3,15	ein Pfeiler und eine Grundfeste der W.
	4,3	mit Danksagung empfangen werden von denen, die die W. erkennen
	6,5	Menschen, die der W. beraubt sind
2Ti	2,15	der das Wort der W. recht austeilt
	18	von der W. abgeirrt sind
	25	ob ihnen Gott vielleicht Buße gebe, die W. zu erkennen
	3,7	die nie zur Erkenntnis der W. kommen können
	8	so widerstehen auch diese der W.
2Ti	4,4	werden die Ohren von der W. abwenden
Tit	1,1	Erkenntnis der W., die dem Glauben gemäß ist
	14	Menschen, die sich von der W. abwenden
1Pt	1,22	habt ihr eure Seelen gereinigt im Gehorsam der W.
2Pt	1,12	obwohl ihr gestärkt seid in der W.
	2,2	um ihretwillen wird der Weg der W. verlästert werden
	22	hat sich erwiesen die W. des Sprichworts
1Jh	1,6	so lügen wir und tun nicht die W.
	8	die W. ist nicht in uns
	2,4	in dem ist die W. nicht
	21	ihr wißt, daß keine Lüge aus der W. kommt
	3,18	laßt uns lieben mit der Tat und mit der W.
	19	daran erkennen wir, daß wir aus der W. sind
	4,6	daran erkennen wir den Geist der W. und den Geist des Irrtums
	5,6	der Geist ist die W.
2Jh	1	alle, die die W. erkannt haben
	1	die ich liebhabe in der W. 3Jh 1
	2	um der W. willen, die in uns bleibt
	3	von Jesus Christus, in W. und Liebe
	4	solche gefunden, die in der W. leben 3Jh 4
3Jh	3	als die Brüder Zeugnis gaben von deiner W.
	8	damit wir Gehilfen der W. werden
	12	Demetrius hat ein gutes Zeugnis von der W.
Heb	10,26	nachdem wir die Erkenntnis der W. empfangen haben
Jak	1,18	er hat uns geboren durch das Wort der W.
	3,14	lügt nicht der W. zuwider
	5,19	jemand unter euch abirren würde von der W.

wahrlich

4Mo	14,30	w., ihr sollt nicht in das Land kommen 35; 32,11
Jos	7,20	w., ich habe mich versündigt
1Sm	20,3	w., so wahr der HERR lebt 25,34
1Kö	20,13	w., ich will sie in deine Hand geben
	22,25	w., an dem Tage wirst du's sehen 2Ch 18,24
Hi	19,5	wollt ihr euch w. über mich erheben
	31,36	w., dann wollte ich sie... nehmen
	36,4	meine Reden sind w. nicht falsch
Ps	7,13	w., wieder hat einer sein Schwert gewetzt
	45,3	w., Gott hat dich gesegnet für ewig
	48,15	w., das ist Gott, unser Gott
	132,11	davon wird er sich w. nicht wenden
Jes	22,14	w., Missetat soll nicht vergeben werden
	66,3	w., wie sie Lust haben an ihren Wegen
Jer	3,23	w., es ist ja nichts als Betrug. W., Israel (hat) keine andere Hilfe als Gott
	26,15	w., der HERR hat mich gesandt
Hes	36,5	w., ich habe in meinem Eifer geredet
	7	w., die Heiden sollen ihre Schande tragen
	38,19	w., zu der Zeit wird großes Erdbeben sein
Dan	2,8	w., ich merke, daß ihr Zeit gewinnen wollt
Mt	5,18	w., ich sage euch 26; 6,2.5.16; 8,10; 10,15.23.42; 11,11; 13,17; 16,28; 17,20; 18,3.13.18.19; 19,23.28; 21,21.31; 23,36; 24,2.34.47; 25,12.40.45; 26,13.21.34
	14,33	du bist w. Gottes Sohn
	26,73	w., du bist auch von denen *Mk 14,70; Lk 22,59*
	27,54	w., dieser ist Gottes Sohn gewesen Mk 15,39
Mk	3,28	w., ich sage euch 8,12; 9,1.41; 10,15.29; 11,23; 13,30; 14,9.18.25.30
	12,32	*du hast w. recht geredet*
Lk	4,24	w., ich sage euch 9,27; 12,37.44; 18,17.29; 21,3. 32; 23,43

Jh	1,51	w., w., ich sage euch 3,3.5.11; 5,19.24.25; 6,26.32.47.53; 8,34.51.58; 10,1.7; 12,24; 13,16.20.21.38; 14,12; 16,20.23; 21,18
	4,42	dieser ist w. der Welt Heiland 6,14; *7,40*
Apg	4,27	*w. ja, sie haben sich versammelt wider*
1Jh	2,5	in dem ist w. die Liebe Gottes vollkommen
Heb	6,14	w., ich will dich segnen und mehren

wahrnehmen

2Mo	2,11	Mose n. w., daß ein Ägypter einen schlug
2Sm	3,36	alles Volk n. es w., und es gefiel ihnen
Spr	5,6	daß du den Weg des Lebens nicht w.
StE	5,3	Urteil Gottes entgehen, der doch alles w.
Mt	7,3	n. nicht w. den Balken in d. Auge Lk 6,41
Rö	1,20	Gottes Wesen wird ersehen aus seinen Werken, wenn man sie w.

Wahrsagegeist

Apg	16,16	begegnete uns eine Magd, die hatte einen W.

wahrsagen

1Mo	44,5	der (Becher), aus dem (Josef) w. 15
4Mo	22,7	hatten den Lohn für das W. in Händen
	23,23	es gibt kein W. in Israel
1Sm	28,8	Saul sprach: W. mir
2Kö	17,17	gingen mit W. und Zauberei um
Hes	13,6	ihr W. ist Lüge 7-9.16.23; 21,34; 22,28
	21,26	der König von Babel... sich w. zu lassen
Mi	3,11	seine Propheten w. für Geld
Apg	16,16	brachte viel Gewinn ein mit ihrem W.

Wahrsager

1Mo	41,8	er ließ rufen alle W. in Ägypten 24; Dan 2,2. 4.5.10.27; 4,4; 5,7.11
5Mo	18,14	diese Völker hören auf W.
Jos	13,22	töteten Bileam, den W.
1Sm	6,2	die Philister beriefen ihre W.
Jes	3,2	(der Herr wird wegnehmen) W. und Älteste
	44,25	der der Zeichen der W. zunichte macht
Jer	27,9	hört nicht auf eure W. 29,8
	50,36	das Schwert soll kommen über ihre W.
Mi	3,7	die W. (sollen) zu Spott werden
Sa	10,2	die W. schauen Trug

Wahrsagerei

3Mo	19,26	sollt nicht W. treiben 5Mo 18,10
Jes	2,6	sie treiben W. wie die im Osten

Wahrsagerin

1Ch	10,13	weil er die W. befragt (hatte)

Wahrsagung

Jer	14,14	sie predigen euch nichtige W.
Hes	21,28	ihnen wird diese W. trügerisch scheinen
Mi	3,6	soll euch sein die Finsternis ohne W.

Wahrzeichen

Hes	12,6	habe dich zum W. gesetzt 11; 24,24.27

Waise

2Mo	22,21	sollt Witwen und W. nicht bedrücken Jer 7,6; 22,3; Sa 7,10; Mal 3,5
2Mo	22,23	daß eure Kinder zu W. werden Ps 109,9
5Mo	10,18	(der HERR) schafft Recht den W. Ps 10,18
	14,29	kommen die W. und sich sättigen 26,12.13
	16,11	fröhlich sein vor dem HERRN, die W. 14
	24,17	sollst das Recht der W. nicht beugen 27,19; Ps 82,3; Jes 1,17
	19	(Garbe) soll der W. zufallen 20.21
Hi	6,27	könntet über eine W. das Los werfen
	22,9	hast die Arme der W. zerbrochen
	24,3	treiben den Esel der W. weg
	29,12	ich errettete die W.
	31,17	hat nicht die W. auch davon gegessen
	21	hab ich m. Hand gegen eine W. erhoben
Ps	10,14	du bist der W. Helfer
	68,6	ein Vater der W. ist Gott
	94,6	sie töten die W.
	109,12	niemand erbarme sich seiner W.
	146,9	der HERR erhält W. und Witwen
Spr	23,10	vergreife dich nicht an dem Acker der W.
Jes	1,23	den W. schaffen sie nicht Recht Jer 5,28
	9,16	noch ihrer W. und Witwen sich erbarmen
	10,2	daß die W. ihre Beute werden
Jer	49,11	verlaß nur deine W.
Klg	5,3	wir sind W. und haben keinen Vater
Hes	22,7	Witwen und W. bedrücken sie
Tob	1,7	daß er den Witwen und W. ihren Zehnten gab
Sir	4,10	sei zu den W. wie ein Vater
	35,17	er verachtet das Gebet der W. nicht
Bar	6,38	sie tun den W. nichts Gutes
2Ma	3,10	Geld, das Witwen und W. gehört
	8,28	teilten von der Beute aus unter die W. 30
Jh	14,18	ich will euch nicht als W. zurücklassen
Jak	1,27	die W. und Witwen in ihrer Trübsal besuchen

Waisenkind

Hi	24,9	man reißt das W. von der Mutterbrust

Wajesata, *Wajesatha*

Est	9,9	(töteten) W.

Wald

5Mo	19,5	mit seinem Nächsten in den W. ginge
Jos	17,18	das Gebirge soll dein sein, wo der W. ist
2Sm	18,6	kam es zum Kampf im W. Ephraim 8
	17	warfen (Absalom) im W. in eine Grube
2Kö	2,24	kamen zwei Bären aus dem W.
	19,23	gekommen bis zur Herberge im W. Jes 37,24
1Ch	16,33	sollen jauchzen alle Bäume im W. Ps 96,12
2Ch	27,4	in den W. baute (Jotam) Burgen
Neh	2,8	an Asaf, den Aufseher über die W.
Ps	29,9	die Stimme des HERRN reißt W. kahl
	50,10	alles Wild im W. ist mein
	74,5	wie im Dickicht des W.
	83,15	wie ein Feuer den W. verbrennt Jer 21,14
Pr	2,6	zu bewässern den W. der grünenden Bäume
Jes	7,2	wie die Bäume im W. beben vom Winde
	9,17	zündet in den dichten W. an
	10,18	Herrlichkeit seiner W. zunichte 19
	34	der dichte W. wird umgehauen werden
	29,17	fruchtb. Land soll ein W. werden 32,15
	32,19	der W. wird niederbrechen
	44,14	wählt unter den Bäumen des W. Jer 10,3
	23	frohlocket, der W. und alle Bäume
	56,9	kommt und freßt, ihr Tiere im W.
Jer	4,29	werden in die dichten W. laufen

Wald

Jer	5,6	wird sie der Löwe aus dem W. zerreißen
	12,8	mein Erbe ist mir wie ein Löwe im W.
	46,23	werden ihren W. umhauen Sa 11,2
Hes	21,2	weissage gegen den W. im Südland 3
	34,25	daß sie in den W. schlafen können
	39,10	brauchen kein Holz im W. zu schlagen
Am	3,4	brüllt etwa ein Löwe im W., wenn er
Mi	5,7	werden sein wie ein Löwe im W.
	7,14	Herde, die da einsam wohnt im W.
Bar	5,8	die W. werden Israel Schatten geben
	6,63	Feuer, um Berge und W. zu verzehren
1Ma	4,38	mit Unkraut bewachsen wie ein W.
Jak	3,5	kleines Feuer, welch einen W. zündet's an

Waldgebirge

Jos 17,15 geh hinauf ins W. und rode dort

Waldhaus

Jes 22,8 ihr schauet auf die Rüstungen im W.

Walfisch

1Mo 1,21 Gott schuf große W.
StD 3,55 W., lobt den Herrn

Walker

2Kö 18,17 Straße bei dem Acker des W. Jes 7,3; 36,2

Wall

2Mo	15,8	die Fluten standen wie ein W.
Jos	3,13	das Wasser stehenbleiben wie ein W. 16
2Sm	20,15	schütteten einen W. gegen die Stadt auf
2Kö	19,32	soll keinen W. aufschütten Jes 37,33
Jes	29,3	will W. um dich aufführen Jer 6,6; Hes 4,2
Jer	32,24	die W. reichen schon bis an die Stadt
Klg	2,8	ließ Mauer und W. miteinander fallen
Hes	17,17	wenn man den W. aufwerfen wird 21,27; 26,8; Dan 11,15; Lk 19,43
2Ma	12,13	eine Stadt, mit W. gut gesichert

wallen

Ps	42,5	mit ihnen zu w. zum Hause Gottes
	46,4	wenngleich das Meer wütete und w.
2Ko	5,6	w. wir ferne vom Herrn
	8	haben Lust, außer dem Leibe zu w.
	9	wir sind daheim oder w.

Wallfahrtslied

Ps 120,1 ein W. 121,1u.ö.134,1

walten

1Mo	6,3	mein Geist nicht immerdar im Menschen w.
1Ch	6,18	diese sind es, die des Amtes w.
Ps	85,6	willst du deinen Zorn w. lassen
	103,11	läßt er seine Gnade w. über denen, die ihn fürchten 117,2
Spr	10,29	das W. des HERRN ist des Frommen Zuflucht
Lk	1,8	da er des Priesteramts w. vor Gott

Walze

Jes 28,27 man läßt nicht die W. über den Kümmel

wälzen

1Mo	29,3	den Stein von dem Brunnenloch zu w. 8.10
Jos	10,18	w. große Steine vor den Eingang der Höhle
2Sm	20,12	w. er Amasa von der Straße
Spr	26,27	wer einen Stein w., auf den wird er
Jer	6,26	zieh den Sack an und w. dich im Staube
	25,34	w. euch in der Asche Hes 27,30; Mi 1,10
Jdt	13,9	danach w. sie den Körper aus dem Bett
Mt	27,60	w. einen Stein vor die Tür Mk 15,46
Mk	9,20	er fiel auf die Erde, w. sich
	16,3	wer w. uns den Stein von des Grabes Tür
2Pt	2,22	die Sau w. sich nach der Schwemme im Dreck

Wampe

Hi 41,15 die W. seines Fleisches haften an ihm

Wand

2Mo	30,3	mit Golde überziehen seine W. 37,26; 1Ch 29,4; 2Ch 3,7
3Mo	1,15	ausbluten lassen an der W. des Altars
	14,37	daß an der W. des Hauses Stellen sind 39
1Sm	18,11	ich will David an die W. spießen 19,10
	20,25	der König saß an seinem Platz an der W.
1Kö	5,13	Ysop, der aus der W. wächst
	6,5	baute Umgang an der W. des Hauses 6
	15	bedeckte die W. mit Zedernholz 16
	27	daß der Flügel des einen Cherubs die eine W. berührte 2Ch 3,11.12
	29	an allen W. Schnitzwerk 2Ch 3,7
2Kö	9,33	die W. mit ihrem Blut besprengt
	20,2	(Hiskia) wandte s. Antlitz zur W. Jes 38,2
2Ch		die Stärke seiner W. war eine Hand breit
Esr	5,8	legte Balken in die W.
Ps	62,4	als wäre er eine hangende W.
Hl	2,9	mein Freund steht hinter unsrer W.
Jes	59,10	tasten an der W. entlang wie die Blinden
Hes	8,7	da war ein Loch in der W. 8; 12,5.7.12
	10	waren Bilder, an den W. eingegraben 23,14
	13,10	wenn das Volk sich eine W. baut
	11	die W. wird einfallen 12.14.15
	27,6	haben deine W. mit Elfenbein getäfelt
	40,48	maß die W. 41,2.5.6.9.17.20.22.25.26
	43,8	nur eine W. zwischen mir und ihnen
Dan	5,5	Finger schrieben auf die getünchte W.
Am	5,19	lehnt sich mit der Hand an die W.
Wsh	13,15	er bringt es an der W. an
Sir	14,25	richtet an ihrer W. sein Zelt auf
	22,20	wie eine gute Tünche an glatter W.
	23,26	es ist finster und die W. verbergen mich
Apg	23,3	Gott wird dich schlagen, du getünchte W.

Wanddicke

1Kö 7,26 die W. des Meeres war eine Hand breit

Wandel

Ri	2,19	ließen nicht von ihrem halsstarrigen W.
2Ch	6,30	wollest jedermann geben nach seinem W.
	13,22	was von Abija zu sagen ist, sein W. 28,26
Spr	1,31	sollen sie essen von den Früchten ihres W.
	8,13	bösem W. bin ich feind
Jer	4,18	das hast du zum Lohn für deinen W.
	6,27	daß du seinen W. prüfen sollst Klg 3,40
	15,7	sich nicht bekehren wollte von seinem W.
	18,11	bessert euern W. und euer Tun

wandeln

Jer	23,22	es von seinem bösen W. zu bekehren
	32,39	ich will ihnen einerlei W. geben
	44,22	nicht mehr leiden konnte euren bösen W.
Hes	13,22	sich von ihrem bösen W. nicht bekehren
	14,22	werdet ihren W. und ihre Taten sehen 23
	36,17	es unrein machte mit seinem W., daß ihr W. war wie die Unreinheit einer Frau
	19	richtete sie nach ihrem W.
	31	werdet an euren bösen W. denken 32
Hos	12,3	er wird Jakob heimsuchen nach seinem W.
Wsh	14,24	halten weder ihren W. noch ihre Ehen rein
Tob	14,17	seine Nachkommen führten einen heiligen W.
2Ma	6,23	wie es seinem W. (anstand)
2Ko	10,2	die unsern W. für fleischlich halten
Gal	1,13	gehört von meinem W. im Judentum
Eph	2,3	unter ihnen haben wir unsern W. gehabt
	4,22	den alten Menschen mit seinem früheren W.
1Ti	4,12	du aber sei ein Vorbild im Wort, im W.
1Pt	1,15	sollt ihr heilig sein in eurem ganzen W.
	17	führet euren W. mit Furcht
	18	erlöst von eurem W. nach der Väter Weise
	2,12	führt einen guten W. unter den Heiden
	3,1	durch der Frauen W. gewonnen werden
	16	wenn sie euren guten W. in Christus schmähen
2Pt	1,3	alles, was zum göttlichen W. dient
	2,2	werden nachfolgen ihrem zuchtlosen W.
	7	die Leute mit ihrem unzüchtigen W.
	3,11	wie müßt ihr dann dastehen in heiligem W.
Heb	13,5	der W. sei ohne Geldgier
	18	befleißigen, einen guten W. zu führen
Jak	3,13	der zeige mit seinem guten W. seine Werke
Jud	15	für alle Werke ihres gottlosen W.

wandelbar

Sir	27,12	ein Narr ist w. wie der Mond

wandeln

1Mo	5,22	Henoch w. mit Gott 24; 6,9
	17,1	w. vor mir und sei fromm
	24,40	der HERR, vor dem ich w.
	48,15	der Gott, vor dem meine Väter gew. sind
2Mo	16,4	daß ich's prüfe, ob es in meinem Gesetz w. Ri 2,22
	18,20	sie lehrest den Weg, auf dem sie w. sollen
3Mo	18,3	sollt nicht nach ihren Satzungen w. 20,23; 2Kö 17,8; 2Ch 17,3.4; Jes 8,11
	4	meine Satzungen... daß ihr darin w. 5Mo 5,33; 8,6; 10,12; 11,22; 13,6; 19,9; 26,17; 28,9; 30,16; Jos 22,5; 1Kö 2,3; Neh 10,30; Jer 6,16; 7,23; Hes 11,20; 36,27; 37,24
	26,3	werdet ihr in meinen Satzungen w. Sa 3,7
	12	ich will unter euch w. 2Ko 6,16
5Mo	13,6	weil (der Prophet) dich von dem Wege abbringen wollte, auf dem du w. sollst
	29,18	wenn ich w. nach m. verstockten Herzen
1Sm	8,3	seine Söhne w. nicht in seinen Wegen 5
1Kö	2,4	daß sie vor mir in Treue w. 3,14; 8,23.25.58.61; 9,4; 2Kö 20,3; 2Ch 6,14.16.31; 11,17; 27,6; Jes 38,3
	3,3	Salomo w. nach den Satzungen seines Vaters 2Kö 22,2; 2Ch 20,32; 34,2
	6	wie (David) vor dir gew. ist 14; 6,12; 9,4; 11,38; 2Ch 6,16; 7,17
	8,36	daß du ihnen den Weg weist, auf dem sie sollen 2Ch 6,27; Jes 2,3; Mi 4,2
	39	daß du jedem gibst, wie er gew. ist
1Kö	11,33	weil er nicht in meinen Wegen gew. ist 2Kö 10,31; 21,22; Jer 26,4; 32,23; 44,10.23; Hes 11,12; Dan 9,10
	15,3	er w. in allen Sünden seines Vaters 26.34; 16,2.19.26.31; 22,43.53; 2Kö 8,18.27; 13,2.6.11; 16,3; 17,19.22; 2Ch 21,6.12.13; 22,3; 28,2
2Ch	22,5	nach ihrem Rat
	27,7	wie er w., steht geschrieben im Buch
Neh	5,9	solltet ihr nicht in der Furcht Gottes w. Spr 14,2
Hi	22,14	er w. am Rande des Himmels
	31,5	bin ich gew. in Falschheit
	34,8	(Hiob) w. mit den gottlosen Leuten
	38,14	sie w. sich wie Ton
	16	bist du auf dem Grund der Tiefe gew.
Ps	1,1	wohl dem, der nicht w. im Rat der Gottlosen
	26,3	ich w. in deiner Wahrheit 86,11
	56,14	daß ich w. kann vor Gott im Licht der Lebendigen 116,9
	78,10	wollten nicht in seinem Gesetz w. Jes 42,24
	81,13	daß sie w. nach eigenem Rat Jes 65,2; Jer 7,24; 18,12
	89,16	werden im Licht deines Antlitzes w. Jes 2,5
	31	wenn s. Söhne in meinen Rechten nicht w.
	101,2	ich w. mit redlichem Herzen in m. Hause
	114,8	der den Felsen w. in einen See
	119,1	wohl, die im Gesetz des HERRN w. 3
	45	ich w. fröhlich; denn ich suche
	138,7	wenn ich w. mitten in der Angst w.
Spr	1,15	w. den Weg nicht mit ihnen
	2,20	daß du w. auf dem Wege der Guten
	3,23	wirst du sicher w. auf deinem Wege
	8,20	ich w. auf dem Wege der Gerechtigkeit
	9,15	die richtig auf ihrem Wege w. 29,27
	14,19	einem... Menschen wird's gehen, wie er w.
	19,1	ein Armer, der in Unschuld w., ist 28,6
	20,7	ein Gerechter, der unsträflich w.
	28,26	wer in der Weisheit w., wird entrinnen
Pr	4,15	sah alle Lebenden, die unter der Sonne w.
	6,8	versteht, unter den Lebenden zu w.
Jes	9,1	das Volk, das im Finstern w. 50,10
	33,15	wer in Gerechtigkeit w.
	40,31	daß sie w. und nicht müde werden
	57,2	es ruhen, die recht gew. sind
	59,9	so w. wir im Dunkeln
Jer	2,33	gewöhnt, auf bösen Wegen zu w.
	3,17	werden nicht mehr w. nach ihrem Herzen
	6,28	sie w. verleumderisch
	10,23	es liegt in niemandes Macht, wie er w.
	11,8	jeder w. nach seinem bösen Herzen 13,10; 23,17
	13,23	kann etwa ein Mohr seine Haut w.
Hes	28,14	du w. inmitten der feurigen Steine
	33,15	nach den Satzungen des Lebens w.
Hos	14,10	Wege des HERRN, die Gerechten w. darauf
Am	6,12	ihr w. das Recht in Gift
Mi	4,5	jedes Volk w. im Namen seines Gottes, aber wir w. im Namen des HERRN
Sa	10,12	daß sie w. sollen in seinem Namen
Mal	2,6	w. vor mir friedsam
	3,6	ich, der HERR, w. mich nicht
Sir	18,26	so schnell w. sich alles vor Gott
2Ma	8,36	weil sie in den Geboten w.
StE	4,6	w. Gott den König das Herz
Jh	8,12	der wird nicht w. in der Finsternis
	12,35	w., solange ihr das Licht habt
Rö	6,4	damit auch wir in einem neuen Leben w.
2Ko	5,7	wir w. im Glauben und nicht im Schauen
Gal	5,25	so laßt uns auch im Geist w.
Eph	2,10	daß wir darin w. sollen *Phl 3,16*

wandeln

Phl	1,27	w. würdig des Evangeliums *Kol 1,10; 1Th 2,12*
Kol	3,7	in dem allen seid auch ihr einst gew.
1Jh	1,6	wenn wir w. in der Finsternis 2,11
	7	wenn wir im Licht w., wie er im Licht ist
Off	2,1	der w. mitten unter den Leuchtern
	21,24	die Völker werden w. in ihrem Licht

Wanderer

Ri	19,17	sah er den W. auf dem Platze
Hi	31,32	meine Tür tat ich dem W. auf
Jer	14,8	ein W., der nur über Nacht bleibt
Hes	39,11	das Tal der W. östlich vom Meer, das wird den W. den Weg versperren

wandern

1Mo	20,13	als mich Gott w. hieß
2Mo	13,21	damit sie Tag und Nacht w. konnten
	15,22	w. in der Wüste und fanden kein Wasser
5Mo	1,31	auf dem Wege, den ihr gew. seid
	2,7	hat dein W. auf sein Herz genommen
	29,4	hat euch 40 Jahre w. lassen Jos 5,6
Ri	5,6	die w. auf ungebahnten Wegen
	17,9	ich w., um einen Ort zu finden
Ps	23,4	ob ich schon w. im finstern Tal
Am	3,3	können etwa zwei miteinander w.
Lk	9,51	stracks nach Jerusalem zu w. 53
	13,33	doch muß ich heute und... noch w.
	17,11	es begab sich, als er nach Jerusalem w.

Wanderschaft

1Mo	47,9	die Zeit meiner W. ist 130 Jahre; reicht nicht an die Zeit meiner Väter in ihrer W.

Wanderung

2Mo	40,36	solange ihre W. währte 38
4Mo	33,2	Mose schrieb auf ihre W.
Wsh	18,3	eine Sonne auf jener ruhmvollen W.
	19,5	damit dein Volk seine wunderbare W. erlebte

Wange

Hl	1,10	deine W. sind lieblich 5,13
Jes	50,6	ich bot meine W. denen, die mich rauften

Wanja

Esr	10,36	(bei den Söhnen Bani:) W.

wankelmütig

Ps	119,113	ich hasse die W. und liebe dein Gesetz
Jak	4,8	heiligt eure Herzen, ihr W.

wanken

Ri	5,5	die Berge w. vor dem HERRN
2Sm	22,8	die Erde bebte und w. Ps 18,8; 77,19
	37	daß meine Knöchel nicht w. Ps 18,37
1Ch	16,30	den Erdkreis gegründet, daß er nicht w. Ps 93,1; 96,10
Hi	12,5	ein Stoß denen, deren Fuß schon w.
Ps	10,6	ich werde nimmermehr w. 30,7
	13,5	sich freuen, daß ich w. 35,15
	15,5	wer das tut, wird nimmermehr w.
	38,17	wenn mein Fuß w., würden sie sich rühmen
	55,23	der wird den Gerechten nicht w. lassen
	60,4	heile ihre Risse; denn sie w.
	69,24	ihre Hüften laß immerfort w.
	75,4	die Erde mag w. und... die darauf wohnen
	82,5	darum w. alle Grundfesten der Erde
	107,27	daß sie w. wie ein Trunkener
Spr	10,30	der Gerechte wird nimmermehr w.
	24,11	errette, die zur Schlachtbank w.
	25,26	Gerechter, der angesichts e. Gottlosen w.
Jes	28,7	Priester und Propheten sind toll und w.
	35,3	macht fest die w. Knie
	47,15	jeder wird hierhin und dorthin w.
Jer	4,24	siehe, alle Hügel w.
	31,36	wenn diese Ordnungen ins W. kämen
Hes	29,7	alle Hüften w.
Sir	2,2	w. nicht, wenn sie über dich kommt
Mt	24,29	die Kräfte der Himmel werden ins W. kommen Mk 13,25; Lk 21,26
Apg	2,25	er steht mir zur Rechten, damit ich nicht w.
	16,26	daß die Grundmauern des Gefängnisses w.
1Th	3,3	damit nicht jemand w. würde in diesen Bedrängnissen
2Th	2,2	daß ihr euch nicht w. machen laßt
Heb	6,17	daß sein Ratschluß nicht w. 18
	10,23	laßt uns festhalten an dem Bekenntnis der Hoffnung und nicht w.
	12,12	stärkt die müden Hände und die w. Knie

wann

Ps	41,6	w. wird er sterben u. sein Name vergehen
	42,3	w. werde ich dahin kommen, daß ich Gottes Angesicht schaue
	94,8	ihr Toren, w. wollt ihr klug werden
	119,84	w. tröstest du mich
	84	willst du Gericht halten
Jer	13,27	w. wirst du doch endlich rein werden
	47,6	Schwert des HERRN, w. willst du aufhören
Dan	12,6	w. sollen diese großen Wunder geschehen
Mt	24,3	w. wird das geschehen Mk 13,4; Lk 21,7
	25,37	w. haben wir dich hungrig gesehen 38.39.44
Jh	5,3	*warteten, w. sich das Wasser bewegte*

Wanst

Hi	15,27	brüstet sich wie ein fetter W. Ps 73,7
	20,20	sein W. konnte nicht voll genug werden

wappnen

1Mo	14,14	Abram w. seine Knechte
Spr	6,11	der Mangel wie ein gew. Mann 24,34
Lk	11,21	wenn ein Starker gew. seinen Palast bewacht
1Pt	4,1	w. euch auch mit demselben Sinn

Ware

1Mo	42,26	luden ihre W. auf ihre Esel
Neh	10,32	wollen nicht am Sabbat W. nehmen
	13,16	Tyrer brachten Fische und allerlei W. 20
Hes	27,9	um mit deinen W. Handel zu treiben 13.17.19.25.33
	27	daß deine W. umkommen werden
Sir	37,12	wie hoch er deine W. schätzt
Apg	21,3	dort sollte das Schiff die W. ausladen
Off	18,11	weil ihre W. niemand mehr kaufen wird
	15	*die Händler solcher W. werden klagen*

warten

warm

1Mo	36,24	der in der Steppe die w. Quellen fand
Jos	9,12	unser Brot war noch w., als wir auszogen
1Kö	1,1	David konnte nicht w. werden
2Kö	4,34	da wurde des Kindes Leib w.
Pr	4,11	wie kann ein einzelner w. werden
Jes	44,16	ah! Ich bin w. geworden
Off	3,15	daß du weder kalt noch w. bist 16

wärmen

1Kö	1,2	die in seinen Armen schlafe und (ihn) w.
Pr	4,11	wenn zwei beieinander liegen, w. sie sich
Jes	44,15	davon nimmt er und w. sich 16
	47,14	Glut, an der man sich w. könnte
Mk	14,54	er w. sich am Feuer 67; Jh 18,18.25
Jak	2,16	geht hin in Frieden, w. euch und sättigt euch

warnen

1Sm	8,9	doch w. sie und verkünde ihnen das Recht
1Kö	2,42	hab ich dich nicht gew.
2Kö	6,10	an den Ort, vor der ihn gew. hatte
	17,13	hatte der HERR Israel und Juda gew.
Neh	9,30	du w. sie durch deinen Geist
Hi	33,16	er schreckt sie auf und w. sie 19
Ps	2,10	laßt euch w., ihr Richter auf Erden
	19,12	läßt dein Knecht sich durch sie w.
Spr	1,17	doch lassen sie sich nicht w.
Pr	12,12	über dem allen, mein Sohn, laß dich w.
Jes	8,11	als er mich w., ich sollte nicht wandeln
Jer	42,19	erkennt, daß ich euch heute gew. habe
Hes	3,17	sollst sie in m. Namen w. 18-21; 33,7-9
	23,48	daß alle Frauen sich w. lassen
	33,3	bläst die Posaune und w. das Volk 4-6
Hos	5,9	habe die Stämme Israels treulich gew.
Wsh	12,2	du w. sie, indem du sie an ihre Sünden erinnerst
	26	die sich durch Strafe nicht w. lassen
1Ma	6,3	weil die Einwohner gew. worden waren
Lk	16,28	die soll er w., damit sie

Warnung

2Kö	17,15	dazu verachteten sie seine W.
Hi	36,10	(Gott) öffnet ihnen das Ohr zur W.
Spr	5,12	wie konnte mein Herz die W. verschmähen
	29,1	wer gegen alle W. halsstarrig ist
Hes	5,15	sollst zur W. und zum Entsetzen werden
Wsh	16,6	vielmehr wurden sie zur W. erschreckt
1Ko	10,11	es ist geschrieben uns zur W.

Warte

2Sm	13,34	als der Knecht auf der W. ausschaute
Jes	21,8	ich stehe auf der W. bei Tage immerdar
Hab	2,1	hier stehe ich auf meiner W.
Sir	37,18	sieben Wächter, die oben auf der W. sitzen

warten

1Mo	49,18	HERR, ich w. auf dein Heil Ps 119,166
2Mo	5,20	Mose und Aaron, die auf sie w.
4Mo	9,8	w., ich will hören, was der HERR gebietet
Ri	3,25	als sie allzu lange gew. hatten 26
	19,8	laß uns w., bis sich der Tag neigt
Rut	1,13	wolltet ihr w., bis sie groß würden
1Sm	10,8	sieben Tage sollst du w. 13,8
	25,9	mit Nabal geredet hatten und ruhig w.
2Sm	15,28	ich will w. bei den Furten in der Wüste
2Kö	7,9	wenn wir w., bis es lichter Morgen wird
Hi	3,21	die auf den Tod w.
	6,11	welches Ende w. auf mich
	7,2	wie ein Tagelöhner auf seinen Lohn w.
	17,13	wenn ich auch lange w.
	29,21	sie w. auf meinen Rat 23
	30,26	ich w. auf das Gute
	32,4	Elihu hatte gew. 11.16
	36,2	w. noch ein wenig, ich will dich lehren
Ps	37,7	sei stille dem HERRN und w. auf ihn
	69,21	ich w., ob jemand Mitleid habe
	104,27	es w. alle auf dich
	106,13	w. nicht auf seinen Rat
	119,84	wie lange soll dein Knecht noch w.
	130,6	meine Seele w. auf den Herrn
	145,15	aller Augen w. auf dich
Spr	10,28	das W. der Gerechten wird Freude werden
Jes	5,2	er w., daß er gute Trauben brächte 4
	7	er w. auf Rechtsspruch, da war Rechtsbruch
	13,22	ihre Tage lassen nicht auf sich w.
	18,4	ich will still w. wie drückende Hitze
	26,8	wir w. auf dich, HERR
	38,18	die in die Grube fahren, w. nicht
	42,4	die Inseln w. auf seine Weisung 51,5
Jer	13,16	ehe ihr auf das Licht w.
	29,11	daß ich euch gebe das Ende, des ihr w.
Klg	4,17	w. auf ein Volk, das nicht helfen konnte
Hes	13,6	sie w. darauf, daß er ihr Wort erfüllt
Dan	12,12	wohl dem, der da w.
Mi	5,6	wie Regen, der nicht w. auf niemand
Ze	3,8	darum w. auf mich, spricht der HERR
Jdt	7,22	laßt uns noch fünf Tage auf Hilfe w.
	8,26	in dieser Nacht w. am Tor 10,7
	13,4	sie sollte draußen vor der Kammer w.
Wsh	8,12	wenn ich schweige, werden sie auf mich w.
	18,7	so w. dein Volk auf das Heil
Tob	2,17	wir w. auf ein Leben, (das Gott geben wird)
	5,10	w. einen Augenblick auf mich
Sir	1,28	ein Langmütiger kann w.
	2,9	w. auf seine Gnade und weicht nicht
	4,3	laß den Notleidenden auf deine Gabe nicht w.
	6,19	w. auf ihre guten Früchte
	7,18	daß Gottes Zorn nicht auf sich w. läßt
	14,12	bedenke, daß der Tod nicht auf sich w. läßt
	18,22	w. nicht bis an den Tod
	20,6	der andere w. auf seine Zeit
	14	mit sieben Augen w. er, was er dafür bekommt
	36,18	lohne es denen, die auf dich w.
	51,12	du errettest alle, die auf dich w.
1Ma	12,25	er wollte nicht w., bis sie einfielen
2Ma	7,30	auf wen w. ihr noch
StD	1,12	sie w. täglich auf (Susanna) 14
	59	der Engel des Herrn w. schon mit s. Schwert
Mt	11,3	der du kommst, oder sollen wir auf einen andern w. Lk 7,19.20
Mk	15,43	der auch auf das Reich Gottes w. Lk 23,51
Lk	1,21	das Volk w. auf Zacharias
	2,25	Simeon w. auf den Trost Israels
	38	die auf die Erlösung Jerusalems w.
	8,40	denn sie w. alle auf (Jesus)
	12,36	gleich den Menschen, die auf ihren Herrn w.
	21,26	werden verschmachten vor W. der Dinge
Jh	5,3	sie w., daß sich das Wasser bewegte
Apg	1,4	zu w. auf die Verheißung des Vaters
	3,5	w. darauf, daß er etwas von ihnen empfinge
	10,24	Kornelius w. auf sie

warten

Apg	17,16	als Paulus in Athen auf sie w.
	20,5	diese reisten voraus und w. auf uns in Troas
	23	daß Bedrängnisse auf mich w.
	23,21	jetzt sind sie bereit und w. auf deine Zusage
	24,15	*die Hoffnung, auf welche auch sie w.*
	27,33	daß ihr w. und ohne Nahrung geblieben seid
	28,6	sie w., daß er tot umfallen würde
Rö	8,19	das ängstliche Harren der Kreatur w. darauf
	25	so w. wir darauf in Geduld
	12,7	*so w. er des Amtes* 8; 15,16
	13,14	*w. des Leibes nicht so, daß ihr*
1Ko	1,7	so daß ihr w. auf die Offenbarung unseres Herrn
	11,33	wenn ihr zusammenkommt, um zu essen, w. aufeinander
	16,11	ich w. auf ihn mit den Brüdern
Gal	5,5	wir w. im Geist durch den Glauben
Phl	1,20	wie ich sehnlich w. und hoffe, daß
	3,20	*wir w. des Heilandes 2Pt 3,12*
1Th	1,10	zu w. auf seinen Sohn vom Himmel
Tit	2,13	und w. auf die selige Hoffnung und Erscheinung der Herrlichkeit Gottes
2Pt	3,13	wir w. auf einen neuen Himmel und eine neue Erde
	14	meine Lieben, während ihr darauf w.
Heb	6,15	so w. Abraham in Geduld und erlangte die Verheißung
	9,28	erscheinen denen, die auf ihn w., zum Heil
	10,13	w. hinfort, bis seine Feinde zum Schemel seiner Füße
	27	(haben wir) nichts als ein W. auf das Gericht
	11,10	er w. auf die Stadt, die einen festen Grund hat
Jak	5,7	der Bauer w. auf die kostbare Frucht der Erde
Jud	21	w. auf die Barmherzigkeit unseres Herrn

Wärterin

Rut	4,16	(Noomi) ward seine W.

warum

1Mo	3,13	w. hast du das getan Ri 2,2; 1Sm 2,23; 1Kö 1,6; Jon 1,10
	4,6	w. ergrimmst du? Und w. senkst du
	12,18	w. hast du mir das angetan 20,9; 26,10; 29,25; 43,6; 2Mo 14,11; Ri 8,1; Lk 2,48
	18,13	w. lacht Sara
	31,30	w. hast du mir meinen Gott gestohlen
	42,28	w. hat Gott uns das angetan 2Mo 5,22; 5Mo 29,23; Jer 5,19; 13,22; 14,19; 16,10; 22,8
	44,4	w. habt ihr Gutes mit Bösem vergolten 5.7
2Mo	3,3	w. der Busch nicht verbrennt
	14,5	w. haben wir Israel ziehen lassen
	17,2	w. versucht ihr den HERRN 4Mo 14,41; 2Ch 24,20
	3	w. hast du uns aus Ägypten ziehen lassen 4Mo 11,20; 14,3; 20,4.5; 21,5
	32,11	ach, HERR, w. will dein Zorn entbrennen
4Mo	11,11	w. bekümmerst du deinen Knecht? Und w. finde ich keine Gnade
	22,32	w. hast du deine Eselin geschlagen
Jos	7,7	w. hast du dies Volk... geführt
	10	w. liegst du da auf deinem Angesicht
Ri	5,28	w. zögert (Siseras) Wagen
	6,13	w. ist uns das alles widerfahren
	13,18	w. fragst du nach meinem Namen
	21,3	o HERR... w. ist das geschehen in Israel
1Sm	4,3	w. hat uns der HERR geschlagen

2Sm	12,9	w. hast du das Wort des HERRN verachtet
Neh	13,11	w. wird das Haus Gottes vernachlässigt
Est	3,3	w. übertrittst du des Königs Gebot
Hi	3,11	w. bin ich nicht gestorben... w. nicht umgekommen 12; 10,18; Jer 20,18
	20	w. gibt Gott das Licht dem Mühseligen
	7,21	w. vergibst du mir... nicht 19.20
	9,29	w. mühe ich mich so vergeblich
	10,2	laß mich wissen, w. du mich vor Gericht
	13,24	w. verbirgst du dein Antlitz Ps 44,25
	18,3	w. werden wir geachtet wie Vieh
	19,22	w. verfolgt ihr mich
	21,4	w. sollte ich nicht ungeduldig sein
	7	w. bleiben die Gottlosen am Leben
	24,1	w. sind von dem Allmächtigen nicht
	33,13	w. willst du mit ihm hadern
Ps	2,1	w. toben die Heiden Apg 4,25
	22,2	mein Gott, w. hast du mich verlassen 42,10; 43,2; 44,10; 74,1; 88,15; Klg 5,20
	44,24	wache auf Herr! W. schläfst du
	74,1	w. ziehst du deine Hand zurück
	79,10	w. läßt du die Heiden sagen 115,2; Jo 2,17
	80,13	w. hast du seine Mauer zerbrochen
Pr	2,15	w. hab ich dann nach Weisheit getrachtet
Jes	3,15	w. zertretet ihr mein Volk
	5,4	w. hat er denn schlechte Trauben gebracht
	40,27	w. sprichst du: Mein Weg ist... verborgen
	45,10	w. zeugst du... w. gebierst du
	50,2	w. kam ich... w. rief ich, und niemand
	63,17	w. läßt du uns, HERR, abirren
Jer	8,5	w. will denn dies Volk irregehen
	19	ja, w. haben sie mich so erzürnt
	14,8	w. stellst du dich, als... Fremdling 9
	15,18	w. währt doch mein Leiden so lange
Hes	21,12	(und du, Menschenkind,) w. seufzest du
Hab	1,13	w. siehst du Gnade den Räubern zu
Hag	1,9	w. das? spricht der HERR Zebaoth Mal 2,14
Mal	2,10	w. verachten wir denn einer den andern
Mt	6,28	w. sorgt ihr euch um die Kleidung Lk 12,26
	9,4	w. denkt ihr so Böses in euren Herzen
	11	w. ißt euer Meister mit den Zöllnern Mk 2,16; Lk 5,30
	14	w. fasten wir so viel Mk 2,18
	13,10	w. redest du in Gleichnissen
	14,31	du Kleingläubiger, w. hast du gezweifelt
	15,2	w. übertreten deine Jünger die Satzungen 3; Mk 7,5
	17,19	w. konnten wir ihn nicht austreiben Mk 9,28
	19,7	w. hat dann Mose geboten
	21,25	w. habt ihr ihm dann nicht geglaubt Mk 11,31; Lk 20,5
	26,50	*mein Freund, w. bist du gekommen*
	27,46	mein Gott, mein Gott, w. hast du mich verlassen Mk 15,34
Mk	2,24	w. tun deine Jünger am Sabbat, was nicht erlaubt ist Lk 6,2
Lk	2,48	mein Sohn, w. hast du uns das getan
	12,56	w. könnt ihr über diese Zeit nicht urteilen 57
	19,23	w. hast du mein Geld nicht zur Bank gebracht
	31	wenn jemand fragt: W. bindet ihr es los 33
Jh	1,25	w. taufst du, wenn du nicht der Christus bist
	7,19	w. sucht ihr mich zu töten
	45	w. habt ihr ihn nicht gebracht
	8,46	wenn ich die Wahrheit sage, w. glaubt ihr mir nicht
	12,5	w. ist dieses Öl nicht verkauft worden
Apg	4,25	w. toben die Heiden
	5,3	w. hat der Satan dein Herz erfüllt 4.9
	7,26	w. tut einer dem andern Unrecht

Apg 10,21 w. seid ihr hier
29 frage ich, w. ihr mich habt holen lassen
15,10 w. versucht ihr Gott dadurch, daß

was

1Mo 4,10 w. hast du getan 31,26
15,2 w. willst du mir geben 38,16
25,32 w. soll mir da die Erstgeburt
27,37 w. soll ich nun dir noch tun 30,31; 31,43
37,26 w. hilft's uns, daß wir... töten
44,16 w. sollen wir (Josef) sagen
2Mo 3,13 w. soll ich ihnen sagen Jos 7,8
4,2 w. hast du da in deiner Hand
15,24 w. sollen wir trinken
16,7 w. sind wir, daß ihr wider uns murret 8
17,4 w. soll ich mit dem Volk tun 18,14
32,21 w. hat dir das Volk getan
3Mo 25,20 wenn ihr sagt: W. sollen wir essen
4Mo 22,28 w. hab ich dir getan 23,11
23,17 w. hat der HERR gesagt
5Mo 10,12 w. fordert der HERR noch von dir
Jos 7,9 w. willst du dann für deinen Namen tun
22,24 w. geht euch der HERR an
Ri 14,18 w. ist süßer als Honig? W. ist stärker
1Sm 10,27 w. soll (Saul) uns helfen
2Sm 16,10 w. hab ich mit euch zu schaffen 19,23; 1Kö 17,18; 2Kö 3,13; 2Ch 35,21
1Kö 18,9 w. hab ich gesündigt Jer 37,18
19,9 w. machst du hier, Elia 13
2Kö 9,18 w. geht dich der Friede an 19.22
20,8 w. ist das Zeichen Jes 38,22
Neh 2,4 w. begehrst du denn Est 5,3.6; 7,2; 9,12
19 w. ist das, w. ihr da macht 3,34; 13,17; Est 4,5
Est 6,6 w. dem Mann, den... ehren will
Hi 1,11 w. gilt's, er wird dir absagen 2,5
6,25 euer Tadeln, w. beweist das
7,17 w. ist der Mensch, daß du ihn achtest 15,14; Ps 8,5; 144,3
9,12 wer will zu ihm sagen: W. machst du Pr 8,4
21,15 w. nützt es, wenn wir ihn anrufen 31,2; 35,3
22,3 daß du gerecht bist? W. hilft's ihm
13 w. weiß Gott
27,8 w. ist die Hoffnung des Ruchlosen
31,14 w. wollte ich tun... w. antworten Jes 38,15
Ps 118,6 w. können mir die Menschen tun
Pr 2,2 sprach zur Freude: W. schaffst du
6,12 wer weiß, w. nützlich ist... wer will sagen,w. kommen wird
Hl 5,9 w. hat dein Freund voraus, du Schönste
7,1 w. seht ihr an Sulamith
8,8 w. sollen wir mit uns. Schwester tun
Jes 1,11 w. soll mir die Menge eurer Opfer
40,6 w. soll ich predigen
52,5 w. habe ich hier zu schaffen
Jer 1,11 Jeremia, w. siehst du 13; 24,3; Sa 4,2; 5,2.5.6
2,18 w. hilft's dir, daß... Und w. hilft's dir
8,6 niemand, der spräche: W. hab ich getan
9 w. können (die Weisen) Weises lehren
11,15 w. macht mein Volk in meinem Hause
22,6 spricht der HERR... w. gilt's 49,20; 50,45; Hes 13,12; 26,15; 28,9
23,33 w... die Bürde ankündigt 35.37
30,15 w. schreist du über deinen Schaden
Klg 3,39 w. murren denn die Leute im Leben
Hes 12,9 w. machst du da 24,19; 37,18
Jon 1,11 w. sollen wir denn mit dir tun
Mi 6,3 w. habe ich dir getan, mein Volk
Sa 4,4 ich sprach: Mein Herr, w. ist das 5.11-13
Mt 16,26 w. kann der Mensch geben, womit er seine Seele auslöse

Mk 2,9 w. ist leichter, zu dem Gelähmten zu sagen Lk 5,23
10,17 w. soll ich tun, damit ich das ewige Leben ererbe Lk 10,25; 18,18; Jh 6,28; Apg 16,30
36 w. wollt ihr, daß ich für euch tue Lk 18,41
Lk 1,66 w. meinst du, will aus diesem Kindlein werden
7,24 w. seid ihr hinausgegangen in die Wüste zu sehen 25.26
8,28 w. willst du von mir, Jesus, du Sohn Gottes
10,26 w. steht im Gesetz geschrieben
23,22 w. hat denn dieser Böses getan Jh 18,35
34 denn sie wissen nicht, w. sie tun
Jh 2,5 w. er euch sagt, das tut
18,38 spricht Pilatus zu ihm: W. ist Wahrheit
20,13 sprachen zu ihr: Frau, w. weinst du 15
21,21 Herr, w. wird mit diesem
Apg 4,16 w. wollen wir mit diesen Menschen tun 5,35
5,4 noch tun, w. du wolltest
24 wußten nicht, w. daraus werden sollte
8,36 w. hindert's, daß ich mich taufen lasse
9,4 Saul, Saul, w. verfolgst du mich 22,7; 26,15
10,15 w. Gott rein gemacht hat, das nenne nicht verboten 11,9
37 ihr wißt, w. in ganz Judäa geschehen ist
21,33 fragte, wer er wäre und w. er getan hätte
Rö 7,15 ich weiß nicht, w. ich tue
9,19 *w. beschuldigt er uns dann noch*
Heb 2,6 w. ist der Mensch, daß du seiner gedenkst
Jak 4,14 w. ist euer Leben

was für (ein)

1Mo 37,10 w. ist das f. e. Traum
2Mo 12,26 w. habt ihr da f. e. Brauch 13,14; Jos 4,6.21
5Mo 6,20 w. sind das f. Vermahnungen
1Kö 12,16 w. f. e. Teil an David 2Ch 10,16
2Kö 18,19 w. ist das f. e. Vertrauen Jes 36,4
Jes 40,18 w. f. e. Abbild von (Gott)
66,1 w. ist das f. e. Haus, das ihr mir
Hes 30,2 wehe, w. f. e. Tag
Mt 8,27 w. ist das f. e. Mann
Mk 6,2 w. ist das f. e. Weisheit
13,1 Meister, siehe, w. f. Steine und w. f. Bauten
Lk 4,36 w. ist das f. e. Wort
7,39 wüßte er, w. f. e. Frau das ist, die ihn anrührt
Jh 2,18 w. zeigst du uns f. e. Zeichen 6,30
6,30 w. tust du f. e. Zeichen, damit wir glauben
18,29 w. f. e. Klage bringt ihr vor
Apg 7,49 w. wollt ihr mir f. e. Haus bauen, spricht der Herr
17,19 w. das f. e. neue Lehre ist, die du lehrst
24,20 w. f. e. Unrecht sie gefunden haben
Rö 3,1 w. haben die Juden f. e. Vorzug
6,21 w. hattet ihr nun damals f. Frucht
1Ko 15,35 mit w. f. e. Leib werden sie kommen
1Pt 2,20 w. ist das f. e. Ruhm, wenn ihr
4,17 w. wird es f. e. Ende nehmen mit denen, die

Waschbecken

Ps 60,10 Moab ist mein W. 108,10

waschen

1Mo 18,4 man soll Wasser bringen, eure Füße zu w. 19,2; 24,32; 43,24; Ri 19,21; 1Sm 25,41; 2Sm 11,8
43,31 als (Josef) sein Angesicht gew. hatte
49,11 (Juda) wird sein Kleid in Wein w.

waschen

2Mo	19,10	heilige sie, daß sie ihre Kleider w. 14; 3Mo 6,20; 11,25.28.40; 13,6.34.54-56.58; 14,8.9.47; 15,5-8.10.11.13.17.21.22.27; 16,26.28; 17,15.16; 4Mo 8,7.21; 19,7.8.10.19.21; 31,24; 5Mo 23,12
	29,4	sollst Aaron und s. Söhne w. 40,12; 3Mo 8,6
	17	sollst seine Eingeweide und Schenkel w. 3Mo 1,9.13; 8,21; 9,14
	30,18	ein Becken aus Kupfer zum W. 19; 40,30-32
5Mo	21,6	sollen ihre Hände w. über der jungen Kuh
2Sm	11,2	David sah eine Frau sich w.
	12,20	da stand David auf und w. sich
	19,25	Mefi-Boschet hatte s. Kleider nicht gew.
1Kö	22,38	als sie den Wagen w. bei dem Teich – die Huren w. sich darin
2Kö	5,10	w. dich siebenmal im Jordan 12.13
2Ch	4,6	zehn Kessel... um in ihnen zu w.; das Meer, daß sich die Priester darin w.
Hi	9,30	wenn ich mich auch mit Schneewasser w.
	29,6	als ich meine Tritte in Milch
Ps	26,6	ich w. meine Hände in Unschuld 73,13
	51,4	w. mich rein von meiner Missetat 9
Spr	30,12	ist doch von ihrem Schmutz nicht gew.
Hl	5,3	ich habe meine Füße gew.
Jes	1,16	w. euch, reinigt euch
Jer	2,22	wenn du dich auch mit Lauge w.
	4,14	dein Herz von der Bosheit
Hes	16,9	ich w. dich von deinem Blut
	40,38	dort w. man die Brandopfer
Jdt	10,3	w. sich und salbte sich mit Balsam
	12,8	sie w. sich in einer Quelle
Tob	6,2	ging zum Fluß, um seine Füße zu w.
Sir	34,30	was hilft ihm sein W.
Mt	6,17	wenn du fastest, w. dein Gesicht
	15,2	sie w. ihre Hände nicht, wenn sie essen
	27,24	w. sich die Hände vor dem Volk und sprach
Mk	7,3	wenn sie nicht die Hände gew. haben 4
	4	viele andre Dinge, wie... Krüge zu w.
Lk	5,2	waren ausgestiegen u. w. ihre Netze
	11,38	daß er sich nicht vor dem Essen gew. hatte
Jh	9,7	geh zum Teich Siloah und w. dich 11.15
	13,5	fing an, den Jüngern die Füße zu w. 6.8.10.12.14
Apg	9,37	da w. sie sie und legten sie in das Obergemach
	16,33	er w. ihnen die Striemen
1Ti	5,10	wenn sie den Heiligen die Füße gew. hat
Heb	10,22	gew. am Leib mit reinem Wasser
Off	7,14	diese haben ihre Kleider gew. 22,14

Wäscher

Mal	3,2	er ist wie die Lauge der W.

Waschung

Mt	15,2	sie unterlassen die W. der Hände 20; Mk 7,2
Heb	9,10	dies sind nur äußerliche Satzungen über verschiedene W.

Wasser

1Mo	1,2	der Geist Gottes schwebte auf den W.
	6	es werde eine Feste zwischen den W. 7.9.10; Hi 26,10; 28,25; Ps 24,2; 136,6; Spr 8,29
	20	es wimmle das W. von Getier 21.22
	7,7	vor den W. der Sintflut 10.17-20.24; 8,1.3.5. 7-9.11.13; 9,11; Ps 104,6; Jes 54,9
	18,4	W. bringen, eure Füße zu waschen 24,32; 43,24
	21,14	Abraham nahm einen Schlauch mit W. 15.19
1Mo	24,11	die Frauen pflegten W. zu schöpfen 13; 2Mo 2,16; 1Sm 9,11
	17	laß mich ein wenig W. trinken 43; Ri 4,19
	26,19	fanden eine Quelle lebendigen W. 20.32
	32,24	(Jakob) führte sie über das W.
	37,24	die Grube war leer und kein W. darin Jer 38,6; Sa 9,11
	41,2	sähe aus dem W. steigen sieben Kühe 3.18
	49,4	weil du aufwalltest wie W.
2Mo	2,10	habe ihn aus dem W. gezogen Jes 63,11
	4,9	nimm W. aus dem Nil... wird das W. Blut werden 7,17.20; Ps 105,29
	7,15	(der Pharao) wird ans W. gehen 8,16
	18	wird es ekeln, das W. zu trinken 21.24
	19	recke deine Hand aus über die W. 8,2
	12,9	weder roh essen noch mit W. gekocht
	14,21	die W. teilten sich Jos 2,10; Jes 43,16; 51,10; 63,12
	22	das W. war ihnen eine Mauer 29; 15,8; Ps 78,13
	26	daß das W. herfalle über die Ägypter 28; 15,10; 5Mo 11,4; Neh 9,11; Ps 106,11
	15,22	fanden kein W. 17,1-3; 4Mo 20,2.5; 21,5; 33,14; 5Mo 8,15
	23	konnten das W. von Mara nicht trinken
	25	das (Holz) warf er ins W., da wurde es süß
	27	lagerten sich dort am W.
	17,6	an den Fels schlagen, so wird W. herauslaufen 4Mo 20,8.10; 27,14; 5Mo 8,15; Neh 9,15.20; Ps 78,15.20; 105,41; Jes 48,21
	20,4	kein Bildnis machen von dem, was im W. ist 5Mo 4,18; 5,8
	23,25	so wird er dein Brot und dein W. segnen
	29,4	sollst Aaron und seine Söhne mit W. waschen 40,12; 3Mo 8,6
	30,18	ein Becken und W. hineintun 40,7.30
	32,20	zermalmte und streute es aufs W.
	34,28	aß kein Brot und trank kein W. 5Mo 9,9.18; Esr 10,6
3Mo	1,9	d. Eingeweide mit W. waschen 13; 8,21
	6,21	Topf... mit W. spülen 15,12
	11,9	essen, was im W. lebt 10.12.46; 5Mo 14,9
	32	alles Gerät soll man ins W. tun 34.36.38
	14,5	zu Vogel zu schlachten über frischem W. 6. 50-52
	8	soll sich mit W. abwaschen 9; 15,5-8.10.11.13. 16-18.21.22.27; 16,4.24.26.28; 17,15; 22,6; 4Mo 19,7.8.19; 5Mo 23,12
4Mo	5,17	(der Priester soll) heiliges W. nehmen 18.19. 22-24.26.27; 8,7
	19,17	soll fließendes W. darauf tun 18
	20,17	wir wollen auch nicht W. trinken 19
	21,16	ich will ihnen W. geben
	24,6	wie Gärten am W... Zedern an den W.
	7	fließt von W. über... hat W. die Fülle
	31,23	sollt ihr durchs W. gehen lassen
5Mo	2,6	W. sollt ihr für Geld kaufen 28; Klg 5,4
	12,16	Blut auf die Erde gießen wie W. 24; 15,23
	23,5	nicht entgegenk. mit Brot und W. Neh 13,2
Jos	3,8	das W. des Jordan 13.15; 4,7.18; 5,1
	7,5	verzagte das Herz des Volks u. ward zu W.
	9,23	W. schöpfen für das Haus meines Gottes
	11,5	am W. von Merom 7
	15,7	(Grenze) geht zu dem W. von En-Schemesch
	16,1	an den W. von Jericho
Ri	5,4	die Wolken troffen von W. Ps 77,18
	19	zu Taanach am W. Megiddos
	25	Milch gab sie, als er W. forderte
	6,38	Tau aus der Wolle, eine Schale voll W.
	7,4	führe das Volk hinab ans W. 5

Ri	7,5	wer mit seiner Zunge W. leckt	Spr	5,15 trinke W. aus deiner Zisterne
	15,19	spaltete die Höhlung, daß W. herausfloß		8,24 die Quellen, die von W. fließen
1Sm	7,6	schöpften W. und gossen es aus vor dem HERRN 2Sm 23,16; 1Ch 11,18		9,17 gestohlenes W. ist süß
	25,11	sollte ich mein Brot und mein W. nehmen		17,14 der dem W. den Damm aufreißt
	30,11	gaben ihm W. zu trinken 12		18,4 die Worte in eines Mannes Munde sind wie tiefe W. 20,5
2Sm	14,14	wie W., das auf die Erde gegossen wird		25,21 dürstet ihn, so tränke ihn mit W.
	17,20	sie gingen weiter zum W.		25 wie kühles W. für eine durstige Kehle
	22,17	zog mich aus großen W. Ps 18,17; 144,7		27,19 wie sich im W. das Angesicht spiegelt
	23,15	W. zu trinken holen 1Kö 17,10; 1Ch 11,17		30,16 die Erde, die nicht des W. satt wird
1Kö	13,8	an diesem Ort kein W. trinken 9.16-19.22	Pr	1,7 alle W. laufen ins Meer
	14,15	wie das Rohr im W. bewegt wird		11,1 laß dein Brot über das W. fahren
	18,4	Obadja versorgte (die Propheten) mit W. 13	Hl	4,15 ein Born lebendigen W. (bist du)
	34	holt vier Eimer voll W. 35.38		5,12 sie sitzen an reichen W.
	19,6	zu seinen Häupten ein Krug mit W.		8,7 daß viele W. die Liebe nicht auslöschen
	22,27	speist ihn mit Brot und W. 2Ch 18,26	Jes	1,22 dein Wein (ist) mit W. verfälscht
2Kö	2,8	nahm seinen Mantel und schlug ins W. 14		30 ihr werdet sein wie ein Garten ohne W.
	19	in dieser Stadt ist böses W. 21.22		3,1 der Herr wird wegnehmen allen Vorrat an W.
	3,9	hatte das Heer und das Vieh kein W.		8,6 weil dies Volk verachtet die W. von Siloah
	11	Elisa, der Elia W. auf die Hände goß		7 über sie kommen lassen die W. des Stromes
	5,12	besser als alle W. in Israel		11,9 wie das Meer bedeckt Hab 2,14
	6,5	fiel ihm das Eisen ins W.		12,3 ihr werdet mit Freuden W. schöpfen
	22	setze ihnen Brot und W. vor		15,6 die W. von Nimrim versiegen Jer 48,34
	8,15	nahm die Decke und tauchte sie in W.		9 die W. von Dimon sind voll Blut
	19,24	habe getrunken die fremden W. Jes 37,25		17,12 Nationen, wie große W. tosen sie 13
	20,20	durch die er W. in die Stadt geleitet hat		18,2 das in leichten Schiffen auf den W. fährt
1Ch	14,11	wie das W. einen Damm durchbricht		19,5 das W. im Nil wird vertrocknen 6.7
2Ch	32,4	daß die Könige von Assur kein W. finden		8 die Angeln ins W. werfen, werden klagen
Hi	3,24	mein Schreien fährt heraus wie W.		21,14 bringet den Durstigen W. entgegen
	5,10	der W. kommen läßt die Gefilde 38,34		22,9 sammelet das W. des unteren Teiches 11
	8,11	kann Schilf wachsen ohne W.		23,3 brachte man nach Sidon hin über große W.
	11,16	würdest so wenig daran denken wie an W.		28,17 W. sollen den Schutz wegschwemmen
	12,15	wenn er das W. zurückhält, wird alles dürr		30,14 darin man W. schöpfe aus dem Brunnen
	14,9	grünt er wieder vom Geruch des W.		20 der Herr wird euch in Ängsten W. geben
	11	wie W. ausläuft aus dem See		32,20 die ihr säen könnt an allen W.
	19	W. wäscht Steine weg 22,16		33,16 sein W. hat er gewiß
	15,16	der Mensch, der Unrecht säuft wie W.		35,6 werden W. in der Wüste hervorbrechen 43,20
	22,7	hast die Durstigen nicht getränkt mit W.		40,12 wer mißt die W. mit der hohlen Hand
	24,18	er fährt leicht wie auf dem W. dahin		41,17 die Elenden und Armen suchen W.
	26,5	die Schatten drunten erbeben ebenso wie W.		43,2 wenn du durch W. gehst, will ich bei dir
	8	faßt das W. zusammen in Wolken 37,11		44,3 will W. gießen auf das Durstige
	28,11	man wehrt dem Tröpfeln des W.		4 wachsen sollen wie Gras zwischen W.
	29,19	meine Wurzel reiche zum W. hin		12 trinkt kein W., so daß er matt wird
	34,7	Hiob, der Hohn trinkt wie W.		47,2 entblöße den Schenkel, wate durchs W.
	37,10	die weiten W. liegen erstarrt 38,30		48,1 die ihr aus dem W. Judas gekommen
Ps	18,16	da sah man die Tiefen der W.		50,2 daß ihre Fische vor Mangel an W. stinken
	22,15	ich bin ausgeschüttet wie W.		55,1 die ihr durstig seid, kommt her zum W.
	23,2	er führet mich zum frischen W.		58,11 Wasserquelle, der es nie an W. fehlt
	29,3	d. Stimme d. HERRN erschallt über den W.		64,1 wie Feuer W. sieden macht
	33,7	er hält die W. des Meeres zusammen Spr 30,4	Jer	2,13 machen sich Zisternen, die kein W. geben
	42,2	wie der Hirsch lechzt nach frischem W.		6,7 wie ein Brunnen sein W. quellen läßt
	58,8	werden vergehen wie W., das verrinnt		8,23 daß ich W. genug hätte in meinem Haupte
	63,2	aus dürrem Land, wo kein W. ist		9,17 unsre Augenlust ist zu W.
	65,10	Gottes Brünnlein hat W. die Fülle		10,13 so ist W. die Menge am Himmel 51,16
	66,12	wir sind in Feuer und W. geraten		14,3 schicken nach W… finden kein W.
	69,2	das W. geht mir bis an die Kehle 3		17,8 der ist wie ein Baum, am W. gepflanzt
	15	daß ich errettet werde aus den tiefen W.		13 verlassen die Quelle des lebendigen W.
	73,10	läuft ihnen zu in Haufen wie W.		41,12 trafen ihn an dem großen W. bei Gibeon
	77,17	die W. sahen dich und ängstigten sich		46,7 seine W. wälzten sich dahin 8
	20	dein Pfad (ging) durch große W.		47,2 es kommen W. heran von Norden
	79,3	haben ihr Blut vergossen wie W.		50,38 Dürre soll kommen über ihre W.
	104,3	du baust deine Gemächer über den W.		51,13 die du an großen W. wohnst
	10	du lässest W. in den Tälern quellen		55 Wellen brausen heran wie große W.
	107,23	trieben ihren Handel auf großen W.	Klg	2,19 schütte dein Herz aus wie W.
	109,18	dringe in ihn wie (Fluch) wie W.	Hes	1,24 ihre Flügel rauschen wie große W.
	124,4	so ersäufte uns W. 5; Klg 3,54		4,11 das W. sollst du abgemessen trinken 16
	137,1	an den W. zu Babel saßen wir und weinten		17 damit sie an Brot und W. Mangel leiden
	148,4	lobet ihn, ihr W. über dem Himmel		12,18 sollst dein W. trinken mit Zittern 19
Spr	3,20	quellen die W. der Tiefe hervor		

Wasser

Hes	16,4	hat dich nicht mit W. gebadet 9
	17,5	in gutes Land, wo viel W. war 7.8; 19,10
	24,3	setz ihn auf und gieß W. hinein
	27,34	bist in die tiefen W. gestürzt
	31,4	W. ließ ihn groß werden 5.7.14.16
	15	daß die großen W. nicht fließen konnten
	32,2	rührtest das W. auf
	13	will alle Tiere umbringen an den W.
	14	will seine W. klar machen
	34,18	nicht genug, klares W. zu trinken
	36,25	will reines W. über euch sprengen
	43,2	die Herrlichkeit Gottes brauste wie W.
	47,1	da floß ein W. heraus 2-5.8.9.12; Sa 14,8
	8	ins Tote Meer... soll dessen W. gesund w.
Dan	1,12	laß uns W. zu trinken geben
	12,6	Mann, der über den W. des Stroms stand 7
Hos	2,7	die mir mein Brot und W. geben
	5,10	will meinen Zorn ausschütten wie W.
	10,7	der König ist dahin wie Schaum auf dem W.
Jo	4,18	alle Bäche in Juda werden voll W. sein
Am	4,8	zogen zu einer Stadt, um W. zu trinken
	5,8	der das W. im Meer herbeiruft 9,6
	24	es ströme das Recht wie W.
	8,8	soll sich heben wie die W. des Nils 9,5
	11	schicken werde, nicht Durst nach W.
Jon	2,6	W. gingen mir ans Leben
	3,7	man soll sie nicht W. trinken lassen
Mi	1,4	wie die W., die talwärts stürzen
Nah	1,4	alle W. läßt er versiegen Sa 10,11
	2,7	werden die Tore an den W. geöffnet 9
	3,8	No-Amon, die vom W. umgeben war
	14	schöpfe dir W., denn du wirst belagert
Hab	3,8	entbrannte dein Grimm wider die W.
Jdt	5,10	daß das W. auf beiden Seiten stand Sir 39,22
	13	dort wurde das bittere W. süß Sir 38,5
	7,7	Quellen, aus denen sie W. holen 10
	12	hatten alle Bewohner kein W. mehr
	9,7	das W. ersäufte sie Wsh 18,5
	14	Gott des Himmels, Schöpfer der W.
Wsh	5,23	die W. des Meeres werden toben
	10,18	sie leitete sie durch große W.
	11,4	ihnen wurde W. gegeben aus... Fels 7
	6	das W. des Nils mit Blut vermischtest
	14	den sie einst im W. geworfen hatten
	13,2	(die) mächtige W. für Götter halten
	16,17	daß das Feuer noch stärker im W. brannte 19; 19,19
	29	wird wie unnützes W. wegfließen
	17,19	ob das W. gewaltig dahinschoß
	19,7	wo vorher W. stand, sah man Land
	18	was auf dem Land zu leben pflegt, ging ins W., und was im W. zu sein pflegt
Sir	3,33	wie das W. ein brennendes Feuer löscht
	15,16	er hat dich vor Feuer und W. gestellt
	18,8	wie ein Tröpflein W. im Meer
	25,33	wie man W. nicht durchbrechen lassen soll
	26,15	wie ein Wanderer vom... W. trinkt
	29,28	das Erste zum Leben sind W. und Brot 39,31
	31,31	Stahl, wenn er in W. getaucht ist
	40,11	wie alle W. wieder ins Meer fließen
	16	wenn sie sehr feucht am W. ständen
	43,22	so wird das W. zu Eis; wo W. ist, da weht er
	50,3	wurde für das W. ein Teich ausgehauen
	8	(leuchtete) wie die Lilien am W.
1Ma	5,41	wollen wir über das W. angreifen 42.43; 9,33. 48; 16,6
	8,31	wollen dich zu W. und zu Lande angreifen 15,14
2Ma	1,20	haben W. gefunden 21.33
	36	die Leute nannten dies W. Neftar
2Ma	15,40	immer nur W. trinken wird einem zuwider
StD	3,37	alle W. droben am Himmel, lobt den Herrn
	55	was sich im W. regt, lobt den Herrn
Mt	3,11	ich taufe euch mit W. zur Buße Mk 1,8; Lk 3,16; Jh 1,26.31.33
	16	Jesus stieg alsbald aus dem W. Mk 1,10
	7,25	als die W. kamen 27
	8,32	sie ersoffen im W.
	10,42	einen Becher W. zu trinken gibt Mk 9,41
	14,28	befiehl mir, zu dir zu kommen auf dem W.
	29	stieg aus dem Boot und ging auf dem W.
	17,15	er fällt oft ins Feuer und oft ins W. Mk 9,22
	26,7	hatte ein Glas mit köstlichem W. 9.12
	27,24	nahm er W. und wusch sich die Hände
Mk	4,1	ein Boot, das im W. lag
	7,3	essen nicht, wenn sie nicht die Hände mit einer Handvoll W. gewaschen haben
	14,13	der trägt einen Krug mit W.
Lk	7,44	du hast mir kein W. für meine Füße gegeben
	8,24	bedrohte die Wogen des W. 25
	16,24	damit er die Spitze s. Fingers ins W. tauche
Jh	2,7	füllt die Wasserkrüge mit W. 9
	9	als der Speisemeister den Wein kostete, der W. gewesen war 4,46
	3,5	es sei denn, daß jemand geboren werde aus W.
	23	es war da viel W. Apg 8,36.38
	4,7	da kommt eine Frau aus Samarien, um W. zu schöpfen
	10	der gäbe dir lebendiges W. 11
	13	wer von diesem W. trinkt, den wird wieder dürsten 14
	15	Herr, gib mir solches W.
	5,3	warteten, daß sich das W. bewegte 4.7
	4	der Engel des Herrn bewegte das W.
	7,38	von dessen Leib werden Ströme lebendigen W. fließen
	13,5	danach goß er W. in ein Becken
	19,34	sogleich kam Blut und W. heraus
	21,7	gürtete er sich das Obergewand um und warf sich ins W.
Apg	1,5	Johannes hat mit W. getauft 11,16
	10,47	kann jemand das W. zur Taufe verwehren
	16,13	gingen wir hinaus an das W.
1Ti	5,23	trinke nicht mehr nur W.
1Pt	3,20	wenige gerettet wurden durchs W. hindurch
2Pt	2,17	sind Brunnen ohne W. und Wolken Jud 12
	3,5	die Erde, die aus W. und durch W. Bestand
1Jh	5,6	dieser ist's, der gekommen ist durch W. und Blut
	8	der Geist und das W. und das Blut
Heb	9,19	nahm er das Blut von Kälbern mit W.
	10,22	gewaschen am Leib mit reinem W.
Jak		aus einem Loch süßes und bitteres W. 12
Off	7,17	leiten zu den Quellen des lebendigen W.
	8,11	der dritte Teil der W. wurde zu Wermut
	11,6	haben Macht über die W., sie in Blut zu verwandeln
	12,15	stieß aus ihrem Rachen W. aus
	14,2	ich hörte eine Stimme wie die Stimme eines großen W. 19,6
	16,5	ich hörte den Engel der W. sagen
	12	sein W. trocknete aus, damit der Weg
	17,1	Hure, die an vielen W. sitzt
	15	die W. sind Völker
	21,6	von der Quelle des W. umsonst 22,17
	22,1	er zeigte mir einen Strom lebendigen W.

Wasserarm

Sir 24,43 da wurde mein W. zum Strom

Wasserbach

5Mo 10,7 zogen in ein Land mit W.
Ps 1,3 wie ein Baum, gepflanzt an den W.
Spr 5,16 und deine W. auf die Gassen
21,1 des Königs Herz ist... wie W.
Hl 5,12 seine Augen sind wie Tauben an den W.
Jes 30,25 werden W. und Ströme fließen
32,2 wie W. am dürren Ort
41,18 ich will W. auf den Höhen öffnen
44,4 wachsen sollen wie die Weiden an den W.
Jer 31,9 ich will sie zu W. führen
Klg 3,48 W. rinnen aus meinen Augen
Jo 1,20 die W. sind ausgetrocknet

Wasserbad

Eph 5,26 er hat sie gereinigt durch das W. im Wort

Wasserbrunnen

1Mo 21,19 daß (Hagar) einen W. sah
25 stellte Abimelech zur Rede um des W. willen
24,11 ließ die Kamele lagern bei dem W. 13.43
26,18 ließ die W. wieder aufgraben
2Kö 3,19 werdet verstopfen alle W. 25
Off 7,17 leiten zu den lebendigen W.
8,10 ein großer Stern fiel über die W.
14,7 den, der gemacht hat die W.
16,4 goß aus seine Schale in die W.

Wasserflut

2Sm 5,20 der HERR hat... wie W. durchbrechen
Hi 22,11 die W. bedeckt dich
27,20 wird ihn Schrecken überfallen wie W.
Ps 32,6 wenn große W. kommen
Jes 28,2 wie W. wirft er zu Boden
30,28 sein Odem wie eine W.
Nah 3,8 deren Mauern und Bollwerk W. waren
Hab 3,15 tratest nieder... im Schlamm der W.
Lk 6,48 als aber eine W. kam

wasserfrei

2Ma 1,19 eines Brunnens, der eine w. Stelle besaß

Wassergraben

Jes 33,21 weite W. wird es geben
Sir 24,40 ein W., der in den Lustgarten geleitet wird

Wasserkrug

1Sm 26,11 nimm den Spieß und den W. 12.16
Lk 22,10 euch ein Mensch begegnen, der trägt einen W.
Jh 2,6 es standen dort sechs steinerne W. 7

Wasserleitung

2Kö 18,17 an der W. des oberen Teiches Jes 7,3; 36,2
20,20 wie er den Teich und die W. gebaut hat
Neh 3,15 baute die Mauer am Teich der W.
Jdt 7,6 Quelle, die durch eine W. in die Stadt floß
Diese W. ließ er zerstören

Wasserquelle

1Mo 16,7 der Engel des HERRN fand sie bei einer W.
2Mo 15,27 Elim; da waren zwölf W. 4Mo 33,9
Jos 15,19 gib mir auch W. Ri 1,15
1Kö 18,5 wollen durchs Land ziehen zu allen W.
2Kö 2,21 ging zu der W. und warf das Salz hinein
2Ch 32,3 ob man die W. verdecken sollte 30
Ps 107,33 er ließ W. versiegen
35 gab dem dürren Lande W. Jes 41,18
114,8 wandelte die Steine in W.
Jes 49,10 ihr Erbarmer wird sie an die W. leiten
58,11 wirst sein wie eine W.
Off 8,10 der fiel auf die W.
14,7 betet an den, der gemacht hat die W.
16,4 der dritte Engel goß aus seine Schale in die W.

Wasserrauschen

Off 1,15 seine Stimme wie großes W.

wasserreich

1Mo 13,10 ehe der HERR Sodom vernichtete, war sie w.
5Mo 29,18 fortgerafft das w. mit dem dürren Land
Ps 107,35 er machte das Trockene wieder w.
Jer 31,12 ihre Seele sein wird wie ein w. Garten
49,4 was rühmst du dich deines w. Tales
Sir 39,28 als er w. Land in ein Salzmeer verwandelte

Wasserschlauch

Hi 38,37 wer kann die W. am Himmel ausschütten

Wasserschöpfer

5Mo 29,10 (steht alle vor dem HERRN,) dein W.
Jos 9,21 laßt sie leben, damit sie W. seien 27

Wasserspiegel

Hi 38,30 daß der W. gefriert

Wasserstadt

2Sm 12,27 ich habe die W. eingenommen

Wasserstelle

2Mo 7,19 recke deine Hand aus über alle W.
Ri 7,24 nehmt (den Midianitern) die W. weg
Jes 41,18 ich will die Wüste zu W. machen

Wasserstrom

Ps 78,16 daß sie hinabflossen wie W.
93,3 die W. erheben sich
Jes 18,2 Volk, dessen Land W. durchschneiden 7
42,15 ich will die W. zu Land machen 50,2
43,19 ich mache W. in der Einöde
48,18 würde dein Friede sein wie ein W.
Hes 29,10 ich will an dich und an deine W.
Hab 3,10 der W. fuhr dahin
StE 6,7 ergoß sich eine W. aus einer Quelle 7,3
StD 3,54 Meer und W., lobt den Herrn
Off 8,10 ein Stern fiel auf den dritten Teil der W.
9,14 *an dem großen W. Euphrat 16,12*
16,4 goß aus seine Schale in die W.

wassersüchtig

wassersüchtig
Lk 14,2 da war ein Mensch vor ihm, der war w.

Wassersumpf
Jes 14,23 ich will Babel machen zu einem W.

Wassertor
Neh 3,26 gegenüber dem W. 8,1.3.16; 12,37

Wassertropfen
Hi 36,27 er zieht empor die W.

Wasserwoge
Ps 42,8 alle deine W. und Wellen gehen über mich
93,4 die W. im Meer sind groß und brausen
Wsh 5,10 Schiff, das auf den W. dahinfährt
Lk 21,25 das Meer und die W. werden brausen

Wasti
Est 1,9 die Königin W. machte ein Festmahl 11.12. 15-17.19; 2,1
2,4 das Mädchen werde Königin an W. Statt 17

waten
Jes 47,2 entblöße den Schenkel, w. durchs Wasser

weben
1Mo 1,21 alles Getier, das da lebt und w.
2Mo 39,27 Untergewänder aus Leinwand, gew.
3Mo 13,48 (eine aussätzige Stelle) an Gew. 49-59
19,19 Kleid, das aus zweierlei Faden gew. ist
Jes 19,9 die da w., werden erbleichen
38,12 zu Ende gew. hab ich mein Leben
59,5 brüten Natterneier und w. Spinnweben
Hes 47,9 alles, was darin lebt und w.
Tob 2,19 Hanna ging alle Tage zum W.
Lk 12,27 seht die Lilien an: sie w. nicht
Jh 19,23 ungenäht, von oben an gew. in einem Stück
Apg 17,28 in ihm leben, w. und sind wir

Weber
2Mo 35,35 zu machen alle Arbeiten des W.
Jes 19,10 die W. werden geschlagen sein
38,12 zu Ende gewebt mein Leben wie ein W.

Weberarbeit
2Mo 28,32 eine Borte um die Öffnung in W.

Weberbaum
1Sm 17,7 der Schaft seines Spießes war wie ein W. 2Sm 21,19; 1Ch 11,23; 20,5

Weberschiffchen
Hi 7,6 meine Tage sind schneller... als ein W.

Webstuhl
Ri 16,13 mit dem Aufzug deines W.

Wechsel
Ps 88,1 vorzusingen zum Reigentanz im W.
Jak 1,17 bei dem ist (kein) W. des Lichts und der Finsternis

Wechselbank
Lk 19,23 warum hast du nicht... in die W. gegeben

wechseln
1Mo 35,2 reinigt euch und w. eure Kleider
Ps 102,27 wie ein Kleid wirst du sie w. Heb 1,12
Spr 28,2 um des Landes Sünde willen w. seine Herren
Jer 2,11 (schaut,) ob die Heiden ihre Götter w.
Ze 1,11 alle, die Geld w., sind ausgerottet
Wsh 7,18 (daß ich begreife,) wie die Jahreszeiten w.

Wechsler
Mt 21,12 stieß um der W. Tische Mk 11,15; Jh 2,14.15
25,27 hättest mein Geld zu den W. bringen sollen

wecken
Hi 3,8 kundig, den Leviatan zu w.
Ps 57,9 ich will das Morgenrot w. 108,3
Hl 8,5 unter dem Apfelbaum w. ich dich
Jes 9,2 du w. lauten Jubel
50,4 alle Morgen w. er mir das Ohr
Sir 22,7 einer, der jemand aus tiefem Schlaf w.
Apg 12,7 er stieß Petrus in die Seite und w. ihn

Wedan
Hes 27,19 W. und Jawan haben Kalmus gebracht

wedeln
Tob 11,9 der Hund w. mit dem Schwanz

weder – noch
1Mo 24,50 nichts dazu sagen, w. Böses n. Gutes
45,6 daß w. Pflügen n. Ernten sein wird
2Mo 20,4 kein Bildnis, w. von dem... n. von dem 23
3Mo 10,9 Wein n. starke Getränke trinken 4Mo 6,3
16,29 w. ein Einheimischer n. ein Fremdling 18,26
26,1 sollt euch w. Bild n. Steinmal aufrichten
4Mo 20,17 wollen w. zur Rechten n. zur Linken 22,26; 5Mo 2,27; 5,8.32; 17,11.20; 28,14; Jos 1,7; 23,6; 2Kö 22,2; 2Ch 34,2; Spr 4,27; Jes 30,21
22,18 w. im Kleinen n. im Großen
23,25 sollst es w. verfluchen n. segnen
5Mo 1,39 Kinder, die w. Gutes n. Böses verstehen
4,28 Götzen, die w. sehen n. hören n. essen n. Off 9,20
10,9 die Leviten w. Anteil n. Erbe haben 12,12; 14,27.29; 18,1
23,20 Zinsen, w. für Geld n. für Speise
28,39 wirst w. Wein trinken n. Trauben lesen
Jos 10,14 kein Tag diesem gleich, w. vorher n. danach
1Kö 3,7 weiß w. aus n. ein
11 bittest w. um Leben n. um Reichtum
8,23 im Himmel n. auf Erden 2Ch 6,14
17,1 soll w. Tau n. Regen kommen 2Kö 3,17
2Ch 36,17 verschonte w. die Jünglinge n. die Jungfrauen, w. die Alten n. die Greise Hes 14,16. 18.20

Weg

Esr	9,14	daß es w. einen Rest n. Entronnene gibt
Jes	34,10	w. Tag n. Nacht verlöschen 60,11
	49,10	werden w. hungern n. dürsten, sie wird w. Hitze n. Sonne stechen
Jer	7,16	sollst w. Klage n. Gebet vorbringen
Hes	29,11	daß w. Mensch n. Tier darin wohnen
Mt	10,9	w. Gold n. Silber n. Kupfer haben Lk 9,3
	12,32	w. in dieser n. in jener Welt
	22,29	weil ihr w. die Schrift kennt n. die Kraft Gottes Mk 12,24
	25,13	denn ihr wißt w. Tag n. Stunde
Mk	12,25	werden sie w. heiraten n. sich heiraten lassen Lk 20,35
Lk	14,12	lade w. deine Freunde n. deine Brüder n. deine Verwandten ein
	35	es ist w. für den Acker n. für den Mist zu gebrauchen
Jh	4,21	w. auf diesem Berge n. in Jerusalem den Vater anbeten werdet
	8,19	ihr kennt w. mich n. meinen Vater 16,3
	9,3	es hat w. dieser gesündigt n. seine Eltern
Apg	8,21	du hast w. Anteil n. Anrecht an dieser Sache
	16,21	Ordnungen, die wir w. annehmen n. einhalten
	19,37	diese Menschen, die w. Tempelräuber n.
	23,12	verschworen, w. zu essen n. zu trinken 21
	24,12	w. im Tempel n. in den Synagogen n. in der Stadt
	25,8	ich habe mich w. am Gesetz n. am Kaiser versündigt
	27,20	viele Tage w. Sonne n. Sterne schienen
	28,21	w. Briefe empfangen n. ist ein Bruder gekommen
Rö	8,38	ich bin gewiß, daß w. Tod n. Leben 39
	9,11	ehe die Kinder w. Gutes n. Böses getan
1Ko	3,7	so ist w. der pflanzt n. der begießt etwas
	6,9	w. Unzüchtige n. Götzendiener (werden das Reich Gottes ererben)
	10,32	keinen Anstoß, w. bei den Juden n. Griechen
Gal	5,6	in Christus Jesus gilt w. Beschneidung n. Unbeschnittensein etwas 6,15
2Th	2,2	w. durch eine Weissagung n. durch ein Wort
Heb	7,3	er hat w. Anfang der Tage n. Ende des Lebens
Jak	5,12	schwört w. bei dem Himmel n. bei der Erde n. mit einem andern Eid
Off	3,15	daß du w. kalt n. warm bist 16
	5,3	niemand, w. im Himmel n. auf Erden n. unter der Erde
	9,20	Götzen, die w. sehen n. hören n. gehen

weg

1Mo	19,9	sie aber sprachen: W. mit dir
Mt	4,10	w. mit dir, Satan 16,23; Mk 8,33
Jh	19,15	w., w. mit dem! Kreuzige ihn
	20,1	sieht, daß der Stein vom Grab w. war
Apg	1,11	Jesus, der von euch w. gen Himmel aufgenommen wurde
	21,36	die Menge folgte und schrie: W. mit ihm

Weg (s.a. geradewegs)

1Mo	3,24	zu bewachen den W. zu dem Baum des Lebens
	6,12	alles Fleisch hatte seinen W. verderbt
	16,7	der Engel fand (Hagar) bei der Quelle am W.
	18,19	daß sie des HERRN W. halten 2Sm 22,22; Ps 18,22; 37,34
1Mo	24,48	den HERRN, der mich den rechten W. geführt
	28,10	Jakob machte sich auf den W. 29,1; 31,21
	20	wird Gott mich behüten auf dem W., so
	32,2	zog seinen W. 33,16; 4Mo 24,25; Ri 17,8; 18,26; 19,9.14.27; 1Sm 1,18; 13,15; 21,1; 24,8; 25,12; 2Sm 16,13; 1Kö 1,49; 18,6; Jer 28,11
	35,3	Gott, der mit mir gewesen auf dem W.
	19	begraben auf dem W. nach Efrata 48,7
	38,14	setzte sich vor das Tor an dem W. 16.21
	42,25	dazu Zehrung auf den W. 45,21.23
	38	wenn ihm ein Unfall auf dem W. begegnete
	45,24	zanket nicht auf dem W.
	49,17	Dan wird eine Schlange werden auf dem W.
2Mo	13,17	führte sie nicht den W. durch das Land
	21	Wolkensäule, um sie den rechten W. zu führen 5Mo 1,33; Neh 9,12.19
	18,8	Mühsal, die ihnen auf dem W. begegnet war
	20	daß du sie lehrest den W. 1Sm 12,23; 2Ch 6,27
	23,2	nicht auf dem W. zum Bösen folgen
	20	Engel, der dich behüte auf dem W. Ps 91,11
	32,8	sind schnell von dem W. gewichen 5Mo 9,12. 16; Ri 2,17
	33,13	laß mich deinen W. wissen Ps 103,7
4Mo	14,25	zieht auf dem W. am Schilfmeer 5Mo 1,40
	21,1	daß Israel herankam auf dem W. 4
	33	zogen den W. nach Baschan 5Mo 2,8; 3,1
	22,22	Engel des HERRN trat in den W. 23.31.34
	32	dein W. ist verkehrt in meinen Augen
5Mo	1,2	auf dem W. zum Gebirge Seïr
	22	Männer, die uns den W. sagen
	31	daß dich der HERR getragen auf dem W. 8,2; Jos 24,17
	2,8	weggezogen, weg von dem W. durch die Steppe
	27	will weder zur Rechten... vom W. abweichen
	5,33	wandelt in allen W., die euch der HERR geboten 8,6; 10,12; 11,22; 19,9; 26,17; 28,9; 30,16; Jos 22,5; 1Kö 2,3; 3,14; 8,58; 11,38; 2Ch 6,31; Jer 7,23
	11,28	Fluch, wenn ihr abweicht von dem W.
	13,6	weil er dich von dem W. abbringen wollte
	14,24	wenn der W. zu weit ist für dich 19,6
	17,16	nicht wieder diesen W. gehen sollt 28,68
	19,3	sollst den W. dahin herrichten
	21,2	sollen die Ältesten den W. abmessen
	23,5	euch nicht entgegenkamen auf dem W.
	24,9	was der HERR mit Mirjam tat auf dem W.
	25,17	was dir die Amalekiter taten auf dem W. 1Sm 15,2
	27,18	wer einen Blinden irreführt auf dem W.
	28,7	auf einem W. ausziehen und auf sieben W. fliehen 25
	29	wirst auf deinem W. kein Glück haben
	31,29	daß ihr von dem W. abweichen (werdet)
Jos	1,8	dann wird es dir auf deinen W. gelingen
	2,7	jagten den Männern nach auf dem W. 8,15; 10,10.11
	3,4	müßt wissen, auf welchem W. ihr gehen sollt
Ri	2,22	ob sie den W. des HERRN bleiben
	5,6	waren verlassen die W... ungebahnten W.
	10	die ihr auf dem W. gehet: Singet
	9,37	ein Heerhaufe kommt daher auf dem W.
	14,8	bog vom W. ab 19,15
	18,5	ob unser W. auch zum Ziel führt 6
	20,42	wandten sich auf den W. zur Steppe 1Sm 26,3; 2Sm 2,24; 15,23; 2Kö 3,8
1Sm	6,9	geht (die Lade) den W. hinauf in ihr Land

Weg

1Sm	8,3	seine Söhne wandelten nicht in seinen W. 5
	9,6	vielleicht sagt er uns unsern W. 8
	13,23	den engen W. von Michmas 14,4; Jes 10,29
	15,18	der HERR sandte dich auf den W. 20; 1Kö 8,44; 2Ch 6,34
	17,52	Philister blieben erschlagen auf dem W.
	24,4	als (Saul) kam zu den Schafhürden am W.
	20	läßt ihn mit Frieden seinen W. gehen
	30,22	jeder nehme... und gehe seines W.
2Sm	13,15	Amnon sprach zu ihr: Auf, geh deiner W.
	30	als sie noch auf dem W. waren 34
	15,2	Absalom trat an den W. bei dem Tor
	18,23	lief Ahimaaz auf dem W. durchs Jordantal
	22,31	Gottes W. sind vollkommen Ps 18,31
	33	Gott weist mir den rechten W. Ps 25,12; 32,8
1Kö	2,2	ich gehe hin den W. aller Welt
	4	werden deine Söhne auf ihre W. achten 8,25; 2Ch 6,16
	11,29	traf ihn der Prophet auf dem W. 18,7; 20,38; 2Kö 2,23
	33	nicht in meinen W. gewandelt 2Kö 21,22
	13,9	sollst nicht den W. zurückgehen 10.12.17.24. 25.28
	33	kehrte Jerobeam nicht um von s. bösen W.
	15,26	wandelte in dem W. seines Vaters 34; 16,2. 19.26; 22,43.53; 2Kö 8,18.27; 16,3; 21,21; 22,2; 2Ch 11,17; 20,32; 21,6.12.13; 22,3; 28,2; 34,2
	19,7	hast einen weiten W. vor dir 15
2Kö	5,19	als er eine Strecke W. fortgezogen war
	6,19	dies ist nicht der W.
	7,15	lag der W. voll von Kleidern und Geräten
	11,16	W. zum Hause des Königs 25,4; Jer 39,4; 52,7
	17,13	kehrt um von euren bösen W. 2Ch 7,14; Jer 18,11; 25,5; 26,3.13; 35,15; 36,3.7; Hes 18,23; 33,11; Sa 1,4
	19,28	dich nach W. zurückführen 33; Jes 37,29.34
2Ch	17,6	in den W. des HERRN noch mutiger wurde
	18,23	auf welchem W. sollte der Geist gewichen
Esr	8,22	um uns auf dem W. zu helfen 31
Hi	3,23	dem Mann, dessen W. verborgen ist
	4,6	Unsträflichkeit deiner W. deine Hoffnung
	6,18	ihr W. windet sich dahin
	12,24	führt sie irre, wo kein W. ist
	13,15	will meine W. vor ihm verantworten
	16,22	den W., den ich nicht wiederkommen werde
	17,9	der Gerechte hält fest an seinem W.
	18,8	über Fanggruben führt sein W. 10
	19,8	er hat meinen W. vermauert Klg 3,9
	12	haben ihren W. gegen mich gebaut 30,12
	21,14	wollen von deinen W. nichts wissen
	29	habt ihr nicht befragt, die des W. kommen
	22,3	wenn deine W. ohne Tadel sind
	15	hältst du den W. der Vorzeit ein
	28	das Licht wird auf deinen W. scheinen
	23,10	er kennt meinen W. gut 31,4; 33,11; Ps 119,168; 139,3; Spr 5,21
	11	ich bewahre seinen W. 31,7; Ps 44,19
	24,4	stoßen die Armen vom W.
	13	kennen Gottes W. nicht 34,27
	23	seine Augen wachen über ihrem W. 34,21; Jer 16,17; 32,19
	26,14	sind nur die Enden seiner W.
	28,23	Gott weiß den W. zu ihr 38,19.24
	26	gegeben hat Blitz und Donner den W. 38,25
	34,8	auf den W. geht mit den Übeltätern
	36,23	wer will ihm weisen seinen W.
Ps	1,1	noch tritt auf den W. der Sünder Spr 4,14
	6	der HERR kennt den W. der Gerechten, aber der Gottlosen W. vergeht
	2,12	daß ihr (nicht) umkommt auf dem W.
	5,9	ebne vor mir deinen W.
	16,11	du tust mir kund den W. zum Leben 143,8; Apg 2,28
	17,4	bewahre ich mich vor gewaltsamen W.
	5	erhalte meinen Gang auf deinen W.
	18,33	Gott macht meine W. ohne Tadel
	25,4	zeige mir deine W. 27,11; 86,11; 119,33
	8	darum weist er Sündern den W. 36,3
	9	er lehrt die Elenden seinen W.
	10	die W. des HERRN sind lauter Güte
	26,11	ich gehe meinen W. in Unschuld
	35,6	ihr W. soll finster und schlüpfrig werden
	36,5	stehen fest auf dem bösen W.
	37,5	befiehl dem HERRN deine W.
	23	er hat Gefallen an seinem W.
	49,14	ist der W. derer, die voll Torheit sind
	50,23	da ist der W., daß ich ihm zeige das Heil
	51,15	will die Übertreter deine W. lehren
	67,3	daß man auf Erden erkenne seinen W.
	77,14	dein W. ist heilig
	20	dein W. ging durch das Meer Jes 43,16; 51,10
	81,14	wenn doch Israel in meinem W. ginge
	95,10	die meine W. nicht lernen wollen
	102,24	er demütigt auf dem W. meine Kraft
	107,4	die irregingen auf ungebahntem W. 40
	7	führte sie den richtigen W.
	110,7	wird trinken vom Bach auf dem W.
	119,3	die auf seinen W. wandeln 128,1
	5	wie wird... seinen W. unsträflich gehen
	14	über den W., den deine Mahnungen zeigen
	15	ich schaue auf deine W.
	26	ich erzähle dir meine W.
	27	laß mich verstehen den W. deiner Befehle
	29	halte fern von mir den W. der Lüge
	30	ich habe erwählt den W. der Wahrheit 32
	37	erquicke mich auf deinem W.
	59	ich bedenke meine W.
	101	ich verwehre meinem Fuß alle bösen W.
	104	darum hasse ich alle falschen W. 128
	105	dein Wort ist ein Licht auf meinem W.
	125,5	die abweichen auf ihre krummen W. Spr 2,15
	138,5	sie singen von den W. des HERRN
	139,24	sieh, ob ich auf bösem W. bin, und leite mich auf ewigem W.
	140,6	stellen mir Fallen auf den W. 142,4
	143,8	tu mir kund den W., den ich gehen soll
	145,17	der HERR ist gerecht in allen seinen W.
Spr	1,15	wandle den W. nicht mit ihnen
	2,8	er bewahrt den W. seiner Frommen
	9	dann wirst du verstehen jeden guten W.
	12	daß du nicht geratest auf den W. der Bösen
	13	gehen finstere W. 4,19
	18	ihre W... zum Ort der Toten 21,16
	19	erreichen den W. des Lebens nicht
	20	daß du wandelst auf dem W. der Guten
	3,6	gedenke an ihn in allen deinen W.
	17	ihre W. sind liebliche W.
	23	wirst du sicher wandeln auf deinem W.
	31	erwähle seiner W. keinen
	4,11	ich will dich den W. der Weisheit führen
	26	alle deine W. seien gewiß
	5,6	daß du den W. des Lebens nicht wahrnimmst
	8	laß deine W. ferne von ihr sein
	6,23	die Vermahnung ist der W. des Lebens
	7,8	schritt daher auf dem W. zu ihrem Hause 25. 27; 30,20
	8,2	öffentlich am W. steht (die Weisheit)

Weg

Spr	8,20	auf dem W. der Gerechtigkeit 12,28; 16,31	Jes	57,10 hast dich abgemüht mit der Menge deiner W.
	22	hat mich gehabt im Anfang seiner W.		14 räumt die Anstöße aus dem W. 62,10
	32	wohl denen, die meine W. einhalten		17 gingen die W. ihres Herzens
	9,6	geht auf dem W. der Klugheit		18 ihre W. habe ich gesehen
	15	die richtig auf ihrem W. wandeln		58,2 begehren, meine W. zu wissen
	10,9	wer verkehrte W. geht 28,18		12 der die W. ausbessert
	17	Zucht bewahren ist der W. zum Leben		59,7 auf ihren W. wohnt Verderben Rö 3,16
	11,5	die Gerechtigkeit macht seinen W. eben		8 kennen den W. des Friedens nicht Rö 3,17
	12,15	den Toren dünkt sein W. recht		8 sie gehen auf krummen W.
	26	die Gottlosen führt ihr W. in die Irre		63,17 warum läßt du uns abirren von deinen W.
	28	böser W. führt zum Tode		64,4 die auf deinen W. deiner gedachten
	13,15	der Verächter W. bringt Verderben		65,2 auf einem W., der nicht gut ist
	14,8	daß er achtgibt auf seinen W. 19,16		66,3 wie sie Lust haben an ihren W.
	12	manchem scheint sein W. recht 16,25	Jer	2,17 sooft er dich den rechten W. leiten will
	15,9	des Gottlosen W. ist dem HERRN ein Greuel		33 findest W... auf bösen W. zu wandeln
	10	den W. verlassen, bringt böse Züchtigung		3,2 an den W. sitzt du und lauerst
	19	der W. des Faulen ist wie eine Dornenhecke		5,4 (sie) wissen nicht um des HERRN W. 5
	21	verständiger Mann bleibt auf d. rechten W.		23 sie gehen ihrer W.
	24	der W. des Lebens führt aufwärts		6,16 tretet an die W... fragt nach den W. der Vorzeit, welches der gute W. sei
	16,2	einen jeglichen dünken seine W. rein 21,2		21 will Anstöße in den W. stellen
	7	wenn eines Menschen W. wohlgefallen		18,15 zu Fall gebracht auf den alten W.
	9	des Menschen Herz erdenkt sich seinen W.		21,8 den W. zum Leben und den W. zum Tode
	17	der Frommen W. meidet das Arge; wer auf seinen W. achtet, bewahrt sein Leben		23,12 ist ihr W. wie ein glatter W.
	29	ein Frevler führt ihn auf keinen guten W.		31,9 will sie führen auf ebenem W.
	17,23	zu beugen den W. des Rechts		48,5 den W. von Horonajim Hes 48,1
	20,24	welcher Mensch versteht seinen W.		50,5 werden fragen nach dem W. nach Zion
	21,8	wer mit Schuld beladen, geht krumme W.	Klg	3,11 er läßt mich den W. verfehlen
	29	wer fromm ist, macht seine W. fest	Hes	3,18 um den Gottlosen vor seinem W. zu warnen 19; 33,8.9
	22,5	Stricke sind auf dem W. des Verkehrten		9,2 da kamen sechs Männer auf dem W.
	6	gewöhne einen Knaben an seinen W.		16,47 nicht genug, in ihren W. zu gehen 23,31
	25	du könntest auf seinen W. geraten		61 wirst an deine W. denken 20,43
	23,19	richte dein Herz auf den rechten W.		18,30 einem jeden nach seinem W. Sa 1,6
	26	laß deinen Augen meine W. wohlgefallen		20,44 handle nicht nach euren bösen W.
	26,13	es ist ein Löwe auf dem W.		21,24 mach dir zwei W. 25.26
	28,6	ein Reicher, der auf verkehrten W. geht		39,11 wird den Wanderern den W. versperren
	10	wer die Frommen verführt auf bösen W.		46,8 soll auf demselben W. wieder hinausgehen
	29,5	er spannt ihm ein Netz über den W.	Dan	4,34 seine W. sind recht Hos 14,10
	6	ein Gerechter geht seinen W.		5,23 Gott, der alle deine W. in seiner Hand hat
	30,19	des Adlers W... der Schlange W... des Schiffes W... des Mannes W.	Hos	2,8 will ihr den W. mit Dornen versperren
	31,3	die W., auf denen sich Könige verderben		6,9 sie morden auf dem W. nach Sichem
Pr	11,5	nicht weißt, welchen W. der Wind nimmt		9,8 stellen d. Propheten Fallen auf seinen W.
	12,5	wenn man sich ängstigt auf dem W.		10,13 weil du dich verläßt auf deinen W.
Jes	2,3	daß er uns lehre seine W. Mi 4,2		13,7 will wie ein Panther am W. auf sie lauern
	3,12	deine Führer verwirren die W.	Jo	2,8 ein jeder zieht auf seinem W. daher
	8,11	sollte nicht wandeln auf dem W. dieses Volks	Am	2,7 sie drängen die Elenden vom W.
	23	wird zu Ehren bringen den W. am Meer	Nah	1,3 HERR, dessen W. in Wetter und Sturm ist
	15,5	auf dem W. erhebt sich Jammergeschrei		2,6 sie stürzen heran auf ihren W.
	26,7	des Gerechten W. ist eben	Sa	3,7 wirst du in meinen W. wandeln
	8	wir warten... auf dem W. deiner Gerichte	Mal	2,8 ihr aber seid von dem W. abgewichen 9
	30,11	weicht ab vom W.		3,1 Boten, der den W. bereiten soll Mt 11,10; Mk 1,2; Lk 1,76; 7,27
	21	dies ist der W.; den geht	Jdt	5,1 daß Israel die W. im Gebirge gesperrt
	33,8	die W. sind verödet		15,2 auf allen W. flohen sie
	35,8	Bahn, die die heilige W. heißen wird	Wsh	2,15 ganz anders sind seine W.
	40,3	bereitet dem HERRN den W. 57,14		16 er meidet unsre W. wie Schmutz
	14	lehre ihn den W. des Rechts		5,6 sind vom W. der Wahrheit abgeirrt
	27	mein W. ist dem HERRN verborgen		7 wir sind verderbliche W. gegangen, aber den W. des Herrn haben wir nicht erkannt
	41,3	er berührt keinen W. nicht		11 keine Spur seines W. finden kann
	42,16	die Blinden will ich auf dem W. leiten 48,17		6,17 sie erscheint ihm freundlich auf seinen W.
	24	wollten nicht auf seinen W. wandeln		7,15 er ist's, der die Weisheit den W. führt
	43,19	ich mache einen W. in der Wüste		9,18 wurden... auf den rechten W. gebracht
	45,13	seine W. will ich eben machen 48,15		10,17 sie leitete sie auf wunderbarem W.
	49,9	am W. werden sie weiden		14,3 du gibst auch im Meer W.
	11	will meine Berge zum ebenen W. machen		18,3 Säule, die ihnen den unbekannten W. wies
	53,6	ein jeder sah auf seinen W. 56,11		23 schnitt ihm den W. zu den Lebenden ab
	55,7	der Gottlose lasse von seinem W.		19,7 da zeigte sich im Roten Meer ein W.
	8	eure W. sind nicht meine W. 9		

Weg

Tob	5,2	auch den W. dorthin kenne ich nicht 8
	23	Gott sei mit euch auf dem W. 10,12
	11,1	Haran, auf halbem W. nach Ninive
	6	Hanna saß täglich am W.
Sir	2,6	geh gerade W. und hoffe auf ihn
	18	die ihn liebhaben, bleiben auf seinen W.
	5,11	folge nicht jedem W. wie die Sünder
	6,27	halte ihre W. ein mit aller Kraft
	8,18	nicht mit einem Waghals auf den W.
	17,13	ihre W. hat er immer vor Augen
	21,11	die Gottl. gehen auf einem gepflasterten W.
	25,26	wie ein sandiger W. für einen alten Mann
	32,25	geh nicht den W., auf dem du fallen
	26	verlaß dich nicht darauf, daß der W. eben ist
	33,11	hat ihre W. verschieden bestimmt
	37,10	nicht sagt: Du bist auf dem rechten W.
	48,25	Hiskia blieb beständig auf dem W. Davids
	49,11	Hiob, der auf dem W. der Gerechtigkeit ging
Bar	3,13	wärst du auf Gottes W. geblieben
	20	fanden den W. der Weisheit nicht 27.31
	4,26	meine Kinder mußten auf rauhem W. gehen
1Ma	2,22	wollen nicht einen andern W. einschlagen
	5,46	auf dem W. kamen sie zu einer Stadt
	53	sprach dem Volk auf dem ganzen W. Mut zu
	8,19	die Abgesandten machten den weiten W. nach Rom
	11,4	sie hatten sie an seinen W. gelegt
Mt	2,12	zogen auf einem andern W. wieder in ihr Land
	3,3	bereitet dem Herrn den W. Mk 1,3; Lk 3,4; Jh 1,23
	5,25	solange du noch auf dem W. bist Lk 12,58
	7,13	der W. ist breit, der zur Verdammnis 14
	10,5	geht nicht den W. zu den Heiden
	11,10	meinen Boten, der deinen W. bereiten soll Mk 1,2; Lk 1,76; 7,27
	13,4	indem er säte, fiel einiges auf den W. 19; Mk 4,4.15; Lk 8,5.12
	15,32	damit sie nicht verschmachten auf dem W. Mk 8,3
	20,17	Jesus sprach zu ihnen auf dem W. Mk 8,27
	30	zwei Blinde saßen am W. Mk 10,46; Lk 18,35
	21,8	breitete ihre Kleider auf dem W. Mk 11,8; Lk 19,36
	19	er sah einen Feigenbaum an dem W.
	32	Johannes kam zu euch und lehrte euch den rechten W.
	22,16	daß du lehrst den W. Gottes recht Mk 12,14; Lk 20,21
Mk	6,8	gebot ihnen, nichts mitzunehmen auf den W. Lk 9,3
	9,33	was habt ihr auf dem W. verhandelt 34
	10,17	als er sich auf den W. machte 32; Lk 9,57; 13,22
	52	wurde sehend und folgte ihm nach auf dem W.
	11,4	sie fanden das Füllen draußen am W.
Lk	1,79	richte unsere Füße auf den W. des Friedens
	3,5	was uneben ist, soll ebener W. werden
	6,39	kann ein Blinder... den W. weisen
	24,13	*von Jerusalem bei zwei Stunden W.*
	32	als er mit uns redete auf dem W. 35
Jh	14,4	wo ich hingehe, den W. wißt ihr
	5	wie können wir den W. wissen
	6	ich bin der W. und die Wahrheit und das Leben
Apg	1,16	Judas, der denen den W. zeigte, die Jesus gefangennahmen
	2,28	du hast mir kundgetan die W. des Lebens

Apg	9,2	damit er Anhänger des neuen W. gefesselt
	3	als er auf dem W. war 26,13
	17	Jesus, der dir auf dem W. erschienen ist 27
	10,9	als diese auf dem W. waren und in die Nähe der Stadt kamen
	13,10	hörst du nicht auf, krumm zu machen die W. des Herrn
	14,16	hat alle Heiden ihre eigenen W. gehen lassen
	16,17	die euch den W. des Heils verkündigen
	18,25	dieser war unterwiesen im W. des Herrn
	26	legten ihm den W. Gottes noch genauer aus
	19,23	nicht geringe Unruhe über den neuen W.
	24,14	dem W., den sie eine Sekte nennen
Rö	3,16	auf ihren W. ist lauter Schaden und Jammer
	17	den W. des Friedens kennen sie nicht
	11,33	wie unerforschlich (sind) seine W.
1Ko	12,31	ich will euch einen noch besseren W. zeigen
1Th	3,11	Gott lenke unsern W. zu euch hin
2Pt	2,2	um ihretwillen wird der W. der Wahrheit verlästert werden
	15	sie verlassen den richtigen W. und folgen dem W. Bileams Jud 11
	21	daß sie den W. der Gerechtigkeit nicht erkannt hätten
Heb	3,10	sie verstanden meine W. nicht
	9,8	der W. ins Heilige noch nicht offenbart
	10,20	den er uns aufgetan hat als neuen W.
Jak	1,8	Zweifler ist unbeständig auf allen seinen W.
	11	*so wird der Reiche in seinen W. verwelken*
	2,25	als sie die Boten auf einem andern W. (hinausließ)
	5,20	*bekehrt von dem Irrtum seines W.*
Off	15,3	gerecht und wahrhaftig sind deine W.
	16,12	damit der W. bereitet würde den Königen

weg sein

Ps	37,10	nach seiner Stätte siehst, ist er w.
Spr	26,20	wenn d. Verleumder w. ist, hört Streit auf
Jes	24,11	man klagt, daß alle Freude w. ist
Mi	7,2	die frommen Leute sind w. in diesem Lande
Sir	15,8	sie ist weit w. von den Hochmütigen
	27,22	er ist zu weit w., er ist entsprungen
1Ma	2,11	alle seine Herrlichkeit ist w.

wegbewegen

| Off | 6,14 | alle Berge und Inseln wurden wegbew. |

wegblasen

| Hag | 1,9 | wenn ihr's heimbringt, so b. ich's w. |

wegbleiben

| Jes | 65,5 | b. w. und rühr mich nicht an |

wegblicken

| Hi | 7,19 | warum b. du nicht von mir w. 14,6 |

wegbringen

5Mo	26,14	habe nichts davon wegg., als ich unrein
Jes	46,2	sie können die Last nicht w.
2Ma	4,39	als viele Geräte wegg. worden waren

wegen

3Mo	5,6	w. seiner Sünde 10.13; 15,15.30.31; 16,16.34; 19,22; 26,39; 5Mo 19,15; Jos 22,20; Hes 7,16; 16,36; 20,43
1Kö	8,11	nicht hinzutreten w. der Wolke 2Ch 5,14
Esr	9,4	die erschrocken waren w. des Treubruchs
Jes	45,11	zur Rede stellen w. meiner Söhne… w. des Werkes meiner Hände
Jer	7,12	getan habe w. der Bosheit meines Volks 12,4; 32,32; Klg 4,13
	39,11	hatte Befehl gegeben w. Jeremia

wegfahren

Mt	14,13	als das Jesus hörte, f. er von dort w.
Mk	6,33	man sah sie w.
Lk	5,3	bat ihn, ein wenig vom Land w.
Jh	6,1	danach f. Jesus w. über das Meer
	22	seine Jünger waren allein wegg.
Apg	18,21	er f. w. von Ephesus

Wegfahrt

Mt	10,10	*auch keine Tasche zur W.*

wegfegen

Jes	14,23	will es mit dem Besen des Verderbens w.
Hes	26,4	ich will seine Erde von ihm w.

wegfliegen

Ps	55,7	hätte ich Flügel, daß ich w.
Jer	4,25	alle Vögel waren wegg.
Hos	9,11	muß die Herrlichkeit Ephraims w.

wegfließen

Jos	3,16	das Wasser nahm ab und f. ganz w. 4,7
Wsh	16,29	wird wie unnützes Wasser w.

wegführen (s.a. gefangen)

1Mo	19,12	den f. w. von dieser Stätte
	31,18	(Jakob) f. w. all sein Vieh
2Mo	6,6	will euch w. von den Lasten 7; 7,5
	14,11	daß du uns w. mußtest
4Mo	31,26	nimm die Beute, die wegg. wurde, auf
5Mo	4,27	Heiden, unter denen euch der HERR w. wird
	6,23	(der HERR) f. uns von dort w.
	21,10	daß du Gefangene von ihnen w.
1Sm	30,2	hatten niemand getötet, sondern sie wegg.
2Sm	12,30	David f. viel Beute w. 1Ch 20,2
1Kö	8,48	im Lande ihrer Feinde, die sie wegg.
2Kö	5,2	die Kriegsleute hatten ein Mädchen wegg.
	15,29	f. w. nach Assyrien 16,9; 17,6.23; 18,11; 1Ch 5,26
	17,27	einen der Priester, die von dort wegg. 28
	20,17	daß alles nach Babel wegg. Jer 20,4
	24,14	er f. w. ganz Jerusalem 15; 25,11.21.27; 1Ch 5,41; 9,1; 2Ch 36,20; Esr 2,1; 5,12; Neh 7,6; Est 2,6; Jer 1,3; 13,19; 24,1; 27,20; 29,1.2.4.7. 14; 40,1.7; 52,27.28.30.31; Hes 17,4
1Ch	5,21	sie f. w. ihr Vieh 2Ch 14,14
	8,7	Gera, dieser f. sie w. (nach Manahat)
2Ch	21,17	(Philister und Araber) f. alle Habe w.
	28,11	bringt die Gefangenen, die ihr wegg.
	17	die Edomiter f. einige w.
	29,9	um dessentwillen sind unsere Söhne wegg.
Hi	20,28	seine Ernte wird wegg. werden
	21,18	wie Spreu, die der Sturmwind w.
	27,21	der Ostwind wird ihn w.
Jes	5,13	darum wird mein Volk w. werden
	23,7	ihre Füße f. sie weit w.
	27,8	indem du es w., hast du es gerichtet
	40,24	ein Wirbelsturm w. sie 41,16; 57,13
	52,5	mein Volk ist umsonst wegg.
Jer	24,5	so will ich blicken auf die Wegg.
	28,4	samt allen Wegg. aus Juda will ich wieder 6
	29,4	spricht der HERR Zebaoth zu den Wegg. 31
	22	zum Fluchwort unter allen Wegg.
	41,14	Volk, das Jischmaël von Mizpa wegg. 16
	43,3	damit sie uns nach Babel w.
	12	will ihre Götter w.
	49,29	man wird alle Geräte und Kamele w.
Klg	4,22	der Herr wird dich nicht mehr w. lassen
Hes	1,1	als ich unter den Wegg. war
	3,11	geh hin zu den Wegg. 14.15; 11,24.25
	25,3	weil ihr ruft: Es ist wegg.
	39,23	um seiner Missetat willen wegg. worden
	28	der ich sie unter die Heiden wegg.
Dan	11,8	wird ihre Götter samt den Bildern w.
Hos	10,5	seine Herrlichkeit wird von ihnen wegg.
Am	1,5	Aram soll nach Kir wegg. werden
	6	weil sie die Gefangenen alle wegg. haben
	5,27	euch w. lassen bis jenseits von Damaskus
Ob	20	die Wegg. von *Israel werden… besitzen
Sa	6,10	nimm von den Wegg. (Gold)
Jdt	2,16	er f. auch alle Midianiter
	5,16	einen andern anbeteten, wurden sie wegg.
Tob	7,4	aus dem Stamm Naftali sind wir w.
Bar	1,9	als Nebukadnezar das Volk des Landes wegg. hatte StE 6,2
	2,14	Gnade bei denen, die uns wegg. haben
	4,16	die haben die Söhne der Witwe wegg.
	26	sie sind wie eine Herde wegg.
	27	der euch hat w. lassen, wird euch nicht vergessen
	5,6	zogen aus, wegg. von den Feinden
1Ma	1,34	f. Frauen und Kinder w. 5,13; 15,40
	2,9	seine kostbaren Geräte hat man wegg.
2Ma	1,19	als unsre Väter nach Persien wegg. wurden
	2,1	denen, die wegg. wurden, geboten habe
Apg	7,43	ich will euch w. bis über Babylon hinaus

weggeben

1Mo	29,26	daß man die jüngere w. vor der älteren

weggehen

1Mo	18,33	der HERR g. w… Abraham kehrte um
2Mo	5,20	als sie von dem Pharao w.
	10,23	daß niemand w. konnte von dem Ort
	35,20	da g. die ganze Gemeinde von Mose w.
3Mo	8,33	sollt 7 Tage nicht w. von der Stiftshütte
4Mo	24,11	g. nun w. in dein Land
5Mo	1,24	als diese w. Jos 2,21.22
Jos	22,9	die Söhne Ruben g. w. aus Silo
Rut	2,8	auch nicht von hier w.
1Sm	10,9	als Saul s. wandte, um von Samuel w. 15,27
	14,3	wußte nicht, daß Jonatan wegg. war 17
	20,13	daß du mit Frieden w. kannst 2Sm 3,22-24
	41	als der Knabe wegg. war, stand David auf
	22,5	da g. David w. und kam nach Jaar-Heret
	26,12	sie g. w., und es war niemand, der es sah
2Sm	3,26	als Joab von David w.
	19,25	von dem Tage an, da der König wegg. war
1Kö	17,3	g. w. von hier und verbirg dich

weggehen

1Kö	19,19	Elia g. von dort w. und fand Elisa
2Kö	2,1	g. Elia und Elisa von Gilgal w.
	5,25	als sie wegg. waren, trat er vor s. Herrn
	8,14	(Hasaël) g. w. von Elisa
1Ch	19,5	sie g. w., und man berichtete David
	21,21	Arauna g. von der Tenne w.
Hi	22,9	die Witwen hast du leer w. lassen
Ps	34,1	von David, als er w.
Spr	14,7	g. w. von dem Toren
	20,14	wenn man w., so rühmt man sich
	22,10	treibe... hinaus, so g. der Zank w.
Pr	8,3	g. von seinem Angesicht w.
Jes	52,11	g. w. aus ihrer Mitte, reinigt euch
Jer	15,1	treibe sie weg von mir, laß sie w.
Dan	6,19	der König g. w. in seinen Palast
Am	7,12	du Seher, g. w. und flieh
Jdt	11,3	sage mir, warum du von ihnen wegg. bist
Wsh	3,3	ihr W. (wird) von uns für Verderben (gehalten)
Tob	11,2	wie es deinem Vater ging, als du von ihm w.
Sir	31,25	steh auf, erbrich dich und g. w.
StD	1,7	wenn das Volk mittags wegg. war
Mt	9,9	als Jesus von dort w. 15,21; Mk 6,1; 9,30; 10,46; 11,12; Jh 11,54; 12,36
	16,23	g. w. von mir, Satan Mk 8,33
	22,5	g. w., einer auf seinen Acker
	25,41	g. w. von mir, ihr Verfluchten
	28,8	sie g. eilends w. vom Grab Lk 24,9
Lk	5,8	Herr, g. w. von mir
	13,31	mach dich auf und g. w. von hier
Jh	6,67	da fragte Jesus die Zwölf: Wollt ihr auch w.
	8,9	als sie das hörten, g. sie w.
	14,31	steht auf und laßt uns von hier w.
	16,7	es ist gut für euch, daß ich w.
Apg	28,25	g. w., als Paulus dies eine Wort gesagt hatte

wegheben

Sa	12,3	alle, die ihn w. wollen
Mt	4,10	*h. dich w. von mir, Satan*
Jh	11,39	h. den Stein w. 41

wegholen

Tob	2,9	Tobias h. weiterhin die Erschlagenen w.

wegjagen

Hi	30,8	die man aus dem Lande wegg. hatte

wegkommen

1Mo	42,15	ihr sollt nicht von hier w.

weglassen

Off	11,2	den äußeren Vorhof des Tempels l. w.

weglaufen

1Sm	13,8	begann das Volk von Saul w. 11
2Sm	18,9	sein Maultier l. unter ihm w.
Dan	4,11	daß die Tiere w.
Hos	1,2	das Land l. vom HERRN w.
	4,12	daß sie mit ihrer Hurerei Gott w. 9,1

weglocken

Jos	8,6	bis wir sie von der Stadt w. 16
2Ch	18,31	Gott l. sie von ihm w.

Wegnahme

Heb	11,5	*vor seiner W. hat er das Zeugnis gehabt*

wegnehmen

1Mo	27,35	dein Bruder hat deinen Segen wegg.
	42,36	Benjamin wollt ihr auch w.
2Mo	10,17	daß er doch diesen Tod von mir w.
3Mo	6,3	der Priester soll die Asche w.
	10,17	daß ihr die Schuld der Gemeinde w. sollt
Ri	7,24	n. (den Midianitern) die Wasserstellen w.
1Sm	4,11	Lade Gottes wurde wegg. 17.19.21.22; 5,1
	21,7	an dem Tage, an dem man das andere w.
2Sm	3,15	Isch-Boschet ließ (Michal) w. ihrem Mann
	7,15	Saul, den ich vor dir wegg. habe
	12,13	so hat auch der HERR deine Sünde wegg.
	14,14	Gott will nicht das Leben w.
	21,12	die hatten (die Gebeine) heimlich wegg.
	24,10	n. w. die Schuld deines Knechts 1Ch 21,8
1Kö	15,22	sie n. die Steine von Rama w. 2Ch 16,6
2Kö	24,13	er n. w. alle Schätze im Hause des HERRN 25,14; 2Ch 12,9; Esr 6,5; Jer 28,3; 52,18; Dan 5,2.3
1Ch	7,21	ihnen das Vieh w.
	17,7	habe dich von der Weide wegg.
2Ch	20,25	n. sich so viel w., daß es kaum zu tragen
Hi	1,15	n. sie w. und erschlugen die Knechte 17
	12,20	er n. w. den Verstand der Alten
	24,19	der Tod n. w., die da sündigen
	34,20	die Mächtigen werden wegg.
	36,20	nach der Nacht, die Völker w.
Ps	89,44	hast die Kraft seines Schwerts wegg.
	102,25	n. mich nicht w. in d. Hälfte meiner Tage
	104,29	n. du w. ihren Odem, so vergehen sie
	105,16	er n. w. allen Vorrat an Brot Hes 4,16; 5,16; 14,13
Spr	11,30	Gewalttat n. das Leben w.
	22,27	wird man dein Bett unter dir w.
Jes	3,1	der Herr wird w. Stütze und Stab
	18	wird der Herr den Schmuck w. Hes 23,26
	4,4	d. Herr wird d. Blutschuld Jerusalems w.
	5,5	sein Zaun soll wegg. werden
	8,4	soll die Macht von Damaskus wegg. werden
	18,5	wird er die Reben w. und abhauen
	22,8	da wird der Schutz Judas wegg. werden
	25,7	er wird auf diesem Berge die Hütte w.
	27,9	daß seine Sünden wegg. werden Sa 3,9
	38,12	meine Hütte ist über mir wegg.
	49,24	kann man einem Starken den Raub w. 25
	57,13	ein Hauch wird sie w.
Jer	7,34	ich will w. den Jubel der Freude 25,10
	16,5	habe meinen Frieden von diesem Volk wegg.
Hes	11,19	ich will das steinerne Herz w. 36,26
	17,22	will der Zeder die Spitze w.
	23,10	die n. ihre Söhne und Töchter w. 25
	29,19	daß er all ihr Gut w. soll 30,4; 38,13
	33,4	das Schwert kommt und n. ihn w. 6
	6	wird um seiner Sünde willen wegg.
	42,5	die Absätze n. Raum w.
Dan	8,11	n. ihm das tägliche Opfer w.
Jo	1,5	(Wein) ist euch vor eurem Munde wegg.
	16	ist nicht die Speise vor unsern Augen wegg.
Ze	3,15	der HERR hat deine Strafe wegg.
Sa	9,7	will das Blut von ihrem Munde w.
Wsh	18,5	da n. du ihnen die Kinder w.
Tob	3,6	n. meinen Geist in Frieden 16
Sir	47,4	er n. die Schmach von seinem Volk w.
Bar	1,8	Gefäße, die aus dem Tempel wegg. waren

Bar	4,34	ich will die Menge ihres Volkes w.
1Ma	1,23	ließ w. den goldenen Altar
	3,45	die Freude war von Jakob wegg.
	7,47	Judas n. die Beute mit sich w.
Mk	4,15	kommt der Satan und n. das Wort w.
	7,27	nicht recht, daß man den Kindern das Brot w.
Lk	11,52	ihr habt den Schlüssel der Erkenntnis wegg.
Jh	15,2	jede Rebe, die keine Frucht bringt, w.
	20,2	haben den Herrn wegg. aus dem Grab 13
Apg	8,33	sein Leben wird von der Erde wegg.
Rö	11,27	wenn ich ihre Sünden w. werde
1Jh	3,5	daß er erschienen ist, damit er die Sünden w.
Heb	9,28	geopfert, die Sünden vieler w.
	10,4	es ist unmöglich, durch das Blut Sünden w. 11
	11,5	*durch den Glauben ward Henoch wegg.*
Off	22,19	wenn jemand etwas w. von den Worten, so wird Gott ihm seinen Anteil w.

wegraffen

5Mo	4,26	daß ihr wegg. werdet aus dem Lande
Hi	9,12	wenn er w., wer will ihm wehren
	15,30	wird ihn durch den Hauch seines Mundes w.
Spr	21,7	der Gottlosen Gewalt r. sie selber w.
Jes	33,4	wird man Beute w., wie Heuschrecken w.
	57,1	der Gerechte ist wegg. durch die Bosheit
	66,17	sollen miteinander wegg. werden
Jer	44,12	will w., die übriggeblieben sind
Hos	4,3	auch die Tiere werden wegg. Ze 1,3
Ze	1,2	will alles vom Erdboden w.
Wsh	11,20	wegg. von dem Hauch deiner Macht
Sir	47,24	r. die Söhne dessen nicht w., der ihn geliebt

wegreißen

2Mo	21,14	sollst ihn von meinem Altar w.
2Sm	6,8	daß der HERR den Usa so w. 1Ch 13,11
Jes	53,8	er ist aus dem Lande der Lebendigen wegg.
	58,6	gib frei... r. jedes Joch w.
Jer	5,10	r. ihre Weinranken w.
	12,3	r. sie w. wie Schafe zum Schlachten
Hes	13,21	ich will eure Hüllen w.
StD	1,32	ließen die Bösewichte ihr den Schleier w.
Mt	11,12	die Gewalt tun, r. es w.

wegschaffen

2Mo	8,27	der HERR s. die Stechfliegen w. vom Pharao
3Mo	26,6	will die wilden Tiere aus eurem Lande w.
2Sm	20,13	als er nun von der Straße wegg. war
Ps	119,119	du s. alle Gottlosen auf Erden w.
1Ko	5,7	s. den alten Sauerteig w.

wegschauen

Jes	22,4	darum sage ich: S. w. von mir

Wegscheide

Hes	21,26	der König von Babel wird an der W. stehen

wegscheuchen

Sir	22,25	wer... s. (die Vögel) w.

wegschicken

1Ch	12,20	die Fürsten der Philister s. (David) w.
Jes	27,8	indem du (Israel) w., hast du es gerichtet
Tob	5,25	den Trost unsres Alters hast du wegg. 26

wegschlagen

Dan	4,11	haut den Baum um und s. ihm die Äste w.

wegschleppen

2Sm	19,43	daß wir (den König) für uns wegg. hätten
Hos	5,14	ich s. (Ephraim und Juda) w.
Am	4,3	ihr werdet zum Hermon wegg. werden
Jdt	15,8	s. w., was die Assyrer zurückgelassen

wegschleudern

Jes	22,18	(der HERR wird) dich w. wie eine Kugel
Jer	10,18	ich will die Bewohner des Landes w.

wegschütten

Mt	5,13	als daß man es w.

wegschwemmen

Hi	14,19	seine Fluten s. die Erde w.
Jes	8,8	sie werden w. und überfluten
	28,17	Wasser sollen den Schutz w.

wegsehen

Hi	33,21	Knochen stehen heraus, daß man lieber w.

wegstehlen

2Sm	19,4	das Kriegsvolk s. sich w. in die Stadt

wegstoßen

2Mo	2,17	da kamen Hirten und s. sie w.
2Kö	4,27	Gehasi trat herzu, um sie w.
	17,20	bis er sie von seinem Angesicht w. 24,20; Jer 52,3
Hi	30,12	sie haben meinen Fuß wegg.
Ps	35,5	der Engel des HERRN w.
Sir	12,12	nicht neben dich, damit er dich nicht w.
Off	2,5	wenn nicht, werde ich deinen Leuchter w.

Wegstunde

Lk	24,13	von Jerusalem etwa zwei W. entfernt

wegtragen

1Sm	17,34	ein Löwe oder ein Bär t. ein Schaf w.
1Kö	20,6	was ihnen gefällt, sollen sie w.
1Ma	4,43	die t. die unreinen Steine w.
Jh	2,16	t. das w. und macht nicht m. Vaters Haus zum Kaufhaus
	20,15	Herr, hast du ihn wegg., so sage mir

wegtreiben

2Mo	12,39	weil sie aus Ägypten wegg. wurden
	22,9	irgendein Stück Vieh wird ihm wegg.
Jos	24,12	Angst und Schrecken t. sie vor euch w.
1Sm	23,5	David t. ihnen ihr Vieh w.

wegtreiben 1578

2Kö 17,11 Heiden, die der HERR vor ihnen wegg.
Hi 12,23 er breitet ein Volk aus und t.'s w.
    24,3 sie t. den Esel der Waisen w.
    30,5 aus der Menschen Mitte werden sie wegg.
Jes 20,4 wird Assyrien w. die Gefangenen Ägyptens
Jer 15,1 t. (dies Volk) w. von mir
    49,19 ich will sie eilends daraus w. 50,44
Jo 2,20 will den Feind aus Norden von euch w.
Apg 18,16 er t. sie w. von dem Richterstuhl

wegtun

3Mo 26,10 wenn das Neue kommt, das Vorjährige w.
5Mo 13,6 auf daß du das Böse aus deiner Mitte w.
    17,7.12; 19,19; 21,21; 22,21.22.24; 24,7
    19,13 unschuldig verg. Blut aus Israel w. 21,9
2Kö 16,14 den kupfernen Altar t. er w.
    17,18 der HERR t. (Israel) w. 23; 23,27
2Ch 15,8 er t. w. die greulichen Götzen 30,14
Hi 11,14 wenn du den Frevel von dir w. 22,23
    30,11 hat den Zaum wegg., an dem er mich hielt
Pr 3,14 man kann nichts dazutun noch w.
Jes 6,12 der HERR wird die Menschen weit w.
Jer 4,1 wenn du deine Götzen w. Hes 11,18; 43,9
    4 t. w. die Vorhaut eures Herzens
    26,2 predige alle Worte und t. nichts davon w.
    32,31 daß ich sie von meinem Angesicht w. muß
Hes 21,31 t. w. den Kopfbund und nimm ab die Krone
Dan 1,16 da t. der Aufseher die Speise w.
Hos 2,4 daß sie die Zeichen ihrer Hurerei w.
    19 will die Namen der Baale w.
Am 5,23 t. w. von mir das Geplärr deiner Lieder
Sa 9,10 ich will die Wagen w. aus Ephraim
1Ma 13,48 ließ alles w., was unrein macht
Apg 13,22 als er denselben w., erweckte er David
Kol 2,14 hat ihn wegg. und an das Kreuz geheftet
2Th 2,7 nur muß der, der es jetzt noch aufhält, wegg. werden

wegwälzen

Mt 28,2 w. den Stein w. und setzte sich darauf
Mk 16,4 wurden gewahr, daß der Stein wegg. war Lk 24,2

wegwaschen

Hi 14,19 Wasser w. Steine w.
    22,16 das Wasser hat ihren Grund wegg.

Wegweiser

Hes 21,24 stelle einen W. an den Anfang

wegwenden

4Mo 12,9 (der HERR) w. sich w.
Jos 22,18 ihr w. euch heute von dem HERRN w.
Ri 20,42 und w. sich w. von den Männern Israels
1Kö 19,21 Elisa w. sich von ihm w.
Hes 10,16 so w. sich auch die Räder nicht w.
Sir 4,4 w. dein Angesicht nicht w. von d. Armen 5
    9,8 w. den Blick w. von schönen Frauen
    14,8 ein böser Mensch, der sein Angesicht w.

wegwerfen

2Kö 7,15 voll von Geräten, die die Aramäer wegg.
2Ch 29,19 Geräte, die der König Ahas hatte w. lassen
Ps 18,43 ich w. sie w. wie Unrat auf die Gasse

Pr 3,5 Steine w. hat seine Zeit 6
Jes 2,20 wird jedermann w. seine Götzen 30,22
    22,17 der HERR wird dich w., wie ein Starker w.
Jer 23,33 ihr seid die Last, ich will euch w. 39
Hes 20,7 jeder w. w. die Greuelbilder 8
Hos 1,6 nicht mehr erbarmen, sondern will sie w.
Ze 1,17 ihre Eingeweide sollen wegg. werden
1Ma 5,43 die Feinde w. ihre Waffen w. 7,44
Mt 13,48 aber die schlechten w. sie w.
Lk 14,35 es ist... zu gebrauchen, man wird's w.
Jh 15,6 wer nicht in mir bleibt, der wird wegg.
Gal 2,21 ich w. nicht w. die Gnade Gottes
Heb 10,35 w. euer Vertrauen nicht w.

wegzaubern

Jes 47,11 Unglück, das du nicht w. weißt

Wegzehrung

2Mo 12,39 weil sie sich keine W. zubereitet hatten
1Sm 22,10 (Ahimelech) gab (David) W.
Jer 40,5 gab ihm W. und Geschenke

Wegzeichen

Jer 31,21 richte dir W. auf

wegziehen

1Mo 19,30 Lot z. w. von Zoar
    31,30 wenn du schon wegg. bist
2Mo 11,1 dann wird (der Pharao) euch w. lassen 12,31
5Mo 2,8 als wir von den Söhnen Esau wegg. waren
Ri 4,11 Heber war von den Kenitern wegg.
    20,31 wurden wegg. von der Stadt 32
    21,24 die *Israeliten z. von dort w.
1Sm 6,20 zu wem soll er von uns z.
    15,6 weicht und z. w. von den Amalekitern
    29,10 z. w., sobald es Tag ist 11
2Kö 5,11 da wurde Naaman zornig und z. w. 12
    18,14 ich hab Unrecht getan, z. w. von mir
Jes 37,37 Sanherib z. w. und kehrte heim
Jer 2,37 du mußt auch von dort w.
    48,7 Kemosch muß gefangen w. Nah 3,10
Hes 31,12 daß alle Völker w. mußten
1Ma 6,63 danach z. er eilends w. nach Antiochien
    7,19 Bakchides z. w. von Jerusalem
    35 er z. w. in heftigem Zorn
    13,50 sie mußten aus der Burg w.

weh, wehe, Wehe

4Mo 21,29 w. dir, Moab Jer 48,1.46
5Mo 2,25 damit ihnen bange und w. werden soll
1Sm 4,7 w. uns, denn solches... nicht geschehen 8
Hi 10,15 wäre ich schuldig, dann w. mir
Ps 120,5 w. mir, daß ich weilen muß unter Meschech
Spr 23,29 wo ist W.? Wo ist Leid
Pr 4,10 w. dem, der allein ist, wenn er fällt
    10,16 w. dir, Land, dessen König ein Kind ist
Jes 1,4 w. dem sündigen Volk
    24 w.! Ich werde mir Trost schaffen
    3,11 w. den Gottlosen, sie haben es schlecht 9
    5,8 w. denen, die 11.18.20-22; 10,1; 29,15; 31,1; 45,9.10; Jer 22,13; Am 5,18; Mi 2,1; Hab 2,6.9.12.15.19; Ze 2,5
    6,5 w. mir, ich vergehe 24,16; Jer 4,31
    10,5 w. Assur, der meines Zornes Rute ist
    18,1 w. dem Lande voll schwirrender Flügel

Jes	28,1	w. der prächtigen Krone der Trunkenen	Gal	4,19 Kinder, die ich abermals unter W. gebäre
	29,1	w. Ariel, Ariel, du Stadt	1Th	5,3 überfallen wie die W. eine schwangere Frau
	30,1	w. den abtrünnigen Söhnen		
	33,1	w. dir, du Verwüster		**wehen**
Jer	4,13	w. uns! Wir sind verloren	Ps	78,26 er ließ w. den Ostwind
	19	wie ist mir so w.		147,18 er läßt seinen Wind w., da taut es
	6,4	w., es will Abend werden	Hl	4,16 komm, Südwind, und w. durch meinen Garten
	24	es ist uns angst und w. geworden		
	13,27	w. dir, Jerusalem Hes 16,23; 24,6.9; Ze 3,1	Jes	29,5 die Menge der Tyrannen wie w. Spreu
	15,10	w. mir, meine Mutter, daß du mich geboren		40,24 läßt einen Wind unter sie w.
	23,1	w. euch Hirten Hes 34,2; Sa 11,17	Sir	43,18 durch seinen Willen w. der Südwind
	30,7	w., es ist ein gewaltiger Tag 50,27		22 wenn der kalte Nordwind w.
	45,3	du sprichst: W. mir	Bar	6,61 ebenso w. der Wind in jedem Land
Klg	5,16	o w., daß wir so gesündigt haben	Mt	7,25 als die Winde w. 27
Hes	2,10	darin stand geschrieben Klage, Ach und W.	Lk	12,55 wenn der Südwind w., so sagt ihr: Es wird heiß
	6,11	w. über alle schlimmen Greuel		
	13,3	w. den törichten Propheten 18	Apg	27,13 als der Südwind w.
	21,20	w., (das Schwert) ist zum Blitzen gemacht		
	30,2	w., was für ein Tag Jo 1,15		**Wehgeschrei**
Hos	7,13	w. ihnen, daß sie von mir weichen	Jer	50,46 sein W. wird unter den Völkern erschallen
	9,12	w. ihnen, wenn ich von ihnen gewichen bin	Jdt	14,16 erhob sich ein großes W. in ihrem Lager
Am	5,16	auf allen Straßen wird man sagen: W., w.		
	6,1	w. der Sorglosen zu Zion und w. denen		**Wehklage**
Nah	3,1	w. der mörderischen Stadt	2Mo	6,5 habe gehört die W. der *Israeliten
Jdt	16,20	w. den Heiden, die mein Volk verfolgen	Jer	20,16 am Morgen soll er W. hören
Sir	2,14	w. denen, die an Gott verzagen 15	Am	8,10 will alle eure Lieder in W. verwandeln
	16	w. denen, die die Geduld verloren haben		
	41,11	w. euch, ihr Gottlosen		**wehklagen**
Mt	11,21	w. dir, Chorazin! W. dir, Betsaida Lk 10,13	2Mo	2,24 Gott erhörte ihr W. Ri 2,18
	18,7	w. der Welt der Verführung wegen	Jes	15,4 darum w. die Gerüsteten Moabs
	23,13	w. euch, Schriftgelehrte und Pharisäer 14.16. 23.25.27.29; Lk 11,42-44.46.47.52	Jer	7,29 w. auf den Höhen
			Klg	5,15 unser Reigen ist in W. verkehrt
	24,19	w. den Schwangeren zu jener Zeit Mk 13,17; Lk 21,23	Hes	32,18 w. über das stolze Volk in Ägypten
			Am	5,16 wird in allen Gassen W. sein 17
	26,24	doch w. dem Menschen, durch den Mk 14,21; Lk 22,22	1Ma	1,28 jeder Bräutigam w.
			2Ma	11,6 baten unter W. und Tränen den Herrn
Lk	6,24	w. euch Reichen 25.26	Mt	2,18 in Rama hat man gehört viel W.
	17,1	w. dem, durch den sie kommen		24,30 dann werden w. alle Geschlechter auf Erden Off 1,7
1Ko	9,16	w. mir, wenn ich das Evangelium nicht		
Jud	11	w. ihnen! Denn sie gehen den Weg Kains		**Wehmutter**
Off	8,13	w., w., w. denen, die auf Erden wohnen	1Mo	35,17 sprach die W.: Fürchte dich nicht
	9,12	das erste W. ist vorüber; siehe, es kommen noch zwei W. danach 11,14		38,28 da nahm die W. einen roten Faden
	12,12	w. aber der Erde und dem Meer		**Wehr**
	18,10	w., w., du große Stadt 16.19	Jes	26,1 zum Schutze schafft er Mauern und W.
			Jer	46,14 setze dich zur W.
		weh(e) tun		
Ps	35,13	ich t. mir w. mit Fasten		**wehren**
	73,21	als es mir w. t. im Herzen	1Mo	8,2 dem Regen vom Himmel wurde gew.
	119,158	es t. mir w., daß sie... nicht halten		23,6 kein Mensch unter uns wird dir w.
Spr	23,35	schlugen mich, aber es ist mir nicht w.	4Mo	11,28 Mose, mein Herr, w. ihnen
Pr	10,9	wer Steine bricht, der kann sich w. t.		17,13 da wurde der Plage gew. 15; Ps 106,30
Jes	66,4	will Lust daran haben, daß ich ihnen w. t.		22,16 w. dich doch nicht dagegen
Klg	1,20	daß mir's im Leibe davon w. t. 2,11	1Sm	3,13 daß er wußte... und ihnen nicht w. hat
Hes	21,11	sollst seufzen, bis dir die Lenden w. t.	2Ch	13,7 noch jung, so daß er sich nicht gegen sie w.
	28,24	kein Gestrüpp, ihm w. zu t.	Esr	4,21 Befehl, daß man diesen Männern w. 23
Sir	14,10	es t. ihm w., wenn er auftischen muß		5,5 so daß ihnen nicht gew. wurde
	38,20	ein Leben in Armut t. dem Herzen w.	Hi	7,11 will mit meinem Munde nicht w.
Apg	16,18	*Paulus t. das w.*		9,12 wer will ihm w. 11,10; 23,13; Jes 14,27
				13 Gott w. seinem Zorn nicht
		Wehe, die		28,11 man w. dem Tröpfeln des Wassers
1Sm	4,19	ihre W. überfielen sie	Ps	33,10 der HERR w. den Gedanken der Völker
Hi	39,3	werfen ihre Jungen und werden los ihre W.		
Hl	8,5	wo deine Mutter mit dir in W. kam		
Jes	66,7	ehe sie W. bekommt, hat sie geboren 8		
Jer	22,23	wenn dir W. kommen werden Mi 4,9.10		
Hos	13,13	W. kommen, daß er geboren werden soll		
Mt	24,8	das alles ist der Anfang der W. Mk 13,8		

wehren

Ps	141,5	mein Haupt wird sich dagegen nicht w.
Spr	20,30	man muß dem Bösen w. mit harter Strafe
Jes	32,6	er w. den Durstigen das Trinken
Jer	3,5	du lässest dir nicht w.
	51,3	ihre Geharnischten sollen sich nicht w.
Dan	4,32	niemand kann seiner Hand w.
Hos	4,14	ich will's auch nicht w.
Mi	1,11	das Leid Bet-Ezels wird euch w.
	5,7	wie ein junger Löwe, dem niemand w. kann
Jdt	5,1	daß die *Israeliten sich w. wollten 25
Sir	41,6	was w. du dich gegen den Willen des Höchsten
1Ma	2,36	sie w. sich nicht 2Ma 6,11
	40	wenn wir uns nicht w., haben sie uns bald vertilgt 41
	3,21	wir aber müssen uns w. 9,45; 12,51
	6,52	das Volk w. sich 2Ma 12,27
2Ma	1,11	die wir uns gegen einen... König w. mußten
	6,14	er w. uns, daß wir's nicht so weit treiben
	8,17	(sie sollten) sich tapfer w.
Mt	3,14	aber Johannes w. ihm und sprach
	19,14	w. ihnen nicht, zu kommen Mk 10,14; Lk 18,16
Mk	8,32	Petrus fing an, ihm zu w.
Lk	6,29	*dem w. auch den Rock nicht*
	9,49	wir w. ihm, denn er folgt dir nicht nach 50
	11,52	ihr habt auch denen gew., die hinein wollten
	19,39	*Meister, w. doch deinen Jüngern*
Apg	10,47	*mag auch jemand dem Wasser w.*
	11,17	wer war ich, daß ich Gott w. konnte
	16,6	*da ihnen vom heiligen Geist gew. ward*
	24,23	er befahl, niemandem von den Seinen zu w.
	27,7	*denn der Wind w. uns*
	43	der Hauptmann w. ihrem Vorhaben
1Ko	14,39	w. nicht der Zungenrede
1Th	2,16	w. uns, den Heiden zu predigen
2Pt	2,16	das Lasttier w. der Torheit des Propheten
3Jh	10	*(Diotrephes) w. denen, die es tun wollen*

wehrfähig

4Mo	1,3	was w. ist in Israel 20u.ö.45; 26,2; 1Ch 12,34.37

Wehrgehänge

1Kö	22,34	schoß zwischen Panzer und W. 2Ch 18,33

Weib (s. auch Anhang, S. 1709)

1Mo	1,27	schuf sie als Mann und W. 5,2; *Mt 19,4; Mk 10,6*
	2,22	baute ein W. aus der Rippe
	24	wird ein Mann seinem W. anhangen *Mt 19,5; Mk 10,7; Eph 5,31*
	25	waren nackt, der Mensch und sein W. 3,21
	3,1	die Schlange sprach zu dem W. 2.4
	6	das W. gab ihrem Mann auch davon 12.17
	8	Adam versteckte sich mit seinem W. 13.16
	15	Feindschaft zwischen dir und dem W.
	20	Adam nannte sein W. Eva
	4,1	Adam erkannte sein W. 17.25
	23	ihr W. Lamechs, merkt auf
	12,11	ich weiß, daß du ein schönes W. bist
	19,26	Lots W. ward zur Salzsäule
	20,3	bist des Todes um des W. willen
2Mo	20,17	sollst nicht begehren deines Nächsten W. 5Mo 5,21
	21,5	habe meinen Herr lieb und mein W.
5Mo	4,16	Bildnis, das gleich sei einem Mann oder W.
Jos	6,21	vollstreckten den Bann an Mann und W.
Ri	4,9	wird Sisera in eines W. Hand geben
	5,24	Jaël, das W. Hebers
	30	ein W., zwei W. für jeden Mann
	9,54	ein W. hat ihn erschlagen 2Sm 11,21
	21,10	die Bürger von Jabesch mit W. und Kind
Rut	3,11	daß du ein tugendsames W. bist
	4,10	habe ich mir Rut zum W. genommen
1Sm	1,15	ich bin ein betrübtes W. 16
	28,7	W., das Tote beschwören kann 8-13.21-24
2Sm	3,8	rechnest mir Schuld an wegen eines W.
	11,11	um bei meinem W. zu liegen
	14,2	wie ein W., das Leid getragen hat
Est	4,11	daß jeder, Mann oder W., sterben muß
Hi	2,10	redest, wie die törichten W. reden
	14,1	der Mensch, vom W. geboren 15,14; 25,4
	31,9	betören lassen um eines W. willen
	10	soll mein W. einem andern mahlen
Ps	109,9	sein W. eine Witwe (werden)
	128,3	dein W. wie ein fruchtbarer Weinstock
Spr	5,18	freue dich des W. deiner Jugend
	9,13	Frau Torheit ist ein unbändiges W.
	11,16	ein holdseliges W. erlangt Ehre
	22	ein schönes W. ohne Zucht ist wie eine Sau
	19,13	ein zänkisches W. wie ein triefendes Dach 21,9.19; 25,24; 27,15
	22,14	der Mund unzüchtiger W. ist eine Grube
	30,19	des Mannes Weg beim W.
	31,3	laß nicht den W. deine Kraft
	30	ein W., das den HERRN fürchtet
Pr	7,26	bitterer... ein W., das ein Fangnetz ist
	28	ein W. hab ich unter allen nicht gefunden
	9,9	genieße das Leben mit deinem W.
Jes	3,12	W. beherrschen (mein Volk)
	19,16	zu der Zeit werden die Ägypter sein wie W.
	45,10	sag zum W.: Warum gebierst du
	49,15	kann ein W. ihres Kindleins vergessen
	54,6	der HERR... gerufen wie ein betrübtes W.; das W. der Jugendzeit, wie könnte es
	62,4	dein Land (soll heißen) „Liebes W."
Jer	3,20	gleichwie ein W. nicht die Treue hält
	5,8	ein jeder wiehert nach seines Nächsten W.
	31,22	das W. wird den Mann umgeben
	50,37	daß sie zu W. werden 51,30; Nah 3,13
Klg	1,8	Jerusalem muß sein wie ein unreines W. 17
Hes	16,34	ist bei dir umgekehrt wie bei andern W.
	18,6	der seines Nächsten W. nicht befleckt 11.15
	23,44	so ging man zu den zuchtlosen W.
Hos	12,13	Israel mußte um ein W. dienen
Mal	2,14	W. deiner Jugend, dem du treulos bist 15
Sir	19,2	Wein und W. betören die Weisen
	25,22	lieber... als bei einem bösen W.
	26	ein schwatzhaftes W. ist wie
	30	ein böses W. schafft ein betrübtes Herz
	33	soll man einem bösen W. seinen Willen nicht lassen
	26,9	ein böses W. gleicht einem... Joch
	11	ein betrunkenes W. erregt Ärgernis
	12	ein lüsternes W. erkennt man an ihrem Blick
1Ma	5,23	nahm die Juden... mit W. und Kind mit
StE	1,4	sollen mit W. und Kind umgebracht werden
Mt	1,6	*David zeugte Salomo von dem W. des Uria*
	11,11	*unter allen, die vom W. geboren Lk 7,28*
	13,33	*Sauerteig, den ein W. nahm Lk 13,21*
	15,22	*ein kanaanäisches W. kam*
	28	*o W., dein Glaube ist groß*
	18,25	hieß der Herr verkaufen ihn und sein W.
	22,24	*soll sein Bruder die Frau zum W. nehmen*
Mk	6,17	*Herodes hatte sie zum W. genommen*
Lk	1,5	*sein W. war von den Töchtern Aarons*

weichen

Lk	1,13	dein W. wird dir einen Sohn gebären 24
	18	ich bin alt, mein W. ist betagt
	42	gebenedeit bist du unter den W.
	2,5	mit Maria, seinem vertrauten W.
	7,44	siehst du dies W.
	14,20	ich habe ein W. genommen
	15,8	welches W., die zehn Groschen hat
	17,32	gedenket an Lots W.
	18,29	niemand, der ein Haus verläßt oder W.
	22,57	W., ich kenne ihn nicht
Jh	2,4	W., was geht's dich an, was ich tue
	4,9	du ein Jude und ich ein samaritisch W.
	21	W., glaube mir, es kommt die Zeit
	27	daß er mit einem W. redete
	8,10	W., wo sind deine Verkläger
	16,21	ein W., wenn sie gebiert 1Th 5,3
	19,26	W., siehe, das ist dein Sohn
	20,13	W., was weinest du 15
Rö	1,26	die W. haben verwandelt 27
1Ko	7,1	gut, daß er kein W. berühre
	11,3	der Mann ist des W. Haupt 8-12; Eph 5,23
Gal	3,28	hier ist nicht Mann noch W.
	4,4	sandte Gott s. Sohn, geboren von einem W.
1Th	4,4	ein jeglicher sein W. zu gewinnen suche
1Ti	2,14	das W. aber ward verführt
	3,2	ein Bischof eines W. Mann 12; Tit 1,6
	5,9	Witwe die gewesen sei eines Mannes W.
2Ti	3,6	die umgarnen die losen W.
Off	2,20	daß du das W. Isebel duldest 22
	12,1	W., mit der Sonne bekleidet
	4	der Drache trat vor das W. 13.15.17
	6	das W. entfloh in die Wüste 14
	16	die Erde half dem W.
	17,3	ich sah ein W. sitzen 4.6.7.9
	18	das W. ist die große Stadt
	21,9	ich will dir das W. zeigen, die Braut

Weibchen

1Mo	6,19	je ein Paar, Männchen und W. 7,2.3.9.16

Weiberhaar

Off	9,8	hatten Haare wie W.

weiblich

3Mo	3,1	will er ein Rind darbringen, ein w. 6; 4,32
Est	2,12	was sonst zur w. Pflege gehört
1Pt	3,7	gebt dem w. Geschlecht als dem schwächeren seine Ehre

weich

Hi	4,5	nun es an dich kommt, wirst du w.
Ps	65,11	mit Regen machst du (das Land) w.
Jer	51,46	euer Herz könnte sonst w. werden
Hes	7,17	alle Knie werden w. 21,12
Wsh	15,7	ein Töpfer, der den Ton knetet
Sir	30,7	wer zu w. ist gegen seinen Sohn
Mt	11,8	wolltet ihr einen Menschen in w. Kleidern sehen Lk 7,25
1Th	3,3	daß nicht jemand w. würde

weichen

1Mo	24,27	der seine Treue nicht hat w. lassen
	49,10	es wird das Zepter von Juda nicht w.
2Mo	8,7	die Frösche sollen von deinem Volk w. 25
	13,22	niemals w. die Wolkensäule Neh 9,19
2Mo	32,8	sie sind schnell von dem Wege gew.
	33,11	Josua w. nicht aus der Stiftshütte
3Mo	13,58	das Kleid, von dem die Stelle gew. ist
4Mo	12,10	auch w. die Wolke von der Stiftshütte
	14,9	es ist ihr Schutz von ihnen gew.
	44	Mose w. nicht aus dem Lager
	16,26	w. von den Zelten dieser gottl. Menschen
	20,17	wollen weder zur Rechten noch ... w.
5Mo	5,32	w. nicht, weder zur Rechten noch zur Linken 17,20; Jos 1,7; 23,6; Spr 4,27
Jos	1,5	will dich nicht verlassen noch von dir w.
Ri	2,17	sie w. bald von dem Wege
	16,17	so w. meine Kraft von mir 19.20
1Sm	6,12	die Kühe w. weder zur Rechten noch
	15,6	w. und zieht weg von den Amalekitern
	16,14	der Geist des HERRN w. von Saul 18,12
	23	der böse Geist w. von (Saul)
	25,37	als die Betrunkenheit von Nabal gew. war
	28,15	Gott ist von mir gew. 16
2Sm	2,19	(Asael) w. nicht von (Abner)
	7,15	meine Gnade soll nicht von ihm w. Jes 54,10
	24,21	damit die Plage vom Volk w. 25
1Kö	15,5	weil David nicht gew. war 2Ch 34,2.33
	22,24	ist der Geist von mir gew. 2Ch 18,23
2Kö	21,8	ich will ... nicht w. lassen 2Ch 33,8
2Ch	8,15	man w. nicht vom Gebot des Königs
	20,10	sie mußten vor ihnen w.
	25,27	da Amazja von dem HERRN w.
	35,15	die Sänger w. nicht von ihrem Dienst
Hi	14,18	kann ein Fels von seiner Stätte w. 18,4
	21,14	sagen zu Gott: W. von uns
	27,5	will nicht w. von meiner Unschuld
	31,7	ist mein Gang gew. vom Wege
	34,27	weil sie von ihm gew. sind
Ps	6,9	w. von mir, Übeltäter 119,115; Mt 7,23; Lk 13,27
	44,19	noch unser Schritt gew. von deinem Weg
	55,12	Lügen u. Trügen w. nicht aus ihren Gassen
	73,27	die von dir w., werden umkommen
	80,19	wollen wir nicht von dir w.
	101,4	ein falsches Herz muß von mir w.
	119,51	w. ich nicht von deinem Gesetz 102.157
	139,19	daß doch die Blutgierigen von mir w.
Spr	3,7	fürchte den HERRN und w. vom Bösen
	21	laß sie nicht aus deinen Augen w.
	4,5	w. nicht von der Rede meines Mundes 5,7
	15	w. von ihm und geh vorüber
	17,13	von dessen Haus wird das Böse nicht w.
Jes	10,27	wird seine Last von deiner Schulter w.
	31	Madmena w., die Bürger von Gebim laufen
	13,13	die Erde soll von ihrer Stätte w.
	22,3	alle deine Hauptleute sind gew.
	31,9	sein Fels wird vor Furcht w.
	41,10	w. nicht, denn ich bin dein Gott
	49,19	deine Verderber werden vor dir w.
	52,11	w., w., zieht aus von dort
	54,10	es sollen wohl Berge w.
	59,15	wer vom Bösen w., muß sich ausplündern l.
	21	meine Worte sollen aus deinem Mund nicht w.
Jer	2,5	was haben eure Väter, daß sie von mir w.
	3,19	du würdest dann nicht von mir w. 32,40
	17,5	w. mit seinem Herzen vom HERRN
Klg	4,15	w., ihr Unreinen! W., w.
Hes	6,9	ihr Herz, das von mir gew. ist 14,5.7
Dan	7,28	Farbe war aus meinem Antlitz gew. 10,8
Hos	7,13	weh ihnen, denn sie sind von mir gew.
	9,12	weh ihnen, wenn ich von ihnen gew. bin
Jo	2,7	ein jeder w. von seiner Richtung nicht
Sa	10,11	das Zepter Ägyptens soll w.
	14,4	die eine Hälfte ... nach Süden w. wird

weichen

Wsh	1,5	der hl. Geist w. von ruchlosen Gedanken
	3,10	die Gottlosen w. vom Herrn
	7,30	das Licht muß der Nacht w.
	18,25	davor mußte der Verderber w.
Sir	2,3	halt dich an Gott und w. nicht
	9	w. nicht, damit ihr nicht zugrunde geht
	4,26	w. nicht vom Recht dir zum Verderben
	10,14	wenn sein Herz von seinem Schöpfer w.
Bar	2,17	deren Lebensodem aus ihrem Leibe gew. ist
1Ma	6,36	da gingen sie auch hin und w. nicht
StD	3,5	gesündigt, weil wir von dir gew. sind
Mt	7,23	w. von mir, ihr Übeltäter Lk 13,27
	8,34	daß er aus ihrer Gegend w. möchte
	9,24	w.! denn das Mägdlein ist nicht tot
	12,15	Jesus w. von dannen 14,13
Mk	1,42	sogleich w. der Aussatz von ihm Lk 5,13
Lk	2,37	(Hanna) w. nicht vom Tempel
	4,13	der Teufel w. von ihm eine Zeitlang
	9,39	ein Geist w. kaum mehr von ihm
	14,9	sagt zu dir: W. diesem
Apg	1,4	daß sie nicht von Jerusalem w.
	25	in diesem Apostelamt, von dem Judas gew.
	13,13	Johannes w. von ihnen 15,38
	19,9	w. (Paulus) von ihnen
	12	die Krankheiten w. von ihnen
Rö	16,17	w. von ihnen
2Ko	12,8	gefleht, daß er von mir w.
Gal	2,5	denen wichen wir auch nicht eine Stunde
Kol	1,23	nicht w. von der Hoffnung des Evangeliums
Heb	10,38	wer aber w. wird
	39	wir sind nicht von denen, die da w.
	13,5	will dich nicht verlassen und nicht von dir w.
Off	6,14	der Himmel w. wie eine Schriftrolle
	18,14	alles, was glänzend war, ist von dir gew.

Weichling

1Ko	6,9	weder die Unzüchtigen noch die W.

Weide

1Mo	41,2	Kühe gingen auf der W. im Grase 18
	47,4	deine Knechte haben nicht W. für ihr Vieh
4Mo	32,1	sahen das Land an als gute W. 4
	35,3	daß sie auf den W. ihr Vieh haben 5
1Kö	5,3	(zur Speisung) 20 Rinder von der W.
1Ch	4,39	um W. zu suchen für ihre Schafe 40.41
	17,7	habe dich von der W. weggenommen
Hi	1,14	die Eselinnen gingen auf der W.
	39,8	die Berge, wo seine W. ist
Ps	74,1	Schafe deiner W. 79,13; 95,7; 100,3; Hes 34,31
Spr	12,26	der Gerechte findet seine W.
Jes	32,14	Höhlen, den Herden zur W.
	49,9	werden auf allen Höhen ihre W. haben
	65,10	meinem Volk soll Scharon eine W. werden
Jer	23,1	die ihr die Herde meiner W. zerstreut
	25,36	daß der HERR ihre W. so verwüstet hat
	50,7	versündigt an dem HERRN, der rechten W.
Klg	1,6	wie Hirsche, die keine W. finden
Hes	34,14	will sie auf die beste W. führen 18
	18	daß ihr die übrige W. mit Füßen tretet
Jo	1,18	die Rinder haben keine W.
Wsh	19,9	sie gingen wie die Rosse auf der W.
Mt	8,30	fern von ihnen (war) eine Herde Säue auf der W. Mk 5,11; Lk 8,32
Jh	10,9	wird ein- und ausgehen und W. finden

Weide (Baum)

Ps	137,2	unsere Harfen hängten wir an die W.
Jes	44,4	wie die W. an den Wasserbächen

Weidegrund

Jer	9,9	ich muß über die W. klagen

Weideland

3Mo	25,34	das W. soll man nicht verkaufen
4Mo	35,2	auch W. sollt ihr den Leviten geben 4.7
5Mo	2,8	zogen den Weg zum W. der Moabiter
1Ch	6,40	mit seinem W. ringsumher 42u.ö.66

weiden

1Mo	29,7	tränkt die Schafe und w. sie
	30,31	will deine Schafe wieder w. 36
	37,12	um das Vieh ihres Vaters zu w.
2Mo	34,3	kein Rind laß w. gegen diesen Berg hin
2Sm	5,2	du sollst mein Volk Israel w. 7,7; 1Ch 11,2; 17,6; Ps 78,71.72
Hi	24,2	rauben die Herde und w. sie
Ps	23,2	er w. mich auf einer grünen Aue
	28,9	w. und trage sie ewiglich
	49,15	der Tod w. sie
Hl	1,7	sage mir an, wo du w. 8; 2,16; 4,5; 6,2.3
Jes	5,17	da werden dann Lämmer w.
	11,7	Kühe und Bären werden zusammen w. 65,25
	14,30	die Geringen werden auf meiner Aue w.
	17,2	daß Herden dort w. 27,10; Jer 33,12
	30,23	dein Vieh wird w. auf weiter Aue
	40,11	er wird seine Herde w. Hes 34,13.15.16
	49,9	am Wege werden sie w.
	61,5	Fremde werden eure Herden w.
Jer	3,15	die euch w. sollen in Einsicht 23,4
	22,22	deine Hirten w. der Sturmwind
	23,2	von den Hirten, die mein Volk w.
	50,19	daß sie in Baschan w. sollen Mi 7,14
Hes	34,2	wehe den Hirten, die sich selbst w. 3.8.10
	23	der sie w. soll, nämlich David
Hos	4,16	soll der HERR sie w. lassen wie ein Lamm
	12,2	Ephraim w. Wind
	13,6	als sie gew. wurden, daß sie satt wurden
Jon	3,7	man soll sie nicht w.
Mi	5,3	er wird w. in der Kraft des HERRN
	7,14	w. dein Volk mit deinem Stabe
Ze	2,7	das Land am Meer, daß sie darauf w.
	3,13	sie sollen w. ohne alle Furcht
Mt	2,6	der Fürst, der mein Volk Israel w. soll
Lk	17,7	einen Knecht, der das Vieh w.
Jh	21,15	spricht Jesus zu ihm: W. meine Lämmer 16.17
Apg	20,28	eingesetzt, zu w. die Gemeinde Gottes
1Ko	9,7	wer w. eine Herde und nährt sich nicht
1Pt	5,2	w. die Herde Gottes, die euch anbefohlen ist
Jak	5,5	habt eure Herzen gew. am Schlachttag
Jud	12	sie w. sich selbst
Off	2,27	er soll sie w. mit eisernem Stabe 12,5
	7,17	das Lamm mitten auf dem Thron wird sie w.

Weidenbach

Jes	15,7	darum führen sie das Gut über den W.

Weideplatz

Jos	14,4	Leviten gab man Städte samt W. 21,2u.ö.42

Jer 23,3 will sie wiederbringen zu ihren W.
10 die W. in der Steppe verdorren
Hes 48,15 sollen zur W. bestimmt sein 17

weigern

1Mo 39,8 (lege dich zu mir!) Er w. sich aber
48,19 sein Vater w. sich
2Mo 4,23 wirst du dich w., so will ich 7,14.27; 9,2; 10,3.4
16,28 w. ihr euch, meine Gebote zu halten
22,16 w. sich aber ihr Vater, sie ihm zu geben
4Mo 20,21 so w. sich die Edomiter
22,14 Bileam w. sich, mit uns zu ziehen
5Mo 25,7 Schwager w. sich, mich (zu) ehelichen
1Sm 8,19 w. sich, auf ... zu hören Neh 9,17
28,23 w. sich: Ich will nicht essen 2Sm 13,9
2Sm 2,23 (Asaël) w. sich, von ihm abzulassen
1Kö 21,15 Weinberg Nabots, der sich gew. hat
Spr 1,24 wenn ich aber rufe und ihr euch w.
3,27 w. dich nicht, Gutes zu tun
Jes 1,20 w. ihr euch aber und seid ungehorsam
Apg 10,29 darum habe ich mich nicht gew. zu kommen
25,11 habe ich Unrecht getan, so w. ich mich nicht zu sterben

Weihe

2Mo 28,3 daß sie Aaron Kleider machen zu seiner W.
3Mo 21,12 die W. des Salböls ist auf ihm
2Ch 29,17 mit der W. fingen sie am ersten Tage an
Wsh 12,4 sie trieben Zauberei und gottlose W.
2Ma 2,20 die Geschichten von der W. des Altars

Weihe (Raubvogel)

3Mo 11,14 (daß ihr nicht esset:) die W. 5Mo 14,13

weihen

1Mo 49,26 auf den Scheitel des Gew. 5Mo 33,16
2Mo 28,41 sollst sie w., daß sie meine Priester seien
29,1.33; 30,30; 40,13; 3Mo 8,12; 2Ch 26,18
29,21 so werden seine Kleider gew. 3Mo 8,30
36 daß (der Altar) gew. werde 37; 30,29; 40,10; 3Mo 8,15
40,9 sollst die Wohnung w. 11; 3Mo 8,10.11
3Mo 5,15 versündigt an dem, was dem HERRN gew. 16
18,21 daß es dem Moloch gew. werde
19,24 sollen ihre Früchte dem HERRN gew. werden
27,28 das jemand durch einen Bann gew. hat 4Mo 6,2.5.6.9.12.18-20
Jos 20,7 w. sie Kedesch in Galiläa
Ri 13,5 wird ein Gew. Gottes sein 7; 16,17
17,3 ich w. nun das Geld dem HERRN
1Sm 7,1 seinen Sohn Eleasar w. sie
1Kö 8,64 w. der König die Mitte des Vorhofes 2Ch 7,7; 29,5.17.19
2Ch 29,33 waren der gew. Tiere 600 Rinder
31,6 den Zehnten von dem Gew., das sie gew. 12
Jes 23,18 ihr Gewinn wird dem HERRN gew. werden
Hes 48,11 soll den gew. Priestern gehören
Dan 3,2 zusammenkommen, um das Bild zu w. 3
8,14 wird das Heiligtum wieder gew. werden
Mi 4,13 du sollst ihr Gut dem HERRN w.
Jdt 11,11 Wein und Öl, das dem Herrn gew. ist
Wsh 12,6 die sich mit Blut w. in einer Opfergemeinde

1Ma 4,54 das Heiligtum wurde wieder gew. 48

Weihgeschenk

Jes 66,20 alle eure Brüder dem HERRN zum W.
Jdt 16,23 Judit hängte alle Waffen als W. auf
2Ma 2,13 die Briefe der Könige über W.

Weihrauch

2Mo 30,34 nimm dir reinen W.
3Mo 2,1 soll W. darauf legen 2.15.16; 6,8; 24,7
5,11 soll kein(en) W. darauf tun 4Mo 5,15
1Ch 9,29 einige waren bestellt über W.
Neh 13,5 Kammer, in die man gelegt hatte den W. 9
Hl 3,6 wie ein Duft von Myrrhe, W. und Gewürz
Jes 43,23 habe dich nicht bemüht mit W.
60,6 werden aus Saba Gold und W. bringen
66,3 wer W. anzündet, gleicht dem, der Götzen
Jer 6,20 was frage ich nach dem W.
17,26 bringen W. zum Hause des HERRN
41,5 kamen achtzig Männer und trugen W.
Hes 8,11 der Duft von W. stieg auf
Sir 24,21 (ich duftete) wie der W. im Tempel
39,18 werdet lieblichen Duft geben wie W.
50,9 wie angezündeter W. im Räuchergefäß
Bar 1,10 dafür kauft Sündopfer und W.
1Ma 4,50 sie legten W. auf den Altar
Mt 2,11 schenkten ihm Gold, W. und Myrrhe
Off 18,13 (ihre Ware:) Myhrre und W.

Weihrauchhügel

Hl 4,6 will gehen zum W.

Weihrauchstrauch

Hl 4,14 wie ein Lustgarten mit allerlei W.

Weile

1Mo 27,44 bleib eine W., bis sich der Grimm legt
Hi 24,24 nach einer kleinen W. sind sie nicht mehr
Jes 10,25 nur noch eine kleine W. 29,17; Hag 2,6
Sir 12,14 er bleibt wohl eine W. bei dir
Mt 26,73 nach einer kleinen W. Mk 14,70; Lk 22,58.59
Jh 3,22 blieb dort eine W. mit ihnen und taufte
5,35 ihr wolltet eine kleine W. fröhlich sein
13,33 ich bin noch eine kleine W. bei euch
16,16 noch eine kleine W., dann werdet ihr mich nicht mehr sehen 17-19
Apg 5,7 es begab sich nach einer W., da kam seine Frau
19,22 er blieb noch eine W. in der Provinz Asien
1Ko 16,6 bei euch werde ich eine W. bleiben
2Ko 7,8 daß jener Brief euch eine W. betrübt hat
1Th 2,17 nachdem wir eine W. von euch geschieden
Heb 10,37 noch eine kleine W., so wird kommen

weilen

3Mo 25,6 sollt ihr essen, du und die bei dir w.
1Sm 23,22 seht, an welchem Ort sein Fuß w.
Hl 17,2 auf ihrem Hadern muß mein Auge w.
Ps 15,1 HERR, wer darf w. in deinem Zelt
120,5 weh mir, daß ich w. muß unter Meschech
Spr 21,16 wird w. in der Schar der Toten
Pr 9,4 wer bei den Lebenden w., hat Hoffnung
Jes 23,7 führten sie weit weg, in der Ferne zu w.
2Ko 5,6 solange wir im Leibe, w. wir fern von dem Herrn

weilen

1Pt 1,17 solange ihr hier in der Fremde w.

Wein

1Mo 9,21 da er von dem W. trank, ward er trunken
14,18 Melchisedek trug Brot und W. heraus
19,32 laß uns unserm Vater W. geben 33-35
27,25 trug ihm auch W. hinein, und er trank
28 Gott gebe dir Korn und W. die Fülle 37
49,11 wird sein Kleid in W. waschen
12 seine Augen sind dunkel von W.
2Mo 29,40 W. zum Trankopfer 3Mo 23,13; 4Mo 15,5.7. 10; 28,7.14
3Mo 10,9 sollt weder W. noch starke Getränke trinken 4Mo 6,3; Ri 13,4.7.14; Hes 44,21
4Mo 6,20 danach darf der Geweihte W. trinken
18,12 alles Beste vom W. habe ich dir gegeben
27 als gäbet ihr W. aus der Kelter
5Mo 7,13 wird segnen dein Getreide, W. und Öl 11,14
12,17 essen vom Zehnten deines W. 14,23
14,26 gib das Geld, es sei für W.
18,4 die Erstlinge deines W. 2Ch 31,5
28,39 pflanzen, aber weder W. trinken noch Trauben lesen Am 5,11; Mi 6,15; Ze 1,13
51 wird dir nichts übriglassen vom Korn, W.
29,5 ihr habt keinen W. getrunken
32,33 ihr W. ist Drachengift
38 sollten trinken den W. ihrer Trankopfer
33,28 in dem Lande, da Korn und W. ist 2Kö 18,32; Jes 36,17
Ri 9,13 soll ich meinen W. lassen
19,19 Futter für unsere Esel und W. für mich
1Sm 1,14 gib den W. von dir, den du getrunken 15
24 einen Krug W. 10,3; 16,20; 25,18; 2Sm 16,1
2Sm 13,28 guter Dinge wird vom W. Est 1,10; 5,6; 7,2
16,2 W. zum Trinken, wenn sie müde werden
1Ch 9,29 einige waren bestellt über W. 27,27
12,41 brachten auf Eseln: W., Öl
2Ch 2,9 will 20.000 Eimer W. geben 14
11,11 Vorrat von Speise, Öl und W. 32,28
Esr 6,9 was sie bedürfen an W. und Öl 7,22
Neh 2,1 als W. vor ihm stand, nahm ich den W.
5,11 erlaßt ihnen die Schuld an W. 10.18
10,38 (den Zehnten) von W. und Öl 40; 13,5.12
13,15 daß man am Sabbat W. brachte
Est 1,7 trug auf königlichen W. in Menge
Hi 1,13 W. tranken im Hause ihres Bruders
Ps 4,8 ob jene auch viel W. und Korn haben
60,5 gabst W. zu trinken, daß wir taumelten
75,9 Becher, mit starkem W. voll eingeschenkt
78,65 wie ein Starker, der beim W. fröhlich war
104,15 daß der W. erfreue des Menschen Herz
Spr 3,10 deine Kelter von W. überlaufen
4,17 sie essen W. der Gewalttat
9,2 (die Weisheit) hat ihren W. gemischt 5
20,1 der W. macht Spötter
21,17 wer W. und Salböl liebt, wird nicht reich
23,30 wo man lange beim W. sitzt
31 sieh den W. nicht an, wie er so rot ist
31,4 nicht den Königen ziemt es, W. zu trinken
6 gebt W. den betrübten Seelen
Pr 2,3 dachte, meinen Leib mit W. zu laben
9,7 trink deinen W. mit gutem Mut
10,19 der W. erfreut das Leben
Hl 1,2 deine Liebe ist lieblicher als W. 4; 4,10
5,1 ich habe W. samt Milch getrunken
7,10 laß deinen Mund sein wie guten W.
8,2 wollte dich tränken mit gewürztem W.
Jes 1,22 dein W. (ist) mit Wasser verfälscht
5,11 sitzen, daß sie der W. erhitzt 12

Jes 5,22 weh denen, die Helden sind, W. zu saufen
16,10 man keltert keinen W. in den Keltern Jer 48,33
22,13 siehe da, lauter Freude, W. trinken
24,7 der W. ist dahin 11; Hos 9,2
25,6 ein Mahl von reinem W., von W., darin keine Hefe
28,1 derer, die vom W. taumeln 7; Jer 23,9
29,9 seid trunken, doch nicht vom W. 51,21
49,26 sollen... wie von süßem W. trunken werden
55,1 kauft umsonst W. und Milch
56,12 kommt her, ich will W. holen
62,8 noch deinen W. die Fremden trinken lassen
Jer 13,12 alle Krüge werden mit W. gefüllt
25,15 Becher mit dem W. meines Zorns
31,12 werden sich freuen über W.
35,2 schenke ihnen W. ein 5
6 wir trinken keinen W. 8.14
40,10 sollt W. und Feigen und Öl ernten 12
51,7 alle Völker haben von seinem W. getrunken
Klg 2,12 wo ist Brot und W.
Hes 27,18 gekauft gegen W. von Helbon
Dan 1,5 geben von dem W., den er selbst trank 8
10,3 Fleisch und W. kamen nicht in meinen Mund
Hos 2,10 daß ich es bin, der ihr W. gegeben hat 24; Sa 9,17
11 will meinen W. mir wieder nehmen
4,11 Hurerei, W. und Trunk machen toll
7,5 werden die Oberen toll vom W. 14
9,4 werden kein Trankopfer vom W. bringen
14,8 soll sie rühmen wie den W. vom Libanon
Jo 1,5 heult, alle Weinsäufer, um den süßen W.
10 der W. steht jämmerlich
2,19 will euch W. und Öl die Fülle schicken 24
4,3 haben Mädchen für W. verkauft
18 Berge von süßem W. triefen Am 9,13
Am 2,8 trinken W. vom Gelde der Bestraften
12 ihr gebt den Gottgeweihten W. zu trinken
6,6 trinkt W. aus Schalen
9,14 Weinberge pflanzen und W. davon trinken
Hag 1,11 habe die Dürre gerufen über Korn, W., Öl
2,12 berührte danach W., Öl, würde es heilig
Sa 9,15 Schleudersteine werden Blut trinken wie W.
10,7 ihr Herz wird fröhlich werden wie vom W.
Jdt 10,6 gab ihrer Magd einen Schlauch voll W.
11,11 wollen W. und Öl für sich verwenden
Wsh 2,7 wir wollen vom besten W. uns füllen
Tob 4,18 gib von deinem W. beim Begräbnis
Sir 9,15 ein neuer Freund ist wie neuer W.
19,2 W. und Weiber betören die Weisen
31,30 der W. bringt viele Leute um
31 so prüft der W. die Mutwilligen
32 der W. erquickt die Menschen 35; 40,20; 2Ma 15,40
33 was ist das Leben ohne W.
39 schilt deinen Nächsten nicht beim W.
32,9 so wirken Lieder beim guten W.
39,31 der W. erquickt., Öl und Kleider
49,2 er ist wie Saitenspiel beim W.
50,17 er opferte roten W.
1Ma 6,34 (ließ) den Elefanten W. vorhalten
2Ma 15,40 nur W. trinken wird einem zuwider
StD 2,2 dem (Bel) mußte man opfern
Mt 9,17 man füllt nicht neuen W. in alte Schläuche Mk 2,22; Lk 5,37.38
27,34 gaben ihm W. zu trinken mit Galle Mk 15,23
Lk 1,15 W. und starkes Getränk wird er nicht trinken
5,39 niemand, der vom alten W. trinkt, will neuen

Lk	7,33	Johannes aß kein Brot und trank keinen W.
	10,34	goß W. auf seine Wunden und verband sie
Jh	2,3	als der W. ausging, spricht die Mutter Jesu
	9	als der Speisemeister den W. kostete, der Wasser gewesen war 10; 4,46
Apg	2,13	andere sprachen: Sie sind voll von süßem W.
Rö	14,21	es ist besser, du trinkst keinen W.
Eph	5,18	sauft euch nicht voll W.
1Ti	3,3	*nicht dem W. ergeben* 8; Tit 1,7; 2,3
	5,23	nimm W. dazu um des Magens willen
Off	6,6	Öl und W. tu keinen Schaden
	14,10	der wird von dem W. des Zornes Gottes trinken 16,19
	17,2	betrunken von dem W. ihrer Hurerei
	18,13	(ihre Ware:) W. und Öl und feinstes Mehl
	19,15	die Kelter, voll vom W. des Zornes Gottes

Weinbeere

4Mo	6,3	sich enthalten, was aus W. gemacht wird

Weinberg

1Mo	9,20	Noah pflanzte als erster einen W.
2Mo	22,4	soll er's mit dem Besten seines W. erstatten
	28	den Überfluß deines W. nicht zurückhalten
	23,11	ebenso sollst du es halten mit deinem W.
3Mo	19,10	sollst in deinem W. nicht Nachlese halten 5Mo 24,21
	25,3	sollst 6 Jahre deinen W. beschneiden 4.11
4Mo	16,14	hast uns Äcker und W. gegeben
	20,17	wir wollen nicht durch W. gehen
	22,24	trat auf den Pfad zwischen den W.
5Mo	6,11	W., die du nicht gepflanzt Jos 24,13
	20,6	wer einen W. gepflanzt hat
	22,9	deinen W. nicht mit Zweierlei bepflanzen, damit nicht verfalle der Ertrag des W.
	23,25	wenn du in deines Nächsten W. gehst
	28,30	einen W. wirst du pflanzen; aber 39; Am 5,11; Ze 1,13
	32,32	ihr Weinstock stammt von dem W. Gomorras
Ri	9,27	ernteten ihre W. ab Jes 3,14
	14,5	als sie kamen an die W. von Timna
	15,5	zündete an W. und Ölbäume
	21,20	legt euch auf die Lauer in den W. 21
1Sm	8,14	eure besten W. wird er nehmen
	15	von W. wird er den Zehnten nehmen
	22,7	wird euch der Sohn Isais euch auch W. geben
1Kö	21,1	Nabot hatte einen W. 2.6.7.15.16.18
2Kö	5,26	wirst dir schaffen Ölgärten, W.
	18,32	in ein Land, darin W. sind 36,17
	19,29	pflanzt W. und eßt ihre Früchte Jes 37,30
1Ch	27,27	über die W. (war) Schimi (gesetzt)
Neh	5,3	unsere W. müssen wir versetzen 4.5
	11	gebt ihnen ihre W. zurück
	9,25	nahmen Häuser in Besitz, W.
Hi	24,6	halten Nachlese im W. des Gottlosen
	18	man wendet sich seinem W. nicht zu
Ps	107,37	(daß sie) Äcker besäten und W. pflanzten
Spr	24,30	ich ging entlang am W. des Toren
	31,16	pflanzt einen W. vom Ertrag ihrer Hände
Pr	2,4	ich pflanzte mir W.
Hl	1,6	Hüterin der W.; meinen W. nicht behütet
	2,15	fangt die Füchse, die die W. verderben
	7,13	daß wir früh aufbrechen zu den W.
	8,11	Salomo gab ans den Wächtern 12
Jes	1,8	übriggeblieben wie ein Häuslein im W.
	5,1	Lied von meinem Freund und seinem W. 3-5
	5,7	des HERRN W. ist das Haus Israel
	10	zehn Morgen W. sollen einen Eimer geben
	16,10	in den W. jauchzt und ruft man nicht mehr
	27,2	lieblicher W., singet ihm zu
	65,21	werden W. pflanzen Jer 31,5; Hes 28,26; Am 9,14
Jer	5,10	stürmt ihre W. hinauf
	12,10	viele Hirten haben meinen W. verwüstet
	32,15	man wird wieder W. kaufen
	35,7	(sollt) keinen W. pflanzen 9
	39,10	Nebusaradan gab ihnen W.
Hos	2,17	will ich ihr ihre W. geben
Am	4,9	fraßen die Raupen, was in euren W. wuchs
	5,17	in allen W. wird Wehklagen sein
Mi	1,6	Steinhaufen, die man für die W. nimmt
	7,1	wie einem, der im W. Nachlese hält
1Ma	3,56	alle, die W. gepflanzt haben
Mt	20,1	Arbeiter für seinen W. einzustellen 2.4.7.8
	21,28	geh hin und arbeite heute im W.
	33	ein Hausherr pflanzte einen W. Mk 12,1.2; Lk 20,9.10
	39	sie nahmen ihn und stießen ihn zum W. hinaus Mk 12,8; Lk 20,15
	40	wenn der Herr des W. kommen wird 41; Mk 12,9; Lk 20,13.15.16
Lk	13,6	Feigenbaum, der war gepflanzt in seinem W.
1Ko	9,7	wer pflanzt einen W. und ißt nicht von seiner Frucht

weinen

1Mo	21,16	(Hagar) setzte sich und w.
	27,38	Esau erhob seine Stimme und w.
	29,11	(Jakob) küßte Rahel und w. laut
	33,4	(Esau und Jakob) w.
	42,24	(Josef) wandte sich von ihnen und w. 43,30; 45,2.14.15; 46,29; 50,1.17
2Mo	2,6	siehe, das Knäblein w.
3Mo	10,6	laßt eure Brüder w. über diesen Brand
4Mo	11,4	da fingen die *Israeliten an zu w. 10.13.18.20; 14,1; 25,6; 5Mo 1,45; Ri 2,4; 21,2; 1Sm 11,4.5; Esr 10,1; Neh 8,9; Jes 22,12; Jer 3,21
5Mo	34,8	bis die Zeit des W. über Mose vollendet
Ri	14,16	da w. Simsons Frau vor ihm 17
Rut	1,9	da erhoben sie ihre Stimme und w. 14
1Sm	1,7	Hanna w. und aß nichts 8.10
	20,41	(Jonatan und David) w. miteinander
	24,17	Saul erhob seine Stimme und w.
	30,4	w., bis sie nicht mehr w. konnten
2Sm	1,12	w. um Saul und Jonatan 24
	3,16	ihr Mann ging mit ihr und w.
	32	(David) w. 15,30; 19,1.2
	12,21	als das Kind lebte, hast du gew. 22
	13,36	die Söhne des Königs w.
	15,23	das ganze Land w. mit lauter Stimme
2Kö	8,11	der Mann Gottes w. 12
	13,14	Joasch w. über (Elisa)
	20,3	Hiskia w. sehr Jes 38,3
	22,19	weil du vor mir gew. hast 2Ch 34,27
Esr	3,12	viele von den betagten Priestern w. 13
	10,1	wie Esra w. betete
Neh	1,4	setzte ich mich nieder und w.
Est	4,3	viele fasteten, w. 8,3
Hi	16,16	mein Antlitz ist gerötet vom W.
	27,15	seine Witwen werden nicht w.
	30,25	ich w. über die harte Zeit
	31,38	haben miteinander seine Furchen gew.
Ps	6,9	der HERR hört mein W.
	30,6	den Abend lang währet das W.

weinen

Ps	69,11	ich w. bitterlich und faste
	126,6	sie gehen hin und w.
	137,1	an den Wassern zu Babel saßen wir und w.
Pr	3,4	w. hat seine Zeit
Jes	15,2	geht hinauf Dibon, um zu w. 3.5; Jer 48,5
	16,9	darum w. ich mit Jaser Jer 48,32
	22,4	laßt mich bitterlich w.
	30,19	wirst nicht w. Hes 24,16.23
	33,7	die Boten des Friedens w. bitterlich
	65,19	nicht mehr hören die Stimme des W.
Jer	9,9	ich muß über die Berge w.
	13,17	so muß ich heimlich w.
	22,10	w. nicht über den Toten
	31,9	sie werden w. kommen 50,4
	15	Rahel w. über ihre Kinder 16
	41,6	Jischmaël ging und w.
Klg	1,2	(die Stadt) w. des Nachts
	16	darüber w. ich so
Hes	27,31	(Seefahrer) werden bitterlich um dich w.
Hos	12,5	(Jakob) siegte, w. und bat ihn
Jo	1,5	w. und heult, alle Weinsäufer
	2,12	bekehret euch zu mir mit W.
	17	laßt Priester w. zwischen Vorhalle und
Mi	1,10	laßt euer W. nicht hören
Sa	7,3	muß ich immer noch im fünften Monat w.
Mal	2,13	ihr bedeckt den Altar mit Tränen und W.
Jdt	6,13	sie klagten und w. 15; 7,18.21; Bar 1,5
Wsh	7,3	W. ist mein erster Laut gewesen
	18,10	man hörte überall klägliches W.
Tob	3,1	Tobias fing an zu w. 7.8.19; 9,8; 10,3.4; 11,11
	23	nach W. überschüttest du uns mit Freuden
Sir	7,38	laß die W. nicht ohne Beistand
	12,16	(der Feind) kann sogar dabei w.
	30,7	der erschrickt, wenn dieser w.
	31,15	darum w. es schon beim geringsten Anlaß
	38,17	du sollst bitterlich w. und betrübt sein
Bar	4,11	mit W. mußte ich sie ziehen lassen 23
1Ma	7,36	die Priester gingen hinein und w.
2Ma	13,12	als sie Gott unter W. und Fasten baten
StD	1,33	alle, die sie sahen, w. um sie
Mt	2,18	in Rama viel W. und Wehklagen
	11,17	und ihr wolltet nicht w. Lk 7,32
	26,75	er ging hinaus und w. bitterlich Mk 14,72; Lk 22,62
Mk	5,38	sah... wie sehr sie w. und heulten 39; Lk 8,52; Jh 11,31.33
	16,10	verkündete es denen, die Leid trugen und w.
Lk	6,21	selig seid ihr, die ihr jetzt w. 25
	7,13	er sprach zu ihr: W. nicht
	38	trat von hinten zu seinen Füßen, w.
	19,41	als er nahe hinzukam, sah er die Stadt und w.
	23,28	w. nicht über mich, sondern w. über euch
Jh	16,20	ihr werdet w. und klagen, aber die Welt wird sich freuen
	20,11	Maria stand vor dem Grab und w. 13.15
Apg	9,39	w. und zeigten ihm die Röcke und Kleider
	20,37	da begannen alle laut zu w.
	21,13	was macht ihr, daß ihr w.
Rö	12,15	freut euch mit Fröhlichen und w. mit W.
1Ko	7,29	sollen sein die, die w., als w. sie nicht
2Ko	7,7	er berichtete uns von eurem W.
Jak	4,9	jammert und klagt und w.; euer Lachen verkehre sich in W.
	5,1	w. über das Elend, das über euch kommen
Off	5,4	ich w. sehr, weil niemand für würdig befunden
	5	w. nicht! Siehe, der Löwe aus Juda
	18,11	die Kaufleute werden w. um sie 15.19

Weinernte

3Mo	26,5	Dreschzeit... bis zur W., W. bis zur Saat
Ri	8,2	besser als die ganze W. Abiësers
Jes	24,13	wie bei der Nachlese, wenn die W. aus ist

Weingarten

4Mo	21,22	wollen nicht abbiegen in die W.
Hl	1,14	mein Freund ist mir eine Traube in den W.
Hes	19,10	deine Mutter war wie ein Weinstock im W.

Weingärtner

2Kö	25,12	ließ er W. zurück Jer 52,16
2Ch	26,10	(Usija) hatte W. auf den Bergen
Jes	61,5	Ausländer werden eure W. sein
Jo	1,11	die W. heulen um den Weizen
Mt	21,33	verpachtete ihn an W. 41; Mk 12,1; Lk 20,9
	34	sandte er seine Knechte zu den W. 35.38; Mk 12,2.7; Lk 20,10.14
	40	was wird er mit diesen W. tun Mk 12,9; Lk 20,16
Lk	13,7	da sprach er zu dem W.
Jh	15,1	ich bin der wahre Weinstock, und mein Vater der W.

Weingelage

Est	7,7	der König stand auf vom W.

Weinkeller

Hl	2,4	er führt mich in den W.

Weinlese

Jes	32,10	es wird keine W. sein
Jer	48,32	Verwüster ist über deine W. hergefallen

Weinleser

Ob	5	wenn die W. über dich kommen

Weinranke

Jer	5,10	reißet ihre W. weg

Weinrebe

Hes	8,17	halten sich die W. an die Nase

Weinsaufen

Sir	31,30	sei kein Held beim W.

Weinsäufer

Jo	1,5	heult, alle W., um den süßen Wein
Mt	11,19	was ist dieser Mensch für ein W. Lk 7,34

Weinschlauch

Jos	9,4	nahmen alte, geflickte W. 13
Ps	119,83	ich bin wie ein W. im Rauch

Weinstock

1Mo	40,9	geträumt, daß ein W. vor mir wäre
	49,11	er wird seinen Esel an den W. binden

4Mo	6,4	was man vom W. nimmt Ri 13,14	Hi	34,10	hört mir zu, ihr w. Männer 34; Spr 1,5
	20,5	wo weder Feigen noch W. sind		35,11	w. als die Vögel unter dem Himmel
5Mo	8,8	ein Land, darin W. wachsen		37,24	sieht keinen an, wie w. sie auch sind
	32,32	ihr W. stammt von Sodoms W.		38,37	wer ist so w.
Ri	9,12	sprachen die Bäume zum W. 13	Ps	19,8	das Zeugnis des HERRN macht w.
1Kö	5,5	jeder unter seinem W. Mi 4,4		104,24	du hast sie alle w. geordnet
2Kö	18,31	jedermann von seinem W. essen Jes 36,16		107,43	wer ist w. und behält dies
Hi	15,33	W., der die Trauben unreif abstößt		119,98	machst mich w., als meine Feinde sind
Ps	78,47	als er ihre W. mit Hagel schlug 105,33	Spr	3,7	dünke dich nicht w. zu sein 26,5.12.16; 28,11
	80,9	du hast einen W.		8,33	höret die Mahnung und werdet w.
	128,3	dein Weib wird sein wie ein fruchtbarer W.		9,12	bist du w., so bist du's dir zugut
Hl	6,11	zu schauen, ob der W. sproßt 7,13		10,1	ein w. Sohn ist seines Vaters Freude 15,20
	7,9	laß deine Brüste sein wie Trauben am W.		8	wer w. Herzens ist, nimmt Gebote an
Jes	7,23	wo 1.000 W. stehen, da werden Dornen sein		11,14	wo nicht w. Rat ist, geht das Volk unter
	16,8	der W. von Sibma ist verderbt 9; Jer 48,32		12,15	wer auf Rat hört, der ist w.
	24,7	der W. (ist) verschmachtet Jo 1,12		13,1	ein w. Sohn liebt Zucht 19,20
	32,12	man wird klagen um die fruchtbaren W.		20	wer mit den Weisen umgeht, wird w.
	34,4	wie ein Blatt verwelkt am W.		14,29	wer geduldig ist, der ist w.
Jer	2,21	edlen W., geworden zu einem wilden W.		16,14	ein w. Mann wird ihn versöhnen
	5,17	sie werden deine W. verzehren		21	ein Verständiger wird gerühmt als w. Mann
	6,9	halte Nachlese wie am W. 8,13		17,28	Tor, wenn er schwiege, für w. gehalten
Hes	15,2	was hat das Holz des W. 6		20,1	wer davon taumelt, wird niemals w.
	17,6	wurde ein ausgebreiteter W. 7.8; Hos 10,1; 14,8		26	ein w. König sondert die Gottlosen aus
				21,11	so werden die Unverständigen w.
	19,10	deine Mutter war wie ein W.		23,15	wenn dein Herz w. ist, freut sich mein Herz
Hos	2,14	will ihre W. verwildern lassen		19	höre, mein Sohn, und sei w. 27,11
Jo	1,7	es verwüstet meinen W.		24,5	ein w. Mann ist stark
	2,22	die W. sollen reichlich tragen Sa 8,12; Mal 3,11	Pr	2,19	wer weiß, ob er w. oder töricht sein wird
				4,13	ein Knabe, arm, aber w., ist besser
Hab	3,17	wird kein Gewächs sein an den W.		7,16	sei nicht allzu gerecht und allzu w.
Hag	2,19	ob W. und Ölbaum noch nicht tragen		23	ich dachte, ich will w. werden
Sa	3,10	einer den andern einladen unter den W.		9,15	fand sich darin ein armer, w. Mann
Jdt	2,17	ließ alle Bäume und W. umhauen	Jes	5,21	weh, die w. sind in ihren eigenen Augen
Sir	24,23	ich sproßte lieblich wie der W.		19,11	w. Räte des Pharao sind Narren geworden
1Ma	14,12	jeder saß unter seinem W.		31,2	aber auch er ist w.
Mt	26,29	nicht mehr von d. Gewächs des W. trinken Mk 14,25; Lk 22,18	Jer	4,22	w. sind sie genug, Übles zu tun
				8,8	wie könnt ihr sagen: Wir sind w.
Jh	15,1	ich bin der wahre W., und mein Vater der Weingärtner		9	was können wir w. lehren
				9,11	wer ist w., daß er dies verstünde Hos 14,10
	4	keine Frucht, wenn sie nicht am W. bleibt	Dan	1,4	(auswählen) junge Leute, die w. wären
	5	ich bin der W., ihr seid die Reben	Sa	9,2	Tyrus und Sidon, die doch sehr w. sind
Jak	3,12	kann ein W. Feigen tragen	Sir	1,32	willst du w. werden, so halte die Gebote
Off	14,18	schneide die Trauben am W. der Erde		6,33	wenn dir daran liegt, so wirst du w. 34
				35	wo ein w. Mann ist, schließ dich ihm an
		Weintraube		9,21	suche (Rat) nur bei w. Leuten
4Mo	13,20	es war um die Zeit der ersten W.		24	einen w. Fürsten ehrt w. Rede
	23	schnitten eine Rebe ab mit einer W.		10,1	ein w. Regent schafft seinem Volk Bestand
Hl	7,8	deine Brüste gleichen den W.		28	einem w. Knecht muß sein Herr dienen
				18,27	ein w. Mensch ist in allem sorgsam
		Weintrinken		20,5	schweigt und wird deshalb für w. gehalten 7
Jes	24,9	man singt nicht beim W.		13	w. Mann macht sich durch Worte beliebt 29
				21,16	die Erkenntnis eines w. Mannes wächst
		weise		22,6	strenge Erziehung ist zu jeder Zeit w.
1Mo	41,33	sehe der Pharao nach einem w. Mann		25,13	wie groß ist der, der w. ist
	39	ist keiner so verständig und w. wie du		27,12	ein Gottesfürchtiger redet allezeit, was w. ist
2Mo	35,31	daß (Bezalel) w. und geschickt sei		37,25	mancher ist w. nur für sich selbst
5Mo	1,13	schafft herbei w., verständige Leute 15		26	ein w. Mann lehrt sein Volk 39,9
	4,6	dadurch werdet ihr als w. gelten		27	ein w. Mann wird sehr gelobt
	32,29	o, daß sie w. wären		38,39	w. Sprüche werden bei ihnen nicht gefunden
Ri	5,29	die w. unter ihren Fürstinnen antworten		44,4	w. Lehren gegeben haben in ihren Schriften
1Kö	2,9	du bist ein w. Mann 5,11		47,16	wie w. warst du in deiner Jugend
	3,12	gebe dir ein w. und verständiges Herz	1Ma	2,65	euer Bruder Simon ist w. im Rat
	5,21	der David einen w. Sohn gegeben 2Ch 2,11	Rö	16,19	ich will, daß ihr w. seid zum Guten
1Ch	28,21	Leute, die w. sind zu jedem Dienst		27	dem Gott, der allein w. ist, sei Ehre
Hi	9,4	Gott ist w. und mächtig	1Ko	1,25	die Torheit Gottes ist w., als Menschen sind
	13,5	so wäret ihr w. geblieben		3,10	habe den Grund gelegt als ein w. Baumeister
	15,2	soll ein w. Mann so reden		18	wer meint, w. zu sein, der werde ein Narr, daß er w. werde
			Kol	4,5	verhaltet euch w. gegenüber denen, die

weise

Jak 3,13 wer ist w. und klug unter euch

Weise

1Mo	18,11	nicht mehr ging nach der Frauen W. 31,35
	19,31	zu uns eingehen nach aller Welt W.
2Mo	26,30	sollst die Wohnung in der W. aufrichten
	28,11	nach der W. der Siegelstecher 39,6
3Mo	18,3	sollt nicht tun nach der W. des Landes
	25,54	wird er nicht auf diese W. eingelöst
4Mo	28,24	nach dieser W. sollt ihr Opfer zurichten
Jos	6,15	zogen in derselben W. 7mal um die Stadt
Ri	18,7	wohnen in der W. der Sidonier
2Sm	15,6	auf diese W. tat Absalom mit ganz Israel
1Kö	7,37	auf diese W. machte er zehn Gestelle
	18,28	ritzten sich mit Messern nach ihrer W.
Neh	6,4	sandten viermal zu mir in dieser W., und ich antwortete ihnen in der gleichen W.
Est	1,7	trug man auf nach königlicher W.
Hi	33,14	auf eine W. redet Gott
Ps	9,1	vorzusingen, nach der W. 22,1; 45,1; 46,1; 49,1; 56,1.u.ö.60,1; 69,1; 75,1; 80,1
	110,4	Priester nach der W. Melchisedeks *Heb 7,15*
Jer	38,4	auf diese W. nimmt er den Mut
Hes	20,30	macht euch unrein nach der W. eurer Väter
	23,13	daß beide auf gleiche W. unrein geworden
Wsh	15,7	er macht alle in gleicher W.
Sir	44,5	(solche), die W. ersonnen haben
Lk	17,30	auf diese W. wird's auch gehen
Rö	3,2	viel in jeder W.
1Ko	7,7	ihr wandelt nach menschlicher W.
	9,22	damit ich auf alle W. einige rette
	12,25	damit die Glieder in gleicher W. füreinander sorgen
2Ko	5,16	kennen niemand mehr nach fleischlicher W.
	10,3	kämpfen wir doch nicht auf fleischliche W.
	11,6	in jeder W. haben wir sie bei euch kundgetan
	9	so bin ich euch in keiner W. zur Last gefallen
Gal	3,15	ich will nach menschlicher W. reden
Phl	1,18	Christus verkündigt wird auf jede W.
2Th	2,3	von niemandem verführen, in keinerlei W.
	3,16	der Herr des Friedens gebe euch Frieden auf alle W.
2Ti	3,10	*du bist nachgefolgt meiner W.*
1Pt	1,18	erlöst von eurem Wandel nach der Väter W.
	4,6	daß sie nach Gottes W. das Leben haben im Geist
Heb	1,1	nachdem Gott auf vielerlei W. geredet hat zu den Vätern
Off	2,15	die sich in gleicher W. an die Lehre... halten

weisen

1Mo	3,23	da w. ihn Gott der HERR aus dem Garten
5Mo	1,33	der vor euch herging, euch die Stätte zu w.
1Sm	24,8	David w. seine Männer von sich
2Sm	22,33	Gott w. mir den rechten Weg
1Kö	8,36	daß du ihnen den guten Weg w.
Hi	36,23	wer will ihm w. seinen Weg
Ps	25,8	darum w. er Sündern den Weg
	12	er wird ihm den Weg w.
	27,11	HERR, w. mir deinen Weg 86,11
Jes	40,14	w. ihm den Weg des Verstandes
Hes	21,24	der zu einer Stadt w. soll
Dan	12,3	die viele zur Gerechtigkeit w.
Wsh	18,3	Säule, die ihnen den unbekannten Weg w.
Lk	6,39	kann ein Blinder den Weg w.

Weiser

1Mo	41,8	ließ rufen alle W. 2Mo 7,11; Dan 2,2.10.27; 4,3.4.15; 5,7.8.15
5Mo	16,19	Geschenke machen die W. blind
Est	1,13	der König sprach zu den W.
Hi	5,13	fängt die W. in ihrer Klugheit 1Ko 3,19
	15,18	was die W. gesagt haben
	17,10	ich werde keinen W. unter euch finden
	32,9	die Betagten sind nicht die W.
	34,2	höret, ihr W., meine Rede
	49,11	er wird sehen: auch die W. sterben Pr 2,16
Spr	1,6	daß er verstehe die Worte der W.
	3,35	die W. werden Ehre erben
	9,8	rüge den W., der wird dich lieben 9
	10,14	die W. halten mit ihrem Wissen zurück
	11,29	ein Tor muß des W. Knecht werden
	12,18	die Zunge der W. bringt Heilung 15,2
	13,14	Lehre des W. ist eine Quelle des Lebens
	20	wer mit den W. umgeht, wird weise
	14,3	die W. bewahrt ihr Mund
	16	ein W. scheut sich und meidet das Böse
	24	den W. ist ihr Reichtum eine Krone
	15,7	der W. Mund breitet Einsicht aus
	12	der Spötter geht nicht hin zu den W.
	31	Ohr, das hört, wird unter den W. wohnen
	16,23	des W. Herz redet klug
	18,15	das Ohr der W. sucht Erkenntnis
	21,20	im Hause des W. ist ein kostbarer Schatz
	22	ein W. ersteigt die Stadt der Starken
	22,17	höre die Worte von W. 24,23
	23,24	wer einen W. gezeugt hat, ist fröhlich
	25,12	ein W., der mahnt, ist wie ein Ring
	29,8	die W. stillen den Zorn 11
	9	wenn ein W. mit einem Toren rechtet
	30,24	vier sind klüger als die W.
Pr	2,14	sah, daß der W. seine Augen im Kopf hat
	6,8	was hat ein W. den Toren voraus
	7,4	das Herz der W. ist dort, wo man trauert
	5	besser, das Schelten des W. zu hören
	7	unrechter Gewinn macht den W. zum Toren
	19	die Weisheit macht den W. stärker
	8,1	wer ist wie der W.
	5	des W. Herz weiß um Zeit und Gericht
	17	auch wenn der W. meint: Ich weiß es
	9,1	Gerechte und W. sind in Gottes Hand
	17	der W. Worte sind besser
	10,2	des W. Herz ist zu seiner Rechten
	12	Worte aus dem Munde des W. bringen Gunst
	12,9	der Prediger war ein W.
	11	die Worte der W. sind wie Stacheln
Jes	3,3	(wird wegnehmen) Ratsherren und W.
	19,11	sagen: Ich bin ein Sohn von W.
	12	wo sind denn nun deine W.
	29,14	daß die Weisheit seiner W. vergehe
	44,25	(der HERR,) der die W. zurücktreibt
Jer	8,9	die W. müssen zuschanden werden
	9,22	ein W. rühme sich nicht seiner Weisheit
	10,7	unter allen W. ist niemand dir gleich
	18,18	wird's nicht fehlen dem W. an Rat
	50,35	das Schwert soll kommen über ihre W.
	51,57	will seine W. trunken machen
Dan	2,12	befahl, alle W. umzubringen 13.14.18.24
	21	er gibt den W. ihre Weisheit
	48	setzte ihn zum Obersten über alle W. 5,11
Ob	8	will die W. in Edom zunichte machen
Wsh	4,17	sie sehen wohl das Ende des W.
	6,26	viele W. sind Heil für die Welt

Wsh	7,15	er ist's, der den W. zurechthilft	Spr	2,10	W. wird in dein Herz eingehen

Wsh 7,15 er ist's, der den W. zurechthilft
Tob 4,19 suche deinen Rat immer bei den W.
Sir 8,9 verachte nicht, was die W. vortragen
　　 18,29 wer Weisheitslehren versteht, ist ein W.
　　 19,2 Wein und Weiber betören die W.
　　 20,31 Geschenke und Gaben verblenden die W.
　　 21,19 wenn ein W. redet, da hört man gern zu 20
　　 23 ein W. hält Zucht für goldenen Schmuck
　　 27 die W. wägen ihre Worte 28
　　 29 ein W. lächelt nur ein wenig
　　 27,13 unter W. kannst du jederzeit bleiben
　　 33,2 ein W. läßt sich das Gesetz nicht verleiden
　　 37,29 ein W. hat in seinem Volk großes Ansehen
Mt 2,1 da kamen W. aus dem Morgenland 7.16
　　 11,25 weil du dies den W. verborgen hast Lk 10,21
　　 23,34 siehe, ich sende zu euch W.
Rö 1,14 ich bin ein Schuldner der W. und Nichtweisen
　　 22 da sie sich für W. hielten
1Ko 1,19 ich will zunichte machen die Weisheit der W.
　　 20 wo sind die W. dieser Welt
　　 26 nicht viele W. sind berufen
　　 27 erwählt, damit er die W. zuschanden mache
　　 3,19 die W. fängt er in ihrer Klugheit
　　 20 der Herr kennt die Gedanken der W.
　　 6,5 ist denn gar kein W. unter euch
Eph 5,15 nicht als Unweise, sondern als W.

Weisheit

2Mo 28,3 die ich mit dem Geist der W. erfüllt habe
　　 31,3.6; 35,35; 36,1.2; 5Mo 34,9
2Sm 14,20 mein Herr gleicht an W. dem Engel Gottes
1Kö 2,6 tu nach deiner W.
　　 3,28 sahen, daß die W. Gottes in ihm war
　　 5,9 Gott gab Salomo sehr große W. 10.14.26;
　　 10,4.6-8.23.24; 11,41; 2Ch 1,10-12; 9,3.5-7.22.23
　　 7,14 ein Kupferschmied, voll W.
Esr 7,25 nach der W., die in deiner Hand ist
Hi 11,6 zeigte dir die Tiefen der W.
　　 8 die W. ist höher als der Himmel
　　 12,2 mit euch wird die W. sterben
　　 12 bei den Großvätern nur soll W. sein
　　 13 bei Gott ist W. und Gewalt
　　 15,8 hast du die W. an dich gerissen
　　 21,22 wer will Gott W. lehren
　　 26,3 wie gibst du Rat dem, der keine W. hat
　　 28,12 wo will man die W. finden
　　 18 wer erwirbt, hat mehr als Perlen Spr 8,11
　　 20 woher kommt denn die W.
　　 28 die Furcht des Herrn, das ist W. Ps 111,10;
　　 Spr 9,10; 15,33
　　 32,7 die Menge der Jahre laß W. beweisen
　　 13 wir haben W. gefunden
　　 33,33 ich will dich W. lehren
　　 38,36 wer gibt die W. in das Verborgene
　　 39,17 Gott hat ihr die W. versagt
Ps 37,30 der Mund des Gerechten redet W. Spr 10,13.31
　　 49,4 mein Mund soll W. reden
　　 51,8 im Geheimen tust du mir W. kund
　　 105,22 daß er seine Ältesten W. lehrte
　　 136,5 der die Himmel mit W. gemacht hat Spr 3,19; Jer 10,12; 51,15
Spr 1,2 um zu lernen W. und Zucht 5
　　 7 die Toren verachten W. und Zucht
　　 20 die W. ruft laut auf der Straße
　　 2,2 so daß dein Ohr auf W. achthat
　　 6 der HERR gibt W. Pr 2,26; Dan 2,21

Spr 2,10 W. wird in dein Herz eingehen
　　 3,13 wohl dem Menschen, der W. erlangt
　　 4,7 der W. Anfang ist: Erwirb W. 5
　　 11 ich will dich den Weg der W. führen
　　 5,1 mein Sohn, merke auf meine W.
　　 7,4 sprich zur W.: Du bist meine Schwester
　　 8,1 ruft nicht die W.
　　 12 ich, die W., wohne bei der Klugheit
　　 9,1 die W. hat ihr Haus gebaut
　　 10,23 der einsichtige Mann (hat Lust) an W.
　　 11,2 W. ist bei den Demütigen
　　 13,10 W. ist bei denen, die sich raten lassen
　　 14,1 die W. der Frauen baut ihr Haus 24,3
　　 6 der Spötter sucht W. und findet sie nicht
　　 8 des Klugen W., daß er achtgibt auf s. Weg
　　 33 im Herzen des Verständigen ruht W.
　　 16,16 W. erwerben ist besser als Gold
　　 17,16 was soll dem Toren Geld, W. zu kaufen
　　 24 ein Verständiger hat die W. vor Augen
　　 18,4 Quelle der W. ist ein sprudelnder Bach
　　 21,30 keine W. besteht vor dem HERRN
　　 23,23 verkaufe sie nicht, die W.
　　 24,7 W. ist dem Toren zu hoch
　　 14 so ist W. gut für deine Seele
　　 26,7 so steht dem Toren an, von W. zu reden
　　 28,26 wer in der W. wandelt, wird entrinnen
　　 29,3 wer W. liebt, erfreut seinen Vater
　　 15 Rute und Tadel gibt W.
　　 30,3 W. hab ich nicht gelernt
　　 31,26 sie tut ihren Mund auf mit W.
Pr 1,13 richtete mein Herz darauf, die W. zu suchen 17; 7,25; 8,16
　　 16 ich habe mehr W. als alle
　　 18 wo viel W. ist, da ist viel Grämen
　　 2,3 daß mein Herz mich mit W. leitete
　　 9 auch da blieb meine W.
　　 12 wandte ich mich, zu betrachten die W.
　　 13 sah, daß die W. die Torheit übertrifft
　　 15 warum hab ich dann nach W. getrachtet
　　 19 mit Mühe und W. geschaffen habe 21
　　 7,10 du fragst das nicht in W.
　　 11 W. ist gut mit einem Erbgut
　　 12 so beschirmt auch W.; aber die W. erhält
　　 19 die W. macht den Weisen stärker
　　 23 alles hab ich versucht mit der W.
　　 8,1 W. des Menschen erleuchtet sein Angesicht
　　 9,10 bei Toten weder Erkenntnis noch W.
　　 13 ich habe auch diese W. gesehen
　　 15 hätte die Stadt retten können durch W.
　　 16 W. ist besser als Stärke, doch des Armen W. wird verachtet 18
　　 10,1 ein wenig Torheit wiegt schwerer als W.
　　 10 W. bringt Vorteil und Gewinn
Jes 10,13 ich hab's ausgerichtet durch meine W.
　　 11,2 auf ihm wird ruhen der Geist der W.
　　 29,14 daß die W. seiner Weisen vergehe
　　 33,6 werdet haben: Reichtum an Heil, W.
　　 47,10 deine W. hat dich verleitet
Jer 3,15 Hirten, die euch weiden sollen in W.
　　 9,22 ein Weiser rühme sich nicht seiner W.
　　 49,7 ist ... W. ausgegangen
Hes 28,5 habest in deiner W. deine Macht gemehrt
　　 7 ihr Schwert gegen deine schöne W.
　　 12 du warst voller W.
　　 17 weil du deine W. verdorben hast
Dan 1,17 gab Gott Verstand für jede Art von W.
　　 2,20 ihm gehören W. und Stärke
　　 23 ich danke dir, daß du mir W. verliehen
　　 30 als wäre meine W. größer als die W. aller
　　 5,11 bei ihm W. wie der Götter W. 14

Weisheit

Wsh	1,4	W. kommt nicht in eine arglistige Seele
	6	die W. ist ein Geist, der den Menschen liebt
	3,11	wer W. und Zucht verachtet, ist
	6,10	damit ihr W. lernt und nicht in Sünde fallt
	13	die W. ist strahlend und unvergänglich
	18	da ist der Anfang der W.
	21	Verlangen nach W. zu rechter Herrschaft
	23	haltet die W. in Ehren
	24	was W. ist und wie sie entstand
	25	Neid hat nichts gemein mit der W.
	7,7	der Geist der W. kam zu mir
	12	weil die W. sie mit sich führte
	15	er ist's, der auch die W. den Weg führt
	21	die W. lehrte mich's
	24	die W. ist regsamer als alles
	28	liebt Gott außer dem, der mit der W. lebt
	30	Bosheit kann die W. nicht überwältigen
	8,2	W. hab ich geliebt und gesucht
	5	was ist reicher als die W. 6-8
	15	so werde ich bei der W. ruhen
	17	Verwandten der W. Unsterblichkeit (haben)
	21	W. nicht anders erlangen könnte 9,17
	9,2	den Menschen durch deine W. bereitet 14,5
	4	die W., die auf d. Thron sitzt 6.9
	19	(wurden) durch W. errettet 10,4.6.9.13.15
	10,1	die W. behütete den Ersterschaffenen
	8	die, die an der W. vorbeigingen
	21	die W. öffnete den Mund der Stummen
	14,2	die Künstlerin W. hat es gebaut
Sir	1,1	alle W. kommt von Gott dem Herrn 9
	3	wer kann Gottes W. ergründen
	4	sie ist vor allem geschaffen
	5	das Wort Gottes ist die Quelle der W. 6
	14	Gott lieben, das ist die allerschönste W.
	16	die Furcht des Herrn ist W. 20.22.25.33; 19,18
	24	diese W. macht die Leute verständig
	30	dann werden viele seine W. rühmen
	31	aus dem Schatz der W. treffende Worte
	32	dann wird dir Gott die W. geben 6,37
	3,31	ein vernünftiger Mensch lernt die W.
	4,12	die W. erhöht ihre Kinder
	29	im Wort gibt sich die W. kund
	6,18	laß dich von der W. erziehen 25; 16,23
	23	von der W. wissen nur wenige
	7,5	poche nicht auf deine W. vor dem König
	11,1	die W. des Geringen bringt ihn zu Ehren
	14,22	wohl dem, der über die W. nachsinnt
	15,1	wer sich an Gottes Wort hält, findet W.
	3	sie reicht ihm den Trank der W.
	7	die Narren finden die W. nicht Bar 3,20
	10	zu rechtem Lob gehört die W.
	18	die W. des Herrn ist groß
	18,28	wer verständig ist, ehrt die W.
	19,18	zu aller W. gehört das Tun des Gesetzes
	19	Kenntnis des Bösen ist nicht W.
	20	ein Tor ist, dem es an W. fehlt
	20,32	verheimlichte W... was nützen sie 33; 41,17
	21,21	für den Narren ist die W. wie
	23,2	eine Zuchtrute zur W. für mein Herz
	24,1	die W. preist sich selbst
	34	es läßt W. fließen wie der Pischon
	38	mit dem Lernen der W. zu Ende gekommen
	40	ging die W. hervor wie ein Seitenarm
	47	gemüht für alle, die W. begehren
	25,7	wie schön ist bei Greisen W.
	32,6	spare dir deine W. für andere Zeiten
	33,8	die W. des Herrn hat sie unterschieden 11
	34,8	was die W. spricht, das geschieht auch
	9	einer mit viel Erfahrung kann W. lehren
	37,24	es ist keine W. in ihm

Sir	38,25	wer W. lernt, braucht viel Zeit 26
	39,1	muß die W. aller Alten erforschen
	8	gibt er ihm den Geist der W. reichlich
	12	viele preisen seine W.
	40,20	die W. ist liebenswerter als sie beide
	42,21	er hat die Werke seiner W. fest gegründet
	43,37	den Gottesfürchtigen gibt er W.
	44,14	die Leute reden von ihrer W.
	45,6	hat (Mose) gegeben das Gesetz der W.
	32	er gebe euch W. in euer Herz
	47,27	Rehabeam, einen Mann ohne W.
	50,29	Lehre zur W. in dies Buch geschrieben
	51,18	suchte ich offen und ehrlich die W.
	23	danke ich dem, der mir W. gab
	33	W., weil ihr sie... haben könnt
Bar	3,12	weil du die Quelle der W. verlassen hast
	14	lerne nun, wo es rechte W. gibt
	15	wer weiß, wo die W. wohnt 31
	23	forschten der irdischen W. nach
	28	weil sie die W. nicht hatten, untergegangen
	32	der alle Dinge weiß, kennt die W.
	4,1	diese W. ist das Buch von den Geboten
Mt	11,19	doch ist die W. gerechtfertigt aus ihren Werken Lk 7,35
	12,42	sie kam vom Ende der Erde, um Salomos W. zu hören Lk 11,31
	13,54	woher hat dieser solche W. Mk 6,2
Lk	2,40	das Kind wurde stark, voller W. 52
	11,49	darum spricht die W. Gottes
	21,15	ich will euch Mund und W. geben
Apg	6,3	Männern, die voll heiligen Geistes und W. sind
	10	sie vermochten nicht zu widerstehen der W.
	7,10	gab ihm Gnade und W. vor dem Pharao
	22	Mose wurde in aller W. der Ägypter gelehrt
Rö	11,33	welch eine Tiefe der W.
1Ko	1,19	ich will zunichte machen die W. der Weisen
	20	die W. der Welt zur Torheit gemacht
	21	die Welt, umgeben von der W. Gottes
	22	die Griechen fragen nach W.
	24	predigen wir Christus als Gottes W.
	30	der uns von Gott gemacht ist zur W.
	2,1	kam ich nicht mit hohen Worten und hoher W. 4; 2,13
	6	wovon wir reden, das ist dennoch W. bei den Vollkommenen 7
	3,19	die W. dieser Welt ist Torheit bei Gott
	12,8	durch den Geist gegeben, von W. zu reden
2Ko	1,12	nicht in fleischlicher W. unser Leben geführt
Eph	1,8	die er uns hat widerfahren lassen in aller W.
	17	daß Gott euch gebe den Geist der W.
	3,10	damit jetzt kundwerde die mannigfaltige W. Gottes
Kol	1,9	daß ihr erfüllt werdet mit... in aller geistl. W.
	28	lehren alle Menschen in aller W.
	2,3	in welchem verborgen liegen alle Schätze der W.
	23	die einen Schein von W. haben
	3,16	lehrt und ermahnt einander in aller W.
2Pt	3,15	nach der W., die ihm gegeben ist
Jak	1,5	wenn es jemandem unter euch an W. mangelt
	3,13	der zeige seine Werke in Sanftmut und W.
	15	ist das nicht die W., die von oben herabkommt
	17	die W. aber von oben her ist lauter
Off	5,12	ist würdig, zu nehmen W. und Stärke
	7,12	W. sei unserm Gott von Ewigkeit zu Ewigkeit

Weissagung

Off 13,18 hier ist W. 17,9

Weisheitslehre

Sir 18,29 wer W. versteht, ist ein Weiser

Weisheitsspruch

Sir 6,35 laß dir keinen W. entgehen
  8,9 richte dich nach ihren W.
  47,17 so hast du alles mit W. erfüllt

weiß

1Mo 30,35 Ziegen, wo etwas W. daran war
  37 schälte w. Streifen... das W. bloß wurde
  49,12 seine Zähne (sind) w. von Milch
2Mo 16,31 Manna war wie w. Koriandersamen
3Mo 13,2 an s. Haut ein w. Flecken 3u.ö.39; 14,56
  21,20 wer einen w. Fleck im Auge hat
Ri 5,10 die ihr auf w. Eselinnen reitet
Est 1,6 hingen w. Tücher... Polster auf w. Marmor
  8,15 ging in königlichen Kleidern, blau und w.
Pr 9,8 laß deine Kleider immer w. sein
Hl 5,10 mein Freund ist w. und rot
Klg 4,7 Zions Fürsten waren w. als Milch
Dan 7,9 sein Kleid war w. wie Schnee
Jo 1,7 daß seine Zweige w. dastehen
Sa 1,8 waren braune und w. Pferde 6,3.6
Tob 13,21 mit w. Marmor... gepflastert
Sir 43,20 er ist so w., daß er die Augen blendet
2Ma 11,8 erschien ihnen einer in einem w. Gewand
Mt 5,36 du vermagst nicht ein einziges Haar w. zu machen
  17,2 seine Kleider wurden w. wie das Licht Mk 9,3; Lk 9,29
  28,3 war sein Gewand w. wie Schnee Mk 16,5; Jh 20,12; Apg 1,10
Lk 23,11 Herodes legte ihm ein w. Gewand an
Jh 4,35 das Feld ist w. zur Ernte
Off 1,14 sein Haupt und sein Haar war w. wie. Wolle
  2,17 wer überwindet, dem geben einen w. Stein
  3,4 mit mir einhergehen in w. Kleidern
  5 wer überwindet, soll mit w. Kleidern angetan werden
  18 w. Kleider, damit du sie anziehst
  4,4 24 Älteste, mit w. Kleidern angetan
  6,2 ich sah, und siehe, ein w. Pferd 19,11.14
  11 wurde gegeben einem jeden ein w. Gewand
  7,9 angetan mit w. Kleidern 13; 19,14
  14,14 ich sah, und siehe, eine w. Wolke
  20,11 ich sah einen großen, w. Thron

weissagen

1Kö 22,8 Micha w. nichts Gutes 18; 2Ch 18,7.17
  10 alle Propheten fingen an, zu w. 12; 2Ch 18,9.11
2Ch 20,37 Eliëser w. gegen Joschafat
Esr 5,1 es w. die Propheten Haggai und Sacharja
Jes 28,7 Priester und Propheten sind toll beim W.
  41,22 verkündigt, was früher gew. wurde 26; 43,9
Jer 2,8 die Propheten w. im Namen des Baal 23,13
  5,31 die Propheten w. Lüge 14,14; 23,25.26; 27,10. 14-16; 29,9.21
  11,21 w. nicht im Namen des HERRN
  14,15 Propheten, die in meinem Namen w. 16; 23,16.21; 26,20
  19,14 Jeremia gesandt, um zu w. 25,30; 26,12

Jer 20,1 hörte, wie Jeremia solche Worte w.
  25,13 in Erfüllung gehen, was Jeremia gew.
  26,9 warum w. du
  11 hat gew. gegen diese Stadt 20; Hes 4,7; 6,2; 11,4.13; 13,2.17; 21,2.7.14.19.33; 25,2; 28,21; 29,2; 30,2; 34,2; 35,2; 36,1.3.6; 38,2.14; 39,1
  28,6 der HERR bestätige dein Wort, das du gew.
  8 Propheten haben gegen viele Länder gew.
  9 wenn aber ein Prophet von Heil w.
  29,27 warum strafst du nicht Jeremia, der w.
  31 weil euch Schemaja w.
  37,19 wo sind nun eure Propheten, die euch w.
Hes 12,23 alles kommt, was gew. ist 27
  13,2 die aus eigenem Antrieb heraus w.
  37,4 w. über diese Gebeine 7.9.10.12
  38,17 Propheten, die in jener Zeit w.
Jo 3,1 Söhne und Töchter sollen w. Apg 2,17.18
Am 2,12 sprecht: Ihr sollt nicht w.
  7,12 ins Land Juda und w. daselbst 13.15.16
Sa 13,4 Propheten, wenn sie w... dastehen
Jdt 6,2 wie kannst du nun, daß
Wsh 14,28 w. sie, so ist's lauter Lüge
Sir 46,23 nachdem er entschlafen war, w. er
  47,1 zur Zeit Davids w. Nathan
  49,8 machten... öde, wie Jeremia gew. hatte
Mt 7,22 Herr, haben wir nicht in deinem Namen gew.
  11,13 alle Propheten haben gew. bis hin zu Johannes
  15,7 wie fein hat Jesaja von euch gew. Mk 7,6
  26,68 sprachen: W. uns, Christus Mk 14,65; Lk 22,64
Lk 1,67 sein Vater Zacharias w. und sprach
Jh 11,51 weil er in dem Jahr Hoherpriester war, w. er
Apg 2,17 eure Söhne und eure Töchter sollen w. 18
  11,28 Agabus w. eine große Teuerung
  19,6 sie redeten in Zungen und w.
  21,9 die waren Jungfrauen und w.
1Ko 11,4 ein jeglicher Mann, der betet oder w. 5
  13,2 wenn ich w. könnte
  9 unser W. ist Stückwerk
  14,1 befleißiget euch, daß ihr w. möget 5.39
  4 wer w., der erbaut die Gemeinde 3
  5 der da w., ist größer
  24 wenn sie aber alle w. 31
1Pt 1,10 die Propheten, die von der Gnade gew. haben
Jud 14 es hat von diesen gew. Henoch
Off 10,11 du mußt abermals w. von Völkern
  11,3 sie sollen w. 1.260 Tage lang

Weissager

Jes 44,25 macht die W. zu Narren
Jer 29,26 daß du Aufseher sein sollst über alle W.

Weissagung

2Ch 15,8 als Asa hörte die W., die Asarja
Esr 6,14 bauten, durch die W. der Propheten
Neh 6,12 er sagte die W. über mich
Jes 8,18 als Zeichen und W. vom HERRN 20,3
Hes 12,22 es wird nichts aus der W.
Dan 9,24 Gesicht und W. erfüllen werden Hab 2,3
  11,14 werden eine W. erfüllen und fallen
Nah 1,1 dies ist das Buch der W. Nahums
Jdt 6,4 meinst du, daß deine W. gewiß ist
Sir 34,5 eigne W. und Zeichendeutung sind nichts
  44,3 es gab Männer, die W. verkündet haben
  46,18 man erkannte, daß seine W. wahr wurden

Weissagung

Mt	13,14	an ihnen wird die W. Jesajas erfüllt
Rö	12,7	*W., so sei sie dem Glauben gemäß*
1Ko	12,10	*(dem wird gegeben) W.*
	13,8	*so doch die W. aufhören werden*
	14,6	*wenn ich zu euch redete Worte der W.*
	22	*dient die W. den Gläubigen*
1Th	5,20	W. verachtet nicht
2Th	2,2	weder durch eine W. noch durch ein Wort
1Ti	1,18	nach den W., die früher über dich ergangen
	4,14	Gabe, die dir gegeben ist durch W.
2Pt	1,20	daß keine W. eine Sache eigener Auslegung ist 21
Off	1,3	selig ist, der da liest die Worte der W. 22,7
	11,6	damit es nicht regne in den Tagen ihrer W.
	19,10	das Zeugnis Jesu ist der Geist der W.
	22,10	versiegle nicht die Worte der W. in d. Buch
	18	allen, die da hören die Worte der W.
	19	etwas wegnimmt von den Worten dieser W.

weißrötlich

3Mo	13,19	(wenn) ein w. Flecken entsteht 24.42.43

Weisung

1Mo	26,5	weil Abraham gehalten hat meine W.
2Mo	16,28	weigert ihr euch, meine W. zu halten
	18,16	tue ihnen kund Gottes W. 20
3Mo	14,57	damit man W. habe, wann etwas unrein ist
4Mo	9,19	so beachteten (sie) die W. des HERRN 23
5Mo	17,11	an die W. sollst du dich halten
2Ch	23,18	mit Liedern, nach Davids W.
Hi	22,22	nimm doch W. an
	37,15	weißt du, wie Gott ihnen W. gibt
Ps	119,13	will erzählen alle W. deines Mundes
	30	deine W. habe ich vor mich gestellt
	48	(ich) rede von deinen W.
	68	lehre mich deine W.
Spr	3,1	vergiß meine W. nicht 4,2
	6,20	laß nicht fahren die W. deiner Mutter
	23	die W. (ist) ein Licht
	7,2	hüte meine W. wie deinen Augapfel
	15,31	das Ohr, das da hört auf heilsame W.
	28,4	wer die W. verläßt, rühmt den Gottlosen
	9	abwendet, um die W. nicht zu hören
	29,18	wohl dem, der die W. achtet
	31,26	auf ihrer Zunge ist gütige W.
Jes	1,10	nimm zu Ohren die W. unsres Gottes
	2,3	von Zion wird W. ausgehen Mi 4,2
	5,24	verachten die W. des HERRN 30,9; 42,24
	8,16	versiegeln die W. in meinen Jüngern
	20	hin zur W. und hin zur Offenbarung
	42,4	die Inseln warten auf seine W.
	51,4	W. wird von mir ausgehen
Jer	18,18	dem Priester wird's nicht fehlen an W.
Hes	7,26	auch wird nicht mehr W. sein
Mi	6,16	du hieltest dich an die W. Omris
Mal	6,2	verläßliche W. war in seinem Munde 7
	8	viele zu Fall gebracht durch falsche W.
	9	die Person ansieht, wenn ihr W. gebt
Apg	1,2	nachdem er den Aposteln W. gegeben hatte
	7,53	ihr habt das Gesetz empfangen durch W. von Engeln
1Ko	4,17	damit er euch erinnere an meine W.
Kol	4,10	seinetwegen habt ihr schon W. empfangen
Heb	8,5	wie die göttliche W. an Mose erging

weit

1Mo	21,16	(Hagar) setzte sich, einen Bogenschuß w.
	26,22	einen andern Brunnen nannte er „W. Raum"
	30,36	drei Tagereisen w. 31,23; 2Mo 3,18; 5,3; 8,23; 4Mo 10,33; 11,31; 5Mo 1,2; 1Kö 19,4; 2Kö 3,9; Jon 3,4
	34,21	das Land ist w. genug für sie
	44,4	als sie noch nicht w. gekommen
2Mo	3,8	daß ich sie herausführe in ein w. Land
	8,24	zieht nicht zu w. Jos 8,4
	34,24	werde dein Gebiet w. machen Ri 18,10; Neh 9,35
4Mo	9,10	wenn jemand auf einer w. Reise ist
	16,3	ihr geht zu w. 7
	17,2	streue das Feuer w. hinweg
	35,4	tausend Ellen w. 1Kö 6,6; 7,23.31.38; 2Ch 3,13; Hes 40,10; 41,1.2
5Mo	14,24	wenn der Weg zu w. ist für dich 19,6
Jos	17,18	der Wald soll dein sein, so w. er reicht
1Sm	2,1	mein Mund hat sich w. aufgetan
	26,13	so daß ein w. Raum zwischen ihnen war
2Sm	22,20	er führte mich hinaus ins W. Ps 18,20
	37	du gibst meinen Schritten w. Raum Ps 18,37
1Kö	5,9	einen Geist, so w., wie Sand am Ufer
	19,7	hast einen w. Weg vor dir
1Ch	4,40	fanden ein Land, w. an Raum
2Ch	26,15	(Usija) sein Name drang w. hinaus
Neh	4,13	das Werk ist w... sind w. verstreut
	7,4	die Stadt war w. und groß
Hi	22,23	du tust das Unrecht w. weg
	36,3	will mein Wissen w. herholen
	16	in einen w. Raum, wo keine Bedrängnis ist
	37,10	die w. Wasser liegen erstarrt
Ps	24,7	machet die Tore w. 9
	31,9	du stellst meine Füße auf w. Raum
	35,21	sie sperren das Maul w. auf wider mich
	36,6	so w. der Himmel ist 57,11; 108,5; 113,4; 119,89; 148,13
	66,8	laßt seinen Ruhm w. erschallen
	81,11	tu deinen Mund w. auf
	104,25	da ist das Meer, das so groß und w. ist
	110,6	wird Häupter zerschmettern auf w. Gefilde
	119,131	ich tue meinen Mund w. auf und lechze
Spr	7,19	der Mann ist auf eine w. Reise gegangen
Jes	5,14	das Totenreich den Schlund w. aufgesperrt
	6,12	der HERR wird die Menschen w. wegtun
	8,8	daß sie dein Land füllen, so w. es ist
	22,18	wie eine Kugel in ein w. Land
	23,7	ihre Füße führten sie w. weg
	26,15	du machst du. alle Grenzen des Landes
	30,23	dein Vieh wird weiden auf w. Aue
	33	die Feuergrube ist tief und w. genug
	33,17	du wirst ein w. Land sehen
	21	w. Wassergräben wird es geben
	54,2	mache den Raum deines Zeltes w.
	57,8	hast dein Lager w. gemacht
	60,5	dein Herz wird erbeben und w. werden
Jer	2,24	wer sie haben will, muß nicht w. laufen
	22,14	ich will mir bauen w. Gemächer
	51,64	so w. hat Jeremia geredet
Hes	23,32	den Kelch trinken, so tief und w. er ist
	37,1	er stellte mich auf ein w. Feld
	43,9	sollen ihren Götzendienst w. wegtun
	45,1	soll heilig sein, so w. er reicht 48,21
Jo	4,6	um sie w. weg von ihrem Lande zu bringen
Am	6,3	meint, vom bösen Tag. ab zu sein
Mi	5,3	wird herrlich werden, so w. die Welt ist
	7,11	da wird w. werden deine Grenze
Hab	1,6	das hinziehen wird, so w. die Erde ist
Sa	14,4	wird sich spalten, sehr w. auseinander
Tob	11,6	von wo sie w. ins Land blicken konnte
Sir	15,8	sie ist w. weg von den Hochmütigen

Sir	27,22	er ist zu w. weg, er ist entsprungen
Bar	3,24	wie w. ist die Stätte, die er besitzt
1Ma	8,19	die Abgesandten machten den w. Weg
2Ma	2,18	uns aus der w. Welt zusammenzubringen
	8,7	so sprach man w. und breit von s. Taten
Mt	7,13	die Pforte ist w. zur Verdammnis
	14,24	das Boot war schon w. vom Land entfernt
Lk	2,44	kamen eine Tagereise w. und suchten ihn
	15,20	als er noch w. entfernt war
	22,41	er riß sich von ihnen los, einen Steinwurf w.
Apg	12,10	sie gingen eine Straße w.
	17,26	*hat bestimmt, wie w. sie wohnen sollen*
Rö	8,37	in dem allen überwinden wir w. durch den, der
2Ko	6,11	unser Herz ist w. geworden
	13	macht auch ihr euer Herz w.
	11,23	sie sind Diener Christi – ich bin's w. mehr
Gal	1,14	übertraf im Judentum viele meiner Altersgenossen w.
1Th	4,6	niemand gehe zu weit und übervorteile s. Bruder
2Ti	3,9	sie werden damit nicht w. kommen
Off	14,20	das Blut ging von der Kelter 1.600 Stadien w.

Weite

Jes	40,12	wer bestimmt des Himmels W.
Hes	40,11	er maß die W. der Öffnung

weiter, weiterer

1Mo	8,10	w. sieben Tage 12; 3Mo 13,54; 2Ch 30,23
	9,26	sprach w. 15,3; 16,11; 20,10; 24,25; 31,51; 32,10; 41,41; 43,29; 2Mo 5,5; 16,8; 4Mo 32,5; 1Sm 26,10.18; 2Sm 17,8; Sa 4,12
	10,18	haben sich w. ausgebreitet
	13,3	zog immer w. 2Mo 17,1
	17,3	Gott redete w. mit ihm 4Mo 22,19; Jes 8,5
	29,27	den du noch w. 7 Jahre leisten sollst 30
	47,4	sagten w. zum Pharao
2Mo	3,6	und (Gott) sprach w. 15; 4,6; 33,20.21
	9,2	wenn du sie w. aufhältst
	17	der Pharao versündigte sich w.
3Mo	26,18	so will ich euch noch w. strafen 21
5Mo	5,25	wenn wir des HERRN Stimme w. hören
	20,8	sollen w. mit dem Volk reden Jos 9,21
	25,3	soll man nicht w. schlagen
Ri	1,36	von der Felsenstadt und w. hinauf
	9,37	redete w. und sprach
	18,25	laß deine Stimme nicht w. bei uns hören
	20,22	um w. zu kämpfen 2Sm 2,28
	45	die Männer von Israel verfolgten sie w.
1Sm	23,22	gebt w. acht
2Sm	18,16	das Volk jagte Israel nicht w. nach
	19,29	was hab ich w. für Recht
	30	was redest du noch w.
2Ch	2,11	Hiram schrieb w.: Gelobt sei der HERR
	12,13	Rehabeam wurde mächtig und regierte w.
Neh	3,11	bauten ein w. Stück 19-21.24.27.30
Hi	38,11	bis hierher sollst du kommen und nicht w.
Ps	78,17	dennoch sündigten sie w. Hos 13,2
Pr	3,16	w. sah ich unter der Sonne 8,10
Jes	1,5	die ihr doch w. im Abfall verharrt
Jer	2,9	muß ich noch w. mit euch rechten
	7,10	ihr sprecht ... und tut s. solche Greuel
	31,39	die Meßschnur wird w. geradeaus gehen
	40,5	w. hinaus wird kein Wiederkehren sein
Hes	23,14	trieb ihre Hurerei noch w.
	47,8	dies Wasser fließt w. zum Jordantal
Hos	14,9	Ephraim, was sollen dir w. die Götzen
Am	4,12	will ich's w. so mit dir machen, Israel
Sa	1,17	w. predige und sprich
	5,6	(der Engel) sprach w.
Mal	2,13	w. tut ihr auch das
Sir	14,23	der ihren Geheimnissen immer w. nachforscht
	21,24	ein Narr läuft einem ohne w. ins Haus 25
1Ma	8,31	wenn sie w. über dich klagen
	16,23	was Johannes danach w. getan hat
2Ma	2,23	w. davon, wie sie den Tempel gewonnen
	30	der nichts w. zu bedenken hat
Mt	26,65	was bedürfen wir w. Zeugen Mk 14,63
Lk	5,15	die Kunde von ihm breitete sich immer w. aus
	19,11	sagte er ein w. Gleichnis
Apg	4,17	damit es nicht w. einreiße unter dem Volk
	12,16	Petrus klopfte w. an
	15,28	euch w. keine Last aufzuerlegen als
	25,4	Paulus werde w. in Gewahrsam gehalten
	27,28	ein wenig w. loteten sie abermals
1Ko	1,16	*w. weiß ich nicht, ob ich getauft habe*
2Ko	10,8	*wenn ich mich w. rühmte unsrer Vollmacht*

weiterbauen

Neh	3,1	b. w. bis an den Turm 4,4

weiterfahren

Lk	8,26	sie f. w. in die Gegend der Gerasener
Apg	20,15	von dort f. wir w. und kamen
	27,12	bestanden die meisten von ihnen auf dem Plan, von dort w.

weiterfressen

3Mo	13,5	hat nicht weiterg. auf der Haut 6 u. ö. 55; 14,39.44.48

weiterführen

Hes	40,17	er f. mich w. zum Vorhof 28

weitergeben

Apg	7,38	empfing Worte des Lebens, um sie uns w.
1Ko	11,23	von dem Herrn, was ich euch weiterg. habe
	15,3	weiterg., was ich auch empfangen habe

weitergehen

4Mo	22,26	da g. der Engel des HERRN w.
	34,4	(eure Grenze) soll w. 8; Jos 15,3; 17,9
Ri	19,13	sprach zu seinem Knecht: G. w.
1Sm	10,3	wenn du von da w.
2Sm	17,20	sie g. w. zum Wasser
Mt	4,21	als (Jesus) von dort w. 9,27; 11,1; 12,9; 15,29; 26,39; Mk 1,19; 14,35; Jh 4,43
Lk	24,28	er stellte sich, als wollte er w.
Apg	14,20	*den andern Tag g. er w. nach Derbe*
2Jh	9	wer w. und bleibt nicht in der Lehre

weitergeleiten

Rö	15,24	ich hoffe, daß ich von euch w. werde
3Jh	6	du wirst gut daran tun, wenn du sie w.

weiterhin

2Mo 36,3 man brachte auch w. freiwillige Gaben
1Sm 16,13 von dem Tag an und w.
30,25 so blieb es w.
Sa 13,3 wenn jemand w. als Prophet auftritt
2Ma 11,19 so will ich auch w. bemüht sein
StD 1,64 Daniel wurde groß und blieb es auch w.
2Ko 11,9 will es auch w. so halten 12
Phl 1,18 ich werde mich auch w. freuen
Off 22,11 wer Böses tut, der tue w. Böses

weiterjagen

Hab 1,11 brausen sie dahin und j. w.

weiterkommen

Neh 2,14 daß mein Tier mit mir w. konnte

weiterlaufen

Jos 3,13 wird das Wasser des Jordan nicht w.
Spr 22,3 die Unverständigen l. w. 27,12

weiterleben

Ps 49,10 damit er immer w.
Phl 1,22 wenn ich aber w. soll im Fleisch

weitermachen

2Ma 7,17 m. nur so w., dann wirst du erfahren

weiterreden

Wsh 8,12 wenn ich w., werden sie

weiterreisen

Apg 20,7 da er am nächsten Tag w. wollte
21,5 machten wir uns auf und r. w.

weitersagen

1Sm 18,24 die Großen Sauls s. es ihm w.
19,2 (Jonatan) s. es (David) w.
2Sm 17,17 Nachricht, die sie dem König w.
Pr 10,20 die Fittiche haben, s.'s w.
Sir 41,29 schäme dich, alles w., was du gehört hast
Jh 12,22 Philippus und Andreas s.'s Jesus w.

weiterschicken

Apg 9,30 die Brüder s. (Saulus) w. nach Tarsus 17,14

weiterziehen

1Mo 12,9 danach z. Abram w. 13,18; 35,21
18,5 danach mögt ihr w.
26,22 z. w. und grub einen andern Brunnen
2Mo 14,10 sage den *Israeliten, daß sie w.
40,37 wenn sich die Wolke nicht erhob, so z. sie nicht w. 4Mo 9,19.21.22
4Mo 1,51 wenn man w., sollen die Leviten 10,6
11,35 z. das Volk w. 12,15; 21,12.13; 22,1; Jos 9,17
Ri 19,14 sie z. w. ihres Weges
1Sm 15,12 daß Saul weiterg. war
2Sm 2,32 Joab und seine Männer z. w. 19,41
15,23 das ganze Kriegsvolk z. w.
2Kö 10,15 als er w., traf er Jonadab
Mt 10,11 bei dem bleibt, bis ihr w. Mk 6,10; Lk 9,4
19,15 legte die Hände auf sie und z. von dort w.
Lk 10,38 als sie w., kam er in ein Dorf
Apg 13,14 sie z. von Perge w. 14,20; 21,8

weither

2Sm 11,10 bist du nicht von w. gekommen

weithin

Esr 3,13 daß man den Schall w. hörte
Sir 21,8 wer zu reden versteht, ist w. bekannt
24,45 nun lasse ich meine Lehre leuchten w.

Weizen

2Mo 9,32 W. und Korn wurden nicht zerschlagen
5Mo 8,8 ein Land, darin W., Gerste... wachsen
32,14 feiste Widder und das Beste vom W.
Ri 6,11 Gideon drosch W. in der Kelter
1Sm 6,13 Leute von Bet-Schemesch schnitten W.
2Sm 4,6 die Pförtnerin hatte W. gereinigt
17,28 (brachten) W., Gerste, Mehl
1Kö 5,25 Salomo gab Hiram 20.000 Sack W. 2Ch 2,9.14
1Ch 21,20 Arauna drosch W.
23 ich gebe W. zum Speisopfer
2Ch 27,5 die Ammoniter 100.000 Scheffel W. gaben
Esr 6,9 was sie bedürfen an W. 7,22
Hi 31,40 sollen mir Disteln wachsen statt W.
Ps 81,17 würde es mit dem besten W. speisen 147,14
Jes 28,25 wirft Kümmel und sät W.
Jer 12,13 haben W. gesät, aber Dornen geerntet
23,28 wie reimen sich Stroh und W.
41,8 haben Vorrat an W., Gerste, Öl
Hes 4,9 nimm dir W., Gerste, Bohnen
27,17 haben W. als Ware gebracht
45,13 das soll nun die Abgabe sein... W.
Jo 1,11 die Weingärtner heulen um den W.
Mt 3,12 seinen W. in die Scheune sammeln Lk 3,17
13,25 sein Feind säte Unkraut zwischen den W.
29 damit ihr nicht zugleich den W. mit ausrauft
30 den W. sammelt mir in meine Scheune
Mk 4,28 danach den vollen W. in der Ähre
Lk 16,7 er sprach: Hundert Sack W.
22,31 hat begehrt, euch zu sieben wie den W.
1Ko 15,37 ein Korn von W. oder etwas anderem
Off 6,6 ein Maß W. für einen Silbergroschen
18,13 (ihre Ware:) Öl und feinstes Mehl und W.

Weizenernte

1Mo 30,14 zur Zeit der W. Ri 15,1; 1Sm 12,17
2Mo 34,22 das Wochenfest mit den Erstlingen der W.
Rut 2,23 bis die Gerstenernte und W. beendet war

Weizenhaufen

Hl 7,3 dein Leib ist wie ein W.

Weizenkorn

Jh 12,24 wenn das W. nicht in die Erde fällt und erstirbt

Weizenmehl

2Mo 29,2 aus feinem W. sollst du das alles machen

1595　　　　　　　　　　　　　　　　　　　　　　　　　　　　　　　　　　　　Welt

StD 2,2 dem (Bel) mußte man opfern zwölf Sack W.

welch, welcher

4Mo	23,24	w. Wunder Gott tut
5Mo	5,26	w. Mensch kann die Stimme Gottes hören
	18,21	w. Wort der HERR nicht geredet hat
Jos	3,4	auf w. Wege ihr gehen sollt
1Sm	23,22	gebt acht, an w. Ort sein Fuß weilt
Est	3,6	von w. Volk Mordechai sei
Jer	6,16	Wegen der Vorzeit, w. der gute Weg sei
Mt	7,2	mit w. Maß ihr meßt, wird euch zugemessen Mk 4,24
	21,23	aus w. Vollmacht tust du das 24.27; Mk 11,28.29.33; Lk 20,2.8
	22,36	w. ist das höchste Gebot Mk 12,28
	24,42	ihr wißt nicht, an w. Tag euer Herr kommt
Mk	5,19	w. große Wohltat dir der Herr getan 20
Lk	1,29	w. ein Gruß ist das
	6,32	w. Dank habt ihr davon 33.34
Jh	10,32	um w. dieser Werke willen wollt ihr mich steinigen
	12,33	um anzuzeigen, w. Todes er sterben würde 18,32
	19,5	Pilatus spricht zu ihnen: Seht, w. ein Mensch
	21,19	mit w. Tod (Petrus) Gott preisen würde
Apg	4,7	aus w. Kraft oder in w. Namen habt ihr das getan
	17,26	festgesetzt, in w. Grenzen sie wohnen sollen
	22,24	um zu erfahren, aus w. Grund sie so gegen ihn schrien
Rö	3,27	durch w. Gesetz? Durch das Gesetz der Werke
	11,33	w. eine Tiefe des Reichtums
1Ko	3,13	von w. Art eines jeden Werk ist
2Ti	3,11	w. Verfolgungen ertrug ich da
1Jh	3,1	w. eine Liebe hat uns der Vater erwiesen
Jak	3,5	kleines Feuer, w. einen Wald zündet's an
Off	3,3	du wirst nicht wissen, zu w. Stunde ich über dich kommen werde

welcherlei

Mt	7,2	*mit w. Maß ihr messet* Mk 4,24
Jh	5,4	*mit w. Leiden er behaftet war*
1Ko	3,13	*w. eines jeglichen Werk sei*
	15,35	*mit w. Leibe werden sie kommen*
	48	*w. der irdische... w. der himmlische ist*

welk

Jes	28,1	weh der w. Blume ihrer Herrlichkeit 4
Wsh	2,8	*laßt uns Kränze tragen, ehe sie w. werden*

welken

Ps	90,6	(Gras, das) des Abends w. und verdorrt

Welle

Hi	38,11	hier sollen sich legen deine stolzen W.
Ps	42,8	alle deine W. gehen über mich Jon 2,4
	65,8	der du stillst das Brausen seiner W. 89,10; 107,29
	93,3	die Wasserströme heben empor die W.
	107,25	der die W. erhob Jes 51,15; Jer 31,35
Jes	57,20	dessen W. Schlamm und Unrat auswerfen
Jer	5,22	wenn seine W. auch toben
	51,42	mit W. ist (Babel) bedeckt 55
Hes	26,3	wie das Meer W. heraufführt

Sa	10,11	so wird er die W. im Meer schlagen
Wsh	14,3	du gibst mitten in den W. sichere Fahrt
Sir	29,24	hin und her geworfen wie die W. im Meer
Mt	8,24	das Boot von W. zugedeckt wurde Mk 4,37
	14,24	das Boot kam in Not durch die W. Lk 8,23
Apg	27,41	Hinterschiff zerbrach unter der Gewalt der W.
Jud	13	wilde W. des Meeres, die

Welt

1Mo	11,1	es hatte alle W. einerlei Sprache
	18,25	sollte der Richter aller W. nicht gerecht
	19,31	nach aller W. Weise
	41,57	alle W. kam nach Ägypten
4Mo	14,21	alle W. der Herrlichkeit voll werden soll
Jos	3,11	die Lade des Herrschers über alle W. 13
	23,14	ich gehe heute dahin wie alle W. 1Kö 2,2
1Sm	2,8	der W. Grundfesten sind des HERRN
	10	der HERR wird richten der W. Enden 1Ch 16,14; Ps 105,7
1Kö	10,24	alle W. begehrte Salomo zu sehen
1Ch	16,30	fürchte ihn alle W. Ps 33,8; 67,8; 96,9
Hi	3,3	ein Knabe kam zur W.
	11,12	kann ein Wildesel als Mensch zur W. kommen
	15,7	kamst du vor den Hügeln zur W.
	35	ihr Schoß bringt Trug zur W.
Ps	2,8	will dir geben für die Enden zum Eigentum
	17,14	(errette mich) vor den Leuten dieser W.
	19,5	geht ihr Reden bis an die Enden der W.
	22,28	werden sich bekehren alle W. Enden
	24,7	machet die Türen in der W. hoch 9
	45,17	wirst du zu Fürsten setzen in aller W.
	46,3	wenngleich die W. unterginge
	10	den Kriegen steuert in aller W.
	48,3	Berg Zion, daran sich freut die ganze W.
	11	ist auch dein Ruhm bis an der W. Enden
	50,1	Gott ruft der W. zu vom Aufgang der Sonne
	57,6	erhebe deine Herrlichkeit über alle W. 12
	73,12	die Gottlosen sind glücklich in der W.
	83,19	daß du der Höchste bist in aller W.
	90,2	ehe die Erde und die W. geschaffen wurden
	94,2	erhebe dich, du Richter aller W.
	96,1	singet dem HERRN, alle W. 98,4; 100,1
	98,3	aller W. Enden sehen das Heil unsres Gottes Jes 52,10
	99,1	darum bebt die W.
Spr	30,4	wer hat alle Enden der W. bestimmt
Pr	9,6	sie haben kein Teil mehr auf der W.
Jes	14,7	nun hat Ruhe und Frieden alle W.
	9	es schreckt auf alle Gewaltigen der W.
	16	der Mann, der die W. zittern machte
	21	daß sie nicht wieder die W. erobern
	28,22	von Gott beschlossen über alle W.
	38,11	mit denen, die auf der W. sind
	45,22	wendet euch zu mir, aller W. Enden
	51,9	wach auf, wie zu Anbeginn der W.
	54,5	der aller W. Gott genannt wird
	66,8	ist ein Volk auf einmal zur W. gekommen
Jer	25,26	(ließ trinken) aller Königreiche der W.
	50,23	ist der Hammer der ganzen W. zerbrochen
	51,7	Kelch, der alle W. trunken gemacht hat 25
	41	die in aller W. Berühmte eingenommen
Klg	4,12	nicht geglaubt noch alle Leute in der W.
Dan	2,35	der Stein (füllte) die ganze W.
Mi	4,13	weihen ihre Habe dem Herrscher der W.
	5,3	wird herrlich werden, so weit die W. ist
Hab	2,20	es sei vor ihm stille alle W.
Ze	3,8	alle W. soll verzehrt werden

Welt

Jdt	5,23	werden vor aller W. zum Gespött werden 14,14
	6,2	daß Nebukadnezar der Herr aller W. ist
	7,16	als daß wir vor aller W. zuschanden werden
	11,6	deine Taten sind hochberühmt in aller W.
	17	dein Name soll berühmt werden in aller W.
Wsh	1,14	was in der W. geschaffen ist, das ist gut
	2,6	laßt uns die W. auskosten
	24	durch Neid ist der Tod in die W. gekommen
	5,21	mit ihm wird die W. kämpfen
	6,26	viele Weise sind Heil für die W.
	7,17	so daß ich den Bau der W. begreife
	9,3	die W. in Heiligkeit regieren
	9	die dabei waren, als du die W. schufst
	10,1	die Weisheit behütete den Vater der W.
	8	hinterließen der W. ein Denkmal ihrer Torheit
	11,17	(der) die W. geschaffen hat 2Ma 7,23
	22	die W. ist vor dir wie ein Stäublein
	13,2	für Götter halten, die die W. regieren
	9	daß sie die W. durchdringen konnten
	14,6	an denen die Hoffnung der W. hing... hinterließen so der W. die Stammeltern
	14	durch eitlen Wahn in die W. gekommen
	17,20	die ganze Welt hatte helles Licht
	18,4	durch die der W. das Licht... gegeben
	24	auf s. Gewand war die W. abgebildet
Tob	8,18	daß du allein Gott bist in aller W.
Sir	1,2	wer kann sagen, wieviel Tage die W. hat
	3,19	besser als alles, wonach die W. trachtet
	7,6	Unrecht nicht aus der W. schaffen kannst
	10,7	den Hoffärtigen sind Gott und die W. feind
	11,30	die W. ist voller Leid und Verleumdung
	16,16	was bin ich gegen die ganze große W.
	18,12	Gottes Barmherzigkeit gilt der ganzen W.
	24,14	vor der W., im Anfang ich geschaffen
	37,3	daß alle W. so voll Falschheit ist
	38,39	doch sie stützen den Bestand der W.
	39,25	er sieht alles vom Anfang der W. bis ans Ende der W.
	42,16	die Sonne blickt auf alle W. herab
	44,16	um für die W. ein Beispiel... zu sein
	45,1	Mose, der W. lieb und wert war
Bar	2,15	damit alle W. erkennt, daß du Gott bist
	6,62	die Wolken ziehen über die ganze W.
1Ma	14,10	Simon war berühmt in aller W.
2Ma	2,18	uns aus der weiten W. zusammenbringen
	3,12	Tempels, der in aller W. hoch geehrt wird
	7,9	der König der W. wird uns erwecken
	8,18	der die W. zu Boden schlagen kann
	12,15	riefen zu dem mächtigen Herrscher aller W.
	13,14	er vertraute sich dem Schöpfer der W. an
StE	1,4	daß sich ein einziges Volk gegen alle W. stellt
Mt	4,8	zeigte ihm alle Reiche der W. Lk 4,5
	5,14	ihr seid das Licht der W.
	12,32	weder in dieser noch in jener W.
	13,22	die Sorge der W... ersticken das Wort Mk 4,19
	35	was verborgen war vom Anfang der W. an
	38	der Acker ist die W. 39
	40	so wird's am Ende der W. gehen 49
	16,26	was hülfe es dem Menschen, wenn er die ganze W. gewönne Mk 8,36; Lk 9,25
	18,7	weh der W. der Verführungen wegen
	24,3	was wird das Zeichen sein für das Ende der W.
	14	gepredigt dies Evangelium in der ganzen W.
	21	wie sie nicht gewesen ist vom Anfang der W.
Mt	25,34	euch bereitet ist von Anbeginn der W.
	26,13	wo dies Evangelium gepredigt wird in der ganzen W. Mk 14,9
	28,20	bei euch alle Tage bis an der W. Ende
Mk	10,30	und in der zukünftigen W. das ewige Leben Lk 18,30
	16,15	gehet hin in alle W.
Lk	2,1	ein Gebot, daß alle W. geschätzt würde
	11,31	sie kam vom Ende der W., zu hören
	50	das vergossen ist seit Erschaffung der W.
	12,30	nach dem allen trachten die Heiden in der W.
	16,8	die Kinder dieser W. sind klüger als
	20,34	die Kinder dieser W. heiraten und lassen sich heiraten
	35	gewürdigt werden, jene W. zu erlangen
Jh	1,9	das alle Menschen erleuchtet, die in diese W. kommen
	10	er war in der W.; die W. erkannte ihn nicht
	29	Gottes Lamm, das der W. Sünde trägt
	3,16	also hat Gott die W. geliebt, daß er seinen eingeborenen Sohn gab
	17	Gott hat seinen Sohn nicht in die W. gesandt, daß er die W. richte 12,47
	19	das ist das Gericht, daß das Licht in die W. gekommen ist
	4,42	dieser ist wahrlich der W. Heiland
	6,14	der Prophet, der in die W. kommen soll
	33	Gottes Brot, das vom Himmel kommt und gibt der W. das Leben
	51	mein Fleisch, das ich geben werde für das Leben der W.
	7,4	willst du das, so offenbare dich vor der W.
	7	die W. kann euch nicht hassen
	8,12	ich bin das Licht der W.
	23	ihr seid von dieser W., ich bin nicht von dieser W. 17,11.14.16
	26	was ich von ihm gehört, das rede ich zu der W.
	9,5	solange ich in der W. bin, bin ich das Licht der W.
	32	von Anbeginn der W. an hat man nicht gehört
	39	ich bin zum Gericht in diese W. gekommen
	10,36	wie sagt ihr zu dem, den der Vater in die W. gesandt hat
	11,9	denn er sieht das Licht dieser W.
	27	Sohn Gottes, der in die W. gekommen
	12,19	siehe, alle W. läuft ihm nach
	25	wer sein Leben auf dieser W. haßt, der wird's erhalten
	31	jetzt ergeht das Gericht über diese W.
	46	ich bin in die W. gekommen als ein Licht
	13,1	daß er aus dieser W. ginge zum Vater 16,28
	14,17	den Geist der Wahrheit, den die W. nicht empfangen kann
	19	dann wird mich die W. nicht mehr sehen
	22	was bedeutet es, daß du dich uns offenbaren willst und nicht der W.
	27	nicht gebe ich euch, wie die W. gibt
	30	es kommt der Fürst dieser W.
	31	die W. soll erkennen, daß ich den Vater liebe
	15,18	wenn euch die W. haßt, so wißt, daß 19; 17,14
	19	wäret ihr von der W., so hätte die W. das Ihre lieb
	16,8	wird er der W. die Augen auftun
	11	Gericht: daß der Fürst dieser W. gerichtet ist

Welt

Jh	16,20	ihr werdet weinen und klagen, aber die W. wird sich freuen
	21	daß ein Mensch zur W. gekommen ist
	28	ich bin vom Vater in die W. gekommen
	33	in der W. habt ihr Angst; aber seid getrost, ich habe die W. überwunden
	17,5	Herrlichkeit, die ich hatte, ehe die W. war
	6	Menschen, die du mir aus der W. gegeben
	9	ich bitte nicht für die W., sondern für
	13	nun komme ich zu dir und rede dies in der W.
	15	bitte dich nicht, daß du sie aus der W. nimmst
	18	wie du mich gesandt hast in die W., so sende ich sie auch in die W.
	21	damit die W. glaube, daß du mich gesandt 23
	24	mich geliebt, ehe der Grund der W. gelegt
	25	gerechter Vater, die W. kennt dich nicht
	18,20	ich habe frei und offen vor aller W. geredet
	36	mein Reich ist nicht von dieser W.
	37	ich bin in die W. gekommen, daß ich die Wahrheit bezeugen soll
	21,25	würde die W. die Bücher nicht fassen, die
Apg	17,24	Gott, der die W. gemacht hat
Rö	1,8	danke ich Gott, daß man von eurem Glauben in aller W. spricht
	20	wird seit der Schöpfung der W. ersehen aus seinen Werken
	3,6	wie könnte sonst Gott die W. richten
	19	damit die W. vor Gott schuldig sei
	4,13	Verheißung, daß er der Erbe der W. sein solle
	5,12	wie durch einen Menschen die Sünde in die W. gekommen ist
	13	die Sünde war in der W., ehe das Gesetz kam
	10,18	ist ausgegangen ihr Wort bis an die Enden der W.
	11,12	wenn ihr Fall Reichtum für die W. ist
	15	ihre Verwerfung die Versöhnung der W. ist
	12,2	stellt euch nicht dieser W. gleich
1Ko	1,20	die Weisheit der W. zur Torheit gemacht
	21	weil die W. Gott nicht erkannte
	27	was töricht vor der W., hat Gott erwählt 28
	2,6	nicht eine Weisheit dieser W.
	7	*verordnet vor der Zeit der W.*
	8	die keiner von den Herrschern dieser W. erkannt hat
	12	wir haben nicht empfangen den Geist der W.
	3,18	wer meint, weise zu sein in dieser W.
	19	die Weisheit dieser W. ist Torheit bei Gott
	22	es sei W. oder Leben oder Tod
	4,9	wir sind ein Schauspiel geworden der W.
	13	*sind geworden wie der Abschaum der W.*
	5,10	nicht allgemein die Unzüchtigen in dieser W.
	6,2	daß die Heiligen die W. richten werden
	7,31	das Wesen dieser W. vergeht
	33	sorgt sich um die Dinge der W. 34
	8,4	daß es keinen Götzen gibt in der W.
	10,11	auf welche das Ende der W. gekommen ist
	11,32	nicht samt der W. verdammt werden
	14,10	es gibt so viele Arten von Sprache in der W.
2Ko	1,12	in der Gnade Gottes unser Leben in der W. geführt
	4,4	der Gott dieser W. den Sinn verblendet hat
	5,19	Gott versöhnte (in Christus) die W. mit sich
	7,10	die Traurigkeit der W. wirkt den Tod
Gal	1,4	daß er uns errette von dieser bösen W.
	4,3	waren in der Knechtschaft der Mächte der W.
Gal	6,14	durch den mir die W. gekreuzigt ist
Eph	1,4	in ihm hat er uns erwählt, ehe der W. Grund gelegt 1Pt 1,20
	21	nicht allein in dieser W., sondern auch in der zukünftigen
	2,2	früher gelebt nach der Art dieser W.
	12	ihr wart ohne Gott in der W.
	6,12	zu kämpfen mit den Herren der W.
Phl	1,23	ich habe Lust, aus der W. zu scheiden
	2,15	unter dem ihr scheint als Lichter in der W.
Kol	1,6	(Evangelium,) wie es in aller W. Frucht bringt
	2,8	gegründet auf die Mächte der W.
	20	als lebtet ihr noch in der W.
1Ti	1,15	daß Christus Jesus in die W. gekommen ist
	2,15	selig dadurch, daß sie Kinder zur W. bringt
	3,16	er ist geglaubt in der W.
	5,14	die jüngeren Witwen Kinder zur W. bringen
	6,7	wir haben nichts in die W. gebracht
	den Reichen in dieser W. gebiete
2Ti	1,9	Gnade, die uns gegeben ist vor der Zeit der W.
	4,10	Demas hat diese W. liebgewonnen
Tit	1,2	das ewige Leben, das Gott verheißen hat vor den Zeiten der W.
	2,12	daß wir fromm in dieser W. leben
1Pt	5,9	daß ebendieselben Leiden über eure Brüder in der W. gehen
2Pt	1,4	die ihr entronnen seid der Begierde in der W.
	2,5	hat die frühere W. nicht verschont 3,6
	20	wenn sie durch die Erkenntnis unseres Herrn entflohen sind dem Unrat der W.
1Jh	2,2	er ist die Versöhnung für die (Sünden) der ganzen W.
	15	habt nicht lieb die W. noch was in der W.
	16	alles, was in der W. ist, ist von der W.
	17	die W. vergeht mit ihrer Lust
	3,1	darum kennt uns die W. nicht
	13	wundert euch nicht, wenn euch die W. haßt
	17	wenn jemand dieser W. Güter hat
	4,1	es sind viele falsche Propheten ausgegangen in die Welt 2Jh 7
	3	er ist jetzt schon in der W.
	4	der in euch, ist größer als der in der W.
	5	reden, wie die W. redet, und die W. hört sie
	9	daß Gott seinen Sohn gesandt hat in die W.
	14	den Sohn gesandt als Heiland der W.
	17	wie er ist, so sind auch wir in dieser W.
	5,4	unser Glaube ist der Sieg, der die W. überwunden hat
	5	wer ist es, der die W. überwindet, wenn nicht
	19	die ganze W. liegt im Argen
Heb	1,2	Sohn, durch den er auch die W. gemacht hat
	6	wenn er den Erstgeborenen einführt in die W., spricht er
	2,5	nicht Engeln hat er untertan gemacht die zukünftige W.
	4,3	die Werke von Anbeginn der W. fertig
	6,5	das gute Wort Gottes und die Kräfte der zukünftigen W.
	9,26	sonst hätte er oft leiden müssen vom Anfang der W. an
	10,5	darum spricht er, wenn er in die W. kommt
	11,3	daß die W. durch Gottes Wort geschaffen ist
	7	durch den Glauben sprach er der W. das Urteil
	38	sie, deren die W. nicht wert war, sind umhergeirrt

Welt

Jak	1,27	sich selbst von der W. unbefleckt halten
	2,5	hat nicht Gott erwählt die Armen in der W.
	3,6	die Zunge ist ein Feuer, eine W. voll Ungerechtigkeit
	6	die Zunge zündet die ganze W. an
	4,4	Freundschaft mit der W. Feindschaft mit Gott
Off	11,15	es sind die Reiche der W. unseres Herrn und seines Christus
	12,9	Teufel und Satan, der die ganze W. verführt
	13,8	deren Namen nicht vom Anfang der W. an geschrieben stehen 17,8
	16,14	gehen aus zu den Königen der ganzen W.

Weltkreis

Apg	17,6	diese, die den ganzen W. erregen
	19,27	Göttin Diana, der der W. Verehrung erweist
Off	3,10	Versuchung über den ganzen W.

weltlich

Mk	10,42	*daß die w. Fürsten... niederhalten*
Tit	2,12	daß wir absagen den w. Begierden

Weltweiser

1Ko	1,20	*wo sind die W.*

Weltzeit

Eph	3,9	*Ratschluß, der von W. her verborgen war*

Wendeltreppe

1Kö	6,8	daß man durch eine W. hinaufging

wenden

1Mo	18,16	die Männer w. sich 22; 19,28; 1Sm 13,17.18; 2Sm 24,6
	24,49	daß ich mich w. zur Rechten oder 2Sm 2,21
	27,45	bis sein Zorn sich von dir w.
	42,24	er w. sich von ihnen 1Sm 17,30
	48,17	daß er sie auf Manasses Haupt w.
2Mo	7,23	w. sich und ging 10,6; 32,15; 1Sm 10,9; 1Kö 10,13; 17,3; 2Kö 5,12; 2Ch 9,12
	10,19	da w. der HERR den Wind
	23,25	ich will alle Krankheit von dir w.
	24,14	hat jemand eine Rechtssache, der w. sich
	34,31	sie w. sich zu ihm 4Mo 12,10; Ri 6,14
3Mo	19,4	sollt euch nicht zu den Götzen w. 31; 20,6; 5Mo 31,18.20
	26,9	ich will mich zu euch w.
4Mo	14,25	w. euch und zieht 21,33; 5Mo 1,7.40; 2,1.3.8; 3,1; Jos 22,4; Ri 18,21
	16,15	w. dich nicht zu ihrem Opfer
	17,7	w. sie sich zu der Stiftshütte
	23,20	ich kann's nicht w.
	25,4	damit sich der grimmige Zorn w. 11; 2Ch 12,12; 29,10; 30,8; Esr 10,14; Jes 12,1; Jer 2,35; Hos 14,5
	32,15	wenn ihr euch von ihm w.
5Mo	9,15	als ich mich w. 10,5
	23,15	daß (der HERR) sich von dir w.
	30,3	wird er deine Gefangenschaft w. Jer 29,14; 30,3.18; 31,23; 32,44; 33,7.11.26; Hes 39,25; Hos 7,1; Jo 4,1; Am 9,14; Ze 2,7; 3,20
	17	w. sich aber dein Herz
Jos	15,7	(die Grenze) w. sich 19,12.27.29.34; Jer 31,39
1Sm	7,2	w. sich das ganze Haus Israel zum HERRN
2Sm	9,8	daß du dich w. zu einem toten Hunde
	14,20	daß ich diese Sache so w. sollte
	19,15	er w. das Herz aller Männer Judas 1Kö 12,27
	22,41	du hast meine Feinde zur Flucht gew.
1Kö	2,3	damit dir alles gelinge, wohin du dich w.
	15	nun hat sich das Königtum gew.
	7,25	nach Norden gew. 2Ch 4,4; Hes 8,16
	8,14	der König w. sein Angesicht 2Kö 20,2; 2Ch 6,3; Jes 38,2
	28	w. dich zum Gebet d. Knechts 2Ch 6,19
	22,32	w. sich gegen ihn zum Kampf 2Kö 12,18; 2Ch 20,24
1Ch	17,13	will meine Gnade nicht von ihm w. 2Ch 30,9; Ps 89,34
2Ch	20,33	sein Herz noch nicht ganz zu Gott gew.
Neh	13,2	Gott w. den Fluch in Segen
Est	9,1	an dem Tage, als sich's w.
Hi	5,1	an welchen Heiligen willst du dich w.
	8	ich aber würde mich zu Gott w. 8,5
	19,19	haben sich gegen mich gew.
	36,7	w. seine Augen nicht von dem Gerechten
	42,10	der HERR w. das Geschick Hiobs
Ps	5,4	frühe will ich mich zu dir w.
	6,5	w. dich, HERR, und errette mich 25,16; 69,17; 86,16; 119,132
	39,11	w. deine Plage von mir
	40,5	der sich nicht w. zu den Hoffärtigen
	12	deine Barmherzigkeit nicht von mir w.
	66,20	noch seine Güte von mir w.
	80,15	Gott Zebaoth, w. dich doch
	81,15	meine Hand gegen seine Widersacher w.
	102,18	er w. sich zum Gebet der Verlassenen
	119,22	w. von mir Schmach und Verachtung 39
	132,11	davon wird er sich wahrlich nicht w.
Spr	4,27	w. deinen Fuß vom Bösen
	24,18	der HERR könnte seinen Zorn von ihm w.
	26,14	ein Fauler w. sich im Bett wie die Tür
Pr	2,12	da w. ich mich, zu betrachten 20
Hl	6,5	w. deine Augen von mir
Jes	14,27	seine Hand ist ausgereckt, - wer will sie w. 43,13
	45,22	w. euch zu mir, so werdet ihr gerettet
Jer	4,8	der Zorn des HERRN will sich nicht w. Hes 7,13
	6,8	beßre dich, ehe sich mein Herz von dir w.
	46,21	sie müssen sich dennoch w.
	48,39	wie haben sie den Rücken gew. 49,8.24; 50,16; 52,7
	47	will das Geschick Moabs w. 49,6.39; Hes 16,53; 29,14
Klg	3,3	hat seine Hand gew. gegen mich
Hes	4,8	daß du dich nicht w. kannst
	14,6	w. euer Angesicht von allen Greueln
	21,21	hau, wohin deine Schneiden gew. sind
	41,19	vor einem Palme ein Menschengesicht
	42,19	er w. sich zur Westseite und maß
Dan	2,14	da w. sich Daniel an Arjoch
	11,18	wird er sich gegen die Inseln w. 19
Hos	5,4	sich w. zu ihrem Gott
	11,2	so w. sie sich und opfern den Baalen
Am	1,8	will meine Hand gegen Ekron w.
Sa	2,15	sollen viele Völker sich zum HERRN w.
	13,7	will meine Hand w. gegen die Kleinen
Wsh	8,21	da w. ich mich an den Herrn
Sir	23,5	w. von mir alle bösen Begierden
	26,27	wenn sich einer zur Sünde w.
Bar	1,13	sein Grimm hat sich nicht von uns gew.
1Ma	9,17	da mußte sich Judas gegen sie w. 12,31.33; 16,6

Mt	7,6	daß sie nicht sich w. und euch zerreißen	Ps	62,10	große Leute wiegen w. als nichts
	10,13	wird sich euer Friede wieder zu euch w. Lk 10,6		109,8	seiner Tage sollen w. werden
Lk	7,44	(Jesus) w. sich zu der Frau 9,55; 10,23; 14,25	Spr	6,10	schlafe ein w., schlummre ein w. 24,33
	8,43	hatte alle Nahrung an die Ärzte gew.		14,28	w. Volk bringt einen Fürsten ins Verderben
	9,51	w. er sein Angesicht, nach Jerusalem 53	Pr	5,1	laß deiner Worte w. sein
	22,61	der Herr w. sich und sah Petrus an		11	er habe w. oder viel gegessen
Apg	9,40	Petrus w. sich zu dem Leichnam		8,17	je mehr... desto w. findet er
	13,46	siehe, so w. wir uns zu den Heiden		9,14	da war eine kleine Stadt und w. Männer
	15,16	danach will ich mich wieder zu ihnen w.		10,1	ein w. Torheit wiegt schwerer als Weisheit
	16,22	das Volk w. sich gegen sie		12,3	weil es so w. geworden sind
	21,6	jene w. sich wieder heimwärts	Hl	3,4	als ich ein w. an ihnen vorüber war
2Ti	1,15	daß sich von mir gew. haben alle	Jes	7,13	ist's euch zu w.
	4,4	werden die Ohren von der Wahrheit w.		10,7	auszurotten nicht w. Völker
1Pt	3,11	er w. sich vom Bösen und tue Gutes		16,14	daß w. übrigbleibt 21,17; 24,6; Jer 42,2
2Pt	1,5	w. alle Mühe daran und erweist Tugend		28,10	hier ein w., da ein w. 13
Heb	6,1	wollen uns zum Vollkommenen w.		40,16	der Libanon wäre zu w. zum Feuer
Off	1,12	als ich mich w., sah ich		49,6	es ist zu w., daß du mein Knecht bist
				54,8	habe mein Angesicht ein w. verborgen
		wenig (s.a. viel weniger)	Jer	13,23	so w. könnt auch ihr Gutes tun
1Mo	18,4	man soll euch ein w. Wasser bringen 24,17.		17,11	er muß davon, wenn er's am w. denkt
		43; Ri 4,19; 1Kö 17,10		29,6	mehret euch, daß ihr nicht w. werdet
	28	könnten vielleicht fünf w. als 50 sein	Hes	5,3	nimm ein klein w. davon
	30,30	du hattest w., ehe ich herkam		11,16	bin ihnen nur w. zum Heiligtum geworden
	34,30	habe nur w. Leute		12,16	will einige w. übriglassen
	43,2	kauft uns ein w. Getreide 11; 44,25		15,5	wieviel w. kann daraus gemacht werden
	47,9	w. und böse ist die Zeit meines Lebens	Dan	11,23	wird er mit w. Leuten Macht gewinnen
2Mo	12,4	wenn in einem Hause zu w. sind	Sa	1,15	ich war nur ein w. zornig, sie aber
	16,17	sammelten, einer viel, der andere w. 18; 4Mo 11,32; 2Ko 8,15	Jdt	7,21	als es ein w. still geworden war
			Wsh	3,5	sie werden ein w. gezüchtigt
	30,15	nicht w. als den halben Taler	Tob	4,9	hast du w., so gib das W. von Herzen
3Mo	25,16	sind es noch w. Jahre, sollst du 52	Sir	6,20	brauchst dich nur ein w. um sie zu mühen
4Mo	9,20	wenn die Wolke nur w. Tage blieb		23	von der Weisheit wissen nur w.
	13,18	das Volk, ob's w. oder viel ist		10,31	halte dich nicht für w., als du bist
	16,9	ist's euch zu w., daß euch Gott		19,1	wer mit w. nicht haushält
	26,54	gering ist an Zahl, ein w. (geben) 56; 35,8		20,14	mancher kauft viel für w. Geld
	36,3	wird das Erbteil unserer Väter w. werden		15	er gibt w. und hält es einem vielfach vor
5Mo	26,5	war dort ein Fremdling mit w. Leuten		21,29	ein Weiser lächelt nur ein w.
	28,38	viel säen, aber w. einsammeln Hag 1,6.9		23,31	wird ergriffen, wenn er sich's am w. versieht
	62	nur w. werden übrigbleiben von euch		28,10	so wirst du w. sündigen
Jos	7,3	denn ihrer sind w.		29,30	laß dir genügen, ob du w. oder viel 42,4
Ri	21,3	daß Israel um einen Stamm w. geworden ist		31,22	ein wohlerzogener Mensch ist mit w. zufrieden
Rut	2,7	und hat nur w. ausgeruht			
1Sm	14,6	durch viel oder w. zu helfen		34,10	wer nicht erfahren ist, der versteht w.
	29	ein w. von diesem Honig gekostet 43		25	hat nichts zum Leben als ein w. Brot
	17,28	wem hast du die w. Schafe überlassen		43,36	wir sehen von seinen Werken nur das w.
	21,16	hab ich zu w. Wahnsinnige	Bar	2,13	nur noch w. von uns sind übriggeblieben
	25,36	sie sagte weder w. noch viel	1Ma	3,17	wir sind nur w. 5,12; 9,9
2Sm	7,19	hast das für zu w. gehalten 1Ch 17,17		18	Gott kann durch w. den Sieg verleihen
	12,8	ist das zu w., will ich noch... dazu tun	2Ma	13,11	das Volk, das sich kaum ein w. erholt hatte
	16,1	als David ein w. hinabgegangen war	Mt	7,14	w. sind's, die ihn finden
1Kö	17,12	habe nichts, nur ein w. Öl im Krug		9,37	die Ernte ist groß, aber w. sind der Arbeiter Lk 10,2
2Kö	erbitte leere Gefäße, aber nicht zu w.			
	10,18	Ahab hat Baal w. gedient		13,57	ein Prophet gilt nirgends w. als in seinem Vaterland Mk 6,4
1Ch	16,19	als sie noch w. (waren) Ps 105,12			
2Ch	24,24	obwohl das Heer mit w. Männern kam		15,34	sieben und w. Fischlein
	29,34	die Priester waren zu w.		20,16	w. sind auserwählt 22,14
Esr	9,8	um uns ein w. aufleben zu lassen Hi 10,20		25,21	du bist über w. treu gewesen 23
Neh	2,12	w. Männer mit mir	Mk	1,19	als er ein w. weiterging
	7,4	aber w. Volk darinnen		6,5	außer daß er w. Kranken die Hände auflegte
Est	3,6	es war (Haman) zu w.		14,35	er ging ein w. weiter, warf sich auf die Erde
Hi	8,7	was du zuerst w. gehabt hast	Lk	5,3	bat ihn, ein w. vom Land wegzufahren
	11,16	würdest (an) alle Mühsal so w. denken		7,47	wem w. vergeben wird, der liebt w.
	15,16	wieviel w. der Mensch 25,6		12,48	wer getan hat, was Schläge verdient, wird w. Schläge erleiden
	16,22	nur w. Jahre noch			
	36,2	warte noch ein w.		13,23	Herr, meinst du, daß nur w. selig werden
Ps	8,6	du hast ihn w. niedriger gemacht als Gott	Jh	6,7	daß jeder ein w. bekomme
	12,2	gläubig sind w. unter den Menschenkindern	Apg	5,34	hieß die Apostel ein w. hinaustun
	37,16	das W., das ein Gerechter hat, ist besser Spr 15,16; 16,8		17,4	nicht w. von den angesehensten Frauen 12
				20,12	sie wurden nicht w. getröstet
				26,29	ich wünschte, es fehle viel oder w.

wenig

Rö	15,24	daß ich mich zuvor ein w. an euch erquicke
1Ko	5,6	daß ein w. Sauerteig den ganzen Teig durchsäuert Gal 5,9
	8,8	essen wir nicht, so werden wir darum nicht w. gelten
	11,30	nicht w. sind entschlafen
	12,23	die uns am w. ehrbar zu sein scheinen
2Ko	8,15	wer w. sammelte, hatte keinen Mangel
	11,1	wollte Gott, ihr hieltet mir ein w. Torheit zugut
	5	ich sei nicht w. als die Überapostel 12,11
	16	damit auch ich mich ein w. rühme
	12,15	wenn ich euch mehr liebe, soll ich darum w. geliebt werden
Phl	2,28	damit auch ich w. Traurigkeit habe
1Ti	4,8	denn die leibliche Übung ist wenig nütze
	5,23	nimm ein w. Wein dazu um des Magens willen
	6,2	sollen (sie) diese nicht w. ehren
1Pt	3,20	in der w. gerettet wurden durchs Wasser hindurch
	5,12	durch Silvanus habe ich euch w. Worte geschrieben
Heb	12,10	jene haben uns gezüchtigt für w. Tage
	25	wieviel w. werden wir entrinnen, wenn wir
Off	12,12	der Teufel weiß, daß er w. Zeit hat

wenigstens

Apg	5,15	w. sein Schatten auf einige von ihnen fiele

wer

2Mo	3,2	w. bin ich 1Sm 18,18; 2Sm 7,18; 9,8; 2Ch 2,5
	15,11	HERR, w. ist dir gleich Ps 35,10; 89,7.9; 113,5; Jes 44,7
4Mo	24,9	*gesegnet sei, w. dich segnet, und verflucht, w. dich verflucht
5Mo	33,29	wohl dir, Israel! W. ist dir gleich
1Sm	6,20	w. kann bestehen vor dem HERRN Hi 41,2-6; Ps 130,3
1Kö	3,9	w. vermag dies Volk zu richten 2Ch 1,10
Hi	9,12	w. will ihm wehren? W. zu ihm sagen 11,10; 23,13; 36,23; Pr 8,4; Jes 14,27; 43,13
	13,19	w. ist, der mit mir rechten könnte
	21,22	w. will Gott Weisheit lehren
	25,3	w. will seine Scharen zählen
	34,13	w. hat den Erdkreis hingestellt 38,5.6
	29	w. will ihn verdammen Jes 50,9
	29	w. kann ihn schauen
Ps	24,8	w. ist der König der Ehre
Spr	8,35	w. mich findet, der findet das Leben
Jes	40,12	w. mißt die Wasser mit der hohlen Hand
	50,8	w. will mit mir rechten
Mt	6,27	w. ist unter euch, der
	12,48	w. ist meine Mutter, w. sind meine Brüder Mk 3,33
	19,12	w. es fassen kann, der fasse es
	25	w. kann dann selig werden Mk 10,26
	20,26	w. unter euch groß sein will, der sei euer Diener 27; Mk 10,43
	21,31	w. von beiden hat des Vaters Willen getan
Mk	2,7	w. kann Sünden vergeben als Gott allein
Lk	7,42	w. von ihnen wird ihn am meisten lieben
	9,48	w. der Kleinste ist unter euch, der ist groß
	50	w. nicht gegen euch ist, der ist für euch
	10,22	niemand weiß, w. der Sohn ist
	29	w. ist denn mein Nächster 36
	11,23	w. nicht mit mir ist, der ist gegen mich
	12,8	w. mich bekennt vor den Menschen 9.10
Lk	20,2	w. hat dir diese Vollmacht gegeben
Jh	5,24	w. mein Wort hört und glaubt 6,47; 7,38; 12,44.45; 14,12
	6,51	w. von diesem Brot ißt, der wird leben in Ewigkeit 54.56.58
	8,12	w. mir nachfolgt, wird das Licht des Lebens haben
	51	w. mein Wort hält, wird den Tod nicht sehen 52
	12,25	w. sein Leben lieb hat, wird's verlieren 26
	47	w. meine Worte hört und bewahrt sie nicht
	48	w. mich verachtet, hat schon seinen Richter
Apg	7,27	w. hat dich zum Richter über uns gesetzt 35
	8,33	w. kann seine Nachkommen aufzählen
	9,5	er sprach: Herr, w. bist du 22,8; 26,15
	10,35	w. ihn fürchtet, der ist ihm angenehm
	11,17	w. war ich, daß ich Gott wehren konnte
	19,15	Jesus kenne ich wohl; aber w. seid ihr
Rö	2,1	kannst dich nicht entschuldigen, w. du auch bist
	8,31	ist Gott für uns, w. kann wider uns sein
	33	w. will die Auserwählten Gottes beschuldigen 34.35
	9,19	w. kann seinem Willen widerstehen
	20	w. bist du, daß du mit Gott rechten willst
	14,4	w. bist du, daß du einen fremden Knecht richtest
1Ko	3,5	w. ist Apollos? W. ist Paulus
2Th	3,10	w. nicht arbeiten will, der soll auch nicht essen
Off	6,17	w. kann bestehen

werben

2Ch	25,6	dazu w. er aus Israel Kriegsleute
Hl	8,8	wenn man um sie w. wird
Hes	16,8	es war Zeit, um dich zu w.
Hos	3,1	w. um eine Frau, wie der HERR um Israel w.
Tob	6,14	darum w. um sie bei ihrem Vater
Gal	4,17	es ist nicht recht, wie sie um euch w.
2Ti	2,4	daß er gefalle dem, der ihn gew. hat

Werber

Nah	3,17	deine W. (sind) so viele wie die Käfer

werden

1Mo	1,3	es w.! Und es w. 5.6.8.13.14.19.23.31; 2,4.7
	3,19	du sollst zu Erde w. Hi 34,15; Ps 104,29; 146,4; Pr 3,20
	20	Eva; sie w. die Mutter aller Menschen
	22	der Mensch ist gew. wie unsereiner
	4,2	Abel w. Schäfer, Kain w. Ackermann
	5,5	sein ganzes Alter w. 930 Jahre 8u.ö.31; 47,28
	6,4	w. daraus die Riesen auf Erden
	9,7	daß euer viel darauf w. 48,16
	17,4	sollst ein Vater vieler Völker w. 16; 18,18; 28,3.14; 48,19
	13	soll zu einem ewigen Bund w.
	19,26	Lots Weib w. zur Salzsäule
	20,12	so ist sie meine Frau gew. 24,67
	28,22	dieser Stein soll ein Gotteshaus w.
	30,29	was aus deinem Vieh gew. ist unter mir 30
	32,11	nun sind aus mir zwei Lager gew.
	49,15	ist ein fronpflichtiger Knecht gew.
	17	Dan wird eine Schlange w.
2Mo	1,10	niederhalten, daß sie nicht noch mehr w.
	2,10	es w. ihr Sohn, und sie nannte ihn Mose

werden

2Mo	2,22	bin ein Fremdling gew. 18,3
	4,3	w. er zur Schlange 4; 7,9.10.12.15
	9	wird das Wasser Blut w. 7,19; 8,12.13; 10,21. 22; 11,6.9; 12,30
	16,20	da w. es voller Würmer
	19,16	als es Morgen w. 1Sm 14,36; 25,37; 2Kö 7,9
	22,23	daß eure Kinder zu Waisen w.
	23,33	wird dir das zum Fallstrick w. 34,12; 5Mo 7,16; Jos 23,13; Ri 2,3
	26,6	damit es eine Wohnung w. 36,13
	29,30	wer an seiner Statt Priester w.
	37	so w. (der Altar) ein Hochheiliges
	32,24	daraus ist das Kalb gew.
	25	daß das Volk zuchtlos gew. war 4Mo 15,39
3Mo	13,2	zu einer aussätzigen Stelle an der Haut w. 3u.ö.26; 14,3.36.48
	22,12	die Frau eines Mannes w. 13
	24,12	bis ihnen klare Antwort w.
	25,28	dann soll es frei w. 30.31.33.48; 27,19.21
4Mo	10,35	laß alle, die dich hassen, flüchtig w.
	11,4	das Volk war lüstern gew. 20
	14,3	ein Raub. w. 5Mo 1,39; 2Kö 21,14; Hi 27,14; Jes 42,22; Hes 26,5; 34,5.8.22.28; 36,4
	17	laß deine Kraft groß w.
	23,10	mein Ende w. wie ihr Ende
	24,7	sein König wird höher w. als Agag
	26,10	(die Rotte Korach) zum Zeichen w.
	32,14	damit die Sünder immer mehr w.
	22	das Land untertan w. vor dem HERRN
	33,55	die zu Dornen in euren Augen w.
	36,3	wird das Erbteil unserer Väter weniger w.
5Mo	1,10	der HERR hat euch so zahlreich w. lassen 6,3; 26,5; 32,7
	9,21	zermalmte es, bis es Staub w.
	18,22	und es w. nichts daraus Jes 8,10; Jer 2,25; 18,12; Hes 12,22; Dan 11,17; Jo 1,11
	24,2	sie w. eines andern Frau 25,5
	15	damit dir dir nicht zur Sünde w.
	27,9	(heute) bist du ein Volk des HERRN gew.
	28,25	wirst zum Entsetzen w. für alle Reiche 37
	26	deine Leichname werden zum Fraß w.
	31,20	wenn sie satt und fett w. 32,15; Neh 9,25; Hi 19,22; 20,20; 31,31
	33,5	der Herr w. König
Jos	2,9	alle Bewohner sind feige gew. 24; 7,5
	14,14	daher w. Hebron das Erbteil Kalebs 19,2; 24,32
	15,4	so daß das Ende der Grenze das Meer w.
Ri	1,35	w. ihnen die Hand... zu schwer 3,10
	3,10	(Otniël) w. Richter in Israel
	15,14	die Stricke w. wie Fäden
Rut	4,12	dein Haus w. wie das Haus des Perez
1Sm	2,33	soll sterben, wenn sie Männer gew. sind
	7,2	es w. zwanzig Jahre
	10,6	wirst ein anderer Mensch w.
	25,26	so sollen deine Feinde wie Nabal w.
	37	Nabal w. wie Stein
2Sm	6,22	ich will noch geringer w. als jetzt
	7,24	du bist ihr Gott gew. 26; 1Ch 17,22.24
	16,21	werden alle desto kühner w.
	19,23	daß ihr mir heute zum Satan w. wollt
1Kö	1,5	sprach: Ich will König w. 11.13.18; 11,24.25. 43; 14,20.21.31; 15,1.8.9.24.25.28.33; 16,6.8.10. 15.22.23.28.29; 22,40-42.51.52; 2Kö 1,17; 3,1. 27; 8,15-17.24-26; 9,13.29; 10,35; 12,1.2.22; 13,1.9.10.24; 14,1.2.16.23.29; 15,1.2.7.8.10.13.14. 17.22.23.25.27.30.32.33.38; 16,1.2.20; 17,1; 18,1. 2; 21,1.18.19.26; 22,1; 23,31.36; 24,8.18; 1Ch 1,44-50; 19,1; 29,28; 2Ch 9,31; 12,13.16; 13,1.23; 17,1; 20,31; 21,1.5.20; 22,2; 24,1.27; 25,1; 26,3.23; 27,1.8.9; 28,1.27; 29,1;
		32,33; 33,1.20.21; 34,1; 36,2.5.8.9.11; Neh 6,6; Est 2,4; Jes 37,38; Jer 37,1; 52,1
1Kö	1,45	so daß die Stadt voll Getümmel w.
	11,24	der war Hauptmann gew. 1Ch 12,22
	13,6	seine Hand w., wie sie vorher war
	33	der w. Priester 1Ch 24,2; 2Ch 13,9
	18,27	als es Mittag w.
	35	der Graben w. auch voll Wasser 2Kö 3,17
2Kö	6,11	da w. das Herz voller Unmut
	19,26	die darin wohnen, w. ohne Kraft Jes 37,27
	22,19	sollen zum Fluch w. Jer 42,18; 44,8.12
1Ch	12,23	bis es ein großes Heer w.
	29,5	gold. w., was golden sein soll
2Ch	8,5	daß sie feste Städte w.
	31,12	Vorsteher darüber w. der Levit Konanja 13
	35,25	das w. zum festen Brauch in Israel
	36,20	sie w. seine und seiner Söhne Knechte
Est	3,5	Haman w. voll Grimm
	8,17	viele w. Juden
	9,4	wie (Mordechai) immer mächtiger w.
Hi	6,21	so seid ihr jetzt für mich gew.
	7,3	viele elende Nächte sind mir gew. 4
	11,12	kann ein Hohlkopf verständig w.
	17	das Finstre würde ein lichter Morgen w.
	13,12	eure Bollwerke w. zu Lehmhaufen
	15,31	Trug wird sein Lohn w.
	19,13	meine Verwandten sind mir fremd gew.
	20,14	seine Speise w. Otterngift
	21,18	sie w. wie Stroh vor dem Winde
	24,13	sie sind Feinde des Lichts gew.
	26,13	am Himmel w. es schön 37,21
	30,9	bin ihr Spottlied gew. 29.31; Jer 20,7.8
Ps	16,6	mir ist ein schönes Erbteil gew.
	31,13	bin gew. wie ein zerbrochenes Gefäß
	55,20	sie w. nicht anders und (fürchten)... nicht
	78,8	(daß sie) nicht w. wie ihre Väter
	90,2	ehe denn die Berge w.
	118,22	der Stein ist zum Eckstein gew. Mt 21,42; Mk 12,10; Lk 20,17; Apg 4,11; 1Pt 2,7
	139,16	alle Tage, die noch w. sollten
Pr	8,7	wer will ihm sagen, wie es w. wird 10,14
Hl	8,10	bin gew. wie eine, die Frieden findet
Jes	1,21	daß die treue Stadt zur Hure gew.
	22	dein Silber ist Schlacke gew. Klg 4,1; Hes 22,18.19
	29,5	die Menge deiner Feinde soll w. wie Staub 41,11.12
	17	soll fruchtbares Land w. 32,15
	30,32	w. der Stock zur Zuchtrute
	32,14	daß Burg und Turm zu Höhlen w. 64,9
	34,9	werden Edoms Bäche zu Pech w.
	39,7	daß sie Kämmerer w. müssen
	43,14	zur Klage w. der Jubel Jo 1,12
	47,7	wie es hernach w. könnte
	8	ich werde keine Witwe w.
	54,4	du sollst nicht zuschanden w.
	60,22	aus dem Kleinsten sollen tausend w.
	63,8	darum w. er ihr Heiland
	10	darum w. er ihr Feind Klg 2,5
	19	wir sind gew. wie Leute, über die
	65,5	sollen ein Rauch w. in meiner Nase
	10	meinem Volk soll Scharon eine Weide w.
Jer	2,21	gew. zu einem wilden Weinstock 12,8; Hes 19,3.6
	6,4	wehe, es will Abend w.
	8,15	hofften, es sollte Friede w. 14,19
	15,8	es w. mehr Frauen zu Witwen 51,5
	18	bist mir gew. wie ein trügerischer Born
	19,12	diese Stadt wie das Tofet w. soll 26,18; 27,17; 44,6.22; 49,2.13.33; 50,10; 51,37.43; Hes 6,6; 29,9; 30,7; 33,28; 35,4.15

werden

Jer	23,3	daß sie sollen wachsen und viel w. 29,6
	33,11	daß es w., wie es im Anfang war Hes 16,55
	48,26	daß es zum Gespött w. 39; 50,12.23.36.37; 51,30.41; Hes 5,15; 23,10.32
	50,43	ihm wird so angst und bange w. Hes 30,16
	51,46	euer Herz könnte weich w.
Klg	1,2	ihre Freunde sind ihre Feinde gew.
	5,17	unsre Augen sind trübe gew.
Hes	5,16	den Hunger immer größer w. lasse
	7,11	Gewalttat w. zur Rute
	19	es w. zum Anlaß ihrer Missetat
	11,16	bin ihnen nur wenig zum Heiligtum gew.
	17,6	wuchs und w. ein Weinstock 8.23
	19,14	zum Klagelied ist es gew.
	21,37	sollst dem Feuer zum Fraß w.
	23,3	die w. Huren in Ägypten 19
	28,16	w. du voll Frevels
	31,4	Wasser ließ ihn groß w.
	35,10	diese Völker müssen mein w. 36,2.3
	36,38	sollen voll Menschenherden w.
	37,17	daß es ein Holz w.
Hos	4,7	je mehr ihrer w., desto mehr sündigen sie
	13,7	will ich für sie wie ein Löwe w.
Jo	2,10	Sonne und Mond w. finster
	24	daß die Tennen voll Korn w.
Am	3,8	wer sollte nicht Prophet w.
Jon	4,10	Staude, die in einer Nacht w. und verdarb
Mi	1,7	sollen auch wieder zu Hurenlohn w.
	14	werden den Königen von Israel zum Trug w.
	7,11	da wird weit w. deine Grenze
Nah	3,15	magst du auch zahlreich w. wie Käfer
Hab	1,16	weil ihre Speise so üppig gew. ist
	2,14	die Erde wird voll w. von Erkenntnis
	3,10	die Berge sahen dich, und ihnen w. bange
Ze	2,2	ehe denn ihr w. wie Spreu
Hag	2,9	die Herrlichkeit dieses Hauses größer w.
Sa	2,6	zu sehen, wie lang und breit es w. soll
	4,7	Berg, der du doch zur Ebene w. mußt
	8,19	Fasten sollen zu fröhlichen Festzeiten w.
Mal	2,15	w. keiner treulos dem Weib seiner Jugend
Wsh	2,2	nur zufällig sind wir gew.
Sir	18,26	es kann vor Abend ganz anders w.
	23,3	damit meine Torheiten nicht noch mehr w.
	40,11	was aus der Erde kommt, muß wieder zu Erde w. 41,13
1Ma	2,63	wenn er wieder zu Erde gew. ist
2Ma	5,26	zu sehen, was da w. würde
Mt	4,3	sprich, daß diese Steine Brot w. Lk 4,3
	8,26	da w. es ganz stille
	13,32	wenn es gewachsen ist, w. (es) ein Baum Lk 13,19
	18,3	wenn ihr nicht w. wie die Kinder 4
	19,27	*was w. uns dafür*
	21,42	der Stein... ist zum Eckstein gew. Mk 12,10; Lk 20,17; Apg 4,11; 1Pt 2,7
	24,21	wie sie auch nicht wieder w. wird Mk 13,19
	26,5	*daß nicht ein Aufruhr w. im Volk Mk 14,2*
	28,4	die Wachen w., als wären sie tot
Mk	5,26	sondern es war noch schlimmer mit ihr gew.
Lk	1,20	du wirst stumm w. und nicht reden können
	66	was will aus diesem Kindlein w.
	4,42	als es Tag w. 6,13
	6,16	Judas Iskariot, der zum Verräter w.
	12,55	wenn der Südwind weht, so sagt ihr: Es wird heiß w.
	15,24	dieser mein Sohn war tot und ist wieder lebendig gew. 32
	19,27	die nicht wollten, daß ich ihr König w.
	21,7	*wann soll das w.*
	36	daß ihr stark w., zu entfliehen diesem allen
Lk	22,44	sein Schweiß w. wie Blutstropfen
	49	*was da w. wollte*
	23,31	wenn man das tut am grünen Holz, was wird am dürren w.
	24,29	es will Abend w., der Tag hat sich geneigt
Jh	1,12	gab er Macht, Gottes Kinder zu w.
	14	das Wort w. Fleisch und wohnte unter uns
	17	die Gnade ist durch Jesus Christus gew.
	4,14	das (Wasser) wird in ihm eine Quelle w.
	52	da erforschte er die Stunde, in der es besser mit ihm gew. war
	8,58	ehe Abraham w., bin ich
	9,15	fragten ihn die Pharisäer, wie er sehend gew.
	39	damit, die nicht sehen, sehend w., und die sehen, blind w.
	12,36	glaubt an das Licht, damit ihr Kinder des Lichtes w.
	15,8	daß ihr viel Frucht bringt und w. meine Jünger
	21,21	Herr, was w. mit diesem
Apg	1,22	mit uns Zeuge seiner Auferstehung w.
	2,12	was will das w. 5,24
	7,52	dessen Verräter und Mörder ihr nun gew. seid
	21,25	wegen der gläubig gew. Heiden haben wir geschrieben
	26,29	alle, die mich heute hören, das w., was ich
Rö	1,22	da sie sich für Weise hielten, sind sie zu Narren gew.
	2,25	bist du aus einem Beschnittenen ein Unbeschnittener gew.
	4,11	so sollte er ein Vater w. aller, die glauben
	18	daß er der Vater vieler Völker w.
	5,19	wie die Vielen zu Sündern gew. sind
	7,13	ist, was gut ist, mir zum Tod gew.
	9,29	so wären wir wie Sodom gew.
	11,9	laß ihren Tisch zur Falle w.
	15,8	Christus ist ein Diener der Juden gew.
	16	damit die Heiden ein Opfer w.
1Ko	3,18	der w. ein Narr, daß er weise w.
	4,9	wir sind ein Schauspiel gew. der Welt
	13	als ein Mann w., tat ich ab, was kindlich w.
	7,23	w. nicht der Menschen Knechte
	8,9	daß eure Freiheit für die Schwachen nicht zum Anstoß w.
	9,20	den Juden bin ich wie ein Jude gew. 21.22
	10,7	w. nicht Götzendiener, wie einige es w.
	13,11	als ich ein Mann w., tat ich ab, was kindlich w.
	14,20	*w. nicht Kinder*
	15,20	*ist Christus der Erstling gew. unter denen*
	34	w. nüchtern und sündigt nicht
	37	was du säst, ist nicht der Leib, der w. soll
	45	der 1. Mensch w. zu einem lebendigen Wesen
2Ko	5,17	das Alte ist vergangen, siehe, Neues ist gew.
	21	damit wir in ihm die Gerechtigkeit w., die vor Gott gilt
	6,11	unser Herz ist weit gew.
	11,29	wer ist schwach, und ich w. nicht schwach
	12,11	ich bin ein Narr gew.
Gal	3,13	hat uns erlöst, da er zum Fluch w. für uns
	4,12	w. wie ich, denn ich w. wie ihr
	16	bin ich damit euer Feind gew., daß
Eph	1,14	daß wir sein Eigentum w.
	3,7	dessen Diener ich gew. bin Kol 1,23.25
	5,18	*w. voll Geistes*
Phl	1,14	sind umso kühner gew.
	3,8	ist mir das alles ein Schaden
Kol	4,11	sie sind mir ein Trost gew.

1Th	1,7	daß ihr ein Vorbild gew. seid	2Sm	16,6	(Schimi) w. mit Steinen nach David 13
	3,12	euch lasse der Herr reicher w. in der Liebe		18,17	sie w. (Absalom) in eine große Grube
Tit	3,7	damit wir Erben des ewigen Lebens w.		20,12	der Mann w. Kleider auf (Amasa)
1Pt	3,6	deren Töchter seid ihr gew., wenn ihr recht tut		21	sein Kopf soll über die Mauer gew. werden
				22,23	seine Gebote w. ich nicht von mir Ps 18,23
	5,3	w. Vorbilder der Herde	1Kö	12,18	w. ihn Israel mit Steinen zu Tode
2Pt	2,19	von wem jemand überwunden ist, dessen Knecht ist er gew.		19,19	Elia w. seinen Mantel über (Elisa)
				22,27	diesen w. in den Kerker
3Jh	8	damit wir Gehilfen der Wahrheit w.	2Kö	2,16	hat ihn der Geist in irgendein Tal gew.
Heb	1,4	ist so viel höher gew. als die Engel		3,25	jeder w. einen Stein auf alle guten Äcker
	5,5	nicht selbst die Ehre, Hoherpriester zu w.		9,25	w. ihn auf den Acker Nabots 26
	9	für alle der Urheber des ewigen Heils gew.		13,21	w. man den Mann in Elisas Grab
	11	es ist schwer, weil ihr so harthörig gew. seid		19,18	haben ihre Götter ins Feuer gew. Jes 37,19
	6,12	damit ihr nicht träge w.	2Ch	24,10	w.'s in die Lade, bis sie voll wurde
	20	ein Hoherpriester gew. nach der Ordnung Melchisedeks	Neh	9,11	hast ihre Verfolger in die Tiefe gew.
				26	w. dein Gesetz hinter sich Ps 50,17
	7,16	der es nicht gew. ist nach dem Gesetz	Hi	22,24	w. in den Staub dein Gold
	20	jene sind ohne Eid Priester gew.		30,19	man hat mich in den Dreck gew.
	22	so ist Jesus Bürge eines besseren Bundes gew.		39,3	kauern sich nieder, w. ihre Jungen
			Ps	2,3	lasset von uns w. ihre Stricke
	23	auch sind es viele, die Priester w.		18,40	du w. unter mich, die sich erheben
	10,33	indem ihr durch Schmähungen zum Schauspiel gew.		22,11	auf dich bin ich gew. von Mutterleib an
				55,23	w. dein Anliegen auf den HERRN
	11,3	alles, was man sieht, aus nichts gew. ist		60,10	meinen Schuh w. ich über Edom 108,10
	12,3	damit ihr nicht matt w. und den Mut nicht sinken laßt		66,11	du hast uns in den Turm w. lassen
				89,45	du hast seinen Thron zu Boden gew.
Jak	3,1	nicht jeder von euch soll ein Lehrer w.		102,11	weil du mich hochgehoben und zu Boden gew.
Off	6,12	die Sonne w. finster und der Mond w. wie Blut		106,27	und w. ihre Nachkommen unter die Heiden
				144,13	unsere Schafe, daß sie Tausende w.
	8,8	der dritte Teil des Meeres w. zu Blut 11.12	Spr	16,33	der Mensch w. das Los; aber es fällt
	11,15	es sind die Reiche unseres Herrn gew. 12,10		17,24	ein Tor w. die Augen hin und her
	16,3	es w. zu Blut wie von einem Toten 4		26,8	edlen Stein auf einen Steinhaufen w.
	19	aus der großen Stadt w. drei Teile	Jes	19,8	die Angeln ins Wasser w., werden klagen
	18,2	ist eine Behausung der Teufel gew.		25,12	deine Mauern wird er in den Staub w.
		werfen		28,2	wie Wasserflut w. er zu Boden
1Mo	21,15	w. (Hagar) den Knaben unter einen Strauch		25	dann streut er Dill und w. Kümmel
	37,20	laßt uns ihn in eine Grube w. 22.24		34,11	er wird das Bleilot w.
	39,7	daß (sie) ihre Augen auf Josef w.		53,6	der HERR w. unser aller Sünde auf ihn
	50,1	w. sich über seines Vaters Angesicht	Jer	7,29	schere deine Haare ab und w. sie von dir
2Mo	1,22	alle Söhne w. in den Nil		8,1	die Gebeine aus ihren Gräbern w.
	4,3	w. (einen Stab) auf die Erde		14,5	die Hirschkühe, die auf dem Felde w.
	9,8	Mose w. (den Ruß) gen Himmel 10		22,7	die sollen deine Zedern ins Feuer w.
	10,19	der w. (die Heuschrecken) ins Schilfmeer		36,23	schnitt sie ab und w. sie ins Feuer
	15,4	des Pharao Wagen w. er ins Meer		37,4	hatte ihn noch nicht ins Gefängnis gew. 15. 18; 38,6.7.9
	25	ein Holz, das w. er ins Wasser			
	22,30	Fleisch, das zerrissen, vor die Hunde w.		41,7	w. sie in die Zisterne 9
	32,19	Mose w. die Tafeln aus der Hand 5Mo 9,17		50,26	w. alles auf einen Haufen
	24	ich w. (Gold) ins Feuer		51,63	w.'s in den Euphrat
3Mo	1,16	Kropf soll man auf den Aschenhaufen w.	Klg	2,1	vom Himmel auf die Erde gew.
	14,40	die Steine an einen unreinen Ort w.		3,53	haben Steine auf mich gew.
	16,8	das Los w. Jos 13,6; 18,6.8.10; 1Sm 14,42; 1Ch 24,31; 25,8; 26,13.14; Neh 10,35; 11,1; Est 3,7; 9,24; Hi 24,1; Ps 22,19; Jes 34,17; Hes 21,26; 47,22; Jo 4,3; Ob 11; Nah 3,10; Mt 27,35; Jh 19,24	Hes	5,4	w.'s ins Feuer 15,4
				12,13	will mein Netz über ihn w. 17,20; 19,8; Hos 7,12
				16,5	wurdest aufs Feld gew. 32,4.5
				18,31	w. von euch alle eure Übertretungen
	26,30	eure Leichname auf die ... Götzen w. Hes 6,4		19,12	wurde im Grimm zu Boden gew.
				26,12	werden den Schutt ins Meer w.
4Mo	6,18	soll sein Haupthaar aufs Feuer w.		29,5	ich will dich in die Wüste w.
	19,6	auf die brennende Kuh w.		39,6	ich will Feuer w. auf Magog
	35,17	w. er ihn mit einem Stein 20.22.23	Dan	3,6	soll in den glühenden Ofen gew. werden 11. 15.20.21.24
5Mo	9,21	w. den Staub in den Bach 2Kö 23,6.12			
	29,27	hat sie in ein anderes Land gew. Jer 22,28		6,8	zu den Löwen in die Grube gew. 13.17.25
Jos	7,6	w. Staub auf ihr Haupt 2Sm 13,19; Hi 2,12; Klg 2,10; Hes 27,30; Off 18,19		7,11	wie sein Leib ins Feuer gew. wurde
				8,7	der Bock w. ihn zu Boden
	8,29	sie w. ihn unter das Stadttor 10,27		10	w. einige von den Sternen zur Erde
Ri	8,25	auf die Ringe darauf		12	das Horn w. die Wahrheit zu Boden
	9,53	eine Frau w. einen Mühlstein 2Sm 11,21	Jon	1,5	die Schiffsleute w. die Ladung ins Meer
	15,17	(Simson) w. den Kinnbacken aus seiner Hand		12	w. mich ins Meer 15
				2,4	du w. mich in die Tiefe

werfen

Mi	7,19	wird unsere Sünden in die Tiefen w.
Nah	3,6	ich will Unrat auf dich w.
Sa	5,8	w. den Deckel aus Blei auf die Öffnung
Mal	2,3	will den Unrat... euch ins Angesicht w.
Jdt	7,4	die Kinder Israel w. sich auf die Erde
Wsh	11,14	den sie einst ins Wasser gew. hatten
Sir	6,22	er w. sie bald von sich
	10,17	Gott hat die Fürsten vom Thron gew.
	22,25	wer einen Stein... w. 27,28
1Ma	7,19	einige ließ er in eine große Grube w.
2Ma	1,16	sie w. den Fürsten zu Tode
	4,41	die Bürger w. alles auf die Leute
	14,46	er w. sie unter die Kriegsleute
StD	1,9	w. die Augen so sehr auf sie
	2,26	w. sie dem Drachen ins Maul
Mt	3,10	jeder Baum... wird abgehauen und ins Feuer gew. 7,19; Lk 3,9
	4,18	Simon und Andreas w. ihre Netze ins Meer Mk 1,16
	5,25	damit nicht du ins Gefängnis gew. werdest
	29	daß nicht der ganze Leib in die Hölle gew. werde 30; 18,8.9; Mk 9,45.47
	6,30	Gras, das in den Ofen gew. wird
	7,6	eure Perlen sollt ihr nicht vor die Säue w.
	13,42	werden sie in den Feuerofen w. 50
	47	Netz, das ins Meer gew. ist
	14,3	Herodes hatte Johannes in das Gefängnis gew. Mk 6,17; Lk 3,20
	15,26	und w. es vor die Hunde Mk 7,27
	17,27	*gehe hin und w. die Angel*
	18,26	w. sich auf sein Angesicht
	30	ging hin und w. ihn ins Gefängnis
	21,21	heb dich und w. dich ins Meer Mk 11,23
	27,5	er w. die Silberlinge in den Tempel
	35	verteilten seine Kleider und w. das Los darum Mk 15,24; Lk 23,34
Mk	4,26	wie wenn ein Mensch Samen aufs Land w.
	9,22	oft hat er ihn ins Feuer gew.
	42	besser, daß er ins Meer gew. würde Lk 17,2
	10,50	er w. seinen Mantel von sich
	14,35	er ging ein wenig weiter, w. sich auf die Erde
Lk	4,35	der böse Geist w. ihn mitten unter sie
	12,5	fürchtet euch vor dem, der Macht hat, in die Hölle zu w.
	58	der Gerichtsdiener w. dich ins Gefängnis
	13,19	Senfkorn... w.'s in seinen Garten
	19,35	w. ihre Kleider auf das Füllen und setzten Jesus darauf
	23,19	der war wegen eines Mordes ins Gefängnis gew. 25
Jh	3,24	Johannes war noch nicht ins Gefängnis gew.
	8,7	wer ohne Sünde ist, w. den ersten Stein
	59	da hoben sie Steine auf, um auf ihn zu w.
	15,6	Rebe, man sammelt sie und w. sie ins Feuer
	21,6	*w. das Netz zur Rechten. Da w. sie*
	7	Petrus w. sich ins Wasser
Apg	1,26	sie w. das Los über sie
	5,18	w. (die Apostel) in das öffentliche Gefängnis 25; 12,4; 16,23.24.37
	8,3	Saulus w. (Männer und Frauen) ins Gefängnis
	12,8	*w. deinen Mantel um dich*
	19,16	*der Mensch w. sie unter sich*
	20,10	Paulus w. sich über ihn, umfing ihn und sprach
	22,4	band Männer und Frauen und w. sie ins Gefängnis
	27,18	w. sie am nächsten Tag Ladung ins Meer 19.38
Apg	27,29	*w. hinten vom Schiffe vier Anker*
	43	hieß sich zuerst in das Meer w.
1Ko	7,35	nicht um euch einen Strick um den Hals zu w.
1Pt	5,7	alle eure Sorge w. auf ihn; er sorgt für euch
Off	2,10	der Teufel wird einige ins Gefängnis w.
	22	siehe, ich w. sie aufs Bett
	24	ich will nicht noch eine Last auf euch w.
	12,4	fegte den dritten Teil der Sterne hinweg und w. sie auf die Erde
	9	er wurde auf die Erde gew. 13
	14,19	w. sie in die große Kelter des Zornes Gottes
	18,19	w. Staub auf ihr Häupter
	21	w. ihn ins Meer und sprach
	19,20	in den feurigen Pfuhl gew. 20,10.14.15
	20,3	w. ihn in den Abgrund und verschloß ihn

Werg

Jes	1,31	der Starke wird sein wie W.
Sir	21,10	Schar der Gottlosen ist wie ein Haufe W.
StD	3,22	den Ofen mit W. zu heizen

Werk (s.a. Werk Gottes)

1Mo	2,2	vollendete seine W. und ruhte von seinen W. 3; Heb 4,4
2Mo	18,20	lehrest die W., die sie tun sollen
	20,9	sechs Tage sollst du deine W. tun 5Mo 5,13
	35,29	brachten freiwillige Gaben zu allem W. 31.35; 36,2.4.5; 38,24; 39,32.43; 40,33
4Mo	16,28	gesandt hat, alle diese W. zu tun
5Mo	2,7	der HERR hat dich gesegnet in allen W. deiner Hände 14,29; 15,10; 16,15; 24,19; 28,12; 30,9; Hi 1,10
	3,24	Gott, der es deinen W. gleichtun könnte
	4,28	Götzen, die das W. von Menschenhänden sind 27,15; 2Kö 19,18; 2Ch 32,19; Jes 37,19
	11,3	W., die er getan hat unter den Ägyptern
	31,29	weil ihr ihn erzürnt durch eurer Hände W. 1Kö 16,7; 2Kö 22,17; 2Ch 34,25; Jer 25,6.7; 32,30; 44,8
	32,4	seine W. sind vollkommen
	33,11	laß dir gefallen die W. seiner Hände
Ri	2,10	nicht kannte die W., die er an Israel getan
1Kö	7,14	(Hiram) machte ihm alle seine W.
	22	so wurde vollendet das W. 40.51; 1Ch 28,20; 2Ch 8,16; 29,17
1Ch	28,19	mich unterwies über alle W. des Entwurfes
	21	hast zu jedem W. Leute, die willig sind
	29,1	das W. ist groß Neh 4,13; 6,3
	5	zu allem W. durch die Hand der Werkmeister
2Ch	3,10	machte zwei Cherubim, kunstreiche W.
	8,9	von Israel keinen zum Knecht für sein W.
	15,7	euer W. hat seinen Lohn
	16,5	Bascha hörte auf mit seinem W.
	19,11	geht unverzagt ans W.
	20,37	zerstört der HERR dein W.
	32,30	gelangen Hiskia alle seine W.
	34,12	arbeiteten am W. auf Treu und Glauben
	13	Aufseher über die Arbeiter bei jedem W.
Esr	2,69	gaben zum Schatz für das W. Neh 7,69.70
	9,13	über uns um unserer bösen W. willen
Neh	2,16	die am W. arbeiten sollten 18
	4,5	bis wir dem W. ein Ende machen
	6,3	es könnte das W. liegenbleiben 9
	16	merkten, daß dies W. von Gott Ps 64,10
Hi	14,15	verlangen nach dem W. deiner Hände
	24,5	wie Wildesel gehen sie an ihr W.

Werk

Hi	34,19	sind alle seiner Hände W. Jes 64,7	Sir	1,10 hat (Weisheit) ausgeschüttet über seine W.
	25	er kennt ihre W. Ps 33,15; Jes 66,18		9,24 das W. lobt den Meister
	36,24	daß du sein W. preisest Ps 145,4		16,25 als der Herr im Anfang seine W. erschuf
Ps	8,4	die Himmel, deiner Finger W. 102,26; Heb 1,10		17,16 ihre W. sind ihm so wenig verborgen wie 39,24
	7	zum Herrn über deiner Hände W. *Heb 2,7*		18 hält wert seine guten W. wie einen Augapfel
	9,17	ist verstrickt in dem W. seiner Hände		18,2 niemand kann seine W. aufzählen
	19,2	die Feste verkündigt seiner Hände W.		33,13 er macht alle seine W., wie es ihm gefällt 38,30.32
	28,4	gib ihnen nach den W. ihrer Hände		16 schau alle W. des Höchsten an
	5	nicht achten auf die W. seiner Hände		39,19 lobt den Herrn für seine W.
	66,3	wie wunderbar sind deine W. 92,6; 104,24; 139,14		42,15 durch das Wort sind seine W. geworden
	77,13	(ich) sinne über alle deine W.		23 wie herrlich sind alle seine W.
	90,16	zeige deinen Knechten deine W.		43,30 er ist noch viel höher als alle seine W.
	17	der Herr fördere das W. unsrer Hände		36 wir sehen von seinen W. nur das wenigste
	92,5	fröhlich singen von deinen W. 107,22	Bar	2,9 der Herr ist gerecht in allen seinen W.
	95,9	und hatten doch mein W. gesehen		3,18 deren W. nicht zu begreifen sind
	103,22	lobet den HERRN, alle seine W. 145,10	StD	3,3 alle deine W. sind beständig
	104,23	geht an sein W. bis an den Abend	Mt	5,16 damit sie eure guten W. sehen 1Pt 2,12
	31	der HERR freue sich seiner W.		11,2 als Johannes von den W. Christi hörte
	106,13	sie vergaßen bald seine W.		19 ist die Weisheit gerechtfertigt aus ihren W.
	35	sie lernten ihre W.		16,27 einem jeglichen vergelten nach seinem W. Rö 2,6; Off 2,23
	39	machten sich unrein mit ihren W.		23,3 nach ihren W. sollt ihr nicht handeln
	111,7	die W. seiner Hände sind Wahrheit		5 alle ihre W. tun sie, damit
	138,8	das W. deiner Hände wollest nicht lassen		26,10 sie hat ein gutes W. an mir getan Mk 14,6
	143,5	ich spreche von den W. deiner Hände	Lk	11,48 *so bezeuget ihr eurer Väter W.*
	145,9	der HERR erbarmt sich aller seiner W.	Jh	3,19 ihre W. waren böse
	13	der HERR ist gnädig in allen seinen W. 17		20 damit seine W. nicht aufgedeckt werden 21
Spr	16,3	befiehl dem HERRN deine W.		4,34 daß ich vollende sein W. 17,4
	11	alle Gewichte im Beutel sind sein W.		5,20 wird ihm noch größere W. zeigen
	31,31	ihre W. sollen sie loben in den Toren		36 die W., die mir der Vater gegeben hat
Pr	2,11	als ich ansah alle meine W.		6,30 was für ein W. tust du
	3,11	nicht ergründen kann das W., das Gott tut		7,3 damit deine Jünger die W. sehen, die du tust
	5,5	Gott könnte verderben das W. deiner Hände		7 ich bezeuge, daß ihre W. böse sind
	8,14	W. der Gottlosen... W. der Gerechten getan		21 ein einziges W. habe ich getan
	12,14	Gott wird alle W. vor Gericht bringen		8,39 wenn ihr Abrahams Kinder wärt, so tätet ihr Abrahams W.
Jes	2,8	sie beten an ihrer Hände W. Jer 1,16		41 ihr tut die W. eures Vaters
	3,10	werden die Frucht ihrer W. genießen 65,22		9,4 wir müssen die W. dessen wirken, der
	5,19	er lasse eilends und bald kommen sein W.		10,25 die W., die ich tue, die zeugen von mir
	10,12	wenn der HERR all sein W. ausgerichtet		32 um welches dieser W. willen mich steinigen 33
	19,25	Assur, meiner Hände W.		37 tue ich nicht die W. meines Vaters, so glaubt mir nicht
	28,21	wird toben, daß er sein W. vollbringe, aber fremd ist sein W.		38 glaubt den W., wenn ihr mir nicht glauben
	29,16	das W. spräche von seinem Meister 45,9		14,10 der Vater, der in mir wohnt, der tut seine W.
	23	wenn sie sehen die W. meiner Hände		11 wenn nicht, so glaubt mir um der W. willen
	41,29	nichtig sind ihre W. 59,6		12 wer an mich glaubt, der wird die W. auch tun, die ich tue
	45,11	Befehl geben wegen der W. meiner Hände		15,24 hätte ich nicht die W. getan unter ihnen
	57,12	will kundtun deine W.	Apg	5,38 ist dies W. von Menschen, so wird's untergehen
	60,21	als ein W. meiner Hände mir zum Preise		7,22 Mose war mächtig in Worten und W.
Jer	10,3	macht mit dem Schnitzmesser ein W. 9		41 sie freuten sich über das W. ihrer Hände
	17,10	gebe einem jeden nach den Früchten seiner W. 25,14; *Mt 16,27*; Rö 2,6; Off 2,23		9,36 tat viel gute W. und gab reichlich Almosen
Hes	16,30	daß du alle W. einer Erzhure tatest		13,2 W., zu dem ich sie berufen habe
Dan	9,14	der HERR ist gerecht in allen seinen W.		41 ich tue ein W. zu euren Zeiten, das
Hos	14,4	sagen zu den W. unserer Hände: Ihr seid unser Gott Mi 5,12; Hag 2,14		14,26 zu dem W., das sie nun ausgerichtet hatten
Mi	6,16	hieltest dich an alle W. des Hauses Ahab		15,38 nicht mit ihnen ans W. gegangen war
	7,13	wüst um die Frucht ihrer W. willen		26,20 sie sollten rechtschaffene W. der Buße tun
Hab	3,2	HERR, ich habe dein W. gesehen	Rö	1,20 wird seit der Schöpfung der Welt ersehen aus seinen W.
Wsh	1,12	Tod durch das W. eurer Hände 16		2,7 die mit guten W. trachten nach unvergängl. Leben
	9,9	die Weisheit, die deine W. kennt		14 *wenn die Heiden tun des Gesetzes W. 15*
	11	sie wird mich leiten bei meinen W.		3,20 weil kein Mensch durch W. vor ihm gerecht sein kann Gal 2,16
	12	dann werden meine W. angenehm sein		27 welches Gesetz? Durch das Gesetz der W.
	11,1	sie ließ ihre W. gelingen		28 daß der Mensch gerecht wird ohne des Gesetzes W.
	12,19	dein Volk lehrst du durch solche W.		
	13,1	obwohl sie auf seine W. achten 7		
	14,9	verhaßt, der Gottlose und sein... W. 10		
	15,8	es ist ein böses W.		
Tob	13,5	preist und rühmt ihn mit euren W.		
	10	Gott hat dich gezüchtigt um deiner W. willen		

Werk

Rö	4,2	ist Abraham durch W. gerecht, so kann er
	4	dem, der mit W. umgeht 5
	6	Gerechtigkeit, ohne Zutun der W.
	9,12	nicht aus Verdienst der W., sondern
	20	spricht ein W. zu seinem Meister: Warum machst du mich so
	32	Gerechtigkeit ... als komme sie aus den W.
	11,6	ist's aus Gnade, so ist's nicht aus Verdienst der W.
	13,3	n. fürchten wegen guter, sondern wegen böser W.
	12	laßt uns ablegen die W. der Finsternis
	15,18	Heiden zum Gehorsam bringen durch W.
1Ko	3,13	so wird das W. eines jeden offenbar werden
	14	wird jemandes W. bleiben, wird er Lohn empfangen 15
	9,1	seid nicht ihr mein W. in dem Herrn
2Ko	9,8	damit ihr reich seid zu jedem guten W.
	11,15	deren Ende wird sein nach ihren W.
Gal	2,16	der Mensch durch W. des Gesetzes nicht gerecht
	3,2	habt ihr den Geist empfangen durch des Gesetzes W.
	5	tut er's durch des Gesetzes W. oder
	10	die aus den W. leben, sind unter dem Fluch
	5,19	offenkundig sind die W. des Fleisches
	6,4	jeder prüfe sein eigenes W.
Eph	2,2	Geist, der zu dieser Zeit am W. ist
	9	nicht aus W., damit sich nicht jemand rühme Tit 3,5
	10	wir sind sein W., geschaffen zu guten W.
	4,12	zugerüstet werden zum W. des Dienstes
	5,11	habt nicht Gemeinschaft mit den unfruchtbaren W.
Phl	1,6	der in euch angefangen hat das gute W.
	2,30	um des W. Christi willen ist er dem Tode so nahe gekommen
Kol	1,10	daß ihr Frucht bringt in jedem guten W.
	21	die ihr einst fremd gesinnt wart in bösen W.
	3,9	ihr habt den alten Menschen mit seinen W. ausgezogen
	17	alles, was ihr tut mit Worten oder mit W.
1Th	1,3	denken an euer W. im Glauben
	5,13	habt sie um so lieber um ihres W. willen
2Th	1,11	daß Gott vollende das W. des Glaubens in Kraft
	2,17	der stärke euch in allem guten W. und Wort
1Ti	2,10	die ihre Frömmigkeit bekunden wollen mit guten W.
	3,1	*der begehrt ein köstlich W.*
	5,10	(eine Frau) und ein W. einiger Menschen zuvor offenbar
	25	die guten W. einiger Menschen zuvor offenbar
	6,18	daß sie Gutes tun, reich werden an guten W.
2Ti	1,9	berufen, nicht nach unsern W.
	2,21	wird sein zu allem guten W. bereitet 3,17
	4,5	tu das W. eines Predigers
	14	der Herr wird ihm vergelten nach seinen W.
Tit	1,16	mit den W. verleugnen sie ihn
	16	sie sind zu allem guten W. untüchtig
	2,7	dich selbst mache zum Vorbild guter W.
	14	ein Volk, das eifrig wäre zu guten W.
	3,1	daß sie gehorsam seien, zu allem guten W. bereit
	8	darauf bedacht, sich mit guten W. hervorzutun
	14	hervorzutun mit guten W., wo sie nötig sind
1Pt	1,17	der einen jeden richtet nach seinem W.
	4,19	*die ihre Seelen befehlen in guten W.*
2Pt	2,8	Seele quälen lassen durch ihre bösen W.
2Pt	3,10	die Erde und die W., die darauf sind
1Jh	3,8	erschienen, daß er die W. des Teufels zerstöre
	12	weil seine W. böse waren
2Jh	11	der hat teil an seinen bösen W.
3Jh	10	will ich erinnern an seine W.
Heb	3,9	hatten meine W. gesehen 40 Jahre lang
	4,3	waren die W. von Anbeginn der Welt fertig
	10	der ruht auch von seinen W. so wie Gott von den seinen
	6,1	Umkehr von den toten W.
	10	Gott nicht ungerecht, daß er vergäße euer W.
	9,14	unser Gewissen reinigen von den toten W.
	10,24	laßt uns anreizen zu guten W.
Jak	1,4	die Geduld soll ihr W. tun bis ans Ende
	2,14	er habe Glauben, hat doch keine W. 18
	17	so ist der Glaube, wenn er nicht W. hat, tot 20.26
	18	zeige mir deinen Glauben ohne die W.
	21	Abraham durch W. gerecht geworden 25
	22	durch die W. ist der Glaube vollkommen geworden
	24	daß der Mensch durch W. gerecht wird, nicht durch Glauben allein
	3,13	der zeige mit seinem Wandel seine W.
Jud	15	zu strafen alle Menschen für alle W.
Off	2,2	ich kenne deine W. und deine Mühsal 19; 3,1.8.15
	5	tue Buße und tue die ersten W.
	6	für dich, daß du die W. der Nikolaïten hassest
	19	ich kenne deine W. und deine Liebe
	22	wenn sie sich nicht bekehren von ihren W.
	26	wer ... und hält meine W. bis ans Ende
	3,2	deine W. nicht vollkommen befunden vor meinem Gott
	9,20	bekehrten sie sich doch nicht von den W. ihrer Hände
	14,13	ihre W. folgen ihnen nach
	15,3	groß und wunderbar sind deine W., Herr
	16,11	bekehrten sich nicht von ihren W.
	18,6	gebt ihr zweifach zurück nach ihren W.
	20,12	Toten wurden gerichtet nach ihren W. 13
	22,12	einem jeden zu geben, wie seine W. sind

Werk Gottes, Werk des HERRN (Herrn)

2Mo	34,10	das ganze Volk soll d. H. W. sehen
5Mo	11,7	haben die großen W. d. H. gesehen
Jos	24,31	Ältesten, die alle W. d. H. kannten Ri 2,7
Hi	40,19	er ist das erste der W. G.
Ps	46,9	schauet die W. d. H. 66,5; Pr 7,13
	107,24	die d. H. W. erfahren haben
	111,2	groß sind die W. d. H.
	118,17	ich werde d. H. W. verkündigen
Jes	5,12	aber sehen nicht auf das W. d. H.
Jer	48,10	verflucht sei, wer d. H. W. lässig tut
	51,10	laßt uns in Zion erzählen die W. d. H.
Tob	12,8	G. W. offenbar zu machen, bringt Ehre
Sir	38,8	damit G. W. kein Ende nehmen
	39,21	alle W. d. H. sind sehr gut 39
	42,15	ich will preisen d. H. W.
	16	d. H. W. ist seiner Herrlichkeit voll
Jh	6,28	was sollen wir tun, daß wir G. W. wirken
	29	das ist G. W., daß ihr glaubt
	9,3	es sollen die W. G. offenbar werden an ihm
Rö	14,20	zerstöre nicht um der Speise willen G. W.
1Ko	15,58	nehmt immer zu in dem W. d. H.
	16,10	er treibt auch das W. d. H. wie ich

Werkleute

2Kö 25,11 was übrig war von den W. Jer 52,15

Werkmeister

5Mo 27,15 Götzen, ein Werk von den Händen der W.
2Kö 12,12 man übergab das Geld den W. 22,5.9; 2Ch 24,12; 34,10
1Ch 29,5 zu allem Werk durch die Hand der W.
2Ch 24,13 W. sorgten dafür, daß die Ausbesserung

Werktag

Hes 46,1 soll an den sechs W. zugeschlossen sein

Werkzeug

1Kö 6,7 daß man weder... noch W. beim Bauen hörte
Jes 13,5 der HERR selbst samt den W. seines Zorns
Hes 9,1 jeder habe sein W. zur Zerstörung 2
26,9 er wird deine Türme mit W. einreißen
Apg 9,15 denn dieser ist mein auserwähltes W.

Wermut

5Mo 29,17 Wurzel, die Gift und W. hervorbringt
Spr 5,4 hernach ist sie bitter wie W.
Jer 9,14 ich will dies Volk mit W. speisen 23,15
Klg 3,15 er hat mich mit W. getränkt 19
Am 5,7 die ihr das Recht in W. verkehrt 6,12
Off 8,11 der Name des Sterns heißt W.

Wert

2Mo 22,2 verkaufe ihn um den W. des Gestohlenen
1Sm 15,9 verschonten alles, was von W. war
Sir 20,13 die Worte der Narren haben keinen W.

wert (s.a. wertachten, werthalten)

1Mo 23,9 gebe sie um Geld, soviel sie w. ist 15
3Mo 5,15 einen Widder bringen, 2 Silberstücke w.
5Mo 17,6 soll sterben, wer des Todes w. ist
22,26 hat keine Sünde getan, die des Todes w.
Rut 4,15 mehr w. als sieben Söhne 1Sm 1,8
1Kö 21,2 will Silber dafür geben, soviel er w. ist
2Kö 5,1 Naaman war vor seinem Herrn w. gehalten
Esr 8,27 goldene Becher, tausend Gulden w.
Hi 28,13 niemand weiß, was sie w. ist
30,1 deren Väter ich nicht w. geachtet hätte
Spr 19,22 ein gütiger Mensch ist der Liebe w.
Jes 4,2 zu der Zeit wird... lieb und w. sein
7,23 1.000 Weinstöcke, 1.000 Silberstücke w.
Wsh 3,5 weil sie es sind, ihm anzugehören
3,5 Gott versucht sie und findet sie seiner w.
6,17 sie sucht, wer ihrer w. ist
15,6 lieben das Böse und sind dessen w.
18,4 die Ägypter waren's w.
Tob 3,20 bin ich ihrer nicht w. gewesen
Sir 17,18 hält die Wohltaten... so w. wie
25,11 nicht dienen muß, ihr der seiner nicht w. sind
41,29 wirst allen Leuten lieb und w. sein
45,1 Mose, der aller Welt lieb und w. war
Bar 6,44 weil diese nicht w. gewesen ihre w. zu sein
1Ma 10,19 halten dich für w., unser Freund zu sein
2Ma 7,20 war w., daß man mit... Lobe an sie denkt
9,15 Juden, die er zuvor nicht w. geachtet hatte
Mt 3,11 ich bin nicht w., ihm die Schuhe zu tragen Mk 1,7; Lk 3,16

Mt 8,8 Herr, ich bin nicht w., daß du Lk 7,6
10,10 ein Arbeiter ist seiner Speise w. Lk 10,7; 1Ti 5,18
11 ob jemand darin ist, der es w. ist 13
37 wer... der ist meiner nicht w. 38
22,8 die Gäste waren's nicht w.
Lk 7,2 einen Knecht, der ihm lieb und w. war
4 er ist es w., daß du ihm die Bitte erfüllst
12,48 hat getan, was der Streiche w. ist
15,19 ich bin hinfort nicht mehr w., daß ich dein Sohn heiße 21
23,15 was des Todes w. sei Apg 23,29; 25,11.25; 26,31
41 empfangen, was unsre Taten w. sind
Jh 1,27 ich bin nicht w., daß ich seine Schuhriemen löse Apg 13,25
Apg 13,46 achtet euch nicht w. des ewigen Lebens
19,19 berechneten, was sie w. waren
20,24 ich achte mein Leben nicht der Rede w.
Rö 8,18 Leiden der Herrlichkeit nicht w.
14,18 der ist den Menschen w.
1Ko 15,9 ich bin nicht w., daß ich ein Apostel heiße
16,4 wenn es w. ist, daß ich auch hinreise
Kol 2,23 sie sind nichts w. und befriedigen nur das Fleisch
1Th 2,4 weil Gott uns für w. geachtet hat
1Ti 1,15 das ist gewißlich wahr und ein Wort, des Glaubens 4,9
Heb 3,3 er ist größerer Ehre w. als Mose
11,38 sie, deren die Welt nicht w. war, sind umhergeirrt
Off 3,4 denn sie sind's w. 16,6

wertachten

1Sm 26,24 dein Leben in meinen Augen w.
Ps 72,14 ihr Blut ist w. vor ihm
Jes 43,4 weil du meinen Augen so w. bist
49,9 bin vor dem Herrn w.
Sa 11,13 treffliche Summe deren ich w. bin

werthalten

2Kö 5,1 Naaman war ein trefflicher Mann und w.
1Ti 5,17 die h. man zwiefacher Ehre w. 6,1

wertlos

Wsh 7,9 sah ich jeden Edelstein für w. an

wertvoll

Ri 18,21 schickten, was sie an w. Gut hatten
1Sm 9,20 wem gehört alles, was w. ist in Israel
Jes 13,12 ein Mensch w. als Goldstücke aus Ofir
2Ma 4,15 die Auszeichnungen hielten sie für w.

Wesen

1Mo 2,7 so ward der Mensch ein lebendiges W.
2Ch 28,19 weil er ein zuchtloses W. aufkommen ließ
Ps 5,5 nicht ein Gott, dem gottloses W. gefällt
Spr 22,1 ein anziehendes W. besser als Silber
Jer 23,15 von Propheten geht das ruchlose W. aus
Hes 3,19 wenn er sich nicht bekehrt von seinem W.
2Ma 4,13 das griechische W... nahmen überhand
Rö 1,18 Gottes Zorn über alles gottlose W.
20 Gottes W. wird ersehen aus seinen Werken
2,7 trachten nach unvergänglichem W.
7,6 dienen im neuen W. des Geistes und nicht im alten W. des Buchstabens

Wesen

Rö	8,21	*frei von... des vergänglichen W.*
	11,26	*der abwende das gottlose W. von Jakob*
1Ko	7,31	*das W. dieser Welt vergeht*
	15,45	*erste Mensch wurde zu einem lebendigen W.*
Eph	2,6	*uns in das himmlische W. gesetzt*
	5,18	*woraus ein unordentliches W. folgt*
Kol	2,11	*als ihr euer fleischliches W. ablegtet*
2Th	3,12	*daß sie mit stillem W. arbeiten*
2Ti	1,10	*ein unvergängliches W. ans Licht gebracht*
	2,16	*es führt mehr und mehr zu ungöttlichem W.*
	3,5	*den Schein eines gottesfürchtigen W.*
Tit	2,12	*daß wir absagen dem ungöttlichen W.*
1Pt	4,4	*nicht mehr in dasselbe W.*
2Pt	2,12	*werden in ihrem verdorbenen W. umkommen*
Heb	1,3	*er ist das Ebenbild seines W.*
	10,1	*nicht das W. der Güter selbst*
Off	4,11	*durch deinen Willen haben sie das W.*
	16,3	*alle lebendigen W. im Meer starben*

West, Westen

1Mo	12,8	so daß er Bethel im W. hatte
	13,14	sieh nach W. 28,14; 5Mo 3,27
2Mo	10,19	Wind, daß er sehr stark aus W. kam
	26,22	Rückseite der Wohnung nach W. 27; 27,12; 36,27.32; 38,12; Hes 41,12; 46,19
4Mo	2,18	nach W. soll sein Ephraim 3,23; Hes 48,1-8. 23-27
	34,6	die Grenze nach W. soll sein das Meer 5Mo 11,24; 34,2; Hes 47,20
	35,5	nach W. 2.000 Ellen Hes 48,17.18
5Mo	33,23	gegen W. hat er Besitz 1Ch 7,28
Jos	5,1	Amoriter, die nach W. zu wohnten
	11,3	zu den Kanaanitern im Osten und W.
	12,7	diesseits des Jordan im W. 22,7
	15,10	(die Grenze) biegt um nach W. 18,14.15; 19,26.34
1Kö	7,25	zwölf Rindern, drei nach W. 2Ch 4,4
1Ch	9,24	Torhüter aufgestellt: nach W. 26,16.18
	12,16	als er alle Täler gegen W. abriegelte
Hi	18,20	die im W. werden sich entsetzen
Ps	65,9	was da lebt im Osten wie im W.
	107,3	zusammengebracht von Osten und W.
Jes	11,14	auf das Land der Philister im W.
	43,5	will dich vom W. her sammeln
	45,6	damit man erfahre in Ost und W.
Hes	45,7	im W. westwärts... von der Grenze im W.
Dan	8,4	der Widder stieß nach W. 5
Hos	11,10	werden herbeikommen seine Söhne von W.
Sa	6,6	die weißen (Rosse) ziehen nach W.
	14,4	wird sich spalten vom Osten bis zum W. 8
Mt	8,11	viele werden kommen von W. Lk 13,29
	24,27	wie der Blitz leuchtet bis zum W.
Lk	12,54	wenn ihr eine Wolke aufsteigen seht vom W. her
Off	21,13	von W. drei Tore

Westgrenze

Jos	15,12	die W. ist das große Meer

westlich

Jos	8,9	lagerten sich w. von Ai 12.13
	15,8	Gipfel, der w. vor dem Tal Hinnom liegt
	18,14	(Grenze) biegt in ihrem w. Teil um
Ri	20,33	hervor aus seinem Versteck w. von Geba
1Ch	26,30	zur Verwaltung Israels w. des Jordan
Jo	2,20	sein Ende in das w. Meer

Westseite

Hes	42,19	wandte sich zur W. und maß 48,10.16.21.34

westwärts

Jos	16,3	(Grenze) zieht sich w. 8; 18,12; 19,11.34
2Ch	32,30	w. zur Stadt Davids 33,14
Hes	45,7	sollt Raum geben... im Westen w.

Wette

2Kö	18,23	nimm eine W. an mit meinem Herrn Jes 36,8

wetteifern

Wsh	15,9	er w. mit den Gold- und Silberschmieden

Wetter

2Kö	2,1	als der HERR Elia im W. holen wollte 11; Sir 48,9.13
Ps	50,3	um ihn her ein mächtiges W.
	55,9	daß ich entrinne vor dem Sturmwind und W.
Spr	1,27	wenn kommt euer Unglück wie ein W.
	10,25	wenn das W. daherfährt, ist der Gottlose
Jes	4,6	Zuflucht und Obdach vor dem W. und Regen
	21,1	wie ein W. vom Süden herfährt
	28,2	wie Hagelsturm, wie verderbliches W.
	29,6	Heimsuchung kommt vom HERRN mit W.
	54,11	du Elende, über die alle W. gehen
	66,15	kommen seine Wagen wie ein W.
Jer	23,19	es wird ein W. kommen 25,32; 30,23; Am 1,14
Ze	1,15	dieser Tag ist ein Tag des W.

Wetterstrahl

Ps	78,48	als er preisgab ihre Herden dem W.

Wettersturm

Hi	9,17	vielmehr greift er nach mir im W.
	38,1	der HERR antwortete aus dem W. 40,6

wetterwendisch

Mt	13,21	sondern er ist w. Mk 4,17

Wetterwolke

1Mo	9,14	daß ich W. über die Erde führe
Ps	81,8	ich antwortete dir aus der W.

Wettkämpfer

2Ma	4,12	Leute, dort als W. aufzutreten

wetzen

Ps	7,13	wieder hat einer sein Schwert gew.
Spr	27,17	ein Messer w. das andre

wichtig

Jdt	2,14	er zerstörte alle w. Städte
Sir	18,17	ein Wort ist oft w. als eine... Gabe
Mt	23,23	die ihr das W. im Gesetz beiseite (laßt)
2Ko	4,17	*schafft eine ewige und w. Herrlichkeit*

1Th	2,7	*ob wir uns wohl hätten w. machen können*

wickeln

2Mo	12,34	ihre Backschüsseln in ihre Mäntel gew.
1Sm	21,10	das Schwert in einen Mantel gew.
Hes	16,4	hat dich nicht in Windeln gew.
Mt	27,59	nahm den Leib und w. ihn in ein Leinentuch Mk 15,46; Lk 23,53
Lk	2,7	w. ihn in Windeln und legte ihn in eine Krippe
	12	ihr werdet finden das Kind in Windeln gew.

Widder

1Mo	15,9	bringe mir einen dreijährigen W.
	22,13	Abraham sah einen W. und nahm den W. an seines Sohnes Statt
	31,38	die W. deiner Herde hab ich nie gegessen
	32,15	(Geschenk für Esau:) zwanzig W.
2Mo	29,1	W. ohne Fehler (Brandopfer) 3.15.17-19.22. 26.27.31.32; 3Mo 8,2.18.20-22.29; 9,2; 16,3.5; 23,18; 4Mo 7,15u.ö.87; 15,6.11; 28,11u.ö.28; 29,2u.ö.37; 1Ch 29,21; 2Ch 29,32; Esr 6,9.17; 8,35; Hi 42,8; Hes 43,23.25; 45,23.24; 46,4-7.11
3Mo	5,15	W. ohne Fehler als Schuldopfer 16.18.25; 19,21; Esr 10,19
	9,4	W. zum Dankopfer 18.19; 4Mo 7,7u.ö.88; 1Ch 15,26
4Mo	5,8	W. der Versöhnung 2Ch 29,21.22
	23,1	schaffe her sieben W. 2.4.14.29.30
5Mo	32,14	feiste W. und Böcke
1Sm	15,22	Aufmerken (ist) besser als Fett von W.
2Kö	3,4	hatte Wolle zu entrichten von 100.000 W.
2Ch	13,9	wer kam mit sieben W., wurde Priester
	17,11	die Araber brachten ihm 7.700 W.
Esr	7,17	kaufe von diesem Geld W.
Ps	66,15	Brandopfer mit dem Opferrauch von W.
Spr	30,31	(vier gehen stolz einher:) der W.
Jes	1,11	ich bin satt der Brandopfer von W.
	34,6	trieft vom Nierenfett der W.
	60,7	die W. Nebajots sollen dir dienen
Jer	51,40	will sie hinabführen wie W.
Hes	27,21	haben Handel getrieben mit W.
	34,17	will richten zwischen W. und Böcken
	39,18	Blut sollt ihr saufen, der W.
Dan	8,3	ein W. stand vor dem Fluß 4.6.7.20
Mi	6,7	wird der HERR Gefallen haben an viel W.
StD	3,16	als brächten wir Brandopfer von W.

Widderfell

2Mo	25,5	(die Opfergabe:) rotgefärbte W. 35,7.23
	26,14	Decke von rotgefärbten W. 36,19; 39,34

Widderhorn

2Mo 19,13		wenn das W. lange tönen wird

widerbellen

Tit	2,9	*den Knechten sage, daß sie nicht w.*

Widerchrist s. Antichrist

widereinander

Gal	5,17	*dieselben sind w.*
Jak	5,9	*seufzt nicht w.*

widerfahren

1Mo	44,29	w. ihm ein Unfall, so werdet ihr
2Mo	3,16	gesehen, was euch in Ägypten w. ist
	12,13	die Plage soll euch nicht w. 30,12; 4Mo 31,16
	21,13	hat Gott es seiner Hand w. lassen
	22	so daß ihr sonst kein Schaden w.
	32,1	wissen nicht, was Mose w. ist Apg 7,40
5Mo	23,11	weil ihm des Nachts etwas w. 1Sm 20,26
	32,20	will sehen, was ihnen zuletzt w. wird
Jos	11,20	damit ihnen keine Gnade w.
Ri	6,13	warum ist uns denn das alles w.
1Sm	6,9	sondern es uns zufällig w. ist
2Sm	15,20	dir w. Barmherzigkeit und Treue
2Ch	36,8	was Jojakim sonst w., steht geschrieben
Ps	60,5	du ließest deinem Volk Hartes w.
	74,22	Schmach, die dir täglich von den Toren w.
	119,41	laß mir deine Gnade w. 77
Jes	26,10	wenn dem Gottlosen Gnade w.
	50,11	das w. euch von meiner Hand
Jer	32,23	ließest ihnen dies Unheil w. 40,3; 44,23
Dan	4,25	dies alles w. dem König Nebukadnezar
Jon	4,5	bis er sähe, was der Stadt w. würde
Wsh	3,5	viel Gutes wird ihnen w.
	6,7	dem Geringsten kann Erbarmen w.
	19,4	mußten vergessen, was ihnen w. war
Tob	7,11	dachte, was den andern Männern w. war
Sir	2,4	was dir w., das nimm auf dich
	5,4	gesündigt, und doch ist mir nichts Böses w.
	7,1	tu nichts Böses, so w. dir nichts Böses
	16,14	jedem wird w., wie er's verdient hat
	22,32	w. mir etwas Böses seinetwegen
	33,1	wer den Herrn fürchtet, dem w. nichts Böses
	40,8	dies w. allem Fleisch
Bar	4,22	Barmherzigkeit, die euch bald w. wird
2Ma	2,22	Erscheinungen, die denen w., die
	6,12	daß unserm Volk Strafen zur Erziehung w.
StE	5,2	von der Ehre, die ihnen w., übermütig werden
Mt	16,22	das w. dir nur nicht
	18,19	soll es ihnen w. von meinem Vater
Mk	4,11	denen draußen w. es in Gleichnissen
	5,16	*was dem Besessenen w. war*
	9,21	wie lange ist's, daß ihm das w.
	10,32	ihnen zu sagen, was ihm w. werde
Lk	2,10	große Freude, die allem Volk w. wird
	19,9	heute ist diesem Hause Heil w.
	21,13	das wird euch w. zu einem Zeugnis
Jh	5,14	daß dir nicht etwas Schlimmeres w.
	15,7	bitten, und es wird euch w.
Apg	3,10	Entsetzen erfüllte sie über das, was ihm w. war
	20,19	Anfechtungen, die mir w. sind 2Ti 3,11
	24,2	diesem Volk viele Wohltaten w.
	28,5	es w. ihm nichts Übles 6
Rö	5,15	*ist Gottes Gnade vielen w.*
	11,11	durch ihren Fall ist den Heiden das Heil w.
	25	Verstockung ist einem Teil Israels w.
	31	Barmherzigkeit, die euch w. ist
1Ko	4,5	*wird einem jeglichen Lob w.*
	10,11	dies w. ihnen als ein Vorbild
2Ko	1,8	Bedrängnis, die uns in der Provinz Asien w. ist
	4,1	Barmherzigkeit, die uns w. ist
Eph	1,8	(Gnade,) die er uns reichlich hat w. lassen
1Ti	1,13	mir ist Barmherzigkeit w., denn 16
1Pt	4,12	als w. euch etwas Seltsames
2Pt	2,22	*es ist ihnen w. das wahre Sprichwort*

Widerhall

Widerhall
Wsh 17,19 ob der W. aus den Schluchten schallte

widerhallen
Sir 50,20 das ganze Haus h. w. von Liedern

widerlegen
Apg 18,28 er w. die Juden kräftig

widerlich
Sir 27,16 es ist w. zu hören, wenn sie

widernatürlich
Wsh 14,26 (überall herrschen) w. Unzucht
Rö 1,26 ihre Frauen haben den natürlichen Verkehr vertauscht mit dem w.

Widerrede
Ps 38,15 wie einer, der keine W. in seinem Munde hat
Heb 6,16 der Eid macht aller W. ein Ende

widerrufen
Ri 11,35 ich kann's nicht w.
Est 8,5 so möge man die Schreiben w. 8
Hi 34,33 weil du ja w. hast

Widersacher, Widersacherin
2Mo 15,7 hast deine W. gestürzt
23,5 wenn du den Esel deines W. liegen siehst
22 so will ich deiner W. W. sein
32,25 zuchtlos werden lassen zum Gespött ihrer W.
5Mo 32,27 ihre W. hätten es nicht erkannt
1Sm 1,6 ihre W. kränkte und reizte sie sehr
2,32 daß du deinen W. im Heiligtum sehen wirst
29,4 damit er nicht unser W. werde im Kampf
2Sm 24,13 3 Monate vor deinen W. fliehen 1Ch 21,12
1Kö 5,18 Ruhe gegeben, so daß weder ein W.
11,14 der HERR erweckte Salomo einen W. 23.25
Esr 4,1 als die W. Judas hörten Neh 4,5
Est 7,6 der Feind und W. ist Haman
Hi 16,9 mein W. funkelt mit mit seinen Augen an
22,20 unser W. ist vertilgt
Ps 13,5 daß nicht meine W. sich freuen
27,2 die Übeltäter, meine W. und Feinde
35,1 führe meine Sache wider meine W.
49,6 wenn mich die Missetat meiner W. umgibt
59,2 schütze mich vor meinen W.
69,20 meine W. sind dir alle vor Augen
74,4 deine W. brüllen in deinem Hause
10 wie lange soll der W. noch schmähen
23 das Toben deiner W. wird größer
81,15 wollte meine Hand gegen seine W. wenden
89,24 ich will seine W. vor ihm zerschlagen
43 du erhöhst die Rechte seiner W. Klg 2,17
106,11 die Wasser ersäuften ihre W.
109,29 meine W. sollen mit Schmach angezogen
119,139 weil meine W. deine Worte vergessen
157 meiner Verfolger und W. sind viele
Jes 1,24 ich werde mich rächen an meinen W.
59,18 wird vergelten seinen W. Nah 1,2
63,18 unsre W. haben dein Heiligtum zertreten

Jer 18,19 höre die Stimme meiner W. Klg 3,62
Klg 1,5 ihre W. sind obenauf
2,4 seine Hand hat er geführt wie ein W.
4,12 daß der W. zum Tor einziehen könnte
Hes 39,23 habe sie übergeben in die Hände ihrer W.
Dan 4,16 daß doch der Traum deinen W. gelte
Mi 5,8 deine Hand wird siegen gegen deine W.
Nah 1,8 er macht ein Ende mit seinen W.
Wsh 2,18 wird ihn erretten aus der Hand der W.
11,3 sie erwehrten sich ihrer W.
8 gezeigt, wie du die W. bestrafst 18,8
Sir 21,30 wenn der Gottlose seinem W. flucht
36,9 wirf den W. nieder
46,7 (Josua) schlug die W. tot 47,8
2Ma 10,26 daß Gott sein wolle W. ihrer W.
StD 3,8 uns übergeben den Händen der W.
Mt 5,25 *sei willfährig deinem W. bald Lk 12,58*
Lk 18,3 schaffe mir Recht gegen meinem W.
21,15 *nicht sollen widerstehen eure W.*
1Ko 16,9 auch viele W. sind da
Phl 1,28 in keinen Stück erschrecken laßt von den W.
2Th 2,4 er ist der W., der sich erhebt über alles
1Ti 5,14 dem W. keinen Anlaß geben zu lästern
Tit 2,8 damit der W. beschämt werde
1Pt 5,8 euer W. geht umher wie ein brüllender Löwe
Heb 10,27 das gierige Feuer, das die W. verzehren wird

widerschmähen
1Pt 2,23 der nicht w., als er geschmäht wurde

widersetzen
Esr 10,15 nur Jonatan und Jachseja w. sich
Hi 5,17 w. dich der Zucht des Allmächtigen nicht
Mi 7,6 die Tochter w. sich der Mutter
Wsh 2,12 er w. sich unserm Tun
1Ma 2,31 daß sich einige dem Befehl des Königs w.
8,11 die Inseln, die sich ihnen w. hatten
11,38 sah, daß sich niemand mehr ihm w.
14,44 niemand dürfte sich dem w., was er geboten
Rö 13,2 wer sich nun der Obrigkeit w.
2Ti 4,15 er hat sich unsern Worten sehr w.

widerspenstig
2Mo 23,21 sei nicht w. gegen ihn
5Mo 21,18 wenn jemand einen w. Sohn hat 20
Ps 5,11 sie sind w. gegen dich
Spr 29,21 wird er am Ende w. sein
Jes 63,10 aber sie waren w.
Hes 2,6 es sind w. Dornen um dich
Ze 3,1 weh der w., befleckten, tyrannischen Stadt
2Ti 2,25 mit Sanftmut die W. zurechtweist

widersprechen
Spr 17,11 ein böser Mensch trachtet, stets zu w.
Hes 2,8 höre, und w. nicht
5,6 w. meinen Ordnungen
Sir 4,30 w. nicht der Wahrheit
2Ma 4,11 führte Sitten ein, die dem Gesetz w.
Lk 2,34 dieser ist gesetzt zu e. Zeichen, dem w. wird
21,15 der eure Gegner nicht w. können
Apg 13,45 w. dem, was Paulus sagte, und lästerten
28,19 da die Juden., war ich genötigt
22 bekannt, daß ihr an allen Enden w. wird
Rö 10,21 Volk, das sich nichts sagen läßt und w.
Tit 1,9 die Kraft habe, zurechtzuweisen, die w.

Tit	2,9	Sklaven sage, daß sie (ihren Herren) nicht w.
Heb	7,7	nun ist's ohn alles W. so
	12,3	der ein solches W. erduldet

Widerspruch

Hes	2,5	sie sind ein Haus des W. 6-8; 3,9.26.27; 12,2.3. 9.25; 17,12; 24,3; 44,6
Heb	12,3	gedenkt an den, der soviel W. von den Sündern erduldet hat

Widerstand

Jdt	2,16	er schlug alle, die W. leisteten
1Ma	10,70	niemand leistet uns W. als du allein
	13,46	bestrafe uns nicht für unsern W.
	14,29	haben den Feinden ihres Volks W. geleistet
Eph	6,13	damit ihr an dem bösen Tag W. leisten könnt

widerstehen

4Mo	22,22	trat in den Weg, um ihm zu w. 32
5Mo	7,24	wird dir niemand w. 11,25; Jos 1,5; 21,44; 23,9; 2Ch 20,6; Est 9,2
Ri	2,14	sie konnten nicht mehr ihren Feinden w.
2Kö	10,4	zwei Könige konnten ihm nicht w.
Pr	4,12	zwei können w.
Jes	45,24	alle, die ihm w., werden beschämt werden
Jer	2,34	die alledem w.
	49,19	wer ist der Hirte, der mir w. kann 50,44
Dan	10,13	der Engelfürst hat mir 21 Tage w.
	11,15	sein bestes Kriegsvolk kann nicht w. 16
Jdt	16,16	Herr, niemand kann dir w. 17; Wsh 11,21; StE 2,1.3
Wsh	10,16	sie w. den grausamen Königen
	11,3	w. ihren Feinden
	12,12	wer kann deinem Gericht w.
	18,21	der untadelige Mann w. dem Zorn
Bar	6,56	können weder Königen noch Feinden w.
1Ma	5,40	so können wir ihm nicht w.
	44	Karnajim konnte Judas nicht w.
	7,25	erkannte, daß er ihnen nicht w. konnte
Lk	21,15	der eure Gegner nicht w. können
Apg	6,10	sie vermochten nicht zu w. der Weisheit
	13,8	da w. ihnen der Zauberer Elymas
Rö	9,19	wer kann seinem Willen w.
Gal	2,11	w. ich ihm ins Angesicht
2Ti	3,8	wie... w., so w. diese der Wahrheit
	4,15	(Alexander) hat unsern Worten sehr w.
1Pt	5,5	Gott w. den Hochmütigen, aber den Demütigen gibt er Gnade Jak 4,6
	9	dem w., fest im Glauben
Heb	12,4	ihr habt noch nicht bis aufs Blut w.
Jak	4,7	w. dem Teufel, so flieht er von euch
	5,6	er hat euch nicht w.

widerstreben

1Sm	15,23	W. ist wie Abgötterei
Neh	9,26	wurden ungehorsam und w. dir Jes 3,8
Mt	5,39	daß ihr nicht w. sollt dem Übel
Apg	7,51	ihr w. allezeit dem heiligen Geist
	18,6	als sie w. und lästerten
Rö	13,2	der w. der Anordnung Gottes

widerstreiten

Rö	7,23	das w. dem Gesetz in meinem Gemüt

widerwärtig

Wsh	12,4	weil sie die w. Dinge trieben
Sir	20,16	das sind w. Leute

Widerwille

2Sm	13,15	sein W. größer als vorher seine Liebe

wie

1Mo	18,17	w. könnte ich verbergen, was ich tun will
	28,17	w. heilig ist diese Stätte
	32,28	w. heißest du 30; 2Mo 3,13
	39,9	w. sollte ich gegen Gott sündigen
2Mo	2,14	w. ist das bekannt geworden
4Mo	14,11	w. lange lästert mich dies Volk
	22,38	w. kann ich etwas anderes reden
1Kö	18,21	w. lange hinket ihr auf beiden Seiten
Hi	4,17	w. kann ein Mensch gerecht sein 25,4
	13,23	w. groß ist meine Schuld und Sünde
Jes	52,7	w. lieblich sind die Füße der Freudenboten
Jer	16,20	w. kann ein Mensch sich Götter machen
Mk	3,23	w. kann der Satan den Satan austreiben
Lk	1,34	w. soll das zugehen
	8,18	so seht nun darauf, w. ihr zuhört

Wiedehopf

3Mo	11,19	(daß ihr nicht esset:) den W. 5Mo 14,18

wieder, wiederum

1Mo	3,19	bis du w. zu Erde werdest Ps 104,29; 146,4; Pr 3,20; 12,7
	31,3	zieh in deiner Väter Land 32,10
	40,13	wird dich w. in dein Amt setzen 21; 41,13
4Mo	14,3	besser, wir ziehen w. nach Ägypten 4
1Kö	12,26	das Königtum wird w. an David fallen 27; 2Ch 12,13
2Kö	13,23	der HERR wandte sich ihnen w. zu
	14,25	stellte w. her das Gebiet Israels
1Ch	13,3	laßt uns die Lade Gottes w. holen
Esr	3,3	richteten den Altar w. her 4,12.13.16.21; 5,13. 17; 6,3.7; 9,9; Neh 2,5.17.20; 13,9.11
	9,14	sollten wir w. deine Gebote übertreten
Neh	7,4	Häuser waren noch nicht w. gebaut
Hi	1,21	nackt werde ich w. dahinfahren 20,10.15
	8,6	wird w. aufrichten deine Wohnung
	10,9	läßt mich w. zum Staub zurückkehren 34,15
	12,23	macht Völker groß und bringt sie w. um
Ps	60,3	tröste uns w. 71,21; 80,4.8.20; Jes 57,18
	71,20	machst mich w. lebendig und holst mich w.
	78,34	suchten sie Gott und fragten w. nach ihm
	85,7	willst du uns nicht w. erquicken
	90,13	kehre dich doch endlich w. zu uns
	103,5	du w. jung wirst wie ein Adler
	107,35	w. machte das Trockene w. wasserreich
	116,7	sei nun w. zufrieden, meine Seele
Jes	1,26	ich will dir w. Richter geben
	29,19	die Elenden werden w. Freude haben
	55,10	gleichwie der Regen nicht w. zurückkehrt 11
Jer	49,6	will w. wenden das Geschick 39
	50,19	Israel will ich w. heim... bringen Hes 28,25; 39,28
Hes	36,9	will mich w. zu euch kehren
Mt	4,7	w. steht geschrieben
	8	w. führte ihn der Teufel mit sich
	9,16	der Lappen reißt doch w. vom Kleid ab
	12,44	ich will w. zurückkehren in mein Haus

wieder

Mt	13,45	w. gleicht das Himmelreich einem 47
Mk	15,12	Pilatus fing w. an und sprach zu ihnen
Lk	2,45	gingen sie w. nach Jerusalem
	14,12	damit sie dich nicht w. einladen
Jh	3,4	kann er denn w. in seiner Mutter Leib gehen
	4,13	wer von diesem Wasser trinkt, den wird w. dürsten
	16	geh hin, ruf deinen Mann und komm w. her
	10,7	da sprach Jesus w.: Wahrlich, wahrlich
	11,8	du willst w. dorthin ziehen
	16,28	ich verlasse die Welt w. und gehe zum Vater
	18,40	schrien w.: Nicht diesen, sondern Barabbas
Apg	1,6	wirst du in dieser Zeit w. aufrichten das Reich
	13,42	von diesen Dingen w. sagen sollten
	15,16	danach will ich mich w. zu ihnen wenden
1Ko	12,21	oder w. das Haupt zu den Füßen
2Ko	10,7	der bedenke w. auch dies bei sich
Gal	4,9	wendet euch w. den schwachen Mächten zu
Heb	1,6	wenn er den Erstgeborenen w. einführt in die Welt
	4,5	an dieser Stelle w. (hat er gesprochen)
	5,12	ihr habt es w. nötig, daß man euch... lehre
	6,6	w. zu erneuern zur Buße

wiederbekommen

1Mo	43,12	das Geld, das ihr w. habt
Mt	25,27	hätte ich das Meine w. mit Zinsen
Heb	11,19	deshalb b. er ihn auch als Gleichnis dafür w.
	35	Frauen haben ihre Toten... w.

wiederbringen, wieder bringen

1Mo	24,6	daß du meinen Sohn w. dahin b. 8
	37,22	Ruben wollte ihn seinem Vater w. 42,37; 43,9; 44,32
	43,21	haben wir's w. mit uns geb. 44,8
2Mo	10,8	wurden Mose und Aaron w. vor Pharao geb.
2Kö	14,22	er b. (Elat) w. an Juda 28; 16,6; 2Ch 26,2
2Ch	12,11	die Leibwache b. sie w. in ihre Kammer
	33,13	der Herr b. ihn w. in sein Königreich
Ps	126,4	wie du die Bäche w. im Südland
Spr	19,24	b. (seine Hand) nicht w. zum Munde
Jes	49,6	die Zerstreuten Israels w.
Jer	23,3	will sie w. zu ihren Weideplätzen 24,6; 28,4.6; 29,10.14; 30,3; 32,37; 42,12; Hes 36,24; 37,21
	28,3	will alle Geräte w. an diesen Ort b. 6
	34,22	will sie w. vor diese Stadt b.
	37,20	laß mich nicht w. in Jonatans Haus b.
Hes	29,14	will sie w. ins Land Patros b.
Mt	27,3	*Judas b. w. die Silberlinge*
Apg	3,21	bis zu der Zeit, in der alles wiederg. wird

wiedererstatten

2Mo	22,2	es soll aber ein Dieb w.

wiederfinden

1Mo	43,18	um des Geldes willen, das wir wiederg.
Lk	15,32	er war verloren und ist wiederg.
Apg	8,40	Philippus f. sich in Aschdod w.

wiedergebären

1Pt	1,3	der uns nach seiner Barmherzigkeit w. hat
	23	ihr seid w. nicht aus vergänglichem Samen

wiedergeben

1Mo	20,7	g. dem Mann seine Frau w. 14
	42,25	gab Befehl, ihnen ihr Geld w.
	34	dann will ich euch euren Bruder w.
2Mo	21,37	soll fünf Rinder für ein Rind w.
	22,25	ihm w., ehe die Sonne untergeht 5Mo 24,13
3Mo	5,23	soll er w., was er genommen 24
5Mo	22,2	sollst sie ihm dann w.
	28,31	dein Esel wird dir nicht wiederg. werden
Ri	17,3	darum g. ich's dir nun w.
1Sm	1,28	darum g. ich ihn dem HERRN w.
Tob	1,25	sein ganzes Vermögen wurde ihm wiederg.
Bar	4,23	Gott aber wird euch w. für immer
2Ma	3,35	weil er ihm das Leben wiederg. hatte
	7,11	ich hoffe, er wird sie mir w. 29; 14,46
	11,25	daß man ihnen ihren Tempel w.
Lk	9,42	machte den Knaben gesund und g. ihn seinem Vater w.
	19,8	*das g. ich vierfältig w.*
Heb	13,19	damit ich euch wiederg. werde

Wiedergeburt

Mt	19,28	ihr werdet bei der W. sitzen auf 12 Thronen
Tit	3,5	machte er uns selig durch das Bad der W.

wiederhaben

Lk	15,27	weil er ihn gesund w.
Phm	15	von dir getrennt, damit du ihn auf ewig w.

wiederherstellen

1Ch	11,8	Joab s. die übrige Stadt w. h.
2Ch	24,13	s. das Haus Gottes w. h. 33,16

wiederholen

Ri	5,29	und sie selbst w. ihre Worte

wiederkäuen

3Mo	11,3	was w., dürft ihr essen 4.26; 5Mo 14,6-8

Wiederkäuer

3Mo	11,4	das Kamel ist zwar ein W., hat aber 5-7

Wiederkehr

Wsh	2,5	wenn es mit uns zu Ende ist, gibt es keine W.

wiederkehren

Jer	40,5	weiter hinaus wird kein W. möglich sein
Mi	4,8	zu dir wird w. die frühere Herrschaft
Lk	24,33	*k. w. nach Jerusalem*

wiederkommen, wieder kommen

1Mo	8,9	die Taube k. w. zu ihm in die Arche 12
	15,16	nach vier Menschenaltern w. hierher k.
	18,10	will w. zu dir k. übers Jahr 14
	22,5	wollen wir w. zu euch k.
	32,1	k. w. an seinen Ort 4Mo 24,25
	37,29	als Ruben w. zur Grube k. 30
	38,22	er k. w. zu Juda
	43,10	wären wir schon zweimal wiederg.

1Mo	50,5	will meinen Vater begraben und w.
2Mo	4,18	daß ich w. zu meinen Brüdern k. 21
	5,22	Mose k. w. zu dem HERRN 32,31
	14,26	daß das Wasser w. 27.28; 15,19
3Mo	14,39	wenn er am siebenten Tage w. 43
	25,10	soll jeder w. zu seiner Habe k. 13.27.28.41
	22	bis w. neues Getreide k.
4Mo	10,36	k. w., HERR, zu der Menge der Tausende
	17,15	Aaron k. w. zu Mose
5Mo	1,45	als ihr w. und vor dem HERRN weintet
Jos	4,18	k. das Wasser des Jordan w. an s. Stätte
	18,9	k. w. zu Josua 4
Ri	6,18	geh nicht fort, bis ich w.
	8,9	sprach: K. ich heil w. 1Kö 22,27.28; 2Ch 18,26.27
	11,8	darum k. wir nun w. zu dir
	13,8	laß den Mann Gottes w. zu uns k. 9
	14,8	nach einigen Tagen k. (Simson) w.
1Sm	7,17	(Samuel) k. w. nach Rama
	23,23	kommt w. zu mir, wenn ihr's gewiß seid
	26,21	k. w., mein Sohn David
2Sm	14,24	so k. Absalom w. in sein Haus
1Kö	2,41	wurde Salomo angesagt, daß Schimi wiederg.
	12,5	bis w. 3. Tag, dann k. w. 12; 2Ch 10,5.12
	19,7	der Engel k. zum zweitenmal w.
2Kö	4,38	als Elisa w. nach Gilgal k.
	7,8	die Aussätzigen verbargen's und k. w.
1Ch	14,13	die Philister k. w. und ließen sich nieder
2Ch	14,14	schlugen sie und k. w. nach Jerusalem
	25,14	als Amazja vom Siege über die Edomiter w.
Neh	2,6	wann wirst du w.
	8,17	die aus der Gefangenschaft wiederg.
Est	6,12	Mordechai k. w. zum Tor des Königs
Hi	16,22	den Weg, den ich nicht w. werde
	39,4	ihre Jungen k. nicht w. zu ihnen
Ps	59,7	jeden Abend k. sie w., heulen 15
	78,39	ein Hauch, der dahinfährt und nicht w.
	90,3	sprichst: K. w., Menschenkinder
Spr	2,19	die zu ihr eingehen, k. nicht w.
	3,28	sprich nicht: Geh hin und k. w.
Pr	12,2	ehe Wolken w. nach dem Regen
	7	der Staub muß w. zur Erde k.
Jes	21,12	wenn ihr fragen wollt, k. w. und fragt
	23,17	daß sie w. zu ihrem Hurenlohn k.
	35,10	die Erlösten des HERRN werden k.
Jer	3,1	du aber solltest w. zu mir k.
	8,7	halten die Zeit ein, in der sie w. sollen
	22,10	er wird nicht mehr w.
	27	Land, wohin sie gern w. k. 44,14
	31,8	daß sie w. hierher k. sollen 16.17
	37,8	die Chaldäer werden w.
Dan	4,31	mein Verstand k. mir w. 33
Mi	5,2	wird dann der Rest seiner Brüder w.
Jdt	13,14	Hoffnung aufgegeben, daß sie w. würde
Wsh	2,5	es steht unverbrüchlich fest, daß niemand w.
Tob	5,15	wenn du w., will ich dir deinen Lohn geben
Sir	38,22	(vergiß es nicht;) denn es gibt kein W.
Mk	14,40	k. w. und fand sie schlafend
Lk	4,1	Jesus k. w. von dem Jordan 14; 8,40
	8,55	ihr Geist k. w. und sie stand sogleich auf
	9,10	die Apostel k. w. und erzählten ihm 10,17
	10,35	will ich dir's bezahlen, wenn ich w.
	19,12	daß er das Königtum erlange und w.
	13	handelt damit, bis ich w.
	15	als er w., da ließ er die Knechte rufen
Jh	9,7	ging er hin und wusch sich und k. sehend w.
	14,3	will ich w. und euch zu mir nehmen
	28	ich gehe hin und k. w. zu euch
Apg	1,11	Jesus wird so w., wie
	5,22	*die Diener k. w. und sagten es an*
	18,21	will's Gott, so will ich w. zu euch k.
Heb	7,1	*da er von der Könige Schlacht w.*

wiedernehmen

Jh	10,17	weil ich mein Leben lasse, daß ich's w.

wiedersagen

2Mo	19,8	Mose s. die Worte des Volks dem HERRN w.
1Kö	2,30	s. das dem König w. 20,9; 2Kö 22,20; 2Ch 34,16
Mt	2,8	wenn ihr's findet, s. mir's w.
	11,4	geht hin und s. Johannes w., was ihr hört

wiedersehen

2Mo	14,13	wie heute werdet ihr sie niemals w.
2Sm	15,25	daß ich sie und ihre Stätte w.
Jer	22,10	wird sein Vaterland nicht w.
Jh	16,22	ihr habt nun Traurigkeit; aber ich will euch w.

wiedervergelten

Rö	11,35	*daß ihm werde w.*

Wiege

2Ma	5,13	da mordete man auch die Kinder in der W.

wiegen, wägen

2Mo	30,13	ein Taler w. zwanzig Gramm
4Mo	31,52	alles Gold w. 16.750 Lot
Ri	8,26	die goldenen Ringe w. 1.700 Lot Gold
1Sm	2,3	von ihm werden Taten gew.
	17,7	die eiserne Spitze s. Spießes w. 600 Lot
2Sm	14,26	so w. (Absaloms) Haupthaar 200 Lot
	18,12	tausend Silberstücke in meine Hand gew.
2Kö	25,16	das Kupfer war nicht zu w. 1Ch 22,3.14
1Ch	20,2	daß (die Krone) einen Zentner Gold w.
Hi	6,2	wenn man doch meinen Kummer w. wollte
	31,6	Gott möge mich w. auf rechter Waage
Ps	62,10	große Leute w. weniger als nichts
	116,15	der Tod seiner Heiligen w. schwer
Pr	10,1	wenig Torheit w. schwerer als Weisheit
Jes	40,12	wer w. die Berge mit einem Gewicht
Dan	5,27	man hat dich auf die Waage gew.
Sir	21,27	die Weisen w. ihre Worte
	28,29	du w. dein Silber und Gold; warum w. du nicht auch deine Worte
2Ko	10,10	seine Briefe w. schwer und sind stark

wiehern

Hi	39,25	sooft die Trompete erklingt, w. es
Jer	5,8	ein jeder w. nach seines Nächsten Weibe
	8,16	vom W. ihrer Hengste erbebt das Land
	50,11	ihr w. wie die starken Rosse

Wiese

Wsh	2,9	keine W. von unserm Treiben verschont

Wiesel

3Mo	11,29	sollen euch unrein sein: das W.

wieso

wieso
Mt	16,11	w. versteht ihr nicht, daß
	22,45	w. ist er dann sein Sohn
Jh	12,34	w. sagst du dann

wieviel
1Mo	42,33	nehmt für euer Haus, w. ihr bedürft
1Ch	21,2	damit ich weiß, w. ihrer sind
Hi	25,6	w. weniger der Mensch, eine Made
Ps	107,43	w. Wohltaten der HERR erweist
Spr	11,31	w. mehr dem Gottlosen und Sünder
	15,11	w. mehr die Herzen der Menschen
	21,27	w. mehr, wenn man (Opfer) darbringt für
Klg	1,7	w. Gutes sie von alters her gehabt hat
Wsh	12,21	mit w. größerer Sorgfalt richtest du
	13,3	wissen sollen, um w. herrlicher der ist 4
Tob	11,18	erzählte, w. Gutes Gott an ihm getan
Sir	1,2	wer kann sagen, w. Sand das Meer hat
	10,34	w. mehr erst an einem Reichen
	18,6	merkt er erst, w. noch fehlt
	37,14	einen trägen Hausknecht, w. man leisten kann
1Ma	10,46	w. böse Taten Demetrius verübt hatte
Mt	15,34	w. Brote habt ihr Mk 6,38; 8,5
	16,9	w. Körbe voll ihr da aufgesammelt habt 10; Mk 8,19.20
Mk	3,28	Sünden vergeben, w. sie auch lästern mögen
Lk	12,24	w. besser seid ihr als die Vögel
	28	w. mehr euch kleiden, ihr Kleingläubigen
Apg	9,13	w. Böses (dieser Mann) deinen Heiligen angetan hat
	16	w. er leiden muß um meines Namens willen
	14,27	verkündeten, w. Gott durch sie getan hätte
	15,4	sie verkündeten, w. Gott durch sie getan hatte
	21,20	du siehst, w. Juden gläubig geworden sind
Rö	5,10	um w. mehr werden wir selig 9; Heb 9,14
	15	um w. mehr ist Gottes Gnade den vielen zuteil geworden 17
	11,12	w. mehr wird es Reichtum sein, wenn
1Ko	6,3	w. mehr über Dinge des täglichen Lebens

wiewohl
1Mo	18,27	w. ich Erde und Asche bin
Jes	49,4	w. mein Recht bei dem Herrn ist
	53,9	w. er niemand Unrecht getan hat

Wild
2Mo	23,11	was übrigbleibt, mag das W. fressen
3Mo	5,2	anrührt Aas von einem unreinen W.
	25,7	(du und) das W. in deinem Lande
1Sm	17,46	gebe d. Leichnam der W. auf der Erde
2Kö	14,9	das W. lief über den Dornstrauch 2Ch 25,18
Hi	28,8	das stolze W. hat ihn nicht betreten
Ps	50,10	alles W. im Walde ist mein
	104,11	daß das W. seinen Durst lösche
Jes	32,14	Höhlen, dem W. zur Freude
	43,20	das W. des Feldes preist mich
Dan	5,21	er mußte bei dem W. hausen
Sir	13,23	wie der Löwe das W. in der Steppe frißt

wild (s.a. wildes Tier)
1Mo	7,14	dazu alles w. Getier nach seiner Art 21; 8,1
	16,12	(Ismael) wird ein w. Mensch sein
3Mo	13,10	daß w. Fleisch in der Erhöhung ist 14-16
5Mo	33,17	seine Hörner wie die Hörner w. Stiere
1Kö	10,27	Zedernholz soviel wie w. Feigenbäume
2Kö	4,39	pflückte sein Kleid voll mit w. Gurken
Ps	22,22	hilf mir vor den Hörnern w. Stiere
	74,14	Leviatan zum Fraß gegeben dem w. Getier
	80,14	es haben ihn zerwühlt die w. Säue
Spr	7,11	(eine Frau,) w. und unbändig
	20,1	starkes Getränk macht w.
	29,18	wo keine Offenbarung ist, wird d. Volk w.
Hl	2,3	wie ein Apfelbaum unter den w. Bäumen
Jes	13,22	w. Hunde werden in ihren Palästen heulen 34,14; Jer 50,39
Jer	2,6	leitete uns im w. Lande
	21	bist geworden zu einem w. Weinstock
	26,18	zu einer Höhe w. Gestrüpps Mi 3,12
Wsh	5,23	die Ströme werden sie w. überfluten
	14,1	der durch w. Fluten zu fahren gedenkt
	23	feiern w. Gelage nach absonderl. Satzungen
Sir	6,4	so richten w. Leidenschaften einen Menschen zugrunde
1Ma	6,34	um sie zum Kampf w. zu machen
2Ma	5,22	Philippus, noch w. als sein Herr
	9,7	dennoch ließ er von seinem w. Trotz nicht ab
Mt	3,4	seine Speise... und w. Honig Mk 1,6
Rö	11,17	du, der du ein w. Ölzweig warst
	24	aus dem Ölbaum, der von Natur w. war, abgehauen
2Ti	3,3	(die Menschen werden sein) w.
Jud	13	w. Wellen des Meeres, die

Wildbret
1Mo	25,28	Isaak aß gern von seinem W. 27,3.5.7
	27,19	iß von meinem W. 25.31
Sir	36,21	wie die Zunge das W. schmeckt

Wildesel, Wildeselin
Hi	6,5	schreit der W., wenn er Gras hat
	11,12	kann ein W. als Mensch zur Welt kommen
	24,5	(die Gottlosen) sind wie W.
	39,5	wer hat dem W. die Freiheit gegeben
Jer	2,24	(läufst) wie eine W. in der Wüste Hos 8,9
	14,6	die W. stehen auf den Höhen

Wildnis
3Mo	16,22	daß der Bock alle Missetat in die W. trage
Hi	38,27	damit Einöde und W. gesättigt werden
Hos	2,14	ich will eine W. aus ihnen machen
2Ma	5,27	Judas machte sich davon in die W.
	9,28	starb in fremdem Lande in der W.
	10,9	ihr Laubhüttenfest in der W. gehalten

Wildstier
4Mo	23,22	Gott ist wie das Horn des W. 24,8
Hi	39,9	meinst du, der W. wird dir dienen
Ps	29,6	läßt hüpfen d. Sirjon wie einen jungen W.
	92,11	mich machst du stark wie den W.
Jes	34,7	da werden W. niedersinken

Wille
1Mo	34,15	dann wollen wir euch zu W. sein 22.23
	41,44	ohne deinen W. soll niemand s. Hand regen
3Mo	22,18	Opfer darbringen als freiem W. 21.23
1Kö	12,7	wirst du diesem Volk zu W. sein
2Ch	15,15	suchten den Herrn mit ganzem W.

willig

Esr	1,4	was sie aus freiem W. geben
	7,18	tut nach dem W. eures Gottes 10,11
Neh	9,24	daß sie mit ihnen täten nach ihrem W. 37
Ps	27,12	nicht preis dem W. meiner Feinde 41,3
	40,9	deinen W. tue ich gern Heb 10,7.9
	103,21	seine Diener, die ihr seinen W. tut
	105,22	seine Fürsten unterwiese nach seinem W.
Jes	44,28	Kyrus soll all meinen W. vollenden
	48,14	wird seinen W. an Babel beweisen
Jer	44,19	ohne den W. unserer Männer
Hes	16,15	warst ihm zu W.
Hos	10,10	werde sie züchtigen nach meinem W.
Wsh	6,5	habt nicht nach dem W. Gottes gehandelt
Tob	12,18	nach Gottes W. ist es geschehen
Sir	25,33	einem bösen Weibe seinen W. nicht lassen
	30,11	laß ihm seinen W. nicht in der Jugend
	41,6	was wehrst du dich gegen den W. des Höchsten
	43,18	durch seinen W. wehen Südwind und
Bar	4,4	Gott hat uns seinen W. offenbart
2Ma	1,20	als Nehemia nach dem W. Gottes heimgesandt
	12,16	sie eroberten nach Gottes W. die Stadt
	31	weiterhin gegen ihr Volk guten W. zu sein
StE	2,1	Herr, deinem W. kann niemand widerstehen
StD	1,20	darum sei uns zu Willen 57
Mt	6,10	dein W. geschehe wie im Himmel so auf Erden *Lk 11,2*
	7,21	die den W. tun meines Vaters im Himmel
	12,50	wer den W. tut meines Vaters im Himmel *Mk 3,35*
	18,14	nicht der W. bei eurem Vater im Himmel
	21,31	wer von beiden hat des Vaters W. getan
	26,42	so geschehe dein W. Lk 22,42
Mk	15,15	Pilatus wollte das Volk zu W. sein Lk 23,25
Lk	12,47	der Knecht, der den W. seines Herrn kennt
Jh	1,13	die nicht aus dem W. eines Mannes geboren
	4,34	meine Speise, daß ich tue den W. dessen, der
	5,30	ich suche nicht meinen W., sondern den W. dessen, der mich gesandt hat 6,38
	6,39	das ist der W. dessen, der mich gesandt 40
	7,17	wenn jemand dessen W. tun will
	9,31	den, der W. tut, den erhört er
Apg	13,22	Mann, der soll meinen ganzen W. tun
	36	nachdem David dem W. Gottes gedient hatte
	21,14	des Herrn W. geschehe
	22,14	Gott hat dich erwählt, daß du seinen W. erkennen sollst
Rö	1,10	ob sich's einmal fügen möchte durch Gottes W.
	2,18	(du nennst dich Jude und) kennst (Gottes) W.
	8,20	ohne ihren W., sondern durch den, der
	9,19	wer kann seinem W. widerstehen
	12,2	damit ihr prüfen könnt, was Gottes W. ist
	15,32	zu euch komme nach Gottes W.
1Ko	1,1	Paulus, berufen zum Apostel durch den W. Gottes 2Ko 1,1; Eph 1,1; Kol 1,1; 2Ti 1,1
	7,37	wenn einer seinen freien W. hat
	9,17	aus eigenem W. ... nicht aus eigenem W.
	16,12	aber es war nicht sein W., jetzt zu kommen
2Ko	7,9	ihr seid betrübt worden nach Gottes W. 11
	10	die Traurigkeit nach Gottes W. wirkt eine Reue, die niemanden reut
	8,5	gaben sich selbst nach dem W. Gottes
	12	wenn der gute W. da ist, so ist er willkommen
	19	diese Gabe zum Erweis unsres guten W.
	9,2	ich weiß von eurem guten W.

2Ko	9,7	*ein jeglicher nach dem W. seines Herzens*
Gal	1,4	daß er uns errette nach dem W. Gottes
Eph	1,5	s. Kinder nach dem Wohlgefallen seines W.
	9	Gott hat uns wissen lassen das Geheimnis seines W.
	11	der alles wirkt nach dem Ratschluß seines W.
	2,3	wir taten den W. des Fleisches
	5,17	versteht, was der W. des Herrn ist
	6,6	als Knechte Christi, die den W. Gottes tun von Herzen
	7	tut euren Dienst mit gutem W.
Kol	1,9	erfüllt werdet mit der Erkenntnis seines W.
	4,12	erfüllt mit allem, was Gottes W. ist
1Th	4,3	das ist der W. Gottes, daß 5,18; 1Pt 2,15
2Ti	2,26	von dem sie gefangen, zu tun seinen W.
Phm	14	ohne deinen W. wollte ich nichts tun
1Pt	3,17	es ist besser, wenn es Gottes W. ist
	4,2	daß er hinfort die noch übrige Zeit dem W. Gottes lebe
	3	die vergangene Zeit nach heidnischem W.
	19	die, die nach Gottes W. leiden
	5,2	*weidet die Herde Gottes nach Gottes W.*
2Pt	1,21	noch nie... aus menschlichem W.
1Jh	2,17	wer den W. Gottes tut, der bleibt in Ewigkeit
	5,14	wenn wir um etwas bitten nach seinem W.
Heb	2,4	durch die Austeilung des heiligen Geistes nach seinem W.
	10,7	daß ich tue, Gott, deinen W. 9
	10	nach diesem W. sind wir geheiligt
	36	Geduld nötig, damit ihr den W. Gottes tut
	13,21	der mache euch tüchtig, zu tun seinen W.
Jak	1,18	er hat uns geboren nach seinem W.
Off	4,11	durch deinen W. wurden sie geschaffen

willens sein

1Sm	2,25	der HERR war w., sie zu töten
2Ch	32,2	daß Sanherib w. war, gegen Jerusalem
Rö	1,15	bin ich w., auch euch in Rom zu predigen

willfährig

2Mo	12,36	daß (die Ägypter) ihnen w. waren
Mt	5,25	*sei w. deinem Widersacher bald*

willig

2Mo	35,26	alle Frauen, die w. waren, spannen
Ri	5,2	daß das Volk w. (zum Kampf) gewesen ist
	9	mein Herz ist mit denen, die w. waren
2Kö	10,30	weil du w. gewesen bist
1Ch	28,9	diene ihm mit w. Seele
	21	hast Leute, die w. sind zu jedem Dienst
	29,5	wer ist w., seine Hand zu füllen 6.9; 2Ch 29,31
2Ch	29,34	die Leviten waren w., sich zu heiligen
Esr	7,13	alle, die in meinem Reich w. sind
Ps	51,14	mit einem w. Geist rüste mich aus
	110,3	wird dir dein Volk w. folgen
Jes	53,7	als er gemartert ward, litt er w.
Hos	2,17	dorthin wird sie w. folgen
Mt	26,41	der Geist ist w.; aber das Fleisch ist schwach Mk 14,38
Apg	17,11	nahmen das Wort auf ganz w.
Rö	15,26	haben w. eine Gabe zusammengelegt 27
1Ko	7,12	*ist sie w., bei ihm zu wohnen 13*
2Ko	8,3	über ihre Kräfte haben sie w. gegeben
1Th	2,8	*waren w., euch mitzuteilen unser Leben*

willig

2Ti	4,5	du sei nüchtern in allen Dingen, leide w.
Tit	2,9	den Knechten sage, daß sie w. sind
1Pt	5,2	weidet die Herde Gottes w.

willigen

2Ma	14,20	als sie einig wurden, w. sie in den Vertrag
StD	1,57	hat nicht in eure Schlechtigkeit gew.
Lk	23,51	(Josef) hatte nicht gew. in ihren Rat

willkommen

Rö	15,31	mein Dienst den Heiligen w. sei
2Ko	8,12	w. nach dem, was einer hat

Willkür

Hes	16,27	ich gab dich preis der W. deiner Feinde

wimmeln

1Mo	1,20	es w. das Wasser von Getier 21; Ps 104,25
	7,21	was da w. auf Erden 9,2
2Mo	7,28	daß der Nil von Fröschen w. soll Ps 105,30
3Mo	11,29	unter den Tieren, die auf der Erde w. 43

Wimper

Hi	3,9	sehe nicht die W. der Morgenröte 41,10
	16,16	auf meinen W. liegt Dunkelheit

Wind

1Mo	8,1	Gott ließ W. auf Erden kommen
2Mo	10,19	da wendete der HERR den W. 15,10
4Mo	11,31	da erhob sich ein W.
2Sm	22,11	er schwebte auf den Fittichen des W. Ps 18,11; 104,3
1Kö	18,45	der Himmel schwarz von Wolken und W.
	19,11	ein großer W. kam vor dem HERRN her; der HERR war nicht im W. Nach dem W. kam ein Erdbeben
2Kö	3,17	ihr werdet weder W. noch Regen sehen
Hi	1,19	da kam ein großer W.
	6,26	die Rede verhallt im W.
	21,18	wie Stroh vor dem W. Ps 1,4; 35,5; 83,14; Jes 17,13; Ze 2,2
	26,13	wurde es schön durch seinen W. 37,21
	28,25	als er dem W. sein Gewicht gegeben
	30,15	hat verjagt wie der W. meine Herrlichkeit
	22	du läßt mich auf dem W. dahinfahren
Ps	18,43	will sie zerstoßen zu Staub vor dem W.
	103,16	wenn W. darüber geht, ist sie nimmer
	104,4	du machst W. zu deinen Boten
	135,7	der den W. herausführt aus seinen Kammern Jer 10,13; 51,16
	147,18	er läßt seinen W. wehen, da taut es
Spr	8,33	schlagt (die Mahnung) nicht in den W.
	11,29	wer... in Verruf bringt, wird W. erben
	25,14	der ist wie Wolken und W. ohne Regen
	23	W. mit dunklen Wolken bringt Regen
	27,16	der will den W. aufhalten
	30,4	wer hat den W. in seine Hände gefaßt
Pr	1,6	der W. geht nach Süden und dreht sich
	14	war alles eitel und Haschen nach W. 17; 2,11.17.26; 4,4.6.16; 6,9
	5,15	daß er in den W. gearbeitet hat
	8,8	hat keine Macht, den W. aufzuhalten
	11,4	wer auf den W. achtet, der sät nicht
	5	welchen Weg der W. nimmt

Jes	7,2	wie die Bäume im Walde beben vom W.
	11,15	über den Euphrat mit seinem starken W.
	26,18	wenn wir gebären, so ist's W.
	32,2	wie eine Zuflucht vor dem W.
	40,24	läßt einen W. unter sie wehen
	41,16	daß der W. sie wegführt 57,13
	29	ihre Götzen sind leerer W.
	64,5	unsre Sünden tragen uns davon wie der W.
Jer	4,11	es kommt ein heißer W. 12; 13,24; 51,1
	49,32	in alle W. will ich die zerstreuen 36; Hes 5,10.12; 12,14; 17,21; Sa 2,10
	36	will die vier W. kommen lassen Sa 6,5
Hes	1,4	kam ein ungestümer W.
	5,2	das letzte Drittel streue in den W.
	37,9	komm herzu von den vier W.
Dan	2,35	der W. verwehte sie
	7,2	die vier W. wühlten das große Meer auf
	8,8	wuchsen nach den vier W. des Himmels hin
	11,4	wird sein Reich in die vier W. zerteilt
Hos	4,19	der W. mit seinen Flügeln wird sie fassen
	8,7	sie säen W. und werden Sturm ernten
	12,2	Ephraim weidet den W.
Am	4,13	der die Berge macht und den W. schafft
Jon	1,4	da ließ der HERR einen großen W. kommen
Sa	5,9	hatten Flügel, und der W. trieb
Wsh	4,4	vom W. geschüttelt und vom Sturm
	5,15	die Hoffnung des Gottlosen ist wie Rauch, vom W. verweht
	13,2	(die) Feuer oder W. für Götter halten
	17,19	ob etwa ein W. pfiff
Sir	5,11	laß dich nicht treiben von jedem W.
	22,21	wie... den W. nicht standhalten kann
	34,2	wer auf Träume hält, will den W. haschen
	39,33	es gibt W., die sind zur Strafe geschaffen
Bar	6,61	ebenso weht der W. in jedem Land
StD	3,42	alle W., lobt den Herrn
Mt	7,25	als die W. wehten 27
	8,26	(Jesus) stand auf und bedrohte den W. Mk 4,39; Lk 8,24
	27	ein Mann, daß ihm W. und Meer gehorsam sind Mk 4,41; Lk 8,25
	11,7	ein Rohr, das der W. hin- und herweht Lk 7,24
	14,24	der W. stand ihm entgegen Mk 6,48
	30	als er den starken W. sah, erschrak er
	32	der W. legte sich Mk 4,39; 6,51
	24,31	Auserwählte sammeln von den vier W. Mk 13,27
Jh	3,8	der W. bläst, wo er will
	6,18	wurde aufgewühlt von einem starken W.
Apg	2,2	ein Brausen wie von einem gewaltigen W.
	27,4	weil uns die W. entgegen waren 7.15
	40	richteten das Segel nach dem W.
1Ko	14,9	ihr werdet in den W. reden
Eph	4,14	uns von jedem Wind einer Lehre bewegen lassen
Heb	1,7	er macht seine Engel zu W.
Jak	1,6	Meereswoge, die vom W. getrieben wird
	3,4	obwohl sie von starken W. getrieben
Jud	12	sie sind Wolken, vom W. umhergetrieben
Off	6,13	wenn er von starkem W. bewegt wird
	7,1	die hielten die vier W. der Erde fest

Windel

Hi	38,9	als ich's in Dunkel einwickelte wie in W.
Hes	16,4	hat dich nicht in W. gewickelt
Wsh	7,4	bin in W. gelegt und aufgezogen worden
Lk	2,7	wickelte ihn in W. und legte ihn in eine Krippe

Lk	2,12	ihr werdet finden das Kind in W. gewickelt

Windesbrausen

StD	2,35	der Engel trug ihn im W. nach Babel

Windrichtung

Hes	42,20	nach allen vier W. maß er

Windsbraut

Apg	27,14	*erhob sich eine W.*

Windwirbel

Mk	4,37	es erhob sich ein großer W. Lk 8,23
2Pt	2,17	*Wolken, vom W. umgetrieben*

Winkel

2Ch	26,9	baute Türme am W. Neh 3,19.20.24.25
	28,24	Ahas machte sich Altäre in allen W.
Ps	74,20	dunklen W. des Landes sind voll Frevel
Spr	21,9	besser im W. auf dem Dach wohnen 25,24
Wsh	17,4	der... W. konnte sie nicht bewahren
Sir	9,7	laufe nicht durch alle einsamen W.
	23,28	daß die Augen des Herrn auch in die verborgenen W. schauen
StD	1,38	als wir in einem W... sahen
Lk	11,33	in einen W., auch nicht unter einen Scheffel
Apg	26,26	dies ist nicht im W. geschehen

Winkeleisen

1Kö	7,11	kostbare Steine, nach dem W. gehauen 9

winken

Spr	6,13	wer w. mit den Augen 10,10; 16,30
Jes	13,2	w. mit der Hand, daß sie einziehen
Sir	27,25	wer w. mit den Augen w., hat Böses im Sinn
Lk	1,22	er w. ihnen und blieb stumm
	62	sie w. seinem Vater, wie er ihn nennen wollte
	5,7	sie w. ihren Gefährten im andern Boot
Jh	13,24	dem w. Simon Petrus, daß er fragen sollte
Apg	12,17	er w. ihnen mit der Hand, daß sie schweigen sollten 13,16; 19,33; 21,40
	24,10	als ihm der Statthalter w. zu reden

Winter

1Mo	8,22	soll nicht aufhören Sommer und W.
Ps	74,17	Sommer und W. hast du gemacht
Hl	2,11	siehe, der W. ist vergangen
Jes	18,6	daß im W. allerlei Tiere darauf liegen
	25,4	Tyrannen wüten wie ein Unwetter im W.
Sa	14,8	so wird es sein im Sommer und im W.
Mt	24,20	eure Flucht nicht geschehe im W. Mk 13,18
Jh	10,22	war das Fest der Tempelweihe, und es war W.
1Ko	16,6	bei euch den W. zubringen Tit 3,12
2Ti	4,21	beeile dich, daß du vor dem W. kommst

Winterhaus

Jer	36,22	der König saß im W.
Am	3,15	will W. und Sommerhaus zerschlagen

Winzer

Jer	6,9	strecke deine Hand aus wie ein W.
	48,33	der W. wird nicht mehr singen
	49,9	sollen W. über dich kommen

Winzermesser

Jes	18,5	wird er die Ranken mit W. abschneiden
Off	14,17	der hatte ein scharfes W. 18.19

Wipfel

2Sm	5,24	wenn du hörst das Rauschen in den W.
Ps	104,17	die Reiher wohnen in den W.
Jes	17,6	Oliven, zwei oder drei in dem W.
Hes	17,3	nahm hinweg den W. einer Zeder 22
	31,3	daß sein W. in die Wolken ragte 10.14

wir, uns

2Mo	16,7	was sind w.
4Mo	14,9	der HERR ist mit u. 2Ch 32,8
Jos	24,18	darum wollen w. auch dem HERRN dienen
Ps	115,1	nicht u., HERR, sondern... gib Ehre
	18	aber w. loben den HERRN
Jes	14,10	auch du bist schwach geworden wie w.
Mk	9,40	wer nicht gegen u. ist, der ist für u.

wirbeln

Ps	29,9	die Stimme des HERRN läßt Eichen w.
Jes	17,13	gejagt wie w. Blätter vom Ungewitter
Apg	22,23	als sie schrien und Staub in die Luft w.

Wirbelsturm

Jes	29,6	Heimsuchung kommt vom HERRN mit W.
	40,24	ein W. führt sie weg 41,16

Wirbelwind

Hes	13,11	wird ein W. losbrechen 13
Wsh	5,24	wie ein W. wird er sie zerstreuen
2Pt	2,17	das sind Wolken, vom W. umhergetrieben

wirken, Wirken

2Mo	27,16	gew. aus blauem und rotem Purpur
	28,4	(heilige) Kleider: gew. Untergewand 6.15.39; 39,8.22
3Mo	13,48	(aussätzige Stelle) an Gew. 49-59
Ri	5,30	gew. bunte Tücher als Beute
2Kö	23,7	Frauen Gewänder für die Aschera w.
Pr	11,5	Gottes Tun nicht wissen, der alles w.
Jes	43,13	ich w.; wer will's wenden
Hes	44,18	nicht mit Zeug gürten, das Schweiß w.
Jdt	10,21	Mückennetz, aus Goldfäden gew.
Wsh	2,4	niemand denkt mehr an unser W.
	7,17	daß ich begreife das W. der Elemente
	26	ist ein Spiegel des göttlichen W.
	15,11	der ihm die w. Seele eingehaucht hat
Sir	32,9	so w. Lieder beim guten Wein
	45,13	Brusttasche, aus Scharlachfäden gew.
2Ma	3,29	so lag er durch Gottes W. stumm da
Mk	16,20	der Herr w. mit ihnen
Lk	5,17	*die Kraft des Herrn w.*
Jh	5,17	mein Vater w. bis auf diesen Tag
	6,28	tun, daß wir Gottes Werke w.
	30	*was w. du*

wirken

Jh	9,4	es kommt die Nacht, da niemand w. kann
	4	müssen die Werke dessen w., der mich gesandt
Apg	3,16	der Glaube, der durch ihn gew. ist
	19,11	Gott w. nicht geringe Taten
	23,15	w. bei dem Oberst darauf hin
Rö	7,13	*die Sünde hat mir den Tod gew.*
	15,18	das nicht Christus durch mich gew. hat
1Ko	4,12	*w. mit unsern eigenen Händen*
	12,6	es ist ein Gott, der da w. alles in allen
	11	dies alles w. derselbe eine Geist
	16,9	mir ist eine Tür aufgetan zu reichem W.
2Ko	7,10	die Traurigkeit w. eine Reue... w. den Tod
	11	welches Mühen hat das in euch gew.
	9,11	Einfalt, die durch uns w. Danksagung an Gott
	12	w. darin, daß viele Gott danken
Eph	1,11	der alles w. nach dem Ratschluß s. Willens
	20	(Macht seiner Stärke,) mit der er in Christus gew. hat
	3,20	der tun kann nach der Kraft, die in uns w.
Phl	2,13	Gott ist's, der in euch w. nach s. Wohlgefallen
Kol	1,29	in der Kraft dessen, der in mir kräftig w.
	2,12	*durch den Glauben, den Gott w.*
	19	und wächst durch Gottes W.
1Th	2,13	als Gottes Wort, das in euch w., die ihr glaubt
2Th	3,8	*haben wir Tag und Nacht gew.*
Heb	11,33	*welche haben Gerechtigkeit gew.*
Jak	1,3	daß euer Glaube Geduld w.

wirklich

4Mo	13,27	es fließt w. Milch und Honig darin
Ri	6,22	habe ich w. den Engel des HERRN gesehen
1Kö	8,27	sollte Gott w. auf Erden wohnen 2Ch 6,18
Hi	19,4	habe ich w. geirrt, so trage ich
	36,4	einer, der es w. weiß
Hes	14,3	sollte ich mich w. befragen lassen
Wsh	17,14	in dieser w. Nacht lagen alle im Schlaf
Mk	11,32	sie hielten Johannes w. für einen Propheten
Jh	8,36	wenn euch der Sohn frei macht, so seid ihr w. frei
Gal	3,21	käme die Gerechtigkeit w. aus dem Gesetz

Wirklichkeit

Sir	34,3	Träume sind Bilder ohne W.

wirksam

2Ko	1,6	zu eurem Trost, der sich w. erweist
Gal	2,8	der in Petrus w. gewesen ist, ist auch in mir w. gewesen
Eph	1,19	weil die Macht bei uns w. wurde

Wirkung

Phl	3,21	*gleich werde nach der W. seiner Kraft*
Kol	1,29	*in der W. des, der in mir wirkt*

wirr

3Mo	10,6	Haupthaar nicht w. hängen lassen 21,10
Wsh	18,10	als Widerhall erscholl das w. Geschrei

Wirt

Lk	10,35	zog 2 Silbergroschen heraus, gab sie dem W.

wischen

Spr	30,20	Weg der Ehebrecherin: w. sich den Mund

wispern

Jes	29,4	deine Rede w. aus dem Staube

Wissen

4Mo	15,24	ohne W. der Gemeinde etwas versehen würde
Jos	14,7	als ich ihm Bericht gab nach bestem W.
Hi	32,6	gescheut, mein W. kundzutun 10.17
	36,3	will mein W. weit herholen
Spr	10,14	die Weisen halten mit ihrem W. zurück
Wsh	8,4	(die Weisheit) ist in Gottes W. eingeweiht
	8	begehrt jemand Erfahrung und W.
Apg	5,2	hielt mit W. seiner Frau etwas zurück
	26,24	das große W. macht dich wahnsinnig
1Ko	8,1	*haben das W. Das W. bläst auf*
	7	*es hat nicht jedermann das W.*
	10	*der du das W. hast*
	11	*wird über deinem W. ins Verderben*
	13,9	unser W. ist Stückwerk
1Jh	2,20	ihr habt die Salbung und habt alle das W.
Heb	13,2	haben ohne ihr W. Engel beherbergt

wissen (s.a. **nicht wissen**)

1Mo	3,5	Gott w... werdet w., was gut und böse 22
	12,11	ich w., daß du ein schönes Weib bist
	15,13	das sollst du w., daß deine Nachkommen
	18,21	oder ob's nicht so sei, damit ich's w.
	19,8	Töchter, die w. noch von keinem Manne 24,16
	20,6	ich w., daß du das getan hast
	7	so w., daß du sterben mußt 1Kö 2,37.42
	22,12	nun w. ich, daß du Gott fürchtest 2Kö 4,1
	30,26	du w., wie ich dir gedient habe 29; 31,6
	33,13	mein Herr w., daß ich zarte Kinder habe
	38,9	Onan w., daß die Kinder nicht sein eigen
	43,7	wie konnten wir w., daß er sagen würde
	44,27	ihr w., daß mir meine Frau Söhne geboren
	47,6	wenn du w., daß Leute unter ihnen
	48,19	ich w. wohl, mein Sohn, ich w. wohl
2Mo	3,19	w., daß euch... nicht wird ziehen lassen
	9,30	ich w. aber: Du und deine Großen
	10,2	damit ihr w.: Ich bin der HERR 5Mo 4,35.39; 7,9; 1Kö 20,13; 2Kö 5,15; Ps 56,10; Jes 43,10; Hes 20,20
	18,11	w., daß der HERR größer ist Ps 135,5
	23,9	denn ihr w. um der Fremdlinge Herz
	32,22	du w., daß dies Volk böse ist
	33,13	laß mich deinen Weg w. Ps 103,7
	36,1	w., wie sie alle Arbeit ausführen sollen
3Mo	5,18	was er versehen hat, ohne daß er es w.
	23,43	daß eure Nachkommen w. 5Mo 29,15
4Mo	10,31	du w., wo wir uns lagern sollen
	11,16	von denen du w., daß sie Älteste sind
	22,6	ich w.: wen du segnest, der ist gesegnet
5Mo	3,19	ich w., daß ihr viel Vieh habt
	9,3	sollst w., daß der HERR vor dir hergeht
	6	w... nicht um deiner Gerechtigk. willen
	20,20	Bäume, von denen du w., daß man nicht ißt
	31,29	ich w., daß ihr euch versündigen werdet
Jos	2,9	ich w., daß der HERR euch das Land gegeben
	3,4	w., auf welchem Wege ihr gehen sollt

wissen

Jos	3,7	sie w., wie ich mit Mose gewesen bin
	22,22	der HERR w. es; so w. es auch Israel
	23,13	so w., daß der HERR nicht mehr vertreiben
	14	sollt w... von den Worten, die der HERR
Ri	17,13	nun w. ich, daß mir der HERR wohltun wird
	18,14	w., daß es in diesen Häusern einen Ephod
Rut	3,11	w., daß du ein tugendsames Weib bist
	4,4	so sage mir's, daß ich's w.
1Sm	3,13	(Eli) w., wie sich seine Söhne verhielten
	6,2	laßt uns w., wie wir (die Lade) senden
	9	w. wir, daß nicht seine Hand uns getroffen
	16,3	will dich w. lassen, was du tun sollst
	20,3	w. wohl, daß ich Gnade gefunden 30
	39	Jonatan und David w. um die Sache
	21,3	niemand darf von der Sache w.
	22,17	sie w., daß er auf der Flucht war Jon 1,10
	22	ich w. es schon an dem Tage
	23,17	auch mein Vater w. das 24,21
	22	gebt acht, daß ihr w. und seht Dan 9,25
	28,1	Achisch sprach zu David: Du sollst w. 29,9
	9	du w. doch selbst, was Saul getan hat
2Sm	1,5	woher w. du, daß Saul tot 10
	11,16	wo er w., daß streitbare Männer standen
	12,22	wer w., ob mir der HERR nicht gnädig wird
	14,20	daß er alles w., was auf Erden geschieht
	17,10	w. ganz Israel, daß dein Vater ein Held
	24,2	zählt, damit ich w., wieviel 1Ch 21,2
1Kö	2,5	auch w. du, was mir getan hat Joab 9.32
	15	w., daß das Königtum mein war
	44	du w. all das Böse
	3,7	bin noch jung, w. weder aus noch ein
	5,17	du w., daß David nicht bauen konnte
	20	du w., daß bei uns niemand ist 2Ch 2,7
2Kö	2,3	w. du, daß der HERR deinen Herrn hinwegnehmen wird? Auch ich w. es 5
	5,6	so w., ich habe Naaman zu dir gesandt
	7,12	sie w., daß wir Hunger leiden
	8,12	ich w., was du den *Israeliten antun wirst
	19,27	ich w. von deinem Aufstehen Jes 37,28
1Ch	29,17	ich w., daß du das Herz prüfst
Esr	4,14	wir lassen es den König w.
Est	2,22	als das Mordechai zu w. bekam
	4,11	es w. alle Großen des Königs
	14	wer w., ob du nicht gerade
Hi	9,2	ich w. sehr gut, daß es so ist 28
	10,2	laß mich w... mich vor Gericht ziehst
	7	du w., daß ich nicht schuldig bin
	13	ich w., du hattest das im Sinn
	11,6	du w., daß er an Sünden denkt
	7	meinst du, daß du w., was Gott w.
	8	was kannst du w. 15,9
	13,2	was ihr w., das w. ich auch
	18	ich w., daß ich recht behalten werde
	23	laß mich w. meine Übertretung
	15,23	er w., daß ihm der Tag bereitet ist
	19,25	ich w., mein Erlöser lebt
	29	damit ihr w., daß es ein Gericht gibt
	22,13	was w. Gott Ps 73,11
	23,3	ach daß ich w., wie ich ihn finden könnte
	28,13	niemand w., was (die Weisheit) wert ist
	23	Gott w. den Weg zu ihr
	30,23	w., du wirst mich zum Tod gehen lassen
	36,4	einer, der es wirklich w.
	37,15	w. du, wie Gott Weisung gibt 16
	38,5	w. du, wer ihr das Maß gesetzt
	18	w. du das alles 21.33; 39,1.2; Jes 48,7
Ps	16,2	ich w. ein Gut außer dir
	20,7	daß der HERR seinem Gesalbten hilft
	25,14	seinen Bund läßt er sie w.
	40,10	HERR, das w. du Jer 15,15; Hes 37,3; Off 7,14
Ps	74,9	keiner ist bei uns, der etwas w.
	78,3	was wir gehört haben und w.
	103,14	er w., was für ein Gebilde wir sind
	104,19	die Sonne w. ihren Niedergang
	107,27	und w. keinen Rat mehr
	119,75	ich w., daß deine Urteile gerecht sind
	152	längst w. ich aus deinen Mahnungen
	139,2	ich sitze oder stehe auf, so w. du es 4
	140,13	ich w., daß der HERR des Elenden Sache
Spr	5,2	daß dein Mund w. Erkenntnis zu bewahren
	8,12	ich, die Weisheit, w. guten Rat zu geben
	11,13	ein Verleumder verrät, was er heimlich w.
	18,14	mutiges Herz w. sich im Leiden zu halten
	24,12	der auf deine Seele achthat, w. es
	26,16	die da w., verständig zu antworten
	29,7	der Gerechte w. um die Sache der Armen
	30,4	wie heißt er? W. du das
Pr	2,19	wer w., ob er weise oder töricht sein wird
	3,21	wer w., ob der Odem der Menschen
	6,12	wer w., was dem Menschen nützlich ist
	7,22	dein Herz w., daß du andern geflucht hast
	8,5	des Weisen Herz w. um Zeit und Gericht
	12	so w. ich doch, daß es wohlgehen wird
	17	auch wenn der Weise meint: Ich w. es
	9,5	die Lebenden w., daß sie sterben werden
	11,9	w., daß dich Gott vor Gericht ziehen wird
Jes	7,15	bis er w., Böses zu verwerfen
	44,8	es ist kein Fels, ich w. ja keinen
	48,4	ich w., daß du hart bist 8
	50,4	daß ich w., mit den Müden zu reden
	7	ich w., daß ich nicht zuschanden werde
	58,2	begehren, meine Wege zu w.
Jer	5,5	die Großen werden um Gottes Recht w.
	8,7	der Storch w. seine Zeit
	10,23	ich w., daß des Menschen Tun nicht
	11,9	ich w., wie sie sich verschworen
	18	der HERR ließ mir kund, damit ich's w.
	16,13	Land, von dem weder ihr... gew. haben
	17,16	hab... nicht herbeigewünscht, das w. du
	26,15	doch sollt ihr w. 42,21.22; Hes 36,32
	29,11	ich w., was ich für Gedanken über euch
	23	solches w. ich und bezeuge
	36,19	daß niemand w., wo ihr seid
	40,14	w. du auch, daß Baalis gesandt hat
	41,4	Gedalja erschlagen und es niemand w.
	44,15	Männer, die w., daß ihre Frauen
	29	daß mein Wort wahr werden soll
Hes	2,5	sollen w., daß ein Prophet unter ihnen
	44,23	sollen lehren, daß es zu unterscheiden w.
Dan	2,3	wollte w., was es mit dem Traum gewesen
	22	er w., was in der Finsternis liegt
	3,18	sollst w., daß wir deinen Gott nicht ehren
	4,6	von dem ich w., daß du den Geist hast
	5,22	nicht gedemütigt, obwohl du das alles w.
	6,16	ist das Gesetz der Meder
	7,19	hätte ich gerne Genaueres gew.
	10,20	w. du, warum ich zu dir gekommen bin
Jo	2,14	wer w., ob es ihn nicht gereut Jon 3,9
Jon	1,12	ich w., daß um meinetwillen ... ist
	4,2	ich w., daß du gnädig bist
Jdt	4,11	das sollt ihr w., daß der Herr... erhören wird
	9,4	du w. gut, wie du die Feinde bestrafen sollst
	10,13	ich w., daß sie euch in die Hände fallen
	11,6	jeder w., daß du der mächtigste Fürst bist
	7	wir w. auch, was Achior geredet
	9	Israel, daß sie ihren Gott erzürnt haben
Wsh	2,1	auch w. man von keinem, der... befreit
	8,8	sie w. Rätsel zu lösen
	9	ich w., daß sie Ratgeber sein würde

wissen

Wsh	9,9	die w., was dir wohlgefällig ist
	11	sie w. und versteht alles
	12,10	du w., daß ihr Ursprung böse war
	17	an denen, die... w., bestrafst du ihren Übermut
	13,3	hätten w. sollen, um wieviel herrlicher
	16	er w., daß er sich nicht helfen kann
	15,2	weil wir w., daß wir dir angehören
	3	von deiner Macht w. ist die Wurzel
	13	solch einer w., daß er sündigt
	18,19	ohne zu w., warum sie so sehr geplagt wurden
	19,2	Gott w. im Voraus, was sie tun würden
Tob	3,17	w., daß ich niemals einen Mann begehrt 8,9
	22	das w. ich: jeder, der da dient
	5,18	wozu willst du w., woher ich bin
	9,4	du w., mein Vater zählt die Tage 10,10
	10,9	will ihn w. lassen, daß dir's gutgeh
	11,2	du w., wie es deinem Vater ging
Sir	6,23	von der Weisheit w. nur wenige
	9,20	w., daß du zwischen Fußangeln leben mußt
	11,4	niemand w., was er tun wird
	15,20	er w. genau, was recht ist
	18,10	er w., wie bitter ihr Ende ist
	27,30	ohne daß er w., woher es kommt
	28,9	was dein Nächster gefehlt hat, ohne es zu w.
	32,12	wie einer, der zwar Bescheid w.
	34,12	ich w. mehr, als ich sage
	36,22	ein erfahrner w. es ihm zu vergelten
	38,26	der nur mit Ochsen zu reden w.
	42,9	viele unruhige Nächte, von denen niemand w.
	19	der Höchste w. alle Dinge StE 2,4; 3,10.11; StD 1,42
Bar	2,30	ich w., daß sie mir nicht gehorchen werden
	3,15	wer w., wo die Weisheit wohnt 31
	32	der alle Dinge w., kennt die Weisheit
	6,65	weil ihr w., daß es nicht Götter sind 42
1Ma	3,52	du w., was sie gegen uns im Sinn haben
	10,46	w. genau, wieviel... Demetrius verübt
	11,31	eine Abschrift, damit ihr es auch w.
	12,11	darum wißt, daß wir an euch denken
	22	nachdem wir das w., bitten wir
2Ma	6,30	der Herr, der die Erkenntnis hat, w.
	7,2	was willst du von uns w.
	15,21	er w., daß der Sieg nicht durch Waffen kommt
StD	1,43	du w., daß diese mich zu Unrecht beschuldigt
Mt	6,8	euer Vater w., was ihr bedürft 32; Lk 12,30
	9,6	damit ihr w., daß der Menschensohn Vollmacht hat Mk 2,10; Lk 5,24
	12,7	wenn ihr w., was das heißt
	25	*Jesus w. ihre Gedanken*
	15,12	w. du, daß die Pharisäer Anstoß nahmen
	20,25	ihr w., daß die Herrscher ihre Völker niederhalten Mk 10,42
	22,16	wir w., daß du wahrhaftig bist Mk 12,14
	24,32	w. ihr, daß der Sommer nahe ist Mk 13,28
	33	ihr w. ihr, wenn ihr das alles seht, so w. Mk 13,29; Lk 21,30.31
	36	von dem Tage und von der Stunde w. niemand Mk 13,32
	43	das sollt ihr aber w. Lk 10,11; 12,39
	25,13	denn ihr w. weder Tag noch Stunde
	24	Herr, ich w., daß du ein harter Mann bist 26; Lk 19,22
	26,2	ihr w., daß in zwei Tagen Passa ist
	27,18	er w., daß sie ihn aus Neid überantwortet
	28,5	ich w., daß ihr Jesus, den Gekreuzigten, sucht
Mk	1,24	ich w., wer du bist Lk 4,34
	4,27	der Same wächst, er w. nicht, wie
	5,33	die Frau w., was an ihr geschehen war
	43	gebot, daß es niemand w. sollte 7,24; 9,30
	6,20	weil er w., daß er ein frommer Mann war
	10,19	*du w. die Gebote*
Lk	1,34	zugehen, da ich doch von keinem Mann w.
	4,41	sie w., daß er der Christus war
	7,39	wenn dieser ein Prophet wäre, so w. er
	8,10	*gegeben, zu w. die Geheimnisse*
	53	sie w., daß sie gestorben war
	10,22	niemand w., wer der Sohn ist, als nur der Vater
	11,44	ihr seid wie Gräber, über die die Leute laufen, und w. es nicht
	12,47	*der Knecht, der seines Herrn Willen w.*
	16,4	ich w., was ich tun will
	20,21	Meister, wir w., daß du aufrichtig lehrst
Jh	2,9	die w.'s, die das Wasser geschöpft hatten
	25	er w., was im Menschen war
	3,2	Meister, wir w., du bist ein Lehrer
	11	wir reden, was wir w.
	4,22	wir w., was wir anbeten
	25	ich w., daß der Messias kommt, der Christus
	5,32	ich w., daß das Zeugnis wahr ist
	6,6	w., was er tun wollte
	64	Jesus w., wer die waren, die nicht glaubten
	7,27	doch wir w., woher dieser ist
	8,14	ich w., woher ich bin und wohin ich gehe
	37	ich w. wohl, daß ihr Abrahams Kinder seid
	9,20	wir w., daß unser Sohn blind geboren 25
	24	wir w., daß dieser Mensch ein Sünder ist
	29	wir w., daß Gott mit Mose geredet hat
	31	wir w., daß Gott die Sünder nicht erhört
	10,38	damit ihr w., daß der Vater in mir ist
	11,22	auch jetzt w. ich 24
	42	ich w., daß du mich allezeit hörst
	57	wenn jemand w., wo er ist, soll er's anzeigen
	12,50	ich w.: sein Gebot ist das ewige Leben
	13,3	Jesus w., daß ihm der Vater alles in seine Hände gegeben hatte
	11	*er w. seinen Verräter wohl*
	12	w. ihr, was ich euch getan habe
	17	wenn ihr dies w. - selig, wenn ihr's tut
	18	ich w., welche ich erwählt habe
	28	niemand am Tisch w., wozu er ihm das sagte
	14,4	wo ich hingehe, den Weg w. ihr 5
	15,18	so w. daß sie mich vor euch gehaßt hat
	16,30	nun w. wir, daß du alle Dinge w.
	17,7	nun w. sie, daß alles, was du mir gegeben hast, von dir kommt
	18,2	*Judas w. den Ort auch*
	4	Jesus w., was ihm begegnen sollte
	21	siehe, sie w., was ich gesagt habe
	19,28	als Jesus w., daß schon alles vollbracht war
	35	er w., daß er die Wahrheit sagt, damit auch ihr glaubt
	21,12	sie w., daß es der Herr war
	15	ja, Herr, du w., daß ich dich liebhabe 16.17
	24	wir w., daß sein Zeugnis wahr ist
Apg	1,7	es gebührt euch nicht, Zeit oder Stunde zu w.
	2,22	die Gott getan hat, wie ihr selbst w.
	30	w., daß ihm Gott verheißen hatte m. einem Eid
	36	so w. das ganze Haus Israel gewiß
	3,17	ich w., daß ihr's aus Unwissenheit getan habt
	4,13	w. von ihnen, daß sie mit Jesus gewesen
	10,28	ihr w., daß es einem jüdischen Mann nicht erlaubt ist

wissen

Apg	10,36	*ihr w. die Predigt*
	37	ihr w., was in ganz Judäa geschehen ist
	12,11	nun w. ich wahrhaftig, daß der Herr mich errettet hat
	15,7	ihr w., daß Gott vor langer Zeit bestimmt
	16,3	sie w. alle, daß sein Vater ein Grieche war
	17,20	nun wollen wir gerne w., was das ist
	18,25	w. nur von der Taufe des Johannes
	19,15	Jesus kenne ich, von Paulus w. ich wohl
	25	ihr w., daß wir großen Gewinn haben
	20,18	ihr w., wie ich mich bei euch verhalten habe
	25	ich w., daß ihr mein Angesicht nicht mehr sehen werdet
	29	das w. ich, daß nach meinem Abschied
	34	ihr w. selber, daß mir diese Hände
	22,19	Herr, sie w., daß ich die, die
	23,6	*da Paulus w., daß ein Teil*
	24,10	ich w., daß du in diesem Volk nun viele Jahre Richter bist
	22	Felix w. um diese Lehre 26,26
	25,10	den Juden habe ich kein Unrecht getan, wie auch du sehr wohl w.
	26,27	ich w., daß du glaubst
Rö	1,21	obwohl sie von Gott w., haben sie ihn nicht
	32	sie w., daß die... den Tod verdienen
	2,2	wir w., daß Gottes Urteil recht ist
	17	(rühmst dich Gottes) und w. seinen Willen
	3,19	wir w.: was das Gesetz sagt
	4,21	w. aufs allergewisseste
	5,3	wir w., daß Bedrängnis Geduld bringt
	6,6	wir w., daß unser alter Mensch mit ihm gekreuzigt ist
	9	w., daß Christus hinfort nicht stirbt
	7,1	ich rede mit solchen, die das Gesetz w.
	14	wir w., daß das Gesetz geistlich ist 1Ti 1,8
	18	ich w., daß in mir nichts Gutes wohnt
	8,22	wir w., daß die Schöpfung mit uns seufzt
	27	der die Herzen erforscht, der w., worauf der Sinn des Geistes gerichtet ist
	28	wir w., daß denen, die Gott lieben
	11,18	rühmst du dich aber, so sollst du w.
	13,11	*das tut, weil ihr die Zeit w.*
	14,14	ich w., daß nichts unrein ist an sich
	15,14	ich w. sehr wohl von euch, liebe Brüder
	29	ich w., daß ich kommen werde
1Ko	2,2	nichts zu w. als allein Jesus Christus
	11	welcher Mensch w., was im Menschen ist, als allein der Geist des Menschen
	12	daß wir w. können, was uns von Gott geschenkt ist
	3,20	*der Herr w. der Weisen Gedanken*
	7,16	was w. du, Frau, ob du den Mann retten wirst
	8,2	*wenn sich jemand dünken läßt, er w. etwas*
	4	so w. wir, daß es keinen Götzen gibt
	11,3	ich lasse euch w., daß
	16	so soll er w., daß wir diese Sitte nicht haben
	12,2	ihr w.: als ihr Heiden wart
	13,2	wenn ich w. alle Geheimnisse
	14,9	wenn ihr in Zungen redet, wie kann man w., was gemeint ist
	15,58	ihr w., daß eure Arbeit nicht vergeblich ist
	16,12	von Apollos, dem Bruder, sollt ihr w.
2Ko	1,7	weil wir w.: wie ihr an den Leiden teilhabt
	5,11	weil wir w., daß der Herr zu fürchten ist
	21	der von keiner Sünde w.
	8,9	*ihr w. die Gnade unsers Herrn*
	9,2	ich w. von eurem guten Willen
	11,11	Gott w. es 12,2.3
	31	Gott w., daß ich nicht lüge Gal 1,20
Gal	2,16	weil wir w., daß der Mensch
	4,13	ihr w., daß ich euch in Schwachheit des Leibes
Eph	1,9	Gott hat uns w. lassen das Geheimnis seines Willens
	5,5	denn das sollt ihr w., daß
	6,8	ihr w.: Was ein jeder Gutes tut
	9	ihr w., daß euer Herr im Himmel ist
	21	damit ihr w., wie es um mich steht Phl 1,12
Phl	1,16	sie w., daß ich zur Verteidigung des Evangeliums hier liege
	19	ich w., daß dies zum Heil ausgehen
	25	in solcher Zuversicht w. ich, daß
	2,22	ihr aber w., daß 4,15; Kol 3,24; 1Th 1,4; 2,1.2.5.11; 3,3.4; 5,2; 2Th 2,6; 3,7
Kol	2,1	ich will euch w. lassen
	4,6	daß ihr w., wie ihr antworten sollt
1Th	4,2	ihr w., welche Gebote wir euch gegeben
1Ti	1,3	du w., wie ich dich ermahnt habe
	9	er w., daß dem Gerechten kein Gesetz
	3,15	sollst du w., wie man sich verhalten soll im Hause Gottes
2Ti	1,12	ich w., an wen ich glaube
	15	w. du, daß sich von mir abgewandt haben alle
	18	welche Dienste er geleistet hat, w. du
	2,23	du w., daß sie nur Streit erzeugen
	3,1	das sollst du w., daß in den letzten Tagen
	14	du w. ja, von wem du gelernt hast
	15	*weil du die heilige Schrift w.*
Tit	3,11	w., daß ein solcher ganz verkehrt ist
Phm	21	ich w., du wirst mehr tun, als ich sage
1Pt	1,18	ihr w., daß ihr nicht mit vergänglichem Silber erlöst seid
	5,9	w., daß ebendieselben Leiden über eure Brüder
2Pt	1,12	obwohl ihr's w.
	14	ich w., daß ich meine Hütte bald verlassen
	20	das sollt ihr vor allem w., daß 3,3
	2,9	der Herr w. die Frommen aus der Versuchung zu erretten
	3,17	ihr, meine Lieben, weil ihr das im voraus w.
1Jh	2,21	ihr w., daß keine Lüge aus der Wahrheit kommt
	29	wenn ihr w., daß er gerecht ist
	3,2	wir w.: wenn es offenbar wird, werden wir ihm gleich sein
	5	ihr w., daß er erschienen ist, damit er die Sünden wegnehme
	14	wir w., daß wir aus dem Tod in das Leben gekommen sind
	15	wir w., daß kein Totschläger das ewige Leben hat
	5,13	damit ihr w., daß ihr das ewige Leben habt
	15	wenn wir w., daß er uns hört, w. wir,
	18	w., wer von Gott geboren, der sündigt nicht
	19	wir w., daß wir von Gott sind
	20	wir w., daß der Sohn Gottes gekommen ist
3Jh	12	du w., daß unser Zeugnis wahr ist
Heb	10,34	ihr w., daß ihr bleibende Habe besitzt
	11,8	er zog aus und w. nicht, wo er hinkäme
	12,17	ihr w., daß er hernach verworfen wurde
	13,23	w., daß unser Bruder Timotheus wieder frei ist
Jak	1,3	und w., daß euer Glaube Geduld wirkt
	19	ihr sollt w., meine lieben Brüder
	3,1	und w., daß wir ein desto strengeres Urteil empfangen werden
	4,17	wer nun w., Gutes zu tun, und tut's nicht
	5,20	der soll w.

wissen

Jud	5	obwohl ihr dies alles schon w.
Off	2,2	ich w. deine Werke 19; 3,1.8.15
	2	w., daß du die Bösen nicht ertragen kannst
	9	ich w. deine Trübsal und Armut
	13	ich w., wo du wohnst: da, wo der Thron des Satans ist
	19	ich w., daß du je länger je mehr tust
	7,14	ich sprach zu ihm: Mein Herr, du w. es
	12,12	der Teufel w., daß er wenig Zeit hat
	19,12	Namen, den niemand w.

nicht wissen, nichts wissen

1Mo	4,9	Kain sprach: Ich w. n.
	21,26	habe es n. gew., wer das getan hat
	27,2	ich w. n., wann ich sterben werde
	28,16	der HERR ist... und ich w. es n.
	31,32	Jakob w. n., daß Rahel ihn gestohlen
	38,16	er w. n., daß es seine Schwiegertochter war
	41,31	daß man n. w. wird von der Fülle
	42,23	sie w. n., daß es Josef verstand 43,22
	44,15	w. ihr n., daß ein solcher wahrsagen kann
2Mo	1,8	der w. n. von Josef Apg 7,18
	4,14	w. ich denn n., daß Aaron beredt ist
	5,2	ich w. n. von dem HERRN
	10,26	w. n., womit wir dem HERRN dienen sollen
	16,15	man hu? Denn sie w. n., was es war 5Mo 8,16
	32,1	w. n., was Mose widerfahren 23; Apg 7,40
	33,12	läßt mich n. w., wen du mir senden willst
	34,29	Mose w. n., daß die Haut glänzte
3Mo	5,2	wenn jemand... und es n. w. 3.17
4Mo	22,34	ich hab's ja n. gew. 1Sm 22,15; Spr 24,12
5Mo	11,2	erkennt heute, was eure Kinder n. w.
	21,1	man w. n., wer ihn erschlagen
	33,9	von seinem Sohn: Ich w. n. von ihm
Jos	2,4	ich w. n., woher sie waren 5; 1Sm 25,11
	8,14	w. n., daß ihm ein Hinterhalt gelegt war
Ri	3,1	die n. w. von den Kriegen um Kanaan 2
	13,16	Manoach aber w. n. 14,4; 16,20
	15,11	w. du n., daß die Philister herrschen
	20,34	w. n., daß sie das Unglück treffen würde
1Sm	14,3	das Volk w. n., daß Jonatan weggegangen
	17,55	bei deinem Leben, König: ich w. es n.
	20,3	Jonatan soll das n. w.
2Sm	2,26	w. du n., daß daraus Jammer kommen wird
	3,26	David w. n. davon 1Kö 1,11.18
	38	w. ihr n., daß ein Großer gefallen ist
	11,20	w. ihr n., daß geschossen wird
	15,11	sie w. n. von der Sache
	18,29	ich w. n., was es war
	19,23	meinst du, ich w. n., daß ich König
1Kö	1,27	hast... n. w. lassen, wer auf dem Thron
	18,12	entführen, und ich w. n. wohin
	22,3	w. ihr n., daß Ramot unser ist
2Kö	17,26	die Völker w. n. von der Verehrung Gottes
2Ch	13,5	w. ihr n., daß der HERR gegeben hat
	20,12	wir w. n., was wir tun sollen Hi 18,11
	32,13	w. ihr n., was ich und meine Väter getan
Neh	2,16	die Ratsherren w. n., wohin ich gegangen
Hi	8,9	wir sind von gestern her und w. n.
	12,3	wer w. das n.
	14,21	sind seine Kinder in Ehren, das w. er n.
	15,9	was weißt du, das wir n. w.
	20,4	w. du n., daß es allezeit so gegangen
	21,14	wollen von deinen Wegen n. w. Jer 5,4
	32,15	sie w. n. mehr zu sagen
	22	ich w. n. zu schmeicheln
	41,17	w. n. aus noch ein Mi 7,4
Ps	35,11	fordern von mir, wovon ich n. w.

Ps	39,7	sie w. n., wer es einbringen wird
	73,22	da war ich ein Narr und w. n.
Spr	4,19	sie w. n., wodurch sie zu Fall kommen
	7,23	und w. n., daß es das Leben gilt
	9,13	w. n. von Scham Jer 6,15; 8,12
	18	er w. n., daß dort nur Schatten wohnen
	27,1	du w. n., was der Tag bringt
	28,22	w. n., daß Mangel über ihn kommen wird
	29,7	der Gottlose aber w. gar n.
Pr	4,17	sie w. n. als Böses zu tun
	7,14	n. w. soll, was künftig ist 8,7; 10,14
	8,5	der will n. von einer bösen Sache w.
	9,5	die Toten aber w. n.
	12	auch w. der Mensch seine Zeit n.
	10,15	der n. einmal w., in die Stadt zu gehen
	11,2	du w. n., was für Unglück kommen wird
	5	gleichwie du n. w., welchen Weg der Wind nimmt, kannst du auch Gottes Tun n. w.
	6	du w. n., was geraten wird
Hl	1,8	w. du es n., du Schönste unter den Frauen
Jes	40,21	w. ihr denn n.? Hört ihr denn nicht 28
	42,16	auf dem Wege, den sie n. w.
	44,18	w. n. und verstehen nichts
	47,11	Unglück, das du n. wegzuzaubern w.
	48,6	Verborgenes, das du n. w. 8; Jer 33,3
	56,10	ihre Wächter sind blind, sie w. n.
	58,3	kasteien unseren Leib, du willst's n. w.
	63,16	Abraham w. von uns n.
Jer	8,7	mein Volk will das Recht des HERRN n. w.
	11,19	ich w. n., daß sie gegen mich
	12,4	man sagt: Er w. n., wie es uns gehen wird
	13,12	wer w. das n., daß alle Krüge
Hes	17,12	w. ihr n., was damit gemeint ist
Dan	11,38	Gott, von dem seine Väter n. gew. haben
Hos	8,4	setzen Obere ein, und ich darf es n. w.
Jon	4,11	die n. w., was rechts oder links ist
Mi	4,12	sie w. n. des HERRN Gedanken n.
Nah	3,17	daß man n. w., wo sie bleiben
Sa	4,5	w. du n., was das ist 13
Jdt	9,8	die n. w., daß du, Herr, es bist
Wsh	7,12	ich w. n., daß sie Schöpferin ist
	13,1	alle Menschen, die von Gott n. w.
Tob	5,2	wie das Geld bekommen, w. ich n.
Sir	8,21	du w. n., was er daraus macht
	9,14	du w. n., was du an einem neuen (Freund) hast
	16	du w. n., welch... Ende er nehmen wird
	11,19	er w. n., daß sein Stündlein so nahe ist
	15,8	die Heuchler w. n. von (der Weisheit)
2Ma	14,32	schworen, sie w. n., wo er wäre
StD	2,34	ich w. n., wo der Graben ist
Mt	6,3	laß deine linke Hand n. w., was die rechte tut
	10,26	es ist nichts geheim, was man n. w. wird Lk 12,2
	20,22	ihr w. n., was ihr bittet Mk 10,38
	21,27	sie antworteten Jesus: Wir w.'s n. Mk 11,33
	24,42	ihr w. n., an welchem Tag euer Herr kommt Mk 13,35; Lk 12,36; Off 3,3
	26,70	ich w. n., was du sagst Mk 14,68; Lk 22,60
Mk	4,27	er w. n., wie
	9,6	er w. n., was er redete Lk 9,33
	13,33	ihr w. n., wann die Zeit da ist
	14,40	sie w. n., was sie antworten sollten
Lk	2,43	seine Eltern w.'s n.
	49	w. ihr n., daß ich sein muß in dem, was meines Vaters ist
	9,55	w. ihr n., welches Geistes Kinder ihr seid
	12,48	der ihn aber n. w. und hat getan
	18,34	w. n., was das Gesagte war
	20,7	sie antworteten, sie w. n., wo sie her wäre

Lk	23,34	denn sie w. n., was sie tun
	24,18	bist du der einzige in Jerusalem, der n. w., was
Jh	2,9	den Wein kostete und n. w., woher er kam
	3,8	du w. n., woher er kommt und wohin er fährt
	10	bist du Israels Lehrer und w. das n.
	4,22	ihr w. n., was ihr anbetet
	32	habe eine Speise zu essen, von der ihr n. w.
	5,13	der gesund geworden war, w. n., wer es war
	7,49	nur das Volk tut's, das n. vom Gesetz w.
	8,14	ihr aber w. n., woher ich komme 9,29. 30
	9,21	wieso er nun sehend ist, w. wir n. 12
	25	ist er ein Sünder? Das w. ich n.
	11,49	ihr w. n.; (ihr bedenkt auch nicht)
	12,35	wer in der Finsternis wandelt, der w. n., wo er hingeht
	13,7	*was ich tue, w. du n.*
	14,5	Herr, wir w. n., wo du hingehst
	15,15	ein Knecht w. n., was sein Herr tut
	16,18	wir w. n., was er redet
	19,10	w. du n., daß ich Macht habe, dich loszugeben
	20,2	wir w. n., wo sie ihn hingelegt haben 13
	14	sieht Jesus stehen und w. n., daß es Jesus ist 21,4
Apg	4,14	sie sahen den Menschen und w. n. dagegen zu sagen
	5,7	kam s. Frau herein und w. n., was geschehen
	24	w. n., was daraus werden sollte
	12,9	w. n., daß ihm das wahrhaftig geschehe
	19,32	die meisten w., warum n.
	35	der w., daß die Stadt Ephesus
	20,22	ich w. n., was mir dort begegnen wird
	23,5	ich w. n., daß er der Hohepriester ist
Rö	2,4	w. du n., daß du 6,3.16; 7,1; 11,2; 1Ko 3,16; 5,6; 6,2.9.15; 9,13.24; Jak 4,4
	3,17	*den Weg des Friedens w. sie n.*
	7,7	ich w. n. von der Begierde, wenn nicht
	15	ich w. n., was ich tue
	8,26	wir w. n., was wir beten sollen
1Ko	1,16	w. ich n., ob ich noch jemand getauft habe
	2,2	n. zu w. als allein Jesus Christus
	5,1	*Unzucht, von der die Heiden n ... w.*
	8,2	der w. n., wie man erkennen soll
	14,11	wenn ich n. w. der Sprache Bedeutung
	16	da er doch n. w., was du sagst
	15,34	einige w. n. von Gott
2Ko	12,2	ist er im Leib gewesen? ich w. es n. 3
Phl	1,22	so w. ich n., was ich wählen soll
1Th	4,5	Heiden, die von Gott n. w.
1Ti	3,5	wenn jemand ... n. vorzustehen w.
	6,4	der ist aufgeblasen und w. n.
2Pt	3,5	sie wollen n. davon w., daß
1Jh	2,11	wandelt in der Finsternis und w. n., wo er hingeht
	21	als w. ihr die Wahrheit n.
Heb	11,8	(Abraham) w. n., wo er hinkäme
Jak	4,14	w. n., was morgen sein wird
Jud	10	lästern alles, wovon sie n. w.
Off	3,17	w. n., daß du elend und jämmerlich bist

wittern

Hi	39,25	wiehert es „Hui!" und w. den Kampf

Witwe

1Mo	38,11	bleibe eine W. in deines Vaters Hause
2Mo	22,21	ihr sollt W. nicht bedrücken Jer 7,6; 22,3; Sa 7,10
	22,23	daß eure Frauen zu W. werden Ps 109,9
3Mo	21,14	(zur Frau nehmen) keine W. Hes 44,22
	22,13	wird sie aber eine W., darf sie essen
4Mo	30,10	das Gelübde einer W. gilt
5Mo	10,18	(Gott) schafft Recht den Waisen und W.
	14,29	soll kommen die W. und essen 26,12.13
	16,11	fröhlich sein, die Waise und die W. 14
	24,17	der W. nicht das Kleid zum Pfand nehmen
	19	(eine Garbe) soll der W. zufallen 20. 21
	25,5	soll seine W. nicht die Frau ... werden
	27,19	verflucht sei, wer das Recht der W. beugt
2Sm	14,5	ich bin eine W., mein Mann ist gestorben
	20,3	David(s) Nebenfrauen lebten wie W.
1Kö	7,14	Sohn einer W. 11,26
	17,9	einer W. geboten, dich zu versorgen 10. 20
Hi	22,9	die W. hast du leer weggehen lassen
	24,3	nehmen das Rind der W. zum Pfande
	21	der W. nichts Gutes getan Hes 22,7
	27,15	seine W. werden nicht weinen Ps 78,64
	29,13	ich erfreute das Herz der W.
	31,16	hab ich die Augen der W. verschmachten
Ps	68,6	ein Helfer der W. ist Gott 146,9
	94,6	W. und Fremdlinge bringen sie um
Spr	15,25	den Grenzstein der W. wird er schützen
Jes	1,17	führet der W. Sache
	23	der W. Sache kommt nicht vor sie
	9,16	kann der Herr nicht ihrer W. sich erbarmen
	10,2	daß die W. ihr Raub werden
	47,8	werde keine W. werden 9; Off 18,7
Jer	15,8	mehr W. als Sand am Meer 18,21
	49,11	deine W. sollen auf mich hoffen
	51,5	Israel und Juda sollen nicht W. werden
Klg	1,1	die Stadt ist wie eine W.
	5,3	unsre Mütter sind wie W.
Hes	22,25	machen viele zu W.
	44,22	sollen nehmen die W. eines Priesters
Mal	3,5	Gericht gegen die, die W. bedrücken
Jdt	8,1	davon hörte Judit. Sie war eine W. 4
	9,2	hilf mir armen W., Herr, mein Gott
Wsh	2,10	laßt uns keine W. verschonen
Tob	1,8	daß er den W. ihren Zehnten gab
Sir	35,17	er verachtet nicht die W., wenn sie klagt
	18	die Tränen der W. fließen die Backen herab
Bar	4,12	niemand mache sich lustig, weil ich eine W.
	16	die haben die Söhne der W. weggeführt
	6,38	(Götzen) erbarmen sich der W. nicht
2Ma	3,10	es ist Geld, das W. und Waisen gehört
	8,28	teilten ... aus unter W. und Waisen 30
Mt	23,14	die ihr die Häuser der W. freßt Mk 12,40; Lk 20,47
Mk	12,42	eine arme W. legte zwei Scherflein ein 43; Lk 21,2.3
Lk	2,37	war nun eine W. an die 84 Jahre
	4,25	waren viele W. in Israel zur Zeit des Elia 26
	7,12	sie war eine W.
	18,3	es war eine W. in derselben Stadt 5
Apg	6,1	weil ihre W. übersehen wurden bei der täglichen Versorgung
	9,39	traten alle W. zu ihm
	41	rief die Heiligen und die W.
1Ko	7,8	den Ledigen und W. sage ich
1Ti	5,3	ehre die W., die rechte W. sind 16
	4	wenn eine W. Kinder oder Enkel hat
	5	das ist eine rechte W., die allein steht
	9	es soll keine W. auserwählt werden unter 60 Jahren
	11	jüngere W. weise ab
	14	so will ich, daß die jüngeren W. heiraten
	16	wenn einer gläubigen Frau W. anbefohlen sind

Witwe

Jak 1,27 die Waisen und W. in ihrer Trübsal besuchen
Off 18,7 ich bin Königin und bin keine W.

Witwenkleid

1Mo 38,14 da legte (Tamar) die W. von sich 19
Jdt 10,2 sie zog ihre W. aus 16,9

Witwenschaft

Jes 54,4 wirst deiner W. nicht mehr gedenken

wo

1Mo 3,9 Gott der HERR rief Adam: Wo bist du
     4,9 wo ist dein Bruder Abel
    19,5 wo sind die Männer, die zu dir gekommen
    22,7 wo ist aber das Schaf
2Mo 12,20 ungesäuertes Brot, wo immer ihr wohnt
5Mo 3,24 wo ist ein Gott im Himmel und auf Erden
    4,7 wo ist so ein herrliches Volk 8; 2Sm 7,23
   32,37 wo sind ihre Götter 2Kö 18,34.35; 2Ch 32,14; Ps 42,4.11; 79,10; 115,2; Jes 36,19; Jer 2,28; Jo 2,17
Rut 1,16 wo du hin gehst, da will ich auch hin 17
2Sm 7,9 bin mit dir gewesen, wo du hingegangen bist 8,6.14; 1Ch 17,8; 18,6.13
   15,32 wo man Gott anzubeten pflegte
2Kö 2,14 wo ist nun der HERR Jer 2,6.8; Mi 7,10; Mal 2,17
Hi 4,7 wo ist ein Unschuldiger umgekommen
   28,12 wo will man die Weisheit finden 20
   34,7 wo ist so ein Mann wie Hiob
   35,10 wo ist Gott, m. Schöpfer Ps 77,14; Mi 7,18
   36,22 wo ist ein Lehrer, wie er ist
   38,4 wo warst du, als ich die Erde gründete
Ps 89,49 wo ist jemand, der den Tod nicht sähe
    50 wo ist deine Gnade von einst Jes 63,11.15
Spr 10,19 wo viel Worte, geht's ohne Sünde nicht ab
   11,2 wo Hochmut ist, da ist auch Schande
   14 wo viele Ratgeber, findet sich Hilfe 24,6
   23,29 wo ist Weh... Wo sind trübe Augen
Jes 19,12 wo sind denn nun deine Weisen
Jer 13,20 wo ist nun die Herde, die dir befohlen
   17,15 sprechen: Wo ist denn des HERRN Wort
   37,19 wo sind nun eure Propheten
Hos 13,10 wo ist dein König, der dir helfen kann
Nah 3,7 wo soll ich dir Tröster suchen
Mal 1,6 bin ich Herr, wo fürchtet man mich
Tob 2,15 wo bleibt nun, worauf du gehofft hast
Bar 3,16 wo sind die Fürsten der Völker
Mt 2,2 wo ist der neugeborene König der Juden
    4 erforschte, wo Christus geboren werden sollte
   8,19 *will dir folgen, wo du hingehst* Lk 9,57
   18,20 wo zwei oder drei versammelt sind in meinem Namen
Mk 14,12 w. willst du, daß wir hingehen
Lk 9,58 der Menschensohn hat nichts, wo er sein Haupt hinlege
   12,34 wo euer Schatz ist, da wird euer Herz sein
Jh 12,26 wo ich bin, da soll mein Diener auch sein
   35 wer in der Finsternis wandelt, der weiß nicht, w. er hingeht
   14,3 damit ihr seid, wo ich bin 17,24
    4 wo ich hingehe, den Weg wißt ihr 5; 16,5

Woche

3Mo 12,5 gebiert sie... soll sie zwei W. unrein sein
   23,15 sollt zählen sieben ganze W. 5Mo 16,9
Dan 9,24 70 W. sind verhängt über dein Volk 25-27
   10,2 zu der Zeit trauerte ich drei W. lang 3
Mt 28,1 als der erste Tag der W. anbrach Mk 16,2; Lk 24,1; Jh 20,1
Mk 16,9 als Jesus auferstanden war früh am ersten Tag der W.
Lk 18,12 ich faste zweimal in der W.
Jh 20,19 am Abend d. ersten Tages der W. kam Jesus
Apg 20,7 am ersten Tag der W. predigte Paulus
1Ko 16,2 an jedem ersten Tag der W. lege jeder etwas zurück

Wochenfest

2Mo 34,22 das W. sollst du halten 5Mo 16,10.16; 2Ch 8,13
4Mo 28,26 am Tag der Erstlinge, an eurem W.
2Ma 12,31 nach Jerusalem, als das W. nahe bevorstand

Wöchnerin

Bar 6,29 unreine Frauen und W. rühren ihre Opfer an

Wofsi, *Wophsi*

4Mo 13,14 Nachbi, der Sohn W.

Woge

2Sm 22,5 es hatten mich umfangen die W. des Todes
Hi 9,8 er allein geht auf den W. des Meers
Hes 26,19 daß hohe W. dich bedecken
Jon 2,4 alle deine W. und Wellen gingen über mich
Lk 8,24 er bedrohte die W. des Wassers

wogen

Lk 21,25 sie werden verzagen vor dem W. des Meeres

woher

4Mo 11,13 w. soll ich Fleisch nehmen
2Kö 6,27 hilft dir der HERR nicht, w. soll ich
Hi 28,20 w. kommt die Weisheit
Ps 121,1 w. kommt mir Hilfe
Mt 13,27 w. hat er denn das Unkraut
    54 w. hat dieser solche Weisheit 56; Mk 6,2
   15,33 w. sollen wir soviel Brot nehmen
   21,25 w. war die Taufe des Johannes
Mk 12,37 w. ist er dann sein Sohn
Lk 1,43 *w. kommt mir das*
Jh 2,9 den Wein kostete und nicht wußte, w. er kam
   3,8 du weißt nicht, w. er kommt
   4,11 w. hast du lebendiges Wasser
   7,27 doch wir wissen, w. dieser ist 28
   8,14 ich weiß, w. ich gekommen bin
   9,29 w. aber dieser ist, wissen wir nicht 30
   19,9 (Pilatus) spricht zu Jesus: W. bist du
Off 7,13 wer sind diese und w. sind sie gekommen

wohin

3Mo 18,3 Kanaan, w. ich euch führen will
2Sm 15,20 ich muß gehen, w. ich gehen kann

wohlbehalten

Ps	139,7	w. soll ich gehen vor deinem Geist und w. soll ich fliehen
Spr	18,3	w. ein Frevler kommt, kommt Verachtung
	21,1	er lenkt es, w. er will
Jes	1,5	w. soll man euch noch schlagen
Jer	1,7	du sollst gehen, w. ich dich sende
	8,3	an allen Orten, w. ich sie verstoße 23,3.8; 24,9; 29,14.18; 32,37; Dan 9,7
	22,27	Land, w. sie gern wieder kämen 44,14
Hes	1,12	w. der Geist sie trieb, dahin gingen sie 20
	36,20	w. sie kamen, entheiligten sie meinen Namen 21.22
	37,21	aus den Heiden, w. sie gezogen sind
Mt	8,19	ich will dir folgen, w. du gehst Lk 9,57
Lk	10,1	in alle Städte und Orte, w. er gehen wollte
Jh	3,8	du weißt nicht, wohin er fährt
	6,68	Herr, w. sollen wir gehen
	8,14	ich weiß, w. ich gehe
	22	w. ich gehe, da könnt ihr nicht hinkommen
Apg	1,25	verlassen, um an den Ort zu gehen, w. er gehört

wohl

1Mo	48,19	ich weiß w., mein Sohn, ich weiß w. 1Sm 29,9; 2Kö 2,3.5; Jer 11,9; 44,15
5Mo	4,15	so hütet euch nun w.
	15,16	weil ihm w. bei dir ist
2Sm	19,7	ich merke w.: Wenn... das wäre dir recht
	23,5	ewigen Bund gesetzt, in allem w. geordnet
1Kö	2,5	weißt sehr w., was mir getan hat Joab 9
2Ch	25,16	ich merke w., daß Gott beschlossen hat
Ps	35,27	der seinem Knecht so w. will
Spr	17,7	es steht einem Toren nicht w. an
Pr	5,12	Reichtum, w. verwahrt, wird zum Schaden
Jes	48,8	ich weiß sehr w., daß du treulos bist
	54,10	es sollen w. Berge weichen
	64,3	einen Gott außer dir, der so w. tut
Jer	7,11	ich sehe es, w. 23,25; 31,18
	23,5	ein König, der w. regieren wird
	29,11	ich weiß w., was ich für Gedanken... habe
	48,30	ich kenne seinen Übermut w. Hes 11,5
Klg	1,21	man hört's w., daß ich leide
Jdt	6,19	sie ließen sich's w. sein, nachdem sie
Mt	5,12	*es wird euch w. belohnt werden*
Mk	7,37	er hat alles w. gemacht
Lk	6,48	*ein Haus war w. gebaut*
	12,16	*des Feld hatte w. getragen*
Jh	6,6	er wußte w., was er tun wollte
Apg	12,18	Verwirrung, was w. mit Petrus geschehen
	15,29	lebt w.
	16,23	*gebot, daß er sie w. verwahrte*
	19,15	Jesus kenne ich w., und von Paulus weiß ich w.
	25,10	den Juden habe ich kein Unrecht getan, wie auch du w. weißt
Rö	11,20	ist w. geredet
Eph	6,13	*daß ihr alles w. ausrichten möget*
Phl	4,14	ihr habt w. daran getan, daß
1Ti	3,4	*der seinem Hause w. vorstehe 12*
	13	welche ihren Dienst w. ausgerichtet haben

wohl (Ausruf)

1Mo	30,13	da sprach Lea: W. mir
5Mo	33,29	w. dir, Israel! Wer ist dir gleich
Ps	1,1	w. dem, der nicht wandelt im Rat d. Gottl.
	2,12	w. allen, die auf ihn trauen 34,9; 40,5; 84,13; Spr 16,20
Ps	32,1	w. dem, dem die Übertretungen vergeben 2
	33,12	w. dem Volk, dessen Gott der HERR ist 144,15; 146,5
	41,2	w. dem, der sich des Schwachen annimmt 112,5; Spr 14,21
	65,5	w. dem, den du erwählst
	84,5	w. denen, die in deinem Hause wohnen
	6	w. den Menschen, die dich für ihre Stärke
	89,16	w. dem Volk, das jauchzen kann
	94,12	w. dem, den du, HERR, in Zucht nimmst
	106,3	w. denen, die das Gebot halten 119,2; Spr 29,18
	112,1	w. dem, der den HERRN fürchtet 128,1; Spr 28,14
	119,1	w. denen, die ohne Tadel leben
	127,5	w. dem, der seinen Köcher gefüllt hat
	128,2	w. dir, du hast's gut
	137,8	w. dem, der vergilt, was du uns angetan 9
	144,15	w. dem Volk, dem es so ergeht
Spr	3,13	w. dem Menschen, der Weisheit erlangt
	8,32	w. denen, die meine Wege einhalten 34
Pr	10,17	w. dir, Land, dessen König ein Edler ist
Jes	30,18	w. allen, die auf ihn harren
	32,20	w. euch, die ihr säen könnt
	56,2	w. dem Menschen, der dies tut
Dan	12,12	w. dem, der da wartet
Tob	13,17	w. allen, die dich lieben
Sir	14,1	w. dem, der sich nicht mit Reden vergeht
	2	w. dem, der kein böses Gewissen hat
	22	w. dem, der über die Weisheit nachsinnt 50,30
	25,11	w. dem, der eine verständige Frau hat 12
	12	w. dem, der klug ist
	31,8	w. dem Reichen, der untadelig geblieben
	48,11	w. denen, die dich gesehen haben
Bar	6,73	w. dem Menschen, der gerecht ist

Wohl

Est	7,9	der zum W. des Königs geredet hat

wohlan, wohlauf

1Mo	11,3	w., laßt uns Ziegel streichen 4
	7	w., laßt uns herniederfahren
	19,9	w., wir wollen dich noch übler plagen
	43,11	wenn es denn so ist, w. so tut's
2Mo	1,10	w., wir wollen sie mit List niederhalten
1Sm	10,19	w., so tretet nun vor den HERRN
2Sm	7,3	w., alles, was in d. Herzen ist, das tu
Hi	17,10	w., kehrt euch alle wieder her
Ps	134,1	w., lobet den HERRN
Pr	2,1	w., ich will mit Wohlleben und gute Tage haben
Jes	5,1	w., ich will m. lieben Freunde singen 5
	7,13	w., so hört, ihr vom Hause David
	29,17	w., es ist noch eine kleine Weile
	55,1	w., alle, die ihr durstig seid, kommt her
	65,12	w., euch will ich dem Schwert übergeben
Am	7,3	w., es soll nicht geschehen
Ob	1	w., laßt uns wider Edom streiten
Ze	2,9	w., so wahr ich lebe! spricht der HERR
Jak	4,13	*w. nun, die ihr saget*
	5,1	*w. nun, ihr Reichen, weinet*

wohlbehalten

1Mo	33,18	danach kam Jakob w. zu der Stadt Sichem
2Sm	19,25	bis (der König) w. zurückkäme 31
Tob	5,22	ich will deinen Sohn w. zurückbringen
2Ma	12,25	daß er sie w. ihnen übergeben wollte

wohlbekleidet

wohlbekleidet
Jes 23,18 daß sie w. seien

wohlbetagt
Lk 1,7 beide waren w.

wohlbewahrt
Apg 23,24 daß sie bringen ihn w. zu Felix

wohlergehen
Dan 4,24 so wird es dir lange w.

wohlerzogen
Sir 26,18 eine w. Frau ist nicht zu bezahlen
Sir 31,22 ein w. Mensch ist mit wenig zufrieden
Sir 40,31 gerade davor hütet sich ein w. Mann

wohlfühlen
Sir 31,23 kann am Morgen aufstehen und f. sich w.

wohlgebahnt
Spr 15,19 Weg der Rechtschaffenen ist w.

Wohlgefallen
2Sm 15,26 ich habe kein W. an dir
1Kö 10,9 gelobt sei dein Gott, der an dir W. hat
1Ch 29,3 aus W. am Hause meines Gottes
Hi 34,9 es nützt nichts, wenn er Gottes W. sucht
Ps 30,8 HERR, durch dein W.
Ps 44,4 du hattest W. an ihnen 149,4
Ps 143,10 lehre mich tun nach deinem W.
Ps 145,16 sättigst alles, was lebt, nach deinem W.
Spr 3,12 hat W. an ihm wie ein Vater am Sohn
Spr 8,35 der erlangt W. vom HERRN 12,2; 18,22
Spr 11,1 ein volles Gewicht ist sein W.
Spr 20 W. hat er an den Frommen
Spr 27 wer... strebt, trachtet nach Gottes W.
Spr 14,9 auf dem Hause der Frommen ruht w.
Jes 11,3 W. wird er haben an der Furcht des HERRN
Jes 42,1 an dem meine Seele W. hat Mt 12,18
Jes 58,5 Tag, an dem der HERR W. hat
Jes 66,4 an dem, woran ich kein W. hatte
Mt 3,17 mein Sohn, an dem ich W. habe 17,5; Mk 1,11; Lk 3,22; 2Pt 1,17
Mt 9,13 ich habe W. an Barmherzigkeit 12,7
Mt 12,18 mein Geliebter, an dem meine Seele W. hat
Lk 2,14 Friede auf Erden bei den Menschen seines W.
Lk 12,32 *es ist eures Vaters W. Kol 1,19*
Apg 8,1 *Saulus hatte W. an seinem Tode 22,20*
1Ko 10,5 an den meisten hatte Gott kein W.
Eph 1,5 seine Kinder nach dem W. seines Willens
Phl 2,13 Gott ist's, der in euch wirkt nach seinem W.
2Th 1,11 daß unser Gott vollende alles W. am Guten

wohlgefallen, wohl gefallen
1Mo 20,15 wohne, wo dir's w.
1Sm 3,18 es ist der HERR; er tue, was ihm w. 2Sm 15,26
2Sm 3,36 was der König tat, dem ganzen Volke w.

2Sm 19,28 tu, was dir w. 38.39
1Kö 11,33 nicht getan, was mir w. 2Kö 16,2; 2Ch 28,1
1Kö 14,8 tat, was mir w. 2Kö 20,3; Jer 34,15
1Kö 15,5 getan, was dem HERRN w. 11; 22,43; 2Kö 12,3; 14,3; 15,3.34; 18,3; 22,2; 2Ch 14,1; 20,32; 24,2; 25,2; 26,4; 27,2; 29,2; 34,2
Est 1,8 jeder tun sollte, wie es ihm w.
Ps 19,15 laß dir w. die Rede meines Mundes
Ps 49,14 das Ende aller, denen ihr Gerede so w. g.
Ps 104,34 mein Reden möge ihm w.
Spr 16,7 wenn eines Menschen Wege dem HERRN w.
Spr 23,26 laß deinen Augen meine Wege w.
Jes 56,4 die erwählen, was mir w.
Mal 3,4 es wird dem HERRN w. das Opfer Judas
Wsh 4,10 der Gott w., wurde ihm lieb
Wsh 9,10 daß ich erkenne, was dir w.
Sir 25,1 drei Dinge gefallen mir, die Gott w.
2Ma 14,35 hat es dir w., daß dein Tempel
Mt 11,26 denn so hat es dir w. Lk 10,21
Lk 14,6 *das g. Herodes w. Mk 6,22*
Lk 12,32 es hat eurem Vater w., euch das Reich zu geben
Apg 6,5 *die Rede g. der ganzen Menge w.*
1Ko 1,21 g. es Gott w. Gal 1,15
2Ko 5,9 darum setzen wir unsre Ehre darein, daß wir ihm w.
Kol 1,19 es hat Gott w., daß in ihm alle Fülle
Heb 13,16 *solche Opfer g. Gott w.*

wohlgefällig
2Mo 28,38 daß sie w. seien vor dem HERRN
3Mo 1,3 damit es ihn w. mache vor dem HERRN 4; 19,5; 22,19.21.27.29; 23,11
3Mo 7,18 wird es nicht w. sein 19,7; 22,20.23.25
5Mo 12,28 weil du getan, was w. ist vor dem HERRN
Spr 15,8 das Gebet der Frommen ist ihm w.
Jes 56,7 ihre Brandopfer sollen mir w. sein 60,7
Jer 6,20 eure Brandopfer sind mir nicht w. Hos 9,4
Wsh 9,9 die weiß, was dir w. ist
Sir 34,22 solche Gaben der Gottlosen sind nicht w.
Sir 35,8 Opfergeruch ist dem Höchsten w.
Mt 11,26 *es ist w. gewesen vor dir Lk 10,21*
Rö 12,1 ein Opfer, das Gott w. ist 15,16
Rö 2 Gottes Wille, das Gute und W.
Rö 14,18 wer darin Christus dient, der ist Gott w.
1Ko 8,8 *Speise wird uns nicht Gott w. machen*
2Ko 8,12 so ist er w. nach dem, was er hat
Eph 5,10 prüft, was dem Herrn w. ist
Kol 3,20 das ist w. in dem Herrn
1Ti 2,3 dies ist gut und w. vor Gott 5,4
1Pt 2,5 geistliche Opfer, die Gott w. sind
1Jh 3,22 wir tun, was vor ihm w. ist

wohlgehen
1Mo 12,13 auf daß mir's w. um deinetwillen
1Mo 40,14 gedenke meiner, wenn dir's w.
5Mo 4,40 so wird's dir w. 5,29.33; 6,3.18.24; 10,13; 12,25.28; 19,13; 22,7; Rut 3,1; Jer 7,23; 32,39; 38,20; 40,9; 42,6; Eph 6,3; *3Jh 2*
5Mo 5,16 auf daß dir's w. in dem Lande
5Mo 29,18 mir wird es w., auch... verstockten Herzen
Hi 13,9 wird's euch w., wenn er euch verhören wird
Ps 41,3 der HERR wird es ihm lassen w.
Ps 68,7 Gefangenen herausführt, daß es ihnen w.
Ps 122,6 es möge w. denen, die dich lieben
Spr 11,10 freut sich, wenn's den Gerechten w.
Spr 20,7 dessen Kindern wird's w.

Spr	24,14	wird dir's am Ende w.
Pr	8,12	daß es w. wird denen, die Gott fürchten
	13	dem Gottlosen wird es nicht w.
Jer	15,11	übriglassen, denen es wieder w. soll
	23,17	sagen... es wird euch w.
	29,7	wenn's ihr w., so g.'s auch euch w.
Wsh	10,10	sie ließ es ihm w. in seinem Dienst
Sir	41,2	dem es w. in allen Dingen

wohlgelingen

Ps 118,25 o HERR, hilf! O HERR, laß w.

wohlgeordnet

2Mo 13,18 Israel zog w. aus Ägyptenland

Wohlgeruch

Jes	3,24	es wird Gestank statt W. sein
Sir	39,18	verbreitet W. (und singt ein Loblied)
2Ko	2,14	offenbart den W. seiner Erkenntnis
	15	wir sind für Gott ein W. Christi

wohlgeschaffen

Hi 41,4 will nicht schweigen, wie w. er ist

Wohlgeschmack

Hi 6,6 hat Eiweiß W.

wohlgestaltet

Wsh 8,19 ich war ein w. junger Mann

wohllauten

Phl 4,8 *was w., dem denket nach*

wohlleben

Jak 5,5 *ihr habt wohlg. auf Erden*

Wohlleben

5Mo	28,56	eine Frau... vor Verwöhnung und W.
Pr	2,1	wohlan, ich will W. und gute Tage haben
Jes	5,12	haben Harfen und Wein in ihrem W.

wohlmachen

Ps 37,5 er wird's w.

wohlmeinen

Spr 27,9 süß ist der, der wohlg. Rat gibt

wohlreden

Lk 6,26 weh euch, wenn euch jedermann w.

wohlriechend

2Mo	25,6	Spezerei zu w. Räucherwerk 35,8.15.28; 39,38; 40,27
Sir	45,20	damit er w. Räucheropfer opfern sollte
Bar	5,8	alle w. Bäume werden... Schatten geben
Mk	16,1	kauften Maria und Salome w. Öle Lk 23,56; 24,1; Jh 19,40

Off 18,12 (ihre Ware:) allerlei w. Hölzer

wohlschmecken

Hi 20,12 wenn ihm auch das Böse w.

Wohlstand

Esr 9,12 laßt sie nicht zu Frieden und W. kommen

Wohltat

1Sm	12,7	mit euch rechte wegen aller W. des HERRN
Hi	10,12	Leben und W. hast du an mir getan
Ps	71,15	m. Mund soll verkündigen täglich deine W.
	107,43	wird merken, wieviel W. der HERR erweist
	116,12	vergelten all seine W., die er an mir tut
Dan	4,24	los von deiner Missetat durch W.
Wsh	16,11	damit sie deinen W. zugewandt bleiben
Sir	16,14	jede W. findet ihre Stätte bei Gott
	17,18	er hält die W. eines Menschen so wert wie
	20,17	niemand dankt mir für meine W.
	29,15	lege dir einen Schatz von W. an
1Ma	11,53	war ihm undankbar für seine W.
2Ma	5,20	wie sie auch an den W. teilhatte
	9,26	an all die W. euch zu erinnern
	10,38	der Israel eine so große W. erwiesen
Mk	5,19	welch große W. dir der Herr getan
Apg	4,9	wenn wir heute verhört werden wegen dieser W.
	24,2	diesem Volk viele W. widerfahren
2Ko	1,15	damit ihr abermals eine W. empfinget
	8,4	mithelfen dürften an der W. für die Heiligen
	6	Titus zugeredet, daß er diese W. ausrichte
	7	so gebt auch reichlich bei dieser W.
1Pt	2,9	daß ihr verkündigen sollt die W. dessen
	3,17	*daß ihr um einer W. willen leidet*

Wohltäter

2Ma	1,24	Gott, der du bist König und W.
Lk	6,33	wenn ihr euren W. wohltut
	22,25	ihre Machthaber lassen sich W. nennen

wohltätig

Wsh 7,22 es wohnt in ihr ein Geist, w.

wohltun, wohl tun

1Mo	32,10	zieh in dein Land, ich will dir w. 13
5Mo	8,16	dich demütigte, damit er dir hernach w.
Ri	9,16	habt ihr wohlg. an Jerubbaal
	17,13	nun weiß ich, daß mir der HERR w. wird
1Sm	25,31	wenn der HERR meinem Herrn w. wird
2Sm	22,21	der HERR t. w. an mir Ps 18,21
1Kö	2,7	sie t. w. an mir, als ich floh
	8,18	daran hast du wohlg. 2Ch 6,8
2Ch	24,16	weil er an Israel wohlg. hatte
Ps	13,6	dem HERRN singen, daß er so w. an mir t.
	51,20	t. w. an Zion nach deiner Gnade
	119,17	t. w. deinem Knecht, daß ich lebe
	125,4	HERR, t. w. den Guten
	141,5	das wird mir w. wie Balsam auf dem Haupte
	142,8	werden sich sammeln, wenn du mir t.
Spr	13,19	wenn kommt... t. es dem Herzen w.
	15,23	ein Wort zur rechten Zeit
	17,22	ein fröhliches Herz t. dem Leibe w.
Hos	14,3	vergib uns alle Sünde und t. uns w.
Sa	8,15	so gedenke ich wiederum, w. Jerusalem

wohltun

Wsh	16,24	um denen w., die dir vertrauen
Sir	40,17	w. ist wie ein gesegneter Garten
	41,3	o Tod, wie w. t. du dem Armen
Mt	5,44	t. w. denen, die euch hassen Lk 6,27
Lk	6,33	wenn ihr euren Wohltätern w.
Phl	4,14	doch ihr habt w. daran get.

wohlverwahrt

Apg 23,24 Paulus w. zu bringen zum Statthalter Felix

wohlwollen, Wohlwollen

Sir	6,5	wer w. spricht, verbreitet Güte um sich
	7,26	zeige ihnen dein W. nicht allzu sehr
2Ma	2,23	weil der Herr ihnen w.
Apg	2,47	lobten Gott und fanden W. beim ganzen Volk

wohnen

1Mo	4,16	Kain w. im Lande Nod
	20	die in Zelten w. Ri 8,11; Ps 83,7
	9,27	Gott lasse (Jafet) w. in den Zelten Sems
	11,31	Abram und Lot kamen nach Haran und w. dort
	12,6	es w. aber die Kanaaniter im Lande 13,7
	13,6	nicht ertragen, daß sie beieinander w. 36,7
	12	w. im Lande Kanaan 14; 16,3; 24,3.37; 37,1; 4Mo 21,1; 33,40
	18	Abram w. im Hain Mamre 14,13
	14,7	Amoriter, die... w. 4Mo 21,34; Jos 5,1; 9,10; 12,2.4; 13,21; 24,8.18; Ri 11,21
	12	Lot w. in Sodom 19,29
	16,12	(Ismael) wird w... zum Trotz 25,18
	20,1	Abraham w... als ein Fremdling
	15	w., wo dir's wohlgefällt
	21,20	w. in der Wüste 21
	24,62	Isaak w. im Südlande 25,11; 26,6.17
	27,39	du wirst w. ohne Fettigkeit der Erde
	34,10	w. bei uns 16.21-23
	35,1	nach Bethel und w. daselbst 22
	36,8	w. auf dem Gebirge Seïr 20; 4Mo 13,29; 14,45; 5Mo 1,44; 2,4.8.12.21-23.29; Jos 10,6; 11,2; 13,6; 14,12; Ri 1,9.10
	45,10	sollst im Lande Goschen w. 46,34; 47,4.27; 50,22; 2Mo 12,40; 3Mo 18,3; 4Mo 20,15; 5Mo 29,15
	47,4	laß deine Knechte im Lande w. 6.11
	49,13	wird am Gestade des Meeres w.
2Mo	12,20	wo immer ihr w. 3Mo 3,17; 7,26; 23,3.14.21. 31; 4Mo 35,29
	48	wenn ein Fremdling bei dir w. 49; 3Mo 17,12; 19,33.34; 25,45; 4Mo 9,14; 15,14.16.26. 29; 19,10; Jos 20,9; Hes 47,22.23
	23,33	laß sie nicht w. in deinem Lande
	25,8	daß ich unter ihnen w. 29,45.46; 4Mo 5,3; 35,34; 5Mo 33,12; 1Kö 6,13; Jer 7,3.7; Hes 35,10; 37,27; 43,7.9; Rö 6,16; Off 21,3
3Mo	13,46	soll w. und unrein sein, allein w. 2Kö 15,5; 2Ch 26,21
	20,22	damit ihr darin w. 4Mo 14,30; 33,53.55; 5Mo 11,31; 12,10.29; 13,13; 19,1; Jer 19,47.50; 21,43; 22,33; 24,13; Ri 18,1.28; 21,23; 1Sm 12,8; 2Sm 7,10; 1Ch 17,9; 2Ch 20,8; Jes 34,17; 58,12; Jer 29,5.28
	23,42	sollt in Laubhütten w. 43; Neh 8,14.17
	25,10	Freilassung für alle, die (im Lande) w.
	18	daß ihr sicher w. könnt 19; 26,5; 5Mo 12,10; 33,12.28; 1Sm 12,11; 1Kö 5,5; Jer 23,6; 32,37; Hes 28,26; 34,25.27.28; 38,8.14; 39,26; Hos 2,20; Mi 5,3; Sa 14,11
3Mo	26,32	eure Feinde, die darin w. 4Mo 31,10
	35	nicht ruhen konnte, während ihr darin w.
4Mo	13,18	seht euch an das Volk, das darin w. 19.28.29
	29	die Kanaaniter w. am Meer und am Jordan 14,25; 5Mo 11,30; Jos 17,16
	21,25	Israel w. in allen Städten der Amoriter 31; 32,40; Jos 24,15; Ri 6,10; 11,26
	23,9	das Volk wird abgesondert w. Mi 7,14
	35,3	daß sie in den Städten w. 5Mo 12,12; Jos 14,4; 21,2; Hes 45,5
	32	im Lande zu w., bis der Priester stirbt Jos 20,4.6
	33	schändet das Land nicht, darin ihr w. 34
5Mo	2,10	die Emiter haben vorzeiten darin gew. 20
	4,25	wenn ihr im Lande w. 8,12; 17,14; 26,1
	12,5	daß er seinen Namen daselbst w. läßt 11.21; 14,23.24; 16,2.11; 26,2; 1Kö 9,3; 11,36; 2Kö 21,4.7; 2Ch 6,20; 12,13; 33,7; Esr 6,12; Neh 1,9; Jes 18,7; Jer 7,12
	22,2	wenn d. Bruder nicht nahe bei dir w. 25,5
	28,30	ein Haus wirst du bauen; aber du wirst nicht darin w. Am 5,11; Ze 1,13
	30,20	alt wirst und w. bleibst in dem Lande
	32,28	kein Verstand w. in (Israel)
	33,16	die Gnade dessen, der in dem Dornbusch w.
Jos	2,15	Rahab w. an der Mauer 6,25
	9,7	w. mitten unter uns 16.22; 10,1; 11,19; 13,13; 15; Ri 1,16.21.27.30-35; 3,5; Jer 12,16
	15,63	die Jebusiter w. in Jerusalem Ri 1,21; 2Sm 5,6; 1Ch 11,4
	16,10	Kanaaniter, die in Geser w. Ri 1,29; 1Kö 9,16
	24,2	eure Väter w. vorzeiten jens. des Eupr.
	7	habt gew. in der Wüste eine lange Zeit
Ri	2,12	Göttern der Völker, die um sie her w.
	3,3	die am Gebirge Libanon w.
	4,2	Sisera w. in Haroschet der Heiden
	10,18	das Haupt über alle, die in Gilead w. 11,8
	11,3	(Jeftah) w. im Lande Tob
	15,8	(Simson) w. in der Felsenkluft von Etam
	18,7	sahen das Volk sicher w. 10.27
	19,1	w. als Fremdling Rut 1,1.4
1Sm	27,7	Zeit, die David im Philisterlande w. 5.11
2Sm	2,3	David w. in Hebron
	5,9	so w. David auf der Burg 7,2; 1Ch 11,7; 17,1; 2Ch 2,2
	6,3	Hause Abinadabs, der auf dem Hügel w. 4
	7,2	die Lade Gottes w. unter Zeltdecken 5.6; 11,11; 1Ch 17,5
	9,13	Mefi-Boschet w. hinfort in Jerusalem
	14,28	Absalom w. 15,8
	19,17	Schimi w. 1Kö 2,36.38
1Kö	5,10	die Weisheit von allen, die im Osten w.
	7,8	(Salomo baute) sein Haus, in dem er w.
	8,12	gesagt, er wolle im Dunkel w. 2Ch 6,1
	13	eine Stätte, daß du ewiglich da w. 1Ch 23,25; 2Ch 6,2; Ps 68,17; 74,2; 132,13.14; 135,21; Jes 8,18; Sa 2,14.15; 8,3
	27	sollte Gott auf Erden w. 2Ch 6,18
	39	im Himmel, an dem Ort, wo du w. 43.49; Ps 123,1
	12,17	die in den Städten Judas w. 2Ch 10,17; 11,3; 30,25; 31,6
	25	Jerobeam baute Sichem aus und w. darin
2Kö	2,19	es ist gut w. in dieser Stadt
	8,1	zieh fort und w. in der Fremde
	16,6	die Edomiter w. in (Elat)
	17,6	der König von Assyrien ließ sie w. 24.25. 27-29; 18,11
	22,14	Hulda w. in Jerusalem 2Ch 34,22

2Ch	8,2	er ließ die *Israeliten darin w.	Jes	51,6	die darauf w., werden dahinsterben
	11	eine Frau soll nicht w. im Hause Davids		59,7	auf ihren Wegen w. Verderben
	21,16	Araber, die neben den Kuschitern w. 26,7	Jer	1,14	Unheil über alle, die im Lande w.
Esr	5,1	weissagten den Juden, die in Juda w.		8,16	auffressen die Stadt samt allen, die darin w. 46,8; 47,2
Neh	3,26	am Ofel w. die Tempelsklaven 11,21		9,25	(heimsuchen) die in der Wüste w. 25,24
	11,1	warf das Los... um dort zu w. 2		21,13	will an dich, du Stadt, die du w. 22,23; 29,16; 49,16; Ob 3; Ze 2,15
Hi	1,3	reicher als alle, die im Osten w.		23,8	sie sollen in ihrem Lande w. 40,10; 43,5; Hes 11,15; 12,10; 28,25; 36,10.28; 37,25; Hos 11,11; Sa 8,8
	4,19	die in Lehmhäusern w.			
	21,28	Hütte, in der die Gottlosen w. Ps 84,11			
	26,5	das Wasser und die darin w.		24,8	will dahingeben... die in Ägyptenland w.
	38,19	der Weg dahin, wo das Licht w.		35,7	sollt in Zelten w. 9.10; Hos 12,10
	39,28	auf Felsen w. (der Adler)		42,15	nach Ägyptenland, um dort zu w. 17.22; 43,2; 44,1.8.12.14.15.26.28
	41,14	auf seinem Nacken w. die Stärke			
Ps	2,4	der im Himmel w., lachet ihrer		48,17	alle, die ihr um sie her w. 39; 49,5; Hes 27,35; Dan 9,16
	4,9	du, HERR, hilfst mir, daß ich sicher w.			
	9,12	lobet den HERRN, der zu Zion w.		49,31	wider ein Volk, das sicher w. Hes 39,6
	15,1	wer darf w. auf deinem heiligen Berge		51,13	die du an großen Wassern w.
	24,1	der Erdkreis und die darauf w. 33,8.14; 75,4; 98,7; Jes 18,3; 40,22; Dan 4,32; Nah 1,5	Klg	1,3	Juda w. unter den Heiden Mi 4,10; Sa 2,11
			Hes	2,6	du w. unter Skorpionen
	25,13	er wird im Guten w.		3,15	Weggeführten, die am Fluß Kebar w.
	26,8	ich habe lieb den Ort, da deine Ehre w.		12,2	du w. in einem Haus des Widerspruchs
	37,27	bleibst du w. immerdar 29; 69,36; Spr 2,21		17,23	Vögel aller Art in ihm w. Dan 4,18
	61,5	laß mich w. in deinem Zelte		26,20	will dich w. lassen unter der Erde
	65,5	daß er in deinen Vorhöfen w.		27,3	du w. am Zugang zum Meer Ze 2,5
	68,11	daß deine Herde darin w. konnte		29,6	die in Ägypten w., sollen erfahren 32,15
	69,26	niemand w. in ihren Zelten		31,6	unter seinem Schatten w. Völker 17
	78,55	ließ in ihren Zelten d. Stämme Israels w.		33,27	alle, die in den Trümmern w.
	60	das Zelt, in dem er unter Menschen w.		38,12	Volk, das in der Mitte der Erde w.
	84,5	wohl denen, die in deinem Hause w.		48,15	sollen für die Stadt zum W. sein
	85,10	daß in unserm Lande Ehre w.	Dan	2,11	Götter, die bei den Menschen w.
	101,6	den Treuen im Lande, daß sie bei mir w.	Hos	4,1	hat Ursache, zu schelten die im Lande w.
	102,29	die Söhne deiner Knechte bleiben w.	Mi	4,4	jeder wird unter seinem Feigenbaum w.
	104,17	die Reiher w. in den Wipfeln		1,11	heulet, die ihr im „Mörser" w.
	107,4	keine Stadt, in der sie w. konnten 7.36	Ze	1,4	daß ihr in getäfelten Häusern w.
	34	wegen der Bosheit derer, die dort w.	Hag	9,6	in Aschdod werden Mischlinge w.
	120,5	ich muß w. bei den Zelten Kedars 6	Sa	5,21	sie w. jetzt wieder in Jerusalem
	133,1	wenn Brüder einträchtig beieinander w.	Jdt	6,17	willst du, so sollst du bei uns w.
Spr	1,33	wer aber mir gehorcht, wird sicher w.	Wsh	1,4	die Weisheit w. nicht in einem Leibe
	3,29	der arglos bei dir w.		3,9	Barmherzigkeit w. bei seinen Heiligen
	8,12	ich, die Weisheit, w. bei der Klugheit		14,17	nicht bei uns w., weil sie zu ferne w.
	9,18	er weiß nicht, daß dort nur Schatten w.	Tob	14,8	nach Jerusalem kommen und dort w.
	15,31	das Ohr... wird unter den Weisen w.		17	Gnade bei allen, die im Lande w.
	21,9	besser im Winkel auf dem Dach w. 19	Sir	24,13	in Jakob sollst du w.
Jes	1,21	Gerechtigkeit w. darin; nun aber - Mörder		25,22	wollte lieber bei Löwen und Drachen w.
	6,5	ich w. unter e. Volk von unreinen Lippen		36,15	wo dein Heiligtum ist und wo du w. 2Ma 14,35
	9,1	über denen, die da w. im finstern Lande			
	10,24	mein Volk, das in Zion w. 30,19; 33,24; Jer 31,24		19	damit alle, die auf Erden w., erkennen
			Bar	2,23	soll niemand darin w. StE 5,16
	11,6	da werden die Wölfe bei den Lämmern w.		3,13	du hättest immer im Frieden gew.
	10	die Stätte, da er w., wird herrlich sein		15	wer weiß, wo die Weisheit w.
	14	werden berauben, die im Osten w. Jer 49,28		20	die Nachkommen w. auf dem Erdboden
	13,20	daß man hinfort nicht mehr da w. Jer 2,15; 4,7.29; 6,8; 9,10; 17,6; 26,9; 34,22; 44,2; 46,19; 48,9; 49,18.33; 50,3.40; 51,29.37.43.62; Hes 26,19; 29,11; 30,13; Sa 9,5		38	sie hat bei den Menschen gew.
			1Ma	3,45	w. niemand mehr in Jerusalem
				5,2	Geschlecht Jakobs, das unter ihnen w. 2Ma 12,3.8.30
	21	Strauße werden da w. 34,11.12; Jer 50,39; Ze 2,14		10,10	w. Jonatan in Jerusalem 13,53
	22,21	Vater sei für die, die in Jerusalem w.		13,54	er ließ ihn in Geser w.
	23,18	die vor dem HERRN w.	2Ma	3,1	als man in Frieden in Jerusalem w.
	24,6	büßen müssen's, die darauf w. Jer 25,29		6,2	weil gastfreie Leute dort w.
	26,5	er erniedrigt, die in der Höhe w.	Mt	2,23	(Josef) w. in Nazareth
	32,16	das Recht wird in der Wüste w.		4,13	(Jesus) w. in Kapernaum
	18	daß mein Volk in friedl. Auen w. wird		12,45	wenn sie hineinkommen, w. sie darin Lk 11,26
	33,5	erhaben, denn er w. in der Höhe 57,15			
	14	wer, der bei verzehrendem Feuer w. kann		13,32	daß die Vögel w. in seinen Zweigen Mk 4,32; Lk 13,19
	16	wer... wandelt, wird in der Höhe w. 65,9			
	40,22	Himmel wie ein Zelt, in dem man w.		23,21	schwört bei dem, der darin w.
	42,10	ihr Inseln und die darauf w. 11	Mk	3,8	*die um Tyrus und Sidon w.*
	45,18	Erde bereitet, daß man auf ihr w. solle	Lk	13,4	schuldiger als alle andern, die in Jerusalem w.
	49,19	zu eng, um darin zu w. 20			

wohnen

Lk	21,35	er wird über alle kommen, die auf der ganzen Erde w.
Jh	1,14	das Wort ward Fleisch und w. unter uns
	5,38	sein Wort habt ihr nicht in euch w.
	7,35	zu denen gehen, die in der Zerstreuung w.
	14,10	der Vater, der in mir w., der tut seine Werke
Apg	1,19	es ist allen bekanntgeworden, die in Jerusalem w. 2,14; 4,16
	20	seine Behausung soll verwüstet werden, und niemand w. darin
	2,5	es w. in Jerusalem Juden *13,27*
	9	die wir w. in Mesopotamien
	7,2	als er noch in Mesopotamien war, ehe er in Haran w. 4
	4	brachte Gott ihn in dies Land, in dem ihr w.
	48	der Allerhöchste w. nicht in Tempeln, die 17,24
	9,22	trieb d. Juden in die Enge, die in Damaskus w.
	32	zu den Heiligen, die in Lydda w. 35
	11,29	Brüdern, die in Judäa w., eine Gabe senden
	17,21	die Fremden, die bei ihnen w.
	26	festgesetzt, in welchen Grenzen sie w. sollen
	19,10	daß alle, die in der Provinz Asien w., das Wort hörten
	17	das wurde allen bekannt, die in Ephesus w.
	21,21	alle Juden, die unter den Heiden w.
	22,12	der einen guten Ruf bei allen Juden hatte, die dort w.
	28,16	wurde Paulus erlaubt, für sich allein zu w.
Rö	7,17	so tue nicht ich es, sondern die Sünde, die in mir w. 20
	18	ich weiß, daß in mir nichts Gutes w.
	8,9	wenn Gottes Geist in euch w. 11; 1Ko 3,16; 2Ti 1,14
1Ko	7,12	es gefällt ihr, bei ihm zu w. 13
2Ko	5,6	solange wir im Leibe w., weilen wir fern von dem Herrn
	6,16	ich will unter ihnen w. und wandeln Off 21,3
	10,16	wir wollen auch denen predigen, die jenseits von euch w.
	12,9	damit die Kraft Christi bei mir w.
Eph	3,17	daß Christus in euren Herzen w.
Kol	1,19	es hat Gott wohlgefallen, daß in ihm alle Fülle w.
	2,9	in ihm w. die Fülle der Gottheit leibhaftig
	3,16	laßt das Wort Christi reichlich unter euch w.
1Ti	6,16	der w. in einem Licht, zu dem niemand kommen kann
2Ti	1,5	Glauben, der gew. hat in deiner Großmutter
1Pt	1,1	die verstreut w. in Pontus
	3,7	ihr Männer, w. *bei ihnen mit Vernunft*
2Pt	2,8	der Gerechte, der unter ihnen w., mußte
	3,13	in denen Gerechtigkeit w.
Heb	11,9	w. in Zelten mit Isaak und Jakob
Jak	4,5	den Geist, den er in uns hat w. lassen
Off	2,13	ich weiß, wo du w.: Wo der Thron des Satans
	3,10	zu versuchen, die auf Erden w.
	6,10	rächst unser Blut an denen, die auf der Erde w. 11,10
	7,15	der auf dem Thron sitzt, wird über ihnen w.
	8,13	weh, weh, weh denen, die auf Erden w.
	11,10	alle, die auf Erden w., freuen sich darüber
	12,12	freut euch, ihr Himmel und die darin w.
	13,6	zu lästern die im Himmel w.
	8	alle, die auf Erden w., beten es an 12.14; 17,2.8
	14,6	zu verkündigen denen, die auf Erden w.

Wohnhaus
3Mo	25,29	wer ein W. verkauft

Wohnort
1Sm	27,5	so mag man mir einen W. geben

Wohnplatz
2Mo	16,29	niemand verlasse seinen W. am 7. Tage
1Ma	9,66	schlug die Kinder Pharison an ihrem W.

Wohnsitz
1Mo	10,30	ihre W. waren von Mescha bis Sephar
	36,43	sind die Fürsten von Edom nach ihren W.
1Ch	6,39	dies sind ihre W.

Wohnstatt, Wohnstätte
Jos	22,4	zieht hin zu euren W. 6-8
1Ch	13,2	hinschicken zu den Priestern in ihren W.
Ps	69,26	ihre W. soll verwüstet werden
Jes	54,2	breite aus die Decken deiner W.
Hab	1,6	das hinziehen wird, um W. einzunehmen

Wohnung
2Mo	10,23	bei allen *Israeliten war es licht in ihren W.
	15,13	hast sie geführt zu deiner heiligen W.
	17	auf dem Berge, den du dir zur W. gemacht
	25,9	Bild, das ich dir von der W. zeige
	26,1	die W. sollst du machen 6u.ö.35; 27,9.19; 35,11.15.18; 36,8u.ö.31; 38,20.31; 39,32.33.40; 40,2u.ö.33; 4Mo 1,50.51.53; 3,7.8.23.25.26.29.35. 36.38; 4,16.25.26.31; 7,1; 9,15; 10,17.21; 16,9; 31,30.47; 1Ch 6,17.33; 21,29; 23,26
	35,3	kein Feuer am Sabbattag in euren W.
	38,21	Summe der Aufwendungen für die W.
	40,34	Herrlichkeit des HERRN erfüllte die W. 35
	36	wenn die Wolke sich erhob von der W. 38; 4Mo 9,15.18-20.22; 10,11
3Mo	13,46	seine W. soll außerhalb des Lagers sein
	15,31	wenn sie meine W. unrein machen 4Mo 19,13
	17,4	ein Opfer gebracht vor der W. des HERRN
	23,17	sollt aus euren W. zwei Brote bringen
	26,11	will meine W. unter euch haben
4Mo	7,3	brachten ihre Gabe vor die W.
	15,2	Land, das ich euch zur W. geben werde
	16,24	weicht zurück von der W. Korachs 27
	17,28	wer s. naht zu der W. des HERRN, stirbt
	24,5	wie fein sind deine W., Israel 21
	35,2	daß sie den Leviten die W. geben
5Mo	16,7	sollst heimgehen in deine W.
	26,15	sieh herab von deiner heiligen W. Jes 63,15
Jos	22,19	kommt ins Land, wo die W. des HERRN steht
	29	Altar, der vor seiner W. steht 2Ch 1,5
1Sm	2,29	(Opfer), die ich für meine W. geboten
2Sm	7,6	umherzg. in einem Zelt als W. 1Ch 17,5
1Kö	8,13	habe ein Haus gebaut dir zur W. 1Ch 29,1. 19; 2Ch 6,2
	30	wenn du es hörst in deiner W., im Himmel 2Ch 6,21.30.33.39; 30,27
2Kö	8,21	so daß das Volk in seine W. floh
1Ch	7,28	ihr Besitz und ihre W. war Bethel
	16,39	bei der W. des HERRN bei Gibeon
	17,4	nicht du sollst mir ein Haus bauen zur W.

Wolke

2Ch	29,6	Angesicht von der W. des HERRN abgewandt
	36,15	Gott hatte Mitleid mit seiner W.
Esr	7,15	Gott Israels, dessen W. zu Jerusalem ist
Hi	8,6	wird wieder aufrichten deine W.
	18,19	wird keiner übrigbleiben in seinen W. 21
	39,6	dem ich gegeben die Salzwüste zur W.
Ps	43,3	daß sie mich leiten zu deiner W.
	46,5	da die heiligen W. des Höchsten sind
	49,12	Gräber sind ihre W. für und für
	68,6	Vater... ist Gott in seiner heiligen W.
	74,7	entweihen sie die W. deines Namens
	76,3	erstand seine W. in Zion
	78,28	rings um seine W. her (fielen sie ein)
	60	daß sie W. in Silo dahingab
	84,2	wie lieb sind mir deine W., HERR Zebaoth
	87,2	liebt... mehr als alle W. in Jakob
	132,5	eine W. für den Mächtigen Jakobs
	7	wir wollen in seine W. gehen und anbeten
Spr	24,15	zerstöre (des Gerechten) W. nicht
Hl	4,8	steig herab von den W. der Löwen
Jes	22,16	daß du deine W. in den Felsen machen läßt
	32,18	in sicheren W. und in stolzer Ruhe 33,20
Jer	9,10	zur W. der Schakale 10,22; 49,33; 51,37
	18	sie haben unsre W. geschleift 10,25
	25,30	Donner aus seiner heiligen W.
	30,18	will mich über seine W. erbarmen
	31,23	d. HERR segne dich, du W. der Gerechtigkeit
	50,19	Israel will ich zu seiner W. bringen
	51,30	ihre W. sind in Brand gesteckt
Klg	2,2	der Herr hat alle W. Jakobs vertilgt 6
Hes	25,4	daß sie ihre W. in dir bauen
	26,20	daß du keine W. mehr hast
Dan	8,11	es verwüstete die W. seines Heiligtums
Mi	1,3	der HERR wird herauskommen aus seiner W.
Nah	2,12	wo ist nun die W. der Löwen 13
Ze	3,7	so würde ihre W. nicht ausgerottet
Sir	14,27	er hat eine herrliche W.
	24,11	bei diesen allen suchte ich W.
	12	der Schöpfer gab mir eine bleibende W.
Bar	4,35	Teufel werden ihre W. in ihr haben
Mk	5,3	der hatte seine W. in den Grabhöhlen
Jh	14,2	in meines Vaters Hause sind viele W.
	23	zu ihm kommen und W. bei ihm nehmen
Apg	7,46	*daß er eine W. finden möchte*
	28,30	Paulus blieb zwei Jahre in seiner eigenen W.
Eph	2,22	miterbaut zu einer W. Gottes im Geist

Wolf

1Mo	49,27	Benjamin ist ein reißender W.
Jes	11,6	da werden die W. bei den Lämmern wohnen
	65,25	W. und Schaf sollen beieinander weiden
Jer	5,6	der W. aus der Steppe wird sie verderben
Hes	22,27	die Oberen sind wie reißende W.
Hab	1,8	ihre Rosse sind bissiger als die W.
Ze	3,3	ihre Richter (sind) W. am Abend
Sir	13,21	wie wenn sich der W. zum Schaf gesellt
Mt	7,15	inwendig sind sie reißende W.
	10,16	sende euch wie Schafe unter die W. Lk 10,3
Jh	10,12	sieht den W. kommen und verläßt die Schafe
Apg	20,29	daß reißende W. zu euch kommen

Wolke

1Mo	9,13	meinen Bogen in die W. gesetzt 14.16
2Mo	14,20	dort war die W. finster
	24	schaute der HERR aus der W.
2Mo	16,10	die Herrlichkeit des HERRN erschien in der W. 19.9.16; 24,15.16; 34,5; 4Mo 17,7; 5Mo 5,22
	24,18	Mose ging mitten in die W. hinein
	40,34	da bedeckte die W. die Stiftshütte 35.38; 4Mo 9,15.16; 11,25
	36	wenn die W. sich erhob von der Wohnung 37; 4Mo 9,17-21; 10,11.12.34; 14,14; 5Mo 1,33; Ps 78,14
3Mo	16,2	erscheine in der W. über d. Gnadenthron 13
4Mo	12,10	wich die W. von der Stiftshütte
5Mo	4,11	da war Finsternis, W. und Dunkel
	5,22	der HERR redete aus der W.
	33,26	daherfährt auf den W. Ps 104,3; Jes 19,1
Ri	5,4	die W. troffen von Wasser Spr 3,20
2Sm	22,12	ringsum zu seinem Zelt dicke W. Ps 18,12
	23,4	ist wie das Licht am Morgen ohne W.
1Kö	8,10	erfüllte die W. das Haus 11; 2Ch 5,13.14; Hes 10,3.4
	18,44	steigt eine kleine W. auf aus dem Meer 45
Hi	3,5	sollen düstere W. über ihm bleiben
	7,9	eine W. vergeht und fährt dahin
	20,6	sein Haupt an die W. rührt
	22,14	die W. sind seine Hülle 26,9
	26,8	faßt das Wasser zusammen in seine W., und die W. zerreißen nicht 36,27-29; 37,11.15
	30,15	wie eine W. zog mein Glück vorbei
	35,5	schau die W. an hoch über dir
	37,12	kehrt die W., wohin er will
	16	die W., die Wunder des Allwissenden
	21	Licht, das hinter den W. hell leuchtet
	38,9	als ich's mit W. kleidete
	34	kannst du deine Stimme zu der W. erheben
	37	so weise, daß er die W. zählen kann
Ps	18,13	aus d. Glanz vor ihm zogen seine W. dahin
	36,6	deine Wahrheit, so weit die W. gehen 57,11; 108,5
	68,35	seine Macht (ist) in den W.
	77,18	die W. donnerten
	78,23	er gebot den W. droben
	89,7	wer in den W. könnte dem HERRN gleichen
	38	wie der treue Zeuge in den W.
	97,2	W. und Dunkel sind um ihn her
	105,39	breitete eine W. aus, sie zu decken
	135,7	der die W. läßt aufsteigen Jer 10,13; 51,16
	147,8	der den Himmel mit W. bedeckt
Spr	8,28	als er die W. machte Sa 10,1
	25,14	der ist wie W. und Wind ohne Regen
	23	Wind mit dunklen W. bringt Regen Pr 11,3
Pr	11,4	wer auf die W. sieht, der erntet nicht
	12,2	die W. wiederkommen nach dem Regen
Jes	4,5	wird der HERR eine W. schaffen am Tage
	5,6	will den W. gebieten, daß sie nicht regnen
	14,14	ich will auffahren über die hohen W.
	25,5	Hitze bricht durch den Schatten der W.
	44,22	ich tilge deine Missetat wie eine W.
	45,8	ihr W., regnet Gerechtigkeit
	60,8	die da fliegen wie die W.
Jer	4,13	er fährt daher wie W.
	51,9	seine Strafe langt hinauf bis an die W.
Klg	3,44	du hast dich mit einer W. verdeckt
Hes	1,4	kam eine mächtige W.
	28	wie der Regenbogen steht in den W.
	8,11	der Duft einer W. stieg auf
	19,11	sein Wuchs wurde hoch bis an die W. 31,3. 10.14
	30,18	die Stadt wird mit W. bedeckt
	32,7	will die Sonne mit W. überziehen
	38,9	wie eine W., die das Land bedeckt 16
Dan	7,13	es kam einer mit den W. des Himmels

Wolke

Hos	6,4	eure Liebe ist wie eine W. am Morgen 13,3
Nah	1,3	W. sind der Staub unter seinen Füßen
Ze	1,15	dieser Tag ist ein Tag der W.
Wsh	2,4	fährt dahin, als wäre nur eine W. dagewesen
	5,22	werden aus den W. ins Ziel treffen
	19,7	die W. überschattete das Lager
Sir	24,6	war mein Thron auf einer W.
	35,20	sein Gebet reicht bis in die W. 21
	43,15	die W. ziehen, wie die Vögel fliegen
	16	er drückt durch seine Kraft die W. zusammen
	45,5	er führte ihn in die dunkle W.
	50,6	leuchtete wie der Morgenstern durch die W.
Bar	3,29	wer hat sie aus den W. herabgebracht
	6,62	die W. ziehen über die ganze Welt
2Ma	1,22	als die W. vergangen waren
	2,8	dann wird die W. erscheinen wie
StD	3,49	Blitze und W., lobt den Herrn
Mt	17,5	siehe, eine Stimme aus der W. sprach Mk 9,7; Lk 9,34.35
	24,30	den Menschensohn auf den W. des Himmels 26,64; Mk 13,26; 14,62; Lk 21,27
Lk	12,54	eine W. aufsteigen seht vom Westen her
	21,27	werden sehen den Menschensohn kommen in einer W.
Apg	1,9	eine W. nahm ihn auf vor ihren Augen weg
1Ko	10,1	unsre Väter alle unter der W. gewesen 2
1Th	4,17	zugleich mit ihnen entrückt werden auf den W. in der Luft
2Pt	2,17	W., vom Wirbelwind umhergetrieben Jud 12
Heb	12,1	weil wir eine solche W. von Zeugen um uns
Off	1,7	siehe, er kommt mit den W.
	10,1	mit einer W. bekleidet
	11,12	sie stiegen auf in den Himmel in einer W.
	14,14	ich sah, und siehe, eine weiße W. Und auf der W. saß einer 15.16

Wolkenbruch

Jes	30,30	sehen, wie sein Arm herniederfährt mit W.

Wolkendecke

Hi	37,18	kannst du gleich ihm die W. ausbreiten

Wolkensäule

2Mo	13,21	der HERR zog vor ihnen her, am Tage in einer W. 22; 4Mo 14,14; Neh 9,12.19
	14,19	die W. vor ihnen erhob sich
	33,9	kam die W. hernieder 4Mo 12,5; 5Mo 31,15
	10	alles Volk sah die W.
Ps	99,7	er redete mit ihnen in der W.

wolkig

Jo	2,2	(der Tag des HERRN ist nahe,) ein w. Tag

Wolle

3Mo	14,4	scharlachfarbene W. 6.49.51.52; 4Mo 19,6
5Mo	22,11	Kleid, aus W. und Leinen gemacht
Ri	6,37	abgeschorene W.: Wird der Tau allein auf der W. sein 38-40
2Kö	3,4	Mescha hatte W. zu entrichten
Hi	31,20	wenn er von der W. erwärmt wurde
Ps	147,16	er gibt Schnee wie W.
Spr	31,13	sie geht mit W. und Flachs um
Jes	1,18	eure Sünde soll wie W. werden
Hes	27,18	gekauft gegen W. von Zahar

Hes	34,3	ihr kleidet euch mit der W.
Dan	7,9	Haar auf s. Haupt rein wie W. Off 1,14
Hos	2,7	Liebhabern, die mir geben W. und Flachs
	11	will meine W. und m. Flachs ihr entreißen

wollen (aus Wolle)

3Mo	13,47	Kleid, es sei w. oder leinen 48.52.59
Spr	31,21	ihr ganzes Haus hat w. Kleider
Jes	51,8	Würmer werden sie fressen wie ein w. Tuch
Hes	44,17	sollen nichts W. anhaben

wollen (s.a. nicht wollen)

1Mo	2,18	ich w. ihm eine Gehilfin machen
	9,5	w. euer Blut rächen und w. des Menschen Leben fordern Hes 3,18.20; 33,6.8
	15	w. gedenken an meinen Bund 3Mo 26,9.45; Hes 16,60
	12,1	geh in ein Land, das ich dir zeigen w.
	2	ich w. dich zum großen Volk machen 13,16; 17,2.6.20; 21,18; 22,17; 46,3; 48,4; 2Mo 32,10.13; 3Mo 26,9
	2	ich w. dich segnen 3; 17,16
	7	dies Land geben 13,15.17; 15,18; 17,8; 24,7; 28,13; 35,12; 48,4; 2Mo 6,4.8; 32,13; 33,1.3; 32,9; 5Mo 1,8.36.39; 10,11; 11,9.21; 26,3; 31,20; 34,4; Jos 1,6; 5,6; 9,24; 1Ch 16,18
	13,9	w. du zur Linken, w. ich zur Rechten
	15,2	HERR, was w. du mir geben
	16,8	wo w. du hin 32,18; Ri 19,17
	17,2	w. meinen Bund schließen 7.19.21; 2Mo 34,10; Jes 55,3; 61,8; Jer 31,31; 32,40; Hes 16,60.62; 34,25; 37,26
	8	ich w. ihr Gott sein 2Mo 6,7; 29,45; 3Mo 26,12; 5Mo 26,17; Jer 7,23; 11,4; 24,7; 30,22; 31,1.33; 32,38; Hes 11,20; 14,11; 34,24.31; 36,28; 37,23.27; Sa 8,8
	18,23	w. du den Gerechten umbringen 24.26.28.29; 20,4; 4Mo 16,22
	26,3	w. mit dir sein 2Mo 3,12; 4,12; 5Mo 31,23; Jos 1,5; 3,9; Ri 6,16; Jes 43,2; Jer 42,11
	28,15	w. dich behüten, wo du hinziehst
	46,30	ich w. nun gerne sterben
	47,30	w. liegen bei meinen Vätern
2Mo	3,10	ich w. dich zum Pharao senden 4,13
	21	w. ich diesem Volk Gunst verschaffen 6,6
	4,21	w. sein Herz verstocken 7,3; 14,4
	23	w. ich deinen erstgeborenen Sohn töten 11,4; 12,12
	24	der HERR w. (Mose) töten
	5,8	wir w. unserm Gott opfern 4.5.17; 8,23.24
	6,7	ich w. euch annehmen zu meinem Volk 5Mo 26,18; Jer 31,33; 32,38
	8,25	so w. ich den HERRN bitten 9,29
	9,18	w. Hagel fallen lassen 11,1
	12,12	w. Strafgericht halten über alle Götter
	15,1	dem HERRN singen 2; 5Mo 32,3; Ri 5,3; 2Sm 22,50; Ps 7,18; 13,6; 18,50; 21,14; 22,23.26; 26,12; 27,6; 34,2; 35,18; 54,8; 59,17.18; 61,9; 63,5; 69,31; 71,22; 75,10; 90,14; 101,1; 104,33; 108,2.4; 109,30; 118,28; 138,1; 145,1.2; 146,2; Jes 38,20; Rö 15,9
	26	w. dir keine Krankheit auferlegen 23,25.26
	16,4	ich w. euch Brot vom Himmel regnen lassen
	17,6	ich w. dort vor dir stehen 19,9; 33,19.22.23; 4Mo 11,17
	14	ich w... austilgen 23,22.27.28.30.31; 34,11; 3Mo 18,24; 5Mo 6,16; Jos 11,6; 13,6; Ps 81,15; 89,24

wollen

2Mo	19,8	alles, was der HERR geredet hat, w. wir tun 24,3.7; 4Mo 32,31; 5Mo 5,27; Jos 1,16; Jer 42,6.20
	20,19	rede du mit uns, wir w. hören Jos 1,17
	24	Altar... w. zu dir kommen 25,22; 29,42-44; 4Mo 23,15
	32,33	ich w. den aus meinem Buch tilgen
	33,2	ich w. vor dir her senden einen Engel
	14	ich w. dich zur Ruhe leiten
	34,10	vor deinem ganzen Volk w. ich Wunder tun
3Mo	1,2	wer dem HERRN ein Opfer darbringen w. 3. 10.14; 2,1.4.11.14; 3,1.6; 4,32; 7,12.29; 19,5; 22,18.21.29; 4Mo 15,3.4.8.13.14; Hes 46,12
	17,10	gegen den w. ich mein Antlitz kehren und w. ihn ausrotten 20,3.5.6; 23,30; 26,16u.ö.36; Hes 14,8.9
	26,4	so w. ich euch Regen geben 5Mo 11,14.15; 1Kö 18,1
	6	ich w. Frieden geben in eurem Lande 2Sm 7,11; 1Ch 22,9; Jer 33,6
	11	w. meine Wohnung unter euch haben 1Kö 6,13; 2Kö 21,4.7; 2Ch 6,20; 33,7; Ps 132,14; Jer 7,3.7; Hes 37,27; 43,7.9; Sa 2,14.15; 8,3
4Mo	14,12	w. dich zu einem mächtigeren Volk machen 5Mo 9,14
	35	habe ich gesagt, das w. ich auch tun
	17,10	ich w. sie im Nu vertilgen
	20,17	die Landstraße w. wir ziehen 19; 21,22; 5Mo 2,27.28
	22,17	ich w. dich ehren 24,11; Ri 13,17
	32,27	wir w. in den Kampf ziehen 17.32; 5Mo 1,41
5Mo	2,25	w. Furcht vor dir auf alle Völker legen
	9,8	daß er euch vertilgen w. 19.20.25; 32,20.21.23. 24.26
	13,11	hat dich abbringen w. von dem HERRN 6
	18,18	ich w. ihnen einen Propheten erwecken 1Sm 2,35
	26,18	daß du alle seine Gebote halten w. Ps 119,8. 44.93.106.115.134.145.146
	32,35	ich w. vergelten 40-42; Rö 12,19; Heb 10,30
Jos	24,15	ich und mein Haus w. dem HERRN dienen 18.21.24; 1Sm 12,10
Rut	1,16	wo du hingehst, w. ich auch hingehen 17
1Sm	1,11	so w. ich ihn dem HERRN geben 22
	2,30	wer mich ehrt, den w. ich auch ehren
	35	dem w. ich ein beständiges Haus bauen 2Sm 7,11-13.27; 1Kö 11,38; 11,34.37.38; 1Ch 17,14; 2Ch 7,18; Ps 89,5; 132,11
	12,17	ich w. aber den HERRN anrufen Ps 55,17.18; 80,19; 116,2.17
2Sm	7,14	ich w. sein Vater sein 1Ch 17,13; 22,10; Jer 3,19
	22,50	w. dir danken, HERR Ps 18,50; 28,7; 30,13; 35,18; 52,11; 56,13; 71,22; 108,4; 116,2
	24,13	w. du, daß drei Jahre lang Hungersnot
1Kö	1,5	Adonija sprach: Ich w. König werden
	2,30	hier w. ich sterben
	3,9	w. du ein gehorsames Herz geben
	6,12	w. mein Wort wahr machen Jer 29,10; 33,14
	8,12	er w. im Dunkel wohnen 2Ch 6,1
	29	du w. hören das Gebet 30.32.34.36.39.43.45. 49; 2Ch 6,23.25.27.30.33.35.39; 7,14
	30	w. du gnädig sein 50; 2Ch 6,21; 30,18
	9,7	das Haus w. ich verwerfen 11.11.12.31.34.35. 39; 14,10; 16,3; 21,21.22.29; 1Kö 9,8.9; 14,27; 21,12-14; 22,16.20; 23,27; 2Ch 34,24.28
	11,13	einen Stamm w. ich deinem Sohn lassen 35
	19,18	ich w. übriglassen siebentausend
2Kö	2,1	als der HERR Elia gen Himmel holen w.
	19,34	ich w. diese Stadt beschirmen Jes 37,35; 38,6

2Kö	20,5	ich w. dich gesund machen 6; Jes 38,5
1Ch	21,13	ich w. in die Hand des HERRN fallen
2Ch	2,3	w. dem HERRN ein Haus bauen 4.8.9.11
Neh	1,8	so w. ich euch zerstreuen
	9	w. euch von da sammeln Jes 43,5.6; 49,22; 54,7.8; 56,7.8; Jer 3,14; 12,15; 16,16; 24,5.6; 30,10; 31,8; 32,37.41; 46,27; 50,19; Hes 11,17; 20,9.34.38.41; 34,12.13; 36,24; 37,12.21; Jo 4,7; Mi 2,12; Ze 3,19.20; Sa 8,8; 10,8.10
	10,1	w. wir eine Abmachung treffen 32-40
Est	6,6	den der König gern ehren w. 7.9.11
	7,4	so w. ich schweigen Hi 6,24; 13,19; Ps 39,10
Hi	7,11	ich w. reden und w. klagen 9,35; 10,1; 13,3
	9,12	wer w. ihm wehren 19; 11,10; 21,22; 23,13; 36,23; Jes 14,27; 43,13; 45,11; Jer 49,19; 50,44
	10,8	du w. mich verderben
	13,7	w. ihr Gott verteidigen 8
	15	doch w. ich meine Wege verantworten
	14,14	alle Tage w. ich harren
	17,3	wer w. mich sonst vertreten
	23,13	er macht's, wie er w. 37,12; Ps 115,3; 135,6; Spr 21,1; Hes 22,14; 24,14; Dan 4,32
	33,13	warum w. du mit ihm hadern 34,17.29; 40,8
	34,31	ich w. kein Unrecht mehr tun
	38,3	ich w. dich fragen, lehre mich 40,7; 42,4
	42,8	Hiob w. ich erhören
Ps	2,7	kundtun w. ich den Ratschluß des HERRN
	8	so w. ich dir Völker zum Erbe geben
	5,3	denn ich w. zu dir beten
	4	frühe w. du meine Stimme hören, frühe w. ich mich zu dir wenden 57,9; 108,3
	12,4	HERR w. ausrotten alle Heuchelei
	6	w. aufstehen... w. Hilfe schaffen
	8	du, HERR, w. sie bewahren
	14,4	w. das keiner der Übeltäter begreifen
	17,15	w. schauen dein Antlitz in Gerechtigkeit
	20,6	dann w. wir jubeln
	22,23	ich w. deinen Namen kundtun 40,6; 45,18; 66,16; 71,14; 75,10; 119,13.27; Jes 57,12; Hes 39,7
	26	ich w. meine Gelübde erfüllen 116,14.18; 119,106
	27,2	wenn die Übeltäter an mich w. 55,19
	31,4	w. du mich leiten 5; 61,3
	32,3	als ich es w. verschweigen, verschmachteten
	5	w. dem HERRN meine Übertretungen bekennen
	8	ich w. dich unterweisen... w. dich leiten
	34,12	ich w. euch die Furcht des HERRN lehren
	35,5	zuschanden werden, die mein Unglück w.
	17	wie lange w. du zusehen
	27	der seinem Knecht so wohl w.
	39,2	ich w. mich hüten, daß ich nicht sündige
	40,7	du w. weder Brandopfer noch Sündopfer 50,13
	41,11	hilf mir auf, so w. ich ihnen vergelten
	42,5	daran w. ich denken: wie ich einherzog
	44,6	durch dich w. wir Feinde zu Boden stoßen
	45,2	einem König w. ich es singen
	46,11	der Höchste sein unter den Heiden
	50,4	daß er sein Volk richten w.
	7	Israel, ich w. wider dich zeugen
	15	rufe mich an... ich w. dich erretten 86,7
	21	ich w. dich zurechtweisen
	51,15	ich w. die Übertreter deine Wege lehren
	52,11	ich w. harren auf deinen Namen 71,14
	54,8	so w. ich dir ein Freudenopfer bringen
	55,4	sie w. Unheil über mich bringen
	8	so w. ich in die Ferne fliehen 9.13
	56,5	ich w. Gottes Wort rühmen; auf Gott w. ich hoffen 11

wollen

Ps	59,10	zu dir w. ich mich halten
	60,8	ich w. frohlocken; w. Sichem verteilen 108,8
	14	mit Gott w. wir Taten tun 108,14
	63,3	ich w. gerne sehen deine Macht
	64,6	reden davon, wie sie Stricke legen w.
	65,4	du w. unsre Sünde vergeben
	66,13	w. in dein Haus gehen mit Brandopfern 15
	68,23	aus... w. ich sie wieder holen
	79,5	wie lange w. du so sehr zürnen 80,5; 85,6; 89,47; Jer 3,5
	81,9	ich w. dich ermahnen
	82,2	wie lange w. ihr unrecht richten
	84,11	ich w. lieber die Tür hüten
	90,17	das Werk unsrer Hände w. du fördern
	91,14	darum w. ich ihn erretten 15.16
	94,8	ihr Toren, wann w. ihr klug werden Spr 1,22
	95,7	wenn ihr heute auf s. Stimme hören w.
	10	Leute, deren Herz immer den Irrweg w.
	112,10	was die Gottlosen w., das wird zunichte
	116,13	ich w. den Kelch des Heils nehmen
	118,10	im Namen des HERRN w. ich sie abwehren 11.12
	119,117	w. stets Freude haben an deinen Geboten
	122,8	w. ich dir Frieden wünschen 9
	130,3	wenn du Sünden anrechnen w.
	132,7	wir w. in seine Wohnung gehen und anbeten
	15	ich w. ihre Speise segnen
	139,19	ach Gott, w. du doch die Gottlosen töten
	142,5	da w. niemand mich kennen
Spr	1,11	wir w. auf Blut lauern 12.13
	26	w. ich auch lachen bei eurem Unglück
	4,11	ich w. dich den Weg der Weisheit führen
	6,9	wann w. du aufstehen von deinem Schlaf
	16,33	das Los fällt, wie der HERR w.
	20,22	sprich nicht: Ich w. Böses vergelten
Pr	2,1	ich w. Wohlleben und gute Tage haben
	6,12	wer w. dem Menschen sagen, was nach ihm kommen wird 8,7; 10,14
	7,23	ich dachte, ich w. weise werden
Hl	1,4	wir w. uns freuen und fröhlich sein
	7,13	da w. ich dir meine Liebe schenken
Jes	1,19	w. ihr mir gehorchen, so sollt ihr
	25	meine Hand wider dich kehren 3,4; 29,2.3. 14; 65,6.7.12; 66,4; Jer 1,15.16; 2,35; 5,14.15; 6,21; 8,17; 9,6.14; 10,18; 11,11.22.23; 13,9.13; 14,10; 19,20.4; 21,4.13.14; 23,2.15.30-32.39; 25,9; 29,17.21; 34,2.22; 36,31; 39,16; 42,17; 44,13.29; Hes 4,15.16; 5,2.8-17; 6,3-5.12.14; 7,3. 4.8.9.20-24.27; 8,18; Hes 4,15.16; 5,2.8-17; 6,3-5.12.14; 7,3.4.8.9.20-24.27; 8,18; 9,8.10; 11,8-13.21; 12,13.14; 13,8.13-15.20.21; 15,6.7; 16,37-43.59; 17,19.20; 18,30; 20,33-40; 21,8.32; 22,4.15.19-21; 23,22-28.48; 24,9.13.16.21; 33,25-28; 34,10; 38,16.17; Hos 1,4.5; 2,8.11-15; 4,5.6.9; 7,12; 8,10.13.14; 9,14-16; 10,11; 13,7.8. 11; Am 2,5.13; 3,2.14; 4,12; 5,17; 6,7.14; 7,8. 9; 8,2.9.10; 9,1-4.9; Mi 1,6.7.15; 5,9-13; 6,13.14. 16; Hab 1,6; Ze 1,2-4.8.9.12.17; Sa 9,10; 10,3; 11,6; 13,2.7; Mal 2,3; 3,5
	26	ich w. dir wieder Richter geben 28,17; 51,4
	6,8	wer w. unser Bote sein
	8,17	ich w. hoffen auf den HERRN Klg 3,24
	10,3	w. ihr tun am Tage der Heimsuchung Jer 4,30
	12	w. heimsuchen... Assyrien 13,11.13.17; 14,22. 30; 33,10; 42,14.15; 49,25.26; 51,23; 59,18; Jer 12,14.17; 25,31; 30,11; 43,10; 44,30; 46,25.28; 48,35; 49,5.15.35-38; 50,9.18.31; 51,1.9.25.29.36. 47.52; Hes 21,3.35.36; 25,4.5.7-17; 26,3.4.7.13. 14.19.20; 28,7.22.23; 29,3-12.15.19.20; 30,10-16. 19.22-25; 32,3-7.9.12-14; 35,3-11.14.15; 38,3.4.

		11.21.22; 39,1-6.11; Jo 4,2.4.8.12; Am 1,4-14; 2,2.3; Ob 4.8; Mi 4,11.13; 5,14; Nah 1,14; 2,14; 3,5-7; Ze 2,5; Hag 2,7.21.22; Sa 2,13; 9,6.7.13; 12,2-4.6; Mal 1,4
Jes	14,13	gedachtest: Ich w. in d. Himmel steigen 14
	27,3	w. ich ihn Tag und Nacht behüten
	28,9	wen w. der denn Erkenntnis lehren
	29,15	die verborgen sein w. vor dem HERRN
	40,18	mit wem w. ihr Gott vergleichen 25; 46,5
	41,18	w. Wasserbäche öffnen 17.19; 43,19.20; 44,3
	42,8	w. meine Ehre keinem andern geben 48,11
	16	die Blinden. ich leiten
	19	mein Bote, den ich senden w. Mal 3,1.23
	44,3	w. meinen Geist auf deine Kinder gießen Jo 3,1-3; Sa 12,10; Apg 2,17-19
	45,2	w. das Bergland eben machen 13; 49,11
	46,4	ich w. euch tragen... w. heben und tragen
	13	ich w. zu Zion das Heil geben
	47,3	w. mich rächen, unerbittlich 48,11
	49,3	durch den ich mich verherrlichen w.
	50,8	wer w. mit mir rechten 9
	53,10	so w. ihn der HERRN zerschlagen
	12	w. ich ihm die Vielen zur Beute geben
	57,18	ich w. sie heilen 19; 58,14; Jer 3,22; 30,17; 33,6; Hos 7,1.13
	60,7	ich w. das Haus meiner Herrlichkeit zieren 13.15.17; Hag 2,7
	63,7	ich w. der Gnade des HERRN gedenken
	64,11	HERR, w. du bei alledem schweigen
	65,17	ich w. einen neuen Himmel schaffen 18.19
	24	ehe sie rufen, w. ich antworten
	66,13	ich w. euch trösten
	19	ich w. ein Zeichen aufrichten
Jer	1,8	ich bin bei dir und w. dich erretten
	12	ich w. wachen über meinem Wort
	18	ich w. dich zur festen Stadt machen
	2,17	sooft er dich den rechten Weg leiten w.
	3,15	ich w. euch Hirten geben
	4,1	w. du dich, Israel, bekehren
	5,1	so w. ich dir gnädig sein
	6,4	wehe, es w. Abend werden
	9,23	wer sich rühmen w., der rühme sich dessen
	15,5	wer w. sich deiner erbarmen, Jerusalem
	18,12	wir w. nach unsern Gedanken wandeln 44,17.25
	22,28	ein Gefäß, das niemand haben w. 48,38; Hos 8,8
	23,5	David einen gerechten Sproß erwecken w. 33,15; Sa 3,8
	25,3	ihr habt nie hören w. 4; 26,3
	27,5	ich gebe sie, wem ich w. Dan 4,14.22.29; 5,21
	13	warum w. ihr sterben Hes 18,31; 33,11
	29,14	w. mich von euch finden lassen
	32	das Gute, das ich meinem Volk tun w.
	30,11	w. dich mit Maßen züchtigen 46,28
	18	w. das Geschick Jakobs wenden 33,7; Hes 16,53; 39,25
	31,4	ich w. dich wiederum bauen 9.25.28; 42,10.12; Hes 17,22.23; 21,22.32; 29,21; Hos 1,7; Am 9,11.14.15; Mal 3,17
	18	bekehre du mich, so w. ich mich bekehren
	34	w. ihnen ihre Missetat vergeben 33,8
	33,3	w. dir antworten und w. dir kundtun
	15	w. einen gerechten Sproß aufgehen lassen
	50,5	wir w. uns dem HERRN zuwenden
Klg	5,20	warum w. du uns so ganz vergessen
Hes	6,8	ich w. einige übriglassen 12,16; Ze 3,12
	11,19	w. ihnen ein anderes Herz geben 36,26.27
	28,25	w. zeigen, daß ich heilig bin 36,23; 38,23; 39,7.21

wollen

Hes	34,10	w. meine Schafe erretten 11.14-16.22.23.26.29; 43,27		
	17	w. richten zwischen Schaf und Schaf 20.22		
	36,9	ich w. mich wieder zu euch kehren 10-12.15. 29.30.33.37		
	25	w. euch reinigen 29; 37,23		
	37,5	ich w. Odem in euch bringen 6.14		
	22	w. ein einziges Volk aus ihnen machen 19		
Dan	3,17	wenn unser Gott w., kann er erretten		
	5,19	tötete, wen er w.; ließ leben, wen er w. 11,3. 36; Mi 7,3; Hab 1,7		
Hos	2,16	w. sie locken und w. sie in die Wüste führen 17.19.20		
	21	w. mich mit dir verloben für alle Ewigkeit 22		
	23	ich w. den Himmel erhören 25		
	5,15	ich w. wieder an meinen Ort gehen 6,1		
	11,11	w. sie wieder wohnen lassen 12,10		
	13,14	ich w. sie aus dem Totenreich erlösen		
	14,5	w. sie lieben 6.9; Jo 2,19.20.25; Mi 4,6.7; Ze 3,19.20; Hag 2,19; Sa 8,12; 9,12; 10,6.12		
Mi	7,7	ich aber w. auf den HERRN schauen 9		
Hab	1,5	ich w. etwas tun zu euren Zeiten		
	3,18	w. mich freuen des HERRN		
Ze	3,9	w. den Völkern reine Lippen geben 11		
Hag	1,8	ich w. meine Herrlichkeit erweisen		
Sa	1,3	w. ich euch zuwenden 16; 3,7; Mal 3,7		
	2,9	w. eine feurige Mauer um sie sein 9,8		
	3,9	w. die Sünde des Landes wegnehmen		
	8,7	ich w. mein Volk erlösen 13		
	13,9	w. läutern und prüfen		
Mal	1,4	wir w. das Zerstörte wieder bauen		
	3,11	ich w. um euretwillen... bedrohen		
	17	an dem Tage, den ich machen w. 21		
Jdt	3,4	verfüge darüber, wie du w.		
	5,22	dann w. wir hinaufziehen 26		
	7,24	so w. wir tun, was ihr erbeten habt		
	8,12	darum w. wir bereuen 14		
	14	daß er Barmherzigkeit an uns erweisen w.		
	16	wir w. mit Demut Trost erwarten		
	9,4	wenn du helfen w., so kann's nicht fehlgehen		
	11,13	ich w. meinem Gott dienen		
Wsh	2,7	wir w. mit bestem Wein uns füllen		
	6,24	was die Weisheit ist, w. ich verkündigen		
	9,13	wer kann ergründen, was der Herr w.		
	12,18	du vermagst alles, wenn du w.		
	14,5	du w., daß nicht ungenützt bleibt		
	16,21	verwandelte sich in das, was er gern w.		
Tob	1,14	überallhin zu gehen, wohin er w.		
	3,8	getötet, sobald sie zu ihr eingehen w.		
	11	w. du mich auch töten		
	5,26	ich w., daß das Geld nie gewesen wäre		
	7,10	heute weder essen noch trinken		
	12	als er ihm keine Antwort geben w.		
	8,4	w. wir als Eheleute einander gehören		
	10,7	unserm Sohn geht's, wie Gott w., gut		
Sir	1,32	w. du weise werden, so halte die Gebote		
	2,1	w. du Gottes Diener sein		
	22	wir w. lieber in die Hände des Herrn fallen		
	3,3	der Herr w. den Vater geehrt wissen		
	5,3	denke nicht: Wer w. mir's verwehren		
	8,17	man spricht das Urteil, wie er w.		
	11,19	nun w. ich mir ein gutes Leben machen		
	12,18	(er) tut so, als w. er dir helfen		
	15,15	wenn du w., kannst du die Gebote halten		
	16	ergreife das, was du w. 17		
	20,16	heute leiht er, morgen w. er's wieder haben		
	21,22	wenn man den Narren erziehen w.		
	25,22	ich w. lieber bei Drachen wohnen als		
	27,1	die reich werden w., nehmen es nicht genau		
	28,3	w. bei dem Herrn Gnade suchen 4.5		
Sir	31,9	wo ist der? so w. wir ihn loben		
	33,18	für alle, die gern lernen w.		
	26	läßt du ihn müßig gehen, so w. er frei sein		
	37,8	jeder Ratgeber w. raten		
	41,16	ein Leben, es sei so gut, wie es w.		
	42,15	ich w. nun preisen des Herrn Werke		
	51,17	darum w. ich dir danken, Herr 30		
	19	w. (Weisheit) bis an mein Ende suchen		
Bar	2,34	ich w. sie zurückbringen... ich w. sie mehren		
	35	ich w. einen ewigen Bund aufrichten, daß ich ihr Gott sein w.		
1Ma	2,37	wir w. lieber schuldlos sterben		
	41	w. wir uns wehren 3,43; 5,57		
	3,14	ich w. mir einen Namen machen		
	60	was Gott im Himmel w., das geschehe		
	7,10	taten so, als w. sie Frieden halten 27.28		
	9,10	so w. wir sterben für unsre Brüder		
	10,28	diese eure Treue w. wir vergelten		
	13,9	wir w. dir gehorsam sein in allem 46		
2Ma	6,19	er w. lieber in Ehren sterben 24.27; 7,11.25. 37; 14,42		
	7,2	was w. du viel fragen		
	16	weil du Gewalt hast, tust du, was du w.		
	24	so w. er ihn reich machen		
	11,24	die Juden bei ihrer Lebensweise bleiben w.		
StD	2,24	ich w. den Herrn, meinen Gott, anbeten		
GMn	15	du w. mir Unwürdigem helfen		
Mt	4,19	ich w. euch zu Menschenfischern machen Mk 1,17		
	7,12	was ihr w., daß euch die Leute tun sollen, das tut ihnen auch Lk 6,31		
	8,2	wenn du w., kannst du mich reinigen Mk 1,40; Lk 5,12		
	3	ich w.'s tun; sei rein Mk 1,41; Lk 5,13		
	7	ich w. kommen und ihn gesund machen		
	19	Meister, ich w. dir folgen Lk 9,57.61		
	29	was w. du von uns, du Sohn Gottes 31; Mk 1,24; 5,7; Lk 8,28		
	10,32	den w. ich bekennen vor meinem Vater 33		
	11,7	w. ihr ein Rohr sehen, das 8.9; Lk 7,24-26		
	14	wenn ihr's annehmen w.		
	28	ich w. euch erquicken		
	12,18	meinen Geist auf ihn legen		
	38	*wir w. ein Zeichen von dir sehen*		
	44	ich w. wieder zurückkehren in mein Haus Lk 11,24		
	46	s. Brüder w. mit ihm reden 47; Lk 8,20		
	13,28	w. du, daß wir hingehen und es ausjäten		
	35	ich w. meinen Mund auftun in Gleichnissen		
	14,7	er w. ihr geben, was sie fordern würde		
	15,28	dir geschehe, wie du w.		
	32	ich w. sie nicht hungrig gehen lassen		
	16,18	auf diesen Felsen w. ich meine Gemeinde bauen		
	19	ich w. dir die Schlüssel geben		
	25	wer sein Leben erhalten w., wird's verlieren Mk 8,35; Lk 9,24		
	17,4	w. du, so w. ich drei Hütten bauen Mk 9,5		
	12	sie haben mit ihm getan, was sie w. Mk 9,13		
	19,17	w. zum Leben eingehen, halte die Gebote		
	21	w. du vollkommen sein, so geh hin		
	20,4	ich w. euch geben, was recht ist 14		
	15	habe ich nicht Macht zu tun, was ich w.		
	17	da Jesus w. hinaufziehen nach Jerusalem		
	20	w. ihn um etwas bitten 21; Mk 10,35		
	26	wer unter euch groß sein w., sei euer Diener 27; Mk 10,43		
	32	was w. ihr, daß ich tun soll Mk 10,36.51; Lk 18,41		
	21,24	w. ich euch sagen, aus welcher Vollmacht Mk 11,29; Lk 20,3		

wollen

Mt	23,4	sie selbst wollen k. Finger dafür krümmen
	13	die hinein w., laßt ihr nicht Lk 11,52
	33	wie w. ihr der Verdammnis entrinnen
	37	habe ich deine Kinder versammeln w. Lk 13,34
	26,15	was w. ihr mir geben
	17	wo w. du, daß wir dir das Passalamm bereiten Mk 14,12; Lk 22,9
	18	ich w. bei dir das Passa feiern
	32	w. vor euch hingehen nach Galiläa
	33	so w. ich doch niemals Ärgernis nehmen
	39	doch nicht wie ich will, sondern wie du w. Mk 14,36; Lk 22,42
	45	w. ihr weiter schlafen und ruhen Mk 14,41
	58	um zu sehen, worauf es hinaus w.
	27,15	Gefangenen loszugeben, welchen sie w.
	17	welchen w. ihr? Wen soll ich euch losgeben 21; Mk 15,9; Jh 18,39
	42	dann w. wir an ihn glauben
	63	w. nach drei Tagen auferstehen
	28,14	w. wir (den Statthalter) beschwichtigen
Mk	3,13	rief zu sich, welche er w.
	21	die Seinen w. ihn festhalten
	4,13	wie w. ihr dann die andern verstehen
	30	womit w. wir das Reich Gottes vergleichen
	5,23	*du w. kommen und... auf sie legen*
	6,19	Herodias w. ihn töten 25
	22	bitte von mir, was du w., ich w. dir's geben 23
	26	wegen des Eides w. er sie keine Fehlbitte tun lassen
	48	w. an ihnen vorübergehen
	7,24	w. es niemanden wissen lassen
	8,34	wer mir nachfolgen w., der verleugne sich selbst Lk 9,23
	9,35	wenn jemand w. der Erste sein, der soll der Letzte sein
	14,7	wenn ihr w., könnt ihr ihnen Gutes tun
	58	ich w. diesen Tempel abbrechen Jh 2,19.20
	15,12	Pilatus sprach zu ihnen: Was w. ihr
	15	Pilatus aber w. dem Volk zu Willen sein
Lk	1,59	w. es nach seinem Vater nennen 62
	66	was w. aus dem Kindlein werden
	4,6	alle diese Macht w. ich dir geben
	7	*wenn du mich w. anbeten*
	16	ging in die Synagoge und w. lesen
	34	was w. du von uns, Jesus von Nazareth
	42	sie kamen zu ihm und w. ihn festhalten
	5,5	auf dein Wort w. ich die Netze auswerfen
	39	niemand, der vom alten Wein trinkt, w. neuen
	6,11	beredeten, was sie Jesus tun w.
	42	ich w. den Splitter aus deinem Auge ziehen
	47	ich w. euch zeigen, wem er gleicht
	9,54	Herr, w. du, so w. wir sagen
	10,1	sandte sie vor sich her in alle Orte, wohin er gehen w.
	22	als nur der Sohn und wem es der Sohn offenbaren w.
	24	viele Propheten w. sehen, was ihr seht, und haben's nicht gesehen
	29	w. sich selbst rechtfertigen und sprach
	35	wenn du mehr ausgibst, w. ich dir's bezahlen
	11,18	*wie w. sein Reich bestehen*
	43	ihr w. gegrüßt sein auf dem Markt
	49	ich w. Propheten und Apostel zu ihnen senden
	12,5	ich w. euch zeigen, vor wem ihr euch fürchten sollt
	18	das w. ich tun 19; 16,4
Lk	12,49	was w. ich lieber, als daß es schon brennte
	13,9	*ob er doch noch w. Frucht bringen*
	31	Herodes w. dich töten
	14,28	wer ist unter euch, der einen Turm bauen w.
	31	w. sich auf einen Krieg einlassen
	15,18	ich w. zu meinem Vater gehen
	16,11	*wer w. euch das wahre Gut anvertrauen*
	26	daß niemand, der von hier hinüber w.
	18,5	w. ich dieser Witwe Recht schaffen
	20,13	ich w. meinen lieben Sohn senden
	46	*die w. einhergehen in langen Kleidern*
	21,15	ich w. euch Mund und Weisheit geben
	22,4	*wie er ihn w. überantworten*
	49	*sahen, was da werden w.*
	23,16	darum w. ich ihn schlagen lassen und losgeben 20.22; Apg 3,13
	31	*was w. am dürren werden*
	24,28	er stellte sich, als w. er weitergehen
	29	denn es w. Abend werden, und der Tag hat sich geneigt
	49	ich w. auf euch herabsenden, was mein Vater verheißen hat
Jh	1,43	am nächsten Tag w. Jesus nach Galiläa gehen
	3,8	der Wind bläst, wo er w.
	4,23	der Vater w. solche Anbeter haben
	5,6	spricht er zu ihm: W. du gesund werden
	21	macht auch der Sohn lebendig, welche er w.
	35	ihr w. eine kleine Weile fröhlich sein
	6,6	er wußte wohl, was er tun w.
	11	desgleichen von den Fischen, soviel sie w.
	21	da w. sie ihn ins Boot nehmen
	67	da fragte Jesus: W. ihr auch weggehen
	7,4	niemand tut... und w. doch öffentlich etwas gelten
	8	ich w. nicht hinaufgehen zu diesem Fest
	17	wenn jemand dessen Willen tun w.
	35	wo w. dieser hingehen, daß wir ihn nicht finden könnten
	44	es w. einige ihn ergreifen
	8,22	w. er sich denn selbst töten
	44	nach eures Vaters Gelüste w. ihr tun
	55	wenn ich sagen w.: Ich kenne ihn nicht
	9,27	w. ihr's abermals hören
	27	w. ihr auch seine Jünger w.
	10,32	um welches dieser Werke willen w. ihr mich steinigen
	38	glaubt doch den Werken, wenn ihr mir nicht glauben w.
	11,8	Meister, eben noch w. die Juden dich steinigen
	12,21	wir w. Jesus gerne sehen
	26	wer mir dienen w., der folge mir nach
	28	ich habe ihn verherrlicht und w. ihn abermals verherrlichen
	32	wenn ich erhöht werde von der Erde, w. ich alle zu mir ziehen
	13,37	ich w. mein Leben für dich lassen 38
	14,13	was ihr bitten werdet in meinem Namen, das w. ich tun 14
	16	ich w. den Vater bitten, und er wird euch
	18	ich w. euch nicht als Waisen zurücklassen
	22	Herr, was bedeutet es, daß du dich uns offenbaren w. und nicht der Welt
	15,7	werdet ihr bitten, was ihr w., und es wird euch widerfahren
	16,7	wenn ich gehe, w. ich ihn zu euch senden
	19	da merkte Jesus, daß sie ihn fragen w.
	22	auch ihr habt nun Traurigkeit; aber ich w. euch wiedersehen

wollen

Jh	16,26	ich sage euch nicht, daß ich den Vater für euch bitten w.
	17,24	ich w., daß, wo ich bin, auch die bei mir seien
	26	w. (deinen Namen) kundtun
	20,15	sage mir, wo du ihn hingelegt hast; dann w. ich ihn holen
	21,3	ich w. fischen gehen
	18	gingst, wo du hin w.
	22	wenn ich w., daß er bleibt, bis ich komme, was geht es dich an 23
Apg	2,12	was w. das werden 5,24
	17	da w. ich ausgießen von meinem Geist auf alles Fleisch 18.19
	3,3	sah, wie (Petrus und Johannes) in den Tempel hineingehen w.
	4,16	was w. wir mit diesen Menschen tun 5,35
	17	w. wir ihnen drohen
	5,4	konntest du nicht noch tun, was du w.
	28	ihr w. das Blut dieses Menschen über uns
	33	und sie w. sie töten
	39	als solche, die gegen Gott streiten w.
	6,3	die wir bestellen w. zu diesem Dienst 4
	7,3	zieh in das Land, das ich dir zeigen w. 5
	7	das Volk, dem sie als Knechte dienen müssen, w. ich richten
	28	w. du mich töten wie gestern den Ägypter
	34	komm her, ich w. dich nach Ägypten senden
	43	ich w. euch wegführen bis über Babylon
	49	was w. ihr mir für ein Haus bauen, spricht der Herr
	9,16	ich w. ihm zeigen, wieviel er leiden muß
	21	vernichten w., die diesen Namen anrufen
	10,10	als er hungrig wurde, w. er essen
	12,6	in jener Nacht, als ihn Herodes vorführen lassen w. 19
	13,15	w. ihr etwas reden, so sagt es
	34	ich w. euch die Gnade treu bewahren
	14,5	als (Heiden und Juden) sie steinigen w.
	13	der Priester des Zeus w. opfern samt d. Volk
	15,16	danach w. ich mich wieder zu ihnen wenden
	37	Barnabas w., daß sie Markus mitnähme 16,3
	16,27	zog er das Schwert und w. sich töten
	17,18	als w. er fremde Götter verkündigen
	20	nun w. wir gerne wissen, was das ist 32
	31	Tag, an dem er den Erdkreis richten w.
	18,14	als Paulus den Mund auftun w. 19,30.33
	18	er w. nach Syrien fahren 27; 20,3.7.13
	21	w.'s Gott, so w. ich wieder zu euch kommen
	19,39	wir w. darüber hinaus noch etwas
	21,31	als sie ihn töten w., kam die Nachricht 23,27
	22,26	was w. du tun
	30	am nächsten Tag w. er genau erkunden 23,28.35
	23,15	als w. ihr ihn genauer verhören 20
	24,4	du w. uns kurz anhören in deiner Güte 10
	6	wir w. ihn richten nach unserm Gesetz
	22	w. ich eure Sache entscheiden
	27	Felix w. den Juden eine Gunst erweisen 25,9
	25,3	sie w. ihm einen Hinterhalt legen
	9	du w. hinauf nach Jerusalem und dich dort richten lassen 20
	26,3	du w. mich geduldig hören
	5	wenn sie es bezeugen w.
	16	zum Zeugen für das, was ich dir zeigen w.
	17	ich w. dich erretten von deinem Volk
	27,30	w. auch vorne die Anker herunterlassen 39
	43	der Hauptmann w. Paulus am Leben erhalten
	28,16	ward Paulus erlaubt, zu wohnen, wo er w.
Apg	28,18	diese w. mich losgeben, nachdem sie mich verhört hatten
	22	doch w. wir von dir hören, was du denkst
Rö	1,10	ob sich's einmal zutragen w.
	2,19	w. dich vermessen, ein Leiter zu sein
	6,2	wie sollten wir in der Sünde leben w.
	7,15	ich tue nicht, was ich w. 19; Gal 5,17
	18	W. habe ich wohl, aber das Gute vollbringen kann ich nicht 21
	19	das Gute, das ich w., das tue ich nicht 20
	8,31	was w. wir nun hierzu sagen 3,5; 6,1; 7,7; 9,14.30
	33	wer w. die Auserwählten Gottes beschuldigen 34.35
	9,9	um diese Zeit w. ich kommen, und Sara soll einen Sohn haben
	16	so liegt es nicht an jemandes W.
	18	so erbarmt er sich, wessen er w., und verstockt, wen er w.
	20	wer bist du, daß du mit Gott rechten w.
	22	da Gott seine Macht kundtun w.
	25	ich w. das mein Volk nennen, das nicht mein Volk war
	10,6	wer w. hinauf gen Himmel fahren 7
	19	w. euch eifersüchtig machen auf ein Nicht-Volk
	11,13	w. ich mein Amt preisen
	25	ich w. euch dieses Geheimnis nicht verhehlen
	12,19	die Rache ist mein; ich w. vergelten Heb 10,30
	15,28	w. ich von euch aus... ziehen 1Ko 16,5.7; 1Th 2,18
	16,19	ich w., daß ihr weise seid zum Guten
1Ko	1,19	ich w. zunichte machen die Weisheit
	2,16	des Herrn Sinn, wer w. ihn unterweisen
	4,8	w. Gott, ihr würdet schon herrschen
	19	ich werde, wenn der Herr w., bald kommen
	21	was w. ihr 7,7; 14,5
	5,5	w... übergeben dem Satan
	7,5	wenn beide es w., damit ihr... Ruhe habt
	15	wenn der Ungläubige sich scheiden w. 36.39
	36	es w. übel geraten
	8,13	w. ich nie mehr Fleisch essen
	10,19	was w. ich damit sagen
	22	w. wir den Herrn herausfordern
	27	wenn euch einer einlädt und ihr w. hingehen
	11,34	das andre w. ich ordnen, wenn ich komme
	12,11	d. Geist teilt einem jeden zu, wie er w.
	18	die Glieder eingesetzt, ein jedes im Leib, wie er gew. hat
	31	ich w. euch einen besseren Weg zeigen
	14,15	ich w. beten mit dem Geist und w. auch beten mit dem Verstand
	19	ich w. lieber fünf Worte mit meinem Verstand
	21	ich w. in andern Zungen reden zu diesem Volk
	35	w. sie etwas lernen, so sollen sie
	15,38	Gott gibt ihm einen Leib, wie er w.
	16,3	w. ich die mit Briefen senden nach Jerusalem
2Ko	1,15	in solchem Vertrauen w. ich kommen
	16	von euch aus w. ich nach Mazedonien reisen
	17	bin ich leichtfertig gewesen, als ich dies w.
	23	daß ich euch schonen w. und darum nicht
	5,4	weil wir lieber überkleidet werden w.
	6,16	w. ihr Gott sein, und sie sollen mein Volk sein Heb 8,10
	17	so w. ich euch annehmen (und euer Vater sein)

wollen

2Ko	8,10	die ihr angefangen habt mit dem W. 11
	10,9	hätte ich euch mit Briefen schrecken w.
	16	wir w. auch denen predigen, die jenseits
	11,1	w. Gott, ihr hieltet mir Torheit zugut
	9	w. es auch weiterhin so halten 12
	18	da viele sich rühmen, w. ich mich auch rühmen 30; 12,1.5.6.9
	32	der Statthalter w. mich gefangennehmen
	12,1	so w. ich doch kommen auf die Erscheinungen des Herrn
	15	ich w. gern hingeben für eure Seelen
	20	finde ich euch nicht, wie ich w.
	13,2	wenn ich noch einmal komme, dann w. ich nicht schonen
Gal	1,7	einige, die w. das Evangelium verkehren
	3,2	das allein w. ich von euch erfahren
	3	w. ihr's nun im Fleisch vollenden
	15	ich w. nach menschlicher Weise reden
	4,9	denen ihr von neuem dienen w.
	17	sie w. euch abspenstig machen
	20	ich w., daß ich jetzt bei euch wäre
	21	die ihr unter dem Gesetz sein w.
	5,10	wird s. Urteil tragen, er sei, wer er w.
	6,12	die Ansehen haben w. nach dem Fleisch
	13	w., daß ihr euch beschneiden laßt
Phl	2,13	Gott ist's, der in euch wirkt das W.
Kol	1,27	denen Gott kundtun w., was
	2,19	zu der Größe, wie Gott sie w.
1Th	2,4	nicht, als w. wir Menschen gefallen
	5,8	wir Kinder des Tages w. nüchtern sein
2Th	3,9	wir w. uns selbst euch zum Vorbild geben
1Ti	1,7	w. die Schrift meistern
	2,4	w., daß allen Menschen geholfen werde
	8	so w. ich, daß die Männer beten an allen Orten
	10	die ihre Frömmigkeit bekunden w. mit guten Werken
	5,11	wenn... so w. sie heiraten 14
	6,8	so w. wir uns daran genügen lassen
	9	die reich werden w., fallen in Versuchung
2Ti	3,12	alle, die fromm leben w. in Christus
Tit	3,8	ich w., daß du dies mit Ernst lehrst
Phm	9	w. ich um der Liebe willen doch nur bitten
	13	ich w. ihn gern bei mir behalten
	17	w. du ihn aufnehmen wie mich selbst
	19	ich w.'s bezahlen
1Pt	3,10	wer das Leben lieben und gute Tage sehen w.
	4,17	was w.'s für ein Ende werden
	18	wo w. der Gottlose erscheinen
2Pt	1,12	w. ich's nicht lassen, euch zu erinnern Jud 5
	15	ich w. mich bemühen, daß ihr dies allezeit
3Jh	9	Diotrephes, der unter ihnen der Erste sein w.
	10	hindert auch die, die es tun w.
	14	dann w. wir mündlich miteinander reden
Heb	2,3	wie w. wir entrinnen
	12	w. ich deinen Namen verkündigen
	13	w. ich mein Vertrauen auf ihn setzen
	6,3	das w. wir tun, wenn Gott es zuläßt
	14	wahrlich, ich w. dich segnen und mehren
	17	als er den Erben der Verheißung beweisen w.
	8,8	da w. ich mit dem Haus Israel einen neuen Bund schließen
	10	das ist der Bund, den ich schließen w. nach diesen Tagen 10,16
	12	ich w. gnädig sein ihrer Ungerechtigkeit
	11,6	wer zu Gott kommen w., der muß glauben
	24	w. Mose nicht mehr als Sohn der Tochter des Pharao gelten
Heb	11,25	w. viel lieber mit dem Volk Gottes mißhandelt werden
	12,17	hernach, als er den Segen ererben w.
	26	noch einmal w. ich erschüttern
	13,5	ich w. dich nicht verlassen
	6	der Herr ist mein Helfer, ich w. mich nicht fürchten
	18	w. ein ordentliches Leben führen
	23	mit ihm w. ich euch besuchen
Jak	2,18	so w. ich dir meinen Glauben zeigen aus meinen Werken
	20	w. du einsehen, du törichter Mensch, daß
	3,4	gelenkt, wohin der w., der es führt
	4,4	wer der Welt Freund sein w., der wird Gottes Feind sein
	13	heute oder morgen w. wir in die oder die Stadt gehen
	15	wenn der Herr w., werden wir leben und dies oder das tun
Off	2,7	dem w. ich zu essen geben von dem Baum des Lebens
	10	sei getreu bis an den Tod, so w. ich dir die Krone des Lebens geben
	17	wer überwindet, dem w. ich 26.28; 3,5.12.21
	23	ihre Kinder w. ich mit dem Tode schlagen
	3,2	stärke das andre, das sterben w.
	5	ich w. seinen Namen bekennen vor meinem Vater 10
	9	siehe, ich w. sie dazu bringen, daß sie kommen
	4,1	ich w. dir zeigen, was nach diesem geschehen soll
	10,4	w. ich es aufschreiben
	11,3	ich w. meinen Zeugen Machte geben
	5	wenn ihnen jemand Schaden tun w.
	6	die Erde zu schlagen, sooft sie w.
	17,1	ich w. dir zeigen das Gericht über die Hure
	7	ich w. dir sagen das Geheimnis der Frau
	21,6	w. dem Durstigen geben von der Quelle
	9	komm, ich w. dir die Frau zeigen, die
	22,17	wer da w., der nehme das Wasser des Lebens umsonst

nicht wollen, nichts wollen

1Mo	8,21	ich w. n. mehr die Erde verfluchen... ich w. n. mehr schlagen alles, was lebt
	18,28	so w. ich sie n. verderben 29-32
	28,15	w. dich n. verlassen Jos 1,5; Heb 13,5
2Mo	5,2	w. ich Israel n. ziehen lassen 9,17; 10,27
	23,29	w. ich sie n. in einem Jahr ausstoßen
	33,3	ich selbst w. n. mit dir hinaufziehen
3Mo	26,11	ich w. n. verwerfen 5Mo 10,10; 1Kö 6,13; 2Kö 8,19; 13,23; 2Ch 12,7; 21,7; Jes 41,17; Sa 8,11
	21	wenn ihr mich n. hören w. Jer 12,17; 13,17; 19,15; 25,8; Hos 9,17
4Mo	14,11	wie lange w. sie n. an mich glauben
	20,17	wir w. n. durch Äcker gehen 21,22
	32,9	daß sie n. in das Land w. 5Mo 1,26
5Mo	1,45	w. der HERR eure Stimme n. hören
	2,9	w. dir von ihrem Lande n. geben 19
	30	w. uns n. hindurchziehen lassen Ri 11,17
	18,16	w. ich n. mehr hören die Stimme des HERRN
	23,6	der HERR w. Bileam n. hören Jos 24,10
Ri	2,1	ich w. meinen Bund n. brechen Ps 89,35
	3	ich w. sie n. vor euch vertreiben 21
	10,13	w. euch n. mehr erretten
1Sm	2,33	n. jeden w. ich von meinem Altar ausrotten

wollen

2Sm	6,10	w. (die Lade) n. zu sich bringen lassen
	14,14	Gott w. n. das Leben wegnehmen
1Kö	11,13	w. n. das ganze Reich losreißen
	21,29	w. das Unheil n. kommen lassen
2Kö	5,17	w. n. mehr andern Göttern opfern
	21,8	ich w. den Fuß Israels n. mehr weichen lassen 2Ch 33,8
1Ch	17,13	w. meine Gnade n. von ihm wenden Ps 89,34
Neh	10,31	w. unsere Töchter n. den Völkern geben 32
Est	9,27	n. unterlassen w., diese Tage zu halten
Hi	7,11	meinem Munde n. wehren 27,11
	13,20	w. mich vor dir n. verbergen
	27,5	w. n. weichen von meiner Unschuld
	34,32	w.'s n. mehr tun 40,5
Ps	28,5	sie w. n. achten auf das Tun des HERRN
	40,10	ich w. mir meinen Mund n. stopfen lassen
	12	du w. deine Barmherzigkeit n. von mir wenden
	50,9	ich w. von d. Hause Stiere n. nehmen 51,18
	55,20	sie w. Gott n. fürchten 78,10; Jes 42,24; Jer 5,22; 6,10; 8,7; Hes 5,6
	56,5	w. mich n. fürchten
	77,3	meine Seele w. sich n. trösten lassen
	78,4	das w. wir n. verschweigen ihren Kindern
	80,19	so w. wir n. von dir weichen
	81,12	Israel w. mich n. Sa 11,8
	85,7	w. du uns denn n. wieder erquicken
	89,36	ich w. David n. belügen
	106,7	unsre Väter w. deine Wunder n. verstehen
	109,17	er w. den Segen n.
Spr	1,25	wenn ihr meine Zurechtweisung n. w. 30
	20,4	im Herbst w. der Faule n. pflügen 21,25
	21,7	sie w. n. tun, was recht ist
Jes	28,12	aber sie w. n. hören 30,9; Jer 7,13.24.26.28; 13,10.11; 22,21; 26,5; 29,19; 32,33; 35,15.17; Hes 3,7; 12,2; Sa 7,11
	49,15	w. deiner n. vergessen
	54,9	daß ich n. mehr zürnen w. 57,16; Jer 3,12; Hos 11,9
	60,12	welche Völker dir n. dienen w.
	62,1	um Zions willen w. ich n. schweigen 65,6
Jer	3,3	du w. dich n. mehr schämen 6,15; 8,12
	4,8	der Zorn des HERRN w. n. wenden
	27	ich w. n. ganz ein Ende machen 28; 5,18; 30,11; 46,28; Am 9,8
	5,3	sie w. sich n. bekehren 8,5; 15,7; Hes 33,9; Hos 11,5
	7,16	ich w. dich n. hören 11,11.14; 14,12; Hes 8,18; Hab 1,2; Sa 7,13
	8,19	w. denn der HERR n. mehr Gott sein in Zion
	9,5	vor lauter Trug w. sie mich n. kennen
	11,10	die n. gehorchen w. Apg 7,39
	15,18	wie ein Born, der n. mehr quellen w.
	20,9	dachte: Ich w. n. mehr an ihn denken
	25,7	ihr w. mir n. gehorchen 42,21; 43,7; 44,16; Hes 20,8.39; Mi 5,14; Sa 7,13
	31,15	Rahel w. sich n. trösten lassen Mt 2,18
	35,13	w. ihr euch denn n. bessern
Klg	4,16	er w. sie n. mehr ansehen
Hes	5,11	ich w. n. gnädig sein 7,4.9; 8,18; 9,10
	20,3	w. mich n. befragen lassen 31
	24,14	ich w. n. schonen Am 1,3.6.9.11.13; 2,1.4.6; Sa 11,6
	33,4	w. sich n. warnen lassen
	34,3	die Schafe w. ihr n. weiden
	39,7	w. meinen Namen n. länger schänden lassen
	29	w. mein Angesicht n. mehr verbergen
Hos	1,6	w. mich n. mehr über Israel erbarmen 7.9; 2,6; Sa 1,12
Ze	3,2	sie w. auf den HERRN n. trauen
Sa	11,9	ich w. euch n. hüten
Mal	2,2	weil ihr's n. w. zu Herzen nehmen
Jdt	5,6	weil sie n. den Göttern... folgen w.
	8,21	w. die Trübsal n. mit Gottesfurcht annehmen
	10,13	weil sie n. sich freiwillig ergeben w.
Wsh	2,10	w. uns n. scheuen vor dem Haar des Greises
	6,24	ich w. an der Wahrheit n. vorbeigehen
	7,13	ich w. ihren Reichtum n. verbergen
	11,25	wie könnte etwas bleiben, wenn du n. w.
	12,27	Gott, den sie vorher n. erkennen w. 16,16
Tob	4,16	was du n. w., daß man dir tu
	10,4	seine Mutter w. sich n. trösten lassen 8
Sir	25,34	w. sie dir n. folgen, so scheide dich
Bar	2,35	ich w. Israel n. mehr vertreiben
1Ma	1,67	w. n. vom heiligen Gesetz abfallen 65
	2,22	wir w. n. in den Befehl einwilligen 33.34; 2Ma 7,8
2Ma	6,11	sie w. sich n. wehren
	9,13	der sich nun n. mehr erbarmen w.
StE	1,2	w. ich doch n. überheblich werden
StD	1,21	w. n., so werden wir dich beschuldigen
Mt	1,19	Josef w. sie n. in Schande bringen
	2,18	Rahel w. sich n. trösten lassen
	11,17	und ihr w. n. tanzen
	18,30	er w. aber n., sondern ging hin
	21,29	er antwortete: Nein, ich w. n.
	22,3	doch sie w. n. kommen
	23,37	und ihr w. n. gew. Lk 13,34
	26,35	w. ich dich nicht verleugnen 39
		doch n. wie ich w., sondern wie du willst Mk 14,36; Lk 22,42
	27,34	als er's schmeckte, w. er n. trinken
Mk	6,11	*wo man euch n. hören w.*
	26	*w. er sie n. lassen eine Fehlbitte tun*
	9,30	er w. n., daß es jemand wissen sollte
Lk	15,28	da wurde er zornig und w. n. hineingehen
	18,4	er w. lange n.
	13	der Zöllner w. die Augen n. aufheben
	19,14	wir w. n., daß dieser über uns herrsche 27
Jh	5,40	aber ihr w. n. zu mir kommen
	7,1	er w. n. in Judäa umherziehen, weil
Apg	7,39	ihm w. unsre Väter n. gehorsam werden
Rö	1,13	ich w. euch n. verschweigen 1Ko 10,1; 12,1; 2Ko 1,8; 1Th 4,13
	7,16	wenn ich das tue, was ich n. w. 19.20
	11,31	*haben auch jene n. w. glauben*
	13,3	w. du dich n. vor der Obrigkeit
	15,18	*ich w. n. wagen, von etwas zu reden*
1Ko	10,20	nun w. ich n., daß ihr in der Gemeinschaft der bösen Geister seid
	11,6	w. sie sich n. bedecken, so soll sie sich
2Ko	10,13	wir w. uns n. über alles Maß hinaus rühmen
	12,14	w. euch n. zur Last fallen
Phl	4,10	*die Zeit hat's n. w. leiden*
2Th	1,8	*die Gott n. kennen w.*
	3,10	wer n. arbeiten w., soll auch nicht essen
Phm	14	ohne deinen Willen n. tun
2Pt	1,12	w. ich's n. lassen, euch zu erinnern
	3,5	sie w. n. davon wissen, daß der Himmel
	9	w. n., daß jemand verloren werde
2Jh	12	Ich w. es n. mit Brief und Tinte tun 3Jh 13
Heb	6,1	wir w. n. abermals den Grund legen
	8,9	*habe ich n. w. ihrer achten*
	12	ihrer Sünden w. ich n. mehr gedenken 10,17
	10,5	Opfer und Gaben hast du n. gew. 8
Off	2,21	sie w. sich n. bekehren von ihrer Hurerei
	24	ich w. n. noch eine Last auf euch werfen

Wollust

Jes	47,8	höre nun dies, die du in W. lebst
Sir	23,6	laß mich nicht in W. geraten
Rö	13,13	*wandeln nicht in W.*
2Ti	3,4	sie lieben die W. mehr als Gott

womit

1Mo	44,16	w. können wir uns rechtfertigen
Ri	6,15	(Gideon) sprach: w. soll ich Isr. erretten
	16,10	w. kann man (Simson) binden 13
2Sm	21,3	w. soll ich Sühne schaffen
Hos	2,11	meine Wolle, w. sie ihre Blöße bedeckt
Mi	6,3	w. habe ich dich beschwert
	6	w. soll ich mich dem HERRN nahen
Mal	2,17	sprecht: W. machen wir ihn unwillig
	3,8	sprecht: W. betrügen wir dich
Mk	4,30	w. wollen wir das Reich Gottes vergleichen Lk 13,18.20
	9,50	w. wird man's würzen Lk 14,34

Wonne

2Sm	1,26	habe große Freude und W. an dir gehabt
Neh	9,25	wurden satt und fett und lebten in W.
Est	8,16	für die Juden war Freude und W. 17
Ps	16,11	vor dir ist W. ewiglich
	36,9	du tränkst sie mit W. wie mit einem Strom
	43,4	Gott, der meine Freude und W. ist
	51,10	laß mich hören Freude und W.
	63,6	das ist meines Herzens Freude und W.
	119,111	deine Mahnungen sind meines Herzens W.
Pr	2,8	ich beschaffte mir die W. der Menschen
Hl	7,7	du Liebe voller W.
Jes	16,10	Freude und W. aufhören 24,11; Jer 48,33
	22,13	siehe da, lauter Freude und W.
	35,10	Freude und W. werden sie ergreifen 51,11
	51,3	daß man W. darin findet Jer 33,11
	65,18	will Jerusalem zur W. machen
Jer	7,34	will wegnehmen den Jubel der W. 16,9
	33,9	das soll meine W. sein
Hes	24,25	von ihnen nehme ihre W. Jo 1,16
Sa	8,19	die Fasten sollen zur W. werden
Jdt	15,12	du bist die W. Israels
Sir	1,12	die Furcht des Herrn gibt Freude und W. 18
	15,6	sie wird ihn krönen mit Freude und W.
Bar	2,23	den Jubel der Freude und W. wegnehmen
2Ma	3,30	den Tempel erfüllte Freude und W.
Lk	1,14	du wirst Freude und W. haben
1Pt	4,13	damit ihr W. haben mögt
2Pt	2,13	*ihre W. ist Schlemmen*

worfeln

Rut	3,2	Boas w. diese Nacht Gerste
Jes	30,24	werden Futter fressen, das gew. ist
	41,16	sollst sie w., daß der Wind sie wegführt
Jer	4,11	Wind, nicht zum W. noch zum Sichten
	15,7	ich w. sie in den Städten
	51,2	will Worfler schicken, die sie w. sollen

Worfler

Jer	51,2	will W. nach Babel schicken

Worfschaufel

Jer	15,7	ich worfelte sie mit der W.
Mt	3,12	er hat seine W. in der Hand Lk 3,17

Wort (s.a. Wort Gottes; Wort des HERRN)

1Mo	21,11	das W. mißfiel Abraham sehr
	24,30	als Laban die W. seiner Schwester gehört hatte 45.52; 27,5.34.42
	27,13	da sprach (Rebekka): Gehorche meinen W.
	37,4	konnten ihm kein freundliches W. sagen 8
	11	sein Vater behielt diese W.
	39,10	sie bedrängte Josef mit solchen W. 17.19
	41,40	deinem W. soll mein Volk gehorsam sein
	42,20	so will ich euren W. glauben
	44,6	redete er mit ihnen diese W. 7; 45,27
	18	laß deinen Knecht ein W. reden
2Mo	4,15	sollst die W. in seinen Mund legen 5Mo 18,18; Jes 51,16; 59,21; Jer 1,9
	30	Aaron sagte alle W., die der HERR
	18,24	Mose gehorchte den W. seines Schwiegerv.
	19,6	W., die du den *Israeliten sagen sollst 7
	8	Mose sagte die W. des Volks dem HERRN 9; 5Mo 5,28
	20,1	Gott redete alle diese W. 5Mo 5,22
	24,3	W., die der HERR gesagt hat, wollen wir
	8	des Bundes... auf Grund dieser W. 34,27
	34,1	Tafeln, daß ich die W. darauf schreibe 27.28; 5Mo 4,13; 9,10; 10,2.4; 27,3.8
4Mo	4,27	nach dem W. Aarons soll aller Dienst
	9,18	nach seinem W. lagerten sie sich
	11,23	sollst sehen, ob sich mein W. erfüllt
	12,6	hört meine W. 5Mo 4,10.12.36; 12,28; Jos 3,9
	8	rede mit ihm, nicht durch dunkle W.
	14,39	als Mose diese W. allen *Israeliten sagte 16,31; 5Mo 1,1; 31,1.28.30; 32,44
	22,7	sagten (Bileam) die W. Balaks
	23,5	der HERR gab das W. dem Bileam 16
	27,14	weil ihr meinem W. ungehorsam gewesen
	30,3	soll er sein W. nicht brechen
5Mo	6,6	diese W. zu Herzen nehmen 11,18; 32,46
	9,5	damit er das W. halte, das er geschworen
	13,4	nicht gehorchen den W. eines geschwen Propheten Jer 23,16; 27,14.16
	17,19	daß er halte alle W. dieses Gesetzes 29,28; 31,12; 32,46; Esr 10,5
	18,19	wer meine W. nicht hören wird
	22	W., das der HERR nicht geredet hat 21
	27,26	verflucht, wer nicht alle W. dieses Gesetzes erfüllt 28,58; Jer 11,3; 34,18
	28,14	nicht abweichst von all den W.
	69	dies sind die W. des Bundes 29,8; Jer 11,2.6
	29,18	niemand, der diese W. dieses Fluches hört
	30,14	es ist das W. ganz nahe bei dir Rö 10,8
	31,24	fertig, die W. in ein Buch zu schreiben
	32,47	es ist nicht ein leeres W. an euch werden lernen von deinen W.
	33,3	
	9	die hüten dein W.
Jos	1,13	denkt an das W., das euch Mose geboten
	18	wer nicht gehorcht deinen W. in allem
	6,10	kein Kriegsgeschrei... noch ein W.
	8,34	ließ er ausrufen alle W. des Gesetzes 35
	21,45	nichts dahingefallen von all dem guten W. 23,14.15; 1Sm 3,19; 1Kö 8,56
	22,30	diese W., die die Söhne Ruben sagten
	23,15	wird auch kommen lassen das böse W.
Ri	2,4	als der Engel des HERRN diese W. geredet
	3,20	ich habe ein W. von Gott an dich
	5,29	und sie selbst wiederholt ihre W.
	9,3	redeten die Brüder alle diese W.
	30	als Sebul die W. Gaals hörte
	11,28	hörte nicht auf die W. Jeftahs
	16,16	als sie mit ihren W. alle Tage in ihn drang
1Sm	3,17	was war das für ein W.

1Sm	3,21	der HERR offenbarte sich durch sein W. Und Samuels W. erging an ganz Israel	Hi	4,2	W. zurückhalten, wer kann's
	8,21	als Samuel alle W. des Volks gehört		12	zu mir ist heimlich ein W. gekommen
	11,4	sagten diese W. vor... des Volks 5.6		6,3	darum sind meine W. noch unbedacht
	15,24	daß ich deine W. übertreten habe		10	nicht verleugnet die W. des Heiligen
	17,23	der Riese Goliat redete dieselben W.		25	wie kräftig sind doch redliche W.
	31	W., die David sagte 18,23.24.26; 19,7; 24,8.17; 25,9.24; 26,19; 2Sm 22,1; 23,1; 1Ch 21,4.6; Ps 18,1		26	gedenkt ihr,W. zu rügen 18,2
				9,14	wie sollte ich W. finden vor ihm
				15,3	mit W., die nichts taugen 2
	18,8	das W. mißfiel (Saul)		11	ein W., das sanft mit dir verfuhr
	20,23	für das W... steht der HERR		16,3	wollen die leeren W. kein Ende haben
	21,13	David nahm sich die W. zu Herzen		4	auch ich könnte W. zusammenbringen
	28,20	geriet in große Furcht über die W. Samuels		19,2	ihr peinigt mich mit W.
	21	als ich die W. hörte, die du zu mir gesagt		18	so geben sie mir böse W.
2Sm	3,8	Abner... über die W. Isch-Boschets 11		22,22	fasse seine W. in dein Herz
	7,17	als Nathan alle diese W. gesagt 1Ch 17,15		29,22	nach meinem W. redete niemand mehr
	21	um deines W. willen hast du... getan		31,40	die W. Hiobs haben ein Ende
	25	bekräftige, HERR, das W. in Ewigkeit 1Kö 2,4; 6,12; 8,20; 1Ch 17,23; 2Ch 6,10		32,11	bis ihr die rechten W. treffen würdet
				14	mich haben seine W. nicht getroffen
				18	ich bin voll von W.
	28	deine W. sind Wahrheit Ps 119,160; Jh 17,17		33,1	merke auf alle meine W. Spr 4,20
	14,3	Joab legte ihr die W. in den Mund 19		3	mein Herz spricht aufrichtige W.
	17	des Königs W. soll mir ein Trost sein		34,25	Hiob... seine W. sind nicht klug 37
	22,1	David redete die W. dieses Liedes Ps 18,1		35,4	ich will dir antworten mit W.
	23,2	sein W. ist auf meiner Zunge		38,2	der den Ratschluß verdunkelt mit W. 42,3
	24,4	des Königs W. stand fest gegen Joab		40,27	meinst du, er wird dir süße W. geben
1Kö	1,14	will deine W. zu Ende führen		42,7	als der HERR diese W. mit Hiob geredet
	3,12	so tue ich nach deinen W.	Ps	5,2	HERR, höre meine W.
	5,21	als Hiram die W. Salomos hörte		7,1	wegen der W. des Kusch
	8,26	Gott Israels, laß dein W. wahr werden 12,15; 2Ch 1,9; 6,17; 10,15		17,4	bewahre mich durch das W. deiner Lippen
				19,4	(tut's kund,) ohne Sprache und W.
	59	mögen diese W. nahe sein dem HERRN		27,8	mein Herz hält ihr vor dein W.
	12,7	wirst du ihnen gute W. geben 2Ch 10,7		36,4	alle ihre W. sind falsch und erlogen
	13,4	als der König das W. hörte 11; 21,27; 2Kö 6,30; 2Ch 15,8; Jer 26,21		50,17	wirfst meine W. hinter dich
				51,6	daß du recht behaltest in deinen W.
	26	nach dem W., das ihm der HERR gesagt		55,22	ihre W. sind linder als Öl
	18,36	daß ich alles nach deinem W. getan habe		59,13	das W. ihrer Lippen ist nichts als Sünde
	21,4	Ahab zornig um des W. willen, das Nabot		64,4	mit giftigen W. zielen wie mit Pfeilen
	22,13	die W. der Propheten sind gut für den König; laß dein W. wie ihr W. sein 2Ch 18,12		68,12	der Herr gibt ein W.
				93,5	dein W. ist wahrhaftig und gewiß
2Kö	1,16	kein Gott, dessen W. man erfragen könnte		103,20	daß man höre auf die Stimme seines W.
	2,22	das Wasser gesund nach dem W. Elisas 6,18		105,19	bis sein W. eintraf
	18,20	meinst du, bloße W. seien Macht Jes 36,5		28	sie blieben ungehorsam seinen W.
	27	gesandt, daß ich solche W. rede Jes 36,12		106,12	da glaubten sie an seine W.
	28	hört das W. des gr. Königs 37; Jes 36,13.22		24	glaubten seinem W. nicht
	19,4	vielleicht hört der HERR alle W... und straft die W. 16; Jes 37,4.17		33	daß ihm unbedachte W. entfuhren
				107,20	er sandte sein W. und machte sie gesund
	6	fürchte dich nicht vor den W. Jes 37,6		119,9	wenn er sich hält an deine W.
	20,19	das W. ist gut, das der HERR geredet hat		11	ich behalte dein W. in meinem Herzen 16
	22,11	die W. des Gesetzbuches 13.16.18; 23,2.3.24; 2Ch 34,19.21.26.27.30.31; Neh 8,9.12.13		17	daß ich lebe und deine W. halte 57.67.101
				25	erquicke mich nach deinem W. 28.50.107.116.154
1Ch	16,15	gedenket des W., das er verheißen Ps 105,8. 42; 119,49		38	erfülle deinem Knecht dein W.
				41	laß mir deine Gnade widerfahren nach deinem W. 58.170
	17,6	habe ich jemals ein W. gesagt		
	21,19	ging David hinauf nach dem W. Gads		42	ich verlasse mich auf dein W. 74.81.114.147; 130,5
2Ch	13,22	was mehr von Abija zu sagen ist, seine W.		
	31,5	als dies W. erging, gaben die Kinder Isr.		43	nimm nicht von m. Munde das W. der Wahrheit
	32,8	das Volk verließ sich auf die W. Hiskias		
	35,22	Josia hörte nicht auf die W. Nechos		65	tust Gutes deinem Knecht nach deinem W.
	36,16	aber sie verachteten seine W.		82	m. Augen sehnen sich nach deinem W. 123
Esr	4,18	ist mir W. für W. vorgelesen worden		89	HERR, dein W. bleibt ewiglich
	6,9	was sie bedürfen nach dem W. der Priester		103	dein W. ist meinem Munde süßer als Honig
	7,11	Esra, der kundig war in den W. der Gebote		104	dein W. macht klug 130
Nch	1,4	als ich diese W. hörte, setzte ich mich 5,6.13		105	dein W. ist meines Fußes Leuchte
	8	gedenke des W., das du gebotest		133	laß meinen Gang in deinem W. fest sein
	2,18	W. des Königs Est 3,15; 4,3; 7,8; 8,14.17; 9,1		139	weil meine Widersacher deine W. vergessen 158
	6,19	sie trugen (Tobija) meine W. zu		
	9,8	(Gott, du) hast dein W. gehalten		140	dein W. ist ganz durchläutert
Est	1,21	tat nach dem W. Memuchans 2,20; 4,9.12; 9,26		148	ich wache auf, nachzusinnen über dein W.
	9,26	nannten sie Purim nach dem W. Pur		161	mein Herz fürchtet sich vor deinen W.

Wort

Ps 119,162	ich freue mich über dein W.
169	unterweise mich nach deinem W.
172	meine Zunge soll singen von deinem W.
138,2	hast dein W. herrlich gemacht
4	daß sie hören das W. deines Mundes
139,4	ist kein W., das du nicht schon wüßtest
141,6	merken, wie richtig meine W. gewesen sind
145,13	der HERR ist getreu in all seinen W.
147,15	sein W. läuft schnell
18	er sendet sein W., da schmilzt der Schnee
19	er verkündigt Jakob sein W.
148,8	Sturmwinde, die sein W. ausrichten
Spr 1,6	verstehe die W. der Weisen 22,17
21	(die Weisheit) redet ihre W. in der Stadt
23	will euch meine W. kundtun
2,16	eine Fremde, die glatte W. gibt 7,5. 20
4,4	laß dein Herz meine W. aufnehmen
6,2	bist du gebunden durch deine W.
10,19	wo viel W., geht's ohne Sünde nicht ab
12,13	der Böse wird gefangen in s. eigenen W.
18	wer unvorsichtig herausfährt mit W.
25	ein freundliches W. erfreut ihn
13,2	die Frucht seiner W. genießt der Fromme
13	wer das W. verachtet, muß dafür büßen
14,23	wo man nur mit W. umgeht, ist Mangel
15,1	ein hartes W. erregt Grimm
23	wie wohl tut ein W. zur rechten Zeit 25,11
16,13	rechte W. gefallen den Königen
20	wer auf das W. merkt, der findet Glück
18,4	W. in eines Mannes Munde wie tiefe Wasser
8	W. des Verleumders wie Leckerbissen 26,22
17	kommt der andere zu W., so findet sich's
19,7	wer W. nachjagt, wird nicht entrinnen
21,28	wer recht gehört hat, dessen W. bleibt
22,12	die W. des Verächters bringt er zu Fall
20	kundzutun zuverlässige W. der Wahrheit
23,8	deine freundlichen W. sind verloren
24,23	dies sind W. der Weisen 30,1; 31,1
29,19	läßt sich mit W. nicht in Zucht halten
30,6	tu nichts zu seinen W. hinzu
Pr 5,1	laß deiner W. wenig sein
2	wo viel W., hört man den Toren 10,14
5	Gott könnte zürnen über deine W.
6,11	je mehr W., desto mehr Eitelkeit
8,2	achte auf das W. des Königs 4
9,16	auf (des Armen) W. hört man nicht
17	der Weisen W. sind besser als 10,12; 12,11
10,13	der Anfang seiner W. ist Narrheit
12,10	angenehme W… die W. der Wahrheit
Jes 3,8	weil ihre W. wider den HERRN sind
9,7	der Herr hat ein W. gesandt wider Jakob
29,11	wie die W. eines versiegelten Buches 18
30,12	weil ihr dies W. verwerft
21	deine Ohren werden das W. hören
31,2	nimmt seine W. nicht zurück
32,7	zu verderben mit falschen W.
41,26	keiner, der von euch ein W. hörte
44,26	der das W. seiner Knechte wahr macht
45,23	ein W., bei dem es bleiben soll
55,11	das W… wird nicht leer zurückkommen
66,2	der erzittert vor meinem W. 5; Jer 23,9
Jer 1,1	dies sind die W. Jeremias 29,1; 51,59
12	ich will wachen über meinem W.
3,12	geh hin und rufe dies W. nach Norden
5,14	meine W. in deinem Munde zu Feuer machen
6,19	weil sie auf meine W. nicht achten
7,1	das W., das vom HERRN geschah zu Jeremia 11,1; 14,1; 18,1; 21,1; 25,1; 26,1; 27,1; 30,1; 32,1; 34,1.8; 35,1; 36,1; 38,21; 40,1; 43,1; 44,1; 50,1
Jer 7,2	predige dort dies W. 11,6; 13,12; 14,17; 19,2; 22,1; 25,30; 26,2; Hes 3,4
23	gehorcht meinem W., so will ich 35,13
9,4	sie reden kein wahres W.
12	weil sie meinen W. nicht gehorchen 11,10; 22,5; 29,19
11,8	über sie… alle W. dieses Bundes
13,10	meine W. nicht hören will 19,15; 25,8; 26,5
15,16	dein W. meine Speise… dein W. ist Trost
18,2	will ich dich meine W. hören lassen
18	Jeremia mit seinen eigenen W. schlagen
20,1	hörte, wie Jeremia solche W. weissagte 26,7; 28,7; 38,1.4
23,18	wer hat sein W. gehört 22
28	wer mein W. hat, predige mein W. recht
29	ist mein W. nicht wie ein Feuer
30	Propheten, die mein W. stehlen 31.36.38
25,13	lasse meine W. in Erfüllung gehen 39,16
27,12	redete alle diese W. zu Zedekia 34,6
28,6	der HERR bestätige dein W. 9
29,10	will mein W. an euch erfüllen 33,14
30,2	schreib dir alle W. in ein Buch 36,2u.ö.32; 45,1; 51,60.61
4	dies sind die W. über Israel und Juda
31,23	man wird dies W. wieder sagen
35,14	die W. Jonadabs werden gehalten
37,17	ist wohl ein W. vom HERRN vorhanden
38,24	daß niemand diese W. erfahre
44,16	den W. wollen wir nicht gehorchen 17
28	erkennen, wessen W. wahr geworden 29
Klg 1,18	bin seinem W. ungehorsam gewesen
2,14	haben W. hören lassen, die Trug waren
17	der HERR hat sein W. erfüllt
Hes 2,6	sollst dich nicht vor ihren W. fürchten
7	du sollst ihnen meine W. sagen
3,5	Volk, das unbekannte W. hat 6
10	meine W. fasse mit dem Herzen
17	wirst aus meinem Munde das W. hören
12,25	rede ich ein W. und tue es auch
13,6	warten, daß er ihr W. erfüllt
33,30	laßt uns hören, was das für ein W. ist
31	werden deine W. hören, nicht… tun 32
Dan 2,5	mein W. ist deutlich genug 8
4,28	ehe der König diese W. ausgeredet hatte
30	wurde das W. erfüllt an Nebukadnezar
5,10	da ging auf die W. des Königs… hinein
9,12	Gott hat seine W. gehalten
23	erging ein W. 25
10,11	Daniel, merk auf die W., die ich rede
12	wurden deine W. erhört
12,4	Daniel, verbirg diese W.
Hos 6,5	töte sie durch die W. meines Mundes
14,3	nehmt diese W. mit euch
Am 4,1	höret dies W., ihr fetten Kühe 5,1
7,10	das Land kann seine W. nicht ertragen
Hag 1,12	gehorchten den W. des Propheten Haggai
2,5	nach dem W., das ich euch zusagte
Sa 1,6	haben nicht meine W. eure Väter getroffen
13	antwortete freundliche und tröstliche W.
7,12	nicht hörten die W., die der HERR sandte
8,9	stärket eure Hände, die ihr diese W. hört
Mal 2,1	ihr Priester, dies W. gilt euch 4
Jdt 8,18	tröstet das Volk mit euren W.
23	an deinen W. ist nichts zu tadeln
9,10	laß ihn durch meine W. betrogen werden
16,17	W. kann niemand widerstehen
Wsh 1,7	(Gott) hat Kenntnis von jedem W. 6
16	zwingen (den Tod) herbei mit W.
2,17	laßt doch sehen, ob sein W. wahr ist
6,10	an euch, ihr Herrscher, ergehen meine W.

Wsh	6,12	verlangt nach meinen W. 27	Mt	13,21	wenn sich Verfolgung erhebt um des W. willen Mk 4,17
	7,16	in seiner Hand sind wir und unsre W.		22	die Sorge der Welt... ersticken das W. Mk 4,19
	8,18	kommt durch Teilnahme an ihrem W.		15,12	die Pharisäer an dem W. Anstoß nahmen
	9,1	der du alle Dinge durch dein W. geschaffen Sir 39,22; 43,14.25.28		23	(Jesus) antwortete ihr kein W.
	12,9	durch ein hartes W. zu zerschmettern		19,11	dies W. fassen nicht alle
	16,11	angestachelt, an deine W. zu denken		22	als der Jüngling das W. hörte
	12	dein W., Herr, das alles heilt		21,24	*ich will euch ein W. fragen Mk 11,29; Lk 20,3*
	26	daß dein W. die erhält, die an dich glauben		22,15	wie sie ihn in seinen W. fangen könnten Mk 12,13; Lk 20,20.26
	18,15	fuhr dein W. vom Himmel herab		46	niemand konnte ihm ein W. antworten
	22	mit dem W. unterwarf er den Züchtiger		24,35	aber meine W. werden nicht vergehen Mk 13,31; Lk 21,33
Tob	2,5	dachte an das W., das der Herr geredet		26,44	betete zum 3. Mal dieselben W. Mk 14,39
	22	über diese W. wurde seine Frau zornig 23		75	da dachte Petrus an das W., das Mk 14,72
	3,12	auf diese W. hin ging Sara in eine Kammer		27,14	er antwortete ihm nicht auf ein einziges W.
	4,2	lieber Sohn, höre meine W. Sir 16,23	Mk	2,2	er sagte ihnen das W.
	14	Hoffart laß... noch in deinen W. herrschen		4,14	der Sämann sät das W. 15
	10,11	als Raguël Tobias mit vielen W. bat		15	der Satan nimmt das W. weg Lk 8,12
Sir	1,29	bis zur rechten Zeit unterdrückt er seine W.		33	sagte ihnen das W. so, wie sie es zu hören vermochten
	2,18	die den Herrn fürchten, glauben seinem W.		7,29	um dieses W. willen
	3,9	ehre Vater und Mutter mit der Tat und mit W.		8,32	er redete das W. frei und offen
	4,27	halt dein W. nicht zurück		38	wer sich meiner und meiner W. schämt Lk 9,26
	29	im W. gibt sich die Weisheit kund		9,10	sie behielten das W. und befragten sich untereinander
	34	sei nicht wie die, die große W. machen		32	sie verstanden das W. nicht Lk 9,45
	7,15	wenn du betest, mache nicht viele W.		10,22	er wurde unmutig über das W.
	8,14	dir nicht aus deinen W. einen Strick		24	die Jünger entsetzten sich über seine W.
	12,12	damit du an meine W. denken mußt		16,20	der Herr bekräftigte das W.
	13,7	er gibt dir die besten W.	Lk	1,2	die von Anfang an Diener des W. gewesen
	14	traue seinen vielen W. nicht		20	weil du meinen W. nicht geglaubt hast
	26	wenn er sich mit W. vergriffen hat		2,17	als sie es gesehen, breiteten sie das W. aus
	28	seine W. hebt man in den Himmel		19	Maria aber behielt alle diese W. 51
	18,14	über alle, die eifrig auf sein W. hören		26	ihm war ein W. zuteil von dem hl. Geist
	15	tu's nicht mit tadelnden W. 31,40		50	sie verstanden das W. nicht, das er zu ihnen sagte
	16	ist ein gutes W. besser als eine Gabe 17		4,21	heute ist dieses W. erfüllt vor euren Ohren
	19	unterrichte dich, bevor du das W. nimmst		22	wunderten sich, daß solche W. aus seinem Munde kamen
	19,12	wenn ein W. im Narren steckt		36	was ist das für ein W.
	16	wem ist noch nie ein böses W. entfahren		5,5	auf dein W. will ich die Netze auswerfen
	20,13	ein weiser Mann macht sich durch seine W. beliebt 29; 21,27		9,44	laßt diese W. in eure Ohren dringen
	13	die W. des Narren haben keinen Wert		45	fürchteten sich, ihn nach diesem W. zu fragen
	21,21	die Erkenntnis... hüllt sich in leere W.		11,45	Meister, mit diesen W. schmähst du uns auch
	23,7	der wird sich mit seinen W. nicht verfangen		12,10	wer ein W. gegen den Menschensohn sagt
	27,26	er verdreht dir deine W.		19,22	mit deinen W. richte ich dich, du böser Knecht
	28,29	warum wägst du nicht auch deine W.		24,8	sie gedachten an seine W.
	29,33	dazu mußt du die bittere W. hören		11	es erschienen ihnen diese W., als wär's Geschwätz
	31,26	so wirst du zuletzt meine W. wahr finden		19	ein Prophet, mächtig in Taten und W.
	36,21	merkt ein verständiges Herz die falschen W.		44	wurden ihm feind um solcher W. willen
	25	wenn sie liebliche W. spricht	Jh	1,1	im Anfang war das W., und das W. war bei Gott, und Gott war das W.
	43,29	mit einem W.: Er ist alles		14	das W. ward Fleisch und wohnte unter uns
	45,2	er ließ ihn mit W. viele Zeichen tun		2,22	glaubten dem W., das Jesus gesagt 4,50
	48,1	sein W. brannte wie eine Fackel		4,41	noch viel mehr glaubten um seines W. willen
	5	durch das W. der Höchsten hast du		5,24	wer mein W. hört und glaubt dem, der
Bar	2,1	der Herr hat sein W. gehalten 24		38	sein W. habt ihr nicht in euch wohnen
	4,37	sie kommen durch das W. des Heiligen 5,5		47	wie werdet ihr meinen W. glauben
1Ma	1,44	alle willigten in das W. des Königs ein		6,63	die W., die ich zu euch geredet, sind Geist
2Ma	6,29	wurden ihm feind um solcher W. willen		68	du hast W. des ewigen Lebens
	13,15	gab ihnen diese W. zur Losung		7,36	was ist das für ein W., daß er sagt
	15,17	als sie Judas mit solchen W. aufgerufen		40	einige aus dem Volk, die diese W. hörten
StD	1,47	fragte ihn, was er mit solchen W. meinte		8,20	diese W. redete Jesus, als er lehrte im Tempel
	61	weil Daniel sie aus ihren eignen W. überführt			
Mt	4,4	von einem jeden W., das aus dem Mund Gottes geht			
	6,7	erhört, wenn sie viele W. machen			
	8,8	sprich nur ein W., so wird... gesund Lk 7,7			
	16	er trieb die Geister aus durch sein W.			
	12,36	Rechenschaft von jedem W., das sie geredet 37			
	37	aus deinen W. wirst du gerechtfertigt			
	13,19	wenn jemand das W. von dem Reich hört 20.22.23; Mk 4,16.18.20; Lk 8,13.15			

Wort

Jh	8,31	wenn ihr bleiben werdet an meinem W.
	37	denn mein W. findet bei euch keinen Raum
	43	weil ihr mein W. nicht hören könnt
	51	wer mein W. hält, wird den Tod nicht sehen in Ewigkeit 52
	55	ich kenne ihn und halte sein W.
	10,19	Zwietracht unter den Juden wegen dieser W.
	21	das sind nicht W. eines Besessenen
	12,47	wer meine W. hört und bewahrt sie nicht 48
	48	das W., das ich geredet habe, das wird ihn richten
	14,10	die W., die ich zu euch rede, rede ich nicht von mir selbst aus 24
	23	wer mich liebt, der wird mein W. halten 24
	15,3	ihr seid schon rein um des W. willen, das ich
	7	wenn meine W. in euch bleiben
	20	gedenkt an das W. 2Pt 3,2; Jud 17
	25	es muß das W. erfüllt werden, das Apg 1,16
	17,6	sie waren dein, sie haben dein W. bewahrt
	8	die W., die du mir gegeben hast, habe ich ihnen gegeben 14
	17	heilige sie in der Wahrheit; dein W. ist die Wahrheit
	20	die durch ihr W. an mich glauben werden
	18,9	damit sollte das W. erfüllt werden 32
	19,13	als Pilatus diese W. hörte, führte er Jesus
Apg	2,14	laßt meine W. zu euren Ohren eingehen
	22	ihr Männer von Israel, hört diese W.
	40	auch mit vielen andern W. ermahnte (er) sie
	41	die sein W. annahmen, ließen sich taufen
	4,4	viele von denen, die das W. gehört
	29	mit allem Freimut zu reden dein W.
	5,5	als Hananias diese W. hörte
	20	redet zum Volk alle W. des Lebens
	6,4	wir wollen ganz beim Dienst des W. bleiben
	7,22	Mose war mächtig in W. und Werken
	38	dieser empfing W. des Lebens, um sie uns weiterzugeben
	8,4	die zerstreut worden waren, zogen umher und predigten das W.
	21	*hast weder Teil noch Anrecht an diesem W.*
	35	Philippus fing mit diesem W. der Schrift an
	10,36	er hat das W. dem Volk Israel gesandt
	44	der hl. Geist auf alle, die dem W. zuhörten
	11,19	verkündigten das W. niemandem als den Juden
	13,26	uns ist das W. dieses Heils gesandt
	27	die W. der Propheten erfüllt
	14,3	der das W. seiner Gnade bezeugte
	12	sie nannten Paulus Hermes, weil er das W. führte
	25	sagten das W. in Perge
	15,7	daß durch meinen Mund die Heiden das W. hörten
	15	dazu stimmen die W. der Propheten
	16,6	verwehrt, das W. zu predigen in Asien
	38	die Amtsdiener berichteten diese W.
	17,11	sie nahmen das W. bereitwillig auf
	18,5	richtete sich Paulus ganz auf die Verkündigung des W.
	19,20	so breitete sich das W. aus
	20,2	als er die Gemeinden mit vielen W. ermahnt hatte
	32	nun befehle ich euch Gott und dem W. seiner Gnade
	38	betrübt über das W., das er gesagt hatte
	22,22	sie hörten ihm zu bis zu diesem W.
	24,21	es sei denn dies eine W.
	26,25	ich rede wahre und vernünftige W.
	28,25	gingen weg, als Paulus dies eine W. gesagt
Rö	3,4	damit du recht behältst in deinen W.
	9,9	dies ist ein W. der Verheißung, da er spricht
	28	der Herr wird sein W. ausrichten auf Erden
	10,8	dies ist das W. vom Glauben, das wir predigen
	17	so kommt das Predigen durch das W. Christi
	18	ausgegangen ihr W. bis an die Enden der Welt
	13,9	Geboten, das wird in diesem W. zusammengefaßt
	15,18	die Heiden zum Gehorsam bringen durch W. und Werk
	16,18	durch süße W. verführen sie die Herzen der Arglosen
1Ko	1,17	zu predigen nicht mit klugen W. 2,1.4.13
	18	das W. vom Kreuz ist Torheit denen, die verloren werden
	4,19	nicht die W. der Aufgeblasenen kennenlernen
	20	das Reich Gottes steht nicht in W.
	13,12	*wir sehen jetzt... in einem dunkeln W.*
	14,6	redete in W. der Offenbarung
	9	wenn ihr redet nicht mit deutlichen W.
	19	lieber fünf W. reden mit meinem Verstand als 10.000 W. in Zungen
	15,54	dann wird erfüllt werden das W., das geschrieben steht
2Ko	1,18	unser W. nicht Ja und Nein zugleich
	5,19	Gott hat unter uns aufgerichtet das W. von der Versöhnung
	6,7	(Diener Gottes:) in dem W. der Wahrheit
	8,7	reich im Glauben und im W.
	10,11	wie wir in den W. unsrer Briefe sind
	12,4	hörte W., die kein Mensch sagen kann
Gal	4,24	diese W. haben tiefere Bedeutung
	5,14	das Gesetz ist in einem W. erfüllt
	6,6	wer unterrichtet wird im W.
Eph	1,13	ihr, die ihr das W. der Wahrheit gehört habt
	5,4	*auch nicht schandbare W.*
	6	von niemandem verführen mit leeren W.
	26	hat sie gereinigt durch das Wasserbad im W.
	6,19	für mich, daß mir das W. gegeben werde
Phl	1,14	kühner geworden, das W. zu reden ohne Scheu
	2,16	daß ihr festhaltet am W. des Lebens
Kol	1,5	von ihr habt ihr schon gehört durch das W.
	25	Amt, daß ich euch sein W. predigen soll
	3,8	legt ab schandbare W. aus eurem Munde
	16	laßt das W. Christi unter euch wohnen
	17	alles, was ihr tut mit W. oder mit Werken
	4,3	daß Gott uns eine Tür für das W. auftue
1Th	1,5	unsere Predigt des Evangeliums kam zu euch nicht allein im W.
	6	ihr habt das W. aufgenommen in großer Bedrängnis
	2,13	das W. nicht als Menschenwort aufgenommen habt
	4,18	tröstet euch mit diesen W. untereinander
2Th	2,2	weder durch Weissagung noch durch ein W.
	15	durch uns unterwiesen, es sei durch W. oder Brief
	17	der stärke euch in allem guten Werk und W.
	3,14	wenn jemand unserm W. in diesem Brief nicht gehorsam ist
1Ti	1,15	das ist wahr und ein W., des Glaubens wert 4,9
	4,6	Diener Christi, auferzogen in den W. des Glaubens
	12	sei ein Vorbild im W., im Wandel Tit 2,8
	5,17	die sich mühen im W. und in der Lehre

2Ti	1,13	halte dich an das Vorbild der heilsamen W.	4Mo	14,41	warum wollt ihr das W. d. H. übertreten

2Ti	1,13	halte dich an das Vorbild der heilsamen W.
	2,14	daß sie nicht um W. streiten, was zu nichts nütze ist
	15	der das W. der Wahrheit recht austeilt
	17	ihr W. frißt um sich wie der Krebs
	4,2	predige das W., steh dazu
	15	er hat sich unsern W. sehr widersetzt
Tit	1,3	zu seiner Zeit hat er sein W. offenbart
	9	er halte sich an das W. der Lehre
1Pt	1,25	das W., welches unter euch verkündigt ist
	2,8	sie stoßen sich an ihm, weil sie nicht an das W. glauben
	3,1	damit die, die nicht an das W. glauben, ohne W. gewonnen werden
	5,12	durch Silvanus habe ich euch weniges W. geschrieben
2Pt	1,19	um so fester haben wir das prophetische W.
	2,3	werden euch mit erdichteten W. zu gewinnen suchen
	18	sie reden stolze W., hinter denen nichts ist Jud 17
	3,7	durch dasselbe W. aufgespart für das Feuer
1Jh	1,1	was wir gesehen haben vom W. des Lebens
	10	sein W. ist nicht in uns
	2,5	wer sein W. hält, in dem ist die Liebe
	7	das alte Gebot ist das W., das ihr gehört habt
	3,18	laßt uns nicht lieben mit W. noch mit der Zunge
3Jh	10	er macht uns schlecht mit bösen W.
Heb	1,3	trägt alle Dinge mit seinem kräftigen W.
	2,1	sollen wir desto mehr achten auf das W.
	2	wenn das W. fest war
	4,2	das W. der Predigt half jenen nichts
	5,12	daß man euch die Anfangsgründe der W. lehre
	13	der ist unerfahren in dem W.
	7,28	dies W. des Eides setzt den Sohn ein
	11,7	als er ein göttliches W. empfing
	12,19	baten, daß ihnen keine W. mehr gesagt würden
	13,22	nehmt dies W. der Ermahnung an Jak 1,21
Jak	1,18	uns geboren durch das W. der Wahrheit
	22	seid Täter des W. und nicht Hörer allein 23
	3,2	wer sich aber im W. nicht verfehlt
Off	1,3	selig, der liest die W. der Weissagung 22,7
	3,8	du hast mein W. bewahrt
	10	weil du mein W. von der Geduld bewahrt hast
	12,11	sie haben ihn überwunden durch das W. ihres Zeugnisses
	21,5	diese W. sind wahrhaftig und gewiß 22,6
	22,9	der Mitknecht derer, die bewahren die W.
	10	versiegle nicht die W. der Weissagung in diesem Buch
	18	allen, die hören die W. der Weissagung
	19	wenn jemand etwas wegnimmt von den W.

Wort des HERRN (Herrn)

1Mo	15,1	daß zu Abram das W. d. H. kam
2Mo	4,28	tat kund alle W. d. H. 24,3; 4Mo 11,24; 5Mo 5,5; 1Sm 8,10
	9,20	wer das W. d. H. fürchtete 21
	24,4	schrieb alle W. d. H. nieder Jer 36,4.6.8.11
4Mo	3,16	nach dem W. d. H. 39.51; 4,37.41.45.49; 9,18. 20; 10,13; 13,3; 5Mo 34,5; Jos 8,27; 1Kö 14,18; 15,29; 16,12.34; 17,5.16; 22,38; 2Kö 1,17; 4,44; 7,16; 9,26; 10,17; 14,25; 23,16; 24,2. 3; 1Ch 11,3.10; 12,24; 15,15; 2Ch 29,15; 30,12; 35,6; Am 8,11
4Mo	14,41	warum wollt ihr das W. d. H. übertreten
	15,31	er hat d. H. W. verachtet
	22,18	könnte nicht übertreten das W. d. H. 24,13
Jos	3,9	hört die W. d. H., eures Gottes
	8,8	tut nach dem W. d. H.
	24,27	dieser Stein hat gehört alle W. d. H.
1Sm	3,1	zu der Zeit war d. H. W. selten
	7	d. H. W. war (Samuel) noch nicht offenbart
	15,1	so höre nun auf die W. d. H.
	10	da geschah d. H. W. zu Samuel
	13	ich habe d. H. W. erfüllt
	23	weil du d. H. W. verworfen hast 26
2Sm	7,4	kam das W. d. H. zu Nathan 24,11; 1Kö 13,20; 16,1; 1Ch 22,8; 2Ch 11,2; 12,7
	12,9	warum hast du das W. d. H. verachtet
	22,31	d. H. W. sind durchläutert Ps 12,7; 18,31
1Kö	2,27	damit erfüllt würde d. H. W. 2Ch 36,21.22; Esr 1,1
	6,11	es geschah d. H. W. zu Salomo
	12,24	gehorchten dem W. d. H. 2Ch 11,4
	13,1	auf das W. d. H. hin 2.5.18.32
	9	mir ist geboten durch d. H. W. 17
	16,7	war das W. d. H. über Bascha gekommen
	17,2	kam das W. d. H. zu (Elia) 8; 18,1.31; 19,9; 21,17.28
	24	d. H. W. in deinem Munde ist Wahrheit
	22,5	frage zuerst nach dem W. d. H. 2Ch 18,4
	19	höre das W. d. H. 2Kö 7,1; 20,16; 2Ch 18,18; Jes 1,10; 28,14; 39,5; 66,5; Jer 2,4; 7,2; 9,19; 17,20; 19,3; 21,11; 22,2; 29,20; 31,10; 34,4; 42,15; 44,24.26; Hes 13,2; 16,35; 21,3; 34,7.9; 36,1; 37,4; Hos 4,1; Am 7,16
2Kö	3,12	d. H. W. ist bei (Elisa)
	10,10	daß kein W. d. H. auf die Erde gefallen ist
	20,4	kam d. H. W. zu (Jesaja) Jes 38,4
1Ch	10,13	weil er das W. d. H. nicht hielt 2Ch 34,21
Ps	33,4	d. H. W. ist wahrhaftig
	6	der Himmel ist durch das W. d. H. gemacht
	56,11	ich will rühmen d. H. W.
Jes	2,3	wird ausgehen d. H. W. von Jerusalem Mi 4,2
	5,9	es ist in m. Ohren das W. d. H. Zebaoth
	28,13	darum soll d. H. W. an sie ergehen
	39,8	das W. d. H. ist gut
Jer	1,2	geschah das W. d. H. zu (Jeremia) 4.11.13; 2,1; 13,3.8; 16,1; 18,5; 24,4; 25,3; 28,12; 29,30; 32,26; 33,1.19.23; 34,12; 35,12; 36,27; 37,6; 39,15; 42,7; 43,8; 46,1.13; 47,1; 49,34
	2,31	merke auf d. H. W.
	6,10	sie halten d. H. W. für Spott
	8,9	was... lehren, wenn sie d. H. W. verwerfen
	17,15	sprechen zu mir: Wo ist denn d. H. W.
	20,8	d. H. W. ist mir zu Hohn geworden
	22,29	o Land, Land, Land, höre d. H. W.
	23,17	sagen denen, die d. H. W. verachten
	27,18	sind sie Propheten und haben sie d. H. W.
	32,8	merkte, daß es d. H. W. war Sa 11,11
	37,2	gehorchten nicht den W. d. H.
	42,19	an euch, die ihr übriggeblieben
	43,1	als Jeremia alle d. H. W. ausgerichtet
Hes	1,3	geschah das W. d. H. zu Hesekiel 3,16; 6,1; 7,1; 11,14; 12,1.8.17.21.26; 13,1; 14,2.12; 15,1; 16,1; 17,1.11; 18,1; 20,2; 21,1.6.13.23; 22,1.17. 23; 23,1; 24,1.15; 25,1; 26,1; 27,1; 28,1.11.20; 29,1.17; 30,1.20; 31,1; 32,1.17; 33,1.23; 34,1; 35,1; 36,16; 37,15; 38,1
	11,25	sagte den Weggeführten alle W. d. H.
Hos	1,1	W. d. H., das geschehen ist zu Hosea Jo 1,1; Jon 1,1; 3,1; Mi 1,1; Ze 1,1; Hag 1,1.3; 2,1.10. 20; Sa 1,1.7; 4,6.8; 6,9; 7,1.4.8; 8,1.18

Wort des HERRN (Herrn)

Am	8,12	daß sie laufen und d. H. W. suchen
Ze	2,5	d. H. W. wird über euch kommen
Tob	14,6	das W. d. H. wird nicht unerfüllt bleiben
Sir	42,15	durch das W. d. H. sind seine Werke geworden
	48,3	durch das W. d. H. schloß er den Himmel zu
Lk	22,61	Petrus gedachte an d. H. W.
Apg	8,25	als sie das W. d. H. bezeugt hatten
	11,16	da dachte ich an das W. d. H., als er sagte
	13,48	die Heiden priesen das W. d. H.
	49	das W. d. H. breitete sich aus *12,24*
	15,35	lehrten und predigten das W. d. H. *16,32*
	36	Städten, in denen wir das W. d. H. verkündigt
	19,10	das W. d. H. hörten, Juden und Griechen
	20,35	im Gedenken an das W. d. H. Jesus
1Th	1,8	von euch aus ist das W. d. H. erschollen nicht allein in Mazedonien
	4,15	das sagen wir euch mit einem W. d. H.
2Th	3,1	daß das W. d. H. laufe und gepriesen werde
1Ti	6,3	bleibt nicht bei den W. unseres H. Jesus
1Pt	1,25	d. H. W. bleibt in Ewigkeit

Wort Gottes

1Kö	12,22	es kam G. W. zu Schemaja
1Ch	17,3	in derselben Nacht kam das W. G. zu Nathan
Esr	9,4	die über die W. G. erschrocken waren
Ps	56,5	ich will G. W. rühmen 11
Spr	30,5	alle W. G. sind durchläutert
Jes	40,8	das W. unseres G. bleibt ewiglich
Jer	5,13	die Propheten haben G. W. nicht
Hes	6,3	höret das W. G. des HERRN 25,3; 36,4
Mi	6,8	was der HERR fordert, nämlich G. W. halten
Tob	1,2	ist er dennoch von G. W. nicht abgefallen
	15	ermahnte sie, G. W. treu zu bleiben
Sir	1,5	das W. G. ist die Quelle der Weisheit
	31	dem Gottlosen ist G. W. ein Greuel
	9,22	richte all das Deine nach G. W.
	15,1	wer sich an G. W. hält, findet Weisheit
	43,11	durch G. W. halten sie ihre Ordnung ein
2Ma	4,17	mit G. W. ist nicht zu scherzen
	15,11	daß sie durch G. W. Vertrauen gewannen
Mk	7,13	hebt so G. W. auf durch eure Satzungen
Lk	3,2	da geschah das W. G. zu Johannes
	4,4	der Mensch lebt von... W. G.
	5,1	als sich die Menge zu ihm drängte, um das W. G. zu hören
	8,11	der Same ist das W. G.
	21	meine Brüder, die G. W. hören und tun
	11,28	selig sind, die das W. G. hören und bewahren
Jh	3,34	der, den Gott gesandt hat, redet G. W.
	8,47	wer von Gott ist, der hört G. W.
	10,35	wenn er die Götter nennt, zu denen das W. G. geschah
Apg	4,31	sie redeten das W. G. mit Freimut
	6,2	es ist nicht recht, daß wir das W. G. vernachlässigen
	7	das W. G. breitete sich aus 12,24
	8,14	daß Samarien das W. G. angenommen hatte
	11,1	daß die Heiden G. W. angenommen hatten
	13,5	verkündigten das W. G. *16,32;* 18,11
	7	begehrte, das W. G. zu hören 44
	46	euch mußte das W. G. zuerst gesagt werden
	17,13	auch in Beröa das W. G. verkündigt wurde
Rö	9,6	nicht, daß G. W. hinfällig geworden sei
1Ko	14,36	ist das W. G. von euch ausgegangen
2Ko	2,17	die mit dem W. G. Geschäfte machen
	4,2	wir fälschen auch nicht G. W.
Eph	6,17	nehmt das Schwert des Geistes, das W. G.
Kol	1,25	um G. W. kundzumachen
1Th	2,13	als G. W., das in euch wirkt, die ihr glaubt
1Ti	4,5	es wird geheiligt durch das W. G. und Gebet
2Ti	2,9	G. W. ist nicht gebunden
Tit	2,5	damit nicht das W. G. verlästert werde
1Pt	1,23	wiedergeboren aus dem lebendigen W. G.
	4,11	wenn jemand predigt, daß er's rede, als G. W.
2Pt	3,5	die Erde, die Bestand hatte durch G. W.
1Jh	2,14	ihr seid stark, und das W. G. bleibt in euch
Heb	4,12	das W. G. ist lebendig und kräftig
	6,5	das gute W. G. und die Kräfte der zukünftigen Welt
	11,3	die Welt durch G. W. geschaffen ist
	13,7	eure Lehrer, die euch das W. G. gesagt
Off	1,2	der bezeugt das W. G.
	9	war auf der Insel Patmos um des W. G. willen
	6,9	umgebracht worden waren um des W. G. willen
	17,17	bis vollendet werden die W. G.
	19,9	er sprach zu mir: Dies sind wahrhaftige W.G.
	13	sein Name ist: Das W. G.
	20,4	die enthauptet waren um des W. G. willen

Wortführer

Jes	43,27	deine W. sind von mir abgefallen

Wortgefecht

1Ti	6,4	der hat die Seuche der W.

Wörtlein

Hi	26,14	nur ein leises W. haben wir vernommen

Wucher

Neh	5,7	wollt einer gegen den andern W. treiben

Wucherer

2Mo	22,24	sollst an ihm nicht wie ein W. handeln
Ps	109,11	es soll der W. alles fordern, was er hat

Wucherzins

Jer	15,10	hab ich doch weder auf W. ausgeliehen

Wuchs

1Sm	16,7	sieh nicht an seinen hohen W.
Hl	7,8	dein W. ist hoch wie ein Palmbaum
Hes	19,11	sein W. wurde hoch bis an die Wolken

wund

5Mo	14,1	sollt euch nicht w. ritzen
1Kö	20,37	schlage mich! Und der Mann schlug ihn w.
Hl	5,7	die Wächter schlugen mich w.
Jer	2,25	schone deine Füße, daß sie nicht w. werden
	16,6	niemand wird sich ihretwegen w. ritzen
	41,5	achtzig Männer hatten sich w. geritzt
	47,5	wie lange willst du dich w. ritzen
	48,37	werden alle Hände w. geritzt

Hes	29,18	daß alle Schultern w. gerieben waren	Ps	111,4	hat ein Gedächtnis gestiftet seiner W.
Hos	7,14	sie ritzen sich w. um Korn und Wein		118,23	das ist ein W. vor unsern Augen
Sa	12,3	sollen sich daran w. reißen		119,18	öffne mir die Augen, daß ich sehe die W.
Off	13,3	s. *Häupter eines, als wäre es tödlich w.*	Jer	21,2	wird der HERR an uns sein W. tun
			Dan	3,32	es gefällt mir, W. zu verkünden

Wunde

1Mo	4,23	einen Mann erschlug ich für meine W.
2Mo	21,25	(sollst geben Auge um Auge,) W. um W.
3Mo	22,22	hat es eine W., sollt ihr es nicht opfern
1Kö	22,35	das Blut floß von der W. in den Wagen
2Kö	8,29	um sich von den W. heilen zu lassen 9,15; 2Ch 22,6
Hi	9,17	er schlägt mir viele W. ohne Grund
Ps	38,6	meine W. stinken und eitern
	147,3	er verbindet ihre W.
Spr	23,29	wo sind W. ohne jeden Grund
Jes	1,6	W., die nicht gereinigt sind
	30,26	wenn der HERR W. heilen wird Jer 30,17
	53,5	durch seine W. sind wir geheilt 1Pt 2,24
Jer	15,18	warum sind meine W. so schlimm
	30,12	deine W. sind unheilbar Nah 3,19
	51,8	bringt Balsam für seine W.
Hos	5,13	als Juda seine W. fühlte... kann nicht eure W. heilen
Sa	13,6	was sind das für W. auf deiner Brust
Sir	27,23	W. kann man verbinden
	30,7	der verbindet ihm die W.
2Ma	14,45	obwohl die W. ihn schmerzten
Lk	10,34	goß Öl und Wein auf seine W. und verband sie
1Pt	2,24	durch seine W. seid ihr heil geworden
Off	13,3	seine tödliche W. wurde heil 12
	14	Tier, das die W. vom Schwert hatte

Wunder

2Mo	3,20	werde Ägypten schlagen mit W. 7,3; 11,9
	4,21	daß du W. tust vor dem Pharao 7,9; 11,10; 5Mo 34,11; Ps 105,27
	15,6	HERR, deine rechte Hand tut große W.
	34,10	vor deinem Volk will ich W. tun Jo 2,26
4Mo	23,23	wird gesagt, welche W. Gott tut
5Mo	4,34	sich ein Volk herauszuholen durch W.
	6,22	der HERR tat große W. an Ägypten 7,19; 26,8; 29,2; Neh 9,10; Ps 78,12.43; 106,22; 135,9; Jer 32,20.21; Mi 7,15; Apg 7,36
	13,2	wenn ein Prophet ein W. ankündigt 3
	28,46	diese Flüche werden Zeichen und W. sein
Jos	3,5	morgen wird der HERR W. unter euch tun
Ri	6,13	wo sind alle seine W.
1Ch	16,9	redet von allen seinen W. 12.24; Ps 9,2; 26,7; 71,17; 75,2; 78,4; 96,3; 105,2; 119,27
2Ch	32,24	der (HERR) tat an (Hiskia) ein W.
	31	gedachten, um nach dem W. zu fragen
Neh	9,17	gedachten nicht an deine W. Ps 78,11
Hi	5,9	W., die nicht zu zählen sind 9,10
	37,14	merke auf die W. Gottes
	16	weißt du die W. des Allwissenden
Ps	40,6	groß sind deine W. Dan 3,33
	45,5	so wird deine rechte Hand W. vollbringen
	72,18	gelobt sei Gott, der allein W. tut 77,15; 86,10; 98,1; 136,4; Jes 25,1
	77,12	ich denke an deine W. 145,5
	78,32	glaubten nicht an seine W.
	88,11	wirst du an den Toten W. tun
	13	werden deine W. in der Finsternis erkannt
	89,6	die Himmel werden deine W. preisen
	107,8	dem HERRN danken für seine W. 15.21.31
	24	die erfahren haben seine W. auf dem Meer

Dan	6,28	er tut W. im Himmel und auf Erden
	12,6	wann sollen diese großen W. geschehen
Wsh	8,8	Zeichen und W. erkennt sie im voraus
	10,16	sie widerstand den... Königen durch W.
	19,8	dabei sahen sie wunderbare W.
Tob	12,20	dankt Gott und verkündigt seine W. 22; 13,3
Sir	1,15	er sieht, welch große W. die Tora
	18,5	man kann seine großen W. nicht erforschen
	36,6	tu neue Zeichen und neue W.
	48,15	als er tot war, tat er W.
Bar	2,11	aus Ägyptenland geführt durch W.
StE	7,6	er tat große W. unter den Völkern
Mt	7,22	haben wir nicht viele W. getan
	21,15	als die Hohenpriester die W. sahen
	42	das ist ein W. vor unsern Augen Mk 12,11
	24,24	es werden falsche Christusse W. tun Mk 13,22
Mk	9,39	niemand, der ein W. tut in meinem Namen
Jh	4,48	wenn ihr nicht W. seht, glaubt ihr nicht
Apg	2,19	ich will W. tun oben am Himmel
	22	von Gott unter euch ausgewiesen durch W.
	43	es geschahen W. durch die Apostel 5,12
	4,30	strecke deine Hand aus, daß W. geschehen
	6,8	Stephanus tat W. und große Zeichen
	7,36	Mose tat W. und Zeichen in Ägypten
	14,3	der ließ W. geschehen durch ihre Hände
	15,12	wie große W. Gott durch sie getan hatte unter den Heiden
Rö	15,19	in der Kraft von Zeichen und W.
1Ko	12,10	(wird gegeben) einem die Kraft, W. zu tun
2Ko	11,14	das ist auch kein W.
	12,12	Zeichen eines Apostels mit W. und Taten
2Th	2,9	der Böse wird auftreten mit lügenhaften W.
Heb	2,4	Gott hat Zeugnis gegeben durch W.

Wunder-Rat

Jes	9,5	er heißt W.-R.

wunderbar

2Mo	34,10	w. wird sein, was ich an dir tun werde
2Ch	26,15	weil ihm w. geholfen wurde
Hi	11,6	Weisheit ist zu w. für jede Erkenntnis
	37,5	Gott donnert mit seinem Donner w.
Ps	4,4	daß der HERR seine Heiligen w. führt
	17,7	beweise deine w. Güte 31,22
	65,6	erhöre uns nach der w. Gerechtigkeit
	66,3	wie w. sind deine Werke 139,14
	5	wie w. ist er in seinem Tun
	99,3	preisen sollen sie deinen w. Namen
	131,1	mit großen Dingen, die mir zu w. sind
	139,6	diese Erkenntnis ist mir zu w.
	14	danke dir dafür, daß ich w. gemacht bin
Hl	4,7	du bist w. schön, meine Freundin
Jes	28,29	sein Rat ist w.
Wsh	10,17	sie leitet sie auf w. Wege
	16,2	bereitetest ihm eine w. Speise 3
	19,5	damit dein Volk seine w. Wanderung erlebte
	8	dabei sahen sie w. Wunder
Sir	11,4	w. ist er in seinen Werken
	38,6	herrlich zu erweisen durch seine w. Mittel
	39,25	vor ihm ist kein Ding zu w.
	43,8	er wächst und verändert sich w.
	31	der Herr ist groß und seine Macht ist w.

wunderbar

2Th 1,10 daß er w. erscheine bei allen Gläubigen
1Pt 2,9 berufen hat von der Finsternis zu seinem w. Licht
Off 15,1 ein Zeichen, das war groß und w.
 3 groß und w. sind deine Werke, Herr

wunderlich

Jes 29,14 will mit diesem Volk w. umgehen, aufs w.
Jh 9,30 *das ist ein w. Ding, daß ihr nicht wisset*
1Pt 2,18 ordnet euch den Herren unter, auch den w.

wundern

Pr 5,7 siehst du... dann w. dich nicht darüber
Dan 8,27 ich w. mich über das Gesicht
Tob 5,11 der Vater w. sich und bat
Sir 11,13 so daß sich viele über ihn w.
 26,14 w. dich nicht, wenn sie dir Schande macht
 43,20 muß sich w. über solch seltsamen Regen
1Ma 15,32 als Athenobius... sah, w. er sich
2Ma 7,12 der König und seine Diener w. sich
Mt 8,10 als das Jesus hörte, w. er sich Mk 6,6; Lk 7,9
 22,22 als sie das hörten, w. sie sich
Mk 7,37 sie w. sich über die Maßen
 12,17 sie w. sich über ihn Lk 20,26
 15,44 Pilatus aber w. sich
Lk 1,21 das Volk wartete auf Zacharias und w. sich 63
 2,18 w. sich über das, was ihnen die Hirten gesagt 33
 4,22 sie w. sich, daß solche Worte der Gnade
 11,38 als das der Pharisäer sah, w. er sich
 24,12 w. sich über das, was geschehen war
Jh 3,7 w. dich nicht, daß 5,28; 1Jh 3,13
 4,27 sie w. sich, daß er mit einer Frau redete
 7,21 ein einziges Werk habe ich getan, und es w. euch alle
Apg 3,10 *sie wurden voll W.*
 11 und w. sich sehr 12
 4,13 sie sahen den Freimut und w. sich
 7,31 als Mose das sah, w. er sich
 13,41 seht, ihr Verächter, und w. euch und werdet zunichte
Gal 1,6 mich w., daß ihr euch abwenden laßt
Off 13,3 die ganze Erde w. sich über das Tier
 17,6 ich w. mich sehr, als ich sie sah 7
 8 werden sich w., wenn sie das Tier sehen

wundernehmen

Jh 4,27 *es n. sie w., daß er mit... redete*

wundersam

2Mo 3,3 will die w. Erscheinung besehen
2Sm 1,26 deine Liebe w. als Frauenliebe
Ps 68,36 w. ist Gott in seinem Heiligtum
Spr 30,18 drei sind mir zu w.
Off 15,1 *ein Zeichen, das war groß und w.*
 3 *groß und w. sind deine Werke*

wunderschön

Jdt 8,6 (Judit) war w., 10,15
Sir 50,20 das Haus hallte wider von w. Liedern

Wundertat

Sir 36,10 damit man deine W. preist

StD 3,19 errette uns nach deinen W.

Wundertäter

1Ko 12,28 Gott hat eingesetzt W.
 29 sind alle W.

wundertätig

2Mo 15,11 wer ist dir gleich, der so w. ist

Wunderwerk

Ps 105,5 gedenket seiner W., die er getan hat
 119,129 deine Mahnungen sind W.
Sir 42,17 nicht gegeben, alle seine W. zu verkünden
 43,2 die Sonne ist ein W. des Höchsten
StE 2,1 Mordechai dachte an alle seine W.

Wunderzeichen

1Kö 13,3 (der Mann Gottes) gab ein W. 5
Jo 3,3 will W. geben am Himmel und auf Erden
Sir 48,4 wie herrlich bist du gewesen mit deinen W.

Wunsch

5Mo 18,6 kommt nach s. Herzens W. an die Stätte
 23,25 darfst Trauben essen nach deinem W.
1Kö 5,22 deine W. nach Zedernholz erfüllen 24; 9,11
 23 aber du sollst auch meine W. erfüllen
Ps 21,3 du erfüllst ihm seines Herzens W.
Spr 11,23 das der Gerechten. W. führt zu lauter Gutem
Wsh 16,25 diente dir nach W. eines jeden
2Ma 9,20 wenn es euch nach W. geht
Rö 10,1 m. Herzens W. ist, daß sie gerettet werden

wünschen

5Mo 14,26 gib das Geld für alles, was dein Herz w.
2Sm 8,10 David Frieden zu w. 1Ch 18,10
1Kö 9,19 was (Salomo) zu bauen w. 1; 2Ch 8,6
 19,4 w. sich zu sterben Jon 4,8
Hi 7,15 daß ich mir... erwürgt zu sein
Ps 37,4 der wird dir geben, was dein Herz w.
 70,3 sollen zum Spott werden, die mir Übles w.
 122,6 w. Jerusalem Glück 8
Spr 3,15 was du w. magst, ist (der Weisheit) nicht zu vergleichen 8,11
 21,25 der Faule stirbt über seinem W.
 23,3 w. dir nichts von seinen feinen Speisen 6
 24,1 w. nicht, bei ihnen zu sein
Pr 2,10 was meine Augen w., das gab ich ihnen
1Ma 10,56 zur Frau geben, wie du gew. hast
2Ma 1,1 wir w. euch Juden Glück und Heil 10
Apg 15,23 wir w. Heil den Brüdern aus den Heiden
 26,29 ich w. vor Gott, daß über kurz oder lang
 27,29 w., daß es Tag würde
Rö 9,3 ich selber w., verflucht zu sein
3Jh 2 ich w., daß es dir in allen Dingen gutgehe
Heb 6,11 wir w., daß jeder von euch... beweise

Würde

1Mo 49,3 Ruben... der Oberste in der W.
Est 1,19 ihre königliche W. einer andern geben 4,14
 6,3 welche W. hat Mordechai bekommen
Spr 31,25 Kraft und W. sind ihr Gewand
Pr 10,6 ein Tor sitzt in großer W.
Sir 10,5 dem Gesetzgeber gibt er seine W.

Wurzel

2Ma	14,7	haben mir meine ererbte W. geraubt
Heb	5,4	niemand nimmt sich selbst die hohepriesterliche W.

Würdenträger

Dan	3,2	der König sandte nach den W. 3.27; 6,8
StE	5,5	wieviel Unrecht solche... W. anrichten

würdig

5Mo	21,22	eine Sünde, die des Todes w. ist
Wsh	9,12	werde des Thrones meines Vaters w. sein
	12,7	als w. Bewohner die Kinder Gottes aufnehmen
	13,15	er macht ihm ein Haus, das seiner w. ist
1Ma	10,54	Geschenke, die deiner w. sind
2Ma	15,21	daß Gott (d. Sieg) denen gibt, die er w. findet
Lk	7,7	mich selbst nicht für w. geachtet, zu dir zu kommen
Apg	5,41	weil sie w. gewesen waren, zu leiden
	13,46	ihr haltet euch selbst nicht für w.
Rö	1,32	*daß, die solches tun, des Todes w. sind*
Eph	4,1	daß ihr der Berufung w. lebt
Phl	1,27	wandelt w. des Evangeliums Christi
Kol	1,10	daß ihr des Herrn w. lebt
1Th	2,12	euer Leben w. des Gottes zu führen
2Th	1,11	daß unser Gott euch w. mache der Berufung
1Ti	3,2	ein Bischof soll sein...
3Jh	6	wie es w. ist vor Gott
Off	4,11	du bist w., zu nehmen Preis und Ehre
	5,2	wer ist w., das Buch aufzutun 4.9
	12	ist w., zu nehmen Kraft und Reichtum

würdigen

Lk	20,35	welche gew. werden, jene Welt zu erlangen
2Th	1,5	daß ihr gew. werdet des Reiches Gottes

Wurfgabel

Jes	30,24	Futter, das geworfelt ist mit W.

Wurfspieß

1Sm	17,6	(Goliat) hatte einen ehernen W.

würgen

Hi	30,18	wie der Kragen meines Hemdes w. es mich
Jer	9,20	er w. die Kinder auf der Gasse
Nah	2,13	der Löwe w. für seine Löwinnen
Mt	18,28	er packte und w. ihn und sprach
Jh	10,10	*ein Dieb kommt, daß er w.*

Würger

Jer	4,31	ich muß vergehen vor den W.
Heb	11,28	*daß der W. ihre Erstbegurten nicht träfe*

Würgetal

Jer	7,32	nicht mehr nennen... sondern „W." 19,6

Wurm

4Mo	16,20	da wurde es voller W. und stinkend 24
5Mo	28,39	die W. werden's verzehren Jes 51,8
Hi	17,14	nenne ich die W. meine Mutter
	24,20	die W. laben sich an ihm
	25,6	wieviel weniger das Menschenkind, ein W.
Ps	22,7	ich bin ein W. und kein Mensch
Jes	14,11	Gewürm dein Bett und W. deine Decke
	66,24	ihr W. wird nicht sterben
Jon	4,7	ließ Gott einen W. kommen
Jdt	16,21	er wird ihren Leib plagen mit W.
Sir	7,19	W. sind die Strafe für die Gottlosen
	10,13	wenn der Mensch tot ist, fressen ihn W.
	19,3	wer sich an Huren hängt, den fressen W.
Bar	6,20	von den W. fühlen sie nichts
1Ma	2,62	s. Herrlichkeit wird von den W. gefressen
2Ma	9,9	daß unzählige W... hervorkrochen
Mk	9,48	wo ihr W. nicht stirbt 44.46
Apg	12,23	von W. zerfressen, gab er den Geist auf

Würmlein

Jes	41,14	fürchte dich nicht, du W. Jakob

Würze

Sir	24,20	einen Geruch wie köstliche W.

Wurzel

5Mo	29,17	eine W., die Gift und Wermut hervorbringt
2Kö	19,30	wird von neuem W. schlagen Jes 37,31
Hi	5,3	ich sah einen Toren W. schlagen
	8,17	über Steinhaufen schlingen sich seine W.
	14,8	ob seine W. alt wird
	18,16	unten verdorren seine W.
	29,19	meine W. reiche zum Wasser hin Jer 17,8
	31,12	das meine Habe bis auf die W. vernichtet
Spr	12,3	die W. der Gerechten wird bleiben 12
Jes	5,24	so wird ihre W. verfaulen
	11,1	wird e. Zweig aus seiner W. Frucht bringen
	10	daß das Reis aus der W. Isais dasteht
	14,29	aus der W. der Schlange eine Natter
	30	deine W. will ich durch Hunger töten
	40,24	kaum hat ihr Stamm eine W.
	53,2	wie eine W. aus dürrem Erdreich
Jer	12,2	du pflanzest sie ein, sie schlagen W.
Hes	17,6	seine W. blieben unter ihm 7.9
	31,7	seine W. hatten viel Wasser
Dan	4,12	den Stock mit seinen W. in der Erde 20.23
Hos	9,16	Ephraim, seine W. ist verdorrt
	14,6	seine W. sollen ausschlagen wie e. Linde
Am	2,9	ich vertilgte unten seine W.
Mal	3,19	er wird ihnen weder W. noch Zweig lassen
Wsh	7,20	(daß ich begreife) die Kräfte der W.
	15,3	von deiner Macht wissen ist die W. der Unsterblichkeit
Sir	1,25	den Herrn fürchten ist die W. der Weisheit
	10,18	Gott hat die Heiden mit der W. ausgerottet
	23,35	ihre Kinder werden nicht W. schlagen
	40,15	die W. der Ungerechten steht auf einem nackten Felsen
	47,25	behielt übrig eine W. von David
1Ma	1,11	aus ihnen schoß eine böse W. auf
Mt	3,10	die Axt den Bäumen an die W. gelegt Lk 3,9
	13,6	weil es keine W. hatte, verdorrte es 21; Mk 4,6.17; Lk 8,13
Mk	11,20	sahen sie, daß er verdorrt war bis zur W.
Rö	11,16	wenn die W. heilig ist, sind auch die Zweige
	17	teilbekommen an der W. und dem Saft
	18	daß nicht du die W. trägst, sondern die W. trägt dich
	15,12	es wird kommen der Sproß aus der W. Isais
1Ti	6,10	Geldgier ist eine W. alles Übels

Wurzel 1650

Heb 12,15 daß nicht etwa eine bittere W. aufwachse
Off 5,5 es hat überwunden die W. Davids
22,16 ich bin die W. und das Geschlecht Davids

wurzeln

Jes 27,6 es wird dazu kommen, daß Jakob w. wird
Wsh 4,3 die Menge der Gottlosen kann nicht tief w.

würzen

Hl 8,2 da wollte ich dich tränken mit gew. Wein
Mk 9,50 womit wird man's w. Lk 14,34
Kol 4,6 eure Rede sei freundlich und mit Salz gew.

Würztrank, Würzwein

4Mo 6,3 W. und W. soll er auch nicht trinken

wüst, wüste

1Mo 1,2 die Erde war w. und leer
47,19 daß das Feld nicht w. werde 2Mo 23,29
3Mo 26,31 will eure Städte w. machen 32.33; Hes 6,14
34 solange (das Land) w. liegt 35.43; 2Ch 36,21
2Kö 3,19 daß ihr w. machen werdet alle Städte
19,25 feste Städte zu w. Steinhaufen
Neh 2,3 die Stadt liegt w. 17; Jes 24,10; Jer 33,10.12; 44,2; Klg 1,4; 5,18; Hes 26,2; Ze 2,15
Ps 74,3 richte d. Schritte zu dem, was w. liegt
Spr 29,18 wo keine Offenbarung ist, wird das Volk w.
Jes 5,6 ich will ihn w. liegen lassen
6,11 bis die Städte w. werden... w. daliegt
16,8 die Fluren von Heschbon sind w. geworden
24,1 der HERR macht die Erde leer und w.
49,19 dein w. Land wird dir zu eng werden
58,12 aufgebaut, was lange w. gelegen hat
Jer 4,23 das Land war w. und öde
27 das Land soll w. werden 7,34; 25,11.18; 26,9; Hes 12,19
6,8 beßre dich, ehe ich dich zum w. Lande mache
46,19 Memfis wird w. werden 48,9; 49,2.17; 50,12; Hes 25,13; 35,7; Jo 4,19
50,13 (Babel) wird w. bleiben 51,62
Hes 6,6 man wird eure Altäre w. machen
Dan 9,2 daß Jerusalem 70 Jahre w. liegen sollte
Hos 14,1 Samaria wird w.
Jo 1,17 die Kornhäuser stehen w.
2,3 das Land ist nach ihm wie eine w. Einöde
20 will ihn in ein w. Land verstoßen
Mi 6,13 will anfangen, dich w. zu machen
7,13 die Erde wird w. sein ihrer Bewohner wegen
Hag 1,4 dies Haus muß w. stehen 9
2Ma 6,3 das w. Treiben nahm so überhand, daß
Mt 23,38 euer Haus soll euch w. gelassen werden Lk 13,35; Apg 1,20
Lk 11,17 ein jegliches Reich wird w.
Apg 8,26 Gaza, das da w. ist
1Pt 4,4 daß ihr euch nicht mehr mit ihnen stürzt in dasselbe w. Treiben

Wüste

1Mo 14,6 El-Paran, das an die W. stößt 4Mo 33,6
16,7 der Engel fand sie in der W. 21,14
21,21 in der W. Paran 20; 4Mo 10,12; 12,16; 13,3.26
37,22 werft ihn in die Grube hier in der W.
2Mo 3,18 laß uns gehen in die W., daß wir opfern 5,1.3; 7,16; 8,23.24

2Mo 4,27 geh hin Mose entgegen in die W. 18,5; 4Mo 21,23
13,18 führte es durch die W. 20; 5Mo 8,15; Ps 78,52; 136,16; Jes 48,21; 63,13; Jer 2,6
14,3 die W. hat sie eingeschlossen
11 damit wir in der W. sterben 12; 16,3; 4Mo 14,2.16; 16,13; 20,4; 21,5; 27,3; 5Mo 9,28
15,22 zu der W. Schur
22 wanderten in der W. und fanden kein Wasser
16,1 in die W. Sin 17,1; 4Mo 33,11.12
2 murrte die Gemeinde in der W. 10; Ps 78,17. 40; 95,8; Heb 3,8
14 da lag's in der W. rund und klein
32 Brot... gespeist habe in der W. 5Mo 8,16
19,1 in die W. Sinai 2; 3Mo 7,38; 4Mo 1,19; 3,4; 9,5; 10,12; 26,64; 33,15.16
23,31 deine Grenze von der W. 5Mo 11,24; Jos 1,4; 12,8; 15,1.61; 16,1; 18,12; 20,8; Ri 11,22; 1Ch 5,9; 6,63
3Mo 16,10 daß er (den Bock) in die W. schicke 21.22
4Mo 1,1 der HERR redete mit Mose in der W. Sinai 3,14; 9,1
10,31 wo wir in der W. lagern sollen
13,21 von der W. Zin 20,1; 27,14; 33,36; 34,3; 5Mo 32,51
14,22 Zeichen, die ich getan habe in der W. 5Mo 1,31; 11,5
25 morgen zieht in die W. 33,8; 5Mo 1,40; 2,1
29 eure Leiber sollen in dieser W. verfallen 32. 33.35; 26,65; 27,3; Jos 5,4; Heb 3,17
33 in der W. 40 Jahre 32,13.15; 5Mo 2,7; 8,2; 29,4; Jos 5,4; 24,7; Neh 9,21; Am 2,10
15,32 als die *Israeliten in der W. waren Jos 14,10
21,11 lagerten sich in der W. 13
24,1 richtete sein Angesicht zur W.
5Mo 1,1 Worte, die Mose redete in der W.
19 zogen durch die ganze W. Ri 11,16.18
2,26 sandte Boten aus der W. Kedemot
9,7 wie du den HERRN erzürntest in der W.
32,10 er fand ihn in der W.
Jos 5,5 das ganze Volk, das in der W. geboren war
8,15 flohen auf dem Wege zur W. 20.24
Ri 1,16 zogen herauf in die W. Juda
8,7 mit Dornen aus der W. zerdreschen 16
1Sm 4,8 Götter, die Ägypten schlugen in der W.
13,18 Gebiet, das der W. zu gelegen ist
17,28 wem hast du d. Schafe in der W. überlassen
23,14 David aber blieb in der W. 15.24.25; 24,2; 25,1.4.14.21; 26,2.3; 1Ch 12,9; Ps 63,1
2Sm 15,23 zog weiter auf dem Wege, der zur W. geht
28 will warten bei d. Furten in der W. 17,16
16,2 wenn sie müde werden in der W. 17,29
1Kö 2,34 wurde begraben in seinem Hause in der W.
9,18 (baute)... in der W. 2Ch 8,4; 26,10
19,4 (Elia) ging hin in die W. 15
2Kö 3,8 den Weg durch die W. Edom
1Ch 21,29 die Wohnung... in der W. gemacht 2Ch 1,3
2Ch 20,16 vor der W. Jeruël 20
24 an den Ort, wo man in die W. sehen kann
24,9 Steuer, in der W. auf Israel gelegt
Neh 9,19 verließest sie nicht in der W.
Hi 1,19 kam ein großer Wind von der W. her Jes 21,1; Jer 4,11; Hos 13,15
24,5 in der W. gehen sie an ihr Werk
30,3 die das dürre Land abnagen, die W.
38,26 in der W., wo kein Mensch ist Jer 17,6
Ps 29,8 die Stimme des HERRN läßt die W. erbeben
55,8 so wollte ich in der W. bleiben
68,5 der durch die W. einherfährt 8

Ps	72,9	sollen sich neigen die Söhne der W.
	75,7	es kommt nicht von der W.
	78,15	er spaltete die Felsen in der W. 105,41
	19	kann Gott einen Tisch bereiten in der W.
	106,14	sie wurden lüstern in der W.
	26	daß er sie niederschlüge in der W.
	107,4	die irregingen in der W. 40
Spr	21,19	besser in der W. wohnen als
Hl	3,6	was steigt da herauf aus der W. 8,5
Jes	14,17	der den Erdkreis zur W. machte
	16,1	schickt die Lämmer aus der W. zum Berge
	8	seine Reben, die sich zogen bis in die W.
	17,9	werden ihre festen Städte zur W. werden
	21,1	dies ist die Last für die W.
	23,13	Chaldäer haben die Stadt zur W. gemacht
	32,15	wird die W. zum fruchtbaren Lande 35,1.6; 41,18.19; 43,20; 51,3
	16	das Recht wird in der W. wohnen
	40,3	in der W. bereitet dem HERRN den Weg
	42,11	rufet laut, ihr W.
	15	will Berge und Hügel zur W. machen 50,2
	43,19	ich mache einen Weg in der W.
	64,9	Zion ist zur W. geworden Jer 44,6.22
Jer	2,2	wie du mir folgtest in der W.
	24	wie eine Wildeselin in der W.
	31	bin ich denn für Israel in der W.
	3,2	lauerst auf sie wie ein Araber in der W.
	4,26	das Fruchtland war eine W.
	9,1	ach daß ich eine Herberge hätte in der W.
	10	will die Städte Judas zur W. machen 18,16; 22,6; 25,9; Hes 5,14; 33,28; Mi 6,16
	11	warum das Land öde wird wie eine W.
	25	(heimsuchen alle,) die in der W. wohnen 25,24
	12,10	haben meinen schönen Acker zur W. gemacht
	13,24	Spreu, verweht von dem Wind aus der W.
	17,6	wie ein Dornstrauch in der W. 48,6
	25,12	will (Babel) zur W. machen 49,13.33; 50,3; 51,26.29.43; Hes 29,9-12; 30,7.14; 35,3.4.9.14. 15; Ze 2,9.13
	31,2	das Volk hat Gnade gefunden in der W.
	32,43	eine W. ist's ohne Menschen
Klg	1,13	er hat mich zur W. gemacht
	4,3	unbarmherzig wie ein Strauß in der W.
	19	haben in der W. auf uns gelauert
	5,9	bedroht von dem Schwert in der W.
Hes	6,14	von der W. an bis nach Ribla Am 6,14
	19,13	nun ist er gepflanzt in eine W.
	20,10	als ich sie in die W. gebracht 13-18.21.23
	35	will euch in die W. der Völker bringen 36
	23,42	herbeigebracht aus Saba, aus der W.
	29,5	will alle Fische in die W. werfen
Hos	2,5	damit ich sie nicht mache wie eine W.
	16	will ich sie in die W. führen
	5,9	Ephraim soll zur W. werden
	9,10	ich fand Israel wie Trauben in der W.
	13,5	ich nahm mich ja deiner an in der W.
Am	5,25	habt ihr mir in der W. geopfert Apg 7,42
Sa	7,14	haben das liebliche Land zur W. gemacht
Mal	1,3	habe gemacht sein Erbe zur W.
Jdt	2,13	Ismaeliter, die am Rande der W. wohnten
	5,12	lagerte sich in der W. des Berges Sinai
Wsh	5,7	haben unwegsame W. durchwandert 11,2
	18,20	eine Menge wurde in der W. dahingerafft
Tob	8,3	Rafael band ihn fest in der W.
Sir	45,22	andere waren neidisch auf ihn in der W.
1Ma	1,41	das Heiligtum wurde öde wie die W.
	2,29	viele zogen in die W. hinaus 31; 5,24; 9,62
	3,45	Jerusalem war wie eine W.

1Ma	9,33	flohen sie in die W. Thekoa
	13,21	er sollte durch die W. zu ihnen ziehen
Mt	3,1	Johannes der Täufer predigte in der W. Mk 1,4
	3	Stimme eines Predigers in der W. Mk 1,3; Lk 3,4; Jh 1,23
	4,1	da wurde Jesus in die W. geführt Mk 1,12.13; Lk 4,1
	11,7	was seid ihr hinausgegangen in die W. zu sehen Lk 7,24
	15,33	woher sollen wir soviel Brot nehmen in der W. Mk 8,4
	24,26	siehe, er ist in der W.
Lk	1,80	in der W., bis er vor das Volk treten sollte
	3,2	das Wort Gottes zu Johannes in der W.
	5,16	er zog sich zurück in die W. Jh 11,54
	8,29	von dem bösen Geist in die W. getrieben
	9,12	wir sind hier in der W.
	15,4	welcher, der... nicht die 99 (Schafe) in der W. läßt
Jh	3,14	wie Mose in der W. die Schlange erhöht hat
	6,31	unsre Väter haben in der W. das Manna gegessen 49
Apg	7,30	erschien ihm in der W. am Berge Sinai ein Engel 38
	36	Mose tat Wunder und Zeichen in der W.
	44	es hatten unsre Väter die Stiftshütte in der W.
	13,18	40 Jahre lang ertrug er sie in der W.
	21,38	der 4.000 den Aufrührern in die W. hinausgeführt hat
1Ko	10,5	denn sie wurden in der W. erschlagen
2Ko	11,26	ich bin in Gefahr gewesen in W.
Heb	3,8	wie es geschah am Tage der Versuchung in der W.
	17	die, deren Leiber in der W. zerfielen
	11,38	sie sind umhergeirrt in W., auf Bergen
Off	12,6	die Frau entfloh in die W. 14
	17,3	er brachte mich im Geist in die W.

Wüstenei

Jer	27,17	warum soll diese Stadt zur W. werden
Hes	15,8	(wenn ich) das Land zur W. mache

Wüstentier

Jes	13,21	W. werden sich da lagern 34,14; Jer 50,39

Wüstenzeit

Hos	12,10	in Zelten wohnen lassen wie in der W.

Wut

2Ch	28,9	ihr habt sie mit solcher W. erschlagen
Ps	78,49	als er sandte, Grimm und W. und Drangsal
2Ma	4,25	er hatte die W. eines wilden Tieres
	12,16	stürmten in wilder W. gegen die Mauer an

wüten

4Mo	16,22	willst du gegen die ganze Gemeinde w.
Ps	46,4	wenngleich das Meer w. und wallte
	76,11	wenn Menschen wider dich w.
Spr	22,24	halt dich nicht zu einem w. Mann
Jes	14,6	herrschte mit W. über die Nationen
	25,4	wenn die Tyrannen w. wie ein Unwetter
	51,15	der das Meer erregt, daß seine Wellen w.
Jer	2,30	euer Schwert frißt wie ein w. Löwe

wüten

Klg	1,13	er läßt (ein Feuer) w. 2,3
Hes	21,20	lasse ich das Schwert w.
Am	1,11	weil sie immerfort w. in ihrem Zorn
Jon	1,15	das Meer ließ ab von seinem W.
Sir	27,33	Zorn und W. sind Greuel
	45,22	waren neidisch: die w. Rotte Korach
Apg	8,3	*Saulus w. wider die Gemeinde*
	26,11	ich w. maßlos gegen sie

Wüterich

Sir	4,35	sei kein W. gegen deine Hausgenossen

wütig

Spr	27,4	Zorn ist ein w. Ding

X

Xanthikus

2Ma	11,33	am 15. Tage des X. 30.38

Y

Ysop

2Mo	12,22	nehmt ein Büschel Y.
3Mo	14,4	daß man nehme Wolle und Y. 6.49-52; 4Mo 19,6.18; Heb 9,19
1Kö	5,13	(Salomo) dichtete von... bis zum Y.
Ps	51,9	entsündige mich mit Y., daß ich rein werde

Ysoprohr

Jh	19,29	ein Y. und hielten es ihm an den Mund

Z

Zaanan (= Zenan)

Mi	1,11	Einwohner von Z. werden nicht ausziehen

Zaanannim

Jos	19,33	von der Eiche bei Z. an Ri 4,11

Zacharias

1Ma	5,18	¹Josef, Sohn des Z.
Mt	23,35	²*Blut des Z., des Sohnes Barachjas Lk11,51* (s.a.Secharja)
Lk	1,5	³ein Priester von der Ordnung Abija, mit Namen Z. 8.12.13.18.21.40.59.67
	3,2	Wort Gottes zu Johannes, dem Sohn des Z.

Zachäus

2Ma	10,19	¹ließ Makkabäus den Z. zurück
Lk	19,2	²siehe, da war ein Mann mit Namen Z.
	5	Z., steig eilend herunter 8

Zacke

1Sm	2,13	hatte eine Gabel mit drei Z.
Hi	39,28	(der Adler) nächtigt auf Z. der Felsen
Jes	41,15	Dreschwagen, der viele Z. hat

Zadok

2Sm	8,17	Z., der Sohn Ahitubs... waren Priester 20,25; 1Kö 4,4; 1Ch 6,38; 9,11; 18,16
	15,24	Z... trugen die Lade 25.27.29.35
	36	Ahimaaz, Z. Sohn 18,19.22.27; 1Ch 5,34
	17,15	sprach zu Z. und Abjatar 19,12
1Kö	1,8	Z. und Reï waren nicht mit Adonija 26
	32	David sprach: Ruft Z. 1Ch 15,11
	34	der Priester Z. salbe (Salomo) 38.39.44.45
	2,35	Z. setzte der König an die Stelle Abjatars
	4,2	Asarja, der Sohn Z. 2Ch 31,10
1Ch	12,29	(Männer, die zu David kamen:) Z.
	16,39	Z. bestellte er bei der Wohnung des HERRN
	24,3	David mit Z. teilte (die Priester) ein 6.31
	27,17	bei den Aaroniten Z.
	29,22	machten zum zweitenmal Z. zum Priester
		dies sind die Söhne Z. 43,19; 44,15; 48,11
Hes	40,46	weitere Träger ds. Namens 2Kö 15,33; 2Ch 27,1/ 1Ch 5,38; 9,11; Esr 7,2; Neh 11,11/ Neh 3,4/ 3,29/ 10,22/ 13,13/ Mt 1,14

Zafenat-Paneach, *Zaphenath-Paneach*

1Mo	41,45	(der Pharao) nannte (Josef) Z.

Zafon, *Zaphon*

Jos	13,27	(dem Stamm Gad gab Mose:) Z.

zagen

Ps	31,23	ich sprach wohl in meinem Z. 116,11
Mt	26,37	(Jesus) zu trauern und zu z. Mk 14,33
Lk	21,25	*wird bange sein und sie werden z.*

zaghaft

2Ch	13,7	denn Rehabeam war noch jung und z.
Sir	22,22	ein z. Herz, das Törichtes vorhat

Zahar

Hes	27,18	gekauft gegen Wolle von Z.

Zahl

1Mo	47,12	versorgte jeden nach der Z. seiner Kinder
2Mo	1,5	Nachkommen Jakobs waren siebzig an Z.
	5,8	die Z. der Ziegel sollt ihr ihnen auferlegen
	16,16	nach der Z. der Leute in seinem Zelte
3Mo	25,15	nach der Z. der Jahre von ihm kaufen 50
	16	die Z. der Ernten verkauft er dir
4Mo	3,22	ihre Z. war 8u.ö.49; 26,7u.ö.50
	14,34	nach der Z. der vierzig Tage
	15,12	wie die Z. der Opfer, so die Z. der Speisopfer 29,18u.ö.37; 1Ch 23,31; Esr 3,4
	26,53	Land austeilen nach der Z. 54
5Mo	4,27	wird nur eine geringe Z. übrigbleiben
	6,3	daß du groß an Z. werdest 33,6
	17,16	um die Z. seiner Rosse zu mehren
	32,8	Grenzen nach der Z. der *Söhne Israels

zählen

Jos	4,8	nach der Z. der Stämme Israels 5; 1Kö 18,31; Esr 6,17
Ri	7,6	die Z. derer, die geleckt hatten, 300 Mann
	21,23	nahmen sich Frauen nach ihrer Z.
1Sm	6,4	nach der Z. der 5 Fürsten der Philister 18
	18,27	David brachte ihre Vorhäute in voller Z.
2Sm	2,15	gingen hin zwölf an der Z. aus Benjamin
	21,20	hatte sechs Finger... das sind 24 an der Z.
1Kö	5,27	Fronarbeiter, ihre Z. war 30.000 Mann
	9,23	die Z. der Amtleute betrug 550
1Ch	6,45	so daß die Z. aller Städte dreizehn war
	7,2	Söhne Tolas; an der Z. 22.600 40
	11,11	dies ist die Z. der Helden Davids
	12,24	die Z. der gerüsteten Männer 21,5
	16,19	als sie noch gering an Z. waren Ps 105,12
	22,4	Zedernholz ohne Z. 16
	23,3	die Z. der (Leviten)
	24,4	fand sich bei Eleasar eine größere Z.
	25,1	derer, die Dienst taten 7
	26,12	diesen fiel nach der Z. das Amt zu
	27,1	die *Männer Israels nach ihrer Z.
	24	darum kam die Z. nicht in die Chronik 23
2Ch	26,11	ein Heer, nach seiner Z. aufgestellt 12
	29,32	die Z. der Brandopfer war 70 Rinder 35,7
Esr	1,9	dies war ihre Z. 2,2.36.40-43.55; Neh 7,7; Est 9,11
Hi	1,5	Hiob opferte nach ihrer aller Z.
	3,6	soll nicht in die Z. der Monde kommen
	14,5	steht die Z. seiner Monde bei dir 21,21
	15,20	dem Tyrannen ist die Z. s. Jahre verborgen
	36,26	Z. seiner Jahre kann niemand erforschen
Ps	21,11	ihre Kinder aus der Z. der Menschen
	40,13	haben mich umgeben Leiden ohne Z.
	104,25	da wimmelts ohne Z. 105,34
	107,39	aber sie wurden gering an Z.
Hl	6,8	Jungfrauen ohne Z.
Jes	56,8	will noch mehr zu der Z. derer sammeln
Dan	9,2	achtete ich, Daniel, auf die Z. der Jahre
Hos	2,1	die Z. der *Israeliten wie der Sand am Meer Rö 9,27
Jo	1,6	zieht herauf ein Volk, mächtig und ohne Z.
Jdt	2,8	mit Herden von Rindern ohne Z.
	9,8	die auf ihre große Z. vertrauen
Wsh	4,8	wird nicht an der Z. der Jahre gemessen
	11,21	du hast alles nach Maß, Z... geordnet
Sir	16,2	vertraue nicht auf ihre große Z.
1Ma	1,36	gottlose Leute, deren Z. immer größer wurde
	3,19	Sieg wird nicht durch eine große Z. errungen
	10,85	Z. der Erschlagenen 8.000 Mann 2Ma 5,26
2Ma	2,25	wir sehen, um wieviel Z. es geht
	8,16	nicht entsetzen vor der großen Z. der Heiden
Lk	22,3	Judas, der zur Z. der Zwölf gehörte
Apg	4,4	die Z. der Männer stieg auf etwa 5.000
	5,14	desto mehr wuchs die Z. derer, die glaubten
	36	hingen ihm an eine Z. Männer
	6,1	als die Z. der Jünger zunahm 7
	11,21	eine große Z. wurde gläubig
	16,5	die Gemeinden nahmen täglich zu an Z.
Rö	9,27	wenn die Z. der Israeliten wäre wie der Sand am Meer
	11,12	wieviel mehr wird es Reichtum sein, wenn ihre Z. voll wird
Off	5,11	ihre Z. war vieltausendmal tausend 9,16
	7,4	ich hörte die Z. derer, die 9,16
	13,17	den Namen des Tieres oder die Z. seines Namens 15,2
	18	wer Verstand hat, der überlege die Z. des Tieres
Off	20,8	deren Z. ist wie der Sand am Meer

zahlen

3Mo	27,8	zu arm, diese Schätzung zu z.
1Kö	20,39	oder du sollst einen Zentner Silber z.
Neh	5,4	um Steuern z. zu können
Spr	17,26	daß man Unschuldige Strafe z. läßt
Hes	27,15	haben mit Elfenbein und Ebenholz gez.
Sir	8,16	rechne damit, daß du z. mußt
1Ma	8,7	Tribut, den sie den Römern z. mußten
Mt	22,17	ist's recht, daß man dem Kaiser Steuern z. Mk 12,14; Lk 20,22
Rö	13,6	deshalb z. ihr ja auch Steuer
1Ko	9,7	wer zieht in den Krieg und z. sich selbst Sold

zählen

1Mo	13,16	kann ein Mensch den Staub z., der wird auch deine Nachkommen z. 16,10; 32,13; 4Mo 23,10
	15,5	z. die Sterne; kannst du sie z.
	41,49	daß er aufhörte zu z... konnte es nicht z.
2Mo	12,2	von ihm an die Monate des Jahres z.
	30,12	wenn du die *Israeliten z. ... wenn sie gez. werden 13.14; 38,26; 4Mo 1,3; 14,29
3Mo	15,13	soll er sieben Tage z. 28
	23,15	sollt z. sieben ganze Wochen 16; 5Mo 16,9
	25,8	du sollst z. sieben Sabbatjahre
4Mo	1,19	z. (Mose) sie in der Wüste Sinai 21u.ö.44; 4,34u.ö.46; 26,3.63.64
	47	die Leviten wurden nicht gez. 49; 26,62
	3,15	z. die Söhne Levi 16.39; 1Ch 23,3.27
	40	z. alle Erstgeburt 42
	7,2	standen über denen, die gez. waren
Ri	6,5	noch ihre Kamele zu z. waren 7,12
	20,15	wurden gez. von Benjamin 26.000
	17	von Israel wurden gez. 400.000 21,9
1Sm	14,17	z. und seht, wer von uns weggegangen
2Sm	24,1	geh hin, z. Israel und Juda 2.4.9.10; 1Ch 21,1. 2.5.17; 27,24
1Kö	3,8	so groß, daß es niemand z. kann 8,5; 2Ch 5,6; 12,3
	20,15	z. die Leute der Landvögte... z. das Volk
2Kö	12,11	z. das Geld und banden es zusammen
1Ch	5,18	z. die streitbaren Männer, 44.760
2Ch	2,16	Salomo ließ alle Fremdlinge z., nachdem schon sein Vater sie gez. hatte
Esr	2,64	die Gemeinde z. 42.360 Neh 7,66
Hi	5,9	Wunder, die nicht zu z. sind 9,10; Ps 40,6
	14,16	dann würdest du meine Schritte z. 31,4
	21,33	die ihm vorangehen, sind nicht z.
	25,3	wer will seine Scharen z.
	38,37	daß er die Wolken z. könnte
	39,2	du die Monde... wann sie gebären
Ps	22,18	kann alle meine Knochen z.
	48,13	z. seine Türme
	56,9	z. die Tage meiner Flucht, meine Tränen; ohne Zweifel, du z. sie
	71,15	deine Wohltaten, die ich nicht z. kann
	87,4	ich z. Ägypten und Babel zu denen
	139,16	wollte z. D., so wären sie mehr als
	147,4	er z. die Sterne und nennt sie mit Namen
Pr	1,15	was fehlt, (kann nicht) gez. werden
Jes	10,19	daß die Bäume gez. werden können
	22,10	ihr z. auch die Häuser Jerusalems
	33,18	wo sind, die die Türme z.
Jer	33,13	sollen Herden gez. aus- und einziehen
	22	wie man des Himmels Heer nicht z. kann

zählen

Jer	46,23	sind nicht zu z... die niemand z. kann
Dan	5,26	Gott hat dein Königtum gez. und beendet
Hos	2,1	wie Sand am Meer, den... noch z. kann
Jdt	5,8	so viele, daß man sie nicht mehr z. konnte
	10,9	damit dein Name zu den Heiligen gez. wird
Wsh	5,5	wie konnte er zu den Söhnen Gottes gez. werden
Tob	9,4	du weißt, mein Vater z. die Tage 10,10
Sir	1,9	er hat sie gesehen, gez. und gemessen
	37,28	Israels Tage sind nicht zu z.
	42,7	alles zu z., was du herausgibst
1Ma	5,30	eine Menge Kriegsvolk, die nicht zu z. war
Mt	10,30	nun sind auch eure Haare alle gez. Lk 12,7
Apg	1,17	*denn (Judas) war zu uns gez.*
Off	7,9	eine große Schar, die niemand z. konnte

zahlreich

1Mo	15,5	so z. sollen deine Nachkommen sein
2Mo	23,30	bis du z. bist und das Land besitzt
5Mo	1,10	der HERR hat euch z. werden lassen 10,22; 26,5
	8,1	damit ihr lebt und z. werdet
	28,62	nur wenige, die zuvor z. gewesen
	30,5	wird dich z. machen, als deine Väter waren
Ri	7,2	zu z. ist das Volk 4
1Kö	4,20	Juda und Israel waren z. wie der Sand
Hi	29,18	werde meine Tage so z. machen wie Sand
Spr	7,26	z. sind die Erschlagenen
Jes	48,19	deine Kinder würden z. sein
Jer	3,16	es soll geschehen, wenn ihr z. geworden
	51,27	Rosse, z. wie Heuschrecken
Hes	36,11	lasse Menschen und Vieh z. werden
Nah	3,15	magst du auch z. werden wie Heuschrecken
GMn	9	meine Sünden sind z. als der Sand
Rö	4,18	z. sollen deine Nachkommen sein

Zählung

2Mo	38,25	die Z. der Gemeinde erbrachte

zahm

StD	3,57	alle z. und wilden Tiere, lobt den Herrn

zähmen

1Ko	9,27	ich bezwinge meinen Leib und z. ihn
Jak	3,7	jede Art von Tieren wird gez. und ist gez. vom Menschen
	8	die Zunge kann kein Mensch z.

Zahn

1Mo	49,12	seine Z. (sind) weiß von Milch
2Mo	21,24	Auge um Auge, Z. um Z. 3Mo 24,20; 5Mo 19,21; Mt 5,38
	27	Z. ausschlägt... freilassen um des Z. willen
4Mo	11,33	als d. Fleisch noch zwischen ihren Z. war
5Mo	32,24	will der Tiere Z. unter sie schicken
Hi	4,10	die Z. der jungen Löwen sind dahin
	13,14	mein Fleisch mit meinen Z. festhalten
	16,9	knirschte mit den Z. gegen mich Ps 35,16; 37,12; 112,10; Klg 2,16; Apg 7,54
	29,17	ich riß ihm den Raub aus den Z.
	41,5	ihm zwischen die Z. zu greifen 6
Ps	3,8	du zerschmetterst der Gottlosen Z.
	57,5	ihre Z. sind Spieße und Pfeile
	58,7	Gott, zerbrich ihnen die Z. im Maul
	124,6	daß er uns nicht gibt zum Raub in ihre Z.
Spr	10,26	wie Essig den Z. und Rauch den Augen tut
	25,19	ist wie ein fauler Z. und gleitender Fuß
	30,14	eine Art, die Schwerter als Z. hat
Hl	4,2	deine Z. sind wie eine Herde Schafe 6,6
	7,10	wie Wein, der Lippen und Z. mir netzt
Jer	31,29	den Kindern sind die Z. stumpf 30; Hes 18,2
Dan	7,5	hatte zwischen seinen Z. drei Rippen
	7	ein viertes Tier hatte große eiserne Z. 19
Jo	1,6	ein Volk, das hat Z. wie die Löwen
Am	4,6	ich habe euch müßige Z. gegeben
Sa	9,7	will wegnehmen... von ihren Z.
Wsh	16,10	konnten die Z. der Drachen nicht schaden
Sir	30,10	damit du nicht die Z. zusammenbeißen mußt
	51,4	errettet aus den Z. derer, die
Mt	5,38	Auge um Auge, Z. um Z.
Mk	9,18	knirscht mit den Z. und wird starr
Apg	7,54	sie knirschten mit den Z. über ihn
Off	9,8	Z. wie Löwenzähne

Zähneklappern

Mt	8,12	da wird sein Heulen und Z. 13,42.50; 22,13; 24,51; 25,30; Lk 13,28

Zaïr

2Kö	8,21	da zog Joram nach Z.

Zalaf, *Zalaph*

Neh	3,30	Hanun, der sechste Sohn Z.

Zalmon

Ri	9,48	¹ging (Abimelech) auf den Berg Z.
Ps	68,15	damals fiel Schnee auf dem Z.
2Sm	23,28	²Z., der Ahoachiter (= Ilai)

Zalmona

4Mo	33,41	lagerten sich in Z. 42

Zalmunna

Ri	8,5	Sebach und Z. 6u.ö.21; Ps 83,12

Zange

Jes	6,6	Kohle, die er mit der Z. vom Altar nahm

Zank

1Mo	13,7	war immer Z. zwischen den Hirten
	8	laß nicht Z. sein zwischen mir und dir
	26,20	da nannte er den Brunnen „Z."
Spr	15,18	ein zorniger Mann richtet Z. an 16,28
	17,19	wer Z. liebt, der liebt die Sünde
	18,6	die Lippen des Toren bringen Z.
	22,10	treibe den Spötter hinaus, so geht Z. weg
	23,29	wo ist Weh? Wo ist Leid? Wo ist Z.
	28,25	ein Habgieriger erweckt Z.
Sir	28,13	schnell sein zum Z. zündet ein Feuer an
Lk	22,24	*es erhob sich auch ein Z. unter ihnen*
1Ko	1,11	*daß Z. unter euch sei*
	3,3	wenn Eifersucht und Z. unter euch sind 2Ko 12,20
Gal	5,20	(Werke des menschl. Eigenwillens:) Z.
Phl	2,3	*tut nichts aus Z.*
Tit	3,9	*von Z. über das Gesetz halte dich fern*
Jak	3,14	*habt ihr Neid und Z. in eurem Herzen*

Jak 3,16 *wo Neid und Z. ist, da ist Unordnung*

zanken

1Mo 26,20 die Hirten von Gerar z... gez. hatten 22 45,24 z. nicht auf dem Wege
3Mo 24,10 z. sich mit einem israelitischen Mann
Ri 8,1 die Männer von Ephraim z. mit (Gideon)
2Sm 14,6 zwei Söhne, die z. miteinander
Jes 58,4 wenn ihr fastet, hadert und z. ihr
Sir 8,2 z. nicht mit einem Reichen
42,8 daß sie nicht mit den jungen z.
1Ko 11,16 der Lust hat, darüber zu z.
2Ti 2,14 *sie sollen nicht um Worte z.*

zänkisch

Ps 31,21 du deckst sie vor den z. Zungen
Spr 19,13 ein z. Weib wie ein triefendes Dach 27,15
21,9 besser... als mit einem z. Weibe in einem Hause 19; 25,24
26,21 so facht ein z. Mann den Streit an
Rö 2,8 *Ungnade und Zorn denen, die da z. sind*
1Ti 3,3 *(ein Bischof) gelinde, nicht z. 2Ti 2,24*

Zapfen

2Mo 26,17 zwei Z. soll ein Brett haben 19; 36,22.24.29

zappeln

Tob 6,5 da z. er vor seinen Füßen

Zaretan, *Zarethan*

Jos 3,16 Stadt Adam, die zur Seite von Z. liegt
1Kö 4,12 Bet-Schean, das liegt neben Z. 7,46

Zarpat, *Zarpath* (= Sarepta)

1Kö 17,9 geh nach Z., das bei Sidon liegt 10
Ob 20 werden die Städte bis nach Z. besitzen

zart

1Mo 18,7 (Abraham) holte ein z. gutes Kalb
33,13 weiß, daß ich z. Kinder bei mir habe
1Ch 22,5 mein Sohn Salomo ist noch jung und z. 29,1
Spr 4,3 als ich noch Kind war, ein z.
Jes 47,1 du Z. und Verwöhnte
Hes 17,22 will ein z. Reis brechen
Bar 4,26 z. Kinder mußten auf rauhem Wege gehen

Zauberei

3Mo 19,26 sollt nicht Z. teiben 5Mo 18,10
1Sm 15,23 Ungehorsam ist Sünde wie Z.
2Kö 9,22 deiner Mutter Isebel Z... haben kein Ende
17,17 gingen mit Wahrsagen und Z. um
2Ch 33,6 (Manasse) trieb Z. und bestellte
Jes 47,9 trotz der Menge deiner Z. 12
Mi 5,11 will die Z. bei dir ausrotten
Nah 3,4 Hure, die mit Z. Land an sich gebracht
Wsh 12,4 weil sie trieben Z. und gottlose Weihen
Apg 8,9 Simon, der Z. trieb 11
19,19 viele, die Z. getrieben hatten
Gal 5,20 (Werke des Fleisches:) Z.
Off 9,21 sie bekehrten sich nicht von ihrer Z.
18,23 durch deine Z. sind verführt worden alle Völker

Zaubereiche

Ri 9,37 auf dem Wege von der Z.

Zauberer

2Mo 7,11 ließ der Pharao die Z. rufen, und die ägyptischen Z. taten ebenso 22; 8,3.14.15
9,11 daß die Z. nicht vor Mose treten konnten; es waren an den Z. böse Blattern
Ps 58,6 daß sie nicht höre die Stimme des Z.
Jes 3,3 (der Herr wird wegnehmen) Z.
Jer 27,9 so hört doch nicht auf eure Z.
Dan 2,2 der König ließ alle Z. zusammenrufen
Mal 3,5 will ein schneller Zeuge sein gegen die Z.
Wsh 18,13 durch ihre Z. verhindert, ungläubig waren
Apg 13,6 trafen sie einen Z., einen Juden
8 da widerstand ihnen der Z. Elymas
Off 21,8 Z. und Götzendiener, deren Teil wird in dem Pfuhl sein
22,15 draußen sind die Hunde und die Z.

Zauberin

2Mo 22,17 die Z. sollst du nicht am Leben lassen
Jes 57,3 tretet herzu, ihr Söhne der Z.

Zauberkunst

Wsh 17,7 das Gaukelwerk der Z. lag danieder

zaubern

4Mo 23,23 es gibt kein Z. in Jakob

Zauberstein

Spr 17,8 Bestechung ist wie ein Z.

Zaum

2Kö 19,28 will meinen Z. in dein Maul Jes 37,29
Hi 30,11 hat den Z. weggetan, an dem er mich hielt
Ps 32,9 denen man Z. und Gebiß anlegen muß
39,2 will meinem Mund einen Z. anlegen
Spr 10,19 wer seine Lippen im Z. hält, ist klug
26,3 dem Esel einen Z. und dem Toren eine Rute
Jes 30,28 wird die Völker mit einem Z. treiben
Sir 20,31 legen ihnen einen Z. ins Maul
2Ma 10,29 fünf Gestalten auf Pferden mit goldenen Z.
Jak 1,26 wenn jemand... und hält s. Zunge nicht im Z.
3,2 der kann den ganzen Leib im Z. halten
3 wenn wir den Pferden den Z. ins Maul legen
Off 14,20 das Blut ging von der Kelter bis an die Z. der Pferde

Zaun

Jes 5,5 sein Z. soll weggenommen werden
Nah 3,17 wie die Käfer, die sich an die Z. lagern
Sir 22,21 ein Z... dem Wind nicht standhalten
36,27 wo kein Z. ist, wird Hab und Gut geraubt
Mt 21,33 zog einen Z. darum und grub eine Kelter Mk 12,1
Lk 14,23 geh hinaus auf die Landstraßen und an die Z.
Eph 2,14 den z. abgebrochen hat, der dazwischen war

zawlazaw

Jes 28,10 (Priester und Propheten sagen) z. z. 13

Zebajim s. Pocheret-Zebajim

Zebedäus

Mt 4,21 Jakobus, Sohn des Z. 10,2; Mk 1,19; 3,17
20,20 die Mutter der Söhne des Z. 27,56
26,37 er nahm mit sich die zwei Söhne des Z.
Mk 1,20 sie ließen ihren Vater Z. im Boot
10,35 Jakobus und Johannes, die Söhne des Z. Lk 5,10; Jh 21,2

Zebojim, Zeboïm

1Mo 10,19 ¹in der Richtung auf Z. bis nach Lescha
14,2 Krieg mit Schemeber, dem König von Z. 8
5Mo 29,22 gleichwie Adma und Z. zerstört sind
Hos 11,8 wie kann ich dich zurichten wie Z.
1Sm 13,18 ²das Gebiet, das nach dem Tal Z. gelegen
Neh 11,34 ³(die Söhne Benjamin wohnten in) Z.

zechen

Ps 69,13 beim Z. singt man von mir

Zecher

Pr 10,17 dessen Fürsten tafeln nicht als Z.

Zedad

4Mo 34,8 Grenze weitergehe bei Z. Hes 47,15

Zedekia

1Kö 22,11 ¹Z., der Sohn Kenaanas 24; 2Ch 18,10.23
2Kö 24,17 ²wandelte (Mattanjas) Namen um in Z.
18 Z., als er König wurde 2Ch 36,11; Jer 52,1
20 Z. wurde abtrünnig vom König Jer 52,3
25,2 belagert bis ins elfte Jahr Z. Jer 52,5.8
7 erschlugen die Söhne Z. und blendeten Z. Jer 52,10.11
1Ch 3,15 Josias Söhne: Z. Jer 1,3; 37,1; Bar 1,8
16 Söhne Jojakims waren: Z.
2Ch 36,10 Nebukadnezar machte Z. zum König
Jer 21,1 als der König Z. zu ihm sandte 3; 27,1.3.12; 28,1; 37,3.17.18.21; 38,5.14.19.24
7 will ich Z. in die Hände Nebukadnezars geben 24,8; 32,4.5; 34,21; 39,4-7; 44,30; 51,59
29,3 Elasa... die Z. nach Babel sandte
32,1 im zehnten Jahr Z. 3; 39,1.2; 49,34
34,2 sprich mit Z. 4.6.8; 38,15-17
Neh 10,2 ³Z. (das sind die Priester)
Jer 29,21 ⁴wider Z., den Sohn Maasejas
22 wie Z... im Feuer rösten
Bar 1,1 Baruch, Sohn Nerijas... des Sohnes Z.
36,12 ⁵Z., der Sohn Hananjas

Zeder

4Mo 24,6 wie die Z. an den Wassern
Ri 9,15 Feuer verzehre die Z. Libanons
1Kö 5,13 (Salomo) dichtete von der Z. bis zum Ysop
20 befiehl, daß man Z. im Libanon fällt
6,9 deckte das Haus mit Tafelwerk von Z.
2Kö 14,9 Dornstrauch sandte zur Z. 2Ch 25,18
19,23 habe seine Z. abgehauen Jes 37,24
2Ch 1,15 so viele Z. wie Maulbeerbäume 9,27
2,2 wie du meinem Vater David Z. sandtest
Hi 40,17 sein Schwanz streckt sich wie eine Z.
Ps 29,5 die Stimme des HERRN zerbricht die Z.
37,35 einen Gottlosen, der grünte wie eine Z.
80,11 mit seinen Reben die Z. Gottes
92,13 wird wachsen wie eine Z. auf dem Libanon
104,16 die Z. des Libanons, die er gepflanzt hat
148,9 (lobet den HERRN) Bäume und alle Z.
Hl 1,17 die Balken unserer Häuser sind Z.
5,15 seine Gestalt ist auserwählt wie Z.
Jes 2,13 über alle hohen Z. auf dem Libanon
9,9 wir wollen Z. an ihre Stelle setzen
14,8 auch freuen sich die Z. auf dem Libanon
41,19 ich will in der Wüste wachsen lassen Z.
44,14 er haut Z. ab
Jer 22,7 die sollen deine auserwählten Z. umhauen
14 ein großes Haus bauen und mit Z. täfeln
15 seiest König, weil du mit Z. prangst
23 die du jetzt in Z. nistest
Hes 17,3 nahm hinweg den Wipfel einer Z. 22
27,5 sie haben die Z. vom Libanon geholt
Am 2,9 der so hoch war wie die Z.
Sa 11,1 daß das Feuer deine Z. verzehre 2
Sir 24,17 hoch gewachsen wie eine Z. auf dem Libanon
50,14 standen seine Brüder um ihn her wie Z.

zedern

1Kö 6,16 eine Wand aus z. Brettern

Zedernbalken

1Kö 6,36 den Vorhof von einer Schicht Z. 7,2.12

Zedernbaum

1Kö 9,11 dazu hatte Hiram Salomo Z. gegeben
Hes 17,23 daß es ein herrlicher Z. wird
31,3 einem Z. (bist du gleich) 8

Zedernbohle

Hl 8,9 wollen wir sie sichern mit Z.

Zedernhaus

2Sm 7,2 ich wohne in einem Z. 1Ch 17,1
7 warum baut ihr mir nicht ein Z. 1Ch 17,6

Zedernholz

3Mo 14,4 nehme Z. und scharlachfarbene Wolle 6.49. 51.52; 4Mo 19,6
2Sm 5,11 sandte Boten zu David mit Z. 1Ch 14,1
1Kö 5,22 will deine Wünsche nach Z. erfüllen 24; 1Ch 14,1; 22,4; 2Ch 2,7; Esr 3,7
6,10 verband sie durch Balken von Z. 15.18.20; 7,3.7.11
10,27 gab Z. soviel wie wilde Feigenbäume

Zedernsäule

1Kö 7,2 auf drei Reihen von Z. legte er eine Decke

Zefanja, Zephanja

2Kö 25,18 ¹Z., den zweitobersten Priester Jer 52,24
Jer 21,1 Z., den Sohn Maasejas 29,25.29; 37,7

1Ch	6,21	²Z. (des Sohnes Tahats)
Ze	1,1	³Z., dem Sohn Kuschis
Sa	6,10	⁴Haus Josias, des Sohnes Z. 14

Zefat, Zephath (= Horma)

Ri	1,17	erschlugen die Kanaaniter in Z.

Zefata, Zephatha

2Ch	14,9	rüsteten sich zum Kampf im Tal Z.

Zefo, Zepho

1Mo	36,11	Elifas Söhne: Z. 15; 1Ch 1,36

Zehe

2Mo	29,20	Blut streichen an die große Z. ihres rechten Fußes 3Mo 8,23.24; 14,14.17.25.28
2Sm	21,20	der hatte sechs Z. an seinen Füßen 1Ch 20,6
Dan	2,41	die Füße und Z. teils von Ton 42

zehn

1Mo	16,3	nachdem sie z. Jahre im Lande Kanaan gewohnt
	18,32	man könnte vielleicht z. darin finden… will sie nicht verderben um der z. willen
	24,10	nahm der Knecht z. Kamele
	32,16	(nahm für Esau:) z. junge Stiere, z. Esel
	42,3	da zogen hinab z. Brüder Josefs
	45,23	s. Vater sandte er z. Esel, z. Eselinnen
2Mo	18,21	als Oberste über z. 25; 5Mo 1,15
	34,28	die Z. Worte (des Bundes) 5Mo 4,13; 10,4
3Mo	26,26	z. Frauen sollen in einem Ofen backen
	27,5	eine Frau (schätzen) auf z. Lot Silber 7
4Mo	11,19	nicht z., nicht zwanzig Tage lang
Jos	22,14	z. Fürsten, aus jeder Sippe einen
Ri	6,27	da nahm Gideon z. Mann Rut 4,2; 1Sm 25,5
	12,11	Elon richtete Israel z. Jahre 2Kö 15,17
	17,10	will dir jährlich z. Silberstücke geben
	20,10	laßt uns nehmen z. Mann von hundert
Rut	1,4	als sie ungefähr z. Jahre dort gewohnt
1Sm	1,8	bin ich dir nicht mehr wert als z. Söhne
	17,17	nimm für d. Brüder z. Brote 18; 1Kö 14,3
	25,38	nach z. Tagen schlug der HERR den Nabal
2Sm	15,16	der König ließ z. Nebenfrauen zurück 20,3
	18,11	hätte ich dir z. Silberstücke gegeben
	15	z. Knappen schlugen (Absalom) tot 2Kö 25,25
1Kö	5,3	täglich (zur Speisung) z. gemästete Rinder
	11,31	nimm z. Stücke zu dir… z. Stämme 35
2Kö	5,5	nahm z. Zentner Silber und z. Feierkleider
	13,7	nicht mehr übriggeblieben als z. Wagen
	20,9	soll der Schatten z. Striche vorwärts gehen oder z. zurückgehen 10.11; Jes 38,8
2Ch	13,23	hatte das Land z. Jahre Ruhe
	36,9	Jojachin regierte drei Monate und z. Tage
Esr	8,24	mit ihnen z. von ihren Brüdern
Neh	5,18	jeweils für z. Tage Wein
	11,1	wer von z. nach Jerusalem ziehen sollte
Est	9,10	(töteten) die z. Söhne Hamans 12-14
Ps	33,2	zum Psalter mit z. Saiten 92,4; 144,9
Pr	7,19	macht den Weisen stärker als z. Gewaltige
Jes	5,10	z. Morgen Weinberg sollen nur einen Eimer geben… z. Scheffel nur einen Scheffel
Jer	41,1	Jischmaël… und z. Männer 2.8
	42,7	nach z. Tagen geschah des HERRN Wort
Hes	45,14	z. Eimer sind z. Scheffel

Dan	1,12	versuch's mit d. Knechten z. Tage 14.15
	7,7	ein viertes Tier hatte z. Hörner 20.24
Am	5,3	die Stadt soll nur z. übrigbehalten
	6,9	wenn z. Männer in einem Hause übrigbleiben
Hag	2,16	der 20 Maß haben sollte, waren kaum z. da
Sa	5,2	Schriftrolle, die ist z. Ellen breit
	8,23	werden z. Männer einen jüd. Mann ergreifen
Wsh	7,2	im Mutterleib z. Monate lang gebildet
Tob	1,16	er hatte z. Talente Silber bei sich 4,21
Sir	41,6	ob du z. oder 100 oder 1.000 Jahre lebst
Mt	4,25	es folgte ihm eine große Menge aus den Z. Städten Mk 5,20; 7,31
	20,24	als das die Z. hörten, wurden sie unwillig Mk 10,41
	25,1	dann wird das Himmelreich gleichen z. Jungfrauen
	28	dem, der z. Zentner hat Lk 19,24.25
Lk	15,8	die z. Silbergroschen hat und einen verliert
	17,12	begegneten ihm z. aussätzige Männer
	17	sind nicht die z. rein geworden
	19,13	ließ z. seiner Knechte rufen und gab ihnen z. Pfund
	16	Herr, dein Pfund hat z. eingebracht
	17	sollst du die Macht haben über z. Städte
Apg	25,6	Festus bei ihnen nicht mehr als z. Tage
Off	2,10	ihr werdet in Bedrängnis sein z. Tage
	12,3	der hatte z. Hörner 13,1; 17,3.7
	17,12	die z. Hörner sind z. Könige 16

zehnfach

2Sm	19,44	wir haben z. Anteil am König

zehnmal

1Mo	31,7	(Laban) hat z. meinen Lohn verändert 41
4Mo	14,22	Männer, die mich nun z. versucht haben
Neh	4,6	als die Juden um uns wohl z. sagten
Hi	19,3	habt mich nun z. verhöhnt
Dan	1,20	der König fand sie z. klüger
Bar	4,28	trachtet z. mehr danach, ihn zu suchen

zehntausend

3Mo	26,8	hundert von euch sollen z. jagen
5Mo	32,30	wie geht's zu, daß zwei z. flüchtig machen
	33,17	das sind die Z. Ephraims
Ri	1,4	sie schlugen bei Besek z. Mann 3,29
	4,6	nimm z. Mann mit dir von Naftali 10.14
	7,3	kehrten um, so daß nur z. übrigblieben
	20,10	laßt uns nehmen tausend von z. 34
1Sm	15,4	Saul musterte z. Mann aus Juda
	18,7	Saul hat tausend erschlagen, aber David z. 8; 21,12; 29,5
2Sm	18,3	du bist wie z. von uns
1Kö	5,27	sandte z. (Fronarbeiter), je einen Monat
2Kö	13,7	übriggeblieben z. Mann Fußvolk
	14,7	schlug die Edomiter, z. 2Ch 25,11.12
	24,14	(Nebukadnezar) führte weg z. Gefangene
1Ch	29,7	gaben z. Gulden und z. Zentner Silber
2Ch	30,24	die Oberen spendeten z. Schafe
Est	3,9	will ich z. Zentner Silber darwägen
Ps	91,7	wenn fallen z. zu deiner Rechten
	144,13	unsere Schafe werfen z. auf unsern Triften
Dan	7,10	zehntausendmal Z. standen vor ihm
1Ma	4,29	Judas trat ihnen entgegen mit z. Mann
	10,74	Jonatan wählte z. Mann aus
2Ma	12,19	brachten alle um, mehr als z. Mann
Mt	18,24	einer, der war ihm z. Zentner Silber schuldig

zehntausend

Lk	14,31	ob er mit Z. dem begegnen kann, der über ihn kommt mit 20.000
1Ko	4,15	Erzieher hättet in Christus
	14,19	lieber fünf Worte mit meinem Verstand als z. Worte in Zungen

zehntausendmal

Dan	7,10	z. Zehntausende standen vor ihm

Zehnte

1Mo	14,20	Abram gab ihm den Z. Heb 7,2.4.6
	28,22	von allem will ich dir den Z. geben
3Mo	27,30	alle Z. gehören dem HERRN 31.32; 4Mo 18,26.28; Neh 10,39
4Mo	18,21	den *Söhnen Levi alle Z. 24.26; 5Mo 14,28; 26,12; Neh 10,38.39; 13,5; Heb 7,5.9
5Mo	12,6	dorthin sollt ihr bringen eure Z. 11
	17	nicht essen in den Städten vom Z. 14,23
	14,22	alle Jahre den Z. absondern
	26,12	im 3. Jahr, das ist das Z.-Jahr
1Sm	8,15	von euren... wird er den Z. nehmen 17
2Ch	31,5	den Z. brachten sie 6.12; Neh 13,12
Neh	12,44	wurden Männer bestellt für die Z.
Am	4,4	bringt eure Z. am dritten Tage
Mal	3,8	womit betrügen wir dich? Mit dem Z.
	10	bringt aber die Z. in voller Höhe
Tob	1,6	er gab alle Erstlinge und Z. 7
Sir	7,35	(gib) alle Opfergaben und Z.
	35,11	bringe den Z. fröhlich dar
1Ma	3,49	brachten dorthin die Erstlinge und Z.
	10,31	die Z. und Abgaben sollen ihm gehören
Mt	23,23	die ihr den Z. gebt von Minze Lk 11,42
Lk	18,12	gebe den Z. von allem, was ich einnehme
Heb	7,8	hier nehmen den Z. sterbliche Menschen

Zehntel

3Mo	5,11	ein Z. Mehl 6,13; 14,10.21; 23,13.17; 24,5; 4Mo 5,15; 15,4.6.9; 28,5u.ö.29; 29,3.4.9.10.14.15

zehnter

1Mo	8,5	nahmen die Wasser ab bis auf den z. Monat
2Mo	12,3	am z. Tage dieses Monats (ist Passa)
	16,36	ein Krug ist der z. Teil eines Scheffels 33
3Mo	16,29	am z. Tage des 7. Monats sollt ihr fasten 23,27; 25,9; 4Mo 29,7
	27,32	jedes z. davon soll heilig sein
5Mo	23,3	kein Mischling... bis ins z. Glied 4
Jos	4,19	es war der z. Tag des ersten Monats
2Kö	25,1	am z. Tag des 10. Monats zog Nebukadnezar Jer 39,1; 52,4
Esr	10,16	traten zusammen am 1. Tage des z. Monats
Est	2,16	im z. Monat, der da heißt Tebeth
Jes	6,13	auch wenn nur der z. Teil darin bleibt
Jer	32,1	Wort vom HERRN im z. Jahr Zedekias
	52,12	am z. Tage des 5. Monats kam Nebusaradan
Hes	20,1	begab sich am z. Tage 24,1; 29,1; 33,21; 40,1
	45,11	ein Eimer den z. Teil von einem Faß und ein Scheffel auch den z. Teil 14
Sa	8,19	die Fasten des z. Monats zur Freude werden
Sir	25,9	das z. will ich mit m. Munde preisen
Jh	1,39	es war aber um die z. Stunde
Off	11,13	der z. Teil der Stadt stürzte ein
	21,20	der z. (Grundstein war) ein Chrysopras

Zehrung

1Mo	42,25	dazu auch Z. auf den Weg 45,21.23

Zeichen

1Mo	1,14	geben Z., Zeiten, Tage und Jahre
	4,15	der HERR machte ein Z. an Kain
	9,12	das ist das Z. des Bundes 13.17; 17,11
2Mo	3,12	das soll dir das Z. sein 1Sm 2,34; 14,10; 2Kö 19,29; Jes 37,30; Jer 44,29; Hes 4,3
	4,9	wenn sie diesen zwei Z. nicht glauben 8
	17	Stab, mit dem du die Z. tun sollst 28.30
	7,3	will viele Z. und Wunder tun 10,1.2
	8,19	morgen schon soll das Z. geschehen
	12,13	soll das Blut euer Z. sein an den Häusern
	13,9	darum soll es dir wie ein Z. sein 16
	31,13	(Sabbat) ist ein Z. zwischen mir und euch 17; Hes 20,12.20
3Mo	19,28	noch euch Z. einätzen
	20,27	wenn ein Mann Z. deuten kann
4Mo	2,2	sich lagern... bei seinem Banner und Z.
	14,11	trotz all der Z., die ich getan habe 22
	17,3	sollen den *Israeliten ein Z. sein 25; 26,10
	24,1	ging (Bileam) nicht wie bisher auf Z. aus
5Mo	4,34	sich ein Volk heranzuholen durch Z.
	6,8	sie binden zum Z. auf deine Hand 11,18
	22	der HERR tat Z. und Wunder an Ägypten 7,19; 11,3; 26,8; 29,2; 34,11; Jos 24,17; Neh 9,10; Ps 78,43; 135,9; Jer 32,20.21
	13,2	wenn ein Prophet ein Z. ankündigt 3
	22,15	die Z. ihrer Jungfräulichkeit nehmen 17
	28,46	diese Flüche werden Z. und Wunder sein
Jos	2,12	gebt mir ein sicheres Z.
	4,6	damit sie ein Z. seien unter euch
Ri	6,17	mach mir ein Z., daß du es bist
1Sm	10,7	wenn bei dir nun diese Z. eintreffen 9
1Kö	13,3	das ist das Z., daß der HERR geredet hat
	20,33	die Männer nahmen es als ein gutes Z.
2Kö	20,8	was ist das Z., daß mich der HERR gesund machen wird 9; Jes 38,7.22
	21,6	(Manasse) achtete auf Z. 2Ch 33,6
1Ch	16,12	gedenket seiner Z. Ps 105,5
2Ch	23,13	die Sänger gaben das Z. zum Jubel
Hi	21,29	habt ihr nicht auf ihre Z. geachtet
Ps	60,6	ein Z. gegeben denen, die dich fürchten
	65,9	daß sich entsetzen... vor deinen Z.
	71,7	ich bin für viele wie ein Z.
	74,4	deine Widersacher stellen ihre Z. auf 9
	86,17	tu ein Z. an mir, daß du's gut meinst
	105,27	die taten seine Z. unter ihnen
Spr	6,13	(heilloser Mensch) gibt Z. mit den Füßen
Hl	2,4	die Liebe ist sein Z. über mir
Jes	7,11	fordere dir ein Z. vom HERRN 14
	8,18	Kinder, die mir der HERR gegeben hat als Z.
	11,10	Reis dasteht als Z. für die Völker 62,10
	12	er wird ein Z. aufrichten 66,19
	19,20	das wird ein Z. und Zeugnis sein
	20,3	nackt und barfuß als Z. über Ägypten
	44,25	der die Z. der Wahrsager zunichte macht
	55,13	zum ewigen Z., das nicht vergehen wird
Jer	10,2	euch nicht fürchten vor den Z. des Himmels
Hes	9,4	zeichne mit einem Z. die Leute 6
	14,8	will ihn zum Z. und Sprichwort machen
	39,15	sollen sie ein Z. aufrichten
Dan	3,32	gefällt mir, die Z. und Wunder zu verkünden
	33	seine Z. sind groß, seine Wunder mächtig
	6,28	tut Z. und Wunder im Himmel und auf Erden

Hos	2,4	daß sie die Z. ihrer Hurerei wegtue
Sa	3,8	Jeschua, du und deine Brüder sind ein Z.
Wsh	5,14	(haben) kein Z. der Tugend vorzuweisen
	8,8	Z. und Wunder erkennt sie im voraus
	10,16	sie widerstand den Königen durch Z.
	16,6	sie erhielten ein rettendes Z. 7
	19,13	kamen die Strafen nicht ohne Z.
Tob	5,2	was für ein Z. soll ich ihm vorweisen
Sir	36,6	tu neue Z. und neue Wunder
	43,6	der Mond muß ein Z. für immer sein
	45,2	er ließ ihn mit Worten viele Z. tun
	24	er tat ein schreckliches Z. an ihnen
	48,15	als er lebte, tat er Z.
Bar	2,11	aus Ägyptenland geführt durch Z.
	6,67	sie können keine Z. am Himmel geben
2Ma	2,6	wollten sich an dem Zugang ein Z. machen
	3,24	tat... ein gewaltiges Z. 30
	15,35	Z. dafür, daß ihnen der Herr geholfen
StE	7,6	er tat große Z. unter den Völkern
Mt	12,38	wir möchten gern ein Z. sehen 16,1; Mk 8,11; Lk 11,16
	39	ein böses Geschlecht fordert ein Z., aber es wird ihm kein Z. gegeben werden, es sei denn das Z. des Jona 16,4; Mk 8,12; Lk 11,29
	13,58	er tat dort nicht viele Z.
	16,3	könnt nicht über die Z. der Zeit urteilen
	24,3	was wird das Z. sein für dein Kommen Mk 13,4; Lk 21,7
	24	es werden falsche Christusse große Z. tun Mk 13,22
	30	wird erscheinen das Z. des Menschensohns
	26,48	der Verräter hatte ihnen ein Z. genannt Mk 14,44
Mk	16,17	die Z., die folgen werden denen, sind
	20	der Herr wirkte durch die mitfolgenden Z.
Lk	2,12	das habt zum Z.
	34	dieser ist gesetzt zu einem Z., dem widersprochen wird
	11,30	wie Jona ein Z. für die Leute von Ninive
	21,11	werden vom Himmel her Z. geschehen
	25	Z. geschehen an Sonne und Mond und Sternen
	23,8	hoffte, er würde ein Z. von ihm sehen
Jh	2,11	das ist das erste Z., das Jesus tat 4,54
	18	was für ein Z., daß du dies tun darfst 6,30
	23	da sie die Z. sahen, die er tat 6,2.14.26
	3,2	niemand kann die Z. tun, die du tust
	4,48	wenn ihr nicht Z. seht, glaubt ihr nicht
	7,31	wird (der Christus) mehr Z. tun, als dieser
	9,16	wie kann ein sündiger Mensch solche Z. tun
	10,41	Johannes hat kein Z. getan
	11,47	dieser Mensch tut viele Z.
	12,18	weil sie hörte, er habe dieses Z. getan
	37	obwohl er Z. tat, glaubten sie nicht
	20,30	viele andere Z. tat Jesus vor seinen Jüngern
Apg	2,19	Z. unten auf Erden, Blut und Feuer
	22	von Gott unter euch ausgewiesen durch Z.
	43	es geschahen viele Wunder und Z. durch die Apostel 5,12
	4,16	daß ein offenkundiges Z. durch sie geschehen
	22	der Mensch, an dem dieses Z. der Heilung geschehen war
	30	strecke deine Hand aus, daß Z. geschehen
	6,8	Stephanus tat Wunder und große Z.
	7,36	Mose tat Wunder und Z. in Ägypten
	8,6	als sie die Z. sahen, die er tat 13
	14,3	ließ Z. geschehen durch ihre Hände
	15,12	wie große Z. Gott durch sie getan hatte unter den Heiden
Apg	28,11	das das Z. der Zwillinge führte
Rö	4,11	das Z. der Beschneidung empfing er als Siegel
	15,19	in der Kraft von Z. und Wundern
1Ko	1,22	die Juden fordern Z.
	14,22	darum ist die Zungenrede ein Z. nicht für die Gläubigen
2Ko	12,12	die Z. eines Apostels, mit Z.
2Th	2,9	der Böse wird auftreten mit lügenhaften Z.
	3,17	das ist das Z. in allen Briefen
Heb	2,4	Gott hat dazu Zeugnis gegeben durch Z.
Off	12,1	es erschien ein großes Z. am Himmel 3; 15,1
	13,13	es tut große Z. 14; 19,20
	16	sich ein Z. machen an ihre rechte Hand 14,9. 11; 16,2; 19,20
	17	wenn er nicht das Z. hat 20,4
	16,14	es sind Geister von Teufeln, die tun Z.

Zeichendeuter

3Mo	19,31	euch nicht wenden zu den Z. 20,6; Jer 27,9
5Mo	18,14	diese Völker hören auf Z.
1Sm	28,3	Saul hatte die Z. vertrieben 9
2Kö	21,6	(Manasse) hielt Z. 2Ch 33,6
	23,24	auch rottete Josia aus alle Z.
Jes	2,6	sie sind Z. wie die Philister
	19,3	da werden sie fragen ihre Geister und Z.
Dan	1,20	der König fand sie klüger als alle Z.
	2,2	der König ließ alle Z. zusammenrufen 4,4
	10	solches von irgendeinem Z. fordern 27
	4,6	(Daniel), du Oberster unter den Z. 5,11
Mi	5,11	daß keine Z. bei dir bleiben sollen

Zeichendeuterei

5Mo	18,11	(nicht gefunden werde, der) Z. vornimmt

Zeichendeutung

Sir	34,5	eigne Weissagung und Z. sind nichts

zeichnen

Jes	30,8	schreib und z. es in ein Buch
	44,13	der Zimmermann z. mit dem Stift
	49,16	in die Hände habe ich dich gez.
Hes	9,4	z. an der Stirn die Leute, die da seufzen

zeigen

1Mo	12,1	geh in ein Land, das ich dir z. will Apg 7,3
	41,28	daß Gott dem Pharao z., was er vorhat
2Mo	15,25	der HERR z. ihm ein Holz
	25,9	nach dem Bild, das ich dir z. 40; 27,8; 4Mo 8,4; Heb 8,5
3Mo	13,57	z. (die Stelle) sich wiederum am Kleid
4Mo	10,33	ihnen zu z., wo sie ruhen sollten
	23,3	daß ich dir sage, was er mir z.
5Mo	1,33	bei Nacht im Feuer, um euch den Weg zu z.
	4,36	auf Erden hat er dir z. sein Feuer
	34,1	der HERR z. ihm das ganze Land
Ri	1,24	z. uns, wo wir in die Stadt kommen 25
	4,22	ich will dir den Mann z., den du suchst
1Sm	9,6	gehen zu den Männern und z. uns ihnen 11
	24,19	du hast mir heute gez., wie du Gutes getan
1Kö	13,12	seine Söhne z. ihm den Weg
	18,1	z. dich Ahab, ich will regnen lassen 2.15
2Kö	6,6	er (Elisa) die Stelle z.
	8,10	Elisa sprach: Der HERR hat mir gez. 13
	11,4	Jojada z. ihnen den Sohn des Königs

zeigen

2Kö	20,13	Hiskia z. das Schatzhaus... nichts, was ihnen Hiskia nicht gez. hätte 15; Jes 39,2.4
Est	1,11	um dem Volk ihre Schönheit zu z.
	4,8	damit er's Ester z.
Hi	11,6	(Gott) z. dir die Tiefen der Weisheit
	15,17	ich will dir's z., höre mir zu
	37,19	z. uns, was wir ihm sagen sollen
	38,12	hast du der Morgenröte ihren Ort gez.
Ps	8,2	der du z. deine Hoheit am Himmel
	25,4	HERR, z. mir deine Wege 119,33
	32,8	will dich unterweisen und dir den Weg z.
	50,23	der Weg, daß ich ihm z. das Heil Gottes
	90,16	z. deinen Knechten deine Werke
	91,16	will ihm z. mein Heil
	119,14	Weg, den deine Mahnungen z.
Spr	6,13	(ein heilloser Mensch) z. mit Fingern
	12,16	z. seinen Zorn alsbald
Pr	7,2	da z. sich das Ende aller Menschen
Hl	2,14	z. mir deine Gestalt
Jes	5,5	ich will euch z., was ich tun will
	58,9	wenn du nicht mit Fingern z.
Jer	11,18	der HERR z. es mir
	18,17	ich will ihnen den Rücken z.
	24,1	der HERR z. mir zwei Feigenkörbe
	38,21	Wort, das mir der HERR gez. hat Hes 11,25
Hes	1,1	Gott z. mir Gesichte
	20,4	z. ihnen die Greueltaten 22,2; 23,36
	28,22	an ihr z., daß ich heilig bin 25; 36,23; 38,16; 39,27
	37,18	willst du uns nicht z., was du meinst
	40,4	merke auf alles, was ich dir... dies z.
	43,11	z. ihnen Plan und Gestalt des Tempels
Dan	1,13	laß dir unser Aussehen z.
	11,7	der wird an ihnen seine Macht z.
Hos	7,1	so z. sich erst die Sünde Ephraims
Am	4,13	er z. dem Menschen, was er im Sinne hat
Nah	3,5	will den Königreichen deine Schande z.
Sa	1,9	will dir z., wer diese sind
	2,3	der HERR z. mir vier Schmiede
Jdt	6,2	z., daß nur Nebukadnezar Gott ist
	14	z., daß du nicht verläßt, die auf dich trauen
	9,11	gib mir die Festigkeit, keinen Ekel zu z.
	13,18	sie z. ihnen (das Haupt des Holofernes)
Wsh	8,15	in der Volksversammlung. ich mich tüchtig
	10,10	sie z. ihm das Reich Gottes
	14,4	z. dadurch, wie du zu retten vermagst
	16,4	diesen sollte gez. werden
Tob	11,9	der Hund sprang hoch und z. seine Freude
Sir	3,25	mehr gez., als Menschenverstand fassen kann
	11,29	das z. sich in seiner Todesstunde
	17,6	er z. ihnen Gutes und Böses
	8	um ihnen die Größe seiner Werke zu z.
	28	z. sich denen gnädig, die sich bekehren
	45,3	er z. ihm seine Herrlichkeit
1Ma	7,33	das Brandopfer zu z., das sie darbrachten
	11,4	z. sie ihm den Tempel Dagons
	12	er z. seinen Haß auch persönlich
2Ma	3,25	z. sich in einer goldenen Rüstung
	14,39	z. wollte, wie bitter feind er... war
	15,27	daß Gott sich so mächtig gez. hatte
	32	den Kopf des verruchten Nikanor
StE	3,9	Herr, z. dich in unsrer Not
	11	trage, wenn ich mich z. muß
StD	2,20	z. mir die geheimen Gänge z.
Mt	4,8	z. ihm alle Reiche der Welt Lk 4,5
	6,16	um sich vor den Leuten zu z. 18
	8,4	geh hin und z. dich dem Priester Mk 1,44; Lk 5,14; 17,14
	16,21	fing Jesus an, seinen Jüngern zu z. *Jh 12,33; 18,32; 21,19*
Mt	22,19	z. mir die Steuermünze Lk 20,24
	24,1	seine Jünger z. ihm die Gebäude des Tempels
Mk	14,15	er wird euch einen großen Saal z. Lk 22,12
Lk	6,47	ich will euch z., wem er gleicht
	7,47	ihre Sünden sind vergeben, denn sie hat viel Liebe gez.
	12,5	will euch z., vor wem ihr euch fürchten sollt
	24,40	z. er ihnen die Hände und Füße Jh 20,20
Jh	2,18	was z. du uns für ein Zeichen, daß
	5,20	z. ihm alles, was er tut
	14,8	Herr, z. uns den Vater, und es genügt uns 9
Apg	1,3	ihnen z. er sich nach seinem Leiden als der Lebendige
	16	Judas, der denen den Weg z., die Jesus gefangen nahmen
	9,16	z., wieviel er leiden muß um meines Namens
	39	z. ihm die Röcke und Kleider, die
	10,28	Gott hat mir gez., daß
	20,35	ich habe euch gez., daß man so arbeiten muß
	26,16	zum Zeugen für das, was ich dir noch z. will
1Ko	12,31	ich will euch einen noch besseren Weg z.
2Ko	8,24	z., daß wir euch zu Recht gerühmt haben
1Ti	6,15	welche uns z. wird der Selige
Jak	2,18	z. mir deinen Glauben ohne die Werke
	3,13	der z. mit seinem guten Wandel seine Werke
Off	1,1	seinen Knechten zu z., was in Kürze geschehen soll 4,1; 22,6
	17,1	ich will dir z. das Gericht über die große Hure
	21,9	komm, ich will dir die Frau z.
	10	z. mir die heilige Stadt Jerusalem
	22,1	er z. mir einen Strom lebendigen Wassers
	8	zu den Füßen des Engels, der mir dies gez. hatte

zeihen

Jh	8,46	wer von euch kann mich einer Sünde z.

Zeit

1Mo	1,14	geben Zeichen, Z., Tage und Jahre
	2,4	zu der Zeit, da Gott Erde und Himmel 5,2
	4,3	es begab sich nach etlicher Z. 38,1
	6,9	Noah war ein frommer Mann zu seinen Z.
	7,1	dich habe ich gerecht erfunden zu dieser Z.
	10,25	zu (Pelegs) Z. die Erde zerteilt 1Ch 1,19
	13,15	all das Land will ich dir geben für alle Z. 48,4; 1Ch 28,8
	17,21	gebären soll um diese Z. im nächsten Jahr 18,14; 21,2; 2Kö 4,16.17; Rö 9,9
	21,34	(Abraham) war ein Fremdling eine lange Z.
	24,11	des Abends um die Z., da die Frauen
	25,24	als die Z. kam, daß sie gebären sollte
	26,1	zu Abrahams Z. 15.18
	27,41	wird die Z. kommen 1Sm 2,31
	29,7	ist noch nicht Z., das Vieh einzutreiben
	21	Z. ist da, daß ich zu ihr gehe 1Sm 18,19
	30,14	Ruben ging aus zur Z. der Weizenernte
	35,3	der mich erhört hat zur Z. meiner Trübsal
	37,34	Jakob trug Leid um seinen Sohn lange Z.
	40,4	saßen etliche Z. im Gefängnis
	47,9	die Z. meiner Wanderschaft ist 130 Jahre
	9	Z... reicht nicht an die Z. meiner Väter
	29	die Z. herbeikam, daß... sterben sollte 5Mo 31,14; 1Kö 2,1
	49,1	was euch begegnen wird in künftigen Z.
2Mo	1,6	gestorben, die zu der Z. gelebt Ri 2,10
	2,11	zu der Z., als Mose groß geworden war

Zeit

2Mo	9,5	der HERR bestimmte eine Z.
	18	von der Z. an, als es gegründet wurde
	12,40	Z., die die *Israeliten in Ägypten gewohnt
4Mo	20,15	
	13,10	halte diese Ordnung zu ihrer Z.
	23,15	zu dieser Z. aus Ägypten gezogen 5Mo 16,6
	32,34	ihre Sünde heimsuchen, wenn meine Z. kommt
	34,18	ungesäuertes Brot zur Z. des Monats Abib
	21	auch in der Z. des Pflügens und Erntens
3Mo	15,20	solange sie ihre Z. hat 24-26; 20,18
	16,2	nicht zu jeder Z. in das Heiligtum gehe
	25,8	Z. der sieben Sabbatjahre 49 Jahre
	29	Z., darin er (ein Wohnhaus) einlösen kann
	50	als wäre er in der Z. Tagelöhner
	26,4	will euch Regen geben zur rechten Z. 5; 5Mo 11,14; 28,12
4Mo	3,1	zu der Z., da der HERR mit Mose redete
	6,5	Z. seines Gelübdes... Z. um ist 6.8.12.13
	7,84	zur Z., da er gesalbt wurde
	9,2	Passa zur festgesetzten Z. 3.7.13; 28,2
	13,20	war um die Z. der Weintrauben
	15,21	sollt den Erstling geben für alle Z. 23
	23,23	zu rechter Z. wird Jakob gesagt 24,14
	32,10	des HERRN Zorn entbrannte zur selben Z.
5Mo	1,9	sprach ich zur selben Z. zu euch 16.18; 3,18. 21.23; 4,14; 5,5; 9,20; 10,1; Jos 5,2
	46	bleibt in Kadesch eine lange Z. 2,1; Jos 24,7
	4,30	wenn dich das treffen wird in künftiger Z.
	32	frage nach den früheren Z. 32,7
	10,4	die Zehn Worte zur Z. der Versammlung
	17,9	zu dem Richter, der zu der Z. sein wird 19,17; 26,3; Jos 20,6
	18,5	im Dienst des HERRN für alle Z. 1Ch 23,13
	20,19	vor einer Stadt lange Z. liegen mußt
	21,16	die Z. kommt, daß er das Erbe austeile
	27,2	zu der Z., wenn ihr über den Jordan geht
	31,10	nach sieben Jahren, zur Z. des Erlaßjahrs
	17	wird mein Zorn entbrennen zur selben Z. 18
	32,35	will vergelten zur Z... ihres Unglücks
	34,8	die Z. des Klagens über Mose vollendet
Jos	3,15	die Z. der Ernte über seine Ufer getreten
	11,18	kämpfte eine lange Z. mit diesen Königen
	22,3	eure Brüder lange Z. nicht verlassen
	24,31	Ältesten, die lange Z. nach Josua lebten
Ri	10,14	diese euch helfen zur Z. eurer Bedrängnis
	11,26	habt ihr sie nicht genommen in dieser Z.
	17,6	war kein König in Israel 18,1; 19,1; 21,25
	18,30	bis auf die Z., da sie weggeführt 1Ch 5,22
Rut	1,1	zu der Z., als die Richter richteten
	22	um die Z., da die Gerstenernte anging
	4,14	dir zu dieser Z. einen Löser nicht versagt
1Sm	3,1	zu der Z. war des HERRN Wort selten
	7,2	verging eine lange Z., es wurden 20 Jahre
	9,16	morgen um diese Z. 1Kö 19,2; 20,6; 2Kö 7,1. 18; 10,6
	13,8	bis zu der Z., die von Samuel bestimmt 11
	17,12	(Isai) war zu Sauls Z. schon zu alt
	18,27	die Z. war noch nicht um
	23,14	Saul suchte (David) die ganze Z.
	26,10	wenn (Sauls) Z. kommt, daß er sterbe
	28,2	Leibwächter für die ganze Z.
	29,3	seit der Z., da er abgefallen ist 6.8
2Sm	7,12	wenn nun deine Z. um ist
	14,2	wie ein Weib, das lange Z. Leid getragen
	17,17	eine Magd ging von Z. zu Z. hin
	20,5	Amasa blieb über die Z. hinaus
	22,19	zur Z. meines Unglücks Ps 18,19
	24,15	Pest vom Morgen an bis zur bestimmten Z.
1Kö	2,38	so wohnte Schimi in Jerusalem lange Z.
	3,2	noch kein Haus gebaut bis auf d. Z. 1Ch 21,29
	13	deinesgleichen keiner zu deinen Z. 10,21
	11,12	zu deiner Z. will ich das noch nicht tun
	39	demütigen, doch nicht für alle Z.
	17,7	geschah nach einiger Z., daß der Bach
	18,1	nach einer langen Z. kam das Wort zu Elia
	29	Z., zu der man Speisopfer 36; 2Kö 3,20; 2Ch 29,27
2Kö	20,17	siehe, es kommt die Z. Jes 39,6; Jer 7,32; 9,24; 16,14; 23,5; 30,3; 31,27.31.38; 33,14; 48,12; 49,2; 51,47.52; Hes 7,7.12; Am 4,2; 8,11; 9,13; Sa 14,1
	19	wird doch Friede sein zu meinen Z.
	23,22	von der Z. der Richter an und in allen Z.
1Ch	7,22	ihr Vater Ephraim trug Leid lange Z.
	9,25	zur verordneten Z... Dienst zu tun
	12,33	rieten, was Israel zu jeder Z. tun sollte
	13,3	zu Sauls Z. fragten wir nicht nach ihr
2Ch	6,5	seit der Z., da ich mein Volk aus Ägypten l.
	15,3	lange Z. war Israel ohne rechten Gott 5
	21,19	bis die Z. von zwei Jahren um war
	30,3	nicht zur rechten Z. halten 35,17.18
	8	Heiligtum, das er geheiligt hat für alle Z.
	26	seit d. Z. Salomos war solches nicht gesch.
	31,10	seit der Z... die Abgaben zu bringen
	36,21	das Land hatte die ganze Z. über Sabbat
Esr	5,16	seit der Z. baut man Neh 6,1
	9,7	von der Z. uns. Väter an Neh 8,17; 9,32.35
	12	euren Kindern vererbt auf ewige Z.
	10,14	daß alle zu bestimmten Z. kommen Neh 10,35; 13,31; Est 2,12.15; 9,31
Neh	2,6	nannte ihm eine bestimmte Z. 13,6
	5,14	von der Z. an, als mir befohlen w. 13,21
	9,27	zur Z. ihrer Angst schrien sie zu dir
Est	2,20	wie war... sie ihr Pflegevater an
	4,14	wenn du zu dieser Z. schweigen wirst... um dieser Z. willen zur Würde gekommen
Hi	5,26	wie Garben eingebr. zur rechten Z. 38,32
	6,17	zur Z., wenn die Hitze kommt
	10,5	ist deine Z. wie eines Menschen Z.
	14,1	der Mensch, vom Weibe geb., lebt kurze Z.
	15,32	wird ausgezahlt noch vor der Z. 22,16
	24,1	warum sind nicht Z. vorbehalten
	30,25	ich weinte über die harte Z.
	38,12	hast du zu deiner Z. dem Morgen geboten
	21	zu der Z. wurdest du geboren
	23	verwahrt für die Z. der Trübsal
	39,1	die Z., wann die Gemsen gebären 2
Ps	1,3	die seine Frucht bringt zu seiner Z.
	9,10	ein Schutz zur Z. der Not
	10,1	verbirgst dich zur Z. der Not
	27,5	deckt mich in s. Hütte zur bösen Z. 140,8
	31,16	meine Z. steht in deinen Händen
	32,6	zu dir beten zur Z. der Angst
	37,10	kleine Z., so ist d. Gottlose nicht mehr
	19	sie werden nicht zuschanden in böser Z.
	41,2	wird der HERR erretten zur bösen Z.
	44,2	getan hast zu ihren Z., in alten Tagen
	49,2	merket auf, alle, die in dieser Z. leben
	69,14	ich bete zu dir HERR zur Z. der Gnade
	72,7	zu seinen Z. soll blühen die Gerechtigkeit
	75,3	meine Z. gekommen ist, werde ich richten
	77,3	in der Z. meiner Not suche ich den Herrn
	6	ich gedenke der alten Z. 143,5; Jes 63,11
	78,2	will Geschichten verkünden aus alter Z.
	9	Söhne Ephraim abfielen zur Z. des Streits
	81,16	Israels Z. würde ewiglich währen
	93,5	ist die Zierde deines Hauses für alle Z.

Zeit

Ps	102,14	es ist Z., daß du ihm gnädig seist	Jer	36,2	von der Z. an... von der Z. Josias an
	104,27	daß du Speise gebest zur rechten Z. 145,15		37,16	Jeremia blieb dort lange Z.
	119,126	es ist Z., daß der HERR handelt		44,18	seit der Z., da wir es unterlassen
	144,4	seine Z. fährt dahin wie ein Schatten		46,17	„Prahlhans, der die Z. versäumt hat"
Spr	15,23	tut ein Wort zur rechten Z. 25,11		21	die Z. ihrer Heimsuchung 49,8; 50,27.31
	25,13	wie die Kühle des Schnees zur Z. der Ernte		48,47	in d. letzten Z. das Geschick wenden 49,39
	19	auf einen Treulosen hoffen zur Z. der Not		51,6	dies ist für den HERRN die Z. der Rache
	28,12	die Gerechten Oberhand... ist herrliche Z.	Klg	1,7	in dieser Z., da sie elend ist
Pr	1,10	in den Z., die vor uns gewesen sind	Hes	4,14	habe bis auf diese Z. niemals Fleisch
	3,1	ein jegliches hat seine Z. 2-8.17		12,23	die Z. ist nahe, und alles kommt
	11	er hat alles schön gemacht zu seiner Z.		25	in eurer Z. rede ich ein Wort und tue es
	5,17	guten Mutes in der kurzen Z. seines Lebens		27	weissagt auf Z., die ferne sind 38,17
	7,17	damit du nicht sterbest vor deiner Z.		16,8	es war die Z., um dich zu werben
	8,5	des Weisen Herz weiß um Z. und Gericht		22	nie gedacht an die Z. d. Jugend 43.60; 23,19
	6	jedes Vorhaben hat seine Z.		56	zur Z. deines Hochmuts 57
	9	zur Z., da e. Mensch herrscht über d. andern		20,5	zu der Z., als ich Israel erwählte
	9,11	alles liegt an Z. und Glück		6	zur selben Z. 29,21; 30,9; 38,10
	12	auch weiß der Mensch seine Z. nicht...		22,3	damit deine Z. komme 14
		werden d. Menschen verstrickt zur bösen Z.		24	bist ein Land zur Z. des Zorns
	10,17	dessen Fürsten zur rechten z. tafeln		30,3	die Z. der Heiden kommt
	11,1	du wirst es finden nach langer Z.		34,12	zur Z., als es trüb und finster war
	12,3	zur Z., wenn die Hüter des Hauses zittern		36,33	zu der Z., wenn ich euch reinigen werde
Jes	2,2	wird zur letzten Z. der Berg fest stehen		38,8	nach langer Z. sollst du aufgeboten werden
	3,7	er aber wird sie zu der Z. beschwören		8	am Ende der Z. 16.18.19; 39,11
	18	zu der Z. wird der Herr... wegnehmen 31,7	Dan	1,18	als die Z. um war, die... bestimmt hatte
	4,1	werden zu der Z. einen Mann ergreifen		2,8	ich merke, daß ihr Z. gewinnen wollt 9
	2	zu der Z. wird... lieb und wert sein		21	er ändert Z. und Stunde
	5,30	wird über ihnen brausen zu der Z.		28	was in künftigen Z. geschehen soll
	7,18	zu der Z. wird der HERR herbeipfeifen 20. 21.23		44	zur Z. dieser Könige wird Gott aufrichten
	8,23	hat er in früherer Z. in Schmach gebracht		4,13	7 Z. sollen über ihn hingehen 20.22.29
	10,20	zu d. Z. werden die Übriggebliebenen 27		31	nach dieser Z. hob ich m. Augen auf 33
	11,10	geschehen zu der Z., daß das Reis 11		5,11	zu deines Vaters Z. fand sich bei ihm
	12,1	zu der Z. wirst du sagen 4		7,12	zur selben Z. und Stunde bestimmt
	13,22	ihre Z. wird bald kommen		22	die Z. kam, daß die Heiligen das Reich
	14,3	zu der Z. (wirst du dies Lied) 26,1; 27,2		25	in seine Hand gegeben werden eine Z. und zwei Z. und eine halbe Z. 12,7; Off 12,14
	17,4	zu der Z. wird 7,9; 18,7; 19,16.18.19; 23,15; Jer 4,11; 50,4.20; Hes 38,10; Dan 11,4; Jo 3,1		8,17	dies Gesicht geht auf die Z. des Endes 19
	25,5	wie die Hitze in der Z. der Dürre		19	wie es gehen w. zur letzten Z. des Zorns
	30,25	Ströme fließen zur Z. der großen Schlacht		26	es ist noch eine lange Z. bis dahin
	33,2	sei unser Heil zur Z. der Trübsal		9,21	flog Gabriel um die Z. des Abendopfers
	6	du wirst sichere Z. haben		25	von der Z. an, als das Wort erging... Jerusalem aufgebaut in kummervoller Z.
	34,10	wird verwüstet sein auf ewige Z. 17		10,2	zu der Z. trauerte ich drei Wochen lang
	42,14	ich schwieg wohl eine lange Z.		14	das Gesicht geht auf die ferne Z.
	23	der es hört für künftige Z.		11,6	zu der Z. (wird einer emporkommen)
	48,16	von der Z. an, da es geschieht		14	zur selben Z. werden viele aufstehen
	49,8	habe dich erhört zur Z. der Gnade 2Ko 6,2		24	aber nur für eine befristete Z. 35
	50,4	mit den Müden zu rechter Z. zu reden		27	Ende ist auf eine and. Z. bestimmt 35.40
	54,9	ich halte es wie zur Z. Noahs		29	nach einer bestimmten Z. wird er ziehen
	60,22	will es zu seiner Z. eilends ausrichten		12,1	zu jener Z. wird Michael sich aufmachen... es wird eine Z. so großer Trübsal sein
	63,18	kurze Z. haben sie dein Volk vertrieben		4	versiegle d. Buch bis auf die letzte Z. 9
Jer	2,24	er trifft sie bald in dieser Z.		11	von d. Z an, da das Opfer abgeschafft wird
	32	vergißt mich seit endlos langer Z.	Hos	1,4	es ist eine kurze Z., dann will ich 5
	3,17	zu jener Z. Jerus. nennen „Des HERRN Thron"		2,11	will mein Korn wieder nehmen zu seiner Z.
	5,18	will zu jener Z. nicht ganz ein Ende m.		17	wird willig folgen wie zur Z. ihrer Jugend
	24	der uns gibt zur rechten Z. Hes 34,26		20	zur selben Z. einen Bund schließen 23
	8,7	Storch weiß seine Z... halten die Z. ein		3,3	lange Z. sollst du bleiben, ohne zu huren
	13,6	nach langer Z. sprach der HERR zu mir		4	lange Z. w. Israel ohne König bleiben
	18,23	handle an ihnen zur Z. deines Zorns		5	zu dem HERRN kommen in der letzten Z.
	19,6	es wird die Z. kommen 23,7; 31,6.27		5,9	zur Z., wenn ich sie strafen werde
	23,6	zu seiner Z. soll Juda geholfen w. 33,16		9,7	die Z. der Heimsuchung ist gekommen, die Z. der Vergeltung
	20	zur letzten Z. werdet ihr es erk. 30,24		10,12	solange es Z. ist, den HERRN zu suchen
	25,34	die Z. ist erfüllt, daß ihr		13,13	Z. gekommen, daß er... nicht durchbrechen
	27,7	bis auch für sein Land die Z. kommt	Jo	1,2	geschehen zu euren Z... zu eurer Väter Z.
	30,7	zu seiner Z. der Angst 8		2,2	hinfort nicht sein wird auf ewige Z.
	31,1	zu derselben Z. 29; 39,10.16.17; 49,26; 50,4.20		3,2	will zur selben Z. meinen Geist ausgießen
	33	Bund, den ich schließen will nach dieser Z.		4,1	zur selben Z. alle Heiden zusammenbringen
	33,15	in jener Z. einen Sproß aufgehen lassen		18	zur selben Z. werden die Berge triefen
	20	nicht mehr Tag und Nacht zu ihrer Z.			

Zeit

Am	3,14	zur Z., da ich d. Sünden Israels heimsuchen
	4,9	ich plagte euch mit dürrer Z.
	5,13	muß der Kluge zu dieser Z. schweigen
	13	es ist eine böse Z. Mi 2,3
	7,1	zur Z., als das Grummet aufging
	8,3	Lieder sollen verkehrt werden zur selben Z. 9
	9,11	zur selben Z. will ich wieder aufrichten
Ob	8	zur selben Z. die Waisen zunichte machen
	11	zu der Z., als du dabeistandest
	12	zur Z. seines Elends... zur Z. ihres Jammers ... zur Z. ihrer Angst 13.14
Mi	2,4	zur selben Z. wird man einen Spruch machen
	3,4	sein Angesicht verbergen zur selben Z.
	4,6	zur selben Z. will ich die Lahmen sammeln
	5,2	läßt sie plagen bis auf die Z.
	3	er wird zur selben Z. herrlich werden 9
	7,15	wie zur Z., als du aus Ägyptenland zogst
Nah	1,7	der HERR ist eine Feste zur Z. der Not
Hab	1,5	will etwas tun zu euren Z. Apg 13,41
	2,3	die Weissagung wird erfüllt zu ihrer Z.
	3,2	mache (dein Werk) lebendig in naher Z.
	16	will harren auf die Z. der Trübsal
Ze	1,9	will zur selben Z. heimsuchen, die 10.12
	3,11	zur selben Z. wirst du dich nicht mehr zu schämen brauchen 16.19.20; Hag 2,23
Hag	1,2	die Z. ist noch nicht da 4
Sa	2,15	sollen zu der Z. sich zum HERRN wenden
	3,10	zu ders. Z. wird einer den andern einladen
	8,6	die in dieser Z. übriggeblieben sind
	9	die ihr diese Worte hört in dieser Z.
	23	zu der Z. werden 10 Männer einen ergreifen
	9,16	der HERR wird ihnen zu der Z. helfen
	10,1	daß es regne zur Z. des Spätregens
	12,3	zur selben Z. will ich 4.6.8.9.11
	13,1	zu der Z... einen offenen Quell haben 2.4
	14,4	stehen zu der Z. auf dem Ölberg
	6	zu der Z. wird weder Kälte noch Eis sein
	8	zu der Z. werden lebendige Wasser fließen
	9	zu der Z. wird der HERR der einzige sein 20.21
	13	zu der Z. wird der HERR eine Verwirrung
Mal	3,7	seid von eurer Väter Z. an abgewichen
Jdt	5,20	weil sie in früheren Z. abgewichen waren
	8,11	wollt ihr... Z. und Tag bestimmen
Wsh	2,4	unser Name wird mit der Z. vergessen
	5	unsre Z. geht vorbei wie ein Schatten 15,8
	3,7	zur Z. ihrer Heimsuchung aufleuchten
	13	zu der Z., wenn die Menschen gerichtet
	7,18	(begreife) Anfang, Ende und Mitte der Z.
	8,8	was Stunden und Z. bringen werden
	12,20	Z., von ihrer Schlechtigkeit zu lassen
	13,10	unnütze Steine, behauen in alter Z.
	14,16	festigte sich mit der Z. solch... Brauch
	16,3	die nur kurze Z. Mangel litten 6
Tob	3,25	ihr Gebet zu gleicher Z. dem Herrn vorgebracht
	10,3	weil ihr Sohn zur bestimmten Z. nicht heimgekommen
	12,20	nun ist's Z., daß ich wieder hingehe
	14,4	die restliche Z. lebte er im Glück
Sir	1,28	es kommt die Z., in der ihm Freude erwächst
	29	bis zur rechten Z. unterdrückt er seine Worte
	5,13	laß dir Z., freundlich zu antworten
	10,4	zur rechten Z. schickt er den rechten Mann
	11,12	mancher aber läßt sich Z.
	23	in kurzer Z. gibt er schönstes Gedeihen
	17,3	er bestimmte ihnen die Z. ihres Lebens 37,28

Sir	19,25	wird er's tun, wenn seine Z. gekommen ist
	20,6	der andere wartet auf seine Z. 7
	7	ein Narr achtet nicht auf die rechte Z. 22
	27,13	geize mit deiner Z.
	29,2	gib's zurück zur bestimmten Z.
	6	er klagt sehr, es sei schwere Z.
	11	laß ihm aus Barmherzigkeit Z.
	30,26	Sorge macht alt vor der Z.
	32,6	spare dir deine Weisheit für andere Z.
	33,8	er hat die Z. des Jahres geordnet
	35,26	so ist seine Barmherzigk. in der Z. der Not
	38,25	wer Weisheit lernt, braucht viel Z.
	39,21	was er gebietet, das geschieht zur rechten Z.
	22	zur rechten Z. trifft alles ein
	39	jedes zu seiner Z. einen Zweck erfüllt 40
	41,16	ein Leben währt nur eine kurze Z.
	43,6	der Mond muß scheinen zu seiner Z. und die Z. anzeigen
	44,7	sie alle sind zu ihrer Z. gepriesen
	17	zur Z. des Zorns hat er Gnade gefunden
	47,13	erhöhte seine Macht für alle Z.
	15	damit er ein Heiligtum aufrichtete für alle Z.
	48,10	zur gegebenen Z. die Strafe zu vollziehen
	26	zu dessen Z. ging die Sonne wieder zurück
	50,25	er verleihe immerdar Frieden zu unsrer Z.
	51,35	ich habe eine kurze Z. Mühe gehabt
	38	tut... solange ihr noch Z. habt
Bar	1,12	wir werden ihnen lange Z. dienen 6,3
	19	von der Z. an, da der Herr 1Ma 1,12
	3,32	die die Erde auf ewige Z. gegründet hat
	4,29	der wird euch erfreuen für alle Z.
	35	Teufel werden ihre Wohnung in ihr haben lange Z.
	5,4	dein Name wird genannt werden für alle Z.
1Ma	1,12	zu dieser Z. traten gottlose Leute auf
	3,45	zu dieser Z. wohnte niemand in Jerusalem
	49	bei denen die Z... vorüber war
	4,54	zur gleichen Z. wurde sie wieder geweiht
	6,51	er belagerte das Heiligtum lange Z.
	7,50	so wurde wieder Friede für kurze Z.
	9,10	ist unsre Z. gekommen, wollen wir sterben
	20	das Volk trauerte um ihn lange Z. 13,26
	11,36	diese Freiheit soll ihnen für alle Z. bewahrt bleiben 15,8
	14,13	ihnen in der Z. keinen Schaden mehr antun
	36	in seiner Z. gab Gott Glück
	15,34	weil die Z. für uns günstig war
	16,24	von der Z. an, als er... geworden
2Ma	2,8	Wolke, wie zu Moses Z.
	13	Schriften, die zu Nehemias Z. geschrieben
	6,13	wenn Gott die Sünder nicht lange Z. gewähren läßt
	25	mein Leben noch eine winzig kleine Z. friste
	7,36	die eine kurze Z. sich haben martern lassen
	12,15	zu Josuas Z. Jericho zum Einsturz gebracht
	30	in den schweren Z. Freundschaft bewiesen
	14,3	zur Z. des Widerstandes nachgegeben 38
	15	der sein Volk seit ewigen Z. beschützt
	15,22	zur Z. Hiskias hast du d. Engel gesandt
Mt	1,11	um die Z. der babylonischen Gefangenschaft
	2,1	Jesus geboren zur Z. des Herodes
	16	Z., die er von den Weisen erkundet hatte
	3,1	zu der Z. kam Johannes der Täufer
	13	zu der Z. kam Jesus zu Johannes
	4,17	fing Jesus an zu predigen 16,21
	8,29	uns zu quälen, ehe es Z. ist
	9,15	es wird die Z. kommen Mk 2,20; Lk 5,35; 17,22; 21,6; 23,29; Jh 4,21.23; 16,2
	11,13	*haben geweissagt bis zur Z. des Johannes*

Zeit

Mt	11,25	zu der Z. fing Jesus an und sprach
	12,1	zu der Z. ging Jesus durch ein Kornfeld
	13,30	*um der Ernte Z. will ich sagen*
	14,1	zu der Z. kam die Kunde von Jesus vor Herodes
	16,3	könnt nicht über die Zeichen der Z. urteilen Lk 12,56
	21,34	als die Z. der Früchte herbeikam Mk 12,2; Lk 20,10
	41	die ihm die Früchte zur rechten Z. geben
	23,30	hätten wir zu Z. unserer Väter gelebt
	24,7	*teure Z. und Erdbeben Mk 13,8; Lk 21,11*
	19	weh den Schwangeren zu jener Z. Mk 13,17
	29	nach der Bedrängnis jener Z. Mk 13,24
	45	damit er ihnen zur rechten Z. zu essen gebe Lk 12,42
	25,19	nach langer Z. kam der Herr dieser Knechte
	26,18	meine Z. ist nahe
	27,16	zu der Z. einen berüchtigten Gefangenen
Mk	1,9	es begab sich zu der Z. Lk 2,1
	15	(Jesus) sprach: Die Z. ist erfüllt
	2,26	wie er zur Z. Abjatars, des Hohenpriesters
	6,31	sie hatten nicht Z. genug zum Essen
	8,1	zu der Z., als eine große Menge da war
	10,30	jetzt in dieser Z. Häuser und Brüder
	11,13	es war nicht die Z. für Feigen
	13,21	*wenn jemand zu der Z. wird sagen*
	33	ihr wißt nicht, wann die Z. da ist
Lk	1,5	zu der Z. des Herodes lebte ein Priester Zacharias 23
	20	Worten, die erfüllt werden sollen zu ihrer Z.
	57	kam die Z., daß sie gebären sollte 2,6
	2,2	geschah zur Z., als Quirinius Statthalter in Syrien war
	4,25	waren viele Witwen in Israel zur Z. des Elia 27
	6,12	zu der Z., daß er auf einen Berg ging
	8,13	sie haben keine Wurzel; und zu der Z. der Anfechtung fallen sie ab
	27	er trug seit langer Z. keine Kleider mehr
	29	der hatte ihn lange Z. geplagt
	9,51	als die Z. erfüllt war, daß er hinweggenommen werden sollte
	13,1	es kamen zu der Z. einige, die berichteten
	35	bis die Z. kommt, da ihr sagen werdet
	17,26	wie es geschah zu den Z. Noahs 28
	18,30	der es nicht wieder empfange in dieser Z.
	19,42	wenn doch auch du erkenntest zu dieser Z.
	43	es wird eine Z. über dich kommen, da werden
	44	weil du die Z. nicht erkannt hast
	20,9	ging außer Landes für eine lange Z.
	21,8	viele werden kommen und sagen: Die Z. ist herbeigekommen
	24	zertreten werden, bis die Z. der Heiden erfüllt sind
Jh	5,4	der Engel fuhr von Z. zu Z. herab
	7,6	Z. ist noch nicht da 8
	33	ich bin noch eine kleine Z. bei euch 13,33
	12,23	die Z. ist gekommen, daß der Menschensohn verherrlicht werde
	35	ist das Licht noch eine kleine Z. bei euch
	14,19	es ist noch eine kleine Z., dann
	16,25	die Z., daß ich nicht mehr in Bildern rede
Apg	1,6	in dieser Z. aufrichten das Reich für Israel
	7	gebührt euch nicht, Z. oder Stunde zu wissen
	21	die bei uns gewesen sind die ganze Z. über
	3,20	damit die Z. der Erquickung komme
	21	bis zu der Z., in der alles wiedergebracht
	5,34	ließ die Männer für kurze Z. hinausführen
Apg	5,36	vor einiger Z. stand Theudas auf und gab vor
	7,11	*es kam eine teure Z. über das ganze Land*
	17	als die Z. der Verheißung sich nahte, die
	20	zu der Z. wurde Mose geboren
	41	sie machten zu der Z. ein Kalb
	45	bis zur Z. Davids
	8,11	sie lange Z. mit seiner Zauberei in seinen Bann gezogen
	9,37	begab sich zu der Z., daß sie krank wurde
	43	daß Petrus lange Z. in Joppe blieb 14,3. 28; 18,23
	10,30	vor vier Tagen um diese Z. betete ich
	12,1	um diese Z. legte Herodes Hand an einige
	13,20	danach gab er ihnen Richter bis zur Z. des Propheten Samuel
	36	nachdem David zu seiner Z. dem Willen Gottes gedient hatte
	41	ich tue ein Werk zu euren Z.
	14,16	hat in den vergangenen Z. alle Heiden
	17	hat euch vom Himmel Regen und fruchtbare Z. gegeben
	15,7	daß Gott vor langer Z. unter euch bestimmt hat
	21	Mose hat von alten Z. her solche
	17,30	zwar hat Gott über die Z. der Unwissenheit hinweggesehen
	18,20	baten ihn, daß er längere Z. bei ihnen bleibe
	19,23	erhob sich um diese Z. eine Unruhe
	20,16	um in der Provinz Asien keine Z. zu verlieren
	18	ihr wißt, wie ich mich die ganze Z. bei euch verhalten habe
	24,25	zu gelegener Z. will ich dich rufen lassen
	27,9	da nun viel Z. vergangen war
Rö	3,25	*er hat die Sünden vergangener Z. getragen*
	26	(Sünden, die) begangen wurden in der Z. seiner Geduld
	5,6	schon zu der Z., als wir noch schwach waren
	8,18	daß die Leiden nicht ins Gewicht fallen
	11,5	so geht es auch jetzt zu dieser Z.
	13,11	das tut, weil ihr die Z. erkennt
	16,25	Geheimnis, das seit ewigen Z. verschwiegen war
1Ko	2,7	Weisheit Gottes, die Gott vorherbestimmt hat vor aller Z.
	4,5	richtet nicht vor der Z., bis der Herr kommt
	7,29	das sage ich, liebe Brüder: Die Z. ist kurz
	10,11	uns, auf die das Ende der Z. gekommen ist
	15,52	das plötzlich, in einem Augenblick, zur Z. der letzten Posaune
	16,7	ich hoffe, ich werde einige Z. bei euch bleiben
2Ko	6,2	siehe, jetzt ist die Z. der Gnade
Gal	4,2	als die Z. der, der Vater bestimmt hat
	4	als die Z. erfüllt war, sandte Gott seinen Sohn
	8	zu der Z., als ihr Gott noch nicht kanntet
	10	ihr haltet bestimmte Z. und Jahre (ein)
	25	*Gleichnis für das Jerusalem dieser Z.*
	29	wie zu jener Z., so geht es auch jetzt
	6,10	solange wir noch Z. haben, laßt uns Gutes tun
Eph	1,10	um ihn auszuführen, wenn die Z. erfüllt wäre
	2,2	Geist, der zu dieser Z. am Werk ist
	7	in den kommenden Z. erzeige den Reichtum seiner Gnade
	12	daß ihr zu jener Z. ohne Christus wart
	3,5	dies war in früheren Z. den Menschenkindern nicht kundgemacht

Eph	3,21	dem sei Ehre zu aller Z. 2Pt 3,18; Jud 25
	5,16	kauft die Z. aus; denn es ist böse Z.
Phl	4,10	die Z. hat's nicht zugelassen
Kol	1,26	Geheimnis, verborgen seit ewigen Z.
	4,5	kauft die Z. aus
1Th	5,1	von den Z. und Stunden ist es nicht nötig, euch zu schreiben
2Th	2,6	bis er offenbart wird zu seiner Z.
1Ti	2,6	daß dies zu seiner Z. gepredigt werde
	4,1	daß in den letzten Z. einige abfallen Jud 18
	6,15	welche uns zeigen wird zu seiner Z. der Selige
2Ti	1,9	Gnade, die uns gegeben ist vor der Z. der Welt
	3,1	in den letzten Tagen schlimme Z. kommen
	4,2	predige das Wort, es sei zur Z. oder zur Unzeit
	3	eine Z. kommen, da sie die heilsame Lehre
	6	die Z. meines Hinscheidens ist gekommen
Tit	1,2	das Gott verheißen hat vor den Z. der Welt
	3	zu seiner Z. hat er sein Wort offenbart
1Pt	1,5	Seligkeit, die bereit ist, daß sie offenbar werde zu der letzten Z.
	6	die ihr jetzt eine kleine Z. traurig seid
	11	haben geforscht, auf welche Z. der Geist Christi deutete
	14	Begierden, denen ihr früher in der Z. eurer Unwissenheit dientet
	20	offenbart am Ende der Z. um euretwillen
	3,20	vor Z. Noahs, als man die Arche baute
	4,2	daß er die noch übrige Z. im Fleisch nicht den Begierden lebe
	3	daß ihr die vergangene Z. zugebracht habt nach heidnischem Willen
	13	zur Z. der Offenbarung seiner Herrlichkeit
	17	die Z. ist da, daß das Gericht anfängt an dem Hause Gottes
	5,6	damit er euch erhöhe zu seiner Z.
	10	der wird euch, die ihr eine kleine Z. leidet, aufrichten
Heb	2,7	du hast ihn eine kleine Z. niedriger sein lassen als die Engel 9
	4,7	spricht nach so langer Z. durch David
	16	zu der Z., wenn wir Hilfe nötig haben
	9,9	der ist ein Gleichnis für die gegenwärtige Z.
	10	bis zu der Z. einer besseren Ordnung auferlegt
	26	*am Ende der Z. ist er einmal erschienen*
	11,11	*über die Z. ihres Alters hinaus*
	15	hätten sie Z. gehabt, wieder umzukehren
	32	die Z. würde mir zu kurz, wenn ich
	12,26	hat zu jener Z. die Erde erschüttert
Jak	4,14	ein Rauch seid ihr, der eine kleine Z. bleibt
Off	1,3	die Z. ist nahe 22,10
	2,21	ich habe ihr Z. gegeben, Buße zu tun
	6,11	ihnen wurde gesagt, daß sie ruhen müßten eine kleine Z.
	10,6	es soll hinfort keine Z. mehr sein
	11,18	ist gekommen die Z., die Toten zu richten
	12,12	der Teufel weiß, daß er wenig Z. hat
	14	wo sie ernährt werden sollte eine Z. und zwei Z. und eine halbe Z.
	14,15	die Z. zu ernten ist gekommen
	17,10	wenn er kommt, muß er eine kleine Z. bleiben
	20,3	muß er losgelassen werden eine kleine Z.

Zeitlang

1Mo	26,8	als (Isaak) eine Z. da war

Dan	4,16	da entsetzte sich Daniel eine Z.
	11,33	darüber werden sie verfolgt werden eine Z.
Wsh	4,4	wenn sie auch eine Z. grünt
Tob	14,6	in Medien wird noch eine Z. Friede sein
1Ma	11,40	er blieb Z. bei (Jamliku)
	15,33	haben es eine Z. besetzt gehalten
2Ma	7,33	obwohl unser Herr eine Z. zornig ist
	14,23	Nikanor blieb eine Z. in Jerusalem
Lk	4,13	der Teufel wich von ihm eine Z.
	8,13	eine Z. glauben sie, und... fallen sie ab
Apg	9,19	*Saulus war eine Z. bei den Jüngern*
	12,19	(Paulus) blieb dort eine Z. 18,18
	13,11	du sollst die Sonne eine Z. nicht sehen
	15,33	als sie eine Z. dort verweilt hatten
1Ko	7,5	entziehe sich nicht... es sei denn eine Z.
Phm	15	war er darum eine Z. von dir getrennt
Heb	11,25	als eine Z. den Genuß der Sünde haben

zeitlich

2Ma	6,20	aus Liebe zum z. Leben Verbotenes zu essen
	7,9	du nimmst uns wohl das z. Leben
1Ko	6,3	*wieviel mehr über die z. Güter 4*
2Ko	4,17	unsre Trübsal, die z. und leicht ist
	18	was sichtbar ist, das ist z.

Zela

Jos	18,28	(Städte des Stammes Benjamin:) Z.
2Sm	21,14	begruben sie mit den Gebeinen Sauls in Z.

Zelek

2Sm	23,37	Z., der Ammoniter 1Ch 11,39

Zelofhad, *Zelophhad*

4Mo	26,33	Z. war Hefers Sohn 27,1.7; 36,2.6.10; Jos 17,3; 1Ch 7,15

Zelot, *Zelotes*

Apg	1,13	Simon der Z. und Judas, der Sohn des Jakobus

Zelt

1Mo	4,20	die in Z. wohnen und Vieh halten Ri 8,11
	9,21	ward trunken und lag im Z. aufgedeckt 27
	12,8	schlug sein Z. auf 13,3.18; 26,17.25; 31,25; 33,19; 35,21; Ri 4,11; Heb 11,9
	13,5	Lot hatte Schafe und Rinder und Z. 12
	18,1	während (Abraham) an der Tür seines Z. saß 2.6.9.10
	24,67	führte sie Isaak in das Z. seiner Mutter
	25,27	Jakob blieb bei den Z.
	31,34	Laban betastete das Z. und fand nichts 33
2Mo	16,16	nach der Zahl der Leute in seinem Z.
	18,7	als sie sich gegrüßt, gingen sie in das Z.
	26,7	Teppiche als Z. über der Wohnung 9.11-14. 36; 35,11; 36,14.18.19.37; 39,33.38; 40,19
	33,7	Mose nahm es und nannte es Stiftshütte
	8	jeder trat in seines Z. Tür 10
3Mo	14,8	sieben Tage außerhalb seines Z. bleiben 4Mo 19,14.18
4Mo	3,25	sollen in Obhut nehmen das Z.
	9,17	sooft sich die Wolke von dem Z. erhob
	11,10	weinen hörte in der Tür seines Z.
	16,26	weicht von den Z. dieser Menschen 27; 5Mo 11,6

Zelt

4Mo	24,5	wie fein sind deine Z., Jakob
5Mo	1,27	murrtet in euren Z. Ps 106,25
	5,30	geht heim in eure Z.
	33,18	Issachar, freue dich deiner Z.
Jos	3,14	als das Volk aus seinen Z. auszog
	7,21	es ist verscharrt in meinem Z. 22-24
Ri	4,17	Sisera floh in das Z. Jaëls 18.20.21; 5,24
	6,5	(die Midianiter) kamen herauf mit ihren Z.
	7,8	ließ (Gideon) alle gehen, jeden in sein Z. 1Sm 13,2; 2Sm 20,1.22
	13	(ein Laib Gerstenbrot) kam an das Z.
	19,9	mögt eures Weges ziehen zu deinem Z.
	20,8	es soll niemand in sein Z. gehen
1Sm	4,10	ein jeder floh in sein Z. 2Sm 18,17; 19,9
	17,54	seine Waffen legte (David) in sein Z.
2Sm	6,17	Z., das David für (die Lade) aufgeschlagen hatte 1Ch 15,1; 16,1; 2Ch 1,4
	7,6	bin umhergezogen in einem Z. 1Ch 17,5
	11,11	Israel und Juda wohnen in Z.
	16,22	machten sie Absalom ein Z. auf dem Dach
	22,12	Finsternis ringsum zu seinem Z. Ps 18,12
1Kö	1,39	Zadok nahm das Ölhorn aus dem Z.
	2,28	floh Joab in das Z. des HERRN 29.30
	20,12	der mit den Königen in den Z. trank
2Kö	7,7	ließen ihre Z. und flohen 8.10
1Ch	4,41	fielen her über die Z. Hams 5,10
Hi	4,21	ihr Z. wird abgebrochen, und sie sterben
	31,31	haben die Männer in meinem Z. sagen müssen
Ps	15,1	HERR, wer darf weilen in deinem Z.
	19,5	hat der Sonne ein Z. gemacht Jes 40,22
	27,5	er birgt mich in den Schutz seines Z.
	6	will ich Lob opfern in seinem Z.
	52,7	wird dich Gott aus deinem Z. reißen
	61,5	laß mich wohnen in deinem Z. ewiglich
	69,26	niemand wohne in ihren Z.
	76,3	so erstand in Salem sein Z.
	78,51	schlug die Erstlinge in den Z. Hams
	55	ließ in ihren Z. die Stämme Israels wohnen
	60	das Z., in dem er unter Menschen wohnte
	67	er verwarf das Z. Josefs
	83,7	die in den Z. von Edom und Ismael wohnen
	120,5	ich muß wohnen bei den Z. Kedars Hl 1,5
Spr	14,9	auf dem Z. der Spötter ruht Schuld
Hl	1,8	weide d. Zicklein bei den Z. der Hirten
Jes	13,20	daß auch Araber dort keine Z. aufschlagen
	33,20	ein Z., das nicht mehr abgebrochen wird
	38,12	weggenommen wie eines Hirten Z.
	54,2	mache den Raum deines Z. weit
Jer	4,20	plötzlich sind meine Z. zerstört 10,20
	6,3	werden Z. aufschlagen rings um sie her
	35,7	sollt in Z. wohnen 10; Hos 12,10
	37,10	würde ein jeder in seinem Z. aufstehen
	49,29	man wird ihnen ihre Z. nehmen
Klg	2,4	was lieblich anzusehen im Z. 6
Dan	11,45	er wird seine prächtigen Z. aufschlagen
Hab	3,7	ich sah die Z. der Midianiter betrübt
Mal	2,12	der HERR wird ausrotten aus den Z. Jakobs
Jdt	10,18	sie führten sie zum Z. des Holofernes 14,4.8
	12,10	dann ging sie wieder in das Z.
	13,1	ging sein Gefolge fort in seine Z.
Wsh	9,8	einen Altar, ein Abbild des heiligen Z.
Sir	11,2	schlugen ihre Z. auf in der Einöde
	14,25	richtet an ihrer Wand sein Z. auf
	24,6	mein Z. war in der Höhe
	15	ich habe vor ihm im heiligen Z. gedient
	26,15	so setzt sie sich vor jedem Z. nieder
Heb	11,9	wohnte in Z. mit Isaak und Jakob

Zeltdach

2Mo 40,19 breitete das Z. aus über der Wohnung

Zeltdecke

2Sm 7,2 die Lade Gottes wohnt unter Z. 1Ch 17,1
Jer 49,29 man wird ihre Z. wegführen

Zeltdorf

1Mo 25,16 das sind die Söhne Ismaels nach ihren Z.
4Mo 13,19 ob sie in Z. wohnen 31,10
1Ch 6,39 dies sind ihre Wohnsitze nach ihren Z.
Hes 25,4 daß sie ihre Z. aufschlagen

Zeltlager

1Kö 20,16 Ben-Hadad... war trunken im Z.
2Ch 14,14 schlugen die Z. der Hirten

Zeltmacher

Apg 18,3 sie waren von Beruf Z.

Zeltpflock

2Mo 27,19 alle ihre Z. und alle Z. des Vorhofes aus Kupfer 35,18; 38,20.31; 39,40

Zelzach

1Sm 10,2 bei dem Grabe Rahels bei Z. an der Grenze

Zemarajim

Jos 18,22 (Städte des Stammes Benjamin:) Z.
2Ch 13,4 Berg Z., der im Gebirge Ephraim liegt

Zemariter

1Mo 10,18 (Kanaan zeugte) den Z. 1Ch 1,16

Zenan (= Zaanan)

Jos 15,37 (Städte des Stammes Juda:) Z.

Zenas

Tit 3,13 Z. und Apollos rüste gut aus zur Reise

Zentner

2Mo 25,39 ein Z. feinen Goldes 37,24; 38,24.25.27.29; 2Sm 12,30; 1Kö 9,14.28; 10,10.14; 2Kö 18,14; 23,33; 1Ch 22,14; 29,4.7; 2Ch 3,8; 8,18; 9,9.13; 36,3; Esr 8,26
1Kö 16,24 zwei Z. Silber 20,39; 2Kö 5,5.22.23; 15,19; 18,14; 23,33; 1Ch 19,6; 22,14; 29,4.7; 2Ch 25,6.9; 27,5; 36,3; Esr 7,22; 8,26; Est 3,9
1Ch 29,7 18.000 Z. Kupfer und 100.000 Z. Eisen
1Ma 11,28 300 Z. Silber 13,16.19; 15,31.35; 2Ma 3,11; 4,8.9; 5,21; 8,10.11
2Ma 3,11 200 Z. Gold
Mt 13,33 Sauerteig, den eine Frau unter einen halben Z. Mehl mengte Lk 13,21
18,24 einer, der war ihm 10.000 Z. Silber schuldig
25,15 dem gab er fünf Z. Silber 17.20.22.24.25
28 nehmt ihm den Z. ab und gebt ihn dem, der zehn Z. hat

Zentnergewicht

Off 16,21 ein großer Hagel wie Z. fiel vom Himmel

Zepter

1Mo 49,10 es wird das Z. von Juda nicht weichen
4Mo 21,18 haben ihn gegraben mit dem Z.
  24,17 wird ein Z. aus Israel aufkommen
Est 4,11 der König strecke das Z. aus 5,2; 8,4
  5,2 Ester rührte die Spitze des Z. an
Ps 2,9 sollst sie mit einem eisernen Z. zerschlagen
  45,7 das Z. deines Reichs ist ein gerechtes Z.
  60,9 Juda ist mein Z. 108,9
  110,2 wird das Z. deiner Macht ausstrecken
  125,3 der Gottlosen Z. wird nicht bleiben
Jer 48,17 wie ist das Z. so zerbrochen
Hes 19,11 seine Ranken zu Z. taugten 14
  30,18 wenn ich das Z. Ägyptens zerbreche
Am 1,5 will den, der das Z. hält, ausrotten 8
Sa 10,11 das Z. Ägyptens soll weichen
Wsh 6,22 habt ihr Gefallen an Thron und Z.
  7,8 achtete sie höher als Z. und Throne
  10,14 bis sie ihm das Z. des Königreichs brachte
Bar 6,14 der Götze trägt ein Z. in der Hand
StE 3,8 gib nicht dein Z. denen, die nichts sind
  4,8 er hob das goldene Z. auf
Heb 1,8 das Z. der Gerechtigkeit ist das Z. deines Reiches

Zer

Jos 19,35 (Naftali) feste Städte sind: Z.

zerbeißen

Off 16,10 Menschen z. ihre Zungen vor Schmerzen

zerbersten

Jes 24,19 es wird die Erde mit Krachen z.

zerbrechen

2Mo 9,25 der Hagel z. alle Bäume Ps 105,33
  12,46 sollt keinen Knochen an ihm z. 4Mo 9,12; Jh 19,36
  23,24 sollst ihre Steinmale z. 34,13; 5Mo 7,5; 12,3
  32,19 Mose z. (die Tafeln) 37,1; 5Mo 9,17; 10,2
3Mo 6,21 den irdenen Topf soll man z. 11,33.35; 15,12
  26,13 habe euer Joch z.
Ri 2,2 ihre Altäre z. 2Ch 23,17
  7,20 bliesen die Posaunen und z. die Krüge
1Sm 2,4 der Bogen der Starken ist z. Ps 37,15; 46,10; 58,8; 76,4
1Kö 18,30 Elia baute den Altar wieder auf, der z. war
  19,10 Israel hat deine Altäre z. 14; Rö 11,3
  11 ein starker Wind, der z. die Felsen z.
2Kö 10,27 (sie) z. die Steinmale Baals 18,4; 23,14; 2Ch 14,2; 31,1; 34,4
  18,16 z. Hiskia die Türen am Tempel
  21 verläßt dich nun. In diesen z. Rohrstab Jes 36,6
  25,13 die Gestelle z. die Chaldäer Jer 52,17
Neh 1,3 die Mauern Jerusalems liegen z.
Hi 12,14 wenn er z., so hilft kein Bauen
  17,1 mein Geist ist z. 19,10
  22,9 hast die Arme der Waisen z.
  24,20 so z. Frevel wie Holz
  29,17 ich z. die Kinnbacken des Ungerechten
  38,15 wird der erhobene Arm z. werden

Hi 39,15 daß ein wildes Tier sie z. kann
Ps 10,15 z. den Arm des Gottlosen und Bösen 37,17; 75,11
  29,5 die Stimme des HERRN z. die Zedern
  31,13 ich bin geworden wie ein z. Gefäß
  34,19 ist nahe denen, die z. Herzens sind
  21 daß nicht eines z. wird
  48,8 du z. die großen Schiffe durch den Sturm
  58,7 Gott, z. ihnen die Zähne im Maul
  80,13 warum hast du seine Mauer z.
  89,40 hast z. den Bund mit deinem Knecht
  107,16 daß er z. eherne Türen
  119,126 sie haben dein Gesetz z.
  147,3 er heilt, die z. Herzens sind Jes 61,1
Spr 25,15 eine linde Zunge z. Knochen
Pr 12,6 ehe die goldene Schale z. und das Rad z. in den Brunnen fällt
Jes 9,3 du hast ihr drückendes Joch z.
  14,5 der HERR hat d. Stock der Gottlosen z. 29
  22,25 daß alles, was darin hing, z.
  24,19 es wird die Erde mit Krachen z.
  28,13 daß sie rücklings fallen, z. werden
  38,13 er z. mir alle Knochen
  42,3 das geknickte Rohr wird er nicht z. Mt 12,20
  4 er selbst wird nicht z.
  43,14 habe die Riegel eures Gefängnisses z. 45,2; Jer 51,30; Klg 2,9; Am 1,5
  49,17 die dich z. und zerstört haben
  51,6 meine Gerechtigkeit wird nicht z.
  66,2 ich sehe auf den, der z. Geistes ist
Jer 2,20 von jeher hast du dein Joch z. 5,5
  15,12 kann man Eisen z.
  19,10 sollst den Krug z. vor den Augen d. Männer
  11 wie man ein Gefäß z., will ich dies Volk z.
  25,34 z. müßt wie ein kostbares Gefäß
  28,2 Joch des Königs von Babel z. 4.10-13; 30,8
  43,13 soll die Steinmale z. Hes 6,4.6
  48,1 die hohe Feste ist z.
  17 wie ist das Zepter so z. 25.38
  49,35 will den Bogen z. 51,56; Hos 1,5; 2,20; Sa 9,10
  50,23 wie ist der Hammer z.
Klg 2,3 er hat alle Macht Israels z.
Hes 19,12 seine starken Ranken wurden z. 31,12
  26,2 die Pforte der Völker ist z.
  30,18 wenn ich ihr Joch z. habe Nah 1,13
  34,27 wie Eisen sie z., so wird es auch z.
Dan 2,40 z. ihm seine beiden Hörner 8.22
  8,7 z. werden ohne Zutun von Menschenhand
  25 wenn er emporgek. ist, wird sein Reich z.
  11,4 das Schwert soll ihre Riegel z.
Hos 10,2 ihre Altäre sollen z. werden
  11,6 man meinte, das Schiff würde z.
Jon 1,4 alle seine Götzen sollen z. werden
Mi 1,7 z. ihr ihnen auch die Knochen
  3,3 will alle deine Festungen z.
  5,10 nahm meinen Stab „Huld" und z. ihn 14
Sa 11,10 Hirten, der das Z. nicht heilen wird
  16 ich will euch den Arm z.
Mal 2,3 die zu schwach gebliebenen Äste werden z.
Wsh 4,5 er z. den Hochmut des Goliat 8
Sir 13,3 wie ein Gefäß nutzlos ist, wenn es z. wird
  47,5 der mit Gewalt die Stärke der Feinde z.
Bar 6,16 das geknickte Rohr wird er nicht z.
2Ma 12,28 nicht ein Stein, der nicht z. werde Mk 13,2; Lk 21,6
Mt 12,20 der du den Tempel z. Mk 15,29
  24,2 sie z. das Glas
  27,40
Mk 14,3

zerbrechen

Jh 19,36 ihr sollt ihm kein Bein z.
Apg 27,41 das Hinterschiff z. unter der Gewalt der Wellen
Rö 11,3 Herr, sie haben deine Altäre z.
2Ko 5,1 *wenn unser irdisch Haus z. wird*
Gal 2,18 *wenn ich das, was ich z. habe, baue*

zerbrechlich

Wsh 15,13 wenn er z. Gefäße schafft

zerbröckeln

Jos 9,5 alles Brot war hart und z. 12

zerdreschen

Ri 8,7 will ich euer Fleisch mit Dornen z.
Jes 21,10 mein z. und zertretenes Volk
41,15 daß du Berge z. sollst
Hab 3,12 z. die Heiden im Grimm

zerdrücken

1Mo 40,11 nahm die Beeren und z. sie in den Becher
3Mo 22,24 Tier, dem die Hoden z. sind
Hi 4,19 die wie Motten z. werden

Zereda

Ri 7,22 ¹das Heer floh bis Bet-Schitta auf Z. zu
1Kö 11,26 ²Jerobeam, ein Ephraimiter von Z. 2Ch 4,17

Zeret, *Zereth*

1Ch 4,7 Söhne Helas: Z.

Zeret-Schahar, *Zereth-Schahar*

Jos 13,19 (gab Mose dem Stamm Ruben:) Z.

zerfallen

Neh 9,21 ihre Kleider z. nicht
Hi 14,18 ein Berg kann z.
Jes 17,1 Damaskus wird sein ein z. Steinhaufen
24,19 es wird die Erde mit Krachen z.
50,9 sie alle werden wie Kleider z. 51,6
Jer 51,44 sind auch die Mauern von Babel z.
Jo 1,17 die Scheunen z.
Am 9,11 die z. Hütte Davids aufrichten Apg 15,16
Sir 22,19 wie ein Haus im Sturmwind nicht z.
Bar 6,72 Scharlach und Leinwand werden z.
1Ma 4,38 daß die Priesterzellen z. waren
Heb 3,17 die, deren Leiber in der Wüste z.

zerflattern

Wsh 2,3 der Geist z. wie Luft

zerfleischen

Jer 5,6 die von da herausgehen, werden z.
Klg 3,11 er hat mich z. und zunichte gemacht
Sir 28,27 es wird ihn z. wie ein Panther

zerfließen

Hi 30,16 jetzt z. meine Seele
Ps 58,9 gehen dahin, wie Wachs z.

Jes 8,6 weil dies Volk in Angst z. vor Rezin
63,19 führest herab, daß die Berge z. 64,2

zerfressen

Apg 12,23 von Würmern z., gab er den Geist auf
Jak 5,2 eure Kleider sind von Motten z.

zergehen

Nah 1,5 die Hügel z.; das Erdreich bebt vor ihm
Wsh 2,4 unser Leben z. wie Nebel
2Pt 3,10 dann werden die Himmel z. 11.12

zerhauen

Ps 129,4 der HERR hat der Gottlosen Stricke z.
Jes 51,9 warst du es nicht, der Rahab z. hat
Hes 16,40 sollen dich mit ihren Schwertern z.

Zeri

1Ch 25,3 Jedutuns Söhne: Z. 11

zerkratzen

Mi 4,14 aber nun zerraufe und z. dich

zerlegen

2Mo 29,17 sollst du in seine Stücke z. 3Mo 1,6.12; 8,20
4Mo 10,17 dann z. man die Wohnung
1Kö 5,23 und will (die Flöße) dort z.
Mi 3,3 ihr z. es wie in einen Topf

zermalmen

2Mo 32,20 nahm das (goldene) Kalb und z. es 5Mo 9,21
4Mo 24,8 Gott wird ihre Gebeine z.
Ri 5,26 und z. und durchbohrte seine Schläfe
2Ch 15,16 zerschlug ihr Greuelbild und z. es 34,7
Ps 72,4 er soll den Bedränger z.
Jes 28,18 wenn die Flut daherfährt, wird sie euch z.
28 z. man etwa das Getreide
41,15 daß du Berge z. sollst
Dan 2,34 ein Stein z. sie 35.40.45
44 es wird alle diese Königreiche z.
6,25 die Löwen z. alle ihre Knochen
7,7 ein viertes Tier fraß um sich und z. 19.23
Mi 4,13 du sollst viele Völker z.
Mt 21,44 auf wen er fällt, den wird er z. Lk 20,18

Zeror

1Sm 9,1 Abiëls, des Sohnes Z.

zerpulvern

Hos 8,6 soll das Kalb Samarias z. werden

zerraufen

Mi 4,14 aber nun z. und zerkratze dich

zerreiben

4Mo 11,8 das Volk z. (das Manna)
Mk 5,4 er hatte die Fesseln z.
Lk 6,1 rauften Ähren aus und z. sie mit den Händen

zerreißen

1Mo	31,39	was die Tiere z. 2Mo 22,30; 3Mo 7,24; 22,8
	37,29	Josef nicht fand, z. er sein Kleid 34; 44,13
	33	ein reißendes Tier hat Josef z. 44,28
2Mo	22,12	wird es z., soll er es nicht ersetzen
3Mo	10,6	sollt eure Kleider nicht z. 21,10
	13,45	wer aussätzig ist, soll z. Kleider tragen
	17,15	wer ein z. Tier ißt
	22,24	Tier, dem die Hoden z. sind
	26,22	wilde Tiere sollen euer Vieh z.
4Mo	14,6	Josua und Kaleb z. ihre Kleider Jos 7,5
	16,31	z. die Erde unter ihnen
5Mo	8,4	deine Kleider sind nicht z. 29,4
	33,20	Gad z. Schenkel und Scheitel
Jos	9,4	nahmen alte, z. Weinschläuche 13
Ri	11,35	z. (Jeftah) seine Kleider
	14,6	(Simson) z. ihn, wie man ein Böcklein z.
	16,9	er z. die Seile, wie eine Flachsschnur z.
1Sm	4,12	hatte seine Kleider z. 2Sm 1,2; Jer 41,5
2Sm	1,11	faßte David seine Kleider z. sie 13,31
	3,31	z. eure Kleider und haltet Totenklage
	13,19	Tamar z. das Ärmelkleid
	15,32	begegnete ihm Huschai mit z. Rock
1Kö	13,26	dem Löwen gegeben; der hat ihn z. 28
	19,11	ein starker Wind, der die Berge z.
	21,27	Ahab z. seine Kleider 2Kö 2,12; 5;7.8; 6,30; 11,14; 18,37; 19,1; 22,11.19; 2Ch 23,13; 34,19. 27; Est 4,1; Jes 36,22; 37,1
2Kö	2,24	zwei Bären z. 42 von den Kindern
Esr	9,3	als ich dies hörte, z. ich mein Kleid 5; Hi 1,20; 2,12
Hi	16,9	sein Grimm hat mich z.
	17,11	z. sind meine Pläne
	26,8	die Wolken z. darunter nicht
	32,19	wie der Most, der die neuen Schläuche z.
Ps	2,3	lasset uns z. ihre Bande
	7,3	daß sie nicht wie Löwen mich z.
	60,4	daß du die Erde erschüttert und z. hast
	107,14	er z. ihre Bande
	116,16	du hast meine Bande z.
	124,7	das Netz ist z., und wir sind frei
Spr	23,21	ein Schläfer muß z. Kleider tragen
Pr	3,7	z. hat seine Zeit
	12,6	ehe der silberne Strick z.
Jes	5,27	keinem z. sein Schuhriemen
	33,20	keines seiner Seile z. werden
	63,19	ach daß du den Himmel z.
Jer	2,20	von jeher hast du deine Bande z. 5,5
	5,6	darum wird sie der Löwe z. Hos 13,8
	10,20	alle meine Seile sind z.
	30,8	will deine Bande z. Nah 1,13
	36,24	niemand z. seine Kleider
	38,11	nahm z., alte Lumpen 12
Hes	4,14	niemals von einem z. Tier gegessen 44,31
	23,34	mußt deine Brüste z.
Hos	5,14	ich z. und gehe davon
	6,1	er hat uns z., er wird uns auch heilen
	13,8	ich will ihr verstocktes Herz z.
Jo	2,13	z. eure Herzen und nicht eure Kleider
Mi	5,7	dem niemand wehren kann, wenn er z. Nah 2,13
Sa	11,16	wird ihre Klauen z.
Jdt	14,13	er z. seine Kleider 15; 1Ma 2,14; 3,47; 4,39; 11,71; 13,45
Sir	12,13	Mitleid mit einem Tierbändiger, der z. wird
Bar	6,31	sitzen in ihren Tempeln mit z. Gewändern
1Ma	1,59	ließ die Bücher des Gesetzes Gottes z.
	5,14	Boten aus Galiläa... hatten ihre Kleider z.
Mt	7,6	damit sie euch nicht z.
	9,17	sonst z. die Schläuche Mk 2,22; Lk 5,37
	26,65	z. der Hohepriester seine Kleider Mk 14,63
	27,51	der Vorhang im Tempel z. in zwei Stücke Mk 15,38; *Jh 23,45*
	52	die Felsen z.
Mk	5,4	er hatte die Ketten z. Lk 8,29
Lk	5,36	sonst z. man das neue (Kleid)
Jh	21,11	obwohl es so viele waren, z. das Netz nicht
Apg	14,14	Barnabas und Paulus z. ihre Kleider
	23,10	befürchtete der Oberst, sie könnten Paulus z.

zerren

Lk	9,42	riß ihn der böse Geist und z. ihn

zerrinnen

Spr	13,11	hastig errafftes Gut z.

zerrütten

1Ti	6,5	Menschen, die z. Sinne haben
2Ti	3,8	es sind Menschen mit z. Sinnen

zersägen

Heb	11,37	sind gesteinigt, z., durchs Schwert getötet

zerschellen

1Kö	22,49	(die) Tarsisschiffe z. 2Ch 20,37
2Ch	25,12	von der Spitze des Felsens, daß sie alle z.
Pr	12,6	ehe der Eimer z. an der Quelle
Mt	21,44	wer auf diesen Stein fällt, wird z. Lk 20,18

zerschlagen

2Mo	9,25	der Hagel z. alles Gewächs 31
	32	wurden nicht z., denn es ist Spätgetreide
	15,6	deine rechte Hand hat die Feinde z.
3Mo	22,24	Tier, dem die Hoden z. sind
5Mo	9,21	das Kalb nahm ich und z. es
	12,3	die Bilder ihrer Götzen
	33,11	z., die sich wider ihn auflehnen
Ri	5,26	(Jaël) z. Siseras Haupt
	7,19	und z. die Krüge in ihren Händen
	10,8	(die Philister und Ammoniter) z. Israel
2Sm	22,30	mit dir kann ich Kriegsvolk z. Ps 18,30
1Kö	15,13	Asa z. ihr Greuelbild 2Kö 11,18; 18,4; 2Ch 15,16
2Kö	23,15	diesen Altar brach er ab, z. seine Steine
	24,13	(Nebukadnezar) z. alle goldenen Gefäße 2Ch 28,24
2Ch	14,12	die Kuschiter wurden z. vor dem HERRN
	15,6	ein Volk z. das andere
Hi	4,20	bis zum Abend, so werden sie z. 5,4; 34,25
	5,18	und seine Hand heilt
	19,26	ist meine Haut noch so z.
Ps	2,9	sollst sie mit einem eisernen Zepter z.
	34,19	hilft denen, die ein z. Gemüt haben
	38,9	bin matt geworden und ganz z.
	44,3	du hast die Völker z.
	20	daß du uns so z. am Ort der Schakale
	46,10	daß der Bogen zerbricht und Spieße z.
	51,10	daß die Gebeine fröhlich werden, die du z.
	19	ein z. Herz wirst du nicht verachten
	52,7	darum wird dich Gott z.
	58,7	z., HERR, das Gebiß der jungen Löwen
	74,6	sie z. all sein Schnitzwerk mit Beilen
	14	hast dem Leviatan die Köpfe z.

zerschlagen

Ps	89,24	ich will seine Widersacher vor ihm z.
	94,5	sie z. dein Volk
	107,16	daß er z. eiserne Riegel
	109,22	mein Herz ist z. in mir
Jes	3,15	warum z. (ihr) das Angesicht der Elenden
	11,15	wird (den Euphrat) in sieben Bäche z.
	14,25	daß Assur z. werde in meinem Lande
	16,7	werden sie seufzen, ganz z.
	8	die Herren haben seine edlen Reben z.
	28,17	wird Hagel die falsche Zuflucht z.
	45,2	will die ehernen Türen z.
	53,5	er ist um unsrer Sünde willen z.
	10	so wollte ihn der HERR z.
	57,15	wohne bei denen, die z. Geistes sind, daß ich erquicke das Herz der Z.
Jer	8,21	mich jammert, daß mein Volk so z. ist
	14,17	ist unheilbar verwundet und völlig z.
	17,18	z. sie zwiefach
	48,4	Moab ist z. 39
	50,23	wie ist der Hammer der ganzen Welt z.
Klg	3,4	er hat mein Gebein z.
Hes	5,11	will auch ich dich z.
	6,6	man wird eure Rauchopfersäulen z.
	9	wenn ich ihr abgöttisches Herz z. habe
	9,2	jeder hatte ein Werkzeug zum Z.
Dan	2,35	der Stein, der das Bild z.
	40	denn wie Eisen alles z.
Am	3,15	will Winterhaus und Sommerhaus z.
Hab	2,10	hast zu viele Völker z.
	3,13	du z. das Dach vom Hause der Gottlosen
Sa	11,6	sie werden das Land z.
Mal	1,4	Edom spricht: Wir sind z.
Sir	35,23	(bis er) die Macht der Ungerechten z.
	46,21	(der Herr) z. die Anführer der Feinde
Mk	12,4	*dem z. sie den Kopf*
Lk	4,18	den Z., daß sie frei und ledig sein sollen

zerschmeißen

Ps	2,9	wie Töpfe sollst du sie z. Off 2,27
Jer	23,29	wie ein Hammer, der Felsen z.

zerschmelzen

2Mo	16,21	wenn die Sonne heiß schien, z. es
	32,20	(Mose) ließ es im Feuer z.
Ri	15,14	daß die Fesseln an seinen Händen z.
Ps	22,15	mein Herz ist in meinem Leibe wie z. Wachs
	68,3	wie Wachs z. vor dem Feuer
	97,5	Berge z. wie Wachs vor dem HERRN Jdt 16,18
Hes	22,20	wie man Silber, Kupfer z. läßt 21.22
Wsh	16,27	was vom Feuer nicht verzehrt wurde, z.
2Pt	3,12	Tag Gottes, an dem die Elemente vor Hitze z.

zerschmettern

2Mo	19,22	sich heiligen, daß sie der HERR nicht z. 24
4Mo	24,8	wird die Völker mit seinen Pfeilen z. 17
Ri	9,53	und z. (Abimelech) den Schädel
1Sm	2,10	der Höchste im Himmel wird sie z.
2Sm	22,39	ich brachte sie um und hab sie z. Ps 18,39
Hi	16,12	er hat mich beim Genick genommen und z.
	26,12	durch seine Einsicht hat er Rahab z.
Ps	3,8	du z. der Gottlosen Zähne
	68,22	wird den Kopf seiner Feinde z.
	74,13	du hast z. die Köpfe der Drachen im Meer
	110,5	wird z. die Könige am Tage seines Zorns
	6	wird die Häupter z. auf weitem Gefilde
Ps	137,9	der d. jungen Kinder am Felsen z. Jes 13,16
Spr	6,15	er wird schnell z. werden
Jes	8,15	daß viele von ihnen z.
	30,14	wie wenn ein Topf z. wird
Jer	13,14	will die Väter samt den Söhnen z.
	48,12	Küfer sollen ihre Krüge z.
	50,2	Merodach ist z... ihre Götterbilder sind z.
	51,8	wie plötzlich ist Babel z.
	20	durch dich habe ich Völker z. 21-23
Hes	27,26	ein Ostwind wird dich z. 34
Hos	10,14	damals im Krieg, als die Mutter z. wurde
	14,1	ihre kleinen Kinder z. werden Nah 3,10
Hab	3,6	z. wurden die uralten Berge
Jdt	9,9	z. die Feinde durch deine Macht Sir 36,12
Wsh	12,9	die Gottlosen auf einmal zu z.
Sir	28,21	die Zunge z. die Knochen
	35,22	bis er den Unbarmherzigen die Lenden z.

Zerschneidung

Phl	3,2	nehmt euch in acht vor der Z.

zersprengen

4Mo	14,45	die Amalekiter z. sie

zerspringen

Nah	1,6	die Felsen z. vor ihm

zerstampfen

Jes	41,25	er z. die Gewaltigen wie Lehm
Hes	26,11	wird mit den Hufen alle Gassen z.

zerstäuben

2Sm	22,43	wie Dreck auf der Gasse will ich sie z.

zerstieben

Hab	3,14	seine Scharen z. wie Spreu

zerstören

1Mo	19,21	daß ich die Stadt nicht z. 29; 5Mo 29,22; Jer 49,18; 50,40; Am 4,11
2Mo	21,26	wenn jemand ins Auge schlägt und z. es
3Mo	26,33	eure Städte z. 2Kö 19,25; Jes 25,11.18; 37,26
4Mo	21,30	(Moabs) Herrlichkeit ist z.
	33,52	sollt ihre Götzenbilder z. 5Mo 12,2
Ri	9,45	z. die Stadt 2Sm 10,3; 11,25; 2Kö 3,25; 1Ch 20,1; Jes 14,17
2Kö	21,3	Höhen, die Hiskia z. hatte 2Ch 33,3
2Ch	20,37	weil du... z. der HERR dein Werk
Esr	4,15	darum ist diese Stadt z. 5,12; Jes 64,9
	6,12	Hand ausreckt, Jerusalem z. Jes 49,17
Hi	15,4	du selbst z. die Gottesfurcht
	28	er wohnt in z. Städten
Ps	9,7	die Städte hast du z.
	46,9	der auf Erden solch ein Z. anrichtet
	52,7	wird dich auch Gott für immer z.
	89,41	hast z. seine Festungen
Spr	8,36	wer mich verfehlt, z. sein Leben
	15,27	wer unrechtem Gewinn nachgeht, z. sein Haus
	24,16	z. (des Gerechten) Wohnung nicht
Jes	13,19	so soll Babel z. werden von Gott
	23,1	heulet, Tyrus ist z. 11.14; 24,10; Hes 26,4
	49,19	dein z. Land wird dir zu eng werden

1671 zerstreuen

Jes	61,4	was vorzeiten z. worden... von Geschlecht zu Geschlecht z. gelegen
Jer	1,10	daß du z. und verderben sollst
	4,20	plötzlich sind meine Zelte z. 26; 10,20
	5,10	z. die stützenden Mauern 6,5; Klg 2,5
	18,7	bald rede ich, daß ich es z. will 22,5; 31,28
	48,1	wehe der Stadt Nebo, denn sie ist z. 18
	51,20	durch dich habe ich Königreiche z.
Klg	2,17	der HERR hat ohne Erbarmen z.
Hes	6,3	will eure Opferhöhen z. Hos 10,2; Am 7,9
	19,7	er z. ihre Burgen
	36,35	diese Städte waren z.
	38,12	deine Hand an die z. Orte legst
	43,3	als der Herr kam, um die Stadt zu z.
Dan	2,44	ein Reich, das nimmermehr z. wird. Es wird alle diese Königreiche z.
	4,20	haut den Baum um und z. ihn
	9,17	laß leuchten über dein z. Heiligtum 26
	11,4	sein Reich wird z. und Fremden zuteil
Hos	10,14	Festungen werden z., gleichwie Schalman z.
Mi	1,7	will alle seine Götzenbilder z.
	2,10	um der Unreinheit willen muß sie z. werden
Nah	2,2	wird gegen dich heraufziehen, der dich z.
Ze	3,6	ihre Städte sind z., daß niemand darin wohnt
Mal	1,4	wir wollen das Z. wieder aufbauen
Jdt	2,13	z. die stolze Stadt Melitene 14
	4,9	daß ihre Städte nicht z. werden sollten
	9,9	die drohen, dein Heiligtum z.
Sir	27,4	so wird sein Haus bald z. werden
	20	so hast du die Freundschaft mit d. Nächsten z.
	28,17	(Schandmaul) z. die Paläste der Fürsten
	49,9	daß er ausrotten, zerbrechen und z. sollte
	15	der uns die z. Mauern wieder aufgerichtet
Bar	2,26	hast du dein Haus z. lassen
1Ma	6,7	hätten das Greuelbild der Verwüstung z.
	9,62	zogen sich zurück in einen z. Ort
	11,50	damit die Juden die Stadt nicht ganz z.
2Ma	8,17	wie sie die ererbten Ordnungen z. hatten
	10,2	sie z. die Altäre und die Götzenhaine
StD	2,21	der z. (den Bel) und seinen Tempel 27
	3,20	(daß) ihre Gewalt z. wird
Apg	6,14	Jesus von Nazareth wird diese Stätte z.
	8,3	Saulus suchte die Gemeinde zu z.
Rö	14,20	z. nicht um der Speise willen Gottes Werk
2Ko	10,4	mächtig, Festungen zu z.
	5	wir z. damit Gedanken und alles Hohe
	8	Vollmacht... nicht euch zu z.
	13,10	Vollmacht, zu erbauen, nicht zu z.
Gal	1,13	wie ich die Gemeinde zu z. suchte 23
1Jh	3,8	erschienen, daß er die Werke des Teufels z.

Zerstörung

Jes	22,4	mich zu trösten über die Z. der Tochter
Hes	9,1	jeder habe sein Werkzeug zur Z.
Am	4,11	ich richtete unter euch Z. an
1Ma	2,7	die Z. meines Volks mit ansehen müssen
	7,7	welche Z. Judas über das Land gebracht

zerstoßen

2Mo	27,20	Öl aus z. Oliven 29,10; 3Mo 24,2
3Mo	2,14	so sollst du die Körner z. 16
	16,12	beide Hände voll z. Räucherwerks
4Mo	11,8	das Volk z. (das Manna) in Mörsern
2Sm	22,43	ich will sie z. zu Staub Ps 18,43
Spr	27,22	wenn du den Toren im Mörser z.
Jes	27,9	Altarsteine z. Kalksteinen gleichmachen
	30,14	wie ein Topf, den man z.

Mt	12,20	das z. Rohr wird er nicht zerbrechen

zerstreuen

1Mo	11,4	wir werden sonst z. in alle Länder 8.9
	49,7	ich will sie z. in Israel
2Mo	5,12	z. sich das Volk, um Stroh zu sammeln
3Mo	26,33	unter die Völker z. Neh 1,8; Jer 9,15
4Mo	10,35	laß deine Feinde z. werden
5Mo	4,27	der HERR wird euch z. unter die Völker 28,64
1Sm	11,11	die aber übrigblieben, wurden z.
	14,34	z. euch unter das Volk
2Sm	20,22	zogen von der Stadt und z. sich
1Kö	14,15	der HERR wird sie z. jenseits des Euphrat
	22,17	sah ganz Israel z. wie Schafe, die keinen Hirten haben 2Ch 18,16; Hes 34,5.6.12
2Kö	25,5	alle Kriegsleute z. sich Jer 52,8
Est	3,8	es gibt ein Volk, z. und abgesondert
Hi	4,11	die Jungen der Löwin werden z.
	20,28	z. am Tage seines Zorns
Ps	44,12	du z. uns unter die Heiden 106,27
	53,6	z. die Gebeine derer, die dich bedrängen
	59,12	z. sie mit deiner Macht 68,2
	60,3	der du uns verstoßen und z. hast
	68,15	als der Allmächtige dort Könige z.
	31	z. die Völker, die gerne Krieg führen
	89,11	hast deine Feinde z. mit deinem Arm
	92,10	alle Übeltäter sollen z. werden
	141,7	ihre Gebeine werden z. bis zur Pforte
Jes	11,12	er wird die Z. Judas sammeln Ze 3,19
	24,1	der HERR wird z. ihre Bewohner
	33,3	werden z., wenn du dich erhebst
	49,6	die Z. Israels wiederzubringen
Jer	10,21	ihre ganze Herde ist z. 23,1.2; 50,17
	13,24	z. wie Spreu, die verweht wird 18,17
	25,34	die Zeit ist erfüllt, daß ihr z. werdet
	30,11	mit allen Völkern, unter die ich dich z.
	31,10	der Israel z. hat Hes 11,17; 28,25
	40,15	daß alle Judäer z. werden
	49,32	in alle Winde will ich die z. 36; Hes 5,10.12; 12,14; 17,21; Sa 2,10
Klg	4,1	wie liegen die Edelsteine z.
	16	des HERRN Zorn hat sie z.
Hes	6,8	wenn ich euch in die Länder z. habe 11,16; 12,15; 20,23.34.41; 22,15; 29,12.13; 30,23.26; 36,19; Jo 4,2; Sa 7,14
Dan	4,11	haut den Baum um und z. seine Frucht
	9,7	müssen uns schämen, die z. sind
Nah	3,18	dein Volk wird auf den Bergen z. sein
Hab	3,14	ihre Freude war, zu z. und zu fressen
Ze	3,10	mein z. Volk, Geschenke br.
Sa	2,2	Hörner, die Juda z. haben 4
	13,7	schlage den Hirten, daß sich die Herde z. Mt 26,31; Mk 14,27
Wsh	5,15	die Hoffnung... ist wie Staub, vom Winde z.
	24	wie ein Wirbelwind wird er sie z.
	17,3	wurden sie z., furchtbar erschreckt
Tob	3,4	Völker, unter die du uns z. Bar 2,4.13.29
	13,3	darum hat er euch z. unter die Völker
Sir	48,16	bis es in alle Länder z. wurde
Bar	2,24	daß man die Gebeine unsrer Könige z. hat
1Ma	10,83	sie wurden z. über die Ebene hin
2Ma	1,27	bring unsere Z. wieder zusammen
	14,13	mit dem Auftrag, seine Leute zu z.
StE	1,3	ein Volk, über die ganze Erde z.
Mt	9,36	sie waren verschmachtet und z.
	12,30	wer nicht mit mir sammelt, der z. Lk 11,23
Lk	1,51	er z., die hoffärtig sind in ihres Herzens Sinn
Jh	10,12	der Wolf stürzt sich auf Schafe und z. sie

zerstreuen

Jh 11,52 *die Kinder Gottes, die z. waren*
16,32 daß ihr z. werdet, ein jeder in das Seine
Apg 5,36 die ihm folgten, wurden z. und vernichtet 37
8,1 da z. sich alle außer den Aposteln 4; 11,19

Zerstreuung

Dan 12,7 wenn die Z. des Volks ein Ende hat
Jh 7,35 die in der Z. unter den Griechen wohnen
1Pt 1,1 *den Fremdlingen in der Z.*
Jak 1,1 an die zwölf Stämme in der Z.

zerstückeln, zerstücken

Ri 19,29 z. (die Nebenfrau) Glied für Glied 20,6
1Sm 11,7 (Saul) nahm ein Paar Rinder und z. sie
1Kö 18,23 laßt sie wählen einen Stier und ihn z. 33

zerteilen

1Mo 10,25 weil zu s. Zeit die Erde z. wurde 1Ch 1,19
15,10 (Abram) z. es in der Mitte; aber die Vögel z. er nicht
3Mo 2,6 sollst (das Speisopfer) in Stücke z.
Neh 9,11 hast das Meer vor ihnen z. Ps 78,13
Dan 2,41 das wird ein z. Königreich sein
5,28 Peres, das ist, dein Reich ist z.
11,4 wird sein Reich in die vier Winde z.
Wsh 5,11 er z. (die Luft) mit seinen Flügeln
Jh 19,24 laßt uns das (Gewand) nicht z.
Apg 2,3 es erschienen ihnen Zungen z., wie von Feuer
1Ko 1,13 wie? Ist Christus etwa z.

zertrennen

1Ko 1,13 *wie? Ist Christus nun z.*

Zertrennung

Rö 16,17 *achtet auf die, die Z. anrichten*

zertreten

1Mo 3,15 der soll dir den Kopf z.
Ri 10,8 (Philister und Ammoniter) z. Israel
20,43 z. (die Benjaminiter) bis östlich v. Gibea
2Sm 22,43 wie Dreck auf der Gasse will ich sie z.
2Kö 7,17 das Volk z. ihn im Tor 20
9,33 Isebel wurde z.
14,9 das Wild z. (den Dornstrauch) 2Ch 25,18
Hi 39,15 daß ein Fuß sie z. kann
40,12 z. die Gottlosen in Grund und Boden
Jes 1,12 wer fordert, daß ihr meinen Vorhof z.
3,15 warum z. ihr mein Volk
5,5 daß (der Weinberg) z. werde
7,25 man wird Schafe z.
10,6 daß er es z. wie Dreck Mi 7,10
14,19 du aber bist wie eine z. Leiche
25 daß ich (Assur) z. auf meinen Bergen
18,2 zum Volk, das befiehlt und z. 7
21,10 mein zerdroschenes und z. Volk
22,5 es kommt ein Tag des Z. von Gott
25,10 Moab aber wird z. werden
26,6 mit Füßen wird (die hohe Stadt) z. 28,3
59,5 z. man sie, fährt eine Schlange heraus
63,3 habe sie z. in meinem Grimm 6
18 unsre Widersacher haben dein Heiligtum z.
Jer 12,10 viele Hirten haben meinen Acker z.
Klg 1,15 der Herr hat z. alle meine Starken

Hes 34,19 fressen müssen, was ihr z. habt
Dan 7,7 was übrigblieb, z. es mit s. Füßen 19.23
8,7 der Bock z. ihn
10 warf von den Sternen zur Erde und z. sie
13 Gesicht vom Heiligtum, das z. wird
Hos 5,11 z. ist das Recht
Mi 5,7 dem niemand wehren kann, wenn er z.
Hab 3,12 du z. das Land im Zorn
Mal 3,21 ihr werdet die Gottlosen z.
1Ma 3,45 das Heiligtum war z. 51
4,60 damit die Heiden das Heiligtum nicht z. könnten
Mt 5,13 als daß man es von den Leuten z. (läßt)
7,6 damit die sie nicht z. mit ihren Füßen
Lk 8,5 fiel einiges auf den Weg und wurde z.
21,24 Jerusalem wird z. werden von den Heiden
Off 11,2

zertrümmern

2Ch 34,7 als er die Götzenbilder z. hatte
Ps 9,7 der Feind ist z. für immer

Zerua

1Kö 11,26 Jerobeam - seine Mutter hieß Z.

Zeruja

1Sm 26,6 Abischai, Sohn der Z. 2Sm 16,9; 18,2; 19,22; 21,17; 23,18
2Sm 2,13 Joab, Sohn der Z. 18; 3,39; 5,8; 23,37; 1Kö 1,7; 2,5.22; 1Ch 11,6.39; 26,28; 27,24
17,25 (Abigal) war eine Schwester der Z.
1Ch 2,16 (Davids) Schwestern waren: Z. und Abigal

zerwühlen

Hi 28,5 man z. wie Feuer unten die Erde
Ps 80,14 haben ihn z. die wilden Säue
141,7 wie wenn einer das Land pflügt und z.
Klg 2,6 er hat sein eigenes Zelt z.

Zetergeschrei

Am 3,9 sehet, welch ein großes Z. darin ist

Zettel

4Mo 5,23 soll diese Flüche auf einen Z. schreiben

Zeug

Hes 44,18 nicht mit Z. gürten, das Schweiß wirkt

Zeuge

1Mo 31,44 der Z. sei zwischen mir und dir 48.50.52
2Mo 20,18 alles Volk wurde Z. von dem Donner
23,1 du sollst kein falscher Z. sein
3Mo 5,1 sündigt, daß er Z. ist, aber nicht anzeigt
4Mo 5,13 ist kein Z. wider sie da
35,30 töten auf den Mund von Z. hin 5Mo 17,6; Heb 10,28
30 ein einzelner Z. soll keine Aussage machen 5Mo 17,6; 19,15
5Mo 4,26 rufe Himmel und Erde zu Z. 30,19; 31,28
17,7 Hand der Z. soll die erste sein, ihn zu töten
19,15 durch zweier oder dreier Z. Mund soll eine Sache gültig Mt 18,16; 2Ko 13,1; 1Ti 5,19

zeugen

5Mo	19,16	wenn ein frevelhafter Z. auftritt 18
	31,19	daß mir das Lied ein Z. sei 21
	26	nehmt das Buch, daß es dort ein Z. sei
Jos	22,27	damit (der Altar) Z. sei zwischen uns 28.34
	24,22	ihr seid Z. gegen euch selbst
	27	dieser Stein soll Z. sein 1Sm 6,18
Rut	4,9	ihr seid heute Z. 10.11
1Sm	12,5	der HERR ist euch gegenüber Z.
Hi	10,17	würdest immer neue Z. gegen mich stellen
	16,19	noch ist mein Z. im Himmel
Ps	27,12	stehen falsche Z. wider mich auf 35,11
	89,38	wie der treue Z. in den Wolken
Spr	6,19	ein falscher Z., der Lügen redet 14,5
	12,17	ein falscher Z. betrügt
	14,5	ein treuer Z. lügt nicht
	25	wahrhaftiger Z. rettet manchem das Leben
	19,5	falscher Z. bleibt nicht ungestraft 9
	28	nichtswürdiger Z. spottet des Rechts
	21,28	ein lügenhafter Z. wird umkommen
	24,28	sei nicht ein falscher Z.
Jes	8,2	ich nahm mir zwei treue Z.
	33,8	man verwirft die Z.
	43,9	sie sollen ihre Z. aufstellen
	10	ihr seid meine Z. 12; 44,8
	44,9	ihre Z. sehen nichts
	55,4	habe ihn den Völkern zum Z. bestellt
Jer	32,10	nahm Z. dazu und wog das Geld 12.25.44
	42,5	der HERR sei ein Z. wider uns
Mal	2,14	der HERR Z. zwischen dir und dem Weib
	3,5	will ein schneller Z. sein gegen Zauberer
Wsh	1,6	Gott ist Z. seiner heimlichsten Gedanken
	4,6	Z. für die Schlechtigkeit ihrer Eltern
1Ma	2,37	Himmel und Erde werden Z. sein
StD	1,61	überführt, daß sie falsche Z. waren
Mt	18,16	jede Sache durch zwei oder drei Z. bestätigt 2Ko 13,1; 1Ti 5,19
	26,60	obwohl viele falsche Z. herzutraten
	65	was bedürfen wir weiterer Z. Mk 14,63
Lk	21,13	*das wird euch zu Z. machen*
	24,48	und seid dafür Z. Jh 3,28; 15,27; Apg 2,32; 3,15; 5,32; 10,39; 26,16; 3Jh 12
Apg	1,8	ihr werdet meine Z. sein in Jerusalem
	22	mit uns seiner Auferstehung werden
	6,13	stellten falsche Z. auf, die sprachen
	7,58	die Z. legten ihre Kleider ab
	10,41	uns, den von Gott vorher erwählten Z.
	13,31	die sind jetzt seine Z. vor dem Volk
	22,15	du wirst für ihn vor allen Menschen Z. sein
	20	als das Blut des Stephanus, deines Z., vergossen wurde
	23,11	wie du für mich in Jerusalem Z. warst, so mußt du auch in Rom Z. sein
	26,22	ich bin Z. bei groß und klein
Rö	1,9	Gott ist mein Z. 1Ko 1,18; Phl 1,8; 1Th 2,5
1Ko	15,15	würden dann als falsche Z. Gottes befunden
2Ko	1,23	ich rufe Gott zum Z. an bei meiner Seele
Gal	4,15	*ich bin euer Z.*
1Th	2,10	ihr und Gott seid Z., wie heilig wir gewesen
1Ti	6,12	bekannt hast das gute Bekenntnis vor vielen Z.
2Ti	2,2	was du von mir gehört hast vor vielen Z.
1Pt	5,1	ermahne ich, der Z. der Leiden Christi
Heb	10,28	muß er sterben auf zwei oder drei Z. hin
	12,1	eine solche Wolke von Z. um uns haben
Off	1,5	Jesus Christus, der Z.
	2,13	als Antipas, mein treuer Z., getötet wurde
	11,3	ich will meinen zwei Z. Macht geben
	17,6	die Frau, betrunken von dem Blut der Z. Jesu

zeugen

1Mo	4,26	Set z. einen Sohn 18; 5,3u.ö.32; 6,10; 10,8.13. 15.24.26; 11,10-27; 22,23; 25,3.19; 4Mo 26,58; Rut 4,18-22; 1Ch 1,10.11; 2,18-22.36-49; 4,2.8. 11-17; 6,4-14; 7,32; 8,1.2.7-11.32-37; 9,38-43; 14,3; 2Ch 11,21; 13,21; 24,3; Neh 12,10.11; Hi 1,2; Mt 1,2-16; Apg 7,8.29
	17,20	zwölf Fürsten wird er z.
	48,6	die du nach ihnen z., sollen dein sein
2Mo	1,7	die *Nachkommen Israels z. Kinder
3Mo	25,45	Nachkommen, die sie bei euch z.
5Mo	4,25	wenn ihr Kinder z. und Kindeskinder
	23,9	die Kinder, die sie im dritten Glied z.
	28,41	Söhne und Töchter wirst du z.
	32,18	deinen Fels, der dich gez. hat
Ri	11,1	Gilead hatte Jeftah gez.
2Kö	20,18	von den Söhnen, die du z. wirst Jes 39,7
Hi	38,28	wer hat die Tropfen des Taus gez. 29
Ps	2,7	du bist mein Sohn, heute habe ich dich gez. Apg 13,33; Heb 1,5; 5,5
Spr	17,21	wer einen Toren z., muß sich grämen
	23,22	gehorche deinem Vater, der dich gez. hat
	24	wer einen Weisen gez. hat, ist fröhlich
Pr	5,13	wenn er einen Sohn z., dem bleibt nichts
	6,3	wenn einer auch hundert Kinder z.
Jes	45,10	der zum Vater sagt: Warum z. du
	65,23	sollen keine Kinder für frühen Tod z.
Jer	16,2	sollst weder Söhne noch Töchter z. 3
	29,6	nehmt euch Frauen und z.
Hes	18,10	wenn er einen gewalttätigen Sohn z. 14
	47,22	Fremdlinge, die Kinder unter euch z.
Hos	5,7	sie z. fremde Kinder
Sa	13,3	Vater und Mutter, die ihn gez. haben
Sir	40,19	Kinder z... machen einen... Namen
2Ma	14,25	ermahnte ihn, daß er Kinder z. sollte
1Ko	4,15	habe euch gez. in Christus durchs Evangelium
Gal	4,23	der von der Magd ist nach dem Fleisch gez. 29
	29	der nach dem Geist gez. war
Phm	10	Onesimus, den ich gez. in der Gefangenschaft
Heb	11,12	(von Abraham) so viele gez. worden wie die Sterne am Himmel

zeugen (Zeugnis ablegen)

1Mo	30,33	so wird meine Redlichkeit für mich z.
1Kö	21,10	zwei ruchlose Männer, die da z.
Hi	15,6	deine Lippen z. gegen dich 16,8
Ps	50,7	Israel, ich will wider dich z.
Jes	3,9	daß sie die Person ansehen, z. gegen sie
	59,12	unsre Sünden z. gegen uns
Hos	5,5	wider Israel z. seine Hoffart 7,10
Mt	26,62	*was diese wider dich z. Mk 14,60*
Jh	1,7	um von dem Licht zu z. 8
	15	*Johannes z. von ihm, ruft und spricht*
	3,26	*der, von dem du z., siehe, der tauft*
	5,31	*wenn ich von mir selbst z. 8,14*
	32	*ein anderer ist's, der von mir z.*
	33	*Johannes z. von der Wahrheit*
	36	*diese Werke, die ich tue, z. von mir*
	37	*der Vater hat von mir gez.*
	39	*(die Schrift) ist's, die von mir z.*
	8,13	*du z. von dir selbst*
	18	*ich bin's, der von sich selbst z.*
	10,25	*die Werke z. von mir*
	15,26	*der Tröster wird z. von mir*
	18,37	*daß ich für die Wahrheit z. soll*

zeugen

Jh 21,24 *der Jünger, der von diesen Dingen z.*
Apg 10,43 *von diesem z. alle Propheten*
1Ko 15,15 *weil wir wider Gott gez. hätten*

Zeughaus

2Kö 20,13 Hiskia zeigte ihnen das Z. Jes 39,2
Neh 3,19 gegenüber dem Aufgang zum Z.
Jer 50,25 der HERR hat sein Z. aufgetan

Zeugnis

1Mo 21,30 7 Lämmer, damit sie für mich ein Z. seien
2Mo 20,16 du sollst nicht falsch Z. reden 5Mo 5,20; Mt 19,18; Mk 10,19; Lk 18,20
     22,12 zerrissen, soll er es zum Z. herbeibringen
5Mo 19,18 ein falsches Z. wider seinen Bruder geben
Ps 19,8 das Z. des HERRN ist gewiß
     60,1 nach der Weise „Lilie des Z." 80,1
     78,5 er richtete ein Z. auf in Jakob
     81,6 das hat er zum Z. gesetzt für Josef
     119,46 ich rede von deinen Z. vor Königen
Spr 25,18 wer wider seinen Nächsten falsch Z. redet
Jes 19,20 das wird ein Z. sein für den HERRN Zebaoth
Jer 6,10 wem soll ich Z. geben
Wsh 10,7 von ihrer Bosheit ist als Z... vorhanden
1Ma 2,56 Kaleb legte in der Gemeinde Z. ab
Mt 8,4 opfere die Gabe, ihnen zum Z. Mk 1,44; Lk 5,14
     10,18 ihnen und den Heiden zum Z. Mk 13,9; Lk 21,13
     15,19 aus dem Herzen kommen falsches Z.
     19,18 du sollst nicht falsch Z. geben Mk 10,19; Lk 18,20
     23,31 *so gebt ihr über euch selbst Z.*
     24,14 wird gepredigt werden dies Evangelium zum Z. für alle Völker
     26,59 suchten falsches Z. gegen Jesus Mk 14,55-57
     65 *was bedürfen wir weiter Z.*
Mk 6,11 schüttelt den Staub von euren Füßen zum Z. gegen sie Lk 9,5; Apg 13,51
     14,56 ihr Z. stimmte nicht überein 59
Lk 4,22 sie gaben alle Z. von ihm
     22,71 was bedürfen wir noch eines Z.
Jh 1,7 der kam zum Z., um von dem Licht zu zeugen 15.19
     2,25 bedurfte nicht, daß ihm jemand Z. gab
     3,11 ihr nehmt unser Z. nicht an 32
     26 der, von dem du Z. gegeben hast
     5,31 wenn ich von mir selbst zeuge, so ist mein Z. nicht wahr
     32 ich weiß, daß das Z. wahr ist 8,14; 19,35; 21,24; 3Jh 12
     34 ich nehme nicht Z. von einem Menschen
     36 ich habe ein größeres Z. als das des Johannes
     37 der Vater hat von mir Z. gegeben
     8,13 du gibst Z. von dir selbst
     17 daß zweier Menschen Z. wahr sei
     15,26 Geist der Wahrheit wird Z. geben von mir
Apg 4,33 mit großer Kraft gaben die Apostel Z.
     22,18 dein Z. von mir werden sie nicht annehmen
     26,22 *ich gebe Z. den Kleinen und Großen*
Rö 8,16 der Geist selbst gibt Z. unserm Geist
     9,1 *wie mir Z. gibt mein Gewissen*
     10,2 *gebe ihnen das Z., daß sie eifern* Kol 4,13
2Ko 1,12 das Z. unseres Gewissens, daß
1Ti 3,7 *(ein Bischof) muß ein gutes Z. haben*
     5,10 *(Witwe soll) ein Z. guter Werke haben*

2Ti 1,8 schäme dich nicht des Z. von unserm Herrn
Tit 1,13 dieses Z. ist wahr
1Jh 5,6 der Geist ist's, der da Z. gibt
     7 *drei sind, die da Z. geben*
     9 wenn wir der Menschen Z. annehmen
     10 er glaubt nicht dem Z., das Gott
     10 wer an den Sohn Gottes glaubt, hat dieses Z.
     11 ist das Z., daß uns Gott das ewige Leben
3Jh 3 als die Brüder kamen und Z. gaben
     12 Demetrius hat ein gutes Z. von jedermann
Heb 2,4 Gott hat dazu Z. gegeben durch Zeichen
     3,5 Z. für das, was später gesagt werden sollte
     11,2 durch diesen Glauben haben die Vorfahren Gottes Z. empfangen 39
     5 *hat das Z. gehabt, daß er Gott gefallen*
Jak 5,3 ihr Rost wird gegen euch Z. geben
Off 1,2 der bezeugt hat das Z. von Jesus Christus
     9 war auf der Insel Patmos um des Z. von Jesus
     6,9 umgebracht worden um des Z. willen 20,4
     11,7 wenn sie ihr Z. vollendet haben
     12,11 ihn überwunden durch das Wort ihres Z.
     17 die... und haben das Z. Jesu 19,10
     19,10 das Z. Jesu ist der Geist der Weissagung

Zeus, Jupiter

Apg 14,12 sie nannten Barnabas Z. und Paulus Hermes
     13 der Priester des Z. brachte Stiere und Kränze

Zeus Olympios

2Ma 6,2 Tempel zu Jerusalem Tempel des Z. O. nennen

Zeus Xenios

2Ma 6,2 Tempel a. d. Garizim Tempel des Z. X. nennen

Ziba

2Sm 9,2 ein Knecht vom Hause Sauls, Z. 3.4.9-12; 16,1-4; 19,18.30

Zibja

2Kö 12,2 ¹Joasch... seine Mutter hieß Z. 2Ch 24,1
1Ch 8,9 ²(Schaharajim) zeugte mit Hodesch: Z.

Zibon

1Mo 36,2 Oholibama, die Tochter des Ana, des Sohnes Z., des Horiters 14.20.24.29; 1Ch 1,38

Zicklein

Hl 1,8 weide deine Z. bei den Zelten der Hirten

Ziddim

Jos 19,35 (Naftali) feste Städte sind: Z.

Ziege

1Mo 15,9 bringe mir eine dreijährige Z.
     30,32 will aussondern die bunten Z. 33.35
     31,38 deine Z. haben keine Fehlgeburt gehabt

1Mo	32,15	(ein Geschenk für Esau:) 200 Z.		
2Mo	12,5	von den Schafen und Z. nehmen 2Ch 35,7-9		
3Mo	1,2	Opfer von Schafen und Z. 10; 3,12; 22,19		
	4,28	eine Z. bringen für die Sünde 5,6; 4Mo 15,27		
	7,23	sollt kein Fett essen von Z.		
	17,3	wer eine Z. schlachtet im Lager		
	22,27	wenn eine Z. geboren ist, soll das Junge		
4Mo	15,11	sollst tun mit einer Z. 18,17		
5Mo	14,4	Tiere, die ihr essen dürft: Schaf, Z.		
1Sm	25,2	der Mann besaß tausend Z.		
1Kö	20,27	lagerte sich wie zwei kleine Herden Z.		
Hl	4,1	dein Haar ist wie eine Herde Z. 6,5		
Jes	5,17	Z. sich nähren in den Trümmerstätten		
Jdt	3,4	alle Schafe, Z., Pferde gehören dir		

Ziegel

1Mo	11,3	laßt uns Z. streichen und brennen! - und nahmen Z. als Stein
2Mo	1,14	mit schwerer Arbeit in Ton und Z. 5,7.8.16. 18.19
Nah	3,14	tritt den Lehm und mache harte Z.
Jdt	5,9	ihnen auferlegte, aus Ton Z. zu streichen
Lk	5,19	ließen ihn durch die Z. hinunter

Ziegelofen

2Sm	12,31	(David) ließ sie an den Z. arbeiten

Ziegelstein

Jes	9,9	Z. sind gefallen
	65,3	sie räuchern auf Z.
Hes	4,1	nimm dir einen Z.

Ziegenbock

1Mo	37,31	schlachteten einen Z. und tauchten d. Rock
	38,17	will dir einen Z. senden 20
3Mo	4,23	zum Opfer bringen einen Z. 9,3; 16,5; 23,19; 4Mo 7,16.u.ö.87; 15,24; 28,15.30; 29,5.u.ö.25
2Ch	29,21	brachten herzu sieben Z. zum Sündopfer
Esr	6,17	opferten für ganz Israel zwölf Z.
Hes	43,22	sollst einen Z. opfern 45,23
Dan	8,5	da kam ein Z. vom Westen her 8
	21	der Z. ist der König von Griechenland

Ziegenböcklein

Ri	6,19	Gideon richtete ein Z. zu 13,15.19
	15,1	Simson seine Frau besuchte mit einem Z.
1Sm	16,20	nahm Isai ein Z.
Tob	2,20	begab es sich, daß sie ein Z. heimbrachte

Ziegenfell

Heb	11,37	sie sind umhergezogen in Schafpelzen und Z.

Ziegenhaar

2Mo	25,4	(die Opfergabe:) feine Leinwand, Z. 35,6.23
	26,7	Teppiche aus Z. 35,26; 36,14
1Sm	19,13	ein Geflecht von Z. zu seinen Häupten 16

Ziegenmilch

Spr	27,27	du hast Z. genug zu deiner Speise

ziehen

1Mo	11,2	als sie nach Osten z. 13,11
	31	um ins Land Kanaan zu z. 12,4; 13,3
	12,4	Lot z. mit ihm 13,5.12; 14,24
	19,2	z. eure Straße
	20,1	Abraham z. von dannen 26,17.23; 37,17; 42,26
	21,32	wieder in der Philister Land 26,1
	22,19	sie z. miteinander nach Beerscheba
	24,4	daß du z. in mein Vaterland 10.54
	55	danach sollst du z. 58.59
	56	laßt mich, daß ich zu meinem Herrn z. 61
	62	Isaak war gez. und wohnte im Südlande
	26,16	z. von uns, denn du bist zu mächtig
	29	dich mit Frieden haben z. lassen 31
	28,2	z. nach Mesopotamien 5.7
	30,25	laß mich z. an meinen Ort 26; 31,3.13; 32,10
	31,20	(Laban) nicht ansagte, daß er z. wollte
	42	hättest mich leer z. lassen
	32,2	Jakob z. seinen Weg 33,16.17; 1Sm 13,15
	23	Jakob z. an die Furt des Jabbok
	33,12	ich will mit z.
	35,1	mach dich auf und z. nach Bethel 3
	36,6	Esau z. in das Land Seïr
	41,46	Josef z. durch ganz Ägyptenland
	42,4	den Benjamin ließ Jakob nicht mit z. 5
	43,8	laß den Knaben mit mir z. 14
	15	z. nach Ägypten 50,14; Ps 105,23
	44,3	am Morgen ließen sie die Männer z. 13
	50,7	z. mit Josef alle Großen des Pharao
2Mo	2,10	ich habe ihn aus dem Wasser gez.
	3,5	z. Schuhe von d. Füßen Jos 5,15; Jes 20,2
	19	daß euch der König nicht wird z. lassen 4,21; 5,2; 7,14; 8,25.28; 9,7.17.35; 10,4.20.27; 11,10; 13,15
	20	danach wird er euch z. lassen 6,1; 8,4.24; 9,28; 10,10; 13,17; 14,5
	4,19	z. wieder nach Ägypten 20
	5,1	laß mein Volk z. 4,23; 6,11; 7,2.16.26; 8,16.23; 9,1.13; 10,3
	8,24	nur z. nicht zu weit
	10,7	laß die Leute z., daß sie dem HERRN dienen
	9	wollen z. mit jung und alt 24
	12,38	z. auch mit ihnen viel fremdes Volk
	41	an diesem Tage z. das Heer des HERRN aus Ägyptenland 13,3.8.18; 15,22; 17,1; 23,15; 34,18; 4Mo 9,1; 33,1; 5Mo 4,45; 9,7; Ri 11,13. 16; 1Sm 15,2.6; 1Kö 8,9; 2Kö 21,15; 2Ch 5,10; Neh 9,12.19; Jes 11,16; Hos 2,17; Mi 7,15; Hag 2,5
	17,3	warum hast du uns aus Ägypten z. lassen 4Mo 14,3.4
	18,27	Mose ließ seinen Schwiegervater wieder z.
	19,12	z. eine Grenze um das Volk 23
	33,1	geh, z. von dannen, du und das Volk
4Mo	1,1	nachdem sie aus Ägyptenland z. 22,5.11; 26,4; 32,11; 5Mo 4,46; 16,6; 23,5; 24,9; 25,17; Jos 2,10; 5,4-6; Ri 19,30; 1Sm 15,2.6
	2,9	Juda ... sollen vornean z.
	10,9	wenn ihr in den Krieg z. 31,21.27.28.36; 32,6. 27; 5Mo 20,1.3.10; 21,10; Jos 22,12.33
	30	will zu meiner Verwandtschaft z. 24,14.25
	32	so z. du mit uns 22,13.14.16.20.21.33.39
	33	so z. sie drei Tagereisen weiter 34; 33,8; Jos 10,29.31.34; 22,9
	14,25	wendet euch und z. in die Wüste 21,16.18; 32,13; 5Mo 1,40; 2,1
	40	z. auf die Höhe des Gebirges
	20,17	laß uns durch dein Land z. 21; 21,22; Ri 11,17.19.20

ziehen

4Mo	20,17	die Landstraße wollen wir z. 19; 21,22
	21,1	z. er in den Kampf gegen Israel
	32,5	laß uns nicht über den Jordan z. 21.29
	34,5	von Azmon z. an den Bach Ägyptens 7.10; Jos 15,11; 18,17
5Mo	1,19	wir z. durch die ganze Wüste
	2,4	werdet durch das Land z. 8.13.14.18.27
	23	die Kaftoriter z. aus Kaftor
	3,18	so z. nun vor euren Brüdern her 10,11
	21	so mit allen Königreichen tun, in die du z.
	28	Josua soll über den Jordan z. Jos 1,2; 3,1
	4,14	in dem Lande, in das ihr z., es einzunehmen 6,1; 11,8; 28,63; 30,16.18; 31,13; 32,47
	21,3	Kuh, die noch nicht am Joch gez.
	23,15	der HERR z. mit dir 31,6; 33,2; Jos 24,17
	25,9	soll ihm den Schuh vom Fuß z.
	29,15	wie wir mitten durch die Völker gez. sind, durch deren Land ihr z.
Jos	6,4	am 7. Tage z. 7mal um die Stadt 7.11.15
	8,9	sie z. in den Hinterhalt
	35	Fremdlingen, die mit ihnen z.
	10,24	sprach zu den Obersten, die mit ihm z.
Ri	1,3	dann will ich auch mit dir z. in dein Erbteil. So z. Simeon mit ihm
	10	Juda z. gegen die Kanaaniter 11
	26	da z. der Mann ins Land der Hetiter
	3,22	er z. den Dolch nicht aus seinem Bauch
	27	die *Israeliten z. mit (Ehud)
	4,6	geh hin und z. auf den Berg Tabor 8-12
	7,4	daß er mit (Gideon) z. soll
	8,1	als du in den Kampf z. 9,29; 12,1; 18,11; 20,23
	10	die das Schwert z. konnten 20; 9,54
	9,50	Abimelech z. nach Tebez 10,9
	11,29	Jeftah z. durch Gilead und Manasse 32
	12,1	die Männer von Ephraim z. nordwärts 3
	17,8	(der Levit) z. aus der Stadt Bethlehem 18,19
	19,5	danach könnt ihr z. 7-9.14.27.28
	18	ich bin nach Bethlehem gez.
	20,23	sollen wir wieder in den Kampf z.
Rut	2,11	daß du zu einem Volk gez. bist
1Sm	4,3	laßt (die Lade) mit uns z.
	10	z. die Philister in den Kampf 14,46; 18,30; 28,1
	6,6	ließen sie sie z., daß sie gehen konnten
	16	z. (die fünf Fürsten) wieder nach Ekron
	12,12	als ihr saht, daß Nahasch gegen euch z.
	13,17	da z. aus dem Lager drei Heerhaufen 23
	14,21	Hebräer, die mit ihnen ins Feld gez. waren
	15,20	den Weg gez., den mich der HERR sandte
	17,13	die Söhne Isais waren in den Krieg gez.
	51	(David) z. (das Schwert) aus der Scheide
	18,5	David z. in den Kampf 23,5.10; 1Ch 12,21
	20,13	so will ich dich z. lassen
	23,23	kommt wieder, so will ich mit euch z.
	26,10	oder er wird in den Krieg z. und umkommen
	25	David z. seine Straße 2Sm 2,2; 5,6
	30,22	weil sie nicht mit uns gez. sind 24
	31,4	z. dein Schwert und erstich mich 1Ch 10,4
2Sm	6,2	(David) z., um die Lade heraufzuholen
	10,16	*ließ die Aramäer in den Kampf z.
	17	David z. über den Jordan 17,24; 19,32; 1Ch 19,17
	11,1	da die Könige ins Feld zu z. pflegen
	13,38	als Absalom nach Geschur gez. war 14,23
	16,17	warum bist du nicht mit... gez. 19,26.27
	17,11	darum rate ich, daß du selbst mit ihnen z.
	19,34	du sollst mit mir z. 38.39.41
	20,14	Joab z. durch alle Stämme Israels 1Ch 21,4
	22,17	er z. mich aus großen Wassern Ps 18,17

1Kö	10,13	(Königin von Saba) z. in ihr Land 2Ch 9,12
	11,21	laß mich in mein Land z. 22.24; 20,34
	12,1	Rehabeam z. nach Sichem 2Ch 10,1
	13,4	konnte (s. Hand) nicht wieder an sich z. 6
	12	wo ist der Weg, den er gez. ist 24
	18,5	wollen durchs Land z. zu Wasserquellen 6
	22,4	willst du mit mir z. in den Kampf 6.15.30; 2Kö 8,28; 2Ch 18,3.5.14.29; 25,7.13
2Kö	3,9	als sie sieben Tagereisen weit gez. waren
	6,22	laß sie zu ihrem Herrn z. 23
	17,5	(Salmanassar) z. durch das Land 24,7
	25,1	z. Nebukadnezar gegen Jerusalem Dan 1,1
	26	das ganze Volk z. nach Ägypten Jer 41,17
1Ch	16,20	z. sie von einem Volk zum andern Ps 105,13
	19,15	die Ammoniter flohen und z. in die Stadt
	16	ließen auch die Aramäer in den Kampf z.
2Ch	8,3	da z. Salomo gegen Hamat-Zoba 17
	11,4	kehrten um und z. nicht gegen Jerobeam
	14,8	es z. gegen sie Serach 28,20
	20,27	daß sie nach Jerusalem z. mit Freuden
	23,20	sie z. in das Haus des Königs
	24,25	als sie von ihm z. in großer Krankheit
	25,11	Amazja z. ins Salztal
	31,1	z. ganz Israel in die Städte Judas
	32,1	Sanherib z. heran gegen Juda 21
Esr	7,13	die willig sind, nach Jerusalem zu z., mit dir z. können 8,31; Neh 11,1; 13,6
Hi	10,2	warum du mich vor Gericht z. 14,3
	26,10	hat am Rande des Wassers eine Grenze gez.
	34,14	wenn er seinen Geist und Odem an sich z.
	38,5	wer über sie die Richtschnur gez.
	39,10	wird er hinter dir den Pflug z.
	40,24	einen Strick durch seine Nase z.
Ps	10,9	er fängt ihn auf z. ihn in sein Netz
	22,10	hast mich aus meiner Mutter Leibe gez. 71,6
	25,15	er wird meinen Fuß aus dem Netz z. 31,5
	30,2	du hast mich aus der Tiefe gez. 40,3
	37,14	die Gottlosen z. das Schwert
	84,7	wenn sie durchs dürre Tal z.
	114,1	als Israel aus Ägypten z.
	122,1	lasset uns z. zum Haus des HERRN
Spr	8,27	als er den Kreis z. über den Fluten
	30,6	daß er dich Gott vor nicht zur Rechenschaft z.
Pr	11,9	wisse, daß dich Gott vor Gericht z. wird
Jes	10,15	eine Säge groß zu tun wider den, der sie z.
	28	er z. durch Migron 29
	11,16	zur Zeit, als sie aus Ägyptenland z.
	16,8	Reben, die sich z. bis in die Wüste
	23,2	ihre Boten z. übers Meer
	42,13	z. wie ein Held wider seine Feinde
	57,9	bist mit Öl zum König gez.
	60,3	die Heiden werden zu deinem Lichte z.
	63,11	der aus dem Wasser z. den Hirten
Jer	2,18	was hilft's, daß du nach Ägypten z.
	4,5	laßt uns in die festen Städte z. 8,14; 35,11
	9,1	so wollte ich von ihnen z.
	14,18	in ein Land z., das sie nicht kennen
	29,16	die nicht mit in die Gefangenschaft gez.
	20	die ich habe nach Babel z. lassen
	31,3	darum habe ich dich zu mir gez.
	18	Stier, der noch nicht gelernt hat zu z.
	38,10	z. Jeremia aus der Zisterne
	40,4	mit mir nach Babel zu z. 51,59
	41,15	Jischmaël z. zu den Ammonitern
	42,3	der HERR kundtun wolle, wohin wir z. sollen 14.15.17-19.22; 43,2.7; 44,8.12.28
	43,12	soll mit Frieden von dannen z. 46,13.22
	45,5	an welchen Ort du auch z.
	46,3	rüstet... und z. in den Streit
	16	laßt uns wieder zu unserm Volk z. 51,9

Jer	48,11	Moab ist nie in die Gefangenschaft gez.
	50,3	es z. von Norden ein Volk heran 8.21
	51,30	die Helden zu Babel w. nicht zu Felde z.
Klg	2,8	hat die Meßschnur über die Mauern gez.
Hes	5,2	will hinter ihnen her das Schwert z. 12; 12,14; 21,8.10; 30,11
	22,30	ich suchte, ob jemand eine Mauer z. würde
	32,4	will dich an Land z.
	36,12	will Menschen über euch z. lassen
	37,21	aus den Heiden, wohin sie gez. sind
Dan	11,7	wird gegen die Heeresmacht des Königs z. 16.29
Hos	2,8	ich will ihr eine Mauer z.
	7,5	er z. die Spötter zu sich
	11,4	ich ließ er ihn ein menschliches Joch z.
Am	4,8	es z. zwei, drei Städte zu einer Stadt
Mi	2,3	aus dem ihr euren Hals nicht z. sollt
Sa	6,6	die schwarzen Rosse z. nach Norden 8
	12,9	Heiden, die gegen Jerusalem gez. 14,12.16
Jdt	2,12	als er über die Grenze gez. war 14
	5,14	wohin sie auch z., da stritt Gott für sie
	6,8	sie z. wieder zu ihrem Herrn
	13,18	sie das Haupt des Holofernes aus dem Sack
	16,22	nach diesem Sieg z... nach Jerusalem
Tob	6,5	er z. (den Fisch) aufs Land
	9,3	z. zu Gabaël nach Rages in Medien 6
	10,11	dann ließ er ihn gesund und fröhlich z.
	11,15	Tobias z. es ihm von den Augen
	12,1	einen heiligen Manne, der mit dir gez. ist
Sir	8,17	z. einen Richter nicht vor Gericht
	29,30	ein schlimmes Leben, von Haus zu Haus zuz.
	34	mein Bruder z. zu mir
	43,13	er z. am Himmel einen glänzenden Bogen
	15	Wolken z., wie Vögel fliegen Bar 6,62
Bar	4,11	mit Weinen mußte ich sie z. lassen 23.37
1Ma	1,3	ist gez. bis an die Enden der Erde
	18	(Antiochus) z. nach Ägypten 3,31; 14,2; 2Ma 4,22; 5,1.21
	2,27	der z. mit mir aus der Stadt
	3,8	(Judas) z. durch die Städte Judas 5,65; 6,31; 2Ma 12,26
	15	mit ihm z. ein großes Heer der Gottlosen
	20	sie z. gegen uns voller Bosheit
	5,20	Simon z. nach Galiläa mit 3.000 Mann
	45	damit sie nach Judäa z.
	50	nichts anderes, als durch die Stadt zu z.
	58	befahlen, nach Jamnia zu z. 59; 9,2
	9,34	Bakchides z. über den Jordan
	13,21	er sollte durch die Wüste zu ihnen z.
	14,2	ließ er eine Hauptleute gegen ihn z.
2Ma	3,5	(Simon) z. zu Apollonius
StD	2,41	er ließ ihn aus dem Graben z.
Mt	2,12	z. auf einem andern Weg wieder in ihr Land
	22	er z. ins galiläische Land *4,12;* Mk 9,30; Lk 8,1
	7,4	ich will den Splitter aus deinem Auge z. 5; Lk 6,42
	10,5	z. in keine Stadt der Samariter
	11	*bis ihr von dannen z.* Mk 6,10
	21,33	*z. außer Landes 25,14;* Mk 12,1; *Lk 20,9*
	33	einen Zaun darum und grub eine Kelter Mk 12,1
	26,51	z. sein Schwert Mk 14,47; Jh 18,10
Mk	5,17	*baten ihn, daß er aus ihrer Gegend z.*
	13,34	Menschen, der über Land z. Lk 15,13; 19,12
Lk	5,7	sie sollten kommen und mit ihnen z.
	9,6	gingen hinaus und z. von Dorf zu Dorf
	12,58	damit er nicht dich vor den Richter z.
	13,31	*gehe fort und z. von hinnen*
Lk	17,11	daß er durch Samarien und Galiläa hin z.
	21,12	*werden euch vor Könige und Fürsten z.*
Jh	1,43	*wollte Jesus wieder nach Galiläa z. 4,3*
	6,44	niemand zu mir kommen, es sei denn, ihn z. der Vater
	11,7	laßt uns wieder nach Judäa z. *8.15*
	12,32	wenn ich erhöht werde von der Erde, will ich zu mir z.
	21,6	konnten's nicht z. wegen der Menge der Fische
	8	z. das Netz mit den Fischen 11
Apg	7,3	z. in das Land, das ich dir zeigen Heb 11,8
	8,9	der das Volk von Samaria in s. Bann z. 11
	39	er z. seine Straße fröhlich
	10,20	z. mit ihnen und zweifle nicht
	12,17	dann ging er hinaus und z. an einen andern Ort
	13,3	legten die Hände auf sie und ließen sie z. *15,30.33; 17,10.14*
	13	*Johannes z. wieder nach Jerusalem 15,38*
	14,24	sie z. durch Pisidien *21;* 15,3.41; 16,6; *17,10.14*
	15,36	laß uns wiederum z.
	16,3	diesen wollte Paulus mit sich z. lassen
	4	als sie durch die Städte z.
	8	da z. sie durch Mysien und kamen
	19	*z. sie auf den Markt vor die Obersten*
	27	z. er das Schwert und wollte sich töten
	17,5	z. vor das Haus Jasons und suchten
	19,1	als Apollos in Korinth war, daß Paulus durch das Hochland
	21	nahm sich Paulus vor, durch Mazedonien zu z. 1Ko 16,5; 1Ti 1,3
	33	*etliche z. den Alexander nach vorn*
	20,4	es z. mit ihm Sopater aus Beröa
	11	und so z. (Paulus) hinweg
	30	Verkehrtes lehren, um die Jünger an sich zu z.
	22,6	als ich dorthin z. und in die Nähe von Damaskus kam
	23,23	rüstet 200 Soldaten, daß sie nach Cäsarea z. 32
	25,4	er selber werde in Kürze wieder dahin z.
	12	zum Kaiser sollst du z.
Rö	15,28	will ich von euch nach Spanien z.
1Ko	9,7	wer z. in den Krieg und zahlt sich den Sold
	12,2	es euch mit Macht zu den stummen Götzen
	16,6	damit ihr mich geleitet, wohin ich z. werde
2Ko	6,14	z. nicht am fremden Joch mit den Ungläubigen
Gal	1,17	sondern (ich) z. nach Arabien
2Ti	2,4	wer in den Krieg z., verwickelt sich nicht in Geschäfte des täglichen Lebens
	4,10	Demas ist nach Thessalonich gez.
Jak	2,6	die Reichen, die euch vor Gericht z.

Ziel

Ri	18,5	ob unser Weg auch zum Z. führt
1Sm	20,20	als ob ich nach dem Z. schösse
Hi	7,20	machst mich zum Z. deiner Anläufe
	14,5	hast du ein Z. gesetzt 13
Ps	39,5	lehre mich, daß mein Leben ein Z. hat
Spr	20,18	Pläne kommen zum Z., wenn man sich berät
Klg	3,12	hat mich dem Pfeil zum Z. gegeben
Hes	5,13	soll mein Grimm zum Z. kommen 16,42
Wsh	5,12	wenn ein Pfeil abgeschossen wird zum Z.
	22	werden aus den Wolken ins Z. treffen
Tob	10,12	der Engel bringe euch gesund ans Z.
Sir	43,27	durch den Herrn findet jeder Weg sein Z.

Ziel

Lk	13,32	*am dritten Tage werde ich am Z. sein*
Phl	3,14	*jage nach dem Z., dem Siegespreis*
Kol	2,18	*lasset euch niemand das Z. verrücken*
1Pt	1,9	wenn ihr das Z. eures Glaubens erlangt
Heb	2,1	damit wir nicht am Z. vorbeitreiben

zielen

Ps	7,13	hat einer seinen Bogen gespannt und z.
	21,13	mit dem Bogen wirst du auf ihr Antlitz z.
	58,8	z. sie mit Pfeilen, werden sie zerbrechen
	64,4	mit giftigen Worten z. wie mit Pfeilen
Wsh	5,22	die Geschosse werden gut gez. dahinfliegen

Zielscheibe

Hi	16,12	er hat mich als seine Z. aufgerichtet

ziemen

Esr	4,3	es z. sich nicht, daß ihr und wir
Est	3,8	z. dem König nicht, sie gewähren zu lassen
Spr	31,4	nicht den Königen z. es, Wein zu trinken
Apg	16,21	*eine Weise, welche uns nicht z. anzunehmen*
Rö	16,2	wie sich's z. für die Heiligen
1Ko	11,13	ob es sich z., daß eine Frau unbedeckt
1Ti	2,10	wie sich's z. für Frauen, die ihre Frömmigkeit bekunden wollen
Tit	2,1	wie sich's z. nach der heilsamen Lehre
	3	wie es sich für Heilige z.
Phm	8	*dir zu gebieten, was dir z.*
3Jh	6	*wie es sich z. vor Gott*
Heb	2,10	es z. sich für den, um dessentwillen alle Dinge sind

Zierde

Ps	93,5	Heiligkeit ist die Z. deines Hauses
Sir	26,21	wie die Sonne... eine Z. ist
Tit	2,10	daß sie der Lehre Gottes eine Z. seien

zieren

2Ch	3,6	er z. die Halle mit edlen Steinen
Hi	39,19	kannst du seinen Hals z.
Spr	4,9	wird dich z. mit einer prächtigen Krone
Jes	60,7	will das Haus meiner Herrlichkeit z.
	61,10	hat mich wie einen Bräutigam gez.
Sir	32,7	so z. Musik das Festmahl
	43,9	die hellen Sterne z. den Himmel
	45,10	er z. ihn mit kostbarem Geschmeide

Zifjon, *Ziphjon*

1Mo 46,16 Söhne Gads: Z. 4Mo 26,15

Ziha

Esr	2,43	¹Tempelsklaven: die Söhne Z. Neh 7,46
Neh	11,21	²Z... waren über die Tempelsklaven

Ziklag

Jos	15,31	(Städte des Stammes Juda:) Z. 19,5; 1Ch 4,30; Neh 11,28
1Sm	27,6	gab ihm Achisch Z.
	30,1	als David nach Z. kam 14,26; 2Sm 1,1; 4,10; 1Ch 12,1.21

Zilizien

Jdt	1,7	Boten zu allen, die in Z. wohnten
	2,12	zu dem Gebirge Ange im Norden Z.
	15	nahm die Gebiete ein von Z. bis
	3,1	die Könige von Z.
1Ma	11,14	König Alexander war damals in Z.
2Ma	4,36	als der König aus Z. heimkehrte
Apg	6,9	da standen einige auf aus Z.
	15,23	wir wünschen Heil den Brüdern aus Z.
	41	er zog durch Syrien und Z.
	21,39	ich bin ein jüdischer Mann aus Tarsus in Z. 22,3; 23,34
	27,5	fuhren über das Meer längs der Küste von Z.
Gal	1,21	danach kam ich in die Länder Syrien und Z.

Zilla

1Mo 4,19 Lamech nahm zwei Frauen, Ada, Z. 22.23

Zilletai

1Ch	8,20	¹Z. (Söhne Schimis)
	12,21	²fielen (David) zu von Manasse: Z.

Zimbel

1Sm	18,6	dem König Saul entgegen mit Z.
2Sm	6,5	tanzten vor dem HERRN her mit Z. 1Ch 13,8; 15,16.19.28; 16,5.42; 25,1.6; 2Ch 5,12.13; 29,25; Esr 3,10; Neh 12,27
Ps	150,5	lobet mit mit hellen Z., mit klingenden Z.
Jdt	16,2	spielt dem Herrn mit Z.
1Ma	4,54	wurde es wieder geweiht mit Harfen und Z.

Zimmermann, Zimmerleute

2Sm	5,11	Hiram sandte zu David Z. 1Ch 14,1
2Kö	12,12	gaben (das Geld) aus an die Z. 22,6; 2Ch 24,12; 34,11; Esr 3,7
	24,14	führte weg alle Z. 16; Jer 24,1; 29,2
1Ch	4,14	Seraja zeugte Joab, den Vater des Tals der Z.; denn sie waren Z. Neh 11,35
Jes	44,13	der Z. spannt die Schnur
Hes	27,27	daß deine Z. umkommen werden
Sir	38,28	ebenso geht es den Z. und Baumeistern
Mt	13,55	ist er nicht der Sohn des Z.
Mk	6,3	ist er nicht der Z., Marias Sohn

Zimt

2Mo	30,23	nimm Spezerei: Myrrhe und Z. und Kalmus
Spr	7,17	mein Lager besprengt mit Aloe und Z.
Hl	4,14	(wie ein Lustgarten mit) Kalmus und Z.
Hes	27,19	haben von Usal Z. und Kalmus gebracht
Sir	24,20	strömte einen lieblichen Geruch aus wie Z.
Off	18,13	(ihre Ware:) Z. und Balsam und Räucherwerk

Zin

4Mo	13,21	von der Wüste Z. bis 34,3.4; Jos 15,1.3
	20,1	die Gemeinde kam in die Wüste Z. 27,14; 33,36
5Mo	32,51	habt euch an mir versündigt in d. Wüste Z.

Zinn

4Mo 31,22 Z. (durchs Feuer gehen lassen)

Zion

Jes 1,25 will all dein Z. ausscheiden
Hes 22,18 sie alle sind Z. im Ofen 20
27,12 hat Z. auf deine Märkte gebracht
Sir 47,20 brachtest soviel Gold zusammen wie Z.

Zinne

Jes 54,12 (will) deine Z. aus Kristallen machen
Ze 1,16 Tag des Kriegsgeschreis gegen die hohen Z.
Sir 9,20 daß du dich auf hohen Z. bewegst
Mt 4,5 stellte ihn auf die Z. des Tempels Lk 4,9

Zins

2Mo 22,24 sollst keinerlei Z. von ihm nehmen 3Mo 25,36.37; 5Mo 23,20.21
Ps 15,5 wer Geld nicht auf Z. gibt Hes 18,8.13.17
Spr 28,8 wer sein Gut mehrt mit Z. und Aufschlag
Hes 22,12 nimmst Z. und suchst unrechten Gewinn
Mt 25,27 hätte ich das Meine wiederbekommen mit Z. Lk 19,23

Zion (s.a. Tochter Zion)

2Sm 5,7 David eroberte die Burg Z. 1Ch 11,5
1Kö 8,1 Stadt Davids, das ist Z. 2Ch 5,2
2Kö 19,31 die Erretteten vom Berge Z. Jes 37,32
Ps 2,6 meinen König eingesetzt auf m. Berg Z.
9,12 lobet den HERRN, der zu Z. wohnt 74,2; 76,3; 135,21; Jes 8,18
14,7 daß Hilfe aus Z. über Israel käme 53,7
20,3 er stärke dich aus Z.
48,3 schön ragt empor der Berg Z.
12 dessen freue sich der Berg Z.
18 ziehet um Z. und umschreitet es
50,2 aus Z. bricht an der schöne Glanz Gottes
51,20 tu wohl an Z. nach deiner Gnade 102,14
65,2 man lobt dich in der Stille zu Z.
69,36 Gott wird Z. helfen 87,5; 102,17; Ze 3,16
78,68 erwählte den Berg Z., den er liebhat 87,2; 132,13
84,8 schauen den wahren Gott in Z.
97,8 Z. hört es und ist froh
99,2 der HERR ist groß in Z.
102,22 daß sie in Z. verkünden den Namen des HERRN
110,2 wird das Zepter ausstrecken aus Z.
125,1 werden ewig bleiben wie der Berg Z.
126,1 wenn der HERR d. Gefangenen Z. erlösen wird
128,5 der HERR wird dich segnen aus Z. 134,3
129,5 zuschanden würden alle, die Z. gram sind
133,3 Tau, der herabfällt auf die Berge Z.
137,1 weinten, wenn wir an Z. gedachten
3 singet uns ein Lied von Z.
146,10 der HERR ist König ewiglich, dein Gott, Z.
147,12 lobe, Z., deinen Gott
149,2 die Kinder Z. seien fröhlich
Jes 1,27 Z. muß durch Gericht erlöst werden
2,3 von Z. wird Weisung ausgehen Mi 4,2
3,26 Z. Tore werden trauern und klagen
4,3 wer da wird übrig sein in Z.
5 über der ganzen Stätte des Berges Z.
10,12 s. Werk ausgerichtet hat auf dem Berge Z.
24 fürchte dich nicht, Volk, das in Z. wohnt
14,32 der HERR hat Z. gegründet
18,7 wird Geschenke bringen zum Berge Z.
24,23 wenn der HERR König sein wird auf dem Berg Z. Jes 52,8; Mi 4,7
28,16 ich lege in Z. einen Grundstein 1Rö 9,33; 1Pt 2,6

Jes 29,8 die gegen den Berg Z. kämpfen Jer 6,23
30,19 Volk Z., du wirst nicht weinen
31,4 wird herniederfahren auf den Berg Z.
9 der HERR, der zu Z. ein Feuer hat
33,5 hat Z. mit Recht erfüllt
6 die Furcht des HERRN wird Z. Schatz sein
14 in Z. sind die Sünder erschrocken
20 schaue auf Z., die Stadt unsrer Feiern
34,8 Jahr der Vergeltung, um Z. zu rächen
35,10 die Erlösten werden nach Z. kommen 51,11
40,9 Z., steig auf einen hohen Berg
41,27 bin der erste, der zu Z. sagt 51,16
46,13 will zu Z. das Heil geben
49,14 Z. sprach: Der HERR hat mich verlassen
51,3 der HERR tröstet Z. Sa 1,17; Sir 48,27
52,1 wach auf, wach auf, Z.
7 sagen zu Z.: Dein Gott ist König
59,20 für Z. wird er als Erlöser kommen Rö 11,26
60,14 w. dich nennen „Z. des Heiligen Israels"
61,3 zu schaffen den Trauernden zu Z.
62,1 um Z. willen will ich nicht schweigen
64,9 Z. ist zur Wüste geworden
66,8 kaum in Wehen, hat Z. ihre Kinder geboren
Jer 3,14 ich will euch bringen nach Z.
4,6 richtet in Z. ein Fluchtzeichen auf
8,19 will der HERR nicht mehr Gott sein in Z.
9,18 man hört ein Klagegeschrei in Z.
14,19 hast du einen Abscheu gegen Z.
26,18 Z. wird gepflügt werden Mi 3,12
30,17 Z., nach der niemand fragt
31,6 laßt uns hinaufziehen nach Z.
12 werden auf der Höhe des Z. jauchzen
50,5 werden fragen nach dem Wege nach Z.
28 verkünden zu Z. die Vergeltung 51,10
51,24 Bosheit, die sie an Z. begangen
35 spricht die Einwohnerin von Z.
Klg 1,4 die Straßen nach Z. liegen wüst
17 Z. streckt ihre Hände aus
4,2 die edlen Kinder Z., wie sind sie nun
7 Z. Fürsten waren reiner als Schnee
11 er hat in Z. ein Feuer angesteckt
5,11 sie haben die Frauen in Z. geschändet
18 (krank) um des Berges Z. willen
Jo 2,1 blast die Posaune zu Z. 15
3,5 auf dem Berge Z. Errettung Ob 17.21
4,16 Z. der HERR wird aus Z. brüllen Am 2,2
17 sollt's erfahren, daß ich zu Z. wohne 21
Am 6,1 weh den Sorglosen zu Z.
Mi 3,10 die ihr Z. mit Blut baut
4,1 wir wollen auf Z. herabsehen
Sa 1,14 ich eifere für Jerusalem und Z. 8,2
2,11 auf, Z., die du wohnst bei... entrinne
8,3 ich kehre wieder auf den Z. zurück
9,13 will deine Söhne, Z., aufbieten
Sir 24,15 auf dem Z. eine feste Stätte
36,16 erfülle Z. mit deiner Majestät
48,20 Sanherib erhob seine Hand gegen Z.
Bar 4,9 hört zu, ihr Nachbarn Z. 14.24
1Ma 4,37 zogen auf den Berg Z. 5,54; 6,61; 7,33
60 hohe Mauern um... auf dem Berge Z. 10,11
6,48 schlug am Berg Z. das Lager auf
14,26 Tafeln an den Pfeilern auf dem Berge Z.
Rö 9,33 ich lege in Z. einen Stein des Anstoßes 1Pt 2,6
11,26 es wird kommen aus Z. der Erlöser
Heb 12,22 ihr seid gekommen zu dem Berg Z.
Off 14,1 siehe, das Lamm stand auf dem Berg Z.

Zior

Zior
Jos 15,54 (Städte des Stammes Juda:) Z.

Zipfel
4Mo 15,38 Quasten machen an den Z. ihrer Kleider und Schnüre an die Quasten der Z. 5Mo 22,12
Rut 3,9 breite den Z. deines Gewandes über d. Magd
1Sm 15,27 ergriff ihn Saul bei einem Z. seines Rocks
24,5 David schnitt einen Z. vom Rock Sauls 6.12
Hag 2,12 heiliges Fleisch trüge im Z. seines Kleides
8,23 einen jüdischen Mann beim Z. ergreifen
Apg 10,11 an vier Z. niedergelassen auf die Erde 11,5

Zippor
4Mo 22,2 Balak, der Sohn Z. 4.10.16; 23,18; Jos 24,9; Ri 11,25

Zippora
2Mo 2,21 gab Mose seine Tochter Z. zur Frau 18,2
4,25 nahm Z. einen scharfen Stein

zirpen
Jes 10,14 kein Schnabel sperrte sich auf und z.

zischen
Hi 27,23 man wird über ihn z.
Jer 46,22 man hört sie wie eine z. Schlange
Hes 27,36 die Kaufleute z. über dich
Wsh 17,9 aufgescheucht durch das Z. von Schlangen

Zisterne
2Mo 21,33 wenn jemand eine Z. aufdeckt oder gräbt eine Z. 34
3Mo 11,36 nur die Brunnen und Z. bleiben rein
Spr 5,15 trinke Wasser aus deiner Z.
Jer 2,13 machen sich Z., die doch riesig sind
37,16 kam Jeremia in... einer Z. 38,6-13
41,7 warfen sie in die Z. 9
Jdt 7,12 kein Wasser mehr, weder in Z. noch anderwo
2Ma 10,37 der sich in einer Z. versteckt hatte

Zither
1Sm 10,5 vor ihnen her Harfe und Z.
1Kö 10,12 aus Sandelholz Harfen und Z. 2Ch 9,11
Ps 81,3 laßt hören liebliche Z. und Harfen
Jes 5,12 haben Harfen, Z., Pauken, Pfeifen
Dan 3,5 hören werdet den Schall der Z. 7.10.15
1Ma 4,54 wurde es wieder geweiht mit Z., Harfen

Zitherspiel
Jes 30,32 bekämpft ihn unter Pauken und Z.

Zitherspieler
1Mo 4,21 Jubal; von dem sind hergekommen alle Z.

zittern
1Sm 15,32 Agag ging hin zu ihm z.
Esr 10,9 z. wegen der Sache und des Regens

Hi 9,6 er bewegt die Erde, daß ihre Pfeiler z.
26,11 die Säulen des Himmels z.
Ps 99,1 der HERR ist König, darum z. die Völker
Pr 12,3 wenn die Hüter des Hauses z.
Jes 14,16 ist das der Mann, der die Welt z. machte
21,4 mein Herz z.
32,10 da werdet ihr Sicheren z. 11
64,1 daß die Völker vor dir z. müßten
Jer 23,9 alle meine Gebeine z.
49,24 Damaskus z. und ist in Ängsten
Hes 32,10 immer wieder sollen sie z.
Dan 5,6 daß (dem König) die Beine z.
10,11 richtete ich mich z. auf
Hos 10,5 Götzenpfaffen z. um seine Herrlichkeit
11,10 werden z. herbeikommen s. Söhne Mi 7,17
Nah 2,11 daß aller Lenden z.
Hab 3,16 meine Lippen z. von dem Geschrei
Wsh 17,9 sie gingen z. zugrunde
Tob 12,16 sie fielen z. zur Erde
Sir 43,17 Berge z. vor ihm
48,21 da z. ihre Herzen und Hände
Mk 5,33 die Frau fürchtete sich und z.
14,33 (Jesus) fing an zu z. und zu zagen
Apg 7,32 Mose fing an zu z. und wagte n. hinzuschauen
16,29 fiel z. Paulus und Silas zu Füßen
Heb 12,21 ich bin erschrocken und z.
Jak 2,19 die Teufel glauben's auch und z.

Zittern
2Mo 15,15 Z. kam die Gewaltigen Moabs an
2Sm 22,46 kommen mit Z. aus ihren Burgen Ps 18,46
Hi 4,14 kam mich Furcht und Z. an 21,6; Ps 55,6
Ps 2,11 küßt seine Füße mit Z.
48,7 Z. hat sie da erfaßt
Jes 33,14 Z. hat die Heuchler befallen
Hes 12,18 sollst dein Wasser trinken mit Z.
Hos 3,5 werden mit Z. zu dem HERRN kommen
Jdt 4,2 es befiel sie Angst und Z.
Tob 13,5 mit Furcht und Z. preist und rühmt ihn
Bar 3,33 wenn er ihn zurückruft, gehorcht er mit Z.
Mk 16,8 Z. und Entsetzen hatte sie ergriffen
Lk 8,47 kam sie mit Z. und fiel vor ihm nieder
1Ko 2,3 ich war bei euch mit großem Z.
2Ko 7,15 ihn mit Furcht und Z. aufgenommen habt
Eph 6,5 gehorsam euren Herrn mit Furcht und Z.
Phl 2,12 daß ihr selig werdet, m. Furcht und Z.

Ziz
2Ch 20,16 wenn sie den Höhenweg von Z. heraufkommen

Zoan (= Ramses)
4Mo 13,22 Hebron war erbaut worden 7 Jahre vor Z.
Ps 78,12 tat er Wunder im Gefilde von Z. 43
Jes 19,11 die Fürsten von Z. sind Toren 13
30,4 ihre Fürsten sind zwar in Z.
Hes 30,14 will an Z. Feuer legen

Zoar
1Mo 13,10 bis man nach Z. kommt 5Mo 34,3
14,2 Bela, das ist Z. 8
19,22 daher ist diese Stadt Z. genannt
23 als Lot nach Z. kam 30
Jes 15,5 seine Flüchtigen fliehen bis nach Z.
Jer 48,34 von Z. bis nach Horonajim

Zoba

1Sm	14,47	kämpfte (Saul) gegen die Könige Z.
2Sm	8,3	David schlug Hadad-Eser, den König von Z. 5.12; 1Kö 11,23; 1Ch 18,3.5.9
	10,6	Aramäer von Z. 8; 1Ch 19,6; Ps 60,2
	23,36	Jigal, der Sohn Nathans, aus Z. 1Ch 11,47

Zobeba

1Ch	4,8	Koz zeugte Z.

Zofach, *Zophach*

1Ch	7,35	Söhne seines Bruders Hotam: Z. 36

Zofar, *Zophar*

Hi	2,11	Z. von Naama 11,1; 20,1; 42,9

zögern

1Mo	19,16	als er aber z., ergriffen die Männer ihn
	34,19	der Jüngling z. nicht, dies zu tun
	43,10	wenn wir nicht gez. hätten, wären wir
5Mo	23,22	nicht z., (das Gelübde) zu erfüllen Pr 5,3
Ri	5,28	warum z. sein Wagen
2Kö	9,3	sollst fliehen und nicht z.
Jes	64,11	willst du bei alledem noch z.
Sir	5,8	z. nicht, dich zum Herrn zu bekehren
Apg	22,16	nun, was z. du

Zohar

1Mo	23,8	¹Efron, den Sohn Z. 25,9
	46,10	²Söhne Simeons: Z. 2Mo 6,15 (s.a.Serach)

Zölesyrien

2Ma	3,5	Befehlshaber in Z. 4,8; 8,8; 10,11
	8	die Städte in Z. und Phönizien

Zoll

Esr	4,13	werden sie Z. nicht mehr geben 20
	7,24	nicht Macht habt, Z. zu legen auf
Mt	9,9	Jesus sah einen Menschen am Z. sitzen Mk 2,14; Lk 5,27
	17,25	von wem nehmen die Könige auf Erden Z.
Rö	13,7	Z., dem der Z. gebührt

Zöllner

Mt	5,46	tun nicht dasselbe auch die Z.
	9,10	da kamen viele Z. und Sünder Mk 2,15.16; Lk 5,29
	11	warum ißt euer Meister mit den Z. Mk 2,16; Lk 5,30
	10,3	(Apostel:) Thomas und Matthäus, der Z.
	11,19	ein Freund der Z. und Sünder Lk 7,34
	18,17	so sei er wie ein Heide und Z.
	21,31	die Z. kommen eher ins Reich Gottes als ihr
	32	aber die Z. und Huren glaubten ihm
Lk	3,12	es kamen auch Z., um sich taufen zu lassen
	5,27	sah einen Z. mit Namen Levi am Zoll sitzen
	7,29	die Z. gaben Gott recht
	15,1	es nahten sich ihm Z. und Sünder
	18,10	der eine ein Pharisäer, der andere ein Z. 13
	11	ich danke dir, daß ich nicht bin wie dieser Z.
	19,2	Zachäus, der war ein Oberer der Z.

Zora, Zorat(h)iter

Jos	15,33	(Städte des Stammes Juda:) Z. Neh 11,29
	19,41	(Dan) das Gebiet war Z.
Ri	13,2	ein Mann in Z. mit Namen Manoach
	25	zwischen Z. und Eschtaol 16,31; 18,2.8.11
1Ch	2,53	von diesen sind ausgegangen die Z. 54; 4,2
2Ch	11,10	(Rehabeam baute zu Festungen aus:) Z.

Zorn

1Mo	27,45	bis sein Z. sich von dir wendet
	44,18	dein Z. entbrenne nicht über deinen Knecht
	49,6	in ihrem Z. haben sie Männer gemordet
	7	verflucht sei ihr Z., daß er so heftig ist
2Mo	11,8	Mose ging vom Pharao mit grimmigem Z.
	22,23	dann wird mein Z. entbrennen 32,10
	32,11	HERR, warum will dein Z. entbrennen
	12	kehre dich ab von deinem grimmigen Z. 22
	19	als Mose das Kalb sah, entbrannte sein Z.
3Mo	10,6	daß nicht Z. über die Gemeinde komme 4Mo 1,53; 17,11; 18,5; 25,4; Jos 9,20; 22,20; 2Ch 19,10
	19,18	sollst dich nicht rächen noch Z. bewahren
4Mo	11,1	als der HERR hörte, entbrannte sein Z. 10.33; 12,9; 22,22; 25,3; 32,10.13; 5Mo 29,26; Jos 7,1; Ri 2,14.20; 3,8; 10,7; 2Sm 6,7; 24,1; 2Kö 13,3; 2Ch 25,15; Ps 78,21.31; 106,40
	22,27	entbrannte der Z. Bileams 24,10
	32,14	damit ihr den Z. des HERRN noch vermehrt
5Mo	6,15	daß nicht der Z. des HERRN entbrenne 7,4; 11,17; 29,19; 31,17; Jos 23,16
	9,8	daß er vor Z. euch vertilgen wollte
	19	fürchtete mich vor dem Z.
	13,18	daß der HERR von seinem Z. abgewendet werde Jos 7,26
	19,6	Totschläger nachjage in der Hitze seines Z.
	29,22	Sodom und Gomorra, in seinem Z. zerstört
	23	was ist das für ein großer, grimmiger Z.
	27	aus ihrem Lande gestoßen in großem Z.
	32,22	ein Feuer ist entbrannt durch meinen Z. Jer 15,14; 17,4
Ri	6,39	dein Z. entbrenne nicht gegen mich
	8,3	als (Gideon) das sagte, ließ ihr Z. ab
	9,30	als Sebul... hörte, entbrannte sein Z.
	14,19	(Simsons) Z. entbrannte
1Sm	11,6	(Sauls) Z. entbrannte sehr 20,30
	20,34	(Jonatan) stand auf in grimmigem Z.
	28,18	seinen grimmigen Z. nicht vollstreckt hast
2Sm	12,5	da geriet David in großen Z.
	22,16	vor dem Odem seines Z. Ps 18,16
1Kö	14,9	um mich zum Z. zu reizen 15,30
	21,22	willen, daß du 2Kö 24,20
2Kö	3,27	kam ein großer Z. über Israel 1Ch 27,24; 2Ch 19,2; 24,18; 29,8; 32,25
	5,12	(Naaman) zog weg im Z. 2Ch 25,10
	23,26	kehrte sich nicht ab von dem Grimm s. Z.
2Ch	12,12	wandte sich des HERRN Z. 29,10; 30,8; 32,26
	25,10	entbrannte ihr Z. sehr gegen Juda
Esr	7,23	damit nicht der Z. über das Reich komme
	8,22	sein Z. gegen alle, die ihn verlassen
Neh	13,18	ihr bringt noch mehr Z. über Israel
Est	1,18	wird Verachtung und Z. genug geben
	2,21	gerieten zwei Kämmerer in Z.
	5,9	wurde (Haman) voll Z. über Mordechai
	10,7	legte sich des Königs Z.
Hi	4,9	sind vom Schnauben seines Z. vertilgt
	9,5	er kehrt (Berge) um in seinem Z.
	13	Gott wehrt seinem Z. nicht 10,17; 19,11
	14,13	bis dein Z. sich legt

Zorn

Hi	18,4	willst du vor Z. bersten
	20,23	wird Gott den Grimm seines Z. senden
	28	zerstreut am Tage seines Z.
	21,17	daß Gott Herzeleid austeilt in seinem Z.
	35,15	da sein Z. nicht heimsucht
	36,13	die Ruchlosen verhärten sich im Z.
	18	daß nicht dein Z. dich verlockt
	33	wenn er mit Z. eifert gegen den Frevel
	40,11	streu aus den Z. deines Grimmes
	42,7	Z. ist entbrannt über dich und d. Freunde
Ps	2,5	wird er mit ihnen reden in seinem Z.
	12	sein Z. wird bald entbrennen
	6,2	strafe mich nicht in deinem Z. 38,2
	7,7	stehe auf, Herr, in deinem Z.
	21,10	der HERR wird sie verschlingen in seinem Z.
	27,9	verstoße nicht im Z. deinen Knecht
	30,6	sein Z. währt einen Augenblick
	37,8	steh ab vom Z.
	58,10	reißt alles der brennende Z. hinweg
	69,25	dein grimmiger Z. ergreife sie
	77,10	hat Gott sein Erbarmen im Z. verschlossen
	78,21	Z. kam über Israel 31.49.50.58
	85,4	hast all deinen Z. fahren lassen
	90,7	das macht dein Z., daß wir so vergehen
	9	fahren unsre Tage dahin durch deinen Z.
	95,11	daß ich schwor in meinem Z. Heb 3,11; 4,3
	102,11	vor deinem Drohen und Z.
	110,5	wird zerschmettern... am Tage seines Z.
	119,53	Z. erfaßt mich über die Gottlosen
	124,3	wenn ihr Z. über uns entbrennt
	138,7	deine Hand gegen den Z. meiner Feinde
Spr	11,4	Reichtum hilft nicht am Tage des Z. 23; Hes 7,19; Ze 1,18
	12,16	ein Tor zeigt seinen Z. alsbald 25,28
	14,35	einen schändlichen (Knecht) trifft sein Z.
	15,1	eine linde Antwort stillt den Z.
	19,11	Klugheit macht den Mann langsam zum Z.
	21,14	eine heimliche Gabe stillt den Z.
	24,18	der HERR könnte seinen Z. von ihm wenden
	27,4	Z. ist ein wütig Ding
	29,8	die Weisen stillen den Z.
	30,33	wer den Z. reizt, ruft Streit hervor
Pr	10,4	wenn des Herrschers Z. wider dich ergeht
Jes	5,25	darum ist der Z. des HERRN entbrannt
	25	bei all dem läßt sein Z. nicht ab 9,11.16.20; 10,4; Jer 23,20; 30,24
	7,4	fürchte dich nicht vor dem Z. Rezins
	9,18	vom Z. des HERRN brennt das Land 30,27; Nah 1,6
	10,5	Assur, der meines Z. Rute ist
	25	Z. wird sich richten auf sein Verderben
	12,1	ich danke dir, daß du dich gewendet
	13,5	der HERR samt den Werkzeugen seines Z.
	13	die Erde soll beben am Tage seines Z.
	26,20	verbirg dich, bis der Z. vorübergehe
	33,11	euer Z. ist ein Feuer
	42,25	hat über sie ausgeschüttet seinen Z. Jer 7,20; 42,18; Klg 2,1; 3,43; 4,11; Hes 9,8; 22,31; Ze 3,8
	48,9	halte lange meinen Z. zurück
	51,20	getroffen vom Z. des HERRN
	54,8	habe mein Angesicht im Augenblick des Z.
	60,10	in meinem Z. habe ich dich geschlagen
	63,3	habe sie gekeltert in meinem Z.
	5	mein Z. stand mir bei
	6	habe die Völker zertreten in meinem Z.
	66,14	erkennen den Z. an seinen Feinden
	15	daß er vergelte im Grimm seines Z.
Jer	2,35	er hat doch seinen Z. von mir gewandt
	4,8	der Z. des HERRN will sich nicht wenden
	26	zerstört vor seinem grimmigen Z. 12,13; 25,37.38; 49,37
	6,11	bin ich von des HERRN Z. so voll
	10,10	vor seinem Z. bebt die Erde
	25	schütte deinen Z. aus über die Heiden
	15,15	während du deinen Z. über sie zurückhältst
	18,23	handle an ihnen zur Zeit deines Z.
	21,5	will wider euch streiten mit Z.
	25,15	Becher mit dem Wein meines Z.
	32,37	wohin ich sie verstoße in meinem Z.
	33,5	die ich in meinem Z. erschlagen habe
	36,7	der Z. ist groß, den der HERR angedroht
	44,6	darum ergoß sich auch mein Z.
	50,13	vor dem Z. des HERRN wird sie unbewohnt
	25	hat die Waffen seines Z. hervorgeholt
	51,45	rette sein Leben vor dem Z. des HERRN
	52,3	so geschah es um des Z. des HERRN willen
Klg	1,12	am Tage seines grimmigen Z. 2,1.3.6.21.22
	4,16	des HERRN Z. hat sie zerstreut
Hes	5,13	so soll mein Z. vollendet werden 7,8
	15	wenn ich Gericht ergehen lasse mit Z.
	7,3	meinen Z. über dich senden 21,36; Hos 5,10
	12	kommt der Z. über ihren Reichtum 13.14
	13,13	will einen Platzregen in meinem Z.
	16,43	mich mit all dem zum Z. gereizt hast
	20,8	dachte, meinen Z. an ihnen auszulassen 21
	21,22	will meinen Z. stillen
	22,20	will euch in meinem Z. schmelzen 21
	24	Land, nicht beregnet zur Zeit des Z.
	25,14	sollen sie mit Edom umgehen nach meinem Z.
	35,11	will an dir handeln mit demselben Z.
	38,18	wird mein Z. in mir aufsteigen 19
	43,8	habe sie in meinem Z. vertilgt
Dan	3,13	befahl Nebukadnezar mit Grimm und Z.
	8,6	er lief in gewaltigem Z. auf ihn zu
	19	wie es gehen wird zur letzten Zeit des Z.
	9,16	wende ab deinen Z. von Jerusalem
	11,36	gelingen, bis sich der Z. ausgewirkt hat
Hos	8,5	mein Z. ist gegen sie entbrannt
	11,9	will nicht tun nach meinem grimmigen Z.
	13,11	ich gebe dir Könige in meinem Z.
	14,5	mein Z. soll sich von ihnen wenden
Am	1,11	weil sie immerfort wüten in ihrem Z.
Jon	3,9	Gott wendet s. ab von seinem grimmigen Z.
Mi	2,7	meinst du, der HERR sei schnell zum Z.
	5,14	will mit Grimm und Z. Vergeltung üben
	7,9	ich will des HERRN Z. tragen
Nah	1,6	wer kann vor seinem Z. bestehen
Hab	3,2	im Z. denke an Barmherzigkeit
	8	entbrannte dein Z. wider das Meer
	12	zertratest das Land im Z.
Ze	2,2	ehe des HERRN Z... Tag des Z. kommt 3
Sa	7,12	ist so großer Z. vom HERRN gekommen
	8,2	ich eifere um seinetwillen in großem Z.
	10,3	ist entbrannt über die Hirten
Mal	1,13	bringt mich in Z., spricht der HERR
Jdt	5,1	da entbrannte sein grimmiger Z.
	8,10	dient dazu, zu finden Z. und Ungnade
	9,9	laß sie umkommen durch deinen Z.
Wsh	5,21	er wird seinen strengen Z. schärfen
	10,3	als... in seinem Z. abfiel
	10	der vor seines Bruders fliehen mußte
	11,9	wie die Gottlosen im Z. gerichtet wurden
	16,6	doch blieb dein Z. nicht bis zum Ende 18,20
	18,21	der untadelige Mann widerstand dem Z. 23
	25	nur eine Probe des Z. erfahren
	19,1	die Gottlosen überfiel der Z. ohne Erbarmen

Sir	5,7	sein Z. über die Gottlosen hört nicht auf
	9	sein Z. kommt plötzlich 7,18
	16,7	Gottes Z. entbrannte über das... Volk
	18,24	denk an den Z., der am Ende kommen wird
	25,21	es ist kein Z. so bitter wie Feindeszorn
	26,25	das dritte erregt meinen Z.
	27,33	Z. und Wüten sind Greuel
	28,3	Mensch hält gegen den andern am Z. fest 5
	12	wenn einer Macht hat, wird sein Z. größer
	23	wohl dem, der von ihrem Z. verschont wird
	30,26	Eifer und Z. verkürzen das Leben
	36,8	errege Grimm und schütte Z. aus
	11	der Z. des Feuers soll die verzehren
	39,28	ebenso trifft sein Z. die Heiden
	34	besänftigen den Z. dessen, der sie geschaffen
	40,4	da sind immer Z., Eifersucht, Kummer
	44,17	zur Zeit des Z. hat er Gnade gefunden
	47,22	daß der Z. über deine Nachkommen erging
Bar	1,13	sein Z. hat sich nicht von uns gewandt
	2,20	hast deinen Z. über uns ergehen lassen
	4,7	ihr habt den... zum Z. gereizt GMn 10
	9	es hat den Z. Gottes gesehen
	25	leidet geduldig den Z., der
1Ma	1,68	so lag Gottes Z. auf Israel
	2,44	erschlugen in ihrem Z. viele Gottlose
	49	es ist großer Z. über uns gekommen
	3,8	erschlug die Gottlosen, um Z. abzuwenden
	7,35	er zog weg in heftigem Z.
2Ma	7,38	der Z. des Allmächtigen möge zum Stehen kommen
	8,5	der Herr ließ von seinem Z. ab
	13,4	der König erweckte den Z. des Antiochus
StE	4,5	als er sie in höchstem Z. ansah
GMn	5	nicht zu ertragen ist dein Z.
Mt	3,7	daß ihr dem künftigen Z. entrinnen werdet Lk 3,7
Mk	3,5	er sah sie ringsum an mit Z.
Lk	4,28	alle wurden von Z. erfüllt Apg 19,28
	21,23	wird Z. über dies Volk kommen
Jh	3,36	der Z. Gottes bleibt über ihm
Rö	1,18	Gottes Z. wird vom Himmel her offenbart
	2,5	häufst du dir selbst Z. an auf den Tag des Z.
	8	Ungnade und Z. denen, die
	4,15	das Gesetz richtet nur Z. an
	5,9	werden wir bewahrt werden vor dem Z.
	9,22	da Gott seinen Z. erzeigen wollte
	12,19	gebt Raum dem Z. Gottes
2Ko	12,20	es gibt Hader, Neid, Z., Zank
Gal	5,20	(Werke des Fleisches:) Z.
Eph	2,3	wir waren Kinder des Z. von Natur
	4,26	laßt die Sonne nicht über eurem Z. untergehen
	31	Z. und Lästerung fern von euch Kol 3,8
	5,6	um d. Dinge kommt der Z. Gottes Kol 3,6
	6,4	ihr Väter, reizt eure Kinder nicht zum Z.
1Th	1,10	Jesus, der uns von dem Z.
	2,16	der Z. Gottes ist schon in vollem Maß über sie
	5,9	Gott hat uns nicht bestimmt zum Z.
1Ti	2,8	heilige Hände ohne Z. und Zweifel
Heb	3,11	daß ich schwor in meinem Z. 4,3
	11,27	er fürchtete nicht den Z. des Königs
Jak	1,19	jeder sei schnell zum Hören, langsam zum Z.
	20	des Menschen Z. tut nicht, was vor Gott recht ist
Off	6,16	verberget uns vor dem Z. des Lammes
	17	ist gekommen der große Tag ihres Z. 11,18
	12,12	der Teufel hat großen Z.
	14,10	der unvermischt eingeschenkt ist in den Kelch seines Z.
Off	14,19	warf sie in die Kelter des Z. Gottes
	15,1	mit ihnen ist vollendet der Z. Gottes
	7	Schalen voll vom Z. Gottes 16,1
	16,19	ihr gegeben der Kelch mit dem Wein seines Z.
	19,15	er tritt die Kelter voll vom Wein des Z. Gottes

zornentbrannt

2Ma	9,4	z. nahm er sich vor... zu rächen

Zorneswein

Off	14,8	hat mit dem Z. getränkt 18,3

Zorngericht

Jes	13,3	meine Geheiligten entboten zu meinem Z.

zornig

1Mo	30,2	Jakob wurde sehr z. auf Rahel 31,36
	34,7	die Söhne Jakobs wurden sehr z.
	39,19	wurde (Josefs Herr) sehr z.
	40,2	der Pharao wurde z. über seine Kämmerer 41,10
2Mo	4,14	da wurde der HERR sehr z. über Mose
	16,20	Mose wurde z. auf sie 3Mo 10,16; 4Mo 31,14
5Mo	1,34	wurde (der HERR) z. 37; 9,20; 32,19
Ri	18,25	damit nicht z. Leute über euch herfallen
1Sm	15,11	darüber wurde Samuel z.
	17,28	wurde (Eliab) z. über David
	29,4	die Obersten der Philister wurden z.
2Sm	3,8	da wurde Abner sehr z. über die Worte
	11,20	(wenn du) siehst, daß der König z. wird
	13,21	als David dies hörte, wurde er sehr z.
	17,8	z. Gemüts wie eine Bärin
	22,8	Grundfesten bebten, da er. war Ps 18,8
1Kö	11,9	der HERR wurde z. über Salomo
	20,43	der König zog heim, z. 21,4
2Kö	5,11	wurde Naaman z. und zog weg
	13,19	wurde der Mann Gottes z. auf ihn
	17,18	wurde der HERR z. über Israel 2Ch 28,9
2Ch	16,10	Asa wurde z. über den Seher
	26,19	da wurde Usija z... über die Priester z.
Neh	3,33	wurde er z... und sehr entrüstet 4,1; 5,6
Est	1,12	wurde der König sehr z.
Hi	32,2	Elihu ward z... z. über Hiob 3.5
Ps	60,3	der du z. warst, tröste uns wieder
	74,1	bist so z. über die Schafe deiner Weide
	103,9	er wird nicht ewig z. bleiben
Spr	15,18	ein z. Mann richtet Zank an 29,22
	21,19	besser in der Wüste als bei einem z. Weibe
	22,24	geselle dich nicht zum z.
Jes	12,1	ich danke dir, daß du bist z. gewesen
	13,9	des HERRN Tag grausam, z.
	30,30	wie sein Arm herniederfährt mit z. Drohen
	34,2	der HERR ist z. über alle Heiden
	47,6	als ich über mein Volk z. war
	57,17	ich war z. über die Sünde
Jer	3,12	will ich nicht z. auf euch blicken
	7,29	Geschlecht, über das (der HERR) z. ist
	32,31	hat (Jerusalem) mich z. gemacht
	37,15	die Oberen wurden z. über Jeremia
Hes	5,15	Gericht ergehen lasse mit z. Schelten
Dan	2,12	da wurde der König sehr z.
Jon	4,1	das verdroß Jona sehr, und er ward z.
Nah	1,2	ein Vergelter ist der HERR und z.
Hab	3,8	warst du z., HERR, auf die Flut

zornig

Sa	1,2	der HERR z. gewesen über eure Väter 12
	15	ich bin sehr z... war nur ein wenig z.
Jdt	1,11	da war Nebukadnezar sehr z.
	5,24	wurden alle Hauptleute des Holofernes z.
Wsh	5,23	werden z. Hagelschauer herabstürzen
	16,5	kamen über die Israeliten böse, z. Tiere
Tob	1,21	darüber war (Sanherib) sehr z.
	2,22	über diese Worte wurde seine Frau z.
Sir	5,7	er kann so z. werden, wie er gnädig ist
	8,19	fang nicht mit einem Z. Streit an
	16,12	Gott ist barmherzig, aber er ist auch z.
	28,11	ein z. Mensch entfacht Streit
1Ma	3,37	Antiochus wurde sehr z. 11,22; 15,36; 2Ma 14,27
	10,74	Jonatan wurde z.
2Ma	4,40	als die Massen sehr z. waren
	7,33	obwohl unser Herr eine Zeitlang z. ist
	10,35	wurden... sehr z. über die Schmähung
Mt	2,16	Herodes wurde sehr z.
	18,34	sein Herr wurde z.
	22,7	da wurde der König z.
Lk	14,21	da wurde der Hausherr z.
	15,28	da wurde er z. und wollte nicht hineingehen
Apg	12,20	z. auf die Einwohner von Tyrus und Sidon
Rö	10,19	über... Volk will ich euch z. machen
Heb	3,10	darum wurde ich z. über dieses Geschlecht
	17	über wen war Gott z. 40 Jahre lang
Off	11,18	die Völker sind z. geworden
	12,17	der Drache wurde z. über die Frau

Zuar

4Mo	1,8	Netanel, der Sohn Z. 2,5; 7,18.23; 10,15

Zuarbeiter

Apg	19,25	diese und die Z. versammelte (Demetrius)

zubereiten

1Mo	18,7	der eilte und b. es zu 8
2Mo	12,16	das allein dürft ihr euch z.
	39	weil sie sich keine Wegzehrung z. hatten
	16,5	wenn sie z., was sie einbringen
1Sm	25,18	Abigajil nahm fünf z. Schafe
	36	Nabal hatte ein Mahl z. in seinem Hause
2Sm	7,24	hast dir dein Volk Israel z.
1Kö	5,32	die Bauleute b. Holz und Steine zu 2Ch 2,8
2Ch	3,1	an der Stätte, die David z. hatte
	16,14	mit kunstvoll z. Spezerei
	35,14	darum mußten die Leviten für sich z. 15
Jes	43,7	die ich zu meiner Ehre z. habe
Ze	1,7	der HERR hat ein Schlachtopfer z.
Apg	10,10	während sie ihm etwas z., geriet er in Verzückung
2Ko	3,3	ein Brief Christi, durch unsern Dienst z.
Heb	11,7	durch den Glauben hat Noah die Arche z.
	16	er hat ihnen eine Stadt z.

zubringen

1Mo	33,11	Segensgabe, die ich dir zug. habe
Ps	90,9	wir b. unsere Jahre zu wie ein Geschwätz
Jer	20,18	wenn ich meine Tage in Schmach z.
Apg	20,16	damit er nicht müßte in Asien Zeit z.
	21,5	es geschah, als wir die Tage zug. hatten
	26,4	Leben, wie ich es unter meinem Volk zug.
1Ko	16,6	bei euch werde ich den Winter z.
1Pt	4,3	daß ihr die vergangene Zeit zug. habt nach heidnischem Willen

Jak	4,13	wollen ein Jahr dort z. und Handel treiben

Zucht

Hi	5,17	widersetze dich der Z. nicht
Ps	50,17	da du doch Z. hassest Spr 5,12
	94,10	der die Völker in Z. hält
	12	wohl dem, den du, HERR, in Z. nimmst
Spr	1,2	zu lernen Weisheit und Z. 3
	7	Toren verachten Weisheit und Z. 15,5.32
	8	gehorche der Z. deines Vaters
	3,11	verwirf die Z. des HERRN nicht
	5,23	er wird sterben, weil er Z. nicht wollte
	8,10	nehmt meine Z. an lieber als Silber
	10,17	Z. bewahren ist der Weg zum Leben
	11,22	ein schönes Weib ohne Z. ist wie eine Sau
	12,1	wer Z. liebt, der wird klug 13,1
	13,18	wer Z. fahren läßt, hat Armut und Schande
	15,33	die Furcht des HERRN ist Z.
	19,20	höre auf Rat und nimm Z. an
	22,15	die Rute der Z. treibt sie ihm aus
	23,12	wende dein Herz hin zur Z.
	23	verkaufe sie nicht, die Weisheit, die Z.
	29,19	läßt sich mit Worten nicht in Z. halten
Jer	17,23	daß sie Z. annähmen
Hos	7,15	ich lehre sie Z. und stärke ihren Arm
Wsh	1,5	der heilige Geist, der ein Geist der Z. ist
	2,12	hält uns vor, daß wir gegen die Z. verstoßen
	3,11	wer Z. verachtet, ist ein unglückseliger Mensch
Sir	23,20	der nimmt sein Leben lang keine Z. an
	30,2	wer seinen Sohn in Z. hält, wird sich freuen
Bar	4,13	sind nicht auf den Pfaden der Z. gegangen
Eph	6,4	erzieht sie in der Z. und Ermahnung des Herrn
1Ti	1,20	Satan übergeben, damit sie in Z. genommen
	2,9	daß die Frauen sich schmücken mit Z.
2Ti	1,7	*Geist der Kraft und der Liebe und der Z.*
Tit	2,12	*(die Gnade Gottes) nimmt uns in Z.*
Heb	12,28	*lasset uns Gott dienen in Z. und Furcht*

züchten

Am	7,14	ich bin ein Hirt, der Maulbeeren z.

züchtig

Tit	2,4	*daß sie die jungen Frauen lehren z. sein*
	12	*daß wir sollen z. leben in dieser Welt*

züchtigen

5Mo	21,18	der, wenn sie ihn z., nicht gehorchen will
	22,18	die Ältesten der Stadt sollen den Mann z.
1Kö	12,11	mein Vater hat euch mit Peitschen gez., ich will euch mit Skorpionen z. 14; 2Ch 10,11.14
Ps	6,2	z. mich nicht in deinem Grimm 38,2
	39,12	wenn du Menschen z. um der Sünde willen
	118,18	der HERR z. mich schwer
Spr	13,24	wer ihn liebhat, der z. ihn beizeiten
	19,18	z. deinen Sohn, solange Hoffnung da 29,17
	23,13	laßt nicht ab, den Knaben zu z.
Jes	26,16	wenn du uns z., sind wir in Angst
Jer	10,24	z. mich, HERR, doch mit Maßen 30,11; 46,28
Hos	10,10	ich werde sie z. nach meinem Willen
Hab	1,12	laß sie, o unser Fels, uns nur z.
Jdt	8,22	vom Herrn gez. zur Besserung
Wsh	3,5	sie werden ein wenig gez.
	11,9	dabei nur mit Gnaden gez. worden waren
Tob	11,17	du hast mich gez. und wieder geheilt 13,2

Tob 13,4 er hat uns gez. um unsrer Sünden willen 10
2Ma 7,33 obwohl unser Herr uns bestraft und z.
   10,4 er wolle sie in Milde z.
Lk 23,16 *ich will ihn z. lassen* 22
1Ko 9,27 ich z. meinen Leib und zähme ihn
   11,32 wenn wir von dem Herrn gerichtet werden, so werden wir gez.
2Ko 6,9 als die Gez., und doch nicht getötet
Heb 12,6 wen der Herr liebhat, den z. er Off 3,19
   7 wo ist ein Sohn, den der Vater nicht z.
   9 wenn unsre leiblichen Väter uns gez. haben
   10 jene haben uns gez. für wenige Tage

Züchtiger

Wsh 18,22 mit dem Wort unterwarf er den Z.
Heb 12,9 *unsere leiblichen Väter zu Z. gehabt*

Züchtigung

Hi 37,13 zur Z. oder zum Segen läßt er sie kommen
Ps 73,14 meine Z. ist alle Morgen da
Spr 15,10 den Weg verlassen, bringt böse Z.
Jes 37,3 das ist ein Tag der Z.
Jer 30,14 dich geschlagen mit unbarmherziger Z.
Tob 3,22 nach der Z. findet er Gnade
Heb 12,8 seid ihr ohne Z., die alle erfahren haben
   11 jede Z. scheint uns nicht Freude zu sein

zuchtlos

2Mo 32,25 Mose sah, daß das Volk z. geworden war – denn Aaron hatte sie z. werden lassen
1Sm 1,16 deine Magd nicht für ein z. Weib halten
2Ch 28,19 weil (Ahas) ein z. Wesen aufkommen ließ
Hes 23,44 so ging man zu den z. Weibern
Tob 3,18 mich nie zu z. Gesellschaft gehalten habe
Sir 10,3 ein z. König richtet Land und Leute zugrunde
2Ti 3,3 (die Menschen werden sein) z.
2Pt 2,2 *viele werden nachfolgen ihrem z. Wandel*

Zuchtmeister

1Ko 4,15 *ob ihr gleich 10.000 Z. hättet in Christus*
Gal 3,24 so ist das Gesetz unser Z. gewesen
   25 sind wir nicht mehr unter dem Z.

Zuchtrute

Jes 30,32 jedesmal wird der Stock zur Z.
Sir 23,2 beschaffen eine Z. für mein Herz

zücken

3Mo 26,33 will mit gez. Schwert hinter euch her
1Sm 18,11 (Saul) z. den Spieß und dachte 20,33
Ps 35,3 z. Speer und Streitaxt wider m. Verfolger
   55,22 ihre Worte sind doch gez. Schwerter
Hes 21,33 das Schwert ist gez. 28,7; 32,20
   30,25 damit er's gegen Ägyptenland z.
Sir 22,26 wenn du ein Schwert gez. hast gegen deinen Freund
   46,3 als er das Schwert z. gegen die Städte

zudecken

1Mo 9,23 Sem und Jafet d. ihres Vaters Blöße zu
2Mo 21,33 gräbt eine Zisterne und d. sie nicht zu
4Mo 16,33 die Erde d. sie zu Ps 106,17

Ri 4,18 Jaël d. Sisera mit einer Decke zu 19
Neh 3,37 d. ihre Missetat nicht zu
Hi 21,26 Gewürm d. sie zu
   31,33 hab ich meine Übertretungen zug.
Spr 10,12 Liebe d. alle Übertretungen zu 1Pt 4,8
   17,9 wer Verfehlung z., stiftet Freundschaft
Jes 25,7 die Decke, mit der alle Heiden zug. sind
Hes 24,7 daß man's mit Erde hätte z. können 8
Mt 8,24 daß das Boot von Wellen zug. wurde
Apg 5,6 jungen Männer d. ihn zu und trugen ihn hinaus

zudenken

2Mo 32,14 das Unheil, das er seinem Volk zug. hatte
Dan 11,21 dem die Ehre des Thrones nicht zug. war
Wsh 14,14 darum ist ihnen ein schnelles Ende zug.
Lk 7,30 die Pharisäer verachteten, was Gott ihnen zug.

zudrücken

1Mo 46,4 Josef soll dir die Augen z.
Tob 14,15 als sie starben, d. er ihnen die Augen zu

zueignen

Lk 22,29 ich will euch das Reich z., wie mir's mein Vater zug. hat

zueinander

Jer 22,8 werden viele Völker z. sagen 23,35
Jdt 5,24 alle Hauptleute... sagten z.
Mt 21,38 die Weingärtner sprachen z.
Lk 8,25 sie verwunderten sich uns sprachen z.
Rö 1,27 die Männer sind in Begierde z. entbrannt

zuerst

1Mo 38,28 der ist z. herausgekommen
2Mo 13,2 was z. den Mutterschoß durchbricht 12.15; 4Mo 8,16; 18,15; Lk 2,23
4Mo 10,14 Juda brach z. auf
5Mo 16,9 wenn man z. die Sichel an die Halme legt
   20,10 sollst ihr z. den Frieden anbieten
Ri 1,1 wer soll unter uns z. hinaufziehen 20,18
2Sm 5,8 da stieg Joab z. hinauf 1Ch 11,6
   19,44 haben wir nicht z. davon geredet
1Kö 22,5 frage z. nach dem Wort des HERRN 2Ch 18,4
1Ch 11,6 David sprach: Wer die Jebusiter z. schlägt
Hi 8,7 was du z. wenig gehabt hast
Spr 18,17 ein jeder hat z. in seiner Sache recht
   20,21 das Erbe, nach dem man z. sehr eilt
Hes 24,6 lose nicht, welches z. heraus soll
Sa 12,7 HERR wird z. die Hütten Judas erretten
Sir 31,20 um des Anstandes willen höre du z. auf
   21 greif nicht z. zu
Mt 5,24 geh z. hin und versöhne dich mit d. Bruder
   6,33 trachtet z. nach dem Reich Gottes
   7,5 zieh z. den Balken aus deinem Auge Lk 6,42
   10,2 Apostel: z. Simon, genannt Petrus
   13,30 sammelt z. das Unkraut und bindet es
   17,10 müsse Elia kommen
   23,26 reinige z. das Innere des Bechers
Mk 4,28 z. den Halm, danach die Ähre
   16,9 erschien er z. Maria von Magdala
Lk 10,5 wenn ihr in ein Haus kommt, sprecht z.
   12,1 da fing er an und sagte z. zu seinen Jüngern

zuerst

Jh	1,41	der findet z. seinen Bruder Simon
	2,10	jedermann gibt z. den guten Wein
	5,4	wer z. hineinstieg, der wurde gesund
	8,9	gingen weg, die Ältesten z.
	25	z. das, was ich euch auch sage
	12,16	das verstanden seine Jünger z. nicht
	18,13	(banden ihn) und führten ihn z. zu Hannas
	20,4	kam z. zum Grab, (schaut hinein) 8
Apg	3,26	für euch z. hat Gott Jesus erweckt
	11,26	in Antiochia wurden die Jünger z. Christen genannt
	13,46	euch mußte das Wort Gottes z. gesagt werden
	26,20	verkündigte z. denen in Damaskus
	27,43	sich z. in das Meer werfen
Rö	1,8	z. danke ich meinem Gott durch Jesus Christus
	16	die Juden z. und ebenso die Griechen 2,9.10
2Ko	8,5	gaben sich selbst, z. dem Herrn
1Th	4,16	z. werden die Toten auferstehen
1Ti	2,1	daß man z. tue Bitte, Gebet
	13	Adam wurde z. gemacht, danach Eva
	5,4	z. im eigenen Hause fromm zu leben
1Pt	4,17	wenn aber z. an uns, was wird es für ein Ende
1Jh	4,19	laßt uns lieben, denn er hat uns z. geliebt
Heb	4,6	die, denen es z. verkündigt ist, nicht dahin gekommen sind
	7,27	z. für die eigenen Sünden Opfer darzubringen
	10,8	z. hatte er gesagt

Zuf, Zuph

1Sm	1,1	¹Tohus, des Sohnes Z. 1Ch 6,11.20
	9,5	²als sie aber ins Gebiet von Z. kamen

zufahren

Gal	1,16	f. ich zu und besprach mich nicht

Zufahrt

1Ma	14,5	(Simon) schuf eine Z. für die Schiffe

zufallen

3Mo	20,24	ihr Land soll euch z. 4Mo 32,19; 34,2
5Mo	24,19	(die) Garbe soll dem Fremdling z. 20.21
1Sm	18,8	ihm wird noch das Königtum z.
2Kö	2,9	daß mir zwei Anteile von deinem Geiste z.
Ps	62,11	f. euch Reichtum zu, so hängt euer Herz
	73,10	darum f. ihnen der Pöbel zu
	94,15	ihm werden alle frommen Herzen z.
Jes	23,18	ihr Erwerb wird denen z., die
Tob	6,13	dir wird all ihr Hab und Gut z.
1Ma	2,16	da f. ihnen viele vom Volk Israel zu
Mt	6,33	trachtet nach dem Reich Gottes, so wird euch das alles z. Lk 12,31
Apg	5,36	alle, die ihm z. 37.40
	17,4	etliche f. (Paulus) zu 28,24

zufällig

Wsh	2,2	nur z. sind wir geworden

Zuflucht

4Mo	35,12	sollen eine Z. sein vor dem Bluträcher
5Mo	33,27	Z. ist bei dem alten Gott
Rut	2,12	daß du unter seinen Flügeln Z. hättest
2Sm	22,3	Gott ist meine Z. Ps 59,17; Jer 16,19
Hi	24,8	weil sie sonst keine Z. haben
Ps	36,8	unter dem Schatten deiner Flügel Z. 57,2
	61,5	laß mich Z. haben unter deinen Fittichen
	90,1	du bist unsre Z. für und für
	91,4	Z. wirst du haben unter seinen Flügeln
	9	der Höchste ist deine Z.
	104,18	die hohen Berge geben dem Steinbock Z.
	143,9	zu dir nehme ich meine Z.
Spr	10,29	das Walten des HERRN ist des Frommen Z.
Jes	4,6	Z. und Obdach vor dem Wetter 25,4; 32,2
	14,32	werden die Elenden seines Volks Z. haben
	16,4	sei du für Moab eine Z. vor dem Verwüster
	27,5	es sei denn, sie suchen Z. bei mir
	28,15	haben Lüge zu unsrer Z. gemacht 17
Jer	48,45	erschöpft suchen die Entronnenen Z.
Hes	24,21	mein Heiligtum, eure herrliche Z. 25
Jo	4,16	seinem Volk wird der HERR eine Z. sein
Nah	3,11	auch du mußt Z. suchen vor dem Feinde
2Ma	10,28	Z., die sie zum Herrn genommen hatten
StE	3,1	Ester nahm zum Herrn ihre Z.
Heb	6,18	die wir unsre Z. dazu genommen haben

zufrieden

Ps	116,7	sei nun wieder z., meine Seele
Dan	4,1	ich, Nebukadnezar, saß z. in m. Palast
Tob	5,18	Rafael sagte: Sei doch z.
	27	wir hätten z. sein können in unsrer Armut
Sir	31,22	ein wohlerzogener Mensch ist mit wenig z.
	42,4	z. zu sein, ob du viel oder wenig gewinnst
2Ma	13,26	beredete sie, daß sie z. waren

zufügen

Jer	23,40	will euch ewige Schmach z. 25,6
Sir	4,3	einem betrübten Herzen f. nicht Leid zu
2Ma	14,40	er würde den Juden großen Schaden z.
Off	22,18	so wird Gott ihm die Plagen z., die

zuführen

2Mo	23,4	Rind oder Esel sollst du ihm wieder z.
Ri	4,7	ich will Sisera dir z.
2Sm	3,12	daß ich dir ganz Israel z.
Jdt	7,2	die man ihm aus der Jugend zug. hatte
2Ko	11,2	damit ich Christus eine reine Jungfrau z.

Zug

4Mo	21,23	Sihon gestattete den *Israeliten nicht den Z.
1Sm	23,13	stand (Saul) ab von seinem Z.
Jes	21,7	sieht er einen Z... von Eseln 9
	52,12	der HERR wird euren Z. beschließen 58,8
Jo	2,8	dabei reißt ihr Z. nicht ab
2Ma	3,31	Heliodor, der in den letzten Z. lag 7,9
Mk	5,23	m. Tochter liegt in den letzten Z. Lk 8,42
Lk	5,4	daß ihr einen Z. tut

Zugang

Hes	27,3	wohnst am Z. zum Meer
	42,9	unten war der Z. von Osten her
Sa	3,7	ich will dir Z. zu mir geben
Wsh	19,16	als jeder den Z. zu seiner T. suchen mußte
Lk	5,19	keinen Z. fanden, stiegen sie auf das Dach
Rö	5,2	durch ihn haben wir den Z. Eph 2,18; 3,12

zugeben

Ps	16,10	nicht z., daß dein Heiliger die Grube sehe Apg 2,27; 13,35
Mk	4,24	*man wird euch noch z.*
Rö	7,16	g. ich zu, daß das Gesetz gut ist

zugegen

Apg	10,33	nun sind wir alle hier vor Gott z.

zugehen

5Mo	15,2	so soll's z. mit dem Erlaßjahr
	32,30	wie g.'s zu, daß einer Jes 1,21; Jer 46,15
Ri	20,3	sagt, wie ist die Schandtat zug.
1Sm	5,7	als die Leute von Aschdod sahen, das es so z.
1Kö	11,27	so g. es zu, als er die Hand aufhob
Spr	31,27	sie schaut, wie es in ihrem Hause z.
Pr	9,11	sah ich, wie es unter der Sonne z.
Jes	24,13	so g. es zu auf Erden
Jer	2,10	schaut, ob's daselbst so z.
2Ma	2,28	wie auch ohne Arbeit nicht z.
Lk	1,34	wie soll das z. *Jh 3,9*
1Ko	7,35	(das sage ich,) damit es recht z. 2Ko 8,21
	14,40	laßt alles ehrbar und ordentlich z.

zugehören

1Mo	40,8	Auslegen g. Gott zu
3Mo	21,4	der ihm z. unter seinem Volk

zügellos

Sir	30,8	ein z. Sohn wird ungebärdig

zügeln

Sir	18,30	z. dein Verlangen

zugesellen

1Mo	3,12	das Weib, das du mir z. hast, gab mir

zugestehen

1Ma	10,6	daß er ihm das Recht z. wollte; 8
	13,37	Lasten erleichtern, wie wir z. 2Ma 11,35

zugetan

1Mo	29,34	nun wird mein Mann mir z. sein
2Sm	1,23	Saul und Jonatan, einander z.
Sir	45,1	Mose, dem Gott und Mensch z. waren

zugleich

2Mo	23,18	Blut nicht z. mit Sauerteig opfern 34,25
5Mo	12,23	nicht z. mit dem Fleisch das Leben essen
	22,10	sollst nicht ackern z. mit Rind und Esel
	11	ein Kleid, aus Wolle und Leinen z. gemacht
2Sm	12,3	daß es groß wurde z. mit seinen Kindern
2Kö	17,41	fürchteten den HERRN und dienten z. Götzen
1Ch	10,6	so starben Saul und z. seine drei Söhne
Hi	6,2	Kummer und Leiden z. auf die Waage legen
Jes	41,20	damit man z. sehe und erkenne
Jer	6,21	daran sich Väter und Söhne z. stoßen
Am	9,13	daß man z. ackern... und säen wird

Ze	1,5	schwören bei dem HERRN und z. bei Milkom
Jdt	6,13	sie klagten und weinten alle z.
Wsh	17,18	sie waren alle z. gefangen
Bar	6,49	wo sie sich z. mit den Götzen verbergen
Mt	13,29	damit ihr nicht z. den Weizen mit ausrauft
1Ko	10,21	nicht z. den Kelch des Herrn trinken und den Kelch der bösen Geister
2Ko	1,18	daß unser Wort nicht Ja und Nein z. ist
Kol	4,3	betet z. auch für uns
1Th	4,17	z. mit ihnen entrückt werden in die Luft
	5,10	damit wir z. mit ihm leben

zugreifen

2Sm	6,6	g. Usa zu und hielt die Lade Gottes fest
Sir	31,21	g. nicht zuerst zu
	42,6	zu verschließen, wo viele z. können

zugrunde richten

4Mo	32,15	werdet's ganz z. r.
1Sm	6,5	Mäuse, die euer Land z. ger. haben
2Sm	20,19	willst eine Stadt in Israel z. r.
1Kö	13,34	Sünde d. Hause Jerobeams, daß es z. ger.
Spr	29,4	wer viel Steuern erhebt, r. es z.
Pr	7,16	damit du dich nicht z. r.
Am	8,4	die ihr die Elenden im Lande z. r.
Wsh	18,15	in das Land, das z. ger. werden sollte
Sir	5,9	dann wird er vergelten und dich z. r.
	6,4	so r. wilde Leidenschaften einen Mann z.
	10,3	ein zuchtloser König r. Land und Leute z.
	19	Gott hat das Land der Heiden z. ger.
	28,15	er r. viele z., die in Frieden leben
	29,24	Bürge werden hat reiche Leute z. ger.
	39,36	geschaffen, um die Gottlosen z. r.
1Ma	13,1	um das Land Juda anzugreifen und z. zu r.
	14,31	die Feinde wollten das Land z. r.
Eph	4,22	legt ab den alten Menschen, der sich z. r.

zugrundegehen, zugrunde gehen

4Mo	4,18	sollt den Stamm... nicht z. g. lassen
Jos	22,20	g. er nicht z. wegen seiner Missetat
1Sm	2,10	die mit dem HERRN hadern, sollen z. g.
Hi	13,19	dann wollte ich schweigen und z. g.
Ps	82,7	werdet wie ein Tyrann z. g.
Spr	16,18	wer z. g. soll, wird zuvor stolz 18,12
Pr	7,15	da ist ein Gerechter, der g. z.
Jer	10,15	(ihre Götter) müssen z. g. 51,18
	48,36	das Gut, das sie gesammelt, ist z. geg.
Hes	26,17	ach, wie bist du z. geg.
Am	3,15	die elfenbeingeschmückten Häuser sollen z. g.
Wsh	10,3	g. er in brudermörderischem Grimm z.
	17,9	sie z. g., weil sie sich weigerten
	18,19	damit sie nicht z. g., ohne zu wissen
Tob	14,6	Ninive wird nun bald z. g. 13
Sir	2,9	weicht nicht, damit ihr nicht z. g.
	31,5	wer Gewinn sucht, der wird damit z. g.
	40,14	aber zuletzt g. sie doch.
2Ma	5,14	daß in drei Tagen 8.000 Menschen z. g.
	8,3	über die Stadt, die eben z. g.
1Ko	8,11	durch deine Erkenntnis der Schwache z. g.
Off	8,9	*der dritte Teil der Schiffe g. z.*

zugut, zugute

1Mo	20,16	eine Decke über den Augen aller, dir z.
3Mo	26,45	will ihnen z. an meinen Bund gedenken

zugut

5Mo	30,9	wird sich wieder über dich freuen, dir z.
Rut	4,6	löse dir z., was ich hätte lösen sollen
2Sm	15,34	mir z. den Ratschlag zunichte machen
Spr	9,12	bist du weise, so bist du's dir z.
Jes	48,9	bezähme ich mich dir z.
Rö	9,3	*möchte verflucht sein meinen Brüdern z.*
	13,4	sie ist Gottes Dienerin, dir z.
2Ko	11,1	ihr hieltet mir ein wenig Torheit z.
Kol	1,24	*seinem Leibe z., welcher ist die Gemeinde*
Heb	13,22	*haltet das Wort der Ermahnung mir z.*

zugut, zugute kommen

5Mo	30,9	wird dir Glück geben, daß dir's z. k.
Hes	18,20	die Gerechtigkeit soll ihm allein z. k.
Sir	3,16	wird dir für deine Sünden z. k.
	39,32	das alles k. den Frommen z.
Jh	4,38	euch ist ihre Arbeit z. gek.

zuhalten

5Mo	15,7	d. Hand nicht z. gegenüber deinem Bruder
Hi	5,16	die Bosheit muß ihren Mund z.
Jes	33,15	wer seine Augen z.
	52,15	auch Könige werden ihren Mund vor ihm z.
Dan	6,23	Engel, der den Löwen den Rachen zug. hat
Mi	7,16	daß die Heiden ihre Ohren z.
Sir	27,15	wo es Streit gibt, muß man sich die Ohren z.
Apg	7,57	sie schrien und h. sich ihre Ohren zu
	27,40	h. auf das Ufer zu

zuhauen

2Mo	34,1	h. dir 2 steinerne Tafeln zu 4; 5Mo 10,1.3

zuhauf

1Mo	49,2	kommt z. und höret zu
Apg	4,26	*die Fürsten versammeln sich z.*

zuhäufen

Hi	22,25	wie Silber, das dir zug. wird

zuhören

1Mo	23,11	mein Herr, h. mir zu
	49,2	kommt zuhauf und h. zu
5Mo	20,3	Israel, h. zu
Ri	5,3	h. zu, ihr Könige
1Ch	28,2	h. mir zu, meine Brüder und mein Volk 2Ch 13,4; 15,2; 20,20; 29,5
Hi	15,8	hast du im heimlichen Rat Gottes zug.
	17	dir's zeigen, h. mir zu 21,2; 32,10; 33,31.33
	29,21	sie h. mir zu und schwiegen
	34,10	h. mir zu, ihr weisen Männer 34
Ps	34,12	kommt her, ihr Kinder, h. mir zu
	49,2	h. zu, alle Völker Jes 49,1
	66,16	h. zu, alle, die ihr Gott fürchtet
Spr	1,5	wer weise ist, der h. zu
Jes	34,1	die Erde h. zu Jer 6,19
	46,3	h. mir zu, ihr vom Hause Jakob 48,12
	12	h. mir zu, ihr trotzigen Herzen
	51,1	h. mir zu, die ihr die Gerechtigkeit 7
	4	ihr Menschen, h. mir zu
Jer	5,21	h. zu, ihr tolles Volk
Hes	2,2	h. dem zu, der mit dir redete
	40,4	sieh her und h. fleißig zu
Sir	3,32	wer sie liebhat, der h. aufmerksam zu
	6,34	h. du gerne zu, so wirst du sie empfangen
Sir	19,9	man h. dir wohl zu, aber man hütet sich
	21,19	wenn ein Weiser redet, h. man gern zu
Bar	4,9	h. zu, ihr Nachbarn Zions
Mt	15,10	h. zu und begreift's Mk 7,14
Mk	4,3	h. zu! Siehe, es ging ein Sämann aus
	6,2	viele, die z., verwunderten sich Lk 2,47
	12,28	einer von den Schriftgelehrten, der ihnen zug. hatte
Lk	2,46	mitten unter den Lehrern, wie er ihnen z.
	6,27	ich sage euch, die ihr z.
	8,18	seht nun darauf, wie ihr z.
	10,39	die setzte sich dem Herrn zu Füßen und h. seiner Rede zu
	19,11	als sie z., sagte er ein weiteres Gleichnis
	20,45	als alles Volk z., sprach er zu seinen Jüngern
Jh	3,29	der Freund des Bräutigams, der dabeisteht und ihm z.
	10,20	was h. ihr ihm zu
	12,29	da sprach das Volk, das dabeistand und z.
Apg	4,4	*viele, die dem Wort z.*
	7,2	liebe Brüder und Väter, h. zu 13,16; 15,13; 22,1; Jak 2,5
	8,6	als sie ihm z. und die Zeichen sahen
	10,44	fiel der heilige Geist auf alle, die dem Wort z.
	15,12	die ganze Menge h. Paulus und Barnabas zu
	16,14	gottesfürchtige Frau mit Namen Lydia h. zu
	18,8	viele Korinther h. zu, wurden gläubig
	22,22	sie h. ihm zu bis zu diesem Wort
2Ti	2,14	zu nichts nütze, als die zu verwirren, die z.

zujauchzen

4Mo	23,21	es j. dem König zu
Ps	60,10	Philisterland, j. mir zu

zukehren

2Ch	29,6	der Wohnung des HERRN den Rücken zug.
Neh	3,8	waren dem Gesetzbuch zug.
	9,29	k. dir den Rücken zu Jer 2,27; 32,33; Sa 7,11
Jer	4,1	willst du dich bekehren, so k. dich zu mir
	7,24	wollten nicht ihre Ohren mir z... k. mir den Rücken zu 26; 11,8; 17,23; 25,4; 34,14; 35,15; 44,5
2Ti	4,4	werden sich den Fabeln z.

zukommen

2Sm	15,36	durch die könnt ihr mir alles z. lassen
Mt	14,29	Petrus stieg aus dem Boot und k. auf Jesus zu
Lk	12,33	*einen Schatz im Himmel, wo kein Dieb z.*
1Ti	6,16	*in einem Licht, da niemand z. kann*

zukommen (gebühren)

4Mo	31,43	die Hälfte, die der Gemeinde z.
Spr	31,15	sie gibt dem Gesinde, was ihm z.
Jer	32,7	kaufe... dir k. es als Erstem zu 8
Sir	32,4	du kannst reden, weil es dir z.
	38,16	verhülle seinen Leib, wie es ihm z.
Mt	15,5	*was dir sollte von mir z. Mk 7,11*

Zukunft

2Sm	7,19	für die ferne Z. Zusagen gegeben 1Ch 17,17
1Ti	6,19	Schatz sammeln als guten Grund für die Z.

zukünftig

Wsh	8,8	so ist es die Weisheit, die das Z. errät
Sir	42,20	er verkündet, was vergangen und was z. ist
Mk	10,30	in der z. Welt das ewige Leben Lk 18,30
Lk	3,7	*daß ihr dem z. Zorn entrinnen werdet*
Jh	16,13	was z. ist, wird er euch verkündigen
Apg	24,25	als Paulus von dem z. Gericht redete
Rö	5,2	rühmen uns der Hoffnung der z. Herrlichkeit
	8,38	weder Gegenwärtiges noch Z. 1Ko 3,22
Eph	1,21	nicht allein in dieser Welt, auch in der z.
Kol	2,17	alles nur ein Schatten des Z. Heb 10,1
1Th	1,10	Jesus, der uns von dem z. Zorn errettet
1Ti	4,8	hat die Verheißung dieses und des z. Lebens
	6,19	*einen guten Grund legen aufs Z.*
Heb	2,5	nicht Engeln untertan gemacht die z. Welt
	6,5	das Wort Gottes und die Kräfte der z. Welt
	9,11	Christus ist gekommen als ein Hoherpriester der z. Güter
	11,19	er ihn als Zeichen des Z. wiederbekam
	20	segnete Isaak den Jakob im Blick auf die z. Dinge
	13,14	die z. (Stadt) suchen wir

zulachen

Hi	29,24	wenn ich ihnen z., faßten sie Vertrauen

zulassen

1Mo	20,6	habe nicht zug., daß du sie berührtest
Ri	1,34	l. nicht zu, daß sie herunter kämen
Pr	5,5	l. nicht zu, d. d. Mund dich in Schuld
Hes	4,15	will Kuhmist statt Menschenkot zu
Hos	5,4	ihre bösen Taten l. es nicht zu
Mt	3,15	da l. er's ihm zu
Mk	5,19	Jesus l. es ihm nicht zu 11,16
	10,4	hat zug., einen Scheidebrief zu schreiben
	11,6	wie Jesus geboten, und die l.'s zu
Apg	16,7	der Geist Jesu l. es ihnen nicht zu
	19,30	l.'s ihm die Jünger nicht zu
1Ko	14,34	*soll nicht zug. werden, daß sie reden*
	16,7	wenn es der Herr z. Heb 6,3
Phl	4,10	aber die Zeit hat's nicht zug.
Off	11,9	l. nicht z., daß ihre Leichname ins Grab

zulaufen

Ps	73,10	der Pöbel l. ihnen zu in Haufen
1Ma	3,9	daß alle Unterdrückten ihm z. 9,66

zulegen

Jes	38,5	will deinen Tagen noch 15 Jahre z.

zuleide tun

1Sm	25,7	haben ihnen nichts z. get. 15
	26,9	David sprach zu Abischai: T. ihnen nichts z.
2Sm	13,21	David t. seinem Sohn Amnon nichts z.
Jdt	11,1	ich habe nie einem Menschen etwas z. get.
Sir	28,2	vergib d. Nächsten, was er dir z. get. hat

zuletzt

1Mo	33,2	(Jakob) stellte Rahel mit Josef z.
4Mo	24,20	Amalek, z. wird es umkommen
5Mo	32,20	will sehen, was ihnen z. widerfahren wird
Esr	4,13	z. wird es den Königen Schaden bringen
Ps	37,37	einem solchen wird es z. gutgehen
	37,38	die Gottlosen werden z. ausgerottet
Spr	14,12	z. bringt (ein Weg) ihn zum Tode 16,25
	20,21	das Erbe wird z. nicht gesegnet sein
	25,8	was willst du z. machen, wenn
	28,23	wer zurechtweist, wird z. Dank haben
	29,11	ein Weiser beschwichtigt ihn z.
Jer	17,11	muß z. noch Spott dazu haben
Klg	1,9	daß es ihr z. so gehen würde
Dan	4,5	bis z. Daniel vor mich trat
Wsh	2,16	wie es die Gerechten z. gut haben werden
	3,17	ihr Alter wird z. doch ohne Ehre sein
Sir	3,28	ein... Mensch nimmt z. ein schlimmes Ende
	12,12	damit du z. an meine Worte denken mußt
	14,7	z. kommt doch seine Habgier zum Vorschein
	17,19	z. wird er aufstehen und jedem vergelten
	20,27	z. kommen sie beide an den Galgen
	21,5	wer Gewalt tut, muß z. zum Bettler werden
	30,10	damit du nicht z. die Zähne zusammenbeißen mußt
	31,26	so wirst du z. meine Worte wahr finden
	40,2	da sind immer... und z. der Tod
	14	aber z. gehen sie doch zugrunde
	47,30	daß sie z. aus ihrem Lande vertrieben wurden
	48,27	er schaute, was z. geschehen sollte
Mt	21,37	sandte er seinen Sohn *Mk 12,6*
	22,27	z. nach allen starb die Frau *Lk 20,32*
	25,11	*z. kamen auch die andern Jungfrauen*
	26,60	z. traten zwei herzu
Mk	16,14	z. offenbarte er sich ihnen
Lk	18,5	damit sie nicht z. komme und... schlage
1Ko	15,8	z. von allen ist er von mir gesehen worden
2Ko	13,11	z., liebe Brüder, freut euch
Eph	6,10	z.: Seid stark in dem Herrn
Heb	6,8	ist dem Fluch nahe, so daß man sie z. abbrennt

zuliebe

2Kö	16,18	dem König von Assyrien z.
Gal	1,10	predige ich jetzt Menschen oder Gott z.

zumachen

Jdt	13,2	Bagoas m. die Kammer zu

zumauern

Jes	58,12	du sollst heißen „Der die Lücken z."

zumessen

Jer	13,25	dein Teil, den ich dir zug. habe
Jdt	7,12	man hatte das Wasser zug.
1Ko	7,17	wie der Herr es ihm zug. hat
2Ko	10,13	uns rühmen nach dem Maß, das uns Gott zug. 15

zunähen

Pr	3,7	z. hat seine Zeit

Zuname

1Ma	2,2	fünf Söhne: Johannes mit dem Z. Gaddi 3-5
Apg	1,23	*Joseph, gen. Barsabas, mit dem Z. Justus*
	4,36	*Joseph, genannt mit dem Z. Barnabas*
	10,5	*Simon mit dem Z. Petrus 18.32; 11,13*
	12,12	*Johannes, mit dem Z. Markus 25; 15,37*
	15,22	*Judas, mit dem Z. Barsabas*

zunehmen

1Mo	26,13	(Isaak) n. immer mehr zu
1Sm	2,26	Samuel n. zu an Alter und Gunst
2Sm	3,1	David n. zu an Macht 5,10; 1Ch 11,9
1Kö	22,35	der Kampf n. immer mehr zu 2Ch 18,34
2Ch	16,12	seine Krankheit n. sehr zu
Hi	8,7	was du wenig gehabt hast, wird z.
	17,9	wer reine Hände hat, n. an Stärke zu
	21,7	werden alt und n. zu an Kraft
Spr	9,9	den Gerechten, so wird er in der Lehre z.
Hes	41,7	deshalb n. die Breite zu
Tob	14,4	seine Gottesfurcht n. noch zu
Sir	23,3	damit meine Sünden nicht z.
	43,7	ein Licht, das abnimmt und wieder z.
Lk	2,52	Jesus n. zu an Weisheit, Alter und Gnade
Apg	16,5	die Gemeinden. n. täglich zu an Zahl 6,1
1Ko	15,58	seid fest und n. zu in dem Werk des Herrn
Gal	1,14	n. zu im Judentum weit über viele
2Th	1,3	eure gegenseitige Liebe n. zu bei euch allen
1Ti	4,15	daß dein Z. allen offenbar werde
1Pt	2,2	damit ihr durch sie z. zu eurem Heil

zuneigen

Ri	9,3	ihr Herz n. sich Abimelech zu
1Kö	11,2	werden eure Herzen ihren Göttern z. 4
Spr	2,2	(wenn) du dein Herz der Einsicht z.
Sir	9,13	damit nicht dein Herz sich ihr z.
Apg	8,6	das Volk n. einmütig dem zu, was Philippus

Zunftgenosse

Hi	40,30	die Z. werden um ihn feilschen

Zunge

1Mo	11,1	es hatte aber alles Volk einerlei Z.
2Mo	4,10	Mose sprach: ich hab eine schwere Z.
Jos	10,21	wagte niemand, gegen Israel seine Z. zu regen
Ri	7,5	wer mit seiner Z. Wasser leckt
2Sm	23,2	sein Wort ist auf meiner Z.
Hi	5,21	wird dich verbergen vor der Geißel der Z.
	6,30	ist auf meiner Z. Unrecht
	15,5	hast erwählt eine listige Z.
	20,12	daß er es birgt unter seiner Z.
	16	die Z. der Schlange wird ihn töten
	27,4	meine Z. sagt keinen Betrug
	29,10	klebte an ihrem Gaumen Ps 22,16; 137,6; Klg 4,4; Hes 3,26
	33,2	meine Z. redet in meinem Munde
	40,25	seine Z. mit einer Fangschnur fassen
Ps	5,10	mit ihren Z. heucheln sie Rö 3,13
	10,7	seine Z. richtet Mühsal und Unheil an
	12,4	die Z., die hoffärtig redet
	5	sagen: Durch unsere Z. sind wir mächtig
	15,3	wer mit seiner Z. nicht verleumdet
	31,21	du deckst sie vor den zänkischen Z.
	34,14	behüte deine Z. vor Bösem
	35,28	meine Z. soll reden von deiner Gerechtigk.
	37,30	seine Z. lehrt das Recht
	39,2	daß ich nicht sündige mit meiner Z.
	4	so rede ich denn mit meiner Z.
	45,2	meine Z. ist ein Griffel eines Schreibers
	50,19	deine Z. treibt Falschheit
	51,16	daß meine Z. deine Gerechtigk. rühme 71,24
	52,4	deine Z. trachtet nach Schaden 6
	55,10	mache ihre Z. uneins, Herr
	57,5	ihre Z. (sind) scharfe Schwerter 64,4
Ps	64,9	ihre eigene Z. bringt sie zu Fall
	66,17	ich pries ihn mit meiner Z.
	78,36	belogen ihn mit ihrer Z.
	109,2	reden wider mich mit falscher Z.
	119,172	meine Z. soll singen von deinem Wort
	120,2	errette mich von den falschen Z.
	3	was soll er dir antun, du falsche Z.
	126,2	dann wird unsre Z. voll Rühmens sein
	139,4	kein Wort auf meiner Z., das du nicht wußtest
	140,4	sie haben scharfe Z. wie Schlangen
Spr	6,17	sind ihm ein Greuel: falsche Z.
	24	vor der glatten Z. der Fremden
	10,20	des Gerechten Z. ist kostbares Silber
	31	die falsche Z. wird ausgerottet 12,19; 17,20
	12,18	die Z. der Weisen bringt Heilung
	13,3	wer seine Z. hütet, bewahrt s. Leben 21,23
	15,2	der Weisen Z. bringt gute Erkenntnis
	4	eine linde Z. ist ein Baum des Lebens
	16,1	vom HERRN kommt, was die Z. reden wird
	17,4	ein Falscher hört gern auf schädliche Z.
	18,21	Tod und Leben stehen in der Z. Gewalt
	25,15	eine linde Z. zerbricht Knochen
	26,28	falsche Z. haßt den, dem sie Arges getan
	31,26	auf ihrer Z. ist gütige Weisung
Hl	4,11	Honig und Milch sind unter deiner Z.
Jes	11,15	wird austrocknen die Z. des Meeres
	28,11	Gott wird mit einer fremden Z. reden 1Ko 14,21
	30,27	seine Z. wie ein verzehrendes Feuer
	32,4	die Z. der Stammelnden wird klar reden
	33,19	das Volk von stammelnder Z.
	35,6	die Z. der Stummen wird frohlocken
	41,17	ihre Z. verdorrt vor Durst
	45,23	mir sollen alle Z. schwören Rö 14,11
	50,4	eine Z., wie sie Jünger haben
	54,17	jede Z. sollst du schuldig sprechen
	57,4	über wen wollt ihr die Z. herausstrecken
	59,3	eure Z. spricht Bosheit
	66,18	ich komme, um alle Z. zu versammeln
Jer	9,2	sie schießen mit ihren Z. lauter Lüge
	7	ihre falschen Z. sind tödliche Pfeile
Hos	7,16	werden fallen wegen der Frechheit ihrer Z.
Mi	6,12	ihre Einwohner haben falsche Z.
Ze	3,13	man wird keine betrügerische Z. finden
Sa	14,12	ihre Augen werden verwesen und ihre Z.
Wsh	1,11	bewahrt die Z. vor böser Nachrede
Sir	4,29	Einsicht in dem, was die Z. spricht
	5,15	der Mensch kommt durch seine Z. zu Fall
	22,33	damit meine Z. mich nicht verdirbt
	26,8	die Geißel der Z. ist allen gemeinsam
	28,21	die Z. zerschmettert die Knochen
	36,21	wie die Z. das Wildbret schmeckt
	37,21	darüber regiert allezeit die Z.
	51,3	m. Leib vor dem Strick der falschen Z. erlöst 7
	30	der Herr hat mir eine neue Z. gegeben
Bar	6,8	ihre Z. ist vom Künstler fein gemacht
2Ma	7,4	gebot, man sollte ihm die Z. ausschneiden 10
	15,33	er schnitt dem Nikanor die Z. aus
Mk	7,33	berührte seine Z. mit Speichel
	35	die Fessel seiner Z. löste sich
	16,17	werden in neuen Z. reden
Lk	1,64	sogleich wurde seine Z. gelöst
	16,24	damit er mir die Z. kühle
Apg	2,3	es erschienen ihnen Z., wie von Feuer
	4	*zu predigen in andern Z.* 11
	26	ist mein Herz fröhlich, meine Z. frohlockt
	10,46	denn sie hörten, daß sie in Z. redeten 19,6
Rö	3,13	mit ihren Z. betrügen sie
	14,11	alle Z. sollen Gott bekennen

1Ko	12,10	einem andern, die Z. auszulegen
	28	Gott hat gesetzt mancherlei Z.
	30	reden alle in Z.
	14,2	wer in Z. redet, der 4.13
	5	ich wollte, daß ihr alle in Z. reden könntet
	6	wenn ich zu euch käme und redete in Z. 14
	9	wenn ihr in Z. redet, wie kann man wissen, was gemeint ist
	18	ich danke Gott, daß ich mehr in Z. rede als ihr
	19	lieber fünf Worte mit meinem Verstand als 10. 000 Worte in Z.
	21	ich will in andern Z. reden zu diesem Volk
	23	wenn alle redeten in Z.
	27	wenn jemand in Z. redet
Phl	2,11	alle Z. bekennen sollen, daß Jesus der Herr
1Pt	3,10	der hüte seine Z., daß sie nichts Böses rede
1Jh	3,18	nicht lieben mit Worten noch mit der Z.
Jak	1,26	wenn jemand hält seine Z. nicht im Zaum
	3,5	so ist auch die Z. ein kleines Glied
	6	Z. ist ein Feuer, eine Welt voll Ungerechtigk.
	8	die Z. kann kein Mensch zähmen
Off	16,10	die Menschen zerbissen ihre Z. vor Schmerzen

Zungenrede

1Ko	12,10	(wird gegeben) einem andern mancherlei Z. 28
	14,22	die Z. ein Zeichen nicht für die Gläubigen
	26	wenn ihr zusammenkommt, hat jeder eine Z.
	39	wehrt nicht der Z.

Zungenreden

1Ko	13,8	wo doch das Z. aufhören wird

zunichte

4Mo	21,30	seine Herrlichkeit ist z. geworden
1Sm	2,9	die Gottlosen sollen z. werden
2Sm	15,34	den Ratschlag Ahitophels z. machen
	21,5	uns z. gemacht und vertilgen wollte
2Ch	36,19	daß alle ihre kostbaren Geräte z. wurden
Neh	4,9	daß Gott ihren Rat z. gemacht hatte
Est	8,3	daß er z. mache die Bosheit Hamans
Hi	5,12	er macht z. die Pläne der Klugen
	14,19	machst die Hoffnung des Menschen z.
	16,12	er hat mich z. gemacht Klg 3,11
	40,8	willst du mein Urteil z. machen
Ps	33,10	der HERR macht z. der Heiden Rat
	73,19	wie werden sie so plötzlich z.
	112,10	was die Gottlosen wollen, das wird z.
Spr	11,7	das Harren der Ungerechten wird z.
	15,22	die Pläne werden z., wo man nicht berät
	32	wer Zucht verwirft, macht sich selbst z.
Jes	10,18	Herrlichkeit seiner Wälder soll z. werden
	19,3	ich will ihre Anschläge z. machen
	7	alle Saat am Wasser wird z. werden
	26,14	hast jedes Gedenken an sie z. gemacht
	40,23	die Richter macht er z.
	44,25	der die Zeichen der Wahrsager z. macht
Jer	2,5	hingen Götzen an und wurden so z.
	10,24	daß du mich nicht ganz z. machst
	19,7	will den Gottesdienst Judas z. machen
	22,20	alle deine Liebhaber sind z. gemacht
Klg	2,9	er hat ihre Riegel z. gemacht
	3,53	haben mein Leben in der Grube z. gemacht
Hes	6,6	man wird eure Götzen z. machen
Hes	30,8	daß alle, die ihnen helfen, z. werden
Hos	12,12	verüben Greuel, darum werden sie z.
Am	5,5	Bethel wird z. werden
Ob	5	wie sollst du dann z. werden
	8	will die Weisen in Edom z. machen
Mi	5,9	will deine Wagen z. machen
Nah	1,14	du bist z. geworden
1Ma	1,41	alle ihre Herrlichkeit wurde z.
	2,63	sein Vorhaben ist z. geworden
	4,30	der du den Angriff des Starken z. gemacht
StE	3,7	sie wollen deine Verheißungen z. machen
Apg	5,36	*alle, die ihm zufielen, sind z. geworden*
	13,41	wundert euch und werdet z.
1Ko	1,17	damit nicht das Kreuz Christi z. werde
	19	will z. machen die Weisheit der Weisen 28
	6,13	das eine wie das andere z. machen
	9,15	nein, meinen Ruhm soll niemand z. machen
2Ko	9,3	damit nicht unser Rühmen z. werde
Gal	3,17	so daß die Verheißung z. würde

zuordnen

1Ma	6,35	jedem Elefanten 500 Reiter zug.
Apg	1,26	Matthias wurde zug. zu den elf Aposteln

Zur

4Mo	25,15	¹Kosbi, eine Tochter Z. 31,8; Jos 13,21
1Ch	8,30	²(Jeïels Sohn) Z. 9,36

zurechnen

1Mo	50,23	wurden dem Hause Josefs zug.
3Mo	7,18	dem wird es auch nicht zug. werden
Jos	13,3	Gebiet, das den Kanaanitern zug. wird
Ps	32,2	dem der HERR der Schuld nicht z.
Jon	1,14	r. uns nicht unschuldiges Blut zu
Rö	4,4	wird der Lohn nicht aus Gnade zug.
	6	dem Gott z. die Gerechtigkeit ohne Zutun der Werke
	8	selig ist der Mann, dem der Herr die Sünde nicht z.
	10	wie ist er ihm denn zug. 23
	24	unsertwillen, denen es zug. werden soll
	5,13	*da wird Sünde nicht zug.*
1Ko	13,5	(die Liebe) r. das Böse nicht zu
2Ko	3,5	uns etwas z. als von uns selber
	5,19	Gott r. ihnen ihre Sünden nicht zu
Phl	4,17	*die Frucht, damit sie euch zug. werde*
2Ti	4,16	es sei ihnen nicht zug.

zurechtbringen

3Mo	26,23	werdet ihr euch nicht z. lassen
5Mo	4,36	seine Stimme hören lassen, um dich z.
Mt	17,11	Elia soll kommen und alles z. Mk 9,12
Mk	8,25	wurde wieder zurechtg. Lk 6,10
2Ko	13,11	laßt euch z., laßt euch mahnen
1Th	3,10	z., was eurem Glauben mangelt

zurechthelfen

Wsh	7,15	er ist's, der den Weisen z.
Gal	6,1	h. ihm wieder z. mit sanftmütigem Geist

zurechtkommen

Jer	8,4	wo ist jemand, der nicht gern wieder z.

zurechtweisen

zurechtweisen

3Mo	19,17	sollst deinen Nächsten z.
1Ch	16,21	er w. Könige z. um ihretwillen Ps 105,14
Hi	5,17	selig ist der Mensch, den Gott z.
	13,10	er wird euch hart z.
	22,4	wird dich wegen deiner Gottesfurcht z.
	32,12	war keiner unter euch, der Hiob z.
	40,2	wer Gott z., der antworte
Ps	50,21	ich will dich z.
	141,5	der Gerechte w. mich z.
Spr	3,11	sei nicht ungeduldig, wenn er dich z.
	12	wen der HERR liebt, den w. er z.
	9,7	wer den Gottlosen z., holt sich Schmach
	13,18	wer sich gern z. läßt, wird zu Ehren kommen
	15,12	der Spötter liebt den nicht, der ihn z.
	19,25	w. man den Verständigen z., so gewinnt er
	28,23	wer einen Menschen z., wird Dank haben
Jes	2,4	er wird z. viele Völker Mi 4,3
	29,21	stellen dem nach, der sie z.
Hes	3,26	daß du sie nicht mehr z. kannst
Hos	4,4	soll man niemand schelten noch z.
Am	5,10	sind dem gram, der sie im Tor z.
Ze	3,2	will nicht gehorchen noch sich z. lassen
	7	sollst dich z. lassen
Wsh	11,10	du hast ihre eine Vater zurechtg.
Sir	18,13	er w. z., erzieht und belehrt
	20,31	daß sie niemand mehr z. können
	32,21	ein Gottloser läßt sich nicht z.
	42,8	die Unverständigen und Toren z.
Mt	18,15	geh hin und w. ihn z. Lk 17,3
Lk	3,19	Herodes, der von Johannes zurechtg. wurde
	9,55	Jesus wandte sich um und w. sie z.
	19,39	Meister, w. deine Jünger z.
	23,40	da w. ihn der andere z. und sprach
1Th	5,14	w. die Unordentlichen z.
2Th	3,15	w. ihn z. als einen Bruder
1Ti	5,20	die da sündigen, w. z. vor allen
2Ti	2,25	mit Sanftmut die Widerspenstigen z.
	4,2	w. z., drohe, ermahne Tit 2,15
Tit	1,9	damit er die Kraft habe, z., die widersprechen
	13	w. sie scharf z.
Off	3,19	welche ich liebhabe, die w. ich z.

Zurechtweisung

Spr	1,23	kehret euch zu meiner Z.
	25	wenn ihr meine Z. nicht wollt 30
	10,17	wer Z. nicht achtet, geht in die Irre
	12,1	wer Z. haßt, der bleibt dumm 15,10
	15,5	wer Z. annimmt, ist klug
	27,5	Z. ist besser als Liebe, die verborgen
2Ti	3,16	alle Schrift ist nütze zur Z.
2Pt	2,16	*eine Z. für seine Übertretung empfing*

zureden

Rut	1,18	ließ sie ab, (Rut) z.
Klg	2,13	wie soll ich dir z.
2Ma	7,24	so r. er dem jüngsten Sohn zu
	11,32	sende ich Menelaus, um euch gut z.
Apg	16,39	kamen und r. ihnen zu
2Ko	8,4	haben uns mit vielem Z. gebeten
	6	Titus z., daß er diese Wohltat vollends ausrichte 12,18
	17	er ließ sich gerne z.

zurichten

1Mo	21,6	Gott hat mir ein Lachen zug.
	43,16	schlachte und r. zu
	45	sie r. das Geschenk zu
2Mo	27,21	sollen den Leuchter z. 30,7; 3Mo 24,8
3Mo	6,5	der Priester soll das Brandopfer z. 14,19; 4Mo 6,16.17; 28,8.15.24
Ri	6,19	Gideon r. ein Ziegenböcklein zu 13,15
2Sm	12,4	um dem Gast etwas z.
1Kö	6,7	waren die Steine bereits ganz zug.
	8,21	haben dort eine Stätte zug. der Lade
	17,12	will mir und meinem Sohn z.
	18,25	wählt einen Stier und r. zuerst zu 26.33
1Ch	9,32	Schaubrote, sie z. auf alle Sabbate 2Ch 2,3
Hi	33,20	(Gott) r. ihm sein Leben so zu
Ps	8,3	hast eine Macht zug. um der Feinde willen
	132,17	habe meinem Gesalbten eine Leuchte zug.
Jes	14,21	r. die Schlachtbank zu für seine Söhne
	65,11	die ihr dem Gad einen Tisch z.
Jer	5,26	Gottlose, die den Leuten Fallen z.
	34,18	will die Leute z. wie das Kalb
	51,39	will ihnen ein Mahl z.
Klg	1,22	r. sie zu, wie du mich zug. hast
Hos	11,8	wie mach ich dich z. wie Zebojim
Sa	10,3	wird sie z. wie ein Roß, das geschmückt
	12,2	will Jerusalem zum Taumelbecher z.
Mt	21,16	*aus dem Munde der Unmündigen Lob zug.*
Mk	14,15	dort r. für uns zu
Lk	1,17	z. dem Herrn ein Volk, das wohl vorbereitet
	5,29	Levi r. ihm ein großes Mahl zu
	9,39	*wenn (ein Geist) ihn so z.*
	17,8	r. zu, was ich zu Abend esse
Apg	19,16	r. sie so zu, daß sie nackt flohen
Rö	9,22	*die da zug. sind zur Verdammnis*

Zuriël

4Mo	3,35	Z., der Sohn Abihajils

Zurischaddai

4Mo	1,6	Schelumiël, der Sohn Z. 2,12; 7,36.41; 10,19

zürnen

1Mo	18,30	z. nicht, Herr, daß ich noch mehr rede 32
	31,35	z. nicht, denn ich kann nicht aufstehen
	45,5	denkt nicht, daß ich darum z.
Jos	22,18	wird er über die ganze Gemeinde Israel z.
2Sm	19,43	warum z. ihr darüber
1Kö	8,46	z. ihnen und gibst sie dahin 2Ch 6,36
Esr	9,14	wirst du nicht über uns z.
Ps	2,12	daß er nicht z. und ihr umkommt
	4,5	z. ihr, so sündigt nicht Eph 4,26
	76,8	wer kann vor dir bestehen, wenn du z.
	79,5	wie lange willst du so sehr z. 80,5
	85,6	willst du ewiglich über uns z. Jer 3,5
	89,39	du z. mit deinem Gesalbten
	90,11	wer glaubt's aber, daß du so sehr z.
Spr	22,14	wem der HERR z., der fällt hinein
Pr	5,5	Gott könnte z. über deine Worte
Hl	1,6	meiner Mutter Söhne z. mit mir
Jes	8,21	werden sie z. und fluchen ihrem König
	10,6	gebe ihm den Befehl wider das Volk, dem ich z.
	27,4	ich z. nicht
	54,9	geschworen, daß ich nicht mehr z. will
	57,16	ich will nicht ewiglich z. Jer 3,12
	17	verbarg mich und z.
	64,4	du z., als wir gegen dich sündigten

zurückhalten

Jes	64,8	HERR, z. nicht so sehr
Hes	16,42	so daß ich nicht mehr z. muß
Jon	4,4	meinst du, daß du mit Recht z. 9
Mal	1,4	ein Volk, über das der HERR ewiglich z.
Jdt	8,13	Gott z. nicht wie ein Mensch
Tob	3,14	wenn du gez. hast, erweist du Gnade
	5,21	z. mir nicht, daß ich gefragt habe
2Ma	5,20	im Stich gelassen, als der Allmächtige z.
Mt	5,22	wer mit s. Bruder z., ist des Gerichts schuldig
Jh	7,23	was z. ihr mir, weil ich am Sabbat
Rö	3,5	ist Gott nicht ungerecht, wenn er z.

zurückbehalten

Jh	2,10	du hast den guten Wein bis jetzt zurückb.
Apg	5,3	daß du etwas vom Geld für den Acker z. hast

zurückbekommen

2Ma	3,38	wirst ihn z., nachdem er gegeißelt worden

zurückbleiben

1Mo	32,25	(Jakob) b. allein z.
5Mo	25,18	erschlugen, die hinter dir zurückg.
Jos	8,17	daß nicht ein Mann in Ai und Bethel z.
1Sm	30,9	als sie an den Bach kamen, b. etliche z. 10
Jes	39,6	daß nichts z., spricht der HERR
1Ma	5,42	dafür zu sorgen, daß keiner z.
Apg	17,14	Silas und Timotheus b. z.
1Th	3,1	beschlossen, in Athen allein z.
Heb	4,1	daß keiner von euch etwa z.

zurückbringen

1Mo	14,16	(Abram) b. alle Habe wieder z.
	24,5	soll ich deinen Sohn z. in jenes Land
	48,21	Gott wird euch z. in das Land eurer Väter
4Mo	35,25	soll ihn z. lassen zu der Freistadt
1Sm	6,21	die Philister haben die Lade zurückg.
	30,19	David b. alles z.
2Sm	14,21	geh hin und b. Absalom z. 15,8
	15,25	zu Zadok: B. die Lade in die Stadt z. 29
	17,3	(will) das ganze Kriegsvolk zu dir z.
1Kö	2,40	b. er seine Knechte von Gat z.
	8,34	wollest sie z. in das Land 2Ch 6,25
	12,21	das Königtum an Rehabeam z. 2Ch 11,1
	13,29	hob den Leichnam auf und b. ihn z.
	14,28	die Leibwache b. sie in die Wachstube z.
2Ch	19,4	b. sie z. zu dem HERRN
Esr	6,5	soll sie z. in den Tempel
Ps	126,4	HERR, b. z. unsre Gefangenen
Jes	49,5	daß ich Jakob zu ihm z. soll
Jer	12,15	will einen jeden in sein Land z. 16,15
	14,3	sie b. ihre Gefäße leer z.
	27,22	Tag, an dem ich sie wieder z. lasse
	41,16	Volk, das er von Gibeon zurückg. hatte
Klg	5,21	b. uns, HERR, zu dir z.
Hes	34,16	ich will das Verirrte z.
	39,27	(wenn) ich sie aus den Völkern zurückg.
Sa	10,10	will sie z. aus Ägyptenland
Jdt	13,20	hat mich ohne Beflockung zurückg.
Tob	5,16	ich will ihn wieder zu dir z. 22; 12,3
Sir	48,5	hast einen Toten aus dem Totenreich zurückg.
Bar	2,34	ich will sie z. in das Land, das
	5,9	Gott wird Israel z. mit Freuden
Mt	27,3	er b. die dreißig Silberlinge z.

zurückfallen

1Mo	49,17	in die Fersen beißen, daß sein Reiter z.
Est	9,25	die Anschläge auf seinen Kopf z.
Hes	46,17	dann soll es an den Fürsten z.
Sir	11,11	müht sich und f. doch immer mehr z.

zurückfordern

Jer	34,11	hatten die Sklaven zurückg. 16
Lk	6,30	wer dir das Deine nimmt, von dem f. es nicht z.

zurückführen

1Kö	13,19	(der Prophet) f. ihn wieder z. 20.23.26
2Kö	19,28	will dich den Weg z., den du hergekommen
Neh	9,29	um sie zu deinem Gesetz z.
Hes	47,6	er f. mich z. am Ufer entlang
Sir	18,13	er f. z. wie ein Hirt seine Herde

zurückgeben

Ri	11,13	so g. mir's nun gutwillig z.
	17,3	g. (Micha) s. Mutter die Silberstücke z. 4
1Sm	12,3	da sprach Samuel: Ich will's euch z.
2Sm	9,7	will dir den Besitz d. Vaters Saul z.
	16,3	wird mir Israel meines Vaters Königtum z.
1Kö	20,34	die Städte will ich dir z.
Esr	6,5	soll z. die Geräte des Hauses Gottes
Neh	5,11	g. ihnen noch heute ihre Äcker z. 12
Hi	33,26	wird dem Menschen seine Gerechtigkeit z.
Ps	69,5	ich soll z., was ich nicht geraubt habe
Hes	18,7	der dem Schuldner sein Pfand z. 12; 33,15
Tob	2,21	g.'s dem Besitzer z.
	4,21	wie du ihm seinen Schuldschein z. kannst
	10,2	niemand will das Geld z.
Sir	29,2	g.'s dem Nächsten wiederum z.
	6	wenn er's z. soll, verzögert er's 7
1Ma	10,9	Jonatan g. sie ihren Eltern z.
	15,31	wenn ihr mir das nicht wieder z. wollt
2Ma	7,23	wird euch das Leben gnädig z.
Lk	19,8	wenn ich jemanden betrogen habe, so g. ich es vierfach z.
Off	18,6	g. ihr zweifach z. nach ihren Werken

zurückgehen

4Mo	23,5	g. z. zu Balak 16
1Sm	2,20	Elkana und seine Frau g. z. an ihren Ort
1Kö	13,9	nicht den Weg z., den du gekommen 17
2Kö	4,31	Gehasi g. z. Elisa entgegen
	20,9	soll der Schatten zehn Striche z. 10.11; Sir 48,26
Hi	23,8	g. ich z., so spüre ich ihn nicht

zurückgewinnen

1Sm	30,18	so g. David alles z. 22
2Kö	13,25	Joasch g. die Städte z.

zurückhalten

2Mo	22,28	den Ertrag deines Feldes sollst du nicht z.
1Sm	25,33	mich zurückg. hast, in Blutschuld zu geraten
Hi	4,2	Worte z., wer kann's
	12,15	wenn er das Wasser z., wird alles dürr
	20,13	daß er es z. in seinem Gaumen
	29,10	die Fürsten h. ihre Stimme z.
	37,4	h. er die Blitze nicht z.

zurückhalten 1694

Spr 10,14 die Weisen h. mit ihrem Wissen z.
11,26 wer Korn z., dem fluchen die Leute
25,17 h. deinen Fuß z. vom Hause d. Nächsten
28 ein Mann, der seinen Zorn nicht z. kann
Jes 43,6 will sagen zum Süden: H. nicht z.
48,9 h. ich lange meinen Zorn z. Jer 6,11; 15,15
58,13 wenn du deinen Fuß am Sabbat z.
Hes 18,8 der seine Hand von Unrecht z. 17
20,22 ich h. aber meine Hand z.
Jo 2,10 die Sterne h. ihren Schein z. 4,15
Hag 1,10 hat der Himmel über euch den Tau zurückg.
Mal 2,6 er h. viele von Sünden z.
Sir 4,27 h. dein Wort nicht z.
13,12 wenn... so h. dich z.
StD 2,18 Daniel h. den König z.
Apg 5,2 er h. etwas von dem Geld z.

zurückholen

1Mo 38,20 damit er das Pfand z. von der Frau
Ri 19,3 da machte sich ihr Mann auf, um sie z.
2Sm 3,26 sandte (Joab) Abner Boten, um ihn z.
12,23 kann ich (das Kind) wieder z.
14,13 wie ein Schuldiger, wenn er den nicht z.
19,11 warum h. (ihr) den König nicht z. 12.13.44
Neh 13,11 h. sie z. in ihren Dienst
Hi 33,30 daß er sein Leben z. von den Toten
Hes 34,4 das Verirrte h. ihr nicht z.
Jdt 5,10 als man sie zu ihrem Dienst z. wollte
Wsh 16,14 kann er den entflohenen Geist nicht z.
Sir 27,22 (du) wirst ihn nicht wieder z.

zurückkehren

1Mo 31,13 k. z. in das Land deiner Verwandtschaft
5Mo 3,20 danach sollt ihr z. zu eurem Besitz Jos 1,15
Jos 18,8 schreibt es auf und k. zu mir z.
22,9 da k. z. die Söhne Ruben 32
Ri 15,19 als (Simson) trank, k. sein Geist z.
Rut 1,7 um ins Land Juda z.
1Kö 17,21 laß sein Leben in dies Kind z. 22
Esr 2,1 die nach Jerus. und Juda z. Neh 7,6; 12,1
Neh 9,17 nahmen sich vor, zu ihrer Knechtschaft z.
Hi 10,9 läßt mich wieder zum Staub z.
Jes 1,27 die zu ihr z., durch Gerechtigkeit
52,8 wenn der HERR nach Zion z.
55,10 gleichwie der Regen nicht wieder z.
63,17 k. z. um deiner Knechte willen
Jer 3,12 k. z., du abtrünniges Israel 22; 31,21
11,10 sie k. z. zu den Sünden ihrer Väter
22,27 in das Land sollen sie nicht z. 44,14
Hes 7,13 der Verkäufer wird nicht z.
Dan 4,33 zur selben Zeit k. mein Verstand z.
Hos 11,5 daß sie nicht nach Ägyptenland z. sollten
Sa 9,12 ich k. wieder auf den Zion z.
Tob 14,6 unsere Brüder werden dorthin z.
Sir 16,30 mit Tieren, die wieder zur Erde z. 17,2
17,23 k. zum Höchsten z.
40,1 bis sie zur Erde z.
1Ma 4,16 als Judas von der Verfolgung zurückg. 23
9,9 dann wollen wir später z.
2Ma 3,35 Heliodor k. danach zum König z.
11,29 daß ihr gern z. möchtet 30
13,26 danach k. er wieder nach Antiochien z.
Mt 2,12 befahl ihnen, nicht wieder zu Herodes z.
12,44 ich will wieder z. in mein Haus Lk 11,24
24,18 wer auf dem Feld ist, k. nicht z.
Lk 2,39 k. sie wieder z. nach Galiläa
8,37 er stieg ins Boot und k. z.
24,33 k. z. nach Jerusalem 52; Apg 1,12

Apg 12,25 k. z., nachdem sie die Gabe überbracht hatten
13,13 Johannes k. z. nach Jerusalem
14,21 dann k. sie z. 17,15
20,3 beschloß er, durch Mazedonien z.
23,32 k. wieder in die Burg z.
Gal 1,17 k. wieder z. nach Damaskus

zurückkommen

2Mo 32,1 als das Volk sah, daß Mose nicht wieder z.
4Mo 14,36 starben alle Männer, die zurückg. waren
Jos 20,6 darf der Totschläger z. in seine Stadt
2Sm 1,22 das Schwert Sauls ist nie leer zurückg.
Hi 7,10 (wer hinunterfährt) k. nicht z. 10,21
Spr 26,27 wer e. Stein wälzt, auf den wird er z.
Jes 55,11 das Wort wird nicht wieder leer z.
Jdt 15,9 als die andern siegreich z.
Tob 1,21 dann k. König Sanherib aus Judäa z.
5,28 unser Sohn wird gesund hin- und z.
1Ma 5,19 nicht in einen Krieg einlassen, bis er z.
15,15 um diese Zeit k. Numenius von Rom z.
Mk 14,40 k. z. und fand sie abermals schlafend
Lk 4,1 Jesus, voll heiligen Geistes, k. z. vom Jordan
8,40 als Jesus z., nahm ihn das Volk auf
9,10 die Apostel k. z. und erzählten Jesus 10,17
14,21 der Knecht k. z. und sagte das seinem Herrn
19,12 um ein Königtum zu erlangen und dann z.
23 wenn ich z. wäre, hätte ich's mit Zinsen
Apg 5,22 die Knechte k. z. und berichteten
Heb 7,1 als der vom Sieg über die Könige z.

zurücklassen

2Sm 5,21 sie l. ihre Götzenbilder z. 1Ch 14,12
15,16 der König l. 10 Nebenfrauen z. 16,21; 20,3
2Ch 24,25 l. sie ihn in großer Krankheit z.
Hes 24,21 Söhne und Töchter, die ihr z. mußtet
39,28 der ich nicht einen dort z.
Jo 2,14 wer weiß, ob er einen Segen z.
Jdt 15,8 schleppten weg, was die Assyrer zurückg.
Sir 6,3 wird dich z. wie einen verdorrten Baum
2Ma 13,23 Philippus, den er als Statthalter zurückg.
Jh 14,18 ich will euch nicht als Waisen z.
Apg 18,19 kamen nach Ephesus, er l. die beiden dort z.
24,27 Felix l. Paulus gefangen z. 25,14

zurücklaufen

Jes 38,8 die Sonne l. zehn Striche z.

zurücklegen

2Ma 4,19 es für etwas anderes z.
1Ko 16,2 an jedem 1. Tag der Woche l. jeder etwas z.

zurückrufen

Tob 13,11 Gott wird alle deine Gefangenen z.
Bar 3,33 wenn er ihn z., so gehorcht er mit Zittern

zurückschicken

Jdt 1,10 sie hatten die Boten schändlich zurückg.

zurückschlagen

2Ma 9,2 so kam es, daß Antiochus zurückg. wurde
StE 3,8 laß ihr Vorhaben auf sie z.

zurückschrecken

Sir	7,6	könnte sein, daß du vor einem Mächtigen z.
2Pt	2,10	s. sie nicht davor z., himml. Mächte zu lästern

zurücksehen

Lk	9,62	wer seine Hand an den Pflug legt und s. z.

zurücksenden

2Mo	18,2	die Frau des Mose, die er zurückg. hatte
1Sm	5,11	s. die Lade z. an ihren Ort 6,3
Lk	23,11	Herodes s. ihn z. zu Pilatus
Phm	12	den s. ich dir wieder z.

zurücktreiben

2Kö	18,24	wie willst du z. auch nur einen Jes 36,9
Jes	28,6	eine Kraft denen, die den Kampf z.
	44,25	der die Weisen z.

zurückweichen

2Mo	14,21	ließ der HERR (das Meer) z.
4Mo	16,24	w. z. von der Wohnung Korachs
Ps	9,4	daß meine Feinde z. mußten 56,10
	35,4	sollen z., die mein Unglück wollen 40,15; 70,3; 129,5
	78,57	sie w. z. und waren treulos
Jes	42,17	die sich auf Götzen verlassen, sollen z.
	50,5	bin nicht ungehorsam und w. nicht z.
	59,14	das Recht ist zurückg.
Jdt	6,8	da w. sie vom Abhang des Berges z.
1Ma	6,47	die Juden w. vor ihnen z.
	9,47	Bakchides w. vor ihm z.
Jh	18,6	w. sie z. und fielen zu Boden
Heb	10,38	wenn er z., hat m. Seele kein Gefallen an ihm
	39	wir sind nicht von denen, die z.

zurückweisen

Sir	6,24	w. meinen Rat nicht z.
1Ti	4,7	die Altweiberfabeln w. z. 2Ti 2,23

zurückwenden

Ps	114,3	der Jordan w. sich z. 5
Jer	46,5	sie fliehen und w. sich nicht mehr z.
Jh	20,14	w. sie sich z. und sieht Jesus stehen

zurückwerfen

Jes	38,17	du w. alle meine Sünden hinter dich z.

zurückzahlen

3Mo	25,28	nicht soviel aufbringen, um es ihm z.
Sir	31,40	dränge ihn nicht, wenn er dir... z. hat

zurückziehen

Jos	8,26	Josua z. nicht eher seine Hand z.
2Sm	11,15	z. euch hinter (Uria) z.
Hi	19,14	meine Nächsten haben sich zurückg.
Ps	74,11	warum z. du deine Hand z.
Jes	38,8	will den Schatten an der Sonnenuhr z.
Klg	2,3	er hat seine rechte Hand zurückg.

Sir	12,8	so z. sich auch die Freunde z.
	22,31	ich z. mich nicht von ihm z.
1Ma	9,62	z. sich Jonatan und Simon z.
2Ma	14,43	z. er sich entschlossen auf die Mauer z.
Mt	4,12	Jesus z. sich nach Galiläa z. 15,21; Lk 9,10
Lk	5,16	er aber z. sich z. in die Wüste
Apg	26,31	als sie sich z., redeten sie miteinander
Gal	2,12	z. er sich z. und sonderte sich ab
2Th	3,6	daß ihr euch z. von jedem Bruder, der

zurufen

2Mo	19,3	der HERR r. ihm vom Berge zu
1Sm	14,12	die Männer der Wache r. Jonatan zu
	17,8	(Goliat) r. dem Heer Israels zu
Ps	50,1	Gott r. der Welt zu 4
Mt	11,16	die auf dem Markt sitzen und r. den andern zu Lk 7,32
Lk	23,20	da r. Pilatus ihnen zu
Apg	12,22	das Volk r. ihm zu
Off	14,15	ein andrer Engel r. dem, der auf der Wolke saß, zu 18; 19,17

zurüsten

Ri	6,26	baue einen Altar und r. ihn zu
Jes	50,11	die ihr Brandpfeile z.
Hes	7,14	laßt sie nur alles z.
2Ma	1,21	als alles zum Opfer zug. war
Eph	4,12	die Heiligen zug. werden zum Werk d. Dienstes
1Pt	3,20	*da man die Arche z.*

Zusage

2Sm	7,19	hast für die ferne Zukunft Z. gegeben
1Ch	25,5	nach der Z. Gottes, sein Haupt zu erhöhen
2Ma	15,10	wie die Heiden ihre Z. nicht gehalten
Apg	23,21	jetzt sind sie bereit und warten auf deine Z.
Heb	6,18	sollten wir durch zwei Z., die nicht wanken

zusagen

1Mo	24,7	der HERR, der mir zug. hat
	28,15	bis ich alles tue, was ich dir zug. habe
2Mo	8,8	wie (Mose) dem Pharao zug. hatte
4Mo	10,29	der HERR hat Israel Gutes zug.
5Mo	1,11	wie (der HERR) euch zug. 21; 6,3.19; 9,3.28; 11,25; 12,20; 15,6; 26,18.19; 27,3; 29,12; Jos 14,10.12; 22,4; 23,5.10
	10,9	wie der HERR (den Leviten) zug. 18,2; Jos 13,14.33
	19,8	das er (deinen Vätern) zug. Neh 9,23
	31,3	wie der HERR (Josua) zug.
Jos	1,3	wie ich Mose zug.
Ri	6,36	Israel erretten, wie du zug. hast 37
	21,13	s. (den Benjaminitern) Frieden zu
2Sm	7,28	dies Gute deinem Knecht zug. 1Ch 17,26
1Kö	2,24	wie der HERR (dem Hause David) zug. hat 5,26; 8,15.20.24-26.56; 9,5; 2Kö 8,19; 1Ch 27,23; 2Ch 6,4.10.15-17; 21,7; 23,3
	14,2	Ahija, der mir zug. hat, daß ich König
2Kö	4,17	gebar übers Jahr, wie ihr Elisa zug.
Ps	33,4	was er z., das hält er gewiß
	71,3	der du zug. hast, mir zu helfen
	85,9	daß er Frieden z. seinem Volk
	119,76	wie du deinem Knecht zug. hast
Jer	32,42	alles Gute, das ich ihnen zug. habe
Hag	2,5	nach dem Wort, das ich euch z.
Jdt	8,8	daß Usija zug. hatte, die Stadt zu übergeben

zusagen

Jdt	13,6	Jerusalem erhöhst, wie du zug. hast
Tob	7,10	ehe du mir z., mir Sara zu geben
Sir	29,3	halte, was du zug. hast
1Ma	5,49	Judas s. ihnen Frieden zu 7,15; 10,3.47; 2Ma 12,12
	10,24	damit sie mir Hilfe z.
	15,27	hielt nicht, was er ihm früher zug. hatte
2Ma	1,2	Bund, den er seinen treuen Knechten zug.
Lk	22,6	er s. es zu und suchte eine Gelegenheit
Apg	7,17	Verheißung, die Gott dem Abraham zug. hatte Gal 3,16

zusammen

1Mo	21,22	redete Abimelech z. mit Pichol zu Abraham
	42,17	ließ sie z. in Gewahrsam legen
2Mo	23,5	hilf mit ihm z. dem Tiere auf
3Mo	14,6	soll den Vogel nehmen z. mit dem Ysop
		4Mo 5,8
5Mo	33,21	vollstreckte seine Gerichte z. mit Israel
1Kö	9,27	z. mit den Leuten Salomos 10,22; 1Ch 24,3; 2Ch 2,6
Spr	21,9	als mit einem zänkischen Weibe z. 25,24
Jes	11,7	Kühe und Bären werden z. weiden
	50,8	laßt uns z. vortreten
Wsh	18,5	ließest sie alle z. umkommen
Mk	12,42	das macht z. einen Pfennig
Apg	1,4	als er mit ihnen z. war, befahl er ihnen
	9,23	*hielten die Juden einen Rat z.*
	19,7	es waren z. etwa zwölf Männer
	27,37	wir waren alle z. im Schiff 276
Rö	1,12	damit ich z. mit euch getröstet werde
Phl	4,3	für das Evangelium gekämpft, z. mit Klemens
Heb	11,25	viel lieber mit dem Volk Gottes z. mißhandelt werden
Off	17,12	für eine Stunde Macht z. mit dem Tier

zusammen sein

1Sm	25,7	deine Hirten sind mit uns z. gewesen
Apg	1,15	*es war eine Schar z. bei hundertzwanzig*

zusammenbeißen

Sir	30,10	damit du nicht die Zähne z. mußt

zusammenbinden

2Mo	28,7	an beiden Enden zusammeng. werden 39,4
2Kö	12,11	zählten das Geld und b. es z.
Hi	38,31	kannst du die Bande des Siebengestirns z.
Hos	13,12	die Schuld Ephraims ist zusammeng.

zusammenbrechen

2Kö	9,24	daß Joram in seinem Wagen z.
Jes	46,1	Bel b. z., Nebo ist gefallen 2
Wsh	17,16	wurde, wer dort z., bewacht

zusammenbringen

1Mo	29,8	bis alle Herden zusammeng. sind
	47,14	Josef b. alles Geld z.
5Mo	26,12	wenn du den Zehnten zusammeng. hast
2Sm	12,28	so b. das übrige Kriegsvolk z. 29
1Kö	10,26	Salomo b. Wagen und Gespanne z. 2Ch 1,14
1Ch	15,4	David b. z. die Leviten 2Ch 23,2
2Ch	24,11	so b. (sie) viel Geld z.
	28,24	Ahas b. die Geräte des Hauses Gottes z.

Neh	5,7	ich b. eine Versammlung gegen sie z.
Est	2,3	daß sie alle schönen Jungfrauen z. 8
Hi	16,4	auch ich könnte Worte gegen euch z.
	27,16	wenn er Geld z. wie Staub
Ps	106,47	b. uns z. aus den Heiden
	107,3	die er aus den Ländern zusammeng. hat
	147,2	der HERR b. z. die Verstreuten Israels
Jes	11,12	er wird z. die Verjagten Israels
	34,16	sein Geist b. sie z.
Hes	11,17	will euch z. aus den Völkern 22,19. 20
	23,22	will sie gegen dich z.
Dan	11,10	seine Söhne werden große Heere z. 11. 13
Jo	2,16	b. z. die Kinder
	4,2	will ich alle Heiden z.
Mi	1,7	sie sind von Hurenlohn zusammeng.
	2,12	will, was übrig ist von Israel, z. 4,6
	4,12	daß er sie zusammeng. hat wie Garben
Ze	3,8	mein Beschluß ist es, die Königreiche z.
Sa	14,14	man wird z. die Güter aller Heiden
Sir	47,20	du b. soviel Gold z. wie Zinn
1Ma	1,4	er b. eine gewaltige Heeresmacht z. 3,10.27; 4,28; 10,69; 11,1; 2Ma 8,1
	3,31	beschloß, dadurch viel Geld z.
2Ma	1,27	b. unsere Zerstreuten wieder z. 2,18
	2,7	bis Gott sein Volk wieder z. wird
	13	wie Nehemia die Briefe der Könige zusammeng. hat 14
	12,43	b. durch eine Sammlung 2.000 Drachmen z.
Mt	22,10	die Knechte b. z., wen sie fanden
Jh	11,52	auch um die verstreuten Kinder Gottes z.
Apg	19,19	viele b. die Bücher z. und verbrannten sie

zusammendrücken

Sir	43,16	er d. durch seine Kraft die Wolken z.

zusammenfallen

Lk	6,49	es f. gleich z., und sein Einsturz war groß

zusammenfassen

Hi	26,8	er f. das Wasser z. in seine Wolken
Rö	13,9	was an Geboten ist, wird in diesem Wort z.
Eph	1,10	daß alles zusammeng. würde in Christus

Zusammenfassung

2Ma	2,29	die Vorlagen für unsere Z. durchzugehen

zusammenfinden

Jos	9,2	f. sich z., um gegen Israel zu kämpfen
Hes	39,17	kommt herbei, f. euch z.
2Ma	6,11	einige Männer hatten sich zusammeng.

zusammenflechten

1Mo	3,7	f. Feigenblätter z. und machten Schurze
Ri	16,13	wenn du die sieben Locken z. 14

zusammenfügen

Hi	10,11	mit Sehnen hast du mich zusammeng.
2Ma	7,22	noch habe ich zusammeng., woraus ... besteht
Mt	19,6	was Gott zusammeng. hat, soll der Mensch nicht scheiden Mk 10,9
1Ko	12,24	Gott hat den Leib zusammeng.
Eph	4,16	von dem aus der ganze Leib zusammeng. ist

Kol	2,2	ihre Herzen zusammeng. werden in Liebe		Apg	28,17	als sie zusammeng. waren, sprach er zu ihnen
		zusammengeben		1Ko	7,5	dann k. wieder z., damit nicht
Tob	7,15	er g. euch z. und schenke euch s. Segen			11,17	daß ihr nicht zu eurem Nutzen z. 18
					20	wenn ihr z., so hält man da nicht
		zusammenrinnen			33	wenn ihr z., um zu essen, wartet aufeinander
Wsh	7,2	bin im Blut zusammeng. aus Mannessamen			34	damit ihr nicht zum Gericht z.
					14,23	wenn die ganze Gemeinde an einem Ort z.
		zusammenhalten			26	wenn ihr z., so hat jeder einen Psalm
Ps	33,7	er h. die Wasser des Meeres z.				**zusammenlaufen**
Kol	2,19	Haupt, von dem her der Leib zusammeng.		Mk	6,33	viele l. aus allen Städten zu Fuß dorthin z.
					10,1	
		zusammenkochen				**zusammenlegen**
StD	2,26	da nahm Daniel... und k. es z.		1Kö	5,23	will sie in Flöße z. lassen
		zusammenkommen		2Ch	31,6	brachten von dem Geweihten und l. es z.
1Mo	14,3	diese k. alle z. in das Tal Siddim		Jer	2,37	mußt deine Hände über dem Kopf z.
1Sm	7,6	und sie k. z. in Mizpa 7		Bar	1,6	l. Geld z., soviel wie jeder vermochte
	17,1	die Philister k. z. bei Socho 2		Rö	15,26	willig eine gemeinsame Gabe zusammeng.
2Ch	20,4	Juda k. z., den HERRN zu suchen 26				
	30,13	es k. viel Volk in Jerusalem z. 3				**zusammenleimen**
	34,29	der König ließ k. alle Ältesten		Sir	22,7	wer einen Narren lehrt, l. Scherben z.
Neh	6,2	laß uns in Kephirim z. 10				
	9,1	k. die *Israeliten zu einem Fasten z.				**zusammenlesen**
Est	9,16	auch die andern Juden k. z. 18		2Mo	5,7	laßt sie selbst Stroh dafür z.
Hi	30,23	zum Tod, da alle Lebendigen z.		Mt	13,48	setzen sich und l. die guten z.
Ps	102,23	wenn die Völker z.				
	122,3	Jerusalem... eine Stadt, in der man z. soll				**zusammenlügen**
Jes	1,13	Neumonde und Sabbate, wenn ihr z.		StD	1,43	was sie gegen mich zusammeng. haben
	34,15	Raubvögel werden dort z.				
	43,9	alle Heiden sollen z.				**zusammenraffen**
Hes	33,31	wie das Volk so z.		Jes	10,14	ich habe alle Länder zusammeng.
Dan	3,2	daß sie k. sollten, das Bild zu weihen 3		Hab	1,9	r. Gefangene z. wie Sand
	27	Fürsten k. z. und sahen, daß das Feuer		Apg	28,3	als Paulus einen Haufen Reisig z.
Hos	2,2	werden die *Judäer und die *Israeliten z.				
Wsh	14,23	k. zu Gottesdiensten k. z.				**zusammenrechnen**
1Ma	3,44	die Gemeinde k. z., um zu beten 2Ma 10,16		Wsh	4,20	wenn ihre Sünden zusammeng. werden
	46	darum k. das Volk z. in Mizpa				
	4,37	darum k. das ganze Kriegsvolk z.				**zusammenreimen**
	5,15	Heiden aus ganz Galiläa seien zusammeng.		Jer	23,28	wie r. sich Stroh und Weizen z.
	45	ließ Judas alle Israeliten z.				
	6,20	sie k. z. und belagerten die Burg				**zusammenrollen**
	9,28	k. alle Anhänger des Judas z.		Jes	34,4	der Himmel wird zusammeng. werden
	12,37	k. das Volk z. und fing an zu bauen		Heb	1,12	wie einen Mantel wirst du sie z.
2Ma	14,21	Tag, an dem die beiden allein z. sollten		Off	6,14	wie eine Schriftrolle, die zusammeng. wird
StE	7,5	die Völker, die z., sind dich				
	7	mit Freuden soll das Volk z.				**zusammenrotten**
StD	1,4	die Juden k. stets bei ihm z. 28		Ps	35,15	sie aber freuen sich und r. sich z.
	14	sie k. an derselben Stelle wieder z.			56,7	sie r. sich z., sie lauern
Mt	2,4	(Herodes) ließ... z.			59,4	Starke r. sich wider mich z.
	28,12	sie k. mit den Ältesten z.			94,21	sie r. sich z. wider den Gerechten
Mk	3,20	da k. das Volk z.		Mi	4,11	werden sich z. viele Heiden wider dich z.
	6,30	die Apostel k. bei Jesus z.		Sir	45,22	es r. sich gegen ihn z.
Lk	5,15	es k. eine große Menge z., zu hören		1Ma	13,6	alle Heiden r. sich z., um uns zu vernichten
	12,1	k. einige tausend Menschen z.		Apg	17,5	r. sich z. und richteten einen Aufruhr an
Jh	18,20	gelehrt im Tempel, wo alle Juden z.			23,12	als es Tag wurde, r. sich einige Juden z.
Apg	1,6	die zusammeng. waren, fragten ihn 10,27; 16,13				
	2,6	als dieses Brausen geschah, k. die Menge z.				
	13,44	k. fast die ganze Stadt z., das Wort Gottes zu hören				
	15,6	da k. die Apostel und die Ältesten z.				
	19,32	wußten nicht, warum sie zusammeng. waren				
	22,30	er befahl den Hohenpriestern z.				
	25,17	als sie hier z., duldete ich keinen Aufschub				

zusammenrücken

zusammenrücken
Hes 37,7 es regte sich, und die Gebeine r. z.

zusammenrufen
4Mo 10,2 Trompeten, die Gemeinde z.
5Mo 5,1 Mose r. ganz Israel.
Jos 8,16 wurde das ganze Volk zusammeng., ihnen nachzujagen Ri 7,23; 18,22; 1Sm 13,4
Ri 4,13 (Sisera) r. alle seine Kriegswagen z.
1Sm 10,17 Samuel r. das Volk z. nach Mizpa
2Sm 20,4 r. mir alle Männer von Juda z. 5
Dan 2,2 der König ließ alle Zeichendeuter z.
Jo 1,14 r. die Gemeinde z. 2,15
Jdt 2,7 r. Holofernes die Obersten des Heeres z.
2Ma 8,1 r. ihre Blutsverwandten z.
Mk 3,23 Jesus r. sie z. und sprach zu ihnen
15,16 die Soldaten r. die ganze Abteilung z.
Lk 9,1 er r. die Zwölf z. und gab ihnen Gewalt
23,13 Pilatus r. die Hohenpriester und das Volk z.
Apg 5,21 r. den Hohen Rat und alle Ältesten z.
6,2 da r. die Zwölf die Menge der Jünger z.
10,24 Kornelius hatte s. Verwandten zusammeng.
28,17 daß Paulus die Angesehensten der Juden z.

zusammensammeln
Lk 15,13 s. der jüngere Sohn alles z.

zusammenschlagen
4Mo 24,10 Balak s. die Hände z.
Ri 15,8 (Simson) s. sie z. mit mächtigen Schlägen
Hes 6,11 s. deine Hände z. 21,19.22; 22,13
Wsh 5,12 die durchschnittene Luft s. wieder z.

zusammensetzen
Lk 22,55 zündeten ein Feuer an und s. sich z.

zusammenstoßen
Sir 31,17 damit du nicht mit ihm in der Schüssel z.

zusammentreffen
2Ma 4,8 versprach dem König, als er mit ihm z.

zusammentreten
Ri 20,2 es t. z. die Obersten des ganzen Volks
Esr 10,16 t. z., um diese Sache zu untersuchen
Jes 44,11 wenn sie auch alle z., sollen sie dennoch
Apg 4,26 die Könige der Erde t. z.

zusammentun
1Mo 49,33 t. (Jakob) seine Füße z. auf dem Bett
Spr 24,33 noch ein wenig die Hände z.
Apg 23,12 t. sich etliche Juden z.

zusammenwickeln
2Kö 2,8 da nahm Elia seinen Mantel und w. ihn z.
Jh 20,7 Schweißtuch... zusammeng. an einem bes. Ort

zusammenwirken
Jak 2,22 daß der Glaube zusammeng. hat mit s. Werken

zusammenwohnen
1Pt 3,7 ihr Männer, w. vernünftig mit ihnen z.

zusammenziehen
Hi 38,30 daß Wasser sich z. wie Stein
2Ma 2,24 alles... gedenken wir z.
15,20 als die Feinde zusammeng. worden waren

zuschanden machen, werden
2Kö 19,26 die darin wohnen, w. z. Jes 37,27
Hi 6,20 sie w. z. über ihrer Hoffnung
41,1 jede Hoffnung w. an ihm z.
Ps 6,11 es sollen alle meine Feinde z. w.; sollen z. w. plötzlich 70,3
14,6 euer Anschlag wider den Armen wird z. w.
22,6 sie hofften und w. nicht z.
25,2 laß mich nicht z. w. 20; 31,2.18; 71,1; 119,31.116
3 keiner w. z., der auf dich harret; z. w. die leichtfertigen Verächter Jes 49,23
31,18 die Gottlosen sollen z. w.
35,4 sollen z. w., die mein Unglück wollen 26; 40,15; 83,18; 109,28
37,19 sie w. nicht z. in böser Zeit
44,8 du m. die uns hassen
10 warum lässest (du) uns z. w.
53,6 du m. sie z., denn Gott hat sie verworfen
69,7 laß an mir nicht z. w., die deiner harren
119,6 so w. ich nicht z. 80
78 ach, daß die Stolzen z. w.
127,5 sie w. nicht z., wenn sie verhandeln
129,5 daß z. w. alle, die Zion gram sind
Spr 23,18 dann w. deine Hoffnung nicht z.
Jes 1,29 ihr sollt z. w. wegen der Eichen
19,9 es w. z., die da Flachs kämmen
20,5 sie werden z. w. wegen der Kuschiter
26,11 sie sollen sehen und z. w.
30,5 müssen doch alle z. w. 41,11; 42,17; 44,9.11; 66,5
33,9 der Libanon ist z. gew.
45,17 Israel w. nicht z. immer und ewiglich
50,7 darum w. ich nicht z... ich weiß, daß ich nicht z. w.
54,4 sollst nicht z. w.
64,10 was wir Schönes hatten, ist z. gem.
65,13 ihr aber sollt z. w.
Jer 2,26 wie ein Dieb z. w. Israel z.
36 an Ägypten z. w., wie du an Assyrien z. gew.
8,9 die Weisen müssen z. w.
9,18 wie sind wir z. gew.
17,13 die dich verlassen, müssen z. w.
18 laß die z. w., die mich verfolgen 20,11
22,22 nun bist du z. gew.
31,19 bin z. gew. und stehe da
46,24 die Tochter Ägypten w. z. 50,2.12
48,1 die hohe Feste ist z. gew.
13 Moab soll z. w., gleichwie Israel z. gew.
49,23 Hamat und Arpad sind z. gew.
51,47 (Babels) ganzes Land z. w. soll
51 wir waren z. gew.
Hes 32,30 ihre schreckliche Gewalt ist z. gew.
Hos 4,7 darum will ich ihre Ehre z. m.

Hos	4,19	über ihrem Opfer sollen sie z. w.
	10,6	so muß Ephraim z. w.
Jo	2,17	laß dein Erbteil nicht z. w.
	19	will euch nicht mehr z. w. lassen 26.27
Ob	10	um des Frevels willen sollst du z. w.
Mi	2,6	wir werden nicht so z. w.
	3,7	die Seher sollen z. w.
Sa	9,5	dazu Ekron, denn seine Zuversicht w. z.
	10,5	daß die Reiter z. w.
Jdt	7,16	als daß wir vor aller Welt z. w.
	8,17	wird alle Heiden z. m. 13,22
Sir	1,36	damit du nicht fällst und z. w.
	2,11	wer ist jemals z. gew., der auf den Herrn gehofft hat StD 3,16.18
	15,4	sich an sie halten, daß er nicht z. w. 24,30
	30,13	damit du nicht über seiner Torheit z. w.
	51,24	ich w. dabei nicht z.
Bar	6,39	darum müssen, die ihnen dienen, z. w.
1Ma	4,31	daß sie mit ihrer Macht z. w. StD 3,20
StD	3,9	so sehr sind deine Knechte z. gew.
Rö	5,5	Hoffnung läßt nicht z. w.
	9,33	wer an ihn glaubt, der soll nicht z. w.
	10,11	wer an ihn glaubt, wird nicht z. w. 1Pt 2,6
1Ko	1,27	erwählt, damit z. m., was stark ist
2Ko	7,14	darin bin ich nicht z. gew.
	9,4	z. w. mit unsrer Zuversicht
	10,8	würde ich nicht z. w.
Phl	1,20	daß ich in keinem Stück z. w.
1Pt	3,16	damit die, die euch verleumden, z. w.
1Jh	2,28	damit wir, wenn er offenbart wird, nicht z. w.

zuscharren

3Mo	17,13	soll ihr Blut ausfließen lassen und z.
5Mo	23,14	wenn du gesessen hast, sollst du z.

zuschauen

Ps	22,18	sie s. zu und sehen auf mich herab
Jer	51,61	s. zu und lies laut alle diese Worte
Mk	8,15	s. zu und seht euch vor vor dem Sauerteig
	15,40	Frauen, die von ferne z.
Lk	23,48	alles Volk, das z.
Heb	8,5	*s. zu, daß du alles machest nach dem Bilde*

zuschicken

Esr	4,18	der Brief, den ihr uns zug. habt
StE	5,13	dies Gebot, das wir euch jetzt z.
Mt	26,53	*daß er mir z. zwölf Legionen Engel*

zuschließen

1Mo	7,16	der HERR s. hinter (Noah) zu
5Mo	11,17	der Zorn des HERRN s. den Himmel zu
Jos	2,5	als man die Stadttore z. wollte 7
Ri	9,51	alle Bürger s. hinter sich zu
2Sm	13,17	s. die Tür hinter ihr zu 18; 2Kö 4,4.5.33; 6,32
2Kö	4,21	sie s. zu und ging hinaus
Jes	22,22	daß er auftue und niemand z., daß er z. und niemand auftue Off 3,7.8
	26.20	geh hin, s. die Tür hinter dir zu
	60,11	deine Tore weder Tag noch Nacht zug.
Hes	44,1	zu dem Tor; es war aber zug. 2; 46,1.12
Mal	1,10	daß doch einer unter euch die Türen z.
Sir	48,3	durch Wort des Herrn s. er den Himmel zu
2Ma	1,15	sie s. den Tempel zu
Mt	6,6	s. die Tür zu und bete
	23,13	die ihr das Himmelreich z. vor den Menschen
Lk	11,7	die Tür ist schon zug.
Apg	21,30	sogleich wurden die Tore zug.
1Jh	3,17	s. sein Herz vor ihm zu

zuschütten

Tob	8,19	sogleich befahl Raguël, das Grab wieder z.

zuschwören

4Mo	11,12	Land, das du ihren Vätern zug. hast 5Mo 8,1; Bar 2,34

zusehen

2Mo	4,21	s. zu, daß du alle Wunder tust
	14,13	s. zu, was für ein Heil der HERR tun wird
	25,40	s. zu, daß du alles machest nach dem Bilde
4Mo	4,27	sollt z., daß sie alles ausrichten
5Mo	12,28	s. zu und höre auf diese Worte
	28,32	daß deine Augen z. müssen
Jos	8,4	s. zu, seid allesamt bereit 2Kö 6,32
Ri	13,19	Manoach aber und seine Frau s. zu
	16,27	die z., wie Simson seine Späße trieb
1Sm	6,9	s. zu: Geht sie den Weg hinauf 2Kö 10,23
	17,28	gekommen, um dem Kampf z.
	25,17	bedenke und s. zu, was du tust 1Kö 20,22
2Sm	13,5	daß ich z. und esse
1Ch	21,12	s. zu, was ich antworten soll
	28,10	s. zu, denn der HERR hat dich erwählt
2Ch	19,6	s. zu, was ihr tut
Est	8,6	wie kann ich z... z., daß mein Geschlecht
Hi	31,19	hab ich zug., wie jemand verkommen ist
	36,18	s. zu, daß nicht dein Zorn dich verlockt
Ps	35,17	Herr, wie lange willst du z.
Jer	38,24	s. zu, daß niemand diese Worte erfahre
Klg	1,10	sie mußte z., daß die Heiden
Hes	5,8	daß die Heiden z. sollen
Hab	1,3	warum s. (du) dem Jammer zu 13
	13	warum s. du dann aber den Räubern zu
	2,1	schaue und s. zu, was er mir sagen werde
Sir	12,1	willst du z., so s. zu, wem du es tust
	13,10	s. zu, daß dich nicht täuschen läßt
	41,15	s. zu, daß du einen guten Namen behältst
2Ma	6,14	unser Herrscher s. nicht so langmütig z.
	7,4	die Brüder s. und die Mutter sollten z.
Mt	3,8	*s. zu, bringt Frucht der Buße Lk 3,8*
	7,5	danach s. zu, wie du Lk 6,42
	8,4	s. zu, sage es niemandem 9,30; Mk 1,44
	16,6	s. zu und hütet euch
	18,10	s. zu, daß ihr nicht einen... verachtet
	24,4	s. zu, daß euch nicht jemand verführe Mk 13,5; Lk 21,8
	6	s. zu und erschreckt nicht
	27,4	da s. du zu
	24	ich bin unschuldig; s. ihr zu
	55	es waren viele Frauen da, die von ferne z.
Mk	2,24	*s. zu, was tun deine Jünger am Sabbat*
	4,24	s. zu, wie ihr hört
	12,41	s. zu, wie das Volk Geld einlegte in den Gotteskasten
Lk	12,15	s. zu und hütet euch vor aller Habgier
	23,35	das Volk stand da und s. zu *48*
Apg	5,35	s. genau zu, was ihr mit diesen Menschen tun
	13,40	s. zu, daß nicht über euch komme, was
	18,15	weil... so s. ihr selber zu
1Ko	3,10	jeder s. zu, wie er darauf baut
	8,9	s. zu, daß diese eure Freiheit nicht
	10,12	wer meint, er stehe, mag z., daß er nicht falle

zusehen

1Ko	16,10	s. zu, daß er ohne Furcht bei euch sein kann
Gal	5,13	s. zu, daß ihr durch die Freiheit nicht
	15	s. zu, daß ihr nicht aufgefressen werdet
Eph	5,15	s. zu, wie ihr wandelt
Kol	2,8	s. zu, daß euch niemand einfange
1Th	5,15	s. zu, daß keiner Böses mit Bösem vergelte
Heb	3,12	s. zu, liebe Brüder, daß keiner unter euch
	8,5	s. zu, daß du alles machst nach dem Bilde, das
	12,25	s. zu, daß ihr nicht abweist
Off	19,10	s. zu, tu es nicht 22,9

zusehends

Apg	1,9	wurde er z. aufgehoben

zusetzen

Ri	16,16	als (Delila) mit ihren Worten (Simson) z.
Hi	19,3	schämt euch nicht, mir so z.
Mt	6,27	der seines Lebens Länge eine Spanne z. könnte Lk 12,25
Lk	23,23	sie s. ihm zu mit großem Geschrei
Phl	1,23	es s. mir beides hart zu
Off	22,18	so wird Gott z. auf ihn die Plagen

Zusicherung

2Ma	11,30	soll für alle... die Z. gelten

zusprechen

2Sm	11,25	so sollst du (Joab) Mut z.
Hi	20,29	das Erbe, das Gott ihm zug. hat
	42,11	s. ihm zu und trösteten ihn
1Ma	5,53	Judas s. dem Volk Mut zu

Zuspruch

Apg	15,31	sie wurden über den Z. froh

zustande kommen

Spr	19,21	z. k. der Ratschluß des HERRN
Jes	14,24	es soll z. k., wie ich's im Sinn habe

zustehen

1Sm	2,13	was dem Priester z. vom Volk
2Sm	21,4	s. es uns nicht zu, jemand zu töten
Hi	8,6	wird aufrichten deine Wohnung, wie es dir z.
Sir	14,16	gönne dir, was dir z.
1Ma	10,29	erlasse... die Hälfte, die mir vom Obst z.
	42	sollen den Priestern z.
Mt	15,5	eine Opfergabe, was dir von mir z. Mk 7,11
	20,23	das Sitzen zu geben, s. mir nicht zu Mk 10,40
Lk	12,42	ihnen zur rechten Zeit gibt, was ihnen z.
	15,12	gib mir, Vater, das Erbteil, das mir z.

zustimmen

2Ch	32,3	(die Obersten) s. ihm zu
2Ma	4,10	als der König z.
Apg	5,39	s. sie ihm zu (und riefen die Apostel herein)
	28,24	die einen s. dem z., was er sagte, die andern

zustopfen

Jes	33,15	wer seine Ohren z.
Klg	3,8	so s. er sich die Ohren zu

zustoßen

Wsh	14,21	wenn den Leuten etwas Schlimmes zug. war
Sir	11,25	ich habe genug, was kann mir künftig z.

zuteil s. Teil

zuteilen

3Mo	26,26	euer Brot soll man nach Gewicht z.
4Mo	25,13	soll ihm das ewige Priestertum z.
	35,8	nach seinem Erbteil, das ihm zug. wird
5Mo	32,8	als der Höchste den Völkern Land z.
Jos	21,4	wurden durchs Los zug. 5-7; 23,4
Neh	9,22	du t. sie ihnen zu
Hi	39,17	Gott hat ihr keinen Verstand zug.
Jes	49,8	daß du das verwüstete Erbe z.
Mi	2,4	wann wird er uns die Äcker wieder z.
Sir	40,10	das alles ist den Gottlosen zug.
	45,25	alle Erstlinge t. er ihm zu
1Ma	10,30	Bezirke, die ihm von Samarien zug. sind 38
1Ko	12,11	d. Geist t. einem jeden das Seine zu, wie er will

zuteilwerden

Mk	11,24	glaubt, daß ihr's empfangt, so wird's euch z.

zutragen

Neh	6,19	sie t. ihm meine Worte zu
Rö	1,10	ob sich's einmal z. wollte, daß ich käme
2Ko	11,28	ohne was sich sonst z.

Zuträger

Rö	1,29	sie sind Z., (Verleumder)

Zutritt

Hes	44,5	wie man es halten soll mit dem Z.

zutun

Jes	29,10	der HERR hat eure Augen - die Propheten - zug.
Dan	2,34	ein Stein, ohne Z. von Menschenhänden 45
	8,25	zerbrochen ohne Z. von Menschenhand
Lk	4,20	als er das Buch z., gab er's dem Diener
Apg	11,24	es ward ein großes Volk dem Herrn zug.
Rö	3,21	ohne Z. des Gesetzes... offenbart
	4,6	die Gerechtigkeit ohne Z. der Werke

zuverlässig

2Ch	26,17	achtzig Priester des HERRN, z. Leute
Neh	13,13	von den Leviten... galten als z.
Spr	20,6	wer findet einen, der z. ist
	22,21	dir kundzutun z. Worte der Wahrheit
Jer	42,5	der HERR sei ein z. Zeuge
Dan	2,45	der Traum ist z.
Tob	5,4	suche dir einen z. Begleiter 10,7
Sir	16,24	ich will dir eine z. Lehre geben
	33,3	das Gesetz gibt ihm z. Weisung
Rö	15,28	wenn ich ihnen d. Ertrag z. übergeben habe

Zuverlässigkeit

Wsh	3,9	die... werden seine Z. erfahren

Zuversicht

Hi	8,14	seine Z. vergeht
	31,24	hab ich das Gold zu meiner Z. gemacht
Ps	14,6	der HERR ist seine Z. 18,19
	46,2	Gott ist unsre Z. und Stärke 62,9
	61,4	du bist meine Z. 71,5.7; 142,6
	62,8	meine Z. ist bei Gott
	65,6	der du bist die Z. aller auf Erden
	73,28	und meine Z. setze auf Gott den HERRN
	91,2	meine Z. und meine Burg
	9	der HERR ist deine Z. Spr 3,26
	94,22	mein Gott ist der Hort meiner Z.
Jes	20,6	werden sagen: Ist das unsere Z.
Jer	17,7	gesegnet der Mann, dessen Z. der HERR ist
	17	du... meine Z. in der Not
Am	6,1	weh denen, die voll Z. sind auf dem Berge
Sa	9,5	Ekron... seine Z. wird zuschanden
Wsh	5,1	wird der Gerechte in großer Z. dastehen
	12,19	deine Söhne läßt du voll guter Z. sein
Tob	4,12	Almosen schaffen große Z. vor Gott
Sir	14,2	wohl dem, der seine Z. nicht verloren hat
	34,16	denn er ist seine Z.
2Ma	15,7	Makkabäus hatte unablässig die Z.
Apg	28,15	Paulus gewann Z.
2Ko	3,12	weil wir solche Hoffnung haben, sind wir voll großer Z.
	7,4	ich rede mit großer Z. zu euch
	9,4	daß nicht wir zuschanden werden mit dieser unsrer Z.
Eph	3,12	Zugang in aller Z. durch den Glauben
Phl	1,6	ich bin darin guter Z., daß
	14	die meisten Brüder haben Z. gewonnen
	25	in solcher Z. weiß ich, daß
	3,4	*meine Z. auch auf Fleisch setzen könnte*
1Ti	3,13	erwerben sich selbst große Z. im Glauben
1Jh	2,28	wenn er offenbart wird, Z. haben 4,17
	3,21	so haben wir Z. zu Gott
	5,14	das ist die Z., die wir haben zu Gott
Heb	3,14	wenn wir die Z. festhalten
	4,16	laßt uns hinzutreten mit Z. zu dem Thron der Gnade
	6,9	*haben wir für euch Z. auf ein Besseres*
	11,1	Glaube eine feste Z. auf das, was man hofft

zuversichtlich

Jdt	14,5	wenn sie fliehen, jagt ihnen z. nach
Sir	49,12	Erlösung, auf die er z. hoffen sollte

zuviel s. viel

zuvor

1Mo	20,18	der HERR hatte z. hart verschlossen
	24,33	bis ich z. meine Sache vorgebracht
	25,33	Jakob sprach: So schwöre mir z.
	31,2	(Laban) war gegen ihn nicht mehr wie z. 5
	41,21	(die sieben Kühe) waren häßlich wie z.
2Mo	10,14	so viele, wie nie z. gewesen sind 11,6
	21,29	ist aber das Rind z. stößig gewesen 36
3Mo	13,5	daß die Stelle ist, wie er sie z. gesehen
	22,6	soll z. seinen Leib mit Wasser abwaschen
4Mo	21,26	hatte z. mit d. König d. Moabiter gekämpft
5Mo	4,42	wer ihm z. nicht feind gewesen ist
	28,54	ein Mann, der z. verwöhnt gelebt 56
	62	die ihr z. zahlreich gewesen wie Sterne
	63	wie sich der HERR z. freute, euch Gutes
Ri	19,5	labe dich z. mit einem Bissen Brot
2Sm	15,34	wie ich z. deines Vaters Knecht war
1Kö	20,25	schaffe dir ebensoviele Wagen wie z.
2Kö	13,5	in ihren Häusern wohnen konnten wie z.
	19,25	daß ich es lange z. bereitet Jes 37,26
Esr	4,17	Friede z. 7,12; Dan 3,31; 6,26; Apg 23,26
Spr	16,18	wer zugrunde gehen soll, wird z. stolz 18,12
Jes	35,7	wo es z. trocken... z. Schakale gelegen
Jer	16,18	z. will ich ihre Missetat vergelten
Klg	2,17	erfüllt, das er längst z. geboten hat
Hes	16,55	sollen werden, wie sie z. gewesen
	36,11	will euch mehr Gutes tun als je z.
	42,14	sollen z. ihre Kleider ablegen
Dan	9,21	Gabriel, den ich z. gesehen hatte
	10,21	doch z. will ich dir kundtun
Jo	2,23	herabsendet Frühregen und Spätregen wie z.
Wsh	14,2	der kurz z. nur als Mensch geehrt worden
	15,8	selbst nicht lange z. geschaffen worden ist
Sir	37,9	überlege z., was ihm nützlich sein kann
1Ma	4,60	nicht einnehmen, wie sie es kurz z. getan
2Ma	3,30	Tempel, der kurz z. voll Furcht gewesen
	9,15	die Juden, die er z. nicht wert geachtet
	16	den Tempel, den er z. beraubt hatte
StD	1,42	Herr, der du alle Dinge z. weißt
Mt	5,24	*gehe z. hin und versöhne dich*
	8,21	daß ich z. hingehe und meinen Vater begrabe Lk 9,59.61
	12,29	wenn er z. den Starken fesselt Mk 3,27
	45	*hernach ärger als z. 2Pt 2,20*
	13,30	sammelt z. das Unkraut
	14,8	wie sie z. von ihrer Mutter angestiftet
	17,10	z. müsse Elia kommen
	24,25	*ich habe es euch z. gesagt*
Mk	7,27	laß z. die Kinder satt werden
	9,11	sagen, daß z. Elia kommen muß 12
	13,10	das Evangelium muß z. gepredigt werden unter allen Völkern
	11	*sorget nicht z., was ihr reden sollt*
	23	ich habe euch alles z. gesagt
Lk	2,26	er habe denn z. den Christus gesehen
	6,42	*zieh z. den Balken aus deinem Auge*
	11,26	wird mit diesem Menschen ärger als z.
	12,50	ich muß z. getauft lassen
	14,28	setzt sich nicht z. hin und überschlägt 31
	17,25	z. muß er viel leiden
	21,9	das muß z. geschehen
	23,12	z. waren sie einander feind
Jh	6,62	auffahren dahin, wo er z. war
	9,8	*die ihn z. gesehen hatten*
	10,40	Ort, wo Johannes z. getauft hatte
Apg	1,16	*welches z. gesagt hat 2,16; 9,29*
	3,18	was (Gott) z. verkündigt hat
	20	der euch z. zum Christus bestimmt ist
	4,28	was dein Ratschluß z. bestimmt
	7,52	die z. verkündigten das... des Gerechten
	8,9	Simon, der z. Zauberei trieb
	13,24	nachdem Johannes z. gepredigt hatte
	18,18	z. ließ er sich in Kenchreä sein Haupt scheren
	23,26	Klaudius Lysias dem edlen Statthalter Felix: Gruß z.
Rö	1,2	(Evangelium,) das er z. verheißen hat 2Pt 3,2
	8,29	*welche er z. ersehen hat*
	9,23	die er z. bereitet hatte zur Herrlichkeit
	11,2	sein Volk nicht verstoßen, das er z. erwählt
	30	wie ihr z. Gott ungehorsam gewesen seid
	35	wer hat ihm etwas z. gegeben
	15,4	was z. geschrieben ist
	24	daß ich mich z. ein wenig an euch erquicke
2Ko	7,3	ich habe schon z. gesagt 13,2; 1Th 4,6
	8,6	wie er z. angefangen hatte
	9,5	*den von euch z. verheißenen Segen*

zuvor

2Ko	12,21	z. gesündigt und nicht Buße getan 13,2
Gal	2,12	z. aß er mit den Heiden
	3,17	das Testament, das von Gott z. bestätigt
Eph	1,9	Ratschluß, den er z. in Christus gefaßt hatte
	11	die wir z. verordnet sind
	12	die wir z. auf Christus gehofft haben
	2,10	guten Werken, die Gott z. bereitet hat
1Th	2,2	obgleich wir z. in Philippi gelitten hatten
2Th	2,3	z. muß der Abfall kommen
1Ti	1,13	der ich z. war ein Lästerer
	3,10	man soll sie z. prüfen
	5,25	die guten Werke einiger Menschen z. offenbar
2Ti	1,5	Glauben, der z. schon gewohnt hat in Lois
1Pt	1,11	Geist, der z. bezeugt hat die Leiden
	20	er ist zwar z. ausersehen
2Pt	3,17	weil ihr das z. wisset, so hütet euch
Heb	11,40	weil Gott etwas Besseres z. ersehen hat
Jak	1,1	an die zwölf Stämme: Gruß z.
Jud	17	Worte, die z. gesagt sind von den Aposteln

zuvörderst

Apg	3,26	für euch z. hat Gott erweckt seinen Knecht
1Ko	15,3	euch z. gegeben, was ich empfangen

zuvorkommen

2Sm	18,23	Ahimaaz k. dem Mohren z.
1Ma	12,34	kam er ihnen z., nahm Joppe ein
Mt	17,25	als er heimkam, k. ihm Jesus z. und fragte
Mk	6,33	viele liefen dorthin zusammen und k. ihnen z.
Rö	12,10	einer k. dem andern mit Ehrbietung z.
1Th	4,15	denen nicht z. werden, die entschlafen sind

zuwege bringen

1Mo	31,1	von uns. Vaters Gut hat er Reichtum z. geb.
Pr	10,19	das Geld muß alles z. b.

zuweisen

4Mo	4,32	sollt ihnen die einzelnen Geräte z.
5Mo	4,19	der HERR hat sie zug. andern Völkern
	29,25	Götter, die er ihnen nicht zug. hat
Hes	45,6	der Stadt sollt ihr z. einen Raum

zuwenden

4Mo	24,7	sollst ihres Vaters Erbe ihnen z. 8
2Sm	15,13	jedermanns Herz hat sich Absalom zug.
2Kö	13,23	der HERR w. sich ihnen wieder zu
1Ch	10,14	er w. das Königtum David zu 12,24
2Ch	26,20	der Hohepriester w. das Angesicht ihm zu
Esr	6,22	hatte d. Herz d. Königs zug. 7,28; 9,9
Hi	24,18	man w. sich seinem Weinberg nicht zu
Jes	56,3	der sich dem HERRN zug. hat 6
Jer	50,5	wir wollen uns dem HERRN z.
Hes	36,9	will euch mein Angesicht z.
Dan	11,30	sich denen z., die d. heiligen Bund verlassen
Sa	1,16	will mich wieder Jerusalem z.
Jdt	8,26	daß der Herr sich ihrem Volk Israel z.
Wsh	16,11	damit sie deinen Wohltaten zug. bleiben
Sir	48,10	das Herz der Väter den Kindern wieder z.
2Ma	12,1	die Juden w. sich wieder dem Ackerbau zu
Apg	7,39	sie w. sich in ihrem Herzen wieder Ägypten zu
	19,24	w. denen... nicht geringen Gewinn zu
Gal	4,9	w. ihr euch wieder den schwachen Mächten zu

Phl	1,17	sie möchten mir eine Trübsal z.

Zuwendung

Sir	40,12	alle unrechten Z. werden untergehen

zuwerfen

Hi	31,27	ihnen Küsse z. mit meiner Hand
2Ma	1,16	w. sie denen zu, die draußen standen

zuwider

Hi	19,17	mein Odem ist z. meiner Frau
Ps	95,10	vierzig Jahre war dies Volk mir z.
Pr	2,17	war mir z., was unter der Sonne geschieht
Hes	36,31	werdet euch selbst z. sein
2Ma	15,40	immer nur Wasser trinken wird einem z.
Lk	13,17	mußten sich schämen alle, die ihm z.
Apg	18,13	Gott zu dienen dem Gesetz z.
	26,9	ich müßte viel z. tun dem Namen Jesu
1Ti	1,10	wenn etwas der heilsamen Lehre z. ist
	5,11	wenn sie... nachgeben Christus z.
Jak	3,14	lügt nicht der Wahrheit z.

zuwiderhandeln

3Mo	26,21	wenn ihr mir z. 23.27.40
	24	so will auch ich euch z. 28.41

zuzählen

Hes	44,26	soll man ihm z. sieben Tage

zuziehen

Rö	13,2	die ihr widerstreben, z. sich das Urteil zu

zwacken

Spr	26,17	einer, der den Hund bei den Ohren z.

Zwang

Ps	107,10	die sitzen mußten, gefangen in Z. und Eisen
1Ko	7,37	weil er nicht unter Z. ist
2Ko	9,7	jeder, wie er's sich vorgenommen, nicht aus Z.

Zwangsarbeit

2Mo	1,11	die sie mit Z. bedrücken sollten
Jdt	5,9	als der König ihnen Z. auferlegte

zwanzig

1Mo	18,31	man könnte vielleicht z. darin finden... nicht verderben um der z. willen
	31,38	diese z. Jahre bin ich bei dir gewesen 41
	32,15	(Geschenk für Esau:) z. Böcke, z. Widder 16
	37,28	verkauften (Josef) um z. Silberstücke
2Mo	30,13	ein Taler wiegt z. Gramm 3Mo 27,25; 4Mo 3,47; 18,16; Hes 45,12
	14	wer gezählt ist von z. Jahren an 38,26; 4Mo 1,3.18-42; 14,29; 26,2.4; 32,11; 1Ch 27,23; 2Ch 31,17; Esr 3,8
3Mo	27,5	(einen Mann) schätzen auf z. Lot Silber
4Mo	10,11	am z. Tage erhob sich die Wolke
	11,19	nicht zehn, nicht z. Tage lang
Ri	4,3	Jabin unterdrückte Israel z. Jahre

Ri	11,33	(Jeftah) schlug z. Städte
	15,20	(Simson) richtete Israel z. Jahre 16,31
1Sm	7,2	eine lange Zeit; es wurden z. Jahre
	14,14	so traf der erste Schlag ungefähr z. Mann
2Sm	3,20	Abner kam und mit ihm z. Mann
	9,10	Ziba hatte z. Knechte 19,18
	24,8	kamen nach 9 Monaten und z. Tagen zurück
1Kö	5,3	täglich zur Speisung... z. Rinder
	9,10	z. Jahre, in denen Salomo die beiden Häuser baute 2Ch 8,1
	11	da gab Salomo Hiram z. Städte
2Kö	4,42	brachte dem Mann Gottes z. Gerstenbrote
	15,27	Pekach regierte z. Jahre
	16,2	z. Jahre war Ahas alt, als er König wurde 2Ch 28,1
Hes	4,10	daß deine Speise z. Lot sei
Hag	2,16	der z. Maß haben sollte, waren kaum zehn... fünfzig Eimer, so waren kaum z. da
Sa	5,2	eine Schriftrolle, die ist z. Ellen lang
Jdt	1,4	(ihre Türme machte er) z. Fuß im Geviert
	7,12	als man z. Tage die Quellen bewacht hatte
Apg	27,28	fanden es z. Faden tief

zwanzigtausend

2Sm	8,4	nahm gefangen z. Mann 10,6; 1Ch 18,4
	18,7	Heer Israels wurde geschlagen... z. Mann
1Kö	5,25	Salomo gab Hiram z. Sack Weizen und z. Eimer Öl 2Ch 2,9
1Ma	6,30	brachte zusammen z. Reiter
	9,4	von dort nach Berea mit z. Mann zu Fuß
	16,4	er in dem Lande z. Kriegsleute auswählen
2Ma	8,9	Nikanor mit z. Mann
	30	sie erschlugen über z. Mann 10,17.23
Lk	14,31	ob er mit 10.000 dem begegnen kann, der über ihn kommt mit Z.

Zweck

1Ch	28,14	für alle Geräte... je nach ihrem Z. 15
Spr	16,4	der HERR macht alles zu seinem Z.
Wsh	15,7	Gefäße, die zu sauberen Z. dienen und andere zu gegenteiligen Z.
Sir	39,39	daß jedes zu seiner Zeit einen Z. erfüllt

zwei

1Mo	1,16	Gott machte z. große Lichter
	4,19	nahm z. Frauen 1Sm 1,2; 1Ch 4,5; 2Ch 24,3
	10,25	wurden z. Söhne geboren 41,50; 44,27; 46,27; 1Ch 1,19
	11,10	z. Jahre nach der Sintflut 41,1
	19,1	die z. Engel kamen nach Sodom
	8	habe z. Töchter 29,16
	22,3	Abraham nahm mit sich z. Knechte
	24,22	nahm z. Armreifen für ihre Hände
	25,23	z. Völker sind in deinem Leibe
	27,9	hole mir z. gute Böcklein
	32,8	Jakob teilte das Volk in z. Lager 11
	34,25	nahmen z. Söhne Jakobs ein Schwert
	42,37	so töte meine z. Söhne
	45,6	es sind nun z. Jahre, daß Hungersnot ist
2Mo	2,13	sah z. hebr. Männer miteinander streiten
	4,9	wenn sie diesen z. Zeichen nicht glauben
	16,29	gibt euch am 6. Tage für z. Tage Brot 22
	21,21	bleiben sie einen oder z. Tage am Leben
	25,18	sollst z. Cherubim machen 19; 37,7; 1Kö 6,23; 2Ch 3,10
	28,7	z. Schulterteile soll er haben
	9	z. Onyxsteine... darauf die Namen Israels 39,6
2Mo	29,1	nimm z. Widder ohne Fehler 38; 3Mo 23,18
	32,15	die z. Tafeln des Gesetzes 34,1.4.29; 5Mo 4,13; 5,22; 9,10.11.15; 10,1.3; 1Kö 8,9; 2Ch 5,10
3Mo	5,7	so bringe er z. Turteltauben oder z. andere 11; 12,8; 14,22; 15,14.29; 4Mo 6,10; Lk 2,24
	11,21	was oberh. der Füße noch z. Schenkel hat
	12,5	soll sie z. Wochen unrein sein
	16,1	nachdem die z. Söhne Aarons gestorben
	24,6	sollst sie legen in z. Reihen
4Mo	9,22	wenn (die Wolke) z. Tage blieb
	10,2	mache dir z. Trompeten
	11,26	waren noch z. Männer im Lager
	31	ließ Wachteln fallen z. Ellen hoch
	13,23	trugen sie zu z. auf einer Stange
	22,22	z. Knechte waren mit (Bileam)
	34,15	die z. Stämme haben ihr Erbteil
5Mo	15,18	hat dir wie z. Tagelöhner gedient
	17,6	auf z. Zeugen Mund 19,15; Mt 18,16; Jh 8,17; 2Ko 13,1; 1Ti 5,19; Heb 10,28
	21,15	wenn jemand z. Frauen hat
	17	soll ihm z. Teile geben von allem
	25,11	wenn z. Männer handgreiflich werden
	32,30	daß z. zehntausend flüchtig machen
Jos	2,1	Josua sandte z. Männer als Kundschafter
	14,4	die Söhne Josef bestanden aus z. Stämmen
Ri	5,30	ein Weib, z. Weiber für jeden Mann
	7,25	fingen z. Fürsten der Midianiter
	11,37	laß mir z. Monate 38.39
	15,4	tat eine Fackel je zwischen z. Schwänze
	13	banden (Simson) mit z. neuen Stricken
	16,29	(Simson) umfaßte die z. Mittelsäulen
1Sm	2,21	(Hanna) gebar noch 3 Söhne und z. Töchter
	6,7	nehmt z. säugende Kühe
	10,2	so wirst du z. Männer finden 4
	11,11	von ihnen nicht z. beieinander blieben
	13,1	Jahre regierte er z. 2Sm 2,10; 1Kö 15,25; 16,8; 22,52; 2Kö 15,23; 21,19; 2Ch 33,21
	14,4	waren an dem engen Wege z. Felsklippen
	49	(Sauls) z. Töchter Merab und Michal
	25,18	Abigajil nahm z. Krüge Wein
	28,8	Saul ging hin und z. Männer mit ihm
2Sm	8,2	(David) maß z. Schnurlängen ab
	12,1	es waren z. Männer in einer Stadt
	13,23	nach z. Jahren hatte Absalom Schafschur
	14,6	deine Magd hatte z. Söhne
1Kö	3,25	teilt das lebendige Kind in z. Teile
	7,15	goß z. Säulen aus Kupfer 41; 2Ch 3,15; 4,12; Jer 52,20.21
	10,19	z. Löwen standen an den Lehnen 2Ch 9,18
	12,28	z. goldene Kälber 2Kö 17,16
	16,21	damals teilte sich Israel in z. Teile
	18,23	gebt uns z. junge Stiere
	21,10	stellt ihm z. ruchlose Männer gegenüber 13
2Kö	1,14	Feuer hat die ersten z. gefressen
	2,9	daß mir z. Anteile von d. Geiste zufallen
	12	Elisa zerriß (seine Kleider) in z. Stücke
	24	kamen z. Bären aus dem Walde
	7,1	z. Maß Gerste ein Silberstück 16.18
Esr	8,27	(wog dar) z. schöne Gefäße
Neh	12,31	stellte z. große Dankchöre auf
Est	2,21	gerieten z. Kämmerer in Zorn 6,2
	9,27	diese z. Tage jährlich zu halten
Ps	136,13	der das Schilfmeer teilte in z. Teile
Spr	30,15	der Blutegel hat z. Töchter
Pr	4,9	ist's ja besser zu z. als allein
	11	wenn z. beieinander liegen, wärmen sie sich
	12	z. können widerstehen
Jes	6,2	mit z. deckten sie ihr Antlitz, mit z. ihre Füße, und mit z. flogen sie Hes 1,11.23

zwei 1704

Jes	7,16	vor dessen z. Königen dir graut	Mk	6,7	fing an, sie auszusenden, je z. und z. Lk 10,1
	21	wird ein Mann z. Schafe aufziehen		12,42	eine arme Witwe legte z. Scherflein ein Lk 21,2
	8,2	ich nahm mir z. treue Zeugen		16,12	offenbarte sich z. von ihnen unterwegs Lk 24,13
Jer	3,14	will euch holen, z. aus einem Geschlecht			
	24,1	der HERR zeigte mir z. Feigenkörbe	Lk	3,11	wer z. Hemden hat, der gebe dem, der keines hat
	28,3	ehe z. Jahre um sind 11			
	34,18	Kalb, das sie in z. Stücke geteilt		5,2	sah z. Boote am Ufer liegen
Hes	21,24	mach dir z. Wege		7,41	ein Gläubiger hatte z. Schuldner
	23,2	es waren z. Frauen, Töchter einer Mutter		9,30	siehe, z. Männer redeten mit ihm 32
	37,22	sollen nicht mehr z. Völker sein und nicht mehr geteilt in z. Königreiche		10,35	zog er z. Silbergroschen heraus
				12,52	drei gegen z. und z. gegen drei
	40,39	in der Vorhalle standen z. Tische 40		18,10	es gingen z. Menschen hinauf in den Tempel
	41,18	z. Cherubim, jeder hatte z. Angesichter		22,38	Herr, siehe, hier sind z. Schwerter
	47,13	z. Teile gehören dem Stamm Josef		24,4	da traten zu ihnen z. Männer mit glänzenden Kleidern Jh 20,12; Apg 1,10
Dan	7,25	eine Zeit und z. Zeiten 12,7; Off 12,14			
	8,3	ein Widder, der hatte z. hohe Hörner 6	Jh	1,35	stand Johannes da und z. seiner Jünger 37.40
	12,5	ich sah, es standen z. andere da		2,6	(Wasserkrüge) in jeden gingen z. oder drei Maße
Hos	6,2	macht uns lebendig nach z. Tagen			
Am	1,1	was Amos gesehen z. Jahre vor dem Erdbeben		4,40	er blieb z. Tage da 43; 11,6
				19,18	und mit ihm z. andere zu beiden Seiten
	3,3	können etwa z. miteinander wandern		20,4	es liefen die z. miteinander
	12	dem Löwen z. Beine aus dem Maul reißt		21,2	die Söhne des Zebedäus und z. andere Jünger
Sa	4,3	(Leuchter) z. Ölbäume dabei 11.12.14; Off 11,4			
			Apg	1,23	sie stellten z. auf 24
	5,9	z. Frauen traten heran und hatten Flügel		7,29	dort zeugte er z. Söhne
	6,1	Wagen, die kamen zwischen z. Bergen hervor		9,38	sandten die Jünger z. Männer zu ihm
				10,7	rief Kornelius z. seiner Knechte
	11,7	ich nahm mir z. Stäbe		19	*siehe, z. Männer suchen dich*
	13,8	daß z. Teile ausgerottet werden sollen		12,6	schlief Petrus zwischen z. Soldaten, mit z. Ketten gefesselt
Sir	23,21	z. Arten von Menschen begehen viele Sünden			
				19,10	das geschah z. Jahre lang
	26,25	z. Dinge sind's, die mich verdrießen		22	sandte z., die ihm dienten, nach Mazedonien
	33,16	es sind immer jeweils z. 42,25		34	schrie alles wie aus einem Munde z. Stunden
	50,27	z. Völker sind mir zuwider		21,33	der Oberst ließ ihn fesseln mit z. Ketten
1Ma	9,57	da herrschte Friede im Land z. Jahre lang		23,23	der Oberst rief z. Hauptleute und sprach
StE	7,6	so hatte Gott einst z. Lose gemacht		24,27	als z. Jahre um waren, kam Porzius Festus
Mt	4,18	Jesus sah z. Brüder, Simon und Andreas 21		28,13	kamen wir z. Tagen nach Puteoli
	5,41	so geh mit ihm z. (Meilen)		30	Paulus blieb z. Jahre in seiner eigenen Wohnung
	6,24	niemand kann z. Herren dienen Lk 16,13			
	8,28	da liefen ihm entgegen z. Besessene	1Ko	14,27	in Zungen redet, so seien es z. oder drei 29
	9,27	folgten ihm z. Blinde, die schrien 20,30	Gal	4,22	geschrieben, daß Abraham z. Söhne hatte
	10,10	(sollt haben) nicht z. Hemden Mk 6,9; Lk 9,3		24	die beiden Frauen bedeuten z. Bundesschlüsse
	29	z. Sperlinge für einen Groschen Lk 12,6			
	14,17	wir haben hier nichts als z. Fische 19; Mk 6,38.41; Lk 9,13.16; Jh 6,9	Eph	2,15	damit er aus den z. einen neuen Menschen schaffe
			Heb	6,18	so sollten wir durch z. Zusagen
	18,8	als daß du z. Hände oder z. Füße hast 9; Mk 9,43.45.47	Off	9,12	siehe, es kommen noch z. Wehe
				11,3	ich will meinen z. Zeugen geben
	16	jede Sache durch z. oder drei Zeugen bestätigt Jh 8,17; 2Ko 13,1; 1Ti 5,19; Heb 10,28		4	diese sind die z. Ölbäume und z. Leuchter
				10	z. Propheten hatten gequält, die auf Erden
	19	wenn z. unter euch eins werden auf Erden		12,14	ernährt eine Zeit und z. Zeiten und eine halbe Zeit
	20	wo z. oder drei versammelt sind in m. Namen			
				13,11	das hatte z. Hörner wie ein Lamm
	19,5	die z. werden ein Fleisch sein 6; Mk 10,8; 1Ko 6,16; Eph 5,31			

Zweidrittellot

1Sm	13,21	das Schärfen geschah für ein Z. Silber

zweieinhalb

Jos	14,3	den z. Stämmen hatte Mose Erbteil gegeben

zweierlei

1Mo	25,23	z. Volk wird sich scheiden aus deinem Leibe
3Mo	19,19	nicht z. Art... z. Samen... aus z. Faden 5Mo 22,9
5Mo	25,13	nicht z. Gewicht haben 14; Spr 20,10.23
Hi	13,20	nur z. tu mir nicht

(Mt continued:)

	20,24	wurden sie unwillig über die z. Brüder 21
	21,1	sandte Jesus z. Jünger voraus Mk 11,1; 14,13; Lk 19,29
	28	es hatte ein Mann z. Söhne Lk 15,11
	31	*welcher unter den z. hat des Vaters Willen*
	22,40	in diesen z. Geboten hängt das Gesetz
	24,40	dann werden z. auf dem Felde sein 41; Lk 17,34-36
	25,15	dem andern z. (Zentner Silber) 17.22
	26,2	ihr wißt, daß z. Tagen Passa ist Mk 14,1
	37	er nahm mit sich die z. Söhne des Zebedäus
	60	zuletzt traten z. herzu
	27,21	*welchen wollt ihr unter diesen z.*
	38	da wurden z. Räuber mit ihm gekreuzigt Mk 15,29; Lk 23,32; Jh 19,18
	51	der Vorhang im Tempel zerriß in z. Stücke Mk 15,38

Spr 30,7 z. bitte ich von dir

zweifach

2Mo 22,3 so soll er's z. erstatten 6.8
Ps 62,12 ein Z. habe ich gehört
Hes 21,19 das Schwert wird z. kommen
Sa 9,12 verkündige, daß ich dir z. erstatten will
Sir 23,13 hält er's nicht, so sündigt er z.
Off 18,6 gebt ihr z. zurück nach ihren Werken

Zweifel

Hi 34,12 ohne Z., Gott tut niemals Unrecht
Ps 56,9 meine Tränen; ohne Z., du zählst sie
Dan 2,47 kein Z., euer Gott ist über alle Götter
Rö 4,10 ohne Z.: nicht als er beschnitten war
Phl 2,14 tut alles ohne Murren und ohne Z.
1Ti 2,8 heilige Hände ohne Zorn und Z.

zweifeln

Tob 7,13 ich z. nicht, daß Gott... erhört hat
Mt 14,31 du Kleingläubiger, warum hast du gez.
21,21 wenn ihr Glauben habt und nicht z. Mk 11,23
28,17 einige aber z.
Apg 10,20 geh mit ihnen und z. nicht 11,12
Rö 4,20 er z. nicht durch Unglauben
14,23 wer dabei z. und dennoch ißt
Jak 1,6 wer z., der gleicht einer Meereswoge
Jud 22 erbarmt euch derer, die z.

Zweifler

Jak 1,8 ein Z. ist unbeständig auf allen seinen Wegen

Zweig

1Mo 49,22 daß die Z. emporsteigen über die Mauer
3Mo 23,40 sollt nehmen Z. von Laubbäumen Neh 8,15
2Sm 18,9 unter eine Eiche mit dichten Z. kam
Hi 14,9 treibt Z. wie eine junge Pflanze
15,30 die Flamme wird seine Z. verdorren
32 sein Z. wird nicht mehr grünen 18,16
29,19 der Tau bleibe auf meinen Z.
Ps 80,12 ausgebreitet seine Z. bis an den Strom
104,12 die Vögel singen unter den Z.
Hl 7,9 ich will seine Z. ergreifen
Jes 11,1 ein Z. aus seiner Wurzel Frucht bringen
14,19 du aber bist wie ein verachteter Z.
17,6 vier oder fünf Früchte an dem Z.
27,10 daß Kälber dort Z. abfressen
11 Z. werden vor Dürre brechen
Jer 1,11 ich sehe einen erwachenden Z.
Hes 17,6 der Schößlinge hervortrieb und Z. 8.23; 31,5.8
22 will von Z. ein zartes Reis brechen
23 Vögel im Schatten seiner Z. bleiben 31,6
31,12 seine Z. lagen zerbrochen
Dan 4,11 daß die Vögel von seinen Z. fliehen
Hos 14,7 daß seine Z. sich ausbreiten
Jo 1,7 daß seine Z. weiß dastehen
Sa 4,12 was sind die beiden Z. der Ölbäume
Mal 3,19 wird ihnen weder Wurzel noch Z. lassen
Wsh 4,4 wenn sie auch an den Z. grünt
17,19 ob die Vögel sangen in den dichten Z.
Sir 23,35 ihre Z. werden nicht Frucht bringen
24,22 meine Z. waren schön und prächtig

Sir 40,15 die Nachkommen der Gottlosen bringen keine Z.
2Ma 10,7 sie trugen schöne Z. und Palmwedel
Mt 13,32 daß die Vögel wohnen in seinen Z. Mk 4,32; Lk 13,19
21,8 andere hieben Z. von den Bäumen Mk 11,8
24,32 wenn seine Z. saftig werden Mk 13,28
Rö 11,16 wenn die Wurzel heilig ist, sind auch die Z. heilig
17 wenn einige von den Z. ausgebrochen wurden 19.21.24
18 so rühme dich nicht gegenüber den Z.

Zweigroschenstück

Mt 17,27 wirst du ein Z. finden

zweihundert

1Mo 11,23 (Serug) lebte danach z. Jahre
32,15 (Geschenk für Esau:) z. Ziegen, z. Schafe
Jos 7,21 sah unter der Beute z. Lot Silber
Ri 17,4 da nahm seine Mutter z. Silberstücke
1Sm 18,27 erschlug unter den Philistern z. Mann
25,18 nahm z. Brote und z. Feigenkuchen 2Sm 16,1
2Sm 14,26 wog (Absaloms) Haupthaar z. Lot
15,11 gingen mit Absalom z. Mann
1Kö 10,16 Salomo ließ z. Schilde machen 2Ch 9,15
1Ch 12,33 der Männer Issachar z. Hauptleute 15,8
Mk 6,37 für z. Silbergroschen Brot kaufen Jh 6,7
Jh 21,8 fern vom Land, nur etwa z. Ellen
Apg 23,23 rüstet z. Soldaten

zweihundertfünf

1Mo 11,32 Terach wurde z. Jahre alt

zweihundertfünfzig

2Mo 30,23 Zimt, z., und Kalmus, auch z. Lot
4Mo 16,2 empörten sich gegen Mose z. 17.35; 26,10
2Ch 8,10 z. oberste Amtleute, die über die Leute

zweihundertfünfzigtausend

1Ch 5,21 führten weg ihr Vieh, z. Schafe

zweihundertneun

1Mo 11,19 (Peleg) lebte danach z. Jahre

zweihundertsechsundsiebzig

Apg 27,37 alle zusammen im Schiff z.

zweihundertsieben

1Mo 11,21 (Regu) lebte danach z. Jahre

zweihunderttausend

1Sm 15,4 Saul musterte sie zu Telaim: z. Mann
2Ch 17,16 z. streitbare Männer 17
28,8 die von Israel führten z. Frauen gefangen

zweijährig

Mt 2,16 alle Kinder, die z. und darunter waren

zweimal

zweimal

1Mo	27,36	Jakob hat mich z. überlistet
	41,32	daß dem Pharao z. geträumt hat, bedeutet
	43,10	wären wir wohl schon z. wiedergekommen
4Mo	20,11	Mose schlug den Felsen z.
1Sm	18,11	David wich (Saul) z. aus
1Kö	11,9	dem HERRN, der (Salomo) z. erschienen
Nah	1,9	es wird das Unglück nicht z. kommen
Sir	32,10	auch du, Jüngling, darfst reden, aber höchstens z.
	45,17	s. Opfer sollten täglich z. dargebracht werden
Mk	14,30	ehe der Hahn z. kräht 72
Lk	18,12	ich faste z. in der Woche
Jud	12	Bäume, z. abgestorben und entwurzelt

zweischneidig

Ri	3,16	machte sich Ehud einen z. Dolch
Spr	5,4	hernach ist sie scharf wie ein z. Schwert
Sir	21,4	jede Sünde ist wie ein z. Schwert
Heb	4,12	das Wort Gottes ist schärfer als jedes z. Schwert
Off	1,16	aus s. Munde ging ein scharfes, z. Schwert
	2,12	das sagt, der da hat das scharfe, z. Schwert

zweitausend

4Mo	35,5	abmessen außerhalb der Stadt z. Ellen
Jos	3,4	daß ein Abstand sei von ungefähr z. Ellen
Ri	20,45	erschlugen noch z. (Mann)
1Sm	13,2	z. waren mit Saul in Michmas
1Kö	7,26	und es gingen z. Eimer hinein
2Kö	18,23	ich will dir z. Rosse geben Jes 36,8
1Ch	5,21	führten weg ihr Vieh, z. Esel
Pr	6,6	ob er auch z. Jahre lebte
1Ma	5,60	Israel verlor an diesem Tag z. Mann
	9,4	von dort nach Berea mit z. Reitern
	12,47	davon ließ er z. in Galiläa
	15,26	Simon schickte Antiochus z. Mann zu Hilfe
	16,10	daß z. Mann von den Feinden umkamen
	2Ma 13,15	
2Ma	8,10	den Römern jährlich z. Zentner in Silber
	12,43	durch eine Sammlung z. Drachmen in Silber
Mk	5,13	die Herde stürmte hinunter in den See, etwa z.

zweitausenddreihundert

Dan	8,14	bis z. Abende und Morgen vergangen sind

zweitens

1Ko	12,28	eingesetzt erstens Apostel, z. Propheten

zweiter

1Mo	1,8	da ward aus Abend und Morgen der z. Tag
	2,13	der z. Strom heißt Gihon
	6,16	drei Stockwerke, das z. in der Mitte
	7,11	am siebzehnten Tag des z. Monats 8,14
	37,9	(Josef) hatte noch einen z. Traum
	41,43	ließ (Josef) auf seinem z. Wagen fahren
	47,18	als das Jahr um war, kamen sie im z. Jahr
2Mo	16,1	in die Wüste Sin am 15. Tage des z. Monats
	40,17	wurde die Wohnung aufgerichtet im z. Jahr
4Mo	1,1	am 1. Tage des z. Monats im z. Jahr 18; 9,1; 10,11
	2,16	sollen die z. beim Auszug sein
4Mo	9,11	(soll Passa halten) erst im z. Monat
	33,3	zogen aus am z. Tage des Passa
Jos	19,1	danach fiel das z. Los
1Sm	23,17	ich werde der Z. nach dir sein
	26,8	daß es keines z. mehr bedarf
1Kö	6,1	Siw, der z. Monat 2Ch 3,2; 30,2.13.15
Ps	109,13	soll schon im z. Glied getilgt werden
Dan	7,5	das z. (Tier) war gleich einem Bären
Hag	1,15	im z. Jahr des Königs Darius 2,10; Sa 1,1.7
Sa	6,2	am z. Wagen waren schwarze Rosse
Mt	21,30	der Vater ging zum z. Sohn und sagte
	35	den einen schlugen sie, den z. töteten sie Lk 20,11
	22,26	desgleichen der z. und der dritte Mk 12,21; Lk 20,30
Lk	12,38	wenn er kommt in der z. Nachtwache
	14,19	der z. sprach
	16,7	danach fragte er den z.
	19,18	der z. kam auch und sprach
Jh	4,54	das ist das z. Zeichen, das Jesus tat
Apg	12,10	sie gingen durch die erste und z. Wache
	13,33	wie im z. Psalm geschrieben steht
1Ko	15,47	der z. Mensch ist vom Himmel
2Ko	13,2	wie bei meinem z. Besuch
2Pt	3,1	dies ist der z. Brief, den ich euch schreibe
Heb	9,3	hinter dem z. Vorhang war der Teil der Stiftshütte, der
	10,9	hebt das erste auf, damit er das z. einsetze
Off	2,11	wer überwindet, dem soll kein Leid geschehen von dem z. Tode 20,6
	4,7	die z. Gestalt war gleich einem Stier
	6,3	als es das z. Siegel auftat, hörte ich die z. Gestalt sagen
	4	es kam heraus ein z. Pferd, das war feuerrot
	8,8	der z. Engel blies seine Posaune 14,8; 16,3
	11,14	das z. Wehe ist vorüber
	13,11	ich sah ein z. Tier aufsteigen aus der Erde
	20,14	der z. Tod: der feurige Pfuhl 21,8
	21,19	der z. (Grundstein war) ein Saphir

zweitesmal, zweites Mal

3Mo	13,58	das Kleid soll man zum z. waschen
4Mo	10,6	wenn ihr zum z. laut trompetet
1Kö	9,2	erschien ihm der HERR zum z.
	19,7	der Engel des HERRN kam zum z. wieder
1Ch	29,22	machten zum z. Salomo zum König
Hi	40,5	einmal hab ich geredet... ein z. M.
Jes	11,11	wird zum z. seine Hand ausstrecken
Jer	1,13	geschah des HERRN Wort zum z. 13,3; 33,1; Jon 3,1; Hag 2,20
Dan	11,29	wird beim z. nicht so sein
Sir	7,8	nicht, eine Sünde ein z. zu tun
Mt	26,42	zum z. M. ging er hin, betete
Mk	14,72	alsbald krähte der Hahn zum z. M.
Jh	21,16	spricht er zum z. M.
Apg	7,13	beim z. gab sich Josef zu erkennen
	10,15	die Stimme sprach zum z. zu ihm 11,9
Heb	9,28	zum z. nicht der Sünde wegen erscheinen
Off	19,3	sie sprachen zum z.

zweiunddreißig

1Mo	11,20	war z. Jahre alt 2Kö 8,17; 2Ch 21,5.20
1Kö	20,1	waren z. Könige mit (Ben-Hadad) 16
1Ma	6,30	brachte zusammen z. Elefanten

zweiunddreißigtausend

4Mo	31,35	(betrug die Beute) z. Mädchen

1Ch 19,7 warben z. Männer mit Streitwagen an

zweiundfünfzig

2Kö 15,2 (Asarja) regierte z. Jahre 27; 2Ch 26,3
Neh 6,15 die Mauer wurde in z. Tagen fertig

zweiundsechzig

Dan 6,1 Darius, als er z. Jahre alt war
9,25 z. Wochen lang wird es aufgebaut sein 26

zweiundsiebzig

Lk 10,1 danach setzte der Herr weitere z. Jünger ein
17 die Z. kamen zurück voll Freude

zweiundvierzig

4Mo 35,6 dazu sollt ihr noch z. Städte geben
2Kö 2,24 zwei Bären zerrissen z. von den Kindern
10,14 töteten sie bei dem Brunnen, z. Mann
Tob 14,1 Tobias lebte noch z. Jahre
Off 11,2 die hl. Stadt werden sie zertreten z. Monate
13,5 Macht, es zu tun z. Monate lang

zweiundvierzigtausend

Ri 12,6 von Ephraim fielen z.

zweiundzwanzig

Jos 19,30 z. Städte mit ihren Gehöften
Ri 10,3 (Jaïr) richtete Israel z. Jahre
1Kö 14,20 regierte z. Jahre 16,29
2Kö 8,26 z. Jahre alt 21,19; 2Ch 22,2; 33,21
2Ch 13,21 Abija zeugte z. Söhne
Jdt 2,1 am z. Tag des ersten Monats

zweiundzwanzigtausend

4Mo 3,39 alle Leviten zusammen waren z.
Ri 7,3 da kehrten vom Kriegsvolk z. um
20,21 schlugen von Israel z. zu Boden
2Sm 8,5 David schlug von den Aramäern z. Mann
1Kö 8,63 opferte Dankopfer, z. Rinder 2Ch 7,5

zweizüngig

1Ti 3,8 *die Diakone sollen ehrbar sein, nicht z.*

Zwiebel

4Mo 11,5 wir denken an die Z.

zwiefach

Jer 2,13 mein Volk tut eine z. Sünde
16,18 will ich ihre Sünde z. vergelten
17,18 zerschlage sie z.
Hos 10,10 sie strafen werde wegen ihrer z. Sünde
1Ti 5,17 die halte man z. Ehre wert

zwiefältig

Mt 23,15 *ein Kind der Hölle, z. mehr, als ihr seid*
Off 18,6 *tut ihr z. nach ihren Werken*

Zwiespalt

Apg 15,2 *da sich ein Z. erhob*

zwiespältig

Ps 12,3 reden aus z. Herzen

Zwietracht

1Ma 8,16 es herrschte weder Neid noch Z. bei ihnen
Lk 12,51 ich sage: Nein, sondern Z.
Jh 7,43 so entstand Z. im Volk 9,16; 10,19
Apg 15,2 als nun Z. entstand
23,7 Z. zwischen Pharisäern und Sadduzäern
10 als aber die Z. groß wurde
Rö 16,17 die Z. und Ärgernis anrichten
Gal 5,20 (Werke des Fleisches:) Z.

Zwilling

1Mo 25,24 siehe, da waren Z. in ihrem Leibe 38,27
Hl 4,2 Schafe, alle haben sie Z. 6,6
5 deine beiden Brüste sind wie junge Z. 7,4
Jh 11,16 Thomas, der Z. genannt wird 20,24; 21,2
Apg 28,11 das das Zeichen der Z. führte

zwingen

1Mo 15,13 da wird man sie zu dienen z. 2Mo 1,13
2Mo 3,19 werde denn gez. durch eine starke Hand 6,1
Ps 18,48 Gott z. die Völker unter mich 144,2
105,18 sie z. seine Füße in Fesseln
Jer 21,4 ich will euch zum Rückzug z.
34,11 gez., daß sie Sklaven sein mußten 16
Dan 11,18 ein Mächtiger wird ihn z. aufzuhören
Hab 1,7 es gebietet und z., wie es will
Wsh 19,13 diese z. die Gäste zum Sklavendienst
1Ma 1,53 Amtleute, die das ganze Volk z. sollten 2Ma 6,7.8
2Ma 15,2 Juden, die er gez. hatte mitzuziehen
Mt 27,32 den z. sie, daß er ihm sein Kreuz trug Mk 15,21
Apg 26,11 in allen Synagogen z. ich sie zur Lästerung
2Ko 10,2 daß ihr mich nicht z., mutig zu sein
12,11 dazu habt ihr mich gez.
Gal 2,3 selbst Titus, der bei mir war, wurde nicht gez.
14 warum z. du die Heiden, jüdisch zu leben
6,12 die z. euch zur Beschneidung
1Pt 5,2 achtet auf sie, nicht gez., sondern freiwillig

zwirnen

2Mo 26,1 von gez. feiner Leinwand 31.36; 27,9.16.18; 28,6.8.15; 36,8.35.37; 38,9.16.18; 39,2.5.8.24.28.29

zwitschern

Jes 38,14 ich z. wie eine Schwalbe

zwölf

1Mo 14,4 waren z. Jahre untertan gewesen
17,20 z. Fürsten wird (Ismael) zeugen 25,16
35,22 es hatte Jakob z. Söhne 42,13.32
49,28 das sind die z. Stämme Israels
2Mo 15,27 Elim; da waren z. Wasserquellen 4Mo 33,9
24,4 z. Steinmale nach den z. Stämmen 28,21; 39,14

zwölf

3Mo	24,5	sollst Mehl nehmen und z. Brote backen
4Mo	17,17	nimm von ihnen z. Stäbe 21
5Mo	1,23	nahm von euch z. Männer Jos 3,12; 4,2.4
Jos	4,3	hebt aus dem Jordan z. Steine auf 8.9.20
Ri	19,29	zerstückelte (die Nebenfrau) in z. Stücke
2Sm	2,15	gingen hin z. aus Benjamin und z. von den Männern Davids
1Kö	4,7	Salomo hatte z. Amtleute über ganz Israel
	10,20	z. Löwen standen zu beiden Seiten 2Ch 9,19
	11,30	Ahija riß (den Mantel) in z. Stücke
	16,23	Omri regierte z. Jahre 2Kö 3,1
	18,31	z. Steine nach der Zahl der Stämme Jakobs
	19,19	Elisa pflügte mit z. Jochen
2Kö	21,1	Manasse war z. Jahre alt, als der König
Esr	6,17	opferten für Israel z. Ziegenböcke 8,35
	8,24	sonderte z. der obersten Priester aus
Est	2,12	nachdem sie z. Monate gepflegt worden war
Hes	47,13	das Land den z. Stämmen austeilen
Dan	4,26	nach z. Monaten hob (der König) an
Sir	45,13	die Namen der z. Stämme eingegraben
	49,12	die Gebeine der z. Propheten mögen grünen
Mt	9,20	eine Frau, die seit z. Jahren den Blutfluß hatte Mk 5,25; Lk 8,43
	10,1	er rief seine z. Jünger zu sich 5; Mk 3,14.16; 6,7; 9,35; Lk 6,13; 9,1
	2	die Namen der z. Apostel sind diese
	11,1	als Jesus diese Gebote an seine z. Jünger beendet
	14,20	was übrigblieb, z. Körbe voll Mk 6,43; 8,19; Lk 9,17; Jh 6,13
	19,28	ihr werdet sitzen auf z. Thronen und richten die z. Stämme Lk 22,30
	20,17	Jesus nahm die z. Jünger beiseite Mk 10,32; Lk 18,31
	26,14	da ging einer von den Z. zu den Hohenpriestern 47; Mk 14,10.43; Lk 22,3.47; Jh 6,71
	20	am Abend setzte er sich zu Tisch mit den Z. Mk 14,17
	53	mir mehr als z. Legionen Engel schickte
Mk	4,10	fragten ihn samt den Z. nach den Gleichnissen
	5,42	es war z. Jahre alt Lk 8,42
	11,11	spät ging er nach Betanien mit den Z.
	14,20	er sprach zu ihnen: Einer von den Z.
Lk	2,42	als er z. Jahre alt war
	8,1	die Z. waren mit ihm
	9,12	da traten die Z. zu ihm und sprachen
Jh	6,67	da fragte Jesus die Z.: Wollt ihr auch weggehen
	70	habe ich nicht euch Z. erwählt
	11,9	hat nicht der Tag z. Stunden
	20,24	Thomas, der Zwilling genannt wird, einer der Z.
Apg	6,2	riefen die Z. die Menge der Jünger zusammen
	7,8	so zeugte Jakob die z. Erzväter
	19,7	es waren zusammen etwa z. Männer
	24,11	daß es nicht mehr als z. Tage sind
	26,7	auf ihre Erfüllung hoffen die z. Stämme unsres Volkes
1Ko	15,5	gesehen worden von Kephas, danach von den Z.
Jak	1,1	Jakobus an die z. Stämme
Off	12,1	auf ihrem Haupt eine Krone von z. Sternen
	21,12	sie hatte z. Tore und auf den Toren z. Engel 14
	20	der z. (Grundstein war) ein Amethyst

zwölfmal

Off	22,2	die tragen z. Früchte

zwölftausend

4Mo	31,5	z. Mann gerüstet zum Kampf
Jos	8,25	die an diesem Tage fielen, waren z.
Ri	21,10	sandte die Gemeinde z. streitbare Männer
2Sm	10,6	warben an von Tob z. Mann
	17,1	ich will z. Mann auswählen
1Kö	5,6	Salomo hatte z. Leute für die Pferde 10,26; 2Ch 1,14; 9,25
Ps	60,2	als Joab die Edomiter schlug, z. Mann
Jdt	2,7	für den Kriegszug z. Bogenschützen
	7,2	er hatte z. Reiter, dazu Hilfstruppen
Off	7,5	aus dem Stamm Juda z. versiegelt 6-8
	21,16	er maß die Stadt: z. Stadien

Zyperblume

Hl	1,14	mein Freund ist mir eine Traube von Z. 4,13
	7,12	laß uns unter Z. die Nacht verbringen

Zypern

1Ma	15,23	(schrieb Luzius) nach Z.
2Ma	4,29	Hauptmann über die Kriegsleute aus Z. 12,2
	10,13	weil er die Insel Z. verlassen hatte
Apg	4,36	Josef, Barnabas genannt, ein Levit, aus Z. gebürtig
	11,19	gingen bis nach Phönizien und Z. 13,4
	20	einige Männer aus Z. und Kyrene
	15,39	Barnabas nahm Markus mit und fuhr nach Z.
	21,3	als Z. in Sicht kam, ließen wir es liegen
	16	führten uns zu einem alten Jünger aus Z.
	27,4	wir fuhren im Schutz von Z. hin

Zypresse

1Kö	9,11	dazu hatte Hiram Salomo Z. gegeben
2Kö	19,23	habe auserlesene Z. abgehauen Jes 37,24
Hl	1,17	unsere Täfelung (sind) Z.
Jes	14,8	auch freuen sich die Z. über dich
	41,19	will pflanzen Z., Buchsbaum 60,13
	55,13	sollen Z. statt Dornen wachsen
Hes	31,8	die Z. waren nicht zu vergleichen
Sa	11,2	heult, ihr Z.
Sir	24,17	ich bin hoch gewachsen wie eine Z.

Zypressenbaum

Sir	50,11	(leuchtete er) wie ein hochragender Z.

Zypressenholz

1Kö	5,22	deine Wünsche nach Z. 24; 2Ch 2,7
	6,15	den Boden täfelte er mit Z. 2Ch 3,5
	34	zwei Türen von Z.
Hes	27,5	haben dein Plankenwerk aus Z. gemacht

Anhang
Neue Rechtschreibung, Änderungen
und Nachbesserungen am Luthertext

Die Große Konkordanz zur Lutherbibel basiert auf der nach wie vor gültigen Revision des Luthertextes von 1964 (AT) und 1984 (NT). Die Ausgaben der revidierten Lutherbibel wurden 1999 an die reformierte Rechtschreibung angeglichen. In diesem Zusammenhang wurden zugleich einige Änderungen und Nachbesserungen am Luthertext vorgenommen.

Neue Rechtschreibung
Das orthographische Erscheinungsbild der Lutherbibel hat sich durch die Angleichung an die neue Rechtschreibung gewandelt. Die Änderungen sind allerdings weniger gravierend, als Skeptiker im Vorfeld befürchtet haben. Zum einen ist die Lutherbibel ein historischer Text, der nie ganz den Regeln der Normrechtschreibung gefolgt ist und dies auch in Zukunft nicht ohne Einschränkung tun wird. Zum anderen wurde bei der Umstellung alles vermieden, was zu Missverständnissen führen könnte oder das Verstehen erschweren würde. Überall da, wo das Regelwerk bei der Schreibung die Wahl zwischen der bisherigen und einer neuen Variante lässt, bleibt die Lutherbibel ihrem historischen Charakter gemäß traditionell: Die Geschenke der Weisen aus dem Morgenland sind weiterhin Gold, Weihrauch und Myrrhe (nicht Myrre, Mt 2,11), und im Reich des Messias werden auch in Zukunft „Panther (nicht: Panter) bei den Böcken lagern" (Jes 11,16).

Die infolge der reformierten Rechtschreibung erforderlichen orthographischen Änderungen haben für die Funktion der Großen Konkordanz – das Auffinden von Bibelstellen – keine Bewandtnis. Sie werden deshalb in dieser Ausgabe nicht berücksichtigt.

Allerdings gibt es einige Ausnahmen, bei denen die neue Rechtschreibung eine andere Stellung des Stichworts im Alphabet zur Folge hat. Dies sind:

Neue Rechtschreibung	*Große Konkordanz*
behänd	behend
Gräuel	Greuel
gräulich	greulich
rau	rauh
überschwänglich	überschwenglich

Bei zusammengesetzten Wörtern ist gegebenenfalls auch unter dem ersten Teilwort zu suchen.

Änderungen und Nachbesserungen am Luthertext
Im Zusammenhang mit der Berücksichtigung der neuen Rechtschreibung wurden auch einige Änderungen bzw. Nachbesserungen am Luthertext vorgenommen:

1. In Angleichung an das NT wird in den seit 1999 erscheinenden Ausgaben der Lutherbibel auch im AT weitgehend auf altertümelnde Endungen bei flektierten Verbformen auf -*et* und -*est* (sag*et*, hör*et*, geb*est*, werd*est*) verzichtet. Solche Endungen werden jedoch bei-

behalten in betontem Zusammenhang, bei bekannten Texten, an Kernstellen, bei konjunktivischen Formen und in allen poetischen Texten (Psalmen). In der Großen Konkordanz zur Lutherbibel werden diese Änderungen nicht berücksichtigt.

2. Außerdem finden sich in den neueren Ausgaben der Lutherbibel an sechs Stellen Nachbesserungen im Text des Neuen Testaments. Sie wurden aufgenommen, weil sie dem griechischen Urtext genauer folgen:

Mk 13,11: Und wenn sie euch hinführen (bisher: *Wenn* sie euch *nun* hinführen)

Jh 8,3: Aber die Schriftgelehrten und Pharisäer brachten eine Frau, beim Ehebruch ergriffen (bisher: ... brachten eine Frau *zu ihm*, beim Ehebruch ergriffen)

Jh 14,11b: wenn nicht, so glaubt doch um der Werke willen (bisher: wenn nicht, so glaubt *mir* doch um der Werke willen)

1Th 2,15f: gefallen Gott nicht und sind allen Menschen Feind, indem sie, um das Maß ihrer Sünden allewege voll zu machen, uns wehren, den Heiden zu predigen zu ihrem Heil (bisher: ... sind allen Menchen *feind. Und* um das Maß ihrer Sünden ...)

1Jh 4,20: Denn wer seinen Bruder nicht liebt, den er sieht, der kann nicht Gott lieben, den er nicht sieht (bisher: *wie* kann er Gott lieben)

Diese Änderungen beeinträchtigen das Auffinden von Stichwörtern nicht; sie werden deshalb in dieser Ausgabe der Großen Konkordanz zur Lutherbibel nicht berücksichtigt.

Lediglich eine Änderung in Rö 9,4 hat Auswirkungen auf die Große Konkordanz:
Rö 9,4: Denen die Kindschaft gehört und die Herrlichkeit und die Bundesschlüsse (bisher: *der Bund*).
Diese Änderung wurde bei den Stichwörtern *Bund* und *Bundesschluß* berücksichtigt.

3. In Angleichung an den Gebrauch im NT wird in den Lutherbibelausgaben seit 1999 auch im AT das Wort *Weib* an den meisten Stellen durch *Frau* ersetzt. Ausnahmen bilden geprägte Wendungen, poetische Zusammenhänge sowie einige Sonderfälle.
Diese Änderungen wurden in der Großen Konkordanz zur Lutherbibel nicht berücksichtigt. Um Leserinnen und Lesern neuerer Bibelausgaben das Auffinden dieser Stichwörter zu erleichtern, sind die Änderungen in der folgenden Übersicht zusammengestellt:

Weib wird ersetzt durch *Frau*:

1Mo	1,27	schuf sie als Mann und F. 5,2; Mt 19,4; Mk 10,6
	2,22	baute eine F. aus der Rippe
	24	wird ein Mann seiner F. anhangen Mt 19,5; Mk 10,7; Eph 5,31
	25	waren nackt, der Mensch und seine F.

	3,1	die Schlange sprach zu der F. 2.4
	6	die F. nahm von der Frucht und aß und gab ihrem Mann 12.17
	8	Adam versteckte sich mit seiner F. 13.16
	15	Feindschaft zwischen dir und der F.
	20	Adam nannte seine F. Eva
	21	Gott machte Adam und seiner F. Röcke von Fellen
	4,1	Adam erkannte seine F. Eva 17.25
	23	ihr F. Lamechs, merkt auf
	12,11	siehe, ich weiß, dass du eine schöne F. bist
	19,26	Lots F. ward zur Salzsäule
	20,3	du bist des Todes um der F. willen
2Mo	20,17	sollst nicht begehren deines Nächsten F. 5Mo 5,21
	21,5	habe meinen Herrn lieb und meine F.
5Mo	4,16	Bildnis, das gleich sei einem Mann oder einer Frau
Ri	4,9	wird Sisera in die Hand einer F. geben
	5,24	Gepriesen sei unter den F. Jaël, die F. Hebers
	30	sie werden Beute finden, eine F., zwei F. für jeden Mann
	9,54	dass man nicht von mir sage: Eine F. hat ihn erschlagen 2Sm 11,21
Rut	3,11	dass du eine tugendsame F. bist
	4,10	habe ich mir Rut zur F. genommen
1Sm	1,15	ich bin eine betrübte F.
	16	nicht für eine zuchtlose F. halten
	28,7	eine F., die Tote beschwören kann 8-13.21-24
2Sm	3,8	rechnest mir Schuld an wegen einer F.
	11,11	um bei meiner F. zu liegen
	14,2	wie eine F., die eine lange Zeit Leid getragen
Est	4,11	dass jeder, Mann oder F., sterben muss
Hi	2,10	Du redest, wie die törichten F. reden
	31,9	betören lassen um einer F. willen
	10	soll meine F. einem andern mahlen
Ps	109,9	(soll) seine F. eine Witwe (werden)
	128,3	deine F. wird sein wie ein fruchtbarer Weinstock
Spr	5,18	freue dich der F. deiner Jugend
	11,16	eine holdselige F. erlangt Ehre
	22	eine schöne F. ohne Zucht ist wie eine Sau mit einem goldenen Ring durch die Nase
	19,13	eine zänkische F. (ist) wie ein ständig triefendes Dach 21,9.19; 25,24; 27,15
	22,14	der Mund unzüchtiger F. ist eine tiefe Grube
	31,3	lass nicht den F. deine Kraft
	30	eine F., die den HERRN fürchtet
Pr	7,26	bitterer … eine F., die ein Fangnetz ist
	28	eine F. hab ich unter allen nicht gefunden
	9,9	genieße das Leben mit deiner F., die du lieb hast
Jes	3,12	F. beherrschen (mein Volk)
	45,10	weh dem, der sagt zur F.: Warum gebierst du
	49,15	kann auch eine F. ihr Kindlein vergessen

	54,6	der HERR … gerufen wie eine verlassene und von Herzen betrübte F.; und die F. der Jugendzeit, wie könnte sie verstoßen bleiben
	62,4	dein Land (soll heißen) „Liebe Frau"
Jer	3,20	gleichwie eine F. nicht die Treue hält
	5,8	ein jeder wiehert nach seines Nächsten F.
	31,22	die F. wird den Mann umgeben
Klg	1,8	sodass Jerusalem sein muss wie eine unreine F. 17
Hes	16,34	ist es bei dir umgekehrt wie bei andern F.
	18,6	der seines Nächsten F. nicht befleckt 11.15
	23,44	so ging man zu Ohola und Oholiba, den zuchtlosen F.
Hos	12,13	Israel musste um eine F. dienen
Mal	2,14	F. deiner Jugend, der du treulos geworden bist 15
Sir	25,22	lieber bei Löwen und Drachen wohnen als bei einer bösen F.
	26	eine schwatzhafte F. ist für einen stillen Mann
	30	eine böse F. schafft ein betrübtes Herz
	33	soll man einer bösen F. ihren Willen nicht lassen
	26,9	eine böse F. gleicht einem schlecht sitzenden Joch
	11	eine betrunkene F. erregt Ärgernis
	12	eine lüsterne F. erkennt man an ihrem Blick

Weib bleibt an folgenden Stellen:

Jos	6,21	vollstreckten den Bann an Mann und W.
Ri	21,10	die Bürger von Jabesch in Gilead mit W. und Kind
Hi	14,1	der Mensch, vom W. geboren 15,14; 25,4
Spr	9,13	Frau Torheit ist ein unbändiges W.
	30,19	des Mannes Weg beim W.
Lk	2,5	mit Maria, seinem vertrauten W.